K. Schmidt/Lutter (Hrsg.) · **Aktiengesetz Kommentar**

# Aktiengesetz
## Kommentar

herausgegeben von

Prof. Dr. Dres. h.c. Karsten Schmidt

und

Prof. Dr. Dr. h.c. mult. Marcus Lutter

**I. Band**
§§ 1 - 149

2. neu bearbeitete und erweiterte Auflage

2010

Verlag
Dr. Otto Schmidt
Köln

# Bearbeiter

Prof. Dr. Walter Bayer
o. Professor, Universität Jena
Richter am Thüringer OLG
Mitglied des Thüringer VerfGH

Prof. Dr. Tilman Bezzenberger
o. Professor, Universität Potsdam

Prof. Dr. Tim Drygala
o. Professor, Universität Leipzig

Prof. Dr. Holger Fleischer, LL.M.
(Ann Arbor)
Direktor, Max-Planck-Institut für ausländisches und internationales Privatrecht,
Hamburg, Affiliate Professor, Bucerius
Law School, Hamburg

Prof. Dr. Dr. h.c. mult. Peter Hommelhoff
o. Professor em., Universität Heidelberg
Richter am OLG a.D.

Prof. Dr. Detlef Kleindiek
o. Professor, Universität Bielefeld

Dr. Ingo Klöcker, M.C.J. (Austin/Texas)
Rechtsanwalt und Notar,
Frankfurt am Main

Prof. Dr. Gerd Krieger
Rechtsanwalt, Düsseldorf
Honorarprofessor, Universität Düsseldorf

Prof. Dr. Katja Langenbucher
o. Professorin,
Universität Frankfurt am Main

Dr. Gerd H. Langhein
Notar, Hamburg

Prof. Dr. Dr. h.c. mult. Marcus Lutter
o. Professor em., Universität Bonn
Sprecher des Zentrums für Europäisches
Wirtschaftsrecht der Universität Bonn
Rechtsanwalt, Berlin

Prof. Dr. Hanno Merkt, LL.M.
(Univ. of Chicago)
o. Professor, Universität Freiburg

Prof. Dr. Hartmut Oetker
o. Professor, Universität Kiel
Richter am Thüringer OLG

Prof. Dr. Karl Riesenhuber
M.C.J. (Austin/Texas)
o. Professor, Universität Bochum

Dr. Viola Sailer-Coceani
Rechtsanwältin, München

Prof. Dr. Dres. h.c. Karsten Schmidt
o. Professor em., Universität Bonn
Präsident der Bucerius Law School,
Hamburg

Dr. York Schnorbus
Rechtsanwalt, Frankfurt am Main

Prof. Dr. Martin Schwab
o. Professor, Freie Universität Berlin

Prof. Dr. Christoph H. Seibt, LL.M. (Yale)
Rechtsanwalt, Fachanwalt für Steuerrecht,
Hamburg, Honorarprofessor, Bucerius
Law School, Hamburg

Prof. Dr. Gerald Spindler
o. Professor, Universität Göttingen

Dr. Klaus-Dieter Stephan
Rechtsanwalt, Frankfurt am Main

Prof. Dr. Rüdiger Veil
o. Professor, Bucerius Law School,
Hamburg

Dr. Jochen Vetter
Rechtsanwalt, München, Lehrbeauftragter,
Universität zu Köln

Prof. Dr. Carl-Heinz Witt, LL.M.
(Georgetown), apl. Professor,
Universität Heidelberg

Dr. Hildegard Ziemons
Rechtsanwältin, Frankfurt am Main

Prof. Dr. Daniel Zimmer, LL.M. (UCLA)
o. Professor, Universität Bonn

**Zitierempfehlung:**
*Bearbeiter* in K. Schmidt/Lutter (Hrsg.), AktG,
2. Aufl. 2010, § ... Rz. ...

*Bibliografische Information
der Deutschen Nationalbibliothek*

Die Deutsche Nationalbibliothek verzeichnet diese
Publikation in der Deutschen Nationalbibliografie;
detaillierte bibliografische Daten sind im Internet
über http://dnb.d-nb.de abrufbar.

Verlag Dr. Otto Schmidt KG
Gustav-Heinemann-Ufer 58, 50968 Köln
Tel. 02 21/9 37 38-01, Fax 02 21/9 37 38-943
info@otto-schmidt.de
www.otto-schmidt.de

ISBN 978-3-504-31174-2

©2010 by Verlag Dr. Otto Schmidt KG, Köln

Das Werk einschließlich aller seiner Teile ist
urheberrechtlich geschützt. Jede Verwertung, die nicht
ausdrücklich vom Urheberrechtsgesetz zugelassen ist,
bedarf der vorherigen Zustimmung des Verlages. Das
gilt insbesondere für Vervielfältigungen, Bearbeitungen,
Übersetzungen, Mikroverfilmungen und die Einspeiche-
rung und Verarbeitung in elektronischen Systemen.

Das verwendete Papier ist aus chlorfrei gebleichten
Rohstoffen hergestellt, holz- und säurefrei, alterungs-
beständig und umweltfreundlich.

Einbandgestaltung: Jan P. Lichtenford, Mettmann
Satz: WMTP, Birkenau
Druck und Verarbeitung: Kösel, Krugzell
Printed in Germany

# Vorwort

Der hiermit in zweiter Auflage vorgelegte Kommentar ist eine Antwort der rechtlichen Praxis und Wissenschaft auf einen dynamischen Bedeutungszuwachs und Bedeutungswandel, der dem Aktiengesetz von 1965 in den ersten Jahrzehnten seiner Geltung nicht vorhergesagt wurde. Die Zahl der Aktiengesellschaften ist im vergangenen Vierteljahrhundert etwa auf das Zehnfache gestiegen (vgl. Einl. Rz. 2), die Rechtsform in den letzten 15 Jahren durch Flexibilisierung „kleiner" und durch Börsengänge „großer" Gesellschaften in vielerlei Hinsicht attraktiver geworden und durch Konzentrationsprozesse noch weiter vorgedrungen. Gleichzeitig hat das Aktiengesetz, flankiert durch kapitalmarktrechtliche Gesetzgebung und beschleunigt durch die gemeinschaftsrechtliche Rechtsangleichung, im Zuge einer früh schon erkannten „Aktienrechtsreform in Permanenz" (*Zöllner*, AG 1994, 336) einen machtvollen Modernisierungsschub durchlebt. Dieser wurde durch die Judikatur des EuGH, des Bundesverfassungsgerichts, des II. Zivilsenats des Bundesgerichtshofs und der Oberlandesgerichte noch verstärkt. Betriebswirtschaftliche Erkenntnisse über Unternehmensfinanzierung und Corporate Governance kommen hinzu. Die rechtswissenschaftliche Diskussion beschleunigt und begleitet diesen Wandel, und mit ihm verändern sich auch die Anforderungen an die Kommentarliteratur. Auf dieser Einsicht beruhte der von den Herausgebern und vom Verlag gemeinsam gefasste Plan, der Praxis und Wissenschaft einen neu konzipierten Kommentar vorzulegen und ihm einen simultan erscheinenden Parallel-Kommentar der SE-Verordnung zur Seite zu stellen (Lutter/Hommelhoff, SE-Kommentar, 2008). Als Glücksfall erwies sich, dass für die beiden miteinander verzahnten Kommentare ein weitgehend identisches Team erfahrener und angesehener Autoren aus Wissenschaft und Praxis gewonnen werden konnte. Sie haben eine in sich und wechselseitig abgestimmte Kommentierung sowohl des Rechts der AG als auch der SE vorgelegt, die ganz auf die wissenschaftlichen Ansprüche der aktienrechtlichen Praxis von heute und morgen eingerichtet ist. Herausgeber und Verlag sehen sich durch den Erfolg der Werke in dieser Einschätzung bestätigt.

Die auch nach dem Erscheinen der ersten Auflage des AktG-Kommentars ungebrochene Produktivität des Gesetzgebers und ein Strom aktienrechtlicher Gerichtsentscheidungen machen bereits jetzt eine Neubearbeitung des AktG-Kommentars erforderlich. Das ARUG brachte die Deregulierung des Sachgründungsrechts, Modernisierungen im Recht der Hauptversammlung und Verbesserungen im Freigabeverfahren. Das BilMoG steht für die Modernisierung und Internationalisierung des Rechnungslegungsrechts, das VorstAG macht neue Konzepte der Vorstandsvergütung erforderlich. Hinzu kommen gravierende Änderungen durch das MoMiG, das Risikobegrenzungsgesetz, das FamFG sowie die ständige Aktualisierung des DCGK. Die durch neue Judikatur notwendigen Ergänzungen erreichen eine hohe dreistellige Zahl. Hinzugekommen ist zudem die Kommentierung des SpruchG durch Herrn Rechtsanwalt und Notar Dr. Klöcker mit seiner weitreichenden Verknüpfung mit dem FamFG. Der kapitalmarktrechtliche Anteil des Kommentars, insbesondere bezüglich der §§ 21–30 WpHG im Anhang zu § 22 AktG, wurde nachdrücklich erweitert.

**Vorwort**

Herausgeber und Verlag geben damit ein durchgehend neu bearbeitetes und erweitertes Werk in die Hände seiner Nutzer. Inhaltliche Anregungen werden an die Anschrift des Verlages erbeten. Gerne darf auch die Karte am Ende des Werkes genutzt werden.

Hamburg und Bonn, im August 2010                                    Karsten Schmidt
                                                                    Marcus Lutter

*Es haben bearbeitet:*

| | |
|---|---|
| *Bayer* | §§ 27–35, 46–53 |
| *Bezzenberger* | §§ 67–75 |
| *Drygala* | §§ 41, 95–116, 170–176 |
| *Fleischer* | §§ 6, 7, 53a–66 |
| *Hommelhoff/Witt* | § 117 |
| *Kleindiek* | §§ 36–40, 42, 150–160, 240, 258–261a |
| *Klöcker* | SpruchG |
| *Krieger/Sailer-Coceani* | §§ 90–94 |
| *Langenbucher* | §§ 291–299, 308–310 |
| *Langhein* | §§ 4, 14 |
| *Lutter* | §§ 1–3 |
| *Merkt* | § 221 |
| *Oetker* | §§ 394–408 |
| *Riesenhuber* | §§ 262–277 |
| *Karsten Schmidt* | Einl., §§ 278–290 |
| *Schnorbus* | §§ 327a–327f |
| *Schwab* | §§ 241–257 |
| *Seibt* | §§ 23–26, 76–89, 179–181 |
| *Spindler* | §§ 118–120, 131–149, 161 |
| *Stephan* | §§ 300–307 |
| *Veil* | §§ 20–22, Anh. 22: §§ 21–30, 41 WpHG, 182–220, 222–239 |
| *J. Vetter* | §§ 15–19, 311–318, 328 |
| *Ziemons* | §§ 8–13, 121–130, 319–327 |
| *Zimmer* | Int. Gesellschaftsrecht, §§ 5, 45 |

# Inhaltsverzeichnis

## Band I

| | Seite |
|---|---|
| Vorwort | VII |
| Allgemeines Literaturverzeichnis | XIII |
| Abkürzungsverzeichnis | XVII |
| Text des Aktiengesetzes | 1 |

| | Seite |
|---|---|
| **Einleitung** | 129 |
| **Internationales Gesellschaftsrecht** | 140 |

## Kommentierung des AktG

| | | §§ | Seite |
|---|---|---|---|
| **Erstes Buch** | **Aktiengesellschaft** | | |
| **Erster Teil** | **Allgemeine Vorschriften** | 1–22 | 163 |
| Anhang | §§ 21–30, 41 WpHG | Anh. 22 | 341 |
| **Zweiter Teil** | **Gründung der Gesellschaft** | 23–53 | 421 |
| **Dritter Teil** | **Rechtsverhältnisse der Gesellschaft und der Gesellschafter** | 53a–75 | 705 |
| **Vierter Teil** | **Verfassung der Aktiengesellschaft** | | |
| Erster Abschnitt | Vorstand | 76–94 | 1041 |
| Anhang | § 15a InsO | Anh. 92 | 1248 |
| Zweiter Abschnitt | Aufsichtsrat | 95–116 | 1294 |
| Dritter Abschnitt | Benutzung des Einflusses auf die Gesellschaft | 117 | 1541 |
| Vierter Abschnitt | Hauptversammlung | | |
| Erster Unterabschnitt | Rechte der Hauptversammlung | 118–120 | 1555 |
| Zweiter Unterabschnitt | Einberufung der Hauptversammlung | 121–128 | 1630 |
| Dritter Unterabschnitt | Verhandlungsniederschrift. Auskunftsrecht | 129–132 | 1735 |
| Vierter Unterabschnitt | Stimmrecht | 133–137 | 1863 |
| Fünfter Unterabschnitt | Sonderbeschluss | 138 | 1967 |
| Sechster Unterabschnitt | Vorzugsaktien ohne Stimmrecht | 139–141 | 1975 |
| Siebenter Unterabschnitt | Sonderprüfung. Geltendmachung von Ersatzansprüchen | 142–149 | 2012 |

# Band II

|  |  | §§ | Seite |
|---|---|---|---|
| **Fünfter Teil** | **Rechnungslegung. Gewinnverwendung** |  |  |
| Erster Abschnitt | Jahresabschluss und Lagebericht. Entsprechenserklärung............... | 150–161 | 2159 |
| Zweiter Abschnitt | Prüfung des Jahresabschlusses |  |  |
| Erster Unterabschnitt | Prüfung durch Abschlussprüfer....... | 162–169 (weggefallen) |  |
| Zweiter Unterabschnitt | Prüfung durch den Aufsichtsrat ...... | 170, 171 | 2218 |
| Dritter Abschnitt | Feststellung des Jahresabschlusses. Gewinnverwendung |  |  |
| Erster Unterabschnitt | Feststellung des Jahresabschlusses.... | 172, 173 | 2241 |
| Zweiter Unterabschnitt | Gewinnverwendung ................ | 174 | 2255 |
| Dritter Unterabschnitt | Ordentliche Hauptversammlung ..... | 175, 176 | 2260 |
| Vierter Abschnitt | Bekanntmachung des Jahresabschlusses ......................... | 177, 178 (weggefallen) |  |
| **Sechster Teil** | **Satzungsänderung. Maßnahmen der Kapitalbeschaffung und Kapitalherabsetzung** |  |  |
| Erster Abschnitt | Satzungsänderung.................... | 179–181 | 2275 |
| Zweiter Abschnitt | Maßnahmen der Kapitalbeschaffung |  |  |
| Erster Unterabschnitt | Kapitalerhöhung gegen Einlagen...... | 182–191 | 2345 |
| Zweiter Unterabschnitt | Bedingte Kapitalerhöhung............ | 192–201 | 2427 |
| Dritter Unterabschnitt | Genehmigtes Kapital................. | 202–206 | 2468 |
| Vierter Unterabschnitt | Kapitalerhöhung aus Gesellschaftsmitteln ............................ | 207–220 | 2505 |
| Fünfter Unterabschnitt | Wandelschuldverschreibungen. Gewinnschuldverschreibungen....... | 221 | 2546 |
| Dritter Abschnitt | Maßnahmen der Kapitalherabsetzung |  |  |
| Erster Unterabschnitt | Ordentliche Kapitalherabsetzung..... | 222–228 | 2592 |
| Zweiter Unterabschnitt | Vereinfachte Kapitalherabsetzung .... | 229–236 | 2623 |
| Dritter Unterabschnitt | Kapitalherabsetzung durch Einziehung von Aktien. Ausnahme für Stückaktien ..................... | 237–239 | 2645 |
| Vierter Unterabschnitt | Ausweis der Kapitalherabsetzung..... | 240 | 2662 |
| **Siebenter Teil** | **Nichtigkeit von Hauptversammlungsbeschlüssen und des festgestellten Jahresabschlusses. Sonderprüfung wegen unzulässiger Unterbewertung** |  |  |
| Erster Abschnitt | Nichtigkeit von Hauptversammlungsbeschlüssen |  |  |
| Erster Unterabschnitt | Allgemeines ........................ | 241–249 | 2667 |

|  |  | §§ | Seite |
|---|---|---|---|
| Zweiter Unterabschnitt | Nichtigkeit bestimmter Hauptversammlungsbeschlüsse ............... | 250–255 | 2879 |
| Zweiter Abschnitt | Nichtigkeit des festgestellten Jahresabschlusses ....................... | 256, 257 | 2912 |
| Dritter Abschnitt | Sonderprüfung wegen unzulässiger Unterbewertung .................... | 258–261a | 2941 |
| **Achter Teil** | **Auflösung und Nichtigerklärung der Gesellschaft** | | |
| Erster Abschnitt | Auflösung | | |
| Erster Unterabschnitt | Auflösungsgründe und Anmeldung ... | 262, 263 | 2967 |
| Zweiter Unterabschnitt | Abwicklung ........................ | 264–274 | 2978 |
| Zweiter Abschnitt | Nichtigerklärung der Gesellschaft .... | 275–277 | 3015 |
| **Zweites Buch** | **Kommanditgesellschaft auf Aktien** ........................... | 278–290 | 3023 |
| **Drittes Buch** | **Verbundene Unternehmen** | | |
| Erster Teil | Unternehmensverträge | | |
| Erster Abschnitt | Arten von Unternehmensverträgen ... | 291, 292 | 3113 |
| Zweiter Abschnitt | Abschluss, Änderung und Beendigung von Unternehmensverträgen ......... | 293–299 | 3148 |
| Dritter Abschnitt | Sicherung der Gesellschaft und der Gläubiger ........................... | 300–303 | 3215 |
| Vierter Abschnitt | Sicherung der außenstehenden Aktionäre bei Beherrschungs- und Gewinnabführungsverträgen ......... | 304–307 | 3264 |
| Zweiter Teil | Leitungsmacht und Verantwortlichkeit bei Abhängigkeit von Unternehmen | | |
| Erster Abschnitt | Leitungsmacht und Verantwortlichkeit bei Bestehen eines Beherrschungsvertrags ............................ | 308–310 | 3353 |
| Zweiter Abschnitt | Verantwortlichkeit bei Fehlen eines Beherrschungsvertrags ............... | 311–318 | 3381 |
| **Dritter Teil** | **Eingegliederte Gesellschaften** ........ | 319–327 | 3499 |
| **Vierter Teil** | **Ausschluss von Minderheitsaktionären** ......................... | 327a–327f | 3550 |
| **Fünfter Teil** | **Wechselseitig beteiligte Unternehmen** | 328 | 3633 |
| **Sechster Teil** | **Rechnungslegung im Konzern** ........ | 329–393 (weggefallen) | |

# Inhaltsverzeichnis

|  |  | §§ | Seite |
|---|---|---|---|
| **Viertes Buch** | **Sonder-, Straf- und Schlussvorschriften** | | |
| Erster Teil | Sondervorschriften bei Beteiligung von Gebietskörperschaften .......... | 394, 395 | 3641 |
| Zweiter Teil | Gerichtliche Auflösung .............. | 396–398 | 3671 |
| Dritter Teil | Straf- und Bußgeldvorschriften. Schlussvorschriften ................. | 399–410 | 3679 |
| **Anhang:** | Spruchverfahrensgesetz ............. | | 3713 |
| Stichwortverzeichnis ...................................... | | | 3805 |

# Allgemeines Literaturverzeichnis*

| | |
|---|---|
| Adler/Düring/Schmaltz | Rechnungslegung und Prüfung der Unternehmen, 6. Aufl. 1995 ff. |
| Assmann/Uwe H. Schneider (Hrsg.) | Wertpapierhandelsgesetz, 5. Aufl. 2009 |
| Assmann/Pötzsch/ Uwe H. Schneider (Hrsg.) | Wertpapiererwerbs- und Übernahmegesetz, 2005 |
| Baumbach/Hopt | Handelsgesetzbuch, 34. Aufl. 2010 |
| Baumbach/Hueck | Aktiengesetz, 13. Aufl. 1968 |
| Baums (Hrsg.) | Bericht der Regierungskommission Corporate Governance, 2001 |
| Bayer/Habersack (Hrsg.) | Aktienrecht im Wandel, 2007 |
| Beck'scher Bilanz-Kommentar | 7. Aufl. 2010 |
| Beck'sches Handbuch der AG | herausgegeben von Welf Müller, Rödder, 2. Aufl. 2009 |
| Berens/Brauner/Strauch (Hrsg.) | Due Diligence bei Unternehmensakquisitionen, 5. Aufl. 2008 |
| Bezzenberger | Das Kapital der Aktiengesellschaft, 2005 |
| Bürgers/Körber (Hrsg.) | Heidelberger Kommentar zum Aktiengesetz, 2008 |
| Canaris | Handelsrecht, 24. Aufl. 2006 |
| Claussen | Bank- und Börsenrecht, 4. Aufl. 2008 |
| Ebenroth/Boujong/Joost/Strohn | Handelsgesetzbuch, 2. Aufl. 2008 |
| Emmerich/Habersack | Aktien- und GmbH-Konzernrecht, 6. Aufl. 2010 |
| Emmerich/Habersack | Konzernrecht, 9. Aufl. 2008 |
| Erman | BGB, 12. Aufl. 2008 |
| Fleischer (Hrsg.) | Handbuch des Vorstandsrechts, 2006 |
| Flume | Allgemeiner Teil des bürgerlichen Rechts, Bd. 1/2 Die juristische Person, 1983 |
| Fuchs | Wertpapierhandelsgesetz, 2009 |
| Geßler/Hefermehl/Eckardt/Kropff | Aktiengesetz, 1974 ff. (ab 2. Aufl. s. Münchener Kommentar zum Aktiengesetz) |
| v. Godin/Wilhelmi | Aktiengesetz, 4. Aufl. 1971 |
| Gottwald (Hrsg.) | Insolvenzrechts-Handbuch, 3. Aufl. 2006 |
| Groß | Kapitalmarktrecht, 4. Aufl. 2009 |
| Großkommentar zum Aktiengesetz | herausgegeben von Hopt, Wiedemann, 4. Aufl. 1992 ff. |
| Grundmann | Europäisches Gesellschaftsrecht, 2004 |
| Grunewald | Gesellschaftsrecht, 7. Aufl. 2008 |
| Haarmann/Schüppen (Hrsg.) | Frankfurter Kommentar zum WpÜG, 3. Aufl. 2008 |
| Habersack | Europäisches Gesellschaftsrecht, 3. Aufl. 2006 |

---

* Ausführliche Literaturübersichten zu Beginn der einzelnen Paragraphen.

# Allgemeines Literaturverzeichnis

| | |
|---|---|
| Habersack/Mülbert/Schlitt (Hrsg.) | Unternehmensfinanzierung am Kapitalmarkt, 2. Aufl. 2008 |
| Habersack/Mülbert/Schlitt (Hrsg.) | Handbuch der Kapitalmarktinformation, 2008 |
| Hachenburg | Gesetz betreffend die Gesellschaften mit beschränkter Haftung, Großkommentar, 8. Aufl. 1989 ff. (Neubearb. s. Ulmer) |
| Happ (Hrsg.) | Aktienrecht, 3. Aufl. 2007 |
| Heckschen/Heidinger | Die GmbH in der Gestaltungs- und Beratungspraxis, 2. Aufl. 2009 |
| Heidel (Hrsg.) | Aktienrecht und Kapitalmarktrecht, 2. Aufl. 2007 |
| Henn | Handbuch des Aktienrechts, 8. Aufl. 2009 |
| Henssler/Willemsen/Kalb (Hrsg.) | Arbeitsrecht Kommentar, 4. Aufl. 2010 |
| Henze | Aktienrecht – Höchstrichterliche Rechtsprechung, 5. Aufl. 2002 |
| Herdegen | Internationales Wirtschaftsrecht, 8. Aufl. 2009 |
| Hirte | Kapitalgesellschaftsrecht, 6. Aufl. 2009 |
| Hirte/von Bülow (Hrsg.) | Kölner Kommentar zum WpÜG, 2003 |
| Hoffmann/Preu | Der Aufsichtsrat, 5. Aufl. 2003 |
| Hüffer | Aktiengesetz, 9. Aufl. 2010 |
| Jäger | Aktiengesellschaft, 2004 |
| Kallmeyer | UmwG, 4. Aufl. 2010 |
| Kegel/Schurig | Internationales Privatrecht, 9. Aufl. 2004 |
| Keidel | FamFG, 16. Aufl. 2009 |
| Kleindiek | Deliktshaftung und juristische Personen, 1997 |
| Koller/Roth/Morck | Handelsgesetzbuch, 6. Aufl. 2007 |
| Kölner Kommentar zum Aktiengesetz | herausgegeben von Zöllner, 2. Aufl. 1986 ff., herausgegeben von Zöllner, Noack, 3. Aufl. 2004 ff. |
| Krafka/Willer/Kühn | Registerrecht, 8. Aufl. 2010 |
| Krieger/Uwe H. Schneider (Hrsg.) | Handbuch Managerhaftung, 2. Aufl. 2010 |
| Kropff | Aktiengesetz, Textausgabe des Aktiengesetzes v. 6.9.1965, 1965 |
| Kübler/Assmann | Gesellschaftsrecht, 6. Aufl. 2006 |
| Kümpel | Bank- und Kapitalmarktrecht, 3. Aufl. 2004 |
| Lutter | Information und Vertraulichkeit im Aufsichtsrat, 3. Aufl. 2006 |
| Lutter | Umwandlungsgesetz, 4. Aufl. 2009, herausgegeben von Lutter, M. Winter |
| Lutter | Europäisches Unternehmensrecht, 4. Aufl. 1996 |
| Lutter | Kapital, Sicherung der Kapitalaufbringung und Kapitalerhaltung, 1964 |
| Lutter (Hrsg.) | Holding-Handbuch, 4. Aufl. 2004 |
| Lutter (Hrsg.) | Das Kapital der Aktiengesellschaft in Europa, 2006 |
| Lutter/Hommelhoff | GmbH-Gesetz, 17. Aufl. 2009 |
| Lutter/Hommelhoff (Hrsg.) | SE-Kommentar – SE-VO, SEAG, SEBG, Steuerrecht, 2008 |

# Allgemeines Literaturverzeichnis

| | |
|---|---|
| Lutter/Krieger | Rechte und Pflichten des Aufsichtsrats, 5. Aufl. 2008 |
| Marsch-Barner/Schäfer (Hrsg.) | Handbuch börsennotierte AG, 2. Aufl. 2009 |
| Michalski (Hrsg.) | GmbHG, 2. Aufl. 2010 |
| Mülbert | Aktiengesellschaft, Unternehmensgruppe und Kapitalmarkt, 2. Aufl. 1996 |
| Müller-Erzbach | Das private Recht der Mitgliedschaft, 1948 |
| Münchener Handbuch des Gesellschaftsrechts | Band 4 Aktiengesellschaft herausgegeben von Hoffmann-Becking, 3. Aufl. 2007 |
| Münchener Kommentar zum Aktiengesetz | herausgegeben von Kropff, Semler, 2. Aufl. 2000 ff., herausgegeben von Goette, Habersack, 3. Aufl. 2008 ff. |
| Münchener Kommentar zum GmbHG | 2010 ff., herausgegeben von Fleischer, Goette |
| Münchener Kommentar zum HGB | herausgegeben von Karsten Schmidt, 2. Aufl. 2005 ff. |
| Nirk/Ziemons/Binnewies | Handbuch der Aktiengesellschaft (Loseblatt) |
| Obermüller/Werner/Winden | Die Hauptversammlung der Aktiengesellschaft, 4. Aufl. 2001 (bearbeitet von Butzke) |
| Palandt | Bürgerliches Gesetzbuch, 69. Aufl. 2010 |
| Raiser/Veil | Mitbestimmungsgesetz und Drittelbeteiligungsgesetz, 5. Aufl. 2009 |
| Raiser/Veil | Recht der Kapitalgesellschaften, 5. Aufl. 2010 |
| Röhricht/Graf von Westphalen | HGB, 3. Aufl. 2008 |
| Roth | Unternehmerisches Ermessen und Haftung des Vorstands, 2001 |
| Roth/Altmeppen | Gesetz betreffend die Gesellschaften mit beschränkter Haftung, 6. Aufl. 2009 |
| Rowedder/Schmidt-Leithoff (Hrsg.) | Gesetz betreffend die Gesellschaften mit beschränkter Haftung, Kommentar, 4. Aufl. 2002 |
| Schäfer/Hamann (Hrsg.) | Kapitalmarktgesetze (Loseblatt) |
| Schmidt, Karsten | Gesellschaftsrecht, 4. Aufl. 2002 |
| Scholz | Kommentar zum GmbH-Gesetz, 10. Aufl. 2006 (Bd. I), 2007 (Bd. II), 2010 (Bd. III) |
| Schwark | Kapitalmarktrechts-Kommentar, 3. Aufl. 2004 |
| Schwarz | Europäisches Gesellschaftsrecht, 2000 |
| Schwerdtfeger | Kompaktkommentar Gesellschaftsrecht, 2007 |
| Semler | Leitung und Überwachung der Aktiengesellschaft, 2. Aufl. 1996 |
| Semler/Peltzer (Hrsg.) | Arbeitshandbuch für Vorstandsmitglieder, 2005 |
| Semler/v. Schenck (Hrsg.) | Arbeitshandbuch für Aufsichtsratsmitglieder, 3. Aufl. 2009 |
| Semler/Volhard (Hrsg.) | Arbeitshandbuch für die Hauptversammlung, 2. Aufl. 2003 |
| Spindler/Stilz | Aktiengesetz, 2007 |

# Allgemeines Literaturverzeichnis

| | |
|---|---|
| v. Stebut | Geheimnisschutz und Verschwiegenheitspflicht im Aktienrecht, 1972 |
| Thümmel | Persönliche Haftung von Managern und Aufsichtsräten, 4. Aufl. 2008 |
| Tipke/Lang | Steuerrecht, 20. Aufl. 2010 |
| Uhlenbruck | Insolvenzordnung, Kommentar, 13. Aufl. 2010, herausgegeben von Uhlenbruck, Hirte, Vallender |
| Ulmer | GmbHG, Großkommentar, 2005 ff., herausgegeben von Ulmer, Habersack, Winter |
| Ulmer/Habersack/Henssler | Mitbestimmungsrecht, 2. Aufl. 2006 |
| Widmann/Mayer | Umwandlungsrecht (Loseblatt) |
| Wicke | GmbHG, Kommentar, 2008 |
| Wiedemann | Gesellschaftsrecht, Band I: Grundlagen, 1980; Gesellschaftsrecht, Band II: Recht der Personengesellschaften, 2004 |
| Windbichler | Gesellschaftsrecht, 22. Aufl. 2009 |
| Winkler | Beurkundungsgesetz, 16. Aufl. 2008 |
| Winter, Martin | Mitgliedschaftliche Treubindungen im GmbH-Recht, 1988 |
| Würdinger | Aktienrecht und das Recht der verbundenen Unternehmen, 4. Aufl. 1981 |
| Zöllner | Die Schranken mitgliedschaftlicher Stimmrechtsmacht bei den privatrechtlichen Personenverbänden, 1963 |

# Abkürzungsverzeichnis

| | |
|---|---|
| a.A. | anderer Ansicht |
| a.E. | am Ende |
| a.F. | alte Fassung |
| ABl. EG | Amtsblatt der Europäischen Gemeinschaft |
| ABl. EU | Amtsblatt der Europäischen Union |
| Abs. | Absatz |
| AcP | Archiv für die civilistische Praxis |
| ADHGB | Allgemeines Deutsches Handelsgesetzbuch |
| ADS | Adler/Düring/Schmaltz |
| AEUV | Vertrag über die Arbeitsweise der Europäischen Union |
| AG | Aktiengesellschaft; Die Aktiengesellschaft |
| AGB | Allgemeine Geschäftsbedingungen |
| AktG | Aktiengesetz |
| Alt. | Alternative |
| AngVO | Angebotsverordnung |
| Anh. | Anhang |
| Anm. | Anmerkung |
| AnSVG | Anlegerschutzverbesserungsgesetz |
| AnwBl. | Anwaltsblatt |
| AnwK.-BGB | AnwaltKommentar BGB |
| AO | Abgabenordnung |
| AöR | Archiv des öffentlichen Rechts |
| AR | Aufsichtsrat |
| Art. | Artikel |
| ARUG | Gesetz zur Umsetzung der Aktionärsrechterichtlinie |
| AuA | Arbeit und Arbeitsrecht |
| Aufl. | Auflage |
| | |
| BaFin | Bundesanstalt für Finanzdienstleistungsaufsicht |
| BAG | Bundesarbeitsgericht |
| BAnz. | Bundeanzeiger |
| BausparkG | Bausparkassengesetz |
| BayObLG | Bayerisches Oberstes Landesgericht |
| BayObLGZ | Entscheidungssammlung des BayObLG in Zivilsachen |
| BB | Betriebs-Berater |
| BBG | Bundesbeamtengesetz |
| Bd. | Band |
| BDA | Bundesvereinigung der Deutschen Arbeitgeberverbände |
| BDI | Bundesverband der Deutschen Industrie |
| BDSG | Bundesdatenschutzgesetz |
| BeckBilKomm. | Beckscher Bilanz-Kommentar |
| Begr. | Begründung |
| BetrAVG | Gesetz zur Verbesserung der betrieblichen Altersversorgung |
| BetrVG | Betriebsverfassungsgesetz |
| BeurkG | Beurkundungsgesetz |
| BFH | Bundesfinanzhof |
| BFuP | Betriebswirtschaftliche Forschung und Praxis |
| BGB | Bürgerliches Gesetzbuch |
| BGBl. | Bundesgesetzblatt |

## Abkürzungsverzeichnis

| | |
|---|---|
| BGH | Bundesgerichtshof |
| BGHZ | Entscheidungen des Bundesgerichtshofs in Zivilsachen |
| BHO | Bundeshaushaltsordnung |
| BilKoG | Bilanzrechtskontrollgesetz |
| BilMoG | Bilanzrechtsmodernisierungsgesetz |
| BilReG | Bilanzrechtsreformgesetz |
| BImSchG | Bundes-Immissionsschutzgesetz |
| BiRiLiG | Bilanzrichtlinien-Gesetz |
| BKR | Zeitschrift für Bank- und Kapitalmarktrecht |
| BMJ | Bundesministerium der Justiz |
| BNotO | Bundesnotarordnung |
| BörsG | Börsengesetz |
| BörsO FWB | Börsenordnung der Frankfurter Wertpapierbörse |
| BörsZulV | Börsenzulassungs-Verordnung |
| BRAO | Bundesrechtsanwaltsordnung |
| BR-Drucks. | Bundesrats-Drucksache |
| BRRG | Beamtenrechtsrahmengesetz |
| BStBl. | Bundessteuerblatt |
| BT-Drucks. | Bundestags-Drucksache |
| BuB | Bankrecht und Bankpraxis |
| BVerfG | Bundesverfassungsgericht |
| BVerfGE | Entscheidungssammlung des Bundesverfassungsgerichts |
| BZRG | Bundeszentralregistergesetz |
| bzw. | beziehungsweise |
| | |
| CCZ | Corporate Compliance Zeitschrift |
| CFL | Corporate Finance Law |
| CR | Computer und Recht |
| | |
| D&O | Directors & Officers |
| DAI | Deutsches Aktieninstitut |
| DAJV | Deutsch-amerikanische Juristenvereinigung |
| DAV | Deutscher Anwaltverein |
| DAX | Deutscher Aktienindex |
| DB | Der Betrieb |
| DBAG | Deutsche Börse AG |
| DBW | Die Betriebswirtschaft |
| DCGK | Deutscher Corporate Governance Kodex |
| DepotG | Depotgesetz |
| d.h. | das heißt |
| DiskE | Diskussionsentwurf |
| Diss. | Dissertation |
| DJT | Deutscher Juristentag |
| DNotZ | Deutsche Notar-Zeitschrift |
| DöV | Die öffentliche Verwaltung |
| DrittelbG | Drittelbeteiligungsgesetz |
| DRS | Deutscher Standardisierungsrat |
| DStR | Deutsches Steuerrecht |
| DSW | Deutsche Schutzvereinigung für Wertpapierbesitz |
| DVBl. | Deutsches Verwaltungsblatt |
| DVFA | Deutsche Vereinigung für Finanzanalyse und Asset Management |
| DVO | Durchführungsverordnung |
| DZWiR | Deutsche Zeitschrift für Wirtschaftsrecht |

# Abkürzungsverzeichnis

| | |
|---|---|
| E | Entwurf |
| EBOR | European Business Organization Law Review |
| EBRG | Gesetz über Europäische Betriebsräte |
| Ecolex | Zeitschrift für Wirtschaftsrecht (Manz) |
| Eds. | Editors |
| EFG | Entscheidungen der Finanzgerichte |
| EfzG | Entgeltfortzahlungsgesetz |
| EGAktG | Einführungsgesetz zum Aktiengesetz |
| EGBGB | Einführungsgesetz zum Bürgerlichen Gesetzbuch |
| EGStGB | Einführungsgesetz zum Strafgesetzbuch |
| EHUG | Gesetz über elektronische Handelsregister und Genossenschaftsregister sowie das Unternehmensregister |
| EnWG | Energiewirtschaftsgesetz |
| ErfK | Erfurter Kommentar |
| EStG | Einkommensteuergesetz |
| EU | Europäische Union |
| EuGH | Europäischer Gerichtshof |
| EuGVÜ | Europäisches Gerichtsstands- und Vollstreckungsübereinkommen |
| EuroEG | Euro-Einführungsgesetz |
| EWiR | Entscheidungen zum Wirtschaftsrecht |
| EWIV | Europäische wirtschaftliche Interessenvereinigung |
| EWR | Europäischer Wirtschaftsraum |
| EWWU | Europäische Wirtschafts- und Währungsunion |
| EZB | Europäische Zentralbank |
| FamFG | Gesetz über das Verfahren in Familiensachen und in den Angelegenheiten der freiwilligen Gerichtsbarkeit |
| FamRZ | Zeitschrift für das gesamte Familienrecht |
| FAZ | Frankfurter Allgemeine Zeitung |
| FD-HGR | Fachdienst Handels- und Gesellschaftsrecht |
| FFG | Finanzmarktförderungsgesetz |
| FGG | Gesetz über die Angelegenheiten der Freiwilligen Gerichtsbarkeit |
| FGG-ReformG | Gesetz zur Reform des Verfahrens in Familiensachen und in den Angelegenheiten der freiwilligen Gerichtsbarkeit |
| FGPrax | Praxis der freiwilligen Gerichtsbarkeit |
| FinDAG | Finanzdienstleistungsaufsichtsgesetz |
| FMStBG | Finanzmarktstabilisierungsbeschleunigungsgesetz |
| FMStFG | Finanzmarktstabilisierungsfondsgesetz |
| FMStG | Finanzmarktstabilisierungsgesetz |
| FMVAStärkG | Gesetz zur Stärkung der Finanzmarkt- und der Versicherungsaufsicht |
| Fn. | Fußnote |
| FRUG | Finanzmarktrichtlinie-Umsetzungsgesetz |
| FS | Festschrift |
| FTD | Financial Times Deutschland |
| FWB | Frankfurter Wertpapierbörse |
| GBO | Grundbuchordnung |
| GbR | Gesellschaft bürgerlichen Rechts |
| GenG | Gesetz betreffend die Erwerbs- und Wirtschaftsgenossenschaften |
| GesR | Gesellschaftsrecht |

## Abkürzungsverzeichnis

| | |
|---|---|
| GesRZ | Der Gesellschafter |
| GewArch. | Gewerbearchiv |
| GewStG | Gewerbesteuergesetz |
| GewStR | Gewerbesteuerrichtlinien |
| GG | Grundgesetz |
| ggf. | gegebenenfalls |
| G/H/E/K | Geßler/Hefermehl/Eckardt/Kropff |
| GmbH | Gesellschaft mit beschränkter Haftung |
| GmbHG | Gesetz betreffend die Gesellschaften mit beschränkter Haftung |
| GmbHR | GmbH-Rundschau |
| GoB | Grundsätze ordnungmäßiger Buchführung |
| GPR | Zeitschrift für Gemeinschaftsprivatrecht |
| Großkomm. | Großkommentar |
| GS | Gedächtnisschrift |
| GuV | Gewinn- und Verlustrechnung |
| GVBl. | Gesetz- und Verordnungsblatt |
| GVG | Gerichtsverfassungsgesetz |
| GWB | Gesetz gegen Wettbewerbsbeschränkungen |
| GWG | Geldwäschegesetz |
| GWR | Gesellschafts- und Wirtschaftsrecht |
| | |
| Hdb. | Handbuch |
| HdJ | Handbuch des Jahresabschlusses |
| HGB | Handelsgesetzbuch |
| HGrG | Haushaltsgrundsätzegesetz |
| h.L. | herrschende Lehre |
| h.M. | herrschende Meinung |
| HR | Handelsregister |
| HRefG | Handelsregisterreformgesetz |
| HRR | Höchstrichterliche Rechtsprechung |
| Hrsg. | Herausgeber |
| HRV | Handelsregisterverordnung |
| HV | Hauptversammlung |
| | |
| i.d.F. | in der Fassung |
| i.d.R. | in der Regel |
| i.E. | im Ergebnis |
| i.e.S. | im engeren Sinne |
| i.S. | im Sinne |
| i.V.m. | in Verbindung mit |
| IAS | International Accounting Standards |
| IASB | International Accounting Standards Board |
| IDW | Institut der Wirtschaftsprüfer |
| IDW PH | IDW Prüfungshinweise |
| IDW PS | IDW Prüfungsstandards |
| IFRS | International Financial Reporting Standards |
| InsO | Insolvenzordnung |
| InvG | Investmentgesetz |
| IPO | Initial Public Offer |
| IStR | Internationales Steuerrecht |
| | |
| JR | Juristische Rundschau |
| Jura | Juristische Ausbildung |

| | |
|---|---|
| JurisPR-HaGesR | Juris PraxisReport Handels- und Gesellschaftsrecht |
| JuS | Juristische Schulung |
| JZ | Juristenzeitung |
| | |
| K&R | Kommunikation & Recht |
| KapAEG | Kapitalaufnahmeerleichterungsgesetz |
| KapErhG | Kapitalerhöhungsgesetz |
| KapInHaG | Kapitalmarktinformationshaftungsgesetz |
| KapMuG | Kapitalanleger-Musterverfahrensgesetz |
| KapRL | Kapitalrichtlinie |
| KG | Kommanditgesellschaft |
| KGaA | Kommanditgesellschaft auf Aktien |
| KölnKomm. | Kölner Kommentar |
| Komm. | Kommentar |
| KommJur | Kommunaljurist |
| KonTraG | Gesetz zur Kontrolle und Transparenz im Unternehmensbereich |
| KoR | Kapitalmarktorientierte Rechnungslegung |
| KostO | Kostenordnung |
| KpK GesR | Kompaktkommentar Gesellschaftsrecht |
| KStG | Körperschaftsteuergesetz |
| KSzW | Kölner Schrift zum Wirtschaftsrecht |
| KTS | Zeitschrift für Konkurs-, Treuhand- und Schiedsgerichtswesen |
| KuMaKV | Verordnung zur Konkretisierung des Verbotes der Kurs- und Marktpreismanipulation |
| KWG | Kreditwesengesetz |
| | |
| LAG | Landesarbeitsgericht |
| LG | Landgericht |
| lit. | litera |
| LM | Lindenmaier/Möhring |
| LStDV | Lohnsteuer-Durchführungsverordnung |
| LStR | Lohnsteuerrichtlinien |
| Ltd. | Limited Company |
| LVwVfG | Landesverwaltungsverfahrensgesetz |
| | |
| m.w.N. | mit weiteren Nachweisen |
| MaKonV | Verordnung zur Konkretisierung des Verbotes der Marktmanipulation |
| MDR | Monatsschrift für Deutsches Recht |
| MgVG | Gesetz über die Mitbestimmung der Arbeitnehmer bei einer grenzüberschreitenden Verschmelzung |
| Mio. | Million |
| MitbestErgG | Mitbestimmungsergänzungsgesetz |
| MitbestG | Mitbestimmungsgesetz |
| MittBayNotZ | Mitteilungen des Bayerischen Notarvereins, der Notarkasse und der Landesnotarkammer Bayern (Zeitschrift) |
| MittRhNotK | Mitteilungen der Rheinischen Notarkammer |
| MMR | MultiMedia und Recht |
| MoMiG | Gesetz zur Modernisierung des GmbH-Rechts und zur Bekämpfung von Missbräuchen |
| MünchHdb. AG | Münchener Handbuch des Gesellschaftsrechts, Die Aktiengesellschaft |

## Abkürzungsverzeichnis

| | |
|---|---|
| MünchKomm. | Münchener Kommentar |
| m.W.v. | mit Wirkung vom |
| NASDAQ | National Association of Securities Dealers Automated Quotation |
| NaStraG | Gesetz zur Namensaktie und zur Erleichterung der Stimmrechtsausübung |
| n.F. | neue Fassung |
| NordÖR | Zeitschrift für Öffentliches Recht in Norddeutschland |
| NJW | Neue Juristische Wochenschrift |
| NJW-RR | NJW-Rechtsprechungs-Report |
| Nr. | Nummer |
| NStZ | Neue Zeitschrift für Strafrecht |
| NVersZ | Neue Zeitschrift für Versicherung und Recht |
| NYSE | New York Stock Exchange |
| NZA | Neue Zeitschrift für Arbeitsrecht |
| NZBau | Neue Zeitschrift für Baurecht |
| NZG | Neue Zeitschrift für Gesellschaftsrecht |
| NZM | Neue Zeitschrift für Miet- und Wohnungsrecht |
| ÖBA | Österreichisches BankArchiv |
| OECD | Organisation for Economic Cooperation and Development |
| OFD | Oberfinanzdirektion |
| OHG | Offene Handelsgesellschaft |
| OLG | Oberlandesgericht |
| OLGZ | Entscheidungssammlung der Oberlandesgerichte in Zivilsachen |
| OR | Obligationenrecht |
| OWiG | Gesetz über Ordnungswidrigkeiten |
| PartGG | Partnerschaftsgesellschaftsgesetz |
| PfandBG | Pfandbriefgesetz |
| R | Richtlinie |
| RdA | Recht der Arbeit |
| RefE | Referentenentwurf |
| RefG | Reformgesetz |
| RegE | Regierungsentwurf |
| REIT-AG | Immobilien-Aktiengesellschaft mit börsennotierten Anteilen |
| REITG | Gesetz über deutsche Immobilien-Aktiengesellschaften mit börsennotierten Anteilen |
| RG | Reichsgericht |
| RGZ | Entscheidungen des Reichsgerichts in Zivilsachen |
| RHO | Reichshaushaltsordnung |
| RIW | Recht der Internationalen Wirtschaft |
| RL | Richtlinie |
| RNotZ | Rheinische Notar-Zeitschrift |
| ROHG | Reichsoberhandelsgericht |
| ROHGE | Entscheidungen des Reichsoberhandelsgerichts |
| RPfl. | Der Deutsche Rechtspfleger |
| RPflG | Rechtspflegergesetz |
| Rspr. | Rechtsprechung |
| Rz. | Randzahl |

# Abkürzungsverzeichnis

| | |
|---|---|
| S. | Seite |
| s. | siehe |
| SächsVBl. | Sächsische Verwaltungsblätter |
| SE | Societas Europaea |
| SEAG | SE-Ausführungsgesetz |
| SEBG | SE-Beteiligungsgesetz |
| SEC | Securities and Exchange Commission |
| SEEG | Gesetz zur Einführung der Europäischen Gesellschaft |
| SigG | Signaturgesetz |
| SoFFin | Sonderfonds Finanzmarktstabilisierung |
| sog. | so genannt |
| SOX | Sarbanes Oxley Act |
| SprAuG | Sprecherausschussgesetz |
| SpruchG | Spruchverfahrensgesetz |
| StBerG | Steuerbereinigungsgesetz |
| StGB | Strafgesetzbuch |
| StudZR | Studentische Zeitschrift für Rechtswissenschaft Heidelberg |
| StückAG | Stückaktiengesetz |
| StuW | Steuer und Wirtschaft |
| | |
| TKG | Telekommunikationsgesetz |
| TransPuG | Transparenz- und Publizitätsgesetz |
| TUG | Transparenzrichtlinie-Umsetzungsgesetz |
| Tz. | Textziffer |
| TzBfG | Teilzeit- und Befristungsgesetz |
| | |
| u.a. | unter anderem |
| UBGG | Gesetz über Unternehmensbeteiligungsgesellschaften |
| UMAG | Gesetz zur Unternehmensintegrität und Modernisierung des Anfechtungsrechts |
| UmwBerG | Umwandlungsbereinigungsgesetz |
| UmwG | Umwandlungsgesetz |
| UmwStG | Umwandlungssteuergesetz |
| UStG | Umsatzsteuergesetz |
| u.U. | unter Umständen |
| UWG | Gesetz gegen den unlauteren Wettbewerb |
| | |
| VAG | Versicherungsaufsichtsgesetz |
| Var. | Variante |
| VerkProspG | Verkaufsprospektgesetz |
| VermbG | Vermögensbeteiligungsgesetz |
| VersAufsG | Versicherungsaufsichtsgesetz |
| VersR | Versicherungsrecht |
| VerwArch. | Verwaltungsarchiv |
| VG | Verwaltungsgericht |
| VGH | Verwaltungsgerichtshof |
| vgl. | vergleiche |
| VGR | Gesellschaftsrechtliche Vereinigung |
| VIZ | Zeitschrift für Vermögens- und Immobilienrecht |
| VO | Verordnung |
| VorstAG | Gesetz zur Angemessenheit der Vorstandsvergütung |
| VorstOG | Vorstandsvergütungs-Offenlegungsgesetz |
| VR | Verwaltungsrundschau |

# Abkürzungsverzeichnis

| | |
|---|---|
| VVaG | Versicherungsverein auf Gegenseitigkeit |
| VVG | Versicherungsvertragsgesetz |
| VW | Versicherungswirtschaft |
| VwGO | Verwaltungsgerichtsordnung |
| VwVfG | Verwaltungsverfahrensgesetz |
| VwVG | Verwaltungs-Vollstreckungsgesetz |
| | |
| WBl. | Wirtschaftsrechtliche Blätter |
| WG | Wechselgesetz |
| WiB | Wirtschaftsrechtliche Beratung |
| wistra | Zeitschrift für Wirtschaft, Steuer und Strafrecht |
| WKN | Wertpapier-Kennnummer |
| WM | Wertpapier-Mitteilungen |
| WpAIV | Wertpapierhandelsanzeige- und Insiderverzeichnisverordnung |
| WPg | Die Wirtschaftsprüfung |
| WpHG | Wertpapierhandelsgesetz |
| WPK | Wirtschaftsprüferkammer |
| WPO | Wirtschaftsprüferordnung |
| WpPG | Wertpapierprospektgesetz |
| WpÜG | Wertpapiererwerbs- und Übernahmegesetz |
| WpÜG-AngVO | WpÜG-Angebotsverordnung |
| WpÜG-GebVO | WpÜG-Gebührenverordnung |
| WRP | Wettbewerb in Recht und Praxis |
| WuB | Entscheidungssammlung zum Wirtschafts- und Bankrecht |
| | |
| ZBB | Zeitschrift für Bankrecht und Bankwirtschaft |
| Zerb | Zeitschrift für die Steuer- und Erbrechtspraxis |
| ZEV | Zeitschrift für Erbrecht und Vermögensnachfolge |
| ZfB | Zeitschrift für Betriebswirtschaft |
| ZfbF | Zeitschrift für betriebswirtschaftliche Forschung |
| ZfgK | Zeitschrift für das gesamte Kreditwesen |
| ZgK | Zeitschrift für das gesamte Kreditwesen |
| ZGR | Zeitschrift für Unternehmens- und Gesellschaftsrecht |
| ZHR | Zeitschrift für das gesamte Handels- und Wirtschaftsrecht |
| Ziff. | Ziffer |
| ZInsO | Zeitschrift für das gesamte Insolvenzrecht |
| ZIP | Zeitschrift für Wirtschaftsrecht |
| ZIS | Zeitschrift für Internationale Strafrechtsdogmatik |
| zit. | zitiert |
| ZNotP | Zeitschrift für die Notarpraxis |
| ZögU | Zeitschrift für öffentliche und gemeinwirtschaftliche Unternehmen |
| ZPO | Zivilprozessordnung |
| ZRP | Zeitschrift für Rechtspolitik |
| ZSR | Zeitschrift für Sozialreform |
| ZZP | Zeitschrift für Zivilprozess |

# Aktiengesetz

vom 6. September 1965 (BGBl. I S. 1089), zuletzt geändert durch
Gesetz vom 31. Juli 2009 (BGBl. I S. 2509)

### Erstes Buch. Aktiengesellschaft

### Erster Teil. Allgemeine Vorschriften

**§ 1 Wesen der Aktiengesellschaft.** (1) ¹Die Aktiengesellschaft ist eine Gesellschaft mit eigener Rechtspersönlichkeit. ²Für die Verbindlichkeiten der Gesellschaft haftet den Gläubigern nur das Gesellschaftsvermögen.
(2) Die Aktiengesellschaft hat ein in Aktien zerlegtes Grundkapital.

**§ 2 Gründerzahl.** An der Feststellung des Gesellschaftsvertrags (der Satzung) müssen sich eine oder mehrere Personen beteiligen, welche die Aktien gegen Einlagen übernehmen.

**§ 3 Formkaufmann; Börsennotierung.** (1) Die Aktiengesellschaft gilt als Handelsgesellschaft, auch wenn der Gegenstand des Unternehmens nicht im Betrieb eines Handelsgewerbes besteht.
(2) Börsennotiert im Sinne dieses Gesetzes sind Gesellschaften, deren Aktien zu einem Markt zugelassen sind, der von staatlich anerkannten Stellen geregelt und überwacht wird, regelmäßig stattfindet und für das Publikum mittelbar oder unmittelbar zugänglich ist.

**§ 4 Firma.** Die Firma der Aktiengesellschaft muß, auch wenn sie nach § 22 des Handelsgesetzbuchs oder nach anderen gesetzlichen Vorschriften fortgeführt wird, die Bezeichnung „Aktiengesellschaft" oder eine allgemein verständliche Abkürzung dieser Bezeichnung enthalten.

**§ 5 Sitz.** Sitz der Gesellschaft ist der Ort im Inland, den die Satzung bestimmt.

**§ 6 Grundkapital.** Das Grundkapital muß auf einen Nennbetrag in Euro lauten.

**§ 7 Mindestnennbetrag des Grundkapitals.** Der Mindestnennbetrag des Grundkapitals ist fünfzigtausend Euro.

**§ 8 Form und Mindestbeträge der Aktien.** (1) Die Aktien können entweder als Nennbetragsaktien oder als Stückaktien begründet werden.
(2) ¹Nennbetragsaktien müssen auf mindestens einen Euro lauten. ²Aktien über einen geringeren Nennbetrag sind nichtig. ³Für den Schaden aus der Ausgabe sind die Ausgeber den Inhabern als Gesamtschuldner verantwortlich. ⁴Höhere Aktiennennbeträge müssen auf volle Euro lauten.
(3) ¹Stückaktien lauten auf keinen Nennbetrag. ²Die Stückaktien einer Gesellschaft sind am Grundkapital in gleichem Umfang beteiligt. ³Der auf die einzelne Aktie ent-

fallende anteilige Betrag des Grundkapitals darf einen Euro nicht unterschreiten. ⁴Absatz 2 Satz 2 und 3 findet entsprechende Anwendung.

(4) Der Anteil am Grundkapital bestimmt sich bei Nennbetragsaktien nach dem Verhältnis ihres Nennbetrags zum Grundkapital, bei Stückaktien nach der Zahl der Aktien.

(5) Die Aktien sind unteilbar.

(6) Diese Vorschriften gelten auch für Anteilscheine, die den Aktionären vor der Ausgabe der Aktien erteilt werden (Zwischenscheine).

**§ 9 Ausgabebetrag der Aktien.** (1) Für einen geringeren Betrag als den Nennbetrag oder den auf die einzelne Stückaktie entfallenden anteiligen Betrag des Grundkapitals dürfen Aktien nicht ausgegeben werden (geringster Ausgabebetrag).

(2) Für einen höheren Betrag ist die Ausgabe zulässig.

**§ 10 Aktien und Zwischenscheine.** (1) Die Aktien können auf den Inhaber oder auf Namen lauten.

(2) ¹Sie müssen auf Namen lauten, wenn sie vor der vollen Leistung des Ausgabebetrags ausgegeben werden. ²Der Betrag der Teilleistungen ist in der Aktie anzugeben.

(3) Zwischenscheine müssen auf Namen lauten.

(4) ¹Zwischenscheine auf den Inhaber sind nichtig. ²Für den Schaden aus der Ausgabe sind die Ausgeber den Inhabern als Gesamtschuldner verantwortlich.

(5) In der Satzung kann der Anspruch des Aktionärs auf Verbriefung seines Anteils ausgeschlossen oder eingeschränkt werden.

**§ 11 Aktien besonderer Gattung.** ¹Die Aktien können verschiedene Rechte gewähren, namentlich bei der Verteilung des Gewinns und des Gesellschaftsvermögens. ²Aktien mit gleichen Rechten bilden eine Gattung.

**§ 12 Stimmrecht. Keine Mehrstimmrechte.** (1) ¹Jede Aktie gewährt das Stimmrecht. ²Vorzugsaktien können nach den Vorschriften dieses Gesetzes als Aktien ohne Stimmrecht ausgegeben werden.

(2) Mehrstimmrechte sind unzulässig.

**§ 13 Unterzeichnung der Aktien.** ¹Zur Unterzeichnung von Aktien und Zwischenscheinen genügt eine vervielfältigte Unterschrift. ²Die Gültigkeit der Unterzeichnung kann von der Beachtung einer besonderen Form abhängig gemacht werden. ³Die Formvorschrift muß in der Urkunde enthalten sein.

**§ 14 Zuständigkeit.** Gericht im Sinne dieses Gesetzes ist, wenn nichts anderes bestimmt ist, das Gericht des Sitzes der Gesellschaft.

**§ 15 Verbundene Unternehmen.** Verbundene Unternehmen sind rechtlich selbständige Unternehmen, die im Verhältnis zueinander in Mehrheitsbesitz stehende Unternehmen und mit Mehrheit beteiligte Unternehmen (§ 16), abhängige und herrschende Unternehmen (§ 17), Konzernunternehmen (§ 18), wechselseitig beteiligte Unternehmen (§ 19) oder Vertragsteile eines Unternehmensvertrags (§§ 291, 292) sind.

**§ 16 In Mehrheitsbesitz stehende Unternehmen und mit Mehrheit beteiligte Unternehmen.** (1) Gehört die Mehrheit der Anteile eines rechtlich selbständigen Unternehmens einem anderen Unternehmen oder steht einem anderen Unternehmen die Mehrheit der Stimmrechte zu (Mehrheitsbeteiligung), so ist das Unternehmen ein in Mehrheitsbesitz stehendes Unternehmen, das andere Unternehmen ein an ihm mit Mehrheit beteiligtes Unternehmen.

(2) ¹Welcher Teil der Anteile einem Unternehmen gehört, bestimmt sich bei Kapitalgesellschaften nach dem Verhältnis des Gesamtnennbetrags der ihm gehörenden Anteile zum Nennkapital, bei Gesellschaften mit Stückaktien nach der Zahl der Aktien. ²Eigene Anteile sind bei Kapitalgesellschaften vom Nennkapital, bei Gesellschaften mit Stückaktien von der Zahl der Aktien abzusetzen. ³Eigenen Anteilen des Unternehmens stehen Anteile gleich, die einem anderen für Rechnung des Unternehmens gehören.

(3) ¹Welcher Teil der Stimmrechte einem Unternehmen zusteht, bestimmt sich nach dem Verhältnis der Zahl der Stimmrechte, die es aus den ihm gehörenden Anteilen ausüben kann, zur Gesamtzahl aller Stimmrechte. ²Von der Gesamtzahl aller Stimmrechte sind die Stimmrechte aus eigenen Anteilen sowie aus Anteilen, die nach Absatz 2 Satz 3 eigenen Anteilen gleichstehen, abzusetzen.

(4) Als Anteile, die einem Unternehmen gehören, gelten auch die Anteile, die einem von ihm abhängigen Unternehmen oder einem anderen für Rechnung des Unternehmens oder eines von diesem abhängigen Unternehmens gehören und, wenn der Inhaber des Unternehmens ein Einzelkaufmann ist, auch die Anteile, die sonstiges Vermögen des Inhabers sind.

**§ 17 Abhängige und herrschende Unternehmen.** (1) Abhängige Unternehmen sind rechtlich selbständige Unternehmen, auf die ein anderes Unternehmen (herrschendes Unternehmen) unmittelbar oder mittelbar einen beherrschenden Einfluß ausüben kann.

(2) Von einem in Mehrheitsbesitz stehenden Unternehmen wird vermutet, daß es von dem an ihm mit Mehrheit beteiligten Unternehmen abhängig ist.

**§ 18 Konzern und Konzernunternehmen.** (1) ¹Sind ein herrschendes und ein oder mehrere abhängige Unternehmen unter der einheitlichen Leitung des herrschenden Unternehmens zusammengefaßt, so bilden sie einen Konzern; die einzelnen Unternehmen sind Konzernunternehmen. ²Unternehmen, zwischen denen ein Beherrschungsvertrag (§ 291) besteht oder von denen das eine in das andere eingegliedert ist (§ 319), sind als unter einheitlicher Leitung zusammengefaßt anzusehen. ³Von einem abhängigen Unternehmen wird vermutet, daß es mit dem herrschenden Unternehmen einen Konzern bildet.

(2) Sind rechtlich selbständige Unternehmen, ohne daß das eine Unternehmen von dem anderen abhängig ist, unter einheitlicher Leitung zusammengefaßt, so bilden sie auch einen Konzern; die einzelnen Unternehmen sind Konzernunternehmen.

**§ 19 Wechselseitig beteiligte Unternehmen.** (1) ¹Wechselseitig beteiligte Unternehmen sind Unternehmen mit Sitz im Inland in der Rechtsform einer Kapitalgesellschaft, die dadurch verbunden sind, daß jedem Unternehmen mehr als der vierte Teil der Anteile des anderen Unternehmens gehört. ²Für die Feststellung, ob einem Unternehmen mehr als der vierte Teil der Anteile des anderen Unternehmens gehört, gilt § 16 Abs. 2 Satz 1, Abs. 4.

(2) Gehört einem wechselseitig beteiligten Unternehmen an dem anderen Unternehmen eine Mehrheitsbeteiligung oder kann das eine auf das andere Unternehmen unmittelbar oder mittelbar einen beherrschenden Einfluß ausüben, so ist das eine als herrschendes, das andere als abhängiges Unternehmen anzusehen.

(3) Gehört jedem der wechselseitig beteiligten Unternehmen an dem anderen Unternehmen eine Mehrheitsbeteiligung oder kann jedes auf das andere unmittelbar oder mittelbar einen beherrschenden Einfluß ausüben, so gelten beide Unternehmen als herrschend und als abhängig.

(4) § 328 ist auf Unternehmen, die nach Absatz 2 oder 3 herrschende oder abhängige Unternehmen sind, nicht anzuwenden.

**§ 20 Mitteilungspflichten.** (1) [1]Sobald einem Unternehmen mehr als der vierte Teil der Aktien einer Aktiengesellschaft mit Sitz im Inland gehört, hat es dies der Gesellschaft unverzüglich schriftlich mitzuteilen. [2]Für die Feststellung, ob dem Unternehmen mehr als der vierte Teil der Aktien gehört, gilt § 16 Abs. 2 Satz 1, Abs. 4.

(2) Für die Mitteilungspflicht nach Absatz 1 rechnen zu den Aktien, die dem Unternehmen gehören, auch Aktien,

1. deren Übereignung das Unternehmen, ein von ihm abhängiges Unternehmen oder ein anderer für Rechnung des Unternehmens oder eines von diesem abhängigen Unternehmens verlangen kann;
2. zu deren Abnahme das Unternehmen, ein von ihm abhängiges Unternehmen oder ein anderer für Rechnung des Unternehmens oder eines von diesem abhängigen Unternehmens verpflichtet ist.

(3) Ist das Unternehmen eine Kapitalgesellschaft, so hat es, sobald ihm ohne Hinzurechnung der Aktien nach Absatz 2 mehr als der vierte Teil der Aktien gehört, auch dies der Gesellschaft unverzüglich schriftlich mitzuteilen.

(4) Sobald dem Unternehmen eine Mehrheitsbeteiligung (§ 16 Abs. 1) gehört, hat es auch dies der Gesellschaft unverzüglich schriftlich mitzuteilen.

(5) Besteht die Beteiligung in der nach Absatz 1, 3 oder 4 mitteilungspflichtigen Höhe nicht mehr, so ist dies der Gesellschaft unverzüglich schriftlich mitzuteilen.

(6) [1]Die Gesellschaft hat das Bestehen einer Beteiligung, die ihr nach Absatz 1 oder 4 mitgeteilt worden ist, unverzüglich in den Gesellschaftsblättern bekanntzumachen; dabei ist das Unternehmen anzugeben, dem die Beteiligung gehört. [2]Wird der Gesellschaft mitgeteilt, daß die Beteiligung in der nach Absatz 1 oder 4 mitteilungspflichtigen Höhe nicht mehr besteht, so ist auch dies unverzüglich in den Gesellschaftsblättern bekanntzumachen.

(7) [1]Rechte aus Aktien, die einem nach Absatz 1 oder 4 mitteilungspflichtigen Unternehmen gehören, bestehen für die Zeit, für die das Unternehmen die Mitteilungspflicht nicht erfüllt, weder für das Unternehmen noch für ein von ihm abhängiges Unternehmen oder für einen anderen, der für Rechnung des Unternehmens oder eines von diesem abhängigen Unternehmens handelt. [2]Dies gilt nicht für Ansprüche nach § 58 Abs. 4 und § 271, wenn die Mitteilung nicht vorsätzlich unterlassen wurde und nachgeholt worden ist.

(8) Die Absätze 1 bis 7 gelten nicht für Aktien eines Emittenten im Sinne des § 21 Abs. 2 des Wertpapierhandelsgesetzes.

**§ 21 Mitteilungspflichten der Gesellschaft.** (1) [1]Sobald der Gesellschaft mehr als der vierte Teil der Anteile einer anderen Kapitalgesellschaft mit Sitz im Inland gehört, hat sie dies dem Unternehmen, an dem die Beteiligung besteht, unverzüglich schriftlich mitzuteilen. [2]Für die Feststellung, ob der Gesellschaft mehr als der vierte Teil der Anteile gehört, gilt § 16 Abs. 2 Satz 1, Abs. 4 sinngemäß.

(2) Sobald der Gesellschaft eine Mehrheitsbeteiligung (§ 16 Abs. 1) an einem anderen Unternehmen gehört, hat sie dies dem Unternehmen, an dem die Mehrheitsbeteiligung besteht, unverzüglich schriftlich mitzuteilen.

(3) Besteht die Beteiligung in der nach Absatz 1 oder 2 mitteilungspflichtigen Höhe nicht mehr, hat die Gesellschaft dies dem anderen Unternehmen unverzüglich schriftlich mitzuteilen.

(4) ¹Rechte aus Anteilen, die einer nach Absatz 1 oder 2 mitteilungspflichtigen Gesellschaft gehören, bestehen nicht für die Zeit, für die sie die Mitteilungspflicht nicht erfüllt. ²§ 20 Abs. 7 Satz 2 gilt entsprechend.

(5) Die Absätze 1 bis 4 gelten nicht für Aktien eines Emittenten im Sinne des § 21 Abs. 2 des Wertpapierhandelsgesetzes.

**§ 22 Nachweis mitgeteilter Beteiligungen.** Ein Unternehmen, dem eine Mitteilung nach § 20 Abs. 1, 3 oder 4, § 21 Abs. 1 oder 2 gemacht worden ist, kann jederzeit verlangen, daß ihm das Bestehen der Beteiligung nachgewiesen wird.

## Zweiter Teil. Gründung der Gesellschaft

**§ 23 Feststellung der Satzung.** (1) ¹Die Satzung muß durch notarielle Beurkundung festgestellt werden. ²Bevollmächtigte bedürfen einer notariell beglaubigten Vollmacht.

(2) In der Urkunde sind anzugeben

1. die Gründer;
2. bei Nennbetragsaktien der Nennbetrag, bei Stückaktien die Zahl, der Ausgabebetrag und, wenn mehrere Gattungen bestehen, die Gattung der Aktien, die jeder Gründer übernimmt;
3. der eingezahlte Betrag des Grundkapitals.

(3) Die Satzung muß bestimmen

1. die Firma und den Sitz der Gesellschaft;
2. den Gegenstand des Unternehmens; namentlich ist bei Industrie- und Handelsunternehmen die Art der Erzeugnisse und Waren, die hergestellt und gehandelt werden sollen, näher anzugeben;
3. die Höhe des Grundkapitals;
4. die Zerlegung des Grundkapitals entweder in Nennbetragsaktien oder in Stückaktien, bei Nennbetragsaktien deren Nennbeträge und die Zahl der Aktien jeden Nennbetrags, bei Stückaktien deren Zahl, außerdem, wenn mehrere Gattungen bestehen, die Gattung der Aktien und die Zahl der Aktien jeder Gattung;
5. ob die Aktien auf den Inhaber oder auf den Namen ausgestellt werden;
6. die Zahl der Mitglieder des Vorstands oder die Regeln, nach denen diese Zahl festgelegt wird.

(4) Die Satzung muß ferner Bestimmungen über die Form der Bekanntmachungen der Gesellschaft enthalten.

(5) ¹Die Satzung kann von den Vorschriften dieses Gesetzes nur abweichen, wenn es ausdrücklich zugelassen ist. ²Ergänzende Bestimmungen der Satzung sind zulässig, es sei denn, daß dieses Gesetz eine abschließende Regelung enthält.

**§ 24 Umwandlung von Aktien.** Die Satzung kann bestimmen, daß auf Verlangen eines Aktionärs seine Inhaberaktie in eine Namensaktie oder seine Namensaktie in eine Inhaberaktie umzuwandeln ist.

**§ 25 Bekanntmachungen der Gesellschaft.** $^1$Bestimmt das Gesetz oder die Satzung, daß eine Bekanntmachung der Gesellschaft durch die Gesellschaftsblätter erfolgen soll, so ist sie in den elektronischen Bundesanzeiger einzurücken. $^2$Daneben kann die Satzung andere Blätter oder elektronische Informationsmedien als Gesellschaftsblätter bezeichnen.

**§ 26 Sondervorteile. Gründungsaufwand.** (1) Jeder einem einzelnen Aktionär oder einem Dritten eingeräumte besondere Vorteil muß in der Satzung unter Bezeichnung des Berechtigten festgesetzt werden.

(2) Der Gesamtaufwand, der zu Lasten der Gesellschaft an Aktionäre oder an andere Personen als Entschädigung oder als Belohnung für die Gründung oder ihre Vorbereitung gewährt wird, ist in der Satzung gesondert festzusetzen.

(3) $^1$Ohne diese Festsetzung sind die Verträge und die Rechtshandlungen zu ihrer Ausführung der Gesellschaft gegenüber unwirksam. $^2$Nach der Eintragung der Gesellschaft in das Handelsregister kann die Unwirksamkeit nicht durch Satzungsänderung geheilt werden.

(4) Die Festsetzungen können erst geändert werden, wenn die Gesellschaft fünf Jahre im Handelsregister eingetragen ist.

(5) Die Satzungsbestimmungen über die Festsetzungen können durch Satzungsänderung erst beseitigt werden, wenn die Gesellschaft dreißig Jahre im Handelsregister eingetragen ist und wenn die Rechtsverhältnisse, die den Festsetzungen zugrunde liegen, seit mindestens fünf Jahren abgewickelt sind.

**§ 27 Sacheinlagen. Sachübernahmen; Rückzahlung von Einlagen.** (1) $^1$Sollen Aktionäre Einlagen machen, die nicht durch Einzahlung des Ausgabebetrags der Aktien zu leisten sind (Sacheinlagen), oder soll die Gesellschaft vorhandene oder herzustellende Anlagen oder andere Vermögensgegenstände übernehmen (Sachübernahmen), so müssen in der Satzung festgesetzt werden der Gegenstand der Sacheinlage oder der Sachübernahme, die Person, von der die Gesellschaft den Gegenstand erwirbt, und der Nennbetrag, bei Stückaktien die Zahl der bei der Sacheinlage zu gewährenden Aktien oder die bei der Sachübernahme zu gewährende Vergütung. $^2$Soll die Gesellschaft einen Vermögensgegenstand übernehmen, für den eine Vergütung gewährt wird, die auf die Einlage eines Aktionärs angerechnet werden soll, so gilt dies als Sacheinlage.

(2) Sacheinlagen oder Sachübernahmen können nur Vermögensgegenstände sein, deren wirtschaftlicher Wert feststellbar ist; Verpflichtungen zu Dienstleistungen können nicht Sacheinlagen oder Sachübernahmen sein.

(3) $^1$Ist eine Geldeinlage eines Aktionärs bei wirtschaftlicher Betrachtung und auf Grund einer im Zusammenhang mit der Übernahme der Geldeinlage getroffenen Abrede vollständig oder teilweise als Sacheinlage zu bewerten (verdeckte Sacheinlage), so befreit dies den Aktionär nicht von seiner Einlageverpflichtung. $^2$Jedoch sind die Verträge über die Sacheinlage und die Rechtshandlungen zu ihrer Ausführung nicht unwirksam. $^3$Auf die fortbestehende Geldeinlagepflicht des Aktionärs wird der Wert des Vermögensgegenstandes im Zeitpunkt der Anmeldung der Gesellschaft zur Eintragung in das Handelsregister oder im Zeitpunkt seiner Überlassung an die Gesellschaft, falls diese später erfolgt, angerechnet. $^4$Die Anrechnung erfolgt nicht vor Ein-

tragung der Gesellschaft in das Handelsregister. ⁵Die Beweislast für die Werthaltigkeit des Vermögensgegenstandes trägt der Aktionär.

(4) ¹Ist vor der Einlage eine Leistung an den Aktionär vereinbart worden, die wirtschaftlich einer Rückzahlung der Einlage entspricht und die nicht als verdeckte Sacheinlage im Sinne von Absatz 3 zu beurteilen ist, so befreit dies den Aktionär von seiner Einlageverpflichtung nur dann, wenn die Leistung durch einen vollwertigen Rückgewähranspruch gedeckt ist, der jederzeit fällig ist oder durch fristlose Kündigung durch die Gesellschaft fällig werden kann. ²Eine solche Leistung oder die Vereinbarung einer solchen Leistung ist in der Anmeldung nach § 37 anzugeben.

(5) Für die Änderung rechtswirksam getroffener Festsetzungen gilt § 26 Abs. 4, für die Beseitigung der Satzungsbestimmungen § 26 Abs. 5.

**§ 28 Gründer.** Die Aktionäre, die die Satzung festgestellt haben, sind die Gründer der Gesellschaft.

**§ 29 Errichtung der Gesellschaft.** Mit der Übernahme aller Aktien durch die Gründer ist die Gesellschaft errichtet.

**§ 30 Bestellung des Aufsichtsrats, des Vorstands und des Abschlußprüfers.** (1) ¹Die Gründer haben den ersten Aufsichtsrat der Gesellschaft und den Abschlußprüfer für das erste Voll- oder Rumpfgeschäftsjahr zu bestellen. ²Die Bestellung bedarf notarieller Beurkundung.

(2) Auf die Zusammensetzung und die Bestellung des ersten Aufsichtsrats sind die Vorschriften über die Bestellung von Aufsichtsratsmitgliedern der Arbeitnehmer nicht anzuwenden.

(3) ¹Die Mitglieder des ersten Aufsichtsrats können nicht für längere Zeit als bis zur Beendigung der Hauptversammlung bestellt werden, die über die Entlastung für das erste Voll- oder Rumpfgeschäftsjahr beschließt. ²Der Vorstand hat rechtzeitig vor Ablauf der Amtszeit des ersten Aufsichtsrats bekanntzumachen, nach welchen gesetzlichen Vorschriften der nächste Aufsichtsrat nach seiner Ansicht zusammenzusetzen ist; §§ 96 bis 99 sind anzuwenden.

(4) Der Aufsichtsrat bestellt den ersten Vorstand.

**§ 31 Bestellung des Aufsichtsrats bei Sachgründung.** (1) ¹Ist in der Satzung als Gegenstand einer Sacheinlage oder Sachübernahme die Einbringung oder Übernahme eines Unternehmens oder eines Teils eines Unternehmens festgesetzt worden, so haben die Gründer nur so viele Aufsichtsratsmitglieder zu bestellen, wie nach den gesetzlichen Vorschriften, die nach ihrer Ansicht nach der Einbringung oder Übernahme für die Zusammensetzung des Aufsichtsrats maßgebend sind, von der Hauptversammlung ohne Bindung an Wahlvorschläge zu wählen sind. ²Sie haben jedoch, wenn dies nur zwei Aufsichtsratsmitglieder sind, drei Aufsichtsratsmitglieder zu bestellen.

(2) Der nach Absatz 1 Satz 1 bestellte Aufsichtsrat ist, soweit die Satzung nichts anderes bestimmt, beschlußfähig, wenn die Hälfte, mindestens jedoch drei seiner Mitglieder an der Beschlußfassung teilnehmen.

(3) ¹Unverzüglich nach der Einbringung oder Übernahme des Unternehmens oder des Unternehmensteils hat der Vorstand bekanntzumachen, nach welchen gesetzlichen Vorschriften nach seiner Ansicht der Aufsichtsrat zusammengesetzt sein muß. ²§§ 97 bis 99 gelten sinngemäß. ³Das Amt der bisherigen Aufsichtsratsmitglieder erlischt nur, wenn der Aufsichtsrat nach anderen als den von den Gründern für maßgebend gehaltenen Vorschriften zusammenzusetzen ist oder wenn die Gründer drei

Aufsichtsratsmitglieder bestellt haben, der Aufsichtsrat aber auch aus Aufsichtsratsmitgliedern der Arbeitnehmer zu bestehen hat.

(4) Absatz 3 gilt nicht, wenn das Unternehmen oder der Unternehmensteil erst nach der Bekanntmachung des Vorstands nach § 30 Abs. 3 Satz 2 eingebracht oder übernommen wird.

(5) § 30 Abs. 3 Satz 1 gilt nicht für die nach Absatz 3 bestellten Aufsichtsratsmitglieder der Arbeitnehmer.

**§ 32 Gründungsbericht.** (1) Die Gründer haben einen schriftlichen Bericht über den Hergang der Gründung zu erstatten (Gründungsbericht).

(2) $^1$Im Gründungsbericht sind die wesentlichen Umstände darzulegen, von denen die Angemessenheit der Leistungen für Sacheinlagen oder Sachübernahmen abhängt. $^2$Dabei sind anzugeben

1. die vorausgegangenen Rechtsgeschäfte, die auf den Erwerb durch die Gesellschaft hingezielt haben;
2. die Anschaffungs- und Herstellungskosten aus den letzten beiden Jahren;
3. beim Übergang eines Unternehmens auf die Gesellschaft die Betriebserträge aus den letzten beiden Geschäftsjahren.

(3) Im Gründungsbericht ist ferner anzugeben, ob und in welchem Umfang bei der Gründung für Rechnung eines Mitglieds des Vorstands oder des Aufsichtsrats Aktien übernommen worden sind und ob und in welcher Weise ein Mitglied des Vorstands oder des Aufsichtsrats sich einen besonderen Vorteil oder für die Gründung oder ihre Vorbereitung eine Entschädigung oder Belohnung ausbedungen hat.

**§ 33 Gründungsprüfung. Allgemeines.** (1) Die Mitglieder des Vorstands und des Aufsichtsrats haben den Hergang der Gründung zu prüfen.

(2) Außerdem hat eine Prüfung durch einen oder mehrere Prüfer (Gründungsprüfer) stattzufinden, wenn

1. ein Mitglied des Vorstands oder des Aufsichtsrats zu den Gründern gehört oder
2. bei der Gründung für Rechnung eines Mitglieds des Vorstands oder des Aufsichtsrats Aktien übernommen worden sind oder
3. ein Mitglied des Vorstands oder des Aufsichtsrats sich einen besonderen Vorteil oder für die Gründung oder ihre Vorbereitung eine Entschädigung oder Belohnung ausbedungen hat oder
4. eine Gründung mit Sacheinlagen oder Sachübernahmen vorliegt.

(3) $^1$In den Fällen des Absatzes 2 Nr. 1 und 2 kann der beurkundende Notar (§ 23 Abs. 1 Satz 1) anstelle eines Gründungsprüfers die Prüfung im Auftrag der Gründer vornehmen; die Bestimmungen über die Gründungsprüfung finden sinngemäße Anwendung. $^2$Nimmt nicht der Notar die Prüfung vor, so bestellt das Gericht die Gründungsprüfer. $^3$Gegen die Entscheidung ist die Beschwerde zulässig.

(4) Als Gründungsprüfer sollen, wenn die Prüfung keine anderen Kenntnisse fordert, nur bestellt werden

1. Personen, die in der Buchführung ausreichend vorgebildet und erfahren sind;
2. Prüfungsgesellschaften, von deren gesetzlichen Vertretern mindestens einer in der Buchführung ausreichend vorgebildet und erfahren ist.

(5) $^1$Als Gründungsprüfer darf nicht bestellt werden, wer nach § 143 Abs. 2 nicht Sonderprüfer sein kann. $^2$Gleiches gilt für Personen und Prüfungsgesellschaften, auf de-

ren Geschäftsführung die Gründer oder Personen, für deren Rechnung die Gründer Aktien übernommen haben, maßgebenden Einfluß haben.

**§ 33a Sachgründung ohne externe Gründungsprüfung.** (1) Von einer Prüfung durch Gründungsprüfer kann bei einer Gründung mit Sacheinlagen oder Sachübernahmen (§ 33 Abs. 2 Nr. 4) abgesehen werden, soweit eingebracht werden sollen:
1. übertragbare Wertpapiere oder Geldmarktinstrumente im Sinne des § 2 Abs. 1 Satz 1 und Abs. 1a des Wertpapierhandelsgesetzes, wenn sie mit dem gewichteten Durchschnittspreis bewertet werden, zu dem sie während der letzten drei Monate vor dem Tag ihrer tatsächlichen Einbringung auf einem oder mehreren organisierten Märkten im Sinne von § 2 Abs. 5 des Wertpapierhandelsgesetzes gehandelt worden sind,
2. andere als die in Nummer 1 genannten Vermögensgegenstände, wenn eine Bewertung zu Grunde gelegt wird, die ein unabhängiger, ausreichend vorgebildeter und erfahrener Sachverständiger nach den allgemein anerkannten Bewertungsgrundsätzen mit dem beizulegenden Zeitwert ermittelt hat und wenn der Bewertungsstichtag nicht mehr als sechs Monate vor dem Tag der tatsächlichen Einbringung liegt.

(2) [1]Absatz 1 ist nicht anzuwenden, wenn der gewichtete Durchschnittspreis der Wertpapiere oder Geldmarktinstrumente (Absatz 1 Nr. 1) durch außergewöhnliche Umstände erheblich beeinflusst worden ist oder anzunehmen ist, dass der beizulegende Zeitwert der anderen Vermögensgegenstände (Absatz 1 Nr. 2) am Tag ihrer tatsächlichen Einbringung auf Grund neuer oder neu bekannt gewordener Umstände erheblich niedriger ist als der von dem Sachverständigen angenommene Wert.

**§ 34 Umfang der Gründungsprüfung.** (1) Die Prüfung durch die Mitglieder des Vorstands und des Aufsichtsrats sowie die Prüfung durch die Gründungsprüfer haben sich namentlich darauf zu erstrecken,
1. ob die Angaben der Gründer über die Übernahme der Aktien, über die Einlagen auf das Grundkapital und über die Festsetzungen nach §§ 26 und 27 richtig und vollständig sind;
2. ob der Wert der Sacheinlagen oder Sachübernahmen den geringsten Ausgabebetrag der dafür zu gewährenden Aktien oder den Wert der dafür zu gewährenden Leistungen erreicht.

(2) [1]Über jede Prüfung ist unter Darlegung dieser Umstände schriftlich zu berichten. [2]In dem Bericht ist der Gegenstand jeder Sacheinlage oder Sachübernahme zu beschreiben sowie anzugeben, welche Bewertungsmethoden bei der Ermittlung des Wertes angewandt worden sind. [3]In dem Prüfungsbericht der Mitglieder des Vorstands und des Aufsichtsrats kann davon sowie von Ausführungen zu Absatz 1 Nr. 2 abgesehen werden, soweit nach § 33a von einer externen Gründungsprüfung abgesehen wird.

(3) [1]Je ein Stück des Berichts der Gründungsprüfer ist dem Gericht und dem Vorstand einzureichen. [2]Jedermann kann den Bericht bei dem Gericht einsehen.

**§ 35 Meinungsverschiedenheiten zwischen Gründern und Gründungsprüfern. Vergütung und Auslagen der Gründungsprüfer.** (1) Die Gründungsprüfer können von den Gründern alle Aufklärungen und Nachweise verlangen, die für eine sorgfältige Prüfung notwendig sind.

(2) [1]Bei Meinungsverschiedenheiten zwischen den Gründern und den Gründungsprüfern über den Umfang der Aufklärungen und Nachweise, die von den Gründern zu gewähren sind, entscheidet das Gericht. [2]Die Entscheidung ist unanfechtbar. [3]Solan-

ge sich die Gründer weigern, der Entscheidung nachzukommen, wird der Prüfungsbericht nicht erstattet.

(3) ¹Die Gründungsprüfer haben Anspruch auf Ersatz angemessener barer Auslagen und auf Vergütung für ihre Tätigkeit. ²Die Auslagen und die Vergütung setzt das Gericht fest. ³Gegen die Entscheidung ist die Beschwerde zulässig; die Rechtsbeschwerde ist ausgeschlossen. ⁴Aus der rechtskräftigen Entscheidung findet die Zwangsvollstreckung nach der Zivilprozeßordnung statt.

**§ 36 Anmeldung der Gesellschaft.** (1) Die Gesellschaft ist bei dem Gericht von allen Gründern und Mitgliedern des Vorstands und des Aufsichtsrats zur Eintragung in das Handelsregister anzumelden.

(2) Die Anmeldung darf erst erfolgen, wenn auf jede Aktie, soweit nicht Sacheinlagen vereinbart sind, der eingeforderte Betrag ordnungsgemäß eingezahlt worden ist (§ 54 Abs. 3) und, soweit er nicht bereits zur Bezahlung der bei der Gründung angefallenen Steuern und Gebühren verwandt wurde, endgültig zur freien Verfügung des Vorstands steht.

**§ 36a Leistung der Einlagen.** (1) Bei Bareinlagen muß der eingeforderte Betrag (§ 36 Abs. 2) mindestens ein Viertel des geringsten Ausgabebetrags und bei Ausgabe der Aktien für einen höheren als diesen auch den Mehrbetrag umfassen.

(2) ¹Sacheinlagen sind vollständig zu leisten. ²Besteht die Sacheinlage in der Verpflichtung, einen Vermögensgegenstand auf die Gesellschaft zu übertragen, so muß diese Leistung innerhalb von fünf Jahren nach der Eintragung der Gesellschaft in das Handelsregister zu bewirken sein. ³Der Wert muß dem geringsten Ausgabebetrag und bei Ausgabe der Aktien für einen höheren als diesen auch dem Mehrbetrag entsprechen.

**§ 37 Inhalt der Anmeldung.** (1) ¹In der Anmeldung ist zu erklären, daß die Voraussetzungen des § 36 Abs. 2 und des § 36a erfüllt sind; dabei sind der Betrag, zu dem die Aktien ausgegeben werden, und der darauf eingezahlte Betrag anzugeben. ²Es ist nachzuweisen, daß der eingezahlte Betrag endgültig zur freien Verfügung des Vorstands steht. ³Ist der Betrag gemäß § 54 Abs. 3 durch Gutschrift auf ein Konto eingezahlt worden, so ist der Nachweis durch eine Bestätigung des kontoführenden Instituts zu führen. ⁴Für die Richtigkeit der Bestätigung ist das Institut der Gesellschaft verantwortlich. ⁵Sind von dem eingezahlten Betrag Steuern und Gebühren bezahlt worden, so ist dies nach Art und Höhe der Beträge nachzuweisen.

(2) ¹In der Anmeldung haben die Vorstandsmitglieder zu versichern, daß keine Umstände vorliegen, die ihrer Bestellung nach § 76 Abs. 3 Satz 2 Nr. 2 und 3 sowie Satz 3 entgegenstehen, und daß sie über ihre unbeschränkte Auskunftspflicht gegenüber dem Gericht belehrt worden sind. ²Die Belehrung nach § 53 Abs. 2 des Bundeszentralregistergesetzes kann schriftlich vorgenommen werden; sie kann auch durch einen Notar oder einen im Ausland bestellten Notar, durch einen Vertreter eines vergleichbaren rechtsberatenden Berufs oder einen Konsularbeamten erfolgen.

(3) In der Anmeldung sind ferner anzugeben:

1. eine inländische Geschäftsanschrift,

2. Art und Umfang der Vertretungsbefugnis der Vorstandsmitglieder.

(4) Der Anmeldung sind beizufügen

1. die Satzung und die Urkunden, in denen die Satzung festgestellt worden ist und die Aktien von den Gründern übernommen worden sind;

2. im Fall der §§ 26 und 27 die Verträge, die den Festsetzungen zugrunde liegen oder zu ihrer Ausführung geschlossen worden sind, und eine Berechnung des der Gesellschaft zur Last fallenden Gründungsaufwands; in der Berechnung sind die Vergütungen nach Art und Höhe und die Empfänger einzeln anzuführen;
3. die Urkunden über die Bestellung des Vorstands und des Aufsichtsrats;
3a. eine Liste der Mitglieder des Aufsichtsrats, aus welcher Name, Vorname, ausgeübter Beruf und Wohnort der Mitglieder ersichtlich ist;
4. der Gründungsbericht und die Prüfungsberichte der Mitglieder des Vorstands und des Aufsichtsrats sowie der Gründungsprüfer nebst ihren urkundlichen Unterlagen.

(5) Für die Einreichung von Unterlagen nach diesem Gesetz gilt § 12 Abs. 2 des Handelsgesetzbuchs entsprechend.

(6) weggefallen

**§ 37a Anmeldung bei Sachgründung ohne externe Gründungsprüfung.** (1) $^1$Wird nach § 33a von einer externen Gründungsprüfung abgesehen, ist dies in der Anmeldung zu erklären. $^2$Der Gegenstand jeder Sacheinlage oder Sachübernahme ist zu beschreiben. $^3$Die Anmeldung muss die Erklärung enthalten, dass der Wert der Sacheinlagen oder Sachübernahmen den geringsten Ausgabebetrag der dafür zu gewährenden Aktien oder den Wert der dafür zu gewährenden Leistungen erreicht. $^4$Der Wert, die Quelle der Bewertung sowie die angewandte Bewertungsmethode sind anzugeben.

(2) In der Anmeldung haben die Anmeldenden außerdem zu versichern, dass ihnen außergewöhnliche Umstände, die den gewichteten Durchschnittspreis der einzubringenden Wertpapiere oder Geldmarktinstrumente im Sinne von § 33a Abs. 1 Nr. 1 während der letzten drei Monate vor dem Tag ihrer tatsächlichen Einbringung erheblich beeinflusst haben könnten, oder Umstände, die darauf hindeuten, dass der beizulegende Zeitwert der Vermögensgegenstände im Sinne von § 33a Abs. 1 Nr. 2 am Tag ihrer tatsächlichen Einbringung auf Grund neuer oder neu bekannt gewordener Umstände erheblich niedriger ist als der von dem Sachverständigen angenommene Wert, nicht bekannt geworden sind.

(3) Der Anmeldung sind beizufügen:
1. Unterlagen über die Ermittlung des gewichteten Durchschnittspreises, zu dem die einzubringenden Wertpapiere oder Geldmarktinstrumente während der letzten drei Monate vor dem Tag ihrer tatsächlichen Einbringung auf einem organisierten Markt gehandelt worden sind,
2. jedes Sachverständigengutachten, auf das sich die Bewertung in den Fällen des § 33a Abs. 1 Nr. 2 stützt.

**§ 38 Prüfung durch das Gericht.** (1) $^1$Das Gericht hat zu prüfen, ob die Gesellschaft ordnungsgemäß errichtet und angemeldet ist. $^2$Ist dies nicht der Fall, so hat es die Eintragung abzulehnen.

(2) $^1$Das Gericht kann die Eintragung auch ablehnen, wenn die Gründungsprüfer erklären oder es offensichtlich ist, daß der Gründungsbericht oder der Prüfungsbericht der Mitglieder des Vorstands und des Aufsichtsrats unrichtig oder unvollständig ist oder den gesetzlichen Vorschriften nicht entspricht. $^2$Gleiches gilt, wenn die Gründungsprüfer erklären oder das Gericht der Auffassung ist, daß der Wert der Sacheinlagen oder Sachübernahmen nicht unwesentlich hinter dem geringsten Ausgabebetrag der dafür zu gewährenden Aktien oder dem Wert der dafür zu gewährenden Leistungen zurückbleibt.

(3) ¹Enthält die Anmeldung die Erklärung nach § 37a Abs. 1 Satz 1, hat das Gericht hinsichtlich der Werthaltigkeit der Sacheinlagen oder Sachübernahmen ausschließlich zu prüfen, ob die Voraussetzungen des § 37a erfüllt sind. ²Lediglich bei einer offenkundigen und erheblichen Überbewertung kann das Gericht die Eintragung ablehnen.

(4) Wegen einer mangelhaften, fehlenden oder nichtigen Bestimmung der Satzung darf das Gericht die Eintragung nach Absatz 1 nur ablehnen, soweit diese Bestimmung, ihr Fehlen oder ihre Nichtigkeit

1. Tatsachen oder Rechtsverhältnisse betrifft, die nach § 23 Abs. 3 oder auf Grund anderer zwingender gesetzlicher Vorschriften in der Satzung bestimmt sein müssen oder die in das Handelsregister einzutragen oder von dem Gericht bekanntzumachen sind,
2. Vorschriften verletzt, die ausschließlich oder überwiegend zum Schutze der Gläubiger der Gesellschaft oder sonst im öffentlichen Interesse gegeben sind, oder
3. die Nichtigkeit der Satzung zur Folge hat.

**§ 39 Inhalt der Eintragung.** (1) ¹Bei der Eintragung der Gesellschaft sind die Firma und der Sitz der Gesellschaft, eine inländische Geschäftsanschrift, der Gegenstand des Unternehmens, die Höhe des Grundkapitals, der Tag der Feststellung der Satzung und die Vorstandsmitglieder anzugeben. ²Wenn eine Person, die für Willenserklärungen und Zustellungen an die Gesellschaft empfangsberechtigt ist, mit einer inländischen Anschrift zur Eintragung in das Handelsregister angemeldet wird, sind auch diese Angaben einzutragen; Dritten gegenüber gilt die Empfangsberechtigung als fortbestehend, bis sie im Handelsregister gelöscht und die Löschung bekannt gemacht worden ist, es sei denn, dass die fehlende Empfangsberechtigung dem Dritten bekannt war. ³Ferner ist einzutragen, welche Vertretungsbefugnis die Vorstandsmitglieder haben.

(2) Enthält die Satzung Bestimmungen über die Dauer der Gesellschaft oder über das genehmigte Kapital, so sind auch diese Bestimmungen einzutragen.

**§ 40** (weggefallen)

**§ 41 Handeln im Namen der Gesellschaft vor der Eintragung. Verbotene Aktienausgabe.** (1) ¹Vor der Eintragung in das Handelsregister besteht die Aktiengesellschaft als solche nicht. ²Wer vor der Eintragung der Gesellschaft in ihrem Namen handelt, haftet persönlich; handeln mehrere, so haften sie als Gesamtschuldner.

(2) Übernimmt die Gesellschaft eine vor ihrer Eintragung in ihrem Namen eingegangene Verpflichtung durch Vertrag mit dem Schuldner in der Weise, daß sie an die Stelle des bisherigen Schuldners tritt, so bedarf es zur Wirksamkeit der Schuldübernahme der Zustimmung des Gläubigers nicht, wenn die Schuldübernahme binnen drei Monaten nach der Eintragung der Gesellschaft vereinbart und dem Gläubiger von der Gesellschaft oder dem Schuldner mitgeteilt wird.

(3) Verpflichtungen aus nicht in der Satzung festgesetzten Verträgen über Sondervorteile, Gründungsaufwand, Sacheinlagen oder Sachübernahmen kann die Gesellschaft nicht übernehmen.

(4) ¹Vor der Eintragung der Gesellschaft können Anteilsrechte nicht übertragen, Aktien oder Zwischenscheine nicht ausgegeben werden. ²Die vorher ausgegebenen Aktien oder Zwischenscheine sind nichtig. ³Für den Schaden aus der Ausgabe sind die Ausgeber den Inhabern als Gesamtschuldner verantwortlich.

**§ 42 Einpersonen-Gesellschaft.** Gehören alle Aktien allein oder neben der Gesellschaft einem Aktionär, ist unverzüglich eine entsprechende Mitteilung unter Angabe von Name, Vorname, Geburtsdatum und Wohnort des alleinigen Aktionärs zum Handelsregister einzureichen.

**§§ 43, 44** (weggefallen)

**§ 45 Sitzverlegung.** (1) Wird der Sitz der Gesellschaft im Inland verlegt, so ist die Verlegung beim Gericht des bisherigen Sitzes anzumelden.

(2) [1]Wird der Sitz aus dem Bezirk des Gerichts des bisherigen Sitzes verlegt, so hat dieses unverzüglich von Amts wegen die Verlegung dem Gericht des neuen Sitzes mitzuteilen. [2]Der Mitteilung sind die Eintragungen für den bisherigen Sitz sowie die bei dem bisher zuständigen Gericht aufbewahrten Urkunden beizufügen; bei elektronischer Registerführung sind die Eintragungen und die Dokumente elektronisch zu übermitteln. [3]Das Gericht des neuen Sitzes hat zu prüfen, ob die Verlegung ordnungsgemäß beschlossen und § 30 des Handelsgesetzbuchs beachtet ist. [4]Ist dies der Fall, so hat es die Sitzverlegung einzutragen und hierbei die ihm mitgeteilten Eintragungen ohne weitere Nachprüfung in sein Handelsregister zu übernehmen. [5]Mit der Eintragung wird die Sitzverlegung wirksam. [6]Die Eintragung ist dem Gericht des bisherigen Sitzes mitzuteilen. [7]Dieses hat die erforderlichen Löschungen von Amts wegen vorzunehmen.

(3) [1]Wird der Sitz an einen anderen Ort innerhalb des Bezirks des Gerichts des bisherigen Sitzes verlegt, so hat das Gericht zu prüfen, ob die Sitzverlegung ordnungsgemäß beschlossen und § 30 des Handelsgesetzbuchs beachtet ist. [2]Ist dies der Fall, so hat es die Sitzverlegung einzutragen. [3]Mit der Eintragung wird die Sitzverlegung wirksam.

**§ 46 Verantwortlichkeit der Gründer.** (1) [1]Die Gründer sind der Gesellschaft als Gesamtschuldner verantwortlich für die Richtigkeit und Vollständigkeit der Angaben, die zum Zwecke der Gründung der Gesellschaft über Übernahme der Aktien, Einzahlung auf die Aktien, Verwendung eingezahlter Beträge, Sondervorteile, Gründungsaufwand, Sacheinlagen und Sachübernahmen gemacht worden sind. [2]Sie sind ferner dafür verantwortlich, daß eine zur Annahme von Einzahlungen auf das Grundkapital bestimmte Stelle (§ 54 Abs. 3) hierzu geeignet ist und daß die eingezahlten Beträge zur freien Verfügung des Vorstands stehen. [3]Sie haben, unbeschadet der Verpflichtung zum Ersatz des sonst entstehenden Schadens, fehlende Einzahlungen zu leisten und eine Vergütung, die nicht unter den Gründungsaufwand aufgenommen ist, zu ersetzen.

(2) Wird die Gesellschaft von Gründern durch Einlagen, Sachübernahmen oder Gründungsaufwand vorsätzlich oder aus grober Fahrlässigkeit geschädigt, so sind ihr alle Gründer als Gesamtschuldner zum Ersatz verpflichtet.

(3) Von diesen Verpflichtungen ist ein Gründer befreit, wenn er die die Ersatzpflicht begründenden Tatsachen weder kannte noch bei Anwendung der Sorgfalt eines ordentlichen Geschäftsmannes kennen mußte.

(4) Entsteht der Gesellschaft ein Ausfall, weil ein Aktionär zahlungsunfähig oder unfähig ist, eine Sacheinlage zu leisten, so sind ihr zum Ersatz als Gesamtschuldner die Gründer verpflichtet, welche die Beteiligung des Aktionärs in Kenntnis seiner Zahlungsunfähigkeit oder Leistungsunfähigkeit angenommen haben.

(5) [1]Neben den Gründern sind in gleicher Weise Personen verantwortlich, für deren Rechnung die Gründer Aktien übernommen haben. [2]Sie können sich auf ihre eigene

Unkenntnis nicht wegen solcher Umstände berufen, die ein für ihre Rechnung handelnder Gründer kannte oder kennen mußte.

**§ 47 Verantwortlichkeit anderer Personen neben den Gründern.** Neben den Gründern und den Personen, für deren Rechnung die Gründer Aktien übernommen haben, ist als Gesamtschuldner der Gesellschaft zum Schadenersatz verpflichtet,

1. wer bei Empfang einer Vergütung, die entgegen den Vorschriften nicht in den Gründungsaufwand aufgenommen ist, wußte oder nach den Umständen annehmen mußte, daß die Verheimlichung beabsichtigt oder erfolgt war, oder wer zur Verheimlichung wissentlich mitgewirkt hat;
2. wer im Fall einer vorsätzlichen oder grobfahrlässigen Schädigung der Gesellschaft durch Einlagen oder Sachübernahmen an der Schädigung wissentlich mitgewirkt hat;
3. wer vor Eintragung der Gesellschaft in das Handelsregister oder in den ersten zwei Jahren nach der Eintragung die Aktien öffentlich ankündigt, um sie in den Verkehr einzuführen, wenn er die Unrichtigkeit oder Unvollständigkeit der Angaben, die zum Zwecke der Gründung der Gesellschaft gemacht worden sind (§ 46 Abs. 1), oder die Schädigung der Gesellschaft durch Einlagen oder Sachübernahmen kannte oder bei Anwendung der Sorgfalt eines ordentlichen Geschäftsmannes kennen mußte.

**§ 48 Verantwortlichkeit des Vorstands und des Aufsichtsrats.** [1]Mitglieder des Vorstands und des Aufsichtsrats, die bei der Gründung ihre Pflichten verletzen, sind der Gesellschaft zum Ersatz des daraus entstehenden Schadens als Gesamtschuldner verpflichtet; sie sind namentlich dafür verantwortlich, daß eine zur Annahme von Einzahlungen auf die Aktien bestimmte Stelle (§ 54 Abs. 3) hierzu geeignet ist, und daß die eingezahlten Beträge zur freien Verfügung des Vorstands stehen. [2]Für die Sorgfaltspflicht und Verantwortlichkeit der Mitglieder des Vorstands und des Aufsichtsrats bei der Gründung gelten im übrigen §§ 93 und 116 mit Ausnahme von § 93 Abs. 4 Satz 3 und 4 und Abs. 6.

**§ 49 Verantwortlichkeit der Gründungsprüfer.** § 323 Abs. 1 bis 4 des Handelsgesetzbuchs über die Verantwortlichkeit des Abschlußprüfers gilt sinngemäß.

**§ 50 Verzicht und Vergleich.** [1]Die Gesellschaft kann auf Ersatzansprüche gegen die Gründer, die neben diesen haftenden Personen und gegen die Mitglieder des Vorstands und des Aufsichtsrats (§§ 46 bis 48) erst drei Jahre nach der Eintragung der Gesellschaft in das Handelsregister und nur dann verzichten oder sich über sie vergleichen, wenn die Hauptversammlung zustimmt und nicht eine Minderheit, deren Anteile zusammen den zehnten Teil des Grundkapitals erreichen, zur Niederschrift Widerspruch erhebt. [2]Die zeitliche Beschränkung gilt nicht, wenn der Ersatzpflichtige zahlungsunfähig ist und sich zur Abwendung des Insolvenzverfahrens mit seinen Gläubigern vergleicht oder wenn die Ersatzpflicht in einem Insolvenzplan geregelt wird.

**§ 51 Verjährung der Ersatzansprüche.** [1]Ersatzansprüche der Gesellschaft nach den §§ 46 bis 48 verjähren in fünf Jahren. [2]Die Verjährung beginnt mit der Eintragung der Gesellschaft in das Handelsregister oder, wenn die zum Ersatz verpflichtende Handlung später begangen worden ist, mit der Vornahme der Handlung.

**§ 52 Nachgründung.** (1) ¹Verträge der Gesellschaft mit Gründern oder mit mehr als 10 vom Hundert des Grundkapitals an der Gesellschaft beteiligten Aktionären, nach denen sie vorhandene oder herzustellende Anlagen oder andere Vermögensgegenstände für eine den zehnten Teil des Grundkapitals übersteigende Vergütung erwerben soll, und die in den ersten zwei Jahren seit der Eintragung der Gesellschaft in das Handelsregister geschlossen werden, werden nur mit Zustimmung der Hauptversammlung und durch Eintragung in das Handelsregister wirksam. ²Ohne die Zustimmung der Hauptversammlung oder die Eintragung im Handelsregister sind auch die Rechtshandlungen zu ihrer Ausführung unwirksam.

(2) ¹Ein Vertrag nach Absatz 1 bedarf der schriftlichen Form, soweit nicht eine andere Form vorgeschrieben ist. ²Er ist von der Einberufung der Hauptversammlung an, die über die Zustimmung beschließen soll, in dem Geschäftsraum der Gesellschaft zur Einsicht der Aktionäre auszulegen. ³Auf Verlangen ist jedem Aktionär unverzüglich eine Abschrift zu erteilen. ⁴Die Verpflichtungen nach den Sätzen 2 und 3 entfallen, wenn der Vertrag für denselben Zeitraum über die Internetseite der Gesellschaft zugänglich ist. ⁵In der Hauptversammlung ist der Vertrag zugänglich zu machen. ⁶Der Vorstand hat ihn zu Beginn der Verhandlung zu erläutern. ⁷Der Niederschrift ist er als Anlage beizufügen.

(3) ¹Vor der Beschlußfassung der Hauptversammlung hat der Aufsichtsrat den Vertrag zu prüfen und einen schriftlichen Bericht zu erstatten (Nachgründungsbericht). ²Für den Nachgründungsbericht gilt sinngemäß § 32 Abs. 2 und 3 über den Gründungsbericht.

(4) ¹Außerdem hat vor der Beschlußfassung eine Prüfung durch einen oder mehrere Gründungsprüfer stattzufinden. ²§ 33 Abs. 3 bis 5, §§ 34, 35 über die Gründungsprüfung gelten sinngemäß. ³Unter den Voraussetzungen des § 33a kann von einer Prüfung durch Gründungsprüfer abgesehen werden.

(5) ¹Der Beschluß der Hauptversammlung bedarf einer Mehrheit, die mindestens drei Viertel des bei der Beschlußfassung vertretenen Grundkapitals umfaßt. ²Wird der Vertrag im ersten Jahr nach der Eintragung der Gesellschaft in das Handelsregister geschlossen, so müssen außerdem die Anteile der zustimmenden Mehrheit mindestens ein Viertel des gesamten Grundkapitals erreichen. ³Die Satzung kann an Stelle dieser Mehrheiten größere Kapitalmehrheiten und weitere Erfordernisse bestimmen.

(6) ¹Nach Zustimmung der Hauptversammlung hat der Vorstand den Vertrag zur Eintragung in das Handelsregister anzumelden. ²Der Anmeldung ist der Vertrag mit dem Nachgründungsbericht und dem Bericht der Gründungsprüfer mit den urkundlichen Unterlagen beizufügen. ³Wird nach Absatz 4 Satz 3 von einer externen Gründungsprüfung abgesehen, gilt § 37a entsprechend.

(7) ¹Bestehen gegen die Eintragung Bedenken, weil die Gründungsprüfer erklären oder weil es offensichtlich ist, daß der Nachgründungsbericht unrichtig oder unvollständig ist oder den gesetzlichen Vorschriften nicht entspricht oder daß die für die zu erwerbenden Vermögensgegenstände gewährte Vergütung unangemessen hoch ist, so kann das Gericht die Eintragung ablehnen. ²Enthält die Anmeldung die Erklärung nach § 37a Abs. 1 Satz 1, gilt § 38 Abs. 3 entsprechend.

(8) Einzutragen sind der Tag des Vertragsschlusses und der Zustimmung der Hauptversammlung sowie der oder die Vertragspartner der Gesellschaft.

(9) Vorstehende Vorschriften gelten nicht, wenn der Erwerb der Vermögensgegenstände im Rahmen der laufenden Geschäfte der Gesellschaft, in der Zwangsvollstreckung oder an der Börse erfolgt.

(10) weggefallen

**§ 53 Ersatzansprüche bei der Nachgründung.** [1]Für die Nachgründung gelten die §§ 46, 47, 49 bis 51 über die Ersatzansprüche der Gesellschaft sinngemäß. [2]An die Stelle der Gründer treten die Mitglieder des Vorstands und des Aufsichtsrats. [3]Sie haben die Sorgfalt eines ordentlichen und gewissenhaften Geschäftsleiters anzuwenden. [4]Soweit Fristen mit der Eintragung der Gesellschaft in das Handelsregister beginnen, tritt an deren Stelle die Eintragung des Vertrags über die Nachgründung.

### Dritter Teil. Rechtsverhältnisse der Gesellschaft und der Gesellschafter

**§ 53a Gleichbehandlung der Aktionäre.** Aktionäre sind unter gleichen Voraussetzungen gleich zu behandeln.

**§ 54 Hauptverpflichtung der Aktionäre.** (1) Die Verpflichtung der Aktionäre zur Leistung der Einlagen wird durch den Ausgabebetrag der Aktien begrenzt.

(2) Soweit nicht in der Satzung Sacheinlagen festgesetzt sind, haben die Aktionäre den Ausgabebetrag der Aktien einzuzahlen.

(3) [1]Der vor der Anmeldung der Gesellschaft eingeforderte Betrag kann nur in gesetzlichen Zahlungsmitteln oder durch Gutschrift auf ein Konto bei einem Kreditinstitut oder einem nach § 53 Abs. 1 Satz 1 oder § 53b Abs. 1 Satz 1 oder Abs. 7 des Gesetzes über das Kreditwesen tätigen Unternehmen der Gesellschaft oder des Vorstands zu seiner freien Verfügung eingezahlt werden. [2]Forderungen des Vorstands aus diesen Einzahlungen gelten als Forderungen der Gesellschaft.

(4) [1]Der Anspruch der Gesellschaft auf Leistung der Einlagen verjährt in zehn Jahren von seiner Entstehung an. [2]Wird das Insolvenzverfahren über das Vermögen der Gesellschaft eröffnet, so tritt die Verjährung nicht vor Ablauf von sechs Monaten ab dem Zeitpunkt der Eröffnung ein.

**§ 55 Nebenverpflichtungen der Aktionäre.** (1) [1]Ist die Übertragung der Aktien an die Zustimmung der Gesellschaft gebunden, so kann die Satzung Aktionären die Verpflichtung auferlegen, neben den Einlagen auf das Grundkapital wiederkehrende, nicht in Geld bestehende Leistungen zu erbringen. [2]Dabei hat sie zu bestimmen, ob die Leistungen entgeltlich oder unentgeltlich zu erbringen sind. [3]Die Verpflichtung und der Umfang der Leistungen sind in den Aktien und Zwischenscheinen anzugeben.

(2) Die Satzung kann Vertragsstrafen für den Fall festsetzen, daß die Verpflichtung nicht oder nicht gehörig erfüllt wird.

**§ 56 Keine Zeichnung eigener Aktien; Aktienübernahme für Rechnung der Gesellschaft oder durch ein abhängiges oder in Mehrheitsbesitz stehendes Unternehmen.** (1) Die Gesellschaft darf keine eigenen Aktien zeichnen.

(2) [1]Ein abhängiges Unternehmen darf keine Aktien der herrschenden Gesellschaft, ein in Mehrheitsbesitz stehendes Unternehmen keine Aktien der an ihm mit Mehrheit beteiligten Gesellschaft als Gründer oder Zeichner oder in Ausübung eines bei einer bedingten Kapitalerhöhung eingeräumten Umtausch- oder Bezugsrechts übernehmen. [2]Ein Verstoß gegen diese Vorschrift macht die Übernahme nicht unwirksam.

(3) [1]Wer als Gründer oder Zeichner oder in Ausübung eines bei einer bedingten Kapitalerhöhung eingeräumten Umtausch- oder Bezugsrechts eine Aktie für Rechnung der Gesellschaft oder eines abhängigen oder in Mehrheitsbesitz stehenden Unterneh-

mens übernommen hat, kann sich nicht darauf berufen, daß er die Aktie nicht für eigene Rechnung übernommen hat. ²Er haftet ohne Rücksicht auf Vereinbarungen mit der Gesellschaft oder dem abhängigen oder in Mehrheitsbesitz stehenden Unternehmen auf die volle Einlage. ³Bevor er die Aktie für eigene Rechnung übernommen hat, stehen ihm keine Rechte aus der Aktie zu.

(4) ¹Werden bei einer Kapitalerhöhung Aktien unter Verletzung der Absätze 1 oder 2 gezeichnet, so haftet auch jedes Vorstandsmitglied der Gesellschaft auf die volle Einlage. ²Dies gilt nicht, wenn das Vorstandsmitglied beweist, daß es kein Verschulden trifft.

**§ 57 Keine Rückgewähr, keine Verzinsung der Einlagen.** (1) ¹Den Aktionären dürfen die Einlagen nicht zurückgewährt werden. ²Als Rückgewähr gilt nicht die Zahlung des Erwerbspreises beim zulässigen Erwerb eigener Aktien. ³Satz 1 gilt nicht bei Leistungen, die bei Bestehen eines Beherrschungs- oder Gewinnabführungsvertrags (§ 291) erfolgen oder durch einen vollwertigen Gegenleistungs- oder Rückgewähranspruch gegen den Aktionär gedeckt sind. ⁴Satz 1 ist zudem nicht anzuwenden auf die Rückgewähr eines Aktionärsdarlehens und Leistungen auf Forderungen aus Rechtshandlungen, die einem Aktionärsdarlehen wirtschaftlich entsprechen.

(2) Den Aktionären dürfen Zinsen weder zugesagt noch ausgezahlt werden.

(3) Vor Auflösung der Gesellschaft darf unter die Aktionäre nur der Bilanzgewinn verteilt werden.

**§ 58 Verwendung des Jahresüberschusses.** (1) ¹Die Satzung kann nur für den Fall, daß die Hauptversammlung den Jahresabschluß feststellt, bestimmen, daß Beträge aus dem Jahresüberschuß in andere Gewinnrücklagen einzustellen sind. ²Auf Grund einer solchen Satzungsbestimmung kann höchstens die Hälfte des Jahresüberschusses in andere Gewinnrücklagen eingestellt werden. ³Dabei sind Beträge, die in die gesetzliche Rücklage einzustellen sind, und ein Verlustvortrag vorab vom Jahresüberschuß abzuziehen.

(2) ¹Stellen Vorstand und Aufsichtsrat den Jahresabschluß fest, so können sie einen Teil des Jahresüberschusses, höchstens jedoch die Hälfte, in andere Gewinnrücklagen einstellen. ²Die Satzung kann Vorstand und Aufsichtsrat zur Einstellung eines größeren oder kleineren Teils des Jahresüberschusses ermächtigen. ³Auf Grund einer solchen Satzungsbestimmung dürfen Vorstand und Aufsichtsrat keine Beträge in andere Gewinnrücklagen einstellen, wenn die anderen Gewinnrücklagen die Hälfte des Grundkapitals übersteigen oder soweit sie nach der Einstellung die Hälfte übersteigen würden. ⁴Absatz 1 Satz 3 gilt sinngemäß.

(2a) ¹Unbeschadet der Absätze 1 und 2 können Vorstand und Aufsichtsrat den Eigenkapitalanteil von Wertaufholungen bei Vermögensgegenständen des Anlage- und Umlaufvermögens und von bei der steuerrechtlichen Gewinnermittlung gebildeten Passivposten, die nicht im Sonderposten mit Rücklageanteil ausgewiesen werden dürfen, in andere Gewinnrücklagen einstellen. ²Der Betrag dieser Rücklagen ist entweder in der Bilanz gesondert auszuweisen oder im Anhang anzugeben.

(3) ¹Die Hauptversammlung kann im Beschluß über die Verwendung des Bilanzgewinns weitere Beträge in Gewinnrücklagen einstellen oder als Gewinn vortragen. ²Sie kann ferner, wenn die Satzung sie hierzu ermächtigt, auch eine andere Verwendung als nach Satz 1 oder als die Verteilung unter die Aktionäre beschließen.

(4) Die Aktionäre haben Anspruch auf den Bilanzgewinn, soweit er nicht nach Gesetz oder Satzung, durch Hauptversammlungsbeschluß nach Absatz 3 oder als zusätzli-

cher Aufwand auf Grund des Gewinnverwendungsbeschlusses von der Verteilung unter die Aktionäre ausgeschlossen ist.

(5) Sofern die Satzung dies vorsieht, kann die Hauptversammlung auch eine Sachausschüttung beschließen.

**§ 59 Abschlagszahlung auf den Bilanzgewinn.** (1) Die Satzung kann den Vorstand ermächtigen, nach Ablauf des Geschäftsjahrs auf den voraussichtlichen Bilanzgewinn einen Abschlag an die Aktionäre zu zahlen.

(2) [1]Der Vorstand darf einen Abschlag nur zahlen, wenn ein vorläufiger Abschluß für das vergangene Geschäftsjahr einen Jahresüberschuß ergibt. [2]Als Abschlag darf höchstens die Hälfte des Betrags gezahlt werden, der von dem Jahresüberschuß nach Abzug der Beträge verbleibt, die nach Gesetz oder Satzung in Gewinnrücklagen einzustellen sind. [3]Außerdem darf der Abschlag nicht die Hälfte des vorjährigen Bilanzgewinns übersteigen.

(3) Die Zahlung eines Abschlags bedarf der Zustimmung des Aufsichtsrats.

**§ 60 Gewinnverteilung.** (1) Die Anteile der Aktionäre am Gewinn bestimmen sich nach ihren Anteilen am Grundkapital.

(2) [1]Sind die Einlagen auf das Grundkapital nicht auf alle Aktien in demselben Verhältnis geleistet, so erhalten die Aktionäre aus dem verteilbaren Gewinn vorweg einen Betrag von vier vom Hundert der geleisteten Einlagen. [2]Reicht der Gewinn dazu nicht aus, so bestimmt sich der Betrag nach einem entsprechend niedrigeren Satz. [3]Einlagen, die im Laufe des Geschäftsjahrs geleistet wurden, werden nach dem Verhältnis der Zeit berücksichtigt, die seit der Leistung verstrichen ist.

(3) Die Satzung kann eine andere Art der Gewinnverteilung bestimmen.

**§ 61 Vergütung von Nebenleistungen.** Für wiederkehrende Leistungen, zu denen Aktionäre nach der Satzung neben den Einlagen auf das Grundkapital verpflichtet sind, darf eine den Wert der Leistungen nicht übersteigende Vergütung ohne Rücksicht darauf gezahlt werden, ob ein Bilanzgewinn ausgewiesen wird.

**§ 62 Haftung der Aktionäre beim Empfang verbotener Leistungen.** (1) [1]Die Aktionäre haben der Gesellschaft Leistungen, die sie entgegen den Vorschriften dieses Gesetzes von ihr empfangen haben, zurückzugewähren. [2]Haben sie Beträge als Gewinnanteile bezogen, so besteht die Verpflichtung nur, wenn sie wußten oder infolge von Fahrlässigkeit nicht wußten, daß sie zum Bezuge nicht berechtigt waren.

(2) [1]Der Anspruch der Gesellschaft kann auch von den Gläubigern der Gesellschaft geltend gemacht werden, soweit sie von dieser keine Befriedigung erlangen können. [2]Ist über das Vermögen der Gesellschaft das Insolvenzverfahren eröffnet, so übt während dessen Dauer der Insolvenzverwalter oder der Sachwalter das Recht der Gesellschaftsgläubiger gegen die Aktionäre aus.

(3) [1]Die Ansprüche nach diesen Vorschriften verjähren in zehn Jahren seit dem Empfang der Leistung. [2]§ 54 Abs. 4 Satz 2 findet entsprechende Anwendung.

**§ 63 Folgen nicht rechtzeitiger Einzahlung.** (1) [1]Die Aktionäre haben die Einlagen nach Aufforderung durch den Vorstand einzuzahlen. [2]Die Aufforderung ist, wenn die Satzung nichts anderes bestimmt, in den Gesellschaftsblättern bekanntzumachen.

(2) [1]Aktionäre, die den eingeforderten Betrag nicht rechtzeitig einzahlen, haben ihn vom Eintritt der Fälligkeit an mit fünf vom Hundert für das Jahr zu verzinsen. [2]Die Geltendmachung eines weiteren Schadens ist nicht ausgeschlossen.

(3) Für den Fall nicht rechtzeitiger Einzahlung kann die Satzung Vertragsstrafen festsetzen.

**§ 64 Ausschluß säumiger Aktionäre.** (1) Aktionären, die den eingeforderten Betrag nicht rechtzeitig einzahlen, kann eine Nachfrist mit der Androhung gesetzt werden, daß sie nach Fristablauf ihrer Aktien und der geleisteten Einzahlungen für verlustig erklärt werden.

(2) ¹Die Nachfrist muß dreimal in den Gesellschaftsblättern bekanntgemacht werden. ²Die erste Bekanntmachung muß mindestens drei Monate, die letzte mindestens einen Monat vor Fristablauf ergehen. ³Zwischen den einzelnen Bekanntmachungen muß ein Zeitraum von mindestens drei Wochen liegen. ⁴Ist die Übertragung der Aktien an die Zustimmung der Gesellschaft gebunden, so genügt an Stelle der öffentlichen Bekanntmachungen die einmalige Einzelaufforderung an die säumigen Aktionäre; dabei muß eine Nachfrist gewährt werden, die mindestens einen Monat seit dem Empfang der Aufforderung beträgt.

(3) ¹Aktionäre, die den eingeforderten Betrag trotzdem nicht zahlen, werden durch Bekanntmachung in den Gesellschaftsblättern ihrer Aktien und der geleisteten Einzahlungen zugunsten der Gesellschaft für verlustig erklärt. ²In der Bekanntmachung sind die für verlustig erklärten Aktien mit ihren Unterscheidungsmerkmalen anzugeben.

(4) ¹An Stelle der alten Urkunden werden neue ausgegeben; diese haben außer den geleisteten Teilzahlungen den rückständigen Betrag anzugeben. ²Für den Ausfall der Gesellschaft an diesem Betrag oder an den später eingeforderten Beträgen haftet ihr der ausgeschlossene Aktionär.

**§ 65 Zahlungspflicht der Vormänner.** (1) ¹Jeder im Aktienregister verzeichnete Vormann des ausgeschlossenen Aktionärs ist der Gesellschaft zur Zahlung des rückständigen Betrags verpflichtet, soweit dieser von seinen Nachmännern nicht zu erlangen ist. ²Von der Zahlungsaufforderung an einen früheren Aktionär hat die Gesellschaft seinen unmittelbaren Vormann zu benachrichtigen. ³Daß die Zahlung nicht zu erlangen ist, wird vermutet, wenn sie nicht innerhalb eines Monats seit der Zahlungsaufforderung und der Benachrichtigung des Vormanns eingegangen ist. ⁴Gegen Zahlung des rückständigen Betrags wird die neue Urkunde ausgehändigt.

(2) ¹Jeder Vormann ist nur zur Zahlung der Beträge verpflichtet, die binnen zwei Jahren eingefordert werden. ²Die Frist beginnt mit dem Tage, an dem die Übertragung der Aktie zum Aktienregister der Gesellschaft angemeldet wird.

(3) ¹Ist die Zahlung des rückständigen Betrags von Vormännern nicht zu erlangen, so hat die Gesellschaft die Aktie unverzüglich zum Börsenpreis und beim Fehlen eines Börsenpreises durch öffentliche Versteigerung zu verkaufen. ²Ist von der Versteigerung am Sitz der Gesellschaft kein angemessener Erfolg zu erwarten, so ist die Aktie an einem geeigneten Ort zu verkaufen. ³Zeit, Ort und Gegenstand der Versteigerung sind öffentlich bekanntzumachen. ⁴Der ausgeschlossene Aktionär und seine Vormänner sind besonders zu benachrichtigen; die Benachrichtigung kann unterbleiben, wenn sie untunlich ist. ⁵Bekanntmachung und Benachrichtigung müssen mindestens zwei Wochen vor der Versteigerung ergehen.

**§ 66 Keine Befreiung der Aktionäre von ihren Leistungspflichten.** (1) ¹Die Aktionäre und ihre Vormänner können von ihren Leistungspflichten nach den §§ 54 und 65 nicht befreit werden. ²Gegen eine Forderung der Gesellschaft nach den §§ 54 und 65 ist die Aufrechnung nicht zulässig.

(2) Absatz 1 gilt entsprechend für die Verpflichtung zur Rückgewähr von Leistungen, die entgegen den Vorschriften dieses Gesetzes empfangen sind, für die Ausfallhaftung des ausgeschlossenen Aktionärs sowie für die Schadenersatzpflicht des Aktionärs wegen nicht gehöriger Leistung einer Sacheinlage.

(3) Durch eine ordentliche Kapitalherabsetzung oder durch eine Kapitalherabsetzung durch Einziehung von Aktien können die Aktionäre von der Verpflichtung zur Leistung von Einlagen befreit werden, durch eine ordentliche Kapitalherabsetzung jedoch höchstens in Höhe des Betrags, um den das Grundkapital herabgesetzt worden ist.

**§ 67 Eintragung im Aktienregister.** (1) [1]Namensaktien sind unter Angabe des Namens, Geburtsdatums und der Adresse des Inhabers sowie der Stückzahl oder der Aktiennummer und bei Nennbetragsaktien des Betrags in das Aktienregister der Gesellschaft einzutragen. [2]Der Inhaber ist verpflichtet, der Gesellschaft die Angaben nach Satz 1 mitzuteilen. [3]Die Satzung kann Näheres dazu bestimmen, unter welchen Voraussetzungen Eintragungen im eigenen Namen für Aktien, die einem anderen gehören, zulässig sind. [4]Aktien, die zu einem in- oder ausländischen Investmentvermögen nach dem Investmentgesetz gehören, dessen Anteile nicht ausschließlich von Anlegern, die nicht natürliche Personen sind, gehalten werden, gelten als Aktien des in- oder ausländischen Investmentvermögens, auch wenn sie im Miteigentum der Anleger stehen; verfügt das Investmentvermögen über keine eigene Rechtspersönlichkeit, gelten sie als Aktien der Verwaltungsgesellschaft des Investmentvermögens.

(2) [1]Im Verhältnis zur Gesellschaft gilt als Aktionär nur, wer als solcher im Aktienregister eingetragen ist. [2]Jedoch bestehen Stimmrechte aus Eintragungen nicht, die eine nach Absatz 1 Satz 3 bestimmte satzungsmäßige Höchstgrenze überschreiten oder hinsichtlich derer eine satzungsmäßige Pflicht zur Offenlegung, dass die Aktien einem anderen gehören, nicht erfüllt wird. [3]Ferner bestehen Stimmrechte aus Aktien nicht, solange ein Auskunftsverlangen gemäß Absatz 4 Satz 2 oder Satz 3 nach Fristablauf nicht erfüllt ist.

(3) Geht die Namensaktie auf einen anderen über, so erfolgen Löschung und Neueintragung im Aktienregister auf Mitteilung und Nachweis.

(4) [1]Die bei Übertragung oder Verwahrung von Namensaktien mitwirkenden Kreditinstitute sind verpflichtet, der Gesellschaft die für die Führung des Aktienregisters erforderlichen Angaben gegen Erstattung der notwendigen Kosten zu übermitteln. [2]Der Eingetragene hat der Gesellschaft auf ihr Verlangen innerhalb einer angemessenen Frist mitzuteilen, inwieweit ihm die Aktien, als deren Inhaber er im Aktienregister eingetragen ist, auch gehören; soweit dies nicht der Fall ist, hat er die in Absatz 1 Satz 1 genannten Angaben zu demjenigen zu übermitteln, für den er die Aktien hält. [3]Dies gilt entsprechend für denjenigen, dessen Daten nach Satz 2 oder diesem Satz übermittelt werden. [4]Absatz 1 Satz 4 gilt entsprechend; für die Kostentragung gilt Satz 1. [5]Wird der Inhaber von Namensaktien nicht in das Aktienregister eingetragen, so ist das depotführende Institut auf Verlangen der Gesellschaft verpflichtet, sich gegen Erstattung der notwendigen Kosten durch die Gesellschaft an dessen Stelle gesondert in das Aktienregister eintragen zu lassen. [6]§ 125 Abs. 5 gilt entsprechend. [7]Wird ein Kreditinstitut im Rahmen eines Übertragungsvorgangs von Namensaktien nur vorübergehend gesondert in das Aktienregister eingetragen, so löst diese Eintragung keine Pflichten infolge des Absatzes 2 und nach § 128 aus und führt nicht zur Anwendung von satzungsmäßigen Beschränkungen nach Absatz 1 Satz 3.

(5) [1]Ist jemand nach Ansicht der Gesellschaft zu Unrecht als Aktionär in das Aktienregister eingetragen worden, so kann die Gesellschaft die Eintragung nur löschen, wenn sie vorher die Beteiligten von der beabsichtigten Löschung benachrichtigt und ihnen eine angemessene Frist zur Geltendmachung eines Widerspruchs gesetzt hat.

²Widerspricht ein Beteiligter innerhalb der Frist, so hat die Löschung zu unterbleiben.

(6) ¹Der Aktionär kann von der Gesellschaft Auskunft über die zu seiner Person in das Aktienregister eingetragenen Daten verlangen. ²Bei nichtbörsennotierten Gesellschaften kann die Satzung Weiteres bestimmen. ³Die Gesellschaft darf die Registerdaten sowie die nach Absatz 4 Satz 2 und 3 mitgeteilten Daten für ihre Aufgaben im Verhältnis zu den Aktionären verwenden. ⁴Zur Werbung für das Unternehmen darf sie die Daten nur verwenden, soweit der Aktionär nicht widerspricht. ⁵Die Aktionäre sind in angemessener Weise über ihr Widerspruchsrecht zu informieren.

(7) Diese Vorschriften gelten sinngemäß für Zwischenscheine.

**§ 68 Übertragung von Namensaktien. Vinkulierung.** (1) ¹Namensaktien können auch durch Indossament übertragen werden. ²Für die Form des Indossaments, den Rechtsausweis des Inhabers und seine Verpflichtung zur Herausgabe gelten sinngemäß Artikel 12, 13 und 16 des Wechselgesetzes.

(2) ¹Die Satzung kann die Übertragung an die Zustimmung der Gesellschaft binden. ²Die Zustimmung erteilt der Vorstand. ³Die Satzung kann jedoch bestimmen, daß der Aufsichtsrat oder die Hauptversammlung über die Erteilung der Zustimmung beschließt. ⁴Die Satzung kann die Gründe bestimmen, aus denen die Zustimmung verweigert werden darf.

(3) Bei Übertragung durch Indossament ist die Gesellschaft verpflichtet, die Ordnungsmäßigkeit der Reihe der Indossamente, nicht aber die Unterschriften zu prüfen.

(4) Diese Vorschriften gelten sinngemäß für Zwischenscheine.

**§ 69 Rechtsgemeinschaft an einer Aktie.** (1) Steht eine Aktie mehreren Berechtigten zu, so können sie die Rechte aus der Aktie nur durch einen gemeinschaftlichen Vertreter ausüben.

(2) Für die Leistungen auf die Aktie haften sie als Gesamtschuldner.

(3) ¹Hat die Gesellschaft eine Willenserklärung dem Aktionär gegenüber abzugeben, so genügt, wenn die Berechtigten der Gesellschaft keinen gemeinschaftlichen Vertreter benannt haben, die Abgabe der Erklärung gegenüber einem Berechtigten. ²Bei mehreren Erben eines Aktionärs gilt dies nur für Willenserklärungen, die nach Ablauf eines Monats seit dem Anfall der Erbschaft abgegeben werden.

**§ 70 Berechnung der Aktienbesitzzeit.** ¹Ist die Ausübung von Rechten aus der Aktie davon abhängig, daß der Aktionär während eines bestimmten Zeitraums Inhaber der Aktie gewesen ist, so steht dem Eigentum ein Anspruch auf Übereignung gegen ein Kreditinstitut, Finanzdienstleistungsinstitut oder ein nach § 53 Abs. 1 Satz 1 oder § 53b Abs. 1 Satz 1 oder Abs. 7 des Gesetzes über das Kreditwesen tätiges Unternehmen gleich. ²Die Eigentumszeit eines Rechtsvorgängers wird dem Aktionär zugerechnet, wenn er die Aktie unentgeltlich, von seinem Treuhänder, als Gesamtrechtsnachfolger, bei Auseinandersetzung einer Gemeinschaft oder bei einer Bestandsübertragung nach § 14 des Versicherungsaufsichtsgesetzes oder § 14 des Gesetzes über Bausparkassen erworben hat.

**§ 71 Erwerb eigener Aktien.** (1) Die Gesellschaft darf eigene Aktien nur erwerben,
1. wenn der Erwerb notwendig ist, um einen schweren, unmittelbar bevorstehenden Schaden von der Gesellschaft abzuwenden,

2. wenn die Aktien Personen, die im Arbeitsverhältnis zu der Gesellschaft oder einem mit ihr verbundenen Unternehmen stehen oder standen, zum Erwerb angeboten werden sollen,
3. wenn der Erwerb geschieht, um Aktionäre nach § 305 Abs. 2, § 320b oder nach § 29 Abs. 1, § 125 Satz 1 in Verbindung mit § 29 Abs. 1, § 207 Abs. 1 Satz 1 des Umwandlungsgesetzes abzufinden,
4. wenn der Erwerb unentgeltlich geschieht oder ein Kreditinstitut mit dem Erwerb eine Einkaufskommission ausführt,
5. durch Gesamtrechtsnachfolge,
6. auf Grund eines Beschlusses der Hauptversammlung zur Einziehung nach den Vorschriften über die Herabsetzung des Grundkapitals,
7. wenn sie ein Kreditinstitut, Finanzdienstleistungsinstitut oder Finanzunternehmen ist, aufgrund eines Beschlusses der Hauptversammlung zum Zwecke des Wertpapierhandels. Der Beschluß muß bestimmen, daß der Handelsbestand der zu diesem Zweck zu erwerbenden Aktien fünf vom Hundert des Grundkapitals am Ende jeden Tages nicht übersteigen darf; er muß den niedrigsten und höchsten Gegenwert festlegen. Die Ermächtigung darf höchstens fünf Jahre gelten; oder
8. aufgrund einer höchstens fünf Jahre geltenden Ermächtigung der Hauptversammlung, die den niedrigsten und höchsten Gegenwert sowie den Anteil am Grundkapital, der zehn vom Hundert nicht übersteigen darf, festlegt. Als Zweck ist der Handel in eigenen Aktien ausgeschlossen. § 53a ist auf Erwerb und Veräußerung anzuwenden. Erwerb und Veräußerung über die Börse genügen dem. Eine andere Veräußerung kann die Hauptversammlung beschließen; § 186 Abs. 3, 4 und § 193 Abs. 2 Nr. 4 sind in diesem Fall entsprechend anzuwenden. Die Hauptversammlung kann den Vorstand ermächtigen, die eigenen Aktien ohne weiteren Hauptversammlungsbeschluß einzuziehen.

(2) $^1$Auf die zu den Zwecken nach Absatz 1 Nr. 1 bis 3, 7 und 8 erworbenen Aktien dürfen zusammen mit anderen Aktien der Gesellschaft, welche die Gesellschaft bereits erworben hat und noch besitzt, nicht mehr als zehn vom Hundert des Grundkapitals entfallen. $^2$Dieser Erwerb ist ferner nur zulässig, wenn die Gesellschaft im Zeitpunkt des Erwerbs eine Rücklage in Höhe der Aufwendungen für den Erwerb bilden könnte, ohne das Grundkapital oder eine nach Gesetz oder Satzung zu bildende Rücklage zu mindern, die nicht zur Zahlung an die Aktionäre verwandt werden darf. $^3$In den Fällen des Absatzes 1 Nr. 1, 2, 4, 7 und 8 ist der Erwerb nur zulässig, wenn auf die Aktien der Ausgabebetrag voll geleistet ist.

(3) $^1$In den Fällen des Absatzes 1 Nr. 1 und 8 hat der Vorstand die nächste Hauptversammlung über die Gründe und den Zweck des Erwerbs, über die Zahl der erworbenen Aktien und den auf sie entfallenden Betrag des Grundkapitals, über deren Anteil am Grundkapital sowie über den Gegenwert der Aktien zu unterrichten. $^2$Im Falle des Absatzes 1 Nr. 2 sind die Aktien innerhalb eines Jahres nach ihrem Erwerb an die Arbeitnehmer auszugeben.

(4) $^1$Ein Verstoß gegen die Absätze 1 oder 2 macht den Erwerb eigener Aktien nicht unwirksam. $^2$Ein schuldrechtliches Geschäft über den Erwerb eigener Aktien ist jedoch nichtig, soweit der Erwerb gegen die Absätze 1 oder 2 verstößt.

**§ 71a Umgehungsgeschäfte.** (1) $^1$Ein Rechtsgeschäft, das die Gewährung eines Vorschusses oder eines Darlehens oder die Leistung einer Sicherheit durch die Gesellschaft an einen anderen zum Zweck des Erwerbs von Aktien dieser Gesellschaft zum Gegenstand hat, ist nichtig. $^2$Dies gilt nicht für Rechtsgeschäfte im Rahmen der laufenden Geschäfte von Kreditinstituten oder Finanzdienstleistungsinstituten sowie für die Gewährung eines Vorschusses oder eines Darlehens oder für die Leistung einer Sicherheit zum Zweck des Erwerbs von Aktien durch Arbeitnehmer der Gesellschaft oder eines mit ihr verbundenen Unternehmens; auch in diesen Fällen ist das Rechtsgeschäft jedoch nichtig, wenn die Gesellschaft im Zeitpunkt des Erwerbs eine Rücklage in Höhe der Aufwendungen für den Erwerb nicht bilden könnte, ohne das Grundkapital oder eine nach Gesetz oder Satzung zu bildende Rücklage zu mindern, die nicht zur Zahlung an die Aktionäre verwandt werden darf. ³Satz 1 gilt zudem nicht für Rechtsgeschäfte bei Bestehen eines Beherrschungs- oder Gewinnabführungsvertrags (§ 291).

(2) Nichtig ist ferner ein Rechtsgeschäft zwischen der Gesellschaft und einem anderen, nach dem dieser berechtigt oder verpflichtet sein soll, Aktien der Gesellschaft für Rechnung der Gesellschaft oder eines abhängigen oder eines in ihrem Mehrheitsbesitz stehenden Unternehmens zu erwerben, soweit der Erwerb durch die Gesellschaft gegen § 71 Abs. 1 oder 2 verstoßen würde.

**§ 71b Rechte aus eigenen Aktien.** Aus eigenen Aktien stehen der Gesellschaft keine Rechte zu.

**§ 71c Veräußerung und Einziehung eigener Aktien.** (1) Hat die Gesellschaft eigene Aktien unter Verstoß gegen § 71 Abs. 1 oder 2 erworben, so müssen sie innerhalb eines Jahres nach ihrem Erwerb veräußert werden.

(2) Entfallen auf die Aktien, welche die Gesellschaft nach § 71 Abs. 1 in zulässiger Weise erworben hat und noch besitzt, mehr als zehn vom Hundert des Grundkapitals, so muß der Teil der Aktien, der diesen Satz übersteigt, innerhalb von drei Jahren nach dem Erwerb der Aktien veräußert werden.

(3) Sind eigene Aktien innerhalb der in den Absätzen 1 und 2 vorgesehenen Fristen nicht veräußert worden, so sind sie nach § 237 einzuziehen.

**§ 71d Erwerb eigener Aktien durch Dritte.** ¹Ein im eigenen Namen, jedoch für Rechnung der Gesellschaft handelnder Dritter darf Aktien der Gesellschaft nur erwerben oder besitzen, soweit dies der Gesellschaft nach § 71 Abs. 1 Nr. 1 bis 5, 7 und 8 und Abs. 2 gestattet wäre. ²Gleiches gilt für den Erwerb oder den Besitz von Aktien der Gesellschaft durch ein abhängiges oder ein im Mehrheitsbesitz der Gesellschaft stehendes Unternehmen sowie für den Erwerb oder den Besitz durch einen Dritten, der im eigenen Namen, jedoch für Rechnung eines abhängigen oder eines im Mehrheitsbesitz der Gesellschaft stehenden Unternehmens handelt. ³Bei der Berechnung des Anteils am Grundkapital nach § 71 Abs. 2 Satz 1 und § 71c Abs. 2 gelten diese Aktien als Aktien der Gesellschaft. ⁴Im übrigen gelten § 71 Abs. 3 und 4, §§ 71a bis 71c sinngemäß. ⁵Der Dritte oder das Unternehmen hat der Gesellschaft auf ihr Verlangen das Eigentum an den Aktien zu verschaffen. ⁶Die Gesellschaft hat den Gegenwert der Aktien zu erstatten.

**§ 71e Inpfandnahme eigener Aktien.** (1) ¹Dem Erwerb eigener Aktien nach § 71 Abs. 1 und 2, § 71d steht es gleich, wenn eigene Aktien als Pfand genommen werden. ²Jedoch darf ein Kreditinstitut oder Finanzdienstleistungsinstitut im Rahmen der laufenden Geschäfte eigene Aktien bis zu dem in § 71 Abs. 2 Satz 1 bestimmten Anteil am Grundkapital als Pfand nehmen. ³§ 71a gilt sinngemäß.

(2) ¹Ein Verstoß gegen Absatz 1 macht die Inpfandnahme eigener Aktien unwirksam, wenn auf sie der Ausgabebetrag noch nicht voll geleistet ist. ²Ein schuldrechtliches Geschäft über die Inpfandnahme eigener Aktien ist nichtig, soweit der Erwerb gegen Absatz 1 verstößt.

**§ 72 Kraftloserklärung von Aktien im Aufgebotsverfahren.** (1) ¹Ist eine Aktie oder ein Zwischenschein abhanden gekommen oder vernichtet, so kann die Urkunde im Aufgebotsverfahren nach dem Gesetz über das Verfahren in Familiensachen und in den Angelegenheiten der freiwilligen Gerichtsbarkeit für kraftlos erklärt werden. ²§ 799 Abs. 2 und § 800 des Bürgerlichen Gesetzbuchs gelten sinngemäß.

(2) Sind Gewinnanteilscheine auf den Inhaber ausgegeben, so erlischt mit der Kraftloserklärung der Aktie oder des Zwischenscheins auch der Anspruch aus den noch nicht fälligen Gewinnanteilscheinen.

(3) Die Kraftloserklärung einer Aktie nach §§ 73 oder 226 steht der Kraftloserklärung der Urkunde nach Absatz 1 nicht entgegen.

**§ 73 Kraftloserklärung von Aktien durch die Gesellschaft.** (1) ¹Ist der Inhalt von Aktienurkunden durch eine Veränderung der rechtlichen Verhältnisse unrichtig geworden, so kann die Gesellschaft die Aktien, die trotz Aufforderung nicht zur Berichtigung oder zum Umtausch bei ihr eingereicht sind, mit Genehmigung des Gerichts für kraftlos erklären. ²Beruht die Unrichtigkeit auf einer Änderung des Nennbetrags der Aktien, so können sie nur dann für kraftlos erklärt werden, wenn der Nennbetrag zur Herabsetzung des Grundkapitals herabgesetzt ist. ³Namensaktien können nicht deshalb für kraftlos erklärt werden, weil die Bezeichnung des Aktionärs unrichtig geworden ist. ⁴Gegen die Entscheidung des Gerichts ist die Beschwerde zulässig; eine Anfechtung der Entscheidung, durch die die Genehmigung erteilt wird, ist ausgeschlossen.

(2) ¹Die Aufforderung, die Aktien einzureichen, hat die Kraftloserklärung anzudrohen und auf die Genehmigung des Gerichts hinzuweisen. ²Die Kraftloserklärung kann nur erfolgen, wenn die Aufforderung in der in § 64 Abs. 2 für die Nachfrist vorgeschriebenen Weise bekanntgemacht worden ist. ³Die Kraftloserklärung geschieht durch Bekanntmachung in den Gesellschaftsblättern. ⁴In der Bekanntmachung sind die für kraftlos erklärten Aktien so zu bezeichnen, daß sich aus der Bekanntmachung ohne weiteres ergibt, ob eine Aktie für kraftlos erklärt ist.

(3) ¹An Stelle der für kraftlos erklärten Aktien sind, vorbehaltlich einer Satzungsregelung nach § 10 Abs. 5, neue Aktien auszugeben und dem Berechtigten auszuhändigen oder, wenn ein Recht zur Hinterlegung besteht, zu hinterlegen. ²Die Aushändigung oder Hinterlegung ist dem Gericht anzuzeigen.

(4) Soweit zur Herabsetzung des Grundkapitals Aktien zusammengelegt werden, gilt § 226.

**§ 74 Neue Urkunden an Stelle beschädigter oder verunstalteter Aktien oder Zwischenscheine.** ¹Ist eine Aktie oder ein Zwischenschein so beschädigt oder verunstaltet, daß die Urkunde zum Umlauf nicht mehr geeignet ist, so kann der Berechtigte, wenn der wesentliche Inhalt und die Unterscheidungsmerkmale der Urkunde noch sicher zu erkennen sind, von der Gesellschaft die Erteilung einer neuen Urkunde gegen Aushändigung der alten verlangen. ²Die Kosten hat er zu tragen und vorzuschießen.

**§ 75 Neue Gewinnanteilscheine.** Neue Gewinnanteilscheine dürfen an den Inhaber des Erneuerungsscheins nicht ausgegeben werden, wenn der Besitzer der Aktie oder des Zwischenscheins der Ausgabe widerspricht; sie sind dem Besitzer der Aktie oder des Zwischenscheins auszuhändigen, wenn er die Haupturkunde vorlegt.

## Vierter Teil. Verfassung der Aktiengesellschaft

### Erster Abschnitt. Vorstand

**§ 76 Leitung der Aktiengesellschaft.** (1) Der Vorstand hat unter eigener Verantwortung die Gesellschaft zu leiten.

(2) ¹Der Vorstand kann aus einer oder mehreren Personen bestehen. ²Bei Gesellschaften mit einem Grundkapital von mehr als drei Millionen Euro hat er aus mindestens zwei Personen zu bestehen, es sei denn, die Satzung bestimmt, daß er aus einer Person besteht. ³Die Vorschriften über die Bestellung eines Arbeitsdirektors bleiben unberührt.

(3) ¹Mitglied des Vorstands kann nur eine natürliche, unbeschränkt geschäftsfähige Person sein. ²Mitglied des Vorstands kann nicht sein, wer

1. als Betreuter bei der Besorgung seiner Vermögensangelegenheiten ganz oder teilweise einem Einwilligungsvorbehalt (§ 1903 des Bürgerlichen Gesetzbuchs) unterliegt,
2. aufgrund eines gerichtlichen Urteils oder einer vollziehbaren Entscheidung einer Verwaltungsbehörde einen Beruf, einen Berufszweig, ein Gewerbe oder einen Gewerbezweig nicht ausüben darf, sofern der Unternehmensgegenstand ganz oder teilweise mit dem Gegenstand des Verbots übereinstimmt,
3. wegen einer oder mehrerer vorsätzlich begangener Straftaten
   a) des Unterlassens der Stellung des Antrags auf Eröffnung des Insolvenzverfahrens (Insolvenzverschleppung),
   b) nach den §§ 283 bis 283d des Strafgesetzbuchs (Insolvenzstraftaten),
   c) der falschen Angaben nach § 399 dieses Gesetzes oder § 82 des Gesetzes betreffend die Gesellschaften mit beschränkter Haftung,
   d) der unrichtigen Darstellung nach § 400 dieses Gesetzes, § 331 des Handelsgesetzbuchs, § 313 des Umwandlungsgesetzes oder § 17 des Publizitätsgesetzes,
   e) nach den §§ 263 bis 264a oder den §§ 265b bis 266a des Strafgesetzbuchs zu einer Freiheitsstrafe von mindestens einem Jahr

verurteilt worden ist; dieser Ausschluss gilt für die Dauer von fünf Jahren seit der Rechtskraft des Urteils, wobei die Zeit nicht eingerechnet wird, in welcher der Täter auf behördliche Anordnung in einer Anstalt verwahrt worden ist.

³Satz 2 Nr. 3 gilt entsprechend bei einer Verurteilung im Ausland wegen einer Tat, die mit den in Satz 2 Nr. 3 genannten Taten vergleichbar ist.

**§ 77 Geschäftsführung.** (1) ¹Besteht der Vorstand aus mehreren Personen, so sind sämtliche Vorstandsmitglieder nur gemeinschaftlich zur Geschäftsführung befugt. ²Die Satzung oder die Geschäftsordnung des Vorstands kann Abweichendes bestimmen; es kann jedoch nicht bestimmt werden, daß ein oder mehrere Vorstandsmitglieder Meinungsverschiedenheiten im Vorstand gegen die Mehrheit seiner Mitglieder entscheiden.

(2) ¹Der Vorstand kann sich eine Geschäftsordnung geben, wenn nicht die Satzung den Erlaß der Geschäftsordnung dem Aufsichtsrat übertragen hat oder der Aufsichtsrat eine Geschäftsordnung für den Vorstand erläßt. ²Die Satzung kann Einzelfragen der Geschäftsordnung bindend regeln. ³Beschlüsse des Vorstands über die Geschäftsordnung müssen einstimmig gefaßt werden.

**§ 78 Vertretung.** (1) ¹Der Vorstand vertritt die Gesellschaft gerichtlich und außergerichtlich. ²Hat eine Gesellschaft keinen Vorstand (Führungslosigkeit), wird die Gesellschaft für den Fall, dass ihr gegenüber Willenserklärungen abgegeben oder Schriftstücke zugestellt werden, durch den Aufsichtsrat vertreten.

(2) ¹Besteht der Vorstand aus mehreren Personen, so sind, wenn die Satzung nichts anderes bestimmt, sämtliche Vorstandsmitglieder nur gemeinschaftlich zur Vertretung der Gesellschaft befugt. ²Ist eine Willenserklärung gegenüber der Gesellschaft abzugeben, so genügt die Abgabe gegenüber einem Vorstandsmitglied oder im Fall des Absatzes 1 Satz 2 gegenüber einem Aufsichtsratmitglied. ³An die Vertreter der Gesellschaft nach Absatz 1 können unter der im Handelsregister eingetragenen Geschäftsanschrift Willenserklärungen gegenüber der Gesellschaft abgegeben und Schriftstücke für die Gesellschaft zugestellt werden. ⁴Unabhängig hiervon können die Abgabe und die Zustellung auch unter der eingetragenen Anschrift der empfangsberechtigten Person nach § 39 Abs. 1 Satz 2 erfolgen.

(3) ¹Die Satzung kann auch bestimmen, daß einzelne Vorstandsmitglieder allein oder in Gemeinschaft mit einem Prokuristen zur Vertretung der Gesellschaft befugt sind. ²Dasselbe kann der Aufsichtsrat bestimmen, wenn die Satzung ihn hierzu ermächtigt hat. ³Absatz 2 Satz 2 gilt in diesen Fällen sinngemäß.

(4) ¹Zur Gesamtvertretung befugte Vorstandsmitglieder können einzelne von ihnen zur Vornahme bestimmter Geschäfte oder bestimmter Arten von Geschäften ermächtigen. ²Dies gilt sinngemäß, wenn ein einzelnes Vorstandsmitglied in Gemeinschaft mit einem Prokuristen zur Vertretung der Gesellschaft befugt ist.

**§ 79** (weggefallen)

**§ 80 Angaben auf Geschäftsbriefen.** (1) ¹Auf allen Geschäftsbriefen gleichviel welcher Form, die an einen bestimmten Empfänger gerichtet werden, müssen die Rechtsform und der Sitz der Gesellschaft, das Registergericht des Sitzes der Gesellschaft und die Nummer, unter der die Gesellschaft in das Handelsregister eingetragen ist, sowie alle Vorstandsmitglieder und der Vorsitzende des Aufsichtsrats mit dem Familiennamen und mindestens einem ausgeschriebenen Vornamen angegeben werden. ²Der Vorsitzende des Vorstands ist als solcher zu bezeichnen. ³Werden Angaben über das Kapital der Gesellschaft gemacht, so müssen in jedem Falle das Grundkapital sowie, wenn auf die Aktien der Ausgabebetrag nicht vollständig eingezahlt ist, der Gesamtbetrag der ausstehenden Einlagen angegeben werden.

(2) Der Angaben nach Absatz 1 Satz 1 und 2 bedarf es nicht bei Mitteilungen oder Berichten, die im Rahmen einer bestehenden Geschäftsverbindung ergehen und für die üblicherweise Vordrucke verwendet werden, in denen lediglich die im Einzelfall erforderlichen besonderen Angaben eingefügt zu werden brauchen.

(3) ¹Bestellscheine gelten als Geschäftsbriefe im Sinne des Absatzes 1. ²Absatz 2 ist auf sie nicht anzuwenden.

(4) ¹Auf allen Geschäftsbriefen und Bestellscheinen, die von einer Zweigniederlassung einer Aktiengesellschaft mit Sitz im Ausland verwendet werden, müssen das Register, bei dem die Zweigniederlassung geführt wird, und die Nummer des Registereintrags angegeben werden; im übrigen gelten die Vorschriften der Absätze 1 bis 3 für die Angaben bezüglich der Haupt- und der Zweigniederlassung, soweit nicht das ausländische Recht Abweichungen nötig macht. ²Befindet sich die ausländische Gesellschaft in Abwicklung, so sind auch diese Tatsache sowie alle Abwickler anzugeben.

**§ 81 Änderung des Vorstands und der Vertretungsbefugnis seiner Mitglieder.** (1) Jede Änderung des Vorstands oder der Vertretungsbefugnis eines Vorstandsmitglieds hat der Vorstand zur Eintragung in das Handelsregister anzumelden.

(2) Der Anmeldung sind die Urkunden über die Änderung in Urschrift oder öffentlich beglaubigter Abschrift beizufügen.

(3) [1]Die neuen Vorstandsmitglieder haben in der Anmeldung zu versichern, daß keine Umstände vorliegen, die ihrer Bestellung nach § 76 Abs. 3 Satz 2 Nr. 2 und 3 sowie Satz 3 entgegenstehen, und daß sie über ihre unbeschränkte Auskunftspflicht gegenüber dem Gericht belehrt worden sind. [2]§ 37 Abs. 2 Satz 2 ist anzuwenden.

(4) weggefallen

**§ 82 Beschränkungen der Vertretungs- und Geschäftsführungsbefugnis.** (1) Die Vertretungsbefugnis des Vorstands kann nicht beschränkt werden.

(2) Im Verhältnis der Vorstandsmitglieder zur Gesellschaft sind diese verpflichtet, die Beschränkungen einzuhalten, die im Rahmen der Vorschriften über die Aktiengesellschaft die Satzung, der Aufsichtsrat, die Hauptversammlung und die Geschäftsordnungen des Vorstands und des Aufsichtsrats für die Geschäftsführungsbefugnis getroffen haben.

**§ 83 Vorbereitung und Ausführung von Hauptversammlungsbeschlüssen.** (1) [1]Der Vorstand ist auf Verlangen der Hauptversammlung verpflichtet, Maßnahmen, die in die Zuständigkeit der Hauptversammlung fallen, vorzubereiten. [2]Das gleiche gilt für die Vorbereitung und den Abschluß von Verträgen, die nur mit Zustimmung der Hauptversammlung wirksam werden. [3]Der Beschluß der Hauptversammlung bedarf der Mehrheiten, die für die Maßnahmen oder für die Zustimmung zu dem Vertrag erforderlich sind.

(2) Der Vorstand ist verpflichtet, die von der Hauptversammlung im Rahmen ihrer Zuständigkeit beschlossenen Maßnahmen auszuführen.

**§ 84 Bestellung und Abberufung des Vorstands.** (1) [1]Vorstandsmitglieder bestellt der Aufsichtsrat auf höchstens fünf Jahre. [2]Eine wiederholte Bestellung oder Verlängerung der Amtszeit, jeweils für höchstens fünf Jahre, ist zulässig. [3]Sie bedarf eines erneuten Aufsichtsratsbeschlusses, der frühestens ein Jahr vor Ablauf der bisherigen Amtszeit gefaßt werden kann. [4]Nur bei einer Bestellung auf weniger als fünf Jahre kann eine Verlängerung der Amtszeit ohne neuen Aufsichtsratsbeschluß vorgesehen werden, sofern dadurch die gesamte Amtszeit nicht mehr als fünf Jahre beträgt. [5]Dies gilt sinngemäß für den Anstellungsvertrag; er kann jedoch vorsehen, daß er für den Fall einer Verlängerung der Amtszeit bis zu deren Ablauf weitergilt.

(2) Werden mehrere Personen zu Vorstandsmitgliedern bestellt, so kann der Aufsichtsrat ein Mitglied zum Vorsitzenden des Vorstands ernennen.

(3) [1]Der Aufsichtsrat kann die Bestellung zum Vorstandsmitglied und die Ernennung zum Vorsitzenden des Vorstands widerrufen, wenn ein wichtiger Grund vorliegt. [2]Ein solcher Grund ist namentlich grobe Pflichtverletzung, Unfähigkeit zur ordnungsmäßigen Geschäftsführung oder Vertrauensentzug durch die Hauptversammlung, es sei denn, daß das Vertrauen aus offenbar unsachlichen Gründen entzogen worden ist. [3]Dies gilt auch für den vom ersten Aufsichtsrat bestellten Vorstand. [4]Der Widerruf ist wirksam, bis seine Unwirksamkeit rechtskräftig festgestellt ist. [5]Für die Ansprüche aus dem Anstellungsvertrag gelten die allgemeinen Vorschriften.

(4) Die Vorschriften des Gesetzes über die Mitbestimmung der Arbeitnehmer in den Aufsichtsräten und Vorständen der Unternehmen des Bergbaus und der Eisen und

Stahl erzeugenden Industrie vom 21. Mai 1951 (Bundesgesetzbl. I S. 347) – Montan-Mitbestimmungsgesetz – über die besonderen Mehrheitserfordernisse für einen Aufsichtsratsbeschluß über die Bestellung eines Arbeitsdirektors oder den Widerruf seiner Bestellung bleiben unberührt.

**§ 85 Bestellung durch das Gericht.** (1) ¹Fehlt ein erforderliches Vorstandsmitglied, so hat in dringenden Fällen das Gericht auf Antrag eines Beteiligten das Mitglied zu bestellen. ²Gegen die Entscheidung ist die Beschwerde zulässig.

(2) Das Amt des gerichtlich bestellten Vorstandsmitglieds erlischt in jedem Fall, sobald der Mangel behoben ist.

(3) ¹Das gerichtlich bestellte Vorstandsmitglied hat Anspruch auf Ersatz angemessener barer Auslagen und auf Vergütung für seine Tätigkeit. ²Einigen sich das gerichtlich bestellte Vorstandsmitglied und die Gesellschaft nicht, so setzt das Gericht die Auslagen und die Vergütung fest. ³Gegen die Entscheidung ist die Beschwerde zulässig; die Rechtsbeschwerde ist ausgeschlossen. ⁴Aus der rechtskräftigen Entscheidung findet die Zwangsvollstreckung nach der Zivilprozeßordnung statt.

**§ 86** (weggefallen)

**§ 87 Grundsätze für die Bezüge der Vorstandsmitglieder.** (1) ¹Der Aufsichtsrat hat bei der Festsetzung der Gesamtbezüge des einzelnen Vorstandsmitglieds (Gehalt, Gewinnbeteiligungen, Aufwandsentschädigungen, Versicherungsentgelte, Provisionen, anreizorientierte Vergütungszusagen wie zum Beispiel Aktienbezugsrechte und Nebenleistungen jeder Art) dafür zu sorgen, dass diese in einem angemessenen Verhältnis zu den Aufgaben und Leistungen des Vorstandsmitglieds sowie zur Lage der Gesellschaft stehen und die übliche Vergütung nicht ohne besondere Gründe übersteigen. ²Die Vergütungsstruktur ist bei börsennotierten Gesellschaften auf eine nachhaltige Unternehmensentwicklung auszurichten. ³Variable Vergütungsbestandteile sollen daher eine mehrjährige Bemessungsgrundlage haben; für außerordentliche Entwicklungen soll der Aufsichtsrat eine Begrenzungsmöglichkeit vereinbaren. ⁴Satz 1 gilt sinngemäß für Ruhegehalt, Hinterbliebenenbezüge und Leistungen verwandter Art.

(2) ¹Verschlechtert sich die Lage der Gesellschaft nach der Festsetzung so, dass die Weitergewährung der Bezüge nach Absatz 1 unbillig für die Gesellschaft wäre, so soll der Aufsichtsrat oder im Falle des § 85 Absatz 3 das Gericht auf Antrag des Aufsichtsrats die Bezüge auf die angemessene Höhe herabsetzen. ²Ruhegehalt, Hinterbliebenenbezüge und Leistungen verwandter Art können nur in den ersten drei Jahren nach Ausscheiden aus der Gesellschaft nach Satz 1 herabgesetzt werden. ³Durch eine Herabsetzung wird der Anstellungsvertrag im übrigen nicht berührt. ⁴Das Vorstandsmitglied kann jedoch seinen Anstellungsvertrag für den Schluß des nächsten Kalendervierteljahrs mit einer Kündigungsfrist von sechs Wochen kündigen.

(3) Wird über das Vermögen der Gesellschaft das Insolvenzverfahren eröffnet und kündigt der Insolvenzverwalter den Anstellungsvertrag eines Vorstandsmitglieds, so kann es Ersatz für den Schaden, der ihm durch die Aufhebung des Dienstverhältnisses entsteht, nur für zwei Jahre seit dem Ablauf des Dienstverhältnisses verlangen.

**§ 88 Wettbewerbsverbot.** (1) ¹Die Vorstandsmitglieder dürfen ohne Einwilligung des Aufsichtsrats weder ein Handelsgewerbe betreiben noch im Geschäftszweig der Gesellschaft für eigene oder fremde Rechnung Geschäfte machen. ²Sie dürfen ohne Einwilligung auch nicht Mitglied des Vorstands oder Geschäftsführer oder persönlich haftender Gesellschafter einer anderen Handelsgesellschaft sein. ³Die Einwilligung des Aufsichtsrats kann nur für bestimmte Handelsgewerbe oder Handelsgesellschaften oder für bestimmte Arten von Geschäften erteilt werden.

(2) [1]Verstößt ein Vorstandsmitglied gegen dieses Verbot, so kann die Gesellschaft Schadenersatz fordern. [2]Sie kann statt dessen von dem Mitglied verlangen, daß es die für eigene Rechnung gemachten Geschäfte als für Rechnung der Gesellschaft eingegangen gelten läßt und die aus Geschäften für fremde Rechnung bezogene Vergütung herausgibt oder seinen Anspruch auf die Vergütung abtritt.

(3) [1]Die Ansprüche der Gesellschaft verjähren in drei Monaten seit dem Zeitpunkt, in dem die übrigen Vorstandsmitglieder und die Aufsichtsratsmitglieder von der zum Schadensersatz verpflichtenden Handlung Kenntnis erlangen oder ohne grobe Fahrlässigkeit erlangen müssten. [2]Sie verjähren ohne Rücksicht auf diese Kenntnis oder grob fahrlässige Unkenntnis in fünf Jahren von ihrer Entstehung an.

**§ 89 Kreditgewährung an Vorstandsmitglieder.** (1) [1]Die Gesellschaft darf ihren Vorstandsmitgliedern Kredit nur auf Grund eines Beschlusses des Aufsichtsrats gewähren. [2]Der Beschluß kann nur für bestimmte Kreditgeschäfte oder Arten von Kreditgeschäften und nicht für länger als drei Monate im voraus gefaßt werden. [3]Er hat die Verzinsung und Rückzahlung des Kredits zu regeln. [4]Der Gewährung eines Kredits steht die Gestattung einer Entnahme gleich, die über die dem Vorstandsmitglied zustehenden Bezüge hinausgeht, namentlich auch die Gestattung der Entnahme von Vorschüssen auf Bezüge. [5]Dies gilt nicht für Kredite, die ein Monatsgehalt nicht übersteigen.

(2) [1]Die Gesellschaft darf ihren Prokuristen und zum gesamten Geschäftsbetrieb ermächtigten Handlungsbevollmächtigten Kredit nur mit Einwilligung des Aufsichtsrats gewähren. [2]Eine herrschende Gesellschaft darf Kredite an gesetzliche Vertreter, Prokuristen oder zum gesamten Geschäftsbetrieb ermächtigte Handlungsbevollmächtigte eines abhängigen Unternehmens nur mit Einwilligung ihres Aufsichtsrats, eine abhängige Gesellschaft darf Kredite an gesetzliche Vertreter, Prokuristen oder zum gesamten Geschäftsbetrieb ermächtigte Handlungsbevollmächtigte des herrschenden Unternehmens nur mit Einwilligung des Aufsichtsrats des herrschenden Unternehmens gewähren. [3]Absatz 1 Satz 2 bis 5 gilt sinngemäß.

(3) [1]Absatz 2 gilt auch für Kredite an den Ehegatten, Lebenspartner oder an ein minderjähriges Kind eines Vorstandsmitglieds, eines anderen gesetzlichen Vertreters, eines Prokuristen oder eines zum gesamten Geschäftsbetrieb ermächtigten Handlungsbevollmächtigten. [2]Er gilt ferner für Kredite an einen Dritten, der für Rechnung dieser Personen oder für Rechnung eines Vorstandsmitglieds, eines anderen gesetzlichen Vertreters, eines Prokuristen oder eines zum gesamten Geschäftsbetrieb ermächtigten Handlungsbevollmächtigten handelt.

(4) [1]Ist ein Vorstandsmitglied, ein Prokurist oder ein zum gesamten Geschäftsbetrieb ermächtigter Handlungsbevollmächtigter zugleich gesetzlicher Vertreter oder Mitglied des Aufsichtsrats einer anderen juristischen Person oder Gesellschafter einer Personenhandelsgesellschaft, so darf die Gesellschaft der juristischen Person oder der Personenhandelsgesellschaft Kredit nur mit Einwilligung des Aufsichtsrats gewähren; Absatz 1 Satz 2 und 3 gilt sinngemäß. [2]Dies gilt nicht, wenn die juristische Person oder die Personenhandelsgesellschaft mit der Gesellschaft verbunden ist oder wenn der Kredit für die Bezahlung von Waren gewährt wird, welche die Gesellschaft der juristischen Person oder der Personenhandelsgesellschaft liefert.

(5) Wird entgegen den Absätzen 1 bis 4 Kredit gewährt, so ist der Kredit ohne Rücksicht auf entgegenstehende Vereinbarungen sofort zurückzugewähren, wenn nicht der Aufsichtsrat nachträglich zustimmt.

(6) Ist die Gesellschaft ein Kreditinstitut oder Finanzdienstleistungsinstitut, auf das § 15 des Gesetzes über das Kreditwesen anzuwenden ist, gelten anstelle der Absätze 1 bis 5 die Vorschriften des Gesetzes über das Kreditwesen.

**§ 90 Berichte an den Aufsichtsrat.** (1) [1]Der Vorstand hat dem Aufsichtsrat zu berichten über

1. die beabsichtigte Geschäftspolitik und andere grundsätzliche Fragen der Unternehmensplanung (insbesondere die Finanz-, Investitions- und Personalplanung), wobei auf Abweichungen der tatsächlichen Entwicklung von früher berichteten Zielen unter Angabe von Gründen einzugehen ist;
2. die Rentabilität der Gesellschaft, insbesondere die Rentabilität des Eigenkapitals;
3. den Gang der Geschäfte, insbesondere den Umsatz, und die Lage der Gesellschaft;
4. Geschäfte, die für die Rentabilität oder Liquidität der Gesellschaft von erheblicher Bedeutung sein können.

[2]Ist die Gesellschaft Mutterunternehmen (§ 290 Abs. 1, 2 des Handelsgesetzbuchs), so hat der Bericht auch auf Tochterunternehmen und auf Gemeinschaftsunternehmen (§ 310 Abs. 1 des Handelsgesetzbuchs) einzugehen. [3]Außerdem ist dem Vorsitzenden des Aufsichtsrats aus sonstigen wichtigen Anlässen zu berichten; als wichtiger Anlaß ist auch ein dem Vorstand bekanntgewordener geschäftlicher Vorgang bei einem verbundenen Unternehmen anzusehen, der auf die Lage der Gesellschaft von erheblichem Einfluß sein kann.

(2) Die Berichte nach Absatz 1 Satz 1 Nr. 1 bis 4 sind wie folgt zu erstatten:
1. die Berichte nach Nummer 1 mindestens einmal jährlich, wenn nicht Änderungen der Lage oder neue Fragen eine unverzügliche Berichterstattung gebieten;
2. die Berichte nach Nummer 2 in der Sitzung des Aufsichtsrats, in der über den Jahresabschluß verhandelt wird;
3. die Berichte nach Nummer 3 regelmäßig, mindestens vierteljährlich;
4. die Berichte nach Nummer 4 möglichst so rechtzeitig, daß der Aufsichtsrat vor Vornahme der Geschäfte Gelegenheit hat, zu ihnen Stellung zu nehmen.

(3) [1]Der Aufsichtsrat kann vom Vorstand jederzeit einen Bericht verlangen über Angelegenheiten der Gesellschaft, über ihre rechtlichen und geschäftlichen Beziehungen zu verbundenen Unternehmen sowie über geschäftliche Vorgänge bei diesen Unternehmen, die auf die Lage der Gesellschaft von erheblichem Einfluß sein können. [2]Auch ein einzelnes Mitglied kann einen Bericht, jedoch nur an den Aufsichtsrat, verlangen.

(4) [1]Die Berichte haben den Grundsätzen einer gewissenhaften und getreuen Rechenschaft zu entsprechen. [2]Sie sind möglichst rechtzeitig und, mit Ausnahme des Berichts nach Absatz 1 Satz 3, in der Regel in Textform zu erstatten.

(5) [1]Jedes Aufsichtsratsmitglied hat das Recht, von den Berichten Kenntnis zu nehmen. [2]Soweit die Berichte in Textform erstattet worden sind, sind sie auch jedem Aufsichtsratsmitglied auf Verlangen zu übermitteln, soweit der Aufsichtsrat nichts anderes beschlossen hat. [3]Der Vorsitzende des Aufsichtsrats hat die Aufsichtsratsmitglieder über die Berichte nach Absatz 1 Satz 2 spätestens in der nächsten Aufsichtsratssitzung zu unterrichten.

**§ 91 Organisation; Buchführung.** (1) Der Vorstand hat dafür zu sorgen, daß die erforderlichen Handelsbücher geführt werden.

(2) Der Vorstand hat geeignete Maßnahmen zu treffen, insbesondere ein Überwachungssystem einzurichten, damit den Fortbestand der Gesellschaft gefährdende Entwicklungen früh erkannt werden.

**§ 92 Vorstandspflichten bei Verlust, Überschuldung oder Zahlungsunfähigkeit.** (1) Ergibt sich bei Aufstellung der Jahresbilanz oder einer Zwischenbilanz oder ist bei pflichtmäßigem Ermessen anzunehmen, daß ein Verlust in Höhe der Hälfte des Grundkapitals besteht, so hat der Vorstand unverzüglich die Hauptversammlung einzuberufen und ihr dies anzuzeigen.

(2) ¹Nachdem die Zahlungsunfähigkeit der Gesellschaft eingetreten ist oder sich ihre Überschuldung ergeben hat, darf der Vorstand keine Zahlungen leisten. ²Dies gilt nicht von Zahlungen, die auch nach diesem Zeitpunkt mit der Sorgfalt eines ordentlichen und gewissenhaften Geschäftsleiters vereinbar sind. ³Die gleiche Verpflichtung trifft den Vorstand für Zahlungen an Aktionäre, soweit diese zur Zahlungsunfähigkeit der Gesellschaft führen mussten, es sei denn, dies war auch bei Beachtung der in § 93 Abs. 1 Satz 1 bezeichneten Sorgfalt nicht erkennbar.

**§ 93 Sorgfaltspflicht und Verantwortlichkeit der Vorstandsmitglieder.** (1) ¹Die Vorstandsmitglieder haben bei ihrer Geschäftsführung die Sorgfalt eines ordentlichen und gewissenhaften Geschäftsleiters anzuwenden. ²Eine Pflichtverletzung liegt nicht vor, wenn das Vorstandsmitglied bei einer unternehmerischen Entscheidung vernünftigerweise annehmen durfte, auf der Grundlage angemessener Information zum Wohle der Gesellschaft zu handeln. ³Über vertrauliche Angaben und Geheimnisse der Gesellschaft, namentlich Betriebs- oder Geschäftsgeheimnisse, die den Vorstandsmitgliedern durch ihre Tätigkeit im Vorstand bekanntgeworden sind, haben sie Stillschweigen zu bewahren. ⁴Die Pflicht des Satzes 3 gilt nicht gegenüber einer nach § 342b des Handelsgesetzbuchs anerkannten Prüfstelle im Rahmen einer von dieser durchgeführten Prüfung.

(2) ¹Vorstandsmitglieder, die ihre Pflichten verletzen, sind der Gesellschaft zum Ersatz des daraus entstehenden Schadens als Gesamtschuldner verpflichtet. ²Ist streitig, ob sie die Sorgfalt eines ordentlichen und gewissenhaften Geschäftsleiters angewandt haben, so trifft sie die Beweislast. ³Schließt die Gesellschaft eine Versicherung zur Absicherung eines Vorstandsmitglieds gegen Risiken aus dessen beruflicher Tätigkeit für die Gesellschaft ab, ist ein Selbstbehalt von mindestens 10 Prozent des Schadens bis mindestens zur Höhe des Eineinhalbfachen der festen jährlichen Vergütung des Vorstandsmitglieds vorzusehen.

(3) Die Vorstandsmitglieder sind namentlich zum Ersatz verpflichtet, wenn entgegen diesem Gesetz

1. Einlagen an die Aktionäre zurückgewährt werden,
2. den Aktionären Zinsen oder Gewinnanteile gezahlt werden,
3. eigene Aktien der Gesellschaft oder einer anderen Gesellschaft gezeichnet, erworben, als Pfand genommen oder eingezogen werden,
4. Aktien vor der vollen Leistung des Ausgabebetrags ausgegeben werden,
5. Gesellschaftsvermögen verteilt wird,
6. Zahlungen entgegen § 92 Abs. 2 geleistet werden,
7. Vergütungen an Aufsichtsratsmitglieder gewährt werden,
8. Kredit gewährt wird,
9. bei der bedingten Kapitalerhöhung außerhalb des festgesetzten Zwecks oder vor der vollen Leistung des Gegenwerts Bezugsaktien ausgegeben werden.

(4) ¹Der Gesellschaft gegenüber tritt die Ersatzpflicht nicht ein, wenn die Handlung auf einem gesetzmäßigen Beschluß der Hauptversammlung beruht. ²Dadurch, daß der Aufsichtsrat die Handlung gebilligt hat, wird die Ersatzpflicht nicht ausgeschlossen. ³Die Gesellschaft kann erst drei Jahre nach der Entstehung des Anspruchs und nur dann auf Ersatzansprüche verzichten oder sich über sie vergleichen, wenn die Hauptversammlung zustimmt und nicht eine Minderheit, deren Anteile zusammen den zehnten Teil des Grundkapitals erreichen, zur Niederschrift Widerspruch erhebt. ⁴Die zeitliche Beschränkung gilt nicht, wenn der Ersatzpflichtige zahlungsunfähig ist und sich zur Abwendung des Insolvenzverfahrens mit seinen Gläubigern vergleicht oder wenn die Ersatzpflicht in einem Insolvenzplan geregelt wird.

(5) ¹Der Ersatzanspruch der Gesellschaft kann auch von den Gläubigern der Gesellschaft geltend gemacht werden, soweit sie von dieser keine Befriedigung erlangen können. ²Dies gilt jedoch in anderen Fällen als denen des Absatzes 3 nur dann, wenn die Vorstandsmitglieder die Sorgfalt eines ordentlichen und gewissenhaften Geschäftsleiters gröblich verletzt haben; Absatz 2 Satz 2 gilt sinngemäß. ³Den Gläubigern gegenüber wird die Ersatzpflicht weder durch einen Verzicht oder Vergleich der Gesellschaft noch dadurch aufgehoben, daß die Handlung auf einem Beschluß der Hauptversammlung beruht. ⁴Ist über das Vermögen der Gesellschaft das Insolvenzverfahren eröffnet, so übt während dessen Dauer der Insolvenzverwalter oder der Sachwalter das Recht der Gläubiger gegen die Vorstandsmitglieder aus.

(6) Die Ansprüche aus diesen Vorschriften verjähren in fünf Jahren.

**§ 94 Stellvertreter von Vorstandsmitgliedern.** Die Vorschriften für die Vorstandsmitglieder gelten auch für ihre Stellvertreter.

### Zweiter Abschnitt. Aufsichtsrat

**§ 95 Zahl der Aufsichtsratsmitglieder.** ¹Der Aufsichtsrat besteht aus drei Mitgliedern. ²Die Satzung kann eine bestimmte höhere Zahl festsetzen. ³Die Zahl muß durch drei teilbar sein. ⁴Die Höchstzahl der Aufsichtsratsmitglieder beträgt bei Gesellschaften mit einem Grundkapital

bis zu               1 500 000 Euro neun,
von mehr als         1 500 000 Euro fünfzehn,
von mehr als        10 000 000 Euro einundzwanzig.

⁵Durch die vorstehenden Vorschriften werden hiervon abweichende Vorschriften des Gesetzes über die Mitbestimmung der Arbeitnehmer vom 4. Mai 1976 (Bundesgesetzbl. I S. 1153), des Montan-Mitbestimmungsgesetzes und des Gesetzes zur Ergänzung des Gesetzes über die Mitbestimmung der Arbeitnehmer in den Aufsichtsräten und Vorständen der Unternehmen des Bergbaus und der Eisen und Stahl erzeugenden Industrie vom 7. August 1956 (Bundesgesetzbl. I S. 707) – Mitbestimmungsergänzungsgesetz – nicht berührt.

**§ 96 Zusammensetzung des Aufsichtsrats.** (1) Der Aufsichtsrat setzt sich zusammen

bei Gesellschaften, für die das Mitbestimmungsgesetz gilt, aus Aufsichtsratsmitgliedern der Aktionäre und der Arbeitnehmer,

bei Gesellschaften, für die das Montan-Mitbestimmungsgesetz gilt, aus Aufsichtsratsmitgliedern der Aktionäre und der Arbeitnehmer und aus weiteren Mitgliedern,

bei Gesellschaften, für die die §§ 5 bis 13 des Mitbestimmungsergänzungsgesetzes gelten, aus Aufsichtsratsmitgliedern der Aktionäre und der Arbeitnehmer und aus einem weiteren Mitglied, bei Gesellschaften, für die das Drittelbeteiligungsgesetz gilt, aus Aufsichtsratsmitgliedern der Aktionäre und der Arbeitnehmer,

bei Gesellschaften für die das Gesetz über die Mitbestimmung der Arbeitnehmer bei einer grenzüberschreitenden Verschmelzung gilt, aus Aufsichtsratsmitgliedern der Aktionäre und der Arbeitnehmer,

bei den übrigen Gesellschaften nur aus Aufsichtsratsmitgliedern der Aktionäre.

(2) Nach anderen als den zuletzt angewandten gesetzlichen Vorschriften kann der Aufsichtsrat nur zusammengesetzt werden, wenn nach § 97 oder nach § 98 die in der Bekanntmachung des Vorstands oder in der gerichtlichen Entscheidung angegebenen gesetzlichen Vorschriften anzuwenden sind.

**§ 97 Bekanntmachung über die Zusammensetzung des Aufsichtsrats.** (1) ¹Ist der Vorstand der Ansicht, daß der Aufsichtsrat nicht nach den für ihn maßgebenden gesetzlichen Vorschriften zusammengesetzt ist, so hat er dies unverzüglich in den Gesellschaftsblättern und gleichzeitig durch Aushang in sämtlichen Betrieben der Gesellschaft und ihrer Konzernunternehmen bekanntzumachen. ²In der Bekanntmachung sind die nach Ansicht des Vorstands maßgebenden gesetzlichen Vorschriften anzugeben. ³Es ist darauf hinzuweisen, daß der Aufsichtsrat nach diesen Vorschriften zusammengesetzt wird, wenn nicht Antragsberechtigte nach § 98 Abs. 2 innerhalb eines Monats nach der Bekanntmachung im elektronischen Bundesanzeiger das nach § 98 Abs. 1 zuständige Gericht anrufen.

(2) ¹Wird das nach § 98 Abs. 1 zuständige Gericht nicht innerhalb eines Monats nach der Bekanntmachung im elektronischen Bundesanzeiger angerufen, so ist der neue Aufsichtsrat nach den in der Bekanntmachung des Vorstands angegebenen gesetzlichen Vorschriften zusammenzusetzen. ²Die Bestimmungen der Satzung über die Zusammensetzung des Aufsichtsrats, über die Zahl der Aufsichtsratsmitglieder sowie über die Wahl, Abberufung und Entsendung von Aufsichtsratsmitgliedern treten mit der Beendigung der ersten Hauptversammlung, die nach Ablauf der Anrufungsfrist einberufen wird, spätestens sechs Monate nach Ablauf dieser Frist insoweit außer Kraft, als sie den nunmehr anzuwendenden gesetzlichen Vorschriften widersprechen. ³Mit demselben Zeitpunkt erlischt das Amt der bisherigen Aufsichtsratsmitglieder. ⁴Eine Hauptversammlung, die innerhalb der Frist von sechs Monaten stattfindet, kann an Stelle der außer Kraft tretenden Satzungsbestimmungen mit einfacher Stimmenmehrheit neue Satzungsbestimmungen beschließen.

(3) Solange ein gerichtliches Verfahren nach §§ 98, 99 anhängig ist, kann eine Bekanntmachung über die Zusammensetzung des Aufsichtsrats nicht erfolgen.

**§ 98 Gerichtliche Entscheidung über die Zusammensetzung des Aufsichtsrats.** (1) Ist streitig oder ungewiss, nach welchen gesetzlichen Vorschriften der Aufsichtsrat zusammenzusetzen ist, so entscheidet darüber auf Antrag ausschließlich das Landgericht, in dessen Bezirk die Gesellschaft ihren Sitz hat.

(2) ¹Antragsberechtigt sind

1. der Vorstand,
2. jedes Aufsichtsratsmitglied,
3. jeder Aktionär,
4. der Gesamtbetriebsrat der Gesellschaft oder, wenn in der Gesellschaft nur ein Betriebsrat besteht, der Betriebsrat,
5. der Gesamt- oder Unternehmenssprecherausschuss der Gesellschaft oder, wenn in der Gesellschaft nur ein Sprecherausschuss besteht, der Sprecherausschuss,

6. der Gesamtbetriebsrat eines anderen Unternehmens, dessen Arbeitnehmer nach den gesetzlichen Vorschriften, deren Anwendung streitig oder ungewiß ist, selbst oder durch Delegierte an der Wahl von Aufsichtsratsmitgliedern der Gesellschaft teilnehmen, oder, wenn in dem anderen Unternehmen nur ein Betriebsrat besteht, der Betriebsrat,

7. der Gesamt- oder Unternehmenssprecherausschuss eines anderen Unternehmens, dessen Arbeitnehmer nach den gesetzlichen Vorschriften, deren Anwendung streitig oder ungewiss ist, selbst oder durch Delegierte an der Wahl von Aufsichtsratsmitgliedern der Gesellschaft teilnehmen, oder, wenn in dem anderen Unternehmen nur ein Sprecherausschuss besteht, der Sprecherausschuss,

8. mindestens ein Zehntel oder einhundert der Arbeitnehmer, die nach den gesetzlichen Vorschriften, deren Anwendung streitig oder ungewiß ist, selbst oder durch Delegierte an der Wahl von Aufsichtsratsmitgliedern der Gesellschaft teilnehmen,

9. Spitzenorganisationen der Gewerkschaften, die nach den gesetzlichen Vorschriften, deren Anwendung streitig oder ungewiß ist, ein Vorschlagsrecht hätten,

10. Gewerkschaften, die nach den gesetzlichen Vorschriften, deren Anwendung streitig oder ungewiß ist, ein Vorschlagsrecht hätten.

²Ist die Anwendung des Mitbestimmungsgesetzes oder die Anwendung von Vorschriften des Mitbestimmungsgesetzes streitig oder ungewiß, so sind außer den nach Satz 1 Antragsberechtigten auch je ein Zehntel der wahlberechtigten in § 3 Abs. 1 Nr. 1 des Mitbestimmungsgesetzes bezeichneten Arbeitnehmer oder der wahlberechtigten leitenden Angestellten im Sinne des Mitbestimmungsgesetzes antragsberechtigt.

(3) Die Absätze 1 und 2 gelten sinngemäß, wenn streitig ist, ob der Abschlußprüfer das nach § 3 oder § 16 des Mitbestimmungsergänzungsgesetzes maßgebliche Umsatzverhältnis richtig ermittelt hat.

(4) ¹Entspricht die Zusammensetzung des Aufsichtsrats nicht der gerichtlichen Entscheidung, so ist der neue Aufsichtsrat nach den in der Entscheidung angegebenen gesetzlichen Vorschriften zusammenzusetzen. ²§ 97 Abs. 2 gilt sinngemäß mit der Maßgabe, daß die Frist von sechs Monaten mit dem Eintritt der Rechtskraft beginnt.

**§ 99 Verfahren.** (1) Auf das Verfahren ist das Gesetz über das Verfahren in Familiensachen und in den Angelegenheiten der freiwilligen Gerichtsbarkeit anzuwenden, soweit in den Absätzen 2 bis 5 nichts anderes bestimmt ist.

(2) ¹Das Landgericht hat den Antrag in den Gesellschaftsblättern bekanntzumachen. ²Der Vorstand und jedes Aufsichtsratsmitglied sowie die nach § 98 Abs. 2 antragsberechtigten Betriebsräte, Sprecherausschüsse, Spitzenorganisationen und Gewerkschaften sind zu hören.

(3) ¹Das Landgericht entscheidet durch einen mit Gründen versehenen Beschluss. ²Gegen die Entscheidung des Landgerichts findet die Beschwerde statt. ³Sie kann nur auf eine Verletzung des Rechts gestützt werden; § 72 Abs. 1 Satz 2 und § 74 Abs. 2 und 3 des Gesetzes über das Verfahren in Familiensachen und in den Angelegenheiten der freiwilligen Gerichtsbarkeit sowie § 547 der Zivilprozessordnung gelten sinngemäß. ⁴Die Beschwerde kann nur durch die Einreichung einer von einem Rechtsanwalt unterzeichneten Beschwerdeschrift eingelegt werden. ⁵Die Landesregierung kann durch Rechtsverordnung die Entscheidung über die Beschwerde für die Bezirke mehrerer Oberlandesgerichte einem der Oberlandesgerichte oder dem Obersten Landesgericht übertragen, wenn dies der Sicherung einer einheitlichen Rechtsprechung

dient. ⁶Die Landesregierung kann die Ermächtigung auf die Landesjustizverwaltung übertragen.

(4) ¹Das Gericht hat seine Entscheidung dem Antragsteller und der Gesellschaft zuzustellen. ²Es hat sie ferner ohne Gründe in den Gesellschaftsblättern bekanntzumachen. ³Die Beschwerde steht jedem nach § 98 Abs. 2 Antragsberechtigten zu. ⁴Die Beschwerdefrist beginnt mit der Bekanntmachung der Entscheidung im elektronischen Bundesanzeiger, für den Antragsteller und die Gesellschaft jedoch nicht vor der Zustellung der Entscheidung.

(5) ¹Die Entscheidung wird erst mit der Rechtskraft wirksam. ²Sie wirkt für und gegen alle. ³Der Vorstand hat die rechtskräftige Entscheidung unverzüglich zum Handelsregister einzureichen.

(6) ¹Für die Kosten des Verfahrens gilt die Kostenordnung. ²Für das Verfahren des ersten Rechtszugs wird das Vierfache der vollen Gebühr erhoben. ³Für das Verfahren über ein Rechtsmittel wird die gleiche Gebühr erhoben; dies gilt auch dann, wenn das Rechtsmittel Erfolg hat. ⁴Wird der Antrag oder das Rechtsmittel zurückgenommen, bevor es zu einer Entscheidung kommt, so ermäßigt sich die Gebühr auf die Hälfte. ⁵Der Geschäftswert ist von Amts wegen festzusetzen. ⁶Er bestimmt sich nach § 30 Abs. 2 der Kostenordnung mit der Maßgabe, daß der Wert regelmäßig auf 50 000 Euro anzunehmen ist. ⁷Schuldner der Kosten ist die Gesellschaft. ⁸Die Kosten können jedoch ganz oder zum Teil dem Antragsteller auferlegt werden, wenn dies der Billigkeit entspricht. ⁹Kosten der Beteiligten werden nicht erstattet.

**§ 100 Persönliche Voraussetzungen für Aufsichtsratsmitglieder.** (1) ¹Mitglied des Aufsichtsrats kann nur eine natürliche, unbeschränkt geschäftsfähige Person sein. ²Ein Betreuter, der bei der Besorgung seiner Vermögensangelegenheiten ganz oder teilweise einem Einwilligungsvorbehalt (§ 1903 des Bürgerlichen Gesetzbuchs) unterliegt, kann nicht Mitglied des Aufsichtsrats sein.

(2) ¹Mitglied des Aufsichtsrats kann nicht sein, wer

1. bereits in zehn Handelsgesellschaften, die gesetzlich einen Aufsichtsrat zu bilden haben, Aufsichtsratsmitglied ist,
2. gesetzlicher Vertreter eines von der Gesellschaft abhängigen Unternehmens ist,
3. gesetzlicher Vertreter einer anderen Kapitalgesellschaft ist, deren Aufsichtsrat ein Vorstandsmitglied der Gesellschaft angehört, oder
4. in den letzten zwei Jahren Vorstandsmitglied derselben börsennotierten Gesellschaft war, es sei denn, seine Wahl erfolgt auf Vorschlag von Aktionären, die mehr als 25 Prozent der Stimmrechte an der Gesellschaft halten.

²Auf die Höchstzahl nach Satz 1 Nr. 1 sind bis zu fünf Aufsichtsratssitze nicht anzurechnen, die ein gesetzlicher Vertreter (beim Einzelkaufmann der Inhaber) des herrschenden Unternehmens eines Konzerns in zum Konzern gehörenden Handelsgesellschaften, die gesetzlich einen Aufsichtsrat zu bilden haben, inne hat. ³Auf die Höchstzahl nach Satz 1 Nr. 1 sind Aufsichtsratsämter im Sinne der Nummer 1 doppelt anzurechnen, für die das Mitglied zum Vorsitzenden gewählt worden ist.

(3) Die anderen persönlichen Voraussetzungen der Aufsichtsratsmitglieder der Arbeitnehmer sowie der weiteren Mitglieder bestimmen sich nach dem Mitbestimmungsgesetz, dem Montan-Mitbestimmungsgesetz, dem Mitbestimmungsergänzungsgesetz, dem Drittelbeteiligungsgesetz und dem Gesetz über die Mitbestimmung der Arbeitnehmer bei einer grenzüberschreitenden Verschmelzung.

(4) Die Satzung kann persönliche Voraussetzungen nur für Aufsichtsratsmitglieder fordern, die von der Hauptversammlung ohne Bindung an Wahlvorschläge gewählt oder auf Grund der Satzung in den Aufsichtsrat entsandt werden.

(5) Bei Gesellschaften im Sinn des § 264d des Handelsgesetzbuchs muss mindestens ein unabhängiges Mitglied des Aufsichtsrats über Sachverstand auf den Gebieten Rechnungslegung oder Abschlussprüfung verfügen.

**§ 101 Bestellung der Aufsichtsratsmitglieder.** (1) ¹Die Mitglieder des Aufsichtsrats werden von der Hauptversammlung gewählt, soweit sie nicht in den Aufsichtsrat zu entsenden oder als Aufsichtsratsmitglieder der Arbeitnehmer nach dem Mitbestimmungsgesetz, dem Mitbestimmungsergänzungsgesetz, dem Drittelbeteiligungsgesetz oder dem Gesetz über die Mitbestimmung der Arbeitnehmer bei einer grenzüberschreitenden Verschmelzung zu wählen sind. ²An Wahlvorschläge ist die Hauptversammlung nur gemäß §§ 6 und 8 des Montan-Mitbestimmungsgesetzes gebunden.

(2) ¹Ein Recht, Mitglieder in den Aufsichtsrat zu entsenden, kann nur durch die Satzung und nur für bestimmte Aktionäre oder für die jeweiligen Inhaber bestimmter Aktien begründet werden. ²Inhabern bestimmter Aktien kann das Entsendungsrecht nur eingeräumt werden, wenn die Aktien auf Namen lauten und ihre Übertragung an die Zustimmung der Gesellschaft gebunden ist. ³Die Aktien der Entsendungsberechtigten gelten nicht als eine besondere Gattung. ⁴Die Entsendungsrechte können insgesamt höchstens für ein Drittel der sich aus dem Gesetz oder der Satzung ergebenden Zahl der Aufsichtsratsmitglieder der Aktionäre eingeräumt werden.

(3) ¹Stellvertreter von Aufsichtsratsmitgliedern können nicht bestellt werden. ²Jedoch kann für jedes Aufsichtsratsmitglied mit Ausnahme des weiteren Mitglieds, das nach dem Montan-Mitbestimmungsgesetz oder dem Mitbestimmungsergänzungsgesetz auf Vorschlag der übrigen Aufsichtsratsmitglieder gewählt wird, ein Ersatzmitglied bestellt werden, das Mitglied des Aufsichtsrats wird, wenn das Aufsichtsratsmitglied vor Ablauf seiner Amtszeit wegfällt. ³Das Ersatzmitglied kann nur gleichzeitig mit dem Aufsichtsratsmitglied bestellt werden. ⁴Auf seine Bestellung sowie die Nichtigkeit und Anfechtung seiner Bestellung sind die für das Aufsichtsratsmitglied geltenden Vorschriften anzuwenden.

**§ 102 Amtszeit der Aufsichtsratsmitglieder.** (1) ¹Aufsichtsratsmitglieder können nicht für längere Zeit als bis zur Beendigung der Hauptversammlung bestellt werden, die über die Entlastung für das vierte Geschäftsjahr nach dem Beginn der Amtszeit beschließt. ²Das Geschäftsjahr, in dem die Amtszeit beginnt, wird nicht mitgerechnet.

(2) Das Amt des Ersatzmitglieds erlischt spätestens mit Ablauf der Amtszeit des weggefallenen Aufsichtsratsmitglieds.

**§ 103 Abberufung der Aufsichtsratsmitglieder.** (1) ¹Aufsichtsratsmitglieder, die von der Hauptversammlung ohne Bindung an einen Wahlvorschlag gewählt worden sind, können von ihr vor Ablauf der Amtszeit abberufen werden. ²Der Beschluß bedarf einer Mehrheit, die mindestens drei Viertel der abgegebenen Stimmen umfaßt. ³Die Satzung kann eine andere Mehrheit und weitere Erfordernisse bestimmen.

(2) ¹Ein Aufsichtsratsmitglied, das auf Grund der Satzung in den Aufsichtsrat entsandt ist, kann von dem Entsendungsberechtigten jederzeit abberufen und durch ein anderes ersetzt werden. ²Sind die in der Satzung bestimmten Voraussetzungen des Entsendungsrechts weggefallen, so kann die Hauptversammlung das entsandte Mitglied mit einfacher Stimmenmehrheit abberufen.

(3) ¹Das Gericht hat auf Antrag des Aufsichtsrats ein Aufsichtsratsmitglied abzuberufen, wenn in dessen Person ein wichtiger Grund vorliegt. ²Der Aufsichtsrat beschließt über die Antragstellung mit einfacher Mehrheit. ³Ist das Aufsichtsratsmitglied auf Grund der Satzung in den Aufsichtsrat entsandt worden, so können auch

Aktionäre, deren Anteile zusammen den zehnten Teil des Grundkapitals oder den anteiligen Betrag von einer Million Euro erreichen, den Antrag stellen. [4]Gegen die Entscheidung ist die Beschwerde zulässig.

(4) Für die Abberufung der Aufsichtsratsmitglieder, die weder von der Hauptversammlung ohne Bindung an einen Wahlvorschlag gewählt worden sind noch auf Grund der Satzung in den Aufsichtsrat entsandt sind, gelten außer Absatz 3 das Mitbestimmungsgesetz, das Montan-Mitbestimmungsgesetz, das Mitbestimmungsergänzungsgesetz, das Drittelbeteiligungsgesetz, das SE – Beteiligungsgesetz und das Gesetz über die Mitbestimmung der Arbeitnehmer bei einer grenzüberschreitenden Verschmelzung.

(5) Für die Abberufung eines Ersatzmitglieds gelten die Vorschriften über die Abberufung des Aufsichtsratsmitglieds, für das es bestellt ist.

**§ 104 Bestellung durch das Gericht.** (1) [1]Gehört dem Aufsichtsrat die zur Beschlußfähigkeit nötige Zahl von Mitgliedern nicht an, so hat ihn das Gericht auf Antrag des Vorstands, eines Aufsichtsratsmitglieds oder eines Aktionärs auf diese Zahl zu ergänzen. [2]Der Vorstand ist verpflichtet, den Antrag unverzüglich zu stellen, es sei denn, daß die rechtzeitige Ergänzung vor der nächsten Aufsichtsratssitzung zu erwarten ist. [3]Hat der Aufsichtsrat auch aus Aufsichtsratsmitgliedern der Arbeitnehmer zu bestehen, so können auch den Antrag stellen

1. der Gesamtbetriebsrat der Gesellschaft oder, wenn in der Gesellschaft nur ein Betriebsrat besteht, der Betriebsrat, sowie, wenn die Gesellschaft herrschendes Unternehmen eines Konzerns ist, der Konzernbetriebsrat,
2. der Gesamt- oder Unternehmenssprecherausschuss der Gesellschaft oder, wenn in der Gesellschaft nur ein Sprecherausschuss besteht, der Sprecherausschuss sowie, wenn die Gesellschaft herrschendes Unternehmen eines Konzerns ist, der Konzernsprecherausschuss,
3. der Gesamtbetriebsrat eines anderen Unternehmens, dessen Arbeitnehmer selbst oder durch Delegierte an der Wahl teilnehmen, oder, wenn in dem anderen Unternehmen nur ein Betriebsrat besteht, der Betriebsrat,
4. der Gesamt- oder Unternehmenssprecherausschuss eines anderen Unternehmens, dessen Arbeitnehmer selbst oder durch Delegierte an der Wahl teilnehmen, oder, wenn in dem anderen Unternehmen nur ein Sprecherausschuss besteht, der Sprecherausschuss,
5. mindestens ein Zehntel oder einhundert der Arbeitnehmer, die selbst oder durch Delegierte an der Wahl teilnehmen,
6. Spitzenorganisationen der Gewerkschaften, die das Recht haben, Aufsichtsratsmitglieder der Arbeitnehmer vorzuschlagen,
7. Gewerkschaften, die das Recht haben, Aufsichtsratsmitglieder der Arbeitnehmer vorzuschlagen.

[4]Hat der Aufsichtsrat nach dem Mitbestimmungsgesetz auch aus Aufsichtsratsmitgliedern der Arbeitnehmer zu bestehen, so sind außer den nach Satz 3 Antragsberechtigten auch je ein Zehntel der wahlberechtigten in § 3 Abs. 1 Nr. 1 des Mitbestimmungsgesetzes bezeichneten Arbeitnehmer oder der wahlberechtigten leitenden Angestellten im Sinne des Mitbestimmungsgesetzes antragsberechtigt. [5]Gegen die Entscheidung ist die Beschwerde zulässig.

(2) [1]Gehören dem Aufsichtsrat länger als drei Monate weniger Mitglieder als die durch Gesetz oder Satzung festgesetzte Zahl an, so hat ihn das Gericht auf Antrag auf diese Zahl zu ergänzen. [2]In dringenden Fällen hat das Gericht auf Antrag den Auf-

sichtsrat auch vor Ablauf der Frist zu ergänzen. ³Das Antragsrecht bestimmt sich nach Absatz 1. ⁴Gegen die Entscheidung ist die Beschwerde zulässig.

(3) Absatz 2 ist auf einen Aufsichtsrat, in dem die Arbeitnehmer ein Mitbestimmungsrecht nach dem Mitbestimmungsgesetz, dem Montan-Mitbestimmungsgesetz oder dem Mitbestimmungsergänzungsgesetz haben, mit der Maßgabe anzuwenden,

1. daß das Gericht den Aufsichtsrat hinsichtlich des weiteren Mitglieds, das nach dem Montan-Mitbestimmungsgesetz oder dem Mitbestimmungsergänzungsgesetz auf Vorschlag der übrigen Aufsichtsratsmitglieder gewählt wird, nicht ergänzen kann,
2. daß es stets ein dringender Fall ist, wenn dem Aufsichtsrat, abgesehen von dem in Nummer 1 genannten weiteren Mitglied, nicht alle Mitglieder angehören, aus denen er nach Gesetz oder Satzung zu bestehen hat.

(4) ¹Hat der Aufsichtsrat auch aus Aufsichtsratsmitgliedern der Arbeitnehmer zu bestehen, so hat das Gericht ihn so zu ergänzen, daß das für seine Zusammensetzung maßgebende zahlenmäßige Verhältnis hergestellt wird. ²Wenn der Aufsichtsrat zur Herstellung seiner Beschlußfähigkeit ergänzt wird, gilt dies nur, soweit die zur Beschlußfähigkeit nötige Zahl der Aufsichtsratsmitglieder die Wahrung dieses Verhältnisses möglich macht. ³Ist ein Aufsichtsratsmitglied zu ersetzen, das nach Gesetz oder Satzung in persönlicher Hinsicht besonderen Voraussetzungen entsprechen muß, so muß auch das vom Gericht bestellte Aufsichtsratsmitglied diesen Voraussetzungen entsprechen. ⁴Ist ein Aufsichtsratsmitglied zu ersetzen, bei dessen Wahl eine Spitzenorganisation der Gewerkschaften, eine Gewerkschaft oder die Betriebsräte ein Vorschlagsrecht hätten, so soll das Gericht Vorschläge dieser Stellen berücksichtigen, soweit nicht überwiegende Belange der Gesellschaft oder der Allgemeinheit der Bestellung des Vorgeschlagenen entgegenstehen; das gleiche gilt, wenn das Aufsichtsratsmitglied durch Delegierte zu wählen wäre, für gemeinsame Vorschläge der Betriebsräte der Unternehmen, in denen Delegierte zu wählen sind.

(5) Das Amt des gerichtlich bestellten Aufsichtsratsmitglieds erlischt in jedem Fall, sobald der Mangel behoben ist.

(6) ¹Das gerichtlich bestellte Aufsichtsratsmitglied hat Anspruch auf Ersatz angemessener barer Auslagen und, wenn den Aufsichtsratsmitgliedern der Gesellschaft eine Vergütung gewährt wird, auf Vergütung für seine Tätigkeit. ²Auf Antrag des Aufsichtsratsmitglieds setzt das Gericht die Auslagen und die Vergütung fest. ³Gegen die Entscheidung ist die Beschwerde zulässig; die Rechtsbeschwerde ist ausgeschlossen. ⁴Aus der rechtskräftigen Entscheidung findet die Zwangsvollstreckung nach der Zivilprozeßordnung statt.

## § 105 Unvereinbarkeit der Zugehörigkeit zum Vorstand und zum Aufsichtsrat.

(1) Ein Aufsichtsratsmitglied kann nicht zugleich Vorstandsmitglied, dauernd Stellvertreter von Vorstandsmitgliedern, Prokurist oder zum gesamten Geschäftsbetrieb ermächtigter Handlungsbevollmächtigter der Gesellschaft sein.

(2) ¹Nur für einen im voraus begrenzten Zeitraum, höchstens für ein Jahr, kann der Aufsichtsrat einzelne seiner Mitglieder zu Stellvertretern von fehlenden oder verhinderten Vorstandsmitgliedern bestellen. ²Eine wiederholte Bestellung oder Verlängerung der Amtszeit ist zulässig, wenn dadurch die Amtszeit insgesamt ein Jahr nicht übersteigt. ³Während ihrer Amtszeit als Stellvertreter von Vorstandsmitgliedern können die Aufsichtsratsmitglieder keine Tätigkeit als Aufsichtsratsmitglied ausüben. ⁴Das Wettbewerbsverbot des § 88 gilt für sie nicht.

**§ 106 Bekanntmachung der Änderungen im Aufsichtsrat.** Der Vorstand hat bei jeder Änderung in den Personen der Aufsichtsratsmitglieder unverzüglich eine Liste der Mitglieder des Aufsichtsrats, aus welcher Name, Vorname, ausgeübter Beruf und Wohnort der Mitglieder ersichtlich ist, zum Handelsregister einzureichen; das Gericht hat nach § 10 des Handelsgesetzbuchs einen Hinweis darauf bekannt zu machen, dass die Liste zum Handelsregister eingereicht worden ist.

**§ 107 Innere Ordnung des Aufsichtsrats.** (1) ¹Der Aufsichtsrat hat nach näherer Bestimmung der Satzung aus seiner Mitte einen Vorsitzenden und mindestens einen Stellvertreter zu wählen. ²Der Vorstand hat zum Handelsregister anzumelden, wer gewählt ist. ³Der Stellvertreter hat nur dann die Rechte und Pflichten des Vorsitzenden, wenn dieser verhindert ist.

(2) ¹Über die Sitzungen des Aufsichtsrats ist eine Niederschrift anzufertigen, die der Vorsitzende zu unterzeichnen hat. ²In der Niederschrift sind der Ort und der Tag der Sitzung, die Teilnehmer, die Gegenstände der Tagesordnung, der wesentliche Inhalt der Verhandlungen und die Beschlüsse des Aufsichtsrats anzugeben. ³Ein Verstoß gegen Satz 1 oder Satz 2 macht einen Beschluß nicht unwirksam. ⁴Jedem Mitglied des Aufsichtsrats ist auf Verlangen eine Abschrift der Sitzungsniederschrift auszuhändigen.

(3) ¹Der Aufsichtsrat kann aus seiner Mitte einen oder mehrere Ausschüsse bestellen, namentlich, um seine Verhandlungen und Beschlüsse vorzubereiten oder die Ausführung seiner Beschlüsse zu überwachen. ²Er kann insbesondere einen Prüfungsausschuss bestellen, der sich mit der Überwachung des Rechnungslegungsprozesses, der Wirksamkeit des internen Kontrollsystems, des Risikomanagementsystems und des internen Revisionssystems sowie der Abschlussprüfung, hier insbesondere der Unabhängigkeit des Abschlussprüfers und der vom Abschlussprüfer zusätzlich erbrachten Leistungen, befasst. ³Die Aufgaben nach Absatz 1 Satz 1, § 59 Abs. 3, § 77 Abs. 2 Satz 1, § 84 Abs. 1 Satz 1 und 3, Abs. 2 und Abs. 3 Satz 1, § 87 Abs. 1 und Abs. 2 Satz 1 und 2, § 111 Abs. 3, §§ 171, 314 Abs. 2 und 3 sowie Beschlüsse, daß bestimmte Arten von Geschäften nur mit Zustimmung des Aufsichtsrats vorgenommen werden dürfen, können einem Ausschuß nicht an Stelle des Aufsichtsrats zur Beschlußfassung überwiesen werden. ⁴Dem Aufsichtsrat ist regelmäßig über die Arbeit der Ausschüsse zu berichten.

(4) Richtet der Aufsichtsrat einer Gesellschaft im Sinn des § 264d des Handelsgesetzbuchs einen Prüfungsausschuss im Sinn des Absatzes 3 Satz 2 ein, so muss mindestens ein Mitglied die Voraussetzungen des § 100 Abs. 5 erfüllen.

**§ 108 Beschlußfassung des Aufsichtsrats.** (1) Der Aufsichtsrat entscheidet durch Beschluß.

(2) ¹Die Beschlußfähigkeit des Aufsichtsrats kann, soweit sie nicht gesetzlich geregelt ist, durch die Satzung bestimmt werden. ²Ist sie weder gesetzlich noch durch die Satzung geregelt, so ist der Aufsichtsrat nur beschlußfähig, wenn mindestens die Hälfte der Mitglieder, aus denen er nach Gesetz oder Satzung insgesamt zu bestehen hat, an der Beschlußfassung teilnimmt. ³In jedem Fall müssen mindestens drei Mitglieder an der Beschlußfassung teilnehmen. ⁴Der Beschlußfähigkeit steht nicht entgegen, daß dem Aufsichtsrat weniger Mitglieder als die durch Gesetz oder Satzung festgesetzte Zahl angehören, auch wenn das für seine Zusammensetzung maßgebende zahlenmäßige Verhältnis nicht gewahrt ist.

(3) ¹Abwesende Aufsichtsratsmitglieder können dadurch an der Beschlußfassung des Aufsichtsrats und seiner Ausschüsse teilnehmen, daß sie schriftliche Stimmabgaben überreichen lassen. ²Die schriftlichen Stimmabgaben können durch andere Auf-

sichtsratsmitglieder überreicht werden. ³Sie können auch durch Personen, die nicht dem Aufsichtsrat angehören, übergeben werden, wenn diese nach § 109 Abs. 3 zur Teilnahme an der Sitzung berechtigt sind.

(4) Schriftliche, fernmündliche oder andere vergleichbare Formen der Beschlussfassung des Aufsichtsrats und seiner Ausschüsse sind vorbehaltlich einer näheren Regelung durch die Satzung oder eine Geschäftsordnung des Aufsichtsrats nur zulässig, wenn kein Mitglied diesem Verfahren widerspricht.

**§ 109 Teilnahme an Sitzungen des Aufsichtsrats und seiner Ausschüsse.** (1) ¹An den Sitzungen des Aufsichtsrats und seiner Ausschüsse sollen Personen, die weder dem Aufsichtsrat noch dem Vorstand angehören, nicht teilnehmen. ²Sachverständige und Auskunftspersonen können zur Beratung über einzelne Gegenstände zugezogen werden.

(2) Aufsichtsratsmitglieder, die dem Ausschuß nicht angehören, können an den Ausschußsitzungen teilnehmen, wenn der Vorsitzende des Aufsichtsrats nichts anderes bestimmt.

(3) Die Satzung kann zulassen, daß an den Sitzungen des Aufsichtsrats und seiner Ausschüsse Personen, die dem Aufsichtsrat nicht angehören, an Stelle von verhinderten Aufsichtsratsmitgliedern teilnehmen können, wenn diese sie hierzu in Textform ermächtigt haben.

(4) Abweichende gesetzliche Vorschriften bleiben unberührt.

**§ 110 Einberufung des Aufsichtsrats.** (1) ¹Jedes Aufsichtsratsmitglied oder der Vorstand kann unter Angabe des Zwecks und der Gründe verlangen, daß der Vorsitzende des Aufsichtsrats unverzüglich den Aufsichtsrat einberuft. ²Die Sitzung muß binnen zwei Wochen nach der Einberufung stattfinden.

(2) Wird dem Verlangen nicht entsprochen, so kann das Aufsichtsratsmitglied oder der Vorstand unter Mitteilung des Sachverhalts und der Angabe einer Tagesordnung selbst den Aufsichtsrat einberufen.

(3) ¹Der Aufsichtsrat muss zwei Sitzungen im Kalenderhalbjahr abhalten. ²In nichtbörsennotierten Gesellschaften kann der Aufsichtsrat beschließen, dass eine Sitzung im Kalenderhalbjahr abzuhalten ist.

**§ 111 Aufgaben und Rechte des Aufsichtsrats.** (1) Der Aufsichtsrat hat die Geschäftsführung zu überwachen.

(2) ¹Der Aufsichtsrat kann die Bücher und Schriften der Gesellschaft sowie die Vermögensgegenstände, namentlich die Gesellschaftskasse und die Bestände an Wertpapieren und Waren, einsehen und prüfen. ²Er kann damit auch einzelne Mitglieder oder für bestimmte Aufgaben besondere Sachverständige beauftragen. ³Er erteilt dem Abschlußprüfer den Prüfungsauftrag für den Jahres- und den Konzernabschluß gemäß § 290 des Handelsgesetzbuchs.

(3) ¹Der Aufsichtsrat hat eine Hauptversammlung einzuberufen, wenn das Wohl der Gesellschaft es fordert. ²Für den Beschluß genügt die einfache Mehrheit.

(4) ¹Maßnahmen der Geschäftsführung können dem Aufsichtsrat nicht übertragen werden. ²Die Satzung oder der Aufsichtsrat hat jedoch zu bestimmen, daß bestimmte Arten von Geschäften nur mit seiner Zustimmung vorgenommen werden dürfen. ³Verweigert der Aufsichtsrat seine Zustimmung, so kann der Vorstand verlangen, daß die Hauptversammlung über die Zustimmung beschließt. ⁴Der Beschluß, durch den die Hauptversammlung zustimmt, bedarf einer Mehrheit, die mindestens drei

Viertel der abgegebenen Stimmen umfaßt. ⁵Die Satzung kann weder eine andere Mehrheit noch weitere Erfordernisse bestimmen.

(5) Die Aufsichtsratsmitglieder können ihre Aufgaben nicht durch andere wahrnehmen lassen.

**§ 112 Vertretung der Gesellschaft gegenüber Vorstandsmitgliedern.** ¹Vorstandsmitgliedern gegenüber vertritt der Aufsichtsrat die Gesellschaft gerichtlich und außergerichtlich. ²§ 78 Abs. 2 Satz 2 gilt entsprechend.

**§ 113 Vergütung der Aufsichtsratsmitglieder.** (1) ¹Den Aufsichtsratsmitgliedern kann für ihre Tätigkeit eine Vergütung gewährt werden. ²Sie kann in der Satzung festgesetzt oder von der Hauptversammlung bewilligt werden. ³Sie soll in einem angemessenen Verhältnis zu den Aufgaben der Aufsichtsratsmitglieder und zur Lage der Gesellschaft stehen. ⁴Ist die Vergütung in der Satzung festgesetzt, so kann die Hauptversammlung eine Satzungsänderung, durch welche die Vergütung herabgesetzt wird, mit einfacher Stimmenmehrheit beschließen.

(2) ¹Den Mitgliedern des ersten Aufsichtsrats kann nur die Hauptversammlung eine Vergütung für ihre Tätigkeit bewilligen. ²Der Beschluß kann erst in der Hauptversammlung gefaßt werden, die über die Entlastung der Mitglieder des ersten Aufsichtsrats beschließt.

(3) ¹Wird den Aufsichtsratsmitgliedern ein Anteil am Jahresgewinn der Gesellschaft gewährt, so berechnet sich der Anteil nach dem Bilanzgewinn, vermindert um einen Betrag von mindestens vier vom Hundert der auf den geringsten Ausgabebetrag der Aktien geleisteten Einlagen. ²Entgegenstehende Festsetzungen sind nichtig.

**§ 114 Verträge mit Aufsichtsratsmitgliedern.** (1) Verpflichtet sich ein Aufsichtsratsmitglied außerhalb seiner Tätigkeit im Aufsichtsrat durch einen Dienstvertrag, durch den ein Arbeitsverhältnis nicht begründet wird, oder durch einen Werkvertrag gegenüber der Gesellschaft zu einer Tätigkeit höherer Art, so hängt die Wirksamkeit des Vertrags von der Zustimmung des Aufsichtsrats ab.

(2) ¹Gewährt die Gesellschaft auf Grund eines solchen Vertrags dem Aufsichtsratsmitglied eine Vergütung, ohne daß der Aufsichtsrat dem Vertrag zugestimmt hat, so hat das Aufsichtsratsmitglied die Vergütung zurückzugewähren, es sei denn, daß der Aufsichtsrat den Vertrag genehmigt. ²Ein Anspruch des Aufsichtsratsmitglieds gegen die Gesellschaft auf Herausgabe der durch die geleistete Tätigkeit erlangten Bereicherung bleibt unberührt; der Anspruch kann jedoch nicht gegen den Rückgewähranspruch aufgerechnet werden.

**§ 115 Kreditgewährung an Aufsichtsratsmitglieder.** (1) ¹Die Gesellschaft darf ihren Aufsichtsratsmitgliedern Kredit nur mit Einwilligung des Aufsichtsrats gewähren. ²Eine herrschende Gesellschaft darf Kredite an Aufsichtsratsmitglieder eines abhängigen Unternehmens nur mit Einwilligung ihres Aufsichtsrats, eine abhängige Gesellschaft darf Kredite an Aufsichtsratsmitglieder des herrschenden Unternehmens nur mit Einwilligung des Aufsichtsrats des herrschenden Unternehmens gewähren. ³Die Einwilligung kann nur für bestimmte Kreditgeschäfte oder Arten von Kreditgeschäften und nicht für länger als drei Monate im voraus erteilt werden. ⁴Der Beschluß über die Einwilligung hat die Verzinsung und Rückzahlung des Kredits zu regeln. ⁵Betreibt das Aufsichtsratsmitglied ein Handelsgewerbe als Einzelkaufmann, so ist die Einwilligung nicht erforderlich, wenn der Kredit für die Bezahlung von Waren gewährt wird, welche die Gesellschaft seinem Handelsgeschäft liefert.

(2) Absatz 1 gilt auch für Kredite an den Ehegatten, Lebenspartner oder an ein minderjähriges Kind eines Aufsichtsratsmitglieds und für Kredite an einen Dritten, der für Rechnung dieser Personen oder für Rechnung eines Aufsichtsratsmitglieds handelt.

(3) ¹Ist ein Aufsichtsratsmitglied zugleich gesetzlicher Vertreter einer anderen juristischen Person oder Gesellschafter einer Personenhandelsgesellschaft, so darf die Gesellschaft der juristischen Person oder der Personenhandelsgesellschaft Kredit nur mit Einwilligung des Aufsichtsrats gewähren; Absatz 1 Satz 3 und 4 gilt sinngemäß. ²Dies gilt nicht, wenn die juristische Person oder die Personenhandelsgesellschaft mit der Gesellschaft verbunden ist oder wenn der Kredit für die Bezahlung von Waren gewährt wird, welche die Gesellschaft der juristischen Person oder der Personenhandelsgesellschaft liefert.

(4) Wird entgegen den Absätzen 1 bis 3 Kredit gewährt, so ist der Kredit ohne Rücksicht auf entgegenstehende Vereinbarungen sofort zurückzugewähren, wenn nicht der Aufsichtsrat nachträglich zustimmt.

(5) Ist die Gesellschaft ein Kreditinstitut oder Finanzdienstleistungsinstitut, auf das § 15 des Gesetzes über das Kreditwesen anzuwenden ist, gelten anstelle der Absätze 1 bis 4 die Vorschriften des Gesetzes über das Kreditwesen.

**§ 116 Sorgfaltspflicht und Verantwortlichkeit der Aufsichtsratsmitglieder.** ¹Für die Sorgfaltspflicht und Verantwortlichkeit der Aufsichtsratsmitglieder gilt § 93 mit Ausnahme des Absatzes 2 Satz 3 über die Sorgfaltspflicht und Verantwortlichkeit der Vorstandsmitglieder sinngemäß. ²Die Aufsichtsratsmitglieder sind insbesondere zur Verschwiegenheit über erhaltene vertrauliche Berichte und vertrauliche Beratungen verpflichtet. ³Sie sind namentlich zum Ersatz verpflichtet, wenn sie eine unangemessene Vergütung festsetzen (§ 87 Absatz 1).

### Dritter Abschnitt. Benutzung des Einflusses auf die Gesellschaft

**§ 117 Schadenersatzpflicht.** (1) ¹Wer vorsätzlich unter Benutzung seines Einflusses auf die Gesellschaft ein Mitglied des Vorstands oder des Aufsichtsrats, einen Prokuristen oder einen Handlungsbevollmächtigten dazu bestimmt, zum Schaden der Gesellschaft oder ihrer Aktionäre zu handeln, ist der Gesellschaft zum Ersatz des ihr daraus entstehenden Schadens verpflichtet. ²Er ist auch den Aktionären zum Ersatz des ihnen daraus entstehenden Schadens verpflichtet, soweit sie, abgesehen von einem Schaden, der ihnen durch Schädigung der Gesellschaft zugefügt worden ist, geschädigt worden sind.

(2) ¹Neben ihm haften als Gesamtschuldner die Mitglieder des Vorstands und des Aufsichtsrats, wenn sie unter Verletzung ihrer Pflichten gehandelt haben. ²Ist streitig, ob sie die Sorgfalt eines ordentlichen und gewissenhaften Geschäftsleiters angewandt haben, so trifft sie die Beweislast. ³Der Gesellschaft und auch den Aktionären gegenüber tritt die Ersatzpflicht der Mitglieder des Vorstands und des Aufsichtsrats nicht ein, wenn die Handlung auf einem gesetzmäßigen Beschluß der Hauptversammlung beruht. ⁴Dadurch, daß der Aufsichtsrat die Handlung gebilligt hat, wird die Ersatzpflicht nicht ausgeschlossen.

(3) Neben ihm haftet ferner als Gesamtschuldner, wer durch die schädigende Handlung einen Vorteil erlangt hat, sofern er die Beeinflussung vorsätzlich veranlaßt hat.

(4) Für die Aufhebung der Ersatzpflicht gegenüber der Gesellschaft gilt sinngemäß § 93 Abs. 4 Satz 3 und 4.

(5) ¹Der Ersatzanspruch der Gesellschaft kann auch von den Gläubigern der Gesellschaft geltend gemacht werden, soweit sie von dieser keine Befriedigung erlangen können. ²Den Gläubigern gegenüber wird die Ersatzpflicht weder durch einen Verzicht oder Vergleich der Gesellschaft noch dadurch aufgehoben, daß die Handlung auf einem Beschluß der Hauptversammlung beruht. ³Ist über das Vermögen der Gesellschaft das Insolvenzverfahren eröffnet, so übt während dessen Dauer der Insolvenzverwalter oder der Sachwalter das Recht der Gläubiger aus.

(6) Die Ansprüche aus diesen Vorschriften verjähren in fünf Jahren.

(7) Diese Vorschriften gelten nicht, wenn das Mitglied des Vorstands oder des Aufsichtsrats, der Prokurist oder der Handlungsbevollmächtigte durch Ausübung

1. der Leitungsmacht auf Grund eines Beherrschungsvertrags oder
2. der Leitungsmacht einer Hauptgesellschaft (§ 319), in die die Gesellschaft eingegliedert ist,

zu der schädigenden Handlung bestimmt worden ist.

### Vierter Abschnitt. Hauptversammlung

### Erster Unterabschnitt. Rechte der Hauptversammlung

**§ 118 Allgemeines.** (1) ¹Die Aktionäre üben ihre Rechte in den Angelegenheiten der Gesellschaft in der Hauptversammlung aus, soweit das Gesetz nichts anderes bestimmt. ²Die Satzung kann vorsehen oder den Vorstand dazu ermächtigen vorzusehen, dass die Aktionäre an der Hauptversammlung auch ohne Anwesenheit an deren Ort und ohne einen Bevollmächtigten teilnehmen und sämtliche oder einzelne ihrer Rechte ganz oder teilweise im Wege elektronischer Kommunikation ausüben können.

(2) Die Satzung kann vorsehen oder den Vorstand dazu ermächtigen vorzusehen, dass Aktionäre ihre Stimmen, auch ohne an der Versammlung teilzunehmen, schriftlich oder im Wege elektronischer Kommunikation abgeben dürfen (Briefwahl).

(3) ¹Die Mitglieder des Vorstands und des Aufsichtsrats sollen an der Hauptversammlung teilnehmen. ²Die Satzung kann jedoch bestimmte Fälle vorsehen, in denen die Teilnahme von Mitgliedern des Aufsichtsrats im Wege der Bild- und Tonübertragung erfolgen darf.

(4) Die Satzung oder die Geschäftsordnung gemäß § 129 Abs. 1 kann vorsehen oder den Vorstand oder den Versammlungsleiter dazu ermächtigen vorzusehen, die Bild- und Tonübertragung der Versammlung zuzulassen.

**§ 119 Rechte der Hauptversammlung.** (1) Die Hauptversammlung beschließt in den im Gesetz und in der Satzung ausdrücklich bestimmten Fällen, namentlich über

1. die Bestellung der Mitglieder des Aufsichtsrats, soweit sie nicht in den Aufsichtsrat zu entsenden oder als Aufsichtsratsmitglieder der Arbeitnehmer nach dem Mitbestimmungsgesetz, dem Mitbestimmungsergänzungsgesetz, dem Drittelbeteiligungsgesetz oder dem Gesetz über die Mitbestimmung der Arbeitnehmer bei einer grenzüberschreitenden Verschmelzung zu wählen sind;
2. die Verwendung des Bilanzgewinns;
3. die Entlastung der Mitglieder des Vorstands und des Aufsichtsrats;
4. die Bestellung des Abschlußprüfers;
5. Satzungsänderungen;

6. Maßnahmen der Kapitalbeschaffung und der Kapitalherabsetzung;
7. die Bestellung von Prüfern zur Prüfung von Vorgängen bei der Gründung oder der Geschäftsführung;
8. die Auflösung der Gesellschaft.

(2) Über Fragen der Geschäftsführung kann die Hauptversammlung nur entscheiden, wenn der Vorstand es verlangt.

**§ 120 Entlastung; Votum zum Vergütungssystem.** (1) ¹Die Hauptversammlung beschließt alljährlich in den ersten acht Monaten des Geschäftsjahrs über die Entlastung der Mitglieder des Vorstands und über die Entlastung der Mitglieder des Aufsichtsrats. ²Über die Entlastung eines einzelnen Mitglieds ist gesondert abzustimmen, wenn die Hauptversammlung es beschließt oder eine Minderheit es verlangt, deren Anteile zusammen den zehnten Teil des Grundkapitals oder den anteiligen Betrag von einer Million Euro erreichen.

(2) ¹Durch die Entlastung billigt die Hauptversammlung die Verwaltung der Gesellschaft durch die Mitglieder des Vorstands und des Aufsichtsrats. ²Die Entlastung enthält keinen Verzicht auf Ersatzansprüche.

(3) Die Verhandlung über die Entlastung soll mit der Verhandlung über die Verwendung des Bilanzgewinns verbunden werden.

(4) ¹Die Hauptversammlung der börsennotierten Gesellschaft kann über die Billigung des Systems zur Vergütung der Vorstandsmitglieder beschließen. ²Der Beschluss begründet weder Rechte noch Pflichten; insbesondere lässt er die Verpflichtungen des Aufsichtsrats nach § 87 unberührt. ³Der Beschluss ist nicht nach § 243 anfechtbar.

### Zweiter Unterabschnitt. Einberufung der Hauptversammlung

**§ 121 Allgemeines.** (1) Die Hauptversammlung ist in den durch Gesetz oder Satzung bestimmten Fällen sowie dann einzuberufen, wenn das Wohl der Gesellschaft es fordert.

(2) ¹Die Hauptversammlung wird durch den Vorstand einberufen, der darüber mit einfacher Mehrheit beschließt. ²Personen, die in das Handelsregister als Vorstand eingetragen sind, gelten als befugt. ³Das auf Gesetz oder Satzung beruhende Recht anderer Personen, die Hauptversammlung einzuberufen, bleibt unberührt.

(3) ¹Die Einberufung muss die Firma, den Sitz der Gesellschaft sowie Zeit und Ort der Hauptversammlung enthalten. ²Zudem ist die Tagesordnung anzugeben. ³Bei börsennotierten Gesellschaften hat der Vorstand oder, wenn der Aufsichtsrat die Versammlung einberuft, der Aufsichtsrat in der Einberufung ferner anzugeben:
1. die Voraussetzungen für die Teilnahme an der Versammlung und die Ausübung des Stimmrechts sowie gegebenenfalls den Nachweisstichtag nach § 123 Abs. 3 Satz 3 und dessen Bedeutung;
2. das Verfahren für die Stimmabgabe
   a) durch einen Bevollmächtigten unter Hinweis auf die Formulare, die für die Erteilung einer Stimmrechtsvollmacht zu verwenden sind, und auf die Art und Weise, wie der Gesellschaft ein Nachweis über die Bestellung eines Bevollmächtigten elektronisch übermittelt werden kann sowie
   b) durch Briefwahl oder im Wege der elektronischen Kommunikation gemäß § 118 Abs. 1 Satz 2, soweit die Satzung eine entsprechende Form der Stimmrechtsausübung vorsieht;

3. die Rechte der Aktionäre nach § 122 Abs. 2, § 126 Abs. 1, den §§ 127, 131 Abs. 1; die Angaben können sich auf die Fristen für die Ausübung der Rechte beschränken, wenn in der Einberufung im Übrigen auf weitergehende Erläuterungen auf der Internetseite der Gesellschaft hingewiesen wird;
4. die Internetseite der Gesellschaft, über die die Informationen nach § 124a zugänglich sind.

(4) ¹Die Einberufung ist in den Gesellschaftsblättern bekannt zu machen. ²Sind die Aktionäre der Gesellschaft namentlich bekannt, so kann die Hauptversammlung mit eingeschriebenem Brief einberufen werden, wenn die Satzung nichts anderes bestimmt; der Tag der Absendung gilt als Tag der Bekanntmachung. ³Die §§ 125 bis 127 gelten sinngemäß.

(4a) Bei börsennotierten Gesellschaften, die nicht ausschließlich Namensaktien ausgegeben haben und die Einberufung den Aktionären nicht unmittelbar nach Absatz 4 Satz 2 und 3 übersenden, ist die Einberufung spätestens zum Zeitpunkt der Bekanntmachung solchen Medien zur Veröffentlichung zuzuleiten, bei denen davon ausgegangen werden kann, dass sie die Information in der gesamten Europäischen Union verbreiten.

(5) ¹Wenn die Satzung nichts anderes bestimmt, soll die Hauptversammlung am Sitz der Gesellschaft stattfinden. ²Sind die Aktien der Gesellschaft an einer deutschen Börse zum Handel im regulierten Markt zugelassen, so kann, wenn die Satzung nichts anderes bestimmt, die Hauptversammlung auch am Sitz der Börse stattfinden.

(6) Sind alle Aktionäre erschienen oder vertreten, kann die Hauptversammlung Beschlüsse ohne Einhaltung der Bestimmungen dieses Unterabschnitts fassen, soweit kein Aktionär der Beschlußfassung widerspricht.

(7) ¹Bei Fristen und Terminen, die von der Versammlung zurückberechnet werden, ist der Tag der Versammlung nicht mitzurechnen. ²Eine Verlegung von einem Sonntag, einem Sonnabend oder einem Feiertag auf einen zeitlich vorausgehenden oder nachfolgenden Werktag kommt nicht in Betracht. ³Die §§ 187 bis 193 des Bürgerlichen Gesetzbuchs sind nicht entsprechend anzuwenden. ⁴Bei nichtbörsennotierten Gesellschaften kann die Satzung eine andere Berechnung der Frist bestimmen.

**§ 122 Einberufung auf Verlangen einer Minderheit.** (1) ¹Die Hauptversammlung ist einzuberufen, wenn Aktionäre, deren Anteile zusammen den zwanzigsten Teil des Grundkapitals erreichen, die Einberufung schriftlich unter Angabe des Zwecks und der Gründe verlangen; das Verlangen ist an den Vorstand zu richten. ²Die Satzung kann das Recht, die Einberufung der Hauptversammlung zu verlangen, an eine andere Form und an den Besitz eines geringeren Anteils am Grundkapital knüpfen. ³§ 142 Abs. 2 Satz 2 gilt entsprechend.

(2) ¹In gleicher Weise können Aktionäre, deren Anteile zusammen den zwanzigsten Teil des Grundkapitals oder den anteiligen Betrag von 500 000 Euro erreichen, verlangen, daß Gegenstände auf die Tagesordnung gesetzt und bekanntgemacht werden. ²Jedem neuen Gegenstand muss eine Begründung oder eine Beschlussvorlage beiliegen. ³Das Verlangen im Sinne des Satzes 1 muss der Gesellschaft mindestens 24 Tage, bei börsennotierten Gesellschaften mindestens 30 Tage vor der Versammlung zugehen; der Tag des Zugangs ist nicht mitzurechnen.

(3) ¹Wird dem Verlangen nicht entsprochen, so kann das Gericht die Aktionäre, die das Verlangen gestellt haben, ermächtigen, die Hauptversammlung einzuberufen oder den Gegenstand bekanntzumachen. ²Zugleich kann das Gericht den Vorsitzenden der Versammlung bestimmen. ³Auf die Ermächtigung muß bei der Einberufung

oder Bekanntmachung hingewiesen werden. ⁴Gegen die Entscheidung ist die Beschwerde zulässig.

(4) Die Gesellschaft trägt die Kosten der Hauptversammlung und im Fall des Absatzes 3 auch die Gerichtskosten, wenn das Gericht dem Antrag stattgegeben hat.

**§ 123 Frist, Anmeldung zur Hauptversammlung, Nachweis.** (1) ¹Die Hauptversammlung ist mindestens dreißig Tage vor dem Tage der Versammlung einzuberufen. ²Der Tag der Einberufung ist nicht mitzurechnen.

(2) ¹Die Satzung kann die Teilnahme an der Hauptversammlung oder die Ausübung des Stimmrechts davon abhängig machen, dass die Aktionäre sich vor der Versammlung anmelden. ²Die Anmeldung muss der Gesellschaft unter der in der Einberufung hierfür mitgeteilten Adresse mindestens sechs Tage vor der Versammlung zugehen. ³In der Satzung oder in der Einberufung auf Grund einer Ermächtigung durch die Satzung kann eine kürzere, in Tagen zu bemessende Frist vorgesehen werden. ⁴Der Tag des Zugangs ist nicht mitzurechnen. ⁵Die Mindestfrist des Absatzes 1 verlängert sich um die Tage der Anmeldefrist des Satzes 2.

(3) ¹Bei Inhaberaktien kann die Satzung bestimmen, wie die Berechtigung zur Teilnahme an der Versammlung oder zur Ausübung des Stimmrechts nachzuweisen ist; Absatz 2 Satz 5 gilt in diesem Fall entsprechend. ²Bei börsennotierten Gesellschaften reicht ein in Textform erstellter besonderer Nachweis des Anteilsbesitzes durch das depotführende Institut aus. ³Der Nachweis hat sich bei börsennotierten Gesellschaften auf den Beginn des 21. Tages vor der Versammlung zu beziehen und muss der Gesellschaft unter der in der Einberufung hierfür mitgeteilten Adresse mindestens sechs Tage vor der Versammlung zugehen. ⁴In der Satzung oder in der Einberufung auf Grund einer Ermächtigung durch die Satzung kann eine kürzere, in Tagen zu bemessende Frist vorgesehen werden. ⁵Der Tag des Zugangs ist nicht mitzurechnen. ⁶Im Verhältnis zur Gesellschaft gilt für die Teilnahme an der Versammlung oder die Ausübung des Stimmrechts als Aktionär nur, wer den Nachweis erbracht hat.

**§ 124 Bekanntmachung von Ergänzungsverlangen; Vorschläge zur Beschlussfassung.**
(1) ¹Hat die Minderheit nach § 122 Abs. 2 verlangt, dass Gegenstände auf die Tagesordnung gesetzt werden, so sind diese entweder bereits mit der Einberufung oder andernfalls unverzüglich nach Zugang des Verlangens bekannt zu machen. ²§ 121 Abs. 4 gilt sinngemäß; zudem gilt bei börsennotierten Gesellschaften § 121 Abs. 4a entsprechend. ³Bekanntmachung und Zuleitung haben dabei in gleicher Weise wie bei der Einberufung zu erfolgen.

(2) ¹Steht die Wahl von Aufsichtsratsmitgliedern auf der Tagesordnung, so ist in der Bekanntmachung anzugeben, nach welchen gesetzlichen Vorschriften sich der Aufsichtsrat zusammensetzt, und ob die Hauptversammlung an Wahlvorschläge gebunden ist. ²Soll die Hauptversammlung über eine Satzungsänderung oder über einen Vertrag beschließen, der nur mit Zustimmung der Hauptversammlung wirksam wird, so ist auch der Wortlaut der vorgeschlagenen Satzungsänderung oder der wesentliche Inhalt des Vertrags bekanntzumachen.

(3) ¹Zu jedem Gegenstand der Tagesordnung, über den die Hauptversammlung beschließen soll, haben der Vorstand und der Aufsichtsrat, zur Wahl von Aufsichtsratsmitgliedern und Prüfern nur der Aufsichtsrat, in der Bekanntmachung Vorschläge zur Beschlußfassung zu machen. ²Bei Gesellschaften im Sinn des § 264d des Handelsgesetzbuchs ist der Vorschlag des Aufsichtsrats zur Wahl des Abschlussprüfers auf die Empfehlung des Prüfungsausschusses zu stützen. ³Satz 1 findet keine Anwendung, wenn die Hauptversammlung bei der Wahl von Aufsichtsratsmitgliedern nach § 6 des Montan-Mitbestimmungsgesetzes an Wahlvorschläge gebunden ist, oder

wenn der Gegenstand der Beschlußfassung auf Verlangen einer Minderheit auf die Tagesordnung gesetzt worden ist. ⁴Der Vorschlag zur Wahl von Aufsichtsratsmitgliedern oder Prüfern hat deren Namen, ausgeübten Beruf und Wohnort anzugeben. ⁵Hat der Aufsichtsrat auch aus Aufsichtsratsmitgliedern der Arbeitnehmer zu bestehen, so bedürfen Beschlüsse des Aufsichtsrats über Vorschläge zur Wahl von Aufsichtsratsmitgliedern nur der Mehrheit der Stimmen der Aufsichtsratsmitglieder der Aktionäre; § 8 des Montan-Mitbestimmungsgesetzes bleibt unberührt.

(4) ¹Über Gegenstände der Tagesordnung, die nicht ordnungsgemäß bekanntgemacht sind, dürfen keine Beschlüsse gefaßt werden. ²Zur Beschlußfassung über den in der Versammlung gestellten Antrag auf Einberufung einer Hauptversammlung, zu Anträgen, die zu Gegenständen der Tagesordnung gestellt werden, und zu Verhandlungen ohne Beschlußfassung bedarf es keiner Bekanntmachung.

**§ 124a Veröffentlichungen auf der Internetseite der Gesellschaft.** ¹Bei börsennotierten Gesellschaften müssen alsbald nach der Einberufung der Hauptversammlung über die Internetseite der Gesellschaft zugänglich sein:
1. der Inhalt der Einberufung;
2. eine Erläuterung, wenn zu einem Gegenstand der Tagesordnung kein Beschluss gefasst werden soll;
3. die der Versammlung zugänglich zu machenden Unterlagen;
4. die Gesamtzahl der Aktien und der Stimmrechte im Zeitpunkt der Einberufung, einschließlich getrennter Angaben zur Gesamtzahl für jede Aktiengattung;
5. gegebenenfalls die Formulare, die bei Stimmabgabe durch Vertretung oder bei Stimmabgabe mittels Briefwahl zu verwenden sind, sofern diese Formulare den Aktionären nicht direkt übermittelt werden.

²Ein nach Einberufung der Versammlung bei der Gesellschaft eingegangenes Verlangen von Aktionären im Sinne von § 122 Abs. 2 ist unverzüglich nach seinem Eingang bei der Gesellschaft in gleicher Weise zugänglich zu machen.

**§ 125 Mitteilungen für die Aktionäre und an Aufsichtsratsmitglieder.** (1) ¹Der Vorstand hat mindestens 21 Tage vor der Versammlung den Kreditinstituten und den Vereinigungen von Aktionären, die in der letzten Hauptversammlung Stimmrechte für Aktionäre ausgeübt oder die die Mitteilung verlangt haben, die Einberufung der Hauptversammlung mitzuteilen. ²Der Tag der Mitteilung ist nicht mitzurechnen. ³Ist die Tagesordnung nach § 122 Abs. 2 zu ändern, so ist bei börsennotierten Gesellschaften die geänderte Tagesordnung mitzuteilen. ⁴In der Mitteilung ist auf die Möglichkeiten der Ausübung des Stimmrechts durch einen Bevollmächtigten, auch durch eine Vereinigung von Aktionären, hinzuweisen. ⁵Bei börsennotierten Gesellschaften sind einem Vorschlag zur Wahl von Aufsichtsratsmitgliedern Angaben zu deren Mitgliedschaft in anderen gesetzlich zu bildenden Aufsichtsräten beizufügen; Angaben zu ihrer Mitgliedschaft in vergleichbaren in- und ausländischen Kontrollgremien von Wirtschaftsunternehmen sollen beigefügt werden.

(2) ¹Die gleiche Mitteilung hat der Vorstand den Aktionären zu machen, die es verlangen oder zu Beginn des 14. Tages vor der Versammlung als Aktionär im Aktienregister der Gesellschaft eingetragen sind. ²Die Satzung kann die Übermittlung auf den Weg elektronischer Kommunikation beschränken.

(3) Jedes Aufsichtsratsmitglied kann verlangen, daß ihm der Vorstand die gleichen Mitteilungen übersendet.

(4) Jedem Aufsichtsratsmitglied und jedem Aktionär sind auf Verlangen die in der Hauptversammlung gefaßten Beschlüsse mitzuteilen.

(5) Finanzdienstleistungsinstitute und die nach § 53 Abs. 1 Satz 1 oder § 53b Abs. 1 Satz 1 oder Abs. 7 des Gesetzes über das Kreditwesen tätigen Unternehmen sind den Kreditinstituten gleichgestellt.

**§ 126 Anträge von Aktionären.** (1) ¹Anträge von Aktionären einschließlich des Namens des Aktionärs, der Begründung und einer etwaigen Stellungnahme der Verwaltung sind den in § 125 Abs. 1 bis 3 genannten Berechtigten unter den dortigen Voraussetzungen zugänglich zu machen, wenn der Aktionär mindestens 14 Tage vor der Versammlung der Gesellschaft einen Gegenantrag gegen einen Vorschlag von Vorstand und Aufsichtsrat zu einem bestimmten Punkt der Tagesordnung mit Begründung an die in der Einberufung hierfür mitgeteilte Adresse übersandt hat. ²Der Tag des Zugangs ist nicht mitzurechnen. ³Bei börsennotierten Gesellschaften hat das Zugänglichmachen über die Internetseite der Gesellschaft zu erfolgen. ⁴§ 125 Abs. 3 gilt entsprechend.

(2) ¹Ein Gegenantrag und dessen Begründung brauchen nicht zugänglich gemacht zu werden,

1. soweit sich der Vorstand durch das Zugänglichmachen strafbar machen würde,
2. wenn der Gegenantrag zu einem gesetz- oder satzungswidrigen Beschluß der Hauptversammlung führen würde,
3. wenn die Begründung in wesentlichen Punkten offensichtlich falsche oder irreführende Angaben oder wenn sie Beleidigungen enthält,
4. wenn ein auf denselben Sachverhalt gestützter Gegenantrag des Aktionärs bereits zu einer Hauptversammlung der Gesellschaft nach § 125 zugänglich gemacht worden ist,
5. wenn derselbe Gegenantrag des Aktionärs mit wesentlich gleicher Begründung in den letzten fünf Jahren bereits zu mindestens zwei Hauptversammlungen der Gesellschaft nach § 125 zugänglich gemacht worden ist und in der Hauptversammlung weniger als der zwanzigste Teil des vertretenen Grundkapitals für ihn gestimmt hat,
6. wenn der Aktionär zu erkennen gibt, daß er an der Hauptversammlung nicht teilnehmen und sich nicht vertreten lassen wird, oder
7. wenn der Aktionär in den letzten zwei Jahren in zwei Hauptversammlungen einen von ihm mitgeteilten Gegenantrag nicht gestellt hat oder nicht hat stellen lassen.

²Die Begründung braucht nicht zugänglich gemacht zu werden, wenn sie insgesamt mehr als 5 000 Zeichen beträgt.

(3) Stellen mehrere Aktionäre zu demselben Gegenstand der Beschlußfassung Gegenanträge, so kann der Vorstand die Gegenanträge und ihre Begründungen zusammenfassen.

**§ 127 Wahlvorschläge von Aktionären.** ¹Für den Vorschlag eines Aktionärs zur Wahl von Aufsichtsratsmitgliedern oder von Abschlußprüfern gilt § 126 sinngemäß. ²Der Wahlvorschlag braucht nicht begründet zu werden. ³Der Vorstand braucht den Wahlvorschlag auch dann nicht zugänglich zu machen, wenn der Vorschlag nicht die Angaben nach § 124 Abs. 3 Satz 3 und § 125 Abs. 1 Satz 5 enthält.

**§ 127a Aktionärsforum.** (1) Aktionäre oder Aktionärsvereinigungen können im Aktionärsforum des elektronischen Bundesanzeigers andere Aktionäre auffordern, gemeinsam oder in Vertretung einen Antrag oder ein Verlangen nach diesem Gesetz zu stellen oder in einer Hauptversammlung das Stimmrecht auszuüben.

(2) Die Aufforderung hat folgende Angaben zu enthalten:
1. den Namen und eine Anschrift des Aktionärs oder der Aktionärsvereinigung,
2. die Firma der Gesellschaft,
3. den Antrag, das Verlangen oder einen Vorschlag für die Ausübung des Stimmrechts zu einem Tagesordnungspunkt,
4. den Tag der betroffenen Hauptversammlung.

(3) Die Aufforderung kann auf eine Begründung auf der Internetseite des Auffordernden und dessen elektronische Adresse hinweisen.

(4) Die Gesellschaft kann im elektronischen Bundesanzeiger auf eine Stellungnahme zu der Aufforderung auf ihrer Internetseite hinweisen.

(5) Das Bundesministerium der Justiz wird ermächtigt, durch Rechtsverordnung die äußere Gestaltung des Aktionärsforums und weitere Einzelheiten insbesondere zu der Aufforderung, dem Hinweis, den Entgelten, zu Löschungsfristen, Löschungsanspruch, zu Missbrauchsfällen und zur Einsichtnahme zu regeln.

**§ 128 Übermittlung der Mitteilungen.** (1) ¹Hat ein Kreditinstitut zu Beginn des 21. Tages vor der Versammlung für Aktionäre Inhaberaktien der Gesellschaft in Verwahrung oder wird es für Namensaktien, die ihm nicht gehören, im Aktienregister eingetragen, so hat es die Mitteilungen nach § 125 Abs. 1 unverzüglich an die Aktionäre zu übermitteln. ²Die Satzung der Gesellschaft kann die Übermittlung auf den Weg elektronischer Kommunikation beschränken; in diesem Fall ist das Kreditinstitut auch aus anderen Gründen nicht zu mehr verpflichtet.

(2) Die Verpflichtung des Kreditinstituts zum Ersatz eines aus der Verletzung des Absatzes 1 entstehenden Schadens kann im voraus weder ausgeschlossen noch beschränkt werden.

(3) ¹Das Bundesministerium der Justiz wird ermächtigt, im Einvernehmen mit dem Bundesministerium für Wirtschaft und Technologie und dem Bundesministerium der Finanzen durch Rechtsverordnung vorzuschreiben, dass die Gesellschaft den Kreditinstituten die Aufwendungen für
1. die Übermittlung der Angaben gemäß § 67 Abs. 4 und
2. die Vervielfältigung der Mitteilungen und für ihre Übersendung an die Aktionäre

zu ersetzen hat. ²Es können Pauschbeträge festgesetzt werden. ³Die Rechtsverordnung bedarf nicht der Zustimmung des Bundesrates.

(4) § 125 Abs. 5 gilt entsprechend.

**Dritter Unterabschnitt. Verhandlungsniederschrift. Auskunftsrecht**

**§ 129 Geschäftsordnung; Verzeichnis der Teilnehmer.** (1) ¹Die Hauptversammlung kann sich mit einer Mehrheit, die mindestens drei Viertel des bei der Beschlußfassung vertretenen Grundkapitals umfaßt, eine Geschäftsordnung mit Regeln für die Vorbereitung und Durchführung der Hauptversammlung geben. ²In der Hauptversammlung ist ein Verzeichnis der erschienenen oder vertretenen Aktionäre und der Vertreter von Aktionären mit Angabe ihres Namens und Wohnorts sowie bei Nennbetragsaktien des Betrags, bei Stückaktien der Zahl der von jedem vertretenen Aktien unter Angabe ihrer Gattung aufzustellen.

(2) ¹Sind einem Kreditinstitut oder einer in § 135 Abs. 8 bezeichneten Person Vollmachten zur Ausübung des Stimmrechts erteilt worden und übt der Bevollmächtigte das Stimmrecht im Namen dessen, den es angeht, aus, so sind bei Nennbetragsaktien

der Betrag, bei Stückaktien die Zahl und die Gattung der Aktien, für die ihm Vollmachten erteilt worden sind, zur Aufnahme in das Verzeichnis gesondert anzugeben. ²Die Namen der Aktionäre, welche Vollmachten erteilt haben, brauchen nicht angegeben zu werden.

(3) ¹Wer von einem Aktionär ermächtigt ist, im eigenen Namen das Stimmrecht für Aktien auszuüben, die ihm nicht gehören, hat bei Nennbetragsaktien den Betrag, bei Stückaktien die Zahl und die Gattung dieser Aktien zur Aufnahme in das Verzeichnis gesondert anzugeben. ²Dies gilt auch für Namensaktien, als deren Aktionär der Ermächtigte im Aktienregister eingetragen ist.

(4) ¹Das Verzeichnis ist vor der ersten Abstimmung allen Teilnehmern zugänglich zu machen. ²Jedem Aktionär ist auf Verlangen bis zu zwei Jahren nach der Hauptversammlung Einsicht in das Teilnehmerverzeichnis zu gewähren.

(5) § 125 Abs. 5 gilt entsprechend.

**§ 130 Niederschrift.** (1) ¹Jeder Beschluß der Hauptversammlung ist durch eine über die Verhandlung notariell aufgenommene Niederschrift zu beurkunden. ²Gleiches gilt für jedes Verlangen einer Minderheit nach § 120 Abs. 1 Satz 2, § 137. ³Bei nichtbörsennotierten Gesellschaften reicht eine vom Vorsitzenden des Aufsichtsrats zu unterzeichnende Niederschrift aus, soweit keine Beschlüsse gefaßt werden, für die das Gesetz eine Dreiviertel- oder größere Mehrheit bestimmt.

(2) ¹In der Niederschrift sind der Ort und der Tag der Verhandlung, der Name des Notars sowie die Art und das Ergebnis der Abstimmung und die Feststellung des Vorsitzenden über die Beschlußfassung anzugeben. ²Bei börsennotierten Gesellschaften umfasst die Feststellung über die Beschlussfassung für jeden Beschluss auch

1. die Zahl der Aktien, für die gültige Stimmen abgegeben wurden,
2. den Anteil des durch die gültigen Stimmen vertretenen Grundkapitals,
3. die Zahl der für einen Beschluss abgegebenen Stimmen, Gegenstimmen und gegebenenfalls die Zahl der Enthaltungen.

³Abweichend von Satz 2 kann der Versammlungsleiter die Feststellung über die Beschlussfassung für jeden Beschluss darauf beschränken, dass die erforderliche Mehrheit erreicht wurde, falls kein Aktionär eine umfassende Feststellung gemäß Satz 2 verlangt.

(3) Die Belege über die Einberufung der Versammlung sind der Niederschrift als Anlage beizufügen, wenn sie nicht unter Angabe ihres Inhalts in der Niederschrift aufgeführt sind.

(4) ¹Die Niederschrift ist von dem Notar zu unterschreiben. ²Die Zuziehung von Zeugen ist nicht nötig.

(5) Unverzüglich nach der Versammlung hat der Vorstand eine öffentlich beglaubigte, im Falle des Absatzes 1 Satz 3 eine vom Vorsitzenden des Aufsichtsrats unterzeichnete Abschrift der Niederschrift und ihrer Anlagen zum Handelsregister einzureichen.

(6) Börsennotierte Gesellschaften müssen innerhalb von sieben Tagen nach der Versammlung die festgestellten Abstimmungsergebnisse einschließlich der Angaben nach Absatz 2 Satz 2 auf ihrer Internetseite veröffentlichen.

**§ 131 Auskunftsrecht des Aktionärs.** (1) ¹Jedem Aktionär ist auf Verlangen in der Hauptversammlung vom Vorstand Auskunft über Angelegenheiten der Gesellschaft zu geben, soweit sie zur sachgemäßen Beurteilung des Gegenstands der Tagesordnung erforderlich ist. ²Die Auskunftspflicht erstreckt sich auch auf die rechtlichen und geschäftlichen Beziehungen der Gesellschaft zu einem verbundenen Unternehmen. ³Macht eine Gesellschaft von den Erleichterungen nach § 266 Abs. 1 Satz 2, § 276 oder § 288 des Handelsgesetzbuchs Gebrauch, so kann jeder Aktionär verlangen, daß ihm in der Hauptversammlung über den Jahresabschluß der Jahresabschluß in der Form vorgelegt wird, die er ohne Anwendung dieser Vorschriften hätte. ⁴Die Auskunftspflicht des Vorstands eines Mutterunternehmens (§ 290 Abs. 1, 2 des Handelsgesetzbuchs) in der Hauptversammlung, der der Konzernabschluss und der Konzernlagebericht vorgelegt werden, erstreckt sich auch auf die Lage des Konzerns und der in den Konzernabschluss einbezogenen Unternehmen.

(2) ¹Die Auskunft hat den Grundsätzen einer gewissenhaften und getreuen Rechenschaft zu entsprechen. ²Die Satzung oder die Geschäftsordnung gemäß § 129 kann den Versammlungsleiter ermächtigen, das Frage- und Rederecht des Aktionärs zeitlich angemessen zu beschränken, und Näheres dazu bestimmen.

(3) ¹Der Vorstand darf die Auskunft verweigern,

1. soweit die Erteilung der Auskunft nach vernünftiger kaufmännischer Beurteilung geeignet ist, der Gesellschaft oder einem verbundenen Unternehmen einen nicht unerheblichen Nachteil zuzufügen;
2. soweit sie sich auf steuerliche Wertansätze oder die Höhe einzelner Steuern bezieht;
3. über den Unterschied zwischen dem Wert, mit dem Gegenstände in der Jahresbilanz angesetzt worden sind, und einem höheren Wert dieser Gegenstände, es sei denn, daß die Hauptversammlung den Jahresabschluß feststellt;
4. über die Bilanzierungs- und Bewertungsmethoden, soweit die Angabe dieser Methoden im Anhang ausreicht, um ein den tatsächlichen Verhältnissen entsprechendes Bild der Vermögens-, Finanz- und Ertragslage der Gesellschaft im Sinne des § 264 Abs. 2 des Handelsgesetzbuchs zu vermitteln; dies gilt nicht, wenn die Hauptversammlung den Jahresabschluß feststellt;
5. soweit sich der Vorstand durch die Erteilung der Auskunft strafbar machen würde;
6. soweit bei einem Kreditinstitut oder Finanzdienstleistungsinstitut Angaben über angewandte Bilanzierungs- und Bewertungsmethoden sowie vorgenommene Verrechnungen im Jahresabschluß, Lagebericht, Konzernabschluß oder Konzernlagebericht nicht gemacht zu werden brauchen;
7. soweit die Auskunft auf der Internetseite der Gesellschaft über mindestens sieben Tage vor Beginn und in der Hauptversammlung durchgängig zugänglich ist.

²Aus anderen Gründen darf die Auskunft nicht verweigert werden.

(4) ¹Ist einem Aktionär wegen seiner Eigenschaft als Aktionär eine Auskunft außerhalb der Hauptversammlung gegeben worden, so ist sie jedem anderen Aktionär auf dessen Verlangen in der Hauptversammlung zu geben, auch wenn sie zur sachgemäßen Beurteilung des Gegenstands der Tagesordnung nicht erforderlich ist. ²Der Vorstand darf die Auskunft nicht nach Absatz 3 Satz 1 Nr. 1 bis 4 verweigern. ³Sätze 1 und 2 gelten nicht, wenn ein Tochterunternehmen (§ 290 Abs. 1, 2 des Handelsgesetzbuchs), ein Gemeinschaftsunternehmen (§ 310 Abs. 1 des Handelsgesetzbuchs) oder ein assoziiertes Unternehmen (§ 311 Abs. 1 des Handelsgesetzbuchs) die Auskunft einem Mutterunternehmen (§ 290 Abs. 1, 2 des Handelsgesetzbuchs) zum Zwecke der Einbeziehung der Gesellschaft in den Konzernabschluß des Mutterunternehmens erteilt und die Auskunft für diesen Zweck benötigt wird.

(5) Wird einem Aktionär eine Auskunft verweigert, so kann er verlangen, daß seine Frage und der Grund, aus dem die Auskunft verweigert worden ist, in die Niederschrift über die Verhandlung aufgenommen werden.

**§ 132 Gerichtliche Entscheidung über das Auskunftsrecht.** (1) Ob der Vorstand die Auskunft zu geben hat, entscheidet auf Antrag ausschließlich das Landgericht, in dessen Bezirk die Gesellschaft ihren Sitz hat.

(2) ¹Antragsberechtigt ist jeder Aktionär, dem die verlangte Auskunft nicht gegeben worden ist, und, wenn über den Gegenstand der Tagesordnung, auf den sich die Auskunft bezog, Beschluß gefaßt worden ist, jeder in der Hauptversammlung erschienene Aktionär, der in der Hauptversammlung Widerspruch zur Niederschrift erklärt hat. ²Der Antrag ist binnen zwei Wochen nach der Hauptversammlung zu stellen, in der die Auskunft abgelehnt worden ist.

(3) ¹§ 99 Abs. 1, 3 Satz 1, 2 und 4 bis 6 sowie Abs. 5 Satz 1 und 3 gilt entsprechend. ²Die Beschwerde findet nur statt, wenn das Landgericht sie in der Entscheidung für zulässig erklärt. ³§ 70 Abs. 2 des Gesetzes über das Verfahren in Familiensachen und in den Angelegenheiten der freiwilligen Gerichtsbarkeit ist entsprechend anzuwenden.

(4) ¹Wird dem Antrag stattgegeben, so ist die Auskunft auch außerhalb der Hauptversammlung zu geben. ²Aus der Entscheidung findet die Zwangsvollstreckung nach den Vorschriften der Zivilprozeßordnung statt.

(5) ¹Für die Kosten des Verfahrens gilt die Kostenordnung. ²Für das Verfahren des ersten Rechtszugs wird das Doppelte der vollen Gebühr erhoben. ³Für das Verfahren über ein Rechtsmittel wird die gleiche Gebühr erhoben; dies gilt auch dann, wenn das Rechtsmittel Erfolg hat. ⁴Wird der Antrag oder das Rechtsmittel zurückgenommen, bevor es zu einer Entscheidung oder einer vom Gericht vermittelten Einigung kommt, so ermäßigt sich die Gebühr auf die Hälfte. ⁵Der Geschäftswert ist von Amts wegen festzusetzen. ⁶Er bestimmt sich nach § 30 Abs. 2 der Kostenordnung mit der Maßgabe, daß der Wert regelmäßig auf 5 000 Euro anzunehmen ist. ⁷Das mit dem Verfahren befaßte Gericht bestimmt nach billigem Ermessen, welchem Beteiligten die Kosten des Verfahrens aufzuerlegen sind.

### Vierter Unterabschnitt. Stimmrecht

**§ 133 Grundsatz der einfachen Stimmenmehrheit.** (1) Die Beschlüsse der Hauptversammlung bedürfen der Mehrheit der abgegebenen Stimmen (einfache Stimmenmehrheit), soweit nicht Gesetz oder Satzung eine größere Mehrheit oder weitere Erfordernisse bestimmen.

(2) Für Wahlen kann die Satzung andere Bestimmungen treffen.

**§ 134 Stimmrecht.** (1) ¹Das Stimmrecht wird nach Aktiennennbeträgen, bei Stückaktien nach deren Zahl ausgeübt. ²Für den Fall, daß einem Aktionär mehrere Aktien gehören, kann bei einer nichtbörsennotierten Gesellschaft die Satzung das Stimmrecht durch Festsetzung eines Höchstbetrags oder von Abstufungen beschränken. ³Die Satzung kann außerdem bestimmen, daß zu den Aktien, die dem Aktionär gehören, auch die Aktien rechnen, die einem anderen für seine Rechnung gehören. ⁴Für den Fall, daß der Aktionär ein Unternehmen ist, kann sie ferner bestimmen, daß zu den Aktien, die ihm gehören, auch die Aktien rechnen, die einem von ihm abhängigen oder ihn beherrschenden oder einem mit ihm konzernverbundenen Unternehmen oder für Rechnung solcher Unternehmen einem Dritten gehören. ⁵Die Beschränkungen können nicht für einzelne Aktionäre angeordnet werden. ⁶Bei der Berechnung einer nach Gesetz oder Satzung erforderlichen Kapitalmehrheit bleiben die Beschränkungen außer Betracht.

(2) ¹Das Stimmrecht beginnt mit der vollständigen Leistung der Einlage. ²Entspricht der Wert einer verdeckten Sacheinlage nicht dem in § 36a Abs. 2 Satz 3 genannten Wert, so steht dies dem Beginn des Stimmrechts nicht entgegen; das gilt nicht, wenn der Wertunterschied offensichtlich ist. ³Die Satzung kann bestimmen, daß das Stimmrecht beginnt, wenn auf die Aktie die gesetzliche oder höhere satzungsmäßige Mindesteinlage geleistet ist. ⁴In diesem Fall gewährt die Leistung der Mindesteinlage eine Stimme; bei höheren Einlagen richtet sich das Stimmenverhältnis nach der Höhe der geleisteten Einlagen. ⁵Bestimmt die Satzung nicht, daß das Stimmrecht vor der vollständigen Leistung der Einlage beginnt, und ist noch auf keine Aktie die Einlage vollständig geleistet, so richtet sich das Stimmenverhältnis nach der Höhe der geleisteten Einlagen; dabei gewährt die Leistung der Mindesteinlage eine Stimme. ⁶Bruchteile von Stimmen werden in diesen Fällen nur berücksichtigt, soweit sie für den stimmberechtigten Aktionär volle Stimmen ergeben. ⁷Die Satzung kann Bestimmungen nach diesem Absatz nicht für einzelne Aktionäre oder für einzelne Aktiengattungen treffen.

(3) ¹Das Stimmrecht kann durch einen Bevollmächtigten ausgeübt werden. ²Bevollmächtigt der Aktionär mehr als eine Person, so kann die Gesellschaft eine oder mehrere von diesen zurückweisen. ³Die Erteilung der Vollmacht, ihr Widerruf und der Nachweis der Bevollmächtigung gegenüber der Gesellschaft bedürfen der Textform, wenn in der Satzung oder in der Einberufung auf Grund einer Ermächtigung durch die Satzung nichts Abweichendes und bei börsennotierten Gesellschaften nicht eine Erleichterung bestimmt wird. ⁴Die börsennotierte Gesellschaft hat zumindest einen Weg elektronischer Kommunikation für die Übermittlung des Nachweises anzubieten. ⁵Werden von der Gesellschaft benannte Stimmrechtsvertreter bevollmächtigt, so ist die Vollmachtserklärung von der Gesellschaft drei Jahre nachprüfbar festzuhalten; § 135 Abs. 5 gilt entsprechend.

(4) Die Form der Ausübung des Stimmrechts richtet sich nach der Satzung.

**§ 135 Ausübung des Stimmrechts durch Kreditinstitute und geschäftsmäßig Handelnde.** (1) ¹Ein Kreditinstitut darf das Stimmrecht für Aktien, die ihm nicht gehören und als deren Inhaber es nicht im Aktienregister eingetragen ist, nur ausüben, wenn es bevollmächtigt ist. ²Die Vollmacht darf nur einem bestimmten Kreditinstitut erteilt werden und ist von diesem nachprüfbar festzuhalten. ³Die Vollmachtserklärung muss vollständig sein und darf nur mit der Stimmrechtsausübung verbundene Erklärungen enthalten. ⁴Erteilt der Aktionär keine ausdrücklichen Weisungen, so kann eine generelle Vollmacht nur die Berechtigung des Kreditinstituts zur Stimmrechtsausübung

1. entsprechend eigenen Abstimmungsvorschlägen (Absätze 2 und 3) oder

2. entsprechend den Vorschlägen des Vorstands oder des Aufsichtsrats oder für den Fall voneinander abweichender Vorschläge den Vorschlägen des Aufsichtsrats (Absatz 4)

vorsehen. ⁵Bietet das Kreditinstitut die Stimmrechtsausübung gemäß Satz 4 Nr. 1 oder Nr. 2 an, so hat es sich zugleich zu erbieten, im Rahmen des Zumutbaren und bis auf Widerruf einer Aktionärsvereinigung oder einem sonstigen Vertreter nach Wahl des Aktionärs die zur Stimmrechtsausübung erforderlichen Unterlagen zuzuleiten. ⁶Das Kreditinstitut hat den Aktionär jährlich und deutlich hervorgehoben auf die Möglichkeiten des jederzeitigen Widerrufs der Vollmacht und der Änderung des Bevollmächtigten hinzuweisen. ⁷Die Erteilung von Weisungen zu den einzelnen Tagesordnungspunkten, die Erteilung und der Widerruf einer generellen Vollmacht nach Satz 4 und eines Auftrags nach Satz 5 einschließlich seiner Änderung sind dem Aktionär durch ein Formblatt oder Bildschirmformular zu erleichtern.

(2) ¹Ein Kreditinstitut, das das Stimmrecht auf Grund einer Vollmacht nach Absatz 1 Satz 4 Nr. 1 ausüben will, hat dem Aktionär rechtzeitig eigene Vorschläge für die Ausübung des Stimmrechts zu den einzelnen Gegenständen der Tagesordnung zugänglich zu machen. ²Bei diesen Vorschlägen hat sich das Kreditinstitut vom Interesse des Aktionärs leiten zu lassen und organisatorische Vorkehrungen dafür zu treffen, dass Eigeninteressen aus anderen Geschäftsbereichen nicht einfließen; es hat ein Mitglied der Geschäftsleitung zu benennen, das die Einhaltung dieser Pflichten sowie die ordnungsgemäße Ausübung des Stimmrechts und deren Dokumentation zu überwachen hat. ³Zusammen mit seinen Vorschlägen hat das Kreditinstitut darauf hinzuweisen, dass es das Stimmrecht entsprechend den eigenen Vorschlägen ausüben werde, wenn der Aktionär nicht rechtzeitig eine andere Weisung erteilt. ⁴Gehört ein Vorstandsmitglied oder ein Mitarbeiter des Kreditinstituts dem Aufsichtsrat der Gesellschaft oder ein Vorstandsmitglied oder ein Mitarbeiter der Gesellschaft dem Aufsichtsrat des Kreditinstituts an, so hat das Kreditinstitut hierauf hinzuweisen. ⁵Gleiches gilt, wenn das Kreditinstitut an der Gesellschaft eine Beteiligung hält, die nach § 21 des Wertpapierhandelsgesetzes meldepflichtig ist, oder einem Konsortium angehörte, das die innerhalb von fünf Jahren zeitlich letzte Emission von Wertpapieren der Gesellschaft übernommen hat.

(3) ¹Hat der Aktionär dem Kreditinstitut keine Weisung für die Ausübung des Stimmrechts erteilt, so hat das Kreditinstitut im Falle des Absatzes 1 Satz 4 Nr. 1 das Stimmrecht entsprechend seinen eigenen Vorschlägen auszuüben, es sei denn, dass es den Umständen nach annehmen darf, dass der Aktionär bei Kenntnis der Sachlage die abweichende Ausübung des Stimmrechts billigen würde. ²Ist das Kreditinstitut bei der Ausübung des Stimmrechts von einer Weisung des Aktionärs oder, wenn der Aktionär keine Weisung erteilt hat, von seinem eigenen Vorschlag abgewichen, so hat es dies dem Aktionär mitzuteilen und die Gründe anzugeben. ³In der eigenen Hauptversammlung darf das bevollmächtigte Kreditinstitut das Stimmrecht auf Grund der Vollmacht nur ausüben, soweit der Aktionär eine ausdrückliche Weisung zu den einzelnen Gegenständen der Tagesordnung erteilt hat. ⁴Gleiches gilt in der Versammlung einer Gesellschaft, an der es mit mehr als 20 Prozent des Grundkapitals unmittelbar oder mittelbar beteiligt ist.

(4) ¹Ein Kreditinstitut, das in der Hauptversammlung das Stimmrecht auf Grund einer Vollmacht nach Absatz 1 Satz 4 Nr. 2 ausüben will, hat den Aktionären die Vorschläge des Vorstands und des Aufsichtsrats zugänglich zu machen, sofern dies nicht anderweitig erfolgt. ²Absatz 2 Satz 3 sowie Absatz 3 Satz 1 bis 3 gelten entsprechend.

(5) ¹Wenn die Vollmacht dies gestattet, darf das Kreditinstitut Personen, die nicht seine Angestellten sind, unterbevollmächtigen. ²Wenn es die Vollmacht nicht anders bestimmt, übt das Kreditinstitut das Stimmrecht im Namen dessen aus, den es angeht. ³Ist die Briefwahl bei der Gesellschaft zugelassen, so darf das bevollmächtigte Kreditinstitut sich ihrer bedienen. ⁴Zum Nachweis seiner Stimmberechtigung gegenüber der Gesellschaft genügt bei börsennotierten Gesellschaften die Vorlegung eines Berechtigungsnachweises gemäß § 123 Abs. 3; im Übrigen sind die in der Satzung für die Ausübung des Stimmrechts vorgesehenen Erfordernisse zu erfüllen.

(6) ¹Ein Kreditinstitut darf das Stimmrecht für Namensaktien, die ihm nicht gehören, als deren Inhaber es aber im Aktienregister eingetragen ist, nur auf Grund einer Ermächtigung ausüben. ²Auf die Ermächtigung sind die Absätze 1 bis 5 entsprechend anzuwenden.

(7) Die Wirksamkeit der Stimmabgabe wird durch einen Verstoß gegen Absatz 1 Satz 2 bis 7, die Absätze 2 bis 6 nicht beeinträchtigt.

(8) Die Absätze 1 bis 7 gelten sinngemäß für Aktionärsvereinigungen und für Personen, die sich geschäftsmäßig gegenüber Aktionären zur Ausübung des Stimmrechts

in der Hauptversammlung erbieten; dies gilt nicht, wenn derjenige, der das Stimmrecht ausüben will, gesetzlicher Vertreter, Ehegatte oder Lebenspartner des Aktionärs oder mit ihm bis zum vierten Grad verwandt oder verschwägert ist.

(9) Die Verpflichtung des Kreditinstituts zum Ersatz eines aus der Verletzung der Absätze 1 bis 6 entstehenden Schadens kann im Voraus weder ausgeschlossen noch beschränkt werden.

(10) § 125 Abs. 5 gilt entsprechend.

**§ 136 Ausschluß des Stimmrechts.** (1) [1]Niemand kann für sich oder für einen anderen das Stimmrecht ausüben, wenn darüber Beschluß gefaßt wird, ob er zu entlasten oder von einer Verbindlichkeit zu befreien ist oder ob die Gesellschaft gegen ihn einen Anspruch geltend machen soll. [2]Für Aktien, aus denen der Aktionär nach Satz 1 das Stimmrecht nicht ausüben kann, kann das Stimmrecht auch nicht durch einen anderen ausgeübt werden.

(2) [1]Ein Vertrag, durch den sich ein Aktionär verpflichtet, nach Weisung der Gesellschaft, des Vorstands oder des Aufsichtsrats der Gesellschaft oder nach Weisung eines abhängigen Unternehmens das Stimmrecht auszuüben, ist nichtig. [2]Ebenso ist ein Vertrag nichtig, durch den sich ein Aktionär verpflichtet, für die jeweiligen Vorschläge des Vorstands oder des Aufsichtsrats der Gesellschaft zu stimmen.

**§ 137 Abstimmung über Wahlvorschläge von Aktionären.** Hat ein Aktionär einen Vorschlag zur Wahl von Aufsichtsratsmitgliedern nach § 127 gemacht und beantragt er in der Hauptversammlung die Wahl des von ihm Vorgeschlagenen, so ist über seinen Antrag vor dem Vorschlag des Aufsichtsrats zu beschließen, wenn es eine Minderheit der Aktionäre verlangt, deren Anteile zusammen den zehnten Teil des vertretenen Grundkapitals erreichen.

### Fünfter Unterabschnitt. Sonderbeschluß

**§ 138 Gesonderte Versammlung. Gesonderte Abstimmung.** [1]In diesem Gesetz oder in der Satzung vorgeschriebene Sonderbeschlüsse gewisser Aktionäre sind entweder in einer gesonderten Versammlung dieser Aktionäre oder in einer gesonderten Abstimmung zu fassen, soweit das Gesetz nichts anderes bestimmt. [2]Für die Einberufung der gesonderten Versammlung und die Teilnahme an ihr sowie für das Auskunftsrecht gelten die Bestimmungen über die Hauptversammlung, für die Sonderbeschlüsse die Bestimmungen über Hauptversammlungsbeschlüsse sinngemäß. [3]Verlangen Aktionäre, die an der Abstimmung über den Sonderbeschluß teilnehmen können, die Einberufung einer gesonderten Versammlung oder die Bekanntmachung eines Gegenstands zur gesonderten Abstimmung, so genügt es, wenn ihre Anteile, mit denen sie an der Abstimmung über den Sonderbeschluß teilnehmen können, zusammen den zehnten Teil der Anteile erreichen, aus denen bei der Abstimmung über den Sonderbeschluß das Stimmrecht ausgeübt werden kann.

### Sechster Unterabschnitt. Vorzugsaktien ohne Stimmrecht

**§ 139 Wesen.** (1) Für Aktien, die mit einem nachzuzahlenden Vorzug bei der Verteilung des Gewinns ausgestattet sind, kann das Stimmrecht ausgeschlossen werden (Vorzugsaktien ohne Stimmrecht).

(2) Vorzugsaktien ohne Stimmrecht dürfen nur bis zur Hälfte des Grundkapitals ausgegeben werden.

**§ 140 Rechte der Vorzugsaktionäre.** (1) Die Vorzugsaktien ohne Stimmrecht gewähren mit Ausnahme des Stimmrechts die jedem Aktionär aus der Aktie zustehenden Rechte.

(2) ¹Wird der Vorzugsbetrag in einem Jahr nicht oder nicht vollständig gezahlt und der Rückstand im nächsten Jahr nicht neben dem vollen Vorzug dieses Jahres nachgezahlt, so haben die Vorzugsaktionäre das Stimmrecht, bis die Rückstände nachgezahlt sind. ²In diesem Fall sind die Vorzugsaktien auch bei der Berechnung einer nach Gesetz oder Satzung erforderlichen Kapitalmehrheit zu berücksichtigen.

(3) Soweit die Satzung nichts anderes bestimmt, entsteht dadurch, daß der Vorzugsbetrag in einem Jahr nicht oder nicht vollständig gezahlt wird, noch kein durch spätere Beschlüsse über die Gewinnverteilung bedingter Anspruch auf den rückständigen Vorzugsbetrag.

**§ 141 Aufhebung oder Beschränkung des Vorzugs.** (1) Ein Beschluß, durch den der Vorzug aufgehoben oder beschränkt wird, bedarf zu seiner Wirksamkeit der Zustimmung der Vorzugsaktionäre.

(2) ¹Ein Beschluß über die Ausgabe von Vorzugsaktien, die bei der Verteilung des Gewinns oder des Gesellschaftsvermögens den Vorzugsaktien ohne Stimmrecht vorgehen oder gleichstehen, bedarf gleichfalls der Zustimmung der Vorzugsaktionäre. ²Der Zustimmung bedarf es nicht, wenn die Ausgabe bei Einräumung des Vorzugs oder, falls das Stimmrecht später ausgeschlossen wurde, bei der Ausschließung ausdrücklich vorbehalten worden war und das Bezugsrecht der Vorzugsaktionäre nicht ausgeschlossen wird.

(3) ¹Über die Zustimmung haben die Vorzugsaktionäre in einer gesonderten Versammlung einen Sonderbeschluß zu fassen. ²Er bedarf einer Mehrheit, die mindestens drei Viertel der abgegebenen Stimmen umfaßt. ³Die Satzung kann weder eine andere Mehrheit noch weitere Erfordernisse bestimmen. ⁴Wird in dem Beschluß über die Ausgabe von Vorzugsaktien, die bei der Verteilung des Gewinns oder des Gesellschaftsvermögens den Vorzugsaktien ohne Stimmrecht vorgehen oder gleichstehen, das Bezugsrecht der Vorzugsaktionäre auf den Bezug solcher Aktien ganz oder zum Teil ausgeschlossen, so gilt für den Sonderbeschluß § 186 Abs. 3 bis 5 sinngemäß.

(4) Ist der Vorzug aufgehoben, so gewähren die Aktien das Stimmrecht.

### Siebenter Unterabschnitt. Sonderprüfung. Geltendmachung von Ersatzansprüchen

**§ 142 Bestellung der Sonderprüfer.** (1) ¹Zur Prüfung von Vorgängen bei der Gründung oder der Geschäftsführung, namentlich auch bei Maßnahmen der Kapitalbeschaffung und Kapitalherabsetzung, kann die Hauptversammlung mit einfacher Stimmenmehrheit Prüfer (Sonderprüfer) bestellen. ²Bei der Beschlußfassung kann ein Mitglied des Vorstands oder des Aufsichtsrats weder für sich noch für einen anderen mitstimmen, wenn die Prüfung sich auf Vorgänge erstrecken soll, die mit der Entlastung eines Mitglieds des Vorstands oder des Aufsichtsrats oder der Einleitung eines Rechtsstreits zwischen der Gesellschaft und einem Mitglied des Vorstands oder des Aufsichtsrats zusammenhängen. ³Für ein Mitglied des Vorstands oder des Aufsichtsrats, das nach Satz 2 nicht mitstimmen kann, kann das Stimmrecht auch nicht durch einen anderen ausgeübt werden.

(2) ¹Lehnt die Hauptversammlung einen Antrag auf Bestellung von Sonderprüfern zur Prüfung eines Vorgangs bei der Gründung oder eines nicht über fünf Jahre zurückliegenden Vorgangs bei der Geschäftsführung ab, so hat das Gericht auf Antrag von Aktionären, deren Anteile bei Antragstellung zusammen den hundertsten Teil des

Grundkapitals oder einen anteiligen Betrag von 100 000 Euro erreichen, Sonderprüfer zu bestellen, wenn Tatsachen vorliegen, die den Verdacht rechtfertigen, dass bei dem Vorgang Unredlichkeiten oder grobe Verletzungen des Gesetzes oder der Satzung vorgekommen sind. ²Die Antragsteller haben nachzuweisen, dass sie seit mindestens drei Monaten vor dem Tag der Hauptversammlung Inhaber der Aktien sind und dass sie die Aktien bis zur Entscheidung über den Antrag halten. ³Für eine Vereinbarung zur Vermeidung einer solchen Sonderprüfung gilt § 149 entsprechend.

(3) Die Absätze 1 und 2 gelten nicht für Vorgänge, die Gegenstand einer Sonderprüfung nach § 258 sein können.

(4) ¹Hat die Hauptversammlung Sonderprüfer bestellt, so hat das Gericht auf Antrag von Aktionären, deren Anteile bei Antragstellung zusammen den hundertsten Teil des Grundkapitals oder einen anteiligen Betrag von 100 000 Euro erreichen, einen anderen Sonderprüfer zu bestellen, wenn dies aus einem in der Person des bestellten Sonderprüfers liegenden Grund geboten erscheint, insbesondere, wenn der bestellte Sonderprüfer nicht die für den Gegenstand der Sonderprüfung erforderlichen Kenntnisse hat, seine Befangenheit zu besorgen ist oder Bedenken wegen seiner Zuverlässigkeit bestehen. ²Der Antrag ist binnen zwei Wochen seit dem Tage der Hauptversammlung zu stellen.

(5) ¹Das Gericht hat außer den Beteiligten auch den Aufsichtsrat und im Fall des Absatzes 4 den von der Hauptversammlung bestellten Sonderprüfer zu hören. ²Gegen die Entscheidung ist die Beschwerde zulässig. ³Über den Antrag gemäß den Absätzen 2 und 4 entscheidet das Landgericht, in dessen Bezirk die Gesellschaft ihren Sitz hat.

(6) ¹Die vom Gericht bestellten Sonderprüfer haben Anspruch auf Ersatz angemessener barer Auslagen und auf Vergütung für ihre Tätigkeit. ²Die Auslagen und die Vergütung setzt das Gericht fest. ³Gegen die Entscheidung ist die Beschwerde zulässig; die Rechtsbeschwerde ist ausgeschlossen. ⁴Aus der rechtskräftigen Entscheidung findet die Zwangsvollstreckung nach der Zivilprozeßordnung statt.

(7) Hat die Gesellschaft Wertpapiere im Sinne des § 2 Abs. 1 Satz 1 des Wertpapierhandelsgesetzes ausgegeben, die an einer inländischen Börse zum Handel im regulierten Markt zugelassen sind, so hat im Falle des Absatzes 1 Satz 1 der Vorstand und im Falle des Absatzes 2 Satz 1 das Gericht der Bundesanstalt für Finanzdienstleistungsaufsicht die Bestellung des Sonderprüfers und dessen Prüfungsbericht mitzuteilen; darüber hinaus hat das Gericht den Eingang eines Antrags auf Bestellung eines Sonderprüfers mitzuteilen.

(8) Auf das gerichtliche Verfahren nach den Absätzen 2 bis 6 sind die Vorschriften des Gesetzes über das Verfahren in Familiensachen und in den Angelegenheiten der freiwilligen Gerichtsbarkeit anzuwenden, soweit in diesem Gesetz nichts anderes bestimmt ist.

**§ 143 Auswahl der Sonderprüfer.** (1) Als Sonderprüfer sollen, wenn der Gegenstand der Sonderprüfung keine anderen Kenntnisse fordert, nur bestellt werden
1. Personen, die in der Buchführung ausreichend vorgebildet und erfahren sind;
2. Prüfungsgesellschaften, von deren gesetzlichen Vertretern mindestens einer in der Buchführung ausreichend vorgebildet und erfahren ist.

(2) ¹Sonderprüfer darf nicht sein, wer nach § 319 Abs. 2, 3, § 319a Abs. 1, § 319b des Handelsgesetzbuchs nicht Abschlußprüfer sein darf oder während der Zeit, in der sich der zu prüfende Vorgang ereignet hat, hätte sein dürfen. ²Eine Prüfungsgesellschaft darf nicht Sonderprüfer sein, wenn sie nach § 319 Abs. 2, 4, § 319a Abs. 1, § 319b des Handelsgesetzbuchs nicht Abschlußprüfer sein darf oder während der Zeit, in der sich der zu prüfende Vorgang ereignet hat, hätte sein dürfen.

**§ 144 Verantwortlichkeit der Sonderprüfer.** § 323 des Handelsgesetzbuchs über die Verantwortlichkeit des Abschlußprüfers gilt sinngemäß.

**§ 145 Rechte der Sonderprüfer. Prüfungsbericht.** (1) Der Vorstand hat den Sonderprüfern zu gestatten, die Bücher und Schriften der Gesellschaft sowie die Vermögensgegenstände, namentlich die Gesellschaftskasse und die Bestände an Wertpapieren und Waren, zu prüfen.

(2) Die Sonderprüfer können von den Mitgliedern des Vorstands und des Aufsichtsrats alle Aufklärungen und Nachweise verlangen, welche die sorgfältige Prüfung der Vorgänge notwendig macht.

(3) Die Sonderprüfer haben die Rechte nach Absatz 2 auch gegenüber einem Konzernunternehmen sowie gegenüber einem abhängigen oder herrschenden Unternehmen.

(4) Auf Antrag des Vorstands hat das Gericht zu gestatten, dass bestimmte Tatsachen nicht in den Bericht aufgenommen werden, wenn überwiegende Belange der Gesellschaft dies gebieten und sie zur Darlegung der Unredlichkeiten oder groben Verletzungen gemäß § 142 Abs. 2 nicht unerlässlich sind.

(5) $^1$Über den Antrag gemäß Absatz 4 entscheidet das Landgericht, in dessen Bezirk die Gesellschaft ihren Sitz hat. $^2$§ 142 Abs. 5 Satz 2, Abs. 8 gilt entsprechend.

(6) $^1$Die Sonderprüfer haben über das Ergebnis der Prüfung schriftlich zu berichten. $^2$Auch Tatsachen, deren Bekanntwerden geeignet ist, der Gesellschaft oder einem verbundenen Unternehmen einen nicht unerheblichen Nachteil zuzufügen, müssen in den Prüfungsbericht aufgenommen werden, wenn ihre Kenntnis zur Beurteilung des zu prüfenden Vorgangs durch die Hauptversammlung erforderlich ist. $^3$Die Sonderprüfer haben den Bericht zu unterzeichnen und unverzüglich dem Vorstand und zum Handelsregister des Sitzes der Gesellschaft einzureichen. $^4$Auf Verlangen hat der Vorstand jedem Aktionär eine Abschrift des Prüfungsberichts zu erteilen. $^5$Der Vorstand hat den Bericht dem Aufsichtsrat vorzulegen und bei der Einberufung der nächsten Hauptversammlung als Gegenstand der Tagesordnung bekanntzumachen.

**§ 146 Kosten.** $^1$Bestellt das Gericht Sonderprüfer, so trägt die Gesellschaft die Gerichtskosten und die Kosten der Prüfung. $^2$Hat der Antragsteller die Bestellung durch vorsätzlich oder grob fahrlässig unrichtigen Vortrag erwirkt, so hat der Antragsteller der Gesellschaft die Kosten zu erstatten.

**§ 147 Geltendmachung von Ersatzansprüchen.** (1) $^1$Die Ersatzansprüche der Gesellschaft aus der Gründung gegen die nach den §§ 46 bis 48, 53 verpflichteten Personen oder aus der Geschäftsführung gegen die Mitglieder des Vorstands und des Aufsichtsrats oder aus § 117 müssen geltend gemacht werden, wenn es die Hauptversammlung mit einfacher Stimmenmehrheit beschließt. $^2$Der Ersatzanspruch soll binnen sechs Monaten seit dem Tage der Hauptversammlung geltend gemacht werden.

(2) $^1$Zur Geltendmachung des Ersatzanspruchs kann die Hauptversammlung besondere Vertreter bestellen. $^2$Das Gericht (§ 14) hat auf Antrag von Aktionären, deren Anteile zusammen den zehnten Teil des Grundkapitals oder den anteiligen Betrag von einer Million Euro erreichen, als Vertreter der Gesellschaft zur Geltendmachung des Ersatzanspruchs andere als die nach den §§ 78, 112 oder nach Satz 1 zur Vertretung der Gesellschaft berufenen Personen zu bestellen, wenn ihm dies für eine gehörige Geltendmachung zweckmäßig erscheint. $^3$Gibt das Gericht dem Antrag statt, so trägt die Gesellschaft die Gerichtskosten. $^4$Gegen die Entscheidung ist die Beschwerde zulässig. $^5$Die gerichtlich bestellten Vertreter können von der Gesellschaft den Ersatz angemessener barer Auslagen und eine Vergütung für ihre Tätigkeit verlangen. $^6$Die Auslagen und die Vergütung setzt das Gericht fest. $^7$Gegen die Entscheidung ist die

Beschwerde zulässig; die Rechtsbeschwerde ist ausgeschlossen. ⁸Aus der rechtskräftigen Entscheidung findet die Zwangsvollstreckung nach der Zivilprozeßordnung statt.

(3) weggefallen

(4) weggefallen

**§ 148 Klagezulassungsverfahren.** (1) ¹Aktionäre, deren Anteile im Zeitpunkt der Antragstellung zusammen den einhundertsten Teil des Grundkapitals oder einen anteiligen Betrag von 100 000 Euro erreichen, können die Zulassung beantragen, im eigenen Namen die in § 147 Abs. 1 Satz 1 bezeichneten Ersatzansprüche der Gesellschaft geltend zu machen. ²Das Gericht lässt die Klage zu, wenn

1. die Aktionäre nachweisen, dass sie die Aktien vor dem Zeitpunkt erworben haben, in dem sie oder im Falle der Gesamtrechtsnachfolge ihre Rechtsvorgänger von den behaupteten Pflichtverstößen oder dem behaupteten Schaden auf Grund einer Veröffentlichung Kenntnis erlangen mussten,
2. die Aktionäre nachweisen, dass sie die Gesellschaft unter Setzung einer angemessenen Frist vergeblich aufgefordert haben, selbst Klage zu erheben,
3. Tatsachen vorliegen, die den Verdacht rechtfertigen, dass der Gesellschaft durch Unredlichkeit oder grobe Verletzung des Gesetzes oder der Satzung ein Schaden entstanden ist, und
4. der Geltendmachung des Ersatzanspruchs keine überwiegenden Gründe des Gesellschaftswohls entgegenstehen.

(2) ¹Über den Antrag auf Klagezulassung entscheidet das Landgericht, in dessen Bezirk die Gesellschaft ihren Sitz hat, durch Beschluss. ²Ist bei dem Landgericht eine Kammer für Handelssachen gebildet, so entscheidet diese anstelle der Zivilkammer. ³Die Landesregierung kann die Entscheidung durch Rechtsverordnung für die Bezirke mehrerer Landgerichte einem der Landgerichte übertragen, wenn dies der Sicherung einer einheitlichen Rechtsprechung dient. ⁴Die Landesregierung kann die Ermächtigung auf die Landesjustizverwaltung übertragen. ⁵Die Antragstellung hemmt die Verjährung des streitgegenständlichen Anspruchs bis zur rechtskräftigen Antragsabweisung oder bis zum Ablauf der Frist für die Klageerhebung. ⁶Vor der Entscheidung hat das Gericht dem Antragsgegner Gelegenheit zur Stellungnahme zu geben. ⁷Gegen die Entscheidung findet die sofortige Beschwerde statt. ⁸Die Rechtsbeschwerde ist ausgeschlossen. ⁹Die Gesellschaft ist im Zulassungsverfahren und im Klageverfahren beizuladen.

(3) ¹Die Gesellschaft ist jederzeit berechtigt, ihren Ersatzanspruch selbst gerichtlich geltend zu machen; mit Klageerhebung durch die Gesellschaft wird ein anhängiges Zulassungs- oder Klageverfahren von Aktionären über diesen Ersatzanspruch unzulässig. ²Die Gesellschaft ist nach ihrer Wahl berechtigt, ein anhängiges Klageverfahren über ihren Ersatzanspruch in der Lage zu übernehmen, in der sich das Verfahren zur Zeit der Übernahme befindet. ³Die bisherigen Antragsteller oder Kläger sind in den Fällen der Sätze 1 und 2 beizuladen.

(4) ¹Hat das Gericht dem Antrag stattgegeben, kann die Klage nur binnen drei Monaten nach Eintritt der Rechtskraft der Entscheidung und sofern die Aktionäre die Gesellschaft nochmals unter Setzung einer angemessenen Frist vergeblich aufgefordert haben, selbst Klage zu erheben, vor dem nach Absatz 2 zuständigen Gericht erhoben werden. ²Sie ist gegen die in § 147 Abs. 1 Satz 1 genannten Personen und auf Leistung an die Gesellschaft zu richten. ³Eine Nebenintervention durch Aktionäre ist nach Zulassung der Klage nicht mehr möglich. ⁴Mehrere Klagen sind zur gleichzeitigen Verhandlung und Entscheidung zu verbinden.

(5) ¹Das Urteil wirkt, auch wenn es auf Klageabweisung lautet, für und gegen die Gesellschaft und die übrigen Aktionäre. ²Entsprechendes gilt für einen nach § 149 bekannt zu machenden Vergleich; für und gegen die Gesellschaft wirkt dieser aber nur nach Klagezulassung.

(6) ¹Die Kosten des Zulassungsverfahrens hat der Antragsteller zu tragen, soweit sein Antrag abgewiesen wird. ²Beruht die Abweisung auf entgegenstehenden Gründen des Gesellschaftswohls, die die Gesellschaft vor Antragstellung hätte mitteilen können, aber nicht mitgeteilt hat, so hat sie dem Antragsteller die Kosten zu erstatten. ³Im Übrigen ist über die Kostentragung im Endurteil zu entscheiden. ⁴Erhebt die Gesellschaft selbst Klage oder übernimmt sie ein anhängiges Klageverfahren von Aktionären, so trägt sie etwaige bis zum Zeitpunkt ihrer Klageerhebung oder Übernahme des Verfahrens entstandene Kosten des Antragstellers und kann die Klage nur unter den Voraussetzungen des § 93 Abs. 4 Satz 3 und 4 mit Ausnahme der Sperrfrist zurücknehmen. ⁵Wird die Klage ganz oder teilweise abgewiesen, hat die Gesellschaft den Klägern die von diesen zu tragenden Kosten zu erstatten, sofern nicht die Kläger die Zulassung durch vorsätzlich oder grob fahrlässig unrichtigen Vortrag erwirkt haben. ⁶Gemeinsam als Antragsteller oder als Streitgenossen handelnde Aktionäre erhalten insgesamt nur die Kosten eines Bevollmächtigten erstattet, soweit nicht ein weiterer Bevollmächtigter zur Rechtsverfolgung unerlässlich war.

**§ 149 Bekanntmachungen zur Haftungsklage.** (1) Nach rechtskräftiger Zulassung der Klage gemäß § 148 sind der Antrag auf Zulassung und die Verfahrensbeendigung von der börsennotierten Gesellschaft unverzüglich in den Gesellschaftsblättern bekannt zu machen.

(2) ¹Die Bekanntmachung der Verfahrensbeendigung hat deren Art, alle mit ihr im Zusammenhang stehenden Vereinbarungen einschließlich Nebenabreden im vollständigen Wortlaut sowie die Namen der Beteiligten zu enthalten. ²Etwaige Leistungen der Gesellschaft und ihr zurechenbare Leistungen Dritter sind gesondert zu beschreiben und hervorzuheben. ³Die vollständige Bekanntmachung ist Wirksamkeitsvoraussetzung für alle Leistungspflichten. ⁴Die Wirksamkeit von verfahrensbeendigenden Prozesshandlungen bleibt hiervon unberührt. ⁵Trotz Unwirksamkeit bewirkte Leistungen können zurückgefordert werden.

(3) Die vorstehenden Bestimmungen gelten entsprechend für Vereinbarungen, die zur Vermeidung eines Prozesses geschlossen werden.

## Fünfter Teil. Rechnungslegung. Gewinnverwendung

### Erster Abschnitt. Jahresabschluss und Lagebericht. Entsprechenserklärung

**§ 150 Gesetzliche Rücklage. Kapitalrücklage.** (1) In der Bilanz des nach den §§ 242, 264 des Handelsgesetzbuchs aufzustellenden Jahresabschlusses ist eine gesetzliche Rücklage zu bilden.

(2) In diese ist der zwanzigste Teil des um einen Verlustvortrag aus dem Vorjahr geminderten Jahresüberschusses einzustellen, bis die gesetzliche Rücklage und die Kapitalrücklagen nach § 272 Abs. 2 Nr. 1 bis 3 des Handelsgesetzbuchs zusammen den zehnten oder den in der Satzung bestimmten höheren Teil des Grundkapitals erreichen.

(3) Übersteigen die gesetzliche Rücklage und die Kapitalrücklagen nach § 272 Abs. 2 Nr. 1 bis 3 des Handelsgesetzbuchs zusammen nicht den zehnten oder den in der Sat-

zung bestimmten höheren Teil des Grundkapitals, so dürfen sie nur verwandt werden

1. zum Ausgleich eines Jahresfehlbetrags, soweit er nicht durch einen Gewinnvortrag aus dem Vorjahr gedeckt ist und nicht durch Auflösung anderer Gewinnrücklagen ausgeglichen werden kann;
2. zum Ausgleich eines Verlustvortrags aus dem Vorjahr, soweit er nicht durch einen Jahresüberschuß gedeckt ist und nicht durch Auflösung anderer Gewinnrücklagen ausgeglichen werden kann.

(4) ¹Übersteigen die gesetzliche Rücklage und die Kapitalrücklagen nach § 272 Abs. 2 Nr. 1 bis 3 des Handelsgesetzbuchs zusammen den zehnten oder den in der Satzung bestimmten höheren Teil des Grundkapitals, so darf der übersteigende Betrag verwandt werden

1. zum Ausgleich eines Jahresfehlbetrags, soweit er nicht durch einen Gewinnvortrag aus dem Vorjahr gedeckt ist;
2. zum Ausgleich eines Verlustvortrags aus dem Vorjahr, soweit er nicht durch einen Jahresüberschuß gedeckt ist;
3. zur Kapitalerhöhung aus Gesellschaftsmitteln nach den §§ 207 bis 220.

²Die Verwendung nach den Nummern 1 und 2 ist nicht zulässig, wenn gleichzeitig Gewinnrücklagen zur Gewinnausschüttung aufgelöst werden.

**§§ 150a, 151** (weggefallen)

**§ 152 Vorschriften zur Bilanz.** (1) ¹Das Grundkapital ist in der Bilanz als gezeichnetes Kapital auszuweisen. ²Dabei ist der auf jede Aktiengattung entfallende Betrag des Grundkapitals gesondert anzugeben. ³Bedingtes Kapital ist mit dem Nennbetrag zu vermerken. ⁴Bestehen Mehrstimmrechtsaktien, so sind beim gezeichneten Kapital die Gesamtstimmzahl der Mehrstimmrechtsaktien und die der übrigen Aktien zu vermerken.

(2) Zu dem Posten „Kapitalrücklage" sind in der Bilanz oder im Anhang gesondert anzugeben

1. der Betrag, der während des Geschäftsjahrs eingestellt wurde;
2. der Betrag, der für das Geschäftsjahr entnommen wird.

(3) Zu den einzelnen Posten der Gewinnrücklagen sind in der Bilanz oder im Anhang jeweils gesondert anzugeben

1. die Beträge, die die Hauptversammlung aus dem Bilanzgewinn des Vorjahrs eingestellt hat;
2. die Beträge, die aus dem Jahresüberschuß des Geschäftsjahrs eingestellt werden;
3. die Beträge, die für das Geschäftsjahr entnommen werden.

**§§ 153–157** (weggefallen)

**§ 158 Vorschriften zur Gewinn- und Verlustrechnung.** (1) ¹Die Gewinn- und Verlustrechnung ist nach dem Posten „Jahresüberschuß/Jahresfehlbetrag" in Fortführung der Numerierung um die folgenden Posten zu ergänzen:

1. Gewinnvortrag/Verlustvortrag aus dem Vorjahr
2. Entnahmen aus der Kapitalrücklage

3. Entnahmen aus Gewinnrücklagen

   a) aus der gesetzlichen Rücklage

   b) aus der Rücklage für Anteile an einem herrschenden oder mehrheitlich beteiligten Unternehmen

   c) aus satzungsmäßigen Rücklagen

   d) aus anderen Gewinnrücklagen

4. Einstellungen in Gewinnrücklagen

   a) in die gesetzliche Rücklage

   b) in die Rücklage für Anteile an einem herrschenden oder mehrheitlich beteiligten Unternehmen

   c) in satzungsmäßige Rücklagen

   d) in andere Gewinnrücklagen

5. Bilanzgewinn/Bilanzverlust.

²Die Angaben nach Satz 1 können auch im Anhang gemacht werden.

(2) ¹Von dem Ertrag aus einem Gewinnabführungs- oder Teilgewinnabführungsvertrag ist ein vertraglich zu leistender Ausgleich für außenstehende Gesellschafter abzusetzen; übersteigt dieser den Ertrag, so ist der übersteigende Betrag unter den Aufwendungen aus Verlustübernahme auszuweisen. ²Andere Beträge dürfen nicht abgesetzt werden.

§ 159 (weggefallen)

§ 160 Vorschriften zum Anhang. (1) In jedem Anhang sind auch Angaben zu machen über

1. den Bestand und den Zugang an Aktien, die ein Aktionär für Rechnung der Gesellschaft oder eines abhängigen oder eines im Mehrheitsbesitz der Gesellschaft stehenden Unternehmens oder ein abhängiges oder im Mehrheitsbesitz der Gesellschaft stehendes Unternehmen als Gründer oder Zeichner oder in Ausübung eines bei einer bedingten Kapitalerhöhung eingeräumten Umtausch- oder Bezugsrechts übernommen hat; sind solche Aktien im Geschäftsjahr verwertet worden, so ist auch über die Verwertung unter Angabe des Erlöses und die Verwendung des Erlöses zu berichten;

2. den Bestand an eigenen Aktien der Gesellschaft, die sie, ein abhängiges oder im Mehrheitsbesitz der Gesellschaft stehendes Unternehmen oder ein anderer für Rechnung der Gesellschaft oder eines abhängigen oder eines im Mehrheitsbesitz der Gesellschaft stehenden Unternehmens erworben oder als Pfand genommen hat; dabei sind die Zahl dieser Aktien und der auf sie entfallende Betrag des Grundkapitals sowie deren Anteil am Grundkapital, für erworbene Aktien ferner der Zeitpunkt des Erwerbs und die Gründe für den Erwerb anzugeben. Sind solche Aktien im Geschäftsjahr erworben oder veräußert worden, so ist auch über den Erwerb oder die Veräußerung unter Angabe der Zahl dieser Aktien, des auf sie entfallenden Betrags des Grundkapitals, des Anteils am Grundkapital und des Erwerbs- oder Veräußerungspreises, sowie über die Verwendung des Erlöses zu berichten;

3. die Zahl und bei Nennbetragsaktien den Nennbetrag der Aktien jeder Gattung, sofern sich diese Angaben nicht aus der Bilanz ergeben; davon sind Aktien, die bei einer bedingten Kapitalerhöhung oder einem genehmigten Kapital im Geschäftsjahr gezeichnet wurden, jeweils gesondert anzugeben;

4. das genehmigte Kapital;

5. die Zahl der Bezugsrechte gemäß § 192 Abs. 2 Nr. 3, der Wandelschuldverschreibungen und vergleichbaren Wertpapiere unter Angabe der Rechte, die sie verbriefen;
6. Genußrechte, Rechte aus Besserungsscheinen und ähnliche Rechte unter Angabe der Art und Zahl der jeweiligen Rechte sowie der im Geschäftsjahr neu entstandenen Rechte;
7. das Bestehen einer wechselseitigen Beteiligung unter Angabe des Unternehmens;
8. das Bestehen einer Beteiligung, die nach § 20 Abs. 1 oder Abs. 4 dieses Gesetzes oder nach § 21 Abs. 1 oder Abs. 1a des Wertpapierhandelsgesetzes mitgeteilt worden ist; dabei ist der nach § 20 Abs. 6 dieses Gesetzes oder der nach § 26 Abs. 1 des Wertpapierhandelsgesetzes veröffentlichte Inhalt der Mitteilung anzugeben.

(2) Die Berichterstattung hat insoweit zu unterbleiben, als es für das Wohl der Bundesrepublik Deutschland oder eines ihrer Länder erforderlich ist.

**§ 161 Erklärung zum Corporate Governance Kodex.** (1) ¹Vorstand und Aufsichtsrat der börsennotierten Gesellschaft erklären jährlich, dass den vom Bundesministerium der Justiz im amtlichen Teil des elektronischen Bundesanzeigers bekannt gemachten Empfehlungen der „Regierungskommission Deutscher Corporate Governance Kodex" entsprochen wurde und wird oder welche Empfehlungen nicht angewendet wurden oder werden und warum nicht. ²Gleiches gilt für Vorstand und Aufsichtsrat einer Gesellschaft, die ausschließlich andere Wertpapiere als Aktien zum Handel an einem organisierten Markt im Sinn des § 2 Abs. 5 des Wertpapierhandelsgesetzes ausgegeben hat und deren ausgegebene Aktien auf eigene Veranlassung über ein multilaterales Handelssystem im Sinn des § 2 Abs. 3 Satz 1 Nr. 8 des Wertpapierhandelsgesetzes gehandelt werden.

(2) Die Erklärung ist auf der Internetseite der Gesellschaft dauerhaft öffentlich zugänglich zu machen.

### Zweiter Abschnitt. Prüfung des Jahresabschlusses

### Erster Unterabschnitt. Prüfung durch Abschlußprüfer

**§§ 162–169** (weggefallen)

### Zweiter Unterabschnitt. Prüfung durch den Aufsichtsrat

**§ 170 Vorlage an den Aufsichtsrat.** (1) ¹Der Vorstand hat den Jahresabschluß und den Lagebericht unverzüglich nach ihrer Aufstellung dem Aufsichtsrat vorzulegen. ²Satz 1 gilt entsprechend für einen Einzelabschluss nach § 325 Abs. 2a des Handelsgesetzbuchs sowie bei Mutterunternehmen (§ 290 Abs. 1, 2 des Handelsgesetzbuchs) für den Konzernabschluss und den Konzernlagebericht.

(2) ¹Zugleich hat der Vorstand dem Aufsichtsrat den Vorschlag vorzulegen, den er der Hauptversammlung für die Verwendung des Bilanzgewinns machen will. ²Der Vorschlag ist, sofern er keine abweichende Gliederung bedingt, wie folgt zu gliedern:
1. Verteilung an die Aktionäre
2. Einstellung in Gewinnrücklagen
3. Gewinnvortrag
4. Bilanzgewinn

(3) ¹Jedes Aufsichtsratsmitglied hat das Recht, von den Vorlagen und Prüfungsberichten Kenntnis zu nehmen. ²Die Vorlagen und Prüfungsberichte sind auch jedem Aufsichtsratsmitglied oder, soweit der Aufsichtsrat dies beschlossen hat, den Mitgliedern eines Ausschusses zu übermitteln.

**§ 171 Prüfung durch den Aufsichtsrat.** (1) ¹Der Aufsichtsrat hat den Jahresabschluß, den Lagebericht und den Vorschlag für die Verwendung des Bilanzgewinns zu prüfen, bei Mutterunternehmen (§ 290 Abs. 1, 2 des Handelsgesetzbuchs) auch den Konzernabschluß und den Konzernlagebericht. ²Ist der Jahresabschluss oder der Konzernabschluss durch einen Abschlussprüfer zu prüfen, so hat dieser an den Verhandlungen des Aufsichtsrats oder des Prüfungsausschusses über diese Vorlagen teilzunehmen und über die wesentlichen Ergebnisse seiner Prüfung, insbesondere wesentliche Schwächen des internen Kontroll- und des Risikomanagementsystems bezogen auf den Rechnungslegungsprozess, zu berichten. ³Er informiert über Umstände, die seine Befangenheit besorgen lassen und über Leistungen, die er zusätzlich zu den Abschlussprüfungsleistungen erbracht hat.

(2) ¹Der Aufsichtsrat hat über das Ergebnis der Prüfung schriftlich an die Hauptversammlung zu berichten. ²In dem Bericht hat der Aufsichtsrat auch mitzuteilen, in welcher Art und in welchem Umfang er die Geschäftsführung der Gesellschaft während des Geschäftsjahrs geprüft hat; bei börsennotierten Gesellschaften hat er insbesondere anzugeben, welche Ausschüsse gebildet worden sind, sowie die Zahl seiner Sitzungen und die der Ausschüsse mitzuteilen. ³Ist der Jahresabschluß durch einen Abschlußprüfer zu prüfen, so hat der Aufsichtsrat ferner zu dem Ergebnis der Prüfung des Jahresabschlusses durch den Abschlußprüfer Stellung zu nehmen. ⁴Am Schluß des Berichts hat der Aufsichtsrat zu erklären, ob nach dem abschließenden Ergebnis seiner Prüfung Einwendungen zu erheben sind und ob er den vom Vorstand aufgestellten Jahresabschluß billigt. ⁵Bei Mutterunternehmen (§ 290 Abs. 1, 2 des Handelsgesetzbuchs) finden die Sätze 3 und 4 entsprechende Anwendung auf den Konzernabschluss.

(3) ¹Der Aufsichtsrat hat seinen Bericht innerhalb eines Monats, nachdem ihm die Vorlagen zugegangen sind, dem Vorstand zuzuleiten. ²Wird der Bericht dem Vorstand nicht innerhalb der Frist zugeleitet, hat der Vorstand dem Aufsichtsrat unverzüglich eine weitere Frist von nicht mehr als einem Monat zu setzen. ³Wird der Bericht dem Vorstand nicht vor Ablauf der weiteren Frist zugeleitet, gilt der Jahresabschluß als vom Aufsichtsrat nicht gebilligt; bei Mutterunternehmen (§ 290 Abs. 1, 2 des Handelsgesetzbuchs) gilt das Gleiche hinsichtlich des Konzernabschlusses.

(4) ¹Die Absätze 1 bis 3 gelten auch hinsichtlich eines Einzelabschlusses nach § 325 Abs. 2a des Handelsgesetzbuchs. ²Der Vorstand darf den in Satz 1 genannten Abschluss erst nach dessen Billigung durch den Aufsichtsrat offen legen.

**Dritter Abschnitt. Feststellung des Jahresabschlusses. Gewinnverwendung**

**Erster Unterabschnitt. Feststellung des Jahresabschlusses**

**§ 172 Feststellung durch Vorstand und Aufsichtsrat.** ¹Billigt der Aufsichtsrat den Jahresabschluß, so ist dieser festgestellt, sofern nicht Vorstand und Aufsichtsrat beschließen, die Feststellung des Jahresabschlusses der Hauptversammlung zu überlassen. ²Die Beschlüsse des Vorstands und des Aufsichtsrats sind in den Bericht des Aufsichtsrats an die Hauptversammlung aufzunehmen.

**§ 173 Feststellung durch die Hauptversammlung.** (1) ¹Haben Vorstand und Aufsichtsrat beschlossen, die Feststellung des Jahresabschlusses der Hauptversammlung zu überlassen, oder hat der Aufsichtsrat den Jahresabschluß nicht gebilligt, so stellt die Hauptversammlung den Jahresabschluß fest. ²Hat der Aufsichtsrat eines Mutterunternehmens (§ 290 Abs. 1, 2 des Handelsgesetzbuchs) den Konzernabschluss nicht gebilligt, so entscheidet die Hauptversammlung über die Billigung.

(2) ¹Auf den Jahresabschluß sind bei der Feststellung die für seine Aufstellung geltenden Vorschriften anzuwenden. ²Die Hauptversammlung darf bei der Feststellung des Jahresabschlusses nur die Beträge in Gewinnrücklagen einstellen, die nach Gesetz oder Satzung einzustellen sind.

(3) ¹Ändert die Hauptversammlung einen von einem Abschlußprüfer auf Grund gesetzlicher Verpflichtung geprüften Jahresabschluß, so werden vor der erneuten Prüfung nach § 316 Abs. 3 des Handelsgesetzbuchs von der Hauptversammlung gefaßte Beschlüsse über die Feststellung des Jahresabschlusses und die Gewinnverwendung erst wirksam, wenn auf Grund der erneuten Prüfung ein hinsichtlich der Änderungen uneingeschränkter Bestätigungsvermerk erteilt worden ist. ²Sie werden nichtig, wenn nicht binnen zwei Wochen seit der Beschlußfassung ein hinsichtlich der Änderungen uneingeschränkter Bestätigungsvermerk erteilt wird.

### Zweiter Unterabschnitt. Gewinnverwendung

**§ 174** (1) ¹Die Hauptversammlung beschließt über die Verwendung des Bilanzgewinns. ²Sie ist hierbei an den festgestellten Jahresabschluß gebunden.

(2) In dem Beschluß ist die Verwendung des Bilanzgewinns im einzelnen darzulegen, namentlich sind anzugeben

1. der Bilanzgewinn;
2. der an die Aktionäre auszuschüttende Betrag oder Sachwert;
3. die in Gewinnrücklagen einzustellenden Beträge;
4. ein Gewinnvortrag;
5. der zusätzliche Aufwand auf Grund des Beschlusses.

(3) Der Beschluß führt nicht zu einer Änderung des festgestellten Jahresabschlusses.

### Dritter Unterabschnitt. Ordentliche Hauptversammlung

**§ 175 Einberufung.** (1) ¹Unverzüglich nach Eingang des Berichts des Aufsichtsrats hat der Vorstand die Hauptversammlung zur Entgegennahme des festgestellten Jahresabschlusses und des Lageberichts, eines vom Aufsichtsrat gebilligten Einzelabschlusses nach § 325 Abs. 2a des Handelsgesetzbuchs sowie zur Beschlußfassung über die Verwendung eines Bilanzgewinns, bei einem Mutterunternehmen (§ 290 Abs. 1, 2 des Handelsgesetzbuchs) auch zur Entgegennahme des vom Aufsichtsrat gebilligten Konzernabschlusses und des Konzernlageberichts, einzuberufen. ²Die Hauptversammlung hat in den ersten acht Monaten des Geschäftsjahrs stattzufinden.

(2) ¹Der Jahresabschluß, ein vom Aufsichtsrat gebilligter Einzelabschluss nach § 325 Abs. 2a des Handelsgesetzbuchs, der Lagebericht, der Bericht des Aufsichtsrats und der Vorschlag des Vorstands für die Verwendung des Bilanzgewinns sind von der Einberufung an in dem Geschäftsraum der Gesellschaft zur Einsicht der Aktionäre auszulegen. ²Auf Verlangen ist jedem Aktionär unverzüglich eine Abschrift der Vorlagen zu erteilen. ³Bei einem Mutterunternehmen (§ 290 Abs. 1, 2 des Handelsgesetzbuchs) gelten die Sätze 1 und 2 auch für den Konzernabschluss, den Konzernlagebericht und

den Bericht des Aufsichtsrats hierüber. ⁴Die Verpflichtungen nach den Sätzen 1 bis 3 entfallen, wenn die dort bezeichneten Dokumente für denselben Zeitraum über die Internetseite der Gesellschaft zugänglich sind.

(3) ¹Hat die Hauptversammlung den Jahresabschluss festzustellen oder hat sie über die Billigung des Konzernabschlusses zu entscheiden, so gelten für die Einberufung der Hauptversammlung zur Feststellung des Jahresabschlusses oder zur Billigung des Konzernabschlusses und für das Zugänglichmachen der Vorlagen und die Erteilung von Abschriften die Absätze 1 und 2 sinngemäß. ²Die Verhandlungen über die Feststellung des Jahresabschlusses und über die Verwendung des Bilanzgewinns sollen verbunden werden.

(4) ¹Mit der Einberufung der Hauptversammlung zur Entgegennahme des festgestellten Jahresabschlusses oder, wenn die Hauptversammlung den Jahresabschluß feststzustellen hat, der Hauptversammlung zur Feststellung des Jahresabschlusses sind Vorstand und Aufsichtsrat an die in dem Bericht des Aufsichtsrats enthaltenen Erklärungen über den Jahresabschluß (§§ 172, 173 Abs. 1) gebunden. ²Bei einem Mutterunternehmen (§ 290 Abs. 1, 2 des Handelsgesetzbuchs) gilt Satz 1 für die Erklärung des Aufsichtsrats über die Billigung des Konzernabschlusses entsprechend.

**§ 176 Vorlagen. Anwesenheit des Abschlußprüfers.** (1) ¹Der Vorstand hat der Hauptversammlung die in § 175 Abs. 2 genannten Vorlagen sowie bei börsennotierten Gesellschaften einen erläuternden Bericht zu den Angaben nach § 289 Abs. 4, § 315 Abs. 4 des Handelsgesetzbuchs zugänglich zu machen. ²Zu Beginn der Verhandlung soll der Vorstand seine Vorlagen, der Vorsitzende des Aufsichtsrats den Bericht des Aufsichtsrats erläutern. ³Der Vorstand soll dabei auch zu einem Jahresfehlbetrag oder einem Verlust Stellung nehmen, der das Jahresergebnis wesentlich beeinträchtigt hat. ⁴Satz 3 ist auf Kreditinstitute nicht anzuwenden.

(2) ¹Ist der Jahresabschluß von einem Abschlußprüfer zu prüfen, so hat der Abschlußprüfer an den Verhandlungen über die Feststellung des Jahresabschlusses teilzunehmen. ²Satz 1 gilt entsprechend für die Verhandlungen über die Billigung eines Konzernabschlusses. ³Der Abschlußprüfer ist nicht verpflichtet, einem Aktionär Auskunft zu erteilen.

### Vierter Abschnitt. Bekanntmachung des Jahresabschlusses

**§§ 177, 178** (weggefallen)

## Sechster Teil. Satzungsänderung. Maßnahmen der Kapitalbeschaffung und Kapitalherabsetzung

### Erster Abschnitt. Satzungsänderung

**§ 179 Beschluß der Hauptversammlung.** (1) ¹Jede Satzungsänderung bedarf eines Beschlusses der Hauptversammlung. ²Die Befugnis zu Änderungen, die nur die Fassung betreffen, kann die Hauptversammlung dem Aufsichtsrat übertragen.

(2) ¹Der Beschluß der Hauptversammlung bedarf einer Mehrheit, die mindestens drei Viertel des bei der Beschlußfassung vertretenen Grundkapitals umfaßt. ²Die Satzung kann eine andere Kapitalmehrheit, für eine Änderung des Gegenstands des Unternehmens jedoch nur eine größere Kapitalmehrheit bestimmen. ³Sie kann weitere Erfordernisse aufstellen.

(3) ¹Soll das bisherige Verhältnis mehrerer Gattungen von Aktien zum Nachteil einer Gattung geändert werden, so bedarf der Beschluß der Hauptversammlung zu seiner Wirksamkeit der Zustimmung der benachteiligten Aktionäre. ²Über die Zustimmung haben die benachteiligten Aktionäre einen Sonderbeschluß zu fassen. ³Für diesen gilt Absatz 2.

**§ 179a Verpflichtung zur Übertragung des ganzen Gesellschaftsvermögens.** (1) ¹Ein Vertrag, durch den sich eine Aktiengesellschaft zur Übertragung des ganzen Gesellschaftsvermögens verpflichtet, ohne daß die Übertragung unter die Vorschriften des Umwandlungsgesetzes fällt, bedarf auch dann eines Beschlusses der Hauptversammlung nach § 179, wenn damit nicht eine Änderung des Unternehmensgegenstandes verbunden ist. ²Die Satzung kann nur eine größere Kapitalmehrheit bestimmen.

(2) ¹Der Vertrag ist von der Einberufung der Hauptversammlung an, die über die Zustimmung beschließen soll, in dem Geschäftsraum der Gesellschaft zur Einsicht der Aktionäre auszulegen. ²Auf Verlangen ist jedem Aktionär unverzüglich eine Abschrift zu erteilen. ³Die Verpflichtungen nach den Sätzen 1 und 2 entfallen, wenn der Vertrag für denselben Zeitraum über die Internetseite der Gesellschaft zugänglich ist. ⁴In der Hauptversammlung ist der Vertrag zugänglich zu machen. ⁵Der Vorstand hat ihn zu Beginn der Verhandlung zu erläutern. ⁶Der Niederschrift ist er als Anlage beizufügen.

(3) Wird aus Anlaß der Übertragung des Gesellschaftsvermögens die Gesellschaft aufgelöst, so ist der Anmeldung der Auflösung der Vertrag in Ausfertigung oder öffentlich beglaubigter Abschrift beizufügen.

**§ 180 Zustimmung der betroffenen Aktionäre.** (1) Ein Beschluß, der Aktionären Nebenverpflichtungen auferlegt, bedarf zu seiner Wirksamkeit der Zustimmung aller betroffenen Aktionäre.

(2) Gleiches gilt für einen Beschluß, durch den die Übertragung von Namensaktien oder Zwischenscheinen an die Zustimmung der Gesellschaft gebunden wird.

**§ 181 Eintragung der Satzungsänderung.** (1) ¹Der Vorstand hat die Satzungsänderung zur Eintragung in das Handelsregister anzumelden. ²Der Anmeldung ist der vollständige Wortlaut der Satzung beizufügen; er muß mit der Bescheinigung eines Notars versehen sein, daß die geänderten Bestimmungen der Satzung mit dem Beschluß über die Satzungsänderung und die unveränderten Bestimmungen mit dem zuletzt zum Handelsregister eingereichten vollständigen Wortlaut der Satzung übereinstimmen.

(2) Soweit nicht die Änderung Angaben nach § 39 betrifft, genügt bei der Eintragung die Bezugnahme auf die beim Gericht eingereichten Urkunden.

(3) Die Änderung wird erst wirksam, wenn sie in das Handelsregister des Sitzes der Gesellschaft eingetragen worden ist.

### Zweiter Abschnitt. Maßnahmen der Kapitalbeschaffung

### Erster Unterabschnitt. Kapitalerhöhung gegen Einlagen

**§ 182 Voraussetzungen.** (1) ¹Eine Erhöhung des Grundkapitals gegen Einlagen kann nur mit einer Mehrheit beschlossen werden, die mindestens drei Viertel des bei der Beschlußfassung vertretenen Grundkapitals umfaßt. ²Die Satzung kann eine andere Kapitalmehrheit, für die Ausgabe von Vorzugsaktien ohne Stimmrecht jedoch nur eine größere Kapitalmehrheit bestimmen. ³Sie kann weitere Erfordernisse aufstellen.

⁴Die Kapitalerhöhung kann nur durch Ausgabe neuer Aktien ausgeführt werden. ⁵Bei Gesellschaften mit Stückaktien muß sich die Zahl der Aktien in demselben Verhältnis wie das Grundkapital erhöhen.

(2) ¹Sind mehrere Gattungen von stimmberechtigten Aktien vorhanden, so bedarf der Beschluß der Hauptversammlung zu seiner Wirksamkeit der Zustimmung der Aktionäre jeder Gattung. ²Über die Zustimmung haben die Aktionäre jeder Gattung einen Sonderbeschluß zu fassen. ³Für diesen gilt Absatz 1.

(3) Sollen die neuen Aktien für einen höheren Betrag als den geringsten Ausgabebetrag ausgegeben werden, so ist der Mindestbetrag, unter dem sie nicht ausgegeben werden sollen, im Beschluß über die Erhöhung des Grundkapitals festzusetzen.

(4) ¹Das Grundkapital soll nicht erhöht werden, solange ausstehende Einlagen auf das bisherige Grundkapital noch erlangt werden können. ²Für Versicherungsgesellschaften kann die Satzung etwas anderes bestimmen. ³Stehen Einlagen in verhältnismäßig unerheblichem Umfang aus, so hindert dies die Erhöhung des Grundkapitals nicht.

**§ 183 Kapitalerhöhung mit Sacheinlagen; Rückzahlung von Einlagen.** (1) ¹Wird eine Sacheinlage (§ 27 Abs. 1 und 2) gemacht, so müssen ihr Gegenstand, die Person, von der die Gesellschaft den Gegenstand erwirbt, und der Nennbetrag, bei Stückaktien die Zahl der bei der Sacheinlage zu gewährenden Aktien im Beschluß über die Erhöhung des Grundkapitals festgesetzt werden. ²Der Beschluß darf nur gefaßt werden, wenn die Einbringung von Sacheinlagen und die Festsetzungen nach Satz 1 ausdrücklich und ordnungsgemäß bekanntgemacht worden sind.

(2) § 27 Abs. 3 und 4 gilt entsprechend.

(3) ¹Bei der Kapitalerhöhung mit Sacheinlagen hat eine Prüfung durch einen oder mehrere Prüfer stattzufinden. ²§ 33 Abs. 3 bis 5, die §§ 34, 35 gelten sinngemäß.

**§ 183a Kapitalerhöhung mit Sacheinlagen ohne Prüfung.** (1) ¹Von einer Prüfung der Sacheinlage (§ 183 Abs. 3) kann unter den Voraussetzungen des § 33a abgesehen werden. ²Wird hiervon Gebrauch gemacht, so gelten die folgenden Absätze.

(2) ¹Der Vorstand hat das Datum des Beschlusses über die Kapitalerhöhung sowie die Angaben nach § 37a Abs. 1 und 2 in den Gesellschaftsblättern bekannt zu machen. ²Die Durchführung der Erhöhung des Grundkapitals darf nicht in das Handelsregister eingetragen werden vor Ablauf von vier Wochen seit der Bekanntmachung.

(3) ¹Liegen die Voraussetzungen des § 33a Abs. 2 vor, hat das Amtsgericht auf Antrag von Aktionären, die am Tag der Beschlussfassung über die Kapitalerhöhung gemeinsam fünf vom Hundert des Grundkapitals hielten und am Tag der Antragstellung noch halten, einen oder mehrere Prüfer zu bestellen. ²Der Antrag kann bis zum Tag der Eintragung der Durchführung der Erhöhung des Grundkapitals (§ 189) gestellt werden. ³Das Gericht hat vor der Entscheidung über den Antrag den Vorstand zu hören. ⁴Gegen die Entscheidung ist die Beschwerde gegeben.

(4) Für das weitere Verfahren gelten § 33 Abs. 4 und 5, die §§ 34, 35 entsprechend.

**§ 184 Anmeldung des Beschlusses.** (1) ¹Der Vorstand und der Vorsitzende des Aufsichtsrats haben den Beschluss über die Erhöhung des Grundkapitals zur Eintragung in das Handelsregister anzumelden. ²In der Anmeldung ist anzugeben, welche Einlagen auf das bisherige Grundkapital noch nicht geleistet sind und warum sie nicht erlangt werden können. ³Soll von einer Prüfung der Sacheinlage abgesehen werden und ist das Datum des Beschlusses der Kapitalerhöhung vorab bekannt gemacht worden (§ 183a Abs. 2), müssen die Anmeldenden in der Anmeldung nur noch versichern, dass ihnen seit der Bekanntmachung keine Umstände im Sinne von § 37a Abs. 2 bekannt geworden sind.

(2) Der Anmeldung sind der Bericht über die Prüfung von Sacheinlagen (§ 183 Abs. 3) oder die in § 37a Abs. 3 bezeichneten Anlagen beizufügen.

(3) ¹Das Gericht kann die Eintragung ablehnen, wenn der Wert der Sacheinlage nicht unwesentlich hinter dem geringsten Ausgabebetrag der dafür zu gewährenden Aktien zurückbleibt. ²Wird von einer Prüfung der Sacheinlage nach § 183a Abs. 1 abgesehen, gilt § 38 Abs. 3 entsprechend.

**§ 185 Zeichnung der neuen Aktien.** (1) ¹Die Zeichnung der neuen Aktien geschieht durch schriftliche Erklärung (Zeichnungsschein), aus der die Beteiligung nach der Zahl und bei Nennbetragsaktien dem Nennbetrag und, wenn mehrere Gattungen ausgegeben werden, der Gattung der Aktien hervorgehen muß. ²Der Zeichnungsschein soll doppelt ausgestellt werden. ³Er hat zu enthalten

1. den Tag, an dem die Erhöhung des Grundkapitals beschlossen worden ist;
2. den Ausgabebetrag der Aktien, den Betrag der festgesetzten Einzahlungen sowie den Umfang von Nebenverpflichtungen;
3. die bei einer Kapitalerhöhung mit Sacheinlagen vorgesehenen Festsetzungen und, wenn mehrere Gattungen ausgegeben werden, den auf jede Aktiengattung entfallenden Betrag des Grundkapitals;
4. den Zeitpunkt, an dem die Zeichnung unverbindlich wird, wenn nicht bis dahin die Durchführung der Erhöhung des Grundkapitals eingetragen ist.

(2) Zeichnungsscheine, die diese Angaben nicht vollständig oder die außer dem Vorbehalt in Absatz 1 Nr. 4 Beschränkungen der Verpflichtung des Zeichners enthalten, sind nichtig.

(3) Ist die Durchführung der Erhöhung des Grundkapitals eingetragen, so kann sich der Zeichner auf die Nichtigkeit oder Unverbindlichkeit des Zeichnungsscheins nicht berufen, wenn er auf Grund des Zeichnungsscheins als Aktionär Rechte ausgeübt oder Verpflichtungen erfüllt hat.

(4) Jede nicht im Zeichnungsschein enthaltene Beschränkung ist der Gesellschaft gegenüber unwirksam.

**§ 186 Bezugsrecht.** (1) ¹Jedem Aktionär muß auf sein Verlangen ein seinem Anteil an dem bisherigen Grundkapital entsprechender Teil der neuen Aktien zugeteilt werden. ²Für die Ausübung des Bezugsrechts ist eine Frist von mindestens zwei Wochen zu bestimmen.

(2) ¹Der Vorstand hat den Ausgabebetrag oder die Grundlagen für seine Festlegung und zugleich eine Bezugsfrist gemäß Absatz 1 in den Gesellschaftsblättern bekannt zu machen. ²Sind nur die Grundlagen der Festlegung angegeben, so hat er spätestens drei Tage vor Ablauf der Bezugsfrist den Ausgabebetrag in den Gesellschaftsblättern und über ein elektronisches Informationsmedium bekannt zu machen.

(3) ¹Das Bezugsrecht kann ganz oder zum Teil nur im Beschluß über die Erhöhung des Grundkapitals ausgeschlossen werden. ²In diesem Fall bedarf der Beschluß neben den in Gesetz oder Satzung für die Kapitalerhöhung aufgestellten Erfordernissen einer Mehrheit, die mindestens drei Viertel des bei der Beschlußfassung vertretenen Grundkapitals umfaßt. ³Die Satzung kann eine größere Kapitalmehrheit und weitere Erfordernisse bestimmen. ⁴Ein Ausschluß des Bezugsrechts ist insbesondere dann zulässig, wenn die Kapitalerhöhung gegen Bareinlagen zehn vom Hundert des Grundka-

pitals nicht übersteigt und der Ausgabebetrag den Börsenpreis nicht wesentlich unterschreitet.

(4) ¹Ein Beschluß, durch den das Bezugsrecht ganz oder zum Teil ausgeschlossen wird, darf nur gefaßt werden, wenn die Ausschließung ausdrücklich und ordnungsgemäß bekanntgemacht worden ist. ²Der Vorstand hat der Hauptversammlung einen schriftlichen Bericht über den Grund für den teilweisen oder vollständigen Ausschluß des Bezugsrechts zugänglich zu machen; in dem Bericht ist der vorgeschlagene Ausgabebetrag zu begründen.

(5) ¹Als Ausschluß des Bezugsrechts ist es nicht anzusehen, wenn nach dem Beschluß die neuen Aktien von einem Kreditinstitut oder einem nach § 53 Abs. 1 Satz 1 oder § 53b Abs. 1 Satz 1 oder Abs. 7 des Gesetzes über das Kreditwesen tätigen Unternehmen mit der Verpflichtung übernommen werden sollen, sie den Aktionären zum Bezug anzubieten. ²Der Vorstand hat dieses Bezugsangebot mit den Angaben gemäß Absatz 2 Satz 1 und einen endgültigen Ausgabebetrag gemäß Absatz 2 Satz 2 bekannt zu machen; gleiches gilt, wenn die neuen Aktien von einem anderen als einem Kreditinstitut oder Unternehmen im Sinne des Satzes 1 mit der Verpflichtung übernommen werden sollen, sie den Aktionären zum Bezug anzubieten.

**§ 187 Zusicherung von Rechten auf den Bezug neuer Aktien.** (1) Rechte auf den Bezug neuer Aktien können nur unter Vorbehalt des Bezugsrechts der Aktionäre zugesichert werden.

(2) Zusicherungen vor dem Beschluß über die Erhöhung des Grundkapitals sind der Gesellschaft gegenüber unwirksam.

**§ 188 Anmeldung und Eintragung der Durchführung.** (1) Der Vorstand und der Vorsitzende des Aufsichtsrats haben die Durchführung der Erhöhung des Grundkapitals zur Eintragung in das Handelsregister anzumelden.

(2) ¹Für die Anmeldung gelten sinngemäß § 36 Abs. 2, § 36a und § 37 Abs. 1. ²Durch Gutschrift auf ein Konto des Vorstands kann die Einzahlung nicht geleistet werden.

(3) Der Anmeldung sind beizufügen

1. die Zweitschriften der Zeichnungsscheine und ein vom Vorstand unterschriebenes Verzeichnis der Zeichner, das die auf jeden entfallenden Aktien und die auf sie geleisteten Einzahlungen angibt;
2. bei einer Kapitalerhöhung mit Sacheinlagen die Verträge, die den Festsetzungen nach § 183 zugrunde liegen oder zu ihrer Ausführung geschlossen worden sind;
3. eine Berechnung der Kosten, die für die Gesellschaft durch die Ausgabe der neuen Aktien entstehen werden.

(4) Anmeldung und Eintragung der Durchführung der Erhöhung des Grundkapitals können mit Anmeldung und Eintragung des Beschlusses über die Erhöhung verbunden werden.

(5) weggefallen

**§ 189 Wirksamwerden der Kapitalerhöhung.** Mit der Eintragung der Durchführung der Erhöhung des Grundkapitals ist das Grundkapital erhöht.

**§ 190** (weggefallen)

**§ 191 Verbotene Ausgabe von Aktien und Zwischenscheinen.** ¹Vor der Eintragung der Durchführung der Erhöhung des Grundkapitals können die neuen Anteilsrechte nicht übertragen, neue Aktien und Zwischenscheine nicht ausgegeben werden. ²Die vorher ausgegebenen neuen Aktien und Zwischenscheine sind nichtig. ³Für den Schaden aus der Ausgabe sind die Ausgeber den Inhabern als Gesamtschuldner verantwortlich.

### Zweiter Unterabschnitt. Bedingte Kapitalerhöhung

**§ 192 Voraussetzungen.** (1) Die Hauptversammlung kann eine Erhöhung des Grundkapitals beschließen, die nur so weit durchgeführt werden soll, wie von einem Umtausch- oder Bezugsrecht Gebrauch gemacht wird, das die Gesellschaft auf die neuen Aktien (Bezugsaktien) einräumt (bedingte Kapitalerhöhung).

(2) Die bedingte Kapitalerhöhung soll nur zu folgenden Zwecken beschlossen werden:
1. zur Gewährung von Umtausch- oder Bezugsrechten an Gläubiger von Wandelschuldverschreibungen;
2. zur Vorbereitung des Zusammenschlusses mehrerer Unternehmen;
3. zur Gewährung von Bezugsrechten an Arbeitnehmer und Mitglieder der Geschäftsführung der Gesellschaft oder eines verbundenen Unternehmens im Wege des Zustimmungs- oder Ermächtigungsbeschlusses.

(3) ¹Der Nennbetrag des bedingten Kapitals darf die Hälfte und der Nennbetrag des nach Absatz 2 Nr. 3 beschlossenen Kapitals den zehnten Teil des Grundkapitals, das zur Zeit der Beschlußfassung über die bedingte Kapitalerhöhung vorhanden ist, nicht übersteigen. ²§ 182 Abs. 1 Satz 5 gilt sinngemäß.

(4) Ein Beschluß der Hauptversammlung, der dem Beschluß über die bedingte Kapitalerhöhung entgegensteht, ist nichtig.

(5) Die folgenden Vorschriften über das Bezugsrecht gelten sinngemäß für das Umtauschrecht.

**§ 193 Erfordernisse des Beschlusses.** (1) ¹Der Beschluß über die bedingte Kapitalerhöhung bedarf einer Mehrheit, die mindestens drei Viertel des bei der Beschlußfassung vertretenen Grundkapitals umfaßt. ²Die Satzung kann eine größere Kapitalmehrheit und weitere Erfordernisse bestimmen. ³§ 182 Abs. 2 und § 187 Abs. 2 gelten.

(2) Im Beschluß müssen auch festgestellt werden
1. der Zweck der bedingten Kapitalerhöhung;
2. der Kreis der Bezugsberechtigten;
3. der Ausgabebetrag oder die Grundlagen, nach denen dieser Betrag errechnet wird; bei einer bedingten Kapitalerhöhung für die Zwecke des § 192 Abs. 2 Nr. 1 genügt es, wenn in dem Beschluss oder in dem damit verbundenen Beschluss nach § 221 der Mindestausgabebetrag oder die Grundlagen für die Festlegung des Ausgabebetrags oder des Mindestausgabebetrags bestimmt werden; sowie
4. bei Beschlüssen nach § 192 Abs. 2 Nr. 3 auch die Aufteilung der Bezugsrechte auf Mitglieder der Geschäftsführungen und Arbeitnehmer, Erfolgsziele, Erwerbs- und Ausübungszeiträume und Wartezeit für die erstmalige Ausübung (mindestens vier Jahre).

**§ 194 Bedingte Kapitalerhöhung mit Sacheinlagen; Rückzahlung von Einlagen.** (1) ¹Wird eine Sacheinlage gemacht, so müssen ihr Gegenstand, die Person, von der die Gesellschaft den Gegenstand erwirbt, und der Nennbetrag, bei Stückaktien die Zahl der bei der Sacheinlage zu gewährenden Aktien im Beschluß über die bedingte Kapitalerhöhung festgesetzt werden. ²Als Sacheinlage gilt nicht die Hingabe von Schuldverschreibungen im Umtausch gegen Bezugsaktien. ³Der Beschluß darf nur gefaßt werden, wenn die Einbringung von Sacheinlagen ausdrücklich und ordnungsgemäß bekanntgemacht worden ist.

(2) § 27 Abs. 3 und 4 gilt entsprechend; an die Stelle des Zeitpunkts der Anmeldung nach § 27 Abs. 3 Satz 3 und der Eintragung nach § 27 Abs. 3 Satz 4 tritt jeweils der Zeitpunkt der Ausgabe der Bezugsaktien.

(3) Die Absätze 1 und 2 gelten nicht für die Einlage von Geldforderungen, die Arbeitnehmern der Gesellschaft aus einer ihnen von der Gesellschaft eingeräumten Gewinnbeteiligung zustehen.

(4) ¹Bei der Kapitalerhöhung mit Sacheinlagen hat eine Prüfung durch einen oder mehrere Prüfer stattzufinden. ²§ 33 Abs. 3 bis 5, die §§ 34, 35 gelten sinngemäß.

(5) § 183a gilt entsprechend.

**§ 195 Anmeldung des Beschlusses.** (1) ¹Der Vorstand und der Vorsitzende des Aufsichtsrats haben den Beschluß über die bedingte Kapitalerhöhung zur Eintragung in das Handelsregister anzumelden. ²§ 184 Abs. 1 Satz 2 gilt entsprechend.

(2) Der Anmeldung sind beizufügen

1. bei einer bedingten Kapitalerhöhung mit Sacheinlagen die Verträge, die den Festsetzungen nach § 194 zugrunde liegen oder zu ihrer Ausführung geschlossen worden sind, und der Bericht über die Prüfung von Sacheinlagen (§ 194 Abs. 4) oder die in § 37a Abs. 3 bezeichneten Anlagen;
2. eine Berechnung der Kosten, die für die Gesellschaft durch die Ausgabe der Bezugsaktien entstehen werden.

(3) ¹Das Gericht kann die Eintragung ablehnen, wenn der Wert der Sacheinlage nicht unwesentlich hinter dem geringsten Ausgabebetrag der dafür zu gewährenden Aktien zurückbleibt. ²Wird von einer Prüfung der Sacheinlage nach § 183a Abs. 1 abgesehen, gilt § 38 Abs. 3 entsprechend.

**§ 196** (weggefallen)

**§ 197 Verbotene Aktienausgabe.** ¹Vor der Eintragung des Beschlusses über die bedingte Kapitalerhöhung können die Bezugsaktien nicht ausgegeben werden. ²Ein Anspruch des Bezugsberechtigten entsteht vor diesem Zeitpunkt nicht. ³Die vorher ausgegebenen Bezugsaktien sind nichtig. ⁴Für den Schaden aus der Ausgabe sind die Ausgeber den Inhabern als Gesamtschuldner verantwortlich.

**§ 198 Bezugserklärung.** (1) ¹Das Bezugsrecht wird durch schriftliche Erklärung ausgeübt. ²Die Erklärung (Bezugserklärung) soll doppelt ausgestellt werden. ³Sie hat die Beteiligung nach der Zahl und bei Nennbetragsaktien dem Nennbetrag und, wenn mehrere Gattungen ausgegeben werden, der Gattung der Aktien, die Feststellungen nach § 193 Abs. 2, die nach § 194 bei der Einbringung von Sacheinlagen vorgesehenen Festsetzungen sowie den Tag anzugeben, an dem der Beschluß über die bedingte Kapitalerhöhung gefaßt worden ist.

(2) ¹Die Bezugserklärung hat die gleiche Wirkung wie eine Zeichnungserklärung. ²Bezugserklärungen, deren Inhalt nicht dem Absatz 1 entspricht oder die Beschränkungen der Verpflichtung des Erklärenden enthalten, sind nichtig.

(3) Werden Bezugsaktien ungeachtet der Nichtigkeit einer Bezugserklärung ausgegeben, so kann sich der Erklärende auf die Nichtigkeit nicht berufen, wenn er auf

Grund der Bezugserklärung als Aktionär Rechte ausgeübt oder Verpflichtungen erfüllt hat.

(4) Jede nicht in der Bezugserklärung enthaltene Beschränkung ist der Gesellschaft gegenüber unwirksam.

**§ 199 Ausgabe der Bezugsaktien.** (1) Der Vorstand darf die Bezugsaktien nur in Erfüllung des im Beschluß über die bedingte Kapitalerhöhung festgesetzten Zwecks und nicht vor der vollen Leistung des Gegenwerts ausgeben, der sich aus dem Beschluß ergibt.

(2) ¹Der Vorstand darf Bezugsaktien gegen Wandelschuldverschreibungen nur ausgeben, wenn der Unterschied zwischen dem Ausgabebetrag der zum Umtausch eingereichten Schuldverschreibungen und dem höheren geringsten Ausgabebetrag der für sie zu gewährenden Bezugsaktien aus einer anderen Gewinnrücklage, soweit sie zu diesem Zweck verwandt werden kann, oder durch Zuzahlung des Umtauschberechtigten gedeckt ist. ²Dies gilt nicht, wenn der Gesamtbetrag, zu dem die Schuldverschreibungen ausgegeben sind, den geringsten Ausgabebetrag der Bezugsaktien insgesamt erreicht oder übersteigt.

**§ 200 Wirksamwerden der bedingten Kapitalerhöhung.** Mit der Ausgabe der Bezugsaktien ist das Grundkapital erhöht.

**§ 201 Anmeldung der Ausgabe von Bezugsaktien.** (1) Der Vorstand hat innerhalb eines Monats nach Ablauf des Geschäftsjahrs zur Eintragung in das Handelsregister anzumelden, in welchem Umfang im abgelaufenen Geschäftsjahr Bezugsaktien ausgegeben worden sind.

(2) ¹Der Anmeldung sind die Zweitschriften der Bezugserklärungen und ein vom Vorstand unterschriebenes Verzeichnis der Personen, die das Bezugsrecht ausgeübt haben, beizufügen. ²Das Verzeichnis hat die auf jeden Aktionär entfallenden Aktien und die auf sie gemachten Einlagen anzugeben.

(3) In der Anmeldung hat der Vorstand zu erklären, daß die Bezugsaktien nur in Erfüllung des im Beschluß über die bedingte Kapitalerhöhung festgesetzten Zwecks und nicht vor der vollen Leistung des Gegenwerts ausgegeben worden sind, der sich aus dem Beschluß ergibt.

(4) weggefallen

### Dritter Unterabschnitt. Genehmigtes Kapital

**§ 202 Voraussetzungen.** (1) Die Satzung kann den Vorstand für höchstens fünf Jahre nach Eintragung der Gesellschaft ermächtigen, das Grundkapital bis zu einem bestimmten Nennbetrag (genehmigtes Kapital) durch Ausgabe neuer Aktien gegen Einlagen zu erhöhen.

(2) ¹Die Ermächtigung kann auch durch Satzungsänderung für höchstens fünf Jahre nach Eintragung der Satzungsänderung erteilt werden. ²Der Beschluß der Hauptversammlung bedarf einer Mehrheit, die mindestens drei Viertel des bei der Beschlußfassung vertretenen Grundkapitals umfaßt. ³Die Satzung kann eine größere Kapitalmehrheit und weitere Erfordernisse bestimmen. ⁴§ 182 Abs. 2 gilt.

(3) ¹Der Nennbetrag des genehmigten Kapitals darf die Hälfte des Grundkapitals, das zur Zeit der Ermächtigung vorhanden ist, nicht übersteigen. ²Die neuen Aktien sollen nur mit Zustimmung des Aufsichtsrats ausgegeben werden. ³§ 182 Abs. 1 Satz 5 gilt sinngemäß.

(4) Die Satzung kann auch vorsehen, daß die neuen Aktien an Arbeitnehmer der Gesellschaft ausgegeben werden.

**§ 203 Ausgabe der neuen Aktien.** (1) ¹Für die Ausgabe der neuen Aktien gelten sinngemäß, soweit sich aus den folgenden Vorschriften nichts anderes ergibt, §§ 185 bis 191 über die Kapitalerhöhung gegen Einlagen. ²An die Stelle des Beschlusses über die Erhöhung des Grundkapitals tritt die Ermächtigung der Satzung zur Ausgabe neuer Aktien.

(2) ¹Die Ermächtigung kann vorsehen, daß der Vorstand über den Ausschluß des Bezugsrechts entscheidet. ²Wird eine Ermächtigung, die dies vorsieht, durch Satzungsänderung erteilt, so gilt § 186 Abs. 4 sinngemäß.

(3) ¹Die neuen Aktien sollen nicht ausgegeben werden, solange ausstehende Einlagen auf das bisherige Grundkapital noch erlangt werden können. ²Für Versicherungsgesellschaften kann die Satzung etwas anderes bestimmen. ³Stehen Einlagen in verhältnismäßig unerheblichem Umfang aus, so hindert dies die Ausgabe der neuen Aktien nicht. ⁴In der ersten Anmeldung der Durchführung der Erhöhung des Grundkapitals ist anzugeben, welche Einlagen auf das bisherige Grundkapital noch nicht geleistet sind und warum sie nicht erlangt werden können.

(4) Absatz 3 Satz 1 und 4 gilt nicht, wenn die Aktien an Arbeitnehmer der Gesellschaft ausgegeben werden.

**§ 204 Bedingungen der Aktienausgabe.** (1) ¹Über den Inhalt der Aktienrechte und die Bedingungen der Aktienausgabe entscheidet der Vorstand, soweit die Ermächtigung keine Bestimmungen enthält. ²Die Entscheidung des Vorstands bedarf der Zustimmung des Aufsichtsrats; gleiches gilt für die Entscheidung des Vorstands nach § 203 Abs. 2 über den Ausschluß des Bezugsrechts.

(2) Sind Vorzugsaktien ohne Stimmrecht vorhanden, so können Vorzugsaktien, die bei der Verteilung des Gewinns oder des Gesellschaftsvermögens ihnen vorgehen oder gleichstehen, nur ausgegeben werden, wenn die Ermächtigung es vorsieht.

(3) ¹Weist ein Jahresabschluß, der mit einem uneingeschränkten Bestätigungsvermerk versehen ist, einen Jahresüberschuß aus, so können Aktien an Arbeitnehmer der Gesellschaft auch in der Weise ausgegeben werden, daß die auf sie zu leistende Einlage aus dem Teil des Jahresüberschusses gedeckt wird, den nach § 58 Abs. 2 Vorstand und Aufsichtsrat in andere Gewinnrücklagen einstellen könnten. ²Für die Ausgabe der neuen Aktien gelten die Vorschriften über eine Kapitalerhöhung gegen Bareinlagen, ausgenommen § 188 Abs. 2. ³Der Anmeldung der Durchführung der Erhöhung des Grundkapitals ist außerdem der festgestellte Jahresabschluß mit Bestätigungsvermerk beizufügen. ⁴Die Anmeldenden haben ferner die Erklärung nach § 210 Abs. 1 Satz 2 abzugeben.

**§ 205 Ausgabe gegen Sacheinlagen; Rückzahlung von Einlagen.** (1) Gegen Sacheinlagen dürfen Aktien nur ausgegeben werden, wenn die Ermächtigung es vorsieht.

(2) ¹Der Gegenstand der Sacheinlage, die Person, von der die Gesellschaft den Gegenstand erwirbt, und der Nennbetrag, bei Stückaktien die Zahl der bei der Sacheinlage zu gewährenden Aktien sind, wenn sie nicht in der Ermächtigung festgesetzt sind, vom Vorstand festzusetzen und in den Zeichnungsschein aufzunehmen. ²Der Vorstand soll die Entscheidung nur mit Zustimmung des Aufsichtsrats treffen.

(3) § 27 Abs. 3 und 4 gilt entsprechend.

(4) Die Absätze 2 und 3 gelten nicht für die Einlage von Geldforderungen, die Arbeitnehmern der Gesellschaft aus einer ihnen von der Gesellschaft eingeräumten Gewinnbeteiligung zustehen.

(5) ¹Bei Ausgabe der Aktien gegen Sacheinlagen hat eine Prüfung durch einen oder mehrere Prüfer stattzufinden; § 33 Abs. 3 bis 5, die §§ 34, 35 gelten sinngemäß. ²§ 183a ist entsprechend anzuwenden. ³Anstelle des Datums des Beschlusses über die Kapitalerhöhung hat der Vorstand seine Entscheidung über die Ausgabe neuer Aktien gegen Sacheinlagen sowie die Angaben nach § 37a Abs. 1 und 2 in den Gesellschaftsblättern bekannt zu machen.

(6) Soweit eine Prüfung der Sacheinlage nicht stattfindet, gilt für die Anmeldung der Durchführung der Kapitalerhöhung zur Eintragung in das Handelsregister (§ 203 Abs. 1 Satz 1, § 188) auch § 184 Abs. 1 Satz 3 und Abs. 2 entsprechend.

(7) ¹Das Gericht kann die Eintragung ablehnen, wenn der Wert der Sacheinlage nicht unwesentlich hinter dem geringsten Ausgabebetrag der dafür zu gewährenden Aktien zurückbleibt. ²Wird von einer Prüfung der Sacheinlage nach § 183a Abs. 1 abgesehen, gilt § 38 Abs. 3 entsprechend.

**§ 206 Verträge über Sacheinlagen vor Eintragung der Gesellschaft.** ¹Sind vor Eintragung der Gesellschaft Verträge geschlossen worden, nach denen auf das genehmigte Kapital eine Sacheinlage zu leisten ist, so muß die Satzung die Festsetzungen enthalten, die für eine Ausgabe gegen Sacheinlagen vorgeschrieben sind. ²Dabei gelten sinngemäß § 27 Abs. 3 und 5, die §§ 32 bis 35, 37 Abs. 4 Nr. 2, 4 und 5, die §§ 37a, 38 Abs. 2 und 3 sowie § 49 über die Gründung der Gesellschaft. ³An die Stelle der Gründer tritt der Vorstand und an die Stelle der Anmeldung und Eintragung der Gesellschaft die Anmeldung und Eintragung der Durchführung der Erhöhung des Grundkapitals.

### Vierter Unterabschnitt. Kapitalerhöhung aus Gesellschaftsmitteln

**§ 207 Voraussetzungen.** (1) Die Hauptversammlung kann eine Erhöhung des Grundkapitals durch Umwandlung der Kapitalrücklage und von Gewinnrücklagen in Grundkapital beschließen.

(2) ¹Für den Beschluß und für die Anmeldung des Beschlusses gelten § 182 Abs. 1, § 184 Abs. 1 sinngemäß. ²Gesellschaften mit Stückaktien können ihr Grundkapital auch ohne Ausgabe neuer Aktien erhöhen; der Beschluß über die Kapitalerhöhung muß die Art der Erhöhung angeben.

(3) Dem Beschluß ist eine Bilanz zugrunde zu legen.

**§ 208 Umwandlungsfähigkeit von Kapital- und Gewinnrücklagen.** (1) ¹Die Kapitalrücklage und die Gewinnrücklagen, die in Grundkapital umgewandelt werden sollen, müssen in der letzten Jahresbilanz und, wenn dem Beschluß eine andere Bilanz zugrunde gelegt wird, auch in dieser Bilanz unter „Kapitalrücklage" oder „Gewinnrücklagen" oder im letzten Beschluß über die Verwendung des Jahresüberschusses oder des Bilanzgewinns als Zuführung zu diesen Rücklagen ausgewiesen sein. ²Vorbehaltlich des Absatzes 2 können andere Gewinnrücklagen und deren Zuführungen in voller Höhe, die Kapitalrücklage und die gesetzliche Rücklage sowie deren Zuführungen nur, soweit sie zusammen den zehnten oder den in der Satzung bestimmten höheren Teil des bisherigen Grundkapitals übersteigen, in Grundkapital umgewandelt werden.

(2) ¹Die Kapitalrücklage und die Gewinnrücklagen sowie deren Zuführungen können nicht umgewandelt werden, soweit in der zugrunde gelegten Bilanz ein Verlust ein-

schließlich eines Verlustvortrags ausgewiesen ist. ²Gewinnrücklagen und deren Zuführungen, die für einen bestimmten Zweck bestimmt sind, dürfen nur umgewandelt werden, soweit dies mit ihrer Zweckbestimmung vereinbar ist.

**§ 209 Zugrunde gelegte Bilanz.** (1) Dem Beschluß kann die letzte Jahresbilanz zugrunde gelegt werden, wenn die Jahresbilanz geprüft und die festgestellte Jahresbilanz mit dem uneingeschränkten Bestätigungsvermerk des Abschlußprüfers versehen ist und wenn ihr Stichtag höchstens acht Monate vor der Anmeldung des Beschlusses zur Eintragung in das Handelsregister liegt.

(2) ¹Wird dem Beschluß nicht die letzte Jahresbilanz zugrunde gelegt, so muß die Bilanz §§ 150, 152 dieses Gesetzes, §§ 242 bis 256, 264 bis 274 des Handelsgesetzbuchs entsprechen. ²Der Stichtag der Bilanz darf höchstens acht Monate vor der Anmeldung des Beschlusses zur Eintragung in das Handelsregister liegen.

(3) ¹Die Bilanz muß durch einen Abschlußprüfer darauf geprüft werden, ob sie §§ 150, 152 dieses Gesetzes, §§ 242 bis 256, 264 bis 274 des Handelsgesetzbuchs entspricht. ²Sie muß mit einem uneingeschränkten Bestätigungsvermerk versehen sein.

(4) ¹Wenn die Hauptversammlung keinen anderen Prüfer wählt, gilt der Prüfer als gewählt, der für die Prüfung des letzten Jahresabschlusses von der Hauptversammlung gewählt oder vom Gericht bestellt worden ist. ²Soweit sich aus der Besonderheit des Prüfungsauftrags nichts anderes ergibt, sind auf die Prüfung § 318 Abs. 1 Satz 3 und 4, § 319 Abs. 1 bis 4, § 319a Abs. 1, § 319b Abs. 1, § 320 Abs. 1, 2, §§ 321, 322 Abs. 7 und § 323 des Handelsgesetzbuchs entsprechend anzuwenden.

(5) ¹Bei Versicherungsgesellschaften wird der Prüfer vom Aufsichtsrat bestimmt; Absatz 4 Satz 1 gilt sinngemäß. ²Soweit sich aus der Besonderheit des Prüfungsauftrags nichts anderes ergibt, ist auf die Prüfung § 341k des Handelsgesetzbuchs anzuwenden.

(6) Im Fall der Absätze 2 bis 5 gilt für das Zugänglichmachen der Bilanz und für die Erteilung von Abschriften § 175 Abs. 2 sinngemäß.

**§ 210 Anmeldung und Eintragung des Beschlusses.** (1) ¹Der Anmeldung des Beschlusses zur Eintragung in das Handelsregister ist die der Kapitalerhöhung zugrunde gelegte Bilanz mit Bestätigungsvermerk, im Fall des § 209 Abs. 2 bis 6 außerdem die letzte Jahresbilanz, sofern sie noch nicht nach § 325 Abs. 1 des Handelsgesetzbuchs eingereicht ist, beizufügen. ²Die Anmeldenden haben dem Gericht gegenüber zu erklären, daß nach ihrer Kenntnis seit dem Stichtag der zugrunde gelegten Bilanz bis zum Tag der Anmeldung keine Vermögensminderung eingetreten ist, die der Kapitalerhöhung entgegenstünde, wenn sie am Tag der Anmeldung beschlossen worden wäre.

(2) Das Gericht darf den Beschluß nur eintragen, wenn die der Kapitalerhöhung zugrunde gelegte Bilanz auf einen höchstens acht Monate vor der Anmeldung liegenden Stichtag aufgestellt und eine Erklärung nach Absatz 1 Satz 2 abgegeben worden ist.

(3) Das Gericht braucht nicht zu prüfen, ob die Bilanzen den gesetzlichen Vorschriften entsprechen.

(4) Bei der Eintragung des Beschlusses ist anzugeben, daß es sich um eine Kapitalerhöhung aus Gesellschaftsmitteln handelt.

(5) weggefallen

**§ 211 Wirksamwerden der Kapitalerhöhung.** (1) Mit der Eintragung des Beschlusses über die Erhöhung des Grundkapitals ist das Grundkapital erhöht.

(2) weggefallen

**§ 212 Aus der Kapitalerhöhung Berechtigte.** ¹Neue Aktien stehen den Aktionären im Verhältnis ihrer Anteile am bisherigen Grundkapital zu. ²Ein entgegenstehender Beschluß der Hauptversammlung ist nichtig.

**§ 213 Teilrechte.** (1) Führt die Kapitalerhöhung dazu, daß auf einen Anteil am bisherigen Grundkapital nur ein Teil einer neuen Aktie entfällt, so ist dieses Teilrecht selbständig veräußerlich und vererblich.

(2) Die Rechte aus einer neuen Aktie einschließlich des Anspruchs auf Ausstellung einer Aktienurkunde können nur ausgeübt werden, wenn Teilrechte, die zusammen eine volle Aktie ergeben, in einer Hand vereinigt sind oder wenn sich mehrere Berechtigte, deren Teilrechte zusammen eine volle Aktie ergeben, zur Ausübung der Rechte zusammenschließen.

**§ 214 Aufforderung an die Aktionäre.** (1) ¹Nach der Eintragung des Beschlusses über die Erhöhung des Grundkapitals durch Ausgabe neuer Aktien hat der Vorstand unverzüglich die Aktionäre aufzufordern, die neuen Aktien abzuholen. ²Die Aufforderung ist in den Gesellschaftsblättern bekanntzumachen. ³In der Bekanntmachung ist anzugeben,
1. um welchen Betrag das Grundkapital erhöht worden ist,
2. in welchem Verhältnis auf die alten Aktien neue Aktien entfallen.

⁴In der Bekanntmachung ist ferner darauf hinzuweisen, daß die Gesellschaft berechtigt ist, Aktien, die nicht innerhalb eines Jahres seit der Bekanntmachung der Aufforderung abgeholt werden, nach dreimaliger Androhung für Rechnung der Beteiligten zu verkaufen.

(2) ¹Nach Ablauf eines Jahres seit der Bekanntmachung der Aufforderung hat die Gesellschaft den Verkauf der nicht abgeholten Aktien anzudrohen. ²Die Androhung ist dreimal in Abständen von mindestens einem Monat in den Gesellschaftsblättern bekanntzumachen. ³Die letzte Bekanntmachung muß vor dem Ablauf von achtzehn Monaten seit der Bekanntmachung der Aufforderung ergehen.

(3) ¹Nach Ablauf eines Jahres seit der letzten Bekanntmachung der Androhung hat die Gesellschaft die nicht abgeholten Aktien für Rechnung der Beteiligten zum Börsenpreis und beim Fehlen eines Börsenpreises durch öffentliche Versteigerung zu verkaufen. ²§ 226 Abs. 3 Satz 2 bis 6 gilt sinngemäß.

(4) ¹Die Absätze 1 bis 3 gelten sinngemäß für Gesellschaften, die keine Aktienurkunden ausgegeben haben. ²Die Gesellschaften haben die Aktionäre aufzufordern, sich die neuen Aktien zuteilen zu lassen.

**§ 215 Eigene Aktien. Teileingezahlte Aktien.** (1) Eigene Aktien nehmen an der Erhöhung des Grundkapitals teil.

(2) ¹Teileingezahlte Aktien nehmen entsprechend ihrem Anteil am Grundkapital an der Erhöhung des Grundkapitals teil. ²Bei ihnen kann die Kapitalerhöhung nicht durch Ausgabe neuer Aktien ausgeführt werden, bei Nennbetragsaktien wird deren Nennbetrag erhöht. ³Sind neben teileingezahlten Aktien volleingezahlte Aktien vorhanden, so kann bei volleingezahlten Nennbetragsaktien die Kapitalerhöhung durch Erhöhung des Nennbetrags der Aktien und durch Ausgabe neuer Aktien ausgeführt werden; der Beschluß über die Erhöhung des Grundkapitals muß die Art der Erhöhung angeben. ⁴Soweit die Kapitalerhöhung durch Erhöhung des Nennbetrags der Aktien ausgeführt wird, ist sie so zu bemessen, daß durch sie auf keine Aktie Beträge entfallen, die durch eine Erhöhung des Nennbetrags der Aktien nicht gedeckt werden können.

**§ 216 Wahrung der Rechte der Aktionäre und Dritter.** (1) Das Verhältnis der mit den Aktien verbundenen Rechte zueinander wird durch die Kapitalerhöhung nicht berührt.

(2) ¹Soweit sich einzelne Rechte teileingezahlter Aktien, insbesondere die Beteiligung am Gewinn oder das Stimmrecht, nach der auf die Aktie geleisteten Einlage bestimmen, stehen diese Rechte den Aktionären bis zur Leistung der noch ausstehenden Einlagen nur nach der Höhe der geleisteten Einlage, erhöht um den auf den Nennbetrag des Grundkapitals berechneten Hundertsatz der Erhöhung des Grundkapitals zu. ²Werden weitere Einzahlungen geleistet, so erweitern sich diese Rechte entsprechend. ³Im Fall des § 271 Abs. 3 gelten die Erhöhungsbeträge als voll eingezahlt.

(3) ¹Der wirtschaftliche Inhalt vertraglicher Beziehungen der Gesellschaft zu Dritten, die von der Gewinnausschüttung der Gesellschaft, dem Nennbetrag oder Wert ihrer Aktien oder ihres Grundkapitals oder sonst von den bisherigen Kapital- oder Gewinnverhältnissen abhängen, wird durch die Kapitalerhöhung nicht berührt. ²Gleiches gilt für Nebenverpflichtungen der Aktionäre.

**§ 217 Beginn der Gewinnbeteiligung.** (1) Neue Aktien nehmen, wenn nichts anderes bestimmt ist, am Gewinn des ganzen Geschäftsjahrs teil, in dem die Erhöhung des Grundkapitals beschlossen worden ist.

(2) ¹Im Beschluß über die Erhöhung des Grundkapitals kann bestimmt werden, daß die neuen Aktien bereits am Gewinn des letzten vor der Beschlußfassung über die Kapitalerhöhung abgelaufenen Geschäftsjahrs teilnehmen. ²In diesem Fall ist die Erhöhung des Grundkapitals zu beschließen, bevor über die Verwendung des Bilanzgewinns des letzten vor der Beschlußfassung abgelaufenen Geschäftsjahrs Beschluß gefaßt ist. ³Der Beschluß über die Verwendung des Bilanzgewinns des letzten vor der Beschlußfassung über die Kapitalerhöhung abgelaufenen Geschäftsjahrs wird erst wirksam, wenn das Grundkapital erhöht ist. ⁴Der Beschluß über die Erhöhung des Grundkapitals und der Beschluß über die Verwendung des Bilanzgewinns des letzten vor der Beschlußfassung über die Kapitalerhöhung abgelaufenen Geschäftsjahrs sind nichtig, wenn der Beschluß über die Kapitalerhöhung nicht binnen drei Monaten nach der Beschlußfassung in das Handelsregister eingetragen worden ist. ⁵Der Lauf der Frist ist gehemmt, solange eine Anfechtungs- oder Nichtigkeitsklage rechtshängig ist.

**§ 218 Bedingtes Kapital.** ¹Bedingtes Kapital erhöht sich im gleichen Verhältnis wie das Grundkapital. ²Ist das bedingte Kapital zur Gewährung von Umtauschrechten an Gläubiger von Wandelschuldverschreibungen beschlossen worden, so ist zur Deckung des Unterschieds zwischen dem Ausgabebetrag der Schuldverschreibungen und dem höheren geringsten Ausgabebetrag der für sie zu gewährenden Bezugsaktien insgesamt eine Sonderrücklage zu bilden, soweit nicht Zuzahlungen der Umtauschberechtigten vereinbart sind.

**§ 219 Verbotene Ausgabe von Aktien und Zwischenscheinen.** Vor der Eintragung des Beschlusses über die Erhöhung des Grundkapitals in das Handelsregister dürfen neue Aktien und Zwischenscheine nicht ausgegeben werden.

**§ 220 Wertansätze.** ¹Als Anschaffungskosten der vor der Erhöhung des Grundkapitals erworbenen Aktien und der auf sie entfallenen neuen Aktien gelten die Beträge, die sich für die einzelnen Aktien ergeben, wenn die Anschaffungskosten der vor der Erhöhung des Grundkapitals erworbenen Aktien auf diese und auf die auf sie entfallenen neuen Aktien nach dem Verhältnis der Anteile am Grundkapital verteilt werden. ²Der Zuwachs an Aktien ist nicht als Zugang auszuweisen.

### Fünfter Unterabschnitt. Wandelschuldverschreibungen. Gewinnschuldverschreibungen

**§ 221** (1) ¹Schuldverschreibungen, bei denen den Gläubigern ein Umtausch- oder Bezugsrecht auf Aktien eingeräumt wird (Wandelschuldverschreibungen), und Schuldverschreibungen, bei denen die Rechte der Gläubiger mit Gewinnanteilen von Aktionären in Verbindung gebracht werden (Gewinnschuldverschreibungen), dürfen nur auf Grund eines Beschlusses der Hauptversammlung ausgegeben werden. ²Der Beschluß bedarf einer Mehrheit, die mindestens drei Viertel des bei der Beschlußfassung vertretenen Grundkapitals umfaßt. ³Die Satzung kann eine andere Kapitalmehrheit und weitere Erfordernisse bestimmen. ⁴§ 182 Abs. 2 gilt.

(2) ¹Eine Ermächtigung des Vorstandes zur Ausgabe von Wandelschuldverschreibungen kann höchstens für fünf Jahre erteilt werden. ²Der Vorstand und der Vorsitzende des Aufsichtsrats haben den Beschluß über die Ausgabe der Wandelschuldverschreibungen sowie eine Erklärung über deren Ausgabe beim Handelsregister zu hinterlegen. ³Ein Hinweis auf den Beschluß und die Erklärung ist in den Gesellschaftsblättern bekanntzumachen.

(3) Absatz 1 gilt sinngemäß für die Gewährung von Genußrechten.

(4) ¹Auf Wandelschuldverschreibungen, Gewinnschuldverschreibungen und Genußrechte haben die Aktionäre ein Bezugsrecht. ²Die §§ 186 und 193 Abs. 2 Nr. 4 gelten sinngemäß.

### Dritter Abschnitt. Maßnahmen der Kapitalherabsetzung

### Erster Unterabschnitt. Ordentliche Kapitalherabsetzung

**§ 222 Voraussetzungen.** (1) ¹Eine Herabsetzung des Grundkapitals kann nur mit einer Mehrheit beschlossen werden, die mindestens drei Viertel des bei der Beschlußfassung vertretenen Grundkapitals umfaßt. ²Die Satzung kann eine größere Kapitalmehrheit und weitere Erfordernisse bestimmen.

(2) ¹Sind mehrere Gattungen von stimmberechtigten Aktien vorhanden, so bedarf der Beschluß der Hauptversammlung zu seiner Wirksamkeit der Zustimmung der Aktionäre jeder Gattung. ²Über die Zustimmung haben die Aktionäre jeder Gattung einen Sonderbeschluß zu fassen. ³Für diesen gilt Absatz 1.

(3) In dem Beschluß ist festzusetzen, zu welchem Zweck die Herabsetzung stattfindet, namentlich ob Teile des Grundkapitals zurückgezahlt werden sollen.

(4) ¹Die Herabsetzung des Grundkapitals erfordert bei Gesellschaften mit Nennbetragsaktien die Herabsetzung des Nennbetrags der Aktien. ²Soweit der auf die einzelne Aktie entfallende anteilige Betrag des herabgesetzten Grundkapitals den Mindestbetrag nach § 8 Abs. 2 Satz 1 oder Abs. 3 Satz 3 unterschreiten würde, erfolgt die Herabsetzung durch Zusammenlegung der Aktien. ³Der Beschluß muß die Art der Herabsetzung angeben.

**§ 223 Anmeldung des Beschlusses.** Der Vorstand und der Vorsitzende des Aufsichtsrats haben den Beschluß über die Herabsetzung des Grundkapitals zur Eintragung in das Handelsregister anzumelden.

**§ 224 Wirksamwerden der Kapitalherabsetzung.** Mit der Eintragung des Beschlusses über die Herabsetzung des Grundkapitals ist das Grundkapital herabgesetzt.

**§ 225 Gläubigerschutz.** (1) ¹Den Gläubigern, deren Forderungen begründet worden sind, bevor die Eintragung des Beschlusses bekanntgemacht worden ist, ist, wenn sie sich binnen sechs Monaten nach der Bekanntmachung zu diesem Zweck melden, Sicherheit zu leisten, soweit sie nicht Befriedigung verlangen können. ²Die Gläubiger sind in der Bekanntmachung der Eintragung auf dieses Recht hinzuweisen. ³Das Recht, Sicherheitsleistung zu verlangen, steht Gläubigern nicht zu, die im Fall des Insolvenzverfahrens ein Recht auf vorzugsweise Befriedigung aus einer Deckungsmasse haben, die nach gesetzlicher Vorschrift zu ihrem Schutz errichtet und staatlich überwacht ist.

(2) ¹Zahlungen an die Aktionäre dürfen auf Grund der Herabsetzung des Grundkapitals erst geleistet werden, nachdem seit der Bekanntmachung der Eintragung sechs Monate verstrichen sind und nachdem den Gläubigern, die sich rechtzeitig gemeldet haben, Befriedigung oder Sicherheit gewährt worden ist. ²Auch eine Befreiung der Aktionäre von der Verpflichtung zur Leistung von Einlagen wird nicht vor dem bezeichneten Zeitpunkt und nicht vor Befriedigung oder Sicherstellung der Gläubiger wirksam, die sich rechtzeitig gemeldet haben.

(3) Das Recht der Gläubiger, Sicherheitsleistung zu verlangen, ist unabhängig davon, ob Zahlungen an die Aktionäre auf Grund der Herabsetzung des Grundkapitals geleistet werden.

**§ 226 Kraftloserklärung von Aktien.** (1) ¹Sollen zur Durchführung der Herabsetzung des Grundkapitals Aktien durch Umtausch, Abstempelung oder durch ein ähnliches Verfahren zusammengelegt werden, so kann die Gesellschaft die Aktien für kraftlos erklären, die trotz Aufforderung nicht bei ihr eingereicht worden sind. ²Gleiches gilt für eingereichte Aktien, welche die zum Ersatz durch neue Aktien nötige Zahl nicht erreichen und der Gesellschaft nicht zur Verwertung für Rechnung der Beteiligten zur Verfügung gestellt sind.

(2) ¹Die Aufforderung, die Aktien einzureichen, hat die Kraftloserklärung anzudrohen. ²Die Kraftloserklärung kann nur erfolgen, wenn die Aufforderung in der in § 64 Abs. 2 für die Nachfrist vorgeschriebenen Weise bekanntgemacht worden ist. ³Die Kraftloserklärung geschieht durch Bekanntmachung in den Gesellschaftsblättern. ⁴In der Bekanntmachung sind die für kraftlos erklärten Aktien so zu bezeichnen, daß sich aus der Bekanntmachung ohne weiteres ergibt, ob eine Aktie für kraftlos erklärt ist.

(3) ¹Die neuen Aktien, die an Stelle der für kraftlos erklärten Aktien auszugeben sind, hat die Gesellschaft unverzüglich für Rechnung der Beteiligten zum Börsenpreis und beim Fehlen eines Börsenpreises durch öffentliche Versteigerung zu verkaufen. ²Ist von der Versteigerung am Sitz der Gesellschaft kein angemessener Erfolg zu erwarten, so sind die Aktien an einem geeigneten Ort zu verkaufen. ³Zeit, Ort und Gegenstand der Versteigerung sind öffentlich bekanntzumachen. ⁴Die Beteiligten sind besonders zu benachrichtigen; die Benachrichtigung kann unterbleiben, wenn sie untunlich ist. ⁵Bekanntmachung und Benachrichtigung müssen mindestens zwei Wochen vor der Versteigerung ergehen. ⁶Der Erlös ist den Beteiligten auszuzahlen oder, wenn ein Recht zur Hinterlegung besteht, zu hinterlegen.

**§ 227 Anmeldung der Durchführung.** (1) Der Vorstand hat die Durchführung der Herabsetzung des Grundkapitals zur Eintragung in das Handelsregister anzumelden.

(2) Anmeldung und Eintragung der Durchführung der Herabsetzung des Grundkapitals können mit Anmeldung und Eintragung des Beschlusses über die Herabsetzung verbunden werden.

**§ 228 Herabsetzung unter den Mindestnennbetrag.** (1) Das Grundkapital kann unter den in § 7 bestimmten Mindestnennbetrag herabgesetzt werden, wenn dieser durch eine Kapitalerhöhung wieder erreicht wird, die zugleich mit der Kapitalherabsetzung beschlossen ist und bei der Sacheinlagen nicht festgesetzt sind.

(2) ¹Die Beschlüsse sind nichtig, wenn sie und die Durchführung der Erhöhung nicht binnen sechs Monaten nach der Beschlußfassung in das Handelsregister eingetragen worden sind. ²Der Lauf der Frist ist gehemmt, solange eine Anfechtungs- oder Nichtigkeitsklage rechtshängig ist. ³Die Beschlüsse und die Durchführung der Erhöhung des Grundkapitals sollen nur zusammen in das Handelsregister eingetragen werden.

### Zweiter Unterabschnitt. Vereinfachte Kapitalherabsetzung

**§ 229 Voraussetzungen.** (1) ¹Eine Herabsetzung des Grundkapitals, die dazu dienen soll, Wertminderungen auszugleichen, sonstige Verluste zu decken oder Beträge in die Kapitalrücklage einzustellen, kann in vereinfachter Form vorgenommen werden. ²Im Beschluß ist festzusetzen, daß die Herabsetzung zu diesen Zwecken stattfindet.

(2) ¹Die vereinfachte Kapitalherabsetzung ist nur zulässig, nachdem der Teil der gesetzlichen Rücklage und der Kapitalrücklage, um den diese zusammen über zehn vom Hundert des nach der Herabsetzung verbleibenden Grundkapitals hinausgehen, sowie die Gewinnrücklagen vorweg aufgelöst sind. ²Sie ist nicht zulässig, solange ein Gewinnvortrag vorhanden ist.

(3) § 222 Abs. 1, 2 und 4, §§ 223, 224, 226 bis 228 über die ordentliche Kapitalherabsetzung gelten sinngemäß.

**§ 230 Verbot von Zahlungen an die Aktionäre.** ¹Die Beträge, die aus der Auflösung der Kapital- oder Gewinnrücklagen und aus der Kapitalherabsetzung gewonnen werden, dürfen nicht zu Zahlungen an die Aktionäre und nicht dazu verwandt werden, die Aktionäre von der Verpflichtung zur Leistung von Einlagen zu befreien. ²Sie dürfen nur verwandt werden, um Wertminderungen auszugleichen, sonstige Verluste zu decken und Beträge in die Kapitalrücklage oder in die gesetzliche Rücklage einzustellen. ³Auch eine Verwendung zu einem dieser Zwecke ist nur zulässig, soweit sie im Beschluß als Zweck der Herabsetzung angegeben ist.

**§ 231 Beschränkte Einstellung in die Kapitalrücklage und in die gesetzliche Rücklage.** ¹Die Einstellung der Beträge, die aus der Auflösung von anderen Gewinnrücklagen gewonnen werden, in die gesetzliche Rücklage und der Beträge, die aus der Kapitalherabsetzung gewonnen werden, in die Kapitalrücklage ist nur zulässig, soweit die Kapitalrücklage und die gesetzliche Rücklage zusammen zehn vom Hundert des Grundkapitals nicht übersteigen. ²Als Grundkapital gilt dabei der Nennbetrag, der sich durch die Herabsetzung ergibt, mindestens aber der in § 7 bestimmte Mindestnennbetrag. ³Bei der Bemessung der zulässigen Höhe bleiben Beträge, die in der Zeit nach der Beschlußfassung über die Kapitalherabsetzung in die Kapitalrücklage einzustellen sind, auch dann außer Betracht, wenn ihre Zahlung auf einem Beschluß beruht, der zugleich mit dem Beschluß über die Kapitalherabsetzung gefaßt wird.

**§ 232 Einstellung von Beträgen in die Kapitalrücklage bei zu hoch angenommenen Verlusten.** Ergibt sich bei Aufstellung der Jahresbilanz für das Geschäftsjahr, in dem der Beschluß über die Kapitalherabsetzung gefaßt wurde, oder für eines der beiden folgenden Geschäftsjahre, daß Wertminderungen und sonstige Verluste in der bei der Beschlußfassung angenommenen Höhe tatsächlich nicht eingetreten oder ausgeglichen waren, so ist der Unterschiedsbetrag in die Kapitalrücklage einzustellen.

**§ 233 Gewinnausschüttung. Gläubigerschutz.** (1) ¹Gewinn darf nicht ausgeschüttet werden, bevor die gesetzliche Rücklage und die Kapitalrücklage zusammen zehn vom Hundert des Grundkapitals erreicht haben. ²Als Grundkapital gilt dabei der Nennbetrag, der sich durch die Herabsetzung ergibt, mindestens aber der in § 7 bestimmte Mindestnennbetrag.

(2) ¹Die Zahlung eines Gewinnanteils von mehr als vier vom Hundert ist erst für ein Geschäftsjahr zulässig, das später als zwei Jahre nach der Beschlußfassung über die Kapitalherabsetzung beginnt. ²Dies gilt nicht, wenn die Gläubiger, deren Forderungen vor der Bekanntmachung der Eintragung des Beschlusses begründet worden waren, befriedigt oder sichergestellt sind, soweit sie sich binnen sechs Monaten nach der Bekanntmachung des Jahresabschlusses, auf Grund dessen die Gewinnverteilung beschlossen ist, zu diesem Zweck gemeldet haben. ³Einer Sicherstellung der Gläubiger bedarf es nicht, die im Fall des Insolvenzverfahrens ein Recht auf vorzugsweise Befriedigung aus einer Deckungsmasse haben, die nach gesetzlicher Vorschrift zu ihrem Schutz errichtet und staatlich überwacht ist. ⁴Die Gläubiger sind in der Bekanntmachung nach § 325 Abs. 2 des Handelsgesetzbuchs auf die Befriedigung oder Sicherstellung hinzuweisen.

(3) Die Beträge, die aus der Auflösung von Kapital- und Gewinnrücklagen und aus der Kapitalherabsetzung gewonnen sind, dürfen auch nach diesen Vorschriften nicht als Gewinn ausgeschüttet werden.

**§ 234 Rückwirkung der Kapitalherabsetzung.** (1) Im Jahresabschluß für das letzte vor der Beschlußfassung über die Kapitalherabsetzung abgelaufene Geschäftsjahr können das gezeichnete Kapital sowie die Kapital- und Gewinnrücklagen in der Höhe ausgewiesen werden, in der sie nach der Kapitalherabsetzung bestehen sollen.

(2) ¹In diesem Fall beschließt die Hauptversammlung über die Feststellung des Jahresabschlusses. ²Der Beschluß soll zugleich mit dem Beschluß über die Kapitalherabsetzung gefaßt werden.

(3) ¹Die Beschlüsse sind nichtig, wenn der Beschluß über die Kapitalherabsetzung nicht binnen drei Monaten nach der Beschlußfassung in das Handelsregister eingetragen worden ist. ²Der Lauf der Frist ist gehemmt, solange eine Anfechtungs- oder Nichtigkeitsklage rechtshängig ist.

**§ 235 Rückwirkung einer gleichzeitigen Kapitalerhöhung.** (1) ¹Wird im Fall des § 234 zugleich mit der Kapitalherabsetzung eine Erhöhung des Grundkapitals beschlossen, so kann auch die Kapitalerhöhung in dem Jahresabschluß als vollzogen berücksichtigt werden. ²Die Beschlußfassung ist nur zulässig, wenn die neuen Aktien gezeichnet, keine Sacheinlagen festgesetzt sind und wenn auf jede Aktie die Einzahlung geleistet ist, die nach § 188 Abs. 2 zur Zeit der Anmeldung der Durchführung der Kapitalerhöhung bewirkt sein muß. ³Die Zeichnung und die Einzahlung sind dem Notar nachzuweisen, der den Beschluß über die Erhöhung des Grundkapitals beurkundet.

(2) ¹Sämtliche Beschlüsse sind nichtig, wenn die Beschlüsse über die Kapitalherabsetzung und die Kapitalerhöhung und die Durchführung der Erhöhung nicht binnen drei Monaten nach der Beschlußfassung in das Handelsregister eingetragen worden sind. ²Der Lauf der Frist ist gehemmt, solange eine Anfechtungs- oder Nichtigkeitsklage

rechtshängig ist. ³Die Beschlüsse und die Durchführung der Erhöhung des Grundkapitals sollen nur zusammen in das Handelsregister eingetragen werden.

**§ 236 Offenlegung.** Die Offenlegung des Jahresabschlusses nach § 325 des Handelsgesetzbuchs darf im Fall des § 234 erst nach Eintragung des Beschlusses über die Kapitalherabsetzung, im Fall des § 235 erst ergehen, nachdem die Beschlüsse über die Kapitalherabsetzung und Kapitalerhöhung und die Durchführung der Kapitalerhöhung eingetragen worden sind.

### Dritter Unterabschnitt. Kapitalherabsetzung durch Einziehung von Aktien. Ausnahme für Stückaktien

**§ 237 Voraussetzungen.** (1) ¹Aktien können zwangsweise oder nach Erwerb durch die Gesellschaft eingezogen werden. ²Eine Zwangseinziehung ist nur zulässig, wenn sie in der ursprünglichen Satzung oder durch eine Satzungsänderung vor Übernahme oder Zeichnung der Aktien angeordnet oder gestattet war.

(2) ¹Bei der Einziehung sind die Vorschriften über die ordentliche Kapitalherabsetzung zu befolgen. ²In der Satzung oder in dem Beschluß der Hauptversammlung sind die Voraussetzungen für eine Zwangseinziehung und die Einzelheiten ihrer Durchführung festzulegen. ³Für die Zahlung des Entgelts, das Aktionären bei einer Zwangseinziehung oder bei einem Erwerb von Aktien zum Zwecke der Einziehung gewährt wird, und für die Befreiung dieser Aktionäre von der Verpflichtung zur Leistung von Einlagen gilt § 225 Abs. 2 sinngemäß.

(3) Die Vorschriften über die ordentliche Kapitalherabsetzung brauchen nicht befolgt zu werden, wenn Aktien, auf die der Ausgabebetrag voll geleistet ist,

1. der Gesellschaft unentgeltlich zur Verfügung gestellt oder
2. zu Lasten des Bilanzgewinns oder einer anderen Gewinnrücklage, soweit sie zu diesem Zweck verwandt werden können, eingezogen werden oder
3. Stückaktien sind und der Beschluss der Hauptversammlung bestimmt, dass sich durch die Einziehung der Anteil der übrigen Aktien am Grundkapital gemäß § 8 Abs. 3 erhöht; wird der Vorstand zur Einziehung ermächtigt, so kann er auch zur Anpassung der Angabe der Zahl in der Satzung ermächtigt werden.

(4) ¹Auch in den Fällen des Absatzes 3 kann die Kapitalherabsetzung durch Einziehung nur von der Hauptversammlung beschlossen werden. ²Für den Beschluß genügt die einfache Stimmenmehrheit. ³Die Satzung kann eine größere Mehrheit und weitere Erfordernisse bestimmen. ⁴Im Beschluß ist der Zweck der Kapitalherabsetzung festzusetzen. ⁵Der Vorstand und der Vorsitzende des Aufsichtsrats haben den Beschluß zur Eintragung in das Handelsregister anzumelden.

(5) In den Fällen des Absatzes 3 Nr. 1 und 2 ist in die Kapitalrücklage ein Betrag einzustellen, der dem auf die eingezogenen Aktien entfallenden Betrag des Grundkapitals gleichkommt.

(6) ¹Soweit es sich um eine durch die Satzung angeordnete Zwangseinziehung handelt, bedarf es eines Beschlusses der Hauptversammlung nicht. ²In diesem Fall tritt für die Anwendung der Vorschriften über die ordentliche Kapitalherabsetzung an die Stelle des Hauptversammlungsbeschlusses die Entscheidung des Vorstands über die Einziehung.

**§ 238 Wirksamwerden der Kapitalherabsetzung.** ¹Mit der Eintragung des Beschlusses oder, wenn die Einziehung nachfolgt, mit der Einziehung ist das Grundkapital um den auf die eingezogenen Aktien entfallenden Betrag herabgesetzt. ²Handelt es sich um eine durch die Satzung angeordnete Zwangseinziehung, so ist, wenn die Hauptversammlung nicht über die Kapitalherabsetzung beschließt, das Grundkapital mit der Zwangseinziehung herabgesetzt. ³Zur Einziehung bedarf es einer Handlung der Gesellschaft, die auf Vernichtung der Rechte aus bestimmten Aktien gerichtet ist.

**§ 239 Anmeldung der Durchführung.** (1) ¹Der Vorstand hat die Durchführung der Herabsetzung des Grundkapitals zur Eintragung in das Handelsregister anzumelden. ²Dies gilt auch dann, wenn es sich um eine durch die Satzung angeordnete Zwangseinziehung handelt.
(2) Anmeldung und Eintragung der Durchführung der Herabsetzung können mit Anmeldung und Eintragung des Beschlusses über die Herabsetzung verbunden werden.

### Vierter Unterabschnitt. Ausweis der Kapitalherabsetzung

**§ 240** ¹Der aus der Kapitalherabsetzung gewonnene Betrag ist in der Gewinn- und Verlustrechnung als „Ertrag aus der Kapitalherabsetzung" gesondert, und zwar hinter dem Posten „Entnahmen aus Gewinnrücklagen", auszuweisen. ²Eine Einstellung in die Kapitalrücklage nach § 229 Abs. 1 und § 232 ist als „Einstellung in die Kapitalrücklage nach den Vorschriften über die vereinfachte Kapitalherabsetzung" gesondert auszuweisen. ³Im Anhang ist zu erläutern, ob und in welcher Höhe die aus der Kapitalherabsetzung und aus der Auflösung von Gewinnrücklagen gewonnenen Beträge

1. zum Ausgleich von Wertminderungen,
2. zur Deckung von sonstigen Verlusten oder
3. zur Einstellung in die Kapitalrücklage

verwandt werden.

### Siebenter Teil. Nichtigkeit von Hauptversammlungsbeschlüssen und des festgestellten Jahresabschlusses. Sonderprüfung wegen unzulässiger Unterbewertung

### Erster Abschnitt. Nichtigkeit von Hauptversammlungsbeschlüssen

### Erster Unterabschnitt. Allgemeines

**§ 241 Nichtigkeitsgründe.** Ein Beschluß der Hauptversammlung ist außer in den Fällen des § 192 Abs. 4, §§ 212, 217 Abs. 2, § 228 Abs. 2, § 234 Abs. 3 und § 235 Abs. 2 nur dann nichtig, wenn er

1. in einer Hauptversammlung gefaßt worden ist, die unter Verstoß gegen § 121 Abs. 2 und 3 Satz 1 oder Abs. 4 einberufen war,
2. nicht nach § 130 Abs. 1 und 2 Satz 1 und Abs. 4 beurkundet ist,
3. mit dem Wesen der Aktiengesellschaft nicht zu vereinbaren ist oder durch seinen Inhalt Vorschriften verletzt, die ausschließlich oder überwiegend zum Schutze der Gläubiger der Gesellschaft oder sonst im öffentlichen Interesse gegeben sind,
4. durch seinen Inhalt gegen die guten Sitten verstößt,
5. auf Anfechtungsklage durch Urteil rechtskräftig für nichtig erklärt worden ist,
6. nach § 398 des Gesetzes über das Verfahren in Familiensachen und in den Angelegenheiten der freiwilligen Gerichtsbarkeit auf Grund rechtskräftiger Entscheidung als nichtig gelöscht worden ist.

**§ 242 Heilung der Nichtigkeit.** (1) Die Nichtigkeit eines Hauptversammlungsbeschlusses, der entgegen § 130 Abs. 1 und 2 Satz 1 und Abs. 4 nicht oder nicht gehörig beurkundet worden ist, kann nicht mehr geltend gemacht werden, wenn der Beschluß in das Handelsregister eingetragen worden ist.

(2) ¹Ist ein Hauptversammlungsbeschluß nach § 241 Nr. 1, 3 oder 4 nichtig, so kann die Nichtigkeit nicht mehr geltend gemacht werden, wenn der Beschluß in das Handelsregister eingetragen worden ist und seitdem drei Jahre verstrichen sind. ²Ist bei Ablauf der Frist eine Klage auf Feststellung der Nichtigkeit des Hauptversammlungsbeschlusses rechtshängig, so verlängert sich die Frist, bis über die Klage rechtskräftig entschieden ist oder sie sich auf andere Weise endgültig erledigt hat. ³Eine Löschung des Beschlusses von Amts wegen nach § 398 des Gesetzes über das Verfahren in Familiensachen und in den Angelegenheiten der freiwilligen Gerichtsbarkeit wird durch den Zeitablauf nicht ausgeschlossen. ⁴Ist ein Hauptversammlungsbeschluß wegen Verstoßes gegen § 121 Abs. 4 Satz 2 nach § 241 Nr. 1 nichtig, so kann die Nichtigkeit auch dann nicht mehr geltend gemacht werden, wenn der nicht geladene Aktionär den Beschluß genehmigt. ⁵Ist ein Hauptversammlungsbeschluss nach § 241 Nr. 5 oder § 249 nichtig, so kann das Urteil nach § 248 Abs. 1 Satz 3 nicht mehr eingetragen werden, wenn gemäß § 246a Abs. 1 rechtskräftig festgestellt wurde, dass Mängel des Hauptversammlungsbeschlusses die Wirkung der Eintragung unberührt lassen; § 398 des Gesetzes über das Verfahren in Familiensachen und in den Angelegenheiten der freiwilligen Gerichtsbarkeit findet keine Anwendung.

(3) Absatz 2 gilt entsprechend, wenn in den Fällen des § 217 Abs. 2, § 228 Abs. 2, § 234 Abs. 3 und § 235 Abs. 2 die erforderlichen Eintragungen nicht fristgemäß vorgenommen worden sind.

**§ 243 Anfechtungsgründe.** (1) Ein Beschluß der Hauptversammlung kann wegen Verletzung des Gesetzes oder der Satzung durch Klage angefochten werden.

(2) ¹Die Anfechtung kann auch darauf gestützt werden, daß ein Aktionär mit der Ausübung des Stimmrechts für sich oder einen Dritten Sondervorteile zum Schaden der Gesellschaft oder der anderen Aktionäre zu erlangen suchte und der Beschluß geeignet ist, diesem Zweck zu dienen. ²Dies gilt nicht, wenn der Beschluß den anderen Aktionären einen angemessenen Ausgleich für ihren Schaden gewährt.

(3) Die Anfechtung kann nicht gestützt werden:

1. auf die durch eine technische Störung verursachte Verletzung von Rechten, die nach § 118 Abs. 1 Satz 2, Abs. 2 und § 134 Abs. 3 auf elektronischem Wege wahrgenommen worden sind, es sei denn, der Gesellschaft ist grobe Fahrlässigkeit oder Vorsatz vorzuwerfen; in der Satzung kann ein strengerer Verschuldensmaßstab bestimmt werden,

2. auf eine Verletzung des § 121 Abs. 4a, des § 124a oder des § 128,

3. auf Gründe, die ein Verfahren nach § 318 Abs. 3 des Handelsgesetzbuchs rechtfertigen.

(4) ¹Wegen unrichtiger, unvollständiger oder verweigerter Erteilung von Informationen kann nur angefochten werden, wenn ein objektiv urteilender Aktionär die Erteilung der Information als wesentliche Voraussetzung für die sachgerechte Wahrnehmung seiner Teilnahme- und Mitgliedschaftsrechte angesehen hätte. ²Auf unrichtige, unvollständige oder unzureichende Informationen in der Hauptversammlung über die Ermittlung, Höhe oder Angemessenheit von Ausgleich, Abfindung, Zuzahlung oder über sonstige Kompensationen kann eine Anfechtungsklage nicht gestützt werden, wenn das Gesetz für Bewertungsrügen ein Spruchverfahren vorsieht.

**§ 244 Bestätigung anfechtbarer Hauptversammlungsbeschlüsse.** ¹Die Anfechtung kann nicht mehr geltend gemacht werden, wenn die Hauptversammlung den anfechtbaren Beschluß durch einen neuen Beschluß bestätigt hat und dieser Beschluß innerhalb der Anfechtungsfrist nicht angefochten oder die Anfechtung rechtskräftig zurückgewiesen worden ist. ²Hat der Kläger ein rechtliches Interesse, daß der anfechtbare Beschluß für die Zeit bis zum Bestätigungsbeschluß für nichtig erklärt wird, so kann er die Anfechtung weiterhin mit dem Ziel geltend machen, den anfechtbaren Beschluß für diese Zeit für nichtig zu erklären.

**§ 245 Anfechtungsbefugnis.** Zur Anfechtung ist befugt

1. jeder in der Hauptversammlung erschienene Aktionär, wenn er die Aktien schon vor der Bekanntmachung der Tagesordnung erworben hatte und gegen den Beschluß Widerspruch zur Niederschrift erklärt hat;
2. jeder in der Hauptversammlung nicht erschienene Aktionär, wenn er zu der Hauptversammlung zu Unrecht nicht zugelassen worden ist oder die Versammlung nicht ordnungsgemäß einberufen oder der Gegenstand der Beschlußfassung nicht ordnungsgemäß bekanntgemacht worden ist;
3. im Fall des § 243 Abs. 2 jeder Aktionär, wenn er die Aktien schon vor der Bekanntmachung der Tagesordnung erworben hatte;
4. der Vorstand;
5. jedes Mitglied des Vorstands und des Aufsichtsrats, wenn durch die Ausführung des Beschlusses Mitglieder des Vorstands oder des Aufsichtsrats eine strafbare Handlung oder eine Ordnungswidrigkeit begehen oder wenn sie ersatzpflichtig werden würden.

**§ 246 Anfechtungsklage.** (1) Die Klage muß innerhalb eines Monats nach der Beschlußfassung erhoben werden.

(2) ¹Die Klage ist gegen die Gesellschaft zu richten. ²Die Gesellschaft wird durch Vorstand und Aufsichtsrat vertreten. ³Klagt der Vorstand oder ein Vorstandsmitglied, wird die Gesellschaft durch den Aufsichtsrat, klagt ein Aufsichtsratsmitglied, wird sie durch den Vorstand vertreten.

(3) ¹Zuständig für die Klage ist ausschließlich das Landgericht, in dessen Bezirk die Gesellschaft ihren Sitz hat. ²Ist bei dem Landgericht eine Kammer für Handelssachen gebildet, so entscheidet diese an Stelle der Zivilkammer. ³§ 148 Abs. 2 Satz 3 und 4 gilt entsprechend. ⁴Die mündliche Verhandlung findet nicht vor Ablauf der Monatsfrist des Absatzes 1 statt. ⁵Die Gesellschaft kann unmittelbar nach Ablauf der Monatsfrist des Absatzes 1 eine eingereichte Klage bereits vor Zustellung einsehen und sich von der Geschäftsstelle Auszüge und Abschriften erteilen lassen. ⁶Mehrere Anfechtungsprozesse sind zur gleichzeitigen Verhandlung und Entscheidung zu verbinden.

(4) ¹Der Vorstand hat die Erhebung der Klage und den Termin zur mündlichen Verhandlung unverzüglich in den Gesellschaftsblättern bekanntzumachen. ²Ein Aktionär kann sich als Nebenintervenient nur innerhalb eines Monats nach der Bekanntmachung an der Klage beteiligen.

**§ 246a Freigabeverfahren.** (1) ¹Wird gegen einen Hauptversammlungsbeschluss über eine Maßnahme der Kapitalbeschaffung, der Kapitalherabsetzung (§§ 182 bis 240) oder einen Unternehmensvertrag (§§ 291 bis 307) Klage erhoben, so kann das Gericht auf Antrag der Gesellschaft durch Beschluss feststellen, dass die Erhebung der Klage der Eintragung nicht entgegensteht und Mängel des Hauptversammlungsbeschlusses die Wirkung der Eintragung unberührt lassen. ²Auf das Verfahren sind § 247, die §§ 82, 83 Abs. 1 und § 84 der Zivilprozessordnung sowie die im ersten Rechtszug für das Verfahren vor den Landgerichten geltenden Vorschriften der Zivilprozessordnung entsprechend anzuwenden, soweit nichts Abweichendes bestimmt ist. ³Über den Antrag entscheidet ein Senat des Oberlandesgerichts, in dessen Bezirk die Gesellschaft ihren Sitz hat.

(2) Ein Beschluss nach Absatz 1 ergeht, wenn

1. die Klage unzulässig oder offensichtlich unbegründet ist,
2. der Kläger nicht binnen einer Woche nach Zustellung des Antrags durch Urkunden nachgewiesen hat, dass er seit Bekanntmachung der Einberufung einen anteiligen Betrag von mindestens 1 000 Euro hält oder
3. das alsbaldige Wirksamwerden des Hauptversammlungsbeschlusses vorrangig erscheint, weil die vom Antragsteller dargelegten wesentlichen Nachteile für die Gesellschaft und ihre Aktionäre nach freier Überzeugung des Gerichts die Nachteile für den Antragsgegner überwiegen, es sei denn, es liegt eine besondere Schwere des Rechtsverstoßes vor.

(3) ¹Eine Übertragung auf den Einzelrichter ist ausgeschlossen; einer Güteverhandlung bedarf es nicht. ²In dringenden Fällen kann auf eine mündliche Verhandlung verzichtet werden. ³Die vorgebrachten Tatsachen, auf Grund deren der Beschluss ergehen kann, sind glaubhaft zu machen. ⁴Der Beschluss ist unanfechtbar. ⁵Er ist für das Registergericht bindend; die Feststellung der Bestandskraft der Eintragung wirkt für und gegen jedermann. ⁶Der Beschluss soll spätestens drei Monate nach Antragstellung ergehen; Verzögerungen der Entscheidung sind durch unanfechtbaren Beschluss zu begründen.

(4) ¹Erweist sich die Klage als begründet, so ist die Gesellschaft, die den Beschluss erwirkt hat, verpflichtet, dem Antragsgegner den Schaden zu ersetzen, der ihm aus einer auf dem Beschluss beruhenden Eintragung des Hauptversammlungsbeschlusses entstanden ist. ²Nach der Eintragung lassen Mängel des Beschlusses seine Durchführung unberührt; die Beseitigung dieser Wirkung der Eintragung kann auch nicht als Schadensersatz verlangt werden.

**§ 247 Streitwert.** (1) ¹Den Streitwert bestimmt das Prozeßgericht unter Berücksichtigung aller Umstände des einzelnen Falles, insbesondere der Bedeutung der Sache für die Parteien, nach billigem Ermessen. ²Er darf jedoch ein Zehntel des Grundkapitals oder, wenn dieses Zehntel mehr als 500 000 Euro beträgt, 500 000 Euro nur insoweit übersteigen, als die Bedeutung der Sache für den Kläger höher zu bewerten ist.

(2) ¹Macht eine Partei glaubhaft, daß die Belastung mit den Prozeßkosten nach dem gemäß Absatz 1 bestimmten Streitwert ihre wirtschaftliche Lage erheblich gefährden würde, so kann das Prozeßgericht auf ihren Antrag anordnen, daß ihre Verpflichtung zur Zahlung von Gerichtskosten sich nach einem ihrer Wirtschaftslage angepaßten Teil des Streitwerts bemißt. ²Die Anordnung hat zur Folge, daß die begünstigte Partei die Gebühren ihres Rechtsanwalts ebenfalls nur nach diesem Teil des Streitwerts zu entrichten hat. ³Soweit ihr Kosten des Rechtsstreits auferlegt werden oder soweit sie diese übernimmt, hat sie die von dem Gegner entrichteten Gerichtsgebühren und die Gebühren seines Rechtsanwalts nur nach dem Teil des Streitwerts zu erstatten. ⁴Soweit die außergerichtlichen Kosten dem Gegner auferlegt oder von ihm übernommen werden, kann der Rechtsanwalt der begünstigten Partei seine Gebühren von dem Gegner nach dem für diesen geltenden Streitwert beitreiben.

(3) ¹Der Antrag nach Absatz 2 kann vor der Geschäftsstelle des Prozeßgerichts zur Niederschrift erklärt werden. ²Er ist vor der Verhandlung zur Hauptsache anzubrin-

gen. ³Später ist er nur zulässig, wenn der angenommene oder festgesetzte Streitwert durch das Prozeßgericht heraufgesetzt wird. ⁴Vor der Entscheidung über den Antrag ist der Gegner zu hören.

**§ 248 Urteilswirkung.** (1) ¹Soweit der Beschluß durch rechtskräftiges Urteil für nichtig erklärt ist, wirkt das Urteil für und gegen alle Aktionäre sowie die Mitglieder des Vorstands und des Aufsichtsrats, auch wenn sie nicht Partei sind. ²Der Vorstand hat das Urteil unverzüglich zum Handelsregister einzureichen. ³War der Beschluß in das Handelsregister eingetragen, so ist auch das Urteil einzutragen. ⁴Die Eintragung des Urteils ist in gleicher Weise wie die des Beschlusses bekanntzumachen.

(2) Hatte der Beschluß eine Satzungsänderung zum Inhalt, so ist mit dem Urteil der vollständige Wortlaut der Satzung, wie er sich unter Berücksichtigung des Urteils und aller bisherigen Satzungsänderungen ergibt, mit der Bescheinigung eines Notars über diese Tatsache zum Handelsregister einzureichen.

**§ 248a Bekanntmachungen zur Anfechtungsklage.** ¹Wird der Anfechtungsprozess beendet, hat die börsennotierte Gesellschaft die Verfahrensbeendigung unverzüglich in den Gesellschaftsblättern bekannt zu machen. ²§ 149 Abs. 2 und 3 ist entsprechend anzuwenden.

**§ 249 Nichtigkeitsklage.** (1) ¹Erhebt ein Aktionär, der Vorstand oder ein Mitglied des Vorstands oder des Aufsichtsrats Klage auf Feststellung der Nichtigkeit eines Hauptversammlungsbeschlusses gegen die Gesellschaft, so finden § 246 Abs. 2, Abs. 3 Satz 1 bis 5, Abs. 4, §§ 246a, 247, 248 und 248a entsprechende Anwendung. ²Es ist nicht ausgeschlossen, die Nichtigkeit auf andere Weise als durch Erhebung der Klage geltend zu machen. ³Schafft der Hauptversammlungsbeschluss Voraussetzungen für eine Umwandlung nach § 1 des Umwandlungsgesetzes und ist der Umwandlungsbeschluss eingetragen, so gilt § 20 Abs. 2 des Umwandlungsgesetzes für den Hauptversammlungsbeschluss entsprechend.

(2) ¹Mehrere Nichtigkeitsprozesse sind zur gleichzeitigen Verhandlung und Entscheidung zu verbinden. ²Nichtigkeits- und Anfechtungsprozesse können verbunden werden.

### Zweiter Unterabschnitt. Nichtigkeit bestimmter Hauptversammlungsbeschlüsse

**§ 250 Nichtigkeit der Wahl von Aufsichtsratsmitgliedern.** (1) Die Wahl eines Aufsichtsratsmitglieds durch die Hauptversammlung ist außer im Falle des § 241 Nr. 1, 2 und 5 nur dann nichtig, wenn

1. der Aufsichtsrat unter Verstoß gegen § 96 Abs. 2, § 97 Abs. 2 Satz 1 oder § 98 Abs. 4 zusammengesetzt wird;
2. die Hauptversammlung, obwohl sie an Wahlvorschläge gebunden ist (§§ 6 und 8 des Montan-Mitbestimmungsgesetzes), eine nicht vorgeschlagene Person wählt;
3. durch die Wahl die gesetzliche Höchstzahl der Aufsichtsratsmitglieder überschritten wird (§ 95);
4. die gewählte Person nach § 100 Abs. 1 und 2 bei Beginn ihrer Amtszeit nicht Aufsichtsratsmitglied sein kann.

(2) Für die Klage auf Feststellung, daß die Wahl eines Aufsichtsratsmitglieds nichtig ist, sind parteifähig

1. der Gesamtbetriebsrat der Gesellschaft oder, wenn in der Gesellschaft nur ein Betriebsrat besteht, der Betriebsrat, sowie, wenn die Gesellschaft herrschendes Unternehmen eines Konzerns ist, der Konzernbetriebsrat,
2. der Gesamt- oder Unternehmenssprecherausschuss der Gesellschaft oder, wenn in der Gesellschaft nur ein Sprecherausschuss besteht, der Sprecherausschuss sowie, wenn die Gesellschaft herrschendes Unternehmen eines Konzerns ist, der Konzernsprecherausschuss,
3. der Gesamtbetriebsrat eines anderen Unternehmens, dessen Arbeitnehmer selbst oder durch Delegierte an der Wahl von Aufsichtsratsmitgliedern der Gesellschaft teilnehmen, oder, wenn in dem anderen Unternehmen nur ein Betriebsrat besteht, der Betriebsrat,
4. der Gesamt- oder Unternehmenssprecherausschuss eines anderen Unternehmens, dessen Arbeitnehmer selbst oder durch Delegierte an der Wahl von Aufsichtsratsmitgliedern der Gesellschaft teilnehmen, oder, wenn in dem anderen Unternehmen nur ein Sprecherausschuss besteht, der Sprecherausschuss,
5. jede in der Gesellschaft oder in einem Unternehmen, dessen Arbeitnehmer selbst oder durch Delegierte an der Wahl von Aufsichtsratsmitgliedern der Gesellschaft teilnehmen, vertretene Gewerkschaft sowie deren Spitzenorganisation.

(3) [1]Erhebt ein Aktionär, der Vorstand, ein Mitglied des Vorstands oder des Aufsichtsrats oder eine in Absatz 2 bezeichnete Organisation oder Vertretung der Arbeitnehmer gegen die Gesellschaft Klage auf Feststellung, dass die Wahl eines Aufsichtsratsmitglieds nichtig ist, so gelten § 246 Abs. 2, Abs. 3 Satz 1 bis 4, Abs. 4, §§ 247, 248 Abs. 1 Satz 2, §§ 248a und 249 Abs. 2 sinngemäß. [2]Es ist nicht ausgeschlossen, die Nichtigkeit auf andere Weise als durch Erhebung der Klage geltend zu machen.

**§ 251 Anfechtung der Wahl von Aufsichtsratsmitgliedern.** (1) [1]Die Wahl eines Aufsichtsratsmitglieds durch die Hauptversammlung kann wegen Verletzung des Gesetzes oder der Satzung durch Klage angefochten werden. [2]Ist die Hauptversammlung an Wahlvorschläge gebunden, so kann die Anfechtung auch darauf gestützt werden, daß der Wahlvorschlag gesetzwidrig zustande gekommen ist. [3]§ 243 Abs. 4 und § 244 gelten.

(2) [1]Für die Anfechtungsbefugnis gilt § 245 Nr. 1, 2 und 4. [2]Die Wahl eines Aufsichtsratsmitglieds, das nach dem Montan-Mitbestimmungsgesetz auf Vorschlag der Betriebsräte gewählt worden ist, kann auch von jedem Betriebsrat eines Betriebs der Gesellschaft, jeder in den Betrieben der Gesellschaft vertretenen Gewerkschaft oder deren Spitzenorganisation angefochten werden. [3]Die Wahl eines weiteren Mitglieds, das nach dem Montan-Mitbestimmungsgesetz oder dem Mitbestimmungsergänzungsgesetz auf Vorschlag der übrigen Aufsichtsratsmitglieder gewählt worden ist, kann auch von jedem Aufsichtsratsmitglied angefochten werden.

(3) Für das Anfechtungsverfahren gelten die §§ 246, 247, 248 Abs. 1 Satz 2 und § 248a.

**§ 252 Urteilswirkung.** (1) Erhebt ein Aktionär, der Vorstand, ein Mitglied des Vorstands oder des Aufsichtsrats oder eine in § 250 Abs. 2 bezeichnete Organisation oder Vertretung der Arbeitnehmer gegen die Gesellschaft Klage auf Feststellung, daß die Wahl eines Aufsichtsratsmitglieds durch die Hauptversammlung nichtig ist, so wirkt ein Urteil, das die Nichtigkeit der Wahl rechtskräftig feststellt, für und gegen alle Aktionäre und Arbeitnehmer der Gesellschaft, alle Arbeitnehmer von anderen Unternehmen, deren Arbeitnehmer selbst oder durch Delegierte an der Wahl von Aufsichtsratsmitgliedern der Gesellschaft teilnehmen, die Mitglieder des Vorstands und des Aufsichtsrats sowie die in § 250 Abs. 2 bezeichneten Organisationen und Vertretungen der Arbeitnehmer, auch wenn sie nicht Partei sind.

(2) ¹Wird die Wahl eines Aufsichtsratsmitglieds durch die Hauptversammlung durch rechtskräftiges Urteil für nichtig erklärt, so wirkt das Urteil für und gegen alle Aktionäre sowie die Mitglieder des Vorstands und Aufsichtsrats, auch wenn sie nicht Partei sind. ²Im Fall des § 251 Abs. 2 Satz 2 wirkt das Urteil auch für und gegen die nach dieser Vorschrift anfechtungsberechtigten Betriebsräte, Gewerkschaften und Spitzenorganisationen, auch wenn sie nicht Partei sind.

**§ 253 Nichtigkeit des Beschlusses über die Verwendung des Bilanzgewinns.** (1) ¹Der Beschluß über die Verwendung des Bilanzgewinns ist außer in den Fällen des § 173 Abs. 3, des § 217 Abs. 2 und des § 241 nur dann nichtig, wenn die Feststellung des Jahresabschlusses, auf dem er beruht, nichtig ist. ²Die Nichtigkeit des Beschlusses aus diesem Grunde kann nicht mehr geltend gemacht werden, wenn die Nichtigkeit der Feststellung des Jahresabschlusses nicht mehr geltend gemacht werden kann.

(2) Für die Klage auf Feststellung der Nichtigkeit gegen die Gesellschaft gilt § 249.

**§ 254 Anfechtung des Beschlusses über die Verwendung des Bilanzgewinns.** (1) Der Beschluß über die Verwendung des Bilanzgewinns kann außer nach § 243 auch angefochten werden, wenn die Hauptversammlung aus dem Bilanzgewinn Beträge in Gewinnrücklagen einstellt oder als Gewinn vorträgt, die nicht nach Gesetz oder Satzung von der Verteilung unter die Aktionäre ausgeschlossen sind, obwohl die Einstellung oder der Gewinnvortrag bei vernünftiger kaufmännischer Beurteilung nicht notwendig ist, um die Lebens- und Widerstandsfähigkeit der Gesellschaft für einen hinsichtlich der wirtschaftlichen und finanziellen Notwendigkeiten übersehbaren Zeitraum zu sichern und dadurch unter die Aktionäre kein Gewinn in Höhe von mindestens vier vom Hundert des Grundkapitals abzüglich von noch nicht eingeforderten Einlagen verteilt werden kann.

(2) ¹Für die Anfechtung gelten die §§ 244 bis 246, 247 bis 248a. ²Die Anfechtungsfrist beginnt auch dann mit der Beschlußfassung, wenn der Jahresabschluß nach § 316 Abs. 3 des Handelsgesetzbuchs erneut zu prüfen ist. ³Zu einer Anfechtung nach Absatz 1 sind Aktionäre nur befugt, wenn ihre Anteile zusammen den zwanzigsten Teil des Grundkapitals oder den anteiligen Betrag von 500 000 Euro erreichen.

**§ 255 Anfechtung der Kapitalerhöhung gegen Einlagen.** (1) Der Beschluß über eine Kapitalerhöhung gegen Einlagen kann nach § 243 angefochten werden.

(2) ¹Die Anfechtung kann, wenn das Bezugsrecht der Aktionäre ganz oder zum Teil ausgeschlossen worden ist, auch darauf gestützt werden, daß der sich aus dem Erhöhungsbeschluß ergebende Ausgabebetrag oder der Mindestbetrag, unter dem die neuen Aktien nicht ausgegeben werden sollen, unangemessen niedrig ist. ²Dies gilt nicht, wenn die neuen Aktien von einem Dritten mit der Verpflichtung übernommen werden sollen, sie den Aktionären zum Bezug anzubieten.

(3) Für die Anfechtung gelten die §§ 244 bis 248a.

### Zweiter Abschnitt. Nichtigkeit des festgestellten Jahresabschlusses

**§ 256 Nichtigkeit.** (1) Ein festgestellter Jahresabschluß ist außer in den Fällen des § 173 Abs. 3, § 234 Abs. 3 und § 235 Abs. 2 nichtig, wenn

1. er durch seinen Inhalt Vorschriften verletzt, die ausschließlich oder überwiegend zum Schutze der Gläubiger der Gesellschaft gegeben sind,

2. er im Falle einer gesetzlichen Prüfungspflicht nicht nach § 316 Abs. 1 und 3 des Handelsgesetzbuchs geprüft worden ist,

3. er im Falle einer gesetzlichen Prüfungspflicht von Personen geprüft worden ist, die nach § 319 Abs. 1 des Handelsgesetzbuchs oder nach Artikel 25 des Einführungsgesetzes zum Handelsgesetzbuch nicht Abschlussprüfer sind oder aus anderen Gründen als einem Verstoß gegen § 319 Abs. 2, 3 oder Abs. 4, § 319a Abs. 1 oder § 319b Abs. 1 des Handelsgesetzbuchs nicht zum Abschlussprüfer bestellt sind,

4. bei seiner Feststellung die Bestimmungen des Gesetzes oder der Satzung über die Einstellung von Beträgen in Kapital- oder Gewinnrücklagen oder über die Entnahme von Beträgen aus Kapital- oder Gewinnrücklagen verletzt worden sind.

(2) Ein von Vorstand und Aufsichtsrat festgestellter Jahresabschluß ist außer nach Absatz 1 nur nichtig, wenn der Vorstand oder der Aufsichtsrat bei seiner Feststellung nicht ordnungsgemäß mitgewirkt hat.

(3) Ein von der Hauptversammlung festgestellter Jahresabschluß ist außer nach Absatz 1 nur nichtig, wenn die Feststellung

1. in einer Hauptversammlung beschlossen worden ist, die unter Verstoß gegen § 121 Abs. 2 und 3 Satz 1 oder Abs. 4 einberufen war,

2. nicht nach § 130 Abs. 1 und 2 Satz 1 und Abs. 4 beurkundet ist,

3. auf Anfechtungsklage durch Urteil rechtskräftig für nichtig erklärt worden ist.

(4) Wegen Verstoßes gegen die Vorschriften über die Gliederung des Jahresabschlusses sowie wegen der Nichtbeachtung von Formblättern, nach denen der Jahresabschluß zu gliedern ist, ist der Jahresabschluß nur nichtig, wenn seine Klarheit und Übersichtlichkeit dadurch wesentlich beeinträchtigt sind.

(5) ¹Wegen Verstoßes gegen die Bewertungsvorschriften ist der Jahresabschluß nur nichtig, wenn

1. Posten überbewertet oder

2. Posten unterbewertet sind und dadurch die Vermögens- und Ertragslage der Gesellschaft vorsätzlich unrichtig wiedergegeben oder verschleiert wird.

²Überbewertet sind Aktivposten, wenn sie mit einem höheren Wert, Passivposten, wenn sie mit einem niedrigeren Betrag angesetzt sind, als nach §§ 253 bis 256 des Handelsgesetzbuchs zulässig ist. ³Unterbewertet sind Aktivposten, wenn sie mit einem niedrigeren Wert, Passivposten, wenn sie mit einem höheren Betrag angesetzt sind, als nach §§ 253 bis 256 des Handelsgesetzbuchs zulässig ist. ⁴Bei Kreditinstituten oder Finanzdienstleistungsinstituten sowie bei Kapitalanlagegesellschaften im Sinn des § 2 Abs. 6 des Investmentgesetzes liegt ein Verstoß gegen die Bewertungsvorschriften nicht vor, soweit die Abweichung nach den für sie geltenden Vorschriften, insbesondere den §§ 340e bis 340g des Handelsgesetzbuchs, zulässig ist; dies gilt entsprechend für Versicherungsunternehmen nach Maßgabe der für sie geltenden Vorschriften, insbesondere der §§ 341b bis 341h des Handelsgesetzbuchs.

(6) ¹Die Nichtigkeit nach Absatz 1 Nr. 1, 3 und 4, Absatz 2, Absatz 3 Nr. 1 und 2, Absatz 4 und 5 kann nicht mehr geltend gemacht werden, wenn seit der Bekanntmachung nach § 325 Abs. 2 des Handelsgesetzbuchs in den Fällen des Absatzes 1 Nr. 3 und 4, des Absatzes 2 und des Absatzes 3 Nr. 1 und 2 sechs Monate, in den anderen Fällen drei Jahre verstrichen sind. ²Ist bei Ablauf der Frist eine Klage auf Feststellung der Nichtigkeit des Jahresabschlusses rechtshängig, so verlängert sich die Frist, bis über die Klage rechtskräftig entschieden ist oder sie sich auf andere Weise endgültig erledigt hat.

(7) ¹Für die Klage auf Feststellung der Nichtigkeit gegen die Gesellschaft gilt § 249 sinngemäß. ²Hat die Gesellschaft Wertpapiere im Sinne des § 2 Abs. 1 Satz 1 des

Wertpapierhandelsgesetzes ausgegeben, die an einer inländischen Börse zum Handel im regulierten Markt zugelassen sind, so hat das Gericht der Bundesanstalt für Finanzdienstleistungsaufsicht den Eingang einer Klage auf Feststellung der Nichtigkeit sowie jede rechtskräftige Entscheidung über diese Klage mitzuteilen.

**§ 257 Anfechtung der Feststellung des Jahresabschlusses durch die Hauptversammlung.** (1) ¹Die Feststellung des Jahresabschlusses durch die Hauptversammlung kann nach § 243 angefochten werden. ²Die Anfechtung kann jedoch nicht darauf gestützt werden, daß der Inhalt des Jahresabschlusses gegen Gesetz oder Satzung verstößt.

(2) ¹Für die Anfechtung gelten die §§ 244 bis 246, 247 bis 248a. ²Die Anfechtungsfrist beginnt auch dann mit der Beschlußfassung, wenn der Jahresabschluß nach § 316 Abs. 3 des Handelsgesetzbuchs erneut zu prüfen ist.

### Dritter Abschnitt. Sonderprüfung wegen unzulässiger Unterbewertung

**§ 258 Bestellung der Sonderprüfer.** (1) ¹Besteht Anlaß für die Annahme, daß

1. in einem festgestellten Jahresabschluß bestimmte Posten nicht unwesentlich unterbewertet sind (§ 256 Abs. 5 Satz 3) oder
2. der Anhang die vorgeschriebenen Angaben nicht oder nicht vollständig enthält und der Vorstand in der Hauptversammlung die fehlenden Angaben, obwohl nach ihnen gefragt worden ist, nicht gemacht hat und die Aufnahme der Frage in die Niederschrift verlangt worden ist,

so hat das Gericht auf Antrag Sonderprüfer zu bestellen. ²Die Sonderprüfer haben die bemängelten Posten darauf zu prüfen, ob sie nicht unwesentlich unterbewertet sind. ³Sie haben den Anhang darauf zu prüfen, ob die vorgeschriebenen Angaben nicht oder nicht vollständig gemacht worden sind und der Vorstand in der Hauptversammlung die fehlenden Angaben, obwohl nach ihnen gefragt worden ist, nicht gemacht hat und die Aufnahme der Frage in die Niederschrift verlangt worden ist.

(1a) Bei Kreditinstituten oder Finanzdienstleistungsinstituten sowie bei Kapitalanlagegesellschaften im Sinn des § 2 Abs. 6 des Investmentgesetzes kann ein Sonderprüfer nach Absatz 1 nicht bestellt werden, soweit die Unterbewertung oder die fehlenden Angaben im Anhang auf der Anwendung des § 340f des Handelsgesetzbuchs beruhen.

(2) ¹Der Antrag muß innerhalb eines Monats nach der Hauptversammlung über den Jahresabschluß gestellt werden. ²Dies gilt auch, wenn der Jahresabschluß nach § 316 Abs. 3 des Handelsgesetzbuchs erneut zu prüfen ist. ³Er kann nur von Aktionären gestellt werden, deren Anteile zusammen den Schwellenwert des § 142 Abs. 2 erreichen. ⁴Die Antragsteller haben die Aktien bis zur Entscheidung über den Antrag zu hinterlegen oder eine Versicherung des depotführenden Instituts vorzulegen, dass die Aktien so lange nicht veräußert werden, und glaubhaft zu machen, daß sie seit mindestens drei Monaten vor dem Tage der Hauptversammlung Inhaber der Aktien sind. ⁵Zur Glaubhaftmachung genügt eine eidesstattliche Versicherung vor einem Notar.

(3) ¹Vor der Bestellung hat das Gericht den Vorstand, den Aufsichtsrat und den Abschlußprüfer zu hören. ²Gegen die Entscheidung ist die Beschwerde zulässig. ³Über den Antrag gemäß Absatz 1 entscheidet das Landgericht, in dessen Bezirk die Gesellschaft ihren Sitz hat.

(4) ¹Sonderprüfer nach Absatz 1 können nur Wirtschaftsprüfer und Wirtschaftsprüfungsgesellschaften sein. ²Für die Auswahl gelten § 319 Abs. 2 bis 4, § 319a Abs. 1 und § 319b Abs. 1 des Handelsgesetzbuchs sinngemäß. ³Der Abschlußprüfer der Ge-

sellschaft und Personen, die in den letzten drei Jahren vor der Bestellung Abschlußprüfer der Gesellschaft waren, können nicht Sonderprüfer nach Absatz 1 sein.

(5) ¹§ 142 Abs. 6 über den Ersatz angemessener barer Auslagen und die Vergütung gerichtlich bestellter Sonderprüfer, § 145 Abs. 1 bis 3 über die Rechte der Sonderprüfer, § 146 über die Kosten der Sonderprüfung und § 323 des Handelsgesetzbuchs über die Verantwortlichkeit des Abschlußprüfers gelten sinngemäß. ²Die Sonderprüfer nach Absatz 1 haben die Rechte nach § 145 Abs. 2 auch gegenüber dem Abschlußprüfer der Gesellschaft.

### § 259 Prüfungsbericht. Abschließende Feststellungen.

(1) ¹Die Sonderprüfer haben über das Ergebnis der Prüfung schriftlich zu berichten. ²Stellen die Sonderprüfer bei Wahrnehmung ihrer Aufgaben fest, daß Posten überbewertet sind (§ 256 Abs. 5 Satz 2), oder daß gegen die Vorschriften über die Gliederung des Jahresabschlusses verstoßen ist oder Formblätter nicht beachtet sind, so haben sie auch darüber zu berichten. ³Für den Bericht gilt § 145 Abs. 4 bis 6 sinngemäß.

(2) ¹Sind nach dem Ergebnis der Prüfung die bemängelten Posten nicht unwesentlich unterbewertet (§ 256 Abs. 5 Satz 3), so haben die Sonderprüfer am Schluß ihres Berichts in einer abschließenden Feststellung zu erklären,

1. zu welchem Wert die einzelnen Aktivposten mindestens und mit welchem Betrag die einzelnen Passivposten höchstens anzusetzen waren;
2. um welchen Betrag der Jahresüberschuß sich beim Ansatz dieser Werte oder Beträge erhöht oder der Jahresfehlbetrag sich ermäßigt hätte.

²Die Sonderprüfer haben ihrer Beurteilung die Verhältnisse am Stichtag des Jahresabschlusses zugrunde zu legen. ³Sie haben für den Ansatz der Werte und Beträge nach Nummer 1 diejenige Bewertungs- und Abschreibungsmethode zugrunde zu legen, nach der die Gesellschaft die zu bewertenden Gegenstände oder vergleichbare Gegenstände zuletzt in zulässiger Weise bewertet hat.

(3) Sind nach dem Ergebnis der Prüfung die bemängelten Posten nicht oder nur unwesentlich unterbewertet (§ 256 Abs. 5 Satz 3), so haben die Sonderprüfer am Schluß ihres Berichts in einer abschließenden Feststellung zu erklären, daß nach ihrer pflichtmäßigen Prüfung und Beurteilung die bemängelten Posten nicht unzulässig unterbewertet sind.

(4) ¹Hat nach dem Ergebnis der Prüfung der Anhang die vorgeschriebenen Angaben nicht oder nicht vollständig enthalten und der Vorstand in der Hauptversammlung die fehlenden Angaben, obwohl nach ihnen gefragt worden ist, nicht gemacht und ist die Aufnahme der Frage in die Niederschrift verlangt worden, so haben die Sonderprüfer am Schluß ihres Berichts in einer abschließenden Feststellung die fehlenden Angaben zu machen. ²Ist die Angabe von Abweichungen von Bewertungs- oder Abschreibungsmethoden unterlassen worden, so ist in der abschließenden Feststellung auch der Betrag anzugeben, um den der Jahresüberschuß oder Jahresfehlbetrag ohne die Abweichung, deren Angabe unterlassen wurde, höher oder niedriger gewesen wäre. ³Sind nach dem Ergebnis der Prüfung keine Angaben nach Satz 1 unterlassen worden, so haben die Sonderprüfer in einer abschließenden Feststellung zu erklären, daß nach ihrer pflichtmäßigen Prüfung und Beurteilung im Anhang keine der vorgeschriebenen Angaben unterlassen worden ist.

(5) Der Vorstand hat die abschließenden Feststellungen der Sonderprüfer nach den Absätzen 2 bis 4 unverzüglich in den Gesellschaftsblättern bekanntzumachen.

### § 260 Gerichtliche Entscheidung über die abschließenden Feststellungen der Sonderprüfer.

(1) ¹Gegen abschließende Feststellungen der Sonderprüfer nach § 259 Abs. 2

und 3 können die Gesellschaft oder Aktionäre, deren Anteile zusammen den zwanzigsten Teil des Grundkapitals oder den anteiligen Betrag von 500 000 Euro erreichen, innerhalb eines Monats nach der Veröffentlichung im elektronischen Bundesanzeiger den Antrag auf Entscheidung durch das nach § 132 Abs. 1 zuständige Gericht stellen. ²§ 258 Abs. 2 Satz 4 und 5 gilt sinngemäß. ³Der Antrag muß auf Feststellung des Betrags gerichtet sein, mit dem die im Antrag zu bezeichnenden Aktivposten mindestens oder die im Antrag zu bezeichnenden Passivposten höchstens anzusetzen waren. ⁴Der Antrag der Gesellschaft kann auch auf Feststellung gerichtet sein, daß der Jahresabschluß die in der abschließenden Feststellung der Sonderprüfer festgestellten Unterbewertungen nicht enthielt.

(2) ¹Über den Antrag entscheidet das Gericht unter Würdigung aller Umstände nach freier Überzeugung. ²§ 259 Abs. 2 Satz 2 und 3 ist anzuwenden. ³Soweit die volle Aufklärung aller maßgebenden Umstände mit erheblichen Schwierigkeiten verbunden ist, hat das Gericht die anzusetzenden Werte oder Beträge zu schätzen.

(3) ¹§ 99 Abs. 1, Abs. 2 Satz 1, Abs. 3 und 5 gilt sinngemäß. ²Das Gericht hat seine Entscheidung der Gesellschaft und, wenn Aktionäre den Antrag nach Absatz 1 gestellt haben, auch diesen zuzustellen. ³Es hat sie ferner ohne Gründe in den Gesellschaftsblättern bekanntzumachen. ⁴Die Beschwerde steht der Gesellschaft und Aktionären zu, deren Anteile zusammen den zwanzigsten Teil des Grundkapitals oder den anteiligen Betrag von 500 000 Euro erreichen. ⁵§ 258 Abs. 2 Satz 4 und 5 gilt sinngemäß. ⁶Die Beschwerdefrist beginnt mit der Bekanntmachung der Entscheidung im elektronischen Bundesanzeiger, jedoch für die Gesellschaft und, wenn Aktionäre den Antrag nach Absatz 1 gestellt haben, auch für diese nicht vor der Zustellung der Entscheidung.

(4) ¹Für die Kosten des Verfahrens gilt die Kostenordnung. ²Für das Verfahren des ersten Rechtszugs wird das Doppelte der vollen Gebühr erhoben. ³Für das Verfahren über ein Rechtsmittel wird die gleiche Gebühr erhoben; dies gilt auch dann, wenn das Rechtsmittel Erfolg hat. ⁴Wird der Antrag oder das Rechtsmittel zurückgenommen, bevor es zu einer Entscheidung kommt, so ermäßigt sich die Gebühr auf die Hälfte. ⁵Der Geschäftswert ist von Amts wegen festzusetzen. ⁶Die Kosten sind, wenn dem Antrag stattgegeben wird, der Gesellschaft, sonst dem Antragsteller aufzuerlegen. ⁷§ 247 gilt sinngemäß.

**§ 261 Entscheidung über den Ertrag auf Grund höherer Bewertung.** (1) ¹Haben die Sonderprüfer in ihrer abschließenden Feststellung erklärt, daß Posten unterbewertet sind, und ist gegen diese Feststellung nicht innerhalb der in § 260 Abs. 1 bestimmten Frist der Antrag auf gerichtliche Entscheidung gestellt worden, so sind die Posten in dem ersten Jahresabschluß, der nach Ablauf dieser Frist aufgestellt wird, mit den von den Sonderprüfern festgestellten Werten oder Beträgen anzusetzen. ²Dies gilt nicht, soweit auf Grund veränderter Verhältnisse, namentlich bei Gegenständen, die der Abnutzung unterliegen, auf Grund der Abnutzung, nach §§ 253 bis 256 des Handelsgesetzbuchs oder nach den Grundsätzen ordnungsmäßiger Buchführung für Aktivposten ein niedrigerer Wert oder für Passivposten ein höherer Betrag anzusetzen ist. ³In diesem Fall sind im Anhang die Gründe anzugeben und in einer Sonderrechnung die Entwicklung des von den Sonderprüfern festgestellten Wertes oder Betrags auf den nach Satz 2 angesetzten Wert oder Betrag darzustellen. ⁴Sind die Gegenstände nicht mehr vorhanden, so ist darüber und über die Verwendung des Ertrags aus dem Abgang der Gegenstände im Anhang zu berichten. ⁵Bei den einzelnen Posten der Jahresbilanz sind die Unterschiedsbeträge zu vermerken, um die auf Grund von Satz 1 und 2 Aktivposten zu einem höheren Wert oder Passivposten mit einem niedrigeren Betrag angesetzt worden sind. ⁶Die Summe der Unterschiedsbeträge ist auf der Passivseite der Bilanz und in der Gewinn- und Verlustrechnung als „Ertrag auf Grund höherer Bewertung gemäß dem Ergebnis der Sonderprüfung" gesondert auszuweisen.

(2) ¹Hat das gemäß § 260 angerufene Gericht festgestellt, daß Posten unterbewertet sind, so gilt für den Ansatz der Posten in dem ersten Jahresabschluß, der nach Rechtskraft der gerichtlichen Entscheidung aufgestellt wird, Absatz 1 sinngemäß. ²Die Summe der Unterschiedsbeträge ist als „Ertrag auf Grund höherer Bewertung gemäß gerichtlicher Entscheidung" gesondert auszuweisen.

(3) ¹Der Ertrag aus höherer Bewertung nach Absätzen 1 und 2 rechnet für die Anwendung des § 58 nicht zum Jahresüberschuß. ²Über die Verwendung des Ertrags abzüglich der auf ihn zu entrichtenden Steuern entscheidet die Hauptversammlung, soweit nicht in dem Jahresabschluß ein Bilanzverlust ausgewiesen wird, der nicht durch Kapital- oder Gewinnrücklagen gedeckt ist.

**§ 261a Mitteilungen an die Bundesanstalt für Finanzdienstleistungsaufsicht.** Das Gericht hat der Bundesanstalt für Finanzdienstleistungsaufsicht den Eingang eines Antrags auf Bestellung eines Sonderprüfers, jede rechtskräftige Entscheidung über die Bestellung von Sonderprüfern, den Prüfungsbericht sowie eine rechtskräftige gerichtliche Entscheidung über abschließende Feststellungen der Sonderprüfer nach § 260 mitzuteilen, wenn die Gesellschaft Wertpapiere im Sinne des § 2 Abs. 1 Satz 1 des Wertpapierhandelsgesetzes ausgegeben hat, die an einer inländischen Börse zum Handel im regulierten Markt zugelassen sind.

### Achter Teil. Auflösung und Nichtigerklärung der Gesellschaft

### Erster Abschnitt. Auflösung

### Erster Unterabschnitt. Auflösungsgründe und Anmeldung

**§ 262 Auflösungsgründe.** (1) Die Aktiengesellschaft wird aufgelöst
1. durch Ablauf der in der Satzung bestimmten Zeit;
2. durch Beschluß der Hauptversammlung; dieser bedarf einer Mehrheit, die mindestens drei Viertel des bei der Beschlußfassung vertretenen Grundkapitals umfaßt; die Satzung kann eine größere Kapitalmehrheit und weitere Erfordernisse bestimmen;
3. durch die Eröffnung des Insolvenzverfahrens über das Vermögen der Gesellschaft;
4. mit der Rechtskraft des Beschlusses, durch den die Eröffnung des Insolvenzverfahrens mangels Masse abgelehnt wird;
5. mit der Rechtskraft einer Verfügung des Registergerichts, durch welche nach § 399 des Gesetzes über das Verfahren in Familiensachen und in den Angelegenheiten der freiwilligen Gerichtsbarkeit ein Mangel der Satzung festgestellt worden ist;
6. durch Löschung der Gesellschaft wegen Vermögenslosigkeit nach § 394 des Gesetzes über das Verfahren in Familiensachen und in den Angelegenheiten der freiwilligen Gerichtsbarkeit.

(2) Dieser Abschnitt gilt auch, wenn die Aktiengesellschaft aus anderen Gründen aufgelöst wird.

**§ 263 Anmeldung und Eintragung der Auflösung.** ¹Der Vorstand hat die Auflösung der Gesellschaft zur Eintragung in das Handelsregister anzumelden. ²Dies gilt nicht in den Fällen der Eröffnung und der Ablehnung der Eröffnung des Insolvenzverfahrens (§ 262 Abs. 1 Nr. 3 und 4) sowie im Falle der gerichtlichen Feststellung eines Mangels der Satzung (§ 262 Abs. 1 Nr. 5). ³In diesen Fällen hat das Gericht die Auflösung und ihren Grund von Amts wegen einzutragen. ⁴Im Falle der Löschung der Gesellschaft (§ 262 Abs. 1 Nr. 6) entfällt die Eintragung der Auflösung.

## Zweiter Unterabschnitt. Abwicklung

**§ 264 Notwendigkeit der Abwicklung.** (1) Nach der Auflösung der Gesellschaft findet die Abwicklung statt, wenn nicht über das Vermögen der Gesellschaft das Insolvenzverfahren eröffnet worden ist.

(2) ¹Ist die Gesellschaft durch Löschung wegen Vermögenslosigkeit aufgelöst, so findet eine Abwicklung nur statt, wenn sich nach der Löschung herausstellt, daß Vermögen vorhanden ist, das der Verteilung unterliegt. ²Die Abwickler sind auf Antrag eines Beteiligten durch das Gericht zu ernennen.

(3) Soweit sich aus diesem Unterabschnitt oder aus dem Zweck der Abwicklung nichts anderes ergibt, sind auf die Gesellschaft bis zum Schluß der Abwicklung die Vorschriften weiterhin anzuwenden, die für nicht aufgelöste Gesellschaften gelten.

**§ 265 Abwickler.** (1) Die Abwicklung besorgen die Vorstandsmitglieder als Abwickler.

(2) ¹Die Satzung oder ein Beschluß der Hauptversammlung kann andere Personen als Abwickler bestellen. ²Für die Auswahl der Abwickler gilt § 76 Abs. 3 Satz 2 und 3 sinngemäß. ³Auch eine juristische Person kann Abwickler sein.

(3) ¹Auf Antrag des Aufsichtsrats oder einer Minderheit von Aktionären, deren Anteile zusammen den zwanzigsten Teil des Grundkapitals oder den anteiligen Betrag von 500 000 Euro erreichen, hat das Gericht bei Vorliegen eines wichtigen Grundes die Abwickler zu bestellen und abzuberufen. ²Die Aktionäre haben glaubhaft zu machen, daß sie seit mindestens drei Monaten Inhaber der Aktien sind. ³Zur Glaubhaftmachung genügt eine eidesstattliche Versicherung vor einem Gericht oder Notar. ⁴Gegen die Entscheidung ist die Beschwerde zulässig.

(4) ¹Die gerichtlich bestellten Abwickler haben Anspruch auf Ersatz angemessener barer Auslagen und auf Vergütung für ihre Tätigkeit. ²Einigen sich der gerichtlich bestellte Abwickler und die Gesellschaft nicht, so setzt das Gericht die Auslagen und die Vergütung fest. ³Gegen die Entscheidung ist die Beschwerde zulässig; die Rechtsbeschwerde ist ausgeschlossen. ⁴Aus der rechtskräftigen Entscheidung findet die Zwangsvollstreckung nach der Zivilprozeßordnung statt.

(5) ¹Abwickler, die nicht vom Gericht bestellt sind, kann die Hauptversammlung jederzeit abberufen. ²Für die Ansprüche aus dem Anstellungsvertrag gelten die allgemeinen Vorschriften.

(6) Die Absätze 2 bis 5 gelten nicht für den Arbeitsdirektor, soweit sich seine Bestellung und Abberufung nach den Vorschriften des Montan-Mitbestimmungsgesetzes bestimmen.

**§ 266 Anmeldung der Abwickler.** (1) Die ersten Abwickler sowie ihre Vertretungsbefugnis hat der Vorstand, jeden Wechsel der Abwickler und jede Änderung ihrer Vertretungsbefugnis haben die Abwickler zur Eintragung in das Handelsregister anzumelden.

(2) Der Anmeldung sind die Urkunden über die Bestellung oder Abberufung sowie über die Vertretungsbefugnis in Urschrift oder öffentlich beglaubigter Abschrift beizufügen.

(3) ¹In der Anmeldung haben die Abwickler zu versichern, daß keine Umstände vorliegen, die ihrer Bestellung nach § 265 Abs. 2 Satz 2 entgegenstehen, und daß sie über ihre unbeschränkte Auskunftspflicht gegenüber dem Gericht belehrt worden sind. ²§ 37 Abs. 2 Satz 2 ist anzuwenden.

(4) Die Bestellung oder Abberufung von Abwicklern durch das Gericht wird von Amts wegen eingetragen.

(5) weggefallen

**§ 267 Aufruf der Gläubiger.** ¹Die Abwickler haben unter Hinweis auf die Auflösung der Gesellschaft die Gläubiger der Gesellschaft aufzufordern, ihre Ansprüche anzumelden. ²Die Aufforderung ist in den Gesellschaftsblättern bekanntzumachen.

**§ 268 Pflichten der Abwickler.** (1) ¹Die Abwickler haben die laufenden Geschäfte zu beenden, die Forderungen einzuziehen, das übrige Vermögen in Geld umzusetzen und die Gläubiger zu befriedigen. ²Soweit es die Abwicklung erfordert, dürfen sie auch neue Geschäfte eingehen.

(2) ¹Im übrigen haben die Abwickler innerhalb ihres Geschäftskreises die Rechte und Pflichten des Vorstands. ²Sie unterliegen wie dieser der Überwachung durch den Aufsichtsrat.

(3) Das Wettbewerbsverbot des § 88 gilt für sie nicht.

(4) ¹Auf allen Geschäftsbriefen, die an einen bestimmten Empfänger gerichtet werden, müssen die Rechtsform und der Sitz der Gesellschaft, die Tatsache, daß die Gesellschaft sich in Abwicklung befindet, das Registergericht des Sitzes der Gesellschaft und die Nummer, unter der die Gesellschaft in das Handelsregister eingetragen ist, sowie alle Abwickler und der Vorsitzende des Aufsichtsrats mit dem Familiennamen und mindestens einem ausgeschriebenen Vornamen angegeben werden. ²Werden Angaben über das Kapital der Gesellschaft gemacht, so müssen in jedem Falle das Grundkapital sowie, wenn auf die Aktien der Ausgabebetrag nicht vollständig eingezahlt ist, der Gesamtbetrag der ausstehenden Einlagen angegeben werden. ³Der Angaben nach Satz 1 bedarf es nicht bei Mitteilungen oder Berichten, die im Rahmen einer bestehenden Geschäftsverbindung ergehen und für die üblicherweise Vordrucke verwendet werden, in denen lediglich die im Einzelfall erforderlichen besonderen Angaben eingefügt zu werden brauchen. ⁴Bestellscheine gelten als Geschäftsbriefe im Sinne des Satzes 1; Satz 3 ist auf sie nicht anzuwenden.

**§ 269 Vertretung durch die Abwickler.** (1) Die Abwickler vertreten die Gesellschaft gerichtlich und außergerichtlich.

(2) ¹Sind mehrere Abwickler bestellt, so sind, wenn die Satzung oder die sonst zuständige Stelle nichts anderes bestimmt, sämtliche Abwickler nur gemeinschaftlich zur Vertretung der Gesellschaft befugt. ²Ist eine Willenserklärung gegenüber der Gesellschaft abzugeben, so genügt die Abgabe gegenüber einem Abwickler.

(3) ¹Die Satzung oder die sonst zuständige Stelle kann auch bestimmen, daß einzelne Abwickler allein oder in Gemeinschaft mit einem Prokuristen zur Vertretung der Gesellschaft befugt sind. ²Dasselbe kann der Aufsichtsrat bestimmen, wenn die Satzung oder ein Beschluß der Hauptversammlung ihn hierzu ermächtigt hat. ³Absatz 2 Satz 2 gilt in diesen Fällen sinngemäß.

(4) ¹Zur Gesamtvertretung befugte Abwickler können einzelne von ihnen zur Vornahme bestimmter Geschäfte oder bestimmter Arten von Geschäften ermächtigen. ²Dies gilt sinngemäß, wenn ein einzelner Abwickler in Gemeinschaft mit einem Prokuristen zur Vertretung der Gesellschaft befugt ist.

(5) Die Vertretungsbefugnis der Abwickler kann nicht beschränkt werden.

(6) Abwickler zeichnen für die Gesellschaft, indem sie der Firma einen die Abwicklung andeutenden Zusatz und ihre Namensunterschrift hinzufügen.

**§ 270 Eröffnungsbilanz. Jahresabschluß und Lagebericht.** (1) Die Abwickler haben für den Beginn der Abwicklung eine Bilanz (Eröffnungsbilanz) und einen die Eröffnungsbilanz erläuternden Bericht sowie für den Schluß eines jeden Jahres einen Jahresabschluß und einen Lagebericht aufzustellen.

(2) $^1$Die Hauptversammlung beschließt über die Feststellung der Eröffnungsbilanz und des Jahresabschlusses sowie über die Entlastung der Abwickler und der Mitglieder des Aufsichtsrats. $^2$Auf die Eröffnungsbilanz und den erläuternden Bericht sind die Vorschriften über den Jahresabschluß entsprechend anzuwenden. $^3$Vermögensgegenstände des Anlagevermögens sind jedoch wie Umlaufvermögen zu bewerten, soweit ihre Veräußerung innerhalb eines übersehbaren Zeitraums beabsichtigt ist oder diese Vermögensgegenstände nicht mehr dem Geschäftsbetrieb dienen; dies gilt auch für den Jahresabschluß.

(3) $^1$Das Gericht kann von der Prüfung des Jahresabschlusses und des Lageberichts durch einen Abschlußprüfer befreien, wenn die Verhältnisse der Gesellschaft so überschaubar sind, daß eine Prüfung im Interesse der Gläubiger und Aktionäre nicht geboten erscheint. $^2$Gegen die Entscheidung ist die Beschwerde zulässig.

**§ 271 Verteilung des Vermögens.** (1) Das nach der Berichtigung der Verbindlichkeiten verbleibende Vermögen der Gesellschaft wird unter die Aktionäre verteilt.

(2) Das Vermögen ist nach den Anteilen am Grundkapital zu verteilen, wenn nicht Aktien mit verschiedenen Rechten bei der Verteilung des Gesellschaftsvermögens vorhanden sind.

(3) $^1$Sind die Einlagen auf das Grundkapital nicht auf alle Aktien in demselben Verhältnis geleistet, so werden die geleisteten Einlagen erstattet und ein Überschuß nach den Anteilen am Grundkapital verteilt. $^2$Reicht das Vermögen zur Erstattung der Einlagen nicht aus, so haben die Aktionäre den Verlust nach ihren Anteilen am Grundkapital zu tragen; die noch ausstehenden Einlagen sind, soweit nötig, einzuziehen.

**§ 272 Gläubigerschutz.** (1) Das Vermögen darf nur verteilt werden, wenn ein Jahr seit dem Tage verstrichen ist, an dem der Aufruf der Gläubiger bekanntgemacht worden ist.

(2) Meldet sich ein bekannter Gläubiger nicht, so ist der geschuldete Betrag für ihn zu hinterlegen, wenn ein Recht zur Hinterlegung besteht.

(3) Kann eine Verbindlichkeit zur Zeit nicht berichtigt werden oder ist sie streitig, so darf das Vermögen nur verteilt werden, wenn dem Gläubiger Sicherheit geleistet ist.

**§ 273 Schluß der Abwicklung.** (1) $^1$Ist die Abwicklung beendet und die Schlußrechnung gelegt, so haben die Abwickler den Schluß der Abwicklung zur Eintragung in das Handelsregister anzumelden. $^2$Die Gesellschaft ist zu löschen.

(2) Die Bücher und Schriften der Gesellschaft sind an einem vom Gericht bestimmten sicheren Ort zur Aufbewahrung auf zehn Jahre zu hinterlegen.

(3) Das Gericht kann den Aktionären und den Gläubigern die Einsicht der Bücher und Schriften gestatten.

(4) ¹Stellt sich nachträglich heraus, daß weitere Abwicklungsmaßnahmen nötig sind, so hat auf Antrag eines Beteiligten das Gericht die bisherigen Abwickler neu zu bestellen oder andere Abwickler zu berufen. ²§ 265 Abs. 4 gilt.

(5) Gegen die Entscheidungen nach den Absätzen 2, 3 und 4 Satz 1 ist die Beschwerde zulässig.

**§ 274 Fortsetzung einer aufgelösten Gesellschaft.** (1) ¹Ist eine Aktiengesellschaft durch Zeitablauf oder durch Beschluß der Hauptversammlung aufgelöst worden, so kann die Hauptversammlung, solange noch nicht mit der Verteilung des Vermögens unter die Aktionäre begonnen ist, die Fortsetzung der Gesellschaft beschließen. ²Der Beschluß bedarf einer Mehrheit, die mindestens drei Viertel des bei der Beschlußfassung vertretenen Grundkapitals umfaßt. ³Die Satzung kann eine größere Kapitalmehrheit und weitere Erfordernisse bestimmen.

(2) Gleiches gilt, wenn die Gesellschaft

1. durch die Eröffnung des Insolvenzverfahrens aufgelöst, das Verfahren aber auf Antrag des Schuldners eingestellt oder nach der Bestätigung eines Insolvenzplans, der den Fortbestand der Gesellschaft vorsieht, aufgehoben worden ist;
2. durch die gerichtliche Feststellung eines Mangels der Satzung nach § 262 Abs. 1 Nr. 5 aufgelöst worden ist, eine den Mangel behebende Satzungsänderung aber spätestens zugleich mit der Fortsetzung der Gesellschaft beschlossen wird.

(3) ¹Die Abwickler haben die Fortsetzung der Gesellschaft zur Eintragung in das Handelsregister anzumelden. ²Sie haben bei der Anmeldung nachzuweisen, daß noch nicht mit der Verteilung des Vermögens der Gesellschaft unter die Aktionäre begonnen worden ist.

(4) ¹Der Fortsetzungsbeschluß wird erst wirksam, wenn er in das Handelsregister des Sitzes der Gesellschaft eingetragen worden ist. ²Im Falle des Absatzes 2 Nr. 2 hat der Fortsetzungsbeschluß keine Wirkung, solange er und der Beschluß über die Satzungsänderung nicht in das Handelsregister des Sitzes der Gesellschaft eingetragen worden sind; die beiden Beschlüsse sollen nur zusammen in das Handelsregister eingetragen werden.

### Zweiter Abschnitt. Nichtigerklärung der Gesellschaft

**§ 275 Klage auf Nichtigerklärung.** (1) ¹Enthält die Satzung keine Bestimmungen über die Höhe des Grundkapitals oder über den Gegenstand des Unternehmens oder sind die Bestimmungen der Satzung über den Gegenstand des Unternehmens nichtig, so kann jeder Aktionär und jedes Mitglied des Vorstands und des Aufsichtsrats darauf klagen, daß die Gesellschaft für nichtig erklärt werde. ²Auf andere Gründe kann die Klage nicht gestützt werden.

(2) Kann der Mangel nach § 276 geheilt werden, so kann die Klage erst erhoben werden, nachdem ein Klageberechtigter die Gesellschaft aufgefordert hat, den Mangel zu beseitigen, und sie binnen drei Monaten dieser Aufforderung nicht nachgekommen ist.

(3) ¹Die Klage muß binnen drei Jahren nach Eintragung der Gesellschaft erhoben werden. ²Eine Löschung der Gesellschaft von Amts wegen nach § 397 Abs. 1 des Gesetzes über das Verfahren in Familiensachen und in den Angelegenheiten der freiwilligen Gerichtsbarkeit wird durch den Zeitablauf nicht ausgeschlossen.

(4) ¹Für die Anfechtung gelten § 246 Abs. 2 bis 4, §§ 247, 248 Abs. 1 Satz 1, §§ 248a, 249 Abs. 2 sinngemäß. ²Der Vorstand hat eine beglaubigte Abschrift der Klage und

das rechtskräftige Urteil zum Handelsregister einzureichen. ³Die Nichtigkeit der Gesellschaft auf Grund rechtskräftigen Urteils ist einzutragen.

**§ 276 Heilung von Mängeln.** Ein Mangel, der die Bestimmungen über den Gegenstand des Unternehmens betrifft, kann unter Beachtung der Bestimmungen des Gesetzes und der Satzung über Satzungsänderungen geheilt werden.

**§ 277 Wirkung der Eintragung der Nichtigkeit.** (1) Ist die Nichtigkeit einer Gesellschaft auf Grund rechtskräftigen Urteils oder einer Entscheidung des Registergerichts in das Handelsregister eingetragen, so findet die Abwicklung nach den Vorschriften über die Abwicklung bei Auflösung statt.

(2) Die Wirksamkeit der im Namen der Gesellschaft vorgenommenen Rechtsgeschäfte wird durch die Nichtigkeit nicht berührt.

(3) Die Gesellschafter haben die Einlagen zu leisten, soweit es zur Erfüllung der eingegangenen Verbindlichkeiten nötig ist.

## Zweites Buch. Kommanditgesellschaft auf Aktien

**§ 278 Wesen der Kommanditgesellschaft auf Aktien.** (1) Die Kommanditgesellschaft auf Aktien ist eine Gesellschaft mit eigener Rechtspersönlichkeit, bei der mindestens ein Gesellschafter den Gesellschaftsgläubigern unbeschränkt haftet (persönlich haftender Gesellschafter) und die übrigen an dem in Aktien zerlegten Grundkapital beteiligt sind, ohne persönlich für die Verbindlichkeiten der Gesellschaft zu haften (Kommanditaktionäre).

(2) Das Rechtsverhältnis der persönlich haftenden Gesellschafter untereinander und gegenüber der Gesamtheit der Kommanditaktionäre sowie gegenüber Dritten, namentlich die Befugnis der persönlich haftenden Gesellschafter zur Geschäftsführung und zur Vertretung der Gesellschaft, bestimmt sich nach den Vorschriften des Handelsgesetzbuchs über die Kommanditgesellschaft.

(3) Im übrigen gelten für die Kommanditgesellschaft auf Aktien, soweit sich aus den folgenden Vorschriften oder aus dem Fehlen eines Vorstands nichts anderes ergibt, die Vorschriften des Ersten Buchs über die Aktiengesellschaft sinngemäß.

**§ 279 Firma.** (1) Die Firma der Kommanditgesellschaft auf Aktien muß, auch wenn sie nach § 22 des Handelsgesetzbuchs oder nach anderen gesetzlichen Vorschriften fortgeführt wird, die Bezeichnung „Kommanditgesellschaft auf Aktien" oder eine allgemein verständliche Abkürzung dieser Bezeichnung enthalten.

(2) Wenn in der Gesellschaft keine natürliche Person persönlich haftet, muß die Firma, auch wenn sie nach § 22 des Handelsgesetzbuchs oder nach anderen gesetzlichen Vorschriften fortgeführt wird, eine Bezeichnung enthalten, welche die Haftungsbeschränkung kennzeichnet.

**§ 280 Feststellung der Satzung. Gründer.** (1) ¹Die Satzung muß durch notarielle Beurkundung festgestellt werden. ²In der Urkunde sind bei Nennbetragsaktien der Nennbetrag, bei Stückaktien die Zahl, der Ausgabebetrag und, wenn mehrere Gattungen bestehen, die Gattung der Aktien anzugeben, die jeder Beteiligte übernimmt. ³Bevollmächtigte bedürfen einer notariell beglaubigten Vollmacht.

(2) ¹Alle persönlich haftenden Gesellschafter müssen sich bei der Feststellung der Satzung beteiligen. ²Außer ihnen müssen die Personen mitwirken, die als Kommanditaktionäre Aktien gegen Einlagen übernehmen.

(3) Die Gesellschafter, die die Satzung festgestellt haben, sind die Gründer der Gesellschaft.

**§ 281 Inhalt der Satzung.** (1) Die Satzung muß außer den Festsetzungen nach § 23 Abs. 3 und 4 den Namen, Vornamen und Wohnort jedes persönlich haftenden Gesellschafters enthalten.

(2) Vermögenseinlagen der persönlich haftenden Gesellschafter müssen, wenn sie nicht auf das Grundkapital geleistet werden, nach Höhe und Art in der Satzung festgesetzt werden.

**§ 282 Eintragung der persönlich haftenden Gesellschafter.** ¹Bei der Eintragung der Gesellschaft in das Handelsregister sind statt der Vorstandsmitglieder die persönlich haftenden Gesellschafter anzugeben. ²Ferner ist einzutragen, welche Vertretungsbefugnis die persönlich haftenden Gesellschafter haben.

**§ 283 Persönlich haftende Gesellschafter.** Für die persönlich haftenden Gesellschafter gelten sinngemäß die für den Vorstand der Aktiengesellschaft geltenden Vorschriften über

1. die Anmeldungen, Einreichungen, Erklärungen und Nachweise zum Handelsregister sowie über Bekanntmachungen;
2. die Gründungsprüfung;
3. die Sorgfaltspflicht und Verantwortlichkeit;
4. die Pflichten gegenüber dem Aufsichtsrat;
5. die Zulässigkeit einer Kreditgewährung;
6. die Einberufung der Hauptversammlung;
7. die Sonderprüfung;
8. die Geltendmachung von Ersatzansprüchen wegen der Geschäftsführung;
9. die Aufstellung, Vorlegung und Prüfung des Jahresabschlusses und des Vorschlags für die Verwendung des Bilanzgewinns;
10. die Vorlegung und Prüfung des Lageberichts sowie eines Konzernabschlusses und eines Konzernlageberichts;
11. die Vorlegung, Prüfung und Offenlegung eines Einzelabschlusses nach § 325 Abs. 2a des Handelsgesetzbuchs;
12. die Ausgabe von Aktien bei bedingter Kapitalerhöhung, bei genehmigtem Kapital und bei Kapitalerhöhung aus Gesellschaftsmitteln;
13. die Nichtigkeit und Anfechtung von Hauptversammlungsbeschlüssen;
14. den Antrag auf Eröffnung des Insolvenzverfahrens.

**§ 284 Wettbewerbsverbot.** (1) ¹Ein persönlich haftender Gesellschafter darf ohne ausdrückliche Einwilligung der übrigen persönlich haftenden Gesellschafter und des Aufsichtsrats weder im Geschäftszweig der Gesellschaft für eigene oder fremde Rechnung Geschäfte machen noch Mitglied des Vorstands oder Geschäftsführer oder persönlich haftender Gesellschafter einer anderen gleichartigen Handelsgesellschaft sein. ²Die Einwilligung kann nur für bestimmte Arten von Geschäften oder für bestimmte Handelsgesellschaften erteilt werden.

(2) ¹Verstößt ein persönlich haftender Gesellschafter gegen dieses Verbot, so kann die Gesellschaft Schadenersatz fordern. ²Sie kann statt dessen von dem Gesellschafter verlangen, daß er die für eigene Rechnung gemachten Geschäfte als für Rechnung der Gesellschaft eingegangen gelten läßt und die aus Geschäften für fremde Rechnung bezogene Vergütung herausgibt oder seinen Anspruch auf die Vergütung abtritt.

(3) ¹Die Ansprüche der Gesellschaft verjähren in drei Monaten seit dem Zeitpunkt, in dem die übrigen persönlich haftenden Gesellschafter und die Aufsichtsratsmitglieder von der zum Schadensersatz verpflichtenden Handlung Kenntnis erlangen oder ohne grobe Fahrlässigkeit erlangen müssten. ²Sie verjähren ohne Rücksicht auf diese Kenntnis oder grob fahrlässige Unkenntnis in fünf Jahren von ihrer Entstehung an.

**§ 285 Hauptversammlung.** (1) ¹In der Hauptversammlung haben die persönlich haftenden Gesellschafter nur ein Stimmrecht für ihre Aktien. ²Sie können das Stimmrecht weder für sich noch für einen anderen ausüben bei Beschlußfassungen über

1. die Wahl und Abberufung des Aufsichtsrats;
2. die Entlastung der persönlich haftenden Gesellschafter und der Mitglieder des Aufsichtsrats;
3. die Bestellung von Sonderprüfern;
4. die Geltendmachung von Ersatzansprüchen;
5. den Verzicht auf Ersatzansprüche;
6. die Wahl von Abschlußprüfern.

³Bei diesen Beschlußfassungen kann ihr Stimmrecht auch nicht durch einen anderen ausgeübt werden.

(2) ¹Die Beschlüsse der Hauptversammlung bedürfen der Zustimmung der persönlich haftenden Gesellschafter, soweit sie Angelegenheiten betreffen, für die bei einer Kommanditgesellschaft das Einverständnis der persönlich haftenden Gesellschafter und der Kommanditisten erforderlich ist. ²Die Ausübung der Befugnisse, die der Hauptversammlung oder einer Minderheit von Kommanditaktionären bei der Bestellung von Prüfern und der Geltendmachung von Ansprüchen der Gesellschaft aus der Gründung oder der Geschäftsführung zustehen, bedarf nicht der Zustimmung der persönlich haftenden Gesellschafter.

(3) ¹Beschlüsse der Hauptversammlung, die der Zustimmung der persönlich haftenden Gesellschafter bedürfen, sind zum Handelsregister erst einzureichen, wenn die Zustimmung vorliegt. ²Bei Beschlüssen, die in das Handelsregister einzutragen sind, ist die Zustimmung in der Verhandlungsniederschrift oder in einem Anhang zur Niederschrift zu beurkunden.

**§ 286 Jahresabschluß. Lagebericht.** (1) ¹Die Hauptversammlung beschließt über die Feststellung des Jahresabschlusses. ²Der Beschluß bedarf der Zustimmung der persönlich haftenden Gesellschafter.

(2) ¹In der Jahresbilanz sind die Kapitalanteile der persönlich haftenden Gesellschafter nach dem Posten „Gezeichnetes Kapital" gesondert auszuweisen. ²Der auf den Kapitalanteil eines persönlich haftenden Gesellschafters für das Geschäftsjahr entfallende Verlust ist von dem Kapitalanteil abzuschreiben. ³Soweit der Verlust den Kapitalanteil übersteigt, ist er auf der Aktivseite unter der Bezeichnung „Einzahlungsverpflichtungen persönlich haftender Gesellschafter" unter den Forderungen gesondert auszuweisen, soweit eine Zahlungsverpflichtung besteht; besteht keine Zahlungsverpflichtung, so ist der Betrag als „Nicht durch Vermögenseinlagen gedeckter Verlustanteil persönlich haftender Gesellschafter" zu bezeichnen und gemäß § 268 Abs. 3

des Handelsgesetzbuchs auszuweisen. ⁴Unter § 89 fallende Kredite, die die Gesellschaft persönlich haftenden Gesellschaftern, deren Ehegatten, Lebenspartnern oder minderjährigen Kindern oder Dritten, die für Rechnung dieser Personen handeln, gewährt hat, sind auf der Aktivseite bei den entsprechenden Posten unter der Bezeichnung „davon an persönlich haftende Gesellschafter und deren Angehörige" zu vermerken.

(3) In der Gewinn- und Verlustrechnung braucht der auf die Kapitalanteile der persönlich haftenden Gesellschafter entfallende Gewinn oder Verlust nicht gesondert ausgewiesen zu werden.

(4) § 285 Nr. 9 Buchstabe a und b des Handelsgesetzbuchs gilt für die persönlich haftenden Gesellschafter mit der Maßgabe, daß der auf den Kapitalanteil eines persönlich haftenden Gesellschafters entfallende Gewinn nicht angegeben zu werden braucht.

**§ 287 Aufsichtsrat.** (1) Die Beschlüsse der Kommanditaktionäre führt der Aufsichtsrat aus, wenn die Satzung nichts anderes bestimmt.

(2) ¹In Rechtsstreitigkeiten, die die Gesamtheit der Kommanditaktionäre gegen die persönlich haftenden Gesellschafter oder diese gegen die Gesamtheit der Kommanditaktionäre führen, vertritt der Aufsichtsrat die Kommanditaktionäre, wenn die Hauptversammlung keine besonderen Vertreter gewählt hat. ²Für die Kosten des Rechtsstreits, die den Kommanditaktionären zur Last fallen, haftet die Gesellschaft unbeschadet ihres Rückgriffs gegen die Kommanditaktionäre.

(3) Persönlich haftende Gesellschafter können nicht Aufsichtsratsmitglieder sein.

**§ 288 Entnahmen der persönlich haftenden Gesellschafter. Kreditgewährung.** (1) ¹Entfällt auf einen persönlich haftenden Gesellschafter ein Verlust, der seinen Kapitalanteil übersteigt, so darf er keinen Gewinn auf seinen Kapitalanteil entnehmen. ²Er darf ferner keinen solchen Gewinnanteil und kein Geld auf seinen Kapitalanteil entnehmen, solange die Summe aus Bilanzverlust, Einzahlungsverpflichtungen, Verlustanteilen persönlich haftender Gesellschafter und Forderungen aus Krediten an persönlich haftende Gesellschafter und deren Angehörige die Summe aus Gewinnvortrag, Kapital- und Gewinnrücklagen sowie Kapitalanteilen der persönlich haftenden Gesellschafter übersteigt.

(2) ¹Solange die Voraussetzung von Absatz 1 Satz 2 vorliegt, darf die Gesellschaft keinen unter § 286 Abs. 2 Satz 4 fallenden Kredit gewähren. ²Ein trotzdem gewährter Kredit ist ohne Rücksicht auf entgegenstehende Vereinbarungen sofort zurückzugewähren.

(3) ¹Ansprüche persönlich haftender Gesellschafter auf nicht vom Gewinn abhängige Tätigkeitsvergütungen werden durch diese Vorschriften nicht berührt. ²Für eine Herabsetzung solcher Vergütungen gilt § 87 Abs. 2 Satz 1 und 2 sinngemäß.

**§ 289 Auflösung.** (1) Die Gründe für die Auflösung der Kommanditgesellschaft auf Aktien und das Ausscheiden eines von mehreren persönlich haftenden Gesellschaftern aus der Gesellschaft richten sich, soweit in den Absätzen 2 bis 6 nichts anderes bestimmt ist, nach den Vorschriften des Handelsgesetzbuchs über die Kommanditgesellschaft.

(2) Die Kommanditgesellschaft auf Aktien wird auch aufgelöst

1. mit der Rechtskraft des Beschlusses, durch den die Eröffnung des Insolvenzverfahrens mangels Masse abgelehnt wird;

2. mit der Rechtskraft einer Verfügung des Registergerichts, durch welche nach § 399 des Gesetzes über das Verfahren in Familiensachen und in den Angelegenheiten der freiwilligen Gerichtsbarkeit ein Mangel der Satzung festgestellt worden ist;
3. durch die Löschung der Gesellschaft wegen Vermögenslosigkeit nach § 394 des Gesetzes über das Verfahren in Familiensachen und in den Angelegenheiten der freiwilligen Gerichtsbarkeit.

(3) ¹Durch die Eröffnung des Insolvenzverfahrens über das Vermögen eines Kommanditaktionärs wird die Gesellschaft nicht aufgelöst. ²Die Gläubiger eines Kommanditaktionärs sind nicht berechtigt, die Gesellschaft zu kündigen.

(4) ¹Für die Kündigung der Gesellschaft durch die Kommanditaktionäre und für ihre Zustimmung zur Auflösung der Gesellschaft ist ein Beschluß der Hauptversammlung nötig. ²Gleiches gilt für den Antrag auf Auflösung der Gesellschaft durch gerichtliche Entscheidung. ³Der Beschluß bedarf einer Mehrheit, die mindestens drei Viertel des bei der Beschlußfassung vertretenen Grundkapitals umfaßt. ⁴Die Satzung kann eine größere Kapitalmehrheit und weitere Erfordernisse bestimmen.

(5) Persönlich haftende Gesellschafter können außer durch Ausschließung nur ausscheiden, wenn es die Satzung für zulässig erklärt.

(6) ¹Die Auflösung der Gesellschaft und das Ausscheiden eines persönlich haftenden Gesellschafters ist von allen persönlich haftenden Gesellschaftern zur Eintragung in das Handelsregister anzumelden. ²§ 143 Abs. 3 des Handelsgesetzbuchs gilt sinngemäß. ³In den Fällen des Absatzes 2 hat das Gericht die Auflösung und ihren Grund von Amts wegen einzutragen. ⁴Im Falle des Absatzes 2 Nr. 3 entfällt die Eintragung der Auflösung.

**§ 290 Abwicklung.** (1) Die Abwicklung besorgen alle persönlich haftenden Gesellschafter und eine oder mehrere von der Hauptversammlung gewählte Personen als Abwickler, wenn die Satzung nichts anderes bestimmt.

(2) Die Bestellung oder Abberufung von Abwicklern durch das Gericht kann auch jeder persönlich haftende Gesellschafter beantragen.

(3) ¹Ist die Gesellschaft durch Löschung wegen Vermögenslosigkeit aufgelöst, so findet eine Abwicklung nur statt, wenn sich nach der Löschung herausstellt, daß Vermögen vorhanden ist, das der Verteilung unterliegt. ²Die Abwickler sind auf Antrag eines Beteiligten durch das Gericht zu ernennen.


### Drittes Buch. Verbundene Unternehmen

### Erster Teil. Unternehmensverträge

### Erster Abschnitt. Arten von Unternehmensverträgen

**§ 291 Beherrschungsvertrag. Gewinnabführungsvertrag.** (1) ¹Unternehmensverträge sind Verträge, durch die eine Aktiengesellschaft oder Kommanditgesellschaft auf Aktien die Leitung ihrer Gesellschaft einem anderen Unternehmen unterstellt (Beherrschungsvertrag) oder sich verpflichtet, ihren ganzen Gewinn an ein anderes Unternehmen abzuführen (Gewinnabführungsvertrag). ²Als Vertrag über die Abführung des ganzen Gewinns gilt auch ein Vertrag, durch den eine Aktiengesellschaft oder Kommanditgesellschaft auf Aktien es übernimmt, ihr Unternehmen für Rechnung eines anderen Unternehmens zu führen.

(2) Stellen sich Unternehmen, die voneinander nicht abhängig sind, durch Vertrag unter einheitliche Leitung, ohne daß dadurch eines von ihnen von einem anderen vertragschließenden Unternehmen abhängig wird, so ist dieser Vertrag kein Beherrschungsvertrag.

(3) Leistungen der Gesellschaft bei Bestehen eines Beherrschungs- oder eines Gewinnabführungsvertrags gelten nicht als Verstoß gegen die §§ 57, 58 und 60.

**§ 292 Andere Unternehmensverträge.** (1) Unternehmensverträge sind ferner Verträge, durch die eine Aktiengesellschaft oder Kommanditgesellschaft auf Aktien

1. sich verpflichtet, ihren Gewinn oder den Gewinn einzelner ihrer Betriebe ganz oder zum Teil mit dem Gewinn anderer Unternehmen oder einzelner Betriebe anderer Unternehmen zur Aufteilung eines gemeinschaftlichen Gewinns zusammenzulegen (Gewinngemeinschaft),
2. sich verpflichtet, einen Teil ihres Gewinns oder den Gewinn einzelner ihrer Betriebe ganz oder zum Teil an einen anderen abzuführen (Teilgewinnabführungsvertrag),
3. den Betrieb ihres Unternehmens einem anderen verpachtet oder sonst überläßt (Betriebspachtvertrag, Betriebsüberlassungsvertrag).

(2) Ein Vertrag über eine Gewinnbeteiligung mit Mitgliedern von Vorstand und Aufsichtsrat oder mit einzelnen Arbeitnehmern der Gesellschaft sowie eine Abrede über eine Gewinnbeteiligung im Rahmen von Verträgen des laufenden Geschäftsverkehrs oder Lizenzverträgen ist kein Teilgewinnabführungsvertrag.

(3) [1]Ein Betriebspacht- oder Betriebsüberlassungsvertrag und der Beschluß, durch den die Hauptversammlung dem Vertrag zugestimmt hat, sind nicht deshalb nichtig, weil der Vertrag gegen die §§ 57, 58 und 60 verstößt. [2]Satz 1 schließt die Anfechtung des Beschlusses wegen dieses Verstoßes nicht aus.

### Zweiter Abschnitt. Abschluß, Änderung und Beendigung von Unternehmensverträgen

**§ 293 Zustimmung der Hauptversammlung.** (1) [1]Ein Unternehmensvertrag wird nur mit Zustimmung der Hauptversammlung wirksam. [2]Der Beschluß bedarf einer Mehrheit, die mindestens drei Viertel des bei der Beschlußfassung vertretenen Grundkapitals umfaßt. [3]Die Satzung kann eine größere Kapitalmehrheit und weitere Erfordernisse bestimmen. [4]Auf den Beschluß sind die Bestimmungen des Gesetzes und der Satzung über Satzungsänderungen nicht anzuwenden.

(2) [1]Ein Beherrschungs- oder ein Gewinnabführungsvertrag wird, wenn der andere Vertragsteil eine Aktiengesellschaft oder Kommanditgesellschaft auf Aktien ist, nur wirksam, wenn auch die Hauptversammlung dieser Gesellschaft zustimmt. [2]Für den Beschluß gilt Absatz 1 Satz 2 bis 4 sinngemäß.

(3) Der Vertrag bedarf der schriftlichen Form.

**§ 293a Bericht über den Unternehmensvertrag.** (1) [1]Der Vorstand jeder an einem Unternehmensvertrag beteiligten Aktiengesellschaft oder Kommanditgesellschaft auf Aktien hat, soweit die Zustimmung der Hauptversammlung nach § 293 erforderlich ist, einen ausführlichen schriftlichen Bericht zu erstatten, in dem der Abschluß des Unternehmensvertrags, der Vertrag im einzelnen und insbesondere Art und Höhe des Ausgleichs nach § 304 und der Abfindung nach § 305 rechtlich und wirtschaftlich erläutert und begründet werden; der Bericht kann von den Vorständen auch gemeinsam erstattet werden. [2]Auf besondere Schwierigkeiten bei der Bewertung der vertragschließenden Unternehmen sowie auf die Folgen für die Beteiligungen der Aktionäre ist hinzuweisen.

(2) ¹In den Bericht brauchen Tatsachen nicht aufgenommen zu werden, deren Bekanntwerden geeignet ist, einem der vertragschließenden Unternehmen oder einem verbundenen Unternehmen einen nicht unerheblichen Nachteil zuzufügen. ²In diesem Falle sind in dem Bericht die Gründe, aus denen die Tatsachen nicht aufgenommen worden sind, darzulegen.

(3) Der Bericht ist nicht erforderlich, wenn alle Anteilsinhaber aller beteiligten Unternehmen auf seine Erstattung durch öffentlich beglaubigte Erklärung verzichten.

**§ 293b Prüfung des Unternehmensvertrags.** (1) Der Unternehmensvertrag ist für jede vertragschließende Aktiengesellschaft oder Kommanditgesellschaft auf Aktien durch einen oder mehrere sachverständige Prüfer (Vertragsprüfer) zu prüfen, es sei denn, daß sich alle Aktien der abhängigen Gesellschaft in der Hand des herrschenden Unternehmens befinden.

(2) § 293a Abs. 3 ist entsprechend anzuwenden.

**§ 293c Bestellung der Vertragsprüfer.** (1) ¹Die Vertragsprüfer werden jeweils auf Antrag der Vorstände der vertragschließenden Gesellschaften vom Gericht ausgewählt und bestellt. ²Sie können auf gemeinsamen Antrag der Vorstände für alle vertragschließenden Gesellschaften gemeinsam bestellt werden. ³Zuständig ist das Landgericht, in dessen Bezirk die abhängige Gesellschaft ihren Sitz hat. ⁴Ist bei dem Landgericht eine Kammer für Handelssachen gebildet, so entscheidet deren Vorsitzender an Stelle der Zivilkammer. ⁵Für den Ersatz von Auslagen und für die Vergütung der vom Gericht bestellten Prüfer gilt § 318 Abs. 5 des Handelsgesetzbuchs.

(2) § 10 Abs. 3 bis 5 des Umwandlungsgesetzes gilt entsprechend.

**§ 293d Auswahl, Stellung und Verantwortlichkeit der Vertragsprüfer.** (1) ¹Für die Auswahl und das Auskunftsrecht der Vertragsprüfer gelten § 319 Abs. 1 bis 4, § 319a Abs. 1, § 319b Abs. 1, § 320 Abs. 1 Satz 2 und Abs. 2 Satz 1 und 2 des Handelsgesetzbuchs entsprechend. ²Das Auskunftsrecht besteht gegenüber den vertragschließenden Unternehmen und gegenüber einem Konzernunternehmen sowie einem abhängigen und einem herrschenden Unternehmen.

(2) ¹Für die Verantwortlichkeit der Vertragsprüfer, ihrer Gehilfen und der bei der Prüfung mitwirkenden gesetzlichen Vertreter einer Prüfungsgesellschaft gilt § 323 des Handelsgesetzbuchs entsprechend. ²Die Verantwortlichkeit besteht gegenüber den vertragschließenden Unternehmen und deren Anteilsinhabern.

**§ 293e Prüfungsbericht.** (1) ¹Die Vertragsprüfer haben über das Ergebnis der Prüfung schriftlich zu berichten. ²Der Prüfungsbericht ist mit einer Erklärung darüber abzuschließen, ob der vorgeschlagene Ausgleich oder die vorgeschlagene Abfindung angemessen ist. ³Dabei ist anzugeben,

1. nach welchen Methoden Ausgleich und Abfindung ermittelt worden sind;
2. aus welchen Gründen die Anwendung dieser Methoden angemessen ist;
3. welcher Ausgleich oder welche Abfindung sich bei der Anwendung verschiedener Methoden, sofern mehrere angewandt worden sind, jeweils ergeben würde; zugleich ist darzulegen, welches Gewicht den verschiedenen Methoden bei der Bestimmung des vorgeschlagenen Ausgleichs oder der vorgeschlagenen Abfindung und der ihnen zugrunde liegenden Werte beigemessen worden ist und welche be-

sonderen Schwierigkeiten bei der Bewertung der vertragschließenden Unternehmen aufgetreten sind.

(2) § 293a Abs. 2 und 3 ist entsprechend anzuwenden.

**§ 293f Vorbereitung der Hauptversammlung.** (1) Von der Einberufung der Hauptversammlung an, die über die Zustimmung zu dem Unternehmensvertrag beschließen soll, sind in dem Geschäftsraum jeder der beteiligten Aktiengesellschaften oder Kommanditgesellschaften auf Aktien zur Einsicht der Aktionäre auszulegen
1. der Unternehmensvertrag;
2. die Jahresabschlüsse und die Lageberichte der vertragschließenden Unternehmen für die letzten drei Geschäftsjahre;
3. die nach § 293a erstatteten Berichte der Vorstände und die nach § 293e erstatteten Berichte der Vertragsprüfer.

(2) Auf Verlangen ist jedem Aktionär unverzüglich und kostenlos eine Abschrift der in Absatz 1 bezeichneten Unterlagen zu erteilen.

(3) Die Verpflichtungen nach den Absätzen 1 und 2 entfallen, wenn die in Absatz 1 bezeichneten Unterlagen für denselben Zeitraum über die Internetseite der Gesellschaft zugänglich sind.

**§ 293g Durchführung der Hauptversammlung.** (1) In der Hauptversammlung sind die in § 293f Abs. 1 bezeichneten Unterlagen zugänglich zu machen.

(2) ¹Der Vorstand hat den Unternehmensvertrag zu Beginn der Verhandlung mündlich zu erläutern. ²Er ist der Niederschrift als Anlage beizufügen.

(3) Jedem Aktionär ist auf Verlangen in der Hauptversammlung Auskunft auch über alle für den Vertragschluß wesentlichen Angelegenheiten des anderen Vertragsteils zu geben.

**§ 294 Eintragung. Wirksamwerden.** (1) ¹Der Vorstand der Gesellschaft hat das Bestehen und die Art des Unternehmensvertrages sowie den Namen des anderen Vertragsteils zur Eintragung in das Handelsregister anzumelden; beim Bestehen einer Vielzahl von Teilgewinnabführungsverträgen kann anstelle des Namens des anderen Vertragsteils auch eine andere Bezeichnung eingetragen werden, die den jeweiligen Teilgewinnabführungsvertrag konkret bestimmt. ²Der Anmeldung sind der Vertrag sowie, wenn er nur mit Zustimmung der Hauptversammlung des anderen Vertragsteils wirksam wird, die Niederschrift dieses Beschlusses und ihre Anlagen in Urschrift, Ausfertigung oder öffentlich beglaubigter Abschrift beizufügen.

(2) Der Vertrag wird erst wirksam, wenn sein Bestehen in das Handelsregister des Sitzes der Gesellschaft eingetragen worden ist.

**§ 295 Änderung.** (1) ¹Ein Unternehmensvertrag kann nur mit Zustimmung der Hauptversammlung geändert werden. ²§§ 293 bis 294 gelten sinngemäß.

(2) ¹Die Zustimmung der Hauptversammlung der Gesellschaft zu einer Änderung der Bestimmungen des Vertrags, die zur Leistung eines Ausgleichs an die außenstehenden Aktionäre der Gesellschaft oder zum Erwerb ihrer Aktien verpflichten, bedarf, um wirksam zu werden, eines Sonderbeschlusses der außenstehenden Aktionäre. ²Für den Sonderbeschluß gilt § 293 Abs. 1 Satz 2 und 3. ³Jedem außenstehenden Aktionär ist auf Verlangen in der Versammlung, die über die Zustimmung beschließt, Auskunft auch über alle für die Änderung wesentlichen Angelegenheiten des anderen Vertragsteils zu geben.

**§ 296 Aufhebung.** (1) ¹Ein Unternehmensvertrag kann nur zum Ende des Geschäftsjahrs oder des sonst vertraglich bestimmten Abrechnungszeitraums aufgehoben werden. ²Eine rückwirkende Aufhebung ist unzulässig. ³Die Aufhebung bedarf der schriftlichen Form.

(2) ¹Ein Vertrag, der zur Leistung eines Ausgleichs an die außenstehenden Aktionäre oder zum Erwerb ihrer Aktien verpflichtet, kann nur aufgehoben werden, wenn die außenstehenden Aktionäre durch Sonderbeschluß zustimmen. ²Für den Sonderbeschluß gilt § 293 Abs. 1 Satz 2 und 3, § 295 Abs. 2 Satz 3 sinngemäß.

**§ 297 Kündigung.** (1) ¹Ein Unternehmensvertrag kann aus wichtigem Grunde ohne Einhaltung einer Kündigungsfrist gekündigt werden. ²Ein wichtiger Grund liegt namentlich vor, wenn der andere Vertragsteil voraussichtlich nicht in der Lage sein wird, seine auf Grund des Vertrags bestehenden Verpflichtungen zu erfüllen.

(2) ¹Der Vorstand der Gesellschaft kann einen Vertrag, der zur Leistung eines Ausgleichs an die außenstehenden Aktionäre der Gesellschaft oder zum Erwerb ihrer Aktien verpflichtet, ohne wichtigen Grund nur kündigen, wenn die außenstehenden Aktionäre durch Sonderbeschluß zustimmen. ²Für den Sonderbeschluß gilt § 293 Abs. 1 Satz 2 und 3, § 295 Abs. 2 Satz 3 sinngemäß.

(3) Die Kündigung bedarf der schriftlichen Form.

**§ 298 Anmeldung und Eintragung.** Der Vorstand der Gesellschaft hat die Beendigung eines Unternehmensvertrags, den Grund und den Zeitpunkt der Beendigung unverzüglich zur Eintragung in das Handelsregister anzumelden.

**§ 299 Ausschluß von Weisungen.** Auf Grund eines Unternehmensvertrags kann der Gesellschaft nicht die Weisung erteilt werden, den Vertrag zu ändern, aufrechtzuerhalten oder zu beendigen.

### Dritter Abschnitt. Sicherung der Gesellschaft und der Gläubiger

**§ 300 Gesetzliche Rücklage.** In die gesetzliche Rücklage sind an Stelle des in § 150 Abs. 2 bestimmten Betrags einzustellen,

1. wenn ein Gewinnabführungsvertrag besteht, aus dem ohne die Gewinnabführung entstehenden, um einen Verlustvortrag aus dem Vorjahr geminderten Jahresüberschuß der Betrag, der erforderlich ist, um die gesetzliche Rücklage unter Hinzurechnung einer Kapitalrücklage innerhalb der ersten fünf Geschäftsjahre, die während des Bestehens des Vertrags oder nach Durchführung einer Kapitalerhöhung beginnen, gleichmäßig auf den zehnten oder den in der Satzung bestimmten höheren Teil des Grundkapitals aufzufüllen, mindestens aber der in Nummer 2 bestimmte Betrag;
2. wenn ein Teilgewinnabführungsvertrag besteht, der Betrag, der nach § 150 Abs. 2 aus dem ohne die Gewinnabführung entstehenden, um einen Verlustvortrag aus dem Vorjahr geminderten Jahresüberschuß in die gesetzliche Rücklage einzustellen wäre;
3. wenn ein Beherrschungsvertrag besteht, ohne daß die Gesellschaft auch zur Abführung ihres ganzen Gewinns verpflichtet ist, der zur Auffüllung der gesetzlichen Rücklage nach Nummer 1 erforderliche Betrag, mindestens aber der in § 150 Abs. 2 oder, wenn die Gesellschaft verpflichtet ist, ihren Gewinn zum Teil abzuführen, der in Nummer 2 bestimmte Betrag.

**§ 301 Höchstbetrag der Gewinnabführung.** ¹Eine Gesellschaft kann, gleichgültig welche Vereinbarungen über die Berechnung des abzuführenden Gewinns getroffen worden sind, als ihren Gewinn höchstens den ohne die Gewinnabführung entstehenden Jahresüberschuss, vermindert um einen Verlustvortrag aus dem Vorjahr, um den Betrag, der nach § 300 in die gesetzlichen Rücklagen einzustellen ist, und den nach § 268 Abs. 8 des Handelsgesetzbuchs ausschüttungsgesperrten Betrag, abführen. ²Sind während der Dauer des Vertrags Beträge in andere Gewinnrücklagen eingestellt worden, so können diese Beträge den anderen Gewinnrücklagen entnommen und als Gewinn abgeführt werden.

**§ 302 Verlustübernahme.** (1) Besteht ein Beherrschungs- oder ein Gewinnabführungsvertrag, so hat der andere Vertragsteil jeden während der Vertragsdauer sonst entstehenden Jahresfehlbetrag auszugleichen, soweit dieser nicht dadurch ausgeglichen wird, daß den anderen Gewinnrücklagen Beträge entnommen werden, die während der Vertragsdauer in sie eingestellt worden sind.

(2) Hat eine abhängige Gesellschaft den Betrieb ihres Unternehmens dem herrschenden Unternehmen verpachtet oder sonst überlassen, so hat das herrschende Unternehmen jeden während der Vertragsdauer sonst entstehenden Jahresfehlbetrag auszugleichen, soweit die vereinbarte Gegenleistung das angemessene Entgelt nicht erreicht.

(3) ¹Die Gesellschaft kann auf den Anspruch auf Ausgleich erst drei Jahre nach dem Tage, an dem die Eintragung der Beendigung des Vertrags in das Handelsregister nach § 10 des Handelsgesetzbuchs bekannt gemacht worden ist, verzichten oder sich über ihn vergleichen. ²Dies gilt nicht, wenn der Ausgleichspflichtige zahlungsunfähig ist und sich zur Abwendung des Insolvenzverfahrens mit seinen Gläubigern vergleicht oder wenn die Ersatzpflicht in einem Insolvenzplan geregelt wird. ³Der Verzicht oder Vergleich wird nur wirksam, wenn die außenstehenden Aktionäre durch Sonderbeschluß zustimmen und nicht eine Minderheit, deren Anteile zusammen den zehnten Teil des bei der Beschlußfassung vertretenen Grundkapitals erreichen, zur Niederschrift Widerspruch erhebt.

(4) Die Ansprüche aus diesen Vorschriften verjähren in zehn Jahren seit dem Tag, an dem die Eintragung der Beendigung des Vertrags in das Handelsregister nach § 10 des Handelsgesetzbuchs bekannt gemacht worden ist.

**§ 303 Gläubigerschutz.** (1) ¹Endet ein Beherrschungs- oder ein Gewinnabführungsvertrag, so hat der andere Vertragsteil den Gläubigern der Gesellschaft, deren Forderungen begründet worden sind, bevor die Eintragung der Beendigung des Vertrags in das Handelsregister nach § 10 des Handelsgesetzbuchs bekannt gemacht worden ist, Sicherheit zu leisten, wenn sie sich binnen sechs Monaten nach der Bekanntmachung der Eintragung zu diesem Zweck bei ihm melden. ²Die Gläubiger sind in der Bekanntmachung der Eintragung auf dieses Recht hinzuweisen.

(2) Das Recht, Sicherheitsleistung zu verlangen, steht Gläubigern nicht zu, die im Fall des Insolvenzverfahrens ein Recht auf vorzugsweise Befriedigung aus einer Deckungsmasse haben, die nach gesetzlicher Vorschrift zu ihrem Schutz errichtet und staatlich überwacht ist.

(3) ¹Statt Sicherheit zu leisten, kann der andere Vertragsteil sich für die Forderung verbürgen. ²§ 349 des Handelsgesetzbuchs über den Ausschluß der Einrede der Vorausklage ist nicht anzuwenden.

## Vierter Abschnitt. Sicherung der außenstehenden Aktionäre bei Beherrschungs- und Gewinnabführungsverträgen

**§ 304 Angemessener Ausgleich.** (1) ¹Ein Gewinnabführungsvertrag muß einen angemessenen Ausgleich für die außenstehenden Aktionäre durch eine auf die Anteile am Grundkapital bezogene wiederkehrende Geldleistung (Ausgleichszahlung) vorsehen. ²Ein Beherrschungsvertrag muß, wenn die Gesellschaft nicht auch zur Abführung ihres ganzen Gewinns verpflichtet ist, den außenstehenden Aktionären als angemessenen Ausgleich einen bestimmten jährlichen Gewinnanteil nach der für die Ausgleichszahlung bestimmten Höhe garantieren. ³Von der Bestimmung eines angemessenen Ausgleichs kann nur abgesehen werden, wenn die Gesellschaft im Zeitpunkt der Beschlußfassung ihrer Hauptversammlung über den Vertrag keinen außenstehenden Aktionär hat.

(2) ¹Als Ausgleichszahlung ist mindestens die jährliche Zahlung des Betrags zuzusichern, der nach der bisherigen Ertragslage der Gesellschaft und ihren künftigen Ertragsaussichten unter Berücksichtigung angemessener Abschreibungen und Wertberichtigungen, jedoch ohne Bildung anderer Gewinnrücklagen, voraussichtlich als durchschnittlicher Gewinnanteil auf die einzelne Aktie verteilt werden könnte. ²Ist der andere Vertragsteil eine Aktiengesellschaft oder Kommanditgesellschaft auf Aktien, so kann als Ausgleichszahlung auch die Zahlung des Betrags zugesichert werden, der unter Herstellung eines angemessenen Umrechnungsverhältnisses auf Aktien der anderen Gesellschaft jeweils als Gewinnanteil entfällt. ³Die Angemessenheit der Umrechnung bestimmt sich nach dem Verhältnis, in dem bei einer Verschmelzung auf eine Aktie der Gesellschaft Aktien der anderen Gesellschaft zu gewähren wären.

(3) ¹Ein Vertrag, der entgegen Absatz 1 überhaupt keinen Ausgleich vorsieht, ist nichtig. ²Die Anfechtung des Beschlusses, durch den die Hauptversammlung der Gesellschaft dem Vertrag oder einer unter § 295 Abs. 2 fallenden Änderung des Vertrags zugestimmt hat, kann nicht auf § 243 Abs. 2 oder darauf gestützt werden, daß der im Vertrag bestimmte Ausgleich nicht angemessen ist. ³Ist der im Vertrag bestimmte Ausgleich nicht angemessen, so hat das in § 2 des Spruchverfahrensgesetzes bestimmte Gericht auf Antrag den vertraglich geschuldeten Ausgleich zu bestimmen, wobei es, wenn der Vertrag einen nach Absatz 2 Satz 2 berechneten Ausgleich vorsieht, den Ausgleich nach dieser Vorschrift zu bestimmen hat.

(4) Bestimmt das Gericht den Ausgleich, so kann der andere Vertragsteil den Vertrag binnen zwei Monaten nach Rechtskraft der Entscheidung ohne Einhaltung einer Kündigungsfrist kündigen.

**§ 305 Abfindung.** (1) Außer der Verpflichtung zum Ausgleich nach § 304 muß ein Beherrschungs- oder ein Gewinnabführungsvertrag die Verpflichtung des anderen Vertragsteils enthalten, auf Verlangen eines außenstehenden Aktionärs dessen Aktien gegen eine im Vertrag bestimmte angemessene Abfindung zu erwerben.

(2) Als Abfindung muß der Vertrag,

1. wenn der andere Vertragsteil eine nicht abhängige und nicht in Mehrheitsbesitz stehende Aktiengesellschaft oder Kommanditgesellschaft auf Aktien mit Sitz in einem Mitgliedstaat der Europäischen Union oder in einem anderen Vertragsstaat des Abkommens über den Europäischen Wirtschaftsraum ist, die Gewährung eigener Aktien dieser Gesellschaft,
2. wenn der andere Vertragsteil eine abhängige oder in Mehrheitsbesitz stehende Aktiengesellschaft oder Kommanditgesellschaft auf Aktien und das herrschende Un-

ternehmen eine Aktiengesellschaft oder Kommanditgesellschaft auf Aktien mit Sitz in einem Mitgliedstaat der Europäischen Union oder in einem anderen Vertragsstaat des Abkommens über den Europäischen Wirtschaftsraum ist, entweder die Gewährung von Aktien der herrschenden oder mit Mehrheit beteiligten Gesellschaft oder eine Barabfindung,

3. in allen anderen Fällen eine Barabfindung

vorsehen.

(3) ¹Werden als Abfindung Aktien einer anderen Gesellschaft gewährt, so ist die Abfindung als angemessen anzusehen, wenn die Aktien in dem Verhältnis gewährt werden, in dem bei einer Verschmelzung auf eine Aktie der Gesellschaft Aktien der anderen Gesellschaft zu gewähren wären, wobei Spitzenbeträge durch bare Zuzahlungen ausgeglichen werden können. ²Die angemessene Barabfindung muß die Verhältnisse der Gesellschaft im Zeitpunkt der Beschlußfassung ihrer Hauptversammlung über den Vertrag berücksichtigen. ³Sie ist nach Ablauf des Tages, an dem der Beherrschungs- oder Gewinnabführungsvertrag wirksam geworden ist, mit jährlich 5 Prozentpunkten über dem jeweiligen Basiszinssatz nach § 247 des Bürgerlichen Gesetzbuchs zu verzinsen; die Geltendmachung eines weiteren Schadens ist nicht ausgeschlossen.

(4) ¹Die Verpflichtung zum Erwerb der Aktien kann befristet werden. ²Die Frist endet frühestens zwei Monate nach dem Tage, an dem die Eintragung des Bestehens des Vertrags im Handelsregister nach § 10 des Handelsgesetzbuchs bekannt gemacht worden ist. ³Ist ein Antrag auf Bestimmung des Ausgleichs oder der Abfindung durch das in § 2 des Spruchverfahrensgesetzes bestimmte Gericht gestellt worden, so endet die Frist frühestens zwei Monate nach dem Tage, an dem die Entscheidung über den zuletzt beschiedenen Antrag im elektronischen Bundesanzeiger bekanntgemacht worden ist.

(5) ¹Die Anfechtung des Beschlusses, durch den die Hauptversammlung der Gesellschaft dem Vertrag oder einer unter § 295 Abs. 2 fallenden Änderung des Vertrags zugestimmt hat, kann nicht darauf gestützt werden, daß der Vertrag keine angemessene Abfindung vorsieht. ²Sieht der Vertrag überhaupt keine oder eine den Absätzen 1 bis 3 nicht entsprechende Abfindung vor, so hat das in § 2 des Spruchverfahrensgesetzes bestimmte Gericht auf Antrag die vertraglich zu gewährende Abfindung zu bestimmen. ³Dabei hat es in den Fällen des Absatzes 2 Nr. 2, wenn der Vertrag die Gewährung von Aktien der herrschenden oder mit Mehrheit beteiligten Gesellschaft vorsieht, das Verhältnis, in dem diese Aktien zu gewähren sind, wenn der Vertrag nicht die Gewährung von Aktien der herrschenden oder mit Mehrheit beteiligten Gesellschaft vorsieht, die angemessene Barabfindung zu bestimmen. ⁴§ 304 Abs. 4 gilt sinngemäß.

**§ 306** (weggefallen)

**§ 307 Vertragsbeendigung zur Sicherung außenstehender Aktionäre.** Hat die Gesellschaft im Zeitpunkt der Beschlußfassung ihrer Hauptversammlung über einen Beherrschungs- oder Gewinnabführungsvertrag keinen außenstehenden Aktionär, so endet der Vertrag spätestens zum Ende des Geschäftsjahrs, in dem ein außenstehender Aktionär beteiligt ist.

## Zweiter Teil. Leitungsmacht und Verantwortlichkeit bei Abhängigkeit von Unternehmen

### Erster Abschnitt. Leitungsmacht und Verantwortlichkeit bei Bestehen eines Beherrschungsvertrags

**§ 308 Leitungsmacht.** (1) ¹Besteht ein Beherrschungsvertrag, so ist das herrschende Unternehmen berechtigt, dem Vorstand der Gesellschaft hinsichtlich der Leitung der Gesellschaft Weisungen zu erteilen. ²Bestimmt der Vertrag nichts anderes, so können auch Weisungen erteilt werden, die für die Gesellschaft nachteilig sind, wenn sie den Belangen des herrschenden Unternehmens oder der mit ihm und der Gesellschaft konzernverbundenen Unternehmen dienen.

(2) ¹Der Vorstand ist verpflichtet, die Weisungen des herrschenden Unternehmens zu befolgen. ²Er ist nicht berechtigt, die Befolgung einer Weisung zu verweigern, weil sie nach seiner Ansicht nicht den Belangen des herrschenden Unternehmens oder der mit ihm und der Gesellschaft konzernverbundenen Unternehmen dient, es sei denn, daß sie offensichtlich nicht diesen Belangen dient.

(3) ¹Wird der Vorstand angewiesen, ein Geschäft vorzunehmen, das nur mit Zustimmung des Aufsichtsrats der Gesellschaft vorgenommen werden darf, und wird diese Zustimmung nicht innerhalb einer angemessenen Frist erteilt, so hat der Vorstand dies dem herrschenden Unternehmen mitzuteilen. ²Wiederholt das herrschende Unternehmen nach dieser Mitteilung die Weisung, so ist die Zustimmung des Aufsichtsrats nicht mehr erforderlich; die Weisung darf, wenn das herrschende Unternehmen einen Aufsichtsrat hat, nur mit dessen Zustimmung wiederholt werden.

**§ 309 Verantwortlichkeit der gesetzlichen Vertreter des herrschenden Unternehmens.** (1) Besteht ein Beherrschungsvertrag, so haben die gesetzlichen Vertreter (beim Einzelkaufmann der Inhaber) des herrschenden Unternehmens gegenüber der Gesellschaft bei der Erteilung von Weisungen an diese die Sorgfalt eines ordentlichen und gewissenhaften Geschäftsleiters anzuwenden.

(2) ¹Verletzen sie ihre Pflichten, so sind sie der Gesellschaft zum Ersatz des daraus entstehenden Schadens als Gesamtschuldner verpflichtet. ²Ist streitig, ob sie die Sorgfalt eines ordentlichen und gewissenhaften Geschäftsleiters angewandt haben, so trifft sie die Beweislast.

(3) ¹Die Gesellschaft kann erst drei Jahre nach der Entstehung des Anspruchs und nur dann auf Ersatzansprüche verzichten oder sich über sie vergleichen, wenn die außenstehenden Aktionäre durch Sonderbeschluß zustimmen und nicht eine Minderheit, deren Anteile zusammen den zehnten Teil des bei der Beschlußfassung vertretenen Grundkapitals erreichen, zur Niederschrift Widerspruch erhebt. ²Die zeitliche Beschränkung gilt nicht, wenn der Ersatzpflichtige zahlungsunfähig ist und sich zur Abwendung des Insolvenzverfahrens mit seinen Gläubigern vergleicht oder wenn die Ersatzpflicht in einem Insolvenzplan geregelt wird.

(4) ¹Der Ersatzanspruch der Gesellschaft kann auch von jedem Aktionär geltend gemacht werden. ²Der Aktionär kann jedoch nur Leistung an die Gesellschaft fordern. ³Der Ersatzanspruch kann ferner von den Gläubigern der Gesellschaft geltend gemacht werden, soweit sie von dieser keine Befriedigung erlangen können. ⁴Den Gläubigern gegenüber wird die Ersatzpflicht durch einen Verzicht oder Vergleich der Gesellschaft nicht ausgeschlossen. ⁵Ist über das Vermögen der Gesellschaft das Insolvenzverfahren eröffnet, so übt während dessen Dauer der Insolvenzverwalter oder der

Sachwalter das Recht der Aktionäre und Gläubiger, den Ersatzanspruch der Gesellschaft geltend zu machen, aus.

(5) Die Ansprüche aus diesen Vorschriften verjähren in fünf Jahren.

**§ 310 Verantwortlichkeit der Verwaltungsmitglieder der Gesellschaft.** (1) ¹Die Mitglieder des Vorstands und des Aufsichtsrats der Gesellschaft haften neben dem Ersatzpflichtigen nach § 309 als Gesamtschuldner, wenn sie unter Verletzung ihrer Pflichten gehandelt haben. ²Ist streitig, ob sie die Sorgfalt eines ordentlichen und gewissenhaften Geschäftsleiters angewandt haben, so trifft sie die Beweislast.

(2) Dadurch, daß der Aufsichtsrat die Handlung gebilligt hat, wird die Ersatzpflicht nicht ausgeschlossen.

(3) Eine Ersatzpflicht der Verwaltungsmitglieder der Gesellschaft besteht nicht, wenn die schädigende Handlung auf einer Weisung beruht, die nach § 308 Abs. 2 zu befolgen war.

(4) § 309 Abs. 3 bis 5 ist anzuwenden.

**Zweiter Abschnitt. Verantwortlichkeit bei Fehlen eines Beherrschungsvertrags**

**§ 311 Schranken des Einflusses.** (1) Besteht kein Beherrschungsvertrag, so darf ein herrschendes Unternehmen seinen Einfluß nicht dazu benutzen, eine abhängige Aktiengesellschaft oder Kommanditgesellschaft auf Aktien zu veranlassen, ein für sie nachteiliges Rechtsgeschäft vorzunehmen oder Maßnahmen zu ihrem Nachteil zu treffen oder zu unterlassen, es sei denn, daß die Nachteile ausgeglichen werden.

(2) ¹Ist der Ausgleich nicht während des Geschäftsjahrs tatsächlich erfolgt, so muß spätestens am Ende des Geschäftsjahrs, in dem der abhängigen Gesellschaft der Nachteil zugefügt worden ist, bestimmt werden, wann und durch welche Vorteile der Nachteil ausgeglichen werden soll. ²Auf die zum Ausgleich bestimmten Vorteile ist der abhängigen Gesellschaft ein Rechtsanspruch zu gewähren.

**§ 312 Bericht des Vorstands über Beziehungen zu verbundenen Unternehmen.** (1) ¹Besteht kein Beherrschungsvertrag, so hat der Vorstand einer abhängigen Gesellschaft in den ersten drei Monaten des Geschäftsjahrs einen Bericht über die Beziehungen der Gesellschaft zu verbundenen Unternehmen aufzustellen. ²In dem Bericht sind alle Rechtsgeschäfte, welche die Gesellschaft im vergangenen Geschäftsjahr mit dem herrschenden Unternehmen oder einem mit ihm verbundenen Unternehmen oder auf Veranlassung oder im Interesse dieser Unternehmen vorgenommen hat, und alle anderen Maßnahmen, die sie auf Veranlassung oder im Interesse dieser Unternehmen im vergangenen Geschäftsjahr getroffen oder unterlassen hat, aufzuführen. ³Bei den Rechtsgeschäften sind Leistung und Gegenleistung, bei den Maßnahmen die Gründe der Maßnahme und deren Vorteile und Nachteile für die Gesellschaft anzugeben. ⁴Bei einem Ausgleich von Nachteilen ist im einzelnen anzugeben, wie der Ausgleich während des Geschäftsjahrs tatsächlich erfolgt ist, oder auf welche Vorteile der Gesellschaft ein Rechtsanspruch gewährt worden ist.

(2) Der Bericht hat den Grundsätzen einer gewissenhaften und getreuen Rechenschaft zu entsprechen.

(3) ¹Am Schluß des Berichts hat der Vorstand zu erklären, ob die Gesellschaft nach den Umständen, die ihm in dem Zeitpunkt bekannt waren, in dem das Rechtsgeschäft vorgenommen oder die Maßnahme getroffen oder unterlassen wurde, bei jedem Rechtsgeschäft eine angemessene Gegenleistung erhielt und dadurch, daß die Maßnahme getroffen oder unterlassen wurde, nicht benachteiligt wurde. ²Wurde die

Gesellschaft benachteiligt, so hat er außerdem zu erklären, ob die Nachteile ausgeglichen worden sind. ³Die Erklärung ist auch in den Lagebericht aufzunehmen.

**§ 313 Prüfung durch den Abschlußprüfer.** (1) ¹Ist der Jahresabschluß durch einen Abschlußprüfer zu prüfen, so ist gleichzeitig mit dem Jahresabschluß und dem Lagebericht auch der Bericht über die Beziehungen zu verbundenen Unternehmen dem Abschlußprüfer vorzulegen. ²Er hat zu prüfen, ob

1. die tatsächlichen Angaben des Berichts richtig sind,
2. bei den im Bericht aufgeführten Rechtsgeschäften nach den Umständen, die im Zeitpunkt ihrer Vornahme bekannt waren, die Leistung der Gesellschaft nicht unangemessen hoch war; soweit sie dies war, ob die Nachteile ausgeglichen worden sind,
3. bei den im Bericht aufgeführten Maßnahmen keine Umstände für eine wesentlich andere Beurteilung als die durch den Vorstand sprechen.

³§ 320 Abs. 1 Satz 2 und Abs. 2 Satz 1 und 2 des Handelsgesetzbuchs gilt sinngemäß. ⁴Die Rechte nach dieser Vorschrift hat der Abschlußprüfer auch gegenüber einem Konzernunternehmen sowie gegenüber einem abhängigen oder herrschenden Unternehmen.

(2) ¹Der Abschlußprüfer hat über das Ergebnis der Prüfung schriftlich zu berichten. ²Stellt er bei der Prüfung des Jahresabschlusses, des Lageberichts und des Berichts über die Beziehungen zu verbundenen Unternehmen fest, daß dieser Bericht unvollständig ist, so hat er auch hierüber zu berichten. ³Der Abschlussprüfer hat seinen Bericht zu unterzeichnen und dem Aufsichtsrat vorzulegen; dem Vorstand ist vor der Zuleitung Gelegenheit zur Stellungnahme zu geben.

(3) ¹Sind nach dem abschließenden Ergebnis der Prüfung keine Einwendungen zu erheben, so hat der Abschlußprüfer dies durch folgenden Vermerk zum Bericht über die Beziehungen zu verbundenen Unternehmen zu bestätigen: ²Nach meiner/unserer pflichtmäßigen Prüfung und Beurteilung bestätige ich/bestätigen wir, daß

1. die tatsächlichen Angaben des Berichts richtig sind,
2. bei den im Bericht aufgeführten Rechtsgeschäften die Leistung der Gesellschaft nicht unangemessen hoch war oder Nachteile ausgeglichen worden sind,
3. bei den im Bericht aufgeführten Maßnahmen keine Umstände für eine wesentlich andere Beurteilung als die durch den Vorstand sprechen.

³Führt der Bericht kein Rechtsgeschäft auf, so ist Nummer 2, führt er keine Maßnahme auf, so ist Nummer 3 des Vermerks fortzulassen. ⁴Hat der Abschlußprüfer bei keinem im Bericht aufgeführten Rechtsgeschäft festgestellt, daß die Leistung der Gesellschaft unangemessen hoch war, so ist Nummer 2 des Vermerks auf diese Bestätigung zu beschränken.

(4) ¹Sind Einwendungen zu erheben oder hat der Abschlußprüfer festgestellt, daß der Bericht über die Beziehungen zu verbundenen Unternehmen unvollständig ist, so hat er die Bestätigung einzuschränken oder zu versagen. ²Hat der Vorstand selbst erklärt, daß die Gesellschaft durch bestimmte Rechtsgeschäfte oder Maßnahmen benachteiligt worden ist, ohne daß die Nachteile ausgeglichen worden sind, so ist dies in dem Vermerk anzugeben und der Vermerk auf die übrigen Rechtsgeschäfte oder Maßnahmen zu beschränken.

(5) ¹Der Abschlußprüfer hat den Bestätigungsvermerk mit Angabe von Ort und Tag zu unterzeichnen. ²Der Bestätigungsvermerk ist auch in den Prüfungsbericht aufzunehmen.

**§ 314 Prüfung durch den Aufsichtsrat.** (1) ¹Der Vorstand hat den Bericht über die Beziehungen zu verbundenen Unternehmen unverzüglich nach dessen Aufstellung dem Aufsichtsrat vorzulegen. ²Dieser Bericht und, wenn der Jahresabschluss durch einen Abschlußprüfer zu prüfen ist, der Prüfungsbericht des Abschlußprüfers sind auch jedem Aufsichtsratsmitglied oder, wenn der Aufsichtsrat dies beschlossen hat, den Mitgliedern eines Ausschusses zu übermitteln.

(2) ¹Der Aufsichtsrat hat den Bericht über die Beziehungen zu verbundenen Unternehmen zu prüfen und in seinem Bericht an die Hauptversammlung (§ 171 Abs. 2) über das Ergebnis der Prüfung zu berichten. ²Ist der Jahresabschluß durch einen Abschlußprüfer zu prüfen, so hat der Aufsichtsrat in diesem Bericht ferner zu dem Ergebnis der Prüfung des Berichts über die Beziehungen zu verbundenen Unternehmen durch den Abschlußprüfer Stellung zu nehmen. ³Ein von dem Abschlußprüfer erteilter Bestätigungsvermerk ist in den Bericht aufzunehmen, eine Versagung des Bestätigungsvermerks ausdrücklich mitzuteilen.

(3) Am Schluß des Berichts hat der Aufsichtsrat zu erklären, ob nach dem abschließenden Ergebnis seiner Prüfung Einwendungen gegen die Erklärung des Vorstands am Schluß des Berichts über die Beziehungen zu verbundenen Unternehmen zu erheben sind.

(4) Ist der Jahresabschluss durch einen Abschlussprüfer zu prüfen, so hat dieser an den Verhandlungen des Aufsichtsrats oder eines Ausschusses über den Bericht über die Beziehungen zu verbundenen Unternehmen teilzunehmen und über die wesentlichen Ergebnisse seiner Prüfung zu berichten.

**§ 315 Sonderprüfung.** ¹Auf Antrag eines Aktionärs hat das Gericht Sonderprüfer zur Prüfung der geschäftlichen Beziehungen der Gesellschaft zu dem herrschenden Unternehmen oder einem mit ihm verbundenen Unternehmen zu bestellen, wenn

1. der Abschlußprüfer den Bestätigungsvermerk zum Bericht über die Beziehungen zu verbundenen Unternehmen eingeschränkt oder versagt hat,
2. der Aufsichtsrat erklärt hat, daß Einwendungen gegen die Erklärung des Vorstands am Schluß des Berichts über die Beziehungen zu verbundenen Unternehmen zu erheben sind,
3. der Vorstand selbst erklärt hat, daß die Gesellschaft durch bestimmte Rechtsgeschäfte oder Maßnahmen benachteiligt worden ist, ohne daß die Nachteile ausgeglichen worden sind.

²Liegen sonstige Tatsachen vor, die den Verdacht einer pflichtwidrigen Nachteilszufügung rechtfertigen, kann der Antrag auch von Aktionären gestellt werden, deren Anteile zusammen den Schwellenwert des § 142 Abs. 2 erreichen, wenn sie glaubhaft machen, dass sie seit mindestens drei Monaten vor dem Tage der Antragstellung Inhaber der Aktien sind. ³Über den Antrag entscheidet das Landgericht, in dessen Bezirk die Gesellschaft ihren Sitz hat. ⁴§ 142 Abs. 8 gilt entsprechend. ⁵Gegen die Entscheidung ist die Beschwerde zulässig. ⁶Hat die Hauptversammlung zur Prüfung derselben Vorgänge Sonderprüfer bestellt, so kann jeder Aktionär den Antrag nach § 142 Abs. 4 stellen.

**§ 316 Kein Bericht über Beziehungen zu verbundenen Unternehmen bei Gewinnabführungsvertrag.** §§ 312 bis 315 gelten nicht, wenn zwischen der abhängigen Gesellschaft und dem herrschenden Unternehmen ein Gewinnabführungsvertrag besteht.

**§ 317 Verantwortlichkeit des herrschenden Unternehmens und seiner gesetzlichen Vertreter.** (1) ¹Veranlaßt ein herrschendes Unternehmen eine abhängige Gesellschaft, mit der kein Beherrschungsvertrag besteht, ein für sie nachteiliges Rechtsgeschäft vorzunehmen oder zu ihrem Nachteil eine Maßnahme zu treffen oder zu unterlassen, ohne daß es den Nachteil bis zum Ende des Geschäftsjahrs tatsächlich ausgleicht oder der abhängigen Gesellschaft einen Rechtsanspruch auf einen zum Ausgleich bestimmten Vorteil gewährt, so ist es der Gesellschaft zum Ersatz des ihr daraus entstehenden Schadens verpflichtet. ²Es ist auch den Aktionären zum Ersatz des ihnen daraus entstehenden Schadens verpflichtet, soweit sie, abgesehen von einem Schaden, der ihnen durch Schädigung der Gesellschaft zugefügt worden ist, geschädigt worden sind.

(2) Die Ersatzpflicht tritt nicht ein, wenn auch ein ordentlicher und gewissenhafter Geschäftsleiter einer unabhängigen Gesellschaft das Rechtsgeschäft vorgenommen oder die Maßnahme getroffen oder unterlassen hätte.

(3) Neben dem herrschenden Unternehmen haften als Gesamtschuldner die gesetzlichen Vertreter des Unternehmens, die die Gesellschaft zu dem Rechtsgeschäft oder der Maßnahme veranlaßt haben.

(4) § 309 Abs. 3 bis 5 gilt sinngemäß.

**§ 318 Verantwortlichkeit der Verwaltungsmitglieder der Gesellschaft.** (1) ¹Die Mitglieder des Vorstands der Gesellschaft haften neben den nach § 317 Ersatzpflichtigen als Gesamtschuldner, wenn sie es unter Verletzung ihrer Pflichten unterlassen haben, das nachteilige Rechtsgeschäft oder die nachteilige Maßnahme in dem Bericht über die Beziehungen der Gesellschaft zu verbundenen Unternehmen aufzuführen oder anzugeben, daß die Gesellschaft durch das Rechtsgeschäft oder die Maßnahme benachteiligt wurde und der Nachteil nicht ausgeglichen worden war. ²Ist streitig, ob sie die Sorgfalt eines ordentlichen und gewissenhaften Geschäftsleiters angewandt haben, so trifft sie die Beweislast.

(2) Die Mitglieder des Aufsichtsrats der Gesellschaft haften neben den nach § 317 Ersatzpflichtigen als Gesamtschuldner, wenn sie hinsichtlich des nachteiligen Rechtsgeschäfts oder der nachteiligen Maßnahme ihre Pflicht, den Bericht über die Beziehungen zu verbundenen Unternehmen zu prüfen und über das Ergebnis der Prüfung an die Hauptversammlung zu berichten (§ 314), verletzt haben; Absatz 1 Satz 2 gilt sinngemäß.

(3) Der Gesellschaft und auch den Aktionären gegenüber tritt die Ersatzpflicht nicht ein, wenn die Handlung auf einem gesetzmäßigen Beschluß der Hauptversammlung beruht.

(4) § 309 Abs. 3 bis 5 gilt sinngemäß.

## Dritter Teil. Eingegliederte Gesellschaften

**§ 319 Eingliederung.** (1) ¹Die Hauptversammlung einer Aktiengesellschaft kann die Eingliederung der Gesellschaft in eine andere Aktiengesellschaft mit Sitz im Inland (Hauptgesellschaft) beschließen, wenn sich alle Aktien der Gesellschaft in der Hand der zukünftigen Hauptgesellschaft befinden. ²Auf den Beschluß sind die Bestimmungen des Gesetzes und der Satzung über Satzungsänderungen nicht anzuwenden.

(2) ¹Der Beschluß über die Eingliederung wird nur wirksam, wenn die Hauptversammlung der zukünftigen Hauptgesellschaft zustimmt. ²Der Beschluß über die Zustimmung bedarf einer Mehrheit, die mindestens drei Viertel des bei der Beschlußfassung vertretenen Grundkapitals umfaßt. ³Die Satzung kann eine größere Kapitalmehrheit und weitere Erfordernisse bestimmen. ⁴Absatz 1 Satz 2 ist anzuwenden.

(3) ¹Von der Einberufung der Hauptversammlung der zukünftigen Hauptgesellschaft an, die über die Zustimmung zur Eingliederung beschließen soll, sind in dem Geschäftsraum dieser Gesellschaft zur Einsicht der Aktionäre auszulegen

1. der Entwurf des Eingliederungsbeschlusses;
2. die Jahresabschlüsse und die Lageberichte der beteiligten Gesellschaften für die letzten drei Geschäftsjahre;
3. ein ausführlicher schriftlicher Bericht des Vorstands der zukünftigen Hauptgesellschaft, in dem die Eingliederung rechtlich und wirtschaftlich erläutert und begründet wird (Eingliederungsbericht).

²Auf Verlangen ist jedem Aktionär der zukünftigen Hauptgesellschaft unverzüglich und kostenlos eine Abschrift der in Satz 1 bezeichneten Unterlagen zu erteilen. ³Die Verpflichtungen nach den Sätzen 1 und 2 entfallen, wenn die in Satz 1 bezeichneten Unterlagen für denselben Zeitraum über die Internetseite der zukünftigen Hauptgesellschaft zugänglich sind. ⁴In der Hauptversammlung sind diese Unterlagen zugänglich zu machen. ⁵Jedem Aktionär ist in der Hauptversammlung auf Verlangen Auskunft auch über alle im Zusammenhang mit der Eingliederung wesentlichen Angelegenheiten der einzugliedernden Gesellschaft zu geben.

(4) ¹Der Vorstand der einzugliedernden Gesellschaft hat die Eingliederung und die Firma der Hauptgesellschaft zur Eintragung in das Handelsregister anzumelden. ²Der Anmeldung sind die Niederschriften der Hauptversammlungsbeschlüsse und ihre Anlagen in Ausfertigung oder öffentlich beglaubigter Abschrift beizufügen.

(5) ¹Bei der Anmeldung nach Absatz 4 hat der Vorstand zu erklären, daß eine Klage gegen die Wirksamkeit eines Hauptversammlungsbeschlusses nicht oder nicht fristgemäß erhoben oder eine solche Klage rechtskräftig abgewiesen oder zurückgenommen worden ist; hierüber hat der Vorstand dem Registergericht auch nach der Anmeldung Mitteilung zu machen. ²Liegt die Erklärung nicht vor, so darf die Eingliederung nicht eingetragen werden, es sei denn, daß die klageberechtigten Aktionäre durch notariell beurkundete Verzichtserklärung auf die Klage gegen die Wirksamkeit des Hauptversammlungsbeschlusses verzichten.

(6) ¹Der Erklärung nach Absatz 5 Satz 1 steht es gleich, wenn nach Erhebung einer Klage gegen die Wirksamkeit eines Hauptversammlungsbeschlusses das Gericht auf Antrag der Gesellschaft, gegen deren Hauptversammlungsbeschluß sich die Klage richtet, durch Beschluß festgestellt hat, daß die Erhebung der Klage der Eintragung nicht entgegensteht. ²Auf das Verfahren sind § 247, die §§ 82, 83 Abs. 1 und § 84 der Zivilprozessordnung sowie die im ersten Rechtszug für das Verfahren vor den Landgerichten geltenden Vorschriften der Zivilprozessordnung entsprechend anzuwenden, soweit nichts Abweichendes bestimmt ist. ³Ein Beschluss nach Satz 1 ergeht, wenn

1. die Klage unzulässig oder offensichtlich unbegründet ist,
2. der Kläger nicht binnen einer Woche nach Zustellung des Antrags durch Urkunden nachgewiesen hat, dass er seit Bekanntmachung der Einberufung einen anteiligen Betrag von mindestens 1 000 Euro hält oder
3. das alsbaldige Wirksamwerden des Hauptversammlungsbeschlusses vorrangig erscheint, weil die vom Antragsteller dargelegten wesentlichen Nachteile für die Gesellschaft und ihre Aktionäre nach freier Überzeugung des Gerichts die Nachteile für den Antragsgegner überwiegen, es sei denn, es liegt eine besondere Schwere des Rechtsverstoßes vor.

⁴Der Beschluß kann in dringenden Fällen ohne mündliche Verhandlung ergehen. ⁵Der Beschluss soll spätestens drei Monate nach Antragstellung ergehen; Verzögerungen der Entscheidung sind durch unanfechtbaren Beschluss zu begründen. ⁶Die vorgebrachten Tatsachen, aufgrund derer der Beschluß nach Satz 3 ergehen kann, sind

glaubhaft zu machen. ⁷Über den Antrag entscheidet ein Senat des Oberlandesgerichts, in dessen Bezirk die Gesellschaft ihren Sitz hat. ⁸Eine Übertragung auf den Einzelrichter ist ausgeschlossen; einer Güteverhandlung bedarf es nicht. ⁹Der Beschluss ist unanfechtbar. ¹⁰Erweist sich die Klage als begründet, so ist die Gesellschaft, die den Beschluß erwirkt hat, verpflichtet, dem Antragsgegner den Schaden zu ersetzen, der ihm aus einer auf dem Beschluß beruhenden Eintragung der Eingliederung entstanden ist. ¹¹Nach der Eintragung lassen Mängel des Beschlusses seine Durchführung unberührt; die Beseitigung dieser Wirkung der Eintragung kann auch nicht als Schadenersatz verlangt werden.

(7) Mit der Eintragung der Eingliederung in das Handelsregister des Sitzes der Gesellschaft wird die Gesellschaft in die Hauptgesellschaft eingegliedert.

**§ 320 Eingliederung durch Mehrheitsbeschluß.** (1) ¹Die Hauptversammlung einer Aktiengesellschaft kann die Eingliederung der Gesellschaft in eine andere Aktiengesellschaft mit Sitz im Inland auch dann beschließen, wenn sich Aktien der Gesellschaft, auf die zusammen fünfundneunzig vom Hundert des Grundkapitals entfallen, in der Hand der zukünftigen Hauptgesellschaft befinden. ²Eigene Aktien und Aktien, die einem anderen für Rechnung der Gesellschaft gehören, sind vom Grundkapital abzusetzen. ³Für die Eingliederung gelten außer § 319 Abs. 1 Satz 2, Abs. 2 bis 7 die Absätze 2 bis 4.

(2) ¹Die Bekanntmachung der Eingliederung als Gegenstand der Tagesordnung ist nur ordnungsgemäß, wenn

1. sie die Firma und den Sitz der zukünftigen Hauptgesellschaft enthält,
2. ihr eine Erklärung der zukünftigen Hauptgesellschaft beigefügt ist, in der diese den ausscheidenden Aktionären als Abfindung für ihre Aktien eigene Aktien, im Falle des § 320b Abs. 1 Satz 3 außerdem eine Barabfindung anbietet.

²Satz 1 Nr. 2 gilt auch für die Bekanntmachung der zukünftigen Hauptgesellschaft.

(3) ¹Die Eingliederung ist durch einen oder mehrere sachverständige Prüfer (Eingliederungsprüfer) zu prüfen. ²Diese werden auf Antrag des Vorstands der zukünftigen Hauptgesellschaft vom Gericht ausgewählt und bestellt. ³§ 293a Abs. 3, §§ 293c bis 293e sind sinngemäß anzuwenden.

(4) ¹Die in § 319 Abs. 3 Satz 1 bezeichneten Unterlagen sowie der Prüfungsbericht nach Absatz 3 sind jeweils von der Einberufung der Hauptversammlung an, die über die Zustimmung zur Eingliederung beschließen soll, in dem Geschäftsraum der einzugliedernden Gesellschaft und der Hauptgesellschaft zur Einsicht der Aktionäre auszulegen. ²In dem Eingliederungsbericht sind auch Art und Höhe der Abfindung nach § 320b rechtlich und wirtschaftlich zu erläutern und zu begründen; auf besondere Schwierigkeiten bei der Bewertung der beteiligten Gesellschaften sowie auf die Folgen für die Beteiligungen der Aktionäre ist hinzuweisen. ³§ 319 Abs. 3 Satz 2 bis 5 gilt sinngemäß für die Aktionäre beider Gesellschaften.

**§ 320a Wirkungen der Eingliederung.** ¹Mit der Eintragung der Eingliederung in das Handelsregister gehen alle Aktien, die sich nicht in der Hand der Hauptgesellschaft befinden, auf diese über. ²Sind über diese Aktien Aktienurkunden ausgegeben, so verbriefen sie bis zu ihrer Aushändigung an die Hauptgesellschaft nur den Anspruch auf Abfindung.

**§ 320b Abfindung der ausgeschiedenen Aktionäre.** (1) ¹Die ausgeschiedenen Aktionäre der eingegliederten Gesellschaft haben Anspruch auf angemessene Abfindung. ²Als Abfindung sind ihnen eigene Aktien der Hauptgesellschaft zu gewähren. ³Ist die

Hauptgesellschaft eine abhängige Gesellschaft, so sind den ausgeschiedenen Aktionären nach deren Wahl eigene Aktien der Hauptgesellschaft oder eine angemessene Barabfindung zu gewähren. ⁴Werden als Abfindung Aktien der Hauptgesellschaft gewährt, so ist die Abfindung als angemessen anzusehen, wenn die Aktien in dem Verhältnis gewährt werden, in dem bei einer Verschmelzung auf eine Aktie der Gesellschaft Aktien der Hauptgesellschaft zu gewähren wären, wobei Spitzenbeträge durch bare Zuzahlungen ausgeglichen werden können. ⁵Die Barabfindung muß die Verhältnisse der Gesellschaft im Zeitpunkt der Beschlußfassung ihrer Hauptversammlung über die Eingliederung berücksichtigen. ⁶Die Barabfindung sowie bare Zuzahlungen sind von der Bekanntmachung der Eintragung der Eingliederung an mit jährlich 5 Prozentpunkten über dem jeweiligen Basiszinssatz nach § 247 des Bürgerlichen Gesetzbuchs zu verzinsen; die Geltendmachung eines weiteren Schadens ist nicht ausgeschlossen.

(2) ¹Die Anfechtung des Beschlusses, durch den die Hauptversammlung der eingegliederten Gesellschaft die Eingliederung der Gesellschaft beschlossen hat, kann nicht auf § 243 Abs. 2 oder darauf gestützt werden, daß die von der Hauptgesellschaft nach § 320 Abs. 2 Nr. 2 angebotene Abfindung nicht angemessen ist. ²Ist die angebotene Abfindung nicht angemessen, so hat das in § 2 des Spruchverfahrensgesetzes bestimmte Gericht auf Antrag die angemessene Abfindung zu bestimmen. ³Das gleiche gilt, wenn die Hauptgesellschaft eine Abfindung nicht oder nicht ordnungsgemäß angeboten hat und eine hierauf gestützte Anfechtungsklage innerhalb der Anfechtungsfrist nicht erhoben oder zurückgenommen oder rechtskräftig abgewiesen worden ist.

**§ 321 Gläubigerschutz.** (1) ¹Den Gläubigern der eingegliederten Gesellschaft, deren Forderungen begründet worden sind, bevor die Eintragung der Eingliederung in das Handelsregister bekanntgemacht worden ist, ist, wenn sie sich binnen sechs Monaten nach der Bekanntmachung zu diesem Zweck melden, Sicherheit zu leisten, soweit sie nicht Befriedigung verlangen können. ²Die Gläubiger sind in der Bekanntmachung der Eintragung auf dieses Recht hinzuweisen.

(2) Das Recht, Sicherheitsleistung zu verlangen, steht Gläubigern nicht zu, die im Falle des Insolvenzverfahrens ein Recht auf vorzugsweise Befriedigung aus einer Deckungsmasse haben, die nach gesetzlicher Vorschrift zu ihrem Schutz errichtet und staatlich überwacht ist.

**§ 322 Haftung der Hauptgesellschaft.** (1) ¹Von der Eingliederung an haftet die Hauptgesellschaft für die vor diesem Zeitpunkt begründeten Verbindlichkeiten der eingegliederten Gesellschaft den Gläubigern dieser Gesellschaft als Gesamtschuldner. ²Die gleiche Haftung trifft sie für alle Verbindlichkeiten der eingegliederten Gesellschaft, die nach der Eingliederung begründet werden. ³Eine entgegenstehende Vereinbarung ist Dritten gegenüber unwirksam.

(2) Wird die Hauptgesellschaft wegen einer Verbindlichkeit der eingegliederten Gesellschaft in Anspruch genommen, so kann sie Einwendungen, die nicht in ihrer Person begründet sind, nur insoweit geltend machen, als sie von der eingegliederten Gesellschaft erhoben werden können.

(3) ¹Die Hauptgesellschaft kann die Befriedigung des Gläubigers verweigern, solange der eingegliederten Gesellschaft das Recht zusteht, das ihrer Verbindlichkeit zugrunde liegende Rechtsgeschäft anzufechten. ²Die gleiche Befugnis hat die Hauptgesellschaft, solange sich der Gläubiger durch Aufrechnung gegen eine fällige Forderung der eingegliederten Gesellschaft befriedigen kann.

(4) Aus einem gegen die eingegliederte Gesellschaft gerichteten vollstreckbaren Schuldtitel findet die Zwangsvollstreckung gegen die Hauptgesellschaft nicht statt.

**§ 323 Leitungsmacht der Hauptgesellschaft und Verantwortlichkeit der Vorstandsmitglieder.** (1) ¹Die Hauptgesellschaft ist berechtigt, dem Vorstand der eingegliederten Gesellschaft hinsichtlich der Leitung der Gesellschaft Weisungen zu erteilen. ²§ 308 Abs. 2 Satz 1, Abs. 3, §§ 309, 310 gelten sinngemäß. ³§§ 311 bis 318 sind nicht anzuwenden.

(2) Leistungen der eingegliederten Gesellschaft an die Hauptgesellschaft gelten nicht als Verstoß gegen die §§ 57, 58 und 60.

**§ 324 Gesetzliche Rücklage. Gewinnabführung. Verlustübernahme.** (1) Die gesetzlichen Vorschriften über die Bildung einer gesetzlichen Rücklage, über ihre Verwendung und über die Einstellung von Beträgen in die gesetzliche Rücklage sind auf eingegliederte Gesellschaften nicht anzuwenden.

(2) ¹Auf einen Gewinnabführungsvertrag, eine Gewinngemeinschaft oder einen Teilgewinnabführungsvertrag zwischen der eingegliederten Gesellschaft und der Hauptgesellschaft sind die §§ 293 bis 296, 298 bis 303 nicht anzuwenden. ²Der Vertrag, seine Änderung und seine Aufhebung bedürfen der schriftlichen Form. ³Als Gewinn kann höchstens der ohne die Gewinnabführung entstehende Bilanzgewinn abgeführt werden. ⁴Der Vertrag endet spätestens zum Ende des Geschäftsjahrs, in dem die Eingliederung endet.

(3) Die Hauptgesellschaft ist verpflichtet, jeden bei der eingegliederten Gesellschaft sonst entstehenden Bilanzverlust auszugleichen, soweit dieser den Betrag der Kapitalrücklagen und der Gewinnrücklagen übersteigt.

**§ 325** (weggefallen)

**§ 326 Auskunftsrecht der Aktionäre der Hauptgesellschaft.** Jedem Aktionär der Hauptgesellschaft ist über Angelegenheiten der eingegliederten Gesellschaft ebenso Auskunft zu erteilen wie über Angelegenheiten der Hauptgesellschaft.

**§ 327 Ende der Eingliederung.** (1) Die Eingliederung endet
1. durch Beschluß der Hauptversammlung der eingegliederten Gesellschaft,
2. wenn die Hauptgesellschaft nicht mehr eine Aktiengesellschaft mit Sitz im Inland ist,
3. wenn sich nicht mehr alle Aktien der eingegliederten Gesellschaft in der Hand der Hauptgesellschaft befinden,
4. durch Auflösung der Hauptgesellschaft.

(2) Befinden sich nicht mehr alle Aktien der eingegliederten Gesellschaft in der Hand der Hauptgesellschaft, so hat die Hauptgesellschaft dies der eingegliederten Gesellschaft unverzüglich schriftlich mitzuteilen.

(3) Der Vorstand der bisher eingegliederten Gesellschaft hat das Ende der Eingliederung, seinen Grund und seinen Zeitpunkt unverzüglich zur Eintragung in das Handelsregister des Sitzes der Gesellschaft anzumelden.

(4) ¹Endet die Eingliederung, so haftet die frühere Hauptgesellschaft für die bis dahin begründeten Verbindlichkeiten der bisher eingegliederten Gesellschaft, wenn sie vor Ablauf von fünf Jahren nach dem Ende der Eingliederung fällig und daraus Ansprüche gegen die frühere Hauptgesellschaft in einer in § 197 Abs. 1 Nr. 3 bis 5 des Bürgerlichen Gesetzbuchs bezeichneten Art festgestellt sind oder eine gerichtliche oder behördliche Vollstreckungshandlung vorgenommen oder beantragt wird; bei öffentlichrechtlichen Verbindlichkeiten genügt der Erlass eines Verwaltungsakts. ²Die Frist be-

ginnt mit dem Tag, an dem die Eintragung des Endes der Eingliederung in das Handelsregister nach § 10 des Handelsgesetzbuchs bekannt gemacht worden ist. ³Die für die Verjährung geltenden §§ 204, 206, 210, 211 und 212 Abs. 2 und 3 des Bürgerlichen Gesetzbuchs sind entsprechend anzuwenden. ⁴Einer Feststellung in einer in § 197 Abs. 1 Nr. 3 bis 5 des Bürgerlichen Gesetzbuchs bezeichneten Art bedarf es nicht, soweit die frühere Hauptgesellschaft den Anspruch schriftlich anerkannt hat.

### Vierter Teil. Ausschluss von Minderheitsaktionären

**§ 327a Übertragung von Aktien gegen Barabfindung.** (1) ¹Die Hauptversammlung einer Aktiengesellschaft oder einer Kommanditgesellschaft auf Aktien kann auf Verlangen eines Aktionärs, dem Aktien der Gesellschaft in Höhe von 95 vom Hundert des Grundkapitals gehören (Hauptaktionär), die Übertragung der Aktien der übrigen Aktionäre (Minderheitsaktionäre) auf den Hauptaktionär gegen Gewährung einer angemessenen Barabfindung beschließen. ²§ 285 Abs. 2 Satz 1 findet keine Anwendung.

(2) Für die Feststellung, ob dem Hauptaktionär 95 vom Hundert der Aktien gehören, gilt § 16 Abs. 2 und 4.

**§ 327b Barabfindung.** (1) ¹Der Hauptaktionär legt die Höhe der Barabfindung fest; sie muss die Verhältnisse der Gesellschaft im Zeitpunkt der Beschlussfassung ihrer Hauptversammlung berücksichtigen. ²Der Vorstand hat dem Hauptaktionär alle dafür notwendigen Unterlagen zur Verfügung zu stellen und Auskünfte zu erteilen.

(2) Die Barabfindung ist von der Bekanntmachung der Eintragung des Übertragungsbeschlusses in das Handelsregister an mit jährlich 5 Prozentpunkten über dem jeweiligen Basiszinssatz nach § 247 des Bürgerlichen Gesetzbuchs zu verzinsen; die Geltendmachung eines weiteren Schadens ist nicht ausgeschlossen.

(3) Vor Einberufung der Hauptversammlung hat der Hauptaktionär dem Vorstand die Erklärung eines im Geltungsbereich dieses Gesetzes zum Geschäftsbetrieb befugten Kreditinstituts zu übermitteln, durch die das Kreditinstitut die Gewährleistung für die Erfüllung der Verpflichtung des Hauptaktionärs übernimmt, den Minderheitsaktionären nach Eintragung des Übertragungsbeschlusses unverzüglich die festgelegte Barabfindung für die übergegangenen Aktien zu zahlen.

**§ 327c Vorbereitung der Hauptversammlung.** (1) Die Bekanntmachung der Übertragung als Gegenstand der Tagesordnung hat folgende Angaben zu enthalten:

1. Firma und Sitz des Hauptaktionärs, bei natürlichen Personen Name und Adresse;
2. die vom Hauptaktionär festgelegte Barabfindung.

(2) ¹Der Hauptaktionär hat der Hauptversammlung einen schriftlichen Bericht zu erstatten, in dem die Voraussetzungen für die Übertragung dargelegt und die Angemessenheit der Barabfindung erläutert und begründet werden. ²Die Angemessenheit der Barabfindung ist durch einen oder mehrere sachverständige Prüfer zu prüfen. ³Diese werden auf Antrag des Hauptaktionärs vom Gericht ausgewählt und bestellt. ⁴§ 293a Abs. 2 und 3, § 293c Abs. 1 Satz 3 bis 5, Abs. 2 sowie die §§ 293d und 293e sind sinngemäß anzuwenden.

(3) Von der Einberufung der Hauptversammlung an sind in dem Geschäftsraum der Gesellschaft zur Einsicht der Aktionäre auszulegen

1. der Entwurf des Übertragungsbeschlusses;
2. die Jahresabschlüsse und Lageberichte für die letzten drei Geschäftsjahre;

3. der nach Absatz 2 Satz 1 erstattete Bericht des Hauptaktionärs;
4. der nach Absatz 2 Satz 2 bis 4 erstattete Prüfungsbericht.

(4) Auf Verlangen ist jedem Aktionär unverzüglich und kostenlos eine Abschrift der in Absatz 3 bezeichneten Unterlagen zu erteilen.

(5) Die Verpflichtungen nach den Absätzen 3 und 4 entfallen, wenn die in Absatz 3 bezeichneten Unterlagen für denselben Zeitraum über die Internetseite der Gesellschaft zugänglich sind.

**§ 327d Durchführung der Hauptversammlung.** [1]In der Hauptversammlung sind die in § 327c Abs. 3 bezeichneten Unterlagen zugänglich zu machen. [2]Der Vorstand kann dem Hauptaktionär Gelegenheit geben, den Entwurf des Übertragungsbeschlusses und die Bemessung der Höhe der Barabfindung zu Beginn der Verhandlung mündlich zu erläutern.

**§ 327e Eintragung des Übertragungsbeschlusses.** (1) [1]Der Vorstand hat den Übertragungsbeschluss zur Eintragung in das Handelsregister anzumelden. [2]Der Anmeldung sind die Niederschrift des Übertragungsbeschlusses und seine Anlagen in Ausfertigung oder öffentlich beglaubigter Abschrift beizufügen.

(2) § 319 Abs. 5 und 6 gilt sinngemäß.

(3) [1]Mit der Eintragung des Übertragungsbeschlusses in das Handelsregister gehen alle Aktien der Minderheitsaktionäre auf den Hauptaktionär über. [2]Sind über diese Aktien Aktienurkunden ausgegeben, so verbriefen sie bis zu ihrer Aushändigung an den Hauptaktionär nur den Anspruch auf Barabfindung.

**§ 327f Gerichtliche Nachprüfung der Abfindung.** [1]Die Anfechtung des Übertragungsbeschlusses kann nicht auf § 243 Abs. 2 oder darauf gestützt werden, dass die durch den Hauptaktionär festgelegte Barabfindung nicht angemessen ist. [2]Ist die Barabfindung nicht angemessen, so hat das in § 2 des Spruchverfahrensgesetzes bestimmte Gericht auf Antrag die angemessene Barabfindung zu bestimmen. [3]Das Gleiche gilt, wenn der Hauptaktionär eine Barabfindung nicht oder nicht ordnungsgemäß angeboten hat und eine hierauf gestützte Anfechtungsklage innerhalb der Anfechtungsfrist nicht erhoben, zurückgenommen oder rechtskräftig abgewiesen worden ist.

### Fünfter Teil. Wechselseitig beteiligte Unternehmen

**§ 328 Beschränkung der Rechte.** (1) [1]Sind eine Aktiengesellschaft oder Kommanditgesellschaft auf Aktien und ein anderes Unternehmen wechselseitig beteiligte Unternehmen, so können, sobald dem einen Unternehmen das Bestehen der wechselseitigen Beteiligung bekannt geworden ist oder ihm das andere Unternehmen eine Mitteilung nach § 20 Abs. 3 oder § 21 Abs. 1 gemacht hat, Rechte aus den Anteilen, die ihm an dem anderen Unternehmen gehören, nur für höchstens den vierten Teil aller Anteile des anderen Unternehmens ausgeübt werden. [2]Dies gilt nicht für das Recht auf neue Aktien bei einer Kapitalerhöhung aus Gesellschaftsmitteln. [3]§ 16 Abs. 4 ist anzuwenden.

(2) Die Beschränkung des Absatzes 1 gilt nicht, wenn das Unternehmen seinerseits dem anderen Unternehmen eine Mitteilung nach § 20 Abs. 3 oder § 21 Abs. 1 gemacht hatte, bevor es von dem anderen Unternehmen eine solche Mitteilung erhalten hat und bevor ihm das Bestehen der wechselseitigen Beteiligung bekannt geworden ist.

(3) In der Hauptversammlung einer börsennotierten Gesellschaft kann ein Unternehmen, dem die wechselseitige Beteiligung gemäß Absatz 1 bekannt ist, sein Stimmrecht zur Wahl von Mitgliedern in den Aufsichtsrat nicht ausüben.

(4) Sind eine Aktiengesellschaft oder Kommanditgesellschaft auf Aktien und ein anderes Unternehmen wechselseitig beteiligte Unternehmen, so haben die Unternehmen einander unverzüglich die Höhe ihrer Beteiligung und jede Änderung schriftlich mitzuteilen.

### Sechster Teil. Rechnungslegung im Konzern

§§ 329–336 (weggefallen)

§ 337 (weggefallen)

§§ 338–393 (weggefallen)

## Viertes Buch. Sonder-, Straf- und Schlußvorschriften

### Erster Teil. Sondervorschriften bei Beteiligung von Gebietskörperschaften

**§ 394 Berichte der Aufsichtsratsmitglieder.** ¹Aufsichtsratsmitglieder, die auf Veranlassung einer Gebietskörperschaft in den Aufsichtsrat gewählt oder entsandt worden sind, unterliegen hinsichtlich der Berichte, die sie der Gebietskörperschaft zu erstatten haben, keiner Verschwiegenheitspflicht. ²Für vertrauliche Angaben und Geheimnisse der Gesellschaft, namentlich Betriebs- oder Geschäftsgeheimnisse, gilt dies nicht, wenn ihre Kenntnis für die Zwecke der Berichte nicht von Bedeutung ist.

**§ 395 Verschwiegenheitspflicht.** (1) Personen, die damit betraut sind, die Beteiligungen einer Gebietskörperschaft zu verwalten oder für eine Gebietskörperschaft die Gesellschaft, die Betätigung der Gebietskörperschaft als Aktionär oder die Tätigkeit der auf Veranlassung der Gebietskörperschaft gewählten oder entsandten Aufsichtsratsmitglieder zu prüfen, haben über vertrauliche Angaben und Geheimnisse der Gesellschaft, namentlich Betriebs- oder Geschäftsgeheimnisse, die ihnen aus Berichten nach § 394 bekanntgeworden sind, Stillschweigen zu bewahren; dies gilt nicht für Mitteilungen im dienstlichen Verkehr.

(2) Bei der Veröffentlichung von Prüfungsergebnissen dürfen vertrauliche Angaben und Geheimnisse der Gesellschaft, namentlich Betriebs- oder Geschäftsgeheimnisse, nicht veröffentlicht werden.

### Zweiter Teil. Gerichtliche Auflösung

**§ 396 Voraussetzungen.** (1) ¹Gefährdet eine Aktiengesellschaft oder Kommanditgesellschaft auf Aktien durch gesetzwidriges Verhalten ihrer Verwaltungsträger das Gemeinwohl und sorgen der Aufsichtsrat und die Hauptversammlung nicht für eine Abberufung der Verwaltungsträger, so kann die Gesellschaft auf Antrag der zuständigen obersten Landesbehörde des Landes, in dem die Gesellschaft ihren Sitz hat, durch Urteil aufgelöst werden. ²Ausschließlich zuständig für die Klage ist das Landgericht, in dessen Bezirk die Gesellschaft ihren Sitz hat.

(2) ¹Nach der Auflösung findet die Abwicklung nach den §§ 264 bis 273 statt. ²Den Antrag auf Abberufung oder Bestellung der Abwickler aus einem wichtigen Grund kann auch die in Absatz 1 Satz 1 bestimmte Behörde stellen.

**§ 397 Anordnungen bei der Auflösung.** Ist die Auflösungsklage erhoben, so kann das Gericht auf Antrag der in § 396 Abs. 1 Satz 1 bestimmten Behörde durch einstweilige Verfügung die nötigen Anordnungen treffen.

**§ 398 Eintragung.** ¹Die Entscheidungen des Gerichts sind dem Registergericht mitzuteilen. ²Dieses trägt sie, soweit sie eintragungspflichtige Rechtsverhältnisse betreffen, in das Handelsregister ein.

### Dritter Teil. Straf- und Bußgeldvorschriften. Schlußvorschriften

**§ 399 Falsche Angaben.** (1) Mit Freiheitsstrafe bis zu drei Jahren oder mit Geldstrafe wird bestraft, wer

1. als Gründer oder als Mitglied des Vorstands oder des Aufsichtsrats zum Zweck der Eintragung der Gesellschaft über die Übernahme der Aktien, die Einzahlung auf Aktien, die Verwendung eingezahlter Beträge, den Ausgabebetrag der Aktien, über Sondervorteile, Gründungsaufwand, Sacheinlagen und Sachübernahmen oder in der nach § 37a Abs. 2 abzugebenden Versicherung,
2. als Gründer oder als Mitglied des Vorstands oder des Aufsichtsrats im Gründungsbericht, im Nachgründungsbericht oder im Prüfungsbericht,
3. in der öffentlichen Ankündigung nach § 47 Nr. 3,
4. als Mitglied des Vorstands oder des Aufsichtsrats zum Zweck der Eintragung einer Erhöhung des Grundkapitals (§§ 182 bis 206) über die Einbringung des bisherigen, die Zeichnung oder Einbringung des neuen Kapitals, den Ausgabebetrag der Aktien, die Ausgabe der Bezugsaktien, über Sacheinlagen, in der Bekanntmachung nach § 183a Abs. 2 Satz 1 in Verbindung mit § 37a Abs. 2 oder in der nach § 184 Abs. 1 Satz 3 abzugebenden Versicherung,
5. als Abwickler zum Zweck der Eintragung der Fortsetzung der Gesellschaft in dem nach § 274 Abs. 3 zu führenden Nachweis oder
6. als Mitglied des Vorstands einer Aktiengesellschaft oder des Leitungsorgans einer ausländischen juristischen Person in der nach § 37 Abs. 2 Satz 1 oder § 81 Abs. 3 Satz 1 abzugebenden Versicherung oder als Abwickler in der nach § 266 Abs. 3 Satz 1 abzugebenden Versicherung

falsche Angaben macht oder erhebliche Umstände verschweigt.

(2) Ebenso wird bestraft, wer als Mitglied des Vorstands oder des Aufsichtsrats zum Zweck der Eintragung einer Erhöhung des Grundkapitals die in § 210 Abs. 1 Satz 2 vorgeschriebene Erklärung der Wahrheit zuwider abgibt.

**§ 400 Unrichtige Darstellung.** (1) Mit Freiheitsstrafe bis zu drei Jahren oder mit Geldstrafe wird bestraft, wer als Mitglied des Vorstands oder des Aufsichtsrats oder als Abwickler

1. die Verhältnisse der Gesellschaft einschließlich ihrer Beziehungen zu verbundenen Unternehmen in Darstellungen oder Übersichten über den Vermögensstand, in

Vorträgen oder Auskünften in der Hauptversammlung unrichtig wiedergibt oder verschleiert, wenn die Tat nicht in § 331 Nr. 1 oder 1a des Handelsgesetzbuchs mit Strafe bedroht ist, oder

2. in Aufklärungen oder Nachweisen, die nach den Vorschriften dieses Gesetzes einem Prüfer der Gesellschaft oder eines verbundenen Unternehmens zu geben sind, falsche Angaben macht oder die Verhältnisse der Gesellschaft unrichtig wiedergibt oder verschleiert, wenn die Tat nicht in § 331 Nr. 4 des Handelsgesetzbuchs mit Strafe bedroht ist.

(2) Ebenso wird bestraft, wer als Gründer oder Aktionär in Aufklärungen oder Nachweisen, die nach den Vorschriften dieses Gesetzes einem Gründungsprüfer oder sonstigen Prüfer zu geben sind, falsche Angaben macht oder erhebliche Umstände verschweigt.

**§ 401 Pflichtverletzung bei Verlust, Überschuldung oder Zahlungsunfähigkeit.** (1) Mit Freiheitsstrafe bis zu drei Jahren oder mit Geldstrafe wird bestraft, wer es als Mitglied des Vorstands entgegen § 92 Abs. 1 unterläßt, bei einem Verlust in Höhe der Hälfte des Grundkapitals die Hauptversammlung einzuberufen und ihr dies anzuzeigen.

(2) Handelt der Täter fahrlässig, so ist die Strafe Freiheitsstrafe bis zu einem Jahr oder Geldstrafe.

**§ 402 Falsche Ausstellung von Berechtigungsnachweisen.** (1) Wer Bescheinigungen, die zum Nachweis des Stimmrechts in einer Hauptversammlung oder in einer gesonderten Versammlung dienen sollen, falsch ausstellt oder verfälscht, wird mit Freiheitsstrafe bis zu drei Jahren oder mit Geldstrafe bestraft, wenn die Tat nicht in anderen Vorschriften über Urkundenstraftaten mit schwererer Strafe bedroht ist.

(2) Ebenso wird bestraft, wer von einer falschen oder verfälschten Bescheinigung der in Absatz 1 bezeichneten Art zur Ausübung des Stimmrechts Gebrauch macht.

(3) Der Versuch ist strafbar.

**§ 403 Verletzung der Berichtspflicht.** (1) Mit Freiheitsstrafe bis zu drei Jahren oder mit Geldstrafe wird bestraft, wer als Prüfer oder als Gehilfe eines Prüfers über das Ergebnis der Prüfung falsch berichtet oder erhebliche Umstände im Bericht verschweigt.

(2) Handelt der Täter gegen Entgelt oder in der Absicht, sich oder einen anderen zu bereichern oder einen anderen zu schädigen, so ist die Strafe Freiheitsstrafe bis zu fünf Jahren oder Geldstrafe.

**§ 404 Verletzung der Geheimhaltungspflicht.** (1) Mit Freiheitsstrafe bis zu einem Jahr, bei börsennotierten Gesellschaften bis zu zwei Jahren, oder mit Geldstrafe wird bestraft, wer ein Geheimnis der Gesellschaft, namentlich ein Betriebs- oder Geschäftsgeheimnis, das ihm in seiner Eigenschaft als

1. Mitglied des Vorstands oder des Aufsichtsrats oder Abwickler,
2. Prüfer oder Gehilfe eines Prüfers

bekanntgeworden ist, unbefugt offenbart; im Falle der Nummer 2 jedoch nur, wenn die Tat nicht in § 333 des Handelsgesetzbuchs mit Strafe bedroht ist.

(2) ¹Handelt der Täter gegen Entgelt oder in der Absicht, sich oder einen anderen zu bereichern oder einen anderen zu schädigen, so ist die Strafe Freiheitsstrafe bis zu zwei Jahren, bei börsennotierten Gesellschaften bis zu drei Jahren, oder Geldstrafe.

²Ebenso wird bestraft, wer ein Geheimnis der in Absatz 1 bezeichneten Art, namentlich ein Betriebs- oder Geschäftsgeheimnis, das ihm unter den Voraussetzungen des Absatzes 1 bekanntgeworden ist, unbefugt verwertet.

(3) ¹Die Tat wird nur auf Antrag der Gesellschaft verfolgt. ²Hat ein Mitglied des Vorstands oder ein Abwickler die Tat begangen, so ist der Aufsichtsrat, hat ein Mitglied des Aufsichtsrats die Tat begangen, so sind der Vorstand oder die Abwickler antragsberechtigt.

**§ 405 Ordnungswidrigkeiten.** (1) Ordnungswidrig handelt, wer als Mitglied des Vorstands oder des Aufsichtsrats oder als Abwickler

1. Namensaktien ausgibt, in denen der Betrag der Teilleistung nicht angegeben ist, oder Inhaberaktien ausgibt, bevor auf sie der Ausgabebetrag voll geleistet ist,
2. Aktien oder Zwischenscheine ausgibt, bevor die Gesellschaft oder im Fall einer Kapitalerhöhung die Durchführung der Erhöhung des Grundkapitals oder im Fall einer bedingten Kapitalerhöhung oder einer Kapitalerhöhung aus Gesellschaftsmitteln der Beschluß über die bedingte Kapitalerhöhung oder die Kapitalerhöhung aus Gesellschaftsmitteln eingetragen ist,
3. Aktien oder Zwischenscheine ausgibt, die auf einen geringeren als den nach § 8 Abs. 2 Satz 1 zulässigen Mindestnennbetrag lauten oder auf die bei einer Gesellschaft mit Stückaktien ein geringerer anteiliger Betrag des Grundkapitals als der nach § 8 Abs. 3 Satz 3 zulässige Mindestbetrag entfällt, oder
4. a) entgegen § 71 Abs. 1 Nr. 1 bis 4 oder Abs. 2 eigene Aktien der Gesellschaft erwirbt oder, in Verbindung mit § 71e Abs. 1, als Pfand nimmt,
   b) zu veräußernde eigene Aktien (§ 71c Abs. 1 und 2) nicht anbietet oder
   c) die zur Vorbereitung der Beschlußfassung über die Einziehung eigener Aktien (§ 71c Abs. 3) erforderlichen Maßnahmen nicht trifft.

(2) Ordnungswidrig handelt auch, wer als Aktionär oder als Vertreter eines Aktionärs die nach § 129 in das Verzeichnis aufzunehmenden Angaben nicht oder nicht richtig macht.

(2a) Ordnungswidrig handelt, wer entgegen § 67 Abs. 4 Satz 2, auch in Verbindung mit Satz 3, eine Mitteilung nicht oder nicht richtig macht.

(3) Ordnungswidrig handelt ferner, wer

1. Aktien eines anderen, zu dessen Vertretung er nicht befugt ist, ohne dessen Einwilligung zur Ausübung von Rechten in der Hauptversammlung oder in einer gesonderten Versammlung benutzt,
2. zur Ausübung von Rechten in der Hauptversammlung oder in einer gesonderten Versammlung Aktien eines anderen benutzt, die er sich zu diesem Zweck durch Gewähren oder Versprechen besonderer Vorteile verschafft hat,
3. Aktien zu dem in Nummer 2 bezeichneten Zweck gegen Gewähren oder Versprechen besonderer Vorteile einem anderen überläßt,
4. Aktien eines anderen, für die er oder der von ihm Vertretene das Stimmrecht nach § 135 nicht ausüben darf, zur Ausübung des Stimmrechts benutzt,
5. Aktien, für die er oder der von ihm Vertretene das Stimmrecht nach § 20 Abs. 7, § 21 Abs. 4, §§ 71b, 71d Satz 4, § 134 Abs. 1, §§ 135, 136, 142 Abs. 1 Satz 2, § 285 Abs. 1 nicht ausüben darf, einem anderen zum Zweck der Ausübung des Stimmrechts überläßt oder solche ihm überlassene Aktien zur Ausübung des Stimmrechts benutzt,

6. besondere Vorteile als Gegenleistung dafür fordert, sich versprechen läßt oder annimmt, daß er bei einer Abstimmung in der Hauptversammlung oder in einer gesonderten Versammlung nicht oder in einem bestimmten Sinne stimme oder
7. besondere Vorteile als Gegenleistung dafür anbietet, verspricht oder gewährt, daß jemand bei einer Abstimmung in der Hauptversammlung oder in einer gesonderten Versammlung nicht oder in einem bestimmten Sinne stimme.

(3a) Ordnungswidrig handelt, wer vorsätzlich oder leichtfertig
1. entgegen § 121 Abs. 4a Satz 1, auch in Verbindung mit § 124 Abs. 1 Satz 3, die Einberufung nicht, nicht richtig, nicht vollständig oder nicht rechtzeitig zuleitet oder
2. entgegen § 124a Angaben nicht, nicht richtig oder nicht vollständig zugänglich macht.

(4) Die Ordnungswidrigkeit kann mit einer Geldbuße bis zu fünfundzwanzigtausend Euro geahndet werden.

**§ 406** (weggefallen)

**§ 407 Zwangsgelder.** (1) ¹Vorstandsmitglieder oder Abwickler, die § 52 Abs. 2 Satz 2 bis 4, § 71c, § 73 Abs. 3 Satz 2, §§ 80, 90, 104 Abs. 1, § 111 Abs. 2, § 145, §§ 170, 171 Abs. 3 oder Abs. 4 Satz 1 in Verbindung mit Abs. 3, §§ 175, 179a Abs. 2 Satz 1 bis 3, 214 Abs. 1, § 246 Abs. 4, §§ 248a, 259 Abs. 5, § 268 Abs. 4, § 270 Abs. 1, § 273 Abs. 2, §§ 293f, 293g Abs. 1, § 312 Abs. 1, § 313 Abs. 1, § 314 Abs. 1 nicht befolgen, sind hierzu vom Registergericht durch Festsetzung von Zwangsgeld anzuhalten; § 14 des Handelsgesetzbuchs bleibt unberührt. ²Das einzelne Zwangsgeld darf den Betrag von fünftausend Euro nicht übersteigen.
(2) Die Anmeldungen zum Handelsregister nach den §§ 36, 45, 52, 181 Abs. 1, §§ 184, 188, 195, 210, 223, 237 Abs. 4, §§ 274, 294 Abs. 1, § 319 Abs. 3 werden durch Festsetzung von Zwangsgeld nicht erzwungen.

**§ 408 Strafbarkeit persönlich haftender Gesellschafter einer Kommanditgesellschaft auf Aktien.** ¹Die §§ 399 bis 407 gelten sinngemäß für die Kommanditgesellschaft auf Aktien. ²Soweit sie Vorstandsmitglieder betreffen, gelten sie bei der Kommanditgesellschaft auf Aktien für die persönlich haftenden Gesellschafter.

**§ 409 Geltung in Berlin.** ¹Dieses Gesetz gilt nach Maßgabe des § 13 Abs. 1 des Dritten Überleitungsgesetzes vom 4. Januar 1952 (Bundesgesetzbl. I S. 1) auch im Land Berlin. ²Rechtsverordnungen, die auf Grund dieses Gesetzes erlassen werden, gelten im Land Berlin nach § 14 des Dritten Überleitungsgesetzes.

**§ 410 Inkrafttreten.** Dieses Gesetz tritt am 1. Januar 1966 in Kraft.

# Einleitung

I. Begriff und Bedeutung der Aktiengesellschaft ............... 1
  1. Begriff .................... 1
  2. Bedeutung und Funktion ........ 2
II. Gesetzesgeschichte ............ 3
  1. Vor 1861 .................. 3
  2. 1861–1918 ................. 4
  3. 1918–1965 ................. 5
  4. Seit 1965 .................. 6
III. Entwicklungslinien ............ 9
  1. Änderungen im Rechtsbild der deutschen Aktiengesellschaft ........ 9
  2. Europäisches Gesellschaftsrecht .... 11
  3. Verfassungsrecht und Aktienrecht .. 15
  4. Aktienrecht und Kapitalmarktrecht . 16
  5. Aktienrecht und Finanzkrise ...... 17

Literatur: (Auswahl): *Assmann* in Großkomm. AktG, Einl.; *Baums* (Hrsg.), Gesetz über die Aktiengesellschaften für die Königlich Preußischen Staaten von 1843, 1981; *Baums*, Entwurf eines ADHGB (1848/49), 1982; *Baums* (Hrsg.), Bericht der Regierungskommission Corporate Governance, 2001; *Bayer* (Hrsg.), Die Aktiengesellschaft im Spiegel der Rechtstatsachenforschung, 2007; *Bayer/Habersack* (Hrsg.), Aktienrecht im Wandel, 2 Bände, 2007; *Escher-Weingart*, Reform durch Deregulierung im Kapitalgesellschaftsrecht, 2001; *Fleischer*, Das Aktiengesetz von 1965 und das neue Kapitalmarktrecht, ZIP 2006, 451; *Flume*, Um ein neues Unternehmensrecht, 1980; *Großfeld*, Aktiengesellschaft, Unternehmenskonzentration und Kleinaktionär, 1968; *Habersack*, Europäisches Gesellschaftsrecht, 3. Aufl. 2006; *Grundmann*, Europäisches Gesellschaftsrecht, 2004; *Habersack* in MünchKomm. AktG, Einl.; *Habersack*, Wandlungen des Aktienrechts, AG 2009, 1; *Hansen*, Strukturdaten und Branchenanalysen der deutschen Aktiengesellschaften, 1980; *Hirte*, Die aktienrechtliche Satzungsstrenge ..., in Lutter/Wiedemann (Hrsg.), Gestaltungsfreiheit im Gesellschaftsrecht, 1997, S. 61; *Hoffmann-Becking* in MünchHdb.AG, 3. Aufl. 2007, §§ 1,2; *Hommelhoff*, 100 Bände BGHZ: Aktienrecht, ZHR 151 (1987), 493; *Hopt*, Vom Aktien- und Börsenrecht zum Kapitalmarktrecht, ZHR 141 (1977), 389; *Hopt*, Europäisches Gesellschaftsrecht und deutsche Unternehmensverfassung, ZIP 2005, 461; *Klausing*, Gesetz über Aktiengesellschaften und Kommanditgesellschaften auf Aktien, 1937; *Körber* in Bürgers/Körber, AktG, 2008 Einl.; *Kropff*, Aktiengesetz, 1965; *Lutter*, Kapital, Sicherung der Kapitalaufbringung und Kapitalerhaltung in den Aktien- und GmbH-Rechten der EWG, 1964; *Lutter*, Europäisches Gesellschaftsrecht, 4. Aufl. 1996; *Lutter* (Hrsg.), 25 Jahre Aktiengesetz, 1990; *Lutter*, Gesellschaftsrecht und Kapitalmarkt, in FS Zöllner, 1999, Bd. I, S. 363; *Lutter*, Der BGH und das Aktienrecht, in FS 50 Jahre BGH, 2000, Bd. II, S. 493; *Marsch-Barner/Schäfer* (Hrsg.), Handbuch börsennotierte AG, 2. Aufl. 2009; *Mestmäcker*, Verwaltung, Konzerngewalt und Rechte der Aktionäre, 1958; *Mülbert*, Aktiengesellschaft, Unternehmensgruppe und Kapitalmarkt, 1995, 2. Aufl. 1996; *Mülbert/Lauschner*, Die verfassungsrechtlichen Vorgaben der Art. 14 GG und Art. 2 Abs. 1 GG für die Gesellschafterstellung, ZHR 170 (2006), 615; *Noack*, Das Aktienrecht der Krise – das Aktienrecht in der Krise?, AG 2009, 227; *Nörr*, Zur Entwicklung des Aktien- und Konzernrechts während der Weimarer Republik, ZHR 150 (1986), 155; *Nörr*, Ein Gegenstand der Reflexion – Die Aktiengesellschaft in den Schriften Franz Kleins, Rudolf Hilferdings, Walther Rathenaus, ZHR 172 (2008), 133; *Paefgen*, Unternehmerische Entscheidungen und Rechtsbindung der Organe in der AG, 2002; *Pohlmann*, Das Aktienrecht des 19. Jahrhunderts: dogmengeschichtliche Betrachtungen zur Rechtsträgerschaft, Entstehung und Auflösung der Aktiengesellschaft, 2007; *Raiser/Veil*, Recht der Kapitalgesellschaften, 5. Aufl. 2010, §§ 1–4; *Rathenau*, Vom Aktienwesen, 1917; *Renaud*, Das Recht der Aktiengesellschaften, 2. Aufl. 1875; *Rittner*, Aktiengesellschaft oder Aktienunternehmen?, ZHR 144 (1980), 330; *Sandrock/Wetzler*, Deutsches Gesellschaftsrecht im Wettbewerb der Rechtsordnungen, 2004; *Schmidt-Aßmann*, Der Schutz des Aktieneigentums durch Art. 14 Grundgesetz, in FS Badura, 2004, S. 1009; *Schön*, Der Aktionär im Verfassungsrecht, in FS Ulmer, 2003, S. 1359; *Schütting*, Das Aktienunternehmen, ZHR 144 (1980), 136; *Schubert* (Hrsg.), Akademie für Deutsches Recht: Aktienrecht, 1986; *Schubert/Hommelhoff*, Hundert Jahre modernes Aktienrecht, 1985; *Schubert/Hommelhoff*, Die Aktienrechtsreform am Ende der Weimarer Republik, 1987; *Schwarz*, Europäisches Gesellschaftsrecht, 2000; *Seibt*, Kapitalmarktrechtliche Überlegungen im Aktienrecht, in VGR, Gesellschaftsrecht in der Diskussion 2000, 2001, S. 37; *Spindler*, Kapitalmarktreform in Permanenz ..., NJW 2004, 3449; *Ulmer*, Aktienrecht im Wandel – Entwicklungslinien und Diskussionsschwerpunkte, AcP 202 (2002), 143–178; *Vogel*, Aktienrecht und Aktienwirklichkeit: Organisation und Aufgabenteilung von Vorstand und Aufsichtsrat,

1980; *Wieland*, Handelsrecht, Bd. II (Die Kapitalgesellschaften), 1931; *Wiethölter*, Interessen und Organisation der AG im amerikanischen und deutschen Recht, 1961; *Wilhelm*, Kapitalgesellschaftsrecht, 2. Aufl. 2005, Rz. 16 ff.; *Zöllner*, Zur geschichtlichen Entwicklung des Aktienrechts und der Aktiengesellschaft, in KölnKomm. AktG, 1. Aufl. 1985, Einl. Rz. 88 ff.

## I. Begriff und Bedeutung der Aktiengesellschaft

### 1. Begriff

1 Wegen des Begriffs der AG ist auf § 1 und auf die Erläuterung dieser Bestimmung zu verweisen. Die Aktiengesellschaft ist **Handelsgesellschaft** (§ 3 Abs. 1 AktG, § 6 HGB), **juristische Person** (§ 1 AktG), **Körperschaft** und **Kapitalgesellschaft**.

### 2. Bedeutung und Funktion

2 Die **Zahl** der deutschen Aktiengesellschaften und Kommanditgesellschaften auf Aktien wird für das Jahr 2008 mit 14.429 angegeben, ihr **Grundkapital** mit 165,8 Mrd. Euro[1]. Die Zahl der Aktiengesellschaften und Kommanditgesellschaften auf Aktien hatte in der ersten Hälfte des 20. Jahrhunderts stark geschwankt (5.486 im Jahr 1913, 13.010 im Jahr 1925, 5.518 im Jahr 1938)[2]. In den Nachkriegsjahrzehnten 1950–1990 pendelte sie sich zwischen 2.000 und 3.000 ein[3], um danach bis 2007 stetig zu steigen[4]. Für 2006 werden 15.242 Aktiengesellschaften angegeben, für Mai 2008, also vor dem Ausbruch der Finanzkrise (zu ihr Rz. 17) immerhin 14.429[5]. Die Zahl der börsennotierten inländischen Aktiengesellschaften (§ 3 Abs. 2 AktG) betrug 2006 (Stand September) 649[6], erreichte 2007 die Zahl 761 und ist bis April 2010 wider auf 702 gesunken[7]. Das Grundkapital der börsennotierten Gesellschaften wurde für 1995 mit 84.011 Mio. DM angegeben[8].

Die Aktiengesellschaft ist zweckoffen. Sie kann durch eine oder mehrere Personen zu jedem gesetzlich zulässigen Zweck gegründet werden. Ihrer **Funktion** nach wird die Aktiengesellschaft traditionell als „Kapitalsammelbecken", offen für den Kapitalmarkt, angesehen. Die **Typenvielfalt** der deutschen Aktiengesellschaften[9] reicht indes von börsennotierten Unternehmen (§ 3 Abs. 2) und sonstigen Publikumsgesellschaften bis hin zur „kleinen AG" (vgl. etwa §§ 121, 124) und zur Einpersonen-AG und zur AG als Rechtsform für öffentliche Unternehmen (Beispiel: Deutsche Bahn AG). Als besondere Typen der AG werden genannt[10]: die insbesondere börsennotierte Publikums-AG, die Familien-AG, die Nebenleistungs-AG (§ 55). Der Unternehmens-

---

1 *Raiser/Veil*, § 5 Rz. 1; *Habersack*, AG 2009, 1, 4; die Vorauflage hatte sich für 2006 gestützt auf das DAI-Factbook, Stand Oktober 2006, mitgeteilt in AG-Report 2007, R 375: 15.422 AG und KGaA mit 162,958 Mrd. Euro Grundkapital; höhere Zahlen nennt für 2009/2010 *Kornblum*, GmbHR 2010, 739, 740.
2 Vgl. *Semler* in MünchKomm. AktG, 2. Aufl., Einl. Rz. 15.
3 *Habersack* in MünchKomm. AktG, 3. Aufl., Einl. Rz. 11.
4 Vgl. *Habersack* in MünchKomm. AktG, 3. Aufl., Einl. Rz. 11; *Kornblum*, GmbHR 2009, 25, 31; s. auch DAI-Factbook, Stand Oktober 2006, mitgeteilt in AG-Report 2007, R 375. Kritische Äußerungen zu den Statistiken zur AG s. bei *Bayer/Hoffmann*, AG-Report 2010, R 283.
5 *Habersack*, AG 2009, 1, 4; vgl. demggü. *Bayer/Hoffmann*, AG-Report 2009, R 30, die auf Grundlage eigener Erhebungen einen (maximalen) Gesamtbestand von 17.255 nennen (Stand Januar 2009).
6 Quelle: DAI-Factbook, Stand Oktober 2006, mitgeteilt in AG-Report 2007, R 375.
7 Quelle: DAI-Factbook, Stand Juni 2010; zur Entwicklung *Habersack*, AG 2009, 1, 4; vgl. auch *Bayer/Hoffmann*, AG-Report 2008, R 379; eine weit höhere Zahl, nämlich 1.197, nennt schon für 2007 *Noack*, AG 2009, 227, 233 unter Berufung auf das DAI-Factbook.
8 Quelle: Deutsche Bundesbank, Monetäre Statistiken, mitgeteilt in AG-Report 2007, R 375.
9 *Hoffmann-Becking* in MünchHdb. AG, § 2 Rz. 7 ff.
10 *Hoffmann-Becking* in MünchHdb. AG, § 2 Rz. 7 ff.

gegenstand kann der gewerblichen oder freiberuflichen Wirtschaft zugehören (AG als Unternehmensträgerin, als Holdinggesellschaft oder als Komplementärin einer KG oder KGaA), genossenschaftlicher[11] aber auch vermögensverwaltender oder sogar gemeinnütziger Art sein[12]. Teilweise unterliegen Aktiengesellschaften besonderer Art auch spezifischen, sich aus der Natur der Sache ergebenden Sonderregeln. Dies gilt etwa für Kreditinstitute, Hypotheken- und Schiffsbanken, Anlagegesellschaften, Unternehmensbeteiligungsgesellschaften, Freiberuflergesellschaften (insb. Steuerberatungs- und Wirtschaftsprüfungsgesellschaften)[13].

## II. Gesetzesgeschichte

### 1. Vor 1861

Die Geschichte der Aktienrechtsgesellschaft weist in das Spätmittelalter und die Renaissance zurück[14]. Doch ist die Aktiengesellschaft gegenwärtiger Prägung ein Kind der industriellen Revolution[15]. Gesetzliche Regeln modernen Zuschnitts gibt es seit **1807 (Code de Commerce)** und seit dem **Preußischen Aktiengesetz von 1843**[16]. In der frühen Aktiengesetzgebung dominierte das Konzessionssystem: Aktiengesellschaften als juristische Personen bedurften zu ihrer rechtlichen Anerkennung der Verleihung der Rechtsfähigkeit.

3

### 2. 1861–1918

Das **Allgemeine Deutsche Handelsgesetzbuch (ADHGB) von 1861** folgte in den Artt. 208 ff. noch dem Konzessionssystem[17]. In der **Aktiennovelle von 1870** (RGBl. 1870, 370) wurde das Konzessionssystem durch das Eintragungsprinzip ersetzt (Rechtsfähigkeit durch Eintragung)[18]. Nach einer auf die Gründerjahre (1870er Jahre) folgenden krisenhaften Entwicklung sorgte die **Aktienrechtsreform von 1884** (RGBl. 1984, 123) für die bis heute charakteristische Formalisierung des Kapitalschutzes[19]. Das **Handelsgesetzbuch von 1897** (RGBl. 1897, 219) hielt an diesem Konzept fest[20]. Es erlebte große Kommentierungen, vor allem von *Staub* (später: Großkommentar) in der 12./13. Aufl. von 1926 und von *Düringer/Hachenburg/Flechtheim* in der 3. Aufl. von 1932.

4

### 3. 1918–1965

Die **Weimarer Zeit** (1918–1933) war zunächst durch eine rapide **Entwicklung des Wirtschafts- und Unternehmensverfassungsrechts** gekennzeichnet[21]. Mit dem **Betriebsrätegesetz von 1920** (RGBl. I 1920, 147) und Entsendungsgesetz von 1922

5

---

11 Dazu *Luther*, Die genossenschaftliche AG, 1978; *Bayer/Hoffmann*, AG-Report 2008, R 443.
12 Über gemeinnützige Aktiengesellschaften vgl. *Bayer/Hoffmann*, AG-Report 2008, R 531f.
13 Ausführlich *Habersack* in MünchKomm. AktG, 3. Aufl., Einl. Rz. 174–189.
14 Dazu *Assmann* in Großkomm. AktG, 4. Aufl., Einl. Rz 13 ff.
15 Näher zum Folgenden *Bergfeld, Cordes/Jahntz, Kießling* und *Rothweiler/Geyer* in Bayer/Habersack, Band I, S. 1–233; *Fleckner*, ebd., S. 999 ff.
16 Dazu *Assmann* in Großkomm. AktG, 4. Aufl., Einl. Rz. 30 ff., 53 ff.; *Habersack* in MünchKomm. AktG, 3. Aufl., Einl. Rz. 15.
17 Dazu *Lutz*, Protokolle der Kommission zur Berathung eines ADHGB, 1858 ff.; *Pahlow* in Bayer/Habersack, Band I, S. 237 ff.
18 Dazu *Lieder* in Bayer/Habersack, Band I, S. 318 ff.
19 Dazu *Schubert/Hommelhoff*, Hundert Jahre modernes Aktienrecht, 1985; *Hofer* in Bayer/Habersack, Band I, S. 388 ff.
20 Näher *Pahlow* in Bayer/Habersack, Band I, S. 415 ff.
21 Ausführlich *Assmann* in Großkomm. AktG, 4. Aufl., Einl. Rz. 129 ff.; *Nörr*, ZHR 150 (1986), 155 ff.

(RGBl. I 1922, 209) gab es erste Ansätze der Unternehmensmitbestimmung. Durch **Verordnung von 1931** wurde die Pflichtprüfung der Rechnungslegung eingeführt und die Kontrollfunktion des Aufsichtsrats gestärkt (RGBl. I 1931, 493)[22]. Einen vorläufigen Abschluss der begonnenen Reform und eine Konsolidierung des Aktienrechts, vorbereitet durch Beratungen der Akademie für Deutsches Recht[23], brachte das **Aktiengesetz von 1937** (RGBl. I 1937, 107)[24]. Trotz der zeitgeistbedingten Konzessionen an das „Führerprinzip"[25] wurde dieses aus den Bestrebungen der Weimarer Zeit resultierende[26] Gesetz auch nach 1945 nicht als Ausdruck spezifisch nationalsozialistischen Gedankenguts verstanden[27]. In den Kommentierungen mischte sich Kontinuität (Großkommentar, 2. Aufl. 1961) mit Neukonzeptionen (v. Godin/Wilhelmi und Schlegelberger/Quassowski).

**4. Seit 1965**

6 a) Das geltende **Aktiengesetz vom 6.9.1965** (BGBl. I 1965, 1089)[28] ist einerseits eine Neukonzeption, nimmt aber auf der anderen Seite viele Impulse vor allem aus den Reformen von 1884 und 1937 auf. Weitgehend neu war insbesondere das aus zahlreichen Entwürfen hervorgegangene, auf dem Vorbild der steuerlichen Organschaft aufbauende Konzernrecht (§§ 15 ff., 291 ff.)[29]. Im Übrigen lag im Verhältnis zum AktG ein wichtiger Akzent bei der Stärkung der Aktionärsrechte[30].

7 b) Das Aktiengesetz hat eine Reihe bedeutsamer **Änderungen** erfahren[31]. Besonders hervorzuheben sind: das Gesetz zur Durchführung der Ersten Richtlinie vom 15.8.1969 (BGBl. I 1969, 1146), das Publizitätsgesetz vom 15.8.1969 (BGBl. I 1969, 1189), das Gesetz über die Mitbestimmung der Arbeitnehmer vom 4.5.1976 (BGBl. I 1976, 1153), das Gesetz zur Durchführung der Zweiten Richtlinie vom 13.12.1978 (BGBl. I 1978, 1959), das Gesetz zur Durchführung der Dritten (Verschmelzungs-)Richtlinie vom 25.10.1982 (BGBl. I 1982, 2355), das Bankbilanzrichtliniengesetz vom 30.11.1990 (BGBl. I 1990, 2570), das Gesetz zur Durchführung der Elften Richtlinie vom 23.7.1993 (BGBl. I 1993, 1282), das Zweite Finanzmarktförderungsgesetz vom 26.7.1994 (BGBl. I 1994, 1961), das Gesetz über die „kleine AG" und zur Deregulierung des Aktienrechts vom 2.8.1994 (BGBl. I 1994, 1961), das Einführungsgesetz zur Insolvenzordnung vom 5.10.1994 (BGBl. I 1994, 2911, 2930 mit Änderungen), das Umwandlungsgesetz vom 28.10.1994 (BGBl. I 1994, 3210, 3260), das Begleitgesetz zum Gesetz zur Umsetzung von EG-Richtlinien zur Harmonisierung bank- und wertpapierrechtlicher Vorschriften vom 22.10.1997 (BGBl. I 1997, 2567, 2573), das Dritte Finanzmarktförderungsgesetz vom 24.3.1998 (BGBl. I 1998, 529, 567), das Stückaktiengesetz vom 25.3.1998 (BGBl. I 1998, 590), das Gesetz zur Kontrolle und Transparenz im Unternehmensbereich vom 27.4.1998 (BGBl. I 1998, 786), das Handelsrechtsreformgesetz vom 22.6.1998 (BGBl. I 1998, 1474), das Gesetz zur EG-Einlagensicherungsrichtlinie vom 16.7.1998 (BGBl. I 1998, 1842,

---

22 Vgl. nur *Assmann* in Großkomm. AktG, 4. Aufl., Einl. Rz. 145 ff.
23 Dazu *Schubert*, Akademie für Deutsches Recht: Aktienrecht, 1986.
24 Materialien bei *Klausing*, AktG, 1937; Darstellung bei *Bayer/Engelke* in Bayer/Habersack, Band I, S. 619 ff.
25 Dazu *Habersack* in MünchKomm. AktG, 3. Aufl., Einl. Rz. 21.
26 Näher *Schubert/Hommelhoff*, Die Aktienrechtsreform am Ende der Weimarer Republik, 1987; *Assmann* in Großkomm. AktG, 4. Aufl., Einl. Rz. 168 f.
27 Vgl. Begr. RegE AktG, in *Kropff*, Aktiengesetz, S. 13.
28 Materialien bei *Kropff*, Aktiengesetz, 1965; dazu *Kropff* in Bayer/Habersack, Band I, S. 670 ff.
29 *Assmann* in Großkomm. AktG, 4. Aufl., Einl. Rz. 191 ff.
30 *Assmann* in Großkomm. AktG, 4. Aufl., Einl. Rz. 191 ff.
31 Ausführliche Übersicht bei *Habersack* in MünchKomm. AktG, 3. Aufl., Einl. Rz. 33 ff., 61; Analyse bei *Habersack/Schürnbrand* in Bayer/Habersack, Band I, S. 889 ff.

1849), das Kapitalgesellschaften & Co.-Richtlinie-Gesetz vom 24.2.2000 (BGBl. I 2000, 154), das Namensaktiengesetz vom 18.1.2001 (BGBl. I 2001, 123), das Gesetz zur Anpassung von Formvorschriften vom 13.7.2001 (BGBl. I 2001, 1542), das Vierte Finanzmarktförderungsgesetz vom 21.6.2002 (BGBl. I 2002, 2010), das Transparenz- und Publizitätsgesetz vom 19.7.2002 (BGBl. I 2002, 2681), das Spruchverfahrensneuordnungsgesetz vom 12.6.2003 (BGBl. I 2003, 838), das Erste Gesetz zur Modernisierung der Justiz vom 24.8.2004 (BGBl. I 2004, 2198, das Bilanzrechtsreformgesetz vom 4.12.2004 (BGBl. I 2004, 3166), das Gesetz zur Anpassung von Verjährungsvorschriften an das Gesetz zur Modernisierung des Schuldrechts vom 9.12.2004 (BGBl. I 2004, 3214), das Bilanzkontrollgesetz vom 15.12.2004 (BGBl. I 2004, 3408), das Gesetz zur Unternehmensintegrität und Modernisierung des Anfechtungsrechts vom 22.9.2005 (BGBl. I 2005, 2802), das Gesetz über elektronische Handelsregister und Genossenschaftsregister sowie das Unternehmensregister vom 10.11.2006 (BGBl. I 2006, 2553), das Transparenzrichtlinie-Umsetzungsgesetz vom 5.1.2007 (BGBl. I 2007, 10), Zweites Gesetz zur Änderung des Umwandlungsgesetzes vom 19.4.2007 (BGBl. I 2007, 542), das Finanzmarktrichtlinien-Umsetzungsgesetz vom 16.7.2007 (BGBl. I 2007, 1330), das Risikobegrenzungsgesetz vom 12.8.2008 (BGBl. I 2008, 1666), das Gesetz zur Modernisierung des GmbH-Rechts und zur Bekämpfung von Missbräuchen vom 23.10.2008 (BGBl. I 2008, 2026), das Gesetz zur Änderung des Gesetzes über die Überführung der Anteilsrechte an der VW-Werk GmbH in private Hand vom 8.12.2008 (BGBl. I 2008, 2369), das FGG-Reformgesetz vom 17.12.2008 (BGBl. I 2008, 2586), das Bilanzrechtsmodernisierungsgesetz vom 25.5.2009 (BGBl. I 2009, 1102), das Gesetz zur Umsetzung der Aktionärsrichtlinie vom 30.7.2009 (BGBl. I 2009, 2479), das Gesetz zur Angemessenheit der Vorstandsvergütung vom 31.7.2009 (BGBl. I 2009, 2509).

c) Die **Zahl der höchstrichterlichen Entscheidungen** – auch der revisionsgerichtlichen Rechtsprechungen[32] – zum Aktiengesetz ist sprunghaft gewachsen, nicht anders die Literatur im Bereich der Kommentare und Handbücher ebenso wie im Bereich der Monographien und Zeitschriftenbeiträge. Beides ist in die vorliegende Kommentierung, soweit für die Rechtsanwendung relevant (und noch relevant), mit dem Bestreben nach Vollständigkeit eingearbeitet.

## III. Entwicklungslinien

### 1. Änderungen im Rechtsbild der deutschen Aktiengesellschaft

a) Als **charakteristisch für das deutsche Aktienrecht** gelten **Formalisierung** (vgl. z.B. §§ 23, 37 ff., 130, 179, 180, 183 ff.), **Satzungsstrenge** (§ 23 Abs. 5), ein strenges Regime der **Kapitalaufbringung und Kapitalerhaltung** (vgl. nur §§ 9 Abs. 1, 27 ff., 63 ff. und §§ 57–62, 71), sowie die Verteilung der Unternehmensleitung (Vorstand) und Unternehmensaufsicht (Aufsichtsrat) auf zwei getrennte Organe (**two-tier-System**), außerdem durch ein am Organschaftsvertrag orientiertes Konzernrecht (§§ 291 ff.). Die auf das Aktiengesetz wirkenden rechtspolitischen Kräfte sind stark. Die Aktiengesetzgebung der letzten Jahrzehnte ist durch **konzeptionelle Veränderungen** gekennzeichnet. **Der Deutsche Juristentag** hat sich 1976, 1984, 1992, 1996, 2000, 2002, 2006 und 2008 mit den folgenden Aktienrechtsfragen befasst: „Inwieweit empfiehlt sich eine allgemeine gesetzliche Regelung des Anlegerschutzes?" (1976)[33], „Welche Maßnahmen

---

32 Vgl. insbesondere zu den Grundsatzentscheidungen des BGH *Lutter* in FS BGH II, S. 493 ff.; Rechtsprechungsberichte der Vorsitzenden Richter *Röhricht* und *Goette* in den Jahresbänden „Gesellschaftsrecht in der Diskussion" der VGR seit 1999.
33 Gutachter *Hopt*, Referenten *Mertens* und *Stützel*.

empfehlen sich, insbesondere im Gesellschafts- und Kapitalmarktrecht, um die Eigenkapitalausstattung der Unternehmen langfristig zu verbessern?" (1984)[34], „Empfiehlt es sich, das Recht der faktischen Unternehmensverbindungen auch im Hinblick auf das Recht anderer EG-Staaten neu zu regeln?" (1992)[35], „Empfehlen sich gesetzliche Regelungen zur Einschränkung des Einflusses der Kreditinstitute auf Aktiengesellschaften?" (1996)[36], „Empfiehlt sich eine Neuregelung des aktienrechtlichen Anfechtungs- und Organhaftungsrechts, insbesondere der Klagemöglichkeiten von Aktionären?" (2000)[37], „Empfiehlt es sich, im Interesse des Anlegerschutzes und zur Förderung des Finanzplatzes Deutschland das Kapitalmarkt- und Börsenrecht neu zu regeln?" (2002)[38], „Reform des gesellschaftsrechtlichen Gläubigerschutzes" (2006)[39], „Unternehmensmitbestimmung vor dem Hintergrund europarechtlicher Entwicklungen" (2006)[40] sowie „Empfehlen sich besondere Regelungen für börsennotierte und für geschlossene Gesellschaften?" (2008)[41].

10 **b)** Die jüngere **Reformgesetzgebung** hat vor allem folgende Änderungen mit sich gebracht[42]. Das Verbot des Erwerbs eigener Aktien wurde zunächst durch die Umsetzung der Zweiten gesellschaftsrechtlichen EG-Richtlinie verschärft, dann aber durch das KonTraG 1998 eingeschränkt, der Erwerb also erleichtert (vgl. § 71 Rz. 12). Das **Stückaktiengesetz** vom 25.3.1998 (BGBl. I 1998, 1474) ließ die sog. unechte nennwertlose Aktie (also die „Stückaktie", nicht dagegen die „Quotenaktie") zu[43]. Durch das **Gesetz für kleine Aktiengesellschaften und zur Deregulierung des Aktienrechts** vom 2.8.1994 (BGBl. I 1994, 1961) war bereits die zunehmende Trennung zwischen börsennotierten und „privaten" Gesellschaften vorbereitet worden[44]. Das Gesetz zur Kontrolle und Transparenz im Unternehmensbereich (**KonTraG**) vom 27.4.1998 (BGBl. I 1998, 786) unterstrich diese Trennung durch Einführung des § 3 Abs. 2, verschärfte die Innenkontrolle und Transparenz der AG (§ 91 Abs. 2, § 125 Abs. 2 Satz 3) und die Regeln über Sonderprüfung und Rechtsverfolgung (§§ 147 Abs. 3, 315)[45]. Das Gesetz zur Namensaktie und zur Erleichterung der Stimmrechtsausübung (**NaStraG**) vom 18.1.2001 (BGBl. I 2001, 123) öffnete die Aktiengesellschaften für elektronische Kommunikation und moderne Methoden zur Stimmrechtsvertretung (proxy voting)[46]. Mit dem Wertpapiererwerbs- und Übernahmegesetz (**WpÜG**) vom 20.12.2001 (BGBl. I 2001, 3822) führte der Gesetzgeber insbesondere das dem historischen Korporationsdenken fremde Squeeze-Out ein (§§ 327a ff.)[47], mit dem **Vierten Finanzmarktförderungsgesetz** vom 21.6.2002 (BGBl. I 2002, 2010) neue kapitalmarktrechtliche Re-

---

34 Gutachter *Reuter*, Referenten *Albach* und *Semler*.
35 Gutachter *Hommelhoff* und *Druey*, Referenten *Hoffmann-Becking* und *Zöllner*.
36 Gutachter *Mülbert*, Referenten *Kübler*, *Semler*, *Köhler*.
37 Gutachter *Baums*, Referenten *Götz*, *Marsch-Barner*, *Karsten Schmidt*.
38 Gutachter *Fleischer* und *Merkt*, Referenten *Assmann*, *Beck*, *Hellwig*.
39 Gutachter *Haas*, Referenten *Hirte*, *Kleindiek*, *J. Vetter*.
40 Gutachter *Raiser*, Referenten *Gentz*, *Hexel*, *Rebhahn*.
41 Gutachter *Bayer*, Referenten *Francioni*, *Krieger*, *Mülbert*, *Wymeersch*.
42 Überblick auch bei *Wilhelm*, Kapitalgesellschaftsrecht, 3. Aufl. 2009, Rz. 55 ff.; *Habersack* in MünchKomm. AktG, 3. Aufl., Einl. Rz. 59 ff.; *Habersack/Schürnbrand* in Bayer/Habersack, Band I, S. 889 ff.
43 Vgl. *Habersack* in MünchKomm. AktG, 3. Aufl., Einl. Rz. 63.
44 Zu dem Gesetz vgl. *Habersack* in MünchKomm. AktG, 3. Aufl., Einl. Rz. 55; zusammenfassend *Habersack*, AG 2009, 1, 2 f.
45 Angaben dazu bei *Hoffmann-Becking* in MünchHdb. AG, § 1 Rz. 24; *Habersack* in MünchKomm. AktG, 3. Aufl., Einl. Rz. 64 ff.
46 Vgl. zum NaStraG näher *Happ*, WM 2000, 1795; *Pentz*, NZG 2001, 346; *Seibert*, ZIP 2001, 53; *Weber*, NZG 2001, 337.
47 Zum WpÜG und zum Squeeze-Out vgl. *Fleischer*, ZGR 2002, 757; *Grunewald*, ZIP 2002, 18; *Krause*, NJW 2002, 705; *Krieger*, BB 2002, 53; *Thoma*, NZG 2002, 105.

geln (§ 15a, §§ 37b, c WpHG; vgl. dazu auch Rz. 16)[48]. Durch das Gesetz zur weiteren Reform des Aktien- und Bilanzrechts, zu Transparenz und Publizität (**TransPuG**) vom 19.7.2002 (BGBl. I 2002, 123) wurde neben vielen Detailregelungen die auf den **Corporate Governance Kodex** bezogene Entsprechungserklärung nach § 161 eingeführt („comply or explain")[49]. Das Verfahren in Bewertungsstreitigkeiten erfuhr eine Neuregelung durch das **Spruchverfahrensgesetz** vom 12.6.2003 (BGBl. I 2003, 838)[50]. Das Gesetz zur Unternehmensintegrität und Modernisierung des Anfechtungsrechts (**UMAG**) vom 22.9.2005 (BGBl. I 2005, 2802)[51] setzte durch ausdrückliche Anerkennung der Business Judgment Rule (§ 93 Abs. 1 Satz 2) dem Haftungsrisiko des Vorstands vernünftige Grenzen und erleichterte zugleich die Durchsetzung solcher Haftungsansprüche (§§ 148 f.). Gleichzeitig hat das Gesetz der Blockadewirkung von Anfechtungsklagen durch Änderungen der §§ 131 und 243 sowie durch das nach dem Vorbild des § 16 Abs. 3 UmwG gestaltete Freigabeverfahren nach § 246a Grenzen gesetzt. Das **Risikobegrenzungsgesetz** vom 12.8.2008 (BGBl. I 2008, 1666)[52] verschärft die Transparenzanforderungen bei Finanzinvestitionen, im Wesentlichen durch Änderungen des Wertpapierhandels- und des Aktiengesetzes. Das Gesetz zur Modernisierung des GmbH-Rechts und zur Bekämpfung von Missbräuchen (**MoMiG**) vom 23.10.2008 (BGBl. I 2008, 2026)[53] brachte – neben einer rechtsformübergreifenden Neuregelung des Eigenkapitalersatzrechts – für die Aktiengesellschaft außerdem Änderungen im Recht der Kapitalerhaltung (Neufassung des § 57), eine Erweiterung der Ausschlussgründe für Vorstände (§ 76 Abs. 3) sowie die Einführung der „Führungslosigkeit" in § 78 Abs. 1 Satz 2. Das Gesetz zur Umsetzung der Aktionärsrechterichtlinie (**ARUG**) vom 30.7.2009 (BGBl. I 2009, 2479)[54] brachte ganz verschiedene Änderungen: Zunächst wurde die Ausübung der Aktionärsrechte erleichtert, u.a. indem die Satzung die Ausübung von Stimm- und Fragerechten im Wege elektronischer Kommunikation ermöglichen kann. Außerdem wurde das Recht der Kapitalaufbringung nach dem Vorbild des MoMiG dereguliert. Schließlich wurden missbräuchliche Aktionärsklagen durch verschiedene Änderungen im Freigabeverfahren und die Einführung eines Mindestquorums (1.000 Euro Nennbetrag) erschwert. Mit dem Gesetz zur Angemessenheit der Vorstandsvergütung (**VorstAG**) vom 31.7.2009 (BGBl. I 2009, 2509)[55] reformierte der Gesetzgeber als Reaktion auf die Finanzmarktkrise der Jahre 2007 ff. (zu weiteren „Krisengesetzen" s. unten Rz. 18) das Recht der Vorstandsvergütung. Hervorzuheben sind insbesondere die Vorgaben hinsichtlich der Angemessen-

---

48 Dazu *Baur/Wagner*, Bank 2002, 530; *Fenchel*, DStR 2002, 1355; *Fleischer*, NJW 2002, 2977; *Großmann/Nikoleyczik*, DB 2002, 2031; *Weiler/Tollkühn*, DB 2002, 1923.
49 Dazu Erl. zu § 161; *Körner*, NZG 2004, 1148; *Lutter*, ZHR 166 (2002), 523; *Peltzer*, DB 2002, 2580; *Schüppen*, ZIP 2002, 1269.
50 Zum SpruchverfahrensG vgl. *Büchel*, NZG 2003, 793; *Lamb/Schluck-Amend*, DB 2003, 1259; *van Kann/Hirschmann*, DStR 2003, 1488.
51 Vgl. zum UMAG *Göz/Holzborn*, WM 2006, 157; *Koch*, ZGR 2006, 769; *Schäfer*, ZIP 2005, 1253; *Schröer*, ZIP 2005, 2081; *Spindler*, NZG 2005, 825, 865; *Veil*, AG 2005, 567; *Weißhaupt*, ZIP 2005, 1766.
52 Dazu näher *Diekmann/Merkner*, NZG 2007, 921; *von Bülow/Stephanblome*, ZIP 2008, 1797; *Korff*, AG 2008, 692; *Fleischer/Schmolke*, ZIP 2008, 1501; *Bitter*, ZHR 173 (2009), 379; *Zimmermann*, ZIP 2009, 57.
53 Zum MoMiG und seiner Relevanz für das Aktienrecht vgl. *Kersting*, AG 2008, 883; *Knapp*, DStR 2008, 2371; *Dauner-Lieb*, AG 2009, 217; *Karsten Schmidt* in FS Hüffer, 2009, S. 885; *Thümmel/Burkhard*, AG 2009, 885; *Wand/Tillmann/Heckenthaler*, AG 2009, 148.
54 Zum ARUG vgl. *Seibert/Florstedt*, ZIP 2008, 1706; *Noack*, NZG 2009, 441; *Florstedt*, AG 2009, 465; *Habersack*, AG 2009, 557; *Verse*, NZG 2009, 1127.
55 Dazu *Thüsing*, AG 2009, 517; *Seibert*, WM 2009, 1489; *Fleischer*, NZG 2009, 801; *Hoffmann-Becking/Krieger*, Beilage zu NZG 26/2009; *Hohenstatt*, ZIP 2009, 1349; *Hohenstatt/Kuhnke*, ZIP 2009, 1981.

heit der Bezüge sowie hinsichtlich variabler Vergütungsbestandteile und Aktionsprogramme (§ 87 Abs. 1), die erleichterte Herabsetzungsmöglichkeit (§ 87 Abs. 2) sowie die Einführung eines Billigungsbeschlusses der Hauptversammlung bei börsennotierten Aktiengesellschaften (§ 120 Abs. 4). Diese und weitere Gesetze sind Ausdruck einer sich schrittweise, jedoch planvoll vollziehenden sukzessiven Gesamterneuerung des deutschen Aktienrechts. Auch das **Konzerngesellschaftsrecht** der §§ 291 ff. steht in der Diskussion[56].

### 2. Europäisches Gesellschaftsrecht

11  Das Europäische Gesellschaftsrecht hat sich zu einem eigenständigen Forschungsgegenstand entwickelt[57]. Es schlägt sich sowohl im Text des AktG als auch in seiner praktischen Handhabung als auch in dem im Schwesterwerk zu diesem Kommentar – Lutter/Hommelhoff (Hrsg.), SE-Kommentar, 2008 – erläuterten **Recht der Europäischen Gesellschaft (SE)**[58] nieder.

12  **a) Richtliniengesetzgebung**: Hervorzuheben unter den Änderungen des Aktiengesetzes (Rz. 7) sind die folgenden Gesetze: Gesetz zur Durchführung der Ersten Richtlinie vom 15.8.1969 (BGBl. I 1969, 1146); Gesetz zur Durchführung der Zweiten Richtlinie vom 13.12.1978 (BGBl. I 1978, 1959); Gesetz zur Durchführung der Dritten (Verschmelzungs-)Richtlinie vom 25.10.1982 (BGBl. I 1982, 2355); Bilanzrichtlinien-Gesetz vom 19.12.1985 (BGBl. I 1985, 2355); Bankbilanzrichtliniengesetz vom 30.11.1990 (BGBl. I 1990, 2570), Zweites Finanzmarktförderungsgesetz vom 26.7.1994 (BGBl. I 1994, 1749); Kapitalgesellschaften- und Co.-Richtlinie-Gesetz vom 18.1.2001 (BGBl. I 2001, 154); Bilanzrechtsreformgesetz vom 4.12.2004 (BGBl. I 2004, 3166); Übernahmerichtlinie-Umsetzungsgesetz vom 8.7.2006 (BGBl. I 2006, 1426); Gesetz über elektronische Handelsregister und Genossenschaftsregister sowie das Unternehmensregister vom 10.11.2006 (BGBl. I 2006, 2553); Gesetz zur Umsetzung der Regelungen über die Mitbestimmung der Arbeitnehmer bei einer Verschmelzung von Kapitalgesellschaften aus verschiedenen Mitgliedstaaten vom 21.12.2006 (BGBl. I 2006, 3332); Transparenzrichtlinie-Umsetzungsgesetz vom 5.1.2007 (BGBl. I 2007, 10); Finanzmarktrichtlinien-Umsetzungsgesetz vom 16.7.2007 (BGBl. I 2007, 1330); Bilanzrechtsmodernisierungsgesetz (BilMoG) vom 25.5.2009 (BGBl. I 2009, 1102); Gesetz zur Umsetzung der Aktionärsrechterichtlinie (ARUG) vom 30.7.2009 (BGBl. I 2009, 2479). Die Zahl der von der Richtliniengesetzgebung betroffenen Vorschriften im Aktiengesetz ist bereits dreistellig. Auf diese Besonderheit wird jeweils im Kommentar hingewiesen.

13  **b)** Der **Gesamtbefund** kann hier nur angedeutet werden. Die europäische Richtlinienpolitik der Kommission war jahrzehntelang durch kodifikatorischen Ehrgeiz gekennzeichnet. Heute werden die SE-Verordnung von 2001[59] und der Aktionsplan der Kommission von 2003[60] als Verzicht auf einen so groß angelegten Ansatz interpretiert[61]. Deshalb wird erwartet, dass die weitere Ausformulierung des harmonisierten Gesellschaftsrechts bei den Mitgliedstaaten bleibt, womit eine Voll-Harmonisierung in

---

56 Vgl. die Beiträge von *Decher, Kalls* und *Hopt* in ZHR 171 (2007), 126 ff., 146 ff., 199 ff.
57 *Grundmann*, Europäisches Gesellschaftsrecht, 2004; *Habersack*, Europäisches Gesellschaftsrecht, 3. Aufl. 2006; *Lutter*, Europäisches Unternehmensrecht, 4. Aufl. 1996 (grundlegend); *Schwarz*, Europäisches Gesellschaftsrecht, 2000; *Windbichler/Krolop* in Riesenhuber (Hrsg.), Europäische Methodenlehre, 2006, S. 357 ff.; *Bayer/Jessica Schmidt* in Bayer/Habersack, Band I, S. 944 ff.
58 Verordnung (EG) Nr. 2157/2001 des Rates über das Statut der Europäischen Gesellschaft (SE) vom 8.10.2001, ABl. Nr. L 294 v. 10.11.2001, S. 1.
59 ABl. Nr. L 294 v. 10.11.2001, S. 1.
60 Abdruck in ZGR-Sonderbeilage Heft 13/2003; dazu *Hopt*, ZIP 2005, 461 ff.
61 *Habersack*, ZIP 2006, 445 ff.

weitere Ferne rücken würde[62]. Soweit harmonisiertes Recht vorliegt (vgl. Rz. 12 a.E.), ist dessen Handhabung durch das **Gebot richtlinienkonformer Auslegung**[63] und ggf. durch **Vorlage an den Gerichtshof gem. Art. 267 AEUV** geprägt. Aber auch Vorschriften, die nicht auf der Umsetzung von Richtlinien bestehen, sind richtlinienkonform auszulegen[64].

c) Rechtspolitischer Harmonisierungsbedarf geht auf der anderen Seite von der **Freizügigkeitsrechtsprechung des Gerichtshofs** („Centros", „Überseering", „Inspire Art", „Cartesio")[65] aus. Der mit ihr einsetzende Wettbewerb der Gesellschaftsrechtsordnungen kann an Grenzen des gemeinschaftspolitisch und gesellschaftsrechtspolitisch Verträglichen stoßen und Harmonisierungsanstrengungen der Gemeinschaft oder der Einzelstaaten auslösen. 14

### 3. Verfassungsrecht und Aktienrecht

Das Bundesverfassungsgericht hat mehrfach über aktienrechtliche Fragen entschieden. Hervorhebung verdienen die folgenden Entscheidungen über die Eigentumsgarantie des Art. 14 GG[66]. Die **„Feldmühle"**-Entscheidung von 1962 ebnete den Weg zur Hinausdrängung von Minderheitsaktionären[67]. Die Verfassung gebietet aber, wie in dem Beschluss **„MotoMeter"** von 2000 klargestellt wurde, eine wirtschaftlich volle Entschädigung aller Minderheitsaktionäre, die gegen ihren Willen aus der Gesellschaft gedrängt werden[68]. Der Abfindungsanspruch gehört zu dem verfassungsrechtlich geschützten Eigentumsbereich[69]. Er besteht während des Spruchstellenverfahrens fort[70]. Seit dem Beschluss **„DAT/Altana"**[71] steht fest, dass bei der Bestimmung des Ausgleichs für außenstehende oder ausgeschiedene Aktionäre der Börsenkurs nicht außer Betracht bleiben darf[72]. Das Verfahren, in dem über Höhe der Abfindung 15

---

62 Vgl. *Habersack*, ZIP 2006, 445, 450.
63 Vgl. nur EuGH v. 10.4.1984 – Rs. 14/83 – „von Colson und Kamann", Slg. 1984, 1891; EuGH v. 13.11.1990 – Rs. C-106/89 – „Marleasing", Slg. 1990, I-4135; BGH v. 5.12.1974 – II ZB 11/73, BGHZ 63, 261, 264 f.; BGH v. 5.2.1998 – I ZR 211/95, BGHZ 138, 55, 61; ausführlich *Wulf-Henning Roth* in Riesenhuber (Hrsg.), Europäische Methodenlehre, 2006, S. 250 ff., 264 ff.
64 EuGH v. 14.7.1994 – Rs. C 91/92 – „Faccini Dori", Slg. 1994, I-3347, 3357 Tz. 26.
65 EuGH v. 9.3.1999 – Rs. C 212/97 – „Centros", Slg. 1999, I-1459 = NJW 1999, 2027; EuGH v. 5.11.2002 – Rs. C 208/00 – „Überseering", Slg. 2002, I-9919 = NJW 2002, 3614; EuGH v. 30.9.2003 – Rs. C 167/01 – „Inspire Art", Slg. 2003, I-10155 = NZG 2003, 1064; EuGH v. 16.12.2008 – Rs. C 210/06 – „Cartesio", Slg. 2008, I-0000; vgl. auch BGH v. 27.10.2008 – II ZR 158/06 – „Trabrennbahn", BGHZ 178, 192 = NJW 2009, 289 = ZIP 2008, 2411; dazu *Eidenmüller* (Hrsg.), Ausländische Kapitalgesellschaften im deutschen Recht, 2004; *Habersack*, Europäisches Gesellschaftsrecht, 3. Aufl. 2006, S. 15 ff.; *Hirte/Bücker* (Hrsg.), Grenzüberschreitende Gesellschaften, 2. Aufl. 2006; *Lutter* (Hrsg.), Europäische Auslandsgesellschaften, 2005, sowie jüngst *Franz*, BB 2009, 1250; *Werner*, GmbHR 2009, 191; *Frobenius*, DStR 2009, 487.
66 Ausführlich *Mülbert* in Großkomm. AktG, 4. Aufl., vor §§ 118–147 AktG Rz. 116 ff.; *Schön* in FS Ulmer, 2003, S. 1359 ff.; *Schmidt-Aßmann* in FS Badura, 2004, S. 1009 ff.; *Mülbert/Leuschner*, ZHR 170 (2006), 615 ff.
67 BVerfG v. 7.8.1962 – 1 BvL 16/60, BVerfGE 14, 263 = NJW 1962, 1667.
68 BVerfG v. 23.8.2000 – 1 BvR 68/95 und 1 BvR 147/97, NJW 2001, 279 = ZIP 2000, 1670.
69 Vgl. BVerfG v. 27.1.1999 – 1 BvR 1805/94, NJW 1999, 1699 = ZIP 1999, 532; BVerfG v. 10.2.2000 – 2 BvR 2317/99, AG 2000, 321.
70 BVerfG v. 27.1.1999 – 1 BvR 1805/94 – „Sen", NJW 1999, 1699 = ZIP 1999, 532; BVerfG v. 27.1.1999 – 1 BvR 1638/94, NJW 1999, 1701.
71 BVerfG v. 27.4.1999 – 1 BvR 1613/94 – „DAT/Altana", BVerfGE 100, 289 = NJW 1999, 3769 = ZIP 1999, 1436.
72 BVerfG v. 27.4.1999 – 1 BvR 1613/94 – „DAT/Altana", BVerfGE 100, 289 = NJW 1999, 3769 = ZIP 1999, 1436; BVerfG v. 8.9.1999 – 1 BvR 301/89 – „Hartmann & Braun", NJW-RR 2000, 842 = ZIP 1999, 1804; BVerfG v. 23.8.2000 – BvR 1 B 68/95 und 1 BvR 147/97, NJW 2001, 279

gestritten werden kann (Anfechtungsprozess oder Spruchverfahren), ist dagegen durch die Verfassung nicht vorgegeben[73]. Die Regelung zum aktienrechtlichen **Squeeze out** (§ 327a) ist verfassungsgemäß[74]. Der Eigentumsschutz des Aktionärs erstreckt sich aber nicht nur auf den Wert der Aktie, sondern auch auf die Mitgliedschaftsrechte, insbesondere das Informationsrecht[75]. Doch verlangt Art. 14 GG eine Verhinderung des Missbrauchs sowohl auf der Seite des auskunftsbegehrenden Aktionärs als auch des Vorstands[76]. Die tatbestandsmäßigen Begrenzungen des Auskunftsrechts nach § 131 Abs. 1[77] und ebenso das Auskunftsverweigerungsrecht nach § 131 Abs. 3 sind zulässige **Inhaltsbestimmungen des Aktieneigentums**[78]. Auch die **Eingriffe der Finanzmarktstabilisierungsgesetze** (Rz. 18) **in die Verfassung bestehender Aktiengesellschaften** haben verfassungsrechtliche Kontroversen ausgelöst[79].

### 4. Aktienrecht und Kapitalmarktrecht

16  Dem Aktiengesetz von 1965 wurde lange Zeit zweierlei nachgesagt: Starrheit[80] und Kapitalmarktferne[81]. In beiderlei Hinsicht befinden sich die **Grundlagen des Aktienrechts** in Bewegung. Das vormals rein korporationsrechtlich gedachte Recht des „Actien-Vereins" ist bereits gegenwärtig unter zunehmenden **Einfluss des Kapitalmarktrechts** geraten[82]. Vor allem in der sich zunehmend ausprägenden Verschiedenbehandlung von börsennotierten und geschlossenen Aktiengesellschaften (vgl. § 3 Abs. 2 und dazu § 3 Rz. 6) kommt dies zum Ausdruck[83]. Eine ganze Reihe aktienrechtlicher Transparenzgebote tritt gegenüber kapitalmarktrechtlichen Pflichten (vgl. nur §§ 21 ff. WpHG, s. dazu die Komm. im Anh. § 22) zurück (charakteristisch § 20 Abs. 8). **Kapitalmarktrechtliche Pflichten** des Vorstands ergeben sich namentlich aus §§ 14, 15, 15a, 15b, 20a WpHG, ggf. auch aus §§ 21, 25, 30a, 30b, 30e, 37v, 37w, 37x WpHG, sowie aus §§ 3, 27, 33d bzw. aus §§ 10, 11, 13, 14, 23, 35 WpÜG, für den Aufsichtsrat namentlich aus § 14 WpHG (vgl. § 90 Rz. 44, § 116 Rz. 28).

### 5. Aktienrecht und Finanzkrise

17  **a)** Die seit 2008 zum Ausbruch gelangte Finanzkrise[84] hat Spuren im Aktienrecht hinterlassen[85]. Das gilt insbesondere für das (nicht auf Finanzinstitute beschränkte) **VorstAG** (dazu oben Rz. 10) sowie die durch das FMStG eingeführte befristete – statt

---

= ZIP 2000, 1670; s. auch BVerfG v. 29.11.2006 – 1 BvR 704/03, ZIP 2007, 175; BVerfG v. 30.5.2007 – 1 BvR 1267/06, NJW 2007, 3266.
73  BVerfG v. 8.9.1999 – 1 BvR 301/89 – „Hartmann & Braun", NJW 2000, 842 = ZIP 1999, 1804.
74  BVerfG v. 30.5.2007 – 1 BvR 390/04 – „Edscha AG", NJW 2007, 3268 = ZIP 2007, 1261; BVerfG v. 19.9.2007 – 1 BvR 2984/06, AG 2008, 27 = ZIP 2007, 2121; s. auch BVerfG v. 9.12.2009 – 1 BvR 1542/06, WM 2010, 170.
75  BVerfG v. 20.9.1999 – 1 BvR 636/95, NJW 2000, 349 = ZIP 1999, 1798; BVerfG v. 20.9.1999 – 1 BvR 168/93 – „Scheidemantel II", ZIP 1999, 1801; eingehend *Bork*, EWiR 1999, 1035.
76  BVerfG v. 20.9.1999 – 1 BvR 636/95, NJW 2000, 349 = ZIP 1999, 1798.
77  BVerfG v. 20.9.1999 – 1 BvR 636/95 – „Wenger/Daimler-Benz", ZIP 1999, 1798.
78  BVerfG v. 20.9.1999 – 1 BvR 168/93 – „Scheidemantel II", ZIP 1999, 1801.
79  Vgl. nur *Th. Böckenförde*, NJW 2009, 2484; *Droese*, DVBl. 2009, 1415; *Ruffert*, NJW 2009, 2093; *Zuck*, DÖV 2009, 558.
80  Vgl. nur *Hirte* in Lutter/Wiedemann (Hrsg.), Gestaltungsfreiheit im Gesellschaftsrecht, 1992, S. 61 ff.
81  *Schwark*, ZGR 1976, 271, 274; dazu *Fleischer*, ZIP 2006, 451, 452.
82  Vgl. statt vieler *Kübler/Assmann*, Gesellschaftsrecht, 6. Aufl. 2006, § 32 I 6; *Lutter* in FS Zöllner I, S. 363 ff.; *Fleischer*, ZIP 2006, 451.
83  Dazu *Marsch-Barner* in Marsch-Barner/Schäfer, Handbuch börsennotierte AG, 2. Aufl. 2009, § 1 Rz. 5 ff.
84  Vgl. zu deren Entstehung und Verlauf *Rudolph*, ZGR 2010, 1, 4 ff.
85  Vgl. *Noack*, AG 2009, 227 ff.; *Langenbucher*, ZGR 2010, 75 ff.

wie ursprünglich bis 31.12.2011 nunmehr bis 31.12.2013[86] – **Neufassung des Überschuldungsbegriffs** in § 19 Abs. 2 InsO[87].

**b)** Zur Vermeidung der Insolvenz systemrelevanter Finanzinstitute schuf der Gesetzgeber 2008/2009 durch zwei Artikelgesetze zur Finanzmarktstabilisierung (**FMStG** und **FMStErgG**)[88] ein zeitlich befristetes aktien- und kapitalmarktrechtliches Krisen- und Sonderrecht für Unternehmen des Finanzsektors, ohne das Aktiengesetz bzw. das WpHG oder WpÜG zu ändern. Entsprechende Änderungen der Insolvenzordnung wurden als kurzfristig nicht möglich angesehen[89]. Zentrales Element der Sondergesetze war der durch das FMStFG[90] neu eingerichtete Sonderfonds Finanzmarktstabilisierung (**SoFFin**). Dieser konnte auf zwei Wegen eine uneingeschränkte Kontrolle über systemrelevante Finanzinstitute erlangen.

**aa)** Nach dem FMStBG[91] war dies auf (sonder)aktien- und übernahmerechtlichem Weg möglich: Der Fonds konnte entweder aufgrund eines zeitlich bis Ende 2009 befristeten **gesetzlich genehmigten Kapitals** (§ 3 FMStBG) junge Aktien bis zur Hälfte des bisher vorhandenen Grundkapitals zeichnen, oder aber im Wege einer **ordentlichen Kapitalerhöhung unter vereinfachten Voraussetzungen** in unbegrenzter Höhe (§ 7 FMStBG). Über einen Squeeze Out nach Erlangung einer Kontrollmehrheit von 90 % konnte der SoFFin sodann die vollständige Kontrolle über ein Finanzinstitut übernehmen, was im Fall der *Hypo Real Estate AG* letztendlich auch geschah. All dies war unter gegenüber dem allgemeinen Aktienrecht erleichterten Voraussetzungen hinsichtlich Fristen, Mehrheitserfordernissen und Anfechtungsmöglichkeiten möglich[92].

**bb)** Der zweite Weg einer Kontrollerlangung war der einer Enteignung nach dem durch das in Art. 3 FMStErgG – mit Blick auf die zu diesem Zeitpunkt noch nicht verstaatlichte *Hypo Real Estate* – eingeführte **Rettungsübernahmegesetz**, welches bis Juni bzw. Oktober 2009 befristet war und Enteignungen zur Sicherung der Finanzmarktstabilität (§ 1 RettungsübernahmeG) ermöglicht hätte.

**c)** Mit der künftigen **Finanzmarktregelung** zur Minderung systemischer Risiken befasste sich der 68. Deutsche Juristentag 2010[93].

---

86 Gesetz zur Erleichterung der Sanierung von Unternehmen, Gesetz vom 24.9.2009 (BGBl. I 2009, 3151).
87 Dazu *Karsten Schmidt*, DB 2008, 2467; *Karsten Schmidt*, ZIP 2009, 1551.
88 Finanzmarktstabilisierungsgesetz vom 17.10.2008 (BGBl. I 2008, 1982) sowie Finanzmarktstabilisierungs-Ergänzungsgesetz vom 7.4.2009 (BGBl. I 2009, 725).
89 Vgl. *Hopt/Kumpan/Steffek*, WM 2009, 821, 822. Mittlerweile liegen insofern konkurrierende Regelungsvorschläge von BMJ (vorinsolvenzliches Planverfahren) und BMWi (staatliche Restrukturierungsverwaltung durch die BaFin) vor (abrufbar unter http://www.zip-online.de).
90 Gesetz zur Errichtung eines Finanzmarktstabilisierungsfonds (Finanzmarktstabilisierungsfondsgesetz – FMStFG), erlassen als Art. 1 FMStG.
91 Gesetz zur Beschleunigung und Vereinfachung des Erwerbs von Anteilen an sowie Risikopositionen von Unternehmen des Finanzsektors durch den Fonds „Finanzmarktstabilisierungsfonds – FMS", erlassen als Art. 2 des FMStG.
92 Vgl. *Hopt/Kumpan/Steffek*, WM 2009, 821, 827 f.
93 Gutachten E *(Hellwig)*, F *(Häfling)* und G *(Zimmer)* in Verhandlungen des 68. Deutschen Juristentages I, 2010; s. auch *Zimmer*, ZGR 2010, 597 ff.

# Internationales Gesellschaftsrecht

| | |
|---|---|
| A. Gegenstand des Internationalen Gesellschaftsrechts und Bedeutung des Gesellschaftssitzes . . . . . . . . . . . | 1 |
| B. Kollisionsrechtliche Bestimmung der anwendbaren Privatrechtsordnung . . | 3 |
| I. Grundsätzliches . . . . . . . . . . . . . | 3 |
| 1. Bestimmung des Gesellschaftsstatuts | 4 |
| a) Sitztheorie . . . . . . . . . . . . . . . . | 5 |
| b) Gründungstheorie . . . . . . . . . . | 8 |
| c) Vermittelnde Lehren . . . . . . . . | 11 |
| 2. Gewohnheitsrechtliche Geltung der Sitztheorie in Deutschland? . . . . . . | 12 |
| 3. Völkerrechtliche Verträge . . . . . . . | 13 |
| a) Allgemeines . . . . . . . . . . . . . . . | 14 |
| b) Deutsch-Amerikanischer Freundschafts-, Handels- und Schifffahrtsvertrag . . . . . . . . . . . . . . . | 16 |
| 4. Rechtslage innerhalb der Europäischen Union . . . . . . . . . . . . . . . . | 18 |
| a) Niederlassungsfreiheit nach Artt. 49, 54 AEUV als Ausgangspunkt . . . . . . . . . . . . . . . . . . . . . | 18 |
| b) Rechtsprechung des EuGH zur Niederlassungsfreiheit von Gesellschaften . . . . . . . . . . . . . . | 22 |
| aa) Daily Mail . . . . . . . . . . . . . | 23 |
| bb) Centros . . . . . . . . . . . . . . . | 26 |
| cc) Überseering . . . . . . . . . . . . | 29 |
| dd) Inspire Art . . . . . . . . . . . . | 33 |
| ee) Hughes de Lasteyrie du Saillant . . . . . . . . . . . . . . . | 36 |
| ff) Sevic Systems . . . . . . . . . . | 38 |
| gg) Cartesio . . . . . . . . . . . . . . | 41 |
| c) Folgerungen . . . . . . . . . . . . . . | 42 |
| aa) Reichweite der Gründungsrechtsanknüpfung innerhalb der EU und des EWR . . . . . . . | 43 |
| (1) Gestaltungsfreiheit . . . . . . . . | 43 |
| (2) Differenzierung zwischen Zuzugs- und Wegzugsfreiheit . . . | 45 |
| (3) Zulässigkeit von Sonderanknüpfungen . . . . . . . . . . . . . | 48 |
| (a) Besondere Haftungstatbestände . . . . . . . . . . . . . . | 50 |
| (b) Durchführung von Insolvenzverfahren . . . . . . . . . . . . . . | 52 |
| (c) Unternehmensmitbestimmung . . . . . . . . . . . . . . . . . . | 53 |
| bb) Beibehaltung der Sitztheorie im Verhältnis zu Drittstaaten? . . | 54 |
| II. Anerkennung ausländischer Gesellschaften im Inland . . . . . . . . | 58 |
| 1. Begriff . . . . . . . . . . . . . . . . . . . . | 58 |
| 2. Ipso-iure-Anerkennung . . . . . . . . . | 59 |
| 3. Schranken durch ordre public-Vorbehalt nach Art. 6 EGBGB . . . . . . . | 60 |
| III. Reichweite des Gesellschaftsstatuts . | 61 |
| 1. Rechts- und Parteifähigkeit . . . . . . | 64 |
| 2. Organisation der Gesellschaft . . . . | 68 |
| 3. Auflösung, Abwicklung und Beendigung . . . . . . . . . . . . . . . . . | 70 |
| 4. Abgrenzung zum Insolvenzrecht . . . | 71 |

**Literatur:** *Altmeppen*, Schutz vor europäischen Kapitalgesellschaften, NJW 2004, 97; *Bayer*, Auswirkungen der Niederlassungsfreiheit nach den EuGH-Entscheidungen Inspire Art und Überseering auf die deutsche Unternehmensmitbestimmung, AG 2004, 534; *Bayer/J. Schmidt*, Grenzüberschreitende Sitzverlegung und grenzüberschreitende Restrukturierung nach MoMiG, Cartesio und Trabrennbahn, ZHR 173 (2009), 735; *Behrens*, Das Internationale Gesellschaftsrecht nach dem Überseering-Urteil des EuGH und den Schlussanträgen zu Inspire Art, IPRax 2003, 193; *Bungert*, Sitzanknüpfung für Rechtsfähigkeit von Gesellschaften gilt auch nicht mehr im Verhältnis zu den USA – Anmerkung zu BGH vom 29.1.2003 – VIII ZR 155/02, DB 2003, 1043; *Dorr/Stukenborg*, „Going to the Chapel": Grenzüberschreitende Ehen im Gesellschaftsrecht – Die ersten transnationalen Verschmelzungen nach dem UmwG (1994), DB 2003, 647; *Ebke*, Das Centros-Urteil des EuGH und seine Relevanz für das deutsche Internationale Gesellschaftsrecht – Das Schicksal der Sitztheorie nach dem Centros-Urteil des EuGH, JZ 1999, 656; *Eidenmüller* (Hrsg.), Ausländische Kapitalgesellschaften im deutschen Recht, 2004; *Fleischer*, Der Einfluss der Societas Europaea auf die Dogmatik des deutschen Gesellschaftsrechts, AcP 204 (2004), 502; *Franz*, Berührt Hughes de Lasteyrie du Saillant die durch den Wegzug veranlasste Besteuerung von Kapitalgesellschaften in Deutschland?, EuZW 2004, 270; *Freitag*, Der Wettbewerb der Rechtsordnungen im Internationalen Gesellschaftsrecht, EuZW 1999, 267; *Geyrhalter/Gänßler*, Perspektiven nach „Überseering" – wie geht es weiter?, NZG 2003, 409; *Grohmann/Gruschinske*, Nachweis der Rechts- und Parteifähigkeit einer Private Company Limited by Shares auf der Isle of Man, GmbHR 2005, 774; *Horn*, Deutsches und europäisches Gesellschaftsrecht und die EuGH-Rechtsprechung zur Niederlassungsfreiheit – Inspire Art, NJW 2004, 893; *Kallmeyer*, Tragweite des

Überseering-Urteils des EuGH vom 5.11.2002 zur grenzüberschreitenden Sitzverlegung, DB 2002, 2521; *Kieninger*, Niederlassungsfreiheit als Rechtswahlfreiheit – Besprechung der Entscheidung EuGH EuZW 1999, 216 – Centros Ltd. ./. Erhvervs- og Selskabsstyrelsen, ZGR 1999, 724; *Kindler*, „Inspire Art" – Aus Luxemburg nichts Neues zum internationalen Gesellschaftsrecht, NZG 2003, 1086; *Kindler*, Auf dem Weg zur Europäischen Briefkastengesellschaft? – Die „Überseering"-Entscheidung des EuGH und das internationale Privatrecht, NJW 2003, 1073; *Kindler*, Internationales Gesellschaftsrecht 2009: MoMiG, Trabrennbahn, Cartesio und die Folgen, IPRax 2009, 189; *Kleinert/Probst*, Endgültiges Aus für Sonderanknüpfungen bei (Schein-)Auslandsgesellschaften – Anmerkung zu dem EuGH-Urteil vom 30.9.2003 – Rs. C-167/01 – Inspire Art, DB 2003, 2217; *Knobbe-Keuk*, Umzug von Gesellschaften in Europa, ZHR 154 (1990), 325; *Lach/Schill*, Zur kollisionsrechtlichen Behandlung US-amerikanischer Gesellschaften, MittBayNot 2005, 243; *Lange*, Zur Niederlassungsfreiheit im Zusammenhang mit der Eintragung einer inländischen Zweigniederlassung einer ausländischen Gesellschaft, DNotZ 1999, 599; *Lehmann*, Fällt die Sitztheorie jetzt auch international? – Zur Vereinbarkeit der kollisionsrechtlichen Anknüpfung an den Gesellschaftssitz mit dem GATS, RIW 2004, 816; *Leible*, Niederlassungsfreiheit und Sitzverlegungsrichtlinie, ZGR 2004, 530; *Leible/Hoffmann*, Überseering und das (vermeintliche) Ende der Sitztheorie – Anmerkung zu EuGH, Urteil vom 5.11.2002 – Rs.C-208/00, RIW 2002, 945; *Leible/Hoffmann*, Cartesio – fortgeltende Sitztheorie, grenzüberschreitender Formwechsel und Verbot materiallrechtlicher Wegzugsbeschränkungen, BB 2009, 58; *Lutter* (Hrsg.), Europäische Auslandsgesellschaften in Deutschland, 2005; *Mankowski*, Entwicklungen im Internationalen Privat- und Prozessrecht 2004/2005 (Teil 1), RIW 2005, 481; *Maul/Schmidt*, Inspire Art – Quo vadis Sitztheorie?, BB 2003, 2297; *Meilicke*, Die Niederlassungsfreiheit nach Überseering – Rückblick und Ausblick nach Handelsrecht und Steuerrecht, GmbHR 2003, 793; *Mellert*, Haftung der Gesellschafter für Verbindlichkeiten einer amerikanischen Inc. mit Verwaltungssitz im Inland nach dem Gründungsrecht, BB 2004, 1869; *Neye*, Die Vorstellung der Bundesregierung zum Vorschlag einer 14. Richtlinie, ZGR 1999, 13; *Neye*, Die Regelung der grenzüberschreitenden Sitzverlegung – eine ungelöste Aufgabe des europäischen Gesetzgebers, in FS Schwark, 2009, S. 231; *Noack*, Moderne Kommunikationsformen vor den Toren des Unternehmensrechts, ZGR 1998, 592; *Paefgen*, Umwandlung, europäische Grundfreiheiten und Kollisionsrecht, GmbHR 2004, 463; *Priester*, EU-Sitzverlegung – Verfahrensablauf, ZGR 1999, 36; *Ringe*, Keine Eintragung der Verlegung des Satzungssitzes einer GmbH in das EU Ausland in das deutsche Handelsregister, GmbHR 2005, 487; *W.-H. Roth*, „Centros": Viel Lärm um Nichts? – Besprechung der Entscheidung EuGH EuZW 1999, 216 – Centros Ltd. ./. Erhvervs- og Selskabsstyrelsen, ZGR 2000, 311; *W.-H. Roth*, Internationales Gesellschaftsrecht nach Überseering – zu EuGH, 5.11.2002 – Rs.208/00 – Überseering BV/Nordic Construction Company Baumanagement GmbH (NCC), IPRax 2003, 117; *Sandrock*, Sitzrecht contra Savigny? Zum angeblichen Chaos im internationalen Gesellschaftsrecht, BB 2004, 897; *Schanze/Jüttner*, Die Entscheidung für Pluralität – Kollisionsrecht und Gesellschaftsrecht nach der EuGH-Entscheidung „Inspire Art", AG 2003, 661; *K. Schmidt*, Sitzverlegungsrichtlinie, Freizügigkeit und Gesellschaftsrechtspraxis, ZGR 1999, 20; *K. Schmidt*, Verlust der Mitte durch „Inspire Art" – Verwerfungen im Unternehmensrecht durch Schreckreaktionen der Literatur, ZHR 168 (2004), 493; *Schulz*, (Schein-)Auslandsgesellschaften in Europa – Ein Schein-Problem?, NJW 2003, 2705; *Spahlinger/Wegen* (Hrsg.), Internationales Gesellschaftsrecht in der Praxis, 2005; *Spindler/Berner*, Der Gläubigerschutz im Gesellschaftsrecht nach Inspire Art, RIW 2004, 7; *Stieb*, Die Verlegung des Sitzes einer GmbH ins Ausland kann nicht ins Handelsregister eingetragen werden, GmbHR 2004, 492; *Stürner*, Zur Anerkennung US-amerikanischer Gesellschaften in Deutschland – zu BGH, 5.7.2004 – II ZR 389/02 und BGH, 13.10.2004 I ZR 245/01, IPRax 2005, 305; *Thüsing*, Deutsche Unternehmensmitbestimmung und europäische Niederlassungsfreiheit – Eine Skizze nach Centros, Überseering und Inspire Art, ZIP 2004, 381; *Triebel/v. Hase*, Wegzug und grenzüberschreitende Umwandlungen deutscher Gesellschaften nach „Überseering" und „Inspire Act", BB 2003, 2409; *Ulmer*, Das Centros-Urteil des EuGH und seine Relevanz für das deutsche Internationale Gesellschaftsrecht – Schutzinstrumente gegen die Gefahren aus der Geschäftstätigkeit inländischer Zweigniederlassungen von Kapitalgesellschaften mit fiktivem Auslandssitz, JZ 1999, 662; *Wachter*, Zur grenzüberschreitenden Verschmelzung, EWiR 2005, 581; *Wälzholz*, Verlegung das Sitzes einer in Deutschland gegründeten GmbH ins Ausland, RNotZ 2004, 410; *Wassermeyer*, Steuerliche Konsequenzen aus dem EuGH-Urteil Hughes des Lasteyrie du Saillant, GmbHR 2004, 613; *Weller*, Scheinauslandsgesellschaften nach Centros, Überseering und Inspire Art: Ein neues Anwendungsfeld für die Existenzvernichtungshaftung, IPRax 2003, 207; *Werlauff*, Ausländische Rechtsgesellschaft für inländische Aktivität – „Centros aus dänischer Sicht", ZIP 1999, 867; *Werner*, Entwicklung der Rechtsprechung zu Auslandsgesellschaften, MDR 2005, 1033; *Ziemons*, Freie Bahn für den Umzug von Gesellschaften nach Inspire Art?! – Zugleich Besprechung EuGH, Urt. v. 30.9.2003 – Rs C-167/01 – Inspire Art, ZIP 2003, 1913; *Zimmer*, Nach „Inspire Art" – Grenzenlose Gestaltungsfreiheit für deutsche Unternehmen?, NJW 2003, 3585; *Zimmer/Naendrup*, Das Cartesio-Urteil des EuGH: Folgen für das internationale Gesellschaftsrecht, NJW 2009, 545.

## A. Gegenstand des Internationalen Gesellschaftsrechts und Bedeutung des Gesellschaftssitzes

1 Das Internationale Gesellschaftsrecht ist als Teil des Internationalen Privatrechts Kollisionsrecht und regelt, **welche nationale Rechtsordnung** auf einen grenzüberschreitenden Sachverhalt mit gesellschaftsrechtlichen Bezügen Anwendung findet. Die insoweit maßgebliche Rechtsordnung wird als Gesellschaftsstatut oder als lex societatis bezeichnet. Darunter ist die Summe aller Sachnormen zu verstehen, nach denen die gesellschaftsrechtlichen Beziehungen zu beurteilen sind. Nach diesem Gesellschaftsstatut bestimmen sich im Grundsatz sämtliche Rechtsfragen, die mit dem Entstehen, dem Bestand sowie der inneren Organisation einer Gesellschaft zusammenhängen. Gleiches gilt für Auflösung und Erlöschen. Die Zuordnung zu einer bestimmten nationalen Rechtsordnung kann dabei nach unterschiedlichen Anknüpfungskriterien erfolgen.

2 Für das Internationale Gesellschaftsrecht ist der **Gesellschaftssitz** von zentraler Bedeutung. Als Anknüpfungspunkt kommen dabei der tatsächliche Verwaltungssitz sowie der Gründungsort, der häufig dem Satzungssitz der Gesellschaft entspricht, in Betracht. Während für zahlreiche kontinentaleuropäische Rechtsordnungen der tatsächliche Verwaltungssitz der Gesellschaft maßgeblich ist (Sitztheorie), folgen der anglo-amerikanische Rechtskreis sowie die Niederlande und die skandinavischen Staaten der Gründungstheorie. Die Folgen einer grenzüberschreitenden **Verlegung** des Verwaltungs- oder Satzungssitzes werden bei § 45 Rz. 18–37 behandelt.

## B. Kollisionsrechtliche Bestimmung der anwendbaren Privatrechtsordnung

### I. Grundsätzliches

3 Im Gegensatz zu vielen ausländischen Rechtsordnungen hat der **deutsche Gesetzgeber** bisher davon abgesehen, das Anknüpfungsmerkmal zur Bestimmung des Gesellschaftsstatuts festzulegen. Eine gesetzliche Vorschrift, die den insoweit maßgeblichen Anknüpfungspunkt bestimmt, existiert daher im deutschen Internationalen Gesellschaftsrecht nicht. Insbesondere sah auch das Gesetz zur Neuregelung des Internationalen Privatrechts vom 25.7.1986[1] von einer entsprechenden Regelung ab, da das Internationale Gesellschaftsrecht damals Gegenstand von Vereinheitlichungsbestrebungen innerhalb der EG war[2]. Ein im Jahr 2008 vom Bundesministerium der Justiz vorgelegter Referentenentwurf eines Gesetzes zum Internationalen Privatrecht der Gesellschaften, Vereine und Juristischen Personen ist zunächst nicht weiter verfolgt worden[3]. Daher bleibt es in Deutschland bis auf Weiteres Rechtsprechung und Lehre überlassen, Kriterien für die Anknüpfung des Gesellschaftsstatuts zu entwickeln.

#### 1. Bestimmung des Gesellschaftsstatuts

4 Noch heute ist umstritten, wonach sich im deutschen Internationalen Gesellschaftsrecht das Gesellschaftsstatut bestimmt. Neben den beiden Extrempositionen Sitz-

---

[1] BGBl. I 1986, 1142.
[2] BT-Drucks. 10/504, S. 29.
[3] Zu den Gründen *Bayer/J. Schmidt*, ZHR 173 (2009), 735, 741 f.

theorie einerseits und Gründungstheorie andererseits werden in der Literatur vereinzelt auch vermittelnde Lehren vertreten.

**a) Sitztheorie**

Nach der Sitztheorie knüpft das Gesellschaftsstatut an den **tatsächlichen Sitz der Hauptverwaltung** der Gesellschaft an[4]. Maßgeblich für die Bestimmung des Sitzes ist dabei der nach außen erkennbare Tätigkeitsort der Geschäftsführung und der für das Tagesgeschehen zuständigen Vertretungsorgane, d.h. der Ort, wo die grundlegenden Entscheidungen der Unternehmensleitung effektiv in laufende Geschäftsführungsakte umgesetzt werden[5].

**Ausgangspunkt** der Sitztheorie ist die Annahme, dass der Staat, in dem die Gesellschaft ihren tatsächlichen Verwaltungssitz hat, am meisten von deren Tätigkeit betroffen ist. Die Sitztheorie zielt daher primär darauf ab, der nationalen Rechtsordnung zur Anwendung zu verhelfen, zu der die Gesellschaft die engste tatsächliche Verbindung unterhält. Im Interesse des Rechtsverkehrs werden dadurch der Wahlfreiheit der Gründer Grenzen gesetzt. Damit soll eine Flucht in andere Rechtsordnungen verhindert werden, um Gläubiger, Arbeitnehmer und Minderheitsgesellschafter vor der Umgehung inländischer Schutzstandards zu bewahren[6]. Die Sitztheorie wird aus diesem Grund oftmals auch als Schutztheorie bezeichnet[7].

Der Sitztheorie wird entgegengehalten, dass sie die **Bewegungsfreiheit** der Gesellschaften unverhältnismäßig einschränkte. Denn eine grenzüberschreitende Sitzverlegung einer Gesellschaft führte in der Regel zu einem Statutenwechsel und zwingt die Gesellschaft häufig zu Auflösung und Neugründung. Deshalb werde die Sitztheorie der wachsenden internationalen Verflechtung der Volkswirtschaften und dem damit einhergehenden Bedürfnis nach einer stärkeren internationalen Ausrichtung der Unternehmen nicht gerecht. Zudem lasse sich der tatsächliche Verwaltungssitz als maßgebliches Anknüpfungsmerkmal angesichts moderner Kommunikationsmittel insbesondere bei transnationalen Unternehmen nicht zweifelsfrei bestimmen, was zu einer unnötigen Rechtsunsicherheit führe[8].

**b) Gründungstheorie**

All diesen Einwänden begegnet die Gründungstheorie dadurch, dass sie das Gesellschaftsstatut nach dem **Recht des Staates** bestimmt, **in dem die Gesellschaft gegründet wurde**; als eine Spielart dieser Theorie erscheint eine – verbreitete – Lehre, der zufolge das Gesellschaftsstatut sich nach dem Satzungssitz bestimmen soll. Als Satzungssitz gilt dabei der im Gesellschaftsvertrag als Sitz definierte Ort. Indem die Gründungstheorie auf weitere Verbindungen zum Gründungsstaat verzichtet, wird

---

4 BGH v. 21.3.1986 – V ZR 10/85, BGHZ 97, 269, 271; BFH v. 13.11.1991 – I B 72/91, GmbHR 1992, 315, 316; OLG Frankfurt v. 3.6.1964 – 7 U 202/63, NJW 1964, 2355; *Ehricke* in Großkomm. AktG, 4. Aufl., § 45 AktG Rz. 42; *Habersack* in MünchKomm. AktG, 3. Aufl., Einl. Rz. 94; *Hüffer*, § 1 AktG Rz. 33; *Kindler* in MünchKomm. BGB, IntGesR Rz. 312/316; *Großfeld* in Staudinger, IntGesR Rz. 26.
5 BGH v. 21.3.1986 – V ZR 10/85, BGHZ 97, 269, 272.
6 BayObLG v. 7.5.1992 – 3 Z BR 14/92, WM 1992, 1371, 1372; *Brändel* in Großkomm. AktG, 4. Aufl., § 5 AktG Rz. 49; *Ehricke* in Großkomm. AktG, 4. Aufl., § 45 AktG Rz. 42; *Hüffer*, § 1 AktG Rz. 30; *Kindler* in MünchKomm. BGB, IntGesR Rz. 313 ff.; *Ebenroth/Auer*, RIW-Beilage 1 zu 3/1992, S. 5; *Kindler*, NJW 2003, 1073, 1074.
7 *Ehricke* in Großkomm. AktG, 4. Aufl., § 45 AktG Rz. 42; *Leible* in Michalski, GmbHG, Syst. Darst. 2 Rz. 5; *Knobbe-Keuk*, ZHR 154 (1990), 325, 326.
8 Vgl. *Herdegen*, Internationales Wirtschaftsrecht, § 15 Rz. 5; *Leible* in Michalski, GmbHG, Syst. Darst. 2 Rz. 6; *Noack*, ZGR 1998, 592, 615; *Zimmer* in FS Buxbaum, 2000, S. 655, 658 f./663 ff.; *Leible/Hoffmann*, RIW 2002, 925, 935; *Knobbe-Keuk*, ZHR 154 (1990), 325, 328.

den Gründern der Gesellschaft die Freiheit der Rechtswahl eingeräumt. Die Rechtsstellung der Gesellschaft sowie deren Ausgestaltung sind weitgehend dem Willen der Gründer unterworfen[9].

9 Diese **privatautonome Entscheidung** ist nach der Gründungstheorie auch noch nach einer Verlegung des tatsächlichen Verwaltungssitzes in einen anderen Staat maßgeblich; zu einer Änderung des Gesellschaftsstatuts kommt es dadurch nicht. Indem die Gründungstheorie auch bei einer Verlegung des Verwaltungssitzes den Fortbestand der Rechtspersönlichkeit ermöglicht, begünstigt sie eine stärkere internationale Ausrichtung von Gesellschaften und fördert dadurch den internationalen Handelsverkehr. Sie erhöht damit die grenzüberschreitende Mobilität von Gesellschaften und eröffnet zugleich einen Wettbewerb zwischen den verschiedenen nationalen Gesellschaftsrechtsordnungen[10].

10 Dadurch, dass die Bestimmung des auf die Gesellschaft anwendbaren Rechts der **Privatautonomie der Gründer** unterliegt, bleiben allerdings die Interessen anderer, eventuell stärker betroffener Staaten unberücksichtigt. Kritiker der Gründungstheorie weisen darauf hin, dass Gesellschaftsgründer darauf bedacht sein werden, liberale Rechtsordnungen zu wählen, die ihnen selbst die größten Vorteile bieten, ohne ihnen Schutzpflichten zu Gunsten Dritter aufzuerlegen. Durch die Rechtswahlfreiheit der Gründer bestehe somit eine erhöhte Gefahr des Rechtsmissbrauchs zu Lasten von Minderheitsgesellschaftern, Arbeitnehmern und Gläubigern der Gesellschaft. Es sei daher zu befürchten, dass sich in dem Wettbewerb der Rechtsordnungen gerade die Rechtsordnung mit dem schwächsten Schutz dritter Interessen durchsetze und somit ein „race to the bottom" stattfinde[11].

### c) Vermittelnde Lehren

11 Da sich sowohl gegen die Sitz- als auch gegen die Gründungstheorie gewichtige Argumente finden lassen, versuchen einige Lehren zwischen Gründungs- und Sitztheorie zu vermitteln. Dies gilt namentlich für die Differenzierungslehre, die Überlagerungstheorie sowie die Kombinationslehre: Nach der **Differenzierungslehre**[12] sollen gesellschaftsrechtliche Innenbeziehungen dem Gründungsrecht, Außenbeziehungen demgegenüber dem Vornahme-, Wirkungs- oder Gründungsstatut unterliegen. Der **Überlagerungstheorie**[13] zufolge wird das grundsätzlich anwendbare Recht des Gründungsstaats von zwingenden Normen des (Verwaltungs-)Sitzstaats überlagert. Gemäß der **Kombinationslehre**[14] soll schließlich bei substantiellen Beziehungen zu nur einem Staat dessen Recht Anwendung finden; bestehen entsprechende Beziehungen dagegen zu mehreren Staaten, soll das Recht des Gründungsstaats maßgeblich sein. Zwar gelingt es diesen vermittelnden Lehren, Schwächen der beiden großen Theorien zu beheben, so dass sie im Schrifttum einen gewissen Zuspruch gefunden haben,

---

9 *Ehricke* in Großkomm. AktG, 4. Aufl., § 45 AktG Rz. 44; *Habersack* in MünchKomm. AktG, 3. Aufl., Einl. Rz. 94; *Herdegen*, Internationales Wirtschaftsrecht, § 15 Rz. 4; *Kropholler*, Internationales Privatrecht, § 55 I 4.a); *Leible* in Michalski, GmbHG, Syst. Darst. 2 Rz. 7; *Ebenroth/Eyles*, DB-Beilage 2/88, S. 4; *Schwarz*, Europäisches Gesellschaftsrecht, Rz. 161.
10 Grundlegend *Kieninger*, Wettbewerb der Privatrechtsordnungen im Europäischen Binnenmarkt, 2002; im hier gegebenen Zusammenhang auch *Kindler* in MünchKomm. BGB, IntGesR Rz. 267.
11 *Brändel* in Großkomm. AktG, 4. Aufl., § 5 AktG Rz. 49; *Habersack* in MünchKomm. AktG, 3. Aufl., Einl. Rz. 90; *Herdegen*, Internationales Wirtschaftsrecht, § 15 Rz. 4; *Kindler* in MünchKomm. BGB, IntGesR Rz. 269 ff.; *Kropholler*, Internationales Privatrecht, § 55 I 4.
12 *Grasmann*, System des Internationalen Gesellschaftsrechts, 1970, Rz. 615 ff.
13 *Sandrock*, BerDGesVölkR 1978, 169, 191 ff.; *Sandrock* in FS Beitzke, 1979, S. 669, 690 ff.; *Sandrock*, RabelsZ 42 (1978), 227, 246 ff.; *Sandrock*, BB 1999, 1337; *Sandrock*, BB 2004, 897.
14 *Zimmer*, Internationales Gesellschaftsrecht, 1996, S. 232 ff.

doch erweisen sie sich in der praktischen Anwendung als schwerfällig und konnten sich in der Diskussion bisher nicht durchsetzen[15].

## 2. Gewohnheitsrechtliche Geltung der Sitztheorie in Deutschland?

Die Rechtsprechung[16] ist – unter Zustimmung von Teilen des Schrifttums[17] – bis zuletzt im Grundsatz der Sitztheorie gefolgt. Zuweilen war in der Literatur von einer gewohnheitsrechtlichen Geltung der Sitztheorie in Deutschland die Rede[18]. In den letzten Jahren ist es jedoch zu einer gemeinschaftsrechtlich bedingten Abkehr von der Sitztheorie gekommen, soweit der Anwendungsbereich des AEUV reicht. Infolge der Rechtsprechung des EuGH zur Reichweite der Niederlassungsfreiheit nach Artt. 49, 54 AEUV (ex-Artt. 43, 48 EG) in den Sachen Centros, Überseering und Inspire Art erscheint die Sitztheorie jedenfalls bei Zuzugsfällen nicht mehr mit dem EG-Vertrag vereinbar. Stattdessen findet nun auch im deutschen Internationalen Gesellschaftsrecht insoweit eine Gründungsrechtsanknüpfung Anwendung (vgl. Rz. 42). Dagegen ist derzeit noch umstritten, welche Auswirkungen dieser Wandel auf das Verhältnis zu Drittstaaten hat (vgl. Rz. 54).   12

## 3. Völkerrechtliche Verträge

Die Frage nach der Anwendbarkeit der Sitz- oder Gründungstheorie stellt sich allerdings nur in den Fällen, in denen eine ausdrückliche Regelung durch einen völkerrechtlichen Vertrag fehlt.   13

### a) Allgemeines

Gem. **Art. 3 Abs. 2 Satz 1 EGBGB** kommt internationalen Staatsverträgen vorrangige Geltung zu, soweit sie unmittelbar anwendbares innerstaatliches Recht geworden sind. In Kraft getretene multilaterale Staatsverträge gibt es für den Bereich des Internationalen Gesellschaftsrechts bislang nicht. Insbesondere ist weder das Haager Abkommen über die Anerkennung ausländischer Gesellschaften vom 1.6.1956[19] noch das Brüsseler EWG-Übereinkommen über die gegenseitige Anerkennung von Gesellschaften und juristischen Personen vom 29.2.1968[20] in Kraft getreten.   14

---

15 *Kropholler*, Internationales Privatrecht, § 55 I 4.a); *Kegel/Schurig*, Internationales Privatrecht, § 17 II 1.; *Kindler* in MünchKomm. BGB, IntGesR Rz. 307 ff.; *Leible* in Michalski, GmbHG, Syst. Darst. 2 Rz. 12 ff.; *Ebenroth/Eyles*, DB-Beilage 2/88, S. 4.
16 BGH v. 30.1.1970 – V ZR 139/68, BGHZ 53, 181, 183; BGH v. 21.3.1986 – V ZR 10/85, BGHZ 97, 269, 271; BGH v. 27.10.2008 – II ZR 158/06, NJW 2009, 289; BGH v. 8.10.2009 – IX ZR 227/06, AG 2010, 79; BFH v. 13.11.1991 – I B 72/91, GmbHR 1992, 315, 316; OLG München v. 6.5.1986 – 5 U 2562/85, NJW 1986, 2197, 2198; OLG Hamburg v. 20.2.1986 – 6 U 147/85, NJW 1986, 2199; BayObLG v. 7.5.1992 – 3 Z BR 14/92, WM 1992, 1371, 1372; OLG Hamm v. 30.4.1997 – 15 W 91/97, ZIP 1997, 1696; OLG Hamm v. 1.2.2001 – 15 W 390/00, NZG 2001, 562; OLG Nürnberg v. 7.6.1984 – 8 U 111/84, WM 1985, 259; Thüringer OLG v. 17.12.1997 – 2 U 244/94, DB 1998, 1178; OLG Brandenburg v. 30.11.2004 – 6 Wx 4/04, GmbHR 2005, 484, 485; KG Berlin v. 11.2.2005 – 5 U 291/03, GmbHR 2005, 771, 772.
17 *Heider* in MünchKomm. AktG, 3. Aufl., § 5 AktG Rz. 22; *Hüffer*, § 1 AktG Rz. 32 f.; *Brändel* in Großkomm. AktG, 4. Aufl., § 5 AktG Rz. 49; *Heider* in MünchKomm. AktG, 3. Aufl., Einl. Rz. 95.; *Kegel/Schurig*, Internationales Privatrecht, § 17 II 1; *Großfeld* in Staudinger, IntGesR Rz. 38; *Ebenroth/Auer*, RIW-Beilage 1 zu 3/1992, S. 1, 4; *Kindler*, NJW 2003, 1073; a.A. *Knobbe-Keuk*, ZHR 154 (1990), 325; *Meilicke*, GmbHR 2003, 793.
18 *Ehricke* in Großkomm. AktG, 4. Aufl., § 45 AktG Rz. 42; *Kindler* in MünchKomm. BGB, IntGesR Rz. 5; *Großfeld* in Staudinger, IntGesR Rz. 26.
19 Hierzu *Kropholler*, Internationales Privatrecht, § 55 I 1.
20 Hierzu *Kindler* in MünchKomm. BGB, IntGesR Rz. 40 ff.; *Schwarz*, Europäisches Gesellschaftsrecht, Rz. 1416 ff.; *Kropholler*, Internationales Privatrecht, § 55 I 1.

15  Allerdings existieren zahlreiche **bilaterale Abkommen**, die sich teils darauf beschränken, die nationalen Regeln über die Bestimmung des Gesellschaftsstatuts zu bestätigen und somit nur deklaratorische Bedeutung haben, teils aber auch von den nationalen Vorschriften abweichen und somit konstitutiv wirken[21].

### b) Deutsch-Amerikanischer Freundschafts-, Handels- und Schifffahrtsvertrag

16  Von besonderer Bedeutung ist insoweit der Freundschafts-, Handels- und Schifffahrtsvertrag zwischen der Bundesrepublik Deutschland und den Vereinigten Staaten von Amerika vom 29.10.1954. Nach **Art. XXV Abs. 5 Satz 2** gelten Gesellschaften, die gemäß den Gesetzen und sonstigen Vorschriften des einen Vertragsteils in dessen Gebiet errichtet sind, als Gesellschaften dieses Vertragsteils; ihr rechtlicher Status wird in dem Gebiet des anderen Vertragsteils anerkannt. Das Gesellschaftsstatut richtet sich im deutsch-amerikanischen Verhältnis somit grundsätzlich nach dem Recht desjenigen Staates, in dem die juristische Person gegründet wurde, unabhängig davon, wo sich ihr tatsächlicher Verwaltungssitz befindet. Im Geltungsbereich dieses Abkommens knüpft daher das Gesellschaftsstatut nicht an das Recht ihres Verwaltungssitzes, sondern an das am Ort ihrer Gründung geltende Recht an[22].

17  Etwas anderes kann allenfalls dann gelten, wenn es sich um eine nur zur **Umgehung** der strengeren Vorschriften des deutschen Rechts in den USA gegründete „Briefkastenfirma" handelt, die über keinerlei effektive Beziehungen („genuine link") zum Gründungsstaat verfügt und sämtliche Aktivitäten ausschließlich in Deutschland entfaltet. Eine solche Scheinauslandsgesellschaft („pseudo-foreign corporation") kann nach verbreiteter Auffassung stattdessen der Sitzanknüpfung nach dem autonomen deutschen Kollisionsrecht unterliegen[23]. Allerdings sind an das Vorliegen eines solchen „genuine link" keine hohen Anforderungen zu stellen, da es nur in extremen Ausnahmefällen zu einer Korrektur der staatsvertraglichen Regelung kommen soll. Ausreichend ist deshalb, dass die Gesellschaft irgendwelche Aktivitäten in den USA – nicht notwendig im Gründungsstaat – entfaltet. Nach neueren Entscheidungen des BGH[24] wird nunmehr in der Literatur ein vollständiger Verzicht auf das Vorliegen eines „genuine link" diskutiert[25].

### 4. Rechtslage innerhalb der Europäischen Union

### a) Niederlassungsfreiheit nach Artt. 49, 54 AEUV als Ausgangspunkt

18  Die Vorschriften des Vertrages über die Arbeitsweise der EU enthalten **keine unmittelbaren Vorgaben** für die Ausgestaltung des Internationalen Gesellschaftsrechts. Aus diesem Grund wurde die Sitztheorie lange Zeit als ein im Allgemeininteresse erforderliches und daher auch EU-rechtlich unbedenkliches Instrument angesehen, um

---

21 *Kindler* in MünchKomm. BGB, IntGesR Rz. 237 ff.; *Leible* in Michalski, GmbHG, Syst. Darst. 2 Rz. 59.
22 BGH v. 29.1.2003 – VIII ZR 155/02, DB 2003, 818; BGH v. 5.7.2004 – II ZR 389/02, BB 2004, 1868; BGH v. 13.10.2004 – I ZR 245/01, BB 2004, 2595; *Kindler* in MünchKomm. BGB, IntGesR Rz. 242.
23 *Kindler* in MünchKomm. BGB, IntGesR Rz. 250 f.; *Ebenroth/Auer*, RIW-Beilage 1 zu 3/1992, S. 1, 12; *Elsing*, BB 2004, 2596.
24 BGH v. 5.7.2004 – II ZR 389/02, BB 2004, 1868, 1869; BGH v. 13.10.2004 – I ZR 245/01, BB 2004, 2595, 2596.
25 *Leible* in Michalski, GmbHG, Syst. Darst. 2 Rz. 65; *Bungert*, DB 2003, 1043, 1044; *Mellert*, BB 2004, 1868, 1870; *Elsing*, BB 2004, 2596; *Sinewe*, EWiR 2005, 115, 116; *Stürner*, IPRax 2005, 305, 307 f.; *Lach/Schill*, MittBayNot 2005, 243, 244 f.; *Mankowski*, RIW 2005, 481, 488.

dem Recht des Sitzstaats zur Geltung zu verhelfen[26]. Dadurch sollte den Interessen des am stärksten von der Tätigkeit der Gesellschaft betroffenen Staates entsprochen und die Umgehung inländischer Schutzstandards verhindert werden (vgl. Rz. 6).

Allerdings sind nach den **Artt. 49, 54 AEUV (ex-Artt. 43, 48 EG)** Beschränkungen der freien Niederlassung von Gesellschaften, die ihren satzungsmäßigen Sitz, ihre Hauptverwaltung oder ihre Hauptniederlassung innerhalb der Gemeinschaft haben, im Hoheitsgebiet eines anderen Mitgliedstaates grundsätzlich verboten. Artt. 49, 54 AEUV untersagen somit ungerechtfertigte Beschränkungen der Niederlassungsfreiheit, die sich aus der Anwendung nationalen Rechts ergeben. 19

Um die **Mobilität von Gesellschaften** innerhalb der Gemeinschaft zu fördern, hat die Kommission als Vorentwurf einen „Vorschlag für eine Vierzehnte Richtlinie des Europäischen Parlaments und des Rates über die Verlegung des Sitzes einer Gesellschaft in einen anderen Mitgliedstaat mit Wechsel des für die Gesellschaft maßgebenden Rechts" vorgelegt[27]. Der Vorentwurf – dem im Gefolge der neueren EuGH-Rechtsprechung (hierzu Rz. 22 ff.) weitere Entwürfe gefolgt sind – sah eine Verpflichtung der Mitgliedstaaten vor, bei einem Wechsel des Gesellschaftsstatuts eine identitätswahrende Verlegung des Satzungssitzes ins Ausland zu ermöglichen. Eine Verabschiedung der Richtlinie ist bislang aber nicht erfolgt[28]. Abgesehen davon soll die Richtlinie keine Aussage über die Möglichkeit einer grenzüberschreitenden Verlegung (nur) des Verwaltungssitzes treffen. 20

Darüber, ob bzw. inwieweit die **Sitztheorie** mit der Niederlassungsfreiheit nach Artt. 49, 54 AEUV vereinbar ist, bestand lange Zeit Ungewissheit. Verlegt nämlich eine ausländische Gesellschaft ihren tatsächlichen Verwaltungssitz in einen Staat, der der Sitztheorie folgt, finden dieser zufolge auf die Gesellschaft die Vorschriften des Zuzugsstaats Anwendung. Das ausländische Recht, nach dem die Gesellschaft gegründet wurde, würde dadurch verdrängt. Auch beim Wegzug einer Gesellschaft könnten sich Beschränkungen der Niederlassungsfreiheit ergeben, deren Zulässigkeit im Hinblick auf den EG-Vertrag fraglich ist. Mangels näherer Ausführungen in den Artt. 49 ff. AEUV ist die Reichweite der Niederlassungsfreiheit allerdings umstritten. Eine gewisse Klärung brachte insoweit die neuere Rechtsprechung des EuGH, welche in einer Reihe von Entscheidungen das europäische Gesellschaftsrecht schrittweise weiterentwickelte. 21

### b) Rechtsprechung des EuGH zur Niederlassungsfreiheit von Gesellschaften

Angefangen mit der „Daily Mail"-Entscheidung von 1988 setzte sich die Rechtsprechung des EuGH zur Reichweite der Niederlassungsfreiheit von Gesellschaften mit „Centros" und „Überseering" fort, bevor sie im Jahr 2003 mit „Inspire Art" einen (vorläufigen) Abschluss fand. Nach der Entscheidung des Gerichtshofs in der Rechtssache „Hughes de Lasteyrie du Saillant" zur Zulässigkeit von steuerrechtlichen Wegzugsbeschränkungen hatte der EuGH Ende 2005 mit „Sevic Systems" über die Möglichkeit grenzüberschreitender Verschmelzungen zu entscheiden. Schließlich befand der Gerichtshof 2008 im „Cartesio"-Urteil über die Befugnisse von Mitgliedstaaten 22

---

26 *Brändel* in Großkomm. AktG, 4. Aufl., § 5 AktG Rz. 50; *Kindler* in MünchKomm. BGB, IntGesR Rz. 366 ff.
27 Abgedruckt in ZIP 1997, 1721 ff.; dazu *Di Marco*, ZGR 1999, 3; *Heinze*, ZGR 1999, 54; *Hügel*, ZGR 1999, 71; *Neye*, ZGR 1999, 13; *Priester*, ZGR 1999, 36; *Rajak*, ZGR 1999, 111; *K. Schmidt*, ZGR 1999, 20; *Timmerman*, ZGR 1999, 147; *Wymeersch*, ZGR 1999, 126; *Leible* in Michalski, GmbHG, Syst. Darst. 2 Rz. 54 ff.; *Meilicke*, GmbHR 1998, 1053; Zusammenfassung der nachfolgenden Entwicklung bei *Leible*, ZGR 2004, 531.
28 Zu den Vorarbeiten *Neye* in FS Schwark, 2009, S. 231 ff.

23 **aa) Daily Mail**[29]. Das erste wichtige Urteil des EuGH zur Reichweite der Niederlassungsfreiheit von Gesellschaften erging im Jahr 1988 in der Rechtssache Daily Mail, in der eine englische Gesellschaft aus steuerlichen Gründen den Sitz ihrer Geschäftsleitung in die Niederlande verlegen wollte. Für eine solche Sitzverlegung setzte das britische Steuerrecht die Zustimmung des Finanzministeriums voraus, die jedoch verweigert wurde. Der High Court of Justice legte daraufhin dem EuGH die Frage vor, ob die Ablehnung der Wegzugsgenehmigung mit dem Gemeinschaftsrecht vereinbar sei.

24 Der Gerichtshof sah die Verweigerung der Genehmigung nicht als Beschränkung der Niederlassungsfreiheit an. Denn Gesellschaften würden „beim gegenwärtigen Stand des Gemeinschaftsrechts" aufgrund einer nationalen Rechtsordnung gegründet. Diese regele ihre Gründung und Existenz, weshalb eine Gesellschaft jenseits der jeweiligen nationalen Rechtsordnung keine Realität habe. Hinsichtlich der Anforderungen, die bei der Gründung einer Gesellschaft bzw. bei einer Sitzverlegung an die Verknüpfung mit dem Gebiet des Herkunftsstaats zu stellen seien, bestünden erhebliche Unterschiede im Recht der Mitgliedstaaten. Während in einigen Staaten das Bestehen eines satzungsmäßigen Sitzes genüge, müsse in anderen Staaten auch die Hauptverwaltung der Gesellschaft im Hoheitsgebiet des jeweiligen Mitgliedstaats liegen[30]. Diese Unterschiede in den mitgliedstaatlichen Regelungen stellten Probleme dar, die im Wege der Rechtsetzung nach Art. 54 Abs. 3 lit. g EWG (Art. 50 Abs. 2 lit. g AEUV) oder eines völkerrechtlichen Vertrags nach Art. 220 EWG gelöst werden müssten. Mangels einer solchen Lösung gewährten Artt. 52, 58 EWG (Artt. 49, 54 AEUV) den Gesellschaften nationalen Rechts kein Recht, den Sitz ihrer Geschäftsleitung unter Bewahrung ihrer Eigenschaft als Gesellschaften des Mitgliedstaats ihrer Gründung in einen anderen Mitgliedstaat zu verlegen[31].

25 Über die Vereinbarkeit der Sitztheorie mit der Niederlassungsfreiheit nach Artt. 49, 54 AEUV traf der EuGH damit keine Entscheidung[32]. Vielmehr ging es in dieser Sache nur um die Frage, ob im Anwendungsbereich des EWG-Vertrags ein Mitgliedstaat den Wegzug einer nach seinem Recht gegründeten Gesellschaft verhindern darf. Aus der positiven Antwort des EuGH wurde in der Literatur geschlossen, dass den Mitgliedstaaten bei der Behandlung ihrer Gesellschaften ein beträchtlicher Entscheidungsspielraum zustehe.

26 **bb) Centros**[33]. Diese Deutung schien bereits durch die Entscheidungsgründe des EuGH in der Rechtssache Centros in Frage gestellt, die – im Gegensatz zu Daily Mail – einen Zuzugsfall betraf: Nachdem ein dänisches Ehepaar in England eine „private limited company" mit englischem Satzungssitz gegründet hatte, beantragte es in Dänemark die Eintragung einer Zweigniederlassung. Dies wurde jedoch von den Behörden unter anderem mit der Begründung abgelehnt, dass die Gesellschaft, die seit ihrer Gründung keine Geschäftstätigkeit entfaltet habe, unter Umgehung der strengeren dänischen Gründungsvorschriften in Wirklichkeit nicht die Errichtung einer Zweig-,

---

29 EuGH v. 27.9.1988 – Rs. 81/87, Slg. 1988, 5483.
30 EuGH v. 27.9.1988 – Rs. 81/87, Slg. 1988, 5483, Rz. 19 f.
31 EuGH v. 27.9.1988 – Rs. 81/87, Slg. 1988, 5483, Rz. 22 ff.
32 *Knobbe-Keuk*, ZHR 154 (1990), 325, 333.
33 EuGH v. 9.3.1999 – Rs. C-212/97, Slg. 1999, I-1459; *Behrens*, IPRax 1999, 323; *Ebke*, JZ 1999, 656; *Freitag*, EuZW 1999, 267; *Kieninger*, ZGR 1999, 724; *Kindler*, NJW 1999, 1993; *Lange*, DNotZ 1999, 599; *Leible*, NZG 1999, 300; *Meilicke*, DB 1999, 627; *Neye*, EWiR 1999, 259; *Roth*, ZGR 2000, 311; *Roth*, ZIP 1999, 861; *Ulmer*, JZ 1999, 662; *Werlauff*, ZIP 1999, 867; *Zimmer*, ZHR 164 (2000), 23.

sondern einer Hauptniederlassung beabsichtige. Der in letzter Instanz zur Entscheidung berufene Højesteret legte dem EuGH die Frage vor, ob die Vorschriften des EG-Vertrags über die Niederlassungsfreiheit eine andere Beurteilung erforderlich machten.

Diese Frage wurde vom EuGH bejaht. Während er in der Daily Mail-Entscheidung die Niederlassungsfreiheit von Gesellschaften zugunsten der mitgliedstaatlichen Befugnisse eingeschränkt hatte, entschied er in Centros zugunsten der Niederlassungsfreiheit: Ein Mitgliedstaat dürfe die Eintragung einer Zweigniederlassung nicht verweigern, wenn die Gesellschaft in einem anderen Mitgliedstaat, in dem sie ihren Sitz habe, wirksam gegründet worden sei. Dies gelte selbst dann, wenn die Gesellschaft an ihrem Satzungssitz keine unternehmerische Tätigkeit ausübe und die Errichtung im Ausland nur der Umgehung des strengeren inländischen Rechts diene. Das Recht, eine Gesellschaft nach dem Recht eines Mitgliedstaats zu errichten und in anderen Mitgliedstaaten Zweigniederlassungen zu gründen, folge unmittelbar aus der Niederlassungsfreiheit. Errichte ein Staatsangehöriger eines Mitgliedstaats eine Gesellschaft in dem Staat der Gemeinschaft, dessen gesellschaftsrechtliche Vorschriften ihm die größte Freiheit lassen, um anschließend in anderen Mitgliedstaaten Zweigniederlassungen zu gründen, stelle dies keine missbräuchliche Ausnutzung der Niederlassungsfreiheit dar[34]. Erst im Fall eines betrügerischen Verhaltens sei eine Berufung auf das Niederlassungsrecht verwehrt[35].

27

Trotz fehlender Geschäftstätigkeit der Gesellschaft in England handelte es sich nach der Auffassung des Gerichtshofs um die Eintragung einer Zweigniederlassung in Dänemark. Durch diese formale Betrachtungsweise vermied der EuGH eine Auseinandersetzung mit den in der Daily Mail-Entscheidung getroffenen Aussagen zur Reichweite der primären Niederlassungsfreiheit. Eindeutige Schlüsse auf die (Un-)Vereinbarkeit der Sitztheorie mit den Artt. 49 ff. AEUV ließen sich zum damaligen Zeitpunkt – trotz gegenteiliger Stimmen in der Literatur – noch nicht ziehen[36].

28

cc) **Überseering**[37]. Zum ersten Mal äußerte der Gerichtshof sich zu diesem Problem in der Überseering-Entscheidung. In dem vom VII. Zivilsenat des BGH eingeleiteten Vorlageverfahren ging es um eine nach niederländischem Recht gegründete Kapitalgesellschaft, die Überseering B.V., die nach der Verlegung ihres tatsächlichen Verwaltungssitzes nach Deutschland vor deutschen Gerichten werkvertragliche Ansprüche geltend machen wollte. Da ihr nach der bislang in Deutschland befolgten Sitztheorie die Rechts- und Parteifähigkeit abzusprechen gewesen wäre, legte der BGH dem EuGH die Frage vor, ob die Artt. 49, 54 AEUV (Artt. 43, 48 EG) einer solchen Behandlung entgegenstünden. Sollte der EuGH dies bejahen, wollte der BGH zudem wissen, ob es die Niederlassungsfreiheit für Gesellschaften gebiete, die Rechts- und Parteifähigkeit nach dem Recht des Gründungsstaats zu beurteilen.

29

Beide Vorlagefragen wurden vom EuGH bejaht. Indem er die Aberkennung der Rechts- und Parteifähigkeit als Folge der Sitztheorie als ungerechtfertigte Beschrän-

30

---

34 EuGH v. 9.3.1999 – Rs. C-212/97, Slg. 1999, I-1459, Rz. 27/29.
35 EuGH v. 9.3.1999 – Rs. C-212/97, Slg. 1999, I-1459, Rz. 38.
36 *Kropholler*, Internationales Privatrecht, § 55 I 5.; *Jäger*, Aktiengesellschaft, § 11 Rz. 47; *Zimmer*, ZHR 164 (2000), 23, 30 ff./41; *Leible/Hoffmann*, RIW 2002, 925, 926.
37 EuGH v. 5.11.2002 – Rs. C-208/00, Slg. 2002, I-9919; *Behrens*, IPrax 2003, 193; *Ebke*, JZ 2003, 927; *Eidenmüller*, ZIP 2002, 2233; *Eidenmüller*, JZ 2003, 526; *Geyrhalter/Gänßler*, NZG 2003, 409; *Kallmeyer*, BB 2002, 2521; *Kindler*, IPrax 2003, 41; *Kindler*, NJW 2003, 1073; *Leible/Hoffmann*, RIW 2002, 925; *Leible/Hoffmann*, ZIP 2003, 925; *Lutter*, BB 2003, 7; *Meilicke*, GmbHR 2003, 793; *Paefgen*, WM 2003, 561; *Roth*, IPrax 2003, 117; *Schanze/Jüttner*, AG 2003, 30; *Schulz*, NJW 2003, 2705; *Triebel/v. Hase*, BB 2003, 2409; *Zimmer*, BB 2003, 1.

kung der Niederlassungsfreiheit ansah, läutete er für Zuzugsfälle das Ende der Sitztheorie ein. Dies führte in der Folge zu einem Paradigmenwechsel im deutschen Internationalen Gesellschaftsrecht. Nach der Auffassung des Gerichtshofs käme das Erfordernis, dieselbe Gesellschaft in Deutschland neu zu gründen, einer Negierung der den Gesellschaften in den Artt. 49, 54 AEUV zuerkannten Niederlassungsfreiheit gleich. Die Überseering B.V. genieße daher aufgrund der Artt. 49, 54 AEUV das Recht, „als Gesellschaft niederländischen Rechts" in Deutschland von ihrer Niederlassungsfreiheit Gebrauch zu machen. Ihre Existenz hänge sogar untrennbar mit ihrer Eigenschaft als Gesellschaft niederländischen Rechts zusammen, da eine Gesellschaft, wie bereits in der Daily Mail-Entscheidung ausgeführt wurde, jenseits der nationalen Rechtsordnung, die ihre Gründung und ihre Existenz regele, keine Realität habe[38]. Deshalb hätten die Mitgliedstaaten die Rechts- und Parteifähigkeit zu achten, die die Gesellschaft nach dem Recht ihres Gründungsstaats besitze.

31 Kurz zuvor hatte sich der II. Zivilsenat des BGH einer modifizierten Sitztheorie angeschlossen, der zufolge eine zuziehende ausländische Gesellschaft in eine deutsche Personengesellschaft umzuqualifizieren sei[39]. Demnach sei die Sitztheorie zwar noch immer Bestandteil des deutschen Rechts, im Fall der Verlegung des tatsächlichen Verwaltungssitzes innerhalb der EU sei sie jedoch zu modifizieren. Das Gesellschaftsverhältnis der ausländischen Kapitalgesellschaft werde dem deutschen Recht im Wege einer Umqualifizierung angepasst: Je nach den Gegebenheiten des Einzelfalls werde die ausländische Gesellschaft als Gesellschaft bürgerlichen Rechts oder als offene Handelsgesellschaft eingestuft und sei als solche nach deutschem Recht rechts- und parteifähig. Diese Rechtsprechung war mit den Vorgaben des EuGH aus dem Überseering-Urteil allerdings nicht mehr zu vereinbaren[40]; der VII. Senat lehnte die modifizierte Sitztheorie nach Ergehen des EuGH-Entscheids ausdrücklich ab und behandelte die Überseering B.V. dem EuGH entsprechend als Gesellschaft niederländischen Rechts.

32 Für die Bestimmung der Rechts- und Parteifähigkeit von Gesellschaften ist seitdem für aus dem EU-Ausland zuziehende Gesellschaften das Gründungsstatut maßgeblich. Dem Gründungsstaat kommt somit die ausschließliche Entscheidungsbefugnis über die Existenz einer Gesellschaft zu. Über das im Übrigen anzuwendende Gesellschaftsstatut bzw. über die Anwendbarkeit inländischer Mindeststandards traf der EuGH hingegen keine Aussagen. Im Zentrum der Diskussion stand deshalb in der Folge die Frage, inwieweit das inländische Gesellschaftsrecht im Falle des Zuzugs einer Gesellschaft durch das ausländische Gründungsstatut verdrängt wird.

33 **dd) Inspire Art**[41]. In seinem Urteil in der Rechtssache Inspire Art beantwortete der EuGH die Frage zu Gunsten einer (weitgehend) uneingeschränkten Gründungsrechtsanknüpfung. Der Entscheidung lag eine dem Centros-Sachverhalt vergleichbare Konstellation zu Grunde: Die nach englischem Recht gegründete Inspire Art Ltd. beantragte bei der zuständigen Kamer van Koophandel in Amsterdam, eine Zweignie-

---

38 EuGH v. 5.11.2002 – Rs. C-208/00, Slg. 2002, I-9919, Rz. 80 f.
39 BGH v. 1.7.2002 – II ZR 380/00, AG 2003, 39.
40 *Spindler/Berner*, RIW 2003, 949, 950 f.; *Zimmer*, NJW 2003, 3585, 3586; *Maul/Schmidt*, BB 2003, 2297, 2298; *Schulz*, NJW 2003, 2705, 2706; *Behrens*, IPRax 2003, 193, 200; a.A. *Kindler*, IPRax 2003, 41, 44.
41 EuGH v. 30.9.2003 – Rs. C-167/01, Slg. 2003, I-10155; *Altmeppen*, NJW 2004, 97; *Bayer*, BB 2003, 2357; *Eidenmüller*, JZ 2004, 24; *Horn*, NJW 2004, 893; *Kindler*, NZG 2003, 1086; *Kleinert/Probst*, DB 2003, 2217; *Maul/Schmidt*, BB 2003, 2297; *Meilicke*, GmbHR 2003, 1271; *Sandrock*, BB 2003, 2588; *Schanze/Jüttner*, AG 2003, 661; *K. Schmidt*, ZHR 168 (2004), 493; *Spindler/Berner*, RIW 2003, 949; *Spindler/Berner*, RIW 2004, 7; *Triebel/v. Hase*, BB 2003, 2409; *Weller*, IPRax 2003, 207; *Ziemons*, ZIP 2003, 1913; *Zimmer*, NJW 2003, 3585.

derlassung einzutragen, die faktisch die Funktion einer Hauptniederlassung übernehmen sollte. Die Eintragung einer solchen Zweigniederlassung wurde zwar nicht abgelehnt, doch sollte die Gesellschaft dem niederländischen Recht zufolge im Rechtsverkehr den Zusatz „formal ausländische Gesellschaft" führen und bestimmte Mindestkapitalanforderungen erfüllen; anderenfalls würden ihre Geschäftsführer einer persönlichen Haftung unterworfen.

Nach Ansicht des EuGH stehen jedoch die Artt. 49, 54 AEUV einer nationalen Regelung entgegen, die die Ausübung der sekundären Niederlassungsfreiheit durch eine ausländische Gesellschaft von zusätzlichen, über das Gründungsstatut hinausgehenden Voraussetzungen abhängig macht[42]. Über die Rechts- und Parteifähigkeit hinaus ist das Gründungsstatut somit für alle gesellschaftsrechtlichen Fragen maßgeblich. Daneben betonte der Gerichtshof, dass es sich grundsätzlich nicht um betrügerisches Verhalten handele, wenn eine Gesellschaft in einem anderen Mitgliedstaat errichtet werde, um in den Genuss vorteilhafterer Rechtsvorschriften zu kommen. Auch der Umstand, dass die Gesellschaft ihre Tätigkeit anschließend ausschließlich in einem anderen als dem Grundungsstaat ausübe, nehme ihr nur dann das Recht, sich auf die Niederlassungsfreiheit zu berufen, wenn im konkreten Fall ein Missbrauch nachgewiesen werde[43]. 34

Eine vom Gründungsrecht abweichende (gesellschaftsrechtliche) Regelung, die eine Gesellschaft in einem anderen Mitgliedstaat zu beachten hat, stellt nach der neueren Rechtsprechung des EuGH eine Behinderung der Niederlassungsfreiheit dar. Die Sitztheorie ist somit in Bezug auf aus dem EU-Ausland zuziehende Gesellschaften nicht mehr anwendbar. Ein so genanntes „statute shopping" zur Umgehung strengerer inländischer Gründungsvoraussetzungen ist grundsätzlich zulässig. Mit der erheblichen Ausweitung des Gründungsstatuts auf alle Aspekte des Gesellschaftsrechts rückt die Frage in den Vordergrund, ob bzw. inwieweit Sonderanknüpfungen noch zulässig sind, um nationalen Schutzbedürfnissen gerecht zu werden (hierzu Rz. 48 ff.). 35

**ee) Hughes de Lasteyrie du Saillant**[44]. Um die Zulässigkeit von Wegzugbeschränkungen ging es in der Rechtssache Hughes de Lasteyrie du Saillant, in der der EuGH die französische Wegzugbesteuerung natürlicher Personen als mit der Niederlassungsfreiheit unvereinbar ansah. Auch wenn Art. 49 AEUV nach seinem Wortlaut insbesondere die Inländergleichbehandlung im Aufnahmestaat sichern solle, verbiete er zugleich dem Herkunftsstaat, die Niederlassung seiner Staatsangehörigen in einem anderen Mitgliedstaat zu behindern[45]. 36

Da nach Art. 54 Abs. 1 AEUV die nach den Rechtsvorschriften eines Mitgliedstaats gegründeten Gesellschaften natürlichen Personen eines Mitgliedstaats gleichzustellen sind, wurde in der Literatur aus dieser Entscheidung der Schluss gezogen, dass nun endlich auch deutschen Gesellschaften der Wegzug ins EU-Ausland offen stehe[46]. Die Übertragbarkeit dieses Urteils auf juristische Personen konnte indessen trotz deren grundsätzlicher Gleichstellung mit natürlichen Personen zweifelhaft erscheinen[47]. Bereits in der Daily Mail-Entscheidung hatte der Gerichtshof auf die rechtlichen Unterschiede zwischen natürlichen und juristischen Personen abgestellt; in der Sache Inspire Art hatte er auf die bei juristischen Personen notwendige Diffe- 37

---

42 EuGH v. 30.9.2003 – Rs. C-167/01, Slg. 2003, I-10155, Rz. 105.
43 EuGH v. 30.9.2003 – Rs. C-167/01, Slg. 2003, I-10155, Rz. 95 f./138 f.
44 EuGH v. 11.3.2004 – Rs. C-9/02, Slg. 2004, I-2409; *Kleinert/Probst*, NJW 2004, 2425; *Kleinert/Probst*, DB 2004, 673; *Wassermeyer*, GmbHR 2004, 613; *Franz*, EuZW 2004, 270.
45 EuGH v. 11.3.2004 – Rs. C-9/02, Slg. 2004, I-2409, Rz. 42.
46 *Kleinert/Probst*, DB 2003, 2217, 2218; *Kleinert/Probst*, NJW 2004, 2425, 2427.
47 *Triebel/v. Hase*, BB 2003, 2409, 2410; *Wälzholz*, RNotZ 2004, 410, 411.

renzierung zwischen Zuzug- und Wegzugfreiheit abgegeben. Dafür, dass der EuGH diese Rechtsprechung nun aufgeben wollte, boten die Entscheidungsgründe in der Rechtssache Hughes de Lasteyrie du Saillant keine Anhaltspunkte[48].

38 **ff) Sevic Systems**[49]. Auch in dem Vorabentscheidungsverfahren in der Rechtssache Sevic Systems äußerte sich der EuGH nicht zur Fortgeltung der in der Daily Mail-Entscheidung gemachten Vorgaben, obwohl er dazu durch die Ausführungen des Generalanwalts Gelegenheit erhalten hatte. In dem diesem Urteil zugrunde liegenden Verfahren sollte das Vermögen einer luxemburgischen Aktiengesellschaft auf Grund eines Verschmelzungsvertrags auf die deutsche Sevic Systems AG übertragen werden. Die Eintragung der Verschmelzung in das deutsche Handelsregister wurde jedoch mit der Begründung abgelehnt, dass § 1 Abs. 1 UmwG nur die Verschmelzung von Gesellschaften mit Sitz in Deutschland zulasse. Gegen diese Entscheidung legte die Sevic Systems AG Beschwerde beim – daraufhin vorlegenden – LG Koblenz ein.

39 Nach Ansicht des EuGH ist eine solche Rechtslage mit der EU-rechtlichen Niederlassungsfreiheit nicht vereinbar. Auch eine grenzüberschreitende Verschmelzung falle in den Anwendungsbereich der Artt. 49, 54 AEUV, da sie den Zusammenarbeits- und Umgestaltungsbedürfnissen von Gesellschaften mit Sitz in verschiedenen Mitgliedstaaten entspreche[50]. Dieses Mittel zur Umwandlung stehe nach deutschem Recht aber nicht zur Verfügung, wenn eine der beteiligten Gesellschaften ihren Sitz in einem anderen Mitgliedstaat habe, so dass es sich um eine diskriminierende Behandlung von Gesellschaften und damit eine rechtfertigungsbedürftige Beschränkung der Niederlassungsfreiheit handele[51]. Eine Rechtfertigung komme vorliegend nicht in Betracht, da ein solch generelles Verbot grenzüberschreitender Verschmelzungen jedenfalls unverhältnismäßig sei[52]. Gegen die Zulässigkeit einer grenzüberschreitenden Verschmelzung könne auch nicht vorgebracht werden, dass die Richtlinie über die grenzüberschreitende Verschmelzung noch nicht erlassen worden sei. Denn wenn gemeinschaftliche Harmonisierungsvorschriften zur Erleichterung grenzüberschreitender Verschmelzungen auch hilfreich wären, seien sie doch keine Vorbedingung für die Durchführung der Niederlassungsfreiheit[53].

40 Die Entscheidung, die zur Klärung einiger Streitfragen[54] bezüglich grenzüberschreitender Verschmelzungen beiträgt und dadurch das europäische Umwandlungsrecht weiterentwickelt, ist vom hier eingenommenen Standpunkt aus zu begrüßen[55]. Allerdings hat der Gerichtshof nicht deutlich gemacht, ob seine Ausführungen sich auch auf Beschränkungen eines „Wegzuges" durch restriktive mitgliedstaatliche Verschmelzungsregeln erstrecken sollen[56]. Derartige Beschränkungen müssen aber spätestens mit Umsetzung der Richtlinie 2005/56/EG über die Verschmelzung von Kapitalgesellschaften aus verschiedenen Mitgliedstaaten Ende 2007 entfallen sein[57].

---

48 *Ringe*, GmbHR 2005, 487, 488; *Werner*, MDR 2005, 1033.
49 EuGH v. 13.12.2005 – Rs. C-411/03, Slg. 2005, I-10805; *Mankowski*, EWiR 2004, 139; *Kloster*, GmbHR 2003, 1413; *Wachter*, EWiR 2005, 581; *Geyrhalter/Weber*, NZG 2005, 837.
50 EuGH v. 13.12.2005 – Rs. C-411/03, Slg. 2005, I-10805, Rz. 18 f.
51 EuGH v. 13.12.2005 – Rs. C-411/03, Slg. 2005, I-10805, Rz. 22 f.
52 EuGH v. 13.12.2005 – Rs. C-411/03, Slg. 2005, I-10805, Rz. 30.
53 EuGH v. 13.12.2005 – Rs. C-411/03, Slg. 2005, I-10805, Rz. 26.
54 S. *Dorr/Stukenborg*, DB 2003, 647; *Kloster*, GmbHR 2003, 1413; *Paefgen*, GmbHR 2004, 463; *Horn*, NJW 2004, 893, 897 f.
55 Anders – noch zu den Schlussanträgen – *Geyrhalter/Weber*, NZG 2005, 837, 838.
56 Für grundsätzliche Gleichstellung von Wegzugbeschränkungen mit Zuzugbeschränkungen die Schlussanträge des Generalanwalts Tizzano v. 7.7.2005 – Rs. C-411/03.
57 ABl. EU Nr. L 310 v. 25.11.2005, S. 1 ff.

**gg) Cartesio**[58]. In seinem Cartesio-Urteil von 2008 bestätigte der EuGH die in den Urteilen Daily Mail und Überseering angelegte Unterscheidung zwischen Wegzugs- und Zuzugsfällen. Das Gemeinschaftsrecht gebe einer Gesellschaft nicht das Recht, unter Beibehaltung ihrer Rechtsform ihren Verwaltungssitz in einen anderen Staat als den Gründungsstaat zu verlegen. Vielmehr sei es Sache des Gründungsstaates, diejenigen Voraussetzungen festzulegen, unter denen eine Gesellschaft als nach seinem Recht gegründet und fortbestehend anzusehen sei[59]. Allerdings enthält das Cartesio-Urteil in anderer Hinsicht eine Aussage, die auf eine Erweiterung der gesellschaftsrechtlichen Gestaltungsmöglichkeiten hinweist: In einem *obiter dictum* führte der EuGH aus, dass die gemeinschaftsrechtliche Niederlassungsfreiheit Gesellschaften das Recht gebe, sich unter Verlegung ihres Sitzes in eine Gesellschaftsform des Zielstaates umzuwandeln, soweit dies nach diesem Recht möglich ist[60].  41

**c) Folgerungen**

Die EuGH-Entscheidungen in den Rechtssachen Centros, Überseering, Inspire Art und Cartesio haben erhebliche **Auswirkungen auf das deutsche Internationale Gesellschaftsrecht**. Anstelle der traditionell vorherrschenden Sitztheorie findet nun weitgehend eine liberalere Gründungsrechtsanknüpfung Anwendung. Dennoch verbleiben Bereiche, in denen die Anknüpfung in Rechtsprechung und Schrifttum weiterhin umstritten ist. Dies gilt insbesondere für das Verhältnis zu Drittstaaten, auf das die Rechtsprechung des EuGH keine unmittelbaren Auswirkungen hat.  42

**aa) Reichweite der Gründungsrechtsanknüpfung innerhalb der EU und des EWR. (1) Gestaltungsfreiheit.** Durch die mit Centros eingeleitete und durch Überseering sowie Inspire Art fortgeführte Rechtsprechung des EuGH wurde die Niederlassungsfreiheit von Gesellschaften bzw. der Gestaltungsspielraum von Gesellschaftsgründern beträchtlich erweitert: Gründer einer Gesellschaft im Sinne des Art. 54 AEUV sind nicht mehr an die nationalen Rechtsformen gebunden, sondern können aus der Vielzahl der in der Gemeinschaft existierenden Gesellschaftsformen diejenige auswählen, die ihren Interessen am besten entspricht. Nach der Gründung einer Gesellschaft in dem Mitgliedstaat, der die liberalsten Regelungen zur Verfügung stellt, kann die unternehmerische Tätigkeit in anderen Mitgliedstaaten mittels einer Zweigniederlassung ausgeübt werden[61]. Dies gilt grundsätzlich unabhängig von den Gründen, aus denen die Gesellschaft in dem anderen Mitgliedstaat errichtet wurde, selbst dann, wenn die Geschäftstätigkeit ausschließlich oder nahezu ausschließlich im Mitgliedstaat der Zweigniederlassung ausgeübt wird. Entsprechendes ist, wie mittlerweile vom BGH anerkannt worden ist, aufgrund des EWR-Abkommens für Gesellschaften aus Island, Liechtenstein und Norwegen anzunehmen[62].  43

Mit seinen Urteilen zur Reichweite der Niederlassungsfreiheit von Gesellschaften hat der EuGH somit eine gemeinschafts- und EWR-weit wirkende Rechtswahlfreiheit im Gesellschaftsrecht ermöglicht und dadurch den Wettbewerb zwischen den Gesellschaftsrechtsordnungen in Europa erheblich verschärft. Die Mitgliedstaaten haben den Zuzug ausländischer Gesellschaftsformen nicht nur zu dulden, sondern dürfen diesen auch nicht durch eigene Mindeststandards behindern. Zwar wird in Rechtsprechung und Lehre zuweilen auf die möglicherweise negativen Auswirkun-  44

---

58 EuGH v. 16.12.2008 – Rs. C-210/06, NJW 2009, 569 = ZIP 2009, 24; *Kindler*, IPRax 2009, 189; *Leible/Hoffmann*, BB 2009, 58; *Zimmer/Naendrup*, NJW 2009, 545; *Bayer/J. Schmidt*, ZHR 173 (2009), 735, 742 ff.
59 EuGH v. 16.12.2008 – Rs. C-210/06, Rz. 110.
60 EuGH v. 16.12.2008 – Rs. C-210/06, Rz. 112.
61 *Zimmer*, NJW 2003, 3585, 3587; *Eidenmüller*, JZ 2004, 24.
62 BGH v. 19.9.2005 – II ZR 372/03, NJW 2005, 3351 (für Liechtenstein).

gen dieser Konkurrenz hingewiesen, da zu befürchten sei, dass sich im dergestalt eröffneten Wettbewerb der Rechtsordnungen gerade die Rechtsordnung mit dem schwächsten Schutz dritter Interessen durchsetzen werde („race to the bottom"). Ob dieser so genannte Delaware-Effekt aber tatsächlich eintreten wird, ist angesichts der – für verschiedene Gesellschaftsformen allerdings unterschiedlich weit reichenden – Harmonisierung der Gesellschaftsrechte in den EU-Mitgliedstaaten jedoch fraglich[63].

45 **(2) Differenzierung zwischen Zuzugs- und Wegzugsfreiheit.** Auch nach der Cartesio-Entscheidung besteht für deutsche Unternehmen aber keine grenzenlose Gestaltungsfreiheit. Vorbedingung für die Möglichkeit einer grenzüberschreitenden Sitzverlegung ist neben der Zuzugsfreiheit nämlich, dass das Gründungsrecht selbst eine Sitzverlegung ins Ausland zulässt. Da in Deutschland insoweit vielfach weiterhin von der Geltung der Sitztheorie ausgegangen wird, erscheint fraglich, ob eine nach deutschem Recht gegründete Gesellschaft ihren Verwaltungssitz ins Ausland verlegen kann. Eine Verlegung des Gesellschaftssitzes könnte, wenn ein Wegzugbeschluss mit der überkommenen Auffassung als unwirksam oder aber als (wirksamer) Auflösungsbeschluss angesehen würde, nur im Wege der Auflösung und Abwicklung im Inland und anschließender Neugründung im Ausland erfolgen. Eine identitätswahrende grenzüberschreitende Sitzverlegung deutscher Gesellschaften wäre danach nicht möglich. Allerdings eröffnet der EuGH im Cartesio-Urteil existierenden Gesellschaften das Recht, sich unter Verlegung ihres Sitzes in einen anderen Mitgliedstaat in eine Gesellschaftsform des Zielstaates umzuwandeln. Innerhalb der Europäischen Union kann die grenzüberschreitende Verlegung des Satzungssitzes daher vom Wegzugstaat nicht mehr als Auflösungsbeschluss oder als nichtiger Beschluss eingeordnet werden[64].

46 Im Cartesio-Urteil betont der Gerichtshof, dass die Artt. 49, 54 AEUV einer Gesellschaft nicht das Recht gewähren, den Sitz der Geschäftsleitung aus ihrem Gründungsstaat heraus in einen anderen Mitgliedstaat zu verlegen. Dem Wegzugstaat sei es gestattet, Beschränkungen anzuordnen, ohne gegen die Niederlassungsfreiheit zu verstoßen. Zu überzeugen vermag die **Unterscheidung zwischen Zuzugs- und Wegzugsbeschränkungen nicht**. Für eine Gesellschaft, die nicht über die Möglichkeit verfügt, ihren (Verwaltungs-)Sitz ins Ausland zu verlegen, entbehrt die Zuzugsfreiheit jeglicher Bedeutung. Das Recht der freien Niederlassung wird somit durch Wegzugsbeschränkungen nicht weniger beeinträchtigt als durch Zuzugsbeschränkungen. Eine im Vordringen begriffene Meinung im Schrifttum hält daher auch Wegzugsbeschränkungen für nur in engem Umfang mit der Niederlassungsfreiheit vereinbar. Auch Wegzugsbeschränkungen erscheinen hiernach als Beschränkungen des Rechts auf freie Niederlassung und als solche rechtfertigungsbedürftig. In rechtspolitischer Hinsicht spricht viel dafür, dass die einschränkende bisherige deutsche Rechtsprechung – wiewohl vom EuGH noch nicht verworfen – auf Dauer nicht von Bestand sein wird[65]. Ein Festhalten an der Sitztheorie für Wegzugsfälle würde zudem zu einem Nebeneinander unterschiedlicher Anknüpfungssysteme führen und damit die Komplexität des internationalen Gesellschaftsrechts unnötig erhöhen[66].

---

63 *Spindler/Berner*, RIW 2003, 949, 955; *Spindler/Berner*, RIW 2004, 7, 16; *Maul/Schmidt*, BB 2003, 2297, 2298 ff.; *Eidenmüller*, ZIP 2002, 2233, 2236 f.; *Sandrock*, BB 2004, 897, 898.
64 Zu diesen Folgerungen aus dem Cartesio-Urteil *Zimmer/Naendrup*, NJW 2009, 545, 549.
65 Vgl. schon *Knobbe-Keuk*, ZHR 154 (1990), 325, 354; aus neuerer Zeit *Neye*, ZIP 1997, 1697, 1698; *Hüffer*, § 1 AktG Rz. 37; *Zimmer*, BB 2003, 1, 3; *Lutter*, BB 2003, 7, 10; *Zimmer*, NJW 2003, 3585, 3592; *Triebel/v. Hase*, BB 2003, 2409, 2410; *Eidenmüller*, ZIP 2002, 2233, 2243; *Eidenmüller*, JZ 2004, 24, 29; *Roth*, IPRax 2003, 117, 121 f.; *Bayer*, BB 2003, 2357, 2363; *Geyrhalter/Weber*, NZG 2005, 837, 838; *Mankowski*, RIW 2005, 481, 486.
66 *Leible/Hoffmann*, RIW 2002, 925, 935; *Eidenmüller*, ZIP 2002, 2233, 2243.

Die **EU-Kommission** hat zeitweise auf die Verabschiedung einer 14. gesellschaftsrechtlichen Richtlinie über die Verlegung des Gesellschaftssitzes in der Gemeinschaft hingewirkt, durch die bestehenden Gesellschaften die identitätswahrende Verlegung des Satzungssitzes ermöglicht würde (vgl. Rz. 20). Für die Einzelheiten der rechtlichen Behandlung einer grenzüberschreitenden Sitzverlegung wird auf die Erläuterungen zu § 45 Rz. 18–37 verwiesen.

**(3) Zulässigkeit von Sonderanknüpfungen.** Ein Mitgliedstaat hat nach den Entscheidungen in den Rechtssachen Überseering und Inspire Art eine aus einem anderen Mitgliedstaat zuziehende Gesellschaft nicht nur im Hinblick auf ihre Rechts- und Parteifähigkeit, sondern grundsätzlich im Ganzen nach dem Gesellschaftsrecht ihres Gründungsstaats zu beurteilen. Ausgeschlossen ist insbesondere die auf eine Realisierung eigener Schutzstandards gerichtete Anwendung von Sonderregeln betreffend Firmierung, Kapital oder Haftung. Mit der erheblichen Ausweitung des Gründungsstatuts auf alle Aspekte des Gesellschaftsrechts rückte in der Folge die Frage in den Vordergrund, ob bzw. inwieweit Sonderanknüpfungen zulässig sind, um nationalen Schutzbedürfnissen nachzukommen[67]. In diesem Zusammenhang wird diskutiert, welche Vorschriften auf Grund einer nicht-gesellschaftsrechtlichen, sondern etwa deliktischen oder insolvenzrechtlichen Qualifikation auch bei einer nach ausländischem Recht inkorporierten Gesellschaft zur Anwendung gebracht werden können. In Betracht kommen insoweit insbesondere die Heranziehung besonderer Haftungstatbestände, die Durchführung von Insolvenzverfahren sowie die Anwendung der Unternehmensmitbestimmung.

Auch nicht gesellschaftsrechtlich zu qualifizierende Vorschriften, die die **Niederlassungsfreiheit von Gesellschaften aus anderen EU- oder EWR-Staaten** beeinträchtigen, müssen indessen durch zwingende Gründe des Allgemeininteresses gerechtfertigt sein, in nicht diskriminierender Weise angewendet werden, zur Erreichung des verfolgten Ziels geeignet sein und dürfen nicht über das hinausgehen, was zur Erreichung des Ziels erforderlich ist. Nach ständiger Rechtsprechung des EuGH kann sich eine ausländische Gesellschaft aber dann gar nicht erst auf die Niederlassungsfreiheit berufen, wenn ihr im konkreten Fall ein Missbrauch nachgewiesen wird. Unter dieser Voraussetzung können vielmehr auch gesellschaftsrechtliche Normen des Niederlassungsstaats, die sich gegen einen Missbrauch im Einzelfall richten, zur Anwendung kommen.

**(a) Besondere Haftungstatbestände.** Ein (echter) Haftungsdurchgriff kommt nach deutschem Recht unter den Voraussetzungen einer Vermögensvermischung, einer materiellen Unterkapitalisierung sowie insbesondere wegen existenzvernichtenden Eingriffs in Betracht. Treibt ein Gesellschafter eine Kapitalgesellschaft in die Insolvenz, indem er ihr Vermögenswerte entzieht, die sie zur Begleichung ihrer Verbindlichkeiten benötigt, haftet er der neueren Rechtsprechung zufolge den Gläubigern unmittelbar und unbeschränkt. Während solche **Durchgriffstatbestände** früher überwiegend als gesellschaftsrechtlich qualifiziert wurden, unterliegen sie nach der heute wohl h.M. einer deliktsrechtlichen Anknüpfung und sind daher dem **Deliktsstatut** zu entnehmen[68]. Denn die Vermengung von Gesellschafts- und Privatvermögen, das Betreiben einer unzureichend kapitalisierten Gesellschaft oder ein existenzvernichtender Eingriff könnten auch als unerlaubte Handlungen angesehen werden. Eine sol-

---

[67] *Knobbe-Keuk*, ZHR 154 (1990), 325, 345 ff.; *Spindler/Berner*, RIW 2003, 949, 951/955; *Kindler*, NJW 2003, 1073, 1078 f.; *Schulz*, NJW 2003, 2705, 2708; *Eidenmüller*, ZIP 2002, 2233, 2242; *K. Schmidt*, ZHR 168 (2004), 493, 496 ff.; *Horn*, NJW 2004, 893, 898 f.
[68] *Schanze/Jüttner*, AG 2003, 30, 34 f.; *Zimmer*, NJW 2003, 3585, 3588 f.; *Weller*, IPRax 2003, 207, 210; *Werner*, MDR 2005, 1033, 1037; a.A. *Leible* in Michalski, GmbHG, Syst. Darst. 2 Rz. 148.

che deliktische Qualifikation des Anspruchs würde nach Art. 40 Abs. 1 Satz 1 und 2 EGBGB zur Anwendung des Rechts des Handlungsortes oder – nach Wahl des Verletzten – des Erfolgsortes führen. Bei restriktiver Handhabung des Haftungsdurchgriffs sind solche Haftungstatbestände als einzelfallbezogene Maßnahmen zum Schutz von Gläubigern vor missbräuchlichen Verhaltensweisen anzusehen und erscheinen daher mit der Niederlassungsfreiheit vereinbar.

51 Statt einer solchen deliktischen Anknüpfung kommt für die Existenzvernichtungshaftung als Insolvenzverursachungshaftung aber auch eine **insolvenzrechtliche Qualifikation** in Betracht[69]. Eine solche Einordnung führt zu ähnlichen Ergebnissen wie die soeben behandelte deliktische Qualifikation (vgl. Rz. 52).

52 **(b) Durchführung von Insolvenzverfahren.** Die Durchführung eines inländischen Hauptinsolvenzverfahrens sowie die Anwendung inländischen Insolvenzrechts sind auch bei nach dem Recht eines anderen Mitgliedstaats inkorporierten Gesellschaften mit inländischem Verwaltungssitz möglich[70]. Nach Art. 3 Abs. 1 Satz 1 der EG-Verordnung über Insolvenzverfahren vom 29.5.2000 (EuInsVO) sind für die Eröffnung eines Insolvenzverfahrens die Gerichte des Mitgliedstaats zuständig, in dessen Gebiet der Schuldner den Mittelpunkt seiner hauptsächlichen Interessen hat. Gemäß Art. 3 Abs. 1 Satz 2 EuInsVO besteht die widerlegliche Vermutung, dass der Mittelpunkt der hauptsächlichen Interessen der Ort des satzungsmäßigen Sitzes ist. Wird der Beweis erbracht, dass sich der Mittelpunkt der Interessen am Ort des tatsächlichen Verwaltungssitzes befindet, sind inländische Gerichte zuständig. Daneben regelt die Verordnung das auf das Insolvenzverfahren und seine materiellen Wirkungen anwendbare Recht. Insolvenzstatut ist nach Art. 4 Abs. 1 EuInsVO das Recht des Eröffnungsstaats. Ist ein deutsches Gericht zur Eröffnung eines Insolvenzverfahrens über das Vermögen einer ausländische Gesellschaft berufen, findet demnach deutsches Insolvenzrecht Anwendung. Welche Vorschriften im Einzelnen jedoch zum Insolvenzrecht des Eröffnungsstaats gehören, ist nicht vollends geklärt. Insbesondere enthält Art. 4 Abs. 2 EuInsVO, der verschiedene Aspekte des Insolvenzrechts aufzählt, keine abschließende Regelung. Auch insoweit stellt sich somit die Frage nach der Reichweite des Insolvenz- bzw. Gesellschaftsstatuts.

53 **(c) Unternehmensmitbestimmung.** Nach wohl allgemeiner Auffassung findet bei Auslandsgesellschaften mit inländischem Verwaltungssitz das deutsche Recht der Unternehmensmitbestimmung keine Anwendung[71]. Zum einen ist bereits umstritten, ob die Unternehmensmitbestimmung einen zwingenden Grund des Allgemeininteresses darstellt, der eine Beeinträchtigung der Niederlassungsfreiheit zu rechtfertigen vermag. Zum anderen beziehen sich das Montan-MitbestG, das MitbestG 1976 sowie das Drittelbeteiligungsgesetz von 2004 ausschließlich auf Rechtsformen des deutschen Rechts. Auch eine analoge Anwendung der Mitbestimmungsregeln auf ausländische Gesellschaften mit Inlandsverwaltung scheidet aus, da sie auf große rechtstechnische Probleme stoßen würde und mit erheblichen praktischen Schwierigkeiten verbunden wäre[72].

54 **bb) Beibehaltung der Sitztheorie im Verhältnis zu Drittstaaten?** Ob nach den Entscheidungen des Gerichtshofs in den Sachen Centros, Überseering und Inspire Art die Gründungsrechtsanknüpfung auch im Verhältnis zu Drittstaaten im deutschen

---

69 *Schanze/Jüttner*, AG 2003, 661, 669; *Zimmer*, NJW 2003, 3585, 3589; *Weller*, IPrax 2003, 207, 210; *Horn*, NJW 2004, 893, 899.
70 *Zimmer*, NJW 2003, 3585, 3589 f.; *Werner*, MDR 2005, 1033, 1036.
71 *Hüffer*, § 1 AktG Rz. 44; *Schanze/Jüttner*, AG 2003, 661, 668; *Schanze/Jüttner*, AG 2003, 30, 35; *Horn*, NJW 2004, 893, 900; *Mankowski*, RIW 2005, 481, 489.
72 *Zimmer* in Gedächtnisschrift Heinze, 2005, S. 1123, 1128.

Internationalen Gesellschaftsrecht Anwendung finden soll, ist umstritten. Die EuGH-Rechtsprechung zwingt nicht zu einer generellen Aufgabe der Sitztheorie zu Gunsten der Gründungstheorie. Da Gesellschaften aus Drittstaaten nicht in den Anwendungsbereich der Niederlassungsfreiheit nach Artt. 49, 54 AEUV fallen, könnte die Bestimmung ihres Gesellschaftsstatuts weiterhin nach Maßgabe der Sitztheorie erfolgen. Die Ausgestaltung des Kollisionsrechts ist insoweit den Mitgliedstaaten überlassen, sofern keine nach Art. 3 Abs. 2 Satz 1 EGBGB vorrangigen völkerrechtlichen Verträge geschlossen wurden, die entsprechende Vorgaben enthalten.

Rechtsprechung[73] und Teile der Literatur[74] gehen daher (noch) von einem **Fortbestand der Sitztheorie im Verhältnis zu Drittstaaten** aus. Soweit überhaupt eine kritische Auseinandersetzung mit der Möglichkeit eines generellen Übergangs zur Gründungstheorie erfolgt, wird auf Schutzanliegen abgestellt, denen scheinbar nur die Sitztheorie Rechung zu tragen vermag. Während bei Gesellschaften aus Mitgliedstaaten infolge einer Harmonisierung durch Richtlinien ein gewisser Mindest-Schutzstandard gewährleistet erscheint, kann hiervon bei Gesellschaften aus Drittstaaten nicht ausgegangen werden. Daher solle die Bestimmung des Gesellschaftsstatuts grundsätzlich weiterhin nach der Sitztheorie erfolgen und nur in europarechtlich bedingten Ausnahmefällen die Gründungstheorie zur Anwendung kommen[75]. 55

Dabei ist allerdings zu berücksichtigen, dass diese Ausnahmefälle nicht auf Gesellschaften aus EU-Staaten beschränkt sind, sondern die Gründungsrechtsanknüpfung wegen Art. 31 EWRV im Verhältnis zu allen Staaten des EWR und infolge bilateraler Vereinbarungen wie dem deutsch-amerikanischen Freundschafts-, Handels- und Schifffahrtsvertrag auch hinsichtlich anderer Staaten Anwendung findet. Daneben wird in der Literatur diskutiert, ob über das multilaterale GATS-Abkommen, Meistbegünstigungsklauseln in Investitionsschutzabkommen, Doppelbesteuerungsabkommen oder völkerrechtliche Grundsätze auch im Verhältnis zu vielen weiteren Staaten die Anknüpfung nach der Gründungstheorie vorzunehmen ist[76]. 56

Eine Spaltung der gesellschaftskollisionsrechtlichen Anknüpfung erscheint weder wünschenswert noch geboten. Aus diesem Grund sah der im Januar 2008 vorgelegte Referentenentwurf aus dem Bundesministerium der Justiz (oben Rz. 1) einen generellen Übergang zur Gründungsrechtsanknüpfung vor. Gleicher Ansicht war bereits zuvor die Unterkommission Internationales Gesellschaftsrecht des Deutschen Rates für IPR, die einen Regelungsvorschlag für eine einheitliche Anknüpfung gesellschaftsrechtlicher Regelungen im Sinne der Gründungstheorie vorgelegt hatte[77]. Ein Nebeneinander unterschiedlicher kollisionsrechtlicher Ansätze führt zu einer unnötigen Komplexität des Internationalen Gesellschaftsrechts, welche Investitionen und Vertragsschlüssen abträglich ist. Dagegen entspricht eine einheitliche Bestimmung des Gesellschaftsstatuts dem Interesse des Rechtsverkehrs an einfachen und klaren Regelungen und damit an Rechtssicherheit auch im internationalen Verkehr. Die Gründungsrechtsanknüpfung sollte daher im Grundsatz auch im Verhältnis zu Drittstaaten zur Anwendung kommen. Bei Fehlen substantieller Auslandsbeziehungen 57

---

73 BayObLG v. 20.2.2003 – 1 Z AR 160/02, DB 2003, 819, 820; KG v. 11.2.2005 – 5 U 291/03, GmbHR 2005, 771, 772.
74 *Hüffer*, § 1 AktG Rz. 32; *Kegel/Schurig*, Internationales Privatrecht, § 17 II 1; *Grohmann/Gruschinske*, GmbHR 2005, 774, 775; *Horn*, NJW 2004, 893, 897; *Mankowski*, RIW 2005, 481, 486.
75 *Hüffer*, § 1 AktG Rz. 32.
76 *Sinewe*, EWiR 2005, 115, 116; *Meilicke*, GmbHR 2003, 793, 798 f.; *Schanze/Jüttner*, AG 2003, 30, 36; *Stieb*, GmbHR 2003, 529, 530; *Lehmann*, RIW 2004, 816; *Leible*, ZGR 2004, 531, 545; *Lach/Schill*, MittBayNot 2005, 243, 245.
77 Hierzu *Sonnenberger/Bauer*, RIW-Beilage 1 zu Heft 4/2006.

sollte vom hier eingenommenen Standpunkt aus stattdessen das Recht Gesellschaftsstatut sein, zu dem allein Beziehungen bestehen (Kombinationslehre)[78]. Berechtigten inländischen Schutzanliegen kann zudem – auch soweit im Einzelfall substantielle Auslandsbeziehungen bestehen – durch Sonderanknüpfungen hinreichend Rechnung getragen werden[79].

## II. Anerkennung ausländischer Gesellschaften im Inland

### 1. Begriff

58  Der Begriff der Anerkennung ausländischer Gesellschaften wird im Internationalen Gesellschaftsrecht in Rechtsprechung und Literatur nicht völlig einheitlich verwendet[80]. Nach vorherrschendem **Begriffsverständnis** führt die Anerkennung einer ausländischen Gesellschaft dazu, dass sie im Inland so hinzunehmen ist, wie sie nach den Vorschriften des Gesellschaftsstatuts ausgestaltet ist. Demnach geht es bei der Anerkennung um die **Bestimmung und Anwendung des Gesellschaftsstatuts**, wobei regelmäßig die Frage nach der Rechtsfähigkeit im Vordergrund steht[81].

### 2. Ipso-iure-Anerkennung

59  Die Anerkennung einer ausländischen Gesellschaft im Inland hängt – vorbehaltlich eines Verstoßes gegen den ordre public (Art. 6 EGBGB; hierzu sogleich Rz. 60) – davon ab, ob die Gesellschaft in Übereinstimmung mit den Vorschriften ihres Gesellschaftsstatuts gegründet wurde. Eines gesonderten Anerkennungsaktes bedarf es daneben nicht. Vielmehr werden ausländische Gesellschaften in Deutschland nach ständiger Rechtsprechung grundsätzlich automatisch anerkannt, sofern sie ihrem Gesellschaftsstatut entsprechend gegründet wurden. Nach dem Prinzip der automatischen Anerkennung (**Anerkennung ipso iure**) stellt sich damit nur die kollisionsrechtliche Frage, nach welchem Recht eine ausländische Gesellschaft zu beurteilen ist. Erfüllt sie die Voraussetzungen des zuständigen Sachrechts und ordnet dieses die Rechtsfähigkeit an, so wird die Gesellschaft im Inland automatisch als rechtsfähig behandelt[82].

### 3. Schranken durch ordre public-Vorbehalt nach Art. 6 EGBGB

60  Eine Schranke findet die automatische Anerkennung ausländischer Gesellschaften in dem ordre public-Vorbehalt des **Art. 6 EGBGB**. Hiernach ist eine Rechtsnorm eines anderen Staates nicht anzuwenden, wenn ihre Anwendung zu einem Ergebnis führte, das mit wesentlichen Grundsätzen des deutschen Rechts offensichtlich nicht zu vereinbaren, insbesondere wenn ihre Anwendung mit den Grundrechten unvereinbar ist. Die inhaltliche Bestimmung des ordre public kann sich im Einzelfall als äußerst schwierig erweisen. Nach der Rechtsprechung des BGH soll der Vorbehalt nur eingreifen, wenn das Ergebnis der Anwendung ausländischen Rechts im Einzel-

---

78 Zur Begründung *Zimmer*, Internationales Gesellschaftsrecht, 1996, S. 232 ff. S. auch schon Rz. 11.
79 *Leible/Hoffmann*, RIW 2002, 925, 935; *Eidenmüller*, ZIP 2002, 2233, 2244; *Schanze/Jüttner*, AG 2003, 30, 36; *Behrens*, IPRax 2003, 193, 205 f.; *Zimmer*, ZHR 168 (2004), 355, 365.
80 *Kindler* in MünchKomm. BGB, IntGesR Rz. 227; *Großfeld* in Staudinger, IntGesR Rz. 177 ff.; *Leible* in Michalski, GmbHG, Syst. Darst. 2 Rz. 82; *Zimmer*, ZHR 168 (2004), 355, 356 ff.
81 *Hüffer*, § 1 AktG Rz. 34; *Kindler* in MünchKomm. BGB, IntGesR Rz. 229; *Großfeld* in Staudinger, IntGesR Rz. 168 f.; *Ebenroth/Auer*, RIW-Beilage 1 zu 3/1992, S. 1, 4.
82 *Brändel* in Großkomm. AktG, 4. Aufl., § 5 AktG Rz. 53; *Kropholler*, Internationales Privatrecht, § 55 I 2.a); *Großfeld* in Staudinger, IntGesR Rz. 167; *Ebenroth/Eyles*, DB-Beilage 2/88, S. 10.

fall zu den Grundgedanken der deutschen Regelung und den in ihnen liegenden Gerechtigkeitsvorstellungen in einem so schwerwiegenden Widerspruch steht, dass eine Anwendung als untragbar angesehen werden muss[83].

## III. Reichweite des Gesellschaftsstatuts

**Sowohl** gesellschaftsrechtliche **Außen- als auch Innenverhältnisse** einer Personenvereinigung unterfallen dem Gesellschaftsstatut. Eine Differenzierung zwischen den Beziehungen zu außerhalb der Gesellschaft stehenden Dritten (insbesondere: die Haftung von Gesellschaft und Gesellschaftern gegenüber Dritten) einerseits und den Beziehungen der Gesellschafter untereinander bzw. zur Gesellschaft andererseits findet nicht statt. Wegen des engen Funktionszusammenhangs zwischen den Regelungen des Außen- und des Innenverhältnisses ist eine präzise Grenzziehung weder möglich noch erforderlich. Die insoweit einheitliche Behandlung von Außen- und Innenverhältnis kommt zudem der Rechtssicherheit und -klarheit im internationalen Handelsverkehr zugute[84]. 61

Das Gesellschaftsstatut gilt grundsätzlich auch für die **Gründungsvoraussetzungen** der Gesellschaft, ihre Rechts- und Parteifähigkeit, die interne Organisation sowie Auflösung, Abwicklung und Beendigung der Gesellschaft. 62

Soweit dagegen die **Teilnahme** einer Personenvereinigungen am **internationalen Rechtsverkehr** keinen speziell gesellschaftsrechtlichen Bezug aufweist, ist die maßgebliche Rechtsordnung **nicht nach dem Gesellschaftsstatut** zu bestimmen. Handelt etwa die Gesellschaft wie eine natürliche Person rechtsgeschäftlich oder deliktisch, beurteilt sich das anzuwendende Sachrecht nach dem einschlägigen Vertrags- bzw. Deliktsstatut[85]. 63

### 1. Rechts- und Parteifähigkeit

Hinsichtlich der Gründung ist zwischen verschiedenen Aspekten der Errichtung der Gesellschaft zu unterscheiden. Während der Abschluss eines Gründungsvorvertrages als schuldrechtliche Vereinbarung zwischen den Gesellschaftsgründern dem Vertragsstatut unterfallen kann[86], bestimmen sich die **Voraussetzungen für eine wirksame Errichtung der Gesellschaft** nach dem Gesellschaftsstatut[87]. Dazu gehören der Mindestinhalt des Gesellschaftsvertrages ebenso wie die Voraussetzungen und Rechtsfolgen einer Eintragung in das Handelsregister. Auch die Verhältnisse der mit dem Abschluss des Gesellschaftsvertrages entstehenden Vorgesellschaft richten sich als spezifisch gesellschaftsrechtliche Fragen nach dem Personalstatut der Gesellschaft[88]. 64

**Rechts- und Parteifähigkeit** beurteilen sich ebenfalls nach dem Gesellschaftsstatut[89]. So bestimmt grundsätzlich das Gesellschaftsstatut, unter welchen Voraussetzungen und in welchem Umfang eine Gesellschaft rechtsfähig ist. 65

---

83 BGH v. 17.9.1968 – IV ZB 501/68, BGHZ 50, 370, 375; BGH v. 20.6.1979 – IV ZR 106/78, BGHZ 75, 32, 43; BGH v. 22.6.1983 – VII ZB 14/82, BGHZ 88, 17, 24.
84 *Kindler* in MünchKomm. BGB, IntGesR Rz. 412 f.; *Großfeld* in Staudinger, IntGesR Rz. 249 f.
85 *Habersack* in MünchKomm. AktG, 3. Aufl., Einl. Rz. 90.
86 *Kindler* in MünchKomm. BGB, IntGesR Rz. 415; *Großfeld* in Staudinger, IntGesR Rz. 257.
87 *Kindler* in MünchKomm. BGB, IntGesR Rz. 416 f.; *Großfeld* in Staudinger, IntGesR Rz. 258 ff.; *Leible* in Michalski, GmbHG, Syst. Darst. 2 Rz. 85.
88 *Kindler* in MünchKomm. BGB, IntGesR Rz. 418; *Großfeld* in Staudinger, IntGesR Rz. 261; *Leible* in Michalski, GmbHG, Syst. Darst. 2 Rz. 89.
89 *Kindler* in MünchKomm. BGB, IntGesR Rz. 426; *Großfeld* in Staudinger, IntGesR Rz. 265; *Leible* in Michalski, GmbHG, Syst. Darst. 2 Rz. 109.

66 Zum Schutz des Rechtsverkehrs vor im Inland unbekannten Beschränkungen kann sich eine Ausnahme von der Maßgeblichkeit des Gesellschaftsstatuts aus einer analogen Anwendung des **Art. 12 Satz 1 EGBGB** ergeben. Nach dieser Vorschrift ist eine sich aus dem Personalstatut einer natürlichen Person ergebende Beschränkung der Rechtsfähigkeit unbeachtlich, wenn nach dem Recht des Abschlussortes eine entsprechende Beschränkung nicht existiert und der andere Vertragsteil die Rechtsunfähigkeit weder kannte noch kennen musste. Wegen der vergleichbaren Interessenlage soll diese Regelung nach h.M. bei juristischen Personen entsprechende Anwendung finden, so dass auch das Vertrauen des Rechtsverkehrs auf die nach dem Recht des Abschlussortes bestehende Rechtsfähigkeit einer juristischen Person geschützt wird[90]. Von praktischer Bedeutung ist dies insbesondere im Hinblick auf die so genannte Ultra vires-Lehre des anglo-amerikanischen Rechtskreises, wonach Vertragsabschlüsse außerhalb des satzungsmäßigen Unternehmensgegenstandes der Gesellschaft nichtig sind. Diese Rechtsfolge ergibt sich für Gesellschaften aus EU-Mitgliedstaaten allerdings bereits aus Art. 9 Abs. 1 der gemeinschaftsrechtlichen Publizitätsrichtlinie (Erste Richtlinie 68/151/EWG), wonach die Gesellschaft auch dann verpflichtet wird, wenn die Handlung ihrer Organe nicht zum Gegenstand des Unternehmens gehört.

67 Die **Parteifähigkeit** einer Gesellschaft folgt nach mittlerweile h.M. ebenfalls unmittelbar aus dem Gesellschaftsstatut. Eine ausländische Gesellschaft ist hiernach parteifähig, wenn sie es nach ihrem Personalstatut ist[91]. Des Umweges über § 50 Abs. 1 ZPO, der auf die Rechtsfähigkeit der (ausländischen) Gesellschaft abstellt, bedarf es im Sinne einer alternativen Anknüpfung allenfalls, wenn die Personenvereinigung nach ihrem Gesellschaftsstatut nicht partei-, aber rechtsfähig ist[92].

### 2. Organisation der Gesellschaft

68 Das **Gesellschaftsstatut** ist auch für die Organisation der Gesellschaft maßgeblich. Dazu zählen insbesondere die Rechte und Pflichten der Organe und Mitglieder, die Abänderbarkeit von Satzungsbestimmungen, die Kapitalausstattung und Haftungsverfassung der Gesellschaft und die Frage, welches Organ inwieweit zur Vertretung der Gesellschaft berechtigt ist[93]. Bei Beschränkungen der Vertretungsmacht findet nach h.M. Art. 12 Satz 1 EGBGB – wie bei Beschränkungen der Rechtsfähigkeit – zum Schutz des Rechtsverkehrs analoge Anwendung[94].

69 Während sich die betriebliche **Mitbestimmung** gemäß dem BetrVG nach dem Recht der Betriebsstätte richtet, unterliegt die unternehmerische Mitbestimmung dem Personalstatut derjenigen Gesellschaft, deren Organe hiervon betroffen sind[95]. Im Fall

---

90 Vgl. schon OLG Düsseldorf IPRspr. 1964/65 Nr. 21; aus neuerer Zeit *Kegel/Schurig*, Internationales Privatrecht, § 17 II 2.; *Kindler* in MünchKomm. BGB, IntGesR Rz. 428 ff.; *Großfeld* in Staudinger, IntGesR Rz. 268 f./276; *Leible* in Michalski, GmbHG, Syst. Darst. 2 Rz. 110.

91 So bereits BGH v. 17.10.1968 – VII ZR 23/68, BGHZ 51, 27, 28; aus dem Schrifttum *Kegel/Schurig*, Internationales Privatrecht, § 17 II 2.; *Kindler* in MünchKomm. BGB, IntGesR Rz. 448; *Großfeld* in Staudinger, IntGesR Rz. 290 ff.; *Leible* in Michalski, GmbHG, Syst. Darst. 2 Rz. 118.

92 In dieser Klarheit *Kropholler*, Internationales Privatrecht, § 56 IV 5 (Fn. 32); dem folgend *Leible* in Michalski, GmbHG, Syst. Darst. 2 Rz. 118.

93 *Kropholler*, Internationales Privatrecht, § 55 II 2.; *Kindler* in MünchKomm. BGB, IntGesR Rz. 443 ff./450 ff.; *Leible* in Michalski, GmbHG, Syst. Darst. 2 Rz. 137.

94 *Brändel* in Großkomm. AktG, 4. Aufl., § 5 AktG Rz. 56; *Kindler* in MünchKomm BGB, IntGesR Rz. 445; *Großfeld* in Staudinger, IntGesR Rz. 281.

95 I.d.S. bereits OLG Stuttgart v. 30.3.1995 – 8 W 355/93, ZIP 1995, 1004 ff.; aus neuerer Zeit OLG Düsseldorf v. 30.10.2006 – I-26 W 14/06 AktE, WM 2007, 165; OLG Frankfurt/M. v. 21.4.2008 – 20 W 342/07, ZIP 2008, 878; aus dem Schifttum *Brändel* in Großkomm. AktG,

der Einbindung mitbestimmungspflichtiger Inlandsgesellschaften in eine internationale Konzernstruktur ist die unternehmerische Mitbestimmung auch dann bei der inländischen Teilkonzernspitze auszusiedeln, wenn bei dieser – als bloßer Zwischenholding – unternehmerische Entscheidungen nicht getroffen werden[96].

### 3. Auflösung, Abwicklung und Beendigung

Voraussetzungen und Rechtsfolgen der Auflösung, Abwicklung und Beendigung einer Gesellschaft bestimmen sich im Grundsatz ebenfalls nach dem **Gesellschaftsstatut**[97]. Davon werden unter anderem die Auflösungsgründe, die Rechtsverhältnisse der Abwicklungsgesellschaft sowie die Vertretungsmacht der Liquidatoren erfasst. Aus Gründen des Vertrauensschutzes gilt auch insoweit zu Gunsten des Rechtsverkehrs Art. 12 Satz EGBGB analog[98]. Soweit es sich jedoch um deliktsrechtliche Fragen handelt, beurteilt sich das anzuwendende Sachrecht nach dem jeweiligen Deliktsstatut. Das Erlöschen einer ausländischen Gesellschaft ist auch im Inland zu beachten, sofern hier kein Vermögen mehr existiert, das der Liquidation unterliegt[99].

70

### 4. Abgrenzung zum Insolvenzrecht

Auf das Insolvenzverfahren findet das Gesellschaftsstatut nur insoweit Anwendung, als es die gesellschaftsrechtlichen Auswirkungen der Insolvenzeröffnung auf den Fortbestand der Gesellschaft und ihre Rechts- und Handlungsfähigkeit betrifft. Verfahrensbezogene Fragen unterliegen dagegen den Grundsätzen des Internationalen Insolvenzrechts[100]. Hinzuweisen ist insbesondere auf die EU-Insolvenzverfahrens-Verordnung[101] (hierzu schon oben Rz. 52).

71

---

4. Aufl., § 5 AktG Rz. 57; *Kropholler*, Internationales Privatrecht, § 55 II 2.; *Kindler* in MünchKomm. BGB, IntGesR Rz. 451; *Leible* in Michalski, GmbHG, Syst. Darst. 2 Rz. 154/158. Zur Reformdiskussion nach Ergehen der EuGH-Urteile ‚Überseering' und ‚Inspire Art' *Bayer*, AG 2004, 534 ff.; *Thüsing*, ZIP 2004, 381 ff.; *Fleischer*, AcP 204 (2004), 502, 533 ff.; *Rehberg* in Eidenmüller (Hrsg.), Ausländische Kapitalgesellschaften im deutschen Recht, § 6 Rz. 81 f.; *Zimmer* in Lutter (Hrsg.), Europäische Auslandsgesellschaften in Deutschland, S. 365, 369 ff.

96 OLG Stuttgart v. 30.3.1995 – 8W335/93, ZIP 1995, 1004 ff.

97 Vgl. bereits RG v. 5.1.1937 – VII 138/36, RGZ 153, 200, 205; BGH v. 17.10.1968 – VII ZR 23/68, BGHZ 51, 27 ff.; *Heider* in MünchKomm. AktG, 3. Aufl., Einl. Rz. 134; *Kindler* in MünchKomm. BGB, IntGesR Rz. 499; *Großfeld* in Staudinger, IntGesR Rz. 370; *Leible* in Michalski, GmbHG, Syst. Darst. 2 Rz. 163.

98 *Kindler* in MünchKomm. BGB, IntGesR Rz. 499; *Großfeld* in Staudinger, IntGesR Rz. 372; *Leible* in Michalski, GmbHG, Syst. Darst. 2 Rz. 163.

99 *Kindler* in MünchKomm. BGB, IntGesR Rz. 500; *Großfeld* in Staudinger, IntGesR Rz. 371.

100 *Habersack* in MünchKomm. AktG, 3. Aufl., Einl. Rz. 90; *Großfeld* in Staudinger, IntGesR Rz. 373; *Leible* in Michalski, GmbHG, Syst. Darst. 2 Rz. 167.

101 Verordnung (EG) des Rates vom 29. Mai 2000 über Insolvenzverfahren, ABl. EG Nr. L 160 v. 30.6.2000, S. 1, geändert durch ABl. EG Nr. L 236 v. 23.9.2003, S. 33 und ABl. EU Nr. L 100 v. 20.4.2005, S. 1.

# Erstes Buch. Aktiengesellschaft

## Erster Teil. Allgemeine Vorschriften

## § 1
## Wesen der Aktiengesellschaft

(1) Die Aktiengesellschaft ist eine Gesellschaft mit eigener Rechtspersönlichkeit. Für die Verbindlichkeiten der Gesellschaft haftet den Gläubigern nur das Gesellschaftsvermögen.

(2) Die Aktiengesellschaft hat ein in Aktien zerlegtes Grundkapital.

| | |
|---|---|
| I. Bedeutung der Norm ............ | 1 |
| II. Strukturmerkmale der Aktiengesellschaft ................ | 2 |
| 1. Korporativer Charakter ......... | 2 |
| 2. Rechtspersönlichkeit (Juristische Person) ................... | 4 |
| a) Beginn der Rechtspersönlichkeit/Rechtsfähigkeit .......... | 4 |
| b) Ende der Rechtspersönlichkeit/Rechtsfähigkeit .......... | 5 |
| c) Bedeutung der Rechtspersönlichkeit ................ | 6 |
| 3. Keine Haftung der Aktionäre – Trennungsprinzip ............ | 11 |
| a) Grundsatz ................. | 11 |
| b) Ausnahmen ............... | 12 |
| 4. Durchgriff .................. | 13 |
| a) Der Zurechnungsdurchgriff ..... | 13 |
| b) Der Haftungsdurchgriff ........ | 14 |
| aa) Ziele ................ | 14 |
| bb) Voraussetzungen des Haftungsdurchgriffs ....... | 15 |
| cc) Unterkapitalisierung ....... | 16 |
| dd) Vermögensvermischung .... | 17 |
| ee) Institutsmissbrauch ....... | 18 |
| ff) Zusammenfassung ....... | 19 |
| 5. Abhängigkeits- und Konzernverhältnisse ................ | 20 |
| 6. Einpersonen-AG ............. | 21 |
| 7. Existenzvernichtung ........... | 22 |
| 8. Das Grundkapital ............ | 23 |
| 9. Die Aktie .................. | 29 |
| 10. Formkaufmann .............. | 32 |

**Literatur:** *Dauner-Lieb*, Die Existenzvernichtungshaftung als deliktische Innenhaftung gemäß § 826 BGB, ZGR 2008, 34; *Drygala*, Stammkapital heute – Zum veränderten Verständnis vom System des festen Kapitals und seinen Konsequenzen, ZGR 2006, 587; *Eidamm*, Unternehmen und Strafe, 2. Aufl. 2001; *Koppensteiner*, Zur Haftung der Gesellschafter bei Zahlungsunfähigkeit der GmbH, JBl. (Österr.) 2006, 681; *Lutter*, Die zivilrechtliche Haftung in der Unternehmensgruppe, ZGR 1982, 244; *Lutter*, Haftung aus Konzernvertrauen?, in Gedächtnisschrift Knobbe-Keuk, 1997, S. 229; *Lutter*, Haftung von Vorständen, Verwaltungs- und Aufsichtsräten, Abschlussprüfern und Aktionären, ZSR 124 (2005) II, S. 415; *Lutter*, Kapital, Sicherung der Kapitalaufbringung und Kapitalerhaltung in den Aktien- und GmbH-Rechten der EWG, 1964; *Lutter* (Hrsg.), Das Kapital der AG in Europa, 2006; *Nirk*, Zur Rechtsfolgenseite der Durchgriffshaftung, in FS Stimpel, 1985, S. 443; *Müller-Freienfels*, Zur Lehre vom sogenannten „Durchgriff" bei juristischen Personen im Privatrecht, AcP 156 (1957), 522; *Rehbinder*, Konzernaußenrecht und allgemeines Privatrecht, 1969; *Rehbinder*, Zehn Jahre Rechtsprechung zum Durchgriff im Gesellschaftsrecht, in FS Robert Fischer, 1979, S. 579; *Rittner*, Die werdende juristische Person, 1973; *Röhricht*, Die GmbH im Spannungsfeld zwischen wirtschaftlicher Dispositionsfreiheit und Gläubigerschutz, in FS 50 Jahre BGH, 2000, S. 83; *K. Schmidt*, Einmanngründung und Einmann-Vorgesellschaft, ZHR 145 (1981), 540; *Schön*, Zur „Existenzvernichtungshaftung" der juristischen Person, ZHR 168 (2004), 268; *Serick*, Rechtsform und Realität juristischer Personen, 1955 (Nachdruck 1980); *Weller*, Europäische Rechtsformwahlfreiheit und Gesellschafterhaftung, 2004; *Weller*, Solvenztest und Existenzvernichtungshaftung, DStR 2007, 116; *Wiedemann*, Reflexionen zur Durchgriffshaftung, ZGR 2003, 283; *Wilhelm*, Rechtsform und Haftung bei der juristischen Person, 1981.

## I. Bedeutung der Norm

1 § 1 enthält keine Legaldefinition der AG, sondern bestimmt lediglich deren Strukturmerkmale und ermöglicht damit eine **Abgrenzung zu anderen Gesellschaftsformen**. Die Strukturmerkmale der AG sind der korporative Charakter, die eigene Rechtspersönlichkeit, die fehlende Haftung der Aktionäre, die Existenz eines in Aktien zerlegten Grundkapitals und die Kaufmannseigenschaft (dazu § 3 Abs. 1).

## II. Strukturmerkmale der Aktiengesellschaft

### 1. Korporativer Charakter

2 In § 1 Abs. 1 Satz 1 wird die AG als **Gesellschaft** bezeichnet. Das ist gewiss richtig. Aufgrund ihrer Organisationsstruktur (Satzung, Vorstand, Aufsichtsrat, Hauptversammlung, festgelegte Kompetenzen der Organe, Mitgliedschaft mit grundsätzlich einheitlichen Rechten und Pflichten) ist sie aber vor allem **Körperschaft** und steht mithin dem Verein im Sinne der §§ 21 ff. BGB näher als der Personengesellschaft.

Dennoch ist die AG **Gesellschaft**. Bei einer Mehrpersonengründung sind sämtliche Merkmale des § 705 BGB erfüllt. Wird die AG nur durch eine Person errichtet, ist das zwar nicht der Fall; doch ist diese Korporation offen, durch das Hinzutreten weiterer Aktionäre zum Personenverband zu werden, dessen Mitglieder einen gemeinsamen Zweck verfolgen.

3 Fehlen aktienrechtliche Bestimmungen, so sind aufgrund der Zuordnung der AG zum Grundtypus der Körperschaften die **§§ 21 ff. BGB ergänzend anzuwenden**; dabei geht es um drei Normen. **§ 31 BGB** ist eine haftungszuweisende Norm[1], die für alle juristischen Personen gilt und mithin auch auf die AG anwendbar ist. Die Norm ist Ausdruck der Organtheorie[2], wonach der Verband selbst mittels seiner Organe Willens- und Handlungsträger ist. Die Anwendbarkeit von **§ 33 Abs. 1 Satz 2 BGB**, der die Zustimmung aller Gesellschafter zur Änderung des Gesellschaftszwecks erfordert, ist umstritten. Teilweise wird die Auffassung vertreten, an eine Änderung des Gesellschaftszwecks seien dieselben Voraussetzungen wie an die Änderung des Unternehmensgegenstandes zu stellen, so dass nach § 179 Abs. 2 eine Mehrheitsentscheidung hinreichend wäre[3]. Nach herrschender und richtiger Auffassung ist zum Schutz der Minderheitsaktionäre zur Änderung des Gesellschaftszwecks nach § 33 Abs. 1 Satz 2 BGB aber die Zustimmung aller Gesellschafter erforderlich, weil hierdurch die Grundlage des kooperativen Zusammenschlusses verändert wird[4]. Doch ist

---

[1] BGH v. 13.1.1987 – VI ZR 303/85, BGHZ 99, 298 = AG 1987, 151; *Heinrichs* in Palandt, § 31 BGB Rz. 2.
[2] RG v. 14.3.1939 – III 128/37, RGZ 162, 129, 149; BGH v. 8.7.1986 – VI ZR 47/85, BGHZ 98, 148, 151 = AG 1987, 16 f.; *Hadding* in Soergel, § 31 BGB Rz. 1; *Heinrichs* in Palandt, § 31 BGB Rz. 1; *Weick* in Staudinger, § 31 BGB Rz. 2 f.; differenzierend *Reuter* in MünchKomm. BGB, § 31 BGB Rz. 2 ff.
[3] *Wiedemann*, Gesellschaftsrecht, Bd. I, § 3 I 3a; *Sonnenberg*, Die Änderung des Gesellschaftszwecks, Diss. Köln 1989.
[4] *Pleyer*, AG 1959, 8, 10; *Zöllner*, Schranken, S. 29 f.; *Zöllner* in KölnKomm. AktG, 2. Aufl., § 179 AktG Rz. 113; *Brändel* in Großkomm. AktG, 4. Aufl., § 1 AktG Rz. 31, § 3 AktG Rz. 12, 30; *Heider* in MünchKomm. AktG, 3. Aufl., § 1 AktG Rz. 20; *Dauner-Lieb* in KölnKomm. AktG, 3. Aufl., § 3 AktG Rz. 9; *K. Schmidt*, GesR, § 4 II 3 a.

die Vorschrift dispositiv und kann in der (ursprünglichen) Satzung geändert oder abgedungen werden. § 35 BGB, der die Unentziehbarkeit von Sonderrechten normiert, ist Ausdruck eines allgemeinen körperschaftsrechtlichen Prinzips und folglich ebenfalls im Aktienrecht anwendbar[5]. Die anderen vereinsrechtlichen Normen des BGB sind entweder ihrem Inhalt nach nicht auf die AG übertragbar oder werden durch speziellere Normen des Aktiengesetzes verdrängt[6].

## 2. Rechtspersönlichkeit (Juristische Person)

### a) Beginn der Rechtspersönlichkeit/Rechtsfähigkeit

Nach § 1 Abs. 1 Satz 1 ist die AG eine Gesellschaft mit eigener Rechtspersönlichkeit. Bei ihrer Gründung durchläuft die AG mehrere Stadien[7]. Die Rechtspersönlichkeit entsteht mit Abschluss des letzten Stadiums, mit **Eintragung in das Handelsregister** (§ 41 Abs. 1 Satz 1). Zunächst besteht bei mehreren Gründern die gegenseitige Verpflichtung zur Errichtung einer AG, wodurch eine sog. Vorgründungsgesellschaft entsteht; für diese gelten die Vorschriften der §§ 705 ff. BGB. Nach der **Errichtung** der AG durch Abschluss des notariellen Errichtungsvertrags und Feststellung der Satzung (§ 23 Abs. 2), aber noch **vor Eintragung** in das Handelsregister besteht bei der Errichtung durch mehrere Personen eine Vor-AG als Gesellschaft eigener Art, für die grundsätzlich die Regeln der entstandenen juristischen Person gelten (näher dazu unten bei § 41). Bei einer **Einpersonen-Gründung** ist umstritten, ob diese vor Eintragung in das Handelsregister als Sondervermögen des Alleingründers anzusehen ist[8] oder richtigerweise eine der Vor-AG ähnliche teilrechtsfähige Wirkungseinheit darstellt (so § 41 Rz. 4)[9]. Vgl. im Übrigen die Erl. zu § 41.

4

### b) Ende der Rechtspersönlichkeit/Rechtsfähigkeit

Wann das Ende der Rechtspersönlichkeit eintritt, ist lebhaft umstritten. Teilweise wird die Auffassung vertreten, das Ende trete ipso iure mit Eintritt der Vermögenslosigkeit ein[10]. Nach anderer Ansicht endet die Rechtspersönlichkeit mit der Löschung im Handelsregister[11]. Vorzugswürdig ist eine dritte Meinung, nach der das Ende der Rechtspersönlichkeit mit der Löschung *und* der Vermögenslosigkeit als Doppeltatbestand eintritt[12]. Wird hiernach die Gesellschaft im Handelsregister gelöscht, ob-

5

---

5 *Brändel* in Großkomm. AktG, 4. Aufl., § 1 AktG Rz. 31; *Hüffer*, § 1 AktG Rz. 3; *Dauner-Lieb* in KölnKomm. AktG, 3. Aufl., § 11 AktG Rz. 24; a.A. *Heider* in MünchKomm. AktG, 3. Aufl., § 1 AktG Rz. 21; s. auch *Westermann* in Bürgers/Körber, § 1 AktG Rz. 3.
6 Näher dazu bei *Heider* in MünchKomm. AktG, 3. Aufl., § 1 AktG Rz. 15 ff.
7 Hierzu ausführlich *Rittner*, Die werdende juristische Person, 1973.
8 *Ulmer* in Ulmer, § 11 GmbHG Rz. 17, 25; *Flume*, DB 1980, 1781, 1783; *Flume*, ZHR 146 (1982), 205, 208 f.
9 So *Pentz* in MünchKomm. AktG, 3. Aufl., § 41 AktG Rz. 79; *Raiser/Veil*, Kapitalgesellschaften, § 26 Rz. 87 ff.; *K. Schmidt*, ZHR 145 (1981), 540, 556 f.; *Bayer* in Lutter/Hommelhoff, § 11 GmbHG Rz. 31; differenzierend *Merkt* in MünchKomm. GmbHG, § 11 GmbHG Rz. 186 f.
10 RG v. 12.11.1935 – II 48/35, RGZ 149, 293, 296; RG v. 27.4.1937 – VII 331/36, RGZ 155, 42, 43 ff.; BGH v. 29.9.1967 – V ZR 40/66, BGHZ 48, 303, 307; BGH v. 23.2.1970 – II ZB 5/69, BGHZ 53, 264, 266 f.; BGH v. 5.4.1979 – II ZR 73/78, BGHZ 74, 212, 213; BGH v. 4.6.1957 – VIII ZR 68/56, WM 1957, 975; BGH v. 29.9.1981 – VI ZR 21/80, NJW 1982, 238; BGH v. 9.12.1987 – VIII ZR 374/86, GmbHR 1988, 139, 140; *Bokelmann*, NJW 1977, 1130, 1131; *Däubler*, GmbHR 1964, 246, 247; *Marowski*, JW 1938, 11.
11 *Ammon* in Heidel, § 1 AktG Rz. 12; *Buchner*, Amtslöschung, S. 105; *Heider* in MünchKomm. AktG, 3. Aufl., § 1 AktG Rz. 27; *Hönn*, ZHR 138 (1974), 50 ff.; *Ulmer* in Hachenburg, Anh. § 60 GmbHG Rz. 37.
12 KG Berlin v. 8.2.1991 – 1 W 3357/90, NJW-RR 1991, 933; OLG Köln v. 11.3.1992 – 2 U 101/91, GmbHR 1992, 536; BayObLG v. 7.1.1998 – 3 Z BR 491/97, ZIP 1998, 421; OLG Stuttgart v. 30.9.1998 – 20 U 21/98, AG 1999, 280; *Fock* in Spindler/Stilz, § 1 AktG Rz. 32; *Kleindiek*

wohl sich später herausstellt, dass noch Restvermögen vorhanden ist, so besteht sie als Liquidationsgesellschaft fort, behält weiterhin ihre Rechtspersönlichkeit[13] und kann im Handelsregister wieder eingetragen werden[14]. Vgl. im Übrigen unten § 262 Rz. 15, § 273 Rz. 21.

**c) Bedeutung der Rechtspersönlichkeit**

6   Kraft ihrer Rechtspersönlichkeit kann die AG **selbst Träger von Rechten und Pflichten** sein, soweit diese ihrer Art nach nicht ausnahmsweise nur natürlichen Personen zustehen können. Solche Rechte und Pflichten erwirbt die AG entweder ipso iure oder kraft Gesetzes oder durch die Handlungen ihrer Organe.

7   Im **Zivilrecht** kann die AG Träger aller vermögensrechtlichen Rechte und Pflichten sein. Sie kann Eigentum erwerben und Inhaberin gewerblicher Schutzrechte sein, Gesellschafterin in anderen Gesellschaften und wie eine natürliche Person Vertragspartner, Gläubiger und Schuldner sein. Ähnliches gilt für Nicht-Vermögensrechte; Ausnahmen davon bestehen dann, wenn Vorschriften ausdrücklich (etwa §§ 76 Abs. 3 Satz 1, 100 Abs. 1 Satz 1) oder ihrer Art nach nicht auf juristische Personen anwendbar sind; das ist etwa im Familienrecht der Fall, wo die AG nicht Vormund, nicht aber im Erbrecht, wo die AG Erbin und Vermächtnisnehmerin, nicht aber Erblasserin sein kann.

8   Im **Zivilprozess** ist die AG parteifähig (§ 50 ZPO) und prozessfähig (§§ 51 Abs. 1, 52 Abs. 1 ZPO) durch ihre Organe[15]. Zumeist wird sie dabei durch den Vorstand (§ 78 Abs. 1), teilweise auch durch den Aufsichtsrat (§§ 112, 246 Abs. 2 Satz 3, § 249 Abs. 1 Satz 1) oder durch Vorstand und Aufsichtsrat gemeinsam (§ 246 Abs. 2 Satz 2, § 249 Abs. 1 Satz 1) vertreten.

9   Eine juristische Person ist als solche weder handlungs- noch schuldfähig. Die AG kann sich somit nicht nach **strafrechtlichen Vorschriften** strafbar machen. Auch ist sie selbst nicht verantwortlich für strafrechtlich relevantes Verhalten ihrer Organe[16]. Allerdings muss die AG aufgrund **ordnungsrechtlicher Vorschriften** die vermögensmäßigen Rechtsfolgen für ordnungswidriges Verhalten dieser natürlichen Personen tragen[17].

---

in Lutter/Hommelhoff, § 60 GmbHG Rz. 17, § 74 GmbHG Rz. 7; *Raiser/Veil*, Kapitalgesellschaften, § 22 Rz. 2; *K. Schmidt*, GesR, § 11 V 3; *Dauner-Lieb* in KölnKomm. AktG, 3. Aufl., § 1 AktG Rz. 9; *Galla*, Nachtragsliquidation bei Kapitalgesellschaften, 2004, S. 19 ff., 25 f., der sogar einen Dreifachtatbestand konstruiert.

13   *Kleindiek* in Lutter/Hommelhoff, § 74 GmbHG Rz. 18 ff.; *Haas* in Baumbach/Hueck, § 60 GmbHG Rz. 7.

14   Vgl. *K. Schmidt/Bitter* in Scholz, § 60 GmbHG Rz. 58; *Kleindiek* in Lutter/Hommelhoff, § 74 GmbHG Rz. 20; *Galla*, Nachtragsliquidation bei Kapitalgesellschaften, 2004, S. 67, 75.

15   *Ammon* in Heidel, § 1 AktG Rz. 19; *Fock* in Spindler/Stilz, § 1 AktG Rz. 26; *Hüffer*, § 1 AktG Rz. 7; *Jauernig*, Zivilprozessrecht, § 20 II 1; *Vollkommer* in Zöller, § 52 ZPO Rz. 2; a.A. *Hartmann* in Baumbach/Lauterbach/Albers/Hartmann, § 52 ZPO Rz. 4; *Thomas/Putzo*, § 51 ZPO Rz. 6.

16   OLG Köln v. 10.10.1960 – 1 Ws 46/60 B, NJW 1961, 422; KG Berlin v. 17.9.1956 – I Zs 636/56, JR 1956, 431; OLG Hamm v. 8.7.1952 – 2 Ws 145/52, MDR 1952, 567; zum ganzen Komplex s. auch *Müller-Gugenberger* in Handbuch des Wirtschaftsstraf- und -ordnungswidrigkeitenrechts, 4. Aufl. 2006, § 23 Rz. 31 ff.

17   Hier ist insbesondere § 30 OWiG relevant. Hierzu auch BGH v. 11.7.1952 – 1 StR 432/52, BGHSt 3, 130; BGH v. 13.4.1994 – II ZR 16/93, BGHZ 125, 366, 374.

Die AG unterliegt den gleichen **öffentlich-rechtlichen Vorschriften** wie natürliche Personen; das gilt vom Baurecht über das Umweltrecht bis zum Gewerberecht. Insbesondere gelten für sie nach Art. 19 Abs. 3 GG auch **Grundrechte**, soweit sie ihrem Wesen nach auf juristische Personen anwendbar sind[18].

### 3. Keine Haftung der Aktionäre – Trennungsprinzip

#### a) Grundsatz

Nach § 1 Abs. 1 Satz 2 haftet den Gläubigern für Verbindlichkeiten der Gesellschaft grundsätzlich nur das Gesellschaftsvermögen, nicht aber das Vermögen der Aktionäre (**Trennungsprinzip**).

#### b) Ausnahmen

§ 1 Abs. 1 Satz 2 gilt nicht zu Lasten der Gläubiger einer eingegliederten AG (§§ 319 ff.). Ihnen haftet die Hauptgesellschaft gem. § 322 als Gesamtschuldnerin. Lockerungen bieten zudem §§ 62 Abs. 2, 93 Abs. 5, 116 mit dem Verweis auf §§ 93 Abs. 5, 117 Abs. 5, 309 Abs. 4 Satz 3, 317 insofern, als in diesen Fällen Gläubiger der AG einen ihr (der AG) zustehenden Anspruch für sie geltend machen können. Weitere Ausnahmen vom Trennungsprinzip bestehen im Rahmen des Zurechnungsdurchgriffs und des Haftungsdurchgriffs (hierzu unten Rz. 14 ff.).

### 4. Durchgriff

#### a) Der Zurechnungsdurchgriff

Die Trennung der juristischen Person von ihren Gesellschaftern ist nicht lediglich auf den Haftungsaspekt bezogen, sondern muss als generelle Regelung verstanden werden: Aktionäre stehen ihrer Gesellschaft wie Dritte gegenüber; Verhaltensweisen, Kenntnisse und Eigenschaften der Mitglieder können folglich nicht der AG zugerechnet werden. Das Trennungsprinzip muss allerdings dort enden, wo die Berufung darauf einen Rechtsmissbrauch darstellt oder den Zweck der anzuwendenden konkreten Rechtsnorm verfehlen würde. Liegt ein solcher Fall vor, darf und muss sich die AG Handlungen, Eigenschaften und Kenntnisse[19] ihrer Aktionäre zurechnen lassen[20]. Das kommt etwa dann in Betracht, wenn es einzelnen Aktionären durch manipulative Einwirkung auf die Willensbildung bei der AG gelingt, dass die AG ihre Interessen und nicht diejenigen der Gesellschaft wahrnimmt, oder wenn AG und Aktionär bei bestehender Interesseneinheit kollusiv zusammenwirken und unter Ausnutzung der Rechtsform der juristischen Person Dritte schädigen, Gesetze umgehen oder vertragliche Verpflichtungen verletzen[21].

So ist etwa ein gutgläubiger Eigentumserwerb durch einen Alleingesellschafter von der AG nicht möglich. Die Bösgläubigkeit der AG wird ihm in diesen Fällen zugerechnet[22]. Auch kann ein Alleingesellschafter keine Maklerprovision für die Veräu-

---

[18] Näher dazu BVerfG v. 3.6.1954 – 1 BvR 183/54, BVerfGE 3, 383; BVerfG v. 16.5.1989 – 1 BvR 705/88, JZ 1990, 335 mit Anm. *Kühne*.
[19] BGH v. 8.12.1989 – V ZR 246/87, NJW 1990, 975.
[20] *Brändel* in Großkomm. AktG, 4. Aufl., § 1 AktG Rz. 58; *Hüffer*, § 1 AktG Rz. 28; *Raiser/Veil*, Kapitalgesellschaften, § 29 Rz. 1; näher *Heider* in MünchKomm. AktG, 3. Aufl., § 1 AktG Rz. 57 ff.
[21] Vgl. *Heider* in MünchKomm. AktG, 3. Aufl., § 1 AktG Rz. 52.
[22] *Lutter*, AcP 162 (1964), 122, 159 ff.; *Fock* in Spindler/Stilz, § 1 AktG Rz. 67; *Dauner-Lieb* in KölnKomm. AktG, 3. Aufl., § 1 AktG Rz. 40.

ßerung von Objekten seiner Gesellschaft verlangen. Seine Tätigkeit wird der Gesellschaft zugerechnet[23].

Sofern der Aktionär gleichzeitig Organ, rechtsgeschäftlicher Vertreter, Erfüllungs- oder Verrichtungsgehilfe der AG ist, erfolgt die Zurechnung unmittelbar aus dem Gesetz, vgl. § 82, §§ 31, 166, 278, 831 BGB.

Ist der Aktionär aus eigenem rechtsgeschäftlichem Handeln oder aufgrund gesetzlicher Vorschrift allein oder gesamtschuldnerisch mit der AG persönlich verpflichtet, etwa aus einer Patronatserklärung, Bürgschaft oder Garantie, so erfolgt die Zurechnung über diesen Verpflichtungsgrund.

**b) Der Haftungsdurchgriff**

14  **aa) Ziele.** Die gesetzliche Freistellung der Aktionäre von der persönlichen Haftung für die Verbindlichkeiten der AG ist eine Zweckmäßigkeitsentscheidung des Gesetzes, um außenstehende Personen zur Investition in die AG zu veranlassen. Als Zweckentscheidung hat sie keinen „sakralen" Charakter, sondern muss notfalls den „Wirklichkeiten des Lebens und der Macht der Tatsachen" weichen[24]. Das ist in Rechtsprechung[25] und Lehre[26] nahezu unbestritten. **Praktische Bedeutung** gewinnen diese Überlegungen nur in der Insolvenz der AG; denn solange diese solvent ist, besteht für den Gläubiger kein Grund, den viel schwierigeren und mit Prozessrisiken gepflasterten Weg der Inanspruchnahme des Aktionärs zu gehen.

15  **bb) Voraussetzungen des Haftungsdurchgriffs.** Nach der auf *Müller-Freienfels*[27] zurückgehenden **Normzwecklehre** ist entscheidend, ob die Haftungstrennung in concreto mit dem Sinn und Zweck der Haftungsfreistellung vereinbar ist; anderenfalls bleibt die Norm (§ 1 Abs. 1 Satz 2) unanwendbar.

Für die von *Serick*[28] entwickelte **Missbrauchslehre** ist die Norm unanwendbar, wenn sie zur Umgehung von Gesetz oder Vertrag oder zur Schädigung Dritter benutzt wird.

---

23 BGH v. 13.3.1974 – IV ZR 53/73, NJW 1974, 1130; *Hüffer*, § 1 AktG Rz. 28; *Raiser* in Ulmer, § 13 GmbHG Rz. 93 ff.

24 Hierzu *K. Schmidt*, GesR, § 9 I 1a; *Wiedemann*, Gesellschaftsrecht, Bd. I, § 4 III; *Rehbinder*, Konzernaußenrecht, 1969, S. 1 ff.

25 RG v. 30.11.1937 – VII 127/37, RGZ 156, 271, 277 m.w.N.; BGH v. 30.1.1956 – II ZR 168/54, NJW 1956, 785 mit Anm. *Lewald*; BGH v. 8.7.1970 – VIII ZR 28/69, BGHZ 54, 222, 224; BGH v. 13.11.1973 – VI ZR 53/72, NJW 1974, 134 und 492 (LS) mit Anm. *Mann* und *Roll*; BGH v. 4.5.1977 – VIII ZR 298/75, NJW 1977, 1449 mit Anm. *K. Schmidt* und 2163 (LS) mit Anm. *Emmerich*; BGH v. 5.11.1980 – VIII ZR 230/79, BGHZ 78, 318, 334; BGH v. 17.9.2001 – II ZR 178/99 – „Bremer Vulkan", BGHZ 149, 10; BGH v. 25.2.2002 – II ZR 196/00, GmbHR 2002, 549; BGH v. 24.6.2002 – II ZR 300/00 – „KBV", BGHZ 151, 181; BGH v. 13.12.2004 – II ZR 206/02, GmbHR 2005, 225; BGH v. 13.12.2004 – II ZR 256/02, GmbHR 2005, 299.

26 *Ammon* in Heidel, § 1 AktG Rz. 29 ff.; *Brändel* in Großkomm. AktG, 4. Aufl., § 1 AktG Rz. 92 ff.; *Fock* in Spindler/Stilz, § 1 AktG Rz. 38 ff.; *Heider* in MünchKomm. AktG, 3. Aufl., § 1 AktG Rz. 62 ff.; *Dauner-Lieb* in KölnKomm. AktG, 3. Aufl., § 1 AktG Rz. 44 ff.; *Boujong* in FS Odersky, 1996, S. 739, 740 ff.; *Raiser* in Ulmer, § 13 GmbHG Rz. 63 ff., 121 ff.; *Raiser/Veil*, Kapitalgesellschaften, § 29 Rz. 21 ff.; *Rehbinder* in FS Robert Fischer, 1979, S. 579; *K. Schmidt*, GesR, § 9; gänzlich gegen einen Haftungsdurchgriff *Wilhelm*, Rechtsform und Haftung, 1981, S. 9 ff.

27 *Müller-Freienfels*, AcP 156 (1957), 522 ff.; heutige Vertreter u.a. *Bitter*, Konzernrechtliche Durchgriffshaftung bei Personengesellschaften, 2000, S. 103 ff.; *Rehbinder* in FS Robert Fischer, S. 579; *Rittner*, Die werdende juristische Person, S. 271 ff.

28 *Serick*, Rechtsform und Realität der juristischen Peron, 2. Aufl. 1980; BGH v. 4.5.1977 – VIII ZR 298/75, BGHZ 68, 312; BGH v. 13.4.1994 – II ZR 16/93, BGHZ 125, 366; BGH v. 24.6.2002 – II ZR 300/00, BGHZ 151, 181; *Röhricht* in FS 50 Jahre BGH, 2000, S. 83 ff.; *Wiedemann*, Gesellschaftsrecht, Bd. I, § 4 III; *K. Schmidt*, ZIP 1986, 146, 148, mit Verweis auf die Verletzung der Treuepflicht.

Die neuere *Rechtsprechung*[29] hat sich in ihren Formulierungen stets der Missbrauchslehre angenähert, jedoch immer wieder und betont auf den Einzelfall abgestellt. Tatsächlich entscheidend aber ist, dass die AG in zweckwidriger Weise benutzt wird. Das lässt sich am besten an den folgenden **Fallgruppen** darstellen.

**cc) Unterkapitalisierung.** Statten die Gesellschafter die Gesellschaft mit völlig unzureichenden Mitteln aus, so dass das Eigenkapital der Gesellschaft nicht ausreicht, um den nach Art und Umfang der angestrebten oder tatsächlichen Geschäftstätigkeit bestehenden, nicht durch Kredite Dritter zu deckenden mittel- oder langfristigen Finanzbedarf zu befriedigen, so liegt ein Fall der **offenbaren Unterkapitalisierung** vor[30]. Die Gesellschaft kann in einer solchen Situation bereits beim kleinsten wirtschaftlichen Stoß, mit welchem bei normalem Geschäftsverlauf zu rechnen ist, insolvent werden. Ein solches Verhalten der Gesellschafter widerspricht dem objektiven Zweck des § 1 Abs. 1 Satz 2 bzw. stellt einen Missbrauch der juristischen Person dar. Die Durchgriffsvoraussetzungen liegen nach richtiger, aber stark umstrittener Auffassung[31] in diesen Fällen vor.

Die Rechtsprechung ist hier zurückhaltend und tendiert dazu, diese Sachverhalte mit Hilfe des § 826 BGB zu lösen[32]. Sie verlangt neben der qualifizierten Unterkapitalisierung eine zweckgerichtete Ausnutzung des Trennungsprinzips zur Schädigung von Gesellschaftsgläubigern. Hierbei stellt sie keine strengen Anforderungen an das Vorliegen der subjektiven Komponente der Norm[33]. Ob jedoch innerhalb des § 826 BGB überhaupt Anlass und Raum ist für die Bildung einer besonderen Fallgruppe der Unterkapitalisierung, hat der BGH in einer zur GmbH ergangenen Entscheidung ausdrücklich offen gelassen[34].

**dd) Vermögensvermischung.** Vermögensvermischung liegt vor, wenn das Trennungsprinzip missachtet und eine Abgrenzung von Privat- und Gesellschaftsvermögen durch eine undurchsichtige Buchhaltung oder auf andere Weise verschleiert worden ist. Das bloße Fehlen einer doppelten Buchführung reicht jedoch nicht bereits aus, um einen Haftungsdurchgriff zu begründen[35].

Für einen Haftungsdurchgriff bei der GmbH hat die Rechtsprechung in Fällen der Vermögensvermischung hohe Hürden aufgestellt und verlangt, dass die Kapitalerhaltungsvorschriften, deren Einhaltung ein unverzichtbarer Ausgleich für die Beschränkung der Haftung auf das Gesellschaftsvermögen ist, aufgrund der Verschleierung des Gesellschafters unkontrollierbar werden[36]. Solange diese Kontrolle möglich ist und sich Entnahmen des Aktionärs zeigen, haftet dieser bereits nach §§ 57, 62 auf Rückeinlage[37].

---

29 Vor allem die Entscheidung BGH v. 17.9.2001 – II ZR 178/99 – „Bremer Vulkan", BGHZ 149, 10; im Übrigen vgl. die Nachw. in Fn. 25.
30 *Ulmer* in Hachenburg, Anh. § 30 GmbHG Rz. 16; *Lutter* in Lutter/Hommelhoff, § 13 GmbHG Rz. 15 ff.; *Raiser* in Ulmer, § 13 GmbHG Rz. 79, 153 ff.
31 Dazu eingehend *Eckhold*, Materielle Unterkapitalisierung, Köln 2002.
32 BGH v. 14.12.1959 – II ZR 187/57, BGHZ 31, 258, 270; BGH v. 4.5.1977 – VIII ZR 298/75, BGHZ 68, 312; BAG v. 10.2.1999 – 5 AZR 677/97, NJW 1999, 2298 f.; *Gehrlein*, GmbH-Recht in der Praxis, S. 378; *Emmerich* in Scholz, § 13 GmbHG Rz. 93; *Fock* in Spindler/Stilz, § 1 AktG Rz. 61.
33 Vgl. hierzu *Lutter/Hommelhoff*, 16. Aufl., § 13 GmbHG Rz. 11 m.w.N. in Fn. 2.
34 BGH v. 28.4.2008 – II ZR 264/06 – „GAMMA", BGHZ 176, 204, 216 f. = AG 2008, 542.
35 BGH v. 14.11.2005 – II ZR 178/03, BGHZ 165, 85, 92.
36 BGH v. 16.9.1985 – II ZR 275/84 – „Autokran", BGHZ 95, 330, 333; BGH v. 14.11.2005 – II ZR 178/03, BGHZ 165, 85, 91; AG Brühl v. 21.6.2001 – 29 C 667/00, NZG 2002, 584.
37 Ähnlich *Hüffer*, § 1 AktG Rz. 20; *Westermann* in Bürgers/Körber, § 1 AktG Rz. 30; *Brändel* in Großkomm. AktG, 4. Aufl., § 1 AktG Rz. 103.

18  **ee) Institutsmissbrauch.** Unter diesem Stichwort werden vor allem Fälle behandelt, in denen die Gesellschaft alle Nachteile trägt und die Aktionäre alle Gewinnchancen haben[38]. Diese Fallgruppe ist in der Literatur sehr umstritten[39]. Der BGH hat in der GAMMA-Entscheidung[40] den Gedanken nicht aufgenommen, sondern aus § 826 BGB judiziert[41].

19  **ff) Zusammenfassung.** Insgesamt spielt die Durchgriffshaftung in der heutigen Judikatur nur eine sehr geringe Rolle. Der BGH und die Instanzgerichte neigen dazu, die fraglichen Fälle einheitlich über § 826 BGB mit der Folge der Innenhaftung zu lösen (s. oben Rz. 16 und unten Rz. 22).

### 5. Abhängigkeits- und Konzernverhältnisse

20  Abhängigkeits- und Konzernverhältnisse sind **keine Anwendungsfälle der Durchgriffshaftung**, da für sie besondere Regelungen bestehen. Im faktischen Konzern sehen die §§ 311 ff. bei nachteiligen Zugriffen eine Ausgleichspflicht des herrschenden Unternehmens und ggf. eine Schadensersatzpflicht vor; das schließt eine Anwendung der Figur der Durchgriffshaftung aus (lex specialis). Auch die Pflicht zur Verlustübernahme beim Beherrschungs- oder Gewinnabführungsvertrag nach §§ 302, 303 schließt eine Durchgriffshaftung aus. Und das Gleiche gilt für die Haftung der Hauptgesellschaft nach § 322. Der Konzern als solcher ist mithin kein Haftungstatbestand; das gilt auch für ein sog. „Konzernvertrauen"[42].

### 6. Einpersonen-AG

21  Hat die AG nur einen Aktionär, so führt auch das nicht per se zur Haftung dieses einzigen Aktionärs[43].

### 7. Existenzvernichtung

22  Unter diesem Stichwort hatte der BGH[44] eine persönliche Haftung des/der handelnden Aktionärs/Aktionäre angenommen, wenn (1) ein **Eingriff in das Gesellschaftsvermögen** erfolgt und dabei keine Rücksicht auf die Fähigkeit der Gesellschaft zur Be-

---

38  Etwa BGH v. 16.3.1992 – II ZR 152/91, ZIP 1992, 694 und BGH v. 30.11.1978 – II ZR 204/76, WM 1979, 229. Nach *Röhricht* in FS 50 Jahre BGH, 2000, S. 83 ff. auch „Aschenputtel"-Gesellschaften genannt.

39  Pro: *Pentz* in Rowedder/Schmidt-Leithoff, § 13 GmbHG Rz. 132; *Wiedemann*, Gesellschaftsrecht, Bd. I, § 4 III, 1d, S. 227 f.; *Lutter* in Lutter/Hommelhoff, § 13 GmbHG Rz. 22; *Philipp/Weber*, DB 2006, 142, 144. Contra: *Brändel* in Großkomm. AktG, 4. Aufl., § 1 AktG Rz. 114; *Ehricke*, AcP 199 (1999), 257, 301 ff.; reserviert auch *Raiser* in FS Lutter, 2000, S. 637, 350; *Raiser/Veil*, Kapitalgesellschaften, § 29 Rz. 47.

40  BGH v. 28.4.2008 – II ZR 275/84 – „GAMMA", BGHZ 176, 204 = AG 2008, 542.

41  Auch die Vorinstanz OLG Düsseldorf (v. 26.10.2006 – I 6 U 248/05, ZIP 2007, 227) hat auf Existenzvernichtung und nicht auf Institutsmissbrauch erkannt – aus *damaliger* Sicht bei gleichen Rechtsfolgen.

42  S. OLG Düsseldorf v. 15.7.2005 – I-4 U 114/04 – „Deutscher Herold"; *Lutter* in Gedächtnisschrift Knobbe-Keuk, 1997, S. 229 ff.; *Rieckers*, BB 2006, 277 ff.; differenzierend *Fleischer*, ZHR 163 (1999), 461 ff.

43  *Mertens* in Hachenburg, § 13 GmbHG Anh. I Rz. 12. Bei der Einpersonen-AG kann die Durchgriffs-Fallgruppe der Vermögensvermischung relevant werden, vgl. oben Rz. 17 und *Raiser/Veil*, Kapitalgesellschaften, § 29 Rz. 26. Vgl. auch Art. 6 i.V.m. Art. 2 Abs. 2 der Richtlinie v. 22.12.1989 (89/667/EWG) – Einpersonen-GmbH-Richtlinie, ABl. EG Nr. L 395 v. 30.12.1989, S. 40 ff., abgedruckt auch bei *Lutter*, Europäisches Unternehmensrecht, 4. Aufl. 1996, S. 274 ff.; anders in Italien, vgl. *Lutter* in FS Brandner, 1996, S. 81 ff.

44  BGH v. 17.9.2001 – II ZR 178/99 – „Bremer Vulkan", BGHZ 149, 10; und daran anschließend BGH v. 25.2.2002 – II ZR 196/00, BGHZ 150, 61; BGH v. 24.6.2002 – II ZR 300/00 – „KBV", BGHZ 151, 181. Hierzu auch *Röhricht* in FS 50 Jahre BGH, 2000, S. 83 ff.

dienung ihrer Verbindlichkeiten genommen wird, (2) die §§ 57, 62 den Ausgleich nicht bereits herstellen und (3) als Eingriffsfolge die Gesellschaft außerstande ist, ihre Gläubiger zu befriedigen, also **zahlungsunfähig**, insolvent ist oder die Insolvenz mangels Masse abgelehnt wurde.

Der BGH hat diese Rechtsfigur mit seiner Entscheidung „Trihotel" vom 16.7.2007[45] auch nicht etwa aufgegeben, sondern formuliert in deren Leitsatz (1):

„An dem Erfordernis einer als „Existenzvernichtungshaftung" bezeichneten Haftung des Gesellschafters für missbräuchliche, zur Insolvenz der GmbH führende oder diese vertiefende kompensationslose Eingriffe in das der Zweckbindung zur vorrangigen Befriedigung der Gesellschaftsgläubiger dienende Gesellschaftsvermögen wird festgehalten."

Wohl aber hat der BGH mit dieser Entscheidung die rechtliche Basis der Haftung geändert, nämlich statt Missbrauch jetzt sittenwidrige Schädigung der Gesellschaft nach § 826 BGB; und er hat die Rechtsfolge geändert, nämlich Haftung des Aktionärs nicht gegenüber den Gläubigern der Gesellschaft (also **keine Außenhaftung**), sondern Haftung gegenüber der Gesellschaft selbst (also sog. **Innenhaftung**).

**Existenzvernichtung ist also kein Fall des Durchgriffs mehr.**

Die sittenwidrige Schädigung kann vor allem in sachwidrigen Entnahmen liegen, wie etwa dem schlagartigen Entzug aller Gesellschafterdarlehen mit der Folge der Zahlungsunfähigkeit der AG[46], aber auch im Entzug von Personal oder Geschäftsfeldern[47].

Verwirklicht die Schädigung zugleich den Tatbestand der §§ 57, 62 (Einlagenrückgewähr, s. dort), so schließt das – im Gegensatz zur früheren Bremer Vulkan-Rechtsprechung – die Haftung aus § 826 BGB nach Auffassung des BGH nicht aus[48].

Alle diese Regeln gelten auch und erst recht in der Liquidation der Gesellschaft[49].

Der BGH hat diese Sicht in mehreren Folgeentscheidungen bestätigt[50] und damit zugleich deutlich gemacht, dass er einer Grundlegung des Anspruchs aus Verletzung der gesellschafterlichen Treupflicht i.V.m. § 280 BGB nicht folgt[51].

### 8. Das Grundkapital[52]

**a)** Das Grundkapital ist notwendiger Inhalt jeder Satzung einer AG, § 23 Abs. 3 Nr. 3. Insofern ist es zunächst nur eine Ziffer. Das Gesetz sorgt aber mit einer Fülle von Vorschriften dafür, dass die AG mit einem realen Vermögen mindestens in Höhe dieser Ziffer entsteht (sog. **reale Kapitalaufbringung**) und dass das der Kapitalziffer entsprechende Vermögen nicht an die Aktionäre zurückbezahlt wird (sog. **reale Kapitalerhaltung**).

**b)** Das Grundkapital hat viele **Funktionen**[53]. Es sorgt für Seriosität, da sich die Gründer und Aktionäre mit einem eigenen finanziellen Beitrag am Risiko des Unterneh-

---

45 BGH v. 16.7.2007 – II ZR 3/04, BGHZ 173, 246.
46 Eingehend dazu *Lutter* in Lutter/Hommelhoff, § 13 GmbHG Rz. 28 ff., 35.
47 BGH v. 16.7.2007 – II ZR 3/04, BGHZ 173, 246.
48 So ausdrücklich der BGH in der Entscheidung „Trihotel" in seinen Ausführungen zu §§ 30, 31 GmbHG, BGH v. 16.7.2007 – II ZR 3/04, BGHZ 173, 246, 256 ff. Es handelt sich mithin um eine Konkurrenz von Anspruchsgrundlagen; so auch *Paefgen*, DB 2007, 1907, 1910.
49 BGH v. 9.2.2009 – II ZR 292/07 – „Sanitary", BGHZ 179, 344 = AG 2009, 407.
50 Vgl. BGH v. 28.4.2008 – II ZR 264/06 – „GAMMA", BGHZ 176, 204 = AG 2008, 542; BGH v. 9.2.2009 – II ZR 292/07 – „Sanitary", BGHZ 179, 344 = AG 2009, 407.
51 So mit eingehender Begründung *Osterloh-Konrad*, ZHR 172 (2008), 274, 290 ff.
52 Näher unten *Fleischer*, Erl. zu §§ 6 und 7.
53 Dazu schon *Lutter*, Kapital, S. 49 ff.

mens der AG beteiligen müssen, und ist auf diesem Wege Ausgleich für das Privileg des Ausschlusses persönlicher Haftung der Aktionäre[54]. Es ist außerdem *Betriebskapital* (Eigenkapital) der AG und erleichtert so die Entwicklung und Finanzierung ihrer Unternehmung. Es sorgt weiter dafür, dass es bei Verlusten aus künftigen Gewinnen erst wieder *aufgefüllt* werden muss, ehe Dividenden gezahlt werden dürfen. Und es ist *„Warnlampe"*, da bei Verlust seiner Hälfte die Hauptversammlung zusammengerufen werden muss, § 92[55]. Andererseits gibt es *keine Nachschusspflicht* der Aktionäre; ist das Kapital verbraucht, muss die AG Insolvenz anmelden, § 92 Abs. 2.

25 c) Die **Mindesthöhe** des Grundkapitals ist mit Euro 50.000 gering angesetzt; im Übrigen ist die Festlegung der Höhe Sache der Aktionäre in der Satzung, die das Grundkapital durch Kapitalerhöhung oder Kapitalherabsetzung nach den Regeln der §§ 182 ff., 222 ff. jederzeit ändern können.

26 d) Das Grundkapital darf nicht mit dem **Vermögen** der AG verwechselt werden. Letzteres ist dynamisch und verändert seinen Wert ständig, ersteres ist statisch. Allerdings unterwirft das Grundkapital einen rechnerischen Teil dieses Vermögens bestimmten Beschränkungen in Bezug auf die Aktionäre.

27 e) Das **Prinzip der Kapitalaufbringung** besagt, dass ein dem Grundkapital entsprechendes Mindest-Vermögen auch *tatsächlich aufgebracht* werden muss. Aus diesem Prinzip ergeben sich verschiedene Vorgaben. So resultiert hieraus das Verbot der Unterpariemission (§ 9 Abs. 1), die Publizität von Sondervorteilen und Gründungsaufwand, die Sonderregeln für Sacheinlagen und -übernahmen (§§ 26, 27), die Gründungsprüfung (§§ 32 Abs. 2, 33 Abs. 2 Nr. 4, 34), die Vorschriften über die Leistung der Einlage (§ 36 Abs. 2 i.V.m. §§ 54 Abs. 3, 36a), die Regelung der Gründerhaftung (§§ 46 ff.) und das Nachgründungserfordernis (§ 52).

28 f) Das **Prinzip der Kapitalerhaltung** bedeutet, dass ein der Kapitalziffer entsprechendes Mindestvermögen nicht an die Aktionäre ausgeschüttet werden darf. Hierauf sind drei Regelungskomplexe zurück zu führen: Das Verbot jeglicher Leistung an den Aktionär außerhalb von Dividende und ausnahmsweise erlaubtem Erwerb seiner Aktien, sog. Verbot der Einlagenrückgewähr nach § 57 Abs. 1 und 2; das grundsätzliche Verbot, eigene Aktien zu erwerben nach §§ 71 bis 71e, da sich sonst die Zahlung des Kaufpreises als verdeckte Einlagenrückgewähr darstellen würde[56]; und schließlich das Verbot, vor Auflösung der AG eine über den Bilanzgewinn hinausgehende Dividende auszuschütten nach § 57 Abs. 3.

Dieser besondere und unausgeschiedene Teil des Vermögens der AG wird aber nicht gegen die allgemeinen wirtschaftlichen und unternehmerischen Risiken geschützt, sondern nimmt daran teil, wie schon § 92 erweist.

### 9. Die Aktie

29 a) Nach § 1 Abs. 2 ist das Grundkapital der AG in Aktien zerlegt. Der **Begriff** Aktie hat verschiedene Bedeutungen. *Zum einen* versteht man hierunter die Gesamtheit der Rechte und Pflichten, die dem Aktionär aus seiner Mitgliedschaft zustehen. *Zum anderen* ist die Aktie Objekt des Rechtsverkehrs, kann also veräußert und belastet werden. Zu diesem Zweck kann sie als Wertpapier verbrieft werden[57]. Und schließ-

---

54 Plastisch *Goette*, DStR 2005, 197, 198: „Eintrittskarte" in die „schöne Welt" der beschränkten Haftung.
55 Zum Ganzen vgl. *Lutter*, Kapital, S. 49 ff. und *Lutter* (Hrsg.), Das Grundkapital der AG in Europa, 2006; sowie *Drygala*, Stammkapital heute, ZGR 2006, 587 ff.
56 Dazu *Lutter*, Kapital, S. 430 ff. sowie *T. Bezzenberger*, Erwerb eigener Aktien, 2002, Rz. 63 ff.
57 Dazu unten Erl. zu §§ 8 ff.

*lich* gibt sie die Quote der Beteiligung des einzelnen Aktionärs wieder. In § 1 Abs. 2 ist die Aktie als die Beteiligungsquote zu verstehen[58].

Hat die AG **Nennbetragsaktien** (§ 8 Abs. 1, 2) ausgegeben, so entspricht die Summe der Nennbeträge aller Aktien, zu deren Übernahme sich die Aktionäre im Rahmen der Gründung und etwaiger späterer Kapitalerhöhungen verpflichtet haben, der Höhe des Grundkapitals[59]. Die Beteiligungsquote bei Nennbetragsaktien ist folglich der Quotient aus dem Betrag des Grundkapitals und dem Nennbetrag der Aktie. Werden die Anteilsrechte hingegen als **Stückaktien** (§ 8 Abs. 1, 3) begründet, entspricht das Grundkapital der Summe der Ausgabebeträge (§ 9 Abs. 1) dieser Aktien[60]. Die Beteiligungsquote ergibt sich bei Stückaktien aus ihrer Zahl in den Händen des einzelnen Aktionärs. Eine an sich mögliche **Quotenaktie** hat das deutsche Gesellschaftsrecht bewusst nicht zugelassen[61]. 30

**b)** Unter **Zerlegung** versteht man die Aufteilung des Grundkapitals in grundsätzlich mehrere, also mindestens zwei Aktien[62]. Ihre Anzahl ist in der Satzung anzugeben (§ 23 Abs. 3 Nr. 4). Diese Stückelung wird teilweise auch bei der *Einpersonen-Gründung* (§ 2) gefordert[63]. Das trifft nicht zu; im Falle der Einpersonen-AG muss richtigerweise die Bildung einer Aktie als hinreichend angesehen werden[64]. Die Anzahl der Aktien entfaltet keine Schutzwirkung und hat auch ansonsten keine sachliche Bedeutung. Bei der Einpersonen-Gründung am Erfordernis mindestens zweier Aktien festzuhalten, wäre daher ganz formalistisch und ohne erkennbaren Zweck. Soll der Aktionärskreis erweitert werden oder sollten andere Gründe für eine Erweiterung vorliegen, kann die Zahl der Aktien durch Kapitalerhöhung oder Neustückelung des Grundkapitals auch später erhöht werden. 31

## 10. Formkaufmann

Die AG ist Handelsgesellschaft (§ 3). Sie unterliegt daher notwendig den Bestimmungen des Handelsrechts (§ 3 Abs. 1 AktG i.V.m. § 6 HGB). 32

---

58 Zu anderen Interpretationen (und deren Fehlschlag) *Kraft* in KölnKomm. AktG, 2. Aufl., § 1 AktG Rz. 30 ff.; wie hier *Dauner-Lieb* in KölnKomm. AktG, 3. Aufl., § 1 AktG Rz. 25 ff.
59 *Brändel* in Großkomm. AktG, 4. Aufl., § 1 AktG Rz. 79; *Heider* in MünchKomm. AktG, 3. Aufl., § 1 AktG Rz. 97; *Raiser/Veil*, Kapitalgesellschaften, § 9 Rz. 1; *Wagner* in Heidel, § 8 AktG Rz. 6.
60 *Heider* in MünchKomm. AktG, 3. Aufl., § 1 AktG Rz. 97; *Raiser/Veil*, Kapitalgesellschaften, § 9 Rz. 2; *Wagner* in Heidel, § 8 AktG Rz. 13.
61 Dazu *Hüffer*, § 8 AktG Rz. 2; *Heider* in MünchKomm. AktG, 3. Aufl., § 8 AktG Rz. 24; *Westermann* in Bürgers/Körber, § 1 AktG Rz. 18a.
62 *Fock* in Spindler/Stilz, § 1 AktG Rz. 102; *Heider* in MünchKomm. AktG, 3. Aufl., § 1 AktG Rz. 97; die Auffassung von *Brändel* in Großkomm. AktG, 4. Aufl., § 1 AktG Rz. 80; *Kraft* in KölnKomm. AktG, 2. Aufl., § 1 AktG Rz. 35, bei der Gründung der AG müssten mindestens fünf Aktien vorhanden sein, beruhte auf § 2 a.F. und ist seit der Zulassung der Einpersonen-Gründung im Jahre 1994 überholt.
63 *Ammon* in Heidel, § 1 AktG Rz. 25; *Heider* in MünchKomm. AktG, 3. Aufl., § 1 AktG Rz. 97.
64 So auch *Fock* in Spindler/Stilz, § 1 AktG Rz. 102; *Brändel* in Großkomm. AktG, 4. Aufl., § 1 AktG Rz. 80; *Hüffer*, § 1 AktG Rz. 13.

# § 2
# Gründerzahl

An der Feststellung des Gesellschaftsvertrags (der Satzung) müssen sich eine oder mehrere Personen beteiligen, welche die Aktien gegen Einlagen übernehmen.

| | | | |
|---|---|---|---|
| I. Bedeutung der Norm | 1 | 4. Sonstige | 6 |
| II. Gründerzahl | 2 | IV. Errichtung der Gesellschaft | 9 |
| III. Gründerfähigkeit | 3 | 1. Satzung | 10 |
| 1. Natürliche Personen | 3 | 2. Aktienübernahme | 13 |
| 2. Juristische Personen | 4 | V. Gültigkeitsmängel | 15 |
| 3. Personenhandelsgesellschaften | 5 | | |

**Literatur:** S. bei § 1.

## I. Bedeutung der Norm

1 § 2 nennt die **Anforderungen an die Errichtung einer AG**. Erforderlich ist zunächst die **Feststellung des Gesellschaftsvertrages**. Er wird im Text ausdrücklich mit der Satzung gleichgestellt. Das ist nicht ganz korrekt (unten Rz. 11).

## II. Gründerzahl

2 Waren ursprünglich fünf Personen erforderlich, um eine AG zu gründen, ist seit dem Gesetz für kleine Aktiengesellschaften vom 2.8.1994[1] auch die Gründung einer AG durch eine Person allein zulässig. Der Gesetzgeber hat damit von der Ermächtigung in Art. 6 der Einpersonen-GmbH-Richtlinie vom 22.12.1989 (89/667/EWG)[2] Gebrauch gemacht mit der Folge, dass diese Richtlinie nun auch auf die AG anwendbar geworden ist. Darauf beruhen heute die §§ 2, 36 Abs. 2 und 42.

## III. Gründerfähigkeit

### 1. Natürliche Personen

3 Jede natürliche Person kann unabhängig von ihrer Nationalität Gründer einer AG sein. Für die vor dem 1.1.2005 geltende Rechtslage war umstritten gewesen, ob ein Verstoß gegen Bedingungen oder Auflagen der Aufenthaltsgenehmigung (§ 14 Abs. 1 und 2 AuslG) die Wirksamkeit der Gründungserklärung berührte. Das war nach zutreffender Auffassung nicht der Fall[3]. Die Richtigkeit dieser Ansicht wird durch

---

[1] Gesetz für kleine Aktiengesellschaften und zur Deregulierung des Aktienrechts, BGBl. I 1994, 1961.
[2] ABl. EG Nr. L 395 v. 30.12.1989, S. 40 ff.; abgedruckt auch bei *Lutter*, Europäisches Unternehmensrecht, 4. Aufl. 1996, S. 274, 278.
[3] *Drescher* in Spindler/Stilz, § 2 AktG Rz. 8; *Heider* in MünchKomm. AktG, 3. Aufl., § 2 AktG Rz. 12; *Dauner-Lieb* in KölnKomm. AktG, 3. Aufl., § 38 AktG Rz. 6; *Lutter/Bayer* in Lutter/Hommelhoff, 16. Aufl., § 2 GmbHG Rz. 4; *Ulmer* in Ulmer, § 1 GmbHG Rz. 42 f.; a.A. OLG Stuttgart v. 20.1.1984 – 8 W 243/83, BB 1984, 690; OLG Celle v. 1.10.1976 – 9 Wx 5/76, DB 1977, 993; KG v. 24.9.1996 – 1 W 4534/95, GmbHR 1997, 413 ff.

das am 1.1.2005 in Kraft getretene Aufenthaltsgesetz (AufenthG) bestätigt. Nach § 4 Abs. 1 AufenthG bedarf ein Ausländer eines Aufenthaltstitels (nur) für die Einreise und für den Aufenthalt im Bundesgebiet. Zur Beteiligung an der Gründung einer Gesellschaft ist jedoch die Einreise nicht erforderlich und somit auch kein Aufenthaltstitel[4]. Für natürliche Personen, die geschäftsunfähig oder in ihrer Geschäftsfähigkeit beschränkt sind, handeln deren gesetzliche Vertreter. Nach herrschender Auffassung bedarf es der Genehmigung des Familien- bzw. Vormundschaftsgerichts nach §§ 1822 Nr. 3, 1643 Abs. 1 BGB, wenn die Gesellschaft auf den Betrieb eines Erwerbsgeschäfts gerichtet ist[5].

### 2. Juristische Personen

Als Gründer kommen andere AG, KGaA, GmbH, Genossenschaften und rechtsfähige Vereine und Stiftungen des Privatrechts sowie juristische Personen des öffentlichen Rechts, also rechtsfähige Körperschaften, Anstalten oder Stiftungen, in Betracht. Auch ausländische juristische Personen können Gründer sein, wenn sie nach dem für sie maßgebenden Recht einer inländischen juristischen Person gleichstehen[6]. Das gilt auch für ausländische Gesellschaften aus einem Mitgliedstaat der EU mit faktischem Sitz in Deutschland, also etwa die englische Limited mit faktischem Sitz in Bonn. Gründer können schließlich auch die Vor-GmbH und die Vor-AG sein, da sie weitestgehend wie die durch Eintragung im Handelsregister entstandene GmbH oder AG behandelt werden.

### 3. Personenhandelsgesellschaften

OHG, KG, AG & Co. KG, GmbH & Co. KG können Gründer einer AG sein. Mitgliedschaft und Einlagepflicht liegen dann bei der Gesellschaft als teilrechtsfähiger Wirkungseinheit (§§ 124, 161 Abs. 2 HGB). Für die Erbringung der Einlage haften deren persönlich haftende Gesellschafter gem. §§ 128, 161 Abs. 2, 171 ff. HGB gesamtschuldnerisch. Das Gleiche gilt für eine deutsche EWiV und eine Partnerschaftsgesellschaft, die den Personenhandelsgesellschaften sehr nahe stehen[7].

### 4. Sonstige

a) Die Rechtsfähigkeit der **GbR**, soweit sie als Außengesellschaft mit Gesamthandsvermögen eigene Rechte und Pflichten begründet, ist nunmehr geklärt[8]. Sie ist damit auch gründungsfähig[9]. Schuldnerin der Einlagepflicht und zudem Zuordnungssubjekt der Aktien ist die GbR als Gesamthand[10]. Die Gesellschafter haften daneben als Gesamtschuldner. Die gesamtschuldnerische Haftung der Gesellschafter folgt nicht aus

---

4 Näher *Heider* in MünchKomm. AktG, 3. Aufl., § 2 AktG Rz. 12.
5 *Ammon* in Heidel, § 2 AktG Rz. 6; *Brändel* in Großkomm. AktG, 4. Aufl., § 2 AktG Rz. 20; *Heider* in MünchKomm. AktG, 3. Aufl., § 2 AktG Rz. 11; *Dauner-Lieb* in KölnKomm. AktG, 3. Aufl., § 2 AktG Rz. 7; *Kurz*, NJW 1992, 1798, 1800; *Zimmermann* in Soergel, § 1822 BGB Rz. 24; a.A. *Winkler*, ZGR 1973, 177, 181 f.; *Schlegelberger/Quassowski*, AktG 1937, § 2 AktG Rz. 4.
6 *Brändel* in Großkomm. AktG, 4. Aufl., § 2 AktG Rz. 25; *Heider* in MünchKomm. AktG, 3. Aufl., § 2 AktG Rz. 13; *Hüffer*, § 2 AktG Rz. 8.
7 Vgl. *Henssler*, PartGG, Einführung Rz. 10; *v. Rechenberg* in v. d. Heydt/v. Rechenberg (Hrsg.), Die EWiV, 1991, S. 8, 73 ff.
8 BGH v. 29.1.2001 – II ZR 331/00, BGHZ 146, 341.
9 *Heider* in MünchKomm. AktG, 3. Aufl., § 2 AktG Rz. 17; *Hüffer*, § 2 AktG Rz. 10; *Ulmer* in Ulmer, § 2 GmbHG Rz. 80.
10 *Heider* in MünchKomm. AktG, 3. Aufl., § 2 AktG Rz. 17; *Drescher* in Spindler/Stilz, § 2 AktG Rz. 11; *Hüffer*, § 2 AktG Rz. 10; anders noch *Lutter* in KölnKomm. AktG, 2. Aufl., § 69 AktG Rz. 7.

§ 427 BGB, sondern aus dem Grundsatz akzessorischer Gesellschafterhaftung entspr. § 128 HGB, der nach neuerer Rechtsprechung entsprechend auch für die GbR gilt[11]. Bei **vergleichbaren Gesamthandsgemeinschaften** wie dem **nichteingetragenen Verein** bestimmen sich die Gründerfähigkeit und Einlageverpflichtung nach den gleichen Grundsätzen[12].

7 **b)** Ob die **Erbengemeinschaft** Gründerfähigkeit besitzt, wird uneinheitlich gesehen. Nach einer Auffassung wird die Gründerfähigkeit der Erbengemeinschaft verneint, da diese kein organisierter Personenverband, sondern eine vermögensrechtliche Zweckgemeinschaft mit dem Ziel der Auseinandersetzung sei[13]. Dennoch wird die Fortführung einer durch den Erblasser bereits begonnenen Gründung für zulässig gehalten[14]. Richtigerweise ist die Erbengemeinschaft als gründungsfähig anzusehen, zumal die Fortführung einer bereits begonnenen Gründung für möglich zu halten, den gemeinschaftlichen Beginn einer Gründung hingegen als unzulässig anzusehen, widersprüchlich ist[15]. Unterschiede ergeben sich allerdings in Bezug auf die Erbenhaftung. Wird lediglich eine bereits begonnene Gründung fortgeführt, so findet § 2059 BGB Anwendung[16]. Beteiligt sich die Erbengemeinschaft selbst aktiv an der Gründung und rückt nicht lediglich in die Rechtsstellung des Erblassers ein, so scheidet eine beschränkte Erbenhaftung aus, und es bleibt bei einer Haftung nach § 69 Abs. 2[17].

8 **c) Ehegatten** können einzeln und je für sich selbstverständlich Gründer sein; soweit sie im gesetzlichen Güterstand leben, unterliegen sie dabei allenfalls der Verfügungsbeschränkung aus § 1365 BGB.

Fraglich ist nur, ob in **Gütergemeinschaft** lebende Ehegatten **gemeinsam** Gründer sein können. Das wird teilweise mangels einer eigenständigen Organisationseinheit und mangels eines eigenständig nach außen in Erscheinung tretenden Sondervermögens abgelehnt[18]. Das trifft nicht zu. Richtigerweise ist die Gütergemeinschaft ebenso wie die Erbengemeinschaft und aus den gleichen Gründen wie dort als gründerfähig anzusehen[19] mit der Folge, dass die entstehende Mitgliedschaft (Aktie) zum Gesamtgut gehört. Da dieses aber personenrechtlich nicht verselbständigt ist, findet hier § 69 Anwendung. Haben sich die Ehegatten auf einen Verwalter geeinigt, bieten allerdings die haftungsrechtlichen Sondervorschriften des BGB hinreichenden Schutz und verdrängen § 69 Abs. 2. In diesem Fall unterliegt dem Zugriff der AG nach

---

11 BGH v. 27.9.1999 – II ZR 371/98, BGHZ 142, 315; BGH v. 29.1.2001 – II ZR 331/00, BGHZ 146, 341.
12 *Drescher* in Spindler/Stilz, § 2 AktG Rz. 11; *Heider* in MünchKomm. AktG, 3. Aufl., § 2 AktG Rz. 18; *Hüffer*, § 2 AktG Rz. 10; *Brändel* in Großkomm. AktG, 4. Aufl., § 2 AktG Rz. 31.
13 *Dauner-Lieb* in KölnKomm. AktG, 3. Aufl., § 2 AktG Rz. 11; *v. Godin/Wilhelmi*, § 2 AktG Anm. 5.
14 *Dauner-Lieb* in KölnKomm. AktG, 3. Aufl., § 2 AktG Rz. 11.
15 Nunmehr h.M., vgl. *Ammon* in Heidel, § 2 AktG Rz. 11; *Drescher* in Spindler/Stilz, § 2 AktG Rz. 12; *Brändel* in Großkomm. AktG, 4. Aufl., § 2 AktG Rz. 29; *Hüffer*, § 2 AktG Rz. 11; *Ulmer* in Ulmer, § 2 GmbHG Rz. 81; *Westermann* in Bürgers/Körber, § 2 AktG Rz. 7.
16 *Lutter* in KölnKomm. AktG, 2. Aufl., § 69 AktG Rz. 29 und *Lutter/Drygala* in KölnKomm. AktG, 3. Aufl., § 69 AktG Rz. 37; *Brändel* in Großkomm. AktG, 4. Aufl., § 2 AktG Rz. 29.
17 S. hierzu *Lutter* in KölnKomm. AktG, 2. Aufl., § 69 AktG Rz. 29 und *Lutter/Drygala*, 3. Aufl., § 69 AktG Rz. 37; *Ammon* in Heidel, § 2 AktG Rz. 11; *Drescher* in Spindler/Stilz, § 2 AktG Rz. 12; *Hüffer*, § 2 AktG Rz. 11; a.A. *Barz* in Großkomm. AktG, 3. Aufl., § 69 AktG Anm. 8; *Heider* in MünchKomm. AktG, 3. Aufl., § 2 AktG Rz. 19.
18 *Heider* in MünchKomm. AktG, 3. Aufl., § 2 AktG Rz. 21; *Dauner-Lieb* in KölnKomm. AktG, 3. Aufl., § 2 AktG Rz. 12.
19 *Brändel* in Großkomm. AktG, 4. Aufl., § 2 AktG Rz. 33; *Drescher* in Spindler/Stilz, § 2 AktG Rz. 13; *Ammon* in Heidel, § 2 AktG Rz. 12; *Hüffer*, § 2 AktG Rz. 11; *Ulmer* in Ulmer, § 2 GmbHG Rz. 82.

§§ 1422 Satz 2, 1437 BGB das Gesamtgut und das Vorbehaltsgut des verwaltenden Ehegatten.

## IV. Errichtung der Gesellschaft

Die Errichtung der Gesellschaft (§ 29) setzt sich aus der Feststellung der Satzung und der Übernahme aller Aktien zusammen. Die Satzungsfeststellung und die Aktienübernahme werden teilweise als einheitliches Rechtsgeschäft angesehen[20]. Die noch h.M. allerdings erachtet die Satzungsfeststellung zu Recht als ein von der Aktienübernahme zu unterscheidendes Rechtsgeschäft[21].

### 1. Satzung

**a)** Die **Satzung** ist die körperschaftliche Verfassung der AG, ihre Grundordnung. Sie entsteht durch vertragliche Festlegung der Gründer im Gründungsvertrag (Gesellschaftsvertrag) und löst sich von dieser vertraglichen Basis mit Eintragung der AG im Handelsregister[22] und wird so zur selbständigen, nicht mehr vertraglichen Grundordnung der AG, zu ihrer Satzung[23]. Das wird deutlich bei ihrer Auslegung, die nicht mehr den Regeln für Verträge folgt (näher unten § 23 Rz. 9 ff.).

Bei der **Einpersonen-Gründung** entsteht die Satzung durch einseitiges Rechtsgeschäft. Das Ziel einer Einpersonen-AG kann aber auch auf vertraglichem Wege erreicht werden. Dazu bedarf der spätere Alleinaktionär der Mitwirkung eines Dritten, dessen Aktien er nach Entstehung der AG durch Eintragung im Handelsregister übernimmt (sog. Strohmann-Gründung). Die derartige Beteiligung eines Dritten an der Gründung der AG ist kein Scheingeschäft i.S. von § 117 BGB und ist keine Gesetzesumgehung mit Nichtigkeitsfolge nach § 134 BGB[24].

**b)** Zum **Inhalt der Satzung** s. unten § 23 Rz. 39 ff.

### 2. Aktienübernahme

Durch die Gründer müssen **alle Aktien** gegen das Versprechen entsprechender Einlageleistung (mindestens der echte oder rechnerische Nennbetrag der übernommenen Aktien, § 9) übernommen werden (Einheitsgründung).

Zur **Vermeidung von Stufengründungen** müssen die Feststellung der Satzung und die Übernahmeerklärung der Gründer einheitlich beurkundet werden. Die Einheitlichkeit setzt allerdings nicht notwendig voraus, dass alles in *einer Urkunde* zusammengefasst wird. Es ist bereits ausreichend, wenn bei mehreren Urkunden diese aufeinander verweisen und jede als Teil des Ganzen erkennbar ist[25]. Erst mit Übernahme aller Aktien ist die AG errichtet, d.h. es entsteht die Vor-AG, § 29[26].

---

20 *Ammon* in Heidel, § 2 AktG Rz. 19; *Heider* in MünchKomm. AktG, 3. Aufl., § 2 AktG Rz. 27; *Röhricht* in Großkomm. AktG, 4. Aufl., § 23 AktG Rz. 36 f.; wohl auch *Hüffer*, § 23 AktG Rz. 16.
21 *Dauner-Lieb* in KölnKomm. AktG, 3. Aufl., § 2 AktG Rz. 18; *K. Schmidt*, GesR, § 27 II 2 b.
22 BGH v. 6.3.1967 – II ZR 231/64, BGHZ 47, 172, 179.
23 Näher dazu *K. Schmidt*, GesR, § 5 I 1 mit Nachw. zur historischen Entwicklung.
24 Solche früher geäußerten Bedenken sind mittlerweile überholt, vgl. *Hüffer*, ZHR 142 (1978), 486, 488 f.
25 *Hüffer*, § 23 AktG Rz. 9; *Pentz* in MünchKomm. AktG, 3. Aufl., § 23 AktG Rz. 29; *Röhricht* in Großkomm. AktG, 4. Aufl., § 23 AktG Rz. 38 ff.; a.A. *Dauner-Lieb* in KölnKomm. AktG, 3. Aufl., § 23 AktG Rz. 30.
26 Zur Vor-AG s. unten bei § 41.

14 Fraglich ist, ob **Personen** an der Errichtung beteiligt sein können, **die** nur an der Satzungsfeststellung mitwirken, aber **keine Einlage übernehmen**. Dagegen wird angeführt, dass eine Person ohne Einlage keine Aktie erhält, mithin nicht Mitglied werden kann und folglich kein Grund ersichtlich ist, weshalb ein solcher Dritter die gesellschaftlichen Verhältnisse mitbestimmen sollte[27]. Da der Wortlaut der Norm nicht entgegensteht, besteht richtigerweise aber kein Grund, in den Willen der Gründer einzugreifen[28]. Die Aktien müssen dann eben von den anderen Gründern vollständig übernommen werden.

### V. Gültigkeitsmängel

15 Vgl. dazu unten § 23 Rz. 58 ff.

# § 3
# Formkaufmann; Börsennotierung

(1) Die Aktiengesellschaft gilt als Handelsgesellschaft, auch wenn der Gegenstand des Unternehmens nicht im Betrieb eines Handelsgewerbes besteht.

(2) Börsennotiert im Sinne dieses Gesetzes sind Gesellschaften, deren Aktien zu einem Markt zugelassen sind, der von staatlich anerkannten Stellen geregelt und überwacht wird, regelmäßig stattfindet und für das Publikum mittelbar oder unmittelbar zugänglich ist.

| | |
|---|---|
| I. Bedeutung und Anwendungsbereich der Norm . . . . . . . . . . . . . . . . . . 1 | 1. Überblick . . . . . . . . . . . . . . . . . . . 3 |
| II. Zweck und Gegenstand des Unternehmens . . . . . . . . . . . . . . . 3 | 2. Grundsätze der Unternehmensführung in der Satzung? . . . . . . . . . 5 |
| | III. Begriff der Börsennotierung . . . . . . 6 |

Literatur: S. bei § 1.

### I. Bedeutung und Anwendungsbereich der Norm

1 Die Regelung des **Abs. 1** gilt für die in das Handelsregister eingetragene AG. Die Vor-AG fällt mithin nicht in den Anwendungsbereich der Norm[1]. Abs. 1 ergänzt §§ 1 ff. HGB und bezweckt, dass die AG ohne Rücksicht auf den Gegenstand ihres Unternehmens den Vorschriften des Handelsrechts unterworfen ist. Sie ist deshalb Kaufmann kraft Rechtsform (Formkaufmann). Die Fiktion des Handelsgewerbes hat aller-

---

27 *Hüffer*, § 2 AktG Rz. 13; *Röhricht* in Großkomm. AktG, 4. Aufl., § 23 AktG Rz. 66; *Heider* in MünchKomm. AktG, 3. Aufl., § 2 AktG Rz. 31; *Dauner-Lieb* in KölnKomm. AktG, 3. Aufl., § 2 AktG Rz. 21.
28 *Brändel* in Großkomm. AktG, 4. Aufl., § 2 AktG Rz. 64.

1 So die h.M., vgl. *Ammon* in Heidel, § 3 AktG Rz. 3; *Heider* in MünchKomm. AktG, 3. Aufl., § 3 AktG Rz. 7; *Hüffer*, § 3 AktG Rz. 2; *Dauner-Lieb* in KölnKomm. AktG, 3. Aufl., § 3 AktG Rz. 4; *K. Schmidt*, GesR, § 10 II 2 b.

dings keine Bedeutung für das Gewerbe- und Steuerrecht; hier ist entscheidend, ob tatsächlich ein Gewerbe betrieben wird.

Abs. 1 bestimmt, genauer: setzt voraus, dass die AG weder ein Handelsgewerbe betreiben oder sonst wirtschaftliche Zwecke verfolgen muss, sondern ihr jede legale Art von Tätigkeit offen steht[2], soweit das Gesetz sie nicht an bestimmte persönliche Voraussetzungen knüpft. So können sich Anwälte in der Rechtsform der AG zusammenschließen, die AG kann aber nur durch zugelassene Anwälte handeln[3]. Gleiches gilt für Wirtschaftsprüfungs-AG[4]. Die AG kann aber auch sportliche (Fußball) oder gemeinnützige Ziele verfolgen.

Abs. 2 ist durch Art. 1 des Gesetzes zur Kontrolle und Transparenz im Unternehmensbereich (KonTraG)[5] angefügt worden und wurde seitdem durch Art. 6a Nr. 1 des Gesetzes zur Umsetzung der EG-Einlagensicherungsrichtlinie und der EG-Anlegerentschädigungsrichtlinie[6] geändert. Die Norm enthält eine Legaldefinition des Begriffs der Börsennotierung i.S. des AktG, welcher in den §§ 58 Abs. 2 Satz 2, 110 Abs. 3, 124 Abs. 3, 130 Abs. 1 Satz 3, 134 Abs. 1 Satz 2, 161, 171 Abs. 2 Satz 2, 328 Abs. 3 Anwendung findet.

## II. Zweck und Gegenstand des Unternehmens

### 1. Überblick

Im AktG wird, anders als im GmbHG (§§ 1 und 3)[7], nicht zwischen dem Unternehmensgegenstand und dem Zweck der Gesellschaft unterschieden. Dennoch ist davon auszugehen, dass den beiden Begriffen auch im Aktienrecht unterschiedliche Bedeutung beizumessen ist[8]. Der Gesellschaftszweck bezieht sich vorrangig auf das Innenverhältnis der AG, bezeichnet also das von den Gründern festgelegte Ziel und den Sinn des Zusammenschlusses. Dieser wird zumeist in der Erwirtschaftung von Gewinnen liegen, kann aber auch ganz und gar sozialer, ideeller und gemeinnütziger Natur sein[9]. Der Unternehmensgegenstand hingegen bezeichnet die Tätigkeit, mittels derer der Gesellschaftszweck erreicht werden soll. Er kann sehr detailliert festgelegt sein (z.B. Stromerzeugung nur mittels Windkraft) und begrenzt auf diese Weise die Geschäftsführungsbefugnis des Vorstands: Ist Gegenstand die Durchführung von Bankgeschäften, so darf der Vorstand keine Maschinenfabrik kaufen oder eröffnen, ist Gegenstand die Herstellung und der Vertrieb von Kraftwagen, darf der Vorstand keine Schreibmaschinenfabrik erwerben[10].

---

2 *Heider* in MünchKomm. AktG, 3. Aufl., § 3 AktG Rz. 4, 17; *Dauner-Lieb* in KölnKomm. AktG, 3. Aufl., § 3 AktG Rz. 7, 12.
3 § 59f Abs. 1 BRAO.
4 §§ 27, 28 WPO.
5 KonTraG vom 27.4.1998, BGBl. I 1998, 786.
6 Gesetz zur Umsetzung der EG-Einlagensicherungsrichtlinie und der EG-Anlegerentschädigungsrichtlinie vom 16.7.1998, BGBl. I 1998, 1842.
7 S. zur GmbH *Bayer* in Lutter/Hommelhoff, § 3 GmbHG Rz. 5 ff.
8 S. auch unten § 23 Rz. 44; *Heider* in MünchKomm. AktG, 3. Aufl., § 3 AktG Rz. 14; *Brändel* in Großkomm. AktG, 4. Aufl., § 3 AktG Rz. 12 ff.; *Dauner-Lieb* in KölnKomm. AktG, 3. Aufl., § 23 AktG Rz. 9, 10; *Zöllner* in KölnKomm. AktG, 2. Aufl., § 179 AktG Rz. 116.
9 S. unten § 23 Rz. 43; *Brändel* in Großkomm. AktG, 4. Aufl., § 3 AktG Rz. 11; *Heider* in MünchKomm. AktG, 3. Aufl., § 3 AktG Rz. 15, 17.
10 Hierzu *Lutter*, ZSR 2005 II, 415, 420; *Pentz* in MünchKomm. AktG, 3. Aufl., § 23 AktG Rz. 78; *Röhricht* in Großkomm. AktG, 4. Aufl., § 23 AktG Rz. 86.

4 Der Gegenstand des Unternehmens kann frei gewählt werden; er muss dem Bestimmtheitserfordernis des § 23 Abs. 3 Nr. 2 gerecht werden und klar umschrieben sein. Die Grenzen der freien Wahl des Unternehmensgegenstandes sind dort erreicht, wo gegen ein gesetzliches Verbot (§ 134 BGB) verstoßen oder die Schwelle der Sittenwidrigkeit (§ 138 BGB) überschritten würde[11].

**2. Grundsätze der Unternehmensführung in der Satzung?**

5 Fraglich ist, ob den Organen der AG die Art der Verwirklichung von Zweck und Gegenstand in der Satzung durch „Grundsätze der Unternehmensführung" vorgeschrieben werden kann, etwa „die Gesellschaft verfolgt ihren Zweck und Gegenstand unter strikter Beachtung der sozialen Marktwirtschaft und unter Ablehnung jeder Art von Totalitarismus". Soweit damit mehr erstrebt wird als eine (erlaubte) plakative Aussage, vielmehr die Organe entgegen § 76 in ihrer Entscheidungsfreiheit eingeschränkt werden sollen, ist das nicht möglich, auch nicht „die Herstellung von Kraftfahrzeugen aller Art mit Ausnahme solcher der Marken ‚SMART' und ‚Maybach'"[12].

## III. Begriff der Börsennotierung

6 Eine Börsennotierung i.S. von § 3 Abs. 2 liegt vor, wenn die Aktien an einem Markt *zugelassen* sind. Auf die Voraussetzung des *Handels* an einem Markt, der von staatlich anerkannten Stellen geregelt und überwacht wird, regelmäßig stattfindet und für das Publikum mittelbar oder unmittelbar zugänglich ist, wird verzichtet. Diese, nach früherer Definition vorausgesetzten Merkmale schlossen den Handel am (mittlerweile eingestellten) „Neuen Markt" trotz seiner damaligen Relevanz aus; der „Neue Markt" wurde von der Deutschen Börse AG, also keiner staatlich anerkannten Stelle, geregelt und überwacht. Nach der Änderung des BörsG im Zuge des Finanzmarktrichtlinie-Umsetzungsgesetzes[13] wird vom Begriff des Marktes i.S. des § 3 Abs. 2 nur noch das Marktsegment des regulierten Marktes (§§ 32 ff. BörsG) erfasst[14]. Weiterhin nicht hierunter fällt der Freiverkehr nach § 48 BörsG, da dieses Marktsegment ausschließlich privatrechtlich und nicht von staatlich anerkannten Stellen organisiert ist[15]. Mangels anderer gesetzlicher Vorgabe muss es sich nicht um eine deutsche Börse handeln; eine vergleichbare Auslandsnotierung genügt[16].

Ähnlich, aber einschränkender gefasst ist der Begriff der Börsennotierung in § 21 Abs. 2 WpHG.

---

11 S. zum Ganzen unten § 23 Rz. 42 ff.
12 OLG Stuttgart v. 22.7.2006 – 8 W 271/06, 8 W 272/06, Der Konzern 2006, 698 ff. = EWiR § 23 AktG 1/07, 258 Anm. *Freitag*. Näher *Mertens*, NJW 1970, 1718 ff.
13 FRUG v. 16.7.2007, BGBl. I 2007, 1330.
14 *Hüffer*, § 3 AktG Rz. 6; instruktiv zur neuen Regelung *Bröcker* in Claussen, Bank- und Börsenrecht, 4. Aufl. 2008, § 6 Rz. 42 ff.; *Langenbucher*, Aktien- und Kapitalmarktrecht, 2008, § 13 Rz. 5 ff.
15 *Ammon* in Heidel, § 3 AktG Rz. 5; *Drescher* in Spindler/Stilz, § 3 AktG Rz. 5; *Heider* in MünchKomm. AktG, 3. Aufl., § 3 AktG Rz. 38; *Westermann* in Bürgers/Körber, § 3 AktG Rz. 7.
16 Begr. RegE BörsG BT-Drucks. 13/9712, S. 12; *Böcker*, RNotZ 2002, 129, 131; *Lingemann/Wasmann*, BB 1998, 853, 854; *Drescher* in Spindler/Stilz, § 3 AktG Rz. 5; *Hüffer*, § 3 AktG Rz. 6.

# § 4
# Firma

Die Firma der Aktiengesellschaft muss, auch wenn sie nach § 22 des Handelsgesetzbuchs oder nach anderen gesetzlichen Vorschriften fortgeführt wird, die Bezeichnung „Aktiengesellschaft" oder eine allgemein verständliche Abkürzung dieser Bezeichnung enthalten.

| | |
|---|---|
| I. Normzweck und Entstehungsgeschichte . . . . . . . . . . . . . . . . . . . 1 | |
| 1. Normzweck . . . . . . . . . . . . . . . . . 1 | |
| 2. Entstehungsgeschichte . . . . . . . . . 2 | |
| II. Die Firmenbildung bei der Aktiengesellschaft . . . . . . . . . . . . 3 | |
| 1. Überblick . . . . . . . . . . . . . . . . . . . 3 | |
| 2. Firmenfähigkeit . . . . . . . . . . . . . . 4 | |
| 3. Rechtsformzusatz . . . . . . . . . . . . 5 | |
| a) Allgemeines . . . . . . . . . . . . . . 5 | |
| b) Standort . . . . . . . . . . . . . . . . . 6 | |
| c) Schreibweise . . . . . . . . . . . . . 7 | |
| d) Sprache . . . . . . . . . . . . . . . . . 8 | |
| e) Haftung bei fehlender Rechtsformbezeichnung . . . . . . . . . . . 9 | |
| 4. Allgemeines Firmenrecht (Überblick) 10 | |
| a) Allgemeine Grundsätze des Firmenrechts . . . . . . . . . . . . . . 10 | |
| b) Firmenrecht der Kapitalgesellschaften . . . . . . . . . . . . . . . 12 | |
| aa) Kennzeichnungseignung . . . . 12 | |
| bb) Unterscheidungskraft . . . . . . 20 | |
| cc) Irreführungsverbot . . . . . . . . 27 | |
| dd) Unterscheidbarkeit nach § 30 HGB . . . . . . . . . . . . . . . 36 | |
| c) Ordre Public und gute Sitten . . . . 37 | |
| III. Fortführung einer Firma . . . . . . . . . 38 | |
| 1. HGB . . . . . . . . . . . . . . . . . . . . . . . 39 | |
| 2. UmwG . . . . . . . . . . . . . . . . . . . . . 40 | |
| IV. Rechtfolgen unzulässiger Firmen . . . 41 | |
| 1. Vor der Eintragung . . . . . . . . . . . 41 | |
| 2. Eingetragene Firma . . . . . . . . . . . 42 | |
| 3. Firmenlöschung . . . . . . . . . . . . . 43 | |
| V. Zweigniederlassung . . . . . . . . . . . . 44 | |
| 1. Ursprüngliche Firma . . . . . . . . . 44 | |
| 2. Abgeleitete Firma . . . . . . . . . . . . 45 | |
| VI. Auslandsgesellschaften . . . . . . . . . . 46 | |
| VII. Sonstiges . . . . . . . . . . . . . . . . . . . . 47 | |
| 1. KGaA . . . . . . . . . . . . . . . . . . . . 47 | |
| 2. AG & Co. KG . . . . . . . . . . . . . . 48 | |

**Literatur:** *Ammon*, Gesellschaftsrechtliche und sonstige Neuerungen im Handelsrechtsreformgesetz – Ein Überblick, DStR 1998, 1474; *Bokelmann*, Die Neuregelungen im Firmenrecht nach dem Regierungsentwurf des Handelsrechtsreformgesetzes, GmbHR 1998, 57; *Bülow*, Zwei Aspekte im neuen Handelsrecht: Unterscheidungskraft und Firmenunterscheidbarkeit – Lagerhalterpfandrecht, DB 1999, 269; *Bydlinski*, Zentrale Änderungen des HGB durch das Handelsrechtsreformgesetz, ZIP 1998, 1169; *Dirksen/Volkers*, Die Firma der Zweigniederlassung in der Satzung von AG und GmbH, BB 1993, 598; *Fezer, K.H.*, Liberalisierung und Europäisierung des Firmenrechts, ZHR 161 (1997), 52; *Fritze*, Namensfunktion nicht aussprechbarer Buchstabenfolgen als besondere Geschäftsbezeichnungen nach § 16 UWG, GRUR 1993, 538; *Gabbert*, Firma der Aktiengesellschaft: Zulässige Abkürzung „AG"?, DB 1992, 198; *Grunewald/Müller*, Ausländische Rechtsberatungsgesellschaften in Deutschland, NJW 2005, 465; *Heckschen*, Firmenbildung und Firmenverwertung – aktuelle Tendenzen, NotBZ 2006, 346; *Heidinger*, Der Name des Nichtgesellschafters in der Personenfirma, DB 2005, 815; *Hintzen*, Entwicklungen im Handels- und Registerrecht seit 2003, Rpfleger 2005, 344; *Jung*, Firmen von Personenhandelsgesellschaften nach neuem Recht, ZIP 1998, 677; *Kempter/Kopp*, Die Rechtsanwalts-AG – eine Anwaltsgesellschaft sui generis außerhalb des anwaltlichen Berufsrechts?, NJW 2000, 3449; *Kilian*, Jahresrückblick Handelsregisterrecht, notar 2009, 19; *Kilian*, Jahresrückblick Registerrecht, notar 2010, 13; *Kögel*, Entwicklungen im Handels- und Registerrecht seit 2007, Rpfleger 2009, 291; *Kögel*, Entwurf eines Handelsrechtsreformgesetzes, BB 1997, 793; *Kögel*, Neues Firmenrecht und alte Zöpfe: Die Auswirkungen der HGB-Reform, BB 1998, 1645; *Kögel*, Entwicklungen im Handels und Registerrecht seit 2007, Rpfleger 2009, 291,; *Krebs*, Reform oder Revolution? – Zum Referentenentwurf des Handelsrechtsreformgesetzes, DB 1996, 2013; *Lutter/Welp*, Das neue Firmenrecht der Kapitalgesellschaften, ZIP 1999, 1073; *Möller*, Das neue Firmenrecht in der Rechtsprechung – Eine kritische Bestandsaufnahme, DNotZ 2000, 830; *Möller*, Europäisches Firmenrecht im Vergleich, EWS

1993, 22; *Müther*, Überlegungen zum neuen Firmenbildungsrecht bei der GmbH, GmbHR 1998, 1058; *Priester*, Handelsrechtsreformgesetz – Schwerpunkte aus notarieller Sicht, DNotZ 1998, 691; *K. Schmidt*, HGB-Reform im Regierungsentwurf, ZIP 1997, 509; *Schulenburg*, Anm., NZG 2000, 594; *Thomas/Bergs*, Anm., GmbHR 2004, 429; *Weiler*, Irreführung über die Rechtsform durch Top-Level-Domains?, K&R 2003, 601; *Woite*, Grundbucheintragungen für Zweigniederlassungen, NJW 1970, 548.

## I. Normzweck und Entstehungsgeschichte

### 1. Normzweck

1   Die Firma (§ 17 HGB) ist der Name der Handelsgesellschaft (§ 6 Abs. 1 HGB), also auch der Aktiengesellschaft (§ 3 Abs. 1). Die Bildung der Firma der Aktiengesellschaft richtet sich nach Inkrafttreten des Handelsrechtsreformgesetzes (HRefG)[1] in weiten Teilen nach den allgemeinen Regeln des HGB (insbesondere §§ 18 ff. HGB). § 4 ergänzt diese nur in zweierlei Hinsicht:
– Zur Sicherung der Rechtsform-Transparenz[2] muss die Bezeichnung „Aktiengesellschaft" oder eine sinnentsprechende Abkürzung geführt werden.
– Dies gilt auch für zulässigerweise fortgeführte Firmen.
Entgegen der unveränderten amtlichen Überschrift regelt § 4 also nur noch den **Rechtsformzusatz** und den insoweit verfolgten **Informationszweck**[3].

### 2. Entstehungsgeschichte

2   Die bis zum 30.6.1998 geltende Fassung des § 4 AktG 1965 entsprach im Wesentlichen den Vorläufervorschriften des § 4 AktG 1937 sowie §§ 20, 22 HGB 1897[4]. Danach war die Firma der Aktiengesellschaft in der Regel Sachfirma und hatte den ausgeschriebenen Rechtsformzusatz „Aktiengesellschaft" zu enthalten. Das HRefG liberalisierte diese vielfach kritisierte Enge und ließ insbesondere auch die Verwendung von Rechtsformabkürzungen zu[5]. Gegenüber dem Aktiengesetz 1965 wurde neben dem Verweis auf § 22 HGB die Formulierung „oder nach anderen gesetzlichen Vorschriften" aufgenommen. Gemeint sind hiermit insbesondere die Vorschriften des Umwandlungsgesetzes (näher unten Rz. 22).

## II. Die Firmenbildung bei der Aktiengesellschaft

### 1. Überblick

3   Ziel des HRefG war es, das im europäischen Vergleich strenge deutsche Firmenbildungsrecht grundlegend zu verändern. Es sollte liberalisiert und vereinfacht werden, um Wettbewerbsnachteile deutscher Unternehmen zu verhindern[6]. Für Kapital-, aber

---

1   Gesetz zur Neuregelung des Kaufmanns- und Firmenrechts und zur Änderung anderer handels- und gesellschaftsrechtlicher Vorschriften vom 22.6.1998, BGBl. I 1998, 1474.
2   Vgl. Begr. RegE zum HRefG, BT-Drucks. 13/8444 v. 29.8.1997, S. 54.
3   *Hüffer*, § 4 AktG Rz. 17.
4   *Heider* in MünchKomm. AktG, 3. Aufl., § 4 AktG Rz. 1; *Brändel* in Großkomm. AktG, 4. Aufl., § 4 AktG Rz. 1.
5   Zur Übergangsregelung für Altfirmen vgl. *Heider* in MünchKomm. AktG, 3. Aufl., § 4 AktG Rz. 4 – infolge der Liberalisierung durch das HRefG sind die Übergangsvorschriften für die Aktiengesellschaften praktisch ohne Bedeutung, vgl. auch *Hüffer*, § 4 AktG Rz. 22; zu Altfällen vor 1900 *Brändel* in Großkomm. AktG, 4. Aufl., § 4 AktG Rz. 2.
6   Vgl. Begr. RegE zum HRefG, BT-Drucks. 13/8444, S. 1, 36. Vgl. zu den Änderungen des Firmenrechts *K. Schmidt*, ZIP 1997, 909, 914 ff. Zum europäischen Vergleich *Möller*, EWS 1993, 22 ff. Zu Standortaspekten kritisch *Krebs*, DB 1996, 2013, 2016.

auch alle anderen Gesellschaftsformen[7] gilt der **Grundsatz der freien Firmenbildung**[8]. Die AG muss gem. § 4 lediglich noch die Bezeichnung „Aktiengesellschaft" oder eine allgemein verständliche Abkürzung dieser Bezeichnung enthalten. Mit Ausnahme des Rechtsformzusatzes beinhalten seit Inkrafttreten des HRefG weder das Aktiengesetz noch das GmbH-Gesetz besondere firmenrechtliche Regelungen. Sedes Materiae sind nun §§ 17 ff. sowie § 30 Abs. 1 HGB, teilweise ergänzt durch spezialgesetzliche Regelungen. Auch § 4 ist eine untergeordnete lex specialis zu den Normen des HGB[9]. Bei der Wahl der Firma sind ferner das Irreführungsverbot des § 5 UWG sowie vorrangige kollidierende Namen und Kennzeichen nach § 12 BGB und § 15 MarkenG zu beachten. Zwar erfasst das Registerverfahren nicht die Prüfung dieser Normen, jedoch können andere Privatrechtssubjekte Verstöße gegen diese Bestimmungen reklamieren[10]. Weitere für die Firmenbildung relevante Normen sind u.a. §§ 18, 200 UmwG, §§ 39–43 KWG, § 53 StBerG. Nach altem Recht zulässigerweise gebildete Firmen dürften angesichts der Liberalisierung so gut wie stets auch nach neuem Recht zulässig sein[11].

## 2. Firmenfähigkeit

Die Firmenfähigkeit beginnt grundsätzlich mit der Eintragung in das Handelsregister (§ 41 Abs. 1 Satz 1). Der Name der Vor-AG ist aber bereits dann Firma, wenn ein kaufmännisches Gewerbe betrieben wird[12]. Die Option gem. § 2 HGB steht der Vor-AG offen; die firmenführende Vor-AG muss einen entsprechenden Hinweis aufnehmen (AG i. Gr.)[13]. Die Firmenfähigkeit endet mit der Löschung der AG gem. § 273 Abs. 1 Satz 2[14]. Die Firma erlischt **nicht durch Vermögenslosigkeit, Auflösung der AG** nach § 262 oder Einstellung des Gewerbebetriebes[15].

4

## 3. Rechtsformzusatz

### a) Allgemeines

§ 4 dient der **Sicherung des Verkehrs durch Information** über die Rechtsform der Gesellschaft. Gerade deshalb muss der Rechtsformzusatz unter allen Umständen, gleichgültig ob die Firma erst gebildet, geändert oder fortgeführt wird, angegeben werden[16]. Die Firma einschließlich des Rechtsformzusatzes ist **zwingender Bestandteil der Satzung** (§ 23 Abs. 3 Satz 1)[17]. Entgegen früherem Recht muss das ausgeschriebene Wort weder in der Satzung noch im Registerverkehr oder im allgemeinen Geschäftsverkehr verwandt werden[18]. Wird der Rechtsformzusatz in der Satzung aus-

5

---

7 Vgl. § 19 HGB, § 3 GenG.
8 *Lutter/Welp*, ZIP 1999, 1073.
9 *Ammon/Ries* in Röhricht/Graf von Westphalen, § 18 HGB Rz. 4; *Heider* in MünchKomm. AktG, 3. Aufl., § 4 AktG Rz. 8.
10 Vgl. dazu *Fezer*, ZHR 161 (1997), 52, 58.
11 *Lutter/Welp*, ZIP 1999, 1073, 1074, 1076.
12 § 1 Abs. 2 HGB; *Hüffer*, § 4 AktG Rz. 4; *Heider* in MünchKomm. AktG, 3. Aufl., § 4 AktG Rz. 10; *Heinrich* in Ulmer, § 4 GmbHG Rz. 12.
13 *Hüffer*, § 4 AktG Rz. 4.
14 *Hüffer*, § 4 AktG Rz. 4.
15 *Heider* in MünchKomm. AktG, 3. Aufl., § 4 AktG Rz. 10; *Brändel* in Großkomm. AktG, 4. Aufl., § 4 AktG Rz. 70.
16 *Bydlinski*, ZIP 1998, 1169, 1175.
17 Vgl. *Brändel* in Großkomm. AktG, 4. Aufl., § 4 AktG Rz. 7.
18 *Hüffer*, § 4 AktG Rz. 17; wurde im alten Recht im allgemeinen Geschäftsverkehr die Abkürzung benutzt, beeinträchtigte dies nicht die Rechtswirksamkeit etwaiger Handlungen, vgl. *Brändel* in Großkomm. AktG, 4. Aufl., § 4 AktG Rz. 29; vgl. auch Begr. RegE zum HRefG, BT-Drucks. 13/8444, S. 74.

geschrieben, so ist dies für die Registereintragungen maßgeblich. Im Wesentlichen durchgesetzt hat sich im Rechtsverkehr die Abkürzung „AG"[19]. Nicht genügend ist die Verwendung von reinen Wortteilen ohne einen Hinweis auf die Rechtsform der Kapitalgesellschaft, insbesondere mit dem Wort „Aktien"[20] (z.B. Aktien-Brauerei) oder die Benutzung unbestimmter Rechtsformhinweise (z.B. Aktien-Verein, Aktien-Unternehmen)[21]. Nach **h.M.** soll allerdings **zurzeit nur die Abkürzung AG verkehrsüblich und zulässig**[22] sein. Der Gesetzgeber hat diese Frage jedoch bewusst offen gelassen[23]. Ebenso offen ist der Wortlaut der Norm. Maßgebend ist folglich der Informationszweck. Somit kommen auch andere hinreichend deutliche Abkürzungen in Betracht, z.B. Aktienges., Aktges., Gesellschaft auf Aktien[24]. Eindeutige Mischformen – der Rechtsformzusatz ist teils ausgeschrieben, teils abgekürzt – sind daher nicht zu beanstanden[25]. In der Praxis empfiehlt sich die vorherige Abstimmung mit dem zuständigen Registergericht.

**b) Standort**

6   Der Standort des Rechtsformzusatzes ist freigestellt. Maßgebend ist allein der Informationszweck. Es kommt darauf an, ob der Zusatz ohne weiteres erkannt werden kann. Dies ist bei Aktiengesellschaften regelmäßig der Fall, wenn er an den Anfang oder an das Ende gestellt wird. Doch auch eine Stellung in der Mitte ist zulässig, gleichfalls eine Verbindung mit sonstigen Bestandteilen des Namens[26].

**c) Schreibweise**

7   Hinsichtlich der Schreibweise ist die Satzung frei. Der Rechtsformzusatz kann in Versalien[27] oder kleingeschrieben werden. Gegen eine Stellung in Klammern wird eingewandt, dass dadurch die Bedeutung des Rechtsformzusatzes in Frage gestellt werde[28]. Nach richtiger Auffassung ist die Einklammerung zulässig, sofern die Art der Klammerstellung nicht zur Verwirrung führt[29]. Entsprechend kann der Name im Geschäftsverkehr verwandt werden. Eine andere, hiervon zu unterscheidende Frage ist, welchen Regeln die Registereintragung folgt. Gelegentlich wird hier von der Praxis die Verwendung der „normalen" Rechtschreibregelungen verlangt, vor allem, um das Register nicht zu etwaigen Werbezwecken zu missbrauchen[30]. Nach neuem Recht ist eine solche Einschränkung nicht zu rechtfertigen. Gerade individuelle Schreibweisen können die Unterscheidungs- und Kennzeichnungskraft der Firma (§ 18 HGB) erheblich verbessern.

---

19 *Hüffer*, § 4 AktG Rz. 17; für das alte Recht *Gabbert*, DB 1992, 198.
20 *Hüffer*, § 4 AktG Rz. 17; *Heider* in MünchKomm. AktG, 3. Aufl., § 4 AktG Rz. 18; zum AktG a.F. *Brändel* in Großkomm. AktG, 4. Aufl., § 4 AktG Rz. 28.
21 *Hüffer*, § 4 AktG Rz. 22; *Heider* in MünchKomm. AktG, 3. Aufl., § 4 AktG Rz. 18.
22 Vgl. *Heider* in MünchKomm. AktG, 3. Aufl., § 4 AktG Rz. 18; ähnlich *Hüffer*, § 4 AktG Rz. 17.
23 Begr. RegE zum HRefG, BT-Drucks. 13/8444, S. 74.
24 A.A. zum alten Recht *Brändel* in Großkomm. AktG, 4. Aufl., § 4 AktG Rz. 28.
25 Begr. RegE zum HRefG, BT-Drucks. 13/8444, S. 74; *Lutter/Welp*, ZIP 1999, 1073.
26 *Hüffer*, § 4 AktG Rz. 17; *Heider* in MünchKomm. AktG, 3. Aufl., § 4 AktG Rz. 18.
27 Vgl. dazu KG v. 23.5.2000 – 1 W 247/99, NJW-RR 2001, 173; dies bindet nach h.M. das Registergericht nicht, vgl. BayObLG v. 26.7.1967 – 2 Z 31/67, NJW 1968, 364, 365.
28 Für § 4 GmbHG *Michalski* in Michalski, § 4 GmbHG Rz. 37; *Heinrich* in Ulmer, § 4 GmbHG Rz. 36.
29 *Hüffer*, § 4 AktG Rz. 17; *Brändel* in Großkomm. AktG, 4. Aufl., § 4 AktG Rz. 28; *Emmerich* in Scholz, § 4 GmbHG Rz. 52a.
30 BayObLG v. 26.7.1967 – 2 Z 31/67, NJW 1968, 364, 365 (keine Eintragung von „Pflanzen und Pflegen" in Versalien).

## d) Sprache

Auch wenn die Firma selbst aus einer fremdsprachigen Bezeichnung besteht, muss der Rechtsformzusatz in deutscher Sprache abgefasst sein[31]. 8

## e) Haftung bei fehlender Rechtsformbezeichnung

Nach ganz h.M.[32]. kann ein Fehlen der Rechtsformbezeichnung zu einer Rechtsscheinhaftung der Gesellschafter bzw. der Vorstände führen, wenn der Anschein erweckt wird, es hafte mindestens eine natürliche Person. Der unzulässige Firmengebrauch allein reicht dafür nicht aus; denn darin liegt lediglich das Setzen eines Rechtsscheins. Daneben sind weitere Umstände erforderlich[33]. So muss der Geschäftsgegner infolge des Rechtsscheins zu einem Geschäftsabschluss mit dem in Anspruch Genommenen veranlasst worden sein (Kausalität), den er sonst nicht getätigt hätte. Der Geschäftsgegner muss überdies schutzwürdig gewesen sein, also im berechtigten Vertrauen auf die scheinbare Rechtslage gehandelt haben. § 15 Abs. 2 HGB greift im Übrigen nicht, wenn der Vertrauenstatbestand selbst veranlasst wurde[34]. 9

## 4. Allgemeines Firmenrecht (Überblick)

### a) Allgemeine Grundsätze des Firmenrechts

Nach § 18 HGB muss die Firma der AG im Wesentlichen drei Kriterien erfüllen: 10
- Kennzeichnungseignung,
- Unterscheidungskraft,
- keine Irreführung der angesprochenen Verkehrskreise über geschäftliche Verhältnisse.

Grundsätze des Firmenrechts sind insbesondere **Firmenwahrheit** (d.h. insbesondere keine Irreführung im Sinne des § 18 Abs. 2 HGB bzw. Täuschungsverbot), **Firmenbeständigkeit** (Fortführung von Firmen zur Erhaltung des Good Will, § 22 HGB), **Firmeneinheit** im Falle von Handelsgesellschaften, **Firmenunterscheidbarkeit** (§ 30 Abs. 1 HGB) und **Firmenöffentlichkeit**, d.h. der Gebrauch des Namens der Gesellschaft (Firma) im regelmäßigen Geschäftsverkehr[35]. Die ursprüngliche Firma der Aktiengesellschaft hat diesen Anforderungen nach Maßgabe der allgemeinen Bestimmungen des HGB zu genügen. Aber auch das Recht der Aktiengesellschaft, eine abgeleitete Firma zu führen, wird von § 4 vorausgesetzt. Er enthält insofern keine eigenständige Regelung, sondern verweist auf die allgemeinen Vorschriften[36]. Erwirbt die AG eine bestehende Firma und beabsichtigt deren **Fortführung**, ist allerdings eine Satzungsänderung erforderlich, weil bisherige und erworbene Firma nicht gleichzeitig geführt werden dürfen (Grundsatz der Firmeneinheit). 11

---

31 *Heider* in MünchKomm. AktG, 3. Aufl., § 4 AktG Rz. 18.
32 Ständige Rspr., BGH v. 18.3.1974 – II ZR 167/72, BGHZ 62, 216, 222 ff.; BGH v. 8.5.1978 – II ZR 97/77, BGHZ 71, 354, 356 f.; *Heider* in MünchKomm. AktG, 3. Aufl., § 4 AktG Rz. 20; *Heinrich* in Ulmer, § 4 GmbHG Rz. 37.
33 Vgl. hierzu *Canaris*, Die Vertrauenshaftung im deutschen Privatrecht, 1971, S. 167 f., 179, 490 ff.
34 BGH v. 18.3.1974 – II ZR 167/72, BGHZ 62, 216, 223 ff.; BGH v. 8.5.1978 – II ZR 97/77, BGHZ 71, 354, 357; BGH v. 15.1.1990 – II ZR 311/88, NJW 1990, 2678, 2679; *Stimpel*, ZGR 1973, 73, 91 f.; *Heinrich* in Ulmer, § 4 GmbHG Rz. 37.
35 *Hüffer*, § 4 AktG Rz. 6.
36 *Hüffer*, § 4 AktG Rz. 18.

### b) Firmenrecht der Kapitalgesellschaften

12 **aa) Kennzeichnungseignung.** Die Firma muss gem. § 18 Abs. 1 HGB zur Kennzeichnung geeignet sein. Sie soll also „wie ein Name wirken"[37] (Namensfunktion). Es kommt folglich darauf an, ob der Verkehr die Bezeichnung als Namen verstehen wird[38]. Daher muss der Firmenkern aus einer wörtlichen und aussprechbaren Bezeichnung bestehen[39]. Folgende Grundsätze kommen zur Anwendung:

13 **Sachbezeichnungen:** Eine Sachfirma (Steinabbau AG) ist eine wörtliche und aussprechbare Bezeichnung. Der Verkehr kann diese Bezeichnung, auch wenn sie aus beschreibenden Begriffen bestehen mag, als Namen verstehen. Somit eignet sie sich zur Kennzeichnung[40].

14 **Personennamen, Phantasienamen, Mischformen und Werbeslogans:** Personennamen haben i.d.R. Kennzeichnungseignung. Ebenso sind Künstler- und Phantasienamen zur Kennzeichnung geeignet[41], weil sie eine besondere Identifikationskraft aufweisen und wörtliche, aussprechbare Bezeichnungen sind[42]. Problematisch ist, ob sich auch solche Phantasienamen zur Kennzeichnung eignen, die kein aussprechbares Phantasiewort ergeben[43]; dabei handelt es sich regelmäßig um Buchstabenfolgen wie „IBM" oder „ABC".Vgl. näher Rz. 17. Auch Mischformen und Werbeslogans sind zur Kennzeichnung geeignet[44]. Werbeslogans wie „fahr in Urlaub", „Ruf' 'mal an!" oder „up 'n' away" sind originell, einprägsam und daher verwendbar[45].

15 **Fremdsprachige Bezeichnungen:** Die Fremdsprachigkeit von Firmen schließt die Kennzeichnungseignung nicht aus[46]. Sie sind ebenso wörtlich und aussprechbar wie eine entsprechende deutsche Bezeichnung[47]. Anders liegt es, wenn fremdsprachige Bezeichnungen nicht in lateinischen Buchstaben geschrieben sind. Sie lassen sich von den Durchschnittsangehörigen des Geschäftsverkehrs nicht aussprechen und sind daher nicht kennzeichnungsfähig[48].

16 **Geografische Bezeichnungen:** Geografische Bezeichnungen dienen der Identifikation von Gemeinden, Städten, Staaten etc. und sind deshalb auf dieser Ebene zur Kennzeichnung geeignet. Sie sind auch wörtliche, aussprechbare Bezeichnungen. Im Hinblick auf Firmen ist zwar zu bedenken, dass die bloße Nennung eines Standortes keinerlei Hinweis auf die Identität bietet. Dies ist allerdings eine Frage der Unterscheidungskraft[49].

---

37 BGH v. 28.1.1981 – IV b ZR 581/80, BGHZ 79, 265, 270; BGH v. 26.6.1997 – I ZR 14/95, BB 1997, 2611; *Lutter/Welp*, ZIP 1999, 1073, 1077.
38 *Canaris*, Handelsrecht, § 10 Rz. 13.
39 BGH v. 6.7.1954 – I ZR 167/52, BGHZ 14, 155, 159 f.; OLG Celle v. 19.11.1998 – 9 W 150/98, DB 1999, 40; *Michalski* in Michalski, § 4 GmbHG Rz. 9.
40 *Michalski* in Michalski, § 4 GmbHG Rz. 17; *Heidinger* in MünchKomm. HGB, 2. Aufl., § 18 HGB Rz. 26 ff.; *Ammon/Ries* in Röhricht/Graf von Westphalen, § 18 HGB Rz. 10.
41 *Heidinger* in MünchKomm. HGB, 2. Aufl., § 18 HGB Rz. 66; *Roth* in Koller/Roth/Morck, § 18 HGB Rz. 3.
42 Begr. RegE zum HRefG, BT-Drucks. 13/8444, S. 37; für Phantasiefirmen zustimmend *Heider* in MünchKomm. AktG, 3. Aufl., § 4 AktG Rz. 15.
43 Bejahend *Heider* in MünchKomm. AktG, 3. Aufl., § 4 AktG Rz. 16 Fn. 39; *Lutter/Welp*, ZIP 1999, 1073, 1078; a.A. OLG Celle v. 19.11.1998 – 9 W 150/98, DB 1999, 40.
44 *Roth* in Koller/Roth/Morck, § 18 HGB Rz. 3.
45 *Bayer* in Lutter/Hommelhoff, § 4 GmbHG Rz. 17.
46 *Roth* in Koller/Roth/Morck, § 18 HGB Rz. 3.
47 Es kann allerdings an der Unterscheidungskraft fehlen, dazu unten Rz. 23.
48 *Ammon/Ries* in Röhricht/Graf von Westphalen, § 18 HGB Rz. 11.
49 Dazu unten Rz. 24. *Canaris* bezweifelt allerdings auch die Kennzeichnungseignung, Handelsrecht, § 10 Rz. 21.

**Buchstabenfolgen und Akronyme:** Geht man davon aus, dass wörtliche und aussprechbare Bezeichnungen geeignete Namen sind[50], mag eine Buchstabenfolge nicht unproblematisch erscheinen. Allerdings ist sie grundsätzlich zur Kennzeichnung geeignet, sei es, dass sie im Verkehr Namensgeltung erlangt hat (VW, BMW, AEG, TUI) wie viele Akronyme, d.h. aus den Anfangsbuchstaben mehrerer Wörter gebildete Kurzwörter[51], sei es, dass sie aus Initialen der Gründer und/oder Vorstände besteht oder rein willkürlich gewählt ist, wenn der Liberalisierungszweck der Reform berücksichtigt wird[52]. Es leuchtete auch nicht ein, weshalb beispielsweise eine „Debeka"-GmbH oder -AG zulässig, eine „DBK" aber unzulässig sein sollte[53]. Überdies haben sich mittlerweile zahlreiche Unternehmensbezeichnungen dieser Art im Geschäftsverkehr verbreitet[54]. In größeren Gemeinden wird man zur Verbesserung der Unterscheidbarkeit davon ausgehen können, dass Buchstabenkombinationen, die beliebig gewählt sind, nicht die Zahl von drei unterschreiten dürfen[55]. Der Extremfall lediglich eines einzelnen Buchstabens, z.B. „A AG", ist einem Namen jedenfalls nicht mehr hinreichend ähnlich[56]. Bei zwei Buchstaben ist die Kennzeichnungseignung zu bejahen, wenn ein Verbindungszeichen benutzt wird[57], so z.B. „B&C AG", und die Bezeichnung klar aussprechbar ist[58]; denn dann ist sie einprägsam und originell wie ein Name. Problematisch sind beliebige Buchstabenkombinationen mit Missbrauchstendenz. Kombinationen wie „AAA AAA AAA AB ins Lifesex TV.de-GmbH"[59] sind zwar überaus einprägsam und unterscheidungskräftig[60], aber allein von der Tendenz getragen, bis ans Ende aller Zeiten vorne in alphabetischen Verzeichnissen geführt zu werden (vgl. unten Rz. 25).

17

**Zahlen, Bilder und Zeichen:** Zahlen können bei entsprechender Kennzeichnungseignung und Verkehrsgeltung, insbesondere in Verbindung mit Buchstaben (z.B. B2B, B2C, B2G), Firmenbestandteil sein. Bei Zahlenreihen ist im Hinblick auf die Namensfunktion eine gewisse Einprägsamkeit zu fordern, woran es leicht fehlen kann[61]. Bei Zahlen in Alleinstellung mit dem Rechtsformzusatz ist zu unterscheiden: Werden die Zahlen ausgeschrieben („elf"), handelt es sich um wörtliche und aussprechbare Bezeichnungen, die daher kennzeichnungsfähig sind[62]. Umstritten ist dagegen, ob Zahlen in Alleinstellung mit dem Rechtsformzusatz die Kennzeich-

18

---

50 *Hopt* in Baumbach/Hopt, § 18 HGB Rz. 4; *Roth* in Koller/Roth/Morck, § 18 HGB Rz. 3.
51 BGH v. 26.10.1973 – I ZR 112/72 – „KKB", GRUR 1974, 349, 350; *Fritze*, GRUR 1993, 538, 539; ausdrücklich nunmehr auch BGH v. 8.12.2008 – II ZB 46/07, DB 2009, 170, auf Vorlage des OLG Hamm v. 11.12.2007 – 15 W 85/07, DB 2008, 981, gegen OLG Celle v. 6.7.2006 – 9 W 61/04, DNotZ 2007, 56; dazu auch *Kilian*, notar 2010, 13, 17.
52 *Bayer* in Lutter/Hommelhoff, § 4 GmbHG Rz. 15; BGH v. 8.12.2008 – II ZB 46/07, DB 2009, 170, Rz. 11 ff.
53 *Ammon/Ries* in Röhricht/Graf von Westphalen, § 18 HGB Rz. 12.
54 *Bayer* in Lutter/Hommelhoff, § 4 GmbHG Rz. 15, nennen z.B. „LTU", „IBM", „VW", „BMW", „MBB", „BASF".
55 So zeigen auch die bei *Bayer* (in Lutter/Hommelhoff, § 4 GmbHG Rz. 18) angeführten Beispiele, dass i.d.R. drei Buchstaben die Einprägsamkeit fördern. Zweifelnd *Ammon/Ries* in Röhricht/Graf von Westphalen, § 18 HGB Rz. 13; *Heidinger* in MünchKomm. HGB, 2. Aufl., § 18 HGB Rz. 17.
56 *Ammon/Ries* in Röhricht/Graf von Westphalen, § 18 HGB Rz. 13.
57 Vorsichtiger *Ammon/Ries* in Röhricht/Graf von Westphalen, § 18 HGB Rz. 13.
58 Für dieses Erfordernis *Bayer* in Lutter/Hommelhoff, § 4 GmbHG Rz. 18.
59 Vgl. OLG Celle v. 19.11.1998 – 9 W 150/98, DB 1999, 40.
60 *Ammon/Ries* in Röhricht/Graf von Westphalen, § 18 HGB Rz. 13 geht in diese Richtung; a.A. allerdings *Lutter/Welp*, ZIP 1999, 1073, 1078.
61 *Heidinger* in MünchKomm. HGB, 2. Aufl., § 18 HGB Rz. 19 f.; *Roth* in Koller/Roth/Morck, § 18 HGB Rz. 3.
62 *Roth* in Koller/Roth/Morck, § 18 HGB Rz. 3; *Heidinger* in MünchKomm. HGB, 2. Aufl., § 18 HGB Rz. 19.

nungseignung fehlt[63], wenn sie nicht ausgeschrieben sind, z.B. „3-AG". Auch wenn sie nicht ausgeschrieben sind, so sind sie doch aussprechbar[64] und können daher der ausgeschriebenen Zahl – „Drei-AG" – gleichgesetzt werden[65]. Bildern fehlt eine Namensfunktion, da sie nicht eindeutig berechenbar sind und daher dem Rechtsverkehr keine sprachliche Identifizierung ermöglichen[66]. Möchte ein Unternehmen ein Bild als Identifikationsmerkmal verwenden und eine entsprechende Firma bilden, so es das Bild in Worten formulieren, etwa „Grünes Kleeblatt AG". (Bild-)Zeichen („*", „§", „@"[67]) wird im Gegensatz zu den Sprachzeichen in der Regel die Namensfunktion abgesprochen[68]. Allerdings sind „+", „&" als Ersatz für „und" anerkannt[69]. Bei den griechischen Zeichen „α, β, γ" ist das Schrifttum geteilter Auffassung[70]. Für ihre Namensmäßigkeit spricht, dass sie als allgemein bekannt und daher wörtlich sprechbar gelten können. Allein stehend kommen sie wie auch „+", „&" nicht in Betracht.

19 Ein besonders intensiv diskutiertes Zeichen ist das „@". Die überwiegende Meinung lehnt seine Kennzeichnungseignung ab, weil es keine wörtlich aussprechbare Bezeichnung sei[71]. Weder in Alleinstellung noch als Bestandteil der Firma soll es zulässig sein[72]. Allerdings ist das Zeichen nach heutiger Verkehrsübung durchaus sprechbar[73]: Es kann in Worten wie „Y@llow" oder „Met@box" sowohl gesprochen als auch verstanden werden, am Wortende als „at"[74]. Die heutige Verkehrsauffassung dürfte das Zeichen als zulässigen Firmenbestandteil ansehen[75]; es findet sich auf jeder PC-

---

63 So *Müther*, GmbHR 1998, 1058, 1060; *Kögel*, BB 1998, 1645, 1646; *Lutter/Welp*, ZIP 1999, 1073, 1078 f.; s. auch *Emmerich* in Scholz, § 4 GmbHG Rz. 11; a.A. *Ammon/Ries* in Röhricht/Graf von Westphalen, § 18 HGB Rz. 11.
64 *Canaris*, Handelsrecht, § 10 Rz. 17; *Ammon/Ries* in Röhricht/Graf von Westphalen, § 18 HGB Rz. 14; *Roth* in Koller/Roth/Morck, § 18 HGB Rz. 3; *Bayer* in Lutter/Hommelhoff, § 4 GmbHG Rz. 17.
65 *Canaris*, Handelsrecht, § 10 Rz. 17; *Ammon/Ries* in Röhricht/Graf von Westphalen, § 18 HGB Rz. 14.
66 *Michalski* in Michalski, § 4 GmbHG Rz. 11.
67 Das LG Berlin v. 13.1.2004 – 102 T 122/03, GmbHR 2004, 428, 429 hält das Zeichen nicht mehr für ein Bild-, sondern für ein Wortzeichen mit spezifischer Bedeutung. So auch *Mankowski*, EWiR 2001, 275 f., da sich das „@" im Wortzeichen-, nicht im Bildzeichensatz der Tastatur befinde; a.A. *Möller*, DNotZ 2000, 830, 842.
68 *Heidinger* in MünchKomm. HGB, 2. Aufl., § 18 HGB Rz. 12 f.; *Roth* in Koller/Roth/Morck, § 18 HGB Rz. 3.
69 *Müther*, GmbHR 1998, 1058, 1059 Fn. 10; *Bayer* in Lutter/Hommelhoff, § 4 GmbHG Rz. 18; *Michalski* in Michalski, § 4 GmbHG Rz. 11.
70 Für eine Verwendbarkeit *Michalski* in Michalski, § 4 GmbHG Rz. 10; dagegen: *Lutter/Welp*, ZIP 1999, 1073, 1077.
71 OLG Braunschweig v. 27.11.2000 – 2 W 270/00, WRP 2001, 287, 288; BayObLG v. 4.4.2001 – 3 Z BR 84/01, GmbHR 2001, 476; *Ammon/Ries* in Röhricht/Graf von Westphalen, § 18 HGB Rz. 16.
72 *Ammon/Ries* in Röhricht/Graf von Westphalen, § 18 HGB Rz. 16; BGH v. 8.12.2008 – II ZB 46/07, DB 2009, 170 = GmbHR 2009, 249, Rz. 10, insofern allerdings zurückhaltend, s. dazu *Kilian*, notar 2010, 13, 18.
73 So unter Berufung auf einen „beachtlichen Teil der angesprochenen Verkehrskreise" auch LG Berlin v. 13.1.2004 – 102 T 122/03, GmbHR 2004, 428, 429; es handele sich um ein Wortzeichen mit spezifischer Bedeutung.
74 LG Cottbus v. 2.8.2001 – 11 T 1/00, CR 2002, 134, 135, das ferner darauf verweist, auch das „H" könne stumm oder stimmhaft sein, also unterschiedlich gesprochen werden; *Bayer* in Lutter/Hommelhoff, § 4 GmbHG Rz. 19; vgl. auch *Mankowski*, EWiR 2001, 275 f.
75 Für die Zulässigkeit LG Berlin v. 13.1.2004 – 102 T 122/03, GmbHR 2004, 428, 429; LG Cottbus v. 2.8.2001 – 11 T 1/00, CR 2002, 134, 135; *Bayer* in Lutter/Hommelhoff, § 4 GmbHG Rz. 19; *Hintzen*, Rpfleger 2005, 344, 346; *Thomas/Bergs*, Anm. zu LG Berlin, GmbHR 2004, 429, 430; a.A. OLG Braunschweig v. 27.11.2000 – 2 W 270/00, WRP 2001, 287, 288; BayObLG v. 4.4.2001 – 3 Z BR 84/01, GmbHR 2001, 476.

Tastatur und ist keinem Teilnehmer des Rechtsverkehrs fremd[76]. Entsprechendes ist für Internetadressen (http://www ...) anzunehmen.

**bb) Unterscheidungskraft.** § 18 Abs. 1 HGB fordert eine Unterscheidungskraft der Firma. Unterscheidungskraft der Firma besteht, wenn sie die Gesellschaft von anderen Unternehmen unterscheiden und auf diese Weise individualisieren kann[77], d.h. eine abstrakt-generelle Eignung zur Unterscheidung aufweist[78]. Folgendes gilt: 20

**Sachbezeichnungen:** Reinen Sachbezeichnungen, etwa der Gattung oder der Branche (Maurermeister-AG, Dachdecker-AG), fehlt die erforderliche Unterscheidungskraft; dasselbe gilt für allgemein übliche Produktbezeichnungen (Beton-AG, Computer-AG)[79]. Sie beschreiben lediglich den Gegenstand des Gewerbes, individualisieren es jedoch nicht. Im Übrigen sperrten solche reinen Gattungsbezeichnungen gerade in größeren Gemeinden für branchengleiche Unternehmen dieselbe Sachfirma, so dass auch aus dem entgegenstehenden Freihaltebedürfnis ihre Unzulässigkeit folgt[80]. Im Einzelfall kann sich allerdings auf der Grundlage der **Verkehrsauffassung** etwas anderes ergeben[81], insbesondere wenn eine Sachbezeichnung im entfremdeten, beispielsweise satirischen Sinne benutzt wird. Die Grenzen sind insofern fließend. Außerdem kann sich die Verkehrsanschauung wandeln; z.B. wäre im Jahr 1990 eine „Internet-GmbH" eintragungsfähig gewesen, heute sicherlich nicht. 21

**Phantasienamen, Personennamen:** Unterscheidungskraft besitzen insbesondere auch die nunmehr erlaubten reinen Phantasienamen. Sie haben oft besondere Originalität[82]. Daher ist nunmehr auch die Verwendung von Marken zur Firmenbildung möglich[83]. **Familiennamen** reichen als Firmenbestandteil in der Regel aus. Das ist schon deshalb anzunehmen, weil Personennamen natürlicherweise der Unterscheidung und Kennzeichnung dienen und § 18 Abs. 1 HGB dies für die Firmen erreichen möchte[84]. Allerdings sind solche Familiennamen unverwendbar, die wie eine Sachbezeichnung klingen und deshalb mit Produkten identifiziert werden[85], etwa „Reis AG". Die häufig vorkommenden, so genannten **„Allerweltsnamen"** wie Meier, Müller, Schulz sind jedenfalls dann eintragungsfähig, wenn ihnen ein individualisierender Zusatz beigefügt wird[86]. **Vornamen** dürfen auch in Alleinstellung, d.h. lediglich mit dem Rechtsformzusatz verbunden, verwendet werden[87]. Allerdings kann es auch hier 22

---

76 Zustimmend insoweit zwar *Michalski* in Michalski, § 4 GmbHG Rz. 11, der dort jedoch zusätzlich für die Namensfähigkeit fordert, es müsse sich eine einheitliche Bezeichnung im Verkehr durchsetzen; wie hier *Kilian*, notar 2010, 13, 18 m.w.N.; vgl. auch oben Fn. 67, 75.
77 BayObLG v. 1.7.2003 – 3 Z BR 122/03, NZG 2003, 1029; *Lutter/Welp*, ZIP 1999, 1073, 1074.
78 *Canaris*, Handelsrecht, § 10 Rz. 18.
79 *Ammon/Ries* in Röhricht/Graf von Westphalen, § 18 HGB Rz. 22; *Lutter/Welp*, ZIP 1999, 1073, 1075; auch bei Führung einer entsprechenden Internet-Domain, vgl. LG Köln v. 8.2.2008 – 88 T 4/08, Rpfleger 2008, 425; einschränkend KG v. 11.9.2007 – 1 W 81/07, DNotZ 2008, 392 = GmbHR 2008, 146.
80 BayObLG v. 1.7.2003 – 3 Z BR 122/03, NZG 2003, 1029; *Lutter/Welp*, ZIP 1999, 1073, 1074.
81 Vgl. die Beispiele bei *Lutter/Welp*: Muskelkater-GmbH für einen Sportartikel-Hersteller, Apple für Computer.
82 Begr. RegE zum HRefG, BT-Drucks. 13/8444, S. 37.
83 *Ammon/Ries* in Röhricht/Graf von Westphalen, § 18 HGB Rz. 23.
84 *Roth* in Roth/Altmeppen, § 4 GmbHG Rz. 6.
85 *Lutter/Welp*, ZIP 1999, 1073, 1075.
86 *Heinrich* in Ulmer, § 4 GmbHG Rz. 17; *Lutter/Welp*, ZIP 1999, 1073, 1075; *Roth* in Koller/Roth/Morck, § 18 HGB Rz. 4, und *Ammon/Ries* in Röhricht/Graf von Westphalen, § 18 HGB Rz. 23 erwähnen insbesondere den Vornamen, a.A. und teils differenzierend *Müther*, GmbHR 1998, 1058, 1059; *Roth* in Koller/Roth/Morck, § 18 HGB Rz. 4 – „fehlt idR"; *Michalski* in Michalski, § 4 GmbHG Rz. 15; so wohl auch *Ammon/Ries* in Röhricht/Graf von Westphalen, § 18 HGB Rz. 19.
87 *Roth* in Koller/Roth/Morck, § 18 HGB Rz. 3; *Michalski* in Michalski, § 4 GmbHG Rz. 14.

zu den Problemen eines „Allerweltsnamens" kommen[88]. **Künstlernamen und Pseudonyme** sind zulässig. Sie sind regelmäßig unterscheidungskräftiger als der – häufig weniger bekannte – bürgerliche Name[89].

23 **Fremdsprachige Bezeichnungen:** Fremdsprachige Bezeichnungen sind uneingeschränkt eintragungsfähig, wenn sie im Verkehr wie ein Phantasiewort aufgefasst werden[90]. Je mehr sich die Bezeichnung jedoch auch als allgemeine Branchenbezeichnung durchsetzt, umso eher wird sie unzulässig (z.B. Fast Food, Coffee-Shop, Video-Rent, Fashion, Software, Internet, Online o.ä.)[91]. Die Bezeichnung muss aus **lateinischen** Buchstaben bestehen, da die Firma im Handelsregister eingetragen werden können muss und die Gerichtssprache deutsch ist[92]. Eine nicht lateinische Bezeichnung lässt ferner die Kennzeichnungseignung vermissen[93].

24 **Geografische Bezeichnungen:** Unzulässig mangels Individualisierungseignung und damit Unterscheidungskraft sind rein geografische Bezeichnungen (Köln-AG, Hanseatic-AG)[94]. Allgemeine Beschreibungen dieser Art würden außerdem ähnliche Firmenbildungen sperren, so dass ein Freihaltebedürfnis besteht[95]. Allerdings bleiben die früher zulässigen Firmenbildungen wie „Deutsche Bank AG" durch das neue Firmenrecht unberührt[96].

25 **Buchstabenfolgen, Akronyme:** Zweifelhaft ist, ob Buchstabenfolgen und Akronyme Unterscheidungskraft besitzen. Von einer Unterscheidungskraft kann nicht mehr gesprochen werden, wenn einzelne Buchstaben sich wiederholend hintereinander geführt werden und danach allein der Rechtsformzusatz folgt. Bekannte Beispiele sind die „A.A.A.A.A.A. GmbH"[97] oder -AG. In solchen Fällen gelingt bereits kaum die Identifikation des Unternehmens, wenn es mehrere ähnliche Firmen gibt; der Leser ist gezwungen, die Anzahl der Buchstaben zu vergleichen. Die Bedeutung des Namens und wohl auch die Rechtsformbezeichnung geraten durch die Buchstabenserie in den Hintergrund[98]. Die Individualisierungsfunktion der Firma ist nicht mehr erfüllt. Da sich der Gedanke eines Rechtsmissbrauchs zur Sicherung eines vorderen Ranges in Verzeichnissen aufdrängt, sollte die Eintragung mit dieser Begründung verweigert werden[99]; zur Kennzeichnungseignung bei Buchstabenfolgen vgl. oben Rz. 18.

---

88 *Emmerich* in Scholz, § 4 GmbHG Rz. 37; *Michalski* in Michalski, § 4 GmbHG Rz. 15.
89 *Ammon/Ries* in Röhricht/Graf von Westphalen, § 18 HGB Rz. 19; vgl. zur OHG *Langhein* in MünchKomm. HGB, 2. Aufl., § 105 HGB Rz. 17.
90 Zu den Phantasiebezeichnungen s. oben Rz. 12.
91 *Bayer* in Lutter/Hommelhoff, § 4 GmbHG Rz. 12; *Müther*, GmbHR 1998, 1058, 1060; BGH v. 12.6.1986 – I ZR 70/84, NJW 1987, 438 nach altem Recht; LG München v. 10.4.1997 – 17 HK O 3447/97 – „Sat-Shop", NJW-RR 1998, 978; *Lutter/Welp*, ZIP 1999, 1073, 1076.
92 *Michalski* in Michalski, § 4 GmbHG Rz. 10; *Heinrich* in Ulmer, § 4 GmbHG Rz. 15; *Müther*, GmbHR 1998, 1058, 1059.
93 Dazu oben Rz. 15.
94 Ganz h.L., vgl. *Canaris*, Handelsrecht, § 10 Rz. 21; *Roth* in Koller/Roth/Morck, § 18 HGB Rz. 4; *Lutter/Welp*, ZIP 1999, 1073, 1075; vgl. zum österreichischen Recht öOGH v. 20.1.2000 – 6 Ob 98/99a, AG 2001, 154 f.; in Anm. dazu weist *Schulenburg* auf die Zulässigkeit von Firmen hin, die teilweise geografische Bestandteile beinhalten, NZG 2000, 594; a.A. jetzt aber KG v. 11.9.2007 – 1 W 81/07 – „Autodienst-Berlin", DNotZ 2008, 392 = GmbHR 2008, 146; zu Recht kritisch *Kanzleiter*, DNotZ 2008, 394. Die bloße Registrierung als domain („brillenshop.de") genügt nicht, LG Köln v. 8.2.2008 – 88 T 04/08, Rpfleger 2008, 425.
95 *Canaris*, Handelsrecht, § 10 Rz. 21.
96 *Canaris*, Handelsrecht, § 10 Rz. 22.
97 Dazu OLG Frankfurt a.M. v. 28.2.2002 – 20 W 531/01, NJW 2002, 2400.
98 *Heinrich* in Ulmer, § 4 GmbHG Rz. 14; *Roth* in Roth/Altmeppen, § 4 GmbHG Rz. 24, sieht die Grenze z.B. bei „STOXX" und hält „AA-AA" für unzulässig.
99 OLG Frankfurt a.M. v. 28.2.2002 – 20 W 531/01, NJW 2002, 2400; *Ammon/Ries* in Röhricht/Graf von Westphalen, § 18 HGB Rz. 13.

**Zahlen und Sonderzeichen:** Als ausgeschriebene Worte sind Zahlen grundsätzlich zulässig („Zehn AG"), ebenso bei Verbindung mit Buchstaben oder Worten („3M", „Bank24")[100]. Problematisch ist allerdings die bloße Aneinanderreihung von Ziffern („0815-AG")[101]. Insoweit mag eine gewisse Unterscheidungskraft noch anzunehmen sein; anzuzweifeln ist allerdings die Kennzeichnungseignung (dazu oben Rz. 18). 26

**cc) Irreführungsverbot.** Die **wichtigste Schranke** der Firmenbildung ist das **allgemeine Täuschungsverbot** des § 18 Abs. 2 HGB, wonach die Firma durch ihre Art und durch die Wahl ihrer Worte nicht über geschäftliche Verhältnisse, also über den Unternehmensträger sowie die Tätigkeit und Bedeutung der jeweiligen Kapitalgesellschaft und ihre sonstigen Verhältnisse täuschen darf. Dabei handelt es sich um eine Ausprägung des Grundsatzes der Firmenwahrheit[102]. Wie sich aus dem neuen Wortlaut der Norm nach dem HRefG ergibt, sind alle Angaben über geschäftliche Verhältnisse erfasst. Somit gilt das Täuschungsverbot sowohl für die Firma als Ganzes wie auch für Zusätze, den Firmenkern und insbesondere den Rechtsformzusatz[103]. Dieser Erweiterung steht eine Einschränkung des Prüfungsrechts des Registergerichtes durch das HRefG gegenüber (dazu unten Rz. 35). Ziel dieser Reduzierung der Kontrolldichte ist die Verhinderung einer „Versteinerung" des Firmenrechts[104]. 27

**Eignung einer Angabe zur Irreführung:** Das Täuschungsverbot ist durch das HRefG eingeschränkt worden. § 18 Abs. 2 Satz 1 HGB nennt die Einschränkung, dass sich die zur Irreführung geeignete Angabe auf geschäftliche Verhältnisse beziehen muss, die für die angesprochenen Verkehrskreise wesentlich sind. Damit lehnt sich die Gesetzesformulierung an §§ 3, 13a UWG in ihrer Fassung zur Zeit der Reform an[105]. Irreführungseignung liegt vor, wenn eine Angabe den durchschnittlichen Angehörigen des angesprochenen Verkehrskreises bei verständiger Würdigung zu einer unrichtigen Vorstellung verleiten kann[106]. Die Eignung zur Irreführung wird objektiv bestimmt. Ob es tatsächlich zu einer Irreführung kommt, ist daher irrelevant, ebenso die subjektiven Beweggründe für die Verwendung der irreführenden Angabe[107]. Der Maßstab des durchschnittlichen Angehörigen des betroffenen Personenkreises bei verständiger Würdigung ist eine Modifikation des früheren Maßstabes, wonach es auf einen „nicht unerheblichen Teil" der angesprochenen Verkehrskreise ankam[108]. Die Perspektive des durchschnittlichen Angehörigen ist normativ bestimmt, nicht empirisch. Dies deckt sich mit dem Verbraucherleitbild des EuGH[109] bzw. dem 28

---

100 *Roth* in Roth/Altmeppen, § 4 GmbHG Rz. 25; *Bayer* in Lutter/Hommelhoff, § 4 GmbHG Rz. 18.
101 *Müther*, GmbHR 1998, 1058, 1060; *Kögel*, BB 1998, 1645.
102 *Roth* in Koller/Roth/Morck, § 18 HGB Rz. 5; *Bayer* in Lutter/Hommelhoff, § 4 GmbHG Rz. 28.
103 Begr. RegE zum HRefG, BT-Drucks. 13/8444, S. 52; *Bayer* in Lutter/Hommelhoff, § 4 GmbHG Rz. 28. Schon die früher h.M. entnahm § 18 Abs. 2 HGB ein umfassendes Irreführungsverbot, vgl. *Zimmer* in Ebenroth/Boujong/Joost/Strohn, § 18 HGB Rz. 35; *Schmidt-Leithoff* in Rowedder/Schmidt-Leithoff, § 4 GmbHG Rz. 33.
104 Begr. RegE zum HRefG, BT-Drucks. 13/8444, S. 36.
105 Begr. RegE zum HRefG, BT-Drucks. 13/8444, S. 52 f.; nach Inkrafttreten des neuen UWG im Jahre 2004 ist dort die Formulierung des geschäftlichen Verkehrs nicht mehr vorzufinden. Näheres zum Verhältnis des § 18 HGB zu § 3 UWG a.F., § 5 n.F., bei *Zimmer* in Ebenroth/Boujong/Joost/Strohn, § 18 HGB Rz. 37; *Michalski* in Michalski, § 4 GmbHG Rz. 51.
106 *Heidinger* in MünchKomm. HGB, 2. Aufl., § 18 HGB Rz. 44.
107 BGH v. 25.10.1956 – II ZB 18/56, BGHZ 22, 88, 90; *Hopt* in Baumbach/Hopt, § 18 HGB Rz. 13.
108 Begr. RegE zum HRefG, BT-Drucks. 13/8444, S. 53; *Ammon/Ries* in Röhricht/Graf von Westphalen, § 18 HGB Rz. 27; *Schmidt-Leithoff* in Rowedder/Schmidt-Leithoff, § 4 GmbHG Rz. 38.
109 Danach kommt es auf einen „durchschnittlich informierten, aufmerksamen und verständigen Durchschnittsverbraucher" an; grundlegend EuGH v. 16.7.1998 – C 210/96 – „Gut Sprin-

neuen Verständnis im UWG[110]. Dabei ist sorgfältig auf Besonderheiten der angesprochenen Personenkreise zu achten, etwa solche sprachlicher Art in einer bestimmten Region[111].

29 **Geschäftliche Verhältnisse** sind solche nicht rein privater Natur. Der Begriff der geschäftlichen Verhältnisse ist weit auszulegen. Er ist auch ohne sachlichen Unterschied zu § 18 Abs. 2 HGB a.F. zu verstehen[112]. So fallen z.B. Angaben über die Waren und Dienstleistungen, aber auch über den Geschäftsbetrieb selbst darunter[113]. Die **Wesentlichkeit** ist bei der Auslegung des § 13a UWG a.F. so verstanden worden, dass die Angabe nach Auffassung der angesprochenen Verkehrskreise für die Wertschätzung einer Sache oder Leistung von Gewicht ist[114]. Übertragen auf § 18 Abs. 2 Satz 1 HGB folgt daraus, dass die durch die Firma vermittelte Einschätzung des Unternehmens für die angesprochenen Verkehrskreise ausschlaggebende Bedeutung hinsichtlich der geschäftlichen Entscheidung haben muss[115].

30 **Einzelheiten:** Eingangs ist darauf hinzuweisen, dass die Rechtsprechung zu § 18 Abs. 2 HGB a.F. auf die neue Rechtslage **nur mit Bedacht** übertragen werden darf. Insbesondere ist in jedem Einzelfall zu überprüfen, ob die Entscheidungen dem Liberalisierungszweck des HRefG widersprechen[116]. Dabei ist vor allem zu berücksichtigen, dass das geltende Recht neben den Rechtsform- und Haftungsbeschränkungsbezeichnungen im Regelfall keine Verpflichtungen zu weiteren Angaben über geschäftliche Verhältnisse in der Firma aufstellt, so dass der Rechtsverkehr diese auch nicht erwarten kann[117]. Über die **Rechtsform** der Gesellschaft darf nicht getäuscht werden. Der Zwang, einen Rechtsformzusatz zu führen, ist die Voraussetzung für die im Übrigen weitgehende Liberalisierung der Firmenbildung. Eine Täuschung über die Rechtsform erfolgt entweder durch die Angabe einer falschen Rechtsform – statt „X AG" wird „X GmbH" verwendet – oder durch die Verwendung mindestens zweier unterschiedlicher Zusätze, etwa „X GmbH AG"[118]. Dies gilt auch dann, wenn eine der Gesellschaften 100 % der Anteile der anderen hält[119]; denn maßgeblich ist, ob die angesprochenen Verkehrskreise die zutreffende Rechtsform erkennen können. **Phantasienamen** dürfte eine Irreführungseignung fehlen. Sie basieren ersichtlich nicht auf Fakten und können daher auch nicht falsch verstanden werden. Denkbar ist allenfalls, dass ein Phantasiezusatz auf verschiedene Unternehmensgegenstände hindeutet[120]; diese Interpretationsoffenheit ist Phantasienamen aber gerade eigen und verstößt nicht gegen § 18 Abs. 2 HGB. Zweifelhaft ist, ob eine Täuschung über die **Sachfirma** bejaht werden kann, wenn diese nicht den Unternehmensgegenstand ausdrückt (vgl. § 4 Abs. 1 Satz 1 a.F.). Diese Norm wurde allerdings gestrichen. Dennoch wird vielfach die Auffassung vertreten, dass eine nicht den Unternehmensgegenstand

---

genheide", Slg. 1998, I-4657 Rz. 31; weiter EuGH v. 13.1.2000 – C 220/98 – „Lifting", Slg. 2000, I-117.
110 Begr. RegE zur UWG-Reform, BT-Drucks. 15/1487, S. 19.
111 *Schmidt-Leithoff* in Rowedder/Schmidt-Leithoff, § 4 GmbHG Rz. 38.
112 *Hüffer*, § 4 AktG Rz. 13; *Michalski* in Michalski, § 4 GmbHG Rz. 47.
113 *Hopt* in Baumbach/Hopt, § 18 HGB Rz. 13.
114 Näher *Michalski* in Michalski, § 4 GmbHG Rz. 49.
115 *Schmidt-Leithoff* in Rowedder/Schmidt-Leithoff, § 4 GmbHG Rz. 40.
116 *Michalski* in Michalski, § 4 GmbHG Rz. 56.
117 *Heinrich* in Ulmer, § 4 GmbHG Rz. 28.
118 Es kann aber auch vorkommen, dass mit dem Firmenbestandteil „AG" etwas anderes als eine Aktiengesellschaft gemeint ist; dazu LG Hamburg v. 2.9.2003 – 312 O 271/03, K&R 2003, 616 ff. für „Abgabegemeinschaft", mit Anm. von *Weiler*, K&R 2003, 601 ff., der dafür eintritt, bei Top-Level-Domains die Verwendung der Abkürzung „ag" auch anderen als Aktiengesellschaften freizustellen.
119 *Michalski* in Michalski, § 4 GmbHG Rz. 57.
120 BayObLG v. 17.5.1999 – 3 Z BR 90/99 – „Meditec", NZG 1999, 761.

bezeichnende Sachfirma irreführend sei[121]. Richtigerweise wird auf die Wesentlichkeit aus Sicht des Verkehrs abzustellen sein[122].

Bei in der Firma geführten **Personennamen**, deren Träger nicht Gesellschafter des Unternehmens sind, lässt sich eine Täuschungseignung i.d.R. annehmen, wenn die angesprochenen Verkehrskreise fälschlich eine Gesellschafterstellung des Namensträgers vermuten können. Dabei ist im Einzelfall zu fragen, ob die Angabe für geschäftliche Kontakte wesentlich ist, weil sie die Angesprochenen zu Geschäften mit dem Unternehmen motivieren sollen[123]. So liegt es im Falle der Namen von Personen, die auf dem jeweiligen Geschäftsfeld tätig sind oder waren und einen hohen öffentlichen Bekanntheitsgrad aufweisen, wie z.B. bei „Claudia Schiffer Kosmetik AG", „Beckenbauer Fußballartikel AG"[124]. Diese sollen anziehend auf die angesprochenen Verkehrskreise wirken, vor allem weil ihnen eine besondere Kompetenz zugeschrieben wird. Somit ist die Wesentlichkeit anzunehmen und die Verwendung solcher Namen unbeschadet persönlichkeitsrechtlicher Probleme unzulässig[125]. War der Namensträger zwar berühmt, aber bereits seit langem **verstorben**, so ist eine Täuschung über die (frühere) Unternehmensträgerschaft wohl ausgeschlossen[126]. Bei erst seit kurzem verstorbenen berühmten Persönlichkeiten ist Einzelfallbetrachtung notwendig. **Titel** des namensgebenden Gesellschafters oder eines ihm nach seinem Ausscheiden folgenden Titelträgers dürfen in Personen- und Mischfirmen geführt werden[127]. 31

Der Zusatz **„und/+/& Partner"** ist nach § 11 Abs. 1 PartGG der Partnerschaft vorbehalten[128]. Bezeichnungen dürfen nicht fälschlich den Eindruck **öffentlicher** Trägerschaft bzw. einer **wissenschaftlichen** Einrichtung erwecken („Institut"), es sei denn, die Verkehrsauffassung hielte diese Eigenschaft – insbesondere wegen der Verbindung mit den anderen Firmenbestandteilen – für ausgeschlossen[129]. Falsche Angaben über 32

---

121 BayObLG v. 17.5.1999 – 3 Z BR 90/99, NZG 1999, 761; BayObLG v. 27.3.2000 – 3 Z BR 331/99, BB 2000, 946, 947; *Heider* in MünchKomm. AktG, 3. Aufl., § 4 AktG Rz. 29; *Emmerich* in Scholz, § 4 GmbHG Rz. 21; *Bayer* in Lutter/Hommelhoff, § 4 GmbHG Rz. 28; *Lutter/Welp*, ZIP 1999, 1073, 1082; *Bokelmann*, GmbHR 1998, 57, 59; a.A. z.B. *Ammon*, DStR 1998, 1474, 1478; *Michalski* in Michalski, § 4 GmbHG Rz. 58.
122 *Heinrich* in Ulmer, § 4 GmbHG Rz. 17; *Bayer* in Lutter/Hommelhoff, § 4 GmbHG Rz. 36.
123 So im Ergebnis auch OLG Oldenburg v. 16.2.2001 – 5 W 1/01, BB 2001, 1373; *Heidinger*, DB 2005, 815, 819; anders aber LG Limburg v. 15.9.2005 – 6 T 2/05, GmbHR 2006, 261 für eine Limited i.G.; *Kögel*, BB 1997, 793, 796; *Lutter/Welp*, ZIP 1999, 1073, 1081; a.A. LG Frankfurt/O. v. 16.5.2002 – 32 T 3/02, GmbHR 2002, 966; kritisch *Seifert*, Anm. zu OLG Oldenburg, BB 2001, 1374; LG Landshut v. 15.3.2000 – 2 HK T 133/00, zitiert bei *Möller*, DNotZ 2000, 830, 836; *Heinrich* in Ulmer, § 4 GmbHG Rz. 18.
124 Beispiele nach *Bayer* in Lutter/Hommelhoff, § 4 GmbHG Rz. 35; vgl. auch LG Wiesbaden v. 7.4.2004 – 12 T 3/04, NZG 2004, 829.
125 *Lutter/Welp*, ZIP 1999, 1073, 1081.
126 *Lutter/Welp*, ZIP 1999, 1073, 1081.
127 So für den Fall der GmbH BGH v. 20.4.1972 – II ZR 17/70, BGHZ 58, 322, 326; einschränkend BGH v. 24.10.1991 – I ZR 271/89, NJW-RR 1992, 367; *Bayer* in Lutter/Hommelhoff, § 4 GmbHG Rz. 32; fraglich ist aber, ob ein Fakultätszusatz erfolgen muss, wenn der Titel nicht zum Geschäftsfeld der Gesellschaft passt. Bejahend *Roth* in Koller/Roth/Morck, § 18 HGB Rz. 15. *Heidinger* in MünchKomm. HGB, 2. Aufl., § 18 HGB Rz. 110; a.A. auch OLG Köln v. 12.3.2008 – 2 Wx 5/08, DNotZ 2009, 140 (zumindest müsse ein promovierter Akademiker in der Gesellschaft eine führende Stellung innehaben).
128 BGH v. 21.4.1997 – II ZB 14/96, WM 1997, 1101, 1102.
129 *Heinrich* in Ulmer, § 4 GmbHG Rz. 30; *Bayer* in Lutter/Hommelhoff, § 4 GmbHG Rz. 38; nach LG Detmold v. 9.2.1999 – 3 T 27/99, Rpfleger 1999, 333 ist die Verwendung der Bezeichnung „Institut" für einen Verein nur dann zulässig, wenn ein weiterer Namenskern oder Name den öffentlichen Charakter bzw. eine öffentliche Aufsicht oder Förderung des Vereins ausschließt; so auch OLG Frankfurt v. 27.4.2001 – 20 W 84/2001, Rpfleger 2001, 428.

das **Alter** der Gesellschaft sind in der Regel irreführend. Die Wesentlichkeit folgt insoweit aus der Annahme, die Leistungen des Unternehmens zeichneten sich aufgrund der langen Tradition durch eine besondere Sachkenntnis und/oder Qualität aus. Eine Firma darf nicht ausweisen oder suggerieren, das Unternehmen bestehe seit einem bestimmten Zeitpunkt („seit 1897"), wenn sich tatsächlich die Bezeichnung in der Zwischenzeit geändert hat oder das Unternehmen die vermeintliche Tradition nicht aufweist[130]. Eine Bezeichnung als das „älteste" oder „erste" Unternehmen dieser Art muss zutreffen[131]. Eine **Ortsangabe** am Ende der Firma kann ebenfalls auf eine besondere Stellung des Unternehmens hinweisen, etwa auf eine Spitzenstellung.

33 **Weitere geografische** Angaben wie „Euro", „deutsch", „inter" oder „international" werden uneinheitlich beurteilt. Der Durchschnittsadressat dürfte damit immer noch eine gewisse Größe oder ein nicht unbeträchtliches Sortiment verbinden, so dass diese Angaben auch eine Irreführungseignung aufweisen können[132]. Es kommt aber auf eine genaue Untersuchung im Einzelfall an, häufig dürfte es an der Ersichtlichkeit fehlen. So wurde eine leicht unzutreffende Ortsangabe für nicht ersichtlich irreführend gehalten[133]. Eine überregionale Angabe wie „Main-Taunus" wurde allerdings als ersichtlich irreführend eingestuft, wenn das Einzugsgebiet tatsächlich nur aus dem gleichnamigen Kreis besteht[134].

34 **Fremdsprachige Bezeichnungen**, die nicht aus lateinischen Buchstaben bestehen, können zur Vermeidung einer Irreführung nicht Bestandteil der Firma sein[135]. Manche Bezeichnungen sind nach **Sondervorschriften** bestimmten Unternehmen vorbehalten, so etwa im Kreditwesen „Bank", „Bankier", „Bankgeschäft", „Sparkasse" oder bei den freien Berufen „Rechtsanwaltsgesellschaft", „Patentanwaltsgesellschaft", „Steuerberatungsgesellschaft"[136]. Ihre Verwendung ist daher unzulässig. Fraglich ist die Zulässigkeit der „**Rechtsanwalts-AG**"[137]. § 59k BRAO schreibt für die Anwalts-GmbH vor, dass wenigstens der Name eines Gesellschafters, der Rechtsanwalt ist, in die Firma aufzunehmen ist. Weitere Bestandteile sind nur zulässig, wenn sie gesetzlich vorgeschrieben sind. Eine solche Regelung fehlt für die Anwalts-AG. Das BayObLG hat entschieden, insoweit sei jegliche Firmierung zulässig, auch eine

---

130 BayObLG v. 3.4.1985 – BReg. 3 Z 233/84, MDR 1985, 677; *Ammon/Ries* in Röhricht/Graf von Westphalen, § 18 HGB Rz. 52. Der Angabe „und Söhne" entnimmt das OLG Düsseldorf v. 9.5.2000 – 3 Wx 158/00, MittRhNotK 2000, 298, eine gewisse Familientradition und überlieferte Erfahrung, die besonderes Vertrauen erwecke. Nach OLG Frankfurt/M. v. 10.1.2005 – 20 W 106/04, DB 2005, 1732, 1733 = AG 2005, 403 ist die Angabe „Hessen-Nassau" dazu geeignet, eine nicht bestehende besondere Tradition (ehemalige preußische Provinz vor dem zweiten Weltkrieg) zu suggerieren, und daher nach § 18 Abs. 2 HGB unzulässig.
131 *Ammon/Ries* in Röhricht/Graf von Westphalen, § 18 HGB Rz. 52.
132 *Bayer* in Lutter/Hommelhoff, § 4 GmbHG Rz. 29; anders für „Euro": OLG Hamm v. 26.7.1999 – 15 W 51/99, Rpfleger 1999, 545, 546 hält „Euro" auch für grundsätzlich unbedenklich; zustimmend *Roth* in Koller/Roth/Morck, § 18 HGB Rz. 14; für „international" LG Darmstadt v. 21.12.1998 – 22 T 10/98, GmbHR 1999, 482, 483; ebenfalls LG Stuttgart v. 11.4.2000 – 4 KfH T 4/00, BB 2000, 1213, wonach es für „international" hinsichtlich § 18 Abs. 2 HGB auf die Existenz grenzüberschreitender Aktivitäten ankommt.
133 OLG Stuttgart v. 17.11.2000 – 8 W 153/99, NJW-RR 2001, 755; die Ortsangabe müsse sich zum einen nicht auf den Bezirk des zuständigen Registergerichts beziehen; zum anderen sei eine Ortsangabe, die eine dem tatsächlichen Sitz nahe gelegene Region bezeichne, nicht „ersichtlich" irreführend.
134 OLG Frankfurt v. 27.4.2001 – 20 W 84/2001, Rpfleger 2001, 428, 429.
135 *Bayer* in Lutter/Hommelhoff, § 4 GmbHG Rz. 36, oben Rz. 14.
136 Vgl. z.B. § 59k; § 52k Abs. 2 PatAnwO; § 161 StBerG; §§ 39 ff. KWG. Beachte in diesem Zusammenhang auch den Beschluss des OLG Frankfurt v. 24.1.2000 – W 411/98, Rpfleger 2000, 219, in dem eine „Architektur"-GmbH in Hessen wegen Verstoßes gegen ArchG HE §§ 1 Abs. 1 und Abs. 3, 4 untersagt wird.
137 Vgl. dazu *Kempter/Kopp*, NJW 2000, 3449, 3450 f.; *Grunewald/Müller*, NJW 2005, 465 ff.

Phantasiefirma[138]. Eine Analogie zu § 59k BRAO wurde für unzulässig gehalten, da der Gesetzgeber in Kenntnis der Diskussion um die Rechtsanwalts-AG und der Neuregelung des Firmenrechts durch das HRefG den firmenrechtlichen Inhalt des § 59k auf die GmbH beschränkt habe; eine Analogie im Wege der richterlichen Rechtsfortbildung verstoße gegen den Grundsatz des Vorranges des Gesetzes nach Art. 20 Abs. 3 GG[139]. Grenze sei allein § 18 HGB. Diese Entscheidung findet Zustimmung[140].

Das **Registergericht** hat die Beachtung des Irreführungsverbotes zunächst im **Eintragungsverfahren** nach §§ 29, 31 Abs. 1 HGB zu kontrollieren (§ 29 FamFG). Ist eine Firma unzulässig gebildet worden, so kommt ein Verfahren von Amts wegen gegen den Gebrauch dieser Firma nach § 37 Abs. 1 HGB (i.V.m. § 392 FamFG) in Betracht. Handelt es sich um eine bereits eingetragene Firma, so ist § 395 FamFG einschlägig (Amtslöschungsverfahren). Doch auch Dritte können gegen den Firmengebrauch vorgehen, § 37 Abs. 2 HGB. Die Eignung zur Irreführung wird im Registerverfahren nach § 18 Abs. 2 Satz 2 HGB **jedoch nur bei Ersichtlichkeit berücksichtigt**. Dieses Merkmal entspricht § 37 Abs. 3 MarkenG[141], der vom Gesetzgeber des HRefG ausdrücklich in Bezug genommen wurde[142]. Ersichtlich irreführende Firmenbestandteile sind solche, bei denen die Täuschungseignung nicht allzu fern liegt und ohne umfangreiche Beweisaufnahme bejaht werden kann[143]. Das Gericht soll somit i.d.R. auf der Basis der Anmeldungsunterlagen, seines Fachwissens sowie des amtlichen Recherchematerials („Grobraster") eine Irreführungseignung ermitteln. Nur in Ausnahmefällen ist eine umfangreichere Prüfung durchzuführen[144]. 35

**dd) Unterscheidbarkeit nach § 30 HGB.** Gem. § 30 Abs. 1 HGB muss sich eine neue Firma von allen an demselben Ort oder in derselben Gemeinde bereits bestehenden und in das Handelsregister oder in das Genossenschaftsregister eingetragenen Firmen **deutlich unterscheiden**. Dies ist der Fall, wenn jede ernstliche Verwechslungsgefahr ausgeschlossen ist[145]. Anders liegt es, wenn ein nicht unbeachtlicher Teil des Publikums die Unternehmen verwechseln könnte oder organisatorische oder wirtschaftliche Beziehungen zwischen den Unternehmen zu vermuten sind (sog. erweiterte Verwechslungsgefahr)[146]. Eine Unterscheidung allein durch den **Rechtsformzusatz** reicht nicht aus[147]; bei Sach- oder Phantasiefirmen haben Wortbild und Klang zu differieren oder zumindest einen unterschiedlichen Wortsinn aufzuweisen[148]. 36

---

138 BayObLG v. 27.3.2000 – 3 Z BR 331/99, BB 2000, 946, 947.
139 BayObLG v. 27.3.2000 – 3 Z BR 331/99, BB 2000, 946 ff.
140 *Hüffer*, § 4 AktG Rz. 15, der § 59k BRAO für nicht verallgemeinerungsfähig hält; *Ammon* in Heidel, § 4 AktG Rz. 30. A.A. *Kempter/Kopp*, NJW 2000, 3449, 3451.
141 Die Anmeldung einer Marke ist danach nur zurückzuweisen, wenn die Eignung zur Täuschung ersichtlich ist, vgl. *Hopt* in Baumbach/Hopt, § 18 HGB Rz. 20.
142 Begr. RegE zum HRefG, BT-Drucks. 13/8444, S. 54; vgl. ferner *Michalski* in Michalski, § 4 GmbHG Rz. 54; *Jung*, ZIP 1998, 677, 678; *Fezer*, ZHR 161 (1997), 52, 63; mit Zweifeln bezüglich der generellen Übertragbarkeit auf das Firmenrecht *Bokelmann*, GmbHR 1998, 57, 62.
143 Begr. RegE zum HRefG, BT-Drucks. 13/8444, S. 54; OLG Stuttgart v. 3.7.2003 – 8 W 425/02, FGPrax 2004, 40, 41: Die Irreführungseignung müsse sich „aufdrängen".
144 Begr. RegE zum HRefG, BT-Drucks. 13/8444, S. 54; *Hopt* in Baumbach/Hopt, § 18 HGB Rz. 20; *Michalski* in Michalski, § 4 GmbHG Rz. 53.
145 *Hopt* in Baumbach/Hopt, § 30 HGB Rz. 4.
146 *Hopt* in Baumbach/Hopt, § 30 HGB Rz. 4, § 17 HGB Rz. 29.
147 Allg. Ansicht, vgl. BGH v. 14.7.1966 – II ZB 4/66, BGHZ 46, 7, 12 f.; *Heinrich* in Ulmer, § 4 GmbHG Rz. 81; *Hüffer*, § 4 AktG Rz. 8.
148 *Hüffer*, § 4 AktG Rz. 8; *Heider* in MünchKomm. AktG, 3. Aufl., § 4 AktG Rz. 17.

### c) Ordre Public und gute Sitten

37 Unabhängig von §§ 18 ff. HGB können sich **Grenzen der Eintragungsfähigkeit** aus dem ordre public und den guten Sitten (Art. 6 EGBGB, § 138 BGB) ergeben. Sittenwidrig ist insbesondere eine Bezeichnung, welche das sittliche, moralische oder religiöse Empfinden weiter Bevölkerungskreise massiv beeinträchtigt, etwa durch die Verletzung der Menschenwürde[149]. Eine Firma, die hiergegen verstößt, ist **nicht eintragungsfähig**[150].

## III. Fortführung einer Firma

38 Der Grundsatz der **Firmenbeständigkeit** (vgl. bereits Art. 22 EGHGB) soll im Falle der Übertragung oder Umwandlung eines Rechtsträgers den Erhalt des Firmenwertes sicherstellen[151]. Einschlägige Normen sind unter anderem der in § 4 ausdrücklich erwähnte § 22 Abs. 1 HGB sowie als „andere gesetzliche Vorschriften" die §§ 18 Abs. 1, 36 Abs. 1 Satz 1, 125 Satz 1 und 200 UmwG.

### 1. HGB

39 Wer ein bestehendes Handelsgeschäft unter Lebenden oder von Todes wegen erwirbt, darf für das Geschäft die bisherige Firma, auch wenn sie den Namen des bisherigen Geschäftsinhabers enthält, mit oder ohne Beifügung eines das Nachfolgeverhältnis andeutenden Zusatzes fortführen, wenn der bisherige Geschäftsinhaber oder dessen Erben in die Fortführung der Firma ausdrücklich einwilligen (**§ 22 Abs. 1 HGB**, § 22 Abs. 2 HGB zu Nießbrauch, Pacht etc.). Für den Erwerb unter Lebenden oder von Todes wegen genügt eine Übernahme des Unternehmenskerns in einem Umfang, dass der Übernehmer das Geschäft in seinen wesentlichen Teilen, Eigenschaften und Merkmalen fortführen kann[152]. Eine AG als Erwerberin muss bei Fortführung der Firma ihre bisherige Firma aufgeben. Anders als ein Einzelkaufmann kann sie nicht mehrere Handelsgeschäfte betreiben und für jedes einzelne eine eigene Firma bilden[153]. Dies entspricht dem Grundsatz der Firmeneinheit. Dazu ist gem. § 23 Abs. 3 Nr. 1 i.V.m. §§ 179 ff. eine Satzungsänderung erforderlich. Die AG muss den für sie zwingenden Rechtsformzusatz als Bestandteil in die Firma aufnehmen[154]. Bei Fortführung gilt die Haftungsnorm des **§ 25 Abs. 1 HGB**. Es genügt eine Weiterführung des prägenden Teils der Firma[155]. Eine solche liegt vor, wenn lediglich der Rechtsformzusatz „AG" hinzutritt[156].

---

149 *Jung*, ZIP 1998, 677, 683; *Ströbele/Hacker*, MarkenG, 7. Aufl. 2003, § 8 Rz. 612; *Heinrich* in Ulmer, § 4 GmbHG Rz. 33.
150 Zur dogmatischen Begründung im Einzelnen vgl. *Lutter/Welp*, ZIP 1999, 1073, 1082; *Jung*, ZIP 1998, 677, 683; *Lutter/Welp*, ZIP 1999, 1073, 1082; *Ammon/Ries* in Röhricht/Graf von Westphalen, § 18 HGB Rz. 4. *Roth* in Koller/Roth/Morck, § 18 HGB Rz. 1 plädiert nur für die Anwendung des § 8 Abs. 2 Nr. 5 MarkenG; vgl. z.B. zu § 8 MarkenG *Ströbele/Hacker*, MarkenG, 7. Aufl. 2003, § 8 Rz. 610; LG Meiningen v. 14.2.2000 – HK -T 8/99, zitiert von *Möller*, DNotZ 2000, 830, 839.
151 BGH v. 20.4.1972 – II ZR 17/70, BGHZ 58, 322, 324; *Heider* in MünchKomm. AktG, 3. Aufl., § 4 AktG Rz. 33; *Hopt* in Baumbach/Hopt, § 22 HGB Rz. 22.
152 *Ammon* in Heidel, § 4 AktG Rz. 32; *Hüffer*, § 4 AktG Rz. 18.
153 BGH v. 8.4.1991 – II ZR 259/90, NJW 1991, 2023, 2024; *Heider* in MünchKomm. AktG, 3. Aufl., § 4 AktG Rz. 32.
154 *Heider* in MünchKomm. AktG, 3. Aufl., § 4 AktG Rz. 40.
155 BGH v. 12.2.2001 – II ZR 148/99, NJW 2001, 1352; BGH v. 15.3.2004 – II ZR 324/01, NZG 2004, 716; *Ammon* in Heidel, § 4 AktG Rz. 34.
156 BGH v. 29.3.1982 – II ZR 166/81, NJW 1982, 1647, 1648 für die GmbH; *Hüffer*, § 4 AktG Rz. 9; *Ammon* in Heidel, § 4 AktG Rz. 34.

## 2. UmwG

Nach §§ 18 Abs. 1, 36 Abs. 1 Satz 1 UmwG haben der durch die Verschmelzung entstandene und der aufnehmende Rechtsträger das Recht, die Firma des untergegangenen Rechtsträgers fortzuführen. Dasselbe gilt im Falle des § 123 Abs. 1 UmwG, nicht aber für § 123 Abs. 2 und 3 UmwG (§ 125 Satz 1 UmwG). Bei einer Vermögensübertragung nach §§ 174 ff. UmwG darf der übernehmende Rechtsträger gem. § 174 Abs. 1 UmwG die Firma im Ganzen übernehmen. Anders liegt es bei einer Teilübertragung (§ 174 Abs. 2, § 200 UmwG)[157]. Auch im Falle eines Formwechsels nach §§ 190 ff. UmwG darf die bisherige Firma fortgeführt werden.

40

## IV. Rechtsfolgen unzulässiger Firmen

### 1. Vor der Eintragung

Ist eine Firma infolge Verstoßes gegen § 4 AktG oder gegen § 18 HGB unzulässig, verstößt ihre Vereinbarung auch gegen **§ 134 BGB**. Das Registergericht darf die Gesellschaft nicht eintragen (§§ 38 Abs. 3 Nr. 1, 23 Abs. 3 Nr. 1 AktG). Zu beachten ist allerdings, dass bei einem Verstoß gegen § 18 HGB nur durch einzelne Firmenbestandteile die übrigen beibehalten werden können, sofern die Firma durch sie ihre Individualisierungsfunktion erfüllt[158]. Allein der unzulässige Bestandteil ist zu entfernen, soweit dadurch die Beeinträchtigung des Verletzten beseitigt wird[159]. Strittig sind die Rechtsfolgen eines Verstoßes gegen § 30 HGB. Richtigerweise wird in diesen – seltenen – Fällen Nichtigkeit zu verneinen sein[160].

41

### 2. Eingetragene Firma

Wird die Firma trotz ihrer Unzulässigkeit eingetragen und entsteht eine wirksame AG (§ 275 AktG), so bleibt die Firma doch unzulässig und das Registergericht hat nach § 399 FamFG tätig zu werden, um eine **Firmenänderung** herbeizuführen. § 399 FamFG verdrängt insoweit § 395 FamFG[161]. Das Gericht kann die Eintragung „löschen" nach §§ 397, 399 FamFG i.V.m. §§ 275, 276 bzw. 262 Abs. 1 Nr. 5 AktG, wobei es nicht zum „Erlöschen" der Gesellschaft, sondern zu ihrer Auflösung kommt, so dass die Gesellschaft bei Beseitigung des für die Auflösung ursächlichen Mangels fortgesetzt werden kann[162]. Daneben ist das **Firmenmissbrauchsverfahren** nach § 392 FamFG statthaft; denn der Gebrauch einer unzulässigen Firma verstößt gegen § 37 Abs. 1 HGB.

42

### 3. Firmenlöschung

Eine Löschung der Firma kommt nur in wenigen Fällen in Betracht. Zu nennen sind insoweit § 13c HGB, § 12 BGB und §§ 5, 15 MarkenG. Nach § 43 Abs. 1 Satz 1 KWG ist eine gem. §§ 39–41 KWG unzulässige Firma nach § 395 FamFG von Amts wegen

43

---

157 Zum Ganzen ausführlich *Bork* in Lutter, § 18 UmwG Rz. 1 ff.; *Heider* in MünchKomm. AktG, 3. Aufl., § 4 AktG Rz. 41 ff.
158 *Ammon/Ries* in Röhricht/Graf von Westphalen, § 18 HGB Rz. 8.
159 BGH v. 26.9.1980 – I ZR 69/78 – „Sitex", GRUR 1981, 60, 64; zuvor anders: BGH v. 18.9.1975 – II ZB 9/74, BGHZ 65, 103, 106; BGH v. 11.1.1967 – 1b ZR 63/65, GRUR 1968, 431, 432. Das Unterlassungsgebot bezieht sich allerdings auf die vollständige Firma.
160 Wie hier *Ammon* in Heidel, § 4 AktG Rz. 42; *Heinrich* in Ulmer, § 4 GmbHG Rz. 101; a.A. *Emmerich* in Scholz, § 4 GmbHG Rz. 63; *Roth* in Roth/Altmeppen, § 4 GmbHG Rz. 59.
161 *Heinemann* in Keidel, § 397 FamFG Rz. 4. f.
162 Näher zu den Voraussetzungen einer Fortsetzung *Hüffer* in MünchKomm. AktG, 3. Aufl., § 274 AktG Rz. 11 f.

zu löschen. Ist zwar lediglich ein Zusatz unzulässig, kann die Löschung nicht darauf beschränkt werden[163].

## V. Zweigniederlassung

### 1. Ursprüngliche Firma

44 Die Bildung der Firma einer **Zweigniederlassung** ist gesetzlich nicht ausdrücklich geregelt. Eine solche Firma kann mit der der Hauptniederlassung identisch sein, d.h. die Aktiengesellschaft kann ihre Firma uneingeschränkt für eine oder mehrere selbständige Zweigniederlassungen[164] verwenden. Sie kann hierfür aber auch eine besondere Zweigniederlassungsfirma bilden[165], sofern der Zusammenhang zwischen Hauptgeschäft und Filiale hinreichend zum Ausdruck gebracht und damit für Publizität gesorgt wird[166]. Unverzichtbar ist allerdings auch hier der Rechtsformzusatz gem. § 4. Die gesonderte Firma der Zweigniederlassung kann im öffentlichen Register eingetragen werden, namentlich in das Grundbuch, sofern das jeweilige Grundstück dieser Zweigniederlassung zuzuordnen ist[167]. Dabei handelt es sich nicht um eine Frage der Grundbuchrechtsfähigkeit der Zweigniederlassung, sondern um eine bloße Bezeichnung[168]. Die gesonderte Firma einer Zweigniederlassung ist **satzungsmäßig** festzulegen[169]. Durch das Gesetz über elektronische Handelsregister sowie das Unternehmensregister (EHUG)[170] wird zwar die Zweigniederlassung nur noch beim Gericht der Hauptniederlassung geführt. An der Möglichkeit abweichender Firmierung wurde dabei aber nichts geändert (vgl. § 13 Abs. 1, 2 HGB n.F.).

### 2. Abgeleitete Firma

45 Praktisch erhebliche Bedeutung haben gesonderte Zweigniederlassungsfirmen in den Fällen der **Firmenfortführung** nach § 22 HGB, da hier die Fortführung sowohl der bisherigen eigenen Firma als auch der übernommenen Firma durch die Zweigniederlassung ohne Verstoß gegen das Gebot der Firmeneinheit (oben Rz. 11) möglich ist[171]. In diesen Fällen muss allerdings ein etwaiger Rechtsformzusatz der übernommenen Firma aus der Firmierung der Zweigniederlassung entfernt und beim Rechtsformzusatz der Zweigniederlassung klargestellt werden, dass die Hauptniederlassung Aktiengesellschaft ist.

---

163 *Heinemann* in Keidel, 16. Aufl., § 395 FamFG Rz. 15 m.w.N.; a.A. *Ammon* in Heidel, § 4 AktG Rz. 44.
164 Vgl. §§ 13–13g HGB, die nach § 3 AktG auch für die AG als Handelsgesellschaft gelten. Zum Begriff der Zweigniederlassung vgl. *Hüffer*, Anh. § 45, dort § 13 HGB Rz. 4 f.
165 Allgemein *Heider* in MünchKomm. AktG, 3. Aufl., § 4 AktG Rz. 52; *Hüffer*, § 4 AktG Rz. 20.
166 Ganz h.M.; RG v. 30.3.1926 – II B 8/26, RGZ 113, 213, 217; RG v. 24.9.1926 – II 558/25, RGZ 114, 318, 320; *Heider* in MünchKomm. AktG, 3. Aufl., § 4 AktG Rz. 42; *Hüffer*, § 4 AktG Rz. 20; *Ammon* in Heidel, § 4 AktG Rz. 35; *Dirksen/Volkers*, BB 1993, 598, 600; enger *Brändel* in Großkomm. AktG, 4. Aufl., § 4 AktG Rz. 65.
167 H.M.; *Hüffer*, § 4 AktG Rz. 20, *Heider* in MünchKomm. AktG, 3. Aufl., § 4 AktG Rz. 58; *Ammon* in Heidel, § 4 AktG Rz. 38; vgl. dazu auch *Woite*, NJW 1970, 548 ff.
168 *Heider* in MünchKomm. AktG, 3. Aufl., § 4 AktG Rz. 58.
169 H.M.; *Heider* in MünchKomm. AktG, 3. Aufl., § 4 AktG Rz. 55; BayObLG v. 19.3.1992 – 3 Z BR 15/92, BB 1992, 944; a.A. *Dirksen/Volkers*, BB 1993, 598, 599; *Priester/Veil* in Scholz, § 53 GmbHG Rz. 134.
170 BGBl. I 2006, 2553.
171 *Hüffer*, § 4 AktG Rz. 21; einschränkend *Heider* in MünchKomm. AktG, 3. Aufl., § 4 AktG Rz. 56.

## VI. Auslandsgesellschaften

Die Regelung des § 4 betrifft nur die deutsche AG. Die Firmierung ausländischer Gesellschaften richtet sich grundsätzlich nach deren Personalstatut. Ihren danach zulässigerweise geführten Namen dürfen sie auch im Inland führen, sofern kein Verstoß gegen §§ 18 ff. HGB oder sonstige gesetzliche Vorschriften vorliegt[172]. Der nach ausländischem Recht zutreffenderweise geführte Rechtsformzusatz AG (z.B. Österreich, Schweiz) sollte mangels Irreführungsgefahr auch im Inland verwendbar sein. Handelt es sich hingegen um einen Pseudo-Rechtsformzusatz (z.B. XY-GmbH Ltd. mit Sitz in England, Bank Aktiengesellschaft Ltd. mit Sitz auf den Bahamas), ist Irreführung gegeben und daher die Verwendung eines solchen Pseudo-Rechtsformzusatzes unzulässig[173].

46

## VII. Sonstiges

### 1. KGaA

Vgl. dazu § 279 Abs. 1. Die Regelung ist eine Parallelvorschrift zu § 4[174].

47

### 2. AG & Co. KG

Die Aktiengesellschaft kann Komplementärin einer Kommanditgesellschaft oder auch einer offenen Handelsgesellschaft sein und dieser unter den allgemeinen Voraussetzungen ihren Namen geben[175].

48

# § 5
# Sitz

**Sitz der Gesellschaft ist der Ort im Inland, den die Satzung bestimmt.**

| | | | |
|---|---|---|---|
| I. Überblick | 1 | 2. Erforderlichkeit eines Sitzes im Inland | 7 |
| II. Bedeutung des Sitzes | 2 | 3. Doppelsitz | 9 |
| III. Bestimmung des Sitzes | 5 | a) Zulässigkeit eines Doppelsitzes | 10 |
| 1. Maßgeblichkeit des Satzungssitzes | 5 | b) Rechtliche Behandlung eines Doppelsitzes | 14 |

**Literatur:** *Bandehzadeh/Thoß*, Die nachträgliche Verlagerung des tatsächlichen Sitzes einer GmbH, NZG 2002, 803; *Bayer/J. Schmidt*, Grenzüberschreitende Sitzverlegung und grenzüberschreitende Restrukturierung nach MoMiG, Cartesio und Trabrennbahn, ZHR 173 (2009), 735; *Borsch*, Die Zulässigkeit des inländischen Doppelsitzes für Gesellschaften mbH, GmbHR 2003,

---

172 Zum Ganzen *Mankowski* in Hirte/Bücker, Grenzüberschreitende Gesellschaften, 2. Aufl. 2006, S. 427 ff.; *Rehberg* in Eidenmüller, Ausländische Kapitalgesellschaften, 2004, S. 141 ff.; OLG München v. 7.3.2007 – 31 Wx 92/06, DNotZ 2007, 866; OLG Hamm v. 27.5.2008 – I-15 Wx 138/08, DB 2008, 2303 = GmbHR 2009, 148; LG Aachen v. 10.4.2007 – 44 T 8/07, GmbHR 2007, 982.
173 So auch *Mankowski* in Hirte/Bücker, Grenzüberschreitende Gesellschaften, 2. Aufl. 2006, S. 436 f.; vgl. *Heckschen*, NotBZ 2006, 346.
174 *Hüffer*, § 4 AktG Rz. 1.
175 *Hüffer*, § 4 AktG Rz. 23.

258; *Katschinski*, Die Begründung eines Doppelsitzes bei Verschmelzung, ZIP 1997, 620; *Kögel*, Der Sitz der GmbH und seine Bezugspunkte, GmbHR 1998, 1108; *König*, Doppelsitz einer Kapitalgesellschaft – Gesetzliches Verbot oder zulässiges Mittel der Gestaltung einer Fusion?, AG 2000, 18; *Ulmer*, Rechtsfolgen nachträglicher Diskrepanz zwischen Satzungssitz und tatsächlichem Sitz der GmbH – § 4a Abs. 2 GmbHG als Schlag ins Wasser?, in FS Th. Raiser, 2005, S. 439.

## I. Überblick

1 § 5 enthält seit dem AktG 1965 die Klarstellung, dass Sitz der Gesellschaft der Ort ist, den die Satzung bestimmt. Fallen **tatsächlicher Sitz** und **Satzungssitz** auseinander, ist stets der in der Satzung bestimmte Ort maßgeblich[1]. Um solche Divergenzen möglichst zu vermeiden, zog § 5 Abs. 2 in der bis 2008 geltenden Fassung der Entscheidungsfreiheit des Satzungsgebers Grenzen: In der Regel hatte die Satzung den Ort eines Betriebs, der Geschäftsleitung oder der Verwaltung als Sitz zu bestimmen. Diese Beschränkung der Satzungsautonomie wurde erstmals in das AktG 1937 aufgenommen; zuvor konnte jede inländische Gemeinde zum Sitz der Gesellschaft bestimmt werden. Diese Wahlfreiheit wurde nicht selten von Gesellschaften dazu missbraucht, eine möglichst reibungslose Eintragung zu erreichen. Zu diesem Zweck wurde der Gesellschaftssitz im Bezirk solcher Amtsgerichte begründet, die wegen ihrer Unerfahrenheit am ehesten die Chance boten, unzulässige Eintragungen im Handelsregister vorzunehmen[2]. Dieses Bedenken muss heute nicht mehr bestehen. Mit dem MoMiG vom 23.10.2008 ist dementsprechend die Streichung des Abs. 2 erfolgt. Der Entwurfsbegründung zufolge soll der Spielraum für deutsche Gesellschaften erweitert werden, eine Geschäftstätigkeit „auch ausschließlich im Rahmen einer (Zweig-)Niederlassung, die alle Geschäftsaktivitäten erfasst, auch außerhalb des deutschen Hoheitsgebietes zu entfalten."[3] Allerdings ist mit dem MoMiG die Verpflichtung zur Anmeldung einer inländischen Geschäftsanschrift zum Handelsregister geschaffen worden (§§ 37 Abs. 3 Nr. 1 Satz 1, 39 Abs. 1 Satz 1). Voraussetzungen und Rechtsfolgen einer Verlegung des Sitzes werden in § 45 und den Erläuterungen hierzu behandelt.

## II. Bedeutung des Sitzes

2 Neben der Firma dient auch der Sitz der **Individualisierung der Gesellschaft**[4]. Die Niederlassung am Sitz der Gesellschaft ist nach herrschendem Begriffsverständnis zugleich deren Hauptniederlassung. Wird der Ort einer Niederlassung zum Gesellschaftssitz bestimmt, wird diese zur Hauptniederlassung. Alle anderen Niederlassungen sind dagegen – unabhängig von ihrer organisatorischen oder wirtschaftlichen Bedeutung – im Rechtssinne Zweigniederlassungen[5].

3 Der Sitz der Gesellschaft ist **Anknüpfungspunkt zahlreicher gesetzlicher Bestimmungen**. Größte Bedeutung kommt dem Sitz dabei im Verfahrensrecht im Hinblick

---

1 *Kropff*, Aktiengesetz, S. 20.
2 *Schlegelberger/Quassowski*, Aktiengesetz, 1937, § 5 Anm. 1.
3 Regierungsentwurf eines Gesetzes zur Modernisierung des GmbH-Gesetzes und zur Bekämpfung von Missbräuchen (MoMiG) vom 25.5.2007, BR-Drucks. 354/07, S. 118, 65.
4 *Brändel* in Großkomm. AktG, 4. Aufl., § 5 AktG Rz. 3; *Heider* in MünchKomm. AktG, 3. Aufl., § 5 AktG Rz. 11.
5 RG v. 2.6.1923 – V 755/22, RGZ 107, 44, 46; *Brändel* in Großkomm. AktG, 4. Aufl., § 5 AktG Rz. 15; *Wiesner* in MünchHdb. AG, § 8 Rz. 2; *Hüffer*, § 5 AktG Rz. 5; *Heider* in MünchKomm. AktG, 3. Aufl., § 5 AktG Rz. 12; auf der Grundlage der Elften gesellschaftsrechtlichen Richtlinie *Lutter* in Lutter (Hrsg.), Europäische Auslandsgesellschaften in Deutschland, 2005, S. 1, 5; *Kögel*, GmbHR 1998, 1108, 1109 f.

auf die örtliche Zuständigkeit zu. Im Rahmen der streitigen Gerichtsbarkeit bestimmt sich der allgemeine Gerichtsstand der Gesellschaft gem. § 17 Abs. 1 Satz 1 ZPO nach dem Gesellschaftssitz. Dabei stellt § 5 eine anderweitige Bestimmung im Sinne des § 17 Abs. 1 Satz 2 ZPO dar. Die ausschließlichen Gerichtsstände für Anfechtungs-, Nichtigkeits- und Auflösungsklagen (§§ 246 Abs. 3 Satz 1, 249 Abs. 1 Satz 1, 251 Abs. 3, 254 Abs. 2 Satz 1, 255 Abs. 3, 257 Abs. 2, 275 Abs. 4 Satz 1, 396 Abs. 1 Satz 2) knüpfen ebenfalls an den Sitz der Gesellschaft im Sinne des § 5 an. Gleiches gilt für Streitsachen nach dem Spruchverfahrensgesetz (vgl. § 2 Abs. 1 SpruchG). Die örtliche Zuständigkeit des Registergerichts für unternehmensrechtliche Verfahren bestimmt sich gleichfalls nach dem Satzungssitz (vgl. §§ 375 Nr. 3, 377 Abs. 1 FamFG i.V.m. §§ 14, 5). Schließlich ist der Sitz auch für das Organisationsrecht der Gesellschaft maßgeblich. So soll gem. § 121 Abs. 5 Satz 1 die Hauptversammlung am Sitz der Gesellschaft stattfinden, sofern die Satzung keine abweichende Regelung trifft.

Für das **internationale Gesellschaftsrecht** ist der Sitz insofern von besonderer Bedeutung, als sich nach ihm – verbreiteter Auffassung zufolge – das Personalstatut der Gesellschaft, d.h. die für die Rechtsverhältnisse der Gesellschaft maßgebende Rechtsordnung bestimmt. Als Anknüpfungspunkte kommen dabei einerseits der Satzungssitz und andererseits der tatsächliche Verwaltungssitz der Gesellschaft in Betracht. Weder § 5, der die Anwendbarkeit deutschen Rechts nicht anordnet, sondern voraussetzt, noch eine andere Vorschrift des AktG treffen insoweit eine Entscheidung. Vielmehr hat es der Gesetzgeber Rechtsprechung und Lehre überlassen, den maßgeblichen Anknüpfungspunkt festzulegen (vgl. oben Internationales Gesellschaftsrecht Rz. 3).

## III. Bestimmung des Sitzes

### 1. Maßgeblichkeit des Satzungssitzes

Sitz der Gesellschaft ist der in der **Satzung** bestimmte Ort. Während sich bereits aus § 23 Abs. 3 Nr. 1 ergibt, dass die Satzung den Sitz bezeichnen muss, stellt § 5 klar, dass unabhängig von den tatsächlichen Verhältnissen der in der Satzung bestimmte Ort Sitz der Gesellschaft ist. Fallen tatsächlicher Sitz und Satzungssitz auseinander, ist demnach allein letzterer rechtsbedeutsam[6].

Der Sitz wird mit der **Eintragung** der Gesellschaft **in das Handelsregister** rechtswirksam bestimmt und kann nur durch einen satzungsändernden Beschluss der Hauptversammlung nach § 179 verlegt werden. Dabei ist § 45 zu beachten, der insbesondere die Zusammenarbeit der beteiligten Registergerichte regelt.

### 2. Erforderlichkeit eines Sitzes im Inland

In der Satzung ist ein „Ort im Inland" zum Sitz der Gesellschaft zu bestimmen, wobei unter Ort jede **inländische politische Gemeinde** zu verstehen ist. Das Erfordernis des inländischen Satzungssitzes ist von daher sachlich begründet, als es einen Anknüpfungspunkt für die örtliche Zuständigkeit eines inländischen Registergerichts für die Eintragung in das Handelsregister vermittelt. Der Ort muss in der Satzung so genau bezeichnet werden, dass die Angabe ihre Rechtsfunktionen erfüllen kann. Die Bezeichnung muss demnach sowohl die Individualisierung der Gesellschaft als auch

---

6 Vgl. demgegenüber zu den Rechtsfolgen unter der alten, vor Inkrafttreten des MoMiG geltenden Gesetzesfassung BGH v. 2.6.2008 – II ZB 1/06, NJW 2008, 2914 (für eine GmbH).

die eindeutige Bestimmung des zuständigen Gerichts ermöglichen[7]. Bei Großgemeinden ist deshalb gegebenenfalls eine Zusatzangabe erforderlich. Der Angabe eines Gemeindeteils als Satzungssitz bedarf es, wenn nur durch eine solche Bezeichnung das zuständige Gericht ermittelt werden kann[8].

8 Um Missbräuchen bei der Wahl des Sitzes entgegenzuwirken (s. Rz. 1), schränkte § 5 Abs. 2 in der bis 2008 geltenden Fassung des Gesetzes die Satzungsautonomie ein. In der Regel hatte der Satzungsgeber zwischen drei Orten zu wählen: dem Ort eines Betriebs, der Geschäftsleitung oder der Verwaltungsführung. Mit dem MoMiG vom 23.10.2008 ist diese Beschränkung aufgegeben worden (hierzu schon Rz. 1). Aktiengesellschaften und – nach einer entsprechenden Änderung in § 4a GmbHG – GmbHs sind nach dieser bewussten Entscheidung des Gesetzgebers durch das materielle Gesellschaftsrecht nicht mehr daran gehindert, ihre Geschäftsleitung oder Verwaltung in das Ausland zu verlegen oder auch von vornherein dort zu begründen. Der Umstand, dass die Bundesrepublik nicht *durch Gemeinschaftsrecht* zur Aufgabe des Erfordernisses eines tatsächlichen Bezugspunktes im Inland verpflichtet war (vgl. zur Bedeutung des Cartesio-Urteils des EuGH Einleitung, Internationales Gesellschaftsrecht, Rz. 41, 46), veranlasst nicht zu einer abweichenden rechtlichen Bewertung[9].

### 3. Doppelsitz

9 Die Gesellschaft hat einen Doppelsitz, wenn die Satzung **zwei Orte als Gesellschaftssitz** bestimmt. Die Zulässigkeit eines Doppelsitzes von Handelsgesellschaften im Allgemeinen bzw. von Aktiengesellschaften im Besonderen ist seit langem umstritten.

#### a) Zulässigkeit eines Doppelsitzes

10 In der unmittelbaren **Nachkriegszeit** war die Zulässigkeit von Doppelsitzen Gegenstand einer in Rechtsprechung und Schrifttum geführten lebhaften **Kontroverse**. Hintergrund war die deutsche Teilung, die zu einer Benachteiligung der in der Sowjetzone eingetragenen Gesellschaften führte. Eine Sitzverlegung in den Westen scheiterte an der mangelnden Mitwirkung von Registergerichten in der Sowjetzone. Nach anfänglichem Zögern trug die Rechtsprechung dieser Situation durch die Zulassung eines zweiten Sitzes in Westdeutschland Rechnung[10]. Seit einigen Jahren wird die Diskussion durch **neuere Entscheidungen** zur Frage eines zulässigen Doppelsitzes, die überwiegend Verschmelzungsfälle betreffen, wieder belebt.

11 § 5 enthält **keine Bestimmung** über die Zulässigkeit von Doppelsitzen. Bei Erlass des AktG 1965 hat der Gesetzgeber bewusst davon Abstand genommen, die Frage explizit zu regeln und stattdessen auf die Flexibilität des Gesetzes vertraut[11]. Vor allem aufgrund der Entstehungsgeschichte sowie der registerrechtlichen Schwierigkeiten, die sich aus einer doppelten Eintragung ergeben (z.B. Gefahr divergierender Registereintragungen), geht die h.M. in Rechtsprechung und Literatur von der grundsätzlichen Unzulässigkeit eines Doppelsitzes aus. Nur in besonders gelagerten Ausnahme-

---

7 *Hüffer*, § 5 AktG Rz. 6; *Heider* in MünchKomm. AktG, 3. Aufl., § 5 AktG Rz. 26.
8 *Wiesner* in MünchHdb. AG, § 8 Rz. 5; *Hüffer*, § 5 AktG Rz. 6; *Heider* in MünchKomm. AktG, 3. Aufl., § 5 AktG Rz. 26; *Notthoff*, WiB 1996, 773, 774; a.A. *Brändel* in Großkomm. AktG, 4. Aufl., § 5 AktG Rz. 12.
9 Vgl. *Bayer/J. Schmidt*, ZHR 173 (2009) 735, 746, 750.
10 LG Köln v. 31.10.1949 – 22 T 12/49, NJW 1959, 352; LG Köln v. 21.6.1950 – 24 T 2/50, NJW 1950, 871; BayObLG v. 23.3.1962 – 2 Z 170/61, BayObLGZ 1962, 107, 111; KG Berlin v. 20.2.1973 – 1 W 522/72, OLGZ 1973, 272, 273; OLG Düsseldorf v. 29.5.1987 – 3 W 447, 85, NJW-RR 1988, 354.
11 *Kropff*, Aktiengesetz, S. 20 f.

fällen soll die Eintragung eines zweiten Sitzes möglich sein[12]. Dieser restriktiven Auslegung wird entgegengehalten, dass es der Gesetzgeber bewusst unterlassen habe, ein ausdrückliches Verbot des Doppelsitzes anzuordnen. Zudem seien in der Praxis selbst bei Zulassung eines zweiten Sitzes keine gravierenden Probleme aufgetreten. Auch der Rechtsverkehr werde nicht belastet, da alle sich aus dem Doppelsitz ergebenden Nachteile ausschließlich zu Lasten der Gesellschaft gingen[13].

Die registerrechtlichen Schwierigkeiten können zwar sachgerecht gelöst werden, doch bedarf es dazu einer besonderen Abstimmung und Zusammenarbeit der beiden Registergerichte. Daher ist mit der h.M. **nur bei Bestehen eines besonderen schutzwürdigen Interesses** der Gesellschaft die Bestimmung eines zweiten Sitzes zuzulassen. Der offenen und flexiblen Regelung des § 5 und damit dem gesetzgeberischen Willen würde es aber nicht gerecht, hierfür eine der Nachkriegszeit vergleichbare Ausnahmesituation zu verlangen. Eine Verschmelzung begründet zwar nicht zwangsläufig ein schutzwürdiges Interesse der Gesellschaft, doch können besondere Umstände die Eintragung eines Doppelsitzes rechtfertigen. Die Gesellschaft ist in einem solchen Fall gehalten, diese Umstände beiden Registergerichten darzulegen[14].     12

Die Frage, ob eine Aktiengesellschaft einen **zweiten Satzungssitz im Ausland** begründen kann, ist anders zu beantworten als diejenige nach der Zulässigkeit eines inländischen Doppelsitzes. Eine Mehrzahl von Satzungssitzen in unterschiedlichen Staaten würde nicht nur registerrechtliche Probleme auslösen; vielmehr unterläge die Gesellschaft, soweit der Satzungssitz zum Kriterium der Bestimmung des anwendbaren Rechts gemacht wird (hierzu oben, Internationales Gesellschaftsrecht, Rz. 8), zwei Rechtsordnungen zugleich. Da eine Gesellschaft aber – als rechtliches Geschöpf – ihre Existenz aus *einer* Rechtsordnung herleiten muss, würde die Zulassung von Satzungssitzen in verschiedenen Staaten schwer lösbare Probleme aufwerfen[15]. Die Verordnung über das Statut der Europäischen Gesellschaft geht dementsprechend zu Recht von der Unzulässigkeit eines Doppelsitzes aus[16].     13

**b) Rechtliche Behandlung eines Doppelsitzes**

Verfügt die Gesellschaft über **zwei inländische Satzungssitze**, stehen diese – anders   14
als der Sitz der Gesellschaft einerseits und der Ort einer Zweigniederlassung andererseits – **gleichberechtigt** nebeneinander. Beide dienen der Individualisierung der Gesellschaft und fungieren als Anknüpfungspunkt verfahrensrechtlicher Bestimmungen. Die beiden Registergerichte sind in ihrer Prüfungstätigkeit und in ihren Entscheidungen voneinander unabhängig[17]. Konstitutive Eintragungen sind erst mit

---

12 AG Bremen v. 1.6.1976 – 38 AR 105/74, DB 1976, 1810; BayObLG v. 29.3.1985 – 3 Z 22/85, AG 1986, 48, 49; AG Essen v. 5.1.2001 – 89b AR 1241/00, AG 2001, 434; *Brändel* in Großkomm. AktG, 4. Aufl., § 5 AktG Rz. 31 f., 36; *Heider* in MünchKomm. AktG, 3. Aufl., § 5 AktG Rz. 47; *Wiesner* in MünchHdb. AG, § 8 Rz. 6; *Balser*, DB 1972, 2049; *Kögel*, GmbHR 1998, 1108, 1112.
13 LG Essen v. 23.3.2001 – 45 T 1/01, AG 2001, 429, 430; *Bärmann*, AcP 156 (1957), 156, 165 f.; *Barz*, AG 1972, 1, 4; *Priester*, EWiR 1985, 335, 336; *Notthoff*, WiB 1996, 773, 774 f.; *Katschinski*, ZIP 1997, 620, 622 f.; *König*, EWiR 2001, 1077; *Pluskat*, WM 2004, 601, 603.
14 LG Hamburg v. 1.2.1973 – 4 T 5/72, DB 1973, 2237, 2238; LG Essen v. 23.3.2001 – 45 T 1/01, AG 2001, 429, 430; *Hüffer*, § 5 AktG Rz. 10; *Notthoff*, WiB 1996, 773, 776; *König*, AG 2000, 18, 22, 31.
15 Zur Problematik auch *Brändel* in Großkomm. AktG, 4. Aufl., § 5 AktG Rz. 37; *Heider* in MünchKomm. AktG, 3. Aufl., § 5 AktG Rz. 48; *Bärmann*, NJW 1957, 613; *Bärmann*, AcP 156 (1957), 156, 157.
16 Vgl. Art. 7 Satz 1 SE-VO.
17 BayObLG v. 23.3.1962 – 2 Z 170/61, BayObLGZ 1962, 107, 112; KG Berlin v. 20.2.1973 – 1 W 522/72, OLGZ 1973, 272, 273; *Wiesner* in MünchHdb. AG, § 8 Rz. 7; *v. Godin/Wilhelmi*, § 5

der Eintragung in beiden Registern wirksam; Dritte werden bei divergierenden Eintragungen durch § 15 HGB ausreichend geschützt[18]. Die Gesellschaft hat zwei allgemeine Gerichtsstände nach § 17 Abs. 1 Satz 1 ZPO, wobei gegebenenfalls der Einwand der anderweitigen Rechtshängigkeit bzw. der entgegenstehenden Rechtskraft zu berücksichtigen ist.

## § 6
## Grundkapital

**Das Grundkapital muss auf einen Nennbetrag in Euro lauten.**

| | | | |
|---|---|---|---|
| I. Überblick | 1 | 1. Bedeutung des Nennbetrags | 3 |
| 1. Regelungsgegenstand und Bedeutung | 1 | 2. Nennbetrag in Euro | 5 |
| 2. Vorgängervorschriften und Normentwicklung | 2 | a) Allgemeines | 5 |
| | | b) Umstellung von DM auf Euro | 6 |
| II. Nennbetrag des Grundkapitals | 3 | III. Rechtsfolgen bei Verstößen | 7 |

**Literatur:** *Ihrig/Streit*, Aktiengesellschaft und Euro, NZG 1998, 201; *Schürmann*, Euro und Aktienrecht, NJW 1998, 3162; *Seibert*, Die Umstellung des Gesellschaftsrechts auf den Euro, ZGR 1998, 1.

## I. Überblick

### 1. Regelungsgegenstand und Bedeutung

1  § 6 verlangt, dass das Grundkapital auf einen Nennbetrag lautet, der in Euro ausgewiesen wird. Die Vorschrift knüpft an § 1 Abs. 2 an, wonach die Gesellschaft ein in Aktien zerlegtes Grundkapital hat, und wird hinsichtlich der Mindesthöhe des Nennbetrags durch § 7 ergänzt. Die **zwingende Bezifferung des Grundkapitals** schafft klare Verhältnisse[1]: Sie informiert die Gläubiger über das Mindesthaftkapital der Gesellschaft und bildet für die Aktionäre bei Nennbetragsaktien eine eindeutige Rechnungsgrundlage für die Bestimmung des auf die Aktie entfallenden Anteils[2].

### 2. Vorgängervorschriften und Normentwicklung

2  § 6 geht auf § 6 Abs. 2 AktG 1937 zurück, wonach das Grundkapital und die Aktien auf einen in Reichswährung bestimmten Nennbetrag lauten mussten. Durch das StückAG von 1998[3] wurde die Bestimmung, dass auch die Aktien stets auf einen

---

AktG Anm. 4; *Heider* in MünchKomm. AktG, 3. Aufl., § 5 AktG Rz. 50; *Dauner-Lieb* in KölnKomm. AktG, 3. Aufl., § 5 AktG Rz. 22.

18 LG Hamburg v. 1.2.1973 – 4 T 5/72, DB 1973, 2237; AG Bremen v. 1.6.1976 – 38 AR 105/74, DB 1976, 1810; LG Essen v. 23.3.2001 – 45 T 1/01, AG 2001, 429, 430; *Heider* in MünchKomm. AktG, 3. Aufl., § 5 AktG Rz. 51/53; *Katschinski*, ZIP 1997, 620, 623 f.

1 Vgl. *Ammon* in Heidel, § 6 AktG Rz. 1; *Drescher* in Spindler/Stilz, § 6 AktG Rz. 1; *Hüffer*, § 6 AktG Rz. 1.
2 Vgl. *Ammon* in Heidel, § 6 AktG Rz. 1; *Hüffer*, § 6 AktG Rz. 1.
3 BGBl. I 1998, 590.

Nennbetrag in DM zu lauten hatten, ersatzlos gestrichen. Seit dem EuroEG von 1998[4] muss der Nennbetrag des Grundkapitals **in Euro** ausgedrückt werden.

## II. Nennbetrag des Grundkapitals

### 1. Bedeutung des Nennbetrags

Der Nennbetrag des Grundkapitals ist eine satzungsmäßig festgesetzte **Rechengröße**, welche die Aufbringung eines Mindesthaftkapitals sichern soll[5]. Sie ist von dem tatsächlichen Vermögen der Gesellschaft scharf zu unterscheiden[6]. Der Stand des Gesellschaftsvermögens schwankt von Tag zu Tag, ohne dass dadurch der Betrag des Grundkapitals berührt wird[7]. Erzielt die Gesellschaft Gewinne, die nicht ausgeschüttet werden, so übersteigt das Gesellschaftsvermögen den Betrag des Grundkapitals; macht sie hingegen Verluste, kann das Gesellschaftsvermögen unter die Nennkapitalziffer absinken[8].

3

Der Nennbetrag muss in einer **festen Ziffer** ausgedrückt werden[9]. Umschreibungen, z.B. als Summe der Einlagen oder durch Bezugnahmen auf den Wert einer Sacheinlage, sind unzulässig[10]. In der Bilanz wird das Grundkapital nach § 152 Abs. 1 Satz 1 als gezeichnetes Kapital ausgewiesen und gem. § 272 Abs. 1 Satz 2 HGB zum Nennbetrag angesetzt.

4

### 2. Nennbetrag in Euro

#### a) Allgemeines

Gem. § 6 muss der Nennbetrag **auf Euro** lauten. Bezugnahmen auf andere Währungen oder einen sonstigen Wertmesser sind unzulässig[11]. Dies entspricht dem staatlichen Währungsmonopol in seiner durch die Europäische Wirtschafts- und Währungsunion weiterentwickelten Ausformung[12].

5

#### b) Umstellung von DM auf Euro

Die durch das EuroEG (Rz. 2) vorgenommene Umstellung von DM auf Euro hat während eines Übergangszeitraums bis zum 31.12.2001 zahlreiche Handlungsvarianten zugelassen[13]. Seither dürfen Aktiengesellschaften nach § 1 Abs. 2 Satz 3 EGAktG nur noch eingetragen werden, wenn der Nennbetrag des Grundkapitals auf Euro lautet.

6

---

4 BGBl. I 1998, 1242.
5 Vgl. *Brändel* in Großkomm. AktG, 4. Aufl., § 6 AktG Rz. 2 und 9; *Kübler/Assmann*, Gesellschaftsrecht, § 14 I 2a, S. 157; *Raiser/Veil*, Kapitalgesellschaften, § 8 Rz. 29.
6 Vgl. *Ammon* in Heidel, § 6 AktG Rz. 3; *Drescher* in Spindler/Stilz, § 6 AktG Rz. 2; *Heider* in MünchKomm. AktG, 3. Aufl., § 6 AktG Rz. 6; *Raiser/Veil*, Kapitalgesellschaften, § 8 Rz. 29; *K. Schmidt*, GesR, § 26 IV 1a, S. 776.
7 Vgl. *Windbichler*, Gesellschaftsrecht, § 25 Rz. 4; *Kübler/Assmann*, Gesellschaftsrecht, § 14 I 2a, S. 157; *K. Schmidt*, GesR, § 26 IV 1a, S. 776.
8 Vgl. *Kübler/Assmann*, Gesellschaftsrecht, § 14 I 2a, S. 157; *Raiser/Veil*, Kapitalgesellschaften, § 8 Rz. 29.
9 Vgl. *Ammon* in Heidel, § 6 AktG Rz. 1; *Drescher* in Spindler/Stilz, § 6 AktG Rz. 3; *Hüffer*, § 6 AktG Rz. 1.
10 Vgl. *Ammon* in Heidel, § 6 AktG Rz. 1; *Drescher* in Spindler/Stilz, § 6 AktG Rz. 3; *Hüffer*, § 6 AktG Rz. 1.
11 Vgl. *Brändel* in Großkomm. AktG, 4. Aufl., § 6 AktG Rz. 4.
12 Vgl. *Hüffer*, § 6 AktG Rz. 2.
13 Ausführlich *Heider* in MünchKomm. AktG, 3. Aufl., § 6 AktG Rz. 44 ff.; *Terbrack* in Heidel, § 4 EGAktG Rz. 2 ff.; knapper *Ammon* in Heidel, § 6 AktG Rz. 5; *Hüffer*, § 6 AktG Rz. 5.

Für Altgesellschaften besteht nach § 1 Abs. 2 Satz 1 EGAktG ohne besonderen Anlass keine Verpflichtung zur Umstellung auf Euro; sie dürfen ihr Grundkapital weiterhin in DM ausweisen, auch wenn sie börsennotiert sind[14]. Führen sie allerdings eine Kapitalmaßnahme durch, darf dieser Beschluss gem. § 3 Abs. 5 EGAktG nur in das Handelsregister eingetragen werden, wenn zugleich eine Satzungsänderung über die Anpassung der Aktiennennbeträge an § 8 eingetragen wird. Durch diese Registersperre besteht ein mittelbarer Zwang zur Anpassung des Satzungstextes[15]. Materiell gilt der Nennbetrag des Grundkapitals mit dem 1.1.2002 gem. Art. 14 VO EG Nr. 974/98 vom 3.5.1998[16] automatisch als Euro-Betrag mit dem Umrechnungskurs 1,95583 DM für 1 Euro[17].

## III. Rechtsfolgen bei Verstößen

7 Wird das Grundkapital in der Satzung nicht beziffert oder lautet der Nennbetrag nicht auf Euro, so muss das Registergericht die Eintragung der Gesellschaft in das Handelsregister ablehnen (§ 38 Abs. 1 Satz 2)[18]. Erfolgt die Eintragung trotz eines Verstoßes gegen § 6, ist die Gesellschaft wirksam entstanden[19]. Enthält die Satzung keine Bestimmungen über die Höhe des Grundkapitals, so kann jeder Aktionär und jedes Vorstands- oder Aufsichtsratsmitglied gem. § 275 Abs. 1 Satz 1 Fall 1 Klage auf Nichtigerklärung erheben[20]. Daneben kann das Registergericht nach § 397 Satz 1 FamFG die Amtslöschung betreiben[21].

8 Ist die Höhe des Grundkapitals nicht beziffert, sondern anderweitig umschrieben, oder lautet es nicht auf Euro, scheidet eine Nichtigkeitsklage nach § 275 aus[22]. Das Registergericht hat die Gesellschaft aber nach § 399 Abs. 1 FamFG zur Beseitigung des Satzungsmangels aufzufordern[23]. Kommt die Gesellschaft dieser Aufforderung nicht nach, hat das Registergericht gem. § 399 Abs. 2 FamFG den Mangel festzustellen[24]. Mit Rechtskraft der Feststellungsverfügung wird die Gesellschaft nach

---

14 Vgl. *Hüffer*, § 6 AktG Rz. 6; *Terbrack* in Heidel, § 4 EGAktG Rz. 21.
15 Vgl. *Hüffer*, § 6 AktG Rz. 6.
16 ABl. Nr. L 139 v. 11.5.1998, S. 1.
17 Vgl. *Drescher* in Spindler/Stilz, § 6 AktG Rz. 5; *Heider* in MünchKomm. AktG, 3. Aufl., § 6 AktG Rz. 49; *Hüffer*, § 6 AktG Rz. 6.
18 Vgl. *Ammon* in Heidel, § 6 AktG Rz. 7; *Brändel* in Großkomm. AktG, 4. Aufl., § 6 AktG Rz. 20; *Dauner-Lieb* in KölnKomm. AktG, 3. Aufl., § 6 AktG Rz. 8; *Drescher* in Spindler/Stilz, § 6 AktG Rz. 4; *Heider* in MünchKomm. AktG, 3. Aufl., § 6 AktG Rz. 17; *Hüffer*, § 6 AktG Rz. 8; *Westermann* in Bürgers/Körber, § 6 AktG Rz. 4.
19 Vgl. *Ammon* in Heidel, § 6 AktG Rz. 8; *Drescher* in Spindler/Stilz, § 6 AktG Rz. 4; *Heider* in MünchKomm. AktG, 3. Aufl., § 6 AktG Rz. 18; *Hüffer*, § 6 AktG Rz. 8.
20 Vgl. *Ammon* in Heidel, § 6 AktG Rz. 8; *Brändel* in Großkomm. AktG, 4. Aufl., § 6 AktG Rz. 21; *Dauner-Lieb* in KölnKomm. AktG, 3. Aufl., § 6 AktG Rz. 8; *Drescher* in Spindler/Stilz, § 6 AktG Rz. 4; *Heider* in MünchKomm. AktG, 3. Aufl., § 6 AktG Rz. 19; *Wiesner* in MünchHdb. AG, § 12 Rz. 11.
21 Vgl. *Ammon* in Heidel, § 6 AktG Rz. 8; *Brändel* in Großkomm. AktG, 4. Aufl., § 6 AktG Rz. 21; *Drescher* in Spindler/Stilz, § 6 AktG Rz. 4; *Heider* in MünchKomm. AktG, 3. Aufl., § 6 AktG Rz. 19; *Wiesner* in MünchHdb. AG, § 12 Rz. 11.
22 Vgl. *Ammon* in Heidel, § 6 AktG Rz. 9; *Heider* in MünchKomm. AktG, 3. Aufl., § 6 AktG Rz. 20.
23 Vgl. *Ammon* in Heidel, § 6 AktG Rz. 9; *Brändel* in Großkomm. AktG, 4. Aufl., § 6 AktG Rz. 22; *Dauner-Lieb* in KölnKomm. AktG, 3. Aufl., § 6 AktG Rz. 9; *Heider* in MünchKomm. AktG, 3. Aufl., § 6 AktG Rz. 20; *Hüffer*, § 6 AktG Rz. 8.
24 Vgl. *Dauner-Lieb* in KölnKomm. AktG, 3. Aufl., § 6 AktG Rz. 9; *Drescher* in Spindler/Stilz, § 6 AktG Rz. 4; *Heider* in MünchKomm. AktG, 3. Aufl., § 6 AktG Rz. 20.

§ 262 Abs. 1 Nr. 5 aufgelöst[25]. Ein satzungsändernder Hauptversammlungsbeschluss, der gegen § 6 verstößt, ist nach § 241 Nr. 3 nichtig[26].

# § 7
# Mindestnennbetrag des Grundkapitals

**Der Mindestnennbetrag des Grundkapitals ist fünfzigtausend Euro.**

| | |
|---|---|
| **I. Überblick** . . . . . . . . . . . . . . . . 1 | **II. Mindestnennbetrag** . . . . . . . . . . . 5 |
| 1. Regelungsgegenstand und Bedeutung 1 | 1. Höhe des Mindestnennbetrags . . . . . 5 |
| 2. Vorgängervorschriften und Parallelregelungen . . . . . . . . . . . . . . . . . 2 | 2. Sondervorschriften . . . . . . . . . . . . 6 |
| | 3. Festsetzung in der Satzung . . . . . . . 7 |
| 3. Gemeinschaftsrecht und Rechtsvergleichung . . . . . . . . . . . . . . . . 4 | **III. Rechtsfolgen bei Verstößen** . . . . . . . 8 |

**Literatur:** *Bezzenberger*, Das Kapital der Aktiengesellschaft, 2005; *Eidenmüller/Engert*, Die angemessene Höhe des Grundkapitals der Aktiengesellschaft, AG 2005, 97; *G. Fischer*, Das Mindesthaftkapital der Aktiengesellschaften, AG 1959, 310; *Lutter*, Gesetzliches Garantiekapital als Problem europäischer und deutscher Rechtspolitik, AG 1998, 375; *Lutter* (Hrsg.), Das Kapital der Aktiengesellschaft in Europa, 2006; *Schuster*, Gesetzliches Garantiekapital als Problem europäischer und deutscher Rechtspolitik, AG 1998, 379; *Walter*, Gesetzliches Grundkapital und Kreditentscheidung der Banken, AG 1998, 370.

## I. Überblick

### 1. Regelungsgegenstand und Bedeutung

§ 7 schreibt einen Mindestnennbetrag des Grundkapitals von 50.000 Euro vor. Die Vorschrift dient dem **Gläubigerschutz**[1] und soll vor allem Kleinunternehmen von der Rechtsform der Aktiengesellschaft fernhalten[2]. Diese **Sperrfunktion** besteht angesichts des heutigen Kapitalbedarfs aber nur noch gegenüber sehr kleinen Unternehmen[3]. Abschreckender dürften die aufwendige Organisationsstruktur, die Satzungsstrenge (§ 23 Abs. 5) und die strikten Sachgründungsvorschriften (§§ 32 ff.) des Aktienrechts wirken[4]. 1

---

25 Vgl. *Drescher* in Spindler/Stilz, § 6 AktG Rz. 4; *Heider* in MünchKomm. AktG, 3. Aufl., § 6 AktG Rz. 20.
26 Vgl. *Drescher* in Spindler/Stilz, § 6 AktG Rz. 4; *Hüffer*, § 6 AktG Rz. 8.
1 Vgl. *Ammon* in Heidel, § 7 AktG Rz. 1; *Brändel* in Großkomm. AktG, 4. Aufl., § 7 AktG Rz. 8; *Drescher* in Spindler/Stilz, § 7 AktG Rz. 1; *Heider* in MünchKomm. AktG, 3. Aufl., § 7 AktG Rz. 8; *Hüffer*, § 7 AktG Rz. 1; *Raiser/Veil*, Kapitalgesellschaften, § 8 Rz. 29; *Wiesner* in MünchHdb. AG, § 11 Rz. 2.
2 Vgl. *Ammon* in Heidel, § 7 AktG Rz. 1; *Drescher* in Spindler/Stilz, § 7 AktG Rz. 1; *Heider* in MünchKomm. AktG, 3. Aufl., § 7 AktG Rz. 10; *Hüffer*, § 7 AktG Rz. 1; *Raiser/Veil*, Kapitalgesellschaften, § 8 Rz. 29.
3 Wie hier *Ammon* in Heidel, § 7 AktG Rz. 1; *Dauner-Lieb* in KölnKomm. AktG, 3. Aufl., § 7 AktG Rz. 4; *Drescher* in Spindler/Stilz, § 7 AktG Rz. 1; *Eidenmüller/Engert*, AG 2005, 97, 99; *Heider* in MünchKomm. AktG, 3. Aufl., § 7 AktG Rz. 10.
4 Ähnlich *Ammon* in Heidel, § 7 AktG Rz. 1; *Drescher* in Spindler/Stilz, § 7 AktG Rz. 1; *Heider* in MünchKomm. AktG, 3. Aufl., § 7 AktG Rz. 10.

## 2. Vorgängervorschriften und Parallelregelungen

2 Eine ausdrückliche Bestimmung über einen Mindestnennbetrag des Grundkapitals in Höhe von 50.000 Goldmark ist erstmals durch die Goldbilanzverordnung von 1923 eingeführt worden. Das **Aktiengesetz von 1937** hat diesen Betrag in § 7 Abs. 1 auf **500.000 Reichsmark** erhöht. Ausweislich der Gesetzesmaterialien sollte die Rechtsform der Aktiengesellschaft damit nur großen Unternehmen mit einem entsprechenden Kapitalbedarf vorbehalten bleiben[5]. Das **D-Markbilanzgesetz von 1949** setzte den Mindestnennbetrag auf **100.000 DM** herab, um die Umstellung auf DM zu erleichtern und der damaligen Kapitalarmut Rechnung zu tragen. Das Aktiengesetz von 1965 sah von einer abermaligen Erhöhung auf 500.000 DM ab[6], weil dadurch rund ein Viertel der Aktiengesellschaften zur Umwandlung in andere Rechtsformen gezwungen worden wäre[7]. Mit dem **Euro-Einführungsgesetz von 1998**[8] wurde der Mindestnennbetrag auf **50.000 Euro** festgesetzt und damit wertmäßig nur leicht nach unten abgerundet.

3 Eine GmbH-rechtliche Parallelvorschrift enthält § 5 Abs. 1 GmbHG mit einer Mindestkapitalziffer von 25.000 Euro. Seit dem MoMiG von 2008 dürfen Gesellschaften nach § 5a GmbHG die Mindestkapitalziffer zwar unterschreiten, müssen dann aber bis zur Ansparung des Mindeststammkapitals durch eine zwingend zu bildende gesetzliche Gewinnrücklage als „Unternehmergesellschaft (haftungsbeschränkt)" firmieren[9].

## 3. Gemeinschaftsrecht und Rechtsvergleichung

4 Die gemeinschaftsrechtliche **Kapitalrichtlinie**[10] sieht in Art. 6 Abs. 1 ein **Mindestkapital von 25.000 Euro** vor, über das die Mitgliedstaaten hinausgehen können[11]. Für die Europäische Aktiengesellschaft verlangt Art. 4 Abs. 2 SE-VO ein Mindestkapital von 120.000 Euro[12]. Außerhalb der Europäischen Gemeinschaft haben zahlreiche Rechtsordnungen, unter ihnen die meisten U.S.-amerikanischen Bundesstaaten, das Mindestkapitalerfordernis abgeschafft[13]. Auch in Europa ist das **Mindestkapital** seit geraumer Zeit **Gegenstand einer rechtspolitischen Grundsatzdebatte**[14]. Vor allem

---

5 Vgl. Amtl. Begr. zum AktG 1937, Einleitung, bei *Klausing*, S. 2 f.: „Nach nationalsozialistischer Auffassung kann die Aktiengesellschaft nur da zugelassen werden, wo es sich darum handelt, ein Unternehmen auf breiter geldlicher Grundlage zu schaffen und zu diesem Zweck weite Kreise des Volkes zur Aufbringung der erforderlichen Mittel heranzuziehen. Im Übrigen soll der Unternehmer die persönliche Verantwortung uneingeschränkt tragen."
6 Dafür aber etwa *G. Fischer*, AG 1959, 310 f.
7 Vgl. Begr. RegE bei *Kropff*, Aktiengesetz, S. 22.
8 BGBl. I 1998, 1242.
9 Vgl. *Fastrich* in Baumbach/Hueck, § 5a GmbHG Rz. 3; *Lutter* in Lutter/Hommelhoff, § 5a GmbHG Rz. 2; *Rieder* in MünchKomm. GmbHG, § 5a GmbHG Rz. 1.
10 Richtlinie 77/91/EWG vom 13.12.1976, ABl. Nr. L 26 v. 31.1.1977, S. 1.
11 Vgl. *Grundmann*, Europäisches Gesellschaftsrecht, Rz. 328; *Habersack*, Europäisches Gesellschaftsrecht, § 6 Rz. 16; *Schwarz*, Europäisches Gesellschaftsrecht, Rz. 582; abw. *Drinkuth*, Die Kapitalrichtlinie – Mindest- oder Höchstnorm?, 1998, S. 137, der in der Einführung eines deutlich höheren Mindestkapitals eine Beschränkung der Niederlassungsfreiheit erblickt; ferner *Steindorff*, EuZW 1990, 251, 252 f.
12 Dazu die Erläuterung in Erwägungsgrund Nr. 13 Satz 2 SE-VO: „Um eine sinnvolle Unternehmensgröße dieser Gesellschaften zu gewährleisten, empfiehlt es sich, ein Mindestkapital festzusetzen, das die Gewähr dafür bietet, dass diese Gesellschaften über eine ausreichende Vermögensgrundlage verfügen, ohne dass dadurch kleinen und mittleren Unternehmen die Gründung von SE erschwert wird."; eingehend *Fleischer* in Lutter/Hommelhoff (Hrsg.), Die Europäische Gesellschaft, 2005, S. 169, 170.
13 Vgl. bereits Begr. RegE bei *Kropff*, Aktiengesetz, S. 22: „In den ausländischen Rechten wird überwiegend ein Mindestnennbetrag des Grundkapitals überhaupt nicht gefordert."
14 Vgl. bereits die Symposiumsvorträge von *Lutter*, AG 1998, 375; *Schuster*, AG 1998, 379; *Walter*, AG 1998, 370; ferner *Baldamus*, Reform der Kapitalrichtlinie, 2002, S. 78 ff., der sich für

Großbritannien tritt auf Gemeinschaftsebene für eine Reform der Kapitalrichtlinie ein[15].

## II. Mindestnennbetrag

### 1. Höhe des Mindestnennbetrags

Gem. § 7 beträgt die Höhe des Mindestnennbetrags **50.000 Euro**. Die Vorschrift ist zwingend[16]. Eine Ausnahme macht heute[17] allein § 228, wonach das Grundkapital unter den gesetzlichen Mindestnennbetrag herabgesetzt werden kann, wenn dieser durch eine gleichzeitig beschlossene Barkapitalerhöhung wieder erreicht wird[18]. Der Mindestnennbetrag kann überschritten werden; eine Obergrenze besteht nicht[19]. In der Praxis liegt das Grundkapital der Publikumsgesellschaften deutlich über dem Mindestbetrag von 50.000 Euro[20].

### 2. Sondervorschriften

Für Gesellschaften mit bestimmten Unternehmensgegenständen verlangen Sondervorschriften außerhalb des Aktiengesetzes ein höheres Mindestgrundkapital. Dazu gehören etwa Investmentaktiengesellschaften (§ 97 Abs. 1 Satz 3 Nr. 1 InvG: 300.000 Euro), Kapitalanlagegesellschaften (§ 11 Abs. 1 Satz 1 Nr. 1 InvG: 300.000 Euro), Unternehmensbeteiligungsgesellschaften (§ 2 Abs. 4 Satz 1 UBGG: 1 Mio. Euro) und REIT-Aktiengesellschaften (§ 4 REITG: 15 Mio. Euro). Von anderer Qualität, weil nicht an das Grundkapital anknüpfend, sind die Eigenkapitalanforderungen im Kreditwesengesetz (§ 10 Abs. 1 Satz 1 KWG: „angemessene Eigenmittel", zu denen nach § 10 Abs. 2 Satz 1 KWG das haftende Eigenkapital und Drittrangmittel zählen) und im Pfandbriefgesetz (§ 2 Abs. 1 Satz 2 Nr. 1 PfandBG: „Kernkapital", zu diesem Begriff § 10 Abs. 2a KWG). Eine Verletzung dieser aufsichtsrechtlichen Vorschriften hat allerdings keine aktienrechtlichen Konsequenzen[21]. Insbesondere darf der Registerrichter die Eintragung der Gesellschaft in das Handelsregister nicht verweigern.

---

eine Anhebung des Mindestgrundkapitals in Art. 6 Abs. 1 Kapitalrichtlinie auf 120.000 Euro ausspricht; umfassend zuletzt die zahlreichen Beiträge in *Lutter* (Hrsg.), Das Kapital der Aktiengesellschaft in Europa, 2006; sowie *KPMG*, Feasibility study on an alternative to the capital maintenance regime established by the Second Company Law Directive 77/91/EEC of 13 December 1976 and an examination of the impact on profit distribution of the new EU-accounting regime, 2008.

15 Vgl. *Rickford*, EBLR 2004, 919; ferner *Armour*, EBOR 7 (2006) 5, 17 ff.
16 Vgl. *Baumbach/Hueck*, § 7 AktG Anm. 4; *Brändel* in Großkomm. AktG, 4. Aufl., § 7 AktG Rz. 12.
17 Zu früheren Ausnahmen, insbesondere im Zusammenhang mit der Euro-Einführung, *Heider* in MünchKomm. AktG, 3. Aufl., § 7 AktG Rz. 22 ff.; ferner *Kraft* in KölnKomm. AktG, 2. Aufl., § 7 AktG Rz. 10.
18 Für ein Beispiel BGH v. 5.10.1992 – II ZR 172/91 – „Klöckner & Co.", BGHZ 119, 305, 319 = AG 1993, 125.
19 Vgl. *Ammon* in Heidel, § 7 AktG Rz. 4; *Drescher* in Spindler/Stilz, § 7 AktG Rz. 2; *Heider* in MünchKomm. AktG, 3. Aufl., § 7 AktG Rz. 12; *Hüffer*, § 7 AktG Rz. 6; *Westermann* in Bürgers/Körber, § 7 AktG Rz. 3.
20 Vgl. *Brändel* in Großkomm. AktG, 4. Aufl., § 7 AktG Rz. 7; *Drescher* in Spindler/Stilz, § 7 AktG Rz. 1; *Heider* in MünchKomm. AktG, 3. Aufl., § 7 AktG Rz. 12; Einzelbeispiele bei *Eidenmüller/Grunewald/Noack* in Lutter (Hrsg.), Das Kapital der Aktiengesellschaft in Europa, 2006, S. 17, 21 mit Fn. 16; allgemein zur geschichtlichen Entwicklung der Kapitalstrukturen deutscher Aktiengesellschaften *Bezzenberger*, S. 39 ff.
21 Vgl. *Brändel* in Großkomm. AktG, 4. Aufl., § 7 AktG Rz. 23; *Heider* in MünchKomm. AktG, 3. Aufl., § 7 AktG Rz. 15; *Hüffer*, § 7 AktG Rz. 9; *Westermann* in Bürgers/Körber, § 7 AktG Rz. 2.

### 3. Festsetzung in der Satzung

7 Gem. § 23 Abs. 3 Nr. 3 muss die Höhe des Grundkapitals in der Satzung festgesetzt werden. Herauf- und Herabsetzungen des Nennbetrages bedürfen daher stets einer Satzungsänderung[22]. Innerhalb der gesetzlichen Vorgaben (§§ 6–8) liegt die Wahl des Nennbetrages im unternehmerischen Ermessen der Gründer[23]. Eine dem angestrebten Geschäftsumfang angemessene Grundkapitalausstattung verlangt das AktG nicht[24]. Für sie bietet auch die betriebswirtschaftliche Finanzierungstheorie keine handhabbaren Größen an[25]. Bedacht werden sollten aber aus juristischer Sicht die Nachgründungsvorschriften, die schon dann eingreifen, wenn die Vergütung 10 Prozent des Grundkapitals übersteigt[26].

## III. Rechtsfolgen bei Verstößen

8 Bei Unterschreiten des Mindestnennbetrags muss das Registergericht die Eintragung der Gesellschaft in das Handelsregister verweigern (§ 38 Abs. 1 Satz 2)[27]. Wird die Gesellschaft gleichwohl eingetragen, so ist sie wirksam entstanden[28]. Eine Nichtigkeitsklage (§ 275) scheidet aus[29]. Das Registergericht hat aber das Amtsauflösungsverfahren nach § 399 FamFG zu betreiben und die Gesellschaft zur Mängelbeseitigung aufzufordern[30]. Kommt die Gesellschaft dieser Aufforderung nicht nach, wird sie nach § 262 Abs. 1 Nr. 5 aufgelöst[31].

9 Ein satzungsändernder Hauptversammlungsbeschluss, durch den das Grundkapital nachträglich unter den Mindestnennbetrag des § 7 herabgesetzt wird, ist gem. § 241 Abs. 1 Nr. 3 nichtig, sofern nicht die Voraussetzungen des § 228 vorliegen[32]. Nach § 242 Abs. 2 Satz 1 wird die Nichtigkeit geheilt, wenn seit Eintragung des Hauptversammlungsbeschlusses drei Jahre verstrichen sind. Auch dann kann der Hauptversammlungsbeschluss gem. § 242 Abs. 2 Satz 3 aber noch von Amts wegen nach Maßgabe des § 398 FamFG gelöscht werden.

---

22 Vgl. *Ammon* in Heidel, § 7 AktG Rz. 7; *Brändel* in Großkomm. AktG, 4. Aufl., § 7 AktG Rz. 13; *Dauner-Lieb* in KölnKomm. AktG, 3. Aufl., § 7 AktG Rz. 5; *Heider* in MünchKomm. AktG, 3. Aufl., § 7 AktG Rz. 25; *Wiesner* in MünchHdb. AG, § 12 Rz. 1.
23 Vgl. *Ammon* in Heidel, § 7 AktG Rz. 7; *Drescher* in Spindler/Stilz, § 6 Rz. 3; *Heider* in MünchKomm. AktG, 3. Aufl., § 6 Rz. 15 und § 7 AktG Rz. 25; *Wiesner* in MünchHdb. AG, § 12 Rz. 3.
24 Vgl. *Windbichler*, Gesellschaftsrecht, § 25 Rz. 3; *Wiesner* in MünchHdb. AG, § 12 Rz. 3.
25 Näher *Fleischer*, ZGR 2001, 1, 10 f.; ferner *Eidenmüller/Engert*, AG 2005, 97, 100; *Windbichler*, Gesellschaftsrecht, § 25 Rz. 3 mit Fn. 5.
26 So auch *Ammon* in Heidel, § 7 AktG Rz. 4 mit Fn. 4; *Drescher* in Spindler/Stilz, § 6 Rz. 3; *Heider* in MünchKomm. AktG, 3. Aufl., § 6 AktG Rz. 15; *Hüffer*, § 7 AktG Rz. 5.
27 Vgl. *Ammon* in Heidel, § 7 AktG Rz. 8; *Baumbach/Hueck*, § 7 AktG Anm. 4; *Brändel* in Großkomm. AktG, 4. Aufl., § 7 AktG Rz. 16; *Drescher* in Spindler/Stilz, § 7 AktG Rz. 3; *Heider* in MünchKomm. AktG, 3. Aufl., § 7 AktG Rz. 26; *Hüffer*, § 7 AktG Rz. 8; *Wiesner* in MünchHdb. AG, § 12 Rz. 10.
28 Vgl. *Drescher* in Spindler/Stilz, § 7 AktG Rz. 3; *Heider* in MünchKomm. AktG, 3. Aufl., § 7 AktG Rz. 27; *Wiesner* in MünchHdb. AG, § 12 Rz. 10.
29 Vgl. *Drescher* in Spindler/Stilz, § 7 AktG Rz. 3; *Heider* in MünchKomm. AktG, 3. Aufl., § 7 AktG Rz. 30.
30 Vgl. *Ammon* in Heidel, § 7 AktG Rz. 11; *Drescher* in Spindler/Stilz, § 7 AktG Rz. 3; *Hüffer*, § 7 AktG Rz. 8; *Wiesner* in MünchHdb. AG, § 12 Rz. 10.
31 Vgl. *Ammon* in Heidel, § 7 AktG Rz. 11; *Drescher* in Spindler/Stilz, § 7 AktG Rz. 3; *Heider* in MünchKomm. AktG, 3. Aufl., § 7 AktG Rz. 30.
32 Vgl. *Ammon* in Heidel, § 7 AktG Rz. 12; *Drescher* in Spindler/Stilz, § 7 AktG Rz. 3; *Heider* in MünchKomm. AktG, 3. Aufl., § 7 AktG Rz. 31; *Hüffer*, § 7 AktG Rz. 8; *Wiesner* in MünchHdb. AG, § 12 Rz. 10.

## § 8
## Form und Mindestbeträge der Aktien

**(1)** Die Aktien können entweder als Nennbetragsaktien oder als Stückaktien begründet werden.

**(2)** Nennbetragsaktien müssen auf mindestens einen Euro lauten. Aktien über einen geringeren Nennbetrag sind nichtig. Für den Schaden aus der Ausgabe sind die Ausgeber den Inhabern als Gesamtschuldner verantwortlich. Höhere Aktiennennbeträge müssen auf volle Euro lauten.

**(3)** Stückaktien lauten auf keinen Nennbetrag. Die Stückaktien einer Gesellschaft sind am Grundkapital in gleichem Umfang beteiligt. Der auf die einzelne Aktie entfallende anteilige Betrag des Grundkapitals darf einen Euro nicht unterschreiten. Absatz 2 Satz 2 und 3 findet entsprechende Anwendung.

**(4)** Der Anteil am Grundkapital bestimmt sich bei Nennbetragsaktien nach dem Verhältnis ihres Nennbetrags zum Grundkapital, bei Stückaktien nach der Zahl der Aktien.

**(5)** Die Aktien sind unteilbar.

**(6)** Diese Vorschriften gelten auch für Anteilscheine, die den Aktionären vor der Ausgabe der Aktien erteilt werden (Zwischenscheine).

| | |
|---|---|
| I. Überblick . . . . . . . . . . . . . . . . . . 1 | 4. Unterschreiten des Mindestbetrages (§ 8 Abs. 2 Satz 2 und 3) . . . . . . . . 16 |
| II. Aktientypen . . . . . . . . . . . . . . . . 4 | a) Im Rahmen der Gründung . . . . . 17 |
| 1. Wahlfreiheit (§ 8 Abs. 1) . . . . . . . . . 4 | b) Im Rahmen von Satzungsänderungen und Kapitalmaßnahmen . . . . 19 |
| 2. Nennbetragsaktien (§ 8 Abs. 2) . . . . 6 | 5. Umstellung des Aktientyps . . . . . . . 22 |
| a) Höhe des Nennbetrags und Mindestnennbetrag . . . . . . . . . . 6 | 6. Übergangsrecht . . . . . . . . . . . . . . 23 |
| b) Festsetzung und Änderung des Nennbetrags . . . . . . . . . . . . . . 9 | III. Unteilbarkeit der Aktie (§ 8 Abs. 5) . . 24 |
| 3. Stückaktien (§ 8 Abs. 3) . . . . . . . . . 11 | 1. Aufspaltungsverbot . . . . . . . . . . . . 24 |
| a) Begriff . . . . . . . . . . . . . . . . . . 11 | 2. Abspaltungsverbot . . . . . . . . . . . . 27 |
| b) Höhe des anteiligen Betrages . . . . 12 | 3. Neueinteilung des Grundkapitals . . . 31 |
| c) Festsetzung und Änderung des anteiligen Betrages . . . . . . . . . . 14 | IV. Zwischenscheine (§ 8 Abs. 6) . . . . . . 33 |

**Literatur zu §§ 8–13:** *Adams*, Höchststimmrechte, Mehrstimmrechte und sonstige wundersame Hindernisse auf dem Markt für Unternehmenskontrolle, AG 1990, 63; *Arnold*, Entschädigung von Mehrstimmrechten nach § 5 EGAktG, DStR 2003, 784; *Arnold*, Das Unsicherheitsproblem bei der Entschädigung von Mehrstimmrechten – eine Replik, DStR 2003, 1671; *Bachmann*, Namensaktie und Stimmrechtsvertretung, WM 1999, 2100; *Ballerstedt*, Zur Bewertung von Vermögenszugängen aufgrund kapitalgesellschaftsrechtlicher Vorgänge, in FS Geßler, 1971, S. 69; *Baums*, Vorzugsaktien, Ausgliederung und Konzernfinanzierung, AG 1994, 1; *Bayer*, Kapitalerhöhung mit Bezugsrechtsausschluss und Vermögensschutz der Aktionäre nach § 255 Abs. 2 AktG, ZHR 163 (1999), 505; *Böhm*, „Tracking Stock" – innovatives Mittel der Kapitalbeschaffung auch für deutsche Kapitalgesellschaften, BWNotZ 2002, 73; *Böning*, Der Besitz des Hinterlegers an Dauerglobalaktien, ZInsO 2008, 873; *Breuninger/Krüger*, Tracking Stocks als Gestaltungsmittel im Spannungsfeld von Aktien- und Steuerrecht, in FS W. Müller, 2001, S. 527; *Cichy/Heins*, Tracking Stocks: Ein Gestaltungsmittel für deutsche Unternehmen (nicht nur) bei Börsengängen, AG 2010, 181; *Claussen*, Das Gesetz über die kleine Aktiengesellschaft – und die ersten praktischen Erfahrungen, WM 1996, 609; *Eder*, Die rechtsgeschäftliche Übertragung von Aktien, NZG 2004, 107; *Ekkenga*, Vorzüge und Nachteile der nennwertlosen Aktie, WM 1997, 1645; *Erhart/*

*Riedel*, Disquotale Gewinnausschüttungen bei Kapitalgesellschaften – gesellschafts- und steuerrechtliche Gestaltungsmöglichkeiten, BB 2008, 2266; *Fischer*, Aktienklassen einer Investmentaktiengesellschaft, NZG 2007, 133; *Fleischer*, Investor Relations und informationelle Gleichbehandlung im Aktien-, Konzern- und Kapitalmarktrecht, ZGR 2009, 505; *Fuchs*, Tracking Stock – Spartenaktien als Finanzierungsinstrument für deutsche Aktiengesellschaften, ZGR 2003, 167; *Funke*, Wert ohne Nennwert – Zum Entwurf einer gesetzlichen Regelung über die Zulassung nennwertloser Aktien, AG 1997, 385; *Ganzer/Borsch*, Zur Hinterlegungsfähigkeit girosammelverwahrter AG-Anteile, AG 2003, 269; *Habersack/Mayer*, Globalverbriefte Aktien als Gegenstand sachenrechtlicher Verfügungen?, WM 2000, 1678; *Handelsrechtsausschuss des DAV*, Stellungnahme zum Entwurf des EuroEG und zum Entwurf des StückAG, NZG 1998, 173; *Heckschen*, Agio und Bezugsrechtsausschluss bei der GmbH, DStR 2001, 1437; *Heider*, Einführung der nennwertlosen Aktie in Deutschland anlässlich der Umstellung des Gesellschaftsrechts auf den Euro, AG 1998, 1; *Heidinger*, Neue Probleme der Euroumstellung im Gesellschaftsrecht, ZNotP 2002, 179; *Herchen*, Agio und verdecktes Agio im Recht der Kapitalgesellschaften, 2004; *Hirte/Knof*, Das Pfandrecht an globalverbrieften Aktien in der Insolvenz, WM 2008, 7 und 49; *Hoffmann*, Die Verpfändung von Aktien in der Konsortialkreditpraxis, WM 2007, 1547; *Ihrig/Streit*, Aktiengesellschaft und Euro – Handlungsbedarf und Möglichkeiten der Aktiengesellschaften anlässlich der Euro-Einführung zum 1.1.1999, NZG 1998, 201; *Immenga*, Grenzen einer nachträglichen Einführung von Stimmrechtsbeschränkungen, BB 1975, 1042; *Klette*, Die Überpari-Emission bei der Kapitalerhöhung gegen Einlagen, DB 1968, 2203, 2261; *Loges/Distler*, Gestaltungsmöglichkeiten durch Aktiengattungen, ZIP 2002, 467; *Lüssow*, Das Agio im GmbH- und Aktienrecht, 2005; *Lutter*, Stellungnahme zur Aktienrechtsreform 1997, AG Sonderheft August 1997, 55; *Mentz/Fröhling*, Die Formen der rechtsgeschäftlichen Übertragung von Aktien, NZG 2002, 201; *Mirow*, Die Übertragung von Aktien im Aktienkaufvertrag – Formulierungshilfen für die Praxis, NZG 2008, 52; *Modlich*, Die außerbörsliche Übertragung von Aktien, DB 2002, 671; *Mülbert*, Die Aktie zwischen mitglieschafts- und wertpapierrechtlichen Vorstellungen, in FS Nobbe, 2009, S. 691; *Noack*, Aktien – Gattungen, Verbriefung, Übertragung, in Bayer/Habersack, Aktienrecht im Wandel, Band II, 2007, S. 510; *Noack*, Die Namensaktie – Dornröschen erwacht, DB 1999, 1306; *Peltzer*, Die Abschaffung von Mehrstimmrechten und Stimmrechtsbeschränkungen im KonTraG-Entwurf, AG Sonderheft August 1997, 90; *Pleyer*, Zur Verbriefung mehrerer Rechte in einer Urkunde, in FS Werner, 1984, S. 639; *Priester*, Kapitalaufbringungspflicht und Gestaltungsspielräume beim Agio, in FS Lutter, 2000, S. 617; *Priester*, Schuldrechtliche Zusatzleistungen bei Kapitalerhöhungen im Aktienrecht, in FS Röhricht, 2005, S. 467; *Prinz/Schürner*, Tracking Stocks und Sachdividenden – ein neues Gestaltungsfeld für spartenbezogene Gesellschaftsrechte, DStR 2003, 181; *Rottnauer*, Ausgabebetragsbemessung bei effektiver Kapitalerhöhung in einer personalistischen Kapitalgesellschaft, ZGR 2007, 401; *Saenger*, Mehrstimmrechte bei Aktiengesellschaften, ZIP 1997, 1813; *Schäfer*, Mehrheitserfordernisse bei Stimmrechtskonsortien, ZGR 2009, 768; *R. Schleyer*, Die unwirksame Kapitalerhöhung, AG 1957, 145; *K. Schmidt*, Die fehlerhafte Anteilsübertragung, BB 1988, 1053; *Uwe H. Schneider/Sünner*, Die Anpassung des Aktienrechts bei Einführung der Europäischen Währungsunion, DB 1996, 817; *Uwe H. Schneider/Sven H. Schneider*, Der Rechtsverlust gemäß § 28 WpHG bei Verletzung der kapitalmarktrechtlichen Meldepflichten, ZIP 2006, 493; *Schröer*, Vorschläge für Hauptversammlungsbeschlüsse zur Umstellung auf Stückaktie und Euro, ZIP 1998, 306; *Schröer*, Zur Einführung der unechten nennwertlosen Aktie aus Anlass der Europäischen Währungsunion, ZIP 1997, 221; *Schulz*, Unwirksame Sacheinlagen bei börsennotierten Aktiengesellschaften, NZG 2010, 41; *Schwennicke*, Der Ausschluss der Verbriefung der Aktien bei der kleinen Aktiengesellschaft, AG 2001, 118; *Seibert*, Der Ausschluss des Verbriefungsanspruchs des Aktionärs in Gesetzgebung und Praxis, DB 1999, 267; *Seibert*, Die Umstellung des Gesellschaftsrechts auf den Euro, ZGR 1998, 1; *Seibert*, Gesellschaftsrecht und Euro – Die Umstellung von Nennkapital und Anteilen; Stückaktie, WM 1997, 1610; *Seibert*, Gesetzesentwurf zur Herabsetzung des Mindestnennbetrags der Aktien, AG 1993, 315; *Sieger/Hasselbach*, „Tracking Stock" im deutschen Aktien- und Kapitalmarktrecht, AG 2001, 391; *Sommerschuh*, Der Emissionskurs bei der Begebung neuer Aktien, AG 1966, 354; *A. Teichmann*, Der Nießbrauch an Gesellschaftsanteilen, ZGR 1972, 1; *Than*, Die Übertragung vinkulierter Namensaktien im Effektengiroverkehr, in FS Nobbe, 2009, S. 791; *Tonner*, Zulässigkeit und Gestaltungsmöglichkeiten von Tracking Stocks nach deutschem Aktienrecht, IStR 2002, 317; *Vaupel/Reers*, Kapitalerhöhungen bei börsennotierten Aktiengesellschaften in der Krise, AG 2010, 93; *J. Vetter*, Verpflichtung zur Schaffung von 1 Euro-Aktien?, AG 2000, 193; *Winter*, Organisationsrechtliche Sanktionen bei Verletzung schuldrechtlicher Gesellschaftervereinbarungen?, ZHR 154 (1990), 259; *Zöllner*, Neustückelung des Grundkapitals und Neuverteilung von Einzahlungsquoten bei teileingezahlten Aktien der Versicherungsgesellschaften, AG 1985, 19; *Zöllner*, Zu Schranken und Wirkung von Stimmbindungsverträgen, insbesondere bei der GmbH, ZHR 155 (1991), 168; *Zöllner/Hanau*, Die verfassungsrechtlichen Grenzen der Beseitigung von Mehrstimmrechten bei Aktiengesellschaften, AG 1997, 206.

## I. Überblick

§ 8 Abs. 1 bis 4 regeln Typ (Nennbetrags- oder Stückaktie) und Mindestbetrag der Aktie (1,00 Euro) sowie die Folgen eines Verstoßes gegen die Mindestbetragsvorschrift. § 8 Abs. 5 enthält das aktienrechtliche Auf- und Abspaltungsverbot, während § 8 Abs. 6 die Legaldefinition des Zwischenscheins enthält und die entsprechende Anwendung der Vorschrift auf diesen anordnet.

In § 8 wird deutlich erkennbar, dass das AktG **das Wort „Aktie"** unterschiedlich verwendet: (1) Als Synonym für die Mitgliedschaft und die mit dieser verbundenen Rechte und Pflichten, (2) als Urkunde bzw. Wertpapier und (3) als Bruchteil des Grundkapitals[1]. § 8 Abs. 2 Satz 2 und 3, Abs. 3 Satz 4 und Abs. 6 beziehen sich nur auf die Aktie bzw. den Zwischenschein als Wertpapier.

Europarechtlich bestehen in Hinblick auf den Mindestbetrag (Mindestnennbetrag bzw. niedrigster anteiliger Betrag des Grundkapitals) keine Vorgaben. Aus Art. 8 Abs. 1 und 9 Abs. 1 der Kapitalrichtlinie[2] ergibt sich allerdings, dass eine reine Quotenaktie (echte nennbetragslose Aktie) unzulässig sein dürfte, da diese Vorschriften einen rechnerischen Wert der Aktie als Pendant zum Nennbetrag voraussetzen.

## II. Aktientypen

### 1. Wahlfreiheit (§ 8 Abs. 1)

Das Grundkapital kann in **Nennbetragsaktien oder** in **Stückaktien** zerlegt sein. Ein Nebeneinander der beiden Aktientypen ist vom Gesetz ausgeschlossen[3]. Dies folgt aus dem Wortlaut des Abs. 1: „entweder ... oder" und mittelbar aus Abs. 4, da die dort angeordnete Berechnungsweise des Anteils am Grundkapital nur funktioniert, wenn die Gesellschaft ausschließlich Nennbetrags- oder Stückaktien ausgegeben hat.

Die Gesellschaft ist frei, den Aktientyp zu bestimmen[4]. **Vorteile**[5] **der Stückaktie** liegen insbesondere darin, dass auch ein nicht auf ganze Euro lautender anteiliger Betrag des Grundkapitals zulässig ist und dass sowohl Amortisation (Einziehung ohne Kapitalherabsetzung, § 237 Abs. 3 Nr. 3) als auch eine Kapitalerhöhung aus Gesellschaftsmitteln durch Aufstockung des rechnerischen Anteils (§ 207 Abs. 2 Satz 2) möglich sind. Darüber hinaus sind aus der Stückelung herrührende Anfechtungsrisiken bei Kapitalmaßnahmen und ggf. Umwandlungsvorgängen deutlich geringer: Bei Nennbetragsaktien kann nach der Hilgers-Entscheidung des BGH[6] eine Pflicht zur Ausgabe von Aktien mit möglichst niedrigen Nennbeträgen bestehen, während bei Stückaktien mit hohem rechnerischen Anteil am Grundkapital aus der Treupflicht keine Pflicht zur Neueinteilung des Grundkapitals hergeleitet werden kann[7].

---

1 *Ziemons/Schluck-Amend* in Nirk/Ziemons/Binnewies, Handbuch der Aktiengesellschaft, Rz. I 6.1; *Dauner-Lieb* in KölnKomm. AktG, 3. Aufl., § 1 AktG Rz. 25.
2 Richtlinie 77/91/EWG, ABl. EG Nr. L 26 v. 31.1.1977, S. 1.
3 Begr. RegE, StückAG, BT-Drucks. 13/9573, S. 14; *Dauner-Lieb* in KölnKomm. AktG, 3. Aufl., § 8 AktG Rz. 2.
4 *Heider* in MünchKomm. AktG, 3. Aufl., § 8 AktG Rz. 43.
5 Zu den Vor- und Nachteilen des Aktientyps ausführlich: *Heider* in MünchKomm. AktG, 2. Aufl., § 8 AktG Rz. 25 ff.
6 BGH v. 5.7.1999 – II ZR 126/98, BGHZ 142, 167 ff. = AG 1999, 517 ff.
7 Dazu ausführlich *J. Vetter*, AG 2000, 193 ff., 201 ff.

## 2. Nennbetragsaktien (§ 8 Abs. 2)

### a) Höhe des Nennbetrags und Mindestnennbetrag

6 Der **Mindestnennbetrag** beträgt gem. § 8 Abs. 2 Satz 1 mindestens 1,00 Euro. Höhere Aktiennennbeträge müssen auf ein ganzzahliges Vielfaches von 1,00 Euro lauten, § 8 Abs. 2 Satz 4. Die Gesellschaft kann Aktien mit unterschiedlichen Nennbeträgen ausgeben[8].

7 Auch bei der Ausgabe neuer Aktien im Rahmen von Kapitalerhöhungen ist die Gesellschaft bei der **Festlegung des Nennbetrages der neuen Aktien** grundsätzlich frei. Schranken ergeben sich allerdings daraus, dass die Festlegung zu hoher Aktiennennbeträge zu einem kalten Bezugsrechtsausschluss führen kann, nämlich dann, wenn die höheren Nennbeträge zu einem für Kleinaktionäre ungünstigen Bezugsverhältnis führen[9]. Der Kapitalerhöhungsbeschluss ist in einem solchen Fall wegen Verletzung der mitgliedschaftlichen **Treupflicht** anfechtbar[10]. Das Anfechtungsrisiko lässt sich durch Ausgabe von auf den Mindestnennbetrag lautenden Aktien minimieren[11].

8 Bei **Kapitalerhöhungen aus Gesellschaftsmitteln** besteht demgegenüber kein (mittelbarer) Zwang, die Entstehung von Teilrechten (§ 213) durch Ausgabe von Aktien mit möglichst niedrigem Nennbetrag zu verhindern[12]. Um Anfechtungsrisiken auszuschließen, dürfte es ausreichend sein, wenn die neuen Aktien auf den niedrigsten Nennwert der bislang von der Gesellschaft ausgegebenen Aktien lauten[13]. Die mit der Ausübung der Aktionärsrechte aus Teilrechten verbundenen Unannehmlichkeiten (§ 213 Abs. 2) wiegen bei Beachtung der vorstehenden Regeln nicht schwer im Verhältnis zum Interesse der Gesellschaft an der Vermeidung von Kleinstmitgliedschaften. Im Übrigen wäre die Situation der Aktionäre nicht anders, wenn die Gesellschaft Stückaktien ausgegeben hätte.

### b) Festsetzung und Änderung des Nennbetrags

9 Der Nennbetrag der Aktien muss **in der Satzung** festgesetzt werden (§ 23 Abs. 3 Nr. 4). Ein Kapitalerhöhungsbeschluss muss neben dem Ausgabebetrag auch den Nennbetrag der auszugebenden neuen Aktien enthalten[14]. Aus Aktienurkunden muss der Nennbetrag der verbrieften Aktien ersichtlich sein[15].

10 **Die Änderung des Nennbetrags** bereits ausgegebener Aktien ist nur im Wege der Neueinteilung des Grundkapitals (dazu Rz. 31 f.) oder im Zuge einer Kapitalherabsetzung gem. § 222 Abs. 4 Satz 1 möglich[16]. Sofern bei der Durchführung der Kapitalherabsetzung der Mindestnennbetrag von 1,00 Euro unterschritten würde, werden die Aktien zusammengelegt. Wegen der einschneidenden Folgen des § 226 (Kraftloserklärung und Verwertung) sollten möglichst niedrige Nennbeträge der durch Zusammen-

---

8 Vgl. *Heider* in MünchKomm. AktG, 3. Aufl., § 8 AktG Rz. 48.
9 BGH v. 5.7.1999 – II ZR 126/98 – „Hilgers", BGHZ 142, 167 ff. = AG 1999, 517 ff.; *Hüffer*, § 8 AktG Rz. 6.
10 *Peifer* in MünchKomm. AktG, 2. Aufl., § 186 AktG Rz. 100; *Hüffer*, § 186 AktG Rz. 43.
11 *Heider* in MünchKomm. AktG, 3. Aufl., § 8 AktG Rz. 59; *J. Vetter*, AG 2000, 193 ff., 201 ff.
12 Teilw. abw. *J. Vetter*, AG 2000, 193 ff., 206.
13 *Lutter* in KölnKomm. AktG, 2. Aufl., § 222 AktG Rz. 25; *Vatter* in Spindler/Stilz, § 8 AktG Rz. 21; a.A. *Heider* in MünchKomm. AktG, 3. Aufl., § 8 AktG Rz. 61; *Hüffer*, § 213 AktG Rz. 1.
14 *Ziemons/Herchen* in Nirk/Ziemons/Binnewies, Handbuch der Aktiengesellschaft, Rz. I 6.23.
15 *Ziemons/Schluck-Amend* in Nirk/Ziemons/Binnewies, Handbuch der Aktiengesellschaft, Rz. I 5.980.
16 *Heider* in MünchKomm. AktG, 3. Aufl., § 8 AktG Rz. 49 ff.

legung entstehenden Aktien (regelmäßig 1,00 Euro) gewählt werden. Die Zustimmung der von der Zusammenlegung betroffenen Aktionäre ist nicht erforderlich[17].

### 3. Stückaktien (§ 8 Abs. 3)

#### a) Begriff

Stückaktien lauten auf keinen Nennbetrag und sind am Grundkapital in gleichem Umfang beteiligt (§ 8 Abs. 3 Satz 1 und 2), wobei sich der anteilige Betrag am Grundkapital im Wege der Division der Grundkapitalziffer durch die Zahl der Stückaktien ermittelt (§ 8 Abs. 4). 11

#### b) Höhe des anteiligen Betrages

Entsprechend der Regelung zur Nennbetragsaktie beträgt der niedrigste anteilige Betrag am Grundkapital (teilweise auch als **fiktiver Nennbetrag**[18] bezeichnet) 1,00 Euro. Höhere anteilige Beträge als dieser Mindestbetrag sind selbstverständlich möglich, anders als bei der Nennbetragsaktie brauchen sie nicht auf ganzzahlige Vielfache zu lauten, möglich sind auch „krumme" anteilige Beträge[19]. 12

Bei **Kapitalmaßnahmen** stellen sich die in Rz. 7 f. genannten Probleme nicht[20]. Insbesondere kann eine Gesellschaft, die Aktien mit hohem rechnerischen Anteil am Grundkapital ausgegeben hat, nicht veranlasst werden, eine Neueinteilung des Grundkapitals vorzunehmen, um aktionärsfreundliche Bezugsverhältnisse zu schaffen, möglichst wenig Teilrechte zur Entstehung zu bringen oder überschüssige Bruchteilsrechte bei Kapitalherabsetzungen zu vermeiden[21]. 13

#### c) Festsetzung und Änderung des anteiligen Betrages

**In der Satzung** muss nur die Anzahl der Stückaktien festgesetzt werden. Die Angabe des rechnerischen Anteils ist weder erforderlich (§ 23 Abs. 3 Nr. 4) noch üblich. Aus Aktienurkunden braucht nur klar erkennbar zu sein, dass sie Stückaktien verbriefen. **Im Kapitalerhöhungsbeschluss** ist die Angabe des anteiligen Betrags zwar nicht erforderlich, aber sinnvoll, um die Einhaltung des Verbots der Unterpari-Emission des § 9 sowie die Höhe des Mindesteinlagebetrages gem. § 36a Abs. 1 aus dem Beschluss heraus feststellen zu können[22]. 14

Außer im Fall der Neueinteilung des Grundkapitals kann der anteilige Betrag im Zuge von Kapitalerhöhungen aus Gesellschaftsmitteln durch Aufstockung (§ 207 Abs. 2 Satz 2) sowie im Fall der Amortisation (Einziehung von Aktien ohne Kapitalherabsetzung) erhöht werden[23]. Eine **Änderung des anteiligen Betrages** erfolgt auch bei Kapitalherabsetzungen, sei es durch Ermäßigung des rechnerischen Anteils, sei es durch Zusammenlegung der Aktien[24], wenn durch die Ermäßigung der Mindestbetrag unterschritten würde. 15

---

17 Vgl. Rz. 32; a.A. *Dauner-Lieb* in KölnKomm. AktG, 3. Aufl., § 8 AktG Rz. 15.
18 Begr. RegE, StückAG, BT-Drucks. 13/9573, S. 10 f.
19 *Heider* in MünchKomm. AktG, 3. Aufl., § 8 AktG Rz. 81.
20 Vgl. dazu BGH v. 18.5.2009 – II ZR 262/07 – „Mindestausgabebetrag", BGHZ 181, 144 = AG 2009, 625.
21 *J. Vetter*, AG 2000, 193 ff., 207.
22 *Ziemons/Herchen* in Nirk/Ziemons/Binnewies, Handbuch der Aktiengesellschaft, Rz. I 5.980.
23 *Heider* in MünchKomm. AktG, 3. Aufl., § 8 AktG Rz. 83 f.
24 *Heider* in MünchKomm. AktG, 3. Aufl., § 8 AktG Rz. 84.

### 4. Unterschreiten des Mindestbetrages (§ 8 Abs. 2 Satz 2 und 3)

16  Wird der Mindestbetrag von 1,00 Euro unterschritten, ordnen § 8 Abs. 2 Satz 2 für die Nennbetragsaktie und § 8 Abs. 3 Satz 4 für die Stückaktie an, dass die Aktien nichtig sind. Die Inhaber solcher Aktien haben Schadensersatzansprüche gegen die die Aktien ausgebenden Personen, die als Gesamtschuldner haften. Es besteht Einigkeit darüber, dass diese Regelungen sich nur auf Aktienurkunden beziehen, wobei Nichtigkeit **Unwirksamkeit der wertpapiermäßigen Verbriefung** bedeutet[25]. Weiterhin entspricht es allgemeiner Meinung, dass sich diese Vorschriften nicht zu Entstehung und Bestand der Aktie als Mitgliedschaft verhalten[26]. Hier hat man zu unterscheiden:

#### a) Im Rahmen der Gründung

17  Enthält die Gründungssatzung Festsetzungen, die zur Unterschreitung des Mindestbetrages führen, sind die Satzung und die mit ihr ein einheitliches Rechtsgeschäft bildenden Übernahmeerklärungen nichtig[27]. Es liegt ein **Eintragungshindernis** vor, § 38 Abs. 1 Satz 2, Abs. 3 Nr. 1 i.V.m. § 23 Abs. 3 Nr. 4. Die Gesellschaft darf nicht eingetragen werden, mithin können keine Mitgliedschaften entstehen. Die Gründer sind wechselseitig verpflichtet, eine wirksame Satzung festzustellen und damit korrespondierend die Aktien (nochmals) zu übernehmen[28]. Bis dies erfolgt ist, können eine (fehlerhafte) (Vor-)Gesellschaft und Mitgliedschaften nach den Grundsätzen der fehlerhaften Gesellschaft nur dann entstehen, wenn die Gesellschaft in Vollzug gesetzt wurde und tatsächlich ihre Geschäfte aufnimmt[29].

18  Trägt das Registergericht die AG gleichwohl ein, sind die Gesellschaft und die Mitgliedschaften entstanden[30]. Die Aktien (d.h. die Mitgliedschaften) können nach den **Regeln für unverbriefte Aktien**, also durch Abtretung, übertragen werden[31]. Belastungen (z.B. Bestellung von Pfandrecht oder Nießbrauch) können nur nach den Regeln für unverbriefte Aktien vorgenommen werden. Da etwaig ausgestellte Urkunden unwirksam sind, sind wertpapiermäßige Verfügungen nicht möglich[32]. Nichtigkeitsklage gem. § 275 ist ausgeschlossen, das Registergericht kann nur die Amtsauflösung gem. § 399 FamFG betreiben[33].

#### b) Im Rahmen von Satzungsänderungen und Kapitalmaßnahmen

19  Werden die Mindestbeträge im Zuge einer **Neueinteilung des Grundkapitals** unterschritten, ist der satzungsändernde Beschluss nichtig gem. § 241 Nr. 3 und darf nicht eingetragen werden[34]. Mangels Eintragung der Satzungsänderung bleiben die Aktien im ursprünglichen Umfang bestehen. Wird dennoch eingetragen, entstehen die Mit-

---

25 *Heider* in MünchKomm. AktG, 3. Aufl., § 8 AktG Rz. 69.
26 *Brändel* in Großkomm. AktG, 4. Aufl., § 8 AktG Rz. 25; *Dauner-Lieb* in KölnKomm. AktG, 3. Aufl., § 8 AktG Rz. 21; a.A. *Eckardt* in G/H/E/K, § 8 AktG Rz. 20.
27 *Heider* in MünchKomm. AktG, 3. Aufl., § 8 AktG Rz. 65; *Dauner-Lieb* in KölnKomm. AktG, 3. Aufl., § 8 AktG Rz. 21; *Brändel* in Großkomm. AktG, 4. Aufl., § 8 AktG Rz. 19.
28 *Heider* in MünchKomm. AktG, 3. Aufl., § 8 AktG Rz. 65.
29 *Heider* in MünchKomm. AktG, 3. Aufl., § 8 AktG Rz. 65.
30 *Heider* in MünchKomm. AktG, 3. Aufl., § 8 AktG Rz. 66.
31 *Heider* in MünchKomm. AktG, 3. Aufl., § 8 AktG Rz. 69; *Brändel* in Großkomm. AktG, 4. Aufl., § 8 AktG Rz. 25.
32 *Heider* in MünchKomm. AktG, 3. Aufl., § 8 AktG Rz. 69; *Brändel* in Großkomm. AktG, 4. Aufl., § 8 AktG Rz. 25; *Dauner-Lieb* in KölnKomm. AktG, 3. Aufl., § 8 AktG Rz. 20.
33 *Heider* in MünchKomm. AktG, 3. Aufl., § 8 AktG Rz. 69.
34 *Heider* in MünchKomm. AktG, 3. Aufl., § 8 AktG Rz. 67, 70; *Brändel* in Großkomm. AktG, 4. Aufl., § 8 AktG Rz. 26; *Dauner-Lieb* in KölnKomm. AktG, 3. Aufl., § 8 AktG Rz. 21.

gliedschaften in dem durch die fehlerhafte Satzung bestimmten Umfang[35], aber es kann über sie trotz etwaig ausgestellter Urkunde nur wie über unverbriefte Mitgliedschaften verfügt werden[36]. Das Registergericht kann nach §§ 398 oder 399 FamFG vorgehen und Aktionäre oder Organmitglieder können Nichtigkeitsklage gem. § 249 erheben. Anderes gilt, wenn die Eintragung auf einem Freigabebeschluss gem. § 246a beruht, vgl. § 242 Abs. 2 Satz 5 Halbs. 2.

Entsprechendes gilt, wenn die Mindestbeträge bei **Kapitalmaßnahmen**, insbesondere Kapitalerhöhungen unterschritten werden[37]. 20

**Die Ausgeber der verbotswidrig ausgegebenen Urkunden** haften den Inhabern der unwirksamen Urkunden als Gesamtschuldner, § 8 Abs. 2 Satz 3 bzw. Abs. 3 Satz 4, sofern nicht eine Haftung nach §§ 41 Abs. 4 Satz 3 bzw. 191 Satz 3, 203 Abs. 1 Satz 1 eingreift. „Ausgeber" sind nicht die Aussteller, also Unterzeichner, sondern diejenigen, die für die AG den Begebungsvertrag mit dem Aktionär abgeschlossen haben[38]. Diese Haftung ist verschuldensunabhängig[39]. 21

### 5. Umstellung des Aktientyps

Die **Umstellung von Nennbetrags- auf Stückaktien** und umgekehrt erfolgt durch Satzungsänderung. Ggf. ist bei Nennbetragsaktien zuvor eine Neueinteilung des Grundkapitals durchzuführen (s. Rz. 31 f.), um in Stückaktien umwandlungsfähige Aktien gleichen Nennbetrags zu schaffen. Bei Stückaktien sind ggf. zuvor Kapitalmaßnahmen (Kapitalerhöhung aus Gesellschaftsmitteln bzw. Kapitalherabsetzung) zu beschließen und durchzuführen, um bei Stückaktien den Erfordernissen des § 8 Abs. 2 genügende und die Umwandlung in Nennbetragsaktien ermöglichende anteilige Beträge (glatter Eurobetrag) zu schaffen. Sämtliche im Zug der Umstellung des Aktientyps erforderlichen Beschlüsse können in einer Hauptversammlung gefasst werden. In der Anmeldung ist auf die korrekte Reihenfolge der Eintragungen hinzuwirken. 22

### 6. Übergangsrecht

In Hinblick auf Aktiengesellschaften, die vor dem 1.1.1999 bzw. bis zum 31.12.2001 in das Handelsregister eingetragen wurden, sieht § 3 EGAktG Übergangsregelungen vor[40]. 23

## III. Unteilbarkeit der Aktie (§ 8 Abs. 5)

### 1. Aufspaltungsverbot

Rechtspolitischer Hintergrund der von § 8 Abs. 5 angeordneten Unteilbarkeit der Aktie (gemeint ist das Verbot der Teilung der Aktie durch den Aktionär)[41] ist die **Erhö-** 24

---

[35] *Heider* in MünchKomm. AktG, 3. Aufl., § 8 AktG Rz. 70.
[36] *Brändel* in Großkomm. AktG, 4. Aufl., § 8 AktG Rz. 29.
[37] *Brändel* in Großkomm. AktG, 4. Aufl., § 8 AktG Rz. 29 f.
[38] *Heider* in MünchKomm. AktG, 3. Aufl., § 8 AktG Rz. 74; *Brändel* in Großkomm. AktG, 4. Aufl., § 8 AktG Rz. 32; *Dauner-Lieb* in KölnKomm. AktG, 3. Aufl., § 8 AktG Rz. 25; *Hüffer*, § 8 AktG Rz. 10.
[39] *Heider* in MünchKomm. AktG, 3. Aufl., § 8 AktG Rz. 72; *Brändel* in Großkomm. AktG, 4. Aufl., § 8 AktG Rz. 31 und 39; *Dauner-Lieb* in KölnKomm. AktG, 3. Aufl., § 8 AktG Rz. 24; *Hüffer*, § 8 AktG Rz. 10.
[40] Dazu ausführlich *Hüffer*, § 8 AktG Rz. 13 ff.; *Heider* in MünchKomm. AktG, 3. Aufl., § 6 AktG Rz. 44 ff.
[41] *Zöllner*, AG 1985, 19 ff., 20.

hung der **Verkehrsfähigkeit der Aktie** durch Gleichlauf der tatsächlichen Einteilung des Grundkapitals mit der in der Satzung verlautbarten[42].

25 Ein **Aktiensplit** ist nur im Wege der Neueinteilung des Grundkapitals möglich[43].

26 Nicht vom Aufspaltungsverbot erfasst ist die Begründung von **Rechtsgemeinschaften an einer Aktie**, sei es zur gesamten Hand, sei als Bruchteilsgemeinschaft[44].

### 2. Abspaltungsverbot

27 § 8 Abs. 5 enthält neben dem Aufspaltungsverbot auch das sog. Abspaltungsverbot[45]. Dieses soll verhindern, dass die die Mitgliedschaft (= Aktie) konstituierenden Rechte und Pflichten unterschiedliche Inhaber haben. Nach anderer Auffassung ist das Abspaltungsverbot die aktienrechtliche Ausprägung eines allgemeinen korporationsrechtlichen Grundsatzes[46].

28 Unzulässig ist daher die Übertragung einzelner oder mehrerer Verwaltungs- wie Vermögensrechte[47]. Unzulässig ist also z.B. die Übertragung des Gewinnbezugsrechts, nicht aber die des konkreten Gewinn- oder Dividendenanspruchs, da dieser ein Gläubigerrecht ist[48]. Entsprechendes gilt für das mitgliedschaftliche Bezugsrecht (verboten) und das konkrete Bezugsrecht bzw. den Bezugsanspruch (erlaubt)[49].

29 Die Übertragung von Verwaltungsrechten z.B. die Übertragung des Teilnahmerechts an der Hauptversammlung, des Auskunftsrechts, des Stimmrechts oder des Anfechtungsrechts ist ebenfalls nicht gestattet[50]. In Hinblick auf die Übertragung des Stimmrechts ist die Legitimationszession (§ 129 Abs. 3) zulässig.

30 Das Abspaltungsverbot gibt auch den Rahmen vor, innerhalb dessen **schuldrechtliche Gestaltungen** etwa Vollmacht, Stimmbindung an Nichtaktionäre, Unterbeteiligung oder Treuhandvereinbarungen zulässig sind: Führt die Vereinbarung dazu, dass de facto die Ausübung der Rechte dauerhaft von der Inhaberschaft an der Aktie getrennt wird, etwa bei einer unwiderruflichen Vollmacht, so unterfällt auch sie dem Verbot des § 8 Abs. 5[51].

### 3. Neueinteilung des Grundkapitals

31 Nicht vom Aufspaltungsverbot erfasst ist die Neueinteilung oder Neustückelung des Grundkapitals[52]. Die Neueinteilung des Grundkapitals erfolgt im Wege der **Satzungs-**

---

42 Brändel in Großkomm. AktG, 4. Aufl., § 8 AktG Rz. 48.
43 Brändel in Großkomm. AktG, 4. Aufl., § 8 AktG Rz. 51.
44 Heider in MünchKomm. AktG, 3. Aufl., § 8 AktG Rz. 94; Brändel in Großkomm. AktG, 4. Aufl., § 8 AktG Rz. 56; Dauner-Lieb in KölnKomm. AktG, 3. Aufl., § 8 AktG Rz. 45; Hüffer, § 8 AktG Rz. 30.
45 Brändel in Großkomm. AktG, 4. Aufl., § 8 AktG Rz. 53.
46 Dauner-Lieb in KölnKomm. AktG, 3. Aufl., § 8 AktG Rz. 44 m.w.N.
47 Heider in MünchKomm. AktG, 3. Aufl., § 8 AktG Rz. 89; Brändel in Großkomm. AktG, 4. Aufl., § 8 AktG Rz. 53 ff.; Dauner-Lieb in KölnKomm. AktG, 3. Aufl., § 8 AktG Rz. 45 ff.; Hüffer, § 8 AktG Rz. 30.
48 BGH v. 24.1.1957 – II ZR 208/55, BGHZ 23, 150, 154; Brändel in Großkomm. AktG, 4. Aufl., § 8 AktG Rz. 53.
49 Dauner-Lieb in KölnKomm. AktG, 3. Aufl., § 8 AktG Rz. 46.
50 Heider in MünchKomm. AktG, 3. Aufl., § 8 AktG Rz. 89.
51 BGH v. 17.11.1986 – II ZR 96/86, ZIP 1987, 165; teilw. abw. Dauner-Lieb in KölnKomm. AktG, 3. Aufl., § 8 AktG Rz. 49; Heider in MünchKomm. AktG, 3. Aufl., § 8 AktG Rz. 91.
52 Heider in MünchKomm. AktG, 3. Aufl., § 8 AktG Rz. 95; Brändel in Großkomm. AktG, 4. Aufl., § 8 AktG Rz. 51; Dauner-Lieb in KölnKomm. AktG, 3. Aufl., § 8 AktG Rz. 52; Hüffer, § 8 AktG Rz. 31.

änderung. Möglich sind die Teilung vorhandener Aktien (sog. Aktiensplit), die Vereinigung von Aktien (sog. reverse split) oder die vollkommen freie Einteilung des Grundkapitals.

Die Neueinteilung bedarf nur dann der **Zustimmung der betroffenen Aktionäre**, wenn diese durch die Neustückelung einen Rechtsnachteil erleiden, so etwa wenn Spitzen verbleiben (wenn z.B. aus Aktien im Nennbetrag von 5,00 Euro Aktien im Nennbetrag von 2,00 Euro werden sollen, bedarf der satzungsändernde Beschluss der Zustimmung aller Aktionäre, die eine ungerade Anzahl von Aktien halten)[53]. Die Erhöhung des Nennbetrags oder des rechnerischen Anteils als solche ist kein Rechtsnachteil und vermindert auch nicht die Fungibilität der Aktie, so dass sich ein Zustimmungserfordernis auch nicht analog § 180 Abs. 2 ergibt[54]. Grenzen sind der Vereinigung von Aktien durch die mitgliedschaftliche Treupflicht gesetzt: Wird mit der Vereinigung von Aktien eine Benachteiligung von Kleinaktionären bezweckt, ist der Beschluss anfechtbar.

32

## IV. Zwischenscheine (§ 8 Abs. 6)

§ 8 Abs. 6 definiert den Zwischenschein (oder Interimschein) als Anteilschein, der den Aktionären vor Ausstellung der Aktien(urkunden) erteilt wird. Er ist mithin eine **vorläufige Verbriefung** der Aktie, muss auf den Namen lauten (§ 10 Abs. 2 und 3) und darf erst nach Eintragung der Gesellschaft bzw. der Durchführung der Kapitalmaßnahme ausgegeben werden (§§ 41 Abs. 4 Satz 1 bzw. 191 Satz 1, 203 Abs. 1 Satz 1, 219).

33

Ein **Bedürfnis für die Ausgabe von Zwischenscheinen** besteht regelmäßig nur dann, wenn teileingezahlte Inhaberaktien verbrieft werden sollen oder eine vorläufige Globalverbriefung einer Einzelverbriefung vorgeschaltet wird. Sieht die Satzung nicht zwingend die Ausgabe von Zwischenscheinen vor, steht ihre Begebung im Ermessen des Vorstands[55]. Zur „Erteilung", d.h. Ausgabe sind der Abschluss eines Begebungsvertrages mit dem Aktionär und die Übergabe des Zwischenscheins erforderlich, wobei Übergabesurrogate ausreichend sind.

34

§ 8 Abs. 6 ordnet die **entsprechende Anwendung der Abs. 1 bis 5** für den Zwischenschein an. §§ 67 Abs. 7 und 68 Abs. 4 bestimmen, dass die Vorschriften über das Aktienregister und die Übertragung von Namensaktien im Falle der Ausgabe von Zwischenscheinen entsprechend gelten.

35

---

53 Zur Teilung: Wie hier *Brändel* in Großkomm. AktG, 4. Aufl., § 8 AktG Rz. 51; *Vatter* in Spindler/Stilz, § 8 AktG Rz. 27; a.A. *Dauner-Lieb* in KölnKomm. AktG, 3. Aufl., § 8 AktG Rz. 12; *Heider* in MünchKomm. AktG, 3. Aufl., § 8 AktG Rz. 95; *Hüffer*, § 8 AktG Rz. 31 – Zustimmung ist nie erforderlich. Zur Vereinigung: Wie hier *Eckardt* in G/H/E/K, § 8 AktG Rz. 25; a.A. *Zöllner*, AG 1985, 19 ff., 21; *Heider* in MünchKomm. AktG, 3. Aufl., § 8 AktG Rz. 55, 95; *Brändel* in Großkomm. AktG, 4. Aufl., § 8 AktG Rz. 60 – Zustimmung aller Aktionäre, deren Aktien vereinigt werden, ist erforderlich.
54 So aber ausdrücklich *Zöllner*, AG 1985, 19 ff., 21; a.A. auch *Dauner-Lieb* in KölnKomm. AktG, 3. Aufl., § 8 AktG Rz. 13.
55 *Heider* in MünchKomm. AktG, 3. Aufl., § 8 AktG Rz. 100; a.A. *Brändel* in Großkomm. AktG, 4. Aufl., § 8 AktG Rz. 66.

## § 9
## Ausgabebetrag der Aktien

**(1) Für einen geringeren Betrag als den Nennbetrag oder den auf die einzelne Stückaktie entfallenden anteiligen Betrag des Grundkapitals dürfen Aktien nicht ausgegeben werden (geringster Ausgabebetrag).**

**(2) Für einen höheren Betrag ist die Ausgabe zulässig.**

| | |
|---|---|
| I. Überblick ............................. 1 | 4. Die sog. verdeckte Unter-pari-Emission .................... 10 |
| II. Verbot der Aktienausgabe unter pari (§ 9 Abs. 1) ....................... 3 | III. Zulässigkeit der Aktienausgabe über pari (§ 9 Abs. 2) ............ 13 |
| 1. Ausgabebetrag und geringster Ausgabebetrag ............... 3 | 1. Arten des Agio (offenes und verdecktes Agio) ............... 14 |
| 2. Verbot der Unter-pari-Emission .... 5 | 2. Festsetzung und Höhe des Agio .... 18 |
| 3. Rechtsfolgen des Verstoßes gegen § 9 Abs. 1 (offene Unter-pari-Emission) . 8 | a) Festlegung des Ausgabebetrags ... 18 |
| | b) Änderung des Ausgabebetrags ... 23 |

**Literatur:** S. die Angaben bei § 8.

## I. Überblick

1 § 9 Abs. 1 enthält eines der Herzstücke der Kapitalaufbringung[1]: Das Verbot der Unter-pari-Emission. § 9 Abs. 2 gestattet demgegenüber die Über-pari-Emission. Der in beiden Absätzen angesprochene Ausgabebetrag ist Maßstab der Einlageverpflichtung der Aktionäre, die nicht erhöht (§ 54 Abs. 1), aber auch nicht vermindert oder erlassen werden kann (§ 66)[2]. Die Modalitäten der Erfüllung der Einlagepflicht sind in den §§ 36 Abs. 2, 36a und 54 Abs. 2 bis 4 geregelt. § 9 gilt bei der Gründung und bei allen Arten der Kapitalerhöhung[3], wobei § 9 Abs. 2 logischerweise nicht bei einer Kapitalerhöhung aus Gesellschaftsmitteln zum Tragen kommen kann[4].

2 Das Verbot der Unter-pari-Emission ist in Art. 8 Abs. 1 der Kapitalrichtlinie[5] europarechtlich verankert.

## II. Verbot der Aktienausgabe unter pari (§ 9 Abs. 1)

### 1. Ausgabebetrag und geringster Ausgabebetrag

3 Nach der Legaldefinition in § 9 Abs. 1 ist der geringste Ausgabebetrag bei Nennbetragsaktien der Nennbetrag und bei Stückaktien der anteilige Betrag des Grundkapitals. Nennbetrag und anteiliger Betrag des Grundkapitals werden hier als **Mindestbetrag** bezeichnet.

---

1 Zur Kapitalaufbringung ausführlich: *Ziemons/Herchen* in Nirk/Ziemons/Binnewies, Handbuch der Aktiengesellschaft, Rz. I 5.140 ff.
2 *Ziemons/Herchen* in Nirk/Ziemons/Binnewies, Handbuch der Aktiengesellschaft, Rz. I 5.345.
3 *Brändel* in Großkomm. AktG, 4. Aufl., § 9 AktG Rz. 2.
4 *Brändel* in Großkomm. AktG, 4. Aufl., § 9 AktG Rz. 3.
5 Richtlinie 77/91/EWG, ABl. EG Nr. L 26 v. 31.1.1977, S. 1.

Der **Ausgabebetrag** bezeichnet den Betrag, den der Aktionär in bar auf seine Aktie 4
zahlen muss, bzw. den Wert, den die von ihm zu leistende Sacheinlage haben muss[6].
Er muss in der Gründungsurkunde bzw. im Kapitalerhöhungsbeschluss (§§ 23 Abs. 2
Nr. 2, 182 Abs. 3, 193 Abs. 2 Nr. 3) ebenso wie im Zeichnungsschein bzw. der Bezugserklärung (§§ 185 Abs. 1 Satz 3 Nr. 2, 198 Abs. 1 Satz 3) festgesetzt werden[7], vgl. dazu
Rz. 18.

### 2. Verbot der Unter-pari-Emission

§ 9 Abs. 1 verbietet die Ausgabe von Aktien zu einem unter dem Mindestbetrag (= ge- 5
ringsten Ausgabebetrag) liegenden Ausgabebetrag. Ausgabe von Aktien im Sinne dieser Norm ist die Begründung von Mitgliedschaften durch Vereinbarung zwischen den
Gründern (Übernahmeerklärung, § 23 Abs. 2 Nr. 2) bzw. zwischen der AG und dem
Zeichner (Zeichnungsvertrag)[8]. Erfasst werden aber auch die Vorstufe (Festlegung in
Gründungsurkunde/Errichtungsvertrag bzw. Kapitalerhöhungsbeschluss) und die
spätere Entstehung der Mitgliedschaft durch Eintragung im Handelsregister[9].

§ 9 Abs. 1 betrifft nur die sog. **offene Unter-pari-Emission**, d.h. die Festsetzung eines 6
zu niedrigen Ausgabebetrags.

Die sog. **verdeckte Unter-pari-Emission** (dazu ausführlich Rz. 10 ff.), also die Verein- 7
barung der Zahlung von Nachlässen, Skonti oder auch Provisionen an den Inferenten
oder die Überbewertung von Sacheinlagen oder die verdeckte Sacheinlage (§ 27
Abs. 3), gehört nicht in den Kontext von § 9 Abs. 1[10], sondern ausschließlich in den
Bereich der (nicht) ordnungsgemäßen Leistung der Einlage. Die vorgenannten Fälle
führen allesamt dazu, dass die Gesellschaft weniger erhält als an sie bei vollständiger
und ordnungsgemäßer Leistung der Einlage fließen würde.

### 3. Rechtsfolgen des Verstoßes gegen § 9 Abs. 1 (offene Unter-pari-Emission)

**Bei Gründung:** Die Übernahmeerklärung ist nichtig, § 134 BGB. Diese Nichtigkeit er- 8
fasst gem. § 139 BGB den gesamten Errichtungsvorgang[11]. Das Registergericht muss
die Eintragung gem. § 38 Abs. 1 Satz 2 ablehnen[12]. Trägt es die Gesellschaft gleichwohl
ein, ist sie entstanden[13]. Die Gründer sind verpflichtet, den geringsten Ausgabebetrag
auf die Aktien einzuzahlen[14]. Sowohl Nichtigkeitsklage (§ 275) als auch Amtslö-

---

6 *Hüffer*, § 9 AktG Rz. 2.
7 Dazu *Ziemons/Herchen* in Nirk/Ziemons/Binnewies, Handbuch der Aktiengesellschaft, Rz. I. 5.982 ff.
8 *Heider* in MünchKomm. AktG, 3. Aufl., § 9 AktG Rz. 7; *Brändel* in Großkomm. AktG, 4. Aufl., § 9 AktG Rz. 10 ff.; kritisch *Dauner-Lieb* in KölnKomm. AktG, 3. Aufl., § 9 AktG Rz. 7.
9 Dazu näher: *Heider* in MünchKomm. AktG, 3. Aufl., § 9 AktG Rz. 19 f.; *Dauner-Lieb* in KölnKomm. AktG, 3. Aufl., § 9 AktG Rz. 7; *Hüffer*, § 9 AktG Rz. 5 ff.
10 So aber *Heider* in MünchKomm. AktG, 3. Aufl., § 9 AktG Rz. 11; *Brändel* in Großkomm. AktG, 4. Aufl., § 9 AktG Rz. 17; *Hüffer*, § 9 Rz. 2; *Dauner-Lieb* in KölnKomm. AktG, 3. Aufl., § 9 AktG Rz. 17; *Vatter* in Spindler/Stilz, § 9 AktG Rz. 10 mit abw. Rechtsfolgen in Rz. 17.
11 *Heider* in MünchKomm. AktG, 3. Aufl., § 9 AktG Rz. 22.
12 *Brändel* in Großkomm. AktG, 4. Aufl., § 9 AktG Rz. 20; *Heider* in MünchKomm. AktG, 3. Aufl., § 9 AktG Rz. 22.
13 *Heider* in MünchKomm. AktG, 3. Aufl., § 9 AktG Rz. 23; *Brändel* in Großkomm. AktG, 4. Aufl., § 9 AktG Rz. 21.
14 *Dauner-Lieb* in KölnKomm. AktG, 3. Aufl., § 9 AktG Rz. 21; *Heider* in MünchKomm. AktG, 3. Aufl., § 9 AktG Rz. 24; *Brändel* in Großkomm. AktG, 4. Aufl., § 9 AktG Rz. 21.

schung (§ 397 FamFG) sowie Auflösung von Amts wegen (§ 399 FamFG) sind nicht statthaft[15].

9 **Bei Kapitalerhöhung:** Der Kapitalerhöhungsbeschluss ist nichtig gem. § 241 Nr. 3. Nichtig sind auch der Zeichnungsvertrag bzw. die Bezugserklärung[16]. Das Registergericht darf die Kapitalerhöhung nicht eintragen[17]. Wird sie gleichwohl eingetragen, hat die Eintragung vorbehaltlich § 242 Abs. 2 Satz 1 keine heilende Wirkung. Die Aktien sind nicht entstanden[18], eine Einlageforderung ist nicht begründet worden[19]. Jeder Aktionär und jedes Organmitglied kann aktienrechtliche Nichtigkeitsklage gem. § 249 Abs. 1 erheben. Amtslöschung gem. § 398 FamFG ist ebenso möglich wie allgemeine Nichtigkeitsfeststellungklage gem. § 256 ZPO. Nach Ablauf des Dreijahreszeitraums des § 242 Abs. 2 Satz 1 wird die Aktie als wirksam entstanden fingiert mit der Folge, dass der Zeichner verpflichtet ist, den geringsten Ausgabebetrag einzuzahlen. Erfolgt gleichwohl noch Amtslöschung gem. § 398 FamFG, wirkt diese auf den Zeitpunkt der Beschlussfassung zurück[20] mit der Folge, dass die Kapitalerhöhung unwirksam und die Aktien nicht entstanden sind. In Hinblick auf die Einlagepflicht findet § 277 Abs. 3 entsprechende Anwendung[21].

### 4. Die sog. verdeckte Unter-pari-Emission

10 Wie bereits oben (Rz. 7) gesagt, wird die sog. verdeckte Unter-pari-Emission nicht von § 9 Abs. 1 erfasst. Werden **Nachlässe, Provisionen, Skonti** etc. gezahlt, liegt ein Hin- und Herzahlen der Einlage vor, das die Voraussetzungen des § 27 Abs. 4 im Regelfall nicht erfüllt, mit der Folge, dass die Einlage nicht (voll) erbracht ist und insoweit noch einmal geleistet werden muss. Bei **überbewerteten Sacheinlagen** greift die Differenzhaftung[22].

11 Würde man der h.M.[23] folgen und auch die verdeckte Unter-pari-Emission als vom Verbot des § 9 Abs. 1 erfasst ansehen, würde man **die Gründer bzw. Zeichner privilegieren, die ihre Einlagepflicht in besonders krasser Weise nicht erfüllen**: Führt der den Anforderungen des § 27 Abs. 4 nicht genügende Rückfluss bei Bareinlagen oder die Überbewertung von Sacheinlagen dazu, dass zwar nicht der festgelegte Ausgabebetrag, aber jedenfalls das Nominale eingezahlt wird, so ist die Differenz zum festgelegten Ausgabebetrag zu zahlen. Sollte aber effektiv noch nicht einmal das Nominale aufgebracht werden, so wären nach der h.M. Übernahmeerklärung bzw. Zeichnung nichtig und es würde überhaupt keine Einlagepflicht begründet (oben Rz. 8 f.).

---

15 *Dauner-Lieb* in KölnKomm. AktG, 3. Aufl., § 9 AktG Rz. 18; *Heider* in MünchKomm. AktG, 3. Aufl., § 9 AktG Rz. 23; *Brändel* in Großkomm. AktG, 4. Aufl., § 9 AktG Rz. 21 a.E.
16 *Heider* in MünchKomm. AktG, 3. Aufl., § 9 AktG Rz. 29; *Brändel* in Großkomm. AktG, 4. Aufl., § 9 AktG Rz. 20; *Dauner-Lieb* in KölnKomm. AktG, 3. Aufl., § 9 AktG Rz. 21.
17 *Brändel* in Großkomm. AktG, 4. Aufl., § 9 AktG Rz. 20; *Heider* in MünchKomm. AktG, 3. Aufl., § 9 AktG Rz. 29; *Dauner-Lieb* in KölnKomm. AktG, 3. Aufl., § 9 AktG Rz. 18.
18 *Schleyer*, AG 1957, 145, 146 f.
19 *Heider* in MünchKomm. AktG, 3. Aufl., § 9 AktG Rz. 30; a.A. *Dauner-Lieb* in KölnKomm. AktG, 3. Aufl., § 9 AktG Rz. 21; *Brändel* in Großkomm. AktG, 4. Aufl., § 9 AktG Rz. 21.
20 *Heider* in MünchKomm. AktG, 3. Aufl., § 9 AktG Rz. 30.
21 *Heider* in MünchKomm. AktG, 3. Aufl., § 9 AktG Rz. 30.
22 Zur Differenzhaftung: § 27 Rz. 26; *Ziemons/Herchen* in Nirk/Ziemons/Binnewies, Handbuch der Aktiengesellschaft, Rz. I 5.558 ff.
23 *Heider* in MünchKomm. AktG, 3. Aufl., § 9 AktG Rz. 11; *Brändel* in Großkomm. AktG, 4. Aufl., § 9 AktG Rz. 17; *Hüffer*, § 9 AktG Rz. 2; *Dauner-Lieb* in KölnKomm. AktG, 3. Aufl., § 9 AktG Rz. 19 f.; wie hier *Pentz* in MünchKomm. AktG, 3. Aufl., § 27 AktG Rz. 41; *Vatter* in Spindler/Stilz, § 9 AktG Rz. 17.

Anders als die offene ist die verdeckte Unter-pari-Emission für den Registerrichter nicht ohne weiteres erkennbar[24]; im Zweifel wird er also eintragen. Betrachtet man die **Folgen verbotswidriger Eintragung** einer Kapitalerhöhung unter verdeckter Unter-pari-Emission, die nach h.M. nicht zur Entstehung von Mitgliedschaften führt, sondern nur zu einer Einlagepflicht analog § 277 Abs. 3[25], wird deutlich, dass die Feinabstimmung mit dem Kapitalerhöhungsrecht, insbesondere § 183 Abs. 2 Satz 2, nicht recht gelungen ist. Im Übrigen dürfen Aspekte der Rechtssicherheit nicht außer Acht gelassen werden: Auch nach Ablauf der 3-Jahresfrist des § 242 wäre eine Amtslöschung der Kapitalerhöhung nach § 398 FamFG (sofern diese nicht nach § 242 Abs. 2 Satz 5 ausgeschlossen ist) mit den genannten Folgen möglich[26]. Schließlich ist zu beachten, dass die Identifizierung der nur scheinbar entstandenen Aktien bei der Publikumsgesellschaft nahezu unmöglich ist. 12

### III. Zulässigkeit der Aktienausgabe über pari (§ 9 Abs. 2)

§ 9 Abs. 2 erklärt die Ausgabe von Aktien zu einem über dem Mindestbetrag liegenden Ausgabebetrag für zulässig. Die Vorschrift gibt etwas ohnehin Selbstverständliches wieder und ist nur vor dem Hintergrund zu verstehen, dass die Über-pari-Emission bis zur Aktienrechtsreform 1937 nur bei entsprechender Satzungsbestimmung zulässig war[27]. 13

#### 1. Arten des Agio (offenes und verdecktes Agio)

Agio ist die **Differenz zwischen Mindestbetrag und** dem in der Übernahmeerklärung bzw. im Kapitalerhöhungsbeschluss festgelegten **Ausgabebetrag**[28]. Es muss bei Bareinlagen vor Anmeldung der Gründung bzw. der Durchführung der Kapitalerhöhung zum Handelsregister in voller Höhe geleistet werden (§ 36a Abs. 1), bei Sacheinlagen gilt auch insoweit § 36a Abs. 2. Das Agio ist in die Kapitalrücklage gem. § 272 Abs. 2 Nr. 1 HGB zu buchen. Das Agio unterliegt den **Kapitalaufbringungsvorschriften** in gleicher Weise wie der Mindestbetrag[29] und ist in Bezug auf die Kapitalerhaltung dadurch geschützt, dass die Kapitalrücklage gem. § 272 Abs. 2 Nr. 1 HGB nur unter den in § 150 Abs. 3 und 4 genannten Voraussetzungen und zu den dort genannten Zwecken aufgelöst werden kann. 14

Als **verdecktes Agio** bezeichnet man Zusatzleistungen, die der Zeichner bzw. Gründer in Zusammenhang mit der Gründung bzw. Kapitalerhöhung über den festgesetzten Ausgabebetrag hinaus erbringen soll, ohne dass sie Nebenleistungen im Sinne des § 55 sind[30]. Häufig wird vereinbart, dass diese weitere Zuzahlung oder auch der den festgesetzten Ausgabebetrag überschießende Teil der Sacheinlage in die Kapitalrücklage gem. § 272 Abs. 2 Nr. 4 HGB eingestellt werden soll[31]. Durch derartige Ge- 15

---

24 Zu Unrecht zweifelnd: *Dauner-Lieb* in KölnKomm. AktG, 3. Aufl., § 9 AktG Rz. 20.
25 *Heider* in MünchKomm. AktG, 3. Aufl., § 9 AktG Rz. 30 m.w.N.; *Hüffer*, § 9 AktG Rz. 7; a.A. *Brändel* in Großkomm. AktG, 4. Aufl., § 9 AktG Rz. 21.
26 *Heider* in MünchKomm. AktG, 3. Aufl., § 9 AktG Rz. 30.
27 *Ziemons/Herchen* in Nirk/Ziemons/Binnewies, Handbuch der Aktiengesellschaft, Rz. I 5.75.
28 *Ziemons/Herchen* in Nirk/Ziemons/Binnewies, Handbuch der Aktiengesellschaft, Rz. I 5.75.
29 OLG Köln v. 20.10.2005 – 18 U 76/04, (juris); BGH v. 15.1.1990 – II ZR 164/88, BGHZ 110, 47 ff. = AG 1990, 298; *Priester* in FS Lutter, 2000, S. 617 ff., 624.
30 *Herchen*, Agio und verdecktes Agio im Kapitalgesellschaftsrecht, 2004, S. 279 ff.
31 Vgl. BayObLG v. 27.2.2002 – 3 Z BR 35/02, AG 2002, 510 f.; LG Mainz v. 18.9.1986 – 12 HO 53/85 – „IBH/General Motors", AG 1987, 91 ff.

16 **Kein verdecktes Agio** liegt bei der bewussten Unterbewertung von Sacheinlagen vor, d.h. wenn in der Übernahmeerklärung bzw. im Kapitalerhöhungsbeschluss entweder der Wert der Sacheinlage mit dem geringsten Ausgabebetrag angesetzt wird oder überhaupt nicht erwähnt wird und den festgesetzten Ausgabebetrag übersteigt[33]. Anders als bei der zwischen den Zeichnern getroffenen Vereinbarung über Zusatzleistungen (oben Rz. 14 f.) fehlt es hier regelmäßig daran, dass eine bindende Verpflichtung zur Einbringung eines bestimmten, den Ausgabebetrag übersteigenden, Werts ggf. zuzüglich Differenzhaftung eingegangen wird. Weder unter den Aspekten des Gläubiger- bzw. Aktionärsschutzes noch aus Gründen der Rechnungslegung ist die Behandlung des den Ausgabebetrag übersteigenden Werts der Sacheinlage als (verdecktes) Agio geboten[34]. Die Differenz zwischen Ausgabebetrag und (höherem) Wert der Sacheinlage muss im Vermögen der AG bleiben und darf nicht an den Inferenten und/oder andere Aktionäre zurückfließen, es sei denn, im Kapitalerhöhungsbeschluss oder in der Satzung ist etwas anderes festgelegt. Soweit die Sacheinlage in handelsrechtlich zulässiger Weise mit einem höheren Wert als dem Ausgabebetrag aktiviert wurde, ist diese Differenz (ebenso wie die Differenz zwischen Nominale und Ausgabebetrag) in die Kapitalrücklage einzubuchen.

17 Vom verdeckten Agio wie vom Agio zu unterscheiden ist der **Mehrbetrag**, der **bei Kapitalerhöhungen mit mittelbarem Bezugsrecht** der Aktionäre (§ 186 Abs. 5) vom Emissionsinstitut an die Gesellschaft abzuführen ist und die Differenz zwischen Bezugspreis und Ausgabebetrag, der regelmäßig bei pari liegt, (abzüglich Provision für das Emissionsinstitut) bildet. Dieser Mehrbetrag tritt wirtschaftlich an die Stelle des Agio und ist grundsätzlich wie dieses zu behandeln, ausgenommen der Zeitpunkt seiner Leistung: Abweichend von § 36a braucht er erst nach Zahlung des Bezugspreises durch die Aktionäre an die Gesellschaft geleistet zu werden[35].

## 2. Festsetzung und Höhe des Agio

### a) Festlegung des Ausgabebetrags

18 Das Agio ist bei Gründung in der **Übernahmeerklärung** und bei Kapitalerhöhungen im **Kapitalerhöhungsbeschluss**, dessen Festsetzungen in den Zeichnungsschein zu übernehmen sind, anzugeben[36]. Im Rahmen von Kapitalerhöhungen ist es auch zu-

---

32 *Ziemons/Herchen* in Nirk/Ziemons/Binnewies, Handbuch der Aktiengesellschaft, Rz. I 5.92 ff.; wohl auch BayObLG v. 27.2.2002 – 3 Z BR 35/02, AG 2002, 1484; strenger: *Heckschen*, DStR 2001, 1437 ff., 1444; *Herchen*, Agio und verdecktes Agio im Kapitalgesellschaftsrecht, 2004, S. 219 ff. Anders die wohl h.M., die auf den Aspekt des Forderungsrechts der AG nicht eingeht, vgl. nur *Dauner-Lieb* in KölnKomm. AktG, 3. Aufl., § 9 AktG Rz. 34 ff.; *Vatter* in Spindler/Stilz, § 9 AktG Rz. 35 ff.; *Priester* in FS Lutter, 2000, S. 617 ff., 627 ff.
33 *Brändel* in Großkomm. AktG, 4. Aufl., § 9 AktG Rz. 31; a.A. *Ballerstedt* in FS Geßler, 1971, S. 69, 72 ff.
34 *Dauner-Lieb* in KölnKomm. AktG, 3. Aufl., § 9 AktG Rz. 33; *Priester* in FS Lutter, 2000, S. 617 ff., 627 ff.; a.A. *Herchen*, Agio und verdecktes Agio im Kapitalgesellschaftsrecht, 2004, S. 191 ff., 218.
35 Näher: *Ziemons/Herchen* in Nirk/Ziemons/Binnewies, Handbuch der Aktiengesellschaft, Rz. I 5.913 ff.
36 *Dauner-Lieb* in KölnKomm. AktG, 3. Aufl., § 9 AktG Rz. 25.

lässig, dass nur ein Mindestausgabebetrag oder eine Ausgabebetragsspanne im Kapitalerhöhungsbeschluss festgelegt wird[37].

**Enthält der Kapitalerhöhungsbeschluss keinerlei Vorgaben** in Hinblick auf den Ausgabebetrag, ist der Vorstand im Falle einer Bezugsrechtsemission verpflichtet, die neuen Aktien zum geringsten Ausgabebetrag zum Bezug anzubieten[38], und im Fall des Ausschlusses des Bezugsrechts hat er den Ausgabebetrag in Ansehung der Interessen der vom Bezugsrecht ausgeschlossenen Aktionäre möglichst nah am inneren Wert der Aktien oder einem höheren Börsenkurs festzulegen[39]; dabei ist selbstverständlich das Verbot der Unter-pari-Emission zu beachten: Liegen innerer Wert und/ oder Börsenkurs unter dem Mindestbetrag, muss der Ausgabebetrag mindestens zu pari festgesetzt werden. Abweichend davon darf der Vorstand den Ausgabebetrag im Rahmen einer Sachkapitalerhöhung zu pari festsetzen, wenn die einzubringende Sache nachweisbar einen höheren, dem inneren Wert der Aktien bzw. dem Börsenkurs mindestens entsprechenden Wert hat[40] – dann tritt keine Verwässerung der Altaktionäre ein. 19

**Die Hauptversammlung** ist vorbehaltlich § 255 Abs. 2 frei, in welcher Höhe sie ein Agio festsetzt. Bei einer Kapitalerhöhung mit Bezugsrecht der Aktionäre kann jedoch ein überhöhtes Agio zu einem sog. kalten Ausschluss des Bezugsrechts der Aktionäre führen[41]. Bei einem über dem inneren Wert der Aktie bzw. über dem Börsenkurs liegenden Ausgabebetrag dürfte dies regelmäßig der Fall sein; bei sanierender Kapitalerhöhung mag etwas anderes gelten. Rechtsmissbräuchlich kann auch die Festlegung eines zu niedrigen, d.h. unter dem inneren Wert der Aktie liegenden, Ausgabebetrages sein, wenn die Minderheit das ihr formal gewährte Bezugsrecht nicht ausüben oder veräußern kann[42]. 20

**Grundsätzlich besteht kein Zwang zur Festsetzung eines Agio.** Dieser Grundsatz erfährt jedoch dann eine wichtige Ausnahme, wenn die **Kapitalerhöhung unter Ausschluss des Bezugsrechts** durchgeführt wird: Gem. § 255 Abs. 2 ist der Kapitalerhöhungsbeschluss der Hauptversammlung anfechtbar, wenn der Ausgabebetrag unangemessen niedrig festgesetzt wurde[43]. Eine strikte Bindung des Ausgabebetrags an den Verkehrswert bzw. Börsenwert[44] oder einen nach allgemein anerkannten Bewertungsmethoden ermittelten inneren Wert der Aktie[45] ist vom Gesetz nicht gefordert; ein angemessener Abschlag auf den Börsenkurs bzw. den inneren Wert der Aktie dürfte jeden- 21

---

37 *Dauner-Lieb* in KölnKomm. AktG, 3. Aufl., § 9 AktG Rz. 25; *Heider* in MünchKomm. AktG, § 9 Rz. 35; *Brändel* in Großkomm. AktG, 4. Aufl., § 9 AktG Rz. 15; *Klette*, DB 1968, 2203 und 2261.
38 So auch *Brändel* in Großkomm. AktG, 4. Aufl., § 9 AktG Rz. 15; a.A. *Lutter* in KölnKomm. AktG, 2. Aufl., § 182 AktG Rz. 21; *Vatter* in Spindler/Stilz, § 9 AktG Rz. 26.
39 *Lutter* in KölnKomm. AktG, 2. Aufl., § 182 AktG Rz. 26; *Brändel* in Großkomm. AktG, 4. Aufl., § 9 AktG Rz. 34; *Wiedemann* in Großkomm. AktG, 4. Aufl., § 182 AktG Rz. 45; *Bayer*, ZHR 163 (1999), 505, 518.
40 *Vatter* in Spindler/Stilz, § 9 AktG Rz. 28; *Priester* in FS Lutter, 2000, S. 617 ff., 630.
41 *Heider* in MünchKomm. AktG, 3. Aufl., § 9 AktG Rz. 39; *Brändel* in Großkomm. AktG, 4. Aufl., § 9 AktG Rz. 34; *Sommerschuh*, AG 1966, 354, 355.
42 *Vatter* in Spindler/Stilz, § 9 AktG Rz. 30.
43 Ausführlich dazu: *Ziemons/Herchen* in Nirk/Ziemons/Binnewies, Handbuch der Aktiengesellschaft, Rz. I 5.942 ff.; *Brändel* in Großkomm. AktG, 4. Aufl., § 9 AktG Rz. 34; *K. Schmidt* in Großkomm. AktG, 4. Aufl., § 255 AktG Rz. 12.
44 So aber *Bayer* in MünchKomm. AktG, 2. Aufl., § 203 AktG Rz. 59, sofern nicht ein Fall des § 186 Abs. 3 Satz 4 vorliegt und der innere Wert der Aktie nicht höher ist. Ähnlich *Hirte* in Großkomm. AktG, 4. Aufl., § 203 AktG Rz. 100; vgl. auch *Dauner-Lieb* in KölnKomm. AktG, 3. Aufl., § 9 AktG Rz. 28.
45 So aber *Bayer* in MünchKomm. AktG, 2. Aufl., § 203 AktG Rz. 58; *Hirte* in Großkomm. AktG, 4. Aufl., § 203 AktG Rz. 99; wie hier: *Hüffer*, § 255 AktG Rz. 5.

falls bei Festsetzung des Ausgabebetrags durch die Hauptversammlung zulässig sein[46]. Die Höhe des angemessenen Abschlags lässt sich nicht abstrakt festlegen. Ein Abschlag von 3 bis 5 % (wie beim Bezugsrechtsausschluss nach § 186 Abs. 3 Satz 4) dürfte jedenfalls stets angemessen sein; ist der Abschlag höher, muss er im Einzelfall materiell gerechtfertigt sein. Liegen die Voraussetzungen der materiellen Rechtfertigung (Interesse der Gesellschaft, Geeignetheit, Erforderlichkeit und Verhältnismäßigkeit i.e.S.) nicht vor, ist der 3 bis 5 % übersteigende Abschlag nicht mehr angemessen[47].

22 Für Aktien unterschiedlicher Gattung können **unterschiedliche Ausgabebeträge** festgesetzt werden[48]. Entsprechendes gilt auch für Aktien derselben Gattung, wenn das Bezugsrecht aller Aktionäre ausgeschlossen ist oder die betroffenen Aktionäre zustimmen[49]. Hierzu reicht der Abschluss des Zeichnungsvertrages durch die einen höheren Ausgabebetrag zahlenden Aktionäre nicht aus, sondern es müssen auch die nicht an der Kapitalerhöhung teilnehmenden Aktionäre zustimmen[50].

### b) Änderung des Ausgabebetrags

23 **Nach Eintragung** der Gesellschaft bzw. der Durchführung der Kapitalerhöhung kann der Ausgabebetrag nicht mehr geändert werden, wohl aber bis dahin[51]. Erfolgt nach diesem Zeitpunkt eine Erhöhung des „Ausgabebetrags", handelt es sich nicht um eine Erhöhung im Rechtssinne[52], sondern um die Vereinbarung einer sonstigen Zuzahlung im Sinne von § 272 Abs. 2 Nr. 4 HGB, die der Zustimmung des verpflichteten Aktionärs bedarf.

24 Wird der Ausgabebetrag **vor der Handelsregistereintragung** geändert, gilt Folgendes: Bei der Gründung ist die Übernahmeerklärung unter Mitwirkung aller Gründer in notariell beurkundeter Form zu ändern[53]. Im Falle der Kapitalerhöhung ist der Kapitalerhöhungsbeschluss bzw. der den Ausgabebetrag endgültig festlegende Vorstandsbeschluss zu ändern und der Vorgang der Zeichnung ist auf dieser geänderten Basis durch Abschluss eines neuen Zeichnungsvertrages neu vorzunehmen[54]. Im Falle einer Ermäßigung des Ausgabebetrages sind die Gründer bzw. Zeichner dennoch analog § 277 Abs. 3 verpflichtet, etwaig zur Befriedigung der Gläubiger erforderliche Teilbeträge des herabgesetzten Agio einzuzahlen[55], da sie in der ursprünglichen Übernahmeerklärung bzw. im Zeichnungsschein eine höhere Kapitalausstattungszusage gegeben haben[56].

---

46 *Ziemons/Herchen* in Nirk/Ziemons/Binnewies, Handbuch der Aktiengesellschaft, Rz. I 5.942 ff.; *K. Schmidt* in Großkomm. AktG, 4. Aufl., § 255 AktG Rz. 12; *Hüffer* in MünchKomm. AktG, 2. Aufl., § 255 AktG Rz. 16, 18.
47 A.A. unten *Schwab*, § 255 AktG Rz. 4.
48 *Heider* in MünchKomm. AktG, 3. Aufl., § 9 AktG Rz. 41.
49 Teilw. abw. *Dauner-Lieb* in KölnKomm. AktG, 3. Aufl., § 9 AktG Rz. 10; *Vatter* in Spindler/Stilz, § 9 AktG Rz. 25 für nachträgliche Erhöhungen.
50 A.A. *Heider* in MünchKomm. AktG, 3. Aufl., § 9 AktG Rz. 41.
51 *Heider* in MünchKomm. AktG, 3. Aufl., § 9 AktG Rz. 42 ff.; *Brändel* in Großkomm. AktG, 4. Aufl., § 9 AktG Rz. 36; *Dauner-Lieb* in KölnKomm. AktG, 3. Aufl., § 9 AktG Rz. 30.
52 A.A. wohl *Vatter* in Spindler/Stilz, § 9 AktG Rz. 25; vgl. auch *Dauner-Lieb* in KölnKomm. AktG, 3. Aufl., § 9 AktG Rz. 31: Nachschuss.
53 *Brändel* in Großkomm. AktG, 4. Aufl., § 9 AktG Rz. 36; *Vatter* in Spindler/Stilz, § 9 Rz. 25; *Heider* in MünchKomm. AktG, 3. Aufl., § 9 AktG Rz. 44 f.
54 *Brändel* in Großkomm. AktG, 4. Aufl., § 9 AktG Rz. AktG 36; *Vatter* in Spindler/Stilz, § 9 AktG Rz. 25; *Heider* in MünchKomm. AktG, 3. Aufl., § 9 AktG Rz. 44 f.
55 *Heider* in MünchKomm. AktG, 3. Aufl., § 9 AktG Rz. 43; *Brändel* in Großkomm. AktG, 4. Aufl., § 9 AktG Rz. 36; abw. *Dauner-Lieb* in KölnKomm. AktG, 3. Aufl., § 9 AktG Rz. 30, die in der Situation des § 277 Abs. 3 von einer Unzulässigkeit der Herabsetzung der Einlagepflicht ausgeht.
56 *Brändel* in Großkomm. AktG, 4. Aufl., § 9 AktG Rz. 36.

## § 10
## Aktien und Zwischenscheine

**(1)** Die Aktien können auf den Inhaber oder auf Namen lauten.

**(2)** Sie müssen auf Namen lauten, wenn sie vor der vollen Leistung des Ausgabebetrags ausgegeben werden. Der Betrag der Teilleistungen ist in der Aktie anzugeben.

**(3)** Zwischenscheine müssen auf Namen lauten.

**(4)** Zwischenscheine auf den Inhaber sind nichtig. Für den Schaden aus der Ausgabe sind die Ausgeber den Inhabern als Gesamtschuldner verantwortlich.

**(5)** In der Satzung kann der Anspruch des Aktionärs auf Verbriefung seines Anteils ausgeschlossen oder eingeschränkt werden.

| | |
|---|---|
| I. Überblick . . . . . . . . . . . . . . . . . . 1 | 1. Form der Verbriefung (Einzel-, Sammel-, Globalurkunde) . . . . . . . . 19 |
| II. Aktienarten . . . . . . . . . . . . . . . . . 4 | 2. Zeitpunkt der Verbriefung . . . . . . . 21 |
| 1. Inhaberaktien . . . . . . . . . . . . . . . 4 | 3. Verfügungen über Aktien . . . . . . . 23 |
| 2. Namensaktien . . . . . . . . . . . . . . 7 | a) Unverbriefte Aktien . . . . . . . . 23 |
| 3. Wahlfreiheit und ihre Schranken . . . 10 | b) Verbriefte Inhaberaktien . . . . . 24 |
| 4. Zwischenscheine . . . . . . . . . . . . 14 | c) Verbriefte Namensaktien . . . . . 30 |
| III. Verbriefung und Rechtswirkungen der Verbriefung . . . . . . . . . . . . . . . 16 | IV. Verbriefungsanspruch, Beschränkung und Ausschluss der Verbriefung . . . . 31 |

**Literatur:** S. die Angaben bei § 8.

## I. Überblick

§ 10 betrifft die **Verbriefung der Mitgliedschaft.** Dies wird neuerdings mit der Begründung, Inhaber- und Namensaktien könnten auch ohne Verbriefung entstehen, in Frage gestellt[1]. Ob ohne Verbriefung aber diesbezügliche unterschiedliche Mitgliedschaftsrechte entstehen können, ist sehr zweifelhaft[2] – jedenfalls lässt sich das nicht damit begründen, dass die (Einzel-)Verbriefung heutzutage die Ausnahme darstellt und bei börsennotierten Gesellschaften Übertragungen im Effektengiroverkehr erfolgen, während die Globalurkunde dauerhaft beim Zentralverwahrer lagert[3]. § 10 Abs. 3 und 4 regeln die interimistische Verbriefung der Aktie in Form von Zwischenscheinen, die auf den Namen lauten müssen und damit Orderpapiere sind. § 10 Abs. 1 behandelt die Aktienart und erklärt Inhaber- wie Namensaktien für zulässig, während § 10 Abs. 2 bestimmt, dass teileingezahlte Aktien nur als Namensaktien (und Zwischenschein) verbrieft werden können. § 10 Abs. 5 erklärt Beschränkungen und den Ausschluss der Verbriefung für zulässig.   1

In Hinblick auf den **Zeitpunkt der Verbriefung** sind die §§ 41 Abs. 4, 191, 197 und 203 zu beachten. In Hinblick auf Form und Inhalt der Aktienurkunden gelten ergän-   2

---

1 *Dauner-Lieb* in KölnKomm. AktG, 3. Aufl., § 10 AktG Rz. 2; *Vatter* in Spindler/Stilz, § 10 AktG Rz. 6, 13; unten *T. Bezzenberger,* § 67 AktG Rz. 5; *Mülbert* in FS Nobbe, 2009, S. 691, 693.
2 So aber *Vatter* in Spindler/Stilz, § 10 AktG Rz. 4 ff., 13.
3 So aber *Vatter* in Spindler/Stilz, § 10 AktG Rz. 3 f.

zend die §§ 6, 8 und 13, während § 24 eine Form der Änderung der Aktienart regelt. Für Namensaktien enthalten die §§ 67 und 68 ergänzende Regelungen betreffend das Aktienregister und die Übertragung.

3   **Art. 3 lit. f der Kapitalrichtlinie**[4] gestattet sowohl Namens- wie Inhaberaktien und ordnet an, dass die Aktienart in der Satzung anzugeben ist.

## II. Aktienarten

### 1. Inhaberaktien

4   Inhaberaktien sind **Inhaberpapiere**. Demzufolge finden auf sie grundsätzlich die §§ 793 ff. BGB Anwendung. Abweichungen können sich aus der Natur des verbrieften Rechts (Mitgliedschaft) oder aus aktienrechtlichen Sonderregeln (z.B. §§ 72 bis 74 AktG statt §§ 798 bis 800 BGB, § 75 AktG statt § 805 BGB) ergeben[5].

5   Die verbriefte Inhaberaktie legitimiert ihren unmittelbaren (bzw. im Falle des mittelbaren Besitzes: ihren mittelbaren) Besitzer gegenüber Dritten und gegenüber der Gesellschaft als Inhaber des Mitgliedschaftsrechts, § 1006 Abs. 1 Satz 1 und Abs. 3 BGB. Diese widerlegliche Vermutung wirkt auch gegen einen früheren Besitzer, dem die Aktienurkunde abhanden gekommen ist[6], § 1006 Abs. 1 Satz 2 BGB. Neben dieser **Legitimationswirkung** der Aktienurkunde ist auch die **Liberationswirkung** des § 793 Abs. 1 Satz 2 BGB von Bedeutung – sie ermöglicht der Gesellschaft, dem Inhaber der Urkunde die Wahrnehmung der Aktionärsrechte mit befreiender Wirkung zu gestatten. Anders gewendet: Gegenüber dem wahren Aktionär kann sich die Gesellschaft darauf berufen, dass sie z.B. der die Aktienurkunde vorlegenden Person zu Recht die Teilnahme an der Hauptversammlung ermöglicht oder Dividende ausgezahlt hat.

6   Wird die Inhaberaktie wertpapiermäßig übertragen, ist **gutgläubiger Erwerb** nach den §§ 932 bis 936 BGB möglich[7]. Unter den Voraussetzungen des § 366 HGB ist auch der gute Glaube an die Verfügungsbefugnis des Veräußerers bzw. Verpfänders geschützt, es sei denn, die Inhaberaktie ist mit Opposition belegt und der Erwerber etc. betreibt Bankgeschäfte, § 367 HGB[8].

### 2. Namensaktien

7   Namensaktien sind demgegenüber **Orderpapiere**[9].

8   Die verbriefte Namensaktie **legitimiert ihren unmittelbaren Besitzer gegenüber Dritten** als Inhaber des verbrieften Rechts, wenn er in der Urkunde als Aktionär oder durch eine ununterbrochene Kette von Vollindossamenten (einschließlich Blankoindossamenten) ausgewiesener Indossatar genannt ist, § 68 Abs. 1 AktG i.V.m. Art. 16 Abs. 1 WG. Lücken in der Indossamentenkette können durch anderweitigen Nachweis des Rechtsübergangs (Abtretung, Gesamtrechtsnachfolge) geschlossen werden.

---

4   Richtlinie 77/91/EWG, ABl. EG Nr. L 26 v. 31.1.1977, S. 1.
5   Dazu ausführlich *Lutter/Drygala* in KölnKomm. AktG, 3. Aufl., Anh. § 68 AktG Rz. 34; *Vatter* in Spindler/Stilz, § 10 AktG Rz. 7.
6   *Heider* in MünchKomm. AktG, 3. Aufl., § 10 AktG Rz. 35; *Brändel* in Großkomm. AktG, 4. Aufl., § 9 AktG Rz. 27.
7   *Heider* in MünchKomm. AktG, 3. Aufl., § 10 AktG Rz. 37; *Brändel* in Großkomm. AktG, 4. Aufl., § 9 AktG Rz. 28; *Lutter/Drygala* in KölnKomm. AktG, 3. Aufl., Anh. § 68 AktG Rz. 17.
8   *Heider* in MünchKomm. AktG, 3. Aufl., § 10 AktG Rz. 37.
9   *Heider* in MünchKomm. AktG, 3. Aufl., § 10 AktG Rz. 25; *Dauner-Lieb* in KölnKomm. AktG, 3. Aufl., § 10 AktG Rz. 29.

Unter den gleichen Voraussetzungen ist auch ein **gutgläubiger Erwerb** bei wertpapiermäßiger Übertragung möglich, § 68 Abs. 1 AktG i.V.m. Art. 16 Abs. 2 WG.

Die **Legitimation gegenüber der Gesellschaft** erfolgt nur durch ordnungsgemäße Eintragung im Aktienregister (§ 67 Abs. 2)[10]. Diese begründet im Verhältnis zur AG die unwiderlegliche Vermutung, dass der Eingetragene Aktionär ist[11]. Dies hat zur Folge, dass nur der Eingetragene, nicht aber der materiell berechtigte Aktionär, die Aktionärsrechte, z.B. Stimmrecht oder Anfechtungsrecht, ausüben kann. Andererseits kann die Gesellschaft vom Eingetragenen die Erfüllung der Aktionärspflichten verlangen[12] und daneben ggf. auch den materiell Berechtigten in Anspruch nehmen, so etwa bei Ansprüchen gem. § 62, wenn dieser die Leistung empfangen hat.

### 3. Wahlfreiheit und ihre Schranken

Vorbehaltlich zwingender gesetzlicher Regelungen (dazu Rz. 11 ff.) ist es der Gesellschaft freigestellt, ob sie Inhaber- oder Namensaktien oder beide Aktienarten ausgibt[13]. Die Aktienart ist zwingend in der Satzung anzugeben, § 23 Abs. 3 Nr. 5.

**Nur Namensaktien dürfen ausgegeben werden**, solange der Ausgabebetrag der Aktien noch nicht vollständig geleistet wurde, § 10 Abs. 2 Satz 1. Werden für teileingezahlte Aktien Urkunden ausgestellt, ist auf ihnen die Höhe der Teilleistung zu vermerken, § 10 Abs. 2 Satz 2. Alternativ zu Namensaktien dürfen auch Zwischenscheine ausgegeben werden. Hintergrund der aktienrechtlichen Regelungen des Zwangs zur Namensaktie ist, dass die Gesellschaft jederzeit Kenntnis über die Person des ihr gegenüber durch Eintragung im Aktienregister legitimierten Einlageschuldners haben soll. Die Angabe des Betrags der bereits geleisteten Einlage ist erforderlich, um bei wertpapiermäßiger Übertragung der Aktie den guten Glauben des Erwerbers an die Volleinzahlung der Aktie auszuschließen[14]. Im Falle teileingezahlter Inhaberaktien dürfen nur Zwischenscheine ausgestellt werden[15].

Begibt der Vorstand entgegen § 10 Abs. 2 Satz 1 Inhaberaktien oder unterlässt er die Angabe der Teilleistung auf der Urkunde, macht er sich gegenüber der Gesellschaft gem. § 93 Abs. 3 Nr. 4 schadensersatzpflichtig[16]. Verstöße gegen die Vorschrift sind Ordnungswidrigkeiten gem. § 405 Abs. 1 Nr. 1.

Ein **Zwang zur Ausgabe von (vinkulierten) Namensaktien** kann aufgrund spezialgesetzlicher Normen bestehen[17], so etwa bei bestimmten Freiberufler-Aktiengesellschaften (§ 50 Abs. 5 Satz 1 und 2 StBerG, §§ 28 Abs. 5 Satz 1 und 2, 130 Abs. 2 WPO, wohl auch Rechtsanwaltsgesellschaften wegen § 59m Abs. 1 BRAO[18]) oder bei bör-

---

10 *Lutter/Drygala* in KölnKomm. AktG, 3. Aufl., § 67 AktG Rz. 50; *Ziemons/Schluck-Amend* in Nirk/Ziemons/Binnewies, Handbuch der Aktiengesellschaft, Rz. I 6.111.
11 *Heider* in MünchKomm. AktG, 3. Aufl., § 10 AktG Rz. 28; *Lutter/Drygala* in KölnKomm. AktG, 3. Aufl., § 67 AktG Rz. 44; *Hüffer*, § 67 AktG Rz. 12 ff.; *Bayer* in MünchKomm. AktG, 3. Aufl., § 67 AktG Rz. 39.
12 *Lutter/Drygala* in KölnKomm. AktG, 3. Aufl., § 67 AktG Rz. 44; *Heider* in MünchKomm. AktG, 3. Aufl., § 10 AktG Rz. 28; *Bayer* in MünchKomm. AktG, 3. Aufl., § 67 AktG Rz. 40 ff.
13 *Dauner-Lieb* in KölnKomm. AktG, 3. Aufl., § 10 AktG Rz. 7 f.; *Heider* in MünchKomm. AktG, 3. Aufl., § 10 AktG Rz. 15; *Brändel* in Großkomm. AktG, 4. Aufl., § 10 AktG Rz. 5.
14 *Heider* in MünchKomm. AktG, 3. Aufl., § 10 AktG Rz. 33; *Hüffer*, § 10 AktG Rz. 6.
15 *Dauner-Lieb* in KölnKomm. AktG, 3. Aufl., § 10 AktG Rz. 40; *Heider* in MünchKomm. AktG, 3. Aufl., § 10 AktG Rz. 51.
16 *Heider* in MünchKomm. AktG, 3. Aufl., § 10 AktG Rz. 53.
17 *Heider* in MünchKomm. AktG, 3. Aufl., § 10 AktG Rz. 21; *Brändel* in Großkomm. AktG, 4. Aufl., § 10 AktG Rz. 18.
18 BGH v. 10.1.2005 – AnwZ (B) 27/03 und 28/03, BGHZ 161, 376 = AG 2005, 531.

sennotierten Luftfahrtunternehmen, § 2 Abs. 1 Luftverkehrsnachweissicherungsgesetz. Nebenleistungspflichten und an die Aktie gebundene Entsenderechte in den Aufsichtsrat können nur den Inhabern vinkulierter Namensaktien auferlegt bzw. eingeräumt werden, §§ 55 Abs. 1, 101 Abs. 2.

### 4. Zwischenscheine

14 Zwischenscheine, § 8 Abs. 6, müssen auf den Namen lauten. Sie sind (wie die Namensaktie) Orderpapiere. **Legitimations- und Rechtsscheinwirkung** entsprechen grundsätzlich der Namensaktie. Der gute Glaube an die vollständige Leistung der Einlage ist nicht geschützt, da Zwischenscheine regelmäßig für teileingezahlte Aktien ausgegeben werden[19]. Daher ist die Angabe der Teilleistung auf dem Zwischenschein zwar sinnvoll, aber nicht erforderlich.

15 Auf den Inhaber lautende Zwischenscheine sind nichtig, § 10 Abs. 4 Satz 1. **Nichtigkeit** bedeutet, dass eine wirksame Verbriefung des Mitgliedschaftsrechts nicht erfolgt und dieses daher nach wie vor unverkörpert ist. § 10 Abs. 4 Satz 2 statuiert eine gesamtschuldnerische Haftung der Ausgeber (d.h. derjenigen, die für die AG den Begebungsvertrag mit dem Aktionär geschlossen haben) gegenüber den Inhabern des auf den Inhaber ausgestellten Zwischenscheins für den dadurch entstandenen Schaden.

## III. Verbriefung und Rechtswirkungen der Verbriefung

16 Die Aktie (= Mitgliedschaftsrecht) **entsteht mit Eintragung** der Gesellschaft bzw. der Durchführung der Kapitalmaßnahme **im Handelsregister**. Ihre Verbriefung ist nicht konstitutiv[20]; eine Ausnahme gilt für Aktien aus bedingtem Kapital, § 200.

17 Die wertpapiermäßige Verbriefung erfordert neben der **Ausstellung einer formgerechten** (dazu § 13 Rz. 7 ff.) **Aktienurkunde** den **Abschluss eines Begebungsvertrages** zwischen der AG und dem Aktionär[21]. Stellvertretung ist zulässig und bei der Ausgabe von Sammel-, insbesondere Globalurkunden insoweit auch üblich, als der Aktionär regelmäßig von der verwahrenden Clearstream Banking AG vertreten wird[22]. Inhalt des Begebungsvertrages ist die Einigung darüber, dass die Urkunde die Mitgliedschaft verbrieft und dass das (Mit-)Eigentum an der Urkunde auf den Aktionär übergehen soll[23].

18 Die Verbriefung hat zur Folge, dass über die Aktie wertpapiermäßig verfügt werden kann und insbesondere gutgläubiger Erwerb möglich ist.

### 1. Form der Verbriefung (Einzel-, Sammel-, Globalurkunde)

19 Aktien können in Einzel- oder Sammelurkunden, aber auch in Globalurkunden verbrieft werden. Werden **Einzelurkunden** ausgestellt, so wird jede einzelne Aktie in einer eigenen Urkunde verbrieft. Im Falle von **Sammelurkunden** wird eine bestimmte Anzahl von gleichartigen Aktien (meist 100 oder 1.000 Aktien) in einer Urkunde zusammen verbrieft, vgl. § 9a Abs. 1 DepotG.

---

19 *Heider* in MünchKomm. AktG, 3. Aufl., § 10 AktG Rz. 44; *Brändel* in Großkomm. AktG, 4. Aufl., § 10 AktG Rz. 35. Für vollständigen Ausschluss des gutgläubigen Erwerbs von Zwischenscheinen: *Dauner-Lieb* in KölnKomm. AktG, 3. Aufl., § 10 AktG Rz. 39.
20 *Heider* in MünchKomm. AktG, 3. Aufl., § 10 AktG Rz. 7 m.w.N.
21 *Lutter/Drygala* in KölnKomm. AktG, 3. Aufl., Anh. § 68 AktG Rz. 9; *Heider* in MünchKomm. AktG, 3. Aufl., § 10 AktG Rz. 8.
22 *Lutter/Drygala* in KölnKomm. AktG, 3. Aufl., Anh. § 68 AktG Rz. 10.
23 *Heider* in MünchKomm. AktG, 3. Aufl., § 10 AktG Rz. 8.

Die (Dauer-)**Globalurkunde** ist eine Sonderform der Sammelurkunde, die dadurch gekennzeichnet ist, dass der Inhaber der verbrieften Rechte (Aktionär) weder die Ausstellung noch die Auslieferung von effektiven Stücken verlangen kann[24]. 20

### 2. Zeitpunkt der Verbriefung

Vor Entstehung der Mitgliedschaft ist die Ausgabe von Aktienurkunden nicht zulässig. Trotzdem ausgegebene Aktienurkunden sind nichtig, §§ 41 Abs. 4 Satz 2, 191 Satz 2. Trotzdem kann die Aktienausgabe vor Entstehung der Mitgliedschaft bereits vorbereitet werden[25]. **Zulässige Vorbereitungshandlungen** sind die Erstellung des Urkundentextes und auch die Unterzeichnung durch den Vorstand, vorausgesetzt, der Vorstand bleibt im Besitz der Aktienurkunde[26]. Verboten ist indes die Ausgabe der Aktien, d.h. der Abschluss des Begebungsvertrages. Vor diesem Hintergrund ist die Praxis, bereits vor Eintragung der Durchführung der Kapitalerhöhung eine Globalurkunde bei der Clearstream Banking AG, die Beteiligte des Begebungsvertrags (Rz. 17) ist, einzuliefern, rechtlich bedenklich[27]. 21

Ein **gutgläubiger Erwerb** der unzulässigerweise ausgegebenen Aktien ist ausgeschlossen[28]. 22

### 3. Verfügungen über Aktien

#### a) Unverbriefte Aktien

Unverbriefte Inhaber- wie Namensaktien werden durch **Abtretung** gem. §§ 413, 398 ff. BGB übertragen[29]. Wegen des sachenrechtlichen Bestimmtheitsgrundsatzes ist darauf zu achten, dass die Aktien im Abtretungsvertrag genau bezeichnet werden[30]. Die Abtretung der Aktie umfasst die Abtretung des Mitgliedschaftsrechts als solches sowie sämtlicher unselbständiger Nebenrechte, etwa Gewinnbezugsrecht[31]. Bereits beschlossene Dividenden und entstandene konkrete Bezugsrechte müssen gesondert gem. §§ 413, 398 ff. BGB übertragen werden. Gutgläubiger Erwerb ist ausgeschlossen[32]. Obgleich die Abtretung grundsätzlich keiner Form bedarf, sollte sie nicht zuletzt in Hinblick auf die Legitimation des Erwerbers gegenüber der Gesellschaft (z.B. bezüglich der Teilnahme an der Hauptversammlung, § 123 Rz. 26) stets schriftlich oder jedenfalls unter Erstellung einer Urkunde gem. § 403 BGB erfolgen. 23

#### b) Verbriefte Inhaberaktien

Verbriefte Inhaberaktien sind Inhaberpapiere und werden wie Sachen gem. §§ 929 ff. BGB übertragen, regelmäßig also durch **Einigung und Übergabe der Aktienurkunde** gem. § 929 BGB[33]. 24

Sind neben den veräußerten Aktien noch weitere Aktien in ein und derselben Urkunde verbrieft, bezieht sich die Einigung auf den Übergang des Eigentums an dem ent- 25

---

[24] *Heider* in MünchKomm. AktG, 3. Aufl., § 10 AktG Rz. 39 ff.
[25] *Pentz* in MünchKomm. AktG, 3. Aufl., § 41 AktG Rz. 166.
[26] *Peifer* in MünchKomm. AktG, 2. Aufl., § 191 AktG Rz. 7.
[27] *Wiedemann* in Großkomm. AktG, 4. Aufl., § 191 AktG Rz. 6.
[28] *K. Schmidt* in Großkomm. AktG, 4. Aufl., § 41 AktG Rz. 70 m.w.N.
[29] *Hüffer*, § 10 AktG Rz. 2; *Lutter/Drygala* in KölnKomm. AktG, 3. Aufl., Anh. § 68 AktG Rz. 2.
[30] *Ziemons/Schluck-Amend* in Nirk/Ziemons/Binnewies, Handbuch der Aktiengesellschaft, Rz. I 6.162.
[31] *G. H. Roth* in MünchKomm. BGB, 4. Aufl., § 413 BGB Rz. 8–10.
[32] *Lutter/Drygala* in KölnKomm. AktG, 3. Aufl., Anh. § 68 AktG Rz. 3.
[33] Vgl. *K. Schmidt*, Gesellschaftsrecht, § 26 IV. 1. b), S. 777.

sprechenden Bruchteil der Urkunde und die Übergabe muss durch ein Besitzkonstitut ersetzt werden.

26 Wird die Aktienurkunde **bei einem Dritten** oder bankmäßig im Streifbanddepot (Sonderverwahrung i.S. von § 2 DepotG) **verwahrt**, wird der Herausgabeanspruch gegen den Verwahrer abgetreten[34].

27 Bei **girosammelverwahrten Aktien** haben die Aktionäre Miteigentum nach Bruchteilen an den zum Sammelbestand des Verwahrers gehörenden Wertpapieren derselben Art (§ 6 Abs. 1 DepotG). Sind die Aktien in Einzel- oder Sammelurkunden verbrieft, bezieht sich die Einigung auf den Übergang des Eigentums am Bruchteil des Sammelbestandes, und die Übergabe wird durch die Abtretung des Herausgabeanspruchs ersetzt (§§ 7, 8 DepotG)[35]. Ist bei Ausschluss des Verbriefungsanspruchs gem. § 10 Abs. 5 eine Globalurkunde verwahrt, ist ein Herausgabeanspruch gem. § 9a Abs. 3 Satz 2 DepotG ausgeschlossen. In diesem Fall wird die Übergabe durch die Umstellung des Besitzmittlungsverhältnisses gem. Nr. 8 der AGB der Clearstream Banking AG ersetzt[36].

28 **Gutgläubiger Erwerb** ist nach allgemeinen Regeln (§§ 932 ff., 935 Abs. 2 BGB) möglich. Das gilt auch dann, wenn die Aktien in einer girosammelverwahrten Globalurkunde verwahrt sind[37]; der für den Gutglaubensschutz erforderliche Rechtsschein wird hier durch die Umbuchung (§ 14 DepotG) gesetzt.

29 Auch verbriefte Aktien können durch **Abtretung der Mitgliedschaft** nach §§ 398, 413 BGB übertragen werden[38]. Das Eigentum an der Aktienurkunde folgt dann dem Recht aus dem Papier gem. § 952 BGB. Zur Wirksamkeit der Abtretung muss jedoch auch der Besitz an der Urkunde verschafft werden, sei es durch Einräumung unmittelbaren Besitzes mittels Übergabe, sei es durch Vereinbarung eines Besitzkonstituts etc[39]. Gutgläubiger Erwerb ist dann allerdings ausgeschlossen.

### c) Verbriefte Namensaktien

30 Vgl. hierzu die Erläuterungen zu § 68 Rz. 7 ff.[40].

## IV. Verbriefungsanspruch, Beschränkung und Ausschluss der Verbriefung

31 Grundsätzlich hat jeder Aktionär **Anspruch auf Verbriefung seiner Aktien in Einzelurkunden**[41]; dieser Anspruch wird von § 10 Abs. 5 ebenso wie von § 213 Abs. 2 vorausgesetzt[42]. Der Verbriefungsanspruch besteht ab dem Zeitpunkt der Entstehung der Mitgliedschaft, nicht erst im Zeitpunkt der vollständigen Einlageleistung[43]. Darf

---

34 *Mentz/Fröhling*, NZG 2002, 201, 204.
35 *Mentz/Fröhling*, NZG 2002, 201, 206 f.
36 *Gätsch* in Marsch-Barner/Schäfer, Hdb. börsennotierte AG, 2. Aufl. 2009, § 5 Rz. 81; *Mentz/Fröhling*, NZG 2002, 201, 204 ff.
37 So etwa *K. Schmidt* in MünchKomm. BGB, 4. Aufl., § 747 BGB Rz. 21 f.; *Mülbert* in FS Nobbe, 2009, S. 691, 702 ff., 716 ff.; a.A. *Habersack/Mayer*, WM 2000, 1678, 1682 f.
38 Nunmehr auch *Lutter/Drygala* in KölnKomm. AktG, 3. Aufl., Anh. § 68 AktG Rz. 17; a.A. *Brändel* in Großkomm. AktG, 4. Aufl., § 10 AktG Rz. 36.
39 *Gätsch* in Marsch-Barner/Schäfer, Hdb. börsennotierte AG, 2. Aufl. 2009, § 5 Rz. 84; *Mentz/Fröhling*, NZG 2002, 201, 202.
40 Vgl. dazu *Mülbert* in FS Nobbe, 2009, S. 691 ff. sowie *Thaun* in FS Nobbe, 2009, S. 791 ff.
41 *Heider* in MünchKomm. AktG, 3. Aufl., § 10 AktG Rz. 11 ff.; *Dauner-Lieb* in KölnKomm. AktG, 3. Aufl., § 10 AktG Rz. 10.
42 *Brändel* in Großkomm. AktG, 4. Aufl., § 10 AktG Rz. 23.
43 *Hüffer*, § 10 AktG Rz. 3; *Heider* in MünchKomm. AktG, 3. Aufl., § 10 AktG Rz. 13; a.A. RG v. 3.4.1912 – I 178/11, RGZ 79, 174, 175 f.

die Gesellschaft gemäß ihrer Satzung nur Inhaberaktien ausgeben, wird dieser Anspruch aber erst mit vollständiger Einlageleistung erfüllbar[44]; die Verbriefung der Aktie in Zwischenscheinen kann nur verlangt werden, wenn dies in der Satzung vorgesehen ist[45].

Der mitgliedschaftliche Verbriefungsanspruch kann **in der Satzung eingeschränkt oder vollständig ausgeschlossen werden**[46]. Derartige Satzungsregelungen müssen den Gleichbehandlungsgrundsatz beachten. Neben dem vollständigen Ausschluss des Verbriefungsanspruchs sind auch Beschränkungen, z.B. Verbriefung in Sammelurkunden über den gesamten Aktienbesitz eines Aktionärs oder über mehrere Aktien bzw. Ausstellung von Urkunden nur gegen Kostenübernahme, zulässig[47]. 32

Ist der Verbriefungsanspruch in der Satzung ausgeschlossen, besteht kein Anspruch der Aktionäre auf Verbriefung in einer Globalurkunde; ein **satzungsfester Anspruch auf Globalverbriefung**, um die wertpapiermäßige Übertragung von Aktien zu ermöglichen, existiert nicht[48]. Trotz Ausschluss des Anspruchs auf Verbriefung ist die Gesellschaft berechtigt, Aktien-, insbesondere Globalurkunden auszustellen. Sind die Aktien zum regulierten Markt zugelassen, müssen sie verbrieft sein (arg. §§ 6, 8, 48 Abs. 2 Nr. 6 und 7 BörsZulV); dieser börsenrechtlichen Verbriefungspflicht korrespondiert jedoch kein mitgliedschaftlicher, satzungsfester (Global-)Verbriefungsanspruch der Aktionäre[49]. Eine ganz andere Frage ist, ob der Vorstand unabhängig von börsenrechtlichen Regelungen verpflichtet ist, Namensaktien zu verbriefen, damit die besonderen Folgen der §§ 67, 68, die nach der hier (Rz. 1) vertretenen Auffassung[50] von der Verbriefung abhängig sind, auch eintreten können. Diese Frage ist zu bejahen[51], und zwar unabhängig davon, ob der Verbriefungsanspruch in der Satzung ausgeschlossen wurde oder ein Aktionär seinen nicht ausgeschlossenen Verbriefungsanspruch geltend macht. Denn diese Pflicht besteht gegenüber der Gesellschaft und ist unabhängig von Individualansprüchen der Aktionäre. 33

Beschränkung oder Ausschluss der Verbriefung können auch im Wege der **Satzungsänderung** erfolgen. Ausreichend ist ein Beschluss der Hauptversammlung mit satzungsändernder Mehrheit, die Zustimmung aller Aktionäre ist nicht erforderlich[52]. Der Verbriefungsanspruch ist seit Einführung des § 10 Abs. 5 kein mehrheitsfestes Mitgliedschaftsrecht (oder gar Sonderrecht) mehr, das nur mit Zustimmung des Berechtigten entzogen oder beschränkt werden kann[53]. Des Weiteren geht mit dem Ausschluss des Verbriefungsanspruchs keine der Vinkulierung vergleichbare Beeinträchtigung der Fungibilität der Aktie einher, die eine Zustimmung der Betroffenen analog § 180 Abs. 2 erforderlich machen könnte. 34

---

44 *Heider* in MünchKomm. AktG, 3. Aufl., § 10 AktG Rz. 51.
45 *Vatter* in Spindler/Stilz, § 10 AktG Rz. 87; *Heider* in MünchKomm. AktG, 3. Aufl., § 8 AktG Rz. 100; a.A. *Brändel* in Großkomm. AktG, 4. Aufl., § 10 AktG Rz. 23.
46 *Heider* in MünchKomm. AktG, 3. Aufl., § 10 AktG Rz. 12.
47 *Hüffer*, § 10 AktG Rz. 12; *Heider* in MünchKomm. AktG, 3. Aufl., § 10 AktG Rz. 60; *Vatter* in Spindler/Stilz, § 10 AktG Rz. 84.
48 So aber die h.L. vgl. nur *Dauner-Lieb* in KölnKomm. AktG, 3. Aufl., § 10 AktG Rz. 12; *Hüffer*, § 10 AktG Rz. 11; *Heider* in MünchKomm. AktG, 3. Aufl., § 10 AktG Rz. 58; nicht eindeutig: *Vatter* in Spindler/Stilz, § 10 AktG Rz. 13, 83.
49 Insoweit nicht eindeutig *Vatter* in Spindler/Stilz, § 10 AktG Rz. 83.
50 A.A. *Dauner-Lieb* in KölnKomm. AktG, 3. Aufl., § 10 AktG Rz. 26; *Vatter* in Spindler/Stilz, § 10 AktG Rz. 13; vgl. auch *Noack* in FS Wiedemann, 2002, S. 1141 ff.
51 A.A. *Dauner-Lieb* in KölnKomm. AktG, 3. Aufl., § 10 AktG Rz. 15: Ermessen des Vorstands.
52 Zweifelnd: *Hüffer*, § 10 AktG Rz. 12; *Dauner-Lieb* in KölnKomm. AktG, 3. Aufl., § 10 AktG Rz. 13.
53 Dazu *Wiedemann* in Großkomm. AktG, 4. Aufl., § 179 AktG Rz. 128; *Heider* in MünchKomm. AktG, 3. Aufl., § 10 AktG Rz. 59.

35 § 5 Abs. 2 REITG schließt den Anspruch der Aktionäre auf Verbriefung ex lege aus. Da andererseits die REIT-AG nur **REIT-Aktiengesellschaft** ist, wenn sie den Anforderungen des REITG genügt, sollte demnach vorsorglich (deklaratorisch) der Verbriefungsanspruch in der Satzung ausgeschlossen werden.

# § 11
# Aktien besonderer Gattung

Die Aktien können verschiedene Rechte gewähren, namentlich bei der Verteilung des Gewinns und des Gesellschaftsvermögens. Aktien mit gleichen Rechten bilden eine Gattung.

| | |
|---|---|
| I. Überblick ................ 1 | III. Rechte der Aktionäre .......... 9 |
| II. Aktiengattung ............. 3 | 1. Gläubigerrechte .............. 10 |
| 1. Begriff der Aktiengattung ....... 3 | 2. Mitgliedschaftsrechte .......... 12 |
| 2. Begründung von Aktiengattungen .. 4 | 3. Einschränkung der Mitgliedschaftsrechte ................... 16 |

**Literatur:** S. die Angaben bei § 8.

## I. Überblick

1 § 11 definiert den Begriff der Aktiengattung (Satz 2) und stellt klar, dass Aktien verschiedene Rechte gewähren können, der Gleichbehandlungsgrundsatz (§ 53a) also nicht uneingeschränkt gilt.

2 Die Gattung ist relevant für die Anwendung der §§ 179 Abs. 3, 182 Abs. 2 und 222 Abs. 2, die in bestimmten Situationen Sonderbeschlüsse anordnen. Für stimmrechtslose Vorzugsaktien gelten die Sonderregeln der §§ 139 ff. Gem. § 5 Abs. 1 REITG darf eine REIT-AG nur stimmberechtigte Aktien gleicher Gattung ausgeben.

2a Gem. Art. 3 lit. e der Kapitalrichtlinie[1] müssen für jede Aktiengattung in der Satzung folgende Angaben gemacht werden: Anzahl und Nennbetrag bzw. bei Stückaktien deren Anzahl der einer Gattung angehörenden Aktien sowie die Rechte, die mit den Aktien jeweils verbunden sind, und ggf. die jeweiligen etwaigen Übertragungsbeschränkungen[2]. § 124a statuiert für börsennotierte Gesellschaften u.a. die Pflicht, auf der Internetseite nicht nur die Gesamtzahl der Aktien und Stimmrechte im Zeitpunkt der Einberufung der Hauptversammlung zugänglich zu machen, sondern diese Angaben auch für jede Aktiengattung zu machen (dazu § 124a Rz. 8 f.). Diese Angabepflichten gehen über die nach § 30b Abs. 1 Satz 1 Nr. 1 WpHG in der Einberufung zu machenden Angaben hinaus.

---

[1] Richtlinie 77/91/EWG v. 13.12.1976, ABl. EG Nr. L 26 v. 31.1.1977, S. 1.
[2] Dazu § 23 Rz. 48.

## II. Aktiengattung

### 1. Begriff der Aktiengattung

Aktien, die **die gleichen mitgliedschaftlichen Rechte und** – über den Wortlaut des § 11 Satz 2 hinaus – die gleichen mitgliedschaftlichen **Pflichten**[3] gewähren, bilden eine Aktiengattung. Erlaubt sind nur solche Gattungsunterschiede, sei es durch Einschränkung der im Gesetz angelegten Rechte, sei es durch Gewährung darüber hinausgehender Rechte, sei es durch Begründung zusätzlicher oder Suspendierung gesetzlicher Pflichten, die mit dem Gesetz und dem Wesen der AG vereinbar sind[4].

### 2. Begründung von Aktiengattungen

Die Festsetzungen zu den Aktiengattungen müssen **in der Satzung** erfolgen, § 23 Abs. 3 Nr. 4. Aktien unterschiedlicher Gattung können in der Gründungssatzung[5] oder später durch Satzungsänderung, sei es im Rahmen einer Kapitalerhöhung[6], sei es durch Umwandlung bestehender Aktien[7] eingeführt werden.

**Gattungsbegründend** sind neben den in § 11 Satz 1 ausdrücklich genannten Punkten Gewinn- und Liquidationserlösverteilung etwa Stimmrecht und Nebenleistungen im Sinne des § 55[8]. Gibt die Gesellschaft im Rahmen von Kapitalerhöhungen neue Aktien aus und weicht der **Beginn der Gewinnbezugsberechtigung** von dem Gewinnbezugsrecht der bereits ausgegebenen Aktien ab (sog. junge Aktien), so bilden die neuen Aktien eine andere Gattung, bis die Hauptversammlung einen Gewinnverwendungsbeschluss gefasst hat (bzw. bei Verlust: Ablauf der ordentlichen Hauptversammlung) und so das Gewinnbezugsrecht vereinheitlicht wird[9]. Gattungsverschiedenheit kann insbesondere durch eine disproportionale Gewinnberechtigung begründet werden, sei es in Form eines Dividendenvorzugs (dazu bei § 139), sei es in Form sog. **Tracking Stocks** oder Spartenaktien[10]. Als Spartenaktien bezeichnet man Aktien, bei denen sich Vermögens- und Gewinnbeteiligung der betreffenden Gattung auf eine rechtlich unselbstständige Sparte oder Division der Gesellschaft beziehen[11]. Die den Spartenaktionären gewährten Vermögensrechte stehen aber stets unter dem Vorbehalt, dass die Gesellschaft überhaupt einen verteilungsfähigen Bilanzgewinn erwirtschaftet. In der deutschen Praxis wird diese Gestaltung gewählt, wenn nur eine Sparte des Unter-

---

3 *Brändel* in Großkomm. AktG, 4. Aufl., § 11 AktG Rz. 19; *Heider* in MünchKomm. AktG, 3. Aufl, § 11 AktG Rz. 4; *Dauner-Lieb* in KölnKomm. AktG, 3. Aufl., § 11 AktG Rz. 5.
4 *Brändel* in Großkomm. AktG, 4. Aufl., § 11 AktG Rz. 23; *Heider* in MünchKomm. AktG, 3. Aufl., § 11 AktG Rz. 35; *Dauner-Lieb* in KölnKomm. AktG, 3. Aufl., § 11 AktG Rz. 6.
5 *Heider* in MünchKomm. AktG, 3. Aufl., § 11 AktG 3. Aufl., Rz. 39; *Dauner-Lieb* in KölnKomm. AktG, 3. Aufl., § 11 AktG Rz. 3, 27; *Brändel* in Großkomm. AktG, 4. Aufl., § 11 AktG Rz. 24.
6 *Heider* in MünchKomm. AktG, 3. Aufl., § 11 AktG Rz. 40 ff.
7 *Heider* in MünchKomm. AktG, 3. Aufl., § 11 AktG Rz. 45 ff.; *Brändel* in Großkomm. AktG, 4. Aufl., § 11 AktG Rz. 25; *Dauner-Lieb* in KölnKomm. AktG, 3. Aufl., § 11 AktG Rz. 33 ff.
8 *Heider* in MünchKomm. AktG, 3. Aufl., § 11 AktG Rz. 29 ff.; *Dauner-Lieb* in KölnKomm. AktG, 3. Aufl., § 11 AktG Rz. 12 ff.; *Brändel* in Großkomm. AktG, 4. Aufl., § 11 AktG Rz. 6; *Vatter* in Spindler/Stilz, § 11 AktG Rz. 16.
9 Für Zwecke der prospektfreien Börsenzulassung gem. § 4 Abs. 2 Nr. 1 WpPG wird fingiert, dass die jungen Aktien der gleichen Gattung wie die bereits zugelassenen angehören, vgl. BT Drucks. 15/4999, S. 30.
10 Dazu *Erhart/Riedel*, BB 2008, 2266; *Prinz/Schürner*, DStR 2003, 181; *Fuchs*, ZGR 2003, 167; *Tonner*, IStR 2002, 317; *Böhm*, BWNotZ 2002, 73; *Breuninger/Krüger* in FS W. Müller, 2001, S. 527 ff.; *Sieger/Hasselbach*, AG 2001, 391.
11 *Dauner-Lieb* in KölnKomm. AktG, 3. Aufl., § 11 AktG Rz. 16; *Vatter* in Spindler/Stilz, § 11 AktG Rz. 9.

nehmens an die Börse gebracht werden soll[12]; sie stellt eine Alternative zur Aufspaltung dar.

5a Während Zustimmungsvorbehalte oder Veto-Rechte zugunsten einzelner Aktionäre nach h.M. unzulässig sind[13], ist es möglich, vergleichbare Ergebnisse dadurch zu erzielen, dass bestimmte Maßnahmen neben dem nach dem Gesetz oder der Rechtsprechung[14] erforderlichen Beschluss der Hauptversammlung eines **Sonderbeschlusses** bestimmter Aktionäre bedürfen – dieses Erfordernis ist dann gattungsbegründend[15].

6 **Nicht gattungsbegründend** sind Vinkulierung[16], Aktienart[17], Nennbetrag[18], Verbriefung[19], Höchststimmrecht[20], Börsenzulassung oder kraft gesetzlicher Fiktion (§ 101 Abs. 2 Satz 3) Entsenderechte[21] in den Aufsichtsrat. Unterschiedliche Einzahlungspflichten[22] begründen ebenso wie unterschiedliche Ausgabebeträge[23] keine Gattungsverschiedenheit. Entsprechendes gilt auch, wenn nur einige Aktien einer satzungsmäßigen Zwangseinziehung unterliegen[24].

7 Bei der Festlegung der gattungsbestimmenden mitgliedschaftlichen Rechte und Pflichten ist zu beachten, dass **bestimmte mitgliedschaftliche Rechte** im Wege einer Satzungsregelung **nicht generell eingeschränkt oder entzogen** werden können. Dies betrifft etwa das Bezugsrecht[25], das Auskunftsrecht[26], das Recht auf Teilnahme an der Hauptversammlung[27] oder das Anfechtungsrecht[28]. Diese Rechte sind aber auch nicht erweiterbar[29]. Insbesondere ist es ausgeschlossen, Vorzugsaktien zu schaffen, die ihren Inhabern besondere über § 131 hinausgehende und § 51a GmbHG angenä-

---

12 So etwa im Fall der Hamburger Hafen und Logistik AG, die mittels Spartenaktien ihren Teilkonzern Hafenlogistik an die Börse brachte. Dazu *Cichy/Heins*, AG 2010, 181.
13 *Volhard* in MünchKomm. AktG, 2. Aufl., § 133 AktG Rz. 56 m.w.N.; *Ziemons/Schluck-Amend* in Nirk/Ziemons/Binnewies, Handbuch der Aktiengesellschaft, Rz. I 6.149.
14 BGH v. 25.2.1982 – II ZR 174/80 – „Holzmüller", BGHZ 83, 122 = AG 1982, 158; BGH v. 26.4.2004 – II ZR 155/02, BGHZ 159, 30 = AG 2004, 384; BGH v. 26.4.2004 – II ZR 154/02 – „Gelatine I und II", ZIP 2004, 1001; BGH v. 25.11.2002 – II ZR 133/01 – „Macrotron", BGHZ 153, 47 = AG 2003, 273; vgl. aber auch BGH v. 20.11.2006 – II ZR 226/05, AG 2007, 203.
15 *Ziemons/Schluck-Amend* in Nirk/Ziemons/Binnewies, Handbuch der Aktiengesellschaft, Rz. I 6.148.
16 *Dauner-Lieb* in KölnKomm. AktG, 3. Aufl., § 11 AktG Rz. 20; a.A.: *Brändel* in Großkomm. AktG, 4. Aufl., § 11 AktG Rz. 17.
17 *Heider* in MünchKomm. AktG, 3. Aufl., § 11 AktG Rz. 30; *Dauner-Lieb* in KölnKomm. AktG, 3. Aufl., § 11 AktG Rz. 20; zweifelnd: *Brändel* in Großkomm. AktG, 4. Aufl., § 11 AktG Rz. 17.
18 *Brändel* in Großkomm. AktG, 4. Aufl., § 11 AktG Rz. 16; *Heider* in MünchKomm. AktG, 3. Aufl., § 11 AktG Rz. 31.
19 *Heider* in MünchKomm. AktG, 3. Aufl., § 11 AktG Rz. 30; zweifelnd: *Brändel* in Großkomm. AktG, 4. Aufl., § 11 AktG Rz. 5.
20 *Vatter* in Spindler/Stilz, § 11 AktG Rz. 13 m.w.N.
21 *Heider* in MünchKomm. AktG, 3. Aufl., § 11 AktG Rz. 34.
22 A.A. *Brändel* in Großkomm. AktG, 4. Aufl., § 11 AktG Rz. 19.
23 *Heider* in MünchKomm. AktG, 3. Aufl., § 11 AktG Rz. 31; *Brändel* in Großkomm. AktG, 4. Aufl., § 11 AktG Rz. 18.
24 *Vatter* in Spindler/Stilz, § 11 AktG Rz. 17 m.w.N. auch zur Gegenansicht.
25 *Heider* in MünchKomm. AktG, 3. Aufl., § 11 AktG Rz. 54; *Vatter* in Spindler/Stilz, § 11 AktG Rz. 10.
26 *Heider* in MünchKomm. AktG, 3. Aufl., § 11 AktG Rz. 56; *Dauner-Lieb* in KölnKomm. AktG, 3. Aufl., § 11 AktG Rz. 12 ff.; *Brändel* in Großkomm. AktG, 4. Aufl., § 11 AktG Rz. 10, 38.
27 *Heider* in MünchKomm. AktG, 3. Aufl., § 11 AktG Rz. 56; *Dauner-Lieb* in KölnKomm. AktG, 3. Aufl., § 11 AktG Rz. 12 ff.; *Brändel* in Großkomm. AktG, 4. Aufl., § 11 AktG Rz. 10, 38.
28 *Heider* in MünchKomm. AktG, 3. Aufl., § 11 AktG Rz. 56; *Brändel* in Großkomm. AktG, 4. Aufl., § 11 AktG Rz. 10, 38.
29 Differenzierend *Dauner-Lieb* in KölnKomm. AktG, 3. Aufl., § 11 AktG Rz. 12, 16.

herte Informationsrechte gewähren[30]. Aus dem Grundsatz der Satzungsstrenge folgt, dass diese abschließend geregelten Aktionärsrechte[31] weder für alle noch für einzelne Aktionäre (gattungsbegründend) erweitert werden können.

Andere Rechte, wie das Recht auf den Liquidationserlös[32], das Gewinnbezugsrecht[33] oder das Stimmrecht[34] sind nur durch **Sonderbeschluss der betroffenen Aktionäre** bzw. mit deren individueller Zustimmung einschränkbar. Zu den Einzeleinheiten vgl. unten Rz. 16 ff. sowie die Kommentierungen der betreffenden Mitgliedsrechte. 8

## III. Rechte der Aktionäre

Im Verhältnis Aktionär – AG unterscheidet man **Gläubiger- und Mitgliedschaftsrechte**, innerhalb letzterer zwischen Vermögens- und Verwaltungsrechten, wobei die Verwaltungsrechte wiederum in Individual- und Minderheitenrechte unterteilt werden können. Die Unterteilung in Haupt- und Hilfsrechte ist nicht weiterführend[35]. In Hinblick auf mögliche Schranken bei der Ausübung von Aktionärsrechten kann man zwischen eigennützigen und fremdnützigen Rechten unterscheiden. 9

### 1. Gläubigerrechte

Gläubigerrechte sind nicht Bestandteil der Mitgliedschaft[36]. Sie **bestehen unabhängig von der Mitgliedschaft**, mögen sie sich auch, wie der Dividendenanspruch oder das konkrete Bezugsrecht aus ihr entwickelt haben[37]. Über Gläubigerrechte kann unabhängig von der Mitgliedschaft durch Abtretung[38], Verpfändung etc. verfügt werden, das sog. Abspaltungsverbot greift nicht[39]. 10

Bestand und Inhalt der Gläubigerrechte können nicht einseitig durch die Organe der Gesellschaft beeinflusst werden, sondern ihre Änderung und Aufhebung bedürfen stets der Mitwirkung des Gläubigers[40]. Allerdings ist zu beachten, dass die Mitgliedschaft **Ausstrahlungswirkungen** auf Inhalt und Durchsetzung des Gläubigerrechts hat, erinnert sei nur an die Einschränkung der Rückzahlung und Verzinsung von eigenkapitalersetzenden Aktionärsdarlehen nach altem Recht oder an das Verbot der Einlagenrückgewähr und seine Implikationen auf Verträge mit Aktionären. 11

### 2. Mitgliedschaftsrechte

Mitgliedschaftsrechte sind demgegenüber dadurch gekennzeichnet, dass sie **integraler Bestandteil der Mitgliedschaft** sind und nicht von ihr abgespalten werden können. 12

---

30 A.A. *Loges/Distler*, ZIP 2002, 467, 470; *Vatter* in Spindler/Stilz, § 11 AktG Rz. 14 und wohl auch *Dauner-Lieb* in KölnKomm. AktG, 3. Aufl., § 11 AktG Rz. 16. Wie hier *Fleischer*, ZGR 2009, 505, 524.
31 A.A. für das Auskunftsrecht z.B. *Pentz* in MünchKomm. AktG, 3. Aufl., § 23 AktG Rz. 161 m.w.N.; *Loges/Distler*, ZIP 2002, 467, 470. Wie hier *Fleischer*, ZGR 2009, 505, 524.
32 *Heider* in MünchKomm. AktG, 3. Aufl., § 11 AktG Rz. 53 m.w.N.
33 *Heider* in MünchKomm. AktG, 3. Aufl., § 11 AktG Rz. 52 m.w.N.
34 *Heider* in MünchKomm. AktG, 3. Aufl., § 11 AktG Rz. 55.
35 *Brändel* in Großkomm. AktG, 4. Aufl., § 11 AktG Rz. 10; *Heider* in MünchKomm. AktG, 3. Aufl., § 11 AktG Rz. 17.
36 *Heider* in MünchKomm. AktG, 3. Aufl., § 11 AktG Rz. 19; *Dauner-Lieb* in KölnKomm. AktG, 3. Aufl., § 11 AktG Rz. 7; *Brändel* in Großkomm. AktG, 4. Aufl., § 11 AktG Rz. 12.
37 *Heider* in MünchKomm. AktG, 3. Aufl., § 11 AktG Rz. 24 ff.
38 OLG Frankfurt v. 21.1.1986 – 5 U 257/84, DB 1986, 2277.
39 *Heider* in MünchKomm. AktG, 3. Aufl., § 11 AktG Rz. 21.
40 *Heider* in MünchKomm. AktG, 3. Aufl., § 11 AktG Rz. 22; *Brändel* in Großkomm. AktG, 4. Aufl., § 11 AktG Rz. 12 a.E.

Anders gewendet: Über sie kann nicht isoliert von der Mitgliedschaft verfügt werden[41].

13 In Hinblick auf ihre inhaltliche Ausgestaltung, Änderung und Aufhebung unterscheiden sie sich von den Gläubigerrechten dadurch, dass Mitgliedschaftsrechte – soweit sie überhaupt solchen Gestaltungen zugänglich sind – **grundsätzlich durch Akte der Gesellschaftsorgane modifiziert werden können**, ohne dass es der Zustimmung des individuellen Rechtsinhabers bedarf[42], es sei denn, das betreffende Mitgliedschaftsrecht ist vom Gesetz oder der Satzung als nur mit Zustimmung des Inhabers entziehbar ausgestaltet (sog. Sonderrecht)[43].

14 **Vermögensrechte**[44] sind z.B. das Recht auf Dividende (§ 58 Abs. 4), das Bezugsrecht (§ 186) und das Recht auf Abwicklungsüberschuss (§ 271), aber auch das Recht zur Andienung von Aktien im Falle des Aktienrückerwerbs.

15 **Verwaltungsrechte**[45] sind z.B. das Stimmrecht, das Recht auf Teilnahme an der Hauptversammlung, das Auskunftsrecht, das Recht zur Stellung von Gegenanträgen und das Anfechtungsrecht sowie das Recht zur actio pro socio bei Organhaftungsansprüchen im Konzern (§§ 309 Abs. 4 Satz 1 und 2, 310 Abs. 4, 317 Abs. 4, 318 Abs. 4 jeweils i.V.m. 309 Abs. 4 Satz 1 und 2) und zur Stellung des Antrags auf gerichtliche Bestellung von Sonderprüfern in bestimmten Fällen (§ 315 Satz 1). Als Minderheitenrechte[46] sind beispielsweise ausgestaltet: das Recht zur Einberufung einer Hauptversammlung bzw. zur Ergänzung der Tagesordnung, das Recht zum Widerspruch gegen bestimmte Vergleichsvereinbarungen (§§ 93 Abs. 4 Satz 3, 116 i.V.m. 93 Abs. 4 Satz 3, 309 Abs. 3 Satz 1, 310 Abs. 4, 317 Abs. 4, 318 Abs. 4 jeweils i.V.m. 309 Abs. 3 Satz 1), das Recht zur Stellung des Antrags auf gerichtliche Bestellung von Sonderprüfern (§§ 315 Satz 2, 142 Abs. 2) und das Recht zur actio pro socio bzgl. Organhaftungsansprüchen (Klagezulassungsverfahren, § 148).

### 3. Einschränkung der Mitgliedschaftsrechte

16 Verwaltungsrechte können weder durch die Satzung noch durch Beschluss der Hauptversammlung oder Sonderbeschluss der betroffenen Aktionäre eingeschränkt werden[47]. Ausgenommen hiervon ist das **Stimmrecht**, das unter Beachtung der §§ 139 ff. ausgeschlossen werden kann (sog. stimmrechtslose Vorzugsaktie); soweit das Stimmrecht vorhandener Aktien ausgeschlossen werden soll, ist neben einem Sonderbeschluss der betroffenen Aktionäre (§ 179 Abs. 3) die Zustimmung eines jeden vom Stimmrechtsausschluss Betroffenen erforderlich[48].

17 Demgegenüber können die **Vermögensrechte** (ausgenommen das Bezugsrecht und das Andienungsrecht, die nur im Einzelfall unter den Kautelen des § 186 (analog) ausgeschlossen werden können) durch entsprechende Satzungsbestimmungen eingeschränkt oder ausgeschlossen werden[49]. Sollen Recht auf Dividende bzw. auf Liquidationserlös bereits bestehender Aktien ausgeschlossen werden, bedarf die diesbezügli-

---

41 *Heider* in MünchKomm. AktG, 3. Aufl., § 11 AktG Rz. 6 ff.; *Dauner-Lieb* in KölnKomm. AktG, 3. Aufl., § 11 AktG Rz. 8; *Brändel* in Großkomm. AktG, 4. Aufl., § 8 AktG Rz. 53 ff. Vgl. auch oben § 8 Rz. 27 ff.
42 *Heider* in MünchKomm. AktG, 3. Aufl., § 11 AktG Rz. 9.
43 *Brändel* in Großkomm. AktG, 4. Aufl., § 8 AktG Rz. 7.
44 *Heider* in MünchKomm. AktG, 3. Aufl., § 11 AktG Rz. 12.
45 *Ziemons* in Nirk/Ziemons/Binnewies, Handbuch der Aktiengesellschaft, Rz. I 7.149; *Heider* in MünchKomm. AktG, 3. Aufl., § 11 AktG Rz. 13.
46 *Ziemons* in Nirk/Ziemons/Binnewies, Handbuch der Aktiengesellschaft, Rz. I 7.161 ff.
47 *Hüffer*, § 11 AktG Rz. 3.
48 *Heider* in MünchKomm. AktG, 3. Aufl., § 11 AktG Rz. 55.
49 *Heider* in MünchKomm. AktG, 3. Aufl., § 11 AktG Rz. 12.

che Satzungsänderung nicht nur des Sonderbeschlusses der davon betroffenen Aktionäre (§ 179 Abs. 3), sondern darüber hinaus auch der Zustimmung aller hiervon Betroffenen[50]. Diese Vermögensrechte sind derart elementar für das Wesen einer AG, dass man ihren Ausschluss überhaupt nur unter sehr engen Voraussetzungen (etwa um das Kriterium der Selbstlosigkeit im Sinne der Gemeinnützigkeitsvorschriften (§§ 51 ff. AO) zu erfüllen) und dann auch nur mit Zustimmung des Betroffenen zulassen darf[51].

Etwas anderes mag für den **Eingriff in bestehende Rechte durch Ausgabe neuer Aktien**, die ihren Inhabern einen Vorteil bei der Dividende oder der Verteilung des Liquidationserlöses einräumen, gelten: Hier reicht ein Sonderbeschluss der Aktionäre, deren Rechte mittelbar beeinträchtigt werden, aus[52]. Eine individuelle Zustimmung der Alt-Aktionäre, deren Rechte beeinträchtigt werden, ist entbehrlich, weil sie ex lege ein Bezugsrecht auf die neuen, besser ausgestatteten Aktien haben. Soll das Bezugsrecht ausgeschlossen werden, so sind an die materielle Rechtfertigung des Bezugsrechtsausschlusses erhöhte Anforderungen zu stellen.

18

# § 12
## Stimmrecht. Keine Mehrstimmrechte

**(1) Jede Aktie gewährt das Stimmrecht. Vorzugsaktien können nach den Vorschriften dieses Gesetzes als Aktien ohne Stimmrecht ausgegeben werden.**

**(2) Mehrstimmrechte sind unzulässig.**

| | |
|---|---|
| I. Überblick . . . . . . . . . . . . . . . . . 1 | 1. Stimmrechtslose Vorzugsaktien . . . . 10 |
| II. Aktie und Stimmrecht . . . . . . . . . 3 | 2. Höchststimmrecht . . . . . . . . . . . . . 13 |
| 1. Stimmrecht als Verwaltungsrecht . . 3 | 3. Ruhen des Stimmrechts . . . . . . . . . 14 |
| 2. Grundprinzipien . . . . . . . . . . . . . 5 | 4. Stimmverbote . . . . . . . . . . . . . . . 18 |
| a) Stimmkraft . . . . . . . . . . . . . 5 | IV. Mehrstimmrechtsaktien . . . . . . . . 19 |
| b) Abspaltungsverbot . . . . . . . . . . 6 | V. Schranken der Stimmrechtsausübung 22 |
| c) Einheitliche Ausübung . . . . . . . 8 | 1. Stimmbindungsverträge . . . . . . . . 22 |
| III. Ausschluss und Beschränkung des Stimmrechts . . . . . . . . . . . . . . 10 | 2. Treupflicht . . . . . . . . . . . . . . . . 24 |

Literatur: S. die Angaben bei § 8.

---

50 *Brändel* in Großkomm. AktG, 4. Aufl., § 11 AktG Rz. 34; *Lutter* in KölnKomm. AktG, 2. Aufl., § 58 AktG Rz. 93 je m.w.N.; *Vatter* in Spindler/Stilz, § 11 AktG Rz. 23; a.A. *Heider* in MünchKomm. AktG, 3. Aufl., § 11 AktG Rz. 52; *Dauner-Lieb* in KölnKomm. AktG, 3. Aufl., § 11 AktG Rz. 36; *Hüffer*, § 11 AktG Rz. 6.
51 *Hüffer*, § 271 AktG Rz. 2.
52 *Vatter* in Spindler/Stilz, § 11 AktG Rz. 28, 30; A.A. die ganz h.M. vgl. nur *Heider* in MünchKomm. AktG, 3. Aufl., § 11 AktG Rz. 43; *Dauner-Lieb* in KölnKomm. AktG, 3. Aufl., § 11 AktG Rz. 31; *Brändel* in Großkomm. AktG, 4. Aufl., § 11 AktG Rz. 25.

## I. Überblick

1 § 12 enthält die **Grundregeln zum Verhältnis von Mitgliedschaft und Stimmrecht**. In ihm ist das Prinzip *one share – one vote* festgelegt: § 12 Abs. 1 Satz 1 bestimmt, dass jede Aktie das Stimmrecht gewährt, und Abs. 2 verbietet die Ausgabe von Mehrstimmrechtsaktien. § 12 Abs. 1 Satz 2 erlaubt die Ausgabe von stimmrechtslosen Aktien unter Beachtung der §§ 139 ff.

2 Die Norm wird in Hinblick auf die Ausübung des Stimmrechts **durch §§ 123 Abs. 2 und 3, 129 Abs. 2 und 3, 134 Abs. 3 und 4 sowie 135 ergänzt**. Zu Entstehung, Umfang und Ausschluss des Stimmrechts enthalten die §§ 134 Abs. 1 und 2, 136 sowie 142 Abs. 1 Satz 2 detaillierte Regelungen. Zum Ruhen des Stimmrechts bei Rz. 14 ff.

## II. Aktie und Stimmrecht

### 1. Stimmrecht als Verwaltungsrecht

3 Das Stimmrecht ist **das wichtigste Verwaltungsrecht** des Aktionärs. Mittels Ausübung des Stimmrechts kann er an den Beschlüssen der Hauptversammlung mitwirken und so auf die Gesellschaft und ihre Verwaltungsorgane einwirken.

4 Das Stimmrecht ist **integraler Bestandteil der Mitgliedschaft** und kann von dieser nicht abgespalten werden[1]. Andererseits gewährt nur die Aktie das Stimmrecht, ein Stimmrecht ohne Mitgliedschaft ist nicht möglich. Die Gewährung des Stimmrechts an Nichtaktionäre widerspräche dem Grundsatz der Verbandsautonomie[2].

### 2. Grundprinzipien

#### a) Stimmkraft

5 § 12 Abs. 1 Satz 1 bestimmt, dass jede Aktie das Stimmrecht gewährt. Ergänzend regelt § 134 Abs. 1 Satz 1, dass sich dessen Umfang, also die Stimmkraft, nach der Höhe der Kapitalbeteiligung (Nennbetrag bzw. rechnerischer Anteil am Grundkapital) bemisst. Damit gilt der Grundsatz, dass die Stimmkraft **proportional zur Beteiligung am Grundkapital** ist[3].

#### b) Abspaltungsverbot

6 Das Stimmrecht kann von der Mitgliedschaft nicht abgespalten werden[4]. Derjenige, der Aktionär ist, ist stets auch Inhaber des Stimmrechts. **Pfandgläubiger**[5] und **Nießbraucher**[6] können daher nie Inhaber des Stimmrechts sein, während **Treuhänder**[7]

---

1 *Heider* in MünchKomm. AktG, 3. Aufl., § 12 AktG Rz. 6.
2 *Brändel* in Großkomm. AktG, 4. Aufl., § 12 AktG Rz. 12; *Zöllner* in KölnKomm. AktG, 1. Aufl., § 134 AktG Rz. 4.
3 *Heider* in MünchKomm. AktG, 3. Aufl., § 12 AktG Rz. 5, 8.
4 Zum Abspaltungsverbot § 8 Rz. 27 ff.
5 *Zöllner* in KölnKomm. AktG, 1. Aufl., § 134 AktG Rz. 14; *Heider* in MünchKomm. AktG, 3. Aufl., § 12 AktG Rz. 7 m.w.N.
6 OLG Koblenz v. 16.1.1992 – 6 U 963/91, ZIP 1992, 844; *Heider* in MünchKomm. AktG, 3. Aufl., § 12 AktG Rz. 7; *F.-J. Semler* in MünchHdb. AG, § 36 Rz. 12; *Teichmann*, ZGR 1972, 1, 10 ff.; a.A. *Zöllner* in KölnKomm. AktG, 1. Aufl., § 134 AktG Rz. 15; *Hüffer*, § 16 AktG Rz. 7; *Bayer* in MünchKomm. AktG, 3. Aufl., § 16 AktG Rz. 28; differenzierend *Vatter* in Spindler/Stilz, § 12 AktG Rz. 4.
7 BGH v. 21.3.1988 – II ZR 308/87, BGHZ 104, 66 = AG 1988, 233; *Heider* in MünchKomm. AktG, 3. Aufl., § 12 AktG Rz. 7; *Brändel* in Großkomm. AktG, 4. Aufl., § 12 AktG Rz. 12; *Zöllner* in KölnKomm. AktG, 1. Aufl., § 134 AktG Rz. 9 f.; *Hüffer*, § 16 AktG Rz. 7.

und **Sicherungseigentümer**[8], nicht aber der Treugeber oder Sicherungsgeber Inhaber des Stimmrechts sind. Bei verbrieften Namensaktien ist zu beachten, dass im Verhältnis zur AG nur derjenige als Aktionär gilt, der im Aktienregister eingetragen ist, § 67 Abs. 2. Zu den Besonderheiten der Legitimationszession s. § 129 Rz. 28, § 134 Rz. 69.

Für **börsennotierte Inhaberaktien** hat das Abspaltungsverbot eine gewisse **Durchbrechung** erfahren: Unter den Voraussetzungen des § 123 Abs. 3 kann nicht derjenige, der am Tag der Hauptversammlung Inhaber der Aktie ist, das Stimmrecht ausüben, sondern nur derjenige, der zu Beginn des 21. Tages vor dem Tag der Hauptversammlung Aktionär ist. Damit kommt es ex lege zu einem Auseinanderfallen von Legitimation zur Ausübung des Stimmrechts und Inhaberschaft der Aktie, wenn Aktien innerhalb dieses Drei-Wochen-Zeitraums übertragen werden, mit der Folge, dass – jedenfalls im Verhältnis zur Gesellschaft – Nichtaktionäre an den Abstimmungen teilnehmen können und der Grundsatz der Verbandsautonomie ausgehöhlt wird. Zu den Einzelheiten dieser wenig durchdachten Regelung s. § 123 Rz. 29 ff. Im Übrigen ist auch das Verhältnis zu § 405 Abs. 3 Nr. 1 ungeklärt. 7

**c) Einheitliche Ausübung**

Das Stimmrecht aus einer Aktie kann nur einheitlich ausgeübt werden[9]. Ein **Bruchteilsstimmrecht** aus Teilrechten ist nicht zulässig; anderes gilt nur bei sog. Restgesellschaften[10]. 8

Das **Stimmrecht aus mehreren Aktien** kann unterschiedlich ausgeübt werden[11]. Da jede Aktie eine selbständige Mitgliedschaft ist, greift das Verbot der uneinheitlichen Stimmabgabe nicht. 9

## III. Ausschluss und Beschränkung des Stimmrechts

### 1. Stimmrechtslose Vorzugsaktien

Die Ausgabe stimmrechtsloser Aktien ist zulässig, wenn die Voraussetzungen der §§ 139 ff. eingehalten werden, insbesondere also ein nachzahlbarer Vorzug bei der Dividende (Vorabdividende) gewährt wird[12]. 10

Ein **Teilausschluss** des Stimmrechts in Hinblick auf bestimmte Beschlussgegenstände ist nicht zulässig[13]. Andererseits ist es auch nicht zulässig, den Inhabern stimmrechtsloser Vorzugsaktien **über die im Gesetz bestimmten Fälle hinaus** ein Stimmrecht zu gewähren[14]. Dies gilt auch dann, wenn der zu fassende Beschluss Auswirkungen auf 11

---

8 BGH v. 25.1.1960 – II ZR 207/57, WM 1960, 289, 291; *Heider* in MünchKomm. AktG, 3. Aufl., § 12 AktG Rz. 7; *Brändel* in Großkomm. AktG, 4. Aufl., § 12 AktG Rz. 12; *Zöllner* in KölnKomm. AktG, 1. Aufl., § 134 AktG Rz. 9; *Hüffer*, § 16 AktG Rz. 7.
9 *Brändel* in Großkomm. AktG, 4. Aufl., § 12 AktG Rz. 19.
10 *Brändel* in Großkomm. AktG, 4. Aufl., § 12 AktG Rz. 25, 66; a.A. *Vatter* in Spindler/Stilz, § 12 AktG Rz. 7.
11 *Heider* in MünchKomm. AktG, 3. Aufl., § 12 AktG Rz. 20; *Brändel* in Großkomm. AktG, 4. Aufl., § 12 AktG Rz. 18; *Zöllner* in KölnKomm. AktG, 1. Aufl., § 133 AktG Rz. 50; *Hüffer*, § 133 AktG Rz. 21; einschränkend *Dauner-Lieb* in KölnKomm. AktG, 3. Aufl., § 12 AktG Rz. 13.
12 *Ziemons/Schluck-Amend* in Nirk/Ziemons/Binnewies, Handbuch der Aktiengesellschaft, Rz. I 6.131 ff.
13 *Volhard* in MünchKomm. AktG, 2. Aufl., § 139 AktG Rz. 6; *G. Bezzenberger* in Großkomm. AktG, 4. Aufl., § 139 AktG Rz. 9; zweifelnd *Bormann* in Spindler/Stilz, § 139 AktG Rz. 31.
14 *Baums*, AG 1994, 1, 4; a.A. *v. Godin/Wilhelmi*, § 139 AktG Anm. 2.

den Bestand der Mitgliedschaft (z.B. Auflösung, Squeeze out, Eingliederung, Aufspaltung oder Verschmelzung) oder ihren wirtschaftlichen Wert (z.B. Beherrschungsvertrag) hat[15].

12   Das Stimmrecht kann **nur mit Zustimmung des betroffenen Aktionärs** ausgeschlossen werden[16]; die Umwandlung von Stammaktien in stimmrechtslose Vorzugsaktien bedarf daher neben einem mit satzungsändernder Mehrheit zu fassenden Beschluss stets der Zustimmung des betroffenen Aktionärs[17].

### 2. Höchststimmrecht

13   Bei nicht börsennotierten Gesellschaften kann in der Satzung ein sog. Höchststimmrecht (§ 134 Abs. 1 Satz 2 bis 6) verankert werden. Der Sache nach handelt es sich dabei um eine Beschränkung der Ausübung des Stimmrechts aus den einem Aktionär (und ihm ggf. zuzurechnenden Personen) gehörenden Aktien[18]. Zu den Einzelheiten vgl. § 134 Rz. 12 ff.

### 3. Ruhen des Stimmrechts

14   Bei **Verletzung der Mitteilungspflichten nach §§ 20, 21 AktG sowie §§ 21, 22 WpHG** ruht das Stimmrecht aus sämtlichen von dem Mitteilungspflichtigen gehaltenen Aktien (§§ 20 Abs. 7, 21 Abs. 4 AktG, § 28 Satz 1 WpHG)[19]. Dies gilt nicht nur dann, wenn der Aktionär seine Mitteilungspflichten nicht erfüllt, sondern auch, wenn Dritte, denen die betreffenden Aktien zugerechnet werden (etwa Mutterunternehmen), die gebotenen Mitteilungen unterlassen[20]. Wird die Mitteilung bis zum Beginn der jeweiligen Abstimmung nachgeholt, können die Stimmrechte ausgeübt werden[21]. Für besonders gravierende Verletzungen der Mitteilungspflichten ordnen § 28 Satz 3 und 4 einen nachwirkenden Rechtsverlust für weitere sechs Monate an.

15   Entsprechendes gilt, wenn die **Erlangung der Kontrolle** (§ 29 Abs. 2 WpÜG) nicht entsprechend § 35 Abs. 1 WpÜG veröffentlicht wurde oder gegen die **Pflicht zur Abgabe eines Pflichtangebots** gem. § 35 Abs. 2 WpÜG verstoßen wurde, § 59 WpÜG.

16   Sub specie Art. 14 GG sind diese Stimmverbote insoweit **verfassungsrechtlich nicht unbedenklich**, als das Gesetz wegen eines Sachverhalts in das Stimmrecht eingreift, von dem der Aktionär u.U. keine Kenntnis hat, und als der Aktionär auf die Erfüllung der Pflichten des Dritten keinen Einfluss hat. Das wird etwa dann relevant, wenn bei mehrstufigen Beteiligungsverhältnissen eine weitere Zwischenholding „eingezogen" wird. Die Untergesellschaft, die an der AG beteiligt ist, hat keinerlei Möglichkeiten, darauf hinzuwirken, dass die neue Zwischenholding ihre Pflichten nach WpHG und ggf. WpÜG erfüllt[22] – falls sie von der Strukturänderung überhaupt Kenntnis erhält. Entsprechendes gilt für ein acting in concert auf der Ebene der Obergesellschaft.

---

15 *Ziemons/Schluck-Amend* in Nirk/Ziemons/Binnewies, Handbuch der Aktiengesellschaft, Rz. I 6.136 m.w.N.
16 BGH v. 19.12.1977 – II ZR 136/76, BGHZ 70, 117, 121 f.; *Lutter/Uwe H. Schneider*, ZGR 1975, 182, 192 f.; *Heider* in MünchKomm. AktG, 3. Aufl., § 11 AktG Rz. 55.
17 *Hüffer*, § 12 AktG Rz. 2, 5.
18 *Heider* in MünchKomm. AktG, 3. Aufl., § 12 Rz. 11, 34 ff.
19 *Uwe H. Schneider/Sven H. Schneider*, ZIP 2006, 493, 494.
20 *Uwe H. Schneider/Sven H. Schneider*, ZIP 2006, 493, 497.
21 *Uwe H. Schneider/Sven H. Schneider*, ZIP 2006, 493, 496.
22 Bei deutschen Gesellschaften können diesbezügliche Ansprüche aus Treupflicht bestehen. Ist die säumige Gesellschaft ausländischen Rechts, können solche Ansprüche nicht ohne weiteres angenommen werden.

Schließlich ruht das Stimmrecht **aus eigenen Aktien**, also aus Aktien, die von der Gesellschaft, von einem von ihr abhängigen oder in ihrem Mehrheitsbesitz stehenden Unternehmen oder von einem Dritten, der für ihre Rechnung oder die Rechnung eines solchen Unternehmens handelt, gehalten werden, §§ 71b, 71d[23].

**4. Stimmverbote**

Das AktG kennt kein allgemeines Stimmverbot im Falle der **Interessenkollision**. Nur in den in §§ 136 Abs. 1, 142 Abs. 1 sowie § 285 Abs. 5 HGB genannten Fällen (Entlastung, Befreiung von Verbindlichkeit oder Geltendmachung von Ansprüchen, Bestellung von Sonderprüfern sowie Nichtoffenlegung der Vergütung des Vorstands) darf das Stimmrecht aus Aktien, die dem Betroffenen gehören oder aus denen er kraft Vollmacht oder Legitimationszession das Stimmrecht ausüben kann, nicht ausgeübt werden[24].

## IV. Mehrstimmrechtsaktien

§ 12 Abs. 2 **verbietet die Schaffung von Mehrstimmrechtsaktien**, also Aktien, die ihrem Inhaber abweichend von § 134 Abs. 1 Satz 1 mehr Stimmen gewähren, als seiner Kapitalbeteiligung entspricht. Mehrstimmrechte gewährende Bestimmungen in der Gründungssatzung sind nichtig, entsprechende satzungsändernde Beschlüsse sind nichtig gem. § 241 Nr. 3 3. Alt.[25]

Trotz des Verbots des § 12 Abs. 2 können bei Gesellschaften, die vor dem Inkrafttreten dieser Norm (1.5.1998) in das Handelsregister eingetragen waren, Mehrstimmrechtsaktien existieren. Voraussetzung hierfür ist, dass die Hauptversammlung vor dem 1.6.2003 mit einer Mehrheit von ¾ des bei Beschlussfassung vertretenen Grundkapitals die **Fortgeltung der Mehrstimmrechte beschlossen** hat, wobei das Stimmrecht aus den Mehrstimmrechtsaktien nicht ausgeübt werden konnte, § 5 Abs. 1 EGAktG.

Wurde ein solcher Fortgeltungsbeschluss nicht gefasst, sind die Mehrstimmrechte **zum 1.6.2003 automatisch erloschen** mit der Folge, dass für den Umfang der Stimmkraft dieser Aktien seither § 134 Abs. 1 Satz 1 gilt[26]. Daneben konnten (und können) Mehrstimmrechtsaktien durch Beschluss der Hauptversammlung beseitigt werden, der – abweichend von § 133 Abs. 1 – nicht der einfachen Mehrheit der abgegebenen Stimmen, sondern der einfachen Mehrheit des bei Beschlussfassung vertretenen Grundkapitals bedarf, § 5 Abs. 2 EGAktG. Das Erlöschen der Mehrstimmrechte ist durch einen von der AG zu zahlenden angemessenen Ausgleich, dessen Höhe in einem Spruchverfahren überprüft werden kann, zu kompensieren, § 5 Abs. 3 bis 6 EGAktG[27].

## V. Schranken der Stimmrechtsausübung

**1. Stimmbindungsverträge**

Aktionäre können sich in sog. Stimmbindungsverträgen verpflichten, das Stimmrecht in bestimmter Art und Weise auszuüben. Solche Aktionärsvereinbarungen

---

23 *Heider* in MünchKomm. AktG, 3. Aufl., § 12 AktG Rz. 25.
24 *Heider* in MünchKomm. AktG, 3. Aufl., § 12 AktG Rz. 26.
25 *Hüffer*, § 12 AktG Rz. 10.
26 *Heider* in MünchKomm. AktG, 3. Aufl., § 12 AktG Rz. 44.
27 Zu Art und Höhe des Anspruchs: vgl. *Heider* in MünchKomm. AktG, 3. Aufl., § 12 AktG Rz. 45.

(auch Konsortialverträge oder Schutzgemeinschafts- oder Poolverträge genannt) sind **grundsätzlich zulässig**[28]. Zu beachten ist, dass gesetzliche Stimmverbote (§§ 136 Abs. 1, 142 Abs. 1), Stimmbindungsverbote (§ 136 Abs. 2) sowie die Verbote des Stimmenkaufs (§ 405 Abs. 3 Nr. 6 und 7) nicht durch Stimmbindungsvereinbarungen umgangen werden dürfen[29]. Verstöße hiergegen führen zur Nichtigkeit der Stimmbindungsvereinbarung. Gleiches gilt für eine Vereinbarung, die einem Dritten Einfluss auf die Ausübung des Stimmrechts gewährt, – wegen des darin liegenden Verstoßes gegen das Abspaltungsverbot[30].

23 Aus dem Stimmbindungsvertrag kann jeder beteiligte Aktionär auf Erfüllung klagen[31], vorausgesetzt, das verabredete Stimmverhalten verstößt nicht gegen die mitgliedschaftliche Treupflicht oder aktienrechtliche Bestimmungen und ist auch im Übrigen rechtmäßig. Relevanter als die **Erfüllungsklage** ist jedoch die **Klage auf Schadensersatz** bzw. die Sanktionierung nicht vertragsgemäßen Verhaltens durch Vertragsstrafeversprechen[32]. Sind sämtliche Aktionäre an der Stimmbindungsvereinbarung beteiligt, sind Beschlüsse, die durch abredewidrig abgegebene Stimmen zustande gekommen sind, anfechtbar[33].

### 2. Treupflicht

24 Aus der aktienrechtlichen Treupflicht[34] ergibt sich nicht nur das Verbot der Verfolgung von Sondervorteilen (vgl. dazu nur § 243 Abs. 2), sondern es kann sich auch unter bestimmten Voraussetzungen die Pflicht ergeben, bei der Ausübung des Stimmrechts auf die Interessen der Mitaktionäre und der AG angemessen Rücksicht zu nehmen[35]. Dazu näher § 53a Rz. 42 ff., 49 f., 62 ff.

## § 13
## Unterzeichnung der Aktien

Zur Unterzeichnung von Aktien und Zwischenscheinen genügt eine vervielfältigte Unterschrift. Die Gültigkeit der Unterzeichnung kann von der Beachtung einer besonderen Form abhängig gemacht werden. Die Formvorschrift muss in der Urkunde enthalten sein.

| | | | |
|---|---|---|---|
| **I. Überblick** | 1 | 2. Anwendungsbereich | 3 |
| 1. Allgemeines | 1 | 3. Aktienurkunden und Zwischenscheine | 5 |

---

28 BGH v. 29.5.1967 – II ZR 105/66, BGHZ 48, 163, 166 ff.; BGH v. 27.10.1986 – II ZR 240/85, ZIP 1987, 293, 296; *Heider* in MünchKomm. AktG, 3. Aufl., § 12 AktG Rz. 22; vgl. dazu *Schäfer*, ZGR 2009, 768.
29 *Heider* in MünchKomm. AktG, 3. Aufl., § 12 AktG Rz. 22.
30 BGH v. 29.5.1967 – II ZR 105/66, BGHZ 48, 163, 166 ff.
31 *Zöllner*, ZHR 155 (1991), 168, 185 f.; BGH v. 29.5.1967 – II ZR 105/66, BGHZ 48, 163, 169 ff.
32 *Zöllner*, ZHR 155 (1991), 168, 175 und 185.
33 BGH v. 20.1.1983 – II ZR 243/81, NJW 1983, 1910, 1911 = AG 1983, 249; kritisch: *Winter*, ZHR 154 (1990), 259.
34 Dazu ausführlich *Ziemons* in Nirk/Ziemons/Binnewies, Handbuch der Aktiengesellschaft, Rz. I 7.50 ff.
35 BGH v. 20.3.1995 – II ZR 205/94 – „Girmes", BGHZ 129, 136 ff. = AG 1995, 368.

|  |  |
|---|---|
| II. Inhalt der Aktienurkunde ....... 7 | III. Form der Aktienurkunde ........ 11 |
| 1. Mindestinhalt ............... 7 | 1. Formerfordernisse ........... 11 |
| 2. Folgen inhaltlicher Mängel ...... 9 | 2. Folgen von Formmängeln ....... 15 |

**Literatur:** S. die Angaben bei § 8.

## I. Überblick

### 1. Allgemeines

§ 13 betrifft die **Herstellung von Aktienurkunden**. Satz 1 enthält eine bedeutsame Erleichterung für Aktiengesellschaften, deren Aktien in Einzel- oder Sammelurkunden verbrieft werden, indem statt der eigenhändigen Unterschrift auch eine faksimilierte für ausreichend erklärt wird. Eine vergleichbare Regelung enthält § 793 Abs. 2 Satz 2 BGB für Inhaberschuldverschreibungen.  1

§ 13 Sätze 2 und 3 gestatten satzungsmäßige Regeln, die die Wirksamkeit des Skripturaktes an die Beachtung weiterer urkundlicher Anforderungen binden.  2

### 2. Anwendungsbereich

§ 13 gilt seinem Wortlaut nach nur für **Aktien und Zwischenscheine**. Da die Aktie aus Mantel (Aktienurkunde i.e.S.) und Bogen (Coupons und Talon) besteht, dürften die Erleichterungen des § 13 Satz 1 entgegen der h.M.[1] auch für **Coupons** bzw. Dividenden- oder Gewinnanteilscheine sowie den Erneuerungsschein (**Talon**) gelten. Gegen eine Einordnung des Coupons als Inhaberschuldverschreibung und damit gegen die Anwendung des § 793 Abs. 2 Satz 2 BGB[2] spricht, dass der Coupon im Zeitpunkt seiner Begebung (anders als ein Zinsschein) noch kein bestimmtes oder bestimmbares Recht verbrieft. Es ist offen, welchen Anspruch (Bar- oder Sachdividende oder Bezugsrecht) er wann in welcher Höhe verkörpert. Verbrieft er nach Entstehung des entsprechenden Anspruchs eine Sachdividende oder ein Bezugsrecht, kann er per definitionem keine Inhaberschuldverschreibung i.S. von § 793 BGB sein.  3

**Wandel- und Optionsschuldverschreibungen, Genussrechte, Gewinnschuldverschreibungen** etc. sind, wenn sie auf den Inhaber lauten, Inhaberschuldverschreibungen im Sinne des § 793 BGB mit der Folge, dass in Hinblick auf den Skripturakt das Gleiche wie für Aktien gilt, vgl. § 793 Abs. 2 BGB. Lauten diese Finanzinstrumente auf den Namen oder an Order, handelt es sich um Rektapapiere bzw. gekorene Orderpapiere (kaufmännische Verpflichtungsscheine i.S. von § 363 Abs. 1 Satz 2 HGB) für die § 793 BGB nicht gilt. Hier ist eine analoge Anwendung des § 793 Abs. 2 BGB zu erwägen.  4

### 3. Aktienurkunden und Zwischenscheine

**Inhalt und Form von Aktienurkunden** sind im AktG nur eklektisch geregelt. §§ 6, 8, 10, 13 und 55 setzen nur einen unvollständigen Regelungsrahmen. Ergänzend sind die allgemeinen Grundsätze des Wertpapierrechts heranzuziehen[3].  5

---

1 *Brändel* in Großkomm. AktG, 4. Aufl., § 13 AktG Rz. 26; *Dauner-Lieb* in KölnKomm. AktG, 3. Aufl., § 13 AktG Rz. 8.
2 Für Anwendung des § 793 Abs. 2 Satz 2 BGB z.B. *Vatter* in Spindler/Stilz, § 13 AktG Rz. 7.
3 *Heider* in MünchKomm. AktG, 3. Aufl., § 13 AktG Rz. 8.

6 Entsprechendes gilt für **Zwischenscheine** (§ 10 Rz. 14 f.). Soweit im Folgenden nicht ausdrücklich auf Abweichungen hingewiesen wird, gelten die Ausführungen zu Aktien entsprechend für Zwischenscheine.

## II. Inhalt der Aktienurkunde

### 1. Mindestinhalt

7 Aus der **Urkunde** müssen erkennbar sein[4]: (1) Die AG als Ausstellerin mit Firma[5] und Sitz[6]; (2) die Tatsache, dass die Mitgliedschaft an einer AG verbrieft wird[7] durch Verwendung der Begriffe „Aktie" bzw. „Zwischenschein"[8]; (3) der Umfang der verbrieften Mitgliedschaft, d.h. bei Nennbetragsaktien deren Nennbetrag und bei Stückaktien deren Anzahl[9]; (4) ggf. Höhe der Teilleistungen (bei Zwischenscheinen entbehrlich, § 10 Abs. 2 Satz 2); (5) Umfang etwaiger Nebenleistungspflichten[10]; (6) Nummer der verbrieften Aktien und ggf. Nummer (und Serienzeichen) der Aktienurkunde[11] sowie (7) Aktienart[12] und ggf. Gattung mit Verweis auf die Satzung.

8 **Ergänzend** können noch Ausstellungsort und Datum[13] sowie eine etwaige Vinkulierung[14] aufgeführt werden.

### 2. Folgen inhaltlicher Mängel

9 Mit der nachfolgenden Ausnahme führen inhaltliche Mängel dazu, dass eine wirksame **Verbriefung des Mitgliedschaftsrechts nicht erfolgt** ist[15], die Aktie also nach wie vor nur durch Abtretung übertragen werden kann und ein gutgläubiger Erwerb ausgeschlossen ist.

10 Abweichend vom Vorstehenden ist die **Urkunde wirksam**, wenn die Höhe der Teilleistungen nicht gem. § 10 Abs. 2[16] oder etwaige Nebenleistungspflichten nicht gem.

---

4 Ausführlich dazu: *Ziemons/Schluck-Amend* in Nirk/Ziemons/Binnewies, Handbuch der Aktiengesellschaft, Rz. I 6.22 ff.
5 *Heider* in MünchKomm. AktG, 3. Aufl., § 13 AktG Rz. 10; *Dauner-Lieb* in KölnKomm. AktG, 3. Aufl., § 13 AktG Rz. 9; *Brändel* in Großkomm. AktG, 4. Aufl., § 13 AktG Rz. 8.
6 *Brändel* in Großkomm. AktG, 4. Aufl., § 13 AktG Rz. 8; abw. *Vatter* in Spindler/Stilz, § 13 AktG Rz. 15.
7 *Heider* in MünchKomm. AktG, 3. Aufl., § 13 AktG Rz. 11; *Dauner-Lieb* in KölnKomm. AktG, 3. Aufl., § 13 AktG Rz. 9.
8 *Ziemons/Schluck-Amend* in Nirk/Ziemons/Binnewies, Handbuch der Aktiengesellschaft, Rz. I 6.22 ff.; *Brändel* in Großkomm. AktG, 4. Aufl., § 13 AktG Rz. 8; a.A.
9 *Heider* in MünchKomm. AktG, 3. Aufl., § 13 AktG Rz. 12; *Dauner-Lieb* in KölnKomm. AktG, 3. Aufl., § 13 AktG Rz. 10.
10 *Heider* in MünchKomm. AktG, 3. Aufl., § 13 AktG Rz. 13; *Dauner-Lieb* in KölnKomm. AktG, 3. Aufl., § 13 AktG Rz. 12; *Brändel* in Großkomm. AktG, 4. Aufl., § 13 AktG Rz. 9.
11 *Heider* in MünchKomm. AktG, 3. Aufl., § 13 AktG Rz. 14; *Brändel* in Großkomm. AktG, 4. Aufl., § 13 AktG Rz. 9; *Hüffer*, § 13 AktG Rz. 4; *Dauner-Lieb* in KölnKomm. AktG, 3. Aufl., § 13 AktG Rz. 20.
12 Wohl abw. *Heider* in MünchKomm. AktG, 3. Aufl., § 13 AktG Rz. 13.
13 *Heider* in MünchKomm. AktG, 3. Aufl., § 13 AktG Rz. 14; *Brändel* in Großkomm. AktG, 4. Aufl., § 13 AktG Rz. 12; *Kümpel* in FS Werner, 1984, S. 449, 462 ff.
14 *Dauner-Lieb* in KölnKomm. AktG, 3. Aufl., § 13 AktG Rz. 11; *Vatter* in Spindler/Stilz, § 13 AktG Rz. 19; *Bayer* in MünchKomm. AktG, 3. Aufl., § 68 AktG Rz. 45 m.w.N.
15 *Heider* in MünchKomm. AktG, 3. Aufl., § 13 AktG Rz. 15 ff.; *Dauner-Lieb* in KölnKomm. AktG, 3. Aufl., § 13 AktG Rz. 21; *Brändel* in Großkomm. AktG, 4. Aufl., § 13 AktG Rz. 19.
16 *Heider* in MünchKomm. AktG, 3. Aufl., § 13 AktG Rz. 19; *Brändel* in Großkomm. AktG, 4. Aufl., § 13 AktG Rz. 20.

§ 55 Abs. 1 Satz 3[17] angegeben worden sind. Eine wertpapiermäßige Übertragung ist möglich und der gutgläubige Erwerber ist von der Erbringung noch ausstehender Teilleistungen bzw. der Nebenleistung befreit[18].

## III. Form der Aktienurkunde

### 1. Formerfordernisse

Die Aktienurkunde muss in **Schriftform** (§ 126 Abs. 1 BGB) abgefasst sein. Die elektronische Form (§ 126a BGB) ist nicht ausreichend. Es ist unerheblich, auf welche Art und Weise der Urkundstext reproduziert ist: Handschrift, Schreibmaschine, Computerausdruck, Fotokopie oder Offset- bzw. Siebdruck – der Gesellschaft steht die Art der Herstellung frei[19]. Sind die Aktien zum regulierten Markt (vor dem 1.11.2007: zum amtlichen oder geregelten Markt) zugelassen, müssen lieferbare Einzel- oder Sammelurkunden den Anforderungen der gemeinsamen Grundsätze der deutschen Wertpapierbörsen für den Druck von Wertpapieren entsprechen[20]. 11

Grundsätzlich müssen Aktienurkunden die **eigenhändige Unterschrift des Ausstellers**, also von Vorstandsmitgliedern in vertretungsberechtigter Zahl, tragen[21]. Stellvertretung ist möglich, bedarf aber stets einer ausdrücklichen Bevollmächtigung (auch bei Prokuristen)[22]. § 13 Satz 1 gestattet statt der eigenhändigen auch die vervielfältigte Unterschrift, bei der der handschriftliche Originalnamenszug mittels Druck oder Stempel auf der Urkunde (Einzel-, Sammel- oder Globalurkunde[23]) angebracht wird[24] (**Faksimile**). 12

Darüber hinaus können in der Satzung oder durch Beschluss der Hauptversammlung[25] **weitere Formerfordernisse** aufgestellt werden, § 13 Satz 2. Soll deren Beachtung oder Nichtbeachtung Auswirkungen auf die Wirksamkeit der Verbriefung haben, muss auf diese weiteren Erfordernisse in der Aktienurkunde hingewiesen werden, § 13 Satz 3. Solche weiteren Formerfordernisse können sein: Unterzeichnung durch den Vorsitzenden des Aufsichtsrats oder eine Kontrollperson[26], notarielle Beglaubigung der Unterschriften, Beidrückung eines Siegels oder Stempels etc. 13

---

17 *Heider* in MünchKomm. AktG, 3. Aufl., § 13 AktG Rz. 20; *Brändel* in Großkomm. AktG, 4. Aufl., § 13 AktG Rz. 21.
18 *Brändel* in Großkomm. AktG, 4. Aufl., § 13 AktG Rz. 21; *Heider* in MünchKomm. AktG, 3. Aufl., § 13 AktG Rz. 19, 20.
19 *Heider* in MünchKomm. AktG, 3. Aufl., § 13 AktG Rz. 23; *Brändel* in Großkomm. AktG, 4. Aufl., § 13 AktG Rz. 13; *Hüffer*, § 13 AktG Rz. 5.
20 *Heider* in MünchKomm. AktG, 3. Aufl., § 13 AktG Rz. 23; vgl. Gemeinsame Grundsätze der deutschen Wertpapierbörsen für den Druck von Wertpapieren vom 13.10.1991, zuletzt geändert am 17.4.2000, abrufbar unter www.deutsche-boerse.com.
21 *Vatter* in Spindler/Stilz, § 13 AktG Rz. 8; *Hüffer*, § 13 AktG Rz. 6; *Brändel* in Großkomm. AktG, 4. Aufl., § 13 AktG Rz. 14.
22 *Hüffer*, § 13 AktG Rz. 6.
23 A.A. in Hinblick auf Globalurkunden: *Brändel* in Großkomm. AktG, 4. Aufl., § 13 AktG Rz. 6, 26; wie hier: *Heider* in MünchKomm. AktG, 3. Aufl., § 13 AktG Rz. 6.
24 *Heider* in MünchKomm. AktG, 3. Aufl., § 13 AktG Rz. 26; *Dauner-Lieb* in KölnKomm. AktG, 3. Aufl., § 13 AktG Rz. 16; *Brändel* in Großkomm. AktG, 4. Aufl., § 13 AktG Rz. 15.
25 *Heider* in MünchKomm. AktG, 3. Aufl., § 13 AktG Rz. 27; *Dauner-Lieb* in KölnKomm. AktG, 3. Aufl., § 13 AktG Rz. 17; *Brändel* in Großkomm. AktG, 4. Aufl., § 13 AktG Rz. 18; *Hüffer*, § 13 AktG Rz. 7.
26 Für Aktien in Einzelurkunden, die zum Börsenhandel zugelassen werden sollen: s. Gemeinsame Grundsätze der deutschen Wertpapierbörsen für den Druck von Wertpapieren vom 13.10.1991, zuletzt geändert am 17.4.2000, abrufbar unter www.deutsche-boerse.com.

14 Die Aktienurkunde muss nicht in deutscher **Sprache** ausgefertigt werden[27]. Wurde sie in einer (ungebräuchlichen) Fremdsprache ausgestellt, hat der Aktionär Anspruch auf Ausstellung einer Aktienurkunde in deutscher Sprache[28] bzw. in einer anderen gebräuchlichen Sprache.

**2. Folgen von Formmängeln**

15 Genügt die Urkunde nicht dem (modifizierten) Schriftformerfordernis des § 126 BGB i.V.m. § 13 Satz 1 AktG oder den aus der Urkunde ersichtlichen weiteren Formerfordernissen des § 13 Satz 2 und 3, liegt keine wertpapiermäßige Verbriefung der Aktie vor[29]. Wertpapiermäßige Übertragung und gutgläubiger Erwerb sind ausgeschlossen.

16 Sind zusätzliche Erfordernisse nicht aus der Urkunde ersichtlich (Verstoß gegen § 13 Satz 3), so berührt das die Wirksamkeit der Verbriefung nicht. Ein Erwerber genießt auch insoweit Gutglaubensschutz[30].

# § 14
# Zuständigkeit

**Gericht im Sinne dieses Gesetzes ist, wenn nichts anderes bestimmt ist, das Gericht des Sitzes der Gesellschaft.**

| | |
|---|---|
| I. Normzweck und Entstehungsgeschichte . . . . . . . . . . . . . . . . . . 1 | 4. Keine sonstigen abweichenden Bestimmungen . . . . . . . . . . . . . . . 9 |
| 1. Normzweck . . . . . . . . . . . . . . . . 1 | III. Sitz . . . . . . . . . . . . . . . . . . . . . . . 10 |
| 2. Entstehungsgeschichte . . . . . . . . . 2 | 1. Allgemeines . . . . . . . . . . . . . . . 10 |
| II. Anwendungsbereich . . . . . . . . . . . 3 | 2. Zeitpunkt . . . . . . . . . . . . . . . . . 11 |
| 1. FamFG-Verfahren . . . . . . . . . . . . 3 | 3. Doppelsitz . . . . . . . . . . . . . . . . 12 |
| a) Allgemeines . . . . . . . . . . . . . 3 | IV. Sachliche Zuständigkeit und Rechtsmittel . . . . . . . . . . . . . . . 13 |
| b) Einzelne Normen . . . . . . . . . 4 | 1. Sachliche Zuständigkeit . . . . . . . 13 |
| aa) Registersachen . . . . . . . . 4 | 2. Rechtsmittel . . . . . . . . . . . . . . 14 |
| bb) Aktienrechtliche Angelegenheiten des § 375 FamFG . . . . 5 | V. Sonderfälle . . . . . . . . . . . . . . . . 15 |
| 2. Abweichende Bestimmungen des Gesetzes . . . . . . . . . . . . . . . 6 | 1. Spaltgesellschaften . . . . . . . . . . 15 |
| a) Zweigniederlassung, Sitzverlegung 6 | 2. Ostgebiete . . . . . . . . . . . . . . . . 16 |
| b) Streitsachen . . . . . . . . . . . . 7 | 3. Abschließende Regelungen . . . . . 17 |
| 3. Abweichende Bestimmungen im FamFG . . . . . . . . . . . . . . . . . . 8 | VI. Auslandsgesellschaften . . . . . . . . . 18 |

**Literatur:** *Falkenhausen*, Das Verfahren der freiwilligen Gerichtsbarkeit im Aktienrecht, AG 1967, 309; *Kögel*, Gründung einer ausländischen Briefkastenfirma: Wann ist eine Zweigniederlassung in Deutschland eine Zweigniederlassung?, DB 2004, 1763; *Kropff*, Aufgaben des Registerge-

---

[27] *Heider* in MünchKomm. AktG, 3. Aufl., § 13 AktG Rz. 14 a.E.; *Dauner-Lieb* in KölnKomm. AktG, 3. Aufl., § 13 AktG Rz. 14; *Brändel* in Großkomm. AktG, 4. Aufl., § 13 AktG Rz. 11.
[28] *Brändel* in Großkomm. AktG, 4. Aufl., § 13 AktG Rz. 11.
[29] *Heider* in MünchKomm. AktG, 3. Aufl., § 13 AktG Rz. 29, 30.
[30] *Brändel* in Großkomm. AktG, 4. Aufl., § 13 AktG Rz. 22; *Vatter* in Spindler/Stilz, § 13 AktG Rz. 10 f.

richts nach dem Aktiengesetz 1965, Rpfleger 1966, 33; *Ries*, Änderungen im Registerverfahren nach der Reform des Rechts der Freiwilligen Gerichtsbarkeit, Rpfleger 2009, 441; *Saage*, Aktienrechtsreform und freiwillige Gerichtsbarkeit, DNotZ 1960, 575.

## I. Normzweck und Entstehungsgeschichte

### 1. Normzweck

Die Norm bezweckt eine einheitliche Regelung der **örtlichen Zuständigkeit** zur Vermeidung von Wiederholungen[1]. An allen Stellen, an denen das Gesetz ohne nähere Festlegung einer besonderen Zuständigkeit das Tätigwerden des „Gerichtes" vorsieht, ergibt sich aus § 14 die örtliche Zuständigkeit des Sitzgerichtes in (früheren) FGG-Verfahren bzw. FamFG-Registersachen[2].

### 2. Entstehungsgeschichte

Im HGB 1897 fehlte eine allgemeine Zuständigkeitsregelung. Diese wurde mit § 14 1937 eingeführt. § 14 ist demgegenüber nur sprachlich gestrafft[3]. Seit 1965 ist die Norm unverändert geblieben.

## II. Anwendungsbereich

### 1. FamFG-Verfahren

#### a) Allgemeines

§ 14 gilt nur für FamFG-Verfahren. Für die streitige Gerichtsbarkeit verbleibt es bei den §§ 12 ff. ZPO[4], sofern keine abweichende Regelung getroffen wird, wie z.B. in § 246 Abs. 3 Satz 1. Gleiches gilt für die Zwangsvollstreckung oder das Insolvenzverfahren (§ 3 InsO)[5]. Im Rahmen der Verfahren der freiwilligen Gerichtsbarkeit lässt sich wiederum einerseits in „**Streitverfahren**" sowie andererseits „**Registerverfahren**" unterscheiden. Im ersten Falle entscheidet regelmäßig das Landgericht (vgl. §§ 98 Abs. 1, 132 Abs. 1, 260 Abs. 1, § 304 Abs. 3 Satz 3, 320b Abs. 2 Satz 2 AktG, § 5 EGAktG), teilweise das Oberlandesgericht (z.B. § 319 Abs. 6 AktG in der Fassung des ARUG). Im zweiten Falle ist im ersten Rechtszug das Amtsgericht zuständig, wobei sich wiederum zwischen allgemeinem Registerverfahren (§ 8 HGB i.V.m. § 374 FamFG) und Verfahren nach § 375 FamFG („unternehmensrechtliche Verfahren") unterscheiden lässt[6].

#### b) Einzelne Normen

**aa) Registersachen.** § 14 betrifft in erster Linie Tätigkeiten des Registergerichts im Sinne der §§ 374 ff. FamFG, d.h. vor allem Anmeldungen zum und Eintragungen in

---

[1] *Hüffer*, § 14 AktG Rz. 1; *Heider* in MünchKomm. AktG, 3. Aufl., § 14 AktG Rz. 3.
[2] Zum alten FGG-Verfahren *Brändel* in Großkomm. AktG, 4. Aufl., § 14 AktG Rz. 2; zum 1.9.2009 ist das FamFG in Kraft getreten, wobei sich für die hier relevanten Fragen im Wesentlichen lediglich Normverschiebungen ergeben haben, vgl. *Ries*, Rpfleger 2009, 441 ff.; *Kilian*, notar 2010, 13.
[3] *Brändel* in Großkomm. AktG, 4. Aufl., § 14 AktG Rz. 1; einige Neuerungen durch das AktG 1965 beschreiben *Kropff*, Rpfleger 1966, 33 ff., und *Falkenhausen*, AG 1967, 309 ff.
[4] *Hüffer*, § 14 AktG Rz. 2.
[5] *Brändel* in Großkomm. AktG, 4. Aufl., § 14 AktG Rz. 5; *Heider* in MünchKomm. AktG, 3. Aufl., § 14 AktG Rz. 4.
[6] Vgl. *Heider* in MünchKomm. AktG, 3. Aufl., § 14 AktG Rz. 10: Registersachen und Registersachen im weiteren Sinne.

das Handelsregister (z.B. §§ 26 Abs. 3–5, 36, 38, 51 f., 81) sowie ferner die Löschungsverfahren der §§ 393 ff. FamFG[7].

5 **bb) Aktienrechtliche Angelegenheiten des § 375 FamFG.** § 375 Ziff. 3 FamFG weist den Amtsgerichten insbesondere die Verfahren nach §§ 33 Abs. 3, 35, 73 Abs. 1, 85, 103 Abs. 3, 104, 122 Abs. 3, 142 Abs. 2–6, 147 Abs. 2 und 3, 258 Abs. 1, 265 Abs. 3 und 4, 270 Abs. 3, 273 Abs. 2–4 und 315 zu.

## 2. Abweichende Bestimmungen des Gesetzes
### a) Zweigniederlassung, Sitzverlegung

6 Die registergerichtliche Zuständigkeit im Hinblick auf Sitzverlegungen der AG sowie die Errichtung von Zweigniederlassungen ergibt sich aus speziellen Vorschriften (§ 45 AktG, §§ 13 ff. HGB). Hier geht es insbesondere um die Verteilung der registergerichtlichen Aufgaben zwischen den verschiedenen beteiligten Gerichten. Vgl. im Einzelnen die Erläuterungen zu § 45, sowie zum EHUG (§ 13 HGB n.F.) § 4 Rz. 44 a.E.

### b) Streitsachen

7 Insbesondere für streitige Angelegenheiten im Rahmen von FamFG-Verfahren trifft das AktG zahlreiche **abweichende Bestimmungen**. Es handelt sich in der Regel um das so genannte Spruchverfahren[8]. Zuständig ist jeweils das Landgericht, in dessen Bezirk die Gesellschaft ihren Sitz hat. Im Einzelnen handelt es sich um Streitigkeiten
– über die Zusammensetzung des Aufsichtsrats (§ 98 Abs. 1); Entsprechendes gilt trotz des insofern offenen Wortlauts für § 99 Abs. 4 Satz 1[9];
– über das Auskunftsrecht des Aktionärs (§ 132 Abs. 1);
– über die Richtigkeit der von den Sonderprüfern getroffenen Feststellungen (§ 260 Abs. 1);
– über den angemessenen Ausgleich zugunsten außenstehender Aktionäre bei Gewinnabführungsverträgen (§ 304 Abs. 3 Satz 3);
– über die Bestimmung der Höhe der Abfindung für ausgeschiedene Aktionäre (§ 320b Abs. 2 Satz 2);
– über die Abfindung ausgeschiedener Aktionäre bei Eingliederung einer AG in eine andere Gesellschaft (§ 320b Abs. 2);
– über Mehrstimmrechte (§ 5 EGAktG);
– über den Ausgleich eines unangemessenen Umtauschverhältnisses (vgl. UmwG).

In den Fällen des § 98 ist funktionell zuständig die Zivilkammer, in den übrigen Fällen die Kammer für Handelssachen[10]. Diese Normen waren Vorbild für das **Spruchverfahrensgesetz** (SpruchG)[11].

---

7 *Heider* in MünchKomm. AktG, 3. Aufl., § 14 AktG Rz. 9.
8 *Brändel* in Großkomm. AktG, 4. Aufl., § 14 AktG Rz. 9; *Heider* in MünchKomm. AktG, 3. Aufl., § 14 AktG Rz. 12.
9 *Heider* in MünchKomm. AktG, 3. Aufl., § 14 AktG Rz. 10 (passim).
10 *Brändel* in Großkomm. AktG, 4. Aufl., § 14 AktG Rz. 10.
11 Vgl. näher *Büchel*, NZG 2003, 793 ff.; *Hirschmann/Kann*, DStR 2003, 1488 ff.; *Lamb/Schluck-Amend*, DB 2003, 1488 ff.; vgl. ferner die einschlägigen Kommentierungen hier in diesem Kommentar am Ende im Anhang *Klöcker*; sowie *Fritsche/Verfürth*; *Riegger* in KölnKomm. SpruchG.

## 3. Abweichende Bestimmungen im FamFG

Nach § 376 Abs. 2 FamFG kann die Führung des Handelsregisters sowie die Erledigung der durch § 375 FamFG erfassten sonstigen Aufgaben für mehrere Amtsgerichte durch Rechtsverordnung einem einzigen Amtsgericht übertragen werden. Dieses Amtsgericht ist sodann Gericht im Sinne von § 14, auch wenn der eigentliche Gesellschaftssitz nicht zu seinem Bezirk gehört[12]. Auch für das Spruchkammerverfahren kann eine solche Konzentration angeordnet werden[13]. 8

## 4. Keine sonstigen abweichenden Bestimmungen

Durch die Satzung kann mangels ausdrücklich eingeräumter gesetzlicher Dispositionsbefugnis keine abweichende Zuständigkeit angeordnet werden. Auch schiedsgerichtliche Regelungen sind insofern nicht möglich[14]. 9

## III. Sitz

### 1. Allgemeines

Die örtliche Zuständigkeit folgt dem Sitz der Gesellschaft, wie er sich aus der Satzung ergibt (vgl. § 5 Rz. 3). Eine lediglich faktische Sitzverlegung berührt die Zuständigkeit nicht. Vielmehr hat das nach wie vor zuständige Gericht gegebenenfalls Maßnahmen im Verfahren der Amtsauflösung nach § 262 Abs. 1 Nr. 5 AktG, § 399 FamFG durchzuführen, wenn die Satzungsbestimmung nur noch fiktiver Natur ist[15]. 10

### 2. Zeitpunkt

Die Satzung und somit auch die statuarische Sitzregelung wird erst mit Eintragung wirksam (§ 23 Rz. 31). Im Innenverhältnis der Beteiligten besteht freilich Bindungswirkung ab notarieller Beurkundung des Gründungsprotokolls. Nach allgemeiner Meinung erfasst § 14 demgemäß auch Maßnahmen des zuständigen Gerichtes vor Eintragung der Gesellschaft im Handelsregister (z.B. §§ 33 Abs. 3, 35–38)[16]. Zweckmäßigerweise wird man dies auf Maßnahmen bereits vor Unterzeichnung des Gründungsprotokolls auszudehnen haben. Zuständig ist somit auch ohne Rechtsverbindlichkeit im Innenverhältnis der vorgesehene zukünftige Sitz der Gesellschaft, hilfsweise ggf. der tatsächliche Sitz bzw. Schwerpunkt der Vorbereitungstätigkeiten. 11

### 3. Doppelsitz

Die Aktiengesellschaft kann einen Doppelsitz haben (vgl. näher § 5 Rz. 14 ff.). Gericht im Sinne des § 14 sind in diesem Falle grundsätzlich beide Sitzgerichte, die ihre Tätigkeit verfahrensrechtlich untereinander abzustimmen haben[17]. In der Regel setzt in diesen Fällen das Wirksamwerden der Eintragungen die Zweiteintragung voraus[18]. 12

---

12 *Brändel* in Großkomm. AktG, 4. Aufl., § 14 AktG Rz. 12; *Heider* in MünchKomm. AktG, 3. Aufl., § 14 AktG Rz. 14.
13 *Brändel* in Großkomm. AktG, 4. Aufl., § 14 AktG Rz. 12.
14 BGH LM Nr. 1 zu § 199 AktG; *Wagner* in Heidel, § 14 AktG Rz. 5; *Brändel* in Großkomm. AktG, 4. Aufl., § 14 AktG Rz. 3.
15 *Hüffer*, § 5 AktG Rz. 11; *Heider* in MünchKomm. AktG, 3. Aufl., § 5 AktG Rz. 66, 68; vgl. allerdings zur Aufhebung des § 5 Abs. 2 a.F. AktG die Erläuterungen zu § 5.
16 *Hüffer*, § 14 AktG Rz. 3; *Heider* in MünchKomm. AktG, 3. Aufl., § 14 AktG Rz. 7.
17 Vgl. näher § 5 Rz. 19 sowie *Katschinski*, ZIP 1997, 620 ff.; *Borsch*, GmbHR 2003, 258.
18 *Wagner* in Heidel, § 14 AktG Rz. 4; *Hüffer*, § 14 AktG Rz. 4; diesen Nachteil sowie den erhöhten Kosten- und Verwaltungsaufwand hat die Gesellschaft zu tragen, nicht der Rechtsverkehr.

In bestimmten, sachlogisch vorgegebenen Fällen verliert allerdings das Zweitgericht seine Zuständigkeit gem. § 2 FamFG[19].

## IV. Sachliche Zuständigkeit und Rechtsmittel

### 1. Sachliche Zuständigkeit

13 Sachlich und funktional zuständig ist grundsätzlich das Amtsgericht (§ 375 FamFG). Ausnahmen gelten für Streitsachen (vgl. oben Rz. 3).

### 2. Rechtsmittel

14 Hinsichtlich der Rechtsmittelinstanzen im FamFG-Verfahren vgl. grundsätzlich §§ 58, 70 FamFG. Wegen Verfügungen des Amtsgerichtes als Registergericht (§ 376 FamFG) ist das Rechtsmittel der einfachen Beschwerde eröffnet (§ 58 FamFG). Gegen Verfügungen nach § 375 FamFG ist die sofortige Beschwerde gegeben (§ 402 FamFG)[20]. Im registerrechtlichen Verfahren nach § 375 FamFG steht den Organen des Handelsstandes ein eigenes Beschwerderecht zu (§ 380 FamFG). Das Verfahren kann hier unter den Voraussetzungen des § 381 FamFG ausgesetzt werden; ein allgemeines Vorschaltverfahren wie im Falle des § 16 UmwG besteht (noch) nicht. Bei dem Verfahren nach § 402 FamFG haben die Organe des Handelsstandes kein eigenes Beschwerderecht[21].

## V. Sonderfälle

### 1. Spaltgesellschaften

15 Geht ein auswärtiger Sitz z.B. durch Enteignungsmaßnahmen verloren, kommt eine analoge Anwendung des § 5 Abs. 1 Ziff. 1 FamFG in Betracht[22]. Die zugrunde liegenden Fälle betrafen insbesondere Aktiengesellschaften im Gebiet der fünf neuen Bundesländer und hier vor allem die Bestellung von Notvorständen und Notaufsichtsräten zum Zwecke der Einberufung einer Hauptversammlung, welche über einen neuen Sitz beschließen sollte[23].

### 2. Ostgebiete

16 Für Aktiengesellschaften, die am 8.5.1945 ihren Sitz im Wesentlichen[24] in dem Gebiet östlich der Oder-Neiße-Grenze hatten, ist durch das Zuständigkeitsergänzungsgesetz als zuständiges Gericht dasjenige einer bestehenden Zweitniederlassung oder jenes, in dessen Bezirk die Verwaltung der Gesellschaft geführt wurde oder werden sollte, bestimmt worden.

---

19 So auch *Wagner* in Heidel, § 14 AktG Rz. 4; Beispiel: Bestellung von Abwicklern, KG v. 4.6.1991 – 1 W 5/91, AG 1992, 29, 31; kritisch *Brändel* in Großkomm. AktG, 4. Aufl., § 14 AktG Rz. 17.
20 Vgl. *Brändel* in Großkomm. AktG, 4. Aufl., § 14 AktG Rz. 6.
21 *Eckardt* in G/H/E/K, § 14 Rz. 6; *Saage*, DNotZ 1960, 575, 578.
22 BGH v. 21.11.1955 – II ARZ 1/55, BGHZ 19, 102, 105 ff. (der Fall betraf Österreich; insofern ist die Entscheidung überholt); BGH v. 31.10.1962 – II ARZ 2/61, AG 1963, 215 f.; BGH v. 30.9.1985 – II ARZ 5/85, AG 1986, 45; *Brändel* in Großkomm. AktG, 4. Aufl., § 14 AktG Rz. 16.
23 *Brändel* in Großkomm. AktG, 4. Aufl., § 14 AktG Rz. 16 m.w.N.
24 Vgl. näher § 1 Zuständigkeitsergänzungsgesetz v. 7.8.1952, BGBl. I 1952, 407.

## 3. Abschließende Regelungen

Liegt keiner der Fälle 1 und 2 vor, hat es bei § 14 sein Bewenden. Eine abweichende Gerichtsbestimmung kommt nicht in Betracht[25].

17

## VI. Auslandsgesellschaften

Die Errichtung einer inländischen Zweigniederlassung durch eine ausländische Aktiengesellschaft ist nach näherer Maßgabe der §§ 13d ff. HGB zulässig. Zuständiges Gericht ist in diesem Falle das Gericht des Bezirkes, in dem die Niederlassung besteht (§ 13d Abs. 1 HGB).

18

# § 15
# Verbundene Unternehmen

Verbundene Unternehmen sind rechtlich selbständige Unternehmen, die im Verhältnis zueinander in Mehrheitsbesitz stehende Unternehmen und mit Mehrheit beteiligte Unternehmen (§ 16), abhängige und herrschende Unternehmen (§ 17), Konzernunternehmen (§ 18), wechselseitig beteiligte Unternehmen (§ 19) oder Vertragsteile eines Unternehmensvertrags (§§ 291, 292) sind.

| | |
|---|---|
| I. Grundlagen, Überblick über das Konzernrecht . . . . . . . . . . . . . . . 1 | c) Zurechnung anderweitiger wirtschaftlicher Interessenbindung . . . 39 |
| 1. Überblick, Entstehungsgeschichte, Anwendungsbereich . . . . . . . . . . 1 | 2. Einzelfälle . . . . . . . . . . . . . . . . . 41 |
| 2. Einordnung in das Konzernrecht, Überblick über das Konzernrecht im Übrigen . . . . . . . . . . . . . . . . . . . 7 | a) Privatpersonen . . . . . . . . . . . . . 41 |
| a) Einordnung in das Konzernrecht . 7 | b) Handelsgesellschaften, Formkaufleute . . . . . . . . . . . . . . . 53 |
| b) Regelungsaufgaben des Konzernrechts . . . . . . . . . . . . . . . . . . . 9 | c) (Zwischen-)Holding . . . . . . . . . 62 |
| c) Regelungsmöglichkeiten . . . . . . 25 | d) Verein, Stiftung, Erbengemeinschaft . . . . . . . . . . . . . . . . . . 65 |
| d) Jüngere Entwicklungen . . . . . . . 28 | e) Innengesellschaften . . . . . . . . . 66 |
| II. Unternehmensbegriff . . . . . . . . . . 30 | f) Öffentliche Hand . . . . . . . . . . . 68 |
| 1. Grundlagen . . . . . . . . . . . . . . . . . 30 | 3. Begriff des abhängigen Unternehmens 73 |
| a) Überblick . . . . . . . . . . . . . . . . 30 | 4. Begriff des gleichgeordneten und wechselseitig beteiligten Unternehmens . . . . . . . . . . . . . . . . . 75 |
| b) Der teleologische Unternehmensbegriff im Einzelnen . . . . . . . . . 34 | |

**Literatur:** *Bälz,* Verbundene Unternehmen – Konzernrecht als Sperrspitze eines fortschrittlichen Gesellschaftsrechts?, in 40 Jahre Bundesrepublik Deutschland – 40 Jahre Rechtsentwicklung, 1990, S. 177; *Bälz,* Verbundene Unternehmen, AG 1992, 277; *P. Bauer,* Zur Abhängigkeit einer AG von einem Konsortium, NZG 2001, 742; *Bayer,* Der an der Tochter beteiligte Mehrheitsgesellschafter der Mutter: Herrschendes Unternehmen?, ZGR 2002, 933; *Bezzenberger/Schuster,* Die öffentliche Anstalt als abhängiges Konzernunternehmen, ZGR 1996, 481; *Bork,* Zurechnung im Konzern, ZGR 1994, 237; *Borggräfe,* Die Qualifikation von Gebietskörperschaften als „Unternehmen" i.S.d. konzernrechtlichen Bestimmungen des AktG, DB 1978, 1433; *Born,* Die abhängige Kommanditgesellschaft auf Aktien, 2004; *Brandner,* Natürliche Personen als Ein-Mann-Konzernspitze, in Hommelhoff/Stimpel/Ulmer (Hrsg.), Heidelberger Konzernrechtstage: Der qua-

---

25 BGH v. 19.11.1990 – II ARZ 8/90, AG 1991, 106.

lifizierte faktische GmbH-Konzern, 1992, S. 223; *Brauksiepe*, Zum Unternehmensbegriff des neuen Aktienrechts, BB 1966, 869; *Cahn*, Die Holding als abhängiges Unternehmen?, AG 2002, 30; *Claussen*, Verbundene Unternehmen im Bilanz- und Gesellschaftsrecht, 1992; *Dettling*, Die Entstehungsgeschichte des Konzernrechts im Aktiengesetz von 1965, 1997; *Dielmann*, Die Beteiligung der öffentlichen Hand an Kapitalgesellschaften und die Anwendbarkeit des Rechts der verbundenen Unternehmen, 1977; *Dierdorf*, Herrschaft und Abhängigkeit einer AG auf schuldvertraglicher und tatsächlicher Grundlage, 1978; *Drexl*, Wissenszurechnung im Konzern, ZHR 161 (1997), 491; *Ederle*, Verdeckte Beherrschungsverträge, 2010; *Ehinger*, Die juristischen Personen des öffentlichen Rechts als herrschende Unternehmen, 2000; *Ehinger*, Die Unternehmensqualität der juristischen Personen des öffentlichen Rechts, DZWiR 2000, 322; *Ehlers*, Verwaltung in Privatrechtsform, 1984; *Ehricke*, Gedanken zu einem allgemeinen Konzernorganisationsrecht, ZGR 1996, 300; *Ellerich*, Zur Bedeutung und den Auswirkungen der aktienrechtlichen Unternehmenseigenschaft der öffentlichen Hand unter Berücksichtigung ökonomischer Gesichtspunkte, 1980; *Emmerich*, Das Wirtschaftsrecht der öffentlichen Unternehmen, 1969; *Fabricius*, Gesellschaftsrechtliche Unternehmensverbindungen und Abhängigkeitsbegriffe in der betrieblichen Krankenversicherung, 1971; *Fett*, Öffentlich-rechtliche Anstalten als abhängige Konzernunternehmen, 2000; *Gansweid*, Gemeinsame Tochtergesellschaften im deutschen Konzern- und Wettbewerbsrecht, 1976; *Geßler*, Das „Unternehmen" im AktG, in FS Knur, 1972, S. 145; *O. Gierke*, Die Wirtschaftstätigkeit nicht wirtschaftlicher Organisationen, 2004; *Grunewald*, Die Haftung der Mitglieder bei Einflussnahmen auf abhängige eingetragene Vereine, in FS Raiser, 2005, S. 99; *Haar*, Die Personengesellschaft im Konzern, 2006; *Hefermehl*, Der Aktionär als „Unternehmer" i.S. des Konzernrechts, in FS Geßler, 1971, S. 203; *Heinzelmann*, Die Stiftung im Konzern, 2003; *U. Hübner*, Der Versicherungsverein auf Gegenseitigkeit als Konzernspitze bei internen Strukturmaßnahmen, in FS Wiedemann, 2002, S. 1033; *Ihrig/Wandt*, Die Stiftung im Konzernverbund, in FS Hüffer, 2009, S. 387; *Joussen*, Gesellschafterabsprachen neben Satzung und Gesellschaftsvertrag, 1995; *Joussen*, Die konzernrechtlichen Folgen von Gesellschaftervereinbarungen in einer Familien-GmbH, GmbHR 1996, 574; *Joussen*, Gesellschafter-Konsortien im Konzernrecht, AG 1998, 329; *Keßler*, Die Konzernhaftung kommunaler Gebietskörperschaften, GmbHR 2001, 320; *Klosterkemper*, Abhängigkeit von einer Innengesellschaft, 2004; *R. Kohl*, Brauchen wir ein Stiftungskonzernrecht, NJW 1992, 1922; *Koppensteiner*, Unternehmergemeinschaften im Konzern-Gesellschaftsrecht, ZHR 131 (1968), 289; *Koppensteiner*, Internationale Unternehmen im deutschen Gesellschaftsrecht, 1971; *Koppensteiner*, Zur Anwendung konzerngesellschaftsrechtlicher Normen auf die Bundesrepublik, ZGR 1979, 190; *Koppensteiner*, Zur konzernrechtlichen Behandlung von BGB-Gesellschaften und Gesellschaftern, in FS Ulmer, 2003, S. 349; *Kort*, Der „private" Großaktionär als Unternehmen?, DB 1986, 1909; *Kropff*, Das Konzernrecht des AktG 1965, BB 1965, 1281; *Kropff*, Zur Anwendung des Rechts der verbundenen Unternehmen auf den Bund, ZHR 144 (1980), 74; *Kropff*, „Verbundene Unternehmen" im AktG und BilanzrichtlG, DB 1986, 364; *Luchterhandt*, Der Begriff „Unternehmen" im AktG 1965, ZHR 132 (1969), 149; *Lutter*, Organzuständigkeiten im Konzern, in FS Stimpel, 1986, S. 825; *Lutter*, Stand und Entwicklung des Konzernrechts in Europa, ZGR 1987, 324; *Lutter*, Natürliche Personen als Ein-Mann-Konzernspitze, in Hommelhoff/Stimpel/Ulmer (Hrsg.), Heidelberger Konzernrechtstage: Der qualifizierte faktische GmbH-Konzern, 1992, S. 223; *Lutter*, Das unvollendete Konzernrecht, in FS Karsten Schmidt, 2009, S. 1065; *Marchand*, Abhängigkeit und Konzernzugehörigkeit von Gemeinschaftsunternehmen, 1985; *Meinen*, Konzernrecht im kommunalen Bereich, 2006; *Mertens*, Verpflichtung der Volkswagen AG, einen Bericht gemäß § 312 AktG über ihre Beziehungen zum Land Niedersachsen zu erstatten, AG 1996, 241; *Milde*, Der Gleichordnungskonzern im Gesellschaftsrecht, 1996; *Mülbert*, Unternehmensbegriff und Konzernorganisationsrecht, ZHR 163 (1999), 1; *H. P. Müller/Rieker*, Der Unternehmensbegriff des AktG, WPg 1967, 197; *Neumann/Rux*, Einbindung öffentlich-rechtlicher Einrichtungen in einen privatrechtlichen Konzern?, DB 1996, 1659; *Noack*, Gesellschaftervereinbarungen bei Kapitalgesellschaften, 1994; *Nordmeyer*, Der Unternehmensbegriff im Konzernrecht, 1970; *Pellens/Amshoff/Schmidt*, Konzernsichtweisen in der Rechnungslegung und im Gesellschaftsrecht: Zur Übertragbarkeit des betriebswirtschaftlichen Konzernverständnisses auf Ausschüttungsregulierungen, ZGR 2009, 231; *Petersen/Zwirner*, Unternehmensbegriff, Unternehmenseigenschaft und Unternehmensformen, DB 2008, 481; *Preußner/Fett*, Hypothekenbanken als abhängige Konzernunternehmen, AG 2001, 337; *Priester*, Konzernaufbau – Vermeidung des Unternehmensstatus beim Privatgesellschafter, in Hommelhoff/Stimpel/Ulmer (Hrsg.), Heidelberger Konzernrechtstage: Der qualifizierte faktische GmbH-Konzern, 1992, S. 223; *Th. Raiser*, Konzernverflechtungen unter Einschluss öffentlicher Unternehmen, ZGR 1996, 458; *A. Reul*, Das Konzernrecht der Genossenschaften, 1997; *Rittner*, Die Beteiligung als Grund der Abhängigkeit einer AG, DB 1976, 1465, 1513; *Rittner*, Der Staat – ein Unternehmen i.S.d. AktG?, in FS Flume, 1978, Bd. II, S. 241; *Rubner*, Der Privataktionär als Partei eines Beherrschungsvertrags, Der Konzern 2003, 735; *Ruwe*, Die BGB-Gesellschaft als Unternehmen i.S.d. Aktienkonzernrechts, DB 1988, 2037; *Schiessl*, Abhängigkeitsbericht bei Beteiligungen der öffentlichen Hand – Besprechung des Beschlusses BGHZ 135, 107 – VW/Niedersachsen, ZGR 1998, 871; *Karsten Schmidt*, „Unternehmen" und „Abhängigkeit": Begriffseinheit und Begriffsvielfalt im Kartell- und Konzernrecht, ZGR 1980, 277; *Karsten Schmidt*, Abhängigkeit, faktischer Konzern, nicht Aktienkonzern und Divisionalisierung im Bericht der Unternehmensrechtskommission, ZGR 1981, 455; *Karsten Schmidt*, Die wundersame Karriere des Unternehmensbegriffs im Reich der Konzernhaftung, AG 1994, 189; *Karsten Schmidt*, Konzernhaftung von freiberuflichen Mehrfachgesellschaftern?, ZIP 1994, 1741; *Karsten Schmidt*, Konzernunternehmen, Unternehmensgruppe und Konzern-Rechtsverhältnis – Gedanken zum Recht der verbundenen Unternehmen nach §§ 15 ff., 291 ff. AktG, in FS Lutter, 2000, S. 1167; *Karsten Schmidt*, Unternehmensbegriff und Vertragskonzern, in FS Koppensteiner, 2001, S. 191; *Uwe H. Schneider*, Der Konzern als Rechtsform für Unternehmen – zum Regelungsgegenstand eines Konzernverfassungsrechts, in Mestmäcker/Behrens (Hrsg.), Das Gesellschaftsrecht der Konzerne im internationalen Vergleich, 1991, S. 563; *Uwe H. Schneider*, Compliance im Konzern, NZG 2009, 1321; *Schulze-Osterloh*, Die verbundenen Unternehmen nach dem BilanzrichtlG, in FS Fleck, 1988, S. 313; *D. Schuster*, Zur Privatisierung von Anstalten des öffentlichen Rechts, in FS Bezzenberger, 2000, S. 757; *D. Schuster*, Konzern- und verfassungsrechtliche Probleme der Privatisierung öffentlicher Unternehmen – dargestellt am Beispiel der Berliner Wasserbetriebe, in FS W. Müller, 2001, S. 135; *Sprengel*, Vereinskonzernrecht, 1998; *Siegels*, Die Privatperson als Konzernspitze, 1997; *Sura*, Fremdeinfluss und Abhängigkeit im Aktienrecht, 1980; *Sura*, Die Behandlung des Fremdeinflusses in Unternehmensverbindungen, ZHR 145 (1981), 432; *Ulmer*, Begriffsvielfalt im Recht der verbundenen Unternehmen als Folge des BilanzrichtlG, in FS Goerdeler, 1987, S. 623; *Veil*, Haftung in der Betriebsaufspaltung – Thesen zum Haftungsverbund von Konzernschwestern im Unterordnungs- und Gleichordnungskonzern, in Theobald (Hrsg.), Entwicklungen zur Durchgriffs- und Konzernhaftung, 2002, S. 81; *Wandt*, Die Begrenzung der Aktionärsrechte der öffentlichen Hand, 2005; *H. Werner*, Die Grundbegriffe der Unternehmensverbindungen im Konzerngesellschaftsrecht, JuS 1977, 141; *Wiedemann/Martens*, Die Unternehmensqualifikation von Gebietskörperschaften im Recht der verbundenen Unternehmen, AG 1976, 197 und 232; *Wimmer-Leonhardt*, Konzernhaftungsrecht, 2004; *D. Wittich*, Die Betriebsaufspaltung als Mitunternehmerschaft, 2002; *Wolframm*, Mitteilungspflichten familiär verbundener Aktionäre nach § 20 AktG, 1998; *Würdinger*, Der Begriff Unternehmen im Aktiengesetz, in FG Kunze, 1969, S. 177; *Zöllner*, Zum Unternehmensbegriff der §§ 15 ff. AktG, ZGR 1976, 1; *Zöllner*, Zur aktienrechtlichen Unternehmenseigenschaft der Bundesrepublik Deutschland, AG 1978, 410.

## I. Grundlagen, Überblick über das Konzernrecht

### 1. Überblick, Entstehungsgeschichte, Anwendungsbereich

§ 15 definiert den Begriff des **verbundenen Unternehmens**. Die §§ 16–19 und 291 f. definieren die maßgeblichen in § 15 in Bezug genommenen Begriffe. Auch ohne ausdrückliche Erwähnung fallen unter den Begriff die an einer Eingliederung nach §§ 319 ff. beteiligten Unternehmen; die Voraussetzungen der §§ 16–18 liegen hier ohnehin vor. Hierauf beschränkt sich der Regelungsgegenstand. Eine Rechtsfolge wird nicht angeordnet.

Die §§ 15 ff. haben dabei nicht nur für das Aktienrecht Bedeutung. Anders als die speziellen konzernrechtlichen Vorschriften der §§ 291 ff. setzen sie nicht voraus, dass an der Unternehmensverbindung zumindest eine AG beteiligt ist. Die Definitionen gelten daher auch für rechtlich selbständige **Unternehmen anderer Rechtsform** einschließlich Einzelkaufleuten, Personengesellschaften und Rechtsträgern **ausländischer Rechtsformen**[1], ohne dass daraus aber unmittelbare Konsequenzen für die Anwendung der speziellen Vorschriften der §§ 291 ff. gezogen werden können.

---

1 Einh. Auffassung, vgl. nur *Emmerich* in Emmerich/Habersack, Aktien- und GmbH-Konzernrecht, § 15 AktG Rz. 5; *Hüffer*, § 15 AktG Rz. 5; *Koppensteiner* in KölnKomm. AktG, 3. Aufl. 1. Bearb. 2004, Vorb. § 15 AktG Rz. 11, 114; *Windbichler* in Großkomm. AktG, 4. Aufl., § 15 AktG Rz. 63.

3  § 15 ist durch die Aktienrechtsreform von 1965 neu geschaffen und seitdem nicht mehr geändert worden[2].

4  Die wesentlichen aktienrechtlichen Bestimmungen, die auf die in §§ 15–19 definierten Begriffe und insbesondere den des Unternehmens Bezug nehmen, betreffen (s. auch § 16 Rz. 1, § 17 Rz. 1, § 18 Rz. 3):
– Unternehmensverträge, insb. §§ 291, 292 Abs. 1 Nr. 1, 302 Abs. 2, 305 Abs. 2, 308 f.;
– den sog. faktischen Konzern nach §§ 311 ff.;
– die wechselseitige Beteiligung von Unternehmen nach § 328;
– Mitteilungspflichten nach §§ 20 f.;
– die Erstreckung von Berichts- und Informationspflichten auf abhängige Unternehmen: §§ 90 Abs. 1 und 3, 131 Abs. 1 Satz 2, Abs. 3 Nr. 1, § 145 Abs. 3 und Abs. 5 Satz 1, 160, 400 Abs. 1 Nr. 1 und 2;
– die Absicherung des Kapitalschutzes: §§ 56 Abs. 2 und 3, 71a, 71d, 71e;
– Inkompatibilitäten: § 100 Abs. 2 Nr. 2, §§ 33, 143 i.V.m. § 319 Abs. 3 HGB;
– die Gleichbehandlung von Arbeitnehmern und Geschäftsführung verbundener Unternehmen: §§ 71 Abs. 1 Nr. 2, 71a Abs. 1 Satz 2 (Erwerb und Finanzierung eigener Aktien), § 192 Abs. 2 Nr. 3 (Aktienoptionen);
– die sonstige Erstreckung von Corporate Governance-Vorschriften: §§ 89 Abs. 2 und 4, 115 (Kreditgewährung an Mitglieder der Verwaltung), § 134 Abs. 1 Satz 4 (Höchststimmrecht), § 136 Abs. 2 (Stimmrechtsausschluss).

5  Den umfassenden Oberbegriff des verbundenen Unternehmens verwenden dabei die §§ 71 Abs. 1 Nr. 2, 71a Abs. 1 Satz 2, 89 Abs. 4 Satz 2, 89 Abs. 4 Satz 2, 90 Abs. 1 Satz 2 und Abs. 3 Satz 1, 115 Abs. 3 Satz 2, 131 Abs. 1 Satz 2 und Abs. 3 Nr. 1, 145 Abs. 2 Satz 2, 192 Abs. 2 Nr. 3; 293a Abs. 2 Satz 1; 313 ff. sowie 400 Abs. 1 Nr. 1 und 2.

6  Andere Gesetze verweisen ebenfalls auf in den §§ 15–18 definierte Begriffe[3], wobei von einem einheitlichen Verständnis in den unterschiedlichen Zusammenhängen nicht ohne weiteres ausgegangen werden kann[4]. Teilweise werden in anderen Gesetzen eigene Definitionen verwandt, insb. enthält § 271 Abs. 2 HGB eine eigene Definition des verbundenen Unternehmens, die für die §§ 238–342a HGB maßgeblich ist[5].

**2. Einordnung in das Konzernrecht, Überblick über das Konzernrecht im Übrigen**

**a) Einordnung in das Konzernrecht**

7  Die speziellen Vorschriften zum Recht der verbundenen Unternehmen mit den maßgeblichen Regelungen finden sich in den §§ 291–328. Die §§ 15–19 ziehen die maßgeblichen Definitionen zu diesen und den sonstigen konzernrechtlichen Vorschriften vor die Klammer. Man kann sie zusammen mit den §§ 20–22 als Allgemeinen Teil des Konzernrechts verstehen.

---

2 Zur Entstehungsgeschichte der §§ 15 ff. ausführlich *Dettling*, S. 83 ff.; *Koppensteiner* in KölnKomm. AktG, 3. Aufl. 1. Bearb. 2004, Vorb. § 15 AktG Rz. 1 ff.
3 Ausführlicher Überblick bei *Koppensteiner* in KölnKomm. AktG, 3. Aufl. 1. Bearb. 2004, Vorb. § 15 AktG Rz. 13 ff.; *Windbichler* in Großkomm. AktG, 4. Aufl., § 15 AktG Rz. 49 ff.
4 *Koppensteiner* in KölnKomm. AktG, 3. Aufl. 1. Bearb. 2004, Vorb. § 15 AktG Rz. 111; *Bayer* in MünchKomm. AktG, 3. Aufl., § 15 AktG Rz. 5; *Windbichler* in Großkomm. AktG, 4. Aufl., § 15 AktG Rz. 49; zur Verwendung des Begriffs Konzern § 18 Rz. 4.
5 Ausdrücklich BGH v. 3.6.2004 – X ZR 104/03, GmbHR 2004, 1085 zur Geltung des § 271 Abs. 2 HGB für § 319 Abs. 3 Satz 1 Nr. 1/2 HGB.

Dabei ist der **Begriff Konzernrecht**, der auch im Folgenden (allein) wegen seiner Geläufigkeit in Fortsetzung der Terminologie zur alten Rechtslage des § 15 AktG 1937 verwandt wird[6], in einem unpräzisen, untechnischen Sinne zu verstehen: Grundbegriff des AktG ist, wie § 15 zeigt, nicht der Begriff des Konzerns, sondern der des verbundenen Unternehmens. Insb. knüpft der sog. faktische Konzern, wie § 311 Abs. 1 zeigt, an das Beherrschungs-/Abhängigkeitsverhältnis des § 17 und nicht den Konzern des § 18 an.

### b) Regelungsaufgaben des Konzernrechts

Das spezielle (gesellschaftsrechtliche[7]) Konzernrecht umfasst insb. die folgenden Bereiche:

aa) Die Schaffung von **Organisationsformen** für die Beherrschung/einheitliche Leitung einer Gruppe von Unternehmen. Hier zeigt sich eine Privilegierung des herrschenden Unternehmens, das im Gegensatz zum herrschenden Privataktionär insb. bestimmte Unternehmensverträge einschließlich des durchsetzbare Leitungsmacht vermittelnden Beherrschungsvertrags abschließen kann (hierzu näher nachfolgend Rz. 35) und eine abhängige Gesellschaft faktisch durch Veranlassung von Nachteilen „beherrschen" darf mit dem Privileg, die Nachteile zeitlich verzögert auszugleichen (§ 311 Abs. 2).

Anders als die Organisationsformen Unternehmensverträge (§§ 291 ff.) und Eingliederung (§§ 319 ff.) ist die faktische Beherrschung einer AG in §§ 311 ff. allein im Hinblick auf den Außenseiterschutz geregelt. Diskutiert wird insoweit die Zulässigkeit faktischer Beherrschung und ihrer Grenzen (Stichwort: **qualifiziert faktischer Konzern** oder besser qualifiziert faktische Nachteilszufügung)[8].

Schließlich kennt das AktG noch den **Gleichordnungskonzern**, beschränkt sich aber in §§ 18 Abs. 2, 291 Abs. 2 auf bloße Definitionen und Klarstellungen (zu einem Überblick über die konzernorganisationsrechtlichen Fragen des Gleichordnungskonzerns s. § 18 Rz. 27 ff.).

bb) Den **Schutz der abhängigen / beherrschten Gesellschaft** und ihrer Außenseiter (Minderheitsgesellschafter und Gläubiger) gegenüber nachteiligen Einflussnahmen durch das herrschende Unternehmen im Unterordnungskonzern bzw. des Schwesterunternehmens im Gleichordnungskonzern durch vertikale und horizontale Einzelausgleichs-, Verlustausgleichs- und Durchgriffsansprüche[9].

cc) Damit im Zusammenhang stehend die Frage, inwieweit (konzern-)verbundene Rechtsträger, insb. das herrschende Unternehmen, besondere im AktG nicht näher ausgeformte Pflichten, insb. eine besondere **Treupflicht**, treffen und ihnen andererseits aber auch besondere Rechte, z.B. **Informationsrechte**, zustehen[10].

---

6 Ebenso *Bayer* in MünchKomm. AktG, 3. Aufl., § 15 AktG Rz. 6; *Habersack* in Emmerich/Habersack, Aktien- und GmbH-Konzernrecht, Einl. Rz. 1; *Hüffer*, § 15 AktG Rz. 2.
7 Zum Arbeitsrecht im Konzern ausführlich etwa *Windbichler*, Arbeitsrecht im Konzern, 1989; *A. Junker*, Internationales Arbeitsrecht im Konzern, 1992; zum Konzerninsolvenzrecht *Scheel*, Konzerninsolvenzrecht, 1995; *Ehricke*, Das abhängige Unternehmen in der Insolvenz, 1998; *Hirte* in FS Karsten Schmidt, 2009, S. 641 ff.
8 Hierzu näher § 311 Rz. 108 ff., § 317 Rz. 47 ff.
9 Zu Verlustausgleichs- und Durchgriffsansprüchen im qualifiziert faktischen Konzern § 317 Rz. 51 ff.; zu horizontalen Ansprüchen im Gleichordnungs- und Unterordnungskonzern § 18 Rz. 34 ff.
10 Zu einem Überblick zum faktischen Aktienkonzern s. § 311 Rz. 133.

15  **dd) Die Konzernbildungskontrolle**, also die Frage, ob die Gesellschafter des herrschenden und/oder des abhängigen Rechtsträgers der Bildung eines faktischen Konzerns oder eines Gleichordnungskonzerns zustimmen müssen und ob die außenstehenden Aktionäre der abhängigen Gesellschaft bei faktischer und qualifiziert faktischer Beherrschung in diesem Fall ein Austrittsrecht gegen Abfindung haben (zu Mitteilungspflichten über die Beteiligungsquote §§ 20 f. AktG, §§ 21 ff. WpHG)[11].

16  **ee)** Die Frage, ob und inwieweit einzelne Rechte und Pflichten des herrschenden Unternehmens und seiner Organe über den Rechtsträger hinaus konzernweit verstanden werden müssen[12]. Hier ist insb. auf die folgenden Aspekte hinzuweisen:

17  – Das Ob und Wie einer **Konzernleitungspflicht** insb. des Vorstands der Konzernspitze: hierbei wird man zwischen Beherrschungsvertrag und Eingliederung einerseits und faktischer Beherrschung ohne Weisungsrecht andererseits zu unterscheiden haben; jedenfalls bei faktischer Beherrschung wird nach wohl überwiegender Ansicht keine Konzernleitungspflicht angenommen[13].

18  – Gerade in den letzten Jahren wird das Thema **Compliance im Konzern** immer stärker diskutiert[14]. Mit den erweiterten Pflichten des Vorstands korrespondiert die Erweiterung der Überwachungsaufgabe des Aufsichtsrats des herrschenden Unternehmens auf den Konzern[15].

19  – Gruppenweite Informations- und insb. Mitentscheidungsrechte der Hauptversammlung des herrschenden Unternehmens (Stichwort: **Konzernleitungskontrolle**)[16].

20  – Berücksichtigung des Ergebnisses der Gruppe statt allein der Obergesellschaft i.Z.m. der Gewinnermittlung und -ausschüttung[17].

21  – Bei der Rechnungslegung ist die Verpflichtung zur Erstellung eines Konzernabschlusses bereits gesetzlich anerkannt (§§ 290 ff. HGB).

22  – Auch für das aktive und passive Wahlrecht der Arbeitnehmer von abhängigen Töchtern im Rahmen der Unternehmensmitbestimmung sehen die Mitbestimmungsgesetze mit Unterschieden im Detail eine Erstreckung auf Konzerntöchter vor (vgl. insb. § 5 MitbestG, § 2 DrittelbG). Auf Ebene der betrieblichen Mitbestimmung regeln §§ 54 ff. BetrVG die Errichtung eines Konzernbetriebsrats.

---

11 Zu einem Überblick über die Konzernbildungskontrolle im faktischen Konzern § 311 Rz. 134 ff.; ausführlicher *Koppensteiner* in KölnKomm. AktG, 3. Aufl., Anh. § 318 AktG Rz. 1 ff.; zum Gleichordnungskonzern § 18 Rz. 37; zum Austrittsrecht bei qualifiziert faktischer Beherrschung § 317 Rz. 67; allgemeiner Überblick m.w.N. etwa bei *Liebscher* in Beck'sches Hdb. AG, § 15 Rz. 33 ff.; *Altmeppen* in MünchKomm. AktG, 3. Aufl., Vor § 311 AktG Rz. 32 ff.; *Raiser/Veil*, Kapitalgesellschaften, § 52.
12 S. hierzu auch *Lutter* in FS Karsten Schmidt, 2009, S. 1065, 1068 ff.
13 Vgl. § 76 Rz. 16; zum faktischen Konzern auch knapp § 311 Rz. 132.
14 S. etwa *Uwe H. Schneider*, NZG 2009, 1321.
15 Ausführlich *Lutter/Krieger*, Aufsichtsrat, Rz. 131 ff.; *Lutter*, AG 2006, 517 m.w.N.; *Lutter* in Liber amicorum Happ, 2006, S. 143; *Lutter* in FS Karsten Schmidt, 2009, S. 1065, 1070 f.; vgl. im Übrigen § 111 Rz. 20 f.
16 Grundlegend BGH v. 25.2.1982 – II ZR 174/80 – „Holzmüller", BGHZ 83, 122 = AG 1982, 158, eingeschränkt durch BGH v. 26.4.2004 – II ZR 155/02 und II ZR 154/02 – „Gelatine", BGHZ 159, 30 = AG 2004, 384 und ZIP 2004, 1001; *Goette*, AG 2006, 522; *Lutter* in FS Karsten Schmidt, 2009, S. 1065, 1071 ff.
17 Ausführlich zum betriebswirtschaftlichen Konzernbegriff und daran anknüpfenden Überlegungen zur Ausschüttungsbemessung *Pellens/Amshoff/Schmidt*, ZGR 2009, 231 ff.; s. im Übrigen § 58 Rz. 27 f.

**ff)** Entsprechende, praktisch aber weniger bedeutsame Fragen ergeben sich bei **Beendigung konzernrechtlicher Herrschaftsmacht** (Außenseiterschutz, Legitimation, Organpflichten). 23

**gg)** Schließlich ist auf das Feld der **Zurechnung** von Wissen, Verantwortlichkeit, Verhalten und Eigenschaften im Konzern hinzuweisen, das im Bereich der Kapitalerhaltung gesetzlich ausgeformt (vgl. etwa §§ 56 Abs. 2, 71d AktG, § 32a Abs. 3 GmbHG), im Übrigen aber recht zerklüftet ist[18]. Damit im Zusammenhang steht die Diskussion um eine **Konzernvertrauenshaftung** insbesondere der Konzernspitze[19]. 24

### c) Regelungsmöglichkeiten

Grundsätzlich sind zwei gegensätzliche Möglichkeiten denkbar, die vorstehenden Fragen zu regeln[20]: Eine Möglichkeit wäre, den **Konzern als Rechtssubjekt** oder jedenfalls als gesellschaftsrechtlich eigenständiges Gebilde mit eigenen Organen anzuerkennen[21]. Der gegenteilige Ansatz knüpft allein an die einzelnen zur Gruppe zusammengeschlossenen Rechtsträger als Rechtssubjekte an und regelt das **Konzernrecht auf Grundlage der einzelnen Rechtsverhältnisse** zwischen den beteiligten Rechtsträgern[22]. 25

Die Rechtswirklichkeit mag für die Anerkennung des **Konzerns als Unternehmen** eigener Rechtsform sprechen. Auch zur Identifikation der Aufgaben des Konzernrechts und rechtsfortbildend zu füllender Lücken des Gesetzes ist dieses Verständnis hilfreich. Das Aktiengesetz selbst beschränkt sich jedoch auf die Regelung der verschiedenen Rechtsbeziehungen (insb. Leitung, Haftung, Schutz außenstehender Aktionäre, Information) der einzelnen beteiligten Gesellschaften im Verhältnis zueinander. 26

Dieser dogmatische Ausgangspunkt ist bei der Beantwortung von Zweifelsfragen anzuerkennen. Entsprechend ist bei der Konstruktion einer BGB-Gesellschaft zwischen den einzelnen Gesellschaften des Unternehmensverbunds und der Herleitung von Rechtsfolgen aus diesem Ansatz Vorsicht geboten[23]. Dies muss nicht ausschließen, dass im Einzelfall Lösungen gefunden werden, die im praktischen Ergebnis der Anerkennung eines Rechtssubjekts Konzern vergleichbar sind. Diese Ergebnisse können jedoch nicht aus einer gesetzlichen Anerkennung des Konzerns als Rechtssubjekt oder Wirtschaftseinheit deduziert, sondern nur über die Bestimmung und ggfs. Fortentwicklung der zwischen den beteiligten verbundenen Unternehmensträgern bestehenden **Konzernbeziehungen** begründet werden. 27

---

18 Vgl. etwa §§ 16 Abs. 4, 20 Abs. 1, 22 Abs. 1 Nr. 1 WpHG, § 30 Abs. 1 Nr. 1 WpÜG, § 16 BetrAVG; § 5 Abs. 1 MitbestG; aus der Literatur *Bork*, ZGR 1994, 237 ff.; zur Wissenszurechnung *Drexl*, ZHR 161 (1997), 491 ff.; *Schüler*, Wissenszurechnung im Konzern, 2000.
19 Diese kann nach zutreffender Ansicht nur auf allgemeine Vertrauenstatbestände des Zivilrechts wie die c.i.c. gestützt werden; die Konzernierung allein reicht hierfür nicht aus; ausführlich *Lutter* in GS Knobbe-Keuk, 1997, S. 229 ff.; *Druey* in FS Lutter, 2000, S. 1069 ff.; *Fleischer*, ZHR 163 (1999), 461, 467 ff.; *Rieckers*, Konzernvertrauen und Konzernrecht, 2004, insb. S. 75 ff.; *Rieckers*, BB 2006, 277, 280 ff.; *Rieckers*, NZG 2007, 125 ff., jeweils auch mit Nachweisen zu weitergehenden Auffassungen; a.A. etwa *Broichmann/Burmeister*, NZG 2006, 687.
20 Hierzu besonders deutlich *Karsten Schmidt* in FS Lutter, 2000, S. 1167, 1169 ff.
21 In diese Richtung etwa *Uwe H. Schneider* in Mestmäcker/Behrens, S. 563, 568 ff.; *Lutter*, ZGR 1987, 324, 329 ff.; *Lutter* in FS Stimpel, 1986, S. 825, 826 ff.
22 So besonders deutlich *Karsten Schmidt*, GesR, S. 489 f.; *Karsten Schmidt* in FS Lutter, S. 1167, 1170 f.; eine vermittelnde Position verfolgt *Wiedemann*, Die Unternehmensgruppe im Privatrecht, 1988, S. 6 ff., der die rechtliche Selbstständigkeit der einzelnen Rechtsträger anerkennt, diesen aber einen mitgliedschaftlichen Charakter zuspricht.
23 Hierzu etwa *Schall* in Spindler/Stilz, Vor § 15 AktG Rz. 7 m.w.N.

### d) Jüngere Entwicklungen

28 Der für das Konzernrecht im vorbeschriebenen Sinne zentrale Begriff des selbständigen Unternehmens ist dabei von der Privatperson, die keine unternehmerischen Interessen verfolgt, abzugrenzen (hierzu ausführlicher Rz. 30 ff.). Allerdings ist auf (überwiegend jüngere) Ausnahmen und Entwicklungen hinzuweisen, an sich dem Konzernrecht nahe stehende Regelungsbereiche unabhängig von der Unternehmenseigenschaft des einflussreichen Gesellschafters und dem Vorliegen eines Abhängigkeits- oder Konzernverhältnisses zu regeln:

29 – § 292 Abs. 1 Nr. 2 und 3 verlangt nach seinem Wortlaut nicht, dass bei Teilgewinnabführungs-, Betriebspacht- und Betriebsüberlassungsverträgen der andere Vertragsteil ein Unternehmen ist;
– der zum Squeeze-out berechtigte Hauptaktionär muss nach § 327a Abs. 1 kein Unternehmen sein;
– die die §§ 20–23 für börsennotierte Aktiengesellschaften ersetzenden §§ 21 ff. WpHG stellen – anders als §§ 20 ff. AktG – nicht auf die Unternehmenseigenschaft des Aktionärs ab;
– der Bieterbegriff des WpÜG (§ 2 Abs. 4 WpÜG) stellt nicht auf die Unternehmenseigenschaft ab, sondern erfasst ausdrücklich auch alle natürlichen Personen, was Bedeutung insb. für die Verpflichtung zur Abgabe eines Pflichtangebots nach § 35 WpÜG haben kann;
– die Rechtsprechung knüpft den Schutz der GmbH, insb. der Einmann-GmbH, nicht mehr an die konzernrechtliche Figur des qualifiziert faktischen Konzerns, sondern das jeden Gesellschafter treffende Verbot des existenzvernichtenden Eingriffs.

## II. Unternehmensbegriff

### 1. Grundlagen

#### a) Überblick

30 Da sich das Merkmal der Verbundenheit aus dem Verweis auf die folgenden Vorschriften ergibt, ist einziges eigenständiges Tatbestandsmerkmal des § 15 das Vorliegen eines rechtlich selbständigen Unternehmens. Dieses muss von Rechtsträgern unterschieden werden, die kein Unternehmen betreiben, insb. Privatgesellschaftern. Der Gesetzgeber sah von einer Umschreibung des Unternehmensbegriffs angesichts der „großen praktischen Schwierigkeiten" bewusst ab, sondern beschränkte sich auf den Hinweis, dass Unternehmen alle Rechtsformen, auch die des **Einzelkaufmanns**, haben könnten[24].

31 § 15 stellt auf **rechtlich selbständige** Unternehmen ab. Dem konzernrechtlichen Grundverständnis entsprechend geht es um zumindest teilrechtsfähige Unternehmensträger. Sowohl rechtlich unselbständige Niederlassungen eines Unternehmensträgers als auch nicht rechtsfähige Zusammenschlüsse von Rechtsträgern wie beispielsweise der Konzern als solcher (hierzu vorstehend Rz. 25 ff.) fallen deshalb aus dem Unternehmensbegriff heraus.

---

24 Begr. RegE, *Kropff*, Aktiengesetz, S. 27.

Zum Unternehmensbegriff dürften sich nach heute wohl ganz herrschender Meinung die folgenden Grundsätze festhalten lassen: 32

- Es gibt **keinen einheitlichen Unternehmensbegriff** für die verschiedenen Regelungsbereiche und selbst innerhalb des Konzernrechts muss zwischen dem herrschenden und dem abhängigen Unternehmen unterschieden werden (nachfolgend liegt der Schwerpunkt auf dem herrschenden Unternehmen, zum abhängigen Unternehmen nachfolgend Rz. 73 ff.)[25].
- Maßgeblich ist nicht ein funktioneller oder institutioneller[26], sondern ein **teleologischer Unternehmensbegriff**, der an dem Sinn und Zweck der Sondervorschriften für Unternehmen anknüpft[27]. Damit ist aber noch nicht die Frage entschieden, welcher Zweck insoweit maßgeblich ist (näher nachfolgend Rz. 34 ff.) und ob das Gesetz nicht mit gewissen Typisierungen arbeitet (vgl. Rz. 53 ff.).
- Ein Aktionär betreibt jedenfalls dann ein Unternehmen, wenn er, anders als ein Privataktionär, außerhalb der Gesellschaft **wirtschaftliche Interessen** verfolgt, die stark genug sind, um die ernste Besorgnis zu begründen, der Gesellschafter könne um ihretwillen seinen Einfluss zum Nachteil der Gesellschaft ausüben (hierzu näher Rz. 38, 41 ff.)[28].

In Zusammenfassung der nachstehenden Ausführungen ist zu diesen Grundlagen zu bemerken: 33

- Der Unternehmensbegriff ist weit weniger zerklüftet, als gemeinhin angenommen. Die von der herrschenden Literaturmeinung begründete Unsicherheit beruht zu einem großen Teil darauf, dass die **typisierende Betrachtungsweise** des Gesetzes, wonach alle Handelsgesellschaften als Unternehmen gelten (näher Rz. 53 ff.), übersehen wird.
- Abgrenzungsprobleme ergeben sich damit im Wesentlichen nur einerseits für Privatpersonen und sonstige Rechtsträger, die keine Handelsgesellschaften sind, und andererseits die öffentliche Hand.
- Für die erste Gruppe ist der auf die anderweitige wirtschaftliche Interessenbindung im Einzelfall abstellende teleologische Unternehmensbegriff maßgeblich (Rz. 41 ff.). Dagegen ist die Unternehmenseigenschaft für die öffentliche Hand heute wohl generell zu bejahen (ausführlicher Rz. 68 ff.).

### b) Der teleologische Unternehmensbegriff im Einzelnen

Zum teleologischen Unternehmensbegriff wird überwiegend auf die besonderen Gefahren für die Gesellschaft und deren Minderheitsgesellschafter und Gläubiger durch 34

---

25 So deutlich etwa *Bayer* in MünchKomm. AktG, 3. Aufl., § 15 AktG Rz. 9; *Koppensteiner* in KölnKomm. AktG, 3. aktualisierte Aufl. 2010, § 15 AktG Rz. 15 ff.; *Hüffer*, § 15 AktG Rz. 7; *Schall* in Spindler/Stilz, § 15 AktG Rz. 12; *Mülbert*, ZHR 163 (1999), 1, 6 ff.
26 Hierzu m. Nachw. etwa *Bayer*, ZGR 2002, 933, 937 f.; *Bayer* in MünchKomm. AktG, 3. Aufl., § 15 AktG Rz. 10, 14; *Kort*, DB 1986, 1909 f.; zum funktionellen Unternehmensbegriff in der Rechnungslegung etwa *Petersen/Zwirner*, DB 2008, 481 ff.
27 So etwa *Bayer* in MünchKomm. AktG, 3. Aufl., § 15 AktG Rz. 10; *Hüffer*, § 15 AktG Rz. 7; *Schall* in Spindler/Stilz, § 15 AktG Rz. 10 f., 16 f.; grds. auch *Emmerich* in Emmerich/Habersack, Aktien- und GmbH-Konzernrecht, § 15 AktG Rz. 8 f.
28 Grundlegend BGH v. 13.10.1977 – II ZR 123/76 – „Veba/Gelsenberg", BGHZ 69, 334, 337 f. = AG 1978, 50, 51; BGH v. 8.9.1979 – KVR 1/78 – „WAZ/Brost", BGHZ 74, 359, 365 = AG 1980, 50, 51; BGH v. 16.2.1981 – II ZR 168/79 – „Süssen", BGHZ 80, 69, 72 = AG 1981, 225; BGH v. 17.3.1997 – II ZB 3/96, BGHZ 135, 107, 113 = AG 1997, 374; BGH v. 18.6.2001 – II ZR 212/99 – „MLP", BGHZ 148, 123, 125 = AG 2001, 588; *Bayer* in MünchKomm. AktG, 3. Aufl., § 15 AktG Rz. 13; *Hüffer*, § 15 AktG Rz. 8; *Koppensteiner* in KölnKomm. AktG, 3. aktualisierte Aufl. 2010, § 15 AktG Rz. 20.

Einflussnahmen eines Gesellschafters mit anderweitigen wirtschaftlichen Interessen hingewiesen, dessen Interessen gerade nicht mehr mit denen der übrigen Gesellschafter und der Gesellschaft übereinstimmen müssen (sog. **Konzernkonflikt**)[29].

35 Diese Sichtweise überzeugt zur Definition des Unternehmensbegriffs und damit mittelbar der Erklärung des Konzernrechts allein nicht. Der unternehmerisch tätige Mehrheitsgesellschafter wird ja gegenüber dem privaten Mehrheitsaktionär gerade nicht zu Gunsten der Außenseiter strenger behandelt, sondern privilegiert: Einem Privataktionär ist die Möglichkeit zur konsequenten Beherrschung und zur Abführung des gesamten Gewinns anders als einem Unternehmer gem. § 291 nach dem Gesetzeswortlaut verwehrt. Die besonderen Schutzvorschriften zu Gunsten der außenstehenden Aktionäre und Gläubiger sind jedenfalls im Vertragskonzern lediglich Folge dieser vom Gesetz eingeräumten Möglichkeit zu besonders intensiver Beherrschung. Außerhalb von Beherrschungsverträgen und Eingliederung darf der Vorstand keinerlei nachteilige Weisungen eines Privataktionärs befolgen, sondern muss § 57 und das Gleichbehandlungsgebot (§ 53a) strikt beachten, während er nachteilige Weisungen des herrschenden Unternehmens schon dann befolgen darf, wenn der Nachteil nicht sofort, sondern zeitlich verzögert gem. § 311 Abs. 2 ausgeglichen wird[30]. Die für den Unternehmensbegriff primär maßgebliche Frage ist daher, ob die im Gesetz vorgesehene **Privilegierung des unternehmerischen Gesellschafters** gerechtfertigt ist[31]. Eine Konsequenz dieses organisationsrechtlichen Verständnisses ist etwa, dass zu § 291 Abs. 1 kein Grund besteht, entgegen dem Wortlaut **Beherrschungs- und Gewinnabführungsverträge** auch mit nicht unternehmerisch tätigen Rechtsträgern zuzulassen[32].

36 Allerdings wird im faktischen Konzern das herrschende Unternehmen gegenüber dem herrschenden Privatgesellschafter insoweit verschärft behandelt, als nur herrschende Unternehmen von dem präventiven Schutz des Abhängigkeitsberichts nach § 312 und der gegenüber § 117 teilweise verschärften Haftung des § 317 erfasst werden. Auch die Beschränkung der Mitteilungspflichten nach §§ 20 f. auf Unternehmen sowie viele der Bestimmungen zu verbundenen Unternehmen außerhalb des speziellen Konzernorganisationsrechts, insb. zu Berichts- und Informationspflichten, beruhen auf den besonderen konzernrechtlichen Gefahren. Der **Konzernkonflikt** ist daher nicht ohne Relevanz, steht aber nicht im Vordergrund und kann insb. die speziellen Vorschriften des Konzernrechts nicht allein erklären.

---

29 So schon der Ausschussbericht zu §§ 20 f., *Kropff*, Aktiengesetz, S. 41 f.; BGH v. 13.10.1977 – II ZR 123/76 – „Veba/Gelsenberg", BGHZ 69, 334, 337 = AG 1978, 50, 51; *Bayer* in MünchKomm. AktG, 3. Aufl., § 15 AktG Rz. 7; *Hüffer*, § 15 AktG Rz. 8; *Koppensteiner* in KölnKomm. AktG, 3. aktualisierte Aufl. 2010, § 15 AktG Rz. 10 ff.; *Krieger* in MünchHdb. AG, § 68 Rz. 6; *Zöllner*, ZGR 1976, 1, 7; *Ederle*, S. 18 f., 24 ff., kritisch *Schall* in Spindler/Stilz, Vor § 15 AktG Rz. 28.
30 Zur Privilegierungsfunktion von § 311 vgl. § 311 Rz. 4 ff.
31 Ähnlich und ausführlich *Mülbert*, ZHR 163 (1999), 1, 20 ff.; *Mülbert* in MünchKomm. HGB, 2. Aufl., KonzernR Rz. 36 f.; *Schall* in Spindler/Stilz, Vor § 15 AktG Rz. 29; den Zugang zu den besonderen Konzernorganisationsformen sieht *Windbichler* in Großkomm. AktG, 4. Aufl., § 15 AktG Rz. 11 neben dem Konzernkonflikt als weiteren Auslegungsmaßstab zur Ausfüllung des Unternehmensbegriffs; kritisch zu diesem Ansatz *Koppensteiner* in KölnKomm. AktG, 3. aktualisierte Aufl. 2010, § 15 AktG Rz. 13; *Karsten Schmidt* in FS Lutter, 2000, S. 1167, 1181 f.; *Karsten Schmidt* in FS Koppensteiner, 2001, S. 191, 196 ff.; *Tröger*, ZGR 2009, 447, 462 f.
32 Für eine solche Erweiterung aber *Karsten Schmidt* in FS Koppensteiner, 2001, S. 191 ff.; *Rubner*, Der Konzern 2003, 735 ff.; *Schall* in Spindler/Stilz, § 15 AktG Rz. 47; *Ederle*, S. 68 ff.; a.A. die h.M., vgl. etwa *Altmeppen* in MünchKomm. AktG, 3. Aufl., § 291 AktG Rz. 4 ff. mit zutreffendem Hinweis auf § 308 Abs. 1 Satz 2; *Koppensteiner* in KölnKomm. AktG, 3. Aufl., § 291 AktG Rz. 8 ff.; *Mülbert*, ZHR 163 (1999), 1, 29 ff., 31 ff., s. auch unten § 291 Rz. 22.

Der Grund für die Einräumung zusätzlicher **Möglichkeiten zur Organisation** der unternehmerischen Betätigung innerhalb eines Unternehmensverbunds ist, ähnlich wie für die Eröffnung der Möglichkeit der Haftungsbegrenzung, die Anerkennung der volkswirtschaftlichen Vorteile von Haftungsbegrenzung und Arbeitsteilung sowie der Möglichkeit, unternehmerische Kontrolle zu erwerben und effektiv auszuüben[33]. Außerdem zeigt sich ein gewisses Grundvertrauen in Unternehmen, ihre wirtschaftliche Betätigung und Organisation selbst am effektivsten zu organisieren.

Auch wenn es bei der teleologischen Bestimmung des Unternehmensbegriffs nicht primär um die Frage geht, ob die konzernrechtlichen Schutzinstrumente zum Schutz der Außenseiter erforderlich sind, sondern primär um die Frage, ob einem Rechtsträger die speziellen konzernrechtlichen Organisationsformen offen stehen sollen, unterscheiden sich die Abgrenzungskriterien doch nicht wesentlich: Auch nach der hier vertretenen Auffassung kommt es darauf an, ob ein Rechtsträger noch eine ausreichende **anderweitige wirtschaftliche Interessenbindung** aufweist (näher hierzu Rz. 41 ff.)[34]. Dem Gesetz liegt dabei allerdings eine typisierende Betrachtungsweise zugrunde; so ist beispielsweise nach wohl allgemeiner Meinung kein konkreter Interessenkonflikt aufgrund der anderweitigen Interessenbindung nachzuweisen[35] (zur Typisierung vgl. auch Rz. 53 ff.).

**c) Zurechnung anderweitiger wirtschaftlicher Interessenbindung**

Die anderweitigen wirtschaftlichen Interessen müssen nicht zwingend unmittelbar verfolgt werden. Im Einzelfall kommt eine Zurechnung der von Dritten verfolgten wirtschaftlichen Interessen in Betracht. Bei dieser bisher noch nicht umfassend diskutierten Frage kann vorsichtig Rückgriff bei den Zurechnungsvorschriften der §§ 16 Abs. 4, 20 Abs. 1 Satz 2, 20 Abs. 2 AktG sowie § 22 WpHG und § 30 WpÜG genommen werden, wobei allerdings der anderweitige Zweck insbesondere der letztgenannten kapitalmarktrechtlichen Zurechnungsvorschriften beachtet werden muss.

Zuzurechnen sind in Parallele zu den bei der Begründung von Abhängigkeit i.R.d. § 17 anwendbaren Grundsätzen insb. wirtschaftliche Interessen, die von einem abhängigen Unternehmen (vgl. § 16 Abs. 4 AktG, s. auch § 22 Abs. 1 Nr. 1 WpHG, § 30 Abs. 1 Nr. 1 WpÜG) oder treuhänderisch für einen Treugeber verfolgt werden (vgl. § 16 Abs. 4 AktG, s. auch § 22 Abs. 1 Nr. 2 WpHG, § 30 Abs. 1 Nr. 2 WpÜG)[36]. Dabei begründet allerdings innerhalb einer mehrstufigen Verbindung die mittelbare Beteiligung an der Enkelgesellschaft im Verhältnis zur Tochter keine anderweitige wirtschaftliche Interessenbindung (s. auch Rz. 51). Auch im Übrigen sind die Grundsätze zur Zurechnung der Stimmrechte Dritter im Rahmen des § 17 entsprechend heranzuziehen[37].

---

33 Eine den Konzern zumindest anerkennende Sichtweise des Gesetzgebers zeigt sich in der Begr. des RegE, Vorbemerkung zum 3. Buch, *Kropff*, Aktiengesetz, S. 374 („Ein Konzern kann wirtschafts- und gesellschaftspolitisch erwünscht sein, etwa, weil erst durch Zusammenfassung mehrerer Unternehmen unter einheitlicher Leitung Produktion und Absatz rationell geordnet werden können."); in der Begr. des RegE zu § 291, *Kropff*, Aktiengesetz, S. 377, wird ein „wirtschaftliches Bedürfnis" für die Ausübung einheitlicher Leitung ausdrücklich anerkannt; ausführlicher *Mülbert*, ZHR 163 (1999), 1, 29 ff.
34 Ebenso im Grundsatz *Mülbert*, ZHR 163 (1999), 1, 32 ff.
35 Besonders deutlich *Cahn*, AG 2002, 30, 33; außerdem ausdrücklich etwa *Bayer* in MünchKomm. AktG, 3. Aufl., § 15 AktG Rz. 45; *Koppensteiner* in KölnKomm. AktG, 3. aktualisierte Aufl. 2010, § 15 AktG Rz. 47.
36 So auch ausdrücklich *Koppensteiner* in KölnKomm. AktG, 3. aktualisierte Aufl. 2010, § 15 AktG Rz. 67; *Windbichler* in Großkomm. AktG, 4. Aufl., § 15 AktG Rz. 45.
37 Vgl. zur Zurechnung bei Stimmbindung, Stimmvollmacht oder Erwerbsrecht, bei abgestimmtem Verhalten sowie den in § 22 Abs. 1 Nr. 3, 4 und 6 WpHG, § 30 Abs. 1 Nr. 3, 4 und 6 WpÜG geregelten Fällen § 17 Rz. 23 ff.

## 2. Einzelfälle

### a) Privatpersonen

41 **aa) Aufgrund originärer Tätigkeit.** Die anderweitige **wirtschaftliche Interessenbindung** kann besonders bei Privatpersonen schwierig zu beurteilen sein. Die bloße Beteiligung an der AG, gleichgültig in welchem Umfang, reicht zur Begründung der Unternehmenseigenschaft des Aktionärs nicht aus[38]. Die kartellrechtliche Fiktion des § 36 Abs. 3 GWB, wonach eine Person oder Personenvereinigung, die nicht Unternehmen ist, stets als Unternehmen gilt, wenn ihr eine Mehrheitsbeteiligung an einem Unternehmen zusteht, gilt im Gesellschaftsrecht nicht. Ausreichend ist dagegen, wenn der Aktionär selbst, bspw. als Einzelkaufmann, unternehmerisch tätig ist, wobei eine selbständige freiberufliche Tätigkeit genügt[39]. Als unternehmerische Betätigung wird man jeden Gewerbebetrieb i.S. des § 1 Abs. 2 HGB und jeden Betrieb der Land- und Forstwirtschaft i.S. des § 3 HGB, unabhängig davon, ob ein in kaufmännischer Weise eingerichteter Geschäftsbetrieb erforderlich ist, anzusehen haben.

42 Nicht unternehmerisch sind dagegen neben der reinen Vermögensverwaltung allgemein dem **privaten Bereich** zuzuordnende gemeinnützige oder karitative Tätigkeiten[40], soweit diese nicht in der Rechtsform eines generell als Unternehmen anerkannten Rechtsträgers (hierzu Rz. 53 ff.) betrieben werden.

43 Für eine maßgebliche Beteiligung ausreichend ist stets auch die gesellschaftsrechtliche Übernahme der **persönlichen Haftung**, unabhängig von jeglicher Kapitalbeteiligung[41].

44 **bb) Aufgrund anderweitiger maßgeblicher Beteiligung.** Die Beteiligung an einer anderen Gesellschaft oder einem sonstigen unternehmerisch tätigen Rechtsträger reicht dann aus, wenn diese maßgeblich ist[42]. Von einer maßgeblichen Beteiligung ist dann auszugehen, wenn der Aktionär die gesellschaftsrechtlich vermittelte[43] Möglichkeit der tatsächlichen Einflussnahme hat; ob er diesen Einfluss tatsächlich ausübt oder selbst anderweitig unternehmerisch tätig wird, ist für die typisierende Qualifikation

---

38 S. nur OLG Hamm v. 2.11.2000 – 27 U 1/00, AG 2001, 146, 148; *Bayer* in MünchKomm. AktG, 3. Aufl., § 15 AktG Rz. 14; ausführlich *Zöllner*, ZGR 1976, 1, 5 ff.
39 Heute wohl unstreitig, vgl. BGH v. 19.9.1994 – II ZR 237/93, AG 1995, 35, 36; BGH v. 27.3.1995 – II ZR 136/94, AG 1995, 326 f.; KG v. 1.8.2000 – 14 U 9216/98, AG 2001, 529, 530; LG Münster v. 6.1.1997 – 2 O 184/95, AG 1997, 474; *Bayer* in MünchKomm. AktG, 3. Aufl., § 15 AktG Rz. 15; *Emmerich* in Emmerich/Habersack, Aktien- und GmbH-Konzernrecht, § 15 AktG Rz. 11b; *Koppensteiner* in KölnKomm. AktG, 3. aktualisierte Aufl. 2010, § 15 AktG Rz. 33 mit Nachw. zur Gegenansicht; *Schall* in Spindler/Stilz, § 15 AktG Rz. 24; einschränkend *Windbichler* in Großkomm. AktG, 4. Aufl., § 15 AktG Rz. 23, a.A. etwa *Leo*, AG 1965, 352, 353.
40 *Emmerich* in Emmerich/Habersack, Aktien- und GmbH-Konzernrecht, § 15 AktG Rz. 11 b.
41 Unstr., s. etwa *Bayer* in MünchKomm. AktG, 3. Aufl., § 15 AktG Rz. 23; *Bayer*, ZGR 2002, 933, 946 f.; *Emmerich* in Emmerich/Habersack, Aktien- und GmbH-Konzernrecht, § 15 AktG Rz. 14.; *Krieger* in MünchHdb. AG, § 68 Rz. 7; *Koppensteiner* in KölnKomm. AktG, 3. aktualisierte Aufl. 2010, § 15 AktG Rz. 49; *Schall* in Spindler/Stilz, § 15 AktG Rz. 29.
42 BGH v. 16.9.1985 – II ZR 275/84, BGHZ 95, 330, 337 = AG 1986, 15; BGH v. 17.3.1997 – II ZB 3/96, BGHZ 135, 107, 113 = AG 1997, 374; BGH v. 18.6.2001 – II ZR 212/99 – „MLP", BGHZ 148, 123, 125 = AG 2001, 588; BGH v. 13.12.1993 – II ZR 89/93, NJW 1994, 446 = AG 1994, 179; *Bayer* in MünchKomm. AktG, 3. Aufl., § 15 AktG Rz. 18; *Emmerich* in Emmerich/Habersack, Aktien- und GmbH-Konzernrecht, § 15 AktG Rz. 13 ff.; *Hüffer*, § 15 AktG Rz. 9; a.A. (eine unmittelbare unternehmerische Betätigung fordernd) *Zöllner*, ZGR 1976, 1, 13 ff.; *Wiedemann*, DB 1993, 141, 153; *Priester*, ZIP 1986, 137, 141 f.
43 Rein schuldrechtliche Beziehung für ausreichend haltend *Schall* in Spindler/Stilz, § 15 AktG Rz. 27.

als Unternehmen ebenso wenig von Bedeutung[44] wie für die Begründung einer Abhängigkeit i.S. des § 17 (hierzu § 17 Rz. 5).

Will man die Kriterien für **Maßgeblichkeit** typisieren, könnte man einerseits an eine Beteiligung von 25 %, andererseits an eine beherrschende Stellung i.S. des § 17 denken[45]. Für Ersteres könnten die Möglichkeit, Strukturänderungen zu blockieren, die Regeln über wechselseitig beteiligte Unternehmen (§ 19 Abs. 1), die Mitteilungspflicht des § 20 Abs. 1 und insb. die früheren, durch das MoMiG nunmehr überholten (s. § 39 Abs. 5 InsO) Grundsätze des BGH zur Annahme einer unternehmerischen Beteiligung im Eigenkapitalersatzrecht[46] sprechen[47]. Der BGH folgt dem nicht, sondern orientiert sich an den Kriterien für eine Beherrschung i.S. des § 17[48]. Dafür spricht, dass die Gefahr eines über die Verfolgung anderweitiger Privatinteressen hinausgehenden Interessenkonflikts nur dann besteht, wenn der Gesellschafter einen über bloße Blockademöglichkeiten hinausgehenden bestimmenden Einfluss in der anderen Gesellschaft ausüben kann.

Auch wenn die Maßgeblichkeit einer Beteiligung einerseits und die Beherrschungsmöglichkeit i.S. des § 17 andererseits bisher unabhängig voneinander diskutiert werden, liegt eine einheitliche Betrachtung gerade auch zur Erhöhung der Rechtssicherheit nahe. In Zweifelfällen können daher die **für die Beherrschung entwickelten Kriterien** auch zur Bestimmung der Maßgeblichkeit einer anderen Beteiligung herangezogen werden (vgl. § 17 Rz. 6 ff. und 20 ff.).

Die vom BGH verlangte Möglichkeit einer bestimmenden Einflussnahme ist damit im Zweifel bei einer **Mehrheitsbeteiligung** nach § 16 gegeben (vgl. § 17 Abs. 2)[49]. Eine geringere Beteiligung, selbst unter 25 %, genügt[50], wenn verlässliche rechtliche oder tatsächliche Umstände eine Einflussnahme ermöglichen, die beständig, umfassend und gesellschaftsrechtlich vermittelt ist[51], beispielsweise aufgrund geringer Hauptversammlungspräsenz[52] oder der Möglichkeit einer tatsächlichen Einflussnahme auf

---

44 BGH v. 13.10.1977 – II ZR 123/76, BGHZ 69, 334, 345 f.; BGH v. 17.3.1997 – II ZB 3/96, BGHZ 135, 107, 113 = AG 1997, 374; BGH v. 18.6.2001 – II ZR 212/99 – „MLP", BGHZ 148, 123, 125 ff. = AG 2001, 588; OLG Köln v. 26.8.1996 – 11 U 99/94, GmbHR 1997, 220 f.; ausführlich *Koppensteiner* in KölnKomm. AktG, 3. aktualisierte Aufl. 2010, § 15 AktG Rz. 37 ff. m.w.N. auch zur Gegenansicht; außerdem *Bayer* in MünchKomm. AktG, 3. Aufl., § 15 AktG Rz. 21; *Bayer*, ZGR 2002, 933, 938 ff.; *Emmerich* in Emmerich/Habersack, Aktien- und GmbH-Konzernrecht, § 15 AktG Rz. 13; *Hüffer*, § 15 AktG Rz. 9, 12; *Cahn*, AG 2002, 30, 32; *Haar*, S. 234; a.A. *ADS*, § 15 AktG Rz. 8; *Kort*, DB 1986, 1909, 1911 f.; *Mertens*, AG 1996, 241, 243 Fn. 5; *Mülbert*, ZHR 163 (1999), 1, 33 f.
45 Eine Beteiligung von lediglich 10 % für grundsätzlich ausreichend erachtend *Schall* in Spindler/Stilz, § 15 AktG Rz. 28.
46 BGH v. 26.3.1984 – II ZR 171/83, BGHZ 90, 381 ff. = AG 1984, 181; BGH v. 9.5.2005 – II ZR 66/03, AG 1995, 617 f.; vgl. hierzu § 57 Rz. 62 f.
47 Ähnlich *Windbichler* in Großkomm. AktG, 4. Aufl., § 15 AktG Rz. 37 ff.; im Erg. ebenso *Haar*, S. 233 ff.
48 Deutlich BGH v. 18.6.2001 – II ZR 212/99 – „MLP", BGHZ 148, 123, 125 f. = AG 2001, 588, wo zur Begründung der Unternehmenseigenschaft auf die Ausführungen in BGHZ 135, 107, 114 zur Begründung der beherrschenden Stellung Bezug genommen wird.
49 BGH v. 18.6.2001 – II ZR 212/99 – „MLP", BGHZ 148, 123, 125 = AG 2001, 588; *Bayer* in MünchKomm. AktG, 3. Aufl., § 15 AktG Rz. 22; *Emmerich* in Emmerich/Habersack, Aktien- und GmbH-Konzernrecht, § 15 AktG Rz. 14; *Cahn*, AG 2002, 30, 32 f.
50 So ausdrücklich auch *Emmerich* in Emmerich/Habersack, Aktien- und GmbH-Konzernrecht, § 15 AktG Rz. 14.
51 BGH v. 18.6.2001 – II ZR 212/99 – „MLP", BGHZ 148, 123, 125 f. = AG 2001, 588; BGH v. 17.3.1997 – II ZB 3/96, BGHZ 135, 107, 114 = AG 1997, 374.
52 BGH v. 17.3.1997 – II ZB 3/96, BGHZ 135, 107, 114 = AG 1997, 374; BGH v. 18.6.2001 – II ZR 212/99 – „MLP", BGHZ 148, 123, 125 f. = AG 2001, 588.

Vorstand und Aufsichtsrat[53]. Andererseits genügen ebenso wie zur Begründung der Beherrschung i.S. des § 17 lediglich schuldrechtlich vermittelte Interessen, etwa aufgrund von **Liefer- oder Kreditbeziehungen** nicht[54], möglicherweise aber in Kombination und Verstärkung einer gesellschaftsrechtlich vermittelten Machtposition (vgl. ausführlicher § 17 Rz. 15 ff.).

48 Unternehmen ist insb. auch der Kaufmann, der sein Geschäft im Wege der **Betriebsaufspaltung** durch eine Besitz- und eine Betriebsgesellschaft, an denen er jeweils selbst beteiligt ist, führt[55]. Eine Ausnahme ist allerdings bei der typischen **GmbH & Co. KG** anzuerkennen, bei der die GmbH ausschließlich die Komplementärfunktion bei der KG ausübt[56].

49 **cc) Durch Zwischenholding vermittelte maßgebliche Beteiligung.** Schwierig ist die Unternehmenseigenschaft des Privatgesellschafters zu beurteilen, der seine gesamten Beteiligungen in einer Zwischenholding zusammengefasst hat (zur Unternehmenseigenschaft der Zwischenholding selbst nachfolgend Rz. 62 ff.). Er soll jedenfalls dann Unternehmen sein, wenn er die Beteiligungen trotz Zwischenschaltung der Holding selbst verwaltet[57].

50 Umstritten ist seine Qualifizierung dagegen dann, wenn er sich auf die Verwaltung der Beteiligung an der Zwischenholding beschränkt und keinen direkten Einfluss auf die nachgeordneten Gesellschaften nimmt. Auch er wird verbreitet als Unternehmen qualifiziert, da sich die Art der Einflussnahme von außen ohnehin kaum effektiv bestimmen lasse und die anderweitige potenzielle wirtschaftliche Interessenbindung nicht dadurch ausgeschlossen werde, dass sich der Gesellschafter formal auf die Ausübung von Rechten in der Holding beschränke[58].

---

53 BGH v. 17.3.1997 – II ZB 3/96, BGHZ 135, 107, 114 f. = AG 1997, 374; zur Übernahme eines Vorstands- oder Geschäftsführeramts bzw. Prokuristenposition bei nur formal vorgeschobenen Geschäftsführern BGH v. 19.9.1994 – II ZR 237/93, AG 1995, 35, 36.
54 *Hüffer*, § 15 AktG Rz. 12.
55 So ausdrücklich auch *Bayer* in MünchKomm. AktG, 3. Aufl., § 15 AktG Rz. 45; *Koppensteiner* in KölnKomm. AktG, 3. aktualisierte Aufl. 2010, § 15 AktG Rz. 53 m.w.N.; *Schall* in Spindler/Stilz, § 15 AktG Rz. 23; *Ulmer*, NJW 1986, 1576, 1586; *Wiedemann*, ZIP 1986, 1293, 1301 f.; a.A. *Drygala*, Der Gläubigerschutz bei der typischen Betriebsaufspaltung, 1991, S. 81, 85 ff.; *Priester* in Hommelhoff/Stimpel/Ulmer (Hrsg.), Heidelberger Konzernrechtstage, S. 223, 241 ff.; zwischen „Steuerberatermodell" und „Betreiberhaltungsmodell" unterscheidend *Veil* in Theobald (Hrsg.), Entwicklungen zur Durchgriffs- und Konzernhaftung, 2002, S. 81,109 f.
56 So auch BSG v. 27.9.1994 – 10 Rar 1/92, AG 1995, 279, 282; *Bayer* in MünchKomm. AktG, 3. Aufl., § 15 AktG Rz. 46; *Schall* in Spindler/Stilz, § 15 AktG Rz. 23; *Bitter*, Konzernrechtliche Durchgriffshaftung bei Personengesellschaften, 2000, S. 59 f.; *Priester* in Hommelhoff/Stimpel/Ulmer (Hrsg.), Heidelberger Konzernrechtstage, S. 223, 241; *Ulmer*, NJW 1986, 1576, 1585 f.; a.A. *Koppensteiner* in KölnKomm. AktG, 3. aktualisierte Aufl. 2010, § 15 AktG Rz. 54.
57 Heute wohl ganz h.M., vgl. nur *Bayer* in MünchKomm. AktG, 3. Aufl., § 15 AktG Rz. 31; *Emmerich* in Emmerich/Habersack, Aktien- und GmbH-Konzernrecht, § 15 AktG Rz. 17; *Hüffer*, § 15 AktG Rz. 9a; *Krieger* in MünchHdb. AG, § 68 Rz. 8; *Cahn*, AG 2002, 30, 31; a.A. *Windbichler* in Großkomm. AktG, 4. Aufl., § 15 AktG Rz. 46; *Mülbert*, ZHR 163 (1999), 1, 34; einen solchen Fall betrifft OLG Düsseldorf v. 15.1.2004 – I-19 W 5/03 AktE, AG 2004, 212, 213 f. (Alfried Krupp von Bohlen und Halbach-Stiftung).
58 *Bayer* in MünchKomm. AktG, § 15 AktG Rz. 33; *Bayer*, ZGR 2002, 933, 943 f.; *Emmerich* in Emmerich/Habersack, Aktien- und GmbH-Konzernrecht, § 15 AktG Rz. 17; *Noack*, Gesellschaftervereinbarungen, S. 266 f.; a.A. *Hüffer*, § 15 AktG Rz. 9a; *Krieger* in MünchHdb. AG, § 68 Rz. 8; *Windbichler* in Großkomm. AktG, 4. Aufl., § 15 AktG Rz. 46; *Cahn*, AG 2002, 30, 33 f.; *Mülbert*, ZHR 163 (1999), 1, 34; *Priester*, ZIP 1986, 137, 144 f.; *Priester* in Hommelhoff/Stimpel/Ulmer (Hrsg.), Heidelberger Konzernrechtstage, S. 223, 229 ff.; *Ulmer*, NJW 1986, 1579, 1586; wohl auch BGH v. 13.10.1980 – II ZR 201/79, AG 1980, 342; s. auch OLG Hamm v. 2.11.2000 – 27 U 1/00, AG 2001, 146, 148.

Dies überzeugt nicht. Im Verhältnis zur Zwischenholding fehlt es bereits an der anderweitigen Interessenbindung[59]. Hat die Holding nur eine Tochter, kann der mittelbar herrschende Privatmann den Einfluss auf die Tochter nur namens oder mittels der Holding ausüben; insoweit ist nur der allgemeine Konflikt Mehrheits-/Minderheitsgesellschafter, aber keine konzernrechtliche Fragestellung betroffen[60]. Gleiches gilt, wenn die Holding mehrere Töchter hat und der Privatmann an der Spitze nicht an der Holding vorbei unmittelbar auf diese Töchter Einfluss nimmt. Insb. lässt sich die Unternehmenseigenschaft in diesen Fällen nicht über die Zwischenholding und § 16 Abs. 4 begründen (dazu bereits Rz. 40)[61]. 51

**dd)** Zu weiteren Fällen der **Zurechnung** von anderen Rechtsträgern oder gemeinsam mit anderen Rechtsträgern verfolgter wirtschaftlicher Interessen vgl. oben Rz. 39 f. und nachfolgend Rz. 63, 67. 52

**b) Handelsgesellschaften, Formkaufleute**

Die herrschende Ansicht verlangt die vorstehend beschriebene anderweitige unternehmerische Interessenbindung auch für Rechtsträger in der Rechtsform der AG und GmbH sowie sonstige Handelsgesellschaften und Formkaufleute i.S. des § 6 HGB[62]. Dem ist nicht zu folgen. Dem AktG lässt sich vielmehr eine **typisierende Betrachtungsweise** entnehmen, wonach solche Gesellschaften stets[63] als rechtlich selbständige Unternehmen für Zwecke des Konzernrechts anzusehen sind: 53

– Die Verweise auf „den Gegenstand des Unternehmens" und „den Betrieb ihres Unternehmens" in §§ 3 Abs. 1, 23 Abs. 3 Nr. 2, 292 Abs. 1 Nr. 3 lassen erkennen, dass jede AG ein Unternehmen betreibt (zur GmbH vgl. nur § 3 Abs. 1 Nr. 2 GmbHG). 54

– Die Vorschriften zu den verschiedenen Konzernorganisationsformen lassen erkennen, dass diese in typisierender Weise allen oder jedenfalls bestimmten Kapitalge- 55

---

59 Allein diesen Fall hat BGH v. 18.6.2001 – II ZR 212/99 – „MLP", BGHZ 148, 123, 125 ff. = AG 2001, 588, im Ergebnis insoweit zutreffend, entschieden; im Erg. zust. *Cahn*, AG 2002, 30, 33 f.; *Lutter* in Lutter, Holding-Handbuch, § 1 Rz. 35; *Schall* in Spindler/Stilz, § 15 AktG Rz. 39; a.A. die Vorinstanzen LG Heidelberg v. 1.12.1998 – O 95/98 KfH I, AG 1999, 135, 136 und OLG Karlsruhe v. 9.6.1999 – 1 U 288/98, AG 2000, 78, 79 = NZG 1999, 953 f. mit zust. Anm. *Maul*; *Koppensteiner* in KölnKomm. AktG, 3. aktualisierte Aufl. 2010, § 15 AktG Rz. 50; *Bayer*, ZGR 2002, 933, 947 ff.
60 BGH v. 18.6.2001 – II ZR 212/99 – „MLP", BGHZ 148, 123, 127 = AG 2001, 588; zustimmend *Cahn*, AG 2002, 30, 33; ebenso *Bayer* in MünchKomm. AktG, 3. Aufl., § 15 AktG Rz. 33; *Lutter* in Lutter, Holding-Handbuch, § 1 Rz. 36.
61 BGH v. 18.6.2001 – II ZR 212/99 – „MLP", BGHZ 148, 123, 126 f. = AG 2001, 588; BGH v. 13.10.1980 – II ZR 201/79, AG 1980, 342; zustimmend *Cahn*, AG 2002, 30, 33; *Heidenhain*, LM § 16 AktG Nr. 2 (Bl. 3 R); *Schall* in Spindler/Stilz, § 15 AktG Rz. 36; kritisch *Hüffer*, § 15 AktG Rz. 9; *Lutter* in Lutter, Holding-Handbuch, § 1 Rz. 35; *Bayer*, ZGR 2002, 933, 948 ff. und *Bayer* in MünchKomm. AktG, 3. Aufl., § 15 AktG Rz. 22, der in diesem Fall aber eine teleologische Reduktion der speziellen konzernrechtlichen Vorschriften (konkret § 312) vorschlägt; zurückhaltend nunmehr auch *Emmerich* in Emmerich/Habersack, Aktien- und GmbH-Konzernrecht, § 15 AktG Rz. 14a; s. hierzu auch § 16 Rz. 25.
62 OLG Hamm v. 2.11.2000 – 27 U 1/00, AG 2001, 146, 148; *Bayer* in MünchKomm. AktG, 3. Aufl., § 15 AktG Rz. 16; *Hüffer*, § 15 AktG Rz. 11; *Koppensteiner* in KölnKomm. AktG, 3. aktualisierte Aufl. 2010, § 15 AktG Rz. 60; *Krieger* in MünchHdb. AG, § 68 Rz. 10; *Raiser/Veil*, Kapitalgesellschaften, § 50 Rz. 6; *Schall* in Spindler/Stilz, § 15 AktG Rz. 17, 19; *Noack*, Gesellschaftervereinbarungen, S. 263 f.; *Wiedemann/Martens*, AG 1976, 197, 201 f.; *Würdinger* in FG Kunze, 1969, S. 177, 182; a.A. *Emmerich* in Emmerich/Habersack, Aktien- und GmbH-Konzernrecht, § 15 AktG Rz. 22, § 16 AktG Rz. 4; *ADS*, § 15 AktG Rz. 4; *Windbichler* in Großkomm. AktG, 4. Aufl., § 15 AktG Rz. 15 ff., insb. 19 f.; *Hefermehl* in FS Geßler, 1971, S. 203, 215 f.; *Milde*, S. 39 f.
63 Für eine lediglich widerlegliche Vermutung *Ederle*, S. 23.

sellschaftsformen offen stehen sollen – eine gesetzgeberische Entscheidung, die nicht zwingend, aber sinnvoll ist. Die Eingliederung ist nur in eine AG möglich (§§ 319 Abs. 1, 320 Abs. 1). Dies legt es nahe, dass die AG eine Teilmenge der Unternehmen ist. Nach der Gegenansicht ergäbe sich entweder ein Wertungswiderspruch zu den übrigen Formen der Konzernierung – insb. können Beherrschungs- und Gewinnabführungsverträge nach § 291 Abs. 1 nur mit Unternehmen abgeschlossen werden (hierzu bereits Rz. 35) – oder der Bedarf an einer einschränkenden Auslegung der §§ 319 Abs. 1, 320 Abs. 1[64]. Für die Verschmelzung, die die intensivste denkbare Form einheitlicher Leitung vormals selbständiger Rechtsträger herbeiführt, bestimmt § 3 UmwG die denkbaren Beteiligten nicht unter Rückgriff auf den Unternehmensbegriff, sondern die Rechtsform der betreffenden Rechtsträger. Die hier vertretene Auffassung vermeidet auch kaum vermittelbare Ergebnisse bei der Frage, ob ein Beherrschungsvertrag mit einer AG oder GmbH nur dann abgeschlossen werden kann, wenn diese zumindest noch eine weitere Beteiligung hält[65].

56  – Die Anwendung der Umgehungsschutzvorschriften zum Kapitalerhaltungsgrundsatz (§§ 56, 71a/d/e) würde ohne ein typisierendes Verständnis kaum vertretbare Schutzlücken aufweisen, da ein abhängiges oder in Mehrheitsbesitz stehendes Unternehmen nach §§ 16 f. nur dann vorliegt, wenn ein anderes „Unternehmen" die Mehrheit hält oder einen beherrschenden Einfluss ausüben kann.

57  – Auch im Hinblick auf die Informationsvorschriften der §§ 90 Abs. 1 Satz 3, Abs. 3, 131 Abs. 1 Satz 2, 145 Abs. 3 ist nicht erkennbar, wieso diese bei fehlender anderweitiger wirtschaftlicher Interessenbindung eingeschränkt sein sollen.

58  – Auch wenn der Unternehmensbegriff im Bilanzrecht (§ 290 HGB) und Mitbestimmungsrecht (vgl. § 5 i.V.m. § 1 MitbestG) nicht zwingend mit dem des § 15 übereinstimmen muss, ist doch jedenfalls als Indiz zu werten, dass auch in diesen Rechtsgebieten jede AG und GmbH als potenzielles konzernleitendes Unternehmen angesehen wird.

59  – Schließlich überzeugt die Typisierung auch im Hinblick auf praktische Erwägungen, da beispielsweise die abhängige AG bei Erstellung des Abhängigkeitsberichts nach § 312 gar nicht wissen muss, ob die herrschende Gesellschaft noch anderweitige unternehmerische Interessen verfolgt.

60  Gleiche Grundsätze gelten für **Genossenschaften**, die nach § 1 GenG stets die Förderung des Erwerbs oder der Wirtschaft ihrer Mitglieder mittels gemeinschaftlichen Geschäftsbetriebs bezwecken und deren Statut gem. § 6 Nr. 2 GenG den Gegenstand des Unternehmens angeben muss[66].

61  Als rechtlich selbstständige Unternehmen sind in gleicher Weise stets auch insb. Personenhandelsgesellschaften, Vorgesellschaften, die SE, Hypothekenbanken[67], Versicherungsvereine auf Gegenseitigkeit[68], die Europäische Wirtschaftliche Interessengemeinschaft (EWIV)[69] und Partnerschaftsgesellschaften zu verstehen. Kann eine Ge-

---

64 Für eine teleologische Reduktion der §§ 319, 320 in der Tat *Mülbert*, ZHR 163 (1999), 1, 37.
65 Zum Verständnis des Begriffs „anderes Unternehmen" i.S. des § 291 Abs. 1 *Langenbucher*, unten § 291 Rz. 11 f.
66 So auch *Windbichler* in Großkomm. AktG, 4. Aufl., § 15 AktG Rz. 17.
67 Hierzu näher *Preußner/Fett*, AG 2001, 337, 338, allerdings mit dem Fokus auf die Möglichkeit, abhängiges Unternehmen zu sein.
68 Hierzu ausführlich *U. Hübner* in FS Wiedemann, 2002, S. 1033 ff., 1037 ff.; *Müller-Wiedenhorn*, Versicherungsvereine a.G. im Unternehmensverbund, 1993.
69 Ebenso *Emmerich* in Emmerich/Habersack, Aktien- und GmbH-Konzernrecht, § 15 AktG Rz. 11; *Windbichler* in Großkomm. AktG, 4. Aufl., § 15 AktG Rz. 18; *Schall* in Spindler/Stilz, § 15 AktG Rz. 52; a.A. *Bayer* in MünchKomm. AktG, 3. Aufl., § 15 AktG Rz. 16.

### c) (Zwischen-)Holding

Bedeutung hat die typisierte Unternehmensqualität von Formkaufleuten und Handelsgesellschaften insb. für (Zwischen-)Holdings, die nach der hier vertretenen Ansicht, soweit sie in einer der vorstehend aufgeführten Rechtsformen betrieben werden, stets als Unternehmen zu qualifizieren sind, selbst wenn sie keine andere Beteiligung als die an der abhängigen Gesellschaft halten. Demgegenüber ist nach h.M. entscheidend, ob die Holding zumindest eine weitere maßgebliche Beteiligung hält. Nach der hier vertretenen Ansicht kommt es hierauf nur bei Holdings, die keine Handelsgesellschaften sind, insb. also bei der (teil-)rechtsfähigen **GbR**, an (zur Unternehmenseigenschaft des Gesellschafters, der alle seine Beteiligungen in eine Zwischenholding einbringt, oben Rz. 49 ff.).

62

Hält eine (teil-)rechtsfähige GbR nur eine Beteiligung, kann ihr die unternehmerische Betätigung bzw. maßgebliche Beteiligung des sie majorisierenden Gesellschafters oder der gemeinsam handelnden Gesellschafter, die gemeinsam noch ein anderes Unternehmen betreiben oder eine maßgebliche weitere Beteiligung halten, Unternehmenseigenschaft begründend zuzurechnen sein[70]. Im Übrigen gelten für die Begründung der Unternehmenseigenschaft der GbR aber keine über die zu Privatpersonen ausgeführten hinausgehenden Grundsätze[71].

63

Auch das (teil-)rechtsfähige **Koordinierungsorgan eines Gleichordnungskonzerns**, das selbst möglicherweise überhaupt keine eigene Beteiligung hält, sollte aufgrund der formalen Ausübung unternehmerischer Leitung gegenüber mehreren Gesellschaften, obwohl diese letztlich nur von diesen Gesellschaften abgeleitet ist, als Unternehmen anerkannt werden[72], auch wenn dadurch kein Unterordnungskonzern begründet wird (hierzu § 18 Rz. 24).

64

### d) Verein, Stiftung, Erbengemeinschaft

Bei sonstigen Rechtsträgern, die möglicherweise, aber nicht zwingend wirtschaftliche Interessen verfolgen, ist ähnlich wie bei Privatpersonen zu unterscheiden: Wirtschaftliche Vereine sind den Formkaufleuten gleichzustellen, während es bei Idealvereinen auf die anderweitige wirtschaftliche Interessenbindung ankommt (hierzu

65

---

70 *Windbichler* in Großkomm. AktG, 4. Aufl., § 15 AktG Rz. 47; *Koppensteiner* in KölnKomm. AktG, 3. aktualisierte Aufl. 2010, § 15 AktG Rz. 69; *Koppensteiner* in FS Ulmer, 1993, S. 349, 357; *Noack*, Gesellschaftervereinbarungen, S. 265 f.; so auch OLG Köln v. 27.9.2001 – 18 U 49/01, AG 2002, 89, 90; LG Heidelberg v. 24.9.1997 – KfH O 62/96 II, ZIP 1997, 1787, 1788; kritisch *Krieger* in MünchHdb. AG, § 68 Rz. 9; *Schall* in Spindler/Stilz, § 15 AktG Rz. 34.
71 A.A. möglicherweise BGH v. 22.4.1991 – II ZR 231/90, BGHZ 114, 203, 210 = AG 1991, 270, wonach eine GbR Unternehmen ist, wenn bei ihr das unternehmerische Interesse ihrer Gesellschafter in der Weise durchschlägt, dass sie sich bei ihrer Beteiligung wirtschaftlich planend und entscheidend betätigt; zu Recht kritisch *Noack*, Gesellschaftervereinbarungen, S. 265 f.
72 So auch *Schall* in Spindler/Stilz, § 15 AktG Rz. 43; *Windbichler* in Großkomm. AktG, 4. Aufl., § 15 AktG Rz. 48 m.w.N.; a.A. allerdings die h.M., etwa *Emmerich* in Emmerich/Habersack, Aktien- und GmbH-Konzernrecht, § 15 AktG Rz. 20b; *Hüffer*, § 15 AktG Rz. 9a; *Koppensteiner* in KölnKomm. AktG, 3. aktualisierte Auflage 2010, § 15 AktG Rz. 61; *Krieger* in MünchHdb. AG, § 68 Rz. 9.

Rz. 41 ff.)[73]. Letzteres gilt auch für (teil-)rechtsfähige BGB-Außengesellschaften, Erbengemeinschaften[74] und für Stiftungen, bei denen allein der Satzungszweck die Anwendbarkeit des Konzernrechts nicht abstrakt ausschließen kann; anders als Gebietskörperschaften (Rz. 69) können Stiftungen jedoch auch nicht generell, d.h. unabhängig von den konkreten Aktivitäten, als Unternehmen qualifiziert werden[75]. Voraussetzung ist jedoch stets, dass es sich um einen zumindest teilrechtsfähigen Rechtsträger handelt; ansonsten gelten die Grundsätze über Innengesellschaften (Rz. 66 f.).

**e) Innengesellschaften**

66 Kontrovers und nicht immer klar diskutiert werden die Fälle reiner Innengesellschaften. Zu denken ist hier etwa an Stimmrechtskonsortien, Arbeitsgemeinschaften oder „Familienstämme". Aus dem Wortlaut des § 15 („rechtlich selbständige Unternehmen") und dem dogmatischen Grundansatz des Gesetzes, sich auf die Regelung der Rechtsbeziehungen der verbundenen Unternehmensträger zueinander zu beschränken (hierzu oben Rz. 26 f.), ergibt sich, dass reine Innengesellschaften **kein Unternehmen** i.S. des § 15 sein können, unabhängig davon, ob sie sich auf unterschiedliche maßgebliche Beteiligungen beziehen[76]. Bei nicht (teil-)rechtsfähigen reinen Innengesellschaften kann sich die Frage der Unternehmenseigenschaft daher nur für die an der Innengesellschaft beteiligten natürlichen oder juristischen Personen stellen.

67 Eine andere Frage ist, unter welchen Voraussetzungen den Gesellschaftern der Innengesellschaft die mittels der Innengesellschaft gemeinsam verfolgten wirtschaftlichen Interessen zuzurechnen sind, so dass sie bei der Überprüfung ihrer Unternehmenseigenschaft berücksichtigt werden müssen. Die von der Innengesellschaft verfolgten wirtschaftlichen Interessen sind jedenfalls dem Gesellschafter zuzurechnen, der die Innengesellschaft majorisiert und Entscheidungen durchsetzen kann. Darüber hinaus wird man eine Zurechnung der gemeinsam verfolgten wirtschaftlichen Interessen zu allen Gesellschaftern der Innengesellschaft unter den Voraussetzungen anerkennen müssen, unter denen im Hinblick auf § 17 eine **Mehrmütterherrschaft** anerkannt wird (hierzu § 17 Rz. 23 f.)[77]. Zuzurechnen sind jedoch nur die gemeinsam verfolgten wirtschaftlichen Interessenbindungen, nicht dagegen die sonstigen, außerhalb der Innengesellschaft von einem der Gesellschafter verfolgten wirtschaftlichen Interessen

---

73 Zum Konzernrecht der Vereine ausführlich *Sprengel*, Vereinskonzernrecht, 1998, S. 94 ff.; *Emmerich/Habersack*, Konzernrecht, § 37 S. 534 ff.
74 Zu Erbengemeinschaften als Unternehmensträger vgl. etwa *Karsten Schmidt* in MünchKomm. HGB, 2. Aufl., § 1 HGB Rz. 52; *Emmerich* in Heymann, § 1 HGB Rz. 22 ff.
75 OLG Düsseldorf v. 15.1.2004 – I-19 W 5/03 AktE, AG 2004, 212, 213 f.; LG Dortmund v. 31.10.1980 – 18 AktE 2/79, AG 1981, 236, 237; LG Heidelberg v. 24.9.1997 – KfH O 62/96 II, ZIP 1997, 1787, 1788; *Bayer* in MünchKomm. AktG, 3. Aufl., § 15 AktG Rz. 16; kritisch, insb. zum Urteil des OLG Düsseldorf, *Emmerich/Habersack*, Konzernrecht, S. 545; *Hüffer*, § 15 AktG Rz. 13; ausführlich *Heinzelmann*, S. 108 ff.; *Ihrig/Wandt* in FS Hüffer, 2010, S. 387 ff. m.w.N.
76 So auch OLG Hamburg v. 3.8.2000 – 11 W 36/95, AG 2001, 479, 481; wohl auch OLG Hamm v. 2.11.2000 – 27 U 1/00, AG 2001, 146, 147; deutlich auch *Krieger* in MünchHdb. AG, § 68 Rz. 9; *Windbichler* in Großkomm. AktG, 4. Aufl., § 15 AktG Rz. 14, 16; *Bauer*, NZG 2001, 742, 744; *Joussen*, AG 1998, 329 f.; *Klosterkemper*, S. 27 ff., 103 ff.; im Grundsatz auch *Schall* in Spindler/Stilz, § 15 AktG Rz. 41, der allerdings sehr geringe Anforderungen an das Vorliegen von Teilrechtsfähigkeit stellt; zumindest unklar dagegen BGH v. 8.5.1979 – KVR 1/78, BGHZ 74, 359, 365 f. (Abhängigkeit von Familienstämmen); *Emmerich* in Emmerich/Habersack, Aktien- und GmbH-Konzernrecht, § 15 AktG Rz. 20a.
77 Ähnlich *Klosterkemper*, S. 134 ff.; kritisch *Schall* in Spindler/Stilz, § 15 AktG Rz. 34.

oder gar pauschal die Unternehmenseigenschaft, wenn diese nicht schon über die mehrfachen maßgeblichen Beteiligungen der Innengesellschaft begründet wird[78].

### f) Öffentliche Hand

Heute ist allgemein anerkannt, dass es keinen Vorrang des öffentlichen Rechts gibt, der die Anwendung des Gesellschafts- und Konzernrechts in den Fällen, in denen sich die öffentliche Hand privatrechtlicher Rechtsformen bedient, ausschließt[79]. Zivilrechtlich bestehen keine Gründe, der öffentlichen Hand die **konzernrechtlichen Privilegierungen** oder den betroffenen Außenseitern den konzernrechtlichen Schutz zu versagen.

68

Die Anwendung der allgemeinen Grundsätze führt zunächst ohne Weiteres zur **Unternehmensqualität von Gebietskörperschaften**, wenn diese an mehr als einem privatrechtlich organisierten Unternehmensträger maßgeblich beteiligt sind. Fraglich könnte die Qualifikation nur dann sein, wenn die Gebietskörperschaft nur an einer Gesellschaft als herrschendes Unternehmen beteiligt ist. Hier spricht Vieles dafür, das **Eigenhandeln der Gebietskörperschaft** generell einer anderweitigen wirtschaftlichen Interessenbindung gleichzustellen. Dem entspricht im Ergebnis die Rechtsprechung des BGH, die die bloße Gefahr, öffentliche Interessen zu Lasten der Beteiligungsgesellschaft zu fördern, zur Begründung der Unternehmenseigenschaft ausreichen lässt[80].

69

Ein insoweit großzügiges Verständnis der anderweitigen wirtschaftlichen Interessenbindung ermöglicht den Gebietskörperschaften, insb. den Kommunen, ihre Aufgaben auch in privatrechtlicher Form einschließlich der für Unternehmensverbindungen

70

---

78 So auch *Bauer*, NZG 2001, 742, 745; *Marchand*, S. 75 (für die Zurechnung einer Unternehmenseigenschaft der GbR); weitergehend wohl *Emmerich* in Emmerich/Habersack, Aktien- und GmbH-Konzernrecht, § 15 AktG Rz. 20b; *Gansweid*, S. 129 f.
79 Grundlegend BGH v. 13.10.1977 – II ZR 123/76 – „Veba/Gelsenberg", BGHZ 69, 334, 338 ff. = AG 1978, 50, 51 ff.; BGH v. 19.9.1988 – II ZR 255/87 – „HSW", BGHZ 105, 168, 176 f. = AG 1989, 27 (zu verbundenem Unternehmen als Drittem i.S. des § 32a Abs. 3 GmbHG); BGH v. 17.3.1997 – II ZB 3/96 – „VW", BGHZ 135, 107, 113 f. = AG 1997, 374; BGH v. 3.3.2008 – II ZR 124/06 – „UMTS Versteigerung/Telekom", BGHZ 175, 365, 368, Rz. 10 = AG 2008, 375; *Bayer* in MünchKomm. AktG, 3. Aufl., § 15 AktG Rz. 38 ff. m.w.N.; *Emmerich* in Emmerich/Habersack, Aktien- und GmbH-Konzernrecht, § 15 AktG Rz. 27 ff.; *Hüffer*, § 15 AktG Rz. 13 f.; *Koppensteiner* in KölnKomm. AktG, 3. aktualisierte Aufl. 2010, § 15 AktG Rz. 71 ff. m.w.N.; *Wandt*, S. 61 f.; a.A. noch *Borggräfe*, DB 1978, 1433; *Luchterhandt*, ZHR 132 (1969), 149, 156 ff.; *Rittner* in FS Flume II, 1978, S. 241; *Wiedemann/Martens*, AG 1976, 197 ff., 232 ff.; *Zöllner*, ZGR 1976, 1, 23 ff.
80 BGH v. 17.3.1997 – II ZB 3/96 – „VW", BGHZ 135, 107, 113 f. = AG 1997, 374; zur Gleichstellung der Verfolgung öffentlich-rechtlicher Ziele mit der Gewinnerzielungsabsicht auch BGH v. 19.9.1988 – II ZR 255/87 – „HSW", BGHZ 105, 168, 176 f. = AG 1989, 27; s. auch OLG Celle v. 12.7.2000 – 9 U 125/99, AG 2001, 474, 476; in seiner Veba/Gelsenberg-Entscheidung ließ der BGH dies zwar offen, wies aber immerhin darauf hin, dass die öffentliche Hand auch bei der Verwaltung ihres Vermögens die Grundsätze der Wirtschaftlichkeit zu beachten hat, dass öffentliches und privatwirtschaftliches Interesse als Triebkräfte wirtschaftlichen Handelns nicht in einem strikten Gegensatz stehen und dass die Minderheitsaktionäre auch dann in besonderem Maße schutzwürdig sind, wenn der Mehrheitsaktionär sich vom öffentlichen Wohl leiten lässt, BGH v. 13.10.1977 – II ZR 123/76 – „Veba/Gelsenberg", BGHZ 69, 334, 338 ff. = AG 1978, 50, 51 ff.; zustimmend *Koppensteiner* in KölnKomm. AktG, 3. aktualisierte Aufl. 2010, § 15 AktG Rz. 21, 72 ff.; *Bayer* in MünchKomm. AktG, 3. Aufl., § 15 AktG Rz. 41 f.; *Emmerich* in Emmerich/Habersack, Aktien- und GmbH-Konzernrecht, § 15 AktG Rz. 29; *Hüffer*, § 15 AktG Rz. 13; *Schall* in Spindler/Stilz, § 15 AktG Rz. 44; *Windbichler* in Großkomm. AktG, 4. Aufl., § 15 AktG Rz. 27 ff.; *Ehinger*, S. 2 ff., 18 ff.; *Ehinger*, DZWiR 2000, 322 ff.; *Schiessl*, ZGR 1998, 871, 878; *Wandt*, S. 61 f.; für eine analoge Anwendung der aktienkonzernrechtlichen Vorschriften *Meinen*, S. 79 ff.; kritisch *Mülbert*, ZHR 163 (1999), 1, 15 ff.; ebenso bereits *Raiser*, ZGR 1996, 458, 464 f.; *Casper* in Ulmer, Anh. § 77 GmbHG Rz. 22.

vorgesehenen speziellen Organisationsformen zu erbringen[81]. Die zivilrechtliche Liberalität des AktG gegenüber der Selbstorganisation der Unternehmen sollte heute auch auf die öffentliche Hand, die hiervon verstärkt und in neuen Gestaltungen Gebrauch macht (Stichwort: **Public Private Partnerships**[82]) ausgedehnt werden. Geht man diesen Schritt, bedeutet dies aber konsequenterweise auch, dass bei der öffentlichen Hand nicht zwischen wirtschaftlichen Interessen einerseits und öffentlichen, politischen oder gemeinnützigen Interessen andererseits unterschieden werden kann[83].

71 Auch wenn der Bund heute das vorstehende Verständnis teilt und die daraus folgenden Konsequenzen[84] weitgehend akzeptiert[85], werden doch nach wie vor gerade auf Ebene der Gemeinden für deren wirtschaftliche Betätigung Regelungen getroffen, die damit unvereinbar sind[86].

72 Noch offen ist, inwieweit der faktisch erweiterte Unternehmensbegriff auch auf andere atypische Konfliktlagen, wie sie bei Beteiligungen von gemeinnützigen Organisationen, **Kirchen, Gewerkschaften oder Parteien** denkbar sind, zu erstrecken ist[87].

### 3. Begriff des abhängigen Unternehmens

73 Der Begriff des abhängigen (bzw. des in Mehrheitsbesitz stehenden) Unternehmens wird denkbar weit verstanden: Praktisch jeder zumindest teilrechtsfähige Rechtsträger kann abhängiges Unternehmen sein[88]. Ein eigener Geschäftsbetrieb oder gar eine anderweitige wirtschaftliche Interessenbindung sind nicht erforderlich. Das abhängige Unternehmen definiert sich allein darüber, dass ein anderes Unternehmen an ihm beteiligt ist. Dies ergibt sich daraus, dass der Begriff des abhängigen Unternehmens primär im Zusammenhang mit Umgehungsschutz Bedeutung erlangt (vgl. etwa §§ 20 Abs. 7, 56 Abs. 2, 71d, 136 Abs. 2).

74 Soweit ein anderes Unternehmen beteiligt ist oder gesellschaftsrechtlich vermittelten Einfluss nimmt, sollen daher auch Vereine[89], Hypothekenbanken[90], öffentlich-

---

81 So im Ansatz bereits BGH v. 13.10.1977 – II ZR 123/76 – „Veba/Gelsenberg", BGHZ 69, 334, 341 f. = AG 1978, 50, 52 f.
82 Hierzu etwa *Habersack*, ZGR 1996, 544 m.w.N.
83 A.A. *Mülbert*, ZHR 163 (1999), 1, 36.
84 Hierzu etwa *Emmerich* in Emmerich/Habersack, Aktien- und GmbH-Konzernrecht, § 15 AktG Rz. 30 f.
85 Vgl. den Beschluss der BReg v. 24.9.2001 betr. Hinweise für die Verwaltung von Bundesbeteiligungen, Tz. 39 ff., Gemeinsames Ministerialblatt 2001, Nr. 47, S. 950 sowie abrufbar unter www.bundesfinanzministerium.de; für die Treuhandanstalt sah der Gesetzgeber in § 28a daher eine ausdrückliche Ausnahme von den Vorschriften über herrschende Unternehmen vor.
86 Vgl. etwa §§ 108 Abs. 1 Satz 1 Nr. 5, 6, 7, Abs. 5 Satz 3, 113 Abs. 1 und 5 i.V.m. § 63 Abs. 2 GO NW; kritisch hierzu auch *Hüffer*, § 15 AktG Rz. 13a; *Emmerich* in Emmerich/Habersack, Aktien- und GmbH-Konzernrecht, § 15 AktG Rz. 27.
87 Dies bejahend etwa *Bayer* in MünchKomm. AktG, 3. Aufl., § 15 AktG Rz. 43; *Koppensteiner* in KölnKomm. AktG, 3. aktualisierte Aufl. 2010, § 15 AktG Rz. 58; *Krieger* in MünchHdb. AG, § 68 Rz. 11; *Casper* in Ulmer, Anh. § 77 GmbHG Rz. 22; zu Kirchen *Ehinger*, S. 36 f.; *Ehinger*, DZWiR 2000, 322, 324.
88 S. nur *Bayer* in MünchKomm. AktG, 3. Aufl., § 15 AktG Rz. 47 f.; *Emmerich* in Emmerich/Habersack, Aktien- und GmbH-Konzernrecht, § 15 AktG Rz. 24 f.; *Hüffer*, § 15 AktG Rz. 14; *Koppensteiner* in KölnKomm. AktG, 3. aktualisierte Aufl. 2010, § 15 AktG Rz. 86: *Schall* in Spindler/Stilz, § 15 AktG Rz. 53 f.
89 *Emmerich* in Emmerich/Habersack, Aktien- und GmbH-Konzernrecht, § 15 AktG Rz. 25; *Grunewald* in FS Raiser, 2005, S. 99, 100; s. auch § 16 Rz. 12 zur Stimmenmehrheit an einem Verein.
90 Ausführlich *Preußner/Fett*, AG 2001, 337 ff.

rechtliche Anstalten[91], Stiftungen[92] und, bei Beteiligung eines atypisch stillen Gesellschafters, selbst Einzelkaufleute[93] Unternehmen i.d.S. sein können (vgl. auch § 17 Rz. 68). Die Frage, ob für die abhängige AG vorgesehene Organisationsformen, insb. Beherrschungs- und Gewinnabführungsverträge mit solchen Unternehmen möglich sind, ist dadurch nicht predeterminiert.

### 4. Begriff des gleichgeordneten und wechselseitig beteiligten Unternehmens

Ein entsprechend weiter Unternehmensbegriff wie für das abhängige Unternehmen wird von der h.M. zu Recht auch für den Gleichordnungskonzern nach § 18 Abs. 2 vertreten[94]. Bei wechselseitig beteiligten Unternehmen, die nach § 19 Abs. 1 stets Kapitalgesellschaften sind, ist die Unternehmenseigenschaft nach der hier vertretenen Auffassung (Rz. 53 ff.) stets gegeben.

75

## § 16
## In Mehrheitsbesitz stehende Unternehmen und mit Mehrheit beteiligte Unternehmen

(1) Gehört die Mehrheit der Anteile eines rechtlich selbständigen Unternehmens einem anderen Unternehmen oder steht einem anderen Unternehmen die Mehrheit der Stimmrechte zu (Mehrheitsbeteiligung), so ist das Unternehmen ein in Mehrheitsbesitz stehendes Unternehmen, das andere Unternehmen ein an ihm mit Mehrheit beteiligtes Unternehmen.

(2) Welcher Teil der Anteile einem Unternehmen gehört, bestimmt sich bei Kapitalgesellschaften nach dem Verhältnis des Gesamtnennbetrags der ihm gehörenden Anteile zum Nennkapital, bei Gesellschaften mit Stückaktien nach der Zahl der Aktien. Eigene Anteile sind bei Kapitalgesellschaften vom Nennkapital, bei Gesellschaften mit Stückaktien von der Zahl der Aktien abzusetzen. Eigenen Anteilen des Unternehmens stehen Anteile gleich, die einem anderen für Rechnung des Unternehmens gehören.

(3) Welcher Teil der Stimmrechte einem Unternehmen zusteht, bestimmt sich nach dem Verhältnis der Zahl der Stimmrechte, die es aus den ihm gehörenden Anteilen ausüben kann, zur Gesamtzahl aller Stimmrechte. Von der Gesamtzahl aller Stimmrechte sind die Stimmrechte aus eigenen Anteilen sowie aus Anteilen, die nach Absatz 2 Satz 3 eigenen Anteilen gleichstehen, abzusetzen.

---

91 *Emmerich* in Emmerich/Habersack, Aktien- und GmbH-Konzernrecht, § 15 AktG Rz. 25; *Hüffer*, § 15 AktG Rz. 14; besonders intensiv diskutiert wurde dies für die Landesbank Berlin und die Berliner Wasserbetriebe, vgl. etwa *Bezzenberger/Schuster*, ZGR 1996, 481; *Fett*, Öffentlich-rechtliche Anstalten als abhängige Konzernunternehmen, 2000; *Neumann/Rux*, DB 1996, 1659; *Th. Raiser*, ZGR 1996, 458, 465 ff.; *Schuster* in FS Bezzenberger, 2000, S. 757 ff.; *Schuster* in FS W. Müller, 2001, S. 135 ff.; einschränkend BerlVerfGH v. 21.10.1999 – VerfGH 42/99 – „Berliner Wasserbetriebe", DVBl. 2000, 51 (Erteilung von Weisung im Hinblick auf gesetzlich zugewiesene öffentliche Aufgaben muss Gewährträger vorbehalten bleiben); a.A. LAG Berlin v. 27.10.1995 – 6 TaBV 1/95 – „Landesbank Berlin", AG 1996, 140.
92 Ausführlich *Ihrig/Wandt* in FS Hüffer, 2010, S. 387, 396 ff. m.w.N., s. auch § 17 Rz. 69.
93 So etwa *Bayer* in MünchKomm. AktG, 3. Aufl., § 15 AktG Rz. 48; *Emmerich* in Emmerich/Habersack, Aktien- und GmbH-Konzernrecht, § 15 AktG Rz. 25; *Hüffer*, § 15 AktG Rz. 14; *Koppensteiner* in KölnKomm. AktG, 3. aktualisierte Aufl. 2010, § 15 AktG Rz. 86; hierzu kritisch § 16 Rz. 6.
94 Vgl. nur *Koppensteiner* in KölnKomm. AktG, 3. aktualisierte Aufl. 2010, § 15 AktG Rz. 88 ff.

## § 16

**(4) Als Anteile, die einem Unternehmen gehören, gelten auch die Anteile, die einem von ihm abhängigen Unternehmen oder einem anderen für Rechnung des Unternehmens oder eines von diesem abhängigen Unternehmens gehören und, wenn der Inhaber des Unternehmens ein Einzelkaufmann ist, auch die Anteile, die sonstiges Vermögen des Inhabers sind.**

| | | | |
|---|---|---|---|
| **I. Überblick** | 1 | 2. Ermittlung | 16 |
| **II. Anteils-/Kapitalmehrheit** | 4 | **IV. Zurechnung (§ 16 Abs. 4)** | 22 |
| 1. Grundlagen | 4 | 1. Überblick | 22 |
| 2. Ermittlung (§ 16 Abs. 2) | 7 | 2. Die geregelten Zurechnungstatbestände | 24 |
| **III. Stimmenmehrheit** | 11 | 3. Weitere Sonder- und Zurechnungstatbestände | 28 |
| 1. Grundlagen | 11 | | |

*Literatur: Bernhardt*, Mitteilungs-, Bekanntmachungs- und Berichtspflichten über Beteiligung nach neuem Aktienrecht, BB 1966, 678; *Cahn*, Die Holding als abhängiges Unternehmen?, AG 2002, 30; *Mertens*, Zur Berücksichtigung von Treuhandverhältnissen und Stimmbindungsverträgen bei der Feststellung von Mehrheitsbeteiligung und Abhängigkeit, in FS Beusch, 1993, S. 583; *H.-P. Müller*, Die Zurechnung von Anteilen gemäß § 16 Abs. 4 AktG, AG 1978, 277; *Rehbinder*, Gesellschaftsrechtliche Probleme mehrstufiger Unternehmensverbindungen, ZGR 1977, 581; *Schäfer*, Aktuelle Probleme des neuen Aktienrechts, BB 1966, 229; *C. Vedder*, Zum Begriff „für Rechnung" im AktG und im WpHG, 1999; *Zilias*, Treuhandverhältnisse und Unternehmensverbindungen, WPg 1967, 465. S. im Übrigen die Angaben zu § 15.

## I. Überblick

1 § 16 definiert in Mehrheitsbesitz stehende und mit Mehrheit beteiligte Unternehmen als eigenständige Form der Unternehmensverbindung i.S. des § 15. An die Mehrheitsbeteiligung knüpft eine Mehrzahl aktienrechtlicher (§§ 19 Abs. 2 und 3, 20 Abs. 4, 21 Abs. 2, 56 Abs. 2 und 3, 71a Abs. 2, 71d Satz 2, 160 Abs. 1, 305 Abs. 2) und sonstiger Vorschriften an (vgl. hierzu auch § 15 Rz. 4 f.). Teilweise werden auch nur die Berechnungs- und Zurechnungsvorschriften der Abs. 2 und 4 in Bezug genommen (§§ 19 Abs. 1, 20 Abs. 1, 21 Abs. 1, 327a, 328 Abs. 1 Satz 3 (nur Abs. 4) AktG, §§ 271 Abs. 1 Satz 4, 285 Nr. 11 HGB). Die praktisch größte Bedeutung hat § 16 als Grundlage der Abhängigkeitsvermutung und der damit verbundenen Beweislastumkehr des § 17 Abs. 2, die wiederum Grundlage der Konzernvermutung des § 18 Abs. 1 Satz 3 ist.

2 Grundlagen der Mehrheitsbeteiligung sind nach § 16 Abs. 1 einerseits die **Anteils-/Kapitalmehrheit** und andererseits die **Stimmenmehrheit**. Wie die jeweiligen Mehrheiten zu ermitteln sind, wird in § 16 Abs. 2 für die Anteilsmehrheit und in § 16 Abs. 3 für die Stimmenmehrheit präzisiert. § 16 Abs. 4 enthält eine ergänzende Zurechnungsregel. Zur Begründung der Mehrheitsbeteiligung genügt die eine oder andere Art der Mehrheit. Bei (ausnahmsweise vorliegendem) Auseinanderfallen sind sowohl der Kapitalmehrheitsgesellschafter als auch der Stimmenmehrheitsgesellschafter mit Mehrheit beteiligt[1].

---

1 Unstr., vgl. nur *Bayer* in MünchKomm. AktG, 3. Aufl., § 16 AktG Rz. 4; *Koppensteiner* in KölnKomm. AktG, 3. aktualisierte Aufl. 2010, § 16 AktG Rz. 4; *Hüffer*, § 16 AktG Rz. 2; *Schall* in Spindler/Stilz, § 16 AktG Rz. 10.

§ 16 knüpft an den Unternehmensbegriff des § 15 an. Er gilt nach seinem Wortlaut und seiner Funktion als Definitionsnorm des allgemeinen Konzernrechts (zum Begriff § 15 Rz. 2) unabhängig von Rechtsform und Inlandssitz[2]. Allerdings kommt § 16 bei bestimmten Rechtsformen keine oder nur eingeschränkte Bedeutung zu, da bei diesen Rechtsformen keine Kapital- und oder Stimmenmehrheit möglich ist oder sie keine Beteiligungen an anderen Unternehmen erwerben können[3]. 3

## II. Anteils-/Kapitalmehrheit

### 1. Grundlagen

Anteils- bzw. Kapitalmehrheit ist die Mehrheit der Kapitalanteile. Sie kommt bei Rechtsträgern mit eigenem Gesellschaftskapital, das von den Gesellschaftern gehalten wird, in Betracht, insb. also bei Kapital- und Personengesellschaften, grundsätzlich dagegen nicht bei Einzelkaufmann, Stiftung[4], Genossenschaft, Idealverein oder VVaG[5] und auch nicht bei einer Anstalt des öffentlichen Rechts[6]. 4

Die Anteile müssen nach § 16 Abs. 1 dem mit Mehrheit beteiligten Unternehmen **gehören**. Maßgeblich ist die dingliche Inhaberschaft; die Legitimation gegenüber der Gesellschaft (§ 67 Abs. 2 AktG, § 16 Abs. 1 GmbHG) ist irrelevant[7]. Treugebern, Pfandgläubigern, Nießbrauchsberechtigten und erst recht nur schuldrechtlich Beteiligten, bspw. einem Unterbeteiligten am Anteil, gehören die Anteile nicht; insoweit kommt nur eine Zurechnung in Betracht (vgl. Rz. 24 ff.). Bei der Wertpapierleihe gehören die Aktien dem Entleiher, rechtstechnisch präziser dem Sachdarlehensnehmer, nicht dem Verleiher bzw. (Sach-)Darlehensgeber[8]. 5

Allerdings soll nach verbreiteter Ansicht für die Kapitalmehrheit eine Vermögensbeteiligung aufgrund **stiller Gesellschaft** im Innenverhältnis ausreichen, so dass bspw. eine atypische stille Mehrheitsbeteiligung ausnahmsweise eine Mehrheitsbeteiligung an einem einzelkaufmännischen Unternehmen begründen soll[9]. Dies ist abzulehnen[10]. Rechtlich selbständiges Unternehmen ist der Unternehmensträger, also der Einzelkaufmann. An ihm gibt es keine Anteile. An der stillen Gesellschaft ist eine 6

---

2 Wohl unstr., *Bayer* in MünchKomm. AktG, 3. Aufl., § 16 AktG Rz. 8; *Hüffer*, § 16 AktG Rz. 3; *Emmerich* in Emmerich/Habersack, Aktien- und GmbH-Konzernrecht, § 16 AktG Rz. 4; zur Geltung der §§ 15 ff. für ausländische Unternehmen § 15 Rz. 2.
3 Hierzu nachfolgend Rz. 4 und 12; im Übrigen näher zu einzelnen Rechtsformen *Bayer* in MünchKomm. AktG, 3. Aufl., § 16 AktG Rz. 11 ff.
4 S. nur *Ihrig/Wandt* in FS Hüffer, 2010, S. 387, 396.
5 *Bayer* in MünchKomm. AktG, 3. Aufl., § 16 AktG Rz. 17; *Koppensteiner* in KölnKomm. AktG, 3. aktualisierte Aufl. 2010, § 16 AktG Rz. 15; *Windbichler* in Großkomm. AktG, 4. Aufl., § 16 AktG Rz. 19; *Hüffer*, § 16 AktG Rz. 4 und *Schall* in Spindler/Stilz, § 16 AktG Rz. 41 mit der Einschränkung, dass bei atypischen Gestaltungen etwas anderes gelten könne.
6 OLG Düsseldorf v. 7.5.2008 – VI-Kart 1/07, AG 2008, 859, 860; *Emmerich* in Emmerich/Habersack, Aktien- und GmbH-Konzernrecht, § 16 AktG Rz. 4; *Hüffer*, § 17 AktG Rz. 17.
7 So ausdrücklich auch OLG Stuttgart v. 1.12.2008 – 20 U 12/08, AG 2009, 204, 206; *Emmerich* in Emmerich/Habersack, Aktien- und GmbH-Konzernrecht, § 16 AktG Rz. 13a.
8 Die Frage ist im Zusammenhang mit dem Vorliegen der Hauptaktionärseigenschaft nach § 327a diskutiert und geklärt worden, s. BGH v. 16.3.2009 – II ZR 302/06, AG 2009, 440, 442.
9 *Bayer* in MünchKomm. AktG, 3. Aufl., § 16 AktG Rz. 18; *Emmerich* in Emmerich/Habersack, Aktien- und GmbH-Konzernrecht, § 16 AktG Rz. 6, 8; *Hüffer*, § 16 AktG Rz. 4; *Koppensteiner* in KölnKomm. AktG, 3. aktualisierte Aufl. 2010, § 16 AktG Rz. 16; *Krieger* in MünchHdb. AG, § 68 Rz. 20.
10 So überzeugend *Windbichler* in Großkomm. AktG, 4. Aufl., § 16 AktG Rz. 18; außerdem *Fett* in Bürgers/Körber, § 16 AktG Rz. 7; *Schall* in Spindler/Stilz, § 16 AktG Rz. 40.

Mehrheitsbeteiligung denkbar; sie ist jedoch als reine Innengesellschaft kein denkbarer Unternehmensträger[11].

**2. Ermittlung (§ 16 Abs. 2)**

7   **a) Berechnung:** Die Kapitalmehrheit errechnet sich aus dem Gesamtnennbetrag der dem Unternehmen gehörenden Anteile zum gesamten Nennbetrag des Kapitals. Bei Aktiengesellschaften mit Stückaktien ist dies gleichbedeutend mit der Zahl der dem Unternehmen gehörenden Stückaktien zur Gesamtzahl der Aktien.

8   Nennkapital ist bei Aktiengesellschaften das Grundkapital, bei GmbHs das Stammkapital, jeweils unabhängig von der Einzahlung[12]. **Bedingtes und genehmigtes Kapital** erhöhen das Grundkapital erst ab Wirksamwerden der Kapitalerhöhung nach § 200 bzw. §§ 203 Abs. 1, 189. Für die Kapitalmehrheit ist die Einteilung in unterschiedliche Anteilsgattungen, z.B. stimmrechtslose Vorzugsaktien[13], unerheblich. Rücklagen jeder Art einschließlich Kapitalrücklagen nach § 272 Abs. 2 HGB bleiben unberücksichtigt[14].

9   Bei **Personengesellschaften**, insb. KGs ist Nennkapital die für die Verteilung der Gesellschafter im Innenverhältnis zur Gesellschaft maßgebliche Einlage, nicht die für die Haftung im Außenverhältnis maßgebliche Haftsumme[15]. Sind die für die Zuteilung von Gesellschafterrechten maßgeblichen Kapitalkonten variabel, richten sich die Mehrheitsverhältnisse nach dem jeweils für den betreffenden Zeitpunkt relevanten Betrag, der typischerweise auf den letzten vorangegangenen Bilanzstichtag abstellt[16].

10  **b) Eigene Anteile** der Gesellschaft bleiben nach § 16 Abs. 2 Satz 2 unberücksichtigt, ebenso nach § 16 Abs. 2 Satz 3 Anteile, die einem anderen für Rechnung des Unternehmens gehören (zum Begriff näher nachfolgend unter Rz. 26). Erstaunlich ist, dass nach dem Wortlaut als eigene Anteile nicht auch diejenigen abzuziehen sind, die einem von der Gesellschaft abhängigen Unternehmen gehören. § 71d Satz 2 und 3 i.V.m. § 71b sowie § 16 Abs. 4 hätten eine Gleichstellung nahe gelegt. Nach Einführung der §§ 71a ff. sprechen gute Gründe dafür, in der unterlassenen Anpassung des § 16 eher ein gesetzgeberisches Missgeschick als Ausdruck einer bewussten legislatorischen Entscheidung zu sehen und § 16 Abs. 2 Satz 2 entgegen der h.M.[17] teleologisch zu erweitern[18].

---

11  S. nur *K. Schmidt*, GesR, S. 1837 f., 1855; vgl. auch § 15 Rz. 66 zur Unternehmenseigenschaft von Innengesellschaften.
12  Unstr., vgl. nur *Bayer* in MünchKomm. AktG, 3. Aufl., § 16 AktG Rz. 30 f.; *Hüffer*, § 16 AktG Rz. 8; *Koppensteiner* in KölnKomm. AktG, 3. aktualisierte Aufl. 2010, § 16 AktG Rz. 22.
13  Vgl. Ausschussbericht zu § 16, abgedruckt bei *Kropff*, Aktiengesetz, S. 28.
14  Unstr., vgl. nur *Bayer* in MünchKomm. AktG, 3. Aufl., § 16 AktG Rz. 30; *Hüffer*, § 16 AktG Rz. 8; *Koppensteiner* in KölnKomm. AktG, 3. aktualisierte Aufl. 2010, § 16 AktG Rz. 22.
15  Zur Unterscheidung etwa *K. Schmidt*, GesR, S. 1560 ff.
16  Ganz h.M., vgl. nur *Bayer* in MünchKomm. AktG, 3. Aufl., § 16 AktG Rz. 13, 35; *Emmerich* in Emmerich/Habersack, Aktien- und GmbH-Konzernrecht, § 16 AktG Rz. 6; *Hüffer*, § 16 AktG Rz. 2, 10; *Koppensteiner* in KölnKomm. AktG, 3. aktualisierte Aufl. 2010, § 16 AktG Rz. 26; *Schall* in Spindler/Stilz, § 16 AktG Rz. 27; kritisch *Haar*, S. 241 ff.
17  *Hüffer*, § 16 AktG Rz. 9; *Koppensteiner* in KölnKomm. AktG, 3. aktualisierte Aufl. 2010, § 16 AktG Rz. 25; *Krieger* in MünchHdb. AG, § 68 Rz. 25; *Windbichler* in Großkomm. AktG, 4. Aufl., § 16 AktG Rz. 13; *Fett* in Bürgers/Körber, § 16 AktG Rz. 10.
18  So auch *Bayer* in MünchKomm. AktG, 3. Aufl., § 16 AktG Rz. 34; *Schall* in Spindler/Stilz, § 16 AktG Rz. 15; nunmehr auch *Emmerich* in Emmerich/Habersack, Aktien- und GmbH-Konzernrecht, § 16 AktG Rz. 11.

## III. Stimmenmehrheit

### 1. Grundlagen

Aus § 16 Abs. 3 Satz 1 ergibt sich, dass für die Stimmenmehrheit die aus den Anteilen resultierenden Stimmrechte, die bei der Willensbildung der Gesellschafter ausgeübt werden können, maßgeblich sind. Stimmenmehrheit kommt daher nur in Betracht, wenn der Unternehmensträger mitgliedschaftlich verfasst ist, was etwa bei der Stiftung[19] oder einer Anstalt öffentlichen Rechts[20] nicht der Fall ist, und der Verbandswille durch Mehrheitsentscheidung gebildet wird[21]. 11

Sind bei einer **Personengesellschaft** gem. § 709 Abs. 1 BGB/§ 119 Abs. 1 HGB einstimmige Beschlüsse erforderlich, kommt Stimmenmehrheit nicht in Betracht; weicht der Gesellschaftsvertrag vom gesetzlichen Leitbild ab, dagegen schon[22]. Beim **Verein**[23] oder VVaG ist eine Stimmenmehrheit denkbar, soweit diese durch die Satzung begründet werden kann[24], dagegen grundsätzlich nicht bei **Genossenschaften**[25]. 12

Im Übrigen gehen § 16 Abs. 1 und 3 von einem **abstrakten Mehrheitsbegriff** von mehr als 50 % aus, unabhängig davon, ob nach (gesellschafts-)vertraglichen Vereinbarungen im konkreten Einzelfall für bestimmte oder sogar alle Beschlüsse eine qualifizierte Mehrheit erforderlich ist oder ob die Gesellschafterversammlung Befugnisse auf ein anderes Organ delegiert hat[26]. Wenn die einfache Mehrheit in einem solchen Fall nicht ausreicht, die Gesellschaft zu beherrschen, ist dies i.R.d. Vermutung des § 17 Abs. 2 zu berücksichtigen. Sollte der Gesellschaftsvertrag die Stimmkraft der Anteile bei unterschiedlichen Beschlussgegenständen unterschiedlich zuordnen, kommt es auf die Mehrheit in für die Leitung (Besetzung von Aufsichts-/Beirat, Bestellung Geschäftsleiter, Erteilung von Weisungen, vgl. § 17 Rz. 6 ff.) maßgeblichen Entscheidungen an[27]. 13

Das Stimmrecht muss sich nach § 16 Abs. 3 aus dem Inhaber gehörenden Anteilen ergeben, steht also stets dem Inhaber des betreffenden Anteils zu. **Schuldrechtliche Stimmbindungen** bleiben für § 16 Abs. 1 – ebenso wie ein schuldrechtlicher Stimm- 14

---

19 Ebenso *Hüffer*, § 16 AktG Rz. 5, § 17 AktG Rz. 17; *Emmerich* in Emmerich/Habersack, Aktien- und GmbH-Konzernrecht, § 16 AktG Rz. 4; *Ihrig/Wandt* in FS Hüffer, 2010, S. 387, 396; einschränkend *Bayer* in MünchKomm. AktG, 3. Aufl., § 16 AktG Rz. 19.
20 OLG Düsseldorf v. 7.5.2008 – VI-Kart 1/07, AG 2008, 859, 860; *Emmerich* in Emmerich/Habersack, Aktien- und GmbH-Konzernrecht, § 16 AktG Rz. 4; *Hüffer*, § 17 AktG Rz. 17.
21 Ausdrücklich zustimmend OLG Düsseldorf v. 7.5.2008 – VI-Kart 1/07, AG 2008, 859, 860.
22 Ausführlicher *Koppensteiner* in KölnKomm. AktG, 3. aktualisierte Aufl. 2010, § 16 AktG Rz. 17; *Windbichler* in Großkomm. AktG, 4. Aufl., § 16 AktG Rz. 45; *Haar*, S. 243 ff.
23 Vgl. nur *Emmerich/Habersack*, Konzernrecht, S. 537; *Grunewald* in FS Raiser, 2005, S. 99, 100.
24 Vgl. *Krieger* in MünchHdb. AG, § 68 Rz. 30; *Koppensteiner* in KölnKomm. AktG, 3. aktualisierte Aufl. 2010, § 16 AktG Rz. 17; gegen die Möglichkeit einer solchen Satzungsregelung beim VVaG *Bayer* in MünchKomm. AktG, 3. Aufl. 2008, § 16 AktG Rz. 17; *Windbichler* in Großkomm. AktG, 4. Aufl., § 16 AktG Rz. 46; *Schall* in Spindler/Stilz, § 16 AktG Rz. 41.
25 *Bayer* in MünchKomm. AktG, 3. Aufl., § 16 AktG Rz. 15; *Emmerich/Habersack*, Konzernrecht, S. 529 f., jeweils auch zur theoretisch denkbaren Ausnahme bei Zentralgenossenschaften; ausführlich *Reul*, Das Konzernrecht der Genossenschaften, 1997, S. 117 f., auch zu den Möglichkeiten der Zurechnung von Stimmrechten gem. § 16 Abs. 4.
26 Hierzu ausführlicher und mit differenzierendem Ergebnis *Koppensteiner* in KölnKomm. AktG, 3. aktualisierte Aufl. 2010, § 16 AktG Rz. 18.
27 So auch *Bayer* in MünchKomm. AktG, 3. Aufl., § 16 AktG Rz. 42; *Koppensteiner* in KölnKomm. AktG, 3. aktualisierte Aufl. 2010, § 16 AktG Rz. 19; ähnlich *Emmerich* in Emmerich/Habersack, Aktien- und GmbH-Konzernrecht, § 16 AktG Rz. 5.

rechtsverzicht[28] – abweichend von § 290 Abs. 3 Satz 2 HGB[29] unberücksichtigt[30]; zu denken ist insoweit nur an eine Zurechnung (vgl. Rz. 22 ff.). Bei Bestehen eines Pfandrechts stehen die Stimmrechte dem verpfändenden Anteilsinhaber, bei der **Treuhand** (z.B. Sicherungsübereignung) dem Treuhänder i.S. des § 16 Abs. 1 zu (zur Zurechnung an den Treugeber nach § 16 Abs. 4 Rz. 26). Beim Nießbrauch ist entscheidend, ob man mit einer heute weit verbreiteten Meinung einen das Stimmrecht umfassenden Nießbrauch am Anteil selbst zulässt[31].

15 Die Behandlung der **atypischen stillen Gesellschaft**, bei der dem Stillen die Mehrheit der Stimmrechte zugewiesen ist, ist umstritten. I.S. des § 16 Abs. 1 stehen die Stimmrechte bei einer stillen Gesellschaft am Handelsgewerbe einer Kapital- oder Personengesellschaft den Gesellschaftern, am einzelkaufmännischen Geschäft dem Einzelkaufmann zu; dem Stillen gehören gerade keine Anteile an diesem Rechtsträger[32]. Seine Stimmrechte stehen ihm nur auf schuldrechtlicher Basis zu, was i.R.d. § 16 Abs. 1 und 3 gerade nicht ausreicht.

**2. Ermittlung**

16 Für die Ermittlung der Stimmenmehrheit ist die Zahl der ausübbaren Stimmrechte des beteiligten Unternehmens aus den ihm gehörenden (hierzu oben Rz. 14) Anteilen ins Verhältnis zur Gesamtzahl aller Stimmrechte zu setzen. Von der Gesamtzahl sind nach § 16 Abs. 3 Satz 2 wie bei der Ermittlung der Kapitalmehrheit (§ 16 Abs. 2 Sätze 2 und 3) die Stimmrechte aus eigenen Anteilen, Aktien, die für Rechnung des Unternehmens gehalten werden, sowie – entgegen der h.M. – Stimmrechte aus **Aktien eines abhängigen Unternehmens**[33] abzusetzen.

17 Sowohl im Hinblick auf die Gesamtzahl der Stimmrechte als auch die Ermittlung der ausübbaren Stimmrechte des beteiligten Unternehmens stellt sich die Frage, wie **Stimmrechtsbeschränkungen** jeweils zu berücksichtigen sind:

18 – Sowohl für die Ermittlung der Gesamtzahl als auch der Stimmen des beteiligten Unternehmens ist das fehlende Stimmrecht **stimmrechtsloser Vorzugsaktien** zu

---

28 Ausführlicher zu derartigen Vereinbarungen und insb. Entherrschungsverträgen § 17 Rz. 56 f., 60 ff.
29 Zu den Unterschieden zu § 290 Abs. 3 Satz 2 HGB *Windbichler* in Großkomm. AktG, 4. Aufl., § 16 AktG Rz. 39.
30 *Krieger* in MünchHdb. AG, § 68 Rz. 33; *Vedder*, S. 134 f., 147 f.; im Grundsatz auch *Koppensteiner* in KölnKomm. AktG, 3. aktualisierte Aufl. 2010, § 16 AktG Rz. 43 und *Windbichler* in Großkomm. AktG, 4. Aufl., § 16 AktG Rz. 36 ff., die eine Ausnahme allerdings in dem Fall machen wollen, dass der schuldrechtlich gebundene Anteilsinhaber seine Stimme bei Verstoß gegen die Stimmbindung nicht wirksam abgeben kann; a.A. *Bayer* in MünchKomm. AktG, 3. Aufl., § 16 AktG Rz. 41; *Mertens* in FS Beusch, 1993, S. 583, 589 ff.
31 Dies bejahend m.w.N. zum Meinungsstand *Bayer* in MünchKomm. AktG, 3. Aufl., § 16 AktG Rz. 28; *Koppensteiner* in KölnKomm. AktG, 3. aktualisierte Aufl. 2010, § 16 AktG Rz. 44; *Hüffer*, § 16 AktG Rz. 7; *Schall* in Spindler/Stilz, § 16 AktG Rz. 31; ausführlich m.w.N. zum Meinungsstand *K. Schmidt*, ZGR 1999, 601 ff.
32 So auch *Windbichler* in Großkomm. AktG, 4. Aufl., § 16 AktG Rz. 46; a.A. die ganz h.M., etwa *Bayer* in MünchKomm. AktG, 3. Aufl., § 16 AktG Rz. 18; *Hüffer*, § 16 AktG Rz. 5; *Koppensteiner* in KölnKomm. AktG, 3. aktualisierte Aufl. 2010, § 16 AktG Rz. 16; *Krieger* in MünchHdb. AG, § 68 Rz. 30; zur entsprechenden Problematik im Hinblick auf die Kapitalmehrheit oben Rz. 6; zur Zurechnung schuldrechtlicher Stimmbindungen unten Rz. 29.
33 So auch *Bayer* in MünchKomm. AktG, 3. Aufl., § 16 AktG Rz. 38; *Schall* in Spindler/Stilz, § 16 AktG Rz. 29; *Emmerich* in Emmerich/Habersack, Aktien- und GmbH-Konzernrecht, § 16 AktG Rz. 22; a.A. etwa *Hüffer*, § 16 AktG Rz. 11; *Koppensteiner* in KölnKomm. AktG, 3. aktualisierte Aufl. 2010, § 16 AktG Rz. 47; *Fett* in Bürgers/Körber, § 16 AktG Rz. 19; vgl. hierzu bereits Rz. 10.

beachten: Vorzugsaktien werden nicht mitberücksichtigt, solange die Voraussetzungen für ein Wiederaufleben des Stimmrechts nach § 140 Abs. 2 nicht vorliegen.

– Bei der Ermittlung der Gesamtzahl der Stimmrechte bleiben Stimmrechtsbeschränkungen/-verluste einzelner Aktionäre, z.B. wegen Höchststimmrechten nach § 134 Abs. 1, fehlender Volleinzahlung der Einlage (§ 134 Abs. 2) oder **unterlassener Mitteilungen** (§§ 20 Abs. 7, 21 Abs. 4 AktG, § 28 WpHG, § 59 WpÜG) unbeachtlich, da Gesellschaft und Gesellschafter die Gesamtzahl unmittelbar aus Gesetz und Satzung sollen ablesen können[34]. 19

– Bei der Ermittlung der Stimmrechte des beteiligten Unternehmens ist ein Höchststimmrecht nach § 134 Abs. 1 zu beachten. Für aufgrund individuellen Verhaltens des Gesellschafters angeordnete Stimmrechtsbeschränkungen ist dies umstritten. Entgegen verbreiteter Ansicht mindern **unterlassene Mitteilungen** (§§ 20 Abs. 7, 21 Abs. 4 AktG, § 28 WpHG, § 59 WpÜG) die Zahl der ausübbaren Stimmrechte nicht, da der Aktionär die Stimmrechte durch eigenes Verhalten jederzeit erlangen kann[35]. Gleiches muss für die fehlende Volleinzahlung seiner Einlage (§ 134 Abs. 2) und erst recht Interessenkonflikte (§ 136) gelten. 20

– **Fehlende Legitimation** des Gesellschafters gegenüber der Gesellschaft (§ 67 Abs. 2 AktG, § 16 Abs. 1 GmbHG) schließt die Berücksichtigung der Stimmen bei der Ermittlung der Gesamtzahl, dagegen aus den vorstehenden Gründen nicht bei der Ermittlung der ausübbaren Stimmrechte des Unternehmens aus[36]. 21

## IV. Zurechnung (§ 16 Abs. 4)

### 1. Überblick

§ 16 Abs. 4 regelt die Zurechnung einem Dritten gehörender Anteile zum beteiligten Unternehmen für Zwecke der Ermittlung der Anteils- oder Stimmenmehrheit. Die Zurechnung erfolgt stets in vollem Umfang[37]. Obwohl die Vorschrift nicht ausdrücklich auch die Ausübbarkeit der zuzurechnenden Stimmrechte fingiert, gilt die Regelung doch auch für die Ermittlung der Stimmenmehrheit, die nach § 16 Abs. 3 ebenfalls auf die dem Unternehmen „gehörenden Anteile" abstellt[38]. 22

Eine Mehrheitsbeteiligung setzt nicht voraus, dass das mit Mehrheit beteiligte Unternehmen unmittelbar beteiligt ist; zugerechnete Anteile nach § 16 Abs. 4 reichen aus[39]. Die Zurechnung der Anteile des Dritten bewirkt **keine Absorption** der Art, 23

---

34 *Bayer* in MünchKomm. AktG, 3. Aufl., § 16 AktG Rz. 37; *Emmerich* in Emmerich/Habersack, Aktien- und GmbH-Konzernrecht, § 16 AktG Rz. 22; *Hüffer*, § 16 AktG Rz. 11; a.A. *Fett* in Bürgers/Körber, § 16 AktG Rz. 19.
35 So auch *Bayer* in MünchKomm. AktG, 3. Aufl., § 16 AktG Rz. 40; *Emmerich* in Emmerich/Habersack, Aktien- und GmbH-Konzernrecht, § 16 AktG Rz. 24; *Koppensteiner* in KölnKomm. AktG, 3. aktualisierte Aufl. 2010, § 16 AktG Rz. 46 (abw. zur Voraufl.); *Krieger* in MünchHdb. AG, § 68 Rz. 33; a.A. *ADS*, § 16 AktG Rz. 20; *Hüffer*, § 16 AktG Rz. 11; *Schall* in Spindler/Stilz, § 16 AktG Rz. 35; *Windbichler* in Großkomm. AktG, 4. Aufl., § 16 AktG Rz. 35; *Fett* in Bürgers/Körber, § 16 AktG Rz. 21.
36 A.A. *Windbichler* in Großkomm. AktG, 4. Aufl., § 16 AktG Rz. 35; *Schall* in Spindler/Stilz, § 16 AktG Rz. 32.
37 Unstr., s. nur OLG Stuttgart v. 1.12.2008 – 20 U 12/08, AG 2009, 204, 206.
38 *Koppensteiner* in KölnKomm. AktG, 3. aktualisierte Aufl. 2010, § 16 AktG Rz. 47 und *Bayer* in MünchKomm. AktG, 3. Aufl., § 16 AktG Rz. 46 sprechen von einem Redaktionsversehen.
39 Heute wohl unstr., vgl. nur OLG Hamm v. 26.5.1997 – 8 U 115/96, AG 1998, 588; *Bayer* in MünchKomm. AktG, 3. Aufl., § 16 AktG Rz. 44; *Hüffer*, § 16 AktG Rz. 13; *Emmerich* in Emmerich/Habersack, Aktien- und GmbH-Konzernrecht, § 16 AktG Rz. 17; *Schall* in Spindler/

dass diese Aktien für Zwecke der §§ 15 ff. allein dem Zurechnungsempfänger zuzurechnen sind[40]. Daher ist grundsätzlich denkbar, dass sowohl der Dritte als auch das nur aufgrund Zurechnung beteiligte Unternehmen eine Mehrheitsbeteiligung i.S. des § 16 halten.

## 2. Die geregelten Zurechnungstatbestände

24 § 16 Abs. 4 ordnet die Zurechnung in drei verschiedenen Konstellationen an:

25 **a) Abhängiges Unternehmen:** Maßgeblich ist der Abhängigkeitsbegriff des § 17. Die Zurechnung setzt voraus, dass beide beteiligten Rechtsträger Unternehmen i.S. des § 15 sind[41]. Aus dem Wortlaut ergibt sich, dass die Unternehmenseigenschaft nicht begründet, sondern vorausgesetzt wird[42].

26 **b) Für Rechnung:** Zugerechnet werden auch Anteile, die einem anderen, also nicht zwingend einem Unternehmen, für Rechnung des Unternehmens oder eines von diesem abhängigen Unternehmens gehören. Für Rechnung bedeutet nach allgemeiner Ansicht auf Kosten und wirtschaftliches Risiko[43]; Hauptfälle sind Geschäftsbesorgungs- und Treuhandverhältnisse. Ein **Weisungsrecht** des Treugebers ist darüber hinaus nicht erforderlich; die Ausrichtung der Ausübung des Stimmrechts durch den Treuhänder wird schon aufgrund dessen Treupflicht an den Interessen des Treugebers ausgerichtet[44]. Da der Treuhänder nach § 16 Abs. 1 beteiligt ist, ist in diesen Fällen praktisch immer eine mehrfache Abhängigkeit gegeben.

27 **c) Einzelkaufmann:** Einem Einzelkaufmann werden auch die im Privatvermögen gehaltenen Anteile zugerechnet. Dies ist keine Zurechnungsregel, sondern lediglich eine Klarstellung, da § 16 allein auf den Unternehmensträger abstellt und dem Einzelkaufmann die Anteile gehören, unabhängig davon, ob sie dem Geschäfts- oder Privatvermögen zugeordnet sind. Für andere Unternehmensträger wie Kleingewerbetreibende und Freiberufler gilt nichts Anderes[45]. Die Zurechnungsregelung gilt nach

---

Stilz, § 16 AktG Rz. 16; a.A. *Würdinger* in Großkomm. AktG, 3. Aufl., § 16 AktG Anm. 5; *v. Falkenhausen*, BB 1966, 875.
40 Heute wohl unstr., LG Berlin v. 1.12.1997 – 99 O 171/97, AG 1998, 195, 196; *Koppensteiner* in KölnKomm. AktG, 3. aktualisierte Aufl. 2010, § 16 AktG Rz. 35 f.; *Bayer* in MünchKomm. AktG, 3. Aufl., § 16 AktG Rz. 45; *Emmerich* in Emmerich/Habersack, Aktien- und GmbH-Konzernrecht, § 16 AktG Rz. 16a; *Hüffer*, § 16 AktG Rz. 13; *Krieger* in MünchHdb. AG, § 68 Rz. 29; *Windbichler* in Großkomm. AktG, 4. Aufl., § 16 AktG Rz. 23, 28, 31; a.A. *Schäfer*, BB 1966, 229, 230; *Zilias*, WPg 1967, 465, 467 ff. für die Treuhand.
41 Wie bei § 15 werden auch ausländische (Tochter-)Unternehmen erfasst; ausdrücklich *Bayer* in MünchKomm. AktG, 3. Aufl., § 16 AktG Rz. 43; *Hüffer*, § 16 AktG Rz. 12; vgl. auch § 15 Rz. 2.
42 BGH v. 18.6.2001 – II ZR 212/99 – „MLP", BGHZ 148, 123, 126 f. = AG 2001, 588; *Emmerich* in Emmerich/Habersack, Aktien- und GmbH-Konzernrecht, § 16 AktG Rz. 16; *Bayer* in MünchKomm AktG, 3. Aufl., § 15 AktG Rz. 22; vgl. hierzu auch § 15 Rz. 51.
43 *Bayer* in MünchKomm. AktG, 3. Aufl., § 16 AktG Rz. 47; *Emmerich* in Emmerich/Habersack, Aktien- und GmbH-Konzernrecht, § 16 AktG Rz. 18a; *Koppensteiner* in KölnKomm. AktG, 3. aktualisierte Aufl. 2010, § 16 AktG Rz. 24, 30, der allerdings i.R.d. § 16 Abs. 4 ein tendenziell weiteres Verständnis als bei § 16 Abs. 2 zugrunde legen will; *Mertens* in FS Beusch, 1993, S. 583 f.; ausführlich *Vedder*, S. 154 ff.
44 So zu Recht *Mertens* in FS Beusch, 1993, S. 583, 584 ff.; *Schall* in Spindler/Stilz, § 16 AktG Rz. 22; a.A. für die Begründung der Stimmmehrheit *Koppensteiner* in KölnKomm. AktG, 3. aktualisierte Aufl. 2010, § 16 AktG Rz. 43.
45 Verbreitet wird dies mit einer Analogie begründet, so *Bayer* in MünchKomm. AktG, 3. Aufl., § 16 AktG Rz. 50; *Koppensteiner* in KölnKomm. AktG, 3. aktualisierte Aufl. 2010, § 16 AktG Rz. 31.

ganz einhelliger Auffassung nicht für **Personengesellschaften**, denen Privatvermögen der Gesellschafter nicht zugerechnet wird[46].

### 3. Weitere Sonder- und Zurechnungstatbestände

**a)** Für die **öffentliche Hand** gelten, von den Besonderheiten zur Unternehmenseigenschaft abgesehen (§ 15 Rz. 68 ff.) keine Besonderheiten[47]. Anteile verbundener Unternehmen sind nach dem klaren Wortlaut zuzurechnen. Unabhängig von der ohnehin nur klarstellenden Regelung zu Einzelkaufleuten werden selbstverständlich alle von der Gebietskörperschaft unmittelbar gehaltenen Aktien berücksichtigt, Aktien anderer zu ihr in Beziehung stehender Rechtsträger dagegen nur unter den Voraussetzungen, dass es sich um ein verbundenes Unternehmen handelt.

**b)** Über den Wortlaut des § 16 Abs. 4 hinaus wird eine Zurechnung **bei Stimmbindungsverträgen** verbreitet wie bei § 290 Abs. 3 Satz 2 HGB angenommen[48]. Bei umfassenden Stimmbindungsverträgen liegt die Nähe zur Stimmenmehrheit i.S. des § 16 Abs. 1 auf der Hand. Andererseits erschöpft sich die praktische Bedeutung im Wesentlichen in der Auslösung der Vermutungskaskade der §§ 17 Abs. 2 und 18 Abs. 1 Satz 3. Bei Stimmbindung wird sich die Abhängigkeit i.S. des § 17 Abs. 1 häufig auch ohne die Vermutung des § 16 Abs. 2 begründen lassen. Angesichts der Weite denkbarer Stimmbindungsvereinbarungen, die bspw. auch für eine einzelne Hauptversammlung oder einzelne Beschlussgegenstände erteilt werden können, den eher formalen Tatbestandsvoraussetzungen des § 16 (anders als des § 17) und des Bedürfnisses nach Rechtsklarheit spricht viel dafür, dass schuldrechtliche Stimmbindungsvereinbarungen keine Zurechnung analog § 16 Abs. 4 begründen.

**c)** Entsprechendes gilt für die sonstigen, in jüngeren Gesetzen die Zurechnung von Stimmrechten begründenden Tatbestände, insb. das Bestehen einer **Kaufoption** (§ 20 Abs. 2 AktG, § 30 Abs. 1 Nr. 5 WpÜG, § 22 Abs. 1 Nr. 5 WpHG) (hierzu § 17 Rz. 35)[49], das **Anvertrautsein** i.S. des § 30 Abs. 1 Nr. 6 WpÜG, § 22 Abs. 1 Nr. 6 WpHG und „**acting in concert**" i.S. des § 30 Abs. 2 WpÜG, § 21 Abs. 2 WpHG (hierzu ausführlicher § 17 Rz. 26). Bei einem **Nießbrauch** (§ 30 Abs. 1 Nr. 4 WpÜG, § 22 Abs. 1 Nr. 4 WpHG) sind die Voraussetzungen eines Handelns für fremde Rechnung besonders genau zu überprüfen. Nur unter dieser Voraussetzung erfolgt eine Zurechnung nach § 16 Abs. 4 (zur Stimmenmehrheit des Nießbrauchers oben Rz. 14).

---

46 *Bayer* in MünchKomm. AktG, 3. Aufl., § 16 AktG Rz. 51; *Emmerich* in Emmerich/Habersack, Aktien- und GmbH-Konzernrecht, § 16 AktG Rz. 20; *Hüffer*, § 16 AktG Rz. 13; *Koppensteiner* in KölnKomm. AktG, 3. aktualisierte Aufl. 2010, § 16 AktG Rz. 32; *Schall* in Spindler/Stilz, § 16 AktG Rz. 26; *Windbichler* in Großkomm. AktG, 4. Aufl., § 16 AktG Rz. 33.
47 So grundsätzlich auch *Bayer* in MünchKomm. AktG, 3. Aufl., § 16 AktG Rz. 50; *Koppensteiner* in KölnKomm. AktG, 3. aktualisierte Aufl. 2010, § 16 AktG Rz. 33; *Hüffer*, § 16 AktG Rz. 13; unklar *Emmerich* in Emmerich/Habersack, Aktien- und GmbH-Konzernrecht, § 16 AktG Rz. 20.
48 *Bayer* in MünchKomm. AktG, 3. Aufl., § 16 AktG Rz. 41, 48; *Emmerich* in Emmerich/Habersack, Aktien- und GmbH-Konzernrecht, § 16 AktG Rz. 18a; *Klosterkemper*, Abhängigkeit, S. 41 ff.; *Mertens* in FS Beusch, 1993, S. 583, 589 ff.; deutlich enger *Wolframm*, Mitteilungspflichten, S. 132 ff.; a.A. *Krieger* in MünchHdb. AG, § 68 Rz. 33; *Windbichler* in Großkomm. AktG, 4. Aufl., § 16 AktG Rz. 29, 37–41; *Schall* in Spindler/Stilz, § 16 AktG Rz. 23, 34; *Fett* in Bürgers/Körber, § 16 AktG Rz. 15; *Vedder*, S. 134 f., 147 f. jetzt auch *Hüffer*, § 16 AktG Rz. 13.; grundsätzlich ebenso *Koppensteiner* in KölnKomm. AktG, 3. aktualisierte Aufl. 2010, § 16 AktG Rz. 43.
49 So auch *Emmerich* in Emmerich/Habersack, Aktien- und GmbH-Konzernrecht, § 16 AktG Rz. 18a.

## § 17
## Abhängige und herrschende Unternehmen

**(1)** Abhängige Unternehmen sind rechtlich selbständige Unternehmen, auf die ein anderes Unternehmen (herrschendes Unternehmen) unmittelbar oder mittelbar einen beherrschenden Einfluss ausüben kann.

**(2)** Von einem in Mehrheitsbesitz stehenden Unternehmen wird vermutet, dass es von dem an ihm mit Mehrheit beteiligten Unternehmen abhängig ist.

| | |
|---|---|
| I. Überblick ................... 1 | c) Abgestimmtes Verhalten/Acting in Concert ................ 26 |
| II. Abhängigkeitstatbestand (§ 17 Abs. 1) 5 | d) Erwerbsrecht ............. 35 |
| 1. Möglichkeit zur beherrschenden Einflussnahme ............. 5 | e) Sonstige Zurechnungstatbestände nach § 22 Abs. 1 WpHG, § 30 Abs. 1 WpÜG ............. 36 |
| a) Möglichkeit der Einflussnahme .. 5 | f) Personelle Verflechtungen ...... 40 |
| b) Gegenstand der Einflussnahmemöglichkeit ............ 6 | g) Unternehmensverträge, Eingliederung ............ 42 |
| c) Dauer, Verlässlichkeit ....... 11 | h) Banken .............. 44 |
| d) Gesellschaftsrechtliche vs. schuldrechtliche Vermittlung der Einflussnahmemöglichkeit ...... 15 | 3. Mehrmütterherrschaft ......... 45 |
| aa) Grundsatz ........... 15 | III. Abhängigkeitsvermutung (§ 17 Abs. 2) .............. 50 |
| bb) Kombinierte Beherrschung .. 16 | 1. Überblick ............... 50 |
| e) Mittelbare, mehrstufige, mehrfache Abhängigkeit ........ 18 | 2. Widerlegung ............. 52 |
| 2. Einzelfälle ............... 20 | a) Grundlagen ............ 52 |
| a) Stimmenmehrheit in der Hauptversammlung ............ 20 | b) Mittel zur Widerlegung ....... 54 |
| | c) Speziell: Entherrschungsverträge . 60 |
| b) Stimmbindungsverträge/Stimmrechtsvollmachten ......... 23 | IV. Besonderheiten bei anderen Gesellschaftsformen ........... 66 |

*Literatur: Barz*, Der Abhängigkeitsausschlussvertrag bei der Aktiengesellschaft, in FS Bärmann, 1975, S. 185; *Baumgartl*, Die konzernbeherrschte Personengesellschaft, 1986; *Bayreuther*, Wirtschaftliche existenziell abhängige Unternehmen im Konzern – Kartell- und Arbeitsrecht, 2001; *Bitter*, Konzernrechtliche Durchgriffshaftung bei Personengesellschaften, 2000; *Böttcher/Liekefett*, Mitbestimmung bei Gemeinschaftsunternehmen mit mehr als zwei Muttergesellschaften, NZG 2003, 701; *Decher*, Personelle Verflechtungen im Aktienkonzern, 1990; *Dierdorf*, Herrschaft und Abhängigkeit einer Aktiengesellschaft auf schuldvertraglicher und tatsächlicher Grundlage, 1978; *Emmerich/Gansweid*, Die Problematik der Gemeinschaftsunternehmen – BGHZ 62, 193, JuS 1975, 294; *Geßler*, Besprechung der Entscheidung BGHZ 62, 193, ZGR 1974, 476; *Götz*, Der Entherrschungsvertrag im Aktienrecht 1991; *Hentzen*, Der Entherrschungsvertrag im Aktienrecht, ZHR 157 (1993), 65; *Hüttemann*, Der Entherrschungsvertrag im Aktienrecht, ZHR 156 (1992), 314; *Immenga*, Schutz abhängiger Gesellschaften durch Bindung oder Bindung beherrschenden Einflusses?, ZGR 1978, 269; *Jäger*, Der Entherrschungsvertrag, DStR 1995, 1113; *Kleindiek*, Strukturvielfalt im Personengesellschafts-Konzern, 1991; *Klinkhammer*, Mitbestimmung in Gemeinschaftsunternehmen, 1977; *Koppensteiner*, Über wirtschaftliche Abhängigkeit, in FS Stimpel, 1985, S. 811; *Krieger*, Vorwirkende Abhängigkeit?, in FS Semler, 1993, S. 503; *Lauer*, Gemeinsam geführte Unternehmen im Bilanz- und Gesellschaftrecht, 2006; *Letixerant*, Die aktienrechtliche Abhängigkeit vor dem dinglichen Erwerb einer Mehrheitsbeteiligung, 2001; *Lüdenbach/Freiberg*, Mutter-Tochter-Verhältnisse durch beherrschenden Einfluss nach dem BilMoG, BB 2009, 1230; *Lutter*, Zur Herrschaft mehrerer Unternehmen über eine Aktiengesellschaft, NJW 1973, 113; *Lutter*, Mitbestimmung im Konzern, 1975; *Martens*, Die existenzielle Wirtschaftsabhängigkeit, 1979; *Möhring*, Vertraglicher Ausschluss von Abhängigkeit und Konzernvermutung, in FS Westermann, 1974, S. 427; *Nagel/Riess/Theis*, Der faktische Just-in-Time-Konzern, DB 1989, 1505; *Oechsler*, Die Anwendung des Konzernrechts auf Austauschverträge mit organisationsrechtlichem Bezug, ZGR 1997, 464; *Peters/Werner*, Banken als herrschendes Unternehmen?, AG 1978, 297; *Prühs*, Die tatsächliche Abhängigkeit aus aktienrechtlicher Sicht, DB 1972, 2001; *Prühs*, Grundprobleme der aktienrechtlichen Abhängigkeit im Spiegel der neueren Literatur, AG 1972, 308; *Raupach*, Schuldvertragliche Verpflichtung an Stelle beteiligungsgestützter Beherrschung, in FS Bezzenberger, 2000, S. 327; *Reichert/Harbarth*, Stimmrechtsvollmacht, Legitimationszession und Stimmrechtsausschlussvertrag in der AG, AG 2001, 447; *Säcker*, Mehrmütterklausel und Gemeinschaftsunternehmen, NJW 1980, 801; *Schiessl*, Die beherrschte Personengesellschaft, 1985; *Schubert/Ravenstein*, Beschränkung der Stimmrechtsausübung und Abhängigkeit: Überlegungen zu § 328 AktG, DB 2006, 2219; *Schweda*, Abhängigkeit i.S.d. § 17 Abs. 1 AktG von mehreren Unternehmen, DB 1974, 1993; *Steindorff*, Gemeinschaftsunternehmen mit zwei paritätisch beteiligten Gesellschaftern, NJW 1980, 1921; *Ulmer*, Aktienrechtliche Beherrschung durch Leistungsaustauschbeziehungen, ZGR 1978, 457; *M. Weber*, Vormitgliedschaftliche Abhängigkeitsbegründung, ZIP 1994, 678; *Wellenhofer-Klein*, Zulieferverträge im Privat- und Wirtschaftsrecht, 1999; *H. Werner*, Konzernrechtliche Abhängigkeit und einheitliche Leitung in mitbestimmten Konzernen, ZGR 1976, 447; *H. Werner*, Der aktienrechtliche Abhängigkeitstatbestand, 1979; *H. Werner/K. Peters*, Zwei Probleme konzernrechtlicher Abhängigkeit, BB 1976, 1993; *H.P. Westermann*, Banken als Kreditgeber und Gesellschafter, ZIP 1982, 379. S. im Übrigen die Angaben zu §§ 15 und 16.

## I. Überblick

§ 17 definiert **abhängige und herrschende Unternehmen**. Rechtsfolgen werden an diese Begriffe an vielfältigen Stellen im AktG (hierzu § 15 Rz. 4 f.), insbesondere den §§ 302 Abs. 2, 305 Abs. 2 Nr. 2 und vor allem 311 ff., aber auch in anderen Gesetzen, z.B. § 36 Abs. 2 Satz 1 GWB geknüpft. 1

Besonders wichtig ist die auf die Abhängigkeit abstellende **Konzernvermutung** des § 18 Abs. 1 Satz 3. Der wesentliche Unterschied zwischen Abhängigkeit und Konzern ist der, dass nach § 17 die Möglichkeit zur Beherrschung ausreicht. Etwas vereinfachend, aber sehr plastisch lässt sich die Abhängigkeit als **potenzieller Konzern** bezeichnen[1]. 2

Entgegen dem allgemeinen Sprachgebrauch ist nicht der Konzern, sondern die Abhängigkeit der Zentralbegriff des Konzernrechts (hierzu bereits § 15 Rz. 8). Nach traditionellem Verständnis knüpfen daran insb. die besonderen Schutzmechanismen des Konzernrechts (insb. §§ 311 ff.) an; nach dem hier vertretenen primär organisationsrechtlichen Ansatz eröffnet der Abhängigkeitstatbestand zunächst den Zugang zu den besonderen konzernrechtlichen Privilegierungen (§ 311 Abs. 2, Ausschluss des § 57; hierzu näher § 15 Rz. 34 ff. und § 311 Rz. 3 ff.). Trotz der vielfältigen Verwendung des Begriffs der Abhängigkeit ist jedenfalls für das AktG, dem Grundcharakter des § 17 als Definitionsnorm entsprechend, mit der ganz überwiegenden Auffassung von einem einheitlichen Begriff der Abhängigkeit auszugehen[2]. 3

Dem Begriff des „beherrschenden Einflusses" des § 17 Abs. 1 stellen andere Rechtsordnungen und immer mehr auch andere deutsche Gesetze den Begriff der „**Kontrolle**" gegenüber, so etwa §§ 29 ff. WpÜG, § 22 WpHG, und § 37 Abs. 1 Nr. 2 GWB, die allerdings ihrerseits wiederum von unterschiedlichen Kontrollbegriffen ausgehen. 4

---

1 So *Emmerich* in Emmerich/Habersack, Aktien- und GmbH-Konzernrecht, § 17 AktG Rz. 2; *Hüffer*, § 17 AktG Rz. 4; vgl. auch schon die Begr. RegE, *Kropff*, Aktiengesetz, S. 31; a.A. allerdings BGH v. 4.3.1974 – II ZR 89/72 – „Seitz", BGHZ 62, 193, 196 = AG 1974, 220 f.
2 S. nur *Koppensteiner* in KölnKomm. AktG, 3. aktualisierte Aufl. 2010, § 17 AktG Rz. 11 f., 77; *Bayer* in MünchKomm. AktG, 3. Aufl., § 17 AktG Rz. 4; *Emmerich* in Emmerich/Habersack, Aktien- und GmbH-Konzernrecht, § 17 AktG Rz. 4 (auch zu § 36 Abs. 2 GWB); *Hüffer*, § 17 AktG Rz. 3; in der Sache auch BGH v. 26.3.1984 – II ZR 171/83, BGHZ 90, 381, 394 ff. = AG 1984, 181; offen gelassen von BGH v. 4.3.1974 – II ZR 89/72 – „Seitz", BGHZ 62, 193, 198 = AG 1974, 220, 221.

Diese unterschiedlichen gesetzgeberischen Konzepte sind einerseits zu respektieren; andererseits kann aber bei der Lösung von Einzelproblemen die Heranziehung von zu anderen gesetzlichen Konzepten diskutierten Lösungen auch bei der Interpretation des § 17 hilfreich sein (vgl. etwa nachfolgend Rz. 26 ff.). Dies gilt ebenso für **§ 290 Abs. 1 HGB**, der für die Pflicht zur Aufstellung eines Konzernabschlusses seit der Änderung durch das BilMoG nicht mehr alternativ auf ein Beherrschungs- oder Kontrollkonzept abstellt, sondern auf die Ausübung eines unmittel- oder mittelbar beherrschenden Einflusses; das Bestehen eines solchen beherrschenden Einflusses wird in § 290 Abs. 2 HGB näher definiert. Dazu wird diskutiert, ob sich dieses Beherrschungskonzept eher an § 17 oder an dem Begriff der Beherrschung nach IAS 27[3] zu orientieren hat[4].

## II. Abhängigkeitstatbestand (§ 17 Abs. 1)

### 1. Möglichkeit zur beherrschenden Einflussnahme

#### a) Möglichkeit der Einflussnahme

5 Abhängigkeit liegt nach § 17 Abs. 1 vor, wenn ein (herrschendes) Unternehmen auf ein (abhängiges) Unternehmen unmittelbar oder mittelbar einen beherrschenden Einfluss ausüben kann. Der Einfluss muss also nicht ausgeübt werden; die **bloße Möglichkeit** reicht im Gegensatz zu § 18 aus[5].

#### b) Gegenstand der Einflussnahmemöglichkeit

6 Was mit beherrschendem Einfluss gemeint ist, lässt sich der Vermutung des Vorliegens bei in Mehrheitsbesitz stehenden Unternehmen nach § 17 Abs. 2 entnehmen. Aus den typischen Herrschaftsmöglichkeiten eines Mehrheitsaktionärs lässt sich ableiten, dass der beherrschende Einfluss keine Möglichkeit zur Durchsetzung von Grundlagengeschäften und kein Weisungsrecht im Hinblick auf das operative Geschäft erfordert. Ausreichend ist jedenfalls die **Personalkompetenz** im Sinne der Möglichkeit, ein Übergewicht der Mitglieder des Verwaltungs-, Leitungs- oder Aufsichts-

---

3 IAS 27.4 definiert Beherrschung wie folgt: „Beherrschung ist die Möglichkeit, die Finanz- und Geschäftspolitik eines Unternehmens zu bestimmen, um aus dessen Tätigkeit Nutzen zu ziehen."
IAS 27.13 präzisiert: „Eine Beherrschung wird dann angenommen, wenn das Mutterunternehmen entweder direkt oder indirekt über Tochterunternehmen über mehr als die Hälfte der Stimmrechte eines Unternehmens verfügt; es sei denn, unter außergewöhnlichen Umständen lässt sich eindeutig nachweisen, dass ein derartiger Besitz keine Beherrschung begründet. Eine Beherrschung liegt ebenfalls vor, wenn das Mutterunternehmen die Hälfte oder weniger als die Hälfte der Stimmrechte an einem Unternehmen hält, gleichzeitig aber die Möglichkeit hat,
   a) kraft einer mit anderen Anteilseignern abgeschlossenen Vereinbarung über mehr als die Hälfte der Stimmrechte zu verfügen;
   b) gemäß einer Satzung oder einer Vereinbarung die Finanz- und Geschäftspolitik des Unternehmens zu bestimmen;
   c) die Mehrheit der Mitglieder der Geschäftsführungs- und/oder Aufsichtsorgane zu ernennen oder abzuberufen, wobei die Verfügungsgewalt über das andere Unternehmen bei diesen Organen liegt; oder
   d) die Mehrheit der Stimmen bei Sitzungen der Geschäftsführungs- und/oder Aufsichtsorgane oder eines gleichwertigen Leitungsgremiums zu bestimmen, wobei die Verfügungsgewalt über das andere Unternehmen bei diesen Organen liegt."
4 *Lüdenbach/Freiberg*, BB 2009, 1230; s. auch *Schall* in Spindler/Stilz, § 17 AktG Rz. 6.
5 Unstreitig, s. nur BGH v. 4.3.1974 – II ZR 89/72 – „Seitz", BGHZ 62, 193, 201, 203; deutlich auch schon die Begr. RegE, *Kropff*, Aktiengesetz, S. 31.

organs zu bestellen oder abzuberufen. Hintergrund ist die **faktische Wahrscheinlichkeit**, dass Vorstand (allg. Geschäftsleitung) und Aufsichtsrat sich an den Interessen des Mehrheitsaktionärs zur Vermeidung persönlicher Nachteile ausrichten und seinem Einfluss auch ohne rechtliche Verpflichtung nachgeben[6]. In der Aktiengesellschaft ist der Mehrheitsaktionär mit seiner Stimmenmehrheit in der Hauptversammlung (§ 133 Abs. 1) regelmäßig in der Lage, die personelle Zusammensetzung des Aufsichtsrats (§ 101) zu bestimmen. Weil der Aufsichtsrat über die Besetzung des Vorstands entscheidet (§ 84), hat der Mehrheitsaktionär mittelbar auch die Kontrolle über die Zusammensetzung des Vorstands. Beherrschender Einfluss setzt jedoch nicht voraus, dass diese Personalkompetenz immer aktuell ausgeübt werden kann: Wie der Vermutung des § 17 Abs. 2 entnommen werden kann, ist keine qualifizierte Mehrheit erforderlich, die jedoch für eine vorzeitige Abberufung von Aufsichtsratsmitgliedern grundsätzlich erforderlich wäre (§ 103 Abs. 1). Es ist ausreichend, dass die Personalkompetenz zum turnusmäßigen Zeitpunkt wahrgenommen werden kann. Im Einzelfall kann auch die faktische Einflussnahme auf die Bestellung aufgrund eines besonderen Nähe- oder Abhängigkeitsverhältnisses des formalrechtlich Bestellungsberechtigten ausreichen[7].

Die Beschränkung der Anteilseignerrechte durch die **Arbeitnehmermitbestimmung** und zwar selbst nach der Montanmitbestimmung mit ihrer vollen Parität ohne Zweitstimmrecht des Vorsitzenden hat nach h.M. keinen Einfluss auf die Begründung von Abhängigkeit; entsprechend ist die Mitbestimmung auch für die Widerlegung der Vermutung nach § 17 Abs. 2 ohne Bedeutung (zur Bedeutung der Mitbestimmung für das Vorliegen eines Konzerns vgl. § 18 Rz. 20)[8]. 7

Ausreichend ist erst recht und unabhängig vom Einfluss auf die Organbesetzung die Möglichkeit, **Weisungen an die Geschäftsleitung** zu erteilen, wie dies insb. bei der GmbH rechtlich möglich ist. Verlangt wird dafür überwiegend, dass sich die Einflussnahmemöglichkeit auf die Geschäftsführung im Ganzen oder zumindest auf die wichtigen Geschäftsbereiche bezieht[9]. Für den erforderlichen Umfang der Einfluss- 8

---

6 OLG Düsseldorf v. 22.7.1993 – 6 U 84/92, AG 1994, 36, 37; OLG Düsseldorf v. 8.7.2003 – 19 W 6/00 AktE, AG 2003, 688, 689; OLG Düsseldorf v. 7.5.2008 – VI-Kart 1/07, AG 2008, 859, 860; OLG Karlsruhe v. 11.12.2003 – 12 W 11/02, AG 2004, 147, 148; OLG München v. 24.6.2008 – 31 Wx 83/07, AG 2008, 672, 673; *Bayer* in MünchKomm AktG, 3. Aufl., § 17 AktG Rz. 26 f.; *Emmerich* in Emmerich/Habersack, Aktien- und GmbH-Konzernrecht, § 17 AktG Rz. 6; *Hüffer*, § 17 AktG Rz. 5; *Koppensteiner* in KölnKomm. AktG, 3. aktualisierte Aufl. 2010, § 17 AktG Rz. 21; *Krieger* in FS J. Semler, 1993, S. 503, 504 f. Das engere Verständnis des Reichsgerichts, das für die Beherrschung die Möglichkeit verlangte, der abhängigen Gesellschaft seinen Willen aufzuzwingen (RGZ 167, 40, 49 ff., ebenso etwa KG v. 1.8.2000 – 14 U 9216/98, AG 2001, 529, 530), ist heute überholt.
7 OLG Düsseldorf v. 7.5.2008 – VI-Kart 1/07, AG 2008, 859, 861.
8 BAG v. 18.6.1970 – 1 ABR 3/70, AG 1970, 268, 270; *Ulmer/Habersack* in Ulmer/Habersack/Henssler, Mitbestimmungsrecht, § 5 MitbestG Rz. 19; *Hüffer*, § 17 AktG Rz. 11; *Krieger* in MünchHdb. AG, § 68 Rz. 63; *Lutter*, Mitbestimmung im Konzern, 1975, S. 53 f.; *Schall* in Spindler/Stilz, § 17 AktG Rz. 54; a.A. für die Montanmitbestimmung *ADS*, § 17 AktG Rz. 55; *Koppensteiner* in KölnKomm. AktG, 3. aktualisierte Aufl. 2010, § 17 AktG Rz. 120 m.w.N.; *Windbichler* in Großkomm. AktG, 4. Aufl., § 17 AktG Rz. 84; auch für das MitbestG *Werner*, ZGR 1976, 447, 455 ff.
9 BGH v. 4.3.1974 – II ZR 89/72 – „Seitz", BGHZ 62, 193, 196 = AG 1974, 220, 221 („in allen das andere Unternehmen betreffenden Angelegenheiten"); OLG Düsseldorf v. 22.7.1993 – 6 U 84/92, AG 1994, 36, 37; OLG Stuttgart v. 1.12.2008 – 20 U 12/08, AG 2009, 204, 206 („Bestimmung der Geschäftspolitik"); *Bayer* in MünchKomm. AktG, 3. Aufl., § 17 AktG Rz. 24, 125; *Krieger* in MünchHdb. AG, § 68 Rz. 38; *Hüffer*, § 17 AktG Rz. 7; *Schall* in Spindler/Stilz, § 17 AktG Rz. 12; *Ulmer*, ZGR 1978, 457, 461; tendenziell enger KG v. 1.8.2000 – 14 U 9216/98, AG 2001, 529, 530, wonach die Bestimmung zentraler Unternehmensbereiche, insbesondere des Finanzwesens, ausreicht; a.A. *Emmerich* in Emmerich/Habersack, Aktien- und GmbH-

nahmemöglichkeit sind die gleichen Überlegungen maßgeblich, die i.R.d. § 18 im Zusammenhang mit dem engen und weiten Konzernbegriff diskutiert werden (vgl. § 18 Rz. 7 ff.).

9 **Nicht ausreichend** ist dagegen die bloße **Blockademöglichkeit** gegen Grundlagengeschäfte oder in Bezug auf strategische Unternehmensentscheidungen[10]. Gleiches gilt im Grundsatz auch für eine weitergehende **Sperrminorität** auch im Hinblick auf die gewöhnlichen, einfache Mehrheit erfordernden Beschlüsse, da beherrschender Einfluss grundsätzlich eine positive Einflussnahme voraussetzt[11]. Eine Ausnahme gilt allerdings dann, wenn ein Gesellschafter als größter Einzelgesellschafter allein die Bestellung der Verwaltungsmitglieder blockieren kann mit der Folge, dass davon auszugehen ist, dass die Verwaltung von sich aus den Interessen dieses Gesellschafters nachgeben wird[12].

10 Noch nicht ausdiskutiert, aber zu bejahen ist die Frage, ob die Stellung der **Mehrheit der Aufsichtsratsmitglieder** bei der AG so lange Abhängigkeit begründet, wie diese Mehrheit besteht, auch wenn der Aktienbesitz anschließend deutlich vermindert wird oder die Wahl nur aufgrund einer Zufallsmehrheit (hierzu Rz. 12) erfolgt ist[13].

### c) Dauer, Verlässlichkeit

11 Nach ganz überwiegender Ansicht ist eine bestimmte **Dauer** der Einflussmöglichkeit nicht erforderlich[14]. Dies ist dann zweifelhaft, wenn eine Mehrheitsbeteiligung an einer AG nur für einen kurzen Zeitraum gehalten werden soll, dies der Verwaltung der AG bekannt ist und während dieses Zeitraums keine Hauptversammlung stattfindet. Anders als bspw. bei der GmbH besteht insoweit keine Möglichkeit des Mehrheitsaktionärs, Einfluss zu nehmen.

12 Die Einflussnahmemöglichkeit muss eine gewisse **Verlässlichkeit** aufweisen[15]. Dies ist bei einer Minderheitsbeteiligung (hierzu Rz. 20) dann gegeben, wenn davon auszugehen ist, dass diese aufgrund der Präsenzen in den vergangenen Hauptversamm-

---

Konzernrecht, § 17 AktG Rz. 9 f., der die Einflussnahmemöglichkeit auf einen einzelnen wichtigen Unternehmensbereich, insb. Finanzierung oder Einkauf, ausreichen lässt; *Koppensteiner* in KölnKomm. AktG, 3. aktualisierte Aufl. 2010, § 17 AktG Rz. 27 m.w.N., 46.

10 Dies wird gerade von der kartellrechtlichen Rechtsprechung und Literatur teilweise anders gesehen, s. etwa OLG Düsseldorf v. 7.5.2008 – VI-Kart 1/07, AG 2008, 859, 860 f.; *Bauer* in Lowenheim/Meessen/Riesenkampff, Kartellrecht, Bd. 2, 2006, § 36 GWB Rz. 188; *Bechtold*, 5. Aufl. 2008, § 36 GWB Rz. 38.

11 OLG Düsseldorf v. 8.7.2003 – 19 W 6/00 AktE, AG 2003, 688, 689 f.; *Koppensteiner* in KölnKomm. AktG, 3. aktualisierte Aufl. 2010, § 17 AktG Rz. 24, 43 m.w.N.; *Bayer* in MünchKomm. AktG, 3. Aufl., § 17 AktG Rz. 42; *Emmerich* in Emmerich/Habersack, Aktien- und GmbH-Konzernrecht, § 17 AktG Rz. 25; *Krieger* in MünchHdb. AG, § 68 Rz. 38; *Hüffer*, § 17 AktG Rz. 10; *Schall* in Spindler/Stilz, § 17 AktG Rz. 27; a.A. *Werner*, Abhängigkeitstatbestand, S. 43 ff., 130 ff.; *Werner/Peters*, BB 1976, 393, 394; *Peters/Werner*, AG 1978, 297, 299 f.; *Prühs*, AG 1972, 308, 311.

12 Ähnlich *Bayer* in MünchKomm. AktG, 3. Aufl., § 17 AktG Rz. 43.

13 Ablehnend jetzt *Bayer* in MünchKomm. AktG, 3. Aufl., § 17 AktG Rz. 50.

14 S. nur *Bayer* in MünchKomm. AktG, 3. Aufl., § 17 AktG Rz. 13, 62; *Emmerich* in Emmerich/Habersack, Aktien- und GmbH-Konzernrecht, § 17 AktG Rz. 11; *Hüffer*, § 17 AktG Rz. 7; *Koppensteiner* in KölnKomm. AktG, 3. aktualisierte Aufl. 2010, § 17 AktG Rz. 25; *Windbichler* in Großkomm. AktG, 4. Aufl., § 17 AktG Rz. 21.

15 Teilweise wird der Begriff der Beständigkeit gebraucht, so BGH v. 17.3.1997 – II ZB 3/96, BGHZ 135, 107, 114 = AG 1997, 374; OLG Düsseldorf v. 31.3.2009 – 1-26 W 5/08, AG 2009, 873, 874; *Emmerich* in Emmerich/Habersack, Aktien- und GmbH-Konzernrecht, § 17 AktG Rz. 11; *Schall* in Spindler/Stilz, § 17 AktG Rz. 19; *Koppensteiner* in KölnKomm. AktG, 3. aktualisierte Aufl. 2010, § 17 AktG Rz. 20 und *Ulmer*, ZGR 1978, 457, 461 verweisen darauf, dass die Einflussnahmemöglichkeit „sicher" bzw. „gesicherter Natur" sein müsse.

lungen für eine Hauptversammlungsmehrheit ausreicht, nicht dagegen, wenn die Hauptversammlungsmehrheit überraschend aufgrund geringer Präsenz eintritt. **Zufallsmehrheiten**, bei denen andere Gesellschafter freiwillig und vom Großaktionär unbeeinflusst mit diesem stimmen und ihm dadurch die Abstimmungsmehrheit verschaffen, begründen keine Abhängigkeit[16], selbst wenn die Gesellschafterstruktur (hoher Streubesitz) solche Zufallsmehrheiten fördert[17]. Ergibt sich eine Stimmrechtsmehrheit deshalb, weil Mitaktionäre einem temporären Stimmverbot, z.B. wegen unterlassener Stimmrechtsmitteilungen, unterliegen, wird man im Zweifel nicht von einer ausreichenden Verlässlichkeit ausgehen können, sofern nicht Anhaltspunkte vorliegen, die für eine gewisse Dauer des Stimmverbots sprechen. Beruht der Stimmrechtsausschluss dagegen darauf, dass Aktien von einem bestimmten Mitgesellschafter gehalten werden (z.B. § 71b ggfs. i.V.m. § 71d; § 328 Abs. 1), wird man im Zweifel von einer ausreichenden Verlässlichkeit ausgehen können; der bloße Umstand, dass der Mitgesellschafter den Stimmrechtsausschluss jederzeit durch Verkauf seiner Aktien beseitigen kann, genügt für einen Ausschluss der Verlässlichkeit nicht[18].

Die Rechtsprechung betont, dass es für die Beurteilung der Einflussnahmemöglichkeit auf die **Sicht des abhängigen Unternehmens** ankommt[19]. Dies trifft für die Beurteilung einer etwaigen Mindestdauer und der Verlässlichkeit der Einflussnahmemöglichkeit zu. Nicht ausreichend ist jedoch eine nur aufgrund irrtümlich angenommener Tatsachen fälschlich angenommene tatsächliche Möglichkeit, überhaupt Einfluss zu nehmen (z.B. Zurechnung von Anteilen einer Gesellschaft, die in Wahrheit gar kein verbundenes Unternehmen ist)[20]. 13

Ist ein **Anteilsübergang unwirksam**, aber tatsächlich durchgeführt worden, kommt es ebenfalls auf die Sichtweise der Verwaltung des abhängigen Unternehmens an; weiß sie von der Unwirksamkeit nichts oder geht sie von alsbaldiger Heilung unter fortdauernder Ausübung der Gesellschafterrechte durch den Scheinerwerber aus, steht die Unwirksamkeit der Abhängigkeit nicht entgegen[21]. 14

#### d) Gesellschaftsrechtliche vs. schuldrechtliche Vermittlung der Einflussnahmemöglichkeit

**aa) Grundsatz.** Ein intensiver Einfluss kann faktisch auch aufgrund rein tatsächlicher oder schuldrechtlicher **wirtschaftlicher Beziehungen** ausgeübt werden, bspw. aufgrund von Lieferbeziehungen (insb. just-in-time oder just-in-sequence Lieferbezie- 15

---

16 Unstreitig, vgl. nur BGH v. 4.3.1974 – II ZR 89/72 – „Seitz", BGHZ 62, 193, 199 = AG 1974, 220, 221; BGH v. 16.2.1981 – II ZR 168/79, BGHZ 80, 69, 73 = AG 1981, 225; BGH v. 13.4.1994 – II ZR 16/93, BGHZ 125, 366, 369; OLG Düsseldorf v. 22.7.1993 – 6 U 84/92, AG 1994, 36, 37; OLG Düsseldorf v. 31.3.2009 – 1-26 W 5/08, AG 2009, 873, 874; OLG Karlsruhe v. 11.12.2003 – 12 W 11/02, AG 2004, 147, 148; *Emmerich* in Emmerich/Habersack, Aktien- und GmbH-Konzernrecht, § 17 AktG Rz. 12; *Hüffer*, § 17 AktG Rz. 6; *Koppensteiner* in KölnKomm. AktG, 3. aktualisierte Aufl. 2010, § 17 AktG Rz. 42.
17 OLG Düsseldorf v. 8.7.2003 – 19 W 6/00 AktE, AG 2003, 688, 689; zu einem abgestimmten Verhalten mit Mitgesellschaftern nachf. Rz. 26 ff.
18 Tendenziell a.A. *Schubert/Ravenstein*, DB 2006, 2219, 2220.
19 BGH v. 4.3.1974 – II ZR 89/72 – „Seitz", BGHZ 62, 193, 197 = AG 1974, 220, 221; OLG Düsseldorf v. 22.7.1993 – 6 U 84/92, AG 1994, 36, 37; OLG Düsseldorf v. 8.7.2003 – 19 W 6/00 AktE, AG 2003, 688, 689; OLG Düsseldorf v. 30.10.2006 – I-26 W 14/06 AktE, WM 2007, 165, 166; deutlich auch *Windbichler* in Großkomm. AktG, 4. Aufl., § 17 AktG Rz. 18; a.A. *Säcker*, NJW 1980, 801, 803 (zum Vorliegen einheitlicher Einflussnahme durch ein Gemeinschaftsunternehmen).
20 Zust. *Schall* in Spindler/Stilz, § 17 AktG Rz. 14 Fn. 47.
21 Im Erg. ebenso BGH v. 25.11.1996 – II ZR 352/95, AG 1997, 180, 181; *Bayer* in MünchKomm. AktG, 3. Aufl., § 17 AktG Rz. 63; *Fett* in Bürgers/Körber, § 17 AktG Rz. 8; a.A. *Koppensteiner* in KölnKomm. AktG, 3. aktualisierte Aufl. 2010, § 17 AktG Rz. 46.

hungen[22]), Abnehmerverpflichtungen, Lizenzverträgen, Franchising und insb. Kreditbeziehungen mit oftmals umfassenden, die Unternehmenstätigkeit erheblich beschränkenden „Covenants" des Kreditnehmers. Während zum Aktiengesetz 1937 überwiegend auch eine rein tatsächliche Beherrschung für ausreichend erachtet wurde, war diese Frage zu § 17 nach Inkrafttreten des AktG zunächst stark umstritten[23]. Heute entspricht es jedoch ganz überwiegender Auffassung und insb. der Rechtsprechung, dass die Einflussnahme gesellschaftsrechtlich vermittelt sein muss[24]. Dem ist, gerade bei dem hier vertretenen primär organisationsrechtlichen Verständnis des Konzernrechts (§ 15 Rz. 9 ff., 34 ff.), zu folgen. Deutlich wird die unterschiedliche Behandlung von gesellschaftsrechtlich vermittelter und sonstiger Einflussnahme an dem Nebeneinander der §§ 311 und 117. Erforderlich ist daher grundsätzlich die Möglichkeit, Stimmrechte auszuüben, oder eine organisationsrechtliche Verbindung mittels Beherrschungsvertrags oder Eingliederung (zu sonstigen Unternehmensverträgen nachfolgend Rz. 42 f.); bei anderen Gesellschaftsformen können auch im Gesellschaftsvertrag festgelegte Herrschaftsrechte ausreichen (vgl. nachfolgend Rz. 66 f.). Bei reinen Zweckgesellschaften, bei denen eine sehr begrenzte Geschäftstätigkeit im Wege eines sog. Autopiloten bei der Gründung angestoßen wird, spricht viel dafür, als ausreichende gesellschaftsrechtliche Vermittlung die Gründung unter das Aufsetzen der Struktur genügen und die fortdauernde Inhaberschaft der Anteile in den Hintergrund treten zu lassen[25]. Eine (atypische) **stille Gesellschaft** allein begründet als schuldrechtlicher Vertrag noch keine ausreichende gesellschaftsrechtliche Vermittlung[26].

16 **bb) Kombinierte Beherrschung.** Allerdings ist ganz überwiegend anerkannt, dass die Einflussnahmemöglichkeit nicht ausschließlich auf gesellschaftsrechtlicher Grundlage vermittelt sein muss; gerade bei einer Minderheitsbeteiligung kann der Einfluss durch außergesellschaftsrechtliche Mittel wie umfangreiche Liefer-, Leistungs- oder Kreditbeziehungen zu einem beherrschenden Einfluss verstärkt werden[27]. Maßgeb-

---

22 Hierzu ausführlicher *Nagel/Riess/Theis*, DB 1989, 1505 ff.; *Oechsler*, ZGR 1997, 464, 466 ff. m.w.N.
23 Überblick über den Meinungsstand bei *Bayer* in MünchKomm. AktG, 3. Aufl., § 17 AktG Rz. 15 ff.
24 BGH v. 26.3.1984 – II ZR 171/83 – „BuM/WestLB", BGHZ 90, 381, 395 ff. = AG 1984, 181; OLG Düsseldorf v. 22.7.1993 – 6 U 84/92, AG 1994, 36, 37; OLG Düsseldorf v. 8.7.2003 – 19 W 6/00 AktE, AG 2003, 688, 689 f.; OLG Düsseldorf v. 7.5.2008 – VI-Kart 1/07, AG 2008, 859, 860; OLG Düsseldorf v. 31.3.2009 – 1-26 W 5/08, AG 2009, 873, 874; OLG Karlsruhe v. 11.12.2003 – 12 W 11/02, AG 2004, 147, 148; *Emmerich* in Emmerich/Habersack, Aktien- und GmbH-Konzernrecht, § 17 AktG Rz. 16; *Hüffer*, § 17 AktG Rz. 8; *Koppensteiner* in KölnKomm. AktG, 3. aktualisierte Aufl. 2010, § 17 AktG Rz. 59 ff.; *Windbichler* in Großkomm. AktG, 4. Aufl., § 17 AktG Rz. 12, 40 ff.; *Fett* in Bürgers/Körber, § 17 AktG Rz. 20; *Oechsler*, ZGR 1997, 464, 466 ff.; *Ulmer*, ZGR 1978, 457, 465 ff.; *H.P. Westermann*, ZIP 1982, 379, 383 ff.; *Wimmer-Leonhardt*, Konzernhaftungsrecht, S. 75 ff.; mit gewissen Einschränkungen *Bayer* in MünchKomm. AktG, 3. Aufl., § 17 AktG Rz. 29 f.; a.A. Bayreuther, S. 253 ff.; *Dierdorf*, S. 38 ff., 154 ff.; *Werner*, Abhängigkeitstatbestand, S. 140 ff.; *Nagel/Riess/Theis*, DB 1989, 1505, 1506 ff.; wohl auch LG Oldenburg v. 14.3.1992 – 15 O 478/88, ZIP 1992, 1632, 1636 (Alleingeschäftsführer einer GmbH als herrschendes Unternehmen, wobei allerdings dessen Ehefrau Alleingesellschafterin war); *Schall* in Spindler/Stilz, § 17 AktG Rz. 21 f., der eine nicht gesellschaftsrechtlich vermittelte Möglichkeit, einem anderen Unternehmen seinen Willen aufzuzwingen, ausreichen lässt.
25 Zur Frage der Konsolidierung von Zweckgesellschaften nach § 290 HGB *Lüdenbach/Freiberg*, BB 2009, 1230, 1231 ff.; mit einem anderen Ansatz zu Zweckgesellschaften *Schall* in Spindler/Stilz, § 17 AktG Rz. 22.
26 So auch ausdrücklich *Windbichler* in Großkomm. AktG, 4. Aufl., § 17 AktG Rz. 30, 42; zur Bedeutung stiller Gesellschaften zur Begründung einer Mehrheitsbeteiligung § 16 Rz. 6 und 15.
27 BGH v. 26.3.1984 – II ZR 171/83 – „BuM/WestLB", BGHZ 90, 381, 397 = AG 1984, 181; OLG Düsseldorf v. 22.7.1993 – 6 U 84/92, AG 1994, 36, 37; OLG Düsseldorf v. 8.7.2003 – 19 W 6/00

lich ist eine umfassende Würdigung der gesamten rechtlichen und tatsächlichen Beziehungen[28]. Problematisch kann dabei naturgemäß die Abgrenzung im konkreten Fall sein. Nicht ausreichend ist das Bestehen wirtschaftlicher Einflussmöglichkeiten mit zufällig daneben bestehender gesellschaftsrechtlicher Beteiligung. Die wirtschaftliche Machtstellung muss vielmehr die gesellschaftsrechtliche Stellung verstärken, was dann anzunehmen ist, wenn entweder Mitgesellschafter sich aufgrund der wirtschaftlichen Stellung dem Großaktionär anschließen oder die Verwaltung sich an den Interessen des Großaktionärs aufgrund dessen maßgeblicher Beteiligung und deren Verstärkung durch die wirtschaftliche Machtstellung orientiert. Eine solche Verstärkung des gesellschaftsrechtlichen Einflusses ist insb. bei **personeller Verflechtung** auf der Leitungsebene denkbar (Rz. 40 f.).

**Gerichtsentscheidungen über konkrete Fälle** sind rar: Nach dem BGH genügt eine unter 25 % liegende Beteiligung einer Bank trotz Vertretung im Aufsichtsrat und eines erheblichen Kreditengagements jedenfalls bei Vorhandensein eines 44 %-Mehrheitsgesellschafters noch nicht zur Begründung der Abhängigkeit[29]. Das OLG Düsseldorf lehnte eine beherrschende Stellung der Bundesrepublik bei der VEBA bei einer Beteiligung von weniger als 30 % am Grundkapital, einem Entsendungsrecht bzgl. drei von 20 Aufsichtsratsmitgliedern und einer finanziellen Unterstützung einer Beteiligungsgesellschaft ab[30]. 17

### e) Mittelbare, mehrstufige, mehrfache Abhängigkeit

Zur Begründung der Abhängigkeit reicht eine nur **mittelbare Möglichkeit** der beherrschenden Einflussnahme aus. Praktisch wichtigster Fall ist die **mehrstufige Abhängigkeit** der Enkelgesellschaft im Konzern von der unmittelbar beteiligten Tochter und der diese beherrschenden Mutter. Abhängigkeit besteht in diesem Fall mehrfach, sowohl von der Tochter als auch der Mutter (keine Absorption, vgl. bereits § 16 Rz. 23; zur Frage einer mehrstufigen Leitung i.S. des § 18 vgl. § 18 Rz. 14). 18

Denkbar ist eine mittelbare **mehrfache Abhängigkeit** auch außerhalb von Konzernbeziehungen, insb. bei **Gemeinschaftsunternehmen** (hierzu nachfolgend Rz. 45 ff.) sowie der **Treuhand**. Die schuldrechtliche Ausrichtung des Treuhänders auf die Interessen des Treugebers genügt zur gesellschaftsrechtlichen Vermittlung; eine eigenständige Beteiligung des Treugebers ist daneben nicht erforderlich[31]. Die Abhängigkeit vom Treuhänder, der Unternehmensqualität aufweist, ergibt sich aus der Vermutung des § 17 Abs. 2. Ein bloßes Weisungsrecht des Treugebers im Hinblick auf die zur Begründung der Einflussnahmemöglichkeit maßgeblichen Entscheidungen, von dem unklar ist, ob es ausgeübt werden wird, genügt zur Widerlegung nicht[32]. 19

---

AktE, AG 2003, 688, 689; OLG Karlsruhe v. 11.12.2003 – 12 W 11/02, AG 2004, 147, 148; *Bayer* in MünchKomm. AktG, 3. Aufl., § 17 AktG Rz. 31 ff.; *Emmerich* in Emmerich/Habersack, Aktien- und GmbH-Konzernrecht, § 17 AktG Rz. 16a; jeweils m.w.N.; *Hüffer*, § 17 AktG Rz. 8; *Ulmer*, ZGR 1978, 457, 471 ff.; s. auch schon die Begr. RegE, *Kropff*, Aktiengesetz, S. 31; a.A. *ADS*, § 17 AktG AktG Rz. 92; *Koppensteiner* in KölnKomm. AktG, 3. aktualisierte Aufl. 2010, § 17 AktG Rz. 68; *Koppensteiner* in FS Stimpel, 1985, S. 811, 821 f.; *Mertens*, AG 1996, 241, 246; *Götz*, S. 26 ff.

28 So OLG Düsseldorf v. 31.3.2009 – I-26 W 5/08, AG 2009, 873, 875.
29 BGH v. 26.3.1984 – II ZR 171/83 – „BuM/WestLB", BGHZ 90, 381, 397 = AG 1984, 181.
30 OLG Düsseldorf v. 8.7.2003 – 19 W 6/00 AktE, AG 2003, 688, 690.
31 So ausdrücklich auch *Bayer* in MünchKomm. AktG, 3. Aufl., § 17 AktG Rz. 74; *Emmerich* in Emmerich/Habersack, Aktien- und GmbH-Konzernrecht, § 17 AktG Rz. 26; vgl. auch schon § 16 Rz. 26.
32 Ähnlich *Bayer* in MünchKomm. AktG, 3. Aufl., § 17 AktG Rz. 74; a.A. *ADS*, § 17 AktG Rz. 89; *Zilias*, WPg 1967, 465, 469 f.; zur fehlenden Absorption bei mehrfacher Beteiligung bereits § 16 Rz. 23.

## 2. Einzelfälle

### a) Stimmenmehrheit in der Hauptversammlung

20 Eine **Minderheitsbeteiligung** gewährt gerade bei Publikumsgesellschaften häufig eine beherrschende Einflussnahmemöglichkeit, da die Hauptversammlungspräsenzen häufig sehr niedrig sind. Ausreichend ist die nicht unerwartete einfache Stimmenmehrheit in der Hauptversammlung (zu Zufallsmehrheiten bereits Rz. 12)[33]. Eine Beteiligung von 30 % an einer börsennotierten Gesellschaft allein genügt ohne Vermittlung einer Hauptversammlungsmehrheit oder Hinzutreten weiterer Umstände nicht; aus § 29 Abs. 2 WpÜG lässt sich die gegenteilige Auffassung angesichts der unterschiedlichen Konzepte und Schutzzwecke nicht begründen[34].

21 Ein Mitgesellschafter mit höherem Stimmrechtsanteil schließt die Abhängigkeit typischerweise aus. Ein **hoher Streubesitz** bestehend aus einer Vielzahl von Kleinanlegern verstärkt typischerweise das Gewicht des einzigen Großaktionärs[35]. Hier ist entscheidend, ob der Großaktionär entweder Initiativrechte entfalten und in der Hauptversammlung durchsetzen kann, wozu typischerweise eine starke Stellung im Aufsichtsrat erforderlich ist, oder die Verwaltung von sich aus Rücksicht auf die Interessen des Großaktionärs nimmt, da sie davon ausgeht, dass er sich in Personalangelegenheiten wird durchsetzen können.

22 Abhängigkeit kann sich auch daraus ergeben, dass Mitgesellschafter aufgrund besonderer Beziehungen zum Großgesellschafter, der keine eigene Stimmrechtsmehrheit hat, mit diesem stimmen, beispielsweise **wirtschaftliche Abhängigkeit von Mitgesellschaftern** aufgrund von Kredit- oder Lieferbeziehungen oder auch gefestigten familiären Beziehungen, die eine einheitliche Stimmabgabe erwarten lassen (hierzu nachfolgend Rz. 33). Entscheidend ist, ob der Großgesellschafter sich entweder tatsächlich in der Gesellschafterversammlung durchsetzen kann oder die Verwaltung der Gesellschaft jedenfalls davon ausgehen muss, dass er sich zumindest in Personalangelegenheiten wird durchsetzen können.

### b) Stimmbindungsverträge/Stimmrechtsvollmachten

23 Soweit ein Unternehmen mit Hilfe eines Stimmbindungsvertrags die **Mehrheit der Stimmrechte kontrolliert**, wird dies verbreitet bereits als Mehrheitsbeteiligung i.S. des § 16 angesehen (hierzu § 16 Rz. 29). Jedenfalls wird man aber eine Möglichkeit zur Beherrschung nach § 17 Abs. 1 annehmen müssen[36]. Gleiches gilt für Stimmrechtsvollmachten (nicht jedoch für die Stimmbotenschaft), sofern der Vertreter das Stimmrecht frei ausüben darf. Dem wird die freie Widerruflichkeit der Vollmacht

---

[33] BGH v. 13.10.1977 – II ZR 123/76, BGHZ 69, 334, 347 (VEBA/Gelsenberg: Beteiligung von 43,75 % bei durchschnittlicher Präsenz von ca. 80 %); BGH v. 17.3.1997 – II ZB 3/96, BGHZ 135, 107, 114 = AG 1997, 374 (VW: Beteiligung von 20 % bei durchschnittlicher Präsenz von deutlich unter 40 %); LG Hannover v. 12.3.2009 – 21 T/09, AG 2009, 341, 342 (Schaeffler/Continental: Beteiligung von 49,99 %); abgelehnt wurde Abhängigkeit der Veba vom Bund dagegen mangels gesicherter Hauptversammlungsmehrheit (trotz Vorliegens anderer Einflussfaktoren) ab 1985, OLG Düsseldorf v. 8.7.2003 – 19 W 6/00 AktE, AG 2003, 688, 689 f.; LG Berlin v. 13.11.1995 – 99 O 126/95, AG 1996, 230, 231 und LG Berlin v. 2.12.1996 – 99 O 173/96 – „Brau und Brunnen", AG 1997, 183, 184 f.
[34] A.A. *Schall* in Spindler/Stilz, § 17 AktG Rz. 29.
[35] Hierzu BGH v. 17.3.1997 – II ZB 3/96, BGHZ 135, 107, 114 f. = AG 1997, 374; OLG Düsseldorf v. 19.11.1999 – 17 U 46/99, AG 2000, 365, 366.
[36] Ganz einhellige Auffassung, ausdrücklich etwa BayObLG v. 6.3.2002 – 3 Z BR 343/00, AG 2002, 511, 513; OLG Karlsruhe v. 11.12.2003 – 12 W 11/02, AG 2004, 147, 148; LG Bielefeld v. 12.11.1999 – 13 O 37/99, AG 2000, 232, 233; *Emmerich* in Emmerich/Habersack, Aktien- und GmbH-Konzernrecht, § 17 AktG Rz. 17.

entgegengehalten, da es vom Zufall bzw. dem Verhalten Dritter abhänge, ob die Einflussmöglichkeit fortbestehe[37]. Maßgeblich sind insoweit die Umstände des konkreten Falls, doch ist bei Einräumung einer weisungsfreien Vollmacht regelmäßig davon auszugehen, dass die Vollmacht nicht ohne Grund widerrufen wird.

Auch **nichtige Vereinbarungen** können eine ausreichende Grundlage für die Beherrschung bilden, wenn insb. aufgrund des Verhaltens in der Vergangenheit davon ausgegangen werden kann, dass sich die Vertragspartner an sie halten[38]. 24

Die formale Stellung eines Minderheitsgesellschafters kann auch durch **Gesellschafter- oder Konsortialvereinbarungen**, die dann typischerweise Stimmbindungen enthalten, derart verstärkt werden, dass sie der Position eines Mehrheitsgesellschafters entsprechen. Bei GmbHs und Personengesellschaften sind derartige Regelungen in weitergehendem Umfang als bei der AG auch im Gesellschaftsvertrag selbst denkbar[39]. 25

### c) Abgestimmtes Verhalten/Acting in Concert

Insb. im Zusammenhang mit Mehrmütterherrschaft (Rz. 45 ff.) wird diskutiert und im Grundsatz anerkannt, dass einem Gesellschafter die Stimmrechte eines anderen zugerechnet werden können, wenn er mit diesem sein Verhalten im Hinblick auf die Einflussnahme abstimmt. **§ 30 Abs. 2 WpÜG und § 22 Abs. 2 WpHG** sehen ähnliche Zurechnungsregeln vor, die in den letzten Jahren intensiv diskutiert worden sind[40]. Noch wenig geklärt sind die Gemeinsamkeiten und Unterschiede zwischen diesen kapitalmarktrechtlichen und den konzernrechtlichen Grundsätzen. Einerseits wird man dogmatisch angesichts der unterschiedlichen europarechtlichen Wurzeln und der unterschiedlichen Zwecke nicht vorschnell auf ein einheitliches Verständnis schließen dürfen. Andererseits wäre ein Zusammenwachsen von Kapitalmarktrecht und Konzernrecht auch in dieser Frage aus praktischen Gründen wünschenswert, zumal §§ 21 f. WpHG für börsennotierte Aktiengesellschaften die aktienrechtlichen Vorschriften der §§ 20 f. ersetzen[41]. 26

Folgende **Präzisierungen** lassen sich vornehmen[42]: 27

– Die gemeinsame Vorgehensweise muss koordiniert und nicht zufällig erfolgen.

– Eine Abstimmung im Einzelfall genügt grundsätzlich nicht (s. auch § 30 Abs. 2 WpÜG, § 22 Abs. 2 WpHG), auch wenn sie sich auf wichtige Strukturfragen bezieht. Bei der praktisch besonders wichtigen Frage der abgestimmten Aufsichtsratswahl ist entscheidend, ob mit der Wahl ein gemeinsamer **Gesamtplan** zur Vertretung von Interessen verbunden ist. 28

---

37 *Emmerich* in Emmerich/Habersack, Aktien- und GmbH-Konzernrecht, § 17 AktG Rz. 17.
38 So auch *Bayer* in MünchKomm. AktG, 3. Aufl., § 17 AktG Rz. 38.
39 Hierzu auch *Emmerich* in Emmerich/Habersack, Aktien- und GmbH-Konzernrecht, § 17 AktG Rz. 20 f.
40 Vgl. nur BGH v. 18.9.2006 – II ZR 137/05, BB 2006, 2432 = AG 2006, 883; OLG Frankfurt v. 25.6.2004 – WpÜG 5, 6 und 8/03, ZIP 2004, 1309; OLG München v. 27.4.2005 – 7 U 2792/04, ZIP 2005, 856 = AG 2005, 482; LG Hamburg v. 16.10.2006 – 412 O 102/04, AG 2007, 177; *Berger*, AG 2004, 592; *Borges*, ZIP 2007, 357; *Diekmann* in VGR, Gesellschaftsrecht in der Diskussion 2005, 2006, S. 69; *Gätsch/Schäfer*, NZG 2008, 846; *Uwe H. Schneider*, WM 2006, 1321; *Schockenhoff/Schumann*, ZGR 2005, 568 ff.; *Seibt*, ZIP 2004, 1829; *Veil* in FS Karsten Schmidt, 2009, S. 1645 ff.; *von Bülow/Stephanblome*, ZIP 2008, 1797; ausführlich *Löhdefink*, Acting in Concert und Kontrolle im Übernahmerecht, 2007.
41 Ähnlich auch *Emmerich* in Emmerich/Habersack, Aktien- und GmbH-Konzernrecht, § 17 AktG Rz. 19.
42 Im Grundsatz zustimmend *Schall* in Spindler/Stilz, § 17 AktG Rz. 32.

29 – Derjenige, der sich einem anderen in der Stimmabgabe nur anhängt, hat **keine beherrschende Einflussnahmemöglichkeit** (zur gemeinsamen Beherrschung Rz. 45 ff.)[43].

30 – Erforderlich ist ein Mindestmaß an Verlässlichkeit (vgl. Rz. 12), das aber, wiederum in Parallele zu § 30 Abs. 2 WpÜG, § 22 Abs. 2 WpHG, nicht zwingend rechtlich abgesichert sein muss, sondern insb. bei **wirtschaftlichen Bindungen**, bspw. aufgrund von Liefer-, Leistungs- oder Kreditbeziehungen denkbar ist.

31 – Da §§ 21 f. WpÜG auch die Information über konzernrechtlich relevante Sachverhalte absichern will, lässt sich sagen, dass ein Verhalten, das die Voraussetzungen des § 22 Abs. 2 WpÜG nicht erfüllt, auch für § 17 nicht ausreichen kann. Der Umkehrschluss, dass alle Fälle des § 22 Abs. 2 WpHG auch für § 17 ausreichen, lässt sich dagegen nicht ziehen.

32 – Tendenziell wird man die Anforderungen an die Verlässlichkeit und Dauer für die konzernorganisationsrechtlichen Vorschriften der §§ 15 ff. höher ansetzen müssen als sie verbreitet für die § 30 Abs. 2 WpÜG, § 22 Abs. 2 WpHG vertreten werden[44]. Weiter reicht die konzernrechtliche Zurechnung allerdings insoweit, als es anders als bei den kapitalmarktrechtlichen Zurechnungsvorschriften nicht allein um die Abstimmung im Hinblick auf die Stimmrechte aus den Aktien geht, sondern grundsätzlich auch eine gegenseitige **Abstimmung im Aufsichtsrat** ausreichen kann, auch wenn die Aufsichtsratsmitglieder formal unabhängig und eine solche Abstimmung daher nicht rechtlich wirksam ist[45].

33 – Eine ausreichend verlässliche Ausrichtung der Interessen des einen auf den anderen kann sich auch aus moralischen Bindungen ergeben, insb. aus engen **familiären Bindungen**[46]. Generell genügt allein die Zugehörigkeit zu einer Familie allerdings noch nicht[47]. Das OLG Düsseldorf verlangt beständige familiäre Beziehungen, sofern die Familie immer als einheitliche Gruppe abstimmt[48].

34 – **Indiz** für ein ausreichend sicheres abgestimmtes Verhalten ist, wenn die Familienmitglieder oder auch die wirtschaftlich miteinander verbundenen Mitgesellschafter in der Vergangenheit stets als geschlossene Einheit aufgetreten sind oder eine einheitliche Geschäftspolitik betrieben haben[49].

---

43 BGH v. 13.4.1994 – II ZR 16/93, BGHZ 125, 366, 369; OLG Köln v. 28.5.2009 – 18 U 108/07, AG 2009, 584 f.; bei § 30 Abs. 2 WpÜG und insb. § 22 Abs. 2 WpHG wird teilweise auch eine Kontrolle des passiven Juniorpartners angenommen, vgl. nur zu § 30 Abs. 2 WpÜG *Lenz/Linke*, AG 2002, 361, 368 f.; a.A. etwa *Uwe H. Schneider* in Assmann/Pötzsch/Uwe H. Schneider, § 30 WpÜG Rz. 112 m.w.N.; ausführlich *Löhdefink*, Acting in Contert und Kontrolle im Übernehmerecht, 2007, S. 324 ff.; *Veil* in FS Karsten Schmidt, 2009, S. 1645, 1653 ff.

44 Vgl. etwa OLG München v. 27.4.2005 – 7 U 2792/04, BB 2005, 1411 mit Anm. *Louven* = AG 2005, 482; dagegen aber BGH v. 18.9.2006 – II ZR 137/05, BB 2006, 2432 mit Anm. *Kocher* = AG 2006, 883.

45 Zu § 30 Abs. 2 WpÜG vgl. BGH v. 18.9.2006 – II ZR 137/05, BB 2006, 2432 = AG 2006, 883.

46 So auch *Emmerich* in Emmerich/Habersack, Aktien- und GmbH-Konzernrecht, § 17 AktG Rz 19; *Schall* in Spindler/Stilz, § 17 AktG Rz. 32.

47 BGH v. 28.4.1980 – II ZR 254/78, BGHZ 77, 94, 105 f.; BGH v. 16.2.1981 – II ZR 168/79, BGHZ 80, 69, 73 = AG 1981, 225; BGH v. 16.12.1991 – II ZR 294/90, AG 1992, 123; BGH v. 29.3.1992 – II ZR 265/91, BGHZ 122, 123, 125; BGH v. 5.12.2005 – II ZR 291/03, AG 2006, 117, 119; BayObLG v. 6.3.2002 – 3 Z BR 343/00, AG 2002, 511, 513; *Henze*, Konzernrecht, Rz. 39 f.

48 OLG Düsseldorf v. 31.3.2009 – 1-26 W 5/08, AG 2009, 873, 875.

49 BGH v. 16.2.1981 – II ZR 168/79, BGHZ 80, 69, 73 = AG 1981, 225; BGH v. 16.12.1991 – II ZR 294/90, AG 1992, 123; BGH v. 29.3.1992 – II ZR 265/91, BGHZ 122, 123, 125 f.; BGH v. 13.4.1994 – II ZR 16/93, BGHZ 125, 366, 369.

## d) Erwerbsrecht

Ein Recht auf den Erwerb einer Mehrheitsbeteiligung allein führt nach wohl herrschender, allerdings bestrittener Ansicht noch nicht zur Zurechnung der Stimmen aus diesen Anteilen, also einer „vorwirkenden" Abhängigkeit[50]. Eine gesellschaftsrechtlich vermittelte Möglichkeit der Einflussnahme liegt nach h.M. noch nicht vor. Nach dem hier vertretenen, primär organisationsrechtlichen Verständnis ist auch im Regelfall kein Grund erkennbar, die Privilegierungen bspw. des § 311 Abs. 2 im Voraus zur Verfügung zu stellen[51]. Aus den § 22 Abs. 2 Nr. 5 WpHG und § 30 Abs. 1 Nr. 5 WpÜG, die für den an sich weitergehenden wertpapierrechtlichen Kontrollbegriff ein dingliches Erwerbsrecht verlangen[52], lässt sich entnehmen, dass jedenfalls ein rein schuldrechtliches Erwerbsrecht nach Ansicht des Gesetzgebers nicht ausreicht. Andererseits kann die für ein „acting in concert" (Rz. 26 ff.) erforderliche verlässliche Interessenausrichtung auf einen anderen Gesellschafter auch daraus folgen, dass der andere Gesellschafter die Anteile ohnehin jederzeit an sich ziehen könnte[53]. Dies gilt dann aber unabhängig davon, ob die Erwerbsoption dinglich oder nur schuldrechtlich ausgestaltet ist.

## e) Sonstige Zurechnungstatbestände nach § 22 Abs. 1 WpHG, § 30 Abs. 1 WpÜG

Die Zurechnungsregeln der § 22 Abs. 1 WpHG, § 30 Abs. 1 WpÜG gelten nicht unmittelbar und lassen sich auch nicht pauschal i.R.d. § 17 anwenden. Im Ergebnis bestehen allerdings keine großen praktischen Unterschiede: Die Nummern 1 und 2 der genannten Regelungen werden bereits i.R.d. § 16 Abs. 4 berücksichtigt, zu Nr. 5 vgl. bereits vorstehend Rz. 35.

Anteile, die das potenziell herrschende Unternehmen einem Dritten **als Sicherheit übertragen** hat, sind zu berücksichtigen, es sei denn, der Dritte ist zur Ausübung der Stimmrechte aus diesen Aktien befugt und bekundet die Absicht, die Stimmrechte unabhängig von den Weisungen des Übertragenden auszuüben (Nr. 3). Typischerweise werden diese Aktien bereits für Rechnung des Sicherungsgebers i.S. des § 16 Abs. 4 gehalten.

Anteile werden dem Nießbrauchsberechtigten zwar nicht generell zugerechnet (vgl. Nr. 4). Umfasst der **Nießbrauch** auch das Stimmrecht, ist dies allerdings bereits bei der Ermittlung der Stimmenmehrheit nach § 16 Abs. 1 zu berücksichtigen (vgl. § 16 Rz. 14). Ansonsten ist zu prüfen, ob die Anteile für Rechnung des Nießbrauchsberechtigten gehalten werden.

Anteile, die dem herrschenden Unternehmen **anvertraut** sind und bei denen es die Stimmrechte nach eigenem Ermessen unabhängig von besonderen Weisungen des Inhabers ausüben kann (Nr. 6), dürften typischerweise über die Grundsätze zu Stimm-

---

50 OLG Düsseldorf v. 22.7.1993 – 6 U 84/92, AG 1994, 36, 38 f.; *ADS*, § 17 AktG Rz. 18, 34; *Emmerich* in Emmerich/Habersack, Aktien- und GmbH-Konzernrecht, § 17 AktG Rz. 11; *Hüffer*, § 17 AktG Rz. 9; *Koppensteiner* in KölnKomm. AktG, 3. aktualisierte Aufl. 2010, § 17 AktG Rz. 20, 47; *Schall* in Spindler/Stilz, § 17 AktG Rz. 37; *Windbichler* in Großkomm. AktG, 4. Aufl., § 17 AktG Rz. 26, 50; *Fett* in Bürgers/Körber, § 17 AktG Rz. 8; *Krieger* in MünchHdb. AG, § 68 Rz. 43; *Krieger* in FS Semler, 1993, S. 503, 505 ff.; *Möhring* in FS Westermann, 1974, S. 427, 430, 436; *Friedl*, NZG 2005, 875, 876; a.A. *Bayer* in MünchKomm. AktG, 3. Aufl., § 17 AktG Rz. 53 ff.; *Baumann/Reiß*, ZGR 1989, 157, 203; *Lutter* in FS Steindorff, 1990, S. 125, 132 f.; *M. Weber*, ZIP 1994, 678, 683 ff.; *Noack*, Gesellschaftervereinbarungen, S. 89 f.; ausführlich *Letixerant*, insb. S. 282 ff.
51 So zu Recht *Krieger* in FS Semler, 1993, S. 503, 513 f.
52 Ausdrücklich die Begr. RegE des WpÜG zu § 30 Abs. 1 Nr. 5, BT-Drucks. 14/7034, S. 54; *von Bülow* in KölnKomm. WpÜG, § 30 WpÜG Rz. 83.
53 Ähnlich *Schall* in Spindler/Stilz, § 17 AktG Rz. 37.

bindungsverträgen und Stimmrechtsvollmachten (vorstehend Rz. 23 ff.) erfasst werden.

**f) Personelle Verflechtungen**

40 Personelle Verflechtungen in Verwaltungsorganen, insb. im Aufsichtsrat der AG allein sollen nach **wohl h.M. keine Abhängigkeit** begründen[54]. Dies ist jedenfalls bei teilweiser Verankerung von Entsendungsrechten in der Satzung und dadurch mitbedingter Dominanz im Aufsichtsrat **zweifelhaft**. Personelle Verflechtungen können jedenfalls eine Minderheitsposition in einem zur Begründung eines beherrschenden Einflusses ausreichendem Maß verstärken (vgl. bereits Rz. 16). Bei einem **mitbestimmten Aufsichtsrat** der AG genügt die Mehrheit der Anteilseignervertreter, wenn diese üblicherweise vorab eine interne Abstimmung vornehmen und im Plenum dann entsprechend dem intern Abgestimmten beschließen.

41 Von großer Bedeutung ist auch eine maßgebliche **Beteiligung in Vorstand** oder Geschäftsführung[55]. Bei der AG ergibt sich dies schon aus § 76, bei der GmbH hat die Geschäftsführung häufig faktisch eine sehr starke Stellung und in jedem Fall einen erheblichen Informationsvorsprung. Eine Beteiligung in der Geschäftsleitung allein reicht mangels gesellschaftsrechtlicher Vermittlung jedoch nicht aus; auch der Vorstandsvorsitzende, der beispielsweise aufgrund der Ausübung von Aktienoptionen auch Gesellschafter ist, wird typischerweise nicht als herrschendes Unternehmen qualifiziert werden können.

**g) Unternehmensverträge, Eingliederung**

42 **Beherrschungsverträge** i.S. des § 291 und Eingliederungen i.S. der §§ 319 ff. begründen immer einen gesellschaftsrechtlich vermittelten Einfluss der jeweiligen Obergesellschaft, unabhängig von jeglicher Kapitalbeteiligung (vgl. § 18 Abs. 1 Satz 2). Reine **Gewinnabführungsverträge** begründen zwar kein Weisungsrecht und damit aus sich selbst heraus keinen beherrschenden Einfluss[56]. Wenn sie aber wirklich einmal mit einem Organträger, der nicht zugleich Mehrheitsgesellschafter der Organgesellschaft ist, abgeschlossen worden sind, ist genau zu prüfen, ob die Minderheitsbeteiligung nicht aufgrund anderer Umstände doch einen beherrschenden Einfluss vermittelt. Die Bereitschaft der übrigen Gesellschafter, auf ihr originäres Gewinnrecht zu verzichten, kann hierfür ein Indiz sein[57]. Sofern auch die außenstehenden Gesellschafter

---

54 Näher *Koppensteiner* in KölnKomm. AktG, 3. aktualisierte Aufl. 2010, § 17 AktG Rz. 62; m.w.N. zum Meinungsstand; *Krieger* in MünchHdb. AG, § 68 Rz. 47; *Dierdorf*, S. 199 ff.; zum Aufsichtsrat auch *Windbichler* in Großkomm. AktG, 4. Aufl., § 17 AktG Rz. 46 f.; demgegenüber nimmt etwa *Decher*, S. 215 ff. bei personellen Verflechtungen im Vorstand eine Abhängigkeitsvermutung an, a.A. wohl *Schall* in Spindler/Stilz, § 17 AktG Rz. 44.

55 OLG München v. 7.4.1995 – 23 U 6733/94, AG 1995, 383 (Abhängigkeit, wenn Gesellschafter-Geschäftsführer der 50 %-Mehrheitsgesellschafterin, der seinerseits mit 50 % an der Mehrheitsgesellschafterin beteiligt ist, zugleich 25 %-Gesellschafter-Geschäftsführer der abhängigen Gesellschaft ist); OLG Frankfurt v. 14.11.2006 – 5 U 138/05, AG 2007, 592, 595 (Abhängigkeit von 40 % Gesellschafter, der zugleich Alleingeschäftsführer ist, wobei der Gesellschaftsvertrag generell Mehrheitserfordernis von 75 % für Gesellschafterbeschlüsse vorsah); BayObLG v. 6.3.2002 – 3 Z BR 343/00, AG 2002, 511, 512; *Bayer* in MünchKomm. AktG, 3. Aufl., § 17 AktG Rz. 33; *ADS*, § 17 AktG Rz. 64; *Schall* in Spindler/Stilz, § 17 AktG Rz. 31; *Decher*, S. 215 ff.; *Götz*, S. 30 ff.; *Säcker*, ZHR 151 (1987), 59, 65 f. nimmt sogar einen qualifiziert faktischen Konzern an.

56 *Bayer* in MünchKomm. AktG, 3. Aufl., § 17 AktG Rz. 65; *Koppensteiner* in KölnKomm. AktG, 3. aktualisierte Aufl. 2010, § 17 AktG Rz. 52; a.A. *Windbichler* in Großkomm. AktG, 4. Aufl., § 17 AktG Rz. 35.

57 So auch *Emmerich* in Emmerich/Habersack, Aktien- und GmbH-Konzernrecht, § 17 AktG Rz. 22.

einen am Gewinn des Organträgers orientieren Ausgleich erhalten, wird die Verwaltung im Interesse aller Gesellschafter die Interessen des Organträgers wahrnehmen; dies sollte zur Annahme eines beherrschenden Einflusses ausreichen.

Auch die übrigen Unternehmensverträge des § 292 begründen den beherrschenden Einfluss zwar nicht per se[58], können aber in den seltenen Fällen, in denen nicht ohnehin eine Mehrheitsbeteiligung gegeben ist, ein Indiz für Abhängigkeit sein[59]. Auf die zivilrechtliche Wirksamkeit tatsächlich vollzogener Verträge kommt es nicht an[60]. 43

### h) Banken

Für die Beteiligung von Banken einschließlich deren Handelsbestand an Aktien gelten keine Besonderheiten; **§ 37 Abs. 3 GWB findet keine analoge Anwendung**[61]. Der frühere Streit um die Behandlung des Depotstimmrechts[62] dürfte seit dessen Einschränkung 1998 insb. aufgrund des § 135 Abs. 1 Satz 3 heute nur noch akademische Bedeutung haben. 44

### 3. Mehrmütterherrschaft

Heute ist grundsätzlich anerkannt, dass eine Gesellschaft auch außerhalb mehrstufiger Verbindungen von mehr als einem Gesellschafter abhängig sein kann[63]. § 310 HGB sieht hierfür die anteilsmäßige Konsolidierung vor. § 36 Abs. 2 Satz 2 GWB, wonach in dem Fall, dass mehrere Unternehmen der Art zusammenwirken, dass sie gemeinsam einen beherrschenden Einfluss auf ein anderes Unternehmen ausüben können, jedes von ihnen als herrschendes gilt, findet damit praktisch auch i.R.d. § 17 Anwendung[64]. Paradebeispiel ist das 50:50-**Gemeinschaftsunternehmen**. Denkbar ist die gemeinsame Beherrschung aber auch bei zwei oder mehr[65] Gesellschaftern, die gemeinsam eine Gesellschaft majorisieren. 45

---

58 Näher *Koppensteiner* in KölnKomm. AktG, 3. aktualisierte Aufl. 2010, § 17 AktG Rz. 53; *Bayer* in MünchKomm. AktG, 3. Aufl., § 17 AktG Rz. 66.
59 So *Emmerich* in Emmerich/Habersack, Aktien- und GmbH-Konzernrecht, § 17 AktG Rz. 23; *Raupach* in FS Bezzenberger, 2000, S. 327, 336; nicht ganz klar *Schall* in Spindler/Stilz, § 17 AktG Rz. 39 ff.
60 Eingehender *Bayer* in MünchKomm. AktG, 3. Aufl., § 17 AktG Rz. 71; außerdem *Emmerich* in Emmerich/Habersack, Aktien- und GmbH-Konzernrecht, § 17 AktG Rz. 22 f.
61 So auch ausdrücklich *Koppensteiner* in KölnKomm. AktG, 3. aktualisierte Aufl. 2010, § 17 AktG Rz. 37 f.; *Bayer* in MünchKomm. AktG, 3. Aufl., § 17 AktG Rz. 45; *Schall* in Spindler/Stilz, § 17 AktG Rz. 53.
62 Für eine Gleichbehandlung mit gewöhnlichen Vollmachten *Bayer* in MünchKomm. AktG, 3. Aufl., § 17 AktG Rz. 47 ff.; *Emmerich* in Emmerich/Habersack, Aktien- und GmbH-Konzernrecht, § 17 AktG Rz. 24; einschränkend *Koppensteiner* in KölnKomm. AktG, 3. aktualisierte Aufl. 2010, § 17 AktG Rz. 49; grundsätzlich gegen Relevanz des Depotstimmrechts wegen Weisungsabhängigkeit und Widerruflichkeit der Vollmacht *Hüffer*, § 17 AktG Rz. 10; *Krieger* in MünchHdb. AG, § 68 Rz. 43; *Windbichler* in Großkomm. AktG, 4. Aufl., § 17 AktG Rz. 24, 56.
63 Grundlegend BGH v. 3.3.1974 – II ZR 89/72 – „Seitz", BGHZ 62, 193, 196 ff. = AG 1974, 220, 221 ff.; außerdem BGH v. 8.5.1979 – KVR 1/78 – „WAZ", BGHZ 74, 359, 366 ff. = AG 1980, 50; BGH v. 16.2.1981 – II ZR 168/79 – „Süssen", BGHZ 80, 69, 73 = AG 1981, 225; BAG v. 18.6.1970 – 1 ABR 3/70, AG 1970, 268, 269; ausführlicher Überblick über den Meinungsstand bei *Koppensteiner* in KölnKomm. AktG, 3. aktualisierte Aufl. 2010, § 17 AktG Rz. 83 ff.; a.A. noch RGZ 167, 40, 51 ff.; *Würdinger* in Großkomm. AktG, 3. Aufl., § 17 AktG Anm. 11.
64 Zum Verhältnis der Vorgängervorschrift des § 23 Abs. 1 GWB zu § 17 ausführlicher *Säcker*, NJW 1980, 801 ff.
65 BGH v. 4.3.1974 – II ZR 89/72 – „Seitz", BGHZ 62, 193 = AG 1974, 220 betraf eine gemeinsame Beherrschung durch drei Gesellschafter mit Beteiligungen von 25 %, 25 % und 5 %; ausführlicher *Böttcher/Liekefett*, NZG 2003, 701 ff.

46 Erforderlich ist, dass mehrere Gesellschafter in einer **koordinierten Weise** gemeinsam einen beherrschenden Einfluss ausüben können, insb. durch die koordinierte Bestimmung der Verwaltungsorgane oder, etwa bei GmbHs, die Erteilung von Weisungen (vgl. oben Rz. 6, 8). Das Vorliegen eines Gemeinschaftsunternehmens begründet allerdings nicht zwingend Mehrmütterherrschaft[66]. Zum einen ist grundsätzlich denkbar, dass der eine Partner im Innenverhältnis ein Übergewicht hat, das eine Mitbeherrschung durch den anderen ausschließt, wie dies insb. bei alleinigem Vorschlagsrecht für Verwaltungsorgane oder Stimmenmehrheit im Innenverhältnis der Fall ist[67]. Auch bei einem Gemeinschaftsunternehmen zwischen ihrerseits in einem Abhängigkeitsverhältnis stehenden Unternehmen (Beispiel: die Mutter gründet gemeinsam mit ihrer Tochter ein 50:50- Gemeinschaftsunternehmen) wird man kaum eine Mitbeherrschung des vom Mitgesellschafter abhängigen Partners annehmen können[68]. Zum anderen soll auch hier eine bloße Sperrminorität (hierzu oben Rz. 9) und das bloße Aufeinanderangewiesensein mit einem gewissen faktischen Einigungszwang nicht ausreichen[69].

47 Andererseits sind die Voraussetzungen für die Annahme gemeinsamer Beherrschungsmöglichkeiten nicht übermäßig hoch: Nach dem BGH ist davon auszugehen, wenn „gleichgerichtete Interessen eine gemeinsame Unternehmenspolitik gewährleisten"[70]. Praktizieren die Gesellschafter, wie in der Praxis üblich, **Streitschlichtungsmechanismen** der Art, dass die Gesellschaft von einer einheitlichen Abstimmung ausgehen kann, liegt eine gemeinsame Beherrschung vor[71]. Einer solchen Abstimmung genügt die Mehrheitsentscheidung mehrerer Konsorten[72]. Zu Recht wird für 50:50-Gemeinschaftsunternehmen ein Beweis des ersten Anscheins dafür angenommen, dass die Gesellschafterrechte nicht unkoordiniert ausgeübt werden[73].

---

66 BGH v. 8.5.1979 – KVR 1/78 – „WAZ", BGHZ 74, 359, 366 = AG 1980, 50; OLG Hamm v. 26.5.1997 – 8 U 115/96, AG 1998, 588; OLG Frankfurt v. 22.12.2003 – 19 U 78/03, AG 2004, 567, 568.
67 Ausdrücklich zustimmend OLG Köln v. 28.5.2009 – 18 U 108/07, AG 2009, 584 f.; zu einem solchen Fall OLG Frankfurt v. 22.12.2003 – 19 U 78/03, AG 2004, 567, 568; OLG Hamm v. 2.11.2000 – 27 U 1/00, AG 2001, 146, 147 f. (Mehrheit eines von fünf Konsorten im Innenverhältnis); dazu *Bauer*, NZG 2001, 742, 743 f.; ausdrücklich und teilweise einschränkend *Marchand*, S. 121 ff.; a.A. *Koppensteiner* in KölnKomm. AktG, 3. aktualisierte Aufl. 2010, § 17 AktG Rz. 90; *Krieger* in MünchHdb. AG, § 68 Rz. 53, die auch den am Konsortium mit Minderheit beteiligten, ständig überstimmten Partner als herrschendes Unternehmen ansehen.
68 So auch OLG Köln v. 28.5.2009 – 18 U 108/07, AG 2009, 584 f.
69 Ausdrücklich zu Gemeinschaftsunternehmen BGH v. 8.5.1979 – KVR 1/78 – „WAZ", BGHZ 74, 359, 366 = AG 1980, 50; OLG Frankfurt v. 22.12.2003 – 19 U 78/03, AG 2004, 567, 568; *Bayer* in MünchKomm. AktG, 3. Aufl., § 17 AktG Rz. 81; *Emmerich* in Emmerich/Habersack, Aktien- und GmbH-Konzernrecht, § 17 AktG Rz. 30 f.; *Böttcher/Liekefett*, NZG 2003, 701, 703; *S. Maul*, NZG 2000, 470 f.; weitergehend KG v. 14.12.1977 – Kart. 11/77, WuW/E OLG 1967 ff. (Vorinstanz zu BGH v. 8.5.1979 – „WAZ"); *Säcker*, NJW 1980, 801, 804, die das Aufeinanderangewiesensein und den faktischen Zwang zur Einigung ausreichen lassen.
70 BGH v. 8.5.1979 – KVR 1/78, BGHZ 74, 359, 368 (diese Ausführungen zu § 23 Abs. 1 Satz 2 GWB wird man auf § 17 übertragen können); ähnlich BAG v. 18.6.1970 – 1 ABR 3/70, AG 1970, 268, 269 (Poolung der Stimmrechte und Verpflichtung zu gemeinsamer Geschäftspolitik).
71 Ähnlich *Emmerich* in Emmerich/Habersack, Aktien- und GmbH-Konzernrecht, § 17 AktG Rz. 31; *Koppensteiner* in KölnKomm. AktG, 3. aktualisierte Aufl. 2010, § 17 AktG Rz. 90.
72 *Koppensteiner* in KölnKomm. AktG, 3. aktualisierte Aufl. 2010, § 17 AktG Rz. 90; *Krieger* in MünchHdb. AG, § 68 Rz. 51, 53; *Marchand*, S. 117 ff.; a.A. *Säcker*, NJW 1980, 801, 805.
73 So zu Recht *Bayer* in MünchKomm. AktG, 3. Aufl., § 17 AktG Rz. 81; *Karsten Schmidt*, ZGR 1980, 277, 288; *Klinkhammer*, S. 68 f. (Vermutung); a.A. *Koppensteiner* in KölnKomm. AktG, 3. aktualisierte Aufl. 2010, § 17 AktG Rz. 93; *Schall* in Spindler/Stilz, § 17 AktG Rz. 28; *Fett* in Bürgers/Körber, § 17 AktG Rz. 24; *Böttcher/Liekefett*, NZG 2003, 701, 703; zu einem Fall, in dem bei einem Gemeinschaftsunternehmen nicht von einer verlässlichen Koordination ausgegangen worden ist, OLG Hamm v. 26.5.1997 – 8 U 115/96, AG 1998, 588.

Auch die gemeinsame Beherrschung muss eine gewisse **Verlässlichkeit** aufweisen 48
(hierzu oben Rz. 12); die unkoordinierte, zufällig einheitliche Abstimmung genügt
nicht[74]. Die verlässliche Koordinierung kann vertraglich, etwa durch eine Gesellschafter-, Pool- oder Konsortialvereinbarung[75] oder eine Vorschaltgesellschaft[76] begründet sein[77]. Ausreichen kann aber auch insoweit ein rein tatsächliches abgestimmtes Verhalten (hierzu Rz. 26 ff.), das gerade bei mehrfacher Abhängigkeit besondere Bedeutung hat. Die verlässliche koordinierte Einflussnahme kann sich auch aufgrund organisatorischer, insb. personeller Verflechtungen ergeben[78]. Ausreichend ist insb. eine Beherrschung der Mütter durch dieselben Personen und auch bereits eine gleichartige Beteiligung derselben Personen an den Müttern, sofern dies eine einheitliche Ausübung der Stimmrechte in der abhängigen Gesellschaft erwarten lässt[79]. Indiz für eine ausreichende Koordinierung kann ein einheitliches Auftreten und eine gemeinsam betriebene Unternehmenspolitik in der Vergangenheit sein[80].

Herrschend kann auch im Gemeinschaftsunternehmen nur ein **Unternehmen** i.S. 49
des § 15 sein. Umstritten ist, ob auch der Partner der gemeinsamen Beherrschung Unternehmen sein muss[81]. Dies wäre nur dann der Fall, wenn davon auszugehen wäre, dass das Fehlen gesellschaftsfremder wirtschaftlicher Interessen bei einem Partner die Verfolgung gesellschaftsfremder Interessen ausschließt, was zu bezweifeln ist. Nach dem hier vertretenen, primär organisationsrechtlichen Ansatz (§ 15 Rz. 34 ff.) besteht kein Anlass, dem Partner mit Unternehmenseigenschaft die organisationsrechtlichen Vorteile z.B. des zeitlich verzögerten Nachteilsausgleichs nach § 311 Abs. 2 zu versagen, auch wenn davon neben ihm ausnahmsweise auch eine Privatperson profitiert. Schalten die Partner eine (teil-)rechtsfähige **Zwischenholding** zur Koordinierung ihrer gemeinsamen Beherrschung vor, ist die Zielgesellschaft sowohl (mittelbar) von den Partnern, als auch (unmittelbar) von der Vorschaltgesellschaft abhängig, soweit bei den Partnern und der Zwischengesellschaft Unternehmenseigenschaft gegeben ist[82].

---

74 S. auch OLG Köln v. 28.5.2009 – 18 U 108/07, AG 2009, 584 f.
75 Zum Inhalt solcher Vereinbarungen ausführlicher *Baumann/Reiß*, ZGR 1989, 157, 162 ff.
76 Eine von den Partnern gegründete Innengesellschaft kann nicht herrschendes Unternehmen sein, vgl. § 15 Rz. 66; ausführlicher *Koppensteiner* in KölnKomm. AktG, 3. aktualisierte Aufl. 2010, § 17 AktG Rz. 86 f. m.w.N.
77 Ausführlicher *Böttcher/Liekefett*, NZG 2003, 701, 703 ff.; *Bayer* in MünchKomm. AktG, 3. Aufl., § 17 AktG Rz. 78.
78 Zur personellen Verflechtung BAG v. 16.8.1995 – 7 ABR 57/94, AG 1996, 367, 368 (Personenidentität der Vorstände der beiden Mütter für Abhängigkeit ausreichend); BGH v. 4.3.1974 – II ZR 89/72 – „Seitz", BGHZ 62, 193, 202 = AG 1974, 220, 222.
79 BGH v. 4.3.1974 – II ZR 89/72 – „Seitz", BGHZ 62, 193, 199 ff. = AG 1974, 220, 221 f. (einheitliche 50:50 Beteiligung von zwei Familienstämmen an den drei als gemeinsam herrschend angesehenen Gesellschaften); *Geßler*, ZGR 1974, 476, 480 f.
80 BGH v. 16.2.1981 – II ZR 168/79, BGHZ 80, 69, 73 = AG 1981, 225; BGH v. 16.12.1991 – II ZR 294/90, AG 1992, 123; *Bayer* in MünchKomm. AktG, 3. Aufl., § 17 AktG Rz. 78; *ADS*, § 17 AktG Rz. 49; zurückhaltender *Koppensteiner* in KölnKomm. AktG, 3. aktualisierte Aufl. 2010, § 17 AktG Rz. 92; wohl auch *Böttcher/Liekefett*, NZG 2003, 701, 705.
81 Dies fordernd OLG Frankfurt v. 22.12.2003 – 19 U 78/03, AG 2004, 567, 568; *Bauer*, NZG 2001, 742, 745; *Krieger* in MünchHdb. AG, § 68 Rz. 54; a.A. *Emmerich* in Emmerich/Habersack, Aktien- und GmbH-Konzernrecht, § 17 AktG Rz. 30; *Schall* in Spindler/Stilz, § 17 AktG Rz. 18; nach *Koppensteiner* in KölnKomm. AktG, 3. aktualisierte Aufl. 2010, § 17 AktG Rz. 89 begründet die Teilnahme an der gemeinsamen Beherrschung die Unternehmensqualität originär.
82 *Krieger* in MünchHdb. AG, § 68 Rz. 55; *Bauer*, NZG 2001, 742, 744; zur Unternehmenseigenschaft einer Zwischenholding s. § 15 Rz. 62 f.

## III. Abhängigkeitsvermutung (§ 17 Abs. 2)

### 1. Überblick

50 Nach § 17 Abs. 2 wird bei einer Mehrheitsbeteiligung i.S. des § 16 Abhängigkeit nach § 17 widerleglich[83] vermutet, also nicht nur bei Stimmen-, sondern auch bei Kapitalmehrheit. Nach § 18 Abs. 1 Satz 3 knüpft hieran die **Konzernvermutung** an. Eine Spezialvorschrift (keine Vermutung, sondern Fiktion) enthält § 19 Abs. 2 und 3 für wechselseitig beteiligte Unternehmen. Bei mehrstufigen Mehrheitsbeteiligungen begründet § 17 Abs. 2 die Vermutung der Abhängigkeit über mehrere Stufen.

51 Die Vermutung bewirkt eine Umkehr der **Darlegungs- und Beweislast**. Sie muss von demjenigen widerlegt werden, der sich auf die Unanwendbarkeit der an die Abhängigkeit anknüpfenden Norm beruft, was im Einzelfall auch die abhängige Gesellschaft sein kann, etwa im Hinblick auf die Verpflichtung zur Erstellung eines Abhängigkeitsberichts (hierzu auch § 311 Rz. 13).

### 2. Widerlegung

#### a) Grundlagen

52 Die Widerlegung erfordert den **Nachweis**, dass trotz Mehrheitsbeteiligung ein beherrschender Einfluss nicht ausgeübt werden kann. Das bloße Absehen von beherrschender Einflussnahme trotz entsprechender Möglichkeit genügt nicht, da § 17 Abs. 1 für die Abhängigkeit eine Einflussnahmemöglichkeit ausreichen lässt. Bewiesen werden müssen Umstände, die eine Einflussnahmemöglichkeit i.S. der Rz. 5 ff. oder die Verlässlichkeit dieser Einflussnahmemöglichkeit i.S. der Rz. 12 ausschließen. Allein nicht ausreichend sind die tatsächliche Beschränkung auf die Funktion einer reinen Zwischenholding und eine entsprechend geringe sachliche und personelle Ausstattung bis hin zur Arbeitnehmerlosigkeit[84].

53 Aus dem Umstand, dass nicht nur die Stimmenmehrheit, sondern auch die bloße Kapitalmehrheit im Zweifel Abhängigkeit begründet, wird heute ganz überwiegend geschlossen, dass sich die Widerlegung nicht allein auf die fehlende Stimmenmehrheit beschränken kann, sondern darüber hinaus auch das **Fehlen sonstiger Beherrschungsmöglichkeiten** einschließlich gerade bei Kapitalmehrheit nahe liegender kombinierter Beherrschung (hierzu oben Rz. 16) umfassen muss[85]. Da ein negativer Beweis ins Blaue hinein kaum möglich ist, werden derartige weitergehende Beweisantritte allerdings erst zu fordern sein, wenn Umstände vorliegen oder vorgetragen worden sind, nach denen eine solche (kombinierte) Beherrschungsmöglichkeit vorliegt[86].

---

[83] Entgegen dem RegE wurde die Widerlegung eröffnet, um atypischen Sondersituationen wie einer auf stimmrechtslosen Vorzugsaktien beruhenden Kapitalmehrheit oder der insb. bei internationalen Gemeinschaftsgründungen oder Anteilsveräußerungen vorkommenden vertraglichen Beschränkung der Stimmrechtsausübung Rechnung zu tragen; vgl. Ausschussbericht zu § 16, *Kropff*, Aktiengesetz, S. 28.

[84] OLG Frankfurt a.M. v. 21.4.2008 – 20 W 342/07, AG 2008, 502, 503.

[85] So *Bayer* in MünchKomm. AktG, 3. Aufl., § 17 AktG Rz. 95; *Emmerich* in Emmerich/Habersack, Aktien- und GmbH-Konzernrecht, § 17 AktG Rz 37; *Hüffer*, § 17 AktG Rz. 19 f.; *ADS*, § 17 AktG Rz. 98; *Krieger* in MünchHdb. AG, § 68 Rz. 59; wohl auch BVerfG v. 5.6.1998 – 2 BvL 2/97, BVerfGE 98, 145, 162; BayObLG v. 34.3.1998 – 3 Z BR 236/96, AG 1998, 523; a.A. *Windbichler* in Großkomm. AktG, 4. Aufl., § 17 AktG Rz. 71, 74; *Koppensteiner* in KölnKomm. AktG, 3. aktualisierte Aufl. 2010, § 17 AktG Rz. 100, 102; *Schall* in Spindler/Stilz, § 17 AktG Rz. 50; *Barz* in FS Bärmann, 1975, S. 185, 189; *Werner*, Abhängigkeitstatbestand, S. 171 f.

[86] Ähnlich *Bayer* in MünchKomm. AktG, 3. Aufl., § 17 AktG Rz. 95; *Emmerich* in Emmerich/Habersack, Aktien- und GmbH-Konzernrecht, § 17 AktG Rz. 37; *Hüffer*, § 17 AktG Rz. 20; *Krieger* in MünchHdb. AG, § 68 Rz. 59.

## b) Mittel zur Widerlegung

**aa) Qualifizierte Mehrheitserfordernisse** in der Satzung widerlegen die Vermutung dann, wenn diese sich auf die beherrschenden Einfluss begründenden Beschlussgegenstände (s. oben Rz. 6, 8), insb. die Bestellung von Verwaltungsmitgliedern und (bei GmbHs) Geschäftsführungsweisungen erstrecken[87].

**bb)** Im Hinblick auf **sonstige Beschränkungen der Personalhoheit** durch eine fehlende Aufsichtsratsmehrheit ist zu unterscheiden (zu den Beschränkungen durch die Arbeitnehmermitbestimmung bereits oben Rz. 7): Das **Entsendungsrecht** eines Minderheitsgesellschafters schließt die Personalkompetenz des Mehrheitsgesellschafters bei einer paritätisch mitbestimmten Gesellschaft im Grundsatz aus[88]. Demgegenüber schließen von dem Mehrheitsgesellschafter **unabhängige Aufsichtsratsmitglieder** eine Beherrschung nicht aus, wenn diese von der Hauptversammlung gewählt werden. Daran änderte auch nichts, wenn man für Unabhängigkeit i.S. des § 100 Abs. 5 auch Unabhängigkeit vom Mehrheitsgesellschafter forderte und damit eine Verpflichtung annähme, jeweils eine vom Mehrheitsgesellschafter unabhängige Person in den Aufsichtsrat zu wählen (hierzu § 100 Rz. 47, 50). Die von § 17 typisierend unterstellte Gefahr einer Ausrichtung des Verhaltens von Verwaltungsmitgliedern auf denjenigen, der über die Bestellung entscheidet (s. Rz. 6), besteht auch hier. In der indirekten Möglichkeit der Einflussnahme auf die Wahl des weiteren Mitglieds gem. § 8 Montan-MitbestG liegt auch die Rechtfertigung für die Annahme ausreichender Einflussnahmemöglichkeiten des Mehrheitsgesellschafters im Anwendungsbereich der Montanmitbestimmung,

**cc)** Der **Verzicht auf die eigenständige Ausübung des Stimmrechts** in beherrschenden Einfluss begründenden Angelegenheiten ist (nur) dann zur Widerlegung geeignet, wenn dem eine verlässliche vertragliche Basis zugrunde liegt, beispielsweise ein **Stimmbindungsvertrag**, die rechtlich wirksam und durch den Gebundenen nicht jederzeit kündbar ist. Für die inhaltlichen und zeitlichen Anforderungen gelten die zum Entherrschungsvertrag aufgestellten Anforderungen entsprechend (nachfolgend Rz. 60 ff.)[89]. Noch nicht näher diskutiert worden ist, ob der Stimmbindungsvertrag **der Gesellschaft** bekannt sein muss. Dies ist zu bejahen[90]. Die Rechtsprechung betont, dass es für die Beurteilung der Abhängigkeit in erster Linie auf die Sichtweise des abhängigen Unternehmens ankommt (s. oben Rz. 13). Ohne Kenntnis vom Hintermann besteht die Gefahr, dass die Geschäftsleitung sich in vorauseilendem Gehorsam an den vermuteten Interessen des unmittelbaren Mehrheitsgesellschafters ausrichtet. Dies bedeutet allerdings nicht, dass der Hintermann seine tatsächliche Einflussnahmemöglichkeit und damit Abhängigkeit von ihm unter Berufung auf die Unkenntnis der Gesellschaft widerlegen kann.

**dd)** Vom Gesellschafter behebbare **Stimmverbote**, etwa aufgrund unterlassener Mitteilungen sind zur Widerlegung nicht geeignet[91].

---

87 So auch *Bayer* in MünchKomm. AktG, 3. Aufl., § 17 AktG Rz. 98; *Koppensteiner* in KölnKomm. AktG, 3. aktualisierte Aufl. 2010, § 17 AktG Rz. 104; *Krieger* in MünchHdb. AG, § 68 Rz. 60; ähnlich *Hüffer*, § 17 AktG Rz. 21.
88 So wohl auch *Hoffmann-Becking* in MünchHdb. AG, § 30 Rz. 24; *Habersack* in MünchKomm. AktG, 3. Aufl., § 101 AktG Rz. 53; *Hopt/Roth* in Großkomm. AktG, 4. Aufl., § 101 AktG Rz. 130.
89 So auch deutlich *Bayer* in MünchKomm. AktG, 3. Aufl., § 17 AktG Rz. 99 ff.
90 Zustimmend *Emmerich* in Emmerich/Habersack, Aktien- und GmbH-Konzernrecht, § 17 AktG Rz 40.
91 Zutr. *Koppensteiner* in KölnKomm. AktG, 3. aktualisierte Aufl. 2010, § 17 AktG Rz. 106; a.A. *Windbichler* in Großkomm. AktG, 4. Aufl., § 17 AktG Rz. 74; vgl. auch § 16 Rz. 20 zur

58 **ee)** Ein **Beherrschungsvertrag** mit einem Dritten reicht zur Widerlegung der Abhängigkeitsvermutung aus[92]. Für die mehrstufige Abhängigkeit bedeutet dies, dass ein unmittelbarer Beherrschungsvertrag zwischen Mutter und Enkelin die Vermutung der Abhängigkeit der Enkelin von der Tochter ausschließt[93]. Dagegen lassen ein Beherrschungsvertrag zwischen Mutter und Tochter sowie ein Beherrschungsvertrag zwischen Tochter und Enkelin jeweils die mehrstufige Abhängigkeit der Enkelin unberührt.

59 **ff)** Stützt sich eine **mehrstufige Abhängigkeit** der Enkelin zur Mutter auf mehrere Vermutungen nach § 17 Abs. 2, reicht die Widerlegung auf einer Ebene aus. Das OLG München sah die Abhängigkeitsvermutung einer Tochter-KG von der an ihr mit Mehrheit beteiligten Mutter-KG als widerlegt an, da der Z, der neben einer juristischen Person Komplementär und Minderheitsgesellschafter der Tochter-KG war, zugleich mit fast 100 % am Kommanditkapital der Mutter-KG beteiligt und einer von zwei Geschäftsführern der Komplementärin der Mutter-KG war; die Mutter-KG könne Z als Gesellschafter der Tochter-KG nicht dominieren, vielmehr zwinge Z der Mutter-KG seinen Willen auf[94]. Letzteres ist zwar richtig; mangels Absorption des Abhängigkeitsverhältnisses bei mehrstufiger Abhängigkeit (§ 16 Rz. 23) schließt die Beherrschung der Mutter-KG durch Z die Abhängigkeit der Tochter-KG von der Mutter-KG (neben der mittelbaren Abhängigkeit von Z) jedoch nicht aus.

### c) Speziell: Entherrschungsverträge

60 **aa)** Als taugliches Mittel zur Widerlegung der Abhängigkeitsvermutung sind heute ganz überwiegend auch Entherrschungsverträge anerkannt, bei denen sich der Mehrheitsgesellschafter anders als bei einem Stimmbindungsvertrag nicht gegenüber einem Mitgesellschafter oder Dritten, sondern **gegenüber der Gesellschaft** selbst bindet[95]. Inhaltlich muss der Entherrschungsvertrag die mehrheitliche Ausübung des Stimmrechts in den für die die beherrschende Einflussnahme maßgeblichen Beschlussgegenständen (s. oben Rz. 6, 8), insb. der Organbesetzung ausschließen[96].

---

Frage, ob derartige Stimmverbote bei der Ermittlung der Stimmenmehrheit zu berücksichtigen sind.

92 So ausdrücklich auch *Bayer* in MünchKomm. AktG, 3. Aufl., § 17 AktG Rz. 113; in der Rechtsprechung wird nicht immer ganz klar, ob die Vermutung des § 18 Abs. 1 Satz 2 oder die des § 17 Abs. 2 als widerlegt angesehen wird, s. BAG v. 14.2.2007 – 7 ABR 26/06, AG 2007, 665, 667; OLG Düsseldorf v. 30.10.2006 – I-26 W 14/06 AktE, WM 2007, 165, 166.

93 So auch *Bayer* in MünchKomm. AktG, 3. Aufl., § 17 AktG Rz. 114; *Emmerich* in Emmerich/Habersack, Aktien- und GmbH-Konzernrecht, § 17 AktG Rz. 41; *Hüffer*, § 17 AktG Rz. 23; *Schall* in Spindler/Stilz, § 17 AktG Rz. 56.

94 OLG München v. 11.5.2004 – 7 W 1056/04, AG 2004, 455; zust. *Emmerich* in Emmerich/Habersack, Aktien- und GmbH-Konzernrecht, § 17 AktG Rz. 41; *Bayer* in MünchKomm. AktG, 3. Aufl., § 17 AktG Rz. 114.

95 OLG Köln v. 24.11.1992 – 22 U 72/92 – „Winterthur/Nordstern", AG 1993, 86, 87; LG Köln v. 3.2.1992 – 91 O 203/91 – „Winterthur/Nordstern", AG 1992, 238 f.; LG Mainz v. 16.10.1990 – 10 HO 57/89 – „Massa/Asko", AG 1991, 30, 32; *Bayer* in MünchKomm. AktG, 3. Aufl., § 17 AktG Rz. 99; *Emmerich* in Emmerich/Habersack, Aktien- und GmbH-Konzernrecht, § 17 AktG Rz. 42; *Koppensteiner* in KölnKomm. AktG, 3. aktualisierte Aufl. 2010, § 17 AktG Rz. 109; *Götz*, S. 4 ff.; *Hentzen*, ZHR 157 (1993), 65, 66 ff.; *Hommelhoff*, Konzernleitungspflicht, S. 82 f.; *Jäger*, DStR 1995, 1113, 1114 f.; *Reichert/Harbarth*, AG 2001, 447, 454; a.A. *Hüttemann*, ZHR 156 (1992), 314, insb. 324 ff. wegen Verstoßes gegen die aktienrechtliche Kompetenzordnung; *Geßler* in G/H/E/K, § 17 AktG Rz. 106; kritisch auch *Windbichler* in Großkomm. AktG, 4. Aufl., § 17 AktG Rz. 80; zu einem Muster vgl. *Hoffmann-Becking* in Münch. Vertragshdb. 1: Gesellschaftsrecht; Form. X.9; *Messerschmidt* in Lorz/Pfisterer/Gerber, Beck Formularbuch Aktienrecht, T.V.

96 *Götz*, S. 46 ff., der bei der AG eine Beschränkung des Stimmrechts bei Wahl und Abberufung der Aufsichtsratsmitglieder ausreichen lässt; ebenso *Koppensteiner* in KölnKomm. AktG,

Gefordert wird eine Beschränkung auf weniger als die Hälfte der in der Hauptversammlung vertretenen Stimmen („**Minus-Eins**"**-Regel**")[97]. Der Praxis ist sowohl im Hinblick auf die erfassten Beschlussgegenstände als auch den Umfang des Stimmrechtsausschlusses von einer kleinlichen Begrenzung aus Vorsichtsgründen abzuraten, zumal die bloße Widerlegung der Vermutung noch nicht die Widerlegung der Abhängigkeit bedeutet. Bestehen Anhaltspunkte für eine kombinierte Beherrschung, müssen diese nach den von der herrschenden Meinung an die Widerlegung der Vermutung des § 17 Abs. 2 gestellten Anforderungen (s. Rz. 53) ebenfalls widerlegt werden, entweder im Entherrschungsvertrag oder auf andere Weise.

61

bb) Der **Zeitraum der Beschränkung** muss über die nächste Organwahl hinausgehen[98]. Unschädlich ist die Kündigungsmöglichkeit aus wichtigem Grund, wobei Details wie die Frage, welche Gründe anzuerkennen sind und ob diese im Vertrag ausdrücklich benannt werden müssen, umstritten sind[99]. Die Zeitdauer, für die der Vertrag die Abhängigkeit widerlegt, muss mit der Vertragsdauer nicht übereinstimmen. Die Widerlegung endet wegen der Gefahr, dass sich die Verwaltung ab diesem Zeitpunkt an den Interessen des Mehrheitsgesellschafters ausrichtet, mit der letzten in die Vertragslaufzeit fallenden Organwahl[100]. Hat der Mehrheitsaktionär vor Vertragsschluss seine Repräsentanten, die die Mehrheit der Anteileigner im Aufsichtsrat stellen, zuvor in den Aufsichtsrat gewählt, kann er die Geschäftsführung während der Amtszeit maßgeblich beeinflussen. Legen diese ihr Amt nicht nieder, kann der Entherrschungsvertrag Wirkung erst ab der nächsten Aufsichtsratswahl entfalten[101].

62

cc) Der Vertrag muss **ernsthaft** gewollt sein, wofür verbreitet eine wirtschaftlich nachvollziehbare Motivation des herrschenden Unternehmens verlangt wird[102]. Besondere institutionelle Absicherungen wie eine Vertragsstrafe für den Fall der Zuwiderhandlung oder die Hinterlegung der Aktien können die Ernsthaftigkeit unterstrei-

63

---

3. aktualisierte Aufl. 2010, § 17 AktG Rz. 111; *Krieger* in MünchHdb. AG, § 68 Rz. 61; wohl auch LG Köln v. 3.2.1992 – 91 O 203/91, AG 1992, 238; tendenziell weitergehend *Hentzen*, ZHR 157 (1993), 65, 69, der eine Erstreckung zumindest auf Strukturentscheidungen empfiehlt; ähnlich *Jäger*, DStR 1995, 1113, 1116.

97 LG Mainz v. 16.10.1990 – 10 HO 57/89, AG 1991, 30, 32; LG Köln v. 3.2.1992 – 91 O 203/91, AG 1992, 238; eingehender mit Unterschieden im Detail *Bayer* in MünchKomm. AktG, 3. Aufl., § 17 AktG Rz. 100 f.; *Schall* in Spindler/Stilz, § 17 AktG Rz. 52; *Barz* in FS Bärmann, 1975, S. 185, 192 f.; *Hentzen*, ZHR 157 (1993), 65, 69; *Jäger*, DStR 1995, 1113, 1116; weitergehend für Beschränkung auf Anteil des nächstgrößten Aktionärs *Götz*, S. 49 ff.; eine Begrenzung auf weniger als die Hälfte der Gesamtzahl der Stimmrechte für ausreichend erachtend *Koppensteiner* in KölnKomm. AktG, 3. aktualisierte Aufl. 2010, § 17 AktG Rz. 111; zust. *Fett* in Bürgers/Körber, § 17 AktG Rz. 32.

98 *Bayer* in MünchKomm. AktG, 3. Aufl., § 17 AktG Rz. 102 ff.; *Götz*, S. 60 f.; *Hentzen*, ZHR 157 (1993), 65, 71; eine Mindestfrist von fünf Jahren fordern OLG Köln v. 24.11.1992 – 22 U 72/92, AG 1993, 86, 87; *Hüffer*, § 17 AktG Rz. 22; *Koppensteiner* in KölnKomm. AktG, 3. aktualisierte Aufl. 2010, § 17 AktG Rz. 111; *Krieger* in MünchHdb. AG, § 68 Rz. 61; *Schall* in Spindler/Stilz, § 17 AktG Rz. 52; *Barz* in FS Bärmann, 1975, S. 185, 196 f.; *Möhring* in FS Westermann, 1974, S. 427, 433 f.

99 Eingehender *Bayer* in MünchKomm. AktG, 3. Aufl., § 17 AktG Rz. 102 ff.

100 *Götz*, S. 61; zust. *Bayer* in MünchKomm. AktG, 3. Aufl., § 17 AktG Rz. 104; *Hentzen*, ZHR 157 (1993), 65, 71.

101 Ebenso *Götz*, S. 73 ff., der zusätzlich empfiehlt, den Aufsichtsratsvorsitz durch einen Repräsentanten zu beenden; *Hentzen*, ZHR 157 (1993), 65, 72.

102 LG Mainz v. 16.10.1990 – 10 HO 57/89, AG 1991, 30, 32; *Bayer* in MünchKomm. AktG, 3. Aufl., § 17 AktG Rz. 112; *Barz* in FS Bärmann, 1975, S. 185, 196 f.; *Möhring* in FS Westermann, 1974, S. 427, 434; a.A. *Koppensteiner* in KölnKomm. AktG, 3. aktualisierte Aufl. 2010, § 17 AktG Rz. 112; *Schall* in Spindler/Stilz, § 17 AktG Rz. 52 unter Verweis auf § 117 BGB.

chen, sind rechtlich aber nicht zwingend geboten[103]. Daneben spricht viel dafür, dass die Gesellschaft berechtigt ist, vertragswidrig abgegebene Stimmen nicht zu berücksichtigen[104], wenn eine solche Stimmabgabe nicht schon als ausreichendes Indiz für die mangelnde Ernsthaftigkeit des Vertrags insgesamt zu werten ist.

64 dd) Der Entherrschungsvertrag muss nach zutreffender allgemeiner Ansicht **schriftlich** abgeschlossen werden[105]. Die **Zustimmung der Gesellschafterversammlungen** sind weder bei der abhängigen noch bei der mit Mehrheit beteiligten Gesellschaft erforderlich[106]. Auch bei Letzterer handelt es sich mangels organschaftlicher Konzernleitungspflicht (vgl. § 15 Rz. 17, § 311 Rz. 132) um eine Geschäftsführungsmaßnahme; erforderlich ist aber, dass die Satzung die Beschränkung auf eine bloße Beteiligungsverwaltung zulässt. Soweit eine vorzeitige Beendigung nicht ausnahmsweise für die Gesellschaft vorteilhaft ist, wird man mangels Kompetenz des Vorstands, aktiven Einfluss auf die Begründung eines Abhängigkeitsverhältnisses zu nehmen, für die Mitwirkung an der vorzeitigen Vertragsbeendigung auf Seiten der Gesellschaft eine Zustimmung der Hauptversammlung fordern müssen[107].

65 ee) Der Bedeutung des Vertrags entsprechend sollte er im **Anhang oder Lagebericht** beider Unternehmen erwähnt werden[108]. Eine darüber hinausgehende Bekanntmachung in jeder Einladung zur Hauptversammlung erscheint dagegen nicht erforderlich[109].

## IV. Besonderheiten bei anderen Gesellschaftsformen

66 § 17 findet auf die **GmbH** Anwendung. Aufgrund der weitergehenden Einflussmöglichkeiten der Gesellschafterversammlung kommt es primär auf die Möglichkeit eines Gesellschafters an, die Geschäftsführer zu bestellen und Weisungen zu erteilen (hierzu bereits oben Rz. 8). Wegen der größeren Satzungsautonomie können Sonderrechte im Gesellschaftsvertrag eine größere Bedeutung als bei der AG erlangen[110].

---

103 *Bayer* in MünchKomm. AktG, 3. Aufl., § 17 AktG Rz. 105; *Koppensteiner* in KölnKomm. AktG, 3. aktualisierte Aufl. 2010, § 17 AktG Rz. 113; *Barz* in FS Bärmann, 1975, S. 185, 197 f.; *Hentzen*, ZHR 157 (1993), 65, 71; weitergehend aber *Götz*, S. 64 ff.; *Haesen*, S. 47.
104 *Barz* in FS Bärmann, 1975, S. 185, 197 f.; kritisch *Bayer* in MünchKomm. AktG, 3. Aufl., § 17 AktG Rz. 105; *Hüttemann*, ZHR 156 (1992), 314, 326.
105 S. nur *Bayer* in MünchKomm. AktG, 3. Aufl., § 17 AktG Rz. 106; *Emmerich* in Emmerich/Habersack, Aktien- und GmbH-Konzernrecht, § 17 AktG Rz. 43; *Hüffer*, § 17 AktG Rz. 22; *Koppensteiner* in KölnKomm. AktG, 3. aktualisierte Aufl. 2010, § 17 AktG Rz. 116; *Hentzen*, ZHR 157 (1993), 65, 69; *Jäger*, DStR 1995, 1113, 1116.
106 So auch LG Mainz v. 16.10.1990 – 10 HO 57/89, AG 1991, 30, 32; *Bayer* in MünchKomm. AktG, 3. Aufl., § 17 AktG Rz. 107 ff.; *Koppensteiner* in KölnKomm. AktG, 3. aktualisierte Aufl. 2010, § 17 AktG Rz. 114 f.; *Schall* in Spindler/Stilz, § 17 AktG Rz. 52; *Barz* in FS Bärmann, 1975, S. 185, 199 ff.; *Götz*, S. 85 ff.; *Hentzen*, ZHR 157 (1993), 65, 70 f.; eine Zustimmung nur bei der herrschenden Gesellschaft fordernd *Hommelhoff*, Konzernleitungspflicht, 1982, S. 85 ff.; *Jäger*, DStR 1995, 1113, 1117; eine Zustimmung auch bei der Tochter fordernd *Möhring* in FS Westermann, 1974, S. 427, 435 f.
107 So *Hentzen*, ZHR 157 (1993), 65, 68, 70.
108 *Bayer* in MünchKomm. AktG, 3. Aufl., § 17 AktG Rz. 111; *Barz* in FS Bärmann, 1975, S. 185, 201; *Götz*, S. 117 f.; *Hentzen*, ZHR 157 (1993), 65, 72.
109 So wohl auch *Jäger*, DStR 1995, 1113, 1116; a.A. *Barz* in FS Bärmann, 1975, S. 185, 201; *Hentzen*, ZHR 157 (1993), 65, 70.
110 Näher *Bayer* in MünchKomm. AktG, 3. Aufl., § 17 AktG Rz. 123 ff.; *Emmerich* in Emmerich/Habersack, Aktien- und GmbH-Konzernrecht, § 17 AktG Rz 45 ff.; außerdem *Schall* in Spindler/Stilz, § 17 AktG Rz. 45 f.

Bei **Personengesellschaften** kann sich angesichts des gesetzlichen Einstimmigkeitserfordernisses und bei der KG angesichts des Ausschlusses der Kommanditisten von der Geschäftsführung (§ 164 HGB) eine Abhängigkeit nur aufgrund von Bestimmungen im Gesellschaftsvertrag oder Gesellschaftervereinbarungen ergeben, insb. der in der Praxis häufigen Einführung des Mehrheitsprinzips. Entsprechend wird die Vermutung des § 17 Abs. 2 überwiegend für unanwendbar gehalten[111]. Maßgeblich ist allein die Ausgestaltung der entsprechenden Verträge, insb. des Gesellschaftsvertrags[112]. Bei der typischen GmbH & Co. KG genügt für die Abhängigkeit die Beherrschung der Komplementär-GmbH; insoweit findet § 17 Abs. 2 Anwendung[113].

67

Bei der **KGaA** kommt eine Beherrschung primär durch den persönlich haftenden Gesellschafter oder, bei einer juristischen Person, die diese beherrschenden Unternehmen in Betracht[114]. Auch hier kann sich aber aufgrund der Ausgestaltung der Satzung und/oder Besonderheiten des Einzelfalls (z.B. Einheitsgesellschaft, bei der die KGaA alle Anteile an ihrer Komplementärin hält) etwas anderes ergeben[115]. Ein **wirtschaftlicher Verein**[116] und erst recht eine **Genossenschaft**[117] können nur ausnahmsweise bei Vorliegen entsprechender eher untypischer Satzungsbestimmungen abhängiges Unternehmen sein.

68

Bei einer **Stiftung** kann die Vermutung des § 17 Abs. 2 nicht greifen (§ 16 Rz. 4, 11). Eine gesellschaftsrechtlich vermittelte Einflussnahme auf Personalfragen ist allerdings auch bei der Stiftung aufgrund besonderer Ausgestaltung der Satzung denkbar. Die Anwendung der §§ 311 ff. ist zur Vermeidung von Schutzlücken auch sinnvoll. Auch eine Stiftung kann daher im Einzelfall beherrscht werden[118].

69

---

111 *Bayer* in MünchKomm. AktG, 3. Aufl., § 17 AktG Rz. 117; *Emmerich* in Emmerich/Habersack, Aktien- und GmbH-Konzernrecht, § 17 AktG Rz 48; *Ulmer* in Großkomm. HGB, 4. Aufl., Anh. § 105 HGB Rz. 28; *Mülbert* in MünchKomm. HGB, 2. Aufl., KonzernR Rz. 60; *Haar*, S. 245 ff.; *Schiessl*, S. 9 f.; a.A. BGH v. 9.1.1982 – IX ZR 165/91, ZIP 1992, 274, 275 (allerdings knapp und ohne Begründung); OLG Hamm v. 2.11.2000 – 27 U 1/00, AG 2001, 146, 148; *ADS*, § 17 AktG Rz. 124 f.; *Koppensteiner* in KölnKomm. AktG, 3. aktualisierte Aufl. 2010, § 17 AktG Rz. 97; zu § 6 EBRG auch BAG v. 30.3.2004 – 1 ABR 61/01, ZIP 2004, 1468, 1474; *Schall* in Spindler/Stilz, § 17 AktG Rz. 49.
112 So ausdrücklich auch OLG Stuttgart v. 1.12.2008 – 20 U 12/08, AG 2009, 204, 206.
113 So ausdrücklich auch *Koppensteiner* in KölnKomm. AktG, 3. aktualisierte Aufl. 2010, § 17 AktG Rz. 97; BAG v. 22.11.1995 – 7 ABR 9/95, AG 1996, 369, 370; OLG Stuttgart v. 1.12.2008 – 20 U 12/08, AG 2009, 204, 206; ebenso wohl BGH v. 5.12.1983 – II ZR 242/32, BGHZ 89, 162, 166 f.; BAG v. 15.1.1991 – 1 AZR 94/90, ZIP 1991, 884, 888.
114 Näher *Bayer* in MünchKomm. AktG, 3. Aufl., § 17 AktG Rz. 126 und § 16 AktG Rz. 12.
115 Ähnlich *Schall* in Spindler/Stilz, § 17 AktG Rz. 48.
116 Näher *Bayer* in MünchKomm. AktG, 3. Aufl., § 17 AktG Rz. 132 f.; *Koppensteiner* in KölnKomm. AktG, 3. aktualisierte Aufl. 2010, § 17 AktG Rz. 80; *Emmerich/Habersack*, Konzernrecht, S. 478; ausführlich *Sprengel*, Vereinskonzernrecht, 1998, S. 100 ff.
117 Näher *Bayer* in MünchKomm. AktG, 3. Aufl., § 17 AktG Rz. 127 ff.; *Emmerich/Habersack*, Konzernrecht, S. 472; *Koppensteiner* in KölnKomm. AktG, 3. aktualisierte Aufl. 2010, § 17 AktG Rz. 80; ausführlich *Reul*, Das Konzernrecht der Genossenschaften, S. 115 ff., zu Beherrschungsverträgen S. 166 ff.
118 Überzeugend *Ihrig/Wandt* in FS Hüffer, 2010, S. 387, 397 ff. m.w.N.; *Koppensteiner* in KölnKomm. AktG, 3. aktualisierte Aufl. 2010, § 17 AktG Rz. 80; *Bayer* in MünchKomm. AktG, 3. Aufl., § 17 AktG Rz. 131; *Schall* in Spindler/Stilz, § 17 AktG Rz. 48; widersprüchlich *Windbichler* in Großkomm. AktG, 4. Aufl., § 17 AktG Rz. 30, 49; a.A. die Vorauf. Rz. 68 und *Emmerich* in Emmerich/Habersack, Aktien- und GmbH-Konzernrecht, § 17 AktG Rz. 52.

## § 18
## Konzern und Konzernunternehmen

**(1)** Sind ein herrschendes und ein oder mehrere abhängige Unternehmen unter der einheitlichen Leitung des herrschenden Unternehmens zusammengefasst, so bilden sie einen Konzern; die einzelnen Unternehmen sind Konzernunternehmen. Unternehmen, zwischen denen ein Beherrschungsvertrag (§ 291) besteht oder von denen das eine in das andere eingegliedert ist (§ 319), sind als unter einheitlicher Leitung zusammengefasst anzusehen. Von einem abhängigen Unternehmen wird vermutet, dass es mit dem herrschenden Unternehmen einen Konzern bildet.

**(2)** Sind rechtlich selbständige Unternehmen, ohne dass das eine Unternehmen von dem anderen abhängig ist, unter einheitlicher Leitung zusammengefasst, so bilden sie auch einen Konzern; die einzelnen Unternehmen sind Konzernunternehmen.

| | |
|---|---|
| I. Überblick .................... 1 | 1. Tatbestand .................... 22 |
| II. Unterordnungskonzern (§ 18 Abs. 1) . 6 | 2. Einordnung in das Konzernorganisationsrecht ............................. 27 |
| 1. Einheitliche Leitung ........... 6 | a) Weisungsrecht/Leitungsmacht ... 27 |
| 2. Mehrstufige und mehrfache Konzernbindung ............... 14 | b) Außenseiterschutz, horizontaler Haftungsdurchgriff ............ 31 |
| 3. Konzernvermutung ............. 16 | c) Konzernbildungskontrolle ...... 37 |
| III. Gleichordnungskonzern (§ 18 Abs. 2) 22 | |

**Literatur:** *Abeltshauser,* Leitungshaftung im Kapitalgesellschaftsrecht, 1998; *Eschenbruch,* Konzernhaftung, 1996; *Hommelhoff,* Die Konzernleitungspflicht, 1982; *Kort,* Der Konzernbegriff i.S. von § 5 MitbestG, NZG 2009, 81; *Löwisch,* Mitbestimmung im Mehrmütterkonzern, in FS Schlechtriem, 2003, S. 833; *Lutter,* Mitbestimmung im Konzern, 1975; *Peiner,* Probleme der Konzernbildung bei Versicherungsvereinen auf Gegenseitigkeit, in Peiner (Hrsg.), Grundlagen des VVaG, 1995, S. 185; *Peiner,* Konzernstrukturen im VVaG, VersW 1992, 920; *Scheffler,* Konzernleitung aus betriebswirtschaftlicher Sicht, BB 1985, 2005; *Scheffler,* Zur Problematik der Konzernleitung, in FS Goerdeler, 1987, S. 469; *U. H. Schneider,* Mitbestimmung im Gleichordnungskonzern, in FS Großfeld, 1999, S. 1045; *J. Semler,* Konzern im Konzern, DB 1977, 805; *J. Semler,* Leitung und Überwachung der AG, 2. Aufl. 1996; *Slongo,* Der Begriff der einheitlichen Leitung, 1980; *Timm,* Die Aktiengesellschaft als Konzernspitze, 1980; *v. Hoyningen-Huene,* Der Konzern im Konzern, ZGR 1978, 515; *Windbichler,* Arbeitsrecht im Konzern, 1989.

**Speziell zum Gleichordnungskonzern:** *Drüke,* Die Haftung der Muttergesellschaft für Schulden der Tochtergesellschaft, 1990; *Drygala,* Der Gläubigerschutz bei der typischen Betriebsaufspaltung, 1991; *Ehlke,* Konzerninduzierter Haftungsdurchgriff auf den GmbH-Gesellschafter?, DB 1986, 523; *Gromann,* Die Gleichordnungskonzerne im Konzern- und Wettbewerbsrecht, 1979; *Grüner,* Anmerkung zu OLG Dresden (Urt. v. 27.10.1999 – 13 U 1257/99), NZG 2000, 601; *Henssler,* Die Betriebsaufspaltung – konzernrechtliche Durchgriffshaftung im Gleichordnungskonzern?, ZGR 2000, 479; *Caroline Britt Jacob,* Die Behandlung von Gleichordnungskonzernen im deutschen und europäischen Wettbewerbsrecht im Vergleich, 1995; *Jaschinski,* Die Haftung der Schwestergesellschaften in GmbH-Unterordnungskonzernen, 1997; *Janßen,* Durchgriffshaftung im GmbH & KG-Konzern, DB 1999, 1398; *Michael Junker,* Der Gleichordnungskonzern, in Manssen (Hrsg.), Rechtswissenschaft im Aufbruch: Greifswalder Antrittsvorlesungen, 1996, S. 1969; *Keck,* Nationale und internationale Gleichordnungskonzerne im deutschen Konzern- und Kollisionsrecht, 1998; *Kort,* Der Konzernbegriff i.S. von § 5 MitbestG, NZG 2009, 81; *Lutter/Drygala,* Grenzen der Personalverflechtung und Haftung im Gleichordnungskonzern, ZGR 1995, 557; *Milde,* Der Gleichordnungskonzern im Gesellschaftsrecht, 1996; *Paschke/Reuter,* Gleichordnungskonzern als Zurechnungsgrund im Kartellrecht, ZHR 158 (1994), 390; *Th. Raiser,* Die Haftung einer Schwestergesellschaft für die Schulden einer anderen Schwester nach dem Urteil „Bremer Vulkan" des BGH, in FS Ulmer, 2003, S. 493; *Karsten Schmidt,* Konzentrationsprivileg und Gleichordnungskonzern – Kartellrechtsprobleme im Gleichordnungskonzern, in FS Rittner, 1991,

S. 561; *Karsten Schmidt*, Gleichordnung im Konzern: terra incognita? Zu einem Recht der Konzernschwestern, ZHR 155 (1991), 417; *Karsten Schmidt*, Sternförmige GmbH & Co. KG und horizontaler Haftungsdurchgriff: Gedanken zum Stand der Gerichtspraxis, in FS Wiedemann, 2002, S. 1199; *Veil*, Haftung in der Betriebsaufspaltung. Thesen zum Haftungsverbund von Konzernschwestern im Unterordnungs- und Gleichordnungskonzern, in Theobald (Hrsg.), Entwicklungen zur Durchgriffs- und Konzernhaftung 2002, S. 81; *Veil*, Unternehmensverträge, 2003; *J. Vetter*, Rechtsfolgen existenzvernichtender Eingriffe, ZIP 2003, 601; *Wellkamp*, Der Gleichordnungskonzern – ein Konzern ohne Abhängigkeit?, DB 1993, 2517; *Wimmer-Leonhardt*, Konzernhaftungsrecht, 2004, § 11; *Windbichler*, Anm. zu BAG v. 8.9.1998 – 3 AZR 185/97, RdA 2000, 238; *M. Winter*, Horizontale Haftung im Konzern, 2005. S. im Übrigen die Angaben zu §§ 15, 16 und 17.

## I. Überblick

§ 18 definiert, aufbauend auf dem Begriff des rechtlich selbständigen Unternehmens 1 i.S. des § 15, die Begriffe Konzern und Konzernunternehmen. Er unterscheidet dabei den **Unterordnungskonzern** nach Abs. 1 und den **Gleichordnungskonzern** nach Abs. 2. Maßgebliches Definitionsmerkmal ist die einheitliche Leitung, die sich im Unterordnungskonzern aus der Abhängigkeit des abhängigen vom herrschenden Unternehmen ergibt, beim Gleichordnungskonzern dagegen ohne Vorliegen eines Abhängigkeitsverhältnisses. Im Unterordnungskonzern wird die einheitliche Leitung bei Bestehen gesetzlicher Weisungsrechte des herrschenden Unternehmens (bei Bestehen eines Beherrschungsvertrags nach § 308, bei der Eingliederung nach § 323) unwiderleglich, bei Bestehen eines sonstigen Abhängigkeitsverhältnisses i.S. des § 17 widerleglich vermutet.

Der Konzern begründet, anders als §§ 16 und 17, ein **Verhältnis** nicht nur zwischen 2 Mutter und Tochter, sondern **auch zwischen den einzelnen Töchtern**.

Dem Charakter als **Definitionsnorm** entsprechend werden Rechtsfolgen an diese Be- 3 griffe nur in den (wenigen) speziellen Vorschriften der §§ 97 Abs. 1, 100 Abs. 2 Satz 2, 104 Abs. 1 Satz 3 Nr. 1, 134 Abs. 1 Satz 4, 145 Abs. 3, 250 Abs. 1 Satz 2 Nr. 1 und 293d Abs. 1 Satz 2 geknüpft. In §§ 97, 100, 104 und 250 erklärt sich dies aus dem engen Zusammenhang mit dem Arbeits-/Mitbestimmungsrecht, in den übrigen Bestimmungen erschöpft sich die Bedeutung in der Einbeziehung des Gleichordnungskonzerns. Der Unterordnungskonzern ist jeweils bereits vollständig über die in diesen Bestimmungen ebenfalls in Bezug genommenen abhängigen und herrschenden Unternehmen erfasst.

Andere Gesetze verwenden ebenfalls den **Begriff des Konzerns**, bspw. § 24 WpHG, 4 § 36 Nr. 3 WpÜGAusdrücklich auf § 18 verweisen § 36 Abs. 2 Satz 1 GWB, für die Arbeitnehmermitbestimmung im Aufsichtsrat § 5 MitbestG und § 2 DrittelbG, für die Bildung eines Konzernbetriebsrats § 54 Abs. 1 BetrVG[1], daneben auch § 12a Abs. 2 TVG, § 147a Abs. 5 SGB III und § 1 Abs. 3 AÜG, wobei von einem einheitlichen Verständnis in den unterschiedlichen Vorschriften nicht ohne weiteres ausgegangen werden kann[2].

Als reine Definitionsnorm besagt § 18 nichts über die **Zulässigkeit eines (faktischen)** 5 **Konzerns** und die Rechte und Pflichten der Beteiligten bei Bildung und Bestehen eines Konzerns (zu einem Überblick hierzu § 15 Rz. 9 ff.). Dabei ist im Hinblick auf die

---

[1] Demgegenüber findet sich in § 6 EBRG für den europäischen Betriebsrat eine eigenständige Definition; hierzu BAG v. 30.3.2004 – 1 ABR 61/01 – „bofrost", ZIP 2004, 1468, 1472 ff.
[2] So auch *Koppensteiner* in KölnKomm. AktG, 3. Aufl. 1. Bearb. 2004, Vorb. § 15 AktG Rz. 111; *Emmerich* in Emmerich/Habersack, Aktien- und GmbH-Konzernrecht, § 18 AktG Rz. 2; *Bayer* in MünchKomm. AktG, 3. Aufl., § 15 AktG Rz. 5.

Begriffe Konzern, insb. faktischer Konzern, und Konzernrecht zu beachten, dass diese regelmäßig in einem weitergehenden Verständnis gebraucht werden, da das AktG nicht auf dem Begriff des Konzerns i.S. des § 18, sondern dem der Abhängigkeit i.S. des § 17 aufbaut (vgl. hierzu auch § 15 Rz. 8 und § 17 Rz. 3).

## II. Unterordnungskonzern (§ 18 Abs. 1)

### 1. Einheitliche Leitung

6  § 18 Abs. 1 knüpft an die Begriffe herrschendes und abhängiges Unternehmen i.S. des § 17 und damit mittelbar den Unternehmensbegriff des § 15 an. Hinzukommen muss die **Zusammenfassung unter einheitlicher Leitung** des herrschenden Unternehmens. Maßgeblich ist dabei die einheitliche Leitung, während der Zusammenfassung daneben keine eigenständige Bedeutung zukommt[3].

7  Intensiv diskutiert wird die vom Gesetzgeber bewusst offen gelassene[4], für das Aktienrecht praktisch bedeutungslose Frage, ob dem Konzept der einheitlichen Leitung ein enger oder weiter Konzernbegriff zugrunde liegt. Umstritten ist dabei, in welchem Umfang die Leitungsfunktionen Planung, Organisation/Koordinierung und Kontrolle bei den Funktionsbereichen Beschaffung, Produktion, Absatz, Finanzierung und Personal wahrgenommen werden müssen. Der **„weite" Konzernbegriff** lässt eine zentrale Koordination durch Wahrnehmung einer Leistungsfunktion in nur einem der vorgenannten zentralen unternehmerischen Funktionsbereiche mit Auswirkungen für die Gruppe genügen[5].

8  Demgegenüber orientiert sich der **„enge" Konzernbegriff** am wirtschaftswissenschaftlichen Verständnis des Konzerns als wirtschaftlicher Einheit, wie er plastisch in der Konzernrechnungslegung zum Ausdruck komme und wie er der Weiterentwicklung eines Konzernorganisationsrechts zugrunde liege[6]. Einheitliche Leitung erfordere entsprechend eine auf das Gesamtinteresse der verbundenen Unternehmen ausgerichteten Zielkonzeption sowie ihre Durchführung und deren Kontrolle[7].

9  Die Unterschiede zwischen engem und weitem Konzernbegriff werden allerdings dadurch relativiert, dass auch nach dem engen Konzernbegriff der praktisch besonders wichtige Fall der **Koordinierung des Finanzbereichs**, etwa durch die gruppenweite

---

3 So auch *ADS*, § 18 AktG Rz. 24; *Bayer* in MünchKomm. AktG, 3. Aufl., § 18 AktG Rz. 27; *Hüffer*, § 18 AktG Rz. 7; *Koppensteiner* in KölnKomm. AktG, 3. aktualisierte Aufl. 2010, § 18 AktG Rz. 4; a.A. *Emmerich* in Emmerich/Habersack, Aktien- und GmbH-Konzernrecht, § 18 AktG Rz. 15, der hieraus das Erfordernis einer gewissen Beständigkeit ableitet, die allerdings der Leitung selbst bereits immanent ist (vgl. Rz. 13); ähnlich *Krieger* in MünchHdb. AG, § 68 Rz. 70.
4 Begr. RegE, *Kropff*, Aktiengesetz, S. 33.
5 *Bayer* in MünchKomm AktG, 3. Aufl., § 18 AktG Rz. 30, 33; *Schall* in Spindler/Stilz, § 18 AktG Rz. 14 (anders allerdings für den Gleichordnungskonzern, Rz. 15); *Dierdorf*, Herrschaft, S. 70 ff.; *Slongo*, S. 187 f.; maßgeblich auf die Einflussnahme auf die Personalpolitik abstellend *Emmerich* in Emmerich/Habersack, Aktien- und GmbH-Konzernrecht, § 18 AktG Rz. 14; ebenso auch die allerdings jeweils die Konzernmitbestimmung betreffende Rechtsprechung, vgl. BAG v. 16.8.1995 – 7 ABR 57/94, AG 1996, 367, 368; BayObLG v. 24.3.1998 – 3 Z BR 236/96, AG 1998, 523, 524; BayObLG v. 6.3.2002 – 3 Z BR 343/00, AG 2002, 511; OLG Düsseldorf v. 30.1.1979 – 19 W 17/78, AG 1979, 318, 319; OLG Stuttgart v. 3.5.1989 – 8 W 38/89, AG 1990, 168, 169.
6 Auf diesen letzten Aspekt weist *Hüffer*, § 18 AktG Rz. 10 hin.
7 *Koppensteiner* in KölnKomm. AktG, 3. aktualisierte Aufl. 2010, § 18 AktG Rz. 15 ff.; *ADS*, § 18 AktG Rz. 17; *Hüffer*, § 18 AktG Rz. 10 f.; *Windbichler* in Großkomm. AktG, 4. Aufl., § 18 AktG Rz. 21 ff.; *Ulmer* in Großkomm. HGB, 4. Aufl., Anh § 105 HGB Rz. 32; *Casper* in Ulmer, Anh. § 77 GmbHG Rz. 37; *Lutter* in Lutter, Holding-Handbuch, § 1 Rz. 37, 49.

Zuteilung von Liquidität im Rahmen eines Cash Managements, einheitliche Leitung begründet[8].

Nach der **Gesetzesbegründung** muss die einheitliche Leitung nicht alle irgendwie wesentlichen Bereiche der unternehmerischen Tätigkeit erfassen. Vielmehr reiche es bereits aus, wenn die Konzernleitung die Geschäftspolitik der Konzerngesellschaften und sonstige grundsätzliche Fragen der Geschäftsführung aufeinander abstimme[9]. 10

**Stellungnahme:** Der weite Konzernbegriff ist, auch auf Grundlage der – allerdings nicht eindeutigen – Gesetzesbegründung, vorzugswürdig. Die Anlehnung des engen Konzernbegriffs an das Konzernrechnungswesen überzeugte bereits seit Einführung des Kontrollkonzepts in § 290 Abs. 2 HGB a.F., das sich wie § 17 mit einer Einflussnahmemöglichkeit begnügte, sowie den Ausnahmen vom Konsolidierungskreis nach § 296 HGB nicht mehr. Dies gilt erst recht, nachdem in § 290 HGB n.F. im Rahmen des BilMoG das wiederum erweiterte Konzept der beherrschenden Einflussnahmemöglichkeit normiert wurde. Aus der Vermutung des § 18 Abs. 1 Satz 3 folgt, dass jedenfalls die Einflussnahme auf die Personalpolitik ausreichen muss[10]. Insb. bei Gesellschaftsformen wie der GmbH, bei denen dem Mehrheitsgesellschafter unmittelbare Weisungsrechte zustehen, muss aber auch eine konkrete koordinierende Einflussnahme auf einzelne andere Unternehmensbereiche ausreichen, soweit dies auf der bewussten Entscheidung des herrschenden Unternehmens beruht, die ihm zustehenden sonstigen Einflussmöglichkeiten nicht auszuüben[11]. Dies dürfte auch dem Normzweck des heute wichtigsten Anwendungsbereichs des Konzernbegriffs, dem Mitbestimmungsrecht, am ehesten entsprechen, das die Arbeitnehmermitbestimmung bei Verlagerung aller oder eines wichtigen Teils der Entscheidungsbefugnisse des Aufsichtsrats auf eine andere Ebene absichern will. 11

Leitung setzt kein durchsetzbares **Weisungsrecht** voraus. Die vielfältigen Mittel der faktischen Veranlassung (vgl. § 311 Rz. 25 ff., 32 ff.) reichen aus[12]. Die typische Form der Leitung einer AG außerhalb des Vertragskonzerns ist ja gerade die Wahrnehmung der Gesellschafterrechte im Aufsichtsrat der Tochter. 12

Wie bei der Abhängigkeit i.S. des § 17 ist keine besondere **Dauer**, wohl aber eine gewisse **Verlässlichkeit** der rechtlichen Grundlagen für die einheitliche Leitung erforderlich[13]. 13

## 2. Mehrstufige und mehrfache Konzernbindung

Der Konzern kann mehrere Stufen von Tochter-, Enkel- usw. Unternehmen umfassen. Alle Unternehmen werden aufgrund der einheitlichen Leitung zu Konzernunter- 14

---

8 *ADS*, § 18 AktG Rz. 33; *Hüffer*, § 18 AktG Rz. 9; *Emmerich* in Emmerich/Habersack, Aktien- und GmbH-Konzernrecht, § 18 AktG Rz. 10; *Schall* in Spindler/Stilz, § 18 AktG Rz. 12; *Windbichler* in Großkomm. AktG, 4. Aufl., § 18 AktG Rz. 25; für Koordination des finanziellen Bereichs als notwendiger und hinreichender Voraussetzung *Koppensteiner* in KölnKomm. AktG, 3. aktualisierte Aufl. 2010, § 18 AktG Rz. 27; *Lutter* in Lutter, Holding-Handbuch, § 1 Rz. 44; nach BGH v. 20.2.1989 – II ZR 167/88 – „Tiefbau", BGHZ 107, 7, 20 = AG 1989, 243 begründet die vollständige Leitung im finanziellen Bereich sogar einen qualifiziert faktischen Konzern.
9 Begr. RegE, *Kropff*, Aktiengesetz, S. 33.
10 Im Ergebnis ebenso *Emmerich* in Emmerich/Habersack, Aktien- und GmbH-Konzernrecht, § 18 AktG Rz. 14.
11 Zur vorgelagerten Frage zu § 17, ob eine Einflussnahmemöglichkeit auf nur einen Unternehmensbereich bereits Abhängigkeit begründet, s. § 17 Rz. 8.
12 So schon die Begr. RegE, *Kropff*, Aktiengesetz, S. 33.
13 So auch *Bayer* in MünchKomm. AktG, 3. Aufl., § 18 AktG Rz. 37; *Schall* in Spindler/Stilz, § 18 AktG Rz. 17; teilweise wird dies aus dem Tatbestandsmerkmal „Zusammenfassung" unter einheitlicher Leistung abgeleitet, s. Rz. 6.

nehmen. Fraglich ist, ob innerhalb eines solchen mehrstufigen Konzerns ein **Konzern im Konzern** anzuerkennen ist, wenn einem Unternehmen auf nachgeordneter Ebene eigene Leitungsbefugnisse im Verhältnis zu den von ihm abhängigen Unternehmen über- oder belassen worden sind. Im gesellschaftsrechtlichen Schrifttum wird diese Frage ganz überwiegend verneint[14]. Allerdings hat sie im Gesellschaftsrecht selbst auch keine praktische Bedeutung. Im Mitbestimmungsrecht wird ein derartiger Konzern im Konzern in § 5 Abs. 3 MitbestG für einen Spezialfall ausdrücklich fingiert und auch im Übrigen zum Schutz vor Umgehungen ebenso wie im Betriebsverfassungsrecht (Konzernbetriebsrat nach § 54 BetrVG) ganz überwiegend anerkannt[15].

15 Auch im Gesellschaftsrecht ist heute – ebenso wie im Bilanzrecht gem. § 310 HGB – die mehrfache Zugehörigkeit eines **Gemeinschaftsunternehmens** zu den Konzernen aller Mütter anerkannt, sofern diese die Leitungsmacht gemeinsam ausüben (zur mehrfachen Abhängigkeit bei Gemeinschaftsunternehmen bereits § 17 Rz. 19, 45 ff.)[16].

### 3. Konzernvermutung

16 Die Zusammenfassung abhängiger Unternehmen unter einheitlicher Leitung und damit ein Unterordnungskonzern wird nach **§ 18 Abs. 1 Satz 2** unwiderleglich bei Bestehen eines Beherrschungsvertrags und im Fall der Eingliederung und nach **§ 18 Abs. 1 Satz 3** widerleglich im Fall der bloßen Abhängigkeit i.S. des § 17 vermutet. Die ursprüngliche Funktion der Vermutungen, dem Abschlussprüfer die Kontrolle des Konsolidierungskreises zu vereinfachen[17], hat heute aufgrund des Vordringens der IFRS für die Konzernrechnungslegung gem. § 315a HGB und der bereits in § 290 Abs. 2 HGB enthaltenen Erleichterungen ihre Bedeutung verloren.

17 Bedeutung hat der Konzerntatbestand und damit auch die Vermutungen vor allem für die betriebliche (§ 54 BetrVG) und Unternehmensmitbestimmung der Arbeitnehmer, und zwar nunmehr neben § 5 MitbestG auch für die **Drittelmitbestimmung**, da § 2 DrittelbG anders als sein Vorgänger (§ 76 Abs. 4 Satz 1 BetrVG von 1952) den gesamten § 18 Abs. 1 einschließlich seines Satzes 3 in Bezug nimmt.

---

14 *Bayer* in MünchKomm. AktG, 3. Aufl., § 18 AktG Rz. 42; *Emmerich* in Emmerich/Habersack, Aktien- und GmbH-Konzernrecht, § 18 AktG Rz. 17 ff.; *Hüffer*, § 18 AktG Rz. 14; *Koppensteiner* in KölnKomm. AktG, 3. aktualisierte Aufl. 2010, § 18 AktG Rz. 31; *Krieger* in MünchHdb. AG, § 68 Rz. 76; *Lutter* in Lutter, Holding-Handbuch, § 1 Rz. 38; *Windbichler* in Großkomm. AktG, 4. Aufl., § 18 AktG Rz. 83; a.A. *Kropff*, BB 1965, 1281, 1284; *Karsten Schmidt* in FS Lutter, 2000, S. 1167, 1189 ff.

15 BAG v. 18.6.1970 – 1 ABR 3/70, AG 1970, 268; BAG v. 21.10.1980 – 6 ABR 41/78, AG 1981, 227; BAG v. 30.10.1986 – 6 ABR 19/85, AG 1988, 106; BAG v. 14.2.2007 – 7 ABR 26/06, AG 2007, 665, 668; OLG Düsseldorf v. 30.1.1979 – 19 W 17/18, AG 1979, 318; OLG Zweibrücken v. 9.11.1983 – 3 W 25/83, AG 1984, 80; OLG Frankfurt v. 10.11.1986 – 20 W 27/86, AG 1987, 53, 55; OLG München v. 19.11.2008 – 31 Wx 99/07, AG 2009, 339; *Ulmer/Habersack* in Ulmer/Habersack/Henssler, Mitbestimmungsrecht, § 5 MitbestG Rz. 35 ff.; m.w.N.; zurückhaltend *Kort*, NZG 2009, 81, 82 f.; offen gelassen allerdings von OLG Celle v. 22.3.1993 – 9 W 130/92, BB 1993, 957, 958 = AG 1994, 131; OLG Düsseldorf v. 27.12.1996 – 19 W 4/96 AktE, AG 1997, 129, 130; a.A. *Lutter*, Mitbestimmung im Konzern, S. 11 f.

16 BAG v. 18.6.1970 – 1 ABR 3/70, AG 1970, 268, 269; BAG v. 30.10.1986 – 6 ABR 19/85, AG 1988, 106; BAG v. 16.8.1995 – 7 ABR 57/94, AG 1996, 367, 368; *Koppensteiner* in KölnKomm. AktG, 3. aktualisierte Aufl. 2010, § 18 AktG Rz. 34 mit ausf. Überblick über den Meinungsstand; *Bayer* in MünchKomm. AktG, 3. Aufl., § 18 AktG Rz. 43; *Emmerich* in Emmerich/Habersack, Aktien- und GmbH-Konzernrecht, § 18 AktG Rz. 18; *Hüffer*, § 18 AktG Rz. 16; *Schall* in Spindler/Stilz, § 18 AktG Rz. 22; *Säcker*, NJW 1980, 801, 805 f.; a.A. *Windbichler* in Großkomm. AktG, 4. Aufl., § 18 AktG Rz. 42, 85.

17 Begr. RegE, *Kropff*, Aktiengesetz, S. 33.

Liegt Abhängigkeit nach § 17 vor, ist zur **Widerlegung der Vermutung des § 18 Satz 3** der Nachweis zu erbringen, dass von der zur Begründung der Abhängigkeit erforderlichen Möglichkeit der beherrschenden Einflussnahme tatsächlich kein Gebrauch gemacht und daher keine Leitung ausgeübt worden ist. Was konkret nachzuweisen ist, hängt vom zugrunde liegenden Konzernbegriff ab. Nach dem hier vertretenen weiten Konzernbegriff (Rz. 11) muss nachgewiesen werden, dass das herrschende Unternehmen in keinem zentralen unternehmerischen Funktionsbereich beherrschenden Einfluss ausübt. Erfahrungsgemäß ist dieser Beweis nur in seltenen Fällen zu führen. Die Vermutung ist insbesondere bei einem Beherrschungsvertrag mit einem Dritten widerlegt, sofern man hier nicht schon die Abhängigkeitsvermutung des § 17 Abs. 2 als widerlegt ansieht (hierzu § 17 Rz. 58). Dafür spricht schon die unwiderlegliche Vermutung einheitlicher Leitung nach § 18 Abs. 1 Satz 2[18]. 18

Nach Eröffnung des **Insolvenzverfahrens** über das Vermögen der Tochter wird die Leitung der Mutter, anders als die Abhängigkeit nach § 17, enden[19]. 19

Heute ist allgemein anerkannt, dass die **Arbeitnehmermitbestimmung** im Aufsichtsrat den Vermutungen des § 18 Abs. 1 Satz 2 und insb. Satz 3 nicht entgegen steht und entsprechend allein nicht zu ihrer Widerlegung geeignet ist[20]. 20

Die Vermutung gilt grundsätzlich auch bei **Gemeinschaftsunternehmen** und der hier vorliegenden mehrfachen Abhängigkeit[21]; allerdings ist hierbei zu beachten, dass die Abhängigkeit nach § 17 nicht vermutet wird, sondern nachgewiesen werden muss. 21

## III. Gleichordnungskonzern (§ 18 Abs. 2)

### 1. Tatbestand

**a) Fehlende Abhängigkeit.** Sind zwei oder mehr Unternehmen unter einheitlicher Leitung zusammengefasst, ohne dass das eine vom anderen abhängig ist, bilden sie nach § 18 Abs. 2 einen (Gleichordnungs-)Konzern; auch hier sind alle beteiligten Unternehmen Konzernunternehmen. Der Wortlaut könnte auch einen Gleichordnungskonzern zwischen zwei Töchtern eines herrschenden Unternehmens zulassen, da auch hier das eine Unternehmen nicht von dem anderen abhängig ist. Die Gesetzesbegründung stellt jedoch klar, dass es nur um Fälle geht, bei denen nicht der beherr- 22

---

18 S. nur BAG v. 14.2.2007 – 7 ABR 26/06, AG 2007, 665, 667.
19 *Windbichler* in Großkomm. AktG, 4. Aufl. § 18 AktG Rz. 43; *Koppensteiner* in KölnKomm. AktG, 3. aktualisierte Aufl. 2010, § 18 AktG Rz. 45; *Emmerich* in Emmerich/Habersack, Aktien- und GmbH-Konzernrecht, § 18 AktG Rz. 24.
20 *Ulmer/Habersack* in Ulmer/Habersack/Henssler, Mitbestimmungsrecht, § 5 MitbestG Rz. 26 f.; *Raiser/Veil*, § 5 MitbestG Rz. 14; ausdrücklich auch zur Montanmitbestimmung *Bayer* in MünchKomm. AktG, 3. Aufl., § 18 AktG Rz. 44, 47; *Emmerich* in Emmerich/Habersack, Aktien- und GmbH-Konzernrecht, § 18 AktG Rz. 22; *Hüffer*, § 18 AktG Rz. 17; *Koppensteiner* in KölnKomm. AktG, 3. aktualisierte Aufl. 2010, § 18 AktG Rz. 42; *Schall* in Spindler/Stilz, § 18 AktG Rz. 28; vgl. zur Abhängigkeit bereits § 17 Rz. 7; a.A. noch *Lutter*, Mitbestimmung im Konzern, S. 54 ff.; *Werner*, ZGR 1976, 447, 470 ff. (Ausnahme nur bei Besetzung aller Anteilseignersitze durch Vertreter des herrschenden Unternehmens).
21 Str., wie hier *Koppensteiner* in KölnKomm. AktG, 3. aktualisierte Aufl. 2010, § 18 AktG Rz. 43 f.; *Krieger* in MünchHdb. AG, § 68 Rz. 77; *Emmerich* in Emmerich/Habersack, Aktien- und GmbH-Konzernrecht, § 18 AktG Rz. 21; *Schall* in Spindler/Stilz, § 18 AktG Rz. 27; *Marchand*, Abhängigkeit und Konzernzugehörigkeit von Gemeinschaftsunternehmen, 1985, S. 217; einschränkend *Ulmer/Habersack* in Ulmer/Habersack/Henssler, Mitbestimmungsrecht, § 5 MitbestG Rz. 52 für Gemeinschaftsunternehmen mit mehr als zwei Muttergesellschaften (Vermutung nur bei vereinbarter Einstimmigkeit im Konsortialvertrag); noch einschränkender die Vorauf. *Hanau/Ulmer*, MitbestG, 1981, § 5 Rz. 52.

schende Einfluss eines Unternehmens das Mittel der Zusammenfassung ist[22]. Ein Gleichordnungskonzern ist daher grundsätzlich auch dann ausgeschlossen, wenn beide Unternehmen von einem Dritten beherrscht werden[23]. Die praktische Bedeutung dieser Frage darf nicht überschätzt werden; insb. dürfen aus der Annahme oder Ablehnung eines Gleichordnungskonzern nicht ohne weiteres Antworten auf sich ergebende Haftungsfragen im Verhältnis zwischen Schwestergesellschaften abgeleitet werden (näher Rz. 35 f.).

23 Sind eines oder alle der beteiligten Partnerunternehmen **zugleich Konzernspitze eines Unterordnungskonzerns**, werden über § 18 Abs. 2 auch die Konzernunternehmen des einen Unterordnungskonzerns mit dem anderen Partner bzw. den von ihm geleiteten Tochterunternehmen zu einem Konzern verbunden[24].

24 **b) Mittel der Zusammenfassung** unter einheitlicher Leitung ist meist der in § 291 Abs. 2 angesprochene **Gleichordnungsvertrag**, der typischerweise als BGB-(Innen-)Gesellschaftsvertrag zu qualifizieren ist[25]. Gründen die Partnerunternehmen gemeinsam einen eigenen Rechtsträger (typischerweise ein Gemeinschaftsunternehmen), dem die Leitungsmacht zugewiesen wird, kommen verschiedene Konzernbeziehungen in Betracht: Mehrmütter-Unterordnungskonzern im Verhältnis zu diesem Rechtsträger, Unterordnungskonzern dieses Rechtsträgers im Verhältnis zu jedem der Partner, Gleichordnungskonzern zwischen den Partnern. Typischerweise beschränkt sich die Funktion eines solchen Rechtsträgers auf die eines Vehikels zur Umsetzung der Gleichordnung ohne von den Partnern unabhängige Leitungsbefugnisse, so dass der Gleichordnungskonzern nicht aufgrund der Abhängigkeit der Partner von diesem Vehikel ausgeschlossen ist[26]. Denkbar ist auch, dass zusätzlich zu oder statt eines ausdrücklichen Gleichordnungsvertrags die einheitliche Leitung faktisch über Personenidentität der Geschäftsleitungs- oder Aufsichtsorgane herbeigeführt wird[27].

---

22 Begr. RegE, *Kropff*, Aktiengesetz, S. 33.
23 H.M., vgl. etwa *Bayer* in MünchKomm. AktG, 3. Aufl., § 18 AktG Rz. 55, 57; *Hüffer*, § 18 AktG Rz. 20; *Koppensteiner* in KölnKomm. AktG, 3. aktualisierte Aufl. 2010, § 18 AktG Rz. 8; *Krieger* in MünchHdb. AG, § 68 Rz. 80, 84; *Windbichler* in Großkomm. AktG, 4. Aufl., § 18 AktG Rz. 63; *Milde*, S. 135 f.; a.A. *Karsten Schmidt*, ZHR 151 (1991), 417, 423 ff.; *Karsten Schmidt* in FS Lutter, 2000, S. 1167, 1186 f.; *Karsten Schmidt* in FS Wiedemann, 2002, S. 1199, 1208; *Jaschinski*, S. 119 ff.; *Veil* in Theobald (Hrsg.), Entwicklungen zur Durchgriffs- und Konzernhaftung, 2002, S. 81, 107 f.; *Wimmer-Leonhardt*, S. 490 ff.; zur gemeinsamen Etablierung eines Vehikels zur Durchsetzung der Gleichordnung Rz. 24; dagegen ist die Frage, ob bei einem freiwilligen Verzicht des herrschenden Unternehmens auf die Ausübung seiner Herrschaftsmöglichkeiten ein Gleichordnungskonzern zwischen den abhängigen Töchtern denkbar ist, wohl eher von theoretischem Interesse, zu Recht bejahend *Bayer* in MünchKomm. AktG, 3. Aufl., § 18 AktG Rz. 55; *Krieger* in MünchHdb. AG, § 68 Rz. 80; *Milde*, S. 135 f.; a.A. *Koppensteiner* in KölnKomm. AktG, 3. aktualisierte Aufl. 2010, § 18 AktG Rz. 8.
24 Einh. Ansicht, vgl. nur *Bayer* in MünchKomm. AktG, 3. Aufl., § 18 AktG Rz. 5; *Emmerich* in Emmerich/Habersack, Aktien- und GmbH-Konzernrecht, § 18 AktG Rz. 7, 33a; *Hüffer*, § 18 AktG Rz. 15; *Windbichler* in Großkomm. AktG, 4. Aufl., § 18 AktG Rz. 60; zur abweichenden mitbestimmungsrechtlichen Beurteilung ausf. *Uwe H. Schneider* in FS Großfeld, 1999, S. 1045 ff.
25 So auch *Bayer* in MünchKomm. AktG, 3. Aufl., § 18 AktG Rz. 52; *Emmerich* in Emmerich/Habersack, Aktien- und GmbH-Konzernrecht, § 18 AktG Rz. 29; *Hüffer*, § 18 AktG Rz. 20; *Schall* in Spindler/Stilz, § 18 AktG Rz. 31.
26 Im Grundsatz ebenso *Bayer* in MünchKomm. AktG, 3. Aufl., § 18 AktG Rz. 53, 57; *Hüffer*, § 18 AktG Rz. 20; *Koppensteiner* in KölnKomm. AktG, 3. aktualisierte Aufl. 2010, § 18 AktG Rz. 9, § 15 AktG Rz. 61; *Windbichler* in Großkomm. AktG, 4. Aufl., § 18 AktG Rz. 52; *Milde*, S. 129 f.
27 Zu sonstigen Fällen faktischer Gleichordnung näher *Emmerich* in Emmerich/Habersack, Aktien- und GmbH-Konzernrecht, § 18 AktG Rz. 30 f.

Anerkannt ist daneben auch der **faktische Gleichordnungskonzern**. Die Gesetzesbegründung erwähnt ausdrücklich den Fall, dass die Anteile an den Partnerunternehmen mehrheitlich in der Hand einer Person sind, die nicht als Unternehmen zu qualifizieren ist[28]. Nach dem heutigen Stand der Dogmatik zum Unternehmensbegriff (vgl. § 15 Rz. 32 ff.) ist dies praktisch allerdings wohl nicht mehr vorstellbar[29]. Größere Bedeutung hat dagegen ein **einheitlicher Gesellschafterkreis** (insb. Familienunternehmen), bei dem sich keine Beherrschung durch einen oder mehrere Rechtsträger identifizieren lässt. Es ist anerkannt, dass sich die einheitliche Leitung aus den Gesamtumständen, insbesondere den personellen Verpflichtungen, einheitlichen Zielvorgaben und dem gleichgerichteten Verhalten der betreffenden Gesellschaften ergeben kann[30]. Dabei ist vollständige Personenidentität auf Gesellschafter- oder Organebene nicht erforderlich[31]. In einem ausführlich begründeten Urteil hat das Brandenburgische OLG einen Gleichordnungskonzern aus einer Vielzahl von Indizien abgeleitet, insbesondere einer Zuweisung der unternehmerischen Aktivitäten vergleichbar einer Betriebsaufspaltung, der Übertragung der Verwaltungsfunktionen auf eine Verwaltungsgesellschaft, auch wenn diese selbst die einheitliche Leitung nicht ausübte, engen personellen Verflechtungen im Gesellschafterkreis und bei den Vertretungsberechtigten, engen finanziellen Verflechtungen innerhalb der Gruppe, der Verwendung des gleichen geschützten Markennamens in den Briefköpfen, einheitlichen Anschriften, Telefon- und Faxnummern, E-Mail-Adressen und Websites sowie dem Vorhandensein einer die gesamte Unternehmensgruppe prägenden Unternehmerpersönlichkeit[32].

25

**c) Praktische Bedeutung.** Die praktische Bedeutung des Gleichordnungskonzerns ist vergleichsweise gering[33], was teilweise an kartellrechtlichen Schwierigkeiten, mehr noch allerdings an der praktisch größeren Effizienz hierarchischer Beherrschungsstrukturen und der rechtlichen Verdrängung durch den Unterordnungskonzern aufgrund der Ausdehnung des Unternehmensbegriffs (§ 15 Rz. 32 ff.) liegt. Bedeutung haben Gleichordnungskonzerne zum einen in Bereichen, in denen Abhängigkeitsverhältnisse aus regulatorischen Gründen eingeschränkt sind (insb. der Versicherungsbereich[34]); daneben wird das Modell der **„dual-headed structure"** auch immer wieder i.R.d. Strukturierung eines „mergers of equals" diskutiert, wenn auch selten umgesetzt (Paradebeispiel: die zwischenzeitlich allerdings aufgegebene Struktur von Royal Dutch Shell). Daneben können auch Unterschiede gerade bei der (betrieblichen) Mitbestimmung Anlass für einen Gleichordnungskonzern sein[35]. In der Rechtsanwendung hat das Vorhandensein eines Gleichordnungskonzerns Bedeutung im Kartell-

26

---

28 Begr. RegE, *Kropff*, Aktiengesetz, S. 33 f.
29 Teilweise wird auf den praktisch allerdings kaum relevanten Fall hingewiesen, dass das herrschende Unternehmen auf die Ausübung seiner Leitungsmacht verzichtet und daher zwar Abhängigkeit, aber kein Unterordnungskonzern gegeben ist, so *Bayer* in MünchKomm. AktG, 3. Aufl., § 18 AktG Rz. 55; *Milde*, S. 136. Die Koordinierung der beiden abhängigen Unternehmen dürfte in diesem Fall allerdings regelmäßig als Indiz für die Ausübung der Leitungsmacht des herrschenden Unternehmens zu werten sein.
30 BGH v. 8.12.1998 – KVR 31/97, AG 1999, 181, 182, Rz. 37; BGH v. 19.1.1993 – KVR 32/91, BGHZ 121, 137, 146 ff.; Brandenburgisches OLG v. 2.8.2007 – 6 U 127/05, Rz. 27 ff., verfügbar über juris.
31 BGH v. 8.12.1998 – KVR 31/97, AG 1999, 181, 182.
32 Brandenburgisches OLG v. 2.8.2007 – 6 U 127/05, Rz. 28 ff., verfügbar über juris.
33 Zu praktischen Beispielen vgl. *Gromann*, S. 10 ff.; *Keck*, S. 4 ff., 58 ff., 69 ff.; eine größere praktische Bedeutung sieht *Emmerich* in Emmerich/Habersack, Aktien- und GmbH-Konzernrecht, § 18 AktG Rz. 26 m.w.N.
34 Vgl. *Peiner*, VersW 1992, 920 ff.; *Lutter/Drygala*, ZGR 1995, 557 f.
35 Vgl. BAG v. 30.3.2004 – 1 ABR 61/01 – „bofrost", ZIP 2004, 1468 zum Erfordernis eines europäischen Betriebsrats.

recht³⁶ und im Gesellschaftsrecht bei der Frage erlangt, ob die Zahlung vom einen an das andere Unternehmen einen Verstoß gegen § 30 Abs. 1 GmbHG und einen Rückzahlungsanspruch nach § 31 Abs. 1 GmbHG begründen kann³⁷.

## 2. Einordnung in das Konzernorganisationsrecht

### a) Weisungsrecht/Leitungsmacht

27 Im Konzernorganisationsrecht ist der Gleichordnungskonzern nur in § 291 Abs. 2 erwähnt. Besondere **Privilegierungen**, etwa eine Einschränkung des § 76, wie sie die gesetzliche Anerkennung eines Weisungsrechts zur Folge hat, oder die Möglichkeit nachteilige Weisungen freiwillig zu befolgen und sich auf einen noch unklaren, zeitlich verzögerten Nachteilsausgleich zu verlassen, wie sie § 311 Abs. 2 für den faktischen Unterordnungskonzern vorsieht, sind im AktG nicht vorgesehen. Die allgemeinen Vorschriften, insb. die §§ 57 ff., die allerdings im Gleichordnungskonzern typischerweise keine Relevanz haben, §§ 93, 111, 116 und 117 und vor allem § 76 finden daher Anwendung, so dass insb. die vertragliche Einräumung eines Rechts zu nachteiligen Weisungen, die nicht sofort kompensiert werden, bei der AG unzulässig ist³⁸.

28 Die **konzernorganisationsrechtlichen Möglichkeiten** sind daher jedenfalls bei Beteiligung von Aktiengesellschaften begrenzt. Die gemeinsame Planung und Koordination sowie die isoliert gesehen nachteilige Selbstbeschränkung, die durch entsprechende Vorteile aufgrund der Selbstbeschränkung des Partners kompensiert wird, sind gesellschaftsrechtlich zulässig, die asymmetrische Zuteilung von Verbindlichkeiten und Risiken einerseits und Vermögen und Chancen andererseits, die allein für den Konzern insgesamt, nicht aber die einzelne Gesellschaft vorteilhaft ist, dagegen nicht.

29 Teilweise wird vorgeschlagen, den Gleichordnungsvertrag zu einem **organisationsrechtlichen Vertrag** weiterzuentwickeln, der Weisungsrechte gegen Übernahme einer Verlustausgleichsverpflichtung zulässt³⁹. Angesichts der Regelung des § 291 Abs. 2 und des Fehlens der für ein solches Verständnis erforderlichen Elemente wie Beteiligung der Hauptversammlungen, Verlustausgleich, Gläubigerschutz und ein Austrittsrecht außenstehender Aktionäre dürfte dies methodisch kaum begründbar sein, auch wenn dem Gesetzgeber die Etablierung eines solches Unternehmensvertragstyps selbstverständlich möglich wäre. Im Übrigen ist auch das praktische Bedürfnis für eine solche Ausweitung der organisationsrechtlichen Möglichkeiten zweifelhaft.

30 Aus § 76 wird teilweise abgeleitet, dass ein Gleichordnungsvertrag insb. zwischen mehr als zwei Unternehmen, nach dem ein Unternehmen überstimmt werden kann, jederzeit **kündbar** sein müsse⁴⁰. Gerade auf Grundlage des weiten Konzernbegriffs ist dies bei Bindungen, die nicht die gesamte Geschäftstätigkeit betreffen, zweifelhaft, wenn die Koordinierung mit den Partnern trotz der eingegangenen Bindungen für das

---

36 BGH v. 19.1.1993 – KVR 32/91, BGHZ 121, 137, 146 ff.; BGH v. 8.12.1998 – KVR 31/97, AG 1999, 181.
37 Brandenburgisches OLG v. 2.8.2007 – 6 U 127/05, verfügbar über juris.
38 So im Erg. auch *Emmerich* in Emmerich/Habersack, Aktien- und GmbH-Konzernrecht, § 18 AktG Rz. 36; *Krieger* in MünchHdb. AG, § 68 Rz. 89 f.; *Raiser/Veil*, Kapitalgesellschaften, § 56 Rz. 11 f.; *Gromann*, S. 58 ff.; *Hommelhoff*, Konzernleitungspflicht, 1982, S. 388 f.; *Milde*, S. 134 ff.; *Veil*, Unternehmensverträge, S. 279 ff.; *Wimmer-Leonhardt*, S. 478 ff.; *Langenbucher* unten § 291 Rz. 69.
39 Grundlegend *Karsten Schmidt*, ZHR 151 (1991), 417, 426 ff.; ähnlich *Wellkamp*, DB 1993, 2517, 2519 f.; kritisch *Veil*, Unternehmensverträge, S. 279 ff.
40 *Bayer* in MünchKomm. AktG, 3. Aufl., § 18 AktG Rz. 57; *Fett* in Bürgers/Körber, § 18 AktG Rz. 19; weniger strikt *Lutter/Drygala*, ZGR 1995, 557, 572 ff., 575 f.; mit anderer Begr. (Vermeidung Abhängigkeit) *Emmerich* in Emmerich/Habersack, Aktien- und GmbH-Konzernrecht, § 18 AktG Rz. 32.

Unternehmen vorteilhaft erscheint und keinem der Partner Leitungsmacht eingeräumt wird, die im Unterordnungsverhältnis eine Beherrschung begründen würde (hierzu § 17 Rz. 6 ff.). Allerdings ist die Laufzeit und das Risiko, dass der Gleichordnungsvertrag im Laufe der Zeit nachteilig wird, bei der Frage, ob der Abschluss im Interesse der Gesellschaft liegt, mit zu berücksichtigen.

### b) Außenseiterschutz, horizontaler Haftungsdurchgriff

Auf Grundlage eines Verbots nachteiliger Weisungen ist der Verzicht auf spezielle konzernrechtliche Instrumente zum Außenseiterschutz verständlich und hinnehmbar; eine generelle **Analogie zu §§ 302–305** lässt sich nicht begründen[41]. 31

Als gegenüber der Anerkennung eines Unternehmensvertrags mildere konzernorganisationsrechtliche Rechtsfortbildung könnte die Anwendung der **§§ 311 ff.** überlegt werden, die insb. das Privileg eines zeitlich verzögerten Nachteilsausgleichs zur Folge hätte (vgl. § 311 Rz. 4 ff.)[42]. Die Verpflichtungen der §§ 312 ff., insb. § 313, die unmittelbaren Einfluss auf die Rechtmäßigkeit des Jahresabschlusses haben, wird man den Unternehmen kaum ohne klare Rechtsgrundlage auferlegen können. Angesichts der ausdrücklichen Begrenzung der §§ 311 ff. auf Abhängigkeitsverhältnisse dürften die Voraussetzungen einer Analogie nicht gegeben sein. Die an sich wünschenswerte konzernorganisationsrechtliche Privilegierung des § 311 wird man wiederum nicht ohne die besonderen Schutzmechanismen der §§ 312 ff. rechtfertigen können. 32

Es verbleibt daher bei den **allgemeinen Haftungstatbeständen**, insb. der Haftung wegen Verletzung sich aus dem Gleichordnungsvertrag ergebender Haupt-, Treue- oder anderer Nebenpflichten[43], § 117 AktG, § 826 BGB[44] sowie der Haftung der Organmitglieder. 33

Verbreitet wird allerdings eine spezielle konzernrechtliche Haftung analog §§ 302 f. des einen Unternehmens für die Verbindlichkeiten des anderen bei einem **qualifizierten Gleichordnungskonzern** vertreten[45]. Nach dem hier vertretenen Verständnis des 34

---

41 So auch *Veil*, Unternehmensverträge, S. 281 ff.; zu § 305 *Milde*, S. 214 f.; *Fett* in Bürgers/Körber, § 18 AktG Rz. 22 f.; a.A. *Emmerich* in Emmerich/Habersack, Aktien- und GmbH-Konzernrecht, § 18 AktG Rz. 36 ff. für vertragliche und qualifiziert faktische Gleichordnungskonzerne; *Keck*, S. 76 ff.; zu §§ 302 f. *Wellkamp*, DB 1993, 2517, 2520 f.; zur GmbH *Decher* in MünchHdb. GmbH, § 67 Rz. 37.
42 Eine solche analoge Anwendung in Betracht ziehend *Emmerich* in Emmerich/Habersack, Aktien- und GmbH-Konzernrecht, § 18 AktG Rz. 38; für Anwendung nur der §§ 311, 317 und 318 *Kropff* in MünchKomm. AktG, 2. Aufl., Vor § 311 AktG Rz. 114 f.; für eine Haftung analog §§ 311, 317 *Schall* in Spindler/Stilz, § 18 AktG Rz. 30; gegen eine solche Analogie *Altmeppen* in MünchKomm. AktG, 3. Aufl., Vor § 311 AktG Rz. 82 ff.; *Koppensteiner* in KölnKomm. AktG, 3. Aufl., Vorb. § 311 AktG Rz. 33; *Milde*, S. 146 f.; *Wimmer-Leonhardt*, S. 483 ff.; *Winter*, Horizontale Haftung, S. 21 ff., 73 ff., 98 ff.; *Gromann*, S. 59, 61 f.; im Erg. ebenso *Lutter/Drygala*, ZGR 1995, 557, 565 ff., die stattdessen die Haftung auf die Treupflicht stützen wollen.
43 Für eine weitergehende Haftung aus Treupflichtverstößen auch im faktischen Gleichordnungskonzern *Lutter/Drygala*, ZGR 1995, 557, 566 f.; *Drygala*, Gläubigerschutz, S. 120 ff.; *Jaschinski*, S. 162 ff.; deutlich enger *Milde*, S. 204 f.; *Winter*, Horizontale Haftung, S. 74 f., 89 ff.
44 S. BGH v. 20.9.2004 – II ZR 302/02, ZIP 2004, 2138.
45 Mit erheblichen Unterschieden im Detail OLG Dresden v. 27.10.1999 – 13 U 1257/99, AG 2000, 419, 420; BAG v. 8.9.1998 – 3 AZR 185/97, GmbHR 1999, 658 = RdA 2000, 235 mit krit. Anm. *Windbichler*; dazu die Folgeentscheidung BAG v. 31.7.2002 – 10 AZR 420/01, NZA 2003, 213; AG Eisenach v. 13.4.1995 – 5 C 526/95, AG 1995, 519 f.; im Erg. ähnlich über Anwendung des § 826 BGB BGH v. 20.9.2004 – II ZR 302/02, ZIP 2004, 2138; *Emmerich* in Emmerich/Habersack, Aktien- und GmbH-Konzernrecht, § 18 AktG Rz. 39; *Krieger* in MünchHdb. AG, § 68 Rz. 89; *Drygala*, Gläubigerschutz, S. 119, 123 ff.; *Ehlke*, DB 1986, 523, 526; *Grüner*, NZG 2000, 601, 602; *Jaschinky*, S. 167 ff.; *Keck*, S. 160 ff.; *Lutter/Drygala*, ZGR 1995, 557, 569 ff.; *Raiser/Veil*, Kapitalgesellschaften, § 56 Rz. 13; *Karsten Schmidt*, ZHR 151 (1991), 417, 436 ff.; *Karsten Schmidt* in FS Wiedemann, 2002, S. 1199, 1216 ff.; *Veil* in Theobald (Hrsg.), Entwicklungen zur Durchgriffs- und Konzernhaftung, 2002, S. 81, 102 ff.; *Wim-*

sog. qualifiziert faktischen Konzerns, richtiger der qualifizierten Nachteilszufügung im faktischen Konzern, nach der keine Analogie zu §§ 302 f., sondern nur eine teleologische Erweiterung der Rechtsfolgen des § 317 in Betracht kommt (§ 317 Rz. 53 ff.), wäre allenfalls an eine Erweiterung der sich bei einem Einzelausgleich ergebenden Rechtsfolgen zu denken, wenn der Einzelschadensausgleich aufgrund der besonderen Qualität der Benachteiligung der einen Gesellschaft ausnahmsweise auch unter Zuhilfenahme des § 287 ZPO nicht bestimmbar sein sollte.

35 Die Frage eines horizontalen Haftungsdurchgriffs bei qualifizierten Konzernverhältnissen stellt sich auch bei von einem Unternehmen beherrschten **Schwestergesellschaften**, dem praktisch ungleich wichtigeren Fall[46]. Die Abgrenzung von Gleichordnungs- und Unterordnungskonzern (hierzu oben Rz. 22) darf nicht dazu führen, diese Frage, die praktisch ganz erhebliche Bedeutung bspw. für die **Betriebsaufspaltung** hat, gar nicht erst zu stellen. Bei verschiedenen Gesellschafterpflichten des herrschenden Unternehmens, deren Verletzung Einzelausgleichsansprüche der Gesellschaft begründet, ist eine Erstreckung auf andere Töchter und damit Schwestergesellschaften anerkannt[47]. Nach der hier vertretenen Ansicht ist eine Verlustausgleichsverpflichtung als Zustandshaftung bei qualifizierter Konzernierung ebenso wie im Unterordnungskonzern (s. § 317 Rz. 49, 60) abzulehnen. Bei eigenen Pflichtverletzungen der Schwester kommen grundsätzlich nur Einzelausgleichsansprüche in Betracht; theoretisch kann hier allenfalls das Problem qualifizierter, dem Einzelausgleich nicht zugänglicher Nachteile bestehen[48].

36 Nach Aufgabe des qualifiziert faktischen Konzerns dürfte die Rechtsprechung im Gleichordnungs- wie im Unterordnungskonzern jedenfalls für die Einmann-GmbH, bei der Benachteiligungen an sich gesellschaftsrechtlich nicht verboten sind, eine Erstreckung der **Haftung wegen existenzvernichtenden Eingriffs** (s. § 317 Rz. 51) auf Schwestergesellschaften einem Verlustausgleich analog oder in Anlehnung an § 302 vorziehen; eine Entscheidung hierzu liegt – soweit ersichtlich – allerdings noch nicht vor[49]. Für den Sonderfall der der Schwester zurechenbaren **Vermögensvermischung** ist eine horizontale Durchgriffshaftung denkbar[50].

---

mer-Leonhardt, S. 486 ff.; weitergehend Wellkamp, DB 1993, 2517, 2520 f., der eine solche Haftung auch im einfach faktischen Konzern bejaht; a.A. Hüffer, § 18 AktG Rz. 20; Cahn, Kapitalerhaltung im Konzern, 1998, S. 48 ff.; Milde, S. 207 ff.; Winter, Horizontale Haftung, S. 164 ff.

46 Die in der vorherigen Fn. erwähnten Urteile betrafen gerade solche Fälle; einschränkend zum Urteil des BAG Henssler, ZGR 2000, 479 ff.

47 Zur Erstreckung der Kapitalerhaltungsvorschriften der § 57 AktG, § 30 GmbHG etwa § 57 Rz. 9 ff., 31; zur Frage einer Erstattungspflicht der begünstigten Schwester nach § 62 AktG, § 31 GmbHG § 62 Rz. 10, zur Erstreckung der Kapitalerhaltungsgrundsätze auf Konzerngesellschaften etwa Altmeppen in FS Kropff, 1997, S. 641 ff.; Cahn, Kapitalerhaltung im Konzern, 1998; zur Gleichbehandlung des Darlehens der Schwester mit einem Darlehen des Gesellschafters in der Insolvenz s. § 39 Abs. 1 Nr. 5 i.V.m. § 135 InsO (maßgeblich ist die „wirtschaftliche Entsprechung"); ausführlich zu den verschiedenen Ansprüchen Winter, Horizontale Haftung, S. 21 ff.

48 Demgegenüber weitergehend für eine Verlustausgleichs- bzw. Durchgriffshaftung auch ohne eigene Pflichtverletzung als subsidiäre Haftung bei Ausfall des primär verantwortlichen herrschenden Unternehmens Henssler, ZGR 2000, 479, 492 ff.; zust. Raiser in FS Ulmer, 2003, S. 493, 505 ff; im Erg. ebenso wohl Haar, S. 467 ff., 480 f.

49 Zweifelnd allerdings BGH v. 20.9.2004 – II ZR 302/02, ZIP 2004, 2138, 2139; dafür Raiser in FS Ulmer, 2003, S. 493, 505 ff.; dagegen J. Vetter, ZIP 2003, 601, 608 f.; Winter, Horizontale Haftung, S. 225 ff., jeweils noch zum Konzept einer Durchgriffsaußenhaftung; zu Unzulänglichkeiten dieses Ansatzes bei qualifizierten Nachteilzufügungen gegenüber einer AG § 317 Rz. 51 f.

50 Speziell zum Gleichordnungskonzern mit Unterschieden in der Begründung Drüke, Die Haftung der Muttergesellschaft für die Schulden der Tochtergesellschaft nach deutschem und

## c) Konzernbildungskontrolle

Fraglich und noch nicht endgültig geklärt ist, ob der der Begründung des Gleichordnungskonzerns zugrunde liegende Vertrag der **Zustimmung der Hauptversammlung** bedarf. Die Erwähnung des Gleichordnungsvertrags in § 291 Abs. 2 ohne gleichzeitige Etablierung eines Zustimmungserfordernisses spricht eher dagegen. Ein Zustimmungserfordernis besteht, wenn der Gleichordnungskonzern eine Gewinngemeinschaft oder einen anderen Unternehmensvertrag i.S. des § 292 enthält; im Übrigen kann ein Zustimmungserfordernis allenfalls ausnahmsweise in Analogie zu § 293 und den Holzmüller/Gelatine-Grundsätzen des BGH[51] in Betracht kommen[52]. Auch diese Frage sowie die einer – nach dem hier vertretenen Verständnis zu verneinenden – Eintragungsbedürftigkeit und eines Austrittsrechts der Minderheitsgesellschafter[53] hängt davon ab, inwieweit der Gleichordnungsvertrag über eine bloße Koordinierung der Leitung nachteilige Einflussnahmen und eine Einschränkung des § 76 ermöglicht und damit die organisationsrechtlichen Optionen erweitert (Rz. 27 ff.).

37

# § 19
## Wechselseitig beteiligte Unternehmen

(1) Wechselseitig beteiligte Unternehmen sind Unternehmen mit Sitz im Inland in der Rechtsform einer Kapitalgesellschaft, die dadurch verbunden sind, dass jedem Unternehmen mehr als der vierte Teil der Anteile des anderen Unternehmens gehört. Für die Feststellung, ob einem Unternehmen mehr als der vierte Teil der Anteile des anderen Unternehmens gehört, gilt § 16 Abs. 2 Satz 1, Abs. 4.

(2) Gehört einem wechselseitig beteiligten Unternehmen an dem anderen Unternehmen eine Mehrheitsbeteiligung oder kann das eine auf das andere Unternehmen unmittelbar oder mittelbar einen beherrschenden Einfluss ausüben, so ist das eine als herrschendes, das andere als abhängiges Unternehmen anzusehen.

(3) Gehört jedem der wechselseitig beteiligten Unternehmen an dem anderen Unternehmen eine Mehrheitsbeteiligung oder kann jedes auf das andere unmittelbar oder mittelbar einen beherrschenden Einfluss ausüben, so gelten beide Unternehmen als herrschend und als abhängig.

---

amerikanischem Recht, 1988, S. 78 ff.; *Jaschinsky*, S. 191 ff.; *Windbichler*, RdA 2000, 238, 242; einschränkend *Winter*, Horizontale Haftung, S. 216 ff.; für eine Haftung nur der Mutter, nicht auch der Schwester *Brändel* in Großkomm. AktG, 4. Aufl., § 1 AktG Rz. 104; *Mertens* in Hachenburg, Anh. § 13 GmbHG Rz. 51; *Milde*, S. 210 f.; *Stimpel* in FS Goerdeler, 1987, S. 601, 607.

51 BGH v. 25.2.1982 – II ZR 174/80 – „Holzmüller", BGHZ 83, 122 = AG 1982, 158, eingeschränkt durch BGH v. 26.4.2004 – II ZR 155/02 und II ZR 154/02 – „Gelatine", BGHZ 159, 30 = AG 2004, 384 und ZIP 2004, 1001; bejahend *Harbarth*, AG 2004, 573, 581; hierzu näher und zu Recht kritisch *Langenbucher* unten § 291 Rz. 67.

52 Für ein generelles Zustimmungserfordernis, überwiegend in Analogie zu § 293, *Emmerich* in Emmerich/Habersack, Aktien- und GmbH-Konzernrecht, § 18 AktG Rz. 34 f.; *Karsten Schmidt*, GesR, S. 505; *Karsten Schmidt*, ZHR 151 (1991), 417, 428 ff.; *Timm*, S. 152 f.; *Keck*, S. 88 ff.; *Wellkamp*, DB 1993, 2517, 2518 f.; *Veil*, Unternehmensverträge, S. 276 ff.; zur GmbH *Decher* in MünchHdb. GmbH, § 67 Rz. 37; a.A. *ADS*, § 18 AktG Rz. 81; *Fett* in Bürgers/Körber, § 18 AktG Rz. 25; *Hüffer*, § 18 AktG Rz. 20; *Koppensteiner* in KölnKomm. AktG, 3. Aufl., § 291 AktG Rz. 104 ff.; *Krieger* in MünchHdb. AG, § 68 Rz. 87; *Schall* in Spindler/Stilz, § 18 AktG Rz. 31; *Gromann*, S. 33 ff.; *Milde*, S. 229 f.; eingehender *Langenbucher* unten § 291 Rz. 66 ff.

53 Hierzu ausführlicher *Milde*, S. 212 ff.

(4) § 328 ist auf Unternehmen, die nach Absatz 2 oder 3 herrschende oder abhängige Unternehmen sind, nicht anzuwenden.

| | | | |
|---|---|---|---|
| I. Grundlagen | 1 | III. Qualifizierte wechselseitige Beteiligung (§ 19 Abs. 2 bis 4) | 14 |
| II. Ausgangspunkt der (einfachen) wechselseitigen Beteiligung (§ 19 Abs. 1) | 5 | 1. Tatbestand | 14 |
| 1. Erfasste Unternehmen | 5 | 2. Rechtsfolgen | 15 |
| 2. Beteiligung am anderen Unternehmen | 8 | 3. Beiderseitige qualifizierte wechselseitige Beteiligung (§ 19 Abs. 3) | 17 |
| 3. Rechtsfolgen | 12 | IV. Im AktG nicht geregelte Fälle | 19 |

**Literatur:** *Adams*, Die Usurpation von Aktionärsbefugnissen mittels Ringverflechtung in der „Deutschland AG", AG 1994, 148; *Cahn*, Kapitalerhaltung im Konzern, 1998; *Cahn/Farrenkopf*, Abschied von der qualifizierten wechselseitigen Beteiligung?, AG 1984, 178; *Emmerich*, Zur Problematik der wechselseitigen Beteiligungen, in FS Westermann, 1974, S. 55; *Emmerich*, Wechselseitige Beteiligung bei AG und GmbH, NZG 1998, 622; *Frank*, Wechselseitige Beteiligungen im deutschen Kapitalgesellschaftsrecht, 1990; *Hefermehl*, Ausübung des Stimmrechts bei wechselseitiger Verflechtung zweier Aktiengesellschaften, DB 1955, 304; *Hettlage*, Darf sich eine Kapitalgesellschaft durch die Begründung einer wechselseitigen Beteiligung an der Kapitalaufbringung ihrer eigenen Kapitalgeber beteiligen?, AG 1967, 259; *Hettlage*, Die AG als Aktionär, AG 1981, 92; *Kayser-Eichberg*, Die wechselseitige Beteiligung nach deutschem Aktienrecht als Leitlinie einer europäischen Harmonisierung, Diss. Köln 1969; *Klix*, Wechselseitige Beteiligungen, 1981; *Koppensteiner*, Wechselseitige Beteiligungen im Recht der GmbH, WiBl. 1990, 1; *R. Korch*, Ringbeteiligungen von Aktiengesellschaften, 2002; *Kropff*, Die wechselseitige Beteiligung nach dem Entwurf eines AktG, DB 1959, 15; *Nierhaus*, Die wechselseitige Beteiligung von Aktiengesellschaften, Diss. München 1961; *Ramming*, Wechselseitige Beteiligungen außerhalb des Aktienrechts, 2005; *Kerstin Schmidt*, Wechselseitige Beteiligungen im Gesellschafts- und Kartellrecht, 1995; *Schubert/Ravenstein*, Beschränkung der Stimmrechtsausübung und -abhängigkeit: Überlegungen zu § 328 AktG, BB 2006, 2219; *Verhoeven*, GmbH-Konzernrecht: Der Erwerb von Anteilen der Obergesellschaft, GmbHR 1977, 97; *Wastl/Wagner*, Das Phänomen der wechselseitigen Beteiligungen aus juristischer Sicht, 1997; *Wastl/Wagner*, Wechselseitige Beteiligungen im Aktienrecht, AG 1997, 241; *H. Winter*, Die wechselseitige Beteiligung von Aktiengesellschaften, 1960.

## I. Grundlagen

1   Die **Gefahren wechselseitiger Beteiligungen**, denen die §§ 19, 328 zu begegnen suchen, lassen sich an dem einfachen Beispiel verdeutlichen, dass AG A an AG B mit 51 % des Grundkapitals beteiligt ist und B an A ebenso. Gefahren sind zum einen die **Kapitalverwässerung** und zum anderen das Entstehen von **Verwaltungsstimmrechten**[1]. Mittelbar ist im Ausgangsfall jede Gesellschaft rechnerisch zu 26 % an sich selbst beteiligt. Wirtschaftlich entspricht die Zeichnung oder der Erwerb von Aktien an A durch B einer mittelbaren Übernahme eigener Aktien (§ 56) bzw. dem mittelbaren Erwerb eigener Aktien (§§ 71 ff.) durch A. Die den Grundgedanken der Organzu-

---

1 Hierzu schon deutlich die Begr. RegE, *Kropff*, Aktiengesetz, S. 34 f.; vgl. auch zum Normzweck des § 328 § 328 Rz. 3, insb. auch die Begr. RegE zur Einführung des § 328 Abs. 3 i.R.d. KonTraG, BT-Drucks. 13/9712, S. 25, wo allerdings außerdem darauf hingewiesen wird, dass wechselseitige Beteiligungen auch betriebswirtschaftlich sinnvolle Elemente strategischer Allianzen sein könnten; ausführlicher zu den Gefahren wechselseitiger Beteiligungen und dem Normzweck des § 19 *Bayer* in MünchKomm. AktG, 3. Aufl., § 19 AktG Rz. 1 ff.; *Emmerich* in FS Westermann, 1974, S. 55, 58 ff.; *Korch*, S. 17 ff.; *Kerstin Schmidt*, S. 51 ff.

ständigkeiten bei der AG zuwider laufende Verwaltungsherrschaft zeigt sich daran, dass die Vorstände von A und B in der Hauptversammlung der jeweils anderen Gesellschaft Mehrheitsbeschlüsse fassen und insbesondere gegenseitig die Aufsichtsratsmitglieder bestimmen können.

Das Gesetz unterscheidet **zwei Grundtypen** wechselseitiger Beteiligungen. Zum einen die **einfache wechselseitige Beteiligung**, die eine Kapitalbeteiligung von mehr als 25 % verlangt (§ 19 Abs. 1), und zum anderen die **qualifizierte wechselseitige Beteiligung**, bei der das eine Unternehmen das andere beherrscht oder an ihm eine Mehrheitsbeteiligung hält (§ 19 Abs. 2), wobei die Qualifikation auch wechselseitig bestehen kann (§ 19 Abs. 3).

Von Mitteilungs- und Offenlegungspflichten nach §§ 20 f., 328 Abs. 4 AktG, §§ 21 ff. WpHG und § 160 Abs. 1 Nr. 7 AktG abgesehen, beschränkt sich das Gesetz im Wesentlichen darauf, bei einfachen wechselseitigen Beteiligungen einem (und in Ausnahmefällen beiden) Unternehmen die Ausübung der Rechte aus den Anteilen zu beschränken (§ 328) (näher Rz. 12 f.) und bei qualifizierten wechselseitigen Beteiligungen die ausschließliche Anwendung der allgemeinen Vorschriften über herrschende und abhängige Unternehmen anzuordnen (§ 19 Abs. 4, näher Rz. 15 f.).

Auch wenn die Definitionsnorm des § 19 auch andere Gesellschaftsformen erfasst, sind die Rechtsfolgen wechselseitiger Beteiligungen positiv doch nur für solche unter Beteiligung von Aktiengesellschaften oder KGaA gesetzlich geregelt (zu sonstigen Gesellschaftsformen Rz. 19 ff.).

## II. Ausgangspunkt der (einfachen) wechselseitigen Beteiligung (§ 19 Abs. 1)

### 1. Erfasste Unternehmen

Die Definition der wechselseitig beteiligten Unternehmen nach § 19 Abs. 1 knüpft an Unternehmen mit **Sitz im Inland** in der Rechtsform der Kapitalgesellschaft an. Für Rechtsträger mit Sitz im Ausland gelten lediglich die an verbundene Unternehmen nach §§ 15–18 anknüpfenden Vorschriften (vgl. auch § 15 Rz. 2). Mit Sitz ist der Satzungssitz gem. § 5, nicht der Verwaltungssitz gemeint[2]. Europarechtliche Erwägungen erfordern keine Ausdehnung des Anwendungsbereichs, zumal mit § 19 keine Privilegierung deutscher Kapitalgesellschaften verbunden ist (s. auch Rz. 13).

Der Begriff **Kapitalgesellschaften** umfasst wie bei der Legaldefinition des § 3 Abs. 1 Nr. 2 UmwG GmbH, Aktiengesellschaften und KGaA[3]. Die entsprechenden Vorgesellschaften werden ebenfalls erfasst[4], nicht dagegen Personengesellschaften einschließlich der GmbH & Co. KG. Darüber hinaus ist auch die SE als Kapitalgesellschaft zu qualifizieren[5].

Der **Unternehmensbegriff** stellt demgegenüber keine weitere Einschränkung dar; nach der hier vertretenen Auffassung schon deshalb, weil alle Kapitalgesellschaften Unternehmenseigenschaft haben (s. § 15 Rz. 53 ff.), nach der h.M. deshalb, weil die

---

2 Ausdrücklich auch *Schall* in Spindler/Stilz, § 19 AktG Rz. 11 f., der allerdings aufgrund europarechtlicher Erwägungen zu einer recht weitgehenden Ausdehnung der §§ 19, 328 auf ausländische Rechtsträger gelangt.
3 Unstr., s. nur *Bayer* in MünchKomm. AktG, 3. Aufl., § 19 AktG Rz. 22; *Emmerich* in Emmerich/Habersack, Aktien- und GmbH-Konzernrecht, § 19 AktG Rz. 8.
4 So ausdrücklich auch *Koppensteiner* in KölnKomm. AktG, 3. aktualisierte Aufl. 2010, § 19 AktG Rz. 13.
5 So auch schon *Windbichler* in Großkomm. AktG, 4. Aufl., § 19 AktG Rz. 13.

weiteren Voraussetzungen für herrschende Unternehmen hier nicht verlangt werden[6].

**2. Beteiligung am anderen Unternehmen**

8   Jedem der Unternehmen muss mehr als der vierte Teil der Anteile des anderen Unternehmens gehören. Anteile meint allein **Kapitalanteile**, nicht Stimmrechtsanteile, wie sich aus einem Vergleich des Wortlauts mit § 16 Abs. 1 und dem Verweis in Satz 2 allein auf § 16 Abs. 2 und 4, nicht aber § 16 Abs. 3 ergibt[7].

9   Zur Berechnung der Kapitalbeteiligung verweist § 19 Abs. 1 Satz 2 auf § 16 Abs. 2 Satz 1 und Abs. 4, auf dessen Kommentierung verwiesen wird. Bemerkenswert ist, dass **eigene Anteile** der Gesellschaft nicht gem. § 16 Abs. 2 Sätze 2 und 3 abzusetzen sind; auf sie wird gerade nicht verwiesen[8].

10  Auch für die Anwendung der Zurechnungsvorschrift des **§ 16 Abs. 4** gelten die dort anerkannten Grundsätze. Insb. kommt es nicht auf die Rechtsform des abhängigen Unternehmens und auch nicht darauf an, dass das herrschende Unternehmen selbst beteiligt ist; eine Absorption findet nicht statt, so dass sowohl das herrschende als auch das abhängige Unternehmen wechselseitig beteiligt sein können[9].

11  Über § 16 Abs. 4 werden damit in gewissem Umfang **ringförmige Beteiligungen** erfasst. Beispiel: Kapitalgesellschaft A ist beherrschend an Gesellschaft B, B mit mindestens 25 % an Kapitalgesellschaft C und C mit mindestens 25 % an A beteiligt. A und C sind wechselseitig beteiligt. Ist auch B Kapitalgesellschaft und herrschend an C beteiligt, sind auch A und B wechselseitig beteiligt.

**3. Rechtsfolgen**

12  § 19 Abs. 1 ordnet selbst keine Rechtsfolge an. Rechtsfolgen ergeben sich mittelbar über § 15, der bestimmt, dass wechselseitig beteiligte Unternehmen als verbundene Unternehmen gelten, so dass alle Vorschriften über verbundene Unternehmen Anwendung finden (hierzu § 15 Rz. 4 f.). Auf wechselseitige Beteiligungen sind die allgemeinen Mitteilungspflichten der §§ 20 Abs. 3 und 21 Abs. 1 zugeschnitten. **§ 160 Abs. 1 Nr. 7** verlangt für jede Art der wechselseitigen Beteiligung deren Angabe im Anhang des Jahresabschlusses. Spezielle Rechtsfolgen nur für die einfache wechselseitige Beteiligung werden in **§ 328** angeordnet (Beschränkung der Ausübbarkeit bestimmter Rechte aus den Anteilen für eines der Unternehmen; spezielle Mitteilungspflichten nach dessen Abs. 4).

13  Dagegen wird man grundsätzlich im Anwendungsbereich des § 19 keinen mittelbaren Verstoß gegen **§ 57** annehmen können. Die §§ 19, 328 enthalten insoweit eine ab-

---

6   So etwa *Emmerich* in Emmerich/Habersack, Aktien- und GmbH-Konzernrecht, § 19 AktG Rz. 8; *Koppensteiner* in KölnKomm. AktG, 3. aktualisierte Aufl. 2010, § 15 AktG Rz. 91; *Schall* in Spindler/Stilz, § 19 AktG Rz. 3.

7   Unstr., s. nur *Emmerich* in Emmerich/Habersack, Aktien- und GmbH-Konzernrecht, § 19 AktG Rz. 9; *Koppensteiner* in KölnKomm. AktG, 3. aktualisierte Aufl. 2010, § 19 AktG Rz. 17; *Schall* in Spindler/Stilz, § 19 AktG Rz. 9.

8   Angesichts des klaren Wortlauts unstr., s. nur *Bayer* in MünchKomm. AktG, 3. Aufl., § 19 AktG Rz. 30; *Emmerich* in Emmerich/Habersack, Aktien- und GmbH-Konzernrecht, § 19 AktG Rz. 9; *Koppensteiner* in KölnKomm. AktG, 3. aktualisierte Aufl. 2010, § 19 AktG Rz. 19.

9   Heute ganz h.M., s. nur *Bayer* in MünchKomm. AktG, 3. Aufl., § 19 AktG Rz. 31 f.; *Koppensteiner* in KölnKomm. AktG, 3. aktualisierte Aufl. 2010, § 19 AktG Rz. 20; *Schall* in Spindler/Stilz, § 19 AktG Rz. 9; *Windbichler* in Großkomm. AktG, 4. Aufl., § 19 AktG Rz. 18; zu § 16 Abs. 4 s. § 16 Rz. 23.

schließende Regelung, und die Rückzahlung der Einlage durch mittelbaren **Erwerb von Aktien** ist in §§ 71b–d, die als mittelbaren Erwerb nur einen Erwerb durch ein abhängiges oder in Mehrheitsbesitz stehendes Unternehmen ansehen und deren Anwendbarkeit durch § 19 nicht berührt wird, abschließend geregelt[10]. Die Unanwendbarkeit des § 57 ergibt sich nicht aus einer besonderen Privilegierungsfunktion der §§ 19, 328, sondern der Auslegung des § 57 unter systematischer Berücksichtigung der §§ 19, 328, so dass sich auch für wechselseitige Beteiligungen mit von § 19 nicht erfassten Gesellschaften nichts anderes ergibt (s auch Rz. 21)[11].

## III. Qualifizierte wechselseitige Beteiligung (§ 19 Abs. 2 bis 4)

### 1. Tatbestand

Eine wechselseitige Beteiligung nach § 19 Abs. 1 ist gem. **§ 19 Abs. 2** qualifiziert, wenn die eine wechselseitig beteiligte Kapitalgesellschaft entweder eine Mehrheitsbeteiligung nach § 16 an der anderen hält oder ohne Mehrheitsbeteiligung trotzdem unmittelbar oder mittelbar einen beherrschenden Einfluss nach § 17 Abs. 1 ausüben kann. Der pauschale Verweis auf die Mehrheitsbeteiligung nimmt den gesamten § 16 in Bezug, also einschließlich der Stimmenmehrheit nach Abs. 3 und der Sätze 2 und 3 des Abs. 2[12]. Die Vermutung des § 17 Abs. 2 ist praktisch ohne Bedeutung, da eine qualifizierte wechselseitige Beteiligung bei einer Mehrheitsbeteiligung schon nach dem klaren Wortlaut des § 19 Abs. 2 gegeben ist, und zwar **unwiderleglich**.

14

### 2. Rechtsfolgen

Liegt eine Qualifizierung der vorgenannten Art vor, gilt die eine Kapitalgesellschaft als herrschendes, die andere als abhängiges Unternehmen. Der **Regelungsinhalt** ist sehr **begrenzt**. Zunächst wird lediglich klargestellt, dass die Regelungen über herrschende und abhängige Unternehmen nicht dadurch ausgeschlossen werden, dass die abhängige Gesellschaft an der herrschenden mit mehr als 25 % beteiligt ist. Ein eigenständiger Regelungsgehalt liegt darin, dass jede Mehrheitsbeteiligung ohne Möglichkeit der Widerlegung und damit über § 17 hinausgehend ein Abhängigkeitsverhältnis begründet. Schließlich ist § 19 Abs. 2 im Zusammenhang mit Abs. 4 zu lesen: bei qualifizierten wechselseitigen Beteiligungen richten sich die Rechtsfolgen nicht nach § 328, sondern ausschließlich nach den für herrschende und abhängige Unternehmen geltenden Vorschriften.

15

**Die wichtigsten Rechtsfolgen** bei qualifizierter wechselseitiger Beteiligung von AG A an ihrer Tochter B sind das Verbot der Übernahme von Aktien nach § 56 Abs. 2 Satz 1 durch B, die Einschränkung des Erwerbs von A-Aktien nach den §§ 71 ff. AktG, § 272 Abs. 4 Satz 4 HGB und damit insb. das Verbot des derivativen Erwerbs von A-Aktien durch B (§ 71d Satz 2), das Ruhen der Rechte aus den A-Aktien der B gem. § 71d Satz 4 i.V.m. § 71b und die Verpflichtung der A zur Veräußerung derartiger

16

---

10 So auch *Bayer* in MünchKomm. AktG, 3. Aufl., § 19 AktG Rz. 5; *Lutter* in KölnKomm. AktG, 2. Aufl., § 57 AktG Rz. 35; *Korch*, S. 155; *Kerstin Schmidt*, S. 75 f., 79 f.; a.A. *Hettlage*, AG 1967, 249, 251 ff.; *Hettlage*, AG 1981, 92, 97; für eine entsprechende Anwendung des § 71 Abs. 2 Satz 2 auf nicht qualifizierte wechselseitige Beteiligungen *Cahn*, S. 151 ff., 185 ff.; zur Anwendung des § 57 außerhalb des Anwendungsbereichs des § 19 (Personen- und Auslandsgesellschaften) s. Rz. 21.
11 Ähnlich *Schall* in Spindler/Stilz, § 19 AktG Rz. 6 f.
12 Wohl unstr., s. nur *Bayer* in MünchKomm. AktG, 3. Aufl., § 19 AktG Rz. 34; *Koppensteiner* in KölnKomm. AktG, 3. aktualisierte Aufl. 2010, § 19 AktG Rz. 24.

rechtswidrig erworbener Aktien gem. § 71d Satz 4 i.V.m. § 71c, sowie die Regeln über den faktischen Konzern nach §§ 311 ff.[13]

### 3. Beiderseitige qualifizierte wechselseitige Beteiligung (§ 19 Abs. 3)

17 Nach § 19 Abs. 3 gilt jede der wechselseitig beteiligten Kapitalgesellschaften unwiderleglich als herrschend und jedes als abhängig gem. § 19 Abs. 2, wenn die Möglichkeit der beherrschenden Einflussnahme oder – praktisch wichtiger – die Mehrheitsbeteiligung gem. § 19 Abs. 2 bei jeder der Gesellschaften gegeben ist. Auf beide Gesellschaften finden damit insb. die Beschränkungen für herrschende und abhängige Unternehmen Anwendung, insb. das Ruhen der Stimm- und sonstigen Rechte aus den Aktien nach § 71b.

18 Auch die **Verpflichtung nach § 71d Satz 4 i.V.m. § 71c Abs. 1**, unzulässigerweise erworbene Aktien innerhalb eines Jahres zu veräußern, gilt grundsätzlich für beide Gesellschaften[14]. Soweit jedoch die Veräußerung von B-Aktien durch Gesellschaft A dazu führt, dass weder eine Mehrheitsbeteiligung noch eine anderweitige beherrschende Stellung der A an B mehr besteht, verliert B den Status der ihrerseits von A abhängigen Gesellschaft, so dass die Verpflichtung zur Veräußerung von B gehaltener A-Aktien endet. Es verbleibt aber im Hinblick auf die von A gehaltenen Aktien an der A beherrschenden B die Verpflichtung zur Veräußerung nach §§ 71d Satz 4, 71c.

## IV. Im AktG nicht geregelte Fälle

19 §§ 19, 328 regeln nur einen sehr begrenzten Teilbereich denkbarer wechselseitiger Beteiligungen, nämlich qualifizierte wechselseitige Beziehungen deutscher Kapitalgesellschaften und einfache wechselseitige Beteiligungen zwischen Kapitalgesellschaften unter Beteiligung einer AG oder KGaA (s. § 328 Abs. 1). Eine Erweiterung des Anwendungsbereichs durch **Analogie** ist grundsätzlich nicht möglich[15]. Allerdings ist zu beachten, dass die Vorschriften über verbundene und abhängige Unternehmen rechtsformunabhängig gelten und insb. von einer AG abhängiges oder in Mehrheitsbesitz stehendes Unternehmen i.S. des § 71d auch eine Personengesellschaft oder ausländische Gesellschaft sein kann[16].

---

13 Ausführlicher *Bayer* in MünchKomm. AktG, 3. Aufl., § 19 AktG Rz. 48 ff.; zu § 71d Satz 4 i.V.m. § 71c s. auch Rz. 18; a.A. im Hinblick auf §§ 71c/d (keine Geltung für vor Begründung der Abhängigkeit erworbene Aktien) *Cahn/Farrenkopf*, AG 1984, 178, 179 ff.; *Cahn*, S. 197; zu den sonstigen für herrschende und abhängige Unternehmen geltenden Vorschriften einschließlich der Auslösung der Konzernvermutung s. § 18 Abs. 1 Satz 3 s. § 17 Rz. 1 ff.

14 *Bayer* in MünchKomm. AktG, 3. Aufl., § 19 AktG Rz. 51; *Emmerich* in Emmerich/Habersack, Aktien- und GmbH-Konzernrecht, § 19 AktG Rz. 19; *Koppensteiner* in KölnKomm. AktG, 3. aktualisierte Aufl. 2010, § 19 AktG Rz. 11; *Windbichler* in Großkomm. AktG, 4. Aufl., § 19 AktG Rz. 35; *Krieger* in MünchHdb. AG, § 68 Rz. 113; *Fett* in Bürgers/Körber, § 19 AktG Rz. 9; *Korch*, S. 193; *Kerstin Schmidt*, S. 70; a.A. *Hüffer*, § 19 AktG Rz. 8, § 71d AktG Rz. 7; *Lutter* in KölnKomm. AktG, 2. Aufl., § 71d AktG Rz. 48; *Oechsler* in MünchKomm. AktG, 3. Aufl., § 71d AktG Rz. 33; generell a.A., auch bei nur einseitiger qualifizierter wechselseitiger Beteiligung *Cahn/Farrenkopf*, AG 1984, 178, 179 ff.

15 *Bayer* in MünchKomm. AktG, 3. Aufl., § 19 AktG Rz. 24, 26; *Hüffer*, § 19 AktG Rz. 2; *Koppensteiner* in KölnKomm. AktG, 3. aktualisierte Aufl. 2010, § 19 AktG Rz. 30; weitergehend *Emmerich* in FS Westermann, 1974, S. 55, 68 f.; *Emmerich*, NZG 1998, 622, 624 f.; s. auch BGH v. 6.10.1992 – KVR 24/91, BGHZ 119, 346, 355 ff. = AG 1993, 140.

16 Hierzu etwa *Bayer* in MünchKomm. AktG, 3. Aufl., § 19 AktG Rz. 25, 27; *Koppensteiner* in KölnKomm. AktG, 3. aktualisierte Aufl. 2010, § 19 AktG Rz. 32, 34.

Die Behandlung durch §§ 19, 328 nicht erfasster Fälle kann hier nur angedeutet werden[17]: Die bis auf § 172 Abs. 6 HGB ungeregelten wechselseitigen Beteiligungen bei **Personengesellschaften** werden grundsätzlich anerkannt[18]. Lücken im **GmbH-Recht** werden über §§ 30 Abs. 1, 33 Abs. 2 GmbHG auszufüllen versucht[19]. Vorgeschlagen wird darüber hinaus die analoge Anwendung der §§ 56 Abs. 2, 71b, teilweise auch der § 71c i.V.m. § 71d Satz 4 auf eine herrschende GmbH bei qualifizierten wechselseitigen Beteiligungen[20].

20

Soweit eine AG eine wechselseitige Beteiligung an einer von §§ 19 Abs. 1, 328 nicht erfassten deutschen oder **ausländischen Gesellschaft** erwirbt, wird diskutiert, ob dies einen Verstoß gegen § 57 Abs. 1 darstellen kann[21]. Jedenfalls bei einer wechselseitigen Beteiligung unter 25 %, die selbst bei Aktiengesellschaften zulässig sind, ist dies abzulehnen[22]. Verbreitet werden schließlich die Vorschriften über verbundene Unternehmen entgegen dem Wortlaut der §§ 15 und 19 für anwendbar gehalten[23].

21

# § 20
# Mitteilungspflichten

(1) Sobald einem Unternehmen mehr als der vierte Teil der Aktien einer Aktiengesellschaft mit Sitz im Inland gehört, hat es dies der Gesellschaft unverzüglich schriftlich mitzuteilen. Für die Feststellung, ob dem Unternehmen mehr als der vierte Teil der Aktien gehört, gilt § 16 Abs. 2 Satz 1, Abs. 4.

(2) Für die Mitteilungspflicht nach Absatz 1 rechnen zu den Aktien, die dem Unternehmen gehören, auch Aktien,

1. deren Übereignung das Unternehmen, ein von ihm abhängiges Unternehmen oder ein anderer für Rechnung des Unternehmens oder eines von diesem abhängigen Unternehmens verlangen kann;

---

17 Ausführlich *Ramming*, Wechselseitige Beteiligungen außerhalb des Aktienrechts, außerdem *Emmerich* in Emmerich/Habersack, Aktien- und GmbH-Konzernrecht, § 19 AktG Rz. 20 ff.
18 BGH v. 6.10.1992 – KVR 24/91, BGHZ 119, 346, 356 f. = AG 1993, 140; *Bayer* in MünchKomm. AktG, 3. Aufl., § 19 AktG Rz. 24; *Karsten Schmidt* in MünchKomm. HGB, 2. Aufl., § 105 HGB Rz. 80, 93; ausführlich *Ramming*, S. 195 ff.; *Kerstin Schmidt*, S. 92 f.; kritisch *Emmerich* in Emmerich/Habersack, Aktien- und GmbH-Konzernrecht, § 19 AktG Rz. 25.
19 Hierzu näher m.w.N. *Lutter* in Lutter/Hommelhoff, § 33 GmbHG Rz. 21 ff.; *Emmerich* in Emmerich/Habersack, Aktien- und GmbH-Konzernrecht, § 19 AktG Rz. 21 f.; ausführlicher *Emmerich*, NZG 1998, 622; *Cahn*, S. 197 ff.; *Ramming*, S. 20 ff.; *Kerstin Schmidt*, S. 80 ff.
20 *Emmerich* in Emmerich/Habersack, Aktien- und GmbH-Konzernrecht, § 19 AktG Rz. 24 f. (der dies sogar für Personengesellschaften befürwortet); *Emmerich*, NZG 1998, 622, 625 f.; *Lutter* in Lutter/Hommelhoff, § 33 GmbHG Rz. 27; *Zöllner* in Baumbach/Hueck, § 47 GmbHG Rz. 58; *Ramming*, S. 66 ff.; *Kerstin Schmidt*, S. 87 f.
21 Dies bejahend *Emmerich* in Emmerich/Habersack, Aktien- und GmbH-Konzernrecht, § 19 AktG Rz. 26 (zu Auslandsgesellschaften); *Hettlage*, AG 1981, 92, 97; nur für Auslands-, nicht für Personengesellschaften *Koppensteiner* in KölnKomm. AktG, 3. aktualisierte Aufl. 2010, § 19 AktG Rz. 30, 33; *Krieger* in MünchHdb. AG, § 68 Rz. 109; generell a.A. *Wastl/Wagner*, AG 1997, 241, 247 f.; wohl auch *Windbichler* in Großkomm. AktG, 4. Aufl., § 19 AktG Rz. 40 (s. aber auch Rz. 38).
22 So auch *Krieger* in MünchHdb. AG, § 68 Rz. 109; *Bayer* in MünchKomm. AktG, 3. Aufl., § 19 AktG Rz. 28; *Koppensteiner* in KölnKomm. AktG, 3. aktualisierte Aufl. 2010, § 19 AktG Rz. 30; a.A. *Hettlage*, AG 1981, 92, 97; vgl. hierzu auch oben Rz. 13.
23 *Bayer* in MünchKomm. AktG, 3. Aufl., § 19 AktG Rz. 27; *Krieger* in MünchHdb. AG, § 68 Rz. 109; beschränkt auf den deutschen Teil der Verbindung *Koppensteiner* in KölnKomm. AktG, 3. aktualisierte Aufl. 2010, § 19 AktG Rz. 31, 33; zur weitgehenden Anwendung der §§ 19, 328 auf ausländische Gesellschaften auch *Schall* in Spindler/Stilz, § 19 AktG Rz. 12.

## § 20

2. zu deren Abnahme das Unternehmen, ein von ihm abhängiges Unternehmen oder ein anderer für Rechnung des Unternehmens oder eines von diesem abhängigen Unternehmens verpflichtet ist.

(3) Ist das Unternehmen eine Kapitalgesellschaft, so hat es, sobald ihm ohne Hinzurechnung der Aktien nach Absatz 2 mehr als der vierte Teil der Aktien gehört, auch dies der Gesellschaft unverzüglich schriftlich mitzuteilen.

(4) Sobald dem Unternehmen eine Mehrheitsbeteiligung (§ 16 Abs. 1) gehört, hat es auch dies der Gesellschaft unverzüglich schriftlich mitzuteilen.

(5) Besteht die Beteiligung in der nach Absatz 1, 3 oder 4 mitteilungspflichtigen Höhe nicht mehr, so ist dies der Gesellschaft unverzüglich schriftlich mitzuteilen.

(6) Die Gesellschaft hat das Bestehen einer Beteiligung, die ihr nach Absatz 1 oder 4 mitgeteilt worden ist, unverzüglich in den Gesellschaftsblättern bekanntzumachen; dabei ist das Unternehmen anzugeben, dem die Beteiligung gehört. Wird der Gesellschaft mitgeteilt, dass die Beteiligung in der nach Absatz 1 oder 4 mitteilungspflichtigen Höhe nicht mehr besteht, so ist auch dies unverzüglich in den Gesellschaftsblättern bekanntzumachen.

(7) Rechte aus Aktien, die einem nach Absatz 1 oder 4 mitteilungspflichtigen Unternehmen gehören, bestehen für die Zeit, für die das Unternehmen die Mitteilungspflicht nicht erfüllt, weder für das Unternehmen noch für ein von ihm abhängiges Unternehmen oder für einen anderen, der für Rechnung des Unternehmens oder eines von diesem abhängigen Unternehmens handelt. Dies gilt nicht für Ansprüche nach § 58 Abs. 4 und § 271, wenn die Mitteilung nicht vorsätzlich unterlassen wurde und nachgeholt worden ist.

(8) Die Absätze 1 bis 7 gelten nicht für Aktien eines Emittenten im Sinne des § 21 Abs. 2 des Wertpapierhandelsgesetzes.

| | |
|---|---|
| **I. Allgemeines** . . . . . . . . . . . . . . . . . 1 | 3. Mehrheitsbeteiligung (§ 20 Abs. 4) . . 28 |
| 1. Regelungsgegenstand, -systematik und Normzweck . . . . . . . . . . . . . . . 1 | 4. Unterschreiten einer Beteiligungsschwelle (§ 20 Abs. 5) . . . . . . . . . . . 31 |
| 2. Rechtsnatur der Pflichten . . . . . . . . 7 | **III. Bekanntmachung (§ 20 Abs. 6)** . . . . 32 |
| 3. Inhalt und Form der Mitteilung . . . . 8 | **IV. Sanktionen** . . . . . . . . . . . . . . . . . . 35 |
|    a) Inhalt . . . . . . . . . . . . . . . . . . . . 8 | 1. Überblick . . . . . . . . . . . . . . . . . . . 35 |
|    b) Zeitpunkt . . . . . . . . . . . . . . . . . 10 | 2. Rechtsverlust (§ 20 Abs. 7) . . . . . . . 36 |
|    c) Form . . . . . . . . . . . . . . . . . . . . 12 |    a) Betroffene Aktien . . . . . . . . . . . . 36 |
| 4. Mitteilungspflichtige . . . . . . . . . . . 13 |    b) Betroffene Rechte . . . . . . . . . . . . 38 |
|    a) Unternehmen . . . . . . . . . . . . . . 13 |       aa) Herrschaftsrechte . . . . . . . . . 39 |
|    b) Zurechnung und Mitteilungspflicht . . . . . . . . . . . . . . . . . . . 16 |       bb) Vermögensrechte . . . . . . . . . 40 |
| 5. Mitteilungsempfänger . . . . . . . . . . 17 |    c) Verschulden . . . . . . . . . . . . . . . 43 |
| **II. Mitteilungspflichtige Vorgänge** . . . . 19 |    d) Folgen unzulässiger Rechtsausübung . . . . . . . . . . . . . . . . . 44 |
| 1. Minderheitsbeteiligung von 25 % (§ 20 Abs. 1 und 2) . . . . . . . . . . . . . 19 | 3. Schadensersatz bei Verstoß gegen Mitteilungspflichten . . . . . . . . . . . 45 |
|    a) Grundlagen . . . . . . . . . . . . . . . 19 | 4. Strafrechtliche Sanktionen . . . . . . . 46 |
|    b) Aktien des Unternehmens . . . . . 21 | 5. Folgen unterlassener Bekanntmachung . . . . . . . . . . . . . . . . . . . . 47 |
|    c) Zurechnung von Aktien . . . . . . . 22 | |
| 2. Minderheitsbeteiligung von 25 % (§ 20 Abs. 3) . . . . . . . . . . . . . . . . . 26 | |

**Literatur:** *Arends,* Die Offenlegung von Aktienbesitz nach deutschem Recht, 2000; *Burgard,* Die Offenlegung von Beteiligungen, Abhängigkeits- und Konzernlagen bei der Aktiengesellschaft, 1990; *Burgard,* Die Offenlegung von Beteiligungen bei der Aktiengesellschaft, AG 1992, 41; *Gelhausen,* Bilanzielle Folgen der Nichterfüllung von Mitteilungspflichten gemäß §§ 20 f. AktG und §§ 21 ff. WpHG nach In-Kraft-Treten des Dritten Finanzmarktförderungsgesetzes, WPg 2000, 497; *Geßler,* Verlust oder nur Ruhen der Aktionärsrechte nach § 20 Abs. 7 AktG, BB 1980, 217; *Hägele,* Praxisrelevante Probleme der Mitteilungspflichten nach §§ 20, 21 AktG, NZG 2000, 726; *Happ,* Zur Nachholung aktienrechtlicher Meldepflichten und damit verbundenen prozessualen Fragen, in FS K. Schmidt, 2009, S. 545; *Heinsius,* Rechtsfolgen einer Verletzung der Mitteilungspflichten nach § 20 AktG, in FS Fischer, 1979, S. 215; *Holland/Burg,* Mitteilungspflicht nach § 21 AktG beim Erwerb sämtlicher Geschäftsanteile an einer GmbH?, NZG 2006, 601; *Hüffer,* Verlust oder Ruhen von Aktionärsrechten bei Verletzung aktienrechtlicher Mitteilungspflichten?, in FS Boujong, 1996, S. 277; *Hüffer,* Konsortialverträge im Rahmen der Mitteilungspflichten nach § 20 AktG, in FS K. Schmidt, 2009, S. 747; *Koppensteiner,* Einige Fragen zu § 20 AktG, in FS Rowedder, 1994, S. 213; *Nodoushani,* Die Transparenz von Beteiligungsverhältnissen, WM 2008, 1671; *H.-P. Müller,* Endgültiger Dividendenverlust bei unterlassener Mitteilung gemäß § 20 Abs. 7 AktG?, AG 1996, 396; *Paudtke,* Zum zeitweiligen Verlust der Rechte eines Aktionärs gem. § 20 VII AktG, NZG 2009, 939; *Pentz,* Mitteilungspflichten gemäß §§ 20, 21 AktG gegenüber einer mehrstufig verbundenen Aktiengesellschaft, AG 1992, 55; *Sven H. Schneider/Uwe H. Schneider,* Der Rechtsverlust gemäß § 28 WpHG bei Verletzung der kapitalmarktrechtlichen Meldepflichten – zugleich eine Untersuchung zu § 20 Abs. 7 und § 59 WpÜG, ZIP 2006, 493; *Starke,* Beteiligungstransparenz im Gesellschafts- und Kapitalmarktrecht, 2002; *Widder,* Rechtsnachfolge in Mitteilungspflichten nach §§ 21 ff. WpHG, § 20 AktG?, NZG 2004, 275; *Witt,* Übernahme von Aktiengesellschaften und Transparenz der Beteiligungsverhältnisse, 1998; *Witt,* Vorschlag für eine Zusammenfügung der §§ 21 ff. WpHG und des § 20 AktG zu einem einzigen Regelungskomplex, AG 1998, 171; *Wolframm,* Mitteilungspflichten familiär verbundener Aktionäre nach § 20 Aktiengesetz, 1998.

## I. Allgemeines

### 1. Regelungsgegenstand, -systematik und Normzweck

Die Vorschrift begründet **Mitteilungspflichten** eines **Unternehmens gegenüber** einer inländischen **Aktiengesellschaft** bei Erwerb und Wegfall einer wesentlichen Beteiligung. Es sind zwei mitteilungspflichtige Schwellen vorgesehen. *Erstens* bei einer **Beteiligung** von **mehr** als **25 %** (§ 20 Abs. 1, früher aus steuerrechtlichen Gründen auch als Schachtelbeteiligung bezeichnet); dabei ist zu berücksichtigen, dass sich das Unternehmen bestimmte fremde Aktien zurechnen lassen muss (§ 20 Abs. 1 Satz 2 i.V.m. § 16 Abs. 2 Satz 1, Abs. 4 sowie § 20 Abs. 2). *Zweitens* bei einer **Beteiligung** von **mehr** als **50 %** (§ 20 Abs. 4, Mehrheitsbeteiligung); dabei ist ebenfalls zu berücksichtigen, dass sich das Unternehmen bestimmte fremde Aktien zurechnen lassen muss (§ 20 Abs. 4 i.V.m. § 16 Abs. 1). Ist das Unternehmen eine Kapitalgesellschaft, so hat es, sobald ihm ohne Hinzurechnung fremder Aktien nach § 20 Abs. 2 mehr als 25 % der Aktien gehört, auch dies der Gesellschaft mitzuteilen (§ 20 Abs. 3). Die **Publizität** wird auf zwei Wegen gewährleistet. Zum einen hat die Gesellschaft das Bestehen einer nach § 20 Abs. 1 und 4 mitgeteilten Beteiligung unverzüglich in den Gesellschaftsblättern bekannt zu machen (§ 20 Abs. 6). Zum anderen ist sie verpflichtet, im Anhang (vgl. § 264 Abs. 1 Satz 1 HGB) Angaben über das Bestehen einer Beteiligung zu machen, die nach § 20 Abs. 1 oder Abs. 4 mitgeteilt worden ist; dabei ist der nach § 20 Abs. 6 veröffentlichte Inhalt der Mitteilung anzugeben (§ 160 Abs. 1 Nr. 8)[1]. Schließlich sind **Sanktionen** im Falle eines **Verstoßes** gegen die in **§ 20 Abs. 1 und 4** normierten **Mitteilungspflichten** vorgesehen: Erfüllt ein Unternehmen eine

1

---

[1] Ursprünglich bestand eine Pflicht zur Veröffentlichung im Geschäftsbericht gem. § 160 Abs. 3 Nr. 11 AktG 1965, vgl. Begr. RegE AktG 1965, *Kropff,* Aktiengesetz, S. 38; ausführlich zur bilanzrechtlichen Publizität *Burgard,* Die Offenlegung von Beteiligungen, Abhängigkeits- und Konzernlagen bei der Aktiengesellschaft, S. 108 ff.

der beiden Pflichten nicht, so stehen ihm die Rechte aus den Aktien grundsätzlich nicht zu (§ 20 Abs. 7).

2 Das **Konkurrenzverhältnis** zu den **wertpapierhandelsrechtlichen Vorschriften** über **Mitteilungspflichten** ist in § 20 Abs. 8 festgelegt[2]. So gelten für Aktien eines Emittenten i.S. des § 21 Abs. 2 WpHG die Regelungen des WpHG (s. hierzu die Erläuterungen der §§ 21 ff. WpHG im Anhang zu § 22 AktG), die auf Stimmrechtsanteile und nicht, wie die §§ 20, 21, auf Kapitalanteile (s. Rz. 19) abstellen[3]. Schwieriger zu bestimmen ist das Verhältnis zu den **aktienrechtlichen Mitteilungspflichten** einer Gesellschaft. So können auch die Voraussetzungen des § 21 erfüllt sein, wenn eine die Unternehmenseigenschaft besitzende Aktiengesellschaft eine mitteilungspflichtige Beteiligung an einer anderen Aktiengesellschaft erwirbt oder aufgibt. Vorzugswürdig ist es, alleine § 20 als strengere, eine Bekanntmachung verlangende Vorschrift anzuwenden[4]. Bei wechselseitigen Beteiligungen findet **§ 328** Anwendung.

3 Der Gesetzgeber hat mit der auf ausländische Vorbilder[5] gestützten Einführung der Norm im Jahre 1965 den **Zweck** verfolgt, die **Aktionäre, Gläubiger** und **Öffentlichkeit** über geplante und bestehende Konzernverbindungen besser zu **unterrichten** sowie nicht erkennbare Machtverhältnisse transparent zu machen[6]. Die damals nicht unumstrittene[7] Vorschrift wird heute als ein unverzichtbarer Baustein eines wirksamen **Konzerneingangsschutzes** verstanden[8]. Auch ist sie als eine die **Haftungsbeschränkung** von Aktiengesellschaften (vgl. § 1 Abs. 1 Satz 2) **legitimierende Marktzutrittsschranke** zu begreifen.

4 Die Vorschrift weist einige **Schwächen** auf[9]. So begnügt sich § 20 im Unterschied zur mittlerweile ausdifferenzierten Parallelregelung für Beteiligungen an einem Emittenten (s. Anh. § 22 AktG § 21 WpHG Rz. 10) damit, zwei Schwellen vorzusehen. Problematisch ist vor allem, dass der Aufbau einer einen bedeutsamen Einfluss eröffnenden Minderheitsbeteiligung verborgen bleibt[10]. Hinzu kommt, dass natürliche und juristische Personen, die nicht als Unternehmen zu qualifizieren sind (s. hierzu § 15 Rz. 41 ff.), nicht von § 20 erfasst werden, obwohl die Aktionäre, Gläubiger und Öf-

---

2 Vorschläge, die auf eine einheitliche Regelung der Mitteilungspflichten abzielten (vgl. etwa *Witt*, Übernahme von Aktiengesellschaften und Transparenz der Beteiligungsverhältnisse, S. 229 ff. sowie zusammenfassend 276 ff.; ferner *Arends*, Die Offenlegung von Aktienbesitz nach deutschem Recht, S. 136 ff.), vermochten sich bislang nicht durchzusetzen. Da sich die kapitalmarktrechtliche Beteiligungstransparenz rasant weiter entwickelt hat und ausdifferenziert präsentiert, wird es wohl dabei bleiben.
3 Diesem Unterschied kommt mittlerweile keine nennenswerte Bedeutung zu; vgl. *Koppensteiner* in KölnKomm. AktG, 3. Aufl., § 20 AktG Rz. 3; *Hüffer*, § 20 AktG Rz. 18.
4 *Koppensteiner* in KölnKomm. AktG, 3. Aufl., § 20 AktG Rz. 7; *Hüffer*, § 20 AktG Rz. 1. A.A. *Bayer* in MünchKomm. AktG, 3. Aufl., § 20 AktG Rz. 3, § 21 AktG Rz. 5; wohl auch *Windbichler* in Großkomm. AktG, 4. Aufl., § 20 AktG Rz. 7.
5 Ausführlich zu den Regelungen in den USA und in der EG *Witt*, Übernahme von Aktiengesellschaften und Transparenz der Beteiligungsverhältnisse, S. 117 ff.
6 Begr. RegE AktG 1965, *Kropff*, Aktiengesetz, S. 38.
7 Vgl. Begr. RegE AktG 1965, *Kropff*, Aktiengesetz, S. 38.
8 Vgl. *Witt*, Übernahme von Aktiengesellschaften und Transparenz der Beteiligungsverhältnisse, S. 5 ff.
9 Kritisch auch *Bayer* in MünchKomm. AktG, 3. Aufl., § 20 AktG Rz. 4; *Burgard*, Die Offenlegung von Beteiligungen, Abhängigkeits- und Konzernlagen bei der Aktiengesellschaft, passim; *Hüffer*, § 20 AktG Rz. 1; *Raiser/Veil*, Kapitalgesellschaften, § 52 Rz. 3; *Windbichler* in Großkomm. AktG, 4. Aufl., § 20 AktG Rz. 4.
10 *Windbichler* in Großkomm. AktG, 4. Aufl., § 20 AktG Rz. 25; vgl. auch die Sachverhalte bei *Wolframm*, Mitteilungspflichten familiär verbundener Aktionäre nach § 20 Aktiengesetz, S. 21 f.

fentlichkeit auch insoweit ein Interesse an Transparenz haben[11]. Schließlich leuchtet es schwerlich ein, dass im Falle eines Verstoßes gegen die Mitteilungspflichten die Herrschaftsrechte endgültig verloren sind, während die wichtigsten Vermögensrechte nur ruhen und bei Nachholung der Mitteilungspflichten nachträglich entstehen (s. Rz. 41).

Der holzschnittartige **Regelungsansatz** ist vor allem darauf zurückzuführen, dass der Gesetzgeber im Jahre 1965 erstmals für eine Transparenz der Aktionäre sorgte und darum bemüht war, eine möglichst **rechtssichere Regelung** zu schaffen[12]. Auch hat er bewusst die Mitteilungspflichten konzernrechtlich ausgestaltet[13] und andere Gründe der Abhängigkeit als die Beteiligung nicht erfassen wollen[14]. Vor diesem Hintergrund verbietet es sich, die Vorschrift erweiternd auszulegen, sie analog anzuwenden oder rechtsfortbildend private Aktionäre aufgrund ihrer mitgliedschaftlichen Treuepflicht bestimmten Mitteilungspflichten zu unterwerfen[15] (s. zum Auskunftsrecht der Aktionäre bezüglich der Beteiligungen der Gesellschaft § 131 Rz. 37). Es ist Aufgabe des Gesetzgebers, die Mitteilungspflichten engmaschiger zu konturieren und sie auf Privatpersonen zu erstrecken. Dieser Aufgabe sollte sich der Gesetzgeber möglichst bald stellen; § 20 ist reformbedürftig.

Die Vorschrift wurde in Abs. 3 durch das **StückAG**[16] und in Abs. 7 sowie 8 durch das **dritte Finanzmarktförderungsgesetz**[17] geändert. Dadurch ist es gelungen, den Anwendungsbereich der aktienrechtlichen und wertpapierhandelsrechtlichen Pflichtenregime (s. Rz. 2) klarer voneinander abzugrenzen und die Sanktionen im Falle eines Verstoßes besser aufeinander abzustimmen. Die im Jahre 2007 erfolgte Änderung des Abs. 8 geht auf das TUG zurück (s. Anh. § 22 AktG Vor §§ 21 ff. WpHG Rz. 3).

## 2. Rechtsnatur der Pflichten

Die Rechtsnatur der Mitteilungspflichten ist zweifelhaft. Ausgangspunkt für eine zutreffende Beurteilung muss sein, dass **keine** der **Pflichten** – wie die tatbestandliche Struktur des § 20 zeigt – **einklagbar** sind. Das Gesetz sieht aber im Falle eines Verstoßes schwerwiegende Sanktionen vor. So folgt aus § 20 Abs. 7, dass die Rechte aus den betreffenden Aktien des mitteilungspflichtigen Unternehmens grundsätzlich nicht bestehen (s. Rz. 36). Die Mitteilungspflichten sind deshalb rechtstechnisch als mitgliedschaftliche **Obliegenheiten** zu begreifen[18]. Schlussfolgerungen für die konkrete Rechtsanwendung, insbesondere für die Schutzgesetzqualität des § 20 (s. hierzu Rz. 45), können hieraus aber nicht gezogen werden.

---

11 Vgl. auch die Kritik von *Windbichler* in Großkomm. AktG, 4. Aufl., § 20 AktG Rz. 17; *Starke*, Beteiligungstransparenz im Gesellschafts- und Kapitalmarktrecht, S. 241.
12 Begr. RegE AktG 1965, *Kropff*, Aktiengesetz, S. 38; *Bayer* in MünchKomm. AktG, 3. Aufl., § 20 AktG Rz. 1; *Windbichler* in Großkomm. AktG, 4. Aufl., § 20 AktG Rz. 4.
13 Vgl. Begr. RegE AktG 1965, *Kropff*, Aktiengesetz, S. 39.
14 Vgl. Begr. RegE AktG 1965, *Kropff*, Aktiengesetz, S. 39 f.
15 Ebenso *Windbichler* in Großkomm. AktG, 4. Aufl., § 20 AktG Rz. 17; *Wolframm*, Mitteilungspflichten familiär verbundener Aktionäre nach § 20 Aktiengesetz, S. 185. A.A. für bestimmte Sachverhalte *Burgard*, Die Offenlegung von Beteiligungen, Abhängigkeits- und Konzernlagen bei der Aktiengesellschaft, S. 64 ff.
16 BGBl. I 1998, 590.
17 BGBl. I 1998, 529.
18 *Windbichler* in Großkomm. AktG, 4. Aufl., § 20 AktG Rz. 9; *Sester* in Spindler/Stilz, Vor § 20 AktG Rz. 25. A.A. *Bayer* in MünchKomm. AktG, 3. Aufl., § 20 AktG Rz. 2 (Rechtspflichten); *Koppensteiner* in KölnKomm. AktG, 3. Aufl., § 20 AktG Rz. 11 (mit der zirkulären Begründung, sie seien Schutzgesetze).

## 3. Inhalt und Form der Mitteilung

### a) Inhalt

8   Die Mitteilung ist eine **rechtsgeschäftsähnliche Handlung**[19], bei der eine Vertretung zulässig ist[20]. Ein bestimmter Inhalt ist für sie gesetzlich nicht ausdrücklich vorgeschrieben. Aus dem Normzweck folgt aber, dass sich aus der **Mitteilung** ergeben muss, **welche Pflicht erfüllt** werden soll[21]. Es reicht aus, wenn der **Tatbestand**, auf den sich die Mitteilung bezieht, durch Hinweis auf die betreffenden Absätze des § 20 **gekennzeichnet** wird[22]. Es ist also klar zu sagen, ob ein Fall von § 20 Abs. 1 (i.V.m. mit Abs. 2), von § 20 Abs. 3 oder von § 20 Abs. 4 vorliegt[23]. Sofern sowohl § 20 Abs. 1 als auch § 20 Abs. 3 erfüllt sind, muss dies in der Mitteilung zum Ausdruck kommen (Beispiel: Mitteilung gem. § 20 Abs. 1 und Abs. 3), wenn nicht getrennte Mitteilungen erfolgen[24]. Bei einer Mitteilung nach § 20 Abs. 5 kann auf die vorhergehende Mitteilung Bezug genommen werden[25].

9   Die **Mitteilung** muss **eindeutig formuliert** sein, so dass ohne Probleme die nach § 20 Abs. 6 erforderliche Bekanntmachung (s. Rz. 32 f.) möglich ist[26]. Insbesondere muss die **Identität** des mitteilenden **Unternehmens** klar sein. Angaben zum Zeitpunkt des Erwerbs oder die genaue Höhe der Beteiligung sind mangels entsprechender gesetzlicher Vorgabe nicht zu machen[27], auch nicht zur Frage, ob nach § 16 Abs. 4 eine Zurechnung erfolgt[28]. Zu überzeugen vermag diese Rechtslage nicht. Denn die Zusammensetzung des mitgeteilten Einflusses ist für die übrigen Aktionäre und die Öffentlichkeit selbstverständlich von Interesse. Für Mitteilungen nach den §§ 21 ff. WpHG verlangt daher § 17 Abs. 2 WpAIV detaillierte Angaben zu den zugerechneten Stimmrechten. Der Gesetzgeber ist aufgerufen, entsprechende Regeln für die Mitteilung nach § 20 einzuführen.

### b) Zeitpunkt

10  Die **Mitteilung** muss **unverzüglich**, d.h. ohne schuldhaftes Zögern (§ 121 BGB), erfolgen, sobald einem Unternehmen eine wesentliche **Beteiligung** „**gehört**" (§ 20 Abs. 1 und 3) oder sobald die betreffende Beteiligung **nicht** mehr „**besteht**" (§ 20 Abs. 5). In-

---

19  *Windbichler* in Großkomm. AktG, 4. Aufl., § 20 AktG Rz. 9; *Sester* in Spindler/Stilz, Vor § 20 AktG Rz. 33; *Happ* in FS K. Schmidt 2009, S. 545, 553.
20  Ausf. *Happ* in FS K. Schmidt, 2009, S. 545, 552 f.
21  *Bayer* in MünchKomm. AktG, 3. Aufl., § 20 AktG Rz. 32; *Windbichler* in Großkomm. AktG, 4. Aufl., § 20 AktG Rz. 44.
22  Vgl. BGH v. 22.4.1991 – II ZR 231/90, BGHZ 114, 203, 215 = AG 1991, 270; *Sester* in Spindler/Stilz, § 20 AktG Rz. 21; *Nodushani*, WM 2008, 1671, 1673.
23  Vgl. *Hüffer*, § 20 AktG Rz. 8; *Bayer* in MünchKomm. AktG, 3. Aufl., § 20 AktG Rz. 33.
24  *Bayer* in MünchKomm. AktG, 3. Aufl., § 20 AktG Rz. 27; *Koppensteiner* in KölnKomm. AktG, 3. Aufl., § 20 AktG Rz. 25.
25  *Windbichler* in Großkomm. AktG, 4. Aufl., § 20 AktG Rz. 44.
26  BGH v. 22.4.1991 – II ZR 231/90, BGHZ 114, 203, 215 = AG 1991, 270; KG v. 27.11.1998 – 14 U 2892/97, AG 1999, 126, 127; *Bayer* in MünchKomm. AktG, 3. Aufl., § 20 AktG Rz. 32; *Koppensteiner* in KölnKomm. AktG, 3. Aufl., § 20 AktG Rz. 25; *Windbichler* in Großkomm. AktG, 4. Aufl., § 20 AktG Rz. 45 und 66.
27  OLG Köln v. 6.10.2003 – 18 W 36/03, Der Konzern 2004, 30, 32; *Bayer* in MünchKomm. AktG, 3. Aufl., § 20 AktG Rz. 31; *Koppensteiner* in KölnKomm. AktG, 3. Aufl., § 20 AktG Rz. 26; *Windbichler* in Großkomm. AktG, 4. Aufl., § 20 AktG Rz. 44.
28  *Bayer* in MünchKomm. AktG, 3. Aufl., § 20 AktG Rz. 31; *Koppensteiner* in KölnKomm. AktG, 3. Aufl., § 20 AktG Rz. 26; wohl auch OLG Köln v. 6.10.2003 – 18 W 36/03, Der Konzern 2004, 30, 32 (keine Angabe zur Zusammensetzung der Beteiligung erforderlich). Offen gelassen von *Windbichler* in Großkomm. AktG, 4. Aufl., § 20 AktG Rz. 45: Dass Gesetzeswortlaut keine Angabe der Zurechnung verlangt, erübrige weiterreichende Auslegungsbemühungen nicht.

soweit kommt es auf den Zeitpunkt des Erwerbs der letzten Aktie[29] bzw. der Abgabe der ersten Aktie[30] an, mit dem bzw. der der Tatbestand einer Mitteilungspflicht verwirklicht wird, oder auf den Zeitpunkt des Wegfalls des Zurechnungsgrunds[31]. Wenn erst nachträglich die Unternehmenseigenschaft erworben wird (s. Rz. 13), ist die Mitteilungspflicht zu diesem Zeitpunkt begründet[32]. Die Meldung kann jederzeit, auch in der Hauptversammlung, nachgeholt werden[33]. Damit endet dann auch ein etwaiger Rechtsverlust gem. § 20 Abs. 7.

Die Mitteilungspflicht gilt bereits im **Gründungsstadium** der Gesellschaft[34]. So ist auch der Gründer zu einer Mitteilung verpflichtet, selbst wenn sich seine Beteiligung aus dem notariellen Gründungsprotokoll ergibt[35]. Allein aufgrund des Wegfalls der Börsennotiz – etwa infolge eines Delistings – ist eine Mitteilungspflicht gem. § 20 nicht begründet. Denn zuvor wurde die Transparenz bereits durch die §§ 21 ff. WpHG verwirklicht[36]. 11

### c) Form

Die Mitteilung muss **schriftlich** (§ 126 BGB) erfolgen. Eine Übermittlung als Telefax genügt[37], eine telegraphische Übermittlung nicht[38]. Eine Übermittlung in elektronischer Form i.S. des § 126a BGB ist ebenfalls ausreichend[39], nicht jedoch das Einscannen einer Unterschrift[40]. 12

### 4. Mitteilungspflichtige

#### a) Unternehmen

Die Mitteilungspflichten gelten nach dem Wortlaut des Gesetzes nur für **Unternehmen** (s. zur rechtspolitischen Beurteilung dieser Beschränkung Rz. 4). Der Begriff ist ebenso wie bei § 15 zu verstehen[41], so dass ein **Privataktionär nicht erfasst** ist (zum Unternehmensbegriff s. § 15 Rz. 30 ff.). Erlangt dieser die Unternehmenseigenschaft, kann auch ohne eine Veränderung der Beteiligung eine Mitteilungspflicht entstehen (s. Rz. 10). Ein bloßes Innenkonsortium begründet keine Mitteilungspflicht 13

---

29 *Koppensteiner* in KölnKomm. AktG, 3. Aufl., § 20 AktG Rz. 29; *Bayer* in MünchKomm. AktG, 3. Aufl., § 20 AktG Rz. 30; *Windbichler* in Großkomm. AktG, 4. Aufl., § 20 AktG Rz. 48; *Sester* in Spindler/Stilz, § 20 AktG Rz. 18.
30 *Hüffer*, § 20 AktG Rz. 8; *Bayer* in MünchKomm. AktG, 3. Aufl., § 20 AktG Rz. 30; *Windbichler* in Großkomm. AktG, 4. Aufl., § 20 AktG Rz. 48.
31 *Windbichler* in Großkomm. AktG, 4. Aufl., § 20 AktG Rz. 48; *Sester* in Spindler/Stilz, § 20 AktG Rz. 18.
32 *Koppensteiner* in KölnKomm. AktG, 3. Aufl., § 20 AktG Rz. 29; *Bayer* in MünchKomm. AktG, 3. Aufl., § 20 AktG Rz. 30; *Windbichler* in Großkomm. AktG, 4. Aufl., § 20 AktG Rz. 48.
33 Vgl. *Happ* in FS K. Schmidt, 2009, S. 545, 550 ff. (auch zu Fragen der Stellvertretung).
34 *Koppensteiner* in KölnKomm. AktG, 3. Aufl., § 20 AktG Rz. 29; *Bayer* in MünchKomm. AktG, 3. Aufl., § 20 AktG Rz. 30.
35 BGH v. 24.4.2006 – II ZR 30/05, BGHZ 167, 204, 208 = AG 2006, 501.
36 Zutr. LG München I v. 28.8.2008 – 5 HK O 2522/08, AG 2008, 904, 910.
37 Vgl. *Hüffer*, § 20 AktG Rz. 8; *Windbichler* in Großkomm. AktG, 4. Aufl., § 20 AktG Rz. 41; *Bayer* in MünchKomm. AktG, 3. Aufl., § 20 AktG Rz. 35. A.A. *Sester* in Spindler/Stilz, § 20 AktG Rz. 19.
38 Vgl. *Hüffer*, § 20 AktG Rz. 8; *Bayer* in MünchKomm. AktG, 3. Aufl., § 20 AktG Rz. 35; *Windbichler* in Großkomm. AktG, 4. Aufl., § 20 AktG Rz. 41; *Sester* in Spindler/Stilz, § 20 AktG Rz. 19.
39 *Bayer* in MünchKomm. AktG, 3. Aufl., § 20 AktG Rz. 35; *Sester* in Spindler/Stilz, § 20 AktG Rz. 19.
40 OLG Schleswig v. 31.5.2007 – 5 U 177/06, AG 2008, 129, 131.
41 *Windbichler* in Großkomm. AktG, 4. Aufl., § 20 AktG Rz. 16.

der Aktionäre gem. § 20; anders kann es zu beurteilen sein, wenn der Pool (in der Rechtsform der GbR) eine Außengesellschaft ist und die Aktien hält[42]. Die in § 20 Abs. 3 normierte Mitteilungspflicht gilt dagegen nur für solche Unternehmen, die eine **Kapitalgesellschaft** sind.

14 Auch ein als Unternehmen zu qualifizierender **Alleinaktionär** muss den Mitteilungspflichten nachkommen[43]. Auf den Sitz des Unternehmens kommt es grundsätzlich nicht an. Sowohl in- als auch ausländische Unternehmen haben die Mitteilungspflichten zu beachten[44], im Fall von § 20 Abs. 3 aber nur inländische Kapitalgesellschaften[45]. Die **Firmenänderung** eines Unternehmens begründet ebenso wenig wie der **Formwechsel** eine erneute Mitteilungspflicht, da die Identität unverändert bleibt und aus dem Handels- (§ 8 HGB) sowie Unternehmensregister (§ 8b HGB) ersichtlich ist[46]. Dagegen können die **Verschmelzung** oder **Spaltung** eines Unternehmens eine Mitteilung erforderlich machen[47].

15 Die Mitteilung hat durch den **Mitteilungspflichtigen** selbst zu erfolgen. Wird ein Dritter tätig, muss dieser klarstellen, im Auftrag eines bestimmten Unternehmens zu handeln[48]. Die **Pflicht** ist aus Gründen der Rechtssicherheit auch dann zu erfüllen, wenn die **Gesellschaft** bereits **anderweitig Kenntnis** von dem mitteilungspflichtigen **Vorgang erlangt** hat[49].

### b) Zurechnung und Mitteilungspflicht

16 Ein Unternehmen, dessen Aktien nach § 20 Abs. 2 einem anderen Unternehmen zugerechnet werden, bleibt selbst mitteilungspflichtig (**keine** Hinwegrechnung bzw. **Absorption**)[50]. Zur Klarstellung hat das Unternehmen, dem die Aktien zugerechnet werden, seine Mitteilung entsprechend zu fassen[51]. Ebenso stellt sich die Rechtslage dar, wenn einem Unternehmen gem. § 20 Abs. 1 Satz 2 i.V.m. § 16 Abs. 4 Aktien zuzurechnen sind und das Unternehmen, welches die zuzurechnenden Aktien besitzt, selbst eine meldepflichtige Höhe überschritten hat. Es sind dann beide Unternehmen zur Mitteilung verpflichtet[52]. Eine unmittelbare Beteiligung an der Gesellschaft ist nicht zwingend erforderlich. In einem **mehrstufigen Konzern**, in dem die Mutter nur

---

42 Ausf. *Hüffer* in FS K. Schmidt, 2009, S. 747, 749 ff.
43 *Bayer* in MünchKomm. AktG, 3. Aufl., § 20 AktG Rz. 10; *Windbichler* in Großkomm. AktG, 4. Aufl., § 20 AktG Rz. 54; *Sester* in Spindler/Stilz, § 20 AktG Rz. 1.
44 *Koppensteiner* in KölnKomm. AktG, 3. Aufl., § 20 AktG Rz. 34; *Hüffer*, § 20 AktG Rz. 2; *Bayer* in MünchKomm. AktG, 3. Aufl., § 20 AktG Rz. 6.
45 *Koppensteiner* in KölnKomm. AktG, 3. Aufl., § 20 AktG Rz. 34; *Sester* in Spindler/Stilz, § 20 AktG Rz. 1.
46 OLG Köln v. 17.6.2009 – 18 U 139/08, AG 2009, 671, 672; *Koppensteiner* in KölnKomm. AktG, 3. Aufl., § 20 AktG Rz. 35; s. auch Anh. § 22 AktG § 21 WpHG Rz. 18.
47 Vgl. hierzu *Widder*, NZG 2004, 275, 276.
48 BGH v. 22.4.1991 – II ZR 231/90, BGHZ 114, 203, 216 = AG 1991, 269; *Koppensteiner* in KölnKomm. AktG, 3. Aufl., § 20 AktG Rz. 33; *Hüffer*, § 20 AktG Rz. 8.
49 BGH v. 22.4.1991 – II ZR 231/90, BGHZ 114, 203, 213 = AG 1991, 269; *Bayer* in MünchKomm. AktG, 3. Aufl, § 20 AktG Rz. 10; *Windbichler* in Großkomm. AktG, 4. Aufl., § 20 AktG Rz. 54; *Hüffer*, § 20 AktG Rz. 5 und 8; *Sester* in Spindler/Stilz, § 20 AktG Rz. 17; *Nodushani*, WM 2008, 1671, 1673.
50 *Koppensteiner* in KölnKomm. AktG, 3. Aufl., § 20 AktG Rz. 36; *Hüffer*, § 20 AktG Rz. 4; *Pentz*, AG 1992, 55, 57 f.; *Bayer* in MünchKomm. AktG, 3. Aufl., § 20 AktG Rz. 9; *Windbichler* in Großkomm. AktG, 4. Aufl., § 20 AktG Rz. 28.
51 *Koppensteiner* in KölnKomm. AktG, 3. Aufl., § 20 AktG Rz. 36.
52 *Koppensteiner* in KölnKomm. AktG, 3. Aufl., § 20 AktG Rz. 37 f.; *Hüffer*, § 20 AktG Rz. 3; *Bayer* in MünchKomm. AktG, 3. Aufl., § 20 AktG Rz. 9; *Windbichler* in Großkomm. AktG, 4. Aufl., § 20 AktG Rz. 27, 53.

mittelbar über ihre Tochter an der Enkelin beteiligt ist, sind sowohl die **Mutter** als auch die **Tochter mitteilungspflichtig**[53].

**5. Mitteilungsempfänger**

Die **Mitteilung** hat **gegenüber** der **Gesellschaft** zu erfolgen, an der die Beteiligung besteht[54]. Dies kann nur eine AG oder eine KGaA (§ 278 Abs. 3) mit Sitz im Inland[55] oder eine im Inland ansässige SE sein[56]. Auch gegenüber einer Vorgesellschaft bestehen die Mitteilungspflichten, denn diese kann bereits vor der Eintragung im Handelsregister unternehmerisch tätig werden; der Normzweck gebietet insoweit keine Ausnahme[57]. Bei einem **Formwechsel** (AG als neue Rechtsform) sind die Mitteilungspflichten erst mit der Eintragung in das Handelsregister begründet. Denn vorher wird der Formwechsel nicht wirksam (vgl. § 202 Abs. 1 Nr. 1 UmwG). Ein Bedürfnis für eine Vorwirkung des § 20 ist nicht ersichtlich[58].

17

Die **Empfangszuständigkeit** liegt beim **Vorstand** (einer AG) bzw. beim Komplementär (einer KGaA), der nach Erhalt der Mitteilung die Bekanntmachung (s. Rz. 32) und die Anfrage gem. § 22 veranlasst[59]. Eine registergerichtliche oder behördliche Kontrolle findet nicht statt.

18

## II. Mitteilungspflichtige Vorgänge

### 1. Minderheitsbeteiligung von 25 % (§ 20 Abs. 1 und 2)

#### a) Grundlagen

**Voraussetzung** für eine Pflicht zur Mitteilung ist, dass einem Unternehmen mehr als der vierte Teil, also mehr als 25 % der Aktien gehört. Die Berechnung dieser Minderheitsbeteiligung erfolgt gem. § 16 Abs. 2 Satz 1 und Abs. 4[60], so dass – im Unterschied zu den wertpapierhandelsrechtlichen Mitteilungspflichten – die Kapitalanteile entscheidend sind[61]. Daher sind insbesondere auch stimmrechtslose Vorzugsaktien mitzuzählen (s. § 16 Rz. 18).

19

Die Bezugsgröße ist das **Grundkapital** der **Gesellschaft**. Eigene Aktien der Gesellschaft bzw. für deren Rechnung gehaltene Aktien sind nicht abzuziehen, denn § 20 verweist im Interesse einer rechtssicheren Anwendung gerade nicht auf § 16 Abs. 2 Satz 2 und 3[62]. Handelt es sich um eine KGaA, bleiben die Anteile des persönlich haftenden Gesellschafters außer Betracht[63].

20

---

53 BGH v. 24.7.2000 – II ZR 168/99, AG 2001, 47, 47 f.; *Pentz*, AG 1992, 55, 56 ff.; zuvor schon LG Berlin v. 1.12.1997 – 99O 171/97, AG 1998, 195, 196; offen gelassen noch von KG v. 27.11.1998 – 14 U 2892/97, AG 1999, 126, 127.
54 *Windbichler* in Großkomm. AktG, 4. Aufl., § 20 AktG Rz. 40.
55 *Hüffer*, § 20 AktG Rz. 2; *Bayer* in MünchKomm. AktG, 3. Aufl., § 20 AktG Rz. 6; *Windbichler* in Großkomm. AktG, 4. Aufl., § 20 AktG Rz. 18.
56 *Windbichler* in Großkomm. AktG, 4. Aufl., § 20 AktG Rz. 18.
57 *Koppensteiner* in KölnKomm. AktG, 3. Aufl., § 20 AktG Rz. 42; *Hüffer*, § 20 AktG Rz. 2; *Bayer* in MünchKomm. AktG, 3. Aufl., § 20 AktG Rz. 6.
58 *Windbichler* in Großkomm. AktG, 4. Aufl., § 20 AktG Rz. 19; zu möglichen Vorwirkungen bei der Verschmelzung vgl. *Austmann/Frost*, ZHR 169 (2005), 431.
59 *Windbichler* in Großkomm. AktG, 4. Aufl., § 20 AktG Rz. 40.
60 Vgl. Begr. RegE AktG 1965, *Kropff*, Aktiengesetz, S. 39: „Berechnung nach gleichen Grundsätzen wie für die Feststellung eines Beteiligungsverhältnisses".
61 Dies scheint *Nodoushani*, WM 2008, 1671, 1673 f. nicht berücksichtigt zu haben.
62 *Bayer* in MünchKomm. AktG, 3. Aufl., § 20 AktG Rz. 13; *Windbichler* in Großkomm. AktG, 4. Aufl., § 20 AktG Rz. 24; *Sester* in Spindler/Stilz, § 20 AktG Rz. 5.
63 *Windbichler* in Großkomm. AktG, 4. Aufl., § 20 AktG Rz. 24; *Sester* in Spindler/Stilz, § 20 AktG Rz. 5.

## b) Aktien des Unternehmens

21 Zu berücksichtigen sind zunächst die **Aktien**, die dem **Unternehmen gehören** (s. zur Maßgeblichkeit der dinglichen Rechtslage § 16 Rz. 5.). Wie die Aktien erworben wurden, spielt keine Rolle. Auch bei einer Verschmelzung oder einer Spaltung erfolgt ein Wechsel in der Rechtszuständigkeit. Ferner kann die Mitteilungspflicht durch einen originären Erwerb bei der Gründung (s. Rz. 11) oder einer Kapitalerhöhung begründet werden[64].

## c) Zurechnung von Aktien

22 Aus **§ 20 Abs. 1 Satz 2** i.V.m. **§ 16 Abs. 4** folgt zunächst, dass **Aktien**, die einem **abhängigen Unternehmen** oder einem für Rechnung des Unternehmens handelnden Unternehmen **gehören**, für die Ermittlung der Mitteilungspflicht nach § 20 Abs. 1 in vollem Umfang zu **berücksichtigen** sind. Insoweit kann auf die Erläuterungen zu § 16 verwiesen werden (s. § 16 Rz. 22 ff.)[65].

23 Ferner verlangt **§ 20 Abs. 2** aus Gründen des **Umgehungsschutzes**[66], dass in zwei Konstellationen fremde Aktien zu berücksichtigen sind.

24 So sind *erstens* **Aktien zuzurechnen**, deren **Übereignung** das **Unternehmen**, ein von ihm abhängiges Unternehmen oder ein anderer für Rechnung des Unternehmens oder eines von diesem abhängigen Unternehmens **verlangen kann** (Nr. 1)[67]. Es ist ausreichend, wenn ein entsprechendes Kausalgeschäft geschlossen wurde. Dessen Rechtsnatur ist nach dem Normzweck irrelevant, so dass außer einem Kaufvertrag auch einseitige Abnahmeverpflichtungen genügen[68]. Bei einem unwiderruflichen Angebot oder einem Optionsrecht ist zwar der Tatbestand einer Zurechnung nach dem Wortlaut der Norm nicht erfüllt. Die Erwerbssituation ist aber mit den im Gesetz erfassten Konstellationen vergleichbar, so dass § 20 Abs. 2 Nr. 1 analog anzuwenden ist[69]. Ein Vorkaufsrecht reicht nicht aus, da stets noch der Vorkaufsfall eintreten muss[70]. Auch ein unmittelbares (§ 186 Abs. 1) oder mittelbares (§ 186 Abs. 5) Bezugsrecht genügen nicht[71]. Handelt es sich um vinkulierte Namensaktien, so erfolgt erst dann eine Zurechnung, wenn die erforderliche Zustimmung erfolgt[72]; zuvor steht nicht fest, ob ein Inhaberwechsel stattfindet. Im Falle eines Weiterverkaufs der Aktien vor einem endgültigen eigenen Erwerb findet mangels Gefahr einer Konzernbildung keine Zurechnung statt[73]. Zurückbehaltungsrechte und sonstige Erfüllungshindernisse schließen eine Zurechnung nicht aus, sofern der Erwerb rechtlich nicht

---

64 *Windbichler* in Großkomm. AktG, 4. Aufl., § 20 AktG Rz. 22.
65 Vgl. hierzu auch *Wolframm*, Mitteilungspflichten familiär verbundener Aktionäre nach § 20 Aktiengesetz, S. 129 ff.
66 *Koppensteiner* in KölnKomm. AktG, 3. Aufl., § 20 AktG Rz. 17; *Hüffer*, § 20 AktG Rz. 4; *Bayer* in MünchKomm. AktG, 3. Aufl., § 20 AktG Rz. 14.
67 Vgl. hierzu ausführlich *Koppensteiner* in FS Rowedder, S. 213, 215 ff.
68 *Windbichler* in Großkomm. AktG, 4. Aufl., § 20 AktG Rz. 30.
69 *Koppensteiner* in KölnKomm. AktG, 3. Aufl., § 20 AktG Rz. 17; *Bayer* in MünchKomm. AktG, 3. Aufl., § 20 AktG Rz. 14, 18; *Windbichler* in Großkomm. AktG, 4. Aufl., § 20 AktG Rz. 30; i.E. auch *Hüffer*, § 20 AktG Rz. 4. A.A. das ältere Schrifttum; vgl. *Werner*, AG 1967, 102, 103; *Würdinger* in Großkomm. AktG, 3. Aufl., § 20 AktG Anm. 3.
70 *Windbichler* in Großkomm. AktG, 4. Aufl., § 20 AktG Rz. 30; *Sester* in Spindler/Stilz, § 20 AktG Rz. 7.
71 *Windbichler* in Großkomm. AktG, 4. Aufl., § 20 AktG Rz. 30.
72 *Koppensteiner* in KölnKomm. AktG, 3. Aufl., § 20 AktG Rz. 18; *Bayer* in MünchKomm. AktG, 3. Aufl., § 20 AktG Rz. 19. A.A. KG v. 16.4.1990 – 2 W 1088/90, ZIP 1990, 925.
73 *Koppensteiner* in KölnKomm. AktG, 3. Aufl., § 20 AktG Rz. 18; *Bayer* in MünchKomm. AktG, 3. Aufl., § 20 AktG Rz. 20.

unmöglich ist i.S. von § 275 Abs. 1 BGB oder der Einrede des grob unverhältnismäßigen Aufwands (§ 275 Abs. 2 BGB) ausgesetzt ist[74].

*Zweitens* sind **Aktien, zu deren Abnahme das Unternehmen**, ein von ihm abhängiges Unternehmen oder ein anderer für Rechnung des Unternehmens oder eines von diesem abhängigen Unternehmens **verpflichtet ist,** zuzurechnen (Nr. 2). Dieser Tatbestand ist beispielsweise bei einem unechten Pensionsgeschäft (vgl. § 340b Abs. 3 HGB) erfüllt.

### 2. Minderheitsbeteiligung von 25 % (§ 20 Abs. 3)

Ist das **Unternehmen** eine **Kapitalgesellschaft**, so hat es, sobald ihm **ohne Hinzurechnung** der **Aktien** nach § 20 Abs. 2 mehr als **25 %** der **Aktien** gehört, auch dies der Gesellschaft mitzuteilen. Diese Pflicht ist mit Rücksicht auf § 19 Abs. 1 und § 328 vorgesehen. Sie besteht nur für inländische Kapitalgesellschaften, die nicht börsennotiert sind[75]. Die Berechnung der Beteiligung erfolgt gem. § 16 Abs. 2 Satz 1 und Abs. 4, denn § 20 Abs. 3 schließt lediglich eine Anwendung von § 20 Abs. 2 aus[76].

Die Mitteilungspflicht kann durch eine **einheitliche Mitteilung** nach § 20 Abs. 3 und Abs. 1 erfüllt werden, sofern dies in der Erklärung klargestellt wird (s. Rz. 8). Wenn zunächst eine Mitteilung gem. § 20 Abs. 1 erfolgte, muss später, wenn die Voraussetzungen erfüllt sind, eine erneute Mitteilung nach § 20 Abs. 3 gemacht werden[77].

### 3. Mehrheitsbeteiligung (§ 20 Abs. 4)

Sobald einem Unternehmen eine Mehrheitsbeteiligung gehört, hat es auch dies der Gesellschaft mitzuteilen. Der Grund für diese Pflicht liegt in der besonderen Bedeutung einer Mehrheitsbeteiligung[78]. Sie gilt wiederum nur für **Unternehmen** (s. Rz. 13 ff.).

Die **Berechnung** einer **Mehrheitsbeteiligung** erfolgt ausweislich des Wortlauts von § 20 Abs. 4 nach **§ 16 Abs. 1** (zu den Einzelheiten s. die Erläuterungen § 16 Rz. 1 ff.). Es finden aber auch die in **§ 16 Abs. 2 bis 4** normierten Vorschriften Anwendung, denn diese konkretisieren lediglich die in § 16 Abs. 1 getroffene Regelung[79]. Ob eine Mehrheitsbeteiligung besteht, wird folglich anders als für eine Minderheitsbeteiligung i.S. von § 20 Abs. 1 (bei deren Ermittlung finden die in § 16 Abs. 2 Satz 2 und 3, Abs. 3 Satz 2 getroffenen Regelungen keine Anwendung; s. Rz. 20) berechnet. Der Grund hierfür ist, dass das Gesetz an eine – nach Maßgabe von § 16 Abs. 1 bis 4 ermittelte – Mehrheitsbeteiligung besondere materielle Vorschriften (insbesondere über die Verantwortlichkeit des herrschenden Unternehmens, §§ 311 ff.) knüpft[80]. Die in **§ 20 Abs. 2** normierten **Zurechnungsregeln** finden dagegen **keine Anwendung**[81].

---

74 *Windbichler* in Großkomm. AktG, 4. Aufl., § 20 AktG Rz. 31.
75 *Koppensteiner* in KölnKomm. AktG, 3. Aufl., § 20 AktG Rz. 19; *Hüffer*, § 20 AktG Rz. 5; *Bayer* in MünchKomm. AktG, 3. Aufl., § 20 AktG Rz. 22; *Windbichler* in Großkomm. AktG, 4. Aufl., § 20 AktG Rz. 35; *Sester* in Spindler/Stilz, § 20 AktG Rz. 1.
76 *Hüffer*, § 20 AktG Rz. 5; *Bayer* in MünchKomm. AktG, 3. Aufl., § 20 AktG Rz. 22.
77 *Windbichler* in Großkomm. AktG, 4. Aufl., § 20 AktG Rz. 35.
78 Vgl. Begr. RegE AktG 1965, *Kropff*, Aktiengesetz, S. 39.
79 KG v. 27.11.1998 – 14 U 2892/97, AG 1999, 126, 127; KG v. 20.4.1999 – 14 U 1209/98, AG 2000, 227; *Koppensteiner* in KölnKomm. AktG, 3. Aufl., § 20 AktG Rz. 20; *Hüffer*, § 20 AktG Rz. 6; *Bayer* in MünchKomm. AktG, 3. Aufl., § 20 AktG Rz. 25; i.E. auch *Windbichler* in Großkomm. AktG, 4. Aufl., § 20 AktG Rz. 36.
80 *Windbichler* in Großkomm. AktG, 4. Aufl., § 20 AktG Rz. 36.
81 *Koppensteiner* in KölnKomm. AktG, 3. Aufl., § 20 AktG Rz. 20; *Bayer* in MünchKomm. AktG, 3. Aufl., § 20 AktG Rz. 25.

30  Die Mitteilung nach § 20 Abs. 4 besteht unabhängig davon, ob zuvor eine Mitteilung nach § 20 Abs. 1 erfolgte[82]. Hat das Unternehmen seine Pflicht zur Mitteilung nach § 20 Abs. 4 erfüllt, so braucht es keine erneute Mitteilung zu machen, wenn es seine Beteiligung aufstockt (s. Rz. 4; anders die Rechtslage bei den wertpapierhandelsrechtlichen Mitteilungspflichten, s. Anh. § 22 AktG § 21 WpHG Rz. 4).

### 4. Unterschreiten einer Beteiligungsschwelle (§ 20 Abs. 5)

31  **Besteht** die **Beteiligung** in der nach **§ 20 Abs. 1, 3 oder 4 mitteilungspflichtigen Höhe nicht mehr**, so ist dies **der Gesellschaft mitzuteilen**. Dies gilt jedenfalls dann, wenn zuvor bereits eine Mitteilung erfolgte[83]. Sofern eine Mitteilung über den Erwerb einer Minderheits- oder Mehrheitsbeteiligung pflichtwidrig unterlassen wurde, ist es aber ebenfalls erforderlich, der Gesellschaft mitzuteilen, dass die Beteiligung in der betreffenden Höhe nicht mehr besteht[84]. Denn auch in diesem Fall besteht ein Interesse der Aktionäre, Gläubiger und der Öffentlichkeit daran, von den früheren Machtverhältnissen und nun erfolgten Veränderungen zu erfahren. Eine andere Frage ist, welche Sanktionen in einem solchen Fall in Betracht kommen. Es sind (ex post) allenfalls Schadensersatzansprüche (s. Rz. 45) denkbar; der von § 20 Abs. 7 angeordnete Rechtsverlust ist nur noch eingeschränkt von Bedeutung. Die Mitteilungspflicht trifft denjenigen, der die ursprüngliche Mitteilung zu machen hatte[85].

## III. Bekanntmachung (§ 20 Abs. 6)

32  Die Gesellschaft hat das **Bestehen** einer **Beteiligung**, die ihr nach **§ 20 Abs. 1 oder 4** mitgeteilt worden ist, unverzüglich **bekannt zu machen**; dabei ist das **Unternehmen anzugeben**, dem die Beteiligung gehört (**§ 20 Abs. 6 Satz 1**). Wird der Gesellschaft mitgeteilt, dass die **Beteiligung** in der nach § 20 Abs. 1 oder 4 mitteilungspflichtigen Höhe **nicht mehr besteht**, so ist auch dies unverzüglich **bekannt zu machen (§ 20 Abs. 6 Satz 2)**. Keine Bekanntmachung erfolgt bezüglich des nach § 20 Abs. 3 mitgeteilten Erwerbs bzw. des nach § 20 Abs. 5 i.V.m. Abs. 3 mitgeteilten Verlustes einer Beteiligung[86].

33  Voraussetzung für eine Bekanntmachung ist, dass der Gesellschaft eine Mitteilung zugegangen ist[87]. Die Bekanntmachung hat in den Gesellschaftsblättern zu geschehen, also mindestens im elektronischen Bundesanzeiger (vgl. § 25)[88]. Sie darf nicht deshalb unterbleiben, weil ein Nachweis der Beteiligung (vgl. § 22) nicht erbracht wurde[89].

---

82  *Bayer* in MünchKomm. AktG, 3. Aufl., § 20 AktG Rz. 24.
83  *Bayer* in MünchKomm. AktG, 3. Aufl., § 20 AktG Rz. 26.
84  Ebenso *Bayer* in MünchKomm. AktG, 3. Aufl., § 20 AktG Rz. 26. A.A. *Koppensteiner* in KölnKomm. AktG, 3. Aufl., § 20 AktG Rz. 21; *Hüffer*, § 20 AktG Rz. 7; *Windbichler* in Großkomm. AktG, 4. Aufl., § 20 AktG Rz. 37.
85  *Hüffer*, § 20 AktG Rz. 7. A.A. *Windbichler* in Großkomm. AktG, 4. Aufl., § 20 AktG Rz. 38 (wer ursprünglich mitgeteilt hat).
86  *Koppensteiner* in KölnKomm. AktG, 3. Aufl., § 20 AktG Rz. 44; *Hüffer*, § 20 AktG Rz. 9; *Bayer* in MünchKomm. AktG, 3. Aufl., § 20 AktG Rz. 39.
87  *Windbichler* in Großkomm. AktG, 4. Aufl., § 20 AktG Rz. 57; *Sester* in Spindler/Stilz, § 20 AktG Rz. 24.
88  *Koppensteiner* in KölnKomm. AktG, 3. Aufl., § 20 AktG Rz. 43; *Hüffer*, § 20 AktG Rz. 9; *Bayer* in MünchKomm. AktG, 3. Aufl., § 20 AktG Rz. 37; *Windbichler* in Großkomm. AktG, 4. Aufl., § 20 AktG Rz. 59; *Sester* in Spindler/Stilz, § 20 AktG Rz. 28.
89  *Koppensteiner* in KölnKomm. AktG, 3. Aufl., § 20 AktG Rz. 43; *Hüffer*, § 20 AktG Rz. 9; *Bayer* in MünchKomm. AktG, 3. Aufl., § 20 AktG Rz. 37; *Windbichler* in Großkomm. AktG, 4. Aufl., § 20 AktG Rz. 59.

Als Inhalt der Bekanntmachung verlangt § 20 Abs. 6 die **Angabe** des beteiligten **Un-** 34
**ternehmens**. Ferner muss nach h.A. im Schrifttum die Angabe gemacht werden, ob
und nach welchen **Regeln** eine **Zurechnung** erfolgte[90]. Andererseits soll der Mitteilungspflichtige nach h.A. nicht verpflichtet sein, in der Mitteilung Angaben zur Zurechnung zu machen (s. Rz. 9). Es ist daher konsequent, eine entsprechende Bekanntmachungspflicht abzulehnen. Die konkrete Höhe der Beteiligung ist ebenfalls nicht
bekannt zu machen, selbst wenn sie der Gesellschaft mitgeteilt wurde[91]. Die Bekanntmachung muss unverzüglich nach der Mitteilung erfolgen, nicht erst nach der
Eintragung der Gesellschaft bei Gründung[92].

## IV. Sanktionen

### 1. Überblick

Bei einem **Verstoß** gegen die **Mitteilungspflichten** kommen mehrere Sanktionen in 35
Betracht, die allerdings nur teilweise gesetzlich geregelt sind. So kann sich für ein
nach § 20 Abs. 1 oder 4 mitteilungspflichtiges Unternehmen – ebenso wie bei den
wertpapierhandelsrechtlichen Mitteilungspflichten (vgl. § 28 WpHG) – ein **Rechtsverlust** ergeben (s. Rz. 36 ff.) Ein Rechtsverlust bei Nichterfüllung der Pflicht nach
§ 20 Abs. 3 ist wegen der geringeren Bedeutung dieser Mitteilung im Vergleich zu
den anderen Mitteilungen nicht vorgesehen. Ferner können bei einem Verstoß gegen
die Mitteilungspflichten **Schadensersatzansprüche** der **Aktionäre** begründet sein
(s. Rz. 45). **Strafrechtliche Sanktionen** bestehen nicht (s. Rz. 46). Es kommen aber
**Schadensersatzansprüche** wegen einer **unterlassenen** oder **fehlerhaften Bekanntmachung** (s. Rz. 47) in Betracht.

### 2. Rechtsverlust (§ 20 Abs. 7)

#### a) Betroffene Aktien

Die Vorschrift ordnet einen **Rechtsverlust** an. Darunter ist grundsätzlich ein endgül- 36
tiger, die **Vergangenheit** betreffender Verlust und nicht bloß ein Ruhen der Rechte (s.
aber für die wichtigsten Vermögensrechte Rz. 41) zu verstehen[93]; diese Rechtsfolge
wird allerdings – vor allem für die Herrschaftsrechte – dadurch relativiert, dass mit
der Nachholung der Mitteilung die betreffenden Rechte (ex nunc) entstehen (s.
Rz. 39). Die Mitgliedschaft als solche wird durch den Rechtsverlust nicht berührt, so
dass der von einem Rechtsverlust betroffene Aktionär weiterhin vor einem rechtsmissbräuchlichen oder treuwidrigen Handeln seiner Mitaktionäre geschützt ist[94].

Der **Rechtsverlust** betrifft **alle Aktien**, die dem **mitteilungspflichtigen Unternehmen** 37
**gehören**[95]. Ferner sind diejenigen Aktien betroffen, die dem mitteilungspflichtigen
Unternehmen gem. § 20 Abs. 1 Satz 2 i.V.m. § 16 Abs. 4 **zuzurechnen sind**[96]. Dies be-

---

90 *Bayer* in MünchKomm. AktG, 3. Aufl., § 20 AktG Rz. 36; *Koppensteiner* in KölnKomm.
AktG, 3. Aufl., § 20 AktG Rz. 43; *Windbichler* in Großkomm. AktG, 4. Aufl., § 20 AktG
Rz. 58.
91 *Koppensteiner* in KölnKomm. AktG, 3. Aufl., § 20 AktG Rz. 44.
92 *Hüffer*, § 20 AktG Rz. 2. A.A. *Bayer* in MünchKomm. AktG, 3. Aufl., § 20 AktG Rz. 40.
93 *Koppensteiner* in KölnKomm. AktG, 3. Aufl., § 20 AktG Rz. 46; *Gelhausen/Bandey*, WPg
2000, 497, 498; vgl. zur früheren Gesetzeslage, wonach „die Rechte nicht ausgeübt" werden
konnten, *Geßler*, BB 1980, 217; *Hüffer* in FS Boujong, S. 277, 280 ff.
94 BGH v. 20.4.2009 – II ZR 148/07, AG 2009, 534, 535.
95 *Koppensteiner* in KölnKomm. AktG, 3. Aufl., § 20 AktG Rz. 60.
96 Vgl. LG Hannover v. 29.5.1992 – 23 O 64, 77/91, AG 1993, 187, 189; *Koppensteiner* in KölnKomm. AktG, 3. Aufl., § 20 AktG Rz. 61.

deutet, dass auch der Inhaber dieser Aktien seine Rechte nicht ausüben kann[97]. Anders ist dies für diejenigen Aktien zu beurteilen, die dem mitteilungspflichtigen Unternehmen gem. § 20 Abs. 2 zugerechnet werden. Der Inhaber dieser Aktien ist von einem Rechtsverlust nicht betroffen[98]. Erwirbt jemand Aktien von dem bisherigen Mehrheitsaktionär und sinkt hierdurch dessen Beteiligung unter 50 % oder 25 % des Grundkapitals, so kann der Erwerber hieraus das Stimmrecht ausüben, auch wenn der Veräußerer das Unterschreiten der Grenze noch nicht gem. § 20 Abs. 5 mitgeteilt hat[99]. In einer Einmann-Gesellschaft hätte die Sanktion des § 20 Abs. 7 zur Folge, dass die Hauptversammlung nicht mehr funktionsfähig wäre[100]. Die Problematik kann gelöst werden, indem § 20 Abs. 7 teleologisch reduziert wird, wenn die Bekanntmachung erfolgt ist[101].

**b) Betroffene Rechte**

38 Vom Rechtsverlust sind grundsätzlich **alle Mitgliedsrechte** betroffen[102]. Ausgenommen sind nach § 20 Abs. 7 Satz 2 nur Ansprüche nach § 58 Abs. 4 sowie nach § 271, sofern die Mitteilung nicht vorsätzlich unterlassen wurde und nachgeholt worden ist.

39 **aa) Herrschaftsrechte.** Im Falle eines Verstoßes gegen die Mitteilungspflicht nach § 20 Abs. 1 oder Abs. 4 erlöschen insbesondere die Herrschaftsrechte, namentlich das **Recht auf Teilnahme** an einer **Hauptversammlung** (§ 118), das **Stimmrecht** (§§ 12, 134), das **Recht** zur **Erhebung** eines **Widerspruchs** sowie das **Auskunftsrecht** (§ 131)[103]. Ausschlaggebend ist insoweit, ob zum Zeitpunkt der Hauptversammlung die betreffende Pflicht erfüllt wurde oder nicht[104]. Auch das **Anfechtungsrecht** (§ 245 Nr. 1 bzw. 2) ist vom Rechtsverlust umfasst[105]. Der Rechtsverlust erstreckt sich allerdings nur auf die Anfechtungsbefugnis gem. § 245 Nr. 1 und 2 und nicht auf diejenige gem. § 245 Nr. 3, wenn die gem. § 20 erforderliche Mitteilung vor Ablauf der Anfechtungsfrist erfolgt[106].

40 **bb) Vermögensrechte.** Der Rechtsverlust betrifft auch die **Vermögensrechte**, namentlich das **Dividendenrecht** (§ 58 Abs. 4), das **Recht** auf den **Liquidationsüberschuss** (§ 271) sowie das Bezugsrecht (§ 186 Abs. 1). Die **Bezugsrechte** aus einer **Kapitalerhöhung** gegen **Einlagen** gehen verloren, wenn die Mitteilung bis zum Zeitpunkt des Beschlusses über die Kapitalerhöhung pflichtwidrig nicht erfolgt ist[107]. Das Bezugsrecht

---

97 Vgl. LG Hannover v. 29.5.1992 – 23 O 64, 77/91, AG 1993, 187, 189; *Krieger* in MünchHdb. AG, § 68 Rz. 133.
98 Vgl. LG Hannover v. 29.5.1992 – 23 O 64, 77/91, AG 1993, 187, 189; *Bayer* in MünchKomm. AktG, 3. Aufl., § 20 AktG Rz. 46, 48; *Koppensteiner* in KölnKomm. AktG, 3. Aufl., § 20 AktG Rz. 62.
99 Vgl. LG Hamburg v. 8.6.1995 – 405 O 203/94, WM 1996, 168, 169 f.; vgl. auch *Widder*, NZG 2004, 275 ff.
100 *Koppensteiner* in KölnKomm. AktG, 3. Aufl., § 20 AktG Rz. 80.
101 *Bayer* in MünchKomm. AktG, 3. Aufl., § 20 AktG Rz. 50.
102 Vgl. BGH v. 24.4.2006 – II ZR 30/05, BGHZ 167, 204, 209 = AG 2006, 501.
103 Vgl. BGH v. 24.4.2006 – II ZR 30/05, BGHZ 167, 204, 210 = AG 2006, 501.
104 Vgl. KG v. 14.6.1990 – 2 W 1088/90, AG 1990, 500, 501 (bzgl. Auskunftsrecht); LG Karlsruhe v. 6.11.1997 – O 43/97 KfH I, AG 1998, 99, 100 (bzgl. Stimmrecht); LG Hannover v. 29.5.1992 – 23 O 64, 77/91, AG 1993, 187, 188 f. (bzgl. Stimmrecht); OLG Köln v. 6.10.2003 – 18 W 36/03, Der Konzern 2004, 30, 32 (bzgl. Beantragung der gerichtlichen Bestellung eines Abschlussprüfers).
105 Vgl. BGH v. 24.4.2006 – II ZR 30/05, BGHZ 167, 204, 209 = AG 2006, 501; BGH v. 20.4.2009 – II ZR 148/07, AG 2009, 534, 535.
106 BGH v. 20.4.2009 – II ZR 148/07, AG 2009, 534, 535; dazu *Paudtke*, NZG 2009, 939.
107 Vgl. *Bayer* in MünchKomm. AktG, 3. Aufl., § 20 AktG Rz. 61; *Burgard*, Die Offenlegung von Beteiligungen, Abhängigkeits- und Konzernlagen bei der Aktiengesellschaft, S. 60; *Hüf-*

der übrigen Aktionäre wird in diesem Fall nicht automatisch erhöht; der Vorstand entscheidet nach eigenem pflichtgemäßen Ermessen über die Veräußerung der Bezugsrechte[108]. Bei einer **Kapitalerhöhung** aus **Gesellschaftsmitteln** findet § 20 nach dem Rechtsgedanken des § 215 keine Anwendung[109].

Das Gesetz sieht vor, dass der **Verlust bestimmter Vermögensrechte** noch im Nachhinein **vermieden** werden kann: Dies gilt für Ansprüche nach § 58 Abs. 4 und § 271, wenn die Mitteilung nicht vorsätzlich unterlassen wurde und nachgeholt worden ist (§ 20 Abs. 7 Satz 2). Die betreffenden **Rechte** gehen – abweichend vom gesetzlichen Regelfall (s. Rz. 36) – mangels vorsätzlicher Nichterfüllung der entsprechenden Mitteilungspflicht nicht verloren, sondern **ruhen** lediglich[110]. Sie können also noch nachträglich entstehen. Die Anwendung dieser Vorschrift bezüglich des **Dividendenrechts** wird klar, wenn im Ausgangspunkt berücksichtigt wird, dass der Dividendenanspruch erst mit dem Gewinnverwendungsbeschluss der Hauptversammlung (§ 174) entsteht. Erfolgt die (bislang unterlassene) Mitteilung noch vorher, so findet § 20 Abs. 7 Satz 1 von vornherein keine Anwendung; das Dividendenrecht geht also weder verloren noch ruht es! Wird die Mitteilung erst nach dem Gewinnverwendungsbeschluss vorgenommen, stellt sich die Rechtslage anders dar. In diesem Fall findet § 20 Abs. 7 Satz 1 Anwendung, so dass das Dividendenrecht ruht. Die Mitteilung kann nachgeholt werden, so dass nun gem. § 20 Abs. 7 Satz 2 die Dividendenzahlungsansprüche entstehen, es sei denn, dass die Mitteilung vorsätzlich unterlassen wurde[111]. 41

Das aufgrund der Nachholungsmöglichkeit ungewisse Schicksal des Dividendenrechts wirft schwierige (und größtenteils noch nicht geklärte) Fragen bezüglich des **Umgangs** mit den **Dividendenbeträgen** auf. Es ist zwischen verschiedenen Konstellationen zu unterscheiden. Wurde die **Mitteilung vorsätzlich unterlassen**, so ist der Rechtsverlust endgültig. Der auf die betreffenden Aktien entfallende Gewinnanteil kommt dann den übrigen Aktionären zugute; deren Dividende erhöht sich entsprechend[112]. Der Gewinnverwendungsbeschluss braucht dafür nicht geändert zu werden. Denn die Hauptversammlung beschließt nur über den Gesamtbetrag der Dividende und nicht über die Dividendenberechtigung je Aktie[113]; die Angabe des auf jede Aktie entfallenden Betrags hat nur „nachrichtlichen Charakter". Der Vorstand wäre daher selbst nach der Beschlussfassung berechtigt, dem Dividendenverlust einzelner Aktionäre Rechnung zu tragen und einen entsprechend erhöhten Betrag je Aktie an die übrigen Aktionäre auszuschütten. Ist es dagegen ungewiss, ob die Dividendenrechte verloren gehen, muss sichergestellt werden, dass der pflichtvergessene Aktio- 42

---

*fer*, § 20 AktG Rz. 16; *Hüffer* in FS Boujong, S. 277, 293; ob die Mitteilung sogar bis zum Ablauf der Bezugsfrist – dafür etwa *Heinsius* in FS Fischer, S. 215, 233 – nachgeholt werden kann, hat der BGH offen gelassen; vgl. BGH v. 22.4.1991 – II ZR 231/90, BGHZ 114, 203, 214, 218 = AG 1991, 269.
108 Vgl. *Hüffer*, § 20 AktG Rz. 16; *Bayer* in MünchKomm. AktG, 3. Aufl., § 20 AktG Rz. 64.
109 Vgl. *Hüffer*, § 20 AktG Rz. 16; *Windbichler* in Großkomm. AktG, 4. Aufl., § 20 AktG Rz. 81; *Witt*, WM 1998, 1153, 1156; a.A. *Bayer* in MünchKomm. AktG, 3. Aufl., § 20 AktG Rz. 67.
110 Vgl. *H.-P. Müller*, AG 1996, 396.
111 Vgl. *Bayer* in MünchKomm. AktG, 3. Aufl., § 20 AktG Rz. 81; *Hüffer*, § 20 AktG Rz. 15; *Emmerich* in Emmerich/Habersack, Aktien- und GmbH-Konzernrecht, § 20 AktG Rz. 54; *Gelhausen/Bandey*, WPg 2000, 497, 501. A.A. wohl *Windbichler* in Großkomm. AktG, 4. Aufl., § 20 AktG Rz. 76.
112 Vgl. zur Parallelregelung des § 28 WpHG *Kremer/Oesterhaus* in KölnKomm. WpHG, § 28 WpHG Rz. 54; *Uwe H. Schneider* in Assmann/Uwe H. Schneider, § 28 WpHG Rz. 41. A.A. *Bayer* in MünchKomm. AktG, 3. Aufl., § 20 AktG Rz. 74; *Hüffer*, § 20 AktG Rz. 15a.
113 Vgl. BGH v. 28.6.1982 – II ZR 69/81, BGHZ 84, 303, 311.

när später von den Dividenden nicht profitiert[114]. Sofern wegen nicht vorsätzlichen Unterlassens der Anspruch lediglich ruht und die Mitteilung nachgeholt werden kann, ist deshalb eine Rückstellung zu bilden[115]. Diese wird aufgelöst, wenn feststeht, dass eine Nachholung erfolgt ist bzw. nicht erfolgen wird. Im ersten Fall ist der Betrag an den betr. Aktionär auszuschütten, im zweiten Fall an die übrigen Aktionäre. Wenn es zweifelhaft ist, ob das mitteilungspflichtige Unternehmen vorsätzlich seine Mitteilungspflichten nicht beachtet hat – was in der Praxis meist der Fall sein dürfte –[116], ist ebenso zu verfahren[117].

### c) Verschulden

43  Der Rechtsverlust setzt nach dem Wortlaut des Gesetzes kein Verschulden des mitteilungspflichtigen Aktionärs voraus. Im Schrifttum hat sich aber zu Recht die Ansicht durchgesetzt, dass wegen der gravierenden Rechtsfolgen für die Mitgliedschaft eines Aktionärs auf eine **subjektive Vorwerfbarkeit** nicht verzichtet werden kann[118]. Dies bedeutet, dass die Rechte nur im Falle eines fahrlässigen Verstoßes verloren gehen. Zwar kann der Mitteilungspflichtige einem entschuldbaren Rechtsirrtum unterliegen. Es gilt allerdings ein strenger Prüfungsmaßstab für Aktionäre[119]. Insbesondere kann es einem Unternehmen zugemutet werden, einen qualifizierten Rechtsrat einzuholen[120]. Ein Verschulden kann dem Unternehmen dann nicht angelastet werden, so dass ein Rechtsverlust ausscheidet, auch bezüglich der versammlungsbezogenen Verwaltungsrechte auf Teilnahme, Stimmabgabe und Auskunft[121]. **Darlegungs- und beweisbelastet** bezüglich des fehlenden Verschuldens ist das betreffende **Unternehmen**[122].

### d) Folgen unzulässiger Rechtsausübung

44  Die bloße **Teilnahme** an einer **Hauptversammlung** ist folgenlos[123]. Ein **Hauptversammlungsbeschluss**, der unter Mitwirkung eines nach § 20 Abs. 7 Satz 1 nicht stimmberechtigten Aktionärs gefasst wurde, ist wegen Gesetzesverletzung gem. § 243 Abs. 1 **anfechtbar**; nichtig ist er nicht[124]. Hat ein Aktionär zu Unrecht eine **Di-**

---

114 A.A. *Kremer/Oesterhaus* in KölnKomm. WpHG, § 28 WpHG Rz. 55 (wegen praktischer Schwierigkeiten sei es hinzunehmen, dass der vorsätzlich säumige Aktionär im nächsten Jahr partizipiert); vgl. auch LG München I v. 27.11.2008 – 5 HK O 3928/08, AG 2009, 171, 172 (zu § 59 WpÜG).
115 *Gelhausen/Bandey*, WPg 2000, 497, 503; *Koppensteiner* in KölnKomm. AktG, 3. Aufl., § 20 AktG Rz. 77. A.A. *Hüffer*, § 20 AktG Rz. 15a; *H.-P. Müller*, AG 1996, 936, 937.
116 Vgl. *Gelhausen/Bandey*, WPg 2000, 497, 502.
117 *Gelhausen/Bandey*, WPg 2000, 497, 503; *Koppensteiner* in KölnKomm. AktG, 3. Aufl., § 20 AktG Rz. 77. A.A. *Hüffer*, § 20 AktG Rz. 15a.
118 Vgl. *Bayer* in MünchKomm. AktG, 4. Aufl., § 20 AktG Rz. 74; *Windbichler* in Großkomm. AktG, 4. Aufl., § 20 AktG Rz. 70; *Sester* in Spindler/Stilz, § 20 AktG Rz. 34; differenzierend zwischen den verschiedenen Rechten *Hüffer*, § 20 AktG Rz. 11. A.A. teilw. das ältere Schrifttum; vgl. etwa *Geßler* in G/H/E/K, § 20 AktG Rz. 63.
119 Vgl. KG v. 14.6.1990 – 2 W 1088/90, AG 1990, 500, 501; *Bayer* in MünchKomm. AktG, 3. Aufl., § 20 AktG Rz. 49; vertiefend zum Rechtsirrtum bei Verletzung der Mitteilungspflichten *Fleischer*, DB 2009, 1335.
120 Dazu *Fleischer*, NZG 2010, 121.
121 A.A. insoweit OLG Schleswig v. 31.5.2007 – 5 U 177/06, AG 2008, 129, 131.
122 Vgl. *Koppensteiner* in KölnKomm. AktG, 3. Aufl., § 20 AktG Rz. 58; *Hüffer*, § 20 AktG Rz. 11; *Sester* in Spindler/Stilz, § 20 AktG Rz. 36.
123 Vgl. *Bayer* in MünchKomm. AktG, 3. Aufl., § 20 AktG Rz. 56.
124 Vgl. BGH v. 24.4.2006 – II ZR 30/05, BGHZ 167, 204, 213 = AG 2006, 501; *Hüffer*, § 20 AktG Rz. 17; *Bayer* in MünchKomm. AktG, 3. Aufl., § 20 AktG Rz. 56.

vidende erhalten, so ist er gem. § 62 zur **Erstattung** verpflichtet[125]. Sofern er wegen Verlust des Bezugsrechts (s. Rz. 40) zu Unrecht Aktien bezogen hat, ist er gem. § 62 verpflichtet, den **Wert** des **Bezugsrechts** zu ersetzen[126].

### 3. Schadensersatz bei Verstoß gegen Mitteilungspflichten

Ob **Aktionäre** oder **Dritte** von einem mitteilungspflichtigen Unternehmen **Schadensersatz** verlangen können, ist noch nicht höchstrichterlich entschieden. Die Frage ist zu bejahen. Ein Gebot ist als ein Schutzgesetz zu qualifizieren, wenn das geschützte Interesse, die Art der Verletzung und der Kreis der geschützten Personen hinreichend klargestellt und bestimmt sind[127]. Dies ist bei den Regeln über Mitteilungspflichten zu bejahen (s. zum Normzweck Rz. 3), so dass sie als Schutzgesetze i.S. von § 823 Abs. 2 BGB begriffen werden können[128]. Die Schadensersatzpflicht dürfte aber keine große praktische Bedeutung erlangen, denn es ist nur schwer vorstellbar, dass ein Aktionär oder ein Dritter wegen der unterlassenen oder fehlerhaften Mitteilung einen Schaden erleidet (anders aber bei Verstößen gegen die §§ 21 ff. WpHG; s. Anh. § 22 AktG § 28 WpHG Rz. 27 ff.).

45

### 4. Strafrechtliche Sanktionen

Die Verletzung von Mitteilungspflichten löst keine strafrechtlichen Sanktionen aus. Allerdings kann der Tatbestand einer Ordnungswidrigkeit (§ 405 Abs. 3 Nr. 5) erfüllt sein.

46

### 5. Folgen unterlassener Bekanntmachung

Eine unterlassene Bekanntmachung kann die in § 20 Abs. 7 normierten Rechtsfolgen nicht auslösen[129]. In Betracht kommen aber **Schadensersatzansprüche** der Aktionäre und Dritter **gegen** die **Gesellschaft** gem. § 823 Abs. 2 BGB[130]. Der Vorstand kann gem. § 93 Abs. 2 gegenüber der Gesellschaft zum Schadensersatz verpflichtet sein[131]. Die Bekanntmachung kann mit Zwangsgeld durchgesetzt werden (vgl. §§ 407 bzw. 335 HGB).

47

---

125 Vgl. *Hüffer*, § 20 AktG Rz. 17; *Bayer* in MünchKomm. AktG, 3. Aufl., § 20 AktG Rz. 76; *Koppensteiner* in FS Rowedder, S. 213, 225.
126 Vgl. *Hüffer*, § 20 AktG Rz. 17; *Koppensteiner* in KölnKomm. AktG, 3. Aufl., § 20 AktG Rz. 83; *Bayer* in MünchKomm. AktG, 3. Aufl., § 20 AktG Rz. 66; a.A. *Windbichler* in Großkomm. AktG, 4. Aufl., § 20 AktG Rz. 86 (Rückabwicklung entsprechend den §§ 71d Satz 5 und 6, 71c).
127 Vgl. BGH v. 27.11.1963 – V ZR 201/61, BGHZ 40, 306, 307.
128 *Bayer* in MünchKomm. AktG, 3. Aufl., § 20 AktG Rz. 85; *Koppensteiner* in KölnKomm. AktG, 3. Aufl., § 20 AktG Rz. 90; *Starke*, Beteiligungstransparenz im Gesellschafts- und Kapitalmarktrecht, S. 260 f.; a.A. wegen der Rechtsnatur der Mitteilungspflichten als Obliegenheiten *Windbichler* in Großkomm. AktG, 4. Aufl., § 20 AktG Rz. 88 (die allerdings annimmt, das Unternehmen könne wegen Verletzung seiner mitgliedschaftlichen Treuepflicht zum Schadensersatz verpflichtet sein).
129 Vgl. OLG Köln v. 17.6.2009 – 18 U 139/08, AG 2009, 671, 672; LG Mannheim v. 3.3.1988 – 24 O 75/87, ZIP 1988, 773, 778; *Koppensteiner* in KölnKomm. AktG, 3. Aufl., § 20 AktG Rz. 88; *Hüffer*, § 20 AktG Rz. 9; *Windbichler* in Großkomm. AktG, 4. Aufl., § 20 AktG Rz. 60.
130 Vgl. *Bayer* in MünchKomm. AktG, 3. Aufl., § 20 AktG Rz. 85; *Windbichler* in Großkomm. AktG, 4. Aufl., § 20 AktG Rz. 60; *Starke*, Beteiligungstransparenz im Gesellschafts- und Kapitalmarktrecht, S. 268 f.
131 Vgl. *Windbichler* in Großkomm. AktG, 4. Aufl., § 20 AktG Rz. 60.

## § 21
## Mitteilungspflichten der Gesellschaft

(1) Sobald der Gesellschaft mehr als der vierte Teil der Anteile einer anderen Kapitalgesellschaft mit Sitz im Inland gehört, hat sie dies dem Unternehmen, an dem die Beteiligung besteht, unverzüglich schriftlich mitzuteilen. Für die Feststellung, ob der Gesellschaft mehr als der vierte Teil der Anteile gehört, gilt § 16 Abs. 2 Satz 1, Abs. 4 sinngemäß.

(2) Sobald der Gesellschaft eine Mehrheitsbeteiligung (§ 16 Abs. 1) an einem anderen Unternehmen gehört, hat sie dies dem Unternehmen, an dem die Mehrheitsbeteiligung besteht, unverzüglich schriftlich mitzuteilen.

(3) Besteht die Beteiligung in der nach Absatz 1 oder 2 mitteilungspflichtigen Höhe nicht mehr, hat die Gesellschaft dies dem anderen Unternehmen unverzüglich schriftlich mitzuteilen.

(4) Rechte aus Anteilen, die einer nach Absatz 1 oder 2 mitteilungspflichtigen Gesellschaft gehören, bestehen nicht für die Zeit, für die sie die Mitteilungspflicht nicht erfüllt. § 20 Abs. 7 Satz 2 gilt entsprechend.

(5) Die Absätze 1 bis 4 gelten nicht für Aktien eines Emittenten im Sinne des § 21 Abs. 2 des Wertpapierhandelsgesetzes.

| | |
|---|---|
| I. Allgemeines ................. 1 | 2. Mehrheitsbeteiligung (§ 21 Abs. 2) .. 5 |
| II. Inhalt und Form der Mitteilung .... 3 | 3. Unterschreiten einer Beteiligungsschwelle (§ 21 Abs. 3) ........... 6 |
| III. Mitteilungspflichtige Vorgänge .... 4 | IV. Rechtsfolgen ................. 7 |
| 1. Minderheitsbeteiligung von 25 % (§ 21 Abs. 1) ................. 4 | |

**Literatur:** *Holland/Burg*, Mitteilungspflicht nach § 21 AktG beim Erwerb sämtlicher Geschäftsanteile an einer GmbH?, NZG 2006, 601; s. im Übrigen die Angaben zu § 20.

## I. Allgemeines

1 Die Vorschrift begründet flankierend zu § 20 **Mitteilungspflichten** der **Gesellschaft gegenüber** einer anderen **Kapitalgesellschaft** (§ 21 Abs. 1) und gegenüber einem anderen **Unternehmen** (§ 21 Abs. 2). Sie verfolgt ebenso wie § 20 den **Zweck**, im Interesse der **Aktionäre**, **Gläubiger** und der **Öffentlichkeit** die Beteiligungsverhältnisse **transparent** zu machen (s. § 20 Rz. 3). Die meisten Regelungen sind den in § 20 getroffenen Regelungen nachgebildet. Allerdings sieht die Vorschrift im Unterschied zu § 20 Abs. 6 eine Bekanntmachung in den Gesellschaftsblättern nicht vor. Diese Regelungsdifferenz hat keine nennenswerte praktische Bedeutung, wenn es sich beim Adressat der Mitteilung um eine Aktiengesellschaft handelt. Dann ist auch der Tatbestand einer Mitteilung nach § 20 Abs. 1 bzw. Abs. 4 erfüllt, so dass bereits gem. § 20 Abs. 6 eine Bekanntmachung stattfindet[1].

---

1 Vgl. *Bayer* in MünchKomm. AktG, 3. Aufl., § 21 AktG Rz. 5; *Koppensteiner* in KölnKomm. AktG, 3. Aufl., § 21 AktG Rz. 1.

Zur Rechtslage vor dem MoMiG wurde angenommen, dass eine **Anmeldung** nach § 16 GmbHG grundsätzlich nicht davon entbindet, eine Mitteilung nach § 21 zu machen[2]. Das MoMiG hat die Anmeldung aufgegeben und verlangt nunmehr eine „Mitteilung" durch den Gesellschafter (vgl. § 40 Abs. 1 Satz 2 GmbHG). Diese hat zum Inhalt, dass eine Veränderung in der Person oder im Umfang der Beteiligung erfolgt ist[3]. Mit der formlos möglichen Mitteilung gem. § 40 Abs. 1 Satz 2 GmbHG wird die Mitteilungspflicht nach § 21 noch nicht erfüllt. Die Vorschriften über Mitteilungspflichten der Gesellschaft gem. § 21 gelten nicht für **Aktien eines Emittenten** i.S. von § 21 Abs. 2 WpHG (§ 21 Abs. 5). Diese Regelung entspricht der in § 20 Abs. 8 getroffenen Vorschrift (s. § 20 Rz. 2). Sie wurde im Jahre 1998 durch das Dritte Finanzmarktförderungsgesetz eingeführt. Dabei wurde ferner § 21 Abs. 4 geändert[4]. Schließlich wurde § 21 Abs. 1 Satz 1 im Jahre 1998 durch Herausnahme der bergrechtlichen Gewerkschaft geändert[5]. Die Änderung des § 21 Abs. 5 erfolgte Anfang 2007 durch das TUG (s. Anh. § 22 AktG Vor §§ 21 ff. WpHG Rz. 3).

## II. Inhalt und Form der Mitteilung

Der notwendige Inhalt einer Mitteilung erschließt sich nicht unmittelbar aus dem Wortlaut des Gesetzes. Aus dem Normzweck kann aber geschlossen werden, dass die **Mitteilung** so **eindeutig formuliert** sein muss, dass sich für den Adressaten eindeutig ergibt, **welche Pflicht erfüllt** werden soll (s. § 20 Rz. 8). Auch muss die **Identität** der mitteilenden **Gesellschaft** klar sein (s. § 20 Rz. 9). Die Mitteilung muss **unverzüglich** (s. § 20 Rz. 10) und **schriftlich** (s. § 20 Rz. 12) erfolgen; die elektronische Form i.S. des § 126 BGB ist ebenfalls ausreichend[6].

## III. Mitteilungspflichtige Vorgänge

### 1. Minderheitsbeteiligung von 25 % (§ 21 Abs. 1)

Das Gesetz verlangt die Mitteilung des Überschreitens einer so genannten Schachtelbeteiligung von 25 % (§ 21 Abs. 1). Voraussetzung ist, dass eine **Aktiengesellschaft oder KGaA** in der betreffenden Höhe **an einer anderen Kapitalgesellschaft** (AG, KGaA, SE oder GmbH) mit Sitz im Inland **beteiligt** ist. Diese Mitteilungspflicht steht im Zusammenhang mit den Regelungen über wechselseitige Beteiligungen (§ 20 Abs. 3, 19 Abs. 1). Die **Berechnung** der **Beteiligungshöhe** bestimmt sich nach § 16 Abs. 2 Satz 1 und Abs. 4 (§ 21 Abs. 1 Satz 2).

### 2. Mehrheitsbeteiligung (§ 21 Abs. 2)

Das Gesetz sieht ferner eine Mitteilungspflicht für den Fall vor, dass der **Gesellschaft** eine Mehrheitsbeteiligung an einem **anderen Unternehmen** gehört (§ 21 Abs. 2). Der Kreis der Mitteilungsadressaten ist weiter gezogen als bei der Mitteilungspflicht nach § 21 Abs. 1. Die Vorschrift erfasst Beteiligungen an Unternehmen unabhängig davon, welche Rechtsform diese besitzen[7]. Allerdings müssen sowohl die Gesellschaft als

---

[2] Vgl. zu § 16 GmbHG *Hägele*, NZG 2000, 726, 728 f.; *Koppensteiner* in KölnKomm. AktG, 3. Aufl., § 21 AktG Rz. 2.
[3] *Uwe H. Schneider* in Scholz, Bd. III, § 40 GmbHG Nachtrag MoMiG Rz. 21.
[4] Vgl. Art. 15 Nr. 2 Drittes Finanzmarktförderungsgesetz vom 24.3.1998, BGBl. I 1998, 529.
[5] Vgl. Art. 1 Nr. 6 StückAG vom 25.3.1998, BGBl. I 1998, 590.
[6] *Sester* in Spindler/Stilz, § 21 AktG Rz. 7.
[7] Vgl. Begr. RegE *Kropff*, Aktiengesetz, S. 39; *Bayer* in MünchKomm. AktG, 3. Aufl., § 21 AktG Rz. 3; *Hüffer*, § 21 AktG Rz. 3; *Koppensteiner* in KölnKomm. AktG, 3. Aufl., § 21 AktG Rz. 4; einschränkend bzgl. der Einpersonen-GmbH *Hägele*, NZG 2000, 726, 729.

auch das begünstigte Unternehmen ihren **Sitz im Inland** haben[8]. Der **Begriff** der **Mehrheitsbeteiligung** erschließt sich aus § 16 Abs. 1 (s. § 16 Rz. 1 ff.). Ebenso wie bei § 20 (s. § 20 Rz. 29) finden auch die in § 16 Abs. 2 und 3 normierten Berechnungsregelungen sowie die in § 16 Abs. 4 vorgesehenen Zurechnungsregelungen Anwendung[9].

### 3. Unterschreiten einer Beteiligungsschwelle (§ 21 Abs. 3)

6 Besteht die Beteiligung in der nach § 21 Abs. 1 oder 2 mitteilungspflichtigen Höhe nicht mehr, hat die Gesellschaft dies dem anderen Unternehmen unverzüglich schriftlich mitzuteilen (§ 21 Abs. 3). Die Regelung entspricht § 20 Abs. 5 (s. § 20 Rz. 31).

## IV. Rechtsfolgen

7 Die bei einem Verstoß gegen die Mitteilungspflichten nach § 21 Abs. 1 und 2 begründeten Rechtsfolgen bestehen ebenso wie bei den Mitteilungspflichten des § 20 vor allem in einem **Verlust** der **Rechte** aus den **Anteilen**, die einer nach § 21 Abs. 1 oder 2 mitteilungspflichtigen Gesellschaft gehören (§ 21 Abs. 4). Dieser Rechtsverlust betrifft sowohl die eigenen Aktien des Mitteilungspflichtigen als auch die ihm gem. § 16 Abs. 4 zugerechneten Aktien[10] (s. zu den Einzelheiten § 20 Rz. 36 ff.).

8 Schließlich können im Falle eines Verstoßes gegen die Vorschriften über die Mitteilungspflichten der Gesellschaft **Schadensersatzansprüche** gem. § 823 Abs. 2 BGB begründet sein (s. auch hierzu § 20 Rz. 45).

# § 22
## Nachweis mitgeteilter Beteiligungen

*Ein Unternehmen, dem eine Mitteilung nach § 20 Abs. 1, 3 oder 4, § 21 Abs. 1 oder 2 gemacht worden ist, kann jederzeit verlangen, dass ihm das Bestehen der Beteiligung nachgewiesen wird.*

| | | | |
|---|---|---|---|
| I. Allgemeines | 1 | II. Form des Nachweises | 3 |

**Literatur:** S. die Angaben zu § 20.

## I. Allgemeines

1 Die Vorschrift räumt einem **Unternehmen** einen **Anspruch** auf **Nachweis** über das **Bestehen** einer **Beteiligung** ein. Die genaue Höhe der Beteiligung braucht ebenso wenig nachgewiesen zu werden wie die Herkunft der Anteile[1].

---

8 Vgl. *Hüffer*, § 21 AktG Rz. 3; *Emmerich* in Emmerich/Habersack, Aktien- und GmbH-Konzernrecht, § 21 AktG Rz. 5; *Bayer* in MünchKomm. AktG, 3. Aufl., § 21 AktG Rz. 3; a.A. *Koppensteiner* in KölnKomm. AktG, 3. Aufl., § 21 AktG Rz. 4.

9 Vgl. *Hüffer*, § 21 AktG Rz. 3; *Bayer* in MünchKomm. AktG, 3. Aufl., § 21 AktG Rz. 3; *Sester* in Spindler/Stilz, § 21 AktG Rz. 4.

10 Vgl. *Bayer* in MünchKomm. AktG, 3. Aufl., § 21 AktG Rz. 6; *Hüffer*, § 21 AktG Rz. 4.

1 *Hüffer*, § 22 AktG Rz. 1; *Koppensteiner* in KölnKomm. AktG, 3. Aufl., § 22 AktG Rz. 1; *Sester* in Spindler/Stilz, § 21 AktG Rz. 1.

Zweck der Vorschrift ist es, vor allem wegen der komplexen Zurechnungsfälle Rechtssicherheit zu schaffen[2]; ein Unternehmen soll seinen Veröffentlichungspflichten nachkommen können[3]. Die Vorschrift verweist allerdings nicht auf § 20 Abs. 5 und § 21 Abs. 3. Ein Anspruch auf Nachweis, dass eine Beteiligung in einer mitteilungspflichtigen Höhe nicht mehr besteht, begründet § 22 daher nicht. Allerdings ist anerkannt, dass das Unternehmen, dem eine Mitteilung gemacht wird, sich vergewissern können muss, dass die Mitteilung nach § 20 Abs. 5 bzw. § 21 Abs. 3 nicht unterlassen worden ist. Ein solches **Unternehmen** kann daher nach § 22 **jederzeit verlangen**, dass ihm die **Beteiligung nachgewiesen** wird[4]. Die Vorschrift schließt es nicht aus, dass die Gesellschaft sich bei Zweifeln an einen Aktionär wendet und nachfragt, ob eine Mitteilungspflicht begründet ist. Eine Pflicht zur Antwort, insbesondere zur Vorlage von Dokumenten, begründet § 22 für den Aktionär allerdings nicht[5].

## II. Form des Nachweises

Wie der Nachweis erbracht werden muss, ist gesetzlich nicht festgelegt. Der Verpflichtete kann daher jeden geeigneten Nachweis erbringen[6]. In Betracht kommen vor allem **Urkunden**, insbesondere Bescheinigungen über das Aktiendepot, Abtretungsvereinbarungen, etc. Auch eine sonstige Erklärung der depotführenden Bank, aus der sich das Überschreiten der betreffenden Schwelle ergibt, genügt. Als Nachweis für die Zurechnungsfälle (s. § 20 Abs. 1 Satz 2, § 16 Abs. 4, § 20 Abs. 2) kommen die Urkunden zu Vereinbarungen über Treuhandverhältnisse, etc. in Betracht.

Der **Anspruch** auf Nachweis kann **gerichtlich** geltend gemacht werden. Die **Vollstreckung** erfolgt nach § 888 ZPO.

# Anhang zu § 22
## Kommentierung der §§ 21 bis 30, 41 WpHG

## Vor §§ 21 ff. WpHG

| | |
|---|---|
| I. Regelungsgegenstand . . . . . . . . . . . 1 | V. Verhältnis zu sonstigen Veröffentlichungspflichten des WpHG . . . . . . . . 11 |
| II. Rechtsentwicklung . . . . . . . . . . . . 3 | VI. Sanktionen . . . . . . . . . . . . . . . . . . 14 |
| III. Normzwecke . . . . . . . . . . . . . . . . 4 | |
| IV. Auslegung . . . . . . . . . . . . . . . . . . 7 | |

**Literatur:** *Baums/Sauter*, Anschleichen an Übernahmeziele mit Hilfe von Aktienderivaten, ZHR 173 (2009), 454; *Bott/Schleef*, Transparenz von Beteiligungsverhältnissen nach dem Wertpa-

---

2 *Windbichler* in Großkomm. AktG, 4. Aufl., § 22 AktG Rz. 1.
3 *Bayer* in MünchKomm. AktG, 3. Aufl., § 22 AktG Rz. 1.
4 Begr. RegE § 22, *Kropff*, Aktiengesetz, S. 43; *Bayer* in MünchKomm. AktG, 3. Aufl., § 22 AktG Rz. 2; *Hüffer*, § 22 AktG Rz. 2; zurückhaltend aber *Koppensteiner* in KölnKomm. AktG, 3. Aufl., § 22 AktG Rz. 3 („zweifelhaft").
5 *Windbichler* in Großkomm. AktG, 4. Aufl., § 22 AktG Rz. 2.
6 *Hüffer*, § 22 AktG Rz. 2; *Koppensteiner* in KölnKomm. AktG, 3. Aufl., § 22 AktG Rz. 2.

pierhandelsgesetz – Nutzen für den Anleger?, ZBB 1998, 330; *Brandt*, Transparenz nach RisikobegrenzungsG – und darüber hinaus?, BKR 2008, 441; *Cahn*, Probleme der Mitteilungs- und Veröffentlichungspflichten nach dem WpHG bei Veränderungen des Stimmrechtsanteils an börsennotierten Gesellschaften, AG 1997, 502; *Cahn*, Grenzen des Markt- und Anlegerschutzes durch das WpHG, ZHR 162 (1998), 1; *Fleischer*, Finanzinvestoren im ordnungspolitischen Gesamtgefüge von Aktien-, Bankaufsichts- und Kapitalmarktrecht, ZGR 2008, 185; *Fleischer/ Schmolke*, Das Anschleichen an eine börsennotierte Aktiengesellschaft, NZG 2009, 401; *Fleischer/Schmolke*, Kapitalmarktrechtliche Beteiligungstransparenz nach §§ 21 ff. WpHG und „Hidden Ownership", ZIP 2008, 1501; *Hildner*, Kapitalmarktrechtliche Beteiligungstransparenz verbundener Unternehmen, 2002; *Hopt*, Familien- und Aktienpools unter dem Wertpapierhandelsgesetz, ZGR 1997, 1; *Korff*, Das Risikobegrenzungsgesetz und seine Auswirkungen auf das WpHG, AG 2008, 692; *Nodoushani*, Die Transparenz von Beteiligungsverhältnissen, WM 2008, 1671; *Röh*, Reform der Beteiligungspublizität und kein Ende, CCZ 2008, 137; *Uwe H. Schneider/ Anzinger*, Umgehung und missbräuchliche Gestaltungen im Kapitalmarktrecht oder: Brauchen wir eine § 42 AO entsprechende Vorschrift im Kapitalmarktrecht?, ZIP 2009, 1; *Starke*, Beteiligungstransparenz im Gesellschafts- und Kapitalmarktrecht – Rechtsprobleme der §§ 21 ff. WpHG und des § 20 AktG, 2002; *Veil*, Der Schutz des verständigen Anlegers durch Publizität und Haftung im europäischen und nationalen Kapitalmarktrecht, ZBB 2006, 162; *Witt*, Übernahmen von Aktiengesellschaften und Transparenz der Beteiligungsverhältnisse, 1998; *Zimmermann*, Die kapitalmarktrechtliche Beteiligungstransparenz nach dem Risikobegrenzungsgesetz, ZIP 2009, 57.

## I. Regelungsgegenstand

1  Die wertpapierhandelsgesetzlichen Vorschriften sehen drei Mitteilungspflichten vor. *Erstens*: Wer durch Erwerb, Veräußerung oder auf sonstige Weise **3, 5, 10, 15, 20, 25, 30, 50** oder **75 %** der **Stimmrechte** an einem Emittenten **erreicht**, **überschreitet** oder **unterschreitet**, hat dies dem Emittenten und gleichzeitig der BaFin, spätestens innerhalb von vier Handelstagen **mitzuteilen** (§ 21 Abs. 1 WpHG). *Zweitens*: Wem im **Zeitpunkt der erstmaligen Zulassung** der Aktien zum **Handel an einem organisierten Markt 3 %** oder mehr der **Stimmrechte** an einem Emittenten zustehen, hat diesem sowie der BaFin eine entsprechende Mitteilung zu machen (§ 21 Abs. 1a WpHG). Voraussetzung ist in beiden Fällen, dass für den Emittenten die Bundesrepublik Deutschland der Herkunftsstaat ist. Für beide Mitteilungspflichten stehen den Stimmrechten des Meldepflichtigen unter den Voraussetzungen des § 22 WpHG Stimmrechte aus fremden Aktien gleich (**Zurechnung von Stimmrechten**). Schließlich können *drittens* beim **Halten von Finanzinstrumenten Mitteilungspflichten** begründet sein (§ 25 WpHG): Wer unmittelbar oder mittelbar Finanzinstrumente hält, die ihrem Inhaber das Recht verleihen, einseitig, also von sich aus im Rahmen einer rechtlich bindenden Vereinbarung mit Stimmrechten verbundene und bereits ausgegebene Aktien eines Emittenten zu erwerben, hat dies bei Erreichen, Überschreiten oder Unterschreiten der in § 21 Abs. 1 Satz 1 WpHG genannten Schwellen mit Ausnahme der Schwelle von 3 % unverzüglich dem Emittenten und der BaFin mitzuteilen. Diese Pflicht setzt ebenfalls voraus, dass für den Emittenten die Bundesrepublik Deutschland der Herkunftsstaat ist.

2  Die Kommunikation über die Veränderungen in den Beteiligungsverhältnissen erfolgt auf zwei Wegen. Ein **Inlandsemittent** (vgl. § 2 Abs. 7 WpHG) hat eine **Information** nach **§ 21 Abs. 1 Satz 1, Abs. 1a und § 25 Abs. 1 Satz 1 WpHG** unverzüglich, spätestens drei Handelstage nach Zugang der Mitteilung zu **veröffentlichen** und sie außerdem unverzüglich, jedoch nicht vor ihrer Veröffentlichung dem **Unternehmensregister** (§ 8b HGB) zur **Speicherung** zu übermitteln (§ 26 Abs. 1 Satz 1 WpHG). Die Veröffentlichung erfolgt über Medien, bei denen davon ausgegangen werden kann, dass sie die Information in der gesamten EU und in den übrigen Vertragsstaaten des Abkommens über den EWR verbreiten (§ 20 WpAIV i.V.m. § 3a Abs. 1 Satz 1 WpAIV); s. hierzu § 26 WpHG Rz. 5.

## II. Rechtsentwicklung

Die wertpapierhandelsgesetzlichen Mitteilungs- und Veröffentlichungspflichten gehen auf die Richtlinie 88/627/EWG des Rates vom 12.12.1988 (**Transparenzrichtlinie I**) zurück[1], die durch das **zweite Finanzmarktförderungsgesetz** in das nationale Recht **umgesetzt** wurde[2]. Die Vorschriften wurden sodann durch das dritte Finanzmarktförderungsgesetz[3], das Gesetz zur Regelung von öffentlichen Angeboten zum Erwerb von Wertpapieren und Unternehmensübernahmen[4] und das vierte Finanzmarktförderungsgesetz[5] geändert sowie schließlich im Januar 2007 durch das Transparenzrichtlinie-Umsetzungsgesetz[6] an die Richtlinie 2004/109/EG[7] (**Transparenzrichtlinie II**) angepasst. Die letzte Änderung des Regimes erfolgte durch das **Risikobegrenzungsgesetz** vom 12.8.2008[8]. Mit diesem im Schrifttum größtenteils sehr kritisch[9] beurteilten Gesetz wurde § 27a WpHG eingeführt. Außerdem wurden die §§ 22 Abs. 2, 25 und 28 WpHG geändert. Die nächsten Gesetzesänderungen zeichnen sich bereits ab. So wird auf europäischer Ebene diskutiert, ob auch sog. Cash Settled Equity Swaps einer Transparenzpflicht unterliegen sollten[10]. Auch der deutsche Gesetzgeber will tätig werden (s. § 25 WpHG Rz. 15 ff.). 3

## III. Normzwecke

Die **Mitteilungs- und Veröffentlichungspflichten** stellen einen wichtigen **Baustein** im in den letzten Jahren mit großer Energie entwickelten **kapitalmarktrechtlichen Transparenzregime** dar[11]. Sie sind von der Vorstellung des europäischen Gesetzgebers getragen, dass durch die rechtzeitige Bekanntgabe zuverlässiger und umfassender Informationen über Wertpapieremittenten das Vertrauen der Anleger nachhaltig gestärkt und eine fundierte Beurteilung ihres Geschäftsergebnisses und ihrer Vermögenslage ermöglicht wird. Mit der Transparenz von Veränderungen des Stimmrechtsanteils, sonstiger Finanzinstrumente und strategischer Absichten soll sowohl der Anlegerschutz als auch die Markteffizienz erhöht werden[12]. Nur jenseits der Mitteilungspflichten ist das Geheimhaltungsinteresse des Aktionärs bzw. Investors geschützt. 4

Das allgemein formulierte Regelungsanliegen weist drei Dimensionen auf. *Erstens*: Alle Anleger sollen möglichst schnell über kursrelevante Informationen verfügen. Denn die „**Zusammensetzung des Aktionärskreises** und die **Veränderungen** maßgeblicher Aktienbeteiligungen sind wichtige **Kriterien für Anlagedispositionen** der Investoren, insbesondere der institutionellen Anleger im In- und Ausland, und haben 5

---

1 ABl. EG Nr. L 348 v. 17.12.1988, S. 62.
2 BGBl. I 1994, 1749.
3 BGBl. I 1998, 529.
4 BGBl. I 2001, 3822.
5 BGBl. I 2002, 2009.
6 BGBl. I 2007, 10.
7 ABl. EU Nr. L 390 v. 31.12.2004, S. 38.
8 Gesetz zur Begrenzung der mit Finanzinvestitionen verbundenen Risiken vom 12.8.2008, BGBl. I 2008, 1666.
9 Vgl. *Brandt*, BKR 2008, 441; *Fleischer*, ZGR 2008, 185, 196 ff.; *Zimmermann*, ZIP 2009, 57.
10 Vgl. CESR, Proposal to extent major shareholding notifications to instruments of similar economic effect to holding shares and entitlements to acquire shares, Jan. 2010, abrufbar unter: www.cesr.eu.
11 Überblick zu gesellschafts-, bilanz-, börsen- und sonstigen aufsichtsrechtlichen Vorschriften bei *Uwe H. Schneider* in Assmann/Uwe H. Schneider, vor § 21 WpHG Rz. 60 ff.
12 Vgl. Erwägungsgrund 1 Satz 2 und 3 sowie Erwägungsgrund 5 Satz 1 der Richtlinie 2004/109/EG; dies bekräftigend Begr. RegE TUG, BT-Drucks. 16/2498, S. 26.

erheblichen Einfluss auf die Kursentwicklung einer Aktie"[13]. Ein besonders hohes Maß der Beteiligungstransparenz erschwert zudem ein unbemerktes Anschleichen an Emittenten[14]. *Zweitens:* „Aktuelle und möglichst umfassende **Informationen** der Handelsteilnehmer und der Anleger schaffen am Markt eine **Transparenz**, die dem **Missbrauch** von **Insiderinformationen entgegenwirkt**. ... Sind das Volumen der frei handelbaren Titel und die Existenz von Großaktionären bekannt, so werden missbräuchlich nutzbare Informationsvorsprünge reduziert"[15]. *Drittens:* „Die durch die Mitteilungspflichten verwirklichte Transparenz ermöglicht auch der Aktiengesellschaft einen besseren **Überblick** über die **Aktionärsstruktur** und die **Beherrschungsverhältnisse**"[16].

6   Diese **kapitalmarktrechtlichen Erwägungen prägen** die wertpapierhandelsrechtlichen **Vorschriften** über Mitteilungs- und Veröffentlichungspflichten. Dies kommt vor allem bei den Zurechnungsvorschriften zum Ausdruck. Die in § 22 WpHG normierten komplexen und teilweise ausdifferenzierten Regeln sind darum bemüht, möglichst alle Sachverhalte einer Umgehung des § 21 WpHG zu erfassen. Dennoch haben zahlreiche Fälle[17] – in Deutschland vor allem die Fälle Conti/Schaeffler und Porsche/VW – gezeigt, wie schwierig es ist, zuverlässig alle Schlupflöcher zu schließen (zur Reform s. § 25 WpHG Rz. 15 ff.).

## IV. Auslegung

7   Die Vorschriften über die Mitteilungs- und Veröffentlichungspflichten sind in erster Linie öffentlich-rechtlicher Natur (s. § 21 WpHG Rz. 2). Verstöße gegen sie begründen eine Ordnungswidrigkeit (vgl. § 39 Abs. 2 Nr. 2 lit. e WpHG) und werden mit einer Geldbuße geahndet. Deshalb ist auch das **Analogieverbot** (vgl. § 3 OWiG) zu beachten. Zwar sind die Verhaltensregeln auch zivilrechtlich sanktioniert (§ 28 WpHG). Sie können dann aber nicht analog herangezogen werden. Eine **gespaltene Auslegung** der Vorschriften des WpHG[18] ist nicht anzuerkennen[19].

8   Die teleologische Auslegung findet ihre Grenze im Wortsinn. Ein angeblicher „Grundsatz der größtmöglichen Transparenz" kann aus den Normzwecken nicht abgeleitet werden[20]. Insbesondere lässt sich den Normzwecken nicht entnehmen, dass die §§ 21 ff. WpHG möglichst weit auszulegen seien[21]. Das Gegenteil ist der Fall. Ei-

---

13  So bereits Begr. RegE 2. Finanzmarktförderungsgesetz, BT-Drucks. 12/6679, S. 52.
14  Vgl. Begr. RegE TUG, BT-Drucks. 16/2498, S. 26.
15  So bereits Begr. RegE 2. Finanzmarktförderungsgesetz, BT-Drucks. 12/6679, S. 52.
16  So bereits Begr. RegE 2. Finanzmarktförderungsgesetz, BT-Drucks. 12/6679, S. 52.
17  Die spektakulärsten Fälle sind aufgeführt im Papier von CESR, Proposal to extent major shareholding notifications to instruments of similar economic effect to holding shares and entitlements to acquire shares, Jan. 2010, abrufbar unter: www.cesr.eu.
18  Dafür plädierend *Cahn*, AG 1997, 502, 503; *Cahn*, ZHR 162 (1998), 1, 9 ff.; *Hirte* in KölnKomm. WpHG, § 21 WpHG Rz. 7; *Koppensteiner* in KölnKomm. AktG, 3. Aufl., Anh. § 22 AktG §§ 21 ff. WpHG Rz. 9.
19  Ebenso *Dehlinger/Zimmermann* in Fuchs, Vor §§ 21 bis 30 WpHG Rz. 25; *Fuchs* in Fuchs, WpHG Einleitung Rz. 79; *Uwe H. Schneider* in Assmann/Uwe H. Schneider, Vor § 21 WpHG Rz. 42; *Fleischer/Bedkowski*, DStR 2010, 933, 936; *Veil/Dolff*, AG 2010, 385, 389.
20  So aber *Uwe H. Schneider* in Assmann/Uwe H. Schneider, Vor § 21 WpHG Rz. 36; OLG Hamm v. 4.3.2009 – I-8 U 59/01, AG 2009, 876, 878.
21  So aber *Uwe H. Schneider* in Assmann/Uwe H. Schneider, Vor § 21 WpHG Rz. 36; *Hirte* in KölnKomm. WpHG, § 21 WpHG Rz. 7; *Koppensteiner* in KölnKomm. AktG, 3. Aufl., Anh. § 22 AktG §§ 21 ff. WpHG Rz. 9; *Opitz* in Schäfer/Hamann, § 21 WpHG Rz. 1; ebenso zu § 20 AktG LG Hannover v. 29.5.1992 – 23O64 und 77/91, AG 1993, 187; wie hier *Dehlinger/Zimmermann* in Fuchs, Vor §§ 21 bis 30 WpHG Rz. 23; *Dehlinger/Zimmermann* in Fuchs, Vor § 2 WpHG Rz. 4.

ne Auslegung des Transparenzregimes, insbesondere der in § 22 WpHG normierten Zurechnungsvorschriften, muss die gravierenden Rechtsfolgen in Gestalt des Rechtsverlusts (§ 28 WpHG) berücksichtigen[22]. **Auslegungsmaxime** muss das vom europäischen Gesetzgeber verfolgte Ziel sein, den Kapitalmarkt nur mit **zuverlässigen Informationen** zu versorgen[23].

Die §§ 21 ff. WpHG sind selbstverständlich richtlinienkonform auszulegen[24]. Allerdings schreibt die Transparenzrichtlinie nur ein Mindestmaß an Transparenz vor. Die Mitgliedstaaten sind frei, strengere Vorschriften zu erlassen (vgl. Art. 3 Abs. 1 Satz 1 Transparenzrichtlinie II). Deshalb dürfte die richtlinienkonforme Auslegung keine nennenwerte praktische Bedeutung haben. 9

Eine weitere Auslegungsfrage betrifft den Umgang mit Vorschriften und Termini in anderen Rechtsgebieten. So verweist beispielsweise § 22 Abs. 3 WpHG auf das Handelsbilanz- und implizit auf das Aktienrecht. Daraus folgt aber nicht, dass die zum HGB und AktG erzielten Erkenntnisse eins-zu-eins heranzuziehen sind (s. § 22 WpHG Rz. 7 ff.). Die unterschiedlichen Normzwecke können eine unterschiedliche Deutung gebieten. Ein weiteres, hoch kontrovers diskutiertes Thema sind die in § 22 WpHG normierten Zurechnungsvorschriften. Es stellt sich die Frage, ob diese in Übereinstimmung mit den **Parallelregelungen** im Übernahmerecht (vgl. § 30 WpÜG) auszulegen sind[25]. Der Gesetzgeber hat beide Regime bewusst übereinstimmend konzipiert und in den Details formuliert, um Irritationen auf den Kapitalmärkten zu vermeiden. Deshalb sind die Vorschriften auch übereinstimmend auszulegen. Zwar mag eine Stimmrechtszurechnung im Übernahmerecht zu schwerwiegenderen Rechtsfolgen (in Gestalt des Pflichtangebots) führen. Bislang hat man aber noch keine Rechtsfragen entfaltet, die deshalb bei § 30 Abs. 2 WpÜG anders entschieden werden sollten als bei § 22 Abs. 2 WpHG. Ob die Vorschriften de lege ferenda unterschiedlich ausgestaltet werden sollten, ist eine andere Frage. 10

## V. Verhältnis zu sonstigen Veröffentlichungspflichten des WpHG

Andere kapitalmarktrechtliche Vorschriften über Meldepflichten, namentlich **§ 15 WpHG**, werden durch die §§ 21 ff. WpHG nicht verdrängt[26], so dass bei Berühren einer Meldeschwelle nicht nur eine Mitteilung und Veröffentlichung gem. §§ 21, 26 11

---

22 Vgl. BGH v. 16.3.2009 – II ZR 302/06, BGHZ 180, 154, 168 = AG 2009, 441, Rz. 34: „Nur im Fall eines mittelbaren Stimmrechts des seine Meldepflicht versäumenden Darlehensgebers erscheint die Sanktion eines unmittelbar den Darlehensnehmer treffenden Rechtsverlustes hinsichtlich der „entliehenen Aktien" gerechtfertigt" (zu diesem Problem s. § 22 WpHG Rz. 18).
23 Vgl. Erwägungsgrund 1 der Richtlinie 2004/109/EG; aus ökonomischer Perspektive *Wüstemann/Bischof/Koch*, Regulierung durch Transparenz – Ökonomische Analysen, empirische Befunde und Empfehlungen für eine europäische Kapitalmarktregulierung, in Hopt/Veil/Kämmerer, Kapitalmarktgesetzgebung im Europäischen Binnenmarkt, 2008, S. 1, 16.
24 Vgl. *Uwe H. Schneider* in Assmann/Uwe H. Schneider, Vor § 21 WpHG Rz. 39.
25 Sehr str.; eine stets einheitliche Auslegung des § 22 Abs. 2 WpHG und § 30 Abs. 2 WpÜG ablehnend *von Bülow* in KölnKomm. WpHG, § 22 WpHG Rz. 13; *von Bülow/Bücker*, ZGR 2004, 669, 703 f.; *Casper*, ZIP 2003, 1469, 1472 f. u. 1477; *Drinkuth*, ZIP 2008, 676, 678; *Seibt*, ZIP 2004, 1829, 1831; *Uwe H. Schneider* in Assmann/Uwe H. Schneider, § 22 WpHG Rz. 12; *Opitz* in Schäfer/Hamann, § 22 WpHG Rz. 101; für eine einheitliche Auslegung *Dehlinger/Zimmermann* in Fuchs, Vor §§ 21 bis 30 WpHG Rz. 26; *Hopt*, ZHR 166 (2002), 383, 410; *Kocher*, BB 2006, 2436; *Lange*, ZBB 2004, 22, 23 f.; *Liebscher*, ZIP 2002, 1005, 1009; *Schockenhoff/Schumann*, ZGR 2005, 568, 608.
26 Vgl. *Dehlinger/Zimmermann* in Fuchs, Vor §§ 21 bis 30 WpHG Rz. 32 ff.; *Hirte* in KölnKomm. WpHG, § 22 WpHG Rz. 56 f.; *Opitz* in Schäfer/Hamann, § 21 WpHG Rz. 44; *Uwe H. Schneider* in Assmann/Uwe H. Schneider, Vor § 21 WpHG Rz. 57.

WpHG erforderlich, sondern auch eine **Ad-hoc-Publizitätspflicht** sowohl für den betreffenden Aktionär als auch für den Emittenten (wenn diese Information ihn gem. § 15 Abs. 1 Satz 2 WpHG unmittelbar betrifft) **begründet sein kann**. Denn eine Publizitätspflicht gem. § 15 Abs. 1 WpHG setzt nicht (mehr) voraus, dass der Umstand im Tätigkeitsbereich des Emittenten eingetreten ist[27].

12 In der Praxis dürfte eine Veröffentlichungspflicht nur ausnahmsweise bestehen. Denn eine Insiderinformation liegt nur dann vor, wenn nicht öffentlich bekannte Umstände geeignet sind, im Falle ihres öffentlichen Bekanntwerdens den Börsen- oder Marktpreis der Insiderpapiere erheblich zu beeinflussen (§ 13 Abs. 1 Satz 1 WpHG). Ein verständiger Anleger würde die Information über den Einstieg eines Investors in der Regel bei seiner Anlageentscheidung nur berücksichtigen, wenn der Investor strategische Interessen verfolgt[28]. In einem solchen Fall kann allerdings auch dann eine Veröffentlichungspflicht gem. § 15 WpHG begründet sein, wenn der Investor keine der Schwellen des § 21 WpHG erreicht, über- oder unterschritten hat[29].

13 Ferner können im Falle eines Beteiligungserwerbs die Voraussetzungen einer Mitteilungspflicht des § 15a WpHG erfüllt sein[30]. Ob die Voraussetzungen dieser Veröffentlichungspflicht erfüllt sind, muss im Einzelfall beurteilt werden.

## VI. Sanktionen

14 Die BaFin wacht über die Einhaltung der Mitteilungspflichten (§ 4 Abs. 1 und 2 sowie 6 WpHG). Verstöße kann sie mit einer Geldbuße ahnden (§ 39 Abs. 2 Nr. 2e und f, Abs. 4 WpHG). In Betracht kommt auch eine Gewinnabschöpfung (vgl. § 17 Abs. 4 OWiG). Ferner ist die Nichterfüllung von Mitteilungspflichten des § 21 WpHG mit einem Rechtsverlust gem. § 28 WpHG sanktioniert (s. die Erl. dort). Ob Anleger Schadensersatzansprüche haben, ist noch nicht geklärt (s. § 28 WpHG Rz. 27 ff.).

## § 21 WpHG
## Mitteilungspflichten des Meldepflichtigen

(1) Wer durch Erwerb, Veräußerung oder auf sonstige Weise 3 Prozent, 5 Prozent, 10 Prozent, 15 Prozent, 20 Prozent, 25 Prozent, 30 Prozent, 50 Prozent oder 75 Prozent der Stimmrechte an einem Emittenten, für den die Bundesrepublik Deutschland der Herkunftsstaat ist, erreicht, überschreitet oder unterschreitet (Meldepflichtiger), hat dies unverzüglich dem Emittenten und gleichzeitig der Bundesanstalt, spätestens innerhalb von vier Handelstagen unter Beachtung von § 22 Abs. 1 und 2 mitzuteilen. Bei Zertifikaten, die Aktien vertreten, trifft die Mitteilungspflicht ausschließlich den Inhaber der Zertifikate. Die Frist des Satzes 1 beginnt mit dem Zeitpunkt, zu dem der Meldepflichtige Kenntnis davon hat oder nach den Umständen haben musste, dass sein Stimmrechtsanteil die genannten Schwellen erreicht, überschreitet oder unterschreitet. Es wird vermutet, dass der Meldepflichtige zwei Handelstage nach

---

27 Vgl. § 15 Abs. 1 Satz 3 WpHG.
28 Ähnlich *Dehlinger/Zimmermann* in Fuchs, Vor §§ 21 bis 30 WpHG Rz. 33.
29 Ähnlich *Dehlinger/Zimmermann* in Fuchs, Vor §§ 21 bis 30 WpHG Rz. 33; *Hirte* in Köln-Komm. WpHG, § 21 WpHG Rz. 56; *Uwe H. Schneider* in Assmann/Uwe H. Schneider, Vor § 21 WpHG Rz. 59.
30 Ebenso *Dehlinger/Zimmermann* in Fuchs, Vor §§ 21 bis 30 WpHG Rz. 33; *Hirte* in Köln-Komm. WpHG, § 21 WpHG Rz. 60.

dem Erreichen, Überschreiten oder Unterschreiten der genannten Schwellen Kenntnis hat.

**(1a)** Wem im Zeitpunkt der erstmaligen Zulassung der Aktien zum Handel an einem organisierten Markt 3 Prozent oder mehr der Stimmrechte an einem Emittenten zustehen, für den die Bundesrepublik Deutschland der Herkunftsstaat ist, hat diesem Emittenten sowie der Bundesanstalt eine Mitteilung entsprechend Absatz 1 Satz 1 zu machen. Absatz 1 Satz 2 gilt entsprechend.

**(2)** Inlandsemittenten und Emittenten, für die die Bundesrepublik Deutschland der Herkunftsstaat ist, sind im Sinne dieses Abschnitts nur solche, deren Aktien zum Handel an einem organisierten Markt zugelassen sind.

**(3)** Das Bundesministerium der Finanzen kann durch Rechtsverordnung, die nicht der Zustimmung des Bundesrates bedarf, nähere Bestimmungen erlassen über den Inhalt, die Art, die Sprache, den Umfang und die Form der Mitteilung nach Absatz 1 Satz 1 und Absatz 1a.

| | |
|---|---|
| I. Allgemeines . . . . . . . . . . . . . . . . . 1 | 3. Ermittlung der Stimmrechtsquote . . 12 |
| II. Meldepflichtiger . . . . . . . . . . . . . 5 | IV. Verwirklichung der Mitteilungspflicht . . . . . . . . . . . . . . . . . . . . . . 16 |
| III. Meldeschwellen . . . . . . . . . . . . . 9 | |
| 1. Emittent . . . . . . . . . . . . . . . . . . . 9 | V. Mitteilung . . . . . . . . . . . . . . . . . 22 |
| 2. Schwellen . . . . . . . . . . . . . . . . . 10 | |

**Literatur:** *Bedkowski*, Der neue Emittentenleitfaden, BB 2009, 394; *Bosse*, Wesentliche Neuregelungen ab 2007 aufgrund des Transparenzrichtlinie-Umsetzungsgesetzes für börsennotierte Unternehmen, DB 2007, 39; *Busch*, Eigene Aktien bei der Stimmrechtsmitteilung – Zähler, Nenner, Missstand, AG 2009, 425; *Dreibus/Schäfer*, Mitteilungspflichten über Stimmrechte gem. §§ 21, 22 WpHG bei inländischen Investmentfonds, NZG 2009, 1289; *Krämer/Heinrich*, Emittentenleitfaden „reloaded", ZIP 2009, 1737; *Mülbert*, Das Recht des Rechtsverlustes – insbesondere am Beispiel des § 28 WpHG, in FS K. Schmidt, 2009, S. 1219; *Möllers*, Zur „Unverzüglichkeit" einer Ad-hoc-Mitteilung im Kontext nationaler und europäischer Dogmatik, in FS Horn, 2006, S. 473; *Renz/Rippel*, Die Informationspflichten gem. §§ 21 ff. WpHG und deren Änderungen durch das Risikobegrenzungsgesetz, BKR 2008, 309; *Schnabel/Korff*, Mitteilungs- und Veröffentlichungspflichten gemäß §§ 21 ff. WpHG und ihre Änderung durch das Transparenzrichtlinie-Umsetzungsgesetz – Ausgewählte Praxisfragen, ZBB 2007, 179; *Sven H. Schneider*, Zur Bedeutung der Gesamtzahl der Stimmrechte börsennotierter Unternehmen für die stimmrechtsmeldepflichten der Aktionäre, NZG 2009, 121. S. ferner die Angaben Vor §§ 21 ff. WpHG und bei § 22 WpHG.

## I. Allgemeines

Die Vorschrift legt in Umsetzung der unionsrechtlichen Vorgaben (s. Vor §§ 21 ff. **1** WpHG Rz. 3) in Abs. 1 die Voraussetzungen der Mitteilungspflichten und die Anforderungen an die Rechtzeitigkeit einer Mitteilung fest. Der Inhalt, die Art, die Sprache, der Umfang und die Form der Mitteilung sind in der gem. § 21 Abs. 3 WpHG erlassenen WpAIV[1] geregelt. **Zweck** des § 21 WpHG ist es, den **Emittenten** und die **BaFin** über **Veränderungen** der **Beteiligungsverhältnisse** zu **unterrichten**. Die Vorschrift wird ergänzt durch die in § 22 WpHG normierten Zurechnungsvorschriften. Die Mitteilungspflichten gem. §§ 21, 22 WpHG sind von den Mitteilungspflichten gem. § 25

---

1 Wertpapierhandelsanzeige- und Insiderverzeichnisverordnung vom 13.12.2004, BGBl. I 2004, 3376, geändert durch Art. 2 TUG vom 5.1.2007, BGBl. I 2007, 10 und durch Art. 5 Risikobegrenzungsgesetz vom 12.8.2008, BGBl. I 2008, 1666.

WpHG abzugrenzen. Beide Pflichtenregime bestehen nebeneinander (s. § 25 WpHG Rz. 9 ff.).

2 Die Rechtsnatur und Dogmatik der Mitteilungspflichten sind größtenteils noch unerforscht. Man versteht sie in erster Linie als öffentlich-rechtliche Vorschriften, die auch einen privatrechtlichen Charakter haben[2]. Die öffentlich-rechtliche Natur des Regimes folgt bereits aus dem Umstand, dass die Einhaltung der Regelungen durch eine Aufsichtsbehörde – die BaFin – überwacht wird. Die Regeln dienen dem öffentlichen Interesse, dass die Kapitalmärkte ihre volkswirtschaftlich gebotenen Funktionen erfüllen können. Es handelt sich um ein **Teilgebiet** des **öffentlichen Wirtschaftsrechts**. Dass der Meldepflichtige seine Mitteilungspflichten gegenüber dem Emittenten (und nicht nur gegenüber der BaFin) zu erfüllen hat, spricht nicht zwingend für eine privatrechtliche Deutung der Regeln. Auch die Provenienz der Vorschriften – die für börsennotierte Gesellschaften geltende Beteiligungstransparenz war ursprünglich im AktG geregelt – gebietet es nicht, die Vorschriften privatrechtlich zu deuten. Allerdings ist nicht zu verkennen, dass das Regime einige Vorschriften bereithält, die teilweise bzw. ausschließlich privatrechtlichen Charakter haben. Dies trifft etwa für § 27 WpHG (auch privatrechtlich), § 27a WpHG (auch privatrechtlich) sowie § 28 WpHG (ausschließlich privatrechtlich) zu. Die öffentlich-rechtlichen Mitteilungspflichten sind nicht einklagbar. Der Emittent kann von einem Meldepflichtigen nicht erzwingen, dass dieser seinen Pflichten gerecht wird. Es ist Aufgabe der BaFin, die Einhaltung der Mitteilungspflichten zu überwachen und notfalls durchzusetzen[3].

3 Von der Rechtsnatur und Dogmatik der Mitteilungspflichten sind die **Rechtsnatur** und die **Dogmatik** der **Mitteilung** eines Meldepflichtigen zu unterscheiden. Auch dieses Thema ist im Wesentlichen noch unerforscht. Man wird im Ausgangspunkt festhalten können, dass die Mitteilung nach § 21 WpHG über den Stimmrechtsbesitz informiert[4] und kraft Gesetzes zur Rechtsfolge hat, dass ein Rechtsverlust gem. § 28 WpHG nicht eintritt oder der Rechtsverlust nach dieser Vorschrift endet[5]. Und schließlich löst die Mitteilung die Veröffentlichungspflicht des Emittenten gem. § 26 WpHG aus. Die Mitteilung gem. § 21 WpHG ist daher als eine rechtsgeschäftsähnliche Handlung zu qualifizieren[6]. Ob eine Mitteilung angefochten, widerrufen oder zurückgenommen werden kann, ist ungeklärt. Diese Fragen werden relevant, wenn Mitteilungen fehlerhaft sind und Korrekturmitteilungen (s. Rz. 23) abgegeben werden. Zur Lösung sind die allgemeinen Grundsätze der Rechtsgeschäftslehre heranzuziehen. Ein Widerruf oder eine Rücknahme ist demnach grundsätzlich mit Zugang der Erklärung nicht möglich. Entweder hat die Mitteilung Erfüllungswirkung oder nicht. Im letzteren Fall muss der Meldepflichtige erneut eine Mitteilung machen. Wird nach einer richtigen Mitteilung irrtümlich eine fehlerhafte Mitteilung abgege-

---

[2] Vgl. *Hirte* in KölnKomm. WpHG, § 21 WpHG Rz. 5; *Dehlinger/Zimmermann* in Fuchs, Vor §§ 21 bis 30 WpHG Rz. 3; *Uwe H. Schneider* in Assmann/Uwe H. Schneider, Vor § 21 WpHG Rz. 15; für eine primär öffentlich-rechtliche Pflicht *Mülbert* in FS K. Schmidt, 2009, S. 1219, 1221 f.; *Kremer/Oesterhaus* in KölnKomm. WpHG, § 28 WpHG Rz. 4; wohl auch *Opitz* in Schäfer/Hamann, § 21 WpHG Rz. 41.

[3] Vgl. OLG Stuttgart v. 15.10.2008 – 20 U 19/07, AG 2009, 124, 128; *Mülbert* in FS K. Schmidt, 2009, S. 1219, 1224 f.; *Opitz* in Schäfer/Hamann, § 21 WpHG Rz. 41; a.A. *Hirte* in KölnKomm. WpHG, § 21 WpHG Rz. 185; *Uwe H. Schneider* in Assmann/Uwe H. Schneider, § 21 WpHG Rz. 145; *Dehlinger/Zimmermann* in Fuchs, § 21 WpHG Rz. 60.

[4] KG v. 25.10.2004 – 23 U 234/03, AG 2005, 205.

[5] Vgl. *Happ* in FS K. Schmidt, 2009, S. 545, 553 (zu § 20 Abs. 7 AktG).

[6] *Sudmeyer*, BB 2002, 685, 689. Nach a.A. handelt es sich um eine Wissenserklärung und damit um einen Realakt; vgl. LG Frankfurt v. 13.1.2009 – 3-5 O 290/08, *Dehlinger/Zimmermann* in Fuchs, § 21 WpHG Rz. 57; *Schwark* in Schwark, § 21 WpHG Rz. 23; *Scholz*, AG 2009, 313, 318. S. zur Diskussion über die Einordnung der Mitteilung gem. § 20 AktG die Erl. zu § 20 AktG Rz. 8.

ben, liegt darin keine „Quasi-Rücknahme" der ersten Mitteilung, die einen Rechtsverlust nach § 28 WpHG auslöst[7] (s. § 28 WpHG Rz. 4 f.).

Ob eine Meldepflicht besteht oder nicht, kann im Einzelfall schwierig zu beurteilen sein. Dies hängt vor allem damit zusammen, dass die Zurechnungsvorschriften des § 22 WpHG zahlreiche, bislang noch nicht befriedigend geklärte Fragen aufwerfen. Deshalb stellt sich die Frage, ob der Meldepflichtige **alternative** oder **vorsorgliche Mitteilungen** abgeben kann. Man wird unterscheiden müssen. Alternative Mitteilungen tragen nicht zur Informationseffizienz bei, sondern stiften Verwirrung. Mit einer solchen Erklärung erfüllt der Meldepflichtige nicht seine Mitteilungspflichten[8], sondern kann sogar Marktmanipulation betreiben. Dagegen sollen vorsorgliche Mitteilungen nach vereinzelten Stimmen zulässig sein[9]. Aber auch eine solche Mitteilung kann ein beträchtliches Irreführungspotential entfalten. Wie soll der Kapitalmarkt beurteilen, ob eine Mitteilungspflicht besteht, wenn der (anwaltlich beratene) Meldepflichtige sich dazu nicht imstande sieht? Die BaFin hat daher im Ergebnis zu Recht erklärt, die Abgabe vorsorglicher Mitteilungen nicht zu gestatten[10]. Die Diskussion um die Zulässigkeit vorsorglicher Mitteilungen erklärt sich aus den drastischen Sanktionen des Rechtsverlusts nach § 28 WpHG. Die Probleme sind daher auch bei der Auslegung dieser Vorschrift zu lösen. Eine in tatsächlicher Hinsicht umfassende und rechtlich sorgfältige Abstimmung von Rechtsfragen mit der BaFin über das Bestehen einer Mitteilungspflicht darf im Ergebnis keinen Rechtsverlust des Meldepflichtigen zur Folge haben. Die Gerichte sollten hier die Anforderungen an einen entschuldbaren Rechtsirrtum nicht überspannen (s. § 28 WpHG Rz. 7).

## II. Meldepflichtiger

Zur **Mitteilung** gem. § 21 Abs. 1 und Abs. 1a WpHG ist **jedermann verpflichtet**, der die genannten Schwellenwerte erreicht, überschreitet oder unterschreitet. Meldepflichtig können **natürliche** und **juristische Personen** (AG, GmbH, SE, EWiV, Körperschaften des öffentlichen Rechts, etc.) sowie **rechtsfähige Personengesellschaften** (OHG und KG) sein[11]. Auch ein **Idealverein** (vgl. § 54 BGB) kann mitteilungspflichtig sein[12]. Im Falle einer **Gesellschaft bürgerlichen Rechts** (GbR) kommt es darauf an, ob sie rechtsfähige Außengesellschaft oder nicht rechtsfähige Innengesellschaft ist. Im ersten Fall ist die GbR selbst meldepflichtig. Dann ist allerdings zu prüfen, ob zusätzlich die Gesellschafter meldepflichtig (vgl. § 22 Abs. 1 Satz 1 Nr. 2 WpHG) sind[13]. Im

---

7 A.A. *Opitz* in Schäfer/Hamann, § 28 WpHG Rz. 5a.
8 I.E. ebenso *Uwe H. Schneider* in Assmann/Uwe H. Schneider, § 21 WpHG Rz. 140.
9 So auch *Hirte* in KölnKomm. WpHG, § 21 WpHG Rz. 194, einschränkend hingegen Rz. 154; *Opitz* in Schäfer/Hamann, § 28 WpHG Rz. 7; *Uwe H. Schneider* in Assmann/Uwe H. Schneider, § 21 WpHG Rz. 140; vgl. auch zu § 20 AktG BGH v. 22.4.1991 – II ZR 231/90, BGHZ 114, 203, 217 (obiter dictum).
10 Vgl. BaFin, Emittentenleitfaden, S. 135; vgl. etwa den von *Busch*, AG 2009, 425, 427 in Fn. 19 auszugsweise wiedergegebenen Untersagungsbescheid der BaFin.
11 Allg. M.; vgl. *Bayer* in MünchKomm. AktG, 3. Aufl., § 21 WpHG Rz. 3; *Dehlinger/Zimmermann* in Fuchs, § 21 WpHG Rz. 7 f.; *Hirte* in KölnKomm. WpHG, § 21 WpHG Rz. 131 f.; *Koppensteiner* in KölnKomm. AktG, 3. Aufl., Anh. § 22 AktG §§ 21 ff. WpHG Rz. 33; *Opitz* in Schäfer/Hamann, § 21 WpHG Rz. 4 f.; *Uwe H. Schneider* in Assmann/Uwe H. Schneider, § 21 WpHG Rz. 9, 12.
12 *Bayer* in MünchKomm. AktG, 3. Aufl., § 21 WpHG Rz. 3; *Dehlinger/Zimmermann* in Fuchs, § 21 WpHG Rz. 10; *Hirte* in KölnKomm. WpHG, § 21 WpHG Rz. 131; *Opitz* in Schäfer/Hamann, § 21 WpHG Rz. 9.
13 *Bayer* in MünchKomm. AktG, 3. Aufl., § 21 WpHG Rz. 4; *Hirte* in KölnKomm. WpHG, § 21 WpHG Rz. 132; *Opitz* in Schäfer/Hamann, § 21 WpHG Rz. 8; *Uwe H. Schneider* in Assmann/Uwe H. Schneider, § 21 WpHG Rz. 13.

zweiten Fall sind (nur) die Gesellschafter selbst meldepflichtig[14]. Ihre Meldpflicht erstreckt sich auf die Stimmrechte aus den von ihnen gehaltenen Anteilen. Außerdem kommt eine wechselseitige Zurechnung der Stimmrechte aus den Aktien der anderen Gesellschafter (vgl. § 22 Abs. 2 WpHG) in Betracht[15]. Bei einer **Erbengemeinschaft** sind die gesamthänderisch beteiligten Miterben verpflichtet[16]. Die Gesellschaft selbst ist im Falle des Erwerbs eigener Aktien nach Maßgabe des § 26 Abs. 1 Satz 2 WpHG zur Veröffentlichung einer Erklärung verpflichtet (s. § 26 WpHG Rz. 9). Die Unternehmenseigenschaft i.S. der §§ 15 ff. AktG muss der Meldepflichtige nicht besitzen[17]. Auch ein Privataktionär ist also mitteilungspflichtig[18]. In einem Konzern kann unter bestimmten Voraussetzungen das **Mutterunternehmen** die **Mitteilungspflicht erfüllen** (vgl. § 24 WpHG).

6 In der **Insolvenz** des Meldepflichtigen bleibt der Vorstand für die Erfüllung der Meldepflichten verantwortlich. Der Insolvenzverwalter hat ihn dabei zu unterstützen, insbesondere die finanziellen Mittel bereit zu stellen (vgl. § 11 WpHG).

7 **Bei Zertifikaten, die Aktien vertreten**, trifft die Mitteilungspflicht ausschließlich den Inhaber der Zertifikate (§ 21 Abs. 1 Satz 2 WpHG). Solche Zertifikate sind **Depositary Receipts**[19], denn diese verkörpern eine bestimmte Anzahl von Aktien oder einen Bruchteil einer Aktie. Die Vorschrift bestimmt, dass ausschließlich der Inhaber der Zertifikate zur Mitteilung verpflichtet ist. Weder den Aussteller noch die Depotbank trifft also eine Meldepflicht[20].

8 Die Meldepflicht ist nicht von der Nationalität des Meldepflichtigen abhängig. Auch ein Ausländer (mit Wohnsitz bzw. Sitz im In- oder Ausland) ist Normadressat. In Auslandssachverhalten kann es allerdings zweifelhaft sein, wer Aktionär ist. Dies betrifft insbesondere **Trusts**; ist dieser nicht rechtsfähig, sind die Trustees grundsätzlich meldepflichtig[21].

### III. Meldeschwellen

#### 1. Emittent

9 Die Mitteilungspflichten des § 21 Abs. 1 und Abs. 1a WpHG gelten für **Stimmrechte** an einem **Emittenten**, für den die **Bundesrepublik Deutschland** der **Herkunftsstaat** ist. Dies sind die in § 2 Abs. 6 WpHG definierten Emittenten, mit der Einschränkung, dass deren **Aktien** zum Handel **an einem organisierten Markt zugelassen** sein

---

14 *Dehlinger/Zimmermann* in Fuchs, § 21 WpHG Rz. 9; *Hirte* in KölnKomm. WpHG, § 21 WpHG Rz. 132; *Opitz* in Schäfer/Hamann, § 21 WpHG Rz. 8.
15 *Bayer* in MünchKomm. AktG, 3. Aufl., § 21 WpHG Rz. 4; *Hirte* in KölnKomm. WpHG, § 21 WpHG Rz. 132; *Opitz* in Schäfer/Hamann, § 21 WpHG Rz. 8.
16 Vgl. *Bayer* in MünchKomm. AktG, 3. Aufl., § 21 WpHG Rz. 5; *Dehlinger/Zimmermann* in Fuchs, § 21 WpHG Rz. 11; *Hirte* in KölnKomm. WpHG, § 21 WpHG Rz. 135; *Opitz* in Schäfer/Hamann, § 21 WpHG Rz. 11; *Sester* in Spindler/Stilz, § 22 AktG Anh Rz. 23; *Uwe H. Schneider* in Assmann/Uwe H. Schneider, § 21 WpHG Rz. 16.
17 Vgl. *Bayer* in MünchKomm. AktG, 3. Aufl., § 21 WpHG Rz. 3; *Dehlinger/Zimmermann* in Fuchs, § 21 WpHG Rz. 3; *Hirte* in KölnKomm. WpHG, § 21 WpHG Rz. 131; *Uwe H. Schneider* in Assmann/Uwe H. Schneider, § 21 WpHG Rz. 9.
18 OLG Stuttgart v. 15.10.2008 – 20 U 19/07, AG 2009, 124, 129.
19 Vgl. Begr. RegE TUG, BT-Drucks. 16/2498, S. 34; *Uwe H. Schneider* in Assmann/Uwe H. Schneider, § 21 WpHG Rz. 100.
20 *Bayer* in MünchKomm. AktG, 3. Aufl., § 21 WpHG Rz. 10a; *Dehlinger/Zimmermann* in Fuchs, § 21 WpHG Rz. 31; *Uwe H. Schneider* in Assmann/Uwe H. Schneider, § 21 WpHG Rz. 100.
21 BaFin, Emittentenleitfaden, S. 139; *Uwe H. Schneider* in Assmann/Uwe H. Schneider, § 21 WpHG Rz. 21; ausf. *Mutter*, AG 2006, 637.

müssen (§ 21 Abs. 2 WpHG). Der Begriff des organisierten Marktes ist in § 2 Abs. 5 WpHG definiert. Die Einschränkung hat zur Folge, dass für die Bestimmung der Emittenten, bezüglich derer Mitteilungspflichten bestehen, nur § 2 Abs. 6 Nr. 1 WpHG einschlägig ist[22].

## 2. Schwellen

Eine Mitteilungspflicht entsteht nach § 21 Abs. 1 Satz 1 WpHG, wenn jemand (s. Rz. 5 ff.) die **Schwellen** von **3, 5, 10, 15, 20, 25, 30, 50** oder **75 %** der Stimmrechte erreicht, überschreitet oder unterschreitet (kurz: wenn jemand eine Schwelle berührt). Von der Möglichkeit der Richtlinie 2004/109/EG, statt 30 % eine Schwelle von 1/3 und statt 75 % eine Schwelle von 2/3 einzuziehen, hat der deutsche Gesetzgeber keinen Gebrauch gemacht, um die bisherige Schrittfolge von 5 % oder ein Vielfaches davon beizubehalten und um den Gleichklang mit dem Aktienrecht, das bestimmte Minderheitsrechte und Beschlüsse von Quoren in Höhe von 5, 10 oder 75 % abhängig macht, nicht aufzugeben[23]. Die Satzung eines Emittenten kann – anders als in Frankreich[24] – wegen § 23 Abs. 5 AktG keine strengeren Schwellen bestimmen. Es kommt allein auf die **Stimmrechte** und nicht, wie im AktG und in anderen Mitgliedstaaten wie etwa Frankreich[25] und Schweden[26], den Kapitalanteil an. Im Falle einer Zurechnung ist die Summe der Stimmrechte (aus eigenen Aktien und aus Aktien, die gem. § 22 Abs. 2 WpHG zugerechnet werden) maßgeblich. Ob der Meldepflichtige die Stimmrechte tatsächlich ausübt bzw. welchen Einfluss die Stimmrechte ihm tatsächlich verschaffen, ist für die Meldepflicht unerheblich. Im Einzelfall kann aber eine teleologische Reduktion der Vorschriften über eine Stimmrechtszurechnung geboten sein (s. § 22 WpHG Rz. 44). 10

Ferner ist auch nach § 21 Abs. 1a WpHG eine Mitteilungspflicht begründet, wenn jemandem im Zeitpunkt der **erstmaligen Zulassung** der **Aktien** an einem organisierten Markt **3 %** oder **mehr der Stimmrechte** zustehen. Es kommt auf den Zeitpunkt der erstmaligen Zulassung und nicht der ersten Notierung an[27]. 11

## 3. Ermittlung der Stimmrechtsquote

Für die Mitteilungspflichten nach § 21 Abs. 1 und Abs. 1a WpHG kommt es nicht auf die Quote der Beteiligung am Grundkapital, sondern auf die **Stimmrechte** an (s. Rz. 10), die durch die von der Gesellschaft begebenen **Aktien gewährt** werden (§ 12 Abs. 1 AktG). Um diese Stimmrechtsquote zu ermitteln[28], sind zunächst die Stimmrechte des Meldepflichtigen zu ermitteln (**Zähler**). Dass die Aktien von einem temporären Rechtsverlust (§ 28 WpHG oder § 59 WpÜG) betroffen sind oder der Aktionär sich bezüglich der Ausübung des Stimmrechts vertraglich gebunden hat, ist irrelevant[29]. Denn Sinn und Zweck der Beteiligungstransparenz fordern eine abstrakte Betrachtungsweise[30]. Zu den Stimmrechten aus eigenen Aktien sind gegebenenfalls 12

---

22 Vgl. BaFin, Emittentenleitfaden, S. 127 und zum Begriff des Inlandsemittenten ausf. S. 49 ff.
23 Vgl. Begr. RegE TUG, BT-Drucks. 16/2498, S. 34.
24 Vgl. *Veil/Koch*, Französisches Kapitalmarktrecht, 2010, S. 81.
25 Vgl. *Veil/Koch*, Französisches Kapitalmarktrecht, 2010, S. 81.
26 Vgl. *Veil/Walla*, Schwedisches Kapitalmarktrecht, 2010, S. 90.
27 BaFin, Emittentenleitfaden, S. 136.
28 Ausf. zuletzt *Sven H. Schneider*, NZG 2009, 121 ff.
29 BaFin, Emittentenleitfaden, S. 128; *Dehlinger/Zimmermann* in Fuchs, § 21 WpHG Rz. 27; *Hirte* in KölnKomm. WpHG, § 21 WpHG Rz. 76; *Opitz* in Schäfer/Hamann, § 21 WpHG Rz. 18; *Uwe H. Schneider* in Assmann/Uwe H. Schneider, § 21 WpHG Rz. 61.
30 BaFin, Emittentenleitfaden, S. 128; *Bayer* in MünchKomm. AktG, 3. Aufl., § 21 WpHG Rz. 18; *Dehlinger/Zimmermann* in Fuchs, § 26a WpHG Rz. 6; *Hirte* in KölnKomm. WpHG, § 21 WpHG Rz. 75; *Uwe H. Schneider* in Assmann/Uwe H. Schneider, § 21 WpHG Rz. 35.

Stimmrechte aus fremden Aktien hinzu zu addieren (§ 22 WpHG). Im Anschluss ist die Gesamtmenge der Stimmrechte aus den von der Gesellschaft begebenen Aktien zu ermitteln (**Nenner**). Diese Aufgabe wird durch die Verpflichtung des Inlandsemittenten erleichtert, die Gesamtzahl der Stimmrechte am Ende eines jeden Kalendermonats, in dem es zu einer Zu- oder Abnahme von Stimmrechten gekommen ist, zu veröffentlichen (§ 26a WpHG). Für die Zwecke der Veröffentlichung ist die letzte Veröffentlichung nach § 26a WpHG zugrunde zu legen (§ 17 Abs. 4 WpAIV). Aus dem Verhältnis von Zähler zum Nenner ergibt sich die Stimmrechtsquote.

13 **Eigene Aktien** der Gesellschaft sind bei der Ermittlung der Gesamtzahl der Stimmrechte (**Nenner**) zu berücksichtigen[31]. Andernfalls müssten Aktionäre sich ständig bei der Gesellschaft erkundigen, um Aufschluss über das Bestehen einer Mitteilungspflicht zu erlangen. Außerdem wird diese Auslegung mittlerweile durch § 17 Abs. 1 Nr. 5 WpAIV gestützt. Bei der Ermittlung des individuellen Stimmrechtsanteils (**Zähler**) werden eigene Aktien nicht berückichtigt[32]. Der Emittent ist also selbst nicht meldepflichtig gem. § 21 Abs. 1 WpHG. Ihn kann aber eine Veröffentlichungspflicht gem. § 26 Abs. 1 Satz 2 WpHG treffen. Zweifelhaft ist, wie der Fall zu beurteilen ist, dass der Emittent eigene Aktien hat und Tochterunternehmen i.S. des § 22 Abs. 3 WpHG ist. Nach manchen Stimmen im Schrifttum sollen die Stimmrechte aus den eigenen Aktien dem meldepflichtigen Mutterunternehmen gem. § 22 Abs. 1 Satz 1 Nr. 1 WpHG zuzurechnen sein[33]. Diese – offenbar auch von der BaFin vertretene[34] – Auslegung überzeugt nicht und ist daher abzulehnen. Da aus eigenen Aktien keine Rechte zustehen (§ 71b AktG), kann die Mutter keinen Einfluss auf die Ausübung von Stimmrechten haben. Eine Stimmrechtszurechnung ist nach Sinn und Zweck der Vorschriften daher nicht geboten.

14 **Vorzugsaktien ohne Stimmrecht** (§ 139 AktG) werden sowohl bei der Ermittlung des individuellen Stimmrechtsanteils (**Zählers**) als auch bei der Gesamtzahl der Stimmrechte (Nenner) grundsätzlich nicht berücksichtigt. Denn sie gewähren – mit Ausnahme der von § 141 AktG adressierten Fälle – kein Stimmrecht. Anders ist es nur zu beurteilen, wenn die Voraussetzungen des § 140 Abs. 2 AktG erfüllt sind und die Vorzugsaktien ausnahmsweise das Stimmrecht gewähren[35]. In diesem Fall sind erstens zu den Stimmrechten aus den Stammaktien die Stimmrechte aus den Vorzugsaktien hinzuzurechnen. Zweitens ist die Gesamtzahl der Stimmrechte neu zu ermit-

---

31 BaFin, Emittentenleitfaden, S. 129; *Bayer* in MünchKomm. AktG, 3. Aufl., § 21 WpHG Rz. 20; *Bedkowski*, BB 2009, 394; *Bosse*, DB 2007, 39, 41; *Dehlinger/Zimmermann* in Fuchs, § 26a WpHG Rz. 6; *Hirte* in KölnKomm. WpHG, § 21 WpHG Rz. 76; *Opitz* in Schäfer/Hamann, § 21 WpHG Rz. 18; *Schnabel/Korff*, ZBB 2007, 179, 180; *Uwe H. Schneider* in Assmann/Uwe H. Schneider, § 21 WpHG Rz. 59. A.A. *Koppensteiner* in KölnKomm. AktG, 3. Aufl., Anh. § 22 AktG §§ 21 ff. WpHG Rz. 11; *Schwark* in Schwark, § 21 WpHG Rz. 9.
32 BaFin, Emittentenleitfaden, S. 129; *Uwe H. Schneider* in Assmann/Uwe H. Schneider, § 21 WpHG Rz. 58; a.A. *Bayer* in MünchKomm. AktG, 3. Aufl., § 21 WpHG Rz. 20; *Dehlinger/Zimmermann* in Fuchs, § 21 WpHG Rz. 27; *Hirte* in KölnKomm. WpHG, § 21 WpHG Rz. 76; *Opitz* in Schäfer/Hamann, § 21 WpHG Rz. 18.
33 Vgl. *von Bülow* in KölnKomm. WpHG, § 22 WpHG Rz. 56; *Burgard*, BB 1995, 2069, 2070 f. A.A. *Bedkowski*, BB 2009, 394, 395; *Busch*, AG 2009, 425, 428 ff.; *Dehlinger/Zimmermann* in Fuchs, § 22 WpHG Rz. 12; *Widder/Kocher*, AG 2007, 13 ff.
34 Die BaFin hat zu dieser Frage im Emittentenleitfaden keine Aussagen gemacht. Vgl. aber *Busch*, AG 2009, 425, 427 mit der in Fn. 18 aufgeführten vorsorglichen Mitteilung und dem in Fn. 19 auszugsweise wiedergegebenen Untersagungsbescheid der BaFin.
35 Vgl. *Falkenhagen*, WM 1995, 1005, 1008; *Nottmeier/Schäfer*, AG 1997, 87, 89; *Opitz* in Schäfer/Hamann, § 21 WpHG Rz. 23; *Schwark* in Schwark, § 21 WpHG Rz. 8; *Uwe H. Schneider* in Assmann/Uwe H. Schneider, § 21 WpHG Rz. 48; *Bayer* in MünchKomm. AktG, 3. Aufl., § 21 WpHG Rz. 23; *Hirte* in KölnKomm. WpHG, § 21 WpHG Rz. 85. A.A. *Happ*, JZ 1994, 240, 244.

teln. Das Aufleben des Stimmrechts hat also zur Folge, dass die Stimmrechtsquoten generell neu berechnet werden müssen.

Schließlich ist es **unerheblich, wie lange** der Meldepflichtige **Inhaber** der **Aktien** ist. Selbst wenn er beabsichtigt, die Aktien kurzfristig zu veräußern, ist er zur Mitteilung verpflichtet. Werden innerhalb eines Tages mehrfach Schwellen in einer Richtung überschritten bzw unterschritten, reicht nach Ansicht der BaFin eine Mitteilung mit dem Stimmrechtsanteil am Ende des Tages aus[36]. Werden innerhalb eines Tages die gleichen Schwellen erst überschritten und dann unterschritten (bzw. umgekehrt erst unterschritten und dann überschritten), lässt die BaFin eine Saldierung zu, sofern die Stimmrechte an diesem Tag nicht ausgeübt werden. Eine Mitteilung braucht dann nicht abgegeben zu werden[37]. Wenn die Schwellenüberschreitung an einem Tag und die Unterschreitung erst am nächsten Tag oder später erfolgt, sind zwei Mitteilungen abzugeben[38]. Eine Sonderregelung sieht § 23 WpHG vor. Nach dieser Vorschrift werden bestimmte Stimmrechte bei der Berechnung des Stimmrechtsanteils nicht berücksichtigt. 15

## IV. Verwirklichung der Mitteilungspflicht

Eine **Mitteilungspflicht** nach § 21 Abs. 1 WpHG setzt voraus, dass die Schwellenberührung (s. Rz. 10) durch **Erwerb**, **Veräußerung** oder in **sonstiger Weise** erfolgt (s. Rz. 18). Abzustellen ist darauf, ob der betreffende Vorgang abgeschlossen ist. Es kommt also auf das Erfüllungsgeschäft an[39]. Ein **Erwerb** und eine **Veräußerung** liegen erst vor, wenn das **Übertragungsgeschäft** (§§ 413, 398 BGB; §§ 929 ff. BGB, §§ 18 Abs. 3, 24 Abs. 2 DepotG) **abgeschlossen** ist. Im Falle einer Veräußerung verliert der Veräußerer sein Eigentum an den Aktien grundsätzlich erst mit Ausbuchung aus seinem Depot[40]. Der Abschluss des schuldrechtlichen Geschäfts genügt nicht[41]. Allerdings kann je nach Fallgestaltung eine Zurechnung der Stimmrechte gem. § 22 Abs. 1 Nr. 5 WpHG oder eine Mitteilungspflicht nach § 25 WpHG begründet sein. Auch für die Verwirklichung der Mitteilungspflicht in „**sonstiger Weise**" ist die **dingliche Rechtslage** entscheidend. 16

Eine **Mitteilungspflicht** nach § 21 Abs. 1a WpHG setzt voraus, dass einer Person im Zeitpunkt der erstmaligen Zulassung der Aktien zum Handel an einem organisierten Markt 3 % oder mehr der **Stimmrechte zustehen**. Auch hierfür kommt es auf die dingliche Rechtslage an. 17

Mit den Termini „**in sonstiger Weise**" werden diverse Vorgänge erfasst. So kann beispielsweise durch Hinzurechnung von Stimmrechten nach § 22 WpHG „in sonstiger Weise" eine Meldepflicht ausgelöst werden[42]. Auch derjenige, der keine Aktien hat, kann aufgrund Stimmrechtszurechnung mitteilungspflichtig sein. In Betracht kommen ferner die Fälle, in denen stimmberechtigte Aktien im Wege der **Gesamtrechts-** 18

---

36 BaFin, Emittentenleitfaden, S. 132.
37 BaFin, Emittentenleitfaden, S. 132 (eine Saldierung von Long- und Short-Positionen, etwa durch Call- und Put-Optionen, soll nicht möglich sein).
38 BaFin, Emittentenleitfaden, S. 132.
39 Vgl. *Bayer* in MünchKomm. AktG, 3. Aufl., § 21 WpHG Rz. 25; *Dehlinger/Zimmermann* in Fuchs, § 21 WpHG Rz. 28; *Opitz* in Schäfer/Hamann, § 21 WpHG Rz. 20; *Sester* in Spindler/Stilz, § 22 AktG Anh Rz. 27; *Uwe H. Schneider* in Assmann/Uwe H. Schneider, § 21 WpHG Rz. 73.
40 BaFin, Emittentenleitfaden, S. 130.
41 Vgl. *Bayer* in MünchKomm. AktG, 3. Aufl., § 21 WpHG Rz. 25; *Dehlinger/Zimmermann* in Fuchs, § 21 WpHG Rz. 28; *Opitz* in Schäfer/Hamann, § 21 WpHG Rz. 20.
42 Vgl. Begr. RegE 2. Finanzmarktförderungsgesetz, BT-Drucks. 12/6679, S. 53.

**nachfolge** auf eine andere Person übergehen (Erbfall, § 1922 BGB; Verschmelzung, § 20 Abs. 1 Nr. 1 UmwG; Spaltung, § 131 Abs. 1 Nr. 1 UmwG). Die Schwellen können schließlich auf sonstige Weise erreicht werden, wenn das **Stimmrecht** aus **Vorzugsaktien** gem. § 140 Abs. 2 AktG **auflebt** (s. Rz. 14). Eine bloße Umfirmierung löst ebenso wie ein Formwechsel keine erneute Meldepflicht aus[43]. Anders ist es zu beurteilen, wenn im Falle eines Aktionärspools in der Rechtsform einer GbR über das Vermögen eines Poolmitglieds das Insolvenzverfahren eröffnet wird. Denn dann wird die GbR aufgelöst, es tritt ohne Liquidation Vollbeendigung ein, so dass die Stimmrechte nicht mehr wechselseitig zugerechnet werden[44].

19 Bloße Veränderungen in der Zusammensetzung des Stimmrechtsanteils (Beispiel: Stimmrechte wurden dem Meldepflichtigen bislang gem. § 22 Abs. 2 Satz 1 Nr. 1 WpHG zugerechnet; die betr. Aktien wurden ihm nun übertragen, so dass ihm Stimmrechte aus eigenen Aktien zustehen) lösen ebenfalls keine Mitteilungspflicht aus[45]. Anders ist es aber zu beurteilen, wenn der Meldepflichtige eine Meldepflicht nach § 25 WpHG erfüllt hat und später eine Meldepflicht gem. §§ 21, 22 WpHG begründet ist[46].

20 In den Fällen einer **Kapitalerhöhung gegen Einlagen** (§§ 182 ff. AktG), durch Ausnutung eines **genehmigten Kapitals** (§§ 202 ff. AktG) und **aus Gesellschaftsmitteln** (§§ 207 ff. AktG) kommt es bezüglich des Wirksamwerdens der Maßnahme und damit auf das Entstehen der Stimmrechte auf den Zeitpunkt der Eintragung der Durchführung der Kapitalerhöhung in das Handelsregister an (vgl. §§ 189, 203, 211 AktG). Auch im Falle einer **Kapitalherabsetzung** (§§ 222 ff. AktG) ist bezüglich des Wirksamwerdens der Maßnahme dieser Zeitpunkt entscheidend (vgl. § 224 AktG). Etwaige neue Meldepflichten entstehen also erst zu diesem Zeitpunkt. Meldepflichten können für den bzw. die Zeichner der jungen Aktien bestehen. Aber auch die bisherigen Meldepflichtigen können aufgrund einer Unterschreitung einer Schwelle erneut meldepflichtig werden. Davon zu unterscheiden ist die **Kapitalherabsetzung durch Einziehung von Aktien** (§ 237 AktG). Diese wird mit der Eintragung des Beschlusses nachfolgt oder, wenn die Einziehung nachfolgt, mit der Einziehung wirksam (§ 238 AktG). Im Falle einer bedingten Kapitalerhöhung (§§ 192 ff. AktG) wird mit der Ausgabe der Bezugsaktien das Kapital erhöht (§ 200 AktG)[47]. Deshalb muss ein Meldepflichtiger ggbfls. beim Emittenten sich über die Ausgabe von Bezugsaktien erkundigen[48].

21 Eine **Mitteilungspflicht** ist begründet, wenn die betreffenden **Schwellen erreicht**, **überschritten** oder **unterschritten** (kurz: berührt) werden. Dies bedeutet, dass der

---

43 OLG Düsseldorf v. 10.9.2008 – I-6 W 30/08, AG 2009, 40, 41; OLG Düsseldorf v. 19.12.2009 – I-17 W 63/08, AG 2009, 535, 536; OLG Hamm v. 4.3.2009 – 8 U 59/01, AG 2009, 876, 878; BaFin, Emittentenleitfaden, S. 132; *Bayer* in MünchKomm. AktG, 3. Aufl., § 21 WpHG Rz. 26; *Dehlinger/Zimmermann* in Fuchs, § 21 WpHG Rz. 47; *Hirte* in KölnKomm. WpHG, § 21 WpHG Rz. 127 (unter Nennung eines Ausnahmefalls); *Merkner/Sustmann*, NZG 2009, 813, 815; *Opitz* in Schäfer/Hamann, § 21 WpHG Rz. 20; *Uwe H. Schneider* in Assmann/Uwe H. Schneider, § 21 WpHG Rz. 76 f.; a.A. LG Köln v. 5.10.2007 – 82 O 117/06, AG 2008, 336, 338.
44 OLG Frankfurt v. 14.11.2006 – 5 U 158/05, AG 2007, 592, 595.
45 BaFin, Emittentenleitfaden, S. 128; *Dehlinger/Zimmermann* in Fuchs, § 21 WpHG Rz. 41; *Uwe H. Schneider* in Assmann/Uwe H. Schneider, § 21 WpHG Rz. 76. A.A. *Koppensteiner* in KölnKomm. AktG, 3. Aufl., Anh. § 22 AktG §§ 21 ff. WpHG Rz. 22. Die Frage wird zur Parallelvorschrift im Übernahmerecht teilweise bejaht. Vgl. *Baums/Hecker* in Baums/Thoma § 35 WpHG Rz. 128 ff.
46 *Uwe H. Schneider* in Assmann/Uwe H. Schneider, § 21 WpHG Rz. 76.
47 Auf die Eintragung des Beschlusses kommt es nicht an; sie hat nur deklaratorische Bedeutung (s. § 200 AktG Rz. 2).
48 Vgl. BaFin, Emittentenleitfaden, S. 131; *Uwe H. Schneider* in Assmann/Uwe H. Schneider, § 21 WpHG Rz. 40.

Hinzuerwerb, die Veräußerung oder die Zurechnung nur einer stimmberechtigten Aktie eine erneute Mitteilungspflicht auslösen kann. Beispiel: Angenommen, der Aktionär A hat insgesamt 10 % der Stimmrechte erworben. Dann hat er die Schwelle von 10 % erreicht, so dass er gem. § 21 Abs. 1 Satz 1 WpHG zur Mitteilung verpflichtet ist. Erwirbt er daraufhin eine weitere stimmberechtigte Aktie, so besteht eine erneute Mitteilungspflicht, weil A nun die Schwelle von 10 % überschritten hat.

## V. Mitteilung

Der **Meldepflichtige** hat dem **Emittenten** und gleichzeitig der **BaFin** das **Erreichen**, **Überschreiten** oder **Unterschreiten** der betreffenden **Schwellen** unter Beachtung von § 22 Abs. 1 und 2 WpHG mitzuteilen (§ 21 Abs. 1 Satz 1 WpHG). Der Inhalt, die Art, die Sprache, der Umfang und die Form der Mitteilung ergeben sich aus der WpAIV. Der Verordnungsgesetzgeber hat durch detailreiche Vorgaben dafür Sorge getragen, dass die Mitteilungen eine klar umrissene Struktur aufweisen. Auch ist gewährleistet, dass in ihr die mitunter komplexen Zurechnungen deutlich und in für Anleger nachvollziehbarer Weise zum Ausdruck kommen.

22

Die Mitteilung ist eine rechtsgeschäftsähnliche Handlung (s. Rz. 3). Sie muss gem. § 17 Abs. 1 WpAIV (Nr. 1) die deutlich hervorgehobene Überschrift „Stimmrechtsmitteilung", (Nr. 2) den **Namen** und die **Anschrift** des **Mitteilungspflichtigen**, (Nr. 3) den **Namen** und die **Anschrift** des **Emittenten**, (Nr. 4) die **Schwelle**, die berührt wurde, sowie die Angabe, ob die Schwelle **überschritten**, **unterschritten** oder **erreicht** wurde[49], (Nr. 5) die **Höhe** des nunmehr **gehaltenen Stimmrechtsanteils** in Bezug auf die Gesamtmenge der Stimmrechte des Emittenten, auch wenn die Ausübung dieser Stimmrechte ausgesetzt ist, und in Bezug auf alle mit Stimmrechten versehenen Aktien ein und derselben Gattung[50] und (Nr. 6) das **Datum** des **Überschreitens**, **Unterschreitens** oder **Erreichens** der **Schwelle** (maßgeblich ist grundsätzlich der Zeitpunkt der Änderung der dinglichen Rechtslage; s. Rz. 17 f.) enthalten. Es genügt, den prozentualen Stimmrechtsanteil mit zwei Stellen hinter dem Komma anzugeben[51]. Zusätzlich hat im Fall der Zurechnung von Stimmrechten nach § 22 Abs. 1 und Abs. 2 WpHG die Mitteilung weitere Angaben zu enthalten (§ 17 Abs. 2 WpAIV). Die BaFin verlangt zudem die Angabe der gehaltenen Stimmrechte[52]. Gesetzlich gefordert ist dies aber nicht[53]. Für die Abgabe einer **Korrekturmitteilung** verlangt die BaFin die Angabe, dass es sich um eine „Korrekturmitteilung zur Mitteilung vom [Datum]" handelt[54].

23

Die Mitteilung hat **unverzüglich**, spätestens innerhalb von **vier Handelstagen** (zum Begriff s. § 30 WpHG) zu erfolgen (§ 21 Abs. 1 Satz 1 WpHG). Unverzüglich meint ohne schuldhaftes Zögern (vgl. § 121 Abs. 1 Satz 1 BGB). Die Frist beginnt mit dem

24

---

49 Vgl. dazu das Beispiel einer ordnungsgemäßen Angabe der BaFin im Emittentenleitfaden, S. 134.
50 Vorzugsaktien ohne Stimmrechte sind nicht darunter zu subsumieren; vgl. *Bayer* in MünchKomm. AktG, 3. Aufl., § 21 WpHG Rz. 34; *Dehlinger/Zimmermann* in Fuchs, § 21 WpHG Rz. 72.
51 Vgl. LG München I v. 14.8.2003 – 5 HKO 13413/03, ZIP 2004, 167, 168; BaFin, Emittentenleitfaden, S. 134 („auf zwei Nachkommastellen kaufmännisch gerundete Prozentzahl"); *Bayer* in MünchKomm. AktG, 3. Aufl., § 21 WpHG Rz. 35; *Dehlinger/Zimmermann* in Fuchs, § 21 WpHG Rz. 73; *Hirte* in KölnKomm. WpHG, § 21 WpHG Rz. 147 (einschränkend auf den Regelfall); *Uwe H. Schneider* in Assmann/Uwe H. Schneider, § 21 WpHG Rz. 122.
52 Vgl. BaFin, Emittentenleitfaden, S. 134; *Opitz* in Schäfer/Hamann, § 21 WpHG Rz. 34; *Uwe H. Schneider* in Assmann/Uwe H. Schneider, § 21 WpHG Rz. 122.
53 Zu Recht kritisch *Dehlinger/Zimmermann* in Fuchs, § 21 WpHG Rz. 73.
54 BaFin, Emittentenleitfaden, S. 135.

Zeitpunkt, zu dem der Meldepflichtige Kenntnis davon hat oder nach den Umständen haben musste, dass sein Stimmrechtsanteil die genannten Schwellen erreicht, überschreitet oder unterschreitet (§ 21 Abs. 1 Satz 3 WpHG). Es wird vermutet, dass der Meldepflichtige zwei Handelstage nach dem Erreichen, Überschreiten oder Unterschreiten der genannten Schwellen Kenntnis hat (§ 21 Abs. 1 Satz 4 WpHG). Nach Ansicht der BaFin soll die Vermutung nur in Ausnahmefällen zum Tragen kommen. Denn der Meldepflichtige müsse in aller Regel von den Umständen der Schwellenberührung am selben Tag Kenntnis haben[55]. In komplexen Zurechnungsfällen kann es aber fristgemäß sein, wenn der Meldepflichtige die Höchstfrist von vier Handelstagen ausschöpft[56]. Eine Verlängerung der Frist durch die BaFin ist, weil gesetzlich nicht vorgesehen, nicht möglich[57]. Als Rechtsfolge einer Fristüberschreitung droht ein Bußgeld (vgl. § 39 Abs. 2 Nr. 2e WpHG). Ferner können die Voraussetzungen eines Rechtsverlusts (vgl. § 28 WpHG) erfüllt sein (s. § 28 WpHG Rz. 5).

25 Das Gesetz verlangt, dass die **Mitteilung** an den **Emittenten** und die **BaFin gleichzeitig** erfolgt. Es genügt die gleichzeitige Absendung. Ein unmittelbares Versenden hintereinander reicht aus[58]. Zur Einhaltung der Frist es erforderlich, dass die Mitteilung rechtzeitig zugeht[59]. Die Mitteilung ist **schriftlich** oder mittels **Telefax** in **deutscher** oder **englischer Sprache** an den Emittenten und die BaFin zu übersenden (§ 18 WpAIV).

26 Für eine **Mitteilung** nach **§ 21 Abs. 1a WpHG** gelten die dargestellten Vorschriften ebenfalls (vgl. § 17 Abs. 1, Abs. 2 Satz 2, § 18 WpAIV).

## § 22 WpHG
## Zurechnung von Stimmrechten

(1) Für die Mitteilungspflichten nach § 21 Abs. 1 und 1a stehen den Stimmrechten des Meldepflichtigen Stimmrechte aus Aktien des Emittenten, für den die Bundesrepublik Deutschland der Herkunftsstaat ist, gleich,

1. die einem Tochterunternehmen des Meldepflichtigen gehören,

2. die einem Dritten gehören und von ihm für Rechnung des Meldepflichtigen gehalten werden,

3. die der Meldepflichtige einem Dritten als Sicherheit übertragen hat, es sei denn, der Dritte ist zur Ausübung der Stimmrechte aus diesen Aktien befugt und bekundet die Absicht, die Stimmrechte unabhängig von den Weisungen des Meldepflichtigen auszuüben,

4. an denen zugunsten des Meldepflichtigen ein Nießbrauch bestellt ist,

5. die der Meldepflichtige durch eine Willenserklärung erwerben kann,

---

55 BaFin, Emittentenleitfaden, S. 135.
56 So auch *Dehlinger/Zimmermann* in Fuchs, § 21 WpHG Rz. 87; *Hirte* in KölnKomm. WpHG, § 21 WpHG Rz. 163; *Opitz* in Schäfer/Hamann, § 21 WpHG Rz. 25; *Uwe H. Schneider* in Assmann/Uwe H. Schneider, § 21 WpHG Rz. 128.
57 Vgl. BaFin, Emittentenleitfaden, S. 135.
58 Vgl. Begr. RegE TUG, BT-Drucks. 16/2498, S. 34.
59 *Bayer* in MünchKomm. AktG, 3. Aufl., § 22 AktG Anh. § 21 WpHG Rz. 39; *Dehlinger/Zimmermann* in Fuchs, § 21 WpHG Rz. 88; *Hirte* in KölnKomm. WpHG, § 21 WpHG Rz. 165; *Uwe H. Schneider* in Assmann/Uwe H. Schneider, § 21 WpHG Rz. 131. A.A. *Schwark* in Schwark, § 21 WpHG Rz. 23 (Abgabe innerhalb der Frist reicht aus).

6. die dem Meldepflichtigen anvertraut sind, oder aus denen er die Stimmrechte als Bevollmächtigter ausüben kann sofern er die Stimmrechte aus diesen Aktien nach eigenem Ermessen ausüben kann, wenn keine besonderen Weisungen des Aktionärs vorliegen.

Für die Zurechnung nach Satz 1 Nr. 2 bis 6 stehen dem Meldepflichtigen Tochterunternehmen des Meldepflichtigen gleich. Stimmrechte des Tochterunternehmens werden dem Meldepflichtigen in voller Höhe zugerechnet.

(2) Dem Meldepflichtigen werden auch Stimmrechte eines Dritten aus Aktien des Emittenten, für den die Bundesrepublik Deutschland der Herkunftsstaat ist, in voller Höhe zugerechnet, mit dem der Meldepflichtige oder sein Tochterunternehmen sein Verhalten in Bezug auf diesen Emittenten auf Grund einer Vereinbarung oder in sonstiger Weise abstimmt; ausgenommen sind Vereinbarungen in Einzelfällen. Ein abgestimmtes Verhalten setzt voraus, dass der Meldepflichtige oder sein Tochterunternehmen und der Dritte sich über die Ausübung von Stimmrechten verständigen oder mit dem Ziel einer dauerhaften und erheblichen Änderung der unternehmerischen Ausrichtung des Emittenten in sonstiger Weise zusammenwirken. Für die Berechnung des Stimmrechtsanteils des Dritten gilt Absatz 1 entsprechend.

(3) Tochterunternehmen sind Unternehmen, die als Tochterunternehmen im Sinne des § 290 des Handelsgesetzbuchs gelten oder auf die ein beherrschender Einfluss ausgeübt werden kann, ohne dass es auf die Rechtsform oder den Sitz ankommt.

(3a) Für die Zurechnung nach dieser Vorschrift gilt ein Wertpapierdienstleistungsunternehmen hinsichtlich der Beteiligungen, die von ihm im Rahmen einer Wertpapierdienstleistung nach § 2 Abs. 3 Satz 1 Nr. 7 verwaltet werden, unter den folgenden Voraussetzungen nicht als Tochterunternehmen im Sinne des Absatzes 3:

1. das Wertpapierdienstleistungsunternehmen darf die Stimmrechte, die mit den betreffenden Aktien verbunden sind, nur aufgrund von in schriftlicher Form oder über elektronische Hilfsmittel erteilten Weisungen ausüben oder stellt durch geeignete Vorkehrungen sicher, dass die Finanzportfolioverwaltung unabhängig von anderen Dienstleistungen und unter Bedingungen, die denen der Richtlinie 85/611/EWG des Rates vom 20. Dezember 1985 zur Koordinierung der Rechts- und Verwaltungsvorschriften betreffend bestimmte Organismen für gemeinsame Anlagen in Wertpapieren (OGAW) (ABl. EG Nr. L 375 S. 3), die zuletzt durch Artikel 9 der Richtlinie 2005/1/EG des Europäischen Parlaments und des Rates vom 9. März 2005 (ABl. EU Nr. L 79 S. 9) geändert worden ist, gleichwertig sind, erfolgt,

2. das Wertpapierdienstleistungsunternehmen übt die Stimmrechte unabhängig vom Meldepflichtigen aus,

3. der Meldepflichtige teilt der Bundesanstalt den Namen dieses Wertpapierdienstleistungsunternehmens und die für dessen Überwachung zuständige Behörde oder das Fehlen einer solchen mit und

4. der Meldepflichtige erklärt gegenüber der Bundesanstalt, dass die Voraussetzungen der Nummer 2 erfüllt sind.

Ein Wertpapierdienstleistungsunternehmen gilt jedoch dann für die Zurechnung nach dieser Vorschrift als Tochterunternehmen im Sinne des Absatzes 3, wenn der Meldepflichtige oder ein anderes Tochterunternehmen des Meldepflichtigen seinerseits Anteile an der von dem Wertpapierdienstleistungsunternehmen verwalteten Beteiligung hält und das Wertpapierdienstleistungsunternehmen die Stimmrechte, die mit diesen Beteiligungen verbunden sind, nicht nach freiem Ermessen, sondern nur aufgrund unmittelbarer oder mittelbarer Weisungen ausüben kann, die ihm vom Meldepflichtigen oder von einem anderen Tochterunternehmen des Meldepflichtigen erteilt werden.

(4) Wird eine Vollmacht im Falle des Absatzes 1 Satz 1 Nr. 6 nur zur Ausübung der Stimmrechte für eine Hauptversammlung erteilt, ist es für die Erfüllung der Mitteilungspflicht nach § 21 Abs. 1 und 1a in Verbindung mit Absatz 1 Satz 1 Nr. 6 ausreichend, wenn die Mitteilung lediglich bei Erteilung der Vollmacht abgegeben wird. Die Mitteilung muss die Angabe enthalten, wann die Hauptversammlung stattfindet und wie hoch nach Erlöschen der Vollmacht oder des Ausübungsermessens der Stimmrechtsanteil sein wird, der dem Bevollmächtigten zugerechnet wird.

(5) Das Bundesministerium der Finanzen kann durch Rechtsverordnung, die nicht der Zustimmung des Bundesrates bedarf, nähere Bestimmungen erlassen über die Umstände, unter welchen im Falle des Absatzes 3a eine Unabhängigkeit des Wertpapierdienstleistungsunternehmens vom Meldepflichtigen gegeben ist, und über elektronische Hilfsmittel, mit denen Weisungen im Sinne des Absatzes 3a erteilt werden können.

| | |
|---|---|
| I. Allgemeines .................. 1 | f) Stimmrechte aus anvertrauten Aktien (§ 22 Abs. 1 Satz 1 Nr. 6 und Abs. 4 WpHG) .............. 25 |
| II. Zurechnung gem. § 22 Abs. 1 WpHG 5 | |
| 1. Tatbestände ................ 5 | 2. Zurechnung von Stimmrechten eines Tochterunternehmens in den Fällen von § 22 Abs. 1 Satz 1 Nr. 2 bis 6 WpHG .................. 29 |
| a) Tochterunternehmen (§ 22 Abs. 1 Satz 1 Nr. 1 und Abs. 1 Satz 3 WpHG) ................ 5 | |
| aa) Allgemeines ........... 5 | III. Zurechnung gem. § 22 Abs. 2 Satz 1 WpHG .................. 31 |
| bb) Begriff des Tochterunternehmens (§ 22 Abs. 3 WpHG) ... 7 | 1. Grundlagen ................ 31 |
| | 2. Voraussetzungen ............ 33 |
| cc) Ausnahme von der Zurechnung von Stimmrechten bei Wertpapierdienstleistungsunternehmen (§ 22 Abs. 3a WpHG) ................. 11 | a) Abstimmung aufgrund Vereinbarung oder in sonstiger Weise . 33 |
| | b) Keine Abstimmung im Einzelfall . 36 |
| | c) Verhalten in Bezug auf die Zielgesellschaft (§ 22 Abs. 2 Satz 1 WpHG) .................. 38 |
| dd) Ausnahme von der Zurechnung von Stimmrechten bei Kapitalanlagegesellschaften ............... 13 | aa) Verständigung über die Ausübung von Stimmrechten (§ 22 Abs. 2 Satz 2 Alt. 1 WpHG) ... 39 |
| b) Halten für Rechnung des Meldepflichtigen (§ 22 Abs. 1 Satz 1 Nr. 2 WpHG) ............. 15 | bb) Zusammenwirken in sonstiger Weise (§ 22 Abs. 2 Satz 2 Alt. 2 WpHG) ................ 40 |
| c) Zur Sicherheit übertragene Aktien (§ 22 Abs. 1 Satz 1 Nr. 3 WpHG) .. 21 | d) Darlegungs- und Beweislast ..... 42 |
| d) Nießbrauchbestellung (§ 22 Abs. 1 Satz 1 Nr. 4 WpHG) .......... 22 | 3. Rechtsfolgen ................ 43 |
| | a) Stimmrechtszurechnung ....... 43 |
| e) Erwerbsmöglichkeit durch Erklärung (§ 22 Abs. 1 Satz 1 Nr. 5 WpHG) ................ 23 | b) Kettenzurechnung ........... 46 |

**Literatur:** *Baums/Sauter,* Anschleichen an Übernahmeziele mit Hilfe von Aktienderivaten, ZHR 173 (2009), 454; *von Bülow,* Acting in Concert: Anwendungsprobleme des neuen Zurechnungstatbestands, in Veil, Übernahmerecht in Praxis und Wissenschaft, 2009, S. 137; *von Bülow/Stephanblome,* Acting in Concert und neue Offenlegungspflichten nach dem Risikobegrenzungsgesetz, ZIP 2008, 1797; *von Bülow/Petersen,* Stimmrechtszurechnung zum Treuhänder?, NZG 2009, 1373; *Casper,* Acting in Concert – Grundlagen eines neuen kapitalmarktrechtlichen Zurechnungstatbestands, ZIP 2003, 1469; *Casper,* Acting in Concert – Reformbedürftigkeit eines neuen Zurechnungstatbestands?, in Veil/Drinkuth, Reformbedarf im Übernahmerecht, 2005, S. 45; *Drinkuth,* Gegen den Gleichlauf des Acting in concert nach § 22 WpHG und § 30 WpÜG, ZIP 2008, 676; *Fleischer,* Finanzinvestoren im ordnungspolitischen Gesamtgefüge von Aktien-, Bankaufsichts- und Kapitalmarktrecht, ZGR 2008, 185; *Fleischer/Schmolke,* Kapitalmarktrechtliche Beteiligungstransparenz nach §§ 21 ff. WpHG und „Hidden Ownership", ZIP 2008, 1501;

*Fleischer/Schmolke*, Das Anschleichen an eine börsennotierte Aktiengesellschaft, NZG 2009, 401; *Franck*, Die Stimmrechtszurechnung nach § 22 WpHG und § 30 WpÜG, BKR 2002, 709; *Gätsch/Schäfer*, Abgestimmtes Verhalten nach § 22 II WpHG und § 30 II WpÜG in der Fassung des Risikobegrenzungsgesetzes, NZG 2008, 846; *Hammen*, Analogieverbot beim Acting in Concert?, Der Konzern 2009, 18; *Liebscher*, Die Zurechnungstatbestände des WpHG und WpÜG, ZIP 2002, 1005; *Löhdefink*, Acting in Concert und Kontrolle im Übernahmerecht, 2007; *Mutter*, Die Stimmrechtszurechnung nach § 22 WpHG bei Einschaltung eines Trusts, AG 2006, 637; *Pentz*, Acting in Concert – Ausgewählte Einzelprobleme zur Zurechnung und zu den Rechtsfolgen, ZIP 2003, 1478; *Petersen/Wille*, Zulässigkeit eines Squeeze-out und Stimmrechtszurechnung bei Wertpapierdarlehen, NZG 2009, 856; *Pluskat*, Acting in Concert in der Fassung des Risikobegrenzungsgesetzes – jetzt alles anders?, DB 2009, 383; *G. Roth*, Die rechtsfähige Stiftung als Kapitalmarktteilnehmerin, in GS Walz, 2008, S. 593; *Schanz*, Schaeffler/Continental: Umgehung von Meldepflichten bei öffentlichen Übernahmen durch Einsatz von derivativen Finanzinstrumenten, DB 2008, 1899; *Schiessl*, Beteiligungsaufbau mittels Cash-settled Total Return Equity Swaps – neue Modelle und Einführung von Meldepflichten, Der Konzern 2009, 291; *Schmidtbleicher*, Das „neue" acting in concert – ein Fall für den EuGH?, AG 2008, 73; *Uwe H. Schneider*, Die kapitalmarktrechtlichen Offenlegungspflichten von Konzernunternehmen nach §§ 21 ff. WpHG, in FS Brandner, 1996, S. 565; *Uwe H. Schneider*, Acting in Concert – ein kapitalmarktrechtlicher Zurechnungstatbestand, WM 2006, 1321; *Uwe H. Schneider/Anzinger*, Umgehung und missbräuchliche Gestaltungen im Kapitalmarktrecht oder: Brauchen wir eine § 42 AO entsprechende Vorschrift im Kapitalmarktrecht?, ZIP 2009, 1; *Schockenhoff/Schumann*, Acting in Concert – geklärte und ungeklärte Fragen, ZGR 2005, 568; *Strunk/Linke*, Erfahrungen mit dem Übernahmerecht aus Sicht der Bundesanstalt für Finanzdienstleistungsaufsicht, in Veil/Drinkuth, Reformbedarf im Übernahmerecht, 2005, S. 3; *Veil*, Stimmrechtszurechnungen aufgrund von Abstimmungsvereinbarungen gemäß § 22 Abs. 2 WpHG und § 30 Abs. 2 WpÜG, in FS K. Schmidt, 2009, S. 1645; *Wecker/Pluskat*, „Acting in Concert" im deutschen Kapitalmarkt- und Gesellschaftsrecht, in GS Gruson, 2009, S. 421; *Widder/Kocher*, Die Behandlung eigener Aktien im Rahmen der Mitteilungspflichten nach §§ 21 ff. WpHG, AG 2007, 13; *Widder/Kocher*, Stimmrechtszurechnung vom Treugeber zum Treuhänder gemäß § 22 Abs. 1 Satz 1 Nr. 2 WpHG analog?, ZIP 2010, 457; *Zetzsche*, Hidden Ownership in Europe: BAFin's Decision in Schaeffler v. Continental, EBOR 2009, 115. S. ferner die Angaben Vor §§ 21 ff. WpHG.

# I. Allgemeines

Die Vorschrift legt fest, dass einem Meldepflichtigen unter bestimmten Voraussetzungen fremde Stimmrechte zuzurechnen sind. Der Begriff des Meldepflichtigen wird missverständlich verwandt. Denn erst aus der Stimmrechtszurechnung kann sich ergeben, dass jemand mitteilungspflichtig ist. Die Vorschrift hat den **Zweck**, eine **Umgehung** der **Mitteilungspflichten** des § 21 Abs. 1 und Abs. 1a WpHG zu **verhindern**. Der Umgehungsschutz ist allerdings begrenzt. Sämtlichen Tatbeständen liegt zugrunde, dass der Meldepflichtige die Möglichkeit eines Einflusses auf die Ausübung der (ihm zugerechneten) Stimmrechte hat[1]. Es kommt nicht darauf an, ob der Meldepflichtige seinen Einfluss auch tatsächlich ausübt. Es handelt sich um abstrakte Zurechnungstatbestände[2]. Allerdings genügt nicht jede Möglichkeit einer Einflussnahme. Voraussetzung ist eine besondere Rechtsstellung des Meldepflichtigen (schuldrechtliche oder dingliche Rechtsverhältnisse, mitgliedschaftliches Einflusspotential), die den Schluss darauf zulässt, dass der Meldepflichtige seinen Einfluss erfolgreich geltend machen kann[3]. Dieser Rechtsgrund einer Stimmrechtszurechnung ist Leit-

1

---

1 Vgl. *von Bülow* in KölnKomm. WpHG, § 22 WpHG Rz. 3; *Veil* in FS K. Schmidt, S. 1645, 1651.
2 Vgl. *von Bülow* in KölnKomm. WpHG, § 22 WpHG Rz. 27; *Dehlinger/Zimmermann* in Fuchs, § 22 WpHG Rz. 5; *Uwe H. Schneider* in Assmann/Uwe H. Schneider, § 22 WpHG Rz. 3; *Veil* in FS K. Schmidt, S. 1645, 1651. So auch VG Frankfurt/Main v. 18.5.2006 – 1 E 3049/05, BKR 2007, 40, 42 zur Auslegung des § 22 Abs. 1 Satz 1 Nr. 2 WpHG; vgl. auch BaFin, Emittentenleitfaden, S. 137.
3 Ähnlich *von Bülow* in KölnKomm. WpHG, § 22 WpHG Rz. 3; vgl. auch BGH v. 16.3.2009 – II ZR 302/06, BGHZ 180, 154, 168 f. = AG 2009, 441.

schnur zur Auslegung der einzelnen Tatbestände und nutzbar zu machen, um Auslegungsprobleme zu lösen. Ein angeblicher „Grundsatz größtmöglicher Transparenz" existiert nicht. Insbesondere lässt er sich nicht aus dem Telos der Norm ableiten (s. bereits Vor §§ 21 ff. WpHG Rz. 8)[4]. Die Vorschriften sollen eine verlässliche Information der Kapitalmärkte gewährleisten.

2 Eine **Mitteilungspflicht** nach § 21 Abs. 1 WpHG ist auch dann **begründet**, wenn eine der dort aufgeführten **Schwellen allein** durch eine **Hinzurechnung** gem. § 22 WpHG berührt (s. § 21 WpHG Rz. 18) wird. Es ist nicht erforderlich, dass der Meldepflichtige selbst Aktien besitzt[5]. Beispiel: M besitzt keine Aktien, allerdings werden ihm gem. § 22 Abs. 1 Satz 1 Nr. 1 WpHG 12 % der Stimmrechte aus Aktien seines Tochterunternehmens T zugerechnet. M ist gem. § 21 Abs. 1 WpHG mitteilungspflichtig. Denn nach dem Wortlaut dieser Vorschrift kann eine Schwelle auch in sonstiger Weise erreicht werden (s. § 21 WpHG Rz. 18). Hält ein Meldepflichtiger keine Aktien mehr, sondern werden ihm die Stimmrechte nunmehr gem. § 22 WpHG zugerechnet, löst allein dieser Wechsel keine Mitteilungspflicht aus[6]. Ebenso ist es zu beurteilen, wenn bloß ein Zurechnungstatbestand (statt Nr. 1 ist Nr. 2 erfüllt) sich ändert[7].

3 Die **Mitteilungspflichten** bestehen grundsätzlich **kumulativ**, so dass sowohl das Tochterunternehmen bzw. der Dritte (i.S. des § 22 WpHG) als auch der Meldepflichtige, dem die Aktien zuzurechnen sind, zur Mitteilung verpflichtet sind. Ausnahmsweise sind Stimmrechte alternativ zuzurechnen; es findet dann eine Absorption der fremden Stimmrechte statt (s. Rz. 21 sowie die Regelung für sog. Depositary Receipts in § 21 Abs. 1 Satz 2 WpHG; s. § 21 WpHG Rz. 7). Bei der Stimmrechtszurechnung im Konzern gem. § 22 Abs. 1 Satz 2 WpHG handelt es sich um einen gesetzlich geregelten Fall der **Kettenzurechnung** (s. Rz. 29). Aber auch die Zurechnung von Stimmrechten eines Vierten, mit dem das Tochterunternehmen sein Verhalten abstimmt (s. Rz. 46), ist ein solcher Fall, ebenso wie die in § 22 Abs. 2 Satz 3 WpHG angeordnete Stimmrechtszurechnung (s. Rz. 46). Weitere Fälle einer Kettenzurechnung gibt es nicht. Sie können auch wegen des Analogieverbots nicht rechtsfortbildend anerkannt werden[8].

4 Die **Vorschrift** wurde 2007 durch das TUG an die **Vorgaben** der neuen **Transparenzrichtlinie** (s. Vor §§ 21 ff. WpHG Rz. 3) **angepasst**. Neben redaktionellen Änderungen in § 22 Abs. 1 Satz 1 wurde der in § 22 Abs. 1 Satz 1 Nr. 6 normierte Zurechnungstatbestand konkretisiert (s. Rz. 29 f.), ein neuer Abs. 3a (s. Rz. 11) und Abs. 5 eingeführt sowie Abs. 4 (s. Rz. 25 ff.) grundlegend neu gefasst.

---

4 Ebenso *Dehlinger/Zimmermann* in Fuchs, § 22 WpHG Rz. 4.
5 Vgl. *Bayer* in MünchKomm. AktG, 3. Aufl., § 22 WpHG Rz. 3; *von Bülow* in KölnKomm. WpHG, § 22 WpHG Rz. 25.
6 Vgl. BaFin, Emittentenleitfaden, S. 137; *von Bülow* in KölnKomm. WpHG, § 22 WpHG Rz. 37; *Dehlinger/Zimmermann* in Fuchs, § 21 WpHG Rz. 41; *Uwe H. Schneider* in Assmann/Uwe H. Schneider, § 21 WpHG Rz. 76; a.A *Koppensteiner* in KölnKomm. AktG, 3. Aufl., Anh. § 22 AktG §§ 21 ff. WpHG Rz. 22.
7 Vgl. BaFin, Emittentenleitfaden, S. 137; *von Bülow* in KölnKomm. WpHG, § 22 WpHG Rz. 37; *Opitz* in Schäfer/Hamann, § 22 WpHG Rz. 91.
8 Vgl. *von Bülow* in KölnKomm. WpHG, § 22 WpHG Rz. 34; *Veil/Dolff*, AG 2010, 385, 388. A.A. *Uwe H. Schneider* in Assmann/Uwe H Schneider, § 22 WpHG Rz. 22 (zur Kettentreuhand); *Dehlinger/Zimmermann* in Fuchs, § 22 WpHG Rz. 15.

## II. Zurechnung gem. § 22 Abs. 1 WpHG

### 1. Tatbestände

**a) Tochterunternehmen (§ 22 Abs. 1 Satz 1 Nr. 1 und Abs. 1 Satz 3 WpHG)**

**aa) Allgemeines.** Zugerechnet werden die Stimmrechte aus **Aktien, die einem Tochterunternehmen des Meldepflichtigen gehören**. Dies geschieht **in voller Höhe** (§ 22 Abs. 1 Satz 3 WpHG); es ist nicht erforderlich, dass der Meldepflichtige eine qualifizierte Stimmrechtsmehrheit hat. Bei mehreren Müttern kommt eine Zurechnung bei beiden in Betracht[9]. Der Meldepflichtige ist sowohl für die Stimmrechte aus den eigenen Aktien als auch für die Stimmrechte aus den zugerechneten Aktien meldepflichtig. Auch das Tochterunternehmen ist bezüglich der Stimmrechte aus seinen Aktien meldepflichtig[10]. Es findet keine Absorption statt (vgl. aber § 24 WpHG zur Erfüllung der Mitteilungspflichten durch das Mutterunternehmen oder, wenn dieses selbst ein Tochterunternehmen ist, durch dessen Mutterunternehmen); zur Frage der Zurechnung eigener Aktien der Tochter § 21 WpHG Rz. 13. 5

Der Begriff „**gehören**" ist im Sinne des zivilrechtlichen Eigentums zu verstehen. Entscheidend ist also nicht eine wirtschaftliche Betrachtungsweise, sondern die **Rechtsstellung als Aktionär**[11]. 6

**bb) Begriff des Tochterunternehmens (§ 22 Abs. 3 WpHG).** Als **Tochterunternehmen** begreift § 22 Abs. 3 WpHG – nunmehr in Übereinstimmung mit § 2 Abs. 6 WpÜG[12] – Unternehmen, die als **Tochterunternehmen i.S. des § 290 HGB** gelten oder auf die ein **beherrschender Einfluss** ausgeübt werden kann. Der Begriff wird also durch die bilanzrechtliche Definition des Tochterunternehmens und das aktienrechtliche Verständnis von Herrschaft und Abhängigkeit konturiert. Die bilanzrechtliche Legaldefinition war bislang vom Konzept der einheitlichen Leitung geprägt. Der Gesetzgeber hat mit dem BilMoG dieses Konzept aufgegeben. Dieser Paradigmenwechsel ist auch für die kapitalmarktrechtlichen Mitteilungspflichten von Bedeutung. Denn § 22 Abs. 3 WpHG enthält eine dynamische Verweisung auf § 290 HGB. Auf die Rechtsform oder den Sitz kommt es gem. § 22 Abs. 3 WpHG nicht an. Dies gilt auch für das Mutterunternehmen[13]. Eine natürliche Person kann daher Mutterunternehmen sein[14]. Sie kann aber nicht Tochterunternehmen sein. Deshalb werden Stimmrechte aus Aktien von Kindern nicht den Eltern gem. § 22 Abs. 1 Satz 1 Nr. 1 WpHG zugerechnet[15]. In Betracht kommt aber eine Zurechnung nach § 22 Abs. 1 Satz 1 Nr. 6 WpHG (s. Rz. 25). 7

§ 290 HGB begründet die Pflicht zur Aufstellung eines Konzernabschlusses und eines Konzernlageberichts für die gesetzlichen Vertreter einer Kapitalgesellschaft, wenn diese „auf ein anderes Unternehmen (Tochterunternehmen) unmittel- oder mittelbar 8

---

9 *Von Bülow* in KölnKomm. WpHG, § 22 WpHG Rz. 50, 257 ff.; *Dehlinger/Zimmermann* in Fuchs, § 22 WpHG Rz. 39, 45; *Opitz* in Schäfer/Hamann, § 22 WpHG Rz. 21; *Uwe H. Schneider* in Assmann/Uwe H. Schneider, § 22 WpHG Rz. 42; LG Köln v. 5.10.2007 – 82 O 114/06, AG 2008, 336, 338; i.E. offen gelassen von OLG München v. 17.2.2005 – 23 W 2406/04, ZIP 2005, 615, 616 = AG 2005, 407; vorhergehend LG München II v. 6.5.2004 – 4 HKO 929/04, AG 2005, 52, 53.
10 Vgl. LG Hamburg v. 23.1.2002 – 411 O 91/01, AG 2002, 525, 526.
11 Vgl. Begr. RegE WpÜG, BT-Drucks. 14/7034, S. 53.
12 § 22 Abs. 3 WpHG wurde durch das Übernahmegesetz geändert, um bestehende Lücken zu schließen. Vgl. Begr. RegE WpÜG, BT-Drucks. 14/7034, S. 54.
13 Vgl. *Opitz* in Schäfer/Hamann, § 22 WpHG Rz. 5; *Uwe H. Schneider* in Assmann/Uwe H. Schneider, § 22 WpHG Rz. 33; a.A. *von Bülow* in KölnKomm. WpHG, § 22 WpHG Rz. 229.
14 Vgl. OLG Stuttgart v. 10.11.2004 – 20 U 16/03, AG 2005, 125, 128.
15 OLG Stuttgart v. 10.11.2004 – 20 U 16/03, AG 2005, 125, 128.

einen beherrschenden Einfluss ausüben kann." Aus dem Wortlaut sowie aus den Materialien folgt, dass das Handelsbilanzrecht nunmehr im Einklang mit dem Aktienkonzernrecht die Möglichkeit („ausüben kann") eines beherrschenden Einflusses genügen lässt. Ein beherrschender Einfluss wird in den von § 290 Abs. 2 HGB aufgeführten Fällen vermutet („besteht stets"). Dies ist der Fall, wenn dem Mutterunternehmen (1) bei einem anderen Unternehmen die Mehrheit der Stimmrechte der Gesellschafter zusteht; (2) ihm bei einem anderen Unternehmen das Recht zusteht, die Mehrheit der Mitglieder des die Finanz- und Geschäftspolitik bestimmenden Verwaltungs-, Leitungs- oder Aufsichtsorgans zu bestellen oder abzuberufen, und es gleichzeitig Gesellschafter ist; (3) ihm das Recht zusteht, die Finanz- und Geschäftspolitik aufgrund eines in einem anderen Unternehmen geschlossenen Beherrschungsvertrages oder aufgrund einer Bestimmung in der Satzung des anderen Unternehmens zu bestimmen, oder (4) es bei wirtschaftlicher Betrachtung die Mehrheit der Risiken und Chancen eines Unternehmens trägt, das zur Erreichung eines eng begrenzten und genau definierten Ziels des Mutterunternehmens dient (Zweckgesellschaft). Eine Stimmrechtszurechnung erfolgt auch im mehrstufigen Konzern; eine Begrenzung auf zwei Beteiligungsstufen ist nach Sinn und Zweck des § 22 Abs. 1 Satz 1 Nr. 1 WpHG nicht zu rechtfertigen[16].

9  Ein Tochterunternehmen liegt gem. § 22 Abs. 3 Alt. 2 WpHG vor, wenn der Meldepflichtige einen **beherrschenden Einfluss ausüben kann** (§ 17 Abs. 1 AktG). Erforderlich ist eine beständige, strukturell geschaffene Möglichkeit, Einfluss auszuüben. Eines Nachweises, dass der Einfluss auch tatsächlich ausgeübt wird, bedarf es nicht[17]. Es muss sich aber um einen **gesellschaftsrechtlich vermittelten Einfluss** handeln[18]. Auch eine Minderheitsbeteiligung kann genügen, wenn sie infolge weiterer Umstände einen beherrschenden Einfluss vermittelt[19]. Auch eine natürliche Person kann Konzernspitze und daher mitteilungspflichtig sein[20].

10 Zur Beurteilung der Einzelfälle können vor allem die zur aktienrechtlichen Definition erzielten Erkenntnisse nutzbar gemacht werden. Allerdings ist zu berücksichtigen, dass das Kapitalmarktrecht andere Zwecke verfolgt als das Aktienrecht. Während bei Letzterem der Schutz der außenstehenden Aktionäre und Gläubiger im Vordergrund steht, geht es dem Kapitalmarktrecht um eine zuverlässige Information der Kapitalmarktteilnehmer über Machtverhältnisse und Einflussstränge. Dass eine Person (ein Meldepflichtiger) auch anderweitige wirtschaftliche Interessenbindungen hat und ggf. verfolgt, ist kapitalmarktrechtlich von untergeordneter Bedeutung[21]. Deshalb ist eine **Komplementär-GmbH** grundsätzlich als ein Mutterunternehmen gegenüber der KG anzusehen[22]. Die Stimmrechte aus von der KG gehaltenen Aktien sind der GmbH gem. § 22 Abs. 1 Satz 1 Nr. 1 WpHG zuzurechnen. Eine andere Beurteilung ist allerdings geboten, wenn die Komplementär-GmbH von der Geschäftsfüh-

---

16 Vgl. OLG Hamm v. 4.3.2009 – I-8 U 59/01, AG 2009, 876, 880.
17 BGH v. 4.3.1974 – II ZR 89/72, BGHZ 62, 193, 201; BGH v. 13.4.1994 – II ZR 16/93, BGHZ 125, 366, 369 = GmbHR 1994, 390.
18 BGH v. 26.3.1984 – II ZR 171/83, BGHZ 90, 381, 395 ff. = AG 1984, 181.
19 Vgl. LG Köln v. 5.10.2007 – 82 O 114/06, AG 2009, 336, 338; *von Bülow* in KölnKomm. WpHG, § 22 WpHG Rz. 255; *Dehlinger/Zimmermann* in Fuchs, § 22 WpHG Rz. 36; *Raiser/Veil*, Kapitalgesellschaften, § 51 Rz. 16 ff.
20 OLG Stuttgart v. 13.10.2008 – 20 U 19/07, AG 2009, 124, 129.
21 *G. Roth* in GS Walz, S. 593, 610 f.
22 Vgl. BaFin, Emittentenleitfaden, S. 138; Uwe H. Schneider in Assmann/Uwe H. Schneider, § 22 WpHG Rz. 38; a.A. *von Bülow* in KölnKomm. WpHG, § 22 WpHG Rz. 240, 264; *Dehlinger/Zimmermann* in Fuchs, § 22 WpHG Rz. 37; *Opitz* in Schäfer/Hamann, § 22 WpHG Rz. 19.

rung vollständig ausgeschlossen ist[23]. Auch im Falle der sog. Einheitsgesellschaft ist die KG kein Tochterunternehmen der GmbH[24]. Im Falle einer **Stiftung** kommt eine Zurechnung von Stimmrechten aus von der Stiftung gehaltenen Aktien „nach oben" grundsätzlich nicht in Betracht. Anders ist es aber zu beurteilen, wenn eine Person (der Meldepflichtige) statutarische Bestellungs- und Abberufungsrechte bezüglich der Leitungsorgane der Stiftung hat[25]. Schließlich kommt auch eine Zurechnung von Stimmrechten aus Aktien in Betracht, die von einem rechtsfähigen **Trust** gehalten werden. Die Frage muss im Einzelfall beurteilt werden. Von Bedeutung sind insoweit Bestellungs- und Abberufungsrechte der betreffenden Person (des Meldepflichtigen) bezüglich der Leitungsorgane des Trusts[26]. Bei einer nach englischem und walisischem Recht gegründeten Partnership hat der General Partner aufgrund seiner Geschäftsführungsbefugnis und Vertretungsmacht die Möglichkeit, über die Ausübung von Stimmrechten in abhängigen Gesellschaften zu entscheiden[27].

cc) **Ausnahme von der Zurechnung von Stimmrechten bei Wertpapierdienstleistungsunternehmen (§ 22 Abs. 3a WpHG).** Ein Wertpapierdienstleistungsunternehmen gilt unter den in § 22 Abs. 3a Satz 1 Nr. 1 und 2 WpHG normierten Voraussetzungen hinsichtlich der Beteiligungen, die von ihm im Rahmen einer Wertpapierdienstleistung nach § 2 Abs. 3 Satz 1 Nr. 7 WpHG verwaltet werden (**Finanzportfolioverwaltung**), nicht als Tochterunternehmen i.S. von § 22 Abs. 3 WpHG. Diese auf Art. 12 Abs. 5 Satz 1 der neuen Transparenzrichtlinie zurückgehende Ausnahme hat zur Folge, dass die Stimmrechte dem Meldepflichtigen als Mutterunternehmen nicht zugerechnet werden. Die Vorschrift wurde durch die Transparenzrichtlinie-Durchführungsverordnung vom 13.3.2008[28] geändert. Die Anforderungen an die Unabhängigkeit der Stimmrechtsausübung eines Wertpapierdienstleistungsunternehmens vom Meldepflichtigen sind in § 2 TranspRLDV geregelt. Ferner sind in § 3 TranspRLDV die Mitteilungspflichten des Meldepflichtigen gegenüber der BaFin festgelegt.

11

Eine **Ausnahme von der Ausnahme** sieht sodann § 22 Abs. 3a Satz 2 WpHG in Umsetzung von Art. 12 Abs. 5 Satz 2 der Transparenzrichtlinie vor. Die Einzelheiten werden hier nicht erläutert[29].

12

dd) **Ausnahme von der Zurechnung von Stimmrechten bei Kapitalanlagegesellschaften.** Stimmrechte aus Aktien, die zu einem von einer Kapitalanlagegesellschaft verwalteten Sondervermögen gehören, das kein Spezial-Sondervermögen ist und dessen Vermögensgegenstände im Miteigentum der Anleger stehen, gelten für die Anwendung des § 21 Abs. 1 WpHG als Stimmrechte der Kapitalanlagegesellschaft (§ 32 Abs. 2 Satz 3 Halbsatz 1 InvG). Mitteilungspflichtig ist also die Kapitalanlagegesellschaft (KAG) selbst. Dies gilt sowohl im Falle einer Miteigentumslösung als auch im Falle der Treuhandlösung[30]. Liegt kein Spezial-Sondervermögen vor, sind die Anleger

13

---

23 Vgl. BaFin, Emittentenleitfaden, S. 138.
24 Vgl. BaFin, Emittentenleitfaden, S. 138.
25 Vgl. BaFin, Emittentenleitfaden, S. 139; eingehend *G. Roth* in GS Walz, S. 593, 610 ff.
26 Vgl. BaFin, Emittentenleitfaden, S. 139.
27 OLG Hamm v. 4.3.2009 – I 8 U 59/01, AG 2009, 876, 878.
28 Verordnung zur Umsetzung der Richtlinie 2007/14/EG der Kommission vom 8.3.2007 mit Durchführungsbestimmungen zu bestimmten Vorschriften der Richtlinie 2004/109/EG zur Harmonisierung der Transparenzanforderungen in Bezug auf Informationen über Emittenten, deren Wertpapiere zum Handel an einem geregelten Markt zugelassen sind, BGBl. I 2008, 408.
29 Vgl. *von Bülow* in KölnKomm. WpHG, § 22 WpHG Rz. 15, 288; *Dehlinger/Zimmermann* in Fuchs § 22 WpHG Rz. 41.
30 Vgl. BaFin, Emittentenleitfaden, S. 148; *Uwe H. Schneider* in Assmann/Uwe H. Schneider, Anh. zu § 22 WpHG Rz. 277, 283; für den Fall der Treuhandlösung *von Bülow* in KölnKomm. WpHG, § 22 WpHG Rz. 43.

nicht mitteilungspflichtig[31]. Liegt hingegen ein Spezial-Sondervermögen vor, können die Anleger in beiden Konstellationen ebenfalls zu Mitteilungen verpflichtet sein; bei der Miteigentumslösung gem. § 21 Abs. 1 WpHG[32] und bei der Treuhandlösung gem. § 22 Abs. 1 Satz 1 Nr. 2 WpHG hinsichtlich ihres quotalen Anteils an den Aktien im Sondervermögen[33].

14 Die KAG selbst kann zudem Tochterunternehmen sein. Allerdings sieht § 32 Abs. 2 Satz 1 InvG – ähnlich wie § 22 Abs. 3a WpHG – eine Ausnahme von der Zurechnung von Stimmrechten aus Aktien des von der KAG verwalteten Sondervermögens vor. Die Einzelheiten werden hier nicht erläutert[34].

**b) Halten für Rechnung des Meldepflichtigen (§ 22 Abs. 1 Satz 1 Nr. 2 WpHG)**

15 Stimmrechte sind ferner zuzurechnen, wenn die Aktien einem Dritten gehören und von ihm für Rechnung des Meldepflichtigen gehalten werden. Voraussetzung ist somit erstens, dass ein **Dritter** rechtsformal **Eigentümer** der **Aktien** ist. Zweitens müssen die **wirtschaftlichen Chancen** und **Risiken** vom **Meldepflichtigen** (dem Zurechnungssubjekt) getragen werden[35]. Zu diesen Risiken gehören insbesondere das Bestands-, Kurs-, Dividenden- und Bezugsrisiko[36].

16 Die Zurechnungsvorschrift will vor allem die Fälle erfassen, in denen Aktien treuhänderisch gehalten werden[37]. Es ist aber zu differenzieren. Bei einer **Verwaltungstreuhand** ist eine Zurechnung der Stimmrechte gerechtfertigt, weil eine Übertragung der Aktien stattgefunden hat, der Treuhänder zur Interessenwahrung verpflichtet ist und dem Treugeber ein Weisungsrecht gegenüber dem Treuhänder zusteht (§ 665 BGB), so dass er diesem vorgeben kann, wie die Stimmrechte auszuüben sind[38]. Eine andere Beurteilung ist bei einer **Vollmachtstreuhand** geboten. Eine Zurechnung findet bei ihr nicht statt, weil die Anteile mangels Übertragung beim Treugeber verbleiben[39].

17 Die Zurechnungsnorm kann weiterhin auf **Vermögensverwaltungsgesellschaften** (sog. Vorschaltgesellschaften) anzuwenden sein. Zu bejahen ist dies, soweit der **Meldepflichtige** aufgrund eines **Treuhandvertrags** einen ausreichenden **Einfluss** auf die

---

31 Vgl. BaFin, Emittentenleitfaden, S. 148; Uwe H. *Schneider* in Assmann/Schneider, Anhang zu § 22 WpHG Rz. 277, 284; bzgl. der Treuhandlösung Dehlinger/Zimmermann in Fuchs, § 22 WpHG Rz. 17.
32 Vgl. OLG Stuttgart v. 10.11.2004 – 20 U 16/03, AG 2005, 125, 127.
33 Vgl. BaFin, Emittentenleitfaden, S. 149; kritisch Uwe H. *Schneider* in Assmann/Uwe H. Schneider, Anh. zu § 22 WpHG Rz. 294 f.
34 Ausführlich hierzu BaFin, Emittentenleitfaden, S. 152; von Bülow in KölnKomm. WpHG, § 22 WpHG Rz. 43; Dehlinger/Zimmermann in Fuchs, § 22 WpHG Rz. 16 f.; Opitz in Schäfer/Hamann, § 22 WpHG Rz. 30; Uwe H. *Schneider* in Assmann/Uwe H. Schneider, Anh. zu § 22 WpHG Rz. 257 ff.
35 LG Hannover v. 29.5.1992 – 23 O 64/91, 23 O 77/91, WM 1992, 1239, 1243; von Bülow in KölnKomm. WpHG, § 22 WpHG Rz. 65; Uwe H. *Schneider* in Assmann/Uwe H. Schneider, § 22 WpHG Rz. 55.
36 Vgl. von Bülow in KölnKomm. WpHG, § 22 WpHG Rz. 65; Uwe H. *Schneider* in Assmann/Uwe H. Schneider, § 22 WpHG Rz. 55; BaFin, Emittentenleitfaden, S. 140; Petersen/Wille, NZG 2009, 856, 858; Bedkowski, BB 2009, 394, 396.
37 Vgl. Begr. RegE 2. FFG, BT-Drucks. 12/6679, S. 53.
38 Vgl. BaFin, Emittentenleitfaden, S. 140; einschränkend auf die fremdnützige Verwaltungstreuhand von Bülow in KölnKomm. WpHG, § 22 WpHG Rz. 71; Dehlinger/Zimmermann in Fuchs, § 22 WpHG Rz. 50.
39 Vgl. von Bülow in KölnKomm. WpHG, § 22 WpHG Rz. 70; Dehlinger/Zimmermann in Fuchs, § 22 WpHG Rz. 50; Opitz in Schäfer/Hamann, § 22 WpHG Rz. 31; Uwe H. *Schneider* in Assmann/Uwe H. Schneider, § 22 WpHG Rz. 63.

Stimmrechtsausübung hat[40]. Auch wenn ein solches Verhältnis nicht begründet ist, kann eine Zurechnung nach Sinn und Zweck der Vorschrift geboten sein[41]. Dies ist beispielsweise der Fall, wenn der Gegenstand des von der Gesellschaft betriebenen Unternehmens ausschließlich in der Verwaltung der Beteiligungen (Aktien) liegt[42]. Dann werden die Stimmrechte aus den von der Vermögensverwaltungsgesellschaft gehaltenen Aktien den Gesellschaftern quotal zugerechnet[43]. Im Übrigen ist in solchen Fällen zu prüfen, ob eine Zurechnung nach anderen Tatbeständen in Betracht kommt; einschlägig können insbesondere die in § 22 Abs. 1 Nr. 1 und Abs. 2 WpHG normierten Tatbestände sein[44].

Im Falle eines **Wertpapierdarlehens** (vgl. § 607 BGB) ohne Weiterveräußerungsabsichten des Darlehensnehmers kommt eine Zurechnung der Stimmrechte zum Darlehensgeber nur in Betracht, wenn der Darlehensgeber aufgrund vertraglicher Vereinbarungen auf die Stimmrechtsausübung Einfluss nehmen kann[45]. Ist dies nicht der Fall, unterliegt der Darlehensgeber mit der Übertragung der Aktien auf den Darlehensnehmer keiner Mitteilungspflicht gem. § 21 WpHG. Denn die Stimmrechte werden ihm nicht gem. § 22 Abs. 1 Satz 1 Nr. 2 WpHG zugerechnet. Andererseits ist der Darlehensnehmer in jedem Fall gem. § 21 WpHG aus eigenen Aktien mitteilungspflichtig. Hat – wie regelmäßig – der Darlehensnehmer die Absicht, die Aktien weiter zu veräußern, erfolgt ebenfalls keine Zurechnung gem. § 22 Abs. 1 Satz 1 Nr. 2 WpHG[46]. Zu beachten ist, dass in den Fällen der Wertpapierdarlehen zweifelhaft ist, ob eine Mitteilungspflicht des Darlehensgebers nach § 25 WpHG begründet sein kann (s. dort Rz. 5).

18

Ob sog. **Cash Settled Equity Swaps**, bei denen sich die Bank vertraglich dazu verpflichtet, gegen Zinszahlungen und Gebühren die Differenz zwischen dem Wert eines Aktienpaketes zu Beginn und zu Ende des Swap-Geschäfts zuzüglich etwaiger Dividenden an den Investor zu zahlen, unter den Tatbestand des § 22 Abs. 1 Satz 1 Nr. 2 WpHG zu subsumieren sind, ist umstritten. Die h.M. lehnt dies zu Recht ab, da der Investor bei derartigen vertraglichen Gestaltungen typischerweise keinen Einfluss auf die Stimmrechte hat[47]. Eine andere Frage ist, ob solche Finanzin-

19

---

40 Vgl. *von Bülow* in KölnKomm. WpHG, § 22 WpHG Rz. 77; *Dehlinger/Zimmermann* in Fuchs, § 22 WpHG Rz. 55; *Uwe H. Schneider* in Assmann/Uwe H. Schneider, § 22 WpHG Rz. 73; *Schwark* in Schwark, § 22 WpHG Rz. 5.
41 Zutr. VG Frankfurt v. 18.5.2006 – 1 E 3049/05, BKR 2007, 40, 42.
42 Vgl. *Burgard*, BB 1995, 2069, 2073; *Opitz* in Schäfer/Hamann, § 22 WpHG Rz. 38 (reine „Vehikelfunktion"); *Uwe H. Schneider* in Assmann/Uwe H. Schneider, § 22 WpHG Rz. 74. A.A. *von Bülow* in KölnKomm. WpHG, § 22 WpHG Rz. 76 f.; *Dehlinger/Zimmermann* in Fuchs, § 22 WpHG Rz. 55; *Falkenhagen*, WM 1995, 1005, 1007.
43 Vgl. *Lenz/Linke*, AG 2002, 369; *Uwe H. Schneider* in Assmann/Uwe H. Schneider, § 22 WpHG Rz. 76.
44 Vgl. *Dehlinger/Zimmermann* in Fuchs, § 22 WpHG Rz. 55; *Opitz* in Schäfer/Hamann, § 22 WpHG Rz. 38; *Schwark* in Schwark, § 22 WpHG Rz. 5; bzgl. § 22 Abs. 1 Satz 1 Nr. 1 WpHG *von Bülow* in KölnKomm. WpHG, § 22 WpHG Rz. 77; *Uwe H. Schneider* in Assmann/Uwe H. Schneider, § 22 WpHG Rz. 70.
45 BGH v. 16.3.2009 – II ZR 302/06, BGHZ 180, 154, 168 ff. = AG 2009, 441, 445 f.; *von Bülow* in KölnKomm. WpHG, § 22 WpHG Rz. 84; *Dehlinger/Zimmermann* in Fuchs, § 22 WpHG Rz. 56; *Petersen/Wille*, NZG 2009, 856, 858 *Opitz* in Schäfer/Hamann, § 22 WpHG Rz. 49; *Uwe H. Schneider* in Assmann/Uwe H. Schneider, § 22 WpHG Rz. 85; großzügiger *Bachmann*, ZHR 173(2009), 596, 630 f. A.A. BaFin, Emittentenleitfaden, S. 141.
46 So auch BaFin, Emittentenleitfaden, S. 141 betreffend die Ketten-Wertpapierleihe.
47 Vgl. Pressemitteilung der BaFin vom 21.8.2008, abrufbar unter: www.bafin.de; *von Bülow* in KölnKomm. WpHG, § 22 WpHG Rz. 87; *Baums/Sauter*, ZHR 173 (2009), 454, 467; *Schiessl*, Der Konzern 2009, 291, 295; *Fleischer/Schmolke*, ZIP 2008, 1501, 1506; zu einer Offenlegungspflicht auf Grundlage von Art. 10g der Transparenzrichtlinie *Zetzsche*, EBOR 2009, 115, 132; a.A. *Schanz*, DB 2008, 1899, 1903.

novationen de lege ferenda einer Offenlegungspflicht unterworfen werden sollten. Mehrere in Europa erfolgte spektakuläre Fälle haben zu einer intensiven Diskussion über eine Reform des Regimes der Beteiligungstransparenz geführt[48]. Mittlerweile hat auch CESR Empfehlungen unterbreitet, die Frage unionsrechtlich zu lösen[49]. Aber auch der deutsche Gesetzgeber will die Frage lösen und in einem neuen § 25a WpHG Mitteilungspflichten für solche Finanzinstrumente vorsehen (s. § 25 WpHG Rz. 15 ff.).

20 Bei einer gleichzeitigen Beteiligung des Treugebers an einem Acting in Concert soll nach einem Urteil des OLG München neben dem Treugeber für den Treuhänder nach §§ 21 Abs. 1 Satz 1, 22 Abs. 1 Satz 1 Nr. 2, Abs. 2 WpHG eine Meldepflicht auch hinsichtlich der dem Treugeber über § 22 Abs. 2 WpHG zugerechneten Stimmrechte aller am „acting in concert" Beteiligten bestehen[50]. Das Gericht verkennt, dass eine Stimmrechtszurechnung einen Einfluss des Zurechnungssubjekts auf die Stimmrechte des Dritten voraussetzt (s. Rz. 1). Ein angeblicher Grundsatz der „doppelten Zurechnung" von Stimmrechten besteht nicht und kann insbesondere nicht aus § 22 Abs. 1 Satz 1 Nr. 2 WpHG abgeleitet werden. Der Treuhänder selbst ist unmittelbar gem. § 21 Abs. 1 WpHG meldepflichtig, während dem Treugeber (er ist der „Meldepflichtige" i.S. des § 22 Abs. 1 Satz 1 Nr. 2 WpHG) die Stimmrechte gem. § 22 Abs. 1 Satz 1 Nr. 2 WpHG zugerechnet werden. Die Zurechnungsvorschriften sind auch nicht „weit" im Sinne einer größtmöglichen Transparenz, sondern mit Rücksicht auf die strengen Sanktionen des § 28 WpHG eng auszulegen (s. Vor §§ 21 ff. WpHG Rz. 8).

### c) Zur Sicherheit übertragene Aktien (§ 22 Abs. 1 Satz 1 Nr. 3 WpHG)

21 Stimmrechte aus Aktien, die der Meldepflichtige einem Dritten als Sicherheit übertragen hat, sind gleichfalls zuzurechnen, es sei denn, der Dritte ist zur Ausübung der Stimmrechte aus diesen Aktien befugt und bekundet die Absicht, die Stimmrechte unabhängig von den Weisungen des Meldepflichtigen auszuüben. Dieser Tatbestand zielt auf **sicherungsübereignete Aktien** und begründet eine **alternative Zurechnung**[51]. Er besagt, dass die Stimmrechte aus Aktien, die der Aktionär einem Dritten als Sicherheit übertragen hat, im Grundsatz auch weiterhin dem Aktionär zugerechnet werden. Nach Ansicht des Gesetzgebers rechtfertigt sich dies aus der Tatsache, dass die Aktien und die damit verbundenen Stimmrechte nach Erfüllung der Verbindlichkeit, für die die Aktien als Sicherheit übertragen wurden, dem ursprünglichen Aktionär wieder zufallen[52]. Eine andere Beurteilung ist nur dann geboten, wenn der **Sicherungsnehmer befugt** ist, die **Stimmrechte auszuüben** und wenn er die **Absicht bekundet** hat, dies **unabhängig** von den **Weisungen** des **Meldepflichtigen** zu tun. Die **Stimmrechte** sind dann dem **Sicherungsnehmer „zuzurechnen"**. Dieser Fall dürfte aber kaum relevant werden.

---

48 Vgl. etwa *Baums/Sauter*, ZHR 173 (2009), 454; *Fleischer/Schmolke*, ZIP 2008, 1501.
49 Vgl. CESR, Proposal to extent major shareholding notifications to instruments of similar economic effect to holding shares and entitlements to acquire shares, Jan. 2010, abrufbar unter: www.CESR.eu.
50 OLG München v. 9.9.2009 – 7 U 1997/09, ZIP 2009, 2095, 2096 f. = AG 2009, 793; zustimmend *Bröcker*, GWR 2009, 376 und *Mayrhofer/Pirner*, DB 2009, 2312; strikt ablehnend *von Bülow/Petersen*, NZG 2009, 1373; *Widder/Kocher*, ZIP 2010, 457, 458 ff.; *Fleischer/Bedkowski*, DStR, 2010, 933, 935 ff.; *Veil/Dolff*, AG 2010, 385, 387 ff.
51 Vgl. *von Bülow* in KölnKomm. WpHG, § 22 WpHG Rz. 103; *Dehlinger/Zimmermann* in Fuchs, § 22 WpHG Rz. 59; *Opitz* in Schäfer/Hamann, § 22 WpHG Rz. 50; *Sester* in Spindler/Stilz, § 22 AktG Anh. Rz. 32; *Uwe H. Schneider* in Assmann/Uwe H. Schneider, § 22 WpHG Rz. 93; BaFin, Emittentenleitfaden, S. 142.
52 Vgl. Begr. RegE 2. Finanzmarktförderungsgesetz, BT-Drucks. 12/6679, S. 53.

### d) Nießbrauchbestellung (§ 22 Abs. 1 Satz 1 Nr. 4 WpHG)

Der Nießbrauch ermöglicht dem Berechtigten, die Nutzungen aus der Aktie zu ziehen (§§ 1068, 1030, 100 BGB). Der Berechtigte hat also Anspruch auf die Dividende, nicht jedoch auf den Liquidationserlös oder auf einen Kursgewinn beim Verkauf. Ob das Stimmrecht und die anderen Verwaltungsrechte dem Besteller oder dem Nießbraucher oder beiden gemeinsam zustehen, ist umstritten[53]. Mit der in § 22 Abs. 1 Nr. 4 WpHG getroffenen Regelung hat der Gesetzgeber entsprechend den Vorgaben der Transparenzrichtlinie eine **Zurechnung** zur **Person** des **meldepflichtigen Nießbrauchers** bestimmt. Die im Schrifttum kontrovers diskutierte Frage wollte er damit nicht entscheiden[54]. 22

### e) Erwerbsmöglichkeit durch Erklärung (§ 22 Abs. 1 Satz 1 Nr. 5 WpHG)

Stimmrechte aus Aktien, die der Meldepflichtige durch eine Willenserklärung erwerben kann, sind ihm gem. § 22 Abs. 1 Satz 1 Nr. 5 WpHG zuzurechnen. Diese Regelung soll verhindern, dass Aktienbestände zur Umgehung der Meldepflicht einem Dritten derart übertragen werden, dass dem Aktionär der einseitige Rückerwerb jederzeit möglich ist[55]. Eine **Zurechnung** findet daher statt, wenn der **Inhaber der Aktien** ein **dingliches Angebot zur Übertragung abgegeben** hat, so dass der **Meldepflichtige** durch die **Erklärung**, das **Angebot anzunehmen**, **Eigentümer** der Aktien wird. Dies gilt ferner, wenn unmittelbar mit der Zahlung des Kaufpreises der dingliche Erwerb erfolgt[56]. 23

Andere Fallgestaltungen scheiden aus. Insbesondere reichen **schuldrechtliche Vereinbarungen**, die einen **Lieferanspruch** beinhalten oder – z.B. im Fall des Erwerbs von Wandelanleihen oder von Optionen, die erst das Recht zum Abschluss eines Kaufvertrags einräumen – einen solchen erst begründen, für eine Zurechnung nicht. Dies wurde vor Inkrafttreten des Gesetzes zur Regelung von öffentlichen Angeboten zum Erwerb von Wertpapieren und von öffentlichen Unternehmensübernahmen von einer verbreiteten Ansicht anders gesehen[57]. An dieser Sichtweise kann aber nicht mehr festgehalten werden[58], nachdem der **Gesetzgeber** den **Zurechnungstatbestand** in § 22 Abs. 1 Satz 1 Nr. 5 WpHG **neu fasste**[59] und zur wortlautidentischen Zurechnungsvorschrift des § 30 Abs. 1 Satz 1 Nr. 5 WpÜG ausführte, **Übereignungsansprüche** aus **schuldrechtlichen Verträgen** würden von ihr **nicht erfasst**. Sachlich vermag diese Auslegung zwar nicht vollends zu überzeugen. Denn es ist rechtspolitisch erwünscht, die Bildung von Aktienpaketen möglichst frühzeitig transparent zu machen. Zudem erscheint die Erwägung des Gesetzgebers, eine Zurechnung von Stimmrechten sei nur dann gerechtfertigt, wenn der Bieter über eine Position verfügt, die die Ausübung der Stimmrechte nicht von Unwägbarkeiten abhängig macht, die der 24

---

53 Vgl. *Schön*, ZHR 158 (1994), 229, 248; *Raiser/Veil*, Kapitalgesellschaften, § 11 Rz. 88 m.w.N.
54 Vgl. Begr. RegE 2. Finanzmarktförderungsgesetz, BT-Drucks. 12/6679, S. 53.
55 Vgl. Begr. RegE 2. Finanzmarktförderungsgesetz, BT-Drucks. 12/6679, S. 54.
56 Vgl. BaFin, Emittentenleitfaden, S. 144 mit einem Beispiel.
57 Vgl. *Burgard*, BB 1995, 2069, 2076; *Schwark*, ZBB 1996, 261, 264; a.A. *Bayer* in MünchKomm. AktG, 3. Aufl., § 22 WpHG Rz. 28; *von Bülow* in KölnKomm. WpHG, § 22 WpHG Rz. 113; *Dehlinger/Zimmermann* in Fuchs, § 22 WpHG Rz. 65; *Sester* in Spindler/Stilz, § 22 AktG Anh. Rz. 34; *Steuer/Baur*, WM 1996, 1477, 1480; *Heinsius*, WM 1996, 421, 423; *Cahn*, AG 1997, 501, 508; *Witt*, AG 2001, 233, 237.
58 Ebenso *Schwark* in Schwark, § 22 WpHG Rz. 10; BaFin, Emittentenleitfaden, S. 143 bzgl. einer schuldrechtlichen Call-Option. A.A. *Koppensteiner* in KölnKomm. AktG, 3. Aufl., Anh. § 22 AktG, §§ 21 ff. WpHG Rz. 19; *Uwe H. Schneider* in Assmann/Uwe H. Schneider, § 22 WpHG Rz. 106 ff.; *Franck*, BKR 2002, 709, 712.
59 Vgl. Art. 2 Nr. 2 des Gesetzes zur Regelung von öffentlichen Angeboten zum Erwerb von Wertpapieren und von öffentlichen Unternehmensübernahmen.

Bieter nicht beeinflussen kann[60], nicht zwingend zu sein. Eine **erweiternde Auslegung** oder eine **analoge Anwendung** der Zurechnungsvorschrift[61] ist aber angesichts des eindeutig formulierten Willens des Gesetzgebers **nicht statthaft**. Auch eine richtlinienkonforme Auslegung führt zu keinem anderen Ergebnis[62]. Schließlich fallen (erst recht) sog. Cash Settled Equity Swaps (s. oben Rz. 19) nicht unter § 22 Abs. 1 - Satz 1 Nr. 5 WpHG[63] (s. aber zu Reformbestrebungen Rz. 19); denn sie verleihen dem Investor noch nicht einmal das Recht, die Lieferung von Aktien zu verlangen.

#### f) Stimmrechte aus anvertrauten Aktien (§ 22 Abs. 1 Satz 1 Nr. 6 und Abs. 4 WpHG)

25 Schließlich sind auch die **Stimmrechte** aus Aktien hinzuzurechnen, die **dem Meldepflichtigen anvertraut sind** oder aus denen er die Stimmrechte als Bevollmächtigter ausüben kann, sofern er die Stimmrechte aus diesen Aktien nach eigenem Ermessen ausüben kann, wenn keine besonderen Weisungen des Aktionärs vorliegen. Hauptanwendungsfall dieser Vorschrift sind **rechtsgeschäftliche** und **gesetzliche Verwahrungsverhältnisse**, die beispielsweise in einer Testamentsvollstreckung[64] oder Pfandverwahrung[65] gründen. Aktien sind dem Meldepflichtigen ferner aufgrund der elterlichen Sorge anvertraut, so dass die Eltern gem. § 22 Abs. 1 Satz 1 Nr. 6 WpHG für die Stimmrechte an den Aktien ihres Kindes mitteilungspflichtig sind[66].

26 **Stimmrechtsvollmachten für Kreditinstitute nach § 135 AktG** werden von § 22 Abs. 1 Satz 1 Nr. 6 WpHG nicht erfasst. Denn ein Kreditinstitut, dem keine Weisung für die Ausübung des Stimmrechts erteilt worden ist, kann das Stimmrecht auch nach der Neufassung des § 135 AktG durch das ARUG nicht nach eigenem Ermessen ausüben (§ 135 Abs. 1 Satz 3 AktG). Ein eigenes Ermessen bei der Stimmrechtsausübung wird aber von § 22 Abs. 1 Satz 1 Nr. 6 WpHG vorausgesetzt[67]. Der Gesetzgeber hat sich zudem mit der Neufassung der Vorschrift durch das TUG klar geäußert[68].

27 Wird eine **Vollmacht nur zur** Ausübung der **Stimmrechte** für **eine Hauptversammlung** erteilt, ist es für die Erfüllung der Mitteilungspflicht nach § 21 Abs. 1 und 1a WpHG i.V.m. § 22 Abs. 1 Satz 1 Nr. 6 WpHG ausreichend, wenn die **Mitteilung lediglich bei Erteilung der Vollmacht** abgegeben wird (§ 22 Abs. 4 Satz 1 WpHG). Diese Regelung stellt für den Bevollmächtigten eine **Erleichterung** dar, denn er müsste sonst zweimal melden; einmal vor der Hauptversammlung (wenn durch die Zurechnung gem. § 22 Abs. 1 Satz 1 Nr. 6 WpHG eine Schwelle berührt würde) und sodann

---

60 In diesem Sinne zu § 30 Abs. 1 Satz 1 Nr. 5 WpÜG die Begr. RegE, BT-Drucks. 14/7034, S. 54. Diese Unwägbarkeiten sollen beispielsweise darauf beruhen können, dass dem Verkäufer Einwendungen oder ein Rücktrittsrecht zustehen oder er seine Lieferverpflichtungen nicht erfüllen kann.
61 Zu den Grenzen einer Auslegung s. oben Vor §§ 21 ff. WpHG Rz. 7 ff.
62 Vgl. *von Bülow* in KölnKomm. WpHG, § 22 WpHG Rz. 113; *Opitz* in Schäfer/Hamann, § 22 WpHG Rz. 64 f.
63 Vgl. Pressemitteilung der BaFin vom 21.8.2008, abrufbar unter: www.bafin.de; *Zetzsche*, EBOR 2009, 115, 131; *Baums/Sauter*, ZHR 173 (2009), 454, 468.
64 Vgl. *Burgard*, BB 1995, 2069, 2076; *Bayer* in MünchKomm. AktG, 3. Aufl., ;§ 22 WpHG Rz. 32; *Opitz* in Schäfer/Hamann, § 22 WpHG Rz. 76; *Schwark* in Schwark, § 22 WpHG Rz. 13 *Uwe H. Schneider* in Assmann/Uwe H. Schneider, § 22 WpHG Rz. 119; a.A. *Dehlinger/Zimmermann* in Fuchs, § 22 WpHG Rz. 73.
65 *Bayer* in MünchKomm. AktG, 3. Aufl., § 22 WpHG Rz. 32; *Schwark* in Schwark, § 22 WpHG Rz. 13; a.A. *von Bülow* in KölnKomm. WpHG, § 22 WpHG Rz. 134.
66 Vgl. HessVGH v. 25.1.2010 – 6 A 2932/09.
67 So Begr. RegE 2. Finanzmarktförderungsgesetz, BT-Drucks. 12/6679, S. 54 und h.L.; vgl. *Falkenhagen*, WM 1995, 1005, 1007; *Bayer* in MünchKomm. AktG, 3. Aufl., § 22 WpHG Rz. 36; *Schwark* in Schwark, § 22 WpHG Rz. 15.
68 Vgl. Begr. RegE TUG, BT-Drucks. 16/2498, S. 35 („Vollmachtsstimmrechte ... wie bisher nicht erfasst").

nach der Hauptversammlung (wenn seine Vollmacht erlöschen würde und mangels Zurechnung nach § 22 Abs. 1 Satz 1 Nr. 6 WpHG die Schwelle nicht mehr berühnt wäre)[69]. Diese zweite Meldung ist gem. § 22 Abs. 4 Satz 1 WpHG entbehrlich. Anders ist es aber zu beurteilen, wenn sich der Stimmrechtsanteil nach der Mitteilung verändert, so dass sich nach Erlöschen der Vollmacht oder des Ausübungsermessens der Stimmrechtsanteil von der Angabe in der Mitteilung unterscheidet. Dann gilt das Privileg des § 22 Abs. 4 Satz 1 WpHG nicht; es ist eine zweite Mitteilung erforderlich[70].

Die Mitteilung nach § 22 Abs. 4 Satz 1 WpHG muss die **Angabe** enthalten, wann die Hauptversammlung stattfindet und wie hoch nach Erlöschen der Vollmacht oder des Ausübungsermessens der Stimmrechtsanteil sein wird, der dem Bevollmächtigten zugerechnet wird (§ 22 Abs. 4 Satz 2 WpHG). Die Einzelheiten ergeben sich aus der WpAIV. 28

### 2. Zurechnung von Stimmrechten eines Tochterunternehmens in den Fällen von § 22 Abs. 1 Satz 1 Nr. 2 bis 6 WpHG

Für die Zurechnung nach § 22 Abs. 1 Satz 1 Nr. 2 bis 6 WpHG stehen dem Meldepflichtigen **Tochterunternehmen des Meldepflichtigen** gleich (§ 22 Abs. 1 Satz 2 WpHG). Es kann also eine **Kettenzurechnung** stattfinden. So sind einem Meldepflichtigen sowohl Stimmrechte seines Tochterunternehmens zuzurechnen (§ 22 Abs. 1 Satz 1 Nr. 1 WpHG) als auch Stimmrechte, die dem Tochterunternehmen gem. § 22 Abs. 1 Satz 1 Nr. 2 bis 6 WpHG zuzurechnen sind. 29

Verfügt beispielsweise der Meldepflichtige (M) über 5 % der Stimmrechte und hat sein Tochterunternehmen (T) 10 % der Stimmrechte sowie ein Dritter (D) für Rechnung von T weitere 10 % der Stimmrechte erworben, so hat M das Erreichen der Schwelle von 25 % der Stimmrechte mitzuteilen. T ist bezüglich der von ihm gehaltenen und ihm zuzurechnenden Stimmrechte sowie D bezüglich seiner Stimmrechte jeweils selbst meldepflichtig[71]. T hat folglich das Erreichen der Schwelle von 20 % und D das Erreichen der Schwelle von 10 % zu melden. 30

## III. Zurechnung gem. § 22 Abs. 2 Satz 1 WpHG

### 1. Grundlagen

Dem Meldepflichtigen werden im Falle eines sog. **Acting in Concert** gem. § 22 WpHG die Stimmrechte des Dritten in voller Höhe zugerechnet. Auch dieser Zurechnungstatbestand ist unionsrechtlich vorgezeichnet (vgl. Art. 10 lit. a Transparenzrichtlinie II). Allerdings ist der deutsche Gesetzgeber über die Vorgaben der Transparenzrichtlinie hinausgegangen. Denn der unionsrechtliche Tatbestand des Acting in Concert erfasst die Abstimmung in sonstiger Weise nicht. Die weitergehende nationale Regelung verstößt insoweit nicht gegen die europarechtlichen Vorgaben, da die Transparenzrichtlinie keine Höchstmaßregelungen vorsieht, sondern eine Mindestharmonisierung anstrebt. Im Übrigen bleibt die deutsche Regelung nicht hinter dem unionsrechtlichen Tatbestand zurück[72]. 31

---

69 Vgl. Begr. RegE TUG, BT-Drucks. 16/2498, S. 35.
70 Vgl. Begr. RegE TUG, BT-Drucks. 16/2498, S. 35.
71 Vgl. *Bayer* in MünchKomm. AktG, 3. Aufl., § 22 WpHG Rz. 4; *von Bülow* in KölnKomm. WpHG, § 22 WpHG Rz. 31; *Opitz* in Schäfer/Hamann, § 21 WpHG Rz. 36; *Uwe H. Schneider* in Assmann/Uwe H. Schneider, § 22 WpHG Rz. 15.
72 Vgl. *Veil* in FS K. Schmidt, S. 1645, 1663.

32 Die Vorschriften über die Zurechnung im Falle eines Acting in Concert wurden mehrere Male geändert. Der Gesetzgeber hat mit der Einführung des WpHG zum 1.1.1995 in § 22 Abs. 1 Nr. 3 WpHG a.F. erstmals Vereinbarungen erfasst, die den Meldepflichtigen und einen Dritten verpflichten, langfristig gemeinschaftliche Ziele bezüglich der Geschäftsführung der börsennotierten Gesellschaft zu verfolgen, indem sie ihre Stimmrechte einvernehmlich ausüben. Mit Wirkung zum 1.1.2002 überführte der Gesetzgeber diese Vorschrift in § 22 Abs. 2 WpHG und fasste sie neu. Seitdem sind auch Abstimmungen in sonstiger Weise erfasst. In Folge der Umsetzung der Transparenzrichtlinie II änderte der Gesetzgeber die Vorschrift zum 20.1.2007 erneut. Eine materielle Änderung der Stimmrechtszurechnung beim Acting in Concert erfolgte durch diese Gesetzesänderung aber nicht. Beträchtliche Änderungen brachte das Risikobegrenzungsgesetz. Denn der Gesetzgeber definierte in § 22 Abs. 2 Satz 2 WpHG n.F. den Begriff der Abstimmung.

## 2. Voraussetzungen

### a) Abstimmung aufgrund Vereinbarung oder in sonstiger Weise

33 Als Vereinbarung i.S. der **Alt. 1** sind alle Verträge der Zivilrechtsdogmatik zu verstehen, mit denen die Beteiligten ihr Verhalten in Bezug auf die Gesellschaft abstimmen. Die Vereinbarung muss sich auf die Ausübung von Stimmrechten aus Aktien der Zielgesellschaft beziehen. Dies ist etwa bei **Poolvereinbarungen** der Fall[73]. Aber es kommen auch **Interessenwahrungs-** und **Gesellschaftsverträge** in Betracht[74].

34 Es ist nicht erforderlich, dass die Parteien sich auf das Einstimmigkeitsprinzip verständigt haben. Die Stimmrechte werden auch dann zugerechnet, wenn in der Vereinbarung das Mehrheitsprinzip vorgesehen ist[75]. Dann kann zwar keiner der Vertragsparteien das spätere Stimmverhalten der Konzertisten in der Hauptversammlung des Emittenten determinieren. Ein solches Einflusspotential ist aber nicht notwendige Voraussetzung für eine Stimmrechtszurechnung. Denn jede Partei der Vereinbarung hat theoretisch die Möglichkeit, mit anderen Vertragsparteien eine Mehrheit zu bilden. Als Teil dieser Mehrheit der Vertragsparteien kann sie die übrigen Parteien zu einem bestimmten Stimmverhalten veranlassen. Sie hat also die Möglichkeit, auf das Stimmverhalten anderer Vertragsparteien verbindlich Einfluss zu nehmen. Diese Interessengemeinschaft rechtfertigt es, die Stimmrechte den Vertragsparteien wechselseitig (s. auch unten Rz. 43 ff.) zuzurechnen[76].

35 Eine Stimmrechtszurechnung i.S. der Alt. 2 des § 22 Abs. 2 Satz 1 WpHG durch Abstimmung in sonstiger Weise setzt eine **bewusste Zusammenarbeit** mit dem **Ziel** voraus, die **Mitgliedsrechte** zu **koordinieren** und **kontinuierlich auszuüben**[77]. Es genügt nicht, wenn parallele geschäftspolitische Interessen – die Sanierung des Unterneh-

---

[73] Vgl. Begr. RegE 2. Finanzmarktförderungsgesetz, BT-Drucks. 12/6679, S. 53; *Casper* in Veil/Drinkuth, S. 45, 53; *von Bülow* in KölnKomm. WpHG, § 22 WpHG Rz. 182; *Uwe H. Schneider* in Assmann/Uwe H. Schneider, § 22 WpHG Rz. 199 f.

[74] *Uwe H. Schneider* in Assmann/Uwe H. Schneider, § 22 WpHG Rz. 172; *Koppensteiner* in KölnKomm. AktG, 3. Aufl., Anh. § 22 §§ 21 ff. WpHG Rz. 23; *Schwark* in Schwark, § 22 WpHG Rz. 19.

[75] *Löhdefink*, Acting in Concert und Kontrolle im Übernahmerecht, 2007, S. 262; *Veil* in FS K. Schmidt, S. 1645, 1652.

[76] *Liebscher*, ZIP 2002, 1005, 1010; *Diekmann* in VGR, Gesellschaftsrecht in der Diskussion 2005, 2006, S. 69, 85; *Seibt*, ZIP 2004, 1829, 1831; *Schockenhoff/Schumann*, ZGR 2005, 568, 575.

[77] OLG Frankfurt/Main v. 25.6.2004 – WpÜG 5/03, WpÜG 6/03, WpÜG 8/03, ZIP 2004, 1309; ebenso *Weiler/Meyer*, NZG 2003, 909; *Schockenhoff/Schumann*, ZGR 2005, 568, 583; *Diekmann* in VGR, Gesellschaftsrecht in der Diskussion 2005, 2006, S. 9, 78; *Uwe H. Schneider* in Assmann/Uwe H. Schneider, § 22 WpHG Rz. 173.

mens in Fortführung eines bereits vorhandenen Konzepts – verfolgt werden[78]. Allerdings reicht es aus, wenn die gegenseitige Koordinierung nicht freiwillig erfolgt[79]. Aus der gesetzlichen Ausnahme für Vereinbarungen im Einzelfall folgt zudem, dass die **Einflussnahme nachhaltig** sein muss[80].

**b) Keine Abstimmung im Einzelfall**

Auch bei einer Abstimmung in sonstiger Weise ist ein **Verhalten im Einzelfall nicht ausreichend**, um Stimmrechte zuzurechnen[81]. Ob dieser formal[82] oder materiell[83] zu bestimmen ist, hat der **BGH** offen gelassen[84], jedoch zu erkennen gegeben, aus Gründen der Rechtssicherheit den **Einzelfall formal**, also in Bezug auf die Häufigkeit des Abstimmungsverhaltens, **bestimmen** zu wollen[85]. Der Gesetzgeber hat die Frage mit dem Risikobegrenzungsgesetz nicht entschieden. 36

Sie wird vor allem bei der **Wahl von Aufsichtsratsmitgliedern durch die Hauptversammlung** relevant. Ein restriktives Verständnis in dem Sinne, dass eine Abstimmung über mindestens zwei Hauptversammlungsperioden stattfinden müsse, wird dem Zweck der Zurechnungsregelung nicht hinreichend gerecht. Aktionäre verfolgen mit der Besetzung des Aufsichtsrats in der Regel langfristige unternehmenspolitische Vorstellungen[86]. Zwar sind die Mitglieder des Aufsichtsrats – wie der BGH zu Recht herausstellt – in erster Linie dem Unternehmensinteresse verpflichtet[87]. Doch steht ihnen bei ihrer Amtsführung vor allem in geschäftspolitischen Fragen ein breiter Beurteilungsspielraum zu. Deshalb können Aktionäre über „ihre" Aufsichtsratsmitglieder beträchtlichen Einfluss auf die Unternehmenspolitik nehmen. **Stimmen** sich also zwei oder mehrere **Aktionäre vor** einer **Hauptversammlung** bezüglich der **Wahl mehrerer Aufsichtsratsmitglieder ab, verfolgen** sie in der Regel auch **strategische Ziele**[88]; der **Zurechnungstatbestand** des **Acting in Concert** kann daher **erfüllt sein**. 37

**c) Verhalten in Bezug auf die Zielgesellschaft (§ 22 Abs. 2 Satz 1 WpHG)**

Voraussetzung ist ferner gem. § 22 Abs. 2 Satz 1 WpHG ein „**Verhalten in Bezug auf die Zielgesellschaft**". Der BGH präzisierte diese Voraussetzung in der zu § 30 Abs. 2 WpÜG ergangenen WMF-Entscheidung dahingehend, dass sich das Abstimmungsver- 38

---

78 OLG Frankfurt/Main v. 25.6.2004 – WpÜG 5/03, WpÜG 6/03, WpÜG 8/03, ZIP 2004, 1309; von *Bülow* in KölnKomm. WpHG, § 22 WpHG Rz. 152.
79 BGH v. 18.9.2006 – II ZR 137/05, BGHZ 169, 98, 104, Rz. 14 = AG 2006, 883, 885.
80 BGH v. 18.9.2006 – II ZR 137/05, BGHZ 169, 98, 107, Rz. 19 ff. = AG 2006, 883, 886; LG Hamburg v. 16.10.2006 – 412 O 102/04, ZIP 2007, 427, 429; von *Bülow* in KölnKomm. WpHG, § 22 WpHG Rz. 165; kritisch *Dehlinger/Zimmermann* in Fuchs, § 22 WpHG Rz. 99; *Uwe H. Schneider* in Assmann/Uwe H. Schneider, § 22 WpHG Rz. 178.
81 Vgl. *Weiler/Meyer*, NZG 2003, 909, 910; von *Bülow* in KölnKomm. WpHG, § 22 WpHG Rz. 169; *Dehlinger/Zimmermann* in Fuchs, § 22 WpHG Rz. 98; *Opitz* in Schäfer/Hamann, § 21 WpHG Rz. 91; *Uwe H. Schneider* in Assmann/Uwe H. Schneider, § 22 WpHG Rz. 179.
82 In diesem Sinne OLG Stuttgart v. 10.11.2004 – 20 U 16/03, AG 2005, 125; OLG Frankfurt/Main v. 25.6.2004 – WpÜG 5/03, WpÜG 6/03, WpÜG 8/03, ZIP 2004, 1309, 1312; von *Bülow/Bücker*, ZGR 2004, 700, 714; von *Bülow* in KölnKomm. WpHG, § 22 WpHG Rz. 170.
83 In diesem Sinne etwa *Casper/Bracht*, NZG 2005, 839 f.; *Fleischer*, ZGR 2008, 185, 202 f.; *Saenger/Kessler*, ZIP 2006, 837, 840.
84 Vgl. BGH v. 18.9.2006 – II ZR 137/05, BGHZ 169, 98, Rz. 22 = AG 2006, 883, 886.
85 Vgl. BGH v. 18.9.2006 – II ZR 137/05, BGHZ 169, 98, Rz. 20 f. = AG 2006, 883, 886.
86 Vgl. *Uwe H. Schneider* in Assmann/Uwe H. Schneider, § 22 WpHG Rz. 198.
87 Vgl. BGH v. 18.9.2006 – II ZR 137/05, BGHZ 169, 98, Rz. 18 = AG 2006, 883, 886.
88 Vgl. OLG München v. 27.4.2005 – 7 U 2792/04, DB 2005, 1264, 1265 = AG 2005, 482; kritisch ggü. diesem quantitativen Ansatz *Anders/Filgut*, ZIP 2010, 1115, 1117 f.

halten auf die Ausübung von Stimmrechten erstrecken müsse[89]. Der Gesetzgeber hat mit dem Risikobegrenzungsgesetz das Anliegen verfolgt, den Tatbestand zu erweitern. Dazu hat er den Begriff des abgestimmten Verhaltens in **§ 22 Abs. 2 Satz 2 WpHG** (und in der Parallelregelung in § 30 Abs. 2 Satz 2 WpÜG) definiert: Ein abgestimmtes Verhalten setzt voraus, dass der **Meldepflichtige** oder sein **Tochterunternehmen und** der **Dritte** sich über die **Ausübung** von **Stimmrechten verständigen** oder mit dem **Ziel** einer **dauerhaften** und **erheblichen Änderung** der **unternehmerischen Ausrichtung** des Emittenten in sonstiger Weise **zusammenwirken**.

39 **aa) Verständigung über die Ausübung von Stimmrechten (§ 22 Abs. 2 Satz 2 Alt. 1 WpHG).** Die mit dem Risikobegrenzungsgesetz eingeführte Definition des in § 22 Abs. 2 Satz 1 geforderten Verhaltens in Gestalt einer Verständigung über die Ausübung von Stimmrechten knüpft an die bisherige Rechtslage an[90]. Unter „verständigen" ist daher nicht schon ein gegenseitiger Austausch zwischen (zwei oder mehreren) Personen zu verstehen[91]. Der Terminus ist dahingehend auszulegen, dass (zwei oder mehrere) Personen einen **Konsens** zu einer bestimmten Frage gesucht haben.

40 **bb) Zusammenwirken in sonstiger Weise (§ 22 Abs. 2 Satz 2 Alt. 2 WpHG).** Eine Abstimmung i.S. des § 22 Abs. 2 WpHG kann auch dann vorliegen, wenn sie außerhalb der Hauptversammlung erfolgt. Allerdings verlangt § 22 Abs. 2 Satz 2 WpHG, dass sie mit dem **Ziel** einer **dauerhaften** und **erheblichen Änderung** der **unternehmerischen Ausrichtung** der **Zielgesellschaft** erfolgt[92]. Die Aktionäre müssen eine entsprechende gemeinsame Strategie verfolgen[93]. Dies kommt vor allem in den Fällen eines sog. Druckpools in Betracht. Dabei schließen sich Aktionäre zur Verfolgung bestimmter unternehmerischer Ziele zusammen, um die Verwaltung der Gesellschaft (beispielsweise in sog. one-to-one-Gesprächen) zu einer Änderung der unternehmerischen Ausrichtung zu bewegen[94].

41 Der Gesetzgeber hatte ursprünglich mit dem Risikobegrenzungsgesetz das Anliegen verfolgt, noch weitere Fälle als Acting in Concert zu erfassen[95]. Er ist davon aber unter dem Eindruck der Kritik aus Praxis und Wissenschaft[96] abgekehrt[97]. Zu Recht, denn ein extensives Verständnis würde sich nachteilig auf die Corporate Governance auswirken. Ein Abstimmungsverhalten beim **Erwerb** von **Anteilen**[98] oder bei der **Wahl** (etwa des Vorsitzenden ) **im Aufsichtsrat**[99] erfüllt daher den **Zurechnungstatbestand nicht.**

---

89 Vgl. BGH v. 18.9.2006 – II ZR 137/05, BGHZ 169, 98, Rz. 17 = AG 2006, 883, 885.
90 Bericht des Finanzausschusses zum RegE Risikobegrenzungsgesetz, BT-Drucks. 16/9821, S. 16.
91 Vgl. *Duden*, Das große Wörterbuch der deutschen Sprache in zehn Bänden, 3. Aufl. 1999, S. 4285 („von etwas in Kenntnis setzen, unterrichten, benachrichtigen, jemandem etwas mitteilen").
92 Kritisch hierzu *von Bülow* in Veil, Übernahmerecht in Praxis und Wissenschaft, 2009, S. 141, 157.
93 Bericht Finanzausschuss Risikobegrenzungsgesetz, BT-Drucks. 16/9821, S. 16.
94 Vgl. *von Bülow* in Veil, Übernahmerecht in Praxis und Wissenschaft, 2009, S. 141, 164.
95 Vgl. Begr. RegE Risikobegrenzungsgesetz, BT-Drucks. 16/7438, S. 11.
96 *Fleischer*, ZGR 2008, 185, 196; *König*, BB 2008, 1910; *Möllers/Holzner*, NZG 2008, 166; *Schockenhoff/Wagner*, NZG 2008, 360.
97 Bericht Finanzausschuss Risikobegrenzungsgesetz, BT-Drucks. 16/9821, S. 15 f.
98 Vgl. zur Rechtslage vor dem Risikobegrenzungsgesetz bereits ablehnend LG Hamburg v. 16.10.2006 – 412 O 102/04, ZIP 2007, 427, 429; *Schockenhoff/Schumann*, ZGR 2005, 568, 582; *Diekmann* in VGR, Gesellschaftsrecht in der Diskussion 2005, 2006, S. 69, 78 ff., 94. A.A. *Berger/Filgut*, AG 2004, 592, 593; *Engert*, JZ 2007, 314.
99 So aber OLG München v. 27.4.2005 – 7 U 2792/04, DB 2005, 1264, 1265 = AG 2005, 482 als Vorinstanz zur Entscheidung des BGH; ferner *Engert*, JZ 2007, 314, 316.

## d) Darlegungs- und Beweislast

Ob eine Abstimmung erfolgt ist, muss in jedem Einzelfall unter Berücksichtigung sämtlicher Umstände ermittelt werden[100]. Es verbietet sich, ein in sonstiger Weise erfolgtes abgestimmtes Verhalten in bestimmten Konstellationen zu vermuten. Eine **Vermutung** ist insbesondere bei einem **gleichförmigen Abstimmungsverhalten** und bei **familiären Verhältnissen** (insoweit schon wegen Art. 6 GG) **ausgeschlossen**[101]. Die **Darlegungs- und Beweislast** bestimmt sich nach den allgemeinen Regeln: Derjenige, der ein abgestimmtes Verhalten reklamiert, hat dieses darzulegen und zu beweisen, während der Gegner dies für das Vorliegen eines Einzelfalls zu tun hat[102]. 42

## 3. Rechtsfolgen

### a) Stimmrechtszurechnung

Die **Stimmrechte** werden **wechselseitig zugerechnet**. Bündeln z.B. zwei Vertragspartner jeweils 5 % der Stimmrechte, so müssen beide das Erreichen der Meldeschwelle von 10 % mitteilen. Die Zurechnung der Stimmrechte zum Meldepflichtigen absorbiert also nicht die Stimmrechte des Dritten[103]. Diese wechselseitige Zurechnung kann bei **Familien-Pools** zu Schwierigkeiten führen. Halten die Familienmitglieder ihre Aktien selbst, müsste jedes Familienmitglied eine Mitteilung machen. Häufig handelt es sich aber aufgrund Erbgangs oder Heirat nur um Kleinstbeteiligungen, die für den Kapitalmarkt von geringem Informationswert sind. In solchen Fällen kommt zwar eine Befreiung von der Mitteilungspflicht nicht in Betracht. Denkbar ist es jedoch, einen Poolleiter zu bestimmen, der mit der Erledigung der Pflichten betraut wird. 43

Eine Ausnahme vom Grundsatz wechselseitiger Zurechnung ist geboten, wenn ein an der Vereinbarung beteiligter Aktionär sich gegenüber den anderen beteiligten Aktionären bei Abstimmungen im Pool durchsetzen kann. In diesen Fällen einer strukturellen Dominanz ist **§ 22 Abs. 2 Satz 1 Alt. 1 WpHG teleologisch zu reduzieren**, so dass die Stimmrechte des Poolführers (A) den anderen Poolmitgliedern (B und C) nicht zuzurechnen sind[104]. A sind aber die Stimmrechte der von ihm majorisierten Poolmitglieder B und C zuzurechnen. Diese teleologische Reduktion des § 22 Abs. 2 44

---

100 So bereits in Bezug auf das Erfordernis eines nachhaltigen Einflusses *Casper* in Veil/Drinkuth, S. 45, 55; ferner *Schockenhoff/Schumann*, ZGR 2005, 568, 589 f.; *von Bülow* in KölnKomm. WpHG, § 22 WpHG Rz. 276; *Uwe H. Schneider* in Assmann/Uwe H. Schneider, § 22 WpHG Rz. 194.
101 OLG Stuttgart v. 10.11.2004 – 20 U 16/03, NZG 2005, 432, 436 = AG 2005, 125; *Schockenhoff/Schumann*, ZGR 2005, 568, 591 ff.; vgl. auch OLG Frankfurt/Main v. 14.11.2006 – 5 U 158/05, AG 2007, 592, 595 (zu § 2 Abs. 5 WpÜG); OLG Frankfurt/Main v. 25.6.2004 – WpÜG 5/03, WpÜG 6/03, WpÜG 8/03, ZIP 2004, 1309, 1312; *Opitz* in Schäfer/Hamann, § 21 WpHG Rz. 98a; *Schwark* in Schwark, § 22 WpHG Rz. 20; *Uwe H. Schneider* in Assmann/Uwe H. Schneider, § 22 WpHG Rz. 196; a.A. LG Köln v. 5.10.2007 – 82 O 117/06, AG 2008, 336, 338.
102 Vgl. *Schockenhoff/Schumann*, ZGR 2005, 568, 599 f.; *Diekmann* in VGR, Gesellschaftsrecht in der Diskussion 2005, 2006, S. 69, 86.
103 *Sester* in Spindler/Stilz, § 22 AktG Anh. Rz. 37.
104 Vgl. *von Bülow/Bücker*, ZGR 2004, 669, 708; *von Bülow* in KölnKomm. WpHG, § 22 WpHG Rz. 175; *Lange*, ZBB 2004, 22, 26 (Kontrolle der Abstimmung in einem Stimmrechtspool); *Veil* in FS K. Schmidt, S. 1645, 1653 ff.; einschränkend *Löhdefink*, Acting in Concert und Kontrolle im Übernahmerecht, 2007, S. 330. A.A. BaFin, Emittentenleitfaden, S. 147; *Dehlinger/Zimmermann* in Fuchs, § 22 WpHG Rz. 102; *Opitz* in Schäfer/Hamann, § 22 WpHG Rz. 93; zu § 30 Abs. 2 WpÜG *Lenz/Linke*, AG 2002, 361, 368 f.; *Raloff*, Acting in Concert, 2007, S. 259; *Weiß*, Der wertpapierhandelsrechtliche und übernahmerechtliche Zurechnungstatbestand des acting in concert, 2007, S. 142.

WpHG ist geboten, weil der Rechtsgrund der Stimmrechtszurechnung in der Möglichkeit einer Einflussnahme auf die Ausübung fremder Stimmrechte liegt. Allein die vertraglich abgesicherte Teilnahme an Poolversammlungen genügt nicht. Andererseits sind Stimmrechte, die ein Poolmitglied nicht in den Poolvertrag einbezogen hat (A hält 14 % und B 12 %; B verpflichtet sich ausdrücklich, lediglich das Stimmrecht aus 3 % sich mit A abzustimmen)[105] den anderen Poolmitgliedern nicht zuzurechnen[106] (A werden nur 3 % des B zugerechnet).

45 Zweifelhaft ist die rechtliche Behandlung von Verträgen, bei denen sich die Parteien die Möglichkeit eines abweichenden Stimmverhaltens offen halten (sog. **Pool-Verträge mit Öffnungsklauseln**). Nach einem Teil der Literatur sollen solche Verträge keine wechselseitige Stimmrechtszurechnung begründen[107]. Denkbar sei aber, dass die Stimmrechte aufgrund einer Abstimmung „in sonstiger Weise" gem. § 22 Abs. 2 Satz 1 Halbsatz 1 Alt. 2 WpHG zuzurechnen seien[108]. Vorzugswürdig ist es, eine Abstimmung durch Vereinbarung zu bejahen und die Stimmrechte den Beteiligten des Pool-Vertrags mit Öffnungsklausel wechselseitig zuzurechnen[109]. Denn die Parteien „verständigen" sich sehr wohl über die Ausübung ihres Stimmrechts. Dieser Abstimmungsprozess setzt nicht notwendig eine Bindung an einen gegebenenfalls durch eine Mehrheit getroffenen Beschluss voraus.

### b) Kettenzurechnung

46 § 22 Abs. 2 WpHG sieht zwei Fälle einer Kettenzurechnung vor. So werden erstens nach Satz 1 dem **Meldepflichtigen Stimmrechte** aus **Aktien** eines **Dritten** zugerechnet, mit dem das **Tochterunternehmen** des Meldepflichtigen sein **Verhalten abstimmt**. Beispiel: D hält 5 % und stimmt sich mit T ab; dessen Mutterunternehmen (M) ist an der Abstimmung nicht beteiligt; dennoch werden M 5 % von D gem. § 22 Abs. 2 Satz 1 WpHG zugerechnet. Der zweite Fall der Kettenzurechnung ist in Satz 3 des Abs. 2 normiert: Für die Berechnung des Stimmrechtsanteils des Dritten gilt Abs. 1 entsprechend. Dies bedeutet, dass der **Meldepflichtige** sich auch solche **Stimmrechte** aus Aktien **zurechnen** lassen muss, die dem **Dritten** (seinem Abstimmungspartner) gem. § 22 Abs. 1 Satz 1 Nr. 1 bis 6 WpHG **zugerechnet** werden. Beispiel: D hält 5 % und ihm werden weitere 7 % gem. § 22 Abs. 1 Satz 1 Nr. 1 WpHG (aus Aktien eines Tochterunternehmens) zugerechnet; dann werden dem Meldepflichtigen insgesamt 12 % des D zugerechnet.

47 Mehrere Zurechnungstatbestände sind erfüllt, wenn das Mutterunternehmen (M), das Tochterunternehmen (T) und der Dritte (D) durch einen Stimmbindungsvertrag gebunden sind. Die Stimmrechte des D und jene von T sind dann M gem. § 22 Abs. 2 Satz 1 WpHG zuzurechnen. Außerdem sind die Stimmrechte von T gem. § 22 Abs. 1 Satz 1 Nr. 1 WpHG der M zuzurechnen[110].

48 Zweifelhaft ist, wie es zu beurteilen ist, wenn der **Dritte** sich mit einem **Vierten** gem. § 22 Abs. 2 Satz 1 WpHG **abstimmt**. Hinsichtlich einer Kettenzurechnung ver-

---

105 Vgl. das Beispiel im Emittentenleitfaden, S. 147.
106 Zutr. BaFin, Emittentenleitfaden, S. 147.
107 *Jäger*, WM 1996, 1356, 1357 (zu § 22 Abs. 1 Nr. 3 WpHG a.F.); *Lange*, ZBB 2004, 22, 27; *von Bülow* in KölnKomm. WpHG, § 22 WpHG Rz. 183; *von Bülow/Bücker*, ZGR 2004, 669, 688 f., 699, 706.
108 In diesem Sinne wohl *Lange*, ZBB 2004, 22, 27.
109 *Nottmeier/Schäfer*, AG 1997, 87, 95 (zu § 22 Abs. 1 Nr. 3 WpHG a.F.); *Uwe H. Schneider* in Assmann/Uwe H. Schneider, § 22 WpHG Rz. 200; wohl auch *Heinrich*, Kapitalmarktrechtliche Transparenzbestimmungen und die Offenlegung von Beteiligungsverhältnissen, 2006, S. 117.
110 Vgl. BaFin, Emittentenleitfaden, S. 147.

weist § 22 Abs. 2 Satz 3 WpHG nur auf Abs. 1 und nicht auf Abs. 2 Satz 1 WpHG. Wenn beispielsweise ein Acting in Concert zwischen M (10 %) und D (10 %) besteht, der D eine Tochter (10 %) hat und zwischen ihm und V (10 %) ein Acting in Concert besteht, werden dem M die Stimmrechte des D gem. § 22 Abs. 2 Satz 1 WpHG und der T gem. § 22 Abs. 2 Satz 3 i.V.m. § 22 Abs. 1 Satz 1 Nr. 1 WpHG zugerechnet. Die Stimmrechte des V werden dem M nicht zugerechnet, es sei denn, dass M sich mit V in sonstiger Weise abstimmt.

## § 23 WpHG
## Nichtberücksichtigung von Stimmrechten

(1) Stimmrechte aus Aktien eines Emittenten, für den die Bundesrepublik Deutschland der Herkunftsstaat ist, bleiben bei der Berechnung des Stimmrechtsanteils unberücksichtigt, wenn ihr Inhaber

1. ein Unternehmen mit Sitz in einem Mitgliedstaat der Europäischen Union oder in einem anderen Vertragsstaat des Abkommens über den Europäischen Wirtschaftsraum ist, das Wertpapierdienstleistungen erbringt,
2. die betreffenden Aktien im Handelsbestand hält oder zu halten beabsichtigt und dieser Anteil nicht mehr als 5 Prozent der Stimmrechte beträgt und
3. sicherstellt, dass die Stimmrechte aus den betreffenden Aktien nicht ausgeübt und nicht anderweitig genutzt werden, um auf die Geschäftsführung des Emittenten Einfluss zu nehmen.

(2) Stimmrechte aus Aktien eines Emittenten, für den die Bundesrepublik Deutschland der Herkunftsstaat ist, bleiben bei der Berechnung des Stimmrechtsanteils unberücksichtigt, sofern

1. die betreffenden Aktien ausschließlich für den Zweck der Abrechnung und Abwicklung von Geschäften für höchstens drei Handelstage gehalten werden, selbst wenn die Aktien auch außerhalb eines organisierten Marktes gehandelt werden, oder
2. eine mit der Verwahrung von Aktien betraute Stelle die Stimmrechte aus den verwahrten Aktien nur aufgrund von Weisungen, die schriftlich oder über elektronische Hilfsmittel erteilt wurden, ausüben darf.

(3) Stimmrechte aus Aktien, die die Mitglieder des Europäischen Systems der Zentralbanken bei der Wahrnehmung ihrer Aufgaben als Währungsbehörden zur Verfügung gestellt bekommen oder die sie bereitstellen, bleiben bei der Berechnung des Stimmrechtsanteils am Emittenten, für den die Bundesrepublik Deutschland der Herkunftsstaat ist, unberücksichtigt, soweit es sich bei den Transaktionen um kurzfristige Geschäfte handelt und die Stimmrechte aus den betreffenden Aktien nicht ausgeübt werden. Satz 1 gilt insbesondere für Stimmrechte aus Aktien, die einem oder von einem Mitglied im Sinne des Satzes 1 zur Sicherheit übertragen werden, und für Stimmrechte aus Aktien, die dem Mitglied als Pfand oder im Rahmen eines Pensionsgeschäfts oder einer ähnlichen Vereinbarung gegen Liquidität für geldpolitische Zwecke oder innerhalb eines Zahlungssystems zur Verfügung gestellt oder von diesem bereitgestellt werden.

(4) Für die Meldeschwellen von 3 Prozent und 5 Prozent bleiben Stimmrechte aus solchen Aktien eines Emittenten, für den die Bundesrepublik Deutschland der Her-

kunftsstaat ist, unberücksichtigt, die von einer Person erworben oder veräußert werden, die an einem Markt dauerhaft anbietet, Finanzinstrumente im Wege des Eigenhandels zu selbst gestellten Preisen zu kaufen oder zu verkaufen (Market Maker), wenn

1. diese Person dabei in ihrer Eigenschaft als Market Maker handelt,
2. sie eine Zulassung nach § 32 Abs. 1 Satz 1 in Verbindung mit § 1 Abs. 1a Satz 2 Nr. 4 des Kreditwesengesetzes hat,
3. sie nicht in die Geschäftsführung des Emittenten eingreift und keinen Einfluss auf ihn dahingehend ausübt, die betreffenden Aktien zu kaufen oder den Preis der Aktien zu stützen und
4. sie der Bundesanstalt unverzüglich, spätestens innerhalb von vier Handelstagen mitteilt, dass sie hinsichtlich der betreffenden Aktien als Market Maker tätig ist; für den Beginn der Frist gilt § 21 Abs. 1 Satz 3 und 4 entsprechend.

Die Person kann die Mitteilung auch schon zu dem Zeitpunkt abgeben, an dem sie beabsichtigt, hinsichtlich der betreffenden Aktien als Market Maker tätig zu werden.

(5) Stimmrechte aus Aktien, die nach den Absätzen 1 bis 4 bei der Berechnung des Stimmrechtsanteils unberücksichtigt bleiben, können mit Ausnahme von Absatz 2 Nr. 2 nicht ausgeübt werden.

(6) Das Bundesministerium der Finanzen kann durch Rechtsverordnung, die nicht der Zustimmung des Bundesrates bedarf,

1. eine geringere Höchstdauer für das Halten der Aktien nach Absatz 2 Nr. 1 festlegen,
2. nähere Bestimmungen erlassen über die Nichtberücksichtigung der Stimmrechte eines Market Maker nach Absatz 4 und
3. nähere Bestimmungen erlassen über elektronische Hilfsmittel, mit denen Weisungen nach Absatz 2 Nr. 2 erteilt werden können.

| | | | |
|---|---|---|---|
| I. Allgemeines | 1 | III. Verbot der Ausübung von Stimmrechten | 7 |
| II. Tatbestände | 3 | IV. Verordnungsermächtigung | 8 |

**Literatur:** *Bosse*, Handel in eigenen Aktien durch die Aktiengesellschaft, WM 2000, 806; *Göres*, Kapitalmarktrechtliche Pflichten nach dem Transparenzrichtlinie-Umsetzungsgesetz (TUG), Der Konzern 2007, 15; *Meyer/Kiesewetter*, Rechtliche Rahmenbedingungen des Beteiligungsaufbaus im Vorfeld von Unternehmensübernahmen, WM 2009, 340. S. ferner die Angaben Vor §§ 21 ff. WpHG.

## I. Allgemeines

1   Die Vorschrift sieht in Abs. 1 bis 4 mehrere **Ausnahmen** von der **Berücksichtigung von Stimmrechten** bei der **Berechnung** des **Stimmrechtsanteils** vor. Denn bestimmte Wertpapierdienstleister bzw. professionelle Kapitalmarktteilnehmer haben typischerweise kein Interesse, den aus einem Stimmrechtsanteil resultierenden Einfluss auf den Emittenten geltend zu machen. Die verschiedenen gesetzlichen Ausnahmen gewährleisten, dass der Kapitalmarkt über die Einflussverhältnisse nicht irregeführt

wird[1]. Die Nichtberücksichtigung von Stimmrechten trägt außerdem dazu bei, dass keine unnötigen Kosten durch die Erfüllung der Publizitätspflichten entstehen[2].

§ 23 WpHG geht auf Art. 9 der Richtlinie 88/627/EWG zurück und wurde durch das TUG vom 5.1.2007 an die diversen Vorgaben der Richtlinie 2004/109/EG angepasst. Schließlich wurde Abs. 4 der Vorschrift durch Art. 3 Nr. 5 des InvÄndG[3] geändert.

## II. Tatbestände

**§ 23 Abs. 1 WpHG** macht von dem Optionsrecht des Art. 9 Abs. 6 der Transparenzrichtlinie II Gebrauch und stellt **Handelsaktivitäten** der **Kreditinstitute** und **Wertpapierunternehmen** unter bestimmten Voraussetzungen von der **Meldepflicht frei**. Der Grund hierfür ist der regelmäßig folgende ständige Wechsel im Bestand und der Umstand, dass keine Daueranlage mit diesen Aktien verfolgt wird[4]. Im Unterschied zu früher ist ein Antrag nicht erforderlich. Der Gesetzgeber hat darauf verzichtet, um bürokratische Hürden abzubauen[5]. Die Vorschrift gilt nur für Unternehmen mit Sitz in einem Mitgliedstaat der EU oder in einem anderen Vertragsstaat des EWR, das Wertpapierdienstleistungen erbringt. Mit Rücksicht auf die gemeinschaftsrechtlichen Vorgaben ist zu fordern, dass das Unternehmen Wertpapierdienstleistungen gewerbsmäßig erbringen muss[6]. Hinzukommen muss, dass das Unternehmen die betreffenden Aktien im Handelsbestand hält oder zu halten beabsichtigt und dieser Anteil nicht mehr als 5 % der Stimmrechte beträgt. Schließlich hat das Unternehmen sicherzustellen, dass die Stimmrechte aus den betreffenden Aktien nicht ausgeübt und nicht anderweitig genutzt werden, um auf die Geschäftsführung des Emittenten Einfluss zu nehmen. Der Begriff der Einflussnahme ist weit zu verstehen. Es muss jedes Einwirken auf den Emittenten unterbunden werden[7].

Ferner wurde **§ 23 Abs. 2 WpHG** durch das TUG aufgrund von Art. 9 Abs. 4 der Transparenzrichtlinie II komplett neu gefasst. Die **Stimmrechte** eines **Emittenten** bleiben **unberücksichtigt**, wenn **Aktien**, wie beispielsweise bei Clearstram[8], ausschließlich zum **Zwecke** der **Abrechnung** und **Abwicklung** oder zur **Verwahrung** für einen **kurzen Zeitraum gehalten** werden. In diesen Fällen würden, so der Gesetzgeber, die Institute üblicherweise keinen Einfluss auf die Emittenten ausüben[9].

Mit **§ 23 Abs. 3 WpHG** wurde Art. 11 der Transparenzrichtlinie II umgesetzt. Danach bleiben **Stimmrechte** aus **Aktien** des **Emittenten**, die die **Mitglieder** des **Europäischen Systems der Zentralbanken** bei der Wahrnehmung ihrer Aufgaben als Währungsbehörden zur Verfügung gestellt bekommen oder die sie bereitstellen, bei der Berechnung des Stimmrechtsanteils **unberücksichtigt**. Voraussetzung ist, dass es sich bei

---
1 Vgl. Begr. RegE, BT-Drucks. 12/6679, S. 54; Beschlussempfehlung und Bericht Finanzausschuss BT-Drucks. 12/7918, S. 102; Begr. RegE BT-Drucks. 14/7034, S. 48; Begr. RegE, BT-Drucks. 16/2498, S. 35 f.
2 *Dehlinger/Zimmermann* in Fuchs, § 23 WpHG Rz. 1; *Hirte* in KölnKomm. WpHG, § 23 WpHG Rz. 2; *Schwark* in Schwark, § 23 WpHG Rz. 1.
3 Gesetz zur Änderung des Investmentgesetzes und zur Anpassung anderer Vorschriften vom 21.12.2007, BGBl. I 2007, 3089.
4 Vgl. Begr. RegE TUG, BT-Drucks. 16/2498, S. 35.
5 Vgl. Begr. RegE TUG, BT-Drucks. 16/2498, S. 35; kritisch *Göres*, Der Konzern 2007, 15, 19 („Gesetzgeber verkennt, dass ein solcher Antrag in der Praxis einmal erfolgte und dann fortwirkte").
6 *Dehlinger/Zimmermann* in Fuchs, § 23 WpHG Rz. 8.
7 Vgl. *Dehlinger/Zimmermann* in Fuchs, § 23 WpHG Rz. 12; *Hirte* in KölnKomm. WpHG, § 23 WpHG Rz. 28; *Uwe H. Schneider* in Assmann/Uwe H. Schneider, § 23 WpHG Rz. 29.
8 Vgl. *Göres*, Der Konzern 2007, 15, 19.
9 Vgl. Begr. RegE TUG, BT-Drucks. 16/2498, S. 35.

den Transaktionen um **kurzfristige Geschäfte** handelt und die Stimmrechte aus den betreffenden Aktien nicht ausgeübt werden. Der in § 23 Abs. 3 Satz 2 WpHG verwandte Begriff „kurzfristig" bezieht sich auf Kreditgeschäfte, die im Einklang mit dem Vertrag und den Rechtsakten der Europäischen Zentralbank (EZB), insbesondere den EZB-Leitlinien über geldpolitische Instrumente und Verfahren und dem System TARGET stehen, und auf Kreditgeschäfte, die im Einklang mit nationalen Vorschriften zur Durchführung vergleichbarer Aufgaben wahrgenommen werden[10].

6 Von Bedeutung ist schließlich die in § 23 Abs. 4 WpHG vorgesehene Ausnahmevorschrift von der Meldepflicht für **Market Maker**, wodurch Art. 9 Abs. 5 der Transparenzrichtlinie II in das deutsche Recht transformiert wurde. Die Ende 2007 durch das InvÄndG nochmals geänderte Vorschrift beschränkt sich darauf, **Ausnahmen von der Schwelle von 3 % und 5 %** vorzusehen. Die gesetzliche Definition des Market Maker wurde Art. 2 Abs. 1n der Transparenzrichtlinie II entnommen und stimmt mit derjenigen in Art. 4 Abs. 1 Nr. 8 MiFID überein[11]. Voraussetzung für eine Nichtberücksichtigung ist, dass der Market Maker in dieser Eigenschaft handelt, eine Zulassung nach § 32 Abs. 1 Satz 1 i.V.m. § 1 Abs. 1a Satz 2 Nr. 4 KWG hat und nicht in die Geschäftsführung des Emittenten eingreift sowie keinen Einfluss auf ihn dahingehend ausübt, die betreffenden Aktien zu kaufen oder den Preis der Aktien zu stützen. Schließlich hat der Market Maker der BaFin unverzüglich, spätestens innerhalb von vier Handelstagen mitzuteilen, dass er hinsichtlich der betreffenden Aktien als Market Maker tätig ist. Diese Mitteilung an die BaFin geht auch auf Art. 6 Abs. 1 der Durchführungsrichtlinie 2007/14/EG zurück[12]. Sie kann allerdings gem. § 23 Abs. 4 Satz 2 WpHG schon zu einem früheren Zeitpunkt erfolgen. Die Einzelheiten zum Verhältnis zwischen Market Maker und BaFin sind in § 4 Abs. 1 TranspRLDV geregelt.

### III. Verbot der Ausübung von Stimmrechten

7 Aus § 23 Abs. 5 WpHG (früher: Abs. 4) folgt, dass **Stimmrechte aus Aktien**, die nach § 23 Abs. 1 bis 4 WpHG bei der Berechnung des Stimmrechtsanteils **unberücksichtigt bleiben**, mit Ausnahme von § 23 Abs. 2 Nr. 2 WpHG **nicht ausgeübt werden können**. Die praktische Bedeutung dieses Verbots dürfte gering sein[13]. Denn die Stimmrechte bleiben gem. § 23 Abs. 3 WpHG nur dann unberücksichtigt, wenn die Stimmrechte aus den betreffenden Aktien nicht ausgeübt werden (§ 23 Abs. 3 Satz 1 WpHG). In den Fällen des § 23 Abs. 1 WpHG bleiben die Stimmrechte nur dann unberücksichtigt, wenn das Unternehmen sicherstellt, dass die Stimmrechte nicht ausgeübt werden.

### IV. Verordnungsermächtigung

8 Das BMF hat gem. § 23 Abs. 6 WpHG die Befugnis, in einer Rechtsverordnung bestimmte konkretisierende Regelungen zu treffen. Damit können insbesondere die von der Europäischen Kommission getroffenen Durchführungsmaßnahmen flexibel in das nationale Recht umgesetzt werden. Dementsprechend hat das BMF Art. 6 der Durchführungsrichtlinie 2007/14/EG umgesetzt und § 4 TranspRLDV[14] erlassen.

---

10 Vgl. Begr. RegE TUG, BT-Drucks. 16/2498, S. 36.
11 Vgl. Begr. RegE TUG, BT-Drucks. 16/2498, S. 36.
12 Vgl. Beschlussempfehlung Finanzausschuss, BT-Drucks. 16/6874, S. 122.
13 *Dehlinger/Zimmermann* in Fuchs, § 23 WpHG Rz. 23; a.A. *Uwe H. Schneider* in Assmann/ Uwe H. Schneider, § 23 WpHG Rz. 67 ff. (Das Ausübungsverbot sei nicht bloß eine normative Bedingung für die Selbstbefreiung, sondern würde einen Rechtsverlust begründen.)
14 Transparenzrichtlinie-Durchführungsverordnung vom 13.3.2008, BGBl. I 2008, 408.

## § 24 WpHG
## Mitteilung durch Konzernunternehmen

Gehört der Meldepflichtige zu einem Konzern, für den nach den §§ 290, 340i des Handelsgesetzbuches ein Konzernabschluss aufgestellt werden muss, so können die Mitteilungspflichten nach § 21 Abs. 1 und 1a durch das Mutterunternehmen oder, wenn das Mutterunternehmen selbst ein Tochterunternehmen ist, durch dessen Mutterunternehmen erfüllt werden.

| | | | |
|---|---|---|---|
| I. Allgemeines | 1 | III. Rechtsfolgen | 6 |
| II. Voraussetzungen | 3 | | |

**Literatur:** *Heppe*, Zu den Mitteilungspflichten nach § 21 WpHG im Rahmen der Umwandlung von Gesellschaften, WM 2002, 60; *Hildner*, Kapitalmarktrechtliche Beteiligungstransparenz verbundener Unternehmen, 2002; *Nottmeier/Schäfer*, Zu den Mitteilungspflichten von Konzernunternehmen gemäß § 24 Wertpapierhandelsgesetz, WM 1996, 513; *Uwe H. Schneider*, Die kapitalmarktrechtlichen Offenlegungspflichten von Konzernunternehmen nach §§ 21 ff. WpHG, in FS Brandner, 1996, S. 565. S. ferner die Angaben Vor §§ 21 ff. WpHG.

## I. Allgemeines

Die Vorschrift räumt einem Mutterunternehmen die Möglichkeit ein, für ein nach § 21 Abs. 1 oder Abs. 1a WpHG mitteilungspflichtiges Tochterunternehmen die Mitteilung zu machen, die zugunsten des Tochterunternehmens befreiend wirkt[1]. Sie hat den **Zweck, mehrfache Mitteilungen zu vermeiden**[2]. Sie ist keine materielle Befreiungsvorschrift, sondern erleichtert das Verfahren[3]. Die Mitteilung durch das Mutterunternehmen gem. § 24 WpHG erfolgt im eigenen Namen; eine Bevollmächtigung durch das Tochterunternehmen ist nicht erforderlich[4]. Eine Pflicht zur befreienden Mitteilung begründet § 24 WpHG für das Mutterunternehmen nicht[5].  1

Von der Mitteilung gem. § 24 WpHG zu unterscheiden ist die Bevollmächtigung des Mutterunternehmens durch das Tochterunternehmen entsprechend § 164 Abs. 1 BGB. Dann meldet die Mutter aber nicht im eigenen, sondern im fremden Namen. Die Rechtswirkungen dieser Stellvertretung sind identisch: Die Mitteilungspflichten werden dann durch die Mutter als Stellvertreterin der Tochter erfüllt.  2

## II. Voraussetzungen

Voraussetzung ist erstens, dass ein **Tochterunternehmen selbst meldepflichtig** ist. Es muss also durch Erwerb, Veräußerung oder auf sonstige Weise eine der in § 21 WpHG genannten Schwellen erreicht, über- oder unterschritten haben. Ob das Mutterunter-  3

---

1 Vgl. *Dehlinger/Zimmermann* in Fuchs, § 24 WpHG Rz. 6; *Koppensteiner* in KölnKomm. AktG, 3. Aufl., Anh. § 22 §§ 21 ff. WpHG Rz. 34; *Uwe H. Schneider* in Assmann/Uwe H. Schneider, § 24 WpHG Rz. 21.
2 Vgl. Begr. RegE 2. Finanzmarktförderungsgesetz, BT-Drucks. 12/6679, S. 54.
3 A.A. *Falkenhagen*, WM 1995, 1005, 1009.
4 *Nottmeier/Schäfer*, WM 1996, 515; *Hirte* in KölnerKomm. WpHG, § 24 WpHG Rz. 14; *Uwe H. Schneider* in Assmann/Uwe H. Schneider, § 24 WpHG Rz. 6.
5 Ebenso *Dehlinger/Zimmermann* in Fuchs, § 24 WpHG Rz. 6; *Uwe H. Schneider* in Assmann/ Uwe H. Schneider, § 24 WpHG Rz. 7.

nehmen selbst gem. § 21 WpHG mitteilungspflichtig ist, ist für die Anwendung des § 24 WpHG irrelevant[6].

4   Zweitens muss das Tochterunternehmen zu einem **Konzern gehören**, für den nach den §§ 290, 340i HGB ein **Konzernabschluss** aufgestellt werden muss. Dies ist zunächst der Fall, wenn die Voraussetzungen des § 290 Abs. 1 bzw. 2 HGB erfüllt sind. Aus § 340e Abs. 1 HGB folgt, dass Kreditinstitute, auch wenn sie nicht in der Rechtsform einer Kapitalgesellschaft betrieben werden, unabhängig von ihrer Größe einen Konzernabschluss aufzustellen haben.

5   Schließlich muss die Mitteilung **ordnungsgemäß** erfolgen, insbesondere hat sie die gesetzlich vorgesehenen Angaben zu enthalten (s. § 21 WpHG Rz. 23 ff.). Der Inhalt der Mitteilung der Mutter muss der Mitteilung entsprechen, die die Tochter gem. § 17 WpAIV abgeben müsste[7].

## III. Rechtsfolgen

6   Die Mitteilung durch das Mutterunternehmen wirkt hinsichtlich der Mitteilungspflichten des bzw. der Tochterunternehmen befreiend. Voraussetzung ist allerdings, dass das Mutterunternehmen die Mitteilung vollständig und form- sowie fristgerecht abgegeben hat. Allein eine Beauftragung oder Bevollmächtigung des Mutterunternehmens durch das Tochterunternehmen (s. Rz. 2) befreit dieses nicht von seiner Mitteilungspflicht[8].

# § 25 WpHG
# Mitteilungspflichten beim Halten von sonstigen Finanzinstrumenten

(1) Wer unmittelbar oder mittelbar Finanzinstrumente hält, die ihrem Inhaber das Recht verleihen, einseitig im Rahmen einer rechtlich bindenden Vereinbarung mit Stimmrechten verbundene und bereits ausgegebene Aktien eines Emittenten, für den die Bundesrepublik Deutschland der Herkunftsstaat ist, zu erwerben, hat dies bei Erreichen, Überschreiten oder Unterschreiten der in § 21 Abs. 1 Satz 1 genannten Schwellen mit Ausnahme der Schwelle von 3 Prozent entsprechend § 21 Abs. 1 Satz 1 unverzüglich dem Emittenten und gleichzeitig der Bundesanstalt mitzuteilen. Die §§ 23 und 24 gelten entsprechend. Eine Zusammenrechnung mit den Beteiligungen nach den §§ 21 und 22 findet statt; Finanzinstrumente im Sinne des § 22 Abs. 1 Satz 1 Nr. 5 werden bei der Berechnung nur einmal berücksichtigt. Soweit bereits eine Mitteilung nach § 21, auch in Verbindung mit § 22, erfolgt oder erfolgt ist, ist eine zusätzliche Mitteilung auf Grund der Zusammenrechnung im Sinne des Satzes 3 nur erforderlich, wenn hierdurch eine weitere der in § 21 Abs. 1 Satz 1 genannten Schwellen erreicht, überschritten oder unterschritten wird.

---

6 *Dehlinger/Zimmermann* in Fuchs, § 24 WpHG Rz. 5; *Hirte* in KölnKomm. WpHG, § 24 WpHG Rz. 16; *Uwe H. Schneider* in Assmann/Uwe H. Schneider, § 24 WpHG Rz. 11.
7 *Dehlinger/Zimmermann* in Fuchs, § 24 WpHG Rz. 6; *Hirte* in KölnKomm. WpHG, § 24 WpHG Rz. 15; *Opitz* in Schäfer/Hamann, § 23 WpHG Rz. 6; *Uwe H. Schneider* in Assmann/Uwe H. Schneider, § 24 WpHG Rz. 15.
8 *Uwe H. Schneider* in Assmann/Uwe H. Schneider, § 24 WpHG Rz. 24.

(2) Beziehen sich verschiedene der in Absatz 1 genannten Finanzinstrumente auf Aktien des gleichen Emittenten, muss der Mitteilungspflichtige die Stimmrechte aus diesen Aktien zusammenrechnen.

(3) Das Bundesministerium der Finanzen kann durch Rechtsverordnung, die nicht der Zustimmung des Bundesrates bedarf, nähere Bestimmungen erlassen über den Inhalt, die Art, die Sprache, den Umfang und die Form der Mitteilung nach Absatz 1.

| | |
|---|---|
| I. Allgemeines ................ 1 | III. Zusammenrechnung von Finanzinstrumenten (§ 25 Abs. 2 WpHG) ..... 12 |
| II. Mitteilungspflicht der Inhaber von bestimmten Finanzinstrumenten (§ 25 Abs. 1 WpHG) ........... 3 | IV. Sanktionen .................. 13 |
| 1. Voraussetzungen (§ 25 Abs. 1 Satz 1 WpHG) ............... 3 | V. Rechtsetzungskompetenz zum Erlass einer konkretisierenden VO (§ 25 Abs. 3 WpHG) ........... 14 |
| 2. Zusammenrechnung mit Beteiligungen (§ 25 Abs. 1 Satz 3 und 4 WpHG) . 9 | VI. Reform ................... 15 |
| | 1. Änderungen des § 25 WpHG ...... 16 |
| | 2. Einführung eines neuen § 25a WpHG 17 |

**Literatur:** *Schnabel/Korff,* Mitteilungs- und Veröffentlichungspflichten gemäß §§ 21 ff. WpHG und ihre Änderung durch das Transparenzrichtlinie-Umsetzungsgesetz – Ausgewählte Praxisfragen, ZBB 2007, 179; *Uwe H. Schneider/Brouwer,* Kapitalmarktrechtliche Meldepflichten bei Finanzinstrumenten, AG 2008, 557; *Uwe H. Schneider/Brouwer,* Kapitalmarktrechtliche Transparenz bei der Aktienleihe, in FS K. Schmift, 2009, S. 1411. S. ferner die Angaben Vor §§ 21 ff. WpHG und zu § 21 WpHG.

## I. Allgemeines

Die Vorschrift setzt Art. 13 der Transparenzrichtlinie II (s. Vor §§ 21 ff. WpHG Rz. 3) um, indem sie eine **Meldepflicht** für das Halten von sonstigen Finanzinstrumenten einführt. Sie hat den **Zweck**, die **Kapitalmarktteilnehmer** darüber **zu informieren**, dass ein Inhaber von Finanzinstrumenten die Möglichkeit hat, mit Finanzinstrumenten Aktien zu erwerben und die aus diesen Aktien resultierenden Stimmrechte auszuüben[1]. Damit wird ein unbemerktes Anschleichen an einen Emittenten verhindert. Mitteilungspflichtig ist – ab einer Schwelle von 5 % – das hypothetische Erreichen, Über- oder Unterschreiten einer der in § 21 Abs. 1 WpHG genannten Schwellen.

Die früher in § 25 WpHG vorgesehenen Regelungen über die Mitteilungs- und Veröffentlichungspflichten finden sich nunmehr in § 26 WpHG. Die Überschrift zu § 25 WpHG wurde durch das **Risikobegrenzungsgesetz**[2] geändert. Der Gesetzgeber strich das Wort „sonstige", um zum Ausdruck zu bringen, dass die Vorschrift alle Finanzinstrumente erfassen würde[3]. Ferner wurde Abs. 1 durch das Risikobegrenzungsgesetz grundlegend geändert, um die Transparenz von Kapitalmarktbewegungen zu verbessern. Davor stand die Mitteilungspflicht für gehaltene und zugerechnete Stimmrechte aus Aktien selbständig neben der Mitteilungspflicht für sonstige Finanzinstrumente. Die in § 25 Abs. 1 Satz 3 WpHG getroffene Neuregelung ordnet eine Aggregation

---

1 Vgl. Begr. RegE TUG, BT-Drucks. 16/2498, S. 37.
2 Gesetz zur Begrenzung der mit Finanzinvestitionen verbundenen Risiken vom 12.8.2008, BGBl. I 2008, 1666.
3 Vgl. Begr. RegE, BT-Drucks. 16/7438, S. 11.

beider Bestände an⁴. Mit der in § 25 Abs. 1 Satz 4 eingeführten Regelung will der Gesetzgeber doppelten Mitteilungspflichten begegnen⁵. Die Mitteilungspflicht gem. § 25 WpHG ist somit auf Fälle beschränkt, in denen durch die Zusammenrechnung erneut eine gesetzliche Meldeschwelle i.S. des § 21 Abs. 1 WpHG erreicht, über- oder unterschritten wird. Sodann hat der Gesetzgeber mit dem Risikobegrenzungsgesetz Abs. 2 geändert. Die frühere Sonderregelung für die Zurechnung der Stimmrechte aus dinglichen Optionen hat der Gesetzgeber als entbehrlich angesehen⁶. Mit dem **Gesetz zur Stärkung des Anlegerschutzes und Verbesserung der Funktionsfähigkeit des Kapitalmarkts** soll die Vorschrift abermals geändert werden (s. Rz. 15 ff.).

## II. Mitteilungspflicht der Inhaber von bestimmten Finanzinstrumenten (§ 25 Abs. 1 WpHG)

### 1. Voraussetzungen (§ 25 Abs. 1 Satz 1 WpHG)

3   Der Begriff des Finanzinstruments ist in § 2 Abs. 2b WpHG legaldefiniert. In § 25 WpHG wird er aber in einem engeren Sinne verwandt. **Voraussetzung** ist, dass die Finanzinstrumente das **Recht** verleihen, **einseitig** im Rahmen einer rechtlich bindenden Vereinbarung mit Stimmrechten verbundene und bereits ausgegebene **Aktien** eines Emittenten, für den die Bundesrepublik Deutschland der Herkunftsstaat ist, zu **erwerben**. Bei diesen Finanzinstrumenten handelt es sich insbesondere um als Kauf, Tausch oder durch anderweitigen Bezug auf den Basiswert ausgestaltete **Festgeschäfte** oder **Optionsgeschäfte**, die zeitlich verzögert zu erfüllen sind und deren Wert sich unmittelbar oder mittelbar vom Preis oder Maß des Basiswertes ableitet (Termingeschäfte), wobei Aktien der Basiswert sind⁷.

4   Ein typisches Finanzinstrument i.S. des § 25 WpHG sind **Call-Optionen**, sofern nicht nur das Recht auf einen Barausgleich, sondern auf Lieferung der Aktien besteht⁸. Die Ausgestaltung ist insoweit irrelevant. Es werden also Call-Optionen erfasst, bei denen die Option während der gesamten Laufzeit (amerikanische Optionen) oder in einem bestimmten Zeitraum oder Zeitpunkt (europäische Option) ausgeübt werden können⁹. Aus den europäischen Vorgaben ergibt sich, dass der Erwerb der zugrunde liegenden Aktien nicht von äußeren Umständen abhängen darf, sondern nur vom Ermessen des Inhabers des Finanzinstruments. Das Instrument braucht nicht fungibel zu sein¹⁰.

5   Folglich erfasst die Vorschrift keine Finanzinstrumente, die den Erwerb der Aktien davon abhängig machen, dass der Preis der zugrunde liegenden Aktien zu einem bestimmten Zeitpunkt ein bestimmtes Niveau erreicht¹¹. Auch sog. Cash Settled Equity Swaps (s. Rz. 17) sind nicht als Finanzinstrumente i.S. des § 25 Abs. 1 Satz 1 WpHG zu qualifizieren. Denn der Inhaber solcher Instrumente hat kein Recht auf Lieferung der Aktien. Es steht allein im Ermessen des Stillhalters, ob dieser die Aktien liefert¹². Da **Bezugsrechte** aufgrund eines **Aktienoptionsplans** (vgl. § 193 Abs. 2

---

4   Vgl. Begr. RegE Risikobegrenzungsgesetz, BT-Drucks. 16/7438, S. 12.
5   Vgl. Begr. RegE, BT-Drucks. 16/7438, S. 12.
6   Vgl. Begr. RegE Risikobegrenzungsgesetz, BT-Drucks. 16/7438, S. 12.
7   Vgl. Begr. RegE TUG, BT-Drucks. 16/2498, S. 36.
8   Vgl. BaFin, Emittentenleitfaden, S. 162.
9   Vgl. BaFin, Emittentenleitfaden, S. 162; *Uwe H. Schneider* in Assmann/Uwe H. Schneider, § 25 WpHG Rz. 27.
10  BaFin, Emittentenleitfaden, S. 162.
11  Vgl. Begr. RegE TUG, BT-Drucks. 16/2498, S. 37.
12  Vgl. *von Bülow* in KölnKomm. WpHG, § 22 WpHG Rz. 87; *Fleischer/Schmolke*, ZIP 2008, 1501, 1504; *von Bülow/Stephanblome*, ZIP 2008, 1797, 1800; *Gätsch/Schäfer*, NZG 2008,

Nr. 4 AktG) ein bestimmtes Erfolgsziel voraussetzen (in der Regel in Gestalt eines bestimmten Kurses, s. § 193 AktG Rz. 13), sind sie **nicht** unter **§ 25 WpHG zu subsumieren**[13]. Schließlich fallen auch Put-Optionen nicht unter § 25 WpHG. Denn der Halter solcher Optionen hat kein Recht, die Lieferung von Aktien zu verlangen[14]. Zweifelhaft ist, ob der Rückerwerbsanspruch des Darlehensgebers bei der Wertpapierleihe (s. § 22 WpHG Rz. 18) eine Mitteilungspflicht nach § 25 WpHG begründet. Die Frage ist zu verneinen, denn es handelt sich nicht um ein Finanzinstrument[15]. Allerdings soll mit der jüngsten Reform eine Mitteilungspflicht begründet werden (s. Rz. 16).

Der Tatbestand des § 25 Abs. 1 WpHG ist erfüllt, wenn jemand **unmittelbar** oder **mittelbar Finanzinstrumente hält**. Letzteres ist der Fall, wenn Finanzinstrumente über Tochterunternehmen oder Verwaltungstreuhänder gehalten werden[16]. 6

Die **Meldeschwelle** beginnt erst bei **5 %**; der Gesetzgeber hat darauf verzichtet, die in § 21 WpHG vorgesehene niedrigere Schwelle von 3 % vorzuschreiben, um die Belastung der Beteiligten zu begrenzen[17]. Aus § 25 Abs. 1 Satz 2 WpHG folgt, dass die Vorschriften der §§ 23, 24 WpHG entsprechende Anwendung finden. 7

Die Mitteilung an den Emittenten und an die BaFin bestimmt sich nach den Grundsätzen, die für eine Mitteilung nach § 21 WpHG gelten (s. § 21 WpHG Rz. 22 ff.). Ferner sind die Sonderregeln des § 17 Abs. 3 WpAIV zu beachten. Aus § 17 Abs. 3 Nr. 2 WpAIV folgt, dass die Summe des Anteils aus gehaltenen Stimmrechten und hypothetischen Stimmrechten mitzuteilen ist. Auch ist anzugeben, ob die Schwelle erreicht, überschritten, oder unterschritten wurde. 8

## 2. Zusammenrechnung mit Beteiligungen (§ 25 Abs. 1 Satz 3 und 4 WpHG)

Vor Erlass des Risikobegrenzungsgesetzes waren Beteiligungen nach §§ 21 und 22 WpHG nicht mit den Finanzinstrumenten i.S. des § 25 WpHG zusammenzurechnen. Mit der Neuregelung des § 25 Abs. 1 Satz 3 WpHG hat der Gesetzgeber eine Aggregation der Bestände angeordnet: Werden sowohl Aktien als auch Finanzinstrumente gehalten, so sind die mit diesen Beständen verbundenen Stimmrechte zusammenzurechnen. Die Aggregation hat zur Folge, dass die Eingangsmeldeschwelle früher erreicht und die Meldedichte erhöht wird. Die Zusammenrechnung ist allerdings nur für § 25 WpHG relevant. Hat ein Meldepflichtiger beispielsweise 2 % stimmberechtigte Aktien und erwirbt Finanzinstrumente, die ihm den Erwerb von weiteren 4 % stimmberechtigten Aktien ermöglichen, so hat er gem. § 25 WpHG (und nicht gem. § 21 WpHG) das Überschreiten der Schwelle von 5 % mitzuteilen. 9

Eine Sonderregelung gilt für die Fälle, die unter § 22 Abs. 1 Nr. 5 WpHG zu subsumieren sind. Diese Vorschrift sieht eine Zurechnung im Falle dinglich ausgestalteter Optionen vor. § 25 Abs. 1 Satz 3 Halbsatz 2 WpHG bestimmt, dass **Finanzinstrumente i.S. des § 22 Abs. 1 Satz 1 Nr. 5 WpHG** bei der Berechnung **nur einmal berücksichtigt** werden. Dies bedeutet, dass für die Zwecke der Ermittlung einer Meldepflicht gem. § 25 WpHG zu beachten ist, dass dinglich ausgestattete Optionen bereits bei 10

---
846, 849. A.A. *Uwe H. Schneider* in Assmann/Uwe H. Schneider, § 25 WpHG Rz. 41 ff.; vgl. auch (für eine Anwendung von § 22 Abs. 1 Satz 1 Nr. 2 WpHG) *Habersack*, AG 2008, 817.
13 Vgl. *Schnabel/Korff*, ZBB 2007, 179, 182.
14 Vgl. BaFin, Emittentenleitfaden, S. 162; *Uwe H. Schneider* in Assmann/Uwe H. Schneider, § 25 WpHG Rz. 28.
15 I.E. ebenso BaFin, Emittentenleitfaden, S. 140, 166; *Schlitt/Schäfer*, AG 2007, 227, 235; offen gelassen von *Uwe H. Schneider/Brouwer* in FS K. Schmidt, 2009, S. 1411, 1425 f.
16 Vgl. Begr. RegE TUG, BT-Drucks. 16/2498, S. 37; BaFin, Emittentenleitfaden, S. 162.
17 Vgl. Begr. RegE TUG, BT-Drucks. 16/2498, S. 37.

der Ermittlung des Stimmrechtsanteils gem. §§ 21, 22 Abs. 1 Satz 1 Nr. 5 WpHG zu berücksichtigen sind. Wenn beispielsweise der Meldepflichtige 1 % stimmberechtigte Aktien, dingliche Optionen in Höhe von 2 % sowie schuldrechtliche Optionen in Höhe von 3 % erwirbt, so hat er gem. §§ 21, 22 Abs. 1 Satz 1 Nr. 5 WpHG die Schwelle von 3 % erreicht und dies mitzuteilen. Fraglich ist, ob er auch eine Mitteilung gem. § 25 WpHG zu machen hat. Dem könnte entgegenstehen, dass gem. § 25 Abs. 1 Satz 3 Halbsatz 2 WpHG die Stimmrechte aus den dinglichen Optionen nur einmal berücksichtigt werden. Zu überzeugen vermag diese Auslegung aber nicht[18]. Denn es handelt sich um eine Ausnahmevorschrift zur grundsätzlichen Pflicht einer Zusammenrechnung mit den Beteiligungen nach den §§ 21, 22 WpHG, die verhindern möchte, dass dem Kapitalmarkt ein zu hoher Stimmrechtsanteil kommuniziert wird. Im Beispielsfall besteht daher auch eine Mitteilungspflicht nach § 25 WpHG (1 % + 2 % + 3 % = 6 %). Nicht statthaft wäre gem. § 22 Abs. 1 Satz 1 Nr. 5 WpHG die doppelte Berücksichtigung der dinglichen Optionen [(Beteiligung nach §§ 21, 22 WpHG: 1 % + 2 %) + (Finanzinstrumente nach § 25 WpHG: 2 % + 3 %)].

11 Schließlich sucht **§ 25 Abs. 1 Satz 4 WpHG** Doppelmeldungen zu vermeiden. Soweit bereits eine Mitteilung nach § 21 WpHG, auch in Verbindung mit § 22 WpHG, erfolgt oder erfolgt ist, ist eine zusätzliche Mitteilung aufgrund der Zusammenrechnung i.S. des § 25 Abs. 1 Satz 3 WpHG nur erforderlich, wenn hierdurch eine weitere der in § 21 Abs. 1 Satz 1 WpHG genannten Schwellen erreicht, über- oder unterschritten wird (§ 25 Abs. 1 Satz 4 WpHG). Der Gesetzgeber hat diese Regelung zum einen mit den europäischen Vorgaben und zum anderen mit dem Verhältnismäßigkeitsgrundsatz begründet[19].

### III. Zusammenrechnung von Finanzinstrumenten (§ 25 Abs. 2 WpHG)

12 **Beziehen** sich verschiedene der in § 25 Abs. 1 WpHG genannten **Finanzinstrumente** auf **Aktien** des **gleichen Emittenten**, muss der Mitteilungspflichtige die **Stimmrechte** aus diesen **Aktien zusammenrechnen** (§ 25 Abs. 2 WpHG). Voraussetzung ist, dass es sich um mitteilungspflichtige Finanzinstrumente handelt. Wenn sich diese auf denselben Emittenten beziehen, sind sie für die Zwecke der Ermittlung einer Mitteilungspflicht nach § 25 Abs. 1 WpHG zusammenzurechnen (Beispiel: Call-Option auf 4 % und Festgeschäft auf 4 %; gesamt: 8 %).

### IV. Sanktionen

13 Ein Verstoß gegen die Mitteilungspflicht gem. § 25 WpHG wird gem. § 39 Abs. 2 Nr. 2 lit. f WpHG als Ordnungswidrigkeit geahndet. Die BaFin kann gem. § 39 Abs. 4 WpHG eine Geldbuße bis zu 200.000 Euro verhängen. Ein Rechtsverlust gem. § 28 WpHG ist nicht vorgesehen. Diese schwerwiegende zivilrechtliche Sanktion ist nur für die Fälle einer Nichterfüllung der Pflichten gem. § 21 Abs. 1 oder 1a WpHG vorgesehen (vgl. § 28 Satz 1 WpHG).

### V. Rechtsetzungskompetenz zum Erlass einer konkretisierenden VO (§ 25 Abs. 3 WpHG)

14 § 25 Abs. 3 WpHG räumt dem BMF die Kompetenz zum Erlass einer konkretisierenden Verordnung ein. Das BMF hat sie durch § 17 WpAIV wahrgenommen.

---

18 A.A. *Uwe H. Schneider* in Assmann/Uwe H. Schneider, § 25 WpHG Rz. 61.
19 Vgl. Begr. RegE Risikobegrenzungsgesetz, BT-Drucks. 16/7438, S. 12.

## VI. Reform

Die Nutzung **nicht meldepflichtiger Finanzinstrumente**, insbesondere sog. Cash Settled Equity Swaps (s. Anh. § 22 AktG § 25 WpHG Rz. 5 und unten Rz. 17) ermöglicht es bislang Investoren, sich unbemerkt an eine Zielgesellschaft anzuschleichen. Um dies zu verhindern, einer Verringerung der Liquidität an den Börsen zu begegnen und Marktverwerfungen zu unterbinden, legte das BMF im Mai 2010 einen **DiskE** für ein **Gesetz zur Stärkung des Anlegerschutzes und Verbesserung der Funktionsfähigkeit des Kapitalmarkts** vor. Mit diesem Gesetz sollen neue Mitteilungs- und Veröffentlichungspflichten für bislang nicht erfasste Finanzinstrumente, die lediglich das Recht auf einen Zahlungsausgleich enthalten, sowie Geschäfte mit ähnlicher Wirkung (z.B. Wertpapierdarlehen) im WpHG eingefügt werden[20].

### 1. Änderungen des § 25 WpHG

Die Reform betrifft zunächst **§ 25 WpHG**. In Absatz 1 Satz 1 und Satz 3 dieser Vorschrift sollen nach dem Wort „Finanzinstrumente" jeweils die Worte „**oder sonstige Instrumente**" eingefügt werden. Als sonstige Instrumente sollen nach der Begr. des Entwurfs alle Vereinbarungen gelten, die ein Recht auf den Erwerb von mit Stimmrechten verbundenen Aktien gewähren, ohne unter den Begriff der Finanzinstrumente (vgl. § 2 Abs. 2b WpHG) zu fallen[21]. Als Beispiele werden der **Rückforderungsanspruch** des **Darlehensgebers** eines **Wertpapierdarlehens** (s. hierzu bereits Rz. 5) und die Rückkaufvereinbarung bei einem Repo-Geschäft (Repurchase Agreement) genannt. Außerdem soll ein **neuer Abs. 2a)** mit folgendem Inhalt eingefügt werden: „Eine Mitteilungspflicht nach Absatz 1 besteht nicht, soweit die Zahl der Stimmrechte aus Aktien, für die ein Angebot zum Erwerb auf Grund eines Angebotes nach dem Wertpapiererwerbs- und Übernahmegesetz angenommen wurde, gemäß § 23 Absatz 1 des Wertpapiererwerbs- und Übernahmegesetzes offen zu legen ist." Der Gesetzgeber will damit nach dem Vorbild des § 25a Abs. 1 Satz 4 WpHG den **Vorrang** der **Veröffentlichung** nach **§ 23 Abs. 1 WpÜG** anordnen. Die dort geregelten Veröffentlichungspflichten nach dem WpÜG seien zur Herstellung einer angemessenen Markttransparenz ausreichend.

### 2. Einführung eines neuen § 25a WpHG

Ferner soll mit § 25a WpHG eine neue Vorschrift eingefügt werden, die **Mitteilungspflichten** beim **Halten sonstiger Finanzinstrumente und Instrumente** begründet. Diese Ausweitung des Transparenzregimes soll vor allem **Differenzgeschäfte** (insbesondere Cash Settled Equity Swaps) erfassen. Dabei handelt es sich um vertragliche Vereinbarungen über den Austausch von Cashflows. Kennzeichnend ist, dass die Vereinbarung auf die Entwicklung eines Basiswerts (Aktie; Zinssatz; Währung; Index etc.) abstellt: Je nach Entwicklung des Basiswerts hat der Investor oder die Bank (Stillhalterin) einen Anspruch auf Barausgleich[22]. Im Falle eines Cash Settled Equity Swap wird die Differenz zwischen den Werten eines Aktienpakets zu Beginn und Ende des Geschäfts ausgeglichen. Einen rechtlich gesicherten Einfluss auf die Ausübung des Stimmrechts hat der Investor nicht[23]. Die Bank erhält vom Investor für

---

20 Vgl. Begr. DiskE Gesetz zur Stärkung des Anlegerschutzes und Verbesserung der Funktionsfähigkeit des Kapitalmarkts, Abschnitt B.
21 Vgl. Begr. DiskE Gesetz zur Stärkung des Anlegerschutzes und Verbesserung der Funktionsfähigkeit des Kapitalmarkts, Nr. 3 (zu § 25).
22 Ausf. zum Begriff *Schiessl*, Der Konzern 2009, 291, 292 ff.; ferner *Baums/Sauter*, ZHR 173 (2009), 454, 457 f.; *Fleischer/Schmolke*, ZIP 2008, 1501, 1503.
23 *Schiessl*, Der Konzern 2009, 291, 292.

den Abschluss des Geschäfts eine Gebühr. Typisch in der Praxis ist ferner, dass die Bank sich absichert, indem sie eine entsprechende Anzahl von Aktien erwirbt und für die Dauer des Swap-Geschäfts hält[24]. Auf die Lieferung dieser Aktien hat der Investor bei Vertragsende nach der Gestaltung des Swap-Geschäfts zwar keinen Anspruch. Faktisch verhält es sich aber zumeist so, dass die Bank ihm die Aktien anbietet[25].

18 Die Einführung einer gesetzlichen Offenlegungspflicht für diese Finanzinstrumente überzeugt[26]. Zwar führt sie dazu, dass die Kosten für die Marktteilnehmer ansteigen[27]. Die überall in Europa und in den USA aufgetretenen Fälle eines Anschleichens an Emittenten durch Cash Settled Equity Swaps und ähnliche Instrumente geben aber beredt davon Zeugnis ab, dass das bestehende Regime im Interesse des Anlegerschutzes und der Funktionsfähigkeit des Kapitalmarkts weiterentwickelt werden muss. Mögliche negative Auswirkungen auf den Markt für Unternehmenskontrollrechte[28] erscheinen rechtspolitisch hinnehmbar. Wichtig ist aber der konkrete Zuschnitt der Offenlegungspflicht. Es sollte gewährleistet werden, dass der Markt zuverlässige und aussagekräftige Informationen erhält (s. Anh. § 22 AktG Vor §§ 21 ff. WpHG Rz. 8).

19 Die zentrale Norm der Reform ist § 25a WpHG. Diese soll – Stand: DiskE vom Mai 2010 – folgenden Inhalt haben:

> § 25a Mitteilungspflichten beim Halten sonstiger Finanzinstrumente und Instrumente
>
> (1) Wer unmittelbar oder mittelbar Finanzinstrumente oder sonstige Instrumente hält, die es ihrem Inhaber aufgrund ihrer Ausgestaltung ermöglichen, mit Stimmrechten verbundene und bereits ausgegebene Aktien eines Emittenten, für den die Bundesrepublik Deutschland der Herkunftsstaat ist, zu erwerben, hat dies bei Erreichen, Überschreiten oder Unterschreiten der in § 21 Absatz 1 Satz 1 genannten Schwellen mit Ausnahme der Schwelle von 3 Prozent entsprechend § 21 Absatz 1 Satz 1 unverzüglich dem Emittenten und gleichzeitig der Bundesanstalt mitzuteilen, sofern eine Mitteilung nicht bereits nach § 25 zu erfolgen hat. Ein Ermöglichen ist insbesondere dann gegeben, wenn
> 1. die Gegenseite des Inhabers ihre Risiken aus diesen Instrumenten durch das Halten von Aktien im Sinne von Satz 1 ausschließen oder vermindern könnte, oder
> 2. die Finanzinstrumente oder sonstigen Instrumente ein Recht zum Erwerb von Aktien im Sinne von Satz 1 einräumen oder eine Erwerbspflicht in Bezug auf solche Aktien begründen. Bei Optionsgeschäften oder diesen vergleichbaren Geschäften ist hierbei deren Ausübung zu unterstellen. Ein Ermöglichen ist nicht gegeben, wenn an die Aktionäre einer Zielgesellschaft im Sinne des § 2 Absatz 3 des Wertpapiererwerbs- und Übernahmegesetzes im Rahmen eines Angebots nach dem Wertpapiererwerbs- und Übernahmegesetz Angebote zum Erwerb von Aktien unterbreitet werden. Eine Mitteilungspflicht nach Satz 1 besteht nicht, soweit die Zahl der Stimmrechte aus Aktien, für die ein Angebot zum Erwerb auf Grund eines Angebotes nach dem Wertpapiererwerbs- und Übernahmegesetz angenommen wurde, gemäß § 23 Absatz 1 des Wertpapiererwerbs- und Übernahmegesetzes offen zu legen ist. § 24 gilt entsprechend.
>
> (2) Die Höhe des mitzuteilenden Stimmrechtsanteils nach Absatz 1 ergibt sich aus der Anzahl von Aktien im Sinne des Absatzes 1 Satz 1, die der Inhaber aufgrund des Finanzinstrumentes oder sonstigen Instruments erwerben kann. Enthält das Finanzinstrument oder sonstige Instrument keine diesbezüglichen Angaben, so ergibt sich der mitzuteilende Stimmrechtsanteil aus der erforderlichen Anzahl entsprechender Aktien, die die Gegenseite zum Zeitpunkt des Erwerbs der Finanzinstrumente oder sonstigen Instrumente zu deren vollständiger Absicherung halten müsste.

---

24 Vgl. *Baums/Sauter*, ZHR 173 (2009), 454, 458: „natural hedge"; vgl. aber auch *Schiessl*, Der Konzern 2009, 291, 292 (die Aktien würden in der Praxis auch häufig ganz oder teilweise weiterveräußert und durch andere Sicherungsinstrumente ersetzt).
25 Vgl. *Fleischer/Schmolke*, ZIP 2008, 1501, 1503.
26 Ebenso *Brouwer*, AG 2010, 404, 406; zustimmend auch *Merkner/Sustmann*, NZG 2010, 681, 683; vgl. ferner *Brandt*, BKR 2010, 270; *Fleischer/Schmolke*, NZG 2010, 846; *Teichmann/Epe*, WM 2010, 1477; *Wackerbarth*, ZIP 2010, 1527.
27 Vgl. *Fleischer/Schmolke*, ZIP 2008, 1501, 1511.
28 Darauf hinweisend *Fleischer/Schmolke*, ZIP 2008, 1501, 1511.

(3) Bei der Berechnung der Höhe des mitzuteilenden Stimmrechtsanteils bleiben solche Finanzinstrumente oder sonstigen Instrumente unberücksichtigt, welche von einem Unternehmen mit Sitz in einem Mitgliedstaat der Europäischen Union oder in einem anderen Vertragsstaat des Abkommens über den Europäischen Wirtschaftsraum, das Wertpapierdienstleistungen erbringt, gehalten werden, soweit diese im Rahmen der dauernden und wiederholten Emissionstätigkeit des Unternehmens gegenüber einer Vielzahl von Kunden entstanden sind.

(4) Das Bundesministerium der Finanzen kann durch Rechtsverordnung, die nicht der Zustimmung des Bundesrates bedarf, nähere Bestimmungen erlassen über den Inhalt, die Art, die Sprache, den Umfang, die Form der Mitteilung, die Finanzinstrumente und sonstigen Instrumente, welche in keinem Fall von der Mitteilungspflicht nach Absatz 1 Satz 1 erfasst sind, und die Berechnung der Stimmrechtsanteile nach Absatz 2.

Die Vorschrift begründet in Abs. 1 Satz 1 eine neue **Mitteilungspflicht**. Dies geschieht durch einen generalklauselartigen (nicht durch einen prinzipienartigen)[29] Tatbestand. Eine Mitteilungspflicht ist demnach bereits dann begründet, wenn jemand Finanzinstrumente oder sonstige Instrumente hält, die es ihrem Inhaber aufgrund ihrer Ausgestaltung ermöglichen, mit Stimmrechten verbundene und bereits ausgegebene Aktien zu erwerben. Die beiden in Abs. 1 Satz 2 genannten Fälle konkretisieren die Generalklausel beispielhaft. Diese Regelungskonzeption geht auf Vorüberlegungen im Schrifttum zurück[30]. Sie ist der Erfahrung geschuldet, dass es der Praxis immer wieder gelingt, durch geschickte Gestaltungen das Eingreifen der Transparenzvorschriften zu vermeiden. Eine Aggregation mit den nach § 21 bzw. § 25 WpHG mitzuteilenden Stimmrechtsanteilen ist nicht vorgesehen (s. Rz. 23). 20

In tatbestandlicher Hinsicht ist zunächst festzuhalten, dass § 25a WpHG-E nur solche Finanzinstrumente und sonstigen Instrumente erfasst, die nicht bereits unter § 25 WpHG fallen. Dies folgt unmissverständlich aus dem Wortlaut des Abs. 1 Satz 1 („sofern eine Mitteilung nicht bereits nach § 25 zu erfolgen hat"). Die Begründung des Entwurfs stellt heraus, dass auch der Stillhalter einer Put-Option als Inhaber eines Finanzinstruments zu begreifen sei. Als sonstige Instrumente i.S. des § 25a WpHG würden alle Vereinbarungen gelten, die den Erwerb von mit Stimmrechten verbundenen Aktien ermöglichen, ohne unter den Begriff der Finanzinstrumente gem. § 2 Abs. 2b WpHG zu fallen. Ob eine Möglichkeit zum Erwerb besteht, soll unabhängig davon sein, ob die Initiative zum Erwerb vom Inhaber des Finanzinstruments, seinem Vertragspartner oder einem Dritten ausgeht[31]. 21

Die **Fallgruppe** gem. § 25a Abs. 1 Satz 2 Nr. 1 WpHG-E betrifft **Instrumente**, bei welchen eine **Risikoabsicherung** (Hedging) der jeweiligen **Gegenseite** des Geschäftes **in den zugrunde liegenden Aktien möglich** ist. Es soll unerheblich sein, ob und gegebenenfalls in welcher Höhe im konkreten Falle tatsächlich ein Hedging erfolgt. Diese Gruppe soll insbesondere Instrumente mit Barausgleich umfassen[32], also finanzielle Differenzgeschäfte (contracts for difference) und Swap-Geschäfte[33]. 22

Die Fallgruppe des § 25a Abs. 1 Satz 2 Nr. 2 WpHG-E soll die Fälle erfassen, in welchen ein **Erwerb** direkt aufgrund der **Ausgestaltung** des **jeweiligen Instrumentes erfolgen kann**. Den bedeutsamsten Anwendungsbereich sollen Stillhalterpositionen 23

---

29 So aber *Brouwer*, AG 2010, 404, 406. Zu Konzepten einer prinzipienorientierten Aufsicht vgl. *Veil/Wundenberg*, Englisches Kapitalmarktrecht, 2010, S. 9 ff.
30 Vgl. *Baums/Sauter*, ZHR 173 (2009), 454, 487 ff.; *Fleischer/Schmolke*, NZG 2009, 401, 406 ff. und *Fleischer/Schmolke*, ZIP 2008, 1501, 1501 f.; weitergehend *Uwe. H. Schneider/Anzinger*, ZIP 2009, 1 ff.
31 Vgl. Begr. DiskE Gesetz zur Stärkung des Anlegerschutzes und Verbesserung der Funktionsfähigkeit des Kapitalmarkts, Nr. 4 (zu § 25a).
32 Vgl. Begr. DiskE Gesetz zur Stärkung des Anlegerschutzes und Verbesserung der Funktionsfähigkeit des Kapitalmarkts, Nr. 4 (zu § 25a).
33 Vgl. *Merkner/Sustmann*, NZG 2010, 681, 684.

bei Put-Optionen mit physischem Settlement sowie diejenigen Call-Optionen mit physischem Settlement bilden, die nicht bereits im Rahmen von § 25 WpHG zu berücksichtigen sind, wie beispielsweise Call-Optionen, die eine Bedingung vorsehen, auf welche nicht allein der Inhaber Einfluss hat[34]. Ausdrücklich ausgenommen von der Mitteilungspflicht ist der Fall einer Unterbreitung eines Angebots an die Aktionäre einer Zielgesellschaft nach den Vorschriften des WpÜG (vgl. § 25a Abs. 1 Satz 3 WpHG-E). Zweifelhaft ist, wie es sich mit schuldrechtlichen Ansprüchen aus einem Aktienkaufvertrag verhält. Nach dem Wortlaut der Vorschrift könnte der Erwerber insoweit mitteilungspflichtig sein. Vorzugswürdig ist es aber, solche Fälle als nicht erfasst anzusehen. Denn erstens hält der Erwerber kein Instrument. Zweitens würde eine andere Auslegung mit dem Konzept des § 21 WpHG in Widerstreit geraten[35].

24  Die **Eingangsmeldeschwelle** liegt, ebenso wie bei § 25 WpHG, bei **5 %**. Dies wird damit begründet, dass nur Transaktionen erfasst werden sollen, welche im Hinblick auf eine eventuelle Übernahme oder aufgrund der mit ihnen verbundenen Gefahren für die Marktintegrität von Interesse seien[36]. Die nach § 25a Abs. 1 WpHG-E mitzuteilenden Stimmrechtsanteile sind nicht mit Stimmrechtsanteilen nach §§ 21, 22 bzw. 25 WpHG zusammenzurechnen[37]. Wenn also beispielsweise M Finanzinstrumente i.S. des § 25 WpHG in Höhe von 4,99 % und sonstige Instrumente i.S. des § 25a WpHG-E in Höhe von 4,99 % hält, braucht er keine Mitteilung zu machen.

25  Wie die jeweils mitzuteilende **Anzahl** von **Stimmrechten** zu **bestimmen** ist, ergibt sich aus § 25a Abs. 2 WpHG-E. Das BMF arbeitet hier mit einer Fiktion[38]: Sofern sich das jeweilige Instrument nicht auf eine konkrete Zahl von Aktien bezieht, errechnen sich die mitzuteilenden Stimmrechte aus der Anzahl von Aktien, die die Gegenseite zur vollumfänglichen Absicherung des jeweiligen Finanzinstruments oder sonstigen Instruments halten müsste[39]. Es kommt auf den Zeitpunkt des Erwerbs oder sonstigen Entstehens des jeweiligen Finanzinstrumentes oder sonstigen Instrumentes durch den bzw. beim Meldepflichtigen an[40].

26  Als **Sanktion** sieht der Entwurf ein Bußgeld bis zur Höhe von 500.000 Euro vor (vgl. § 39 Abs. 2 Nr. 2 lit. f) und Abs. 4 WpHG-E). Eine nennenswerte Abschreckung dürfte von diesem Geldbetrag nicht ausgehen. In Betracht kommt aber eine Gewinnabschöpfung nach den allgemeinen Vorschriften (vgl. § 17 Abs. 4 OWiG). Ein Rechtsverlust gem. § 28 WpHG soll nicht möglich sein.

27  Die notwendige Transparenz wird durch eine Änderung des § 26 Abs. 1 Satz 1 WpHG erreicht; dort soll nach der Angabe „§ 25 Abs. 1 Satz 1" die Angabe „sowie § 25a Abs. 1" eingefügt werden. Mit dieser Änderung will der Gesetzgeber den **Emittenten** zur **Veröffentlichung** der nach § 25a Abs. 1 WpHG-E erfolgten **Mitteilungen** verpflichten.

---

34 Vgl. Begr. DiskE Gesetz zur Stärkung des Anlegerschutzes und Verbesserung der Funktionsfähigkeit des Kapitalmarkts, Nr. 4 (zu § 25a).
35 Vgl. *Merkner/Sustmann*, NZG 2010, 681, 684.
36 Vgl. Begr. DiskE Gesetz zur Stärkung des Anlegerschutzes und Verbesserung der Funktionsfähigkeit des Kapitalmarkts, Nr. 4 (zu § 25a).
37 Vgl. Begr. DiskE Gesetz zur Stärkung des Anlegerschutzes und Verbesserung der Funktionsfähigkeit des Kapitalmarkts, Nr. 4 (zu § 25a).
38 Kritisch *Merkner/Sustmann*, NZG 2010, 681, 686.
39 Vgl. Begr. DiskE Gesetz zur Stärkung des Anlegerschutzes und Verbesserung der Funktionsfähigkeit des Kapitalmarkts, Nr. 4 (zu § 25a).
40 Vgl. Begr. DiskE Gesetz zur Stärkung des Anlegerschutzes und Verbesserung der Funktionsfähigkeit des Kapitalmarkts, Nr. 4 (zu § 25a).

## § 26 WpHG
## Veröffentlichungspflichten des Emittenten und Übermittlung an das Unternehmensregister

(1) Ein Inlandsemittent hat Informationen nach § 21 Abs. 1 Satz 1, Abs. 1a und § 25 Abs. 1 Satz 1 oder nach entsprechenden Vorschriften anderer Mitgliedstaaten der Europäischen Union oder anderer Vertragsstaaten des Abkommens über den Europäischen Wirtschaftsraum unverzüglich, spätestens drei Handelstage nach Zugang der Mitteilung zu veröffentlichen; er übermittelt sie außerdem unverzüglich, jedoch nicht vor ihrer Veröffentlichung dem Unternehmensregister im Sinne des § 8b des Handelsgesetzbuchs zur Speicherung. Erreicht, überschreitet oder unterschreitet ein Inlandsemittent in Bezug auf eigene Aktien entweder selbst oder über eine in eigenem Namen, aber für Rechnung dieses Emittenten handelnde Person die Schwellen von 5 Prozent oder 10 Prozent durch Erwerb, Veräußerung oder auf sonstige Weise, gilt Satz 1 entsprechend mit der Maßgabe, dass abweichend von Satz 1 eine Erklärung zu veröffentlichen ist, deren Inhalt sich nach § 21 Abs. 1 Satz 1, auch in Verbindung mit einer Rechtsverordnung nach § 21 Abs. 2 bestimmt, und die Veröffentlichung spätestens vier Handelstage nach Erreichen, Überschreiten oder Unterschreiten der genannten Schwellen zu erfolgen hat; wenn für den Emittenten die Bundesrepublik Deutschland der Herkunftsstaat ist, ist außerdem die Schwelle von 3 Prozent maßgeblich.

(2) Der Inlandsemittent hat gleichzeitig mit der Veröffentlichung nach Absatz 1 Satz 1 und 2 diese der Bundesanstalt mitzuteilen.

(3) Das Bundesministerium der Finanzen kann durch Rechtsverordnung, die nicht der Zustimmung des Bundesrates bedarf, nähere Bestimmungen erlassen über

1. den Inhalt, die Art, die Sprache, den Umfang und die Form der Veröffentlichung nach Absatz 1 Satz 1 und

2. den Inhalt, die Art, die Sprache, den Umfang und die Form der Mitteilung nach Absatz 2.

| | | | |
|---|---|---|---|
| I. Allgemeines | 1 | 3. Pflicht zur Übermittlung an das Unternehmensregister | 10 |
| II. Pflichten der Inlandsemittenten | 2 | III. Pflicht zur Mitteilung an die BaFin | 11 |
| 1. Veröffentlichungspflicht nach § 26 Abs. 1 Satz 1 Halbsatz 1 WpHG | 2 | IV. Zuständigkeiten | 12 |
| 2. Veröffentlichungspflicht nach § 26 Abs. 1 Satz 2 WpHG | 9 | V. Sanktionen | 14 |

*Literatur: Noack*, Neue Publizitätspflichten und Publizitätsmedien für Unternehmen – eine Bestandsaufnahme nach EHUG und TUG, WM 2007, 377; *Schnabel/Korff*, Mitteilungs- und Veröffentlichungspflichten gemäß §§ 21 ff. WpHG und ihre Änderung durch das Transparenzrichtlinie-Umsetzungsgesetz – Ausgewählte Praxisfragen, ZBB 2007, 179. S. ferner die Angaben Vor §§ 21 ff. WpHG.

## I. Allgemeines

Die Vorschrift setzt in Abs. 1 und 2 das durch die Art. 19 bis 21 der Transparenzrichtlinie II (s. Vor §§ 21 ff. WpHG Rz. 3) vorgegebene **Publikationsregime** einer europa- 1 weiten Verbreitung der **Kapitalmarktinformationen** und deren **Speicherung** in einem zentralen **System** (zweistufiges Verfahren) um. Ferner räumt sie in Abs. 3 dem BMF die Kompetenz zum Erlass konkretisierender Regelungen ein.

## II. Pflichten der Inlandsemittenten

### 1. Veröffentlichungspflicht nach § 26 Abs. 1 Satz 1 Halbsatz 1 WpHG

2 Die **Veröffentlichungspflicht** nach **§ 26 Abs. 1 Satz 1 Halbsatz 1 WpHG** gilt für **Inlandsemittenten** i.S. von § 2 Abs. 7 WpHG. Sie betrifft **Informationen** nach **§ 21 Abs. 1 Satz 1, Abs. 1a** und **§ 25 Abs. 1 Satz 1 WpHG**. Die Veröffentlichung muss unverzüglich (ohne schuldhaftes Zögern, vgl. § 121 Abs. 1 Satz 1 BGB), spätestens **am dritten Handelstag** (s. hierzu § 30 WpHG Rz. 1) nach dem Tag des Zugangs der Mitteilung erfolgen.

3 Der Begriff des **Inlandsemittenten** ist durch das TUG anstelle des Begriffs börsennotierte Gesellschaft eingeführt worden. Er umfasst auch **Emittenten** mit **Sitz in einem anderen Mitgliedstaat**, vorausgesetzt, dass die **Aktien nur im Inland** zum **Handel** an einem **organsierten Markt zugelassen** sind (§ 2 Abs. 7 Nr. 2 WpHG), nicht dagegen Emittenten mit Sitz im Inland, sofern dessen Aktien lediglich in einem anderen Mitgliedstaat zugelassen sind (vgl. § 2 Abs. 7 Nr. 2 WpHG). Die Adressaten der Mitteilungspflicht nach § 21 WpHG (Emittenten; s. § 21 WpHG Rz. 9) und der Veröffentlichungspflicht nach § 26 WpHG (Inlandsemittenten) sind folglich nicht deckungsgleich. Dem Umstand, dass ein Inlandsemittent nach § 2 Abs. 7 Nr. 2 WpHG die Mitteilungen seiner Aktionäre nach den Vorschriften seines Herkunftsstaats erhält (!), hat der Gesetzgeber in § 26 Abs. 1 Satz 1 WpHG durch den Hinweis auf die entsprechenden Vorschriften dieses Staates als Rechtsgrundlage der Mitteilung („nach entsprechenden Vorschriften anderer Mitgliedstaaten der Europäischen Union oder anderer Vertragsstaaten des Abkommens über den Europäischen Wirtschaftsraum") Rechnung getragen[1].

4 Die Art der Veröffentlichung ergibt sich aus **§ 20 WpAIV i.V.m. § 3a Abs. 1 Satz 1 WpAIV**: Die **Informationen** sind zur Veröffentlichung **Medien zuzuleiten**, einschließlich solcher, bei denen davon ausgegangen werden kann, dass sie die Informationen in der gesamten Europäischen Union und in den übrigen Vertragsstaaten des Abkommens über den Europäischen Wirtschaftsraum verbreiten.

5 Welche **Medien** geeignet sind, ist in § 3a WpAIV nicht festgelegt. Die Frage muss im Einzelfall bestimmt werden[2]. In Betracht kommen nach der Vorstellung des Gesetzgebers elektronische Informationsverbreitungssysteme, News Provider, Nachrichtenagenturen, Printmedien und Internetseiten für den Finanzmarkt[3]. Die BaFin sieht die Einhaltung eines Minimumstandards als erforderlich an. Ein **angemessenes Medienbündel** müsse mindestens alle fünf genannten Medienarten und pro Medienart ein Medium enthalten[4]. Davon müsse mindestens ein Medium eine aktive europaweite Verbreitung ermöglichen. Ferner müssten die einzelnen Medien die Information zumindest auch in dem Land verbreiten können, in dem die Aktien des Emittenten börsenzugelassen seien. Abhängig vom Einzelfall könne es auch erforderlich werden, von diesem Minimumstandard hinsichtlich Zahl der eingesetzten Medien pro Medienart bzw. der zusätzlich im Ausland verbreiteten Medien „nach oben" abzuwei-

---

1 Vgl. Begr. RegE TUG, BT-Drucks. 16/2498, S. 38.
2 Kritisch deshalb *Noack*, WM 2007, 377, 380.
3 Vgl. *Nießen*, NZG 2007, 41, 46.
4 BaFin, Emittentenleitfaden, S. 173.

chen. So müsse der Emittent im Falle einer Börsenzulassung seiner Aktien in einem weiteren EU-Mitgliedstaat bzw. EWR-Vertragsstaat die Information auch an solche Nachrichtenagenturen, News-Provider, Printmedien und Internetseiten für den Finanzmarkt übermitteln, die die Information in dem Land der weiteren Börsenzulassung verbreiten könnten[5].

Der **Inhalt** der **Veröffentlichung** ist die Mitteilung gem. § 21 Abs. 1 Satz 1, Abs. 1a bzw. § 25 WpHG oder die nach den Vorschriften anderer Mitgliedstaaten der EU oder anderer Vertragsstaaten des Abkommens über den EWR. Der Inlandsemittent hat die Mitteilung eins zu eins zu übernehmen (vgl. § 19 WpAIV). In der Veröffentlichung ist nach der Verwaltungspraxis der Meldepflichtige allerdings nur mit Namen und Staat, in dem sich sein Wohnort befindet, bei juristischen Personen mit Namen, Sitz und Staat, in dem sich sein Sitzstaat befindet, anzugeben[6]. Im Falle einer unvollständigen Mitteilung muss der Inlandsemittent den Meldepflichtigen auffordern, die Mitteilung ordnungsgemäß abzugeben[7]. Unabhängig davon hat der Emittent zu prüfen, ob er die Mitteilung bereits vor der Korrektur veröffentlicht. 6

Die **Sprache** der Veröffentlichung richtet sich nach § 20 i.V.m. § 3b WpAIV. 7

Im Falle fehlerhafter Mitteilungen ist es erforderlich, dass **Korrektur-Veröffentlichungen** durch den Inlandsemittenten erfolgen. Eine Korrektur-Veröffentlichung setzt eine Korrektur-Mitteilung des Meldepflichtigen voraus oder eine fehlerhafte Veröffentlichung einer richtigen Mitteilung durch den Inlandsemittenten. Die BaFin verlangt, dass Korrektur-Veröffentlichungen als solche zu kennzeichnen sind („Korrektur einer Veröffentlichung gem. § 26 Abs. 1")[8]. Im Veröffentlichungstext müsse allerdings nicht hervorgehoben werden, welche konkrete Angabe korrigiert werde. 8

## 2. Veröffentlichungspflicht nach § 26 Abs. 1 Satz 2 WpHG

Die **Veröffentlichungspflicht** nach **§ 26 Abs. 1 Satz 2 WpHG** betrifft die Fälle des **Erwerbs eigener Aktien**. Sie geht auf Art. 14 der Transparenzrichtlinie II zurück und verlangt von einem **Inlandsemittenten**, die **Berührung** einer **Schwelle** von **5 %** und **10 %** aufgrund des Erwerbs eigener Aktien zu veröffentlichen. Wenn für den **Emittenten** die **Bundesrepublik Deutschland** der **Herkunftsstaat** ist, ist außerdem die **Schwelle** von **3 %** maßgeblich (**§ 26 Abs. 1 Satz 2 Halbsatz 2 WpHG**). Im Unterschied zur Vorgängerregelung ist nunmehr auch ausdrücklich der Fall erfasst, dass die Schwellenberührung auf sonstige Weise (s. zu diesem Terminus § 21 WpHG Rz. 18) erfolgt, so dass auch die Einziehung eigener Aktien erfasst ist[9]. Die **Meldung** für eigene Aktien muss innerhalb von **vier Handelstagen** (s. hierzu § 30 WpHG Rz. 1) erfolgen. 9

## 3. Pflicht zur Übermittlung an das Unternehmensregister

Die gem. § 26 Abs. 1 Satz 1 Halbsatz 1 WpHG sowie gem. § 26 Abs. 1 Satz 2 WpHG zu veröffentlichenden **Informationen** bzw. Erklärungen sind **unverzüglich**, jedoch nicht vor ihrer Veröffentlichung dem Unternehmensregister zur Speicherung **zu** 10

---

5 BaFin, Emittentenleitfaden, S. 173.
6 Vgl. BaFin, Emittentenleitfaden, S. 171 mit dem weiteren Hinweis, dass Abweichungen vom Mitteilungstext nur nach Rücksprache mit der BaFin erfolgen sollen, da das Risiko bestehe, dass die Mitteilung inhaltlich verändert oder verfälscht würde und sie durch eine Korrektur-Veröffentlichung richtig gestellt werden müsse.
7 Vgl. *Uwe H. Schneider* in Assmann/Uwe H. Schneider, § 26 WpHG Rz. 38; a.A. *Dehlinger/Zimmermann* in Fuchs, § 26 WpHG Rz. 18 (keine Pflicht).
8 Vgl. BaFin, Emittentenleitfaden, S. 175.
9 Vgl. *Bosse*, DB 2007, 39, 41.

übermitteln (§ 22 Abs. 1 Satz 1 Halbsatz 2 WpHG). Diese Pflicht folgt bereits aus § 8b Abs. 2 Nr. 9 i.V.m. Abs. 3 Satz 1 Nr. 2 HGB. Die in § 26 Satz 1 Halbsatz 2 WpHG getroffene Regelung dient daher neben der zeitlichen Vorgabe Klarstellungs- und Vereinfachungszwecken[10]. Dies kann elektronisch geschehen.

### III. Pflicht zur Mitteilung an die BaFin

11 Der Inlandsemittent hat **gleichzeitig** mit der **Veröffentlichung** nach § 26 Abs. 1 Satz 1 und 2 WpHG diese **der BaFin mitzuteilen** (§ 26 Abs. 2 WpHG). Ein unmittelbares Versenden hintereinander erfüllt noch die Anforderungen an eine gleichzeitige Mitteilung[11].

### IV. Zuständigkeiten

12 Die Zuständigkeit für die **Veröffentlichung** liegt beim **Vorstand** (bei einem Inlandsemittenten gem. § 2 Abs. 7 Nr. 1 WpHG) bzw. **Board of Directors** des Emittenten (bei einem Inlandsemittenten gem. § 2 Abs. 7 Nr. 2 WpHG).

13 Kommt es zur Eröffnung des **Insolvenzverfahrens**, so bleibt nach einer Entscheidung des BVerwG der **Vorstand** des Inlandsemittenten **zuständig** (§§ 76 Abs. 1, 78 Abs. 1 AktG)[12]. Dieses Urteil warf allerdings eine Reihe von Fragen auf, die nicht befriedigend geklärt werden konnten. Zweifelhaft war vor allem, ob der Insolvenzverwalter die Kosten der Veröffentlichung zu übernehmen hat[13]. Der Gesetzgeber hat im Zuge der Umsetzung der Transparenzrichtlinie durch das TUG den Versuch unternommen, die Rechtslage zu befrieden: Aus § 11 WpHG folgt nunmehr die **Pflicht des Insolvenzverwalters**, den **Schuldner** bei der **Erfüllung** der **Pflichten** nach dem **WpHG** zu **unterstützen**, insbesondere indem er **aus** der **Insolvenzmasse** die **erforderlichen Mittel bereitstellt**. Dies bedeutet, dass der Insolvenzverwalter die Finanzierung der Kapitalmarktpublizität zu gewährleisten hat. Ob diese Regelung die Abstimmungsprobleme zwischen Vorstand und Insolvenzverwalter lösen wird, bleibt abzuwarten. Zweifel bestehen schon wegen der kurzen Zeitspanne von drei bzw. vier Handelstagen für eine Veröffentlichung (s. Rz. 2)[14].

### V. Sanktionen

14 Wer **vorsätzlich** oder **leichtfertig** entgegen § 26 Abs. 1 Satz 1, auch i.V.m. Satz 2 WpHG eine **Veröffentlichung nicht, nicht richtig, nicht vollständig, nicht in der vorgeschriebenen Weise** oder **nicht rechtzeitig vornimmt** oder nicht oder nicht rechtzeitig nachholt, handelt **ordnungswidrig** (§ 39 Abs. 2 Nr. 5c WpHG). Ein solcher Fall kann mit einer Geldbuße bis zu 50.000 Euro geahndet werden (§ 39 Abs. 4 WpHG).

---

10 Vgl. Begr. RegE TUG, BT-Drucks. 16/2498, S. 37.
11 Vgl. Begr. RegE TUG, BT-Drucks. 16/2498, S. 38.
12 Vgl. BVerwG v. 13.4.2005 – BVerwG 6 C 4.04, ZIP 2005, 1145, 1147 ff.; sehr kritisch K. Schmidt, AG 2006, 597, 600 f.
13 So etwa BVerwG v. 13.4.2005 – BVerwG 6 C 4.04, ZIP 2005, 1145, 1147 ff. in einem obiter dictum: entsprechend § 55 Abs. 1 Nr. 1 InsO.
14 Vgl. Schnabel/Korff, ZBB 2007, 179, 186.

## § 26a WpHG
## Veröffentlichung der Gesamtzahl der Stimmrechte und Übermittlung an das Unternehmensregister

Ein Inlandsemittent hat die Gesamtzahl der Stimmrechte am Ende eines jeden Kalendermonats, in dem es zu einer Zu- oder Abnahme von Stimmrechten gekommen ist, in der in § 26 Abs. 1 Satz 1, auch in Verbindung mit einer Rechtsverordnung nach Absatz 3 Nr. 1, vorgesehenen Weise zu veröffentlichen und gleichzeitig der Bundesanstalt entsprechend § 26 Abs. 2, auch in Verbindung mit einer Rechtsverordnung nach Absatz 3 Nr. 2, die Veröffentlichung mitzuteilen. Er übermittelt die Information außerdem unverzüglich, jedoch nicht vor ihrer Veröffentlichung dem Unternehmensregister im Sinne des § 8b des Handelsgesetzbuchs zur Speicherung.

**Literatur:** *Schnabel/Korff*, Mitteilungs- und Veröffentlichungspflichten gemäß §§ 21 ff. WpHG und ihre Änderung durch das Transparenzrichtlinie-Umsetzungsgesetz – Ausgewählte Praxisfragen, ZBB 2007, 179; *Sven H. Schneider*, Zur Bedeutung der Gesamtzahl der Stimmrechte börsennotierter Unternehmen für die stimmrechtsmeldpflichten der Aktionäre, NZG 2009, 121. S. ferner die Angaben Vor §§ 21 ff. WpHG.

Satz 1 der auf Art. 15 der Transparenzrichtlinie zurückgehenden Vorschrift verpflichtet einen **Inlandsemittenten** zur **Veröffentlichung** der **Gesamtzahl** der **Stimmrechte** am **Ende** eines **Kalendermonats**. Die Veröffentlichung erlaubt es dem Meldepflichtigen, zu ermitteln, ob er eine der in § 21 WpHG normierten Schwellen verwirklicht hat. Für die Zwecke der Berechnung des Stimmrechtsanteils ist die letzte Veröffentlichung nach § 26a WpHG zugrunde zu legen (§ 17 Abs. 4 WpAIV). Auf diese Veröffentlichung des Emittenten soll sich der Aktionär verlassen dürfen[1]. 1

Die Pflicht zur Veröffentlichung trifft nur Inlandsemittenten (vgl. § 2 Abs. 6 WpHG). Sie betrifft die „Gesamtzahl der Stimmrechte". Diese ergibt sich aus den stimmberechtigten Aktien (vgl. § 12 AktG). Ob im Einzelfall das Stimmrecht ruht oder nicht ausgeübt werden kann (wegen Rechtsverlusts gem. § 28 WpHG, § 59 WpÜG oder bei eigenen Aktien), ist irrelevant. Diese sind also in jedem Fall bei der Ermittlung der Gesamtzahl zu berücksichtigen. 2

Die in § 17 Abs. 4 WpAIV getroffene Regelung wirft Probleme auf. Da die Veröffentlichung nur monatlich erfolgt, Mitteilungen aber unverzüglich vorzunehmen sind, besteht eine nicht unbeträchtliche Gefahr irreführender und falscher Informationen über Stimmrechtsveränderungen[2], wenn beispielsweise der Emittent nach einer Veröffentlichung eine Kapitalerhöhung durchgeführt hat (das **Grundkapital** sich also **geändert** hat) und eine **neue Veröffentlichung** nach § 26a WpHG noch **nicht erfolgt** ist. Die BaFin hat das Problem gesehen. Sie will differenzieren[3]. Wenn der Meldepflichtige über Kenntnisse verfügt, dass die zuletzt veröffentlichte Gesamtzahl nicht richtig ist, soll für die Berechnung des Stimmrechtsanteils auf das tatsächliche, aktienrechtliche Grundkapital abzustellen sein. Das Gleiche soll gelten, wenn der Meldepflichtige hiervon Kenntnis haben musste. Den Inhaber von bedeutenden Beteiligungen treffen insoweit gesteigerte Sorgfaltspflichten. De lege ferenda sollte die Veröffentlichung nach § 26a WpHG nicht monatlich, sondern unverzüglich zu erfolgen haben[4]. 3

---
1 Vgl. Begr. RegE TUG, BT-Drucks. 16/2498, S. 38.
2 Vgl. *Schnabel/Korff*, ZBB 2007, 179, 184 f.; *Dehlinger/Zimmermann* in Fuchs, § 26a WpHG Rz. 3; *Uwe H. Schneider* in Assmann/Uwe H. Schneider, § 26a WpHG Rz. 4.
3 Vgl. BaFin, Emittentenleitfaden, S. 129.
4 Vgl. *Schnabel/Korff*, ZBB 2007, 179, 185.

4 Die **Art** und **Weise** der Veröffentlichung bestimmt sich nach § 26 Abs. 1 Satz 1 Halbsatz 1 WpHG i.V.m. §§ 19, 20, 3a und 3b WpAIV. Gleichzeitig mit der Veröffentlichung muss der Emittent die Veröffentlichung der BaFin mitteilen (§ 26 Abs. 2 WpHG).

5 § 26a Satz 2 WpHG stellt klar, dass ein Inlandsemittent die **Information** außerdem unverzüglich, jedoch nicht vor ihrer Veröffentlichung dem **Unternehmensregister** zur Speicherung zu **übermitteln** hat (vgl. auch § 8b Abs. 2 Nr. 9, Abs. 3 Satz 1 Nr. 2 HGB).

## § 27 WpHG
## Nachweis mitgeteilter Beteiligungen

Wer eine Mitteilung nach § 21 Abs. 1, 1a oder § 25 Abs. 1 abgegeben hat, muss auf Verlangen der Bundesanstalt oder des Emittenten, für den die Bundesrepublik Deutschland der Herkunftsstaat ist, das Bestehen der mitgeteilten Beteiligung nachweisen.

| | |
|---|---|
| I. Allgemeines ............... 1 | III. Weiterer Informationszugang ...... 3 |
| II. Nachweis ............... 2 | |

**Literatur:** *Hirte*, Nachweis mitgeteilter Beteiligungen im Wertpapierhandelsrecht, in FS Lutter, 2000, S. 1347. S. ferner die Angaben Vor §§ 21 ff. WpHG.

### I. Allgemeines

1 Die Vorschrift ist § 22 AktG nachgebildet. Auf einer gemeinschaftsrechtlichen Grundlage beruht sie nicht. Sie verfolgt den **Zweck**, für die Gesellschaft **Rechtssicherheit** zu schaffen. Im Unterschied zur aktienrechtlichen Parallelregelung hat auch die **BaFin** einen Anspruch auf Nachweis des Bestehens der mitgeteilten Beteiligung, der durch einen **Verwaltungsakt** geltend gemacht wird[1]. Die Vorschrift hat daher auch im Sinn, die Kapitalmarktaufsicht zu effektuieren.

### II. Nachweis

2 Der **Anspruch** bezieht sich auf die „mitgeteilte Beteiligung" nach § 21 Abs. 1, § 21 Abs. 1a oder § 25 Abs. 1 WpHG, in den beiden ersten Fällen also auch auf die Zurechnungstatbestände nach § 22 WpHG[2]. Wird die Mitteilungspflicht gem. § 24 WpHG durch das **Mutterunternehmen** erfüllt, so sind alle Meldepflichtigen **nachweispflichtig**[3]. Voraussetzung für eine Anwendung des § 27 WpHG ist nach dem Wortlaut der Vorschrift, dass eine Mitteilung abgegeben wurde. Ein Anspruch auf Nachweis gem.

---
1 Vgl. *Uwe H. Schneider* in Assmann/Uwe H. Schneider, § 27 WpHG Rz. 20.
2 Vgl. *Opitz* in Schäfer/Hamann, § 27 WpHG Rz. 6; *Uwe H. Schneider* in Assmann/Uwe H. Schneider, § 27 WpHG Rz. 12.
3 *Uwe H. Schneider* in Assmann/Uwe H. Schneider, § 27 WpHG Rz. 4 (alle Konzernunternehmen); *Dehlinger/Zimmermann* in Fuchs, § 27 WpHG Rz. 7. A.A. *Hirte* in FS Lutter, S. 1346, 1349; *Opitz* in Schäfer/Hamann, § 27 WpHG Rz. 2.

dieser Vorschrift besteht daher nicht, wenn die Gesellschaft oder die BaFin eine Mitteilung nicht erhalten hat, sondern aufgrund anderer Umstände annimmt bzw. davon ausgeht, dass eine Mitteilungspflicht besteht[4]. Die BaFin kann jedoch gem. § 4 Abs. 3 WpHG gegen die betreffende Person vorgehen[5]. Der Anspruch erstreckt sich im Unterschied zu § 22 AktG (s. § 22 AktG Rz. 1) auf die exakte **Höhe** des **Stimmrechtsanteils**[6]. Hinsichtlich der **Art des Nachweises** gelten die zu § 22 AktG gemachten Ausführungen (s. § 22 AktG Rz. 3).

## III. Weiterer Informationszugang

Die enge tatbestandliche Eingrenzung des Nachweisanspruchs vermag nicht vollends zu überzeugen. Der Emittent hat ein vitales Interesse daran, auch außerhalb des von § 27 WpHG geregelten Sachverhalts Erkundigungen einholen zu können. Denn im Falle einer Nichterfüllung von Mitteilungspflichten gehen die Rechte aus Aktien gem. § 28 WpHG verloren. Der Vorstand und der Versammlungsleiter des Emittenten müssen prüfen, ob ein Teilnahmerecht und die Stimmrechte bestehen. Ferner hat der Vorstand vor der Ausführung des Gewinnverwendungsbeschlusses die Dividendenberechtigung seiner Aktionäre zu prüfen. Ein weitergehender Informationsverschaffungsanspruch ist im WpHG jedoch nicht vorgesehen. Auch die Möglichkeiten eines Informationszugangs nach den Vorschriften des IFG sind begrenzt[7]. Der Emittent hat daher keine rechtlich gesicherte Möglichkeit, vom Meldepflichtigen weitere Auskünfte oder Nachweise über Beteiligungsquoten oder etwaige nicht erfüllte Meldepflichten zu verlangen[8]. Ein solcher Informationszugang wäre auch bedenklich; denn er könnte auf eine dauerhafte Überwachung der Aktionäre durch den Emittenten hinauslaufen. Es ist Aufgabe der BaFin, die Einhaltung der Mitteilungspflichten zu überwachen und ggfls. durchzusetzen[9]. 3

Die beschränkten Informationsmöglichkeiten des Emittenten begrenzen die Organpflichten. So genügt der Vorstand des Emittenten seinen organschaftlichen Pflichten, wenn er bei Zweifeln an der Richtigkeit einer Meldung einen Nachweis gem. § 27 WpHG verlangt[10]. Eine Nachforschungspflicht des Vorstands ohne konkrete Anhaltspunkte für Umstände, die an einer ordnungsgemäßen Erfüllung der Meldepflichten zweifeln lassen, besteht nicht[11]. 4

---

4 *Uwe. H. Schneider* in Assmann/Uwe H. Schneider, § 27 WpHG Rz. 4.
5 *Uwe H. Schneider* in Assmann/Uwe H. Schneider, § 27 WpHG Rz. 4.
6 Vgl. *Hirte* in FS Lutter, S. 1346, 1355; *Uwe H. Schneider* in Assmann/Uwe H. Schneider, § 27 WpHG Rz. 7.
7 Vgl. *Möllers/Wenninger*, ZHR 170 (2006), 455, 460 ff.; *Dolff*, Der Rechtsverlust gem. § 28 WpHG aus der Perspektive eines Emittenten, im Erscheinen 2010.
8 OLG Stuttgart v. 15.10.2008 – 20 U 19/07, AG 2009, 124, 128; *Opitz* in Schäfer/Hamann, § 21 WpHG Rz. 41. A.A. *Uwe H. Schneider* in Assmann/Uwe H. Schneider, § 21 WpHG Rz. 145. S. ferner die Erl. zu § 21 WpHG Rz. 2.
9 OLG Stuttgart v. 15.10.2008 – 20 U 19/07, AG 2009, 124, 128.
10 OLG Stuttgart v. 15.10.2008 – 20 U 19/07, AG 2009, 124, 128.
11 OLG Stuttgart v. 15.10.2008 – 20 U 19/07, AG 2009, 124, 128; vgl. auch zu § 20 Abs. 7 AktG *Quack* in FS Semler, 1993, S. 586.

## § 27a WpHG
## Mitteilungspflichten für Inhaber wesentlicher Beteiligungen

(1) Ein Meldepflichtiger im Sinne der §§ 21 und 22, der die Schwelle von 10 Prozent der Stimmrechte aus Aktien oder eine höhere Schwelle erreicht oder überschreitet, muss dem Emittenten, für den die Bundesrepublik Deutschland Herkunftsstaat ist, die mit dem Erwerb der Stimmrechte verfolgten Ziele und die Herkunft der für den Erwerb verwendeten Mittel innerhalb von 20 Handelstagen nach Erreichen oder Überschreiten dieser Schwellen mitteilen. Eine Änderung der Ziele im Sinne des Satzes 1 ist innerhalb von 20 Handelstagen mitzuteilen. Hinsichtlich der mit dem Erwerb der Stimmrechte verfolgten Ziele hat der Meldepflichtige anzugeben, ob

1. die Investition der Umsetzung strategischer Ziele oder der Erzielung von Handelsgewinnen dient,
2. er innerhalb der nächsten zwölf Monate weitere Stimmrechte durch Erwerb oder auf sonstige Weise zu erlangen beabsichtigt,
3. er eine Einflussnahme auf die Besetzung von Verwaltungs-, Leitungs- und Aufsichtsorganen des Emittenten anstrebt und
4. er eine wesentliche Änderung der Kapitalstruktur der Gesellschaft, insbesondere im Hinblick auf das Verhältnis von Eigen- und Fremdfinanzierung und die Dividendenpolitik anstrebt.

Hinsichtlich der Herkunft der verwendeten Mittel hat der Meldepflichtige anzugeben, ob es sich um Eigen- oder Fremdmittel handelt, die der Meldepflichtige zur Finanzierung des Erwerbs der Stimmrechte aufgenommen hat. Eine Mitteilungspflicht nach Satz 1 besteht nicht, wenn der Schwellenwert auf Grund eines Angebots im Sinne des § 2 Abs. 1 des Wertpapiererwerbs- und Übernahmegesetzes erreicht oder überschritten wurde. Die Mitteilungspflicht besteht ferner nicht für Kapitalanlagegesellschaften, Investmentaktiengesellschaften sowie ausländische Verwaltungsgesellschaften und Investmentgesellschaften im Sinne der Richtlinie 85/611/EWG des Rates vom 20. Dezember 1985 zur Koordinierung der Rechts- und Verwaltungsvorschriften betreffend bestimmte Organismen für gemeinsame Anlagen in Wertpapieren (OGAW) (ABl. EG Nr. L 375 S. 3), die einem Artikel 25 Abs. 1 Satz 1 der Richtlinie 85/611/EWG entsprechenden Verbot unterliegen, sofern eine Anlagegrenze von 10 Prozent oder weniger festgelegt worden ist; eine Mitteilungspflicht besteht auch dann nicht, wenn eine Artikel 26 Abs. 1 Satz 1 und Abs. 2 der Richtlinie 85/611/ EWG entsprechende zulässige Ausnahme bei der Überschreitung von Anlagegrenzen vorliegt.

(2) Der Emittent hat die erhaltene Information oder die Tatsache, dass die Mitteilungspflicht nach Absatz 1 nicht erfüllt wurde, entsprechend § 26 Abs. 1 Satz 1 in Verbindung mit der Rechtsverordnung nach § 26 Abs. 3 Nr. 1 zu veröffentlichen.

(3) Die Satzung eines Emittenten mit Sitz im Inland kann vorsehen, dass Absatz 1 keine Anwendung findet. Absatz 1 findet auch keine Anwendung auf Emittenten mit Sitz im Ausland, deren Satzung oder sonstige Bestimmungen eine Nichtanwendung vorsehen.

(4) Das Bundesministerium der Finanzen kann durch Rechtsverordnung, die nicht der Zustimmung des Bundesrates bedarf, nähere Bestimmungen über den Inhalt, die Art, die Sprache, den Umfang und die Form der Mitteilungen nach Absatz 1 erlassen.

| | | | |
|---|---|---|---|
| I. Allgemeines | 1 | III. Rechtsfolgen | 17 |
| II. Voraussetzungen | 4 | 1. Mitteilung | 17 |
| 1. Verpflichteter | 4 | 2. Veröffentlichung | 20 |
| 2. Mitteilung der Ziele | 6 | IV. Befreiung durch Satzungsregelung | 21 |
| 3. Mitteilung der Herkunft der Mittel | 12 | V. Sanktionen | 23 |
| 4. Mitteilung einer Änderung der Ziele | 13 | VI. Rechtsetzungskompetenz zum Erlass einer konkretisierenden VO | 26 |
| 5. Ausnahmen von der Mitteilungspflicht | 15 | | |

Literatur: *Brandt*, Transparenz und RisikobegrenzugsG – und darüber hinaus?, BKR 2008, 441; *Fleischer*, Mitteilungspflichten für Inhaber wesentlicher Beteiligungen (§ 27a WpHG), AG 2008, 873; *Greven/Fahrenholz*, Die Handhabung der neuen Mitteilungspflichten nach § 27a WpHG, BB 2009, 1487; *Hammen*, Regulierung des Erwerbs von Unternehmensbeteiligungen durch Staatsfonds (Sovereign Wealth Funds) oder „Die begehrte Bedrohung", WM 2010, 1; *Korff*, Das Risikobegrenzungsgesetz und seine Auswirkungen auf das WpHG, AG 2008, 692; *Pluskat*, „Investorenmitteilung nach § 27a WpHG – wie viel Beteiligungstransparenz geht noch?", NZG 2009, 206; *Querfurth*, § 27a WpHG und die Folgen eines Verstoßes, WM 2008, 1957; *Uwe H. Schneider*, Der kapitalmarktrechtliche Strategie- und Mittelherkunftsbericht – oder: wem dient das Kapitalmarktrecht?, in FS Nobbe, 2009, S. 741; *Zimmermann*, Die kapitalmarktrechtliche Beteiligungstransparenz nach dem Risikobegrenzungsgesetz, ZIP 2009, 57.

# I. Allgemeines

Die Vorschrift begründet für den Erwerber wesentlicher Beteiligungen die **Pflicht**, dem Emittenten seine mit dem Erwerb verbundenen **Ziele** und die **Herkunft** der verwendeten **Mittel mitzuteilen** (**Investorenpublizität**). Der Normadressat wird ebenso wie in den anderen Vorschriften über Mitteilungspflichten als Meldepflichtiger bezeichnet. An die mitgeteilten Ziele ist der Meldepflichtige nicht gebunden; er kann sie jederzeit ändern. Allerdings hat er dann gem. § 27a Abs. 1 Satz 2 WpHG eine Änderungsmitteilung zu machen. Im deutschen Recht findet sich lediglich in § 11 Abs. 2 Satz 3 Nr. 2 WpÜG eine vergleichbare Vorschrift zur Publizität von Absichten eines Bieters. 1

Die Vorschrift wurde im Jahr 2008 durch das **Risikobegrenzungsgesetz** eingeführt[1]. Der Gesetzgeber hat sie mit der Erwägung begründet, dass das deutsche Kapitalmarktrecht hinter den Berichtserfordernissen in anderen Staaten wie den USA und Frankreich zurückbleiben würde[2]. Die neue Regelung würde sich weitgehend an diesen ausländischen Meldevorschriften orientieren[3]. Bei näherer Betrachtung zeigen sich aber beträchtliche Mängel im Detail. Als zweifelhaft muss vor allem erscheinen, dass der Emittent in seiner Satzung bestimmen kann, dass die Vorschrift keine Anwendung findet. Auch dass der Aufsichtsbehörde (anders als in Frankreich) die Mitteilung nicht zu übermitteln ist, leuchtet schwerlich ein. Die meisten Angaben dürften zudem wenig aussagekräftig sein. Sie sind nach der gesetzlichen Konzeption zudem größtenteils ohne zeitliche Beschränkung abzugeben, was zu weitgehend ist. Und schließlich fehlen wirksame Sanktionen; allein das Verbot der Marktmanipulation genügt nicht. Summa summarum: Es besteht Reformbedarf. 2

---

[1] Gesetz zur Begrenzung der mit Finanzinvestitionen verbundenen Risiken vom 12.8.2008, BGBl. I 2008, 1666.
[2] Begr. RegE Risikobegrenzungsgesetz, BT-Drucks. 16/7438, S. 8.
[3] Begr. RegE Risikobegrenzungsgesetz, BT-Drucks. 16/7438, S. 12.

3 Die französische Vorbildregelung findet sich in Art. L.233-7 Code de Commerce. Auch sie hat sich nicht vollends bewährt und wurde deshalb 2009 geändert[4]. Die US-amerikanische Vorbildregelung ist in Sec. 13d US-Securities and Exchange Act normiert. Der europäische Gesetzgeber hat bislang noch nicht entschieden, ob er den Mitgliedstaaten Vorgaben bezüglich der Investorenpublizität machen will[5].

## II. Voraussetzungen

### 1. Verpflichteter

4 Normadressat ist „ein **Meldepflichtiger** im Sinne der §§ 21 und 22 WpHG, der die **Schwelle** von **10 %** der **Stimmrechte** aus Aktien oder eine **höhere Schwelle erreicht** oder **überschreitet**". Der Begriff des Meldepflichtigen ist ebenso wie bei § 21 WpHG auszulegen (s. die Erl. § 21 WpHG Rz. 5 ff.). Auch derjenige, der nur aufgrund einer Zurechnung gem. § 22 WpHG meldepflichtig ist, kann also zur Mitteilung gem. § 27a WpHG verpflichtet sein[6]. Einen solchen Meldepflichtigen trifft jedoch nicht die Pflicht, Angaben über die Herkunft der für den Erwerb verwendeten Mittel zu machen[7]. Das Entstehen einer Mitteilungspflicht gem. § 21 Abs. 1a WpHG im Falle einer erstmaligen Zulassung von Aktien zum Handel löst nach dem klaren Wortlaut des Gesetzes keine Mitteilungspflicht nach § 27a WpHG aus[8].

5 Die Pflicht zur Mitteilung setzt voraus, dass die betreffende Person (der Meldepflichtige) **10 %** der **Stimmrechte** oder eine **höhere Schwelle erreicht** oder **überschreitet**. Im Falle einer Unterschreitung ist also eine Mitteilung nicht zu machen. Hinsichtlich der Meldepflicht sind die §§ 22, 23, 24 WpHG anwendbar[9]. Die Mitteilungspflichten nach § 27a WpHG können daher durch das Mutterunternehmen erfüllt werden (§ 24 WpHG). Zweifelhaft ist, ob bei der Ermittlung der Stimmrechte auch Finanzinstrumente zu berücksichtigen sind, die vom Meldepflichtigen gehalten werden und bezüglich der er gem. § 25 Abs. 1 Satz 3 WpHG mitteilungspflichtig ist. Zwar gebietet der Wortlaut des § 27a WpHG keine Berücksichtigung von Finanzinstrumenten i.S. des § 25 WpHG. Doch folgt aus Sinn und Zweck der Investorenpublizität, dass bei der Ermittlung der Schwelle auch der durch Finanzinstrumente vermittelte Einfluss von Finanzinstrumenten zu berücksichtigen ist[10].

### 2. Mitteilung der Ziele

6 Mitteilungspflichtig sind „die mit dem Erwerb der Stimmrechte verfolgten Ziele" (§ 27a Abs. 1 Satz 1 WpHG). Der Begriff des **Erwerbs** ist weit zu verstehen. Die Meldepflicht erstreckt sich nicht nur auf die Stimmrechte, die der Meldepflichtige erworben hat und für die er unmittelbar gem. § 21 Abs. 1 WpHG mitteilungspflichtig ist, sondern auch auf die Stimmrechte, die ihm gem. § 22 WpHG zugerechnet werden[11]. Ein Meldepflichtiger verfolgt **Ziele** i.S. der Vorschrift, wenn er sie konkret in Aus-

---

4 Vgl. dazu *Veil/Koch*, Französisches Kapitalmarktrecht, 2010, S. 101 ff.
5 Vgl. aber European Corporate Governance Working Group on Proportionality, June 2007, S. 25 (abrufbar unter: www.ec.europ.eu); vgl. ferner die Empfehlung des Europäischen Parlaments zur Transparenz institutioneller Investoren (sog. Lehne-Report), abrufbar unter: www.europarl.europa.eu.
6 Vgl. *Korff*, AG 2008, 692, 696.
7 Vgl. *Korff*, AG 2008, 692, 696.
8 *Greven/Fahrenholz*, BB 2009, 1487, 1488.
9 Begr. RegE Risikobegrenzungsgesetz, BT-Drucks. 16/7438, S. 12.
10 Ebenso *Fleischer*, AG 2008, 873, 876; *König*, BB 2008, 1910, 1912 f. A.A. *Greven/Fahrenholz*, BB 2009, 1487, 1489; *Uwe H. Schneider* in FS Nobbe, 2009, S. 741, 748.
11 A.A. *Zimmermann*, ZIP 2009, 57, 61.

sicht genommen hat und nicht bloß prüft bzw. Überlegungen anstellt, sie zu verfolgen[12].

Die bezüglich der Ziele zu machenden Angaben sind in § 27a Abs. 1 Satz 3 WpHG konkretisiert. Welche Angaben zu machen sind, ist abschließend festgelegt[13]. Nach dem Wortlaut des Gesetzes genügt es, wenn ein Meldepflichtiger sich bejahend oder verneinend zu den Zielen äußert[14]. Zweifelhaft ist, ob er seine Absichten dahingehend einschränken darf, dass er sich eine Änderung seiner Ziele (bzw. eines seiner Ziele) vorbehalte[15]. Wortlaut sowie Sinn und Zweck des Gesetzes stehen einer solchen Einschränkung nicht entgegen. Es erscheint zudem nicht ausgeschlossen, dass ein erläuternder Zusatz den Informationsgehalt der Erklärung verbessert. Allerdings entbindet ein ergänzender Vorbehalt nicht davon, im Falle einer Änderung der Ziele eine Mitteilung gem. § 27a Abs. 1 Satz 2 WpHG zu machen. Zulässig ist es grundsätzlich ferner, erläuternde Angaben zu machen[16]. In der Praxis geschieht dies beispielsweise dadurch, dass der Meldepflichtige sich als „langfristiger Investor" bezeichnet. 7

Der Meldepflichtige hat zunächst anzugeben, ob die **Investititon** der **Umsetzung strategischer Ziele** oder der **Erzielung** von **Handelsgewinnen** dient (Nr. 1). Die Subsumtion im Einzelfall kann schwierig sein. Vorzugswürdig ist es, mehrere Kriterien heranzuziehen und zu würdigen[17]. Von Bedeutung sind insbesondere die geplante Dauer des Investments[18] und die Absicht des Meldepflichtigen, Einfluss auf die Geschäftspolitik des Emittenten auszuüben[19]. Mit der Erzielung von Handelsgewinnen ist gemeint, dass der Meldepflichtige nur an der Ausschüttung von Dividenden interessiert ist. Auch umfasst der Begriff das Interesse des Meldepflichtigen an einer Steigerung des Börsenkurses[20]. 8

Sodann hat der Meldepflichtige anzugeben, ob er innerhalb der nächsten zwölf Monate **weitere Stimmrechte** durch Erwerb oder auf sonstige Weise **zu erlangen beabsichtigt** (Nr. 2). Eine bestimmte Größenordnung ist nicht vorgegeben, so dass bereits die Absicht des Erwerbs einer weiteren stimmberechtigten Aktie eine entsprechende Angabe verlangt. Auch hierzu kann der Meldepflichtige erläuternde Angaben machen, etwa dergestalt, dass der Erwerb weiterer Stimmrechte durch Ausübung von Bezugsrechten beabsichtigt werde. Ein Vorbehalt abweichenden Verhaltens wird man wiederum (s. bereits Rz. 7) als zulässig ansehen können, vorausgesetzt, dass die Information nicht erheblich verwässert wird. Ob der Meldepflichtige die Kontrolle erlangen will, braucht er nach dem Wortlaut des Gesetzes nicht anzugeben. Der RegE des Risikobegrenzungsgesetzes sah dies noch vor. Der Finanzausschuss hat dieses Berichtserfordernis gestrichen. Der halbherzige Regelungszugriff überzeugt nicht. Denn die Angabe, dass der Meldepflichtige weitere Stimmrechte zu erlangen beabsichtigt, 9

---

12 *Fleischer*, AG 2008, 873, 877 (zu Recht kritisch mit Blick auf die Informationseffizienz). Vgl. ferner *Greven/Fahrenholz*, BB 2009, 1487, 1490 („wenn die zur Entscheidung über die Zielverfolgung berufene Stelle sich vorbehaltlos für diese Zielverfolgung entschieden hat").
13 Begr. RegE Risikobegrenzungsgesetz, BT-Drucks. 16/7438, S. 12; *Diekmann/Merkner*, NZG 2007, 921, 924; *Uwe H. Schneider* in Assmann/Uwe H. Schneider, § 27a WpHG Rz. 12; *Zimmermann*, ZIP 2009, 57, 61.
14 *Greven/Fahrenholz*, BB 2009, 1487, 1491; *Querfurth*, WM 2008, 1957, 1958; *Zimmermann*, ZIP 2009, 57, 62.
15 Dieser Vorbehalt war in der französischen Praxis sehr verbreitet. Vgl. *Veil/Koch*, Französisches Kapitalmarktrecht, 2010, S. 102.
16 *Greven/Fahrenholz*, BB 2009, 1487, 1491.
17 *Greven/Fahrenholz*, BB 2009, 1487, 1491.
18 Vgl. *Fleischer*, AG 2008, 873, 878 (fünf Jahre oder weniger: Finanzinvestor).
19 *Uwe H. Schneider* in Assmann/Uwe H. Schneider, § 27a WpHG Rz. 13.
20 *Uwe H. Schneider* in Assmann/Uwe H. Schneider, § 27a WpHG Rz. 14.

erlaubt keine verlässlichen Schlussfolgerungen. Interessant wäre für den Kapitalmarkt dagegen zu erfahren, ob der Meldepflichtige sukzessive eine Kontrollposition aufzubauen gedenkt. Deshalb sieht das französische Recht eine entsprechende Erklärungspflicht vor[21]. Abstimmungsprobleme mit dem Übernahmerecht lassen sich lösen. Die Vorschrift sollte bei der nächsten Reform daher insoweit geändert werden. Die zeitliche Begrenzung (zwölf Monate) wirft die Frage auf, wann eine Änderungsmitteilung gem. § 27a Abs. 1 Satz 2 WpHG abzugeben ist (s. Rz. 14).

10 Der Meldepflichtige hat weiterhin anzugeben, ob er eine **Einflussnahme** auf die **Besetzung** von **Verwaltungs-, Leitungs-** und **Aufsichtsorganen** des Emittenten **anstrebt** (Nr. 3). Mit Rücksicht auf Sinn und Zweck der Vorschrift ist der Begriff der Einflussnahme weit auszulegen[22]. Die bloß geplante Teilnahme an der Hauptversammlung und die Ausübung des Stimmrechts genügen jedoch nicht[23].

11 Schließlich hat der Meldepflichtige anzugeben, ob er eine **wesentliche Änderung** der **Kapitalstruktur** der Gesellschaft, insbesondere im Hinblick auf das Verhältnis von Eigen- und Fremdfinanzierung und die Dividendenpolitik **anstrebt** (Nr. 4). Diesem Berichtserfordernis liegt zugrunde, dass Finanzinvestoren in der Vergangenheit auf hohe Fremdkapitalquoten bei Zielunternehmen hingewirkt hatten. Der Meldepflichtige hat bereits anzugeben, ob er dieses Ziel „anstrebt".

### 3. Mitteilung der Herkunft der Mittel

12 Ein Meldepflichtiger hat dem Emittenten die Herkunft der für den Erwerb verwendeten Mittel mitzuteilen (§ 27a Abs. 1 Satz 1 WpHG; zur Einschränkung der Pflicht beim Erwerb in sonstiger Weise s. Rz. 4). Diese Pflicht wird in § 27a Abs. 1 Satz 4 WpHG konkretisiert. So hat der Meldepflichtige anzugeben, ob es sich um **Eigen-** oder **Fremdmittel** handelt, die er zur **Finanzierung** des Erwerbs der Stimmrechte **aufgenommen** hat. Im Fall einer gemischten Finanzierung ist der jeweilige Anteil der Finanzierungsformen an der Gesamtfinanzierung anzugeben[24]. Auf eine weitergehende Mitteilungspflicht hat der Gesetzgeber verzichtet, um Wettbewerbsnachteile für Kreditgeber und Mitteilungspflichtige zu vermeiden, die sich aus einer vollständigen Offenlegung der Finanzierung und deren Konditionen sowie der beteiligten Institute ergeben könnten[25].

### 4. Mitteilung einer Änderung der Ziele

13 Der Meldepflichtige hat eine Änderung der Ziele i.S. des § 27a Abs. 1 Satz 1 WpHG innerhalb von 20 Handelstagen mitzuteilen (§ 27a Abs. 1 Satz 2 WpHG). Es besteht also eine **Aktualisierungspflicht**. Diese setzt allerdings voraus, dass der Meldepflichtige zwischenzeitlich die Schwelle von 10 % nicht unterschritten hat[26].

14 Eine zeitliche Begrenzung für die Mitteilungspflicht sieht das Gesetz nicht vor[27]. Man wird zu differenzieren haben. Die Angaben nach § 27a Abs. 1 Satz 3 Nr. 1, 3 und 4 WpHG können sich auch noch nach mehreren Jahren ändern. Dann mag es sehr zweifelhaft sein, dass dem Kapitalmarkt die seinerzeitige Mitteilung überhaupt noch bewusst (und eingepreist) ist. Dennoch ist der Meldepflichtige zur Mitteilung der Än-

---

21 Vgl. *Veil/Koch*, Französisches Kapitalmarktrecht, 2010, S. 103.
22 Ebenso *Uwe H. Schneider* in Assmann/Uwe H. Schneider, § 27a WpHG Rz. 18.
23 Vgl. *Greven/Fahrenholz*, BB 2009, 1487, 1492.
24 Vgl. Begr. RegE Risikobegrenzungsgesetz, BT-Drucks. 16/7438, S. 12.
25 Vgl. Begr. RegE Risikobegrenzungsgesetz, BT-Drucks. 16/7438, S. 12.
26 Begr. RegE Risikobegrenzungsgesetz, BT-Drucks. 16/7438, S. 12; *Pluskat*, NZG 2009, 206, 209.
27 Kritisch *Pluskat*, NZG 2009, 206, 209; *Greven/Fahrenholz*, BB 2009, 1487, 1489.

derung verpflichtet[28]. Nur die Angabe nach § 27a Abs. 1 Satz 3 Nr. 2 WpHG bezieht sich auf die nächsten 12 Monate nach dem Erwerb der Stimmrechte. Diese zeitliche Begrenzung wirft Auslegungsprobleme auf[29]. Vorzugswürdig erscheint eine statische Betrachtung. Erklärt der Meldepflichtige (am 1.1.2010), in den nächsten 12 Monaten keine weiteren Stimmrechte zu erwerben, und ändert er später (1.10.2010) seine Absicht mit dem Ziel, weitere Stimmrechte (im Oktober 2010) zu erlangen, so hat er eine Änderungsmitteilung zu machen. Ändert er seine Absicht nach einem Jahr (im Januar 2011), besteht keine Mitteilungspflicht. Erfolgt die Änderung der Absicht binnen eines Jahres (im Oktober 2010) mit dem Ziel, die Stimmrechte nach einem Jahr (Januar 2011) zu erlangen, so besteht ebenfalls keine Mitteilungspflicht[30].

### 5. Ausnahmen von der Mitteilungspflicht

Eine Mitteilungspflicht nach § 27a Abs. 1 Satz 1 WpHG besteht nicht, wenn der Schwellenwert aufgrund eines Angebots i.S. des § 2 Abs. 1 WpÜG erreicht oder überschritten wurde. Denn in diesem Fall hat der Meldepflichtige (Bieter) vergleichbare Angaben gem. § 11 WpÜG zu machen. Sodann besteht die Mitteilungspflicht nicht für Kapitalanlagegesellschaften, Investmentaktiengesellschaften sowie ausländische Verwaltungs- und Investmentgesellschaften i.S. von Art. 10 Abs. 2 der OGAW-Richtlinie. 15

Schließlich besteht eine Mitteilungspflicht auch dann nicht, wenn eine Art. 26 Abs. 1 Satz 1 und Abs. 2 der OGAW-Richtlinie entsprechende zulässige Ausnahme bei der Überschreitung von Anlagegrenzen gegeben sind. 16

## III. Rechtsfolgen

### 1. Mitteilung

Der **Meldepflichtige** hat die mit dem Erwerb der Stimmrechte verfolgten Ziele und die Herkunft der Mittel dem **Emittenten mitzuteilen**. Der BaFin hat er diese Angaben nicht zu übermitteln. Der RegE hatte noch vorgesehen, die Mitteilung von einem Verlangen des Emittenten abhängig zu machen. Diese Lösung wurde zwar nicht Gesetz. Daraus können aber keine Schlussfolgerungen für die Frage gezogen werden, ob der Emittent einen Anspruch gegen den Meldepflichtigen auf Abgabe einer Mitteilung hat. Da der Emittent über die Investorenpublizität disponieren kann (vgl. § 27a Abs. 3 Satz 1 WpHG), erscheint es konsequent, die Frage zu bejahen[31]. 17

Wie die Mitteilung zu erfolgen hat, ist gesetzlich nicht bestimmt. Bei der Abfassung der Mitteilung hat der Meldepflichtige sich daher an § 27a Abs. 1 Satz 1 bis 4 WpHG zu orientieren (s. auch Rz. 6 ff.). Die Angaben sind in deutscher Sprache zu machen[32]. Auch die Art und Weise der Übermittlung der Mitteilung ist gesetzlich nicht festgelegt. Wünschenswert wäre es, wenn das BMF nähere Bestimmungen über den Inhalt, die Art, die Sprache, den Umfang und die Form der Mitteilungen erlässt (vgl. § 27a Abs. 4 WpHG). 18

---

28 A.A. *Fleischer*, AG 2008, 873, 878 (zeitliche Begrenzung auf ein Jahr); zustimmend *Pluskat*, NZG 2009, 206, 209.
29 Vgl. *Greven/Fahrenholz*, BB 2009, 1487, 1491.
30 Vgl. *von Bülow/Stephanblome*, ZIP 2008, 1797, 1803; sympathisierend *Greven/Fahrenholz*, BB 2009, 1487, 1491.
31 *Querfurth*, WM 2008, 1957, 1960. A.A. *Zimmermann*, ZIP 2009, 57, 62.
32 *Uwe H. Schneider* in Assmann/Uwe H. Schneider, § 27a WpHG Rz. 24.

19 Die Mitteilung hat innerhalb von **20 Handelstagen** nach Erreichen oder Überschreiten der Schwellen zu erfolgen (§ 27a Abs. 1 Satz 1 WpHG). Diese Frist ist zu lang. Ein Blick auf die ausländischen Vorbilder zeigt, dass hier weiterer Reformbedarf besteht. Der Beginn der Frist bestimmt sich nach § 21 Abs. 1 Satz 3 WpHG. Der Begriff der Handelstage ist in § 30 WpHG definiert.

**2. Veröffentlichung**

20 Der **Emittent** hat die erhaltene **Information** oder die **Tatsache**, dass die **Mitteilungspflicht** nach Abs. 1 **nicht erfüllt** wurde, entsprechend § 26 Abs. 1 Satz 1 WpHG i.V.m. der Rechtsverordnung nach § 26 Abs. 3 Nr. 1 WpHG zu veröffentlichen (§ 27a WpHG). Die Veröffentlichung hat unverzüglich, spätestens drei Handelstage nach Zugang der Mitteilung zu erfolgen. Die Erfüllung dieser Veröffentlichungspflicht wird problematisch, wenn es nicht eindeutig ist, ob der Meldepflichtige seine Informationspflichten erfüllt hat oder nicht. Hat er zu einer der Nr. 1 bis 4 schlicht keine Angaben gemacht, hat der Emittent zu veröffentlichen, dass der Meldepflichtige insoweit in seiner Mitteilung keine Informationen gegeben hat. Hat der Meldepflichtige nebulöse Angaben gemacht, wird der Emittent zu prüfen haben, ob darin eine Erfüllung der Mitteilungspflicht liegt. Der Emittent ist allerdings nicht die Aufsichtsbehörde. Nur wenn es offensichtlich ist, dass die Angaben des Meldepflichtigen den Anforderungen des Gesetzes nicht genügen, hat der Emittent zu veröffentlichen, dass die Pflichten nicht erfüllt wurden.

## IV. Befreiung durch Satzungsregelung

21 Die Satzung eines Emittenten mit Sitz im Inland kann vorsehen, dass § 27a Abs. 1 WpHG keine Anwendung findet (§ 27a Abs. 3 Satz 1 WpHG). Diese **Verzichtsmöglichkeit** des Emittenten leuchtet schwerlich ein. Denn es ist im öffentlichen Interesse, dass ein Investor seine Absichten bezüglich des Emittenten kommuniziert. Ein teilweiser Ausschluss der Informationspflichten ist nicht möglich[33]. Der Beschluss ist eine Satzungsänderung (§ 179 AktG).

22 Schließlich findet § 27a Abs. 1 WpHG keine Anwendung auf Emittenten mit Sitz im Ausland, deren Satzung oder sonstige Bestimmungen eine Nichtanwendung vorsehen (§ 27a Abs. 3 Satz 2 WpHG).

## V. Sanktionen

23 Der Emittent kann im Falle einer Verletzung seiner Veröffentlichungspflicht (s. Rz. 20) mit einer Geldbuße belegt werden (vgl. § 39 Abs. 2 Nr. 2g), Nr. 5c, Nr. 6 WpHG). Verstöße des Meldepflichtigen gegen § 27a WpHG begründen dagegen keine Ordnungswidrigkeit. Im Einzelfall kann allerdings der Tatbestand der **Marktmanipulation** (§ 20a WpHG) erfüllt sein. Dass der Gesetzgeber von einer Straf- und Bußgeldbewährung bei Verstößen gegen § 27a WpHG abgesehen hat, spricht nicht gegen die Anwendbarkeit des allgemeinen Verbots der Marktmanipulation[34]. In Betracht kommt etwa, dass ein Meldepflichtiger entgegen § 27a Abs. 1 Satz 1 und 3 WpHG keine Angaben zu seinen Zielen macht. Dann kann der Tatbestand des Verschweigens (§ 20a Abs. 1 Satz 1 Nr. 1 Alt. 2 WpHG) erfüllt sein[35]. Macht er zwar Angaben,

---

33 Vgl. Bericht Finanzausschuss Risikobegrenzungsgesetz, BT-Drucks. 16/9821, S. 17.
34 So aber *Greven/Fahrenholz*, BB 2009, 1487, 1493; *Pluskat*, NZG 2009, 206, 210; wie hier *Fleischer*, AG 2008, 873, 882; *Querfurth*, WM 2008, 1957, 1959.
35 *Querfurth*, WM 2008, 1957, 1959.

sind diese aber unrichtig oder irreführend, so ist ebenfalls der Vorwurf der Marktmanipulation (§ 20a Abs. 1 Satz 1 Nr. 1 Alt. 1 WpHG) begründet sein. Unterlässt der Meldepflichtige die Mitteilung der Änderung seiner Ziele (§ 27a Abs. 1 Satz 2 WpHG), kann ebenfalls eine Marktmanipulation (§ 20a Abs. 1 Satz 1 Nr. 1 Alt. 2 WpHG) vorliegen In allen genannten Fällen kann die BaFin Sanktionen verhängen (vgl. § 39 Abs. 2 Nr. 11, Abs. 4 WpHG) bzw. den Vorgang an die Staatsanwaltschaft zur Verfolgung einer Straftat (vgl. § 38 Abs. 2 WpHG) weiterleiten.

Verstöße des Meldepflichtigen gegen § 27a WpHG führen zu keinem Rechtsverlust 24 gem. § 28 WpHG. Ob zivilrechtliche Ansprüche von Anlegern gegen Investoren wegen eines Verstoßes gegen § 27a WpHG begründet sein können, ist noch nicht geklärt. Ansprüche gem. § 826 BGB kommen selbstverständlich in Betracht. Dagegen ist der Schutzgesetzcharakter des § 27a WpHG abzulehnen[36]. Denn die Vorschrift hat nicht im Sinn, vermögensrechtliche Individualinteressen zu schützen.

Der Gesetzgeber will die Entscheidung gegen eine weitere Sanktionierung der Pflich- 25 ten gem. § 27a WpHG „im Lichte der Erfahrungen in der Praxis nach Ablauf von zwei Jahren einer Überprüfung unterziehen und erforderlichenfalls revidieren"[37]. Bislang sind keine Pläne bekannt geworden, Sanktionen einzuführen.

## VI. Rechtsetzungskompetenz zum Erlass einer konkretisierenden VO

Das BMF kann durch Rechtsverordnungen nähere Bestimmungen über den Inhalt, 26 die Art, die Sprache, den Umfang und die Form der Mitteilung nach § 27a Abs. 1 erlassen (§ 27a Abs. 4 WpHG). Von dieser Verordnungsermächtigung hat das BMF bislang keinen Gebrauch gemacht.

# § 28 WpHG
# Rechtsverlust

**Rechte aus Aktien, die einem Meldepflichtigen gehören oder aus denen ihm Stimmrechte gemäß § 22 Abs. 1 Satz 1 Nr. 1 oder 2 zugerechnet werden, bestehen nicht für die Zeit, für welche die Mitteilungspflichten nach § 21 Abs. 1 oder 1a nicht erfüllt werden. Dies gilt nicht für Ansprüche nach § 58 Abs. 4 des Aktiengesetzes und § 271 des Aktiengesetzes, wenn die Mitteilung nicht vorsätzlich unterlassen wurde und nachgeholt worden ist. Sofern die Höhe des Stimmrechtsanteils betroffen ist, verlängert sich die Frist nach Satz 1 bei vorsätzlicher oder grob fahrlässiger Verletzung der Mitteilungspflichten um sechs Monate. Satz 3 gilt nicht, wenn die Abweichung bei der Höhe der in der vorangegangenen unrichtigen Mitteilung angegebenen Stimmrechte weniger als 10 Prozent des tatsächlichen Stimmrechtsanteils beträgt und keine Mitteilung über das Erreichen, Überschreiten oder Unterschreiten einer der in § 21 genannten Schwellen unterlassen wird.**

| | | | |
|---|---|---|---|
| I. Allgemeines | 1 | 1. Nichterfüllung der Mitteilungspflichten | 3 |
| II. Rechtsverlust gem. § 28 Satz 1 WpHG | 3 | 2. Verschulden | 6 |

---

36 Ebenso *Fleischer*, AG 2008, 873, 882; *Querfurth*, WM 2008, 1957, 1961; *Zimmermann*, ZIP 2009, 57, 62.
37 Vgl. Begr. RegE Risikobegrenzungsgesetz, BT-Drucks. 16/7438, S. 13.

3. Rechtsfolgen .................. 8
   a) Betroffene Aktien ........... 8
   b) Betroffene Rechte .......... 10
   c) Temporärer Rechtsverlust ..... 12
4. Ausnahme bei Nachholung ....... 15
**III. Verlängerter Rechtsverlust gem. § 28 Satz 3 WpHG** ........... 16
1. Voraussetzungen ............. 16
2. Rechtsfolgen ................. 22
3. Ausnahme für geringfügige Verstöße . 24
**IV. Sonstige Sanktionen** ............. 26
1. Ordnungswidrigkeit ........... 26
2. Schadensersatz bei Verstoß gegen Mitteilungspflichten ........... 27

**Literatur:** *Von Bülow/Petersen*, Der verlängerte Rechtsverlust auf Grund der Verletzung kapitalmarktrechtlicher Mitteilungspflichten, NZG 2009, 481; *Fleischer*, Rechtsverlust nach § 28 WpHG und entschuldbarer Rechtsirrtum des Meldepflichtigen, DB 2009, 1335; *Heinrich/Kiesewetter*, Praxisrelevante Aspekte des Stimmrechtsverlustes nach § 28 WpHG i.d.F. des Risikobegrenzungsgesetzes, Der Konzern 2009, 137; *Mülbert*, Das Recht des Rechtsverlustes – insbesondere am Beispiel des § 28 WpHG, in FS K. Schmidt, 2009, S. 1219; *Riegger*, Zwifelsfragen zum Dividendenverlust nach § 28 WpHG, in FS Westermann, 2008, S. 1331; *Sven H. Schneider/Uwe H. Schneider*, Der Rechtsverlust gemäß § 28 WpHG bei Verletzung der kapitalmarktrechtlichen Meldepflichten – zugleich eine Untersuchung zu § 20 Abs. 7 AktG und § 69 WpÜG, ZIP 2006, 493; *Uwe H. Schneider*, Der kapitalmarktrechtliche Rechtsverlust, in FS Kümpel, 2003, S. 477; *Scholz*, Verlust von Aktionärsrechten gem. § 28 WpHG, AG 2009, 313; *Schulenburg*, Ausnahmen und Ende des sechsmonatigen Rechtsverlustes nach § 28 WpHG – zu den Grenzen der erlaubten Falschmeldung nach § 28 S. 4 WpHG, NZG 2009, 1246; *Süßmann/Meder*, Schärfere Sanktionen bei Verletzung der Mitteilungspflichten, WM 2009, 976; *Vocke*, Zum Rechtsverlust nach § 28 WpHG bei Verstößen gegen Stimmrechtsmitteilungspflichten, BB 2009, 1600; *Zickler/von Falkenhausen*, Gilt der Rechtsverlust des § 28 WpHG auch für ausländische Gesellschaften?, BB 2009, 1994.

## I. Allgemeines

1   Die Vorschrift legt Sanktionen im Falle eines Verstoßes gegen die Mitteilungspflichten fest, indem sie – ebenso wie § 20 Abs. 7 AktG und § 59 WpÜG – einen **Verlust der** mitgliedschaftlichen **Herrschafts-** und **Vermögensrechte** anordnet. Sie wurde mehrere Male, zuletzt durch das Risikobegrenzungsgesetz[1] geändert. Mit der letzteren Änderung wollte der Gesetzgeber die Rechtslage verschärfen. Hintergrund war, dass ein Aktionär unter Nichterfüllung der Mitteilungspflichten zumindest zwischen zwei Hauptversammlungen unbemerkt ein Aktienpaket aufbauen konnte, ohne durch die Sanktion des Stimmrechtsentzugs belastet zu werden[2]. Der Rechtsverlust bestand nur solange, bis der Meldepflichtige seiner Mitteilungspflicht nachkam. Der Meldepflichtige konnte die Mitteilung daher noch unmittelbar vor der Beschlussfassung der Hauptversammlung nachholen. Die Verlängerung des Rechtsverlusts gem. § 28 Satz 3 WpHG soll diesen Strategien begegnen.

2   Die zivilrechtliche Sanktionierung einer primär öffentlich-rechtlichen (s. § 21 WpHG Rz. 2) Verhaltensregel trägt einerseits dazu bei, dass die Mitteilungspflichten von den Meldepflichtigen sehr ernst genommen werden. Auch ist die Materie der Beteiligungstransparenz rechtswissenschaftlich tief durchdrungen. Andererseits erweist sich die **drakonische Sanktion** des Rechtsverlusts für Meldepflichtige häufig als unzumutbar[3]. Denn die Zurechnungsvorschriften des § 22 WpHG bergen zahlreiche

---

1 Gesetz zur Begrenzung der mit Finanzinvestitionen verbundenen Risiken (Risikobegrenzungsgesetz) vom 12.8.2008, BGBl. I 2008, 1666.
2 Vgl. Begr. RegE Risikobegrenzungsgesetz, BT-Drucks. 16/7438, S. 10, 16.
3 Ähnlich *Dehlinger/Zimmermann* in Fuchs, § 28 WpHG Rz. 2 f.; *Kremer/Oesterhaus* in Köln-Komm. WpHG, § 28 WpHG Rz. 5 ff.; *Opitz* in Schäfer/Hamann, § 28 WpHG Rz. 1; positiver *Uwe H. Schneider* in Assmann/Uwe H. Schneider, § 28 WpHG Rz. 6 ff.

Fallstricke. Die auftretenden Rechtsprobleme sind mannigfaltig und werden meist kontrovers diskutiert. Für den meldepflichtigen Aktionär ist es häufig nicht möglich, einen zuverlässigen Weg zu finden, der ihn vor einem Verlust der für ihn essentiellen Stimm- und Dividendenrechte schützt. Denn diese Rechte gehen bereits im Falle eines fahrlässigen Rechtsverstoßes verloren (s. Rz. 6). Hinzu kommt eine zögerliche Haltung der Gerichte, einen entschuldbaren Rechtsirrtum anzuerkennen, selbst für den Fall, dass der Meldepflichtige sich mit der BaFin abgestimmt hat. Damit nicht genug. Auch der Emittent muss sich mit einem möglichen Rechtsverlust auseinander setzen. Auf der Grundlage der ihm zur Verfügung gestellten Unterlagen hat der Vorstand des Emittenten im Rahmen seiner organschaftlichen Leitungspflicht dafür zu sorgen, dass keine Rechte aus Aktien ausgeübt werden, die nicht bestehen. Seine Prüfungspflichten erstrecken sich insbesondere auf den temporären Rechtsverlust gem. § 28 WpHG[4]. Die Prüfungsmöglichkeiten des Vorstands sind aber beschränkt. Denn der Emittent hat allein nach Maßgabe des § 27 WpHG einen Anspruch auf Nachweis der Beteiligung (s. § 27 WpHG Rz. 2).

## II. Rechtsverlust gem. § 28 Satz 1 WpHG

### 1. Nichterfüllung der Mitteilungspflichten

Voraussetzung für einen Rechtsverlust ist nach dem Wortlaut des Gesetzes, dass der Meldepflichtige seine Mitteilungspflicht nicht erfüllt hat. Eine **Nichterfüllung** setzt zweierlei voraus. Es muss *erstens* eine Mitteilungspflicht bestehen, der der Verpflichtete *zweitens* nicht wie vorgeschrieben nachgekommen ist[5]. 3

Die erste Voraussetzung trägt dem Umstand Rechnung, dass der Rechtsverlust ausschließlich an die Verletzung einer bestehenden Mitteilungspflicht anknüpft[6]. Nimmt ein Meldepflichtiger eine Mitteilungspflicht irrtümlich an und gibt eine gesetzlich nicht erforderliche Stimmrechtsmitteilung ab, ist § 28 WpHG nicht anwendbar. Auch eine analoge Anwendung scheidet aus[7]. Der Mitteilende kann dann (nur) von der BaFin gem. § 4 WpHG zur Korrektur veranlasst werden, falls die Stimmrechtsmitteilung unrichtig ist[8]. 4

Die zweite Voraussetzung der Nichterfüllung der Mitteilungspflicht ist gegeben, wenn der Meldepflichtige eine Mitteilung **nicht, nicht richtig** oder **nicht vollständig** abgegeben hat. Da die Mitteilung sowohl gegenüber der BaFin als auch gegenüber dem Emittenten zu erfolgen hat (s. § 21 WpHG Rz. 22), ist ein Rechtsverlust schon dann begründet, wenn die Mitteilung nur gegenüber der BaFin oder nur gegenüber dem Emittenten erfolgte[9]. Die Mitteilungspflicht ist nicht bereits dadurch erfüllt, dass die BaFin oder der Emittent anderweitig Kenntnis vom mitteilungspflichtigen Sachverhalt erlangt haben[10]. Wenn der Meldepflichtige die Mitteilung nicht unver- 5

---

4 Vgl. OLG Stuttgart v. 15.10.2008 – 20 U 19/07, AG 2009, 124, 128; *Kremer/Oesterhaus* in KölnKomm. WpHG, § 28 WpHG Rz. 89.
5 Vgl. *Uwe H. Schneider* in Assmann/Uwe H. Schneider, § 28 WpHG Rz. 10.
6 *Dehlinger/Zimmermann* in Fuchs, § 28 WpHG Rz. 9; ebenso *Mülbert* in FS K. Schmidt, 2009, S. 1219, 1238.
7 A.A. *Tautges*, BB 2010, 1291, 1294 ff. für den Fall einer nicht gebotenen, aber dennoch erfolgten und unrichtigen Mitteilung.
8 *Dehlinger/Zimmermann* in Fuchs, § 28 WpHG Rz. 9; vgl. auch *Mülbert* in FS K. Schmidt, 2009, S. 1219, 1238 f.
9 *Bayer* in MünchKomm. AktG, 3. Aufl., § 21 WpHG Rz. 4; *Dehlinger/Zimmermann* in Fuchs, § 28 WpHG Rz. 10; *Kremer/Oesterhaus* in KölnKomm. WpHG, § 28 WpHG Rz. 24; *Uwe H. Schneider* in Assmann/Uwe H. Schneider, § 28 WpHG Rz. 14; a.A. *Koppensteiner* in KölnKomm. AktG, 3. Aufl., § 20 AktG Rz. 34.

züglich, wie von § 21 Abs. 1 WpHG gefordert, sondern später (etwa noch vor der Hauptversammlung) abgibt, hat er zwar (verspätet) seine Mitteilungspflicht erfüllt. Der Rechtsverlust gem. § 28 Satz 1 WpHG endet daher ab diesem Zeitpunkt[11]. Allerdings kann dann ein Rechtsverlust gem. § 28 Satz 3 WpHG begründet sein. Zweifelhaft ist, ob jede unvollständige oder unrichtige Angabe in einer Mitteilung einen Rechtsverlust gem. § 28 Satz 1 bzw. 3 WpHG begründet. Die h.M. nimmt mit Blick auf Sinn und Zweck des Gesetzes zu Recht an, dass unwesentliche oder formale Mängel keinen Rechtsverlust zur Folge haben[12]. Dies gilt etwa für eine fehlerhafte Anschrift[13] oder ein offensichtliches Schreibversehen[14], aber auch für eine minimal unzutreffende Angabe der Höhe des Stimmrechtsanteils[15] oder einen Fehler bei der Differenzierung nach „Erreichen" und „Überschreiten"[16].

## 2. Verschulden

6   Voraussetzung eines Rechtsverlusts ist – wie bei § 20 AktG (s. § 20 Rz. 43) – Verschulden des Meldepflichtigen[17]. Dies wird teilweise aus dem in § 21 Abs. 1 WpHG normierten Erfordernis abgeleitet, die Mitteilung *unverzüglich* abzugeben[18]. Vorzugswürdig ist es, die Frage unter Wertungsgesichtspunkten zu beantworten. Die äußerst schwerwiegenden Sanktionen – es sind auch das Stimm- und Dividendenrecht der Aktionäre betroffen – wären unverhältnismäßig, wenn der Meldepflichtige ihnen auch schuldlos ausgesetzt wäre. Es genügt **einfache Fahrlässigkeit**[19]. Das Gemeinschaftsrecht verlangt keine andere Beurteilung der Frage[20]. Denn ein Rechtsverlust ist durch die Transparenzrichtlinie nicht vorgeschrieben.

7   Der Meldepflichtige kann einem **Rechtsirrtum** unterliegen. Da vor allem die Zurechnungsvorschriften des § 22 WpHG zahlreiche Auslegungsprobleme aufwerfen, hat die Frage, ob ein Rechtsirrtum entschuldbar ist, große praktische Bedeutung. Die Gerichte sind bislang allerdings sehr zurückhaltend, einen entschuldbaren Rechtsirrtum anzuerkennen, und zwar selbst dann, wenn der Meldepflichtige sich mit der Ba-

---

11 *Uwe H. Schneider* in Assmann/Uwe H. Schneider, § 28 WpHG Rz. 22.
12 Vgl. *Buck-Heeb*, Kapitalmarktrecht, § 6 Rz. 322; *Bayer* in MünchKomm. AktG, 3. Aufl., § 28 WpHG Rz. 3; *Dehlinger/Zimmermann* in Fuchs, § 28 WpHG Rz. 13; *Kremer/Oesterhaus* in KölnKomm. WpHG, § 28 WpHG Rz. 28; *Opitz* in Schäfer/Hamann, § 28 WpHG Rz. 5; *Uwe H. Schneider* in Assmann/Uwe H. Schneider, § 28 WpHG Rz. 17 ff.
13 *Bayer* in MünchKomm. AktG, 3. Aufl., § 28 WpHG Rz. 3; *Kremer/Oesterhaus* in KölnKomm. WpHG, § 28 WpHG Rz. 29; *Uwe H. Schneider* in Assmann/Uwe H. Schneider, § 28 WpHG Rz. 19.
14 *Dehlinger/Zimmermann* in Fuchs, § 28 WpHG Rz. 13; *Uwe H. Schneider* in Assmann/Uwe H. Schneider, § 28 WpHG Rz. 19.
15 Bzgl. einer Ungenauigkeit bei der Dezimalstelle *Dehlinger/Zimmermann* in Fuchs, § 28 WpHG Rz. 13; *Opitz* in Schäfer/Hamann, § 28 WpHG Rz. 5; a.A. *Uwe H. Schneider* in Assmann/Uwe H. Schneider, § 28 WpHG Rz. 19 (die genaue Höhe des Stimmrechtsanteils sei notwendiger Bestandteil der Mitteilung).
16 *Kremer/Oesterhaus* in KölnKomm. WpHG, § 28 WpHG Rz. 29.
17 Vgl. *Bayer* in MünchKomm. AktG, 3. Aufl., § 28 WpHG Rz. 6; *Dehlinger/Zimmermann* in Fuchs, § 28 WpHG Rz. 16; *Kremer/Oesterhaus* in KölnKomm WpHG, § 28 WpHG Rz. 31; *Opitz* in Schäfer/Hamann, § 28 WpHG Rz. 7; *Uwe H. Schneider* in Assmann/Uwe H. Schneider, § 28 WpHG Rz. 20; vgl. auch Bericht des Finanzausschusses zum Risikobegrenzungsgesetz, BT-Drucks. 16/9821, S. 17.
18 So etwa *Uwe H. Schneider* in Assmann/Uwe H. Schneider, § 28 WpHG Rz. 20.
19 *Dehlinger/Zimmermann* in Fuchs, § 28 WpHG Rz. 16; *Kremer/Oesterhaus* in KölnKomm. WpHG, § 28 WpHG Rz. 31; *Opitz* in Schäfer/Hamann, § 28 WpHG Rz. 7; *Uwe H. Schneider* in Assmann/Uwe H. Schneider, § 28 WpHG Rz. 20.
20 Für ein strenges Verständnis der insiderrechtlichen Verbote etwa EuGH v. 23.12.2009 – Rs. C-45/08 – „Spector", ZIP 2010, 78 ff. = AG 2010, 74 ff.

Fin abgestimmt hat[21]. Diese restriktive Linie erscheint nicht überzeugend, zumal die BaFin es nicht zulässt (sondern dann eine Untersagungsverfügung erlässt!), dass ein Meldepflichtiger „vorsorgliche" Mitteilungen abgibt (s. § 21 WpHG Rz. 4)[22]. Die Ansicht des OLG München, „angesichts der komplexen Gesamtumstände" hätte der Meldepflichtige „nicht darauf vertrauen [können], die Rechtsauffassung der BaFin sei die allein denkbare", darf kein Maßstab zur Beurteilung eines Rechtsirrtums sein. Die BaFin ist tagtäglich mit den komplexen Zurechnungsfragen des § 22 WpHG befasst und verfügt über einen reichen Erfahrungsschatz im Umgang mit etwaigen Umgehungssachverhalten. Selbstverständlich sind die Gerichte nicht an die behördlichen Rechtsansichten gebunden. Sie sollten aber aufgeschlossener sein, eine in tatsächlicher Hinsicht umfassende und sorgfältige Abstimmung von Rechtsfragen mit der BaFin über das Bestehen einer Mitteilungspflicht zu respektieren und einen entschuldbaren Rechtsirrtum anerkennen[23].

## 3. Rechtsfolgen

### a) Betroffene Aktien

Betroffen von einem Rechtsverlust sind die Rechte aus **Aktien, die dem Meldepflichtigen gehören** und die Rechte aus **Aktien Dritter**, die ihm gem. § 22 Abs. 1 Satz 1 Nr. 1 und 2 WpHG zugerechnet werden. Für die Rechte aus Aktien, die dem Meldepflichtigen nach § 22 Abs. 1 Satz 1 Nr. 3 bis 6 oder Abs. 2 WpHG zugerechnet werden, ordnet das Gesetz dagegen keine entsprechende Sanktionen an[24]; dies gilt auch für die Fälle des Acting in Concert[25]. Schließlich ist auch im Falle eines Verstoßes gegen § 27a WpHG ein Rechtsverlust gem. § 28 WpHG nicht vorgesehen. 8

Der Rechtsverlust wirkt sich in den Zurechnungsfällen auch zu Lasten des Dritten aus. Kommt beispielsweise M seiner Meldepflicht bezüglich der von seinem Tochterunternehmen (T) gehaltenen Aktien nicht nach, so kann T die Stimmrechte und andere Rechte aus diesen Aktien selbst dann nicht ausüben, wenn T seiner Meldepflicht nachkam[26]. Dieser konzernweite Rechtsverlust kann vor allem für das betroffene Tochterunternehmen problematisch sein. In Betracht kommen in einem solchen Fall dann Schadensersatzansprüche gegen das Mutterunternehmen[27]. 9

### b) Betroffene Rechte

Zu den vom Rechtsverlust gem. § 28 Satz 1 WpHG erfassten Rechten gehören **sämtliche vermögens- und herrschaftsrechtlichen Mitgliedsrechte** (s. ausführlich § 20 AktG Rz. 39 ff.), insbesondere das Stimmrecht und die Klagebefugnis[28]. Ein auf eine be- 10

---

21 Vgl. OLG München v. 9.9.2009 – 7 U 1997/09, ZIP 2009, 2095, 2097 = AG 2009, 793 ff.; LG Köln v. 5.10.2007 – 82 O 114/06, BeckRS 2007, 17373 (insoweit nicht abgedruckt in AG 2008, 336); LG München I v. 29.1.2009 – 5 HK O 16785/08, n.v.
22 Ausführlich hierzu *Fleischer*, DB 2009, 1335.
23 Ähnlich *von Bülow/Petersen*, NZG 2009, 481, 483; *Fleischer/Bedkowski*, DStR 2010, 933, 937.
24 Vgl. hierzu *Uwe H. Schneider* in Assmann/Uwe H. Schneider, § 28 WpHG Rz. 50 ff.
25 Vgl. *Bayer* in MünchKomm. AktG, 3. Aufl., § 28 WpHG Rz. 8; *Dehlinger/Zimmermann* in Fuchs, § 28 WpHG Rz. 27; *Kremer/Oesterhaus* in KölnKomm. WpHG, § 28 WpHG Rz. 33; *Opitz* in Schäfer/Hamann, § 28 WpHG Rz. 32; *Uwe H. Schneider* in Assmann/Uwe H. Schneider, § 28 WpHG Rz. 56; *Sven H. Schneider/Uwe H. Schneider*, ZIP 2006, 493, 497.
26 Vgl. OLG Stuttgart v. 10.11.2004 – 20 U 16/03, AG 2005, 125, 128; LG Hamburg v. 23.1.2002 – 411 O 91/01, AG 2002, 525, 526 f.
27 Vgl. *Dehlinger/Zimmermann* in Fuchs, § 28 WpHG Rz. 28; *Kremer/Oesterhaus* in KölnKomm. WpHG, § 28 WpHG Rz. 36; *Opitz* in Schäfer/Hamann, § 28 WpHG Rz. 33; *Uwe H. Schneider* in Assmann/Uwe H. Schneider, § 28 WpHG Rz. 47.
28 Vgl. OLG Stuttgart v. 10.11.2004 – 20 U 16/03, AG 2005, 125, 128.

stimmte Höhe beschränkter Verlust von Stimmrechten – wie beispielsweise in Frankreich[29] – sieht das Gesetz nicht vor. Es gehen also alle Rechte, insbesondere alle Stimmrechte (temporär) verloren.

11 Sind Stimmrechte bei der Abstimmung über einen Beschlussgegenstand in der Hauptversammlung berücksichtigt worden, obwohl sie gem. § 28 WpHG nicht bestanden, kann gegen den Beschluss Anfechtungsklage wegen Gesetzesverletzung (§ 243 Abs. 1 AktG) erhoben werden[30]. Das Gericht erklärt den Beschluss für nichtig, wenn ohne die von einem Rechtsverlust betroffenen Stimmen die erforderliche Beschlussmehrheit nicht erreicht ist. Die **Darlegungs-** und **Beweislast** für das Vorliegen der Tatsachen, die einen Stimmrechtsverlust begründen sollen, liegen beim klagenden Aktionär[31].

### c) Temporärer Rechtsverlust

12 Der Rechtsverlust nach § 28 Satz 1 WpHG ist zeitlich beschränkt: Die Rechte bestehen „nicht für die Zeit, für welche die Mitteilungspflichten nach § 21 Abs. 1 oder 1a nicht erfüllt werden". Der **Rechtsverlust** besteht also **bis** zur **korrekten Mitteilung** des Stimmrechtsanteils[32]. Die Rechte leben nicht rückwirkend auf, wenn der Meldepflichtige seine Mitteilungspflicht nachträglich erfüllt. Der Rechtsverlust erfasst nur den pflichtvergessenen Aktonär. Veräußert dieser die Aktien, wird der Erwerber nicht vom Rechtsverlust erfasst[33]. Die Veräußerung an ein Tochterunternehmen führt jedoch nicht zum Wegfall des Rechtsverlusts[34]. Der Rechtsverlust endet ferner, wenn der Meldepflichtige nicht mehr fahrlässig handelt. Beispiel: Der Meldepflichtige verkennt zunächst fahrlässig, zur Mitteilung verpflichtet zu sein (1.4.2010) und stimmt sich später wegen der streitigen Rechtsfrage mit der BaFin ab und holt außerdem ein Rechtsgutachten ein (1.5.2010); spätestens dann handelt er nicht (mehr) fahrlässig, der Rechtsverlust endet.

13 Im Falle einer unrichtigen Mitteilung ist es erforderlich, eine Korrekturmitteilung abzugeben. Fraglich ist, ob eine Korrekturmitteilung erforderlich ist oder ob es genügt, wenn der Meldepflichtige eine **Mitteilung** über seine **neuen Stimmrechtsanteile** abgibt. Zu letzterem kann Anlass bestehen, wenn der Meldepflichtige in der **Zwischenzeit Aktien erworben** oder **veräußert** hat oder ein neuer Zurechnungstatbestand erfüllt ist oder ein bisheriger Zurechnungstatbestand entfallen ist. Nach einem Teil des Schrifttums ist eine solche Mitteilung nicht ausreichend, um einen Rechtsverlust nach § 28 Satz 1 WpHG zu beenden. Es sei, so wird vorgebracht, erforderlich, dass alle zuvor unterlassenen Mitteilungen nachgeholt werden[35]. Diese Auslegung des § 28 Satz 1 WpHG überzeugt nicht. Das Informationsinteresse des Kapitalmarktes ist mit der jetzt richtigen Mitteilung über die Beteiligungsverhältnisse befrie-

---

29 Vgl. *Veil/Koch*, Französisches Kapitalmarktrecht, S. 97 ff.
30 Vgl. auch OLG München v. 17.2.2005 – 23 W 2406/04, AG 2005, 407, 408 zur Relevanz einer möglichen Verletzung von Meldepflichten im Freigabeverfahren gem. § 16 Abs. 3 UmwG.
31 BGH v. 24.4.2006 – II ZR 30/05, BGHZ 167, 204, 212; OLG Stuttgart v. 15.10.2008 – 20 U 19/07, AG 2009, 124, 127; für eine Beweislastumkehr in einem besonders gelagerten Fall OLG Dresden v. 11.1.2005 – 2 U 1728/04, AG 2005, 247, 249 (vom BGH a.a.O. aber nicht aufgegriffen).
32 Vgl. OLG Hamm v. 4.3.2009 – I-8 U 59/01, AG 2009, 876, 880; *von Bülow/Stephanblome*, ZIP 2009, 1797, 1804.
33 OLG Hamm v. 4.3.2009 – I-8 U 59/01, AG 2009, 876, 880; OLG Stuttgart v. 10.11.2004 – 20 U 16/03, AG 2005, 125, 127.
34 OLG Hamm v. 4.3.2009 – I-8 U 59/01, AG 2009, 876, 880.
35 Vgl. *Opitz* in Schäfer/Hamann, § 28 WpHG Rz. 41; *Riegger* in FS Westermann, 2008, S. 1331, 1339.

digt[36]. Eine auch auf das Fehlen von Zwischenmitteilungen bezogene Sanktion ist unter teleologischen Gesichtspunkten nicht erforderlich[37].

Zweifelhaft ist schließlich, ob eine **Korrekturmitteilung entbehrlich** ist, wenn der **tatsächliche Stimmrechtsanteil** (etwa aufgrund zwischenzeitlicher Aktienveräußerungen) **mit** dem **gemeldeten Stimmrechtsanteil** (im Wesentlichen) **übereinstimmt**. Nach manchen Autoren sollen in einem solchen Fall die Rechte nicht verloren gehen[38]. Denn mit dem Wegfall der Gegebenheiten werde auch „der Normzweck (für die Zukunft) obsolet"[39]. Mit der bloß die ursprünglich mitgeteilte Beteiligungshöhe wiederholenden Mitteilung seien allenfalls Irritationen des Anlegerpublikums verbunden[40]. Ihr Transparenzinteresse sei bereits durch die ursprüngliche Mitteilung und Veröffentlichung befriedigt[41]. Diese Auslegung überzeugt nicht[42]. Denn nach dem insoweit eindeutigen Wortlaut des § 28 Satz 1 WpHG bestehen Rechte aus den Aktien nicht für die Zeit, für welche die Mitteilungspflichten nicht erfüllt werden. Der Rechtsverlust endet demnach regelmäßig erst, wenn die erforderliche Mitteilung vorgenommen wird[43]. Auch der zweite Satz des § 28 WpHG knüpft ausdrücklich an die Nachholung der Mitteilung an[44]. Die bloße Rückführung der Beteiligung auf die ursprünglich mitgeteilte Beteiligungshöhe stellt keine Nachholung in diesem Sinne dar.

### 4. Ausnahme bei Nachholung

Eine **Sonderregelung** sieht § 28 Satz 2 WpHG für **Dividendenansprüche** (§ 58 Abs. 4 AktG) und **Ansprüche** auf den **Liquidationserlös** (§ 271 AktG) vor[45]. Ein Rechtsverlust tritt nicht ein, wenn die Mitteilung nicht vorsätzlich unterlassen wurde und nachgeholt worden ist (ausführlich zum Ruhen dieser Rechte die Erläuterung der Parallelregelung § 20 AktG Rz. 41). Vorsätzlich im Sinne dieser Vorschrift handelt, wer den Sachverhalt kennt, aus dem eine Pflicht zur Mitteilung resultiert und sich über das Bestehen einer Mitteilungspflicht bewusst ist[46]. Es gilt also das zivilrechtliche Verständnis von Vorsatz[47].

---

36 *Dehlinger/Zimmermann* in Fuchs, § 28 WpHG Rz. 20; *Kremer/Oesterhaus* in KölnKomm. WpHG, § 28 WpHG Rz. 73; *Schnabel/Korff*, ZBB 2007, 179, 183 f.; *Sven H. Schneider/Uwe H. Schneider*, ZIP 2006, 493, 496 (mit dem weiteren Argument, die Nachholung der Zwischenmitteilungen sei lediglich Ausdruck „guter kapitalmarktrechtlicher Corporate Governance"); *Uwe H. Schneider* in Assmann/Uwe H. Schneider, § 28 WpHG Rz. 27l; wohl auch OLG Frankfurt/Main v. 26.8.2009 – 23 U 69/08, AG 2010, 368, 369.
37 *Dehlinger/Zimmermann* in Fuchs, § 28 WpHG Rz. 20; *Kremer/Oesterhaus* in KölnKomm. WpHG, § 28 WpHG Rz. 73.
38 *Koppensteiner* in KölnKomm. AktG, 3. Aufl., § 20 AktG Rz. 50 (zu § 20 Abs. 7 AktG) ähnlich *Schnabel/Korff*, ZBB 2007, 179, 183 f.
39 *Koppensteiner* in KölnKomm. AktG, 3. Aufl., § 20 AktG Rz. 50 (zu § 20 Abs. 7 AktG).
40 *Schnabel/Korff*, ZBB 2007, 179, 183 f.
41 *Schnabel/Korff*, ZBB 2007, 179, 183 f.
42 Ebenso *Dehlinger/Zimmermann* in Fuchs, § 28 WpHG Rz. 20; *Riegger* in FS Westermann, 2008, S. 1331, 1138 f.; *Sven H. Schneider/Uwe H. Schneider*, ZIP 2006, 493, 496 f.; *Uwe H. Schneider* in Assmann/Uwe H. Schneider, § 28 WpHG Rz. 27; wohl auch *Opitz* in Schäfer/Hamann, § 28 WpHG Rz. 39; *Schwark* in Schwark, § 28 WpHG Rz. 12; *Burgard*, Die Offenlegung von Beteiligungen, Abhängigkeits- und Konzernlagen bei der Aktiengesellschaft, 1990, S. 53 (zu § 20 Abs. 7 AktG).
43 Vgl. *Opitz* in Schäfer/Hamann, § 28 WpHG Rz. 39; *Uwe H. Schneider* in Assmann/Uwe H. Schneider, § 28 WpHG Rz. 27.
44 Hierauf verweisen *Dehlinger/Zimmermann* in Fuchs, § 28 WpHG Rz. 20.
45 Vgl. hierzu *Sven H. Schneider/Uwe H. Schneider*, ZIP 2006, 493, 499.
46 *Opitz* in Schäfer/Hamann, § 28 WpHG Rz. 56; *Riegger* in FS Westermann, 2008, S. 1331, 1338.
47 *Dehlinger/Zimmermann* in Fuchs, § 28 WpHG Rz. 42; *Riegger* in FS Westermann, 2008, S. 1331, 1336 f.; *Mülbert* in FS K. Schmidt, 2009, S. 1219, 1233. A.A. *Schwark* in Schwark,

## III. Verlängerter Rechtsverlust gem. § 28 Satz 3 WpHG

### 1. Voraussetzungen

16 Sofern die Höhe des Stimmrechtsanteils betroffen ist, verlängert sich die Frist nach § 28 Satz 1 WpHG bei vorsätzlicher oder grob fahrlässiger Verletzung der Mitteilungspflichten um sechs Monate (§ 28 Satz 3 WpHG). Diese „Fristverlängerung" gilt gem. Art. 12 Risikobegrenzungsgesetz seit dem 1.3.2009.

17 Ein verlängerter Rechtsverlust ist nur dann gegeben, wenn die „**Höhe des Stimmrechtsanteils betroffen** ist". Diese Voraussetzung dürfte in den meisten Fällen einer unrichtigen Mitteilung (s. Rz. 5) erfüllt sein. Sie ist es beispielsweise nicht, wenn ein falsches Datum der Schwellenüberschreitung (vgl. § 17 Abs. 1 Nr. 6 WpAIV) oder ein falscher Zurechnungstatbestand (vgl. § 17 Abs. 2 Satz 2 WpAIV) angegeben ist[48]. Wurde die Mitteilung nicht oder aber nicht unverzüglich, wie von § 21 Abs. 1 WpHG gefordert, abgegeben, ist in jedem Fall die Höhe des Stimmrechtsanteils betroffen[49].

18 Die Fristverlängerung setzt eine **Korrekturmitteilung** (s. § 21 WpHG Rz. 23) voraus. Erst dann beginnt die zusätzliche Frist von sechs Monaten. Zweifelhaft ist, ob auch eine neue Mitteilung den verlängerten Rechtsverlust nach § 28 Satz 3 WpHG „in Gang setzt". Wenn man anerkennt, dass die Mitteilung über einen neuen Stimmrechtsanteil die alte Pflichtverletzung korrigiert (und damit den Rechtsverlust nach § 28 Satz 1 WpHG beendet; s. Rz. 13), müsste sie an sich wie eine „klassische" Korrekturmitteilung den verlängerten Rechtsverlust nach § 28 Satz 3 WpHG auslösen[50]. Diese Auslegung des § 28 Satz 3 WpHG wird in Frage gestellt. So ist vorgeschlagen worden, allein auf die letzte Meldung nach der Veränderung abzustellen und mit dieser ordnungsgemäß mitgeteilten Überschreitung der Meldeschwelle die Sanktion des § 28 Satz 3 WpHG zu beenden[51]. Ein anderes Verständnis würde faktisch ein Erwerbsverbot bedeuten. Denn die neuen Aktien würden von dem Nichtbestehen der Rechte infiziert. Diese Beurteilung – die Beendigung des Rechtsverlusts nach § 28 Satz 3 WpHG infolge einer neuen Mitteilung – sei auch geboten, wenn der Aktionär seinen Aktienbesitz abschmelze. Die Fälle seien von der Intention des Gesetzgebers, das heimliche Anschleichen zu vermeiden, nicht erfasst und bedürften daher der Sanktion des § 28 Satz 3 WpHG nicht[52].

19 Diese teleologische Reduktion des § 28 Satz 3 WpHG ist abzulehnen. Es trifft zwar zu, dass der pflichtvergessene Aktionär in der Tat einem „faktischen Erwerbsverbot" unterliegen würde. Allerdings sollte bedacht werden, dass man mit dieser Argumentation dem pflichtvergessenen Aktionär eine Hintertür öffnen würde, um dem verlängerten Rechtsverlust zu entgehen. Es würde genügen, wenn der Aktionär in schwellenwertrelevanter Höhe Aktien hinzu erwerben und sodann die Mitteilung über das Erreichen der Schwelle abgeben würde.

20 Der Meldepflichtige muss weiterhin seine Mitteilungspflichten **vorsätzlich** oder **grob fahrlässig** verletzt haben. Der Begriff des Vorsatzes ist ebenso wie bei § 28 Satz 2 WpHG auszulegen. Als typischer Anwendungsfall eines vorsätzlichen Verhaltens

---

§ 28 WpHG Rz. 13 (kapitalmarkt- bzw. strafrechtlicher Vorsatzbegriff); *Uwe H. Schneider* in Assmann/Uwe H. Schneider, § 28 WpHG Rz. 63 f. (kapitalmarktrechtlicher Vorsatzbegriff).
48 Vgl. *von Bülow/Stephanblome*, ZIP 2008, 1797, 1804; *Scholz*, AG 2009, 313, 317; *Schulenberg*, NZG 2009, 1246, 1247; *Zimmermann*, ZIP 2009, 57, 63.
49 *Schulenberg*, NZG 2009, 1246, 1247.
50 *Mülbert* in FS K. Schmidt, S. 1219, 1240.
51 *Schulenberg*, NZG 2009, 1246, 1252.
52 *Schulenberg*, NZG 2009, 1246, 1252.

wird das heimliche Anschleichen eines Investors genannt[53]. Unter grober Fahrlässigkeit ist nach tradiertem zivilrechtlichen Verständnis zu verstehen, dass der Meldepflichtige die erforderliche Sorgfalt in ungewöhnlich großem Maß verletzt, also das nicht beachtet, was jedem hätte einleuchten müssen[54]. Ob diese Voraussetzungen erfüllt sind, kann nur im Einzelfall beurteilt werden. Auch insoweit kommt der Möglichkeit eines entschuldbaren Rechtsirrtums wegen Abstimmung mit der BaFin (s. Rz. 2) eine große Bedeutung zu.

Zu welchem Zeitpunkt diese Voraussetzung erfüllt sein muss, ist noch ungeklärt. So wird die Ansicht vertreten, dass nicht nur der Zeitpunkt des erstmaligen Entstehens der Meldepflicht und ihrer Verletzung relevant sei, sondern dass es genüge, wenn der Betroffene seinen Verpflichtungen in der Folgezeit vorsätzlich oder fahrlässig nicht nachkomme[55]. Daran ist richtig, dass ein ursprünglich fahrlässig begangener Verstoß gegen die Mitteilungspflichten in einen verlängerten Rechtsverlust münden kann, wenn der Meldepflichtige bei der Aufdeckung seines Verstoßes grob fahrlässig handelt[56]. 21

## 2. Rechtsfolgen

Ob der verlängerte Rechtsverlust nur die Stimmrechte oder aber sämtliche Rechte betrifft, wird kontrovers diskutiert. Da Satz 3 auf Satz 1 Bezug nimmt, sollen nach Ansicht mancher Autoren sämtliche Rechte aus der Mitgliedschaft erfasst sein[57]. Dagegen wird zu Recht vorgebracht, dass der Gesetzgeber nur einen verlängerten Rechtsverlust bezüglich der Mitverwaltungsrechte hatte einführen wollen[58]. Sinn und Zweck der Vorschrift gebieten keine andere Auslegung. Denn das unbemerkte Anschleichen an einen Emittenten wird hinreichend durch die Möglichkeit eines Stimmrechtsverlusts unterbunden. Der **verlängerte Rechtsverlust** betrifft daher allein die **Mitverwaltungs-**, nicht die Vermögensrechte[59]. 22

Der Rechtsverlust gilt für die **Dauer** von **sechs Monaten** nach dem Zeitpunkt der Erfüllung der Mitteilungspflichten durch eine Korrekturmitteilung oder einer Mitteilung mit vergleichbaren Wirkung (s. Rz. 12 ff.). Die Frist berechnet sich gem. § 187 Abs. 1 i.V.m. § 188 Abs. 2 BGB. 23

## 3. Ausnahme für geringfügige Verstöße

Satz 3 des § 28 WpHG gilt nicht, wenn die Abweichung bei der Höhe der in der vorangegangenen unrichtigen Mitteilung angegebenen Stimmrechte weniger als 10 % des tatsächlichen Stimmrechtsanteils beträgt und keine Mitteilung über das Erreichen, Überschreiten oder Unterschreiten einer der in § 21 WpHG genannten Schwellen unterlassen wird. Der Gesetzgeber hat diese Ausnahme mit dem Gebot der Verhältnismäßigkeit begründet; bei geringfügigen Abweichungen von weniger als 10 % der richtigen Stimmrechtshöhe solle den Mitteilungspflichtigen eine Korrektur er- 24

---

53 Vgl. *von Bülow/Petersen*, NZG 2009, 481, 482.
54 In diesem Sinne etwa *von Bülow/Petersen*, NZG 2009, 481, 482 f.
55 *Uwe H. Schneider* in Assmann/Uwe H. Schneider, § 28 WpHG Rz. 27i.
56 *Heinrich/Kiesewetter*, Der Konzern 2009, 137, 145.
57 In diesem Sinne *Uwe H. Schneider* in Assmann/Uwe H. Schneider, § 28 WpHG Rz. 27 f.; *Schulenburg*, NZG 2009, 1246, 1247.
58 Vgl. Begr. RegE Risikobegrenzungsgesetz, BT-Drucks. 16/7438: „Der Rechtsverlust erfasst nur die Mitverwaltungsrechte, insbesondere das Stimmrecht, nicht die Vermögensrechte des Aktionärs, also insbesondere nicht den Dividendenanspruch."
59 *Von Bülow/Stephanblome*, ZIP 2008, 1797, 1805; *von Bülow/Petersen*, NZG 2009, 481, 484.

möglicht werden, ohne die strengere Sanktion des § 28 Satz 3 WpHG auszulösen[60]. Die Vorschrift wirft eine ganze Reihe an Auslegungsfragen auf.

25 Voraussetzung ist zunächst, dass die **Differenz** zwischen dem **gemeldeten** und dem **tatsächlichen Stimmrechtsanteil weniger als 10 %** beträgt (Beispiel: gemeldet: 28 %, tatsächlich 29 %). Es kommt insoweit auf die Meldung an, die vor der Korrekturmitteilung abgegeben wurde[61]. Bezugspunkt ist nach dem Wortlaut des Gesetzes der tatsächliche Stimmrechtsanteil[62]. Die Anwendung des § 28 Satz 4 WpHG ist nicht davon abhängig, dass sämtliche bisherigen Schwellenmitteilungen richtig waren oder korrigiert wurden[63].

## IV. Sonstige Sanktionen

### 1. Ordnungswidrigkeit

26 Die Einhaltung der Mitteilungspflichten wird durch die BaFin überwacht. Verstöße gegen diese Pflichten können mit Geldbußen belegt werden. So handelt **ordnungswidrig**, wer **vorsätzlich** oder **leichtfertig** entgegen § 21 Abs. 1 Satz 1 oder 2 oder Abs. 1a WpHG eine **Mitteilung** nicht, nicht richtig, nicht vollständig, nicht in der vorgeschriebenen Weise oder nicht rechtzeitig macht (§ 39 Abs. 2 Nr. 2e WpHG). Die Geldbuße kann bis zu 200.000 Euro betragen (§ 39 Abs. 4 WpHG). Die von der BaFin verhängten Geldbußen gehen allerdings in der Regel nicht über 20.000 Euro hinaus. Die nach § 17 Abs. 4 OWiG bestehende Möglichkeit einer Gewinnabschöpfung scheint in der Praxis keine Rolle zu spielen.

### 2. Schadensersatz bei Verstoß gegen Mitteilungspflichten

27 Die wertpapierhandelsgesetzlichen **Mitteilungs- und Veröffentlichungspflichten** sind nach einer verbreiteten Ansicht als ein **Schutzgesetz** i.S. des § 823 Abs. 2 BGB zu begreifen[64]. Zur Begründung wird angeführt, dass die Transparenzgebote auch dem Schutz der Individualinteressen der Anleger dienten und die Frage ebenso wie bei den aktienrechtlichen Parallelregelungen (s. § 20 AktG Rz. 45) zu entscheiden sei. Dagegen wird angeführt, dass die Transparenznormen in erster Linie die Funktionsfähigkeit des Kapitalmarkts zu gewährleisten suchten. Es sei nur ein Schutz der überindividuellen Interessen des Anlegerpublikums intendiert[65].

28 Auch wenn sich aus den Gesetzesmaterialien erschließt, dass es dem Gesetzgeber darum ging, einen möglichst effektiven Anlegerschutz zu verwirklichen (s. Vor §§ 21 ff. WpHG Rz. 4 f.) und in den §§ 21 ff. WpHG keine § 15 Abs. 6 WpHG vergleichbare Regelung getroffen wurde, ist es vorzugswürdig, der **Publizität** der **Beteiligungsverhältnisse keinen drittschützenden Charakter** beizumessen. Dies folgt zum einen aus dem Umstand, dass die Mitteilungs- und Veröffentlichungspflichten einen komple-

---

60 Bericht des Finanzausschusses zum RegE Risikobegrenzungsgesetz, BT-Drucks. 16/9821, S. 12 f.
61 *Schulenberg*, NZG 2009, 1246, 1249. A.A. *Korff*, AG 2008, 692, 697.
62 Kritisch *Schulenberg*, NZG 2009, 1246, 1249.
63 Vgl. *von Bülow/Stephanblome*, ZIP 2008, 1797, 1804; *von Bülow/Petersen*, NZG 2009, 481, 485; *Schulenburg*, NZG 2009, 1246, 1249.
64 Vgl. *Bayer* in MünchKomm. AktG, 3. Aufl., § 21 WpHG Rz. 2; *Buck-Heeb*, Kapitalmarktrecht, § 6 Rz. 328; *Hirte* in KölnKomm. WpHG, § 21 WpHG Rz. 4; *Koppensteiner* in KölnKomm. AktG, 3. Aufl., Anh. § 22 AktG §§ 21 ff. WpHG Rz. 46; *Kremer/Oesterhaus* in KölnKomm. WpHG, § 28 WpHG Rz. 86; *Uwe H. Schneider* in Assmann/Uwe H. Schneider, § 28 WpHG Rz. 79.
65 Vgl. *Dehlinger/Zimmermann* in Fuchs, § 28 WpHG Rz. 54; *Opitz* in Schäfer/Hamann, § 28 WpHG Rz. 60; *Schwark* in Schwark, § 28 WpHG Rz. 14.

mentären Baustein im anlass- und regelabhängigen Publizitätssystem (vgl. die in den §§ 15, 15a sowie §§ 37v, 37w, 37x WpHG normierten sekundärmarktrechtlichen Publizitätspflichten) bilden. Dies legt eine einheitliche Konturierung der einzelnen Bausteine nahe. Zum anderen ist auch mit Blick auf die europarechtlichen Vorgaben eine deliktsrechtliche Haftung nicht geboten. So begnügt sich Art. 28 Abs. 1 der Transparenzrichtlinie II damit, den Mitgliedstaaten zivilrechtliche Sanktionen alternativ zu verwaltungsrechtlichen Sanktionen vorzugeben. Eine deliktische Haftung besteht daher nicht.

In Betracht kommt aber eine **analoge Anwendung** der **§§ 37b, 37c WpHG**. Veränderungen von Stimmrechtsanteilen sind kursrelevante Informationen; Anleger sind in ihrem Vertrauen darauf zu schützen, dass diese Informationen ordnungsgemäß gegeben werden. Dass diese Vorschriften sich darauf beschränken, Ansprüche gegen den Emittenten zu begründen, steht einer analogen Anwendung nicht entgegen. Denn die spezialgesetzliche Haftung will Verstöße eines Normadressanten gegen seine kapitalmarktrechtlichen Publizitätspflichten sanktionieren. Im Ergebnis bedeutet dies, dass Anleger nicht, wie bei einer deliktsrechtlichen Haftung, Naturalrestitution, sondern nur den **Ersatz** des **Kursdifferenzschadens** ersetzt verlangen können. 29

## § 29 WpHG
## Richtlinien der Bundesanstalt

**Die Bundesanstalt kann Richtlinien aufstellen, nach denen sie für den Regelfall beurteilt, ob die Voraussetzungen für einen mitteilungspflichtigen Vorgang oder eine Befreiung von den Mitteilungspflichten nach § 21 Abs. 1 gegeben sind. Die Richtlinien sind im elektronischen Bundesanzeiger zu veröffentlichen.**

Die Vorschrift räumt – wie andere Vorschriften des WpHG (vgl. beispielsweise § 35 Abs. 4 WpHG) der BaFin die Kompetenz ein, Richtlinien aufzustellen. Eine auf § 29 WpHG gestützte Richtlinie hat die BaFin derzeit (Stand: Juni 2010) nicht aufgestellt. Die BaFin hat aber im Emittentenleitfaden ihre Verwaltungspraxis bezüglich der Mitteilungs- und Veröffentlichungspflichten gem. §§ 21 ff. WpHG erläutert. 1

Eine nach § 29 WpHG erlassene Richtlinie hätte keinen Normencharakter, sondern würde die Behörde in ihrem Beurteilungsspielraum binden[1]. Die Gerichte würden durch eine solche Richtlinie gleichfalls nicht gebunden werden. 2

## § 29a WpHG
## Befreiungen

**(1) Die Bundesanstalt kann Inlandsemittenten mit Sitz in einem Drittstaat von den Pflichten nach § 26 Abs. 1 und § 26a freistellen, soweit diese Emittenten gleichwertigen Regeln eines Drittstaates unterliegen oder sich solchen Regeln unterwerfen.**

---

[1] A.A. *Uwe H. Schneider* in Assmann/Uwe H. Schneider, § 29 WpHG Rz. 5 (normkonkretisierend und norminterpretierend); *Dehlinger/Zimmermann* in Fuchs, § 29 WpHG Rz. 2 (normkonkretisierende Wirkung).

(2) Emittenten, denen die Bundesanstalt eine Befreiung nach Absatz 1 erteilt hat, müssen Informationen über Umstände, die denen des § 21 Abs. 1 Satz 1, Abs. 1a, § 25 Abs. 1 Satz 1, § 26 Abs. 1 Satz 1 und 2 und § 26a entsprechen und die nach den gleichwertigen Regeln eines Drittstaates der Öffentlichkeit zur Verfügung zu stellen sind, in der in § 26 Abs. 1 Satz 1, auch in Verbindung mit einer Rechtsverordnung nach Absatz 3, geregelten Weise veröffentlichen und gleichzeitig der Bundesanstalt mitteilen. Die Informationen sind außerdem unverzüglich, jedoch nicht vor ihrer Veröffentlichung dem Unternehmensregister im Sinne des § 8b des Handelsgesetzbuchs zur Speicherung zu übermitteln.

(3) Für die Zurechnung der Stimmrechte nach § 22 gilt ein Unternehmen mit Sitz in einem Drittstaat, das nach § 32 Abs. 1 Satz 1 in Verbindung mit § 1 Abs. 1a Satz 2 Nr. 3 des Kreditwesengesetzes einer Zulassung für die Finanzportfolioverwaltung bedürfte, wenn es seinen Sitz oder seine Hauptverwaltung im Inland hätte, hinsichtlich der Aktien, die von ihm im Rahmen der Finanzportfolioverwaltung verwaltet werden, nicht als Tochterunternehmen im Sinne von § 22 Abs. 3. Das setzt voraus, dass

1. es bezüglich seiner Unabhängigkeit Anforderungen genügt, die denen für Wertpapierdienstleistungsunternehmen nach § 22 Abs. 3a, auch in Verbindung mit einer Rechtsverordnung nach § 22 Abs. 5, gleichwertig sind,
2. der Meldepflichtige der Bundesanstalt den Namen dieses Unternehmens und die für dessen Überwachung zuständige Behörde oder das Fehlen einer solchen mitteilt und
3. der Meldepflichtige gegenüber der Bundesanstalt erklärt, dass die Voraussetzungen der Nummer 1 erfüllt sind.

(4) Das Bundesministerium der Finanzen wird ermächtigt, durch Rechtsverordnung, die nicht der Zustimmung des Bundesrates bedarf, nähere Bestimmungen über die Gleichwertigkeit von Regeln eines Drittstaates und die Freistellung von Emittenten nach Absatz 1 und Unternehmen nach Absatz 3 zu erlassen.

1 Die Vorschrift wurde durch das TUG[1] eingeführt und in Abs. 3 durch das InvÄndG[2] durch Einfügung der Nr. 2 und 3 geändert.

2 § 29a Abs. 1 WpHG ermöglicht es der BaFin, **Emittenten aus Drittstaaten** von den **Pflichten** nach § 26 und § 26a WpHG **freizustellen**, um ihnen eine Doppelbelastung zu ersparen. Voraussetzung ist, dass diese Emittenten gleichwertigen Regeln unterliegen oder sich solchen Regeln unterwerfen. Die BaFin hat Ermessen („kann"), ob sie die Befreiung erteilt[3]. Auch wenn die BaFin eine Befreiung erteilt hat, sind die betreffenden Emittenten verpflichtet, die Öffentlichkeit in der Europäischen Union und im übrigen Europäischen Wirtschaftsraum gem. § 26 Abs. 1 WpHG über die Informationen über Umstände, die denen des § 21 Abs. 1 Satz 1, Abs. 1a, § 25 Abs. 1 Satz 1, § 26 Abs. 1 Satz 1 und 2 und § 26a entsprechen und die nach den gleichwertigen Regeln eines Drittstaates der Öffentlichkeit zur Verfügung zu stellen sind, zu unterrichten und die BaFin zu informieren (§ 29a Abs. 2 WpHG). Die gleichwertige Veröffentlichung im Drittstaat reicht also nicht.

3 Ferner bestimmt § 29a Abs. 3, dass Stimmrechte aus Aktien, die ein Unternehmen mit Sitz in einem Drittstaat im Rahmen der Finanzportfolioverwaltung verwaltet,

---

1 Transparenzrichtlinie-Umsetzungsgesetz vom 5.1.2007, BGBl. I 2007, 10.
2 Gesetz zur Änderung des Investmentgesetzes und zur Anpassung anderer Vorschriften vom 21.12.2007, BGBl. I 2007, 3089.
3 *Uwe H. Schneider* in Assmann/Uwe H. Schneider, § 29a WpHG Rz. 11.

nicht nach § 22 WpHG zugerechnet werden. Voraussetzung ist gem. § 29a Abs. 3 Satz 2 Nr. 1 WpHG, dass dieses Unternehmen hinsichtlich seiner Unabhängigkeit Voraussetzungen erfüllt, die denen des § 22a Abs. 3 WpHG gleichwertig sind. Außerdem müssen die weiteren in § 29a Abs. 3 Satz 2 Nr. 2 und 3 WpHG normierten Voraussetzungen erfüllt sein.

## § 30 WpHG
## Handelstage

**(1) Für die Berechnung der Mitteilungs- und Veröffentlichungsfristen nach diesem Abschnitt gelten als Handelstage alle Kalendertage, die nicht Sonnabende, Sonntage oder zumindest in einem Land landeseinheitliche gesetzlich anerkannte Feiertage sind.**

**(2) Die Bundesanstalt stellt im Internet unter ihrer Adresse einen Kalender der Handelstage zur Verfügung.**

Der durch das TUG[1] eingeführten Vorschrift liegt zugrunde, dass in Deutschland wegen einer unterschiedlichen Feiertagsgesetzgebung nicht in allen Bundesländern an den gleichen Tagen gehandelt wird. Um eine einheitliche Regelung zu gewährleisten, gelten nach § 30 Abs. 1 WpHG alle Kalendertage, die nicht Sonnabende, Sonntage oder zumindest in einem Land landeseinheitliche gesetzlich anerkannte Feiertage (und nicht bloß in bestimmten Gemeinden oder Kreisen) sind[2], als Handelstag. 1

Um die fristgemäße Erfüllung der Mitteilungs- und Veröffentlichungspflichten zu erleichtern, veröffentlicht die BaFin auf ihren Internetseiten einen Kalender mit den Handelstagen (§ 30 Abs. 2 WpHG). Dieser Kalender hat lediglich informatorische Bedeutung[3]. 2

## § 41 WpHG
## Übergangsregelung für Mitteilungs- und Veröffentlichungspflichten

**(1) Ein Unternehmen im Sinne des § 9 Abs. 1 Satz 1, das am 1. August 1997 besteht und nicht bereits vor diesem Zeitpunkt der Meldepflicht nach § 9 Abs. 1 unterlag, muß Mitteilungen nach dieser Bestimmung erstmals am 1. Februar 1998 abgeben.**

**(2) Wem am 1. April 2002 unter Berücksichtigung des § 22 Abs. 1 und 2 fünf Prozent oder mehr der Stimmrechte einer börsennotierten Gesellschaft zustehen, hat der Gesellschaft und der Bundesanstalt unverzüglich, spätestens innerhalb von sieben Kalendertagen, die Höhe seines Stimmrechtsanteils unter Angabe seiner Anschrift schriftlich mitzuteilen; in der Mitteilung sind die zuzurechnenden Stimmrechte für jeden Zurechnungstatbestand getrennt anzugeben. Eine Verpflichtung nach Satz 1**

---
1 Transparenzrichtlinie-Umsetzungsgesetz vom 5.1.2007, BGBl. I 2007, 10.
2 Vgl. Begr. RegE TUG, BT-Drucks. 16/2498, S. 39.
3 Vgl. Begr. RegE TUG, BT-Drucks. 16/2498, S. 39.

besteht nicht, sofern nach dem 1. Januar 2002 und vor dem 1. April 2002 bereits eine Mitteilung gemäß § 21 Abs. 1 oder 1a abgegeben worden ist.

(3) Die Gesellschaft hat Mitteilungen nach Absatz 2 innerhalb von einem Monat nach Zugang nach Maßgabe des § 25 Abs. 1 Satz 1 und 2, Abs. 2 zu veröffentlichen und der Bundesanstalt unverzüglich einen Beleg über die Veröffentlichung zu übersenden.

(4) Auf die Pflichten nach den Absätzen 2 und 3 sind die §§ 23, 24, 25 Abs. 3 Satz 2, Abs 4, §§ 27 bis 30 entsprechend anzuwenden.

(4a) Wer am 20. Januar 2007, auch unter Berücksichtigung des § 22 in der vor dem 19. August 2008 geltenden Fassung, einen mit Aktien verbundenen Stimmrechtsanteil hält, der die Schwelle von 15, 20 oder 30 Prozent erreicht, überschreitet oder unterschreitet, hat dem Emittenten, für den die Bundesrepublik Deutschland der Herkunftsstaat ist, spätestens am 20. März 2007 seinen Stimmrechtsanteil mitzuteilen. Das gilt nicht, wenn er bereits vor dem 20. Januar 2007 eine Mitteilung mit gleichwertigen Informationen an diesen Emittenten gerichtet hat; der Inhalt der Mitteilung richtet sich nach § 21 Abs. 1, auch in Verbindung mit einer Rechtsverordnung nach Absatz 2. Wem am 20. Januar 2007 aufgrund Zurechnung nach § 22 Abs. 1 Satz 1 Nr. 6 ein Stimmrechtsanteil an einem Emittenten, für den die Bundesrepublik Deutschland der Herkunftsstaat ist, von 5 Prozent oder mehr zusteht, muss diesen dem Emittenten spätestens am 20. März 2007 mitteilen. Dies gilt nicht, wenn er bereits vor dem 20. Januar 2007 eine Mitteilung mit gleichwertigen Informationen an diesen Emittenten gerichtet hat und ihm die Stimmrechtsanteile nicht bereits nach § 22 Abs. 1 Satz 1 Nr. 6 in der vor dem 20. Januar 2007 geltenden Fassung zugerechnet werden konnten; der Inhalt der Mitteilung richtet sich nach § 21 Abs. 1, auch in Verbindung mit einer Rechtsverordnung nach Absatz 2. Wer am 20. Januar 2007 Finanzinstrumente im Sinne des § 25 in der vor dem 1. März 2009 geltenden Fassung hält, muss dem Emittenten, für den die Bundesrepublik Deutschland der Herkunftsstaat ist, spätestens am 20. März 2007 mitteilen, wie hoch sein Stimmrechtsanteil wäre, wenn er statt der Finanzinstrumente die Aktien hielte, die aufgrund der rechtlich bindenden Vereinbarung erworben werden können, es sei denn, sein Stimmrechtsanteil läge unter 5 Prozent. Dies gilt nicht, wenn er bereits vor dem 20. Januar 2007 eine Mitteilung mit gleichwertigen Informationen an diesen Emittenten gerichtet hat; der Inhalt der Mitteilung richtet sich nach § 25 Abs. 1 in der vor dem 1. März 2009 geltenden Fassung, auch in Verbindung mit den §§ 17 und 18 der Wertpapierhandelsanzeige- und Insiderverzeichnisverordnung in der vor dem 1. März 2009 geltenden Fassung. Erhält ein Inlandsemittent eine Mitteilung nach Satz 1, 3 oder 5, so muss er diese bis spätestens zum 20. April 2007 nach § 26 Abs. 1 Satz 1, auch in Verbindung mit einer Rechtsverordnung nach Absatz 3, veröffentlichen. Er übermittelt die Information außerdem unverzüglich, jedoch nicht vor ihrer Veröffentlichung dem Unternehmensregister im Sinne des § 8b des Handelsgesetzbuchs zur Speicherung. Er hat gleichzeitig mit der Veröffentlichung nach Satz 7 diese der Bundesanstalt nach § 26 Abs. 2, auch in Verbindung mit einer Rechtsverordnung nach Absatz 3 Nr. 2, mitzuteilen. Auf die Pflichten nach Satz 1 bis 9 sind die §§ 23, 24, 27 bis 29 und 29a Abs. 3 entsprechend anzuwenden. Auf die Pflichten nach Satz 4 ist § 29a Abs. 1 und 2 entsprechend anzuwenden.

(4b) Wer, auch unter Berücksichtigung des § 22, einen mit Aktien verbundenen Stimmrechtsanteil sowie Finanzinstrumente im Sinne des § 25 hält, muss das Erreichen oder Überschreiten der für § 25 geltenden Schwellen, die er am 1. März 2009 ausschließlich auf Grund der Änderung des § 25 mit Wirkung vom 1. März 2009 durch Zusammenrechnung nach § 25 Abs. 1 Satz 3 erreicht oder überschreitet, nicht mitteilen. Eine solche Mitteilung ist erst dann abzugeben, wenn erneut eine der für

§ 25 geltenden Schwellen erreicht, überschritten oder unterschritten wird. Mitteilungspflichten nach § 25 in der bis zum 1. März 2009 geltenden Fassung, die nicht, nicht richtig, nicht vollständig oder nicht in der vorgeschriebenen Weise erfüllt wurden, sind unter Berücksichtigung von § 25 Abs. 1 Satz 3 zu erfüllen.

(4c) Wer, auch unter Berücksichtigung des § 22, einen mit Aktien verbundenen Stimmrechtsanteil hält, muss das Erreichen oder Überschreiten der für § 21 geltenden Schwellen, die er am 19. August 2008 ausschließlich durch Zurechnung von Stimmrechten auf Grund der Neufassung des § 22 Abs. 2 mit Wirkung vom 19. August 2008 erreicht oder überschreitet, nicht mitteilen. Eine solche Mitteilung ist erst dann abzugeben, wenn erneut eine der für § 21 geltenden Schwellen erreicht, überschritten oder unterschritten wird. Die Sätze 1 und 2 gelten für die Mitteilungspflicht nach § 25 entsprechend mit der Maßgabe, dass die für § 25 geltenden Schwellen maßgebend sind.

(5) Ordnungswidrig handelt, wer vorsätzlich oder leichtfertig
1. entgegen Absatz 2 Satz 1 oder Absatz 4a Satz 1, 3, 5 oder 9 eine Mitteilung nicht, nicht richtig, nicht vollständig, nicht in der vorgeschriebenen Weise oder nicht rechtzeitig macht oder
2. entgegen Absatz 3 oder Absatz 4a Satz 7 oder 8 eine Veröffentlichung nicht, nicht richtig, nicht vollständig, nicht in der vorgeschriebenen Weise oder nicht rechtzeitig vornimmt, einen Beleg nicht oder nicht rechtzeitig übersendet oder eine Information nicht oder nicht rechtzeitig übermittelt.

(6) Die Ordnungswidrigkeit kann in den Fällen des Absatzes 5 mit einer Geldbuße bis zu zweihunderttausend Euro geahndet werden.

| | |
|---|---|
| I. Allgemeines . . . . . . . . . . . . . . . . . . 1 | IV. Pflichten nach § 41 Abs. 4b und 4c WpHG . . . . . . . . . . . . . . . . . . 10 |
| II. Pflichten nach § 41 Abs. 2 bis 4 WpHG . . . . . . . . . . . . . . . . . . . . . 2 | V. Ordnungswidrigkeit (§ 41 Abs. 5 und 6 WpHG) . . . . . . . . . . . . . . 12 |
| III. Pflichten nach § 41 Abs. 4a WpHG . . 3 | |

## I. Allgemeines

Die Vorschrift sieht in Abs. 1 eine Übergangsbestimmung für die Meldepflichten nach § 9 WpHG vor. Die weiteren, in Abs. 2 bis 4, Abs. 4a und Abs. 4b sowie 4c enthaltenen **Übergangsbestimmungen** betreffen die Mitteilungspflichten nach den §§ 21 ff. WpHG. Sie verlangen vom Meldepflichtigen unter bestimmten Voraussetzungen **Bestandsmitteilungen**. Diese Pflichten sind in der Praxis immer noch von Bedeutung. Denn die Nichterfüllung der Pflichten kann mit einem Bußgeld belegt werden. Ferner droht der Verlust der Rechte gem. § 28 WpHG. Denn die Übergangsvorschriften sehen keine zeitliche Begrenzung des Rechtsverlusts vor. 1

## II. Pflichten nach § 41 Abs. 2 bis 4 WpHG

Die in Abs. 2 bis 4 getroffenen **Übergangsregelungen** wurden mit der **Einführung** des **WpÜG** zum 1.1.2002 neu gefasst. Sie begründen eine umfassende Bestandsaufname von bestehenden Beteiligungen an Gesellschaften im Sinne des § 21 Abs. 2 WpHG[1]. 2

---

1 Vgl. *Dehlinger/Zimmermann* in Fuchs, § 41 WpHG Rz. 3.

**Anh. § 22: § 41 WpHG**   Übergangsregelung für Mitteilungs- und Veröffentlichungspflichten

Der Gesetzgeber führte hierzu an, dass im Hinblick auf diejenigen Gesellschaften, deren Aktien zum amtlichen Handel an einer Börse zugelassen sind und bei denen bereits bislang eine Mitteilungs- und Veröffentlichungspflicht bestand, die erneute Bestandsaufnahme auf Grund der umfangreichen Änderungen bei den Zurechnungstatbeständen nach § 22 WpHG erforderlich sei, um ggf. nunmehr unzutreffende Mitteilungen und Veröffentlichungen zu korrigieren[2]. Im Hinblick auf Beteiligungen an Gesellschaften, deren Aktien nicht zum amtlichen Handel an einer Börse, jedoch zum Handel an einem anderen geregelten Markt im Europäischen Wirtschaftsraum zugelassen waren, handelte es sich um eine erstmalige Bestandsaufnahme, die erforderlich war, um den Kapitalmarkt und das frühere Bundesaufsichtsamt (heute: die BaFin) über die bestehenden Beteiligungsverhältnisse zu informieren[3].

### III. Pflichten nach § 41 Abs. 4a WpHG

3   § 41 Abs. 4a WpHG sieht eine **Übergangsregelung** für die durch das **Transparenzrichtlinie-Umsetzungsgesetz** (TUG) erfolgten Änderungen der Vorschriften über die Transparenz von Beteiligungsveränderungen vor. So enthält **Satz 1** eine **Mitteilungspflicht** für denjenigen, der am 20.1.2007, auch unter Berücksichtigung des § 22 WpHG, einen mit Aktien verbundenen **Stimmrechtsanteil** hält, der die Schwelle von **15, 20 oder 30 %** erreicht, überschreitet oder unterschreitet[4]. Dies gilt nach Satz 2 Halbsatz 1 von Abs. 4a nicht, wenn die betreffende Person „bereits vor dem 20. Januar 2007 eine Mitteilung mit gleichwertigen Informationen an diesen Emittenten gerichtet hat". Der Inhalt der Mitteilung richtet sich gem. § 41 Abs. 4a Satz 2 Halbsatz 2 WpHG nach § 21 Abs. 1 WpHG.

4   Sodann verlangt **Satz 3** des Abs. 4a eine **Mitteilung** von demjenigen, dem am 20.1.2007 aufgrund **Zurechnung** nach § 22 Abs. 1 Satz 1 Nr. 6 WpHG ein **Stimmrechtsanteil** an einem Emittenten, für den die BRD der Herkunftsstaat ist, von **5 %** oder **mehr zusteht**. Wiederum wird von dieser Pflicht befreit, wenn zuvor eine gleichwertige Mitteilung erfolgte.

5   Schließlich sieht **Satz 5** des Abs. 4a eine **Mitteilungspflicht** bezüglich des **Haltens** von **Finanzinstrumenten** i.S. des § 25 WpHG vor[5]. Im ersten Halbsatz des Satzes 6 wird von dieser Pflicht (wiederum) abgesehen, wenn eine Mitteilung mit gleichwertigen Informationen an den Emittenten erfolgte. Auch der zweite Halbsatz des Satzes 6 regelt (wiederum) den „Inhalt der Mitteilung"; dieser richtet sich nach § 25 Abs. 1 WpHG in der vor dem Risikobegrenzungsgesetz geltenden Fassung.

---

2   Begr. RegE WpÜG, BT-Drucks. 14/7034, S. 71.
3   Begr. RegE WpÜG, BT-Drucks. 14/7034, S. 71.
4   Die Vorschrift wurde durch das Risikobegrenzungsgesetz geändert (Einfügung der Wörter „in der vor dem 19. August 2008 geltenden Fassung"). Diese Ergänzung der Übergangsregelung in § 41 Abs. 4a Satz 1 WpHG sollte klarstellen, dass die Bestandsmitteilungspflicht ohne Berücksichtigung der Änderung in § 22 Abs. 2 WpHG zu erfolgen hat. Vgl. Bericht des Finanzausschusses zum Risikobegrenzungsgesetz, BT-Drucks. 16/9821, S. 13.
5   Mit der Ergänzung der Übergangsregelung in § 41 Abs. 4a Satz 5 WpHG durch das Risikobegrenzungsgesetz wurde klargestellt, dass die Änderung des § 25 WpHG keine Auswirkungen auf die Mitteilungspflicht hinsichtlich der zum Stichtag 20.1.2007 gehaltenen Finanzinstrumente hat. Der Inhalt der bis zum 20.3.2007 abzugebenden Mitteilung nach § 25 WpHG richtete sich nach der zu diesem Zeitpunkt geltenden Fassung des § 25 WpHG, auch wenn der Mitteilungspflichtige der Meldepflicht bis zum Zeitpunkt des Inkrafttretens des Risikobegrenzungsgesetzes nicht nachgekommen war. Vgl. Bericht des Finanzausschusses zum Risikobegrenzungsgesetz, BT-Drucks. 16/9821, S. 13.

Der Gesetzgeber hatte **keine generelle Bestandsmitteilungspflicht** für alle zum 6
20.1.2007 gehaltenen Beteiligungen einführen wollen[6]. Eine Mitteilung an den Emittenten ist nur dann erforderlich, wenn noch aus keiner vorherigen Mitteilung ersichtlich ist, dass eine durch die Transparenzrichtlinie neu eingeführte Schwelle aufgrund Erwerbs, Veräußerung oder Zurechnung berührt wird[7]. Beispiel: Wenn ein mit 12 % beteiligter Aktionär vor dem 20.1.2007 einen weiteren Stimmrechtsanteil von 5 % erwarb, brauchte er seinerzeit keine Mitteilung abzugeben. Denn § 21 Abs. 1 WpHG a.F. hatte die Meldeschwelle von 15 % noch nicht vorgesehen. Diese wurde erst mit dem TUG eingeführt. Aufgrund des § 41 Abs. 4a Satz 1 und 2 WpHG musste der Meldepflichtige eine Mitteilung abgeben. Wenn der mit 12 % beteiligte Aktionär dagegen vor dem 20.1.2007 einen Stimmrechtsanteil von 15 % erwarb, hatte er nach altem Recht das Überschreiten der Schwelle von 25 % mitteilen müssen. Zu einer Mitteilung gem. § 41 Abs. 4a Satz 1 WpHG war er dann nicht verpflichtet. Denn dass er die mit dem TUG neu eingeführten Schwellen – im Beispiel: die Schwelle von 20 % – überschritten hatte, ergab sich bereits aus der früheren Mitteilung.

Die Transparenzrichtlinie II verlangt entgegen dem OLG Düsseldorf[8] keine andere 7
Auslegung der Mitteilungspflichten. Was unter einer „Mitteilung mit gleichwertigen Informationen" (vgl. Art. 30 Abs. 2 der Transparenzrichtlinie II) zu verstehen ist, hat der europäische Gesetzgeber nicht definiert. Die Übergangsbestimmungen sind mit Rücksicht auf Sinn und Zweck des Gesetzes sowie die Vorstellungen des nationalen Gesetzgebers auszulegen. Die Gleichwertigkeit setzt nicht voraus, dass die frühere Mitteilung Angaben darüber enthalten hat, dass und in welcher Weise fremde Stimmrechte zugerechnet werden[9].

Erhält ein **Inlandsemittent** eine **Mitteilung** nach § 41 Abs. 4a Satz 1 WpHG, so muss 8
er diese gem. § 41 Abs. 4a Satz 7 WpHG bis spätestens zum 20.4.2007 nach § 26 Abs. 1 Satz 1 WpHG **veröffentlichen**. Spätere Mitteilungen braucht der Inlandsemittent mangels einer Rechtsgrundlage nicht zu veröffentlichen[10].

Auf die Pflichten des § 41 Abs. 4a WpHG ist gem. § 41 Abs. 4a Satz 10 WpHG u.a. 9
§ 28 WpHG anzuwenden. Dies bedeutet, dass die **Nichterfüllung** der Mitteilungspflichten den **Verlust** der **Rechte** der **Aktien** des Meldepflichtigen zur Folge hat.

## IV. Pflichten nach § 41 Abs. 4b und 4c WpHG

Die in § 41 Abs. 4b und 4c WpHG getroffenen **Übergangsregeln** wurden durch das **Ri-** 10
**sikobegrenzungsgesetz** aus dem Jahr 2008 eingeführt[11]. Zunächst schließen Satz 1 und 2 des Abs. 4b aus, dass für die vorhandenen Bestände aufgrund der neuen Berechnungsweise nach § 25 Abs. 1 Satz 3 WpHG (Aggregation) mit Inkrafttreten des Risikobegrenzungsgesetzes eine Mitteilungspflicht besteht, solange nicht erneut eine der für § 25 WpHG geltenden Schwellen erreicht, überschritten oder unterschritten wird.

---

6 Begr. RegE TUG, BT-Drucks. 16/2498, S. 48; zustimmend OLG Frankfurt v. 6.4.2009 – 5 W 8/09, Rz. 30 (insoweit nicht abgedruckt in AG 2010, 30, aber abrufbar unter www.juris.de); *Uwe H. Schneider* in Assmann/Uwe H. Schneider, § 41 WpHG Rz. 23; BaFin, Hinweisschreiben zu den Mitteilungs- und Veröffentlichungspflichten gem. §§ 21 ff. WpHG vom 5.2.2007, abrufbar unter www.bafin.de, unter III.
7 Begr. RegE TUG, BT-Drucks. 16/2498, S. 48.
8 OLG Düsseldorf v. 15.1.2010 – I-17 U 6/09, WM 2010, 709.
9 So aber OLG Düsseldorf v. 15.1.2010 – I-17 U 6/09, WM 2010, 709, 710; wie hier *Kocher/Widder*, ZIP 2010, 1326.
10 Vgl. BaFin, Emittentenleitfaden, Stand: 28.4.2009, abrufbar unter www.bafin.de, S. 181.
11 Der RegE hatte keine Übergangsregeln vorgesehen. Diese gehen auf die Beschlussempfehlungen des Finanzausschusses zurück.

Satz 3 stellt klar, dass Mitteilungen, die vor Inkrafttreten der Änderungen in § 25 WpHG rechtswidrig nicht oder falsch abgegeben wurden, ab Inkrafttreten der Änderungen aggregiert abgegeben werden müssen[12].

11 Der Gesetzgeber wollte mit der in § 41 Abs. 4c WpHG getroffenen Vorschrift vermeiden, dass aufgrund der geänderten Regeln zum Acting in Concert in den Fällen möglicherweise schon lange zurückliegender Abstimmungen, die nach früherer Rechtslage keine Kontrolle vermittelten, mit Inkrafttreten des Risikobegrenzungsgesetzes eine Mitteilungspflicht entsteht[13]. Deshalb bestimmt § 41 Abs. 4c Satz 1 WpHG: Wer, auch unter Berücksichtigung des § 22 WpHG, einen mit Aktien verbundenen Stimmrechtsanteil hält, muss das Erreichen oder Überschreiten der für § 21 WpHG geltenden Schwellen, die er am 19.8.2008 ausschließlich durch Zurechnung von Stimmrechten auf Grund der Neufassung des § 22 Abs. 2 mit Wirkung vom 19.8.2008 erreicht oder überschreitet, nicht mitteilen. Eine solche Mitteilung ist erst dann abzugeben, wenn erneut eine der für § 21 geltenden Schwellen erreicht, überschritten oder unterschritten wird (§ 41 Abs. 4c Satz 2 WpHG)[14].

## V. Ordnungswidrigkeit (§ 41 Abs. 5 und 6 WpHG)

12 Verstöße gegen die Mitteilungspflichten sind gem. § 41 Abs. 5 WpHG Ordnungswidrigkeiten. Erfasst werden vorsätzliche und leichtfertige Verstöße. Als Geldbuße kann ein Betrag bis zu 200.000 Euro festgesetzt werden (§ 41 Abs. 6 WpHG). Das Bußgeld wurde durch das TUG angehoben.

---

12 Bericht des Finanzausschusses zum Risikobegrenzungsgesetz, BT-Drucks. 16/9821, S. 13.
13 Bericht des Finanzausschusses zum Risikobegrenzungsgesetz, BT-Drucks. 16/9821, S. 13.
14 Vgl. auch *von Bülow/Stephanblome*, ZIP 2008, 1797, 1805 f.

# Zweiter Teil. Gründung der Gesellschaft

## § 23
## Feststellung der Satzung

(1) Die Satzung muss durch notarielle Beurkundung festgestellt werden. Bevollmächtigte bedürfen einer notariell beglaubigten Vollmacht.

(2) In der Urkunde sind anzugeben
1. die Gründer;
2. bei Nennbetragsaktien der Nennbetrag, bei Stückaktien die Zahl, der Ausgabebetrag und, wenn mehrere Gattungen bestehen, die Gattung der Aktien, die jeder Gründer übernimmt;
3. der eingezahlte Betrag des Grundkapitals.

(3) Die Satzung muss bestimmen
1. die Firma und den Sitz der Gesellschaft;
2. den Gegenstand des Unternehmens; namentlich ist bei Industrie- und Handelsunternehmen die Art der Erzeugnisse und Waren, die hergestellt und gehandelt werden sollen, näher anzugeben;
3. die Höhe des Grundkapitals;
4. die Zerlegung des Grundkapitals entweder in Nennbetragsaktien oder in Stückaktien, bei Nennbetragsaktien deren Nennbeträge und die Zahl der Aktien jeden Nennbetrags, bei Stückaktien deren Zahl, außerdem, wenn mehrere Gattungen bestehen, die Gattung der Aktien und die Zahl der Aktien jeder Gattung;
5. ob die Aktien auf den Inhaber oder auf den Namen ausgestellt werden;
6. die Zahl der Mitglieder des Vorstands oder die Regeln, nach denen diese Zahl festgelegt wird.

(4) Die Satzung muss ferner Bestimmungen über die Form der Bekanntmachungen der Gesellschaft enthalten.

(5) Die Satzung kann von den Vorschriften dieses Gesetzes nur abweichen, wenn es ausdrücklich zugelassen ist. Ergänzende Bestimmungen der Satzung sind zulässig, es sei denn, dass dieses Gesetz eine abschließende Regelung enthält.

| | |
|---|---|
| I. Überblick . . . . . . . . . . . . . . . . . . 1 | bb) Umfang . . . . . . . . . . . . . . 13 |
| II. Satzung . . . . . . . . . . . . . . . . . . . 2 | cc) Beurkundungsverfahren . . . . . 14 |
| 1. Begriff und Rechtsnatur . . . . . . . . 2 | b) Satzungsfeststellung im Ausland . 16 |
| 2. Satzungsbestandteile . . . . . . . . . . . 4 | aa) Maßgeblichkeit der Einhaltung des Geschäftsrechts . . . . . . . 17 |
| 3. Auslegung der Satzung . . . . . . . . . 9 | |
| a) Materielle Satzungsbestandteile . . 9 | bb) Erfüllung deutscher Formvorschriften durch Auslandsbeurkundung . . . . . . . . . . . . . . 18 |
| b) Formelle Satzungsbestandteile . . . 10 | |
| III. Feststellung der Satzung (§ 23 Abs. 1) 11 | |
| 1. Begriff und Rechtsnatur . . . . . . . . 11 | 3. Vertretung . . . . . . . . . . . . . . . . . 20 |
| 2. Form der Satzungsfeststellung . . . . 12 | 4. Vorgründungsvertrag (Vorvertrag) . . . 21 |
| a) Notarielle Beurkundung . . . . . . . 12 | IV. Erklärung der Aktienübernahme (§ 23 Abs. 2) . . . . . . . . . . . . . . . . . 23 |
| aa) Zweck . . . . . . . . . . . . . . . 12 | 1. Allgemeines und Rechtsnatur . . . . . 23 |

2. Einzelangaben ............... 25
   a) Gründer (§ 23 Abs. 2 Nr. 1) ..... 25
   b) Angaben zu Aktien (§ 23 Abs. 2 Nr. 2) ................. 26
   c) Eingezahlter Betrag (§ 23 Abs. 2 Nr. 3) ................. 29

V. **Notwendiger Inhalt der Satzung (§ 23 Abs. 3 und 4)** ............ 30
1. Firma und Sitz der Gesellschaft (§ 23 Abs. 3 Nr. 1) ............ 31
2. Gegenstand des Unternehmens (§ 23 Abs. 3 Nr. 2) ............ 32
   a) Bedeutung ................ 32
   b) Begriff .................. 33
   c) Abgrenzung zum Gesellschaftszweck ................. 34
   d) Individualisierung .......... 35
   e) Änderung und Bindungswirkung . 37
   f) Exkurs: Vorratsgründung und Mantelverwendung .......... 39
      aa) Allgemeines ........... 39
      bb) Vorratsgründung ........ 40
      cc) Mantelkauf und Mantelverwendung ............ 41
3. Höhe des Grundkapitals ........ 46
4. Zerlegung des Grundkapitals ..... 47

5. Aktienart .................. 49
6. Zahl der Vorstandsmitglieder ..... 50
7. Form der Bekanntmachung ...... 51
8. Sonstige notwendige Satzungsbestimmungen .............. 52

VI. **Grundsatz der Satzungsstrenge (§ 23 Abs. 5)** ................. 53
1. Allgemeines ................ 53
2. Abweichende Satzungsregeln ..... 54
3. Ergänzende Satzungsregeln ...... 57

VII. **Satzungsmängel** ............. 58
1. Gründungsmängel ............ 59
2. Mängel einzelner Satzungsbestandteile ..................... 61

VIII. **Kosten** .................... 63

IX. **Satzungsergänzende Nebenabreden** .. 64
1. Begriff .................... 64
2. Rechtsnatur ................ 66
3. Rechtsfolgen ............... 67
4. Verhältnis zur Satzung ........ 68
5. Sonderfall: Privatautonome Mitbestimmungsvereinbarungen ....... 69

**Literatur:** *Baumann/Reiß*, Satzungsergänzende Vereinbarungen – Nebenverträge im Gesellschaftsrecht, ZGR 1989, 157; *Geßler*, Nichtigkeit von Hauptversammlungsbeschlüssen und Satzungsbestimmungen, ZGR 1980, 427; *Geßler*, Bedeutung und Auslegung des § 23 Abs. 5 AktG, in FS Luther, 1976, S. 69; *Goette*, Auslandsbeurkundungen im Kapitalgesellschaftsrecht, in FS Boujong, 1996, S. 131 = DStR 1996, 709; *Grundmann/Möslein*, Die Goldene Aktie, ZGR 2003, 317; *Habersack*, Wandlungen des Aktienrechts, AG 2009, 1; *Hanau*, Sicherung unternehmerischer Mitbestimmung, insbesondere durch Vereinbarung, ZGR 2001, 75; *Hellermann*, Aktienrechtliche Satzungsstrenge und Delegation von Gestaltungsspielräumen an den Vorstand, NZG 2008, 561; *Hirte*, Die europäische Aktiengesellschaft, Die aktienrechtliche Satzungsstrenge: Kapitalmarkt und sonstige Legitimationen versus Gestaltungsfreiheit, in Lutter/Wiedemann (Hrsg.), Gestaltungsfreiheit im Gesellschaftsrecht, 1998, S. 61; *Hoffmann-Becking*, Der Einfluss schuldrechtlicher Gesellschafterverträge auf die Rechtsbeziehungen in der Kapitalgesellschaft, ZGR 1994, 442; *Holzborn/Bunnemann*, Änderungen im AktG durch den Regierungsentwurf für das UMAG, BKR 2005, 51; *Hopt*, Gestaltungsfreiheit im Gesellschaftsrecht in Europa, in Lutter/Wiedemann (Hrsg.), Gestaltungsfreiheit im Gesellschaftsrecht, 1998, S. 123; *Ihrig/Schlitt*, Vereinbarungen über eine freiwillige Einführung oder Erweiterung der Mitbestimmung, NZG 1999, 333; *Joussen*, Gesellschafterabsprachen neben Satzung und Gesellschaftsvertrag, 1995; *Körber/Effer-Uhe*, Anforderungen an den Nachweis der Vertretungsmacht von Prokuristen und GbR-Gesellschaftern bei der Gründung von Kapitalgesellschaften, DNotZ 2009, 92; *Kröll*, Beurkundung gesellschaftsrechtlicher Vorgänge durch einen ausländischen Notar, ZGR 2000, 111; *Luther*, § 23 Abs. 5 AktG im Spannungsfeld von Gesetz, Satzung und Einzelentscheidungen der Organe der AG, in FG Hengeler, 1972, S. 167; *Lutter*, Theorie der Mitgliedschaft, AcP 180 (1980), 95; *Mertens*, Satzungs- und Organisationsautonomie im Aktien- und Konzernrecht, ZGR 1994, 426; *Mertens*, Zur Gültigkeit von Mitbestimmungsvereinbarungen, AG 1982, 141; *Priester*, Nichtkorporative Satzungsbestimmungen bei Kapitalgesellschaften, DB 1979, 681; *Raiser*, Privatautonome Mitbestimmungsregelungen, BB 1977, 1461; *Schervier*, Beurkundung GmbH-rechtlicher Vorgänge im Ausland, NJW 1992, 593; *K. Schmidt*, ECLR – Sitzverlegungsrichtlinie, Freizügigkeit und Gesellschaftsrechtspraxis. Grundlagen, ZGR 1999, 20; *Seibt*, Privatautonome Mitbestimmungsvereinbarungen: Rechtliche Grundlagen und Praxishinweise, AG 2005, 413; *Spindler*, Regeln für börsennotierte vs Regeln für geschlossene Gesellschaften – Vollendung des Begonnenen?, AG 2008, 598; *Tieves*, Der Unternehmensgegenstand der Kapitalgesellschaft, 1998; *Ulmer*, Verletzung schuldrechtlicher Nebenabreden als Anfechtungsgrund im GmbH-Recht?, NJW 1987, 1849; *Ulmer*, Begründung von Rechten für Dritte in der Satzung einer GmbH?, in FS Werner, 1984, S. 911; *Wallner*, Der Unternehmensgegenstand der GmbH als Ausdruck der Unternehmensfreiheit, JZ 1986, 721; *M. Winter*, Satzung und schuldrechtliche Gesellschaftervereinbarung, in Henze (Hrsg.), Gesellschaftsrecht 1995 (RWS-Forum 8), 1996, S. 131; *M. Winter*, Organisationsrechtliche Sanktionen bei Verletzung schuldrechtlicher Gesellschaftervereinbarungen?, ZHR 154 (1990), 259; *Zöllner*, Wechselwirkungen zwischen Satzung und schuldrechtlichen Gesellschaftervereinbarungen ohne Satzungscharakter, in Henze (Hrsg.), Gesellschaftsrecht 1995 (RWS-Forum 8), 1996, S. 89; *Zöllner*, Zu Schranken und Wirkung von Stimmbindungsverträgen, insbesondere bei der GmbH, ZHR 155 (1991), 168.

## I. Überblick

Die Vorschrift des § 23 regelt den Abschluss des Gesellschaftsvertrags (der Satzung, § 2) als ersten Schritt im **mehrstufigen Prozess der Entstehung einer AG**. Mit der Feststellung der Satzung und der Erklärung der Aktienübernahme durch die Gründer ist die Gesellschaft errichtet (§ 29). Die Norm bestimmt die formellen Voraussetzungen der Satzungsfeststellung (Abs. 1; zum Regelungszweck Rz. 12), die bei der Satzungsfeststellung von den Gründern abzugebenden Erklärungen (Abs. 2), den notwendigen Inhalt der Satzung (Abs. 3 und 4) und den sog. Grundsatz der Satzungsstrenge und seine Grenzen (Abs. 5). Die Vorgabe des Mindestinhalts, vor allem aber der Grundsatz der Satzungsstrenge dienen der Verkehrsfähigkeit der Aktie und erleichtern damit die Kapitalmarktfähigkeit der AG (s. auch Rz. 53). 1

## II. Satzung

### 1. Begriff und Rechtsnatur

Das AktG verwendet die Begriffe Satzung und Gesellschaftsvertrag synonym (§ 2)[1]. Die Satzung bildet die **Grundlage der Gesellschaft** und ist **als ihre Organisationsverfassung (§ 25 BGB) maßgeblich für ihren inneren Aufbau**. Mit der Eintragung der Gesellschaft in das Handelsregister gewinnt sie gegenüber ihren Gründern Selbständigkeit und beansprucht als Quelle objektiven Rechts Geltung auch für künftige Aktionäre, die sich der Satzung durch ihren Beitritt unterwerfen[2]. 2

Nach zutreffendem Verständnis der **Rechtsnatur der Satzung** ist diese weder ein rein schuldrechtlicher Vertrag[3] noch ein Akt rein körperschaftlicher Privatautonomie[4], sondern sie ist ein **Rechtsgeschäft sui generis**, das neben den subjektiven Rechten und Pflichten der Gründer auch objektive Normen aufstellt und damit **schuldvertrag-** 3

---

1 Zur Terminologie *K. Schmidt*, GesR, § 5 (S. 80 ff.); *Holzborn* in Spindler/Stilz, § 179 AktG Rz. 29.
2 *Brändel* in Großkomm. AktG, 4. Aufl., § 2 AktG Rz. 49 f.; *Hüffer*, § 23 AktG Rz. 7; *Arnold* in KölnKomm. AktG, 3. Aufl., § 23 AktG Rz. 8; *Pentz* in MünchKomm. AktG, 3. Aufl., § 23 AktG Rz. 37; *Röhricht* in Großkomm. AktG, 4. Aufl., § 23 AktG Rz. 6; *K. Schmidt*, GesR, § 5 I 1c) (S. 77); für die GmbH *Ulmer* in Ulmer, § 2 GmbHG Rz. 4a f.; *Emmerich* in Scholz, § 2 GmbHG Rz. 3.
3 So RG v. 22.5.1880 – I 262/79, RGZ 2, 262, 264; RG v. 16.5.1904 – Rep. I. 153/03, RGZ 57, 292, 299; *Hadding* in FS R. Fischer, 1979, S. 165 ff.; *Lutter*, AcP 180 (1980), 95, 97; *Müller-Erzbach*, Das private Recht der Mitgliedschaft, S. 147 f., S. 181 ff.; *Nitschke*, Die körperschaftlich strukturierte Personengesellschaft, S. 160, 163 ff., 171; *Hadding* in Soergel, 13. Aufl. 2000, § 25 BGB Rz. 17; *Wiedemann*, GesR I, S. 160 ff.
4 So grundlegend *v. Gierke*, Genossenschaftstheorie, 1887, S. 132 ff.; *v. Gierke*, Deutsches Privatrecht Band I, S. 150 f.; *Larenz* in GS Dietz, 1973, S. 49; *Meyer-Cording*, Die Vereinsstrafe, S. 43, 46 ff.; *Reuter* in MünchKomm. BGB, 5. Aufl., § 25 BGB Rz. 6 ff.; *Reuter*, Privatrechtliche Schranken der Perpetuierung von Unternehmen, S. 57 f.

**liche und organisationsvertragliche Elemente** aufweist[5]. Unabhängig von dem dogmatischen Ausgangspunkt ist anerkannt, dass § 23 Abs. 3 bis Abs. 5 das Regelungsermessen der Gründer begrenzt, teilweise begründet als Einschränkung der privatautonomen Gestaltungsfreiheit (Vertragstheorie) und teilweise als Begrenzung der Satzungsautonomie[6]. Zur Anwendbarkeit der Vorschriften des Allgemeinen Teils des BGB über Willenserklärungen, ihre Wirksamkeit, Willensmängel, Stellvertretung sowie zur Auslegung unten Rz. 9 ff.

### 2. Satzungsbestandteile

4   Hinsichtlich des Inhalts der Satzung wird mit uneinheitlicher Terminologie[7] zwischen materiellen und formellen Satzungsbestandteilen unterschieden. Nur **die materiellen Satzungsbestandteile** (Rz. 5) unterliegen bei Auslegung, Änderung und Rechtsnachfolge kraft Mitgliedschaft den gesellschaftsvertraglichen Sonderregeln[8]. Demgegenüber sind die **formellen Satzungsbestandteile** (Rz. 6) zumeist als gewöhnliche schuldrechtliche Abreden zu behandeln[9]. Für die Abgrenzung zwischen materiellen und (bloß) formellen Satzungsbestandteilen kommt es nach einer vom BGH formulierten Regel darauf an, ob die Satzungsbestimmung für einen unbestimmten Personenkreis Bedeutung hat[10]. Daneben stehen solche Satzungsbestandteile, die sowohl materieller wie formeller Natur sein können und bei denen durch Auslegung die Zugehörigkeit zu der einen oder der anderen Kategorie zu ermitteln ist (**indifferente Satzungsbestandteile;** Rz. 8)[11].

5   **a) Materielle Satzungsbestandteile** sind alle Regelungen, die entweder **als Satzungsbestandteile vorgeschrieben** oder **nur als Organisationsregeln möglich** sind[12]. Hierzu zählen abstrakt die Regelungen, die die Gesellschaft und ihre Beziehungen zu den Gründern oder künftigen Aktionären betreffen[13]. Sie können nur in der Satzungsurkunde geregelt werden und werden daher als *notwendig materielle* Satzungsbestandteile bezeichnet. Im Einzelnen zählen hierzu die zwingend in die Satzung aufzunehmenden Bestimmungen gem. § 23 Abs. 3 und 4 (notwendige Satzungsbestandteile, s. dazu unten Rz. 39 ff.) sowie die Abweichungen nach § 23 Abs. 5 Satz 1 (fakultative Satzungsbestandteile, s. dazu unten Rz. 71 ff.)[14]; die Ausgestaltung der mitgliedschaftlichen Einlagepflicht (Bar- oder Sacheinlage) gem. §§ 23 Abs. 2, 36a[15];

---

5   Zum Organisationsvertrag grundlegend *Würdinger*, Aktienrecht, § 10 I 1b) (S. 39); vgl. zum Ganzen auch BGH v. 6.3.1967 – II ZR 231/64, BGHZ 47, 172, 179; *Brändel* in Großkomm. AktG, 4. Aufl., § 2 AktG Rz. 48 f.; *Hüffer*, § 23 AktG Rz. 7; *Arnold* in KölnKomm. AktG, 3. Aufl., § 23 AktG Rz. 9; *Limmer* in Spindler/Stilz, § 23 AktG Rz. 3; *Holzborn* in Spindler/Stilz, § 179 AktG Rz. 29; *K. Schmidt*, GesR, § 5 I 1 (S. 75 ff.); *Ulmer* in FS Werner, 1984, S. 911, 912.
6   *Brändel* in Großkomm. AktG, 4. Aufl., § 2 AktG Rz. 51.
7   Dazu *Hüffer*, § 23 AktG Rz. 2; *K. Schmidt*, GesR, § 5 I 1d) (S. 78 f.).
8   *K. Schmidt*, GesR, § 5 I 1d) (S. 78); *Limmer* in Spindler/Stilz, § 23 AktG Rz. 4.
9   *Hüffer*, § 23 AktG Rz. 4; *Pentz* in MünchKomm. AktG, 3. Aufl., § 23 AktG Rz. 41; *Limmer* in Spindler/Stilz, § 23 AktG Rz. 4; *Holzborn* in Spindler/Stilz, § 179 AktG Rz. 32.
10  BGH v. 11.10.1993 – II ZR 155/92, BGHZ 123, 347, 350 = AG 1994, 78; vgl. kritisch *Röhricht* in Großkomm. AktG, 4. Aufl., § 23 AktG Rz. 10; *K. Schmidt*, GesR, § 5 I 1d) (S. 78).
11  *Hüffer*, § 23 AktG Rz. 5; *Priester*, DB 1979, 681, 184 f.; *Zöllner* in KölnKomm. AktG, 2. Aufl., § 179 AktG Rz. 52.
12  *K. Schmidt*, GesR, § 5 I 1d) aa) (S. 79); *Priester*, DB 1979, 681.
13  *Hüffer*, § 23 AktG Rz. 3; *Pentz* in MünchKomm. AktG, 3. Aufl., § 23 AktG Rz. 40; *Röhricht* in Großkomm. AktG, 4. Aufl., § 23 AktG Rz. 13.
14  *Hüffer*, § 23 AktG Rz. 3; *Pentz* in MünchKomm. AktG, 3. Aufl., § 23 AktG Rz. 40; *Röhricht* in Großkomm. AktG, 4. Aufl., § 23 AktG Rz. 13; *Holzborn* in Spindler/Stilz, § 179 AktG Rz. 34.
15  Zur GmbH BGH v. 2.5.1966 – II ZR 219/63, BGHZ 45, 338, 342; *Hüffer*, § 23 AktG Rz. 3; *Pentz* in MünchKomm. AktG, 3. Aufl., § 23 AktG Rz. 40; *Röhricht* in Großkomm. AktG, 4. Aufl., § 23 AktG Rz. 13.

Sonderrechte[16] (nicht: Gläubigerrechte) von Aktionären; gesellschaftsrechtliche Verpflichtungen der Gesellschaft gegenüber den Aktionären[17]; Bestimmungen über die Dauer der Gesellschaft (§ 39 Abs. 2 i.V.m. § 262 Abs. 1 Nr. 1)[18] oder zur Wahl des Aufsichtsratsvorsitzenden (§ 107 Abs. 1 Satz 1)[19]. Auch Gerichtsstandsklauseln gehören zu den materiellen Satzungsbestandteilen, wenn sie für alle derzeitigen und zukünftigen Aktionäre Geltung beanspruchen[20]. Satzungsergänzungen nach § 23 Abs. 5 Satz 2 sind in der Regel materielle Satzungsbestandteile, können aber auch indifferent sein[21]. Auch die Sachübernahme nach § 27 Abs. 1 ist wegen der mit ihr verbundenen, für die AG und ihren Vorstand verbindlichen Rechtsgestaltung, eine notwendig materielle Satzungsbestimmung[22].

**b) Formelle Satzungsbestandteile** (genauer: lediglich formelle Satzungsbestandteile) sind solche, die zwar in der Satzungsurkunde enthalten sind, aber nicht die Grundlagen der Gesellschaft und ihre Beziehung zu den Gründern oder künftigen Aktionären zum Gegenstand haben, sondern die schon nach ihrem Inhalt **nur schuldrechtliche Wirkungen unter den Gesellschaftern oder zwischen der Gesellschaft und den Gesellschaftern** entfalten[23]. Sie gehören lediglich aufgrund ihrer Aufnahme in die Satzungsurkunde zur Satzung, könnten aber – anders als die materiellen Satzungsbestimmungen – grundsätzlich auch außerhalb der Satzung wirksam vereinbart werden. Auch die (inhaltliche) Änderung oder Aufhebung dieser Rechtsverhältnisse vollzieht sich außerhalb der Satzung und setzt insbesondere keine Satzungsänderung (§ 179) voraus[24]. 6

Zu den notwendig formellen Satzungsbestandteilen gehören: (1) Solche Normen, die inhaltlich über die Grenzen der Satzungsautonomie nach § 23 Abs. 5 hinausgehen und die daher nicht wirksam als materielle Regelung vereinbart werden können[25], wie die Bestellung des ersten Aufsichtsrats (§ 30 Abs. 1 Satz 1), die Begründung von über § 55 Abs. 1 hinausgehenden Nebenpflichten sowie die in der Praxis häufigen, zur Vermeidung der Publizität außerhalb der Satzungsurkunde getroffenen Konsortialabreden unter den Gesellschaftern (Rz. 64 ff.)[26]. (2) Vereinbarungen über Sondervor- 7

---

16 *Hüffer*, § 23 AktG Rz. 3; *Pentz* in MünchKomm. AktG, 3. Aufl., § 23 AktG Rz. 40; *Röhricht* in Großkomm. AktG, 4. Aufl., § 23 AktG Rz. 17; *Zöllner* in KölnKomm. AktG, 2. Aufl., § 179 AktG Rz. 29.
17 *Pentz* in MünchKomm. AktG, 3. Aufl., § 23 AktG Rz. 40.
18 *Hüffer*, § 23 AktG Rz. 3; *Pentz* in MünchKomm. AktG, 3. Aufl., § 23 AktG Rz. 40; *Röhricht* in Großkomm. AktG, 4. Aufl., § 23 AktG Rz. 15.
19 *Hüffer*, § 23 AktG Rz. 3.
20 BGH v. 11.10.1993 – II ZR 155/92, BGHZ 123, 347, 350 = AG 1994, 78; *Hüffer*, § 23 AktG Rz. 3; *Pentz* in MünchKomm. AktG, 3. Aufl., § 23 AktG Rz. 40; *Röhricht* in Großkomm. AktG, 4. Aufl., § 23 AktG Rz. 16.
21 *Hüffer*, § 23 AktG Rz. 3; *Pentz* in MünchKomm. AktG, 3. Aufl., § 23 AktG Rz. 40; *Röhricht* in Großkomm. AktG, 4. Aufl., § 23 AktG Rz. 16.
22 *Hüffer*, § 23 AktG Rz. 3; *Pentz* in MünchKomm. AktG, 3. Aufl., § 23 AktG Rz. 40; *Röhricht* in Großkomm. AktG, 4. Aufl., § 23 AktG Rz. 14; *Zöllner* in KölnKomm. AktG, 2. Aufl., § 179 AktG Rz. 35; a.A. *Hefermehl/Bungeroth* in G/H/E/K, § 179 AktG Rz. 12; *Priester*, DB 1979, 681, 682 (anders aber *Priester/Veil* in Scholz, § 53 GmbHG Rz. 10).
23 *Hüffer*, § 23 AktG Rz. 4; *Pentz* in MünchKomm. AktG, 3. Aufl., § 23 AktG Rz. 41; *Röhricht* in Großkomm. AktG, 4. Aufl., § 23 AktG Rz. 21; *Holzborn* in Spindler/Stilz, § 179 AktG Rz. 31 f.
24 BGH v. 11.10.1993 – II ZR 155/92, BGHZ 123, 347, 350 = AG 1994, 78; *Hüffer*, § 23 AktG Rz. 4; *Pentz* in MünchKomm. AktG, 3. Aufl., § 23 AktG Rz. 41; *Ulmer* in FS Werner, 1984, S. 911, 915.
25 *Hüffer*, § 23 AktG Rz. 4; *Röhricht* in Großkomm. AktG, 4. Aufl., § 23 AktG Rz. 21.
26 *Hüffer*, § 23 AktG Rz. 4; *Pentz* in MünchKomm. AktG, 3. Aufl., § 23 AktG Rz. 42; *Priester*, DB 1979, 681, 682; *Röhricht* in Großkomm. AktG, 4. Aufl., § 23 AktG Rz. 22; *Holzborn* in Spindler/Stilz, § 179 AktG Rz. 32.

teile zu Gunsten einzelner Aktionäre (§ 26 Abs. 1, 1. Fall)[27] oder Dritter (§ 26 Abs. 1, 2. Fall)[28] und Vereinbarungen über den Gründungsaufwand (§ 26 Abs. 2)[29] stellen ebenfalls notwendig formelle Satzungsbestandteile dar, obwohl sie nur als Satzungsbestandteile gegenüber der AG wirksam werden. Denn die gesetzlich vorgeschriebene Aufnahme in die Satzung (§ 26 Abs. 1 und 2) dient lediglich der Publizität, ohne dass die Vereinbarungen Bestandteil der korporativen Verfassung der AG werden[30]. (3) Auch rein deklaratorische Satzungsbestimmungen ohne Regelungscharakter (z.B. Feststellung des eingezahlten Betrags gem. § 23 Abs. 2 Nr. 3, Namen der Mitglieder des ersten Aufsichtsrats und des ersten Vorstands) sind notwendig formeller Natur[31].

8 c) Neben den notwendig formellen oder notwendig materiellen Satzungsbestimmungen kann der Satzungstext **indifferente Satzungsbestandteile** enthalten, deren Zuordnung zu der einen oder der anderen Kategorie nicht eindeutig ist. Es handelt sich dabei im Wesentlichen um Satzungsergänzungen im Sinne des § 23 Abs. 5 Satz 2 wie Nebenleistungspflichten im Rahmen des § 55, Regelungen zur Vergütung der Aufsichtsratsmitglieder (§ 113 Abs. 1 Satz 1), Gewinnbeteiligungen der Vorstandsmitglieder (§ 86 Abs. 1)[32] und Schiedsvereinbarungen[33]. Bei solchen indifferenten Bestimmungen, die auch außerhalb des Satzungstexts als (bloß) schuldrechtliche Vereinbarungen wirksam vereinbart werden können, haben die Gründer bzw. Aktionäre ein **Gestaltungswahlrecht**, ob eine nur schuldrechtliche Verpflichtung begründet werden sollte (dann notwendig formelle Satzungsbestimmung), oder ob eine das Gesellschaftsverhältnis bzw. die Mitgliedschaft betreffende Regelung getroffen werden sollte (dann notwendig materielle Satzungsbestimmung)[34]. Hier ist im Einzelfall im Wege der objektiven Auslegung (s. dazu unten Rz. 9) zu ermitteln, zu welcher Kategorie die Bestimmung zählt[35]. Im Rahmen einer solchen Auslegung ist auf Wortlaut, Zweck und systematische Stellung der Bestimmung sowie die beim Handelsregister eingereichten allgemein zugänglichen Unterlagen abzustellen[36], wobei im Zweifel die Aufnahme in den Satzungstext für eine Qualifikation als notwendig materieller Satzungsbestandteil spricht[37].

---

27 *Hefermehl/Bungeroth* in G/H/E/K, § 179 AktG Rz. 12; *Hüffer*, § 23 AktG Rz. 4; *Pentz* in MünchKomm. AktG, 3. Aufl., § 23 AktG Rz. 42; *Priester*, DB 1979, 681, 682; *Röhricht* in Großkomm. AktG, 4. Aufl., § 23 AktG Rz. 23; *Ulmer* in Ulmer, § 5 GmbHG Rz. 209.
28 *Hefermehl/Bungeroth* in G/H/E/K, § 179 AktG Rz. 12; *Hüffer*, § 23 AktG Rz. 4.; *Pentz* in MünchKomm. AktG, 3. Aufl., § 23 AktG Rz. 42; *Röhricht* in Großkomm. AktG, 4. Aufl., § 23 AktG Rz. 23.
29 *Hefermehl/Bungeroth* in G/H/E/K, § 179 AktG Rz. 12; *Hüffer*, § 23 AktG Rz. 4; *Pentz* in MünchKomm. AktG, 3. Aufl., § 23 AktG Rz. 42; *Röhricht* in Großkomm. AktG, 4. Aufl., § 23 AktG Rz. 23.
30 *Röhricht* in Großkomm. AktG, 4. Aufl., § 23 AktG Rz. 23.
31 *Hüffer*, § 23 AktG Rz. 4; *Pentz* in MünchKomm. AktG, 3. Aufl., § 23 AktG Rz. 42; *Röhricht* in Großkomm. AktG, 4. Aufl., § 23 AktG Rz. 24; *Zöllner* in KölnKomm. AktG, 2. Aufl., § 179 AktG Rz. 55.
32 *Hüffer*, § 23 AktG Rz. 5; *Holzborn* in Spindler/Stilz, § 179 AktG Rz. 38.
33 BGH v. 25.10.1962 – II ZR 188/61, BGHZ 38, 155, 161; *Röhricht* in Großkomm. AktG, 4. Aufl., § 23 AktG Rz. 25.
34 BGH v. 25.10.1962 – II ZR 188/61, BGHZ 38, 155, 161; BGH v. 16.2.1981 – II ZR 89/79, WM 1981, 438, 440; *Hüffer*, § 23 AktG Rz. 5.
35 *Hüffer*, § 23 AktG Rz. 5; *Pentz* in MünchKomm. AktG, 3. Aufl., § 23 AktG Rz. 43; *Zöllner* in KölnKomm. AktG, 2. Aufl., § 179 AktG Rz. 52; anders *Priester*, DB 1979, 681, 684.
36 *Pentz* in MünchKomm. AktG, 3. Aufl., § 23 AktG Rz. 45; *Röhricht* in Großkomm. AktG, 4. Aufl., § 23 AktG Rz. 26.
37 *Hüffer*, § 23 AktG Rz. 5; *Pentz* in MünchKomm. AktG, 3. Aufl., § 23 AktG Rz. 45; *Priester*, DB 1979, 681, 684; *Röhricht* in Großkomm. AktG, 4. Aufl., § 23 AktG Rz. 27; weitergehend *Zöllner* in KölnKomm. AktG, 2. Aufl., § 179 AktG Rz. 53; für die GmbH *Priester/Veil* in Scholz, § 53 GmbHG Rz. 16; *Ulmer* in Ulmer, § 53 GmbHG Rz. 14.

## 3. Auslegung der Satzung
### a) Materielle Satzungsbestandteile

Materielle Satzungsbestandteile sind – jedenfalls nach Eintragung der Gesellschaft in 9
das Handelsregister (zur Phase vor der Eintragung s. unten Rz. 13) – aufgrund ihres
überindividuellen verbandsrechtlichen Charakters nach Art eines Gesetzes **objektiv
auszulegen**[38]. Die §§ 133, 157 BGB finden auf materielle Satzungsbestandteile keine
Anwendung, da sich die in ihnen enthaltenen mitgliedschaftlichen Regelungen typischerweise nicht an einen individuellen Empfänger, sondern an einen unbestimmten
Personenkreis richten, der alle gegenwärtigen und künftigen Aktionäre und Gläubiger der AG umfasst[39]. Heranzuziehen sind insbesondere Wortlaut, Zweck und systematische Stellung der Satzungsbestimmung[40], ergänzend auch allgemein zugängliche
Unterlagen, wozu insbesondere die zum Handelsregister eingereichten Unterlagen
(§ 37 Abs. 4) und früheren gesellschaftsvertragliche Regelungen gehören[41]. **Keine Berücksichtigung finden hingegen Umstände, die Dritten nicht erkennbar sind,** wie persönliche Motive, Vorstellungen, Meinungsäußerungen, Absichten, Interessen und in
der Regel auch Nebenabreden der Gründer, sofern sie keinen Niederschlag in den allgemein zugänglichen Unterlagen gefunden haben[42]. Die Grundsätze der objektiven
Auslegung gelten auch für die ergänzende Auslegung im Falle von Regelungslücken[43]. Ist eine Satzungsbestimmung mehrdeutig und würde eine Auslegungsmöglichkeit zur Unwirksamkeit der Bestimmung führen, so kann sie restriktiv gesetzeskonform ausgelegt werden[44]. Die Auslegung von Satzungsbestimmungen ist in der
Revisionsinstanz uneingeschränkt nachprüfbar[45]. Auch vor Eintragung der (Vor-)Ge-

---

[38] Ständige Rechtsprechung seit BGH v. 9.6.1954 – II ZR 70/53, BGHZ 14, 25, 36 f.; zuletzt BGH v. 28.6.1999 – II ZR 272/98, BGHZ 142, 116, 125; *Baumbach/Hueck*, § 23 AktG Anm. 3; *Ulmer* in Ulmer, § 2 GmbHG Rz. 141 ff.; *Hüffer*, § 23 AktG Rz. 39; *Pentz* in MünchKomm. AktG, 3. Aufl., § 23 AktG Rz. 49 f.; *Röhricht* in Großkomm. AktG, 4. Aufl., § 23 AktG Rz. 29; *Arnold* in KölnKomm. AktG, 3. Aufl., § 23 AktG Rz. 20; *Limmer* in Spindler/Stilz, § 23 AktG Rz. 39; *K. Schmidt*, GesR, § 5 I 4b) (S. 89 f.); *Wiesner* in MünchHdb. AG, § 6 Rz. 2; *Würdinger*, Aktienrecht, § 10 I 2 (S. 39 f.); a.A. (§§ 133, 157 grundsätzlich anwendbar) RG v. 21.6.1912 – II 223/12, RGZ 79, 418, 422; RG v. 25.1.1939 – II 94/38, RGZ 159, 321, 326; *Wiedemann*, GesR I, S. 167 f.
[39] *Pentz* in MünchKomm. AktG, 3. Aufl., § 23 AktG Rz. 50; *Röhricht* in Großkomm. AktG, 4. Aufl., § 23 AktG Rz. 29; *Limmer* in Spindler/Stilz, § 23 AktG Rz. 39; differenzierend *Emmerich* in Scholz, § 2 GmbHG Rz. 38.
[40] *Hüffer*, § 23 AktG Rz. 39; *Pentz* in MünchKomm. AktG, 3. Aufl., § 23 AktG Rz. 52; *Röhricht* in Großkomm. AktG, 4. Aufl., § 23 AktG Rz. 30; *Limmer* in Spindler/Stilz, § 23 AktG Rz. 39.
[41] BGH v. 16.12.1991 – II ZR 58/91, BGHZ 116, 359, 364; *Hüffer*, § 23 AktG Rz. 39; *Pentz* in MünchKomm. AktG, 3. Aufl., § 23 AktG Rz. 52; *Röhricht* in Großkomm. AktG, 4. Aufl., § 23 AktG Rz. 32.
[42] *Hüffer*, § 23 AktG Rz. 39, 47; *Pentz* in MünchKomm. AktG, 3. Aufl., § 23 AktG Rz. 52; *Röhricht* in Großkomm. AktG, 4. Aufl., § 23 AktG Rz. 32; *Limmer* in Spindler/Stilz, § 23 AktG Rz. 39; zur GmbH *Ulmer* in Ulmer, § 2 GmbHG Rz. 146; *Emmerich* in Scholz, § 2 GmbHG Rz. 37.
[43] BGH v. 13.6.1983 – II ZR 67/82, WM 1983, 835, 937; OLG Düsseldorf v. 8.1.1982 – 6 W 61/81, BB 1982, 1574; *Hüffer*, § 23 AktG Rz. 39; *Arnold* in KölnKomm. AktG, 3. Aufl., § 23 AktG Rz. 24 (anders Voraufl. Rz. 102); *Pentz* in MünchKomm. AktG, 3. Aufl., § 23 AktG Rz. 52; zur GmbH *Ulmer* in Ulmer, § 2 GmbHG Rz. 147 f.
[44] RG v. 12.10.1940 – II 33/40, RGZ 165, 68, 78; *Hüffer*, § 23 AktG Rz. 39; *Arnold* in KölnKomm. AktG, 3. Aufl., § 23 AktG Rz. 24; *Pentz* in MünchKomm. AktG, 3. Aufl., § 23 AktG Rz. 52.
[45] BGH v. 22.4.1953 – II ZR 72/53, BGHZ 9, 279, 281; BGH v. 9.6.1954 – II ZR 70/53, BGHZ 14, 25, 36; BGH v. 1.12.1954 – II ZR 285/53, BGHZ 15, 324, 328; BGH v. 29.1.1962 – II ZR 1/61, BGHZ 36, 296, 314; BGH v. 13.7.1967 – II ZR 238/64, BGHZ 48, 141, 144; BGH v. 11.11.1985 – II ZB 5/85, BGHZ 96, 245, 250; BGH v. 16.12.1991 – II ZR 58/91, BGHZ 116, 359, 364; BGH v. 11.10.1993 – II ZR 155/92, BGHZ 123, 347, 350 = AG 1994, 78; *Hüffer*, § 23 AktG Rz. 39;

sellschaft in das Handelsregister sind materielle Satzungsbestimmungen objektiv auszulegen (Grundsatz der einheitlichen Auslegung)[46].

**b) Formelle Satzungsbestandteile**

10 Soweit in der Satzung neben den materiellen Bestimmungen auch solche formeller Art enthalten sind, gelten für diese die **allgemeinen Regeln der Rechtsgeschäftslehre** (§§ 133, 157 BGB). Sie sind mit Rücksicht auf den beschränkten Adressatenkreis wie schuldrechtliche Verträge auszulegen[47]. Dabei kann auch auf die Absichten und Motive der Gründer zurückgegriffen werden[48]. Allgemeinen Grundsätzen folgend ist die rechtsgeschäftliche Auslegung gem. §§ 133, 157 BGB in der Revisionsinstanz nur dahingehend nachprüfbar, ob gesetzliche Auslegungsregeln, anerkannte Auslegungsgrundsätze, Denkgesetze, Erfahrungssätze oder Verfahrensvorschriften verletzt worden sind[49].

### III. Feststellung der Satzung (§ 23 Abs. 1)

**1. Begriff und Rechtsnatur**

11 Die Satzung bedarf der notariell beurkundeten Feststellung (§ 23 Abs. 1 Satz 1). Diese Formvorschrift bezieht sich auf die **Satzungsfeststellung im weiteren Sinne**, die aus der Übernahmeerklärung der Gründer (§ 23 Abs. 2) und den Festsetzungen des engeren Satzungsinhalts (§ 23 Abs. 3 und 4) besteht[50]. Für die Frage der **Rechtsnatur der Satzungsfeststellung** sind dogmatisch Ein- und Mehrpersonengründung zu unterscheiden: Im Falle der Gründung durch mehrere Personen ist die Satzungsfeststellung die **Einigung** (d.h. aufeinander gerichtete und übereinstimmende Willenserklärungen) **der Gründer über den Abschluss des Gesellschaftsvertrags der Aktiengesellschaft**[51]. Bei Gründung der Gesellschaft durch nur eine Person ist die Satzungsfeststellung in Ermangelung eines Konsenses von mindestens zwei Personen notwendig ein **einseitiges Rechtsgeschäft**, das mit seiner formgerechten (§ 23 Abs. 1 Satz 1) Abgabe gegenüber dem beurkundenden Notar wirksam wird[52]. Der Errichtungsakt weist insofern Parallelen zum Stiftungsgeschäft (§ 80 BGB) oder zur Er-

---

*Pentz* in MünchKomm. AktG, 3. Aufl., § 23 AktG Rz. 53; *Röhricht* in Großkomm. AktG, 4. Aufl., § 23 AktG Rz. 34.

46 *Röhricht* in Großkomm. AktG, 4. Aufl., § 23 AktG Rz. 33; ähnlich *Emmerich* in Scholz, § 2 GmbHG Rz. 38; a.A. *Hüffer*, § 23 AktG Rz. 40; *Pentz* in MünchKomm. AktG, 3. Aufl., § 23 AktG Rz. 48; zur GmbH *Ulmer* in Ulmer, § 2 GmbHG Rz. 143 a.E.

47 BGH v. 29.3.1973 – II ZR 139/70, NJW 1973, 1039, 1040; *Hüffer*, § 23 AktG Rz. 40; *Pentz* in MünchKomm. AktG, 3. Aufl., § 23 AktG Rz. 51; *Röhricht* in Großkomm. AktG, 4. Aufl., § 23 AktG Rz. 35; *Wiesner* in MünchHdb. AG, § 6 Rz. 2; einschränkend *Arnold* in KölnKomm. AktG, 3. Aufl., § 23 AktG Rz. 19; wohl auch *Limmer* in Spindler/Stilz, § 23 AktG Rz. 39.

48 *Hüffer*, § 23 AktG Rz. 40; zur GmbH *Emmerich* in Scholz, § 2 GmbHG Rz. 38; *Ulmer* in Ulmer, § 2 GmbHG Rz. 151.

49 BGH v. 13.12.1990 – IX ZR 33/90, WM 1991, 495, 496; *Hüffer*, § 23 AktG Rz. 40.

50 *Röhricht* in Großkomm. AktG, 4. Aufl., § 23 AktG Rz. 36; *Limmer* in Spindler/Stilz, § 23 AktG Rz. 4.

51 *Hüffer*, § 2 AktG Rz. 3 f., § 23 AktG Rz. 6; *Pentz* in MünchKomm. AktG, 3. Aufl., § 23 AktG Rz. 10; *Röhricht* in Großkomm. AktG, 4. Aufl., § 23 AktG Rz. 6.

52 *Hüffer*, § 2 AktG Rz. 4a, § 23 AktG Rz. 6; *Pentz* in MünchKomm. AktG, 3. Aufl., § 23 AktG Rz. 12; *Röhricht* in Großkomm. AktG, 4. Aufl., § 23 AktG Rz. 7; zur GmbH *Ulmer* in Ulmer, § 2 GmbHG Rz. 6.

klärung des Unternehmensträgers bei der Ausgliederung zur Neugründung nach §§ 125, 126, 6 UmwG auf[53]. Zur Gründerfähigkeit s. § 2 Rz. 3 ff.

## 2. Form der Satzungsfeststellung

### a) Notarielle Beurkundung

**aa) Zweck.** Mit dem Beurkundungserfordernis verfolgt das Gesetz primär den Zweck der **Rechtssicherheit**[54]. Die notarielle Beurkundung versieht die Grundlagen der künftigen AG mit der erforderlichen **Publizität** und ermöglicht den Gründern, sich **notariellen Rates** zu bedienen[55]. Daneben soll durch die Unabhängigkeit und Zuverlässigkeit eines Notars eine größtmögliche **Richtigkeitsgewähr** bei der Satzungserrichtung erreicht werden[56]. Schließlich erfüllt die notarielle Beurkundung eine **Warnfunktion**, indem sie den Gründern die Bedeutung ihrer Willenserklärungen deutlich macht und sie davor schützt, die mit der Gründung einer AG verbundenen erheblichen Pflichten und Risiken voreilig einzugehen[57]. 12

**bb) Umfang.** Dem Formzwang unterliegt der **gesamte Satzungsinhalt mit sämtlichen obligatorischen und fakultativen Teile**[58]. Nicht beurkundungsbedürftig sind hingegen schuldrechtliche Nebenabreden unter den Gründern (s. dazu Rz. 64), die unmittelbar nur die an der jeweiligen Vereinbarung Beteiligten, nicht aber alle gegenwärtigen *und* künftigen Aktionäre der Gesellschaft als solche binden[59]. Ebenfalls nicht beurkundungsbedürftig sind (bloß) formelle Satzungsbestandteile, es sei denn, das Gesetz sieht ihre Formbedürftigkeit ausdrücklich vor (z.B. § 23 Abs. 2 Nr. 3, § 26 Abs. 1 und 2, s. dazu Rz. 7). 13

**cc) Beurkundungsverfahren.** Für das Beurkundungsverfahren (Satzungsfeststellung einschließlich Übernahmeerklärungen der Gründer) gelten insbesondere die §§ 6–35 BeurkG[60]. Sachlich zuständig ist ausschließlich der **Notar** (§ 20 BNotO)[61]. 14

Die Feststellung der Satzung und die Übernahmeerklärung der Gründer haben gem. § 23 Abs. 1, Abs. 2 Nr. 2 **notwendig in einer einzigen Urkunde** zu erfolgen[62]. Eine Stufengründung nach dem Vorbild des § 30 AktG 1937 ist danach unzulässig[63]. Es genügt jedoch die Anfertigung einer Gründungsurkunde, die die Angaben nach § 23 Abs. 2 und die Erklärung über die Feststellung der Satzung enthält, hinsichtlich des 15

---

53 *Pentz* in MünchKomm. AktG, 3. Aufl., § 23 AktG Rz. 11.
54 *Hüffer*, § 23 AktG Rz. 1; *Pentz* in MünchKomm. AktG, 3. Aufl., § 23 AktG Rz. 26.
55 RG v. 8.5.1907 – Rep. I. 237/06, RGZ 66, 116, 121; *Arnold* in KölnKomm. AktG, 3. Aufl., § 23 AktG Rz. 29, 55; *Pentz* in MünchKomm. AktG, 3. Aufl., § 23 AktG Rz. 26; *Limmer* in Spindler/Stilz, § 23 AktG Rz. 7.
56 BGH v. 24.10.1988 – II ZB 7/88, BGHZ 105, 324, 338; *Pentz* in MünchKomm. AktG, 3. Aufl., § 23 AktG Rz. 26; *Limmer* in Spindler/Stilz, § 23 AktG Rz. 7.
57 RG v. 13.5.1903 – Rep. I. 55/03, RGZ 54, 418, 419; RG v. 8.5.1907 – Rep. I. 237/06, RGZ 66, 116, 121; RG v. 13.12.1935 – II 161/35, RGZ 149, 385, 395; *Hüffer*, § 23 AktG Rz. 1; *Arnold* in KölnKomm. AktG, 3. Aufl., § 23 AktG Rz. 29; *Pentz* in MünchKomm. AktG, 3. Aufl., § 23 AktG Rz. 26; *Limmer* in Spindler/Stilz, § 23 AktG Rz. 7; anders *Flume* in FS Geßler, 1971, S. 3, 18.
58 *Röhricht* in Großkomm. AktG, 4. Aufl., § 23 AktG Rz. 43.
59 *Röhricht* in Großkomm. AktG, 4. Aufl., § 23 AktG Rz. 43; zur GmbH *Emmerich* in Scholz, § 2 GmbHG Rz. 13a.
60 *Pentz* in MünchKomm. AktG, 3. Aufl., § 23 AktG Rz. 27; *Röhricht* in Großkomm. AktG, 4. Aufl., § 23 AktG Rz. 44.
61 *Pentz* in MünchKomm. AktG, 3. Aufl., § 23 AktG Rz. 27; *Röhricht* in Großkomm. AktG, 4. Aufl., § 23 AktG Rz. 45.
62 *Arnold* in KölnKomm. AktG, 3. Aufl., § 23 AktG Rz. 30; *Pentz* in MünchKomm. AktG, 3. Aufl., § 23 AktG Rz. 28; *Röhricht* in Großkomm. AktG, 4. Aufl., § 23 AktG Rz. 37.
63 *Baumbach/Hueck*, § 23 AktG Anm. 8; *Eckardt* in G/H/E/K, § 23 AktG Rz. 22; *Arnold* in KölnKomm. AktG, 3. Aufl., § 23 AktG Rz. 30.

Inhalts der Satzung nach § 23 Abs. 3 und 4 jedoch gem. § 9 Abs. 1 Satz 2 BeurkG auf eine als Anlage beigefügte Satzungsurkunde verweist[64].

**b) Satzungsfeststellung im Ausland**

16 In der Praxis stellt sich zuweilen wegen – tatsächlicher oder vermeintlicher – Kostenvorteilen die Frage nach einer Satzungsfeststellung im Ausland. Bei der Beurteilung der Formwirksamkeit ist zu unterscheiden zwischen der kollisionsrechtlichen Frage der maßgeblichen Formvorschrift (Rz. 17) und der Frage, ob die Vornahme der Rechtshandlung vor einer ausländischen Urkundsperson die deutsche Formvorschrift wahrt (Rz. 18).

17 **aa) Maßgeblichkeit der Einhaltung des Geschäftsrechts.** Das Geschäftsrecht (sog. Wirkungsstatut)[65] für gesellschaftsrechtliche Verfassungsakte der juristischen Person (insbesondere Gründung, Satzungsänderung, Kapitalerhöhung, Verschmelzung, Spaltung, formwechselnde Umwandlung und Abschluss von Unternehmensverträgen) ist das **Gesellschaftsstatut**[66]. Dies führt, soll die zu gründende Aktiengesellschaft ihren Sitz im Inland haben, zur **Anwendbarkeit deutschen Sachrechts** (§ 23 Abs. 1 Satz 1)[67]. Die Wahrung der Ortsform nach § 11 Abs. 1, 2. Fall EGBGB genügt demgegenüber nach Auffassung einiger Instanzgerichte[68] und der wohl überwiegenden Meinung in der Literatur[69] nicht. Zur Begründung wird gemeinhin auf die Gesetzesmaterialien zum Gesetz zur Neuregelung des Internationalen Privatrechts vom 25.7.1986[70] verwiesen, wonach der auf das EG-Schuldrechtsübereinkommen zurückzuführende Art. 11 EGBGB auf Fragen der Verfassung juristischer Personen keine Anwendung findet[71]. Die Praxis sollte daher bei der Satzungsfeststellung die deutsche Geschäftsform nach § 23 Abs. 1 Satz 1 beachten.

---

64 *Pentz* in MünchKomm. AktG, 3. Aufl., § 23 AktG Rz. 28.
65 Vgl. für viele *Heldrich* in Palandt, BGB, § 11 EGBGB Rz. 2.
66 *Großfeld* in Staudinger, IntGesR Rz. 16; *Pentz* in MünchKomm. AktG, 3. Aufl., § 23 AktG Rz. 30; *Limmer* in Spindler/Stilz, § 23 AktG Rz. 9; *Spahlinger* in Spahlinger/Wegen, Internationales Gesellschaftsrecht in der Praxis, B Rz. 21 ff.
67 BGH v. 30.1.1970 – V ZR 139/68, BGHZ 53, 181, 183; BGH v. 5.11.1980 – VIII ZR 230/79, BGHZ 78, 318, 334; BGH v. 21.3.1986 – V ZR 10/85, BGHZ 97, 269, 271; BGH v. 1.7.2002 – II ZR 380/00, BGHZ 151, 204, 206 = AG 2003, 39; BGH v. 29.1.2003 – VIII ZR 155/02, NJW 2003, 1607, 1608; *Großfeld* in Staudinger, Neubearb. 1998, IntGesR Rz. 26, 72; *Heldrich* in Palandt, BGB, Anh. zu EGBGB 12 (IPR) Rz. 2; *Hüffer*, § 23 AktG Rz. 10; *Pentz* in MünchKomm. AktG, 3. Aufl., § 23 AktG Rz. 30; *Röhricht* in Großkomm. AktG, 4. Aufl., § 23 AktG Rz. 48.
68 Vgl. OLG Hamm v. 1.2.1974 – 15 Wx 6/74, OLGZ 1974, 149, 152 ff.; OLG Karlsruhe v. 10.4.1979 – 11 W 104/78, RIW 1979, 567, 568; LG Augsburg v. 4.6.1996 – 2 HKT 2093/96, ZIP 1996, 1872, 1873; AG Köln v. 22.6.1989 – 42 AR 68/89, GmbHR 1990, 171, 172; AG Köln v. 14.8.1989 – 42 HRB 8123, WM 1989, 1810, 1811; LG Mannheim IPRspr. 1999 Nr. 23, S. 55; vgl. auch BGH v. 4.11.2004 – III ZR 172/03, NZG 2005, 41, 42: Bei einer „schuldrechtlichen Vereinbarung, auf Verlangen Geschäftsanteile an einer ausländischen Gesellschaft übertragen zu müssen, geht es nicht um Fragen der inneren Verfassung der Gesellschaft, so dass die Anwendbarkeit von Art. 11 EGBGB nach Auffassung des Senats *nahe liegt*"; a.A. OLG Düsseldorf v. 25.1.1989 – 3 Wx 21/89, NJW 1989, 2200; OLG Stuttgart v. 3.11.1980 – 8 W 530/79, NJW 1981, 1176.
69 *Bredthauer*, BB 1986, 1864, 1865; *Geimer*, DNotZ 1981, 406, 407; *Goette* in FS Boujong, 1996, S. 131, 143; *Goette*, DStR 1996, 709, 713; *Großfeld* in Staudinger, IntGesR Rz. 467 ff.; *Heckschen*, DB 1990, 161; *Hüffer*, § 23 AktG Rz. 10; *Kindler* in MünchKomm. BGB, 4. Aufl., IntGesR Rz. 422 ff.; *Kröll*, ZGR 2000, 111, 114 ff.; *Lichtenberger*, DNotZ 1986, 644, 653; *Menke*, BB 2004, 1807, 1809; *Pentz* in MünchKomm. AktG, 3. Aufl., § 23 AktG Rz. 30; *Röhricht* in Großkomm. AktG, 4. Aufl., § 23 AktG Rz. 48; *Schervier*, NJW 1992, 593, 594; *Ulmer* in Ulmer, § 2 GmbHG Rz. 17; a.A. *Heldrich* in Palandt, BGB, Art. 11 EGBGB Rz. 13; *Hoffmann-Becking* in MünchHdb. AG, § 3 Rz. 9; *Spellenberg* in MünchKomm. BGB, Art. 11 EGBGB Rz. 9.
70 BGBl. I 1986, 1142.
71 Begr. RegE BT-Drucks. 10/504, S. 49.

**bb) Erfüllung deutscher Formvorschriften durch Auslandsbeurkundung.** Richtet sich 18
die Formwirksamkeit der Satzungsfeststellung gemäß dem anwendbaren Kollisionsrecht nach deutschem Recht, stellt sich die Frage, ob die Inlandsform (notarielle Beurkundung) auch durch einen ausländischen Notar erfüllt werden kann (**Substitution**)[72]. Die Wahrung der notariellen Form i.S. des § 23 Abs. 1 Satz 1 setzt Gleichwertigkeit voraus, d.h. die Beurkundungsperson muss nach Vorbildung und Stellung im Rechtsleben eine der Tätigkeit des deutschen Notars entsprechende Funktion ausüben und beim Beurkundungsvorgang ein Verfahrensrecht beachten, das den tragenden Grundsätzen des deutschen Beurkundungsrechts entspricht[73]. Entscheidend ist allein, dass ein dem deutschen Recht materiell entsprechendes Verfahren tatsächlich eingehalten wird, nicht, dass das ausländische Verfahrensrecht selbst entsprechende Bestimmungen bereitstellt[74].

**Gleichwertigkeit wurde bejaht** für Notare in den Mitgliedstaaten der EU[75], insbesondere für das österreichische[76], das niederländische[77], das englische[78] Notariat und grundsätzlich sämtliche Notariatsverfassungen des lateinischen Notariats des romanischen Rechtskreises[79]. **Keine Gleichwertigkeit** besteht bei dem notary public in den USA[80]. **Bei der Schweiz** ist die Gleichwertigkeit wegen der Rechtsunterschiede **für den jeweiligen Kanton festzustellen**[81], die bislang bejaht wurde für Basel[82], Basel-Stadt[83], Bern[84], Luzern[85], Zürich[86] und Zug[87]. Einige Registergerichte anerkennen grundsätzlich keine Auslandsbeurkundungen von Grundlagenbeschlüssen, die in die 19

---

72 *Goette* in FS Boujong, 1996, S. 131, 139; *Merkt*, Internationaler Unternehmenskauf, Rz. 428; *Winkler* in Keidel/Winkler, Beurkundungsgesetz, Einl. Rz. 50 ff.
73 BGH v. 16.2.1981 – II ZB 8/80, BGHZ 80, 76, 78; OLG München v. 19.11.1997 – 7 U 2511/97, RIW 1998, 147; *Heldrich* in Palandt, BGB, Art. 11 EGBGB Rz. 7; *Hüffer*, § 23 AktG Rz. 11; *Arnold* in KölnKomm. AktG, 3. Aufl., § 23 AktG Rz. 37 f.; *Pentz* in MünchKomm. AktG, 3. Aufl., § 23 AktG Rz. 33 f.; *Röhricht* in Großkomm. AktG, 4. Aufl., § 23 AktG Rz. 49; *Spahlinger/Wegen* in Spahlinger/Wegen, Internationales Gesellschaftsrecht in der Praxis, C Rz. 66; *Spellenberg* in MünchKomm. BGB, 4. Aufl., Art. 11 EGBGB Rz. 47; *Limmer* in Spindler/Stilz, § 23 AktG Rz. 9; weitergehend *Schervier*, NJW 1992, 593, 596: Haftung des ausländischen Notars entsprechend BNotO.
74 *Pentz* in MünchKomm. AktG, 3. Aufl., § 23 AktG Rz. 34.
75 *Ebenroth/Wilken*, JZ 1991, 1061.
76 BayObLG v. 18.10.1977 – BReg. 3 Z 68/89, NJW 1978, 500; *Großfeld* in Staudinger, IntGesR Rz. 474; *Pentz* in MünchKomm. AktG, 3. Aufl., § 23 AktG Rz. 35; *Schönherr* in FS Wassermann, 1985, S. 835; *Spellenberg* in MünchKomm. BGB, 4. Aufl., Art. 11 EGBGB Rz. 48; *Wagner*, DNotZ 1982, 205 ff.; a.A. AG Kiel v. 17.3.1997 – 4 GnR 433, MittBayNot 1997, 116.
77 OLG Düsseldorf v. 25.1.1989 – 3 Wx 21/89, NJW 1989, 2200; *Großfeld* in Staudinger, IntGesR Rz. 474; *Pentz* in MünchKomm. AktG, 3. Aufl., § 23 AktG Rz. 35; *Spellenberg* in MünchKomm. BGB, 4. Aufl., Art. 11 EGBGB Rz. 48.
78 *Großfeld* in Staudinger, IntGesR Rz. 474; *Pentz* in MünchKomm. AktG, 3. Aufl., § 23 AktG Rz. 35; *Spellenberg* in MünchKomm. BGB, 4. Aufl., Art. 11 EGBGB Rz. 48.
79 *Blumenwitz*, DNotZ 1968, 725, 737; *Großfeld* in Staudinger, IntGesR Rz. 474; *Pentz* in MünchKomm. AktG, 3. Aufl., § 23 AktG Rz. 35.
80 OLG Stuttgart v. 17.5.2000 – 20 U 68/99, GmbHR 2000, 721; *Großfeld* in Staudinger, IntGesR Rz. 474; *Stephan*, NJW 1974, 1596.
81 *Pentz* in MünchKomm. AktG, 3. Aufl., § 23 AktG Rz. 35.
82 LG Nürnberg-Fürth v. 20.8.1991 – 4 HKT 489/91, NJW 1992, 633.
83 OLG Frankfurt a.M. v. 25.1.2005 – 11 U 8/04, GmbHR 2005, 764.
84 OLG Hamburg v. 13.12.1979 – 15 UF 68/79, IPR-Rspr. 1979, Nr. 9.
85 LG Koblenz v. 11.2.1970 – I WT 6/69, IPR-Rspr. 1970, Nr. 144.
86 BGH v. 16.2.1981 – II ZB 8/80, BGHZ 80, 76, 78 für das Notariat Zürich-Altstadt; OLG Stuttgart v. 10.4.1979 – 11 W 104/78, IPRax 1983, 79; LG Köln v. 13.10.1989 – 87 T 20/89, DB 1989, 2214; AG Köln v. 22.6.1989 – 42 AR 468/89, GmbHR 1990, 172; a.A. AG Fürth v. 16.11.1990 – HR B 2177, GmbHR 1991, 24; *Bredthauer*, DB 1986, 1865; *Geimer*, DNotZ 1981, 406.
87 LG Stuttgart, IPR-Rspr. 1979, Nr. 5 A.

Verfassung der Gesellschaft eingreifen (z.B. Vorgänge nach dem Umwandlungsgesetz unter Einschluss der Verträge, sowie Zustimmungen zu Unternehmensverträgen)[88].

### 3. Vertretung

20 Eine Feststellung der Satzung einschließlich der Erklärung der Aktienübernahme durch Bevollmächtigte (§§ 164 ff. BGB) ist **zulässig**[89]. Abweichend von § 167 Abs. 2 BGB bedarf die Vollmacht der **notariellen Beglaubigung** (§ 23 Abs. 1 Satz 2). Eine ohne Einhaltung der Form erteilte Vollmacht ist daher gem. § 125 Satz 1 BGB nichtig[90]. Die schwebend unwirksame Erklärung des vollmachtlos handelnden Vertreters kann von dem vertretenen Gründer nachgenehmigt werden (§§ 177 Abs. 1, 182 Abs. 1, 184 Abs. 1 BGB)[91], wobei die Genehmigung abweichend von § 182 Abs. 2 BGB ebenfalls der notariellen Beglaubigung bedarf[92]. Nicht unter § 23 Abs. 1 Satz 2 fällt das Handeln durch gesetzliche Vertreter, insbesondere durch Gesellschaftsorgane; sie müssen nur ihre Vertretungsmacht förmlich nachweisen[93]. Nach der Änderung des § 9 Abs. 3 HGB durch das EHUG[94] ist entgegen der (früheren) h.M.[95] beim Prokuristen zur Vermeidung von Rechtsrisiken (Frage: Satzungsfeststellung als Grundlagengeschäft) der Nachweis mittels notariell beglaubigter Spezialvollmacht empfehlenswert.

### 4. Vorgründungsvertrag (Vorvertrag)

21 Der sog. Vorgründungsvertrag (Vorvertrag), demzufolge sich mehrere Personen durch Vertrag verpflichten, an der Gründung der AG als künftige Gründer mitzuwirken, bedarf wegen der Warnfunktion des § 23 Abs. 1 Satz 1 ebenfalls der **notariellen Form**[96], sonst gilt § 125 Satz 1 BGB[97]. Die Vollmacht zum Abschluss eines Vorgründungsvertrags bedarf abweichend von § 167 Abs. 2 BGB mindestens der notariellen Beglaubigung (§ 23 Abs. 1 Satz 2)[98]; zu den Heilungsmöglichkeiten durch Genehmigung s. oben Rz. 20.

22 Inhaltlich muss der zur Teilnahme an der Gründung verpflichtende Vorvertrag derart bestimmt sein, dass der **wesentliche Inhalt der Satzung** (§ 23 Abs. 2 bis 4) **festgelegt oder durch Auslegung feststellbar ist**[99]. Durch den Abschluss des Vorgründungsvertrags entsteht eine **Vorgründungsgesellschaft** (nicht Vor-AG, dazu § 41 Rz. 2), auf die

---

88 AG Hamburg, Schreiben an den Präsidenten der Hamburgischen Notarkammer v. 9.2.2005 (Az. 383.0 E2).
89 *Hüffer*, § 23 AktG Rz. 12; *Röhricht* in Großkomm. AktG, 4. Aufl., § 23 AktG Rz. 58; *Limmer* in Spindler/Stilz, § 23 AktG Rz. 13.
90 *Hüffer*, § 23 AktG Rz. 12.
91 *Röhricht* in Großkomm. AktG, 4. Aufl., § 23 AktG Rz. 59; *Limmer* in Spindler/Stilz, § 23 AktG Rz. 13.
92 Allg. M., s. *Hüffer*, § 23 AktG Rz. 12.
93 *Hüffer*, § 23 AktG Rz. 12; *Röhricht* in Großkomm. AktG, 4. Aufl., § 23 AktG Rz. 62; *Ulmer* in Ulmer, § 2 GmbHG Rz. 29; a.A. *Arnold* in KölnKomm. AktG, 3. Aufl., § 23 AktG Rz. 46 a.E.; *Pentz* in MünchKomm. AktG, 3. Aufl., § 23 AktG Rz. 18.
94 Vgl. dazu Gesetz über elektronische Handelsregister und Genossenschaftsregister sowie das Unternehmensregister (EHUG) vom 19.11.2006, BGBl. I 2006, 2553.
95 *Körber/Effer-Uhe*, DNotZ 2009, 92, 102.
96 RG v. 22.10.1937 – II 58/37, RGZ 156, 129, 138; BGH v. 21.9.1987- II ZR 16/87, WM 1988, 163, 164; *Baumbach/Hueck*, § 23 AktG Anm. 18; *Arnold* in KölnKomm. AktG, 3. Aufl., § 23 AktG Rz. 55; *Hüffer*, § 23 AktG Rz. 14; *Röhricht* in Großkomm. AktG, 4. Aufl., § 23 AktG Rz. 281; a.A. *Flume* in FS Geßler, 1971, S. 3, 18.
97 *Hüffer*, § 23 AktG Rz. 14; *Röhricht* in Großkomm. AktG, 4. Aufl., § 23 AktG Rz. 281.
98 *Röhricht* in Großkomm. AktG, 4. Aufl., § 23 AktG Rz. 282; für die GmbH *Hueck/Fastrich* in Baumbach/Hueck, § 2 GmbHG Rz. 29; *Ulmer* in Ulmer, § 2 GmbHG Rz. 46.
99 RG v. 22.10.1937 – II 58/37, RGZ 156, 129, 138; *Hüffer*, § 23 AktG Rz. 14; *Arnold* in KölnKomm. AktG, 3. Aufl., § 23 AktG Rz. 55; *Röhricht* in Großkomm. AktG, 4. Aufl., § 23 AktG Rz. 279; *Ulmer* in Ulmer, § 2 GmbHG Rz. 48.

das AktG keine Anwendung findet[100]. Rechtlich ist die Vorgründungsgesellschaft als GbR (§§ 705 ff. BGB) zu qualifizieren, deren Zweck auf die gemeinsame Gründung der AG gerichtet ist[101]. Betreibt sie bereits ein Handelsgeschäft, so liegt nach h.M. eine oHG vor[102]. Die Vorgründungsgesellschaft endet durch Zweckerreichung (§ 726 BGB), sobald die AG errichtet ist[103]. Wurde ein Gesamthandsvermögen gebildet, so geht dieses nicht automatisch auf die mit Satzungsfeststellung entstehende Vor-AG über[104].

## IV. Erklärung der Aktienübernahme (§ 23 Abs. 2)

### 1. Allgemeines und Rechtsnatur

Zusätzlich zu der Satzungsfeststellung (§ 23 Abs. 3) muss die notarielle Gründungsurkunde der Gesellschaft auch die Aktienübernahmeerklärungen der Gründer enthalten (§ 23 Abs. 2)[105]. Kraft der Aktienübernahmeerklärung verpflichten sich die Gründer zur Leistung der Einlage (§ 54)[106]. Erst wenn das gesamte in der Satzung angegebene und in Aktien zerlegte Grundkapital (§ 23 Abs. 3 Nr. 3 und 4) der Gesellschaft vollständig durch entsprechende Übernahmeerklärungen abgedeckt ist, ist die Gesellschaft errichtet (Einheitsgründung, § 29)[107]. Da Gründer nur ist, wer an der Feststellung der Satzung mitwirkt (§ 28), und bereits die Feststellungsurkunde die Gründer und die von ihnen übernommenen Aktien benennen muss (§ 23 Abs. 2 Nr. 1 und 2), entsteht die Gesellschaft mit Abschluss des Beurkundungsvorgangs[108].

23

Die Aktienübernahmeerklärung ist eine **einseitige empfangsbedürftige Willenserklärung an die Mitgründer**[109]. Die formale Trennung der Aktienübernahmeerklärung (§ 23 Abs. 2) vom notwendigen Satzungsinhalt (§ 23 Abs. 3) beruht auf der Erwägung, die in § 23 Abs. 3 geregelte Satzung im engeren Sinne nicht mit solchen Angaben zu belasten, die lediglich im Gründungsstadium von öffentlichem Interesse sind[110]. Eine unter einer auflösenden oder aufschiebenden Bedingung erklärte Aktienübernahme ist ebenso unzulässig wie eine befristete Übernahmeerklärung[111].

24

### 2. Einzelangaben

#### a) Gründer (§ 23 Abs. 2 Nr. 1)

In der Feststellungsurkunde sind die Gründer anzugeben, das sind kraft **Legaldefinition** (nur) diejenigen Aktionäre, die rechtswirksam an der Feststellung der Satzung

25

---

100 Unstr., s. *Hüffer*, § 23 AktG Rz. 15.
101 BGH v. 7.5.1984 – II ZR 276/83, BGHZ 91, 148, 151; BGH v. 20.6.1983 – II ZR 200/82, NJW 1983, 2822; *Hüffer*, § 23 AktG Rz. 15; *K. Schmidt*, GesR, § 34 III 2a), b) (S. 1011 f.); differenzierend *Flume* in FS Geßler, 1971, S. 3, 17 f.
102 BGH v. 7.5.1984 – II ZR 276/83, BGHZ 91, 148, 151; BGH v. 29.11.1956 – II ZR 282/55, BGHZ 22, 240, 244; BGH v. 20.6.1983 – II ZR 200/82, NJW 1983, 2822; *Hüffer*, § 23 AktG Rz. 15; a.A. *K. Schmidt*, GesR, § 34 III 2b) (S. 1013) (Unterscheidung zwischen Vorvertragsgesellschaft und unternehmenstragender Vorgründungsgesellschaft).
103 *Hüffer*, § 23 AktG Rz. 15; *K. Schmidt*, GesR, § 34 III 2b) (S. 1012).
104 BGH v. 7.5.1984 – II ZR 276/83, BGHZ 91, 148, 151; *Hüffer*, § 23 AktG Rz. 15.
105 *Röhricht* in Großkomm. AktG, 4. Aufl., § 23 AktG Rz. 65; *Limmer* in Spindler/Stilz, § 23 AktG Rz. 24.
106 *Hüffer*, § 23 AktG Rz. 16; *Röhricht* in Großkomm. AktG, 4. Aufl., § 23 AktG Rz. 67.
107 *Röhricht* in Großkomm. AktG, 4. Aufl., § 23 AktG Rz. 66.
108 *Hüffer*, § 29 AktG Rz. 2; *Röhricht* in Großkomm. AktG, 4. Aufl., § 23 AktG Rz. 65.
109 *Röhricht* in Großkomm. AktG, 4. Aufl., § 23 AktG Rz. 67.
110 *Hüffer*, § 23 AktG Rz. 16; *Hüffer*, NJW 1979, 1065, 1066; *Pentz* in MünchKomm. AktG, 3. Aufl., § 23 AktG Rz. 12; *Röhricht* in Großkomm. AktG, 4. Aufl., § 23 AktG Rz. 65.
111 RG v. 7.11.1913 – II 316/13, RGZ 83, 256, 258 f.; *Pentz* in MünchKomm. AktG, 3. Aufl., § 23 AktG Rz. 56; *Röhricht* in Großkomm. AktG, 4. Aufl., § 23 AktG Rz. 68.

mitwirken und mindestens eine Aktie übernehmen (§ 28)[112]. Die Mitwirkung von Personen ohne Einlageverpflichtung ist unzulässig[113], kann aber im Einzelfall in eine schuldrechtliche Förderpflicht umgedeutet werden[114]. Als Gründer kommen ausschließlich natürliche und juristische Personen oder Personengesamtheiten mit Gründerfähigkeit (§ 2 Rz. 3 ff.) in Betracht[115]. Die Angaben über die Gründer haben – nicht zuletzt mit Blick auf die zivilrechtliche Gründerhaftung (§§ 46, 50, 51) – so zu erfolgen, dass eine eindeutige Individualisierung möglich ist[116]. Bei natürlichen Personen bedeutet dies die Angabe von Vor- und Nachname sowie der Anschrift, bei juristischen Personen und Personenhandelsgesellschaften die Nennung der Firma und des Sitzes, nach Möglichkeit mit Handelsregisternummer[117]. Bei **unmittelbarer Stellvertretung** ist der Vertretene Gründer, bei **mittelbarer Stellvertretung** (Treuhänder, Strohmann) der im eigenen Namen, aber für fremde Rechnung Handelnde[118].

**b) Angaben zu Aktien (§ 23 Abs. 2 Nr. 2)**

26 Bei **Nennbetragsaktien** sind in der Aktienübernahmeerklärung anzugeben der Nennbetrag (§ 8 Abs. 2), der Ausgabebetrag (§ 9) und gegebenenfalls die Aktiengattung (§ 11), die jeder einzelne Gründer übernimmt[119]. Werden Aktien mit unterschiedlichen Nenn- und/oder Ausgabebeträgen ausgegeben oder bestehen bei Zeichnung verschiedene Aktiengattungen, so ist entgegen dem Wortlaut des § 23 Abs. 2 Nr. 2 nicht nur die Summe der Nenn- und/oder Ausgabebeträge für jeden einzelnen Gründer anzugeben, sondern gemäß dem Normzweck (Rz. 23, 25) auch Anzahl und Art der von dem jeweiligen Gründer zu übernehmenden Aktien[120]. Bei der Ausgabe verschiedener Aktiengattungen gilt dies entsprechend in der Weise, dass es nicht nur der Aufteilung der Summe der Nenn- und/oder Ausgabebeträge der von jedem einzelnen Gründer übernommenen Aktien nach Gattungsart bedarf[121], sondern zusätzlich der Angabe der Zahl der auf jede der verschiedenen Gattungen entfallenden Aktien, wenn diese unterschiedliche Nenn- und/oder Ausgabebeträge aufweisen[122].

27 Werden die Aktien der Gesellschaft als **Stückaktien** (§ 8 Abs. 3) begründet, so lässt § 23 Abs. 2 Nr. 2 die Angabe ihrer Zahl sowie ihres Ausgabebetrages und gegebenenfalls der Aktiengattung genügen. Die besondere Angabe des auf die einzelne Stückaktie entfallenden anteiligen Betrags des Grundkapitals (§ 8 Abs. 3 Satz 3) ist nicht erforderlich[123]. Für den Fall, dass Stückaktien mit unterschiedlichen Ausgabebeträgen

---

112 *Hüffer*, § 23 AktG Rz. 17 und § 28 AktG Rz. 2; *Pentz* in MünchKomm. AktG, 3. Aufl., § 23 AktG Rz. 58; *Röhricht* in Großkomm. AktG, 4. Aufl., § 23 AktG Rz. 72.
113 Str., s. *Hüffer*, § 2 AktG Rz. 13.
114 *Heider* in MünchKomm. AktG, 3. Aufl., § 2 AktG Rz. 32; *Hüffer*, § 2 AktG Rz. 13.
115 *Hüffer*, § 28 AktG Rz. 2.
116 *Limmer* in Spindler/Stilz, § 23 AktG Rz. 25.
117 *Ganske*, DB 1978, 2461; *Hüffer*, § 23 AktG Rz. 18; *Arnold* in KölnKomm. AktG, 3. Aufl., § 23 AktG Rz. 60; *Pentz* in MünchKomm. AktG, 3. Aufl., § 23 AktG Rz. 58; *Röhricht* in Großkomm. AktG, 4. Aufl., § 23 AktG Rz. 72; *Limmer* in Spindler/Stilz, § 23 AktG Rz. 25; vgl. auch BT-Drucks. 8/1678, S. 11.
118 *Hüffer*, § 28 AktG Rz. 2; *Doralt/Diregger* in MünchKomm. AktG, 3. Aufl., § 28 AktG Rz. 7.
119 *Hüffer*, § 23 AktG Rz. 18; *Pentz* in MünchKomm. AktG, 3. Aufl., § 23 AktG Rz. 116; *Röhricht* in Großkomm. AktG, 4. Aufl., § 23 AktG Rz. 73 ff.
120 *Eckardt* in G/H/E/K, § 23 AktG Rz. 49 f.; *Hüffer*, § 23 AktG Rz. 18; *Arnold* in KölnKomm. AktG, 3. Aufl., § 23 AktG Rz. 63; *Pentz* in MünchKomm. AktG, 3. Aufl., § 23 AktG Rz. 59; a.A. (nur empfehlenswert) *Röhricht* in Großkomm. AktG, 4. Aufl., § 23 AktG Rz. 73; *Limmer* in Spindler/Stilz, § 23 AktG Rz. 26.
121 *Hüffer*, § 23 AktG Rz. 18.
122 *Hüffer*, § 23 AktG Rz. 18; *Pentz* in MünchKomm. AktG, 3. Aufl., § 23 AktG Rz. 61; a.A. *Röhricht* in Großkomm. AktG, 4. Aufl., § 23 AktG Rz. 75.
123 *Hüffer*, § 23 AktG Rz. 18; *Pentz* in MünchKomm. AktG, 3. Aufl., § 23 AktG Rz. 122; Begr. RegE BT-Drucks. 13/9573, S. 15.

ausgegeben werden – was rechtlich zulässig ist[124] – oder bei Zeichnung verschiedene Gattungen bestehen, gelten die Ausführungen zu den Angaben bei Nennbetragsaktien entsprechend (Rz. 33). Auch hier muss sich also aus der Aktienübernahmeerklärung eindeutig ergeben, wie viele Aktien der jeweiligen Art jeder Gründer übernimmt.

Sowohl bei Nennbetrags- als auch bei Stückaktien ist die **Angabe des Ausgabebetrages** auch dann erforderlich, wenn kein Aufgeld (Agio) vereinbart ist[125]. Werden Namens- und Inhaberaktien ausgegeben, muss deutlich werden, welcher Gründer welche Anzahl übernimmt[126]. 28

### c) Eingezahlter Betrag (§ 23 Abs. 2 Nr. 3)

Anzugeben ist der von den Gründern im Zeitpunkt der Satzungsfeststellung[127] auf das Grundkapital tatsächlich eingezahlte (Gesamt-)Betrag[128]. Dieser kann von dem bei der Anmeldung nach § 37 Abs. 1 Satz 1 anzugebenden Betrag abweichen. 29

## V. Notwendiger Inhalt der Satzung (§ 23 Abs. 3 und 4)

§ 23 Abs. 3 und 4 beschreiben den gesetzlich notwendigen Satzungsinhalt und damit die Bestimmungen, die nach dem Gesetz in der Satzung im engeren Sinne getroffen werden müssen (notwendig materielle Satzungsbestandteile; Rz. 5). Fehlt eine dieser Satzungsbestimmungen oder ist sie nichtig, so ist der AG die Eintragung in das Handelsregister und damit ihre Entstehung als rechtsfähige juristische Person zu versagen (Rz. 62)[129]. Im Einzelnen muss die Satzung folgende Gegenstände regeln: 30

### 1. Firma und Sitz der Gesellschaft (§ 23 Abs. 3 Nr. 1)

Die Bildung der Firma (= Name der AG, § 17 Abs. 1 HGB) richtet sich nach den in § 4 AktG und in §§ 18 Abs. 2, 30 HGB niedergelegten Grundsätzen (zu Einzelheiten vgl. Anmerkungen zu § 4). Hat die Gesellschaft eine Zweigniederlassung (§§ 13, 13a HGB), so ist auch die Firma der Zweigniederlassung in die Satzung aufzunehmen, sofern sie von der Hauptfirma abweicht[130]. Um zeitaufwändige Satzungsänderungen im Falle der Errichtung einer Zweigniederlassung zu vermeiden, sollte daher bereits die Ursprungssatzung eine Regelung über die Firmierung einer (künftigen) Zweigniederlassung enthalten[131]. Ist die Gesellschaft nach der Satzung berechtigt, Zweignie- 31

---

124 *Pentz* in MünchKomm. AktG, 3. Aufl., § 23 AktG Rz. 60.
125 *Hüffer*, § 23 AktG Rz. 18; *Pentz* in MünchKomm. AktG, 3. Aufl., § 23 AktG Rz. 60; *Röhricht* in Großkomm. AktG, 4. Aufl., § 23 AktG Rz. 74.
126 *Hüffer*, § 23 AktG Rz. 18; *Pentz* in MünchKomm. AktG, 3. Aufl., § 23 AktG Rz. 61; in dieselbe Richtung tendierend *Arnold* in KölnKomm. AktG, 3. Aufl., § 23 AktG Rz. 64; a.A. *Röhricht* in Großkomm. AktG, 4. Aufl., § 23 AktG Rz. 75.
127 *Hüffer*, § 23 AktG Rz. 19; a.A. *Arnold* in KölnKomm. AktG, 3. Aufl., § 23 AktG Rz. 66; *Limmer* in Spindler/Stilz, § 23 AktG Rz. 27 (Zeitpunkt der Aktienübernahme).
128 So auch *Hüffer*, NJW 1979, 1065, 1066; *Pentz* in MünchKomm. AktG, 3. Aufl., § 23 AktG Rz. 62 f.; *Limmer* in Spindler/Stilz, § 23 AktG Rz. 27; *Ihrig*, Die endgültige freie Verfügung, S. 33 mit Fn. 27; *Geßler/Hefermehl* in G/H/E/K, § 54 AktG Rz. 59, wonach von den Gründern vor der Eintragung der Gesellschaft in das Handelsregister zu leistende Betrag gemeint sei; dagegen *Pentz* in MünchKomm. AktG, 3. Aufl., § 23 AktG Rz. 62.
129 *Röhricht* in Großkomm. AktG, 4. Aufl., § 23 AktG Rz. 77.
130 BayObLG v. 19.3.1992 – 3 Z BR 15/92, BayObLGZ 1992, 59, 63; *Hüffer*, § 23 AktG Rz. 20; *Pentz* in MünchKomm. AktG, 3. Aufl., § 23 AktG Rz. 65; a.A. *Dirksen/Volkers*, BB 1993, 598, 599; *v. Godin/Wilhelmi*, § 42 AktG Anm. 4.
131 Formulierungsvorschlag bei *Dirksen/Volkers*, BB 1993, 598, 600.

derlassungen zu errichten, so kommt eine reine Fassungsänderung durch den Aufsichtsrat nach § 179 Abs. 1 Satz 2 in Betracht (näher § 179 Rz. 33 ff.). Zum Sitz der Gesellschaft vgl. § 5. Es ist der Name der deutschen politischen Gemeinde so anzugeben, dass eine eindeutige Individualisierung erfolgen kann[132]. Im Fall eines Doppelsitzes (§ 5 Rz. 14) sind beide Gemeinden zu nennen[133].

### 2. Gegenstand des Unternehmens (§ 23 Abs. 3 Nr. 2)

#### a) Bedeutung

32 Das Gesetz verlangt, dass die Satzung den Gegenstand des Unternehmens bestimmt und verfolgt damit mehrere Zwecke[134]: (1) Die **Öffentlichkeit soll über den Tätigkeitsbereich der AG informiert** werden[135]. Daher sind nichtssagende Angaben unzulässig (Rz. 35 f.)[136]. (2) Die Angabe des Unternehmensgegenstands ermöglicht dem Registergericht die **Prüfung** der Frage, ob die AG **verbotene** (§ 134 BGB) **oder sittenwidrige** (§ 138 BGB) **Zwecke** verfolgt[137]. (3) Die statutarische Festlegung des Unternehmensgegenstands ist für die **Geschäftsführungsbefugnis des Vorstands** (§ 82 Abs. 2) von Bedeutung: Indem der statutarische Unternehmensgegenstand den konkreten Tätigkeitsbereich absteckt, innerhalb dessen die AG nach Absicht ihrer Kapitalgeber zur Verwirklichung des Gesellschaftszwecks tätig werden soll, begrenzt er zugleich den Kreis der Geschäfte, die der Vorstand in Wahrnehmung seiner Unternehmerfunktion[138] für die Gesellschaft abschließen darf (s. auch Rz. 38)[139].

#### b) Begriff

33 Der Unternehmensgegenstand beschreibt die Art der Tätigkeit, welche die AG zu betreiben beabsichtigt[140]. Soll die Gesellschaft mehrere Unternehmensgegenstände haben, so sind alle in der Satzung anzugeben[141].

---

132 *Hüffer*, § 23 AktG Rz. 20; *Pentz* in MünchKomm. AktG, 3. Aufl., § 23 AktG Rz. 66.
133 *Hüffer*, § 23 AktG Rz. 20; *Pentz* in MünchKomm. AktG, 3. Aufl., § 23 AktG Rz. 66.
134 Ausführlich *Tieves*, Unternehmensgegenstand, S. 45 ff.
135 BGH v. 3.11.1980 – II ZB 1/79, WM 1981, 163, 164; BayObLG v. 22.6.1995 – 3 Z BR 71/95, NJW-RR 1996, 413; OLG Frankfurt v. 12.11.1986 – 20 W 391/86, OLGZ 1987, 40; *Hüffer*, § 23 AktG Rz. 21; *Pentz* in MünchKomm. AktG, 3. Aufl., § 23 AktG Rz. 78; *Röhricht* in Großkomm. AktG, 4. Aufl., § 23 AktG Rz. 81 und 93 ff.; *Limmer* in Spindler/Stilz, § 23 AktG Rz. 16.
136 Ähnlich *Baumbach/Hueck*, § 23 AktG Anm. 11; *Hüffer*, § 23 AktG Rz. 21; *Pentz* in MünchKomm. AktG, 3. Aufl., § 23 AktG Rz. 81; vgl. auch Begr. RegE *Kropff*, Aktiengesetz, S. 43.
137 *Pentz* in MünchKomm. AktG, 3. Aufl., § 23 AktG Rz. 78; *Röhricht* in Großkomm. AktG, 4. Aufl., § 23 AktG Rz. 81.
138 *Fleischer*, ZIP 2003, 1, 2; *Voigt*, Haftung aus Einfluss, S. 50, 69.
139 *Fleischer*, ZIP 2003, 1, 2; *Spindler* in MünchKomm. AktG, 3. Aufl., § 76 AktG Rz. 24; *Kort* in Großkomm. AktG, 4. Aufl., § 76 AktG Rz. 45; *Raiser/Veil*, Kapitalgesellschaften, § 14 Rz. 1; *Hüffer*, § 23 AktG Rz. 21; *Pentz* in MünchKomm. AktG, 3. Aufl., § 23 AktG Rz. 78; *Röhricht* in Großkomm. AktG, 4. Aufl., § 23 AktG Rz. 83; *Limmer* in Spindler/Stilz, § 23 AktG Rz. 16; *Voigt*, Haftung aus Einfluss, S. 185 f.; kritisch zur Begrenzungsfunktion *Wallner*, JZ 1986, 721, 724 f.
140 BGH v. 15.12.1980 – II ZR 53/80, BB 1981, 450; BGH v. 9.11.1987 – II ZB 49/87, BGHZ 102, 209, 213; OLG Frankfurt/M. v. 12.11.1986 – 20 W 391/86, NJW-RR 1987, 287; *Arnold* in KölnKomm. AktG, 3. Aufl., § 23 AktG Rz. 74; *Pentz* in MünchKomm. AktG, 3. Aufl., § 23 AktG Rz. 69; *Röhricht* in Großkomm. AktG, 4. Aufl., § 23 AktG Rz. 80; *Limmer* in Spindler/Stilz, § 23 AktG Rz. 27.
141 *Pentz* in MünchKomm. AktG, 3. Aufl., § 23 AktG Rz. 69.

## c) Abgrenzung zum Gesellschaftszweck

Der Unternehmensgegenstand ist **begrifflich vom sog. Gesellschaftszweck zu unterscheiden**[142]. Dies ist wegen § 33 Abs. 1 Satz 2 BGB bedeutsam[143], wonach Änderungen des Gesellschaftszwecks der Zustimmung sämtlicher Gesellschafter bedürfen (§ 1 Rz. 3), wohingegen sonstige Satzungsänderungen einschließlich des Unternehmensgegenstands gem. § 179 Abs. 2 durch Mehrheitsbeschluss erfolgen können[144]. Es besteht eine **Mittel-Zweck-Relation zwischen Unternehmensgegenstand und Gesellschaftszweck** in der Weise, dass der Gesellschaftszweck den finalen Sinn des Zusammenschlusses der Gesellschafter (i.d.R. dauerhafte Renditeerzielung; s. § 76 Rz. 12) und der Unternehmensgegenstand die hierfür eingesetzten Mittel beschreibt[145]. Eine – abzulehnende – funktional zwischen dem Innen- und dem Außenverhältnis unterscheidende Betrachtungsweise, wonach der Unternehmensgegenstand den Tätigkeitsbereich der AG nach außen definiert, während der Gesellschaftszweck primär das Verhältnis der Gesellschafter untereinander und die von ihnen verfolgten Ziele betrifft[146], führte zu einer (Teil-)Synonymität der Begriffe dergestalt, dass sich der Gesellschaftszweck auf die selbständige, eigennützige und erwerbswirtschaftliche Teilnahme am Wirtschaftsverkehr auf dem durch den Unternehmensgegenstand umschriebenen Markt richtete[147].

34

## d) Individualisierung

Der Unternehmensgegenstand muss derart individualisiert angegeben werden, dass der **Schwerpunkt der Geschäftstätigkeit für außenstehende Dritte erkennbar** wird[148]. Dabei muss sich die Formulierung nach dem bzw. den tatsächlich beabsichtigten Gegenständen richten[149]. Leerformeln (z.B. Betrieb eines kaufmännischen Geschäfts) oder rein optionale Unternehmensgegenstände genügen dem nicht und stellen ein Eintragungshindernis dar (§ 38 Abs. 1)[150]. Durch die Angabe nur des Tätigkeitsschwerpunktes werden Aktivitäten in Randbereichen oder Hilfsgeschäfte nicht auto-

35

---

142 *Brändel* in Großkomm. AktG, 4. Aufl., § 3 AktG Rz. 13; *Hüffer*, § 23 AktG Rz. 22; *Arnold* in KölnKomm. AktG, 3. Aufl., § 23 AktG Rz. 74 ff.; *Pentz* in MünchKomm. AktG, 3. Aufl., § 23 AktG Rz. 70 und 71 ff.; *Röhricht* in Großkomm. AktG, 4. Aufl., § 23 AktG Rz. 90; *Limmer* in Spindler/Stilz, § 23 AktG Rz. 18; *K. Schmidt*, GesR, § 4 II 3 (S. 64 ff.).
143 Zur analogen Anwendbarkeit im Aktienrecht *Brändel* in Großkomm. AktG, 4. Aufl., § 3 AktG Rz. 12, 30; *Dauner-Lieb* in KölnKomm. AktG, 3. Aufl., § 3 AktG Rz. 9; *Röhricht* in Großkomm. AktG, 4. Aufl., § 23 AktG Rz. 91; *K. Schmidt*, GesR, § 4 II 3a) (S. 65).
144 *Hüffer*, § 23 AktG Rz. 22.
145 BayObLG v. 15.12.1975 – BReg. 2 Z 53/75, BayObLGZ 1975, 447 = NJW 1976, 1964 f.; OLG Hamburg v. 18.9.1967 – 2 W 125/67, BB 1968, 267; *Hüffer*, § 23 AktG Rz. 22; *Reuter*, ZHR 151 (1987), 237, 240; *Eckardt* in G/H/E/K, § 23 AktG Rz. 64; *Dauner-Lieb* in KölnKomm. AktG, 3. Aufl., § 9 AktG Rz. 10; *Arnold* in KölnKomm. AktG, 4. Aufl., § 23 AktG Rz. 75 ff.; *Wiesner* in MünchHdb. AG, § 9 Rz. 10; für die GmbH *Emmerich* in Scholz, § 1 GmbHG Rz. 2a; *Roth* in Roth/Altmeppen, § 1 GmbHG Rz. 4; wohl auch BGH v. 11.11.1985 – II ZB 1/79, BGHZ 96, 245, 251 f. zum e.V.
146 *Ulmer* in Ulmer, § 1 GmbHG Rz. 8; *Hueck/Fastrich* in Baumbach/Hueck, § 1 GmbHG Rz. 5; vgl. auch BGH v. 3.11.1980 – II ZB 1/79, WM 1981, 163, 164.
147 Vgl. *Pentz* in MünchKomm. AktG, 3. Aufl., § 23 AktG Rz. 73; *Mülbert*, Aktiengesellschaft, Unternehmensgruppe und Kapitalmarkt, S. 157; *Tieves*, Unternehmensgegenstand, S. 36 ff.; *Voigt*, Haftung aus Einfluss, S. 280 m.w.N.
148 *Hüffer*, § 23 AktG Rz. 24; *Pentz* in MünchKomm. AktG, 3. Aufl., § 23 AktG Rz. 79 f.; *Röhricht* in Großkomm. AktG, 4. Aufl., § 23 AktG Rz. 108; *Limmer* in Spindler/Stilz, § 23 AktG Rz. 17.
149 *Kraft* in KölnKomm. AktG, 2. Aufl., § 23 AktG Rz. 46; *Timm*, AG 1980, 172, 178.
150 Zur Leerformel-Fallgruppe BayObLG v. 22.6.1995 – 3 Z BR 71/95, NJW-RR 1996, 413, 414; *Hüffer*, § 23 AktG Rz. 24 und § 38 AktG Rz. 7.

matisch ausgeschlossen[151]. Im Hinblick auf die Regelung des § 52 Abs. 9 (nachgründungsfreier Erwerb im Rahmen des laufenden Geschäftsbetriebs) kann sich deren ausdrückliche Nennung jedoch empfehlen[152]. Zulässig sind allgemein gehaltene Zusätze wie „und verwandte Geschäfte" (sofern sich anhand des individualisierten Hauptgegenstandes der hierdurch abgedeckte Bereich hinreichend entnehmen lässt[153]) oder „einschließlich des Erwerbs von Beteiligungen und der Gründung von Zweigniederlassungen"[154], nicht jedoch noch allgemeinere Formulierungen wie „Die Gesellschaft ist zu allen Geschäften und Rechtshandlungen befugt, die ihren Zwecken dienlich sind"[155].

36 Bei den in § 23 Abs. 3 Nr. 2 ausdrücklich erwähnten **Industrie- und Handelsunternehmen** hat der Unternehmensgegenstand auch die Art der Erzeugnisse und Waren, die hergestellt und gehandelt werden sollen, zu bezeichnen[156]. Dabei ist anzugeben, ob Produkte erzeugt, bearbeitet oder gehandelt werden und um welche Art von Produkten es sich handelt[157]. Eine Gattungszusammenfassung ist hierbei genügend[158]. Dabei ist das Tätigkeitsfeld der Gesellschaft so klar und eindeutig abzugrenzen, wie es die tatsächlichen oder geplanten Verhältnisse zulassen[159]. Andererseits darf die von § 23 Abs. 3 Nr. 2 geforderte Individualisierung nicht zu einer von den Gesellschaftern nicht gewollten Beschränkung des tatsächlich geplanten Unternehmens hinauslaufen, so dass im Einzelfall auch weite Gegenstandsbeschreibungen zulässig sein können[160]. **Bei anderen Unternehmen**, insbesondere **Dienstleistungsunternehmen**, gelten die vorstehenden Grundsätze entsprechend mit der Maßgabe, dass bei Dienstleistungsunternehmen bereits die Angabe der Art und Weise (des „Wie") der Tätigkeit zur Individualisierung genügt[161]. Zulässig ist hier auch die Angabe „Verwaltung von Vermögen jeder Art" oder „Beteiligung an anderen Unternehmen" wenn diese Angaben der tatsächlich beabsichtigten Tätigkeit entsprechen[162]. Bei sog. offenen **Vorratsgründungen** (unten Rz. 40) ist die Bezeichnung des Unternehmensgegenstands „Verwaltung des eigenen Vermögens" zulässig und ausreichend[163]. Soll die Gesellschaft **Holdingfunktionen** wahrnehmen, genügt zur Individualisierung des Unternehmensgegenstands die Angabe der Gruppenleitung als eigentlicher Unternehmensgegenstand unter Hinzufügung einer zusammenfassenden Beschreibung der Ge-

---

151 *Hüffer*, § 23 AktG Rz. 24 und § 82 AktG Rz. 9.
152 *Hüffer*, § 23 AktG Rz. 24a.
153 *Hüffer*, § 23 AktG Rz. 24; *Arnold* in KölnKomm. AktG, 3. Aufl., § 23 AktG Rz. 84; *Pentz* in MünchKomm. AktG, 3. Aufl., § 23 AktG Rz. 82; *Röhricht* in Großkomm. AktG, 4. Aufl., § 23 AktG Rz. 114; s. auch OLG Frankfurt/M. v. 12.11.1986 – 20 W 391/86, DB 1987, 38.
154 OLG Frankfurt/M. v. 28.4.1981 – 20 W 795/80, OLGZ 1981, 423, 428; OLG Frankfurt/M. v. 12.11.1986 – 20 W 391/86, DB 1987, 38; *Hüffer*, § 23 AktG Rz. 24; *Pentz* in MünchKomm. AktG, 3. Aufl., § 23 AktG Rz. 82; s. auch *Röhricht* in Großkomm. AktG, 4. Aufl., § 23 AktG Rz. 114.
155 OLG Köln v. 12.5.1981 – 2 Wx 9/81, WM 1981, 805.
156 *Hüffer*, § 23 AktG Rz. 24; *Pentz* in MünchKomm. AktG, 3. Aufl., § 23 AktG Rz. 80; *Röhricht* in Großkomm. AktG, 4. Aufl., § 23 AktG Rz. 109.
157 *Hüffer*, § 23 AktG Rz. 24; *Pentz* in MünchKomm. AktG, 3. Aufl., § 23 AktG Rz. 80.
158 Begr. RegE *Kropff*, Aktiengesetz, S. 43; *Pentz* in MünchKomm. AktG, 3. Aufl., § 23 AktG Rz. 80; *Röhricht* in Großkomm. AktG, 4. Aufl., § 23 AktG Rz. 109.
159 *Röhricht* in Großkomm. AktG, 4. Aufl., § 23 AktG Rz. 109.
160 *Pentz* in MünchKomm. AktG, 3. Aufl., § 23 AktG Rz. 80; *Röhricht* in Großkomm. AktG, 4. Aufl., § 23 AktG Rz. 109.
161 *Hüffer*, § 23 AktG Rz. 24; *Pentz* in MünchKomm. AktG, 3. Aufl., § 23 AktG Rz. 80.
162 *Pentz* in MünchKomm. AktG, 3. Aufl., § 23 AktG Rz. 80.
163 BGH v. 16.3.1992 – II ZB 17/91, BGHZ 117, 323, 325 f. = AG 1992, 227; OLG Stuttgart v. 5.12.1991 – 8 W 73/91, ZIP 1992, 250, 251; *Pentz* in MünchKomm. AktG, 3. Aufl., § 23 AktG Rz. 80.

schäftstätigkeit der Gruppengesellschaften oder einer entsprechenden Auflistung (Spiegelstrichlösung)[164].

**e) Änderung und Bindungswirkung**

Eine Änderung des Unternehmensgegenstands ist nach Eintragung der Gesellschaft im Handelsregister **nur im Wege des satzungsändernden Hauptversammlungsbeschlusses** (§ 179 Abs. 1 Satz 1) mit einer Mehrheit von mindestens drei Vierteln des bei der Beschlussfassung vertretenen Grundkapitals (§ 179 Abs. 2 Satz 1) möglich[165]. Vor Eintragung der Gesellschaft bedarf die Änderung des Unternehmensgegenstands eines einstimmigen, notariell zu beurkundenden Beschlusses der Gesellschafter[166].

**Überschreiten Vorstand und/oder Aufsichtsrat** die ihnen durch **den Unternehmensgegenstand** gezogenen Grenzen, so machen sie sich u.U. schadensersatzpflichtig nach § 93 Abs. 2 Satz 1[167]. Da das deutsche Aktienrecht keine der *ultra vires*-Doktrin des angloamerikanischen Rechtskreises vergleichbare Beschränkung der Rechts- und Handlungsfähigkeit eines Verbands durch seinen satzungsmäßigen Verbandszweck kennt, bleibt das Handeln des Vorstands im Außenverhältnis wirksam (§ 82 Abs. 1), sofern nicht die Grundsätze über den Missbrauch der Vertretungsmacht eingreifen[168].

Neben der Überschreitung des Unternehmensgegenstandes ist nach h.M. auch eine sog. **Satzungsunterschreitung unzulässig**[169]. Die Festlegung nach § 23 Abs. 3 Nr. 2 verpflichtet den Vorstand zu einer Ausfüllung des Unternehmensgegenstandes[170]. Unterlässt er dies vollständig[171] oder zumindest teilweise[172], so bewegt er sich nicht mehr in den ihm gezogenen Grenzen. Dementsprechend muss die Satzung grds. *vor* der Änderung der Geschäftstätigkeit angepasst werden[173]. Eine vorübergehende Satzungsunterschreitung ist ausnahmsweise zulässig, soweit die Durchführung einer außerordentlichen HV einen unverhältnismäßigen Aufwand erforderte und ohnehin mit einer Zustimmung zu rechnen ist[174]. Die Zustimmung ist dann bei der nächsten ordentlichen HV nachzuholen[175]. Zu Einzelheiten auch § 179 Rz. 18.

---

164 *Hüffer*, § 23 AktG Rz. 24a; *Tieves*, Unternehmensgegenstand, S. 418 f.
165 *Pentz* in MünchKomm. AktG, 3. Aufl., § 23 AktG Rz. 85; *Röhricht* in Großkomm. AktG, 4. Aufl., § 23 AktG Rz. 115.
166 *Röhricht* in Großkomm. AktG, 4. Aufl., § 23 AktG Rz. 115.
167 *Hüffer*, § 82 AktG Rz. 9 f.; *Pentz* in MünchKomm. AktG, 3. Aufl., § 23 AktG Rz. 86; *Röhricht* in Großkomm. AktG, 4. Aufl., § 23 AktG Rz. 83; *Tieves*, Unternehmensgegenstand, S. 321 ff.
168 *Hüffer*, § 82 AktG Rz. 6 ff.; *Pentz* in MünchKomm. AktG, 3. Aufl., § 23 AktG Rz. 86. – S. auch § 82 Rz. 5 ff.
169 OLG Köln v. 15.1.2009 – 18 U 205/07, ZIP 2009, 1469, 1470; OLG Stuttgart v. 13.7.2005 – 20 U 1/05, ZIP 2005, 1415, 1419; OLG Stuttgart v. 14.5.2003 – 20 U 31/02, AG 2003, 527, 532; *Seibt* unten § 179 Rz. 18 m.w.N.; *Mertens/Cahn* in KölnKomm. AktG, 3. Aufl., § 82 AktG Rz. 34; *Holzborn* in Spindler/Stilz, § 179 AktG Rz. 64; *Pluskat*, EWiR 2009, 395; *Kiesewetter/Spengler*, Der Konzern 2009, 451, 457 ff.; *Hüffer*, § 179 AktG Rz. 9a; *Stein* in MünchKomm. AktG, 2. Aufl., § 179 AktG Rz. 108.
170 *Hüffer*, § 179 AktG Rz. 9a; *Kiesewetter/Spengler*, Der Konzern 2009, 451, 457; nur für Einzelfälle bejahend *Feldhaus*, BB 2009, 562, 565.
171 OLG Köln v. 15.1.2009 – 18 U 205/07, ZIP 2009, 1469, 1470; *Pluskat*, EWiR 2009, 395.
172 *Hüffer*, § 179 AktG Rz. 9a.
173 OLG Köln v. 15.1.2009 – 18 U 205/07, ZIP 2009, 1469, 1470; OLG Stuttgart v. 14.5.2003 – 20 U 31/02, ZIP 2005, 1415, 1419.
174 OLG Köln v. 15.1.2009 – 18 U 205/07, ZIP 2009, 1469, 1470 f.; *Feldhaus*, BB 2009, 562, 563; ähnlich *Pluskat*, EWiR 2009, 395, 396.
175 OLG Stuttgart v. 13.7.2005 – 20 U 1/05, ZIP 2005, 1415, 1419; *Feldhaus*, BB 2009, 562, 565.

## f) Exkurs: Vorratsgründung und Mantelverwendung

**39** **aa) Allgemeines.** Aus Gründen der schnellen Verfügbarkeit der juristischen Person und der Vermeidung eines u.U. mehrwöchigen Eintragungsverfahrens haben sich in der Praxis sog. Vorratsgründungen etabliert, seltener auch der Kauf und/oder die Verwendung von Mantelgesellschaften.

**40** **bb) Vorratsgründung.** Unter einer Vorratsgründung ist die Errichtung einer AG zu verstehen, die vorerst nicht als Unternehmensträgerin werbend am wirtschaftlichen Verkehr teilnehmen soll, sondern die sich auf die Verwaltung und Erhaltung des eigenen, vor allem durch Einlagen gebildeten Vermögens beschränkt[176]. Erst im Zuge der späteren Aktivierung der Gesellschaft durch Ausstattung mit einem Unternehmen und Aufnahme der Geschäftstätigkeit (sog. wirtschaftliche Neugründung) entfaltet die AG ihre eigentliche Tätigkeit. Die **verdeckte Vorratsgründung**, bei der in der Satzung ein fiktiver oder zumindest derzeit nicht ernstlich gewollter Unternehmensgegenstand angegeben und die Vorratsgründung nicht offen gelegt wird[177], **ist nach allg. M. unzulässig** und führt zur Gesamtnichtigkeit der Satzung und damit der Gesellschaft insgesamt[178]. Wird die Gesellschaft gleichwohl in das Handelsregister eingetragen, unterliegt sie der Nichtigkeitsklage (§ 275) und der Amtslöschung nach § 397 FamFG[179]. Hingegen ist die sog. **offene Vorratsgründung zulässig**, bei der diese gegenüber dem Registergericht offen gelegt und die tatsächlich beabsichtigte Tätigkeit der Gesellschaft bei der Bezeichnung des Unternehmensgegenstands berücksichtigt wird (Verwaltung eigenen Vermögens)[180].

**41** **cc) Mantelkauf und Mantelverwendung.** Als Mantelverwendung wird gemeinhin der Gebrauch des AG-Mantels zwecks wirtschaftlicher Neugründung eines Unternehmens bezeichnet[181]. In der Sache geht es um die Verwandlung einer früher aktiven und jetzt unternehmenslosen Gesellschaft in eine unternehmenstragende Gesellschaft durch Aufbau eines neuen oder durch Einbringung eines vorhandenen Unternehmens[182]. Dabei ist es unerheblich, ob die Gründer der Gesellschaft selbst den Mantel als Unternehmensträger verwenden oder aber ein Dritter nach dem Erwerb

---

176 *Hüffer*, § 23 AktG Rz. 25; *Pentz* in MünchKomm. AktG, 3. Aufl., § 23 AktG Rz. 88; *Limmer* in Spindler/Stilz, § 23 AktG Rz. 42.
177 *Henze*, Höchstrichterliche Rechtsprechung Aktienrecht, Rz. 70; *Hüffer*, § 23 AktG Rz. 26; *Pentz* in MünchKomm. AktG, 3. Aufl., § 23 AktG Rz. 91; *Röhricht* in Großkomm. AktG, 4. Aufl., § 23 AktG Rz. 123 f.
178 Mit unterschiedlicher Begründung KG JFG 1, 200, 202; KG JFG 3, 193 (195); *Hueck/Fastrich* in Baumbach/Hueck, § 3 GmbHG Rz. 13; *Ulmer* in Ulmer, § 3 GmbHG Rz. 144 f.; *Meyding*, Die Mantel-GmbH, S. 37 f.; *Meyer*, ZIP 1994, 1661, 1663 f.; *K. Schmidt*, GesR, § 4 III 2b) aa) (S. 69 f.); *Emmerich* in Scholz, § 3 GmbHG Rz. 20; *Arnold* in KölnKomm. AktG, 3. Aufl., § 23 AktG Rz. 93 (Nichtigkeit nach § 117 BGB); *Kantak*, Mantelgründung, S. 65 f.; *Pentz* in MünchKomm. AktG, 3. Aufl., § 23 AktG Rz. 91 (Nichtigkeit nach § 134 BGB i.V.m. § 23 Abs. 3 Nr. 2 AktG).
179 *K. Schmidt*, GesR, § 4 III 2b) aa) (S. 69 f.).
180 BGH v. 16.3.1992 – II ZB 17/91, BGHZ 117, 323, 325 f. = AG 1992, 227; OLG Stuttgart v. 5.12.1991 – 8 W 73/91, ZIP 1992, 250, 252 f.; *Henze*, Höchstrichterliche Rechtsprechung Aktienrecht, Rz. 67 ff.; *Hüffer*, § 23 AktG Rz. 26; *Arnold* in KölnKomm. AktG, 3. Aufl., § 23 AktG Rz. 93; *Mayer*, NJW 2000, 175, 177; *Pentz* in MünchKomm. AktG, 3. Aufl., § 23 AktG Rz. 91; *Röhricht* in Großkomm. AktG, 4. Aufl., § 23 AktG Rz. 121 f.; *K. Schmidt*, GesR, § 4 III 2b) bb) (S. 70); zur GmbH *Ulmer* in Ulmer, § 3 GmbHG Rz. 144; *Priester*, DB 1983, 2291, 2298.
181 *Hüffer*, § 23 AktG Rz. 27; *Pentz* in MünchKomm. AktG, 3. Aufl., § 23 AktG Rz. 93; *Röhricht* in Großkomm. AktG, 4. Aufl., § 23 AktG Rz. 129; *Limmer* in Spindler/Stilz, § 23 AktG Rz. 44.
182 *Pentz* in MünchKomm. AktG, 3. Aufl., § 23 AktG Rz. 97; *K. Schmidt*, GesR, § 4 III 3b) (S. 71); ähnlich *Ihrig*, BB 1988, 1197, 1201; *Kantak*, Mantelgründung, S. 16 f.; *Meyding*, Die Mantel-GmbH, S. 16 ff.

der Aktien (sog. Mantelkauf)[183]. Für die **Abgrenzung zwischen einer wirtschaftlichen Neugründung und einer bloßen Umstrukturierung und Reorganisation eines vorhandenen Unternehmens** kommt es darauf an, ob die wesentlichen persönlichen und sachlichen Mittel bestehen bleiben und die Grundlage für die künftige Tätigkeit bilden (dann bloße Umstrukturierung)[184].

Die Verwendung des Mantels wird regelmäßig durch Änderung des Unternehmensgegenstands, der Firma und des Sitzes der Gesellschaft im Wege der Satzungsänderung vollzogen[185]. Wie jeder satzungsändernde Beschluss unterliegt auch dieser Beschluss den Mehrheitserfordernissen des § 179 Abs. 2 Satz 2, im Falle der Änderung des Gesellschaftszwecks (Rz. 44) ist entsprechend § 33 Abs. 1 Satz 2 BGB darüber hinaus die Zustimmung aller Gesellschafter erforderlich[186]. 42

Die Aktivierung der unternehmenslosen Mantelgesellschaft durch Ausstattung mit einem Unternehmen und Aufnahme der Geschäftstätigkeit birgt die Gefahr von wirtschaftlichen Neugründungen, ohne dass die bei rechtlicher Neugründung einzuhaltenden gesetzlichen Bestimmungen, namentlich die Ausstattung mit dem gesetzlich vorgeschriebenen Mindestkapital (§§ 7, 36a), beachtet werden (**Umgehung der Gründungsvorschriften**)[187]. Die Mantelverwendung ist daher nur zulässig, sofern bei der wirtschaftlichen Neugründung der Gesellschaft die analoge Geltung der formellen und materiellen Gründungsvorschriften beachtet wird, wobei die Reichweite der analogen Anwendung nach wie vor umstritten ist[188]. Außer Zweifel steht, dass die Mantelverwender entsprechend §§ 7, 36a Abs. 1 die **Pflicht zur Aufbringung des gesetzlichen Mindestgrundkapitals und der Mindesteinlage** trifft[189]. Die Gesellschaft muss im Zeitpunkt der Offenlegung der Mantelverwendung gegenüber dem Registergericht – das ist der Zeitpunkt der Anmeldung der mit der Mantelverwendung regelmäßig einhergehenden Satzungsänderungen[190] – noch ein **Mindestvermögen in Höhe der statutarischen Grundkapitalziffer besitzen**, von dem sich ein Viertel (§ 36a Abs. 1) wertmäßig in der freien Verfügung des Vorstands befinden muss[191]. Dies haben die Mantelverwender entsprechend § 37 Abs. 1 bei der Anmeldung der Satzungsänderung zu erklären[192]. Zu diesem Zweck müssen sie den Wert des im Zeitpunkt 43

---

183 *Röhricht* in Großkomm. AktG, 4. Aufl., § 23 AktG Rz. 129; *K. Schmidt*, GesR, § 4 III 3b) (S. 71 f.).
184 *Hüffer*, § 23 AktG Rz. 27a; *Pentz* in MünchKomm. AktG, 3. Aufl., § 23 AktG Rz. 98; *Röhricht* in Großkomm. AktG, 4. Aufl., § 23 AktG Rz. 131; *K. Schmidt*, GesR, § 4 IIII 3b) (S. 71).
185 *Hüffer*, § 23 AktG Rz. 27; *Pentz* in MünchKomm. AktG, 3. Aufl., § 23 AktG Rz. 99; *Priester*, DB 1983, 2291, 2298 f.; *K. Schmidt*, GesR, § 4 III 3c) (S. 72); für die GmbH *Hueck/Fastrich* in Baumbach/Hueck, § 3 GmbHG Rz. 15.
186 *Pentz* in MünchKomm. AktG, 3. Aufl., § 23 AktG Rz. 99.
187 *Röhricht* in Großkomm. AktG, 4. Aufl., § 23 AktG Rz. 133; *K. Schmidt*, GesR, § 4 III 3b) (S. 71).
188 BGH v. 16.3.1992 – II ZB 17/91, BGHZ 117, 323, 331 ff. = AG 1992, 227; BGH v. 9.12.2002 – II ZB 12/02, BGHZ 153, 158, 160 ff.; OLG Brandenburg v. 28.1.2002 – 8 Wx 60/01, FGPrax 2002, 129 f.; LG Dresden v. 14.3.2000 – 44 T 0052/99, NJW-RR 2001, 823; *Hüffer*, § 23 AktG Rz. 27 f.; *Pentz* in MünchKomm. AktG, 3. Aufl., § 23 AktG Rz. 100 ff.; *Röhricht* in Großkomm. AktG, 4. Aufl., § 23 AktG Rz. 132 ff.; *K. Schmidt*, GesR, § 4 III 3d) (S. 72 f.); für die GmbH *Emmerich* in Scholz, § 3 GmbHG Rz. 21 ff.; *Hueck/Fastrich* in Baumbach/Hueck, § 3 GmbHG Rz. 15; *Ulmer* in Ulmer, § 3 GmbHG Rz. 146; vgl. auch *Altmeppen*, NZG 2003, 145, 146 ff.; *Gronstedt*, BB 2003, 860, 862; *Heidinger*, ZNotP 2002, 82, 85 ff.
189 *Hüffer*, § 23 AktG Rz. 27a; *Röhricht* in Großkomm. AktG, 4. Aufl., § 23 AktG Rz. 136; *K. Schmidt*, GesR, § 4 III 3d) (S. 72 f.); zur GmbH *Ulmer* in Ulmer, § 3 GmbHG Rz. 148.
190 Vgl. *Pentz* in MünchKomm. AktG, 3. Aufl., § 23 AktG Rz. 102.
191 BGH v. 7.7.2003 – II ZB 4/02, BB 2003, 2079, 2081.
192 Vgl. *Pentz* in MünchKomm. AktG, 3. Aufl., § 23 AktG Rz. 104; für die GmbH *Bayer* in Lutter/Hommelhoff, § 3 GmbHG Rz. 12.

der Anmeldung der Satzungsänderung ggf. noch vorhandenen Gesellschaftsvermögens ermitteln (ähnlich der Reinvermögensdeckung des § 220 UmwG beim Formwechsel) und dann u.U. dafür sorgen, dass eine Differenz[193] zum satzungsmäßig festgelegten Grundkapital bis zur Grenze der Mindesteinlagepflicht nach § 36a Abs. 1 aufgefüllt wird[194]. Ein im Rahmen der Ausgabe der Aktien ggf. vereinbartes Aufgeld (Agio) ist hingegen bei der Berechnung der Höhe der Einlageverbindlichkeiten unberücksichtigt zu lassen[195].

44  Darüber hinaus gelten auch bei der Mantelverwendung die **Grundsätze der Vorbelastungshaftung** (§ 41 Rz. 11) entsprechend[196]. Die Mantelverwender als „Neugründer" haften also auf den Betrag, um den das tatsächliche Gesellschaftsvermögen im Zeitpunkt der Offenlegung der Mantelverwendung gegenüber dem Handelsregister (Anmeldung der Satzungsänderungen)[197] hinter dem Betrag des statutarischen Nennkapitals zurückbleibt[198]. Eine Gewährleistung der Unversehrtheit des Grundkapitals über diesen Zeitpunkt hinaus bis zur Eintragung der Satzungsänderung in das Handelsregister ist demgegenüber nicht veranlasst, da bei der Verwendung einer Vorratsgesellschaft oder eines inaktiv gewordenen Mantels der bereits früher als AG wirksam entstandene Rechtsträger zu seiner weiteren rechtlichen Existenz keiner zusätzlichen konstitutiven Eintragung mehr bedarf[199].

45  Anwendung finden schließlich die **Grundsätze der Handelndenhaftung** entsprechend § 41 Abs. 1 Satz 2[200]. Auch hier kommt es nicht auf den Zeitpunkt der Eintragung der Satzungsänderung in das Handelsregister, sondern auf den Zeitpunkt der Offenle-

---

193 Zur Anrechnung des bei der Gesellschaft noch vorhandenen Restvermögens auf die Einlageverpflichtung *Pentz* in MünchKomm. AktG, 3. Aufl., § 23 AktG Rz. 101 a.E.; *Röhricht* in Großkomm. AktG, 4. Aufl., § 23 AktG Rz. 137.
194 Zur GmbH *Bayer* in Lutter/Hommelhoff, § 3 GmbHG Rz. 18.
195 *Pentz* in MünchKomm. AktG, 3. Aufl., § 23 AktG Rz. 101.
196 *Pentz* in MünchKomm. AktG, 3. Aufl., § 23 AktG Rz. 106; *Röhricht* in Großkomm. AktG, 4. Aufl., § 23 AktG Rz. 139; für die GmbH BGH v. 7.7.2003 – II ZB 4/02, BB 2003, 2079, 2081; *Bayer* in Lutter/Hommelhoff, § 3 GmbHG Rz. 14; a.A. *K. Schmidt*, GesR, § 4 III 3d) (S. 72 f.); *K. Schmidt*, NJW 2004, 1345, 1349 f.
197 BGH v. 7.7.2003 – II ZB 4/02, BB 2003, 2079, 2081; *Bayer* in Lutter/Hommelhoff, § 3 GmbHG Rz. 14; *Kesseler*, ZIP 2003, 1790, 1791; a.A. *Pentz* in MünchKomm. AktG, 3. Aufl., § 23 AktG Rz. 106 (maßgeblich ist Zeitpunkt der Eintragung der Satzungsänderung im Handelsregister); *K. Schmidt* in Scholz, § 11 GmbHG Rz. 99.
198 *Pentz* in MünchKomm. AktG, 3. Aufl., § 23 AktG Rz. 106; *Röhricht* in Großkomm. AktG, 4. Aufl., § 23 AktG Rz. 139; für die GmbH BGH v. 7.7.2003 – II ZB 4/02, BB 2003, 2079, 2081; *Bayer* in Lutter/Hommelhoff, § 3 GmbHG Rz. 14.
199 Vgl. BGH v. 7.7.2003 – II ZB 4/02, BB 2003, 2079, 2081; s. aber noch *Pentz* in MünchKomm. AktG, 3. Aufl., § 23 AktG Rz. 106.
200 BGH v. 7.7.2003 – II ZB 4/02, BB 2003, 2079, 2081; KG v. 6.2.1998 – 21 U 5505/97, NZG 1998, 731 f.; OLG Stuttgart v. 2.12.1998 – 3 U 44/98, GmbHR 1999, 610, 611; OLG Hamburg v. 15.4.1983 – 11 U 43/83, BB 1983, 1116, 1117; LG Hamburg v. 18.4.1985 – 2 S 199/84, BB 1985, 1286; LG Hamburg v. 28.1.1997 – 309 S 108/96, NJW-RR 1997, 671, 672; *Hueck/Fastrich* in Baumbach/Hueck, § 3 GmbHG Rz. 18; *Hüffer*, § 23 AktG Rz. 27a; *Ihrig*, BB 1988, 1197, 1203; *Bayer* in Lutter/Hommelhoff, § 3 GmbHG Rz. 14; *Pentz* in MünchKomm. AktG, 3. Aufl., § 23 AktG Rz. 105; a.A. OLG Brandenburg v. 19.8.1998 – 7 U 24/98, ZIP 1998, 2095 f.; OLG Hamburg v. 23.1.1987 – 11 U 188/86, NJW-RR 1987, 811; OLG Karlsruhe v. 10.6.1977 – 10 U 213/76, DB 1978, 1219, 1220; OLG Koblenz v. 19.1.1989 – 6 U 1221/87, WM 1989, 304, 305; *Ahrens*, DB 1998, 1069, 1073; *Bärwaldt/Schabacker*, GmbHR 1998, 1005, 1012 f.; *Bommert*, GmbHR 1983, 209, 211; *Heerma*, GmbHR 1999, 640, 643 ff.; *Werner*, NZG 1998, 146, 148 f.; *Priester*, DB 1983, 2291, 2296 f.; *Röhricht* in Großkomm. AktG, 4. Aufl., § 23 AktG Rz. 140; *Schaub*, NJW 2003, 2125, 2128; *K. Schmidt* in Scholz, § 11 GmbHG Rz. 99; *K. Schmidt*, GesR, § 4 III 3e) (S. 74); *K. Schmidt*, NZW 2004, 1345 ff.; zweifelnd *Ulmer* in Ulmer, § 3 GmbHG Rz. 151.

gung der Mantelverwendung gegenüber dem Handelsregister an (Anmeldung der Satzungsänderungen)[201].

### 3. Höhe des Grundkapitals

In der Satzung ist das Grundkapital der Gesellschaft (§ 1 Abs. 2) konkret in Euro (§ 6) zu beziffern[202] und muss mindestens auf 50.000 Euro lauten (§ 7). Die Angabe von DM-Beträgen ist nur übergangsweise nach näherer Maßgabe von § 1 EGAktG zulässig. Es genügt nicht, dass sich das Grundkapital aus der Summe der Nennbeträge oder der Ausgabebeträge (§ 9) aller Aktien errechnen lässt[203]. Auch die Schaffung eines beweglichen Grundkapitals durch Angabe eines Mindest- und Höchstbetrags ist mit Rücksicht auf die damit für Gläubiger der Gesellschaft verbundenen Gefahren unzulässig[204]. Die Gründungssatzung kann aber ein genehmigtes Kapital festsetzen (§§ 202 ff.), das auf die Höhe des Mindestgrundkapitals nach § 7 nicht angerechnet wird; im Übrigen gelten die §§ 202 ff. auch im Rahmen der Feststellung der Gründungssatzung[205].

46

### 4. Zerlegung des Grundkapitals

In der Satzung ist anzugeben, ob das Grundkapital in Nennbetrags- oder Stückaktien zerlegt ist[206]. Beide Aktienformen können nicht nebeneinander bestehen (Alternativität, § 8 Rz. 4)[207]. Bei **Nennbetragsaktien** sind weiter die Nennbeträge der Aktien sowie die Zahl der Aktien jeden Nennbetrags anzugeben (Rz. 26). Der Mindestnennbetrag einer Aktie beträgt ein Euro (§ 8 Abs. 2 Satz 1), höhere Aktiennennbeträge müssen auf volle Euro lauten (§ 8 Abs. 2 Satz 4)[208]. Bei Ausgabe von Nennbetragsaktien zu unterschiedlichen Nennbeträgen ist auch die Angabe der jeweiligen Zahl der Aktien pro Nennbetrag erforderlich[209]; eine Zuordnung bestimmter Nennbeträge zu bestimmten individualisierbaren Aktienurkunden ist nicht erforderlich[210]. Bei **Stückaktien** genügt die Angabe der Aktienanzahl (Rz. 27). Sie sind nach § 8 Abs. 3 Satz 2 in gleichem Umfang am Grundkapital beteiligt. Ihr Anteil am Grundkapital bestimmt sich nach ihrer Zahl, wobei der auf die einzelne Aktie entfallende (rechnerische) anteilige Betrag des Grundkapitals einen Euro nicht unterschreiten darf (§ 8 Abs. 3 Satz 3).

47

Bei Bestehen **verschiedener Aktiengattungen** muss die Satzung die Gattungen und daneben die Zahl der Aktien jeder Gattung bestimmen, und zwar gleichermaßen für

48

---

201 BGH v. 7.7.2003 – II ZB 4/02, BB 2003, 2079, 2081.
202 *Hüffer*, § 23 AktG Rz. 28; *Pentz* in MünchKomm. AktG, 3. Aufl., § 23 AktG Rz. 108; *Limmer* in Spindler/Stilz, § 23 AktG Rz. 19.
203 KG RJA 9, 185, 189; *Hüffer*, § 23 AktG Rz. 28; *Arnold* in KölnKomm. AktG, 3. Aufl., § 23 AktG Rz. 113; *Pentz* in MünchKomm. AktG, 3. Aufl., § 23 AktG Rz. 108; *Röhricht* in Großkomm. AktG, 4. Aufl., § 23 AktG Rz. 145.
204 *Hüffer*, § 23 AktG Rz. 28; *Pentz* in MünchKomm. AktG, 3. Aufl., § 23 AktG Rz. 28.
205 *Hüffer*, § 23 AktG Rz. 28; *Pentz* in MünchKomm. AktG, 3. Aufl., § 23 AktG Rz. 114; *Röhricht* in Großkomm. AktG, 4. Aufl., § 23 AktG Rz. 146.
206 *Hüffer*, § 23 AktG Rz. 29; *Pentz* in MünchKomm. AktG, 3. Aufl., § 23 AktG Rz. 116; *Limmer* in Spindler/Stilz, § 23 AktG Rz. 20.
207 Begr. RegE BT-Drucks. 13/9573, S. 16.
208 *Pentz* in MünchKomm. AktG, 3. Aufl., § 23 AktG Rz. 117; *Limmer* in Spindler/Stilz, § 23 AktG Rz. 20.
209 *Pentz* in MünchKomm. AktG, 3. Aufl., § 23 AktG Rz. 117; *Röhricht* in Großkomm. AktG, 4. Aufl., § 23 AktG Rz. 148.
210 *Arnold* in KölnKomm. AktG, 3. Aufl., § 23 AktG Rz. 115.

Nennbetragsaktien wie Stückaktien[211]. Um unterschiedliche Aktiengattungen handelt es sich dann, wenn die Aktien unterschiedliche Rechte gewähren oder unterschiedliche Pflichten (insbesondere Nebenleistungs- oder Einzahlungspflichten) auferlegen (§ 11 Rz. 3)[212]. Nicht um verschiedene Aktiengattungen handelt es sich bei unterschiedlichen Nennbeträgen, unterschiedlichen Ausgabebeträgen oder Einlagearten (Bar- oder Sacheinlagen), Inhaber- und Namensaktien[213] oder Aktien mit Höchststimmrecht, die jedoch nur noch bei nicht-börsennotierten Gesellschaften zulässig sind (§ 134 Abs. 1 Satz 2)[214]. Bei Ausgabe von Aktiengattungen zu unterschiedlichen Nennbeträgen (§ 8 Abs. 2) gebietet der Normzweck (Rz. 23, 25) darüber hinaus auch die Angabe der jeweiligen Zahl der Aktien pro Gattung und Nennbetrag, denn anderenfalls wäre die Zusammensetzung des Grundkapitals nicht im Einzelnen nachvollziehbar[215].

### 5. Aktienart

49 Die Satzung muss regeln, ob die **Aktien** der Gesellschaft **auf den Inhaber oder auf Namen** lauten oder ob beide Aktienarten ausgestellt werden (§ 10 Abs. 1)[216]. Die Gründer haben insoweit grundsätzlich **Wahlfreiheit**[217]. Dies gilt ausnahmsweise nicht für den Fall, dass die Aktienurkunden bereits vor voller Leistung des Ausgabebetrags (Nennbetrag der Aktie bzw. anteiliger Betrag des Grundkapitals, beides zzgl. eines etwaigen Agios)[218] ausgegeben werden sollen (§ 10 Abs. 2 Satz 1). Die Ausgabe von Namensaktien ist wegen des klaren Wortlauts des § 10 Abs. 2 Satz 1 auch dann in der Satzung zu verlautbaren, wenn die Gründer beabsichtigen, nach Volleinzahlung Inhaberaktien auszugeben[219]. Die spätere Umwandlung der Namens- in Inhaberaktien erfordert dann eine Satzungsänderung (§ 24 Rz. 2 ff.)[220]. Sieht die Satzung lediglich die Ausgabe von Inhaberaktien vor, so sind bis zur vollständigen Leistung der Einlage nur Zwischenscheine auszugeben, die notwendigerweise auf den Namen lauten (§ 10 Abs. 3)[221]. Gibt die Gesellschaft entgegen § 23 Abs. 3 Nr. 5 oder auch § 10 Abs. 2 Satz 1 Aktien aus, so sind diese im Interesse des Verkehrsschutzes gleichwohl voll

---

211 *Hüffer*, § 23 AktG Rz. 29; *Pentz* in MünchKomm. AktG, 3. Aufl., § 23 AktG Rz. 123; *Röhricht* in Großkomm. AktG, 4. Aufl., § 23 AktG Rz. 150; *Limmer* in Spindler/Stilz, § 23 AktG Rz. 20.
212 *Pentz* in MünchKomm. AktG, 3. Aufl., § 23 AktG Rz. 123; *Röhricht* in Großkomm. AktG, 4. Aufl., § 23 AktG Rz. 150.
213 *Huep*, WM 2000, 1623, 1624.
214 *Pentz* in MünchKomm. AktG, 3. Aufl., § 23 AktG Rz. 123; *Röhricht* in Großkomm. AktG, 4. Aufl., § 23 AktG Rz. 150.
215 *Arnold* in KölnKomm. AktG, 3. Aufl., § 23 AktG Rz. 116; *Pentz* in MünchKomm. AktG, 3. Aufl., § 23 AktG Rz. 124; *Hüffer*, § 23 AktG Rz. 29; *Röhricht* in Großkomm. AktG, 4. Aufl., § 23 AktG Rz. 150.
216 *Hüffer*, § 10 AktG Rz. 5, § 23 AktG Rz. 30; *Pentz* in MünchKomm. AktG, 3. Aufl., § 23 AktG Rz. 126 und 128; *Röhricht* in Großkomm. AktG, 4. Aufl., § 23 AktG Rz. 151 und 153; *Limmer* in Spindler/Stilz, § 23 AktG Rz. 21.
217 *Hüffer*, § 10 AktG Rz. 5, § 23 AktG Rz. 30; *Arnold* in KölnKomm. AktG, 3. Aufl., § 23 AktG Rz. 119; *Pentz* in MünchKomm. AktG, 3. Aufl., § 23 AktG Rz. 126; *Röhricht* in Großkomm. AktG, 4. Aufl., § 23 AktG Rz. 152.
218 *Hüffer*, § 10 AktG Rz. 6; *Limmer* in Spindler/Stilz, § 23 AktG Rz. 21.
219 Zutr. *Arnold* in KölnKomm. AktG, 3. Aufl., § 23 AktG Rz. 119 (anders Voraufl. Rz. 68); *Brändel* in Großkomm. AktG, 4. Aufl., § 10 AktG Rz. 6; *Hüffer*, § 23 AktG Rz. 30; *Pentz* in MünchKomm. AktG, 3. Aufl., § 23 AktG Rz. 129; *Röhricht* in Großkomm. AktG, 4. Aufl., § 23 AktG Rz. 154.
220 *Hüffer*, § 23 AktG Rz. 30; *Pentz* in MünchKomm. AktG, 3. Aufl., § 23 AktG Rz. 129; *Röhricht* in Großkomm. AktG, 4. Aufl., § 23 AktG Rz. 154.
221 *Brändel* in Großkomm. AktG, 4. Aufl., § 10 AktG Rz. 6; *Röhricht* in Großkomm. AktG, 4. Aufl., § 23 AktG Rz. 154.

wirksam[222]. Die Aktionäre können jedoch den Umtausch in satzungsmäßige Aktien verlangen[223].

### 6. Zahl der Vorstandsmitglieder

Die Satzung muss die Zahl der Vorstandsmitglieder und etwaiger Stellvertreter (§ 94) nach folgender Alternative festlegen: (1) Die Satzung kann eine konkrete Zahl von Vorstandsmitgliedern festlegen; hierbei ist dann die Regelung des § 76 Abs. 2 Satz 2 zu berücksichtigen[224]. Hiermit ist es auch vereinbar, eine Mindest- oder Höchstzahl von Vorstandsmitgliedern festzulegen[225]. (2) Alternativ kann sich die Satzung darauf beschränken, lediglich die Regeln festzulegen, nach denen die Zahl der Vorstandsmitglieder festgelegt wird. Als eine solche Regel genügt z.B. eine Satzungsbestimmung, derzufolge die konkrete Zahl der Vorstandsmitglieder durch Beschluss der Hauptversammlung[226] oder vom Aufsichtsrat festgelegt wird[227]. Wird die in der Satzung festgelegte (Mindest-)Zahl unterschritten, so ist eine Satzungsänderung nur erforderlich, wenn die frei gewordene Stelle auf Dauer nicht mehr besetzt werden soll; § 399 Abs. 1 FamFG ist nicht anwendbar[228]. Die Zahl der Aufsichtsratsmitglieder muss die Satzung demgegenüber nicht festlegen.

50

### 7. Form der Bekanntmachung

Nach § 23 Abs. 4 muss die Satzung ferner Bestimmungen über die Form der Bekanntmachungen der Gesellschaft enthalten. Die Vorschrift erfasst in Abgrenzung zu § 25 Satz 1 nur solche Pflichtbekanntmachungen der Gesellschaft, die ausnahmsweise nicht zwingend in den Gesellschaftsblättern zu veröffentlichen sind (z.B. die Aufforderung nach § 63 Abs. 1 Satz 2) sowie freiwillige Bekanntmachungen[229]. Für sie besteht Auswahlfreiheit hinsichtlich des Publikationsorgans, z.B. Bundesanzeiger (elektronische Fassung oder Druckausgabe), Tageszeitung, eingeschriebener Brief

51

---

222 OLG Hamburg v. 3.7.1970 – 11 U 29/70, AG 1970, 230; *Baumbach/Hueck*, § 24 AktG Anm. 3; *Brändel* in Großkomm. AktG, 4. Aufl., § 10 AktG Rz. 47; *Hüffer*, § 23 AktG Rz. 30; *Arnold* in KölnKomm. AktG, 3. Aufl., § 23 AktG Rz. 122; *Pentz* in MünchKomm. AktG, 3. Aufl., § 23 AktG Rz. 131; *Röhricht* in Großkomm. AktG, 4. Aufl., § 23 AktG Rz. 156; a.A. *v. Godin/Wilhelmi*, § 24 AktG Anm. 5.
223 *Baumbach/Hueck*, § 24 AktG Anm. 3; *Hüffer*, § 23 AktG Rz. 30; *Arnold* in KölnKomm. AktG, 3. Aufl., § 23 AktG Rz. 122; *Pentz* in MünchKomm. AktG, 3. Aufl., § 23 AktG Rz. 131.
224 *Hüffer*, § 23 AktG Rz. 31; *Pentz* in MünchKomm. AktG, 3. Aufl., § 23 AktG Rz. 136; *Röhricht* in Großkomm. AktG, 4. Aufl., § 23 AktG Rz. 158 *Limmer* in Spindler/Stilz, § 23 AktG Rz. 22.
225 LG Köln v. 10.6.1998 – 91 O 15/98, AG 1999, 137 f.; Begr. RegE BT-Drucks. 7/1678, S. 12; *Hüffer*, § 23 AktG Rz. 31; *Ganske*, DB 1978, 2461, 2462; *Arnold* in KölnKomm. AktG, 3. Aufl., § 23 AktG Rz. 124; *Limmer* in Spindler/Stilz § 23 AktG Rz. 22; zweifelnd *Röhricht* in Großkomm. AktG, 4. Aufl., § 23 AktG Rz. 158 mit Fn. 178 (Nr. 6 2. Alternative); *Pentz* in MünchKomm. AktG, 3. Aufl., § 23 AktG Rz. 136.
226 *Pentz* in MünchKomm. AktG, 3. Aufl., § 23 AktG Rz. 138.
227 BGH v. 17.12.2001 – II ZR 288/99, NZG 2002, 817, 818; LG Köln v. 10.6.1998 – 91 O 15/98, DB 1998, 1855; Begr. RegE BT-Drucks. 8/1678, S. 12; *Hüffer*, § 23 AktG Rz. 31; *Hüffer*, NJW 1979, 1065, 1066; *Arnold* in KölnKomm. AktG, 3. Aufl., § 23 AktG Rz. 124; *Pentz* in MünchKomm. AktG, 3. Aufl., § 23 AktG Rz. 138; *Ganske*, DB 1978, 2461, 2462; zweifelnd *Röhricht* in Großkomm. AktG, 4. Aufl., § 23 AktG Rz. 160.
228 *Hüffer*, § 23 AktG Rz. 31; *Arnold* in KölnKomm. AktG, 3. Aufl., § 23 AktG Rz. 125; *Pentz* in MünchKomm. AktG, 3. Aufl., § 23 AktG Rz. 137; *Röhricht* in Großkomm. AktG, 4. Aufl., § 23 AktG Rz. 159.
229 *Röhricht* in Großkomm. AktG, 4. Aufl., § 23 AktG Rz. 163; missverständlich *Hüffer*, § 23 AktG Rz. 32 und *Pentz* in MünchKomm. AktG, 3. Aufl., § 23 AktG Rz. 143, wonach § 23 Abs. 4 nur „sog. freiwillige Bekanntmachungen" erfasse.

oder die in § 25 Satz 2 genannten elektronischen Informationsmedien (z.B. die gesellschaftseigene Internetseite)[230]. Bestimmt die Satzung wie regelmäßig die Veröffentlichung „in den Gesellschaftsblättern", gilt § 25 Satz 1[231].

### 8. Sonstige notwendige Satzungsbestimmungen

52 Die nach § 23 Abs. 3 und 4 notwendigen Satzungsinhalte sind nicht abschließend[232]. Weitere zwingend erforderliche Satzungsbestimmungen können sich aus anderen Gesetzen ergeben, z.B. dem Gesetz über die Wahrnehmung von Urheberrechten und verwandten Schutzrechten vom 9.9.1965[233] oder dem **Gesetz zur Schaffung deutscher Immobilien-Aktiengesellschaften mit börsenorientierten Anteilen (REITG)** vom 28.5.2007[234]. Die Satzung einer REIT-Aktiengesellschaft[235] wird zwingend oder jedenfalls zweckmäßigerweise Sonderregelungen zur Firma (§ 4 REITG), zum Unternehmensgegenstand (§ 1 Abs. 1 REITG), zum Grundkapital (§ 4 REITG), zu Beschränkungen von Geschäftsführungsmaßnahmen (Verbot des Immobilienhandels; Darlehensaufnahme) und zur Ausschüttungsverpflichtung (§ 13 REITG), zu Maßnahmen bei Verstoß von Aktionären gegen die Mindeststreubesitz- und Höchstbeteiligungsgrenze (§ 11 Abs. 1 und Abs. 4 REITG) und zur Entschädigung von Streubesitzaktionären bei Beendigung der Steuerbefreiung der Gesellschaft (§ 11 Abs. 3 REITG)[236] enthalten.

## VI. Grundsatz der Satzungsstrenge (§ 23 Abs. 5)

### 1. Allgemeines

53 Mit § 23 Abs. 5 wird der Satzungsfreiheit im Aktienrecht – primär zur **Sicherstellung der Verkehrsfähigkeit der Aktie** – eine inhaltliche Grenze gezogen: Durch **Standardisierung der Gesellschaftsstruktur** soll die Handelbarkeit der Aktie verbessert werden[237]. Daneben schützt die Vorschrift gegenwärtige und künftige Aktionäre sowie Gläubiger der Gesellschaft vor Überraschungen und erfüllt damit auch eine **sozialschützende Funktion**[238]. Der Grundsatz der Satzungsstrenge (begrifflich zutreffend an sich: Gesetzesstrenge) ist in jüngerer Zeit zunehmend in die Kritik geraten[239]. Die-

---

230 *Baumbach/Hueck*, § 25 AktG Anm. 2; *Hüffer*, § 23 AktG Rz. 32; *Arnold* in KölnKomm. AktG, 3. Aufl., § 23 AktG Rz. 127; *Pentz* in MünchKomm. AktG, 3. Aufl., § 23 AktG Rz. 143; *Röhricht* in Großkomm. AktG, 4. Aufl., § 23 AktG Rz. 163.
231 *Hüffer*, § 25 AktG Rz. 1.
232 *Hüffer*, § 23 AktG Rz. 33; *Pentz* in MünchKomm. AktG, 3. Aufl., § 23 AktG Rz. 146; s. auch *Röhricht* in Großkomm. AktG, 4. Aufl., § 23 AktG Rz. 166.
233 BGBl. I 1965, 1294; dazu *Hüffer*, § 23 AktG Rz. 33; *Pentz* in MünchKomm. AktG, 3. Aufl., § 23 AktG Rz. 146.
234 BGBl. I 2007, 914.
235 Zu Mustersatzungen *Kollmorgen/Hoppe/Feldhaus*, BB 2007, 1345 ff.; *Seibt* in Seibt/Conradi, Handbuch REIT-Aktiengesellschaften, 2008, Teil 4, S. 325 ff.
236 Hierzu *Schroeder*, AG 2007, 531 ff.; *Seibt* in Seibt/Conradi, Handbuch REIT-Aktiengesellschaften, 2008, Teil B, Rz. 77 ff.; *Ziemons*, BB 2007, 449 ff.
237 *Assmann*, ZBB 1989, 49, 59 ff.; *Assmann* in Großkomm. AktG, 4. Aufl., Einl. Rz. 364 ff.; *Hirte* in Gestaltungsfreiheit im Gesellschaftsrecht, S. 61, 65; *Hellermann*, NZG 2008, 561; *Mertens*, ZGR 1994, 426, 428; *Mülbert*, Aktiengesellschaft, Unternehmensgruppe und Kapitalmarkt, S. 5, 111; *Pentz* in MünchKomm. AktG, 3. Aufl., § 23 AktG Rz. 150; *Röhricht* in Großkomm. AktG, 4. Aufl., § 23 AktG Rz. 167; vgl. auch *Grundmann*, Europäisches Gesellschaftsrecht, Rz. 373.
238 *Hirte* in Gestaltungsfreiheit im Gesellschaftsrecht, S. 61, 65; *Hüffer*, § 23 AktG Rz. 34; rechtsvergleichend *Hopt* in Gestaltungsfreiheit im Gesellschaftsrecht, S. 123, 126 ff.; aus europarechtlicher Sicht *Grundmann/Möslein*, ZGR 2003, 317, 361 ff.
239 Vgl. zum Diskussionsstand das Gutachten von *Bayer*, Verhandlungen des 67. Juristentages (2008), Band E, S. 27 ff.; dazu *Schäfer*, NJW 2008, 2536; *Grunewald*, NZG 2009, 967, 969;

ser Kritik ist darin zuzustimmen, dass sich ein umfassendes Gebot der Satzungsstrenge jedenfalls nicht schon unter Hinweis auf die Befürchtung rechtfertigen lässt, dass im Falle fehlender Satzungsstrenge die Funktionsfähigkeit des Kapitalmarktes nicht gewährleistet sei[240]; vielmehr weisen die Kapitalmärkte in Großbritannien und den USA, in denen im Grundsatz keine Satzungsstrenge angeordnet ist, sogar einen deutlich höheren Entwicklungsstand auf[241]. Aus Anleger- und Funktionenschutzgründen sind bestimmte Standardisierungen sowieso nur für solche Wertpapiere erforderlich, die zum Handel an einem regulierten Markt zugelassen sind[242]. Über dieses Ziel schießt § 23 Abs. 5 hinaus, indem die Vorschrift systematisch nicht zwischen börsennotierten (§ 3 Abs. 2) und nicht börsennotierten Aktiengesellschaften unterscheidet, wie dies das Aktiengesetz (und das Handelsbilanzrecht) an anderen Stellen bereits vorsieht[243]. Die darin zum Ausdruck kommende gesetzgeberische Wertung kann nicht ohne Folgen für die Auslegung des § 23 Abs. 5 bleiben, zumal eine Vielzahl von alternativen Kontrollmechanismen existiert, namentlich Möglichkeiten des Selbstschutzes der Aktionäre durch mehr Publizität, Transparenz, Presse, Beratung und Rating[244], aber auch angesichts einer schärferen Durchsetzung der bestehenden Verantwortlichkeit der Verwaltung, wie sie durch die Einführung der Aktionärsklage Eingang in das Aktiengesetz gefunden hat (§ 148 i.d.F. UMAG)[245]. Die Vorschrift ist daher bereits *de lege lata* restriktiv auszulegen, sofern nicht börsennotierte Aktiengesellschaften betroffen sind[246].

## 2. Abweichende Satzungsregeln

Die Satzung kann vom Gesetz nur abweichen, wenn das Gesetz dies ausdrücklich zulässt. Eine **abweichende Bestimmung** i.S. des § 23 Abs. 5 Satz 1 liegt vor, wenn die gesetzliche Regelung durch eine andere Regelung ersetzt wird, die Satzung also etwas anderes bestimmt, als das Gesetz vorschreibt[247]. Die Abweichungsbefugnis ist dann **ausdrücklich**, soweit sich ein solches aus dem Wortlaut des Gesetzes in Form einer

54

---

krit. auch *Habersack*, AG 2009, 1, 7 ff.; *Spindler*, AG 2008, 598, 600 ff.; *Eidenmüller*, JZ 2001, 1041, 1046; *Hirte* in Gestaltungsfreiheit im Gesellschaftsrecht, S. 61 ff.; *Mertens*, ZGR 1994, 426, 440; *Spindler*, AG 1998, 53, 73; *Hopt* in Gestaltungsfreiheit im Gesellschaftsrecht, S. 123, 144 f.; *Limmer* in Spindler/Stilz, § 23 AktG Rz. 28 m.w.N.; *Pöschke*, Der Konzern 2010, 91, 97; zurückhaltend *Hüffer*, § 23 AktG Rz. 34; *Nodoushani*, NZG 2008, 452.

240 *Hirte* in Gestaltungsfreiheit im Gesellschaftsrecht, S. 61, 97 (These 5); zustimmend *Hopt* in Gestaltungsfreiheit im Gesellschaftsrecht, S. 123, 144 f.; s. auch *Grundmann*, Europäisches Gesellschaftsrecht, Rz. 373; *Mertens*, ZGR 1994, 426; *Spindler*, AG 1998, 53; *Eidenmüller*, JZ 2001, 1041, 1046; a.A. *Pentz* in MünchKomm. AktG, 3. Aufl., § 23 AktG Rz. 150.
241 Vgl. *Grundmann*, Europäisches Gesellschaftsrecht, Rz. 373 m.w.N.
242 *Hirte* in Gestaltungsfreiheit im Gesellschaftsrecht, S. 61, 82 ff.; *Hopt* in Gestaltungsfreiheit im Gesellschaftsrecht, S. 123, 144; *Mertens*, ZGR 1994, 426, 427 ff.
243 S. §§ 20 Abs. 8, 21 Abs. 5, 67 Abs. 6 Satz 2, 110 Abs. 3 Satz 2, 123 Abs. 3 Sätze 2 und 3, 125 Abs. 1 Satz 3, 130 Abs. 1 Satz 3, 134 Abs. 1 Satz 2, 149 Abs. 1, 161, 171 Abs. 2 Satz 2, 248a Satz 1, 328 Abs. 3, 404 Abs. 1 und 2 AktG sowie §§ 285 Nr. 9 lit. a Sätze 5–7, Nr. 10 Satz 1, Nr. 16, 314 Abs. 1 Nr. 6 lit. a Sätze 5–7, Nr. 8, 317 Abs. 4 HGB.
244 Zutr. *Hopt* in Gestaltungsfreiheit im Gesellschaftsrecht, S. 123, 143 f.; ähnlich *Mertens*, ZGR 1994, 426, 432.
245 Gesetz zur Unternehmensintegrität und Modernisierung des Anfechtungsrechts (UMAG) vom 22.9.2005, BGBl. I 2005, 2802; dazu *Bork*, ZIP 2005, 66 f.; *Handelsrechtsausschuss des DAV*, NZG 2005, 388 ff.; *Holzborn/Bunnemann*, BKR 2005, 51 ff.; *Paschos/Neumann*, DB 2005, 1779 ff.; *Schäfer*, ZIP 2005, 1253 ff.; *Semler*, AG 2005, 321 ff.
246 Zutr. *Hopt* in Gestaltungsfreiheit im Gesellschaftsrecht, S. 123, 145.
247 *Hüffer*, § 23 AktG Rz. 35; *Pentz* in MünchKomm. AktG, 3. Aufl., § 23 AktG Rz. 152; *Röhricht* in Großkomm. AktG, 4. Aufl., § 23 AktG Rz. 168; *Limmer* in Spindler/Stilz, § 23 AktG Rz. 29.

klaren und positiven Aussage ergibt[248]; bloßes Schweigen des Gesetzes vermag eine Abweichungsbefugnis nicht zu begründen[249].

55 **Zwingende Regelungen** enthalten die Normen, die den inneren Aufbau der Gesellschaft betreffen[250], insbesondere den Zuständigkeitsbereich der Organe[251], ihre Zusammensetzung und innere Organisation[252] einschließlich der Gesamtanzahl der Arbeitnehmervertreter im Aufsichtsrat[253]. Ebenfalls zwingender Natur sind die im Gesetz geregelten Minderheitsrechte mit Ausnahme des § 122 Abs. 1 Satz 2[254], die Regelung der Verschwiegenheitspflicht der Verwaltungsmitglieder (§§ 93 Abs. 1 Satz 2, 116)[255] und den Umfang ihrer Sorgfaltspflichten (§§ 93, 116)[256]; unzulässig wäre ferner eine Satzungsbestimmung, die die Aufhebung oder Einschränkung von Rechten der Vorzugsaktionäre ohne ihre Zustimmung vorsieht (§ 141 Abs. 1)[257]. Kraft ausdrücklicher gesetzlicher Anordnung zwingend ist auch das Erfordernis einer Dreiviertelmehrheit bei Beschlüssen der Hauptversammlung nach § 111 Abs. 4 Satz 4.

56 Zulässig sind **abweichende Satzungsbestimmungen**, insbesondere im Zusammenhang mit der Bestimmung „andere(r) Mehrheiten" und „weitere(r) Erfordernisse" für Hauptversammlungsbeschlüsse (AktG: §§ 52 Abs. 5 Satz 3, 103 Abs. 1 Satz 3, 133 Abs. 1 und 2, 179 Abs. 2 Sätze 2 und 3, 179a Abs. 1 Satz 2, 182 Abs. 1 Sätze 2 und 3, 186 Abs. 3 Satz 3, 193 Abs. 1 Satz 2, 202 Abs. 2 Satz 3, 221 Abs. 1 Satz 3, 222 Abs. 1 Satz 2, 229 Abs. 3, 237 Abs. 4 Satz 3, 262 Abs. 1 Nr. 2, 274 Abs. 1 Satz 3, 289 Abs. 4 Satz 4, 293 Abs. 1 Satz 3, 319 Abs. 2 Satz 3, 320 Abs. 1 Satz 3; UmwG: z.B. §§ 65 Abs. 1 Satz 2, 73), aber auch in anderem Zusammenhang (AktG: §§ 24, 31 Abs. 2, 58 Abs. 2 Satz 2 und Abs. 3 Satz 2, 59 Abs. 1, 60 Abs. 3, 63 Abs. 1 Satz 2, 77 Abs. 1 Satz 1 und Abs. 2 Satz 1, 78 Abs. 2 Satz 1 und Abs. 3 Satz 1, 95 Satz 2, 109 Abs. 3, 111 Abs. 4 Satz 2, 121 Abs. 5 Satz 1, 122 Abs. 1 Satz 2, 123 Abs. 2 Satz 1 und Abs. 3 Satz 1, 134 Abs. 1 Sätze 2, 3 und 4 und Abs. 2 Satz 3, 139 Abs. 1, 140 Abs. 3, 150 Abs. 2, 182 Abs. 4 Satz 2, 202 Abs. 2 Satz 3 und Abs. 4, 203 Abs. 3 Satz 2, 265 Abs. 2 Satz 1, 269 Abs. 2 Satz 1 und Abs. 3 Satz 1, 287 Abs. 1, 300 Nr. 1).

### 3. Ergänzende Satzungsregeln

57 Das Aktiengesetz ergänzende Bestimmungen i.S. des § 23 Abs. 5 Satz 2 können in der Satzung auch dann getroffen werden, wenn das Gesetz sie nicht ausdrücklich zu-

---

248 *Geßler* in FS Luther, 1976, S. 69, 71 f.; *Hüffer*, § 23 AktG Rz. 35; *Arnold* in KölnKomm. AktG, 3. Aufl., § 23 AktG Rz. 138; *Luther* in FG Hengeler, 1972, S. 167, 171; *Pentz* in MünchKomm. AktG, 3. Aufl., § 23 AktG Rz. 153; *Röhricht* in Großkomm. AktG, 4. Aufl., § 23 AktG Rz. 169 f.; *Zöllner* in KölnKomm. AktG, 2. Aufl., § 179 AktG Rz. 62; *Limmer* in Spindler/Stilz, § 23 AktG Rz. 29; *Wiesner* in MünchHdb. AG, § 6 Rz. 9.
249 *Hüffer*, § 23 AktG Rz. 35; *Wiesner* in MünchHdb. AG, § 6 Rz. 9; *Arnold* in KölnKomm. AktG, 3. Aufl., § 23 AktG Rz. 138.
250 *Pentz* in MünchKomm. AktG, 3. Aufl., § 23 AktG Rz. 156.
251 *Hüffer*, § 23 AktG Rz. 36; *Pentz* in MünchKomm. AktG, 3. Aufl., § 23 AktG Rz. 156; *Timm*, DB 1980, 1201, 1204; *Wiesner* in MünchHdb. AG, § 6 Rz. 10.
252 *Hüffer*, § 23 AktG Rz. 36; *Arnold* in KölnKomm. AktG, 3. Aufl., § 23 AktG Rz. 148.
253 *Hüffer*, § 23 AktG Rz. 36; *Pentz* in MünchKomm. AktG, 3. Aufl., § 23 AktG Rz. 156.
254 *Hüffer*, § 23 AktG Rz. 36; *Pentz* in MünchKomm. AktG, 3. Aufl., § 23 AktG Rz. 156.
255 BGH v. 5.6.1975 – II ZR 156/73, BGHZ 64, 325, 326 f.; OLG Düsseldorf v. 15.10.1973 – U 131/72, AG 1974, 51, 52 f.; *Hüffer*, § 23 AktG Rz. 36; *Pentz* in MünchKomm. AktG, 3. Aufl., § 23 AktG Rz. 156; *Säcker* in FS R. Fischer, 1979, S. 635, 636 ff.; *Wiesner* in MünchHdb. AG, § 6 Rz. 10.
256 *Geßler* in FS Luther, 1976, S. 67, 83 f.; *Hüffer*, § 23 AktG Rz. 36; *Mertens/Cahn* in KölnKomm. AktG, 3. Aufl., § 93 AktG Rz. 8; *Pentz* in MünchKomm. AktG, 3. Aufl., § 23 AktG Rz. 156; *Uwe H. Schneider* in FS Werner, 1984, S. 795, 802 ff.
257 *Hüffer*, § 23 AktG Rz. 36; *Pentz* in MünchKomm. AktG, 3. Aufl., § 23 AktG Rz. 156; *Werner*, AG 1971, 69, 70; a.A. *Zöllner* in KölnKomm. AktG, 1. Aufl., § 141 AktG Rz. 7.

lässt[258]. **Voraussetzung** hierfür ist jedoch, dass das Gesetz **keine abschließende Regelung** enthält (Vorliegen einer Regelungslücke), was im Einzelfall im Wege der Auslegung unter Berücksichtigung von Sinn und Zweck der betroffenen Vorschrift zu ermitteln ist[259]. Dabei ist aufgrund der Gesetzesformulierung in § 23 Abs. 5 Satz 2 („es sei denn") davon auszugehen, dass die Norm nur im Ausnahmefall eine abschließende Regelung trifft[260]. Teilweise werden ergänzende Bestimmungen auch ausdrücklich für zulässig erklärt (z.B. §§ 8 Abs. 2, 11, 25 Satz 2, 39 Abs. 2 i.V.m. 262 Abs. 1 Nr. 1, 55 Abs. 1, 63 Abs. 3, 68 Abs. 2 Satz 1, 100 Abs. 4, 107 Abs. 1 Satz 1 (einschließlich Zahl der Stellvertreter[261]), 113 Abs. 1 Satz 2, 119 Abs. 1, 121 Abs. 1 und Abs. 2 Satz 3, 134 Abs. 4, 237 Abs. 1 Satz 2)[262]. Jenseits dieser ausdrücklich geregelten Fälle sind u.a. folgende ergänzende Regelungen zulässig: Gerichtsstandsvereinbarungen nach § 17 Abs. 3 ZPO oder Art. 17 EuGVÜ[263]; Festlegung eines Schiedsgerichts in der Satzung, soweit nicht das Aktiengesetz bereits Rechtsschutz durch stattliche Gerichte unmittelbar vorsieht[264]; Veröffentlichung des Geschäftsberichts der Gesellschaft[265]; Erweiterung des Auskunftsrechts der Aktionäre in der Hauptversammlung der Gesellschaft (vorbehaltlich § 53a)[266]; Beschränkung der Person des Vertreters in der Hauptversammlung auf einen anderen Aktionär[267]; Aufstellung persönlicher Voraussetzungen für Vorstandsmitglieder (Mindest-, und Höchstalter, berufliche Qualifikationen, inländischer Wohnort, Staatsangehörigkeit, u.ä.), soweit dadurch nicht das Auswahlermessen des Aufsichtsrats über Gebühr beeinträchtigt wird[268]; die Festlegung einer bestimmten Familienzugehörigkeit für Aufsichtsratsmitglieder[269]; die Schaffung fakultativer Gremien wie z.B. Beiräte, Verwaltungsräte, jedoch ohne Ände-

---

258 *Hüffer*, § 23 AktG Rz. 37; *Arnold* in KölnKomm. AktG, 3. Aufl., § 23 AktG Rz. 149 ff.; *Pentz* in MünchKomm. AktG, 3. Aufl., § 23 AktG Rz. 157; *Wiesner* in MünchHdb. AG, § 6 Rz. 11; *Limmer* in Spindler/Stilz, § 23 AktG Rz. 30.
259 *Hüffer*, § 23 AktG Rz. 37; *Arnold* in KölnKomm. AktG, 3. Aufl., § 23 AktG Rz. 149; *Pentz* in MünchKomm. AktG, 3. Aufl., § 23 AktG Rz. 157; *Wiesner* in MünchHdb. AG, § 6 Rz. 11.
260 *Hüffer*, § 23 AktG Rz. 37; *Pentz* in MünchKomm. AktG, 3. Aufl., § 23 AktG Rz. 157; *Zöllner* in KölnKomm. AktG, 2. Aufl., § 179 AktG Rz. 69.
261 BGH v. 25.2.1982 – II ZR 123/81, BGHZ 83, 106, 111 = AG 1982, 218; *Hüffer*, § 23 AktG Rz. 37; *Wank*, AG 1980, 148, 150.
262 Aufzählung bei *Hüffer*, § 23 AktG Rz. 37; *Arnold* in KölnKomm. AktG, 3. Aufl., § 23 AktG Rz. 151.
263 BGH v. 11.10.1993 – II ZR 155/92, BGHZ 123, 347, 349 ff. = AG 1994, 78; *Hüffer*, § 23 AktG Rz. 38; *Pentz* in MünchKomm. AktG, 3. Aufl., § 23 AktG Rz. 161; *Röhricht* in Großkomm. AktG, 4. Aufl., § 23 AktG Rz. 190.
264 BGH v. 29.3.1996 – II ZR 124/95, BGHZ 132, 278, 282 = AG 1996, 318; *Hüffer*, § 246 AktG Rz. 19; *Pentz* in MünchKomm. AktG, 3. Aufl., § 23 AktG Rz. 161; *K. Schmidt*, ZGR 1988, 523, 537 f.; *K. Schmidt*, JZ 1989, 1077, 1083 f.; *K. Schmidt*, AG 1995, 511, 553; *K. Schmidt* in Großkomm. AktG, 4. Aufl., § 246 AktG Rz. 121.
265 *Kropff* in G/H/E/K, § 178 AktG Rz. 24; *Pentz* in MünchKomm. AktG, 3. Aufl., § 23 AktG Rz. 161.
266 *Hüffer*, § 23 AktG Rz. 38; *Arnold* in KölnKomm. AktG, 3. Aufl., § 23 AktG Rz. 152; *Pentz* in MünchKomm. AktG, 3. Aufl., § 23 AktG Rz. 161; *Röhricht* in Großkomm. AktG, 4. Aufl., § 23 AktG Rz. 190.
267 RG v. 23.5.2003 – I 28/03, RGZ 55, 41, 42; *Baumbach/Hueck*, § 134 AktG Anm. 15; *Eckardt* in G/H/E/K, § 134 AktG Rz. 39; *Hüffer*, § 134 AktG Rz. 26; *Pentz* in MünchKomm. AktG, 3. Aufl., § 23 AktG Rz. 161; a.A. OLG Stuttgart v. 28.5.1990 – 8 W 203/90, AG 1991, 69 f.; *Zöllner* in KölnKomm. AktG, 1. Aufl., § 134 AktG Rz. 26.
268 *Hüffer*, § 23 AktG Rz. 38; *Arnold* in KölnKomm. AktG, 3. Aufl., § 23 AktG Rz. 152; *Pentz* in MünchKomm. AktG, 3. Aufl., § 23 AktG Rz. 161; *Röhricht* in Großkomm. AktG, 4. Aufl., § 23 AktG Rz. 190; *Luther* in FG Hengeler, 1972, S. 167, 179.
269 *Geßler* in G/H/E/K, § 100 AktG Rz. 46; *Hüffer*, § 23 AktG Rz. 38; *Pentz* in MünchKomm. AktG, 3. Aufl., § 23 AktG Rz. 161; *Röhricht* in Großkomm. AktG, 4. Aufl., § 23 AktG Rz. 190; *Zöllner* in KölnKomm. AktG, 2. Aufl., § 179 AktG Rz. 71; a.A. *Meyer-Landrut* in Großkomm. AktG, 3. Aufl., § 100 AktG Anm. 8.

rung der gesetzlichen Kompetenzzuweisung[270]; Einräumung der generellen Befugnis des Aufsichtsrats zur Fassungsänderung der Satzung[271].

## VII. Satzungsmängel

58 Im Zusammenhang mit Satzungsmängeln ist zwischen sog. Gründungsmängeln, die die Satzung der Gesellschaft in ihrer Gesamtheit betreffen (Rz. 59 ff.), und Mängeln einzelner Satzungsbestandteile (Rz. 62 ff.) zu unterscheiden.

### 1. Gründungsmängel

59 a) Während bis zur Eintragung der Gesellschaft in das Handelsregister im Grundsatz jeder Betroffene sämtliche die Nichtigkeit der Gesellschaftsgründung bewirkenden Umstände geltend machen kann, gilt dieser Grundsatz nach Eintragung nur noch sehr eingeschränkt[272]. In der Zeit **vor Invollzugsetzung der Gesellschaft (und vor Handelsregistereintragung)**, für die die Aufnahme der Tätigkeit der Gesellschaft nach außen[273] oder die Bildung von Gesellschaftsvermögen[274] ausreicht, folgt aus der Vertragsnatur der Satzungsfeststellung (Rz. 3, 11), dass die allgemeinen Vorschriften des BGB über Willensmängel und sonstige Fehler von Rechtsgeschäften (namentlich §§ 104 ff., 116–118, 119, 123, 125, 134, 138 BGB) anwendbar sind[275]; indes ist § 139 BGB ausgenommen, weil die Vermutung der Totalnichtigkeit auf Satzungen nicht passt[276]. **Nach Invollzugsetzung** der Gesellschaft haben Gründungsmängel nur noch die Bedeutung von Auflösungsgründen nach dem Sonderrecht der fehlerhaften Gesellschaften[277]. Zur Nichtigerklärung der Gesellschaft wegen Satzungsmängeln vgl. § 275.

---

270 *Hüffer*, § 23 AktG Rz. 38; *Arnold* in KölnKomm. AktG, 3. Aufl., § 23 AktG Rz. 151; *Luther* in FG Hengeler, 1972, S. 167, 177; *Mertens/Cahn* in KölnKomm. AktG, 3. Aufl., Vorb. § 76 AktG Rz. 18; *Pentz* in MünchKomm. AktG, 3. Aufl., § 23 AktG Rz. 161; *Röhricht* in Großkomm. AktG, 4. Aufl., § 23 AktG Rz. 190. – S. auch § 76 Rz. 5.
271 *Baumbach/Hueck*, § 179 AktG Anm. 5; *Hefermehl/Bungeroth* in G/H/E/K, § 179 AktG Rz. 150; *Hüffer*, § 179 AktG Rz. 11; *Pentz* in MünchKomm. AktG, 3. Aufl., § 23 AktG Rz. 161; *Semler* in MünchHdb. AG, § 39 Rz. 57; *Wiedemann* in Großkomm. AktG, 4. Aufl., § 179 AktG Rz. 108; a.A. *Zöllner* in KölnKomm. AktG, 2. Aufl., § 179 AktG Rz. 148; *Fritzsche*, WM 1984, 1243, 1244.
272 Zutr. *Röhricht* in Großkomm. AktG, 4. Aufl., § 23 AktG Rz. 206.
273 RG v. 13.11.1940 – II 44/40, RGZ 165, 192, 205; BGH v. 24.10.1951 – II ZR 18/51, BGHZ 3, 285, 288; BGH v. 12.5.1954 – II ZR 167/53, BGHZ 13, 320, 321; *Brändel* in Großkomm. AktG, 4. Aufl., § 2 AktG Rz. 76; *Hüffer*, § 23 AktG Rz. 41; *Pentz* in MünchKomm. AktG, 3. Aufl., § 23 AktG Rz. 167; *Röhricht* in Großkomm. AktG, 4. Aufl., § 23 AktG Rz. 208; für die GmbH *Ulmer* in Ulmer, § 2 GmbHG Rz. 92 (mit Fn. 232); für die oHG *K. Schmidt* in MünchKomm. HGB, 2. Aufl., § 105 HGB Rz. 236; *Schäfer* in Großkomm. HGB, 5. Aufl., § 105 HGB Rz. 335.
274 RG v. 13.1.1941 – II 88/40, RGZ 166, 51, 58; BGH v. 12.5.1964 – II ZR 167/53, BGHZ 13, 320, 321; *Brändel* in Großkomm. AktG, 4. Aufl., § 2 AktG Rz. 76; *Hüffer*, § 23 AktG Rz. 41; *Röhricht* in Großkomm. AktG, 4. Aufl., § 23 AktG Rz. 208; für die OHG *K. Schmidt* in MünchKomm. HGB, 2. Aufl., § 105 HGB Rz. 236; *Schäfer* in Großkomm. HGB, 5. Aufl., § 105 HGB Rz. 335.
275 RG v. 10.6.1913 – II 95/13, RGZ 82, 375, 377; *Hüffer*, § 23 AktG Rz. 41; *Arnold* in KölnKomm. AktG, 3. Aufl., § 23 AktG Rz. 158; *Pentz* in MünchKomm. AktG, 3. Aufl., § 23 AktG Rz. 167; *Röhricht* in Großkomm. AktG, 4. Aufl., § 23 AktG Rz. 207; *Limmer* in Spindler/Stilz, § 23 AktG Rz. 36.
276 *Baumbach/Hueck*, Üb vor § 23 AktG Anm. 4; *Brändel* in Großkomm. AktG, 4. Aufl., § 2 AktG Rz. 77; *Hüffer*, § 23 AktG Rz. 41; *Pentz* in MünchKomm. AktG, 3. Aufl., § 23 AktG Rz. 167; einschränkend *Röhricht* in Großkomm. AktG, 4. Aufl., § 23 AktG Rz. 212.
277 *Hüffer*, § 23 AktG Rz. 41; *Hüffer* in MünchKomm. AktG, 2. Aufl., § 275 AktG Rz. 15; *Pentz* in MünchKomm. AktG, 3. Aufl., § 23 AktG Rz. 167; *Röhricht* in Großkomm. AktG, 4. Aufl.,

**b) Nach Eintragung der Gesellschaft im Handelsregister** ändert sich diese Rechtslage 60
grundlegend, da ab diesem Zeitpunkt **Gründungsmängel** aller Art grundsätzlich nicht
mehr geltend gemacht werden können[278], und zwar unabhängig davon, ob sich ein
Gründer bereits vor der Eintragung auf die Mängel berufen hat oder nicht[279]. Dies
folgt unmittelbar aus § 275, der eine Klage auf Nichtigerklärung der Gesellschaft nur
in wenigen Ausnahmefällen zulässt[280].

## 2. Mängel einzelner Satzungsbestandteile

**a) Bis zur Eintragung der Gesellschaft** führen Mängel einzelner Satzungsbestandteile 61
aufgrund der **Unanwendbarkeit des § 139 BGB im Gesellschaftsrecht** (Rz. 59) nicht
zur Mangelhaftigkeit der gesamten Satzung[281]. Gegen § 23 Abs. 2 bis 5 verstoßende
Satzungsbestandteile führen jedoch, wenn ihnen trotz einer Zwischenverfügung des
Registergerichts nach § 26 Satz 2 HRV nicht abgeholfen wird, zur **Zurückweisung der
Anmeldung der Gesellschaft** (§ 38 Rz. 9)[282]. Aus der allgemeinen mitgliedschaftlichen Treuepflicht der Gesellschafter untereinander ergibt sich dann die vom Vollzug
der Gesellschaft unabhängige Pflicht, den Satzungsmangel im Rahmen des Zumutbaren durch Änderung der Satzung in der Form des § 23 Abs. 1 zu beseitigen[283]. Richtigerweise wird man vor Eintragung der Gesellschaft mit Rücksicht auf die Verantwortlichkeit der Gründer nach § 46 für die Satzungsänderung einen **einstimmigen Beschluss** und zusätzlich die **Zustimmung aller Gründer** verlangen müssen; die
allgemeinen Bestimmungen (§§ 179 ff.) sind nicht anwendbar (zur Frage der Satzungsänderung vor Eintragung vgl. § 41 Rz. 21)[284].

**b) Nach Eintragung der Gesellschaft im Handelsregister** gelten die Ausführungen un- 62
ter Rz. 60 entsprechend. Eine Satzungsbestimmung ist nichtig, die entgegen § 23
Abs. 5 vom Gesetz abweicht oder trotz abschließender gesetzlicher Regelung eine
Ergänzung vorsieht[285] (vgl. § 23 Abs. 5[286] bzw. § 241 Nr. 3[287]); dies gilt jedoch nur, soweit die Satzungsregelung nach ihrem konkreten Inhalt gegen Einzelnormen ver-

---

§ 23 AktG Rz. 208; wegen der Einzelheiten vgl. *Ulmer* in Großkomm. HGB, 5. Aufl., § 105
HGB Rz. 315 ff.; *Ulmer* in MünchKomm. BGB, 5. Aufl., § 705 BGB Rz. 326 ff.
278 *Hüffer*, § 23 AktG Rz. 42; *Pentz* in MünchKomm. AktG, 3. Aufl., § 23 AktG Rz. 174; *Limmer* in Spindler/Stilz, § 23 AktG Rz. 38.
279 RG v. 10.6.1913 – II 95/13, RGZ 82, 375, 377 f.; BGH v. 9.10.1956 – II ZB 11/56, BGHZ 21,
378, 382 f.; *Hüffer*, § 23 AktG Rz. 42; *Arnold* in KölnKomm. AktG, 3. Aufl., § 23 AktG
Rz. 160; *Pentz* in MünchKomm. AktG, 3. Aufl., § 23 AktG Rz. 174; *Röhricht* in Großkomm.
AktG, 4. Aufl., § 23 AktG Rz. 220, 225.
280 *Hüffer*, § 23 AktG Rz. 42; *Pentz* in MünchKomm. AktG, 3. Aufl., § 23 AktG Rz. 174.
281 *Pentz* in MünchKomm. AktG, 3. Aufl., § 23 AktG Rz. 172.
282 *Pentz* in MünchKomm. AktG, 3. Aufl., § 23 AktG Rz. 173.
283 *Arnold* in KölnKomm. AktG, 3. Aufl., § 23 AktG Rz. 159 (abw. noch Voraufl. Rz. 108); *Pentz*
in MünchKomm. AktG, 3. Aufl., § 23 AktG Rz. 172; *Röhricht* in Großkomm. AktG, 4. Aufl.,
§ 23 AktG Rz. 214.
284 *Hüffer*, § 41 AktG Rz. 7; *Arnold* in KölnKomm. AktG, 3. Aufl., § 41 AktG Rz. 159; *Pentz* in
MünchKomm. AktG, 3. Aufl., § 23 AktG Rz. 172 und § 41 AktG Rz. 39; für die GmbH
OLG Köln v. 28.3.1995 – 2 Wx 13/95, WM 1996, 207, 208.
285 *Geßler*, ZGR 1980, 427, 444; *Huber* in FS Coing II, 1982, S. 167, 184; *Pentz* in MünchKomm.
AktG, 3. Aufl., § 23 AktG Rz. 162; *Röhricht* in Großkomm. AktG, 4. Aufl., § 23 AktG
Rz. 202 f.; *K. Schmidt* in Großkomm. AktG, 4. Aufl., § 241 AktG Rz. 56, 60; *Wiesner* in
MünchHdb. AG, § 6 Rz. 12; *Würdinger*, Aktienrecht, § 10 III 3 (S. 45).
286 *Geßler*, ZGR 1980, 427, 444; *Pentz* in MünchKomm. AktG, 3. Aufl., § 23 AktG Rz. 162 f.;
*Röhricht* in Großkomm. AktG, 4. Aufl., § 23 AktG Rz. 202 f.
287 *Wiesner* in MünchHdb. AG, § 6 Rz. 12; vgl. auch OLG Düsseldorf v. 16.11.1967 – 6 U 280/
66, AG 1968, 19, 22.

stößt, die zum aktienrechtlichen Regelungskern gehören[288]. Ein Verstoß gegen § 23 Abs. 5 wird durch Eintragung der Gesellschaft in das Handelsregister und Ablauf der dreijährigen Heilungsfrist entsprechend § 242 Abs. 2 geheilt[289].

## VIII. Kosten

63 Die Gebühren für die Beurkundung der Satzungsfeststellung richten sich nach §§ 36, 141 KostO. Danach fällt i.d.R. die **doppelte Gebühr** an (§ 36 Abs. 2 KostO); nur im Falle der Einmanngründung wird nur eine Gebühr geschuldet (§ 36 Abs. 1 KostO). Maßgeblich für den Geschäftswert ist nach §§ 26, 39 KostO die Höhe des Grundkapitals; ein bereits in der Ursprungssatzung enthaltenes genehmigtes Kapital erhöht den Geschäftswert entsprechend. Insgesamt ist der **Geschäftswert** nach § 39 Abs. 4 KostO jedoch auf einen Betrag in Höhe von Euro 5 Mio. **beschränkt**. Für die Beurkundung des Beschlusses über die Bestellung des ersten Aufsichtsrats und des ersten Abschlussprüfers fällt das Doppelte der vollen Gebühr nach §§ 141, 47, 27 KostO an, in der Höhe jedoch beschränkt auf eine Höchstbetrag von Euro 5.000. Für die Beurkundung einer Vollmacht fällt gem. §§ 38 Abs. 2 Nr. 4, 141 KostO eine halbe Gebühr an, für ihre Beglaubigung gem. §§ 45 Abs. 1, 141 KostO nur eine viertel Gebühr, höchstens jedoch ein Betrag von Euro 130. Die Kosten sind im Außenverhältnis gem. § 2 Nr. 1 KostO von dem bzw. den Gründern zu tragen. Im Innenverhältnis können Kosten nach Maßgabe von § 26 Abs. 2 (dort Rz. 15 ff.) von der AG als Gründungsaufwand übernommen werden[290]. Ohne eine entsprechende Satzungsfestsetzung würde der Kostenersatz zugunsten der Gesellschafter steuerrechtlich als **verdeckte Gewinnausschüttung** qualifiziert werden[291].

## IX. Satzungsergänzende Nebenabreden

### 1. Begriff

64 Satzungsergänzende Nebenabreden (teilweise auch als schuldrechtliche Nebenabreden bezeichnet[292]) sind Vereinbarungen, die Aktionäre vor, bei oder nach Gründung der Gesellschaft zur Regelung ihrer Rechtsverhältnisse untereinander oder zur Gesellschaft außerhalb der Satzungsurkunde treffen[293]. Die mit ihrem Abschluss verfolgten Sachziele (Rz. 65) können im Prinzip sämtliche Gegenstände betreffen, die nach Gesetz und Satzung der Entscheidung der Gesellschafter unterliegen[294]. Typische Beispielsfälle bilden die Personalpolitik der Gesellschaft, insbesondere Abreden über die Besetzung des Aufsichtsrats oder des Vorstands bis hinein in die Ebene der

---

288 So auch *Hüffer*, § 23 AktG Rz. 43; *K. Schmidt* in Großkomm. AktG, 4. Aufl., § 241 AktG Rz. 42 ff.; ausführlich *Casper*, Heilung nichtiger Beschlüsse, S. 204 ff.
289 BGH v. 19.6.2000 – II ZR 73/99, BGHZ 144, 365, 368 = AG 2000, 515; *Emde*, ZIP 2000, 1753, 1755; *Geßler*, ZGR 1980, 427, 453; *K. Schmidt* in Großkomm. AktG, 4. Aufl., § 242 AktG Rz. 30; *Hüffer*, § 23 AktG Rz. 43; *Pentz* in MünchKomm. AktG, 3. Aufl., § 23 AktG Rz. 164; *Röhricht* in Großkomm. AktG, 4. Aufl., § 23 AktG Rz. 204; *Wiesner* in MünchHdb. AG, § 6 Rz. 12; a.A. *Würdinger*, Aktienrecht, § 10 II 1d) (S. 41), § 10 III 3 (S. 45); wohl auch *K. Schmidt* in Großkomm. AktG, 4. Aufl., § 242 AktG Rz. 8.
290 *Hüffer*, § 23 AktG Rz. 44; *Pentz* in MünchKomm. AktG, 3. Aufl., § 23 AktG Rz. 185.
291 BFH v. 11.10.1989 – I R 12/87, BStBl. II 1990, 89; BFH v. 11.2.1997 – I R 42/96, BFH/NV 1997, 711; *Seibt* in MünchAnwHdb. GmbH-Recht, § 2 Rz. 343.
292 Zur Terminologie *Zöllner* in Gesellschaftsrecht 1995, S. 89, 90.
293 *Baumann/Reiß*, ZGR 1989, 157, 158; *Hüffer*, § 23 AktG Rz. 45; *Pentz* in MünchKomm. AktG, 3. Aufl., § 23 AktG Rz. 187; *Röhricht* in Großkomm. AktG, 4. Aufl., § 23 AktG Rz. 238; *Limmer* in Spindler/Stilz, § 23 AktG Rz. 41.
294 *Pentz* in MünchKomm. AktG, 3. Aufl., § 23 AktG Rz. 188; *Röhricht* in Großkomm. AktG, 4. Aufl., § 23 AktG Rz. 240.

leitenden Angestellten[295], die Steuerung der Unternehmens- und Geschäftspolitik[296], bei börsennotierten Unternehmen auch zur Kurspflege (unter Beachtung der kapitalmarktrechtlichen Grenzen, z.B. aus § 20a WpHG), die Steuerung des Gesellschafterbestands, bei denen es zumeist um die Verhinderung des Eindringens unerwünschter Dritter, aber auch um die Vermeidung zu großer Zersplitterung geht[297], Absprachen über zusätzliche Finanzierungs- und Förderpflichten[298] sowie – insbesondere bei Beteiligung von Finanzinvestoren an der AG – Regelungen zum koordinierten Verkauf von Aktien bzw. zur Schaffung von Verkaufsmöglichkeiten (z.B. Recht, Verkaufsverfahren oder Börseneinführung von Aktien [IPO] zu verlangen). Rechtstechnisch werden diese Sachziele regelmäßig durch Stimmbindungsvereinbarungen[299] bzw. im Falle der Steuerung des Gesellschafterbestands durch Andienungspflichten, Vorerwerbs- und Vorkaufsrechte, Mitverkaufsrechte und -pflichten (*Tag Along-* und *Drag Along-*Rechte) sowie die Bestimmung von Verhandlungsführerschaften (z.B. Vollmachtserteilung zugunsten des Verhandlungsführers) umgesetzt[300].

Satzungsergänzende Nebenabreden bieten aus Sicht der Gesellschafter den **Vorteil mangelnder Publizität**[301], denn anders als die Satzung, die als Bestandteil der Handelsregisterakten nach § 9 Abs. 1 HGB jedermann zur Einsicht zugänglich ist, unterliegen satzungsergänzende Nebenabreden regelmäßig der Vertraulichkeit[302]. Darüber hinaus bieten sie im Vergleich zur Satzung **flexiblere Gestaltungsmöglichkeiten**. Schließlich können im Rahmen von satzungsergänzenden Nebenabreden **auch solche Regelungen** vereinbart werden, **die** wegen des grundsätzlich zwingenden und abschließenden Charakters des Aktienrechts (§ 23 Abs. 5) **nicht als korporative Bestandteile der Satzung** zulässig wären[303]. Bei der Aktiengesellschaft etwa können die üblichen Instrumente zur Sicherung des Einflusses auf die Zusammensetzung des Gesellschafterkreises nur in engen Grenzen (Vinkulierung nur bei Namensaktien, § 68 Abs. 2) bzw. überhaupt nicht (z.B. Vorerwerbs- und Vorkaufsrechte sowie Mit-

65

---

295 *Baumann/Reiß*, ZGR 1989, 157, 187 ff.; *Hoffmann-Becking*, ZGR 1994, 442, 459 f.; *Hüffer*, § 23 AktG Rz. 45; *Pentz* in MünchKomm. AktG, 3. Aufl., § 23 AktG Rz. 188; *Röhricht* in Großkomm. AktG, 4. Aufl., § 23 AktG Rz. 242 und 243; *Zöllner* in Gesellschaftsrecht 1995, S. 89, 92.
296 BGH v. 20.1.1983 – II ZR 243/81, NJW 1983, 1910, 1911; *Baumann/Reiß*, ZGR 1989, 157, 198; *Hoffmann-Becking*, ZGR 1994, 442, 452 ff.; *Pentz* in MünchKomm. AktG, 3. Aufl., § 23 AktG Rz. 188; *Röhricht* in Großkomm. AktG, 4. Aufl., § 23 AktG Rz. 246 und 247; *Zöllner* in Gesellschaftsrecht 1995, S. 89, 92.
297 *Röhricht* in Großkomm. AktG, 4. Aufl., § 23 AktG Rz. 250 f.; *Zöllner* in Gesellschaftsrecht 1995, S. 89, 92.
298 BGH v. 29.9.1970 – II ZR 167/68, AG 1970, 86 f.; *Hüffer*, § 23 AktG Rz. 45; *Röhricht* in Großkomm. AktG, 4. Aufl., § 23 AktG Rz. 249; *Zöllner* in Gesellschaftsrecht 1995, S. 89, 92.
299 *Hüffer*, § 23 AktG Rz. 45; *Noack*, Gesellschaftervereinbarungen, 1994, S. 66 ff. und 144 ff.; *Pentz* in MünchKomm. AktG, 3. Aufl., § 23 AktG Rz. 195; *Röhricht* in Großkomm. AktG, 4. Aufl., § 23 AktG Rz. 241; *Zöllner*, ZHR 155 (1991), 168 ff.; *Zöllner* in Gesellschaftsrecht 1995, S. 89, 93.
300 OLG Karlsruhe v. 11.4.1990 – 14 U 267/88, AG 1990, 499 f.; LG Offenburg v. 8.11.1988 – 2 O 220/88, AG 1989, 134, 137; *Hüffer*, § 23 AktG Rz. 45; *Pentz* in MünchKomm. AktG, 3. Aufl., § 23 AktG Rz. 188; *Röhricht* in Großkomm. AktG, 4. Aufl., § 23 AktG Rz. 250; *Zöllner* in Gesellschaftsrecht 1995, S. 89, 92.
301 *Bayer* in Lutter/Hommelhoff, § 3 GmbHG Rz. 69; *Winter* in Gesellschaftsrecht 1995, S. 131, 132; *Zöllner* in Gesellschaftsrecht 1995, S. 89, 94 f.; *Limmer* in Spindler/Stilz, § 23 AktG Rz. 41.
302 *Zöllner* in Gesellschaftsrecht 1995, S. 89, 94.
303 *Pentz* in MünchKomm. AktG, 3. Aufl., § 23 AktG Rz. 188; *Lutter* in KölnKomm. AktG, 2. Aufl., § 54 AktG Rz. 22; *Röhricht* in Großkomm. AktG, 4. Aufl., § 23 AktG Rz. 240; *Winter* in Gesellschaftsrecht 1995, S. 131, 132.

verkaufsrechte und -pflichten)[304] statutarisch verankert werden[305]. Satzungsergänzende Nebenabreden sind im Grundsatz zulässig und wirksam[306]. Grenzen finden sie jedoch in der Satzung als höherrangigem Recht[307] sowie in zwingenden gesetzlichen Vorschriften[308].

### 2. Rechtsnatur

66 Satzungsergänzende Nebenabreden sind **schuldrechtliche Verträge**, die allerdings im Regelfall zu einem gemeinsamen Zweck geschlossen werden und daher zu einer Innengesellschaft bürgerlichen Rechts gem. §§ 705 ff. BGB führen[309]. Als schuldrechtliche Vereinbarungen unterliegen sie nicht der Formvorschrift des § 23 Abs. 1[310]. Auch ihre **Auslegung** folgt den allgemeinen Regeln über die Auslegung von Willenserklärungen (§§ 133, 157 BGB; zur Satzung s. Rz. 10 ff.)[311]. Sieht die Vereinbarung nichts anderes vor, so bedarf ihre **Änderung** der Zustimmung aller Beteiligten[312]; die ordentliche Kündigung bestimmt sich zwar grundsätzlich nach § 723 Abs. 1 BGB (jederzeitige Kündigungsmöglichkeit), wird aber in der Regel ausdrücklich oder vor dem Hintergrund des Vertragszwecks (konkludent) eingeschränkt sein[313]. Ihrer rechtlichen Qualität entsprechend binden satzungsergänzende Nebenabreden unmittelbar nur die an ihnen beteiligten Personen, so dass eine Veräußerung der Aktionärsstellung keinen Übergang der Rechte und Pflichten aus der Nebenabrede auf den Erwerber bewirkt[314]. Soll auch die Rechtsstellung des Veräußerers aus der Nebenabrede auf den Erwerber übergehen, so bedarf es dazu – von den Fällen der Gesamtrechtsnachfolge (§§ 1922, 1967 BGB, § 738 Abs. 1 BGB analog §§ 20 Abs. 1, 131 UmwG) abgesehen – einer zusätzlichen rechtsgeschäftlichen Überleitung im Wege der Vertragsübernahme[315] oder der Schuldübernahme[316]. Sind die an der Nebenvereinbarung beteiligten Gesellschafter untereinander in einer BGB-Innengesellschaft verbunden, so vollzieht sich eine Überleitung der aus der Nebenabrede folgenden Rechte und Pflichten durch

---

304 *Lutter* in KölnKomm. AktG, 2. Aufl., § 54 AktG Rz. 16; *Noack*, Gesellschaftervereinbarungen, S. 282 f.; *Röhricht* in Großkomm. AktG, 4. Aufl., § 23 AktG Rz. 251.
305 *Winter* in Gesellschaftsrecht 1995, S. 131, 132.
306 *Hüffer*, § 23 AktG Rz. 45; *Lutter* in KölnKomm. AktG, 2. Aufl., § 54 AktG Rz. 21; *Pentz* in MünchKomm. AktG, 3. Aufl., § 23 AktG Rz. 188; *Röhricht* in Großkomm. AktG, 4. Aufl., § 23 AktG Rz. 256.
307 *Tieves*, Unternehmensgegenstand, S. 203 ff.; ihm folgend *Pentz* in MünchKomm. AktG, 3. Aufl., § 23 AktG Rz. 188; differenzierend *Zöllner* in Gesellschaftsrecht 1995, S. 89, 99 f.
308 BGH v. 7.6.1993 – II ZR 81/92, BGHZ 123, 15, 20; BGH v. 8.2.1993 – II ZR 24/92, WM 1993, 641, 642; *Noack*, Gesellschaftervereinbarungen, S. 113 f.; *Röhricht* in Großkomm. AktG, 4. Aufl., § 23 AktG Rz. 256; für die GmbH *Hueck/Fastrich* in Baumbach/Hueck, § 3 GmbHG Rz. 58; s. auch *Zöllner* in Gesellschaftsrecht 1995, S. 89, 102 f.
309 *Baumann/Reiß*, ZGR 1989, 157, 200 f.; *Hüffer*, § 23 AktG Rz. 46; *Pentz* in MünchKomm. AktG, 3. Aufl., § 23 AktG Rz. 190; *Röhricht* in Großkomm. AktG, 4. Aufl., § 23 AktG Rz. 264; *Ulmer* in Ulmer, § 3 GmbHG Rz. 112.
310 *Hüffer*, § 23 AktG Rz. 46; *Pentz* in MünchKomm. AktG, 3. Aufl., § 23 AktG Rz. 190.
311 *Hüffer*, § 23 AktG Rz. 46; *Lutter* in KölnKomm. AktG, 2. Aufl., § 54 AktG Rz. 25; *Pentz* in MünchKomm. AktG, 3. Aufl., § 23 AktG Rz. 190; *Röhricht* in Großkomm. AktG, 4. Aufl., § 23 AktG Rz. 268; *Limmer* in Spindler/Stilz, § 23 AktG Rz. 41.
312 *Hüffer*, § 23 AktG Rz. 46; *Pentz* in MünchKomm. AktG, 3. Aufl., § 23 AktG Rz. 190; *Röhricht* in Großkomm. AktG, 4. Aufl., § 23 AktG Rz. 268.
313 Hierzu *Pentz* in MünchKomm. AktG, 3. Aufl., § 23 AktG Rz. 191.
314 *Hüffer*, § 23 AktG Rz. 46; *Pentz* in MünchKomm. AktG, 3. Aufl., § 23 AktG Rz. 190; *Röhricht* in Großkomm. AktG, 4. Aufl., § 23 AktG Rz. 270.
315 *Hüffer*, § 23 AktG Rz. 46; *Pentz* in MünchKomm. AktG, 3. Aufl., § 23 AktG Rz. 190; differenzierend *Noack*, Gesellschaftervereinbarungen, S. 173 f.; *Ulmer* in Ulmer, § 3 GmbHG Rz. 116.
316 So noch *Ulmer* in Hachenburg, § 3 GmbHG Rz. 119; s. auch *Röhricht* in Großkomm. AktG, 4. Aufl., § 23 AktG Rz. 271.

Übertragung der Gesellschafterstellung in dieser Innengesellschaft[317]. Die Folgen einer Verletzung von satzungsergänzenden Nebenabreden schließlich richten sich ebenfalls nach allgemeinen Vorschriften[318]. Gesellschaftervereinbarungen, die sich auf börsennotierte Unternehmen beziehen, können zur (wechselseitigen) Stimmrechtszurechnung nach § 22 WpHG[319] und § 30 WpÜG[320] führen und dann weitere (kapitalmarktrechtliche) Pflichten auslösen.

### 3. Rechtsfolgen

Zur Anfechtbarkeit von Beschlüssen wegen Verstoßes gegen Nebenabreden vgl. § 243 Rz. 19. Zur Bindung des Vorstands an Nebenabreden und Zusammenschluss- bzw. Investorenvereinbarungen vgl. § 76 Rz. 10 f. **67**

### 4. Verhältnis zur Satzung

Satzungsergänzende Nebenabreden sind bereits aufgrund ihrer rechtlichen Qualifikation als schuldrechtliche Verträge von der Satzung als Quelle objektiven Rechts zu unterscheiden[321]. Dessen ungeachtet können Satzungsbestandteile zur **Auslegung der satzungsergänzenden Nebenabrede herangezogen** werden, in der Regel (abhängig z.B. von der Realstruktur der AG und dem Inhalt der Nebenabrede) nicht aber umgekehrt die Satzungsklausel anhand der Nebenabrede[322]. Satzungsergänzende Nebenabreden bestimmen nicht den Inhalt oder den Umfang der Treuepflicht der beteiligten Aktionäre[323]. Hauptversammlungsbeschlüsse können wegen eines Verstoßes gegen satzungsergänzende Nebenabreden (nur) angefochten werden, wenn alle Aktionäre aus der Nebenabrede verpflichtet sind[324]. **68**

### 5. Sonderfall: Privatautonome Mitbestimmungsvereinbarungen

In der Praxis finden sich neben den gesetzlich vorgeschriebenen Formen der unternehmensbezogenen Mitbestimmung (die im DrittelbG, im MitbestG, im Montan- **69**

---

317 *Röhricht* in Großkomm. AktG, 4. Aufl., § 23 AktG Rz. 275.
318 *Hüffer*, § 23 AktG Rz. 46; *Pentz* in MünchKomm. AktG, 3. Aufl., § 23 AktG Rz. 190.
319 *Uwe H. Schneider* in Assmann/Uwe H. Schneider, § 30 WpHG Rz. 132 ff., 146.
320 *Uwe H. Schneider* in Assmann/Pötzsch/Uwe H. Schneider, § 30 WpÜG Rz. 91 ff., 112; *Schüppen/Walz* in Frankfurter Kommentar zum WpÜG, § 30 WpÜG Rz. 56 ff., 62; *von Bülow* in KölnKomm. WpÜG, 1. Aufl., § 30 WpÜG Rz. 106 ff., 117 (jeweils zu Stimmbindungsvereinbarungen); vgl. auch *Seibt*, ZIP 2004, 1829 ff.; *Seibt*, ZIP 2005, 729 ff.
321 *Hüffer*, § 23 AktG Rz. 47; *Lutter* in KölnKomm. AktG, 2. Aufl., § 54 AktG Rz. 21; *Pentz* in MünchKomm. AktG, 3. Aufl., § 23 AktG Rz. 192; für die GmbH *Ulmer* in Ulmer, § 3 GmbHG Rz. 123 ff.; für Integration in eine Verbandsordnung i.w.S. *Noack*, Gesellschaftervereinbarungen, S. 116 ff.
322 Enger *Hüffer*, § 23 AktG Rz. 47; *Pentz* in MünchKomm. AktG, 3. Aufl., § 23 AktG Rz. 192; weiter *Zöllner* in Gesellschaftsrecht 1995, S. 89, 105 f. im Anschluss an *Grunewald*, ZGR 1995, 68, 86 ff.
323 *Hüffer*, § 23 AktG Rz. 47; *Pentz* in MünchKomm. AktG, 3. Aufl., § 23 AktG Rz. 193; zur GmbH *M. Winter*, Mitgliedschaftliche Treubindungen, S. 51 f.; *Ulmer* in Ulmer, § 3 GmbHG Rz. 124; zweifelnd *Röhricht* in Großkomm. AktG, 4. Aufl., § 23 AktG Rz. 255; a.A. *Baumann/Reiß*, ZGR 1989, 157, 214 f.
324 BGH v. 20.1.1983 – II ZR 243/81, NJW 1983, 1910, 1911; BGH v. 27.10.1986 – II ZR 240/85, NJW 1987, 1890, 1891; *Zöllner* in Baumbach/Hueck, § 47 GmbHG Rz. 79; *Zöllner* in Gesellschaftsrecht 1995, S. 89, 107 ff.; *K. Schmidt*, GesR, § 5 I 5 (S. 95); *K. Schmidt* in Großkomm. AktG, 4. Aufl., § 243 AktG Rz. 18 ff.; *K. Schmidt* in Scholz § 45 GmbHG Rz. 116 und § 47 GmbHG Rz. 53; *Happ*, ZGR 1984, 168, 175; a.A. *Hüffer*, § 23 AktG Rz. 47, § 243 AktG Rz. 10; *Hüffer* in Ulmer, § 47 GmbHG Rz. 84; *Raiser* in Ulmer, Anh. § 47 GmbHG Rz. 154; *Ulmer*, NJW 1987, 1049, 1050 f.; *M. Winter*, Mitgliedschaftliche Treubindungen, S. 51 f.; *M. Winter*, ZHR 154 (1990), 259, 268 ff.; *Pentz* in MünchKomm. AktG, 3. Aufl., § 23 AktG Rz. 194.

MitbestG sowie im MitbestErgG geregelt sind) nicht selten auch privatautonome Mitbestimmungsvereinbarungen, in denen Aspekte der Arbeitnehmervertretung in den Verwaltungsorganen eines Unternehmens geregelt sind[325]. Trotz ihrer nicht unerheblichen praktischen Bedeutung, die nicht zuletzt durch die EU-Richtlinie 2001/86/EG des Rates vom 8.10.2001 zur Ergänzung des Statuts der Europäischen Gesellschaft hinsichtlich der Beteiligung der Arbeitnehmer (SE-RL)[326] sowie die EU-Richtlinie über grenzüberschreitende Verschmelzungen[327] und dem Entwurf einer EU-Richtlinie über die grenzüberschreitende Sitzverlegung[328] aufgrund der hier jeweils vorgesehen sog. Verhandlungslösung für die Frage der Arbeitnehmervertretung in den Verwaltungsorganen der betroffenen Gesellschaften, weiter wachsen wird, sind Stellungnahmen in Rechtsprechung und wissenschaftlicher Literatur über Vertragsparteien, zulässige Inhalte und Wirksamkeitsvoraussetzungen eher spärlich. Im Einzelnen gilt hier Folgendes: Vereinbarungen über die Einrichtung eines mitbestimmten Aufsichtsrats bei Unternehmen, die an sich keinem gesetzlichen Mitbestimmungsregime unterfallen, sowie Vereinbarungen über die Modifikation und des mitbestimmungsrechtlichen Niveaus (sog. **statusbegründende Mitbestimmungsvereinbarungen**) sind nur bei Personengesellschaften, der GmbH und der KGaA zulässig und rechtlich wirksam. Bei der AG als Unternehmensträgerin hingegen verstößt eine Satzungsbestimmung, die die Einführung der Unternehmensmitbestimmung außerhalb des Anwendungsbereichs der gesetzlichen Mitbestimmungsregelungen vorsieht, gegen den aktienrechtlichen Grundsatz der Satzungsstrenge gem. § 23 Abs. 5 i.V.m. § 96 Abs. 1. § 96 Abs. 1, 5. Fall sieht nämlich zwingend vor, dass nach dem Gesetz mitbestimmungsfreie Gesellschaften ihren Aufsichtsrat lediglich aus Aufsichtsratsmitgliedern der Aktionäre zusammensetzen können. Das hindert die Aktionäre freilich nicht, im Rahmen der Wahl der Anteilseignervertreter der Arbeitnehmerseite nahe stehende Personen (unternehmensangehörige Arbeitnehmer oder Gewerkschaftsfunktionäre) zu wählen[329]. Allerdings bleiben die solchermaßen gewählten „Arbeitnehmervertreter" formalrechtlich Vertreter der Anteilseigner, so dass sie jederzeit mit der Satzungsmehrheit abberufen werden können (§ 103 Abs. 1)[330]. Eine rechtliche Absicherung einer solchen Praxis, beispielsweise über eine Satzungsregelung, der zufolge für die Wahl einer bestimmten Anzahl von Anteilseignervertretern in den Aufsichtsrat eine Arbeitnehmerstellung im Unternehmen als persönliche Voraussetzung vorliegen muss (§ 100 Abs. 4), ist als Umgehungstatbestand des Schutzes

---

325 Ausführlich *Seibt*, AG 2005, 413 ff.
326 Richtlinie des Rates vom 8.10.2001 zur Ergänzung des Statuts der Europäischen Gesellschaft hinsichtlich der Beteiligung der Arbeitnehmer (SE-RL), ABl. EG Nr. L 294 v. 10.11.2001, S. 22.
327 Richtlinie 2005/56/EG des Europäischen Parlaments und des Rates vom 26.10.2005 über die Verschmelzung von Kapitalgesellschaften aus verschiedenen Mitgliedstaaten, ABl. EG Nr. L 310 v. 25.11.2005, S. 1 (Art. 16).
328 Vorentwurf einer (Vierzehnten) Richtlinie über die über die Verlegung des Sitzes einer Gesellschaft in einen anderen Mitgliedstaat mit Wechsel des für die Gesellschaft maßgebenden Rechts vom 20.4.1997, abgedruckt in ZIP 1997, 1721; hierzu *K. Schmidt*, ZGR 1999, 20 ff.; *Hoffmann*, ZHR 164 (2000), 43 ff.; *Leible*, ZGR 2004, 563 ff.
329 BGH v. 3.7.1975 – II ZR 35/73, AG 1975, 242, 244; *Hommelhoff*, ZHR 148 (1984), 118, 133; *Hoffmann-Becking* in MünchHdb. AG, § 28 Rz. 42; *Ihrig/Schlitt*, NZG 1999, 333, 334; *Seibt*, AG 2005, 413, 415; *Mertens* in KölnKomm. AktG, 2. Aufl., § 96 AktG Rz. 15; *Raiser*, AG 1976, 105, 107 ff.; *Seibt* in Umstrukturierung und Übertragung von Unternehmen, F 14; *Habersack* in MünchKomm. AktG, 3. Aufl., § 96 AktG Rz. 31; kritisch *Hüffer*, § 251 AktG Rz. 2.
330 *Hanau*, ZGR 2001, 75, 90 f.; *Seibt*, AG 2005, 413, 415; *Seibt* in Umstrukturierung und Übertragung von Unternehmen, F 14.

der Wahlfreiheit der Aktionäre unzulässig[331]. Demgegenüber ist eine – indes nur schuldrechtlich wirkende – Absicherung der Zuwahl von der Arbeitnehmerseite nahe stehenden Personen in den Aufsichtsrat durch Stimmbindungsvereinbarungen zwischen Aktionären und Dritten (z.B. Gewerkschaften) zulässig[332]. Auch bei der AG zulässig sind Vereinbarungen (i) zur einvernehmlichen Klärung zweifelhafter Rechts- und Sachfragen im Zusammenhang mit dem Mitbestimmungsregime (sog. **Vergleichsvereinbarungen**) sowie (ii) zur Vereinfachung oder Anpassung gesetzlicher Mitbestimmungsregelungen (z.B. Wahlverfahren; sog. **Rationalisierungsvereinbarungen**)[333].

# § 24
# Umwandlung von Aktien

Die Satzung kann bestimmen, dass auf Verlangen eines Aktionärs seine Inhaberaktie in eine Namensaktie oder seine Namensaktie in eine Inhaberaktie umzuwandeln ist.

| | |
|---|---|
| I. Regelungsgegenstand und Normzweck ....... 1 | 1. Allgemeines ......... 4 |
| 1. Satzungsmäßiges Wahlrecht ...... 1 | 2. Voraussetzungen ......... 5 |
| 2. Umwandlung durch Satzungsänderung ...... 2 | 3. Durchführung ......... 6 |
| | 4. Kosten ......... 7 |
| II. Umwandlung auf Verlangen des Aktionärs ...... 4 | 5. Aufhebung einer Bestimmung nach § 24 ......... 8 |

**Literatur:** *Dietrich*, Die Umwandlung von Inhaber- und Namensaktien und ihre Vinkulierung, SozPraxis 1940, 303; *Fischer*, Die Personenvereinigungen, EhrenbergHdb. III 1; *Huep*, Die Renaissance der Namensaktie – Möglichkeiten und Probleme im geänderten aktienrechtlichen Umfeld, WM 2000, 1623; *Noack*, Die Umstellung von Inhaber- auf Namensaktien, in FS Bezzenberger, 2000, S. 291; *v. Rosen/Seifert*, Die Namensaktie (Schriften zum Kapitalmarkt, Band 3), 2000.

## I. Regelungsgegenstand und Normzweck

### 1. Satzungsmäßiges Wahlrecht

Die Satzung muss nach § 23 Abs. 3 Nr. 5 bestimmen, ob die Aktien der Gesellschaft als Namens- und/oder Inhaberaktien (Wahlfreiheit der Gründer, § 10 Abs. 1) wertpapiermäßig verbrieft werden (§ 23 Rz. 51). Die Gründe für die Ausgabe von Namensaktien (anstelle der in der Praxis kapitalmarktorientierter AG weitaus weiter ver- 1

---

331 *Seibt*, AG 2005, 413, 415; a.A. *Henssler* in Ulmer/Habersack/Henssler, § 1 MitbestG Rz. 21; a.A. *Henssler*, ZfA 2000, 241, 263 f.; offen gelassen bei BGH v. 3.7.1975 – II ZR 35/73, AG 1975, 242, 244; *Ihrig/Schlitt*, NZG 1999, 333, 335.
332 *Seibt*, AG 2005, 413, 415; *Fabricius* in FS Hilger und Stumpf, 1983, S. 155, 157; *Ihrig/Schlitt*, NZG 1999, 333, 335; *Hensche*, AuR 1971, 33, 40; *Konzen*, AG 1983, 289, 299 f.; *Raiser*, ZGR 1976, 105, 108; einschränkend *Mertens* in KölnKomm. AktG, 2. Aufl., § 96 AktG Rz. 16; eher ablehnend *Hommelhoff*, ZHR 148 (1984), 118, 140 f.; *Schmiedel*, JZ 1973, 343, 348; *Hüffer*, § 251 Rz. 2; *Henssler* in Ulmer/Habersack/Henssler, § 1 MitbestG Rz. 21; ablehnend *Habersack* in MünchKomm. AktG, 3. Aufl., § 96 AktG Rz. 27.
333 Hierzu *Seibt*, AG 2005, 413, 415 m.w.N.

breiteten Inhaberaktien[1]) können aktien- und kapitalmarktlicher Natur sein (z.B. Geschlossenheit des Aktionärskreises v.a. bei Familiengesellschaften mit „Überfremdungs"-Schutz; Entsendungsrecht in den Aufsichtsrat nach § 101 Abs. 2 Satz 2 AktG; internationale Üblichkeit [*„global share"*] und Erleichterung von *Investor Relations*)[2]. Die Vorschrift gilt nur für den Wechsel der Verbriefungsart, nicht auch für Aktien unterschiedlicher Gattungen (§ 11) oder mit verschiedenem Ausgabebetrag[3].

## 2. Umwandlung durch Satzungsänderung

2  In § 24 nicht geregelt ist die Umwandlung von Aktien durch Satzungsänderung. Die Hauptversammlung kann auch ohne einen Antrag des Aktionärs beschließen, Inhaber- in Namensaktien und Namens- in Inhaberaktien umzuwandeln, wobei sich die Umwandlung wahlweise auf alle Aktien oder nur einen Teil von ihnen beschränken kann (sog. Zwangsumwandlung); § 53a ist indes zu beachten[4].

3  Die Umwandlung setzt einen Hauptversammlungsbeschluss voraus, mittels dessen die nach § 23 Abs. 3 Nr. 5 erforderliche Satzungsbestimmung geändert wird[5]; eine Einzelzustimmung der von der Umwandlung betroffenen Aktionäre ist nicht erforderlich, da es regelmäßig kein Sonderrecht (§ 35 BGB) auf Beibehaltung der bestehenden Aktienart gibt[6]. Da die ausgegebenen Aktienurkunden durch die Satzungsänderung unrichtig werden, kann die Gesellschaft die Aktien nach § 73 für kraftlos erklären, wenn der Aktionär seiner Verpflichtung zum Umtausch nicht nachkommt[7]. Bei **börsennotierten Aktiengesellschaften** erfolgt die Umstellung von Inhaber- auf Namensaktien durch die Clearstream Banking AG in Frankfurt a.M. Die dort hinterlegte Globalurkunde über Inhaberaktien wird durch eine neue Globalurkunde über das Gesamtkapital des Unternehmens ersetzt, welche Namensaktien verbrieft. Bei den Depotbanken werden die alten Inhaberaktien von der Clearstream Banking AG aus- und die neuen Namensaktien eingebucht. Die Kosten für den Umtausch trägt die Gesellschaft, da die Maßnahme von ihr ausgeht (Veranlasserhaftung, Rz. 7) und (offenbar) in ihrem Interesse liegt[8].

---

1 Zu empirischen Daten vgl. AG-Report, 2007, 528, 529; bei nicht börsennotierten Aktiengesellschaften hingegen sind Namensaktien weit verbreitet.
2 Überblick bei *Noack* in FS Bezzenberger, 2000, S. 291, 292 ff.
3 *Hüffer*, § 24 AktG Rz. 1; *Röhricht* in Großkomm. AktG, 4. Aufl., § 24 AktG Rz. 5.
4 *Pentz* in MünchKomm. AktG, 3. Aufl., § 24 AktG Rz. 11; *Röhricht* in Großkomm. AktG, 4. Aufl., § 24 AktG Rz. 12; *Limmer* in Spindler/Stilz, § 24 AktG Rz. 3.
5 *Hüffer*, § 24 AktG Rz. 6; *Noack* in FS Bezzenberger, 2000, S. 291, 300; *Pentz* in MünchKomm. AktG, 3. Aufl., § 24 AktG Rz. 12; *Röhricht* in Großkomm. AktG, 4. Aufl., § 24 AktG Rz. 10.
6 OLG Hamburg v. 3.7.1970 – 11 U 29/70, AG 1970, 230; *Hüffer*, § 24 AktG Rz. 6; *Arnold* in KölnKomm. AktG, 3. Aufl., § 24 AktG Rz. 18 (anders Voraufl. Rz. 18); *Huep*, WM 2000, 1623, 1624; *Noack* in FS Bezzenberger, 2000, S. 291, 302, 305 ff.; *Pentz* in MünchKomm. AktG, 3. Aufl., § 24 AktG Rz. 12; *Röhricht* in Großkomm. AktG, 4. Aufl., § 24 AktG Rz. 11; *Limmer* in Spindler/Stilz, § 24 AktG Rz. 5.
7 *v. Godin/Wilhelmi*, § 24 AktG Anm. 4; *Hüffer*, § 24 AktG Rz. 7; *Arnold* in KölnKomm. AktG, 3. Aufl., § 24 Rz. 10 (anders Voraufl. Rz. 18); *Pentz* in MünchKomm. AktG, 3. Aufl., § 24 AktG Rz. 13; *Röhricht* in Großkomm. AktG, 4. Aufl., § 24 AktG Rz. 13; *Eckardt* in G/H/E/K, § 24 AktG Rz. 9.
8 *Hüffer*, § 24 AktG Rz. 7; *Pentz* in MünchKomm. AktG, 3. Aufl., § 24 AktG Rz. 13; *Röhricht* in Großkomm. AktG, 4. Aufl., § 24 AktG Rz. 13. – Zum Betriebskostenabzug OFD Düsseldorf v. 14.3.1961 – S 2528 A St 13 H, WPg 1961, 220.

## II. Umwandlung auf Verlangen des Aktionärs

### 1. Allgemeines

Gewährt die Satzung dem einzelnen Aktionär einen Anspruch auf Umwandlung seiner Aktie, so ist **Inhaber des Umwandlungsrechts** bei Inhaberaktien der Inhaber, bei Namensaktien der im Aktienregister als Aktionär Eingetragene[9]. Der Anspruch auf Umwandlung selbst ist Bestandteil der Mitgliedschaft des Aktionärs und steht daher weder dem Pfandgläubiger noch dem Nießbraucher zu, selbst wenn dieser im Besitz der Aktienurkunde ist[10]. Der Umwandlungsanspruch kann vom Vorliegen weiterer Voraussetzungen abhängig gemacht werden[11]. Zulässig sind etwa Satzungsbestimmungen, die das Umwandlungsrecht auf bestimmte Aktiengattungen (§ 11) oder Aktienarten (Umtauschrecht nur für Inhaber- oder umgekehrt nur für Namensaktien) beschränken oder den Anspruch an die Zustimmung des Vorstands binden oder sonstige Anforderungen aufstellen[12]. Der Gleichbehandlungsgrundsatz (§ 53a) ist zu beachten[13].

4

### 2. Voraussetzungen

Das **Umwandlungsverlangen des Aktionärs** stellt eine **empfangsbedürftige Willenserklärung** dar, die an die Gesellschaft zu richten ist[14]. Das Begehren kann vorbehaltlich abweichender Satzungsbestimmungen formlos geäußert werden[15]. Das Umwandlungsbegehren setzt nicht voraus, dass die Satzung der Gesellschaft die Ausgabe der begehrten Aktienart im Rahmen der Angaben nach § 23 Abs. 3 Nr. 5 ausdrücklich vorsieht. Bestimmt die Satzung beispielsweise, dass die Aktien der Gesellschaft auf den Namen lauten und ist der einzelne Aktionär gleichzeitig berechtigt, seine Namensaktien in Inhaberaktien umzuwandeln, so ist die Ausgabe von Inhaberaktien durch den Vorstand nicht satzungswidrig. Vielmehr ist die Satzung dahingehend auszulegen, dass der Vorstand neue Aktien (z.B. bei Kapitalerhöhungen) stets als Namensaktien auszugeben hat.

5

### 3. Durchführung

Die Änderung der Aktienart obliegt dem **Vorstand**, der entweder den **Urkundentext abzuändern oder neue Aktienurkunden auszugeben** hat[16]. Dem Aktionär kann die Satzung diese Befugnis nicht einräumen[17]. Werden Inhaber- in Namensaktien umge-

6

---

9 *Baumbach/Hueck*, § 24 AktG Anm. 4; *Limmer* in Spindler/Stilz, § 24 AktG Rz. 2.
10 *Hüffer*, § 24 AktG Rz. 2 f.; *Arnold* in KölnKomm. AktG, 3. Aufl., § 24 AktG Rz. 5; *Pentz* in MünchKomm. AktG, 3. Aufl., § 24 AktG Rz. 5; *Röhricht* in Großkomm. AktG, 4. Aufl., § 24 AktG Rz. 6.
11 *Baumbach/Hueck*, § 24 AktG Anm. 4; *Hüffer*, § 24 AktG Rz. 2; *Arnold* in KölnKomm. AktG, 3. Aufl., § 24 AktG Rz. 4; *Pentz* in MünchKomm. AktG, 3. Aufl., § 24 AktG Rz. 6; *Röhricht* in Großkomm. AktG, 4. Aufl., § 24 AktG Rz. 4.
12 *Hüffer*, § 24 AktG Rz. 2; *Pentz* in MünchKomm. AktG, 3. Aufl., § 24 AktG Rz. 6; *Röhricht* in Großkomm. AktG, 4. Aufl., § 24 AktG Rz. 4.
13 *Arnold* in KölnKomm. AktG, 3. Aufl., § 24 AktG Rz. 4; *Pentz* in MünchKomm. AktG, 3. Aufl., § 24 AktG Rz. 6; *Röhricht* in Großkomm. AktG, 4. Aufl., § 24 AktG Rz. 4.
14 *Hüffer*, § 24 AktG Rz. 3; *Pentz* in MünchKomm. AktG, 3. Aufl., § 24 AktG Rz. 7; *Röhricht* in Großkomm. AktG, 4. Aufl., § 24 AktG Rz. 6.
15 *Hüffer*, § 24 AktG Rz. 3; *Pentz* in MünchKomm. AktG, 3. Aufl., § 24 AktG Rz. 7; *Röhricht* in Großkomm. AktG, 4. Aufl., § 24 AktG Rz. 6.
16 *Hüffer*, § 24 AktG Rz. 4; *Pentz* in MünchKomm. AktG, 3. Aufl., § 24 AktG Rz. 7; *Röhricht* in Großkomm. AktG, 4. Aufl., § 24 AktG Rz. 8; *Limmer* in Spindler/Stilz, § 24 AktG Rz. 2.
17 *Pentz* in MünchKomm. AktG, 3. Aufl., § 24 AktG Rz. 7; *Röhricht* in Großkomm. AktG, 4. Aufl., § 24 AktG Rz. 2; wohl auch *Arnold* in KölnKomm. AktG, 3. Aufl., § 24 AktG Rz. 7.

## § 25

wandelt, so ist der Inhaber in das Aktienregister (§ 67 Abs. 1) einzutragen[18]. Im umgekehrten Fall der Umwandlung von Namens- in Inhaberaktien ist die bisherige Eintragung im Aktienregister zu löschen[19]. Die Änderungen im Aktienregister haben indes nur deklaratorische Bedeutung[20]. Neue Aktienurkunden sind Zug um Zug gegen die Rückgabe der alten umzutauschen[21].

### 4. Kosten

7   Die Kostentragung kann in der Satzung geregelt werden[22]. Enthält die Satzung keine Regelung, ist nach dem Rechtsgedanken des § 26 Abs. 2 eine Art Veranlasserhaftung anzunehmen, wonach der Aktionär die Kosten in der Regel insofern zu tragen verpflichtet ist, als er die Umwandlung der Aktien veranlasst hat[23].

### 5. Aufhebung einer Bestimmung nach § 24

8   Das Recht zur Umwandlung kann auch nachträglich durch Satzungsänderung eingeführt (§ 179) und durch satzungsändernden Hauptversammlungsbeschluss (§ 179) wieder aufgehoben werden[24]. Die Zustimmung aller Aktionäre ist nicht erforderlich, da das Umtauschrecht kein Sonderrecht darstellt[25]. Mit der Eintragung der Satzungsänderung im Handelsregister erlischt der individuelle Umwandlungsanspruch des Aktionärs[26].

## § 25
## Bekanntmachungen der Gesellschaft

**Bestimmt das Gesetz oder die Satzung, dass eine Bekanntmachung der Gesellschaft durch die Gesellschaftsblätter erfolgen soll, so ist sie in den elektronischen Bundesanzeiger einzurücken. Daneben kann die Satzung andere Blätter oder elektronische Informationsmedien als Gesellschaftsblätter bezeichnen.**

---

18 *Hüffer*, § 24 AktG Rz. 4; *Pentz* in MünchKomm. AktG, 3. Aufl., § 24 AktG Rz. 7; *Röhricht* in Großkomm. AktG, 4. Aufl., § 24 AktG Rz. 8.
19 *Pentz* in MünchKomm. AktG, 3. Aufl., § 24 AktG Rz. 7; *Röhricht* in Großkomm. AktG, 4. Aufl., § 24 AktG Rz. 8.
20 *Röhricht* in Großkomm. AktG, 4. Aufl., § 24 AktG Rz. 8.
21 *Hüffer*, § 24 AktG Rz. 4; *Pentz* in MünchKomm. AktG, 3. Aufl., § 24 AktG Rz. 7.
22 *Hüffer*, § 24 AktG Rz. 5; *Arnold* in KölnKomm. AktG, 3. Aufl., § 24 AktG Rz. 7; *Pentz* in MünchKomm. AktG, 3. Aufl., § 24 AktG Rz. 8; *Wiesner* in MünchHdb. AG, § 13 Rz. 5.
23 *Baumbach/Hueck*, § 24 AktG Anm. 4; *Hüffer*, § 24 AktG Rz. 5; *Pentz* in MünchKomm. AktG, 3. Aufl., § 24 AktG Rz. 9; *Arnold* in KölnKomm. AktG, 3. Aufl., § 24 AktG Rz. 7; *Röhricht* in Großkomm. AktG, 4. Aufl., § 24 AktG Rz. 9; *Schlegelberger/Quassowski*, AktG 1937, § 17 Anm. 4; a.A. (Kostentragungspflicht der Gesellschaft) *Eckardt* in G/H/E/K, § 24 AktG Rz. 8; *v. Godin/Wilhelmi*, § 24 AktG Anm. 8; *Teichmann/Koehler*, AktG 1937, Anm. zu § 17; *Ritter*, AktG 1937, § 17 Anm. 2.
24 *Pentz* in MünchKomm. AktG, 3. Aufl., § 24 AktG Rz. 10; *Röhricht* in Großkomm. AktG, 4. Aufl., § 24 AktG Rz. 3.
25 *Hüffer*, § 24 AktG Rz. 2; *Pentz* in MünchKomm. AktG, 3. Aufl., § 24 AktG Rz. 10; *Röhricht* in Großkomm. AktG, 4. Aufl., § 24 AktG Rz. 3.
26 *Röhricht* in Großkomm. AktG, 4. Aufl., § 24 AktG Rz. 3; a.A. *Pentz* in MünchKomm. AktG, 3. Aufl., § 24 AktG Rz. 10.

| I. Regelungsgegenstand und Normzweck ................... 1 | 2. Weitere Gesellschaftsblätter ...... 5 |
|---|---|
| II. Bekanntmachungen in den Gesellschaftsblättern ............... 2 | 3. Rechtsfolgen ................. 8 |
| 1. Pflichtmedium ............... 2 | III. Weitere Bekanntmachungen ...... 11 |

**Literatur:** *Deilmann/Messerschmidt,* Erste Erfahrungen mit dem elektronischen Bundesanzeiger, NZG 2003, 616; *Mimberg,* Schranken der Vorbereitung und Durchführung der Hauptversammlung im Internet – die Rechtslage nach dem Inkrafttreten des NaStraG, Formvorschriften-AnpassungsG und TransPuG, ZGR 2003, 21; *Noack,* Neue Entwicklungen im Aktienrecht und moderne Informationstechnologie 2003–2005, NZG 2004, 297; *Noack,* Der elektronische Bundesanzeiger im Aktienrecht – Ein Überblick, BB 2002, 2025; *Noack,* Unternehmenspublizität – Bedeutung und Medien der Offenlegung von Unternehmensdaten, 2002; *Oppermann,* Veröffentlichung der Hauptversammlungseinladung im elektronischen Bundesanzeiger ausreichend?, ZIP 2003, 793; *Seibert,* Das „TransPuG", NZG 2002, 608; *Zetzsche,* Aktionärsinformation in der börsennotierten Aktiengesellschaft, 2003; *Zöllner,* Vereinheitlichung der Informationswege bei Aktiengesellschaften?, NZG 2003, 354.

## I. Regelungsgegenstand und Normzweck

Die **zeitnahe und gleichmäßige Information der Aktionäre** über die geschäftliche und finanzielle Lage ihrer Gesellschaft zählt zu einem wesentlichen Bestandteil guter Corporate Governance. Während verbandsrechtlich nur die jährliche Rechnungslegung, der Aufsichtsratsbericht nach § 171 Abs. 2, die Auskunftserteilung in der Hauptversammlung und die Abgabe der Entsprechens-Erklärung nach § 161 erforderlich sind, verpflichten kapitalmarktrechtliche Normen (WpHG, WpÜG, WpPG, BörsG) börsennotierte AG zu einem weitaus höheren Maß an materieller Publizität, die Korrelat der Marktteilnahme ist[1]. Da jede Publizität nur so gut ist wie ihre tatsächliche Verbreitung[2] und der Kapitalmarkt auf Aktualität, Schnelligkeit und Internationalität angewiesen ist, hat der Gesetzgeber die elektronische Publikation des Bundesanzeigers (in Ablösung der Printfassung) als Pflichtmedium geregelt. Die Vorschrift des § 25 soll sicherstellen, dass Pflichtbekanntmachungen der AG in einer allgemein zugänglichen Quelle veröffentlicht werden und bezweckt außer einer Verbesserung des Informationsempfanges (insbesondere ausländischer Interessenten) durch technische Möglichkeiten auch mehr Flexibilität und Kostenvorteile für die Gesellschaften (Satz 1)[3]. Die Vorschriften gehen zurück auf Art. 1 Nr. 1 TransPuG vom 19.7.2002[4] bzw. Art. 1 Nr. 1 NaStraG vom 18.1.2001[5]. Sie betrifft nur die sog. Pflichtbekanntmachungen der AG, also solche, die kraft Gesetzes oder aufgrund der Satzung in den Gesellschaftsblättern zu veröffentlichen sind und regelt diese abschließend. Freiwillige Bekanntmachungen, also solche, die Gesetz oder Satzung vorschreiben, ohne zugleich die Gesellschaftsblätter als Publikationsorgan zu bestimmen, unterfallen demgegenüber der nach § 23 Abs. 4 erforderlichen Satzungsbestimmung (§ 23 Rz. 51)[6].

---

[1] Grundlegend *Merkt,* Unternehmenspublizität, S. 332 ff. Zur aktien-, handels- und kapitalmarktrechtlichen Publizität ferner *Hommelhoff,* ZGR 2000, 748 ff.; *Zöllner,* NZG 2003, 354 ff.; *Noack,* Unternehmenspublizität, 2002; *Zetzsche,* Aktionärsinformation in der börsennotierten Aktiengesellschaft, 2003.
[2] *Hopt,* ZGR 1980, 225, 251.
[3] Begr. RegE BT-Drucks. 14/8769, S. 11; *Hüffer,* § 25 AktG Rz. 2; *Noack,* BB 2002, 2025.
[4] BGBl. I 2002, 2681.
[5] BGBl. I 2001, 123.
[6] Ebenso *Limmer* in Spindler/Stilz, § 25 AktG Rz. 2.

## II. Bekanntmachungen in den Gesellschaftsblättern

### 1. Pflichtmedium

2 Das AktG fordert von der AG an verschiedenen Stellen die **Bekanntmachung** von Tatsachen oder Umständen **in den „Gesellschaftsblättern"**, nämlich für die Bekanntmachung über der Gesellschaft nach § 20 Abs. 1 oder 4 mitgeteilte Viertel- und Mehrheitsbeteiligungen (beschränkt auf nicht börsennotierte Gesellschaften, § 20 Abs. 6 und 8), die Setzung einer Nachfrist zum Ausschluss säumiger Aktionäre (§ 64 Abs. 2 Satz 1), die Bekanntmachung über die Zusammensetzung des Aufsichtsrats nach § 97 Abs. 1, die gerichtliche Entscheidung über diese Zusammensetzung nach § 99 Abs. 4 Satz 2, den Wechsel von Aufsichtsratsmitgliedern nach § 106, die Einberufung der Hauptversammlung nach § 121 Abs. 3 Satz 1 und deren Tagesordnung nach § 124 Abs. 1 Satz 1 samt den erforderlichen Zusatzangaben nach § 124 Abs. 2 und 3, ferner bei Kapitalerhöhungen des Ausgabebetrags und der Bezugsfrist nach § 186 Abs. 2 sowie des Bezugsangebots nach § 186 Abs. 5, die Erhebung einer Anfechtungsklage nach § 246 Abs. 4, die abschließende Feststellung der Sonderprüfer nach § 259 Abs. 5.

3 Als Pflichtmedium für diese Bekanntmachungen und die nach statutarischen Regelungen in den „Gesellschaftsblättern" zu veröffentlichenden Bekanntmachungen bestimmt § 25 Satz 1 (nur) den **elektronischen Bundesanzeiger**[7]. Eine zusätzliche Veröffentlichung in der Druckausgabe des Bundesanzeigers ist nicht erforderlich, da eine solche doppelgleisige Bekanntmachungspflicht den Informationsadressaten unnötig belasten würde[8]. Die Satzung kann jedoch weitere Informationsmedien zu Gesellschaftsblättern bestimmen (Rz. 7).

4 Der elektronische Bundesanzeiger wird betrieben von der Bundesanzeiger Verlagsgesellschaft mbH, Köln, und herausgegeben vom Bundesministerium der Justiz (www.ebundesanzeiger.de). In den elektronischen Bundesanzeiger „eingerückt" ist eine Bekanntmachung, wenn sie auf der Webseite eingestellt ist[9]. Die Belegfunktion des gedruckten Bundesanzeigers[10] (§§ 123 Abs. 1, 130 Abs. 3) wird nach neuem Recht durch die Angabe der Internet-Fundstelle ersetzt[11]. Da das AktG für bestimmte Bekanntmachungen den elektronischen Bundesanzeiger zwingend als Medium vorsieht, besteht ein **Kontrahierungszwang** des Betreibers zu Gunsten der AG[12]. Dies gilt innerhalb der Grenzen der Sittenwidrigkeit und der Strafbarkeit selbst für gesetzes- oder satzungswidrige Veröffentlichungen oder Veröffentlichungen, deren Inhalt nichtig ist, da die Bundesanzeiger Verlagsgesellschaft mbH kein Aktienamt ist[13].

### 2. Weitere Gesellschaftsblätter

5 Die Satzung kann gem. § 25 Satz 2 neben dem elektronischen Bundesanzeiger weitere Blätter oder elektronische Informationsmedien zu Gesellschaftsblättern bestimmen[14]. Die in den Gesellschaftsblättern zu veröffentlichende Pflichtbekanntma-

---

7 Ebenso *Limmer* in Spindler/Stilz, § 25 AktG Rz. 3 ff.
8 Begr. RegE BT-Drucks. 14/8759, S. 11; *Hüffer*, § 25 AktG Rz. 3; *Noack*, BB 2002, 2025 f.; *Seibert*, NZG 2002, 608, 609.
9 *Hüffer*, § 25 AktG Rz. 2.
10 Vgl. *DAV-Handelsrechtsausschuss*, Stellungnahme zum RefE eine TransPuG, NZG 2002, 115.
11 *Hüffer*, § 25 AktG Rz. 3; *Noack*, BB 2002, 2025, 2027.
12 *Hüffer*, § 25 AktG Rz. 2; *Pentz* in MünchKomm. AktG, 3. Aufl., § 25 AktG Rz. 7; *Röhricht* in Großkomm. AktG, 4. Aufl., § 25 AktG Rz. 2.
13 *Pentz* in MünchKomm. AktG, 3. Aufl., § 25 AktG Rz. 7.
14 *Hüffer*, § 25 AktG Rz. 4; *Pentz* in MünchKomm. AktG, 3. Aufl., § 25 AktG Rz. 8 ff.; *Limmer* in Spindler/Stilz, § 25 AktG Rz. 6.

chung ist dann sowohl im elektronischen Bundesanzeiger als auch in jedem anderen Gesellschaftsblatt bekannt zu machen[15]. Der Klarheit halber sollten diese Blätter auch ausdrücklich als Gesellschaftsblätter bezeichnet werden[16]. Eine Ermächtigung zu Gunsten des Vorstands oder Aufsichtsrats, von Fall zu Fall weitere Gesellschaftsblätter zu benennen, wäre mit der durch § 25 bezweckten Rechtssicherheit unvereinbar und daher unzulässig[17].

Verweisen Satzungsklauseln auf den „Bundesanzeiger" (und nicht auf den „Bundesanzeiger als Printausgabe") als Pflichtblatt, so bezieht sich dieser Verweis ab dem 1.1.2003 auf den elektronischen Bundesanzeiger[18]. Der fortbestehende Verweis auf den „Bundesanzeiger" macht diesen nicht zu einem „anderen Blatt" i.S. des § 25 Satz 2, so dass eine Doppelpublikation nicht erforderlich wird[19].

Als **papiergebundene Medien** kommen alle in Deutschland erscheinenden Zeitungen und Zeitschriften unabhängig von ihrem Erscheinungstermin (täglich, wöchentlich, monatlich) und ihrer Verbreitung in Betracht[20]. Bei einem nicht täglich erscheinenden Blatt sind indes Verzögerungen in Kauf zu nehmen, falls durch die Bekanntmachung eine Frist in Gang gesetzt werden soll[21]. Auch ein im Inland erscheinendes fremdsprachiges Blatt kann zum weiteren Gesellschaftsblatt bestimmt werden, ebenso wie das Internet[22]. Die Bekanntmachungen selbst haben in deutscher Sprache zu erfolgen, die Satzung kann jedoch für die weiteren Gesellschaftsblätter die Veröffentlichung in einer Fremdsprache vorsehen[23]. Lediglich die Bekanntmachungen im elektronischen Bundesanzeiger haben zwingend in deutscher Sprache zu erfolgen.

## 3. Rechtsfolgen

Hinsichtlich der Rechtsfolgen einer Veröffentlichung in den Gesellschaftsblättern ist **zu differenzieren**: Wird durch die Bekanntmachung eine Frist in Gang gesetzt, so beginnt die Frist mit dem Einstellen der Information auf der Website des elektronischen Bundesanzeigers (§ 187 Abs. 1 BGB)[24]. Benennt die Satzung mehrere Gesellschaftsblätter und erscheinen diese an unterschiedlichen Tagen, so ist auch hier für den Fristbeginn allein die Veröffentlichung im elektronischen Bundesanzeiger maßgeblich, wenn das Gesetz dies ausdrücklich bestimmt (z.B. § 97 Abs. 1 Satz 3, Abs. 2 Satz 1, § 125 Abs. 1, § 126 Abs. 1)[25]. Fehlt eine solche gesetzliche Regelung (z.B. §§ 124 Abs. 1 Satz 1, 214 Abs. 2 und 3, 226 Abs. 1 Satz 1, Abs. 2), ist für den Fristbe-

---

15 *Pentz* in MünchKomm. AktG, 3. Aufl., § 25 AktG Rz. 8.
16 *Hüffer*, § 25 AktG Rz. 4; *Pentz* in MünchKomm. AktG, 3. Aufl., § 25 AktG Rz. 8.
17 *Pentz* in MünchKomm. AktG, 3. Aufl., § 23 AktG Rz. 9.
18 *Groß*, DB 2003, 867, 868 f.; *Hüffer*, § 23 AktG Rz. 3; *Limmer* in Spindler/Stilz, § 25 AktG Rz. 5; *Ihrig/Wagner*, BB 2002, 789, 792; *Noack*, BB 2002, 2025, 2026; *Oppermann*, ZIP 2003, 793, 794 f.; *Seibert*, NZG 2002, 608, 609; a.A. *Mimberg*, ZGR 2003, 21, 28.
19 *Hüffer*, § 25 AktG Rz. 3; a.A. *Mutter*, AG 2003, R 34.
20 *Hüffer*, § 25 AktG Rz. 4; *Pentz* in MünchKomm. AktG, 3. Aufl., § 25 AktG Rz. 11.
21 *Pentz* in MünchKomm. AktG, 3. Aufl., § 25 AktG Rz. 11.
22 *Hüffer*, § 25 AktG Rz. 4; *Arnold* in KölnKomm. AktG, 3. Aufl., § 25 AktG Rz. 9 f.; *Pentz* in MünchKomm. AktG, 3. Aufl., § 25 AktG Rz. 11; *Röhricht* in Großkomm. AktG, 4. Aufl., § 25 AktG Rz. 5.
23 *Hüffer*, § 25 AktG Rz. 4; *Arnold* in KölnKomm. AktG, 3. Aufl., § 25 AktG Rz. 10; *Pentz* in MünchKomm. AktG, 3. Aufl., § 25 AktG Rz. 11; ohne Satzungsvorbehalt *Röhricht* in Großkomm. AktG, 4. Aufl., § 25 AktG Rz. 5; a.A. noch *Baumbach/Hueck*, § 25 AktG Anm. 4.
24 *Hüffer*, § 25 AktG Rz. 5.
25 *Hüffer*, § 25 AktG Rz. 5; *Noack*, BB 2002, 2025, 2027; *Pentz* in MünchKomm. AktG, 3. Aufl., § 25 AktG Rz. 13.

ginn nach dem Rechtsgedanken des § 10 Abs. 2 HGB auf das Erscheinen des letzten, die Bekanntmachung enthaltenden Gesellschaftsblatts abzustellen[26].

9 **Fehlerhafte Bekanntmachungen** (d.h. eine nicht nur mit offensichtlichen Schreibfehlern versehene, unrichtige Wiedergabe der bekannt zu machenden Angaben in mindestens einer Bekanntmachung) löst keinen Fristlauf aus[27]; ist die Bekanntmachung Wirksamkeitsvoraussetzung (z.B. Kaduzierung nach § 64 Abs. 3 Satz 1), so treten dann die Rechtsfolgen (z.B. Verlust der Mitgliedschaft) nicht ein[28]. Zu Fehlern bei der Einberufung der Hauptversammlung oder bei der Bekanntmachung der Tagesordnung s. § 241 Rz. 5 ff. bzw. § 243 Rz. 7.

10 Stellt ein weiteres Gesellschaftsblatt i.S. des § 25 Satz 2 sein Erscheinen ein, so genügt auch ohne Satzungsänderung eine Bekanntmachung im elektronischen Bundesanzeiger und ggf. in verbleibenden weiteren Gesellschaftsblättern[29]; dasselbe gilt bei vorübergehendem Nichterscheinen eines Gesellschaftsblatts[30].

### III. Weitere Bekanntmachungen

11 Von der Bestimmung weiterer Gesellschaftsblätter i.S. des § 25 Satz 2 zu unterscheiden ist der Fall, dass die Bekanntmachung außer in den Gesellschaftsblättern zusätzlich in weiteren Publikationsorganen zu veröffentlichen ist. Da diese Blätter dann keine Gesellschaftsblätter i.S. des Gesetzes oder der Satzung sind, hat die Satzung bei ihrer Auswahl völlig freie Hand (§ 23 Rz. 66)[31]. Dasselbe gilt bei sog. freiwilligen Bekanntmachungen, deren Veröffentlichung nicht in den Gesellschaftsblättern vorgesehen ist[32].

## § 26
## Sondervorteile. Gründungsaufwand

(1) Jeder einem einzelnen Aktionär oder einem Dritten eingeräumte besondere Vorteil muss in der Satzung unter Bezeichnung des Berechtigten festgesetzt werden.

(2) Der Gesamtaufwand, der zu Lasten der Gesellschaft an Aktionäre oder an andere Personen als Entschädigung oder als Belohnung für die Gründung oder ihre Vorbereitung gewährt wird, ist in der Satzung gesondert festzusetzen.

(3) Ohne diese Festsetzung sind die Verträge und die Rechtshandlungen zu ihrer Ausführung der Gesellschaft gegenüber unwirksam. Nach der Eintragung der Gesellschaft in das Handelsregister kann die Unwirksamkeit nicht durch Satzungsänderung geheilt werden.

---

26 *Braunfels* in Heidel, § 25 AktG Rz. 3; *Hüffer*, § 25 AktG Rz. 5; *Pentz* in MünchKomm. AktG, 3. Aufl., § 25 AktG Rz. 13.
27 Ähnlich *Hüffer*, § 25 AktG Rz. 5; *Pentz* in MünchKomm. AktG, 3. Aufl., § 25 AktG Rz. 14.
28 *Hüffer*, § 25 AktG Rz. 5; *Pentz* in MünchKomm. AktG, 3. Aufl., § 25 AktG Rz. 14.
29 *Hüffer*, § 25 AktG Rz. 5; *Arnold* in KölnKomm. AktG, 3. Aufl., § 25 AktG Rz. 11; *Pentz* in MünchKomm. AktG, § 25 AktG Rz. 12; *Röhricht* in Großkomm. AktG, 4. Aufl., § 25 AktG Rz. 6.
30 *Hüffer*, § 25 AktG Rz. 5; *Pentz* in MünchKomm. AktG, 3. Aufl., § 25 AktG Rz. 12; *Röhricht* in Großkomm. AktG, 4. Aufl., § 25 AktG Rz. 6.
31 *Hüffer*, § 25 AktG Rz. 6; *Pentz* in MünchKomm. AktG, 3. Aufl., § 25 AktG Rz. 15; *Röhricht* in Großkomm. AktG, 4. Aufl., § 25 AktG Rz. 8.
32 *Röhricht* in Großkomm. AktG, 4. Aufl., § 25 AktG Rz. 9.

**(4)** Die Festsetzungen können erst geändert werden, wenn die Gesellschaft fünf Jahre im Handelsregister eingetragen ist.

**(5)** Die Satzungsbestimmungen über die Festsetzungen können durch Satzungsänderung erst beseitigt werden, wenn die Gesellschaft dreißig Jahre im Handelsregister eingetragen ist und wenn die Rechtsverhältnisse, die den Festsetzungen zugrunde liegen, seit mindestens fünf Jahren abgewickelt sind.

| | |
|---|---|
| I. Regelungsgegenstand und Normzweck .................... 1 | 4. Festsetzung in der Satzung ....... 16 |
| II. Sondervorteile (§ 26 Abs. 1) ....... 4 | IV. Rechtsfolgen bei unterlassener oder unrichtiger Festsetzung (§ 26 Abs. 3) ................. 18 |
| 1. Begriff und Rechtsnatur ........ 4 | 1. Registerrechtliche Folgen ....... 18 |
| 2. Inhalt und Schranken .......... 6 | 2. Zivilrechtliche Folgen .......... 19 |
| 3. Festsetzung in der Satzung ....... 10 | 3. Steuerrechtliche Folgen ........ 21 |
| 4. Erlöschen der Ansprüche ....... 12 | V. Änderung und Beseitigung von Festsetzungen (§ 26 Abs. 4, 5) ...... 22 |
| III. Gründungsaufwand (§ 26 Abs. 2) ... 13 | 1. Änderungen ................ 22 |
| 1. Allgemeines und Rechtsnatur ..... 13 | 2. Beseitigung ................. 23 |
| 2. Gründungsentschädigung ........ 14 | |
| 3. Gründerlohn ................ 15 | |

**Literatur:** *Abrell*, Der Begriff des aktienrechtlichen Sondervorteils bei entgeltlichen Geschäften der Gesellschaft mit ihrem Mehrheitsaktionär, BB 1974, 1463; *Dregger*, Haftungsverhältnisse bei der Vorgesellschaft von AG, GmbH, Genossenschaft und Verein, 1951; *Ebenroth*, Die verdeckten Vermögenszuwendungen im internationalen Unternehmensrecht, 1979; *Hagelberg*, Die fehlerhafte Sachgründung von Aktiengesellschaften, in FS Oberneck, 1930, S. 206; *Heim*, Berechtigung und Verpflichtung der Aktiengesellschaften aus Verträgen vor ihrer Eintragung, ZHR 108 (1941), 181; *Junker*, Der Sondervorteil im Sinne des § 26 AktG, ZHR 159 (1995), 207; *Just*, Die unzulässige Einlage von Dienstleistungen im Kapitalgesellschaftsrecht, NZG 2003, 161; *Sagasser*, Sondervorteile bei der Gründung einer Aktiengesellschaft, 1986; *Schiller*, Die Gründungsbilanz der Aktiengesellschaft, BB 1991, 2403; *Wertheimer*, Gründerlohn, Kleinaktie, Aufsichtsrats-Delegation, Aktienrechtliche Fragen, 1933; *Wittler*, Die Gründungskosten der Aktiengesellschaft und ihr Einfluss auf die Finanzierung, 1925.

## I. Regelungsgegenstand und Normzweck

Die Norm des § 26 regelt für Fälle einer sog. qualifizierten Gründung[1], in denen aus Anlass der Gründung der AG Aktionären oder Dritten Sondervorteile eingeräumt werden (Abs. 1) oder die AG diesen Personen eine Entschädigung bzw. eine Belohnung für die Beteiligung an der Gründung gewährt (Abs. 2), die Einhaltung einer bestimmten Form, nämlich die Festsetzung des Vorteils oder des Gründungsaufwands in der Satzung[2] (**reine Formvorschrift**).

Der **Zweck** der Vorschrift besteht darin, gegenwärtige und zukünftige Aktionäre sowie Gläubiger[3] der Gesellschaft im Wege der **Satzungspublizität** über solche Verbindlichkeiten zu informieren (Offenlegung)[4]. Klargestellt wird zugleich, dass für Grün-

---

1 *Hüffer*, § 26 AktG Rz. 1; *Pentz* in MünchKomm. AktG, 3. Aufl., § 26 AktG Rz. 3.
2 *Hüffer*, § 26 AktG Rz. 1; *Limmer* in Spindler/Stilz, § 26 AktG Rz. 5; *Junker*, ZHR 159 (1995), 207.
3 Einschränkend *Junker*, ZHR 159 (1995), 207, 210 f., demzufolge der Gläubigerschutz eine allenfalls mittelbare, reflexartige Funktion des § 26 sei.
4 *Limmer* in Spindler/Stilz, § 26 AktG Rz. 1.

dungskosten nach außen zwar Gesellschaft und Aktionäre gesamtschuldnerisch haften, im Innenverhältnis aber den Gründern die Verbindlichkeit allein zugewiesen ist[5], sofern nicht die Satzung eine abweichende Regelung trifft[6]. Weiterhin werden durch die Satzungspublizität gegenwärtige und zukünftige Aktionäre sowie Gläubiger vor potentiellen Interessenkonflikten bei der Verfolgung des Unternehmensgegenstands gewarnt[7]. Die Vorschrift findet auf die GmbH entsprechende Anwendung[8].

3  Schuldrechtliche Vereinbarungen über die Gewährung von Sondervorteilen oder die Erstattung von Gründungsaufwand stellen keine nachgründungspflichtigen Geschäfte i.S. des § 52 dar[9]. **Zum Verhältnis zwischen § 27 und § 52 s. § 27 Rz. 2.**

## II. Sondervorteile (§ 26 Abs. 1)

### 1. Begriff und Rechtsnatur

4  Sondervorteil im Sinne des § 26 Abs. 1 sind alle Vorteile, die einzelnen oder auch allen Aktionären oder Dritten aus Anlass der Gründung der Gesellschaft (vgl. § 26 Abs. 3) persönlich eingeräumt werden[10]. Es genügt, dass sie mit ihr in einem sachlichen Zusammenhang stehen[11]. Im Unterschied zu den mitgliedschaftlichen Sonderrechten i.S. der § 11 Satz 1 AktG, § 35 BGB handelt es sich bei den Sondervorteilen i.S. des § 26 Abs. 1 um **reine Gläubigerrechte**[12], die dem Berechtigten persönlich unabhängig von der Mitgliedschaft zustehen[13]. Als reines Gläubigerrecht ist der Sondervorteil vorbehaltlich seiner Verkehrsfähigkeit (§§ 399, 413 BGB) getrennt von der Aktie übertragbar[14]. Aus dem Zweck der Vorschrift (der auf Belastungen der Gesellschaft und nicht ihrer Aktionäre abstellt[15]; s. auch Rz. 2), folgt die Voraussetzung, dass die Vorteile **stets zumindest auch durch die Gesellschaft** und nicht allein durch ihre Aktionäre zu erbringen sind[16].

5  Der Sondervorteil muss dem Berechtigten **gegenleistungsfrei** zufließen[17]. Ansprüche aus gegenseitigen Verträgen qualifizieren daher grundsätzlich nicht als Sondervor-

---

5  *Pentz* in MünchKomm. AktG, 3. Aufl., § 26 AktG Rz. 5.
6  BGH v. 20.2.1989 – II ZB 10/88, BGHZ 107, 1, 4 = AG 1989, 274; vorgehend BayObLG v. 29.9.1988 – BReg 3 Z 109/88, AG 1989, 132.
7  *Limmer* in Spindler/Stilz, § 26 AktG Rz. 1.
8  BGH v. 20.2.1989 – II ZB 10/88, BGHZ 107, 1, 4 = AG 1989, 274; *Hüffer*, § 26 AktG Rz. 1; *Pentz* in MünchKomm. AktG, 3. Aufl., § 26 AktG Rz. 6; *Limmer* in Spindler/Stilz, § 26 AktG Rz. 1; a.A. BayObLG v. 29.9.1988 – BReg 3 Z 109/88, AG 1989, 132.
9  *Pentz* in MünchKomm. AktG, 3. Aufl., § 52 AktG Rz. 6.
10  *Hüffer*, § 26 AktG Rz. 2; *Junker*, ZHR 159 (1995), 207, 211 f.; *Arnold* in KölnKomm. AktG, 3. Aufl., § 26 AktG Rz. 5; *Pentz* in MünchKomm. AktG, 3. Aufl., § 26 AktG Rz. 8; *Röhricht* in Großkomm. AktG, 4. Aufl., § 26 AktG Rz. 3; *Limmer* in Spindler/Stilz, § 26 AktG Rz. 2.
11  *Hüffer*, § 26 AktG Rz. 2; *Pentz* in MünchKomm. AktG, 3. Aufl., § 26 AktG Rz. 8; *Röhricht* in Großkomm. AktG, 4. Aufl., § 26 AktG Rz. 3 ff.
12  *Pentz* in MünchKomm. AktG, 3. Aufl., § 26 AktG Rz. 8; *Röhricht* in Großkomm. AktG, 4. Aufl., § 26 AktG Rz. 7 f.; *Limmer* in Spindler/Stilz, § 26 AktG Rz. 2.
13  *Junker*, ZHR 159 (1995), 207, 211; *Pentz* in MünchKomm. AktG, 3. Aufl., § 26 AktG Rz. 8; *Röhricht* in Großkomm. AktG, 4. Aufl., § 26 AktG Rz. 5.
14  *Hüffer*, § 26 AktG Rz. 2; *Pentz* in MünchKomm. AktG, 3. Aufl., § 26 AktG Rz. 8.
15  *Arnold* in KölnKomm. AktG, 3. Aufl., § 26 AktG Rz. 6; *Pentz* in MünchKomm. AktG, 3. Aufl., § 26 AktG Rz. 9.
16  *Hüffer*, § 26 AktG Rz. 2; *Arnold* in KölnKomm. AktG, 3. Aufl., § 26 AktG Rz. 6; *Röhricht* in Großkomm. AktG, 4. Aufl., § 26 AktG Rz. 6; *Pentz* in MünchKomm. AktG, 3. Aufl., § 26 AktG Rz. 9; a.A. noch *Schlegelberger/Quassowski*, AktG 1937, § 19 Anm. 4; *Ritter*, AktG 1937, § 19 Anm. 3b.
17  *Röhricht* in Großkomm. AktG, 4. Aufl., § 26 AktG Rz. 4, 10 und 16; *Ritter*, AktG 1937, § 19 Anm. 3.

teil[18]. Allerdings gebietet der Normzweck des § 26 Abs. 1 (Rz. 2), **auch verdeckte Zusagen von Sondervorteilen** zu erfassen[19]. Ansprüche aus Austauschverträgen können daher dann einen Sondervorteil i.S. des § 26 Abs. 1 darstellen, wenn sie den Vertragspartner der Gesellschaft unangemessen bevorzugen[20]. Auch kann die Begründung der Verpflichtung zum Abschluss gegenseitiger Verträge mit dem Berechtigten einen Sondervorteil darstellen, insbesondere beim Abschluss von Verträgen mit Exklusivcharakter[21].

**2. Inhalt und Schranken**

**a)** Als Sondervorteil kann grundsätzlich jeder Vorteil, gleich ob vermögensrechtlich oder nicht vermögensrechtlich, vereinbart werden (zu den Ausnahmen Rz. 9)[22]. Beispiele für **vermögensrechtliche Vorteile** sind insbesondere Rechte auf Bevorzugung bei der Verteilung des Bilanzgewinns oder bei der Liquidation der Gesellschaft (insbesondere Vorzugsquoten oder das Recht auf Aussonderung bestimmter, zur Gläubigerbefriedigung nicht benötigter Gegenstände)[23], das Recht, einen bestimmten Gegenstand von der Gesellschaft zu erwerben, auch in Gestalt des Wiederkaufsrechts hinsichtlich eingebrachter Sachen[24], Optionen auf Warenbezug[25], Umsatzprovisionen[26], sowie das Recht auf begünstigten bzw. freien Zutritt zu Veranstaltungen oder Anlagen[27] o.ä. (zu den Grenzen Rz. 8). Beim Recht auf Verkauf eines bestimmten Gegenstands an die Gesellschaft ist richtigerweise zu differenzieren[28]: Schließt die AG nach ihrer Eintragung in Erfüllung ihrer Verpflichtung einen entsprechenden (Kauf-)Vertrag ab, so ist § 52 (Nachgründung) zu beachten[29]. Soll hingegen die Verpflichtung der Gesellschaft zum Erwerb eines bestimmten Gegenstands bereits bei und anlässlich der Gründung durch Vereinbarung der Gründer untereinander oder mit einem Dritten begründet werden, so liegt eine Sachübernahme vor[30], die dem Anwendungsbereich des § 27 Abs. 1 unterfällt. Allerdings kann im Einzelfall auch im Zusammenhang mit Sachübernahmen ein Sondervorteil anzunehmen sein, z.B. wenn eine Sach-

6

---

18 *Eckardt* in G/H/E/K, § 26 AktG Rz. 14; *Arnold* in KölnKomm. AktG, 3. Aufl., § 26 AktG Rz. 5; *Ritter*, AktG 1937, § 19 Anm. 3; *Röhricht* in Großkomm. AktG, 4. Aufl., § 26 AktG Rz. 16.
19 *Junker*, ZHR 159 (1995), 207, 212.
20 BGH v. 13.7.1961 – II ZR 239/59, WM 1961, 882, 884; *Arnold* in KölnKomm. AktG, 3. Aufl., § 26 AktG Rz. 5; *Barz* in Großkomm. AktG, 3. Aufl., § 26 AktG Anm. 5; *Eckardt* in G/H/E/K, § 26 AktG Rz. 14; *Junker*, ZHR 159 (1995), 207, 212; *Röhricht* in Großkomm. AktG, 4. Aufl., § 26 AktG Rz. 16.
21 *Arnold* in KölnKomm. AktG, 3. Aufl., § 26 AktG Rz. 8; *Röhricht* in Großkomm. AktG, 4. Aufl., § 26 AktG Rz. 10, 16.
22 *Limmer* in Spindler/Stilz, § 26 AktG Rz. 3.
23 *Pentz* in MünchKomm. AktG, 3. Aufl., § 26 AktG Rz. 11; *Röhricht* in Großkomm. AktG, 4. Aufl., § 26 AktG Rz. 10.
24 RG v. 27.2.1913 – II 534/12, RGZ 81, 404, 409; *Hüffer*, § 26 AktG Rz. 3; *Pentz* in MünchKomm. AktG, 3. Aufl., § 26 AktG Rz. 11; *Röhricht* in Großkomm. AktG, 4. Aufl., § 26 AktG Rz. 10; *Limmer* in Spindler/Stilz, § 26 AktG Rz. 3.
25 RG LZ 1908, 297; *Hüffer*, § 26 AktG Rz. 3; *Pentz* in MünchKomm. AktG, 3. Aufl., § 26 AktG Rz. 11; *Limmer* in Spindler/Stilz, § 26 AktG Rz. 3.
26 KG v. 21.7.1938 – 1 Wx 326/38, JW 1938, 2754; *Hüffer*, § 26 AktG Rz. 3; *Pentz* in MünchKomm. AktG, 3. Aufl., § 26 AktG Rz. 11; *Limmer* in Spindler/Stilz, § 26 AktG Rz. 3.
27 Begr. RegE bei *Kropff*, Aktiengesetz, S. 45; *Pentz* in MünchKomm. AktG, 3. Aufl., § 26 AktG Rz. 11; *Röhricht* in Großkomm. AktG, 4. Aufl., § 26 AktG Rz. 11; *Limmer* in Spindler/Stilz, § 26 AktG Rz. 3.
28 Ohne Differenzierung *Röhricht* in Großkomm. AktG, 4. Aufl., § 26 AktG Rz. 10.
29 Vgl. *Röhricht* in Großkomm. AktG, 4. Aufl., § 27 AktG Rz. 116.
30 Zur Rechtsnatur des Sachübernahmevertrags (typischerweise Kaufvertrag) *Hüffer*, § 27 AktG Rz. 6; *Pentz* in MünchKomm. AktG, 3. Aufl., § 27 AktG Rz. 65; *Röhricht* in Großkomm. AktG, 4. Aufl., § 27 AktG Rz. 118.

übernahme überbewertet wird und die Differenz zum wahren Wert dem Einbringenden als sog. **verschleierter Gründungsaufwand** zugewendet werden soll[31].

7   Als **nichtvermögensrechtliche Vorteile** kommen die Begründung von Informationsrechten, die über den Bereich des § 131 hinausgehen[32], sowie das Recht auf Entsendung von Aufsichtsratsmitgliedern in Betracht[33]. Dem Einwand, dass Teilhabe- oder Herrschaftsrechte nicht als einfache „Gläubigerrechte" gewährt werden könnten[34], steht die Tatsache entgegen, dass solche Sondervorteile höchstpersönlicher Natur und damit nicht übertragbar sind[35].

8   **b)** Die Zulässigkeit der Vereinbarung von Sondervorteilen findet nach allgemeiner Ansicht ihre Grenzen in den zwingenden Vorschriften des Aktienrechts[36]. Für die Einräumung von **Sondervorteilen vermögensrechtlicher Art** bedeutet dies, dass insbesondere das Verbot der Einlagenrückgewähr (§ 57 Rz. 9 ff.) zu beachten ist[37]. Während überhöhter Gründungsaufwand einen Verstoß gegen das Verbot der Einlagenrückgewähr darstellt[38], können **Umsatzprovisionen** unter der Voraussetzung ordnungsmäßiger Offenlegung in der Satzung jedenfalls dann wirksam vereinbart werden, wenn die Provision aus dem freien Vermögen der Gesellschaft geleistet werden kann[39]. Im Falle der Gewährung eines vergünstigten oder freien Zugangs zu Veranstaltungen der Gesellschaft steht § 57 Abs. 1 der Zulässigkeit des Sondervorteils ebenfalls nicht entgegen, da es an der Leistung bereits erzielter Vermögenswerte fehlt[40].

---

31  *Pentz* in MünchKomm. AktG, 3. Aufl., § 26 AktG Rz. 37; *Röhricht* in Großkomm. AktG, 4. Aufl., § 26 AktG Rz. 36.
32  *Hüffer*, § 26 AktG Rz. 3; *Arnold* in KölnKomm. AktG, 3. Aufl., § 26 AktG 3. Aufl., Rz. 11 (anders Voraufl. Rz. 9); *Pentz* in MünchKomm. AktG, 3. Aufl., § 26 AktG Rz. 12; *Röhricht* in Großkomm. AktG, 4. Aufl., § 26 AktG Rz. 17.
33  *Hüffer*, § 26 AktG Rz. 3; *Pentz* in MünchKomm. AktG, 3. Aufl., § 26 AktG Rz. 12; *Röhricht* in Großkomm. AktG, 4. Aufl., § 26 AktG Rz. 17; offen lassend *Arnold* in KölnKomm. AktG, 3. Aufl., § 26 AktG Rz. 11 (dagegen Voraufl. Rz. 9); a.A. wohl *Hoffmann-Becking* in MünchHdb. AG, § 3 Rz. 8.
34  So aber wohl *Hoffmann-Becking* in MünchHdb. AG, § 3 Rz. 8; *Kraft* in KölnKomm. AktG, 2. Aufl., § 26 AktG Rz. 9.
35  *Hüffer*, § 26 AktG Rz. 3; *Pentz* in MünchKomm. AktG, 3. Aufl., § 26 AktG Rz. 12; *Röhricht* in Großkomm. AktG, 4. Aufl., § 26 AktG Rz. 17.
36  *Hüffer*, § 26 AktG Rz. 3 und § 57 AktG Rz. 6; *Junkers*, ZHR 159 (1995), 207, 214 ff.; *Arnold* in KölnKomm. AktG, 3. Aufl., § 26 AktG Rz. 8; *Pentz* in MünchKomm. AktG, 3. Aufl., § 26 AktG Rz. 13; *Röhricht* in Großkomm. AktG, 4. Aufl., § 26 AktG Rz. 9.
37  *Baumbach/Hueck*, § 26 AktG Anm. 3; *Hüffer*, § 26 AktG Rz. 3 und § 57 AktG Rz. 6; *Junker*, ZHR 159 (1995), 207, 214 ff.; *Arnold* in KölnKomm. AktG, 3. Aufl., § 26 AktG Rz. 9; *Lutter* in KölnKomm. AktG, 2. Aufl., § 57 AktG Rz. 83; *Pentz* in MünchKomm. AktG, 3. Aufl., § 26 AktG Rz. 13; *Röhricht* in Großkomm. AktG, 4. Aufl., § 26 AktG Rz. 9; a.A. *Bommert*, Verdeckte Vermögensverlagerungen, S. 122 ff.; *Gail*, WPg 1970, 237, 241; teilweise anders *Ebenroth*, Die verdeckten Vermögenszuwendungen, S. 324 (Satzungspublizität entbindet von § 57); sympathisierend *Röhricht* in Großkomm. AktG, 4. Aufl., § 26 AktG Rz. 13.
38  *Hüffer*, § 26 AktG Rz. 3, 6 und § 57 AktG Rz. 6; *Lutter* in KölnKomm. AktG, 2. Aufl., § 57 AktG Rz. 47, 83 (nur angemessener Gründerlohn vereinbar mit § 57 Abs. 1); *Pentz* in MünchKomm. AktG, 3. Aufl., § 26 AktG Rz. 11, 13 und 33; a.A. *Bommert*, Verdeckte Vermögensverlagerungen, S. 122 ff.; offen *Röhricht* in Großkomm. AktG, 4. Aufl., § 26 AktG Rz. 12.
39  KG v. 21.7.1938 – 1 Wx 326/38, JW 1938, 2754; *Eckardt* in G/H/E/K, § 26 AktG Rz. 11; *Hüffer*, § 26 AktG Rz. 3; *Arnold* in KölnKomm. AktG, 3. Aufl., § 26 AktG Rz. 10; *Junkers*, ZHR 159 (1995), 207, 216; *Pentz* in MünchKomm. AktG, 3. Aufl., § 26 AktG Rz. 13; *Röhricht* in Großkomm. AktG, 4. Aufl., § 26 AktG Rz. 14; kritisch *Hefermehl/Eckardt* in G/H/E/K, § 57 AktG Rz. 68.
40  *Pentz* in MünchKomm. AktG, 3. Aufl., § 26 AktG Rz. 13; *Röhricht* in Großkomm. AktG, 4. Aufl., § 26 AktG Rz. 11; a.A. *Hefermehl/Bungeroth* in G/H/E/K, § 57 AktG Rz. 68; wohl auch *Lutter* in KölnKomm. AktG, 2. Aufl., § 57 AktG Rz. 83.

Unzulässig, weil gegen zwingende Vorschriften des Aktienrechts verstoßender **Son-** 9
**dervorteil nicht vermögensrechtlicher Art**, ist die Zusicherung eines Vorstandsamtes
oder eines Rechts auf Vorstandsernennung (unzulässiger Eingriff in den Aufgabenbereich des Aufsichtsrats, § 84 Abs. 1)[41] oder des Rechts auf Bestellung von leitenden
Angestellten (unzulässiger Eingriff in die Geschäftsführungsaufgabe des Vorstands,
§§ 76, 77)[42]. Steht die gegen zwingendes Aktienrecht verstoßende Satzungsbestimmung unter dem ausdrücklichen Vorbehalt des „aktienrechtlich Zulässigen", so ist
eine Umdeutung in eine satzungsergänzende Nebenabrede (§ 140 BGB) geboten.

### 3. Festsetzung in der Satzung

**Jeder** eingeräumte **Sondervorteil** muss in der Satzung unter genauer Bezeichnung des 10
Berechtigten festgesetzt werden[43]. Summarische Angaben sind ebenso unzulässig
wie Ermächtigungen an die Gesellschaftsorgane (Vorstand, Aufsichtsrat) oder an
Dritte zur Gewährung irgendwelcher Vorteile[44]. Nicht erforderlich ist, auch die der
Einräumung von Sondervorteilen zugrundeliegenden Verträge als solche in die Satzung aufzunehmen[45]. Sind sie urkundlich fixiert, genügt es, wenn sie nach § 37
Abs. 4 Nr. 2 der Anmeldung der AG zum Handelsregister beigefügt werden; ein besonderes Formerfordernis für solche Verträge wird durch §§ 26 Abs. 1, 37 Abs. 4 Nr. 2
nicht begründet[46]. Zu den Rechtsfolgen unterlassener oder fehlerhafter Festsetzung s.
Rz. 18 ff.

Von der Formvorschrift des § 26 Abs. 1 erfasst werden nur solche Sondervorteile, die 11
**aus Anlass der Gründung** gewährt werden (Rz. 1). Die Wirksamkeit besonderer Vorteile, die später einzelnen Personen vertraglich durch die Organe der Gesellschaft
eingeräumt werden, bestimmt sich nach den allgemeinen aktienrechtlichen Kompetenzvorschriften[47].

### 4. Erlöschen der Ansprüche

Das Erlöschen des Anspruchs auf den eingeräumten Sondervorteil bestimmt sich 12
nach den allgemeinen Vorschriften (§§ 362 ff., 397 BGB) sowie nach näherer Maßgabe
der jeweiligen Satzungsbestimmungen (z.B. Veräußerung des Mitgliedschaftsrechts
ohne gleichzeitige Übertragung des Sondervorteils)[48]. Der Anspruch auf den Sondervorteil kann auch aufgrund eines Erlassvertrags ohne Satzungsänderung entfallen.

---

41 *Baumbach/Hueck*, § 26 AktG Anm. 3; *Eckardt* in G/H/E/K, § 26 AktG Rz. 12; *Hüffer*, § 26 AktG Rz. 3; *Arnold* in KölnKomm. AktG, 3. Aufl., § 26 AktG Rz. 11; *Pentz* in MünchKomm. AktG, 3. Aufl., § 26 AktG Rz. 15; *Röhricht* in Großkomm. AktG, 4. Aufl., § 26 AktG Rz. 18; *Limmer* in Spindler/Stilz, § 26 AktG Rz. 4.
42 *Baumbach/Hueck*, § 26 AktG Anm. 3; *Arnold* in KölnKomm. AktG, 3. Aufl., § 26 AktG Rz. 11; *Pentz* in MünchKomm. AktG, 3. Aufl., § 26 AktG Rz. 15; *Röhricht* in Großkomm. AktG, 4. Aufl., § 26 AktG Rz. 18.
43 *Hüffer*, § 26 AktG Rz. 4; *Arnold* in KölnKomm. AktG, 3. Aufl., § 26 AktG Rz. 12; *Röhricht* in Großkomm. AktG, 4. Aufl., § 26 AktG Rz. 19.
44 *Baumbach/Hueck*, § 26 AktG Anm. 5; *Eckardt* in G/H/E/K, § 26 AktG Rz. 15; *Hüffer*, § 26 AktG Rz. 4; *Arnold* in KölnKomm. AktG, 3. Aufl., § 26 AktG Rz. 12; *Röhricht* in Großkomm. AktG, 4. Aufl., § 26 AktG Rz. 19; *Limmer* in Spindler/Stilz, § 26 AktG Rz. 5.
45 *Hüffer*, § 26 AktG Rz. 4; *Arnold* in KölnKomm. AktG, 3. Aufl., § 26 AktG Rz. 13; *Röhricht* in Großkomm. AktG, 4. Aufl., § 26 AktG Rz. 20.
46 *Hüffer*, § 26 AktG Rz. 4; *Arnold* in KölnKomm. AktG, 3. Aufl., § 26 AktG Rz. 13; *Pentz* in MünchKomm. AktG, 3. Aufl., § 26 AktG Rz. 18; *Röhricht* in Großkomm. AktG, 4. Aufl., § 26 AktG Rz. 20.
47 *Pentz* in MünchKomm. AktG, 3. Aufl., § 26 AktG Rz. 19; *Röhricht* in Großkomm. AktG, 4. Aufl., § 26 AktG Rz. 22.
48 *Arnold* in KölnKomm. AktG, 3. Aufl., § 26 AktG Rz. 14; *Pentz* in MünchKomm. AktG, 3. Aufl., § 26 AktG Rz. 20; *Limmer* in Spindler/Stilz, § 26 AktG Rz. 6.

## III. Gründungsaufwand (§ 26 Abs. 2)

### 1. Allgemeines und Rechtsnatur

13 Gewährt die Gesellschaft Aktionären oder Dritten eine Entschädigung oder Belohnung für die Gründung der AG oder ihre Vorbereitung, so ist der Gesamtaufwand dieser Leistungen nach § 26 Abs. 2 in der Satzung festzusetzen[49]. Das Gesetz unterscheidet zwischen „Entschädigung" und „Belohnung", ohne dass dieser Unterscheidung eine inhaltliche Bedeutung zukäme[50]. Beides rechnet zum **Gründungsaufwand**. Der Anspruch gegen die Gesellschaft ist als **reines Gläubigerrecht** wie beim Sondervorteil (§ 26 Abs. 1) nicht mit der Mitgliedschaft verknüpft[51]; er kann nach Maßgabe der §§ 398 ff. BGB durch Abtretung an Dritte übertragen werden[52].

### 2. Gründungsentschädigung

14 Unter den Begriff der **Entschädigung** fallen grundsätzlich alle Aufwendungen, die bei der Gründung im Interesse der Gesellschaft gemacht worden oder entstanden sind, insbesondere Notar- und Gerichtskosten, sonstige Beratungskosten, Aufwendungen für die Gründungsprüfung, Kosten für die erforderlichen Bekanntmachungen oder den Druck von Aktienurkunden sowie etwaige im Zusammenhang mit der Gründung angefallene Steuern (Gründungskosten i.S. des § 248 Abs. 1 HGB)[53]. Nicht erfasst werden hingegen Aufwendungen, die während des Gründungsstadiums der Gesellschaft für den Aufbau ihrer Unternehmensorganisation (Betriebs-, Verwaltungs- und Vertriebsorganisation) gemacht werden (Kosten der Ingangsetzung i.S. des § 269 HGB)[54] oder die beim Betrieb eines bereits vor Eintragung der Gesellschaft satzungsmäßig eingebrachten Unternehmens entstanden sind[55]. Nach zutreffender Ansicht stellt auch die Gewährung einer Vorstands- oder Aufsichtsratsvergütung für den im Gründungsstadium berufenen ersten Vorstand bzw. Aufsichtsrat keinen Gründungsaufwand dar[56].

### 3. Gründerlohn

15 Tätigkeitsvergütungen für die Mitwirkung bei der Gründung und ihrer Vorbereitung (**Gründerlohn**) können in Geld oder geldwerten Leistungen einmalig oder fortlaufend versprochen werden[57]. Die Gewährung eines Gründerlohns ist unzulässig, soweit sei-

---

49 *Arnold* in KölnKomm. AktG, 3. Aufl., § 26 AktG Rz. 17; *Pentz* in MünchKomm. AktG, 3. Aufl., § 26 AktG Rz. 26; *Röhricht* in Großkomm. AktG, 4. Aufl., § 26 AktG Rz. 27; zur entsprechenden Anwendung auf die GmbH vgl. BGH v. 20.2.1989 – II ZB 10/88, NJW 1989, 1610; *Fleischer*, GmbHR 2008, 673, 676.
50 A.A. *Arnold* in KölnKomm. AktG, 3. Aufl., § 26 AktG Rz. 19 (anders Voraufl. Rz. 19); *Pentz* in MünchKomm. AktG, 3. Aufl., § 26 AktG Rz. 29 ff.
51 *Baumbach/Hueck*, § 26 AktG Anm. 7; *Arnold* in KölnKomm. AktG, 3. Aufl., § 26 AktG Rz. 18; *Pentz* in MünchKomm. AktG, 3. Aufl., § 26 AktG Rz. 28; *Röhricht* in Großkomm. AktG, 4. Aufl., § 26 AktG Rz. 30.
52 *Röhricht* in Großkomm. AktG, 4. Aufl., § 26 AktG Rz. 30.
53 *Hüffer*, § 26 AktG Rz. 5; *Pentz* in MünchKomm. AktG, 3. Aufl., § 26 AktG Rz. 30; *Röhricht* in Großkomm. AktG, 4. Aufl., § 26 AktG Rz. 31 f.
54 *Hüffer*, § 26 AktG Rz. 5; *Arnold* in KölnKomm. AktG, 3. Aufl., § 26 AktG Rz. 21.
55 *Arnold* in KölnKomm. AktG, 3. Aufl., § 26 AktG Rz. 21.
56 BGH v. 14.6.2004 – II ZR 47/02, ZIP 2004, 1409, 1410; *Pentz* in MünchKomm. AktG, 3. Aufl., § 30 AktG Rz. 41; *Röhricht* in Großkomm. AktG, 4. Aufl., § 30 AktG Rz. 34; a.A. *Baumbach/Hueck*, § 30 AktG Anm. 10; *Hüffer*, § 30 AktG Rz. 12; *Arnold* in KölnKomm. AktG, 3. Aufl., § 26 AktG Rz. 23.
57 *Hüffer*, § 26 AktG Rz. 5; *Arnold* in KölnKomm. AktG, 3. Aufl., § 26 AktG Rz. 25; *Pentz* in MünchKomm. AktG, 3. Aufl., § 26 AktG Rz. 32; *Limmer* in Spindler/Stilz, § 26 AktG Rz. 8.

ne Gewährung gegen zwingendes Aktienrecht (insbesondere die Kapitalerhaltungsregeln) verstößt.

### 4. Festsetzung in der Satzung

**a)** Der von der AG zu übernehmende Gründungsaufwand ist in der **Satzung** nach seinem Gesamtbetrag und somit als Endsumme festzusetzen[58]. Die Angabe von Einzelwerten ist nicht genügend, andererseits aber auch nicht zwingend erforderlich[59]; steht der Gesamtaufwand noch nicht fest, so ist er zu schätzen[60].

**16**

**b)** Die ordnungsgemäße Festsetzung des Gründungsaufwands in der Satzung hat **nicht** nur zur Folge, dass die AG im Innenverhältnis zur Übernahme des Gründungsaufwands **verpflichtet** ist, sondern auch, dass eine sich hieraus ergebende Unterbilanz (Vorbelastung) der Eintragung der Gesellschaft nicht entgegensteht und keine Vorbelastungshaftung (§ 41 Rz. 11 ff.) auslöst[61].

**17**

## IV. Rechtsfolgen bei unterlassener oder unrichtiger Festsetzung (§ 26 Abs. 3)

### 1. Registerrechtliche Folgen

Werden die Vereinbarungen über Sondervorteile (§ 26 Abs. 1) oder den Gründungsaufwand (§ 26 Abs. 2) nicht oder nicht richtig in der Satzung festgesetzt, so ist die Gesellschaft nicht ordnungsgemäß errichtet (zu den Rechtsfolgen § 38 Rz. 1)[62]. Für eine aus der Erstattung von Gründungsaufwand durch die Gesellschaft folgende Unterbilanz (Vorbelastung) haben die Gründer bzw. Vergütungsempfänger nach §§ 46 bzw. 47 Nr. 1 einzustehen[63].

**18**

### 2. Zivilrechtliche Folgen

Die der Einräumung eines Sondervorteils oder der Übernahme des Gründungsaufwands durch die Gesellschaft zugrundeliegenden schuldrechtlichen **Verpflichtungsgeschäfte** einschließlich ihrer Ausführungsgeschäfte (Erfüllungsgeschäft) sind unwirksam (§ 26 Abs. 3 Satz 1)[64]. Die Gesellschaft muss daher die Erfüllung verweigern[65]; leistet sie gleichwohl, verschafft sie dem Empfänger grundsätzlich keine dingliche Berechtigung[66]. Ein auf Grund anderer Vorschriften (insbesondere §§ 946 ff.

**19**

---

58 BayObLG v. 29.9.1988 – BReg. 3 Z 109/88, BayObLGZ 1988, 293, 296 ff.; OLG Düsseldorf v. 28.2.1986 – 3 Wx 60/86, GmbHR 1987, 59; *Hüffer*, § 26 AktG Rz. 6; *Pentz* in MünchKomm. AktG, 3. Aufl., § 26 AktG Rz. 34; *Röhricht* in Großkomm. AktG, 4. Aufl., § 26 AktG Rz. 35.
59 *Pentz* in MünchKomm. AktG, 3. Aufl., § 26 AktG Rz. 34.
60 BGH v. 20.2.1989 – II ZB 10/88, BGHZ 107, 1, 6 = AG 1989, 274; *Baumbach/Hueck*, § 26 AktG Anm. 7; *Hüffer*, § 26 AktG Rz. 6; *Röhricht* in Großkomm. AktG, 4. Aufl., § 26 AktG Rz. 35.
61 *Hüffer*, § 26 AktG Rz. 6; *Pentz* in MünchKomm. AktG, 3. Aufl., § 26 AktG Rz. 36; *Röhricht* in Großkomm. AktG, 4. Aufl., § 26 AktG Rz. 37.
62 *Hüffer*, § 26 AktG Rz. 7; *Pentz* in MünchKomm. AktG, 3. Aufl., § 26 AktG Rz. 41; *Röhricht* in Großkomm. AktG, 4. Aufl., § 26 AktG Rz. 46; *Limmer* in Spindler/Stilz, § 26 AktG Rz. 11.
63 *Hüffer*, § 26 AktG Rz. 7.
64 *Hüffer*, § 26 AktG Rz. 7; *Pentz* in MünchKomm. AktG, 3. Aufl., § 26 AktG Rz. 46 f.; *Röhricht* in Großkomm. AktG, 4. Aufl., § 26 AktG Rz. 38; *Limmer* in Spindler/Stilz, § 26 AktG Rz. 12.
65 *Hüffer*, § 26 AktG Rz. 7; *Pentz* in MünchKomm. AktG, 3. Aufl., § 26 AktG Rz. 46; *Röhricht* in Großkomm. AktG, 4. Aufl., § 26 AktG Rz. 38, 40; *Limmer* in Spindler/Stilz, § 26 AktG Rz. 12.
66 *Hüffer*, § 26 AktG Rz. 7; *Pentz* in MünchKomm. AktG, 3. Aufl., § 26 AktG Rz. 47; *Röhricht* in Großkomm. AktG, 4. Aufl., § 26 AktG Rz. 41.

## § 26

BGB) erfolgter dinglicher Rechtserwerb ist nach bereicherungsrechtlichen Grundsätzen (§§ 812 ff., 951 BGB) rückabzuwickeln[67].

20 Bis zur Eintragung der AG können unterlassene oder unrichtige Festsetzungen über Sondervorteile oder den Gründungsaufwand **geheilt** werden[68]. Dies erfordert einen notariell beurkundeten einstimmigen Beschluss, der zudem der Zustimmung aller Gründer bedarf[69]. Nach Eintragung der AG in das Handelsregister steht § 26 Abs. 3 Satz 2 der Nachholung unterlassener bzw. der Korrektur unrichtiger Festsetzungen entgegen; die Unwirksamkeit (Rz. 19) der zugrundeliegenden Verträge sowie der Erfüllungshandlungen wird also endgültig[70]. Für die Gewährung von Sondervorteilen oder Gründungsaufwand gelten dann die allgemeinen Vorschriften (§ 53a Rz. 21, 32 ff.).

### 3. Steuerrechtliche Folgen

21 Wird der von der AG zu übernehmende Gründungsaufwand nicht unter Angabe des Gesamtbetrags in der Gründungssatzung festgesetzt, qualifiziert ein Kostenersatz zu Gunsten der Gesellschafter steuerrechtlich als **verdeckte Gewinnausschüttung**[71].

## V. Änderung und Beseitigung von Festsetzungen (§ 26 Abs. 4, 5)

### 1. Änderungen

22 Für Änderungen der in der Satzung getroffenen Festsetzungen ordnet § 26 Abs. 4 eine **Sperrfrist** von fünf Jahren seit der Eintragung der AG in das Handelsregister an. Damit soll verhindert werden, dass der Ersatzpflicht nach den §§ 46, 47 Nr. 1 die Grundlage entzogen wird[72]. Vor Ablauf dieser Sperrfrist können Änderungen überhaupt nicht, d.h. weder zu Lasten noch zu Gunsten der AG erfolgen[73]. Nach Ablauf der Sperrfrist können Änderungen nur zu Gunsten der AG und unter Zustimmung des von der Änderung nachteilig betroffenen Gläubigers erfolgen[74].

### 2. Beseitigung

23 Die **Beseitigung gegenstandslos gewordener** (Unterschied zu § 26 Abs. 4!) **Festsetzungen** über Sondervorteile oder über Gründungsaufwand ist erst zulässig, wenn 30 Jahre seit der Eintragung der Gesellschaft im Handelsregister vergangen und zusätzlich fünf Jahre seit Wegfall der Verpflichtungen verstrichen sind (§ 26 Abs. 5)[75]. Gegenstandslos sind die Satzungsbestimmungen, wenn die entsprechenden Verpflichtun-

---

67 *Hüffer*, § 26 AktG Rz. 7; *Pentz* in MünchKomm. AktG, 3. Aufl., § 26 AktG Rz. 47; *Röhricht* in Großkomm. AktG, 4. Aufl., § 26 AktG Rz. 41.
68 *Hüffer*, § 26 AktG Rz. 8; *Pentz* in MünchKomm. AktG, 3. Aufl., § 26 AktG Rz. 43; *Röhricht* in Großkomm. AktG, 4. Aufl., § 26 AktG Rz. 61.
69 *Hüffer*, § 26 AktG Rz. 8; *Pentz* in MünchKomm. AktG, 3. Aufl., § 26 AktG Rz. 43; *Röhricht* in Großkomm. AktG, 4. Aufl., § 26 AktG Rz. 61.
70 *Hüffer*, § 26 AktG Rz. 8; *Röhricht* in Großkomm. AktG, 4. Aufl., § 26 AktG Rz. 62.
71 BFH v. 11.10.1989 – I R 12/87, BStBl. II 1990, 89; BFH v. 11.2.1997 – I R 42/96, BFH/NV 1997, 711; *Seibt* in MünchAnwHdb. GmbH-Recht, § 2 Rz. 343.
72 *Hüffer*, § 26 AktG Rz. 9; *Pentz* in MünchKomm. AktG, 3. Aufl., § 26 AktG Rz. 55; *Limmer* in Spindler/Stilz, § 26 AktG Rz. 14.
73 *Hüffer*, § 26 AktG Rz. 9; *Arnold* in KölnKomm. AktG, 3. Aufl., § 26 AktG Rz. 37; *Pentz* in MünchKomm. AktG, 3. Aufl., § 26 AktG Rz. 56; *Röhricht* in Großkomm. AktG, 4. Aufl., § 26 AktG Rz. 67.
74 *Hüffer*, § 26 AktG Rz. 9; *Arnold* in KölnKomm. AktG, 3. Aufl., § 26 AktG Rz. 36; *Pentz* in MünchKomm. AktG, 3. Aufl., § 26 AktG Rz. 56.
75 *Hüffer*, § 26 AktG Rz. 10; *Pentz* in MünchKomm. AktG, 3. Aufl., § 26 AktG Rz. 62; *Röhricht* in Großkomm. AktG, 4. Aufl., § 26 AktG Rz. 71.

gen zur Gewährung eines Sondervorteils oder zur Übernahme eines Gründungsaufwands erloschen sind (§ 362 Abs. 1 BGB)[76]; das Erlöschen infolge eines Erlassvertrags unterfällt demgegenüber der nachträglichen Änderung i.S. des § 26 Abs. 4[77]. Ein ohne die Erfüllung der beiden in § 26 Abs. 5 geregelten Voraussetzungen getroffener, auf Beseitigung der entsprechenden Festsetzungen gerichteter satzungsändernder Beschluss ist gem. § 241 Nr. 3 nichtig[78].

## § 27
## Sacheinlagen. Sachübernahmen; Rückzahlung von Einlagen

(1) Sollen Aktionäre Einlagen machen, die nicht durch Einzahlung des Ausgabebetrags der Aktien zu leisten sind (Sacheinlagen), oder soll die Gesellschaft vorhandene oder herzustellende Anlagen oder andere Vermögensgegenstände übernehmen (Sachübernahmen), so müssen in der Satzung festgesetzt werden der Gegenstand der Sacheinlage oder der Sachübernahme, die Person, von der die Gesellschaft den Gegenstand erwirbt, und der Nennbetrag, bei Stückaktien die Zahl der bei der Sacheinlage zu gewährenden Aktien oder die bei der Sachübernahme zu gewährende Vergütung. Soll die Gesellschaft einen Vermögensgegenstand übernehmen, für den eine Vergütung gewährt wird, die auf die Einlage eines Aktionärs angerechnet werden soll, so gilt dies als Sacheinlage.

(2) Sacheinlagen oder Sachübernahmen können nur Vermögensgegenstände sein, deren wirtschaftlicher Wert feststellbar ist; Verpflichtungen zu Dienstleistungen können nicht Sacheinlagen oder Sachübernahmen sein.

(3) Ist eine Geldeinlage eines Aktionärs bei wirtschaftlicher Betrachtung und auf Grund einer im Zusammenhang mit der Übernahme der Geldeinlage getroffenen Abrede vollständig oder teilweise als Sacheinlage zu bewerten (verdeckte Sacheinlage), so befreit dies den Aktionär nicht von seiner Einlageverpflichtung. Jedoch sind die Verträge über die Sacheinlage und die Rechtshandlungen zu ihrer Ausführung nicht unwirksam. Auf die fortbestehende Geldeinlagepflicht des Aktionärs wird der Wert des Vermögensgegenstandes im Zeitpunkt der Anmeldung der Gesellschaft zur Eintragung in das Handelsregister oder im Zeitpunkt seiner Überlassung an die Gesellschaft, falls diese später erfolgt, angerechnet. Die Anrechnung erfolgt nicht vor Eintragung der Gesellschaft in das Handelsregister. Die Beweislast für die Werthaltigkeit des Vermögensgegenstandes trägt der Aktionär.

(4) Ist vor der Einlage eine Leistung an den Aktionär vereinbart worden, die wirtschaftlich einer Rückzahlung der Einlage entspricht und die nicht als verdeckte Sacheinlage im Sinne von Absatz 3 zu beurteilen ist, so befreit dies den Aktionär von seiner Einlageverpflichtung nur dann, wenn die Leistung durch einen vollwertigen Rückgewähranspruch gedeckt ist, der jederzeit fällig ist oder durch fristlose Kündigung durch die Gesellschaft fällig werden kann. Eine solche Leistung oder die Vereinbarung einer solchen Leistung ist in der Anmeldung nach § 37 anzugeben.

(5) Für die Änderung rechtswirksam getroffener Festsetzungen gilt § 26 Abs. 4, für die Beseitigung der Satzungsbestimmungen § 26 Abs. 5.

---

[76] *Hüffer*, § 26 AktG Rz. 10.
[77] *Hüffer*, § 26 AktG Rz. 10; *Pentz* in MünchKomm. AktG, 3. Aufl., § 26 AktG Rz. 62; *Röhricht* in Großkomm. AktG, 4. Aufl., § 26 AktG Rz. 72.
[78] *Arnold* in KölnKomm. AktG, 3. Aufl., § 26 AktG Rz. 39; *Pentz* in MünchKomm. AktG, 3. Aufl., § 26 AktG Rz. 66; *Röhricht* in Großkomm. AktG, 4. Aufl., § 26 AktG Rz. 71.

I. Regelungsgegenstand, Geltungsbereich und Normzweck ......... 1
II. Reformgeschichte ............. 5
III. Sacheinlage (§ 27 Abs. 1) ......... 6
   1. Begriff ..................... 6
   2. Sacheinlagevereinbarung ....... 7
   3. Einlagefähigkeit ............. 10
      a) Bewertbarkeit .............. 10
      b) Übertragbarkeit ............ 12
      c) Einzelne Einlagegegenstände .... 13
   4. Bewertung .................. 19
      a) Bewertungsgrundsätze ........ 19
      b) Rechtsfolgen bei Überbewertung . 23
IV. Sachübernahme .............. 27
   1. Begriff ..................... 27
   2. Sachübernahmevereinbarung .... 28
V. Gemischte Sacheinlage, Mischeinlage .................... 31
VI. Förmliche Voraussetzungen ...... 33
VII. Rechtsfolgen mangelnder und fehlerhafter Festsetzungen, Mängelbeseitigung ............. 36
VIII. Änderung und Beseitigung wirksamer Festsetzungen (§ 27 Abs. 5) .. 42
IX. Leistungsstörungen und sonstige Vertragsmängel ................ 44
X. Verdeckte Sacheinlage (§ 27 Abs. 3) . 51
   1. Überblick ................... 51
      a) Bisherige Rechtslage ......... 51
      b) Reformgeschichte ........... 53
      c) Kritik ................... 55
      d) Kein Verstoß gegen Kapitalrichtlinie ................... 57
   2. Tatbestandliche Voraussetzungen ... 58
      a) Überblick ................. 58
      b) Präzisierung des Tatbestands .... 60
      c) Beispiele ................. 64
   3. Einschaltung Dritter ........... 67
   4. Rechtsfolgen ................. 69
      a) Anrechnungslösung ......... 70
      b) Anmeldeverfahren, Haftung für falsche Angaben und weitere Sanktionen ................ 77
      c) Teileinzahlung ............. 80
      d) Verdeckte gemischte Sacheinlage . 81
      e) Verdeckte Mischeinlage ....... 82
   5. Heilung .................... 83
   6. Verhältnis zur Nachgründung ..... 89
XI. Hin- und Herzahlen (§ 27 Abs. 4) ... 90
   1. Grundsatz .................. 90
      a) Bisherige Rechtslage ......... 90
      b) Reform durch das ARUG ...... 91
      c) Rechtspolitische Kritik ........ 92
      d) Vereinbarkeit mit der Kapitalrichtlinie ................. 93
         aa) Vereinbarkeit mit Art. 23 Kapitalrichtlinie .......... 94
         bb) Vereinbarkeit mit Art. 9 Kapitalrichtlinie .......... 95
         cc) Vereinbarkeit mit Art. 10 Kapitalrichtlinie .......... 96
   2. Einzelheiten ................. 97
      a) Subidiarität der Regelung ...... 97
      b) Tatbestandliche Voraussetzungen . 98
      c) Rechtsfolgen .............. 106
   3. Heilung .................... 109
   4. Her- und Hinzahlen ............ 110
XII. Cash Pooling ................. 111
XIII. Übergangsvorschriften .......... 116

**Literatur:** *Frey*, Einlagen in Kapitalgesellschaften, 1990; *Habersack*, Die gemischte Sacheinlage, in FS Konzen, 2006, S. 179; *Loges/Zimmermann*, Aktienrechtliche Ansprüche beim Erwerb von Unternehmen gegen Gewährung von Aktien, WM 2005, 349; *Priester*, Geschäfte mit Dritten vor Eintragung der AG – Zur teleologischen Reduktion des § 27 AktG, ZHR 165 (2001), 383; *Wicke*, Einführung in das Recht der Hauptversammlung, das Recht der Sacheinlagen und das Freigabeverfahren nach dem ARUG, 2009. S. auch die Angaben vor Rz. 10, 51 und 111.

## I. Regelungsgegenstand, Geltungsbereich und Normzweck

1 § 27 regelt in der Fassung des ARUG[1] nunmehr dreierlei: (1) In **Abs. 1** und **Abs. 2** die Sachgründung als einen besonderen Fall der qualifizierten Gründung. Anstelle einer Geldeinlage kann ein Gründer entweder einen bestimmten Vermögenswert in die Gesellschaft einlegen (**Sacheinlage**) oder aber, die Gesellschaft verpflichtet sich, einen bestimmten Vermögenswert zu übernehmen (**Sachübernahme**). Beide Formen

---
1 Gesetz zur Umsetzung der Aktionärsrechterichtlinie vom 30.7.2009, BGBl. I 2009, 2479.

der Sachgründung sind in § 27 Abs. 1 Satz 1 legaldefiniert; hierauf kommt das AktG z.B. in §§ 32 Abs. 2, 33 Abs. 2 Nr. 4, 34 Abs. 1 Nr. 2, 36a Abs. 2, 38 Abs. 2 Satz 2, 54 Abs. 2, 183, 194 und 205 zurück. (2) **Abs. 3** enthält nunmehr eine umfassende Regelung zur **verdeckten Sacheinlage**, (3) **Abs. 4** zum sog. „**Hin-und Herzahlen**". Der ARUG-Gesetzgeber hat hierfür das MoMiG-Modell der GmbH[2] auf die AG übertragen. Dies ist aus zwei Gründen nicht unproblematisch: Zum einen, weil die Vorbildregelung des § 19 Abs. 4 und Abs. 5 GmbHG für die AG noch weniger überzeugt als für die GmbH[3], zum anderen, weil für die AG die Vorgaben der 2. gesellschaftsrechtlichen RL (Kapitalrichtlinie)[4] zu beachten sind (was hier fraglich ist: ausf. unten Rz. 93 ff.).

Der **Geltungsbereich** des § 27 ist auf die Gründung der AG beschränkt. Bei späteren Kapitalerhöhungen kommen §§ 183, 194, 205 zur Anwendung, jeweils mit Verweis auf § 27 Abs. 3 und Abs. 4. Die Durchführung von Sachübernahmevereinbarungen nach Eintragung der AG in das Handelsregister bestimmt sich nach § 52 (dazu § 52 Rz. 52 ff.). 2

Die Vorschrift dient nach wie vor dem **Grundsatz der realen Kapitalaufbringung**[5]. Gläubiger und (zukünftige) Aktionäre sollen vor einer unzureichenden Kapitalausstattung der AG geschützt werden[6]. Die Vorschrift zielt darauf ab, dass die in der Satzung festgesetzte wie auch später im Handelsregister veröffentlichte Grundkapitalziffer tatsächlich und endgültig aufgebracht ist[7]. In diesem Zusammenhang begegnet § 27 Abs. 1 und 2 den spezifischen Gefahren von Sacheinlage und Sachübernahme, die darin bestehen, dass die Einlage- bzw. Übernahmegegenstände möglicherweise nicht einlagefähig, nicht vollwertig oder überbewertet sind[8]. Um dies zu verhindern, ordnet § 27 Abs. 1 an, dass bestimmte Angaben in der Satzung enthalten sein müssen (Satzungspublizität). Auf diese Weise werden die Beteiligten außerdem über die Vorgänge informiert. Allerdings wird dieser Normzweck durch die neuen Regelungen der §§ 27 Abs. 3 und 4 n.F. in Frage gestellt (ausf. unten Rz. 55 ff., 92). 3

Werden die Sachgründungsvorschriften missachtet, so waren nach bisherigem Recht sowohl die betreffenden Verträge als auch die zugehörigen Ausführungshandlungen der Gesellschaft gegenüber unwirksam (§ 27 Abs. 3 Satz 1 a.F.). Diese Rechtslage hat sich durch das ARUG mit § 27 Abs. 3 n.F. geändert (dazu ausf. Rz. 51 ff.). Trotz dieser Rechtsänderung gilt aber nach wie vor der Grundsatz, dass jeder Aktionär originär zur Leistung einer Bareinlage verpflichtet ist, soweit nicht im Wege einer (form-) wirksamen **modifizierenden Erfüllungsvereinbarung** die Leistung einer Sacheinlage bzw. Sachübernahme festgelegt ist (dazu Rz. 8); Sachgründungen sind somit ungeachtet der durch § 27 Abs. 3 n.F. abgemilderten wirtschaftlichen Folgen nur bei vollum- 4

---

2 Gesetz zur Modernisierung des GmbH-Rechts und zur Bekämpfung von Missbräuchen vom 23.10.2008, BGBl. I 2008, 2026.
3 Zur GmbH: *Bayer* in Lutter/Hommelhoff, § 19 GmbHG Rz. 51, 89 m.w.N.; zur AG: *Bayer/ J. Schmidt*, ZGR 2009, 805, 822 f.; *Bayer/Lieder*, GWR 2010, 3, 4 f.
4 Richtlinie vom 13.12.1976 (Kapitalrichtlinie), 77/91/EWG, ABl. EG Nr. L 26 v. 31.1.1977, S. 1; geändert durch Richtlinie vom 6.9.2006, 2006/68/EG, ABl. EG Nr. L 264 v. 25.9.2006, S. 32.
5 Ausf. *Röhricht* in Großkomm. AktG, 4. Aufl., § 27 AktG Rz. 2 f.; *Pentz* in MünchKomm. AktG, 3. Aufl., § 27 AktG Rz. 4 ff.; monographisch dazu bereits *Lutter*, Kapital, Sicherung der Kapitalaufbringung und Kapitalerhaltung in den Aktien- und GmbH-Rechten der EWG, 1964.
6 *Hüffer*, § 27 AktG Rz. 1; *Arnold* in KölnKomm. AktG, 3. Aufl., § 27 AktG Rz. 4; *Röhricht* in Großkomm. AktG, 4. Aufl., § 27 AktG Rz. 3.
7 *Pentz* in MünchKomm. AktG, 3. Aufl., § 27 AktG Rz. 5; *Heidinger* in Spindler/Stilz, § 27 AktG Rz. 2.
8 *Hüffer*, § 27 AktG Rz. 1; *Pentz* in MünchKomm. AktG, 3. Aufl., § 27 AktG Rz. 6; *Röhricht* in Großkomm. AktG, 4. Aufl., § 27 AktG Rz. 8.

## II. Reformgeschichte

5 Zu den historischen Vorläuferregelungen des § 27 zählen Art. 209b ADHGB 1870, § 186 Abs. 2 und 4 HGB 1897 sowie §§ 20, 145 Abs. 3 AktG 1937 und § 12 der 3. DVO zum AktG 1937[9]. Im Zuge der Umsetzung der Kapitalrichtlinie in deutsches Recht[10] wurde § 27 Abs. 1 um einen Satz 2 erweitert; die Norm erhielt zudem einen neuen Abs. 2, wodurch die früheren Abs. 2–4 unverändert als Abs. 3–5 galten. § 27 Abs. 1 Satz 1, Abs. 3 Satz 2 sind anschließend durch das Stückaktiengesetz[11] geändert worden. Mit dem ARUG wurde die Regelung zur verdeckten Sacheinlage in § 27 Abs. 3 völlig neu konzipiert[12] (ausf. unten Rz. 51 ff.), gleichfalls wurde mit § 27 Abs. 4 eine privilegierende Regelung zum sog. „Hin- und Herzahlen" geschaffen[13], die insbesondere die Kapitalaufbringung im Cash Pool ermöglichen soll (ausf. unten Rz. 90 ff.).

## III. Sacheinlage (§ 27 Abs. 1)

### 1. Begriff

6 Die Sacheinlage ist in § 27 Abs. 1 Satz 1 Halbsatz 1 negativ als eine Einlage definiert, die nicht durch Einzahlung des Ausgabebetrags zu erfüllen ist. Maßgeblich ist, dass die Einlage **nicht in Geld**, d.h. durch Zahlung von Bar- oder Buchgeld erfolgt[14]. Dabei bezeichnet die Einlage wie üblich jede Leistung auf Aktien an die Gesellschaft, welche den Haftungsfonds vermehrt. Da Nebenleistungen i.S. des § 55 nicht auf die Aktie erfolgen, kommen solche auch nicht als Sacheinlage in Betracht[15]. Ungeachtet § 90 BGB taugen sämtliche Vermögenswerte als Einlagegegenstand, soweit sie verkehrsfähig sind[16]. Der Sacheinleger muss nicht Eigentümer des Vermögenswerts sein. Auch eine Leistung auf Rechnung des Sacheinlegers durch einen Dritten ist zulässig[17]. Über den Ausgabebetrag bestimmt die Satzung nach Maßgabe der §§ 8, 9. Auch Aufgelder können in Form der Sacheinlage vereinbart werden[18].

### 2. Sacheinlagevereinbarung

7 Die pflichtenbegründende Vereinbarung einer Sacheinlage (**Sacheinlagevereinbarung**) ist von dem ihrer Erfüllung dienenden – dinglichen – **Vollzugsgeschäft** zu unterscheiden.

---

9 RGBl. I 1938, 1839.
10 Gesetz zur Durchführung der Zweiten Richtlinie des Rates der Europäischen Gemeinschaften zur Koordinierung des Gesellschaftsrechts vom 13.12.1978, BGBl. I 1978, 1959.
11 Vom 25.3.1998, BGBl. I 1998, 590.
12 Dazu Bericht Rechtsausschuss BT-Drucks. 16/13098, S. 36 f.; dazu *Bayer/J. Schmidt*, ZGR 2009, 805 ff.; *Bayer/Lieder*, GWR 2010, 3 ff.
13 Dazu Bericht Rechtsausschuss BT-Drucks. 16/13098, S. 37.
14 *Pentz* in MünchKomm. AktG, 3. Aufl., § 27 AktG Rz. 11; *Röhricht* in Großkomm. AktG, 4. Aufl., § 27 AktG Rz. 12.
15 *Hüffer*, § 27 AktG Rz. 3; *Heidinger* in Spindler/Stilz, § 27 AktG Rz. 7; *Pentz* in MünchKomm. AktG, 3. Aufl., § 27 AktG Rz. 11.
16 Vgl. *Pentz* in MünchKomm. AktG, 3. Aufl., § 27 AktG Rz. 11; *Arnold* in KölnKomm. AktG, 3. Aufl., § 27 AktG Rz. 13; *Hüffer*, § 27 AktG Rz. 3.
17 *Pentz* in MünchKomm. AktG, 3. Aufl., § 27 AktG Rz. 11 a.E.
18 *H.-P. Müller* in FS Heinsius, 1991, S. 591 ff.; *Wagner*, DB 2004, 293, 295 f.

Bei der **Sacheinlagevereinbarung** handelt es sich mit dem BGH[19] und der h.L.[20] um ein **körperschaftliches Hilfsgeschäft**, das sich nicht in seinem schuldrechtlichen Charakter erschöpft. Die abweichenden Gegenauffassungen, die – von Einzelheiten abgesehen – in der Vereinbarung ein von dem Gesellschaftsvertrag unabhängiges zusätzliches Rechtsgeschäft erblicken[21], vermögen nicht zu überzeugen, da sie eine sachliche Begründung für die von ihnen gewählten und von dem Regelfall der Geldeinlage abweichenden Konstruktionen schuldig bleiben.

Die Erfüllung der Sacheinlageverpflichtung (**Vollzugsgeschäft**) geschieht nach Maßgabe der für den jeweiligen Gegenstand geltenden Bestimmungen: §§ 929 ff. BGB für bewegliche Sachen; §§ 873, 925 BGB für Grundstücke; §§ 398 ff., 413 BGB für Forderungen und forderungsgleiche Rechte; § 15 GmbHG für GmbH-Geschäftsanteile; § 68 AktG für vinkulierte Namensaktien. Der dingliche Vertrag wird mit der Vorgesellschaft abgeschlossen, die hierbei durch den Vorstand vertreten wird (vgl. hierzu § 41 Rz. 6). Erfüllungsgeschäfte können gemeinsam mit der Satzung in eine notarielle Urkunde aufgenommen werden. Dies empfiehlt sich insbesondere bei formbedürftigen Vollzugsgeschäften[22].

### 3. Einlagefähigkeit

**Literatur:** *Bayer/Lieder*, Einbringung von Dienstleistungen in die AG, NZG 2010, 86; *Bork*, Die Einlagefähigkeit obligatorischer Nutzungsrechte, ZHR 154 (1990), 205; *Döllerer*, Einlagen bei Kapitalgesellschaften nach Handelsrecht und Steuerrecht, BB 1986, 1857; *Döllerer*, Das Kapitalnutzungsrecht als Gegenstand der Sacheinlage bei Kapitalgesellschaften, in FS Fleck, 1988, S. 35; *Ekkenga*, Zur Aktivierungs- und Einlagefähigkeit von Nutzungsrechten nach Handelsbilanz- und Gesellschaftsrecht, ZHR 161 (1997), 599; *Götting*, Die Einlagefähigkeit von Lizenzen an Immaterialgüterrechten, AG 1999, 1; *Groh*, Nutzungsanlage, Nutzungsentnahme und Nutzungsausschüttung, DB 1988, 514; *Haas*, Gesellschaftsrechtliche Kriterien zur Sacheinlagefähigkeit von Nutzungsrechten als Sacheinlagen in Kapitalgesellschaften, in FS Döllerer, 1988, S. 169; *Habersack*, Dienst- und Werkleistungen des Gesellschafters und das Verbot der verdeckten Sacheinlage und des Hin- und Herzahlens, in FS Priester, 2007, S. 157; *Herrler*, Erfüllung der Einlageschuld und entgeltliche Dienstleistungen durch Aktionäre, NZG 2010, 407; *Hoffmann*, Die unzulässige Einlage von Dienstleistungen im GmbH- und Aktienrecht, NZG 2001, 433; *Hofmeister*, Entgeltliche Dienstvereinbarungen und Kapitalaufbringung bei Gründung der AG, AG 2010, 261; *Knobbe-Keuk*, Obligatorische Nutzungsrechte als Sacheinlagen in Kapitalgesellschaften, ZGR 1980, 214; *Mülbert*, Sacheinlagepflicht, Sacheinlagevereinbarung und Sacheinlagefestsetzungen im Aktien- und GmbH-Recht, in FS Priester, 2007, S. 485; *Pentz*, Genehmigtes Kapital, Belegschaftsaktien und Sacheinlagefähigkeit obligatorischer Nutzungsrechte – das adidas-Urteil des BGH, ZGR 2001, 901; *K. Schmidt*, Obligatorische Nutzungsrechte als Sacheinlagen?, ZHR 154 (1990), 237; *Sosnitza*, Die Einlagefähigkeit von Domain-Namen bei der Gesellschaftsgründung, GmbHR 2002, 821; *Steinbeck*, Obligatorische Nutzungsüberlassung als Sacheinlage und Kapitalersatz, ZGR 1996, 116. S. außerdem die Angaben vor Rz. 1 sowie vor Rz. 51.

---

19 BGH v. 2.5.1966 – II ZR 219/63, BGHZ 45, 338, 345 (zur GmbH).
20 *Hüffer*, § 27 AktG Rz. 4; *Pentz* in MünchKomm. AktG, 3. Aufl., § 27 AktG Rz. 16; *Röhricht* in Großkomm. AktG, 4. Aufl., § 27 AktG Rz. 13 f.; zust. nunmehr *Arnold* in KölnKomm. AktG, 3. Aufl., § 27 AktG Rz. 13; vgl. weiter für die GmbH: *Bayer* in Lutter/Hommelhoff, § 5 GmbHG Rz. 13; *Ulmer* in Ulmer, § 5 GmbHG Rz. 29.
21 So früher *Kraft* in KölnKomm. AktG, 2. Aufl., § 27 AktG Rz. 8; *Eckardt* in G/H/E/K, § 27 AktG Rz. 21: Vereinbarung zwischen den Gründern; *Schönle*, NJW 1965, 2133, 2135 und NJW 1966, 2161 f.: einseitig verpflichtender unentgeltlicher Vertrag; vgl. aus neuerer Zeit auch *Mülbert* in FS Priester, 2007, S. 485, 488 f., 493 f.
22 Zum Ganzen: *Pentz* in MünchKomm. AktG, 3. Aufl., § 27 AktG Rz. 17; *Röhricht* in Großkomm. AktG, 4. Aufl., § 27 AktG Rz. 15; (für die GmbH) *Ulmer* in Ulmer, § 5 GmbHG Rz. 31; vgl. weiter BGH v. 2.5.1966 – II ZR 219/63, BGHZ 45, 338, 342.

### a) Bewertbarkeit

10  Sacheinlagefähig sind nach **§ 27 Abs. 2 Halbsatz 1** alle Vermögensgegenstände, deren wirtschaftlicher Wert feststellbar ist („so gut wie Geld"). Dies ist stets bei solchen Vermögenswerten der Fall, die **bilanziell aktivierbar** sind[23]. Rein bilanztechnische Bilanzierungshilfen und Rechnungsabzugsposten sind dagegen nicht einlagefähig, da ihnen ein wirtschaftlicher Wert nicht zukommt[24].

11  Auch **nicht bilanzierungsfähige Vermögenswerte** können Gegenstand einer Sacheinlage sein, soweit sie wirtschaftlich verwertet werden können[25]. Die früher häufig vertretene Gegenauffassung, wonach die bilanzielle Aktivierbarkeit einer Vermögensposition Voraussetzung für deren Eignung als Sacheinlage sein sollte[26], stellt überzogene Anforderungen an die Einlagefähigkeit von Vermögenswerten, die für einen effektiven Gläubigerschutz nicht erforderlich sind. Die Interpretation der Sacheinlagefähigkeit von Vermögenspositionen erfolgt ausgehend von Zweck der Kapitalbindung in der AG: Soweit ein Gegenstand zu dem Zweck der Befriedigung der Gesellschaftsgläubiger verwertbar ist, kann seine Einlagefähigkeit nicht zweifelhaft sein. Dem Bilanzrecht kommt in diesem Zusammenhang nicht mehr als eine dienende Funktion zu[27]; die Bilanzierungsfähigkeit muss daher notwendig der Einlagefähigkeit nachfolgen[28].

### b) Übertragbarkeit

12  Die Sacheinlagefähigkeit eines Vermögensgegenstands setzt weiter voraus, dass dieser übertragbar ist. An die Übertragbarkeit sind indes keine hohen Anforderungen zu stellen; insbesondere ist nicht erforderlich, dass der Einlagegegenstand an Dritte übertragbar ist und daher dem unmittelbaren Zugriff der Gesellschaftsgläubiger unterliegt, wie es im Schrifttum noch immer teilweise gefordert wird[29]. Vielmehr genügt auch in diesem Zusammenhang, dass der Gegenstand **wirtschaftlich verwertbar**[30] und in einer Weise beschaffen ist, dass er an die AG zur endgültig freien Verfü-

---

23 *Hüffer*, § 27 AktG Rz. 14; *Arnold* in KölnKomm. AktG, 3. Aufl., § 27 AktG Rz. 42; *Pentz* in MünchKomm. AktG, 3. Aufl., § 27 AktG Rz. 20; für den Regelfall ebenso *Röhricht* in Großkomm. AktG, 4. Aufl., § 27 AktG Rz. 27.
24 Vgl. *Pentz* in MünchKomm. AktG, 3. Aufl., § 27 AktG Rz. 20; *Röhricht* in Großkomm. AktG, 4. Aufl., § 27 AktG Rz. 27; *Hüffer*, § 27 AktG Rz. 14.
25 *Hüffer*, § 27 AktG Rz. 15; *Pentz* in MünchKomm. AktG, 3. Aufl., § 27 AktG Rz. 18 f.; *Röhricht* in Großkomm. AktG, 4. Aufl., § 27 AktG Rz. 22 ff.; *Bork*, ZHR 154 (1990), 205, 231 ff.; *Ekkenga*, ZHR 161 (1997), 599, 618; *Steinbeck*, ZGR 1996, 116, 121 f.; *Frey*, Einlagen in Kapitalgesellschaften, 1990, S. 86 ff.; *Döllerer* in FS Fleck, 1988, S. 35, 36 f.; *Haas* in FS Döllerer, 1988, S. 169, 177 ff.; (für die GmbH) *Bayer* in Lutter/Hommelhoff, § 5 GmbHG Rz. 14; *Ulmer* in Ulmer, § 5 GmbHG Rz. 41 ff.
26 So die ältere Rechtsprechung: KG v. 28.2.1913 – 1 a.X. 211/13, KGJ 45, 175; missverständlich später BGH v. 16.2.1959 – II ZR 170/57, BGHZ 29, 300, 304; ebenso aus dem Schrifttum: *Baumbach/Hueck*, § 27 AktG Anm. 3; *v. Godin/Wilhelmi*, § 27 AktG Anm. 11; *Kraft* in KölnKomm. AktG, 2. Aufl., § 27 AktG Rz. 14, 17; *Groh*, DB 1988, 514, 519; *Knobbe-Keuk*, ZGR 1980, 214, 217.
27 Vgl. (in anderem Zusammenhang) *Bayer/Lieder*, GmbHR 2006, 1121, 1124.
28 Im Ergebnis ebenso *Röhricht* in Großkomm. AktG, 4. Aufl., § 27 AktG Rz. 22; zust. *Arnold* in KölnKomm. AktG, 3. Aufl., § 27 AktG Rz. 44.
29 *Haas* in FS Döllerer, 1988, S. 169, 180 f.; *Scheel*, BB 1988, 1211, 1212; wohl auch *Kraft* in KölnKomm. AktG, 2. Aufl., § 27 AktG Rz. 15.
30 *Arnold* in KölnKomm. AktG, 3. Aufl., § 27 AktG Rz. 46; *Pentz* in MünchKomm. AktG, 3. Aufl., § 27 AktG Rz. 21; *Röhricht* in Großkomm. AktG, 4. Aufl., § 27 AktG Rz. 30 f.; *Bork*, ZHR 154 (1990), 205, 228; *Steinbeck*, ZGR 1996, 116, 122, 137; *Döllerer* in FS Fleck, 1988, S. 35, 41 f.; (für die GmbH) *Bayer* in Lutter/Hommelhoff, § 5 GmbHG Rz. 14; *Ulmer* in Ulmer, § 5 GmbHG Rz. 44 f.; ebenso aus der älteren Praxis: RG v. 28.10.1910 – 179/10 VII, JW 1911, 121 f.

gung des Vorstands geleistet werden kann[31]. Denn auch wenn der betreffende Vermögenswert nicht isoliert dem Zugriff der Gläubiger unterliegt, kann er deren Interessen doch zumindest im Hinblick auf das gesamte Gesellschaftsvermögen dienstbar gemacht werden[32].

#### c) Einzelne Einlagegegenstände

Sacheinlagefähig sind bewegliche und unbewegliche **Sachen**, soweit der AG das Eigentum hieran verschafft werden soll; grundstücksgleiche **Rechte** (Erbbaurecht, Bergwerkseigentum); beschränkt dingliche Rechte (Dienstbarkeiten, Nießbrauch, Grundschuld); Gesellschaftsanteile; andere Mitgliedschaftsrechte[33], auch an stiller Gesellschaft und Verein, soweit sie satzungsmäßig übertragbar sind; Genossenschaftsanteile; Anteile eines Miterben[34]; Immaterialgüterrechte, wie Patent- und Urheberrechte[35], Lizenzen[36], Gebrauchs- und Geschmacksmuster; Kennzeichenrechte (Firma, § 22 HGB; Markenrechte, § 27 MarkenG); Warenzeichen[37] und nicht gewerblich geschützte Schutzrechte, wie z.B. Know-how, soweit sie einen Vermögenswert haben; Sach- und (oder) Rechtsgesamtheiten, insbesondere Unternehmen einschließlich Kundenstamm, Firma und good will, aber auch Vermögen, Nachlass, Insolvenzmasse[38]. 13

**Forderungen** des Inferenten **gegen Dritte** sind ohne weiteres einlagefähig, soweit sie einen Vermögenswert verkörpern und auf die AG übertragen werden sollen[39]. Ist die Forderung bestritten oder sonst wie zweifelhaft, so ist dies bei der Bewertung zu berücksichtigen[40]. Auch die Verpflichtung zur Errichtung eines Werkes ist grundsätzlich einlagefähig[41]. 14

**Nicht einlagefähig** ist aber nach bisheriger, vom BGH[42] jüngst bestätigter Rechtslage ein schuldrechtlicher Anspruch **gegen den Einleger** selbst[43]. Denn insofern käme es lediglich zu einem schlichten Austausch von Forderungen, ohne dass der AG realiter 15

---

31 Ebenso *Pentz* in MünchKomm. AktG, 3. Aufl., § 27 AktG Rz. 21 a.E.
32 Wie hier *Pentz* in MünchKomm. AktG, 3. Aufl., § 27 AktG Rz. 21; (für die GmbH) *Ulmer* in Ulmer, § 5 GmbHG Rz. 45.
33 *Arnold* in KölnKomm. AktG, 3. Aufl., § 27 AktG Rz. 50; *Röhricht* in Großkomm. AktG, 4. Aufl., § 27 AktG Rz. 45.
34 Ausf. *Wolf* in FS Schippel, 1996, S. 533, 536 ff.
35 BGH v. 16.2.1959 – II ZR 170/57, BGHZ 29, 300, 304.
36 Ausf. *Götting*, AG 1999, 1 ff.; *Pentz*, ZGR 2001, 901, 908 ff.
37 Dazu *Pentz* in MünchKomm. AktG, 3. Aufl., § 27 AktG Rz. 24; abweichend noch *Röhricht* in Großkomm. AktG, 4. Aufl., § 27 AktG Rz. 43.
38 Zum Ganzen ausf. *Lutter* in KölnKomm. AktG, 2. Aufl., § 183 AktG Rz. 39 f.; *Pentz* in MünchKomm. AktG, 3. Aufl., § 27 AktG Rz. 32 ff.; *Röhricht* in Großkomm. AktG, 4. Aufl., § 27 AktG Rz. 46 ff.; (für die GmbH) *Bayer* in Lutter/Hommelhoff, § 5 GmbHG Rz. 19.
39 *Pentz* in MünchKomm. AktG, 3. Aufl., § 27 AktG Rz. 26; *Röhricht* in Großkomm. AktG, 4. Aufl., § 27 AktG Rz. 71 f.; *Arnold* in KölnKomm. AktG, 3. Aufl., § 27 AktG Rz. 51.
40 *Arnold* in KölnKomm. AktG, 3. Aufl., § 27 AktG Rz. 51.
41 *Arnold* in KölnKomm. AktG, 3. Aufl., § 27 AktG Rz. 53; *Pentz* in MünchKomm. AktG, 3. Aufl., § 27 AktG Rz. 35; *Habersack* in FS Priester, 2007, S. 157, 162; a.A. *Heidinger* in Spindler/Stilz, § 27 AktG Rz. 22.
42 Zur GmbH: BGH v. 16.2.2009 – II ZR 120/07 – „Qivive", BGHZ 180, 38; dazu *Bayer/Lieder*, NZG 2010, 86 ff.; *Lieder*, LMK 2009, 284066; *Theusinger/Liese*, NZG 2009, 641 ff.; bestätigt (zur AG) durch BGH v. 1.2.2010 – II ZR 173/08 – „Eurobike", GmbHR 2010, 421 m. Anm. *K. Müller* = BB 2010, 658 *Theusinger/Peitsmeyer*; dazu *Bayer/Fiebelkorn*, LMK 2010, 304619; *Lieder*, EWiR 2010, 169; vgl. auch schon BGH v. 21.11.2005 – II ZR 140/04, BGHZ 165, 113, 116; abl. bereits RG v. 28.6.1901 – VII 162/01, RGZ 49, 22, 26.
43 *Hüffer*, § 27 AktG Rz. 17; *Pentz* in MünchKomm. AktG, 3. Aufl., § 27 AktG Rz. 26; *Röhricht* in Großkomm. AktG, 4. Aufl., § 27 AktG Rz. 68 f.; *Arnold* in KölnKomm. AktG, 3. Aufl., § 27 AktG Rz. 59; (zur GmbH) *Ulmer* in Ulmer, § 5 GmbHG Rz. 78.

Kapital zugeführt würde; die Sacheinlage muss indes der AG endgültig zugeflossen sein (dazu § 36 Rz. 19, 25). Auch im Cash Pool gilt grundsätzlich keine Ausnahme (ausf. unten Rz. 111 ff.). Aufgeweicht[44] wird dieser Grundsatz allerdings durch den neu geschaffenen § 27 Abs. 4 (unten Rz. 90 ff.), der insbesondere die Kapitalaufbringung im Cash Pool ermöglichen soll (ausf. unten Rz. 111 ff.); ebenso durch den Standpunkt der h.L., wonach es ausreichend sei, wenn der Anspruch durch einen Dritten oder vom Aktionär selbst dinglich gesichert werde[45]. Nach den gleichen Maßstäben sind grundsätzlich ebenfalls *nicht einlagefähig* Ansprüche gegen einen *anderen Gründer*[46]. Gleiches gilt für künftige[47] und bedingte[48] Forderungen; nicht aber für lediglich befristete Forderungen[49].

16 Auch Forderungen des Inferenten **gegen die (Vor-)AG** können (*nur*) *als Sacheinlage* in die AG eingebracht werden[50], nicht hingegen (ohne Beachtung der Sachgründungsvorschriften) zum Nominalwert[51]. Dies gilt beispielsweise für die Auslagen der Gründer (z.B. vorgelegte Grunderwerbsteuer); nicht einlagefähig ist dagegen der Gründerlohn als solcher[52]. Einlagefähig sind die Übernahme bzw. Tilgung einer Schuld der Gesellschaft[53] wie auch an die Gesellschaft in Form von zinslos gewähr-

---

44 Aber nicht generell aufgehoben: so (zum MoMiG) *Seibert/Decker*, ZIP 2008, 1210; *Wälzholz*, GmbHR 2008, 841, 846.
45 So *Arnold* in KölnKomm. AktG, 3. Aufl., § 27 AktG Rz. 59; *Heidinger* in Spindler/Stilz, § 27 AktG Rz. 26; *Pentz* in MünchKomm. AktG, 3. Aufl., § 27 AktG Rz. 26; *Röhricht* in Großkomm. AktG, 4. Aufl., § 27 AktG Rz. 69.
46 Wie hier *Pentz* in MünchKomm. AktG, 3. Aufl., § 27 AktG Rz. 27; *Arnold* in KölnKomm. AktG, 3. Aufl., § 27 AktG Rz. 61; zur GmbH auch *Hueck/Fastrich* in Baumbach/Hueck, § 5 GmbHG Rz. 24; *Roth* in Roth/Altmeppen, § 5 GmbHG Rz. 46; *Ulmer* in Ulmer, § 5 GmbHG Rz. 78; a.A. *Röhricht* in Großkomm. AktG, 4. Aufl., § 27 AktG Rz. 73 sowie für die GmbH auch *H. Winter/H.P. Westermann* in Scholz, § 5 GmbHG Rz. 47.
47 So auch *Arnold* in KölnKomm. AktG, 3. Aufl., § 27 AktG Rz. 52; *Heidinger* in Spindler/Stilz, § 27 AktG Rz. 25; ebenso die zutreffende allg. M. bei der GmbH, statt aller *Bayer* in Lutter/Hommelhoff, § 5 GmbHG Rz. 17; *Ulmer* in Ulmer, § 5 GmbHG Rz. 55; a.A. (für die AG) *Pentz* in MünchKomm. AktG, 3. Aufl., § 27 AktG Rz. 28; diff. *Röhricht* in Großkomm. AktG, 4. Aufl., § 27 AktG Rz. 74.
48 *Arnold* in KölnKomm. AktG, 3. Aufl., § 27 AktG Rz. 52; insoweit auch *Pentz* in MünchKomm. AktG, 3. Aufl., § 27 AktG Rz. 28; (für die GmbH) *Bayer* in Lutter/Hommelhoff, § 5 GmbHG Rz. 17; *Ulmer* in Ulmer, § 5 GmbHG Rz. 55; diff. *Röhricht* in Großkomm. AktG, 4. Aufl., § 27 AktG Rz. 75; *Heidinger* in Spindler/Stilz, § 27 AktG Rz. 23.
49 *Arnold* in KölnKomm. AktG, 3. Aufl., § 27 AktG Rz. 52; *Pentz* in MünchKomm. AktG, 3. Aufl., § 27 AktG Rz. 28; *Röhricht* in Großkomm. AktG, 4. Aufl., § 27 AktG Rz. 74; (für die GmbH) *Bayer* in Lutter/Hommelhoff, § 5 GmbHG Rz. 17; *Ulmer* in Ulmer, § 5 GmbHG Rz. 55.
50 BGH v. 13.10.1954 – II ZR 182/53, BGHZ 15, 52, 60; BGH v. 15.1.1990 – II ZR 164/88, BGHZ 110, 47, 60; BGH v. 4.3.1996 – II ZB 8/95, BGHZ 132, 141, 143 f.; *Hüffer*, § 27 AktG Rz. 18; *Pentz* in MünchKomm. AktG, 3. Aufl., § 27 AktG Rz. 29; *Röhricht* in Großkomm. AktG, 4. Aufl., § 27 AktG Rz. 80; nunmehr auch (ausf.) *Arnold* in KölnKomm. AktG, 3. Aufl., § 27 AktG Rz. 57; (für die GmbH) *Bayer* in Lutter/Hommelhoff, § 5 GmbHG Rz. 17; *Ulmer* in Ulmer, § 5 GmbHG Rz. 56.
51 So aber *Kraft* in KölnKomm. AktG, 2. Aufl., § 27 AktG Rz. 31; vgl. auch *Geßler* in FS Möhring, 1975, S. 173, 179 ff.; *Meilicke*, DB 1989, 1069, 1072 ff.; *Karollus*, ZIP 1994, 589 ff.; *Honsell* in FS Frotz, 1993, S. 307, 316 ff.
52 *Röhricht* in Großkomm. AktG, 4. Aufl., § 27 AktG Rz. 80; zust. *Arnold* in KölnKomm. AktG, 3. Aufl., § 27 AktG Rz. 54; (zur GmbH) *Bayer* in Lutter/Hommelhoff, § 5 GmbHG Rz. 17 a.E.; teilw. abw. *Pentz* in MünchKomm. AktG, 3. Aufl., § 27 AktG Rz. 29; (für die GmbH) *H. Winter/H. P. Westermann* in Scholz, § 5 GmbHG Rz. 48; *Ulmer* in Ulmer, § 5 GmbHG Rz. 59 a.E.
53 BGH v. 25.11.1985 – II ZR 48/85, AG 1986, 141; OLG Stuttgart v. 12.6.1986 – 7 U 22/86, DB 1986, 1514; OLG Düsseldorf v. 3.8.1988 – 17 U 11/88, BB 1988, 2126, 2127; OLG Köln v. 10.11.1988 – 1 U 55/88, ZIP 1989, 238, 239; *Pentz* in MünchKomm. AktG, 3. Aufl., § 27 AktG Rz. 30; *Röhricht* in Großkomm. AktG, 4. Aufl., § 27 AktG Rz. 67.

ten Darlehen erbrachte Kapitalnutzungsrechte, soweit das Kapital der AG für eine bestimmte Laufzeit fest verbleibt[54]. Auch Dividendenansprüche können im Falle von Kapitalerhöhungen de lege lata nur als Sacheinlage, nicht als Bareinlage eingebracht werden (andernfalls verdeckte Sacheinlage: unten Rz. 51 ff.; vgl. auch § 183 Rz. 4).

Auch **obligatorische Nutzungsrechte**, z.B. an Grundstücken oder Handelsgeschäften, sind taugliche Einlagegegenstände. Dies ist unstreitig, soweit es sich um übertragbare Ansprüche handelt, die sich gegen Dritte richten[55]. Entsprechendes gilt nach zutreffender Auffassung auch dann, wenn der Aktionär selbst Inhaber des Stammrechts ist, vorausgesetzt, dass (1) die Dauer der Nutzungsberechtigung feststeht, (2) der Gegenstand nicht nach Belieben, z.B. durch Kündigung, oder durch anderweitige Ereignisse, z.B. Insolvenz oder Zwangsvollstreckung, untergehen oder sonst entzogen werden kann und (3) im Fall des wirtschaftlichen Zusammenbruchs der AG anderweitig verwertbar ist, was typischerweise durch Aussonderung aus der Vermögenssphäre des Inferenten und Besitzübertragung an die Gesellschaft zu erfolgen hat[56]. Die ablehnende Gegenauffassung, welche die Einlagefähigkeit im Wesentlichen unter Hinweis auf die mangelnde bilanzielle Aktivierbarkeit verneint[57], ist überholt. Ihren Bedenken kann und muss allerdings durch eine zurückhaltende Bewertung Rechnung getragen werden[58]. Noch zweifelhaft ist die Sacheinlagefähigkeit von Domain-Namen[59]. Einlagefähig sind grundsätzlich auch geschützte Herstellungsverfahren[60] oder Know-how[61]. 17

Kraft Gesetzes (§ 27 Abs. 2 Halbsatz 2) **nicht einlagefähig** sind Ansprüche auf **Dienstleistungen** (vgl. auch Art. 7 Kapitalrichtlinie), und zwar sowohl im Hinblick auf Dienstleistungen des *Inferenten* oder eines anderen *Gründers*[62] als auch im Hinblick auf Dienstleistungen eines *Dritten*, unabhängig, ob diese Verpflichtung übertragbar ist oder nicht[63]. Das Gleiche gilt für stark personenbezogene Werkverträge, nicht hin- 18

---

54 *Pentz* in MünchKomm. AktG, 3. Aufl., § 27 AktG Rz. 25; *Döllerer* in FS Fleck, 1988, S. 35, 44 ff.; (für die GmbH) *Bayer* in Lutter/Hommelhoff, § 5 GmbHG Rz. 23.
55 KG v. 30.4.1909 – 1 a. 328/09, KGJ 38 A 161, 168 f.; *Hüffer*, § 27 AktG Rz. 19; *Pentz* in MünchKomm. AktG, 3. Aufl., § 27 AktG Rz. 31; *Röhricht* in Großkomm. AktG, 4. Aufl., § 27 AktG Rz. 56 f.; *Groh*, DB 1988, 514, 520; *Knobbe-Keuk*, ZGR 1980, 214, 219.
56 BGH v. 15.5.2000 – II ZR 359/98, BGHZ 144, 290, 294; OLG Nürnberg v. 14.10.1998 – 12 U 1538/98, AG 1999, 381, 382; *Hüffer*, § 27 AktG Rz. 19; *Pentz* in MünchKomm. AktG, 3. Aufl., § 27 AktG Rz. 31; *Röhricht* in Großkomm. AktG, 4. Aufl., § 27 AktG Rz. 59 f.; *Bork*, ZHR 154 (1990), 205, 209 ff.; *Steinbeck*, ZGR 1996, 116, 117 ff.; *Döllerer* in FS Fleck, 1988, S. 35, 38 ff.; (für die GmbH) *Bayer* in Lutter/Hommelhoff, § 5 GmbHG Rz. 21; *Ulmer* in Ulmer, § 5 GmbHG Rz. 53.
57 So vor allem *Knobbe-Keuk*, ZGR 1980, 214, 217 ff.; *Ekkenga*, ZHR 161 (1997), 599 ff., 618 ff.; *Ullrich*, NJW 1974, 1486, 1490 f.; diff. *K. Schmidt*, ZHR 154 (1990), 237, 254 ff.
58 Insofern unstr.; vgl. BGH v. 15.5.2000 – II ZR 359/98, BGHZ 144, 290, 294; *Hüffer*, § 27 AktG Rz. 19 a.E.; *Pentz* in MünchKomm. AktG, 3. Aufl., § 27 AktG Rz. 31; *Röhricht* in Großkomm. AktG, 4. Aufl., § 27 AktG Rz. 61, 63; (für die GmbH) *Bayer* in Lutter/Hommelhoff, § 5 GmbHG Rz. 21; *Ulmer* in Ulmer, § 5 GmbHG Rz. 53.
59 Befürwortend *Sosnitza*, GmbHR 2002, 821 ff.
60 RG v. 17.9.1935 – II 71/35, JW 1936, 42.
61 *Arnold* in KölnKomm. AktG, 3. Aufl., § 27 AktG Rz. 64; für GmbH auch *Ulmer* in Ulmer, § 5 GmbHG Rz. 69.
62 *Hüffer*, § 27 AktG Rz. 22; *Arnold* in KölnKomm. AktG, 3. Aufl., § 27 AktG Rz. 66; *Pentz* in MünchKomm. AktG, 3. Aufl., § 27 AktG Rz. 33; *Röhricht* in Großkomm. AktG, 4. Aufl., § 27 AktG Rz. 70.
63 So jüngst (zur GmbH) auch BGH v. 16.2.2009 – II ZR 120/07 – „Qivive", BGHZ 180, 38; bestätigt (zur AG) durch BGH v. 1.2.2010 – II ZR 173/08 – „Eurobike", GmbHR 2010, 421 m. Anm. *K. Müller*; vgl. weiter *Habersack* in FS Priester, 2007, S. 157, 162; *Pentz* in MünchKomm. AktG, 3. Aufl., § 27 AktG Rz. 33; *Röhricht* in Großkomm. AktG, 4. Aufl., § 27 AktG Rz. 78; *Arnold* in KölnKomm. AktG, 3. Aufl., § 27 AktG Rz. 66; ebenso (für die GmbH) *Bayer* in Lutter/Hommelhoff, § 5 GmbHG Rz. 18; *Ulmer* in Ulmer, § 5 GmbHG Rz. 61; a.A. *Heidinger* in Spindler/Stilz, § 27 AktG Rz. 29; *Hüffer*, § 27 AktG Rz. 22.

gegen für Werkleistungen durch Dritte, die auf vertretbare Handlungen gerichtet und nach § 887 ZPO unschwer zu vollstrecken sind[64]. Nicht sacheinlagefähig ist darüber hinaus der Anspruch auf die Vergütung für künftig zu erbringende Dienstleistungen[65]. Allerdings kann auch mit einem Aktionär in zulässiger Weise und ohne Verstoß gegen den Grundsatz der realen Kapitalaufbringung vereinbart werden, dass die Tätigkeit als Vorstandsmitglied aus den Bareinlagemitteln vergütet wird; ausf. hierzu bei Rz. 99.

### 4. Bewertung

#### a) Bewertungsgrundsätze

19  Aus den §§ 9 Abs. 1, 34 Abs. 1 Nr. 2, 36a Abs. 2 Satz 3, 38 Abs. 2 Satz 2 folgt das dem Kapitalgesellschaftsrecht zugrunde liegende **Verbot der Unterpariemission**. Die Sacheinlage muss daher den geringsten Ausgabebetrag und ggf. auch ein zusätzliches Agio umfassen[66]. Die Bewertung hat danach aufgrund *objektiver Kriterien* zu erfolgen; außerhalb des aus § 38 Abs. 2 Satz 2 folgenden Beurteilungsermessens gibt es keinen Freiraum für Überbewertungen[67]. Dabei bildet der Zeitwert des einzulegenden Gegenstandes den Höchstwert[68].

20  Bei wieder beschaffbaren Gegenständen des **Anlagevermögens** ist der Wiederbeschaffungswert entscheidend; einmalige Anlagevermögensgegenstände, wie z.B. Urheber- und Patentrechte, Know-how, sind – mit größter Zurückhaltung – nach Ertragswerten zu bewerten[69]. Für Gegenstände des **Umlaufvermögens** gilt der Einzelveräußerungswert[70]. Bei **Forderungen** ist nicht der Nennwert, sondern der realisierbare Erlös maßgeblich[71]. Dies gilt in besonderem Maße für die Einbringung von gegen die AG gerichteten Forderungen. Deren Nennwert ist nur dann maßgeblich, wenn die Forderung fällig, vollwertig und liquide ist[72]. Vollwertigkeit setzt voraus, dass sie von der AG auch ohne Kapitalerhöhung erfüllt werden könnten[73]. Die Bewertung **obligatorischer Nutzungsrechte** erfolgt aufgrund der abgezinsten Vergleichsmiete[74] mit größter Zurückhaltung.

---

64 *Habersack* in FS Priester, 2007, S. 157, 162; zust. *Bayer* in Lutter/Hommelhoff, § 5 GmbHG Rz. 18.
65 *Bayer/Lieder*, NZG 2010, 86, 87; *Habersack*, GWR 2009, 129, 130.
66 *Arnold* in KölnKomm. AktG, 3. Aufl., § 27 AktG Rz. 67; *Heidinger* in Spindler/Stilz, § 27 AktG Rz. 40.
67 Vgl. hierzu nur *Pentz* in MünchKomm AktG, 3. Aufl., § 27 AktG Rz. 37.
68 OLG Köln v. 25.4.1997 – 19 U 167/96, GmbHR 1998, 42, 43; *Pentz* in MünchKomm. AktG, 3. Aufl., § 27 AktG Rz. 37; *Röhricht* in Großkomm. AktG, 4. Aufl., § 27 AktG Rz. 89; *Arnold* in KölnKomm. AktG, 3. Aufl., § 27 AktG Rz. 69; (für die GmbH) *Bayer* in Lutter/Hommelhoff, § 5 GmbHG Rz. 24.
69 *Pentz* in MünchKomm. AktG, 3. Aufl., § 27 AktG Rz. 37; *Röhricht* in Großkomm. AktG, 4. Aufl., § 27 AktG Rz. 89 f.; (für die GmbH) *Bayer* in Lutter/Hommelhoff, § 5 GmbHG Rz. 25; *Ulmer* in Ulmer, § 5 GmbHG Rz. 82; zweifelhaft BGH v. 16.2.1959 – II ZR 170/57, BGHZ 29, 300, 304, 308 f.
70 *Hüffer*, § 27 AktG Rz. 20; *Pentz* in MünchKomm. AktG, 3. Aufl., § 27 AktG Rz. 37; *Röhricht* in Großkomm. AktG, 4. Aufl., § 27 AktG Rz. 89.
71 *Arnold* in KölnKomm. AktG, 3. Aufl., § 27 AktG Rz. 69; für die GmbH bereits *Bayer* in Lutter/Hommelhoff, § 5 GmbHG Rz. 25.
72 BGH v. 15.1.1990 – II ZR 164/88, BGHZ 110, 47, 61; BGH v. 18.2.1991 – II ZR 104/90, BGHZ 113, 335, 341 f.; *Pentz* in MünchKomm. AktG, 3. Aufl., § 27 AktG Rz. 29; *Arnold* in KölnKomm. AktG, 3. Aufl., § 27 AktG Rz. 69; für die GmbH auch *Ulmer* in Ulmer, § 5 GmbHG Rz. 57.
73 Zutreffend *Hüffer*, § 27 AktG Rz. 18 a.E.; *Arnold* in KölnKomm. AktG, 3. Aufl., § 27 AktG Rz. 69.
74 BGH v. 14.6.2004 – II ZR 121/02, NZG 2004, 910, 911; *Arnold* in KölnKomm. AktG, 3. Aufl., § 27 AktG Rz. 69 a.E.; *Hüffer*, § 27 AktG Rz. 20; *Pentz* in MünchKomm. AktG, 3. Aufl., § 27 AktG Rz. 37.

**Bewertungsstichtag** ist analog § 9 Abs. 1 GmbHG der Zeitpunkt der Anmeldung der 21
AG zur Eintragung in das Handelsregister[75]. Bei Handelsgeschäften und **Unternehmen** können die bisherigen Buchwerte der letzten Jahresbilanz fortgeführt werden[76].

**Unzulässig** ist neben der **Überbewertung** (allgM) auch die **Unterbewertung** von Einla- 22
gegegenständen[77] (str.). Dies folgt einerseits aus § 279 Abs. 1 Satz 1 HGB, der einer
willkürlichen Bildung versteckter Reserven entgegenwirken soll[78], und andererseits
daraus, dass die Kapitalrücklage nach § 272 Abs. 2 Nr. 1 HGB i.V.m. § 150 AktG
zutreffend anzugeben ist[79]. Wird dennoch der vertretbare Bewertungsrahmen überschritten, ist die Differenz zum Nennwert als Aufgeld zu behandeln und nach § 272
Abs. 2 Nr. 1 HGB der Kapitalrücklage zuzuführen[80].

### b) Rechtsfolgen bei Überbewertung

Die Überbewertung des Sacheinlagegegenstands führt **vor Eintragung der AG** in das 23
Handelsregister wegen Verstoßes gegen das Verbot der Unterpariemission (dazu
Rz. 19) gem. § 134 BGB i.V.m. § 9 Abs. 1 AktG zur **Nichtigkeit der Übernahmeerklärung**, was nach h.M. gem. § 139 BGB die Nichtigkeit des gesamten Gesellschaftsvertrages nach sich zieht[81] (a.A. oben § 9 Rz. 7, 10). Anderes gilt nach der Lehre von der
fehlerhaften Gesellschaft nur, soweit die (Vor-)AG schon im Rechtsverkehr in Erscheinung getreten ist und Verbindlichkeiten begründet hat; dann sind die Gründer
verpflichtet, ihre Einlagen in dem Umfang zu leisten, als dies zur Erfüllung dieser
Verbindlichkeiten notwendig ist[82] (vgl. § 9 Rz. 10).

Die im Schrifttum neuerdings vertretene **Gegenauffassung**, wonach die Überbewer- 24
tung einer Sacheinlage lediglich zur Begründung eines Anspruchs der AG gegen den

---

75 Vgl. OLG Düsseldorf v. 28.3.1991 – 6 U 234/90, WM 1991, 1669, 1670 f.; *Hüffer*, § 27 AktG
Rz. 20; *Arnold* in KölnKomm. AktG, 3. Aufl., § 27 AktG Rz. 67; *Pentz* in MünchKomm.
AktG, 3. Aufl., § 27 AktG Rz. 38; *Röhricht* in Großkomm. AktG, 4. Aufl., § 27 AktG Rz. 91;
(für die GmbH) *Bayer* in Lutter/Hommelhoff, § 5 GmbHG Rz. 28; *Ulmer* in Ulmer, § 5
GmbHG Rz. 83.
76 *Hüffer*, § 27 AktG Rz. 20 a.E.; ausf. *Pentz* in MünchKomm. AktG, 3. Aufl., § 27 AktG Rz. 38;
*Röhricht* in Großkomm. AktG, 4. Aufl., § 27 AktG Rz. 92 ff.; zweifelnd *Arnold* in KölnKomm. AktG, 3. Aufl., § 27 AktG Rz. 70.
77 So die ganz h.M. im Aktienrecht: *Arnold* in KölnKomm. AktG, 3. Aufl., § 27 AktG Rz. 68;
*Heidinger* in Spindler/Stilz, § 27 AktG Rz. 41; *Hüffer*, § 27 AktG Rz. 20; *Pentz* in MünchKomm. AktG, 3. Aufl., § 27 AktG Rz. 39; *Röhricht* in Großkomm. AktG, 4. Aufl., § 27 AktG
Rz. 88; vgl. für die GmbH: *Bayer* in Lutter/Hommelhoff, § 5 GmbHG Rz. 27 a.E.; *Schulze-Osterloh*, ZGR 1993, 420, 429 ff.; a.A. *Barz* in Großkomm. AktG, 3. Aufl., § 27 AktG Anm. 24b;
*v. Godin/Wilhelmi*, § 27 AktG Anm. 14; vgl. auch RG v. 28.1.1930 – II 159/29, RGZ 127,
186, 192; ebenso die noch immer h.M. im GmbH-Recht: OLG Stuttgart v. 19.1.1982 – 8 W
259/81, GmbHR 1982, 109, 110; *H. Winter/H. P. Westermann* in Scholz, § 5 GmbHG Rz. 56;
*Ulmer* in Ulmer, § 5 GmbHG Rz. 81.
78 So auch *Hüffer*, § 27 AktG Rz. 20; *Pentz* in MünchKomm. AktG, 3. Aufl., § 27 AktG Rz. 39;
*Röhricht* in Großkomm. AktG, 4. Aufl., § 27 AktG Rz. 88; (für die GmbH) *Bayer* in Lutter/
Hommelhoff, § 5 GmbHG Rz. 27 a.E.
79 So auch *Arnold* in KölnKomm. AktG, 3. Aufl., § 27 AktG Rz. 68; *Pentz* in MünchKomm.
AktG, 3. Aufl., § 27 AktG Rz. 39; *Röhricht* in Großkomm. AktG, 4. Aufl., § 27 AktG Rz. 88;
*Teichmann*, ZHR 136 (1972), 166, 168.
80 *Pentz* in MünchKomm. AktG, 3. Aufl., § 27 AktG Rz. 39; *Röhricht* in Großkomm. AktG,
4. Aufl., § 27 AktG Rz. 88; (für die GmbH) *Bayer* in Lutter/Hommelhoff, § 5 GmbHG Rz. 27.
81 Wie hier auch *Brändel* in Großkomm. AktG, 4. Aufl., § 9 AktG Rz. 18; *Heider* in MünchKomm. AktG, 3. Aufl., § 9 AktG Rz. 25; *Hüffer*, § 9 AktG Rz. 5, § 27 AktG Rz. 21; *Röhricht*
in Großkomm. AktG, 4. Aufl., § 27 AktG Rz. 98; a.A. *Pentz* in MünchKomm. AktG, 3. Aufl.,
§ 27 AktG Rz. 41; *Arnold* in KölnKomm. AktG, 3. Aufl., § 27 AktG Rz. 73.
82 *Heider* in MünchKomm. AktG, 3. Aufl., § 9 AktG Rz. 25; *Hüffer*, § 9 AktG Rz. 5 a.E.; *Röhricht* in Großkomm. AktG, 4. Aufl., § 27 AktG Rz. 98 a.E.

Inferenten führen soll[83], berücksichtigt nicht hinreichend die mit Unterpariemissionen verbundenen Gefahren. Insoweit zielt § 9 Abs. 1 darauf ab, im Wege eines präventiven Schutzes die reale Kapitalaufbringung sicherzustellen und hierdurch die Gläubiger der Aktiengesellschaft zu schützen. Gemessen an diesem Normzweck macht es keinen Unterschied, ob für einen geringeren Betrag als den Nennbetrag Aktien ausgegeben werden oder ob eine in die AG einzulegende Sache überbewertet ist. In beiden Fällen verlangt das Prinzip der realen Kapitalaufbringung die Nichtigkeit der Errichtungserklärung. Hiervon ist eine Ausnahme nur dann zulässig, wenn die Kapitalausstattung der AG nicht in Gefahr ist. Deshalb ist es auch nur konsequent – und keineswegs wie von der Gegenauffassung behauptet widersprüchlich –, die Eintragung der AG ungeachtet der unzulässigen Wertfestsetzung zuzulassen, soweit die Wertdifferenz *noch vor Anmeldung in bar aufgefüllt* wird[84].

25 Ist die Sacheinlage überbewertet, muss der **Registerrichter** die Eintragung nach § 38 Abs. 2 Satz 2 verweigern, es sei denn, der Differenzbetrag ist zwischenzeitlich durch bare Zuzahlungen beglichen worden[85].

26 Die **Eintragung der AG** in das Handelsregister lässt die AG wirksam entstehen, auch wenn eine Sacheinlage überbewertet war[86]. Der Inferent haftet der AG nach den Grundsätzen der **Differenzhaftung** auf Ausgleich des Differenzbetrages, ohne dass die Sacheinlageverpflichtung hiervon tangiert würde[87]. Der Anspruch ist umfänglich nicht auf den Ausgabewert der Aktien beschränkt; auch eine hierüber hinausreichende Differenz ist ersatzfähig[88] (was insbesondere bei der Einbringung eines überschuldeten Unternehmens relevant sein kann). Die Differenzhaftung bezieht sich auch auf Aufgelder[89]. Die Beweislast trägt nach allgemeinen Grundsätzen die Gesellschaft[90]. Der Anspruch verjährt analog § 9 Abs. 2 GmbHG nach 10 Jahren seit Eintragung der AG in das Handelsregister[91]. Daneben kommt eine Haftung nach §§ 46 ff. sowie aus unerlaubter Handlung[92] in Betracht. Gründer, Vorstands- und Aufsichtsratsmitglie-

---

83 So namentlich *Pentz* in MünchKomm. AktG, 3. Aufl., § 27 AktG Rz. 42; *Arnold* in KölnKomm. AktG, 3. Aufl., § 27 AktG Rz. 73; vgl. auch oben § 9 Rz. 7, 10.
84 Wie hier *Röhricht* in Großkomm. AktG, 4. Aufl., § 27 AktG Rz. 99; so auch *Heidinger* in Spindler/Stilz, § 27 AktG Rz. 43.
85 *Arnold* in KölnKomm. AktG, 3. Aufl., § 27 AktG Rz. 72; *Pentz* in MünchKomm. AktG, 3. Aufl., § 27 AktG Rz. 43; *Röhricht* in Großkomm. AktG, 4. Aufl., § 27 AktG Rz. 99; *Lohse* in Bürgers/Körber, § 27 AktG Rz. 4.
86 *Arnold* in KölnKomm. AktG, 3. Aufl., § 27 AktG Rz. 74; *Pentz* in MünchKomm. AktG, 3. Aufl., § 27 AktG Rz. 44.
87 BGH v. 27.2.1975 – II ZR 111/72, BGHZ 64, 52, 62; BGH v. 14.3.1977 – II ZR 156/75, BGHZ 68, 191, 195 f.; *Hüffer*, § 27 AktG Rz. 21; *Arnold* in KölnKomm. AktG, 3. Aufl., § 27 AktG Rz. 74; *Pentz* in MünchKomm. AktG, 3. Aufl., § 27 AktG Rz. 44; *Röhricht* in Großkomm. AktG, 4. Aufl., § 27 AktG Rz. 101 ff.
88 *Pentz* in MünchKomm. AktG, 3. Aufl., § 27 AktG Rz. 44; *Röhricht* in Großkomm. AktG, 4. Aufl., § 27 AktG Rz. 103; *Heidinger* in Spindler/Stilz, § 27 AktG Rz. 45.
89 *Pentz* in MünchKomm. AktG, 3. Aufl., § 27 AktG Rz. 44; *Röhricht* in Großkomm. AktG, 4. Aufl., § 27 AktG Rz. 105; *Arnold* in KölnKomm. AktG, 3. Aufl., § 27 AktG Rz. 74; *Heidinger* in Spindler/Stilz, § 27 AktG Rz. 46; ausf. *Loges/Zimmermann*, WM 2005, 349, 350 f.; für die Kapitalerhöhung auch ThürOLG v. 12.10.2006 – 6 W 452/06, AG 2007, 31; skeptisch *Habersack* in FS Konzen, 2006, S. 179, 183 f. (vertragliche Wertdeckungszusage).
90 *Pentz* in MünchKomm. AktG, 3. Aufl., § 27 AktG Rz. 44; *Arnold* in KölnKomm. AktG, 3. Aufl., § 27 AktG Rz. 74; ausf. *Loges/Zimmermann*, WM 2005, 349, 353 f.
91 *Pentz* in MünchKomm. AktG, 3. Aufl., § 27 AktG Rz. 44; *Heidinger* in Spindler/Stilz, § 27 AktG Rz. 45; *Arnold* in KölnKomm. AktG, 3. Aufl., § 27 AktG Rz. 74; ebenso zu § 9 Abs. 2 GmbHG a.F.: BGH v. 13.4.1992 – II ZR 277/90, BGHZ 118, 83, 101; *Röhricht* in Großkomm. AktG, 4. Aufl., § 27 AktG Rz. 102.
92 Einzelheiten bei *Pentz* in MünchKomm. AktG, 3. Aufl., § 27 AktG Rz. 45.

der können außerdem nach § 399 Abs. 1 Nr. 1 strafbar sein[93]; diese Vorschrift ist Schutzgesetz i.S. von § 823 Abs. 2 BGB[94], nicht hingegen § 27 Abs. 2 selbst[95].

## IV. Sachübernahme

### 1. Begriff

Als Sachübernahme wird gem. **§ 27 Abs. 1 Satz 1 Alt. 2** die Übernahme von Vermögensgegenständen, insbesondere vorhandener oder herzustellender Anlagen, durch die AG bezeichnet. Die Übernahme muss anlässlich der Gründung **gegen Vergütung, die nicht in Aktien bestehen darf**, erfolgen. Im Gegensatz zum GmbH-Recht[96] ist eine Verrechnungsabrede keine tatbestandliche Voraussetzung der Sachübernahme; entscheidend ist, dass ein Erwerb des Gegenstandes durch die AG beabsichtigt ist[97]. Soll die Vergütung für den Gegenstand mit der Bareinlage des Aktionärs verrechnet werden, dann handelt es sich nach **§ 27 Abs. 1 Satz 2** um eine sog. **fingierte Sacheinlage**[98]. Sachübernahmevereinbarungen können neben den Gründern auch von Dritten abgeschlossen werden[99]. Von § 27 Abs. 1 Satz 1 nicht erfasst sind dagegen Geschäfte, die der Vorstand für die Vor-AG mit Dritten abschließt[100]. In dogmatischer Hinsicht handelt es sich hierbei um Geschäfte der werbenden Vorgesellschaft; die Interessen der Gesellschaftsgläubiger sind durch die Haftungsinstitute im Recht der Vor-AG (Gründungs- und Vorbelastungshaftung; vgl. hierzu § 41 Rz. 11 ff.) hinreichend gewahrt. Die Vereinbarung über eine Sachübernahme von den Gründern ist in der Satzung festzuschreiben, sobald mit deren Durchführung gerechnet werden kann[101]. Sachübernahmen von Dritten sind aufzunehmen, wenn mit ihnen entsprechende – verbindliche – Vereinbarungen getroffen sind[102].

27

### 2. Sachübernahmevereinbarung

Auch hier ist wie bei der Sacheinlage zwischen der pflichtenbegründenden Vereinbarung einer Sachübernahme (Sachübernahmevereinbarung) und dem ihrer Erfüllung

28

---

93 Weiterführend zur Verantwortlichkeit des Vorstands *Loges/Zimmermann*, WM 2005, 349, 354 ff.
94 BGH v. 8.5.1973 – II ZR 164/71, NJW 1973, 1547, 1549; *Arnold* in KölnKomm. AktG, 3. Aufl., § 27 AktG Rz. 75.
95 BGH v. 22.6.1992 – II ZR 178/90, NJW 1992, 3167, 3172; *Arnold* in KölnKomm. AktG, 3. Aufl., § 27 AktG Rz. 75.
96 BGH v. 10.11.1958 – II ZR 3/57, BGHZ 28, 314, 318 f.; *Bayer* in Lutter/Hommelhoff, § 5 GmbHG Rz. 38.
97 Vgl. *Hüffer*, § 27 AktG Rz. 5; *Pentz* in MünchKomm. AktG, 3. Aufl., § 27 AktG Rz. 61; *Heidinger* in Spindler/Stilz, § 27 AktG Rz. 47.
98 Dazu im Einzelnen: *Hüffer*, § 27 AktG Rz. 7; *Pentz* in MünchKomm. AktG, 3. Aufl., § 27 AktG Rz. 66; *Röhricht* in Großkomm. AktG, 4. Aufl., § 27 AktG Rz. 114; aus der Rechtsprechung BGH v. 15.1.1990 – II ZR 164/88, BGHZ 110, 47, 52 ff.; rechtspolitische Kritik bei *Hüffer*, NJW 1979, 1065, 1066; *Pentz* in MünchKomm. AktG, 3. Aufl., § 27 AktG Rz. 66; *Röhricht* in Großkomm. AktG, 4. Aufl., § 27 AktG Rz. 114.
99 BGH v. 10.11.1958 – II ZR 3/57, BGHZ 28, 314, 318; *Hüffer*, § 27 Rz. 5 a.E.; *Arnold* in KölnKomm. AktG, 3. Aufl., § 27 AktG Rz. 31; *Pentz* in MünchKomm. AktG, 3. Aufl., § 27 AktG Rz. 61; *Röhricht* in Großkomm. AktG, 4. Aufl., § 27 AktG Rz. 113; *Lohse* in Bürgers/Körber, § 27 AktG Rz. 6; abweichend *Binz/Freudenberg*, DB 1992, 2281, 2283.
100 *Hüffer*, § 27 AktG Rz. 5a; *Pentz* in MünchKomm. AktG, 3. Aufl., § 27 AktG Rz. 61; *Röhricht* in Großkomm. AktG, 4. Aufl., § 27 AktG Rz. 116; *Koch*, Nachgründung, 2002, S. 144 ff.; *Priester*, ZHR 165 (2001), 383, 388 ff.; a.A. noch *Eckardt* in G/H/E/K, § 27 Rz. 39.
101 RG v. 19.5.1941 – II 126/40, RGZ 167, 99, 108; *Pentz* in MünchKomm. AktG, 3. Aufl., § 27 AktG Rz. 62.
102 *Pentz* in MünchKomm. AktG, 3. Aufl., § 27 AktG Rz. 61; ausf. *Arnold* in KölnKomm. AktG, 3. Aufl., § 27 AktG Rz. 30 m.w.N. zum Streitstand.

dienenden – dinglichen – Vollzugsgeschäft zu unterscheiden[103]. Hinzu kommen kann außerdem noch eine **Verrechnungsabrede**.

29 Die **Sachübernahmevereinbarung** ist ausschließlich schuldrechtlicher Natur[104]. Die Vereinbarung unterliegt daher auch den allgemeinen Rechtsvorschriften, die für den jeweils einschlägigen Vertragstyp gelten, z.B. Kauf-, Werk- oder Lizenzvertrag. Danach bestimmen sich auch die Rechtsfolgen von Willensmängeln und Leistungsstörungen (dazu auch Rz. 50). Für das **Vollzugsgeschäft** gilt das zur Sacheinlage unter Rz. 9 Gesagte entsprechend.

30 Bei **Überbewertung** des Gegenstands der Sachübernahme ist die Eintragung gem. § 38 Abs. 2 Satz 2 abzulehnen, es sei denn, die Differenz zum Nennbetrag wird bis zur Anmeldung durch Geldleistung ausgeglichen[105]. Soweit Gegenstände in einem solchen Fall von den Gründern übernommen werden, können die Grundsätze der verdeckten Einlagenrückgewähr anwendbar sein[106] (vgl. hierzu § 57 Rz. 11).

## V. Gemischte Sacheinlage, Mischeinlage

31 Eine **gemischte Sacheinlage** liegt vor, wenn ein Gegenstand in die AG eingebracht wird, der den Betrag der Einlagepflicht übersteigt, so dass die AG dem Inferenten in Höhe der Einlage als Gegenleistung neue Aktien gewährt, während der überschießende Betrag in sonstiger Weise vergütet wird, z.B. durch Barzahlung oder die Übernahme von Verbindlichkeiten des Inferenten durch die AG[107]. Der überschießende Betrag kann der AG auch als Darlehen belassen werden. Rechtsdogmatisch handelt es sich um eine Verknüpfung von Sacheinlage und Sachübernahme[108]. Auf die gemischte Sacheinlage finden die Vorschriften über die Sacheinlage – einschließlich der Grundsätze über die verdeckte (gemischte) Sacheinlage (ausf. unten Rz. 51 ff.) – Anwendung[109]; und zwar nicht nur, soweit die Sacheinlage unteilbar ist[110], sondern auch bei deren Teilbarkeit[111]. Denn die Gründer haben mit der Verbindung der beiden Sachgründungsformen zu erkennen gegeben, dass es sich dabei um ein einheitliches

---

103 *Pentz* in MünchKomm. AktG, 3. Aufl., § 27 AktG Rz. 64; *Heidinger* in Spindler/Stilz, § 27 AktG Rz. 54.
104 *Hüffer*, § 27 AktG Rz. 6 a.E.; *Pentz* in MünchKomm. AktG, 3. Aufl., § 27 AktG Rz. 65; *Röhricht* in Großkomm. AktG, 4. Aufl., § 27 AktG Rz. 115, 118.
105 *Heidinger* in Spindler/Stilz, § 27 AktG Rz. 62; *Pentz* in MünchKomm. AktG, 3. Aufl., § 27 AktG Rz. 65; *Röhricht* in Großkomm. AktG, 4. Aufl., § 27 AktG Rz. 127.
106 *Heidinger* in Spindler/Stilz, § 27 AktG Rz. 62 a.E.; *Pentz* in MünchKomm. AktG, 3. Aufl., § 27 AktG Rz. 65 a.E.
107 BGH v. 9.7.2007 – II ZR 62/06 – „Lurgi I", BGHZ 173, 145; BGH v. 20.11.2006 – II ZR 176/05, BGHZ 170, 47, 54, Rz. 17 m. Bspr. *Rotheimer*, NZG 2007, 256 ff.; RG v. 25.1.1939 – II 94/38, RGZ 159, 321, 326 f. (für die GmbH); *Hüffer*, § 27 AktG Rz. 8; *Arnold* in KölnKomm. AktG, 3. Aufl., § 27 AktG Rz. 35; *Pentz* in MünchKomm. AktG, 3. Aufl., § 27 AktG Rz. 67; *Röhricht* in Großkomm. AktG, 4. Aufl., § 27 AktG Rz. 106; *Habersack* in FS Konzen, 2006, S. 179, 180.
108 Zutreffend OLG Stuttgart v. 19.1.1982 – 8 W 295/81, BB 1982, 397, 398; *Pentz* in MünchKomm. AktG, 3. Aufl., § 27 AktG Rz. 67; *Röhricht* in Großkomm. AktG, 4. Aufl., § 27 AktG Rz. 106; *Habersack* in FS Konzen, 2006, S. 179, 180.
109 RG v. 25.1.1939 – II 94/38, RGZ 159, 321, 326 ff.; *Röhricht* in Großkomm. AktG, 4. Aufl., § 27 AktG Rz. 107; *Hüffer*, § 27 AktG Rz. 8; ausf. *Habersack* in FS Konzen, 2006, S. 179, 181 ff.
110 Unstreitig; statt aller *Hüffer*, § 27 AktG Rz. 8.
111 Für die h.M.: KG v. 23.3.1928 – AW III 2826/27, JW 1928, 1822; *Arnold* in KölnKomm. AktG, 3. Aufl., § 27 AktG Rz. 35; *Hüffer*, § 27 AktG Rz. 8; *Pentz* in MünchKomm. AktG, 3. Aufl., § 27 AktG Rz. 68; *Röhricht* in Großkomm. AktG, 4. Aufl., § 27 AktG Rz. 107 f.; *Lohse* in Bürgers/Körber, § 27 AktG Rz. 9; ebenso für das Aktienrecht (anders für das GmbH-Recht) *Habersack* in FS Konzen, 2006, S. 179, 190 f.; i.E. auch BGH v. 20.11.2006 – II ZR 176/05,

Rechtsgeschäft handeln soll. Eine Auftrennung in zwei Teile – einen gesellschaftsrechtlichen und einen kaufrechtlichen Teil – wäre willkürlich und widersprüchlich. Der BGH spricht daher zu Recht von einer „kraft Parteivereinbarung unteilbaren Leistung"[112]. Aus diesem Grund ist die gemischte Sacheinlage in der Satzung auch als Sacheinlage zu bezeichnen[113]; die von der Gesellschaft zu gewährende Leistung, die nicht in Aktien der AG besteht, ist offen zu legen[114]. Diese Grundsätze gelten auch im Falle der „übertragenden Sanierung"[115]. Keine Rolle spielt, ob der Einlagebetrag weit hinter dem Wert der Gegenleistung des Austauschgeschäfts zurück bleibt[116].

Von der gemischten Sacheinlage ist die **Mischeinlage** zu unterscheiden. Hier hat der Inferent auf eine Aktie sowohl eine Bar- als auch eine Sacheinlage zu leisten[117]. Jede Einlage folgt den für sie maßgebenden Regeln, der Bareinlageanteil mithin den §§ 36 Abs. 2, 36a Abs. 1, der Sacheinlageanteil dagegen dem § 36a Abs. 2[118]. Praktische Bedeutung erlangt die Mischeinlage bei der Einbringung von Unternehmen. Für Einzelheiten s. § 36 Rz. 37. 32

## VI. Förmliche Voraussetzungen

Als wesentliche Eckpunkte der Sacheinlage oder Sachübernahme sind nach **§ 27 Abs. 1 Satz 1** in die Satzung aufzunehmen[119]: der Gegenstand, die Person des Inferenten bzw. Veräußerers (bei natürlichen Personen: Name, Vorname und Anschrift; bei juristischen Personen: Firma und Sitz)[120], der Nennbetrag bei Nennbetragsaktien bzw. die Anzahl der als Gegenleistung zu gewährenden Aktien bei Stückaktien, oder aber (bei Sachübernahmen) Höhe und Art der zu leistenden Vergütung. Vollständigkeit und Bestimmtheit dieser Angaben müssen allein anhand der Festsetzungen in der Satzung ein authentisches Bild über die kapitalistische Ausstattung der AG vermitteln[121]. Die Verlautbarung in einer (mitbeurkundeten) Anlage gem. § 9 Abs. 1 Satz 2 BeurkG genügt nicht[122]. 33

---

AG 2007, 121, 123; a.A. noch *Eckardt* in G/H/E/K, § 27 AktG Rz. 45; *Kraft* in KölnKomm. AktG, 2. Aufl., § 27 AktG Rz. 51.
112 BGH v. 20.11.2006 – II ZR 176/05, BGHZ 170, 47, 54, Rz. 17; BGH 9.7.2007 – II ZR 62/06 – „Lurgi I", BGHZ 173, 145, 152, Rz. 15; BGH v. 22.3.2010 – II ZR 12/08 – „AdCoCom", ZIP 2010, 978, 979 = GmbHR 2010, 700.
113 BGH v. 20.11.2006 – II ZR 176/05, BGHZ 170, 47, 54, Rz. 17.
114 BGH v. 20.11.2006 – II ZR 176/05, BGHZ 170, 47, 54, Rz. 17; RG v. 31.1.1905 – II. 199/04, JW 1905, 214; *Pentz* in MünchKomm. AktG, 3. Aufl., § 27 AktG Rz. 68; *Röhricht* in Großkomm. AktG, 4. Aufl., § 27 AktG Rz. 108; *Habersack* in FS Konzen, 2006, S. 179, 181 f.
115 So für die Kapitalerhöhung: BGH v. 18.2.2008 – II ZR 132/06 – „Rheinmöve", BGHZ 175, 265, 272 f. m. zust. Anm. *Lieder*, WuB II A. § 27 AktG 2.08; vgl. weiter *Weipert*, EWiR 2008, 513; *Krause*, BB 2008, 1029 f.; *Böttcher*, NZG 2008, 416 ff.
116 BGH v. 18.2.2008 – II ZR 132/06 – „Rheinmöve", BGHZ 175, 265, 272 m. zust. Anm. *Lieder*, WuB II A. § 27 AktG 2.08; BGH v. 9.7.2007 – II ZR 62/06 – „Lurgi I", BGHZ 173, 145, 152, Rz. 15; a.A. *Martens*, AG 2007, 732.
117 *Pentz* in MünchKomm. AktG, 3. Aufl., § 27 AktG Rz. 67; *Habersack* in FS Konzen, 2006, S. 179, 180.
118 *Habersack* in FS Konzen, 2006, S. 179, 180.
119 *Hüffer*, § 27 AktG Rz. 9; *Pentz* in MünchKomm. AktG, 3. Aufl., § 27 AktG Rz. 69 ff.; *Röhricht* in Großkomm. AktG, 4. Aufl., § 27 AktG Rz. 130 ff.
120 Ausf. *Lawall/Wille/Konopatzki*, AG 2009, 529 ff.
121 Unter Betonung unterschiedlicher Aspekte: *Arnold* in KölnKomm. AktG, 3. Aufl., § 27 AktG Rz. 38; *Hüffer*, § 27 AktG Rz. 9; *Pentz* in MünchKomm. AktG, 3. Aufl., § 27 AktG Rz. 69; (zur GmbH) *Ulmer* in Ulmer, § 5 GmbHG Rz. 128.
122 *Arnold* in KölnKomm. AktG, 3. Aufl., § 27 AktG Rz. 36; *Heidinger* in Spindler/Stilz, § 27 AktG Rz. 67; *Pentz* in MünchKomm. AktG, 3. Aufl., § 27 AktG Rz. 69.

34 Der **Gegenstand** der Sacheinlage bzw. Sachübernahme muss so konkret bezeichnet sein, dass er objektiv bestimmbar ist und sich hierdurch auch eventuelle Belastungen erkennen lassen[123]. Vertretbare Sachen sind nach Zahl, Maß oder Gewicht zu bestimmen (vgl. § 91 BGB). Unvertretbare Gegenstände müssen individualisierbar sein. Nach diesen Kriterien zulässig ist z.B. die Festlegung „alle seine Schiffe"[124]; zu unbestimmt dagegen: „Material, Werkzeug, Maschinen und Einrichtungsgegenstände"[125]. Bei der Einbringung von Rechts- und Sachgesamtheiten, namentlich **Unternehmen**, kommt es darauf an, dass die Gesamtheit als solche ausreichend identifizierbar ist; zulässig deshalb: „das unter der Firma X betriebene Handelsgeschäft mit allen Aktiva und Passiva"[126]. Gegenstände, die nicht eingebracht werden sollen, sind unter genauer Bezeichnung auszunehmen[127]. Zu den Besonderheiten bei gemischten Sacheinlagen s. oben Rz. 31.

35 Auch **Nebenabreden** sind in die Satzung aufzunehmen, soweit sie für die Bestimmung und (oder) Bewertung des Einlagegegenstandes von Bedeutung sind[128]. Allerdings sollten auch weitere Angaben wegen der drohenden Unwirksamkeit der Übernahmevereinbarung (Rz. 36 ff.) im Zweifel in die Satzung aufgenommen werden[129].

## VII. Rechtsfolgen mangelnder und fehlerhafter Festsetzungen, Mängelbeseitigung

36 Fehlt es an einer ordnungsgemäßen Festsetzung der in § 27 Abs. 1 aufgeführten Angaben, so ist die **Abrede** zur Einbringung einer Sacheinlage bzw. Sachübernahme **unwirksam** (Einzelheiten: Rz. 37 ff.). Diese Rechtsfolge – die auch im Falle der gemischten Sacheinlage gilt[130] (dazu oben Rz. 31) – wurde bislang in § 27 Abs. 3 a.F. ausdrücklich angeordnet[131]. Die vollständige Umgestaltung der Vorschrift des § 27 Abs. 3 durch das ARUG (oben Rz. 1 ff.) hat insoweit nichts geändert. Die Rechtsänderung zielte in erster Linie auf eine Neuregelung des Rechts der verdeckten Sacheinlage (dazu ausf. unten Rz. 51 ff.). Nach Streichung der ausdrücklichen Unwirksamkeitsregelung in § 27 Abs. 3 a.F. entspricht die Rechtslage nunmehr derjenigen bei der GmbH, wo seit jeher keine ausdrückliche Unwirksamkeitsvorschrift existiert und dennoch allgemein anerkannt ist, dass die Abrede zur Einbringung einer Sacheinlage bzw. ei-

---

123 Zum Ganzen: *Hüffer*, § 27 AktG Rz. 10; *Pentz* in MünchKomm. AktG, 3. Aufl., § 27 AktG Rz. 69; *Röhricht* in Großkomm. AktG, 4. Aufl., § 27 AktG Rz. 130.
124 KG v. 30.4.1909 – Ia. ZS, OLGR 22, 25 f.; *Hüffer*, § 27 AktG Rz. 10; *Arnold* in KölnKomm. AktG, 3. Aufl., § 27 AktG Rz. 38; *Pentz* in MünchKomm. AktG, 3. Aufl., § 27 AktG Rz. 70.
125 OLG Kiel v. 15.12.1947 – 2 W 544/47, JR 1948, 325; *Hüffer*, § 27 AktG Rz. 10; *Pentz* in MünchKomm. AktG, 3. Aufl., § 27 AktG Rz. 70; *Röhricht* in Großkomm. AktG, 4. Aufl., § 27 AktG Rz. 130; (zur GmbH) *Ulmer* in Ulmer, § 5 GmbHG Rz. 137.
126 Entlehnt aus *Ulmer* in Ulmer, § 5 GmbHG Rz. 140; ebenso *Hüffer*, § 27 AktG Rz. 10; *Pentz* in MünchKomm. AktG, 3. Aufl., § 27 AktG Rz. 70; *Röhricht* in Großkomm. AktG, 4. Aufl., § 27 AktG Rz. 130.
127 OLG München v. 14.10.1915 – 3. ZS, OLGR 32, 135 f.; *Hüffer*, § 27 AktG Rz. 10; *Arnold* in KölnKomm. AktG, 3. Aufl., § 27 AktG Rz. 38; *Pentz* in MünchKomm. AktG, 3. Aufl., § 27 AktG Rz. 70; *Röhricht* in Großkomm. AktG, 4. Aufl., § 27 AktG Rz. 130; (für die GmbH) *Bayer* in Lutter/Hommelhoff, § 5 GmbHG Rz. 31.
128 RG v. 11.6.1926 – II 471/25, RGZ 114, 77, 81 f.; RG v. 27.9.1927 – II 501/26, RGZ 118, 113, 117; *Arnold* in KölnKomm. AktG, 3. Aufl., § 27 AktG Rz. 39; *Pentz* in MünchKomm. AktG, 3. Aufl., § 27 AktG Rz. 69; *Röhricht* in Großkomm. AktG, 4. Aufl., § 27 AktG Rz. 135.
129 Wie hier *Hüffer*, § 27 AktG Rz. 9 a.E.; *Pentz* in MünchKomm. AktG, 3. Aufl., § 27 AktG Rz. 69.
130 BGH v. 20.11.2006 – II ZR 176/05, BGHZ 170, 47; BGH v. 9.7.2007 – II ZR 62/06, AG 2007, 741.
131 Zum bisherigen Recht: 1. Aufl. Rz. 34.

ner Sachübernahme bei fehlender oder fehlerhafter Festsetzung in der Satzung unwirksam ist[132]. Die Neuregelung zur verdeckten Sacheinlage hat indes teilweise zu **Modifikationen** geführt (Rz. 38).

Nunmehr gilt: Wie nach bisherigem Recht (§ 27 Abs. 3 Satz 3 a.F.) bleiben die **Beitrittserklärungen** der Gründer von der Unwirksamkeit der Sacheinlage-/Sachübernahmevereinbarung unberührt. Dies ist unbestritten, wenn die Eintragung der AG in das Handelsregister bereits erfolgt ist[133], gilt aber nach richtiger, wenngleich umstrittener Auffassung auch schon zuvor[134] (s. aber zur Mängelbeseitigung: unten Rz. 41). Da durch den Wegfall der Sacheinlage-/Sachübernahmevereinbarung lediglich die modifizierende Erfüllungsabrede weggefallen ist (dazu oben Rz. 36), bleiben die Gründer verpflichtet, den Ausgabebetrag der Aktien durch Bareinlage zu leisten[135]. Auch im Übrigen hat die Unwirksamkeit der Sacheinlage-/Sachübernahmevereinbarung keine Folgen für die Gültigkeit der Satzung (so ausdrücklich § 27 Abs. 3 Satz 2 a.F.). 37

Wird gleichwohl die **Sacheinlage geleistet**, so befreit diese Leistung nicht, da nunmehr eine Bareinlage geschuldet ist (oben Rz. 37). Es gilt jedoch in diesem Fall **§ 27 Abs. 3 Satz 3 n.F. analog**: Auf die fortbestehende Bareinlageschuld wird der Wert der Sachleistung angerechnet (ausf. unten Rz. 70 ff.)[136]. Weiterhin sind nach neuem Recht auch die vollzogenen **Ausführungsgeschäfte** wirksam, § 27 Abs. 3 Satz 2 n.F. analog (ausf. unten Rz. 74); eine Rückabwicklung – wie nach bisherigem Recht[137] – erfolgt somit nicht mehr[138]. Entsprechendes gilt bei Leistung einer **anderen Sacheinlage** (dazu näher unten Rz. 65). 38

Verstöße gegen § 27 Abs. 1 hindern nach wie vor gem. § 38 Abs. 1 die wirksame Errichtung der AG, es sei denn, der Mangel wird zwischenzeitlich beseitigt (dazu unten Rz. 41); erfolgt dies nicht, ist – wie bislang – die **Eintragung** der AG in das Handelsregister **abzulehnen**[139]. Eine dennoch erfolgte Eintragung führt indes zu einer wirksamen Errichtung der AG[140]. 39

Von der Unwirksamkeit der Sacheinlage-Abrede (bzw. Sachübernahme-Abrede) wird – wie bereits nach bisheriger Rechtslage – das Verhältnis **zwischen den Gründern** so- 40

---

132 So zur Rechtslage bei der GmbH: RG v. 27.9.1927 – II 501/26, RGZ 118, 113, 117; BGH v. 2.5.1966 – II ZR 219/63, BGHZ 45, 338, 343; BGH v. 17.2.1997 – II ZR 259/96, GmbHR 1997, 545, 546; ebenso nach dem MoMiG: *Bayer* in Lutter/Hommelhoff, § 5 GmbHG Rz. 32; *Hueck/Fastrich* in Baumbach/Hueck, § 5 GmbHG Rz. 50; *H. Winter/H.P. Westermann* in Scholz, § 5 GmbHG Rz. 93.
133 BGH v. 10.11.1958 – II ZR 3/57, BGHZ 28, 316; *Röhricht* in Großkomm. AktG, 4. Aufl., § 27 AktG Rz. 145.
134 *Heidinger* in Spindler/Stilz, § 27 AktG Rz. 75; *Pentz* in MünchKomm. AktG, 3. Aufl., § 27 AktG Rz. 79; a.A. *Kraft* in KölnKomm. AktG, 2. Aufl., § 27 AktG Rz. 85; *Röhricht* in Großkomm. AktG, 4. Aufl., § 27 AktG Rz. 145.
135 So auch die ganz h.M. zur GmbH: *Bayer* in Lutter/Hommelhoff, § 5 GmbHG Rz. 32; *Hueck/Fastrich* in Baumbach/Hueck, § 5 GmbHG Rz. 50; *Ulmer* in Ulmer, § 5 GmbHG Rz. 101; *Roth* in Roth/Altmeppen, § 5 GmbHG Rz. 55.
136 Wie hier zum Recht der GmbH: *Bayer* in Lutter/Hommelhoff, § 5 GmbHG Rz. 32; *Hueck/Fastrich* in Baumbach/Hueck, § 5 GmbHG Rz. 50; *Roth* in Roth/Altmeppen, § 5 GmbHG Rz. 55b.
137 S. 1. Aufl. Rz. 36.
138 Wie hier zum Recht der GmbH: *Bayer* in Lutter/Hommelhoff, § 5 GmbHG Rz. 32; *Hueck/Fastrich* in Baumbach/Hueck, § 5 GmbHG Rz. 51; *Wicke*, § 5 GmbHG Rz. 15.
139 *Arnold* in KölnKomm. AktG, 3. Aufl., § 27 AktG Rz. 40; *Hüffer*, § 27 AktG Rz. 12; *Röhricht* in Großkomm. AktG, 4. Aufl., § 27 AktG Rz. 142.
140 *Arnold* in KölnKomm. AktG, 3. Aufl., § 27 AktG Rz. 40; *Hüffer*, § 27 AktG Rz. 12; *Lohse* in Bürgers/Körber, § 27 AktG Rz. 17.

wie **zwischen Gründern und Dritten** nicht erfasst. In diesen Beziehungen können insbesondere Schadensersatzansprüche bestehen[141].

41 Ebenso wie nach bisherigem Recht (§ 27 Abs. 4 a.F.)[142] können mangelnde oder fehlerhafte Festsetzungen zu Sacheinlagen/Sachübernahmen **vor Eintragung** der AG in das Handelsregister durch nachträgliche Beachtung der förmlichen Voraussetzungen des § 27 Abs. 1 (dazu Rz. 33 ff.) durch Satzungsänderung **korrigiert** werden[143] (vgl. auch zur Änderung der Einlageform: unten Rz. 42 f.).

### VIII. Änderung und Beseitigung wirksamer Festsetzungen (§ 27 Abs. 5)

42 **Bis zur Eintragung** der AG in das Handelsregister sind Änderungen nach Maßgabe der einschlägigen Vorschriften **stets zulässig**[144]. Eine Änderung setzt die Mitwirkung aller Gründer in der Form der Satzungsfeststellung (§ 23) voraus[145]. Ist schon die Anmeldung erfolgt, muss diese wiederholt werden.

43 Für die Änderung und Beseitigung in der Satzung wirksam getroffener Festsetzungen gelten **nach Eintragung** der AG gem. § 27 Abs. 5 die Vorschriften über Sondervorteile und Gründungsaufwand **gem. § 26 Abs. 4 und 5 entsprechend** (dazu § 26 Rz. 22 f.). Zulässig ist nach Ablauf der fünfjährigen Sperrfrist z.B. der Übergang von der Sach- zur Bareinlage[146]; der umgekehrte Fall ist jedoch nur unter engen Voraussetzungen möglich (ausf. unten Rz. 83 ff.). Die Einschränkungen der §§ 27 Abs. 5, 26 Abs. 5 gelten ausschließlich für wirksam getroffene Satzungsbestimmungen; mangelhafte Festsetzungen können jederzeit durch berichtigende Satzungsänderung (Streichung der unwirksamen Festsetzungen; dazu oben Rz. 41 ff.) beseitigt werden[147].

### IX. Leistungsstörungen und sonstige Vertragsmängel

44 **Formmängel**, d.h. die mangelnde Beachtung der förmlichen Anforderungen des § 27 Abs. 1, führen zur Nichtigkeit der Sacheinlage- bzw. Sachübernahmevereinbarung (dazu oben Rz. 36 ff.).

45 **Willensmängel** hinsichtlich der Sacheinlagevereinbarung begründen **vor Eintragung** der AG in das Handelsregister ein Anfechtungsrecht (§§ 119, 123 BGB), wenn auch die Beitrittserklärung als solche anfechtbar ist. Andernfalls ist eine Anfechtung ausgeschlossen, soweit einem Gesellschafter ohne Vereinbarung der Sacheinlageverpflichtung der Beitritt zur AG versagt geblieben wäre; dies ist regelmäßig anzuneh-

---

141 Dazu BGH v. 19.12.1974 – II ZR 177/72, AG 1975, 76, 77; *Kraft* in KölnKomm. AktG, 2. Aufl., § 27 AktG Rz. 86; *Röhricht* in Großkomm. AktG, 4. Aufl., § 27 AktG Rz. 139 f.
142 1. Aufl. Rz. 38.
143 *Hüffer*, § 27 AktG Rz. 12; zum bisherigen Recht auch *Kraft* in KölnKomm. AktG, 2. Aufl., § 27 AktG Rz. 94; *Pentz* in MünchKomm. AktG, 3. Aufl., § 27 AktG Rz. 81; *Lutter/Gehling*, WM 1989, 1445, 1454.
144 Näher *Pentz* in MünchKomm. AktG, 3. Aufl., § 27 AktG Rz. 127; *Röhricht* in Großkomm. AktG, 4. Aufl., § 27 AktG Rz. 179.
145 *Pentz* in MünchKomm. AktG, 3. Aufl., § 27 AktG Rz. 127; *Heidinger* in Spindler/Stilz, § 27 AktG Rz. 172; *Arnold* in KölnKomm. AktG, 3. Aufl., § 27 AktG Rz. 154.
146 RG v. 2.10.1934 – II 161/34, JW 1934, 3196; KG v. 19.11.1936 – 1 Wx 529/36, JW 1937, 321; *Hüffer*, § 27 AktG Rz. 46; *Arnold* in KölnKomm. AktG, 3. Aufl., § 27 AktG Rz. 157; *Pentz* in MünchKomm. AktG, 3. Aufl., § 27 AktG Rz. 130; *Röhricht* in Großkomm. AktG, 4. Aufl., § 27 AktG Rz. 183.
147 Wie hier *Pentz* in MünchKomm. AktG, 3. Aufl., § 27 AktG Rz. 131; *Röhricht* in Großkomm. AktG, 4. Aufl., § 27 AktG Rz. 186.

men, wenn der Einlagegegenstand für die AG von besonderer Bedeutung ist[148]. Wäre der Beitritt des Gründers auch ohne die vereinbarte Sacheinlage erfolgt, ist eine Anfechtung zulässig; an die Stelle der ursprünglichen Sacheinlagepflicht tritt die Verpflichtung zur Leistung einer Bareinlage[149].

**Nach Eintragung** der AG in das Handelsregister können Sacheinlagevereinbarungen nach zutreffender h.M. nicht mehr angefochten werden[150]. Dies beruht auf den besonderen Anforderungen des aktienrechtlichen Kapitalschutzes, welche die allgemeinen zivilrechtlichen Grundsätze überlagern. Dem wird die Gegenauffassung nicht hinreichend gerecht, wenn sie die Anfechtung ermöglichen will, soweit der Gründer die anstelle der Sacheinlage geschuldete Geldleistung erbringen kann[151]. Denn die finanzielle Leistungsfähigkeit des Gründers kann sich nach dem Zeitpunkt der Anfechtungsausübung (negativ) verändern[152]; der Grundsatz der realen Kapitalaufbringung wäre dann nicht mehr gewahrt. Auch die Auffassung, die eine Anfechtung grundsätzlich zulässt, soweit nicht berechtigte Interessen der Gesellschaft[153] (oder der Gläubiger[154]) entgegenstehen, ist mit dem Prinzip der realen Kapitalaufbringung unvereinbar, da die Erbringung der anstelle der Sacheinlage geschuldeten Bareinlage nicht hinreichend gesichert ist[155]. 46

Im Fall einer **Unmöglichkeit** der Leistung wird der Inferent gem. § 275 BGB von der Sacheinlageverpflichtung frei[156]; dies gilt für anfängliche (vgl. § 311a Abs. 1 BGB) und nachträgliche ebenso wie für objektive und subjektive Unmöglichkeit. An die Stelle der vereinbarten Sacheinlage tritt die Verpflichtung des Gründers zur Leistung einer Bareinlage[157]. Hat der einlagepflichtige Inferent die Unmöglichkeit der Einlageverpflichtung zu vertreten, kommen Schadensersatzansprüche der AG nach den allgemeinen zivilrechtlichen Regelungen (§§ 280 Abs. 1 und 3, 283 bzw. § 311a Abs. 2 BGB) in Betracht. Die Geltendmachung dieses Anspruchs anstelle der Verpflichtung 47

---

148 In diesem Sinne auch *Pentz* in MünchKomm. AktG, 3. Aufl., § 27 AktG Rz. 49; *Röhricht* in Großkomm. AktG, 4. Aufl., § 27 AktG Rz. 162; (für die GmbH) *H. Winter/H. P. Westermann* in Scholz, § 5 GmbHG Rz. 96; *Ulmer* in Ulmer, § 5 GmbHG Rz. 103.
149 Wie hier *Röhricht* in Großkomm. AktG, 4. Aufl., § 27 AktG Rz. 161; *Heidinger* in Spindler/Stilz, § 27 AktG Rz. 83.
150 RG v. 14.12.1928 – II 143/28, RGZ 123, 102, 107; BGH v. 9.10.1956 – II ZB 11/56, BGHZ 21, 378, 382 (zur GmbH); *Arnold* in KölnKomm. AktG, 3. Aufl., § 27 AktG Rz. 18; *Heidinger* in Spindler/Stilz, § 27 AktG Rz. 84; *Pentz* in MünchKomm. AktG, 3. Aufl., § 27 AktG Rz. 49.
151 Dafür *Ulmer* in Ulmer, § 5 GmbHG Rz. 103 (zur GmbH); für die Zulässigkeit der Anfechtung grundsätzlich auch *Kraft* in KölnKomm. AktG, 2. Aufl., § 27 AktG Rz. 67; *Röhricht* in Großkomm. AktG, 4. Aufl., § 27 AktG Rz. 163 ff.
152 Zutreffend *Pentz* in MünchKomm. AktG, 3. Aufl., § 27 AktG Rz. 49 a.E.
153 So *Röhricht* in Großkomm. AktG, 4. Aufl., § 27 AktG Rz. 163 f.
154 In diesem Sinne noch *Kraft* in KölnKomm. AktG, 2. Aufl., § 27 AktG Rz. 67; dagegen *Röhricht* in Großkomm. AktG, 4. Aufl., § 27 AktG Rz. 164; *Pentz* in MünchKomm. AktG, 3. Aufl., § 27 AktG Rz. 49 in Fn. 177; nunmehr auch *Arnold* in KölnKomm. AktG, 3. Aufl., § 27 AktG Rz. 18.
155 Wie hier auch *Pentz* in MünchKomm. AktG, 3. Aufl., § 27 AktG Rz. 49.
156 Ebenso *Hüffer*, § 27 AktG Rz. 11; (für die GmbH) *Ulmer* in Ulmer, § 5 GmbHG Rz. 105; dies entspricht im Wesentlichen der Rechtslage vor der Schuldrechtsmodernisierung: *Kraft* in KölnKomm. AktG, 2. Aufl., § 27 AktG Rz. 70 ff.; *Röhricht* in Großkomm. AktG, 4. Aufl., § 27 AktG Rz. 169 ff.
157 BGH v. 2.5.1966 – II ZR 219/63, BGHZ 45, 338, 345; BGH v. 18.9.2000 – II ZR 365/98, BGHZ 145, 150, 155; BGH v. 17.2.1997 – II ZR 259/96, GmbHR 1997, 545 f. (zur GmbH); *Arnold* in KölnKomm. AktG, 3. Aufl., § 27 AktG Rz. 19; *Pentz* in MünchKomm. AktG, 3. Aufl., § 27 AktG Rz. 51; (für die GmbH) *Bayer* in Lutter/Hommelhoff, § 5 GmbHG Rz. 30; a.A. *Röhricht* in Großkomm. AktG, 4. Aufl., § 27 AktG Rz. 171: bei unverschuldeter Unmöglichkeit vollständige Befreiung des Gründers von Einlageverpflichtung unter gleichzeitigem Wegfall dessen Anspruchs auf Übernahme von Aktien.

zur Leistung einer Bareinlage ist nur dann interessant, wenn er diesen Anspruch übersteigt[158]. Auch ein Rücktrittsrecht der AG (§§ 323 ff. BGB) kommt in Betracht, doch befreit ein solcher Rücktritt den Gründer nicht von seiner Einlagepflicht, sondern begründet eine Pflicht zur Bareinlage[159]. Hat die AG die Unmöglichkeit der Sacheinlageleistung zu vertreten, scheiden Ansprüche des einlagepflichtigen Inferenten gegen die Gesellschaft im Hinblick auf den Grundsatz der realen Kapitalaufbringung aus[160]; ebenso ausgeschlossen ist ein Rücktrittsrecht des Inferenten; in Betracht kommen aber Ansprüche gegen den bzw. die persönlich verantwortlichen Gründer[161]. Hätte sich der Gründer ohne Sacheinlageverpflichtung nicht an der Gesellschaft beteiligt, ist er vor Eintragung der AG außerdem berechtigt, die Gesellschaft analog § 723 BGB zu kündigen[162].

48 Gerät der Inferent mit der Leistung der Sacheinlage in **Verzug**, haftet er der AG für den Verzögerungsschaden nach §§ 280 Abs. 1 und 2, 286 BGB[163]. Nach angemessener Nachfristsetzung bzw. im Fall deren Entbehrlichkeit kann die AG Schadensersatz statt der Leistung nach §§ 280 Abs. 1 und 3, 281 BGB verlangen[164]. Auch in diesem Fall ist der einlagepflichtige Gründer zur Leistung einer Bareinlage verpflichtet[165]. Ein (zulässiger) Rücktritt der AG führt auch hier zur Bareinlagepflicht (vgl. Rz. 47)[166].

49 Die Behandlung von **Sach- und Rechtsmängeln** richtet sich grundsätzlich nach den modernisierten – hier entsprechend heranzuziehenden – kaufrechtlichen Vorschriften[167]. Danach kann die AG vom Inferenten einer mangelhaften Sache gem. §§ 437 Nr. 1, 439 BGB Nacherfüllung sowie bei Vorliegen der übrigen Voraussetzungen nach §§ 437 Nr. 3, 280 ff. BGB Schadensersatz verlangen. Dieser Anspruch kann anstelle des Anspruchs auf Leistung einer Bareinlage geltend gemacht werden, soweit er umfänglich darüber hinausgeht. Die kaufrechtlichen Ansprüche verjähren nach Maßga-

---

158 Vgl. *Arnold* in KölnKomm. AktG, 3. Aufl., § 27 AktG Rz. 19; *Pentz* in MünchKomm. AktG, 3. Aufl., § 27 AktG Rz. 51; (für die GmbH) *Ulmer* in Ulmer, § 5 GmbHG Rz. 106.
159 So zutreffend *Arnold* in KölnKomm. AktG, 3. Aufl., § 27 AktG Rz. 19; *Röhricht* in Großkomm. AktG, 4. Aufl., § 27 AktG Rz. 173.
160 Zutreffend *Pentz* in MünchKomm. AktG, 3. Aufl., § 27 AktG Rz. 51; nunmehr auch *Arnold* in KölnKomm. AktG, 3. Aufl., § 27 AktG Rz. 20; abw. noch *Kraft* in KölnKomm. AktG, 2. Aufl., § 27 AktG Rz. 73; vgl. auch *Röhricht* in Großkomm. AktG, 4. Aufl., § 27 AktG Rz. 174: Schadensersatzansprüche auch gegen die AG möglich, aber Aufrechnungsverbot des § 66 Abs. 1 zu beachten.
161 Wie hier *Pentz* in MünchKomm. AktG, 3. Aufl., § 27 AktG Rz. 51; zust. *Arnold* in KölnKomm. AktG, 3. Aufl., § 27 AktG Rz. 20.
162 Ebenso *Pentz* in MünchKomm. AktG, 3. Aufl., § 27 AktG Rz. 51; im Ergebnis auch *Röhricht* in Großkomm. AktG, 4. Aufl., § 27 AktG Rz. 173.
163 RG v. 2.10.1934 – II 161/34, JW 1934, 3196 (altes Recht); *Arnold* in KölnKomm. AktG, 3. Aufl., § 27 AktG Rz. 21; *Pentz* in MünchKomm. AktG, 3. Aufl., § 27 AktG Rz. 52; (für die GmbH) *Ulmer* in Ulmer, § 5 GmbHG Rz. 107.
164 *Arnold* in KölnKomm. AktG, 3. Aufl., § 27 AktG Rz. 21; *Pentz* in MünchKomm. AktG, 3. Aufl., § 27 AktG Rz. 53; für GmbH auch *Ulmer* in Ulmer, § 5 GmbHG Rz. 107.
165 *Arnold* in KölnKomm. AktG, 3. Aufl., § 27 AktG Rz. 21; *Pentz* in MünchKomm. AktG, 3. Aufl., § 27 AktG Rz. 53; (für die GmbH) *Ulmer* in Ulmer, § 5 GmbHG Rz. 107.
166 *Arnold* in KölnKomm. AktG, 3. Aufl., § 27 AktG Rz. 21; *Röhricht* in Großkomm. AktG, 4. Aufl., § 27 AktG Rz. 175; (für die GmbH) *H. Winter/H.P. Westermann* in Scholz, § 5 GmbHG Rz. 65.
167 *Arnold* in KölnKomm. AktG, 3. Aufl., § 27 AktG Rz. 22; *Heidinger* in Spindler/Stilz, § 27 AktG Rz. 89; für GmbH auch *Ulmer* in Ulmer, § 5 GmbHG Rz. 109; *Hueck/Fastrich* in Baumbach/Hueck, § 5 GmbHG Rz. 39; *H. Winter/H.P. Westermann* in Scholz, § 5 GmbHG Rz. 66; a.A. *Pentz* in MünchKomm. AktG, 3. Aufl., § 27 AktG Rz. 57 a.E.; auch nach früherer Rechtslage sehr streitig; für die Anwendung der §§ 437, 459 ff. BGB a.F. die h.M.: RG v. 5.2.1915 – II 380/14, RGZ 86, 210, 213 ff.; BGH v. 2.5.1966 – II ZR 219/63, BGHZ 45, 338, 345; *Kraft* in KölnKomm. AktG, 2. Aufl., § 27 AktG Rz. 77 ff.; a.A. *Röhricht* in Großkomm. AktG, 4. Aufl., § 27 AktG Rz. 177 f.

be der kürzeren Verjährungsfristen des § 438 BGB[168]. Rücktritt und Minderung sind nur mit der Maßgabe zulässig, dass der Gründer nunmehr eine Bareinlage schuldet (vgl. Rz. 47)[169]; ausgeschlossen sind der Haftungsausschluss bei Kenntnis des Käufers nach § 442 BGB[170] sowie die Genehmigungsfiktion des § 377 HGB[171]. Möglich ist aber ein gutgläubiger Erwerb der Sacheinlage[172].

Für **Sachübernahmen** gelten grundsätzlich die allgemeinen zivilrechtlichen Bestimmungen für Willensmängel, Leistungsstörungen sowie Sach- und Rechtsmängel[173]. Dies folgt aus der schuldrechtlichen Natur der Sachübernahmevereinbarung (dazu Rz. 29). Kommt die beabsichtigte Verrechnung nicht zustande, ist der Inferent zur Leistung einer Bareinlage verpflichtet[174]. 50

## X. Verdeckte Sacheinlage (§ 27 Abs. 3)

**Literatur: Zum bisherigen Recht:** *Bayer*, Neue und neueste Entwicklungen zur verdeckten GmbH-Sacheinlage, ZIP 1998, 1985; *Bayer*, Unwirksame Leistungen auf die Stammeinlage und nachträgliche Erfüllung, GmbHR 2004, 445; *Bayer*, Moderner Kapitalschutz, ZGR 2007, 220; *Bayer/Lieder*, Kapitalaufbringung im Cash-Pool, GmbHR 2006, 449; *Bayer/Lieder*, Der Entwurf des MoMiG und die Auswirkungen auf das Cash-Pooling, GmbHR 2006, 1121 ff.; *Brandner*, Verdeckte Sacheinlage: eine Aufgabe für den Gesetzgeber?, in FS Boujong, 1996, S. 37; *Grunewald*, Rechtsfolgen verdeckter Sacheinlagen, in FS Rowedder, 1994, S. 111; *Henze*, Zur Problematik der „verdeckten" (verschleierten) Sacheinlagen im Aktien- und GmbH-Recht, ZHR 154 (1990), 105; *Joost*, Verdeckte Sacheinlagen, ZIP 1990, 549; *Karollus*, Die Umwandlung von Geldkrediten in Grundkapital – eine verdeckte Sacheinlage?, ZIP 1994, 589; *Krieger*, Zur Heilung verdeckter Sacheinlagen in der GmbH, ZGR 1996, 674; *Lutter*, Verdeckte Leistungen und Kapitalschutz, in FS Stiefel, 1987, S. 505; *Lutter/Gehling*, Verdeckte Sacheinlagen, WM 1989, 1445; *Lutter/Zöllner*, Zur Anwendung der Regeln über Sachkapitalerhöhung auf Ausschüttungs-Rückhol-Verfahren, ZGR 1996, 164; *Meilicke*, „Verschleierte" Sacheinlage und EWG-Vertrag, DB 1990, 1173; *Pentz*, Neues zur verdeckten Sacheinlage, ZIP 2003, 2093; *Reiff/Ettinger*, Gesellschaftsrechtliche Treupflichten im Zusammenhang mit der Heilung von verdeckten Sacheinlagen bei der GmbH, DStR 2004, 1258; *Schäfer*, Die „Heilung" der verdeckten Sacheinlage im Aktienrecht – was bleibt nach „Rheinmöve", in FS Hüffer, 2010, S. 863; *Ulmer*, Verdeckte Sacheinlagen im Aktien- und GmbH-Recht, ZHR 154 (1990), 128; *Wilhelm*, Kapitalaufbringung und Handlungsfreiheit der Gesellschaft nach Aktien- und GmbH-Recht, ZHR 152 (1988), 333; *Wilhelm*, Umgehungsverbote im Recht der Kapitalaufbringung, ZHR 167 (2003), 520. S. auch die Angaben vor Rz. 1 und Rz. 10.

**Zum neuen Recht:** *Altmeppen*, Cash pooling und Kapitalaufbringung, NZG 2010, 441; *Bayer*, Verdeckte Sacheinlage nach MoMiG und ARUG, in FS Kanzleiter, 2010, S. 75; *Bayer/Lieder*, Moderne Kapitalaufbringung nach ARUG, GWR 2010, 3; *Bayer/J. Schmidt*, Die Reform der Kapitalaufbringung bei der Aktiengesellschaft durch das ARUG, ZGR 2009, 805; *Benz*, Verdeckte Sach-

---

168 *Arnold* in KölnKomm. AktG, 3. Aufl., § 27 AktG Rz. 24; *Hueck/Fastrich* in Baumbach/Hueck, § 5 GmbHG Rz. 39; *Ulmer* in Ulmer, § 5 GmbHG Rz. 109; *H. Winter/H.P. Westermann* in Scholz, § 5 GmbHG Rz. 66 (zur GmbH).
169 *Arnold* in KölnKomm. AktG, 3. Aufl., § 27 AktG Rz. 24; *H. Winter/H.P. Westermann* in Scholz, § 5 GmbHG Rz. 66 (zur GmbH); abw. zum früheren Recht RG v. 22.2.1908 – I 230/07, RGZ 68, 271.
170 *Ulmer* in Ulmer, § 5 GmbHG, Rz. 109 (zur GmbH); zust. *Arnold* in KölnKomm. AktG, 3. Aufl., § 27 AktG Rz. 24.
171 *Arnold* in KölnKomm. AktG, 3. Aufl., § 27 AktG Rz. 79; (für die GmbH) *Bayer* in Lutter/Hommelhoff, § 5 GmbHG Rz. 30; *H. Winter/H.P. Westermann* in Scholz, § 5 GmbHG Rz. 68; offen gelassen von BGH v. 18.9.2000 – II ZR 365/98, ZIP 2000, 2021, 2023 für die gemischte Sacheinlage.
172 BGH v. 21.10.2002 – II ZR 118/02, NZG 2003, 85 f. m. Anm. *Bayer/Lieder*, WuB II C. § 5 GmbHG 1.04.
173 *Arnold* in KölnKomm. AktG, 3. Aufl., § 27 AktG Rz. 34; *Pentz* in MünchKomm. AktG, 3. Aufl., § 27 AktG Rz. 65; für Abweichungen im Einzelnen s. *Röhricht* in Großkomm. AktG, 4. Aufl., § 27 AktG Rz. 159; (für die GmbH) *Ulmer* in Ulmer, § 5 GmbHG Rz. 116.
174 *Pentz* in MünchKomm. AktG, 3. Aufl., § 27 AktG Rz. 65; *Heidinger* in Spindler/Stilz, § 27 AktG Rz. 95; (für die GmbH) *Ulmer* in Ulmer, § 5 GmbHG Rz. 117.

einlage und Einlagenrückzahlung im reformierten GmbH-Recht (MoMiG), 2010; *Habersack*, Verdeckte Sacheinlage und Hin- und Herzahlen nach dem ARUG – gemeinschaftsrechtlich betrachtet, AG 2009, 557; *Habersack*, Neues zur verdeckten Sacheinlage und zum Hin- und Herzahlen – das „Qivive"-Urteil des BGH, GWR 2009, 129; *Herrler/Reymann*, Die Neuerungen im Aktienrecht durch das ARUG – Unter besonderer Berücksichtigung der Neuregelungen zur Hauptversammlung und zur Kapitalaufbringung bei der AG (Teil 2), DNotZ 2009, 914; *Lieder*, Rechtsfragen der aktienrechtlichen Nachgründung nach ARUG, ZIP 2010, 964; *W. Müller*, Abgesang und Auftakt für die verdeckte Sacheinlage, NJW 2009, 2862; *Pentz*, Die verdeckte Sacheinlage im GmbH-Recht nach dem MoMiG, in FS K. Schmidt, 2009, S. 1265; *v. Schnurbein*, Verdeckte Sacheinlage im Konzern – Vereinfachung durch das MoMiG?, GmbHR 2010, 568; *Wicke*, Einführung in das Recht der Hauptversammlung, das Recht der Sacheinlagen und das Freigabeverfahren nach dem ARUG, 2009.

## 1. Überblick

### a) Bisherige Rechtslage

51 Nach bisherigem Recht waren Umgehungen der Sacheinlagevorschriften durch die Rechtsfigur der verdeckten Sacheinlage scharf sanktioniert. Verstöße führten zum **Fortbestehen der Bareinlagepflicht** sowie zur **Nichtigkeit der Sacheinlagevereinbarung** und der **dinglichen Vollzugsgeschäfte**[175]. Diese Grundsätze galten ebenso für die *verdeckte gemischte Sacheinlage*[176]. Hierdurch sollte – gleichermaßen für die AG wie für die GmbH – im Interesse der Gläubiger sowie der Mitgesellschafter sichergestellt werden, dass die aufgrund der besonderen Gefährlichkeit von Sacheinlagen bestehenden Vorschriften über eine Offenlegung, Prüfung, Bewertung und Kontrolle (§§ 26, 27, 32 Abs. 2, 33 Abs. 1, Abs. 2 Nr. 4, 34, 37 Abs. 4 Nr. 2 und 4, 38 Abs. 1 und 2, 40) eingehalten wurden[177]. Wurde der Sachverhalt aufgedeckt, so galten für die **bereicherungsrechtliche Rückabwicklung** die vom BGH in der Lurgi II-Entscheidung letztmalig modifizierten Grundsätze, nach denen auf der einen Seite uneingeschränkt die nochmalige Bareinlagepflicht des Inferenten steht, während auf der anderen Seite *sämtliche Bereicherungsansprüche* aller Beteiligten – und zwar sowohl aus dem verdeckten Verkehrsgeschäft als auch aus der unwirksamen Leistung der Bareinlage – *zu saldieren* und nur noch ein Überschuss herauszugeben war[178]. Der BGH distanzierte sich hier ausdrücklich von seiner im Schrifttum kritisierten früheren Rechtsprechung[179] und näherte sich nunmehr[180] deutlich einer im Schrifttum insbesondere von *Bayer* und *Ulmer* vertretenen Auffassung an, die den Bereicherungsanspruch auf Rückzahlung der Gegenleistung aus dem Verkehrsgeschäft mit dem Rückzahlungsanspruch aufgrund der fehlgeschlagenen Einlageleistung saldieren wollte[181]. Durch die Neuregelung gem. § 27 Abs. 3 hat sich die Problematik der bereicherungsrechtlichen Rückabwicklung zwischenzeitlich indes erledigt[182], da nun-

---

175 Zum bisherigen Recht: 1. Aufl. Rz. 49 ff.; zusammenfassend *Pentz* in FS K. Schmidt, 2009, S. 1265, 1269 ff. m.w.N.; zuletzt auch *Schäfer* in FS Hüffer, 2010, S. 863, 867 f.
176 BGH v. 20.11.2006 – II ZR 176/05, BGHZ 170, 47, 54, Rz. 17 = AG 2007, 121, 123 m. Bspr. *Rotheimer*, NZG 2007, 256 ff.
177 Ausf. *Lutter* in FS Stiefel, 1987, S. 505 ff.
178 BGH v. 11.5.2009 – II ZR 137/08 – „Lurgi II", AG 2009, 493, 495 m. zust. Anm. *Lieder*, WuB II A. § 27 AktG 1.09 und zust. Anm. *Goslar*, EWiR 2009, 557.
179 BGH v. 16.3.1998 – II ZR 303/96, ZIP 1998, 780 m. abl. Anm. *Bayer*, EWiR 1999, 69.
180 Abl. noch BGH v. 9.7.2007 – II ZR 62/06 – „Lurgi I", BGHZ 173, 145, 155; dazu krit. 1. Aufl. Rz. 56; zust. jedoch *Pentz* in MünchKomm. AktG, 3. Aufl., § 27 AktG Rz. 101.
181 *Bayer*, ZIP 1998, 1985, 1990 f.; *Bayer*, GmbHR 2004, 445, 453; 1. Aufl. Rz. 56; *Ulmer* in Ulmer, § 19 GmbHG Rz. 135; in diesem Sinne auch BGH v. 7.7.2003 – II ZR 235/01, BGHZ 155, 329, 340; so auch BGH v. 19.5.2009 – IX ZR 43/08, GmbHR 2009, 932, 934 unter ausdrücklicher Bezugnahme auf *Lutter/Bayer* in Lutter/Hommelhoff, 16. Aufl., § 5 GmbHG Rz. 53.
182 Ausf. *Lieder*, WuB II A. § 27 AktG 1.09.

mehr grundsätzlich keine Bereicherungsansprüche zwischen den Beteiligten bestehen (ausf. unten Rz. 70 ff.). Bedeutung hat die Problematik nach wie vor indes im Anwendungsbereich der Nachgründung (§ 52 Rz. 52 ff.)[183].

Aufgrund der drakonischen Rechtsfolgen[184] – *Lutter* hat sie (jedoch ohne Kritik) als „katastrophal" gebrandmarkt[185] – war die Rechtsfigur der verdeckten Sacheinlage im Schrifttum indes von Anfang an **umstritten**[186]. Die Verpflichtung zur Nochmalleistung der Bareinlage wurde immer mehr als „Überreaktion" des Rechts auf einen „formalen Fehler"[187] empfunden, der „rechtspolitisch nicht zu rechtfertigen"[188] sei[189]. Der Ruf nach einer gesetzlichen Begrenzung der Rechtsfolgen auf eine Differenzhaftung des Einlegers wurde mit der Zeit lauter[190] und der Gesetzgeber hat hierauf reagiert: Für das Recht der GmbH zunächst mit dem MoMiG, für das Recht der AG nunmehr mit dem ARUG (oben Rz. 1 ff.). Dabei ließ sich auch der Gesetzgeber von der Überlegung leiten, dass es nicht gerechtfertigt sei, „als Strafe für die reine Nichteinhaltung der formalen Anforderungen an eine Sachgründung die Einlage nochmals vollständig zu verlangen"[191]. Die bisherige Sanktion der verdeckten Sacheinlage sei „wirtschaftlich nicht gerechtfertigt"[192].

52

**b) Reformgeschichte**

Der **MoMiG-Gesetzgeber** folgte indes *nicht* dem noch vom RegE favorisierten Modell einer *Erfüllungslösung mit Differenzhaftung*[193] – danach sollte eine verdeckte Sacheinlage der Erfüllung der (Bar-)Einlageschuld nicht entgegenstehen und der Inferent lediglich einem Anspruch auf Ausgleich der Wertdifferenz ausgesetzt sein[194] –, sondern wählte stattdessen eine **Anrechnungslösung**[195]: Der Inferent wird danach von seiner Pflicht zur Leistung der Bareinlage zwar nicht befreit, jedoch bleiben sämtliche schuldrechtlichen und dinglichen Verträge wirksam, und auf die Einlageverpflichtung wird der Wert des (verdeckt) eingebrachten Vermögensgegenstands angerechnet[196] (ausf. unten Rz. 70 ff.). Diese Neuregelung blieb indes zunächst auf die

53

---

183 Dazu ausf. *Lieder*, ZIP 2010, 964, 970.
184 So *Bayer*, ZIP 1998, 1985, 1989 (jedoch ohne Kritik).
185 *Lutter* in FS Stiefel, 1987, S. 505, 517; von einer „Rechtsfolgenkatastrophe" spricht *Brandner* in FS Boujong, 1996, S. 37, 42.
186 Zur Dogmengeschichte: *Bayer* in Bayer/Habersack (Hrsg.), Aktienrecht im Wandel, 2007, Bd. II, Kap. 17 Rz. 86 ff. Kritisiert wurde vielfach aber auch der unpräzise Tatbestand: So sprach bereits *Hachenburg* im Jahre 1924 von einem „kasuistischen Sumpf, aus dem es kein Entrinnen gibt" (JW 1924, 199).
187 So *K. Schmidt*, GesR, § 37 II 4 b.
188 So etwa *Krieger*, ZGR 1996, 674, 691.
189 Die Rechtsfigur der verdeckten Sacheinlage und die BGH-Rspr. verteidigend indes 1. Aufl. Rz. 49; vgl. weiter *Bayer*, ZIP 1998, 1985, 1989; *Bayer*, ZGR 2007, 220, 230 f.; *Lutter/Bayer* in Lutter/Hommelhoff, 16. Aufl., § 5 GmbHG Rz. 41; *Pentz* in MünchKomm. AktG, 3. Aufl., § 27 AktG Rz. 86; *Röhricht* in Großkomm. AktG, 4. Aufl., § 27 AktG Rz. 191; *Ulmer*, ZHR 154 (1990), 128 ff.
190 Für Differenzhaftung bereits de lege lata: *Grunewald* in FS Roewedder, 1994, S. 111, 114 ff.; de lege ferenda: *Brandner* in FS Boujong, 1996, S. 37, 44 ff.; Handelsrechtsausschuss des DAV, WiB 1996, 707, 710 ff.; aus neuerer Zeit zusammenfassend *Heidenhain*, GmbHR 2006, 455 ff.; vgl. auch Beschlussfassung auf dem 66. DJT Bd. II/2, 2006, P 290.
191 Begr. RegE MoMiG, BT-Drucks. 16/6140, S. 40.
192 Bericht Rechtsausschuss ARUG, BT-Drucks. 16/13098, S. 36.
193 Dazu RegE BT-Drucks. 16/6140, S. 40.
194 Dazu kritisch *Veil*, ZIP 2007, 1241, 1242; *Büchel*, GmbHR 2007, 1065, 1070; *Ulmer*, ZIP 2008, 45, 50; *Bormann*, GmbHR 2007, 897, 900; *Priester*, ZIP 2008, 55, 56.
195 Ähnliche Vorschläge bei *M. Winter* in FS Priester, 2007, S. 867, 876 ff.; *Priester*, ZIP 2008, 55, 56; vgl. auch bereits *Grunewald* in FS Roewedder, 1994, S. 111, 115 ff.
196 Dazu Bericht Rechtsausschuss MoMiG, BT-Drucks. 16/9739, S. 56.

GmbH beschränkt. Eine Übertragung dieses Modells in das Aktienrecht sollte nach den Vorstellungen des MoMiG-Gesetzgebers erst mit dem ARUG erfolgen[197].

54 Der im November 2008 vorgelegte RegE des **ARUG**[198] verzichtete dann jedoch noch auf eine Neuregelung der verdeckten Sacheinlage mit der Begründung, dass zunächst die „Akzeptanz der Neuregelung im GmbH-Recht" abgewartet werden solle[199]. Ungeachtet dieser Zurückstellung begann im Schrifttum eine Diskussion darüber, inwieweit die MoMiG-Grundsätze – auch ohne ausdrückliche Regelung im AktG – auf die AG übertragen werden könnten[200]. Überraschend und ohne vertiefende Diskussion der zwischen dem Recht der AG und dem Recht der GmbH bestehenden Unterschiede wurde bei den Beratungen im Rechtsausschuss im Mai 2009 beschlossen, die **MoMiG-Regelungen** zur verdeckten Sacheinlage „im Wesentlichen unverändert" **in das Aktienrecht zu übertragen**[201]. Insbesondere der Druck aus der Praxis[202] dürfte hierfür ausschlaggebend gewesen sein.

### c) Kritik

55 Bereits für das **GmbH-Recht** ist vielfach **kritisiert** worden, dass die Neuregelung im Hinblick auf die Transparenz der Sacheinlageeinbringung sowie die Prävention der Vorabkontrolle durch das Registergericht rechtspolitisch fragwürdig ist, da sie zu einer signifikanten Abschwächung des präventiven Gläubigerschutzes führt, die Differenzierung zwischen Bar- und Sacheinlage verwischt und sich mit dem tradierten System der Kapitalaufbringung – an der auch das MoMiG formal ausdrücklich festhalten möchte – nicht in Einklang bringen lässt[203]. Anstatt mit einer dogmatisch widersprüchlichen Lösung hätte der MoMiG-Gesetzgeber dem Anliegen der Praxis nach einer Vereinfachung für die GmbH besser durch eine klare Aufgabe des Prinzips der realen Kapitalaufbringung Rechnung tragen und die Gesellschafter allein dazu verpflichten sollen, die versprochene Einlage zu leisten; ob durch Bar- oder Sacheinlage hätte der Entscheidung der Gesellschafter überlassen werden können[204]. Zahlreiche alte wie neue Probleme des Rechts der verdeckten Sacheinlage[205] hätten sich im Rahmen einer solchen echten Deregulierung von selbst erledigt[206].

56 Eine solche weitergehende Deregulierung verbietet sich für das **Recht der AG** aus zwei Gründen: Zum einen ist die Kapitalaufbringung (und Kapitalerhaltung) bei der

---

197 Begr. RegE MoMiG, BT-Drucks. 16/6140, S. 52.
198 Begr. RegE ARUG, BT-Drucks. 16/11642.
199 S. Begr. RegE ARUG, BR-Drucks. 847/08, S. 28.
200 Hierzu etwa *Kersting*, AG 2008, 883 ff.; vgl. auch *Schall*, ZGR 2009, 126, 153; scharf abl. indes zu Recht *Dauner-Lieb*, AG 2009, 217 ff.; ähnlich *Schäfer* in FS Hüffer, 2010, S. 863, 864.
201 Bericht Rechtsausschuss ARUG, BT-Drucks. 16/13098, S. 36.
202 Vgl. nur BDI Stellungnahme vom 23.2.2009 (www.bdi-online.de/Dokumente/neu_BDI_SN_ARUG-RegE_120209.pdf).
203 S. nur *Bayer* in Lutter/Hommelhoff, § 19 GmbHG Rz. 51; *Heidinger* in Heckschen/Heidinger, § 11 Rz. 111, 116, 308; *Hueck/Fastrich* in Baumbach/Hueck, § 19 GmbHG Rz. 47; *Veil* in Scholz, Bd. III Nachtrag MoMiG, § 19 GmbHG Rz. 19; *Pentz*, GmbHR 2009, 505, 511 f.; *Dauner-Lieb*, AG 2009, 217, 226 f.; *Herrler/Reymann*, DNotZ 2009, 914, 916; vgl. aus der Zeit vor und während des MoMiG-Gesetzgebungsverfahrens auch *Büchel*, GmbHR 2007, 1065, 1070; *Ulmer*, ZIP 2008, 45, 50 ff.; *Habersack* in FS Priester, 2007, S. 157, 158; *Heckschen*, DStR 2007, 1442, 1448 f.
204 Grundlegend *Bayer*, ZGR 2007, 220 ff. (sog. KG-Modell); vgl. weiter *Bayer*, Gutachten 67. DJT 2008, E 118 ff.; ähnlich *J. Vetter*, Referat 66. DJT 2006, P 75, 89 ff.; sympathisierend *Dauner-Lieb*, AG 2009, 217, 221; vgl. auch *Heckschen*, DStR 2007, 1442, 1448 f.; *Herrler*, DB 2008, 2347, 2352.
205 Ausf. *Bayer* in Lutter/Hommelhoff, § 19 GmbHG Rz. 52 ff.; vgl. *Bayer* in FS Kanzleiter, 2010, S. 75, 85 f.
206 Ebenso *Dauner-Lieb*, AG 2009, 217, 221.

AG den europarechtlichen Bindungen durch die KapitalRL unterworfen (oben Rz. 1), zum anderen ist eine strengere Regelung für die AG schon deshalb angebracht, weil sich das Aktienrecht traditionell an der börsennotierten Publikumsgesellschaft ausrichtet[207] und daher im Rahmen der Kapitalbindung seit jeher[208] auch die aktuellen und künftigen Aktionäre zu schützen sind (Anlegerschutz)[209]. In dieses tradierte System der Kapitalaufbringung schlägt das ARUG nun tiefe Breschen, was **rechtspolitisch zu kritisieren** ist[210]. Der Gesetzgeber wäre gut beraten gewesen, wenn er eine Neuregelung zum Recht der verdeckten Sacheinlage nicht in der Schlussphase des ARUG-Gesetzgebungsverfahrens getroffen hätte, sondern – wie ursprünglich beabsichtigt – zunächst die Erfahrungen der MoMiG-Reform ausgewertet, erkannte Probleme und Fehler behoben und insbesondere auch die Besonderheiten des Aktienrechts gegenüber dem GmbH-Recht stärker berücksichtigt hätte. Folge dieser Unterlassung sind ungelöste Zweifelsfragen und damit Rechtsunsicherheit[211]. Nicht zutreffend ist angesichts der verbreiteten Kritik[212] insbesondere auch das vom Rechtsausschuss gezogene Fazit, dass die MoMiG-Regelungen zur verdeckten Sacheinlage „überwiegend gut aufgenommen" worden seien[213]. Abgemildert wird die Schutzlücke im Recht der AG allerdings durch die Nachgründungsvorschrift des § 52 (ausf. § 52 Rz. 52 ff.); dies gilt jedoch nur im Zeitraum von zwei Jahren nach der Gründung, nicht hingegen im Falle von späteren Kapitalerhöhungen nach Ablauf dieser Frist[214].

#### d) Kein Verstoß gegen Kapitalrichtlinie

**Keine Bedenken** bestehen gegen die Neuregelung des Rechts der verdeckten Sacheinlage indes **aus europarechtlicher Sicht**. Bereits die bisherige Regelung stand nicht im Widerspruch zur Kapitalrichtlinie[215]. Entgegen einer Mindermeinung[216] ist die Kapitalrichtlinie nicht abschließend zu verstehen, sondern gewährleistet nur einen Mindeststandard, der vom Recht der Mitgliedstaaten noch über die Festsetzungen der

57

---

207 Ausf. hierzu *Bayer*, Gutachten 67. DJT 2008, E 22 ff. m.z.w.N.
208 Darstellung der Entwicklung bei *Bayer* in Bayer/Habersack (Hrsg.), Aktienrecht im Wandel, 2007, Bd. II, Kap. 17 Rz. 87 ff.
209 *Bayer/J. Schmidt*, ZGR 2009, 805, 822 f. m.w.N.
210 So bereits *Bayer/J. Schmidt*, ZGR 2009, 805, 833; *Bayer/Lieder*, GWR 2010, 3, 4, 6; kritisch auch *Dauner-Lieb*, AG 2009, 217, 226; *Pentz*, GmbHR 2009, 505, 508; nunmehr auch *Arnold* in KölnKomm. AktG, 3. Aufl., § 27 AktG Rz. 84.
211 Dies gilt umso mehr für die Neuregelung in § 27 Abs. 4 n.F.; dazu unten Rz. 92.
212 *Bayer* in Lutter/Hommelhoff, § 19 GmbHG Rz. 51; *Hueck/Fastrich* in Baumbach/Hueck, § 19 GmbHG Rz. 47; *Veil* in Scholz, Bd. III Nachtrag MoMiG, § 19 GmbHG Rz. 19; *Veil/Werner*, GmbHR 2009, 729, 737; *Heidinger* in Heckschen/Heidinger, § 11 Rz. 111, 116, 308; *Pentz*, GmbHR 2009, 505, 511 f.; *Dauner-Lieb*, AG 2009, 217, 226 f.
213 Bericht Rechtsausschuss BT-Drucks. 16/13098, S. 36.
214 Dazu ausf. bereits BGH v. 15.1.1990 – II ZR 164/88, BGHZ 110, 47, 59; vgl. weiter *Bayer* in FS Kanzleiter, 2010, S. 75, 85; *Lieder*, ZIP 2010, 964, 968.
215 BGH v. 15.1.1990 – II ZR 164/88, BGHZ 110, 47, 68 ff.; BGH v. 13.4.1992 – II ZR 277/90, NJW 1992, 2222, 2227; BGH v. 10.1.1994 – II ZR 11/93, DStR 1994, 512 m. Anm. *Goette*; BGH v. 4.12.2006 – II ZR 305/05, DStR 2006, 2326 m. Anm. *Goette*; *Bayer/J. Schmidt* in Bayer/Habersack (Hrsg.), Aktienrecht im Wandel, 2007, Bd. I, Rz. 34; *Habersack*, Europäisches GesR, 3. Aufl. 2006, § 6 Rz. 32; *Pentz* in MünchKomm. AktG, 3. Aufl., § 27 AktG Rz. 87; *Röhricht* in Großkomm. AktG, 4. Aufl., § 27 AktG Rz. 192; *Lutter/Gehling*, WM 1989, 1445, 1456 ff.; *Kindler* in FS Boujong, 1996, S. 299, 315.
216 *Knobbe-Keuk*, DB 1990, 2573, 2583 f.; *Loos*, BB 1989, 2147, 2151; *Meilicke*, DB 1989, 1067 ff. und DB 1990, 1173 ff.; kritisch auch *Einsele*, NJW 1996, 2681, 2684; differenzierend *Krolop*, NZG 2007, 577, 579; s. ferner auch die Schlussanträge des Generalanwalts *Tesauro* v. 8.4.1992, *Wienand Meilicke ./. ADV/ORGA F.A. Meyer AG*, Rs. C-83/91, Slg. 1992, I-4871, Rz. 21.

Richtlinie hinaus ausgebaut werden kann[217]. Wird nunmehr ein hoher Umgehungsschutz im nationalen Recht auf ein Niveau abgesenkt, das nach wie vor noch über dem europäischen Mindeststandard liegt, so hat sich an der bisherigen Beurteilung der Rechtslage nichts verändert[218].

### 2. Tatbestandliche Voraussetzungen

#### a) Überblick

58 Unverändert geblieben sind – wie bei der GmbH – die tatbestandlichen Voraussetzungen[219] (trotz der Kritik, die Fallgruppen der verdeckten Sacheinlage seien „nicht eindeutig"[220]). Die neu geschaffene **Legaldefinition** in § 27 Abs. 3 Satz 1 orientiert sich – wie ihre Vorläufernorm in § 19 Abs. 4 Satz 1 GmbHG – bewusst an der bisherigen ständigen Rechtsprechung[221] und überantwortet eine etwaige Fortentwicklung ausdrücklich Rechtsprechung und Lehre[222]. Danach liegt eine verdeckte Sacheinlage vor, wenn (1) die Bareinlage des Inferenten bei wirtschaftlicher Betrachtungsweise einer Sacheinlage entspricht (*wirtschaftliche Entsprechung*) und (2) die Einbringung des Vermögenswerts aufgrund einer im Zusammenhang mit der ursprünglichen Einlageleistung getroffenen Abrede erfolgte (*vorherige Abrede*)[223].

59 Besonderheiten ergeben sich, wenn es an einem **sacheinlagefähigen Gegenstand fehlt**. In dieser Konstellation kommen die Grundsätze über die verdeckte Sacheinlage *nicht zur Anwendung*; es gibt kein Sachgründungsverfahren, das umgangen werden könnte. Dies hat der BGH im Qivive-Urteil für die GmbH im Hinblick auf die Vergütung eines Gesellschaftergeschäftsführers zutreffend klargestellt[224]; nichts anderes gilt auch für die AG[225]. Die entgegenstehende Rechtsprechung des OLG Düsseldorf[226] wurde daher vom BGH in der Eurobike-Entscheidung[227] aufgehoben. Die Problema-

---

217 So bereits 1. Aufl. Rz. 50; ausf. *Bayer/J. Schmidt*, ZGR 2009, 805, 831 ff. m.z.w.N.
218 Ausf. *Bayer/J. Schmidt*, ZGR 2009, 805, 831 ff.; ebenso *Bayer/Lieder*, GWR 2010, 3, 5; *Habersack*, GWR 2009, 129, 132; *Habersack*, AG 2009, 557, 560; *Herrler/Reymann*, DNotZ 2009, 914, 919 f.; *Arnold* in KölnKomm. AktG, 3. Aufl., § 27 AktG Rz. 86 ff.; *Wicke*, Einführung in das Recht der Hauptversammlung, das Recht der Sacheinlagen und das Freigabeverfahren nach dem ARUG, 2009, S. 48 f.; a.A. *Pentz*, GmbHR 2009, 505, 508; vgl. auch *Pentz* in FS K. Schmidt, 2009, S. 1265, 1268.
219 So ausdrücklich auch BGH v. 16.2.2009 – II ZR 120/07 – „Qivive", BGHZ 180, 38, 41; vgl. weiter *Bayer/J. Schmidt*, ZGR 2009, 805, 824; *Bayer/Lieder*, GWR 2010, 3, 4; *Pentz* in FS K. Schmidt, 2009, S. 1265, 1273; *Maier-Reimer/Wenzel*, ZIP 2008, 1449, 1450.
220 So *Seibert/Decker*, ZIP 2008, 1208, 1210.
221 So etwa BGH v. 4.3.1996 – II ZR 89/95, BGHZ 132, 133, 138 f.; BGH v. 7.7.2003 – II ZR 235/01, BGHZ 155, 329, 334 f.; BGH v. 16.1.2006 – II ZR 76/04 – „Cash Pool I", BGHZ 166, 8, 11, Rz. 11.
222 Bericht Rechtsausschuss, BT-Drucks. 16/13098, S. 36 f.
223 1. Aufl. Rz. 51 ff.; vgl. für das neue Recht auch BGH v. 16.2.2009 – II ZR 120/07 – „Qivive", BGHZ 180, 38, 41; BGH v. 1.2.2010 – II ZR 173/08 – „Eurobike", GmbHR 2010, 421 m. Anm. *K. Müller*; BGH v. 22.3.2010 – II ZR 12/08 – „AdCoCom", ZIP 2010, 978, 979 = GmbHR 2010, 700; *Arnold* in KölnKomm. AktG, 3. Aufl., § 27 AktG Rz. 89; *Bayer* in Lutter/Hommelhoff, § 19 GmbHG Rz. 52; *Hueck/Fastrich* in Baumbach/Hueck, § 19 GmbHG Rz. 49.
224 BGH v. 16.2.2009 – II ZR 120/07 – „Qivive", BGHZ 180, 38, 41 f., 43 f.; zust. *Bayer* in Lutter/Hommelhoff, § 19 GmbHG Rz. 53; *Veil* in Scholz, Bd. III Nachtrag MoMiG, § 19 GmbHG Rz. 26.
225 Ausf. *Bayer/Lieder*, NZG 2010, 86, 87 ff.; so auch *Arnold* in KölnKomm. AktG, 3. Aufl., § 27 AktG Rz. 92.
226 OLG Düsseldorf v. 25.6.2008 – I-18 U 25/08, BB 2009, 180.
227 BGH v. 1.2.2010 – II ZR 173/08 – „Eurobike", GmbHR 2010, 421 m. Anm. *K. Müller* = BB 2010, 658 m. Anm. *Theusinger/Peitsmeyer*; dazu *Bayer/Fiebelkorn*, LMK 2010, 304619; *Lieder*, EWiR 2010, 169.

tik, dass durch die Rückzahlung der Bareinlage für die Vergütung erbrachter Dienstleistungen des Gesellschafters der Grundsatz der realen Kapitalaufbringung verletzt wird, ist beim Leistungsgebot gem. §§ 36 Abs. 2, 54 Abs. 3 angesiedelt[228]. Entgegen BGH 180, 38 (Qivive) ist es jedoch nicht ausreichend, dass die Barmittel nicht für die Vergütung reserviert sind; eine Benachteiligung der Gläubiger ist vielmehr nur dann ausgeschlossen, wenn die Vergütungsvereinbarung im Rahmen eines Umsatzgeschäfts zu marktüblichen Bedingungen getroffen wurde[229].

**b) Präzisierung des Tatbestands**

Eine Umgehungs*absicht* der Beteiligten ist nicht erforderlich (allg. M.). Es reicht aus, dass der Zweck der umgangenen Norm(en) objektiv verletzt wird[230]. Ob dies bewusst oder unbewusst geschieht, ist ohne Belang[231]. Dies bedeutet jedoch noch nicht, dass bereits allein ein *sachlicher und zeitlicher Zusammenhang* zwischen Bareinlage und Gegengeschäft für das Vorliegen einer verdeckten Sacheinlage ausreicht[232]. Dies würde nämlich bedeuten, dass den Gesellschaftern im kritischen Zeitraum jegliche Rechtsgeschäfte mit der Gesellschaft verboten wären; zutreffend sind jedoch Verkehrsgeschäfte, die nicht mit der Einlage gekoppelt sind, zwischen Gesellschaft und Gesellschafter grundsätzlich zulässig[233]. Die Abgrenzung kann daher nur unter Einbeziehung eines subjektiven Merkmals erfolgen. Zutreffend verlangen daher BGH[234] und h.L.[235]. – und nunmehr auch § 27 Abs. 3 Satz 1 – eine **Abrede** (i.w.S.), aus der sich ergibt, dass die Bareinlage des Gesellschafters im wirtschaftlichen Ergebnis durch eine andere Leistung als in Geld erbracht werden soll oder kann. Diese Abrede – ausreichend ist auch eine stillschweigende Billigung[236] – muss **im Zusammenhang mit der Übernahme der Aktien** entweder *zwischen den Gründern* (so stets bei der Gründung, weil die Aktien im Rahmen der Satzungsfeststellung übernommen werden[237]: vgl.

60

---

228 So auch BGH v. 16.2.2009 – II ZR 120/07 – „Qivive", BGHZ 180, 38, 46 ff.; ausf. *Bayer/Lieder*, NZG 2010, 86, 87 f.
229 Ausf. *Bayer/Lieder*, NZG 2010, 86, 88 f.; ähnlich jetzt BGH v. 1.2.2010 – II ZR 173/08 – „Eurobike", GmbHR 2010, 421, 424, Rz. 24, wenngleich beschränkt auf das Her- und Hinzahlen (unten Rz. 110); für eine Verallgemeinerung *Lieder*, EWiR 2010, 169, 170; vgl. zur Problematik vor Qivive auch noch *Habersack* in FS Priester, 2007, S. 157, 161 ff., 169; *Hoffmann*, NZG 2001, 433 ff.
230 Ausführlich *Teichmann*, Die Gesetzesumgehung, 1962, S. 67 ff.
231 Vgl. Begr. RegE MoMiG, BT-Drucks. 16/6140, S. 40.
232 So aber noch OLG Hamburg v. 9.10.1987 – 11 U 125/87, ZIP 1988, 372, 373; OLG Brandenburg v. 1.7.1998 – 7 U 17/98, GmbHR 1998, 1033; OLG Hamm v. 8.2.1995 – 8 U 132/94, GmbHR 1995, 823.
233 OLG Hamm v. 12.3.1990 – 8 U 172/89, BB 1990, 1221, 1222; OLG Karlsruhe v. 29.11.1990 – 18a U 92/90, ZIP 1991, 27, 28; *Bayer*, ZIP 1998, 1985, 1987 f. m.w.N.
234 BGH v. 4.3.1996 – II ZR 89/95, BGHZ 132, 133, 139; BGH v. 16.9.2002 – II ZR 1/00, BGHZ 152, 37, 43 f. = WuB II C. § 19 GmbHG 1.03 mit Anm. *Bayer*; dazu auch *Priester*, DNotZ 2003, 210 ff.
235 *Arnold* in KölnKomm. AktG, 3. Aufl., § 27 AktG Rz. 93; *Pentz* in MünchKomm. AktG, 3. Aufl., § 27 AktG Rz. 94; *Heidinger* in Spindler/Stilz, § 27 AktG Rz. 137; ebenso für die GmbH: *Ulmer* in Ulmer, § 5 GmbHG Rz. 170; *Hueck/Fastrich* in Baumbach/Hueck, § 19 GmbHG Rz. 49; *H. Winter/H. P. Westermann* in Scholz, § 5 GmbHG Rz. 79; *Bayer/Lieder*, GmbHR 2006, 449, 450.
236 So BGH v. 16.1.2006 – II ZR 76/04 – „Cash Pool I", BGHZ 166, 8, 13, Rz. 13; *Arnold* in KölnKomm. AktG, 3. Aufl., § 27 AktG Rz. 93; *Röhricht* in Großkomm. AktG, 4. Aufl., § 27 AktG Rz. 196; für die GmbH bereits *Bayer* in Lutter/Hommelhoff, § 19 GmbHG Rz. 54.
237 So BGH v. 20.11.2006 – II ZR 176/05, BGHZ 170, 47, 52 f., Rz. 13; *Arnold* in KölnKomm. AktG, 3. Aufl., § 27 AktG Rz. 93; für die GmbH auch BGH v. 7.7.2003 – II ZR 235/01, BGHZ 155, 329, 335 m. zust. Anm. *Pentz*, ZIP 2003, 2093, 2096.

§ 23 Rz. 26 f.) oder auch *zwischen Inferent und Gesellschaft*, vertreten durch den Vorstand (so etwa bei einer Kapitalerhöhung)[238], getroffen worden sein.

61 Grundsätzlich wegen Verstoßes gegen §§ 36 Abs. 2, 36a Abs. 1, 37 Abs. 1 unwirksam – aber kein Fall der verdeckten Sacheinlage (!) – ist auch jede Leistung der Bareinlage, wenn nachträglich, aber spätestens jetzt die alsbaldige Rückgewähr gegen eine Sachleistung (i.d.R. mit dem Vorstand der AG) **verabredet** wird[239]; in diesen Fällen gilt jedoch nunmehr § 27 Abs. 3 analog (dazu unten Rz. 65). Wird die Rückzahlung indes erst nach Einlageleistung vereinbart (und greift nicht eine anders lautende Vermutung: unten Rz. 63), dann gilt nicht § 27 Abs. 3 (analog), sondern § 57.

62 Bei Einpersonengründungen genügt ein entsprechendes „Vorhaben" des Alleinaktionärs[240].

63 Ein konkreter Nachweis der erforderlichen Abrede ist allerdings in der Praxis oftmals ohne Bedeutung, da bei Vorliegen eines sachlichen und zeitlichen Zusammenhangs – meist werden 6 Monate genannt[241] – eine solche **Abrede vermutet** wird[242]; der somit beweispflichtige Aktionär wird die Vermutung i.d.R. nur bei einem eindeutigen Verkehrsgeschäft widerlegen können. Ist die Abrede erwiesen, liegt allerdings eine verdeckte Sacheinlage auch dann vor, wenn der zeitliche Zusammenhang nicht gegeben ist[243]. Dass es sich bei dem Verkehrsgeschäft um ein „gewöhnliches Umsatzgeschäft im Rahmen des laufenden Geschäftsverkehrs" handelt, schließt eine verdeckte Sacheinlage nicht aus[244]; indes kann eine verdeckte Sacheinlage in solchen Fällen nicht ohne weiteres vermutet werden[245]. An diesen Grundsätzen hat sich durch MoMiG und ARUG nichts geändert[246].

---

238 So für die GmbH: BGH v. 4.3.1996 – II ZR 89/95, BGHZ 132, 133, 139; jüngst auch BGH v. 22.3.2010 – II ZR 12/08 – „AdCoCom", ZIP 2010, 978, 979 = GmbHR 2010, 700; *Bayer* in Lutter/Hommelhoff, § 19 GmbHG Rz. 54; vgl. auch BGH v. 16.1.2006 – II ZR 76/04 – „Cash Pool I", BGHZ 166, 8, 13, Rz. 13: steht gleich.
239 Ausführlich (für GmbH) *Ulmer*, ZHR 154 (1990), 128, 140 f.; *Bayer*, GmbHR 2004, 445, 450; *Pentz*, ZIP 2003, 2093, 2091; i.E. auch *Arnold* in KölnKomm. AktG, 3. Aufl., § 27 AktG Rz. 95.
240 So für GmbH: BGH v. 11.2.2008 – II ZR 171/06, NZG 2008, 311 f. Rz. 12 = WuB II C. § 19 GmbHG 1.08 (*Westermann*); jüngst auch BGH v. 22.3.2010 – II ZR 12/08 – „AdCoCom", ZIP 2010, 978, 979 = GmbHR 2010, 700; *Pentz* in Rowedder/Schmidt-Leithoff, § 19 GmbHG Rz. 122; *H. Winter/H. P. Westermann* in Scholz, § 5 GmbHG Rz. 79.
241 Für GmbH: OLG Köln v. 2.2.1999 – 22 U 116/98, ZIP 1999, 399, 400; *Hueck/Fastrich* in Baumbach/Hueck, § 19 GmbHG Rz. 49 m.w.N.
242 BGH v. 16.1.2006 – II ZR 76/04 – „Cash Pool I", BGHZ 166, 8, 12, Rz. 13; BGH v. 2.12.2002 – II ZR 101/02, BGHZ 153, 107, 109; BGH v. 4.3.1996 – II ZR 89/95, BGHZ 132, 133, 139; BGH v. 21.2.1994 – II ZR 60/93, BGHZ 125, 141, 143 f.; jüngst auch BGH v. 22.3.2010 – II ZR 12/08 – „AdCoCom", ZIP 2010, 978, 979 = GmbHR 2010, 700; *Bayer/Lieder*, GmbHR 2006, 449, 450; *Arnold* in KölnKomm. AktG, 3. Aufl., § 27 AktG Rz. 96.
243 BGH v. 4.3.1996 – II ZB 8/95, BGHZ 132, 141, 148; *Arnold* in KölnKomm. AktG, 3. Aufl., § 27 AktG Rz. 96; *Heidinger* in Spindler/Stilz, § 27 AkG Rz. 141; *Bayer*, GmbHR 2004, 445, 448; *Bayer/Lieder*, GmbHR 2006, 449, 451.
244 BGH v. 20.11.2006 – II ZR 176/05, BGHZ 170, 47, 57, Rz. 21 ff.; nochmals bestätigt durch BGH v. 11.2.2008 – II ZR 171/06, NZG 2008, 311, 312, Rz. 13; ebenso LG Frankfurt/O v. 7.11.2007 – 11 O 111/07, ZInsO 2008, 569, 570; *Bayer/Lieder*, NZG 2010, 86, 87 f.; *Arnold* in KölnKomm. AktG, 3. Aufl., § 27 AktG Rz. 97; a.A. *Heidinger* in Spindler/Stilz, § 27 AktG Rz. 142; *Henze*, ZHR 154 (1990), 105, 112 f.; *Bezzenberger*, JZ 2007, 946, 948 f.; sehr großzügig OLG Hamm v. 17.8.2004 – 27 U 189/03, NZG 2005, 184, 185 m.w.N.
245 Vgl. BGH v. 20.11.2006 – II ZR 176/05, BGHZ 170, 47, Rz. 24; OLG Hamm v. 17.8.2004 – 27 U 189/03, ZIP 2005, 1138, 1140; *Ulmer* in Ulmer, § 5 GmbHG Rz. 171a; *Bork*, NZG 2007, 375; *Habersack* in FS Priester, 2007, S. 157, 169.
246 Vgl. Begr. RegE MoMiG BT-Drucks. 16/6140, S. 40 f.; *Bayer/J. Schmidt*, ZGR 2009, 805, 824.

## c) Beispiele

Als verdeckte Sacheinlage zu qualifizieren ist auch (insbesondere bei Kapitalerhöhung) die abredegemäß erfolgte **Verrechnung mit Darlehensforderungen**[247], Gewinnansprüchen[248], Miet- und Pachtzinsansprüchen[249] oder sonstigen Forderungen[250], die dem Aktionär im Zeitpunkt der Begründung der Einlageschuld **gegen die AG** zustehen (sog. *Altforderungen*)[251]. Denn eingebracht wird hier bei wirtschaftlicher Betrachtung kein Bargeld, sondern die *gegen die Gesellschaft bestehende Forderung*[252]. Dies gilt nach bestrittener, aber von BGH 132, 141, 145 ff. und BGH 152, 37, 42 ff. bestätigter h.M.[253]. auch dann, wenn die Forderung des Gesellschafters im Zeitpunkt der Kapitalerhöhung noch nicht bestand (sog. *Neuforderung*), sie jedoch absehbar war und die Beteiligten zu diesem Zeitpunkt[254] bereits das Koppelungsgeschäft verabredet hatten. Eine solche Abrede wird allerdings dann nicht (mehr) vermutet, wenn zwischen dem Kapitalerhöhungsbeschluss und der später erfolgten Verrechnung mehr als 8 Monate verstrichen sind[255]. In diesem Fall galten bislang im Hinblick auf eine Forderungsverrechnung die allgemeinen Regeln; zur Vermeidung von Wertungswidersprüchen muss jedoch neuerdings auch im Rahmen der Aufrechnungsvereinbarung gem. § 66 Abs. 1 Satz 2 eine Anrechnung gem. § 27 Abs. 3 Satz 3 stattfinden; der früheren (Abgrenzungs-)Problematik kommt daher heute keine Bedeutung mehr zu[256]. 64

Bisher war die **Leistung an Erfüllungs statt** (§ 364 Abs. 1 BGB) unzulässig[257]. Das hat sich durch die Wertung des § 27 Abs. 3 grundsätzlich nicht geändert[258]. Indes sind die *Rechtsfolgen des § 27 Abs. 3 analog* heranzuziehen: Die Bareinlagepflicht besteht fort, wird aber um den Wert des zur Erfüllung hingegebenen Vermögensgegenstandes gemindert. Die Vereinbarung über die Erfüllung der ursprünglichen Schuld und das dingliche Ausführungsgeschäft sind wirksam[259]. Dies gilt auch, wenn eine andere als die in der Satzung vereinbarte Sacheinlage eingebracht wird[260] oder die Festsetzung in der Satzung unrichtig oder unvollständig war (dazu oben Rz. 36 ff.). 65

---

247 Grundlegend BGH v. 15.1.1990 – II ZR 164/88, BGHZ 110, 47, 49; BGH v. 21.2.1994 – II ZR 60/93, BGHZ 125, 141, 142; OLG Celle v. 28.5.2003 – 9 U 5/03, GmbHR 2003, 898; *Hueck/Fastrich* in Baumbach/Hueck, § 19 GmbHG Rz. 46; *Ulmer* in Ulmer, § 19 GmbHG Rz. 123; *Uwe H. Schneider/H. P. Westermann* in Scholz, § 19 GmbHG Rz. 120.
248 BGH v. 18.2.1991 – II ZR 104/90, BGHZ 113, 335, 336 ff.; BGH v. 16.9.2002 – II ZR 1/00, BGHZ 152, 37 ff.; *Hueck/Fastrich* in Baumbach/Hueck, § 19 GmbHG Rz. 46.
249 BGH v. 2.12.2002 – II ZR 101/02, BGHZ 153, 107, 112; obiter schon BGH v. 4.3.1996 – II ZB 8/95, BGHZ 132, 141, 144.
250 Bsp: OLG Stuttgart v. 2.5.2002 – 20 U 13/01, GmbHR 2002, 1123, 1125 ff. m. Anm. *Emde*.
251 Ablehnend *Knobbe-Keuk*, DB 1990, 2573, 2583; *Joost*, ZIP 1990, 549, 564; *Geßler* in FS Möhring, 1975, S. 173 ff.
252 Ausf. *Bayer*, ZIP 1998, 1985, 1985, 1988 f.
253 *Arnold* in KölnKomm. AktG, 3. Aufl., § 27 AktG Rz. 100; *Pentz* in MünchKomm. AktG, 3. Aufl., § 27 AktG Rz. 116; vgl. weiter *Habersack* in FS Priester, 2007, S. 157, 166; *M. Winter* in FS Priester, 2007, S. 867, 868.
254 So ausdrücklich BGH v. 16.9.2002 – II ZR 1/00, BGHZ 152, 37, 43 m. zust. Anm. *Bayer*, WuB II C. § 19 GmbHG 1.03; *Habersack* in FS Priester, 2007, S. 157, 166; *M. Winter* in FS Priester, 2007, S. 867, 868.
255 So BGH v. 16.9.2002 – II ZR 1/00, BGHZ 152, 37; *Hueck/Fastrich* in Baumbach/Hueck, § 19 GmbHG Rz. 49; krit. *Noack*, LMK 2003, 63.
256 So bereits für GmbH: *Bayer* in Lutter/Hommelhoff, § 19 GmbHG Rz. 58.
257 OLG Köln v. 13.10.1988 – 1 U 37/88, ZIP 1989, 174, 176; *Uwe H. Schneider/H. P. Westermann* in Scholz, § 19 GmbHG Rz. 92 f. m.w.N.
258 Vgl. zur GmbH auch *Veil*, ZIP 2007, 1241, 1246; *Gesell*, BB 2007, 2241, 2245; *Gehrlein*, Der Konzern 2007, 771, 783.
259 Wie hier für die GmbH auch *Herrler*, DB 2008, 2347, 2351 f.; *Hueck/Fastrich* in Baumbach/Hueck, § 19 GmbHG Rz. 53; *Veil*, ZIP 2007, 1241, 1246.
260 S. nur *Veil*, ZIP 2007, 1241, 1246.

66 Unproblematisch zulässig ist hingegen **die Leistung erfüllungshalber** (§ 364 Abs. 2 BGB); denn die Einlageforderung geht erst unter, sobald die AG aus der weiteren Verbindlichkeit volle Befriedigung erlangt hat[261].

### 3. Einschaltung Dritter

67 Auch bei **Einschaltung Dritter** auf Seiten der AG oder des Aktionärs kann eine verdeckte Sacheinlage vorliegen, wenn der Dritte der AG oder dem Aktionär zugerechnet werden kann; bei der Beurteilung dieser Frage kann man sich an §§ 89 Abs. 3 Satz 1, 115 Abs. 2 AktG, 138 Abs. 1 InsO orientieren (vgl. auch § 57 Rz. 29 ff.). *Zurechenbar* ist daher der Leistungsaustausch mit Personen, die im Innenverhältnis für Rechnung des Inferenten handeln[262] oder für deren Rechnung der Inferent zeichnet[263]. Dies kommt auch bei einer durch mehrere Inferenten beherrschten Gesellschaft in Betracht[264]. Gleiches gilt, wenn der Inferent dem Dritten die Mittel für das Geschäft zur Verfügung stellt oder es sich überhaupt um einen Strohmann handelt. So finden die Regeln über die verdeckte Sacheinlage insbesondere Anwendung, wenn die Gesellschaft die vom Gesellschafter erhaltene Bareinlage an ein Drittunternehmen weiterleitet, an dem der Gesellschafter maßgeblich beteiligt ist[265]; auch weitgehende personelle Identität zwischen dem Aktionärskreis der AG und dem Drittunternehmen ist ausreichend[266].

68 Dagegen liegt nach BGH 171, 113 ff. keine verdeckte Sacheinlage vor, wenn die von einer Zwischenholding an die Tochter geleistete Bareinlage im Rahmen einer **Konzernumstrukturierung** absprachegemäß zum Erwerb des Unternehmens einer anderen zu 100 % von der Konzernspitze abhängigen Konzerngesellschaft verwendet wird, an welcher die Inferentin weder unmittelbar noch mittelbar beteiligt ist. Anders als das OLG München (Vorinstanz)[267] sah der BGH den mittelbaren Mittelzufluss an die Konzernspitze hier als unschädlich an[268]. Dieses Ergebnis lässt sich allerdings nicht mit dem Verweis auf BGH ZIP 1992, 1303 begründen[269]. Insgesamt ist festzustellen, dass die Problematik der Drittzurechnung – insbesondere bei Beteiligung von AG – noch nicht sicher geklärt ist.

### 4. Rechtsfolgen

69 Die Rechtsfolgen einer verdeckten Sacheinlage sind für die AG durch das ARUG völlig neu gestaltet worden (§ 27 Abs. 3)[270]:

---

261 *Bayer* in Lutter/Hommelhoff, § 19 GmbHG Rz. 60 a.E.
262 BGH v. 15.1.1990 – II ZR 164/88, BGHZ 110, 47, 67; OLG Düsseldorf v. 15.11.1990 – 6 U 175/89, ZIP 1991, 161, 166.
263 *Groß*, AG 1991, 217, 222; *Wiedemann*, ZIP 1991, 1257, 1267.
264 BGH v. 16.1.2006 – II ZR 76/04 – „Cash Pool I", BGHZ 166, 8, 15, Rz. 18; *Bayer/Lieder*, GmbHR 2006, 449, 450.
265 BGH v. 21.2.1994 – II ZR 60/93, BGHZ 125, 141, 144 f.; BGH v. 16.9.2002 – II ZR 1/00, BGHZ 152, 37, 44 ff.
266 BGH v. 20.11.2006 – II ZR 176/05, BGHZ 170, 47, 53 f., Rz. 15; für GmbH auch BGH v. 2.12.2002 – II ZR 101/02, BGHZ 153, 107, 111 = WuB II C. § 19 GmbHG 2.03 m. Anm. *Bayer/Pielka* (OHG); LG Dresden v. 16.11.2000 – 46 O 32/00, GmbHR 2001, 29, 30 m. Anm. *Steinecke*; LG Leipzig v. 6.2.2002 – 3 O 7269/01, EWiR 2002, 575 (*Voß*).
267 OLG München v. 6.10.2005 – 23 U 2381/05, GmbHR 2005, 1606.
268 Im Ergebnis zustimmend, aber kritisch ggü. Begründung *Bork*, NZG 2007, 375 f.
269 Krit. *Bormann*, GmbHR 2007, 435, 436; *Koppensteiner*, GeS 2007, 280 ff.
270 Zum früheren Recht: 1. Aufl. Rz. 54 ff.

## a) Anrechnungslösung

Die Leistung der Bareinlage *befreit* den Inferenten nicht von seiner Einlageverpflichtung, wie es noch im RegE zum MoMiG vorgesehen war (oben Rz. 53); indes ist der Wert des eingebrachten Vermögensgegenstandes auf die Einlageverpflichtung anzurechnen. Die Sacheinlagevereinbarung sowie die dinglichen Erfüllungsgeschäfte bleiben im Übrigen wirksam. Das Gebot der **Leistung zur freien Verfügbarkeit** des Vorstands steht der Anrechnung nach § 27 Abs. 3 Satz 3 in teleologischer Reduktion der §§ 36 Abs. 2, 36a Abs. 1, 37 Abs. 1 nicht entgegen[271]. Im Einzelnen bedeutet dies:

**aa)** Wurde ein verdecktes Verkehrsgeschäft in unzulässiger Weise mit der Einlagepflicht gekoppelt, so ist die an sich versprochene (Bar-)Einlageleistung dinglich wirksam erbracht; dennoch tritt wegen § 27 Abs. 3 Satz 1 **keine Erfüllungswirkung** ein[272], der Aktionär bleibt – wie bislang[273] – zur erneuten Leistung der Bareinlage verpflichtet[274]. Auf die Einlageverpflichtung ist nunmehr allerdings nach § 27 Abs. 3 Satz 3 der Wert des eingebrachten Vermögensgegenstandes anzurechnen. Diese Anrechnung erfolgt ex lege[275] mit Vollzug des verdeckten Verkehrsgeschäftes, frühestens jedoch im Zeitpunkt der Eintragung (§ 27 Abs. 3 Satz 4); es bedarf somit keiner besonderen Erklärung einer Partei[276]. Fraglich ist, ob sich Mitaktionäre gegen eine absprachewidrige Sachleistung wehren können[277], etwa im Wege einer einstweiligen Verfügung (actio pro societate), durch die dem Vorstand der Abschluss des verdeckten Verkehrsgeschäftes untersagt wird (vgl. dazu auch unten Rz. 77) oder nachträglich durch Geltendmachung von Schadenersatzansprüchen[278]. Strukturell ähnelt die Anrechnungslösung der Differenzhaftung im Falle der Überbewertung einer offen gelegten Sachübernahme (ausf. unten Rz. 75)[279].

Für die Anrechnung ist der **objektive Wert** (Nettowert ohne USt.) maßgeblich, den die Sacheinlage im Zeitpunkt der Anmeldung zur Eintragung in das Handelsregister hat[280]; erfolgt die Überlassung danach, ist dieser Zeitpunkt entscheidend. Eine spätere Wertsteigerung bzw. ein Mehrerlös im Falle der Veräußerung durch die AG wirkt nicht zugunsten des Inferenten; die Rechtslage ist hier nicht anders als im Falle der Differenzhaftung (ausführlich Rz. 26)[281].

**Beweispflichtig** für die Werthaltigkeit ist der Aktionär (§ 27 Abs. 3 Satz 5); Unaufklärbarkeit geht somit zu seinen Lasten. Der Nachweis ist möglich durch ein selbst-

---

271 So für die GmbH: *Bayer* in Lutter/Hommelhoff, § 19 GmbHG Rz. 75; vgl. weiter *Veil*, ZIP 2007, 1241, 1243.
272 Ebenso für das bisherige Recht: BGH v. 18.2.1991 – II ZR 104/90, BGHZ 113, 335, 345; *Bayer*, ZIP 1998, 1985, 1989 f.; *Pentz* in Rowedder/Schmidt-Leithoff, § 19 GmbHG Rz. 127; *Ulmer* in Ulmer, § 5 GmbHG Rz. 178.
273 *Heidinger* in Spindler/Stilz, § 27 AktG Rz. 152; *Pentz* in MünchKomm. AktG, 3. Aufl., § 27 AktG Rz. 98 f.; ebenso für die GmbH *Ulmer* in Ulmer, § 19 GmbHG Rz. 132; *Bayer*, ZIP 1998, 1985, 1989 f. m.w.N.
274 *Bayer/J. Schmidt*, ZGR 2009, 805, 824 f.; *Bayer/Lieder*, GWR 2010, 3, 4.
275 Bericht Rechtsausschuss MoMiG, BT-Drucks. 16/9737, S. 56.
276 Rechtspolitische Kritik bei *Ulmer*, ZIP 2008, 45, 52 f.; *Veil*, ZIP 2007, 1241, 1244.
277 Dazu *Veil*, ZIP 2007, 1241, 1244.
278 Dazu *Markwardt*, BB 2008, 2414, 2417; vgl. auch *Handelsrechtsausschuss* des DAV, NZG 2007, 735, 738 Rz. 35; *Veil*, ZIP 2007, 1241, 1244.
279 Ebenso *Oppenhoff*, BB 2008, 1630, 1631; ausf. *Benz*, Verdeckte Sacheinlage und Einlagenrückzahlung im reformierten GmbH-Recht (MoMiG), 2010, S. 111 ff.
280 Für GmbH: *Bayer* in Lutter/Hommelhoff, § 19 GmbHG Rz. 67; *Hueck/Fastrich* in Baumbach/Hueck, § 19 GmbHG Rz. 64; *Veil* in Scholz, Bd. III Nachtrag MoMiG, § 19 GmbHG Rz. 40.
281 So bereits für die GmbH *Bayer* in Lutter/Hommelhoff, § 19 GmbHG Rz. 66; *Wachter*, NotBZ 2008, 361, 371.

ändiges Beweisverfahren nach §§ 485 ff. ZPO, ggf. auch durch eine Klage auf Feststellung des Sachwerts[282]. Ein sog. „Schubladengutachten" hat hingegen nur eingeschränkten Beweiswert[283].

74 Der schuldrechtliche Teil des (angeblichen) Umsatzgeschäftes sowie das dingliche Erfüllungsgeschäft sind nach neuer Rechtslage voll wirksam[284]. Eine **Rückabwicklung** nach Bereicherungsrecht (inkl. Saldierung) sowie nach §§ 985, 987 ff. BGB findet **nicht** (mehr) statt. Bestehen bleibt jedoch die ursprüngliche, ggf. durch die Anrechnung gekürzte Einlageforderung, deren Schicksal sich nach den allgemeinen Grundsätzen bestimmt[285].

75 Die **Dogmatik der Anrechnungslösung** ist umstritten. Der gesetzlichen Konzeption entspricht am ehesten eine Parallele zur Differenzhaftung bei der offenen Sachübernahme[286]. Danach findet bei der Anrechnungslösung eine Verrechnung von Einlageleistung und verdecktem Sachgeschäft zum jeweiligen Nominalwert statt; eine wegen Minderwert der Sache verbleibende Differenz ist nachträglich auszugleichen. Nach diesem Modell wird für den Inferenten durch die zunächst ohne Erfüllungswirkung auf die Einlage erbrachte Barzahlung kein Bereicherungsanspruch wegen Zweckverfehlung gegen die AG begründet; denn der Zweck ist mit der späteren Anrechnung auf die Einlageschuld eingetreten, und für den Zwischenzeitraum entsteht noch kein Kondiktionsanspruch, weil der Zweck gerade nicht endgültig verfehlt wurde[287]. Dies gilt infolge der Anlehnung an die Verrechnungsdogmatik bei der offenen Sachübernahme mit Differenzhaftung insbesondere auch dann, wenn die Sache minderwertig ist. Allein im Ausnahmefall, dass es generell nicht zu einer Anrechnung kommt (weil die Eintragung der AG bzw der Kapitalerhöhung nicht erfolgt), kann die Zahlung kondiziert werden.

76 **bb)** Wurde eine **Darlehensforderung** oder ein Gewinnanspruch **verrechnet**, so ist diese Verrechnung nach § 27 Abs. 3 Satz 1 ebenfalls *unwirksam*; die Verpflichtung des Aktionärs zur Leistung der Bareinlage *mindert* sich indes gem. § 27 Abs. 3 Satz 3 um den realen Wert der Gegenforderung des Aktionärs, die dafür in nomineller Höhe erlischt. Aufgrund der Mitwirkung des Aktionärs an der beiderseitigen Verrechnungsabrede sind seine Interessen im Gegensatz zu einer einseitigen Aufrechnung durch die AG auch bei Erlöschen der Forderung unter Nominalwert ausreichend gewahrt.

**b) Anmeldeverfahren, Haftung für falsche Angaben und weitere Sanktionen**

77 **aa)** Liegt eine verdeckte Sacheinlage tatbestandlich vor, gewährleistet **§ 27 Abs. 3 Satz 4**, dass bei der **Anmeldung** auch dann **nicht** die vollständige Erfüllung nach § 37 Abs. 1 Satz 2 **versichert werden** darf, wenn die Bareinlage geleistet wurde und der später zu erwerbende Vermögensgegenstand vollwertig ist; denn die Einlageleistung erfolgte nicht ordnungsgemäß mit Erfüllungswirkung zur freien Verfügung des Vor-

---

282 So *Gehrlein*, Der Konzern 2007, 771, 784; *Wicke*, ARUG, 2009, S. 51.
283 *Handelsrechtsausschuss des DAV*, NZG 2007, 735, 740 Rz. 54; *Gehrlein*, Der Konzern 2007, 1442, 1449.
284 *Bayer/J. Schmidt*, ZGR 2009, 805, 824 f.; *Ulmer*, ZIP 2009, 293, 295.
285 Zur Bewertung einer mangelhaften Sachleistung nach späterer Mängelbeseitigung: *Veil/Werner*, GmbHR 2009, 729, 733 ff.
286 So zutr. und ausf. *Benz*, Verdeckte Sacheinlage und Einlagenrückzahlung im reformierten GmbH-Recht (MoMiG), 2010, S. 111 ff.; zust. für AG: *Bayer/J. Schmidt*, ZGR 2009, 805, 826 f.; *Herrler/Reymann*, DNotZ 2009, 914, 915 Fn. 10; vgl. für GmbH bereits *Bayer* in Lutter/Hommelhoff, § 19 GmbHG Rz. 71; vgl. aber auch teilw. abw. *Pentz* in FS K. Schmidt, 2009, S. 1265, 1275 ff.; *Ulmer*, ZIP 2009, 293 ff.; *Veil/Werner*, GmbHR 2009, 729, 732 f.; *Hueck/Fastrich* in Baumbach/Hueck, § 19 GmbHG Rz. 62.
287 Abweichend *Maier-Reimer/Wenzel*, ZIP 2008, 1449, 1452.

stands[288]. Tun die an der Gründung Beteiligten dies dennoch, droht die **Strafbarkeit** nach § 399 Abs. 1 Nr. 1[289]; im Falle einer Verurteilung wird jedes Vorstandsmitglied für 5 Jahre vom Vorstandsamt ausgeschlossen (ausf. § 76 Rz. 29). Für falsche Angaben **haften** die an der Gründung Beteiligten **gem. §§ 46 ff.**[290]. Handeln die Beteiligten daher korrekt und legen sie die verdeckte Sacheinlage bei der Anmeldung offen, erfolgt keine Eintragung der AG[291] und das gesetzgeberische Ziel, das Problem für die Praxis zu entschärfen, geht ins Leere. Aktionäre können von der Gesetzesreform daher nur dann profitieren, wenn Vorstand und Aufsichtsrat entweder von der verdeckten Sacheinlage vor dem Zeitpunkt der Anmeldung keine Kenntnis haben oder unwahre Angaben machen. Auch dies zeigt die **Widersprüchlichkeit** der Gesetzesreform[292] (dazu bereits kritisch oben Rz. 55). Aus Nachweisproblem resultiert allerdings eine Strafbarkeitslücke: Der sachliche und zeitliche Zusammenhang kann im Rahmen der Strafvorschrift des § 399 Abs. 1 Nr. 1 nicht vermutet werden, sondern hat nur Indizwirkung; daher bleibt die Praxis der Strafgerichte abzuwarten[293].

**bb)** Ebenso wie nach bisheriger Rechtslage droht Rechtsanwälten und Steuerberatern eine Schadensersatzhaftung wegen **pflichtwidriger Beratung**, sofern durch diese eine verdeckte Sacheinlage veranlasst wurde[294]; die Problematik des Schadens hat sich allerdings durch die Anrechnungslösung entschärft. 78

**cc)** Anders als im Recht der GmbH droht bei unvollständiger Einlageleistung ein **Stimmrechtsausschluss** gem. § 134 Abs. 2 Satz 2 n.F., allerdings nur dann, wenn die Differenz zwischen dem (anrechenbaren) Wert der verdeckten Sacheinlage und der Bareinlageverpflicht „offensichtlich" ist (dazu unten § 134 Rz. 31). Bewertungsdifferenzen innerhalb üblicher Bandbreiten sollen nach dem erklärten Willen des Gesetzgebers also unbeachtlich sein[295]. Auf diese Weise soll der Streit um geringfügige Fehlbewertungen nicht in die Hauptversammlung getragen werden; das Risiko von Anfechtungsklagen soll nicht erhöht werden[296]. Beweispflichtig für einen offensicht- 79

---

288 Bericht Rechtsausschuss ARUG, BT-Drucks. 16/3098, S. 36; *Arnold* in KölnKomm. AktG, 3. Aufl., § 27 AktG Rz. 103; *Hüffer*, § 27 AktG Rz. 36; ebenso für GmbH: Bericht Rechtsausschuss MoMiG, BT-Drucks. 16/9737, S. 97; *Bayer* in Lutter/Hommelhoff, § 19 GmbHG Rz. 73; *Maier-Reimer/Wenzel*, ZIP 2008, 1449, 1454; *Roth* in Roth/Altmeppen, § 19 GmbHG Rz. 83.
289 Bericht Rechtsausschuss ARUG, BT-Drucks. 16/13098, S. 36; *Arnold* in KölnKomm. AktG, 3. Aufl., § 27 AktG Rz. 103; vgl. für GmbH auch *Bayer* in Lutter/Hommelhoff, § 19 GmbHG Rz. 73; *Seibert/Decker*, ZIP 2008, 1208, 1210; *Ulmer*, ZIP 2009, 293, 294, 300 f.; *Wicke*, ARUG, 2009, S. 49; überholt durch die Konzeptionsänderung (oben Rz. 53) die zumindest missverständlichen Ausführungen in Begr. RegE MoMiG, BR-Drucks. 354/07, S. 92 („das Strafrecht erscheint als Sanktion unangemessen"); a.A. *Altmeppen* in Roth/Altmeppen, § 82 GmbHG Rz. 13; *Wälzholz*, GmbHR 2008, 841, 845.
290 *Arnold* in KölnKomm. AktG, 3. Aufl., § 27 AktG Rz. 103; vgl. zur GmbH: Begr. RegE MoMiG, BT-Drucks. 16/6140, S. 40; *Bayer* in Lutter/Hommelhoff, § 19 GmbHG Rz. 74; vgl. weiter *Bormann*, GmbHR 2007, 897, 900; *Wälzholz*, MittBayNot 2008, 425, 430 f.
291 Bericht Rechtsausschuss ARUG, BT-Drucks. 16/13098, S. 36; *Arnold* in KölnKomm. AktG, 3. Aufl., § 27 AktG Rz. 103; für GmbH auch *Bayer* in Lutter/Hommelhoff, § 19 GmbHG Rz. 73; *Pentz* in FS K. Schmidt, 2009, S. 1265, 1275.
292 Wie hier (zum MoMiG) *Goette*, Einführung in das neue GmbH-Recht, 2008, Rz. 31; *Herrler*, DB 2008, 2347, 2352; *König/Bormann*, DNotZ 2008, 652, 672; vgl. auch *Bayer* in FS Kanzleiter, 2010, S. 75, 84 ff.
293 Zur Problematik auch *Ulmer*, ZIP 2009, 293, 301.
294 Dazu nach bisheriger Rechtslage zuletzt BGH v. 19.5.2009 – IX ZR 43/08, GmbHR 2009, 932 m. Anm. *Wachter*; OLG Naumburg v. 21.1.2010 – 1 U 35/09, GWR 2010, 140; ausf. zur Problematik *Merkner/Schmidt-Bendun*, NZG 2009, 1054, 1057 ff.
295 Bericht Rechtsausschuss ARUG, BT-Drucks. 16/13098, S. 36.
296 Bericht Rechtsausschuss ARUG, BT-Drucks. 16/13098, S. 36; *Bayer/J. Schmidt*, ZGR 2009, 805, 829.

lichen Wertunterschied ist der Anfechtungskläger[297]. Zur Möglichkeit einer abweichenden Satzungsregelung[298] s. § 134 Rz. 35 f.

### c) Teileinzahlung

80  Problematisch ist die Konstellation der **Teileinzahlung**, wenn bei einem die bisher erbrachte Einzahlung übersteigenden Kapitalabfluss der objektive Wert des von der Gesellschaft über Wert vom Inferenten absprachegemäß erworbenen Vermögensgegenstandes mindestens den Wert der bisher erbrachten Teileinzahlung erreicht. In diesem Fall muss § 27 Abs. 3 Satz 3 teleologisch reduziert werden. Dies hat in Form einer **Anrechnungssperre** in Höhe der aus dem Verkehrsgeschäft resultierenden Wertdifferenz zwischen objektivem Wert des Vermögensgegenstandes und Gegenleistung zu erfolgen[299]. Übersteigt diese Differenz indes die erbrachte Teileinzahlung, so kann der Mittelabfluss durch die Anrechnungssperre nicht mehr ausreichend kompensiert werden. In einem solchen Fall **haftet** der Inferent daher ergänzend **in Höhe der Differenz** zwischen kompensationslosem Mittelabfluss und erbrachter Teileinzahlung[300].

### d) Verdeckte gemischte Sacheinlage

81  Die gemischte Sacheinlage ist aufgrund des gemeinsamen Willens der Beteiligten, sowohl Sacheinlage als auch Sachübernahme in einem einheitlichen Kapitalaufbringungsvorgang zu verbinden, ein einheitliches Rechtsgeschäft, das den Sacheinlagevorschriften unterfällt (dazu oben Rz. 31). Im Falle einer **verdeckten gemischten Sacheinlage** beziehen sich folglich die Rechtsfolgen auf das *gesamte Rechtsgeschäft*[301]. Es gelten bei Anwendung des § 27 Abs. 3 die gleichen Besonderheiten wie bei der Teileinzahlung (vgl. auch Rz. 80). Ergibt sich zwischen Mittelabfluss und objektivem Sachwert eine Differenz zu Lasten der Gesellschaft, greift in teleologischer Reduktion des § 27 Abs. 3 Satz 3 eine Anrechnungssperre in dieser Höhe. Sofern die Differenz größer ist als der Einlagebetrag, haftet der Inferent daneben auf den Fehlbetrag[302]. Eine Konstruktion über Bereicherungsansprüche[303] ist dagegen abzulehnen (vgl. auch oben Rz. 74 f.). Dies gilt auch für den Fall einer übertragenden Sanierung[304].

### e) Verdeckte Mischeinlage

82  Anderes gilt hingegen für die verdeckte Mischeinlage (zur Mischeinlage: oben Rz. 32), bei der sich die Rechtsfolgen des § 27 Abs. 3 nicht auf die gesamte Einlageleistung erstrecken, sondern nur auf den Anteil, der tatsächlich an den Inferenten zurückgeflossen ist; in § 27 Abs. 3 Satz 1 ist hier auf Rechtsfolgenseite das Wort „insoweit" hineinzulesen[305].

---

297 *Herrler/Reymann*, DNotZ 2009, 914, 918.
298 Dazu auch *Bosse*, NZG 2009, 807, 808; vgl. auch *Wicke*, ARUG, 2009, S. 51.
299 So für die GmbH: *Bayer* in Lutter/Hommelhoff, § 19 GmbHG Rz. 76.
300 So für die GmbH: *Bayer* in Lutter/Hommelhoff, § 19 GmbHG Rz. 76.
301 BGH v. 9.7.2007 – II ZR 62/06 – „Lurgi I", BGHZ 173, 145, 152 f., Rz. 15; BGH v. 18.2.2008 – II ZR 132/06 – „Rheinmöve", BGHZ 175, 265, 272 m. zust. Anm. *Lieder*, WuB II A. § 27 AktG 2.08; *Habersack*, ZGR 2008, 48, 53.
302 So für die GmbH: *Bayer* in Lutter/Hommelhoff, § 19 GmbHG Rz. 77 m.w.N.; zust. für AG *Hüffer*, § 27 AktG Rz. 35; i.E. auch BGH v. 22.3.2010 – II ZR 12/08 – „AdCoCo", ZIP 2010, 978, 979 = GmbHG 2010, 700 (aber mit abw. dogmatischer Begründung).
303 So *Maier-Reimer/Wenzel*, ZIP 2008, 1449, 1452; vgl. auch *Veil* in Scholz, Bd. III Nachtrag MoMiG, § 19 GmbHG Rz. 45 ff.
304 BGH v. 18.2.2008 – II ZR 132/06 – „Rheinmöve", BGHZ 175, 265, 272, Rz. 14 m. zust. Anm. *Lieder*, WuB II A. § 27 AktG 2.08.
305 So bereits für die GmbH: *Bayer* in Lutter/Hommelhoff, § 19 GmbHG Rz. 78; *Heidinger* in Heckschen/Heidinger, § 11 Rz. 267 ff.; *Benz*, Verdeckte Sacheinlage und Einlagenrückzahlung im reformierten GmbH-Recht (MoMiG), 2010, S. 173 ff.

## 5. Heilung

Anders als bislang soll nach dem Willen des Gesetzgebers künftig auch nach[306] Eintragung eine Heilung der verdeckten Sacheinlage im Wege der Satzungsänderung **zulässig** sein[307] – auch insoweit soll also eine Harmonisierung mit dem GmbH-Recht[308] erreicht werden[309]. Zu diesem Zweck wurden §§ 27 Abs. 4, 183 Abs. 2 Satz 4, 194 Abs. 2 Satz 4, 205 Abs. 4 Satz 5 AktG a.F., die einer Heilung nach h.M. bisher entgegenstanden[310], gestrichen. Begründet wird dies damit, dass der Schutzzweck der maßgeblichen Vorschriften erreicht sei, wenn die Publizitäts- und Werthaltigkeitsprüfungserfordernisse nachgeholt werden[311].

83

Die Heilung erfolgt durch einen mit **satzungsändernder Mehrheit** gefassten **Beschluss der Hauptversammlung**; u.U. kann die Mitwirkung an der Heilung aus der Treuepflicht geboten sein[312]. Im Beschluss sind die betreffenden Aktionäre aufzuführen, die eine verdeckte Sacheinlage erbracht haben, sowie der konkrete Inhalt der jeweiligen Sacheinlage[313]. Entgegen der früheren Rechtslage zur Heilung der verdeckten Sacheinlage bei der GmbH[314] ist jedoch aufgrund der nunmehrigen Wirksamkeit von Umsatz- und Erfüllungsgeschäft gem. § 27 Abs. 3 Satz 2 bei einer unzulässigen Forderungsverrechnung die Aktionärsforderung – sofern ihr tatsächlicher Wert nicht größer als die Einlageverbindlichkeit ist – vollständig erloschen; im Falle des verdeckten Verkehrsgeschäfts ist das Eigentum an der eingebrachten Sache wirksam auf die AG übertragen worden (oben Rz. 71). Folglich ist kein Einlagegegenstand mehr vorhanden. Es kann vielmehr nur noch die Einbringung des ursprünglichen Vermögenswertes und das hieraus resultierende Erlöschen der Bareinlageverpflichtung gem. § 27 Abs. 3 Satz 3 **ex nunc festgestellt** werden[315].

84

Weiterhin ist die für Sacheinlage bei der AG vorgesehene **Werthaltigkeitskontrolle nachzuholen**[316]. Es gelten die Grundsätze der internen und externen **Gründungsprüfung** (§ 33 Rz. 2 ff.; § 34 Rz. 2 ff.). Soweit die verdeckte Sacheinlage durch die Gründer vereinbart worden ist, haben Vorstand und Aufsichtsrat nach den allgemeinen Grundsätzen die interne Gründungsprüfung vorzunehmen. Hat der Vorstand hingegen an der verdeckten Sacheinlage mitgewirkt, dann ist die interne Gründungsprüfung analog § 52 Abs. 3 (s. dort Rz. 31 ff.) allein durch den Aufsichtsrat durchzuführen[317]. Bei der Kapitalerhöhung erfolgt analog § 183 Abs. 3 lediglich eine externe Prüfung (s. auch § 183 Rz. 25 ff.)[318]. Außerdem ist der Heilungsbeschluss durch den

85

---

306 Vor Eintragung war dies auch bislang unstreitig möglich, vgl. nur 1. Aufl. Rz. 38 m.w.N.
307 Vgl. Bericht Rechtsausschuss, BT-Drucks. 16/13098, S. 36; ausf. *Lieder*, ZIP 2010, 964, 970 ff.
308 Vgl. zur Heilung nach MoMiG: *Bayer* in Lutter/Hommelhoff, § 19 GmbHG Rz. 80 ff. m.w.N.
309 Vgl. Bericht Rechtsausschuss, BT-Drucks. 16/13098, S. 36 f.
310 Ausf. 1. Aufl. § 52 Rz. 2, § 27 Rz. 39; vgl. weiter *Hüffer*, § 27 AktG Rz. 38; *Pentz* in Münch-Komm. AktG, 3. Aufl., § 27 AktG Rz. 82; ausf. *Schäfer* in FS Hüffer, 2010, S. 863, 871 ff.
311 Vgl. Bericht Rechtsausschuss, BT-Drucks. 16/13098, S. 36; s. auch *Lieder*, ZIP 2010, 964, 971.
312 So für die GmbH: BGH v. 7.7.2003 – II ZR 235/01, ZIP 2003, 1540, 1541; ebenso bereits *Lutter*, ZHR 153 (1989), 469; *Krieger*, ZGR 1996, 674, 686; ausf. *Pentz*, ZIP 2003, 2093, 2096 ff.
313 *Lieder*, ZIP 2010, 964, 971.
314 Dazu ausf. *Lutter/Bayer* in Lutter/Hommelhoff, 16. Aufl., § 5 GmbHG Rz. 55 ff. m.w.N.
315 Vgl. auch *Roth* in Roth/Altmeppen, § 19 GmbHG Rz. 92; *Veil* in Scholz, Bd. III Nachtrag MoMiG, § 19 GmbHG Rz. 59; zweifelnd *Hueck/Fastrich* in Baumbach/Hueck, § 19 GmbHG Rz. 68; zur AG ähnlich Lieder, ZIP 2010, 964, 971.
316 Zum Ganzen ausf. *Lieder*, ZIP 2010, 964, 971.
317 Zutreffend *Lieder*, ZIP 2010, 964, 971.
318 Ebenso *Lieder*, ZIP 2010, 964, 971.

Vorstand ordnungsgemäß beim Handelsregister **anzumelden**, der Beschluss ist durch das Registergericht **zu prüfen** (vgl. § 38 Rz. 4 ff.) und schließlich in das Handelsregister **einzutragen**. Die Erleichterung der **vereinfachten Gründung** (§§ 33a, 34 Abs. 2 Satz 3, 38 Abs. 3) einschließlich der erweiterten Publizitätserfordernisse des § 37a gelten auch hier[319].

86 Maßgebend für die Frage der **Vollwertigkeit** ist wegen § 27 Abs. 3 Satz 4 ausschließlich der *Zeitpunkt der Anmeldung* zur Eintragung in das Handelsregister bzw. – sofern die Einbringung später erfolgte – der *Zeitpunkt der tatsächlichen Überlassung*[320], nicht aber – wie früher für die GmbH – der Zeitpunkt der Heilung. Soll eine Forderung eingebracht werden, ist der diese begründende Vertrag ebenfalls beizufügen.

87 Mit der Eintragung in das Handelsregister wird die verdeckte Sacheinlage **ex nunc geheilt**. Ein evtl. Minderwert der Sach- gegenüber der ursprünglich vereinbarten Bareinlage ist vom Inferenten in bar auszugleichen. Die bis dahin entstandene Zinsforderung der AG bleibt bestehen. §§ 27 Abs. 5, 26 Abs. 4 stehen der Heilung nicht entgegen, da § 27 Abs. 5 nur wirksame Festsetzungen zu Sacheinlagen betrifft (oben Rz. 43) und somit die Umwandlung einer Sach- in eine Bareinlage verhindern will, nicht aber die Umwandlung einer Bar- in eine Sacheinlage[321].

88 Im Falle der nicht vollwertigen verdeckten Sachleistung kommt neben der **späteren Leistung der** noch offenen **(Rest-)Bareinlage** nach der zutreffenden Auffassung von BGH 153, 107, 112 f. (für GmbH) auch die **Verrechnung** mit einer **vollwertigen Neuforderung** des Aktionärs gegen die AG in Betracht[322]. Ein von der AG über die Anrechnung des Sachwerts durch *Weiterveräußerung* der verdeckt eingebrachten Sache erlangter Zufluss von Barmitteln ist hingegen für die Erfüllungswirkung ohne Belang[323] (dazu bereits oben Rz. 72).

**6. Verhältnis zur Nachgründung**

89 Für das Verhältnis der verdeckten Sacheinlage zur Nachgründung s. ausf. § 52 Rz. 52 ff.

## XI. Hin- und Herzahlen (§ 27 Abs. 4)

**Literatur:** S. vor Rz. 51.

### 1. Grundsatz

#### a) Bisherige Rechtslage

90 Der Tatbestand der verdeckten Sacheinlage ist begrifflich nicht verwirklicht, wenn als Gegenleistung für die Bareinlage ein nicht sacheinlagefähiger Gegenstand einge-

---

319 *Bayer/J. Schmidt*, ZGR 2009, 805, 830 Fn. 145; *Lieder*, ZIP 2010, 964, 971.
320 *Hüffer*, § 27 AktG Rz. 38; für die GmbH: *Bayer* in Lutter/Hommelhoff, § 19 GmbHG Rz. 83; *Veil* in Scholz, Bd. III Nachtrag MoMiG, § 19 GmbHG Rz. 59; *M. Winter* in FS Priester, 2007, S. 867, 877; (zur AG) *Lieder*, ZIP 2010, 964, 971; a.A. (wie bisher) *Hueck/Fastrich* in Baumbach/Hueck, § 19 GmbHG Rz. 69; *Roth* in Roth/Altmeppen, § 19 GmbHG Rz. 93.
321 Bericht Rechtsausschuss ARUG, BT-Drucks. 16/13098, S. 37.
322 Dazu ausf. *Bayer*, GmbHR 2004, 445, 449 f.
323 Vgl. zum bisherigen Recht die Diskussion der Problematik bei *Bayer*, GmbHR 2004, 445, 454.

bracht wird[324]. Gleichwohl betrachteten Rspr.[325] und Lehre[326] nach **bisheriger Rechtslage** die Fälle, dass der Einlagebetrag sogleich als Darlehen an den Inferenten oder einen ihm zuzurechnenden Dritten (dazu oben Rz. 67 f.) zurückfließt, als einen Verstoß gegen den Grundsatz der realen Kapitalaufbringung; es fehlte insbesondere auch an der freien Verfügung des Vorstands (dazu ausf. § 36 Rz. 19 ff.). Rechtsfolge des Hin- und Herzahlens war die Nichterfüllung der Einlagepflicht; daneben bestanden keine Bereicherungsansprüche, da die Vorgänge so beurteilt wurden, als seien zwischen dem Inferenten und der AG keine Leistungen geflossen[327].

**b) Reform durch das ARUG**

Für solche Fälle des Hin- und Herzahlens hat nunmehr das **ARUG in § 27 Abs. 4** nach dem Vorbild des MoMiG (§ 19 Abs. 5 GmbHG) eine ausdrückliche Regelung geschaffen, die von der bisherigen strengen Rechtsprechung abweicht: Ist die wirtschaftlich als Rückgewähr der Einlage zu betrachtende Zahlung an den Gesellschafter nicht als verdeckte Sacheinlage i.S. des § 27 Abs. 3 zu beurteilen, so ist der Gesellschafter bei Bestehen eines fälligen und vollwertigen Rückgewähranspruchs von seiner Einlageschuld befreit. Erleichtert werden soll mit der Neuregelung (wie auch bei der GmbH) die Kapitalaufbringung im Cash Pool, insbesondere im Rahmen von Kapitalerhöhungen[328] (ausf. unten Rz. 111 ff.), aber auch die Verwendung der Einlageleistung des Emissionsunternehmens für die Finanzierung des Bezugspreises im Rahmen des § 186 Abs. 5[329] (dazu auch § 186 Rz. 45 ff.).

91

**c) Rechtspolitische Kritik**

In **rechtspolitischer Hinsicht** ist diese Neuerung **nicht überzeugend**, denn sie widerspricht dem Prinzip der realen Kapitalaufbringung, indem sie den Austausch einer starken gesellschaftsrechtlichen – weil durch §§ 65, 66 gesicherten – Einlageforderung gegen einen schwachen schuldrechtlichen Rückzahlungsanspruch zulässt und das Prognoserisiko für den Ausfall des Rückgewähranspruchs vom Aktionär auf die AG verlagert. Während sich jedoch im Recht der GmbH – wie schon für die verdeckte Sacheinlage (oben Rz. 55 f.) – zur Herstellung einer in sich widerspruchsfreien Lösung eine weitergehende Deregulierung des Kapitalaufbringungsrechts anbietet[330], sind für das Recht der AG unter Bruch einer langen, erfahrungsbasierten Rechtsentwicklung[331] Schutzlücken zu konstatieren, die sowohl unter Anleger- wie unter

92

---

324 BGH v. 21.11.2005 – II ZR 140/04, BGHZ 165, 113, 116 f. unter Hinweis auf *Bayer*, GmbHR 2004, 445, 451, 453 und klarstellend im Hinblick auf BGH v. 2.12.2002 – II ZR 101/02, BGHZ 153, 107, 111; bestätigend BGH v. 9.1.2006 – II ZR 72/05, BGHZ 165, 352, 356; dazu *Bayer/Graff*, WuB II A. § 54 AktG 1.06; *Bayer/Lieder*, GmbHR 2006, 449, 451.
325 BGH v. 21.11.2005 – II ZR 140/04, BGHZ 165, 113, 116; BGH v. 9.1.2006 – II ZR 72/05, BGHZ 165, 352, 355 f.
326 Ausf. *Bayer*, GmbHR 2004, 445, 451 m.w.N.
327 BGH v. 9.1.2006 – II ZR 72/05, BGHZ 165, 352, 357; vgl. auch BGH v. 21.11.2005 – II ZR 140/04, BGHZ 165, 113, 117; *Bayer*, GmbHR 2004, 445, 452; vgl. auch die Nachweise bei *Kleindiek* in der 1. Aufl. § 36 Rz. 21, 25, allerdings mit Kritik in Rz. 26.
328 Bericht Rechtsausschuss ARUG, BT-Drucks. 16/13098, S. 37.
329 Bericht Rechtsausschuss ARUG, BT-Drucks. 16/13098, S. 37; zur Problematik auch *Parmentier*, ZInsO 2008, 9 ff. (allerdings mit unzutreffender Einordnung der Problematik bei der verdeckten Sacheinlage).
330 Dazu grundlegend *Bayer*, ZGR 2007, 220, 233 ff.; *Bayer*, Gutachten für den 67. DJT 2008, E 119; vgl. weiter *Bayer* in Lutter/Hommelhoff, § 19 GmbHG Rz. 89 i.V.m. Rz. 51; in die gleiche Richtung etwa *J. Vetter*, Referat 66. DJT 2006, P 75, 89 ff.
331 Überblick bei *Bayer* in Bayer/Habersack (Hrsg.), Aktienrecht im Wandel, 2007, Bd. II, Kap. 17 Rz. 6 ff.

Gläubigeraspekten nicht zu rechtfertigen sind[332]. Zur „Schadensbegrenzung" sind daher bei der Anwendung der tatbestandlichen Voraussetzungen der Erfüllungswirkung gem. § 27 Abs. 4 strenge Anforderungen zu stellen.

**d) Vereinbarkeit mit der Kapitalrichtlinie**

93 Darüber hinaus bestehen **Zweifel**, ob § 27 Abs. 4 mit den **Vorgaben der Kapitalrichtlinie** vereinbar ist. Konfliktpotential ergibt sich zum einen aus Art. 23 der Kapitalrichtlinie, zum anderen aus Art. 9, 10 Kapitalrichtlinie:

94 **aa) Vereinbarkeit mit Art. 23 Kapitalrichtlinie.** Der Rechtsausschuss selbst problematisiert die Vereinbarkeit von § 27 Abs. 4 **mit Art. 23 der Kapitalrichtlinie** und damit verbunden die Abgrenzung zu § 71a[333]. Die Bedenken rühren offenbar daher, dass der BGH das Hin- und Herzahlen im „Qivive"-Urteil explizit als Fall einer „verdeckten Finanzierung der Einlagemittel durch die Gesellschaft" bezeichnet hat[334], was in der Sache auch zutrifft[335]. Ob und unter welchen Voraussetzungen im Falle des Hin- und Herzahlens tatsächlich zugleich der – ohnehin seit jeher äußerst umstrittene – Anwendungsbereich von § 71a bzw. Art. 23 Kapitalrichtlinie eröffnet ist, ist bislang nicht abschließend geklärt. Maßgebliche Weichenstellung ist dabei, ob § 71a und Art. 23 Kapitalrichtlinie nur den derivativen[336] oder (zumindest analog) auch den originären Aktienerwerb[337] erfassen (zum Ganzen auch unten § 71a Rz. 20)[338]. Geht man davon aus, dass sich der Anwendungsbereich von § 71a und Art. 23 Kapitalrichtlinie ausschließlich auf den derivativen Erwerb beschränkt, so würden sich *financial assistance* und Hin- und Herzahlen bereits tatbestandsmäßig gegenseitig ausschließen; denn letzteres ist ja gerade dadurch gekennzeichnet, dass im Falle eines *originären* Erwerbs Geld an den Inferenten zurückfließt[339]. Finden Art. 23 Kapitalrichtlinie und § 71a dagegen auch im Falle eines originären Erwerbs (zumindest analog) Anwendung, so ergibt sich unzweifelhaft ein Friktionspotential. Sollte es tatsächlich Fälle geben, in denen das Hin- und Herzahlen zugleich eine unzulässige *financial assistance* darstellt und deshalb kein wirksamer Rückgewähranspruch entsteht, so wäre aufgrund des europarechtlich gebotenen Vorrangs des § 71a jedenfalls auch eine Erfüllungswirkung nach § 27 Abs. 4 Satz 1 zu verneinen[340]. Angesichts der insoweit bestehenden erheblichen Unsicherheiten ist der Praxis bis zu einer verbindlichen

---

332 Ebenfalls kritisch *Bayer/J. Schmidt*, ZGR 2009, 805, 841 f.; *Arnold* in KölnKomm. AktG, 3. Aufl., § 27 AktG Rz. 132; vgl. auch *Altmeppen*, NZG 2010, 441, 446 („vollständig misslungen").
333 Bericht Rechtsausschuss, BT-Drucks. 16/13098, S. 38.
334 BGH v. 16.2.2009 – II ZR 120/07 – „Qivive", BGHZ 180, 38, 46; so auch schon BGH v. 2.12.2002 – II ZR 101/02, NZG 2003, 168, 169.
335 Ausf. *Bayer/Lieder*, NZG 2010, 86, 87 f.
336 So *Merkt* in Großkomm. AktG, 4. Aufl., § 71a AktG Rz. 43; *Oechsler* in MünchKomm. AktG, 3. Aufl., § 71a AktG Rz. 15; *Schroeder*, Finanzielle Unterstützung des Aktienerwerbs, 1995, S. 152 ff.; wohl auch *Altmeppen*, NZG 2010, 441, 445; s. ferner auch *Herrler/Reymann*, DNotZ 2009, 914, 929 f. (jedenfalls originärer Erwerb ohne Erhöhung der Beteiligungsquote nicht erfasst).
337 So *Cahn/Senger* in Spindler/Stilz, § 56 AktG Rz. 12; *Cahn* in Spindler/Stilz, § 71a AktG Rz. 14; *Sieger/Hasselbach*, BB 2004, 60, 62; *Habersack*, AG 2009, 557, 562 f.; *Lutter/Drygala* in KölnKomm. AktG, 3. Aufl., § 71a AktG Rz. 21 a.E.; s. ferner auch *Schmolke*, WM 2005, 1828, 1829.
338 S. zum Ganzen auch *Bayer/J. Schmidt*, ZGR 2009, 805, 839 f. m.w.N.
339 Vgl. *Bayer/J. Schmidt*, ZGR 2009, 805, 840.
340 Vgl. Bericht Rechtsausschuss, BT-Drucks. 16/13098, S. 38; *Bayer/J. Schmidt*, ZGR 2009, 805, 840; *Habersack*, AG 2009, 557, 562.

Klärung des Problems durch den EuGH jedenfalls schon deshalb dringend anzuraten, nur sehr zurückhaltend von der Rückzahlung an Aktionäre Gebrauch zu machen[341].

**bb) Vereinbarkeit mit Art. 9 Kapitalrichtlinie.** Konfliktpotential ergibt sich weiterhin mit Blick auf **Art. 9 Abs. 1 Kapitalrichtlinie**, wonach bei Einlagen im Zeitpunkt der Gründung mindestens 25 % des Nennbetrages bzw. des rechnerischen Wertes geleistet werden muss. Ob dem auch dann genügt ist, wenn die (Bar-)Einlage wieder an den Inferenten zurückfließt, sodass bei wirtschaftlicher Betrachtung – obgleich nicht sacheinlagefähig (oben Rz. 90) – nur dessen Leistungsversprechen eingelegt wird, erscheint nicht unproblematisch[342]. Andererseits ist es aber durchaus fraglich, ob die Kapitalrichtlinie insoweit tatsächlich ebenso strenge Anforderungen stellt wie das deutsche Recht. Denn obgleich die Kapitalrichtlinie in vielen Punkten an deutsche Vorbilder angelehnt ist[343], hat die Abgrenzung zwischen Bar- und Sacheinlage i.S. der Richtlinie sowie die Interpretation des Begriffs der Leistung i.S. des Art. 9 Kapitalrichtlinie nach ganz h.M. gemeinschaftsautonom zu erfolgen[344]. Viele andere europäische Rechtsordnungen sind hier jedoch deutlich liberaler als das deutsche Recht[345]; so qualifiziert etwa das britische Recht auch ein bloßes Leistungsversprechen an die Gesellschaft ausdrücklich als Bareinlage (vgl. s. 583(3)(d), (5) CA 2006)[346]. Vor diesem Hintergrund und der von Generalanwalt *Tesauro* in den Schlussanträgen in der Rs. *Meilicke* offenbarten ebenfalls sehr liberalen Tendenz im Hinblick auf die Qualifizierung eines Einlagegegenstandes als Bareinlage, ist völlig offen, wie der EuGH die Frage entscheiden wird. Denn auch Art. 9 Abs. 1 Kapitalrichtlinie lässt offen, ob nicht der Mindesteinzahlungsbetrag einer geleisteten Bareinlage gegen ein vollwertiges Leistungsversprechen ausgetauscht werden kann. Bis zu einer verbindlichen Klärung der Problematik dürfte es sich daher zur Vermeidung einer Richtlinienwidrigkeit des deutschen Rechts empfehlen, in jedem Fall § 36a Abs. 1 neben § 27 Abs. 4 anzuwenden, so dass auch nach neuer Rechtslage mindestens 25 % des Nennbetrages bzw. des rechnerischen Wertes (geringsten Ausgabebetrages) zur freien Verfügung des Vorstands zu leisten und dort zu belassen sind[347]. Dieser Grundsatz ist insbesondere auch im Cash Pool zu beachten (dazu näher unten Rz. 111 ff.). Ein etwaiges Agio kann dagegen – unabhängig davon, wie man das Leistungserfordernis und den Begriff der Bareinlage in Art. 9 Abs. 1 Kapitalrichtlinie interpretiert – in vollem Umfang an den Aktionär zurückgezahlt werden[348]. § 36a Abs. 1 erstreckt den Mindesteinzahlungsbetrag zwar über den Mindeststandard der Richtlinie hinaus auch auf ein etwai-

---

341 Vgl. auch *Bayer/Lieder* GWR 2010, 3, 6; zur Vorsicht ratend auch *Herrler/Reymann*, DNotZ 2009, 914, 931; *Wicke*, ARUG, 2009, S. 56.
342 Für Verstoß gegen die Kapitalrichtlinie: *Habersack*, AG 2009, 557, 561; zweifelnd auch *Bayer/Lieder*, GWR 2010, 3, 6; *Herrler/Reymann*, DNotZ 2009, 914, 926 f.
343 Näher *Bayer/J. Schmidt* in Bayer/Habersack (Hrsg.), Aktienrecht im Wandel, 2007, Bd. I, Kap. 18 Rz. 24 ff. m.w.N.
344 Vgl. GA *Tesauro*, Schlussanträge vom 8.4.1992, *Wienand Meilicke ./. ADV/ORGA F.A. Meyer AG*, Rs. C-83/91, Slg. 1992, I-4871, Rz. 13; *Drinkuth*, Die Kapitalrichtlinie – Mindest- oder Höchstnorm?, 1998, S. 154 ff.; *Edwards*, EC Company Law, 1999, S. 64; *Groß*, AG 1992, 108, 111; *Fankhauser*, Gemeinschaftsrechtliche Publizitäts- und Kapital-Richtlinie, 2001, S. 142; *Meilicke*, DB 1989, 1067, 1072; *Meilicke*, DB 1990, 1173, 1175; a.A. jedoch *Wiedemann*, JZ 1997, 1058, 1059 (Zuordnung von Bar- und Sacheinlage richtet sich nach nationalem Recht).
345 Vgl. *Windbichler/Krolop* in Riesenhuber, Europäische Methodenlehre, 2006, § 19 Rz. 54 m.w.N.
346 Vgl. *Davies*, Gower and Davies Principles of Modern Company Law, 8. Aufl. 2008, S. 11 ff.
347 *Bayer/Lieder*, GWR 2010, 3, 6; vgl. ferner auch *Habersack*, AG 2009, 557, 561; *Herrler/Reymann*, DNotZ 2009, 914, 927.
348 *Bayer/Lieder*, GWR 2010, 3, 6; *Herrler/Reymann*, DNotZ 2009, 914, 927; a.A. *Habersack*, AG 2009, 557, 561.

ges Agio[349] (dazu unten § 36a Rz. 2); da das nationale Recht insoweit aber nicht durch die Vorgaben der Richtlinie gebunden wird, ist insoweit jedenfalls von einem Vorrang des § 27 Abs. 4 als lex posterior und lex specialis auszugehen[350].

96 **cc) Vereinbarkeit mit Art. 10 Kapitalrichtlinie.** Konfliktpotential könnte sich aber schließlich auch im Hinblick auf **Art. 10 Kapitalrichtlinie** ergeben[351]. Insoweit liegt es zwar nahe zu argumentieren, dass der Schutzbereich der Norm a priori gar nicht betroffen ist, weil das Hin- und Herzahlen immer gerade dadurch charakterisiert ist, dass der Inferent die Bareinlage zurückerhält, ohne einen (grundsätzlich) sacheinlagefähigen Gegenstand zu leisten (vgl. oben Rz. 90). Diese pauschale Argumentation erscheint jedoch letztlich als zu kurz gegriffen, denn wie bereits angedeutet, ist die genaue Reichweite des Begriffs der „Sacheinlage" i.S. der Kapitalrichtlinie (und speziell die Abgrenzung zur Bareinlage) äußerst umstritten[352]. Vor diesem Hintergrund lässt es sich durchaus bezweifeln, ob das traditionelle deutsche Postulat, dass Forderungen gegen den Inferenten generell nicht sacheinlagefähig sind (vgl. oben Rz. 15), europarechtlich zwingend vorgegeben sind. Nimmt man aber an, dass eine Forderung gegen den Inferenten aus europarechtlicher Perspektive sacheinlagefähig ist, so ergibt sich angesichts der aus § 27 Abs. 4 ohne sachverständige Wertprüfung resultierenden Erfüllungswirkung zumindest ein Spannungsverhältnis zu den europarechtlichen Sacheinlagevorschriften. Andererseits ließe sich aber auch argumentieren, dass das Hin- und Herzahlen aus europarechtlicher Perspektive letztlich ebenso wie die „verdeckte Sacheinlage" als ein – grundsätzlich zulässiger (vgl. bereits oben Rz. 57) – weitergehender Umgehungsschutz zu qualifizieren ist[353].

### 2. Einzelheiten

#### a) Subidiarität der Regelung

97 § 27 Abs. 4 ist gegenüber § 27 Abs. 3 formell subsidiär. Liegt also eine **verdeckte Sacheinlage** vor, so findet allein § 27 Abs. 3 Anwendung; § 27 Abs. 4 bleibt außer Betracht[354]. Dies gilt auch im Cash pool (dazu ausf. unten Rz. 111 ff.).

#### b) Tatbestandliche Voraussetzungen

98 Die **Privilegierung** des § 27 Abs. 4 erfordert folgende besondere **Voraussetzungen**:
– Die Bareinlage muss zunächst ordnungsgemäß an die Gesellschaft geleistet worden sein;
– es muss zwischen den Gründern oder zwischen der AG, vertreten durch den Vorstand, und dem Inferenten[355] eine vorherige Absprache vorliegen, und zwar im Zeitpunkt der Einlageleistung und vor der Anmeldung[356],

---

349 Dies ist unstreitig zulässig, vgl. nur *Habersack*, Europäisches GesR, 3. Aufl. 2006, § 6 Rz. 24.
350 *Herrler/Reymann*, DNotZ 2009, 914, 927.
351 Dazu auch *Bayer/J. Schmidt*, ZGR 2009, 805, 840 f.
352 Näher *Drinkuth*, Die Kapitalrichtlinie – Mindest- oder Höchstnorm?, 1998, S. 156 ff.; *Edwards*, EC Company Law, 1999, S. 63 f.; *Fankhauser*, Gemeinschaftsrechtliche Publizitäts- und Kapital-Richtlinie, 2001, S. 142 ff.; s. ferner auch GA *Tesauro*, Schlussanträge vom 8.4.1992, *Wienand Meilicke ./. ADV/ORGA F.A. Meyer AG*, Rs. C-83/91, Slg. 1992, I-4871, Rz. 13 ff.
353 Zum Ganzen ausf. *Bayer/J. Schmidt*, ZGR 2009, 805, 840.
354 Dazu etwa *Bayer/Lieder*, GWR 2010, 3, 5; *Arnold* in KölnKomm. AktG, 3. Aufl., § 27 AktG Rz. 140; *Herrler/Reymann*, DNotZ 2009, 914, 923.
355 Dazu OLG Köln v. 5.2.2002 – 18 U 183/01, GmbHR 2002, 968; *K. Schmidt*, ZIP 2008, 481, 482 m.w.N.
356 *Bayer* in Lutter/Hommelhoff, § 19 GmbHG Rz. 91; *Bayer/J. Schmidt*, ZGR 2009, 805, 834; *Herrler/Reymann*, DNotZ 2009, 914, 924; *Hueck/Fastrich* in Baumbach/Hueck, § 19

– darüber, dass der Aktionär die Bareinlage zurückerhält, ohne einen sacheinlagefähigen Vermögenswert einzubringen (ausf. oben Rz. 90).
– Ist der Anspruch der AG gegen den Aktionär auf Rückgewähr der Bareinlageleistung wirksam begründet sowie vollwertig und jederzeit fällig, dann ist trotz vereinbarter Rückgewähr Erfüllung eingetreten (ausf. unten Rz. 106 ff.), sofern
– die Vereinbarung bei der Anmeldung gegenüber dem Registergericht offen gelegt wurde (str., ausf. unten Rz. 101, 107).

Kein Fall eines unzulässigen Hin- und Herzahlens liegt vor, wenn die eingezahlte Bareinlage später zur **Vergütung** einer vom Inferenten erbrachten – nicht sacheinlagefähigen (Rz. 97) – **Dienstleistung** verwendet wird, etwa für die Vergütung der Geschäftsführung[357] oder auch für Beratungsleistungen[358], vorausgesetzt die vereinbarten Dienstleistungspflichten hätten am Markt auch von dritter Seite zu vergleichbaren Vertragskonditionen erlangt werden können[359] (hierzu auch bei Rz. 59). 99

**aa)** Eine **Vorabsprache** wird – ebenso wie bei der verdeckten Sacheinlage (oben Rz. 60) – bei Vorliegen eines engen sachlichen und zeitlichen Zusammenhangs zwischen Einlageleistung und Rückgewähr vermutet[360]; bei normalen Umsatzgeschäften kann allerdings die Vermutung unter erleichterten Voraussetzungen widerlegt werden[361]. *Fehlt es gänzlich an einer (vorherigen) Absprache*, so scheidet § 27 Abs. 4 nach dem ausdrücklichen Wortlaut der Vorschrift aus[362]; auch das Gebot der Leistung zur freien Verfügbarkeit des Vorstands (dazu § 36 Rz. 19 ff.) ist dann nach der Wertung des § 27 Abs. 3, 4 nicht tangiert. Stattdessen greift in dieser seltenen Ausnahmesituation nur § 57[363]. Ebenfalls ist kein Verstoß gegen die Kapitalaufbringung anzunehmen, falls die Rückzahlungsvereinbarung nachweislich *erst nach Einlageleistung* getroffen wurde; auch in diesem Fall kommt allein ein Verstoß gegen § 57 in Betracht[364]; die gegenteilige Auffassung, wonach in diesem Fall die Einlage erst mit erfolgter Rückgewähr der Leistung an die AG wirksam erbracht sei[365], ist mit der gesetzlichen Konzeption genauso unvereinbar wie die direkte oder analoge Anwendung des § 27 Abs. 4[366]. Für die Beteiligung Dritter s. Rz. 67 f. 100

---

GmbHG Rz. 73; *Roth* in Roth/Altmeppen, § 19 GmbHG Rz. 97; *Veil* in Scholz, Bd. III Nachtrag MoMiG, § 19 GmbHG Rz. 66.
357 BGH v. 16.2.2009 – II ZR 120/07 – „Qivive", BGHZ 180, 38, 46.
358 BGH v. 1.2.2010 – II ZR 173/08 – „Eurobike", GmbHR 2010, 421 m. Anm. *K. Müller* = BB 2010, 658 m. Anm. *Theusinger/Peitsmeyer*; dazu auch *Bayer/Fiebelkorn*, LMK 2010, 304693; *Lieder*, EWiR 2010, 169.
359 Dazu bereits *Bayer/Lieder*, NZG 2010, 86, 88.
360 BGH v. 15.10.2007 – II ZR 263/06, GmbHR 2008, 818; vgl. weiter OLG Oldenburg v. 26.7.2007 – 1 U 8/07, GmbHR 2007, 1043, 1046; OLG Hamburg v. 31.10.2006 – 11 U 4/06, NZG 2007, 393, 394; *Kallmeyer*, DB 2007, 2755, 2756; *Habersack* in FS Priester, 2007, S. 157, 169.
361 S. *Habersack* in FS Priester, 2007, S. 157, 169.
362 Ebenso *Arnold* in KölnKomm. AktG, 3. Aufl., § 27 AktG Rz. 137 sowie zur Parallelnorm des § 19 Abs. 5 GmbHG *Bayer* in Lutter/Hommelhoff, § 19 GmbHG Rz. 92; *Gehrlein*, Der Konzern 2007, 771, 781; *Maier-Reimer/Wenzel*, ZIP 2008, 1449, 1253; *Markwardt*, BB 2008, 2414, 2420.
363 Wie hier für die GmbH: *Bayer* in Lutter/Hommelhoff, § 19 GmbHG Rz. 92; *Hueck/Fastrich* in Baumbach/Hueck, § 19 GmbHG Rz. 73; *Gehrlein*, Der Konzern 2007, 771, 781; *Wicke*, § 19 GmbHG Rz. 36; *Maier-Reimer/Wenzel*, ZIP 2008, 1449, 1453.
364 Ebenso für GmbH: *Bayer* in Lutter/Hommelhoff, § 19 GmbHG Rz. 92; *Bormann*, GmbHR 2007, 897, 902; *Wälzholz*, GmbHR 2008, 425, 432.
365 So (für GmbH) *Wälzholz*, MittBayNot 2008, 425, 432; wohl auch *Büchel*, GmbHR 2007, 1065, 1067; unklar *Markwardt*, BB 2008, 2414, 2420.
366 So aber *Arnold* in KölnKomm. AktG, 3. Aufl., § 27 AktG Rz. 138; vgl. auch *Wachter*, NotBZ 2008, 361, 368.

101 **bb)** Der Vorstand muss die bereits erbrachte Leistung an den Aktionär bzw. die entsprechende Vereinbarung nach § 27 Abs. 4 Satz 2 in der **Anmeldung** nach § 37 angeben; diese strafbewehrte Verpflichtung[367] sorgt im Rahmen der Publizität des Handelsregisters für Transparenz und relativiert zugleich in zulässiger Weise die Erklärung des Vorstands, dass sich die Einlage endgültig in seiner freien Verfügung befindet[368]. Anzugeben sind Art und Höhe der Leistung, die an den Aktionär erbracht wurde, bzw. der Inhalt einer entsprechenden Vereinbarung; um dem **Registergericht** die Prüfung der Rückgewährforderung zu ermöglichen, sind weiterhin Angaben des Vorstands zur Vollwertigkeit und Fälligkeit des Rückgewähranspruchs erforderlich; ein Werthaltigkeits- und Liquiditätsnachweis ist grundsätzlich beizufügen[369] (str.). Ist das Registergericht von der Werthaltigkeit bzw. Liquidität des Rückgewähranspruchs nicht überzeugt, wird es die Eintragung ablehnen, da die Einlagepflicht nicht erfüllt ist.

102 **cc)** Der Inferent wird (nur dann: unten Rz. 106 ff.) von seiner Einlagepflicht **befreit**, falls der Rückgewähranspruch der AG gegen ihn vollwertig und fällig ist bzw. mit sofortiger Wirkung durch die AG fällig gestellt werden kann (z.B. durch fristlose Kündigung). In Übereinstimmung mit der bereits durch das MoMiG erfolgten Änderung des § 57 Abs. 1 Satz 3 (dazu § 57 Rz. 35 ff.) wird damit auch für die Kapitalaufbringung – entgegen der bisherigen Rspr[370]. – die **bilanzielle Betrachtungsweise** eingeführt[371].

103 **Dies bedeutet: Vollwertig** ist der Rückgewähranspruch nach bilanziellen Grundsätzen, wenn das Vermögen des Inferenten im *Zeitpunkt der Rückgewähr*[372] zur Erfüllung *aller* Verbindlichkeiten ausreicht[373] und auch nicht damit zu rechnen ist, dass zum *Zeitpunkt der späteren Fälligkeit* der Leistung die Rückgewähr nicht mehr – oder nur teilweise – möglich ist[374]. Zur Vollwertigkeit gehört zudem eine angemessene **Verzinsung** des Rückgewähranspruchs[375]. Das Merkmal der **Fälligkeit** (§ 271 BGB) soll Liquiditätsverluste vermeiden. Denn bei einem länger laufenden Darlehen ist

---

367 So ausdrücklich Bericht Rechtsausschuss ARUG, BT-Drucks. 16/13098, S. 37.
368 So zum MoMiG: Bericht Rechtsausschuss, BT-Drucks. 16/9737, S. 56.
369 *Arnold* in KölnKomm. AktG, 3. Aufl., § 27 AktG Rz. 147; *Herrler/Reymann*, DNotZ 2009, 914, 925; zum GmbH-Recht bereits *Bayer* in Lutter/Hommelhoff, § 19 GmbHG Rz. 93; *Heckschen*, DStR 2009, 166, 173; *Katschinski/Rawert*, ZIP 2008, 1993, 2000; *Wicke*, NotBZ 2009, 1, 3; *Wälzholz*, MittBayNot 2009, 425, 431; abw. *Veil* in Scholz, Bd. III Nachtrag MoMiG, § 8 GmbHG Rz. 15; *Schall*, ZGR 2009, 126, 143; zweifelnd auch *Hueck/Fastrich* in Baumbach/Hueck, § 8 GmbHG Rz. 15.
370 BGH v. 16.1.2006 – II ZR 76/04 – „Cash Pool I", BGHZ 166, 8, 17, Rz. 26; dazu ausf. *Bayer/Lieder*, GmbHR 2006, 449 ff.; zur Kapitalerhaltung s. BGH v. 24.11.2003 – II ZR 171/01 – „November-Entscheidung", BGHZ 157, 72; dazu ausf. *Bayer/Lieder*, ZGR 2005, 133 ff.
371 Bericht Rechtsausschuss ARUG, BT-Drucks. 16/13098, S. 37.
372 So für die GmbH: *Wicke*, § 19 GmbHG Rz. 36; *Herrler*, DB 2008, 2347, 2349; *Bormann*, GmbHR 2007, 771, 782.
373 Vgl. *Büchel*, GmbHR 2007, 1065, 1967; *Hueck/Fastrich* in Baumbach/Hueck, § 19 GmbHG Rz. 76; *Lieder*, GmbHR 2009, 1177, 1181; zum bisherigen Recht BGH v. 21.2.1994 – II ZR 60/93, BGHZ 125, 141, 145 f.; BGH v. 2.12.2002 – II ZR 101/02, BGHZ 153, 107, 110.
374 So bereits *Bayer* in Lutter/Hommelhoff, § 19 GmbHG Rz. 96; *Bayer/J. Schmidt*, ZGR 2009, 805, 835; zust. *Arnold* in KölnKomm. AktG, 3. Aufl., § 27 AktG Rz. 142; *Hüffer*, § 27 AktG Rz. 42.
375 *Bayer/Lieder*, GWR 2010, 3, 5; *Arnold* in KölnKomm. AktG, 3. Aufl., § 27 AktG Rz. 143; für die GmbH bereits *Altmeppen*, ZIP 2009, 49, 52; *Blasche/König*, GmbHR 2009, 897, 899; *Heckschen*, DStR 2009, 166, 173; *Lieder*, GmbHR 2009, 1177, 1181; *Mülbert/Leuschner*, NZG 2009, 281, 282; *Spliedt*, ZIP 2009, 149, 150; *Veil* in Scholz, Bd. III Nachtrag MoMiG, § 19 GmbHG Rz. 68; vgl. auch BGH v. 1.12.2008 – II ZR 102/07 – „MPS", BGHZ 179, 71, 79; ebenso zu § 57 Abs. 1 Satz 3: *Hüffer*, § 57 AktG Rz. 20; a.A. *Schall*, ZGR 2009, 126, 141; *Roth* in Roth/Altmeppen, § 19 GmbHG Rz. 102.

die Prognose über die zukünftige Realisierbarkeit der Forderung sehr unsicher[376]. Nach der Teleologie der Vorschrift wird man außerdem fordern müssen, dass der Rückgewähranspurch i.d.S. **liquide** ist, dass er nach Grund und Höhe außer Zweifel steht; auch dürfen der Durchsetzung keine Einwendungen oder Einreden (z.B. Verjährung) entgegenstehen[377]. Dass die Forderung unbestritten ist, genügt nicht; sie muss *unstreitig* sein[378].

Ob der Rückgewähranspruch vollwertig, fällig und liquide ist, bestimmt sich nach **objektiven Maßstäben**[379]; die subjektive Sichtweise der Beteiligten ist irrelevant[380]. Die **Beweislast** für das Vorliegen eines vollwertigen, fälligen und liquiden Rückgewähranspruchs trägt der Aktionär[381], wie sich aus der negativen Formulierung des § 27 Abs. 4 Satz 1 ergibt.

104

Der Rückgewähranspruch ist **zu bilanzieren**[382]. Der Vorstand haftet in diesem Zusammenhang, wenn er die anerkannten Grundsätze der Bilanzierung und Bewertung schuldhaft verletzt (§ 93 Rz. 8)[383]. An die Einhaltung dieser Pflichten sind strenge Maßstäbe zu stellen, insbesondere muss sich der Vorstand alle Unterlagen für die Feststellung der *uneingeschränkten Kreditwürdigkeit* des Aktionärs besorgen[384]. Die Frage der Aktivierbarkeit des Rückgewähranspruchs ist sorgfältig zu prüfen. Unterliegt die Aktivierbarkeit nur geringsten Zweifeln, so ist die Rückgewähr der Einlage unzulässig[385]. Auch in der Folgezeit muss der Vorstand sich Informationen über die Vermögenslage des Aktionärs verschaffen und die Vollwertigkeit des Anspruchs prüfen, um bei finanziellen Schwierigkeiten die Realisierung der Rückgewähr noch rechtzeitig zu ermöglichen[386]. Zur Konkretisierung der Sorgfaltspflicht des Vorstands kann die MPS-Entscheidung des BGH herangezogen werden[387]. Eine Erfüllung gem. § 27 Abs. 4 wird in der Praxis regelmäßig bei großen Unternehmen bzw. Konzernen mit zentralem Cash-Management[388] in Betracht kommen; im Ergebnis hat der Gesetzge-

105

---

376 Rechtsausschuss MoMiG, BT-Drucks. 16/9737, S. 97 f.
377 Wie hier für die GmbH: *Bayer* in Lutter/Hommelhoff, § 19 GmbHG Rz. 95; zust. *Arnold* in KölnKomm. AktG, 3. Aufl., § 27 AktG Rz. 145; *Hüffer*, § 27 AktG Rz. 42; *Lieder*, GmbHR 2009, 1177, 1183.
378 *Bayer* in Lutter/Hommelhoff, § 19 GmbHG Rz. 95; *Lieder*, GmbHR 2009, 1177, 1183; vgl. weiter *Büchel*, GmbHR 2007, 1065, 1067: „Leistungsbereitschaft".
379 *Bayer* in Lutter/Hommelhoff, § 19 GmbHG Rz. 95; *Bormann/Urlichs* in Römermann/Wachter, GmbH-Beratung nach dem MoMiG, GmbHR-Sonderheft 2008, S. 37, 43 f.; *Lieder*, GmbHR 2009, 1177, 1183.
380 *Bayer* in Lutter/Hommelhoff, § 19 GmbHG Rz. 95; *Hueck/Fastrich* in Baumbach/Hueck, § 19 GmbHG Rz. 76.
381 Abweichend für die GmbH *Büchel*, GmbHR 2007, 1065, 1067 f.; *Tessen*, RNotZ 2008, 441, 461; wie hier aber die ganz h.M.: *Bayer* in Lutter/Hommelhoff, § 19 GmbHG Rz. 95; *Gehrlein*, Der Konzern 2007, 771, 781; *Lieder*, GmbHR 2009, 1177, 1183; *Markwardt*, BB 2008, 2414, 2419; *Wachter*, NotBZ 2008, 361, 367.
382 Ausf. *Wachter*, NotBZ 2008, 361, 367; vgl. weiter *Lieder*, GmbHR 2009, 1177, 1184.
383 Vgl. *Saenger* in FS Westermann, 2008, S. 1381, 1398; *Wachter*, NotBZ 2008, 361, 368; *Lieder*, GmbHR 2009, 1177, 1184.
384 Zum Sorgfaltsmaßstab: BGH v. 14.7.2008 – II ZR 202/07, ZIP 2008, 1675; vgl. weiter unten § 57 Rz. 46 ff.
385 Ebenso für § 30 Abs. 1 Satz 2 GmbHG: *Altmeppen*, ZIP 2009, 49, 53; für § 57 Abs. 1 Satz 3: *Hüffer*, § 57 AktG Rz. 20.
386 *Wachter*, NotBZ 2008, 361, 367; *Goette*, WPg 2008, 231, 235; *Lips/Randel/Werwigk*, DStR 2008, 2220, 2222; *Lieder*, GmbHR 2009, 1177, 1184.
387 BGH v. 1.12.2008 – II ZR 102/07 – „MPS", BGHZ 179, 71, 81 ff. m. Anm. *Bayer*, LMK 2009, 275577; vgl. weiter *Altmeppen*, ZIP 2009, 49 ff.; *Wand/Tillmann/Heckenthaler*, AG 2009, 148 ff.; *Kropff*, NJW 2009, 814 ff.; *Mülbert/Leuschner*, NZG 2009, 281 ff.; *Habersack*, ZGR 2009, 347 ff.
388 Dazu *Bayer* in FS Lutter, 2000, S. 1011 ff.

ber somit entgegen der früheren Rspr. des BGH[389] ein Sonderrecht für Cash Pools finanzstarker Unternehmen geschaffen[390].

**c) Rechtsfolgen**

106 **aa)** Ist der Rückgewähranspruch der AG vollwertig und fällig bzw. jederzeit fällig stellbar (oben Rz. 103), so ist die **Einlageschuld vollständig getilgt**, und zwar auch schon vor Eintragung der AG bzw. der Kapitalerhöhung in das Handelsregister (anders bei verdeckter Sacheinlage: oben Rz. 70 ff.). Auf diesen Anspruch finden §§ 65, 66 keine Anwendung[391]. Die AG kann daher auf den Anspruch ohne Verstoß gegen das Befreiungsverbot des § 66 Abs. 1 Satz 2 verzichten; bei Pflichtwidrigkeit haftet jedoch der Vorstand, ebenso kommt eine Strafbarkeit wegen Untreue (§ 266 StGB) in Betracht[392]. Dieser Austausch einer starken Einlageforderung gegen einen schwachen schuldrechtlichen Anspruch ist aus Sicht eines präventiven Kapitalaufbringungsrecht kritikwürdig, wurde aber vom Gesetzgeber ausdrücklich in Kauf genommen[393].

107 **bb)** Die für die GmbH kontrovers diskutierte Problematik, ob auch die **ordnungsgemäße Anmeldung** gem. § 19 Abs. 5 Satz 2 GmbHG vorliegen muss, damit die **Erfüllungswirkung** gem. § 19 Abs. 5 Satz 1 GmbHG eintritt[394], hat der BGH in zwei Entscheidungen ausdrücklich bejaht[395]; die Streitfrage ist damit für die Praxis und auch für die Parallelvorschrift in 27 Abs. 4 Satz 2 entschieden. Für diese Lösung spricht insbesondere der Zweck der Regelung, nämlich dem Registergericht überhaupt erst eine Prüfung zu ermöglichen (dazu oben Rz. 101). Dennoch bleiben dogmatische Bedenken: Für die Einordnung als eigenständige, nicht für die Wirkungen von § 27 Abs. 4 Satz 1 konstitutive Pflicht spricht zum einen die gesetzliche Formulierung, wonach Erfüllung eintritt, wenn (allein) die Voraussetzungen nach § 27 Abs. 4 Satz 1 gegeben sind[396], zum anderen die systematische Verortung der Anmeldpflicht in einem separaten Satz 2. Zweifelhaft ist die BGH-Rspr. weiterhin im Hinblick auf die

---

389 S. BGH v. 16.1.2006 – II ZR 76/04 – „Cash Pool I", BGHZ 166, 8, 12 f., Rz. 13; dazu *Bayer/Lieder*, GmbHR 2006, 449 ff.
390 Wie hier (kritisch) auch *Goette*, Einführung in das neue GmbH-Recht, 2008, Rz. 26 ff.
391 So für die GmbH: *Bayer* in Lutter/Hommelhoff, § 19 GmbHG Rz. 98; *Hueck/Fastrich* in Baumbach/Hueck, § 19 GmbHG Rz. 83; *Pentz*, GmbHR 2009, 505, 510 f.; für AG wohl auch *Hüffer*, § 27 AktG Rz. 44; a.A. *Wicke*, § 19 GmbHG Rz. 37; *Heinze*, GmbHR 2008, 1065, 1071.
392 So für die GmbH: *Bayer* in Lutter/Hommelhoff, § 19 GmbHG Rz. 98; ähnlich auch *Arnold* in KölnKomm. AktG, 3. Aufl., 27 AktG Rz. 149.
393 Vgl. Begr. RegE MoMiG, BR-Drucks. 354/07, S. 79.
394 Dafür (vor der BGH-Rspr.): *Wälzholz*, GmbHR 2008, 841, 846; *Katschinski/Rawert*, ZIP 2008, 1993, 2000; *Tebben*, RNotZ 2008, 441, 461; *Wicke*, NotBZ 2009, 1, 4; dagegen: *Heidinger* in Heckschen/Heidinger, § 11 Rz. 104; *Hueck/Fastrich* in Baumbach/Hueck, § 19 GmbHG Rz. 80, 82; *Roth* in Roth/Altmeppen, § 19 GmbHG Rz. 108; ausf. *Benz*, Verdeckte Sacheinlage und Einlagenrückzahlung im reformierten GmbH-Recht (MoMiG), 2010, S. 411 f.; zweifelnd *Bayer* in Lutter/Hommelhoff, § 19 GmbHG Rz. 99; für die AG auch *Bayer/J. Schmidt*, ZGR 2009, 805, 837.
395 BGH v. 16.2.2009 – II ZR 120/07 – „Qivive", BGHZ 180, 38, 46; BGH v. 20.7.2009 – II ZR 273/07 – „Cash Pool II", GmbHR 2009, 926, 927 f.; dem BGH zust. *Theiselmann*, Der Konzern 2009, 460, 463; *Habersack*, GWR 2009, 129; *Priester*, DNotZ 2009, 946, 948 (aber anders für Altfälle); *Bormann*, GmbHR 2009, 926, 930 (aber anders für Altfälle); *Veil* in Scholz, Nachtr. MoMiG, § 19 GmbHG Rz. 74; *Hüffer*, § 27 AktG Rz. 42; abl. *Altmeppen*, ZIP 2009, 1545, 1547 f.; *Lieder*, GmbHR 2009, 1177, 1179 f.; *Maier-Reimer*, EWiR 2009, 537; *Roth*, NJW 2009, 3397, 3398 ff.; *Herrler/Reymann*, DNotZ 2009, 914, 924 Fn. 55; ausf. *Benz*, Verdeckte Sacheinlage und Einlagenrückzahlung im reformierten GmbH-Recht (MoMiG), 2010, S. 409 ff.
396 Auch im Bericht des Rechtsausschusses ARUG, BT-Drucks. 16/13098, S. 37 heißt es: „Liegen die Voraussetzungen für eine *Erfüllungswirkung gemäß* § 27 Abs. 4 S. 1 nicht vor ..." (kursiv vom Verf.).

vereinbarungsgemäße Rückgewähr von geleisteten Resteinlagen[397]. Problematisch ist schließlich, dass eine Anwendung der BGH-Rspr. auf Altfälle die von § 20 Abs. 7 EGAktG angeordnete Rückwirkung der Neuregelung (dazu ausf. unten Rz. 116 ff.) leer laufen lässt, wenn man nicht – wie im Schrifttum vorgeschlagen – auf das Anmeldeerfordernis insoweit verzichten würde[398]. Dieser Lösung dürfte jedoch durch die BGH-Entscheidung vom 20.7.2009[399] der Boden entzogen sein[400].

cc) Ist der Rückgewähranspruch **nicht vollwertig, fällig und liquide** (oder fehlt die Anmeldung, str.; dazu Rz. 107), so tritt die Rechtsfolge des § 27 Abs. 4 Satz 1 (Erfüllungswirkung) nicht ein[401]; es findet insbesondere keine anteilige Tilgung der Einlageforderung statt („Alles-oder-nichts-Prinzip")[402]. Andernfalls hätte es – wie vom Bundesrat im Rahmen des MoMiG zur Parallelnorm des § 19 Abs. 5 GmbHG empfohlen[403] – lauten müssen, dass die Einlageverpflichtung getilgt wird, *soweit* die genannten Voraussetzungen vorliegen; die Vorschrift spricht aber ausdrücklich davon, dass der Gesellschafter von der Einlageschuld nur dann befreit wird, *wenn* sämtliche Voraussetzungen vorliegen. Eine anteilige Anrechnung wie bei der verdeckten Sacheinlage (oben Rz. 71) wäre rechtspolitisch auch nicht überzeugend. Der maßgebliche Unterschied zwischen dem eingebrachten Sachwert, der bei der verdeckten Sacheinlage auch anteilig berücksichtigt wird, und der Rückzahlungsforderung ist, dass der schuldrechtliche Anspruch gegen den Gesellschafter strukturell unsicherer ist; während Gläubigern der Sachgegenstand unmittelbar als Haftungsmasse zur Verfügung steht, hängt der Rückgewähranspruch von der Bonität des Inferenten ab[404]. Für die Rechtsfolgen gilt in diesem Fall: Die ursprüngliche Einlageforderung bleibt ungekürzt bestehen. Ihr Schicksal bestimmt sich nach den allgemeinen, für die Einlageschuld geltenden Grundsätzen.

## 3. Heilung

Für die Heilung ergeben sich keine Unterschiede zum bisherigen Recht[405]: Ist die Einlageschuld nicht durch Erfüllung erloschen, so gelten die ausgetauschten Leistungen als nicht erfolgt; es bestehen insbesondere keine Bereicherungsansprüche (vgl. oben Rz. 90). Der Inferent tilgt jedoch die noch offene Einlageschuld durch eine spätere Rückzahlung, und zwar auch wenn er nicht auf die Einlageschuld, sondern auf den vermeintlichen Rückzahlungsanspruch leistet[406]. Voraussetzung ist aller-

---

397 So auch *Altmeppen*, NZG 2010, 441, 445.
398 So für die GmbH: *Bayer* in Lutter/Hommelhoff, § 19 GmbHG Rz. 111; *Lieder*, GmbHR 2009, 1177, 1180; zust. *Priester*, DNotZ 2009, 946, 948; *Bormann*, GmbHR 2009, 926, 930.
399 BGH v. 20.7.2009 – II ZR 273/07 – „Cash Pool II", GmbHR 2009, 926, 928.
400 So dezidiert *Goette*, GWR 2009, 333, 335 f.; krit. *Altmeppen*, ZIP 2009, 1545, 1548 (BGH führt die Neuregelung „ad absurdum"); vgl. auch *Weiler*, MittBayNot 2010, 61, 64 („Wille des Gesetzgebers ... wird konterkariert"); *Merkner/Schmidt-Bendun*, NJW 2009, 3072, 3074.
401 Allg. M.; vgl. auch Bericht Rechtsausschuss ARUG, BT-Drucks. 16/13098, S. 37.
402 So für die GmbH: *Bayer* in Lutter/Hommelhoff, § 19 GmbHG Rz. 100; *Lieder*, GmbHR 2009, 1177, 1183; zust. *Arnold* in KölnKomm. AktG, 3. Aufl., § 27 AktG Rz. 150.
403 Bgr. RegE MoMiG, BT-Drucks. 16/6140, S. 66; zustimmend *Kallmeyer*, DB 2007, 2755, 2756.
404 Kritisch allerdings *K. Schmidt*, GmbHR 2008, 452; *Wälzholz*, MittBayNot 2008, 425, 431; *Wicke*, § 19 GmbHG Rz. 35.
405 Vgl. Begr. RegE MoMiG, BT-Drucks. 16/6140, S. 39 f.; *Veil*, ZIP 2007, 1241, 1247.
406 *Arnold* in KölnKomm. AktG, 3. Aufl., § 27 AktG Rz. 151; *Hüffer*, § 27 AktG Rz. 43; für GmbH auch *Bayer* in Lutter/Hommelhoff, § 19 GmbHG Rz. 100; *Lieder*, GmbHR 2009, 1177, 1183; zum bisherigen Recht: BGH v. 21.11.2005 – II ZR 140/04, BGHZ 165, 113, 117 f.; sowie ausführlich *Bayer*, GmbHR 2004, 445, 452; ebenso OLG Hamburg v. 19.11.2004 – 11 U 45/04, GmbHR 2005, 164 m. zust. Anm. *Bayer*, EWiR 2005, 117 f.; anders noch OLG Schleswig v. 27.1.2005 – 5 U 22/04, ZIP 2005, 1827.

dings, dass sich die Zahlung der Einlageschuld objektiv zuordnen lässt[407]. In Betracht kommt weiterhin die Verrechnung mit einer vollwertigen Neuforderung[408].

**4. Her- und Hinzahlen**

110 Nach dem Wortlaut erfasst § 27 Abs. 4 Satz 1 – wie auch schon 19 Abs. 5 Satz 1 GmbHG – nur den Fall, dass zunächst die Einlage geleistet wird und danach eine Rückzahlung erfolgt. Indes ist es für den Normzweck der Vorschrift (inkl. der wirtschaftlichen Folgen) ohne Belang, in welcher Reihenfolge die Zahlungsströme zwischen AG und Aktionär fließen. Soweit der Zahlungsanspruch der Gesellschaft nur vollwertig, fällig und liquide ist, sind keine Gründe ersichtlich, warum der Inferent nicht ebenso privilegiert werden sollte wie beim Hin- und Herzahlen. Andernfalls würde dies zu unbefriedigenden Wertungswidersprüchen beider Konstellationen führen, die bereits nach bisheriger Rechtslage gleich behandelt wurden. In analoger Anwendung erfasst § 27 Abs. 4 Satz 1 demnach auch das absprachegemäße „Her- und Hinzahlen"[409]; die Vermutung der Vorabsprache (oben Rz. 100) gilt auch hier, wobei die Absprache entweder bereits im Zeitpunkt der Herzahlung (Leistung der AG) oder auch noch im Zeitpunkt der Hinzahlung (Einlageleistung) getroffen werden kann. Die „Anmeldeproblematik" (oben Rz. 107) stellt sich hier in gleicher Weise. Nach Auffassung des BGH liegt ein (unzulässiges) Her- und Hinzahlen insbesondere im Zusammenhang mit der Vergütung erbrachter Dienstleistungen aber dann nicht vor, wenn durch die Erbringung von Zahlungen an den (künftigen) Inferenten (1) tatsächlich erbrachte Leistungen entgolten werden, deren Vergütung (2) einem Drittvergleich standhalten und (3) die Leistung objektiv wertighaltig und für die AG nicht unbrauchbar ist[410]. Diese Kriterien sollten – anstelle des wenig überzeugenden Reservierungskriteriums – auch für das Hin- und Herzahlen übernommen werden, um Dienstleistungsfälle angemessen zu bewältigen (oben Rz. 99)[411].

**XII. Cash Pooling**

**Literatur:** *Altmeppen*, Die Grenzen der Zulässigkeit des Cash Pooling, ZIP 2006, 1025; *Altmeppen*, Cash Pooling und Kapitalaufbringung, NZG 2010, 441; *Bayer*, Zentrale Konzernfinanzierung, Cash Management und Kapitalerhaltung, in FS Lutter, 2000, S. 1011; *Bayer/Lieder*, Darle-

---

407 BGH v. 15.10.2007 – II ZR 263/06, WM 2008, 1219 m. Anm. *Müller/Rieg*, WuB II C. § 19 GmbHG 2.08; BGH v. 20.7.2009 – II ZR 273/07 – „Cash Pool II", GmbHR 2009, 926, Rz. 22; *Lieder*, GmbHR 2009, 1177, 1183.
408 BGH v. 2.12.2002 – II ZR 101/02, BGHZ 153, 107, 112; ausf. *Bayer*, GmbHR 2004, 445, 449 f., 453; zust. *Lieder*, GmbHR 2009, 1177, 1183; für generelle Zulässigkeit der Verrechnung nach neuem Recht *Schall*, ZGR 2009, 126, 148 ff.
409 BGH v. 1.2.2010 – II ZR 173/08, – „Eurobike", GmbHR 2010, 421, Rz. 24 m. Anm. *K. Müller*, sowie Anm. *Bayer/Fiebelkorn*, LMK 2010, 304619; *Lieder*, EWiR 2010, 169; *Bayer/Lieder*, NZG 2010, 86, 89 f.; *Arnold* in KölnKomm. AktG, 3. Aufl., § 27 AktG Rz. 139; für die GmbH bereits *Bayer* in Lutter/Hommelhoff, § 19 GmbHG Rz. 103; *Veil* in Scholz, Bd. III Nachtrag MoMiG, § 19 GmbHG Rz. 65; *Maier-Reimer/Wenzel*, ZIP 2008, 1449, 1454; *Herrler*, DB 2008, 2347, 2348; *Roth* in FS Hüffer, 2010, S. 853, 856; zur Behandlung nach bisherigem Recht: BGH v. 12.6.2006 – II ZR 334/04, ZIP 2006, 1633, 1634, Rz. 11 f. m. zust. Anm. *Bayer/Graff*, WuB II C. § 55 GmbHG 1.07; a.A. nach neuem Recht *Hueck/Fastrich* in Baumbach/Hueck, § 19 GmbHG Rz. 75; *Bormann/Urlichs* in Römermann/Wachter, GmbH-Beratung nach dem MoMiG, Sonderheft GmbHR 2008, S. 37, 43.
410 BGH v. 1.2.2010 – II ZR 173/08, *K. Müller* sowie Anm. Rz. 24 m. Anm. *Bayer/Fiebelkorn*, LMK 2010, 304619; *Lieder*, EWiR 2010, 169; zuvor bereits allgemein in diese Richtung *Bayer/Lieder*, NZG 2010, 86, 88 f.
411 So schon *Lieder*, EWiR 2010, 169, 170; zuvor allgemein bereits *Bayer/Lieder*, NZG 2010, 86, 88 f.

hen der GmbH an Gesellschafter und Sicherheiten aus dem GmbH Vermögen für Gesellschafterverbindlichkeiten, ZGR 2005, 133; *Bayer/Lieder*, Kapitalaufbringung im Cash-Pool, GmbHR 2006, 449; *Bayer/Lieder*, Der Entwurf des MoMiG und die Auswirkungen auf das Cash-Pooling, GmbHR 2006, 1121; *Klink/Gärtner*, Versetzt das MoMiG dem Cash-Pooling den Todesstoß?, NZI 2008, 457; *Lieder*, Kapitalaufbringung im Cash Pool nach neuem Recht, GmbHR 2009, 1177; *Meusburger*, Kapitalaufbringungsvorschriften und Cash-Pooling, GesRZ 2008, 216.

Zur Finanzierungspraxis insbesondere größerer Konzerne gehört i.d.R. ein **zentrales Cash-Managementsystem** mit einem **Liquiditätsausgleich**, der unter Beteiligung einer Bank über ein zentrales Konto (sog. Zielkonto) bei einer Zentralgesellschaft organisiert wird und an dem die Mutter- sowie sämtliche Tochter- und Enkelgesellschaften usw. teilnehmen. Finanzierungstechnisch und wirtschaftlich ist ein solches Cash Pooling für den Konzern und grundsätzlich auch für alle beteiligten Unternehmen vorteilhaft; in der Krise oder gar der Insolvenz der Mutter oder einzelner Konzernunternehmen kann sich ein solcher Liquiditätsverbund allerdings auch sehr nachteilig auswirken. Rechtliche Bedenken aus der Wissenschaft[412] hat die Praxis lange Zeit nicht ernst genommen; dies änderte sich schlagartig, als der BGH zunächst allgemein[413] im sog. „Novemberurteil" vom 24.11.2003[414] und dann zielgenau auch in der Folgeentscheidung vom 16.1.2006[415] klargestellt hatte, dass *Cash-Pooling-Systeme* mit dem (bisherigen) Recht der Kapitalaufbringung und Kapitalerhaltung in *Konflikt* geraten können[416]; Andeutungen in diese Richtung hatte allerdings bereits die Bremer-Vulkan-Entscheidung des II. ZS des BGH vom 17.9.2001 enthalten[417], der sich der 5. StrafS des BGH uneingeschränkt angeschlossen hatte[418]. Aufgrund massiver, teilweise übertriebener Kritik, die an dieser Rechtsprechung durch die Wirtschaft geübt wurde, hat der Gesetzgeber zunächst **mit dem MoMiG** und nunmehr **mit dem ARUG die Rechtslage verändert**. Die „Rückkehr zur bilanziellen Betrachtungsweise", die im MoMiG zum einen in § 19 Abs. 5 GmbHG für die Kapitalaufbringung sowie in § 30 Abs. 1 Satz 2 Halbsatz 2 GmbHG bzw. § 57 Abs. 1 Satz 3 AktG für die Kapitalerhaltung normiert wurde[419], bezweckt ausweislich der Gesetzesbegründung insbesondere, das „ökonomisch sinnvolle" Cash Pooling zu ermöglichen[420]; der entgegenstehenden Rechtsprechung soll durch die Neuregelung die Grundlage entzogen werden[421]. In seiner MPS-Entscheidung vom 1.12.2008[422] hat der BGH bereits klargestellt, dass er dieser gesetzlichen Korrektur in seiner Rechtsprechung uneingeschränkt Folge leisten wird. Nunmehr gelten diese Grundsätze über § 27 Abs. 4 auch für die Kapitalaufbringung bei der AG. Allerdings ist zu *differenzieren*:

111

---

412 Nachdrücklich *Bayer* in FS Lutter, 2000, S. 1011, 1019 ff.
413 Gegen Anwendbarkeit auf das Cash Pooling allerdings *Schäfer*, GmbHR 2005, 133, 135 ff.; ähnlich *Maier-Reimer* in VGR, Gesellschaftsrecht in der Diskussion 2005, 2006, S. 25, 36 ff.
414 BGH v. 24.11.2003 – II ZR 171/01 – „November-Entscheidung", BGHZ 157, 72 im Anschluss an *Stimpel* in FS 100 Jahre GmbHG, 1992, S. 335 ff.; ausf. *Bayer/Lieder*, ZGR 2005, 133 ff.; *Habersack/Schürnbrand*, NZG 2004, 689 ff.; *Goette*, ZIP 2005, 1481 ff.
415 BGH v. 16.1.2006 – II ZR 76/04 – „Cash Pool I", BGHZ 166, 8 ff.; zustimmend *Bayer/Lieder*, GmbHR 2006, 449 ff.
416 Ausf. *Altmeppen*, ZIP 2006, 1025 ff.; *Bayer/Lieder*, GmbHR 2006, 1121 ff.; *Goette*, KTS 2006, 217, 223 f., 226 f.; *J. Vetter/Schwandtner*, Der Konzern 2006, 407 ff.
417 BGH v. 17.9.2001 – II ZR 178/99, BGHZ 149, 10 ff. m. Bspr. *Altmeppen*, ZIP 2001, 1837 ff.
418 BGH v. 13.5.2004 – 5 StR 73/03, BGHSt 49, 147 ff.
419 Zur bilanziellen Betrachtungsweise: Begr. RegE MoMiG, BT-Drucks. 16/6140, S. 35, 41.
420 Begr. RegE MoMiG, BT-Drucks, 16/6140, S. 34, 40.
421 In dieser Richtung Begr. RegE MoMiG, BT-Drucks. 16/6140, S. 34 (zu § 8 Abs. 2 Satz 2 GmbHG i.d.F. RegE).
422 BGH v. 1.12.2008 – II ZR 102/07 – „MPS", BGHZ 179, 71, 77 f. m. Anm. *Bayer*, LMK 2009, 275577; vgl. auch *Altmeppen*, ZIP 2009, 49 ff.; *Wand/Tillmann/Heckenthaler*, AG 2009, 148 ff.; *Kropff*, NJW 2009, 814 ff.; *Habersack*, ZGR 2009, 347 ff.

112 Ergab sich vor der Einlageleistung (i.d.R. im Rahmen einer Kapitalerhöhung) auf dem Zielkonto **für die AG ein negativer Saldo**, so dass eine Schuld der AG gegenüber dem Inferenten (oder der ihr zuzurechnenden Zentralgesellschaft) bestand, so liegt in der Mittelzuführung, die anschließend mit der Schuld verrechnet wird, eine *verdeckte Sacheinlage*[423], die (nach wie vor) unzulässig ist, im Wege der Anrechnung wird die fortbestehende Einlageverpflichtung jedoch gem. § 27 Abs. 3 Satz 3 und 4 getilgt (ausf. oben Rz. 70 ff.). Im Regelfall wird bei der Anmeldung indes eine falsche Versicherung abgegeben (dazu oben Rz. 77). Die Praxis wird hierauf bei der technischen Abwicklung der Kapitalerhöhung unbedingt Rücksicht nehmen müssen.

113 War hingegen **der Saldo für die GmbH positiv**, so fließt die Einlage zugunsten des Inferenten bzw. anderer Konzerngesellschaften in den Cash Pool zurück, diese Konstellation führt nach § 27 Abs. 4 zur Erfüllung, sofern die Ansprüche der AG gegenüber dem Cash Pool vollwertig und fällig bzw. jederzeit fällig stellbar sind (dazu oben Rz. 103 ff.); hierauf ist in der Cash-Pool-Vereinbarung zu achten. Ein Kündigungsrecht wegen Vermögensverfalls (§ 490 Abs. 1 BGB) oder aus wichtigem Grund (§ 314 Abs. 1 BGB) ist nicht ausreichend[424]. Auf die angemessene Verzinsung (dazu oben Rz. 103) kann nur verzichtet werden, wenn dieser Verzicht durch anderweitige Vorteile ausgeglichen wird; allein die Zugriffsmöglichkeit auf den Cash Pool reicht grundsätzlich nicht aus[425]. Bei der Anmeldung gem. § 27 Abs. 4 Satz 2 sind regelmäßig Angaben zur Vollwertigkeit der gegen den Cash Pool gerichteten Forderung zu machen und hierzu Nachweise vorzulegen (vgl. oben Rz. 101). Liegen die Voraussetzungen des § 27 Abs. 4 Satz 1 nicht vor, so wird die fortbestehende Bareinlageschuld durch nachträgliche Zahlung erfüllt und damit der Verstoß geheilt, sofern die nachträgliche Zahlung der Einlageschuld zugeordnet werden kann (oben Rz. 109); dies ist allerdings nicht der Fall, wenn Zahlungen aus dem Cash Pool an Gläubiger der Tochter-AG erbracht wurden[426].

114 **Wurde ein negativer Saldo** durch die Einlageleistung **positiv**, so liegt ein Fall einer *verdeckten Mischeinlage* vor (dazu oben Rz. 82). In Höhe des Negativsaldos gilt das unter Rz. 112 Gesagte, für den überschießenden, positiven Betrag gelten die Ausführungen zu Rz. 113[427].

115 **Kritik:** Es ist somit nachdrücklich darauf hinzuweisen, dass der Gesetzgeber das Cash Pooling *keineswegs generell für zulässig* erklärt hat; Kapitalaufbringung im Cash Pool bei Sollsaldo der AG ist nach wie vor unzulässig (oben Rz. 112). Die Neuregelung des ARUG bzw. MoMiG soll allein die nach der bisherigen Rechtslage bestehenden, faktisch prohibitiven Hürden abbauen und finanziell gesunden Konzernen diese Form der Innenfinanzierung ermöglichen[428]. Wie stets bei Darlehen an Gesellschafter (dazu oben Rz. 90 ff.), wird nunmehr die Hauptverantwortung auf den Schultern der Unternehmensleitung abgeladen[429].

---

423 BGH v. 20.7.2009 – II ZR 273/07 – „Cash Pool II", ZIP 2009, 1561, 1562; *Bayer* in Lutter/Hommelhoff, § 19 GmbHG Rz. 105; *Lieder*, GmbHR 2009, 1177, 1180 f.; *Maier-Reimer/Wenzel*, ZIP 2008, 1449, 1454.
424 BGH v. 20.7.2009 – II ZR 273/07 – „Cash Pool II", ZIP 2009, 1561, 1564; näher *Lieder*, GmbHR 2009, 1177, 1182 f.
425 *Spliedt*, ZIP 2009, 149, 150; *Mülbert/Leuschner*, NZG 2009, 281, 283; *Lieder*, GmbHR 2009, 1177, 1182; abw. wohl *Roth* in Roth/Altmeppen, § 19 GmbHG Rz. 102.
426 BGH v. 20.7.2009 – II ZR 273/07 – „Cash Pool II", ZIP 2009, 1561, 1564; *Lieder*, GmbHR 2009, 1177, 1183.
427 Wie hier für die GmbH: *Maier-Reimer/Wenzel*, ZIP 2008, 1449, 1454.
428 Ähnlich *Goette*, Einführung in das neue GmbH-Recht, 2008, Rz. 21.
429 Wie hier auch *König/Bormann*, DNotZ 2008, 652, 662; *Lieder*, GmbHR 2009, 1177, 1185; *Weitzel/Socher*, ZIP 2010, 1069, 1071.

## XIII. Übergangsvorschriften

Nach § 20 Abs. 7 Satz 1 EGAktG gelten § 27 Abs. 3 und 4 **auch für Einlageleistungen, die vor dem 1.9.2009** erbracht wurden, aber (nach bisheriger Rechtslage) keine Erfüllungswirkung hatten[430], d.h. insbesondere für verdeckte Sacheinlagen und Darlehensrückzahlungen an Aktionäre, die einer realen Kapitalaufbringung entgegen standen. Voraussetzung ist allerdings, dass es sich um einen Sachverhalt handelt, der noch nicht durch rechtskräftiges Urteil[431] oder eine wirksame Vereinbarung (insbesondere Vergleich) zwischen AG und Aktionär abgeschlossen ist[432] (§ 27 Abs. 7 Satz 2 EGAktG).

116

Diese Übergangsregelung hat zum Ergebnis, dass im Falle **verdeckter Sacheinlagen** bislang nach der BGH-Rechtsprechung begründete Vindikations- und Bereicherungsansprüche entfallen, dafür aber die getroffenen Vereinbarungen ex tunc wirksam werden[433] und auf die fortbestehende Einlagenverpflichtung eine gesetzliche Wertanrechnung im Zeitpunkt gem. § 27 Abs. 3 Satz 3 stattfindet (dazu oben Rz. 70 ff.). Im Schrifttum werden gegen diese Rückwirkung *verfassungsrechtliche Bedenken* geltend gemacht[434]. Auch der BGH hatte zwischenzeitlich (für die Parallelregelung in § 3 Abs. 4 EGGmbHG) Zweifel geäußert[435], sich jedoch letztlich zutreffend für eine Verfassungskonformität entschieden[436]: Die Vorschrift stellt eine insoweit zulässige unechte Rückwirkung bzw. tatbestandliche Rückanknüpfung dar, da der Sachverhalt gerade nicht im Sinne einer Erfüllung der Einlageverpflichtung abgeschlossen wird und darüber hinaus auch kein gesetzlicher Vertrauenstatbestand geschaffen worden ist. Dass Insolvenzverwaltern möglicherweise bislang begründete Ansprüche entzogen wurden, ist für eine Übergangszeit hinzunehmen; da der AG ein Sachwert (wenn auch verdeckt) zugeführt wurde, sind die Gläubiger im Ergebnis nicht benachteiligt; umgangen wurde allein die präventiven Zwecken dienende Offenlegung und die Möglichkeit der vorherigen Wertprüfung durch das Registergericht.

117

In der Praxis stellen sich allerdings noch zahlreiche *sachenrechtliche Fragen*, die der Gesetzgeber – soweit ersichtlich – nicht bedacht hat und die in Zukunft die Rechtsprechung beschäftigen werden[437], so etwa die Problematik, auf welche Weise und zu welchem Zeitpunkt ein Eigentumsübergang stattfindet, wenn die hierzu abgegebenen Erklärungen nach bisheriger Rechtslage unwirksam waren[438]. Im Falle der Weiterübertragung sind von der Beantwortung dieser Frage auch die Rechtspositionen

118

---

430 Zur Parallelregelung in § 3 Abs. 4 EGGmbHG: *Pentz* in FS K. Schmidt, 2009, S. 1265, 1282.
431 Dazu OLG Koblenz v. 16.6.2009 – 6 U 120/05, GWR 2009, 419 m. Anm. *Krauss*.
432 Zu Einzelfragen ausführlich und kritisch *Pentz* in FS K. Schmidt, 2009, S. 1265, 1282 f.; *Pentz*, GmbHR 2009, 126, 130 f.
433 Zur ex-tunc-Wirkung: *Gehrlein*, Der Konzern 2007, 771, 784; *Fuchs*, BB 2009, 170, 173 ff.; *Hueck/Fastrich* in Baumbach/Hueck, § 19 GmbHG Rz. 91; *Heckschen*, Das MoMiG in der notariellen Praxis, 2009, Rz. 99 ff.; *Herrler/Reymann*, DNotZ 2009, 914, 918 f.
434 So etwa *Habersack*, AG 2009, 557, 558; (zur Parallelregelung in § 3 Abs. 4 EGGmbHG) *Bormann*, GmbHR 2007, 897, 901; *Heinze*, GmbHR 2008, 1065, 1073; *Wälzholz*, MittBayNot 2008, 431; *Pentz*, GmbHR 2009, 126, 130; *Pentz*, GmbHR 2009, 505, 506 f.; *Henkel*, NZI 2010, 6, 9.
435 BGH v. 20.7.2009 – II ZR 273/07 – „Cash Pool II", ZIP 2009, 1561, 1565.
436 BGH v. 22.3.2010 – II ZR 12/08 – „AdCoCom", ZIP 2010, 978, 980 ff. = GmbHR 2010, 700; ebenfalls für Verfassungskonformität (für § 3 Abs. 4 EGGmbHG) *Bayer* in Lutter/Hommelhoff, § 19 GmbHG Rz. 110; *Hueck/Fastrich* in Baumbach/Hueck, § 19 GmbHG Rz. 91; *Fuchs*, BB 2009, 170, 173 ff.; *Nagel/Meder*, ZInsO 2009, 944, 950; zust. auch *Arnold* in KölnKomm. AktG, 3. Aufl., § 27 AktG Rz. 85.
437 Vgl. *Bormann/Urlichs* in Römermann/Wachter, GmbH-Beratung nach dem MoMiG, GmbHR-Sonderheft 2008, S. 37, 41; *Pentz* in FS K. Schmidt, 2009, S. 1265, 1283 f.; optimistisch hingegen *Wälzholz*, GmbHR 2008, 841, 846 („gelingt ... ohne Mühe").
438 Vgl. hierzu nur *Wälzholz*, MittBayNot 2008, 431; *Wicke*, ARUG, 2009, S. 53 f.

und Interessen Dritter berührt. Auch die Problematik, wer die Kosten anhängiger Prozesse zu tragen hat, ist noch weitgehend ungeklärt[439].

119 **Darlehen** an Aktionäre werden jedoch auch nach der anwendbaren Neuregelung des § 27 Abs. 4 einer Erfüllungswirkung regelmäßig entgegenstehen[440]. Problematisch ist bereits, wie mit der stets fehlenden Anmeldung nach § 27 Abs. 4 Satz 2 – die nach Auffassung des BGH und h.L. konstitutiv für die Erfüllungswirkung ist (oben Rz. 107) – umzugehen ist; der Vorschlag, hierauf für Altfälle zu verzichten[441], wurde vom BGH obiter bereits zurückgewiesen[442]. Häufig wird der Rückgewähranspruch der AG jedoch auch nicht vollwertig und fällig (bzw. jederzeit fällig stellbar) sein (vgl. oben Rz. 103 ff.) oder es wird dem Inferenten ein solcher Nachweis nicht gelingen (zur Beweislast: oben Rz. 104). Dann bleibt auch nach neuem Recht nur – wie auch bislang – die Heilung durch Rückzahlung des „Darlehens" (dazu oben Rz. 109).

# § 28
# Gründer

**Die Aktionäre, die die Satzung festgestellt haben, sind die Gründer der Gesellschaft.**

| | | | |
|---|---|---|---|
| I. Überblick | 1 | III. Mängel bei Satzungsfeststellung | 5 |
| II. Begriff des Gründers | 3 | 1. Anfechtung | 5 |
| 1. Allgemeines | 3 | 2. Geschäftsunfähigkeit | 6 |
| 2. Einzelfragen | 4 | IV. Tod eines Gründers | 7 |

## I. Überblick

1 § 28 enthält eine **Legaldefinition** für den im gesamten Aktienrecht (vgl. §§ 23 Abs. 2 Satz 1, 30 Abs. 1, 31 Abs. 1, 32 Abs. 1, 33 Abs. 2 Nr. 1; 35 Abs. 1, Abs. 2; 36 Abs. 1; 46 Abs. 1 bis 4; 50; 160 Abs. 1 Nr. 1; 399 Abs. 1 Nr. 1, Nr. 2) einheitlich verwendeten Begriff des Gründers; dieser ist Anknüpfungspunkt der zivil- und haftungsrechtlichen Verantwortlichkeit der Gründungsmitglieder (vgl. §§ 46, 50, 51 i.V.m. § 399 Abs. 1 Nr. 1, Nr. 2). Aufgrund ihrer Aktienübernahme sind die Gründer zudem verpflichtet, die versprochenen Einlagen zu leisten. Ihnen obliegt es, den ersten Aufsichtsrat und den ersten Abschlussprüfer zu bestellen (dazu § 30 Rz. 3 ff.) sowie gem. § 32 den Gründungsvorgang zu prüfen und hierüber einen Bericht aufzustellen (§ 32 Rz. 2 ff.). Sie sind weiterhin nach § 36 zur Mitwirkung bei der Anmeldung der Gesellschaft zur Eintragung ins Handelsregister verpflichtet.

---

439 Vgl. *Bormann/Urlichs* in Römermann/Wachter, GmbH-Beratung nach dem MoMiG, GmbHR-Sonderheft 2008, S. 37, 41 f.; *Pentz*, GmbHR 2009, 126, 130.
440 So für die GmbH bereits *Bayer* in Lutter/Hommelhoff, § 19 GmbHG Rz. 111; ähnlich für die AG *Herrler/Reymann*, DNotZ 2009, 914, 926.
441 So *Bayer* in Lutter/Hommelhoff, § 19 GmbHG Rz. 111; ebenso *Wälzholz*, MittBayNot 2008, 432; *Priester*, DNotZ 2009, 946; *Heidinger* in Heckschen/Heidinger, § 11 Rz. 102; *Heckschen*, Das MoMiG in der notariellen Praxis, 2009, Rz. 154; zust. auch *Arnold* in Köln-Komm. AktG, 3. Aufl., § 27 AktG Rz. 152.
442 BGH v. 20.7.2009 – II ZR 273/07 – „Cash Pool II", ZIP 2009, 1561, 1562; vgl. weiter *Goette*, GWR 2009, 333 ff.

Die Fassung des § 28 entspricht § 21 Satz 1 AktG 1937 und § 187 HGB a.F. Gem. §§ 36 Abs. 2 Satz 2, 245 UmwG gelten bei der **Verschmelzung** durch Neugründung sowie beim **Formwechsel** Spezialvorschriften, § 28 kann nicht angewandt werden[1]. 2

## II. Begriff des Gründers

### 1. Allgemeines

Gründer i.S. des § 28 sind ausschließlich die Personen, die die Satzung festgestellt und mindestens eine Aktie übernommen haben. Dazu zählen sowohl natürliche als auch juristische Personen, aber auch Personengesamtheiten mit Gründerfähigkeit[2]. Gründungsfähig sind daher sowohl alle Personenhandelsgesellschaften als auch eine Gesellschaft bürgerlichen Rechts[3] (vgl. auch oben § 2 Rz. 5 f.). Findet bei der Feststellung der Satzung eine Stellvertretung statt, so ist der Vertretene der Gründer[4]. Handelt dagegen ein **Treuhänder** oder Strohmann im eigenen Namen, aber auf fremde Rechnung, so ist der Handelnde selbst Gründer[5]. Für die Gründereigenschaft ist es unerheblich, ob der Aktionär eine Bar- oder Sacheinlage übernommen hat. Ebenso ist es unerheblich, ob der Aktionär erst nachträglich – aber vor Eintragung der AG in das Handelsregister – beitritt; auch er ist Gründer. Der Beitritt bedarf der einstimmigen Satzungsänderung (ausf. § 41 Rz. 21, 33). 3

### 2. Einzelfragen

Lässt man trotz Abschaffung der Möglichkeit der Stufengründung[6] durch das AktG 1965 eine Beteiligung von Personen an der Satzungsfeststellung zu, die keine Einlagepflicht übernehmen, so werden diese nicht Gründer im Sinne des § 28[7]. Wird eine Aktie von **mehreren Personen** übernommen, so müssen sich alle an der Feststellung der Satzung beteiligen und sind dann auch alle Gründer. Gründer ist hingegen nicht, wer eine Sachübernahme nach § 27 zusagt; der Versprechende tritt hier nur in eine schuldrechtliche, nicht aber mitgliedschaftliche Bindung zur Gesellschaft[8]. Entgegen einer früher in der Judikatur[9] vertretenen Auffassung, erlangen die Gründer durch die Satzungsfeststellung nicht die Kaufmannseigenschaft. Das Gesetz bezeichnet nur den Rechtsträger des Unternehmens als **Kaufmann**; der Gesellschafter selbst ist nur an diesem Rechtsträger beteiligt[10]. 4

---

1 *Hüffer*, § 28 AktG Rz. 1; *Pentz* in MünchKomm. AktG, 3. Aufl., § 28 AktG Rz. 3.
2 *Hüffer*, § 28 AktG Rz. 2.
3 BGH v. 13.4.1992 – II ZR 277/90, BGHZ 118, 83, 99 f. = AG 1992, 312.
4 *Hüffer*, § 28 AktG Rz. 2; *Pentz* in MünchKomm. AktG, 3. Aufl., § 28 AktG Rz. 7; *Röhricht* in Großkomm. AktG, 4. Aufl., § 28 AktG Rz. 2.
5 *Hüffer*, § 28 AktG Rz. 2; *Pentz* in MünchKomm. AktG, 3. Aufl., § 28 AktG Rz. 5.
6 Vgl. hierzu § 21 Satz 2 AktG 1937.
7 *Arnold* in KölnKomm. AktG, 3. Aufl., § 28 AktG Rz. 3; *Brändel* in Großkomm. AktG, 4. Aufl., § 2 AktG Rz. 9; *Eckardt* in G/H/E/K, § 28 AktG Rz. 6; *Pentz* in MünchKomm. AktG, 3. Aufl., § 28 AktG Rz. 6. Zur Unzulässigkeit der Beteiligung von Personen ohne Einlagepflicht: § 23 Rz. 25.
8 *Limmer* in Spindler/Stilz, § 28 AktG Rz. 2; *Pentz* in MünchKomm. AktG, 3. Aufl., § 28 AktG Rz. 6; *Röhricht* in Großkomm. AktG, 4. Aufl., § 28 AktG Rz. 2.
9 LG Essen v. 7.5.1974 – 17 HO 82/74, GmbHR 1978, 173.
10 *Pentz* in MünchKomm. AktG, 3. Aufl., § 28 AktG Rz. 11.

## III. Mängel bei Satzungsfeststellung

### 1. Anfechtung

5 Ficht ein Gründer seine auf die Satzungsfeststellung gerichtete Willenserklärung an, so ist nach dem Zeitpunkt der Invollzugsetzung der Gesellschaft zu **differenzieren** (ausf. § 23 Rz. 59 ff.): Vor Entstehung der Vor-AG (vgl. hierzu § 41 Rz. 2) tritt gem. § 142 BGB rückwirkende Nichtigkeit ein. Der Anfechtende ist nicht Gründer; er kann aber nach Rechtsscheingrundsätzen haften[11]. Mit Entstehung der Vor-AG gelten hingegen die Sonderregeln der fehlerhaften Gesellschaft, d.h. der Anfechtende ist Gründer und kann nur mit Wirkung für die Zukunft ausscheiden[12].

### 2. Geschäftsunfähigkeit

6 Wirkt bei der Satzungsfeststellung eine geschäftsunfähige Person mit, so wird diese nicht Gründer[13]. Tritt die Geschäftsunfähigkeit erst nach Wirksamkeit der Satzungsfeststellung ein, so berührt dies die Gründerstellung nicht[14]. Die im Zusammenhang mit der Gründung abgegebenen Erklärungen bleiben von einer nachträglich eintretenden Geschäftsunfähigkeit unberührt. Dogmatisch nicht zu überzeugen vermag die Auffassung, die ein Austrittsrecht zugunsten des geschäftsunfähigen Gründers postuliert, da dem künftig für ihn handelnden gesetzlichen Vertreter die Übernahme der scharfen Gründerhaftung nicht zuzumuten sei[15]. Es entspricht allgemeinen zivilrechtlichen Grundsätzen, dass die Rechtsfolgen einer gesetzlichen Vertretung nur den Vertretenen, nicht aber den Vertreter treffen. Dies gilt auch und erst recht im Bereich der Gründerhaftung. Zudem ist ein Austrittsrecht aus der Aktiengesellschaft – auch im Gründungsstadium – dogmatisch nur schwer begründbar[16]. Der Geschäftsunfähige bleibt folglich Gründer. Seinem gleichwohl erforderlichen Schutzbedürfnis ist im Rahmen des subjektiven Tatbestands der Gründerhaftung durch eine entsprechende Anwendung der **§§ 827, 828 BGB** Rechnung zu tragen (s. auch § 46 Rz. 21).

## IV. Tod eines Gründers

7 Der Tod eines Gründers berührt die Entstehung der AG nicht. Verstirbt der Gründer, so treten seine Erben in dessen Rechtsstellung nach **§ 1922 BGB** ein[17]. Erfordern besondere Umstände des Einzelfalles die Auflösung der AG, so muss diese aus wichtigem Grund gekündigt oder ein Auflösungsbeschluss gefasst werden. Das ist dann zu erwägen, wenn es auf die persönliche Mitwirkung des Verstorbenen ankam. Für die Gründerhaftung gilt Folgendes: Die Haftung des Erblassers setzt sich in der Person

---

11 *Hüffer*, § 28 AktG Rz. 3; *Arnold* in KölnKomm. AktG, 3. Aufl., § 28 AktG Rz. 6.
12 *Hüffer*, § 28 AktG Rz. 3, *Pentz* in MünchKomm. AktG, 3. Aufl., § 28 AktG Rz. 14.
13 *Hüffer*, § 28 AktG Rz. 3; *Limmer* in Spindler/Stilz, § 28 AktG Rz. 3; *Röhricht* in Großkomm. AktG, 4. Aufl., § 28 AktG Rz. 3; a.A. *Pentz* in MünchKomm. AktG, 3. Aufl., § 28 AktG Rz. 12: Der nicht wirksam Beigetretene werde Mitglied der durch den Vollzug entstehenden Gesellschaft und dementsprechend auch Gründer. Hiervon unberührt bleibe jedoch die (zu verneinende) Frage nach der zivilrechtlichen Gründerhaftung.
14 *Hüffer*, § 28 AktG Rz. 3; *Limmer* in Spindler/Stilz, § 28 AktG Rz. 3.
15 So *Röhricht* in Großkomm. AktG, 4. Aufl., § 28 AktG Rz. 3; *v. Godin/Wilhelmi*, § 28 AktG Anm 3.
16 So aber *Grunewald* in FS Claussen, 1997, S. 103, 111; anders die ganz h.M.: *Bayer* in MünchKomm. AktG, 3. Aufl., § 68 AktG Rz. 34; *Lutter* in KölnKomm. AktG, 2. Aufl., § 68 AktG Rz. 23; *Wiesner* in MünchHdb. AG, § 14 Rz. 14.
17 *Hüffer*, § 28 AktG Rz. 4; *Arnold* in KölnKomm. AktG, 3. Aufl., § 28 AktG Rz. 8; *Pentz* in MünchKomm. AktG, 3. Aufl., § 28 AktG Rz. 15; *Röhricht* in Großkomm. AktG, 4. Aufl., § 28 AktG Rz. 5.

der Erben fort, §§ 1967 ff. BGB. Wirkt der Erbe nach dem Erbfall an weiteren, erforderlichen Gründungshandlungen selbst mit, so trifft ihn insoweit die Gründerhaftung persönlich in vollem Umfang ohne die Möglichkeit der **Haftungsbeschränkung** nach § 1967 BGB.

# § 29
# Errichtung der Gesellschaft

Mit der Übernahme aller Aktien durch die Gründer ist die Gesellschaft errichtet.

I. Überblick . . . . . . . . . . . . . . . . 1 | II. Aktienübernahme . . . . . . . . . . . . 2

## I. Überblick

§ 29 betrifft den Zeitpunkt, in dem die Gesellschaft errichtet ist, mithin die Vor-AG entsteht. Die Vorschrift hat indes nur **klarstellende Bedeutung**, da das Gesetz an den Errichtungszeitpunkt keine konkreten Rechtsfolgen anknüpft[1]. § 29 entspricht § 22 Abs. 1 AktG 1937. Die Vorschrift des § 22 Abs. 2 AktG 1937 regelte die Aktienübernahme nach der Stufengründung; mit deren Abschaffung durch das AktG 1965 wurde diese Bestimmung dementsprechend hinfällig.    1

## II. Aktienübernahme

Die Gesellschaft ist gem. § 29 errichtet, sobald alle Aktien übernommen sind. Durch die Aktienübernahme wird die **Einlagepflicht** begründet. Die Aktienübernahme ist ebenso wie die Feststellung der Satzung Teil eines einheitlichen Rechtsgeschäfts, das im Falle der Gründung durch mehrere Personen als Errichtungsvertrag bezeichnet werden kann. Der Zeitpunkt der Errichtung ist folglich identisch mit dem Zeitpunkt der Satzungsfeststellung nach §§ 2, 23.    2

Zur Übernahme der Aktien sind nur die Gründer zugelassen (sog. Einheitsgründung; vgl. § 23 Abs. 2 Nr. 1, 2, dort Rz. 25 ff.). Mit der Abschaffung der Stufengründung ist eine Aktienübernahme nach Feststellung der Satzung unzulässig. Gründer ist nur, wer an der Feststellung der Satzung mitgewirkt hat (§ 28). Bereits die Feststellungsurkunde muss die von den Gründern übernommenen Aktien benennen. Aus dem Zusammenspiel dieser beiden Erfordernisse folgt, dass die Gesellschaft bereits **mit Abschluss des Beurkundungsvorganges entsteht**[2].    3

Gesellschaft im Sinne von § 29 ist nicht die Aktiengesellschaft als juristische Person, sondern die **Vor-AG** als Rechtsform sui generis[3] (§ 41 Abs. 1 Satz 1; ausf. § 41 Rz. 4).    4

---

1 *Limmer* in Spindler/Stilz, § 29 AktG Rz. 1; *Pentz* in MünchKomm. AktG, 3. Aufl., § 29 AktG Rz. 2.
2 Ebenso *Röhricht* in Großkomm. AktG, 4. Aufl., § 29 AktG Rz. 2; zust. *Limmer* in Spindler/Stilz, § 29 AktG Rz. 2.
3 Ausf. *Pentz* in MünchKomm. AktG, 3. Aufl., § 29 AktG Rz. 4.

## § 30
## Bestellung des Aufsichtsrats, des Vorstands und des Abschlussprüfers

(1) Die Gründer haben den ersten Aufsichtsrat der Gesellschaft und den Abschlussprüfer für das erste Voll- oder Rumpfgeschäftsjahr zu bestellen. Die Bestellung bedarf notarieller Beurkundung.

(2) Auf die Zusammensetzung und die Bestellung des ersten Aufsichtsrats sind die Vorschriften über die Bestellung von Aufsichtsratsmitgliedern der Arbeitnehmer nicht anzuwenden.

(3) Die Mitglieder des ersten Aufsichtsrats können nicht für längere Zeit als bis zur Beendigung der Hauptversammlung bestellt werden, die über die Entlastung für das erste Voll- oder Rumpfgeschäftsjahr beschließt. Der Vorstand hat rechtzeitig vor Ablauf der Amtszeit des ersten Aufsichtsrats bekanntzumachen, nach welchen gesetzlichen Vorschriften der nächste Aufsichtsrat nach seiner Ansicht zusammenzusetzen ist; §§ 96 bis 99 sind anzuwenden.

(4) Der Aufsichtsrat bestellt den ersten Vorstand.

| | |
|---|---|
| I. Überblick . . . . . . . . . . . . . . . . . . 1 | III. Bekanntmachung gem. § 30 Abs. 3 |
| 1. Normzweck . . . . . . . . . . . . . . . . 1 | Satz 2 . . . . . . . . . . . . . . . . . . . . . 17 |
| 2. Historische Vorläufer . . . . . . . . . . 2 | 1. Bekanntmachung durch den Vorstand 17 |
| II. Der erste Aufsichtsrat . . . . . . . . . 3 | 2. Gerichtliche Entscheidung . . . . . . 19 |
| 1. Bestellung . . . . . . . . . . . . . . . . . 3 | 3. Abweichender Beschluss . . . . . . . . 20 |
| 2. Zusammensetzung . . . . . . . . . . . 8 | 4. Interims-Aufsichtsrat . . . . . . . . . . 21 |
| 3. Amtszeit . . . . . . . . . . . . . . . . . . 9 | IV. Der erste Vorstand (§ 30 Abs. 4) . . . . 22 |
| 4. Vorzeitiges Ausscheiden . . . . . . . . 12 | 1. Bestellung . . . . . . . . . . . . . . . . . 22 |
| 5. Aufgaben des ersten Aufsichtsrats . . . . . . . . . . . . . . . . . . . . . . . 15 | 2. Anstellung und Vergütung . . . . . . . 24 |
| | 3. Aufgaben des ersten Vorstandes . . . . 25 |
| 6. Vergütung . . . . . . . . . . . . . . . . . 16 | V. Der erste Abschlussprüfer (§ 30 Abs. 1) . . . . . . . . . . . . . . . . 26 |

**Literatur:** *Brauksiepe*, Der erste Aufsichtsrat einer neugegründeten Aktiengesellschaft, BB 1967, 484; *Brox*, Die Zusammensetzung des ersten Aufsichtsrats einer Aktiengesellschaft, AG 1966, 347; *Eckardt*, Rechtsfragen zum ersten Aufsichtsrat einer Aktiengesellschaft, in FS Hefermehl, 1976, S. 245; *Eckardt*, Berechtigung und Verpflichtung einer Aktiengesellschaft aus Verträgen vor ihrer Eintragung, ZHR 108 (1941), 181; *Gottschalk*, Der „erste" Aufsichtsrat bei Umwandlung einer Anstalt öffentlichen Rechts in eine mitbestimmte Aktiengesellschaft, NZG 2003, 713; *Heither*, Die Amtszeit des „ersten" Aufsichtsrats nach einer Verschmelzung des Unternehmens mit einem mitbestimmten Unternehmen, DB 2008, 109; *Hergeth/Mingau*, Mitbestimmung und Aufsichtsratsbesetzung bei Umwandlung einer Personengesellschaft in eine Aktiengesellschaft, DStR 1999, 1948; *Kuhlmann*, Die Mitbestimmungsfreiheit im ersten Aufsichtsrat einer AG gemäß § 30 II AktG, NZG 2010, 46; *Oetker*, Das Recht der Unternehmensmitbestimmung im Spiegel der neueren Rechtsprechung, ZGR 2000, 19; *Röder/Gneiting*, Besetzung des Aufsichtsrats nach dem Betriebsverfassungsgesetz 1952 bei der Gründung von Aktiengesellschaften, DB 1993, 1618; *Weimar*, Entwicklungen im Recht der werdenden Aktiengesellschaft, DStR 1997, 1170.

## I. Überblick

### 1. Normzweck

§ 30 regelt die Bestellung des ersten Aufsichtsrats, seine Zusammensetzung und seine Amtsdauer sowie die Bestellung des ersten Abschlussprüfers und des ersten Vorstandes. Die Vorschrift beruht auf dem Gedanken, dass bereits die Vor-AG **handlungsfähig** sein muss, d.h. Organe benötigt, die für sie handeln können[1]. Andernfalls wäre die Gründungsprüfung gem. § 33 sowie die Anmeldung der Gesellschaft gem. § 36 nicht möglich. Die notarielle Beurkundung der Aufsichtsratsbestellung dient der Rechtssicherheit[2].

### 2. Historische Vorläufer

§ 30 entspricht weitgehend §§ 23, 87 Abs. 3 Satz 1 AktG 1937, welche ihrerseits auf §§ 190, 243 Abs. 2 HGB zurückgehen. Der erste Aufsichtsrat und der Abschlussprüfer werden von den Gründern bestellt, der erste Vorstand vom (ersten) Aufsichtsrat. Diese Regelung entspricht der **späteren Kompetenzverteilung** nach Eintragung der Gesellschaft. Durch das BiRiLiG vom 19.12.1985[3] wurde § 30 Abs. 1 geringfügig dahin geändert, dass die Gründer „den" statt „die" Abschlussprüfer für das erste Voll- oder Rumpfgeschäftsjahr zu bestellen haben. Mit § 30 Abs. 2 wird der frühere Streit um die Frage, inwieweit Arbeitnehmer zu beteiligen sind[4], dahingehend entschieden, dass der erste Aufsichtsrat ausschließlich aus Vertretern der Anteilseigner besteht, es sei denn, die Sonderregelung in § 31 (Sachgründung) kommt zur Anwendung. Allerdings wurde durch § 30 Abs. 3 Satz 1 die Amtszeit des ersten Aufsichtsrats gegenüber dem früheren Recht verkürzt, um so eine möglichst **frühzeitige Beteiligung der Arbeitnehmer** zu erreichen. Nunmehr endet die Amtszeit spätestens mit der Beendigung der Hauptversammlung, die über die Entlastung für das erste Voll- oder Rumpfgeschäftsjahr beschließen soll. Ebenfalls neu eingefügt wurde in § 30 Abs. 1 die Vorschrift über die Bestellung des ersten Abschlussprüfers; damit entfiel die nach früherem Recht begründete Notwendigkeit, zur Wahl der Abschlussprüfer eine eigene Hauptversammlung abzuhalten oder – zum Zwecke der Kostenvermeidung – eine Notbestellung bei Gericht zu beantragen[5].

## II. Der erste Aufsichtsrat

### 1. Bestellung

Gem. **§ 30 Abs. 1 Satz 1** haben die Gründer den ersten Aufsichtsrat zu bestellen. Es handelt sich um keine Rechtspflicht der Gründer, vielmehr nur um eine Obliegenheit[6]; denn die Bestellung kann nicht durch Strafen oder Ordnungsmittel erzwungen werden. Auch eine gerichtliche Ersatzbestellung ist nicht vorgesehen[7]. Einzige Sank-

---

1 *Hüffer*, § 30 AktG Rz. 1; *Arnold* in KölnKomm. AktG, 3. Aufl., § 30 AktG Rz. 4.
2 *Pentz* in MünchKomm. AktG, 3. Aufl., § 30 AktG Rz. 6.
3 Bilanzrichtliniengesetz, BGBl. I 1985, 2355.
4 Dazu etwa *Fischer* in Gadow/Heinichen, Großkomm. AktG, 2. Aufl. 1961, § 23 Anm. 4a, b m.w.N. zum Streitstand.
5 Ähnlich auch *Kropff*, Aktiengesetz, S. 51 f.
6 Ebenso *Eckardt* in FS Hefermehl, 1976, S. 245, 247; offenbar a.A. *Kraft* in KölnKomm. AktG, 2. Aufl., § 30 AktG Rz. 6: die Verpflichtung ergebe sich aus der Vereinbarung zwischen den Gründern mit dem Ziel, eine AG zu errichten; wie hier aber nun *Arnold* in KölnKomm. AktG, 3. Aufl., § 30 AktG Rz. 5.
7 *Hüffer*, § 30 AktG Rz. 2; *Röhricht* in Großkomm. AktG, 4. Aufl., § 30 AktG Rz. 3.

tion bei einem Unterbleiben der Bestellung ist die Nichteintragung der Gesellschaft in das Handelsregister.

4  Da die Gründer anstelle der Hauptversammlung handeln, finden auf den **Bestellungsakt** die allgemeinen Vorschriften zur Bestellung des Aufsichtsrats Anwendung[8]. Mitglied des ersten Aufsichtsrats kann folglich nur werden, wer die persönlichen Voraussetzungen der §§ 100, 105 erfüllt; dies kann auch ein Gründer selbst sein. Die Bestellung **erfolgt durch einen Beschluss** der Gründer. Nach allgemeinem Innenrecht der Vorgesellschaft ist, sofern die Satzung nichts anderes bestimmt, die einfache Stimmenmehrheit (§ 133) ausreichend[9]. Aus Gründen der Rechtssicherheit erfordert die Bestellung die Bezeichnung als „Aufsichtsrat"[10]. Für den Bestellungsakt ist eine eigenständige Versammlung unter Anwesenheit aller Gründer nicht erforderlich[11]. Gleichwohl ist es aber notwendig, dass die Gründer zur Beschlussfassung rechtzeitig geladen worden sind und damit die Möglichkeit zur Beteiligung hatten; anderenfalls ist der Beschluss entsprechend §§ 243 ff. anfechtbar[12]. Da es noch keinen Vorstand gibt, der dieses Verfahren durchführen könnte, kommt als rechtzeitige Ladung nur eine **einheitliche Terminsbestimmung** durch alle Gründer in Betracht. Können sich die Gründer nicht auf einen bestimmten Termin einigen, so ist die Regelung des § 122 entsprechend anzuwenden[13]. Danach kann eine Versammlung von Gründern einberufen werden, deren Anteile zusammen mindestens den zwanzigsten Teil des Grundkapitals erreichen; die 30-Tages-Frist des § 123 (n.F.) ist zu beachten. Aus Gründen der Praktikabilität empfiehlt es sich, die Bestellung des ersten Aufsichtsrats bereits unmittelbar im Anschluss an die Beurkundung der Satzungsfeststellung (§ 23) vorzunehmen.

5  Bei dem Bestellungsakt ist eine **Vertretung** der Gründer möglich, da es sich bei der Stimmabgabe nicht um ein höchstpersönliches Rechtsgeschäft handelt. Die Vollmacht bedarf zu ihrer Wirksamkeit entsprechend § 134 Abs. 3 Satz 3 der Textform[14]. Soll ein Gründer zum Aufsichtsratsmitglied bestellt werden, so ist er bei der Beschlussfassung selbst stimmberechtigt; die Vorschrift des § 136 gilt nicht[15].

6  Gem. **§ 30 Abs. 1 Satz 2** bedarf die Bestellung des ersten Aufsichtsrats der **notariellen Beurkundung**. In der Urkunde sind die anwesenden Gründer, die auf sie entfallenden Aktiennennbeträge, der Inhalt ihrer Erklärungen sowie der Name des Gewählten zu benennen[16]. Findet die Wahl nicht in einer Versammlung statt, so müssen die einzelnen Abstimmungserklärungen der Gründer beurkundet werden[17]. Obgleich die Be-

---

8  *Hüffer*, § 30 AktG Rz. 2.
9  Allg. M.: *Hüffer*, § 30 AktG Rz. 2; *Röhricht* in Großkomm. AktG, 4. Aufl., § 30 AktG Rz. 4; *Pentz* in MünchKomm. AktG, 3. Aufl., § 30 AktG Rz. 11.
10  KG, JW 1932, 2620, 2621 m. Anm. *Pinner*; ebenso *Arnold* in KölnKomm. AktG, 3. Aufl., § 30 AktG Rz. 6; *Pentz* in MünchKomm. AktG, 3. Aufl., § 30 AktG Rz. 10.
11  *Gerber* in Spindler/Stilz, § 30 AktG Rz. 8; *Hüffer*, § 30 AktG Rz. 2; *Pentz* in MünchKomm. AktG, 3. Aufl., § 30 AktG Rz. 11; a.A. noch *Barz* in Großkomm. AktG, 3. Aufl., § 30 AktG Anm. 5.
12  *Arnold* in KölnKomm. AktG, 3. Aufl., § 30 AktG Rz. 6; *Röhricht* in Großkomm. AktG, 4. Aufl., § 30 AktG Rz. 4.
13  Zutreffend *Pentz* in MünchKomm. AktG, 3. Aufl., § 30 AktG Rz. 11.
14  *Hüffer*, § 30 AktG Rz. 2; *Arnold* in KölnKomm. AktG, 3. Aufl., § 30 AktG Rz. 6; vgl. zu § 134 Abs. 3 Satz 2 a.F. auch *Pentz* in MünchKomm. AktG, 3. Aufl., § 30 AktG Rz. 12; *Hüffer*, § 30 AktG Rz. 2; *Röhricht* in Großkomm. AktG, 4. Aufl., § 30 AktG Rz. 4.
15  *Gerber* in Spindler/Stilz, § 30 AktG Rz. 8; *Hüffer*, § 30 AktG Rz. 2; *Röhricht* in Großkomm. AktG, 4. Aufl., § 30 AktG Rz. 6.
16  *Arnold* in KölnKomm. AktG, 3. Aufl., § 30 AktG Rz. 8; *Pentz* in MünchKomm. AktG, 3. Aufl., § 30 AktG Rz. 13; *Röhricht* in Großkomm. AktG, 4. Aufl., § 30 AktG Rz. 4.
17  *Gerber* in Spindler/Stilz, § 30 AktG Rz. 7; *Pentz* in MünchKomm. AktG, 3. Aufl., § 30 AktG Rz. 13.

stellung der Aufsichtsratsmitglieder ein körperschaftliches Rechtsgeschäft ist, stellt sie keinen einseitigen Akt dar. Es bedarf deshalb stets einer ausdrücklichen oder konkludenten Annahme des Amtes[18]. Die Annahmeerklärung der Gewählten bedarf keiner notariellen Beurkundung[19]. Eine Aufnahme in die Urkunde ist gleichwohl zu empfehlen, da die Annahme dem Handelsregister gegenüber nachzuweisen ist. Wirkt der Gewählte zugleich an der Anmeldung zum Handelsregister in seiner Funktion als Aufsichtsrat selbst mit, so ist ein weiterer Nachweis entbehrlich[20].

Ist in der Satzung ein **Entsenderecht** nach § 101 Abs. 2 vorgesehen, so wird die Zuständigkeit der Gründer nach § 30 Abs. 1 verdrängt; denn das Recht zur Bestellung von Aufsichtsratsmitgliedern steht dem Entsendeberechtigten bereits für den ersten Aufsichtsrat zu[21]. Übt der Entsendeberechtigte sein Recht aus, so ist seine Bestellungserklärung **entsprechend § 30 Abs. 1 Satz 2** notariell zu beurkunden[22]. Macht er von dieser Möglichkeit keinen Gebrauch, so können die Gründer nur dann den ersten Aufsichtsrat bestellen, wenn der Berechtigte auf sein Entsenderecht endgültig verzichtet hat[23]. Verzichtet er nicht ausdrücklich, bestellt er aber auch keine Aufsichtsratsmitglieder, so wird die Eintragung der AG abgelehnt, da der für das Gründungsverfahren erforderliche (vollständig besetzte) Aufsichtsrat fehlt.

7

## 2. Zusammensetzung

Gem. **§ 30 Abs. 2** sind auf die Zusammensetzung des ersten Aufsichtsrats die Vorschriften über die Bestellung von Aufsichtsratsmitgliedern **der Arbeitnehmer nicht anzuwenden**. Ihre sachliche Rechtfertigung findet diese Regelung in dem Gedanken, dass die Amtszeit des ersten Aufsichtsrats eng begrenzt ist und die in Gründung befindliche Gesellschaft regelmäßig nur wenige oder gar keine Arbeitnehmer beschäftigen wird[24]. Aus diesem Grund soll die Wahl der Arbeitnehmervertreter erst durchgeführt werden, wenn sich bei der Gesellschaft ein „fester Arbeitnehmerstamm" gebildet hat, welcher eine repräsentative Wahl tatsächlich gewährleisten kann[25]. Ist allerdings in der Satzung als Gegenstand einer Sacheinlage oder einer Sachübernahme die Einbringung oder die Übernahme eines **Unternehmens** (oder eines Unternehmensteils) festgesetzt worden und sind dem Unternehmen(-teil) **Arbeitnehmer zugeordnet**, so gilt die Sonderregelung des **§ 31**. Um zu vermeiden, dass im Vorgriff auf eine zu erwartende Arbeitnehmerbeteiligung Mitglieder der Anteilseignerseite später wieder ausscheiden müssen, kann es sich empfehlen, in der Satzung für den ersten Aufsichtsrat eine niedrigere Zahl vorzusehen als für den nachfolgenden Aufsichtsrat[26].

8

## 3. Amtszeit

Die Mitglieder des ersten Aufsichtsrates können gem. **§ 30 Abs. 3 Satz 1** höchstens bis zur Beendigung der Hauptversammlung bestellt werden, die über die Entlastung für das erste Voll- oder Rumpfgeschäftsjahr beschließt. **Zweck** der Bestimmung ist ei-

9

---

18 *Hüffer*, § 30 AktG Rz. 2; *Pentz* in MünchKomm. AktG, 3. Aufl., § 30 AktG Rz. 14; *Röhricht* in Großkomm. AktG, 4. Aufl., § 30 AktG Rz. 5.
19 *Arnold* in KölnKomm. AktG, 3. Aufl., § 30 AktG Rz. 9; *Röhricht* in Großkomm. AktG, 4. Aufl., § 30 AktG Rz. 5.
20 *Pentz* in MünchKomm. AktG, 3. Aufl., § 30 AktG Rz. 14; *Röhricht* in Großkomm. AktG, 4. Aufl., § 30 AktG Rz. 5.
21 *Hüffer*, § 30 AktG Rz. 2; *Eckardt* in FS Hefermehl, 1976, S. 245, 247.
22 *Hüffer*, § 30 AktG Rz. 3; *Röhricht* in Großkomm. AktG, 4. Aufl., § 30 AktG Rz. 4 a.E.
23 *Eckardt* in FS Hefermehl, 1976, S. 245, 247.
24 *Pentz* in MünchKomm. AktG, 3. Aufl., § 30 AktG Rz. 19; *Röhricht* in Großkomm. AktG, 4. Aufl., § 30 AktG Rz. 7.
25 *Kropff*, Aktiengesetz, S. 49.
26 *Hüffer*, § 30 AktG Rz. 5; *Röhricht* in Großkomm. AktG, 4. Aufl., § 30 AktG Rz. 8.

ne möglichst rasche Beteiligung der Arbeitnehmervertreter im Aufsichtsrat[27]. Wurde der Aufsichtsrat hingegen schon um Vertreter der Arbeitnehmer gem. § 31 Abs. 3 erweitert, so gilt die Beschränkung des § 30 Abs. 3 Satz 1 gem. § 31 Abs. 5 nicht. Es gilt dann die Höchstdauer des § 102.

10 Die in § 30 Abs. 3 angeordnete **Höchstdauer** ist **zwingend**. Eine längere Amtsdauer kann weder von den Gründern vereinbart noch in der Satzung vorgesehen werden (§ 23 Abs. 5). Die Amtszeit des Aufsichtsrates endet zu dem in § 30 Abs. 3 Satz 1 genannten Zeitpunkt auch dann, wenn die Einschränkungen des § 30 Abs. 3 bei der Bestellung nicht berücksichtigt wurden. Wird bei der Bestellung des ersten Aufsichtsrates keine ausdrückliche Bestimmung über seine Amtszeit getroffen, so ist davon auszugehen, dass ihn die Gründer für die höchst zulässige Zeit bestellen wollten. Mit der Beschlussfassung über die Entlastung auf der Hauptversammlung endet das Amt der ersten Aufsichtsratsmitglieder automatisch, unabhängig davon, ob diesen die Entlastung erteilt oder verweigert wurde[28]. Entscheidend ist allein, dass über die Entlastung beschlossen wurde. Entgegen der bislang herrschenden Meinung[29] dauert das Amt des ersten Aufsichtsrats bei einer Vertagung der Entlastungsentscheidung nicht fort. Der **BGH** hat vielmehr mit **Urteil vom 24.6.2002**[30] zu Recht entschieden, dass das Amt der Aufsichtsratsmitglieder spätestens zu dem Zeitpunkt endet, in dem die Hauptversammlung über die Entlastung hätte beschließen müssen. Das Urteil betraf zwar einen Fall der Entlastungsvertagung bei einem „regulären" Aufsichtsratsmitglied, gleichwohl ist diese Entscheidung auch auf die vorliegende Konstellation zu übertragen[31]. Da die Vorschrift des § 30 Abs. 3 Satz 1 nahezu wortgleich mit der Bestimmung des § 102 Abs. 1 Satz 1 ist, verspricht nur diese übereinstimmende Sichtweise Rechtsklarheit und Rechtssicherheit. Die Verknüpfung von Entlastungsbeschluss und Ausscheiden aus dem ersten Aufsichtsrat birgt zudem die Gefahr in sich, dass Aufsichtsratsmitglieder entgegen dem Zweck der gesetzlichen Höchstdauer des § 30 Abs. 3 in ihrem Amt belassen werden[32]. Die Verlängerung der Amtszeit über den in § 30 Abs. 3 genannten Zeitpunkt hinaus widerspricht schließlich dem Bestreben des Gesetzgebers, die Verwaltungsorgane einer strengeren Kontrolle zu unterziehen. Das Risiko einer Funktionsunfähigkeit des Aufsichtsrats wird durch das Verfahren des § 104 verhindert. Da folglich eine regelwidrige Verlängerung der Amtsdauer des ersten Aufsichtsrats durch eine Vertagung des Entlastungsbeschlusses nicht mehr möglich ist, kann die Höchstzeit der Amtsdauer des ersten Aufsichtsrates maximal zwanzig Monate betragen[33]. Dies entspricht der längsten Dauer eines Geschäftsjahres sowie zzgl. maximal 8 Monate bis zur Beschlussfassung über die Entlastung, § 120 Abs. 1 Satz 1. Regelmäßig wird die Amtszeit des ersten Aufsichtsrates jedoch kürzer sein, da das erste Geschäftsjahr meist ein Rumpfgeschäftsjahr ist.

11 Die Frist des § 30 Abs. 3 Satz 1 stellt lediglich eine Höchstfrist dar. Es ist deshalb auch zulässig, alle oder nur manche Mitglieder des Aufsichtsrats für eine **kürzere**

---

27 *Kropff*, Aktiengesetz, S. 49.
28 *Hüffer*, § 30 AktG Rz. 7; *Arnold* in KölnKomm. AktG, 3. Aufl., § 30 AktG Rz. 16.
29 *Hüffer*, § 30 AktG Rz. 7; dem BGH zust. nunmehr auch *Pentz* in MünchKomm. AktG, 3. Aufl., § 30 AktG Rz. 24. *Röhricht* in Großkomm. AktG, 4. Aufl., § 30 AktG Rz. 10 f.; *Metzlaff*, DB 1992, 1714; a.A. *Brauksiepe*, BB 1966, 484, 485 (Beschlussfassung über die Entlastung sei nicht erforderlich).
30 BGH v. 24.6.2002 – II ZR 296/01, AG 2002, 676, 677 = NZG 2002, 916; zu § 102 Abs. 1 Satz 1 ebenso *Mertens* in KölnKomm. AktG, 2. Aufl., § 102 AktG Rz. 5; zu Unrecht kritisch *Hüffer*, § 102 AktG Rz. 3; wie hier auch *Drygala* unten § 102 Rz. 6 m.w.N.
31 Ebenso *Gerber* in Spindler/Stilz, § 30 AktG Rz. 14; *Pentz* in MünchKomm. AktG, 3. Aufl., § 30 AktG Rz. 24; *Arnold* in KölnKomm. AktG, 3. Aufl., § 30 AktG Rz. 16.
32 BGH v. 24.6.2002 – II ZR 296/01, AG 2002, 676, 677 = NZG 2002, 916, 917.
33 *Kropff*, Aktiengesetz, S. 49; ebenso für den Regelfall: *Hüffer*, § 30 AktG Rz. 7; *Röhricht* in Großkomm. AktG, 4. Aufl., § 30 AktG Rz. 10.

**Amtszeit** zu bestellen[34]. Die kürzere Amtszeit kann in der Satzung oder aber unmittelbar bei der Bestellung festgesetzt werden. Einer satzungsmäßigen Grundlage hierfür bedarf es nicht[35]. Ein vor der Eintragung der Gesellschaft liegender Zeitraum kann als Amtsdauer hingegen nicht festgesetzt werden[36]. Zwar weist § 30 Abs. 3 Satz 1 hinsichtlich der Mindestzeit der Bestellung keine besonderen Anforderungen auf. Das Gesetz geht aber in den Gründungsvorschriften ersichtlich vom Vorliegen eines während des gesamten Gründungsvorgangs im Amt befindlichen ersten Aufsichtsrats aus[37]. Ein Ende der Amtszeit vor der Eintragung der Gesellschaft wäre unzweckmäßig, da der neue Aufsichtsrat in diesem Fall die Gründungsprüfung und die Anmeldung der Gesellschaft zur Eintragung in das Handelsregister wiederholen müsste, was zu einer erheblichen Verteuerung sowie Verzögerung der Gründung führen würde[38]. Die Gründer sollten bei einer Verkürzung der Amtszeit zudem darauf achten, dass zwischen der Eintragung der AG und dem Ende der Amtszeit des ersten Aufsichtsrats genügend Zeit für die Einberufung einer Hauptversammlung sowie für die Vorbereitung einer Neuwahl verbleibt. Beschließen die Gründer eine über § 30 Abs. 3 Satz 1 verlängerte Amtszeit, so ist die Bestellung zwar wirksam, sie endet aber gleichwohl mit Ablauf der gesetzlichen Frist[39]. Diskutiert wird, ob die Amtszeit gesetzlich vorzeitig beendet wird, wenn ein bereits mitbestimmtes Unternehmen im Zeitraum des § 30 Abs. 3 Satz 1 auf die AG verschmolzen wird[40].

### 4. Vorzeitiges Ausscheiden

Mangels ausdrücklicher gesetzlicher Regelung richtet sich die **Amtsniederlegung** nach den für die eingetragene Gesellschaft geltenden Grundsätzen. Ob es zur Wirksamkeit der Niederlegung eines wichtigen Grundes bedarf (dagegen die h.M.: dazu § 103 Rz. 25), kann an dieser Stelle nicht erörtert werden. In der Satzung kann die Einhaltung einer bestimmten Frist o.Ä. niedergelegt werden[41]. 12

Über den **Widerruf der Bestellung vor Eintragung der Gesellschaft** entscheiden die Gründer durch Beschluss. Der Beschluss bedarf gem. § 103 Abs. 1 Satz 2 grundsätzlich einer Dreiviertel-Mehrheit[42]. Zwar kann die Bestellung mit einfacher Mehrheit erfolgen. Da die Gründer im Gründungsstadium jedoch formal an die Stelle der späteren Hauptversammlung treten und diese die Aufsichtsratsmitglieder nach § 103 Abs. 1 Satz 2 nur mit qualifizierter Mehrheit abberufen kann, ist die Erstreckung des Mehrheitserfordernisses auch auf das Gründungsstadium gerechtfertigt[43]. Sieht die Satzung dagegen ein geringeres Mehrheitserfordernis zur Abberufung der Aufsichtsratsmitglieder vor, so genügt auch diese Mehrheit für die Abberufung im Gründungs- 13

---

34 *Brauksiepe*, BB 1966, 484. 485; *Eckardt* in FS Hefermehl, 1976, S. 245, 256; *Hüffer*, § 30 AktG Rz. 7; *Röder/Gneiting*, DB 1993, 1618, 1619.
35 *Arnold* in KölnKomm. AktG, 3. Aufl., § 30 AktG Rz. 17; *Pentz* in MünchKomm. AktG, 3. Aufl., § 30 AktG Rz. 26; *Röhricht* in Großkomm. AktG, 4. Aufl., § 30 AktG Rz. 13.
36 *Hüffer*, § 30 AktG Rz. 7; *Pentz* in MünchKomm. AktG, 3. Aufl., § 30 AktG Rz. 26; *Röhricht* in Großkomm. AktG, 4. Aufl., § 30 AktG Rz. 12; a.A. noch *Eckardt* in G/H/E/K, § 30 AktG Rz. 23.
37 Zutreffend *Pentz* in MünchKomm. AktG, 3. Aufl., § 30 AktG Rz. 26.
38 Ebenso *Pentz* in MünchKomm. AktG, 3. Aufl., § 30 AktG Rz. 26; *Röhricht* in Großkomm. AktG, 4. Aufl., § 30 AktG Rz. 12.
39 *Hüffer*, § 30 AktG Rz. 7; *Pentz* in MünchKomm. AktG, 3. Aufl., § 30 AktG Rz. 23; *Röhricht* in Großkomm. AktG, 4. Aufl., § 30 AktG Rz. 14.
40 So *Heither*, DB 2008, 109 ff.; abl. *Kuhlmann*, NZG 2010, 46, 47 ff.
41 *Hüffer*, § 30 AktG Rz. 4; *Hoffmann-Becking* in MünchHdb. AG, § 30 Rz. 51.
42 *Gerber* in Spindler/Stilz, § 30 AktG Rz. 10; *Hüffer*, § 30 AktG Rz. 4; *Röhricht* in Großkomm. AktG, 4. Aufl., § 30 AktG Rz. 15; a.A. *Gummert*, DStR 1997, 1170, 1172; *Eckardt* in G/H/E/K, § 30 AktG Rz. 26.
43 Ebenso *Pentz* in MünchKomm. AktG, 3. Aufl., § 30 AktG Rz. 29.

stadium[44]. Im Interesse der Rechtssicherheit bedarf der Beschluss entsprechend § 30 Abs. 1 Satz 2[45] bzw. § 130 Abs. 1 Satz 1 analog[46] der notariellen Beurkundung; bei nichtbörsennotierten Gesellschaften ist die Aufnahme in ein privatschriftliches Protokoll hingegen ausreichend[47].

14 Scheidet ein Aufsichtsratsmitglied vorzeitig durch Tod, Amtsniederlegung oder Abberufung aus, so bedarf es einer Neubesetzung, um die gesetzliche oder satzungsmäßige Vollzähligkeit des Aufsichtsrates wiederherzustellen. Über die Neubestellung entscheiden **vor der Eintragung** der AG in das Handelsregister wiederum die Gründer durch Beschluss. Eine (Ersatz-)Bestellung durch das Gericht gem. § 104, eine Bekanntmachung von Änderungen im Aufsichtsrat gem. § 106 sowie die Anmeldung des Vorsitzenden zur Eintragung ins Handelsregister gem. § 107 Abs. 1 Satz 2 kommen vor der Eintragung nicht in Betracht. Die Bestellung bedarf wiederum der notariellen Beurkundung, § 30 Abs. 1 Satz 2 analog[48]. **Nach Eintragung** der AG entscheidet hierüber die Hauptversammlung durch Beschluss, § 101. Die neu bestellten Mitglieder werden unabhängig davon, ob ihre Bestellung vor oder nach der Eintragung der Gesellschaft erfolgt, Mitglieder des ersten Aufsichtsrats[49], weshalb ihre Amtszeit spätestens mit dem in § 30 Abs. 3 Satz 1 genannten Zeitpunkt endet. Etwas anderes kann allerdings dann gelten, wenn die Gründer ausdrücklich die Amtsperiode auf eine unter der Höchstfrist des § 30 Abs. 3 Satz 1 liegende Zeit beschränken wollen.

### 5. Aufgaben des ersten Aufsichtsrats

15 Gem. **§ 30 Abs. 4** bestellt der erste Aufsichtsrat den ersten Vorstand, prüft nach **§ 33 Abs. 1** die Gründung und wirkt nach **§ 36 Abs. 1** bei der Anmeldung der AG zur Eintragung in das Handelsregister mit. Daneben ist er wie jeder Aufsichtsrat zur Überwachung des Vorstandes sowie zur Vertretung der Gesellschaft gegenüber dem Vorstand berechtigt und verpflichtet, §§ 111, 112 (allg. M.)[50].

### 6. Vergütung

16 Ein gesetzlicher Anspruch auf Vergütung wird für die Mitglieder des ersten Aufsichtsrats nicht begründet; gleichwohl kann ihnen eine Vergütung zugesagt werden. Aus §§ 32 Abs. 3, 33 Abs. 2 Nr. 3 folgt, dass eine Vergütung in Form eines Gründerlohns oder eines Sondervorteils vereinbart werden kann[51]. Die AG ist jedoch insoweit nur gebunden, wenn dies wirksam in der Satzung festgesetzt wurde (§ 26). Ob und in welcher Höhe eine Vergütung zu gewähren ist, **entscheidet** nach **§ 113 Abs. 2 Satz 2** ausschließlich die **Hauptversammlung**, die über die Entlastung der Mitglieder des ersten Aufsichtsrats beschließt; Zusagen der Gründer sind nichtig (§ 134

---

44 *Pentz* in MünchKomm. AktG, 3. Aufl., § 30 AktG Rz. 29.
45 So *Gerber* in Spindler/Stilz, § 30 AktG Rz. 10; *Pentz* in MünchKomm. AktG, 3. Aufl., § 30 AktG Rz. 29.
46 So *Hüffer*, § 30 AktG Rz. 4; *Röhricht* in Großkomm. AktG, 4. Aufl., § 30 AktG Rz. 15.
47 Zutreffend *Hüffer*, § 30 AktG Rz. 4; a.A. *Pentz* in MünchKomm. AktG, 3. Aufl., § 30 AktG Rz. 29 a.E.
48 *Arnold* in KölnKomm. AktG, 3. Aufl., § 30 AktG Rz. 18; *Pentz* in MünchKomm. AktG, 3. Aufl., § 30 AktG Rz. 30; *Röhricht* in Großkomm. AktG, 4. Aufl., § 30 AktG Rz. 17.
49 *Hüffer*, § 30 AktG Rz. 4; *Röhricht* in Großkomm. AktG, 4. Aufl., § 30 AktG Rz. 18; *Pentz* in MünchKomm. AktG, 3. Aufl., § 30 AktG Rz. 30; a.A. *Eckardt* in G/H/E/K, § 30 AktG Rz. 25.
50 RG v. 29.5.1934 – II 9/34, RGZ 144, 348, 351; *Hüffer*, § 30 AktG Rz. 6; *Pentz* in MünchKomm. AktG, 3. Aufl., § 30 AktG Rz. 31.
51 *Gerber* in Spindler/Stilz, § 30 AktG Rz. 17; *Hüffer*, § 30 AktG Rz. 8; *Arnold* in KölnKomm. AktG, 3. Aufl., § 30 AktG Rz. 22.

BGB)[52]. Diese Regelungen verhindern ein Zusammenwirken der Gründer zum Nachteil der Gesellschaft[53].

## III. Bekanntmachung gem. § 30 Abs. 3 Satz 2

### 1. Bekanntmachung durch den Vorstand

Rechtzeitig vor Ablauf der Amtszeit des ersten Aufsichtsrats hat der Vorstand gem. § 30 Abs. 3 Satz 2 bekannt zu machen, **nach welchen gesetzlichen Vorschriften der nächste Aufsichtsrat** nach seiner Meinung zusammenzusetzen ist. Dies gilt abweichend von § 97 Abs. 1 Satz 1 auch dann, wenn der Vorstand der Auffassung ist, die Zusammensetzung des ersten Aufsichtsrats gelte auch für den nächsten Aufsichtsrat[54]. Diese **Bekanntmachungspflicht** dient der Sicherstellung einer möglichst raschen Arbeitnehmerbeteiligung in mitbestimmungspflichtigen Gesellschaften[55]. Rechtstechnisches Mittel hierfür ist die Verweisung auf die Vorschriften der §§ 96 bis 99. Die Bekanntmachung muss **rechtzeitig** vor dem Ablauf der Amtszeit erfolgen, d.h. der Vorstand muss die Zeit berücksichtigen, die – unter Einschluss der Monatsfrist des § 97 Abs. 1 Satz 3 – zur Beschlussfassung durch die Gründer bzw. durch die Hauptversammlung erforderlich ist. Hierfür ist i.d.R. ein Zeitraum von 4–5 Monaten vor Ablauf der Amtszeit des ersten Aufsichtsrats zu veranschlagen[56]. Erfolgt die Bekanntmachung im Sinne des § 30 Abs. 3 Satz 2 nicht rechtzeitig und muss deshalb erneut eine Hauptversammlung abgehalten werden, so kann den Vorstand eine Schadenersatzpflicht nach § 93 treffen[57].

Gem. **§ 97 Abs. 1 Satz 2** hat die Bekanntmachung die nach Auffassung des Vorstands maßgebliche **gesetzliche Vorschrift für die Zusammensetzung des Aufsichtsrats** zu enthalten, und zwar auch dann, wenn nach seiner Auffassung keine abweichende Zusammensetzung gegenüber dem ersten Aufsichtsrat notwendig ist[58]. In die Bekanntmachung ist weiterhin ein Hinweis auf die **Präklusion** nach § 97 Abs. 2 aufzunehmen. Die Bekanntmachung erfolgt durch Veröffentlichung im elektronischen Bundesanzeiger sowie ggf. noch in weiteren in der Satzung der AG genannten Gesellschaftsblättern (§ 25) sowie zusätzlich durch Aushang in sämtlichen Betrieben der AG und ihrer Konzernunternehmen (§ 97 Abs. 1 Satz 1).

### 2. Gerichtliche Entscheidung

Ist ein Berechtigter (vgl. § 98 Abs. 2) der Auffassung, der Aufsichtsrat müsse anders als vom Vorstand bekannt gemacht zusammengesetzt werden, so kann er gem. § 98 Abs. 1 eine gerichtliche Entscheidung über die Zusammensetzung des Aufsichtsrats beantragen; wird die Antragstellung unterlassen, so wird der Inhalt der Bekanntmachung gem. § 97 Abs. 2 verbindlich, d.h. der Aufsichtsrat ist nach den vom Vorstand angegebenen Vorschriften zusammenzusetzen, solange bis der Vorstand wegen veränderter Umstände eine neue Bekanntmachung nach § 97 vornimmt oder durch eine rechtskräftige Entscheidung nach § 98 eine andere Zusammensetzung angeordnet worden ist. Verbleiben dem Vorstand bei seiner Bekanntmachung über die Zusammensetzung des Aufsichtsrats Zweifel, so kann er selbst gem. § 98 Abs. 1, Abs. 2 Satz 1 Nr. 1 das gerichtliche Verfahren einleiten.

---

52 *Hüffer*, § 30 AktG Rz. 8.
53 *Pentz* in MünchKomm. AktG, 3. Aufl., § 30 AktG Rz. 32.
54 *Arnold* in KölnKomm. AktG, 3. Aufl., § 30 AktG Rz. 23; *Hüffer*, § 30 AktG Rz. 9.
55 *Röhricht* in Großkomm. AktG, 4. Aufl., § 30 AktG Rz. 21.
56 *Hüffer*, § 30 AktG Rz. 9; *Röhricht* in Großkomm. AktG, 4. Aufl., § 30 AktG Rz. 22.
57 *Pentz* in MünchKomm. AktG, 3. Aufl., § 30 AktG Rz. 36.
58 *Hüffer*, § 30 AktG Rz. 9; *Arnold* in KölnKomm. AktG, 3. Aufl., § 30 AktG Rz. 23; *Pentz* in MünchKomm. AktG, 3. Aufl., § 30 AktG Rz. 34.

## 3. Abweichender Beschluss

20 Der Beschluss über die Neuwahl der Aufsichtsratsmitglieder ist gem. § 250 Abs. 1 Nr. 1 **nichtig**, wenn die Bestellung der Bekanntmachung des Vorstandes (§§ 96 Abs. 2, 97 Abs. 2 Satz 1) oder der gerichtlichen Entscheidung über die Zusammensetzung des Aufsichtsrates widerspricht (§ 98 Abs. 4). Eine Anfechtbarkeit des Bestellungsbeschlusses muss ausscheiden, weil das Verfahren nach § 98 die Vorschriften der §§ 243 ff. verdrängt[59].

## 4. Interims-Aufsichtsrat

21 Endet die Amtszeit des ersten Aufsichtsrats noch vor Abschluss des gerichtlichen Verfahrens, so setzt sich der Interims-Aufsichtsrat ebenso zusammen wie der erste Aufsichtsrat[60]. Seine Amtszeit dauert bis zur Neuwahl durch die außerordentliche Hauptversammlung nach Maßgabe der gerichtlichen Entscheidung. Bestellt die Hauptversammlung keinen neuen Aufsichtsrat oder widerspricht die Zusammensetzung des bestellten Aufsichtrats einer zwingenden rechtlichen Regelung, so gelten die allgemeinen Vorschriften; es kommt insbesondere eine Ersatzbestellung gem. § 104 in Betracht.

# IV. Der erste Vorstand (§ 30 Abs. 4)

## 1. Bestellung

22 Der erste Vorstand wird gem. der zwingenden Vorschrift des **§ 30 Abs. 4** vom (ersten) Aufsichtsrat bestellt. Bestellt der Aufsichtsrat keinen Vorstand, so können die Gründer (nur) den Aufsichtsrat abberufen und neue Mitglieder bestellen; eine Ersatzbestellung durch das Gericht kommt hingegen nicht in Betracht[61].

23 Die Bestellung **erfolgt durch Beschluss des Aufsichtrats** mit einfacher Mehrheit (§ 108); da eine dem § 30 Abs. 1 Satz 2 entsprechende Bestimmung fehlt, bedarf der Beschluss keiner notariellen Beurkundung[62]. Gleichwohl ist der Beschluss nach § 107 Abs. 2 in die Niederschrift über die Aufsichtsratssitzung aufzunehmen, welche der Anmeldung der AG gem. § 37 Abs. 4 Nr. 3 beizufügen ist[63]. Die für die Aktiengesellschaft geltenden Vorschriften sowie die Bestimmungen der Satzung sind zu berücksichtigen, d.h. die **Zahl** der Vorstandsmitglieder richtet sich bereits nach § 76 Abs. 2 oder der einschlägigen Satzungsregelung. Die Amtsdauer darf höchstens fünf Jahre betragen (§ 84 Abs. 1); die Frist beginnt mit dem Beginn der Amtszeit, nicht erst mit der Eintragung der AG in das Handelsregister. Ähnlich der Bestellung des ersten Aufsichtrats (oben Rz. 4) wird die Bestellung zum Vorstandsmitglied erst wirksam, wenn der Betreffende seine Bestellung angenommen hat, was auch konkludent, z.B. durch stillschweigende Aufnahme des Amtes, möglich ist. Ein **Arbeitsdirektor** ist **nicht zu bestellen**; dies folgt aus § 30 Abs. 2[64].

---

59 *Pentz* in MünchKomm. AktG, 3. Aufl., § 30 AktG Rz. 36.
60 *Hüffer*, § 30 AktG Rz. 9; *Arnold* in KölnKomm. AktG, 3. Aufl., § 30 AktG Rz. 26; *Röhricht* in Großkomm. AktG, 4. Aufl., § 30 AktG Rz. 23.
61 *Pentz* in MünchKomm. AktG, 3. Aufl., § 30 AktG Rz. 38; *Röhricht* in Großkomm. AktG, 4. Aufl., § 30 AktG Rz. 32.
62 *Pentz* in MünchKomm. AktG, 3. Aufl., § 30 AktG Rz. 38; *Röhricht* in Großkomm. AktG, 4. Aufl., § 30 AktG Rz. 29.
63 Ebenso *Hoffmann-Becking* in MünchHdb. AG, § 3 Rz. 14; *Röhricht* in Großkomm. AktG, 4. Aufl., § 30 AktG Rz. 29; *Weimar*, DStR 1997, 1170, 1173.
64 AG Bremen v. 5.12.1978 – 38 HRB 3079, AG 1979, 207; ebenso *Pentz* in MünchKomm. AktG, 3. Aufl., § 30 AktG Rz. 39; *Hüffer*, § 30 AktG Rz. 12.

## 2. Anstellung und Vergütung

Von der Bestellung als körperschaftlichem Akt ist der zwischen der Vor-AG und dem Vorstandsmitglied geschlossene **Anstellungsvertrag** zu unterscheiden; er wirkt auch gegenüber der durch die Eintragung entstandenen AG, ohne dass es einer eigenständigen Übertragung des Vertrages bedürfte[65]. Geklärt ist heute, dass die **Vergütung** des Vorstands nicht als Gründungsaufwand zu qualifizieren ist und damit nicht der Satzungspublizität des § 26 Abs. 2 unterliegt[66] (vgl. weiter § 26 Rz. 14).

24

## 3. Aufgaben des ersten Vorstandes

Dem ersten Vorstand werden in den **§§ 30 Abs. 3 Satz 2, 31 Abs. 3, 33, 36** spezielle **gründungsspezifische Aufgaben** zugewiesen, die zur Entstehung der AG erforderlich sind. So hat der Vorstand die Gründung zu prüfen, die Gesellschaft zur Eintragung ins Handelsregister anzumelden und die Bekanntmachungen nach §§ 30 Abs. 3, 31 Abs. 3 zu veröffentlichen. Schon im Stadium der Vor-AG ist der Vorstand Leitungsorgan gem. § 76; seine Sorgfaltspflichten bestimmen sich nach § 93 Abs. 1 Satz 1, die Haftung im Zeitpunkt der Gründung richtet sich nach § 48 Abs. 1 Satz 1.

25

## V. Der erste Abschlussprüfer (§ 30 Abs. 1)

**Die Gründer** – und nicht die Hauptversammlung – **bestellen** nach **§ 30 Abs. 1 Satz 1** auch den **ersten Abschlussprüfer** für das erste Voll- oder Rumpfgeschäftsjahr. Die Bestellung erfolgt durch einen **Beschluss** mit einfacher Mehrheit, falls die Satzung keine größere Mehrheit vorschreibt[67]. Eine gerichtliche Bestellung ist ebenso wie beim ersten Aufsichtsrat nicht vorgesehen. Anders als die Bestellung des ersten Aufsichtsrats ist die Bestellung des Abschlussprüfers keine zwingende Gründungsvoraussetzung. Die Regelung stellt vielmehr eine bloße Erleichterung dar, welche die Einberufung einer Hauptversammlung allein zum Zweck der Wahl des Abschlussprüfers vermeiden soll[68]. Unterbleibt die Bestellung des ersten Abschlussprüfers, so ist die Gesellschaft gleichwohl ordnungsgemäß gegründet und muss daher vom Registerrichter eingetragen werden[69]. Die Abschlussprüfer haben bei Gründung der Gesellschaft keine Funktion und wirken auch bei der Eintragung in das Handelsregister nicht mit[70]. Zudem ist jederzeit eine Ersatzbestellung gem. § 318 Abs. 4 HGB möglich[71].

26

Die Bestellung bedarf gem. § 30 Abs. 1 Satz 2 der **notariellen Beurkundung**. Sie kann unmittelbar nach der Feststellung der Satzung sowie der Übernahme der Aktien er-

27

---

65 *Hüffer*, § 30 AktG Rz. 12; *Pentz* in MünchKomm. AktG, 3. Aufl., § 30 AktG Rz. 40.
66 BGH v. 14.6.2004 – II ZR 47/02, AG 2004, 508 m. zust. Anm. *Bayer*, LMK 2004, 209; ebenso *Arnold* in KölnKomm. AktG, 3. Aufl., § 30 AktG Rz. 37; *Pentz* in MünchKomm. AktG, 3. Aufl., § 30 AktG Rz. 41; *Röhricht* in Großkomm. AktG, 4. Aufl., § 30 AktG Rz. 34; *Hüffer*, § 30 AktG Rz. 12; a.A. *Drygala*, EWiR 2004, 783; aus dem älteren Schrifttum auch *Kraft* in KölnKomm. AktG, 2. Aufl., § 30 AktG Rz. 43; *Baumbach/Hueck*, § 30 AktG Anm. 10.
67 *Pentz* in MünchKomm. AktG, 3. Aufl., § 30 AktG Rz. 44.
68 *Kropff*, Aktiengesetz, S. 51/52.
69 *Hüffer*, § 30 AktG Rz. 10; *Pentz* in MünchKomm. AktG, 3. Aufl., § 30 AktG Rz. 47; *Röhricht* in Großkomm. AktG, 4. Aufl., § 30 AktG Rz. 28.
70 Der Deutsche Notarverein hält die Regelung des § 30 Abs. 1 Satz 1 in Bezug auf die Wahl des Abschlussprüfers für überflüssig, da die meisten neu gegründeten Aktiengesellschaften ohnehin nicht prüfungspflichtig seien, vgl. hierzu NZG 2001, 185, 188. Für Verzicht auf Prüferbestellung bei kleinen Kapitalgesellschaften i.S. von § 267 Abs. 1 HGB: *Gerber* in Spindler/Stilz, § 30 AktG Rz. 19.
71 *Röhricht* in Großkomm. AktG, 4. Aufl., § 30 AktG Rz. 28; *Pentz* in MünchKomm. AktG, 3. Aufl., § 30 AktG Rz. 49.

folgen. Erfolgt eine solche unmittelbare Bestellung nicht, ist eine gesonderte notarielle Beurkundung notwendig, die allerdings auch mit der Beurkundung der Bestellung des ersten Aufsichtsrats verbunden werden kann[72]. Die Bestellung erfolgt allein für das auf die Eintragung der Gesellschaft folgende Geschäftsjahr; ist dieses ein Rumpfgeschäftsjahr, so muss die Hauptversammlung für das daran anschließende volle Geschäftsjahr eine neue Bestellung vornehmen[73].

28 Allein durch den bloßen Bestellakt wird für den Abschlussprüfer noch keine Prüfpflicht begründet[74]. Es ist vielmehr nach der Bestellung ein **Auftrag** an den Prüfer sowie eine Annahme durch diesen erforderlich. Bei der Erteilung des Prüfungsauftrags **wird die AG durch den Aufsichtsrat vertreten**[75] Eine Annexkompetenz der Gründer zu ihrem Bestellungsrecht ist nicht anzuerkennen[76]. Da die Gründer im Gründungsstadium formal an die Stelle der späteren Hauptversammlung treten und auch im Falle der Bestellung der Abschlussprüfer durch die Hauptversammlung nach § 119 Abs. 1 Nr. 4 die Beauftragung des Prüfers nach § 111 Abs. 2 Satz 3 AktG i.V.m. § 318 Abs. 1 Satz 4 HGB durch den Aufsichtsrat erfolgt, fehlt es für eine solche Annexkompetenz an einem gesetzlichen Anhaltspunkt.

29 Dem Abschlussprüfer obliegt die **Aufgabe**, den von der AG für das erste Jahr aufzustellenden Jahresabschluss und Lagebericht zu prüfen, vgl. §§ 316 ff. HGB. Seine Abberufung nach der Eintragung der Gesellschaft richtet sich nach § 318 Abs. 3 HGB. Strittig ist hingegen, ob diese Bestimmung auch schon vor Eintragung anzuwenden ist. Die heute h.M. bejaht diese Frage[77]. Hierfür sprechen Sinn und Zweck der Regelung, wonach der Prüfer zur Stärkung seiner Rechtsstellung und Unabhängigkeit von dem Bestellungsorgan unabhängig sein soll. Dieser Gedanke trifft auch für den von den Gründern im Gründungsstadium bestellten Abschlussprüfer zu. Dementsprechend können sich die Gründer vor der Eintragung der Gesellschaft nur unter den Voraussetzungen des § 318 Abs. 3 HGB von dem Abschlussprüfer lösen.

## § 31
## Bestellung des Aufsichtsrats bei Sachgründung

**(1) Ist in der Satzung als Gegenstand einer Sacheinlage oder Sachübernahme die Einbringung oder Übernahme eines Unternehmens oder eines Teils eines Unternehmens festgesetzt worden, so haben die Gründer nur so viele Aufsichtsratsmitglieder zu bestellen, wie nach den gesetzlichen Vorschriften, die nach ihrer Ansicht nach der Einbringung oder Übernahme für die Zusammensetzung des Aufsichtsrats maßgebend**

---

72 *Pentz* in MünchKomm. AktG, 3. Aufl., § 30 AktG Rz. 45.
73 *Röhricht* in Großkomm. AktG, 4. Aufl., § 30 AktG Rz. 26.
74 *Arnold* in KölnKomm. AktG, 3. Aufl., § 30 AktG Rz. 28; *Röhricht* in Großkomm. AktG, 4. Aufl., § 30 AktG Rz. 26.
75 Zutreffend *Arnold* in KölnKomm. AktG, 3. Aufl., § 30 AktG Rz. 28; *Pentz* in MünchKomm. AktG, 3. Aufl., § 30 AktG Rz. 46; ebenso zum früheren Recht: *Röhricht* in Großkomm. AktG, 4. Aufl., § 30 AktG Rz. 26; *Kraft* in KölnKomm. AktG, 2. Aufl., § 30 AktG Rz. 35. Seit dem KonTraG ist nicht mehr der Vorstand zuständig; dies wird übersehen von *Gerber* in Spindler/Stilz, § 30 AktG Rz. 19.
76 So aber noch *Hüffer*, 7. Aufl. 2006, § 30 AktG Rz. 10; wie hier nun *Hüffer*, § 30 AktG Rz. 10.
77 *Hüffer*, § 30 AktG Rz. 11; *Arnold* in KölnKomm. AktG, 3. Aufl., § 30 AktG Rz. 34; *Pentz* in MünchKomm. AktG, 3. Aufl., § 30 AktG Rz. 50; *Röhricht* in Großkomm. AktG, 4. Aufl., § 30 AktG Rz. 27; a.A. noch *Barz* in Großkomm. AktG, 3. Aufl., § 30 AktG Anm. 10; ebenso *ADS*, 6. Aufl. 2001, § 318 HGB Rz. 10: Abberufung durch Beschluss der Gründer mit einfacher Mehrheit.

sind, von der Hauptversammlung ohne Bindung an Wahlvorschläge zu wählen sind. Sie haben jedoch, wenn dies nur zwei Aufsichtsratsmitglieder sind, drei Aufsichtsratsmitglieder zu bestellen.

(2) Der nach Absatz 1 Satz 1 bestellte Aufsichtsrat ist, soweit die Satzung nichts anderes bestimmt, beschlussfähig, wenn die Hälfte, mindestens jedoch drei seiner Mitglieder an der Beschlussfassung teilnehmen.

(3) Unverzüglich nach der Einbringung oder Übernahme des Unternehmens oder des Unternehmensteils hat der Vorstand bekanntzumachen, nach welchen gesetzlichen Vorschriften nach seiner Ansicht der Aufsichtsrat zusammengesetzt sein muss. §§ 97 bis 99 gelten sinngemäß. Das Amt der bisherigen Aufsichtsratsmitglieder erlischt nur, wenn der Aufsichtsrat nach anderen als den von den Gründern für maßgebend gehaltenen Vorschriften zusammenzusetzen ist oder wenn die Gründer drei Aufsichtsratsmitglieder bestellt haben, der Aufsichtsrat aber auch aus Aufsichtsratsmitgliedern der Arbeitnehmer zu bestehen hat.

(4) Absatz 3 gilt nicht, wenn das Unternehmen oder der Unternehmensteil erst nach der Bekanntmachung des Vorstands nach § 30 Abs. 3 Satz 2 eingebracht oder übernommen wird.

(5) § 30 Abs. 3 Satz 1 gilt nicht für die nach Absatz 3 bestellten Aufsichtsratsmitglieder der Arbeitnehmer.

| | |
|---|---|
| I. Überblick/Normzweck . . . . . . . . . . 1 | 1. Die Bekanntmachungspflicht des Vorstandes . . . . . . . . . . . . . . . . . 17 |
| II. Anwendungsbereich . . . . . . . . . . . 3 | 2. Inhalt und Wirkung der Bekanntmachung des Vorstandes . . . . . . . . 19 |
| III. Aufsichtsratsbestellung durch die Gründer (§ 31 Abs. 1) . . . . . . . . . . 7 | 3. Ergänzung/Neuwahl . . . . . . . . . . 21 |
| 1. Zusammensetzung . . . . . . . . . . . 7 | a) Ergänzung des Aufsichtsrats . . . . 21 |
| 2. Aufgaben und Funktion . . . . . . . . 11 | b) Neuwahl des Aufsichtsrats wegen fehlerhafter Zusammensetzung . . . . . . . . . . . . . . . . . . 22 |
| IV. Beschlussfähigkeit (§ 31 Abs. 2) . . . . 12 | |
| 1. Regelfall . . . . . . . . . . . . . . . . . . 12 | VI. Nachträglicher Unternehmenserwerb (§ 31 Abs. 4) . . . . . . . . . . . . . . . . 24 |
| 2. Abweichende Satzungsbestimmungen . . . . . . . . . . . . . . . . . . 15 | VII. Amtszeit der Aufsichtsratsmitglieder (§ 31 Abs. 5) . . . . . . . . . . . . . . . . 25 |
| V. Ergänzung des Aufsichtsrats durch Arbeitnehmervertreter (§ 31 Abs. 3 Satz 1) . . . . . . . . . . . . . . . . . . . . 17 | |

Literatur: S. bei § 30.

# I. Überblick/Normzweck

Der erste Aufsichtsrat ist gem. § 30 grundsätzlich ohne Arbeitnehmervertreter zu bestellen. Dem Gesetzgeber erschien deren Wahl nicht sachgerecht, da in diesem Stadium eine wirkliche Auswahl geeigneter Vertreter nicht sichergestellt sei und die Arbeitnehmer, die nach der Gründung in das Unternehmen eintreten, Gelegenheit haben sollten, die Auswahl der Arbeitnehmervertreter im Aufsichtsrat mit zu beeinflussen[1]. Zudem sollte ein Hinauszögern des Gründungsstadiums durch Aufsichtsratswahlen von Arbeitnehmerseite vermieden werden. **§ 31 regelt** nun den **Sonder-** 1

---

1 *Kropff*, Aktiengesetz, S. 49.

fall, dass in der Satzung als Gegenstand einer Sacheinlage oder Sachübernahme die **Einbringung** oder Übernahme eines **Unternehmens** oder eines Teiles hiervon festgesetzt worden ist. Während die Gründer außerhalb des Anwendungsbereichs des § 31 bei der Festlegung der Größe des ersten Aufsichtsrats frei sind (vgl. § 30 Rz. 8), müssen sie sich nach § 31 Abs. 1 Satz 1 an den Vorschriften orientieren, die nach der Einbringung des Unternehmens gelten werden. In diesem Fall haben die Gründer zunächst einen unvollständigen, aber bereits beschlussfähigen Aufsichtsrat zu bestellen; die Aufsichtsratssitze der Arbeitnehmer bleiben unbesetzt. Der Vollbestellung des Aufsichtsrats wird gem. § 31 Abs. 3 eine Bekanntmachung des Vorstands vorgeschaltet, um auf diese Weise die richtige Zusammensetzung des Aufsichtsrats zu sichern. Unverzüglich nach Einbringung oder Übernahme des Unternehmens – und zwar unabhängig davon, ob die Gesellschaft bereits im Handelsregister eingetragen ist oder nicht[2] – hat der Vorstand bekannt zu machen, nach welchen gesetzlichen Vorschriften seiner Ansicht nach der Aufsichtsrat zusammengesetzt sein muss.

2 § 31 **bezweckt** somit eine möglichst **rasche Beteiligung der Arbeitnehmer** des übernommenen Unternehmens im Aufsichtsrat der neu errichteten AG. Hintergrund der Regelung ist die Überlegung, dass bei einer Unternehmensübernahme bereits eine Belegschaft vorhanden ist, deren Vertretung im Aufsichtsrat durch die Mitbestimmungsgesetze so schnell wie möglich gewährleistet werden soll[3]. Wird die Sacheinlage oder Sachübernahme erst nach der Bekanntmachung des Vorstandes nach § 30 Abs. 3 Satz 2 vollzogen, schließt dies die Ergänzung des Aufsichtsrats oder eine sonst eventuell erforderliche Neuwahl aus (§ 31 Abs. 4); § 31 gilt hingegen nicht bei einer Sachkapitalerhöhung. Durch das Gesetz für die kleine AG und zur Deregulierung des Aktienrechts vom 2.8.1994[4] ist die Vorschrift des § 31 Abs. 5 geändert worden; nunmehr gilt die zeitliche Begrenzung des Aufsichtsratsamtes nach § 30 Abs. 3 Satz 1 nicht für die im Wege der Vervollständigung des Aufsichtsrats hinzugekommenen Arbeitnehmervertreter.

## II. Anwendungsbereich

3 Eine Teilbestellung des ersten Aufsichtsrats kommt nur in Betracht, wenn bereits in der **Satzung** als Gegenstand einer Sacheinlage oder Sachübernahme ein **Unternehmen** oder Unternehmensteil festgesetzt ist[5]. Der Begriff des Unternehmens ist nicht im Sinne des § 15 zu verstehen, sondern vom Zweck des § 31 her zu bestimmen[6]. Unternehmen ist danach nicht der Rechtsträger, sondern das einem Rechtsträger zugeordnete Objekt, m.a.W. eine Gesamtheit von Sachen und Rechten, die ihrem Rechtsträger das Auftreten zur Verfolgung eines wirtschaftlichen Zwecks am Markt ermöglicht[7]. Ein **Unternehmensteil** im Sinne der Vorschrift ist ein aussonderungsfähiger Teil einer solchen Wirtschaftseinheit.

4 Das Unternehmen oder der Unternehmensteil **muss über eine** für die Anwendung der Mitbestimmungsregeln hinreichende **Anzahl von Arbeitnehmern** verfügen[8]. Die-

---

2 *Kropff*, Aktiengesetz, S. 50.
3 *Kropff*, Aktiengesetz, S. 49; *Röhricht* in Großkomm. AktG, 4. Aufl., § 31 AktG Rz. 2.
4 BGBl. I 1994, 1961.
5 Daher keine Anwendung bei verdeckter Sacheinlage (zum Begriff: § 27 Rz. 58): *Gerber* in Spindler/Stilz, § 31 AktG Rz. 5; *Pentz* in MünchKomm. AktG, 3. Aufl., § 31 AktG Rz. 6.
6 *Hüffer*, § 31 AktG Rz. 2; *Pentz* in MünchKomm. AktG, 3. Aufl., § 31 AktG Rz. 7.
7 *Röhricht* in Großkomm. AktG, 4. Aufl., § 31 AktG Rz. 3; *Pentz* in MünchKomm. AktG, 3. Aufl., § 31 AktG Rz. 7.
8 *Röder/Gneiting*, DB 1993, 1618; *Arnold* in KölnKomm. AktG, 3. Aufl., § 31 AktG Rz. 4; *Röhricht* in Großkomm. AktG, 4. Aufl., § 31 AktG Rz. 3.

se ungeschriebene Voraussetzung folgt aus dem Normzweck, die Mitwirkungsrechte der Arbeitnehmer sicherzustellen[9].

§ 31 findet auch dann Anwendung, wenn das Unternehmen oder der Unternehmensteil **nicht fortgeführt** werden soll[10]. Hintergrund dieser Überlegung ist die Erwägung, dass gerade bei einer Unternehmensaufgabe im Interesse der Arbeitnehmer ihre möglichst frühzeitige Beteiligung im ersten Aufsichtsrat geboten ist[11]. Unerheblich ist ferner, ob in dem einzubringenden Unternehmen bereits ein Aufsichtsrat bestand oder nicht[12], ob die Arbeitnehmer bei dem eingebrachten Unternehmen(-teil) mitbestimmungsrechtlich zu beteiligen waren[13] sowie zu welchem Zeitpunkt die Einbringung oder Übernahme geplant ist[14]. § 31 Abs. 1 gilt auch, wenn der von den Gründern für die Einbringung in Aussicht genommene Zeitpunkt erst nach dem Amtsende des ersten Aufsichtsrats nach § 30 Abs. 3 liegen würde[15]. Andernfalls wären Umgehungen durch die Gründer möglich.

**Wird die AG im Wege eines Formwechsels errichtet**, so war früher streitig, ob § 31 Anwendung findet oder gem. § 197 Satz 2 UmwG ausgeschlossen ist[16]. Dem Vorschlag des Handelsrechtsausschusses des DAV folgend[17], wurde im Rahmen des 2. UmwGÄndG[18] durch § 197 Satz 3 UmwG „klargestellt"[19], dass § 31 im Falle eines Formwechsels in eine AG nicht ausgeschlossen ist[20].

## III. Aufsichtsratsbestellung durch die Gründer (§ 31 Abs. 1)

### 1. Zusammensetzung

Die Gründer bestellen **gem. § 31 Abs. 1** so viele Aufsichtsratsmitglieder, wie nach den gesetzlichen Vorschriften von der Hauptversammlung ohne Bindung an Wahlvorschläge zu wählen sind. M.a.W.: Es sind so viele Aufsichtsratssitze unbesetzt zu lassen, wie nach den gesetzlichen Vorschriften auf die Arbeitnehmervertreter entfallen. Dadurch soll vermieden werden, dass von den Gründern bestellte Aufsichtsratsmitglieder zugunsten von Arbeitnehmervertretern später aus dem Aufsichtsrat ausscheiden müssen.

---

9 *Hüffer*, § 31 AktG Rz. 2; *Pentz* in MünchKomm. AktG, 3. Aufl., § 31 AktG Rz. 8; *Röhricht* in Großkomm. AktG, 4. Aufl., § 31 AktG Rz. 3.
10 *Gerber* in Spindler/Stilz, § 31 AktG Rz. 6; *Hüffer*, § 31 AktG Rz. 2; *Arnold* in KölnKomm. AktG, 3. Aufl., § 31 AktG Rz. 5; *Röhricht* in Großkomm. AktG, 4. Aufl., § 31 AktG Rz. 3; a.A. *Baumbach/Hueck*, § 31 AktG Anm. 2.
11 *Pentz* in MünchKomm. AktG, 3. Aufl., § 31 AktG Rz. 9.
12 *Kropff*, Aktiengesetz, S. 50; *Röhricht* in Großkomm. AktG, 4. Aufl., § 31 AktG Rz. 3.
13 *Hüffer*, § 31 AktG Rz. 2; *Arnold* in KölnKomm. AktG, 3. Aufl., § 31 AktG Rz. 4; *Pentz* in MünchKomm. AktG, 3. Aufl., § 31 AktG Rz. 10; *Röhricht* in Großkomm. AktG, 4. Aufl., § 31 AktG Rz. 3.
14 *Hüffer*, § 31 AktG Rz. 2; *Pentz* in MünchKomm. AktG, 3. Aufl., § 31 AktG Rz. 11.
15 *Eckardt* in G/H/E/K, § 31 AktG Rz. 8; ihm folgend *Hüffer*, § 31 AktG Rz. 2; *Pentz* in MünchKomm. AktG, 3. Aufl., § 31 AktG Rz. 11; *Röhricht* in Großkomm. AktG, 4. Aufl., § 31 AktG Rz. 2.
16 Keine Anwendung des § 31: *Meister/Klöcker* in Kallmeyer, § 197 UmwG Rz. 61; a.A. *Joost* in FS Claussen, 1997 S. 187 ff.; ausf. zur Problematik: *Stirnberg*, Bildung und Funktion des Aufsichtsrats beim Formwechsel in eine Kapitalgesellschaft, Diss. Jena 2001.
17 Abgedruckt in NZG 2000, 802, 807.
18 Zweites Gesetz zur Änderung des Umwandlungsgesetzes vom 19.4.2007, BGBl. I 2007, 542.
19 So Begr. RegE zu § 197 Satz 3 UmwG, BR-Drucks. 548/06, S. 43.
20 Ausf. *Decher* in Lutter, § 197 UmwG Rz. 47 ff. De lege ferenda auch *Stirnberg*, Bildung und Funktion des Aufsichtsrats beim Formwechsel in eine Kapitalgesellschaft, Diss. Jena 2001, S. 178 ff.

8   Anzuwenden ist das nach Ansicht der Gründer **einschlägige Mitbestimmungsregime**, also entweder (vgl. § 96 Abs. 1) das MitbestG, das Montan-MitbestG, das MontanMitbestErgG oder das Drittelbeteiligungsgesetz. Bei Anwendung des **Montan-MitbestG** sind so viele der nach Gesetz oder Satzung erforderlichen Aufsichtsratsmitglieder zu bestellen, wie dies der Hälfte der um ein Mitglied verringerten Gesamtzahl aller Aufsichtsratsmitglieder entspricht; §§ 4, 5, 8, 9 Montan-MitbestG. Gleiches gilt gem. § 5 des **Montan-MitbestErgG**. Bei Anwendung des **MitbestG** ist die Hälfte der Aufsichtsratsmitglieder von den Gründern zu bestellen (§ 7 MitbestG). Im Anwendungsbereich des **DrittelbG** bestellen die Gründer gem. § 4 Abs. 1 DrittelbG zwei Drittel der Aufsichtsratsmitglieder. Greifen die Mitbestimmungsgesetze nicht ein, so sind sämtliche Aufsichtsratsmitglieder gem. § 101 Abs. 1 durch die Gründer zu bestellen.

9   Eine **Ausnahme** von den vorstehenden Grundsätzen sieht **§ 31 Abs. 1 Satz 2** vor: Muss der Aufsichtsrat gem. § 4 Abs. 1 DrittelbG zu einem Drittel aus Vertretern der Arbeitnehmer bestehen und sieht die Satzung nur einen dreiköpfigen Aufsichtsrat vor, dann hätten die Gründer nach § 31 Abs. 1 Satz 1 eigentlich nur zwei Aufsichtsratsmitglieder zu bestellen. Ein (zunächst) nur aus zwei Mitgliedern bestehender Aufsichtsrat ist jedoch insbesondere bei Meinungsverschiedenheiten beschlussunfähig. Deshalb bestimmt § 31 Abs. 1 Satz 2 in Anlehnung an § 108 Abs. 2 Satz 3, dass in diesem Sonderfall von den Gründern alle drei Aufsichtsratsmitglieder zu bestimmen sind. Intention des Gesetzgebers ist die Vermeidung eines Stillstandes der Beschlussfassung aufgrund von Meinungsverschiedenheiten zwischen den Aufsichtsratsmitgliedern[21].

10  Maßgebend ist in allen Fällen die **Ansicht der Gründer**. Bestehen zwischen den Gründern über die Art der Zusammensetzung Meinungsverschiedenheiten, so ist vor der Bestellung durch Abstimmung die Ansicht der Mehrheit der Gründer festzustellen. Gehen die Gründer irrtümlich von der Anwendung eines falschen Gesetzes aus, so haben weder der Vorstand, der Betriebsrat des einzubringenden oder zu übernehmenden Unternehmens noch die darin vertretenen Spitzenorganisationen ein Mittel, die Bestellung zu vieler Aufsichtsratsmitglieder der Anteilseigner zu verhindern[22]. Die Einleitung des Statusverfahrens nach § 98 Abs. 2 ist erst nach Einbringung des Unternehmens(-teils) möglich, § 31 Abs. 3. Keinesfalls begründet eine objektiv falsche Besetzung ein Eintragungshindernis.

## 2. Aufgaben und Funktion

11  Der teilbesetzte Aufsichtsrat ist **erster Aufsichtsrat** i.S. von § 30 und hat daher alle diesem obliegende Pflichten zu erfüllen (ausf. § 30 Rz. 15). Insbesondere hat er den ersten Vorstand zu bestellen (§ 30 Abs. 4). Unerheblich ist auch insoweit eine falsche Zusammensetzung[23].

## IV. Beschlussfähigkeit (§ 31 Abs. 2)

### 1. Regelfall

12  Der nach § 31 Abs. 1 bestellte Aufsichtsrat ist vorbehaltlich anderer Satzungsregelungen gem. § 31 Abs. 2 beschlussfähig, wenn **die Hälfte, mindestens jedoch drei** seiner Mitglieder an der Beschlussfassung teilnehmen. Die allgemeinen Vorschriften

---

21 *Kropff*, Aktiengesetz, S. 50; vgl. weiter *Blanke*, BB 1994, 1505, 1507.
22 *Eckardt* in FS Hefermehl, 1976, S. 245, 253; *Arnold* in KölnKomm. AktG, 3. Aufl., § 31 AktG Rz. 7; *Röhricht* in Großkomm. AktG, 4. Aufl., § 31 AktG Rz. 7.
23 Allg. M.: *Röhricht* in Großkomm. AktG, 4. Aufl., § 31 AktG Rz. 8; *Pentz* in MünchKomm. AktG, 3. Aufl., § 31 AktG Rz. 17.

der § 108 Abs. 2 AktG, § 28 MitbestG, § 10 Montan-MitbestG, § 11 MontanMitbest-ErgG werden insoweit verdrängt. Auch in der Stimmenthaltung kann eine Teilnahme in diesem Sinne erblickt werden, die bloße Teilnahme an der Aufsichtsratssitzung genügt hingegen nicht[24]. Weigert sich ein Aufsichtsratsmitglied an der Beschlussfassung teilzunehmen und führt diese Weigerung dazu, dass nicht mehr die Hälfte (bzw. mindestens drei) der Aufsichtsratsmitglieder an der Beschlussfassung beteiligt sind, so ist der Aufsichtsrat beschlussunfähig.

Bei der **Berechnung der Hälfte** der Aufsichtsratsmitglieder lässt das Gesetz grundsätzlich zwei Auslegungsmethoden zu: einerseits kann damit die Zahl der von den Gründern nach § 31 Abs. 1 gesetzlich zu bestellenden Aufsichtsratsmitglieder gemeint sein, andererseits aber auch die tatsächlich amtierende Anzahl. Das Problem tritt auf, wenn Mitglieder des Aufsichtsrats versterben oder ihr Amt niederlegen und dies dazu führt, dass der Aufsichtsrat zwar noch drei Mitglieder, aber nicht mehr die Hälfte der von den Gründern nach Gesetz oder Satzung zu bestellenden Mitglieder aufweist. Die überwiegende Ansicht geht in diesem Fall von der Beschlussunfähigkeit des Aufsichtsrats aus[25]. Die Gegenmeinung vertritt den Standpunkt, dass sich aus der von § 108 Abs. 2 Satz 2 abweichenden Formulierung des § 31 Abs. 2 ergebe, dass es für die Berechnung der erforderlichen Anzahl nur noch auf die vorhandene Zahl der Aufsichtsratsmitglieder ankomme[26]. Diese Begründung überzeugt indes nicht. Allein aus dem Umstand, dass der Hinweis auf die nach Gesetz oder Satzung erforderliche Zahl der Mitglieder in § 31 Abs. 2 fehlt, lässt sich die Gegenauffassung nicht begründen. Eine dem § 108 Abs. 2 Satz 2 entsprechende Bezugnahme wäre zudem überflüssig, da es sich bei dem Aufsichtsrat nach § 31 Abs. 1 im Gründungsstadium um den (ersten) Aufsichtsrat der Gesellschaft handelt (oben Rz. 2) und sich die Bestimmung des § 31 Abs. 2 nach dem ausdrücklichen Willen des Gesetzgebers an § 108 Abs. 2 eng anschließen sollte[27]; für eine unterschiedliche Behandlung des ersten Aufsichtsrats gegenüber den späteren Aufsichtsräten besteht somit kein Grund[28]. 13

Ist die Unvollständigkeit des ersten Aufsichtsrats auf **andere Gründe** als auf das spätere Hinzutreten von Aufsichtsratsmitgliedern der Arbeitnehmer zurückzuführen, so gilt die Sondervorschrift des § 31 Abs. 2 nicht (z.B. Nichtgebrauchmachen von einem Entsendungsrecht); es bleibt dann bei der allgemeinen Vorschrift über die Beschlussfähigkeit nach § 108 Abs. 2. 14

## 2. Abweichende Satzungsbestimmungen

§ 31 Abs. 2 ist keine zwingende Vorschrift im Sinne des § 23 Abs. 5. Abweichende Satzungsbestimmungen sind daher **möglich und vorrangig**[29]. Hieraus folgt, dass die für die Rechtsverhältnisse des Aufsichtsrats geltenden Satzungsbestimmungen regelmäßig auch schon auf den ersten Aufsichtsrat Anwendung finden[30]. Hingegen können jedoch Sonderbestimmungen getroffen werden, die auf die besonderen Verhältnisse des unvollständigen Aufsichtsrats Rücksicht nehmen. 15

---

24 Zutreffend *Pentz* in MünchKomm. AktG, 3. Aufl., § 31 AktG Rz. 20.
25 *Hüffer*, § 31 AktG Rz. 5; *Röhricht* in Großkomm. AktG, 4. Aufl., § 31 AktG Rz. 10; *Pentz* in MünchKomm. AktG, 3. Aufl., § 31 AktG Rz. 21; *Arnold* in KölnKomm. AktG, 3. Aufl., § 31 AktG Rz. 9.
26 *Eckardt* in G/H/E/K, § 31 AktG Rz. 16.
27 So *Kropff*, Aktiengesetz, S. 50.
28 Ebenso *Pentz* in MünchKomm. AktG, 3. Aufl., § 31 AktG Rz. 21; zust. auch *Gerber* in Spindler/Stilz, § 31 AktG Rz. 11.
29 *Hüffer*, § 31 AktG Rz. 6; *Kraft* in KölnKomm. AktG, 2. Aufl., § 31 AktG Rz. 8.
30 *Hüffer*, § 31 AktG Rz. 6; *Pentz* in MünchKomm. AktG, 3. Aufl., § 31 AktG Rz. 22; *Röhricht* in Großkomm. AktG, 4. Aufl., § 31 AktG Rz. 11.

16 Berücksichtigt die **Satzung**, wenn sie für die Beschlussfähigkeit eine von § 108 Abs. 2 Satz 2, Satz 3 **abweichende Teilnehmerzahl** vorsieht, die im Gründungsstadium geringere Mitgliederzahl des Aufsichtsrats nicht, so stellt sich die Frage, wie der grundsätzliche Vorrang der Satzung zu handhaben ist, wenn diese Teilnehmerzahl aufgrund der derzeitigen unvollständigen Besetzung nicht erreicht werden kann. Da das Gesetz die Funktionsfähigkeit in § 31 Abs. 2 des Aufsichtsrats sicherstellen will und diese **Funktionsfähigkeit** auch zur Entstehung der Aktiengesellschaft als juristische Person erforderlich ist, muss in derartigen Fällen bei der Auslegung der betreffenden Satzungsbestimmung die Unvollständigkeit des Aufsichtsrats berücksichtigt werden, weshalb ein Satzungsquorum im Zweifel entsprechend herabzusetzen ist[31]. Unzulässig ist eine Satzungsbestimmung, nach der der Aufsichtsrat auch dann beschlussfähig sein soll, wenn weniger als drei seiner Mitglieder an der Beschlussfassung teilnehmen[32].

## V. Ergänzung des Aufsichtsrats durch Arbeitnehmervertreter (§ 31 Abs. 3 Satz 1)

### 1. Die Bekanntmachungspflicht des Vorstandes

17 Nach dem ersten Schritt der Bestellung eines zunächst unvollständigen Aufsichtsrats (oben Rz. 7), ist im zweiten Schritt der Aufsichtsrat **mit Arbeitnehmervertretern** möglichst zügig zu **vervollständigen**. Daher hat der Vorstand unverzüglich nach Einbringung oder Übernahme des Unternehmens bzw. Unternehmensteils (oben Rz. 3) bekannt zu machen, nach welchen gesetzlichen Vorschriften seiner Ansicht nach der Aufsichtsrat zusammengesetzt sein muss. Die Regelung des § 31 Abs. 3 führt zu einer Vorverlagerung der in § 30 Abs. 3 Satz 2 vorgesehenen Bekanntmachungspflicht; sie erledigt sich folglich, wenn bereits eine Bekanntmachung gem. § 30 Abs. 3 erfolgt ist[33]. Die Bekanntmachungspflicht gilt unabhängig davon, ob die Gesellschaft bereits im Handelsregister eingetragen ist oder nicht[34], und unabhängig davon, ob der Vorstand eine andere Zusammensetzung des Aufsichtsrats als von den Gründern angenommen für geboten hält (dazu unten Rz. 20).

18 **Unverzüglich** bedeutet – ebenso wie bei § 121 BGB – ohne schuldhaftes Zögern[35]. **Eingebracht** oder **übernommen** ist das Unternehmen bzw. der Unternehmensteil dann, wenn die AG in der Lage ist, die wesentlichen der in ihm liegenden sächlichen und immateriellen Ressourcen für ihre Zwecke zu nutzen. Hierzu kann auf die zu § 613a BGB entwickelten Grundsätze abgestellt werden, da der Zweck des § 31 Abs. 3 auf die möglichst frühzeitige Mitwirkung der Arbeitnehmer zielt und sich der Übergang ihrer Arbeitsverhältnisse nach § 613a BGB richtet[36]. Der Vollzug oder die Wirksamkeit des Verfügungsgeschäfts ist somit nicht erforderlich[37]. Unerheblich

---

31 *Hüffer*, § 31 AktG Rz. 6; *Arnold* in KölnKomm. AktG, 3. Aufl., § 31 AktG Rz. 10; *Pentz* in MünchKomm. AktG, 3. Aufl., § 31 AktG Rz. 22; *Röhricht* in Großkomm. AktG, 4. Aufl., § 31 AktG Rz. 11.
32 Zutreffend *Pentz* in MünchKomm. AktG, 3. Aufl., § 31 AktG Rz. 22 gegen *Eckardt* in G/H/E/K, § 31 AktG Rz. 17.
33 *Röhricht* in Großkomm. AktG, 4. Aufl., § 31 AktG Rz. 13.
34 *Kropff*, Aktiengesetz, S. 50; *Hüffer*, § 31 AktG Rz. 8; *Pentz* in MünchKomm. AktG, 3. Aufl., § 31 AktG Rz. 24; *Röhricht* in Großkomm. AktG, 4. Aufl., § 31 AktG Rz. 15.
35 *Hüffer*, § 31 AktG Rz. 8; *Pentz* in MünchKomm. AktG, 3. Aufl., § 31 AktG Rz. 25; *Röhricht* in Großkomm. AktG, 4. Aufl., § 31 AktG Rz. 15.
36 *Hüffer*, § 31 AktG Rz. 8, *Pentz* in MünchKomm. AktG, 3. Aufl., § 31 AktG Rz. 25; *Röhricht* in Großkomm. AktG, 4. Aufl., § 31 AktG Rz. 14.
37 *Hüffer*, § 31 AktG Rz. 8; *Pentz* in MünchKomm. AktG, 3. Aufl., § 31 AktG Rz. 25; *Röhricht* in Großkomm. AktG, 4. Aufl., § 31 AktG Rz. 14.

sind auch schuldrechtliche Absprachen über eine rückwirkende wirtschaftliche Zuordnung[38].

**2. Inhalt und Wirkung der Bekanntmachung des Vorstandes**

Die Bekanntmachung des Vorstands kann zum einen auf der Zusammensetzung des Aufsichtsrats durch die Gründer aufbauen und beschränkt sich in diesem Fall auf die ergänzende Zuwahl der Arbeitnehmervertreter. Der Vorstand kann jedoch auch abweichen; in diesem Fall sowie im Falle des dreiköpfigen Aufsichtsrats gem. § 31 Abs. 1 Satz 2 (oben Rz. 9) müssen alle Aufsichtsratsmitglieder neu bestellt werden (Einzelheiten unten Rz. 22). 19

Auf die Bekanntmachung und das sich anschließende Verfahren sind gem. § 31 Abs. 3 Satz 2 die **§§ 97–99 sinngemäß anzuwenden** (Einzelheiten bei § 30 Rz. 17 ff.). Die Bekanntmachung hat in Abweichung zu § 97 Abs. 1 jedoch auch dann zu erfolgen, wenn der Vorstand die Ansicht der Gründer teilt[39]. Bestehen innerhalb des Vorstands Zweifel, so kann er von der Bekanntmachung absehen und gem. § 98 Abs. 2 Satz 1 Nr. 1 eine gerichtliche Entscheidung herbeiführen[40]; diese ist für und gegen alle verbindlich, § 99 Abs. 5 Satz 2. 20

**3. Ergänzung/Neuwahl**

**a) Ergänzung des Aufsichtsrats**

**Bestätigt** der Vorstand (oder die gerichtliche Entscheidung) die **Ansicht der Gründer** (oder wird das Gericht nicht rechtzeitig angerufen), so bleiben die von den Gründern bestellten Aufsichtsratsmitglieder grundsätzlich im Amt; eine Ausnahme gilt nur im Falle des § 31 Abs. 3 Satz 3 (unten Rz. 22). Sind mitbestimmungsrechtliche Normen anwendbar, so ist der Aufsichtsrat nunmehr nach deren Maßgabe um die **Arbeitnehmervertreter zu ergänzen**. Die hinzutretenden Aufsichtsratsmitglieder vervollständigen den Aufsichtsrat[41]. Diese Ergänzung hat entsprechend dem Sinn und Zweck des § 31 Abs. 3 **unverzüglich** zu erfolgen. Unterbleibt die Ergänzungswahl der Arbeitnehmervertreter, so kommt mit Ablauf der Dreimonatsfrist des § 104 Abs. 2 Satz 1 eine gerichtliche Ersatzbestellung in Betracht[42]. Für den Bereich des MitbestG, Montan-MitbestG sowie Montan-MitbestErgG sind die Regelungen des § 104 Abs. 2, Abs. 3 Nr. 2 zu beachten. Hier kann die Ergänzung ohne Einhaltung der in § 104 Abs. 2 genannten Frist erfolgen. 21

**b) Neuwahl des Aufsichtsrats wegen fehlerhafter Zusammensetzung**

Wird die Zusammensetzung des Aufsichtsrats durch die Gründer **nicht bestätigt** (sei es nach der nicht angefochtenen Bekanntmachung des Vorstandes oder der gerichtlichen Entscheidung), so erlischt gem. **§ 31 Abs. 3 Satz 3 1. Alt.** das Amt der von den Gründern bestellten Aufsichtsratsmitglieder. Es ist eine **Neuwahl** erforderlich. Das gilt nach überwiegender Ansicht für jeden Fall der Fehlbesetzung, nicht nur bei Be- 22

---

38 *Pentz* in MünchKomm. AktG, 3. Aufl., § 31 AktG Rz. 25; ähnlich *Röhricht* in Großkomm. AktG, 4. Aufl., § 31 AktG Rz. 14.
39 *Hüffer*, § 31 AktG Rz. 8; *Pentz* in MünchKomm. AktG, 3. Aufl., § 31 AktG Rz. 24.
40 *Hüffer*, § 31 AktG Rz. 8; *Pentz* in MünchKomm. AktG, 3. Aufl., § 31 AktG Rz. 26.
41 So ausdrücklich *Kropff*, Aktiengesetz, S. 51.
42 LG Hof v. 17.11.1992 – 1 HT 3/92, WM 1993, 695, 696 = AG 1993, 434 m. krit. Anm. *Stengel*, WuB II A. § 31 AktG, 1.93, S. 697; *Hüffer*, § 31 AktG Rz. 10, *Röhricht* in Großkomm. AktG, 4. Aufl., § 31 AktG Rz. 18; strenger *Oetker*, ZGR 2000, 19, 42.

stellung einer Überzahl[43]. Es lässt sich nicht ausschließen, dass die Gründer bei wahrer Kenntnis der Gesetzeslage andere Personen bestellt hätten. Das Amt der von den Gründern bestellten Aufsichtsratsmitglieder erlischt jedoch nicht sofort; anderenfalls hätte die Gesellschaft keinen Aufsichtsrat mehr. Der genaue Zeitpunkt bestimmt sich vielmehr nach den entsprechend anzuwendenden §§ 97–99[44].

23 Eine Ausnahme von der bloßen Ergänzung gilt ferner, wenn nach § 31 Abs. 1 Satz 2 ein **drittes Aufsichtsratsmitglied** der Anteilseigner gewählt wurde, obwohl nach den mitbestimmungsrechtlichen Regelungen nur zwei Mitglieder zu bestimmen gewesen wären. **§ 31 Abs. 3 Satz 3 2. Alt.** ordnet in diesem Fall das Erlöschen des Amtes aller drei Aufsichtsratsmitglieder an, um Unklarheiten darüber zu vermeiden, welches Mitglied sein Amt verliert[45]. Der gesamte Aufsichtsrat ist neu zu wählen. Dieser Rechtsfolge können die Gründer entgehen, wenn sie eines der Mitglieder – mit dessen Einverständnis – nur unter der Bedingung bestellt haben, dass sein Amt bei Bestellung des Arbeitnehmervertreters erlischt[46]. In diesem Fall ist die Regelung des § 31 Abs. 3 Satz 3 2. Alt. teleologisch zu reduzieren. Nicht ausreichend ist hingegen eine nachträgliche Bestimmung des ausscheidenden Aufsichtsratsmitglieds durch die Gründer; ebenso wenig eine einvernehmliche Festlegung im Aufsichtsrat[47]. Eine teleologische Reduktion erfolgt weiterhin, wenn der dreiköpfige Aufsichtsrat nach der nicht angefochtenen Bekanntmachung des Vorstandes oder der gerichtlichen Entscheidung entweder überhaupt ohne Arbeitnehmer oder aber mit mindestens drei Aktionärsvertretern zu besetzen ist. In diesem Falle haben die Gründer bereits die auf sie entfallende Anzahl von Aufsichtsratsmitgliedern bestellt bzw. es genügt die Ergänzung des Aufsichtsrats durch Zuwahl weiterer Aktionärsvertreter[48].

## VI. Nachträglicher Unternehmenserwerb (§ 31 Abs. 4)

24 Wird das Unternehmen oder der Unternehmensteil erst **nach der Bekanntmachung** des Vorstandes über die Zusammensetzung des zweiten Aufsichtsrats **gem. § 30 Abs. 3 Satz 2** eingebracht oder übernommen, dann besteht für das Verfahren gem. § 31 Abs. 3 kein Bedürfnis. Daher stellt § 31 Abs. 4 klar, dass es in diesem Fall bei der Bekanntmachung nach § 30 Abs. 3 Satz 2 bleiben soll. Die Vorschrift beruht auf der Erwägung, dass der zweite Aufsichtsrat gegenüber dem ersten Aufsichtsrat abweichend zu besetzen ist. Während der erste Aufsichtsrat von den Gründern nur teilweise zu besetzen ist und seine Vervollständigung nach § 31 Abs. 3 erst nach Vollzug der Sacheinlage bzw. Sachübernahme erfolgt, muss der zweite Aufsichtsrat in jedem Falle vollständig besetzt werden, unabhängig davon, ob die Sacheinlage oder Sachübernahme bereits durchgeführt wurde[49]. Gem. § 30 Abs. 3 Satz 2 hat der Vorstand zur Vorbereitung der Bestellung des zweiten Aufsichtsrats rechtzeitig vor dem Ablauf der

---

43 *Hüffer*, § 31 AktG Rz. 10; *Röhricht* in Großkomm. AktG, 4. Aufl., § 31 AktG Rz. 20; *Pentz* in MünchKomm. AktG, 3. Aufl., § 31 AktG Rz. 24; a.A.: *Arnold* in MünchKomm. AktG, 3. Aufl., § 31 AktG Rz. 24; *Brauksiepe*, BB 1967, 484.
44 Einzelheiten bei *Pentz* in MünchKomm. AktG, 3. Aufl., § 31 AktG Rz. 32 ff.
45 *Brox*, AG 1966, 347, 349; *Hüffer*, § 31 AktG Rz. 11.
46 *Brox*, AG 1966, 347, 349; *Hüffer*, § 31 AktG Rz. 11; *Arnold* in KölnKomm. AktG, 3. Aufl., § 31 AktG Rz. 21; *Pentz* in MünchKomm. AktG, 3. Aufl., § 31 AktG Rz. 38; *Röder/Gneiting*, DB 1993, 1618, 1621; *Röhricht* in Großkomm. AktG, 4. Aufl., § 31 AktG Rz. 19; a.A. *v. Godin/Wilhelmi*, § 31 AktG Anm. 4.
47 *Hüffer*, § 31 AktG Rz. 11; *Pentz* in MünchKomm. AktG, 3. Aufl., § 31 AktG Rz. 39; *Röhricht* in Großkomm. AktG, 4. Aufl., § 31 AktG Rz. 19.
48 *Brauksiepe*, BB 1967, 484; *v. Godin/Wilhelmi*, § 31 AktG Anm. 4; *Hüffer*, § 31 AktG Rz. 11; *Arnold* in KölnKomm. AktG, 3. Aufl., § 31 AktG Rz. 22; *Pentz* in MünchKomm. AktG, 3. Aufl., § 31 AktG Rz. 40; *Röhricht* in Großkomm. AktG, 4. Aufl., § 31 AktG Rz. 19.
49 *Pentz* in MünchKomm. AktG, 3. Aufl., § 31 AktG Rz. 43.

Amtszeit des ersten Aufsichtsrats bekannt zu machen, nach welchen Vorschriften der zweite Aufsichtsrat seiner Ansicht nach zusammenzusetzen ist (ausf. § 30 Rz. 17). Da der nach diesen Grundsätzen bestellte zweite Aufsichtsrat bereits vollständig besetzt ist, kann das Verfahren nach § 31 Abs. 3 nicht mehr durchgeführt werden. § 31 Abs. 4 hat folglich nur deklaratorische Bedeutung[50]. Stellt sich nach Vollzug der Sacheinlage oder Sachübernahme heraus, dass der Aufsichtsrat unrichtig zusammengesetzt ist, dann gelten die §§ 97–99 unmittelbar[51].

## VII. Amtszeit der Aufsichtsratsmitglieder (§ 31 Abs. 5)

Auch der nach § 31 Abs. 3 ergänzte Aufsichtsrat ist erster Aufsichtsrat i.S. des § 30. Die durch das Gesetz für kleine Aktiengesellschaften und zur Deregulierung des Aktienrechts vom 10.8.1994 eingefügte Vorschrift des § 31 Abs. 5 nimmt nun die **Arbeitnehmervertreter** vom **Anwendungsbereich des § 30 Abs. 3 Satz 1 aus.** Hierdurch wird vermieden, innerhalb kürzerer Zeit zwei zeitlich und finanziell aufwendige Wahlverfahren zur Bestellung der Arbeitnehmervertreter durchführen zu müssen[52] oder auf das gerichtliche Verfahren nach § 104 auszuweichen[53]. Gem. § 31 Abs. 5 können die Arbeitnehmervertreter nunmehr entsprechend den jeweiligen mitbestimmungsrechtlichen Regelungen für die Höchstdauer des § 102, d.h. für eine volle Amtsperiode bestellt werden[54]. Für die **Aktionärsvertreter verbleibt** es für hingegen bei der allgemeinen Regelung des **§ 30 Abs. 3 Satz 1**, d.h. deren Amtszeit endet mit Beendigung der Hauptversammlung, die über die Entlastung für das erste Geschäftsjahr beschließt (§ 30 Rz. 9)[55] bzw. hätte beschließen müssen, und zwar unabhängig davon, ob der Aufsichtsrat durch Zuwahl ergänzt oder neu gewählt wurde (arg. e contrario aus § 31 Abs. 5)[56]. Durch die Neuregelung des § 31 Abs. 5 ergeben sich nunmehr unterschiedliche Amtszeiten für Anteilseigner- und Arbeitnehmervertreter. Das ist jedoch keinen Bedenken ausgesetzt und hindert die AG nicht, diese in zeitlichen Einklang zu bringen[57].

25

# § 32
# Gründungsbericht

**(1) Die Gründer haben einen schriftlichen Bericht über den Hergang der Gründung zu erstatten (Gründungsbericht).**

**(2) Im Gründungsbericht sind die wesentlichen Umstände darzulegen, von denen die Angemessenheit der Leistungen für Sacheinlagen oder Sachübernahmen abhängt. Dabei sind anzugeben**

---

50 *Kropff*, Aktiengesetz, S. 51.
51 *Hüffer*, § 31 AktG Rz. 13; *Pentz* in MünchKomm. AktG, 3. Aufl., § 31 AktG Rz. 46; *Röhricht* in Großkomm. AktG, 4. Aufl., § 31 AktG Rz. 24.
52 *Hoffmann-Becking*, ZIP 1995, 1, 4; *Kindler*, NJW 1994, 3041, 3046; *Lutter*, AG 1994, 429, 446; *Röhricht* in Großkomm. AktG, 4. Aufl., § 31 AktG Rz. 21.
53 BT-Drucks. 12/6721, S. 7.
54 *Gerber* in Spindler/Stilz, § 31 AktG Rz. 26; *Pentz* in MünchKomm. AktG, 3. Aufl., § 31 AktG Rz. 48.
55 *Hüffer*, § 31 AktG Rz. 14; *Röhricht* in Großkomm. AktG, 4. Aufl., § 31 AktG Rz. 21.
56 *Hüffer*, § 31 AktG Rz. 14; *Röhricht* in Großkomm. AktG, 4. Aufl., § 31 AktG Rz. 22.
57 *Hüffer*, § 31 AktG Rz. 14; *Pentz* in MünchKomm. AktG, 3. Aufl., § 31 AktG Rz. 49; allg. zur Zulässigkeit unterschiedlicher Amtszeiten BGH v. 15.12.1986 – II ZR 18/86, BGHZ 99, 211, 215 = AG 1987, 152.

1. die vorausgegangenen Rechtsgeschäfte, die auf den Erwerb durch die Gesellschaft hingezielt haben;
2. die Anschaffungs- und Herstellungskosten aus den letzten beiden Jahren;
3. beim Übergang eines Unternehmens auf die Gesellschaft die Betriebserträge aus den letzten beiden Geschäftsjahren.

(3) Im Gründungsbericht ist ferner anzugeben, ob und in welchem Umfang bei der Gründung für Rechnung eines Mitglieds des Vorstands oder des Aufsichtsrats Aktien übernommen worden sind und ob und in welcher Weise ein Mitglied des Vorstands oder des Aufsichtsrats sich einen besonderen Vorteil oder für die Gründung oder ihre Vorbereitung eine Entschädigung oder Belohnung ausbedungen hat.

| | |
|---|---|
| I. Regelungsgegenstand und -zweck ... 1 | 3. Zusätzliche Angaben zum Vorstand und Aufsichtsrat (§ 32 Abs. 3) ..... 13 |
| II. Inhalt des Gründungsberichts ..... 4 | III. Nachtragsbericht ............... 17 |
| 1. Allgemeine Angaben ........... 4 | |
| 2. Besonderheiten bei der Sachgründung (§ 32 Abs. 2) ................. 5 | |

**Literatur:** S. bei § 30.

## I. Regelungsgegenstand und -zweck

1 § 32 verpflichtet die Gründer zur Erstattung eines Gründungsberichts, und zwar für jede Art der Gründung. Dagegen hatte § 191 HGB eine „Gründererklärung" nur für den Fall der Sachgründung verlangt. Eine Ausweitung auch auf Bargründungen und inhaltlich erweiterte Berichtspflichten erfolgten durch § 24 AktG 1937; dieser Vorschrift folgt § 32 im Wesentlichen. Die Vorschrift bezweckt zum einen den **Schutz vor unsoliden, speziell betrügerischen Gründungen**, zum anderen schafft der Prüfungsbericht die Grundlage für die Gründungsprüfung durch Vorstand und Aufsichtsrat (und ggf. durch besondere Gründungsprüfer) gem. § 33 und erleichtert zudem auch dem Registergericht die Prüfung der Ordnungsgemäßheit der Gründung gem. § 38[1]. Schließlich dient der Gründungsbericht auch der Information der Öffentlichkeit; er ist gem. § 37 Abs. 4 Nr. 4 der Anmeldung der Gesellschaft zur Eintragung ins Handelsregister beizufügen und kann dort gem. § 9 Abs. 1 HGB von jedermann eingesehen werden[2].

2 Gem. § 32 Abs. 1 ist der Gründungsbericht ein **schriftlicher** Bericht der Gründer über den Hergang der Gründung. Er ist streng von dem Bericht der Organmitglieder sowie dem Bericht der besonderen Gründungsprüfer (vgl. § 34 Abs. 2) zu unterscheiden. Die Pflicht zur Erstellung des Gründungsberichts stellt im Hinblick auf die mit ihm verbundene zivil- und strafrechtliche Verantwortlichkeit eine **höchstpersönliche Pflicht der Gründer** dar, weshalb auch eine rechtsgeschäftliche Vertretung durch Dritte ausgeschlossen ist; allein die Zuziehung von Hilfspersonal ist gestattet[3]. Fehlt der Gründungsbericht, wird die AG gem. § 38 Abs. 1 Satz 2 nicht eingetragen, da ein wesentli-

---

[1] Begr. RegE *Kropff*, Aktiengesetz, S. 52; *Hüffer*, § 32 AktG Rz. 1; *Pentz* in MünchKomm. AktG, 3. Aufl., § 32 AktG Rz. 2; *Röhricht* in Großkomm. AktG, 4. Aufl., § 32 AktG Rz. 2.
[2] *Gerber* in Spindler/Stilz, § 32 AktG Rz. 1; *Hüffer*, § 32 AktG Rz. 1.
[3] Einhellige Meinung, vgl. nur *Hüffer*, § 32 AktG Rz. 2; *Pentz* in MünchKomm. AktG, 3. Aufl., § 32 AktG Rz. 6; *Röhricht* in Großkomm. AktG, 4. Aufl., § 32 AktG Rz. 3 je m.w.N.

cher Bestandteil der nach § 37 Abs. 4 beizufügenden Unterlagen fehlt[4]. Wird die Gesellschaft trotzdem eingetragen, so berührt dieser Verstoß allerdings die Wirksamkeit ihrer Entstehung nicht (ausf. § 39 Rz. 8). Der Registerrichter kann die Einreichung eines Prüfungsberichts nicht erzwingen[5]. Indes sind die Gründer untereinander zur Mitwirkung an der Erstellung des Gründungsberichts verpflichtet, diese (Neben-) Pflicht kann gerichtlich durchgesetzt und nach § 888 ZPO vollstreckt werden[6]. Aus § 32 Abs. 3 ergibt sich, dass der Gründungsbericht **zeitlich** nach der Bestellung des ersten Vorstands zu erstellen ist[7].

Befinden sich unter den Gründern **juristische Personen**, so handeln für diese ihre vertretungsberechtigten Organe; für nicht geschäftsfähige Personen handelt ihr gesetzlicher Vertreter. Stirbt einer der Gründer, so treten seine Erben in die Verpflichtung ein (vgl. § 28 Rz. 7). § 32 Abs. 1 geht von der Erstellung eines einheitlichen Gründungsberichts durch alle Gründer zusammen aus, jedoch ist dies nicht zwingend, so dass Zusätze einzelner Gründer zum Gesamtbericht ebenso zulässig sind wie getrennte Berichte[8]; allerdings dürfen sich die einzelnen Berichte nicht widersprechen[9]. In zivilrechtlicher Sicht sind die Gründer für den Inhalt des Gründungsberichts gem. § 46 Abs. 1 Satz 1 **verantwortlich** (dazu § 46 Rz. 7 ff.), darüber hinaus ist eine Haftung gem. § 823 Abs. 2 BGB i.V.m. § 399 Abs. 1 Nr. 2 möglich[10]; nach dieser Norm kommt bei falschen Angaben auch eine Strafbarkeit in Betracht.  3

## II. Inhalt des Gründungsberichts

### 1. Allgemeine Angaben

Der Inhalt des Gründungsberichts **beschränkt sich nicht** auf die in **§ 32 Abs. 2 und 3 aufgeführten speziellen Angaben**; insoweit wird lediglich unwiderleglich vermutet, dass die dortigen Angaben für Aktionäre und Gläubiger der Gesellschaft bedeutsam sind. Die frühere Auffassung (unter der Geltung des AktG 1937), wonach die Abs. 2 und 3 eine abschließende Regelung der berichtspflichtigen Umstände darstellen[11], ist heute überholt, da eine solche Einschränkung mit Sinn und Zweck der Norm unvereinbar wäre[12]. Die Pflicht zur Aufnahme allgemeiner Angaben in den Gründungsbericht besteht auch unabhängig davon, ob diese bereits der Satzung entnommen werden können[13]. Anzugeben sind vielmehr **alle wesentlichen Vorgänge**, die für Aktionäre und Gläubiger der Gesellschaft von Bedeutung sind[14], wie etwa Angaben zur Errichtung der Gesellschaft (Tag der Satzungsfeststellung, Grundkapital; Zerlegung  4

---

4 *Arnold* in KölnKomm. AktG, 3. Aufl., § 32 AktG Rz. 23; *Pentz* in MünchKomm. AktG, 3. Aufl., § 32 AktG Rz. 8; *Röhricht* in Großkomm. AktG, 4. Aufl., § 32 AktG Rz. 6, 27.
5 Deshalb für bloße Obliegenheit: *Pentz* in MünchKomm. AktG, 3. Aufl., § 32 AktG Rz. 8.
6 *Hüffer*, § 32 AktG Rz. 2; *Röhricht* in Großkomm. AktG, 4. Aufl., § 32 AktG Rz. 6.
7 *Hüffer*, § 32 AktG Rz. 2.
8 *Hüffer*, § 32 AktG Rz. 2; *Arnold* in KölnKomm. AktG, 3. Aufl., § 32 AktG Rz. 4; *Röhricht* in Großkomm. AktG, 4. Aufl., § 32 AktG Rz. 5.
9 *Gerber* in Spindler/Stilz, § 32 AktG Rz. 4; *Pentz* in MünchKomm. AktG, 3. Aufl., § 32 AktG Rz. 9.
10 RG v. 5.3.1938 – II 104/37, RGZ 157, 217, 231; *Hüffer*, § 32 AktG Rz. 2 a.E.
11 Vgl. hierzu *Ritter*, Komm. AktG, 1938, § 24 AktG Anm. 2.
12 *v. Godin/Wilhelmi*, § 32 AktG Anm. 3; *Hüffer*, § 32 AktG Rz. 3; *Arnold* in KölnKomm. AktG, 3. Aufl., § 32 AktG Rz. 6; *Pentz* in MünchKomm. AktG, 3. Aufl., § 32 AktG Rz. 11; *Röhricht* in Großkomm. AktG, 4. Aufl., § 32 AktG Rz. 7.
13 *Hüffer*, § 32 AktG Rz. 3; *Pentz* in MünchKomm. AktG, 3. Aufl., § 32 AktG Rz. 12; *Röhricht* in Großkomm. AktG, 4. Aufl., § 32 AktG Rz. 7.
14 *Pentz* in MünchKomm. AktG, 3. Aufl., § 32 AktG Rz. 12; *Röhricht* in Großkomm. AktG, 4. Aufl., § 32 AktG Rz. 7.

in Nennbetrags- oder Stückaktien, Zahl der von den einzelnen Gründern übernommenen Aktien mit Angabe von Nenn- und Ausgabebetrag), zur Höhe der geleisteten Bareinlagen, Angaben zur Person der Gründer sowie zu den Mitgliedern des Vorstandes und des Aufsichtsrats (Tag der Wahl, etwaige Personenidentität zwischen Gründern und Verwaltungsmitgliedern), Zusagen über die Gewährung von Gründungslohn an Gründer, Verwaltungsmitglieder und Dritte sowie etwaige besondere Vorteile. Treuhand- oder Strohmannverhältnisse sind unter dieser Maßgabe im Regelfall nur dann offen zu legen, wenn der Treugeber ein Verwaltungsmitglied ist[15].

### 2. Besonderheiten bei der Sachgründung (§ 32 Abs. 2)

5 **a)** Im Falle der Sachgründung verlangt § 32 Abs. 2 über die allgemeinen Angaben hinaus (oben Rz. 4) auch die Darlegung aller wesentlichen Umstände, von denen die Angemessenheit der Leistungen für die Sacheinlage oder die Sachübernahme abhängt. Unter **Angemessenheit** in diesem Sinne ist **Wertgleichheit** zwischen dem Gegenstand der Sacheinlage oder Sachübernahme einerseits und dem Nennbetrag der dafür zu gewährenden Aktien zu verstehen[16]. Das Tatbestandsmerkmal der Angemessenheit war auch in § 34 Abs. 1 Nr. 2 enthalten, wurde jedoch gestrichen, um zum Ausdruck zu bringen, dass den Gründern bei der Bewertung der von Sacheinlagen kein Ermessensspielraum zukommt (dazu § 34 Rz. 5); die Koordinierung der Streichung mit § 32 Abs. 2 wurde offensichtlich unterlassen[17]. Da die AG gem. § 38 Abs. 2 Satz 2 nicht in das Handelsregister eingetragen werden kann, wenn nach Ansicht des Registergerichts der Wert der Sacheinlage oder Sachübernahme nicht unwesentlich hinter dem Nennbetrag der dafür zu gewährenden Aktien oder dem Wert der dafür zu gewährenden Leistungen zurückbleibt (vgl. § 38 Rz. 13), sind hierzu besonders sorgfältige Angaben nötig[18]. Zu den für die Beurteilung der Gegenleistung wesentlichen Umständen gehören auch Angaben bzw. Zusagen über die Beschaffenheit der eingebrachten oder übernommenen Gegenstände.

6 Die allgemeine Verpflichtung nach § 32 Abs. 2 Satz 1 wird durch die Angaben nach **§ 32 Abs. 2 Satz 2 Nr. 1–3 konkretisiert**. Diese Angaben sind **zwingend** und ggf. ausdrücklich zu verneinen[19]; ihre Aufzählung ist jedoch nicht erschöpfend, weshalb beispielsweise auch Vereinbarungen über die Mängelgewährleistung, die Zusicherung bestimmter Eigenschaften oder die Kapazität eingebrachter Maschinen angegeben werden müssen, wenn sie die Angemessenheit der Leistung berühren[20]. Speziell sind folgende Angaben zu machen:

7 **b)** Nach **§ 32 Abs. 2 Satz 2 Nr. 1** über alle **vorausgegangenen Rechtsgeschäfte**, die auf den Erwerb der Sacheinlage durch die AG hingezielt haben. Gleichgültig ist die Art des Rechtsgeschäfts oder auch der Zeitpunkt, zu dem es stattgefunden hat[21]; entscheidend ist allein, dass ein Gegenstand von einem Dritten erworben wurde, um ihn der AG als Sacheinlage oder Sachübernahme zu überlassen[22]. Die Angabe solcher „Zwischengeschäfte" ist für künftige Aktionäre und Gläubiger sowie für das Regis-

---

15 So *Pentz* in MünchKomm. AktG, 3. Aufl., § 32 AktG Rz. 14; noch enger *Kraft* in KölnKomm. AktG, 2. Aufl., § 32 AktG Rz. 11; *Röhricht* in Großkomm. AktG, 4. Aufl., § 32 AktG Rz. 22.
16 *Hüffer*, § 32 AktG Rz. 4; *Röhricht* in Großkomm. AktG, 4. Aufl., § 32 AktG Rz. 1.
17 Vgl. *Röhricht* in Großkomm. AktG, 4. Aufl., § 32 AktG Rz. 1.
18 Ebenso *Pentz* in MünchKomm. AktG, 3. Aufl., § 32 AktG Rz. 16.
19 *Hüffer*, § 32 AktG Rz. 5; *Arnold* in KölnKomm. AktG, 3. Aufl., § 32 AktG Rz. 8; *Pentz* in MünchKomm. AktG, 3. Aufl., § 32 AktG Rz. 18.
20 *Pentz* in MünchKomm. AktG, 3. Aufl., § 32 AktG Rz. 16; *Hüffer*, § 32 AktG Rz. 4.
21 *Arnold* in KölnKomm. AktG, 3. Aufl., § 32 AktG Rz. 10; *Pentz* in MünchKomm. AktG, 3. Aufl., § 32 AktG Rz. 18; *Röhricht* in Großkomm. AktG, 4. Aufl., § 32 AktG Rz. 9.
22 *Hüffer*, § 32 AktG Rz. 5; vgl. bereits *Hergenhahn*, Gruch. 36, 611, 619.

tergericht deshalb von Interesse, weil sich hieraus Anhaltspunkte für die Angemessenheit der erbrachten Gegenleistung ergeben können[23]. Gründer sind untereinander zur Erteilung der erforderlichen Informationen verpflichtet[24]. Gegenüber Dritten besteht indes kein Auskunftsanspruch[25].

c) Nach § 32 Abs. 2 Satz 2 Nr. 2 sind ferner die **Anschaffungs- und Herstellungskosten** der im Wege der Sacheinlage oder der Sachübernahme von der AG zu übernehmenden Gegenstände aus den letzten beiden Jahren anzugeben. Hintergrund dieser Bestimmung ist ein ähnlicher wie bei § 32 Abs. 2 Satz 2 Nr. 1: es soll die Differenz zwischen den Aufwendungen des Einlegers und der Gegenleistung der AG feststellbar sein[26] sowie ein etwaiger Gewinn offen gelegt werden. Es kommt jedoch anders als bei § 32 Abs. 2 Satz 2 Nr. 1 nicht darauf an, ob das Anschaffungsgeschäft schon im Hinblick auf die spätere Einbringung in die Gesellschaft erfolgt ist[27]. Nach *Pentz* sollen im Falle, dass der Gegenstand innerhalb von zwei Jahren mehrfach von verschiedenen Personen erworben wurde, nur die Kosten des Gründers bzw. des letzten Veräußerers angeben werden müssen (str.)[28].

8

Der Begriff der Anschaffungs- und Herstellungskosten entspricht dem im § 255 HGB[29]. **Anschaffungskosten** sind danach die Aufwendungen, die zum Erwerb eines Vermögensgegenstandes und zur Versetzung in einen betriebsbereiten Zustand geleistet werden; **Herstellungskosten** sind die Aufwendungen, die durch den Verbrauch von Gütern und die Inanspruchnahme von Diensten für die Erstellung, die Erweiterung oder für eine über seinen ursprünglichen Zustand hinausgehende wesentliche Verbesserung entstehen einschließlich der Material- und Fertigungskosten (§ 255 Abs. 2 HGB).

9

Zur Offenbarung ist der **Gründer** aufgrund seiner Mitwirkung an der Gründung der Gesellschaft **verpflichtet, nicht** hingegen ein **Dritter** (oben Rz. 2). Daher können sich Probleme ergeben, wenn die AG den Gegenstand von einem Dritten im Wege der Sachübernahme erwerben soll; hier bleibt nur der Ausweg, den Dritten vertraglich zur Offenlegung seiner Kosten zu verpflichten, andernfalls (d.h. bei Weigerung des Dritten) die geplante Sachübernahme nicht durchgeführt werden kann[30]. Die Angaben nach § 32 Abs. 2 Satz 2 Nr. 2 sind auch dann vollständig und wahrheitsgemäß zu machen, wenn sie sich für die Gesellschaft als **nachteilig** erweisen. Der Rechtsgedanke des § 131 Abs. 3 Satz 1 Nr. 1 ist auf den Gründungsbericht nicht entsprechend anwendbar[31].

10

---

23 *Pentz* in MünchKomm. AktG, 3. Aufl., § 32 AktG Rz. 18; *Röhricht* in Großkomm. AktG, 4. Aufl., § 32 AktG Rz. 9.
24 *Hüffer*, § 32 AktG Rz. 5; *Röhricht* in Großkomm. AktG, 4. Aufl., § 32 AktG Rz. 9 a.E.
25 *Pentz* in MünchKomm. AktG, 3. Aufl., § 32 AktG Rz. 19; *Röhricht* in Großkomm. AktG, 4. Aufl., § 32 AktG Rz. 9 a.E.
26 *Hüffer*, § 32 AktG Rz. 5; *Röhricht* in Großkomm. AktG, 4. Aufl., § 32 AktG Rz. 11; *Hergenhahn*, Gruch 36, 611, 619.
27 *Pentz* in MünchKomm. AktG, 3. Aufl., § 32 AktG Rz. 20; *Röhricht* in Großkomm. AktG, 4. Aufl., § 32 AktG Rz. 12.
28 *Pentz* in MünchKomm. AktG, 3. Aufl., § 32 AktG Rz. 20 m.w.N. zum Streitstand aus dem älteren Schrifttum.
29 *Hüffer*, § 32 AktG Rz. 5; *Röhricht* in Großkomm. AktG, 4. Aufl., § 32 AktG Rz. 12.
30 *Pentz* in MünchKomm. AktG, 3. Aufl., § 32 AktG Rz. 21; *Röhricht* in Großkomm. AktG, 4. Aufl., § 32 AktG Rz. 14.
31 Die Gesellschaft kann sich nicht auf ein Auskunftsverweigerungsrecht berufen; ebenso *Eckardt* in G/H/E/K, § 32 AktG Rz. 5; *Pentz* in MünchKomm. AktG, 3. Aufl., § 32 AktG Rz. 22; *Röhricht* in Großkomm. AktG, 4. Aufl., § 32 AktG Rz. 13.

11 Nach zutreffender Ansicht beginnt die **Zwei-Jahres-Frist** mit dem Tag der Satzungsfeststellung zu laufen[32]; die frühere Auffassung, die den Zeitpunkt der Erstellung des Gründungsberichts für maßgeblich hielt[33], ist überholt; sie war vor allem deshalb unzutreffend, weil bereits mit der Satzungsfeststellung die jeweiligen Gegenleistungen festgelegt und deren Angemessenheit gerade überprüft werden soll. Liegen die Anschaffungen oder die Herstellung länger als zwei Jahre zurück, so ist diese Tatsache anzugeben, jedoch sind weitere Kostenangaben entbehrlich, da der Gesetzgeber davon ausgeht, dass bei solchen länger zurückliegenden Erwerbsvorgängen kein Zusammenhang mehr mit der Gründung besteht. Zudem hat die Bewertung in diesem Falle keine hohe Aussagekraft mehr[34].

12 d) Nach § 32 Abs. 2 Satz 2 Nr. 3 sind beim Übergang eines Unternehmens oder (trotz des insoweit von § 31 abweichenden und daher missverständlichen Wortlauts) eines Unternehmensteils[35] auf die Gesellschaft die **Betriebserträge aus den letzten beiden Geschäftsjahren** in den Gründungsbericht aufzunehmen. Hintergrund auch dieser Bestimmung ist wiederum der Schutz der Gesellschaft vor einer unzureichenden Vermögenszufuhr; erleichtert werden soll aufgrund der Angaben nach § 32 Abs. 2 Satz 2 Nr. 3 die Schätzung, ob die Gesellschaft für die eingeräumten Aktionärsrechte einen ausreichenden Gegenwert in Form des Unternehmens erhält[36]. Durch die Verwendung des Begriffs „**Übergang**" werden sowohl der Fall einer Sacheinlage als auch einer Sachübernahme erfasst[37]. Schwierigkeiten bereitet indes die Definition der „**Betriebserträge**". Dieser Begriff ist gesetzlich nicht definiert. Das Schrifttum[38] lehnt sich an die Parallelbestimmung des § 5 Abs. 4 Satz 2 GmbHG an, welche von „Jahresergebnissen" spricht und damit die Jahresüberschüsse bzw. -fehlbeträge im Sinne von §§ 266 Abs. 3 A. V., 275 Abs. 2 Nr. 20 bzw. Abs. 3 Nr. 19 HGB meint[39]. *Röhricht* versteht hierunter darüber hinaus auch das besondere Hervorheben von außerordentlichen Posten und Ereignissen, die für die Beurteilung der Erträge wesentlich sind[40]. Zutreffend weist indes *Pentz*[41] auf den historischen Kontext dieser Vorschrift hin: Der Begriff des Betriebsertrages fand sich bereits in § 191 Abs. 2 HGB und wurde aus dieser Vorschrift in § 24 Abs. 2 AktG 1937 und schließlich in § 32 AktG übernommen. Bereits im alten Recht wurden die „Betriebserträge" im Hinblick auf Sinn und Zweck des Gründungsberichts nicht nur als Wiedergabe des Ergebnisses von Gewinn- und Verlustrechnung, sondern als Kennzahl für die Beurteilung der Rentabilität des übertragenen Unternehmens verstanden. Daher waren auch die außerordentlichen Erträge bzw. Verluste herauszurechnen und erst dieses Ergebnis als Betriebsertrag anzugeben[42]. Unter dem Betriebsertrag ist dementsprechend der um

---

32 *Eckardt* in G/H/E/K, § 32 AktG Rz. 19; *Hüffer*, § 32 AktG Rz. 5; *Arnold* in KölnKomm. AktG, 3. Aufl., § 32 AktG Rz. 12; *Pentz* in MünchKomm. AktG, 3. Aufl., § 32 AktG Rz. 23; *Röhricht* in Großkomm. AktG, 4. Aufl., § 32 AktG Rz. 12.
33 *Ritter*, Komm. AktG, 1939, § 24 AktG Anm. 3e.
34 Ebenso *Pentz* in MünchKomm. AktG, 3. Aufl., § 32 AktG Rz. 23; *Röhricht* in Großkomm. AktG, 4. Aufl., § 32 AktG Rz. 12.
35 *Pentz* in MünchKomm. AktG, 3. Aufl., § 32 AktG Rz. 24; *Röhricht* in Großkomm. AktG, 4. Aufl., § 32 AktG Rz. 15.
36 *Pentz* in MünchKomm. AktG, 3. Aufl., § 32 AktG Rz. 24.
37 *Röhricht* in Großkomm. AktG, 4. Aufl., § 32 AktG Rz. 15.
38 *Gerber* in Spindler/Stilz, § 32 AktG Rz. 13; *Hüffer*, § 32 AktG Rz. 5; *Röhricht* in Großkomm. AktG, 4. Aufl., § 32 AktG Rz. 16.
39 Dazu nur *Bayer* in Lutter/Hommelhoff, § 5 GmbHG Rz. 33; OLG Naumburg v. 23.1.1997 – 7 U 89/96, GmbHR 1998, 385.
40 *Röhricht* in Großkomm. AktG, 4. Aufl., § 32 AktG Rz. 16.
41 Ausführlich *Pentz* in MünchKomm. AktG, 3. Aufl., § 32 AktG Rz. 25.
42 *Düringer/Hachenburg*, Komm. HGB, 3. Aufl. 1934, § 191 Anm. 35; ihm folgend *Pentz* in MünchKomm. AktG, 3. Aufl., § 32 AktG Rz. 25.

außerordentliche Aufwendungen bzw. Erträge bereinigte Jahresüberschuss bzw. Jahresfehlbetrag zu verstehen. Nach dem ausdrücklichen Wortlaut des Gesetzes („Betriebserträge", „Geschäftsjahre") sind die Angaben gesondert für jedes einzelne abgelaufene Geschäftsjahr zu machen; der im laufenden Geschäftsjahr bislang entstandene Betriebsertrag ist hingegen nicht zwingend anzugeben, kann aber gleichwohl zweckmäßig sein[43]. Besteht das Unternehmen noch keine vollen zwei Jahre, so ist der bisherige Ertrag anzugeben[44].

### 3. Zusätzliche Angaben zum Vorstand und Aufsichtsrat (§ 32 Abs. 3)

Unabhängig, ob es sich um eine Bar- oder Sachgründung handelt, fordert § 32 Abs. 3 noch zusätzliche Angaben, die bezwecken, den Gründungsvorgang **transparenter** zu machen, indem der Einfluss der Verwaltungsmitglieder auf die AG und etwaige Interessenkollisionen offen gelegt werden; zugleich wird ersichtlich, ob eine Prüfung durch besondere Gründungsprüfer nach § 33 Abs. 2 Nr. 2 bzw. Nr. 3 erforderlich ist[45].

a) Gem. § 32 Abs. 3 1. Var. ist im Gründungsbericht anzugeben, ob und in welchem Umfang bei der Gründung Aktien der Gesellschaft auf Rechnung der Mitglieder des Vorstandes oder des Aufsichtsrats von einem **Treuhänder** (Strohmann) übernommen worden sind. Nicht anzugeben ist hingegen eine Aktienübernahme durch ein Mitglied des Vorstandes oder des Aufsichtsrats selbst. Sind diese Voraussetzungen gegeben, so ist zusätzlich eine besondere externe Gründungsprüfung gem. § 33 Abs. 2 Nr. 2 erforderlich. Hintergrund der Bestimmung ist allein die **Offenlegung etwaiger Strohmannverhältnisse**, damit für künftige Aktionäre und Gläubiger der Gesellschaft erkennbar wird, ob und inwieweit eine nach außen hin nicht sichtbare Beherrschung der AG durch ihre Verwaltungsmitglieder vorliegt[46]. Nach *Pentz* werden entsprechend dem Sinn und Zweck der Norm auch die Fälle erfasst, in denen ein Vorstands- oder Aufsichtsratsmitglied als Strohmann für ein anderes Verwaltungsmitglied Aktien übernimmt[47]. Präventiv sollen dadurch, dass Gründungs- und Prüfungsbericht bei Gericht einzureichen sind und von jedermann eingesehen werden können, Strohmanngründungen von vornherein unattraktiver gemacht werden.

Anzugeben ist – für **jedes Vorstands- und Aufsichtsratsmitglied gesondert** – der Name des beteiligten Gründers und des betreffenden Verwaltungsmitglieds sowie der Umfang der Aktienübernahme durch den Dritten[48]. Die Pflicht des Strohmanns zur Benennung des Hintermanns gegenüber den anderen Gründern ergibt sich aus seiner Beteiligung an der Gründung der Gesellschaft (vgl. bereits Rz. 4). Liegt keine Übernahme von Aktien für Rechnung von Mitgliedern des Vorstandes oder des Aufsichtsrats vor, so muss eine **Fehlanzeige** in den Gründungsbericht aufgenommen werden[49]. *Röhricht* folgert aus dem Umstand, dass das Gesetz in § 32 Abs. 3 nur die Offenlegung von solchen Treuhandverhältnissen verlangt, die zwischen einem Gründer und einem Vorstands- oder Aufsichtsratsmitglied bestehen, dass andere Strohmannver-

---

43 So zu Recht *Pentz* in MünchKomm. AktG, 3. Aufl., § 32 AktG Rz. 26; *Röhricht* in Großkomm. AktG, 4. Aufl., § 32 AktG Rz. 17.
44 *Hüffer*, § 32 AktG Rz. 5; *Arnold* in KölnKomm. AktG, 3. Aufl., § 32 AktG Rz. 15; *Pentz* in MünchKomm. AktG, 3. Aufl., § 32 AktG Rz. 26; *Röhricht* in Großkomm. AktG, 4. Aufl., § 32 AktG Rz. 18.
45 *Hüffer*, § 32 AktG Rz. 6; *Pentz* in MünchKomm. AktG, 3. Aufl., § 32 AktG Rz. 27.
46 *Pentz* in MünchKomm. AktG, 3. Aufl., § 32 AktG Rz. 28; *Röhricht* in Großkomm. AktG, 4. Aufl., § 32 AktG Rz. 20.
47 *Pentz* in MünchKomm. AktG, 3. Aufl., § 32 AktG Rz. 28.
48 *Hüffer*, § 32 AktG Rz. 6; *Pentz* in MünchKomm. AktG, 3. Aufl., § 32 AktG Rz. 29; *Röhricht* in Großkomm. AktG, 4. Aufl., § 32 AktG Rz. 21.
49 So auch *Gerber* in Spindler/Stilz, § 32 AktG Rz. 8; *Hüffer*, § 32 AktG Rz. 6.

hältnisse nicht aufgedeckt werden müssten[50]. Da die Vorschrift des Abs. 3 aber nur einen besonderen Unterfall des Abs. 2 darstellt, sind auch andere Strohmannverhältnisse – nicht nach § 32 Abs. 3, sondern nach § 32 Abs. 2 Satz 1 – offen zu legen, soweit dieses Verhältnis für die späteren Aktionäre oder Gläubiger der Gesellschaft von Bedeutung sein kann[51].

16 **b) § 32 Abs. 3 2. Var.** verlangt die Angabe, ob und in welcher Weise sich ein Mitglied des Vorstandes oder des Aufsichtsrats einen **besonderen Vorteil** (Sondervorteil: zum Begriff § 26 Rz. 4 f.) oder für die Gründung oder ihre Vorbereitung eine **Entschädigung** oder **Belohnung** (Gründungsentschädigung bzw. Gründerlohn = Gründungsaufwand, vgl. dazu § 26 Rz. 13 ff.) ausbedungen hat. Diese Verpflichtung besteht neben der Pflicht zur Offenlegung in der Satzung gem. § 26 Abs. 1, 2 (dazu § 26 Rz. 10). Erfasst werden auch die von Dritten eingeräumten Vergünstigungen. Zweck ist es, den Gründungsvorgang insgesamt für Aktionäre und Gläubiger transparent zu machen und mögliche Interessenkollisionen aufzudecken[52]. Anzugeben sind **Art, Umfang und genaue Ausgestaltung** des jeweiligen Vorteils usw. (einschließlich einer etwaigen Gegenleistung des betreffenden Verwaltungsmitglieds). Auch hier sind – im Hinblick auf Gründerlohn und Gründungsentschädigung über § 26 Abs. 2 hinausgehend – die Angaben für jedes Mitglied gesondert zu machen und nach Namensnennung aufzugliedern; anderenfalls ließe der Bericht nicht erkennen, welches Organmitglied im Einzelnen welche Vorteile für sich in Anspruch genommen hat[53]. Sind die Voraussetzungen des § 32 Abs. 3 2. Var. gegeben, so muss eine besondere Gründungsprüfung gem. § 33 Abs. 2 Nr. 3 durchgeführt werden. Nicht zu den besonderen Vorteilen gehören die dienstvertraglichen Bezüge des Vorstands (dazu § 30 Rz. 24). Vorteile, Gründerentschädigungen oder Gründerlohn, die einem Aktionär (Gründer) oder einem Dritten gewährt werden, der nicht Verwaltungsmitglied ist, unterfallen nicht dem § 32 Abs. 3 2. Var., sind jedoch im Gründungsbericht gem. § 32 Abs. 1 aufzuführen, sofern sie sich für die späteren Aktionäre oder Gläubiger als bedeutsam erweisen[54].

## III. Nachtragsbericht

17 Ändern sich nach Erstattung des Gründungsberichts wesentliche Umstände, so ist ein Nachtragsbericht zu erstatten[55]. Dieser Nachtragsbericht ist ein echter Gründungsbericht, der insgesamt den Anforderungen des § 32 entsprechen muss (Beispiel: Kapitalerhöhung durch Einbringung eines Unternehmens vor Eintragung der Gesellschaft)[56].

---

50 Röhricht in Großkomm. AktG, 4. Aufl., § 32 AktG Rz. 22.
51 So zutreffend *Pentz* in MünchKomm. AktG, 3. Aufl., § 32 AktG Rz. 31.
52 *Pentz* in MünchKomm. AktG, 3. Aufl., § 32 AktG Rz. 32; *Röhricht* in Großkomm. AktG, 4. Aufl., § 32 AktG Rz. 23.
53 *Hüffer*, § 32 AktG Rz. 6; *Arnold* in KölnKomm. AktG, 3. Aufl., § 32 AktG Rz. 21; *Röhricht* in Großkomm. AktG, 4. Aufl., § 32 AktG Rz. 24.
54 Zutreffend *Pentz* in MünchKomm. AktG, 3. Aufl., § 32 AktG Rz. 36.
55 KG v. 24.4.1924, OLGE 43, 299, 301; *Hüffer*, § 32 AktG Rz. 7; *Arnold* in KölnKomm. AktG, 3. Aufl., § 32 AktG Rz. 21; *Pentz* in MünchKomm. AktG, 3. Aufl., § 32 AktG Rz. 37; *Röhricht* in Großkomm. AktG, 4. Aufl., § 32 AktG Rz. 26.
56 S. dazu KG v. 24.4.1924, OLGE 43, 299 zu § 191 HGB; zust. *Pentz* in MünchKomm. AktG, 3. Aufl., § 32 AktG Rz. 37.

## § 33
## Gründungsprüfung. Allgemeines

(1) Die Mitglieder des Vorstands und des Aufsichtsrats haben den Hergang der Gründung zu prüfen.

(2) Außerdem hat eine Prüfung durch einen oder mehrere Prüfer (Gründungsprüfer) stattzufinden, wenn
1. ein Mitglied des Vorstands oder des Aufsichtsrats zu den Gründern gehört oder
2. bei der Gründung für Rechnung eines Mitglieds des Vorstands oder des Aufsichtsrats Aktien übernommen worden sind oder
3. ein Mitglied des Vorstands oder des Aufsichtsrats sich einen besonderen Vorteil oder für die Gründung oder ihre Vorbereitung eine Entschädigung oder Belohnung ausbedungen hat oder
4. eine Gründung mit Sacheinlagen oder Sachübernahmen vorliegt.

(3) In den Fällen des Absatzes 2 Nr. 1 und 2 kann der beurkundende Notar (§ 23 Abs. 1 Satz 1) anstelle eines Gründungsprüfers die Prüfung im Auftrag der Gründer vornehmen; die Bestimmungen über die Gründungsprüfung finden sinngemäße Anwendung. Nimmt nicht der Notar die Prüfung vor, so bestellt das Gericht die Gründungsprüfer. Gegen die Entscheidung ist die Beschwerde zulässig.

(4) Als Gründungsprüfer sollen, wenn die Prüfung keine anderen Kenntnisse fordert, nur bestellt werden
1. Personen, die in der Buchführung ausreichend vorgebildet und erfahren sind;
2. Prüfungsgesellschaften, von deren gesetzlichen Vertretern mindestens einer in der Buchführung ausreichend vorgebildet und erfahren ist.

(5) Als Gründungsprüfer darf nicht bestellt werden, wer nach § 143 Abs. 2 nicht Sonderprüfer sein kann. Gleiches gilt für Personen und Prüfungsgesellschaften, auf deren Geschäftsführung die Gründer oder Personen, für deren Rechnung die Gründer Aktien übernommen haben, maßgebenden Einfluss haben.

| | |
|---|---|
| I. Überblick ................... 1 | 2. Reguläre Gründungsprüfung ..... 10 |
| II. Gründungsprüfung durch die Mitglieder der Verwaltung (§ 33 Abs. 1) . 2 | V. Sachliche und persönliche Voraussetzungen für die Prüfertätigkeit (§ 33 Abs. 4 und 5) ................. 11 |
| III. Gründungsprüfung durch besondere Gründungsprüfer (§ 33 Abs. 2) ..... 4 | 1. Sachliche Eignung der Prüfer ..... 11 |
| IV. Durchführung der besonderen Gründungsprüfung (§ 33 Abs. 3) .... 9 | 2. Persönliche Eignung der Prüfer ..... 12 |
| 1. Prüfung durch den beurkundenden Notar .................... 9 | VI. Rechtsfolgen bei Fehlern ......... 14 |

**Literatur:** *Dienst*, Die aktienrechtliche externe Gründungsprüfung, Diss. München 1959; *Dienst*, Sind die Gründungsprüfvorschriften ausreichend?, WPg 1964, 149; *Ebke/Paal*, Die Unabhängigkeit des gesetzlichen Abschlussprüfers: Absolute Ausschlussgründe und ihre Auswirkungen auf den Prüfungsvertrag, ZGR 2005, 894; *Grage*, Notarrelevante Regelungen des Transparenz- und Publizitätsgesetzes im Überblick, RNotZ 2002, 326; *Heckschen*, Gründungsprüfung durch den Notar, NotBZ 2002, 429; *Hergenhahn*, Gründer-Erklärung und Prüfung des Gründungshergangs bei Aktiengesellschaften nach Art. 209g und 209h des Reichsgesetzes betreffend die Kommandit-Gesellschaften auf Aktien und Aktiengesellschaften vom 18. Juli 1884, Gruchot 36, 611; *Her-*

*manns*, Erleichterungen bei der Gründung von Aktiengesellschaften durch das Transparenz- und Publizitätsgesetz, ZIP 2002, 1785; *Hommelhoff*, Zur Mitwirkung des Abschlussprüfers nach § 319 Abs. 2 Nr. 5 HGB, in Gedächtnisschrift Knobbe-Keuk, 1997, S. 471; *Hommelhoff*, Abschlussprüfung und Abschlussberatung, ZGR 1997, 550; *W. Klein*, Die betriebswirtschaftliche Beurteilung eines Unternehmens im Rahmen der Gründungsprüfung, 1972; *Kupsch/Penné*, Probleme der aktienrechtlichen Gründungsprüfung bei Einbringung einer Unternehmung, WPg 1985, 125; *Lappe*, Die Gründungsprüfung des Notars, NotBZ 2002, 446; *Mohr*, Die Bewertung der Beteiligungen als Problem der aktienrechtlichen Gründungsprüfung, WPg 1960, 573; *Munkert*, Die externe aktienrechtliche Gründungsprüfung, 1971; *Papmehl*, Aktienrechtliche Gründungsprüfung durch Notare, MittBayNot 2003, 187; *Saage*, Zum Umfang der Gründungsprüfung – Besprechung der Entscheidung BGHZ 64, 52 ff., ZGR 1977, 683; *Schiller*, Die Prüfung von Sacheinlagen im Rahmen der aktienrechtlichen Gründungsprüfung, AG 1992, 20; *K. Schmidt*, Zur aktienrechtlichen Haftung des Gründungsprüfers bei der Überbewertung von Sacheinlagen, DB 1975, 1781; *Selchert*, Prüfungen anlässlich der Gründung, Umwandlung, Fusion und Beendigung von Unternehmen, 1977; *Voß*, Die Gründungsprüfung, WPg 1964, 439.

## I. Überblick

1 § 33 trifft Regelungen zur Prüfung des Hergangs der Gründung der Gesellschaft. Übergeordnete **Zwecksetzung** der besonderen Prüfung des Gründungsherganges ist die Verhinderung der Gründung von Gesellschaften, „die nicht die im Interesse der künftigen Gläubiger und Aktionäre notwendigen Sicherungen erfüllen"[1]. Die Bestimmung bezweckt (ähnlich wie § 32) die Sicherstellung der Seriosität der Gründung, um sog. **Schwindelgründungen** (speziell durch Überbewertung der Sacheinlagen) möglichst frühzeitig aufzudecken. Gleichzeitig sollen die Gründungsverhältnisse der Öffentlichkeit zugänglich gemacht (§ 34 Abs. 3 Satz 2) sowie die gerichtliche Gründungprüfung (§ 38) erleichtert werden. Zu diesem Zweck ordnet § 33 Abs. 1 die obligatorische Prüfung durch die Mitglieder des Vorstands und des Aufsichtsrats an. In besonderen Fällen hat nach § 33 Abs. 2 eine weitere Prüfung durch besondere Gründungsprüfer zu erfolgen, die nach § 33 Abs. 3 durch das Gericht bestellt werden und für deren sachliche Qualifikation § 33 Abs. 4 nähere Bestimmungen trifft. § 33 Abs. 5 stellt schließlich besondere Anforderungen an die persönliche Eignung der Gründungsprüfer und enthält eine abschließende Regelung der Ausschließungsgründe. Die Vorschrift des § 33 entspricht im Wesentlichen der Regelung in § 25 AktG 1937 bzw. § 192 HGB. Seit der Neufassung durch das Transparenz- und Publizitätsgesetz vom 19.7.2002[2] ermöglicht § 33 Abs. 3 Satz 1 in den Fällen des § 33 Abs. 2 Nr. 1 und 2 die Durchführung der besonderen Gründungsprüfung durch den beurkundenden Notar. Nach § 33a kann in bestimmten Fällen von einer Gründungsprüfung abgesehen werden (vgl. die Kommentierung dort).

## II. Gründungsprüfung durch die Mitglieder der Verwaltung (§ 33 Abs. 1)

2 Nach **§ 33 Abs. 1** haben die Mitglieder des Vorstands und des Aufsichtsrats den Hergang der Gründung zu prüfen. Die Prüfung nach § 33 Abs. 1 ist im Gegensatz zu der zusätzlichen (besonderen) Prüfung nach § 33 Abs. 2 an keine besonderen Voraussetzungen geknüpft. Die Prüfungspflicht besteht folglich ausnahmslos für alle Gründungsvorgänge einer Aktiengesellschaft. Die Prüfung hat durch alle Vorstands- und Aufsichtsratsmitglieder zu erfolgen, die an der Anmeldung der Gesellschaft mitwirken müssen (§ 36), d.h. einschließlich der Stellvertreter i.S. von § 94 (vgl. dazu § 94).

---

1 *Kropff*, Aktiengesetz, S. 53; ausführlich *Dienst*, Aktienrechtliche Gründungsprüfung, 1959, S. 5 ff.
2 TransPuG, BGBl. I 2002, 2681.

Scheidet ein Vorstands- oder Aufsichtsratsmitglied nach Vornahme der Prüfung, jedoch vor Eintragung der Gesellschaft aus, so hat sein Nachfolger die Prüfung zu wiederholen[3]. Rückt kein neues Mitglied in den Vorstand oder Aufsichtsrat nach, bedarf es keiner erneuten Prüfung. Jedes einzelne Organmitglied ist berechtigt, von den Gründern die **Informationen** zu **verlangen**, die es nach seinem pflichtgemäßen Ermessen für die ordnungsgemäße Gründungsprüfung benötigt[4]. Die Prüfungspflicht ist höchstpersönlicher Natur[5]; deshalb ist eine Stellvertretung unzulässig, nicht jedoch die Zuziehung von Hilfspersonen. Die Prüfung hat sich auf alle Umstände zu erstrecken, die für die späteren Aktionäre und Gläubiger von Belang sein könnten[6], insbesondere auf die Gegenstände gem. § 34.

Gegenüber der Vor-AG ist jedes Verwaltungsmitglied zur **Mitwirkung an der Prüfung** verpflichtet, und zwar zum einen aufgrund seiner Organstellung[7], zum anderen aufgrund einer Nebenpflicht aus dem Dienstvertrag[8]. Verweigert ein Mitglied seine Mitwirkung, so ist eine Zwangsvollstreckung allerdings durch § 888 Abs. 2 ZPO ausgeschlossen[9]. Einzige Sanktion ist die Abberufung. Die Tatsache der Verweigerung und ggf. die Begründung sind in den Prüfungsbericht aufzunehmen[10]. Bei Pflichtverletzungen kommt Haftung gegenüber der AG nach § 48 sowie Strafbarkeit gem. § 399 Abs. 1 Nr. 2 in Betracht.

### III. Gründungsprüfung durch besondere Gründungsprüfer (§ 33 Abs. 2)

Für **vier abschließend aufgezählte Konstellationen** wird in § 33 Abs. 2 eine besondere Prüfungspflicht angeordnet. Maßgebender Zeitpunkt für die Frage, ob eine externe Gründungsprüfung notwendig ist, ist der Zeitpunkt der Registereintragung[11]. Veränderungen, die sich im Zeitraum zwischen Gründung der AG und deren Eintragung ergeben, können daher eine externe Gründungsprüfung veranlassen (Bsp.: nachträgliche Bestellung eines Gründers zum Vorstandsmitglied).

Nach **§ 33 Abs. 2 Nr. 1** ist eine besondere Gründungsprüfung notwendig, wenn ein **Mitglied der Verwaltung zu den Gründern** gehört. Hierdurch soll der Gefahr begegnet werden, dass ein Verwaltungsmitglied, das selbst Gründer ist, die Gründungsprüfung nicht mit der gebotenen Objektivität vornimmt[12]. Ist Gründer eine Kapitalgesellschaft, dann gilt § 33 Abs. 2 Nr. 1, wenn ein Verwaltungsmitglied zugleich Mitglied

---

3 *Eckardt* in G/H/E/K, § 33 AktG Rz. 7; ihm folgend *Röhricht* in Großkomm. AktG, 4. Aufl., § 33 AktG Rz. 7; *Pentz* in MünchKomm. AktG, 3. Aufl., § 33 AktG Rz. 6.
4 *Röhricht* in Großkomm. AktG, 4. Aufl., § 33 AktG Rz. 3.
5 KGJ 28 A 228, 236 f.; *Gerber* in Spindler/Stilz, § 33 AktG Rz. 4; *Hüffer*, § 33 AktG Rz. 2; *Arnold* in KölnKomm. AktG, 3. Aufl., § 33 AktG Rz. 7.
6 *Pentz* in MünchKomm. AktG, 3. Aufl., § 33 AktG Rz. 9; *Röhricht* in Großkomm. AktG, 4. Aufl., § 33 AktG Rz. 5.
7 *Hüffer*, § 33 AktG Rz. 2; *Pentz* in MünchKomm. AktG, 3. Aufl., § 33 AktG Rz. 11; *Röhricht* in Großkomm. AktG, 4. Aufl., § 33 AktG Rz. 6.
8 *Gerber* in Spindler/Stilz, § 33 AktG Rz. 6; *Kraft* in KölnKomm. AktG, 2. Aufl., § 33 AktG Rz. 6; a.A.: *Röhricht* in Großkomm. AktG, 4. Aufl., § 33 AktG Rz. 6.
9 *Hüffer*, § 33 AktG Rz. 2; *Pentz* in MünchKomm. AktG, 3. Aufl., § 33 AktG Rz. 11 m.w.N.
10 *v. Godin/Wilhelmi*, § 33 AktG Anm. 2; *Hüffer*, § 33 AktG Rz. 2; *Arnold* in KölnKomm. AktG, 3. Aufl., Rz. 8; *Pentz* in MünchKomm. AktG, 3. Aufl., § 33 AktG Rz. 11; *Röhricht* in Großkomm. AktG, 4. Aufl., § 33 AktG Rz. 6.
11 *Hermanns*, ZIP 2002, 1785, 1787; *Hüffer*, § 33 AktG Rz. 4; *Pentz* in MünchKomm. AktG, 3. Aufl., § 33 AktG Rz. 18.
12 *Dienst*, Aktienrechtliche Gründungsprüfung, 1959, S. 70 f.; *Pentz* in MünchKomm. AktG, 3. Aufl., § 33 AktG Rz. 16; *Röhricht* in Großkomm. AktG, 4. Aufl., § 33 AktG Rz. 10.

des Vertretungsorgans der Gründergesellschaft ist[13] oder diese beherrscht[14]. Beteiligt sich eine Personengesellschaft an der Gründung einer AG, so kommt § 33 Abs. 2 Nr. 1 zur Anwendung, wenn ein vertretungsberechtigter Gesellschafter in den Vorstand oder Aufsichtsrat der Vorgesellschaft eintritt[15]. Bei Beteiligung einer Erben- oder Gütergemeinschaft als Gründer greift § 33 Abs. 2 Nr. 1 ein, wenn ein Miterbe oder Ehegatte Verwaltungsmitglied ist[16]. Nach allgemeiner Auffassung ist die externe Prüfung auch auf die Fälle zu erstrecken, in denen ein gesetzlicher Vertreter eines Gründers zum Vorstands- oder Aufsichtsratsmitglied bestellt worden ist; streitig ist dies bei bloßer rechtsgeschäftlicher Vertretung[17].

6 § 33 Abs. 2 Nr. 2 betrifft die Aktienübernahme für Rechnung eines Verwaltungsmitglieds (**Strohmanngründung**). Auch hier gilt die Befürchtung, dass von den Verwaltungsmitgliedern im Hinblick auf ihre eigene wirtschaftliche Betroffenheit keine unvoreingenommene und objektive Prüfung erwartet werden kann[18]. Bereits die Übernahme einer einzigen Aktie genügt[19].

7 Eine besondere Gründungsprüfung ist nach § 33 Abs. 2 Nr. 3 weiter erforderlich bei **Entgegennahme von Sondervorteilen**, Gründerlohn oder Gründerentschädigung durch ein Verwaltungsmitglied (vgl. dazu § 26 Rz. 14 f.). Hier besteht die Gefahr, dass ein Organmitglied im Hinblick auf solche Zusagen den Gründern gegenüber zu Zugeständnissen bereit ist; eine objektive Überprüfung der Leistungen, aus denen es selbst Vorteile zieht, kann nicht erwartet werden. Wer die Zusage macht, ist unerheblich; auch wenn ein Dritter leisten soll und daher die Zusage weder als Sondervorteil noch als Gründungsaufwand in die Satzung aufzunehmen ist, ist nach allgemeiner Ansicht eine besondere Gründungsprüfung erforderlich[20].

8 Soweit nicht die Ausnahmeregelung des neuen § 33a in Betracht kommt (vgl. die Kommentierung dort), ist eine besondere Gründungsprüfung nach **§ 33 Abs. 2 Nr. 4** auch im Falle einer **Sacheinlage oder Sachübernahme** (zum Begriff: § 27 Rz. 6, 27) erforderlich: Grund ist hier nicht eine Interessenkollision, sondern das Bedürfnis nach einer besonderen Werthaltigkeitsprüfung[21], und zwar ungeachtet des Wertes und ungeachtet, von wem der Gegenstand übernommen werden soll[22]. Wurden Sacheinlage

---

13 *Hüffer*, § 33 AktG Rz. 4; *Pentz* in MünchKomm. AktG, 3. Aufl., § 33 AktG Rz. 17; *Röhricht* in Großkomm. AktG, 4. Aufl., § 33 AktG Rz. 11.
14 *Pentz* in MünchKomm. AktG, 3. Aufl., § 33 AktG Rz. 17; a.A. *Röhricht* in Großkomm. AktG, 4. Aufl., § 33 AktG Rz. 11; vermittelnd *Gerber* in Spindler/Stilz, § 33 AktG Rz. 8 (wenn faktisches Organ).
15 Ausführlich hierzu *Pentz* in MünchKomm. AktG, 3. Aufl., § 33 AktG Rz. 19 f.; *Röhricht* in Großkomm. AktG, 4. Aufl., § 33 AktG Rz. 11; a.A.: *Eckardt* in G/H/E/K, § 33 AktG Rz. 16; v. *Godin/Wilhelmi*, § 33 AktG Anm. 3, wonach eine externe Gründungsprüfung auch erforderlich ist, wenn ein nichtvertretungsberechtigter Gesellschafter in den Vorstand eintritt.
16 *Hüffer*, § 33 AktG Rz. 4; *Pentz* in MünchKomm. AktG, 3. Aufl., § 33 AktG Rz. 20; *Röhricht* in Großkomm. AktG, 4. Aufl., § 33 AktG Rz. 12.
17 Dafür: *Eckardt* in G/H/E/K, § 33 AktG Rz. 18; *Pentz* in MünchKomm. AktG, 3. Aufl., § 33 AktG Rz. 21; dagegen: *Gerber* in Spindler/Stilz, § 33 AktG Rz. 8; *Arnold* in KölnKomm. AktG, 3. Aufl., § 33 AktG Rz. 13; *Röhricht* in Großkomm. AktG, 4. Aufl., § 33 AktG Rz. 13; tendenziell auch *Hüffer*, § 33 AktG Rz. 4; offen gelassen von RG v. 7.4.1937 – V 185/36, RGZ 154, 276, 283.
18 *Pentz* in MünchKomm. AktG, 3. Aufl., § 33 AktG Rz. 18, Rz. 22; *Röhricht* in Großkomm. AktG, 4. Aufl., § 33 AktG Rz. 15.
19 *Hüffer*, § 33 AktG Rz. 4; *Pentz* in MünchKomm. AktG, 3. Aufl., § 33 AktG Rz. 22.
20 *Pentz* in MünchKomm. AktG, 3. Aufl., § 33 AktG Rz. 24; *Hüffer*, § 33 AktG Rz. 4; *Röhricht* in Großkomm. AktG, 4. Aufl., § 33 AktG Rz. 16.
21 *Pentz* in MünchKomm. AktG, 3. Aufl., § 33 AktG Rz. 25; *Röhricht* in Großkomm. AktG, 4. Aufl., § 33 AktG Rz. 17.
22 *Pentz* in MünchKomm. AktG, 3. Aufl., § 33 AktG Rz. 26.

oder Sachübernahme nicht oder nicht ordnungsgemäß in der Satzung festgelegt, so bedarf es keiner besonderen Gründungsprüfung, da die Abrede unwirksam ist und der Registerrichter die Eintragung ohnehin ablehnen wird (vgl. § 27 Rz. 36 ff.)[23].

## IV. Durchführung der besonderen Gründungsprüfung (§ 33 Abs. 3)

### 1. Prüfung durch den beurkundenden Notar

In den Fällen des § 33 Abs. 2 Nr. 1 und 2 kann die Gründungsprüfung statt durch einen externen Gründungsprüfer auch durch den beurkundenden Notar vorgenommen werden. Die durch das TransPuG vom 19.7.2002[24] eingeführte Regelung soll die Gründungsprüfung **erleichtern und beschleunigen**[25]. Maßgebende Erwägung war, dass Registerrichter und Notar im Rahmen der Beurkundung und Eintragung einer Bargründung die in § 34 genannten Umstände (vgl. § 34 Rz. 2 ff.) ohnehin prüfen, so dass eine weitere Prüfung nur Zeit und Geld kosten würde und eine unnötige Mehrfachprüfung zur Folge hätte[26]. In der Praxis hat die Neuregelung speziell bei der Gründung von kleinen und mittleren Aktiengesellschaften große Bedeutung, da hier regelmäßig Gründer auch zu Mitgliedern der Verwaltung bestellt werden[27]. In den Fällen des § 33 Abs. 2 Nr. 3 und 4 verbleibt es jedoch bei der Prüfung durch den gerichtlich bestellten Prüfer. Ausweislich der Gesetzesbegründung finden die Bestimmungen über die Gründungsprüfung auf die notarielle Prüfung keine Anwendung, soweit sie die Frage der Einsetzung betreffen. Danach erfolgt die Einsetzung vielmehr im Wege der „Beauftragung der Gründer"[28]. Diese Beauftragung ist gleichwohl „öffentlich-rechtlich" als sonstige Betreuung auf dem Gebiet der vorsorgenden Rechtspflege gem. § 24 BNotO zu qualifizieren[29], so dass der Auftrag auch abgelehnt werden kann[30]. Ebenso ist – anders beim gerichtlich bestellten Gründungsprüfer (unten Rz. 10) – eine Kündigung zulässig[31]. Zur Vergütung: § 35 Rz. 12. Die Haftung richtet sich nach § 19 BNotO, nicht nach § 49 AktG i.V.m. § 323 HGB[32]; das Privileg der subsidiären Haftung gem. § 19 Abs. 1 Satz 2 BNotO gilt jedoch nicht[33]. 9

### 2. Reguläre Gründungsprüfung

Erfolgt keine notarielle Prüfung (oben Rz. 9), so werden die Gründungsprüfer gem. **§ 33 Abs. 3 Satz 2** durch das **Amtsgericht**, in dessen Bezirk der künftige Sitz der Gesellschaft liegt, **bestellt** § 23a Abs. 1 Satz 1 Nr. 2, Abs. 2 Nr. 4 GVG i.V.m. § 375 Nr. 3 10

---

23 *Arnold* in KölnKomm. AktG, 3. Aufl., § 33 AktG Rz. 16. Ebenso zur Rechtslage vor dem ARUG: *Pentz* in MünchKomm. AktG, 3. Aufl., § 33 AktG Rz. 27; *Röhricht* in Großkomm. AktG, 4. Aufl., § 33 AktG Rz. 17.
24 Transparenz- und Publizitätsgesetz, BGBl. I 2002, 2681.
25 Auf diese Möglichkeit zur Beschleunigung der externen Gründungsprüfung hat bereits der Deutsche Notarverein hingewirkt, vgl. NZG 2001, 185, 188.
26 *Heckschen*, NotBZ 2002, 429, 430; *Papmehl*, MittBayNot 2003, 187; zum TransPuG ausführlich *Hermanns*, ZIP 2002, 1785 ff.
27 Dazu *Heckschen*, NotBZ 2002, 429, 430.
28 Vgl. Begr. RegE BT-Drucks. 14/8769, S. 12 = NZG 2002, 213, 218.
29 *Grage*, RNotZ 2002, 326, 331; *Hermanns*, ZIP 2002, 1785, 1788; *Papmehl*, MittBayNot 2003, 187, 190; zust. auch *Gerber* in Spindler/Stilz, § 33 AktG Rz. 13; *Pentz* in MünchKomm. AktG, 3. Aufl., § 33 AktG Rz. 27b.
30 Begr. RegE BT-Drucks. 14/8769, S. 12 = NZG 2002, 213, 218; *Hüffer*, § 33 AktG Rz. 5.
31 *Hüffer*, § 33 AktG Rz. 5a; *Pentz* in MünchKomm. AktG, 3. Aufl., § 33 AktG Rz. 27b.
32 *Gerber* in Spindler/Stilz, § 33 AktG Rz. 13; *Hüffer*, § 33 AktG Rz. 5a; *Pentz* in MünchKomm. AktG, 3. Aufl., § 33 AktG Rz. 27c.
33 *Gerber* in Spindler/Stilz, § 33 AktG Rz. 13; *Heckschen*, BNotZ 2002, 429, 431; *Papmehl*, MittBayNot 2003, 187, 191.

FamFG i.V.m. § 14[34]. Hat die Gesellschaft einen Doppelsitz, so sind beide Amtsgerichte zuständig[35]; kommt keine Einigung auf einen Prüfer zustande, so muss eine Doppelprüfung hingenommen werden[36]. Das Gericht wird nur auf Antrag tätig und entscheidet durch Beschluss, gegen den nunmehr[37] die Beschwerde zulässig ist, § 33 Abs. 3 Satz 3 n.F. Die vormals notwendige Anhörungspflicht der zuständigen IHK wurde bereits mit dem TransPuG vom 19.7.2002 abgeschafft. Antragsberechtigt sind die (kostenpflichtige[38]) Vor-AG, vertreten durch den Vorstand, sowie auch (gemeinsam[39]) die Gründer[40]. **Auswahl** und **Anzahl** der Gründungsprüfer stehen im **pflichtgemäßen Ermessen** des Gerichts, wobei die Vorgaben der Abs. 4 und 5 (Rz. 11 f.) zu beachten sind. Entgegen dem missverständlichen Wortlaut des § 33 Abs. 3 Satz 2 ist die Bestellung eines Gründungsprüfers ausreichend. Der externe Gründungsprüfer ist (anders als der Abschlussprüfer) **nicht Organ** der Gesellschaft, sondern übt ein ihm im öffentlichen Interesse übertragenes Amt aus[41]. Zur Begründung seiner Befugnisse bedarf es daher auch keines Vertrages zwischen ihm und der Gesellschaft. Eine öffentlich-rechtliche Pflicht zur Annahme des Amtes besteht nicht[42]. Die Annahme kann formlos durch einfache Aufnahme der Prüfungstätigkeit erfolgen[43]. Eine Kündigung durch die (Vor-)Gesellschaft ist nicht möglich[44]. Dagegen kommt jederzeit eine Abberufung durch das Gericht in Betracht[45].

## V. Sachliche und persönliche Voraussetzungen für die Prüfertätigkeit (§ 33 Abs. 4 und 5)

### 1. Sachliche Eignung der Prüfer

11 Gem. **§ 33 Abs. 4** sollen als Gründungsprüfer **im Regelfall** nur solche Personen bestellt werden, die in der Buchführung ausreichend vorgebildet und erfahren sind (**Nr. 1**) oder Prüfungsgesellschaften, bei denen mindestens ein gesetzlicher Vertreter diese Kenntnis und Erfahrung besitzt (**Nr. 2**) bestellt werden. Diese Voraussetzungen sind bei einem Wirtschaftsprüfer sowie bei einem vereidigten Buchprüfer nach allgemeiner Meinung stets als gegeben anzusehen (§§ 2, 129 WPO). Die (zusätzlichen) Voraussetzungen des § 319 Abs. 1 HGB gelten im Rahmen der externen Gründungsprüfung nicht[46]. Erfordert die Prüfung „andere Kenntnisse", dann kommen **aus-**

---

34 *Hüffer*, § 33 AktG Rz. 7.
35 *Hüffer*, § 33 AktG Rz. 7; *Pentz* in MünchKomm. AktG, 3. Aufl., § 33 AktG Rz. 29; *Röhricht* in Großkomm. AktG, 4. Aufl., § 33 AktG Rz. 18.
36 *Röhricht* in Großkomm. AktG, 4. Aufl., § 33 AktG Rz. 18.
37 Früher: sofortige Beschwerde; geändert durch Gesetz zur Reform des Verfahrens in Familiensachen und in den Angelegenheiten der freiwilligen Gerichtsbarkeit (FGG-Reformgesetz – FGG-RG) vom 17.12.2008, BGBl. I 2008, 2586.
38 BayObLG v. 14.8.1973 – BReg 3 Z 121/73, BayObLGZ 1973, 235, 240; *Hüffer*, § 33 AktG Rz. 7.
39 Insoweit a.A. *Pentz* in MünchKomm. AktG, 3. Aufl., § 33 AktG Rz. 30: jeder Gründer.
40 *Hüffer*, § 33 AktG Rz. 7; *Arnold* in KölnKomm. AktG, 3. Aufl., § 33 AktG Rz. 22; *Röhricht* in Großkomm. AktG, 4. Aufl., § 33 AktG Rz. 18.
41 BayObLG v. 14.8.1973 – BReg 3 Z 121/73, BayObLGZ 1973, 235, 240; *Arnold* in KölnKomm. AktG, 3. Aufl., § 33 AktG Rz. 33; *Pentz* in MünchKomm. AktG, 3. Aufl., § 33 AktG Rz. 64; *Röhricht* in Großkomm. AktG, 4. Aufl., § 33 AktG Rz. 20.
42 *Pentz* in MünchKomm. AktG, 3. Aufl., § 33 AktG Rz. 62.
43 *Pentz* in MünchKomm. AktG, 3. Aufl., § 33 AktG Rz. 65; *Röhricht* in Großkomm. AktG, 4. Aufl., § 33 AktG Rz. 21.
44 *Pentz* in MünchKomm. AktG, 3. Aufl., § 33 AktG Rz. 61; *Röhricht* in Großkomm. AktG, 4. Aufl., § 33 AktG Rz. 21.
45 *Pentz* in MünchKomm. AktG, 3. Aufl., § 33 AktG Rz. 62; *Röhricht* in Großkomm. AktG, 4. Aufl., § 33 AktG Rz. 21.
46 *Hüffer*, § 33 AktG Rz. 8; *Arnold* in KölnKomm. AktG, 3. Aufl., § 33 AktG Rz. 24.

nahmsweise auch andere Personen als Wirtschaftsprüfer oder vereidigte Buchprüfer als Gründungsprüfer in Betracht[47]. Der Umstand, dass § 33 Abs. 4 nur als Sollvorschrift formuliert ist, bedeutet indes nicht, das generell Personen zu Gründungsprüfern bestellt werden können, die nach ihrer Vorbildung und Erfahrung den Voraussetzungen des § 33 Abs. 4 nicht gerecht werden. Die Ausgestaltung als Sollvorschrift soll dem Gericht lediglich die Möglichkeit eröffnen, auch einen Fachmann auf einem anderen Gebiet als Gründungsprüfer zu bestellen, wenn es sich um einen besonders schwierig gelagerten Ausnahmefall handelt, welcher Spezialwissen erfordert, das bei einem Wirtschaftsprüfer nicht zwingend vorausgesetzt werden kann[48].

**2. Persönliche Eignung der Prüfer**

Im Interesse einer unparteiischen Prüfung **verbietet § 33 Abs. 5 Satz 1** die Bestellung solcher Personen zum Gründungsprüfer, die **nicht Sonderprüfer** sein können. § 33 Abs. 5 Satz 1 verweist hierzu über § 143 Abs. 2 AktG auf §§ 319 Abs. 2, 3, 319a Abs. 1, 319b HGB (dazu § 143 Rz. 10 ff.). Die Ausschlusstatbestände nach § 319 Abs. 2, 3, § 319a HGB wurden durch das BilReG vom 20.12.2004[49] neu gefasst. Gem. Art. 58 Abs. 4 EGHGB finden sie erstmals für Gründungsprüfungen nach dem 31.12.2004 Anwendung. Normzweck ist eine Stärkung des Vertrauens der Allgemeinheit in eine sachkundige und objektiv neutrale Gründungsprüfung. Sie enthalten eine nach überwiegender Ansicht[50] abschließende Aufzählung absoluter Ausschlussgründe, bei denen die Interessenkollision seitens des Abschlussprüfers unwiderlegbar vermutet wird. Gem. § 319 Abs. 2 HGB ist ein Wirtschaftsprüfer oder vereidigter Buchprüfer dann als Abschluss- bzw. Gründungsprüfer ausgeschlossen, wenn Gründe, insbesondere Beziehungen geschäftlicher, finanzieller oder persönlicher Art vorliegen, nach denen die Besorgnis der Befangenheit besteht. Durch die Änderung des § 319 Abs. 3 HGB sollen mögliche Gefahren für die Unabhängigkeit des Abschluss- bzw. Gründungsprüfers, die aus den finanziellen (Nr. 1), organisatorischen (Nr. 2) oder funktionalen (Nr. 3) Verflechtungen mit dem zu prüfenden Unternehmen resultieren können, reduziert werden. Eine zusätzliche Verschärfung erfolgt durch die Erweiterung des Geltungsbereichs über die zu prüfende Kapitalgesellschaft hinaus auf sämtliche Unternehmen, die mit der zu prüfenden Kapitalgesellschaft i.S. von § 271 Abs. 2 HGB verbunden sind[51] oder von dieser mehr als 20 % der Anteile besitzen[52]. § 319a HGB enthält besondere Ausschlussgründe für „Unternehmen von öffentlichem Interesse"; ratio ist neben dem Kapitalanlegerschutz das öffentliche Interesse an guter Corporate Governance und Vertrauen in den Kapitalmarkt (näher § 143 Rz. 22 ff.). Die Vorschrift wurde durch das BilMoG[53] an die Vorgaben der neuen Abschlussprüferrichtlinie[54] angepasst; zu deren Umsetzung wurde zugleich ein neuer § 319b HGB eingeführt, der die Unabhängigkeitsvorschriften auf Netzwerkabhängigkeiten ausdehnt (näher § 143 Rz. 25 ff.).

---

47 *Kropff*, Aktiengesetz, S. 53; *Pentz* in MünchKomm. AktG, 3. Aufl., § 33 AktG Rz. 36, *Röhricht* in Großkomm. AktG, 4. Aufl., § 33 AktG Rz. 23.
48 *Röhricht* in Großkomm. AktG, 4. Aufl., § 33 AktG Rz. 26.
49 Bilanzrechtsreformgesetz, BGBl. I 2004, 3166.
50 Ausführlich zum Meinungsstand *Ebke* in MünchKomm. HGB, 2. Aufl., § 319 HGB Rz. 15.
51 Dazu BGH v. 3.6.2004 – X ZR 104/03, BGHZ 159, 234 = NZG 2004, 770; s. auch *Merkt* in Baumbach/Hopt, § 271 HGB Rz. 9 ff.
52 Vgl. hierzu ausführlich *Pfitzer/Orth/Hettich*, DStR 2004, 328, 330 f.
53 Gesetz zur Modernisierung des Bilanzrechts (Bilanzrechtsmodernisierungsgesetz – BilMoG) vom 25.5.2009, BGBl. I 2009, 1102.
54 Richtlinie 2006/43/EG des Europäischen Parlaments und des Rates vom 17.5.2006 über Abschlussprüfungen von Jahresabschlüssen und konsolidierten Abschlüssen, zur Änderung der Richtlinie 78/660/EWG und 83/349/EWG des Rates und zur Aufhebung der Richtlinie 84/253/EWG des Rates, ABl. EU Nr. L 157 v. 9.6.2006, S. 87.

13 Gem. **§ 33 Abs. 5 Satz 2** dürfen solche Personen oder Prüfungsgesellschaften nicht als Gründungsprüfer bestellt werden, auf deren Geschäftsführung die Gründer oder Personen, für deren Rechnung die Gründer Aktien übernommen haben, **maßgebenden Einfluss** haben. Für den Einfluss im Sinne dieser Bestimmung genügt die Einflussmöglichkeit eines Gründers oder Hintermannes[55]. Eine tatsächliche Einflussnahme ist nicht erforderlich. Entgegen *Eckardt*[56] ist die Bezeichnung „maßgebender Einfluss" nicht gleichbedeutend mit „beherrschendem Einfluss" im Sinne des § 17[57]. Es genügt, dass aufgrund des besonderen Verhältnisses des Gründers oder seines Hintermannes zur Person des Gründungsprüfers die Gefahr droht, dass persönlichen Erwägungen der Vorrang vor prüfungsrelevanten Sachverhalten gegeben wird[58]. Folglich unterfällt § 33 Abs. 5 Satz 2 auch ein mittelbarer Einfluss, den die Gründer oder ihre Hintermänner über die Organe der von ihnen beherrschten Gesellschaft auf den Gründungsprüfer ausüben können[59]. In Betracht kommt eine Einflussmöglichkeit aufgrund rechtlicher, wirtschaftlicher und persönlicher Verhältnisse[60]. § 33 Abs. 5 Satz 2 regelt nicht den Ausschluss von Gründern oder Verwaltungsmitgliedern der AG. Ihr Ausschluss von der Prüfertätigkeit folgt jedoch aus §§ 33 Abs. 5 Satz 1, 143 Abs. 2 AktG, § 319 Abs. 2 Nr. 1, 2 HGB[61].

### VI. Rechtsfolgen bei Fehlern

14 Erfolgt keine ordnungsgemäße Gründungsprüfung gem. **§ 33 Abs. 1, 2**, dann liegt ein **Eintragungshindernis** gem. § 38 Abs. 1 Satz 2 vor[62]. Unschädlich ist hingegen nach allgemeiner Meinung ein Verstoß gegen die Sollvorschrift zur sachlichen Eignung des Prüfers nach **§ 33 Abs. 4**[63]. Die Folgen eines Verstoßes gegen **§ 33 Abs. 5** über die persönliche Eignung des Prüfers waren früher umstritten: Während einige Autoren die Ansicht vertraten, die Bestellung sei trotz des Verstoßes im Hinblick auf die Beschränkungen des § 18 Abs. 2 FGG a.F. wirksam und nur auf sofortige Beschwerde hin abänderbar[64], sollte nach der Gegenansicht eine in Widerspruch zu § 33 Abs. 5 erfolgte Bestellung unwirksam sein; die Bestellung müsse vom Gericht widerrufen werden und eine Eintragung der AG mangels ordnungsgemäßer Gründungsprüfung abgelehnt werden[65]. Allein letztere Auffassung überzeugt, zumal § 18 Abs. 2 FGG a.F. im Rahmen des FGG-RG nunmehr weggefallen ist[66]. Dies gilt auch dann, wenn

---

55 *Hüffer*, § 33 AktG Rz. 9; *Arnold* in KölnKomm. AktG, 3. Aufl., § 33 AktG Rz. 31; *Röhricht* in Großkomm. AktG, 4. Aufl., § 33 AktG Rz. 45.
56 *Eckardt* in G/H/E/K, § 33 AktG Rz. 23.
57 *Hüffer*, § 33 AktG Rz. 9; *Pentz* in MünchKomm. AktG, 3. Aufl., § 33 AktG Rz. 57; *Röhricht* in Großkomm. AktG, 4. Aufl., § 33 AktG Rz. 45.
58 *Pentz* in MünchKomm. AktG, 3. Aufl., § 33 AktG Rz. 57; *Arnold* in KölnKomm. AktG 3. Aufl., § 33 AktG Rz. 31.
59 *Gerber* in Spindler/Stilz, § 33 AktG Rz. 22; *Arnold* in KölnKomm. AktG, 3. Aufl., § 33 AktG Rz. 31; *Röhricht* in Großkomm. AktG, 4. Aufl., § 33 AktG Rz. 48.
60 *Hüffer*, Rz. 9; *Röhricht* in Großkomm. AktG, 4. Aufl., § 33 AktG Rz. 46.
61 *Pentz* in MünchKomm. AktG, 3. Aufl., § 33 AktG Rz. 59; *Röhricht* in Großkomm. AktG, 4. Aufl., § 33 AktG Rz. 46; *Hüffer*, § 33 AktG Rz. 9.
62 *Hüffer*, § 33 AktG Rz. 10; *Pentz* in MünchKomm. AktG, 3. Aufl., § 33 AktG Rz. 68.
63 *Hüffer*, § 33 AktG Rz. 10; *Pentz* in MünchKomm. AktG, 3. Aufl., § 33 AktG Rz. 66; *Röhricht* in Großkomm. AktG, 4. Aufl., § 33 AktG Rz. 51.
64 So etwa *Kraft* in KölnKomm. AktG, 2. Aufl., § 33 AktG Rz. 30.
65 *Gerber* in Spindler/Stilz, § 33 AktG Rz. 24; *v. Godin/Wilhelmi*, § 33 AktG Anm. 7; *Eckardt* in G/H/E/K, § 33 AktG Rz. 46; *Röhricht* in Großkomm. AktG, 4. Aufl., § 33 AktG Rz. 52 f.; *Arnold* in KölnKomm. AktG, 3. Aufl., § 33 AktG Rz. 37; ausf. *Pentz* in MünchKomm. AktG, 3. Aufl., § 33 AktG Rz. 67 ff.
66 So nunmehr auch *Hüffer*, § 33 AktG Rz. 10.

ein Ausschlussgrund nach § 33 Abs. 5 nachträglich eintritt[67]. Verstöße gegen berufsrechtsrechtliche Vorschriften berühren die Wirksamkeit der Bestellung als Gründungsprüfer nicht[68]. **Nach** erfolgter **Eintragung** der AG in das Handelsregister sind Fehler nach allgemeiner Meinung generell **unbeachtlich**; die fehlende oder fehlerhafte Gründungsprüfung ist kein Nichtigkeitsgrund im Sinne des § 275.

## § 33a
## Sachgründung ohne externe Gründungsprüfung

(1) Von einer Prüfung durch Gründungsprüfer kann bei einer Gründung mit Sacheinlagen oder Sachübernahmen (§ 33 Abs. 2 Nr. 4) abgesehen werden, soweit eingebracht werden sollen:

1. übertragbare Wertpapiere oder Geldmarktinstrumente im Sinne des § 2 Abs. 1 Satz 1 und Abs. 1a des Wertpapierhandelsgesetzes, wenn sie mit dem gewichteten Durchschnittspreis bewertet werden, zu dem sie während der letzten drei Monate vor dem Tag ihrer tatsächlichen Einbringung auf einem oder mehreren organisierten Märkten im Sinne von § 2 Abs. 5 des Wertpapierhandelsgesetzes gehandelt worden sind,

2. andere als die in Nummer 1 genannten Vermögensgegenstände, wenn eine Bewertung zu Grunde gelegt wird, die ein unabhängiger, ausreichend vorgebildeter und erfahrener Sachverständiger nach den allgemein anerkannten Bewertungsgrundsätzen mit dem beizulegenden Zeitwert ermittelt hat und wenn der Bewertungsstichtag nicht mehr als sechs Monate vor dem Tag der tatsächlichen Einbringung liegt.

(2) Absatz 1 ist nicht anzuwenden, wenn der gewichtete Durchschnittspreis der Wertpapiere oder Geldmarktinstrumente (Absatz 1 Nr. 1) durch außergewöhnliche Umstände erheblich beeinflusst worden ist oder wenn anzunehmen ist, dass der beizulegende Zeitwert der anderen Vermögensgegenstände (Absatz 1 Nr. 2) am Tag ihrer tatsächlichen Einbringung auf Grund neuer oder neu bekannt gewordener Umstände erheblich niedriger ist als der von dem Sachverständigen angenommene Wert.

| | |
|---|---|
| I. Regelungsgegenstand, Normzweck und Anwendungsbereich ........ 1 | a) Voraussetzungen gem. § 33a Abs. 1 Nr. 2 ................ 10 |
| II. Die beiden Tatbestände des § 33a ... 6 | b) Rückausnahme gem. § 33a Abs. 2 Alt. 2 ................ 14 |
| 1. Wertpapiere und Geldmarktinstrumente (§ 33a Abs. 1 Nr. 1) ........ 6 | III. Rechtsfolgen der Wahl des vereinfachten Verfahrens ............ 16a |
| a) Voraussetzungen ............ 6 | 1. Vereinfachte Sachgründung ....... 17 |
| b) Rückausnahme gem. § 33a Abs. 2 Alt. 1 AktG ............ 7 | 2. Vereinfachte Nachgründung ...... 18 |
| 2. Einbringung anderer Vermögensgegenstände auf der Basis eines bereits existierenden Wertgutachtens (§ 33a Abs. 1 Nr. 2) ............ 10 | 3. Vereinfachte Sachkapitalerhöhung .. 19 |

---

[67] Richtig *Röhricht* in Großkomm. AktG, 4. Aufl., § 33 AktG Rz. 52 im Anschluss an *Eckardt* in G/H/E/K, § 33 AktG Rz. 39; a.A. *Pentz* in MünchKomm. AktG, 3. Aufl., § 33 AktG Rz. 71.

[68] *Hüffer*, § 33 AktG Rz. 10; *Pentz* in MünchKomm. AktG, 3. Aufl., § 33 AktG Rz. 72.

**Literatur:** *Bayer/J. Schmidt*, Die Reform der Kapitalaufbringung bei der Aktiengesellschaft durch das ARUG, ZGR 2009, 805; *Böttcher*, Die kapitalschutzrechtlichen Aspekte der Aktionärsrechterichtlinie (ARUG), NZG 2008, 481; *Drinhausen/Keinath*, Referentenentwurf eines Gesetzes zur Umsetzung der Aktionärsrechterichtlinie (ARUG) – Weitere Schritte zur Modernisierung des Aktienrechts, BB 2008, 2078; *Drinhausen/Keinath*, Regierungsentwurf eines Gesetzes zur Umsetzung der Aktionärsrechterichtlinie (ARUG) – Überblick über die Änderungen gegenüber dem Referentenentwurf, BB 2009, 64; *Herrler/Reymann*, Die Neuerungen im Aktienrecht durch das ARUG – Unter besonderer Berücksichtigung der Neuregelung zur Hauptversammlung und zur Kapitalaufbringung bei der AG - (Teil 2), DNotZ 2009, 914; *Klasen*, Recht der Sacheinlage: Rechtliche Rahmenbedingungen – Neuerungen durch MoMiG und ARUG, BB 2008, 2694; *Merkner/Decker*, Vereinfachte Sachkapitalerhöhung nach dem ARUG – Wertvolle Deregulierung oder Regelung auf dem Papier?, NZG 2009, 887; *Paschos/Goslar*, Der Referentenentwurf eines Gesetzes zur Umsetzung der Aktionärsrechterichtlinie (ARUG) aus Sicht der Praxis, AG 2008, 605; *Paschos/Goslar*, Der Regierungsentwurf des Gesetzes zur Umsetzung der Aktionärsrechterichtlinie (ARUG), AG 2009, 14; *Sauter*, Offene Fragen zum Referentenentwurf eines Gesetzes zur Umsetzung der Aktionärsrechterichtlinie (ARUG), ZIP 2008, 1706; *Seibert/Florstedt*, Der Regierungsentwurf des ARUG – Inhalt und wesentliche Änderungen gegenüber dem Referentenentwurf, ZIP 2008, 2145; *Zetzsche*, Die nächste „kleine" Aktienrechtsreform: Der Referentenentwurf eines Gesetzes zur Umsetzung der Aktionärsrechterichtlinie (ARUG), Der Konzern 2008, 321.

## I. Regelungsgegenstand, Normzweck und Anwendungsbereich

1 Der durch das ARUG[1] neu eingeführte § 33a normiert zwei Tatbestände, in denen bei Sacheinlagen oder Sachübernahmen auf eine externe Gründungsprüfung verzichtet werden kann. Der Gesetzgeber hat damit – allerdings nur partiell – von den durch die Änderungsrichtlinie 2006/68/EG[2] neu geschaffenen Regelungsoptionen der Art. 10a, 10b und 27 Abs. 2 Satz 3 der Kapitalrichtlinie[3] Gebrauch gemacht[4]. Diese gestatten es den Mitgliedstaaten, in bestimmten Konstellationen, in denen **bereits eindeutige und zuverlässige Bezugspunkte für die Bewertung** vorliegen und demgemäß eine (erneute) aufwendige und kostenintensive Wertprüfung überflüssig erscheint[5], vom gesetzlichen Erfordernis einer Wertprüfung und eines Berichts durch externe Sachverständige abzusehen. § 33a übernimmt allerdings nur die beiden Ausnahmetatbestände in Art. 10a Abs. 1 und 2, nicht dagegen die sog. „Buchwertklausel" des Art. 10a Abs. 3 Kapitalrichtlinie[6].

2 Unmittelbar gilt § 33a zwar nur für die **Sachgründung**. Kraft Verweisung findet die Norm aber auch bei allen Varianten der effektiven **Sachkapitalerhöhung** – also sowohl bei der ordentlichen (vgl. § 183a Abs. 1 Satz 1, dazu § 183a Rz. 3 ff.) als auch bei der bedingten Kapitalerhöhung (vgl. §§ 194 Abs. 5, 183a Abs. 1 Satz 1, dazu § 194

---

1 Gesetz zur Umsetzung der Aktionärsrechterichtlinie (ARUG) vom 30.7.2009, BGBl. I 2009, 2479.
2 Richtlinie 2006/68/EG des Europäischen Parlaments und des Rates vom 6.9.2006 zur Änderung der Richtlinie 77/91/EWG des Rates in Bezug auf die Gründung von Aktiengesellschaften und die Erhaltung und Änderung ihres Kapitals, ABl. EU Nr. L 264 v. 25.9.2006, S. 32.
3 Zweite Richtlinie 77/91/EWG des Rates vom 13. Dezember 1976 zur Koordinierung der Schutzbestimmungen, die in den Mitgliedstaaten den Gesellschaften im Sinne des Artikels 58 Absatz 2 des Vertrages im Interesse der Gesellschafter sowie Dritter für die Gründung der Aktiengesellschaft sowie für die Erhaltung und Änderung ihres Kapitals vorgeschrieben sind, um diese Bestimmungen gleichwertig zu gestalten, ABl. EG Nr. L 26 v. 31.1.1977, S. 1.
4 Vgl. Begr. RegE ARUG, BR-Drucks. 847/08, S. 30.
5 Vgl. SEK(2004) 1342, S. 2; Bericht der Hochrangigen Gruppe von Experten auf dem Gebiet des Gesellschaftsrechts über moderne gesellschaftsrechtliche Rahmenbedingungen in Europa, 4.11.2002 (www.ec.europa.eu/internal_market/company/docs/modern/report_de.pdf), S. 14 f. S. ferner auch Erwägungsgrund 3 der Richtlinie 2006/68/EG (Fn. 2).
6 Dazu näher *Bayer/J. Schmidt*, ZGR 2009, 805, 807 m.w.N.

Rz. 12) und beim genehmigten Kapital (vgl. §§ 205 Abs. 5 Satz 2, 183a Abs. 1 Satz 1, dazu § 205 Rz. 13) – sowie bei der **Nachgründung** (vgl. § 52 Abs. 4 Satz 3, dazu § 52 Rz. 32) Anwendung.

„Preis" für den Dispens von der externen Wertprüfung sind allerdings eine Reihe spezifischer verfahrensrechtlicher Besonderheiten (näher dazu unten Rz. 16 ff.), mit denen ein hinreichender Schutz der Gläubiger und Minderheitsaktionäre gewährleistet werden soll[7]. Tatsächlich ist das sog. „**vereinfachte Verfahren**" daher – insbesondere bei der Sachkapitalerhöhung – nicht wirklich „einfach", sondern kann für die Gesellschaft letztlich u.U. sogar weitaus kosten- und zeitintensiver sein als das „reguläre" Verfahren[8]. 3

Anders als noch im RefE[9] hat der Gesetzgeber die beiden Ausnahmetatbestände des § 33a daher entsprechend den nachdrücklichen Forderungen aus der Praxis[10] bewusst lediglich als **Optionen** zugunsten der jeweiligen Gesellschaft ausgestaltet („kann")[11, 12]. Die Gesellschaft entscheidet also jeweils selbst, ob ihr das Entfallen des zeit- und kostenintensiven Verfahrens einer externen Wertprüfung die Einhaltung der mit dem vereinfachten Verfahren verbundenen spezifischen Anforderungen (dazu auch noch unten Rz. 16 ff.) wert ist. 4

Insgesamt handelt es sich bei dem neuen Verfahren um eine **systemkonsistente** und prinzipiell sinnvolle punktuelle **Deregulierung**[13]; angesichts der verfahrensrechtlichen Komplexität (speziell der „vereinfachten" Sachkapitalerhöhung) erscheint indes zweifelhaft, ob die Praxis hiervon tatsächlich in signifikantem Umfang Gebrauch machen wird[14]. 5

## II. Die beiden Tatbestände des § 33a

### 1. Wertpapiere und Geldmarktinstrumente (§ 33a Abs. 1 Nr. 1)

#### a) Voraussetzungen

§ 33a Abs. 1 Nr. 1 (der auf Art. 10a Abs. 1 Kapitalrichtlinie basiert) bezieht sich auf übertragbare Wertpapiere und Geldmarktinstrumente i.S. des § 2 Abs. 1 Satz 1 und 6

---

[7] Vgl. *Bayer/J. Schmidt*, ZGR 2009, 805, 815.
[8] Vgl. *Bayer/J. Schmidt*, ZGR 2009, 805, 820 f., 845; *DNotV*, Stellungnahme zum RefE (abrufbar unter www.dnotv.de), S. 12; *Drinhausen/Keinath*, BB 2009, 64, 65; *Klasen*, BB 2008, 2694, 2698; *Zetzsche*, Der Konzern 2008, 321, 331.
[9] Abrufbar unter http://www.bmj.de/files/-/3140/RefE Gesetz zur Umsetzung der Aktionärsrechterichtlinie.pdf.
[10] Vgl. *Handelsrechtsausschuss des DAV*, NZG 2008, 534, 539, 540 f.; *Paschos/Goslar*, AG 2008, 605, 614.
[11] Vgl. *Arnold* in KölnKomm. AktG, 3. Aufl., § 33a AktG Rz. 4; *Bayer/J. Schmidt*, ZGR 2009, 805, 808; *Bosse*, NZG 2009, 807, 808; *Drinhausen/Keinath*, BB 2009, 64; *Handelsrechtsausschuss des DAV*, NZG 2009, 96; *Herrler/Reymann*, DNotZ 2009, 914, 931; *Hüffer*, § 33a AktG Rz. 7; *Merkner/Decker*, NZG 2009, 887, 889; *Paschos/Goslar*, AG 2009, 14, 19; *Seibert/Florstedt*, ZIP 2008, 2145, 2150.
[12] Diese Ausgestaltung ist auch mit Art. 10a Kapitalrichtlinie vereinbar, vgl. *Bayer/J. Schmidt*, ZGR 2009, 805, 808.
[13] Vgl. *Bayer/J. Schmidt*, ZGR 2009, 805, 821, 845.
[14] Ausdrücklich abratend: *DNotV*, Stellungnahme zum RefE (abrufbar unter www.dnotv.de), S. 12. Vgl. ferner auch *Bosse*, NZG 2009, 807, 808; *Handelsrechtsausschuss des DAV*, NZG 2008, 534, 540 („wertlos") und NZG 2009, 97 f. („kein Anreiz", „eher abschreckend"); *Herrler/Reymann*, DNotZ 2009, 914, 933; *Klasen*, BB 2008, 2694, 2698 f.; *Merkner/Decker*, NZG 2009, 887, 891; *Paschos/Goslar*, AG 2008, 605, 613 f.; *Paschos/Goslar*, AG 2009, 14, 19 f.

Abs. 1a WpHG[15], also z.B. Aktien oder Rentenpapiere[16]. Hier ist die externe Gründungsprüfung entbehrlich, wenn die Einbringung zu dem **gewichteten Durchschnittspreis** erfolgt, zu dem sie während **der letzten drei Monate** vor dem Tat der tatsächlichen Einbringung auf einem oder mehreren organisierten Märkten i.S. des § 2 Abs. 5 WpHG[17] (also z.B. auf einem regulierten Markt i.S. der §§ 32 ff. BörsG, nicht aber im Freiverkehr i.S. des § 48 BörsG[18]) gehandelt worden sind. Dahinter steht der Gedanke, dass der gewichtete Börsendurchschnittspreis grundsätzlich den wahren Wert widerspiegelt und eine spezielle und aufwendige Sachverständigenprüfung damit überflüssig erscheint[19]. Mit der Dreimonatsfrist knüpft der Gesetzgeber in system-[20] und richtlinienkonformer[21] Weise an § 5 WpÜG-AngV sowie die Judikatur des BGH[22] und der Obergerichte[23] zu Abfindungszahlungen an[24]. Hinsichtlich der Einzelheiten der Fristberechnung sowie der Bestimmung des gewichteten Börsendurchschnittspreises kann daher auf die dort entwickelten Grundsätze zurückgegriffen werden.

**b) Rückausnahme gem. § 33a Abs. 2 Alt. 1 AktG**

7 § 33a Abs. 2 Alt. 1 macht allerdings eine Rückausnahme für den Fall, dass der gewichtete Durchschnittspreis durch „**außergewöhnliche Umstände erheblich beeinflusst** worden ist". Denn dann spiegelt der Börsendurchschnittspreis den wahren Wert nicht mehr wider, so dass die Grundlage für die Dispensoption entfällt[25].

8 „**Außergewöhnliche Umstände**" sollen nach der Gesetzesbegründung[26] in Anlehnung an die Rechtsprechung zu Abfindungsleistungen u.a. vorliegen, wenn der Handel mit den betreffenden Papieren über einen längeren Zeitraum völlig zum Erliegen gekommen ist oder ausgesetzt war[27]. Ferner sollen sie bei Marktmanipulationen i.S.

---

15 Zwecks erleichterter Lesbarkeit wird direkt auf die deutschen Umsetzungsvorschriften zu den in Art. 10a Abs. 1 Kapitalrichtlinie in Bezug genommenen Art. 4 Abs. 1 Nr. 18 und 19 der Richtlinie 2004/39/EG (MiFID) verwiesen, vgl. *Bayer/J. Schmidt*, ZGR 2009, 805, 808 f. (Fn. 22); *Drinhausen/Keinath*, BB 2009, 64; *Seibert/Florstedt*, ZIP 2008, 2145, 2150.
16 Vgl. *Arnold* in KölnKomm. AktG, 3. Aufl., § 33a AktG Rz. 8; *Bayer/J. Schmidt*, ZGR 2009, 805, 808 f.; *Böttcher*, NZG 2008, 481, 482; *Hüffer*, § 33a AktG Rz. 2; *Schäfer*, Der Konzern 2007, 407; *Seibert*, ZIP 2008, 906, 907.
17 Die Norm setzt die in Art. 10a Abs. 1 der Kapitalrichtlinie in Bezug genommenen Art. 4 Abs. 1 Nr. 14 der Richtlinie 2004/39/EG (MiFID) um, vgl. BR-Drucks. 833/06, S. 129. S. zum Ganzen bereits Fn. 15.
18 Vgl. *Fuchs* in Fuchs, § 2 WpHG Rz. 149.
19 Vgl. *Arnold* in KölnKomm. AktG, 3. Aufl., § 33a AktG Rz. 6; *Bayer/J. Schmidt*, ZGR 2009, 805, 809; *Schäfer*, Der Konzern 2007, 407; s. auch schon *Baldamus*, Reform der Kapitalrichtlinie, S. 97 f. S. ferner SEK(2004) 1342, S. 2; Begr. RegE ARUG, BR-Drucks. 847/08, S. 30 („eindeutige Anhaltspunkte").
20 Vgl. *Bayer/J. Schmidt*, ZGR 2009, 805, 809.
21 *Bayer/J. Schmidt*, ZGR 2009, 805, 809; *Böttcher*, NZG 2008, 481, 482; *Sauter*, ZIP 2008, 1706, 1709; vgl. auch schon *Schäfer*, Der Konzern 2007, 407, 408; offenbar zweifelnd dagegen *Westermann*, ZHR 172 (2008) 144, 149 f.
22 Grundlegend: BGH v. 12.3.2001 – II ZB 15/00 – „DAT/Altana", NJW 2001, 2080 = AG 2001, 417; ausdrücklich gebilligt durch BVerfG v. 29.11.2006 – 1 BvR 704/03 – „SNI", NJW 2007, 828 = AG 2007, 119; BVerfG v. 30.5.2007 – 1 BvR 1267/06, NJW 2007, 3266, 3268.
23 OLG Stuttgart v. 16.2.2007 – 20 W 6/06, NZG 2007, 302 = AG 2007, 209; KG v. 16.10.2006 – 2 W 148/04, NZG 2007, 71; OLG Düsseldorf v. 9.9.2009 – I-26 W 13/06 (AktE), ZIP 2009, 2055.
24 Vgl. Begr. RegE ARUG, BR-Drucks. 847/08, S. 30 f.
25 Vgl. Begr. RegE ARUG, BR-Drucks. 847/08, S. 31; *Bayer/J. Schmidt*, ZGR 2009, 805, 809; *Hüffer*, § 33a AktG Rz. 8; *Arnold* in KölnKomm. AktG, 3. Aufl., § 33a AktG Rz. 18; *Merkner/Decker*, NZG 2009, 887, 888.
26 Vgl. Begr. RegE ARUG, BR-Drucks. 847/08, S. 31.
27 Vgl. BGH v. 12.3.2001 – II ZB 15/00 – „DAT/Altana", NJW 2001, 2080, 2082 = AG 2001, 417; BVerfG v. 27.4.1999 – 1 BvR 1613/94 – „DAT/Altana", NJW 1999, 3769, 3772 = AG 1999, 566; BVerfG v. 29.11.2006 – 1 BvR 704/03 – „SNI", NJW 2007, 828, 830 = AG 2007, 119.

des § 20a Abs. 1 WpHG gegeben sein, nicht aber bei marktüblichem Verhalten i.S. des § 20a Abs. 2 WpHG oder Rückkaufprogrammen i.R.d. „safe harbour rule" des § 20a Abs. 3 WpHG.

Erforderlich ist aber weiterhin eine **erhebliche Beeinflussung** des gewichteten Durchschnittspreises durch diese außergewöhnlichen Umstände. Hierfür wird man in Anlehnung an § 5 Abs. 4 WpÜG-AngV eine Abweichung von mindestens 5 % verlangen müssen[28]. 9

## 2. Einbringung anderer Vermögensgegenstände auf der Basis eines bereits existierenden Wertgutachtens (§ 33a Abs. 1 Nr. 2)

### a) Voraussetzungen gem. § 33a Abs. 1 Nr. 2

Der zweite Ausnahmetatbestand in § 33a Abs. 1 Nr. 2, der auf Art. 10a Abs. 2 Kapitalrichtlinie basiert, dient der **Vermeidung überflüssiger Doppelbewertungen**[29]. Er ermöglicht auch bei anderen als den in § 33a Abs. 1 Nr. 1 genannten Vermögensgegenständen (dazu Rz. 6) einen Verzicht auf die externe Wertprüfung, wenn die Einbringung zum beizulegenden Zeitwert (dazu näher Rz. 11) auf der Grundlage eines bereits vorhandenen Wertgutachtens erfolgt. Um zu gewährleisten, dass das frühere Wertgutachten einer Wertprüfung nach §§ 33, 34 (Art. 10 Abs. 1 und 2 Kapitalrichtlinie) unter Gläubiger- und Aktionärsschutzaspekten äquivalent ist, gilt dies jedoch nur bei hinreichender Qualifikation des Prüfers (näher Rz. 12) und Einbringung innerhalb einer Frist von sechs Monaten (näher Rz. 14)[30]. 10

Erforderlich ist zunächst, dass die frühere Bewertung nach allgemein anerkannten Bewertungsgrundsätzen zum **beizulegenden Zeitwert (fair value)** erfolgt ist; dies ist durch Art. 10a Abs. 2 Kapitalrichtlinie zwingend vorgegeben[31]. 11

Ferner muss die Ermittlung des fair value durch einen „**ausreichend vorgebildeten und erfahrenen Sachverständigen**" erfolgt sein. Damit knüpft der Gesetzgeber bewusst an §§ 33 Abs. 4 Nr. 1, 143 Abs. 1 Nr. 1 an, so dass die im dortigen Kontext von Rechtsprechung und Literatur entwickelten Grundsätze (näher § 33 Rz. 11, § 143 Rz. 4 f.) auch i.R.d. § 33a Abs. 1 Nr. 2 fruchtbar gemacht werden können[32]. Trotz der terminologischen Abweichung von Art. 10a Abs. 2 Kapitalrichtlinie (*„anerkannten …. Sachverständigen"*[33]) ist dies auch richtlinienkonform. Denn der Gesetzgeber gewährleistet damit gerade den Gleichklang mit den Anforderungen im Rahmen der regulären externen Gründungsprüfung und trägt damit der Grundintention der europäischen Regelung sogar in besonderem Maße Rechnung[34]. Daneben muss der Sachverständige aber auch **unabhängig** sein. Mit Blick auf den Leitaspekt der Gleichwertigkeit mit der regulären Gründungsprüfung ist dieses Erfordernis konsequenterweise i.S. eines Nichtvorliegens der in § 33 Abs. 5 normierten Ausschlussgründe (dazu näher § 33 Rz. 12) zu interpretieren[35]. 12

---

28 Ebenso i.E. auch *Zetzsche*, Der Konzern 2008, 321, 330; vgl. ferner auch *Merkner/Decker*, NZG 2009, 887, 890 f.; abw. *Hüffer*, § 33a AktG Rz. 8 (5% zu niedrig).
29 Vgl. *Bayer/J. Schmidt*, ZGR 2009, 805, 810; Handelsrechtsausschuss des DAV, NZG 2005, 426; *Schäfer*, Der Konzern 2007, 407, 409; *Seibert/Florstedt*, ZIP 2008, 2145, 2150.
30 Vgl. *Bayer/J. Schmidt*, ZGR 2009, 805, 810.
31 Vgl. Begr. RegE ARUG, BR-Drucks. 847/08, S. 31; *Böttcher*, NZG 2008, 481, 482; *Sauter*, ZIP 2008, 1706, 1709.
32 Vgl. Begr. RegE ARUG, BR-Drucks. 847/08, S. 31; *Bayer/J. Schmidt*, ZGR 2009, 805, 810 f.
33 Englisch: „recognised … expert"; spanisch: „experto … reconocido".
34 Vgl. *Bayer/J. Schmidt*, ZGR 2009, 805, 811.
35 Vgl. *Bayer/J. Schmidt*, ZGR 2009, 805, 811.

13 Schließlich darf der **Bewertungsstichtag nicht mehr als sechs Monate vor dem Tag der tatsächlichen Einbringung** liegen. Damit dürfte im Spannungsfeld zwischen dem Erfordernis einer hinreichend aktuellen Bewertung und der Vermeidung unnötiger Doppelarbeit ein angemessener Kompromiss gefunden sein[36].

**b) Rückausnahme gem. § 33a Abs. 2 Alt. 2**

14 Auch § 33a Abs. 1 Nr. 2 steht jedoch unter dem Vorbehalt einer Rückausnahme in Form einer „**clausula rebus sic stantibus**": Gem. § 33a Abs. 2 Alt. 2 muss ungeachtet des bereits vorliegenden Wertgutachtens zwingend eine reguläre externe Gründungsprüfung durchgeführt werden, wenn anzunehmen ist, dass der beizulegende Zeitwert des Vermögensgegenstandes am Tag seiner tatsächlichen Einbringung auf Grund neuer oder neu bekannt gewordener Umstände erheblich niedriger ist als der vom Gutachten angenommene Wert. Denn dann erscheint die (erneute) Wertprüfung gerade nicht mehr als überflüssige Doppelarbeit, sondern vielmehr als ein im Gläubiger- und Aktionärsinteresse notwendiges Schutzinstrument[37].

15 Die Rückausnahme greift allerdings nur im Falle einer **erheblichen Wertdifferenz**, also analog den allgemeinen anerkannten Grundsätzen zu § 38 Abs. 2 Satz 2[38] insbesondere nicht schon bei Abweichungen innerhalb der Bandbreite der üblichen Bewertungsdifferenzen[39]. Andererseits genügt es jedoch bereits, wenn derartige erhebliche Wertdifferenzen „**anzunehmen**" sind, d.h. wenn tatsächliche Umstände eintreten oder bekannt werden, die auf eine Unrichtigkeit des Gutachtens schließen lassen[40]. Ob die reale Kapitalaufbringung durch die Überbewertung tatsächlich gefährdet ist, ist irrelevant[41]. Ebenso ist es auch unerheblich, ob die Umstände, auf denen der erheblich niedrigere Wert beruht, tatsächlich neu sind oder der Gesellschaft erst im Nachhinein bekannt wurden.

16 Einschlägig ist die Rückausnahme zudem nur bei Wertminderungen, die **bis zur tatsächlichen Einbringung** eintreten bzw. neu bekannt werden; später eintretende bzw. bekannt werdende Wertminderungen sind – wie sich auch aus § 37a Abs. 2 (dazu § 37a Rz. 6 ff.) ergibt – irrelevant[42].

### III. Rechtsfolgen der Wahl des vereinfachten Verfahrens

16a Sind die Voraussetzungen des § 33a erfüllt und entscheidet sich die Gesellschaft für das sog. vereinfachte Sachgründungsverfahren ohne externe Gründungsprüfung (zum Wahlrecht bereits oben Rz. 4), so gelten eine Reihe verfahrensrechtlicher Besonderheiten (vgl. auch schon oben Rz. 3).

**1. Vereinfachte Sachgründung**

17 Bei der vereinfachten Sachgründung sind bei der Anmeldung ergänzend zu § 37 AktG die Sonderregelungen des § 37a (insbesondere: spezielle Angaben und Unterlagen so-

---

36 Vgl. *Bayer/J. Schmidt*, ZGR 2009, 805, 810. Ebenso i.E. auch *Böttcher*, NZG 2008, 481, 482; kritisch jedoch *DSW*, Stellungnahme vom 20.6.2008, S. 3 (www.dsw-info.de/Stellungnahme-zum-ARUG.1305.0.html).
37 Vgl. *Bayer/J. Schmidt*, ZGR 2009, 805, 811.
38 Vgl. *Hüffer*, § 38 AktG Rz. 9; *Pentz* in MünchKomm. AktG, 3. Aufl., § 38 AktG Rz. 60.
39 Vgl. *Bayer/J. Schmidt*, ZGR 2009, 805, 811.
40 Vgl. Begr. RegE ARUG, BR-Drucks. 847/08, S. 32; *Bayer/J. Schmidt*, ZGR 2009, 805, 811 f.; *Seibert/Florstedt*, ZIP 2008, 2145, 2150; *Arnold* in KölnKomm. AktG, 3. Aufl., § 33a AktG Rz. 21.
41 Vgl. Begr. RegE ARUG, BR-Drucks. 847/08, S. 32.
42 Vgl. Begr. RegE ARUG, BR-Drucks. 847/08, S. 32.

wie haftungs- und strafbewehrte Versicherung, näher § 37a Rz. 2 ff.) zu beachten. Weiterhin erfolgt gem. § 38 Abs. 3 nur eine eingeschränkte registergerichtliche Prüfung (näher § 38 Rz. 15 ff.). Besonderheiten gelten schließlich auch bzgl. der internen Gründungsprüfung: Diese bleibt zwar zwingend, Vorstand und Aufsichtsrat können jedoch gem. § 34 Abs. 2 Satz 3 (dazu § 34 Rz. 14) im internen Prüfungsbericht auf Angaben zur Werthaltigkeit der Sacheinlage(n) verzichten.

**2. Vereinfachte Nachgründung**

Bei der vereinfachten Nachgründung gelten für die Anmeldung gem. § 52 Abs. 6 Satz 3 (dazu § 52 Rz. 37 f.) die Sonderregeln des § 37a (dazu § 37a Rz. 2 ff.) entsprechend; Anknüpfungspunkt i.R.d. § 37a Abs. 2 und 3 ist allerdings hier der Erwerb durch die Gesellschaft[43]. Zudem ist auch hier die gerichtliche Prüfungskompetenz eingeschränkt (§ 52 Abs. 7 Satz 2 i.V.m. § 38 Abs. 3, dazu § 52 Rz. 38 sowie § 38 Rz. 15 ff.). Ferner dürfte auch § 34 Abs. 2 Satz 3 (dazu § 34 Rz. 14) analog gelten[44]. 18

**3. Vereinfachte Sachkapitalerhöhung**

Bei der vereinfachten **ordentlichen Sachkapitalerhöhung** hat der Vorstand gem. § 183a Abs. 2 Satz 1 eine besondere Bekanntmachung in den Gesellschaftsblättern zu veranlassen (dazu § 183a Rz. 5). Damit beginnt eine vierwöchige Registersperre (§ 183a Abs. 2 Satz 2, dazu § 183a Rz. 6), welche die Effektivität des Minderheitenrechts zur Beantragung einer Wertprüfung gem. § 183a Abs. 3 (dazu § 183a Rz. 7 ff.) gewährleisten soll[45]. Bei der Anmeldung des Kapitalerhöhungsbeschlusses hat der Vorstand gem. § 184 Abs. 1 Satz 3 (dazu § 184 Rz. 7) zu versichern, dass ihm seit der Bekanntmachung keine Umstände i.S. von § 37a Abs. 2 (dazu § 37a Rz. 7) bekannt geworden sind. Wird die Durchführung der Kapitalerhöhung separat angemeldet, so ist analog § 184 Abs. 1 Satz 3 (erneut) zu versichern, dass solche Umstände zwischenzeitlich nicht bekannt geworden sind[46]. Zudem ist § 183a Abs. 1 Satz 2 AktG n.F. dergestalt erweiternd auszulegen, dass nicht nur die *Eintragung*, sondern auch die *Anmeldung* der Durchführung der Kapitalerhöhung nicht vor Ablauf der Vierwochenfrist erfolgen darf[47]. Ferner findet auch bei der vereinfachten ordentlichen Kapitalerhöhung nur eine rein formalrechtliche Prüfung durch das Registergericht statt (s. auch § 184 Rz. 13). 19

Bei der vereinfachten **bedingten Sachkapitalerhöhung** gelten im Wesentlichen dieselben verfahrensrechtlichen Besonderheiten: d.h. spezielle Bekanntmachung, Registersperre und Minderheitenrecht (§ 194 Abs. 5 i.V.m. § 183a, dazu § 194 Rz. 12), spezielle Versicherung bei der Anmeldung des Kapitalerhöhungsbeschlusses (§ 195 Abs. 1 Satz 2 i.V.m. § 184 Abs. 1 Satz 3[48], dazu § 195 Rz. 6) und rein formalrechtliche gerichtliche Prüfung (§ 195 Abs. 3 Satz 2, dazu § 195 Rz. 8). Nicht ganz klar ist hier allerdings der Bezugspunkt der Registersperre; es spricht jedoch einiges dafür, dass während dieses Zeitraums auch die Bezugsaktien noch nicht ausgegeben werden dürfen[49]. 20

---

43 Vgl. Begr. RegE ARUG, BR-Drucks. 847/08, S. 36; *Bayer/J. Schmidt*, ZGR 2009, 805, 813.
44 Vgl. § 52 Rz. 31 sowie bereits *Bayer/J. Schmidt*, ZGR 2009, 805, 814.
45 Vgl. Begr. RegE ARUG, BR-Drucks. 847/08, S. 55; *Bayer/J. Schmidt*. ZGR 2009, 805, 815; *Drinhausen/Keinath*, BB 2008, 2078, 2080; *Hüffer*, § 183a AktG Rz. 5.
46 Ausf. *Bayer/J. Schmidt*, ZGR 2009, 805, 817 ff.
47 Ausf. *Bayer/J. Schmidt*, ZGR 2009, 805, 817 ff.
48 Der Verweis auf „Satz 2" ist ersichtlich ein Redaktionsfehler.
49 Näher *Bayer/J. Schmidt*, ZGR 2009, 805, 819.

21 Beim **vereinfachten genehmigten Kapital** gilt gem. § 205 Abs. 5–7 (dazu § 205 Rz. 13 ff.) und § 206 Satz 2 (dazu § 206 Rz. 7) ebenfalls das verfahrensrechtliche Grundkonzept aus Bekanntmachungspflicht, Registersperre und Minderheitenrecht sowie eingeschränkter gerichtlicher Kontrolldichte. Bekannt zu machen ist hier aber nicht das Datum des Kapitalerhöhungsbeschlusses, sondern die Entscheidung des Vorstands über die Ausgabe neuer Aktien gegen Sacheinlagen (§ 205 Abs. 5 Satz 3, dazu § 205 Rz. 13).

# § 34
## Umfang der Gründungsprüfung

**(1) Die Prüfung durch die Mitglieder des Vorstands und des Aufsichtsrats sowie die Prüfung durch die Gründungsprüfer haben sich namentlich darauf zu erstrecken,**

1. **ob die Angaben der Gründer über die Übernahme der Aktien, über die Einlagen auf das Grundkapital und über die Festsetzungen nach §§ 26 und 27 richtig und vollständig sind;**
2. **ob der Wert der Sacheinlagen oder Sachübernahmen den geringsten Ausgabebetrag der dafür zu gewährenden Aktien oder den Wert der dafür zu gewährenden Leistungen erreicht.**

**(2) Über jede Prüfung ist unter Darlegung dieser Umstände schriftlich zu berichten. In dem Bericht ist der Gegenstand jeder Sacheinlage oder Sachübernahme zu beschreiben sowie anzugeben, welche Bewertungsmethoden bei der Ermittlung des Wertes angewandt worden sind. In dem Prüfungsbericht der Mitglieder des Vorstands und des Aufsichtsrats kann davon sowie von Ausführungen zu Absatz 1 Nr. 2 abgesehen werden, soweit nach § 33a von einer externen Gründungsprüfung abgesehen wird.**

**(3) Je ein Stück des Berichts der Gründungsprüfer ist dem Gericht und dem Vorstand einzureichen. Jedermann kann den Bericht bei dem Gericht einsehen.**

| | |
|---|---|
| I. Regelungsgegenstand und -zweck ... 1 | 1. Anzahl und Form ............... 10 |
| II. Gründungsprüfung (§ 34 Abs. 1) .... 2 | 2. Inhalt ...................... 12 |
| 1. Umfang .................... 2 | 3. Verzicht nach § 34 Abs. 2 Satz 3 .... 14 |
| 2. Zeitpunkt ................. 9 | IV. Einreichung des Prüfberichts und |
| III. Prüfungsbericht (§ 34 Abs. 2) ...... 10 | Einsichtsrecht (§ 34 Abs. 3) ....... 15 |

**Literatur:** S. bei § 33.

## I. Regelungsgegenstand und -zweck

1 § 34 trifft in Abs. 1 und Abs. 2 Regelungen zu **Inhalt und Umfang der Gründungsprüfung** sowie in Abs. 3 zu **Form, Inhalt und Offenlegung des Prüfungsberichts**. Die Regelung geht auf § 26 AktG 1937, § 193 HGB zurück. Durch das Gesetz für kleine Aktiengesellschaften und zur Deregulierung des Aktienrechts vom 2.8.1994[1] wurden

---
1 BGBl. I 1994, 1961.

zur Vereinfachung des Verfahrens § 34 Abs. 3 Satz 1 und Satz 2 ersatzlos gestrichen, weshalb die Einreichung des Prüfberichts bei der zuständigen IHK nicht mehr erforderlich ist. Durch das Stückaktiengesetz vom 25.3.1998[2] wurde der Wortlaut in § 34 Abs. 1 Nr. 2 von „Nennbetrag" hin zu der Formulierung „geringster Ausgabebetrag" angepasst. Der **Normzweck** des § 34 ist identisch mit dem des § 33 (dort Rz. 1): Es soll die Gründung von Gesellschaften verhindert werden, „die nicht die im Interesse der künftigen Gläubiger und Aktionäre notwendigen Sicherungen erfüllen"[3]. Die Vorschriften bezwecken darüber hinaus die Information der interessierten Öffentlichkeit über den ordnungsgemäßen Hergang der Gründung und sollen dem Registerrichter als Grundlage für seine eigenen Nachprüfungen die Entscheidung über die Eintragung der Gesellschaft erleichtern. **Systematisch** ergänzt § 34 die Bestimmung des § 33, indem der Mindestinhalt des dort geregelten Prüfungsberichts näher bestimmt. Durch das ARUG[4] wurde in Ergänzung des neuen § 33a in § 34 Abs. 2 ein neuer Satz 3 eingefügt.

## II. Gründungsprüfung (§ 34 Abs. 1)

### 1. Umfang

**a)** § 33 Abs. 1 bestimmt, dass die Verwaltungsmitglieder **den gesamten Hergang der Gründung zu prüfen** haben (§ 33 Rz. 2). Dies gilt nach allg.M. auch für die Prüfung durch die besonderen Gründungsprüfer[5]. Die besondere Gründungsprüfung erstreckt sich daher nicht nur auf die Fallgruppen des § 33 Abs. 2[6]. Zu prüfen sind vielmehr auch: die Feststellung und der Inhalt der Satzung, ihre Vollständigkeit und Vereinbarkeit mit den gesetzlichen Bestimmungen, die Erbringung der Einlagen, die Einhaltung der Formvorschriften und Genehmigungserfordernisse, Anzahl und Personen der Gründer, Ordnungsmäßigkeit der Bestellung von Vorstands- und Aufsichtsratsmitgliedern sowie der Abschlussprüfer, Vorliegen, Vollständigkeit und Richtigkeit des Gründungsberichts nach § 32 Abs. 1. Zusätzlich erfasst die besondere Gründungsprüfung auch den Prüfungsbericht der Mitglieder von Vorstand und Aufsichtsrat (arg. § 38 Abs. 2)[7]; daraus folgt, dass dieser Prüfbericht vor der Prüfung der besonderen Gründungsprüfer abzufassen und diesen vorzulegen ist[8]. Grundlage für die Prüfung ist der Gründungsbericht, speziell für die Prüfung nach § 34 Abs. 1 Nr. 2 die Angaben nach § 32 Abs. 2[9]. Die besonderen Gründungsprüfer sind auf ihr Verlangen hin nach § 35 Abs. 1 durch Auskünfte und Informationen der Gründer zu unterstützen (§ 35 Rz. 2); darüber hinaus sind sie aber auch zu eigenen Ermittlungen berechtigt (§ 35 Rz. 5)[10].

2

---

2 BGBl. I 1998, 590.
3 *Kropff*, Aktiengesetz, S. 53; ausführlich *Dienst*, Aktienrechtliche Gründungsprüfung, 1959, S. 5 f., 135 ff.
4 Gesetz zur Umsetzung der Aktionärsrechterichtlinie (ARUG) vom 30.7.2009, BGBl. I 2009, 2479.
5 *Hoffmann-Becking* in MünchHdb. AG, § 3 Rz. 21; *Pentz* in MünchKomm. AktG, 3. Aufl., § 34 AktG Rz. 7; *Röhricht* in Großkomm. AktG, 4. Aufl., § 34 AktG Rz. 3.
6 *v. Godin/Wilhelmi*, § 34 AktG Anm. 2; *Hüffer*, § 34 AktG Rz. 2; *Arnold* in KölnKomm. AktG, 3. Aufl., § 34 AktG Rz. 5; *Pentz* in MünchKomm. AktG, 3. Aufl., § 34 AktG Rz. 7; *Röhricht* in Großkomm. AktG, 4. Aufl., § 34 AktG Rz. 3.
7 *Hüffer*, § 34 AktG Rz. 2; *Pentz* in MünchKomm. AktG, 3. Aufl., § 34 AktG Rz. 7; *Röhricht* in Großkomm. AktG, 4. Aufl., § 34 AktG Rz. 3.
8 Zutreffend *Hüffer*, § 34 AktG Rz. 4; *Pentz* in MünchKomm. AktG, 3. Aufl., § 34 AktG Rz. 7.
9 *Gerber* in Spindler/Stilz, § 34 AktG Rz. 4; *Hüffer*, § 34 AktG Rz. 2; *Pentz* in MünchKomm. AktG, 3. Aufl., § 34 AktG Rz. 6.
10 *Hüffer*, § 34 AktG Rz. 2; *Pentz* in MünchKomm. AktG, 3. Aufl., § 34 AktG Rz. 8.

3  **Nicht zu prüfen** sind hingegen **unternehmerische Fragestellungen** wie etwa die personellen oder wirtschaftlichen Verhältnisse, insbesondere auch nicht die Zweckmäßigkeit der Gründung generell oder der gewählten Rechtsform. Ebenfalls nicht Gegenstand der Gründungsprüfung ist die Problematik, ob das Kapital der Gesellschaft für die beabsichtigte unternehmerische Tätigkeit ausreicht[11] sowie die Frage der Qualifikation der Verwaltungsmitglieder[12]. Diese ganzen Aspekte berechtigen das Registergericht auch nicht zur Ablehnung der Eintragung[13]. In evidenten Einzelfällen, in denen sich Hinweise auf die Zahlungsunfähigkeit der Gründer oder aber Anhaltspunkte für Leistungsstörungen bei Sacheinlagen ergeben, kann der Prüfer jedoch verpflichtet sein, auf besondere Gefahren hinzuweisen[14].

4  **b) Insbesondere ist zu prüfen**: Nach § 34 Abs. 1 Nr. 1 die **Angaben der Gründer** über die Übernahme der Aktien, über die Einlagen auf das Grundkapital und über die Festsetzungen nach §§ 26, 27, d.h. im Hinblick auf Sacheinlage- und Sachübernahmevereinbarungen sowie Sondervorteile und Gründungsaufwand. Solange die Einlagen noch nicht erbracht sind, beschränkt sich die Prüfung darauf, ob eine ordnungsgemäße Übernahmeerklärung nach § 23 Abs. 2 vorliegt und die Einzahlungspflicht wirksam begründet worden ist. Der Nachweis der wirksamen Einlageleistung sowie eines etwaigen Aufgeldes gem. §§ 36 Abs. 2, 36a Abs. 1 ist dagegen erst im Zeitpunkt der Anmeldung der Gesellschaft zum Handelsregister zu erbringen[15]. Sind die Einlagen jedoch bereits erbracht, dann erstreckt sich die Prüfung auch auf die Einlageleistung[16]. Die Zahlungsfähigkeit bzw. -willigkeit der Gründer ist nur dann zu erörtern, wenn sich den Prüfern der berechtigte Verdacht aufdrängt, dass die Einlagen nicht erbracht werden können oder sollen[17]. Hat die Gesellschaft ihre Tätigkeit schon vor der Anmeldung zum Handelsregister aufgenommen, so hat der Gründungsprüfer auch zu klären, ob das Kapital zum Zeitpunkt der Prüfung zumindest wertmäßig noch vorhanden ist. Wurde es hingegen schon eingesetzt, so ist dieser Vorgang im Prüfbericht zu beschreiben und die Werthaltigkeit des Eigenkapitals nach dieser Umschichtung zu untersuchen.

5  Die Prüfung hat sich darauf zu erstrecken, ob die Angaben der Gründer **richtig und vollständig** sind, ferner, ob die Sondervorteile oder der Gründungsaufwand **angemessen** sind[18]. Die Angemessenheitsprüfung ist zwar in § 34 Abs. 1 Nr. 1 nicht direkt angeordnet, jedoch ist diese Frage für den Hergang der Gründung wesentlich und daher prüfungspflichtig.

Zu berichten haben die Prüfer stets auch dann, wenn sie nach gründlicher Prüfung nichts zu beanstanden haben (arg. § 34 Abs. 2).

---

11  BGH v. 27.2.1975 – II ZR 111/72, BGHZ 64, 52, 60; *Hüffer*, § 34 AktG Rz. 2; *Pentz* in MünchKomm. AktG, 3. Aufl., § 34 AktG Rz. 9; *Röhricht* in Großkomm. AktG, 4. Aufl., § 34 AktG Rz. 3; *Munkert*, Die externe Gründungsprüfung, 1971, S. 22, 63.
12  *Röhricht* in Großkomm. AktG, 4. Aufl., § 34 AktG Rz. 3.
13  BGH v. 27.2.1975 – II ZR 111/72, BGHZ 64, 52, 60; *Saage*, ZGR 1977, 583, 685.
14  BGH v. 27.2.1975 – II ZR 111/72, BGHZ 64, 52, 58; *Pentz* in MünchKomm. AktG, 3. Aufl., § 34 AktG Rz. 9; präzisierend *K. Schmidt*, DB 1975, 1781, 1782; strenger *Saage*, ZGR 1977, 683, 688.
15  *Hüffer*, § 34 AktG Rz. 3; *Pentz* in MünchKomm. AktG, 3. Aufl., § 34 AktG Rz. 12; *Röhricht* in Großkomm. AktG, 4. Aufl., § 34 AktG Rz. 5.
16  *Hüffer*, § 34 AktG Rz. 2; *Arnold* in KölnKomm. AktG, 3. Aufl., § 34 AktG Rz. 6; *Papmehl*, MittBayNot 2003, 187, 188; *Pentz* in MünchKomm. AktG, 3. Aufl., § 34 AktG Rz. 12; *Röhricht* in Großkomm. AktG, 4. Aufl., § 34 AktG Rz. 5.
17  *Pentz* in MünchKomm. AktG, 3. Aufl., § 34 AktG Rz. 12; *Arnold* in KölnKomm. AktG, 3. Aufl., § 34 AktG Rz. 6; *Röhricht* in Großkomm. AktG, 4. Aufl., § 34 AktG Rz. 3.
18  *Gerber* in Spindler/Stilz, § 34 AktG Rz. 7; *Hüffer*, § 34 AktG Rz. 3; *Arnold* in KölnKomm. AktG, 3. Aufl., § 34 AktG Rz. 7; *Pentz* in MünchKomm. AktG, 3. Aufl., § 34 AktG Rz. 13.

c) Nach § 34 Abs. 1 Nr. 2 muss sich die Prüfung auch darauf erstrecken, ob der **Wert** 6
der **Sacheinlage** oder der Sachübernahme den **geringsten Ausgabebetrag** der dafür zu
gewährenden Aktien oder den Wert der dafür zu gewährenden Leistungen erreicht.
Damit soll sichergestellt werden, dass nicht durch eine Überbewertung dem Verbot
der Unterpari-Emission (vgl. § 9 Abs. 1) zuwidergehandelt wird[19]. Wird nach § 33a
von einer Gründungsprüfung abgesehen, so entfällt die Pflicht (unten Rz. 14).

Ist ein **Agio** vorgesehen, so muss der Wert einer Sacheinlage auch den Mehrbetrag 7
umfassen (vgl. § 36a Abs. 2 Satz 3). Dies ist bei der Anmeldung zur Eintragung zu versichern (vgl. § 37 Abs. 1 Satz 1 Halbsatz 1) und wird vom Registergericht überprüft
(§ 38 Abs. 1 Satz 1). Allerdings wird eine Nachweispflicht gem. § 37 Abs. 1 Satz 2 nur
für Bareinlagen angeordnet. Diese Beschränkung wird damit begründet, dass das
Registergericht über die Einzelheiten der Wertverhältnisse bereits durch den Gründungsbericht nach § 32 Abs. 2 Satz 1 sowie den Bericht der besonderen Gründungsprüfer nach § 33 Abs. 1 und 2 informiert werde[20]. Zusätzlich kann das Registergericht jederzeit den Nachweis einer vollständigen und damit auch das Agio umfassenden Leistung der Sacheinlage verlangen[21]. Dies bedeutet aber, dass sich bei
satzungsmäßiger Festsetzung eines Agios auch die **Gründungsprüfung** nach §§ 33, 34
– trotz des missverständlichen Wortlauts von § 34 Abs. 1 Nr. 2 – nicht darauf beschränken darf, lediglich die Einhaltung der Untergrenze des § 9 Abs. 1 festzustellen[22], sondern auch dazu eine Aussage treffen muss, ob der Wert der Sacheinlage den
**Mehrbetrag** umfasst[23]. Diese Vorgabe wird in der Prüfungspraxis auch beachtet[24]. Allein die hier vertretene Auffassung entspricht nach ganz h.M.[25] auch Art. 10 der Kapitalrichtlinie[26]. Eine allein an der zu engen Formulierung des § 34 Abs. 1 Nr. 2 orientierte Auslegung wäre daher europarechtswidrig; dieses Ergebnis lässt sich indes ohne weiteres durch eine richtlinienkonforme und der Systematik der §§ 32–38
entsprechende Auslegung vermeiden[27]. Zudem gebietet der ebenfalls vom Normzweck erfasste Schutz der Mitgesellschafter des Sacheinlegers[28] eine solche umfas-

---

19 *Hüffer*, § 34 AktG Rz. 3; *Pentz* in MünchKomm. AktG, 3. Aufl., § 34 AktG Rz. 17; *Röhricht* in Großkomm. AktG, 4. Aufl., § 34 AktG Rz. 8.
20 Vgl. *Hüffer*, § 37 Rz. 4; *Pentz* in MünchKomm. AktG, 3. Aufl., § 37 Rz. 44 a.E.; *Röhricht* in Großkomm. AktG, 4. Aufl., § 37 AktG Rz. 33 f.; vgl. weiter unten § 37 Rz. 9 ff.
21 So ausdrücklich *Röhricht* in Großkomm. AktG, 4. Aufl., § 37 Rz. 34.
22 So aber *Gerber* in Spindler/Stilz, § 34 AktG Rz. 8; ohne Diskussion der Problematik auch *Pentz* in MünchKomm. AktG, 3. Aufl., § 34 AktG Rz. 15.
23 Ausf. *Bayer* in FS Ulmer, 2003, S. 21, 33 ff.; nunmehr auch *Hoffmann-Becking* in MünchHdb. AG, § 4 Rz. 25 (in Abweichung zur Voraufl.).
24 WP-Handbuch II, 11. Aufl. 1998, Rz. C 77; ausf. *Schiller*, AG 1992, 20, 21; *Schiller*, Gründungsrechnungslegung, 1990, S. 127 ff.; *Angermayer*, WPg 1998, 914, 915; *Angermayer*, Die aktienrechtliche Prüfung von Sacheinlagen, 1994, S. 215 ff.; *Penné*, Die Prüfung der Sacheinlagen nach Aktienrecht, 1984, S. 239 ff.
25 Ausf. *Bayer* in FS Ulmer, 2003, S. 21, 31 ff. m.z.w.N.; vgl. weiter *Bayer/J. Schmidt* in Bayer/Habersack, Aktienrecht im Wandel, 2007, Bd. I, Kap. 18 Rz. 32; *Grundmann*, Europäisches Gesellschaftsrecht, 2004, Rz. 49; *Habersack*, Europäisches Gesellschaftsrecht, 3. Aufl., Rz. 194; *Arnold* in KölnKomm. AktG, 3. Aufl., § 33a AktG Rz. 8; für die Kapitalerhöhung auch *Krieger* in MünchHdb. AG, § 56 Rz. 44; *Priester* in FS Lutter, 2000, S. 617, 622 ff.; *Wiedemann* in Großkomm. AktG, 4. Aufl., § 183 AktG Rz. 82.
26 Zweite gesellschaftsrechtliche Richtlinie 77/91/EWG des Rates der Europäischen Gemeinschaft vom 13.12.1976 zur Koordinierung des Gesellschaftsrechts, ABl. EG Nr. L 26 v. 31.1.1977, S. 1.
27 S. zur richtlinienkonformen Auslegung unter Überschreitung der Wortlautgrenze der umgesetzten nationalen Norm auch BGH v. 26.11.2008 – VIII ZR 200/05 – „Quelle", BGHZ 179, 27.
28 Dazu mit ausf. Hinweisen zur Gesetzgebungsgeschichte der 2. Richtlinie: *Bayer* in FS Ulmer, 2003, S. 21, 33.

sendere Prüfung[29]. Es ist sehr bedauerlich, dass der Gesetzgeber die Änderungen durch das ARUG (oben Rz. 1) nicht zum Anlass genommen hat, dem Drängen aus Wissenschaft und Praxis nachzugeben[30], und Rechtsklarheit zu schaffen[31].

8 Eine **Unterbewertung** der Sacheinlage ist nach heute h.M. hingegen zulässig, soweit nicht gegen das Verbot der Bildung willkürlicher stiller Reserven verstoßen wird[32]. Ergeben sich für den Prüfer Anhaltspunkte über das Vorhandensein solcher willkürlicher stiller Reserven, so hat er hierauf im Bericht hinzuweisen[33]. Denn sowohl Aktionäre als auch Gläubiger können durch die Bildung stiller Reserven gefährdet werden, wenn durch den Ausweis eines tatsächlich aus stillen Reserven stammenden laufenden Gewinns ein unzutreffender Eindruck über die wirtschaftliche Situation der Gesellschaft vermittelt wird.

### 2. Zeitpunkt

9 Maßgebender Zeitpunkt für die Bewertung der „Angemessenheit" der Leistungen im Gründungsbericht ist nicht der Tag der Eintragung der Gesellschaft in das Handelsregister, sondern der **Zeitpunkt der Prüfung**[34]. Es ist nicht Aufgabe des Gründungsprüfers, eine unsichere Prognoseentscheidung treffen. Allerdings darf die Prüfung Umstände nicht ausklammern, die sich bereits im Zeitpunkt der Untersuchung konkret abzeichnen und für die abschließende Entscheidung durch das Registergericht von Bedeutung sein können. Liegen daher Hinweise vor, dass noch vor der Eintragung der Gesellschaft mit einer Entwertung der Gegenstände oder mit Leistungsstörungen zu rechnen ist, so muss der Gründungsprüfer in seinem Bericht hierauf explizit hinweisen[35].

## III. Prüfungsbericht (§ 34 Abs. 2)

### 1. Anzahl und Form

10 Gem. **§ 34 Abs. 2 Satz 1** ist über **jede Prüfung** schriftlich zu berichten. Dies bedeutet indes nicht, dass insgesamt ggf. drei Prüfungsberichte (für Vorstand, Aufsichtsrat und externe Prüfer) erstellt werden müssten; das Erfordernis einer Berichterstattung über „jede Prüfung" bezieht sich vielmehr auf die Differenzierung zwischen der **internen Prüfung** nach § 33 Abs. 1 und der besonderen **externen Prüfung** gem. § 33 Abs. 2. Es ist deshalb ausreichend, wenn ein gemeinsamer Gründungsbericht der Verwaltung und ein Bericht der externen Gründungsprüfer vorgelegt wird; diese dürfen auch nicht in einer Urkunde zusammengefasst sein. Hintergrund der Trennung ist die Erwägung, dass Vorstand und Aufsichtsrat der Gründung nicht mit derselben Unparteilichkeit gegenüberstehen, die von einem unabhängigen Gründungsprüfer erwartet werden darf. Die vom Vorstand und dem Aufsichtsrat aufzustellenden Berichte kön-

---

29 Nachw. zur Umsetzung des Art. 10 der 2. Richtlinie in die Rechtsordnungen anderer Mitgliedstaaten der EU bei *Bayer* in FS Ulmer, 2003, S. 21, 33 Fn. 62.
30 S. etwa *Handelsrechtsausschuss des DAV*, NZG 2008, 534 f. und NZG 2009, 96, 98.
31 Hierzu kritisch auch *Bayer/J. Schmidt*, ZGR 2009, 805, 843 f.
32 *Hüffer*, § 34 AktG Rz. 3; *Pentz* in MünchKomm. AktG, 3. Aufl., § 34 AktG Rz. 17; *Röhricht* in Großkomm. AktG, 4. Aufl., § 34 AktG Rz. 8; enger *Mohr*, WPg 1960, 573, 575; anders noch RG v. 28.1.1930 – II 159/29, RGZ 127, 186.
33 *Gerber* in Spindler/Stilz, § 34 AktG Rz. 10; *Röhricht* in Großkomm. AktG, 4. Aufl., § 34 AktG Rz. 8.
34 *Gerber* in Spindler/Stilz, § 34 AktG Rz. 10; *Hüffer*, § 34 AktG Rz. 3; *Pentz* in MünchKomm. AktG, 3. Aufl., § 34 AktG Rz. 16; *Röhricht* in Großkomm. AktG, 4. Aufl., § 34 AktG Rz. 9; a.A. *Mohr*, WPg 1960, 576; differenzierend *Schiller*, AG 1992, 20, 22.
35 *Pentz* in MünchKomm. AktG, 3. Aufl., § 34 AktG Rz. 16; *Röhricht* in Großkomm. AktG, 4. Aufl., § 34 AktG Rz. 9.

nen hingegen in einer Urkunde enthalten sein[36]. Können sich die Mitglieder von Vorstand und Aufsichtsrat nicht auf einen gemeinsamen Bericht einigen, so sind getrennte Berichte aufzustellen oder dem jeweiligen Bericht einschränkende Zusätze hinzuzufügen[37] (vgl. auch bei § 32 Rz. 3).

Jeder Prüfungsbericht ist **schriftlich** abzufassen, d.h. jeder Prüfer hat den Bericht gem. § 126 BGB eigenhändig zu unterzeichnen[38]. Die Unterschrift nur eines Vorstands- oder Aufsichtsratsmitglieds für das gesamte Organ oder die Unterschrift nur eines von mehreren Gründungsprüfern genügt nicht. Mit der Unterzeichnung übernimmt jeder die volle persönliche Verantwortung für den Inhalt des Berichts.

**2. Inhalt**

a) Nach **§ 34 Abs. 2 Satz 1, Satz 2** muss der Prüfungsbericht – unabhängig vom Ergebnis – zu allen Umständen Stellung nehmen, die (nach § 34 Abs. 1: oben Rz. 2) Gegenstand der Prüfung waren[39]. Die Hervorhebung der in § 34 Abs. 1 genannten Umstände bedeutet allein, dass hierüber auch dann zu berichten ist, wenn die jeweiligen Prüfungen insoweit keine Beanstandungen gebracht haben[40]. Weiterhin ist anzugeben, auf welche Punkte sich die Prüfung erstreckt hat; nur so kann das Registergericht beurteilen, mit welcher Genauigkeit und Zuverlässigkeit der externe Prüfer gearbeitet hat[41]. Wurden vom Gericht mehrere Prüfer bestellt, so ist auf Meinungsverschiedenheiten unter ihnen ebenfalls hinzuweisen[42]. Aus dem Wortlaut („über jede Prüfung ist unter Darlegung dieser Umstände schriftlich zu berichten") kann gefolgert werden, dass der Prüfungsbericht den Umfang der Prüfung und die Feststellungen der Prüfer darzulegen und **zu begründen** hat[43].

b) Bei **Sacheinlagen oder Sachübernahmen** sind gem. **§ 34 Abs. 2 Satz 2** im Prüfungsbericht auch die Gegenstände unter Angabe der dabei angewandten Bewertungsmethoden[44] zu beschreiben. Durch die Angabe der Bewertungsmethoden soll dem Registergericht die Wertermittlung transparent gemacht werden und dadurch die Beurteilung erleichtern, ob der Wert des Gegenstandes zutreffend ist[45]. Die Berichtspflicht wird durch die Verschwiegenheitspflicht der Vorstands- und Aufsichtsratsmitglieder sowie der Gründungsprüfer eingeschränkt (vgl. § 48 Satz 2 i.V.m. §§ 93 Abs. 1 Satz 2, 116 bzw. § 49 AktG i.V.m. § 323 Abs. 1 Satz 2 HGB); die für Sonderprüfer geltende Ausnahmevorschrift des § 145 Abs. 4 gilt hier nicht, weil die Prüfungsberichte von jedermann eingesehen werden können (unten Rz. 15)[46].

---

36 *Hüffer*, § 34 AktG Rz. 4; *Arnold* in KölnKomm. AktG, 3. Aufl., § 34 AktG Rz. 10; *Pentz* in MünchKomm. AktG, 3. Aufl., § 34 AktG Rz. 19; *Röhricht* in Großkomm. AktG, 4. Aufl., § 34 AktG Rz. 10; a.A. noch *Eckardt* in G/H/E/K, § 34 AktG Rz. 12.
37 *Arnold* in KölnKomm. AktG, 3. Aufl., § 34 AktG Rz. 10; *Pentz* in MünchKomm. AktG, 3. Aufl., § 34 AktG Rz. 18; *Röhricht* in Großkomm. AktG, 4. Aufl., § 34 AktG Rz. 11.
38 *Hüffer*, § 34 AktG Rz. 4; *Arnold* in KölnKomm. AktG, 3. Aufl., § 34 AktG Rz. 10; *Pentz* in MünchKomm. AktG, 3. Aufl., § 34 AktG Rz. 18; *Röhricht* in Großkomm. AktG, 4. Aufl., § 34 AktG Rz. 11.
39 *Hüffer*, § 34 AktG Rz. 5; *Arnold* in KölnKomm. AktG, 3. Aufl., § 34 AktG Rz. 11; *Pentz* in MünchKomm. AktG, 3. Aufl., § 34 AktG Rz. 20.
40 *Pentz* in MünchKomm. AktG, 3. Aufl., § 34 AktG Rz. 20.
41 *Arnold* in KölnKomm. AktG, 3. Aufl., § 34 AktG Rz. 11; *Pentz* in MünchKomm. AktG, 3. Aufl., § 34 AktG Rz. 20; *Röhricht* in Großkomm. AktG, 4. Aufl., § 34 AktG Rz. 12.
42 *Hüffer*, § 34 AktG Rz. 5; *Arnold* in KölnKomm. AktG, 3. Aufl., § 34 AktG Rz. 11 m.w.N.
43 Ebenso *Munkert*, Die externe Gründungsprüfung, 1971, S. 64.
44 Hierzu ausführlich *Schiller*, AG 1992, 20, 24 f.
45 *Hüffer*, § 34 AktG Rz. 5; *Pentz* in MünchKomm. AktG, 3. Aufl., § 34 AktG Rz. 21.
46 *Hüffer*, § 34 AktG Rz. 5; *Pentz* in MünchKomm. AktG, 3. Aufl., § 34 AktG Rz. 22; *Röhricht* in Großkomm. AktG, 4. Aufl., § 34 AktG Rz. 14.

## 3. Verzicht nach § 34 Abs. 2 Satz 3

14 Soweit nach § 33a von einer externen Gründungsprüfung abgesehen wird (zu den Voraussetzungen näher § 33a Rz. 6 ff.), gelten gem. § 34 Abs. 2 Satz 3 konsequenterweise auch für den internen Prüfbericht der Verwaltung Erleichterungen: Darin kann dann auf die Angaben nach § 34 Abs. 2 Satz 2 (dazu oben Rz. 13) sowie auf die Ausführungen zu § 34 Abs. 1 Nr. 2 (dazu oben Rz. 12) verzichtet werden. Abgesehen davon bleiben Vorstand und Aufsichtsrat aber auch bei der vereinfachten Sachgründung zur Prüfung des Hergangs der Gründung (oben Rz. 2 ff.) und zur Erstattung eines entsprechenden Berichts (oben Rz. 10 ff.) verpflichtet[47]. Zudem ist die Berichtspflicht letztlich nur verlagert: Denn die nach § 34 Abs. 2 Satz 3 für den internen Prüfbericht optionalen Angaben sind Gegenstand der Anmeldung und der darin abzugebenden Erklärung gem. § 37a Abs. 1 und 2 (dazu näher § 37a Rz. 2 ff.)[48]. Im Übrigen ist der Anwendungsbereich des § 34 Abs. 2 Satz 3 nach dem Wortlaut und dem ausdrücklichen Willen des Gesetzgebers auch ausschließlich auf den internen Prüfbericht der Verwaltung beschränkt; Erforderlichkeit und Umfang des Gründungsberichts der Gründer gem. § 32 (dazu § 32 Rz. 2, 6 ff.) bleiben unberührt[49].

## IV. Einreichung des Prüfberichts und Einsichtsrecht (§ 34 Abs. 3)

15 Je ein Exemplar des Berichts der Gründungsprüfer sind nach § 34 Abs. 3 **Satz 1** dem jeweils zuständigen **Registergericht** sowie dem **Vorstand** einzureichen, nicht mehr hingegen bei der IHK; auch eine Übergabe an die Gründer ist nicht vorgeschrieben, aber empfehlenswert[50]. Die Prüfer haben ein Wahlrecht, ob sie den Bericht selbst bei Gericht einreichen oder ob sie ihn zunächst an den Vorstand leiten, welcher ihn dann der Anmeldung zum Handelsregister beifügt (vgl. § 37 Abs. 4 Nr. 4)[51]. Im Falle einer unmittelbaren Zuleitung an das Gericht, entfällt eine erneute Hinzufügung bei der Anmeldung[52]. Die Prüfungsberichte der Verwaltungsmitglieder sind nicht gem. § 34 Abs. 3 Satz 1, sondern gem. § 37 Abs. 4 Nr. 4 im Rahmen der Anmeldung vorzulegen.

16 Die bei Gericht eingereichten Berichte der externen Gründungsprüfer können gem. **§ 34 Abs. 3 Satz 2** von **jedermann** ohne Darlegung eines besonderen Interesses eingesehen werden. Ein Hinweis auf diese Möglichkeit in der Bekanntmachung der Eintragung erfolgt aufgrund der Änderung des § 40 durch das 1. JustizmodernisierungsG nicht mehr[53]. Das Einsichtsrecht besteht nicht erst mit der Eintragung der Gesellschaft, sondern bereits ab Einreichung der Berichte bei Gericht[54]. Das Einsichtsrecht in die Prüfberichte der Verwaltungsmitglieder folgt nicht aus § 34 Abs. 3 Satz 2, sondern aus § 9 Abs. 1 HGB.

17 Wird der Bericht der externen Gründungsprüfer **nicht eingereicht**, so besteht ein Eintragungshindernis (§ 38 Abs. 2 Satz 1). Wird die AG gleichwohl eingetragen, so ist sie

---

47 Vgl. Begr. RegE ARUG, BR-Drucks. 847/08, S. 32; *Hüffer*, § 34 AktG Rz. 6.
48 Vgl. Begr. RegE ARUG, BR-Drucks. 847/08, S. 32; *Hüffer*, § 34 AktG Rz. 6.
49 Vgl. Begr. RegE ARUG, BR-Drucks. 847/08, S. 32.
50 Ebenso *Hüffer*, § 34 AktG Rz. 7; *Pentz* in MünchKomm. AktG, 3. Aufl., § 34 AktG Rz. 23.
51 RG v. 13.11.1930 – VI 452/29, RGZ 130, 248, 256; *Hüffer*, § 34 AktG Rz. 7; *Pentz* in MünchKomm. AktG, 3. Aufl., § 34 AktG Rz. 24; *Röhricht* in Großkomm. AktG, 4. Aufl., § 34 AktG Rz. 15.
52 *Hüffer*, § 34 AktG Rz. 7; *Pentz* in MünchKomm. AktG, 3. Aufl., § 34 AktG Rz. 24; *Röhricht* in Großkomm. AktG, 4. Aufl., § 34 AktG Rz. 15; a.A. *Eckardt* in G/H/E/K, § 34 AktG Rz. 21 (doppelte Einreichung).
53 Durch Art. 12e des 1. Justizmodernisierungsgesetz vom 24.8.2004 (BGBl. I 2004, 2198) ist die frühere Vorschrift des § 40 Abs. 2 entfallen.
54 *Pentz* in MünchKomm. AktG, 3. Aufl., § 34 AktG Rz. 26; *Röhricht* in Großkomm. AktG, 4. Aufl., § 34 AktG Rz. 16.

dennoch wirksam entstanden; § 275 AktG bzw. § 397 FamFG sind nicht einschlägig[55]. Allerdings kann vom Registergericht die nachträgliche Einreichung gefordert und dieses Verlangen gem. § 14 HGB mit Zwangsgeld durchgesetzt werden; § 407 Abs. 2 steht nicht entgegen[56].

## § 35
## Meinungsverschiedenheiten zwischen Gründern und Gründungsprüfern. Vergütung und Auslagen der Gründungsprüfer

(1) Die Gründungsprüfer können von den Gründern alle Aufklärungen und Nachweise verlangen, die für eine sorgfältige Prüfung notwendig sind.

(2) Bei Meinungsverschiedenheiten zwischen den Gründern und den Gründungsprüfern über den Umfang der Aufklärungen und Nachweise, die von den Gründern zu gewähren sind, entscheidet das Gericht. Die Entscheidung ist unanfechtbar. Solange sich die Gründer weigern, der Entscheidung nachzukommen, wird der Prüfungsbericht nicht erstattet.

(3) Die Gründungsprüfer haben Anspruch auf Ersatz angemessener barer Auslagen und auf Vergütung für ihre Tätigkeit. Die Auslagen und die Vergütung setzt das Gericht fest. Gegen die Entscheidung ist die Beschwerde zulässig; die Rechtsbeschwerde ist ausgeschlossen. Aus der rechtskräftigen Entscheidung findet die Zwangsvollstreckung nach der Zivilprozessordnung statt.

| | | | |
|---|---|---|---|
| I. Regelungsgegenstand und -zweck | 1 | 4. Eigene Ermittlungen | 5 |
| II. Aufklärungsobliegenheiten der Gründer (§ 35 Abs. 1) | 2 | III. Meinungsverschiedenheiten (§ 35 Abs. 2) | 6 |
| 1. Berechtigung | 2 | IV. Auslagenersatz und Vergütung der Gründungsprüfer (§ 35 Abs. 3) | 9 |
| 2. Umfang der Auskunft | 3 | | |
| 3. Form | 4 | | |

Literatur: S. bei § 33.

## I. Regelungsgegenstand und -zweck

Die Vorschrift schließt sich systematisch an die §§ 33, 34 an. **§ 35 Abs. 1 statuiert besondere Aufklärungsobliegenheiten** der Gründer. Die Bestimmung ist anlässlich der GmbH-Reform von 1980 eingeführt worden[1] und soll sicherstellen, dass die Prüfer auch dann noch ihre Aufgaben erfüllen können, wenn sie im Rahmen der Prüfung nicht über die dazu notwendigen Informationen verfügen[2]. Eine entsprechende Aufklärungs- und Nachweispflicht ergab sich jedoch nach zutreffender Ansicht bereits

1

---

55 RG v. 13.11.1930 – VI 452/29, RGZ 130, 248, 256; *Hüffer*, § 34 AktG Rz. 7; *Dienst*, WPg 1964, 149, 151.
56 KG, KGJ 41 A 123, 130; *Hüffer*, § 34 AktG Rz. 7; *Röhricht* in Großkomm. AktG, 4. Aufl., § 34 AktG Rz. 17.
1 Gem. Art. 3 Nr. 1 des Gesetzes vom 4.7.1980, BGBl. I 1980, 836.
2 Begr. RegE zu § 5d Abs. 4 GmbHG, BT-Drucks. 8/1347, S. 59.

aus § 35 Abs. 1 a.F. (dem heutigen Abs. 2)[3]. Die heutigen **Abs. 2 und 3** entsprechen im Wesentlichen § 27 AktG 1937, § 194 HGB. § 35 Abs. 2 regelt das **Verfahren bei Meinungsverschiedenheiten** zwischen den Gründungsprüfern und den Gründern über den Umfang der Informationspflicht, § 35 Abs. 3 Fragen der **Vergütung** der Gründungsprüfer. Durch das FGG-RG[4] wurde Abs. 3 Satz 3 neu gefasst und der bisherige Abs. 3 Satz 4 aufgehoben; der bisherige Abs. 3 Satz 5 wurde Abs. 3 Satz 4 (dazu unten Rz. 10).

## II. Aufklärungsobliegenheiten der Gründer (§ 35 Abs. 1)

### 1. Berechtigung

2   Die externen Gründungsprüfer (auch Notare bei der Prüfung gem. § 33 Abs. 3 Satz 1, vgl. Halbsatz 2: sinngemäße Anwendung[5]) können nach § 35 Abs. 1 von den Gründern – gemeinsam oder einzeln[6] – alle **Aufklärungen und Nachweise** verlangen, die für eine sorgfältige Prüfung notwendig sind. Eine besondere Form ist nicht vorgeschrieben[7]. Dieses Recht steht bei Bestellung mehrerer Gründungsprüfer jedem einzelnen ohne Absprache mit den übrigen zu[8]. Entgegen der Gesetzesbegründung[9] wird allerdings kein Anspruch auf Auskunftserteilung begründet; es handelt sich lediglich um eine bloße **Obliegenheit** der Gründer[10]. Ein Anspruch wäre nur dann zu bejahen, wenn die Prüfer von den Gründern eine Auskunft erzwingen könnten (vgl. § 194 BGB). § 35 Abs. 2 enthält zwar eine Regelung über ein gerichtliches Verfahren zur Auskunftserteilung (unten Rz. 6). Werden jedoch trotz der gerichtlichen Entscheidung keine Auskünfte erteilt, so scheidet eine klageweise Durchsetzung gleichwohl aus, da § 35 Abs. 2 eine abschließende Bestimmung enthält. Kann der Prüfungsbericht ohne die Informationen nicht ordnungsgemäß erstattet werden, erfolgt keine Eintragung der AG (ausf. § 38 Rz. 11 f.). **Mitglieder der Verwaltung** werden von § 35 Abs. 1 **nicht erfasst** (allg. M.). Soweit sie für ihre Prüfungstätigkeit Informationen von den Gründern benötigen (vgl. § 33 Abs. 1), müssen sie sich diese selbst beschaffen[11]. Aufgrund ihrer Treuepflicht ergibt sich indes eine zivilrechtliche Verpflichtung der Gründer auf Auskunftserteilung (vgl. § 32 Rz. 7).

### 2. Umfang der Auskunft

3   Die Auskunftsbefugnis erstreckt sich auf alle Umstände, die für eine sorgfältige Prüfung erforderlich sind. Welche Auskünfte jeweils erforderlich sind, richtet sich nach dem Prüfungsgegenstand (vgl. § 34 Rz. 2) im konkreten Einzelfall. Die grundsätzliche

---

3   *Röhricht* in Großkomm. AktG, 4. Aufl., § 35 AktG Rz. 1; *Pentz* in MünchKomm. AktG, 3. Aufl., § 35 AktG Rz. 1; abw. *Kraft* in KölnKomm. AktG, 1. Aufl., § 35 AktG Rz. 4 m.w.N.
4   Gesetz zur Reform des Verfahrens in Familiensachen und in den Angelegenheiten der freiwilligen Gerichtsbarkeit (FGG-Reformgesetz – FGG-RG) vom 17.12.2008, BGBl. I 2008, 2586.
5   *Hermanns*, ZIP 2002, 1785, 1788; *Papmehl*, MittBayNot 2003, 187, 190; *Pentz* in MünchKomm. AktG, 3. Aufl., § 35 AktG Rz. 5.
6   *Gerber* in Spindler/Stilz, § 35 AktG Rz. 4; *Hüffer*, § 35 AktG Rz. 2.
7   *Pentz* in MünchKomm. AktG, 3. Aufl., § 35 AktG Rz. 6; *Röhricht* in Großkomm. AktG, 4. Aufl., § 35 AktG Rz. 2.
8   *Hüffer*, § 35 AktG Rz. 2; *Pentz* in MünchKomm. AktG, 3. Aufl., § 35 AktG Rz. 6; *Röhricht* in Großkomm. AktG, 4. Aufl., § 35 AktG Rz. 2.
9   Begr. RegE zu § 5d Abs. 4 GmbHG, BT-Drucks. 8/1347, S. 59.
10  *Gerber* in Spindler/Stilz, § 35 AktG Rz. 3; *Hüffer*, § 35 AktG Rz. 2; *Papmehl*, MittBayNot 2003, 187, 190; *Pentz* in MünchKomm. AktG, 3. Aufl., § 35 AktG Rz. 7; *Arnold* in KölnKomm. AktG, 3. Aufl., § 35 AktG Rz. 3.
11  *Hüffer*, § 35 AktG Rz. 2; *Pentz* in MünchKomm. AktG, 3. Aufl., § 35 AktG Rz. 8; *Röhricht* in Großkomm. AktG, 4. Aufl., § 35 AktG Rz. 6.

**sehr weite Auskunftsobliegenheit** der Gründer – die insbesondere auch **Betriebs- und Geschäftsgeheimnisse** umfasst[12] (diese dürfen lediglich nicht in den Prüfungsbericht aufgenommen werden: § 34 Rz. 13) – ist nur insoweit eingeschränkt, als Auskünfte verweigert werden dürfen, die für eine „sorgfältige Prüfung" nicht **notwendig** sind. Im Falle von Meinungsverschiedenheiten kann von beiden Seiten gem. § 35 Abs. 2 das Gericht angerufen werden (unten Rz. 6).

### 3. Form

In welcher Form die Auskünfte zu erteilen sind, ist eine **Frage des Einzelfalles**. In Betracht kommen sowohl mündliche als auch schriftliche Aufklärungen sowie Nachweise, aus denen sich der Gründungshergang ergeben kann. Soweit Belege (Schriftwechsel, Rechnungen etc.) vorhanden sind, müssen diese auf Verlangen der Gründungsprüfer vorgelegt werden[13]. Bei falschen Angaben machen sich die Gründer gem. **§ 400 Abs. 2** strafbar[14].

### 4. Eigene Ermittlungen

Die Befugnis nach § 35 Abs. 1 schließt das Recht der Prüfer, **eigene Ermittlungen** vorzunehmen, nicht aus[15]. Eine Verpflichtung zur Durchführung eigener Ermittlungen zu Fragen, über die die Gründer Auskunft erteilen müssen, besteht hingegen nicht[16]. Gleichwohl darf nicht außer Acht gelassen werden, dass der Prüfer nach Abs. 1 eine besondere Sorgfalt zu walten lassen hat. Diese Sorgfaltspflicht kann es im Einzelfall gebieten, dass sich die Prüfer nicht auf die von den Gründern erteilten Auskünfte verlassen dürfen, sondern diese darüber hinaus durch (zumutbare) eigene Nachforschungen ergänzen müssen[17]. Auskünfte dürfen insbesondere von Verwaltungsmitgliedern eingeholt werden (allg. M.); eine Auskunftspflicht besteht für diese (anders als nach § 145 Abs. 2 AktG, § 320 Abs. 2 HGB) allerdings nicht[18].

## III. Meinungsverschiedenheiten (§ 35 Abs. 2)

Ausschließlich für Meinungsverschiedenheiten zwischen den Gründungsprüfern und den Gründern über den **Umfang der geschuldeten Aufklärungen und Nachweise** gilt das in **§ 35 Abs. 2** geregelte **Verfahren**. Auf Antrag der Gründungsprüfer oder der Gründer[19] (auch jeweils einzeln) entscheidet das nach § 23a Abs. 1 Satz 1 Nr. 2,

---

12 *Hüffer*, § 35 AktG Rz. 2; *Pentz* in MünchKomm. AktG, 3. Aufl., § 35 AktG Rz. 10; *Röhricht* in Großkomm. AktG, 4. Aufl., § 35 AktG Rz. 3.
13 *Hüffer*, § 35 AktG Rz. 2; *Pentz* in MünchKomm. AktG, 3. Aufl., § 35 AktG Rz. 11; *Röhricht* in Großkomm. AktG, 4. Aufl., § 35 AktG Rz. 4.
14 *Hüffer*, § 35 AktG Rz. 2; *Pentz* in MünchKomm. AktG, 3. Aufl., § 35 AktG Rz. 11.
15 *Hüffer*, § 35 AktG Rz. 3; *Arnold* in KölnKomm. AktG, 3. Aufl., § 35 AktG Rz. 8; *Pentz* in MünchKomm. AktG, 3. Aufl., § 35 AktG Rz. 12; *Röhricht* in Großkomm. AktG, 4. Aufl., § 35 AktG Rz. 3, 5.
16 *Hüffer*, § 35 AktG Rz. 3; *Arnold* in KölnKomm. AktG, 3. Aufl., § 35 AktG Rz. 8; *Pentz* in MünchKomm. AktG, 3. Aufl., § 35 AktG Rz. 12; *Röhricht* in Großkomm. AktG, 4. Aufl., § 35 AktG Rz. 5; a.A. zum früheren Recht wohl noch *Eckardt* in G/H/E/K, § 35 AktG Rz. 14; *Barz* in Großkomm. AktG, 3. Aufl., § 35 AktG Anm. 2.
17 *Hüffer*, § 35 AktG Rz. 3; *Pentz* in MünchKomm. AktG, 3. Aufl., § 35 AktG Rz. 12; *Röhricht* in Großkomm. AktG, 4. Aufl., § 35 AktG Rz. 5; *Arnold* in KölnKomm. AktG, 3. Aufl., § 35 AktG Rz. 8.
18 *Hüffer*, § 35 AktG Rz. 3; *Pentz* in MünchKomm. AktG, 3. Aufl., § 35 AktG Rz. 5; *Arnold* in KölnKomm. AktG, 3. Aufl., § 35 AktG Rz. 8.
19 *Gerber* in Spindler/Stilz, § 35 AktG Rz. 7; *Pentz* in MünchKomm. AktG, 3. Aufl., § 35 AktG Rz. 14; a.A. *Munkert*, Die externe Gründungsprüfung, 1971, S. 22, welcher fälschlich auch dem Vorstand und Aufsichtsrat die Antragsberechtigung zuspricht.

Abs. 2 Nr. 4 GVG i.V.m. § 375 Nr. 3 FamFG i.V.m. § 14 zuständige Amtsgericht am Sitz der Gesellschaft[20] durch unanfechtbaren Beschluss (§ 35 Abs. 2 Satz 3); hierbei ist die Anhörung des Antragsgegners zwingend erforderlich (§ 34 Abs. 1 FamFG)[21]. Hintergrund dieser Regelung ist eine Beschleunigung des Eintragungsverfahrens. Einer Klage auf Bereinigung der Differenzen fehlt aufgrund des gesetzlich vorgesehenen Verfahrens nach § 35 Abs. 2 das Rechtsschutzbedürfnis[22]. Für alle sonstigen Meinungsverschiedenheiten in Bezug auf den Umfang der Prüfung, die Angemessenheit des Gründeraufwands, die Bewertung einer Sacheinlage oder Sachübernahme oder auch bei Konflikten zwischen den besonderen Gründungsprüfern und Verwaltungsmitgliedern steht den Beteiligten das Verfahren nach § 35 Abs. 2 hingegen nicht zur Verfügung[23]. Können Meinungsverschiedenheiten, welche vom Anwendungsbereich der Vorschrift nicht erfasst werden, nicht einvernehmlich beigelegt werden, so haben die Gründungsprüfer ihren Bericht pflichtgemäß zu erstatten und auf aufgetretene Differenzen hinzuweisen. Eine abschließende Entscheidung über die streitig gebliebenen Punkte obliegt dem Gericht im Rahmen des Eintragungsverfahrens nach § 38[24]. Entsprechendes gilt, wenn Verwaltungsmitgliedern die zu ihrer Prüfung nach § 33 Abs. 1 notwendigen Informationen vorenthalten werden (oben Rz. 2).

7 Wird eine Entscheidung **zugunsten** der **Gründungsprüfer** und gegen die Gründer getroffen, so sind die Gründer dennoch nicht verpflichtet, dieser Entscheidung durch die Erteilung der begehrten Auskunft Folge zu leisten. Die Auskunftsobliegenheit kann nicht zwangsweise durchgesetzt werden (dazu bereits oben Rz. 2)[25]. Weigern sich die Gründer, so wird der Prüfungsbericht regelmäßig nicht erstattet (§ 35 Abs. 2 Satz 3); in diesem Fall besteht ein Eintragungshindernis (dazu § 38 Rz. 11 f.). Wird der Prüfungsbericht trotz der verweigerten Information von den Gründungsprüfern vorgelegt, so darf die Eintragung nach heute h.M. nicht verweigert werden[26]; vielmehr muss das Registergericht auch einen solchen Bericht berücksichtigen und seiner Entscheidung zugrunde legen, da mit der Erstellung des Berichts zum Ausdruck komme, dass der Prüfer seine Bedenken fallen gelassen habe[27]. Diese Auffassung überzeugt[28]. Der Auskunftsverweigerung durch die Gründer kann und muss im Rahmen der gerichtlichen Überprüfung nach § 38 Rechnung getragen werden; die Verhältnisse der Gesellschaft werden in diesem Fall mit besonderer Sorgfalt zu überprüfen sein[29].

8 Ergeht die Entscheidung gegen die Gründungsprüfer und **zugunsten** der **Gründer**, so haben die Prüfer ihren Bericht ohne die begehrten Informationen zu erstellen. Weigern sie sich weiterhin, den Bericht zu erstatten, so machen sie sich schadenersatz-

---

20 *Hüffer*, § 35 AktG Rz. 4; *Pentz* in MünchKomm. AktG, 3. Aufl., § 35 AktG Rz. 16.
21 *Hüffer*, § 35 AktG Rz. 4; *Röhricht* in Großkomm. AktG, 4. Aufl., § 35 AktG Rz. 8.
22 *Hüffer*, § 35 AktG Rz. 4 a.E.; *Pentz* in MünchKomm. AktG, 3. Aufl., § 35 AktG Rz. 15; *Röhricht* in Großkomm. AktG, 4. Aufl., § 35 AktG Rz. 8.
23 *Gerber* in Spindler/Stilz, § 35 AktG Rz. 6; *Hüffer*, § 35 AktG Rz. 4.
24 *Arnold* in KölnKomm. AktG, 3. Aufl., § 35 AktG Rz. 10; *Pentz* in MünchKomm. AktG, 3. Aufl., § 35 AktG Rz. 13; *Röhricht* in Großkomm. AktG, 4. Aufl., § 35 AktG Rz. 7.
25 Ebenso *Gerber* in Spindler/Stilz, § 35 AktG Rz. 8; *Pentz* in MünchKomm. AktG, 3. Aufl., § 35 AktG Rz. 18.
26 Anders noch *Eckardt* in G/H/E/K, § 35 AktG Rz. 19; *Schlegelberger/Quassowski*, AktG 1937, § 27 AktG Anm. 2; diff. *Barz* in Großkomm. AktG, 3. Aufl., § 35 AktG Anm. 3.
27 *Hüffer*, § 35 AktG Rz. 5; *Arnold* in KölnKomm. AktG, 3. Aufl., § 35 AktG Rz. 12; *Pentz* in MünchKomm. AktG, 3. Aufl., § 35 AktG Rz. 19; *Röhricht* in Großkomm. AktG, 4. Aufl., § 35 AktG Rz. 12.
28 Zustimmend auch *Gerber* in Spindler/Stilz, § 35 AktG Rz. 8.
29 *Pentz* in MünchKomm. AktG, 3. Aufl., § 35 AktG Rz. 19; *Röhricht* in Großkomm. AktG, 4. Aufl., § 35 AktG Rz. 12; großzügiger *Hüffer*, § 35 AktG Rz. 5; *Kraft* in KölnKomm. AktG, 2. Aufl., § 35 AktG Rz. 13.

pflichtig, § 49 AktG i.V.m. § 323 HGB[30]. Sie können aber auch ihr Amt niederlegen oder das Gericht um ihre Abberufung bitten; in diesem Fall darf ihnen allerdings keine Vergütung zugesprochen werden[31] (dazu noch unten Rz. 10). Als letzte Möglichkeit verbleibt die Erklärung im erstatteten Bericht, dass ein wesentlicher Punkt mangels hinreichender Aufklärung nicht beurteilt werden konnte[32].

## IV. Auslagenersatz und Vergütung der Gründungsprüfer (§ 35 Abs. 3)

Auslagenersatz und Vergütung der externen Gründungsprüfer (zum Notar: unten Rz. 12) werden ausschließlich durch das Gericht festgesetzt; zuständig ist das Amtsgericht am Sitz der Gesellschaft, § 23a Abs. 1 Satz 1 Nr. 2, Abs. 2 Nr. 4 GVG i.V.m. § 375 Nr. 3 FamFG i.V.m. § 14 AktG. Durch diese Bestimmung soll die **Unabhängigkeit** der Gründungsprüfer **gesichert** werden[33]. Vergütungsvereinbarungen sind daher unzulässig. Sowohl der Ersatz der baren Auslagen als auch die Vergütung müssen **angemessen** sein (§ 35 Abs. 3 Satz 1); Anhaltspunkte geben die für Wirtschaftsprüfer geltenden Vergütungssätze[34]. Die Entscheidung ergeht auf Antrag eines Beteiligten (Gründungsprüfer oder Gründer) nach pflichtgemäßem Ermessen durch Beschluss[35]. Gegen die Entscheidung ist nach § 35 Abs. 3 Satz 3 Halbsatz 1 n.F. die Beschwerde zulässig. Die durch das FGG-RG (Rz. 1) als neues Rechtsmittel eingeführte Rechtsbeschwerde (§§ 70 ff. FamFG) ist – wie bislang die weitere Beschwerde – durch § 35 Abs. 3 Satz 3 Halbsatz 2 n.F. ausgeschlossen; der Gesetzgeber sah ausdrücklich keinen Bedarf für eine etwaige höchstrichterliche Klärung[36]. Die rechtskräftige Entscheidung ist ein Vollstreckungstitel gem. § 794 Abs. 1 Nr. 3 ZPO (§ 35 Abs. 3 Satz 4 n.F. = Satz 5 a.F.).

Der Anspruch nach § 35 Abs. 3 Satz 1 besteht auch dann, wenn der Prüfer den Bericht **gem. § 35 Abs. 2 Satz 3** deshalb **nicht erstattet**, weil die Gründer der gerichtlichen Entscheidung nicht nachgekommen sind[37], nicht dagegen, wenn er sein Amt unberechtigt niederlegt oder wenn er abberufen wird; in diesem Fall wird keine Vergütung geschuldet (vgl. bereits oben Rz. 8). Auslagen sind nur insoweit zu ersetzen, als sie auch für den Amtsnachfolger von Nutzen sind[38].

**Schuldnerin** ist die AG (nach Eintragung) bzw. die Vor-AG (vor Eintragung). Weder haften somit die Gründer noch die Staatskasse[39]. Nach zutreffender Auffassung können die Gründer – neben der Vorgesellschaft – nur haften, wenn sie sich gegenüber

---

30 Hüffer, § 35 AktG Rz. 5; Pentz in MünchKomm. AktG, 3. Aufl., § 35 AktG Rz. 20; Röhricht in Großkomm. AktG, 4. Aufl., § 35 AktG Rz. 13.
31 Zutreffend Pentz in MünchKomm. AktG, 3. Aufl., § 35 AktG Rz. 20 im Anschluss an Röhricht in Großkomm. AktG, 4. Aufl., § 35 AktG Rz. 13; so auch Gerber in Spindler/Stilz, § 35 AktG Rz. 9.
32 Diese Alternative empfiehlt Pentz in MünchKomm. AktG, 3. Aufl., § 35 AktG Rz. 20 a.E.
33 Hüffer, § 35 AktG Rz. 6; Pentz in MünchKomm. AktG, 3. Aufl., § 35 AktG Rz. 21.
34 Hüffer, § 35 AktG Rz. 6; Pentz in MünchKomm. AktG, 3. Aufl., § 35 AktG Rz. 23; Röhricht in Großkomm. AktG, 4. Aufl., § 35 AktG Rz. 15; vgl. dazu WP-Handbuch 2000, Bd. I A 508 ff.
35 Hüffer, § 35 AktG Rz. 6; Pentz in MünchKomm. AktG, 3. Aufl., § 35 AktG Rz. 28.
36 Vgl. Begr. RegE FGG-RG, BR-Drucks. 309/07, S. 816 f.
37 Hüffer, § 35 AktG Rz. 6; Pentz in MünchKomm. AktG, 3. Aufl., § 35 AktG Rz. 22.
38 Hüffer, § 35 AktG Rz. 6; Pentz in MünchKomm. AktG, 3. Aufl., § 35 AktG Rz. 22; Röhricht in Großkomm. AktG, 4. Aufl., § 35 AktG Rz. 13, 16.
39 Gerber in Spindler/Stilz, § 35 AktG Rz. 12; Hüffer, § 35 AktG Rz. 7; Arnold in KölnKomm. AktG, 3. Aufl., § 35 AktG Rz. 18; Pentz in MünchKomm. AktG, 3. Aufl., § 35 AktG Rz. 24; Röhricht in Großkomm. AktG, 4. Aufl., § 35 AktG Rz. 19; a.A. noch Baumbach/Hueck, § 35 AktG Anm. 3; Eckardt in G/H/E/K, § 35 AktG Rz. 21.

den Gründungsprüfern zur Zahlung der festgesetzten Beträge verpflichtet haben[40]. Die Kosten für die Gründungsprüfung sind Gründungsaufwand (vgl. § 26 Abs. 2); fehlt es an einer satzungsmäßigen Festsetzung oder ist der dort festgesetzte Betrag nicht ausreichend, so sind die Gründer der AG gegenüber zum Ausgleich verpflichtet[41].

12  Noch ungeklärt ist die Frage der **Vergütung** der **notariellen Gründungsprüfer** nach § 33 Abs. 3 Satz 1 (vgl. § 33 Rz. 9). Einerseits sollen die Vorschriften über die Gründungsprüfung durch § 33 Abs. 3 Satz 1 Halbsatz 2 sinngemäße Anwendung finden; andererseits spricht gegen eine entsprechende Anwendung des § 35 Abs. 3, dass § 140 KostO für Gebührenansprüche des Notars eine abschließende Regelung enthält. Schließlich ist die Gründungsprüfung ein Amtsgeschäft des Notars; er wird nicht als Gründungsprüfer, sondern **anstelle** des Gründungsprüfers tätig. Nach h.M. soll – da ein eigener Gebührentatbestand für die Gründungsprüfung fehlt – die allgemeine Regelung des § 147 Abs. 2 KostO gelten[42]. Demgemäß kann der Notar (lediglich) eine halbe Gebühr verlangen. Nach der Gegenansicht gilt § 35 Abs. 3 analog (Festsetzung durch Gericht)[43]. Der Geschäftswert (§§ 18 Abs. 1, 141 KostO) folgt nicht aus § 39 KostO, sondern bestimmt sich nach pflichtgemäßem Ermessen (§§ 30 Abs. 1, 141 Abs. 1 KostO); naheliegend ist eine Orientierung am Grundkapital (einschließlich Aufgelder und genehmigtem Kapital)[44].

# § 36
## Anmeldung der Gesellschaft

**(1) Die Gesellschaft ist bei dem Gericht von allen Gründern und Mitgliedern des Vorstands und des Aufsichtsrats zur Eintragung in das Handelsregister anzumelden.**

**(2) Die Anmeldung darf erst erfolgen, wenn auf jede Aktie, soweit nicht Sacheinlagen vereinbart sind, der eingeforderte Betrag ordnungsgemäß eingezahlt worden ist (§ 54 Abs. 3) und, soweit er nicht bereits zur Bezahlung der bei der Gründung angefallenen Steuern und Gebühren verwandt wurde, endgültig zur freien Verfügung des Vorstands steht.**

| | |
|---|---|
| **I. Gegenstand der Regelung** . . . . . . . . 1 | 6. Widerruf der Anmeldung . . . . . . . . . 13 |
| **II. Anmeldung der Gesellschaft (§ 36 Abs. 1)** . . . . . . . . . . . . . . . . . 3 | **III. Leistung der Bareinlage (§ 36 Abs. 2)** . 14 |
| 1. Allgemeines . . . . . . . . . . . . . . . . . 3 | 1. Systematik . . . . . . . . . . . . . . . . . . 14 |
| 2. Zur Anmeldung berufene Personen . 6 | 2. Eingeforderte Bareinlage . . . . . . . . 16 |
| 3. Verpflichtung zur Anmeldung . . . . 8 | 3. Ordnungsgemäße Einzahlung . . . . 18 |
| 4. Vertretung der Anmelder . . . . . . . . 10 | 4. Leistung zur endgültig freien Verfügung des Vorstands . . . . . . . . 19 |
| 5. Wegfall einer zur Anmeldung berufenen Person . . . . . . . . . . . . . 11 | a) Grundlagen . . . . . . . . . . . . . . . 20 |
| | b) Fehlende freie Verfügbarkeit . . . . 21 |

---

40 *Pentz* in MünchKomm. AktG, 3. Aufl., § 35 AktG Rz. 24; *Röhricht* in Großkomm. AktG, 4. Aufl., § 35 AktG Rz. 20; a.A. *Kraft* in KölnKomm. AktG, 2. Aufl., § 35 AktG Rz. 17.
41 *Pentz* in MünchKomm. AktG, 3. Aufl., § 35 AktG Rz. 24; *Röhricht* in Großkomm. AktG, 4. Aufl., § 35 AktG Rz. 20.
42 *Hermanns*, ZIP 2002, 1785, 1788; *Lappe*, NotBZ 2002, 446; *Papmehl*, MittBayNot 2003, 187, 191; zust. *Hüffer*, § 33 AktG Rz. 6; *Pentz* in MünchKomm. AktG, 3. Aufl., § 33 AktG Rz. 27c.
43 *Grage*, RNotZ 2002, 326, 331; *Heckschen*, NotBZ 2002, 429, 431.
44 Zutreffend *Hüffer*, § 33 AktG Rz. 6.

| | | | |
|---|---|---|---|
| c) Einzahlungen auf ein Konto | 22 | bb) Gebot wertgleicher Deckung | 29 |
| d) Verwendungsabreden | 23 | cc) Stellungnahme | 33 |
| aa) Drittverwendungen | 24 | **IV. Rückabwicklung bei Scheitern der Gründung** | 35 |
| bb) Mittelverwendung zu Zahlungen an den Einleger | 25 | | |
| e) Vorhandensein der eingezahlten Barmittel bei Anmeldung | 27 | **V. Wegfall der Besonderheiten bei der Einpersonengründung** | 36 |
| aa) Konzeption des historischen Gesetzgebers | 27 | **VI. Gemischte Einlagen** | 37 |

**Literatur:** *Ammon,* Die Anmeldung zum Handelsregister, DStR 1993, 1025; *Appell,* Die Haftung der Bank für die Richtigkeit ihrer Bestätigung über die freie Verfügbarkeit eingezahlter Bareinlagen, ZHR 157 (1993), 213; *Bayer,* Die Bankbestätigung gem. § 37 Abs. 1 S. 3 AktG im Rahmen der präventiven Kapitalaufbringungskontrolle, in FS Horn, 2006, S. 271; *Blecker,* Die Leistung der Mindesteinlage in Geld zur „(endgültig) freien Verfügung" der Geschäftsleitung bei Aktiengesellschaft und Gesellschaft mit beschränkter Haftung im Fall der Gründung und der Kapitalerhöhung, 1995; *Butzke,* Die Einzahlungsbestätigung nach § 37 Abs. 1 Satz 3 AktG als Grundlage der Bankenhaftung, ZGR 1994, 94; *Clausnitzer/Blatt,* Das neue elektronische Handels- und Unternehmensregister, GmbHR 2006, 1303; *Habersack,* Die gemischte Sacheinlage, in FS Konzen, 2006, S. 179; *Habetha,* Verdeckte Sacheinlage, endgültig freie Verfügung, Drittzurechnung und „Heilung" nach fehlgeschlagenen Bareinzahlungen im GmbH-Recht, ZGR 1998, 305; *Henze,* Zur Problematik der „verdeckten (verschleierten) Sacheinlage" im Aktien- und GmbH-Recht, ZHR 154 (1990), 105; *Hommelhoff/Kleindiek,* Schuldrechtliche Verwendungspflichten und „freie Verfügung" bei der Barkapitalerhöhung, ZIP 1987, 477; *Hüffer,* Wertmäßige statt gegenständliche Unversehrtheit von Bareinlagen im Aktienrecht, ZGR 1993, 474; *Ihrig,* Die endgültige freie Verfügung über die Einlage von Kapitalgesellschaftern, 1991; *Kamanabrou,* Der Vorbehalt wertgleicher Deckung bei Kapitalerhöhungen durch Bareinlage in der AG und der GmbH, NZG 2002, 702; *Kleindiek,* Ordnungswidrige Liquidation durch organisierte „Firmenbestattung", ZGR 2007, 276; *Kleindiek,* Modalitäten ordnungsgemäßer Bareinlageleistung bei Gründung einer Aktiengesellschaft, in FS Westermann, 2008, S. 1073; *Kleindiek,* Missbrauchsbekämpfung, in Goette/Habersack (Hrsg.), das MoMiG in Wissenschaft und Praxis, 2009, Rz. 8.1 ff.; *Krafka/Willer/Kühn,* Registerrecht, 8. Aufl. 2010; *Krebs/Wagner,* Der Leistungszeitpunkt von Sacheinlagen nach § 36a Abs. 2 AktG, AG 1998, 467; *Kübler,* Bankenhaftung als Notbehelf der präventiven Kapitalaufbringungskontrolle?, ZHR 157 (1993), 196; *Lutter,* Das überholte Thesaurierungsgebot bei Eintragung einer Kapitalerhöhung im Handelsregister, NJW 1989, 2649; *Mayer,* Der Leistungszeitpunkt bei Sacheinlageleistungen im Aktienrecht, ZHR 154 (1990), 535; *Mildner,* Bareinlage, Sacheinlage und ihre „Verschleierung" im Recht der GmbH, 1989; *Mülbert,* Das „Magische Dreieck der Barkapitalaufbringung", ZHR 154 (1990), 145; *W. Müller,* Die Leistung der Bareinlage bei der Aktiengesellschaft „zur freien Verfügung des Vorstands", in FS Beusch, 1993, S. 631; *Noack,* Das EHUG ist beschlossen – elektronische Handels- und Unternehmensregister ab 2007, NZG 2006, 801; *Priester,* Wertgleiche Deckung statt Bardepot?, ZIP 1994, 599; *Richter,* Die Verpflichtung des Inferenten zur Übertragung eines Vermögensgegenstandes als Gegenstand der Sacheinlage, ZGR 2009, 721; *Röhricht,* Freie Verfügungsmacht und Bankenhaftung (§ 37 AktG) – eine Nachlese, in FS Boujong, 1996, S. 457; *G.H. Roth,* Die freie Verfügung über die Einlage, in FS Semler, 1993, S. 299; *G.H. Roth,* Die wertgleiche Deckung als Eintragungsvoraussetzung, ZHR 167 (2003), 89; *F. Schäfer,* Kapitalerhöhungen von Banken und Bankbestätigung gem. § 37 Abs. 1 Satz 3 AktG, in FS Hüffer, 2010, S. 877; *Karsten Schmidt,* Zur Differenzhaftung des Sacheinlegers (nach gegenwärtigem Stand von Gesetzgebung, Rechtsprechung und Lehre), GmbHR 1978, 5; *Karsten Schmidt,* Barkapitalaufbringung und „freie Verfügung" bei der Aktiengesellschaft und der GmbH, AG 1986, 106; *Seibert,* Die rechtsmissbräuchliche Verwendung der GmbH in der Krise – Stellungnahme zu einer Umfrage des Bundesministeriums der Justiz, in FS Röhricht, 2005, S. 585; *Seibert,* GmbH-Reform: Der Referentenentwurf eines Gesetzes zur Modernisierung des GmbH-Rechts und zur Bekämpfung von Missbräuchen – MoMiG, ZIP 2006, 1157; *Seibert/Decker,* Das Gesetz über elektronische Handels- und Genossenschaftsregister sowie das Unternehmensregister (EHUG) – Der „Big Bang" im Recht der Unternehmenspublizität, DB 2006, 2446; *Seibert/Wedemann,* Der Schutz der Privatanschrift im elektronischen Handels- und Unternehmensregister, GmbHR 2007, 17; *Spindler,* Zur Haftung aus unrichtiger Bankbestätigung im GmbH-Recht, ZGR 1997, 537; *Terbrack,* Die Eintragung einer Aktiengesellschaft im Handelsregister, Rpfleger 2003, 225; *Ulmer,* Verdeckte Sacheinlage im Aktien- und GmbH-Recht, ZHR 154 (1990), 128; *Ulmer,* Rechtsfragen der Barkapitalerhöhung bei der GmbH, GmbHR 1993, 189; *Wastl/Pusch,* Haftungsrechtliche Verantwortung des kontoführenden Kreditistituts für die effektive Kapitalaufbringung unter Berücksichtigung strafrechtlicher Aspekte, WM 2007, 1403; *Wilhelm*, Kapitalaufbringung und Handlungsfreiheit der Gesellschaft nach Aktien- und GmbH-Recht, ZHR 152 (1988), 333.

## I. Gegenstand der Regelung

1 Die Norm stellt in Abs. 1 klar, dass der Eintragung der Gesellschaft in das Handelsregister eine Anmeldung vorausgehen muss und bestimmt, wer die Anmeldung vorzunehmen hat; damit sind zugleich die Verantwortlichkeiten für eine ordnungsgemäße Anmeldung zugewiesen (vgl. §§ 46, 48 sowie 399). § 36 Abs. 2 normiert Modalitäten der Bareinlageleistung als Voraussetzung für die Anmeldung.

2 Die Vorschrift ist seit dem AktG 1965 nicht grundlegend verändert worden[1]. Die heutige Bestimmung des § 36a Abs. 1 (Mindesteinzahlung bei Bareinlagen) war bis Anfang 1979 (als damaliger Satz 2) noch Bestandteil von § 36 Abs. 2[2]. Mit Zulassung der Einpersonengründung (vgl. § 2) wurde im Jahre 1994 der damalige § 36 Abs. 2 Satz 2 eingefügt[3], der die Bestellung einer Sicherung für den noch nicht eingeforderten Teil der Bareinlage vorschrieb. Diese Bestimmung ist durch Art. 5 Nr. 2 des Gesetzes zur Modernisierung des GmbH-Rechts und zur Bekämpfung von Missbräuchen (MoMiG)[4] mit Wirkung zum 1.11.2008 wieder aufgehoben worden (s. unten Rz. 36).

## II. Anmeldung der Gesellschaft (§ 36 Abs. 1)

### 1. Allgemeines

3 **Anmeldung** meint den an das Registergericht gerichteten Antrag (aller Gründer und Verwaltungsmitglieder) auf Eintragung der Gesellschaft in das Handelsregister, in deren Folge die juristische Person „Aktiengesellschaft" entsteht (s. § 41 Abs. 1). Die Anmeldung ist Verfahrenshandlung und Organisationsakt, kein Rechtsgeschäft[5]. Zum näheren Inhalt der Anmeldung s. § 37 und die Erläuterungen dort.

4 Nach Maßgabe von § 12 Abs. 1 HGB in der Fassung des **Gesetzes über elektronische Handelsregister und Genossenschaftsregister sowie das Unternehmensregister (EHUG)**[6] ist die Anmeldung **elektronisch in öffentlich beglaubigter Form** vorzunehmen, § 129 Abs. 1 BGB, §§ 39, 39a, 40 BeurkG (elektronische Übermittlung der Erklärung der Anmeldung unter – elektronischer – Beglaubigung der Unterschriften durch einen Notar)[7]; s. auch § 37 Rz. 36 f. Die Erklärungen der zur Anmeldung berufenen Personen (s. sogleich Rz. 6) können getrennt beglaubigt werden[8].

---

[1] Näher zur Normentwicklung *Pentz* in MünchKomm. AktG, 3. Aufl., § 36 AktG Rz. 1 ff.
[2] Geändert durch das Gesetz zur Durchführung der Zweiten Richtlinie des Rates der Europäischen Gemeinschaften zur Koordinierung des Gesellschaftsrechts vom 13.12.1978, BGBl. I 1978, 1959.
[3] Gesetz für die kleine Aktiengesellschaft und zur Deregulierung des Aktienrechts vom 2.8.1994, BGBl. I 1994, 1961.
[4] Vom 23.10.2008, BGBl. I 2008, 2026.
[5] *A. Arnold* in KölnKomm. AktG, 3. Aufl., § 36 AktG Rz. 4; *Hüffer*, § 36 AktG Rz. 2; *Pentz* in MünchKomm. AktG, 3. Aufl., § 36 AktG Rz. 6; eingehend zur Rechtsnatur der Anmeldung *Koch* in Großkomm. HGB, 5. Aufl., § 12 HGB Rz. 5 ff.
[6] Gesetz vom 10.11.2006, BGBl. I 2006, 2553.
[7] Zu den bestehenden „virtuellen Poststellen" der Länder s. die Informationen auf den Seiten des gemeinsamen Justizportals des Bundes und der Länder: www.justiz.de; zur Anmeldung über das „Elektronische Gerichts- und Verwaltungspostfach" und die hier angeschlossenen Registergerichte s. www.egvp.de.
[8] *Döbereiner* in Spindler/Stilz, § 36 AktG Rz. 5; *Hüffer*, § 36 AktG Rz. 2.

Sachlich und örtlich **zuständig** ist das Amtsgericht des Gesellschaftssitzes als Registergericht (§ 14 AktG, § 23a GVG, §§ 376, 377 FamFG)[9]. Hat die Gesellschaft einen doppelten Sitz (s. dazu die Erläuterungen bei § 5 Rz. 9 ff.), so ist sie bei beiden für den jeweiligen Sitz zuständigen Amtsgerichten als Registergerichten anzumelden[10].

### 2. Zur Anmeldung berufene Personen

Das sind nach § 36 Abs. 1 alle **Gründer** sowie alle **Mitglieder des Vorstands und des Aufsichtsrats** gemeinsam. Gründer sind die Aktionäre, welche die Satzung festgestellt haben: § 28. Ist darunter eine juristische Person oder eine Personenvereinigung, muss diese nach Maßgabe ihrer Vertretungsordnung bei der Anmeldung vertreten sein. Zur Anmeldung sind außerdem die Mitglieder des Vorstands und des Aufsichtsrates berufen, einschließlich der stellvertretenden Vorstandsmitglieder (§ 94), nicht hingegen zwar bestellte, aber noch nicht nachgerückte Ersatzmitglieder des Aufsichtsrates[11]. Die Anmeldung ist grundsätzlich von so vielen Verwaltungsmitgliedern vorzunehmen, wie sich für das Organ aus der Satzung oder dem Gesetz ergibt, §§ 23 Abs. 3 Nr. 6, 76 Abs. 2, 95. Sind die Organmitglieder noch nicht in Soll-Stärke bestellt, ist noch vor der Anmeldung die notwendige Ergänzung vorzunehmen. Im Fall von § 31 Abs. 1 (Einbringung oder Übernahme eines Unternehmens im Wege der Sacheinlage bzw. Sachgründung) genügt die Anmeldung durch so viele Aufsichtsratsmitglieder, wie ohne Bindung an Wahlvorschläge zu bestellen sind; anders aber, sobald nach § 31 Abs. 3 Ergänzung erforderlich ist[12].

Die Anmeldung erfolgt **im Namen der Vorgesellschaft**[13], wobei die zur Anmeldung berufenen Personen ihre Erklärungen nicht notwendig gleichzeitig abgeben müssen. Ob alle nach § 36 Abs. 1 berufenen Personen bei der Anmeldung mitgewirkt haben, ist vom Gericht von Amts wegen zu prüfen (§ 26 FamFG); vor Eingang aller notwendigen Erklärungen darf es nicht eintragen. Allerdings wird ein etwaiger Mangel (noch unvollständige Anmeldeerklärungen) mit Eintragung geheilt, die AG ist gleichwohl wirksam entstanden[14]. Nur bei Eintragung gegen den Willen einzelner zur Anmeldung berufener Personen kommt Amtslöschung (§ 395 FamFG) in Betracht[15].

### 3. Verpflichtung zur Anmeldung

Ungeachtet der Formulierung, dass die Gesellschaft zur Eintragung in das Handelsregister anzumelden „ist", begründet § 36 Abs. 1 **keine öffentlich-rechtliche Pflicht**[16]. Deshalb kann die Anmeldung auch nicht durch Festsetzung von Zwangsgeld er-

---

9 Zur Konzentrationsvorschrift des § 376 FamFG und zu ihrer Umsetzung in den einzelnen Bundesländern s. *Krafka/Willer/Kühn*, Registerrecht, Rz. 12 f.
10 *A. Arnold* in KölnKomm. AktG, 3. Aufl., § 36 AktG Rz. 13; *Hüffer*, § 36 AktG Rz. 2; *Pentz* in MünchKomm. AktG, 3. Aufl., § 36 AktG Rz. 30.
11 *Pentz* in MünchKomm. AktG, 3. Aufl., § 36 AktG Rz. 9; *Röhricht* in Großkomm. AktG, 4. Aufl., § 36 AktG Rz. 6.
12 *Hüffer*, § 36 AktG Rz. 3a; *A. Arnold* in KölnKomm. AktG, 3. Aufl., § 36 AktG Rz. 7; *Pentz* in MünchKomm. AktG, 3. Aufl., § 36 AktG Rz. 9; *Röhricht* in Großkomm. AktG, 4. Aufl., § 36 AktG Rz. 6.
13 *Pentz* in MünchKomm. AktG, 3. Aufl., § 36 AktG Rz. 29; *Röhricht* in Großkomm. AktG, 4. Aufl., § 36 AktG Rz. 18.
14 *Hüffer*, § 36 AktG Rz. 3a; *Pentz* in MünchKomm. AktG, 3. Aufl., § 36 AktG Rz. 35; *Röhricht* in Großkomm. AktG, 4. Aufl., § 36 AktG Rz. 20 f.
15 *A. Arnold* in KölnKomm. AktG, 3. Aufl., § 36 AktG Rz. 18; *Röhricht* in Großkomm. AktG, 4. Aufl., § 36 AktG Rz. 22.
16 Unstr.; s. etwa *A. Arnold* in KölnKomm. AktG, 3. Aufl., § 36 AktG Rz. 8; *Döbereiner* in Spindler/Stilz, § 36 AktG Rz. 2; *Pentz* in MünchKomm. AktG, 3. Aufl., § 36 AktG Rz. 12; *Röhricht* in Großkomm. AktG, 4. Aufl., § 36 AktG Rz. 7.

zwungen werden, s. § 407 Abs. 2 Satz 1. Ohne Anmeldung kommt es zwar nicht zur Eintragung der Gesellschaft und damit auch nicht zur Entstehung der juristischen Person Aktiengesellschaft. Den Gründern ist es aber unbenommen, den Gründungsprozess unter Verzicht auf die Anmeldung (zum Widerruf einer vorgenommenen Anmeldung s. unten Rz. 13) abzubrechen und die Vorgesellschaft zu liquidieren oder in anderer Rechtsform weiterzuführen[17].

9 Freilich sind die Gründer untereinander **zivilrechtlich**, nämlich kraft des sie verbindenden Gesellschaftsverhältnisses verpflichtet, die Eintragung herbeizuführen und deshalb an der Anmeldung mitzuwirken[18]; für die Verwaltungsmitglieder gilt Entsprechendes kraft ihrer organschaftlichen Pflichten. Ein Gründer oder ein Verwaltungsmitglied darf die Mitwirkung an der Anmeldung nur aus sachlichem Grund verweigern, z.B. wenn unrichtige Angaben gemacht werden sollen und deshalb straf- oder zivilrechtliche Sanktionen (§§ 46, 48, 399) drohen[19]. Ist die Verweigerung nicht sachlich gerechtfertigt, kann die Verpflichtung zur Mitwirkung an der Anmeldung sowohl gegen Verwaltungsmitglieder als auch gegen Gründer klageweise durchgesetzt werden; Vollstreckung nach § 888 ZPO[20].

### 4. Vertretung der Anmelder

10 Im Blick auf die zivil- sowie strafrechtliche Verantwortlichkeit der Gründer und Verwaltungsmitglieder für die Richtigkeit der abzugebenden Erklärungen ist eine **Anmeldung durch Bevollmächtigte**, also rechtsgeschäftliche Vertretung, **nicht zulässig**[21]. Deshalb scheidet auch die Bevollmächtigung des beurkundenden Notars aus; die Vollmachtsvermutung aus § 378 FamFG gilt nicht[22]. Der Notar kann die Anmeldeerklärungen indes – wie in der Praxis üblich – als **Bote** dem Registergericht übermitteln (vgl. auch § 53 BeurkG). Die gesetzliche Vertretung eines Gründers (etwa wenn es sich um eine juristische Person, eine Personenhandelsgesellschaft oder einen geschäftsunfähigen Gründer handelt) ist selbstverständlich zulässig (und geboten); s. schon oben Rz. 6.

### 5. Wegfall einer zur Anmeldung berufenen Person

11 Kommt es **nach Absendung der Anmeldeerklärung** zu Veränderungen im Kreis der zur Anmeldung berufenen Personen (zu ihnen oben Rz. 6), etwa durch Ausscheiden eines Gründers, Amtsverlust eines Verwaltungsmitglieds, Eintritt der Geschäftsunfähigkeit, so bleibt davon die Wirksamkeit der zuvor abgegebenen Erklärung analog § 130 Abs. 2 BGB unberührt. Das Registergericht muss die Gesellschaft – wenn auch die übrigen Voraussetzungen erfüllt sind – eintragen, selbst wenn es von der Veränderung Kenntnis erlangt[23].

---

17 *Pentz* in MünchKomm. AktG, 3. Aufl., § 36 AktG Rz. 12; *Röhricht* in Großkomm. AktG, 4. Aufl., § 36 AktG Rz. 7.
18 BGH v. 23.10.2006 – II ZR 162/05, BGHZ 169, 270, 272 = AG 2007, 82, 83.
19 S. etwa *Pentz* in MünchKomm. AktG, 3. Aufl., § 36 AktG Rz. 14 f.; *Röhricht* in Großkomm. AktG, 4. Aufl., § 36 AktG Rz. 8 u. 13.
20 *Döbereiner* in Spindler/Stilz, § 36 AktG Rz. 3; *Hüffer*, § 36 AktG Rz. 5; *Pentz* in MünchKomm. AktG, 3. Aufl., § 36 AktG Rz. 17 ff.; *Röhricht* in Großkomm. AktG, 4. Aufl., § 36 AktG Rz. 9 ff.; jetzt auch *A. Arnold* in KölnKomm. AktG, 3. Aufl., § 36 AktG Rz. 10.
21 Im Aktienrecht heute wohl allgem. M.; s. etwa BayObLG v. 12.6.1986 – Breg. 3 Z 29/86, BayObLGZ 1986, 203, 205 und BayObLG v. 13.11.1986 – BReg 3 Z 134/86, BayObLG 1986, 454, 457; *A. Arnold* in KölnKomm. AktG, 3. Aufl., § 36 AktG Rz. 11; *Hüffer*, § 36 AktG Rz. 4; *Pentz* in MünchKomm. AktG, 3. Aufl., § 36 AktG Rz. 26; *Röhricht* in Großkomm. AktG, 4. Aufl., § 36 AktG Rz. 15 m.w.N.
22 S. etwa *Pentz* in MünchKomm. AktG, 3. Aufl., § 36 AktG Rz. 26.
23 *Röhricht* in Großkomm. AktG, 4. Aufl., § 36 AktG Rz. 29.

Fällt **vor Anmeldung** ein Gründer der Gesellschaft weg und setzen die Übrigen die  12
Gesellschaft ohne einen Rechtsnachfolger fort, so haben sie die Anmeldung vorzunehmen. Sofern nur noch ein Gründer verbleibt (Einpersonen-Gründung), gelten nach dem Wegfall von § 36 Abs. 2 Satz 2 a.F. (s. oben Rz. 2) keine Sonderregelungen mehr. Wird das Gesellschaftsverhältnis mit einem Erben oder einem sonstigen Rechtsnachfolger fortgesetzt, ist dieser nunmehr zur Anmeldung berufen[24]. Bei Geschäftsunfähigkeit eines Gründers muss sein gesetzlicher Vertreter die Anmeldung vornehmen (oben Rz. 10). Scheidet vor Anmeldung ein Mitglied des Vorstands oder Aufsichtsrats aus dem Amt aus (durch Tod, Abberufung oder Amtsniederlegung), und verfügt das davon betroffene Organ jetzt nicht mehr über die nach Satzung oder Gesetz erforderliche Mitgliederzahl (dazu oben Rz. 6), so kann die Anmeldung erst nach Bestellung eines Nachfolgers vorgenommen werden[25].

**6. Widerruf der Anmeldung**

Die Rücknahme des auf Eintragung der Gesellschaft gerichteten Antrags (s. oben  13
Rz. 3) durch Widerruf der Anmeldung ist bis zur Eintragung möglich; die Eintragung darf dann nicht mehr vollzogen werden. Der Widerruf ist gegenüber dem Registergericht zu erklären und weder form- noch begründungsbedürftig[26]. Widerruf durch nur eine der zur Anmeldung berufenen Person genügt, da schon dann die Eintragungsvoraussetzungen aus § 36 Abs. 1 nicht mehr vorliegen[27]. Mit einem unberechtigten Widerruf verletzt der Widerrufende allerdings seine aus dem Gesellschaftsverhältnis bzw. der Organstellung resultierende Pflicht, an der Herbeiführung der Eintragung mitzuwirken (oben Rz. 9). Daraus kann eine Schadensersatzpflicht folgen[28], auch die Verpflichtung zur Rücknahme des Widerrufs. Eine solche Rücknahme kann bei unberechtigtem Widerruf klageweise durchgesetzt werden; Vollstreckung nach § 894 ZPO[29]. Die Rücknahme eines Widerrufs gilt als erneute Anmeldung und muss daher in der Form des § 12 Abs. 1 HGB erfolgen (s. oben Rz. 4)[30].

## III. Leistung der Bareinlage (§ 36 Abs. 2)

### 1. Systematik

§ 36 Abs. 2 regelt die Modalitäten der **Leistung auf die eingeforderten Bareinlagen** als  14
Voraussetzung für die Anmeldung der Gesellschaft zur Eintragung („darf erst erfolgen") und damit für die Eintragung selbst. Zur Sacheinlageleistung s. § 36a Abs. 2 und die Erläuterungen dort Rz. 3 ff., zur gemischten Einlage unten Rz. 37. § 36 Abs. 2 knüpft an § 54 Abs. 3 an, der die Anforderungen an schuldbefreiende Leistungen auf den vor Anmeldung der Gesellschaft eingeforderten Betrag umschreibt und dabei die Einzahlung zur „freien Verfügung" des Vorstands in den von § 54 Abs. 3 zugelassenen Formen verlangt. § 36 Abs. 2 macht demgegenüber die Anmeldung der Gesellschaft

---

[24] *A. Arnold* in KölnKomm. AktG, 3. Aufl., § 36 AktG Rz. 6; *Pentz* in MünchKomm. AktG, 3. Aufl., § 36 AktG Rz. 32; *Röhricht* in Großkomm. AktG, 4. Aufl., § 36 AktG Rz. 27 f.
[25] *Pentz* in MünchKomm. AktG, 3. Aufl., § 36 AktG Rz. 33; *Röhricht* in Großkomm. AktG, 4. Aufl., § 36 AktG Rz. 26.
[26] *Pentz* in MünchKomm. AktG, 3. Aufl., § 36 AktG Rz. 21 m.N.
[27] *A. Arnold* in KölnKomm. AktG, 3. Aufl., § 36 AktG Rz. 17; *Hüffer*, § 36 AktG Rz. 5; *Pentz* in MünchKomm. AktG, 3. Aufl., § 36 AktG Rz. 21; a.A. *Döbereiner* in Spindler/Stilz, § 36 AktG Rz. 30 (beschränkt auf Fälle unrichtigen Inhalts der Anmeldung).
[28] *Pentz* in MünchKomm. AktG, 3. Aufl., § 36 AktG Rz. 21.
[29] *Pentz* in MünchKomm. AktG, 3. Aufl., § 36 AktG Rz. 20; *Röhricht* in Großkomm. AktG, 4. Aufl., § 36 AktG Rz. 24.
[30] *A. Arnold* in KölnKomm. AktG, 3. Aufl., § 36 AktG Rz. 6; *Pentz* in MünchKomm. AktG, 3. Aufl., § 36 AktG Rz. 24 m.N.

zur Eintragung davon abhängig, dass der eingeforderte Betrag (hierzu sogleich Rz. 16) nach § 54 Abs. 3 „ordnungsgemäß eingezahlt worden ist" (Rz. 18) *und* „endgültig zur freien Verfügung des Vorstands steht" (Rz. 19 ff.); hiervon nimmt das Gesetz allein solche Beträge aus, die bereits zur Bezahlung der bei Gründung angefallenen Steuern und Gebühren verwandt worden sind (Rz. 32). Die Vorgaben des Abs. 2 werden ergänzt durch die von § 37 Abs. 1 geforderten Erklärungen und Nachweise; danach ist in der Anmeldung auch nachzuweisen, dass der eingezahlte Betrag „endgültig zur freien Verfügung des Vorstands steht" (§ 37 Abs. 1 Satz 2; s. die Erläuterungen bei § 37 Rz. 9 ff.). Die zivil- und strafrechtlichen Sanktionen nach §§ 46, 48 und 399 Abs. 1 Nr. 1 unterstreichen den Stellenwert der gesetzlichen Erklärungs- und Nachweispflichten.

15 Der **Konzeption des historischen Gesetzgebers** liegt noch der Gedanke eines „Thesaurierungsgebots" bezogen auf die (nach Einforderung) eingezahlten Bareinlagen zugrunde, von dem nur die zur Begleichung der Steuern und Gebühren aufgewandten Beträge befreit sind. Nur so gibt das Erfordernis, der vor Anmeldung eingeforderte und bezahlte Betrag müsse noch bei Anmeldung zur endgültig freien Verfügung des Vorstands „stehen", Sinn (s. unten Rz. 27 f.)[31]. Dieses Konzept ist heute überholt; die zwischenzeitliche Aufgabe des Vorbelastungsverbots muss sich auch in einer zeitgemäßen Interpretation des § 36 Abs. 2 niederschlagen (näher Rz. 29 ff.). Allerdings ist das zutreffende Verständnis des Leistungserfordernisses der „freien Verfügung" bzw. „endgültig freien Verfügung" in Teilaspekten nach wie vor umstritten, wobei die Debatte das Aktien- wie GmbH-Recht gleichermaßen betrifft (s. insbes. §§ 36 Abs. 2, 37 Abs. 1 Satz 2, 54 Abs. 3, 188 Abs. 2, 203 Abs. 1 Satz 1 AktG und §§ 7 Abs. 3, 8 Abs. 2 Satz 1, 57 Abs. 2 Satz 1 GmbHG). Deshalb ist jedenfalls die aktuelle GmbH-rechtliche Rechtsprechung des BGH auch für die Erläuterung des Aktienrechts von Bedeutung; sie wird im Folgenden nachgewiesen.

## 2. Eingeforderte Bareinlage

16 **Zuständig für die Einforderung der Bareinlage** ist der (für die Vorgesellschaft handelnde) Vorstand; die Kompetenzzuweisung aus § 63 Abs. 1 Satz 1 wirkt bereits im Gründungsstadium[32]. Die Leistungsmodalitäten nach § 36 Abs. 2 erfassen den tatsächlich eingeforderten Betrag. § 36a Abs. 1 schreibt einen einzufordernden Mindestbetrag bei Bareinlagen vor (s. § 36a Rz. 2), doch kann die Satzung eine höhere Quote vorsehen und der Vorstand auch bei fehlender Satzungsbestimmung einen höheren Betrag einfordern (wobei die Satzung einen Zustimmungsvorbehalt des Aufsichtsrats nach § 111 Abs. 4 statuieren kann)[33]. Die Gründer sind bei der Einforderung – vorbehaltlich differenzierender Satzungsvorgaben – gleich zu behandeln (§ 53a)[34].

17 Von den eingeforderten Beträgen i.S. von § 36 Abs. 2 zu unterscheiden sind **freiwillige Mehrleistungen**, die ein Gründer (ohne Einforderung und ohne satzungsmäßige Verpflichtung) vor der Anmeldung auf die übernommene Bareinlage erbringt. Sie hatten nach früherer Rechtsprechung (zum GmbH-Recht) nur befreiende Wirkung, wenn sie der Gesellschaft noch zum Zeitpunkt der Eintragung unverbraucht zur Verfügung standen[35]. Der BGH hat diese Einschränkung – nach Abkehr vom Vorbelastungsver-

---

31 S. nur *Röhricht* in Großkomm. AktG, 4. Aufl., § 36 AktG Rz. 84.
32 *Röhricht* in Großkomm. AktG, 4. Aufl., § 36 AktG Rz. 44; *Pentz* in MünchKomm. AktG, 3. Aufl., § 36 AktG Rz. 42; *A. Arnold* in KölnKomm. AktG, 3. Aufl., § 36 AktG Rz. 23.
33 *Pentz* in MünchKomm. AktG, 3. Aufl., § 36 AktG Rz. 43; *Röhricht* in Großkomm. AktG, 4. Aufl., § 36 AktG Rz. 41 und 45.
34 *Pentz* in MünchKomm. AktG, 3. Aufl., § 36 AktG Rz. 43 und § 36a AktG Rz. 8; s. auch *Röhricht* in Großkomm. AktG, 4. Aufl., § 36 AktG Rz. 45.
35 S. nur BGH v. 29.3.1962 – II ZR 50/61, BGHZ 37, 75.

bot[36] – zu Recht aufgegeben[37], weil sie mit der Unterbilanzhaftung (Vorbelastungshaftung) der Gründer (s. dazu die Erläuterungen bei § 41 Rz. 10 ff.) in unlösbarem Konflikt steht. Im Aktienrecht kann nichts anderes gelten[38].

### 3. Ordnungsgemäße Einzahlung

§ 36 Abs. 2 verlangt die „ordnungsgemäße Einzahlung" der Bareinlage und verweist dazu auf § 54 Abs. 3. Der eingeforderte Betrag kann demnach nur in den dort zugelassenen Formen zur freien Verfügung des Vorstandes geleistet werden, nämlich in gesetzlichen Zahlungsmitteln (Barzahlung), durch Gutschrift auf ein Konto bei einem Kreditinstitut oder durch sonstige Kontogutschrift nach näherer Bestimmung des § 54 Abs. 3[39]. Nicht genügend ist insbesondere die unmittelbare Leistung an einen Gläubiger zur Tilgung einer Gesellschaftsverbindlichkeit der Gesellschaft, auch nicht, wenn das mit Einverständnis des Vorstands geschieht[40]. Zu den Einzelheiten der nach § 54 Abs. 3 zugelassenen Zahlungsmodalitäten s. die Erläuterungen dort; zum Kriterium der freien Verfügung sogleich Rz. 19 ff.

18

### 4. Leistung zur endgültig freien Verfügung des Vorstands

Nach § 36 Abs. 2 „darf die Anmeldung erst erfolgen", wenn der eingeforderte Betrag „ordnungsgemäß", d.h. in den Formen des § 54 Abs. 3 (s. soeben Rz. 18) „zur freien Verfügung" des Vorstands eingezahlt worden ist *und*, soweit er nicht zur Bezahlung der bei der Gründung angefallenen Steuern und Gebühren verwandt wurde, noch „endgültig zur freien Verfügung des Vorstands steht" (s. zur Systematik des Gesetzes schon oben Rz. 14).

19

#### a) Grundlagen

Das Erfordernis der Leistung zur freien Verfügung verlangt die **Begründung freier Verfügungsgewalt des Vorstands** über die vom Einlageschuldner eingezahlten Mittel; Letzterer muss seine Verfügungsmacht an den eingezahlten Mitteln aufgeben und dem Vorstand die rechtliche wie tatsächliche Möglichkeit übertragen, im Rahmen seiner Verantwortlichkeit (§§ 76, 93) über die Mittel zu disponieren[41].

20

#### b) Fehlende freie Verfügbarkeit

An der freien Verfügungsgewalt des Vorstands fehlt es deshalb (vorbehaltlich der Regelung in § 27 Abs. 4 n.F., s. unten Rz. 25) in Fällen bloßer **Scheinzahlungen**, bei denen die Mittel dem Vorstand nur um des Scheins der Einzahlung willen unter der Absprache übergeben werden, sie alsbald zurückzureichen: hier sollen dem Gesellschaftsvermögen vom Einlageschuldner überhaupt keine Mittel zugeführt werden[42].

21

---

36 BGH v. 9.3.1981 – II ZR 54/80, BGHZ 80, 129 = GmbHR 1981, 114.
37 BGH v. 24.10.1988 – II ZR 176/88, BGHZ 105, 300 = GmbHR 1989, 74.
38 Insoweit übereinstimmend *A. Arnold* in KölnKomm. AktG, 3. Aufl., § 36 AktG Rz. 25; *Döbereiner* in Spindler/Stilz, § 36a AktG Rz. 7; *Hüffer*, § 36a AktG Rz. 3; *Pentz* in MünchKomm. AktG, 3. Aufl., § 36 AktG Rz. 72 ff.; *Röhricht* in Großkomm. AktG, 4. Aufl., § 36 AktG Rz. 42.
39 In der durch Art. 4 Nr. 1 des Begleitgesetzes zum Gesetz zur Umsetzung von EG-Richtlinien zur Harmonisierung bank- und wertpapierrechtlicher Vorschriften vom 22.10.1997 (BGBl. I 1997, 2567) geänderten Fassung.
40 BGH v. 13.7.1992 – II ZR 263/91, BGHZ 119, 177, 188 f. = AG 1992, 443.
41 Im Ausgangspunkt unstr.; s. etwa *Hommelhoff/Kleindiek*, ZIP 1987, 477, 483 ff.; *Hüffer*, § 36 AktG Rz. 7; *Lutter* in KölnKomm. AktG, 2. Aufl., § 54 AktG Rz. 46; *Pentz* in MünchKomm. AktG, 3. Aufl., § 36 AktG Rz. 56; *Röhricht* in Großkomm. AktG, 4. Aufl., § 36 AktG Rz. 48; *Karsten Schmidt*, AG 1986, 106, 109.
42 BGH v. 18.2.1991 – II ZR 104/90, BGHZ 113, 335, 347 = AG 1991, 230; BGH v. 17.9.2001 – II ZR 275/99, NJW 2001, 3781, 3782 = GmbHR 2001, 1114; BGH v. 22.3.2004 – II ZR 7/02,

Dabei sieht der BGH schon in der zeitnahen Rückzahlung der Bareinlagemittel ein Indiz für die fehlende freie Verfügbarkeit[43]. Entsprechendes gilt, wenn die Zahlung aus Mitteln der Gesellschaft bewirkt wird, etwa wenn diese dem Einlageschuldner ein Darlehen ausreicht oder wenn sie ein Drittdarlehen besichert[44]. An der Einzahlung zur freien Verfügung des Vorstands fehlt es schließlich auch, wenn dieser aus tatsächlichen Gründen an der Verfügungsmöglichkeit über die eingezahlten Mittel beschränkt ist[45].

### c) Einzahlungen auf ein Konto

22  Bei Einzahlungen der Bareinlage auf ein Konto der Gesellschaft fehlt es an der freien Verfügung des Vorstandes, wenn es diesem rechtlich nicht möglich ist, mittels einer Anweisung an die kontoführende Bank über die gutgeschriebenen Beträge zu disponieren, etwa weil das Konto von der Bank gesperrt worden ist[46]. Ebenso fehlt es an der Verfügungsmacht, wenn ein Gesellschaftsgläubiger das Guthaben schon vor Einzahlung der Einlagemittel gepfändet hat[47]. Die Zahlung der Einlage auf ein debitorisches Gesellschaftskonto ist dann keine Leistung zur freien Verfügung des Vorstandes, wenn die Kreditlinie überschritten oder der Kontokorrentkredit zur Rückzahlung fällig ist und die Bank die eingezahlten Mittel deshalb zur Rückführung des Kredits sofort mit dem Schuldsaldo verrechnen kann; anders aber (freie Verfügung gegeben), wenn die kontoführende Bank gleichwohl im Rahmen einer gewährten Kreditlinie Verfügungen in Höhe des eingezahlten Betrages gestattet[48]. Die Einzahlung der Mittel auf ein Treuhandkonto (eines Notars) unter Freigabe erst mit Anmeldung oder Eintragung steht, wenn der Vorstand dann disponieren kann, der freien Verfügbarkeit ebenfalls nicht entgegen[49].

---

NZG 2004, 618; *Hommelhoff/Kleindiek*, ZIP 1987, 477, 486 m. zahlr. Nachw. aus der älteren Rechtsprechung; BGH v. 21.11.2005 – II ZR 140/04, BGHZ 165, 113, 116; *Arnold* in KölnKomm. AktG, 3. Aufl., § 36 AktG Rz. 31; *Hüffer*, § 36 AktG Rz. 8; *Pentz* in MünchKomm. AktG, 3. Aufl., § 36 AktG Rz. 55; *Röhricht* in Großkomm. AktG, 4. Aufl., § 36 AktG Rz. 58; *Karsten Schmidt*, AG 1986, 106, 110 f.

43  S. BGH v. 2.12.2002 – II ZR 101/02, BGHZ 153, 108, 109 = GmbHR 2003, 231; BGH v. 22.3.2004 – II ZR 7/02, NZG 2004, 618; BGH v. 21.11.2005 – II ZR 140/04, BGHZ 165, 113, 116 ff.; BGH v. 9.1.2006 – II ZR 72/05, BGHZ 165, 352, 355 ff. = GmbHR 2006, 306.

44  BGH v. 5.4.1993 – II ZR 195/91, BGHZ 122, 180, 184; BGH v. 2.12.2002 – II ZR 101/02, BGHZ 153, 107, 110 = GmbHR 2003, 231; BGH v. 22.3.2004 – II ZR 7/02, NZG 2004, 618; BGH v. 12.6.2006 – II ZR 334/04, ZIP 2006, 1633, 1634 = GmbHR 2006, 982; *Döbereiner* in Spindler/Stilz, § 36 AktG Rz. 20; *Hommelhoff/Kleindiek*, ZIP 1987, 477, 490; *Röhricht* in Großkomm. AktG, 4. Aufl., § 36 AktG Rz. 60 m.w.N.

45  S. etwa BGH v. 1.2.1977 – 5 StR 626/76, AG 1978, 166 und dazu *Hommelhoff/Kleindiek*, ZIP 1987, 477, 491; vgl. auch *Röhricht* in Großkomm. AktG, 4. Aufl., § 36 AktG Rz. 100 m.w.N.

46  BGH v. 2.4.1962 – II ZR 169/61, WM 1962, 644; *Hommelhoff/Kleindiek*, ZIP 1987, 477, 490.

47  *Hommelhoff/Kleindiek*, ZIP 1987, 477, 490; *Döbereiner* in Spindler/Stilz, § 36 AktG Rz. 20; *Hüffer*, § 36 AktG Rz. 8.

48  BGH v. 24.9.1990 – II ZR 203/89, NJW 1991, 226, 227; BGH v. 3.12.1990 – II ZR 215/89, NJW 1991, 1294, 1295 = GmbHR 1991, 152; BGH v. 13.7.1992 – II ZR 263/91, BGHZ 119, 177, 190 f. = AG 1992, 443; BGH v. 10.6.1996 – II ZR 98/95, DStR 1996, 1416, 1417; BGH v. 18.3.2002 – II ZR 363/00, NZG 2002, 522, 523 u. 524, 525; BGH v. 8.11.2004 – II ZR 362/02, ZIP 2005, 121, 122; *Hommelhoff/Kleindiek*, ZIP 1987, 477, 491; *Hüffer*, § 36 AktG Rz. 8; *Pentz* in MünchKomm. AktG, 3. Aufl., § 36 AktG Rz. 68; *Röhricht* in Großkomm. AktG, 4. Aufl., § 36 AktG Rz. 101 ff., je m.w.N.

49  *Arnold* in KölnKomm. AktG, 3. Aufl., § 36 AktG Rz. 34; *Döbereiner* in Spindler/Stilz, § 36 AktG Rz. 21; *Hüffer*, § 36 AktG Rz. 7; *Lutter* in KölnKomm. AktG, 2. Aufl., § 54 AktG Rz. 46; *Röhricht* in Großkomm. AktG, 4. Aufl., § 36 AktG Rz. 112; a.A. *Pentz* in MünchKomm. AktG, 3. Aufl., § 36 AktG Rz. 50.

### d) Verwendungsabreden

Für die Frage, ob Vereinbarungen über die zukünftigen Verwendungen der geleisteten Einlagen der freien Verfügbarkeit des Vorstands entgegenstehen, ist zu unterscheiden. 23

**aa) Drittverwendungen.** Wird vereinbart (sei es zwischen den Gründern, zwischen Vorstand und Gründern oder auch im Rahmen entsprechender Absprachen mit Dritten), die eingezahlten Mittel in bestimmter Weise **Dritten** gegenüber (etwa zur Finanzierung eines Beteiligungserwerbs) zu verwenden, so steht dies – sofern der Vorstand vom Einleger nicht an jeder anderen, abredewidrigen Mittelverwendung gehindert werden kann – der freien Verfügbarkeit nach heute ganz überwiegender Ansicht nicht entgegen[50]. Denn jedenfalls solche Abreden werden nicht mehr dem Bereich der Kapitalaufbringung (für den § 36 Abs. 2 allein Geltung beansprucht), sondern dem der Mittelverwendung zugerechnet[51]. 24

**bb) Mittelverwendung zu Zahlungen an den Einleger.** Demgegenüber sehen der BGH[52] und die ganz herrschende Lehre[53] bei Verwendungsabsprachen, welche die (sei es auch nur mittelbare) Rückzahlung der Barmittel in das Vermögen des **Einlegers** zum Gegenstand haben, die freie Verfügung des Vorstands als nicht gegeben an. Sie wird auch dort verneint, wo der Wert der eingezahlten Barmittel zur Erfüllung einer (gegen die Gesellschaft gerichteten) Gegenforderung wieder an den Einleger zurückfließen soll. Der Gesellschaft würden hier gerade keine Barmittel endgültig und zur freien Verfügung des Vorstands zugeführt. Namentlich in den Konstellationen verdeckter Sacheinlagen (s. zu ihnen die Erläuterungen zu § 27) fehle es deshalb auch an der (von § 36 Abs. 2) geforderten Leistung zur endgültig freien Verfügung[54]. Kommt 25

---

50 BGH v. 24.9.1990 – II ZR 203/89, NJW 1991, 226, 227; BGH v. 2.12.2002 – II ZR 101/02, BGHZ 153, 107, 110 = GmbHR 2003, 231; BGH v. 12.2.2007 – II ZR 272/05, BGHZ 171, 113, 117 = AG 2007, 355; BGH v. 16.2.2009 – II ZR 120/07, BGHZ 180, 38, 46 f. = AG 2009, 368; OLG Köln v. 8.2.2001 – 14 U 9/99, NZG 2001, 615 f.; *A. Arnold* in KölnKomm. AktG, 3. Aufl., § 36 AktG Rz. 46; *Hommelhoff/Kleindiek*, ZIP 1987, 477, 481 ff.; *Lutter* in KölnKomm. AktG, 2. Aufl., § 54 AktG Rz. 53; *Pentz* in MünchKomm. AktG, 3. Aufl., § 36 AktG Rz. 53, *Röhricht* in Großkomm. AktG, 4. Aufl., § 36 AktG Rz. 81 ff.; *Karsten Schmidt*, AG 1986, 106, 111; nicht eindeutig *Hüffer*, § 36 AktG Rz. 9.
51 S. nur *Röhricht* in Großkomm. AktG, 4. Aufl., § 36 AktG Rz. 82.
52 BGH v. 18.2.1991 – II ZR 104/90, BGHZ 113, 335, 347 ff. = AG 1991, 230; BGH v. 5.4.1993 – II ZR 195/91, BGHZ 122, 180, 185; BGH v. 2.12.2002 – II ZR 101/02, BGHZ 153, 107, 110 = GmbHR 2003, 231; s. auch BGH v. 22.3.2004 – II ZR 7/02, NZG 2004, 618; BGH v. 21.11.2005 – II ZR 140/04, BGHZ 165, 113, 116 ff.; BGH v. 9.1.2006 – II ZR 72/05, BGHZ 165, 352, 355 ff. = GmbHR 2006, 306; BGH v. 20.7.2009 – II ZR 273/07, BGHZ 182, 103 = ZIP 2009, 1561, Rz. 11; BGH v. 1.2.2010 – II ZR 173/08, AG 2010, 246, Rz. 23. Ebenso etwa OLG Jena v. 27.9.2006 – 6 W 287/06, ZIP 2007, 124, 126; OLG München v. 27.9.2006 – 7 U 1857/06, ZIP 2007, 126, 128.
53 Etwa *Bayer* in FS Horn, S. 271, 275 f.; *Hüffer*, § 36 AktG Rz. 9; *Ihrig*, Die endgültige freie Verfügung, S. 183 ff.; *W. Müller* in FS Beusch, S. 631, 640; *Pentz* in MünchKomm. AktG, 3. Aufl., § 36 AktG Rz. 58 ff.; *Röhricht* in Großkomm. AktG, 4. Aufl., § 36 AktG Rz. 65 ff.; *Ulmer*, ZHR 154 (1990) 128, 138. Für das GmbH-Recht z.B. *Bayer* in Lutter/Hommelhoff, § 7 GmbHG Rz. 24; *Ulmer* in Ulmer, § 7 GmbHG Rz. 56 f.; *H.Winter/Veil* in Scholz, § 7 GmbHG Rz. 36.
54 In diesem Sinne BGH v. 18.2.1991 – II ZR 104/90, BGHZ 113, 335, 347 ff. = AG 1991, 230; BGH v. 18.3.2002 – II ZR 363/00, BGHZ 150, 197, 200 (für das GmbH-Recht); BGH v. 12.11.2006 – II ZR 176/05, BGHZ 170, 47, 56 f. = AG 2007, 121; *A. Arnold* in KölnKomm. AktG, 3. Aufl., § 36 AktG Rz. 41; *Henze*, ZHR 154 (1990) 105, 117 f.; *Ihrig*, Die endgültige freie Verfügung, S. 158 ff., 200 ff.; *Mülbert*, ZHR 154 (1990), 145, 148, 182 ff.; *Pentz* in MünchKomm. AktG, 3. Aufl., § 36 AktG Rz. 54, *Röhricht* in Großkomm. AktG, 4. Aufl., § 36 AktG Rz. 77 ff.

es aber nach Eintragung zu einer Anrechnung des Wertes des Vermögensgegenstandes nach Maßgabe von § 27 Abs. 3 n.F., kann jedenfalls von nun an die damit verbundene Erfüllungswirkung nicht mehr unter Hinweis auf fehlende Leistung zur endgültig freien Verfügung in Abrede gestellt werden. Entsprechendes gilt im Anwendungsbereich von § 27 Abs. 4 n.F.

26 **Kritik.** Die herrschende Lehre ist nach wie vor dem Einwand ausgesetzt, nicht konsequent genug zwischen der Mittelaufbringung und der Mittelverwendung zu unterscheiden[55]. Denn anders als in den Konstellationen bloßer Scheinzahlungen (oben Rz. 21) hat der Einlageschuldner, wo der Wert der eingelegten Mittel zur Erfüllung einer Gegenforderung später wieder an ihn zurückfließt, dem Gesellschaftsvermögen zuvor tatsächlich Barmittel zugeführt. Weil bestehende schuldrechtliche Rückzahlungsverpflichtungen die Befugnis des Vorstands zur freien (ggf. abredewidrigen) Verfügung über die eingezahlten Mittel nicht hindern, ist das Erfordernis der Mittel*aufbringung* zur freien Verfügung als erfüllt anzusehen[56]. Eine andere Beurteilung ist nur dort geboten, wo die Bareinlageschuld des Inferenten mit einer ihm gegenüber bestehenden Verbindlichkeit der Gesellschaft verrechnet wird, weil hier der Einlageschuldner überhaupt kein Bar- oder Buchgeld leistet, über das der Vorstand verfügen könnte[57]. Von solchen Fällen abgesehen berührt die Verwendung der Bareinlage zur Finanzierung einer verdeckten Sacheinlage aber nicht die Ebene der Mittelaufbringung, sondern den (von § 36 Abs. 2 nicht mehr erfassten) Bereich der Mittel*verwendung*. Ungeachtet des Verstoßes gegen die gesetzlichen Sacheinlagekautelen haben die eingezahlten Gelder doch jedenfalls zur freien Verfügung des Vorstands gestanden[58]. Der BGH hat seine abweichende (strengere) Linie mittlerweile insoweit relativiert, als er jedenfalls den Rückfluss der Mittel zur (marktgerechten) Vergütung für vom Inferenten erbrachte Dienstleistungen (kein Fall der verdeckten Sacheinlage) als unschädlich ansieht[59]. Das weist in die richtige Richtung, ist aber noch nicht konsequent genug. Der Abschluss der Mittelaufbringung im soeben skizzierten Sinne markiert die maßgebliche Zäsur. Entscheidend ist, dass der Vorstand über die eingezahlten Mittel frei (sei es auch ggf. abredewidrig) verfügen *kann*[60].

**e) Vorhandensein der eingezahlten Barmittel bei Anmeldung**

27 **aa) Konzeption des historischen Gesetzgebers.** § 36 Abs. 2 macht die Anmeldung nicht nur davon abhängig, dass der eingeforderte Betrag zur freien Verfügung des Vorstands eingezahlt wird (§ 36 Abs. 2 Halbs. 1 i.V.m. § 54 Abs. 3), sondern auch davon, dass der Betrag (was nach § 37 Abs. 1 Sätze 1 u. 2 bei der Anmeldung zu erklären und nachzuweisen ist) **noch „endgültig zur freien Verfügung des Vorstands steht"**, soweit er nicht bereits zur Bezahlung der bei der Gründung angefallenen Steuern und Gebühren verwandt worden ist. In der Konzeption des historischen Gesetzgebers muss

---

55 S. zur Kritik schon *Hommelhoff/Kleindiek*, ZIP 1987, 477, 486 ff. im Anschluss an *Karsten Schmidt*, AG 1986, 106, 109 ff.; *Kleindiek* in FS Westermann, S. 1073, 1078 f.; ähnlich *Wilhelm*, ZHR 152 (1988), 333, 364 ff.; *Mildner*, Bareinlage, S. 86 ff.; *Habetha*, ZGR 1998, 305, 317; *Priester*, ZIP 1994, 599, 604; *Priester* in Scholz, § 56a GmbHG Rz. 12.
56 S. auch *Priester* in Scholz, § 56a GmbHG Rz. 12: „Entscheidend ist das Verfügen*können*, nicht das Verfügen*dürfen*."
57 *Karsten Schmidt*, AG 1986, 106, 112; *Hommelhoff/Kleindiek*, ZIP 1987, 477, 490.
58 Eingehend schon *Hommelhoff/Kleindiek*, ZIP 1987, 477, 488 ff.
59 BGH v. 16.2.2009 – II ZR 120/07, BGHZ 180, 38, 46 f., Rz. 17 = AG 2009, 368; BGH v. 1.2.2010 – II ZR 173/08, AG 2010, 246, 248, Rz. 23 f.
60 S. dazu auch BGH v. 16.2.2009 – II ZR 120/07, BGHZ 180, 38, 46 f., Rz. 17 und 19 = AG 2009, 368.

der Vorstand die Verfügungsgewalt über das eingezahlte Geld – von Ausgaben für Steuern und Gebühren abgesehen – also **noch zur Zeit der Anmeldung** haben[61].

In Übereinstimmung damit verlangte die **früher ganz herrschende Lehre**[62], der vor Anmeldung der Eintragung der Gesellschaft eingeforderte und bezahlte Betrag müsse (mit den bezeichneten Ausnahmen) **noch im Zeitpunkt der Anmeldung** vollständig **gegenständlich vorhanden** sein. Die Einlagemittel mussten also zwar zur freien Verfügung des Vorstands geleistet werden, der von seiner Verfügungsmacht aber bis zur Anmeldung keinen Gebrauch machen durfte[63]: Er unterlag einer Thesaurierungspflicht (einem Thesaurierungsgebot)[64], was mit dem lange Zeit verfochtenen Vorbelastungsverbot (s. § 41 Rz. 11) korrespondierte, nach dem die AG aus rechtsgeschäftlicher Tätigkeit vor Eintragung (abgesehen von notwendigen Geschäften) nicht mit Verbindlichkeiten belastet werden durfte und konnte[65]. Im Modell des historischen Gesetzgebers sollten die §§ 36 Abs. 2, 37 Abs. 1 Sätze 1 u. 2 dem Vorbelastungsverbot gewissermaßen Flankenschutz gewähren. Denn so lange die eingezahlten Beträge im Sinne einer **Bardepotpflicht** gebunden sind, können sie erst gar nicht für vorbelastende Geschäfte ausgegeben werden[66].

**bb) Gebot wertgleicher Deckung.** In seiner Grundsatzentscheidung vom 9.3.1981, ergangen zum Recht der GmbH, hat der BGH das Vorbelastungsverbot aufgegeben und durch sein Konzept der Unterbilanzhaftung (Vorbelastungshaftung) ersetzt[67]. Im Aktienrecht kann – was an dieser Stelle nicht näher zu erörtern ist (s. dazu die Erläuterungen zu § 41 Rz. 10 ff.) – nichts anderes gelten[68]. Die damit gewonnenen Freiheiten für eine Geschäftstätigkeit schon der Vor-AG würden weitgehend zunichte gemacht, wollte man am Verständnis der §§ 36 Abs. 2, 37 Abs. 1 Sätze 1 u. 2 im Sinne eines Thesaurierungsgebotes festhalten. Eine **verbreitete Lehre**, der sich auch der BGH zunächst angeschlossen hatte[69], spricht sich deshalb heute für ein **Gebot wertgleicher Deckung** aus[70]: Danach ist genügend aber auch erforderlich, dass an die Stelle der eingeforderten und bezahlten Bareinlagen aktivierungsfähige Vermögensgegenstände von gleichem Wert getreten sind, die Verwendung der Einlagemittel also dazu geführt

---

61 S. dazu auch *Blecker*, Mindesteinlage, S. 11 ff.; *Hommelhoff/Kleindiek*, ZIP 1987, 477, 483 (im Text bei Fn. 44); *Hüffer*, ZGR 1993, 474, 483; *Ihrig*, Die endgültige freie Verfügung, S. 44 ff., 82; *Kamanabrou*, NZG 2002, 702, 703 f.; *Mülbert*, ZHR 154 (1990), 145, 148 ff.; *G.H. Roth* in FS Semler, 1993, S. 299, 301 f.; *G.H. Roth*, ZHR 167 (2003), 89, 92 f.
62 S. nur *Fischer* in Großkomm. AktG, 2. Aufl. 1961, § 28 AktG 1937 Anm. 15; weitere Nachweise in BGH v. 13.7.1992 – II ZR 263/91, BGHZ 119, 177, 183 = AG 1992, 443.
63 *Fischer* in Großkomm. AktG, 2. Aufl. 1961, § 28 AktG 1937 Anm. 15.
64 S. zur Interpretation der gesetzlichen Grundkonzeption in eben diesem Sinne auch *Röhricht* in Großkomm. AktG, 4. Aufl., § 36 AktG Rz. 84.
65 Dazu etwa *Barz* in Großkomm. AktG, 3. Aufl., § 41 Anm. 4; *Baumbach/Hueck*, § 41 AktG Anm. 5; *Kraft* in KölnKomm. AktG, 1. Aufl., § 41 AktG Rz. 51.
66 S. zum engen Zusammenhang zwischen Thesaurierungsgebot und Vorbelastungsverbot *Karsten Schmidt*, AG 1986, 106, 112, 114 f.; *Lutter*, NJW 1989, 2649, 2653 ff.; *Priester*, ZIP 1994, 599, 601.
67 BGH v. 9.3.1981 – II ZR 54/80, BGHZ 80, 129 = GmbHR 1981, 114.
68 So auch KG v. 18.5.2004 – 1 W 7349/00, NZG 2004, 826; offen gelassen in BGH v. 13.7.1992 – II ZR 263/91, BGHZ 119, 177, 186 = AG 1992, 443.
69 BGH v. 13.7.1992 – II ZR 263/91, BGHZ 119, 177, 187 f. = AG 1992, 443 (für die Kapitalerhöhung in der AG).
70 Aus dem aktienrechtlichen Schrifttum etwa *A. Arnold* in KölnKomm. AktG, 3. Aufl., § 36 AktG Rz. 48 ff.; *Döbereiner* in Spindler/Stilz, § 36 AktG Rz. 23; *Hüffer*, § 36 AktG Rz. 11a; *Hüffer*, ZGR 1993, 474, 481 ff.; *Pentz* in MünchKomm. AktG, 3. Aufl., § 36 AktG Rz. 79 ff.; *Röhricht* in Großkomm. AktG, 4. Aufl., § 36 AktG Rz. 85 ff.; *G.H. Roth*, ZHR 167 (2003), 89, 91 ff. Für das GmbH-Recht s. etwa *Hueck/Fastrich* in Baumbach/Hueck, § 8 GmbHG Rz. 13; *Ihrig*, Die endgültige freie Verfügung, S. 90 ff., 102 ff.; *Roth* in Roth/Altmeppen, § 8 GmbHG Rz. 26 ff.; *Ulmer* in Ulmer, § 7 GmbHG Rz. 55.

hat, dass der Gesellschaft ein diesen Mitteln entsprechender Wert zugeflossen ist, der für sich genommen **im Zeitpunkt der Anmeldung** noch vorhanden ist (wertgleiche Surrogation)[71]. Die Mittelverwendung zur Tilgung einer Verbindlichkeit der Gesellschaft wird (wenn die Forderung gegen die Gesellschaft vollwertig, fällig und liquide war) allerdings ebenfalls als zulässig angesehen[72].

30  Wer in diesem Sinne auf eine wertgleiche Deckung abstellt, die im Zeitpunkt der Anmeldung gegeben sein muss[73], verlangt von den zur Anmeldung berufenen Personen (s. oben Rz. 6) bei der Anmeldung die **Versicherung** und den **Nachweis**, dass der eingezahlte Betrag wertmäßig (noch) zur endgültig freien Verfügung steht[74]; dabei hat der BGH (für die Kapitalerhöhung) den Vorstand als verpflichtet angesehen, „im Einzelnen unter Vorlage der entsprechenden Unterlagen darzulegen, für welche geschäftlichen Maßnahmen der Einlagebetrag verwendet worden ist"[75]. Übereinstimmend wird auch für die Gründung die Angabe der Anschaffungen und der getilgten Verbindlichkeiten im Einzelnen unter Bezeichnung der dafür aufgewendeten Beträge verlangt, so dass vom Registergericht die Wertgleichheit nachgeprüft werden könne[76].

31  Der **BGH** hat das Postulat wertgleicher Deckung für die **Kapitalerhöhung** inzwischen freilich wieder aufgegeben: Weil bei der Kapitalerhöhung die Einlage – anders als bei der Gründung – an die bereits bestehende Gesellschaft geleistet werde, bedürfe es besonderer Maßnahmen zur Gewährleistung ordnungsgemäßer Kapitalaufbringung nicht[77]. Ob der BGH für das Gründungsrecht am Gebot der wertgleichen Deckung festhalten will, ist ungewiss[78].

32  Angesichts des in § 36 Abs. 2 ausdrücklich formulierten Vorbehalts dürfen die eingezahlten Bareinlagen schon nach der Konzeption des historischen Gesetzgebers zur **Bezahlung** der bei der Gründung angefallenen **Steuern und Gebühren** verwandt werden. Dementsprechend müssen die hierfür ausgegebenen Beträge bei der Anmeldung auch nach der Lehre von der wertgleichen Deckung nicht mehr wertmäßig vorhan-

---

71 So BGH v. 13.7.1992 – II ZR 263/91, BGHZ 119, 177, 187 f. = AG 1992, 443, wo von der „mit den Eigenmitteln getätigten Investition" gesprochen wird; der Sache nach übereinstimmend *Röhricht* in Großkomm. AktG, 4. Aufl., § 36 AktG Rz. 88.
72 *Hüffer*, ZGR 1993, 474, 484; *Priester*, ZIP 1994, 599, 601; *Röhricht* in Großkomm. AktG, 4. Aufl., § 36 AktG Rz. 89; einschränkend *Pentz* in MünchKomm. AktG, 3. Aufl., § 36 AktG Rz. 81.
73 Für eine zeitliche Erstreckung auf den Zeitpunkt der Eintragung freilich *G.H. Roth*, ZHR 167 (2003), 89, 97 f.
74 Wobei überwiegend eine Gesamtvermögensbetrachtung (Ausgleich einer Wertunterdeckung durch anderweit erzielte Gewinne) zugelassen wird; so etwa *Pentz* in MünchKomm. AktG, 3. Aufl., § 36 AktG Rz. 81; *Röhricht* in Großkomm. AktG, 4. Aufl., § 36 AktG Rz. 90; *G.H. Roth*, ZHR 167 (2003), 89, 94; *Roth* in Roth/Altmeppen, § 8 GmbHG Rz. 26; anders *Hüffer*, ZGR 1993, 474, 483 („Gesamtvermögensbetrachtung weder erforderlich noch hilfreich").
75 BGH v. 13.7.1992 – II ZR 263/91, BGHZ 119, 177, 188 = AG 1992, 443; s. dazu auch *Hüffer*, ZGR 1993, 474, 483: Prüfung des „Wertverlaufs des jeweils eingesetzten Teilbetrags aus der Mindesteinlage".
76 In diesem Sinne etwa *A. Arnold* in KölnKomm. AktG, 3. Aufl., § 36 AktG Rz. 50; *Pentz* in MünchKomm. AktG, 3. Aufl., § 36 AktG Rz. 80. Zuvor schon *Röhricht* in Großkomm. AktG, 4. Aufl., § 36 AktG Rz. 94 ff., der einräumt, dass damit eine erhebliche Erschwerung des Eintragungsverfahrens verbunden ist, und der deshalb die Sinnhaftigkeit der Abkehr vom Thesaurierungsgebot letztlich wieder anzweifelt (Rz. 97 a.E.).
77 BGH v. 18.3.2002 – II ZR 363/00, BGHZ 150, 197, 199 f. = AG 2002, 456 (GmbH) unter ausdrücklicher Aufgabe von BGH v. 13.7.1992 – II ZR 263/91, BGHZ 119, 177 = AG 1992, 443; ebenso BGH v. 18.3.2002 – II ZR 11/01, NZG 2002, 524; BGH v. 18.3.2002 – II ZR 369/00, NZG 2002, 636; BGH v. 18.3.2002 – II ZR 364/00, NZG 2002, 639.
78 S. aber BGH v. 7.7.2003 – II ZB 4/02, BGHZ 155, 318, 325 = AG 2003, 684 (für die Reaktivierung eines GmbH-Altmantels: ein Viertel des statutarischen Stammkapitals müsse sich „wertmäßig in der freien Verfügung der Geschäftsführung befinden").

den sein. Das gilt freilich nur unter der Voraussetzung, dass dieser Gründungsaufwand zu Lasten der Gesellschaft in der Satzung wirksam festgesetzt worden ist (§ 26 Abs. 2)[79]. Erfasst werden dann die unmittelbar gründungsbedingten Aufwendungen, etwa Notargebühren und Bekanntmachungskosten, Anmeldegebühren, sonstige Auslagen nach §§ 136 ff. KostO, ggf. Grunderwerbssteuern und auch die Vergütung der Gründungsprüfer[80], nicht aber sonstige Kosten, z.B. für den Druck der Aktien, Vermittlungsprovisionen oder aus anderen privatrechtlichen Verbindlichkeiten[81].

**cc) Stellungnahme.** Die Lehre vom Gebot wertgleicher Deckung zieht nur eine halbherzige Konsequenz aus der Aufgabe des Vorbelastungsverbots und würdigt zudem nicht hinreichend, dass es bei dem Merkmal der **Leistung zur freien Verfügung** allein um die Ebene der **Mittelaufbringung**, nicht aber den Bereich der Mittelverwendung geht (s. schon oben Rz. 26). Der Abschied vom Vorbelastungsverbot, das nicht mehr Bestandteil des geltenden Rechts ist, muss sich auch in einer zeitgemäßen Interpretation des § 36 Abs. 2 niederschlagen, welche dem Vorstand die notwendige Freiheit in der Verwendung der eingeforderten Mittel lässt und zudem Nachweisschwierigkeiten der Wertdeckung gegenüber dem Registergericht vermeidet. Die gesetzlichen Vorgaben aus § 36 Abs. 2 sind als erfüllt anzusehen, sobald die eingeforderten Mittel zur freien Verfügung des Vorstands eingezahlt worden sind. Danach ist der Vorstand in der Disposition über die Mittel für die Zwecke der Gesellschaft frei[82].

33

Gleichwohl ist der Gefahr zu begegnen, dass die **Mittelverwendung** zu Schmälerungen des Garantiekapitals vor Entstehung der AG führt; in dieser Zielsetzung verdient der Gedanke wertgleicher Deckung durchaus Beifall. Für die **Sicherung der Wertdeckung** ist aber nicht die zeitlich andauernde (endgültig) freie Verfügung über den eingezahlten Betrag zu bemühen, auch nicht im Sinne eines wertmäßigen Verständnisses. Diese Aufgabe übernimmt nach dem heutigen Stand der Dogmatik vielmehr das Institut der **Unterbilanz- bzw. Vorbelastungshaftung** der Gründer[83]. Ist schon zum Zeitpunkt der Anmeldung eine Unterbilanz entstanden (für deren Berechnung Ausgaben für Steuern und Gebühren nach Maßgabe des in Rz. 32 Gesagten unberücksichtigt bleiben), so muss diese in der dann feststellbaren Höhe vor Anmeldung ausgeglichen werden; andernfalls besteht ein Eintragungshindernis (Eintragungsverbot)[84]. Über den Ausgleich der Unterbilanz haben die zur Anmeldung der AG berufenen Personen (nicht anders als im GmbH-Recht[85]) mit der Anmeldung eine entsprechende Versicherung (s. auch § 37 Rz. 12 und § 41 Rz. 13) abzugeben[86]. Zu den Folgen einer erst *nach* Anmeldung entstandenen Unterbilanz s. § 38 Rz. 7.

34

---

79 *A. Arnold* in KölnKomm. AktG, 3. Aufl., § 36 AktG Rz. 52; *Hüffer*, § 36 AktG Rz. 10; *Pentz* in MünchKomm. AktG, 3. Aufl., § 36 AktG Rz. 75; *Röhricht* in Großkomm. AktG, 4. Aufl., § 36 AktG Rz. 91.
80 *Hüffer*, § 36 AktG Rz. 10; *Pentz* in MünchKomm. AktG, 3. Aufl., § 36 AktG Rz. 77; *Röhricht* in Großkomm. AktG, 4. Aufl., § 36 AktG Rz. 91.
81 *Hüffer*, § 36 AktG Rz. 10; *Pentz* in MünchKomm. AktG, 3. Aufl., § 36 AktG Rz. 78; *Röhricht* in Großkomm. AktG, 4. Aufl., § 36 AktG Rz. 92.
82 *Hommelhoff/Kleindiek*, ZIP 1987, 477, 484 f.; *Kleindiek* in FS Westermann, S. 1073, 1083; *Lutter*, NJW 1989, 2649, 2652 f., 2655; *Priester*, ZIP 1994, 599, 602; *Karsten Schmidt*, AG 1986, 106, 114 f.; *Wilhelm*, ZHR 152 (1988), 333, 366 f. Fn. 91.
83 Ebenso *Kamanabrou*, NZG 2002, 702, 705; für das GmbH-Recht auch *H.Winter/Veil* in Scholz, § 7 GmbHG Rz. 33 u. § 8 GmbHG Rz. 24; *Bayer* in Lutter/Hommelhoff, § 7 GmbHG Rz. 19; weniger eindeutig freilich *Bayer* in FS Horn, S. 271, 278 f.
84 S. dazu (für das GmbH-Recht) auch *Bayer* in Lutter/Hommelhoff, § 7 GmbHG Rz. 19 und § 11 GmbHG Rz. 37; *Karsten Schmidt*, ZHR 156 (1992) 93, 128 f.; *Karsten Schmidt* in Scholz, § 11 GmbHG Rz. 123; *Ulmer* in Ulmer, § 8 GmbHG Rz. 31.
85 Dazu *Bayer* in Lutter/Hommelhoff, § 8 GmbHG Rz. 12; *Ulmer* in Ulmer, § 8 GmbHG Rz. 31.
86 *Lutter*, NJW 1989, 2649, 2654.

## IV. Rückabwicklung bei Scheitern der Gründung

35 Ist die **Gesellschaftsgründung endgültig gescheitert**, etwa weil die Gründer auf die Anmeldung verzichten, die Anmeldung widerrufen oder das Registergericht die Eintragung rechtskräftig ablehnt, ist die (Vor-)Gesellschaft – soweit sie nicht in anderer Rechtsform fortgeführt werden soll – regelgerecht **zu liquidieren** (s. dazu die Erläuterungen bei § 41). Schon geleistete Einlagen können die Gründer nicht nach bereicherungsrechtlichen Grundsätzen zurückfordern; die geleisteten Einlagen fließen lediglich in die Liquidationsrechnung (und die Berechnung eines etwaigen Liquidationsüberschusses) ein[87].

## V. Wegfall der Besonderheiten bei der Einpersonengründung

36 Die – im Jahre 1994 eingefügte (s. Rz. 2) – Vorschrift des § 36 Abs. 2 Satz 2 a.F. verpflichtete den einzigen Gründer in Anlehnung an § 7 Abs. 2 Satz 3 GmbHG a.F. zur Bestellung einer **Sicherung** für den Teil der Geldeinlage, der den eingeforderten (oder darüber hinaus freiwillig geleisteten) Betrag überstieg (näher 1. Aufl. Rz. 36 ff.). Im Zuge des MoMiG (oben Rz. 2) ist diese Sonderregelung zur Einpersonengründung (ebenso wie die Parallelvorschrift § 7 Abs. 2 Satz 3 GmbHG a.F.) ersatzlos gestrichen worden; sie habe sich – so die Begründung zum RegE MoMiG[88] – in der Praxis als unnötige Komplizierung der Gründung und deshalb verzichtbar erwiesen.

## VI. Gemischte Einlagen

37 Bei gemischten Einlagen (Mischeinlagen; zu den davon zu unterscheidenden gemischten Sacheinlagen s. oben § 27 Rz. 31 f.) hat der Aktionär auf eine Aktie **sowohl eine Geld- als auch** eine **Sacheinlage** zu leisten. Dabei unterliegt jede der beiden Einlageteile den für sie maßgeblichen Rechtsregeln: der Bareinlageteil also §§ 36 Abs. 2 und 36a Abs. 1, der Sacheinlageteil § 36a Abs. 2[89]. Um die Höhe des vor Anmeldung mindestens in bar einzuzahlenden Betrages, § 36 Abs. 1, zu ermitteln, muss der Wert der Sacheinlage beziffert werden. Sodann ist für den Fall, dass noch nicht die gesamte Mischeinlage eingefordert wird, zu unterscheiden, ob die Ausgabe der Aktien zum geringsten Ausgabebetrag (im Sinne des § 9 Abs. 1) oder zu einem höheren Betrag (Agio) erfolgt[90]: Im ersten Fall ist von der Differenz zwischen dem geringsten Ausgabebetrag und dem Wert der Sacheinlage gem. § 36a Abs. 1 Halbsatz 1 mindestens ein Viertel (oder der eingeforderte höhere Anteil) einzuzahlen. Im zweiten Fall ist das Agio zusätzlich in voller Höhe in Geld zu leisten (§ 36a Abs. 1 Halbsatz 2)[91].

---

87 A. *Arnold* in KölnKomm. AktG, 3. Aufl., § 36 AktG Rz. 53; *Pentz* in MünchKomm. AktG, 3. Aufl., § 36 AktG Rz. 82; *Röhricht* in Großkomm. AktG, 4. Aufl., § 36 AktG Rz. 116.
88 Begr. RegE MoMiG, BT-Drucks. 16/6140, S. 33; kritisch dazu die Stellungnahme des BRats, BT-Drucks. 16/6140, S. 64 f.
89 A. *Arnold* in KölnKomm. AktG, 3. Aufl., § 36 AktG Rz. 21; *Habersack* in FS Konzen, S. 179, 180; *Hüffer*, § 36 AktG Rz. 12; *Pentz* in MünchKomm. AktG, 3. Aufl., § 36 AktG Rz. 98; *Röhricht* in Großkomm. AktG, 4. Aufl., § 36 AktG Rz. 127.
90 *Hüffer*, § 36 AktG Rz. 12; *Pentz* in MünchKomm. AktG, 3. Aufl., § 36 AktG Rz. 99; *Röhricht* in Großkomm. AktG, 4. Aufl., § 36 AktG Rz. 127.
91 A. *Arnold* in KölnKomm. AktG, 3. Aufl., § 36 AktG Rz. 21; *Röhricht* in Großkomm. AktG, 4. Aufl., § 36 AktG Rz. 127.

## § 36a
## Leistung der Einlagen

**(1)** Bei Bareinlagen muss der eingeforderte Betrag (§ 36 Abs. 2) mindestens ein Viertel des geringsten Ausgabebetrags und bei Ausgabe der Aktien für einen höheren als diesen auch den Mehrbetrag umfassen.

**(2)** Sacheinlagen sind vollständig zu leisten. Besteht die Sacheinlage in der Verpflichtung, einen Vermögensgegenstand auf die Gesellschaft zu übertragen, so muss diese Leistung innerhalb von fünf Jahren nach der Eintragung der Gesellschaft in das Handelsregister zu bewirken sein. Der Wert muss dem geringsten Ausgabebetrag und bei Ausgabe der Aktien für einen höheren als diesen auch dem Mehrbetrag entsprechen.

| | |
|---|---|
| I. Gegenstand der Regelung . . . . . . . . 1 | 2. Rechtsfolge bei Verstoß gegen § 36a Abs. 2 Sätze 1 und 2 . . . . . . . . 7 |
| II. Mindestleistung bei Bareinlagen (§ 36a Abs. 1) . . . . . . . . . . . . . . . . . 2 | 3. Art und Weise der Sacheinlageleistung . . . . . . . . . . . . . . . . . . . . . . . . 8 |
| III. Leistung der Sacheinlagen (§ 36a Abs. 2) . . . . . . . . . . . . . . . . . 3 | 4. Verbot der Unterpariemission (§ 36a Abs. 2 Satz 3) . . . . . . . . . . . . 9 |
| 1. Leistungszeitpunkt (§ 36a Abs. 2 Sätze 1 und 2) . . . . . . . . . . . . . . . . . 3 | |

**Literatur:** S. zu § 36.

## I. Gegenstand der Regelung

Die Vorschrift, die der Sicherung effektiver Kapitalaufbringung dient, regelt die Höhe des bei einer Bareinlage mindestens einzufordernden Betrags (**Abs. 1** i.V.m. § 36 Abs. 2) und trifft Bestimmung über die Leistung einer Sacheinlage (**Abs. 2**). Eingeführt wurde sie (mit Wirkung zum 1.7.1979) durch das Gesetz zur Durchführung der Zweiten Richtlinie des Rates der Europäischen Gemeinschaften zur Koordinierung des Gesellschaftsrechts (Kapitalrichtlinie 77/91/EWG) vom 13.12.1978[1]. Dabei entspricht Abs. 1 dem früheren § 36 Abs. 2 Satz 2 AktG 1965. Abs. 2 ist ohne Vorläufer und setzt Art. 9 Abs. 2 der Kapitalrichtlinie um (s. unten Rz. 5). Änderungen in Abs. 1 und Abs. 2 Satz 3 („geringster Ausgabebetrag" statt früher „Nennbetrag") durch Art. 1 Nr. 10 StückAG[2] im Blick auf die seinerzeit eingeführte Möglichkeit von Stückaktien (§ 8 Abs. 3).

1

## II. Mindestleistung bei Bareinlagen (§ 36a Abs. 1)

Nach § 36a Abs. 1 muss (in Ergänzung zu § 36 Abs. 2) der Mindestbetrag der vor der Anmeldung einzufordernden Bareinlage **ein Viertel des geringsten Ausgabebetrags** (legaldefiniert in § 9 Abs. 1), bei Ausgabe für einen höheren Betrag (Überpariemission; § 9 Abs. 2) **zuzüglich des vollen zu zahlenden Mehrbetrags (Agio)**, betragen[3]. Die Satzung kann allerdings einen höheren Betrag als den Mindestbetrag von einem Viertel vorsehen und der Vorstand kann auch bei fehlender Satzungsbestimmung einen höheren Betrag einfordern, wobei die Satzung einen Zustimmungsvorbehalt des Auf-

2

---
1 BGBl. I 1978, 1959.
2 Gesetz über die Zulassung von Stückaktien vom 25.3.1998, BGBl. I 1998, 590.
3 Rechenbeispiel bei *Pentz* in MünchKomm. AktG, 3. Aufl., § 36a AktG Rz. 6.

sichtsrats nach § 111 Abs. 4 statuieren kann (s. schon § 36 Rz. 16)[4]. Die Mindestleistung muss für **jede Aktie** gesondert erbracht sein. Es genügt nicht, dass einige Aktionäre den Minderbetrag anderer durch Mehrzahlungen ausgleichen. Zu den Modalitäten gesetzmäßiger Leistung auf den eingeforderten Betrag s. im Übrigen § 36 Abs. 2 und die Erläuterungen § 36 Rz. 14 ff.

### III. Leistung der Sacheinlagen (§ 36a Abs. 2)

#### 1. Leistungszeitpunkt (§ 36a Abs. 2 Sätze 1 und 2)

3 Während § 36a Abs. 2 Satz 1 die vollständige Leistung von Sacheinlagen verlangt, ermöglicht § 36a Abs. 2 Satz 2 die Leistung innerhalb von fünf Jahren nach Eintragung der Gesellschaft, wenn die Sacheinlage in der Verpflichtung besteht, einen Vermögensgegenstand auf die Gesellschaft zu übertragen. Die Bestimmung ist nicht eindeutig, das **Verhältnis zwischen § 36a Abs. 2 Satz 1 und Satz 2** ist **umstritten**.

4 Die **strengere Auffassung** versteht § 36a Abs. 2 Satz 1 dahingehend, dass auch Sacheinlagevereinbarungen, welche den Einleger zur Übertragung eines Vermögensgegenstandes an die Gesellschaft verpflichten, bereits vor der Anmeldung der Gesellschaft zur Eintragung ins Handelsregister durch dinglichen Vollzug erfüllt sein müssen. Lediglich für die Einbringung von Grundstücken reiche es aus, wenn vor der Anmeldung die erforderlichen Erklärungen abgegeben und zum Grundbuchamt eingereicht worden seien bzw. eine Auflassungsvormerkung eingetragen worden sei[5]. § 36a Abs. 2 Satz 2 hat nach dieser Sehweise allein dort Bedeutung, wo Gegenstand der Sacheinlage ein Übertragungsanspruch des Einlegers gegen einen **Dritten** ist: Hier genüge es, dass der Dritte seine Verpflichtung innerhalb der Fünfjahresfrist zu erfüllen habe[6].

5 Die **heute überwiegende Ansicht** wendet § 36a Abs. 2 Satz 2 hingegen auch auf die Fälle an, in denen sich der Sacheinleger zur **Übertragung eines Vermögensgegenstandes** verpflichtet; für die **dingliche Erfüllung** dieser (mit dem Sacheinlageversprechen begründeten[7]) Verpflichtung kann dann in der Sacheinlagevereinbarung[8] eine **Frist von bis zu fünf Jahren** vorgesehen werden, sofern die Satzung einen früheren Zeitpunkt bestimmt[9]. Dem ist vor dem Hintergrund der Entstehungsgeschichte der Norm zuzustimmen: Der Gesetzgeber hat mit § 36a Abs. 2 die Vorgaben der Kapitalrichtlinie umsetzen wollen (s. schon Rz. 1), deren Art. 9 Abs. 2 für die vollständige Leistung von Sacheinlagen einen Fünfjahreszeitraum eröffnet. Eben dieser Spielraum sollte generell für Verpflichtungen zur Übertragung eines Vermögensgegenstandes genutzt werden[10]. Deshalb reicht es aus, wenn die Gesellschaft im Zeitpunkt der An-

---

[4] *Pentz* in MünchKomm. AktG, 3. Aufl., § 36 AktG Rz. 43; *Röhricht* in Großkomm. AktG, 4. Aufl., § 36 AktG Rz. 41 und 45.

[5] Übereinstimmend mit dem GmbH-Recht; s. zu § 7 Abs. 3 GmbHG etwa *Hueck/Fastrich* in Baumbach/Hueck, § 7 GmbHG Rz. 12 ff.

[6] Eine solche Interpretation befürworten etwa *Döbereiner* in Spindler/Stilz, § 36a AktG Rz. 11; *Lutter* in KölnKomm. AktG, 2. Aufl., § 188 AktG Rz. 27 f.; *Mayer*, ZHR 154 (1990), 535, 542 ff.

[7] Dazu *Röhricht* in Großkomm. AktG, 4. Aufl., § 36a AktG Rz. 7 u. 9.

[8] Zur ggf. vorzunehmenden Auslegung s. *Röhricht* in Großkomm. AktG, 4. Aufl., § 36a AktG Rz. 14.

[9] In diesem Sinne etwa *A. Arnold* in KölnKomm. AktG, 3. Aufl., § 36a AktG Rz. 11 ff.; *Hoffmann-Becking* in MünchHdb. AG, § 4 Rz. 37; *Hüffer*, § 36a AktG Rz. 4; *Pentz* in MünchKomm. AktG, 3. Aufl., § 36a AktG Rz. 13 ff.; *Röhricht* in Großkomm. AktG, 4. Aufl., § 36a AktG Rz. 6 ff.; eingehend *Krebs/Wagner*, AG 1998, 467 ff.

[10] Näher *Pentz* in MünchKomm. AktG, 3. Aufl., § 36a AktG Rz. 13 ff.; *Röhricht* in Großkomm. AktG, 4. Aufl., § 36a AktG Rz. 6 ff.; s. auch die Begründung zum RegE des Gesetzes zur Umsetzung der Kapitalrichtlinie, BT-Drucks. 8/1678 zu Nr. 6 u. 7, S. 12 ff.

meldung einen verbindlichen Anspruch auf Übertragung eines Vermögensgegenstandes gegen den Einleger hat und dieser Anspruch bezogen auf diesen Zeitpunkt einen feststellbaren wirtschaftlichen Wert i.S. des § 27 Abs. 2 besitzt; damit wird die Sacheinlageverpflichtung im Sinne der Anmeldeerfordernisse erfüllt[11].

Ist die Sacheinlageverpflichtung indes nicht auf die Übertragung eines Vermögensgegenstandes auf die Gesellschaft – sondern etwa nur auf **Nutzungsüberlassung** – gerichtet, ist § 36a Abs. 2 Satz 2 nicht einschlägig; der Gesellschaft muss die tatsächliche Nutzungsmöglichkeit vor der Anmeldung eingeräumt werden.

### 2. Rechtsfolge bei Verstoß gegen § 36a Abs. 2 Sätze 1 und 2

Das Registergericht hat die **Eintragung** der Gesellschaft gem. § 38 Abs. 1 Satz 2 **abzulehnen**, wenn die Sacheinlageleistung vor der Anmeldung nicht ordnungsgemäß bewirkt ist oder wenn (im Anwendungsbereich von § 36a Abs. 2 Satz 2) bereits bei der Anmeldung feststeht, dass die Fünfjahresfrist nicht eingehalten werden wird. Nach Vollzug der Eintragung ist die Einhaltung dieser Frist allerdings nicht mit öffentlich-rechtlichen Sanktionen bewehrt. Ihre Überwachung obliegt dann dem Vorstand, der in Vertretung der Gesellschaft notfalls klageweise die Bewirkung der Sacheinlage geltend machen muss (§§ 76, 93)[12].

### 3. Art und Weise der Sacheinlageleistung

Auch die Sacheinlagen müssen – ebenso wie Bareinlagen – zur freien Verfügung des Vorstands geleistet werden, damit Erfüllungswirkung eintritt[13]. Das ist der Fall, wenn dem Vorstand (als Organ der Vor-Aktiengesellschaft) vom Einleger die uneingeschränkte Verfügungsbefugnis eingeräumt wird (zu Einzelheiten s. § 36 Rz. 19 ff.). Teilleistungen sind im Anwendungsbereich von § 36a Abs. 2 Satz 2 und innerhalb der dort geltenden Grenzen (oben Rz. 5) möglich, wenn sie in der Sacheinlagevereinbarung vorgesehen sind[14].

### 4. Verbot der Unterpariemission (§ 36a Abs. 2 Satz 3)

Der Wert der Sacheinlage muss dem geringsten Ausgabebetrag (§ 9 Abs. 1) entsprechen und ggf. auch einem vereinbarten Mehrbetrag (Agio). Die Vorschrift wiederholt das schon in § 9 Abs. 1 normierte Verbot der Unterpariemission[15]. Die Werthaltigkeit der Sacheinlage ist durch das Registergericht zu prüfen: Ablehnung der Eintragung, wenn die Sacheinlage nicht unwesentlich hinter dem Ausgabebetrag zurückbleibt (§ 38 Abs. 2 Satz 2). Wird die Eintragung trotz Verstoßes gegen die Unterpariemission vollzogen, ist die Gesellschaft wirksam entstanden. Jedoch hat bei Überbewertung der Sacheinlage der Gründer den Differenzbetrag bar nachzuzahlen[16].

---

11 Zutr. *Röhricht* in Großkomm. AktG, 4. Aufl., § 36a AktG Rz. 8 u. 13; im Ergebnis wohl ebenso (wenngleich um Abgrenzung gegenüber der heute überwiegenden Ansicht bemüht) *Richter*, ZGR 2009, 721, 725 f.
12 *A. Arnold* in KölnKomm. AktG, 3. Aufl., § 36a AktG Rz. 21; *Pentz* in MünchKomm. AktG, 3. Aufl., § 36a AktG Rz. 23 f.; *Röhricht* in Großkomm. AktG, 4. Aufl., § 36a AktG Rz. 16.
13 *Pentz* in MünchKomm. AktG, 3. Aufl., § 36a AktG Rz. 22; *Röhricht* in Großkomm. AktG, 4. Aufl., § 36a AktG Rz. 15; *Hüffer*, § 36a AktG Rz. 5.
14 *Röhricht* in Großkomm. AktG, 4. Aufl., § 36a AktG Rz. 16; wohl enger (nur bei entsprechender Satzungsregelung) *Pentz* in MünchKomm. AktG, 3. Aufl., § 36a AktG Rz. 20; *Hüffer*, § 36a AktG Rz. 5.
15 Zum Hintergrund s. *Röhricht* in Großkomm. AktG, 4. Aufl., § 36a AktG Rz. 17 im Anschluss an *Eckardt* in G/H/E/K, § 36a AktG Rz. 17.
16 S. BGH v. 27.2.1975 – II ZR 111/78, BGHZ 64, 52, 62 für den Fall einer „erheblichen Überbewertung"; *A. Arnold* in KölnKomm. AktG, 3. Aufl., § 36a AktG Rz. 23; *Pentz* in Münch-

## § 37
## Inhalt der Anmeldung

(1) In der Anmeldung ist zu erklären, dass die Voraussetzungen des § 36 Abs. 2 und des § 36a erfüllt sind; dabei sind der Betrag, zu dem die Aktien ausgegeben werden, und der darauf eingezahlte Betrag anzugeben. Es ist nachzuweisen, dass der eingezahlte Betrag endgültig zur freien Verfügung des Vorstands steht. Ist der Betrag gemäß § 54 Abs. 3 durch Gutschrift auf ein Konto eingezahlt worden, so ist der Nachweis durch eine Bestätigung des kontoführenden Instituts zu führen. Für die Richtigkeit der Bestätigung ist das Institut der Gesellschaft verantwortlich. Sind von dem eingezahlten Betrag Steuern und Gebühren bezahlt worden, so ist dies nach Art und Höhe der Beträge nachzuweisen.

(2) In der Anmeldung haben die Vorstandsmitglieder zu versichern, dass keine Umstände vorliegen, die ihrer Bestellung nach § 76 Abs. 3 Satz 2 Nr. 2 und 3 sowie Satz 3 entgegenstehen, und dass sie über ihre unbeschränkte Auskunftspflicht gegenüber dem Gericht belehrt worden sind. Die Belehrung nach § 53 Abs. 2 des Bundeszentralregistergesetzes kann schriftlich vorgenommen werden; sie kann auch durch einen Notar oder einen im Ausland bestellten Notar, durch einen Vertreter eines vergleichbaren rechtsberatenden Berufs oder einen Konsularbeamten erfolgen.

(3) In der Anmeldung sind ferner anzugeben:
1. eine inländische Geschäftsanschrift,
2. Art und Umfang der Vertretungsbefugnis der Vorstandsmitglieder.

(4) Der Anmeldung sind beizufügen
1. die Satzung und die Urkunden, in denen die Satzung festgestellt worden ist und die Aktien von den Gründern übernommen worden sind;
2. im Fall der §§ 26 und 27 die Verträge, die den Festsetzungen zugrunde liegen oder zu ihrer Ausführung geschlossen worden sind, und eine Berechnung des der Gesellschaft zur Last fallenden Gründungsaufwands; in der Berechnung sind die Vergütungen nach Art und Höhe und die Empfänger einzeln anzuführen;
3. die Urkunden über die Bestellung des Vorstands und des Aufsichtsrats;
3a. eine Liste der Mitglieder des Aufsichtsrats, aus welcher Name, Vorname, ausgeübter Beruf und Wohnort der Mitglieder ersichtlich ist;
4. der Gründungsbericht und die Prüfungsberichte der Mitglieder des Vorstands und des Aufsichtsrats sowie der Gründungsprüfer nebst ihren urkundlichen Unterlagen.

(5) Für die Einreichung von Unterlagen nach diesem Gesetz gilt § 12 Abs. 2 des Handelsgesetzbuchs entsprechend.

| | | | |
|---|---|---|---|
| I. Gegenstand der Regelung; Änderungen durch EHUG und MoMiG | 1 | 2. Bareinlagen | 6 |
| | | 3. Sacheinlagen | 8 |
| II. Erklärung der Anmelder zur Leistung der Einlagen (§ 37 Abs. 1 Satz 1) | 5 | III. Nachweispflicht nach § 37 Abs. 1 Satz 2 | 9 |
| 1. Gegenstand der Erklärung; maßgeblicher Zeitpunkt für die Richtigkeit | 5 | IV. Bestätigung des Kreditinstituts (§ 37 Abs. 1 Satz 3) | 13 |

Komm. AktG, 3. Aufl., § 36a AktG Rz. 29; *Hüffer*, § 36a AktG Rz. 6; *Karsten Schmidt*, GmbHR 1978, 5 ff.

V. Haftung des Kreditinstituts nach § 37 Abs. 1 Satz 4 ............ 15
VI. Nachweis über Steuern und Gebühren (§ 37 Abs. 1 Satz 5) ............ 16
VII. Versicherung des Vorstands nach § 37 Abs. 2 ................. 17
  1. Bestellungshindernisse ......... 17
  2. Belehrung über die Auskunftspflicht 19
VIII. Angaben zur inländischen Geschäftsanschrift und zur Vertretungsbefugnis (§ 37 Abs. 3) .......... 21
  1. Inländische Geschäftsanschrift .... 22
  2. Vertretungsbefugnis der Vorstandsmitglieder ................. 25
IX. Anlagen zur Anmeldung (§ 37 Abs. 4 Nrn. 1–4) .......... 27
  1. Nr. 1 .................... 28
  2. Nr. 2 .................... 29
  3. Nr. 3 .................... 30
  4. Nr. 3a ................... 32
  5. Nr. 4 .................... 34
  6. Aufhebung von § 37 Abs. 4 Nr. 5 a.F . 35
X. Form der eingereichten Unterlagen (§ 37 Abs. 5) ................. 36
XI. Rechtsfolgen bei Verstoß gegen § 37 Abs. 1–5 ................ 39

**Literatur:** S. zu § 36.

## I. Gegenstand der Regelung; Änderungen durch EHUG und MoMiG

Die Vorschrift soll sicher stellen, dass das Registergericht die ihm nach § 38 obliegende Prüfung über die Ordnungsmäßigkeit der Gründung vornehmen kann. Ihr zentraler Regelungsgegenstand ist die Konkretisierung des **Inhalts der Anmeldung**, welche von den nach § 36 Abs. 1 berufenen Personen vorzunehmen ist (s. § 36 Rz. 6). § 37 benennt die mit der Anmeldung (also dem Antrag auf Eintragung der Gesellschaft in das Handelsregister, s. § 36 Abs. 1) abzugebenden Erklärungen und Versicherungen (§ 37 Abs. 1 Satz 1, Abs. 2, Abs. 3), die zu führenden Nachweise (§ 37 Abs. 1 Sätze 2, 3 und 5) sowie die beizufügenden Anlagen (§ 37 Abs. 4). § 37 Abs. 5 trifft Bestimmung zur elektronischen Einreichung von Dokumenten. § 37 Abs. 1 Satz 4 regelt als selbständige Haftungsnorm die **Verantwortlichkeit** des als Zahlungsstelle beauftragten **Kreditinstituts** für die Richtigkeit seiner Einzahlungsbestätigung und steht im Zusammenhang mit den in § 54 Abs. 3 zugelassenen Modalitäten (unbarer) Zahlungen.

Die Vorschrift hat seit dem AktG 1965 einige Änderungen und Ergänzungen erfahren[1], zuletzt durch Art. 9 Nr. 1 des **Gesetzes über elektronische Handelsregister und Genossenschaftsregister sowie das Unternehmensregister (EHUG)** vom 10.11.2006[2] sowie durch Art. 5 Nr. 3 des **Gesetzes zur Modernisierung des GmbH-Rechts und zur Bekämpfung von Missbräuchen (MoMiG)** vom 23.10.2008[3].

Die Bestimmungen des EHUG – sofern hier von Interesse – dienen der Umsetzung der Publizitätsrichtlinie 2003/58/EG[4]: § 37 Abs. 4 wurde um die Verpflichtung ergänzt, der Anmeldung eine Liste der Mitglieder des Aufsichtsrats beizufügen, aus der Name, Vorname, ausgeübter Beruf und Wohnort der Aufsichtsratsmitglieder ersichtlich sind (**§ 37 Abs. 4 Nr. 3a**). Der **frühere Abs. 5**, wonach die Vorstandsmitglieder ihre Namensunterschrift zur Aufbewahrung beim Registergericht zu zeichnen

---

1 Näher zur Normentwicklung A. Arnold in KölnKomm AktG, 3. Aufl., § 37 AktG Rz. 1 ff.; Pentz in MünchKomm. AktG, 3. Aufl., § 37 AktG Rz. 3 ff.
2 BGBl. I 2006, 2553; dazu Seibert/Decker, DB 2006, 2446.
3 BGBl. I 2008, 2026.
4 Richtlinie 2003/58/EG des Europäischen Parlaments und des Rates vom 15.7.2003 zur Änderung der Richtlinie 68/151/EWG des Rates in Bezug auf die Offenlegungspflichten von Gesellschaften bestimmter Rechtsformen, ABl. EU Nr. L 221 v. 4.9.2003, S. 13.

hatten, ist **gestrichen** worden. Vor dem Hintergrund der elektronischen Registerführung und der damit verbundenen Verpflichtung, Dokumente elektronisch einzureichen (§§ 8 Abs. 1, 12 Abs. 2 HGB), konnte eine (digital eingereichte) Unterschriftenprobe ihren Zweck – Sicherstellung der Echtheitsprüfung – nicht mehr zuverlässig erfüllen. Eine eingescannte und von jedermann abrufbare Namenszeichnung könnte zudem missbräuchlich genutzt werden[5]. Mit der elektronischen Registerführung hinfällig und durch Art. 9 Nr. 1c EHUG **gestrichen** wurde auch der **frühere Abs. 6**, der eine Bestimmung zur Aufbewahrung der eingereichten Schriftstücke beim Registergericht traf (nämlich in Urschrift, Ausfertigung oder öffentlich beglaubigter Abschrift). Da sich daraus zugleich ergab, dass die Schriftstücke auch nur in einer jener drei Formen zum Registergericht eingereicht werden durften, die Anmelder zwischen diesen Formen aber grundsätzlich wählen konnten, hat der Gesetzgeber im **neuen Abs. 5** eine (klarstellende) Bestimmung über die **elektronische Einreichung von Dokumenten** zum Registergericht getroffen: Die Vorschrift ordnet (mit Wirkung ab 1.1.2007) für alle nach dem AktG einzureichenden Unterlagen die entsprechende Geltung von § 12 Abs. 2 HGB an, wo differenzierte Formerfordernisse für die – nunmehr vorgeschriebene – elektronische Einreichung von Dokumenten aufgestellt werden (näher Rz. 36).

4 Im Zuge des MoMiG ist **§ 37 Abs. 2 Satz 1** an die veränderten Inhabilitätsvorschriften des § 76 Abs. 3 redaktionell angepasst worden. Die Neufassung von **§ 37 Abs. 2 Satz 2** knüpft nunmehr an § 53 BZRG an (früher § 51 Abs. 2 BZRG in der Fassung der Bekanntmachung vom 22.7.1976) und umschreibt genauer die Anforderungen an Art und Weise der vorzunehmenden Belehrung, insbesondere wenn diese im Ausland vorgenommen wird. In **§ 37 Abs. 3** ist die Pflicht zur Angabe der Vertretungsbefugnis der Vorstandsmitglieder konkretisiert (§ 37 Abs. 3 Nr. 2: „Art und Umfang") und um die Pflicht zur Angabe einer inländischen Geschäftsanschrift erweitert worden (§ 37 Abs. 3 Nr. 1; näher Rz. 21 ff.). Im Katalog der der Anmeldung beizufügenden Anlagen nach **§ 37 Abs. 4** wurde die bisherige Nr. 5 (Verpflichtung zur Beifügung der Genehmigungsurkunde, wenn der Gegenstand des Unternehmens oder eine andere Satzungsbestimmung der staatlichen Genehmigung bedarf) gestrichen (dazu Rz. 35).

## II. Erklärung der Anmelder zur Leistung der Einlagen (§ 37 Abs. 1 Satz 1)

### 1. Gegenstand der Erklärung; maßgeblicher Zeitpunkt für die Richtigkeit

5 § 37 Abs. 1 Satz 1 verlangt die Erklärung, dass die **Anmeldevoraussetzungen** der §§ 36 Abs. 2, 36a erfüllt sind (Tatsachenbehauptung). Für die Richtigkeit dieser Erklärung ist der Zeitpunkt maßgeblich, zu dem die ordnungsgemäße Anmeldung beim Registergericht eingeht[6]. Ist die ursprüngliche Anmeldung wegen eines Mangels zu wiederholen, so müssen auch die Erklärungen nach § 37 wiederholt werden; bei gerichtlichen Zwischenverfügungen (§ 382 Abs. 4 Satz 1 FamFG, bislang § 26 Satz 2 HRV) ist eine erneute Anmeldung entbehrlich, wenn seit der ursprünglichen Einreichung des Antrags keine veränderte Sachlage eingetreten ist[7].

### 2. Bareinlagen

6 Bei Bareinlagen ist zu erklären, dass auf jede Aktie der eingeforderte Betrag – **mindestens ein Viertel des geringsten Ausgabebetrages** (§ 9 Abs. 1) bzw. ein **darüber hinaus eingeforderter höherer Betrag**, bei Ausgabe für einen höheren Ausgabebetrag auch der

---

5 S. Begr. RegE EHUG, BT-Drucks. 16/960, S. 47.
6 Statt aller *Röhricht* in Großkomm. AktG, 4. Aufl., § 37 AktG Rz. 9.
7 So *Röhricht* in Großkomm. AktG, 4. Aufl., § 37 AktG Rz. 10; zust. *Hüffer*, § 37 AktG Rz. 2; strenger *Pentz* in MünchKomm. AktG, 3. Aufl., § 37 AktG Rz. 14.

**Mehrbetrag** (s. §§ 36 Abs. 2, 36a Abs. 1) – ordnungsgemäß eingezahlt worden ist. Die Erklärung muss sich darauf erstrecken, dass die jeweiligen Einlagen ordnungsgemäß erbracht wurden, d.h. in einer der von § 54 Abs. 3 zugelassenen Leistungsmodalität zur freien Verfügung des Vorstands (§ 36 Abs. 2; dazu § 36 Rz. 18 ff.). Dabei sind der Betrag, zu dem die Aktien ausgegeben werden, der eingeforderte Betrag sowie der darauf (und in welcher Form) eingezahlte Betrag anzugeben – und zwar für jeden Gründer getrennt[8]. Die nach früherem Recht bestehende Verpflichtung, im Falle der Einpersonen-Gründung außerdem anzugeben, dass Sicherung für den Teil der Bareinlage, der den eingeforderten Betrag übersteigt, bestellt wurde (dazu 1. Aufl. Rz. 4), ist durch Streichung von § 36 Abs. 2 Satz 2 im Zuge des MoMiG (näher § 36 Rz. 36) entfallen.

Zur heute gebotenen Interpretation der **Nachweispflicht aus § 37 Abs. 1 Satz 2** (nämlich darüber, dass der eingezahlte Betrag bei Anmeldung noch endgültig zur freien Verfügung des Vorstands steht) s. die Erläuterungen unten Rz. 9 ff. Zum Nachweis nach § 37 Abs. 1 Satz 5 (Bezahlung von Steuern und Gebühren aus dem eingezahlten Betrag) s. Rz. 16.

### 3. Sacheinlagen

Da § 37 Abs. 1 Satz 1 insgesamt auf § 36a verweist, ist bei Sacheinlagen zu erklären, dass der Wert der Sacheinlagen dem **geringsten Ausgabebetrag** (§ 9 Abs. 1) – bei Überpariemission auch dem Mehrbetrag – entspricht (s. § 36a Abs. 2 Satz 3)[9]. Nachweise zur Wertgleichheit verlangt das Gesetz nicht, da das Gericht Einzelheiten dem Gründungsbericht nach § 32 Abs. 2 Satz 1 und dem Bericht über die Gründungsprüfung (§§ 33, 34) entnehmen kann. Zudem ist eine Erklärung über die vollständige Leistung der Sacheinlagen (§ 36a Abs. 1) zur freien Verfügung des Vorstands bzw. – im Anwendungsbereich von § 36a Abs. 2 Satz 2 (s. dazu § 36a Rz. 5) – darüber abzugeben, dass und zu welchem Zeitpunkt innerhalb der Grenzen des § 36a Abs. 2 Satz 2 der Gründer eine noch nicht erfüllte Übertragungsverpflichtung zu erfüllen hat[10].

## III. Nachweispflicht nach § 37 Abs. 1 Satz 2

§ 37 Abs. 1 Satz 2 verlangt den Nachweis, dass der auf die Bareinlage eingeforderte und eingezahlte Betrag **endgültig zur freien Verfügung des Vorstands** steht. Die Nachweispflicht korrespondiert mit der Vorgabe in § 36 Abs. 2, wonach die Anmeldung („darf erst erfolgen") ebenfalls davon abhängig gemacht wird, dass der eingeforderte und bezahlte Betrag endgültig zur freien Verfügung des Vorstands steht. Der Konzeption des historischen Gesetzgebers liegt noch der Gedanke eines Thesaurierungsgebots bezogen auf die (nach Einforderung) zur freien Verfügung des Vorstands eingezahlten Bareinlagen zugrunde, von dem nur die zur Begleichung der Steuern und Gebühren aufgewandten Beträge befreit sind. Dieses Konzept ist heute überholt; die zwischenzeitliche Aufgabe des Vorbelastungsverbots zwingt zur Korrektur (s. schon § 36 Rz. 29).

---

[8] BayObLG v. 20.12.1979 – BReg 1 Z 84/79, BayObLGZ 1979, 458; OLG Hamm v. 24.2.1981 – 15 W 114/81, BB 1982, 694; *Pentz* in MünchKomm. AktG, 3. Aufl., § 37 AktG Rz. 18 ff.; *Röhricht* in Großkomm. AktG, 4. Aufl., § 37 AktG Rz. 13.
[9] *Röhricht* in Großkomm. AktG, 4. Aufl., § 37 AktG Rz. 33; *Pentz* in MünchKomm. AktG, 3. Aufl., § 37 AktG Rz. 43; *Döbereiner* in Spindler/Stilz, § 36 AktG Rz. 23.
[10] *Pentz* in MünchKomm. AktG, 3. Aufl., § 37 AktG Rz. 45; *Röhricht* in Großkomm. AktG, 4. Aufl., § 37 AktG Rz. 34 f.

10 Nach **verbreiteter Ansicht** soll diese Korrektur im Sinne eines **Gebots wertgleicher Deckung** vorgenommen werden: Danach ist genügend aber auch erforderlich, dass an die Stelle der eingeforderten und bezahlten Bareinlagen aktivierungsfähige Vermögensgegenstände von gleichem Wert getreten sind; zu Einzelheiten und Nachw. s. die Erläuterungen bei § 36 Rz. 29. In der Konsequenz dieser Auffassung haben die zur Anmeldung berufenen Personen bei Anmeldung zu **versichern und nachzuweisen**, dass der eingezahlte Betrag wertmäßig (noch) zur endgültig freien Verfügung steht (s. auch dazu schon § 36 Rz. 29 f.). Dazu bedürfe es Angaben und Belege über getätigte Anschaffungen und getilgte Verbindlichkeiten unter Bezeichnung der dafür aufgewendeten Beträge in so konkreter Form, dass vom Registergericht die Wertgleichheit nachgeprüft werden könne[11]. Sofern der Vorstand hingegen noch in voller Höhe über den eingeforderten Betrag disponieren könne, empfehle sich zur Beschleunigung der Eintragung die Abgabe einer entsprechenden (Negativ-)Erklärung[12].

11 Die Lehre vom Gebot wertgleicher Deckung zieht nur eine halbherzige Konsequenz aus der Aufgabe des Vorbelastungsverbots und würdigt zudem nicht hinreichend, dass es bei dem Merkmal der Leistung zur freien Verfügung allein um die Ebene der Mittelaufbringung, nicht aber der Bereich der Mittelverwendung geht (näher § 36 Rz. 33). Der Abschied vom Vorbelastungsverbot, das nicht mehr Bestandteil des geltenden Rechts ist, muss sich auch in einer zeitgemäßen Interpretation der §§ 36 Abs. 2 und 37 Abs. 1 und 2 niederschlagen, welche dem Vorstand die notwendige Freiheit in der Verwendung der eingeforderten Mittel lässt und zudem Nachweisschwierigkeiten der Wertdeckung gegenüber dem Registergericht vermeidet[13]. Die gesetzlichen Vorgaben aus § 36 Abs. 2 sind als erfüllt anzusehen, sobald die eingeforderten Mittel zur freien Verfügung des Vorstands eingezahlt worden sind. Die **Erklärungs- und Nachweispflicht zur freien Verfügbarkeit** nach § 37 Abs. 1 und 2 ist allein auf diese **Einzahlung** zu beziehen, wobei der Nachweis durch Bankbestätigung gem. § 37 Abs. 1 Satz 3 (dazu sogleich Rz. 13) oder ggf. auf andere Weise[14] zu erbringen ist. Nach der Einzahlung ist der Vorstand in der Disposition über die Mittel für die Zwecke der Gesellschaft frei (s. § 36 Rz. 33).

12 Der Gefahr von Schmälerungen des Garantiekapitals vor Entstehung der AG begegnet nach dem heutigen Stand der Dogmatik das Institut der **Unterbilanz- bzw. Vorbelastungshaftung** der Gründer. Ist schon zum Zeitpunkt der Anmeldung eine Unterbilanz entstanden (für deren Berechnung Ausgaben für Steuern und Gebühren nach Maßgabe des bei § 36 Rz. 32 Gesagten unberücksichtigt bleiben), so muss diese in der dann feststellbaren Höhe vor Anmeldung tatsächlich ausgeglichen werden; andernfalls besteht ein Eintragungshindernis (Eintragungsverbot)[15]. Über den Ausgleich der Unterbilanz haben die zur Anmeldung der AG berufenen Personen (nicht anders als im GmbH-Recht[16]) mit der Anmeldung eine entsprechende **Versicherung** abzugeben:

---

[11] In diesem Sinne – im Anschluss an BGH v. 13.7.1992 – II ZR 263/91, BGHZ 119, 177, 188 = AG 1992, 443 (aufgegeben durch BGH v. 18.3.2002 – II ZR 363/00, BGHZ 150, 197, 199 f. = AG 2002, 456) – etwa *Pentz* in MünchKomm. AktG, 3. Aufl., § 36 AktG Rz. 80 u. § 37 AktG Rz. 26, 34; *Röhricht* in Großkomm. AktG, 4. Aufl., § 36 AktG Rz. 94 ff., 96 u. § 37 AktG Rz. 17 ff.

[12] *Pentz* in MünchKomm. AktG, 3. Aufl., § 37 AktG Rz. 21; *Röhricht* in Großkomm. AktG, 4. Aufl., § 37 AktG Rz. 13.

[13] *Kleindiek* in FS Westermann, S. 1073, 1083 f.

[14] Vgl. *Hüffer*, § 37 AktG Rz. 3; *Pentz* in MünchKomm. AktG, 3. Aufl., § 37 AktG Rz. 23 f.; *Röhricht* in Großkomm. AktG, 4. Aufl., § 37 AktG Rz. 16.

[15] S. dazu (für das GmbH-Recht) auch *Bayer* in Lutter/Hommelhoff, § 7 GmbHG Rz. 19 und § 11 GmbHG Rz. 37; *Karsten Schmidt*, ZHR 156 (1992), 93, 128 f.; *Karsten Schmidt* in Scholz, § 11 GmbHG Rz. 123; *Ulmer* in Ulmer, § 8 GmbHG Rz. 31.

[16] Dazu *Bayer* in Lutter/Hommelhoff, § 8 GmbHG Rz. 12; *Ulmer* in Ulmer, § 8 GmbHG Rz. 31.

Sie haben zu erklären, dass keine Unterbilanz entstanden oder – soweit sie entstanden ist – vor Anmeldung ausgeglichen worden ist[17]. Zu den Folgen einer erst *nach* Anmeldung entstandenen Unterbilanz s. § 38 Rz. 7.

## IV. Bestätigung des Kreditinstituts (§ 37 Abs. 1 Satz 3)

Nach § 37 Abs. 1 Satz 3 ist bei Einzahlung des Betrages durch Gutschrift auf ein Konto (§ 54 Abs. 3) der von § 37 Abs. 1 Satz 2 verlangte Nachweis der Leistung zur freien Verfügung des Vorstands (s. Rz. 4) durch eine (nicht mehr notwendig schriftliche[18]) Bestätigung des kontoführenden Instituts zu erbringen. Die **Bankbestätigung** bezieht sich allein auf die **Einzahlung** des Betrages zur freien Verfügung des Vorstands (nur darüber kann die Bank eine Erklärung abgeben), nicht etwa auch auf den wertmäßigen Fortbestand der freien Verfügbarkeit bis zum Moment der Anmeldung (s. dazu schon oben Rz. 9 ff.). Um ihrer Nachweisfunktion über die ordnungsgemäße Einzahlung des eingeforderten Bareinlagebetrages zur freien Verfügung gerecht werden können, muss die Bankbestätigung erkennen lassen, dass es sich um Einlageleistungen bestimmter Inferenten handelt; ein entsprechender Erklärungsinhalt kann sich im Kontext mit den beim Registergericht einzureichenden Erklärungen und Unterlagen der Anmelder ggf. auch konkludent ergeben[19].

13

Davon abgesehen wird über die **inhaltliche Tragweite** der Bankbestätigung, von Interesse v.a. im Hinblick auf die Haftung des Kreditinstitutes nach § 37 Abs. 1 Satz 4 (s. unten Rz. 15), seit BGHZ 113, 335 und 119, 177 kontrovers diskutiert[20]. Nach einem Teil des Schrifttums beschränkt sich der Inhalt der Bankbestätigung darauf, dass der Vorstand gerade gegenüber der Bank frei verfügen könne, insbesondere keine Gegenrechte der Bank bestünden und auch keine ihr aus der Kontoführung bekannten Rechte Dritter, z.B. aus Pfändung, vorhanden seien[21]. Das ist indes zu eng[22]. Angesichts der Entstehungsgeschichte von § 37 Abs. 1 Satz 3 und seiner Vorläuferbestimmung (§ 29 Abs. 1 Satz 3 AktG 1937) sowie mit Blick auf den systematischen Zusammenhang von § 37 Abs. 1 Satz 3 mit §§ 37 Abs. 1 Sätze 1 und 2, 36 Abs. 2, 54 Abs. 3 erschöpft sich die Bankbestätigung nicht im bloßen Nachweis der Einzahlung unter Fehlen banktypischer Verfügungsbeschränkungen[23]. Vielmehr soll durch die Bankbestätigung der Nachweis über die Einzahlung zur freien Verfügung des Vorstands (zu deren Voraussetzungen näher § 36 Rz. 19 ff.) geführt werden[24]. Deshalb muss die Bank alle Verfügungsbeschränkungen berücksichtigen, die ihr aufgrund ihrer konkre-

14

---

17 *Lutter*, NJW 1989, 2649, 2654; *Bayer* in FS Horn, S. 271, 279, 287 f.
18 Das frühere Schriftformerfordernis wurde durch Art. 1 Nr. 2 des Gesetzes zur Namensaktie und zur Erleichterung der Stimmrechtsausübung (NaStraG) vom 18.1.2001 (BGBl. I 2001, 123) gestrichen.
19 BGH v. 7.1.2008 – II ZR 283/06, BGHZ 175, 86, 96 f. = AG 2008, 289.
20 Ausführliche Darstellung des Streitstandes bei *Pentz* in MünchKomm. AktG, 3. Aufl., § 37 AktG Rz. 28 f.; *Röhricht* in Großkomm. AktG, 4. Aufl., § 37 AktG Rz. 22 ff.; s. aus jüngerer Zeit etwa auch *Bayer* in FS Horn, S. 271 ff.; *F. Schäfer* in FS Hüffer, S. 877 ff.; *Wastl/Pusch*, WM 2007, 1403 ff.
21 Weiterführend (mit Unterschieden im Einzelnen) *Appell*, ZHR 157 (1993), 213 ff.; *Butzke*, ZGR 1994, 94, 97 ff.; *Döbereiner* in Spindler/Stilz, § 37 AktG Rz. 5; *Hüffer*, § 37 AktG Rz. 3a; *Hüffer*, ZGR 1993, 474, 486 f.; *Kübler*, ZHR 157 (1993), 196, 200 ff.
22 *Kleindiek* in FS Westermann, S. 1073, 1084 f.
23 Zutreffend *Röhricht* in FS Boujong, S. 457, 465 ff.; *Röhricht* in Großkomm. AktG, 4. Aufl., § 37 AktG Rz. 24 ff.; *Pentz* in MünchKomm. AktG, 3. Aufl., § 37 AktG Rz. 30 f.; *Spindler*, ZGR 1997, 537, 541, 548; *A. Arnold* in KölnKomm AktG, 3. Aufl., § 37 AktG Rz. 21.
24 BGH v. 18.2.1991 – II ZR 104/90, BGHZ 113, 335, 350 = AG 1991, 230; BGH v. 7.1.2008 – II ZR 283/06, BGHZ 175, 86, 96 = AG 2008, 289.

ten Rolle als Zahlungsstelle, Finanzberaterin und Kreditgeberin (im Zeitpunkt der Abgabe der Bestätigung[25]) bekannt sind[26].

## V. Haftung des Kreditinstituts nach § 37 Abs. 1 Satz 4

15 Gem. § 37 Abs. 1 Satz 4 haftet das Kreditinstitut der Gesellschaft gegenüber **für die Richtigkeit seiner Bestätigung** nach § 37 Abs. 1 Satz 3, und zwar verschuldensunabhängig[27]. Eine etwaige Kenntnis der Gründer oder Verwaltungsmitglieder von der Unrichtigkeit der Bestätigung mindert nicht den Haftungsumfang; § 254 Abs. 1 BGB findet keine Anwendung[28]. Die Haftung der Bank setzt aber voraus, dass die Bestätigung zu dem – der Bank bekannten – Zweck ihrer Vorlage beim Handelsregister ausgestellt wird[29]. Das Kreditinstitut hat die Gesellschaft im Eintrittsfall der Haftung so zu stellen, wie sie bei korrekter Bestätigung gestanden hätte; die (entgegen der Bestätigung) tatsächlich nicht erbrachte Einlage ist also von der Bank zu leisten[30]. Diese Haftung der Bank gegenüber der Gesellschaft steht neben der Haftung der Gründer oder der Verwaltungsmitglieder nach §§ 46, 48 AktG bzw. § 823 Abs. 2 BGB i.V.m. § 399 AktG oder nach § 826 BGB[31]; sie verjährt analog § 51 in fünf Jahren[32].

## VI. Nachweis über Steuern und Gebühren (§ 37 Abs. 1 Satz 5)

16 Sowohl für die Bestimmung wertgleicher Deckung (s. zu dieser Lehre oben Rz. 10) als auch für die Ermittlung einer etwaigen Unterbilanz (Rz. 12) sind getätigte **Ausgaben für Steuern und Gebühren** (nach Maßgabe des bei § 36 Rz. 32 Gesagten) **unschädlich**. Ist der eingezahlte Betrag bereits teilweise zur Zahlung von Steuern und Gebühren verwandt worden, sind die Beträge gem. § 37 Abs. 1 Satz 5 nach ihrer Art und Höhe nachzuweisen, indem mit der Anmeldung entsprechende Bescheide und Zahlungsbelege übermittelt werden[33].

## VII. Versicherung des Vorstands nach § 37 Abs. 2

### 1. Bestellungshindernisse

17 Nach § 37 Abs. 2 Satz 1 Halbsatz 1 hat jedes Vorstandsmitglied (und sein Stellvertreter, § 94) in der Anmeldung zu versichern, dass keine Umstände vorliegen, die nach

---

25 *Pentz* in MünchKomm. AktG, 3. Aufl., § 37 AktG Rz. 31 m.N.
26 BGH v. 7.1.2008 – II ZR 283/06, BGHZ 175, 86, 97 ff. = AG 2008, 289; näher *Röhricht* in Großkomm. AktG, 4. Aufl., § 37 AktG Rz. 26 ff.; ebenso *Bayer* in FS Horn, S. 271, 288 f.
27 BGH v. 18.2.1991 – II ZR 104/90, BGHZ 113, 335, 355 = AG 1991, 230; BGH v. 13.7.1992 – II ZR 263/91, BGHZ 119, 177, 181 = AG 1992, 443; BGH v. 7.1.2008 – II ZR 283/06, BGHZ 175, 86, 94 = AG 2008, 289; *Pentz* in MünchKomm. AktG, 3. Aufl., § 37 AktG Rz. 37; *Röhricht* in Großkomm. AktG, 4. Aufl., § 37 AktG Rz. 31; *Hüffer*, § 37 AktG Rz. 5a m.w.N.
28 BGH v. 18.2.1991 – II ZR 104/90, BGHZ 113, 335, 355 = AG 1991, 230; BGH v. 13.7.1992 – II ZR 263/91, BGHZ 119, 177, 181 = AG 1992, 443.
29 So BGH v. 7.1.2008 – II ZR 283/06, BGHZ 175, 86, 94 = AG 2008, 289 unter Hinweis auf BGH v. 18.2.1991 – II ZR 104/90, BGHZ 113, 335 f. = AG 1991, 230.
30 BGH v. 18.2.1991 – II ZR 104/90, BGHZ 113, 335, 355 = AG 1991, 230; *A. Arnold* in KölnKomm AktG, 3. Aufl., § 37 AktG Rz. 26; *Hüffer*, § 37 AktG Rz. 5a; *Röhricht* in Großkomm. AktG, 4. Aufl., § 37 AktG Rz. 32.
31 BGH v. 18.2.1991 – II ZR 104/90, BGHZ 113, 335, 355 = AG 1991, 230; *Pentz* in MünchKomm. AktG, 3. Aufl., § 37 AktG Rz. 37; *Wastl/Pusch*, WM 2007, 1403, 1407 ff.
32 BGH v. 7.1.2008 – II ZR 283/06, BGHZ 175, 86, 101 = AG 2008, 289; *Hüffer*, § 37 AktG Rz. 5a m.w.N.
33 *Döbereiner* in Spindler/Stilz, § 37 AktG Rz. 6; *Pentz* in MünchKomm. AktG, 3. Aufl., § 37 AktG Rz. 16 und 25; *Röhricht* in Großkomm. AktG, 4. Aufl., § 37 AktG Rz. 20.

§ 76 Abs. 3 Satz 2 Nr. 2 und Nr. 3 sowie Satz 3 der Bestellung entgegenstehen. Zum Katalog der Ausschlussgründe und seiner Erweiterung im Zuge des MoMiG s. die Erläuterungen § 76 Rz. 27 ff.

In der registergerichtlichen Praxis wird eine Versicherung, die sich in der bloßen Angabe erschöpft, es lägen keine Ausschlussgründe vor, verbreitet für nicht ausreichend erachtet[34]. Zusätzlich sei vielmehr zu versichern, das betreffende Vorstandsmitglied sei niemals wegen einer der zur Amtsunfähigkeit führenden (ausdrücklich zu benennenden) Straftaten verurteilt und ihm sei auch nicht die Ausübung des Berufes oder Gewerbes untersagt worden[35]. Ein ggf. bestehendes Verbot muss offen gelegt werden, um dem Registergericht die Prüfung zu ermöglichen, ob daraus im konkreten Fall ein Bestellungshindernis folgt[36].

**2. Belehrung über die Auskunftspflicht**

Nach § 37 Abs. 2 Satz 1 Halbsatz 2 hat jedes Vorstandsmitglied zudem zu versichern, dass es gem. § 53 Abs. 2 BZRG über seine unbeschränkte Auskunftspflicht gegenüber dem Registergericht belehrt worden ist; die Belehrung hindert die Berufung der Vorstandsmitglieder auf eine bloß beschränkte Offenbarungspflicht nach § 53 Abs. 1 Nr. 1 BZRG[37]. Sie kann durch das Gericht oder auch durch einen Notar erfolgen, wobei Letzteren aber nur dann eine Belehrungspflicht trifft, wenn ihm durch das jeweilige Vorstandsmitglied ein entsprechender Auftrag erteilt wurde[38].

Im Zuge des MoMiG ist durch entsprechende Ergänzung des § 37 Abs. 2 Satz 2 zudem klargestellt worden, dass die Belehrung schriftlich vorgenommen und auch durch einen im Ausland bestellten Notar, durch einen Vertreter eines vergleichbaren rechtsberatenden Berufs (insbesondere Rechtsanwälte[39]) oder einen Konsularbeamten erfolgen kann. Die Erstreckung auf ausländische Berufsträger und Konsularbeamte ist im Zusammenhang mit der Änderung von § 5 (Freigabe der Wahl eines ausländischen Verwaltungssitzes) zu sehen[40] und entspricht der schon bisher herrschenden Auffassung[41].

## VIII. Angaben zur inländischen Geschäftsanschrift und zur Vertretungsbefugnis (§ 37 Abs. 3)

Bei Anmeldung sind gem. § 37 Abs. 3 – zur Vorbereitung der entsprechenden Eintragung nach § 39 Abs. 1 Satz 1 und 3 – eine **inländische Geschäftsanschrift** der Gesellschaft anzugeben (Nr. 1) sowie Angaben über Art und Umfang der **Vertretungsbefugnis** der **Vorstandsmitglieder** zu machen (Nr. 2). Die Verpflichtung zur Angabe einer inländischen Geschäftsanschrift ist mit Art. 5 Nr. 3b MoMiG (s. schon Rz. 4) in das AktG aufgenommen worden, um die Zustellung von Willenserklärungen und

---

34 S. insbes. BayObLG v. 10.12.1981 – BReg 1 Z 184/81, WM 1982, 168 und BayObLG v. 30.8.1983 – BReg 3 Z 116/83, DB 1983, 2408; *Hoffmann-Becking* in MünchHdb. AG, § 3 Rz. 22; krit. *Pentz* in MünchKomm. AktG, 3. Aufl., § 37 AktG Rz. 53 m.w.N. zum Meinungsstand.
35 Näher BayObLG v. 10.12.1981 – BReg 1 Z 184/81, WM 1982, 168, 170; OLG München v. 27.4.2009 – 31 Wx 42/09, NZG 2009, 717 m.w.N. (für die Parallelvorschrift § 8 Abs. 3 Satz 1 GmbHG).
36 Zum Ganzen auch *Röhricht* in Großkomm. AktG, 4. Aufl., § 37 AktG Rz. 39 f.
37 Statt anderer *Hüffer*, § 37 AktG Rz. 6a.
38 *Pentz* in MünchKomm. AktG, 3. Aufl., § 37 AktG Rz. 50 m.w.N.
39 Vgl. Begr. RegE MoMiG, BT-Drucks. 16/6140, S. 35.
40 Vgl. Begr. RegE MoMiG, BT-Drucks. 16/6140, S. 35.
41 *Hüffer*, § 37 AktG Rz. 6a m.N.

Schriftstücken an die Gesellschaft zu erleichtern. Die jetzt in § 37 Abs. 3 Nr. 2 geregelte Verpflichtung zur Angabe der Vertretungsbefugnis der Vorstandsmitglieder war durch Gesetz vom 15.8.1969[42] eingefügt worden, um die Vorgabe aus Art. 2 Abs. 1 Buchstabe d, letzter Abs. der Ersten Richtlinie des Rates der Europäischen Gemeinschaften zur Koordinierung des Gesellschaftsrechts (Publizitätsrichtlinie 68/151/EWG) umzusetzen. Sie will im Blick auf den grenzüberschreitenden Geschäftsverkehr die Transparenz über die Vertretungsverhältnisse der Gesellschaft sicherstellen[43]. Durch Art. 5 Nr. 3b MoMiG ist die gesetzliche Vorgabe hinsichtlich der zu machenden Angaben konkretisiert worden: „Art und Umfang" der Vertretungsbefugnis der Vorstandsmitglieder. Eine inhaltliche Änderung gegenüber der bisherigen Fassung des § 37 Abs. 3 (Angabe, „welche Vertretungsbefugnis die Vorstandsmitglieder haben"), wird mit der veränderten Formulierung nicht bezweckt[44].

### 1. Inländische Geschäftsanschrift

22  Die Verpflichtung zur Angabe einer **inländischen Geschäftsanschrift** nach § 37 Abs. 3 Nr. 1 – also einer solchen in Deutschland – ist eintragungspflichtige Tatsche i.S. von § 15 HGB und im Zusammenhang mit § 78 Abs. 2 Satz 3 n.F. zu sehen, wonach an die Vertreter der Gesellschaft (§ 78 Abs. 1) unter der im Handelsregister eingetragenen Geschäftsanschrift Willenserklärungen gegenüber der Gesellschaft abgegeben und Schriftstücke für die Gesellschaft zugestellt werden können (zu Einzelheiten s. § 78 Rz. 21). Jene Neuerungen sind Bestandteil der mit dem MoMiG eingeführten Regelungen zur Missbrauchsbekämpfung; sie sollen – wie die Parallelbestimmungen §§ 10 Abs. 1, 35 Abs. 2 Satz 3 GmbHG – die Zustellung von Willenserklärungen und Schriftstücken erleichtern und so den zermürbenden Wirkungen vergeblicher Zustellversuche begegnen, die insbesondere in der Folge organisierter „Firmenbestattungen"[45] zu beklagen sind. Allerdings sind Zustellungen an die inländische Geschäftsanschrift nur möglich, solange unter dieser Anschrift auch tatsächlich noch Empfangsvorkehrungen unterhalten werden; andernfalls greifen jedoch die Erleichterungen öffentlicher Zustellungen nach § 15a HGB, § 185 Nr. 2 ZPO n.F.[46]. Von der Verpflichtung zur Angabe einer inländischen Geschäftsanschrift i.S. von § 37 Abs. 3 Nr. 1 ist im Übrigen die Option zur Anmeldung einer zusätzlichen empfangsberechtigten Person nach § 39 Abs. 1 Satz 2 zu unterscheiden; s. dazu § 39 Rz. 6.

23  Die Angabe der inländischen Geschäftsanschrift muss Straße, Hausnummer sowie PLZ und Ort enthalten. Hinsichtlich der konkreten Wahl der Anschrift ist die Gesellschaft frei, in der Regel wird sie mit dem Sitz der Hauptverwaltung oder der Anschrift des Geschäftslokals zusammenfallen[47]. In Betracht kommen aber auch die inländische Wohnanschrift eines Vorstands- oder Aufsichtsratsmitglieds, ggf. eines Aktionärs oder eines speziell als Zustellungsbevollmächtigtem eingesetzten Vertreters (z.B. mandatierter Rechtsanwalt oder sonstiger Berater)[48]. Die inländische Geschäftsanschrift wird wie die Angaben zu Firma, Sitz, Unternehmensgegenstand, Höhe des Grundkapitals, Datum der Satzungsfeststellung sowie zu den Vorstandsmitgliedern

---

42 BGBl. I 1969, 1146.
43 S. etwa *Pentz* in MünchKomm. AktG, 3. Aufl., § 37 AktG Rz. 5 und 52; *Röhricht* in Großkomm. AktG, 4. Aufl., § 37 AktG Rz. 42.
44 S. Begr. RegE MoMiG, BT-Drucks. 16/6140, S. 35 (zur Parallelvorschrift § 8 Abs. 4 GmbHG n.F.).
45 Dazu *Kleindiek*, ZGR 2007, 276, 277 ff.; *Seibert* in FS Röhricht, S. 585, 586 ff.
46 Näher zum Ganzen *Kleindiek* in Goette/Habersack, Das MoMiG in Wissenschaft und Praxis, Rz. 8.40 ff.
47 *A. Arnold* in KölnKomm AktG, 3. Aufl., § 37 AktG Rz. 34.
48 Vgl. Begr. RegE MoMiG, BT-Drucks. 16/6140, S. 35 f.

nach § 39 Abs. 1 Satz 1 **in das Handelsregister eingetragen**. Änderungen der Geschäftsanschrift sind gem. § 31 Abs. 1 HGB zum Handelsregister anzumelden.

Für die Pflicht, die inländische Geschäftsanschrift neuen Rechts zur Eintragung in das Handelsregister anzumelden, enthält **§ 18 EGAktG** eine **Übergangsvorschrift**. Danach gilt diese Verpflichtung im Grundsatz auch für solche Gesellschaften, die zum Zeitpunkt des Inkrafttretens der Neuregelung (1.11.2008) schon im Handelsregister eingetragen sind. Jene Gesellschaften müssen aber im Ergebnis dann nichts unternehmen, wenn dem zuständigen Registergericht bereits nach § 24 Abs. 2 HRV eine inländische Geschäftsanschrift (bzw. die „Lage der Geschäftsräume") mitgeteilt worden war und sich diese anschließend nicht geändert hat[49]. Ist eine aktuelle inländische Geschäftsanschrift nicht mitgeteilt, war eine solche mit der ersten die eingetragene Gesellschaft betreffenden Anmeldung zum Handelsregister ab dem Inkrafttreten des MoMiG, spätestens aber bis zum 31.10.2009 anzumelden. Wenn bis zum 31.10.2009 keine inländische Geschäftsanschrift zum Register angemeldet wurde, hatte das Gericht vom Amts wegen und ohne Überprüfung kostenfrei die ihm nach § 24 Abs. 2 HRV bekannte inländische Anschrift als Geschäftsanschrift in das Handelsregister einzutragen. In diesem Fall gilt die mitgeteilte Anschrift zudem unabhängig von dem Zeitpunkt ihrer tatsächlichen Eintragung ab dem 31.10.2009 als eingetragene inländische Geschäftsanschrift, wenn sie im elektronischen Informations- und Kommunikationssystem (§ 9 Abs. 1 HGB) abrufbar ist. Denn dann hatte die Gesellschaft die Möglichkeit, die dem Gericht bekannte Anschrift zu überprüfen und ggf. zu korrigieren[50]. Ist dem Gericht zwar keine Mitteilung nach § 24 Abs. 2 HRV gemacht, ihm aber in sonstiger Weise eine inländische Geschäftsanschrift bekannt geworden, ist diese einzutragen und gilt ab dem 31.10.2009 als eingetragene inländische Geschäftsanschrift, wenn sie im elektronischen Informations- und Kommunikationssystem abrufbar ist. Entsprechendes gilt, wenn eine in sonstiger Weise bekannt gewordene inländische Anschrift von einer früher nach § 24 Abs. 2 HRV mitgeteilten Anschrift abweicht.

### 2. Vertretungsbefugnis der Vorstandsmitglieder

Die **Vertretungsbefugnis** folgt aus dem Gesetz (§ 78 Abs. 1 und 2), ggf. modifiziert durch Bestimmung der Satzung (§ 78 Abs. 3). Grundsätzlich sind Vertretungsbefugnisse der Vorstandsmitglieder **in abstrakter Form** anzugeben (Gesamt-, Einzel-, unechte Gesamtvertretung), unter Namensnennung ist nur dann anzumelden, wenn die Vertretungsmacht für die jeweiligen Vorstandsmitglieder unterschiedlich gestaltet ist[51]. Vor dem Hintergrund des Normzwecks (Sicherstellung von Transparenz) besteht die Anmeldepflicht auch bei (zwangsläufiger) Alleinvertretungsbefugnis des Einpersonen-Vorstands[52]. Zu den **erforderlichen Angaben** über Art und Umfang der Vertretungsbefugnis zählen ggf. in der Satzung enthaltene Ermächtigungen des Aufsichtsrates, Einzel- oder gemischte Gesamtvertretung (ein Vorstandsmitglied zusammen mit einem Prokuristen) anzuordnen, § 78 Abs. 3 Satz 2. Etwaige Befreiungen vom Verbot des § 181 BGB sind ebenfalls anzugeben. Anzumelden ist schließlich die bei Gesamtvertretung gem. § 78 Abs. 2 Satz 2 geltende passive Einzelvertretungsbe-

---

49 Dazu auch OLG München v. 2.2.2009 – 31 Wx 09/09, AG 2009, 588.
50 S. dazu die Begründung der Beschlussempfehlungen des Rechtsausschusses zum MoMiG, BT-Drucks. 16/9737, S. 57 (zur Parallelvorschrift § 3 Abs. 1 EGGmbHG).
51 *Hüffer*, § 37 AktG Rz. 8; *Pentz* in MünchKomm. AktG, 3. Aufl., § 37 AktG Rz. 54; *Röhricht* in Großkomm. AktG, 4. Aufl., § 37 AktG Rz. 43.
52 Statt anderer *Hüffer*, § 37 AktG Rz. 8 m.w.N.

fugnis jedes Vorstandsmitglieds[53]. Nicht anzumelden sind indes etwaige Ermächtigungen gesamtvertretungsbefugter Vorstandsmitglieder untereinander zur Vornahme bestimmter Geschäfte oder Arten von Geschäften (§ 78 Abs. 4)[54].

26 Die angemeldete Vertretungsbefugnis der Vorstandsmitglieder wird nach § 39 Abs. 1 Satz 3 in das Handelsregister eingetragen. Das Registergericht prüft dabei auch, ob die angemeldeten **Vertretungsregelungen mit Gesetz und Satzung übereinstimmen**; es hat die Eintragung abzulehnen, wenn ein festgestellter Mangel trotz Fristsetzung (Zwischenverfügung nach § 382 Abs. 4 Satz 1 FamFG, bislang § 26 Satz 2 HRV) nicht behoben worden ist[55]. Zur Anmeldung von Änderungen der Vertretungsbefugnis s. § 81 und die Erläuterungen dort. Zur Anmeldung und Eintragung der Personalien der Vorstandsmitglieder (sowie von Änderungen insoweit) s. unten Rz. 31.

### IX. Anlagen zur Anmeldung (§ 37 Abs. 4 Nrn. 1–4)

27 Nach § 37 Abs. 4 sind mit der Anmeldung die im Folgenden beschriebenen **Anlagen** zu übermitteln. Das Registergericht darf die Eintragung der Gesellschaft erst vornehmen, wenn alle Anlagen vorliegen[56]. Zur Form der Einreichung (zwingend elektronisch) s. unten Rz. 36 ff.

#### 1. Nr. 1

28 Nach § 37 Abs. 4 Nr. 1 sind der Anmeldung die **Satzung** und die **Urkunden** über die Feststellung der Satzung sowie über die Aktienübernahmen beizufügen. In der Regel handelt es sich dabei nur um eine Urkunde (§ 23 Abs. 2), sofern nicht zwischenzeitlich Ergänzungen oder Änderungen der Satzung vorgenommen wurden oder die Beurkundung getrennt erfolgte[57].

#### 2. Nr. 2

29 Sind in der Satzung den Gründern oder Dritten **Sondervorteile** eingeräumt (§ 26 Abs. 1), ist Vergütung von **Gründungsaufwand** gewährt (§ 26 Abs. 2) oder sind Sacheinlagen bzw. Sachübernahmen vereinbart worden (§ 27 Abs. 1 Satz 1), so sind der Anmeldung nach § 37 Abs. 4 Nr. 2 alle schriftlichen Verträge beizufügen, die den Festsetzungen zugrunde liegen oder zu ihrer Ausführung geschlossen worden sind (Verpflichtungsgeschäfte oder Erfüllungsgeschäfte)[58]. Die Vorschrift zwingt nicht zur Schriftform, verlangt aber bei Fehlen von schriftlichen Verträgen eine entsprechende Angabe[59]. Zur näheren Information des Registergerichts über die Vertragsgestaltung ist außerdem eine Berechnung des der Gesellschaft zur Last fallenden Gründungsaufwands beizufügen, wobei Art und Höhe der Vergütung sowie die jeweiligen Empfänger der Leistung einzeln aufzuführen sind. Dabei können gleichartige Positionen zu-

---

53 *Pentz* in MünchKomm. AktG, 3. Aufl., § 37 AktG Rz. 55; *Röhricht* in Großkomm. AktG, 4. Aufl., § 37 AktG Rz. 45; *A. Arnold* in KölnKomm. AktG, 3. Aufl., § 37 AktG Rz. 35; a.A. *Hüffer*, § 37 AktG Rz. 8; *Döbereiner* in Spindler/Stilz, § 37 AktG Rz. 11.
54 Im Ergebnis unstr.; s. *Hüffer*, § 37 AktG Rz. 8; *Pentz* in MünchKomm. AktG, 3. Aufl., § 37 AktG Rz. 57; *Röhricht* in Großkomm. AktG, 4. Aufl., § 37 AktG Rz. 44.
55 *Pentz* in MünchKomm. AktG, 3. Aufl., § 37 AktG Rz. 59; *Röhricht* in Großkomm. AktG, 4. Aufl., § 37 AktG Rz. 46.
56 *Pentz* in MünchKomm. AktG, 3. Aufl., § 37 AktG Rz. 60 und 84.
57 *A. Arnold* in KölnKomm. AktG, 3. Aufl., § 37 AktG Rz. 39; *Hüffer*, § 37 AktG Rz. 9; *Pentz* in MünchKomm. AktG, 3. Aufl., § 37 AktG Rz. 62.
58 *Röhricht* in Großkomm. AktG, 4. Aufl., § 37 AktG Rz. 48; *Hüffer*, § 37 AktG Rz. 10.
59 *Hüffer*, § 37 AktG Rz. 9; *Pentz* in MünchKomm. AktG, 3. Aufl., § 37 AktG Rz. 64; *Röhricht* in Großkomm. AktG, 4. Aufl., § 37 AktG Rz. 48.

sammengefasst werden; in der Satzung festgesetzter, tatsächlich aber noch nicht angefallener Gründungsaufwand ist zu schätzen[60]. Von den Gründern zu tragender Aufwand belastet nicht die Gesellschaft und wird von § 37 Abs. 4 Nr. 2 deshalb nicht erfasst.

### 3. Nr. 3

Zur Sicherung der Prüfbarkeit ordnungsgemäßer Bestellung müssen die Urkunden über die **Bestellung des Vorstands** (§ 30 Abs. 4) **und des Aufsichtsrats** (§ 30 Abs. 1) nach § 37 Abs. 4 Nr. 3 der Anmeldung beigefügt werden. Der Nachweis der Annahme der Bestellung erübrigt sich, da sich die Annahme bereits aus der Mitwirkung bei der Anmeldung ergibt. 30

Nach § 39 Abs. 1 Satz 3 AktG i.V.m. § 43 Nr. 4b HRV werden Vor- und Familienname, Geburtdatum und Wohnort (nicht aber Privatanschrift[61]) der **Vorstandsmitglieder** (auch der Stellvertreter, § 94) in das Handelsregister **eingetragen** (s. § 39 Rz. 3); Änderungen in der Besetzung des Vorstands sind nach Maßgabe von § 81 zur Eintragung anzumelden (s. die Erläuterungen dort). Zu den Personalien der Aufsichtsratsmitglieder s. sogleich Rz. 32. 31

### 4. Nr. 3a

Nach § 37 Abs. 4 Nr. 3a – eingefügt durch Art. 9 Nr. 1a EHUG (s. Rz. 3) – ist der Anmeldung eine **Liste der Mitglieder des Aufsichtsrats** beizufügen, aus der Familienname, Vorname, ausgeübter Beruf und Wohnort der Aufsichtsratsmitglieder (nicht ihre Privatanschriften) ersichtlich sind. Bei Änderungen in den Personen der Aufsichtsratsmitglieder hat der Vorstand unverzüglich eine aktualisierte Liste einzureichen (§ 106, s. die Erläuterungen dort). Entsprechende Angaben zu den Personalien der Aufsichtsratsmitglieder waren schon bislang zu machen und vom Registergericht bekannt zu machen (§ 37 Abs. 4 Nr. 3; §§ 40 a.F., 106 a.F.). Die nunmehr geforderte (und jeweils zu aktualisierende) Liste mit den Personalien der Aufsichtsratsmitglieder erhöht die Transparenz der Aufsichtsratsbesetzung. Zu den Personalien der Vorstandsmitglieder s. Rz. 31. 32

Die Mitglieder des Aufsichtsrats werden nach wie vor nicht in das Handelsregister eingetragen (s. § 39 Rz. 5); die Liste der Aufsichtsratsmitglieder wird aber zu den **Registerakten** (§ 8 HRV) genommen und in einen elektronisch geführten **Registerordner** eingestellt (§ 9 HRV); sie ist dort nach Maßgabe von § 9 HGB online abrufbar (näher § 39 Rz. 5). Damit ist den Vorgaben der Publizitätsrichtlinie 68/151/EWG in der Fassung der Änderungsrichtlinie 2003/58/EG[62] (Art. 3 i.V.m. Art. 2 Abs. 2 lit. d ii) Rechnung getragen. 33

### 5. Nr. 4

Nach § 37 Abs. 4 Nr. 4 ebenfalls beizufügen sind der **Gründungsbericht** (§ 32), die **Prüfungsberichte** des Vorstands und des Aufsichtsrats (§§ 33 Abs. 1, 34 Abs. 2) und der Bericht über die – in den Fällen des § 33 Abs. 2 erforderliche – Gründungsprüfung (s. § 34 Abs. 2), jeweils „nebst ihren urkundlichen Unterlagen". Letztere meinen die 34

---

60 *Hüffer*, § 37 AktG Rz. 10; *Pentz* in MünchKomm. AktG, 3. Aufl., § 37 AktG Rz. 65; *Röhricht* in Großkomm. AktG, 4. Aufl., § 37 AktG Rz. 48.
61 Zum Schutz der Privatanschrift im elektronischen Handels- und Unternehmensregister s. *Seibert/Wedemann*, GmbHR 2007, 17 ff.
62 Richtlinie 2003/58/EG des Europäischen Parlaments und des Rates vom 15.7.2003 zur Änderung der Richtlinie 68/151/EWG des Rates in Bezug auf die Offenlegungspflichten von Gesellschaften bestimmter Rechtsformen, ABl. EU Nr. L 221 v. 4.9.2003, S. 13.

Schriftstücke, auf denen die Berichte basieren[63]. Ist der Bericht der Gründungsprüfer (wie nach § 34 Abs. 3 Satz 1 vorgesehen) schon unmittelbar zum Registergericht eingereicht worden, erübrigt sich die nochmalige Beifügung[64]. Der früher erforderlichen Bestätigung der Industrie- und Handelskammer (über die Einreichung des Berichts der Gründungsprüfer dort) bedarf es seit dem Gesetz vom 2.8.1994[65] nicht mehr.

### 6. Aufhebung von § 37 Abs. 4 Nr. 5 a.F

35 Nach der früheren Nr. 5 der Vorschrift (1. Aufl. Rz. 30 ff.) war der Anmeldung auch die Genehmigungsurkunde beizufügen, wenn der Gegenstand des Unternehmens (§ 23 Abs. 3 Nr. 2) oder eine andere Satzungsbestimmung der staatlichen Genehmigung bedurfte. Im Zuge des MoMiG (s. Rz. 4) ist § 37 Abs. 4 Nr. 5 a.F. – ebenso wie die Parallelbestimmung § 8 Abs. 1 Nr. 6 GmbHG a.F. – ersatzlos gestrichen worden, um das Gründungsverfahren zu erleichtern und zu beschleunigen[66]. Nunmehr sind (gewerberechtliches) Genehmigungsverfahren und registergerichtliches Eintragungsverfahren vollständig entkoppelt.

## X. Form der eingereichten Unterlagen (§ 37 Abs. 5)

36 Der heutige § 37 Abs. 5 ist durch Art. 9 Nr. 1b des Gesetzes über elektronische Handelsregister und Genossenschaftsregister sowie das Unternehmensregister (**EHUG**) vom 10.11.2006[67] eingefügt worden (s. schon Rz. 2) und erklärt sich aus der – mit dem EHUG vollzogenen – Umstellung auf die **elektronische Registerführung** (§ 8 Abs. 1 HGB). Die Vorschrift ordnet (mit Wirkung ab 1.1.2007) für alle nach dem AktG einzureichenden Unterlagen (und damit auch für die der Anmeldung nach § 37 beizufügenden Dokumente) die entsprechende Geltung von **§ 12 Abs. 2 HGB** an.

37 § 12 Abs. 2 Satz 1 HGB bestimmt, dass Dokumente **elektronisch zum Handelsregister einzureichen** sind[68]. § 12 Abs. 2 Satz 2 HGB macht **differenzierende Formvorgaben**: Ist ein notariell beurkundetes Dokument oder eine öffentlich beglaubigte Abschrift einzureichen, so ist ein mit einem einfachen elektronischen Zeugnis (§ 39a BeurkG) versehenes Dokument zu übermitteln (§ 12 Abs. 2 Satz 2 Halbsatz 2 HGB). Ist eine Urschrift oder eine einfache Abschrift einzureichen oder ist für das Dokument die Schriftform bestimmt, so genügt nach § 12 Abs. 2 Satz 2 Halbsatz 1 HGB die Übermittlung einer elektronischen Aufzeichnung. Die Differenzierung soll einer Belastung der Unternehmen mit neuem „Bürokratieaufwand" entgegenwirken[69], ist mit den spezialgesetzlichen Einreichungsvorschriften aber noch nicht hinreichend abgestimmt. Wo etwa ein Stammgesetz Urschrift oder öffentlich beglaubigte Abschrift verlangt (so z.B. § 81 Abs. 2), gibt sich § 12 Abs. 2 Satz 2 HGB im Ergebnis mit einer (einfachen) elektronischen Aufzeichnung (ohne qualifizierte elektronische Sig-

---

63 *Pentz* in MünchKomm. AktG, 3. Aufl., § 37 AktG Rz. 68; *Röhricht* in Großkomm. AktG, 4. Aufl., § 37 AktG Rz. 51.
64 *Pentz* in MünchKomm. AktG, 3. Aufl., § 37 AktG Rz. 68; *Röhricht* in Großkomm. AktG, 4. Aufl., § 37 AktG Rz. 51; *Döbereiner* in Spindler/Stilz, § 37 AktG Rz. 23.
65 Gesetz für kleine Aktiengesellschaften und zur Deregulierung des Aktienrechts, BGBl. I 1994, 1961.
66 Begr. RegE MoMiG, BT-Drucks. 16/6140, S. 34.
67 BGBl. I 2006, 2553; dazu *Seibert/Decker*, DB 2006, 2446.
68 Zu den bestehenden „virtuellen Poststellen" der Länder s. die Informationen auf den Seiten des gemeinsamen Justizportals des Bundes und der Länder: www.justiz.de; zur Anmeldung über das „Elektronische Gerichts- und Verwaltungspostfach" und die hier angeschlossenen Registergerichte s. www.egvp.de.
69 So *Seibert/Decker*, DB 2006, 2446, 2447.

natur) zufrieden[70]. – Die Verpflichtung zur elektronischen Einreichung von Dokumenten gilt **seit 1.1.2007**, jedoch konnten die Landesregierungen durch Rechtsverordnung bestimmen, dass (ebenso wie Anmeldungen, vgl. § 36 Rz. 4) auch alle oder einzelne Dokumente übergangsweise bis zum 31.12.2009 auch in Papierform zum Handelsregister eingereicht werden konnten (Art. 61 Abs. 1 Satz 1 EGHGB). Soweit von dieser Ermächtigung Gebrauch gemacht worden war (näher 1. Aufl. Rz. 38 mit Fn. 64), liefen die entsprechenden Übergangsfristen spätestens zum Jahresende 2007 ab.

Nach § 11 Abs. 1 HGB können (in – freilich flächendeckender – Umsetzung der Vorgaben aus Art. 3a Abs. 2–4 Publizitätsrichtlinie in der Fassung der Änderungsrichtlinie 2003/58/EG, s. Rz. 33) die zum Handelsregister einzureichenden Dokumente – neben der deutschen Fassung – zusätzlich auch in **Übersetzung** übermittelt werden, und zwar in jeder Amtssprache eines Mitgliedstaates der EU; ebenso kann das Unternehmen eine entsprechende Übersetzung des Inhalts einer auf dem Registerblatt vorzunehmenden Eintragung übermitteln. Bei Abweichung der Originalfassung von einer eingereichten Übersetzung kann die Übersetzung einem Dritten nicht entgegengehalten werden; jedoch kann sich der Dritte (wenn der Eintragende ihm nicht Kenntnis der Originalfassung nachweist) seinerseits auf die Übersetzung berufen: § 11 Abs. 2 HGB[71]. Die Übersetzungen werden in den elektronisch geführten Registerordner eingestellt (§§ 9, 15 HRV) 38

### XI. Rechtsfolgen bei Verstoß gegen § 37 Abs. 1–5

Entspricht die Anmeldung nicht den Anforderungen des § 37 und wird der Mangel auch nach einer Zwischenverfügung des Gerichts (§ 382 Abs. 4 Satz 1 FamFG, bislang § 26 Satz 2 HRV) nicht beseitigt, darf die Gesellschaft **nicht in das Handelsregister eingetragen werden** (§ 38 Abs. 1 Satz 2). Trägt das Gericht die Gesellschaft trotz falscher, unvollständiger oder fehlender Erklärungen, Versicherungen, Angaben oder Nachweise ins Handelsregister ein, so ist die AG aber wirksam entstanden. Nach § 14 HGB, §§ 388 ff. FamFG kann das Gericht in diesem Fall die Nachreichung fehlender Unterlagen verlangen und im Registerzwangsverfahren durchsetzen[72]. Die Voraussetzungen für eine Nichtigkeitsklage nach § 275 oder eine Löschung bzw. Auflösung nach den §§ 398, 399 FamFG liegen dagegen nicht vor[73]. Unrichtige oder unvollständige Angaben begründen jedoch die zivil- und strafrechtliche Verantwortlichkeit nach Maßgabe der §§ 46, 48, 399 Abs. 1 Nr. 1 und 6 (s. die dortigen Erläuterungen). 39

# § 37a
# Anmeldung bei Sachgründung ohne externe Gründungsprüfung

(1) Wird nach § 33a von einer externen Gründungsprüfung abgesehen, ist dies in der Anmeldung zu erklären. Der Gegenstand jeder Sacheinlage oder Sachübernahme ist zu beschreiben. Die Anmeldung muss die Erklärung enthalten, dass der Wert der Sacheinlagen oder Sachübernahmen den geringsten Ausgabebetrag der dafür zu gewährenden Aktien oder den Wert der dafür zu gewährenden Leistungen erreicht. Der

---

70 S. nur *Krafka/Willer/Kühn*, Registerrecht, Rz. 132.
71 Zum Ganzen *Seibert/Decker*, DB 2006, 2446, 2447 f.
72 *A. Arnold* in KölnKomm. AktG, 3. Aufl., § 37 AktG Rz. 46; *Hopt* in Baumbach/Hopt, § 14 HGB Rz. 1; *Hüffer*, § 37 AktG Rz. 19.
73 *Hüffer*, § 37 AktG Rz. 19; *Pentz* in MünchKomm. AktG, 3. Aufl., § 37 AktG Rz. 96; *Röhricht* in Großkomm. AktG, 4. Aufl., § 37 AktG Rz. 62.

Wert, die Quelle der Bewertung sowie die angewandte Bewertungsmethode sind anzugeben.

(2) In der Anmeldung haben die Anmeldenden außerdem zu versichern, dass ihnen außergewöhnliche Umstände, die den gewichteten Durchschnittspreis der einzubringenden Wertpapiere oder Geldmarktinstrumente im Sinne von § 33a Abs. 1 Nr. 1 während der letzten drei Monate vor dem Tag ihrer tatsächlichen Einbringung erheblich beeinflusst haben könnten, oder Umstände, die darauf hindeuten, dass der beizulegende Zeitwert der Vermögensgegenstände im Sinne von § 33a Abs. 1 Nr. 2 am Tag ihrer tatsächlichen Einbringung auf Grund neuer oder neu bekannt gewordener Umstände erheblich niedriger ist als der von dem Sachverständigen angenommene Wert, nicht bekannt geworden sind.

(3) Der Anmeldung sind beizufügen:
1. Unterlagen über die Ermittlung des gewichteten Durchschnittspreises, zu dem die einzubringenden Wertpapiere oder Geldmarktinstrumente während der letzten drei Monate vor dem Tag ihrer tatsächlichen Einbringung auf einem organisierten Markt gehandelt worden sind,
2. jedes Sachverständigengutachten, auf das sich die Bewertung in den Fällen des § 33a Abs. 1 Nr. 2 stützt.

| | | | |
|---|---|---|---|
| I. Gegenstand der Regelung | 1 | IV. Anlagen zur Anmeldung (§ 37a Abs. 3) | 9 |
| II. Erklärungen der Anmelder nach § 37a Abs. 1 | 2 | V. Rechtsfolgen bei Verstoß | 10 |
| III. Versicherungen der Anmelder nach § 37a Abs. 2 | 6 | | |

**Literatur:** *Bayer/J. Schmidt*, Die Reform der Kapitalaufbringung bei der Aktiengesellschaft durch das ARUG, ZGR 2009, 812; *Drinhausen/Keinath*, Referentenentwurf eines Gesetzes zur Umsetzung der Aktionärsrichtlinie (ARUG) – Weitere Schritte zur Modernisierung des Aktienrechts, BB 2008, 2078; *Merkner/Decker*, Vereinfachte Sachkapitalerhöhung nach dem ARUG – Wertvolle Deregulierung oder Regelung auf dem Papier?, NZG 2009, 887; *Westermann*, Kapitalschutz als Gestaltungsmöglichkeit, ZHR 172 (2008), 144.
S. auch die Angaben zu § 33a.

## I. Gegenstand der Regelung

1 Die Vorschrift enthält **verfahrensrechtliche Ergänzungen zu § 37 für den Falle einer Sachgründung ohne externe Gründungsprüfung nach § 33a** (vereinfachte Sachgründung). Sie ist durch Art. 1 Nr. 3 des Gesetzes zur Umsetzung der Aktionärsrechterichtlinie (ARUG) vom 30.7.2009[1] in das AktG eingefügt worden. Mit der im Zuge des ARUG geschaffenen Möglichkeit einer vereinfachten Sachgründung und Sachkapitalerhöhung (s. insbesondere §§ 33a, 52 Abs. 4 Satz 3, 183a, 194 Abs. 5, 205 Abs. 5 Satz 2 AktG und die jeweiligen Erläuterungen dort) hat der deutsche Gesetzgeber von den Regelungsoptionen der geänderten Kapitalrichtlinie (77/91/EWG) in der Fassung der Änderungsrichtlinie 2006/68/EG[2] – s. dort Art. 10a, 10b und 27 Abs. 2 Satz 3 – Gebrauch gemacht. In diesem Rahmen soll § 37a Abs. 1 und 2 die Einhaltung der im

---
1 BGBl. I 2009, 2479.
2 Richtlinie 2003/68/EG des Europäischen Parlaments und des Rates vom 6.9.2006 zur Änderung der Richtlinie 77/91/EWG des Rates in Bezug auf die Gründung von Aktiengesellschaften und

Hinblick auf eine vereinfachte Sachgründung zu beachtenden Publizitätspflichten nach Art. 10b Abs. 1 und 3 der Änderungsrichtlinie sicherstellen. Soweit von der Möglichkeit einer vereinfachten Sachgründung nach § 33a Gebrauch gemacht (also von einer externen Gründungsprüfung abgesehen) wird, sind die Voraussetzungen von § 37a zusätzlich zu denen des § 37 zu beachten[3]. Dabei geht § 37a Abs. 3 allerdings über die zwingenden Richtlinienvorgaben hinaus, die eine Pflicht zur Veröffentlichung der Bewertungsgrundlagen nicht vorschreiben. Nach dem Willen des Gesetzgebers soll § 37a Abs. 3 für erhöhte Transparenz und Nachprüfbarkeit der vereinfachten Sachgründung sorgen[4]. Zum (eingeschränkten) Umfang der registergerichtlichen Prüfung s. § 38 Abs. 3 und die Erläuterungen § 38 Rz. 15 ff.

## II. Erklärungen der Anmelder nach § 37a Abs. 1

**§ 37a Abs. 1 Satz 1** schreibt für die Anmeldung die ausdrückliche **Erklärung** der Anmelder (vgl. § 36 Rz. 6) vor, dass von der – nach § 33a zulässigen – vereinfachten Sachgründung Gebraucht gemacht, d.h. **tatsächlich von einer externen Gründungsprüfung abgesehen** worden ist. Nur letzteres ist zu erklären. Dass die Voraussetzungen des § 33a vorliegen, muss nicht erklärt werden[5]; eine entsprechende Erklärung ist allein nach Maßgabe der Versicherung gem. § 37a Abs. 2 (s. Rz. 6 ff.) abzugeben.  2

Des Weiteren ist in der Anmeldung nach **§ 37a Abs. 1 Satz 2** der **Gegenstand jeder Sacheinlage oder Sachübernahme** zu **beschreiben**. Die Beschreibung muss auch wertbildende Faktoren berücksichtigen, denn sie soll (in Zusammenhang mit den nach § 37a Abs. 3 beizufügenden Unterlagen) Außenstehenden ermöglichen, die Werthaltigkeit des Sacheinlage- oder Sachübernahmegegenstandes einzuschätzen. Die Beschreibung muss daher über die Satzungsfestsetzung in § 27 Abs. 1 Satz 1 hinausgehen, die vor allem der Individualisierung des jeweiligen Einlagegenstandes dient[6].  3

**§ 37a Abs. 1 Satz 3** verlangt die **Erklärung**, dass der **Wert** der Sacheinlagen oder Sachübernahmen den **geringsten Ausgabebetrag** der dafür gewährten Aktien **oder** den **Wert der dafür zu gewährenden Leistungen** erreicht. Die Erklärung, dass auch ein etwaiger Mehrbetrag (**Agio**) gedeckt ist, fordert § 37a Abs. 1 Satz 3 – anders als § 37 Abs. 1 Satz 1 i.V.m. § 36a Abs. 2 Satz 3 (s. § 37 Rz. 8 und § 36a Rz. 9) – seinem Wortlaut nach nicht. Angesichts der Vorgabe in Art. 10b Abs. 1 lit. c der Änderungsrichtlinie 2006/68/EG (oben Rz. 1), die auch Angaben über die Deckung eines etwaigen Mehrbetrags verlangt, wird mit guten Gründen (richtlinienkonforme Auslegung) die Erstreckung der Erklärung nach § 37a Abs. 1 Satz 3 auf die Deckung eines Agio verfochten[7]; die Frage kann freilich noch nicht als geklärt gelten[8]. S. auch § 34 Rz. 6.  4

Schließlich ist nach **§ 37a Abs. 1 Satz 4** der **Wert** der zu übernehmenden Gegenstände oder der Sacheinlage konkret zu beziffern (Geldbebetrag in Euro), und zwar zum Stichtag der tatsächlichen Einbringung[9]. Ebenso anzugeben ist die **Quelle** der Bewertung (Gutachten zur Wertbestimmung, Börsenkurs etc.) sowie die angewandte **Bewertungsmethode** (vgl. auch § 34 Abs. 2 Satz 2 und die Erläuterungen dort).  5

---

die Erhaltung und Änderung ihres Kapitals, ABl. EU Nr. L 264 v. 25.9.2006, S. 32; s. dazu etwa *Merkner/Decker*, NZG 2009, 887, 888 f.; *Westermann*, ZHR 172 (2008), 144, 148 ff.
3 Vgl. Begr. RegE ARUG, BT-Drucks. 16/11642, S. 23.
4 Begr. RegE ARUG, BT-Drucks. 16/11642, S. 24.
5 Begr. RegE ARUG, BT-Drucks. 16/11642, S. 23.
6 Begr. RegE ARUG, BT-Drucks. 16/11642, S. 23.
7 So etwa *A. Arnold* in KölnKomm. AktG, 3. Aufl., § 37a AktG Rz. 7; s. auch *Bayer/J. Schmidt*, ZGR 2009, 812, 843 ff.
8 Zweifelnd *Hüffer*, § 37a AktG Rz. 3.
9 Begr. RegE ARUG, BT-Drucks. 16/11642, S. 23.

## III. Versicherungen der Anmelder nach § 37a Abs. 2

6   Nach § 37a Abs. 2 haben die Anmelder mit der Anmeldung die Erklärung abzugeben, dass ihnen bis zum Tag der Anmeldung[10] keine außergewöhnlichen Umstände bekannt geworden sind, die eine der Rückausnahmen i.S. von § 33a Abs. 2 (s. die Erläuterungen dort) begründen und deshalb einer vereinfachten Sachgründung entgegenstehen. Das Gesetz verwendet an dieser Stelle den Begriff der Versicherung (statt Erklärung), um darauf aufmerksam zu machen, dass für die Richtigkeit der Erklärung ein erhöhtes Haftungsrisiko (u.a. Strafbewehrung nach § 399 Abs. 1 Nr. 1; s. unten Rz. 10) übernommen wird[11]. Der Inhalt dieser **Negativerklärung** muss im Wesentlichen dem gesetzlichen Wortlaut des ersten oder zweiten Halbsatzes von Abs. 2 entsprechen[12].

7   In den Konstellationen, die eine vereinfachte Sachgründung nach § 33a Abs. 1 Nr. 1 ermöglichen, ist von den Anmeldern nach § 37a Abs. 2 Halbsatz 1 die Versicherung abzugeben, dass ihnen außergewöhnliche Umstände, die den gewichteten Durchschnittspreis der einzubringenden Wertpapiere oder Geldmarktinstrumente während der letzten drei Monate vor dem Tag der tatsächlichen Einbringung erheblich beeinflusst haben können, nicht bekannt geworden sind. Zu den außergewöhnlichen Umständen in diesem Sinne (die zu einer erheblichen Störung der Marktpreisbildung führen) s. die Erläuterungen § 33a Rz. 8. Beruht die vereinfachte Sachgründung auf § 33a Abs. 1 Nr. 2, haben die Anmelder nach § 37a Abs. 2 Halbsatz 2 zu versichern, dass ihnen keine Umstände bekannt geworden sind, die darauf hindeuten, dass der beizulegende Zeitwert der Vermögensgegenstände am Tag ihrer tatsächlichen Einbringung aufgrund neuer oder neu bekannt gewordener Umstände erheblich niedriger ist als der vom Sachverständigen angenommene Wert; s. dazu § 33a Rz. 14.

8   Die Pflicht zur Abgabe der Negativerklärung nach § 37a Abs. 2 beinhaltet **keine über die wahrheitsgemäße Wissenskundgabe hinausgehende Prüfpflicht der Anmelder**; diese müssen also Durchschnittspreis oder sachverständige Bewertung nicht etwa ihrerseits auf Richtigkeit kontrollieren[13]. Nach § 37a Abs. 2 ist allein die mangelnde positive Kenntnis entsprechender Umstände zu versichern, fahrlässige Unkenntnis schadet also nicht.

## IV. Anlagen zur Anmeldung (§ 37a Abs. 3)

9   § 37a Abs. 3 trifft eine Anordnung zur Einreichung **zusätzlicher Unterlagen** im Anmeldungsverfahren der vereinfachten Sachgründung (vgl. auch oben Rz. 1 a.E.). Neben den schon nach § 37 Abs. 4 beizubringenden Dokumenten (bei denen allerdings der externe Prüferbericht nach § 37 Abs. 4 Nr. 4 wegfällt[14]) sind beizufügen: nach **§ 37a Abs. 3 Nr. 1** Bewertungsunterlagen, aus denen sich der gewichtete Durschnittspreis ergibt (etwa eine Auskunft der BaFin) und nach **§ 37a Abs. 3 Nr. 2** sämtliche („jedes") Sachverständigengutachten, auf das sich die Bewertung nach § 33a Abs. 1 Nr. 2 stützt. Diese beizufügenden Dokumente unterliegen den Regeln der Registerpublizität[15].

---

10 Vgl. dazu Begr. RegE ARUG, BT-Drucks. 16/11642, S. 23; *A. Arnold* in KölnKomm. AktG, 3. Aufl., § 37a AktG Rz. 12 f. m.w.N.
11 Begr. RegE ARUG, BT-Drucks. 16/11642, S. 24.
12 Begr. RegE ARUG, BT-Drucks. 16/11642, S. 23.
13 *A. Arnold* in KölnKomm. AktG, 3. Aufl., § 37a AktG Rz. 9; *Drinhausen/Keinath*, BB 2008, 2078, 2079 f.; *Hüffer*, § 37a AktG Rz. 5.
14 *A. Arnold* in KölnKomm. AktG, 3. Aufl., § 37a AktG Rz. 14.
15 *Hüffer*, § 37a AktG Rz. 6.

## V. Rechtsfolgen bei Verstoß

Bei Verstoß gegen die Vorgaben des § 37a gilt das bei § 37 Rz. 39 Gesagte entsprechend: Wird der Mangel auch nach einer Zwischenverfügung des Gerichts (§ 382 Abs. 4 Satz 1 FamFG) nicht beseitigt, darf die Gesellschaft **nicht in das Handelsregister eingetragen werden** (§ 38 Abs. 1 Satz 2). Trägt das Gericht die Gesellschaft trotz falscher, unvollständiger oder fehlender Erklärungen bzw. Versicherungen etc. (s. zur Prüfungspflicht des Registergerichts § 38 Abs. 3 Satz 1 und die Erläuterungen § 38 Rz. 15 ff.) ins Handelsregister ein, so ist die AG aber wirksam entstanden. Nach § 14 HGB, §§ 388 ff. FamFG kann das Gericht in diesem Fall die Nachreichung fehlender Unterlagen verlangen und im Registerzwangsverfahren durchsetzen. Zur stark begrenzten Prüfungskompetenz des Gerichts im Hinblick auf Überbewertungen s. § 38 Abs. 3 Satz 2 und die Erläuterungen dort. Unrichtige oder unvollständige Angaben begründen die zivil- und strafrechtliche Verantwortlichkeit nach Maßgabe der §§ 46, 48, 399 Abs. 1 Nr. 1 (vgl. die dortigen Erläuterungen).

10

# § 38
# Prüfung durch das Gericht

(1) Das Gericht hat zu prüfen, ob die Gesellschaft ordnungsgemäß errichtet und angemeldet ist. Ist dies nicht der Fall, so hat es die Eintragung abzulehnen.

(2) Das Gericht kann die Eintragung auch ablehnen, wenn die Gründungsprüfer erklären oder es offensichtlich ist, dass der Gründungsbericht oder der Prüfungsbericht der Mitglieder des Vorstands und des Aufsichtsrats unrichtig oder unvollständig ist oder den gesetzlichen Vorschriften nicht entspricht. Gleiches gilt, wenn die Gründungsprüfer erklären oder das Gericht der Auffassung ist, dass der Wert der Sacheinlagen oder Sachübernahmen nicht unwesentlich hinter dem geringsten Ausgabebetrag der dafür zu gewährenden Aktien oder dem Wert der dafür zu gewährenden Leistungen zurückbleibt.

(3) Enthält die Anmeldung die Erklärung nach § 37a Abs. 1 Satz 1, hat das Gericht hinsichtlich der Werthaltigkeit der Sacheinlagen oder Sachübernahmen ausschließlich zu prüfen, ob die Voraussetzungen des § 37a erfüllt sind. Lediglich bei einer offenkundigen und erheblichen Überbewertung kann das Gericht die Eintragung ablehnen.

(4) Wegen einer mangelhaften, fehlenden oder nichtigen Bestimmung der Satzung darf das Gericht die Eintragung nach Absatz 1 nur ablehnen, soweit diese Bestimmung, ihr Fehlen oder ihre Nichtigkeit

1. Tatsachen oder Rechtsverhältnisse betrifft, die nach § 23 Abs. 3 oder auf Grund anderer zwingender gesetzlicher Vorschriften in der Satzung bestimmt sein müssen oder die in das Handelsregister einzutragen oder von dem Gericht bekanntzumachen sind,
2. Vorschriften verletzt, die ausschließlich oder überwiegend zum Schutze der Gläubiger der Gesellschaft oder sonst im öffentlichen Interesse gegeben sind, oder
3. die Nichtigkeit der Satzung zur Folge hat.

| | |
|---|---|
| I. Gegenstand der Regelung ........ 1 | 1. Gründungsbericht; Prüfungsbericht (§ 38 Abs. 2 Satz 1) ............ 11 |
| II. Grundsätze der registergerichtlichen Prüfung .................... 4 | 2. Sacheinlagen und Sachübernahmen (§ 38 Abs. 2 Satz 2) ............ 13 |
| 1. Umfang der Prüfung .......... 4 | V. Prüfungsgegenstände nach § 38 Abs. 3 .................. 15 |
| 2. Maßgeblicher Zeitpunkt ........ 6 | |
| III. Prüfungsgegenstände nach § 38 Abs. 1 .................. 9 | VI. Prüfungsbeschränkungen nach § 38 Abs. 4 .................. 18 |
| 1. Ordnungsgemäße Errichtung ...... 9 | VII. Zuständigkeit, Verfahren, Kosten der Eintragung ............... 22 |
| 2. Ordnungsgemäße Anmeldung .... 10 | |
| IV. Prüfungsgegenstände nach § 38 Abs. 2 .................. 11 | |

**Literatur:** S. zu § 36 und § 37a.

## I. Gegenstand der Regelung

1 Die Vorschrift begründet die Pflicht (zugleich aber auch das Recht) des Registergerichts zu prüfen, „ob die Gesellschaft ordnungsgemäß errichtet und angemeldet ist" (**§ 38 Abs. 1 Satz 1**). Gegenstand der Prüfung sind damit (freilich in den Grenzen von § 38 Abs. 3 und 4) alle Voraussetzungen, von denen das Gesetz die Eintragung der Gesellschaft und damit das Entstehen der Rechtsperson (juristische Person, § 41 Abs. 1 Satz 1) abhängig macht (Normativbedingungen)[1]. Dabei geht es – mit der sich aus § 38 Abs. 3 Satz 1 ergebenden Einschränkung (s. Rz. 15) – nicht nur um die Erfüllung förmlicher (formal-rechtlicher) Eintragungsbedingungen (z.B. Vollständigkeit der bei Anmeldung abzugebenden Erklärungen oder beizufügenden Urkunden), sondern auch um die Beachtung der materiell-rechtlichen Eintragungsvoraussetzungen (etwa im Sinne materieller Richtigkeit der abgegebenen Erklärungen). Ist auch nur eine Eintragungsvoraussetzung endgültig nicht erfüllt, so ist die Eintragung abzulehnen (**§ 38 Abs. 1 Satz 2**); liegen alle Eintragungsvoraussetzungen vor, so muss das Registergericht die Eintragung vornehmen.

2 **Abs. 2** der Vorschrift enthält besondere Bestimmungen für bestimmte Gegenstände der registergerichtlichen Prüfung und erlaubt die Ablehnung der Eintragung schon dann, wenn die Gründungsprüfer erklären, dass die in Abs. 2 genannten Eintragungsvoraussetzungen nicht vorliegen (näher Rz. 11 ff.). **Abs. 3** regelt den Prüfungsumfang bei angemeldeter vereinfachter Sachgründung (dazu Rz. 15 ff.). **Abs. 4** begrenzt die Gegenstände registergerichtlicher Kontrolle: mangelhafte, fehlende oder nichtige Satzungsbestimmungen rechtfertigen die Ablehnung der Eintragung nur unter den dort genannten (engen) Voraussetzungen (näher Rz. 16 ff.).

3 § 38 Abs. 1 und Abs. 2 sind seit dem AktG 1965 im Wesentlichen unverändert geblieben; lediglich § 38 Abs. 2 Satz 2 erfuhr im Zuge der Zulassung von Stückaktien im Jahre 1998[2] eine Korrektur („geringster Ausgabebetrag" statt früher „Nennbetrag"). Der jetzige § 38 Abs. 4 wurde als damaliger Abs. 3 (mit Wirkung zum 1.7.1998) durch das Handelsrechtsreformgesetz vom 22.6.1998[3] eingefügt, um die Ablehnung der Eintragung wegen Satzungsmängeln (klarstellend) auf solche Mängel zu begrenzen, die schon für die Entstehung der Rechtsperson wesentlich sind; damit sollte zugleich das

---

1 *Röhricht* in Großkomm. AktG, 4. Aufl., § 38 AktG Rz. 2 ff.
2 Gesetz vom 25.3.1998, BGBl. I 1998, 590.
3 BGBl. I 1998, 1474.

Eintragungsverfahren beschleunigt werden[4]. § 38 Abs. 3 n.F. ist mit dem Gesetz zur Umsetzung der Aktionärsrechterichtlinie (ARUG) vom 30.7.2009[5] (Art. 1 Nr. 4) eingefügt worden und ergänzt die Vorschriften zur vereinfachten Sachgründung (§§ 33a, 37a; vgl. § 37a Rz. 1).

## II. Grundsätze der registergerichtlichen Prüfung

### 1. Umfang der Prüfung

Das Registergericht hat alle formellen und materiellen Eintragungsvoraussetzungen zu prüfen (s. schon Rz. 1), und zwar auf der Grundlage der bei Anmeldung abgegebenen Erklärungen und eingereichten Unterlagen, die auf formelle Ordnungsmäßigkeit (einschließlich Vollständigkeit) zu überprüfen sind. Darin vorgebrachte Tatsachen und Wertungen sind auf Plausibilität zu prüfen. Erst wenn dies Anlass zu **berechtigten (konkret nachvollziehbaren) Zweifeln** an der Ordnungsgemäßheit der Gründung gibt, ist im Rahmen des Amtsermittlungsgrundsatzes (§ 26 FamFG) der Sachverhalt weiter aufzuklären. Das Gericht hat nach seinem Ermessen die dazu erforderlichen Maßnahmen zu treffen. Es kann etwa die anmeldenden Personen (§ 36 Abs. 1) zu näherer Aufklärung, z.B. durch Beibringung weiterer Unterlagen auffordern, die Industrie- und Handelskammer einschalten (vgl. § 380 Abs. 2 FamFG) oder auch Gutachten von Sachverständigen einholen[6]. Durch den Wegfall von § 37 Abs. 4 Nr. 5 a.F. (Beibringung staatlicher Genehmigungen; vgl. § 37 Rz. 35) im Zuge des MoMiG[7] ist der Umfang der registergerichtlichen Prüfung – im Interesse einer Beschleunigung und Vereinfachung des Gründungsverfahrens[8] – auch für die Aktiengesellschaft entsprechend reduziert worden. 4

Die registergerichtliche Prüfung über den ordnungsgemäßen Gründungshergang ist ausschließlich **Rechtsprüfung**. Nicht zu prüfen sind deshalb etwa die wirtschaftlichen Grundlagen der Gesellschaft, die Solvenz der Gründer oder die Zweckmäßigkeit der in der Satzung enthaltenen Regelungen[9]. 5

### 2. Maßgeblicher Zeitpunkt

Zeitlicher Bezugspunkt für die Prüfung durch das Registergericht ist **grundsätzlich der Zeitpunkt der Anmeldung**. Hat das Gericht aber Anhaltspunkte dafür, dass zu diesem Zeitpunkt zunächst erfüllte Eintragungsvoraussetzungen zwischenzeitlich weggefallen sind, hat es dem (unter Beachtung der sogleich Rz. 7 zu erörternden Einschränkungen) nachzugehen[10]. Eine Pflicht der Anmelder, von sich aus Mitteilung über Änderungen zu machen, die sich nach der Anmeldung ergeben haben, besteht allerdings nicht. Nur Änderungen, die auch bei schon vollzogener Eintragung der Ge- 6

---

4 S. zu den § 38 Abs. 3 zugrunde liegenden Motiven die Begründung zum RegE Handelsrechtsreformgesetz, dokumentiert in ZIP 1997, 997, 998 f. (zur Parallelvorschrift § 9c GmbHG).
5 BGBl. I 2009, 2479.
6 Zum Ganzen näher *Pentz* in MünchKomm. AktG, 3. Aufl., § 38 AktG Rz. 17 ff.; *Röhricht* in Großkomm. AktG, 4. Aufl., § 38 AktG Rz. 7 ff.
7 Gesetz zur Modernisierung des GmbH-Rechts und zur Bekämpfung von Missbräuchen vom 23.10.2008, BGBl. I 2008, 2026.
8 S. Begr. RegE MoMiG, BT-Drucks. 16/6140, S. 34, 51 f.
9 Ausführlicher zu den nicht der Prüfung unterliegenden Gegenständen *Röhricht* in Großkomm. AktG, 4. Aufl., § 38 AktG Rz. 26 ff.
10 *A. Arnold* in KölnKomm. AktG, 3. Aufl., § 38 AktG Rz. 7; *Hüffer*, § 38 AktG Rz. 4; *Pentz* in MünchKomm. AktG, 3. Aufl., § 38 AktG Rz. 20; *Röhricht* in Großkomm. AktG, 4. Aufl., § 38 AktG Rz. 13, je m.w.N.

sellschaft anzumelden wären (z.B. Veränderungen im Vorstand oder Satzungsänderungen, §§ 81 Abs. 1, 181 Abs. 1 Satz 1) sind hiervon ausgenommen[11].

7 **Im Übrigen ist** hinsichtlich des zeitlichen Bezugspunkts für die gerichtliche Prüfung **zu differenzieren**. So bezieht sich etwa das Erfordernis der Bareinlageleistung zur freien Verfügung des Vorstands (§ 36 Abs. 2 Satz 1) allein auf die Einzahlung (dazu § 36 Rz. 18 ff. und § 37 Rz. 6 und 9 ff.). Eine schon *vor* Anmeldung entstandene Unterbilanz ist – sofern sie nicht tatsächlich ausgeglichen worden ist – Eintragungshindernis (s. dazu § 37 Rz. 12). Das gilt indes nicht für eine erst *nach* der Anmeldung aus Anlaufverlusten entstehende Unterbilanz. Hieraus resultiert kein Eintragungshindernis; vielmehr sind die Gründer zum Ausgleich nach Maßgabe der Vorbelastungshaftung verpflichtet, die Ausgleichsansprüche sind zu aktivieren (s. dazu die Erläuterungen bei § 41 Rz. 10 ff.). Erst wenn die Ansprüche aus dieser Haftung nicht werthaltig sind, kommt die Ablehnung der Eintragung in Betracht[12]. Insolvenzreife der Gesellschaft (Überschuldung oder Zahlungsunfähigkeit) begründet aber ein Eintragungshindernis[13].

8 Für die Prüfung der **Werthaltigkeit von Sacheinlagen** ist nicht auf den (künftigen) Zeitpunkt der Eintragung[14], sondern den der Anmeldung abzustellen[15]; danach eintretende Wertveränderungen führen ggf. zur Unterbilanzhaftung (Vorbelastungshaftung)[16].

### III. Prüfungsgegenstände nach § 38 Abs. 1

#### 1. Ordnungsgemäße Errichtung

9 In diesem Zusammenhang prüft das Registergericht insbesondere die **Wirksamkeit der Satzungsfeststellung** (§ 23), u.a. die notarielle Form und die Unterzeichnung durch sämtliche Gründer, das Vorhandensein des gesetzlichen Mindestinhalts der Satzung (§ 23 Abs. 2–4) sowie der ordnungsgemäßen Festsetzungen nach §§ 26, 27 usw[17]. Zu den **Grenzen der materiellen Prüfung** des Satzungsinhalts s. § 38 Abs. 4 und dazu unten Rz. 18 ff. Ggf. (bei begründeten Zweifeln) hat das Gericht auch die Wirksamkeit individueller Erklärungen näher zu überprüfen, z.B. unter dem Gesichtspunkt der Geschäftsfähigkeit des Erklärenden, seiner rechtmäßigen Vertretung, des Vorliegens vormundschaftsgerichtlicher Genehmigungen nach §§ 1822 Nr. 3, 1643 Abs. 1 BGB oder der Rechtsfähigkeit einer beteiligten ausländischen juristischen Person. Dem Verdacht auf eine verdeckte Sacheinlage hat das Gericht nachzugehen, weil diese nach wie vor (ungeachtet § 27 Abs. 3 n.F.) ein Eintragungshindernis

---

11 *Hüffer*, § 38 AktG Rz. 5; *Röhricht* in Großkomm. AktG, 4. Aufl., § 38 AktG Rz. 14.
12 *Hüffer*, § 38 AktG Rz. 10; *Pentz* in MünchKomm. AktG, 3. Aufl., § 38 AktG Rz. 22; *Röhricht* in Großkomm. AktG, 4. Aufl., § 38 AktG Rz. 13 u. 24; s. für das GmbH-Recht auch *Hueck/Fastrich* in Baumbach/Hueck, § 9c GmbHG Rz. 12; *Bayer* in Lutter/Hommelhoff, § 9c GmbHG Rz. 19; *Ulmer* in Ulmer, § 11 GmbHG Rz. 113 ff.; *Karsten Schmidt*, ZHR 156 (1992), 93, 128 f.; *Karsten Schmidt* in Scholz, § 11 GmbHG Rz. 123; *H. Winter/Veil* in Scholz, § 9c GmbHG Rz. 29.
13 *Röhricht* in Großkomm. AktG, 4. Aufl., § 38 AktG Rz. 13. Vgl. auch BayObLG v. 1.10.1991 – BReg 3 Z 110/91, BB 1991, 2391, 2392.
14 So aber *Pentz* in MünchKomm. AktG, 3. Aufl., § 38 AktG Rz. 25; auf den Zeitpunkt der gerichtlichen Prüfung abstellend *A. Arnold* in KölnKomm. AktG, 3. Aufl., § 38 AktG Rz. 9; *Döbereiner* in Spindler/Stilz, § 38 AktG Rz. 5; *Hüffer*, § 38 AktG Rz. 4.
15 *Röhricht* in Großkomm. AktG, 4. Aufl., § 38 AktG Rz. 13.
16 Ebenso für das GmbH-Recht *Bayer* in Lutter/Hommelhoff, § 9c GmbHG Rz. 16 m.w.N. zum Meinungsstand dort.
17 S. auch *Hüffer*, § 38 AktG Rz. 7; *Pentz* in MünchKomm. AktG, 3. Aufl., § 38 AktG Rz. 41 ff.; *Röhricht* in Großkomm. AktG, 4. Aufl., § 38 AktG Rz. 15 ff.

darstellt[18]. Entsprechendes gilt bei Verdacht auf eine in der Anmeldung nicht angegebene Hin- und Herzahlung i.S. von § 27 Abs. 4 n.F. S. auch unten Rz. 11 ff. zum Gründungsbericht, zum Prüfungsbericht von Vorstand und Aufsichtsrat, zu Sacheinlagen und Sachübernahmen.

### 2. Ordnungsgemäße Anmeldung

Zu kontrollieren ist hier, ob die Anmeldung durch alle dazu berufenen Personen (§ 36 Abs. 1; s. § 36 Rz. 6) vor dem sachlich und örtlich zuständigen Registergericht vorgenommen wurde. Weitere **Gegenstände der Prüfung**[19]: die Beachtung der nach § 12 HGB vorgeschriebenen Form der Anmeldung (vgl. § 37 Rz. 36 ff.), die Mindesteinzahlung auf die Bareinlage (§ 36a Abs. 1) oder die ordnungsgemäße Leistung von Bar- und Sacheinlagen (§§ 36 Abs. 2, 36a Abs. 2), insbes. die Leistung der Einlagen jeweils zur freien Verfügung des Vorstands usw. Zudem unterliegt der Prüfungspflicht, ob die Anmeldung den Anforderungen des § 37 und den danach erforderlichen Erklärungen, Versicherungen, Nachweisen und sonstigen Unterlagen entspricht.

10

## IV. Prüfungsgegenstände nach § 38 Abs. 2

### 1. Gründungsbericht; Prüfungsbericht (§ 38 Abs. 2 Satz 1)

Das Gericht kann die Eintragung nach § 38 Abs. 2 Satz 1 schon dann ablehnen, wenn die **Gründungsprüfer** (§ 33 Abs. 2–5) **erklären**, dass der Gründungsbericht (§ 32) oder der Prüfungsbericht der Mitglieder des Vorstands und des Aufsichtsrats (§§ 33 Abs. 1, 34 Abs. 2) unrichtig oder unvollständig ist oder nicht den gesetzlichen Vorschriften entspricht. Unter diesen Voraussetzungen muss das Registergericht also nicht selbst in eine nähere Prüfung eintreten[20]. Da es aber den Gründungsprüfern übergeordnet ist, sind deren Erklärungen auch nicht etwa bindend; dem Gericht bleibt es unbenommen, seinerseits weitere Prüfungen zu veranlassen[21].

11

Ebenso „kann" das Gericht die Eintragung ohne weitere Prüfung ablehnen, wenn die soeben umschriebenen **Mängel** von Gründungsbericht oder Prüfungsbericht (auch ohne dass entsprechende Erklärungen eines Gründungsprüfers vorliegen) **„offensichtlich"** sind. Dabei bedeutet „Offensichtlichkeit" von Mängeln der Berichte: „nach der Überzeugung des Gerichts zweifelsfrei feststehend" (allg. M.), was naturgemäß das Ergebnis einer (prüfenden) Beurteilung durch das Gericht (Überzeugungsbildung) ist und durchaus auch eine Folge von vorangegangenen Ermittlungen (§ 26 FamFG) sein kann. Eine Einschränkung des Prüfungsrechts des Registergerichts ergibt sich hieraus jedenfalls nicht. Im Übrigen hat das Gericht, wenn es „offensichtliche" Mängel der Berichte erkennt, kein Entscheidungsermessen: Es muss die Eintragung ablehnen[22].

12

---

18 *A. Arnold* in KölnKomm. AktG, 3. Aufl., § 38 AktG Rz. 12; *Hüffer*, § 38 AktG Rz. 7; *Pentz* in MünchKomm. AktG, 3. Aufl., § 38 AktG Rz. 43; *Röhricht* in Großkomm. AktG, 4. Aufl., § 38 AktG Rz. 18.
19 S. auch *Hüffer*, § 38 AktG Rz. 6; *Pentz* in MünchKomm. AktG, 3. Aufl., § 38 AktG Rz. 30 ff.; *Röhricht* in Großkomm. AktG, 4. Aufl., § 38 AktG Rz. 22 ff.
20 *Röhricht* in Großkomm. AktG, 4. Aufl., § 38 AktG Rz. 33; jedenfalls eine Plausibilitätskontrolle verlangt *Pentz* in MünchKomm. AktG, 3. Aufl., § 38 AktG Rz. 54.
21 *Röhricht* in Großkomm. AktG, 4. Aufl., § 38 AktG Rz. 34; *Döbereiner* in Spindler/Stilz, § 38 AktG Rz. 8.
22 Zum Ganzen *Pentz* in MünchKomm. AktG, 3. Aufl., § 38 AktG Rz. 57; *Röhricht* in Großkomm. AktG, 4. Aufl., § 38 AktG Rz. 38.

## 2. Sacheinlagen und Sachübernahmen (§ 38 Abs. 2 Satz 2)

13 Nach § 38 Abs. 2 Satz 2 kann das Gericht die Eintragung – ohne weitere eigene Prüfung – auch schon dann ablehnen, wenn die **Gründungsprüfer erklären**, dass der Wert der Sacheinlagen oder Sachübernahmen (vgl. § 27 Abs. 1) nicht unwesentlich hinter dem geringsten Ausgabebetrag (Begriff legal definiert in § 9 Abs. 1) der dafür zu gewährenden Aktien oder dem Wert der dafür zu gewährenden Leistungen zurückbleibt. Mit dem Erfordernis „nicht unwesentlicher" Wertdifferenz soll den Schwierigkeiten der Bewertung Rechnung getragen werden; die tolerable Bandbreite von Bewertungsdifferenzen muss überschritten sein[23]. Ungeachtet der Erklärungen der Gründungsprüfer besteht aber auch hier – wie bei § 38 Abs. 2 Satz 1 – ein eigenes Ermittlungsrecht des Gerichts, wenn Anhaltspunkte für eine Überbewertung vorliegen (s. oben Rz. 11 f.).

14 Der zweite Ablehnungsgrund nach § 38 Abs. 2 Satz 2 knüpft daran an, dass die nicht unwesentliche Wertdifferenz (soeben Rz. 13) – auch ohne dass entsprechende Erklärungen eines Gründungsprüfers vorliegen – nach „**Auffassung des Gerichts**" gegeben ist. Das setzt wiederum (s. oben Rz. 12) eine Prüfung seitens des Registergerichts voraus, als deren Ergebnis sich die Überzeugung von der mangelnden (nicht unwesentlichen) Werthaltigkeit bildet. Dem gehen ggf. genauere Nachforschungen, auch unter Einschaltung von Sachverständigen, voraus. Kommt das Registergericht dabei zu der Auffassung, dass eine nicht unwesentliche Wertdifferenz vorliegt, so muss es die Eintragung ablehnen[24]. – Zur Beschränkung der registergerichtlichen Prüfkompetenz im Falle einer vereinfachten Sachgründung (§§ 33a, 37a) s. sogleich Rz. 15 ff.

## V. Prüfungsgegenstände nach § 38 Abs. 3

15 § 38 Abs. 3 beschränkt die registergerichtliche Prüfung für den Fall der **Anmeldung einer vereinfachten Sachgründung** (also einer solchen ohne externe Gründungsprüfung) nach §§ 33a, 37a (zum europarechtlichen Hintergrund jener Vorschriften s. § 37a Rz. 1). Abweichend von § 38 Abs. 2 Satz 2, der die Überprüfung der Werthaltigkeit von Sacheinlagen regelt (s. oben Rz. 13 f.), ist das Registergericht nur zu einer **rein formalen Prüfung** befugt[25]. Bezogen auf die gesetzlichen Vorgaben zum vereinfachten Sachgründungsverfahren (die Prüfungszuständigkeit des Gerichts im Übrigen – also nach § 38 Abs. 1 und Abs. 2 Satz 1, vgl. oben Rz. 9 ff. – bleibt unberührt[26]) hat es nach **§ 38 Abs. 3 Satz 1** ausschließlich zu prüfen, ob die von § 37a Abs. 1 und 2 verlangten **Erklärungen** und **Versicherungen** der Anmelder abgegeben worden sind und die nach § 37a Abs. 3 beizufügenden **Bewertungsunterlagen** vorliegen. Das Registergericht überprüft hingegen nicht, ob die von den Anmeldern abgegebenen Erklärungen inhaltlich richtig sind; es hat auch weder Ermittlungen darüber anzustellen, ob die Voraussetzungen nach § 33a Abs. 1 tatsächlich vorliegen, noch ob eine Rückausnahme nach § 33a Abs. 2 (Gegenstand der Negativerklärung gem. § 37a Abs. 2) gegeben ist (s. aber auch sogleich Rz. 16 f.). Das Gericht darf weder eigene Ermittlungen zur Werthaltigkeit der Sacheinlage- oder Sachübernahmegegenstände einleiten noch Erklärungen zur Werthaltigkeit auf ihre Richtigkeit überprüfen, auch nicht, soweit der Gründungsbericht oder die internen Prüfungsberichte entsprechende Angaben

---

[23] *Hüffer*, § 38 AktG Rz. 9; *Pentz* in MünchKomm. AktG, 3. Aufl., § 38 AktG Rz. 60; *Röhricht* in Großkomm. AktG, 4. Aufl., § 38 AktG Rz. 41. Vgl. auch Begr. RegE MoMiG, BT-Drucks. 16/6140, S. 36, zu § 9c Abs. 1 Satz 2 GmbHG n.F.
[24] *Pentz* in MünchKomm. AktG, 3. Aufl., § 38 AktG Rz. 65; *Röhricht* in Großkomm. AktG, 4. Aufl., § 38 AktG Rz. 41 a.E.
[25] Begr. RegE ARUG, BT-Drucks. 16/11642, S. 24.
[26] Begr. RegE ARUG, BT-Drucks. 16/11642, S. 24.

machen²⁷. Angesichts des Fehlens der externen Prüfung durch den Gründungsprüfer erschien dem Gesetzgeber eine materielle Prüfung durch das Gericht als inkonsequent²⁸.

Als **Ausnahme** zu Satz 1 ermöglicht § 38 Abs. 3 Satz 2 dem Gericht jedoch die Ablehnung der Eintragung im Falle einer **offenkundigen und erheblichen Überbewertung**; liegen diese Voraussetzungen vor, muss das Gericht die Eintragung ablehnen. „Erheblich" sind solche Überbewertungen, die – im Sinne von wesentlich bzw. „nicht unwesentlich" nach § 38 Abs. 2 Satz 2 – die tolerable Bandbreite von Bewertungsdifferenzen überschreiten (vgl. oben Rz. 13)²⁹. Die erhebliche Überbewertung muss aber auch „offenkundig" sein. Die Begriffswahl des Gesetzgebers ist an § 291 ZPO angelehnt. Offenkundigkeit im hier maßgeblichen Sinn liegt nur vor, wenn es zur Feststellung der erheblichen Überbewertung keiner weiteren Ermittlungen des Registergerichts bedarf, weil die entsprechenden Tatsachen jedenfalls dem Gericht, etwa aus früheren Verfahren, oder sogar allgemein bekannt sind³⁰. Raum für eigene Ermittlungen des Gerichts soll § 38 Abs. 3 Satz 2 (im Gegensatz zum oben Rz. 12 zu § 38 Abs. 2 Satz 1 Gesagten) nach dem Willen des Gesetzgebers nicht eröffnen. 16

Vom Wortlaut des § 38 Abs. 3 Satz 2 nicht erfasst sind jene Fälle, in denen es – für das Registergericht wiederum offensichtlich – schon an den gesetzlichen Voraussetzungen einer Sachgründung ohne externe Gründungsprüfung nach § 33a fehlt. Hier kann das Gericht nicht zur Eintragung wider besseren Wissens verpflichtet sein. Zu Recht wird in diesen Konstellationen deshalb eine analoge Anwendung von § 38 Abs. 3 Satz 2 befürwortet³¹. 17

## VI. Prüfungsbeschränkungen nach § 38 Abs. 4

Die (wenig glücklich gefasste) Vorschrift des **§ 38 Abs. 4** (zum Hintergrund s. schon oben Rz. 3) beschränkt (wie § 9c Abs. 2 GmbHG) die Prüfungskompetenz des Registergerichts im Blick auf die Bestimmungen der Satzung und modifiziert insoweit die Voraussetzungen, unter denen nach Abs. 1 die Eintragung abgelehnt werden kann. Dabei umschreibt § 38 Abs. 4 abschließend, wann **inhaltliche Mängel der formell wirksam festgestellten Satzung** die Ablehnung der Eintragung zulassen. Die formell wirksame Satzungsfeststellung (unter Beachtung von § 23 Abs. 1 und 2) ist also zunächst zu prüfen³². Fällt das Ergebnis dieser Prüfung negativ aus, hat das Gericht die Eintragung abzulehnen. Andernfalls ist der Inhalt der Satzung unter Beachtung der von § 38 Abs. 4 gezogenen Schranken auf einen etwaigen Gesetzesverstoß zu überprüfen. Im Einzelnen: 18

Nach **Nr. 1** sind alle inhaltlichen Mängel der Satzung (im Sinne mangelhafter, fehlender oder nichtiger Bestimmungen) erheblich, welche (1) obligatorische Satzungsbestimmungen betreffen oder (2) doch solche Tatsachen oder Rechtsverhältnisse, die in das Handelsregister einzutragen oder bekannt zu machen sind. Zu (1) zählen nicht nur die zwingenden Satzungsbestimmungen nach § 23 Abs. 3, sondern auch jene nach §§ 23 Abs. 4, 26, 27. Unter (2) fallen etwaige Satzungsbestimmungen über die 19

---

27 Begr. RegE ARUG, BT-Drucks. 16/11642, S. 24; *Arnold* in KölnKomm. AktG, 3. Aufl., § 38 AktG Rz. 21; *Hüffer*, § 38 AktG Rz. 10a.
28 So Begr. RegE ARUG, BT-Drucks. 16/11642, S. 24.
29 Ähnlich *A. Arnold* in KölnKomm. AktG, 3. Aufl., § 38 AktG Rz. 24.
30 Begr. RegE ARUG, BT-Drucks. 16/11642, S. 24.
31 *A. Arnold* in KölnKomm. AktG, 3. Aufl., § 38 AktG Rz. 22.
32 *Pentz* in MünchKomm. AktG, 3. Aufl., § 38 AktG Rz. 71.

## § 38

Vertretungsbefugnis des Vorstands (§ 39 Abs. 1 Satz 3), über die Dauer der Gesellschaft oder über genehmigtes Kapital (§ 39 Abs. 2).

20 **Nr. 2** betrifft Satzungsbestimmungen, welche (selbst wenn nicht schon von Nr. 1 erfasst) gesetzliche Vorschriften verletzen, die ausschließlich oder überwiegend zum Schutz der Gläubiger der Gesellschaft oder sonst im öffentlichen Interesse gegeben sind. Nr. 2 nimmt somit Bezug auf die letzten beiden in § 241 Nr. 3 aufgeführten Varianten mit den dazu entwickelten Grundsätzen[33].

21 Schließlich stellt **Nr. 3** auf Satzungsmängel ab, die (auch wenn sie nicht die Voraussetzungen von Nr. 1 und 2 erfüllen) Gesamtnichtigkeit der Satzung zur Folge haben, was bei nichtigen Satzungsbestimmungen nach § 139 BGB im Zweifel aber gerade der Fall ist[34].

### VII. Zuständigkeit, Verfahren, Kosten der Eintragung

22 Sachlich und örtlich **zuständig** ist das Amtsgericht des Gesellschaftssitzes als Registergericht (§ 14 AktG, § 23a GVG, §§ 376, 377 FamFG)[35]. Bei doppeltem Gesellschaftssitz (s. dazu die Erläuterungen zu § 5 Rz. 9 ff.) prüft jedes Gericht unabhängig und eigenständig vom anderen[36]. Die funktionale Zuständigkeit liegt beim Richter, §§ 3 Nr. 2d, 17 Nr. 1a RPflG.

23 Das **Verfahren** bestimmt sich nach dem FamFG und nach §§ 23 ff. HRV. Liegen alle formellen und materiellen Eintragungsvoraussetzungen vor, so muss das Registergericht die Eintragung vornehmen. Nimmt der Richter die (elektronische) Eintragung (und Bekanntmachung) nicht selbst vor, so verfügt er die Eintragung (und Bekanntmachung) durch den Urkundsbeamten der Geschäftsstelle. Aus der Eintragungsverfügung muss sich der Wortlaut der Eintragung (und ggf. der davon abweichenden Bekanntmachung) ergeben; s. näher §§ 27, 28 HRV. Ist die Anmeldung fehlerhaft, aber der Mangel behebbar, hat das Gericht per Zwischenverfügung eine Frist zur Beseitigung des Mangels zu setzen (§ 382 Abs. 4 Satz 1 FamFG, bislang § 26 Satz 2 HRV). Ist die Errichtung oder Anmeldung nicht ordnungsgemäß erfolgt, muss das Gericht die Eintragung unter Mitteilung der Gründe ablehnen. Gegen Ablehnungen und Zwischenverfügungen besteht das Rechtsmittel der Beschwerde zum Landgericht nach §§ 58 ff. FamFG, gegen die Entscheidung des Beschwerdegerichts ggf. Rechtsbeschwerde nach Maßgabe der §§ 70 ff. FamFG. Beschwerdebefugt ist die Vorgesellschaft und nach verbreiteter Ansicht jeder einzelne Gründer[37].

24 Die Eintragung ist **gebührenpflichtig** (§§ 79 Abs. 1, 79a KostO); die Bemessung der Gebühren erfolgt aber nur noch nach tatsächlichem Aufwand gem. Handelsregistergebührenverordnung vom 30.9.2004[38] (Ziff. 2102, 2103, 2105)[39]. Kostenschuldner sind nach § 2 Nr. 1 KostO gesamtschuldnerisch die Gründer sowie die Gesellschaft selbst.

---

33 S. dazu *Pentz* in MünchKomm. AktG, 3. Aufl., § 38 AktG Rz. 80 ff.; *Röhricht* in Großkomm. AktG, 4. Aufl., § 38 AktG Rz. 56 ff.
34 S. dazu auch *Röhricht* in Großkomm. AktG, 4. Aufl., § 38 AktG Rz. 55; enger *Pentz* in MünchKomm. AktG, 3. Aufl., § 38 AktG Rz. 76.
35 Zur Konzentrationsvorschrift des § 376 FamFG (bislang § 125 FGG) und zu ihrer Umsetzung durch die verschiedenen Bundesländer s. *Krafka/Willer/Kühn*, Registerrecht, Rz. 12 f.
36 OLG Düsseldorf v. 29.5.1987 – 3 W 447/85, AG 1988, 50, 51; *Hüffer*, § 38 AktG Rz. 15; *Pentz* in MünchKomm. AktG, 3. Aufl., § 38 AktG Rz. 9.
37 Zum Ganzen *A. Arnold* in KölnKomm. AktG, 3. Aufl., § 38 AktG Rz. 34; *Hüffer*, § 38 AktG Rz. 16 f.; *Pentz* in MünchKomm. AktG, 3. Aufl., § 38 AktG Rz. 10 ff.; *Röhricht* in Großkomm. AktG, 4. Aufl., § 38 AktG Rz. 43 f.
38 BGBl. I 2004, 2562 mit mehrfachen Änderungen.
39 Näher *Hüffer*, § 38 AktG Rz. 18.

## § 39
## Inhalt der Eintragung

**(1)** Bei der Eintragung der Gesellschaft sind die Firma und der Sitz der Gesellschaft, eine inländische Geschäftsanschrift, der Gegenstand des Unternehmens, die Höhe des Grundkapitals, der Tag der Feststellung der Satzung und die Vorstandsmitglieder anzugeben. Wenn eine Person, die für Willenserklärungen und Zustellungen an die Gesellschaft empfangsberechtigt ist, mit einer inländischen Anschrift zur Eintragung in das Handelsregister angemeldet wird, sind auch diese Angaben einzutragen; Dritten gegenüber gilt die Empfangsberechtigung als fortbestehend, bis sie im Handelsregister gelöscht und die Löschung im Handelsregister bekannt gemacht worden ist, es sei denn, dass die fehlende Empfangsberechtigung dem Dritten bekannt war. Ferner ist einzutragen, welche Vertretungsbefugnis die Vorstandsmitglieder haben.

**(2)** Enthält die Satzung Bestimmungen über die Dauer der Gesellschaft oder über das genehmigte Kapital, so sind auch diese Bestimmungen einzutragen.

| | |
|---|---|
| I. Gegenstand der Regelung ........ 1 | 3. Ggf. zusätzlicher Inhalt nach § 39 Abs. 2 ................ 7 |
| II. Inhalt der Eintragung .......... 3 | III. Wirkung der Eintragung; Eintragungsmängel; Mitteilungen .......... 8 |
| 1. Notwendiger Inhalt nach § 39 Abs. 1 Satz 1 und 3 ................ 3 | |
| 2. Zusätzliche empfangsberechtigte Person nach § 39 Abs. 1 Satz 2 ..... 6 | IV. Bekanntmachung der Eintragung; Einsichtnahme in das Handelsregister .. 10 |

**Literatur:** S. zu § 36.

## I. Gegenstand der Regelung

§ 39 ist eine verfahrensrechtliche Bestimmung des Gründungsrechts und bestimmt den **Inhalt der erstmaligen Eintragung in das Handelsregister**. Es ist samt Eintragungstag einzutragen in das für die Gesellschaft angelegte Registerblatt (§ 13 Abs. 1 HRV) in Abteilung B des (elektronisch geführten, vgl. § 8 Abs. 1 HGB) Handelsregisters (s. §§ 3 Abs. 3, 27 Abs. 4, 43 HRV)[1]. Zur Bekanntmachung der Eintragung s. unten Rz. 10.

Die Vorschrift entspricht – abgesehen vom heutigen Abs. 1 Satz 2 – im Wesentlichen dem AktG 1965; § 39 Abs. 1 Satz 3 (Vertretungsbefugnis der Vorstandsmitglieder) war – noch als Abs. 1 Satz 2 – in Umsetzung der Ersten Richtlinie des Rates der Europäischen Gemeinschaften zur Koordinierung des Gesellschaftsrechts (Publizitätsrichtlinie 68/151/EWG; s. § 37 Rz. 19) eingefügt worden[2]. Durch Art. 5 Nr. 4 MoMiG[3] wurde in § 39 Abs. 1 Satz 1 das Erfordernis der Eintragung einer inländischen Geschäftsanschrift sowie – Satz 2 neu – einer angemeldeten empfangsberechtigten Person eingefügt; der bisherige Satz 2 von § 39 Abs. 1 ist seither Satz 3.

---

1 Zu Amtshaftungsansprüchen in diesem Zusammenhang vgl. BGH v. 24.6.1982 – III ZR 19/81, BGHZ 84, 285, 287.
2 Durch das Koordinierungsgesetz vom 15.8.1969, BGBl. I 1969, 1146.
3 Gesetz zur Modernisierung des GmbH-Rechts und zur Bekämpfung von Missbräuchen vom 23.10.2008, BGBl. I 2008, 2026.

## II. Inhalt der Eintragung

### 1. Notwendiger Inhalt nach § 39 Abs. 1 Satz 1 und 3

3 Um den Zweck der Norm (Publizität der wesentlichen Verhältnisse der Gesellschaft) zu erreichen, sind nach § 39 Abs. 1 Satz 1 im Einzelnen zwingend einzutragen: **1.** Die **Firma** der Gesellschaft (§§ 4, 23 Abs. 3 Nr. 1). **2.** Der **Sitz** der Gesellschaft (§§ 5, 23 Abs. 3 Nr. 1), bei Doppelsitz jeweils beide Sitze. **3.** Eine **inländische Geschäftsanschrift** (§ 37 Abs. 3 Nr. 1; dazu § 37 Rz. 22 ff.). **4.** Der **Gegenstand des Unternehmens** (§§ 3, 23 Abs. 3 Nr. 2). **5.** Die **Höhe des Grundkapitals** nach Maßgabe der Satzungsbestimmung (§ 23 Abs. 3 Nr. 3), unabhängig von bereits geleisteten Einlagen. **6.** Der **Tag der Feststellung der Satzung** (§ 23 Abs. 1 Satz 1), wobei der Tag der Errichtung der Urkunde maßgeblich ist. Es müssen alle Urkunden, auf denen die Satzungsfeststellung basiert, mit Datum eingetragen werden, bei sukzessiver Beurkundung jeder Beurkundungstag[4]. Bei Mitwirkung eines vollmachtlosen Vertreters an der Feststellung der Satzung ist wegen der Rückwirkung der Genehmigung nach § 184 BGB ebenfalls der Tag der Feststellung (nicht der Tag der Genehmigung) einzutragen[5]. **7.** Die **Vorstandsmitglieder** (auch die stellvertretenden, § 94) entsprechend der Urkunde über die Bestellung des Vorstands, die der Anmeldung nach § 37 Abs. 4 Nr. 3 beizufügen ist (s. § 37 Rz. 31). Nach § 24 Abs. 1, § 43 Nr. 4b HRV sind Familienname und Vorname, Geburtsdatum und Wohnort, nicht aber die Privatanschrift[6], einzutragen; der Vorstandsvorsitzende ist besonders zu bezeichnen.

4 Ebenfalls zwingend einzutragen ist **8.** Die **Vertretungsbefugnis** der Vorstandsmitglieder nach § 39 Abs. 1 Satz 3. Die Vorschrift korrespondiert mit § 37 Abs. 3 Nr. 2, wonach bei der Anmeldung der Gesellschaft Art und Umfang der Vertretungsbefugnis der Vorstandsmitglieder anzugeben ist (dazu § 37 Rz. 25); zur Prüfung durch das Registergericht s. schon § 37 Rz. 26.

5 Die Aufsichtsratsmitglieder werden nicht ins Handelsregister eingetragen. Nach § 37 Abs. 4 Nr. 3a ist der Anmeldung der Gesellschaft aber eine **Liste der Mitglieder des Aufsichtsrats** beizufügen, aus der Familienname, Vorname, ausgeübter Beruf und Wohnort der Aufsichtsratsmitglieder (nicht ihre Privatanschriften) ersichtlich sind (s. § 37 Rz. 32). Bei Änderungen in den Personen der Aufsichtsratsmitglieder hat der Vorstand unverzüglich eine aktualisierte Liste einzureichen (§ 106, s. die Erläuterungen dort). Die Liste der Aufsichtsratsmitglieder wird zu den Registerakten (§ 8 HRV) genommen und in den (elektronisch geführten) **Registerordner** eingestellt (§ 9 HRV); sie ist dort nach Maßgabe von § 9 HGB online abrufbar (s. auch unten Rz. 10).

### 2. Zusätzliche empfangsberechtigte Person nach § 39 Abs. 1 Satz 2

6 Anders als bei den Angaben nach § 39 Abs. 1 Satz 1 und 3 handelt es sich bei der **empfangsberechtigten Person mit inländischer Anschrift** nach § 39 Abs. 1 Satz 2 n.F. nicht um eine eintragungspflichtige Angabe, sondern um eine bloße Option für die Aktiengesellschaft[7]; macht die Gesellschaft von der Option zu einer solchen Anmeldung Gebrauch, sind diese Angaben ebenfalls in das Handelsregister einzutragen. Durch die Eintragung einer empfangsberechtigten Person soll es der Gesellschaft als

---

[4] *Hüffer*, § 39 AktG Rz. 2; *Döbereiner* in Spindler/Stilz, § 39 AktG Rz. 6; *Pentz* in MünchKomm. AktG, 3. Aufl., § 39 AktG Rz. 12; *Röhricht* in Großkomm. AktG, 4. Aufl., § 39 AktG Rz. 2.
[5] *Pentz* in MünchKomm. AktG, 3. Aufl., § 39 AktG Rz. 12 m.w.N.
[6] Zum Schutz der Privatanschrift im elektronischen Handels- und Unternehmensregister s. *Seibert/Wedemann*, GmbHR 2007, 17.
[7] S. Begr. RegE MoMiG, BT-Drucks. 16/6140, S. 36 f. zur Parallelvorschrift des § 10 Abs. 2 Satz 2 GmbHG.

„zweite Chance" ermöglicht werden, die erleichterte öffentliche Zustellung nach § 15a HGB, § 185 Nr. 2 ZPO zu verhindern[8], wenn Zustellungen an ihre inländische Geschäftsanschrift (dazu oben Rz. 3 und § 37 Rz. 22 ff.) scheitern. Auch an die Anschrift des zusätzlichen Empfangsberechtigten können gegenüber der Gesellschaft Willenserklärungen abgegeben und Schriftstücke zugestellt werden: § 78 Abs. 2 Satz 4 (s. die Erläuterungen dort). Da § 15 HGB mangels einer eintragungspflichtigen Tatsache keine Anwendung findet, ordnet § 39 Abs. 1 Satz 2 Halbsatz 2 gegenüber Dritten eine **Fiktion** fortbestehender Empfangsberechtigung an, bis die Eintragung der Empfangsberechtigung im Handelsregister gelöscht und die Löschung bekannt gemacht worden ist – es sei denn, dass die tatsächlich fehlende Empfangsberechtigung dem Dritten bekannt war. Erfasst werden sowohl Fälle, in denen die Empfangsberechtigung widerrufen wurde und der Widerruf noch nicht eingetragen und bekannt gemacht worden ist, als auch solche, in denen der Eintragung schon keine Erteilung einer Empfangsberechtigung zugrunde liegt[9]. Die Zustellung an die Empfangsperson selbst wird dagegen nicht fingiert[10]; scheitert sie aus tatsächlichen Gründen (etwa weil der Empfangsberechtigte unter der eingetragenen Anschrift keine Empfangsvorkehrungen mehr unterhält, er dort also nicht mehr erreichbar ist), bleibt nur die öffentliche Zustellung.

### 3. Ggf. zusätzlicher Inhalt nach § 39 Abs. 2

Wenn die Satzung entsprechende Regelungen enthält, ist auch die **Dauer** der Gesellschaft einzutragen, damit zu erkennen ist, ob die Gesellschaft aufgelöst (s. § 262 Abs. 1 Nr. 1) oder noch werbend tätig ist. Etwaige Bestimmungen über ein **genehmigtes Kapital** (§ 202 Abs. 1) sind ebenso einzutragen. Einzutragen (wenn auch nicht notwendig mit der Ersteintragung der Gesellschaft) ist zudem ein Beschluss über **bedingtes Kapital** im Gründungsstadium (§ 192 AktG; § 43 Nr. 6b gg HRV)[11]. 7

## III. Wirkung der Eintragung; Eintragungsmängel; Mitteilungen

Mit der Eintragung entsteht die Gesellschaft als juristische Person, § 41 Abs. 1 Satz 1. Etwaige **Gründungsmängel** werden durch die Eintragung **geheilt**, sofern nicht ausnahmsweise die Voraussetzungen nach § 275 AktG, §§ 397, 399 FamFG vorliegen (s. die Erläuterungen bei § 275) oder der Mangel die Identifizierung der Gesellschaft verhindert[12]. Ohne Anmeldung vorgenommene Eintragungen kann das Registergericht von Amts wegen löschen, § 395 FamFG. Schreibversehen und andere offenbare Unrichtigkeiten in einer Eintragung werden von Amts wegen berichtigt (s. § 17 HRV), unterbliebene Eintragungen ggf. nachgeholt[13]. Nicht oder fehlerhaft eingetragene Satzungsbestimmungen bleiben zwar wirksam, können aber Dritten mangels Publizität regelmäßig (sofern sie keine Kenntnis haben) nicht entgegengehalten werden (§ 15 Abs. 1 HGB); der Dritte kann sich auf eine unrichtig bekannt gemachte Tatsache berufen, sofern er keine Kenntnis von der Unrichtigkeit hat (§ 15 Abs. 3 HGB). 8

---

8 Dazu erläuternd *Seibert*, ZIP 2006, 1157, 1164 ff.
9 *A. Arnold* in KölnKomm. AktG, 3. Aufl., § 39 AktG Rz. 15.
10 Begr. RegE MoMiG, BT-Drucks. 16/6140, S. 37.
11 Dazu etwa *A. Arnold* in KölnKomm. AktG, 3. Aufl., § 39 AktG Rz. 18; *Hüffer*, § 39 AktG Rz. 4; *Pentz* in MünchKomm. AktG, 3. Aufl., § 39 AktG Rz. 18.
12 Zu diesen Fällen etwa *Pentz* in MünchKomm. AktG, 3. Aufl., § 39 AktG Rz. 23 f.; *Röhricht* in Großkomm. AktG, 4. Aufl., § 39 AktG Rz. 10.
13 *Hüffer*, § 39 AktG Rz. 6; *Pentz* in MünchKomm. AktG, 3. Aufl., § 39 AktG Rz. 25.

9 Nach § 383 Abs. 1 FamFG ist jede Eintragung demjenigen, welcher sie beantragt hat, bekannt zu geben, sofern hierauf nicht verzichtet worden ist. Außerdem ergeht eine **Mitteilung der Eintragung** an die örtlich zuständige Industrie- und Handelskammer (ggf. die Handwerks- oder Landwirtschaftskammer) nach § 37 HRV.

## IV. Bekanntmachung der Eintragung; Einsichtnahme in das Handelsregister

10 Das **Registergericht macht die Eintragungen** in das Handelsregister **elektronisch** in dem nach Landesrecht bestimmten Informations- und Kommunikationssystem **bekannt**, wobei auch ein länderübergreifendes System eingerichtet werden kann (§ 10 i.V.m. § 9 HGB)[14]. Über ein solches elektronischen Informations- und Kommunikationssystem ist (nach § 9 HGB) auch die **Einsichtnahme** in das Handelsregister sowie in den für jedes Registerblatt (§ 13 Abs. 1 HRV) angelegten **Registerordner** (§ 9 HRV) möglich[15], in den die unbeschränkter Einsicht unterliegenden Dokumente eingestellt werden[16]. Der Zugang zu den bei den Registergerichten geführten Daten der Handelsregister (sowie zu anderen Unternehmensinformationen) ist zudem über das mit §§ 8b, 9a HGB eingerichtete **Unternehmensregister** gegeben[17], das ebenfalls elektronisch geführt wird und als zentrales Zugangsportal für alle wesentlichen publizitätspflichtigen Unternehmensdaten fungiert[18].

11 Eine zusätzliche Bekanntmachung der Handelsregistereintragungen auf andere Weise (wie nach §§ 10, 11 HGB a.F.: durch den Papier-Bundesanzeiger und mindestens ein anderes Blatt) ist angesichts des leichten Zugriffs über das Internet (zu ermöglichen auch auf der Geschäftsstelle des Registergerichts; § 10 HRV) überflüssig geworden. Die übergangsweise geltende Verpflichtung der Registergerichte, die Eintragungen zusätzlich zur elektronischen Bekanntmachung auch in einer Tageszeitung oder einem sonstigen Blatt bekannt zu machen (dazu 1. Aufl. Rz. 9), lief zum Jahresende 2008 aus.

12 In der skizzierten Weise bekannt zu machen sind nur noch die Eintragungen im Handelsregister. Deshalb war **§ 40 a.F.**, der – über den Inhalt der Eintragung hinaus – auch die Bekanntmachung weiterer (nicht einzutragender) Gegenstände anordnete (bestimmte Festsetzungen der Satzung, Ausgabebetrag der Aktien, Name und Wohnort der Gründer, Personalien der Mitglieder des ersten Aufsichtsrats), durch Art. 9 Nr. 2 EHUG[19] **aufgehoben** worden. Über den Online-Zugriff auf die in den Registerordner eingestellten Dokumente ist eine Information auch über nicht eintragungspflichtige Gegenstände nunmehr leicht möglich.

---

14 S. www.handelsregisterbekanntmachungen.de.
15 S. www.handelsregister.de.
16 Zu weiteren Einzelheiten, auch zur Übermittlung von Registerauszügen in elektronischer oder in Papierform sowie zu den Kosten von Bekanntmachungen und Einsichtnahmen s. etwa *Seibert/Decker*, DB 2006, 2446, 2448 f.; *Noack*, NZG 2006, 801, 802 ff.
17 www.unternehmensregister.de. Die Führung des Unternehmensregisters ist durch § 1 der Verordnung über die Übertragung der Führung des Unternehmensregisters und die Einreichung von Dokumenten beim Betreiber des elektronischen Bundesanzeigers vom 15.12.2006 (BGBl. I 2006, 3202) der Bundesanzeiger Verlagsgesellschaft mbH, Köln, übertragen worden.
18 Einführend *Clausnitzer/Blatt*, GmbHR 2006, 1303, 1304 f.; *Seibert/Decker*, DB 2006, 2446, 2449 f.
19 Gesetz über elektronische Handelsregister und Genossenschaftsregister sowie das Unternehmensregister vom 10.11.2006, BGBl. I 2006, 2553.

## § 40
*(weggefallen)*

Der frühere § 40, der auch die Bekanntmachung einzelner nicht in das Handelsregister einzutragender Gegenstände anordnete (bestimmte Festsetzungen der Satzung, Ausgabebetrag der Aktien, Name und Wohnort der Gründer, Personalien der Mitglieder des ersten Aufsichtsrats) ist mit Wirkung zum 1.1.2007 aufgehoben worden durch Art. 9 Nr. 2 des Gesetzes über elektronische Handelsregister und Genossenschaftsregister sowie das Unternehmensregister (EHUG) vom 10.11.2006 (BGBl. I 2006, 2553). Nach Inkrafttreten des EHUG sind nur noch die Handelsregistereintragungen bekannt zu machen. Über den online-Zugriff auf alle in den Registerordner eingestellten Dokumente ist eine Information auch über nicht eintragungspflichtige Gegenstände nunmehr leicht möglich. Zu näheren Einzelheiten s. § 39 Rz. 12.

## § 41
## Handeln im Namen der Gesellschaft vor der Eintragung. Verbotene Aktienausgabe

**(1)** Vor der Eintragung in das Handelsregister besteht die Aktiengesellschaft als solche nicht. Wer vor der Eintragung der Gesellschaft in ihrem Namen handelt, haftet persönlich; handeln mehrere, so haften sie als Gesamtschuldner.

**(2)** Übernimmt die Gesellschaft eine vor ihrer Eintragung in ihrem Namen eingegangene Verpflichtung durch Vertrag mit dem Schuldner in der Weise, dass sie an die Stelle des bisherigen Schuldners tritt, so bedarf es zur Wirksamkeit der Schuldübernahme der Zustimmung des Gläubigers nicht, wenn die Schuldübernahme binnen drei Monaten nach der Eintragung der Gesellschaft vereinbart und dem Gläubiger von der Gesellschaft oder dem Schuldner mitgeteilt wird.

**(3)** Verpflichtungen aus nicht in der Satzung festgesetzten Verträgen über Sondervorteile, Gründungsaufwand, Sacheinlagen oder Sachübernahmen kann die Gesellschaft nicht übernehmen.

**(4)** Vor der Eintragung der Gesellschaft können Anteilsrechte nicht übertragen, Aktien oder Zwischenscheine nicht ausgegeben werden. Die vorher ausgegebenen Aktien oder Zwischenscheine sind nichtig. Für den Schaden aus der Ausgabe sind die Ausgeber den Inhabern als Gesamtschuldner verantwortlich.

| | |
|---|---|
| I. Allgemeines ................ 1 | 5. Binnenverfassung der Vor-AG .... 19 |
| II. Die Vorgesellschaft .......... 2 | III. Handelndenhaftung (§ 41 Abs. 1 |
| 1. Rechtsfähigkeit der Vorgesellschaft . 3 | Satz 2) ................ 23 |
| 2. Rechtsnatur der Vorgesellschaft .... 4 | 1. Voraussetzungen ............ 24 |
| 3. Vertretung der Vorgesellschaft ..... 6 | 2. Rechtsfolge ................ 27 |
| 4. Haftung in der Vorgesellschaft ..... 8 | 3. Ende der Haftung ............ 28 |
| a) Haftung der Gesellschaft ....... 8 | IV. Schuldübernahme (§ 41 Abs. 2) .... 29 |
| b) Haftung der Gründer ......... 10 | V. Verpflichtung ohne Satzungspubli- |
| aa) Vorbelastungshaftung ...... 11 | zität (§ 41 Abs. 3) ............ 31 |
| bb) Verlustdeckungspflicht bei | VI. Übertragungs- und Ausgabeverbot |
| geschreiterter Gründung..... 14 | (§ 41 Abs. 4) ................ 32 |
| cc) Rechtslage nach Eintragung .. 18 | |

## § 41

**Literatur:** *Altmeppen,* Konkursantragspflicht in der Vor-GmbH?, ZIP 1997, 273; *Bergmann,* Die neue Handelndenhaftung, GmbHR 2004, 1153; *Beuthien,* Regeln die Vorschriften über die Handelndenhaftung einen Sonderfall des Handelns ohne Vertretungsmacht? – Zum Verhältnis der §§ 54 S. 2 BGB, 11 Abs. 2 GmbHG, 41 Abs. 1 S. 2 AktG zu § 179 BGB, GmbHR 1996, 561; *Drygala,* Stammkapital heute – Zum veränderten Verständnis vom System des festen Kapitals und seinen Konsequenzen, ZGR 2006, 587; *Drygala,* Anmerkung zu BGH v. 23.10.2006 – ZR 162/05, JZ 2007, 997; *Eidenmüller/Engert,* Rechtsökonomik des Mindestkapitals im GmbH-Recht, GmbHR 2005, 433; *Ernsthaler,* Haftung der Gesellschafter einer Vor-GmbH: Innenhaftung oder Außenhaftung, BB 1997, 257; *Fahrenkopf/Cahn,* Differenzhaftung im Aktienrecht?, AG 1985, 209; *Gehrlein,* Rechtsprechungsübersicht zum GmbH-Recht in den Jahren 2001–2004: GmbH-Gründung, Ausscheiden eines Gesellschafters und Gesellschafterhaftung, BB 2004, 2361; *Grooterhorst,* Praktische Probleme beim Erwerb einer Vorrats-AG, NZG 2001, 145; *Heidinger,* Die Haftung und die Vertretung in der Gründungsphase der GmbH im Vergleich zur (kleinen) Aktiengesellschaft, GmbHR 2003, 189; *Heine/Röpke,* Die Rolle von Qualitätssignalen – eine ökonomische und juristische Analyse am Beispiel der deutschen Kapitalschutzvorschriften, RabelsZ 70 (2006), 138; *Hommelhoff/Freytag,* Wechselseitige Einflüsse von GmbH- und Aktienrecht, DStR 1997, 1367, 1409; *Keil,* Zur Kündigung und Abwicklung einer Vor-AG, DZWiR 2007, 205; *Lieb,* Zum Spannungsverhältnis zwischen Vorbelastungshaftung und Differenzhaftung – Versuch einer Harmonisierung –, in FS Zöllner, 1998, S. 347; *A. Meyer,* Die Abhängigkeit der Haftung des Handelnden von der Vertretungsmacht für die Vor-GmbH – Zugleich eine Darstellung der Rechtsverhältnisse im Gründungsstadium, GmbHR 2002, 1176; *Meister,* Zur Vorbelastungsproblematik und zur Haftungsverfassung der Vorgesellschaft bei der GmbH, in FS Werner, 1984, S. 521; *Raiser,* Gesamthand und juristische Person im Licht des neuen Umwandlungsrechts, AcP 194 (1994), 495; *Roth,* Qualität und Preis am Markt für Gesellschaftsformen, ZGR 2005, 348; *K. Schmidt,* Außenhaftung und Innenhaftung bei der Vor-GmbH – Der BGH und der Vorlagebeschluss des BAG, ZIP 1996, 353; *K. Schmidt,* Zur Übertragung von Vor-Gesellschaftsanteilen, GmbHR 1997, 869; *K. Schmidt,* § 41 Abs. 2 AktG eine gegenstandslose und verfehlte Bestimmung, in FS Kraft, 1998, S. 573; *Stoppel,* Vinkulierungsklauseln in der Vorgesellschaft und bei der Umwandlung, WM 2008, 147; *Timm,* Die Rechtsfähigkeit der Gesellschaft bürgerlichen Rechts und ihre Haftungsverfassung, NJW 1995, 3209; *Ulmer,* Abschied vom Vorbelastungsverbot im Gründungsstadium der GmbH, ZGR 1981, 593; *Weimar,* Entwicklungen im Recht der werdenden Aktiengesellschaft, DStR 1997, 1170; *Werner,* Aktiengesellschaften von der Stange?, NZG 2001, 397; *Wiedemann,* Zur Haftungsverfassung der Vor-AG – Der Gleichlauf von Gründerhaftung und Handelnden-Regress, ZIP 1997, 2029.

## I. Allgemeines

1  Die Norm regelt in Abs. 1 ansatzweise die **Verhältnisse der Gesellschaft** in der Zeit zwischen der Errichtung (§ 29) und der Eintragung in das Handelsregister (§ 39). Es besteht in dieser Zeit die so genannte **Vor-AG**. Die Norm trifft ferner Bestimmungen über eine erleichterte Schuldübernahme nach Eintragung (Abs. 2), trifft begrenzende Regeln über in der Satzung nicht festgelegte Belastungen (Abs. 3) und enthält schließlich in Abs. 4 ein Verfügungsverbot über die Mitgliedschaft im Gründungsstadium sowie ein Ausgabeverbot für Aktien. Ferner enthält Abs. 1 Satz 2 eine persönliche Haftung für Handlungen im Namen der Gesellschaft vor Eintragung (**Handelndenhaftung**). Zu Erwerb und Fortführung einer bereits gegründeten AG (**Mantel- oder Vorratsgründung**) s. bei § 23 Rz. 39 ff.

## II. Die Vorgesellschaft

2  Die Vorgesellschaft ist zu unterscheiden von der **Vorgründungsgesellschaft**, die in der Zeit vor der Errichtung der Gesellschaft i.S. des § 29 besteht. In dieser Zeit besteht nur ein Zusammenschluss von Personen, die den gemeinsamen Zweck verfolgen, eine AG zu gründen. Dieser Zusammenschluss ist regelmäßig eine GbR; wenn zu die-

ser Zeit bereits eine Geschäftstätigkeit entfaltet wird, kann auch eine OHG vorliegen[1].

### 1. Rechtsfähigkeit der Vorgesellschaft

Die Formulierung in § 41 Abs. 1 betreffend das Nichtbestehen der AG „als solche" darf auf keinen Fall dahin missverstanden werden, dass in dem fraglichen Zeitraum keine Gesellschaft bestünde. Das wäre mit der Konzeption des Gesetzes unvereinbar, nach der z.B. „die Gesellschaft" beim Handelsregister anzumelden ist (§ 36) und Einlagen, vor allem Sacheinlagen, an „die Gesellschaft" zu übereignen sind (§ 36a Abs. 2). § 41 Abs. 1 muss daher so gelesen werden, dass zwar eine rechtsfähige Gesellschaft (**Vorgesellschaft**) besteht, diese aber bis zur Eintragung in das Handelsregister noch keine AG ist. Diese Lehre von der Vorgesellschaft ist von Literatur und Rechtsprechung rechtsfortbildend zum Recht der GmbH entwickelt worden[2], es bestehen aber keine Zweifel daran, dass die Rechtslage für die AG identisch ist[3]. Der BGH wendet inzwischen die für die GmbH entwickelten Grundsätze ohne nähere Diskussion auch auf die AG im Gründungsstadium an[4]. 3

### 2. Rechtsnatur der Vorgesellschaft

Einigkeit besteht darin, dass die Vorgesellschaft nicht in das **Schema der bestehenden Gesellschaftsformen** eingeordnet werden kann, also insbesondere weder GbR noch OHG ist[5]. Die diesbezüglichen Regeln, z.B. das Gebot der Selbstorganschaft, wären für die Vorgesellschaft ungeeignet und entsprechen nicht dem Interesse der Gründer[6]. Die Vorgesellschaft ist vielmehr eine Rechtsform eigener Art, die den Regeln der endgültig angestrebten Gesellschaftsform folgt, sofern diese nicht zwingend die Eintragung in das Handelsregister voraussetzen[7]. Ihrer Rechtnatur nach wird diese Gesellschaftsform überwiegend den **Gesamthandsgesellschaften** zugeordnet[8]. Diese Ansicht ist unrichtig geworden, nachdem das Gesetz die Einmanngründung zulässt und zugleich das entstandene Gebilde gleichwohl als „Gesellschaft" ansieht[9]. Eine Gesamthandsgesellschaft muss zwingend aus mindestens zwei Personen bestehen, da eine Vermögensmasse einer Einzelperson nicht „zur gesamten Hand" zustehen kann[10]. Die Annahme, dass im Fall der **Einpersonengründung** dann eben gar keine 4

---

1 BAG v. 12.7.2006 – 5 AzR 613/05, ZIP 2009, 1672 f.; OLG Stuttgart v. 27.2.2002 – 9 U 205/01, NZG 2002, 910, 911; *K. Schmidt* in Großkomm. AktG, 4. Aufl., § 41 AktG Rz. 28; *M. Arnold* in KölnKomm. AktG, 3. Aufl., § 41 AktG Rz. 8 ff.; *Heidinger* in Spindler/Stilz, § 41 AktG Rz. 21; *Gehrlein*, BB 2004, 2361.
2 *Hüffer*, § 41 AktG Rz. 2; *Pentz* in MünchKomm. AktG, 3. Aufl., § 41 AktG Rz. 23.
3 *Hüffer*, § 41 AktG Rz. 2; *Pentz* in MünchKomm. AktG, 3. Aufl., § 41 AktG Rz. 23; *Hoffmann-Becking* in MünchHdb. AG, § 3 Rz. 36.
4 BGH v. 14.6.2004 – II ZR 47/02, BB 2004, 1585 = AG 2004, 508.
5 *Hüffer*, § 41 AktG Rz. 4; *Pentz* in MünchKomm. AktG, 3. Aufl., § 41 AktG Rz. 24; *Heidinger* in Spindler/Stilz, § 41 AktG Rz. 27; *Wiedemann*, ZIP 1997, 2029; *M. Arnold* in KölnKomm. AktG, 3. Aufl., § 41 AktG Rz. 17.
6 *Pentz* in MünchKomm. AktG, 3. Aufl., § 41 AktG Rz. 24; *Dregger*, Haftungsverhältnisse, 1951, S. 74 f.
7 *Hüffer*, § 41 AktG Rz. 4; *Pentz* in MünchKomm. AktG, 3. Aufl., § 41 AktG Rz. 9, 24; *v. Godin/Wilhelmi*, § 29 AktG Anm. 4; *Heidinger* in Spindler/Stilz, § 41 AktG Rz. 27; *M. Arnold* in KölnKomm. AktG, 3. Aufl., § 41 AktG Rz. 17.
8 BGH v. 9.3.1981 – II ZR 54/80, BGHZ 80, 129, 135; *Hüffer*, § 41 AktG Rz. 4; *Pentz* in MünchKomm. AktG, 3. Aufl., § 41 AktG Rz. 9; *Hueck/Fastrich* in Baumbach/Hueck, § 11 GmbHG Rz. 7; nur für die Mehrpersonengründung zustimmend *M. Arnold* in KölnKomm. AktG, 3. Aufl., § 41 AktG Rz. 18; ohne Festlegung *Heidinger* in Spindler/Stilz, § 41 AktG Rz. 27.
9 Grundlegend *K. Schmidt*, GesR, § 11 IV 3., 4.
10 *Gummert* in MünchHdb. GmbH, 2. Aufl. 2003, § 16 Rz. 7; *Schmidt-Leithoff* in Rowedder/Schmidt-Leithoff, § 11 GmbHG Rz. 61, 143 f.

Vorgesellschaft bestehe und allein der Gründer als Rechtsträger anzusehen sei[11], kann ebenso wenig überzeugen, da diese Ansicht der Gesellschaft keine wirksamen Einlageansprüche verschafft und die erbrachten Einlagen nicht gegen einen Zugriff der Gläubiger des Gründers absichert. Zudem muss fingiert werden, dass die bereits bestellten Organe nicht für die Gesellschaft, sondern für den Gründer handeln[12]. Wenig konsequent und nicht überzeugend ist es zudem, für die Einpersonen-Vorgesellschaft einerseits und für die von mehreren Personen gegründete Vorgesellschaft andererseits jeweils eine vollkommen unterschiedliche Rechtsnatur anzunehmen[13], da das Gesetz hinsichtlich des Gründungsvorgangs und damit auch hinsichtlich der Rechtsnatur der so entstehenden Gesellschaften nicht zwischen den beiden Erscheinungsformen unterscheidet.

5 Überzeugender ist vielmehr, davon auszugehen, dass bereits die Vorgesellschaft eine **juristische Person** ist, die im Rechtsverkehr und gegenüber dem Gründer als solche ihre eigenen Rechte und Pflichten hat[14]. Die noch fehlende Handelsregistereintragung steht dem nicht zwingend entgegen, da die Abneigung des Gesetzgebers gegen nicht eingetragene juristische Personen des Privatrechts auf historischen Gründen beruht, die heute nicht mehr einschlägig, jedenfalls aber nicht mehr zwingend erforderlich sind[15]. Auch über die Haftungsverfassung ist mit der Einstufung als juristische Person noch nichts gesagt, da die juristische Person nicht zwingend durch das Merkmal der beschränkten Haftung gekennzeichnet ist[16]. Die hier vertretene Ansicht wird zudem dem Gesetz, das erkennbar von einer rechtsfähigen Körperschaft ausgeht, am besten gerecht und vermeidet die mit einem Sonderrecht der Einmann-Vorgesellschaft verbundenen Probleme[17].

### 3. Vertretung der Vorgesellschaft

6 Die Vertretung erfolgt durch die vor der Anmeldung notwendig bereits bestellten **Organe** (vgl. § 30). Diese haben ohne weiteres Vertretungsmacht für die gründungsnotwendigen Geschäfte. Das früher geltende Verbot für darüber hinausgehende Geschäfte (Vorbelastungsverbot) ist mit Recht aufgegeben worden[18]. Allerdings benötigt der Vorstand zur Vornahme von nicht gründungsnotwendigen Geschäften die **Zustimmung der Gesellschafter**, die für eventuelle Verluste in der Gründungsphase finanziell einzustehen haben (unten Rz. 11). Die Zustimmung kann in der Satzung enthalten ein[19], aber auch durch nachträglichen Beschluss erfolgen[20]. Der Beschluss erfordert wegen seines satzungsändernden Charakters die Zustimmung aller Gründer[21].

---

11 *Hüffer*, § 41 AktG Rz. 17a, b m.w.N.; *Pentz* in MünchKomm. AktG, 3. Aufl., § 41 AktG Rz. 77; *Heidinger* in Spindler/Stilz, § 41 AktG Rz. 120; *M. Arnold* in KölnKomm. AktG, 3. Aufl., § 41 AktG Rz. 96.
12 *Hüffer*, § 41 AktG Rz. 17d; *Pentz* in MünchKomm. AktG, 3. Aufl., § 41 AktG Rz. 77.
13 So aber *M. Arnold* in KölnKomm. AktG, 3. Aufl., § 41 AktG Rz. 18.
14 Ähnlich aus *K. Schmidt*, GesR, § 11 IV 4; *K. Schmidt* in Großkomm. AktG, 4. Aufl., § 41 AktG Rz. 42; a.A. *Pentz* in MünchKomm. AktG, 3. Aufl., § 41 AktG Rz. 78 (Organisationsform eigener Art); *M. Arnold* in KölnKomm. AktG, 3. Aufl., § 41 AktG Rz. 40.
15 *K. Schmidt* in Großkomm. AktG, 4. Aufl., § 41 AktG Rz. 42; a.A. *Wiedemann*, GesR II, § 1 I 2b aa.
16 *Raiser/Veil*, Kapitalgesellschaften, § 3 Rz. 12; *Raiser*, AcP 194 (1994), 495, 496 ff.; *Timm*, NJW 1995, 3209, 3215.
17 Vgl. die Verrenkungen bei *Hüffer*, § 41 AktG Rz. 17a ff.
18 BGH v. 9.3.1981 – II ZR 54/80, BGHZ 80, 129 ff. = GmbHR 1981, 114.
19 Vgl. *Hüffer*, § 41 AktG Rz. 11; *Pentz* in MünchKomm. AktG, 3. Aufl., § 41 AktG Rz. 53, 35; *Heidinger* in Spindler/Stilz, § 41 AktG Rz. 53; *M. Arnold* in KölnKomm. AktG, 3. Aufl., § 41 AktG Rz. 31.
20 Str., für ausschließliche Satzungsform *Ulmer*, ZGR 1981, 593, 597 f.
21 *Pentz* in MünchKomm. AktG, 3. Aufl., § 41 AktG Rz. 35; *Heidinger* in Spindler/Stilz, § 41 AktG Rz. 53; *M. Arnold* in KölnKomm. AktG, 3. Aufl., § 41 AktG Rz. 31.

Das **gänzliche Fehlen bzw. die Unwirksamkeit der Gründerzustimmung** führt zum 7
Fehlen der Vertretungsmacht auch im Außenverhältnis; diese Einschränkung der
Vertretungsmacht ist zum Schutz der Gründer vor ungewollter persönlicher Haftung
notwendig. Im Übrigen, also soweit es um **einzelne Beschränkungen** (Zeit, Ort, Umgang, Gegenstand, finanzielles Volumen etc.) geht, ist aber § 82 anwendbar. Die sachlich unbeschränkte Vertretungsmacht der Organe im Außenverhältnis ist ein allgemeiner Rechtsgrundsatz des Handelsrechts und gilt daher auch für die geschäftstätige Vor-AG[22]. Die vorherrschende Gegenansicht[23] vernachlässigt den Schutz des Rechtsverkehrs vor nicht erkennbaren Beschränkungen der Vertretungsmacht. Die Gründer haben daher nur die Möglichkeit, eine Geschäftstätigkeit der Vor-AG über das Maß der gründungsnotwendigen Geschäfte hinaus generell zu unterbinden, indem sie dazu ihre Zustimmung verweigern. Eine sachlich begrenzte oder nur selektive Zustimmung zu einzelnen Geschäften wäre hingegen mit § 82 nicht zu vereinbaren. Die Gründer können daher nur über das Ob, nicht über das Wie der Vorstandstätigkeit mit Wirkung nach außen entscheiden.

### 4. Haftung in der Vorgesellschaft

#### a) Haftung der Gesellschaft

Für die **Verbindlichkeiten der Vorgesellschaft** haftet zunächst diese selbst. Aufgrund 8
ihrer Rechtsfähigkeit kann die Vorgesellschaft jede erdenkliche Rechtsposition übernehmen, insbesondere Inhaber eines Kontos sein, sich an anderen Gesellschaften beteiligen, ins Insolvenzverfahren gehen, vor Gericht klagen[24] und verklagt werden. Für deliktische Ansprüche haftet die Vor-AG, nicht jedoch ihre Gesellschafter, nach § 31 BGB[25]. Ihre Rechtsfähigkeit ist auch in verwaltungsgerichtlichen Verfahren zu respektieren, so dass z.B. im Polizeirecht die Vor-AG und nicht ihre Gesellschafter als Störer anzusehen sind, und dass erforderliche Genehmigungen im Namen der Vor-AG beantragt werden können[26]. Die fehlende Eintragung steht dem nicht entgegen. Von der endgültigen AG unterscheidet sich die Vor-AG demnach vor allem dadurch, dass sie ihren Gesellschaftern nicht das Privileg der beschränkten Haftung vermittelt.

Hinsichtlich der **Insolvenzverfahren** ist die Insolvenzfähigkeit der Gesellschaft unbe- 9
stritten, problematisch ist jedoch die Insolvenzantragspflicht. Verbreitet werden dazu die personengesellschaftsrechtlichen Regeln herangezogen, z.T. mit einer Rückausnahme, wenn die Gründer sämtlich juristische Personen sind[27]. Dem ist vom hier vertretenen Standpunkt aus nicht zu folgen. Vielmehr muss konsequenterweise § 92 bereits entsprechend angewendet werden, so dass nicht nur bei **Zahlungsunfähigkeit**, sondern auch bei **Überschuldung** Insolvenzantragspflicht besteht und auch eine entsprechende Haftung der Organe wegen Insolvenzverschleppung in Betracht kommt[28].

---

22 Str., a.A. BGH v. 23.6.1997 – II ZR 353/95, NJW 1997, 2678 = AG 1997, 467.
23 Insbes. BGH v. 9.3.1981 – II ZR 54/80, BGHZ 80, 129, 139 = GmbHR 1981, 114; *Ulmer* in Ulmer, § 11 GmbHG Rz. 68.
24 Wie hier *Ulmer* in Ulmer, § 11 GmbHG Rz. 64; *M. Arnold* in KölnKomm. AktG, 3. Aufl., § 41 AktG Rz. 40.
25 *Hüffer*, § 41 AktG Rz. 13; *Pentz* in MünchKomm. AktG, 3. Aufl., § 41 AktG Rz. 54; *Heidinger* in Spindler/Stilz, § 41 AktG Rz. 70; *M. Arnold* in KölnKomm. AktG, 3. Aufl., § 41 AktG Rz. 43; *Ulmer* in Ulmer, § 11 GmbHG Rz. 85 m.w.N.
26 Zu wenigen verbleibenden Unterschieden auf dem Gebiet des öffentlichen Rechts vgl. *Gummert* in MünchHdb. GmbH, 2. Aufl., § 16 Rz. 44.
27 *K. Schmidt* in Großkomm. AktG, 4. Aufl., § 41 AktG Rz. 49; *Pentz* in MünchKomm. AktG, 3. Aufl., § 41 AktG Rz. 72.
28 *Habersack* in Großkomm. AktG, 4. Aufl., § 92 AktG Rz. 7; a.A. im Hinblick auf die Strafbewehrung der Insolvenzantragspflicht *Heidinger* in Spindler/Stilz, § 41 AktG Rz. 51.

Bei der Überschuldungsprüfung ist jedoch der Anspruch gegen die Gesellschafter auf Verlustausgleich (unten Rz. 11) aktivierbar, solange keine Anhaltspunkte dafür bestehen, dass der Gesellschafter leistungsunfähig oder die Durchsetzung des Anspruchs aus sonstigen Gründen unmöglich ist.

**b) Haftung der Gründer**

10 Einigkeit besteht heute darüber, dass in der Vor-AG eine **persönliche Haftung** der Gesellschafter besteht, das frühere Modell einer kommanditistenartigen Haftung[29] hat sich zu Recht nicht durchgesetzt. Die Frage des „wie" ist für den Fall der erfolgreichen Eintragung ebenfalls weitgehend geklärt, für den Fall der gescheiterten Eintragung hingegen umstritten. Im Einzelnen:

11 **aa) Vorbelastungshaftung.** Der Schutzzweck des gesetzlichen Kapitals besteht darin, den Gesellschafter in einem bestimmten Umfang am Risiko der Unternehmung zu beteiligen[30]. **Maßgeblicher Zeitpunkt** dafür ist nach dem Gesetz (§ 38 Abs. 1) die **Eintragungsentscheidung des Gerichts**. Daher muss zu diesem Zeitpunkt das Grundkapital möglichst unversehrt zur Verfügung stehen. Diesen Zweck wollte die ältere Rspr. mit dem Vorbelastungsverbot erreichen, das jedoch die Fortführung eines existierenden Handelsgeschäfts bei Einbringung in die AG extrem erschwerte. Daher ist das Vorbelastungsverbot durch eine **Vorbelastungshaftung** ersetzt worden[31]. Danach ist die Geschäftstätigkeit in der Gründungsphase zulässig, aber die Gesellschafter müssen entstehende Verluste aus der Zeit zwischen Errichtung der Gesellschaft und Eintragung in das Handelsregister der Gesellschaft gegenüber ausgleichen[32]. Der Anspruch umfasst eine durch die Verluste verursachte Überschuldung und ist daher der Höhe nach nicht begrenzt[33]. Die Haftung mehrerer Gesellschafter besteht anteilig, nicht gesamtschuldnerisch. Die Feststellung erfolgt durch Zwischenbilanz bezogen auf den Eintragungsstichtag, wobei Ertragswerte und selbst geschaffener Firmenwert in diesem Zeitpunkt nur dann zu berücksichtigen sind, wenn die Gesellschaft bereits Ertrag erwirtschaftet und tatsächliche Anhaltspunkte dafür bestehen, dass sich das Geschäftsmodell am Markt durchsetzt[34]. Der Anspruch steht der Gesellschaft zu (**Innenhaftung**). Wird der Ausgleich tatsächlich nicht geleistet, besteht er zunächst unerkannt im Vermögen der Gesellschaft fort.

12 Nachfolgende Gewinne führen entgegen der Ansicht des BGH[35] zum **Wegfall des Anspruchs**. Die Rspr. zu § 30 GmbHG, nach der Gewinne der Gesellschaft den An-

---

29 BGH v. 15.12.1975 – II ZR 95/73, BGHZ 65, 378, 382; BGH v. 15.6.1978 – II ZR 205/76, BGHZ 72, 45, 48 f.
30 *Adams*, Eigentum, S. 34 ff.; *Bitter*, Konzernrechtliche Durchgriffshaftung bei Personengesellschaften, 2000, S. 195 f.; *Heine/Röpke*, RabelsZ 70 (2006), 138, 149; *Eidenmüller/Engert*, GmbHR 2005, 433, 435; *Kübler* in Hopt/Wymeersch (Hrsg.), Capital Markets and Company Law, 2003, S. 95, 100; *Roth*, ZGR 2005, 348, 357; *Drygala*, ZGR 2006, 587, 595 ff.; *Lutter* in Lutter (Hrsg.), Das Kapital der AG in Europa, 2006, S. 1, 4 ff.
31 BGH v. 9.3.1981 – II ZR 54/80, BGHZ 80, 129 = GmbHR 1981, 114.
32 *Pentz* in MünchKomm. AktG, 3. Aufl., § 41 AktG Rz. 113; *Hoffmann-Becking* in MünchHdb. AG, § 3 Rz. 31; *Heidinger* in Spindler/Stilz, § 41 AktG Rz. 78; *M. Arnold* in KölnKomm. AktG, 3. Aufl., § 41 AktG Rz. 51.
33 BGH v. 9.3.1981 – II ZR 54/80, BGHZ 80, 129, 141 = GmbHR 1981, 114; BGH v. 23.11.1981 – II ZR 115/81, WM 1982, 40.
34 BGH v. 16.1.2006 – II ZR 65/04, BGHZ 165, 391 = ZIP 2006, 668 = GmbHR 2006, 482; BGH v. 9.11.1998 – II ZR 190/97, BGHZ 140, 35 = NJW 1998, 233 = AG 1999, 122; *Goette*, DStR 2006, 714 f.; *Gehrlein*, BB 2006, 910 f.; vgl. auch *Hüffer* in Großkomm. HGB, 4. Aufl., § 242 HGB Rz. 39 ff.
35 Zustimmend *Pentz* in MünchKomm. AktG, 3. Aufl., § 41 AktG Rz. 116; a.A. *K. Schmidt* in Großkomm. AktG, 4. Aufl., § 41 AktG Rz. 122.

spruch gegen den Gesellschafter wegen Kapitalrückzahlung nicht entfallen lassen[36], ist auf die Vorbelastungshaftung nicht übertragbar, da hier keine Rückzahlung von Kapital an den Gesellschafter erfolgt ist und dieser folglich seinen Risikobeitrag wirksam erbracht hat[37]. Daran ändern auch die eingetretenen Verluste nichts, so dass kein Anlass besteht, vom Gesellschafter eine erneute Zahlung zu verlangen. Der Anspruch verjährt, wenn er nicht vorher durch Gewinne egalisiert wurde, nach § 9 Abs. 2 GmbHG analog in 10 Jahren[38].

Das Registergericht hat zu prüfen, ob bereits im Zeitpunkt der Anmeldung eine Vermögensminderung durch Verluste vorgelegen hat. Dazu ist eine **Vorbelastungserklärung** der Anmeldenden abzugeben. Es reicht aus, wenn das Kapital zu diesem Zeitpunkt wertmäßig gedeckt ist, auf gegenständliche Zusammensetzung des Vermögens kommt es nicht an[39]. Eine schon im Anmeldezeitpunkt gegebene Unterbilanz ist ein **Eintragungshindernis**. Wertminderungen in der Zeit zwischen Anmeldung und Eintragung muss das Gericht nicht mehr überprüfen, da dies eine tägliche Überprüfung des Vermögensstandes der Gesellschaft und ständig neue Versicherungen des Vorstands erfordern würde, was praktisch nicht zu leisten ist[40]. Zudem ist der Anspruch gegen die Gesellschafter ein hinreichender Ausgleich. Wertminderungen nach Anmeldung hindern die Eintragung daher nicht. Eine Ausnahme bei feststehender Leistungsunfähigkeit der (gemeint ist wohl: aller) Gründer[41] ist abzulehnen. Sie überbetont das Vorhandensein des Kapitals gerade in einem bestimmten Zeitpunkt und verkennt, dass die Gesellschafter auch in diesem Fall ihren persönlichen Risikobeitrag erbracht haben.

13

**bb) Verlustdeckungspflicht bei gescheiterter Gründung.** Wird die Gesellschaft nicht eingetragen, so setzt sich die Vorbelastungshaftung in einer ebenfalls internen Pflicht der Gesellschafter zum **Ausgleich der Verluste** und zur Abwicklung der Vor-AG fort[42]. Diese Verlustdeckungspflicht wird vielfach als nicht ausreichend kritisiert, und für den Fall der Nichteintragung wird eine unbeschränkte Außenhaftung der Gründer analog § 128 HGB gefordert[43]. Der **Vorteil der internen Verlustdeckungspflicht** liegt jedoch in ihrer systematischen Stimmigkeit als Fortsetzung der Vorbelastungshaftung, denn ein Übergang von der internen Vorbelastungshaftung zur externen Haftung nach § 128 HGB wird vermieden. Ein weiterer Vorteil besteht darin, dass auf diese Weise die Gründeraktionäre aus Streitigkeiten der Gesellschaft mit ihren Gläubigern herausgehalten werden; die im Personengesellschaftsrecht mögliche und übliche Mitverklagung der Gesellschafter, u.U. sogar auf Leistung in Natur, entfällt. Die Gesellschafter rücken haftungsmäßig ins zweite Glied, wohin sie gerade in der AG auch gehören. Richtigerweise ist ein Scheitern der Gründung als Voraussetzung für die Fälligkeit des Anspruchs nicht zu fordern[44]; vielmehr entsteht der Anspruch mit Eintritt der Verluste und kann vom Vorstand entsprechend der finanziel-

14

---

36 BGH v. 29.5.2000 – II ZR 118/98, BGHZ 144, 336 = GmbHR 2000, 771; BGH v. 22.9.2003 – II ZR 229/02, NJW 2003, 3629, 3631.
37 An diesem Kriterium sollte man sich bei der Lösung von Fragen, die mit dem gesetzlichem Grundkapital zusammenhängen, stets orientieren, näher *Drygala*, ZGR 2006, 587, 610.
38 Näher hierzu *K. Schmidt* in Großkomm. AktG, 4. Aufl., § 41 AktG Rz. 122 m.w.N.
39 Vgl. *Drygala*, ZGR 2006, 587, 611 m.w.N.; *Hüffer*, § 41 AktG Rz. 9.
40 *Bayer* in Lutter/Hommelhoff, § 8 GmbHG Rz. 12.
41 Dafür *Hüffer*, § 41 AktG Rz. 9; *K. Schmidt* in Scholz, § 11 GmbHG Rz. 123; a.A. *Meister* in FS Werner, 1984, S. 571, 534 ff.
42 BGH v. 27.1.1997 – II ZR 123/94, BGHZ 134, 333, 338 f. = AG 1997, 367.
43 *Roth* in Roth/Altmeppen, § 11 GmbHG Rz. 55; *Altmeppen*, ZIP 2005, 117 (Anm.); *K. Schmidt*, ZIP 1996, 353; *K. Schmidt*, ZIP 1997, 671; *Bayer* in Lutter/Hommelhoff, § 11 GmbHG Rz. 23; *Heidinger* in Spindler/Stilz, § 41 AktG Rz. 89.
44 Unklar BGH v. 27.1.1997 – II ZR 123/94, BGHZ 134, 333, 341 = AG 1997, 367.

len Lage der Gesellschaft geltend gemacht werden. Hierüber entscheidet er nach seinem unternehmerischen Ermessen, solange keine Illiquidität droht.

15 Der **Nachteil der Innenhaftung** besteht in ihrer komplizierteren Durchsetzung, die für den einzelnen Gläubiger der Vor-AG eine Pfändung des Ausgleichsanspruchs voraussetzt. Im Insolvenzverfahren fällt das freilich weniger ins Gewicht, da hier der Insolvenzverwalter die Innenhaftung durchsetzen kann, wozu ihm auch Bücher und Schriften der Gesellschaft zur Verfügung stehen. Probleme entstehen vor allem bei ungeordneter Liquidation nach Abweisung des Insolvenzantrags mangels Masse. Diese Probleme kann man aber bewältigen, indem man **Ausnahmen vom Innenhaftungskonzept** vorsieht. Dies betrifft zwei Fälle:

16 Setzen die Gesellschafter die Geschäftstätigkeit fort, obwohl die Eintragung endgültig gescheitert ist, wandelt sich die Vor-AG in eine OHG oder GbR um (**unechte Vorgesellschaft**)[45]. In einer solchen haften die Gesellschafter nach § 128 HGB (bei GbR in entspr. Anwendung). Ein solches Scheitern liegt vor, wenn der Eintragungsantrag vom Registergericht zurückgewiesen wird oder wenn durch Zwischenverfügung Beanstandungen erhoben werden, die Gesellschafter daraufhin aber weder Rechtsmittel einlegen noch die Beanstandungen beheben. Ein Scheitern ist zu vermuten, wenn die Eintragung nicht innerhalb angemessener Zeit erfolgt; länger als sechs Monate darf ein ordnungsgemäß betriebenes Eintragungsverfahren normalerweise nicht dauern. Die Vermutung kann nur mit dem Argument widerlegt werden, dass sich das Verfahren aus von den Gesellschaftern nicht zu vertretenden Gründen verzögert hat.

17 Die reine Innenhaftung verliert ihre Berechtigung, wenn die Gesellschaft in die **Insolvenz** gerät, aber die Gesellschafter sie nicht ordnungsgemäß liquidieren. In derartigen Fällen soll nach der Rechtsprechung des BGH eine Außenhaftung erfolgen, wenn die Gesellschaft **vermögenslos** ist und/oder **keinen Vorstand** mehr hat, weil dann eine Klage gegen die Gesellschaft aussichtslos ist[46]. Richtigerweise sollte man diesen Übergang zur Außenhaftung immer schon dann zulassen, wenn die Gesellschaft ihre Tätigkeit **ohne geordnetes Liquidationsverfahren** eingestellt hat. Denn Zweck der reinen Innenhaftung ist die Entlastung der Gesellschafter von der Auseinandersetzung mit dem Gläubiger, nicht aber die Erschwerung der Haftungsdurchsetzung bis hin zur Unmöglichkeit. Daher geht dieses eingeschränkte Haftungsprivileg verloren, wenn der Geschäftsbetrieb eingestellt wird, ohne für eine geordnete Abwicklung zu sorgen. Diese Grundsätze gelten auch für die Einmanngründung; eine generelle Außenhaftung für diesen Fall ist nicht begründbar.

18 **cc) Rechtslage nach Eintragung.** Mit der erfolgreichen Eintragung der Gesellschaft in das Handelsregister tritt ein **Formwechsel** ein[47], der die **Identität der Gesellschaft** ebenso unberührt lässt wie die Formwechsel nach dem UmwG. Die Gesellschaft wandelt sich von der gesetzlich nicht geregelten Rechtsform der Vor-AG in eine AG um. Es versteht sich von selbst, dass die Verbindlichkeiten der Vor-AG nunmehr Verbindlichkeiten der AG sind, ebenso wie die Aktiva, einschließlich eines eventuellen Anspruchs aus der Unterbilanzhaftung, nunmehr der AG zustehen. Damit ist der von der h.M. geforderte Übergang der Verbindlichkeiten im Wege der Gesamtrechts-

---

[45] BGH v. 4.11.2002 – II ZR 204/00, BGHZ 152, 290, 293; BGH v. 23.10.2006 – II ZR 162/05, BGHZ 169, 270, 277 = AG 2007, 82; näher zu den prozessualen Auswirkungen BGH v. 31.3.2008 – II ZR 308/06, ZIP 2008, 1025, 1025.
[46] BGH v. 27.1.1997 – II ZR 123/94, BGHZ 134, 333, 341 = AG 1997, 367.
[47] Wie hier *Pentz* in MünchKomm. AktG, 3. Aufl., § 41 AktG Rz. 108; *K. Schmidt* in Großkomm. AktG, 4. Aufl., § 41 AktG Rz. 98; a.A. die h.M.: Gesamtrechtsnachfolge, so BGH v. 9.3.1981 – II ZR 54/80, BGHZ 80, 129, 137 = GmbHR 1981, 114; *Hüffer*, § 41 AktG Rz. 16; *Hueck/Fastrich* in Baumbach/Hueck, § 11 GmbHG Rz. 51; *M. Arnold* in KölnKomm. AktG, 3. Aufl., § 41 AktG Rz. 26.

nachfolge[48] entbehrlich; und damit entfallen auch Überlegungen, inwieweit diese Gesamtrechtsnachfolge mit § 41 Abs. 2 kollidiert[49].

**5. Binnenverfassung der Vor-AG**

Die Binnenverfassung der Vor-AG ist nur ansatzweise geregelt. Die Gesellschaft verfügt als **Organe** über Vorstand und Aufsichtsrat (§ 30); ferner sind auf die **Beschlüsse der Gesellschafter** im Wesentlichen die für die HV geltenden Regeln anzuwenden. Das gilt insbesondere für die Einberufung der Versammlung und die Protokollierung[50]. Dabei kommen der neu gegründeten AG die Erleichterungen für nicht börsennotierte Gesellschaften zugute, so dass ein Rückgriff auf GmbH-Recht entbehrlich wird. Gegen Beschlüsse der Gründerversammlung sind die Rechtsmittel nach §§ 241 ff. zulässig.

19

Der **Vorstand** arbeitet bereits nach den allgemeinen Regeln, folglich steht ihm intern bereits die weisungsfreie Geschäftsführungsbefugnis nach § 76 zu[51]. Wegen der für die Gesellschafter bestehenden Haftungsgefahr beschränkt sich die Geschäftsführungsbefugnis jedoch auf die gründungsnotwendigen Geschäfte, sowie weitergehend auf Handlungen, die zur ordnungsgemäßen Nutzung eingebrachter Sachen oder zur Abwehr von Schäden erforderlich sind[52]. **Werbende Tätigkeit** ist zulässig, wenn sie von der Satzung ausdrücklich vorgesehen ist, sich konkludent aus der Satzung ergibt (z.B. weil dort als Sacheinlage ein ganzes Unternehmen vorgesehen ist) oder wenn alle Gründer der Aufnahme einer werbenden Tätigkeit zustimmen[53]. Dieser Beschluss kann (wie in der GmbH) formlos erfolgen. Für die Haftung des Vorstands gilt bereits § 93, ebenso hat der Aufsichtsrat bereits seine Überwachungsaufgabe samt den dazu vorgesehenen Rechten und Pflichten.

20

Die **Satzung** ist in der Zeit vor Gründung noch nicht überindividuell auszulegen, sondern nach Maßgabe des Verständnisses der Gründer. Weil dritte Personen sich in diesem Stadium noch nicht beteiligen können (§ 41 Abs. 4), besteht kein Grund für einen Verkehrsschutz durch überindividuelle **Auslegung**[54]. Der hier vertretene Rechtscharakter der Vor-AG als juristische Person steht dem nicht entgegen, da die Frage der Auslegungsmethode richtiger Auffassung nach nicht von der Rechtsform abhängt, sondern davon, ob es sich um einen Verband mit geschlossenem oder mit offenem Gesellschafterkreis handelt[55]. Für **Satzungsänderungen** wird überwiegend ange-

21

---

48 *Pentz* in MünchKomm. AktG, 3. Aufl., § 41 AktG Rz. 107 m.w.N.
49 *Hüffer*, § 41 AktG Rz. 16, 28.
50 *Pentz* in MünchKomm. AktG, 3. Aufl., § 41 AktG Rz. 38 f.; zweifelnd für Einberufung *Hüffer*, § 41 AktG Rz. 7.
51 A.A. *Heidinger* in Spindler/Stilz, § 41 AktG Rz. 53; *K. Schmidt* in Großkomm. AktG, 4. Aufl., § 41 AktG Rz. 57; *M. Arnold* in KölnKomm. AktG, 3. Aufl., § 41 AktG Rz. 31, die aber jeweils eine Erweiterung der Geschäftsführungsbefugnis durch formlosen Gesellschafterbeschluss zulassen.
52 *Hüffer*, § 41 AktG Rz. 6; *Pentz* in MünchKomm. AktG, 3. Aufl., § 41 AktG Rz. 34; *K. Schmidt* in Großkomm. AktG, 4. Aufl., § 41 AktG Rz. 57; *Heidinger* in Spindler/Stilz, § 41 AktG Rz. 55.
53 *Hüffer*, § 41 AktG Rz. 6; *Pentz* in MünchKomm. AktG, 3. Aufl., § 41 AktG Rz. 34; *Wiesner* in MünchHdb. AG, § 19 Rz. 31.
54 *Hüffer*, § 41 AktG Rz. 5, § 23 AktG Rz. 40; *Pentz* in MünchKomm. AktG, 3. Aufl., § 41 AktG Rz. 43; *M. Arnold* in KölnKomm. AktG, 3. Aufl., § 41 AktG Rz. 27; a.A. *Röhricht* in Großkomm. AktG, 4. Aufl., § 23 AktG Rz. 40; *K. Schmidt* in Großkomm. AktG, 4. Aufl., § 41 AktG Rz. 53; ohne Festlegung *Heidinger* in Spindler/Stilz, § 41 AktG Rz. 45.
55 *Hüffer*, § 23 AktG Rz. 40; *Pentz* in MünchKomm. AktG, 3. Aufl., § 23 AktG Rz. 40.

nommen, dass sie (vor allem aus Gründen der Publizität) in der Form des § 23 unter Mitwirkung aller Gründer erfolgen müssten[56].

22 Eine **Auflösung** der Vor-AG ist möglich (und aus Haftungsgründen auch ratsam, wenn die Gründung zu scheitern droht, s. Rz. 14 ff.[57].). Sie erfolgt durch Beschluss der Gesellschafter nach § 262. Auch eine Kündigung aus wichtigem Grund mit der Rechtsfolge der Auflösung ist entsprechend § 723 Abs. 1 Satz 2, Satz 3 Nr. 1 BGB trotz fehlender Regelung im Aktiengesetz möglich[58], weil sonst dem Gesellschafter, der für eine Auflösung nach § 262 nicht über genügend Stimmkraft verfügt, keine angemessene Reaktion auf die Pflichtverletzung des anderen Teils möglich ist. Alternativ zur Auflösung kommen in dieser Situation auch eine **Eigenkündigung** des vertragstreuen Gesellschafters sowie eine **Hinauskündigung** (Ausschluss) des Säumigen in Betracht[59]. Zweckfortfall tritt ein, wenn der Eintragungsantrag rechtskräftig abgewiesen wird (§ 726 BGB), jedoch noch nicht durch sonstige Verzögerungen des Gründungsverfahrens, selbst wenn diese dauerhafter Natur sind[60]. Zu Änderungen im Gesellschafterkreis unten Rz. 31 ff. Rechtsfolge der Auflösung ist die Durchführung eines Liquidationsverfahrens, das sich, der Rechtsnatur der Vorgesellschaft entsprechend, bereits nach den §§ 262 ff. und nicht lediglich nach §§ 730 ff. BGB richtet[61]. Ausgenommen sind solche Normen, die, wie etwa § 263, eine Eintragung in das Handelsregister voraussetzen.

### III. Handelndenhaftung (§ 41 Abs. 1 Satz 2)

23 Die Handelndenhaftung sollte historisch die Organe anhalten, auf eine zügige Eintragung hinzuwirken. Sie sollte zudem einen **Ausgleich für die fehlende Rechtsfähigkeit** der noch nicht wirksam gegründeten AG schaffen und dem Gläubiger überhaupt zu einem Schuldner verhelfen, da die Verpflichtungsfähigkeit der Vorgesellschaft unsicher und die Übernahme von Verbindlichkeiten durch die eingetragene AG nicht selbstverständlich war (vgl. § 41 Abs. 2)[62]. Diese Gründe sind durch die Anerkennung der Vor-AG als Rechtsträger und den automatischen Übergang der Verbindlichkeiten auf die eingetragene AG **weitgehend entfallen**. Die Norm ist damit jedoch nicht obsolet geworden[63]; ihre Geltung ist zudem durch Art. 7 der 1. Richtlinie europarechtlich abgesichert.

#### 1. Voraussetzungen

24 Es handelt sich um eine **Organhaftung**, d.h. der Haftende muss Vorstand gewesen sein; ausnahmsweise kommt auch der Aufsichtsrat in Betracht, soweit er nach § 112

---

56 Kritisch im Hinblick auf das Mehrheitserfordernis insbes. *K. Schmidt* in Scholz, § 11 GmbHG Rz. 47.
57 Diesen Zusammenhang betont auch BGH v. 23.10.2006 – II ZR 162/05, BGHZ 169, 270, 277 = AG 2007, 82.
58 Vgl. BGH v. 23.10.2006 – II ZR 162/05, BGHZ 169, 270 = NJW 2007, 589, 590 f. = JZ 2007, 995 mit Anm. *Drygala*, S. 997 ff. zum Fall des für seine Einlage nicht leistungsfähigen Mitgesellschafters.
59 Näher *Drygala*, JZ 2007, 997, 998 f.
60 BGH v. 23.10.2006 – II ZR 162/05, BGHZ 169, 270, 277 = AG 2007, 82; *M. Arnold* in Köln-Komm. AktG, 3. Aufl., § 41 AktG Rz. 61; *Heidinger* in Spindler/Stilz, § 41 AktG Rz. 41.
61 BGH v. 23.10.2006 – II ZR 162/05, BGHZ 169, 270, 281 = AG 2007, 82; *Drygala*, JZ 2007, 997, 999 f.; *Keil*, DZWiR 2007, 205, 206.
62 BGH v. 9.2.1970 – II ZR 137/69, BGHZ 53, 210, 214; *Pentz* in MünchKomm. AktG, 3. Aufl., § 41 AktG Rz. 126; *Eckardt* in G/H/E/K, § 41 AktG Rz. 28; *Barz* in Großkomm. AktG, 3. Aufl., § 41 AktG Anm. 19.
63 So auch BGH v. 14.6.2004 – II ZR 47/02, BB 2004, 1585.

für die AG tätig wird. Nachgeordnete Mitarbeiter (Prokuristen etc.) sind persönlich nicht betroffen, jedoch kann ihre Beauftragung durch den Vorstand für ein Handeln im Sinne der Norm genügen; ein höchstpersönliches Tätigwerden des Vorstands ist nicht Voraussetzung[64]. Die Rechtsprechung des RG, nach der auch Gesellschafter Handelnde im Sinne der Norm sein können (weiter Organbegriff) ist obsolet geworden, nachdem für die Haftung der Gesellschafter eine andere Grundlage gefunden wurde[65]. Ausnahmen kommen nur noch unter den Voraussetzungen der faktischen Geschäftsführung in Betracht.

Die Norm setzt **rechtsgeschäftliches Tätigwerden** für die AG voraus. Sie gilt nicht für gesetzliche Ansprüche, auch nicht solche aus Delikt oder aus gesetzlichem Schuldbeitritt (z.B. § 25 HGB). Sekundäransprüche aus Verträgen (§§ 280 ff., 812 ff. BGB) sind hingegen vom Normzweck erfasst[66]. Es muss nicht ausdrücklich für die Vorgesellschaft oder die künftige juristische Person gehandelt worden sein, vielmehr genügt, dass erkennbar der Betriebsinhaber verpflichtet werden sollte. Auch auf die Verwendung der korrekten Firmierung (mit und ohne Zusatz i.G.) kommt es nicht an[67]. In **zeitlicher Hinsicht** umfasst die Haftung den Zeitraum von der Errichtung der Gesellschaft (§§ 23, 29) bis zur Eintragung ins Handelsregister. Bei Dauerschuldverhältnissen werden nur die Teilleistungen erfasst, die in den betreffenden Zeitraum fielen. Die Haftung erlischt mit erfolgter Eintragung ersatzlos, da nunmehr die mit dem Grundkapital ausgestattete AG als Haftungsschuldner zur Verfügung steht[68].

25

Das Bestehen oder Nichtbestehen von **Vertretungsmacht** beim Handelnden ist ohne Belang. Insbesondere ist es nicht richtig, die Norm nur anzuwenden, wenn ohne Vertretungsmacht gehandelt wurde[69]. Dies hängt nach der herrschenden Ansicht, die eine Beschränkung im Innenverhältnis zulässt, von zahlreichen Faktoren ab, die der Vertragspartner nicht verlässlich beurteilen kann. Dann verfehlt die Norm aber ihren Zweck, dem Gläubiger einen leicht erkennbaren und greifbaren Schuldner zu gewährleisten. Auch kann umgekehrt nicht verlangt werden, dass mit Vertretungsmacht gehandelt wurde[70]; für einen Vorrang des § 179 BGB ist kein Argument erkennbar. Die Vorschriften finden daher nebeneinander Anwendung[71]. Kennt der Geschäftspartner allerdings den Mangel der Vertretungsmacht, scheitert eine Haftung an § 242 BGB. Gegenüber **gesellschaftsinternen Personen** (Mitgesellschafter, Vorstand), die die internen Strukturen kennen und über die Haftungsverhältnisse nicht im Zweifel sind, findet die Handelndenhaftung von vornherein keine Anwendung[72].

26

---

64 BGH v. 9.2.1970 – II ZR 137/69, BGHZ 53, 210, 214; BGH v. 15.12.1975 – II ZR 95/73, BGHZ 65, 378, 380.
65 Rspr. geändert seit BGH v. 26.1.1967 – II ZR 122/64, BGHZ 47, 25, 28 f. und seither ständig, inzwischen einh. Meinung in der Lit., vgl. *Hüffer*, § 41 AktG Rz. 20 m.w.N. zur Gesellschafterhaftung vgl. oben Rz. 10 ff.
66 *Hüffer*, § 41 AktG Rz. 21; *Pentz* in MünchKomm. AktG, 3. Aufl., § 41 AktG Rz. 137; *Ulmer* in Ulmer, § 11 GmbHG Rz. 136; *Heidinger* in Spindler/Stilz, § 41 AktG Rz. 106; *M. Arnold* in KölnKomm. AktG, 3. Aufl., § 41 AktG Rz. 75.
67 *Pentz* in MünchKomm. AktG, 3. Aufl., § 41 AktG Rz. 136; a.A.: BGH v. 15.6.1978 – II ZR 205/76, BGHZ 72, 45, 47; BGH v. 15.6.1978 – II ZR 205/76, NJW 1974, 1284.
68 *Hüffer*, § 41 AktG Rz. 25; *Pentz* in MünchKomm. AktG, 3. Aufl., § 41 AktG Rz. 109; *Heidinger* in Spindler/Stilz, § 41 AktG Rz. 111; *M. Arnold* in KölnKomm. AktG, 3. Aufl., § 41 AktG Rz. 63; *Ulmer* in Ulmer, § 11 GmbHG Rz. 143 m.w.N.
69 Dafür aber BGH v. 14.6.2004 – II ZR 47/02, GmbHR 2004, 1151, 1152 mit zust. Anm. *Bergmann* (S. 1155).
70 So insbes. *Beuthien*, GmbHR 1996, 561, 564 f.; *A. Meyer*, GmbHR 2002, 1176, 1185 f.
71 *Ulmer* in Ulmer, § 11 GmbHG Rz. 139; *M. Arnold* in KölnKomm. AktG, 3. Aufl., § 41 AktG Rz. 68.
72 Insofern zutr. BGH v. 14.6.2004 – II ZR 47/02, AG 2004, 508, zum Vorstand, allg. zum Ausschluss der Norm gegenüber Personen, die nicht „Dritter" sind, BGH v. 20.11.1954 – II ZR

## 2. Rechtsfolge

27 In der Rechtsfolge gewährt § 41 Abs. 1 Satz 2 eine persönliche Haftung des Handelnden für die Schulden der Gesellschaft, also eine **akzessorische Haftung** ähnlich der Gesellschafterhaftung aus § 128 HGB. Insbesondere setzt die Haftung keinen Vollstreckungsversuch gegen die AG voraus. Inhaltlich richtet sie sich auf Erfüllung des geschlossenen Vertrages. Wegen des Wahlrechts nach § 179 Abs. 1 kann für den Gläubiger ein Vorgehen nach dieser Norm günstiger sein, wenn ohne Vertretungsmacht gehandelt wurde[73]. Für Einwendungen und Einreden gilt § 129 HGB entsprechend; der Handelnde kann sich auf diese berufen, wo die Gesellschaft es könnte. Mehrere Handelnde haften als Gesamtschuldner.

## 3. Ende der Haftung

28 Die Organhaftung endet, wenn die Gesellschaft **in das Handelsregister eingetragen** wurde, da nun die Gesellschaft als Haftungsschuldner mit einem registerrechtlich geprüften Grundkapital zur Verfügung steht und die Organhaftung nicht mehr erforderlich ist[74]. Dabei kommt es nicht darauf an, dass die Gesellschaft unter der zunächst verwendeten Firma eingetragen wurde[75]; entscheidend ist die **rechtliche Identität** der eingetragenen mit der ursprünglich verpflichteten Gesellschaft. Diese aus Sinn und Zweck der Norm hergeleitete Beschränkung gilt unabhängig von einer Schuldübernahme nach § 41 Abs. 2 als selbstständiger Befreiungsgrund[76]. Sie hat zur Folge, dass § 41 Abs. 1 Satz 2 für den Gläubiger nur dann von Interesse ist, wenn die Eintragung scheitert. Ansonsten haftet ihm allein die AG.

## IV. Schuldübernahme (§ 41 Abs. 2)

29 Die Norm ist noch ganz von der Vorstellung geprägt, dass die AG nicht ohne weiteres aus den vor ihrer Gründung geschlossenen Geschäften verpflichtet wird und deshalb eine **besondere Schuldübernahme** erforderlich ist, insbesondere, um den bis dahin haftenden Handelnden von der Verbindlichkeit zu befreien[77]. Um diesen Vorgang zu erleichtern, ordnet § 41 Abs. 2 **in Abweichung von § 415 Abs. 1 BGB** die Möglichkeit einer befreienden Schuldübernahme ohne Zustimmung des Gläubigers an. Voraussetzung ist nur, dass der Vorgang zeitnah nach der Eintragung erfolgt und dem anderen Teil mitgeteilt wird.

30 Die **Bedeutung** von § 41 Abs. 2 ist **gering**. Wurde mit Vertretungsmacht gehandelt, trifft die Verpflichtung ohnehin die Vor-AG und infolgedessen nach Eintragung auch die AG. Der Fall der fehlenden Vertretungsmacht ist nach hier vertretener Ansicht selten, er kann nur vorkommen, wenn die Gründer sich überhaupt gegen eine wer-

---

53/53, BGHZ 15, 204, 206; BGH v. 17.3.1980 – II ZR 11/79, BGHZ 76, 320, 325 = GmbHR 1980, 202; *Pentz* in MünchKomm. AktG, 3. Aufl., § 41 AktG Rz. 141.

73 Str., gegen eine Wahlmöglichkeit zwischen beiden Normen *Ulmer* in Ulmer, § 12 GmbHG Rz. 142; wie hier *Roth* in Roth/Altmeppen, § 11 GmbHG Rz. 37.

74 BGH v. 13.6.1977 – II ZR 232/75, BGHZ 69, 95, 103 f.; BGH v. 19.12.1977 – II ZR 202/76, BGHZ 70, 132, 139 ff.; BGH v. 16.3.1981 – II ZR 59/80, BGHZ 80, 182, 183 f. = GmbHR 1981, 192; OLG Brandenburg v. 13.11.2001 – 11 U 53/01, NZG 2002, 182 f. = GmbHR 2002, 109, alle zur GmbH.

75 OLG Oldenburg v. 2.4.2001 – 11 U 39/00, NZG 2001, 811 f. = GmbHR 2001, 973 zur GmbH.

76 *Hüffer*, § 41 AktG Rz. 25; *Raiser/Veil*, Kapitalgesellschaften, § 11, Rz. 36; in der Herleitung teilw. abweichend *K. Schmidt* in FS Kraft, S. 573, 580.

77 *Hüffer*, § 41 AktG Rz. 27; *Pentz* in MünchKomm. AktG, 3. Aufl., § 41 AktG Rz. 154; *Fahrenkopf/Cahn*, AG 1985, 209 f.; *Heidinger* in Spindler/Stilz, § 41 AktG Rz. 128.

bende Tätigkeit der Vor-AG ausgesprochen haben (oben Rz. 20) und der Vorstand diese Anweisung missachtet hat. Hier ist neben der Handelndenhaftung auch § 179 BGB gegeben, so dass die Gesellschaft, wenn sie dem Vorstand Gutes tun will, statt der Übernahme nach § 41 Abs. 2 auch nach § 177 BGB genehmigen und die Haftung dadurch auf sich überleiten kann[78]. Dann entfällt auch die Handelndenhaftung. Insgesamt ist die Vorschrift damit weitgehend funktionslos.

## V. Verpflichtung ohne Satzungspublizität (§ 41 Abs. 3)

Auch die Bedeutung dieser Regelung ist gering. Bezweckt ist ein **Schutz vor Umgehung** der Normen, die für Gründungsaufwand und Sachübernahmen aus Gründen des Kapitalschutzes eine ausdrückliche Festsetzung in der Satzung verlangen (§§ 26, 27). Ähnliches gilt für Nachgründungsgeschäfte (§ 52). Ohne eine solche Festsetzung sind diese Geschäfte unwirksam (§§ 26 Abs. 3 Satz 1, 27 Abs. 3 Satz 1, 52 Abs. 1 Satz 2) und die Vertragspartner haben aus ihnen keinen Anspruch. Dass die AG dann solche Ansprüche nicht durch Schuldübernahme auf sich überleiten kann, versteht sich von selbst, wird aber von § 41 Abs. 3 noch einmal ausdrücklich ausgesprochen.

31

## VI. Übertragungs- und Ausgabeverbot (§ 41 Abs. 4)

Bedeutsam ist hingegen § 41 Abs. 4. Danach soll in der Vor-AG der **Mitgliederbestand grundsätzlich unverändert** bleiben. Dem dient das **Übertragungsverbot** nach § 41 Abs. 4 Satz 1. Die Norm erklärt sich historisch aus der Vorstellung, in der noch nicht existierenden Gesellschaft könne es auch keine Mitgliedschaften geben, über die verfügt werden könnte[79]. Heute dürfte der Zweck im Vordergrund stehen, wegen einer möglichen Gründerhaftung (§ 46) den **Kreis der beteiligten Personen überschaubar** zu halten[80]. Die Verbotsnorm bezieht sich allein auf das dingliche Geschäft, das wegen Verstoßes gegen ein gesetzliches Verbot nichtig ist. Das schuldrechtliche Geschäft ist hingegen wirksam (§ 311a BGB), nur gegenwärtig nicht vollziehbar, gewährt aber einen Anspruch auf die Aktien, sobald die AG zur Eintragung gelangt. Will der Gläubiger darauf nicht warten, kann er nach § 283 BGB zurücktreten. Eine **Vorausverfügung über die Aktien** als dingliches Geschäft, bezogen auf die Zeit nach der Eintragung, ist nach heute überwiegender Meinung zulässig[81]. Insbesondere ist dies keine Umgehung, so wie auch der auf den Zeitpunkt nach Eintragung verschobene Beitritt zur KG nicht als Umgehung der Kommanditistenhaftung nach § 176 Abs. 2 HGB gesehen werden kann[82]. Sachenrechtlich erforderlich ist aber, dass die dingliche Einigung sich auch darauf bezieht, was für Aktien (verbrieft/unverbrieft, Inhaber- oder Namenspapiere?) verschafft werden sollen, und dass die Einigung noch zum Zeitpunkt der Übergabe fortbesteht[83]. Sieht die Satzung die Ausgabe vinkulierter Na-

32

---

78 Zutr. *K. Schmidt* in FS Kraft, 1998, S. 573, 582 f.; der von manchen für diesen Fall geforderte besondere Verzicht des Gläubigers auf die Handelndenhaftung (*Barz* in Großkomm. AktG, 3. Aufl., § 41 AktG Anm. 26; *Eckardt* in G/H/E/K, § 41 AktG Rz. 49) erscheint formal und auch durch die Interessen des Gläubigers nicht gefordert.
79 *Pentz* in MünchKomm. AktG, 3. Aufl., § 41 AktG Rz. 161; *K. Schmidt*, GmbHR 1997, 869, 872.
80 *Pentz* in MünchKomm. AktG, 3. Aufl., § 41 AktG Rz. 161.
81 *Pentz* in MünchKomm. AktG, 3. Aufl., § 41 AktG Rz. 162; *Stoppel*, WM 2008, 147, 150; *Heidinger* in Spindler/Stilz, § 41 AktG Rz. 66; *M. Arnold* in KölnKomm. AktG, 3. Aufl., § 41 AktG Rz. 88; a.A. *Baumbach/Hueck*, § 41 AktG Anm. 12; *Hüffer*, § 41 AktG Rz. 30.
82 *K. Schmidt*, ZHR 144 (1980), 192, 201; BGH v. 28.10.1981 – II ZR 129/80, BGHZ 82, 209, 212.
83 Näher *K. Schmidt* in Großkomm. AktG, 4. Aufl., § 41 AktG Rz. 67.

mensaktien vor, so ist diese Beschränkung auch schon für die Vorausverfügung zu beachten[84]. Ebenso wie eine Vollrechtsübertragung sind auch dingliche Sicherungsrechte wie Pfandrecht und Nießbrauch nur im Wege der Vorausverfügung zulässig.

33 Die Norm verbietet nicht den **Ein- und Austritt von Gesellschaftern** aus der bzw. in die AG. Nur die Individualrechtsnachfolge ist untersagt. Möglich wäre es daher, dass der veräußerungswillige Gesellschafter aus der AG austritt, während der erwerbswillige zugleich eintritt. Der Schutz der Publizitätsinteressen ist dabei gewahrt, da der Vorgang nur als Satzungsänderung in der Form des § 23, also durch **erneute Beurkundung unter Beteiligung aller Gesellschafter**, zulässig ist. Nicht verboten ist durch § 41 Abs. 4 die Gesamtrechtsnachfolge; der Anteil ist also vererblich. Auch kann bei Aktionären, die keine natürlichen Personen sind, eine Veränderung durch Umwandlung oder Anwachsung eintreten.

34 Im Interesse der Rechtssicherheit verbietet es § 41 Abs. 4 Satz 1 weiterhin, für die nicht übertragbaren Anteile **Aktien oder Zwischenscheine auszugeben** (Ausgabeverbot). Die Norm dient dem Verkehrsschutz, solange die Eintragung nicht sichergestellt ist, sollen die Mitgliedschaften nicht in verkehrsfähiger Form ausgestaltet werden können. Da Aktien und Zwischenscheine deklaratorische Wertpapiere sind, setzen sie eine wirksame Begründung der Mitgliedschaft voraus. Es sind bei einem Verstoß also nicht nur die Begebungsverträge nichtig, sondern die Wertpapiere selbst[85]. An solchen Schein-Papieren ist kein gutgläubiger Erwerb möglich. Eine Heilung durch Genehmigung seitens der Gesellschaft kommt aber in Betracht.

35 Für **Schäden** durch die unzulässige Ausgabe von Aktien und Zwischenscheinen vor Gründung **haften die Ausgeber**, d.h. die Vorstände, die daran entweder aktiv beteiligt waren oder die Ausgabe entgegen ihrer Gesamtverantwortung pflichtwidrig nicht verhindert haben, sowie Angestellte und Beauftragte, die an der Ausgabe mitgewirkt haben (diese als Gehilfen, § 830 BGB). Es handelt sich, ebenso wie bei dem gleichgelagerten Verbot nach § 8 Abs. 2, um einen Fall der Gefährdungshaftung; Verschulden ist also nicht erforderlich. Der Anspruch geht auf das negative Interesse. Die Ansicht, dass hinsichtlich einer Haftung der Gesellschaft § 31 BGB aus Kapitalschutzgründen nicht anzuwenden sei[86], wird inzwischen von der Rechtsprechung für andere deliktische Anspruchsgrundlagen nicht mehr vertreten[87] und sollte konsequenterweise auch hier sowie bei § 8 Abs. 2 aufgegeben werden.

---

84 *Stoppel*, WM 2008, 147, 150 f.
85 *Hüffer*, § 41 AktG Rz. 31; *Heidinger* in Spindler/Stilz, § 41 AktG Rz. 67.
86 *Heider* in MünchKomm. AktG, 3. Aufl., § 8 AktG Rz. 93; *Hüffer*, § 8 AktG Rz. 10; *Pentz* in MünchKomm. AktG, 3. Aufl., § 41 AktG Rz. 169.
87 BGH v. 20.2.1979 – VI ZR 256/77, NJW 1980, 115; *Reuter* in MünchKomm. BGB, 5. Aufl., § 31 BGB Rz. 36.

## § 42
## Einpersonen-Gesellschaft

Gehören alle Aktien allein oder neben der Gesellschaft einem Aktionär, ist unverzüglich eine entsprechende Mitteilung unter Angabe von Name, Vorname, Geburtsdatum und Wohnort des alleinigen Aktionärs zum Handelsregister einzureichen.

| I. Gegenstand der Regelung | 1 | 1. Voraussetzungen | 4 |
| II. Entstehung und Verfassung der Einpersonen-AG | 3 | 2. Inhalt | 5 |
| III. Mitteilungspflichten | 4 | 3. Verfahren | 6 |

**Literatur:** *Ammon/Görlitz*, Die kleine Aktiengesellschaft, 1995; *Blanke*, Private Aktiengesellschaft und Deregulierung des Aktienrechts, BB 1994, 1505, 1506; *Brändel*, Die Auswirkungen der 12. gesellschaftsrechtlichen EG-Richtlinie auf die Einmann-AG, in FS Kellermann, 1991, S. 15; *Heckschen*, Die „kleine AG" und Deregulierung des Aktienrechts – Eine kritische Bestandsaufnahme, DNotZ 1995, 275; *Hoffmann-Becking*, Gesetz zur „kleinen AG" – unwesentliche Randkorrekturen oder grundlegende Reform?, ZIP 1995, 1; *Kindler*, Die Aktiengesellschaft für den Mittelstand, NJW 1994, 3041; *Lutter*, Das neue „Gesetz für kleine Aktiengesellschaften und zur Deregulierung des Aktienrechts", AG 1994, 429.

## I. Gegenstand der Regelung

Die Vorschrift – im Jahre 1994 eingefügt durch das Gesetz für kleine Aktiengesellschaften und zur Deregulierung des Aktienrechts[1] und durch das Handelsreformgesetz 1998[2] geändert (einreichen statt anmelden; Geburtsdatum statt Beruf des einzigen Aktionärs)[3] – statuiert eine besondere Mitteilungspflicht, wenn alle Aktien (allein oder neben der Gesellschaft) einem Aktionär gehören. Diese **Mitteilungspflicht in der Einpersonen-AG** gilt sowohl für Einpersonengründungen als auch für die nachträgliche Entstehung einer Einpersonen-Gesellschaft. Sie bezweckt den verbesserten Schutz (aktueller wie künftiger) Gesellschaftsgläubiger durch Publizität und setzt Artt. 3 und 6 der Zwölften Europäischen Richtlinie auf dem Gebiet des Gesellschaftsrechts (Einpersonen-Gesellschafts-Richtlinie 89/667/EWG) um[4]. 1

Die Zulässigkeit (auch) der **Gründung einer Einpersonen-AG** wird von § 42 vorausgesetzt; sie ergibt sich schon aus § 2 (s. die Erläuterungen dort) und ist vom Gesetzgeber des MoMiG[5] mit Streichung von § 36 Abs. 2 Satz 2 a.F. (Bestellung einer Sicherung für den nicht eingeforderten Betrag der Bareinlage; vgl. § 36 Rz. 36) noch einmal bekräftigt worden. 2

---

1 Vom 2.8.1994, BGBl. I 1994, 1961.
2 Vom 22.6.1998, BGBl. I 1998, 1474.
3 Näher zur Normentwicklung *Pentz* in MünchKomm. AktG, 3. Aufl., § 42 AktG Rz. 1 ff.
4 Weiterführend *Ehricke* in Großkomm. AktG, 4. Aufl., § 42 AktG Rz. 2 f.; *Pentz* in Münch-Komm. AktG, 3. Aufl., § 42 AktG Rz. 2.
5 Gesetz zur Modernisierung des GmbH-Rechts und zur Bekämpfung von Missbräuchen vom 23.10.2008, BGBl. I 2008, 2026.

## II. Entstehung und Verfassung der Einpersonen-AG

3 Die **Entstehung** einer Einpersonen-AG ist möglich im Wege der Gründung durch nur einen Gründer (§ 2), durch Umwandlung (Ausgliederung, Formwechsel) sowie durch Übertragung aller Aktien auf einen Aktionär (ggf. neben der Gesellschaft selbst). Sie ist juristische Person wie die mehrgliedrige Aktiengesellschaft und entspricht dieser auch im **Organisationsaufbau** (Vorstand, Aufsichtsrat, Hauptversammlung). Die Hauptversammlung des einzigen Aktionärs ist per se Vollversammlung und kann deshalb nach § 121 Abs. 6 Beschlüsse ohne Einhaltung der Bestimmungen der §§ 121–128 fassen. Zur Beschlussniederschrift s. § 130 Abs. 1 Satz 3. Der alleinige Aktionär kann (wenn natürliche Person) zum Alleinvorstand bestellt werden (§ 76 Abs. 2). Auf Rechtsgeschäfte zwischen der Gesellschaft und ihrem einzigen Aktionär findet § 181 BGB (Verbot des Selbstkontrahierens) Anwendung (Gestattung durch den Aufsichtsrat, § 12)[6]. Für die Kapitalaufbringung gelten seit der Aufhebung von § 36 Abs. 2 Satz 2 a.F. (Bestellung einer Sicherung für den nicht eingeforderten Betrag der Bareinlage) im Zuge des MoMiG keine Besonderheiten mehr (s. dazu § 36 Rz. 36). Der Gesetzgeber hat sich auch für das Aktienrecht dazu entschieden, über das von der Einpersonen-Gesellschafts-Richtlinie (s. oben Rz. 1) Geforderte hinaus keine weiteren Regelungen zur Einpersonen-Gesellschaft zu treffen[7].

## III. Mitteilungspflichten

### 1. Voraussetzungen

4 Der Anwendungsbereich der Vorschrift ist eröffnet, wenn alle Aktien einem Aktionär (allein oder neben der Gesellschaft) gehören. Für das „Gehören" der Aktien ist die formale Eigentümerstellung entscheidend, also **alleinige Inhaberschaft des Vollrechts** (bzw. aller Mitgliedschaftsrechte[8]); Sicherungseigentum reicht aus, nicht aber Miteigentum und auch nicht ein beschränktes dingliches Recht wie z.B. Nießbrauch[9]. Ob die Mitteilungspflicht nach § 42 ggf. auch durch Zurechnung von fremden Anteilen analog § 16 Abs. 4 entstehen kann, ist umstritten[10], mit der wohl überwiegenden Auffassung[11] aber zu verneinen. Denn in §§ 20 Abs. 1 Satz 2, 21 Abs. 1 Satz 2 und 328 Abs. 1 Satz 3 hat der Gesetzgeber auf § 16 Abs. 4 ausdrücklich verwiesen, in § 42 aber gerade nicht.

### 2. Inhalt

5 **Mitzuteilen** ist, dass alle Aktien einem Aktionär allein (ggf. neben ihm nur noch der Gesellschaft selbst) gehören. Außerdem sind mitzuteilen[12]: Wenn der alleinige Aktionär eine natürliche Person ist, Vor- und Zuname, Wohnort und Geburtsdatum

---

6 *Hüffer*, § 42 AktG Rz. 2; *Pentz* in MünchKomm. AktG, 3. Aufl., § 42 AktG Rz. 14 m.w.N.
7 S. Begr. RegE MoMiG, BT-Drucks. 16/6140, S. 33 und S. 75.
8 Für den Fall, dass noch keine Urkunden ausgegeben wurden; vgl. *Blanke*, BB 1994, 1505, 1506; *Hoffmann-Becking*, ZIP 1995, 1, 3.
9 *Hüffer*, § 42 AktG Rz. 4; *Ehricke* in Großkomm. AktG, 4. Aufl., § 42 AktG Rz. 44; *Pentz* in MünchKomm. AktG, 3. Aufl., § 42 AktG Rz. 21.
10 Befürwortend etwa *Ehricke* in Großkomm. AktG, 4. Aufl., § 42 AktG Rz. 48; *Hoffmann-Becking*, ZIP 1995, 1, 3; *Kindler*, NJW 1994, 3041, 3043; *Ammon/Görlitz*, Die kleine Aktiengesellschaft, S. 42; für abhängige Unternehmen auch *Lutter*, AG 1994, 429, 434.
11 *A. Arnold* in KölnKomm. AktG, 3. Aufl., § 42 AktG Rz. 10; *Blanke*, BB 1994, 1505, 1506; *Heckschen*, DNotZ 1995, 275, 279; *Hüffer*, § 42 AktG Rz. 4; *Pentz* in MünchKomm. AktG, 3. Aufl., § 42 AktG Rz. 21; jetzt auch *Hoffmann-Becking* in MünchHdb. AG, § 3 Rz. 25.
12 *Ehricke* in Großkomm. AktG, 4. Aufl., § 42 AktG Rz. 58 f.; *Hüffer*, § 42 AktG Rz. 5; *Pentz* in MünchKomm. AktG, 3. Aufl., § 42 AktG Rz. 24.

(nicht mehr: Beruf, s. oben Rz. 1). Ist alleiniger Aktionär eine juristische Person, eine Personenhandelsgesellschaft oder Partnerschaftsgesellschaft, so sind die Firma und der Sitz (bzw. Hauptniederlassung) anzugeben. Bei einer Gesellschaft bürgerlichen Rechts müssen (mangels Registerpublizität der GbR) Vor- und Zuname, Wohnort und Geburtsdatum jedes einzelnen Gesellschafters genannt werden. Mitteilungspflichtig ist – wenngleich in § 42 nicht ausdrücklich vorgeschrieben – auch ein etwaiges Ende der Alleinaktionärseigenschaft, damit die tatsächlichen Verhältnisse der Gesellschaft Eingang in die Registerakten finden[13].

### 3. Verfahren

Die notwendigen **Mitteilungen an das Gericht** (das für den Ort des Sitzes der Gesellschaft zuständige Amtsgericht als Registergericht, § 14 AktG, § 23a GVG, §§ 376, 377 FamFG[14]) sind **unverzüglich** (i.S. von § 121 Abs. 1 Satz 1 BGB) und **elektronisch** (§ 37 Abs. 5 AktG i.V.m. § 12 Abs. 2 HGB; s. § 37 Rz. 36 ff.) durch die Vorstandsmitglieder in vertretungsberechtigter Zahl zu machen; Bevollmächtigung ist zulässig[15]. Ein Aktionär, der alle Aktien übernommen hat, ist der Gesellschaft gegenüber zu entsprechender Mitteilung verpflichtet[16].

Eine Eintragung in das Handelsregister erfolgt nicht; die Mitteilung wird zu den **Registerakten** genommen und in den (elektronisch geführten) **Registerordner** eingestellt (§§ 8, 9 HRV), wo sie (nach Maßgabe von § 9 HGB) online abgerufen werden kann. Eine unterbliebene Mitteilung kann nach § 14 HGB (Zwangsgeld) erzwungen werden, wenn die Gesellschaft schon im Handelsregister eingetragen und damit als juristische Person entstanden ist.

## §§ 43, 44
*(weggefallen)*

---

13 Str.; wie hier etwa *Ammon/Görlitz*, Die kleine Aktiengesellschaft, S. 42 ff.; *Ehricke* in Großkomm. AktG, 4. Aufl., § 42 AktG Rz. 64; *Hüffer*, § 42 AktG Rz. 5; *Lutter*, AG 1994, 429, 434; gegen eine Mitteilungspflicht etwa *A. Arnold* in KölnKomm. AktG, 3. Aufl., § 42 AktG Rz. 12; *Pentz* in MünchKomm. AktG, 3. Aufl., § 42 AktG Rz. 20.
14 Zur Konzentrationsvorschrift des § 376 Abs. 2 FamFG und zu ihrer Umsetzung in den verschiedenen Bundesländern s. *Krafka/Willer/Kühn*, Registerrecht, Rz. 12 f.
15 *Pentz* in MünchKomm. AktG, 3. Aufl., § 42 AktG Rz. 22 m.w.N.
16 *Ehricke* in Großkomm. AktG, 4. Aufl., § 42 AktG Rz. 54; *Hoffmann-Becking*, ZIP 1995, 1, 4; *Pentz* in MünchKomm. AktG, 3. Aufl., § 42 AktG Rz. 23; für Mitteilungspflicht des Alleinaktionärs auch gegenüber dem Registergericht *Lutter*, AG 1994, 429, 435; *Brändel* in FS Kellermann, S. 15, 19.

## § 45
## Sitzverlegung

(1) Wird der Sitz der Gesellschaft im Inland verlegt, so ist die Verlegung beim Gericht des bisherigen Sitzes anzumelden.

(2) Wird der Sitz aus dem Bezirk des Gerichts des bisherigen Sitzes verlegt, so hat dieses unverzüglich von Amts wegen die Verlegung dem Gericht des neuen Sitzes mitzuteilen. Der Mitteilung sind die Eintragungen für den bisherigen Sitz sowie die bei dem bisher zuständigen Gericht aufbewahrten Urkunden beizufügen; bei elektronischer Registerführung sind die Eintragungen und sie Dokumente elektronisch zu übermitteln. Das Gericht des neuen Sitzes hat zu prüfen, ob die Verlegung ordnungsgemäß beschlossen und § 30 des Handelsgesetzbuchs beachtet ist. Ist dies der Fall, so hat es die Sitzverlegung einzutragen und hierbei die ihm mitgeteilten Eintragungen ohne weitere Nachprüfung in sein Handelsregister zu übernehmen. Mit der Eintragung wird die Sitzverlegung wirksam. Die Eintragung ist dem Gericht des bisherigen Sitzes mitzuteilen. Dieses hat die erforderlichen Löschungen von Amts wegen vorzunehmen.

(3) Wird der Sitz an einen anderen Ort innerhalb des Bezirks des Gerichts des bisherigen Sitzes verlegt, so hat das Gericht zu prüfen, ob die Sitzverlegung ordnungsgemäß beschlossen und § 30 des Handelsgesetzbuchs beachtet ist. Ist dies der Fall, so hat es die Sitzverlegung einzutragen. Mit der Eintragung wird die Sitzverlegung wirksam.

| | |
|---|---|
| A. Normzweck und Anwendungsbereich  1 | b) Verlegung (nur) des Satzungssitzes . . . . . . . . . . . . . . . . . 21 |
| B. Sitzverlegung im Inland . . . . . . . . .  3 | aa) Ausländischer Staat folgt der Sitztheorie . . . . . . . . . . . 22 |
| I. Anmeldung der Sitzverlegung beim bisherigen Sitzgericht (§ 45 Abs. 1) . . 3 | bb) Ausländischer Staat folgt der Gründungstheorie . . . . . . 23 |
| II. Sitzverlegung in einen anderen Gerichtsbezirk (§ 45 Abs. 2) . . . . . .  4 | cc) Vorschlag für eine Richtlinie zur Verlegung des Satzungssitzes . . . . . . . . . . . . . . . . 25 |
| 1. Tätigkeit des bisherigen Sitzgerichts (§ 45 Abs. 2 Sätze 1, 2 und 7) . . . . . .  5 | c) Verlegung sowohl des Satzungsals auch des Verwaltungssitzes . . . 26 |
| 2. Tätigkeit des neuen Sitzgerichts (§ 45 Abs. 2 Sätze 3, 4 und 6) . . . . . . 10 | 2. Verlegung des Sitzes aus dem Inland in das Ausland . . . . . . . . . . . . . . . . . . 27 |
| a) Prüfung der materiellen Voraussetzungen . . . . . . . . . . . . . . . . . . . 10 | a) Verlegung (nur) des Verwaltungssitzes . . . . . . . . . . . . . . . . . . . . . 27 |
| b) Verfahren bei Vorliegen der Verlegungsvoraussetzungen . . . . . . . 11 | b) Verlegung (nur) des Satzungssitzes  28 |
| c) Verfahren bei Fehlen von Verlegungsvoraussetzungen . . . . . . . . 14 | c) Verlegung sowohl des Satzungsals auch des Verwaltungssitzes . . . 29 |
| III. Sitzverlegung innerhalb desselben Gerichtsbezirks (§ 45 Abs. 3) . . . . . . 16 | III. Grenzüberschreitende Sitzverlegung in oder aus Drittstaaten . . . . . . . . . 30 |
| C. Errichtung eines Doppelsitzes . . . . . 17 | 1. Allgemeines . . . . . . . . . . . . . . . . . . . 30 |
| D. Grenzüberschreitende Sitzverlegung . 18 | 2. Verlegung des Sitzes aus dem Ausland in das Inland . . . . . . . . . . . 31 |
| I. Einführung . . . . . . . . . . . . . . . . . . . 18 | 3. Verlegung des Sitzes aus dem Inland in das Ausland . . . . . . . . . . . 33 |
| II. Sitzverlegung innerhalb der EU und des EWR . . . . . . . . . . . . . . . . . . . . . 20 | 4. Sitzverlegung von einem ausländischen Staat in einen anderen ausländischen Staat . . . . . . . . . . . . . . . 37 |
| 1. Verlegung des Sitzes aus dem Ausland in das Inland . . . . . . . . . . . 20 | |
| a) Verlegung (nur) des Verwaltungssitzes . . . . . . . . . . . . . . . . . . . . . 20 | |

**Literatur:** *Leible*, Niederlassungsfreiheit und Sitzverlegungsrichtlinie, ZGR 2004, 531; *Neye*, Die Regelung der grenzüberschreitenden Sitzverlegung – eine ungelöste Aufgabe des europäischen Gesetzgebers, in FS Schwark, 2009, S. 231; *Ringe*, Sitz der GmbH: Keine Eintragung der Verlegung des Satzungssitzes einer GmbH in das EU-Ausland in das deutsche Handelsregister – Kommentar zu OLG Brandenburg, Beschl. v. 30.11.2004 – 6 Wx 4/04, GmbHR 2005, 487; *Triebel/v. Hase*, Wegzug und grenzüberschreitende Umwandlung deutscher Gesellschaften nach „Überseering" und „Inspire Art", BB 2003, 2409; *Zimmer/Naendrup*, Das Cartesio-Urteil des EuGH: Folgen für das internationale Gesellschaft, NJW 2009, 545.

## A. Normzweck und Anwendungsbereich

§ 45 regelt das **registerrechtliche Verfahren**, insbesondere die Zusammenarbeit der beteiligten Gerichte, im Fall, dass der Sitz einer Gesellschaft in einen anderen Gerichtsbezirk verlegt wird und damit das zuständige Gericht wechselt. § 13h HGB als allgemeine Vorschrift zur Sitzverlegung einer Hauptniederlassung wird für Aktiengesellschaften durch § 45 verdrängt[1]. Die Verlegung von Zweigniederlassungen fällt dagegen nicht unter § 45, sondern wird von § 13 Abs. 1 HGB erfasst[2]. 1

§ 45 enthält **keine umfassende Regelung** der mit einer Sitzverlegung verbundenen Fragen, sondern befasst sich ausschließlich mit registerrechtlichen Aspekten. Ergänzt wird die Vorschrift durch Bestimmungen der Handelsregisterverordnung (HRV), insbesondere § 20 HRV. Zudem betrifft § 45 nur Sitzverlegungen durch einen satzungsändernden Beschluss der Hauptversammlung. Nicht erfasst sind daher „faktische" Sitzverlegungen, d.h. Fälle, in denen Satzungssitz und tatsächlicher Sitz infolge veränderter Umstände nachträglich auseinander fallen. Gleiches gilt für grenzüberschreitende Sitzverlegungen; schon aus dem Wortlaut des Abs. 1 ergibt sich, dass die Vorschrift nur auf Sitzverlegungen im Inland Anwendung findet (zur gesetzlich nicht geregelten grenzüberschreitenden Sitzverlegung s. unten Rz. 18 ff.). 2

## B. Sitzverlegung im Inland

### I. Anmeldung der Sitzverlegung beim bisherigen Sitzgericht (§ 45 Abs. 1)

Da der Sitz der Gesellschaft gem. §§ 5, 23 Abs. 3 Nr. 1 in der Satzung bestimmt sein muss, kann er nur durch eine **Satzungsänderung** verlegt werden. Dazu bedarf es eines Beschlusses durch die Hauptversammlung nach § 179, welcher nach § 181 Abs. 1 durch den Vorstand in vertretungsberechtigter Zahl zur Eintragung in das Handelsregister anzumelden ist. Eine unechte Gesamtvertretung eines Vorstandsmitglieds mit einem Prokuristen ist dabei ebenso zulässig wie die Anmeldung durch einen vom Vorstand dazu Bevollmächtigten[3]. Diese Bestimmungen, die für Satzungsänderungen im Allgemeinen gelten, werden durch § 45 ergänzt, der das für die Anmeldung zuständige Registergericht bestimmt. Gem. § 45 Abs. 1 hat der Vorstand die Sitzverlegung ausschließlich bei dem bisherigen Sitzgericht anzumelden. 3

### II. Sitzverlegung in einen anderen Gerichtsbezirk (§ 45 Abs. 2)

Wird der Sitz der Gesellschaft in einen anderen Gerichtsbezirk verlegt, koordiniert § 45 die Zusammenarbeit der betroffenen Registergerichte. 4

---
1 *Ehricke* in Großkomm. AktG, 4. Aufl., § 45 AktG Rz. 5.
2 *Pentz* in MünchKomm. AktG, 3. Aufl., § 45 AktG Anh Rz. 60.
3 *Hüffer*, § 45 AktG Rz. 2; *Pentz* in MünchKomm. AktG, 3. Aufl., § 45 AktG Rz. 5, 8; *Arnold* in KölnKomm. AktG, 3. Aufl., § 45 AktG Rz. 6; *Ehricke* in Großkomm. AktG, 4. Aufl., § 45 AktG Rz. 7.

## 1. Tätigkeit des bisherigen Sitzgerichts (§ 45 Abs. 2 Sätze 1, 2 und 7)

5 Das bisher zuständige Registergericht hat die **formelle Ordnungsmäßigkeit** der bei ihm erfolgten Anmeldung zu prüfen[4]. Die Sitzverlegung ist ordnungsgemäß angemeldet, wenn die Anmeldung in öffentlich beglaubigter Form nach § 12 Abs. 1 HGB eingereicht und eine vollständige Satzung mit der nach § 181 Abs. 1 Satz 2 erforderlichen Bescheinigung eines Notars beigefügt wurde. Verfügt die Gesellschaft über Zweigniederlassungen, sind gem. § 13c Abs. 1 HGB so viele Stücke einzureichen, wie Zweigniederlassungen bestehen. Außerdem hat das bisherige Registergericht zu prüfen, ob bei der Anmeldung die Vertretungsverhältnisse (s. Rz. 3) gewahrt sowie gegebenenfalls erforderliche Vollmachten vorgelegt wurden. Dagegen erfolgt keine Prüfung der materiell-rechtlichen Voraussetzungen der Sitzverlegung. Diese obliegt ausschließlich dem Registergericht am neuen Sitz der Gesellschaft[5]. Das bisherige Gericht prüft daher nicht, ob der der Sitzverlegung zugrunde liegende Beschluss rechtswirksam ist.

6 Bei formell ordnungsgemäßer Anmeldung teilt das Gericht am alten Sitz gem. **§ 45 Abs. 2 Satz 1** die Anmeldung der Verlegung (das Gesetz spricht vereinfachend von der Verlegung als solcher[6]) dem neuen Gericht unverzüglich von Amts wegen mit. Der Mitteilung des Verlegungsbeschlusses sind nach **§ 45 Abs. 2 Satz 2** die bisherigen Eintragungen (beglaubigte Abschrift des Registerblattes einschließlich Rötungen) sowie die bei dem bisherigen Gericht aufbewahrten Urkunden (vollständige Registerakten) im Original beizufügen. Das Registerblatt verbleibt dagegen bei dem bisherigen Sitzgericht. Für den Fall der elektronischen Registerführung ordnet § 45 Abs. 2 Satz 2 Halbsatz 2 die elektronische Übermittlung der Dokumente an.

7 Nach mittlerweile wohl einhelliger Meinung **bedarf der** satzungsändernde **Beschluss** über die Sitzverlegung **nicht der Eintragung in das Handelsregister des bisherigen Sitzgerichts**[7]. § 181 Abs. 3, wonach Satzungsänderungen erst wirksam werden, wenn sie in das Handelsregister des Sitzes der Gesellschaft eingetragen werden, wird im Fall einer Sitzverlegung durch die Sondervorschrift des § 45 verdrängt. Dies ergibt sich bereits aus § 45 Abs. 2 Satz 5, wonach die Sitzverlegung mit der Eintragung in das Register des neuen Sitzgerichts wirksam wird. Zudem verlangt § 45 Abs. 1 nur die Anmeldung der Sitzverlegung, nicht die Anmeldung zur Eintragung. Schließlich ist die materielle Prüfung allein dem neuen Sitzgericht vorbehalten, eine Eintragung im Register am alten Sitz wäre aber ohne vorherige materielle Prüfung sinnlos.

8 Dagegen ist in Rechtsprechung und Schrifttum nach wie vor umstritten, welches der beiden Gerichte zuständig ist, wenn neben der Sitzverlegung noch **andere Satzungsänderungen** zur Eintragung angemeldet werden. Nach vereinzelt vertretener Auffassung ist allein das bisherige Registergericht für die Eintragung von zeitgleich mit der Sitzverlegung angemeldeten Satzungsänderungen zuständig[8]. Die Zuständigkeit des neuen Sitzgerichts werde erst durch die Eintragung der Sitzverlegung in dessen Han-

---

4 LG Düsseldorf v. 5.5.1966 – 19 T 2/66, BB 1966, 1036; OLG Köln v. 7.11.1974 – 2 W 111/74, RPfleger 1975, 251, 252; OLG Hamm v. 25.3.1991 – 15 Sbd. 4/91, NJW-RR 1991, 1001; *Hüffer*, § 45 AktG Rz. 3; *Arnold* in KölnKomm. AktG, 3. Aufl., § 45 AktG Rz. 9; *Ehricke* in Großkomm. AktG, 4. Aufl., § 45 AktG Rz. 13; *v. Godin/Wilhelmi*, § 45 AktG Anm. 2; *Wiesner* in MünchHdb. AG, § 8 Rz. 9; *Eckardt* in G/H/E/K, § 45 AktG Rz. 7.
5 OLG Hamm v. 25.3.1991 – 15 Sbd. 4/91, NJW-RR 1991, 1001; OLG Frankfurt v. 30.4.2002 – 20 W 137/2002, FGPrax 2002, 184, 185; *Hüffer*, § 45 AktG Rz. 3; *Pentz* in MünchKomm. AktG, 3. Aufl., § 45 AktG Rz. 8.
6 *Hüffer*, § 45 AktG Rz. 3; *Pentz* in MünchKomm. AktG, 3. Aufl., § 45 AktG Rz. 9.
7 *Hüffer*, § 45 AktG Rz. 4; *Pentz* in MünchKomm. AktG, 3. Aufl., § 45 AktG Rz. 10; *Höhfeld* in Heidel, § 45 AktG Rz. 2; *Ehricke* in Großkomm. AktG, 4. Aufl., § 45 AktG Rz. 25.
8 LG Mannheim v. 18.12.1989 – 23 T 8/89, Rpfleger 1990, 301.

delsregister begründet, eine vorzeitige Abgabe der Entscheidungsbefugnis des alten Gerichts an das neue Gericht allein aus Gründen der Zweckmäßigkeit sei nicht möglich. Einer Gegenmeinung zufolge ist das Gericht am neuen Sitz zur abschließenden Prüfung auch der anderen Anmeldungen berufen, um eine Verzögerung der Eintragung der Sitzverlegung zu vermeiden[9]. Dagegen soll es nach überwiegender Meinung im Ermessen des Gerichts am alten Sitz liegen, die weiteren Anmeldungen noch selbst zu prüfen und einzutragen oder sie dem Gericht am neuen Sitz zur Prüfung und Eintragung zu überlassen[10]. Diese vermittelnde Ansicht trägt durch ihre Flexibilität den Besonderheiten des jeweiligen Einzelfalls am besten Rechnung: Eilbedürftige Eintragungen können demnach noch vom Gericht des bisherigen Sitzes vorgenommen werden. Erscheint dagegen die Eintragung der Sitzverlegung nach pflichtgemäßem Ermessen dieses Gerichts vorrangig, können die weiteren Eintragungen dem Gericht am neuen Sitz überlassen werden. Sofern die Anmeldung keine Reihenfolge der Bearbeitung bestimmt, wird die Entscheidung durch das neue Gericht über die weiteren Anmeldungen dabei der Regelfall sein. Denn durch eine einheitliche Behandlung der Anträge werden widersprüchliche Entscheidungen vermieden. Zudem können vom bisherigen Gericht vorgenommene Eintragungen später ohnehin durch das Gericht am neuen Sitz überprüft werden (s. Rz. 11). Vor der Anmeldung der Sitzverlegung gestellte Anträge sind hingegen vom alten Sitzgericht zu bearbeiten[11].

**Bisherige Eintragungen** im Register am alten Sitz werden nicht schon nach der Mitteilung gem. § 45 Abs. 2 Satz 1 gelöscht, sondern erst nach der Eintragungsnachricht des neuen Sitzgerichts nach § 45 Abs. 2 Satz 6. Die Löschung durch das bisherige Sitzgericht erfolgt gem. § 45 Abs. 2 Satz 7 von Amts wegen, wobei sich das Verfahren nach § 20 HRV richtet.  9

## 2. Tätigkeit des neuen Sitzgerichts (§ 45 Abs. 2 Sätze 3, 4 und 6)

### a) Prüfung der materiellen Voraussetzungen

Das Gericht am neuen Sitz der Gesellschaft hat gem. **§ 45 Abs. 2 Satz 3** zu prüfen, ob die Verlegung ordnungsgemäß beschlossen und § 30 HGB beachtet wurde. Die Sitzverlegung ist ordnungsgemäß beschlossen, wenn ein wirksamer satzungsändernder Beschluss der Hauptversammlung nach § 179 vorliegt. Das Gericht hat zu prüfen, ob sich die Firma der Gesellschaft von allen anderen am Ort oder in der Gemeinde des neuen Sitzgerichts bestehenden und eingetragenen Firmen deutlich unterscheidet (§ 30 HGB). Nicht zu prüfen ist dagegen die Zulässigkeit der Firma im Übrigen, insbesondere nach § 18 HGB, da das neue Gericht die Sitzverlegung einzutragen hat, wenn die Voraussetzungen nach § 45 Abs. 2 Satz 3 erfüllt sind[12].  10

### b) Verfahren bei Vorliegen der Verlegungsvoraussetzungen

Liegen die materiellen Voraussetzungen (Rz. 10) vor, so trägt das Gerichts des neuen Sitzes nach **§ 45 Abs. 2 Satz 4** die Verlegung ein und übernimmt den vom alten Gericht mitgeteilten Registerinhalt ohne weitere Nachprüfung in sein Handelsregister.  11

---

9 *Pentz* in MünchKomm. AktG, 3. Aufl., § 45 AktG Rz. 11.
10 OLG Hamm v. 25.3.1991 – 15 Sbd. 4/91, NJW-RR 1991, 1001 f.; OLG Frankfurt v. 30.7.1991 – 20 W 237/91, Rpfleger 1991, 508 f.; OLG Zweibrücken v. 15.10.1991 – 2 AR 41/91, GmbHR 1992, 678 f.; KG Berlin v. 22.10.1996 – 1 AR 30/96, BB 1997, 173, 174; *Hüffer*, § 45 AktG Rz. 3; *Arnold* in KölnKomm. AktG, 3. Aufl., § 45 AktG Rz. 12; *Ehricke* in Großkomm. AktG, 4. Aufl., § 45 AktG Rz. 30; *v. Godin/Wilhelmi*, § 45 AktG Anm. 3; *Buchberger*, Rpfleger 1990, 513 f.; *Ziegler*, Rpfleger 1991, 485, 486 f.
11 *Ehricke* in Großkomm. AktG, 4. Aufl., § 45 AktG Rz. 31.
12 OLG Oldenburg v. 14.12.1976 – 5 Wx 67/76, BB 1977, 12, 13; *Ehricke* in Großkomm. AktG, 4. Aufl., § 45 AktG Rz. 21.

Es darf die Eintragung der Sitzverlegung und die Übernahme der bestehenden Eintragungen nicht deshalb ablehnen, weil ihm bisherige Eintragungen unzutreffend erscheinen. Nach der Eintragung der Sitzverlegung kann es aber gegen die übernommenen Eintragungen ein Verfahren nach §§ 395, 397, 399a FamFG einleiten[13]. Existieren Zweigniederlassungen, ist die Sitzverlegung gem. § 13c HGB auch in die für diese zuständigen Handelsregister einzutragen.

12 Das neue Sitzgericht hat die Eintragung der Sitzverlegung dem Gericht des bisherigen Sitzes gem. **§ 45 Abs. 2 Satz 6** mitzuteilen, das daraufhin nach § 45 Abs. 2 Satz 7 die erforderlichen Löschungen von Amts wegen vornimmt. Die Löschung durch das alte Gericht hat dabei lediglich deklaratorische Bedeutung[14]. Nach § 45 Abs. 2 Satz 5 wird die Sitzverlegung bereits mit der Eintragung beim Gericht des neuen Sitzes wirksam, unabhängig davon, ob schon der Betrieb, die Geschäftsleitung oder die Verwaltung an den neuen Sitz verlegt worden sind; ausreichend ist insoweit die Absicht, eine dieser Einrichtungen zu verlegen[15]. Einer Eintragung bei dem bisherigen Sitzgericht bedarf es nicht (vgl. auch Rz. 9).

13 Das Gericht am **neuen Sitz** hat die Eintragung **gem. § 10 HGB bekannt zu machen**. Die Bestimmung des früheren § 45 Abs. 3, der zufolge bei einer in den ersten zwei Jahren nach Eintragung der Gesellschaft erfolgenden Sitzverlegung weitergehende Angaben (etwa zu den Personen der Gründer und der ersten Aufsichtsratsmitglieder) bekannt zu machen waren, ist mit dem EHUG gestrichen worden[16].

### c) Verfahren bei Fehlen von Verlegungsvoraussetzungen

14 § 45 enthält **keine Regelung** über das weitere Verfahren in Fällen, in denen die Sitzverlegung nicht ordnungsgemäß beschlossen wurde oder die Firma gegen § 30 HGB verstößt. Ist die Firma mit § 30 HGB unvereinbar, hat das Gericht des neuen Sitzes der Gesellschaft Gelegenheit zur Umfirmierung zu geben. Gegen eine verfahrensmäßige Einbeziehung des bisherigen Sitzgerichts spricht, dass das Gericht am neuen Sitz näher daran ist, die Unterscheidbarkeit von an seinem Ort bzw. in seiner Gemeinde bereits bestehenden Firmen zu beurteilen[17].

15 Gute Gründe sprechen dafür, dass in allen Fällen eines negativen Prüfungsergebnisses das neue Sitzgericht den Antrag nicht an das bisherige Sitzgericht zurückreicht, sondern die **Eintragung** der Sitzverlegung **ablehnt**[18]. Zwar hat nach der Konzentrationsmaxime der §§ 13 ff. HGB grundsätzlich das Gericht über die Ablehnung eines Antrags zu entscheiden, bei dem der Antrag eingereicht wurde; dies würde aber im Rahmen des § 45 zu einer Aufspaltung der Entscheidungskompetenz zwischen den

---

13 OLG Oldenburg v. 14.12.1976 – 5 Wx 67/76, BB 1977, 12, 13; OLG Hamm v. 19.8.1996 – 15 W 127/96, NJW-RR 1997, 167, 168; *Arnold* in KölnKomm. AktG, 3. Aufl., § 45 AktG Rz. 13; *Ehricke* in Großkomm. AktG, 4. Aufl., § 45 AktG Rz. 22; *Eckardt* in G/H/E/K, § 45 AktG Rz. 12; *Ziegler*, Rpfleger 1991, 485, 486.
14 *Pentz* in MünchKomm. AktG, 3. Aufl., § 45 AktG Rz. 12; *Ehricke* in Großkomm. AktG, 4. Aufl., § 45 AktG Rz. 24.
15 KG Berlin v. 31.1.1996 – 23 U 3989/94, AG 1996, 421, 422; *Ehricke* in Großkomm. AktG, 4. Aufl., § 45 AktG Rz. 18; *Eckardt* in G/H/E/K, § 45 AktG Rz. 10.
16 Zu den Gründen, die auch zur Streichung des § 40 a.F. geführt haben, die Begr. RegE, BT-Drucks. 16/960, S. 65 f.
17 Vgl. *Pentz* in MünchKomm. AktG, 3. Aufl., § 45 AktG Rz. 16; *Ehricke* in Großkomm. AktG, 4. Aufl., § 45 AktG Rz. 32.
18 So die h.M. vgl. OLG Köln v. 7.11.1974 – 2 W 111/74, Rpfleger 1975, 251, 252; LG Leipzig v. 15.3.2004 – 3 HK T 4403/03, NJW-RR 2004, 1112; *Pentz* in MünchKomm. AktG, 3. Aufl., § 45 AktG Rz. 16; *Ehricke* in Großkomm. AktG, 4. Aufl., § 45 AktG Rz. 32; a.A. *Hüffer*, § 45 AktG Rz. 5; *Höhfeld* in Heidel, § 45 AktG Rz. 3.

beteiligen Gerichten führen, wonach das Gericht am neuen Sitz für positive, das bisherige Sitzgericht hingegen für negative Entscheidungen zuständig wäre. Systematisch richtig erscheint, dass das bisherige Sitzgericht nur die formelle Ordnungsmäßigkeit der Anmeldung prüft; eine materielle Prüfung erfolgt dagegen ausschließlich durch das neue Sitzgericht (s. Rz. 10, 12). Das Gericht am neuen Sitz lehnt daher bei negativem Prüfungsergebnis den Antrag selbständig ab und gibt die Akten an das bisherige Sitzgericht zurück.

### III. Sitzverlegung innerhalb desselben Gerichtsbezirks (§ 45 Abs. 3)

Auch wenn der Sitz an einen anderen Ort innerhalb desselben Gerichtsbezirks verlegt wird, bedarf es eines zur Eintragung in das Handelsregister anzumeldenden satzungsändernden Beschlusses. Das Gericht des alten und neuen Sitzes prüft gem. **§ 45 Abs. 3 Satz 1**, ob die Sitzverlegung ordnungsgemäß beschlossen und § 30 HGB beachtet wurde. Bei positivem Prüfergebnis hat es nach **§ 45 Abs. 3 Satz 2** die Sitzverlegung einzutragen. Mit der Eintragung, die nach § 10 HGB bekannt zu machen ist, wird die Sitzverlegung gem. **§ 45 Abs. 3 Satz 3** wirksam.

16

## C. Errichtung eines Doppelsitzes

Zur Errichtung eines Doppelsitzes bedarf es eines satzungsändernden Hauptversammlungs-Beschlusses, durch den ein weiterer Sitz bestimmt wird (zur Zulässigkeit allg. § 5 Rz. 10). Dieser Beschluss ist vom Vorstand **bei beiden Gerichten**, in deren Bezirk ein Sitz existieren soll, zur Eintragung **anzumelden**[19]. Die beteiligten Gerichte entscheiden zwar unabhängig voneinander über die Eintragung[20], doch erscheint eine inhaltliche Abstimmung sinnvoll[21]. Erst mit der Eintragung in beide Register, die jeweils nach § 10 HGB bekannt zu machen ist, wird die Errichtung des Doppelsitzes wirksam.

17

## D. Grenzüberschreitende Sitzverlegung

### I. Einführung

§ 45 betrifft **ausschließlich das registerrechtliche Verfahren** bei der Sitzverlegung im **Anwendungsbereich des AktG**. Sitzverlegungen aus Deutschland heraus oder nach Deutschland werden dagegen von § 45 ebenso wenig wie von anderen Vorschriften des AktG behandelt[22].

18

Welches nationale Sachrecht Anwendung findet, richtet sich nach dem **Gesellschaftsstatut** der Gesellschaft, für das verschiedene Anknüpfungspunkte zur Verfügung stehen: Eine Anknüpfung ist insbesondere an den tatsächlichen Sitz der Hauptverwaltung (Sitztheorie) sowie an den Gründungsort der Gesellschaft (Gründungs-

19

---

19 *Ehricke* in Großkomm. AktG, 4. Aufl., § 45 AktG Rz. 40; *Eckardt* in G/H/E/K, § 45 AktG Rz. 14.
20 BayObLG v. 23.3.1962 – 2 Z 170/61, BayObLGZ 1962, 107, 112; KG Berlin v. 20.2.1973 – 1 W 522/72, OLGZ 1973, 272, 273; *Wiesner* in MünchHdb. AG, § 8 Rz. 7; *Heider* in MünchKomm. AktG, 3. Aufl., § 5 AktG Rz. 50; *Dauner-Lieb* in KölnKomm. AktG, 3. Aufl., § 5 AktG Rz. 22; *Eckardt* in G/H/E/K, § 45 AktG Rz. 14.
21 *Pentz* in MünchKomm. AktG, 3. Aufl., § 45 AktG Rz. 20; *Ehricke* in Großkomm. AktG, 4. Aufl., § 45 AktG Rz. 40; a.A. AG Bremen v. 1.6.1976 – 38 AR 105/74, DB 1976, 1810.
22 *Wiesner* in MünchHdb. AG, § 8 Rz. 3; *Pentz* in MünchKomm. AktG, 3. Aufl., § 45 AktG Rz. 22; *Arnold* in KölnKomm. AktG, 3. Aufl., § 45 AktG Rz. 18; *Ehricke* in Großkomm. AktG, 4. Aufl., § 45 AktG Rz. 3/41.

theorie) möglich; diejenige Lehre, die das Gesellschaftsstatut nach dem Satzungssitz bestimmt, erscheint als eine Spielart der Gründungstheorie (vgl. oben Internationales Gesellschaftsrecht, Rz. 4 ff.). Im deutschen Internationalen Gesellschaftsrecht herrschte lange Zeit die Sitztheorie. Infolge der EuGH-Rechtsprechung zur Reichweite der Niederlassungsfreiheit von Gesellschaften ist es allerdings in den letzten Jahren zu einem schrittweisen Übergang zur Gründungsrechtsanknüpfung gekommen, die im deutschen Recht die Sitztheorie mittlerweile jedenfalls für Zuzugsfälle verdrängt hat (vgl. oben Internationales Gesellschaftsrecht, Rz. 43 ff.). Zwingend ist dieser Paradigmenwechsel allerdings nur insofern, als innergemeinschaftliche Sachverhalte betroffen sind. Daneben gilt die Maßgeblichkeit des Gründungsrechts auch im Verhältnis zu den EWR-Staaten sowie zu Staaten, mit denen eine entsprechende völkerrechtliche Vereinbarung getroffen wurde. Im Verhältnis zu sonstigen Drittstaaten kann die Anwendung der Gründungstheorie zwar wünschenswert erscheinen, um ein einfaches und rechtssicheres Kollisionsrechtssystem zu schaffen; sie ist europarechtlich aber nicht erforderlich (vgl. oben Internationales Gesellschaftsrecht, Rz. 54 ff.).

## II. Sitzverlegung innerhalb der EU und des EWR

### 1. Verlegung des Sitzes aus dem Ausland in das Inland

#### a) Verlegung (nur) des Verwaltungssitzes

20 Verlegt eine nach dem Recht eines anderen Mitgliedstaats der EU oder Vertragsstaat des EWR-Abkommens dort ordnungsgemäß gegründete Gesellschaft (nur) ihren effektiven Verwaltungssitz aus dem Gründungsstaat nach Deutschland, muss zunächst geprüft werden, ob die Gesellschaft nach dem ausländischen Gesellschaftsstatut trotz der Sitzverlegung fortbesteht oder ob sie durch den Wegzug aufgelöst wird. Besteht sie nach dem ausländischen Sachrecht fort, ist sie auch **im Inland als Gesellschaft ausländischen Rechts anzuerkennen**. Nach der Rechtsprechung des EuGH kommt dem Gründungsstaat die Entscheidungsbefugnis über die Existenz und Ausgestaltung der Gesellschaft zu[23]. Die Sitztheorie ist daher in Deutschland auf aus dem EU-Ausland zuziehende Gesellschaften nicht mehr anwendbar, vielmehr ist auch nach der grenzüberschreitenden Verlegung des Verwaltungssitzes das Gründungsstatut maßgeblich. Entsprechendes ist für Gesellschaften aus den EWR-Vertragsstaaten Island, Liechtenstein und Norwegen anzunehmen[24]. Zu einem Statutenwechsel (Wechsel des anwendbaren Rechts) kommt es somit nicht.

#### b) Verlegung (nur) des Satzungssitzes

21 Verlegt eine nach dem Recht eines anderen Mitgliedstaats errichtete Gesellschaft ihren Satzungssitz nach Deutschland, ist danach zu differenzieren, ob der ausländische Staat der Sitz- oder der Gründungstheorie folgt.

22 **aa) Ausländischer Staat folgt der Sitztheorie.** Folgt der Wegzugsstaat der Sitztheorie, knüpft er also das Gesellschaftsstatut an den Sitz der effektiven Verwaltung, ist die bloße Verlegung des Satzungssitzes grundsätzlich ohne Bedeutung. Zu einem Wechsel des Gesellschaftsstatuts käme es hiernach nicht. Lässt das Recht des Gründungsstaats die grenzüberschreitende Verlegung des Satzungssitzes zu, ohne daran die Auf-

---
23 Vgl. EuGH v. 5.11.2002 – C 208/00 – „Überseering", Slg. 2002, I-9919 = NJW 2002, 3614; hierzu auch BGH v. 13.3.2003 – VII ZR 370/98 – „Überseering", BGHZ 154, 185 = NJW 2003, 1461 = AG 2003, 386; aus neuerer Zeit EuGH v. 16.12.2008 – Rs. C-210/06 – „Cartesio", NJW 2009, 569 = ZIP 2009, 24.
24 Vgl. BGH v. 19.9.2005 – II ZR 372/03, NJW 2005, 3351 (für Liechtenstein).

lösung der Gesellschaft zu knüpfen, wird die Gesellschaft auch in Deutschland ohnehin als fortbestehend anerkannt[25].

**bb) Ausländischer Staat folgt der Gründungstheorie.** Folgt der Staat, aus dem die Gesellschaft nach Deutschland zuzieht, der Gründungstheorie und bestimmt er das Gesellschaftsstatut nach dem Satzungssitz, so führt die grenzüberschreitende Verlegung des Satzungssitzes zu einem Statutenwechsel[26]. Nach ausländischem materiellen Recht ist dabei zunächst die Frage zu beantworten, ob dieser Wechsel zu einer Auflösung der Gesellschaft führt. Wenn das Recht des Wegzugsstaats die Gesellschaft trotz der Verlegung des Satzungssitzes fortbestehen lässt, beurteilt sich der Fortbestand der Gesellschaft infolge einer gem. Art. 4 Abs. 1 Satz 2 EGBGB anzunehmenden Rückverweisung fortan nach deutschem Gesellschaftsrecht. Auf der Grundlage der h.M., die die Eintragung eines inländischen Satzungssitzes einer ausländischen Gesellschaft in das deutsche Handelsregister für unzulässig hält, ist eine Satzungssitzverlegung nach Deutschland unter Beibehaltung der ausländischen Rechtsform nicht möglich[27].

Ob dieses Ergebnis mit dem Gemeinschaftsrecht zu vereinbaren ist, muss derzeit als offene Frage bezeichnet werden. Bis heute herrscht die Auffassung vor, dass die Verlegung (nur) des Satzungssitzes – mit der Folge eines Statutenwechsels – von der Niederlassungsfreiheit nicht erfasst werde[28]. Allerdings könnte das Urteil des EuGH in Sevic Systems, dem zufolge die deutsche Rechtsordnung eine grenzüberschreitende Verschmelzung auf eine Gesellschaft deutschen Rechts zuzulassen hat (hierzu oben Internationales Gesellschaftsrecht Rz. 38 f.), zu einer anderen Bewertung veranlassen[29].

**cc) Vorschlag für eine Richtlinie zur Verlegung des Satzungssitzes.** Um innerhalb der EU einen Wechsel des Gesellschaftsstatuts bei Wahrung der Identität des Rechtsträgers zu ermöglichen, sah der Vorentwurf einer 14. gesellschaftsrechtlichen Richtlinie eine Verpflichtung der Mitgliedstaaten vor, eine Satzungssitzverlegung zuzulassen[30]. Die Arbeiten an dieser Richtlinie sind in jüngerer Zeit allerdings nicht fortgeführt worden (hierzu oben Einleitung, Internationales Gesellschaftsrecht, Rz. 20)

**c) Verlegung sowohl des Satzungs- als auch des Verwaltungssitzes**

Eine gleichzeitige Verlegung des ausländischen Satzungs- und Verwaltungssitzes in das Inland führt unabhängig davon zu einem Statutenwechsel, ob der Wegzugsstaat der Sitz- oder der auf den Satzungssitz abhebenden Spielart der Gründungstheorie folgt[31]. Der EuGH hat in seinem Cartesio-Urteil deutlich gemacht, dass der Wegzugstaat in einem derartigen Fall die grenzüberschreitende Umwandlung ermöglichen muss (hierzu bereits oben, Internationales Gesellschaftsrecht Rz. 41 ff.). Führt die

---

25 *Pentz* in MünchKomm. AktG, 3. Aufl., § 45 AktG Rz. 26; *Ehricke* in Großkomm. AktG, 4. Aufl., § 45 AktG Rz. 58; *Kindler* in MünchKomm. BGB, IntGesR Rz. 404; *Leible* in Michalski, GmbHG, Syst. Darst. 2 Rz. 185.
26 *Ehricke* in Großkomm. AktG, 4. Aufl., § 45 AktG Rz. 59; *Leible* in Michalski, GmbHG, Syst. Darst. 2 Rz. 186.
27 *Ehricke* in Großkomm. AktG, 4. Aufl., § 45 AktG Rz. 59; *Leible* in Michalski, GmbHG, Syst. Darst. 2 Rz. 186; *Ebenroth/Auer*, RIW-Beilage 1 zu 3/1992, S. 8.
28 BayObLG v. 11.2.2004 – 3 Z BR 175/03, GmbHR 2004, 490, 492; OLG Düsseldorf v. 26.3.2001 – 3 Wx 88/01, NJW 2001, 2184, 2185; OLG Brandenburg v. 30.11.2004 – 6 Wx 4/04, GmbHR 2005, 484, 486; LG Berlin v. 22.2.2005 – 102 T 1/05, GmbHR 2005, 997, 998; OLG Zweibrücken v. 27.9.2005 – 3 W 170/05, DB 2005, 2293, 2294; *Triebel/v. Hase*, BB 2003, 2409, 2414 f.; *Leible*, ZGR 2004, 531, 535.
29 Vgl. EuGH v. 12.12.2005 – Rs. C 411/03, NJW 2006, 425 = RIW 2006, 140.
30 Zu den Vorarbeiten zu einer Richtlinie eingehend *Neye* in FS Schwark, 2009, S. 231 ff.
31 *Ehricke* in Großkomm. AktG, 4. Aufl., § 45 AktG Rz. 60; *Kindler* in MünchKomm. BGB, IntGesR Rz. 405; *Leible* in Michalski, GmbHG, Syst. Darst. 2 Rz. 188; *Ringe*, GmbHR 2005, 487, 488.

grenzüberschreitende Verlegung der beiden Sitze hiernach nicht zur Auflösung der Gesellschaft, hängt der Fortbestand der Gesellschaft vom deutschen Gesellschaftsrecht als neuem Gesellschaftsstatut ab. Während die früher überwiegende Meinung eine Neugründung der Gesellschaft verlangte[32], kommt nach vorzugswürdiger neuerer Auffassung eine Umqualifizierung der ausländischen Kapitalgesellschaft in eine deutsche Personengesellschaft in Betracht[33]. Ist die ausländische Gesellschaft nach Verlegung des Satzungssitzes in das Inland als offene Handelsgesellschaft zu qualifizieren, ist anschließend die Umwandlung in eine Aktiengesellschaft nach § 191 Abs. 1 Nr. 1 UmwG möglich[34]. Daneben ist auch die Möglichkeit einer unmittelbaren grenzüberschreitenden Umwandlung in eine Kapitalgesellschaft deutschen Rechts zu fordern[35].

## 2. Verlegung des Sitzes aus dem Inland in das Ausland

### a) Verlegung (nur) des Verwaltungssitzes

27 Verlegt eine nach deutschem Recht gegründete Gesellschaft unter Beibehaltung ihres Satzungssitzes in Deutschland nur ihren Verwaltungssitz in einen anderen Mitgliedstaat, so ist nach der überkommenen Sitztheorie (hierzu oben Internationales Gesellschaftsrecht, Rz. 5 ff.) grundsätzlich das **Recht des Zuzugsstaates zur Anwendung berufen**. Dabei findet nach Art. 4 Abs. 1 Satz 1 EGBGB auch dessen internationales Privatrecht Anwendung. Da Mitgliedstaaten auf aus dem EU-Ausland zuziehende Gesellschaften das Gründungsstatut anzuwenden haben und sich Satzungs- und Gründungssitz weiterhin in Deutschland befinden, verweist das Recht des Zuzugsstaats in dem betrachteten Fall auf deutsches Recht zurück. Diese Rückverweisung ist entsprechend Art. 4 Abs. 1 Satz 2 EGBGB endgültig. Zu einem Wechsel des Gesellschaftsstatuts kommt es mithin trotz des Auseinanderfallens von Verwaltungs- und Satzungssitz nicht[36]. Der neue (Verwaltungs-)Sitzstaat hat die nach deutschem Gründungsrecht erworbene Rechtsfähigkeit anzuerkennen; eine Neugründung nach ausländischem Gesellschaftsrecht ist nicht erforderlich, so dass die Gesellschaft im Ausland als deutsche fortbesteht.

### b) Verlegung (nur) des Satzungssitzes

28 Die Verlegung des Satzungssitzes ins Ausland führt nach der in Deutschland in der Vergangenheit vorherrschenden Sitztheorie **nicht** zu einem **Statutenwechsel**, da der Satzungssitz nicht Anknüpfungspunkt der Sitztheorie ist[37]. Unabhängig davon, ob der Zuzugsstaat der Sitz- oder der Gründungstheorie folgt, findet auf dieser Grundla-

---

32 *Kindler* in MünchKomm. BGB, IntGesR Rz. 405.
33 BayObLG v. 20.2.2003 – 1 Z AR 160/02, DB 2003, 819, 820; *Pentz* in MünchKomm. AktG, 3. Aufl., § 45 AktG Rz. 25; *Ehricke* in Großkomm. AktG, 4. Aufl., § 45 AktG Rz. 56; *Hüffer*, § 1 AktG Rz. 36; *Jäger*, Aktiengesellschaft, § 11 Rz. 38; *Leible* in Michalski, GmbHG, Syst. Darst. 2 Rz. 184; *Meilicke*, GmbHR 1998, 1053 f.; *Leible/Hoffmann*, RIW 2002, 925, 927; *Kindler*, NJW 2003, 1073, 1074.
34 *Ehricke* in Großkomm. AktG, 4. Aufl., § 45 AktG Rz. 60; *Meilicke*, GmbHR 2003, 793, 800.
35 Vgl. zu den Voraussetzungen eines aus der Niederlassungsfreiheit abgeleiteten Rechts zur grenzüberschreitenden Umwandlung *Zimmer/Naendrup*, NJW 2009, 545, 547 f.
36 OLG Hamm v. 1.2.2001 – 15 W 390/00, NZG 2001, 562, 563; *Ehricke* in Großkomm. AktG, 4. Aufl., § 45 AktG Rz. 52; *Kindler* in MünchKomm. BGB, IntGesR Rz. 391, 394; *Leible* in Michalski, GmbHG, Syst. Darst. 2 Rz. 178; *Ebenroth/Auer*, RIW-Beilage 1 zu 3/1992, S. 6 f.; *Triebel/v. Hase*, BB 2003, 2409, 2411 f.; a.A. *Hüffer* in MünchKomm. AktG, 2. Aufl., § 262 AktG Rz. 35; *Großfeld* in Staudinger, IntGesR Rz. 610, 629.
37 *Pentz* in MünchKomm. AktG, 3. Aufl., § 45 AktG Rz. 24; *Ehricke* in Großkomm. AktG, 4. Aufl., § 45 AktG Rz. 53; *Kindler* in MünchKomm. BGB, IntGesR Rz. 399; *Leible* in Michalski, GmbHG, Syst. Darst. 2 Rz. 179; *Ebenroth/Auer*, RIW-Beilage 1 zu 3/1992, S. 7.

ge weiterhin deutsches Sachrecht auf die Gesellschaft Anwendung. Materiellrechtlich verstößt die Verlegung des Satzungssitzes in das Ausland gegen § 5, da nur eine inländische Gemeinde zum Sitz der Gesellschaft bestimmt werden kann. Eine verbreitete Auffassung sieht den auf die grenzüberschreitende Verlegung des Satzungssitzes gerichteten Beschluss als Auflösungsbeschluss nach § 262 Abs. 1 Nr. 2 an[38]. Diese Auffassung widerspricht aber dem Willen der Gesellschafter, die die Gesellschaft fortführen und nicht auflösen wollen. Vorzugswürdig erscheint es, den Beschluss über die grenzüberschreitende Satzungssitzverlegung bei Beibehaltung des Gesellschaftsstatuts wegen des Verstoßes gegen § 5 gem. § 241 Nr. 3 als nichtig anzusehen[39]. Eine Eintragung der Satzungssitzverlegung in das Handelsregister ist aus diesem Grund abzulehnen. Nicht entschieden ist damit, ob der Beschluss als – wirksamer – Beschluss über eine Umwandlung in eine Gesellschaftsform einer fremden Rechtsordnung verstanden werden kann. Das Gemeinschaftsrecht gewährleistet, wie bereits ausgeführt, das Recht von Gesellschaften, sich unter Verlegung ihres Sitzes in eine Rechtsform des Zuzugsstaates umzuwandeln (hierzu bereits oben, Internationales Gesellschaftsrecht, Rz. 41 ff.). Zum Vorschlag einer EU-Richtlinie, die die Möglichkeit der grenzüberschreitenden Umwandlung durch Verlegung des Satzungssitzes näher regeln würde, vgl. soeben Rz. 25.

**c) Verlegung sowohl des Satzungs- als auch des Verwaltungssitzes**

Wie im umgekehrten Fall des Zuzugs ins Inland führt die gleichzeitige Verlegung von Satzungs- und Verwaltungssitz in das Ausland zwangsläufig zu einem **Statutenwechsel**. Auch wenn der Zuzugsstaat der Gründungstheorie folgt, kommt es wegen der gleichzeitigen Verlegung des Satzungssitzes nicht zu einer Rückverweisung auf deutsches Sachrecht. Nach in der Vergangenheit vorherrschender Auffassung zum deutschen Sachrecht hat der Statutenwechsel die Auflösung bzw. Liquidation der Gesellschaft zur Folge[40]. Diese Auffassung ist, wie der EuGH im Cartesio-Urteil deutlich gemacht hat, mit Artt. 49, 54 AEUV nicht zu vereinbaren (vorige Rz.). Das Gemeinschaftsrecht gewährleistet vielmehr eine grenzüberschreitende Umwandlung in eine Rechtsform des Zuzugsstaates, wenn dieser die Umwandlung zulässt (vgl. Einleitung, Internationales Gesellschaftsrecht, Rz. 41 ff.); zum Vorentwurf einer Sitzverlegungsrichtlinie oben Rz. 25.

29

## III. Grenzüberschreitende Sitzverlegung in oder aus Drittstaaten

### 1. Allgemeines

Soweit der Anwendungsbereich der Niederlassungsfreiheit nach Artt. 49, 54 AEUV nicht eröffnet ist, entfalten die Maßgaben der EuGH-Rechtsprechung keine Verbindlichkeit für das deutsche Internationale Gesellschaftsrecht. Verlegt eine Gesellschaft ihren Sitz aus dem Inland in einen Drittstaat bzw. aus einem Drittstaat in das Inland, könnte das Gesellschaftsstatut dementsprechend weiterhin nach der Sitztheorie be-

30

---

38 *Hoffmann-Becking* in MünchHdb. AG, § 65 Rz. 4; *Großfeld* in Staudinger, IntGesR Rz. 651 ff.; *Ebenroth/Auer*, RIW-Beilage 1 zu 3/1992, S. 7.
39 *Pentz* in MünchKomm. AktG, 3. Aufl., § 45 AktG Rz. 24; *Ehricke* in Großkomm. AktG, 4. Aufl., § 45 AktG Rz. 53; *Hüffer* in MünchKomm. AktG, 2. Aufl., § 262 AktG Rz. 36; *Kindler* in MünchKomm. BGB, IntGesR Rz. 399; *Leible* in Michalski, GmbHG, Syst. Darst. 2 Rz. 179; *Triebel/v. Hase*, BB 2003, 2409, 2415.
40 BayObLG v. 7.5.1992 – 3 Z BR 14/92, WM 1992, 1371, 1372; OLG Hamm v. 1.2.2001 – 15 W 390/00, NZG 2001, 562, 563; OLG Brandenburg v. 30.11.2004 – 6 Wx 4/04, GmbHR 2005, 484, 485; *Ehricke* in Großkomm. AktG, 4. Aufl., § 45 AktG Rz. 54; *Kindler* in MünchKomm. BGB, IntGesR Rz. 400; *Leible* in Michalski, GmbHG, Syst. Darst. 2 Rz. 181; *Ebenroth/Eyles*, DB-Beilage 2/88, S. 8.

stimmt werden. Aus rechtspolitischer Sicht erscheint jedoch ein genereller Übergang zur Gründungstheorie auch im Verhältnis zu Drittstaaten wünschenswert, da eine Aufspaltung des Gesellschaftskollisionsrecht zu einer nicht nur unnötigen, sondern auch schädlichen Verkomplizierung des Internationalen Gesellschaftsrechts führen würde (vgl. oben Internationales Gesellschaftsrecht, Rz. 57). Aus diesem Grund kann daher prinzipiell auf die Ausführungen zur Sitzverlegung innerhalb der Europäischen Union verwiesen werden. Mit Rücksicht darauf, dass die Praxis für das Verhältnis zu Drittstaaten bisher an der Sitztheorie festhält[41], wird aber im Folgenden eine Darstellung der bisherigen Rechtslage unter Geltung der Sitztheorie gegeben.

### 2. Verlegung des Sitzes aus dem Ausland in das Inland

31 Verlegt eine nach dem Recht eines Drittstaates gegründete Gesellschaft ihren effektiven Verwaltungssitz aus dem Gründungsstaat nach Deutschland, stellt sich zunächst die Frage, ob die Gesellschaft nach dem ausländischen Gründungsstatut fortbesteht oder ob sie infolge des Wegzugs aufgelöst ist. Besteht die Gesellschaft fort, kommt es – die Fortgeltung der Sitztheorie im deutschen Internationalen Gesellschaftsrecht unterstellt – infolge der Verwaltungssitzverlegung zu einem Statutenwechsel[42]. Deutsches Sachrecht ist nunmehr zur Entscheidung darüber berufen, ob die Gesellschaft im Inland fortbesteht. Nach verbreiteter Auffassung folgt aus dem Statutenwechsel die Notwendigkeit einer Neugründung nach deutschem Gesellschaftsrecht, da eine ausländische Kapitalgesellschaft nicht die inländischen Gründungsvoraussetzungen erfülle[43]. Bei dieser Betrachtungsweise wird aber übersehen, dass regelmäßig eine Umqualifizierung der ausländischen Kapitalgesellschaft in eine deutsche Personengesellschaft in Betracht kommt. Je nach den Umständen des Einzelfalls erfüllt die zuziehende ausländische Gesellschaft die gesetzlichen Voraussetzungen einer Gesellschaft bürgerlichen Rechts oder einer offenen Handelsgesellschaft[44]. Die zuletzt genannte Qualifikation eröffnet die Möglichkeit einer nachfolgenden Umwandlung in eine Kapitalgesellschaft deutschen Rechts[45].

32 Wegen der Folgen einer Verlegung des Satzungssitzes bzw. der gleichzeitigen Verlegung von Satzungs- und Verwaltungssitz in das Inland ist auf die Ausführungen in Rz. 21 bis 23 sowie Rz. 26 zu verweisen. Allerdings gelten die dort für den Einfluss des EU-Rechts angestellten Überlegungen hier nicht.

---

41 Aus jüngerer Zeit BGH v. 27.10.2008 – II ZR 158/06, NJW 2009, 289, 290 f. m.w.N.
42 OLG München v. 6.5.1986 – 5 U 2562/85, NJW 1986, 2197, 2198; OLG Nürnberg v. 7.6.1984 – 8 U 111/84, WM 1985, 259, 260; *Pentz* in MünchKomm. AktG, 3. Aufl., § 45 AktG Rz. 25; *Ehricke* in Großkomm. AktG, 4. Aufl., § 45 AktG Rz. 55; *Kindler* in MünchKomm. BGB, IntGesR Rz. 401; *Leible* in Michalski, GmbHG, Syst. Darst. 2 Rz. 182; *Ebenroth/Auer*, RIW-Beilage 1 zu 3/1992, S. 7; *Kindler*, IPRax 2003, 41.
43 BGH v. 21.3.1986 – V ZR 10/85, BGHZ 97, 269, 272; OLG Zweibrücken v. 27.6.1990 – 3 W 43/90, AG 1990, 547, 548; Thüringer OLG v. 17.12.1997 – 2 U 244/94, DB 1998, 1178; *Kindler* in MünchKomm. BGB, IntGesR Rz. 401; *Großfeld* in Staudinger, IntGesR Rz. 642 f.; *Ebenroth/Auer*, RIW-Beilage 1 zu 3/1992, S. 7; *Ebenroth/Eyles*, DB-Beilage 2/88, S. 7; *Bokelmann*, EWiR 1990, 947, 948.
44 BGH v. 27.10.2008 – II ZR 158/06, NJW 2009, 289, 291; BayObLG v. 20.2.2003 – 1 Z AR 160/02, DB 2003, 819, 820; vgl. auch schon BGH v. 1.7.2002 – II ZR 380/00, AG 2003, 39 (für aus EU-Staaten zuziehende Gesellschaften); ferner *Pentz* in MünchKomm. AktG, 3. Aufl., § 45 AktG Rz. 25; *Ehricke* in Großkomm. AktG, 4. Aufl., § 45 AktG Rz. 56; *Hüffer*, § 1 AktG Rz. 36; *Jäger*, Aktiengesellschaft, § 11 Rz. 38; *Leible* in Michalski, GmbHG, Syst. Darst. 2 Rz. 184; *Meilicke*, GmbHR 1998, 1053 f.; *Leible/Hoffmann*, RIW 2002, 925, 926; *Kindler*, NJW 2003, 1073, 1074.
45 *Ehricke* in Großkomm. AktG, 4. Aufl., § 45 AktG Rz. 56; *Leible* in Michalski, GmbHG, Syst. Darst. 2 Rz. 184; *Meilicke*, GmbHR 2003, 793, 800.

## 3. Verlegung des Sitzes aus dem Inland in das Ausland

Verlegt eine nach deutschem Recht gegründete Gesellschaft ihren effektiven **Verwaltungssitz** in einen Staat, der der **Sitztheorie** folgt, wird der Verweis auf das Recht des Zuzugsstaats nach Art. 4 Abs. 1 Satz 1 EGBGB vom ausländischen Kollisionsrecht angenommen. Mit der Sitzverlegung kommt es zu einem Statutenwechsel, da nicht mehr deutsches Recht, sondern das Recht des Zuzugsstaats auf die Gesellschaft Anwendung findet[46]. Die Frage, ob das Recht des Zuzugsstaats eine Neugründung nach dem ausländischen Gesellschaftsrecht erfordert, eine Umwandlung in eine Rechtsform dortigen Rechts ermöglicht oder gar eine identitätswahrende Sitzverlegung zulässt, stellt sich nur, wenn nicht bereits das Recht des Wegzugsstaats an den Wegzug der Gesellschaft deren Auflösung knüpft. Allerdings soll die Verlegung des tatsächlichen Verwaltungssitzes in einen nicht der EU oder dem EWR zugehörenden Staat nach ganz h.M. auf der Ebene des deutschen materiellen Rechts scheitern: Ein Beschluss über die Verlegung des Verwaltungssitzes in einen Staat, dessen Recht keine relevante Rückverweisung auf das deutsche Recht ausspricht, wird entweder als – wirksamer – Auflösungsbeschluss nach § 262 Abs. 1 Nr. 2[47] oder als wegen Gesetzesverstößen nichtig angesehen[48]. Eine im Vordringen befindliche Auffassung schreibt den Beschluss über die Verlegung des tatsächlichen Verwaltungssitzes dagegen von vornherein eine nur ‚interne' Bedeutung zu und sieht daher kein Bedürfnis für eine Nichtigkeitsfolge[49]. 33

Bei der Verlegung des effektiven Verwaltungssitzes in einen Staat, der – von der **Gründungstheorie** ausgehend – das Gesellschaftsstatut nach dem jeweiligen **Satzungssitz** bestimmt, ist von einer relevanten Rückverweisung auf das deutsche Recht auszugehen. Die Gesellschaft unterliegt also weiterhin dem deutschen Gründungsrecht (vgl. – auch zur Gegenauffassung – schon oben Rz. 27). 34

Ein Beschluss über die Verlegung des **Satzungssitzes** in das Ausland bei Beibehaltung des Gesellschaftsstatuts ist vom hier eingenommenen Standpunkt aus nichtig (Rz. 28). Ist der Beschluss demgegenüber auf eine Umwandlung in eine Rechtsform des ausländischen Rechts (Statutenwechsel) gerichtet, steht das deutsche materiellrechtliche Erfordernis eines inländischen Satzungssitzes der Wirksamkeit nicht entgegen. Allerdings sieht das deutsche Umwandlungsrecht eine grenzüberschreitende Umwandlung bisher nicht vor (zur Vereinbarkeit mit EU-Recht für Fälle einer innergemeinschaftlichen Sitzverlegung oben Rz. 28). Rechtspolitisch wäre die Zulassung einer grenzüberschreitenden Umwandlung – bei verfahrensmäßiger Sicherung der Gläubiger – zu wünschen (so das schweizerische Recht: Art. 163 des Schweizer IPR-Gesetzes). 35

Eine gleichzeitige Verlegung von Satzungs- und Verwaltungssitz führt zu einem Statutenwechsel (oben Rz. 29). Die Umwandlung in eine Rechtsform ausländischen Rechts scheitert aber nach bisher vorherrschendem Verständnis am entgegenstehenden deutschen materiellen Recht (zur Bewertung Rz. 35). Die Vorschriften des AEUV 36

---

[46] OLG Hamm v. 30.4.1997 – 15 W 91/97, ZIP 1997, 1696, 1697; *Ehricke* in Großkomm. AktG, 4. Aufl., § 45 AktG Rz. 51; *Hüffer* in MünchKomm. AktG, 2. Aufl., § 262 AktG Rz. 35; *Kindler* in MünchKomm. BGB, IntGesR Rz. 390; *Leible* in Michalski, GmbHG, Syst. Darst. 2 Rz. 177; *Ebenroth/Auer*, RIW-Beilage 1 zu 3/1992, S. 6.
[47] BayObLG v. 7.5.1992 – 3 Z BR 14/92, WM 1992, 1371, 1372; OLG Hamm v. 30.4.1997 – 15 W 91/97, ZIP 1997, 1697; *Pentz* in MünchKomm. AktG, 3. Aufl., § 45 AktG Rz. 24; *Kindler* in MünchKomm. BGB, IntGesR Rz. 397 f.; *Großfeld* in Staudinger, IntGesR Rz. 631, 634.
[48] *Heider* in MünchKomm. AktG, 3. Aufl., § 5 AktG Rz. 66; *Hüffer* in MünchKomm. AktG, 2. Aufl., § 262 AktG Rz. 37.
[49] *Ehricke* in Großkomm. AktG, 4. Aufl., § 45 AktG Rz. 51; *Leible* in Michalski, GmbHG, Syst. Darst. 2 Rz. 177; *Leible*, ZGR 2004, 531, 536.

über die Niederlassungsfreiheit fordern im hier betrachteten Fall einer Sitzverlegung in einen Drittstaat keine Modifikation dieses Ergebnisses (zu dieser Frage im Zusammenhang der Sitzverlegung in einen EU- oder EWR-Staat Rz. 28 f.).

**4. Sitzverlegung von einem ausländischen Staat in einen anderen ausländischen Staat**

37 Die Anerkennung einer Gesellschaft, die ihren Sitz von einem ausländischen Staat in einen anderen verlegt, hängt von der rechtlichen Beurteilung der Sitzverlegung durch die Rechtsordnungen des Wegzugs- sowie des Zuzugsstaats ab. Gehen beide Rechtsordnungen von einem Fortbestand der Gesellschaft aus, ist diese auch in Deutschland zu respektieren. Kommt es hingegen nach dem ursprünglichen Recht infolge des Wegzugs zu einer Auflösung der Gesellschaft oder verlangt das Recht des Zuzugsstaats eine Neugründung, wird die Gesellschaft in Deutschland nicht als fortbestehend anerkannt[50].

# § 46
## Verantwortlichkeit der Gründer

**(1)** Die Gründer sind der Gesellschaft als Gesamtschuldner verantwortlich für die Richtigkeit und Vollständigkeit der Angaben, die zum Zwecke der Gründung der Gesellschaft über Übernahme der Aktien, Einzahlung auf die Aktien, Verwendung eingezahlter Beträge, Sondervorteile, Gründungsaufwand, Sacheinlagen und Sachübernahmen gemacht worden sind. Sie sind ferner dafür verantwortlich, dass eine zur Annahme von Einzahlungen auf das Grundkapital bestimmte Stelle (§ 54 Abs. 3) hierzu geeignet ist und dass die eingezahlten Beträge zur freien Verfügung des Vorstands stehen. Sie haben, unbeschadet der Verpflichtung zum Ersatz des sonst entstehenden Schadens, fehlende Einzahlungen zu leisten und eine Vergütung, die nicht unter den Gründungsaufwand aufgenommen ist, zu ersetzen.

**(2)** Wird die Gesellschaft von Gründern durch Einlagen, Sachübernahmen oder Gründungsaufwand vorsätzlich oder aus grober Fahrlässigkeit geschädigt, so sind ihr alle Gründer als Gesamtschuldner zum Ersatz verpflichtet.

**(3)** Von diesen Verpflichtungen ist ein Gründer befreit, wenn er die die Ersatzpflicht begründenden Tatsachen weder kannte noch bei Anwendung der Sorgfalt eines ordentlichen Geschäftsmannes kennen musste.

**(4)** Entsteht der Gesellschaft ein Ausfall, weil ein Aktionär zahlungsunfähig oder unfähig ist, eine Sacheinlage zu leisten, so sind ihr zum Ersatz als Gesamtschuldner die Gründer verpflichtet, welche die Beteiligung des Aktionärs in Kenntnis seiner Zahlungsunfähigkeit oder Leistungsunfähigkeit angenommen haben.

**(5)** Neben den Gründern sind in gleicher Weise Personen verantwortlich, für deren Rechnung die Gründer Aktien übernommen haben. Sie können sich auf ihre eigene Unkenntnis nicht wegen solcher Umstände berufen, die ein für ihre Rechnung handelnder Gründer kannte oder kennen musste.

---

[50] Thüringer OLG v. 17.12.1997 – 2 U 244/94, DB 1998, 1178; *Ehricke* in Großkomm. AktG, 4. Aufl., § 45 AktG Rz. 61; *Kindler* in MünchKomm. BGB, IntGesR Rz. 406; *Großfeld* in Staudinger, IntGesR Rz. 648 f.; *Leible* in Michalski, GmbHG, Syst. Darst. 2 Rz. 190 ff.; *Ebenroth/Auer*, RIW-Beilage 1 zu 3/1992, S. 8; *Ebenroth/Eyles*, DB-Beilage 2/88, S. 8.

| | |
|---|---|
| **I. Überblick** .................. 1 | **IV. Haftung wegen Schädigung der Gesellschaft durch Einlagen, Sachübernahmen und Gründungsaufwand (§ 46 Abs. 2)** ............ 13 |
| 1. Regelungsgegenstand und -zweck ... 1 | |
| 2. Rechtsnatur der Haftung und Konkurrenzen .............. 2 | |
| **II. Anspruchsinhaber und Haftungsschuldner** .................. 4 | **V. Ausfallhaftung (§ 46 Abs. 4)** ....... 15 |
| | 1. Haftungsvoraussetzungen ........ 15 |
| **III. Haftung für unrichtige Angaben und gleichgestellte Fälle (§ 46 Abs. 1)** ... 7 | 2. Haftungsumfang ............ 18 |
| | **VI. Verschulden (§ 46 Abs. 3)** ........ 19 |
| 1. Haftung für unrichtige oder unvollständige Angaben ............ 7 | **VII. Haftung der Hintermänner (§ 46 Abs. 5)** .................. 22 |
| 2. Haftung für Geeignetheit der Zahlstelle und freie Verfügbarkeit ...... 11 | **VIII. Gesamtschuld und Regress** ....... 23 |
| 3. Haftungsumfang .............. 12 | |

**Literatur:** *Braun*, Spezialfragen zu Gründungsfehlern bei GmbH und AG, DZWiR 2003, 316; *Brunner*, Die zivilrechtliche Haftung der Gründer für die Überbewertung von Sacheinlagen bei der AG und der GmbH, 1954; *Dreher*, Die Gründungshaftung bei der GmbH, DStR 1992, 33; *Lowin*, Die Gründerhaftung bei der GmbH nach § 9a GmbHG, 1987; *Schürmann*, Die Rechtsnatur der Gründerhaftung im Aktienrecht, 1968.

## I. Überblick

### 1. Regelungsgegenstand und -zweck

§ 46 regelt die zivilrechtliche **Verantwortlichkeit der Gründer** und ihrer Hintermänner (Abs. 5) im Zusammenhang mit der Gründung. Normzweck ist der **Schutz der Gesellschaft sowie des Rechtsverkehrs** vor Schädigungen. Im Interesse der Gläubiger soll die Norm präventiv die **Aufbringung und Erhaltung des Grundkapitals** sicherstellen[1] sowie bei Verstößen hiergegen zumindest repressiv einen Ausgleich für die dadurch entstandenen Schäden begründen[2]. Aus einer Zusammenschau mit § 50 Satz 1 ergibt sich, dass die Vorschrift darüber hinaus auch dem Schutz der Minderheit[3] und der späteren Aktionäre[4] dient, die sich aufgrund der unrichtigen Angaben zu einem Anteilserwerb entschlossen haben. § 46 geht zurück auf § 39 AktG 1937 und § 202 Abs. 1 HGB. Historischer Hintergrund waren die Schwindelgründungen im 19. Jahrhundert, denen die Vorschrift vorbeugen will[5]. Die **strafrechtliche Verantwortlichkeit** der Gründer ist in § 399 Abs. 1 Nr. 1 geregelt. Eine **Haftung weiterer Personen**, nämlich der sog. Gründergenossen und Emittenten, des Vorstands und des Aufsichtsrats sowie der externen Gründungsprüfer, ist in den §§ 47–49 spezialgesetzlich geregelt.

1

---

1 BGH v. 27.2.1975 – II ZR 111/72, BGHZ 64, 52, 58; ebenso *Ehricke* in Großkomm. AktG, 4. Aufl., § 46 AktG Rz. 6; *Pentz* in MünchKomm. AktG, 3. Aufl., § 46 AktG Rz. 5.
2 *Hüffer*, § 46 AktG Rz. 1; *Pentz* in MünchKomm. AktG, 3. Aufl., § 46 AktG Rz. 5.
3 Ebenso *Ehricke* in Großkomm. AktG, 4. Aufl., § 46 AktG Rz. 6; *Pentz* in MünchKomm. AktG, 3. Aufl., § 46 AktG Rz. 5.
4 *Ehricke* in Großkomm. AktG, 4. Aufl., § 46 AktG Rz. 6; *Gerber* in Spindler/Stilz, § 46 AktG Rz. 1.
5 So auch BGH v. 27.2.1975 – II ZR 111/72, BGHZ 64, 52, 58.

## 2. Rechtsnatur der Haftung und Konkurrenzen

2 Die (zwingende) Haftung[6] nach § 46 ist aufgrund ihres Normzwecks entgegen der traditionellen Auffassung[7] nicht deliktsrechtlich[8], sondern spezifisch **gesellschaftsrechtlich** zu qualifizieren[9]. Dies hat Konsequenzen für den Gerichtsstand: Neben dem Gericht am Wohnsitz des Schuldners (§ 12 ZPO) ist auch das Gericht am Sitz der Gesellschaft zuständig (§ 22 ZPO); dagegen ist § 32 ZPO nicht einschlägig[10]. Verschulden ist Voraussetzung (aber Beweislastumkehr: unten Rz. 20). Die Vorschrift ist **kein Schutzgesetz** im Sinne des § 823 Abs. 2 BGB, weder zugunsten der Gesellschaft[11] noch zugunsten von Aktionären und Dritten, sondern eine eigenständige Anspruchsgrundlage[12].

3 Die Haftung nach § 46 ist **nicht abschließend**. Daneben können sich die Gründer auch nach § 41, den Grundsätzen der Verlustdeckungs- bzw. Vorbelastungshaftung oder aber gem. § 826 BGB, § 823 Abs. 2 BGB i.V.m. § 263 StGB ersatzpflichtig machen[13]. Aus Sinn und Zweck lässt sich folgern, dass die Gründer unabhängig von der in § 46 geregelten Schadensersatzpflicht die Einlagen zu erbringen sowie entgegen § 26 Abs. 2 geleistete Vergütungen zu ersetzen haben; die Haftung nach § 46 soll die Kapitalaufbringung lediglich haftungsrechtlich absichern, keinesfalls aber an die Stelle der Kapitalaufbringung selbst treten[14].

## II. Anspruchsinhaber und Haftungsschuldner

4 **Gläubiger** des Anspruchs aus § 46 ist nur die bereits als juristische Person **entstandene AG**, nicht schon die Vor-AG. Das ergibt sich zum einen aus dem Zusammenhang mit § 51 Satz 2 Halbsatz 1 sowie zum anderen aus Sinn und Zweck der Bestimmung, die Aufbringung des Stammkapitals zu sichern[15]. Hingegen ist es unerheblich, ob die schädigenden Handlungen vor oder nach Eintragung der Gesellschaft begangen wurden[16]. Es kommt allein darauf an, dass die Schäden ursächlich auf diese Handlungen

---

6  § 23 Abs. 5; ebenso *Ehricke* in Großkomm. AktG, 4. Aufl., § 46 AktG Rz. 11; für die GmbH auch *Bayer* in Lutter/Hommelhoff, § 9a GmbHG Rz. 14 (allg. M.).
7  S. auch die Allgemeine Begründung zum Entwurf eines Gesetzes betreffend die KGaA und die AG vom 7.3.1884, abgedruckt bei *Schubert/Hommelhoff*, Hundert Jahre modernes Aktienrecht, 1985, S. 407, 447.
8  So aber *Eckardt* in G/H/E/K, Vor §§ 46–51 AktG Rz. 2; *Ehricke* in Großkomm. AktG, 4. Aufl., § 46 AktG Rz. 9; *Kraft* in KölnKomm. AktG, 2. Aufl., § 46 AktG Rz. 14 m.w.N.
9  Ebenso *Hüffer*, § 46 AktG Rz. 2; *Pentz* in MünchKomm. AktG, 3. Aufl., § 46 AktG Rz. 13; *Arnold* in KölnKomm. AktG, 3. Aufl., § 46 AktG Rz. 15; für die GmbH auch *Ulmer* in Ulmer, § 9 GmbHG Rz. 11; *H. Winter/Veil* in Scholz, § 9a GmbHG Rz. 6; *Hueck/Fastrich* in Baumbach/Hueck, § 9a GmbHG Rz. 1; grundlegend *Schürmann*, Die Rechtsnatur, 1968, S. 99 ff.
10  *Hüffer*, § 46 AktG Rz. 2; *Pentz* in MünchKomm. AktG, 3. Aufl., § 46 AktG Rz. 77; a.A. *Ehricke* in Großkomm. AktG, 4. Aufl., § 46 AktG Rz. 122.
11  So aber *Barz* in Großkomm. AktG, 3. Aufl., § 46 AktG Anm. 4; *Kraft* in KölnKomm. AktG, 2. Aufl., § 46 AktG Rz. 7.
12  *Gerber* in Spindler/Stilz, § 46 AktG Rz. 22; *Hüffer*, § 46 AktG Rz. 3; *Pentz* in MünchKomm. AktG, 3. Aufl., § 46 AktG Rz. 4.
13  *Hüffer*, § 46 AktG Rz. 3; *Pentz* in MünchKomm. AktG, 3. Aufl., § 46 AktG Rz. 15; *Ehricke* in Großkomm. AktG, 4. Aufl., § 46 AktG Rz. 127.
14  BGH v. 27.2.1975 – II ZR 111/72, BGHZ 64, 52, 62; *Ehricke* in Großkomm. AktG, 4. Aufl., § 46 AktG Rz. 70.
15  Ebenso *Ehricke* in Großkomm. AktG, 4. Aufl., § 46 AktG Rz. 17; *Hüffer*, § 46 AktG Rz. 5; *Arnold* in KölnKomm. AktG, 3. Aufl., § 46 AktG Rz. 6; *Pentz* in MünchKomm. AktG, 3. Aufl., § 46 AktG Rz. 8; a.A. *Eckardt* in G/H/E/K, Vor §§ 46–51 AktG Rz. 6 f.; wie hier für die GmbH: *Bayer* in Lutter/Hommelhoff, § 9a GmbHG Rz. 1; *Ulmer* in Ulmer, § 9a GmbHG Rz. 1.
16  BGH v. 27.2.1975 – II ZR 111/72, BGHZ 64, 52, 57.

zurückzuführen sind[17]. **Zuständig** für die Geltendmachung der Gründerhaftung ist der Vorstand; ist ein Gründer zugleich Vorstandsmitglied, so geht die Zuständigkeit auf den Aufsichtsrat über; anwendbar sind auch die §§ 147, 148[18].

**Dritte** können ihre Forderungen weder auf § 46 noch auf § 823 Abs. 2 BGB i.V.m. § 46 AktG stützen. Der Anspruch steht allein der Gesellschaft zu. Gesellschaftsgläubiger können diesen Anspruch der Gesellschaft jedoch pfänden und sich zur Einziehung überweisen lassen[19]. Eigene Ansprüche können sich aber aus § 826 BGB, § 823 Abs. 2 BGB i.V.m. § 263 StGB oder § 823 BGB i.V.m. § 399 Abs. 1 Nr. 1 AktG ergeben[20]. 5

**Verpflichtet** sind (nur) die **Gründer** (dazu § 28 Rz. 3 f.) sowie gem. § 46 Abs. 5 deren **Hintermänner** (unten Rz. 22). Umstritten ist die Haftung der Aktionäre, die ihre Aktien nach Feststellung der Satzung, aber vor Eintragung der Gesellschaft erworben haben. Da vor Eintragung in das Handelsregister sowohl eine Übertragung der Mitgliedschaft als auch mangels Ausgabe der Anteilsscheine die Veräußerung von Aktien ausscheiden muss (§ 41 Rz. 32 ff.)[21], ist ein Erwerb von Aktien nur durch eine erneute, einstimmige Satzungsfeststellung in der Form des § 23 möglich[22]. Sämtliche Personen, die im Rahmen dieser Satzungsfeststellung die Übernahme von Aktien zugesagt haben, sind Gründer und damit anspruchsverpflichtet im Sinne dieser Norm. Personen, die sich lediglich bei der erstmaligen Satzungsfeststellung zur Übernahme von Aktien verpflichtet haben, jedoch nicht an der erneuten Satzungsfeststellung beteiligt waren, sind keine Gründer und damit von der Verpflichtung des § 46 nicht erfasst. Vor der Eintragung der AG wieder „ausgeschiedene Gründer" können nur nach den Grundsätzen der Verlustdeckungshaftung verpflichtet werden (dazu § 41 Rz. 14). 6

## III. Haftung für unrichtige Angaben und gleichgestellte Fälle (§ 46 Abs. 1)

### 1. Haftung für unrichtige oder unvollständige Angaben

Gem. 46 Abs. 1 Satz 1 sind die Gründer der AG für die Richtigkeit und Vollständigkeit folgender Angaben verantwortlich, die zum Zwecke der Gründung der Gesellschaft gemacht wurden: über die Übernahme der Aktien (§ 23 Abs. 2), über die Einzahlung auf die Aktien (§ 37 Abs. 1 i.V.m. §§ 36 Abs. 2, 36a), über die Verwendung eingezahlter Beträge (§§ 36 Abs. 2, 37 Abs. 1 Satz 5), über Sondervorteile (§ 26 Abs. 1) und Gründungsaufwand (§ 26 Abs. 2) sowie Sacheinlagen und Sachübernahmen (§ 27 Abs. 1). Die Aufzählung ist **abschließend**[23]. Die Angaben müssen **zum Zwecke der Gründung** gemacht worden sein, also z.B. gegenüber dem Registergericht, dem Notar, den Verwaltungsmitgliedern oder dem Gründungsprüfer; nach Streichung von § 37 Abs. 4 Nr. 5 durch das MoMiG[24] jedoch nicht mehr gegenüber Genehmigungsbehörden[25]. 7

---

17 *Ehricke* in Großkomm. AktG, 4. Aufl., § 46 AktG Rz. 18; *Hüffer*, § 46 AktG Rz. 3; *Pentz* in MünchKomm. AktG, 3. Aufl., § 46 AktG Rz. 8.
18 Ausf. *Ehricke* in Großkomm. AktG, 4. Aufl., § 46 AktG Rz. 121.
19 Für die GmbH *Ulmer* in Ulmer, § 9a GmbHG Rz. 7.
20 Vgl. zum Kapitalerhöhungsschwindel gegenüber Dritten RG v. 5.3.1938 – II 104/37, RGZ 157, 213, 217; BGH v. 11.7.1988 – II ZR 243/87, BGHZ 105, 121, 123 = NJW 1988, 2794.
21 Das übersieht *Ehricke* in Großkomm. AktG, 4. Aufl., § 46 AktG Rz. 19.
22 *Pentz* in MünchKomm. AktG, 3. Aufl., § 41 AktG Rz. 163; *K. Schmidt* in Großkomm. AktG, 4. Aufl., § 41 AktG Rz. 63, 65.
23 *Hüffer*, § 46 AktG Rz. 6; *Pentz* in MünchKomm. AktG, 3. Aufl., § 46 AktG Rz. 18 (allg. M.).
24 Gesetz zur Modernisierung des GmbH-Rechts und zur Bekämpfung von Missbräuchen (MoMiG) vom 23.10.2008, BGBl. I 2008, 2026.
25 Anders noch 1. Aufl. sowie nach wie vor *Hüffer*, § 46 AktG Rz. 6; sowie jetzt auch *Arnold* in KölnKomm. AktG, 3. Aufl., § 46 AktG Rz. 18 (Streichung des § 37 Abs. 4 Nr. 5 wird von bei-

8  Die Angaben können auch von einem **Dritten** gemacht worden sein; vorbehaltlich des § 46 Abs. 3 (Verschulden: unten Rz. 19 f.), haften die Gründer auch in diesem Fall[26].

9  Ob die Angaben unrichtig oder unvollständig sind, bestimmt sich **nach einem objektiven Maßstab**; Irrtümer sind unbeachtlich[27]. **Unrichtig** ist eine Angabe dann, wenn sie eine falsche Tatsachendarstellung enthält. Auch ein Schweigen kann bei einer Pflicht zu entsprechenden Angaben unrichtig sein[28]. Um Umgehungen der Norm zu vermeiden, sind auch die Fälle einer verdeckten Sacheinlage (zum Begriff: § 27 Rz. 58) sowie verschleierte Sondervorteile als unrichtige Angaben im Sinne des § 46 anzusehen[29]. **Unvollständig** ist eine Angabe, wenn sie nicht alle für die Gründung relevanten Informationen enthält, z.B. die Sicherungsübereignung eines Einlagegegenstands[30]. Nach zutreffender Auffassung wirkt der Umstand, dass sich die Unrichtigkeit bzw. Unvollständigkeit der Angaben aus anderen Unterlagen ergibt, nicht haftungsbefreiend[31]. Unerheblich ist auch, ob die Angaben gesetzlich vorgeschrieben sind oder nicht[32].

10  Entscheidend für die Beurteilung der Frage, ob eine Angabe richtig oder falsch ist, ist der **Zeitpunkt ihrer Abgabe**[33], bei Angaben gegenüber dem Registergericht somit der Eingang der Anmeldung. Der Zeitpunkt der Eintragung ist hingegen nur insoweit von Bedeutung, als unrichtige oder unvollständige Angaben bis dahin (freiwillig) korrigiert werden können und die Haftung dadurch entfallen kann. Bei der Anmeldung zutreffende Angaben, die zwischen Anmeldung und Eintragung unrichtig werden, müssen daher **nicht berichtigt** werden[34]; die AG ist durch die Vorbelastungshaftung (dazu ausf. § 41 Rz. 11) ausreichend geschützt. Inwieweit durch die Richtigstellung

---

den offensichtlich übersehen); vgl. weiter *Ehricke* in Großkomm. AktG, 4. Aufl., § 46 AktG Rz. 37; *Pentz* in MünchKomm. AktG, 3. Aufl., § 46 AktG Rz. 23; a.A. bereits zum bisherigen Recht *Eckardt* in G/H/E/K, § 46 AktG Rz. 9; *Kraft* in KölnKomm. AktG, 2. Aufl., § 46 AktG Rz. 19.

26  *Hüffer*, § 46 AktG Rz. 6; *Arnold* in KölnKomm. AktG, 3. Aufl., § 46 AktG Rz. 18; *Pentz* in MünchKomm. AktG, 3. Aufl., § 46 AktG Rz. 26.

27  *Gerber* in Spindler/Stilz, § 46 AktG Rz. 5; *Hüffer*, § 46 AktG Rz. 7; *Pentz* in MünchKomm. AktG, 3. Aufl., § 46 AktG Rz. 24.

28  Vgl. zur Parallelbestimmung des § 9a GmbHG *Bayer* in Lutter/Hommelhoff, § 9a GmbHG Rz. 4.

29  Ebenso *Ehricke* in Großkomm. AktG, 4. Aufl., § 46 AktG Rz. 34; *Ballerstedt*, ZHR 127 (1965), 92, 104; aus dem GmbH-Recht auch *Bayer* in Lutter/Hommelhoff, § 9a GmbHG Rz. 4; OLG Köln v. 2.2.1999 – 22 U 116/98, GmbHR 1999, 663.

30  BGH v. 16.5.1958 – 2 StR 103/58, BB 1958, 891; *Hüffer*, § 46 AktG Rz. 6; *Pentz* in MünchKomm. AktG, 3. Aufl., § 46 AktG Rz. 24.

31  *v. Godin/Wilhelmi*, § 46 AktG Anm. 2; *Pentz* in MünchKomm. AktG, 3. Aufl., § 46 AktG Rz. 24 m.w.N. zum früheren Streitstand.

32  *Arnold* in KölnKomm. AktG, 3. Aufl., § 46 AktG Rz. 19; *Pentz* in MünchKomm. AktG, 3. Aufl., § 46 AktG Rz. 24 a.E.

33  *Ehricke* in Großkomm. AktG, 4. Aufl., § 46 AktG Rz. 40; *Gerber* in Spindler/Stilz, § 46 AktG Rz. 5; *Hüffer*, § 46 AktG Rz. 7; *Pentz* in MünchKomm. AktG, 3. Aufl., § 46 AktG Rz. 25; *Arnold* in KölnKomm. AktG, 3. Aufl., § 46 AktG Rz. 23; ebenso für das GmbH-Recht: OLG Bremen v. 6.5.1997 – 2 U 135/96, GmbHR 1998, 40, 42; *Hueck/Fastrich* in Baumbach/Hueck, § 9a GmbHG Rz. 12; *Bayer* in Lutter/Hommelhoff, § 9a GmbHG Rz. 5; *Ulmer* in Ulmer, § 9a GmbHG Rz. 17; *H. Winter/Veil* in Scholz, § 9a GmbHG Rz. 21; a.A. (Zeitpunkt der Eintragung) *Kraft* in KölnKomm. AktG, 2. Aufl., § 46 AktG Rz. 22; ebenso für die GmbH: OLG Rostock v. 2.2.1995 – 1 U 191/94, GmbHR 1995, 658, 659; *Schmidt-Leithoff* in Rowedder/Schmidt-Leithoff, § 9a GmbHG Rz. 12; *Roth* in Roth/Altmeppen, § 9a GmbHG Rz. 10.

34  *Pentz* in MünchKomm. AktG, 3. Aufl., § 46 AktG Rz. 25; für die GmbH auch OLG Bremen v. 6.5.1997 – 2 U 135/96, GmbHR 1998, 40, 41; *Hueck/Fastrich* in Baumbach/Hueck, § 9a GmbHG, Rz. 12; *Bayer* in Lutter/Hommelhoff, § 9a GmbHG Rz. 5; *H. Winter/Veil* in Scholz, § 9a GmbHG Rz. 21; *Ulmer* in Ulmer, § 9a GmbHG Rz. 17.

unzutreffender Angaben eine Haftung vermieden werden kann, ist im Einzelnen streitig[35] und eine Frage des Einzelfalls[36].

**2. Haftung für Geeignetheit der Zahlstelle und freie Verfügbarkeit**

Gem. § 54 Abs. 3 Satz 1 sind die vor Anmeldung zu erbringenden Einlagezahlungen entweder in bar oder auf ein Konto der Vor-AG zur (endgültig) freien Verfügung des Vorstands zu leisten (dazu § 54 Rz. 25 ff.); erst danach darf die Anmeldung erfolgen (§ 36 Abs. 2: dort Rz. 14). Hierfür übernehmen die Gründer die Verantwortung; allerdings trifft sie im Hinblick auf die Geeignetheit der Zahlstelle (§ 46 Abs. 1 Satz 2 Halbsatz 1) nur eine Pflicht zur Überwachung der vorrangig dem Vorstand zukommenden Auswahl[37]. Ungeeignet ist eine Zahlstelle, wenn sie unzuverlässig und/oder ihre Zahlungsfähigkeit nicht gegeben ist[38]. Die Gründer haften weiterhin dafür (§ 46 Abs. 1 Satz 2 Halbsatz 2), dass geleistete Bareinlagen zur freien Verfügung des Vorstands stehen, d.h. insbesondere, dass sie nicht wieder an die Inferenten zurückfließen (dazu ausf. § 27 Rz. 90 ff. sowie auch § 36 Rz. 21).

11

**3. Haftungsumfang**

Gem. § 46 Abs. 1 Satz 3 haften die Gründer **gesamtschuldnerisch auf Schadensersatz** gem. §§ 249 ff., 252 BGB[39]; ein **Mitverschulden** (§ 254 BGB) der Gesellschaft (durch Vorstand/Aufsichtsrat) kann jedenfalls bis zum Zeitpunkt der Eintragung nicht geltend gemacht werden[40]. Nach dem Zweck der Gründerhaftung wird man dies allerdings auch noch für den Zeitraum danach annehmen müssen; unterschiedliche Verursachungsbeiträge können daher nur im Rahmen des gesamtschuldnerischen Innenausgleichs mit den haftenden Verwaltungsmitgliedern (dazu Rz. 26) berücksichtigt werden[41]. Ausreichend ist jede Form des Verschuldens, das nach § 46 Abs. 3 widerleglich vermutet wird (dazu ausf. unten Rz. 20).

12

**IV. Haftung wegen Schädigung der Gesellschaft durch Einlagen, Sachübernahmen und Gründungsaufwand (§ 46 Abs. 2)**

Der **objektive Tatbestand** der Gründerhaftung ist erfüllt, wenn die AG durch Bar- oder Sacheinlagen, Sachübernahmen oder Gründungsaufwand geschädigt wird, z.B. durch Scheinzahlung, verdeckte Sacheinlagen, Überbewertung von Sacheinlagen, überhöhte Gründungsaufwendungen sowie nicht angemessene Gegenleistungen bei Sachübernahmen. Anders als bei § 46 Abs. 1 ist es nicht erforderlich, dass die Grün-

13

---

35 Ausf. *Pentz* in MünchKomm. AktG, 3. Aufl., § 46 AktG Rz. 27 ff. m.w.N.; zu pauschal *Gerber* in Spindler/Stilz, § 46 AktG Rz. 5 (haftungsbefreiende Wirkung); wie hier *Ehricke* in Großkomm. AktG, 4. Aufl., § 46 AktG Rz. 41.
36 *Ehricke* in Großkomm. AktG, 4. Aufl., § 46 AktG Rz. 41; *Hüffer*, § 46 AktG Rz. 7; *Kraft* in KölnKomm. AktG, 2. Aufl., § 46 AktG Rz. 22; vgl. zum GmbH-Recht auch *Bayer* in Lutter/Hommelhoff, § 9a GmbHG Rz. 5 a.E.; *H. Winter/Veil* in Scholz, § 9a GmbHG Rz. 22; *Ulmer* in Ulmer, § 9a GmbHG Rz. 18.
37 So die h.M.: *Ehricke* in Großkomm. AktG, 4. Aufl., § 46 AktG Rz. 49; *Hüffer*, § 46 AktG Rz. 8; *Arnold* in KölnKomm. AktG, 3. Aufl., § 46 AktG Rz. 30; für Auswahlkompetenz der Gründer hingegen *Pentz* in MünchKomm. AktG, 3. Aufl., § 46 AktG Rz. 34.
38 *Hüffer*, § 46 AktG Rz. 8; *Pentz* in MünchKomm. AktG, 3. Aufl., § 46 AktG Rz. 33.
39 *Hüffer*, § 46 AktG Rz. 10; *Arnold* in KölnKomm. AktG, 3. Aufl., § 46 AktG Rz. 26, 31, 35; *Pentz* in MünchKomm. AktG, 3. Aufl., § 46 AktG Rz. 31, 36, 40 i.V.m. 71.
40 Allg. M.: vgl. nur RG v. 29.5.1934 – II 9/34, RGZ 144, 348, 357; BGH v. 27.2.1975 – II ZR 111/72, NJW 1975, 974, 977 = BGHZ 64, 52, 61; *Hüffer*, § 46 AktG Rz. 10.
41 Ebenso *Ehricke* in Großkomm. AktG, 4. Aufl., § 46 AktG Rz. 109; *Gerber* in Spindler/Stilz, § 46 AktG Rz. 9; *Pentz* in MünchKomm. AktG, 3. Aufl., § 46 AktG Rz. 68.

der unrichtige oder unvollständige Angaben gemacht haben; entscheidend ist allein, dass ein Schaden entstanden ist und die subjektiven Erfordernisse des § 46 Abs. 2 (Rz. 14) erfüllt sind[42]. Werden zusätzlich noch unrichtige Angaben gemacht, so ist der Anspruch aus § 46 Abs. 2 gegenüber dem Anspruch aus § 46 Abs. 1 **subsidiär**[43].

14 Der **subjektive Tatbestand** erfordert hier bei wenigstens einem Gründer (nicht notwendig beim konkreten Einleger[44]) entweder **Vorsatz** oder **grobe Fahrlässigkeit**. Diese Abweichung zu § 46 Abs. 1 beruht auf der Erwägung, dass für die strenge Gründerhaftung nicht bereits jede versehentliche Überbewertung oder Unachtsamkeit genügen soll[45]. Grobe Fahrlässigkeit in diesem Sinne liegt insbesondere dann vor, wenn die Bewertung einer Sacheinlage oder -übernahme bzw. der Umfang des Gründungsaufwands aus kaufmännischer Sicht unvertretbar erscheint[46]. Sind bei einem der Gründer diese subjektiven Voraussetzungen erfüllt, so haften auch die übrigen Gründer aus vermutetem einfachen Verschulden (§ 46 Abs. 3, dazu Rz. 20); dieses muss sich nur auf den objektiven Tatbestand des § 46 Abs. 2 beziehen, nicht auf das Verschulden des unmittelbaren Schädigers[47]. Die **Vermutung** des § 46 Abs. 3 **gilt nicht** für das qualifizierte Verschuldenserfordernis des § 46 Abs. 2; beweispflichtig ist daher insoweit die Gesellschaft[48].

## V. Ausfallhaftung (§ 46 Abs. 4)

### 1. Haftungsvoraussetzungen

15 Der **objektive Tatbestand** ist erfüllt, wenn die AG einen Ausfall erleidet, der auf die Zahlungs- oder Leistungsunfähigkeit eines Gründers im Zeitpunkt der Satzungsfeststellung zurückzuführen ist. Im **subjektiven Tatbestand** ist Kenntnis erforderlich, die von der AG zu beweisen ist; § 46 Abs. 3 (Rz. 19) gilt hier nicht[49]. Im Falle der Vertretung gilt § 166 BGB, d.h. Kenntnis des Vertreters genügt; umgekehrt kann sich der vertretene Gründer bei eigener Kenntnis nicht auf die Unkenntnis des Vertreters berufen[50].

16 Einen **Ausfall** erleidet die AG, wenn feststeht, dass der Gründer nicht in der Lage ist, die versprochene Bareinlage in voller Höhe zu leisten oder die versprochene Sachein-

---

42 Allg.M.; vgl. nur *Hüffer*, § 46 AktG Rz. 11; *Pentz* in MünchKomm. AktG, 3. Aufl., § 46 AktG Rz. 42.
43 Str., wie hier *Ehricke* in Großkomm. AktG, 4. Aufl., § 46 AktG Rz. 58; für die Parallelbestimmung in § 9a GmbHG auch *Bayer* in Lutter/Hommelhoff, § 9a GmbHG Rz. 9; *Hueck/Fastrich* in Baumbach/Hueck, § 9a GmbHG Rz. 18; *H. Winter/Veil* in Scholz, § 9a GmbHG Rz. 35; ausf. unter Hinweis auf die Gesetzgebungsgeschichte *Ulmer* in Ulmer, § 9a GmbHG Rz. 47; a.A. *Gerber* in Spindler/Stilz, § 46 AktG Rz. 10; *Hüffer*, § 46 AktG Rz. 11; *Arnold* in KölnKomm. AktG, 3. Aufl., § 46 AktG Rz. 41 *Pentz* in MünchKomm. AktG, 3. Aufl., § 46 AktG Rz. 42.
44 So zutreffend für die GmbH: *Bayer* in Lutter/Hommelhoff, § 9a GmbHG Rz. 10; *H. Winter/Veil* in Scholz, § 9a GmbHG Rz. 37; *Ulmer* in Ulmer, § 9a GmbHG Rz. 51; a.A. *Roth* in Roth/Altmeppen, § 9a GmbHG Rz. 7; *Schmidt-Leithoff* in Rowedder/Schmidt-Leithoff, § 9a GmbHG Rz. 23.
45 *Ehricke* in Großkomm. AktG, 4. Aufl., § 46 AktG Rz. 67; *Pentz* in MünchKomm. AktG, 3. Aufl., § 46 AktG Rz. 43.
46 *Ehricke* in Großkomm. AktG, 4. Aufl., § 46 AktG Rz. 67.
47 So zutreffend für die GmbH: *H. Winter/Veil* in Scholz, § 9a GmbHG Rz. 38; *Ulmer* in Ulmer, § 9a GmbHG Rz. 51.
48 *Pentz* in MünchKomm. AktG, 3. Aufl., § 46 AktG Rz. 65; ebenso für die GmbH: *Bayer* in Lutter/Hommelhoff, § 9a GmbHG Rz. 10; *Ulmer* in Ulmer, § 9a GmbHG Rz. 51.
49 *Hüffer*, § 46 AktG Rz. 16; *Pentz* in MünchKomm. AktG, 3. Aufl., § 46 AktG Rz. 57.
50 *Hüffer*, § 46 AktG Rz. 16; *Kraft* in KölnKomm. AktG, 2. Aufl., § 46 AktG Rz. 42; *Pentz* in MünchKomm. AktG, 3. Aufl., § 46 AktG Rz. 57.

lage zu erbringen[51]. Eine Klage oder ein (fruchtloser) Zwangsvollstreckungsversuch ist nicht notwendig[52]. Entgegen einer älteren Auffassung ist auch die Durchführung eines **Kaduzierungsverfahrens** gegen den betreffenden Gründer **nicht Voraussetzung** der Ausfallhaftung[53]. Zwischen dem Ausfall der Gesellschaft und der Leistungs- bzw. Zahlungsunfähigkeit des Gründers muss ein **Kausalzusammenhang** bestehen; eine Haftung nach § 46 Abs. 4 scheidet folglich aus, wenn der Ausfall darauf zurückzuführen ist, dass ein ursprünglich zahlungsfähiger Gesellschafter nunmehr nicht zur Leistungserbringung bereit ist[54].

**Maßgeblicher Zeitpunkt** zur Beurteilung der Zahlungs- bzw. Leistungsunfähigkeit ist der Zeitpunkt der Annahme der Beteiligung des betreffenden Gründers durch die übrigen Aktionäre, d.h. der Zeitpunkt der Satzungsfeststellung[55]. Eine **nachträglich** eingetretene **Zahlungs- oder Leistungsunfähigkeit** führt daher auch dann nicht zur Ausfallhaftung, wenn die Mitgründer vor Eintragung der Gesellschaft die Möglichkeit gehabt hätten, sich durch Rücktritt oder Anfechtung von dem betreffenden Gründer zu trennen. Für eine solche Haftungsausdehnung im Wege der Analogie besteht keine hinreichende Grundlage[56].   17

### 2. Haftungsumfang

Die Mitgründer haften der AG gesamtschuldnerisch auf Ersatz des **Schadens**, der durch den konkreten Ausfall entstanden ist. Kann eine Sacheinlage nicht geleistet werden, so wird ihr Wert geschuldet. Mitverschulden kann nicht geltend gemacht werden (vgl. bereits oben Rz. 12).   18

## VI. Verschulden (§ 46 Abs. 3)

Für die einzelnen Haftungstatbestände des § 46 gelten **unterschiedliche Verschuldensmaßstäbe**: zur Verwirklichung des § 46 **Abs. 1** reicht generell einfache Fahrlässigkeit aus; § 46 **Abs. 2** verlangt zumindest für einen Gründer grobe Fahrlässigkeit, dann reicht für die übrigen Gründer wiederum einfache Fahrlässigkeit (oben Rz. 14). Die Haftung nach § 46 **Abs. 4** erfordert positive Kenntnis von der Zahlungs- und Leistungsunfähigkeit des Gründers im Zeitpunkt der Satzungsfeststellung (oben Rz. 17).   19

Das **einfache Verschulden** gem. § 46 Abs. 1 und Abs. 2 wird **vermutet**. Gründer können sich gem. § 46 Abs. 3 **entlasten**, wenn sie nachweisen, dass sie weder Kenntnis hatten noch die „Sorgfalt eines ordentlichen Geschäftsmannes" verletzt haben. Hierunter ist der Sorgfaltsmaßstab zu verstehen, der bei der Gründung eines Unternehmens dieser Art im Geschäftsverkehr erforderlich ist[57]. Mangelnde Kenntnisse ent-   20

---

51 *Pentz* in MünchKomm. AktG, 3. Aufl., § 46 AktG Rz. 52; *Kraft* in KölnKomm. AktG, 2. Aufl., § 46 AktG Rz. 39.
52 *Hüffer*, § 46 AktG Rz. 15; *Arnold* in KölnKomm. AktG, 3. Aufl., § 46 AktG Rz. 47, 50; *Pentz* in MünchKomm. AktG, 3. Aufl., § 46 AktG Rz. 56.
53 *Ehricke* in Großkomm. AktG, 4. Aufl., § 46 AktG Rz. 85 ff.; *Gerber* in Spindler/Stilz, § 46 AktG Rz. 18; *Hüffer*, § 46 AktG Rz. 15; *Pentz* in MünchKomm. AktG, 3. Aufl., § 46 AktG Rz. 56; *Arnold* in KölnKomm. AktG, 3. Aufl., § 46 AktG Rz. 50; a.A. noch *Barz* in Großkomm. AktG, 3. Aufl., § 46 AktG Anm. 17; *Kraft* in KölnKomm. AktG, 2. Aufl., § 46 AktG Rz. 41.
54 *Hüffer*, § 46 AktG Rz. 15; *Arnold* in KölnKomm. AktG, 3. Aufl., § 46 AktG Rz. 51; *Pentz* in MünchKomm. AktG, 3. Aufl., § 46 AktG Rz. 54.
55 *Ehricke* in Großkomm. AktG, 4. Aufl., § 46 AktG Rz. 91; *Arnold* in KölnKomm. AktG, 3. Aufl., § 46 AktG Rz. 52; *Pentz* in MünchKomm. AktG, 3. Aufl., § 46 AktG Rz. 52.
56 Ausf. *Ehricke* in Großkomm. AktG, 4. Aufl., § 46 AktG Rz. 92 ff.; *Pentz* in MünchKomm. AktG, 3. Aufl., § 46 AktG Rz. 55 je m.w.N.
57 *Hüffer*, § 46 AktG Rz. 14; *Pentz* in MünchKomm. AktG, 3. Aufl., § 46 AktG Rz. 66.

lasten somit nicht; der Gründer muss in diesem Fall von der Gründung absehen oder sich von einem Sachkundigen beraten lassen[58].

21 Begeht ein **geschäftsunfähiger Gründer** eine Handlung im Sinne des § 46, so ist seinem notwendigen Schutz durch eine entsprechende Anwendung des Rechtsgedankens der §§ 827, 828 BGB Rechnung zu tragen[59].

### VII. Haftung der Hintermänner (§ 46 Abs. 5)

22 Wird ein **Strohmann** vorgeschoben, so haftet dieser als Gründer (vgl. § 28 Rz. 3). Um Umgehungen zu vermeiden, haftet nach § 46 Abs. 5 AktG auch ein Hintermann nach § 46 Abs. 1–4, d.h. derjenige, für dessen Rechnung der Gründer tätig wird[60]. Der Hintermann haftet nach **§ 46 Abs. 5 Satz 1** in der gleichen Weise, wie er haften würde, wenn er sich als Gründer selbst beteiligt hätte. Nach **§ 46 Abs. 5 Satz 2** haftet er aber auch dann, wenn die subjektiven Haftungsvoraussetzungen nur in der Person des Gründers (Strohmanns) vorliegen. Die Kenntnis oder verschuldete Unkenntnis des Gründers wird dem Hintermann zugerechnet. Dies gilt entsprechend, wenn sich der Hintermann vertreten lässt[61].

### VIII. Gesamtschuld und Regress

23 Mehrere nach § 46 für denselben Schaden verantwortliche Gründer haften als **Gesamtschuldner**, ebenso Gründer und Hintermänner. Für den Gesamtschuldnerausgleich gilt § 426 Abs. 1 BGB, wobei unterschiedliche Verursachungsbeiträge zu berücksichtigen sind (§ 254 BGB)[62]; streitig ist, inwieweit die Höhe der Aktienbeteiligung eine Rolle spielt[63].

24 Die Haftung nach § 46 tritt neben die fortbestehende **Einlagepflicht** des betreffenden Gründers; zwischen dem Einlageschuldner und den auf Schadensersatz haftenden Gründern besteht gegenüber der AG insoweit eine (unechte) Gesamtschuld[64]. Im **Innenverhältnis** ist stets der Einlageschuldner allein verpflichtet. Leistet ein Gründer, so erwirbt er neben dem Ausgleichsanspruch nach § 426 Abs. 1 Satz 1 BGB auch den Anspruch auf die Einlageforderung gem. § 426 Abs. 2 BGB[65], jedoch nicht die Aktien-

---

58 *Pentz* in MünchKomm. AktG, 3. Aufl., § 46 AktG Rz. 66.
59 § 827 BGB ist auf alle Fälle der Verschuldenshaftung, auch außerhalb der unerlaubten Handlungen anwendbar, vgl. BGH v. 22.3.1968 – V ZR 3/67, NJW 1968, 1132; für die Parallelbestimmung in § 9a GmbHG *Bayer* in Lutter/Hommelhoff, § 9a GmbHG Rz. 6.
60 *Ehricke* in Großkomm. AktG, 4. Aufl., § 46 AktG Rz. 101; *Hüffer*, § 46 AktG Rz. 18; *Pentz* in MünchKomm. AktG, 3. Aufl., § 46 AktG Rz. 60.
61 Dazu *Ehricke* in Großkomm. AktG, 4. Aufl., § 46 AktG Rz. 104; *Pentz* in MünchKomm. AktG, 3. Aufl., § 46 AktG Rz. 62.
62 *Pentz* in MünchKomm. AktG, 3. Aufl., § 46 AktG Rz. 72; *Arnold* in KölnKomm. AktG, 3. Aufl., § 46 AktG Rz. 58.
63 Keine Rolle: *Pentz* in MünchKomm. AktG, 3. Aufl., § 46 AktG Rz. 72; ebenso für die GmbH: *H. Winter/Veil* in Scholz, § 9a GmbHG Rz. 41; a.A. *Ehricke* in Großkomm. AktG, 4. Aufl., § 46 AktG Rz. 115; *Ulmer* in Ulmer, § 9a GmbHG Rz. 53.
64 *Pentz* in MünchKomm. AktG, 3. Aufl., § 46 AktG Rz. 74; a.A. *Ehricke* in Großkomm. AktG, 4. Aufl., § 46 AktG Rz. 112; wie hier für das GmbH-Recht: *Bayer* in Lutter/Hommelhoff, § 9a GmbHG Rz. 7; *Ulmer* in Ulmer, § 9a GmbHG Rz. 54; OLG Celle v. 15.3.2000 – 9 U 209/99, NZG 2000, 1178, 1179; KG v. 13.7.1999 – 14 U 8764/95, NZG 2000, 841.
65 *Pentz* in MünchKomm. AktG, 3. Aufl., § 46 AktG Rz. 74; für die GmbH auch *Bayer* in Lutter/Hommelhoff, § 9a GmbHG Rz. 7; *Ulmer* in Ulmer, § 9a GmbHG Rz. 55; *H. Winter/Veil* in Scholz, § 9a GmbHG Rz. 42.

beteiligung⁶⁶. Zahlt der Einlageschuldner, so entfällt insoweit die Schadensersatzhaftung der Gründer (allg. M.)⁶⁷.

Bestehen neben dem Anspruch der AG aus § 46 auch **Ansprüche von Aktionären oder Dritten** gegen die Gründer (oben Rz. 6) und decken sich diese Ansprüche rechnerisch und inhaltlich, so führt eine Schadenersatzleistung des Gründers an die AG auch zu seiner Haftungsbefreiung dem Aktionär bzw. dem Dritten gegenüber⁶⁸. Bei einer Schadensersatzleistung an einen Aktionär oder Dritten wird der Gründer jedoch nicht von seiner Haftung gegenüber der Gesellschaft befreit (allg. M.); ob sich Doppelzahlungen des Gründers durch vermeiden lassen, dass er im Falle seiner Inanspruchnahme durch die AG seine an den Aktionär bzw. Dritten erbrachte Schadensersatzleistung nach §§ 812 ff. BGB zu kondizieren berechtigt ist⁶⁹, erscheint fraglich⁷⁰; zu empfehlen ist vielmehr eine (befreiende) Zahlung an die AG⁷¹. 25

Zwischen den Gründern und **anderen** gem. §§ 47–49 **haftpflichtigen Personen** besteht ebenfalls ein Gesamtschuldverhältnis⁷². Die Haftung im Innenverhältnis richtet sich nach den allgemeinen Regeln des § 426 BGB. Hierbei ist insbesondere die eigenständige Prüfungspflicht, die Vorstand, Aufsichtsrat und Gründungsprüfer treffen, bei der Ermittlung der Haftungsquote im Innenverhältnis zu berücksichtigen. Das kann dazu führen, dass einer der Gesamtschuldner von der Haftung überhaupt freizustellen ist oder aber allein haften muss⁷³. 26

# § 47
# Verantwortlichkeit anderer Personen neben den Gründern

**Neben den Gründern und den Personen, für deren Rechnung die Gründer Aktien übernommen haben, ist als Gesamtschuldner der Gesellschaft zum Schadenersatz verpflichtet,**
1. wer bei Empfang einer Vergütung, die entgegen den Vorschriften nicht in den Gründungsaufwand aufgenommen ist, wusste oder nach den Umständen annehmen musste, dass die Verheimlichung beabsichtigt oder erfolgt war, oder wer zur Verheimlichung wissentlich mitgewirkt hat;
2. wer im Fall einer vorsätzlichen oder grobfahrlässigen Schädigung der Gesellschaft durch Einlagen oder Sachübernahmen an der Schädigung wissentlich mitgewirkt hat;
3. wer vor Eintragung der Gesellschaft in das Handelsregister oder in den ersten zwei Jahren nach der Eintragung die Aktien öffentlich ankündigt, um sie in den Verkehr

---

66 *Ehricke* in Großkomm. AktG, 4. Aufl., § 46 AktG Rz. 112; *Pentz* in MünchKomm. AktG, 3. Aufl., § 46 AktG Rz. 74 a.E.; ebenso für die GmbH: *Ulmer* in Ulmer, § 9a GmbHG Rz. 55.
67 Dazu OLG Düsseldorf v. 10.3.1995 – 17 U 130/94, GmbHR 1995, 583 (für GmbH).
68 RG v. 10.11.1926 – II 117/26, RGZ 115, 289, 296; RG v. 5.3.1938 – II 104/37, RGZ 157, 213, 216; *Arnold* in KölnKomm. AktG, 3. Aufl., § 46 AktG Rz. 10; *Pentz* in MünchKomm. AktG, 3. Aufl., § 46 AktG Rz. 81.
69 *Eckardt* in G/H/E/K, Vor §§ 46–51 AktG Rz. 9 f.; ausführlich *Ehricke* in Großkomm. AktG, 4. Aufl., § 46 AktG Rz. 128 ff.
70 Abl. *Pentz* in MünchKomm. AktG, 3. Aufl., § 46 AktG Rz. 82.
71 Wie hier *Pentz* in MünchKomm. AktG, 3. Aufl., § 46 AktG Rz. 83 ff.; für die GmbH auch *Ulmer* in Ulmer, § 9a GmbHG Rz. 62 a.E.
72 Ausf. *Ehricke* in Großkomm. AktG, 4. Aufl., § 46 AktG Rz. 119; *Pentz* in MünchKomm. AktG, 3. Aufl., § 49 AktG Rz. 45.
73 Vgl. *Kraft* in KölnKomm. AktG, 2. Aufl., § 47 AktG Rz. 35 mit Beispielen.

einzuführen, wenn er die Unrichtigkeit oder Unvollständigkeit der Angaben, die zum Zwecke der Gründung der Gesellschaft gemacht worden sind (§ 46 Abs. 1), oder die Schädigung der Gesellschaft durch Einlagen oder Sachübernahmen kannte oder bei Anwendung der Sorgfalt eines ordentlichen Geschäftsmannes kennen musste.

| | |
|---|---|
| I. Allgemeines ................. 1 | 2. Haftung des Mitwirkenden |
| 1. Regelungsgegenstand und -zweck ... 1 | (§ 47 Nr. 1 Var. 2) .............. 6 |
| 2. Rechtsnatur und Konkurrenzen .... 2 | III. Haftung wegen Mitwirkung bei Schädigung der AG durch Einlagen oder |
| 3. Anspruchsinhaber und Haftungsschuldner ................... 3 | Sachübernahmen (§ 47 Nr. 2) ...... 7 |
| II. Haftung wegen verheimlichter Vergütung .................. 4 | IV. Haftung des Emittenten (§ 47 Nr. 3) . 8 |
| | 1. Haftungstatbestand ............. 8 |
| 1. Haftung des Empfängers (§ 47 Nr. 1 Var. 1) .............. 4 | 2. Rechtsfolgen .................. 13 |
| | 3. Analoge Anwendung ............ 14 |

**Literatur:** S. bei § 46.

## I. Allgemeines

### 1. Regelungsgegenstand und -zweck

1 § 47 erweitert den Kreis der nach § 46 haftenden Personen (Gründer und deren Hintermänner: § 46 Rz. 1) auf die sog. **Gründergenossen**, die, ohne nach außen hervorzutreten, an der Gründung in böser Absicht mitgewirkt haben[1] (Nr. 1 und 2), sowie auf die **Emittenten** der Aktien (Nr. 3). Normzweck ist in erster Linie eine **Verbreiterung der Haftungsbasis** zur Sicherung der Kapitalaufbringung[2]. Darüber hinaus dient § 47 aber auch dem Schutz der Minderheit und späterer Aktionäre[3]. § 47 Nr. 1 enthält nach h.M. aber zugleich auch eine Privilegierung des gutgläubigen Vergütungsempfängers (unten Rz. 5). Die Vorschrift geht auf § 40 AktG 1937 und § 202 Abs. 4 HGB zurück. Ergänzt werden die §§ 46, 47 durch die Haftung von Vorstand und Aufsichtsrat (§ 48) und die Haftung der Gründungsprüfer (§ 49).

### 2. Rechtsnatur und Konkurrenzen

2 Der Anspruch aus **§ 47** ist (ebenso wie der Anspruch aus § 46) nicht deliktsrechtlich[4], sondern **spezifisch gesellschaftsrechtlich zu qualifizieren**[5] (vgl. bei § 46 Rz. 2 m.w.N.). Gerichtsstand ist daher neben dem allgemeinen Gerichtsstand des Schuldners (§ 12 ZPO) auch der Gerichtsstand am Sitz der Gesellschaft (§ 22 ZPO), nicht dagegen der Gerichtsstand der unerlaubten Handlung gem. § 32 ZPO. Die Haftung aus § 47 ist nicht abschließend; weiter kommt eine Haftung aus § 823 Abs. 2 BGB i.V.m. § 263 StGB, § 826 BGB oder § 823 Abs. 2 BGB i.V.m. § 399 Abs. 1 Nr. 3 AktG in Be-

---

[1] Ähnlich die allgemeine Begründung zum Entwurf eines Gesetzes betr. die KGaA und AG, abgedr. bei *Schubert/Hommelhoff*, Hundert Jahre modernes Aktienrecht, 1985, S. 407, 450.
[2] *Hüffer*, § 47 AktG Rz. 1; *Pentz* in MünchKomm. AktG, 3. Aufl., § 47 AktG Rz. 4.
[3] Ebenso *Ehricke* in Großkomm. AktG, 4. Aufl., § 47 AktG Rz. 3; *Pentz* in MünchKomm. AktG, 3. Aufl., § 47 AktG Rz. 4.
[4] So aber *Ehricke* in Großkomm. AktG, 4. Aufl., § 47 AktG Rz. 3; *Eckardt* in G/H/E/K, § 47 AktG Rz. 3; *Kraft* in KölnKomm. AktG, 2. Aufl., § 47 AktG Rz. 3.
[5] Wie hier *Hüffer*, § 47 AktG Rz. 2; *Pentz* in MünchKomm. AktG, 3. Aufl., § 47 AktG Rz. 10; *Arnold* in KölnKomm. AktG, 3. Aufl., § 47 AktG Rz. 4.

tracht. § 47 selbst ist kein Schutzgesetz im Sinne des § 823 Abs. 2 BGB (ausf. § 46 Rz. 2 m.w.N.), und zwar weder zugunsten der Gesellschaft (str.) noch zugunsten von Aktionären oder Dritten (allg.M.). Zu möglichen Ansprüchen Dritter: § 46 Rz. 6; vgl. im Hinblick auf die Emittentenhaftung noch unten Rz. 8.

### 3. Anspruchsinhaber und Haftungsschuldner

**Gläubiger** des Anspruchs aus § 47 ist (wie bei § 46) die durch Eintragung in das Handelsregister entstandene AG als juristische Person, nicht schon die Vor-AG (dazu § 46 Rz. 4). **Schuldner** sind die Gründergenossen nach § 47 Nr. 1, Nr. 2 sowie die Emittenten nach § 47 Nr. 3.   3

## II. Haftung wegen verheimlichter Vergütung

### 1. Haftung des Empfängers (§ 47 Nr. 1 Var. 1)

Die Vorschrift betrifft die Haftung des Empfängers einer **Vergütung, die nicht in den Gründungsaufwand** aufgenommen wurde. Der **objektive** Tatbestand ist erfüllt, wenn eine Person, die nicht zu den Gründern oder den Hintermännern gehört (dann § 46), eine entgegen § 26 Abs. 2 nicht in der Satzung festgelegte und damit i.S. der Norm verheimlichte Gründervergütung, d.h. eine Entschädigung oder einen Gründerlohn (Einzelheiten bei § 26 Rz. 13 ff.), empfangen hat. Zum **subjektiven** Tatbestand gehört entweder Vorsatz (der Betreffende wusste um die Verheimlichung) oder Fahrlässigkeit (der Betreffende hätte dies wissen müssen). Fahrlässig hat der Empfänger nur dann gehandelt, wenn Anlass zu Nachforschungen bestand und diese unterblieben sind; regelmäßig darf sich der Empfänger darauf verlassen, dass die Vergütung ordnungsgemäß in die Satzung aufgenommen wurde[6]. Etwas anderes gilt für den Gründungsprüfer (der ohne besonderen Aufwand feststellen kann, ob die ihm gewährte Vergütung ordnungsgemäß festgesetzt worden ist[7]) oder bei atypischer Art oder Höhe der Vergütung[8].   4

**Rechtsfolge** ist, dass der bösgläubige Empfänger der Gesellschaft die ohne Rechtsgrund geleistete Vergütung (vgl. § 26 Abs. 3) als **Schadensersatz** zurückerstatten muss[9]. Ein gutgläubiger Empfänger wird hingegen privilegiert; liegen die subjektiven Voraussetzungen des § 47 Nr. 1 nicht vor, dann wird trotz der Unwirksamkeit der Vergütungsvereinbarung gem. § 26 Abs. 3 der grds. bestehende Bereicherungsanspruch gem. §§ 812 ff. BGB aufgrund Spezialität ausgeschlossen[10] bzw. der vertraglich begründete Vergütungsanspruch durchsetzbar (vgl. auch § 26 Rz. 19).   5

### 2. Haftung des Mitwirkenden (§ 47 Nr. 1 Var. 2)

Ebenso wie der Empfänger (Rz. 4) haftet nach Maßgabe von Rz. 5 auch, wer (ohne Gründer oder Hintermann zu sein) durch aktive Förderung oder Begünstigung an der   6

---

6 *Ehricke* in Großkomm. AktG, 4. Aufl., § 47 AktG Rz. 15; *Pentz* in MünchKomm. AktG, 3. Aufl., § 47 AktG Rz. 16.
7 *Kraft* in KölnKomm. AktG, 2. Aufl., § 47 AktG Rz. 11; *Pentz* in MünchKomm. AktG, 3. Aufl., § 47 AktG Rz. 16.
8 *Hüffer*, § 47 AktG Rz. 5; *Pentz* in MünchKomm. AktG, 3. Aufl., § 47 AktG Rz. 16.
9 *Hüffer*, § 47 AktG Rz. 6; *Arnold* in KölnKomm. AktG, 3. Aufl., § 47 AktG Rz. 13; *Pentz* in MünchKomm. AktG, 3. Aufl., § 47 AktG Rz. 17.
10 So zu Recht die h.M.: *Ehricke* in Großkomm. AktG, 4. Aufl., § 47 AktG Rz. 20; *Hüffer*, § 47 AktG Rz. 6; *Arnold* in KölnKomm. AktG, 3. Aufl., § 47 AktG Rz. 16; a.A. *Pentz* in MünchKomm. AktG, 3. Aufl., § 47 AktG Rz. 15 im Anschluss an *Eckardt* in G/H/E/K, § 47 AktG Rz. 7.

Verheimlichung des Gründungsaufwands mitgewirkt hat. Der Mitwirkende muss zumindest mit **bedingtem Vorsatz** gehandelt haben[11].

## III. Haftung wegen Mitwirkung bei Schädigung der AG durch Einlagen oder Sachübernahmen (§ 47 Nr. 2)

7   Sind die Voraussetzungen nach § 46 Abs. 2 im Hinblick auf Einlagen oder Sachübernahmen (im Hinblick auf Gründungsaufwand gilt § 47 Nr. 1: oben Rz. 4) durch einen Gründer oder Hintermann objektiv und subjektiv gegeben (dazu § 46 Rz. 7 ff., 22), dann wird die Haftung durch § 47 Nr. 2 auf diejenigen Personen erweitert, die an der Schädigung **wissentlich mitgewirkt** haben (z.B. als Berater); erforderlich ist damit Vorsatz, fahrlässiges Handeln genügt nicht[12].

## IV. Haftung des Emittenten (§ 47 Nr. 3)

### 1. Haftungstatbestand

8   Nach § 47 Nr. 3 haftet derjenige, der vor Eintragung der Gesellschaft in das Handelsregister oder in den ersten zwei Jahren danach die Aktien öffentlich angekündigt hat, um sie in den Verkehr zu bringen, obwohl er die Unrichtigkeit oder Unvollständigkeit der zum Zwecke der Gründung gemachten Angaben oder die Schädigung der Gesellschaft durch Einlagen oder Sachübernahmen gekannt hat oder hätte kennen müssen. Hinter der Vorschrift steht der gesetzgeberische Gedanke, dass die Öffentlichkeit den mit der Emission der Aktien betrauten Stellen regelmäßig ein größeres Vertrauen entgegen bringt als den häufig unbekannten Gründern[13]. **Normzweck** ist mithin nicht vorrangig die Sicherung der Kapitalaufbringung, sondern der **Schutz der künftigen Aktionäre**[14]. Anders als bei § 47 Nr. 1, Nr. 2 (oben Rz. 1) kommt hier trotz der Eingangsformulierung („neben den Gründern") und der Vorstellung des historischen Gesetzgebers zur Vermeidung von Haftungslücken auch ein Gründer als Haftungsschuldner in Betracht[15].

9   a) Der **objektive Tatbestand** erfordert zunächst die **öffentliche Ankündigung von Aktien zum Zwecke der Einführung in den Verkehr**. Nach allg.M. ist hierunter die Aufforderung des Emittenten an einen unbestimmten Personenkreis zu verstehen, die von den Gründern übernommenen Aktien (Einheitsgründung: § 23 Rz. 23) als erste Käufer am Markt zu erwerben[16]. Ob die Aufforderung mündlich oder schriftlich (Zeitungsanzeige, Werbeprospekt) erfolgt, ist unerheblich; daher muss die Aufforderung nicht unterzeichnet sein.

10  Weiterhin muss die Ankündigung bereits **vor der Eintragung** der AG oder innerhalb von **zwei Jahren** danach erfolgt sein. Nach Ablauf dieser Frist sei der Wert des Unter-

---

11 *Ehricke* in Großkomm. AktG, 4. Aufl., § 47 AktG Rz. 16; *Hüffer*, § 47 AktG Rz. 7; *Arnold* in KölnKomm. AktG, 3. Aufl., § 47 AktG Rz. 12.
12 *Gerber* in Spindler/Stilz, § 47 AktG Rz. 5; *Hüffer*, § 47 AktG Rz. 8; *Pentz* in MünchKomm. AktG, 3. Aufl., § 47 AktG Rz. 20.
13 Begr. zum Entwurf eines Gesetzes betreffend die AG, abgedr. bei *Schubert/Hommelhoff*, Hundert Jahre modernes Aktienrecht, 1985, S. 404, 451; vgl. weiter *Pentz* in MünchKomm. AktG, 3. Aufl., § 47 AktG Rz. 23.
14 *Pentz* in MünchKomm. AktG, 3. Aufl., § 47 AktG Rz. 23; *Ehricke* in Großkomm. AktG, 4. Aufl., § 47 AktG Rz. 25.
15 Allg. M.: *Hüffer*, § 47 AktG Rz. 9; *Pentz* in MünchKomm. AktG, 3. Aufl., § 47 AktG Rz. 8; *Ehricke* in Großkomm. AktG, 4. Aufl., § 47 AktG Rz. 27.
16 *Hüffer*, § 47 AktG Rz. 9; *Arnold* in KölnKomm. AktG, 3. Aufl., § 47 AktG Rz. 22; *Pentz* in MünchKomm. AktG, 3. Aufl., § 47 AktG Rz. 25.

nehmens – so die Gesetzesbegründung – regelmäßig bekannt oder erkennbar, weshalb es dann keines besonderen Schutzes der Aktionäre und Gläubiger mehr bedürfe[17].

Schließlich muss der **objektive Tatbestand des § 46 Abs. 1 oder Abs. 2** verwirklicht sein, d.h. die Angaben, die zum Zwecke der Gründung der Gesellschaft gemacht wurden, müssen **unrichtig oder unvollständig** sein (ausf. § 46 Rz. 7 ff.), oder die Gesellschaft muss durch Einlagen oder Sachübernahmen geschädigt worden sein (ausf. § 46 Rz. 13). Ob die Gründer im Rahmen des § 46 schuldhaft gehandelt haben, ist in diesem Zusammenhang unerheblich[18].  11

**b)** Der Emittent muss im Hinblick auf den objektiven Tatbestand des § 46 Abs. 1 oder 2 (oben Rz. 11) **vorsätzlich** oder **fahrlässig** gehandelt haben. Maßstab ist die Sorgfalt eines ordentlichen mit Emissionen befassten Geschäftsmannes[19]. Aus diesem Haftungsmaßstab resultiert im Ergebnis eine Prüfungspflicht[20], die gegenüber den erwerbenden Anlegern präventiv wirkt[21]. Gleichwohl folgt aus dieser Prüfungspflicht kein gegenüber den Gründern durchsetzbares Recht des Emittenten auf Prüfung[22]. Wird die Prüfung verweigert, so kann er die Emission allerdings ablehnen.  12

## 2. Rechtsfolgen

Die **Emittentenhaftung** besteht (nur) **gegenüber der AG**; Dritte können aus § 47 Nr. 3 keine Ansprüche herleiten, sondern ggf. nur aus § 399 Abs. 1 Nr. 3 AktG i.V.m. § 823 Abs. 2 BGB; weiter kommt eine Prospekthaftung gem. §§ 44 ff. BörsG in Betracht[23]. Der **Umfang** der Haftung entspricht der Gründerhaftung nach § 46 Abs. 1, Abs. 2 (dort Rz. 12). Im Ergebnis muss der Emittent für Schäden, die Dritte verursacht haben, im Sinne einer **Gewährleistungshaftung** einstehen[24].  13

## 3. Analoge Anwendung

Nach heute h.M. wird § 47 Nr. 3 analog auf den Fall einer **Kapitalerhöhung** angewendet. Dies ist zutreffend, da der Normzweck, bei erstmaliger Weitergabe von Aktien aus dem Bereich der Gesellschaft an den allgemeinen Wirtschaftverkehr das Vertrauen späterer Aktienerwerber zu schützen (oben Rz. 8), auch in dieser Konstellation zutrifft und eine Vergleichbarkeit mit der Gründung gegeben ist[25]. Allerdings gelten fol-  14

---

17 Begr. zum Entwurf eines Gesetzes betreffend die AG, abgedruckt bei *Schubert/Hommelhoff*, Hundert Jahre modernes Aktienrecht, 1985, S. 404, 452; vgl. weiter in *Pentz* in MünchKomm. AktG, 3. Aufl., § 47 AktG Rz. 27.
18 *Hüffer*, § 47 AktG Rz. 10; *Arnold* in KölnKomm. AktG, 3. Aufl., § 47 AktG Rz. 23, 26; *Pentz* in MünchKomm. AktG, 3. Aufl., § 47 AktG Rz. 28.
19 *Hüffer*, § 47 AktG Rz. 10; *Pentz* in MünchKomm. AktG, 3. Aufl., § 47 AktG Rz. 29.
20 Dazu RG v. 11.10.1912 – II 106/12, RGZ 80, 196, 199 f.; ebenso *Ehricke* in Großkomm. AktG, 4. Aufl., § 47 AktG Rz. 36; *Gerber* in Spindler/Stilz, § 47 AktG Rz. 10.
21 Ähnlich *Ehricke* in Großkomm. AktG, 4. Aufl., § 47 AktG Rz. 35; *Hüffer*, § 47 AktG Rz. 10; *Pentz* in MünchKomm. AktG, 3. Aufl., § 47 AktG Rz. 29.
22 Missverständlich daher insoweit die anders lautende Formulierung in der Gesetzesbegründung S. 451 („selbstverständlich"); wie hier *Pentz* in MünchKomm. AktG, 3. Aufl., § 47 AktG Rz. 29 gegen *Eckardt* in G/H/E/K, § 47 AktG Rz. 20.
23 Dazu ausf. *Schwark* in Schwark, §§ 45, 46 BörsG; vgl. weiter *Ehricke* in Großkomm. AktG, 4. Aufl., § 47 AktG Rz. 50 m.w.N.
24 *Hüffer*, § 47 AktG Rz. 11; *Pentz* in MünchKomm. AktG, 3. Aufl., § 47 AktG Rz. 30.
25 *Ehricke* in Großkomm. AktG, 4. Aufl., § 47 AktG Rz. 50 ff.; *Gerber* in Spindler/Stilz, § 47 AktG Rz. 11; *Hüffer*, § 47 AktG Rz. 12; *Arnold* in KölnKomm. AktG, 3. Aufl., § 47 AktG Rz. 29; *Pentz* in MünchKomm. AktG, 3. Aufl., § 47 AktG Rz. 34; a.A. *Eckardt* in G/H/E/K, § 47 AktG Rz. 14; *Schlegelberger/Quassowski*, § 40 AktG 1937 Anm. 5; *Brodmann*, § 203 HGB Anm. 1.

gende Modifikationen: Für die unrichtigen bzw. unvollständigen Angaben kommt es auf die Angaben des Vorstands und des Aufsichtsrats zum Zwecke der Kapitalerhöhung an[26]. Und die Zweijahresfrist beginnt nicht mit der Eintragung der AG[27], sondern mit der Eintragung der Kapitalerhöhung[28].

15 Auf **Wandelschuldverschreibungen** soll § 47 Nr. 3 nach h.M. aufgrund der nicht vergleichbaren Risikolage hingegen **nicht** analog angewandt werden[29].

## § 48
## Verantwortlichkeit des Vorstands und des Aufsichtsrats

**Mitglieder des Vorstands und des Aufsichtsrats, die bei der Gründung ihre Pflichten verletzen, sind der Gesellschaft zum Ersatz des daraus entstehenden Schadens als Gesamtschuldner verpflichtet; sie sind namentlich dafür verantwortlich, dass eine zur Annahme von Einzahlungen auf die Aktien bestimmte Stelle (§ 54 Abs. 3) hierzu geeignet ist, und dass die eingezahlten Beträge zur freien Verfügung des Vorstands stehen. Für die Sorgfaltspflicht und Verantwortlichkeit der Mitglieder des Vorstands und des Aufsichtsrats bei der Gründung gelten im Übrigen §§ 93 und 116 mit Ausnahme von § 93 Abs. 4 Satz 3 und 4 und Abs. 6.**

| | | | |
|---|---|---|---|
| I. Allgemeines | 1 | II. Haftungstatbestand | 4 |
| 1. Regelungsgegenstand und -zweck | 1 | 1. Objektive Haftungsvoraussetzungen | 4 |
| 2. Anspruchsberechtigter und Haftungsschuldner | 2 | 2. Subjektive Haftungsvoraussetzungen | 6 |
| | | 3. Haftungsumfang | 7 |
| 3. Rechtsnatur und Konkurrenzen | 3 | III. Verzicht, Vergleich, Verjährung | 9 |

**Literatur:** S. bei § 46.

## I. Allgemeines

### 1. Regelungsgegenstand und -zweck

1 § 48 trifft eine spezialgesetzliche Regelung zur Haftung der Organmitglieder bei Verletzung gründungsspezifischer Pflichten. Ebenso wie §§ 46, 47 bezweckt die Vorschrift den **Schutz der Gesellschaft** vor Schädigungen im Rahmen der Gründung, speziell im Hinblick auf die **Kapitalaufbringung**, aber auch den Schutz der Minderheit

---

[26] *Pentz* in MünchKomm. AktG, 3. Aufl., § 47 AktG Rz. 34; *Ehricke* in Großkomm. AktG, 4. Aufl., § 47 AktG Rz. 39.
[27] So aber *v. Godin/Wilhelmi*, § 47 AktG Anm. 6; wohl auch *Ritter*, AktG 1937, § 40 AktG Anm. 2 zu Nr. 3 lit. c.
[28] Wie hier *Ehricke* in Großkomm. AktG, 4. Aufl., § 47 AktG Rz. 39 f.; *Hüffer*, § 47 AktG Rz. 12; *Arnold* in KölnKomm. AktG, 3. Aufl., § 47 AktG Rz. 29; *Pentz* in MünchKomm. AktG, 3. Aufl., § 47 AktG Rz. 34.
[29] *Ehricke* in Großkomm. AktG, 4. Aufl., § 47 AktG Rz. 41; *Hüffer*, § 47 AktG Rz. 12; *Arnold* in KölnKomm. AktG, 3. Aufl., § 47 AktG Rz. 29; *Pentz* in MünchKomm. AktG, 3. Aufl., § 47 AktG Rz. 35; a.A. *Baumbach/Hueck*, § 47 AktG Anm. 6; *Barz* in Großkomm. AktG, 3. Aufl., § 47 AktG Anm. 8.

und künftiger Aktionäre sowie der Gläubiger (dazu auch § 46 Rz. 1)[1]. Aus der Verweisung auf die §§ 93, 116 lässt sich folgern, dass auch die Haftung aus § 48 verschuldensabhängig ist[2]. § 48 Satz 1 entspricht § 41 AktG 1937, der seinerseits nahezu wortgleich mit § 204 Abs. 4 HGB übereinstimmt. Durch das AktG 1965 wurde ein zweiter Satz ergänzt, um klarzustellen, dass neben § 48 auch die Bestimmungen über die allgemeine Haftung anwendbar sind, soweit nicht in den Gründungsvorschriften Besonderheiten geregelt sind[3].

## 2. Anspruchsberechtigter und Haftungsschuldner

**Gläubiger des Anspruch**s aus § 48 ist die durch Eintragung in das Handelsregister entstandene AG, nicht bereits die Vor-AG (vgl. auch § 46 Rz. 4). Der **Anspruch** richtet sich **gegen die** (auch stellvertretenden[4]) **Vorstandsmitglieder und die Mitglieder des Aufsichtsrats**, die den Haftungstatbestand verwirklicht haben, nicht gegen das Gesamtorgan. Eine Besonderheit gegenüber den anderen Haftungstatbeständen im Gründungsstadium besteht darin, dass aufgrund der Verweisung des § 48 Satz 2 auf § 93 Abs. 5 unter bestimmten Voraussetzungen auch Gläubiger der AG anspruchsberechtigt sein können, wenn diese von der Gesellschaft keine Befriedigung erlangen können[5]. Nach zutreffender Ansicht muss die Bestimmung auch auf faktische Organmitglieder Anwendung finden[6]. Denn wenn die betreffende Person tatsächlich die Organbefugnisse eines Vorstands- oder Aufsichtsratsmitgliedes ausübt, ist es nicht überzeugend, lediglich eine Haftung nach der lex generalis des § 93, nicht aber die spezielle Norm des § 48 eingreifen zu lassen.

2

## 3. Rechtsnatur und Konkurrenzen

Der Anspruch aus § 48 ist weder vertragsrechtlicher oder vertragsähnlicher[7] noch deliktsrechtlicher Natur[8], sondern als spezifisch **gesellschaftsrechtliche Organhaftung** zu qualifizieren[9] (ausf. § 46 Rz. 2). Gerichtsstand: nicht § 32 ZPO, sondern §§ 12, 29 ZPO[10]. Die Vorschrift ist kein Schutzgesetz im Sinne des § 823 Abs. 2 BGB, weder zugunsten von Aktionären und Dritten, noch zugunsten der AG[11] (§ 46 Rz. 2). Neben der Haftung aus § 48 AktG können auch andere Ansprüche der Gesellschaft, insbesondere nach § 826 BGB oder § 823 Abs. 2 BGB i.V.m. § 266 StGB, gegeben sein. Die strafrechtliche Verantwortlichkeit der Verwaltungsmitglieder richtet sich nach § 399

3

---

1 *Ehricke* in Großkomm. AktG, 4. Aufl., § 48 AktG Rz. 3; *Hüffer*, § 48 AktG Rz. 1; *Pentz* in MünchKomm. AktG, 3. Aufl., § 48 AktG Rz. 3.
2 *Pentz* in MünchKomm. AktG, 3. Aufl., Rz. 2 a.E.; *Hüffer*, § 48 AktG Rz. 1, 4.
3 *Kropff*, Aktiengesetz, S. 66.
4 *Hüffer*, § 48 AktG Rz. 3; *Pentz* in MünchKomm. AktG, 3. Aufl., § 48 AktG Rz. 7.
5 *Ehricke* in Großkomm. AktG, 4. Aufl., § 48 AktG Rz. 9; *Hüffer*, § 48 AktG Rz. 7; ausf. *Pentz* in MünchKomm. AktG, 3. Aufl., § 48 AktG Rz. 27 f.
6 Ausf. zu dieser Problematik *Ehricke* in Großkomm. AktG, 4. Aufl., § 48 AktG Rz. 11; zust. *Gerber* in Spindler/Stilz, § 48 AktG Rz. 3; a.A. *Kraft* in KölnKomm. AktG, 2. Aufl., § 48 AktG Rz. 2.
7 So aber *Barz* in Großkomm. AktG, 3. Aufl., § 48 AktG Anm. 10; *Kraft* in KölnKomm. AktG, 2. Aufl., § 48 AktG Rz. 5.
8 *Eckardt* in G/H/E/K, § 48 AktG Rz. 5; ähnlich *Ehricke* in Großkomm. AktG, 4. Aufl., § 48 AktG Rz. 5.
9 *Hüffer*, § 48 AktG Rz. 1; *Pentz* in MünchKomm. AktG, 3. Aufl., § 48 AktG Rz. 9; *Arnold* in KölnKomm. AktG, 3. Aufl., § 48 AktG Rz. 7; *Gerber* in Spindler/Stilz, § 48 AktG Rz. 1.
10 Wie hier *Hüffer*, § 48 AktG Rz. 1; *Pentz* in MünchKomm. AktG, 3. Aufl., § 48 AktG Rz. 9.
11 *Hüffer*, § 48 AktG Rz. 2; *Pentz* in MünchKomm. AktG, 3. Aufl., § 48 AktG Rz. 10; a.A. *Ehricke* in MünchKomm. AktG, 4. Aufl., § 48 AktG Rz. 33: Schutzgesetz zugunsten künftiger Aktionäre und Gläubiger; wie hier auch *Gerber* in Spindler/Stilz, § 48 AktG Rz. 11.

Abs. 1 Nr. 1, Nr. 4[12]. Nach diesen Vorschriften kommt auch eine Haftung gegenüber Dritten in Betracht[13].

## II. Haftungstatbestand

### 1. Objektive Haftungsvoraussetzungen

4 § 48 stellt in Satz 1 Halbsatz 1 klar, dass die Verwaltungsmitglieder auch bereits im Gründungsstadium **die allgemeinen Sorgfaltsanforderungen** einzuhalten haben. § 48 Satz 1 Halbsatz 2 nennt beispielhaft zwei dieser Pflichten: Die Prüfung der Geeignetheit der Zahlstelle (dazu § 46 Rz. 11) sowie dafür Sorge zu tragen, dass die eingezahlten Beträge zur freien Verfügung des Vorstands stehen (dazu § 46 Rz. 11)[14]. Zu den weiteren Pflichten gehören insbesondere: die Pflicht zur Prüfung des Gründungsherganges und zur schriftlichen Berichterstattung hierüber (§§ 33, 34), die Pflicht zur Anmeldung der Gesellschaft zum Handelsregister (§ 36), die Pflicht zur wertmäßigen Erhaltung der Sacheinlagen[15]; im Falle der Unternehmenseinbringung ist dieses ordnungsgemäß zu führen[16]. Hinzu kommen etwa die allgemeine Pflicht zur Verschwiegenheit (§ 93 Abs. 1 Satz 3) oder die Pflicht des Aufsichtsrats zur Überwachung des Vorstands (§ 111 Abs. 1).

5 Eine Pflichtverletzung des Vorstandes liegt nicht vor, wenn die entsprechende Handlung durch einen **gesetzmäßigen Hauptversammlungsbeschluss** legitimiert war, § 93 Abs. 4 Satz 1[17]. Verstößt der Hauptversammlungsbeschluss allerdings gegen die gesetzliche Kapitalbindung, dann ist er gesetzwidrig[18].

### 2. Subjektive Haftungsvoraussetzungen

6 Gem. **§ 48 Satz 2** gelten die **§§ 93, 116** (Ausnahmen: unten Rz. 9), d.h. die Verwaltungsmitglieder schulden die Sorgfalt eines ordentlichen und gewissenhaften Geschäftsleiters bzw. Aufsichtsratsmitglieds (93 Abs. 1 Satz 1). Die Beweislast hierfür wird den Verwaltungsmitgliedern auferlegt (§ 93 Abs. 2 Satz 2; zu Einzelheiten § 93 Rz. 31 ff.)[19].

### 3. Haftungsumfang

7 Pflichtwidrig handelnde Verwaltungsmitglieder haften der AG auf **Schadensersatz** gem. §§ 249 ff. BGB. Zu ersetzen sind insbesondere nicht geleistete oder verlorene Einlagen sowie Schäden aus einer unzureichenden Gründungsprüfung, speziell durch

---

12 Zum Schadensersatz wegen Beihilfe zum Gründungsschwindel nach § 823 Abs. 2 BGB i.V.m. § 399 Abs. 1 Nr. 4 AktG: BGH v. 26.9.2005 – II ZR 380/03, AG 2005, 883.
13 *Hüffer*, § 48 AktG Rz. 2; *Pentz* in MünchKomm. AktG, 3. Aufl., § 48 AktG Rz. 31.
14 Hierzu RG v. 29.5.1934 – II 9/34, RGZ 144, 348, 351 f.; OLG Frankfurt v. 26.4.1991 – 11 U 18/91, AG 1991, 402; LG Mainz v. 30.9.1988 – 11 H O 3/86, AG 1989, 176, 178.
15 *Hüffer*, § 48 AktG Rz. 3; *Pentz* in MünchKomm. AktG, 3. Aufl., § 48 AktG Rz. 20.
16 *Ehricke* in Großkomm. AktG, 4. Aufl., § 48 AktG Rz. 15; *Hüffer*, § 48 AktG Rz. 3; *Pentz* in MünchKomm. AktG, 3. Aufl., § 48 AktG Rz. 21.
17 Ebenso *Ehricke* in Großkomm. AktG, 4. Aufl., § 48 AktG Rz. 20; *Kraft* in KölnKomm. AktG, 2. Aufl., § 48 AktG Rz. 10; *Pentz* in MünchKomm. AktG, 3. Aufl., § 48 AktG Rz. 22; wenngleich mit rechtspolitischer Kritik auch *Hüffer*, § 48 AktG Rz. 3.
18 *Ehricke* in Großkomm. AktG, 4. Aufl., § 48 AktG Rz. 11; *Gerber* in Spindler/Stilz, § 48 AktG Rz. 7.
19 *Hüffer*, § 48 AktG Rz. 4; *Arnold* in KölnKomm. AktG, 3. Aufl., § 48 AktG Rz. 11; *Pentz* in MünchKomm. AktG, 3. Aufl., § 48 AktG Rz. 25.

eine fehlerhafte Bewertung von Sacheinlagen oder der Gegenleistung bei Sachübernahmen[20].

Mehrere haftpflichtige Verwaltungsmitglieder haften als **Gesamtschuldner**; auch bei gemeinsamer Haftung mit Gründern oder Gründergenossen besteht ein Gesamtschuldverhältnis (ausf. § 46 Rz. 23 ff., dort auch zum Innenausgleich und Regress). 8

### III. Verzicht, Vergleich, Verjährung

Die allgemeinen Vorschriften der §§ 93 Abs. 4 Satz 3 und 4, Abs. 6 gelten gem. § 48 Satz 2 nicht. Für das Gründungsrecht sind die **§§ 50, 51** insoweit **leges speziales**. Abweichungen bestehen allerdings im Hinblick auf den Fristbeginn (Einzelheiten bei §§ 50, 51). 9

## § 49
## Verantwortlichkeit der Gründungsprüfer

§ 323 Abs. 1 bis 4 des Handelsgesetzbuchs über die Verantwortlichkeit des Abschlussprüfers gilt sinngemäß.

| | | | |
|---|---|---|---|
| **I. Allgemeines** . . . . . . . . . . . . . . . . . . | 1 | 3. Anspruchsinhaber und Haftungsschuldner . . . . . . . . . . . . . . . . . . . | 4 |
| 1. Regelungsgegenstand und -zweck . . . | 1 | **II. Haftungstatbestand** . . . . . . . . . . . | 5 |
| 2. Rechtsnatur und Konkurrenzen . . . . | 3 | | |

**Literatur:** *Dienst*, Die aktienrechtliche Gründungsprüfung, 1959; *Ebke*, Wirtschaftsprüfer und Dritthaftung, 1983; *Ebke/Paal*, Die Unabhängigkeit des gesetzlichen Abschlussprüfers: absolute Ausschlussgründe und ihre Auswirkungen auf den Prüfungsvertrag, ZGR 2005, 894; *Gloeckner*, Die zivilrechtliche Haftung des Wirtschaftsprüfers, 1967; *Hopt*, Die Haftung des Wirtschaftsprüfers – Rechtsprobleme zu § 323 HGB (§ 168 AltG aF) und zur Prospekt- und Auskunftshaftung, WPg 1986, 461, 498; *Neflin*, Die Haftung des Wirtschaftsprüfers, 3. Aufl. 1960; *Quick*, Die Haftung des handelsrechtlichen Abschlussprüfers, BB 1992, 1675; *K. Schmidt*, Zur aktienrechtlichen Haftung des Gründungsprüfers bei der Überbewertung von Sacheinlagen, DB 1975, 1781.

### I. Allgemeines

#### 1. Regelungsgegenstand und -zweck

Regelungsgegenstand des § 49 ist mittels einer Verweisung auf § 323 HGB die aktienrechtliche **Haftung des Gründungsprüfers**, § 33 Abs. 2 (vgl. dazu auch § 33 Rz. 4 ff.). Normzweck ist (wie bei §§ 46–48) die **Vermeidung von Schäden** während der Entstehungsphase der AG sowie die Sicherung der ordnungsgemäßen Kapitalaufbringung[1]. Es handelt sich um eine zwingende (§ 323 Abs. 4 HGB), verschuldensabhängige Haf- 1

---

20 RG v. 29.5.1934 – II 9/34, RGZ 144, 348, 357; *Ehricke* in Großkomm. AktG, 4. Aufl., § 48 AktG Rz. 22; *Hüffer*, § 48 AktG Rz. 5; *Pentz* in MünchKomm. AktG, 3. Aufl., § 48 AktG Rz. 24.

1 Vgl. hierzu BGH v. 27.2.1975 – II ZR 111/72, BGHZ 64, 52, 57/58 = NJW 1975, 974, 976; *Pentz* in MünchKomm. AktG, 3. Aufl., § 49 AktG Rz. 6; *Ehricke* in Großkomm. AktG, 4. Aufl., § 49 AktG Rz. 3; *Wiedmann* in Ebenroth/Boujong/Joost/Strohn, § 323 HGB Rz. 1.

tung mit gewährleistungs- und garantieähnlichen Elementen[2]. Gerichtsstand ist nach § 12 ZPO und § 29 ZPO gegeben, nicht nach § 32 ZPO (vgl. auch § 46 Rz. 2)[3]. Die strafrechtliche Verantwortlichkeit der Gründungsprüfer richtet sich nach §§ 403, 404.

2   § 49 entspricht im Wesentlichen § 42 AktG 1937. Der Gesetzgeber von 1965 hat sich aus Vereinfachungsgründen darauf beschränkt, auf die Haftung der Abschlussprüfer zu verweisen, die ursprünglich in § 168 geregelt war; durch das BiRiLiG 1985 wurde die Vorschrift in das HGB transformiert und der Wortlaut des § 49 entsprechend angepasst. Mit dem VerjAnpG[4] wurde in § 51 Satz 1 der Verweis auf die Haftung der Gründungsprüfer nach § 49 gestrichen. **Nunmehr** gilt für die Haftung der Gründungsprüfer nicht mehr die fünfjährige Sonderverjährung, sondern die **dreijährige Regelverjährungsfrist** nach §§ 195, 199 BGB[5].

### 2. Rechtsnatur und Konkurrenzen

3   § 49 ist weder zugunsten der Gesellschaft, noch zugunsten künftiger Aktionäre oder Gläubiger ein Schutzgesetz im Sinne des § 823 Abs. 2 BGB (vgl. bereits § 46 Rz. 2, 6). **Weitere Ansprüche** kommen gem. § 826 BGB sowie § 823 Abs. 2 BGB i.V.m. §§ 403, 404 in Betracht[6]. Gegenüber Dritten kann der Gründungsprüfer ebenfalls gem. § 826 BGB oder § 823 Abs. 2 BGB i.V.m. §§ 403, 404 haftbar sein. Da der Gründungsprüfer kein Organ der Gesellschaft ist (dazu § 33 Rz. 10), haftet sie nicht für Schäden, die dieser einem Dritten zugefügt hat[7].

### 3. Anspruchsinhaber und Haftungsschuldner

4   **Gläubiger** des Anspruches aus § 49 ist die durch Eintragung in das Handelsregister entstandene AG; im Falle der Schädigung eines **verbundenen Unternehmens** auch dieses (§ 323 Abs. 1 Satz 3 HGB). Ob hierfür die aktienrechtliche Definition des § 15 AktG[8] oder des § 271 Abs. 2 HGB[9] maßgeblich ist, ist heftig umstritten[10]. **Anspruchsgegner** sind der **Gründungsprüfer**, seine Gehilfen sowie die bei der Prüfung mitwirkenden gesetzlichen Vertreter einer Prüfungsgesellschaft (§ 323 Abs. 1 Satz 1 HGB).

## II. Haftungstatbestand

5   Gem. § 323 Abs. 1 Satz 1 HGB sind die Gründungsprüfer und die gleich gestellten Personen (oben Rz. 4) zu einer gewissenhaften und unparteiischen Prüfung sowie zur

---

2   *Ehricke* in Großkomm. AktG, 4. Aufl., § 49 AktG Rz. 5; *Pentz* in MüchKomm. AktG, 3. Aufl., § 49 AktG Rz. 14.
3   *Ehricke* in Großkomm. AktG, 4. Aufl., § 49 AktG Rz. 45; *Pentz* in MünchKomm. AktG, 3. Aufl., § 49 AktG Rz. 16.
4   Verjährungsanpassungsgesetz vom 15.12.2004, BGBl. I 2004, 3214.
5   *Hopt/Merkt* in Baumbach/Hopt, § 323 HGB Rz. 12; *Hüffer*, § 51 AktG Rz. 1; *Pentz* in MünchKomm. AktG, 3. Aufl., § 49 AktG Rz. 43.
6   Hierzu ausführlich *Quick*, BB 1992, 1675, 1679 f.
7   *Pentz* in MünchKomm. AktG, 3. Aufl., § 49 AktG Rz. 47; *Röhricht* in Großkomm. AktG, 4. Aufl., § 33 AktG Rz. 22.
8   Dafür: *Hüffer*, § 49 AktG Rz. 4; *Ehricke* in Großkomm. AktG, 4. Aufl., § 49 AktG Rz. 27; *Kraft* in KölnKomm. AktG, 2. Aufl., § 49 AktG Rz. 11; *Röhricht* in Großkomm. AktG, 4. Aufl., § 33 AktG Rz. 31; *Hopt/Merkt* in Baumbach/Hopt, § 323 HGB Rz. 7.
9   Dafür *Pentz* in MünchKomm. AktG, 3. Aufl., § 49 AktG Rz. 10; *Arnold* in KölnKomm. AktG, 3. Aufl., § 49 AktG Rz. 6; *Hüttemann* in Staub, Großkomm. HGB, 4. Aufl., § 271 HGB Rz. 13 ff. m.w.N.
10  Für § 319 Abs. 3 Nr. 1 und 2 HGB hat BGH v. 3.6.2004 – X ZR 104/03, BGHZ 159, 234 (noch zu § 319 Abs. 2 Satz 1 Nr. 3 HGB a.F.) auf § 271 Abs. 2 HGB abgestellt; dazu ausf. *Ebke/Paal*, ZGR 2005, 894, 901 ff.; a.A. *Hopt/Merkt* in Baumbach/Hopt, § 319 HGB Rz. 26 m.w.N.

Verschwiegenheit verpflichtet. § 323 Abs. 1 Satz 2 HGB verbietet eine unbefugte Verwertung von Betriebs- und Geschäftsgeheimnissen. Zu Einzelheiten vgl. die Kommentierungen zu § 323 HGB. **Spezielle Pflichten** des Gründungsprüfers folgen aus **§ 34**. Von besonderer Bedeutung ist hierbei die Bewertung von Sacheinlagen und Sachübernahmen[11]. Für die Haftung der Gehilfen gilt es zu beachten, dass sie nur im Rahmen der ihnen übertragenen Tätigkeitsbereiche haften[12].

In **subjektiver** Hinsicht erfordert § 323 Abs. 1 Satz 3 HGB eine **vorsätzliche** oder **fahrlässige** Pflichtverletzung. Die zu beachtende Sorgfalt richtet sich nach den Anforderungen, die ein qualifizierter Gründungsprüfer bei derartigen Prüfungen einzuhalten hat[13]. Mangelnde Sachkenntnis entlastet regelmäßig nicht. Auch der Einwand eines mitwirkenden Verschuldens der Gesellschaft gem. § 254 BGB ist grundsätzlich unbeachtlich (vgl. schon § 46 Rz. 12)[14]. Während die Darlegungs- und Beweislast für das pflichtwidrige Verhalten und den Schaden unstreitig den Anspruchsteller (in der Regel also die Gesellschaft) trifft, ist dies im Hinblick auf das Verschulden strittig. Vorzugswürdig ist die Auffassung, dass der Anspruchsgegner analog § 280 BGB nachweisen muss, nicht fahrlässig gehandelt zu haben, während der Anspruchsteller Vorsatz nachweisen muss[15].

Pflichtwidrig handelnde Gründungsprüfer haften auf Schadensersatz gem. §§ 249 ff. BGB, und zwar im Sinne einer Garantiehaftung: Sie haben die Gesellschaft so zu stellen, wie sie stünde, wenn die geprüfte Einlage tatsächlich den ihr beigemessenen Wert gehabt hätte[16]. Bei **Fahrlässigkeit** (auch grober) ist die **Haftung** gem. § 323 Abs. 2 Satz 1 HGB auf insgesamt **1 Mio. Euro beschränkt**[17]. Der erhöhten Haftung (4 Mio. Euro) für Aktiengesellschaften, deren Aktien zum Handel im regulierten Markt zugelassen sind (gem. § 323 Abs. 2 Satz 2 HGB), kommt für die Gründungsprüfung aufgrund des Ausgabeverbots des § 41 Abs. 4 Satz 1 (vgl. § 41 Rz. 32) keine Bedeutung zu[18]. Bei **vorsätzlichem** Handeln wird voll gehaftet. Bei mehreren Haftpflichtigen haftet jeder entsprechend seinem Verschuldensgrad (§ 323 Abs. 2 Satz 3 HGB).

Der BGH erblickt in der Haftung der Gründungsprüfer lediglich eine **Ausfallhaftung**, so dass eine Schadensersatzpflicht mangels Schaden nicht in Betracht kommt, wenn der Gesellschaft liquide Nachzahlungsansprüche gegen die Gründer zustehen[19]. Soweit die Gesellschaft folglich im Stande ist, ihren Nachzahlungsanspruch gegen die Gründer durchzusetzen und sich hierdurch das satzungsmäßige Kapital zu verschaf-

---

11 Dazu *K. Schmidt*, DB 1975, 1781 ff.; vgl. auch öOGH v. 3.4.2008 – 1 Ob 128/07s, GesRZ 2008, 227 m. Anm. *Ettel*.
12 *Pentz* in MünchKomm. AktG, 3. Aufl., § 49 AktG Rz. 20; *Ehricke* in Großkomm. AktG, 4. Aufl., § 49 AktG Rz. 6; *Arnold* in KölnKomm. AktG, 3. Aufl., § 49 AktG Rz. 4.
13 *Pentz* in MünchKomm. AktG, 3. Aufl., § 49 AktG Rz. 35; *Ehricke* in Großkomm. AktG, 4. Aufl., § 49 AktG Rz. 10; *Arnold* in KölnKomm. AktG, 3. Aufl., § 49 AktG Rz. 10.
14 BGH v. 27.2.1975 – II ZR 111/72, BGHZ 64, 52, 61; *Ehricke* in Großkomm. AktG, 4. Aufl., § 49 AktG Rz. 32; *Pentz* in MünchKomm. AktG, 3. Aufl., § 49 AktG Rz. 37; *K. Schmidt*, DB 1975, 1781, 1782; a.A. *Quick*, BB 1992, 1675, 1676.
15 Wie hier *Pentz* in MünchKomm. AktG, 3. Aufl., § 49 AktG Rz. 39; zust. *Gerber* in Spindler/Stilz, § 49 AktG Rz. 10; a.A. *Ehricke* in Großkomm. AktG, 4. Aufl., § 49 AktG Rz. 36 (Gründungsprüfer muss generell fehlendes Verschulden beweisen).
16 *Pentz* in MünchKomm. AktG, 3. Aufl., § 49 AktG Rz. 37.
17 *Hüffer*, § 49 AktG Rz. 4; *Pentz* in MünchKomm. AktG, 3. Aufl., § 49 AktG Rz. 38.
18 *Hüffer*, § 49 AktG Rz. 4; *Pentz* in MünchKomm. AktG, 3. Aufl., § 49 AktG Rz. 3.
19 BGH v. 27.2.1975 – II ZR 111/72, NJW 1975, 974 = BGHZ 64, 52, 62; vgl. auch *K. Schmidt*, DB 1975, 1781, 1782.

fen, kann sie nicht geltend machen, sie habe infolge einer vom Gründungsprüfer zu verantwortenden Beeinträchtigung einen Schaden erlitten (zweifelhaft)[20].

## § 50
## Verzicht und Vergleich

Die Gesellschaft kann auf Ersatzansprüche gegen die Gründer, die neben diesen haftenden Personen und gegen die Mitglieder des Vorstands und des Aufsichtsrats (§§ 46 bis 48) erst drei Jahre nach der Eintragung der Gesellschaft in das Handelsregister und nur dann verzichten oder sich über sie vergleichen, wenn die Hauptversammlung zustimmt und nicht eine Minderheit, deren Anteile zusammen den zehnten Teil des Grundkapitals erreichen, zur Niederschrift Widerspruch erhebt. Die zeitliche Beschränkung gilt nicht, wenn der Ersatzpflichtige zahlungsunfähig ist und sich zur Abwendung des Insolvenzverfahrens mit seinen Gläubigern vergleicht oder wenn die Ersatzpflicht in einem Insolvenzplan geregelt wird.

| | |
|---|---|
| I. Regelungsgegenstand und -zweck ... 1 | a) Grundsatz ............. 4 |
| II. Erfasste Ansprüche ........... 2 | b) Ausnahme ............. 5 |
| III. Voraussetzungen für wirksamen Verzicht oder Vergleich ........ 3 | 3. Zustimmung der Hauptversammlung ................ 6 |
| 1. Erfasste Rechtsgeschäfte ........ 3 | 4. Kein Widerspruch der Minderheit ... 7 |
| 2. Dreijahresfrist ............. 4 | 5. Wirkungen ................ 8 |

**Literatur:** *Cahn*, Vergleichsverbote im Gesellschaftsrecht, 1996; *Zimmermann*, Vereinbarung über die Erledigung von Ersatzansprüchen gegen Vorstandsmitglieder von Aktiengesellschaften, in FS Duden, 1977, S. 773.

## I. Regelungsgegenstand und -zweck

1 § 50 **beschränkt** die Möglichkeit der Gesellschaft, auf begründete Ersatzansprüche nach §§ 46–48 (vgl. noch Rz. 3 ff.) zu **verzichten** oder sich hierüber zu **vergleichen**. Die Vorschrift will verhindern, dass sich die Gründer zu einem Zeitpunkt, in dem sich die Auswirkungen ihrer schädigenden Handlungen noch nicht absehen lassen, ihrer Ersatzverpflichtungen gegenüber der Gesellschaft durch einen Verzicht oder Vergleich im Wege schädigender Absprachen entledigen[1]. § 50 bezweckt damit ebenso wie die Bestimmungen der §§ 46–49 die Sicherung der **Kapitalaufbringung** einerseits sowie den **Minderheitenschutz** andererseits[2]. Die Regelungen der §§ 147, 148 gingen ins Leere, wenn die Mehrheit ohne Rücksicht auf die Minderheit über Ansprüche aus der Gründungshaftung disponieren könnte[3]. Die **Ausnahme** des § 50

---

20 BGH v. 27.2.1975 – II ZR 111/72, NJW 1975, 974, 977 = BGHZ 64, 52, 62; *Kraft* in KölnKomm. AktG, 2. Aufl., § 49 AktG Rz. 28; vor dem Hintergrund einer einheitlichen Gründerhaftung zu Recht kritisch *Ehricke* in Großkomm. AktG, 4. Aufl., § 49 AktG Rz. 35.

1 *Kropff*, Aktiengesetz, S. 66.
2 *Ehricke* in Großkomm. AktG, 4. Aufl., § 50 AktG Rz. 7; *Hüffer*, § 50 AktG Rz. 1; *Pentz* in MünchKomm. AktG, 3. Aufl., § 50 AktG Rz. 7.
3 *Pentz* in MünchKomm. AktG, 3. Aufl., § 50 AktG Rz. 7 im Anschluss an die Allgemeine Begründung zu einem Entwurf betreffend die KGaA und die AG vom 7.3.1884, abgedruckt bei

Satz 2 (unten Rz. 5) soll dazu beitragen, eine Insolvenzeröffnung zu verhindern bzw. ein eröffnetes Verfahren im Rahmen eines Insolvenzplans zu beenden[4]. Die Regelung geht zurück auf § 43 AktG 1937, § 205 HGB, Art. 213d ADHGB. Parallelvorschrift ist § 93 Abs. 4 Satz 3 und 4.

## II. Erfasste Ansprüche

Von § 50 werden (nur) die Ansprüche gem. §§ 46–48 erfasst, nicht hingegen sonstige Ansprüche der AG gegen betroffenen Personenkreis, z.B. aus unerlaubter Handlung oder Vertragsverletzung[5]. Die Vorschrift gilt auch nicht im Hinblick auf Ansprüche gegen die Gründungsprüfer und ihrer Gehilfen nach § 49 AktG i.V.m. § 323 HGB; insoweit sind Verzicht und Vergleich nach allgemeinen Grundsätzen möglich[6]. 2

## III. Voraussetzungen für wirksamen Verzicht oder Vergleich

### 1. Erfasste Rechtsgeschäfte

Da ein einseitiger **Verzicht** im bürgerlichen Recht nicht zulässig ist[7], bedeutet Verzicht i.S.v. § 50 entweder Erlassvertrag oder negatives Schuldanerkenntnis nach § 397 Abs. 1, Abs. 2 BGB[8]. Unter einem **Vergleich** ist sowohl der Vergleichsvertrag nach § 779 BGB als auch der Prozessvergleich zu verstehen[9]. Um den Zweck der Vorschrift nicht zu unterlaufen, fallen auch sonstige Rechtsgeschäfte unter § 50, die in ihren Wirkungen einem Verzicht oder Vergleich gleichkommen, also Klageverzicht nach § 306 ZPO, Anerkenntnis gegenüber einer negativen Feststellungsklage nach § 307 ZPO, Annahme einer Leistung an Erfüllungs Statt, wenn deren Wert hinter dem Wert des Anspruchs zurückbleibt, Novation[10] und Stundung einer Forderung, wenn diese aufgrund des Hinausschiebens der Fälligkeit wie ein Verzicht wirkt[11]. 3

### 2. Dreijahresfrist

#### a) Grundsatz

Ein Verzicht oder Vergleich über Ansprüche nach §§ 46–48 **ist grundsätzlich** (Ausnahme: unten Rz. 5) **erst drei Jahre nach Eintragung der Gesellschaft in das Handelsregister gestattet**. Die Länge der Frist ist vom Gesetzgeber so konzipiert worden, dass ein Verzicht oder Vergleich erst dann möglich ist, wenn der beherrschende Einfluss der Gründer in der Zeit nach der Eintragung weitgehend zurückgedrängt ist und die 4

---

*Schubert/Hommelhoff*, Hundert Jahre modernes Aktienrecht, 1985, S. 407, 452 f.; vgl. auch *Kropff*, Aktiengesetz, S. 66; zust. *Hüffer*, § 50 AktG Rz. 1.
4 *Pentz* in MünchKomm. AktG, 3. Aufl., § 50 AktG Rz. 7.
5 *Hüffer*, § 50 AktG Rz. 2; *Arnold* in KölnKomm. AktG, 3. Aufl., § 50 AktG Rz. 4; *Pentz* in MünchKomm. AktG, 3. Aufl., § 50 AktG Rz. 9.
6 *Gerber* in Spindler/Stilz, § 50 AktG Rz. 3; *Hüffer*, § 50 AktG Rz. 2; *Pentz* in MünchKomm. AktG, 3. Aufl., § 50 AktG Rz. 9.
7 BGH v. 4.12.1986 – III ZR 51/85, NJW 1987, 3203.
8 *Hüffer*, § 50 AktG Rz. 3; *Arnold* in KölnKomm. AktG, 3. Aufl., § 50 AktG Rz. 6; *Pentz* in MünchKomm. AktG, 3. Aufl., § 50 AktG Rz. 11.
9 *Cahn*, Vergleichsverbote, 1996, S. 6 ff.; *Ehricke* in Großkomm. AktG, 4. Aufl., § 50 AktG Rz. 15; *Hüffer*, § 50 AktG Rz. 3,1.
10 Differenzierend *Ehricke* in Großkomm. AktG, 4. Aufl., § 50 AktG Rz. 18.
11 *Arnold* in KölnKomm. AktG, 3. Aufl., § 50 AktG Rz. 12; *Pentz* in MünchKomm. AktG, 3. Aufl., § 50 AktG Rz. 13. Zur Problematik der Abtretung einer Forderung zum unternominellen Wert vgl. RG v. 19.5.1931 – II 434/30, RGZ 133, 33, 38; ausführlich *Ehricke* in Großkomm. AktG, 4. Aufl., § 50 AktG Rz. 19.

Auswirkungen der schädigenden Handlung abschließend zu übersehen sind[12]. Die Berechnung der Frist richtet sich nach den §§ 187 Abs. 1, 188 Abs. 2 BGB. Eine vor Ablauf der Frist geschlossene Vereinbarung ist gem. § 134 BGB nichtig[13]; das gilt auch dann, wenn die Hauptversammlung in der erforderlichen Art und Weise zugestimmt hat[14]. Das Rechtsgeschäft muss mit Vollendung der Dreijahresfrist erneut vorgenommen werden. Gleiches gilt für einen Verzicht oder Vergleich unter der aufschiebenden Bedingung, dass die Hauptversammlung ihm nach Ablauf der Frist zustimmt; denn wegen der Rechtfolgen des § 160 Abs. 1 BGB tritt bereits während der Schwebezeit eine faktische Bindung der Gesellschaft ein[15].

### b) Ausnahme

5   Eine Ausnahme von der Dreijahresfrist (nicht von den sonstigen Voraussetzungen!) gilt gem. § 50 Satz 2 für den Fall, dass der Ersatzpflichtige **zahlungsunfähig** (oder überschuldet[16]) ist und sich zur Abwendung des Insolvenzverfahrens mit seinen Gläubigern vergleicht, oder dass die Ersatzpflicht in einem **Insolvenzplan** (§§ 217 ff. InsO)[17] geregelt wird. Der vom Gesetz geforderte Abwendungsvergleich liegt nur vor, wenn der Ersatzpflichtige insgesamt mit seinen Gläubigern eine Bereinigung seiner wirtschaftlichen Verhältnisse herbeiführt[18].

### 3. Zustimmung der Hauptversammlung

6   Zur Wirksamkeit eines Vergleiches oder Verzichts bedarf es weiterhin eines zustimmenden **Hauptversammlungsbeschlusses**. Dieses Erfordernis begrenzt die grundsätzlich unbeschränkte Vertretungsmacht des Vorstandes (vgl. § 78)[19]; ein ohne Zustimmung erklärter Verzicht oder Vergleich ist zunächst schwebend unwirksam (Haftungsrisiko aus § 179 BGB!)[20]. Die Zustimmung kann zu einem feststehenden Vertragsinhalt auch im Voraus erteilt werden[21]. Vorbehaltlich einer abweichenden Satzungsregelung ist für den Beschluss grundsätzlich die einfache Mehrheit gem. § 133 Abs. 1 ausreichend; § 136 ist zu beachten[22]. Der Beschluss der Hauptversammlung muss rechtmäßig sein, d.h. er darf weder nichtig noch anfechtbar sein; Beschluss wird rechtmäßig mit Heilung gem. § 242 bzw. durch Wegfall der Anfechtungsmöglichkeit wegen Fristablaufs (dazu ausf. § 93 Rz. 46 ff.).

---

12   *Ehricke* in Großkomm. AktG, 4. Aufl., § 50 AktG Rz. 8; *Arnold* in KölnKomm. AktG, 3. Aufl., § 50 AktG Rz. 1 f.; *Zimmermann* in FS Duden, 1977, S. 773, 776.
13   *Hüffer*, § 50 AktG Rz. 4; *Ehricke* in Großkomm. AktG, 4. Aufl., § 50 AktG Rz. 44; *Arnold* in KölnKomm. AktG, 3. Aufl., § 50 AktG Rz. 24; *Pentz* in MünchKomm. AktG, 3. Aufl., § 50 AktG Rz. 24.
14   *Ehricke* in Großkomm. AktG, 4. Aufl., § 50 AktG Rz. 28; *Pentz* in MünchKomm. AktG, 3. Aufl., § 50 AktG Rz. 15.
15   RG v. 19.5.1931 – II 434/30, RGZ 133, 33, 38; *Ehricke* in Großkomm. AktG, 4. Aufl., § 50 AktG Rz. 30; *Pentz* in MünchKomm. AktG, 3. Aufl., § 50 AktG Rz. 16.
16   *Ehricke* in Großkomm. AktG, 4. Aufl., § 50 AktG Rz. 31 f.; *Pentz* in MünchKomm. AktG, 3. Aufl., § 50 AktG Rz. 19.
17   Auch Plan nach §§ 305 ff. InsO? Dagegen *Gerber* in Spindler/Stilz, § 50 AktG Rz. 14; dafür *Ehricke* in Großkomm. AktG, 4. Aufl., § 50 AktG Rz. 36; *Pentz* in MünchKomm. AktG, 3. Aufl., § 50 AktG Rz. 20 (analog).
18   *Pentz* in MünchKomm. AktG, 3. Aufl., § 50 AktG Rz. 20.
19   *Hüffer*, § 50 AktG Rz. 4; *Pentz* in MünchKomm. AktG, 3. Aufl., § 50 AktG Rz. 21.
20   *Pentz* in MünchKomm. AktG, 3. Aufl., § 50 AktG Rz. 21.
21   *Arnold* in KölnKomm. AktG, 3. Aufl., § 50 AktG Rz. 16; *Pentz* in MünchKomm. AktG, 3. Aufl., § 50 AktG Rz. 21.
22   *Ehricke* in Großkomm. AktG, 4. Aufl., § 50 AktG Rz. 39; *Gerber* in Spindler/Stilz, § 50 AktG Rz. 10.

## 4. Kein Widerspruch der Minderheit

Die Zustimmung der Hauptversammlung ist wirkungslos, wenn eine **Aktionärsminderheit**, deren Anteile mindestens den zehnten Teil des Grundkapitals erreichen, **Widerspruch** zu Protokoll erhebt. Eine bloße Stimmabgabe gegen den Beschluss ist somit nicht ausreichend. Streitig ist, ob der Widerspruch unzulässig wird, wenn der betreffende Aktionär für den Beschluss gestimmt hat[23]. Dies ist nach den allgemeinen Grundsätzen zu § 245 zu verneinen[24].

## 5. Wirkungen

Liegen die Voraussetzungen des § 50 vor, so wirken Verzicht und Vergleich gegenüber jedermann. Auch eine zunächst zugelassene Aktionärsklage gem. § 148, die von der Gesellschaft entsprechend § 148 Abs. 3 Satz 2 übernommen wurde, ist dann nicht mehr möglich (arg. e § 148 Abs. 6 Satz 4)[25]. Die Nichterwähnung des § 50 in § 148 Abs. 6 Satz 4 ist als bloßes Redaktionsversehen zu betrachten.

# § 51
# Verjährung der Ersatzansprüche

Ersatzansprüche der Gesellschaft nach den §§ 46 bis 48 verjähren in fünf Jahren. Die Verjährung beginnt mit der Eintragung der Gesellschaft in das Handelsregister oder, wenn die zum Ersatz verpflichtende Handlung später begangen worden ist, mit der Vornahme der Handlung.

I. Allgemeines . . . . . . . . . . . . . . . . .  1
II. Anwendungsbereich . . . . . . . . . . .  3
III. Unterschiedlicher Fristbeginn . . . . .  5

**Literatur:** S. bei § 46.

## I. Allgemeines

§ 51 stellt im Gegensatz zu den Vorläuferbestimmungen des § 44 AktG 1937 und § 206 HGB für den Beginn der Verjährung nicht mehr generell auf den Zeitpunkt der Eintragung der AG in das Handelsregister ab, sondern schiebt für nach der Eintragung vorgenommene Handlungen den Verjährungsbeginn hinaus. Dadurch soll verhindert werden, dass sofort nach der Entstehung des Anspruchs die Einrede der Verjährung erhoben werden kann[1].

---

23 So *Ehricke* in Großkomm. AktG, 4. Aufl., § 50 AktG Rz. 43; a.A. *Pentz* in MünchKomm. AktG, 3. Aufl., § 50 AktG Rz. 23.
24 Wie hier *Pentz* in MünchKomm. AktG, 3. Aufl., § 50 AktG Rz. 23. Zum Sonderfall des Ausscheidens gegen Abfindung bei Umwandlungen: *Grunewald* in Lutter, § 29 UmwG Rz. 11; *Bayer* in Lutter, § 90 UmwG Rz. 22 (für Verschmelzung), § 270 UmwG Rz. 9 (für Formwechsel); insoweit a.A. *Decher* in Lutter, § 207 UmwG Rz. 8.
25 Zur Vorschrift des § 93 Abs. 4 Satz 3 ebenso i.E. *Spindler*, NZG 2005, 865, 868 und *Paschos*, DB 2005, 1779, 1785.

1 Begr. RegE bei *Kropff*, Aktiengesetz, S. 68.

2 Die (zwingende) **Verjährungsfrist von fünf Jahren** soll sicherstellen, dass alle Nachteile, die der Gesellschaft im Zusammenhang mit der Gründung entstanden sind, erkennbar sind und rechtzeitig geltend gemacht werden können. Andererseits ist die Frist lang genug bemessen, um eine unangemessen lange Inanspruchnahme der Verpflichteten zu verhindern. Die Vorschrift bezweckt damit einen Interessenausgleich zwischen den an der Gründung beteiligten, haftenden Personen und den Interessen der künftigen Gläubiger und Aktionäre der Gesellschaft[2].

## II. Anwendungsbereich

3 51 erfasst alle Ersatzansprüche gegen die Gründer, die Gründergenossen sowie gegen die Organmitglieder aus den **§§ 46–48**. Dagegen unterliegen Ansprüche gegen die Gründungsprüfer gem. § 49 AktG i.V.m. § 323 HGB heute einer eigenständigen Regelung (vgl. § 49 Rz. 2)[3].

4 Auf konkurrierende Ansprüche aus dem **Deliktsrecht** ist § 51 ebenfalls **nicht** anzuwenden[4]. Dies war früher streitig[5]. Gegen eine Erstreckung des § 51 auf deliktische Ansprüche spricht der ausschließliche Bezug der Norm auf die Tatbestände der in den §§ 46–48 geregelten Gründerhaftung. Es gelten insoweit daher die allgemeinen Vorschriften der §§ 195, 199 BGB. Auch für **Ausgleichsansprüche** unter Gesamtschuldnern gilt die allgemeine Frist des § 195 BGB[6]. Forderungen aus einem nach § 50 wirksam geschlossenen Vergleich (§ 50 Rz. 5) verjähren gem. § 212 Abs. 1 Nr. 1 4. Alt. BGB[7].

## III. Unterschiedlicher Fristbeginn

5 § 51 differenziert hinsichtlich des Verjährungsbeginns zwischen zwei verschiedenen Fällen: Wurde die zum Schadenersatz verpflichtende **Handlung** noch **vor der Eintragung** der Gesellschaft begangen, so beginnt die Verjährung mit der Eintragung der Gesellschaft in das Handelsregister. Die Berechnung der Frist bestimmt sich nach den §§ 187 Abs. 1, 188 Abs. 2 BGB. Wurde die zum Schadenersatz verpflichtende Handlung hingegen **nach Eintragung** der Gesellschaft ins Handelsregister begangen, so beginnt die Verjährung gem. § 51 Satz 2 Halbsatz 2 mit der **Vornahme** dieser Handlung. Auf die Kenntnis der Gesellschaft von der schadensstiftenden Handlung kommt es in beiden Fällen nicht an[8].

---

2 Ähnlich *Ehricke* in Großkomm. AktG, 4. Aufl., § 51 AktG Rz. 3; *Pentz* in MünchKomm. AktG, 3. Aufl., § 51 AktG Rz. 3.
3 *Gerber* in Spindler/Stilz, § 51 AktG Rz. 3; *Hüffer*, § 51 AktG Rz. 1.
4 *Ehricke* in Großkomm. AktG, 4. Aufl., § 51 AktG Rz. 5; *Hüffer*, § 51 AktG Rz. 1; *Kraft* in KölnKomm. AktG, 2. Aufl., § 51 AktG Rz. 2; *Pentz* in MünchKomm. AktG, 3. Aufl., § 51 AktG Rz. 6 Fn. 2.
5 Abw. noch *Baumbach/Hueck*, § 51 AktG Anm. 2; *Barz* in Großkomm. AktG, 3. Aufl., § 51 AktG Anm. 2; die Entscheidung RGZ 87, 306, 309 gibt für die Streitfrage nichts her.
6 *Gerber* in Spindler/Stilz, § 51 AktG Rz. 3; *Hüffer*, § 51 AktG Rz. 1 a.E.; Fristbeginn ist die Begründung der Gesamtschuld, nicht die Befriedigung des Gläubigers: BGH v. 21.2.1957 – VII ZR 216/56, BGHZ 23, 361, 365; BGH v. 21.3.1991 – IX ZR 286/90, BGHZ 114, 117, 122.
7 *Gerber* in Spindler/Stilz, § 51 AktG Rz. 6; *Pentz* in MünchKomm. AktG, 3. Aufl., § 51 AktG Rz. 17.
8 *Ehricke* in Großkomm. AktG, 4. Aufl., § 51 AktG Rz. 8; *Pentz* in MünchKomm. AktG, 3. Aufl., § 51 AktG Rz. 10.

## § 52
## Nachgründung

(1) Verträge der Gesellschaft mit Gründern oder mit mehr als 10 vom Hundert des Grundkapitals an der Gesellschaft beteiligten Aktionären, nach denen sie vorhandene oder herzustellende Anlagen oder andere Vermögensgegenstände für eine den zehnten Teil des Grundkapitals übersteigende Vergütung erwerben soll, und die in den ersten zwei Jahren seit der Eintragung der Gesellschaft in das Handelsregister geschlossen werden, werden nur mit Zustimmung der Hauptversammlung und durch Eintragung in das Handelsregister wirksam. Ohne die Zustimmung der Hauptversammlung oder die Eintragung im Handelsregister sind auch die Rechtshandlungen zu ihrer Ausführung unwirksam.

(2) Ein Vertrag nach Absatz 1 bedarf der schriftlichen Form, soweit nicht eine andere Form vorgeschrieben ist. Er ist von der Einberufung der Hauptversammlung an, die über die Zustimmung beschließen soll, in dem Geschäftsraum der Gesellschaft zur Einsicht der Aktionäre auszulegen. Auf Verlangen ist jedem Aktionär unverzüglich eine Abschrift zu erteilen. Die Verpflichtungen nach den Sätzen 2 und 3 entfallen, wenn der Vertrag für denselben Zeitraum über die Internetseite der Gesellschaft zugänglich ist. In der Hauptversammlung ist der Vertrag zugänglich zu machen. Der Vorstand hat ihn zu Beginn der Verhandlung zu erläutern. Der Niederschrift ist er als Anlage beizufügen.

(3) Vor der Beschlussfassung der Hauptversammlung hat der Aufsichtsrat den Vertrag zu prüfen und einen schriftlichen Bericht zu erstatten (Nachgründungsbericht). Für den Nachgründungsbericht gilt sinngemäß § 32 Abs. 2 und 3 über den Gründungsbericht.

(4) Außerdem hat vor der Beschlussfassung eine Prüfung durch einen oder mehrere Gründungsprüfer stattzufinden. § 33 Abs. 3 bis 5, §§ 34, 35 über die Gründungsprüfung gelten sinngemäß. Unter den Voraussetzungen des § 33a kann von einer Prüfung durch Gründungsprüfer abgesehen werden.

(5) Der Beschluss der Hauptversammlung bedarf einer Mehrheit, die mindestens drei Viertel des bei der Beschlussfassung vertretenen Grundkapitals umfasst. Wird der Vertrag im ersten Jahr nach der Eintragung der Gesellschaft in das Handelsregister geschlossen, so müssen außerdem die Anteile der zustimmenden Mehrheit mindestens ein Viertel des gesamten Grundkapitals erreichen. Die Satzung kann an Stelle dieser Mehrheiten größere Kapitalmehrheiten und weitere Erfordernisse bestimmen.

(6) Nach Zustimmung der Hauptversammlung hat der Vorstand den Vertrag zur Eintragung in das Handelsregister anzumelden. Der Anmeldung ist der Vertrag mit dem Nachgründungsbericht und dem Bericht der Gründungsprüfer mit den urkundlichen Unterlagen beizufügen. Wird nach Absatz 4 Satz 3 von einer externen Gründungsprüfung abgesehen, gilt § 37a entsprechend.

(7) Bestehen gegen die Eintragung Bedenken, weil die Gründungsprüfer erklären oder weil es offensichtlich ist, dass der Nachgründungsbericht unrichtig oder unvollständig ist oder den gesetzlichen Vorschriften nicht entspricht oder dass die für die zu erwerbenden Vermögensgegenstände gewährte Vergütung unangemessen hoch ist, so kann das Gericht die Eintragung ablehnen. Enthält die Anmeldung die Erklärung nach § 37a Abs. 1 Satz 1, gilt § 38 Abs. 3 entsprechend.

**(8)** Einzutragen sind der Tag des Vertragsabschlusses und der Zustimmung der Hauptversammlung sowie der oder die Vertragspartner der Gesellschaft.

**(9)** Vorstehende Vorschriften gelten nicht, wenn der Erwerb der Vermögensgegenstände im Rahmen der laufenden Geschäfte der Gesellschaft, in der Zwangsvollstreckung oder an der Börse erfolgt.

| | |
|---|---|
| I. Regelungsgegenstand, Normzweck und Rechtsnatur . . . . . . . . . . . . . 1 | 2. Prüfung (§ 52 Abs. 3 und 4) . . . . . . 31 |
| II. Bedeutung der Nachgründung und jüngste Reform . . . . . . . . . . . . . . 4 | 3. Zustimmung der Hauptversammlung (§ 52 Abs. 5) . . . . . . . . . . . . . . 34 |
| III. Anwendungsbereich . . . . . . . . . . 7 | VI. Registerverfahren (§ 52 Abs. 6–8) . . . 37 |
| IV. Tatbestandliche Voraussetzungen (§ 52 Abs. 1) . . . . . . . . . . . . . . 11 | VII. Rechtslage vor und nach Eintragung . 40 |
| 1. Nachgründungsvertrag . . . . . . . . . . 11 | 1. Vor der Eintragung . . . . . . . . . . . . 40 |
| 2. Vertragspartner . . . . . . . . . . . . . . . 14 | 2. Nach der Eintragung . . . . . . . . . . . 45 |
| 3. Vertragsgegenstand . . . . . . . . . . . . 20 | VIII. Befreiungen (§ 52 Abs. 9) . . . . . . . . 46 |
| 4. Zweijahresfrist . . . . . . . . . . . . . . . 24 | 1. Laufende Geschäfte der Gesellschaft . 46 |
| 5. Gegenleistung . . . . . . . . . . . . . . . 25 | 2. Zwangsvollstreckung . . . . . . . . . . 50 |
| V. Wirksamkeitsvoraussetzungen . . . . 27 | 3. Erwerb an der Börse . . . . . . . . . . . 51 |
| 1. Formerfordernis und Publizität (§ 52 Abs. 2) . . . . . . . . . . . . . . . 27 | IX. Verhältnis der Nachgründung zur verdeckten Sacheinlage . . . . . . . . . 52 |

**Literatur:** *Bayer/J. Schmidt*, Die Reform der Kapitalaufbringung bei der Aktiengesellschaft durch das ARUG, ZGR 2009, 805; *Bayer/Lieder*, Moderne Kapitalaufbringung nach ARUG, GWR 2010, 3; *Binz/Freudenberg*, Zur Nachgründungsproblematik beim going public, DB 1992, 2281; *Bork/Stangier*, Nachgründende Kapitalerhöhung mit Sacheinlagen?, AG 1984, 320; *Bröcker*, Die aktienrechtliche Nachgründung: Wie viel Kontrolle benötigt die junge Aktiengesellschaft?, ZIP 1999, 1029; *Bröcker*, Nachgründung, Sachgründung und Kapitalschutz, 2006; *Diekmann*, Die Nachgründung der Aktiengesellschaft, ZIP 1996, 2149; *Dormann/Fromholzer*, Offene Fragen der Nachgründung nach dem NaStraG, AG 2001, 242; *Drygala*, Die aktienrechtliche Nachgründung zwischen Kapitalaufbringung und Kapitalerhaltung, in FS U. Huber, 2006, S. 691; *Eisolt*, Neuregelung der Nachgründung durch das Namensaktiengesetz, DStR 2001, 748; *Falk/Schäfer*, Insolvenz- und gesellschaftsrechtliche Haftungsrisiken der übertragenden Sanierung, ZIP 2004, 1337; *Geiler*, Über die Nachgründung, JW 1929, 2924; *Grub/Fabian*, Die Anwendung der Nachgründungsvorschriften auf Sachkapitalerhöhungen, AG 2002, 614; *Habersack*, Verdeckte (gemischte) Sacheinlage, Sachübernahme und Nachgründung im Aktienrecht, ZGR 2008, 48; *Hartmann/Barcaba*, Die Anforderungen an den Bericht des Aufsichtsrats im Nachgründungsverfahren, AG 2001, 437; *Heidinger*, Die Rechtsgeschäfte der Vor-AG mit Dritten, ZNotP 2000, 182; *Hennke*, Die Reform der Nachgründung nach § 52 AktG, 2006; *Herrler/Reymann*, Die Neuerungen im Aktienrecht durch das ARUG, DNotZ 2009, 914; *Hildebrand*, Das Nachgründungsstadium der AG und die Problematik des § 52 AktG, 2005; *Hinterdobler*, Heilung verdeckter Sacheinlagen durch Nachgründung (§§ 52 f. AktG), AG 1993, 123; *Holzapfel/Roschmann*, Nachgründung gemäß § 52 AktG, in FS Bezzenberger, 2000, S. 163; *Jäger*, Die Nachgründungsproblematik aus der Sicht der Holding-AG, NZG 1998, 370; *Kind*, Erfordernis der Nachgründung, insbesondere bei Holding-Aktiengesellschaften?, in FS Nordemann, 1999, S. 109; *Klasen*, Recht der Sacheinlage: Rechtliche Rahmenbedingungen – Neuerungen durch MoMiG und ARUG, BB 2008, 2694; *Knott*, Nachgründung im Anschluss an Börsengänge, BB 1999, 806; *Koch*, Die Nachgründung, 2002; *Krieger*, Zur Reichweite des § 52 AktG, in FS Claussen, 1997, S. 223; *Kubis*, § 52 AktG – eine unsichere Sicherung der Kapitalaufbringung, AG 1993, 118; *Lieder*, Rechtsfragen der aktienrechtlichen Nachgründung nach ARUG, ZIP 2010, 964; *Lutter/Ziemons*, Die unverhoffte Renaissance der Nachgründung, ZGR 1999, 479; *Martens*, Nachgründungskontrolle beim Formwechsel einer GmbH in eine AG, ZGR 1999, 548; *Martens*, Die Nachgründungskontrolle bei Einheit von Aktienerwerb und Verkehrsgeschäften, in FS Priester, 2007, S. 427; *Mülbert*, Anwendung der Nachgründungsvorschriften auf die Sachkapitalerhöhung?, AG 2003, 136; *Pentz*, Zur beabsichtigten Änderung des § 52 AktG im RefE des Gesetzes zur Namensaktie und zur Erleichterung der Stimmrechtsausübung – Namensaktiengesetz (NaStraG), NZG 2000, 225; *Pentz*, Die Änderungen des Nachgründungsrechts durch das NaStraG – Ein Austausch alter durch neue Probleme, NZG 2001, 346; *Priester*, Neue Regelungen zur Nachgründung – Die Entschärfung des § 52 AktG, DB 2001, 467; *Reichert*, Probleme der Nachgründung nach altem und neuem Recht, ZGR 2001, 554; *Schwab*, Die Nachgründung im Aktienrecht, 2003; *Walter/Hald*, Nachgründungsvorschriften bei der Holding-AG zu beachten?, DB 2001, 1183; *Weißhaupt*, Die Heilung „vergessener" Nachgründungsgeschäfte, ZGR 2005, 726; *Werner*, Nachgründung und Börsengang – wie obsolet ist § 52 AktG?, NZG 2000, 231; *Werner*, Zum Anwendungsbereich von § 52 AktG nach der Neufassung durch das NaStraG, ZIP 2001, 1403; *Wilhelm*, Kapitalaufbringung und Handlungsfreiheit der Gesellschaft nach Aktien- und GmbH-Recht, ZHR 152 (1988), 333; *Witte/Wunderlich*, Die Nachgründungsproblematik bei „jungen Aktiengesellschaften", BB 2000, 2213; *Zimmer*, Die Nachgründungsvorschriften des § 52 AktG – Tatbestand und Reichweite sowie Möglichkeiten der Heilung unwirksamer Rechtsgeschäfte, DB 2000, 1265.

## I. Regelungsgegenstand, Normzweck und Rechtsnatur

Für die **Vornahme bestimmter Geschäfte von jungen Aktiengesellschaften mit Gründern oder wesentlich beteiligten Aktionären** stellt die Vorschrift besondere Voraussetzungen auf, insbesondere die Zustimmung der Hauptversammlung, die Prüfung durch Aufsichtsrat und unabhängige Prüfer sowie deren Eintragung in das Handelsregister. 1

**Normzweck** der Vorschrift ist der Schutz von Aktionären und Gesellschaftsgläubigern[1]; § 52 zielt insofern darauf ab, Umgehungen der Sachgründungsvorschriften, namentlich des § 27, zu verhindern sowie den Grundsatz der realen Kapitalaufbringung abzusichern[2]. Außerdem bezweckt die Vorschrift den Schutz des Vorstandes einer jungen Aktiengesellschaft vor unzulässigen Übergriffen der Gründer[3]. Obgleich sich die Anwendungsbereiche von § 52 und § 57 als konzentrische Kreise erweisen[4], ist die Zielrichtung der Nachgründungsvorschriften auf die Kapitalaufbringung beschränkt (mögen sich deren Schutzwirkungen auch erst zu einem späteren Zeitpunkt realisieren), dient somit nicht der Kapitalerhaltung[5]. 2

---

1 *Körber* in Bürgers/Körber, § 52 AktG Rz. 1; *Priester* in Großkomm. AktG, 4. Aufl., § 52 AktG Rz. 13; *Schwab*, Nachgründung, S. 81 f.
2 Allgemeine Begründung zur 2. Aktienrechtsnovelle von 1884, bei *Schubert/Hommelhoff*, 100 Jahre modernes Aktienrecht, 1984, S. 387, 453; *Hüffer*, § 52 AktG Rz. 1; *Arnold* in KölnKomm. AktG, 3. Aufl., § 52 AktG Rz. 2; *Pentz* in MünchKomm. AktG, 3. Aufl., § 52 AktG Rz. 5; *Priester* in Großkomm. AktG, 4. Aufl., § 52 AktG Rz. 13; *Drygala* in FS U. Huber, 2006, S. 691, 691 f.
3 Allgemeine Begründung zur 2. Aktienrechtsnovelle von 1884, bei *Schubert/Hommelhoff*, 100 Jahre modernes Aktienrecht, 1984, S. 387, 453; BGH v. 15.1.1990 – II 164/88, BGHZ 110, 47, 55 = AG 1990, 298; *Hüffer*, § 52 AktG Rz. 1; *Arnold* in KölnKomm. AktG, 3. Aufl., § 52 AktG Rz. 2 a.E.; *Körber* in Bürgers/Körber, § 52 AktG Rz. 1 a.E.; *Pentz* in MünchKomm. AktG, 3. Aufl., § 52 AktG Rz. 5; *Priester* in Großkomm. AktG, 4. Aufl., § 52 AktG Rz. 13; *Koch*, Nachgründung, 2002, S. 15 ff.; *Krieger* in FS Claussen, 1997, S. 223, 224 f.; vgl. noch *Martens* in FS Priester, 2007, S. 427, 430 f.
4 Dazu *Hartmann/Barcaba*, AG 2001, 437, 439; vgl. auch *Martens* in FS Priester, 2007, S. 427, 428.
5 Wie hier dezidiert auch BGH v. 9.7.2007 – II ZR 62/06 – „Lurgi I", BGHZ 173, 145 = AG 2007, 741, Rz. 18; *Priester* in Großkomm. AktG, 4. Aufl., § 52 AktG Rz. 14; vgl. auch *Hüffer*, § 52 AktG Rz. 1; abw. *Bröcker*, ZIP 1999, 1029, 1035; *Zimmer*, DB 2000, 1265, 1268; *Schwab*, Nachgründung, S. 73 ff.; differenzierend *Drygala* in FS U. Huber, 2006, S. 691 ff.

3   Da sich der Normzweck nur verwirklichen lässt, wenn Ausnahmen von § 52 generell ausgeschlossen sind, ist die Vorschrift **zwingend**, **indisponibel** und **umgehungsfest** zu interpretieren[6]. Selbst ein einstimmig gefasster Beschluss der Hauptversammlung kann die Geltung dieser abstrakten Umgehungsschutznorm[7] nicht beeinträchtigen.

## II. Bedeutung der Nachgründung und jüngste Reform

4   Zu den Vorläuferregelungen des § 52 zählen Art. 213f ADHGB 1884, § 207 HGB 1897 sowie § 45 AktG 1937[8]. – Die Vorschrift war in der Praxis lange Zeit nahezu bedeutungslos[9]. Dies änderte sich schlagartig, als in den 1990er Jahren wieder verstärkt Aktiengesellschaften gegründet wurden[10]. Damals erwies sich § 52 oftmals als gewichtiger Hemmschuh für die geschäftliche Betätigung junger Aktiengesellschaften, insbesondere wenn sie allein mit dem Mindestgrundkapital ausgestattet waren[11]. Diese Problematik entschärfte der Gesetzgeber durch eine Beschränkung des gegenständlichen Anwendungsbereichs der Nachgründungsvorschriften (§ 52 Abs. 1 und 9) im Zuge der Novellierung des Aktienrechts durch das **NaStraG**[12]. Heute hat sich die Zahl der Nachgründungsfälle zwischen 50 und 100 jährlich stabilisiert[13]. Die Änderung des § 52 Abs. 6 Satz 2 und Abs. 8 durch das **EHUG**[14] ist dem Übergang zu einem elektronisch geführten Handelsregister geschuldet.

5   Durch das **ARUG**[15] wurde mit Wirkung zum 1.9.2009 Abs. 2 Satz 4 neu eingefügt (Information der Aktionäre über die Internetseite der AG). Auswirkungen der Änderungen in § 33a (Sachgründung ohne externe Gründungsprüfung) sowie der daraus folgenden Neuregelungen in § 37a und § 38 Abs. 3 (Anmeldung bzw. Prüfung durch das Gericht) sind Änderungen des § 52 in Abs. 4 Satz 3 (Gründungsprüfung), Abs. 6 Satz 3 (Anmeldung) und Abs. 7 Satz 2 (Prüfung durch das Gericht). § 52 Abs. 10 wurde im Hinblick auf die Änderungen zur verdeckten Sacheinlage in § 27 (ausf. § 27 Rz. 51 ff.) aufgehoben (dazu unten Rz. 54)[16].

---

6   So oder ähnlich v. *Godin/Wilhelmi*, § 52 AktG Anm. 3; *Pentz* in MünchKomm. AktG, 3. Aufl., § 52 AktG Rz. 24; *Priester* in Großkomm. AktG, 4. Aufl., § 52 AktG Rz. 15; *Kubis*, AG 1993, 118, 120.
7   Vgl. *Pentz* in MünchKomm. AktG, 3. Aufl., § 52 AktG Rz. 11; *Priester* in Großkomm. AktG, 4. Aufl., § 52 AktG Rz. 15; *Lutter/Gehling*, WM 1989, 1445, 1450.
8   Zur Entstehungs- und Entwicklungsgeschichte im Einzelnen *Schwab*, Nachgründung, S. 30 ff.
9   Dazu und zum Folgenden auch *Priester* in Großkomm. AktG, 4. Aufl., § 52 AktG Rz. 6.
10  Rechtstatsachen bei *Schwab*, Nachgründung, S. 26 ff.
11  Vgl. Begr. RegE, BT-Drucks. 14/4051, S. 10; *Bröcker*, ZIP 1999, 1029; *Seibert*, ZIP 2001, 53, 54; *Wahlers*, DStR 2000, 973, 978.
12  Art. 1 Nr. 3, Art. 7 des Namensaktiengesetzes (NaStraG) vom 18.1.2001, BGBl. I 2001, 123; zur Reform ausf. *Schwab*, Nachgründung, S. 52 ff.
13  Aktuelle Rechtstatsachen finden sich bei *Bayer/Hoffmann*, AG 2009, R435 f.; *Lieder*, ZIP 2010, 964.
14  Gesetz über elektronische Handelsregister und Genossenschaftsregister sowie das Unternehmensregister (EHUG) vom 10.11.2006, BGBl. I 2006, 2553.
15  Gesetz zur Umsetzung der Aktionärsrechterichtlinie (ARUG) vom 30.7.2009, BGBl. I 2009, 2479.
16  Zur Reform der Kapitalaufbringung durch das ARUG: *Bayer/J. Schmidt*, ZGR 2009, 805; *Bayer/Lieder*, GWR 2010, 3.

Die Vorschrift steht nicht ganz mit der (reformierten)[17] 2. Richtlinie zur Koordinierung des Gesellschaftsrechts[18] im Einklang[19]: Zum einen müsste es entsprechend Art. 11 Abs. 1 Satz 1 der Kapitalrichtlinie in § 52 Abs. 1 Satz 1 „mit mindestens" statt „mit mehr als" 10 vom Hundert heißen[20]. Zum anderen müsste § 52 Abs. 9, der derzeit nur den „Erwerb in der Zwangsvollstreckung" ausnimmt, an Art. 11 Abs. 2 der Kapitalrichtlinie angepasst werden, der jeden Erwerb erfasst, der auf Anordnung oder unter Aufsicht einer Verwaltungsbehörde oder eines Gerichts erfolgt[21]. Die Praxis behilft sich in beiden Fällen mit einer **richtlinienkonformen Auslegung**[22].

## III. Anwendungsbereich

Die Anwendbarkeit des § 52 setzt die **Eintragung der AG** in das Handelsregister voraus[23]. Die Auffassung, die sich für eine Anwendung der Bestimmung im Gründungsstadium (Vorgründungs-AG, Vor-AG) ausspricht[24], kann im Hinblick auf den klaren Wortlaut des § 52 sowie auf systematische Überlegungen nicht überzeugen. Denn im Gründungsstadium ist der von § 52 intendierte Schutz bereits anderweitig verwirklicht, namentlich durch die allgemeine Differenzhaftung (dazu § 27 Rz. 26) sowie die Unterbilanzhaftung der Gründungsgesellschafter (dazu ausf. oben § 41 Rz. 10 ff.). Daran vermag auch die Verortung der Bestimmung im Gründungsrecht der AG nichts zu ändern.

Weiterhin ist der Anwendungsbereich des § 52 auf **Sacheinlagen** und **Sachübernahmen** im Sinne das § 27 beschränkt. Auf Vereinbarungen nach § 26 ist die Vorschrift nicht anwendbar[25].

Entsprechende Anwendung finden die Nachgründungsvorschriften bei der **Verschmelzung** durch Aufnahme (§ 67 UmwG)[26], beim **Formwechsel** (§§ 197 Satz 1, 220

---

17 Richtlinie 2006/68/EG des Europäischen Parlaments und des Rates vom 6.9.2006 zur Änderung der Richtlinie 77/91 EWG über die Gründung der Aktiengesellschaft sowie die Erhaltung und Änderung ihres Kapitals, ABl. EU Nr. L 264 v. 25.9.2006, S. 32; dazu *Cahn*, Der Konzern 2007, 385 ff.; *Drygala*, Der Konzern 2007, 396 ff.; *Schäfer*, Der Konzern 2007, 407 ff.; *Ekkenga*, Der Konzern 2007, 413 ff.; *Freitag*, AG 2007, 157 ff.
18 2. Richtlinie vom 13.12.1976 (Kapitalrichtlinie), 77/91/EWG, ABl. EG Nr. L 26 v. 31.1.1977, S. 1.
19 Dazu ausf. *Priester* in Großkomm. AktG, 4. Aufl., § 52 AktG Rz. 10 ff.; vgl. auch *Lösekrug*, S. 88 ff.
20 *Bayer/J. Schmidt*, ZGR 2009, 805, 844; *Lieder*, ZIP 2010, 964, 972; jew. m.w.N.
21 *Bayer/J. Schmidt*, ZGR 2009, 805, 844; *Lieder*, ZIP 2010, 964, 972; jew. m.w.N.
22 *Pentz* in MünchKomm. AktG, 3. Aufl., § 52 AktG Rz. 7; *Priester* in Großkomm. AktG, 4. Aufl., § 52 AktG Rz. 11.
23 Für die h.M.: RG v. 13.11.1930 – VI 452/29, RGZ 130, 248, 253; *Hüffer*, § 52 AktG Rz. 2; *Arnold* in KölnKomm. AktG, 3. Aufl., § 52 AktG Rz. 7; *Körber* in Bürgers/Körber, § 52 AktG Rz. 2 a.E.; *Pentz* in MünchKomm. AktG, 3. Aufl., § 52 AktG Rz. 6; *Priester* in Großkomm. AktG, 4. Aufl., § 52 AktG Rz. 19; *Bayer/Lieder* NZG 2010, 86, 92 f.; *Lieder* ZIP 2010, 964, 969; *Koch*, Nachgründung, S. 183 ff.
24 So *Frey*, Einlagen in Kapitalgesellschaften, 1990, S. 112 ff.; *Holzapfel/Roschmann* in FS Bezzenberger, 2000, S. 163, 170; *Heidinger*, ZNotP 2000, 182, 187.
25 Vgl. *Barz* in Großkomm. AktG, 3. Aufl., § 52 AktG Anm. 17; *Pentz* in MünchKomm. AktG, 3. Aufl., § 52 AktG Rz. 6.
26 Einzelheiten der Anwendung sind streitig; vgl. *Grunewald* in Lutter, § 67 UmwG Rz. 3; *Körber* in Bürgers/Körber, § 52 AktG Rz. 9; *Priester* in Großkomm. AktG, 4. Aufl., § 52 AktG Rz. 20; *Priester*, DB 2001, 467, 469; *Hartmann/Barcaba*, AG 2001, 437, 442; *Reichert*, ZGR 2001, 554, 581 f.; *Koch*, Nachgründung, S. 207 Fn. 83; *Schwab*, Nachgründung, S. 145 ff.

Abs. 3 Satz 2, 245 Abs. 1 Satz 2, Abs. 2 Satz 2, Abs. 3 Satz 2 UmwG)[27] und eingeschränkt (vgl. § 141 UmwG) auch bei der **Spaltung** (§ 125 Satz 1 UmwG)[28].

10 Analoge Anwendung finden die Nachgründungsvorschriften nach zutreffender h.M. bei **Sachkapitalerhöhungen**, die innerhalb von 2 Jahren nach Gründung der AG erfolgen (vgl. noch Rz. 24)[29]. Der Einwand der Gegenauffassung, es mangele angesichts § 183 Abs. 3 an einer für die Analogiebildung erforderlichen Regelungslücke[30], greift nicht durch. Denn zum einen gehen die Schutzmechanismen des § 52 deutlich über das von § 183 Abs. 3 vermittelte Niveau hinaus (qualifizierte Hauptversammlungsmehrheit, Prüfungs- und Berichtspflicht des Aufsichtsrats, Informationsrechte der Aktionäre); zum anderen mangelt es an tauglichen Anhaltspunkten dafür, dass der Gesetzgeber die vorliegende Fragestellung durch § 183 Abs. 3 einer abschließenden Regelung zuführen wollte. Vielmehr belegen die umwandlungsrechtlichen Verweisungsnormen (vgl. Rz. 9), dass die Nachgründungsvorschriften auch in atypischen Lagen innerhalb der Zweijahresfrist gelten sollen[31]. Schließlich ergibt sich die Vergleichbarkeit der Interessenlage als weitere Voraussetzung der Analogie aus dem Umstand, dass es für die Schutzadressaten (s. Rz. 2) ohne Belang ist, ob die von der AG erbrachte Gegenleistung für den Sachwert in Geld oder Aktien besteht[32]. Entgegen OLG Hamm[33] gilt § 52 daher auch bei der Einpersonen-AG. – Ebenso gilt § 52 im Falle der **Ausnutzung eines genehmigten Kapitals**[34] unter Zulassung von Sacheinlagen sowie (eingeschränkt) für **bedingte Sachkapitalerhöhungen**[35].

### IV. Tatbestandliche Voraussetzungen (§ 52 Abs. 1)

#### 1. Nachgründungsvertrag

11 Der **Tatbestand des § 52** ist verwirklicht, wenn sich die AG innerhalb von zwei Jahren nach deren Eintragung in das Handelsregister gegenüber Gründern oder Aktionä-

---

27 S. (zum Teil kritisch) *Arnold* in KölnKomm. AktG, 3. Aufl., § 52 AktG Rz. 8; *Hüffer*, § 52 AktG Rz. 10; *Joost* in Lutter, § 220 UmwG Rz. 29; *Priester* in Großkomm. AktG, 4. Aufl., § 52 AktG Rz. 21; *Bröcker*, ZIP 1999, 1029, 1040 f.; *Martens*, ZGR 1999, 548, 552, 556 f.; *Zimmer*, DB 2000, 1265, 1268 f.; *Koch*, Neugründung, S. 107 ff.; *Schwab*, Nachgründung, S. 138 ff.; *Holzapfel/Roschmann* in FS Bezzenberger, 2000, S. 163, 165.
28 Dazu ausf. *Bruski*, AG 1997, 17, 25 f.; *Schwab*, Nachgründung, S. 150 ff.
29 Für die h.M.: OLG Oldenburg v. 20.6.2002 – 5 W 95/02, AG 2002, 620; *Arnold* in KölnKomm. AktG, 3. Aufl., § 52 AktG Rz. 9; *Baumbach/Hueck*, § 52 AktG Anm. 3; *Heidinger* in Spindler/Stilz, § 52 AktG Rz. 48; *Hüffer*, § 52 AktG Rz. 11; *Körber* in Bürgers/Körber, § 52 AktG Rz. 10; *Pentz* in MünchKomm. AktG, 3. Aufl., § 52 AktG Rz. 75; *Priester* in Großkomm. AktG, 4. Aufl., § 52 AktG Rz. 23; *Wiedemann* in Großkomm. AktG, 4. Aufl., § 183 AktG Rz. 29; *Diekmann*, ZIP 1996, 2149, 2151; *Grub/Fabian*, AG 2002, 614, 617; *Klasen*, BB 2008, 2694, 2697; *Kubis*, AG 1993, 118, 120 f. – Zu prozeduralen Besonderheiten: *Pentz* in MünchKomm. AktG, 3. Aufl., § 52 AktG Rz. 75; *Priester* in Großkomm. AktG, 4. Aufl., § 52 AktG Rz. 25; *Kubis*, AG 1993, 118, 121 f.; *Koch*, Nachgründung, S. 229 ff.
30 So *Hefermehl/Bungeroth* in G/H/E/K, § 183 AktG Rz. 53; *Bork/Stangier*, AG 1984, 320, 322 f.; *Habersack*, ZGR 2008, 48, 58; *Reichert*, ZGR 2001, 554, 579 ff.; *Kley*, RNotZ 2003, 17, 21 ff.; *Mülbert*, AG 2003, 136, 142 f.; *Bröcker*, Nachgründung, S. 206 ff.
31 *Pentz* in MünchKomm. AktG, 3. Aufl., § 52 AktG Rz. 74; *Priester* in Großkomm. AktG, 4. Aufl., § 52 AktG Rz. 23; *Krieger* in FS Claussen, 1997, S. 223, 227.
32 Im Ergebnis ebenso *Pentz* in MünchKomm. AktG, 3. Aufl., § 52 AktG Rz. 74; *Priester* in Großkomm. AktG, 4. Aufl., § 52 AktG Rz. 23; *Holzapfel/Roschmann* in FS Bezzenberger, 2000, S. 163, 181.
33 OLG Hamm v. 22.1.2008 – 15 W 246/07, AG 2008, 713, 715; zweifelnd auch *Hüffer*, § 52 AktG Rz. 11.
34 Wie hier *Arnold* in KölnKomm. AktG, 3. Aufl., § 52 AktG Rz. 11; *Heidinger* in Spindler/Stilz, § 52 AktG Rz. 48; *Priester* in Großkomm. AktG, 4. Aufl., § 52 AktG Rz. 24; *Schwab*, Nachgründung, S. 163 f.; *Holzapfel/Roschmann* in FS Bezzenberger, 2000, S. 163, 182 ff.
35 Dazu *Schwab*, Nachgründung, S. 162 f.

ren, die – entgegen dem Wortlaut (richtlinienkonforme Auslegung: dazu Rz. 6 a.E.) – **mit mindestens 10 % des Grundkapitals** an der AG beteiligt sind, verpflichtet, Vermögensgegenstände zu erwerben, deren Vergütung 10 % des Grundkapitals übersteigt.

Dieses Geschäft hat **schuldrechtlichen Charakter**[36]. Der Vertragstyp ist ohne Belang, insbesondere unterfallen § 52 auch Vermögenswerte, die nicht sacheinlagefähig sind (näher Rz. 20 ff.); häufig anzutreffen sind Kauf-, Werk- und Gebrauchsüberlassungsverträge[37]. Erfasst werden auch Vorverträge sowie Optionsverträge, wenn sie entsprechende Verpflichtungen enthalten[38].    12

**Unternehmensverträge** sind **nicht** an den Voraussetzungen des § 52 zu messen, da es sich hierbei zum einen tatbestandlich nicht um Nachgründungsgeschäfte handelt und die Schutzzwecke des § 52 zum anderen durch konzernrechtliche Sondervorschriften gewahrt sind[39]. Gleiches gilt für stille Gesellschaftsverhältnisse[40].    13

## 2. Vertragspartner

Vertragspartner des Nachgründungsgeschäfts (Rz. 12) sind die **Gesellschaft**, vertreten durch den Vorstand, sowie **Gründer** oder mit mehr als 10 % am Grundkapital der AG beteiligte **Aktionäre**. Die erforderliche Zustimmung der Hauptversammlung (Rz. 34 ff.) ist Voraussetzung für die Wirksamkeit des durch den Vorstand in Vertretung abgeschlossenen Vertrages, lässt die Vertretungsberechtigung des Vorstands aber unberührt. Im Gegensatz zur früheren Rechtslage[41] werden Rechtsgeschäfte mit **Dritten**, aber auch mit Aktionären, die über eine geringere Kapitalquote als 10 % des Grundkapitals verfügen, seit der Rechtsänderung durch das NaStraG (Rz. 4) von § 52 **nicht** mehr **erfasst**[42]. Gleichwohl war sich der Gesetzgeber bewusst, dass der Anwendungsbereich des § 52 durch die Zwischenschaltung von Dritten umgangen werden könnte[43]. Um dies zu verhindern, sind die allgemeinen Grundsätze heranzuziehen, die sich in Rechtsprechung und Rechtslehre zur Zurechnung bei der verdeckten Sacheinlage (dazu § 27 Rz. 67) sowie zur verbotswidrigen Einlagenrückgewähr (dazu § 57 Rz. 29 ff.) herausgebildet haben[44].    14

**Gründer** im Sinne des § 28 sind auch die Aktionäre, die der AG erst nachträglich, aber vor deren Eintragung in das Handelsregister beigetreten sind[45]; denn ein ent-    15

---

36 Dies unterscheidet das Nachgründungsgeschäft von der Sacheinlagevereinbarung, die ein körperschaftliches Hilfsgeschäft darstellt (vgl. dazu § 27 Rz. 8). – Wie hier *Hüffer*, § 52 AktG Rz. 2; *Arnold* in KölnKomm. AktG, 3. Aufl., § 52 AktG Rz. 13; *Pentz* in MünchKomm. AktG, 3. Aufl., § 52 AktG Rz. 12; *Priester* in Großkomm. AktG, 4. Aufl., § 52 AktG Rz. 26.
37 Dazu auch *Arnold* in KölnKomm. AktG, 3. Aufl., § 52 AktG Rz. 13; *Heidinger* in Spindler/Stilz, § 52 AktG Rz. 11; *Hüffer*, § 52 AktG Rz. 2, 4; *Pentz* in MünchKomm. AktG, 3. Aufl., § 52 AktG Rz. 12, 16; *Priester* in Großkomm. AktG, 4. Aufl., § 52 AktG Rz. 26.
38 *Arnold* in KölnKomm. AktG, 3. Aufl., § 52 AktG Rz. 13; *Heidinger* in Spindler/Stilz, § 52 AktG Rz. 12; *Priester* in Großkomm. AktG, 4. Aufl., § 52 AktG Rz. 26.
39 Näher *Pentz* in MünchKomm. AktG, 3. Aufl., § 52 AktG Rz. 13; *Priester* in Großkomm. AktG, 4. Aufl., § 52 AktG Rz. 27; *Schwab*, Nachgründung, S. 115.
40 *Heidinger* in Spindler/Stilz, § 52 AktG Rz. 14; *Weitnauer*, NZG 2001, 1065, 1073.
41 *Diekmann*, ZIP 1996, 2149; *Kohl*, BB 1995, 139 f.; *Kubis*, AG 1993, 118; *Loos*, AG 1989, 381, 385; *Krieger* in FS Claussen, 1997, S. 223, 225 f.; a.A. *Binz/Freudenberg*, DB 1992, 2281, 2283.
42 *Hüffer*, § 52 AktG Rz. 3, 3a; *Priester* in Großkomm. AktG, 4. Aufl., § 52 AktG Rz. 28.
43 Begr. RegE, BT-Drucks. 14/4051, S. 10.
44 *Arnold* in KölnKomm. AktG, 3. Aufl., § 52 AktG Rz. 17; *Heidinger* in Spindler/Stilz, § 52 AktG Rz. 24 (extensive Auslegung); *Hüffer*, § 52 AktG Rz. 3a; *Körber* in Bürgers/Körber, § 52 AktG Rz. 4; *Priester* in Großkomm. AktG, 4. Aufl., § 52 AktG Rz. 40 ff.
45 *Hüffer*, § 52 AktG Rz. 3; *Körber* in Bürgers/Körber, § 52 AktG Rz. 3; *Priester* in Großkomm. AktG, 4. Aufl., § 52 AktG Rz. 30; *Priester*, DB 2001, 467 f.; *Schwab*, Nachgründung, S. 93.

sprechender Beitritt ist nach h.M. nur im Wege einstimmiger Satzungsänderung zulässig[46] (vgl. § 28 Rz. 3). Anwendung finden die Nachgründungsvorschriften auch auf Gründer, die im Zeitpunkt des Abschlusses des Nachgründungsvertrags an der AG nicht mehr beteiligt sind, nicht jedoch auf ehemalige Gründer, die bereits vor der Eintragung der AG wieder ausgeschieden sind[47].

16 Anderes gilt für die Bestimmung der **Beteiligungsquote** von **maßgeblich beteiligten Aktionären**. Diese müssen gerade im Zeitpunkt des Abschlusses des Nachgründungsvertrags mit mindestens 10 % am Grundkapital der AG beteiligt sein[48].

17 Nach dem Wortlaut des § 52 müssten im Falle einer **Sachkapitalerhöhung** (vgl. Rz. 10) hinzuerworbene Anteile außer Betracht bleiben[49]. Die Vorwirkungen des Einflusses, den ein künftiger Großaktionär auf den Vorstand ausüben kann, legen es indes nahe, die Nachgründungsvorschriften in dieser Konstellation auch dann zur Anwendung zu bringen, wenn der Aktionär erst durch die Kapitalerhöhung die 10 %-Grenze überschreitet[50].

18 Für die Bestimmung der maßgeblichen Beteiligung des Aktionärs kommt eine **Zurechnung** nach den zu § 32a Abs. 3 Satz 2 GmbHG a.F. entwickelten Grundsätzen[51] in Betracht[52]. Zuzurechnen sind dem Aktionär jedenfalls die einem von ihm abhängigen Unternehmen gehörenden Anteile[53] sowie die Anteile eines Treuhänders[54]. Eine Zurechnung erfolgt außerdem bei einem *acting in concert* mehrerer unmaßgeblich beteiligter Aktionäre, deren Anteile zusammen einen Umfang von mehr als 10 % am Grundkapital ausmachen, soweit die Aktionäre gemeinsam als Vertragspartner auftreten oder deren Einzelgeschäfte bei wirtschaftlicher Betrachtung eine Einheit bilden[55].

19 Bei der **Vorrats-AG** sind Gründer im Sinne des § 28 zunächst diejenigen Personen, die die Satzung festgestellt haben. Angesichts der von § 52 intendierten Schutzwir-

---

46 OLG Köln v. 28.3.1995 – 2 Wx 13/95, WM 1996, 207 (zur GmbH); *Hüffer*, § 41 AktG Rz. 30; *Arnold* in KölnKomm. AktG, 3. Aufl., § 52 AktG Rz. 15; *Pentz* in MünchKomm. AktG, 3. Aufl., § 41 AktG Rz. 39; *K. Schmidt* in Großkomm. AktG, 4. Aufl., § 41 AktG Rz. 126.
47 Wie hier *Priester* in Großkomm. AktG, 4. Aufl., § 52 AktG Rz. 31; *Dormann/Fromholzer*, AG 2001, 242, 243; *Hartmann/Barcaba*, AG 2001, 437, 440; *Werner*, ZIP 2001, 1403 f.; *Schwab*, Nachgründung, S. 93.
48 *Arnold* in KölnKomm. AktG, 3. Aufl., § 52 AktG Rz. 15; *Priester* in Großkomm. AktG, 4. Aufl., § 52 AktG Rz. 35; *Dormann/Fromholzer*, AG 2001, 242, 245; *Hartmann/Barcaba*, AG 2001, 437, 441; *Werner*, ZIP 2001, 1403, 1404.
49 So auch *Dormann/Fromholzer*, AG 2001, 242, 245; *Hartmann/Barcaba*, AG 2001, 437, 440; *Werner*, ZIP 2001, 1403, 1404; *Koch*, Nachgründung, S. 237 f.
50 Wie hier *Arnold* in KölnKomm. AktG, 3. Aufl., § 52 AktG Rz. 10; *Priester* in Großkomm. AktG, 4. Aufl., § 52 AktG Rz. 36 und *Priester*, DB 2001, 467, 469; *Eisolt*, DStR 2001, 748, 751 f.; *Schwab*, Nachgründung, S. 159 f.
51 Dazu *Dauner-Lieb*, DStR 1998, 609 ff.; *Pentz*, GmbHR 1999, 437 ff.; *K. Schmidt*, GmbHR 1999, 1269 ff.; *Riegger* in FS Sigle, 2000, S. 229 ff.
52 Im Ergebnis auch *Heidinger* in Spindler/Stilz, § 52 AktG Rz. 30; *Hüffer*, § 52 AktG Rz. 3 a.E.; *Körber* in Bürgers/Körber, § 52 AktG Rz. 3; *Priester* in Großkomm. AktG, 4. Aufl., § 52 AktG Rz. 37 ff.; *Priester*, DB 2001, 467, 468; *Dormann/Fromholzer*, AG 2001, 242, 243 ff.
53 *Arnold* in KölnKomm. AktG, 3. Aufl., § 52 AktG Rz. 16; *Heidinger* in Spindler/Stilz, § 52 AktG Rz. 30; *Priester* in Großkomm. AktG, 4. Aufl., § 52 AktG Rz. 38; *Dormann/Fromholzer*, AG 2001, 242, 244.
54 *Arnold* in KölnKomm. AktG, 3. Aufl., § 52 AktG Rz. 16; *Heidinger* in Spindler/Stilz, § 52 AktG Rz. 30; *Priester* in Großkomm. AktG, 4. Aufl., § 52 AktG Rz. 38; *Schwab*, Nachgründung, S. 101.
55 Wie hier *Arnold* in KölnKomm. AktG, 3. Aufl., § 52 AktG Rz. 16; *Heidinger* in Spindler/Stilz, § 52 AktG Rz. 30; *Priester* in Großkomm. AktG, 4. Aufl., § 52 AktG Rz. 39; *Priester*, DB 2001, 467, 468 f.; *Schwab*, Nachgründung, S. 101 f.; a.A. *Dormann/Fromholzer*, AG 2001, 242, 244; *Werner*, ZIP 2001, 1403, 1405.

kungen (Sicherung der realen Kapitalbringung, Schutz des Vorstands gegen unzulässige Einflussnahme der Gründer) spricht viel dafür, auch die Erwerber der Vorrats-AG analog § 52 den Nachgründungsvorschriften zu unterwerfen, die mit mehr als 10 % am Grundkapital der AG beteiligt sind[56]. Dies resultiert letztlich aus den früher gegen die Zulässigkeit von Vorratsgründungen geltend gemachten Bedenken (Umgehung der Kapitalaufbringungsvorschriften), denen die moderne Dogmatik mit einer analogen Anwendung der Gründungsvorschriften begegnet[57]. Eine analoge Anwendung der Nachgründungsvorschriften auch auf „wirtschaftliche Neugründungen" bei der Vorrats-AG ist erforderlich, um Umgehungen des § 52 zu verhindern.

### 3. Vertragsgegenstand

In den Anwendungsbereich des § 52 sind **sämtliche Vermögensgegenstände** einbezogen; die ausdrücklich genannten vorhandenen und herzustellenden Anlagen haben exemplarischen Charakter. Die Sacheinlagefähigkeit der Vermögensgegenstände ist ohne Belang[58].

20

Auch Verträge über **Dienstleistungen** unterfallen daher nach zutreffender h.M. den Nachgründungsvorschriften[59]. Die von § 52 verfolgten Schutzzwecke erfordern *a maiore ad minus*, dass den Regularien der Nachgründung auch solche Leistungen unterfallen, die – wie Dienstleistungen nach § 27 Abs. 2 Halbsatz 2 (vgl. bei § 27 Rz. 18) – nicht einlage- oder übernahmefähig sind, weil deren Übernahme für Aktionäre und Gläubiger ein besonders höheres Risikopotential aufweist.

21

Anwendung findet § 52 auch auf den **Beteiligungserwerb**. Das ist unstreitig, soweit existierende Anteile an einer anderen Gesellschaft erworben werden (*derivativer Erwerb*)[60]. Bei der Errichtung einer **100 %-igen Tochtergesellschaft** durch die AG (*originärer Erwerb*) kommt § 52 indes **nicht** in Betracht[61]. Denn in diesem Fall nimmt an dem Vorgang zum einen kein maßgeblich am Grundkapital beteiligter Aktionär teil, zum anderen mangelt es an der von § 52 vorausgesetzten Gefahrenlage; gründet die AG selbst eine Einpersonengesellschaft, ist ein Vermögensabfluss zugunsten von

22

---

56 Ebenso *Arnold* in KölnKomm. AktG, 3. Aufl., § 52 AktG Rz. 8, 15; *Heidinger* in Spindler/Stilz, § 52 AktG Rz. 45; *Hüffer*, § 23 AktG Rz. 27a; *Priester* in Großkomm. AktG, 4. Aufl., § 52 AktG Rz. 33; *Priester*, DB 2001, 467, 468; *Eisolt*, DStR 2001, 748, 751; *Falk/Schäfer*, ZIP 2004, 1337, 1341; *Grooterhorst*, NZG 2001, 145, 148; a.A. *Dormann/Fromholzer*, AG 2001, 242, 242 f.; *Werner*, ZIP 2001, 1403, 1404; *Schwab*, Nachgründung, S. 93 f., 261.
57 BGH v. 16.3.1992 – II ZB 17/91, BGHZ 117, 323, 332 ff. = AG 1992, 227; BGH v. 9.12.2002 – II ZB 12/02, BGHZ 153, 158, 160 ff.; *Hüffer*, § 23 AktG Rz. 27 ff.; *Röhricht* in Großkomm. AktG, 4. Aufl., § 23 AktG Rz. 133 ff.; (für die GmbH) *Bayer* in Lutter/Hommelhoff, § 3 GmbHG Rz. 8 ff.
58 *Heidinger* in Spindler/Stilz, § 52 AktG Rz. 31; *Pentz* in MünchKomm. AktG, 3. Aufl., § 52 AktG Rz. 16; *Krieger* in FS Claussen, 1997, S. 223, 226.
59 *Arnold* in KölnKomm. AktG, 3. Aufl., § 52 AktG Rz. 18; *Hüffer*, § 52 AktG Rz. 4; *Körber* in Bürgers/Körber, § 52 AktG Rz. 5; *Pentz* in MünchKomm. AktG, 3. Aufl., § 52 AktG Rz. 17; *Priester* in Großkomm. AktG, 4. Aufl., § 52 AktG Rz. 44; *Krieger* in FS Claussen, 1997, S. 223, 226 f.; *Bayer/Lieder* NZG 2010, 86, 92; *Lieder* ZIP 2010, 964, 968; *Schwab*, Nachgründung, S. 105 f.; a.A. *Kraft* in KölnKomm. AktG, 2. Aufl., § 52 AktG Rz. 7; *Diekmann*, ZIP 1996, 2149; *Kohl*, BB 1995, 139, 140.
60 *Heidinger* in Spindler/Stilz, § 52 AktG Rz. 33; *Körber* in Bürgers/Körber, § 52 AktG Rz. 5, 11; *Priester* in Großkomm. AktG, 4. Aufl., § 52 AktG Rz. 45.
61 Heute unstr.: *Arnold* in KölnKomm. AktG, 3. Aufl., § 52 AktG Rz. 18; *Hüffer*, § 52 AktG Rz. 12; *Heidinger* in Spindler/Stilz, § 52 AktG Rz. 50; *Körber* in Bürgers/Körber, § 52 AktG Rz. 11; *Priester* in Großkomm. AktG, 4. Aufl., § 52 AktG Rz. 45; *Schwab*, Nachgründung, S. 175; ebenso bei nach altem Recht h.M.: *Bröcker*, ZIP 1999, 1029, 1031; *Jäger*, NZG 1998, 370, 371; *Holzapfel/Roschmann* in FS Bezzenberger, 2000, S. 163, 185; *Krieger* in FS Claussen, 1997, S. 223, 233 f.; a.A. *Diekmann*, ZIP 1996, 2149; *Kubis*, AG 1993, 118, 119 f.; *Witte/Wunderlich*, BB 2000, 2213, 2214.

Gründern oder maßgeblich beteiligten Aktionären nicht zu befürchten. Der Schutzzweck des § 52 ist indes berührt, soweit Gründer oder nennenswert beteiligte **Aktionäre** neben der AG **als (Mit-)Gründer** in Erscheinung treten[62]. Zwar handelt es sich dabei nicht um ein Austauschgeschäft, wie es der Wortlaut des § 52 grundsätzlich verlangt. Indes ist hier eine **analoge Anwendung** der Nachgründungsvorschriften geboten, um die berechtigten Schutzinteressen der Aktionäre und Gesellschaftsgläubiger zu sichern. An dieser Zielsetzung des § 52 hat sich auch durch die Beschränkung des personellen Anwendungsbereichs nichts geändert[63].

23 Bei der **Kapitalerhöhung in einer Tochtergesellschaft** ist zu differenzieren: Handelt es sich um eine 100 %-ige Tochter der AG, kommt § 52 entgegen einer zum früheren Recht vertretenen Auffassung[64] nicht zur Anwendung[65]. Denn schon der persönliche Anwendungsbereich des § 52 ist nicht eröffnet. Sind an der Kapitalerhöhung neben der AG auch Gründer oder nennenswert am Grundkapital beteiligte Aktionäre beteiligt, besteht jedoch die Gefahr von Vermögenseinbußen zum Nachteil der Gesellschaft; daher ist § 52 entsprechend heranzuziehen, soweit es um Sachkapitalerhöhungen oder nicht-verhältniswahrende Barkapitalerhöhungen geht[66]. Anderes gilt für **Erwerbsgeschäfte** einer Tochtergesellschaft, es sei denn, die Erwerbsvorgänge dienen der Umgehung des § 52[67].

### 4. Zweijahresfrist

24 Rechtsgeschäfte sind von § 52 nur dann erfasst, wenn sie innerhalb von zwei Jahren nach Eintragung der AG in das Handelsregister abgeschlossen werden. Entscheidend ist der Zeitpunkt der Einigung zwischen Gesellschaft und Vertragspartner[68]. Dies gilt auch für bedingte und befristete Geschäfte[69]. Ohne Bedeutung ist, zu welchem Zeitpunkt die Hauptversammlung zustimmt, wann die Wirkungen des Rechtsgeschäfts eintreten und wann die Leistungen ausgetauscht werden[70]. Die Fristberechnung er-

---

62 *Körber* in Bürgers/Körber, § 52 AktG Rz. 11; *Pentz* in MünchKomm. AktG, 3. Aufl., § 52 AktG Rz. 18; *Priester* in Großkomm. AktG, 4. Aufl., § 52 AktG Rz. 45; *Schwab*, Nachgründung, S. 175 f.; (zur früheren Rechtslage) *Jäger*, NZG 1998, 370, 371; *Krieger* in FS Claussen, 1997, S. 223, 234; *Holzapfel/Roschmann* in FS Bezzenberger, 2000, S. 163, 185 f.
63 *Priester* in Großkomm. AktG, 4. Aufl., § 52 AktG Rz. 45 a.E.; *Pentz* in MünchKomm. AktG, 3. Aufl., § 52 AktG Rz. 18; *Schwab*, Nachgründung, S. 175 f.; a.A. *Hüffer*, § 52 AktG Rz. 12; *Reichert*, ZGR 2001, 554, 582 ff.; *Koch*, Nachgründung, S. 245 ff., 263 ff.
64 *Jäger*, NZG 1998, 370, 371 f.; *Krieger* in FS Claussen, 1997, S. 223, 235; *Werner*, NZG 2000, 231, 232; a.A. *Bröcker*, ZIP 1999, 1029, 1031.
65 *Pentz* in MünchKomm. AktG, 3. Aufl., § 52 AktG Rz. 18; *Priester* in Großkomm. AktG, 4. Aufl., § 52 AktG Rz. 46; *Schwab*, Nachgründung, S. 176.
66 *Priester* in Großkomm. AktG, 4. Aufl., § 52 AktG Rz. 46; *Jäger*, NZG 1998, 370, 371 f.; *Krieger* in FS Claussen, 1997, S. 223, 235; im Grundsatz ebenso *Pentz* in MünchKomm. AktG, 3. Aufl., § 52 AktG Rz. 18; *Schwab*, Nachgründung, S. 176, die aber darüber hinaus offenbar auch verhältniswahrende Barkapitalerhöhungen einbeziehen wollen; dafür fehlt es aber an einer von § 52 implizit vorausgesetzten Gefahrenlage.
67 Wie hier *Hüffer*, § 52 AktG Rz. 12 a.E.; *Priester* in Großkomm. AktG, 4. Aufl., § 52 AktG Rz. 47 und *Priester*, DB 2001, 467, 469; *Knott*, BB 1999, 806, 808; *Kubis*, AG 1993, 118, 120; *Reichert*, ZGR 2001, 554, 572 ff.; *Holzapfel/Roschmann* in FS Bezzenberger, 2000, S. 163, 188; a.A. *Schwab*, Nachgründung, S. 180 ff.: verdeckte Einlagenrückgewähr gem. § 57 Abs. 1.
68 *Heidinger* in Spindler/Stilz, § 52 AktG Rz. 36; *Körber* in Bürgers/Körber, § 52 AktG Rz. 6; *Priester* in Großkomm. AktG, 4. Aufl., § 52 AktG Rz. 48; *Bayer/Lieder*, NZG 2010, 86, 92 (allg. M.).
69 *Arnold* in KölnKomm. AktG, 3. Aufl., § 52 AktG Rz. 19; *Körber* in Bürgers/Körber, § 52 AktG Rz. 6; *Pentz* in MünchKomm. AktG, 3. Aufl., § 52 AktG Rz. 20; *Priester* in Großkomm. AktG, 4. Aufl., § 52 AktG Rz. 49; *Diekmann*, ZIP 1996, 2149, 2150; *Kubis*, AG 1993, 118, 122 f.
70 S. dazu RG v. 13.11.1930 – VI 452/29, RGZ 130, 248, 252; *Arnold* in KölnKomm. AktG, 3. Aufl., § 52 AktG Rz. 19; *Körber* in Bürgers/Körber, § 52 AktG Rz. 6; *Pentz* in MünchKomm.

folgt nach §§ 187 Abs. 1, 188 Abs. 2 BGB. Im Fall der Sachkapitalerhöhung (oben Rz. 10) ist der Zeitpunkt des Abschlusses des Zeichnungsvertrags entscheidend[71]. Doch wird auch schon ein bindendes Zeichnungsangebot und ein wirksamer Einbringungsvertrag[72] oder bei Nichtausschluss des Bezugsrechts bereits ein Kapitalerhöhungsbeschluss[73] für ausreichend gehalten[74]. Im Falle der wirtschaftlichen Neugründung (oben Rz. 19) beginnt die Zwei-Jahresfrist mit der wirtschaftlichen Neugründung[75].

**5. Gegenleistung**

Die Anwendung des § 52 setzt ferner voraus, dass als Gegenleistung von der AG eine Vergütung zu zahlen ist, die **10 % der Grundkapitalziffer** übersteigt. Für die Höhe des Grundkapitals ist die Eintragung im Handelsregister im Zeitpunkt des Vertragsabschlusses entscheidend[76]. Eine Kapitalerhöhung (auch aus genehmigtem Kapital) ist gem. § 189 erst nach Eintragung der Durchführung von Belang[77]. Ausgegebene Bezugsaktien sind dem Grundkapital nach § 200 hinzuzurechnen[78]. Getrennte Erwerbsvorgänge sind grundsätzlich separat zu beurteilen, es sei denn, die einzelnen Verträge beziehen sich auf einen einheitlichen Geschäftsgegenstand oder die einzelnen Erwerbsvorgänge dienen der Umgehung des § 52[79]. Bei Dauerschuldverhältnissen (z.B. Miet- und Leasingverträge) sind nicht die Zahlungen im Zwei-Jahres-Zeitraum entscheidend, sondern bis zur ersten Möglichkeit der ordentlichen Kündigung[80].

25

Sehr uneinheitlich ist das Meinungsbild zu der Frage, ob die Vergütung **aus dem gebundenen Gesellschaftsvermögen** gezahlt werden muss[81]. Teilweise wird die 10 %-Grenze als ein starrer Schwellenwert betrachtet[82]. Andere wollen die Nachgründungsregeln hingegen nicht anwenden, soweit das gebundene Vermögen nicht ange-

26

---

AktG, 3. Aufl, § 52 AktG Rz. 20 a.E.; *Priester* in Großkomm. AktG, 4. Aufl., § 52 AktG Rz. 48.
71 *Heidinger* in Spindler/Stilz, § 52 AktG Rz. 37; *Priester* in Großkomm. AktG, 4. Aufl., § 52 AktG Rz. 49.
72 So *Kubis*, AG 1993, 118, 123; *Priester* in Großkomm. AktG, 4. Aufl., § 52 AktG Rz. 49.
73 So *Kubis*, AG 1993, 118, 123; *Pentz* in MünchKomm. AktG, 3. Aufl., § 52 AktG Rz. 75.
74 Unentschieden *Heidinger* in Spindler/Stilz, § 52 AktG Rz. 37.
75 Wie hier *Heidinger* in Spindler/Stilz, § 52 AktG Rz. 38; *Grooterhorst*, NZG 2001, 145, 148.
76 *Arnold* in KölnKomm. AktG, 3. Aufl., § 52 AktG Rz. 20; *Hüffer*, § 52 AktG Rz. 5; *Pentz* in MünchKomm. AktG, 3. Aufl., § 52 AktG Rz. 20; *Priester* in Großkomm. AktG, 4. Aufl., § 52 AktG Rz. 51.
77 *Arnold* in KölnKomm. AktG, 3. Aufl., § 52 AktG Rz. 20; *Hüffer*, § 52 AktG Rz. 5; *Körber* in Bürgers/Körber, § 52 AktG Rz. 7; *Pentz* in MünchKomm. AktG, 3. Aufl., § 52 AktG Rz. 20; *Priester* in Großkomm. AktG, 4. Aufl., § 52 AktG Rz. 51; *Bröcker*, ZIP 1999, 1029, 1031.
78 *Hüffer*, § 52 AktG Rz. 5; *Körber* in Bürgers/Körber, § 52 AktG Rz. 7; *Pentz* in MünchKomm. AktG, 3. Aufl., § 52 AktG Rz. 20; *Priester* in Großkomm. AktG, 4. Aufl., § 52 AktG Rz. 51.
79 Dazu *Hüffer*, § 52 AktG Rz. 5; *Körber* in Bürgers/Körber, § 52 AktG Rz. 7; *Pentz* in MünchKomm. AktG, 3. Aufl., § 52 AktG Rz. 24; *Priester* in Großkomm. AktG, 4. Aufl., § 52 AktG Rz. 53.
80 *Arnold* in KölnKomm. AktG, 3. Aufl., § 52 AktG Rz. 20; *Heidinger* in Spindler/Stilz, § 52 AktG Rz. 40; *Priester* in Großkomm. AktG, 4. Aufl., § 52 AktG Rz. 52; *C. Schmidt/Seipp*, ZIP 2000, 2089, 2092.
81 Zum Meinungsstand: *Pentz* in MünchKomm. AktG, 3. Aufl., § 52 AktG Rz. 23; *Priester* in Großkomm. AktG, 4. Aufl., § 52 AktG Rz. 54.
82 *Arnold* in KölnKomm. AktG, 3. Aufl., § 52 AktG Rz. 20; *Körber* in Bürgers/Körber, § 52 AktG Rz. 8; *Pentz* in MünchKomm. AktG, 3. Aufl., § 52 AktG Rz. 23; *Hartmann/Barcaba*, AG 2001, 437, 439; *Holzapfel/Roschmann* in FS Bezzenberger, 2000, S. 163, 168; *Kubis*, AG 1993, 118, 121 f.; *C. Schmidt/Seipp*, ZIP 2000, 2089, 2091 f.; *Schwab*, Nachgründung, S. 111 f.

tastet wird, also Grundkapital und gesetzliche Rücklage unberührt bleiben[83]. Eine stark im Vordringen befindliche Auffassung schlägt als Kompromisslinie vor, die Nachgründung auch auf (schuldrechtlich) begründete Agiozahlungen zu erstrecken, nicht aber auf Vermögen, das frei ausschüttbar ist; dh. erzielte oder künftige Gewinne sowie auflösbare Rücklagen gem. § 272 Abs. 2 Nr. 4 HGB sollen außer Betracht bleiben[84]. Die Problematik ist schwierig zu entscheiden, weil die Nachgründungsvorschriften nicht nur das Kapital der AG im Interesse der Gläubiger sichern, sondern die junge AG auch vor unzulässigen Eingriffen der Gründer schützen sollen (Rz. 2). Allein konsequent und am Gesetzeswortlaut orientiert, wenngleich rechtspolitisch in Frage zu stellen, erscheint die erstgenannte Auffassung[85].

## V. Wirksamkeitsvoraussetzungen

### 1. Formerfordernis und Publizität (§ 52 Abs. 2)

27 Nachgründungsverträge im Sinne des § 52 Abs. 1 bedürfen gem. § 52 Abs. 2 Satz 1 der **Schriftform** (§ 126 BGB), soweit gesetzlich nicht eine anderweitige Form vorgeschrieben ist, wie z.B. beim Erwerb von Grundstücken (§ 311b Abs. 1 Satz 1 BGB) sowie beim Erwerb von GmbH-Geschäftsanteilen (§ 15 Abs. 4 Satz 1 GmbHG).

28 Ein ohne Beachtung dieser Formerfordernisse abgeschlossener **Vertrag** ist gem. § 125 Satz 1 BGB **formnichtig**[86]; ein gleichwohl gefasster **Zustimmungsbeschluss** (Rz. 34 ff.) ist **anfechtbar**[87] und führt zur Zurückweisung des Eintragungsantrags[88]. Der Formmangel wird durch die Eintragung des Vertrages in das Handelsregister nicht geheilt[89]; es bedarf stattdessen einer vollständigen Wiederholung des gesamten Nachgründungsverfahrens[90]. Auf das dingliche Vollzugsgeschäft hat die Formnichtigkeit nach den allgemeinen Abstraktionsgrundsätzen keine Auswirkung[91]. Die Rückabwicklung der erbrachten Leistungen richtet sich nach §§ 812 ff. BGB (vgl. unten Rz. 44).

29 **Publizität** wird weiterhin dadurch geschaffen, dass der Nachgründungsvertrag von der Einberufung der Hauptversammlung an, die über die Zustimmung beschließen soll (unten Rz. 34), in den Geschäftsräumen der Gesellschaft auszulegen ist (§ 52 Abs. 2 Satz 2) und später auch in der Hauptversammlung zugänglich zu machen ist (§ 52

---

83 So die früher h.M.: *Barz* in Großkomm. AktG, 3. Aufl., § 52 AktG Anm. 3; *Kraft* in KölnKomm. AktG, 2. Aufl., § 52 AktG Rz. 14; *Düringer/Hachenburg*, § 207 HGB Anm. 10.
84 So *Hüffer*, § 52 AktG Rz. 5a; *Priester* in Großkomm. AktG, 4. Aufl., § 52 AktG Rz. 54; *Reichert*, ZGR 2001, 554, 563 ff.; ausf. *Koch*, Nachgründung, S. 41 ff.; vgl. weiter *Drygala* in FS U. Huber, 2006, S. 691, 696 ff.
85 Ähnlich *Heidinger* in Spindler/Stilz, § 52 AktG Rz. 44.
86 *Arnold* in KölnKomm. AktG, 3. Aufl., § 52 AktG Rz. 23; *Hüffer*, § 52 AktG Rz. 7; *Körber* in Bürgers/Körber, § 52 AktG Rz. 19; *Pentz* in MünchKomm. AktG, 3. Aufl., § 52 AktG Rz. 63; *Priester* in Großkomm. AktG, 4. Aufl., § 52 AktG Rz. 99.
87 *Arnold* in KölnKomm. AktG, 3. Aufl., § 52 AktG Rz. 24; *Hüffer*, § 52 AktG Rz. 7; *Körber* in Bürgers/Körber, § 52 AktG Rz. 19; *Pentz* in MünchKomm. AktG, 3. Aufl., § 52 AktG Rz. 63; *Priester* in Großkomm. AktG, 4. Aufl., § 52 AktG Rz. 99.
88 *Arnold* in KölnKomm. AktG, 3. Aufl., § 52 AktG Rz. 24; *Hüffer*, § 52 AktG Rz. 7; *Pentz* in MünchKomm. AktG, 3. Aufl., § 52 AktG Rz. 63; *Diekmann*, ZIP 1996, 2149, 2151.
89 *Arnold* in KölnKomm. AktG, 3. Aufl., § 52 AktG Rz. 23; *Pentz* in MünchKomm. AktG, 3. Aufl., § 52 AktG Rz. 63; *Priester* in Großkomm. AktG, 4. Aufl., § 52 AktG Rz. 99.
90 *Pentz* in MünchKomm. AktG, 3. Aufl., § 52 AktG Rz. 63; *Priester* in Großkomm. AktG, 4. Aufl., § 52 AktG Rz. 99; a.A. noch *Barz* in Großkomm. AktG, 3. Aufl., § 52 AktG Anm. 2.
91 *Arnold* in KölnKomm. AktG, 3. Aufl., § 52 AktG Rz. 24; *Heidinger* in Spindler/Stilz, § 52 AktG Rz. 98; *Pentz* in MünchKomm. AktG, 3. Aufl., § 52 AktG Rz. 64; *Priester* in Großkomm. AktG, 4. Aufl., § 52 AktG Rz. 99 a.E.

Abs. 2 Satz 5). Auf Verlangen ist – auf Kosten der AG[92] – eine Abschrift zu erteilen (§ 52 Abs. 2 Satz 3). Der Vorstand hat den Vertrag zu Beginn der Verhandlungen in der Hauptversammlung zu erläutern (§ 52 Abs. 2 Satz 6). Die Bestimmungen entsprechen der Regelung bei Abschluss eines Unternehmensvertrages (§§ 293f, 293g Abs. 1 und 2, dazu § 293f Rz. 2 ff. und § 239g Rz. 2 ff.).

Die Verpflichtungen nach § 52 Abs. 2 Satz 2 und 3 entfallen indes nach der neuen Regelung in § 52 Abs. 2 Satz 4, wenn der Nachgründungsvertrag ab dem Zeitpunkt der Einberufung der Hauptversammlung über die **Internetseite** der Gesellschaft **zugänglich** ist[93]. Während nichtbörsennotierte Gesellschaften somit neuerdings ein Wahlrecht haben, ergibt sich für börsennotierte Gesellschaften die Verpflichtung zur Internetveröffentlichung zwingend schon aus dem neuen § 124a Satz 1 Nr. 3 (vgl. § 124a Rz. 7). Durch die Neuregelung in § 52 Abs. 2 Satz 5 ergibt sich, dass auch in der Hauptversammlung keine Papierfassung des Vertrages auliegen muss; auch hier reicht eine elektronische Information, z.B. über Monitore[94]. Wird den Informationspflichten nicht genügt, kommt eine Anfechtung des gefassten Zustimmungsbeschlusses (Rz. 34 ff.) gem. § 243 Abs. 1 und Abs. 4 Satz 1 in Betracht. Verstöße gegen die Bekanntmachungspflichten gem. § 124a berechtigen indes nicht zur Anfechtung (§ 243 Abs. 3 Nr. 2)[95]. 30

**2. Prüfung (§ 52 Abs. 3 und 4)**

Vor Beschlussfassung der Hauptversammlung muss der **Aufsichtsrat** gem. § 52 Abs. 3 Satz 1 den Nachgründungsvertrag prüfen und einen schriftlichen **Nachgründungsbericht** erstatten. Dabei gilt § 32 Abs. 2 und 3 über den Gründungsbericht sinngemäß (dazu § 32 Rz. 5 ff., 13 ff.)[96]. Im Rahmen der Prüfung hat der Aufsichtsrat analog § 34 Abs. 1 Nr. 2 namentlich den Wert des Vertragsgegenstandes sowie die Angemessenheit der Gegenleistung zu berücksichtigen[97]. Im vereinfachten Verfahren kann der Aufsichtsrat analog § 34 Abs. 2 Satz 3 davon absehen, den Wert des Vertragsgegenstandes in den Prüfungsbericht aufzunehmen und den Vertragsgegenstand näher zu beschreiben[98]. Diese Angaben müssen indes später bei Anmeldung des Nachgründungsgeschäfts nach § 52 Abs. 6 Satz 3 i.V.m. § 37a Abs. 1 und 2 nachgeholt werden (Rz. 37). Da die Prüfung des Aufsichtsrats die Grundlage für die Beschlussempfehlung bildet, muss der Prüfungsvorgang, einschließlich der Berichterstattung, im Zeitpunkt der Einberufung der Hauptversammlung abgeschlossen sein[99]. 31

---

92 *Heidinger* in Spindler/Stilz, § 52 AktG Rz. 68; *Körber* in Bürgers/Körber, § 52 AktG Rz. 12; *Pentz* in MünchKomm. AktG, 3. Aufl., § 52 AktG Rz. 27; *Priester* in Großkomm. AktG, 4. Aufl., § 52 AktG Rz. 66; *Lieder* ZIP 2010, 964, 972.
93 Dazu Begr. RegE, BT-Drucks. 16/11642, S. 24; *Lieder*, ZIP 2010, 964, 972; vgl. weiter zur elektronischen Information der Aktionäre: *Horn*, ZIP 2008, 1558, 1561; *Seibert*, ZIP 2008, 906, 907.
94 Dazu Begr. RegE, BT-Drucks. 16/11642, S. 25; *Lieder* ZIP 2010, 964, 972.
95 Hierzu näher unten § 243 Rz. 14; vgl. noch *Arnold* in KölnKomm. AktG, 3. Aufl., § 52 AktG Rz. 29; *Hüffer*, § 52 AktG Rz. 13.
96 Für Einzelheiten vgl. *Priester* in Großkomm. AktG, 4. Aufl., § 52 AktG Rz. 59 f.; *Hartmann/Barcaba*, AG 2001, 437, 443 f.; *Holzapfel/Roschmann* in FS Bezzenberger, 2000, S. 163, 177.
97 Ausf. *Lieder* ZIP 2010, 964, 965 f.; ebenso *Arnold* in KölnKomm. AktG, 3. Aufl., § 52 AktG Rz. 25; *Diekmann*, ZIP 1996, 2149, 2152; *Schwab*, Nachgründung, S. 184; a.A. *Körber* in Bürgers/Körber, § 52 AktG Rz. 13; *Hartmann/Barcaba*, AG 2001, 437, 443.
98 *Lieder*, ZIP 2010, 964, 966; zur Gründungsprüfung nach ARUG ebenso Begr. RegE, BT-Drucks. 16/11642, S. 23; *Bayer/J. Schmidt*, ZGR 2009, 805, 812; *Böttcher*, NZG 2008, 481, 483; *Paschos/Goslar*, AG 2008, 605, 614.
99 OLG München v. 28.1.2002 – 7 W 814/01, AG 2003, 163 m. Anm. *Schwab*, EWiR 2002, 1029, 1030; *Arnold* in KölnKomm. AktG, 3. Aufl., § 52 AktG Rz. 25 a.E.; *Heidinger* in Spindler/Stilz, § 52 AktG Rz. 64; *Körber* in Bürgers/Körber, § 52 AktG Rz. 13; *Hüffer*, § 52 AktG Rz. 14; *Priester* in Großkomm. AktG, 4. Aufl., § 52 AktG Rz. 60.

32 Entsprechend den Vorschriften über die Gründungsprüfung (§§ 33 Abs. 3–5, 34, 35) hat außerdem nach § 52 Abs. 4 eine Prüfung durch einen oder mehrere unabhängige – externe – **Gründungsprüfer** zu erfolgen. Auf die Kommentierung der §§ 33–35 wird Bezug genommen. Nach § 52 Abs. 4 Satz 3 kann von einer externen Gründungsprüfung indes **abgesehen** werden, soweit die Voraussetzungen des § 33a erfüllt sind (zu Einzelheiten: Kommentierung zu § 33a)[100]. Denn die Nachgründungsprüfung soll nicht strenger sein als die Gründungsprüfung selbst[101].

33 **Fehlt eine erforderliche Prüfung**, so stellt dies ein Eintragungshindernis für den Registerrichter dar. Ist gleichwohl eine Eintragung erfolgt, sind die ohne Prüfung gefassten Hauptversammlungsbeschlüsse anfechtbar[102]. Da es sich insofern um einen Verfahrens-, nicht aber um einen Inhaltsfehler handelt, kommt eine Nichtigkeit nach § 241 Nr. 3 nicht in Betracht[103].

### 3. Zustimmung der Hauptversammlung (§ 52 Abs. 5)

34 Für die Wirksamkeit des Nachgründungsvertrags ist ein **Zustimmungsbeschluss** der Hauptversammlung notwendig. Die Zustimmung muss **ausdrücklich** in Bezug auf den **Nachgründungsvertrag** erteilt werden. Entlastungsbeschlüsse reichen selbst dann nicht aus, wenn der Nachgründungsvorgang im Geschäftsbericht veröffentlicht ist[104]. Im Hinblick auf den Schutzzweck des § 52 sowie die Publizitäts- und Prüfungserfordernisse des § 52 Abs. 2–4 kommt eine Zustimmung vor Abschluss des Nachgründungsvertrages nicht in Betracht[105].

35 Neben der erforderlichen einfachen Stimmenmehrheit (§ 133 Abs. 1) muss der Zustimmungsbeschluss stets mit einer **qualifizierten Mehrheit** von mindestens drei Viertel des bei Beschlussfassung vertretenen Grundkapitals gefasst werden (§ 52 Abs. 5 Satz 1). Liegt zwischen der Eintragung der AG in das Handelsregister und dem Abschluss des Nachgründungsvertrags eine Zeitspanne von einem Jahr oder weniger, müssen die Anteile der zustimmenden Mehrheit außerdem mindestens ein Viertel des Grundkapitals umfassen (§ 52 Abs. 5 Satz 2). Die Satzung kann die Mehrheitserfordernisse **verschärfen** und weitere Voraussetzungen festlegen (§ 52 Abs. 5 Satz 3). Erleichterungen sind nach § 23 Abs. 5 ausgeschlossen[106]. Der Vertragspartner wird durch § 136 nicht an der Ausübung seines Stimmrechts gehindert; in Betracht

---

100 Dazu ausf. *Lieder* ZIP 2010, 964 f.; s. auch *Bayer/J. Schmidt*, ZGR 2009, 805, 813.
101 So Begr. RegE, BT-Drucks. 16/11642, S. 25; *Arnold* in KölnKomm. AktG, 3. Aufl., § 52 AktG Rz. 26.
102 *Arnold* in KölnKomm. AktG, 3. Aufl., § 52 AktG Rz. 27; *Hüffer*, § 52 AktG Rz. 14; *Körber* in Bürgers/Körber, § 52 AktG Rz. 13; *Pentz* in MünchKomm. AktG, 3. Aufl., § 52 AktG Rz. 29, 65 f.; *Priester* in Großkomm. AktG, 4. Aufl., § 52 AktG Rz. 64; *Hartmann/Barcaba*, AG 2001, 437, 444.
103 So aber noch *Barz* in Großkomm. AktG, 3. Aufl., § 52 Anm. 11; (speziell zu § 52 Abs. 4 auch) RG v. 23.4.1928 – VI 296/27, RGZ 121, 99, 104; *Baumbach/Hueck*, § 52 AktG Anm. 7; *Eckardt* in G/H/E/K, § 52 AktG Rz. 17.
104 RG v. 23.4.1928 – VI 296/27, RGZ 121, 99, 104; RG v. 20.12.1928 – 318/28 VI., JW 1929, 2944, 2945; *Arnold* in KölnKomm. AktG, 3. Aufl., § 52 AktG Rz. 28; *Hüffer*, § 52 AktG Rz. 15; *Körber* in Bürgers/Körber, § 52 AktG Rz. 15; *Pentz* in MünchKomm. AktG, 3. Aufl., § 52 AktG Rz. 33; *Priester* in Großkomm. AktG, 4. Aufl., § 52 AktG Rz. 68.
105 *Arnold* in KölnKomm. AktG, 3. Aufl., § 52 AktG Rz. 23, 28; *Pentz* in MünchKomm. AktG, 3. Aufl., § 52 AktG Rz. 33, 63; *Holzapfel/Roschmann* in FS Bezzenberger, 2000, S. 163, 178; a.A. *Baumbach/Hueck*, § 52 AktG Anm. 6; *Hüffer*, § 52 AktG Rz. 13; *Priester* in Großkomm. AktG, 4. Aufl., § 52 AktG Rz. 69; *Hoffmann-Becking* in MünchHdb. AG, § 4 Rz. 51; *Heidinger* in Spindler/Stilz, § 52 AktG Rz. 70: Entwurf ausreichend (unter Hinweis auf die Regelung in § 13 UmwG).
106 *Hüffer*, § 52 AktG Rz. 15; *Pentz* in MünchKomm. AktG, 3. Aufl., § 52 AktG Rz. 34; *Priester* in Großkomm. AktG, 4. Aufl., § 52 AktG Rz. 71.

kommt aber eine Anfechtung des Hauptversammlungsbeschlusses nach § 243 Abs. 2[107].

Ist über das Vermögen der AG ein **Insolvenzverfahren** eröffnet worden, tritt an die Stelle der Beschlussfassung durch die Hauptversammlung die ausschließliche Zustimmung des Insolvenzverwalters[108]. 36

## VI. Registerverfahren (§ 52 Abs. 6–8)

Der Vorstand in vertretungsberechtigter Mitgliederzahl[109] hat den Nachgründungsvertrag[110] – nicht etwa den Zustimmungsbeschluss der Hauptversammlung – in notariell beglaubigter Form (§ 12 Abs. 1 HGB) bei dem zuständigen Handelsregister (§ 14) **anzumelden** (§ 52 Abs. 6 Satz 1). Einer Mitwirkung des Aufsichtsrats bedarf es nicht[111]. Der Anmeldung sind nach § 52 Abs. 6 Satz 2 als Anlage beizufügen: der Nachgründungsvertrag sowie die Berichte von Aufsichtsrat und Gründungsprüfer einschließlich der urkundlichen Unterlagen; nach § 130 Abs. 5 zusätzlich die Niederschrift der Hauptversammlung (vgl. § 130 Rz. 62). Findet nach § 52 Abs. 4 Satz 3 keine externe Prüfung statt (oben Rz. 32), dann gilt nach § 52 Abs. 6 Satz 3 die Vorschrift des § 37a entsprechend (ausf. bei § 37a); an die Stelle der Einbringung bei der Sachgründung tritt im Falle der Nachgründung sinngemäß der Erwerb durch die Gesellschaft[112]. Die im Rahmen der Anmeldung nach § 52 Abs. 6 Satz 3 i.V.m. § 37a Abs. 2 abzugebende **Versicherung** ist zwar haftungsrechtlich sanktioniert nach § 53 i.V.m. §§ 46 ff. (näher § 53 Rz. 5), entgegen der Intention des Gesetzgebers[113] aber nicht auch strafrechtlich, da § 399 Abs. 1 Nr. 1 nur die Versicherung bei Eintragung der Gesellschaft und § 399 Abs. 1 Nr. 2 nur die Nachgründungs- und Prüfungsberichte erfasst. Im Hinblick auf Art. 103 Abs. 2 GG, § 1 StGB ist dieses Redaktionsversehen auch nicht im Wege der Analogiebildung korrigierbar, sodass der Gesetzgeber aufgefordert ist, die Strafbarkeitslücke nächstmöglich zu schließen[114]. Eine Erzwingung der Anmeldung findet gem. § 407 Abs. 2 Satz 1 nicht statt[115]. Stattdessen ist eine ohne Unterlagen erfolgte Anmeldung zurückzuweisen, soweit die fehlenden Anlagen trotz Zwischenverfügung im Sinne des § 26 Satz 2 HRV nicht nachgereicht werden[116]. 37

---

107 *Arnold* in KölnKomm. AktG, 3. Aufl., § 52 AktG Rz. 32; *Körber* in Bürgers/Körber, § 52 AktG Rz. 15 a.E.; *Pentz* in MünchKomm. AktG, 3. Aufl., § 52 AktG Rz. 35; *Priester* in Großkomm. AktG, 4. Aufl., § 52 AktG Rz. 71 a.E.
108 *Hüffer*, § 52 AktG Rz. 15 a.E.; *Arnold* in KölnKomm. AktG, 3. Aufl., § 52 AktG Rz. 28; *Priester* in Großkomm. AktG, 4. Aufl., § 52 AktG Rz. 72; a.A. früher BayObLG v. 22.5.1925 – Reg. III Nr. 50/1925, BayObLGZ 24 (1925), 183, 186 f. = JW 1925, 1646, 1647; *Jaeger*, JW 1926, 596 f.
109 *Arnold* in KölnKomm. AktG, 3. Aufl., § 52 AktG Rz. 34; *Hüffer*, § 52 AktG Rz. 16; *Körber* in Bürgers/Körber, § 52 AktG Rz. 16; *Pentz* in MünchKomm. AktG, 3. Aufl., § 52 AktG Rz. 37; *Priester* in Großkomm. AktG, 4. Aufl., § 52 AktG Rz. 73.
110 *Heidinger* in Spindler/Stilz, § 52 AktG Rz. 75; *Priester* in Großkomm. AktG, 4. Aufl., § 52 AktG Rz. 73.
111 *Heidinger* in Spindler/Stilz, § 52 AktG Rz. 75; *Priester* in Großkomm. AktG, 4. Aufl., § 52 AktG Rz. 73.
112 Dazu Begr. RegE, BT-Drucks. 16/11642, S. 25; *Bayer/J. Schmidt*, ZGR 2009, 805, 813.
113 Vgl. Begr. RegE, BT-Drucks. 16/11642, S. 25.
114 Zum Ganzen ausf. *Lieder*, ZIP 2010, 964, 967.
115 *Hüffer*, § 52 AktG Rz. 16; *Körber* in Bürgers/Körber, § 52 AktG Rz. 16; *Priester* in Großkomm. AktG, 4. Aufl., § 52 AktG Rz. 75; anders *Arnold* in KölnKomm. AktG, 3. Aufl., § 52 AktG Rz. 34 für den Fall, dass eine Anmeldung ohne Unterlagen erfolgte.
116 *Arnold* in KölnKomm. AktG, 3. Aufl., § 52 AktG Rz. 35; *Hüffer*, § 52 AktG Rz. 16 a.E.; *Priester* in Großkomm. AktG, 4. Aufl., § 52 AktG Rz. 75 a.E.

38  Die **Prüfung durch das Registergericht** bezieht sich auf die formellen und materiellen Aspekte der Anmeldung (für Einzelheiten s. § 38 Rz. 4 ff.)[117]. Insbesondere hat das Registergericht nach § 52 Abs. 7 zu untersuchen, ob der Nachgründungsbericht den gesetzlichen Vorschriften und die für die zu erwerbenden Vermögenswerte ausbedungene Vergütung nicht unangemessen hoch ausfällt. Dabei ist das Gericht zwar nicht verpflichtet, wohl aber berechtigt, über seine regelmäßige Prüfungstätigkeit hinausgehende Nachforschungen zu betreiben[118]. Enthält die Anmeldung jedoch die Erklärung gem. § 37a Abs. 1 Satz 1 i.V.m. § 52 Abs. 6 Satz 3 (oben Rz. 37), dann wird durch § 52 Abs. 7 Satz 2 die Regelung des § 38 Abs. 3 für anwendbar erklärt, d.h., der Registerrichter darf die Eintragung nur bei einer offenkundigen und erheblichen Überbewertung ablehnen (dazu näher § 38 Rz. 13)[119]. Werden Mängel festgestellt, denen z.B. auch durch eine Zwischenverfügung (§ 26 Satz 2 HRV) nicht abgeholfen werden kann, ist das Gericht – ungeachtet des Wortlauts („kann") – verpflichtet, die Eintragung abzulehnen[120].

39  Die **Eintragung** beinhaltet gem. § 52 Abs. 8 in der Fassung durch das EHUG (Rz. 4) nur noch den Tag des Vertragsabschlusses, den Tag der Zustimmung der Hauptversammlung sowie den oder die Vertragspartner der Gesellschaft. Eine zusätzliche Bekanntmachung erfolgt nicht mehr. Vielmehr kann sich der Rechtsverkehr nun **online über den Inhalt der Eintragung unterrichten**.

## VII. Rechtslage vor und nach Eintragung

### 1. Vor der Eintragung

40  Solange es an dem Zustimmungsbeschluss und (oder) der Eintragung des Vertrags in das Handelsregister fehlt, ist der Nachgründungsvertrag **schwebend unwirksam**[121]. Nach zutreffender, inzwischen ganz h.M. steht dem Vertragspartner innerhalb einer angemessenen Frist ein Widerrufsrecht analog § 178 BGB nicht zu[122]. Dies ergibt sich in rechtsdogmatischer Hinsicht aus dem Umstand, dass es sich bei den nach Vertragsschluss noch einzuhaltenden Kautelen um Wirksamkeitsvoraussetzungen handelt, die die Vertretungsbefugnis des Vorstands nicht tangieren. Zudem ließe sich ein solches Widerrufsrecht mit dem Normzweck des § 52 – Schutz von Gläubigern und Aktionären durch Absicherung des Gebots der realen Kapitalaufbringung – nicht in Einklang bringen.

---

117 Näher *Arnold* in KölnKomm. AktG, 3. Aufl., § 52 AktG Rz. 35; *Körber* in Bürgers/Körber, § 52 AktG Rz. 17; *Pentz* in MünchKomm. AktG, 3. Aufl., § 52 AktG Rz. 39; *Priester* in Großkomm. AktG, 4. Aufl., § 52 AktG Rz. 77.
118 Dazu auch *Hüffer*, § 52 AktG Rz. 17; *Priester* in Großkomm. AktG, 4. Aufl., § 52 AktG Rz. 78.
119 Ausf. dazu *Lieder*, ZIP 2010, 964, 967.
120 *Arnold* in KölnKomm. AktG, 3. Aufl., § 52 AktG Rz. 36; *Hüffer*, § 52 AktG Rz. 17; *Körber* in Bürgers/Körber, § 52 AktG Rz. 17; *Pentz* in MünchKomm. AktG, 3. Aufl., § 52 AktG Rz. 40; *Priester* in Großkomm. AktG, 4. Aufl., § 52 AktG Rz. 79.
121 Unstr.: RG v. 20.12.1928 – 318/28 VI, JW 1929, 2944, 2946; *Arnold* in KölnKomm. AktG, 3. Aufl., § 52 AktG Rz. 22, 39; *Hüffer*, § 52 AktG Rz. 8; *Körber* in Bürgers/Körber, § 52 AktG Rz. 19 a.E.; *Pentz* in MünchKomm. AktG, 3. Aufl., § 52 AktG Rz. 43; *Priester* in Großkomm. AktG, 4. Aufl., § 52 AktG Rz. 81; *Lieder*, ZIP 2010, 964, 970.
122 KG v. 20.9.1923, OLGE 43, 307, 308; OLG Celle v. 15.5.1996 – 9 U 41/95, AG 1996, 370, 371; LG Hamburg v. 28.11.1929 – ZX 423/29, JW 1930, 2726 f.; *Hüffer*, § 52 AktG Rz. 8; *Arnold* in KölnKomm. AktG, 3. Aufl., § 52 AktG Rz. 41; *Körber* in Bürgers/Körber, § 52 AktG Rz. 20; *Pentz* in MünchKomm. AktG, 3. Aufl., § 52 AktG Rz. 44; *Priester* in Großkomm. AktG, 4. Aufl., § 52 AktG Rz. 81; a.A. RG v. 20.12.1928 – 318/28 VI., JW 1929, 2944, 2946; BayObLG v. 22.5.1925 – Reg. III Nr. 50/1925, JW 1925, 1646; abweichend *Witte/Wunderlich*, BB 2000, 2213, 2217, die § 178 BGB modifiziert heranziehen wollen.

## § 52

Aus dem Nachgründungsvertrag ergibt sich die (nichtleistungsbezogene) Nebenpflicht (§ 241 Abs. 2 BGB) der AG, sich **in angemessener Frist** um die Zustimmung der Hauptversammlung sowie die Eintragung des Vertrags zu bemühen[123]. Der Vertragspartner kann der AG eine solche Frist setzen, nach deren fruchtlosem Ablauf er seine Willenserklärung widerrufen kann[124]. Ein solcher Widerruf ist entbehrlich, soweit der Vertrag dadurch endgültig unwirksam wird, dass die Hauptversammlung ihre Zustimmung oder das Registergericht die Eintragung des Vertrages endgültig verweigert[125].

41

Nach § 52 Abs. 1 Satz 2 erstreckt sich die schwebende Unwirksamkeit auch auf **die dinglichen Vollzugsgeschäfte**, solange es an dem Zustimmungsbeschluss und der Handelsregistereintragung mangelt. Die Vorschrift stellt eine spezialgesetzliche Durchbrechung des zivilrechtlichen Abstraktionsprinzips dar[126]. Werden die Wirksamkeitsvoraussetzungen der Nachgründung später erfüllt, wird das Geschäft ex nunc wirksam; eine Rückwirkung findet nicht statt[127], denn eine solche ist mit dem sachenrechtlichen Publizitäts- und Offenkundigkeitsgrundsatz sowie den Geboten von Rechtsklarheit und Rechtssicherheit unvereinbar. Zur Wirksamkeit bedarf es selbst bei Grundstücksgeschäften keiner Neuvornahme des Vollzugsgeschäfts, da es sich bei den Nachgründungskautelen um zusätzliche Wirksamkeitsbedingungen, nicht aber um Bedingungen im Sinne des § 925 Abs. 2 BGB handelt[128].

42

Auch **nach Ablauf der Zweijahresfrist** wird der Vertrag nicht ipso iure wirksam[129]. In Betracht kommen stattdessen eine Neuvornahme oder Bestätigung des Geschäfts durch die Vertragsparteien gem. § 141 BGB[130]. Hierdurch wird der Vertrag ex nunc wirksam, ohne dass es eines Zustimmungsbeschlusses oder einer Handelsregistereintragung bedarf[131]. Eine solche Neuvornahme ist entgegen der hergebrachten Auffassung[132] aber nicht erforderlich; möglich ist analog § 108 Abs. 3 BGB vielmehr auch

43

---

123 Unter Hinweis auf § 242 BGB ebenso *Hüffer*, § 52 AktG Rz. 8; *Pentz* in MünchKomm. AktG, 3. Aufl., § 52 AktG Rz. 46; *Priester* in Großkomm. AktG, 4. Aufl., § 52 AktG Rz. 82.
124 Zu Angemessenheit und Rechtsgrundlage der Fristsetzung, zu Haftungsfragen sowie weiteren (zum Teil strittigen) Einzelheiten: *Arnold* in KölnKomm. AktG, 3. Aufl., § 52 AktG Rz. 42; *Pentz* in MünchKomm. AktG, 3. Aufl., § 52 AktG Rz. 46 ff.; *Priester* in Großkomm. AktG, 4. Aufl., § 52 AktG Rz. 82 ff.; *Schwab*, Nachgründung, S. 220 ff.
125 *Hüffer*, § 52 AktG Rz. 8 a.E.; *Pentz* in MünchKomm. AktG, 3. Aufl., § 52 AktG Rz. 43, 61; *Priester* in Großkomm. AktG, 4. Aufl., § 52 AktG Rz. 86.
126 *Arnold* in KölnKomm. AktG, 3. Aufl., § 52 AktG Rz. 43; *Heidinger* in Spindler/Stilz, § 52 AktG Rz. 84; *Hüffer*, § 52 AktG Rz. 9; *Körber* in Bürgers/Körber, § 52 AktG Rz. 22; *Priester* in Großkomm. AktG, 4. Aufl., § 52 AktG Rz. 87.
127 *Arnold* in KölnKomm. AktG, 3. Aufl., § 52 AktG Rz. 44; *Heidinger* in Spindler/Stilz, § 52 AktG Rz. 85; *Pentz* in MünchKomm. AktG, 3. Aufl., § 52 AktG Rz. 49; *Priester* in Großkomm. AktG, 4. Aufl., § 52 AktG Rz. 87; *Lieder* ZIP 2010, 964, 970; a.A. v. Godin/Wilhelmi, § 52 AktG Anm. 10; *Weißhaupt*, ZGR 2005, 726, 734 f.
128 Unstr.: RG v. 20.12.1928 – 318/28 VI, JW 1929, 2944, 2946; *Hüffer*, § 52 AktG Rz. 9; *Arnold* in KölnKomm. AktG, 3. Aufl., § 52 AktG Rz. 44; *Körber* in Bürgers/Körber, § 52 AktG Rz. 22; *Priester* in Großkomm. AktG, 4. Aufl., § 52 AktG Rz. 87.
129 Unstr.: *Priester* in Großkomm. AktG, 4. Aufl., § 52 AktG Rz. 102; *Krieger* in FS Claussen, 1997, S. 223, 235; *Lieder* ZIP 2010, 964, 970.
130 *Arnold* in KölnKomm. AktG, 3. Aufl., § 52 Rz. 44; *Hüffer*, § 52 AktG Rz. 7; *Körber* in Bürgers/Körber, AktG, § 52 AktG Rz. 21; *Priester* in Großkomm. AktG, 4. Aufl., § 52 AktG Rz. 102; *Weißhaupt*, ZGR 2005, 726, 736 f.; *Lieder* ZIP 2010, 964, 970; a.A. Hartmann/Barcaba, AG 2001, 437, 445.
131 *Priester* in Großkomm. AktG, 4. Aufl., § 52 AktG Rz. 102; *Diekmann*, ZIP 1996, 2149, 2150; *Weißhaupt*, ZGR 2005, 726, 731 f.; *Krieger* in FS Claussen, 1997, S. 223, 236; *Martens* in FS Priester, 2007, S. 427, 440; abweichend *Zimmer*, DB 2000, 1265, 1270: Zustimmung des Aufsichtsrats erforderlich.
132 *Barz* in Großkomm. AktG, 3. Aufl., § 52 AktG Anm. 4; *Eckardt* in G/H/E/K, § 52 AktG Rz. 13; *Pentz* in MünchKomm. AktG, 3. Aufl., § 52 AktG Rz. 61; vgl. weiter *Schwab*, Nachgründung, S. 233 m.w.N.

eine einseitige Genehmigung des Rechtsgeschäfts durch den Vorstand[133], denn andernfalls könnte sich der Vertragspartner von dem Rechtsgeschäft lossagen, was dem Schutzzweck des § 52 (Rz. 2) nicht gerecht würde. Der Vertrag wird in diesem Fall gem. §§ 182 Abs. 1, 184 BGB rückwirkend auf den Zeitpunkt seiner Vornahme wirksam.

44 Im Falle **endgültiger Unwirksamkeit** des Nachgründungsvertrags sind ausgetauschte Leistungen rückabzuwickeln. Dafür gelten – neben § 812 BGB[134] – auch §§ 985, 987 ff. BGB[135]. Die Vorschrift des § 62 findet hingegen keine Anwendung; denn die Rückabwicklung des unwirksamen Nachgründungsgeschäfts betrifft nicht die Kapitalerhaltung, sondern die Kapitalaufbringung, wo nach bisherigem Recht sogar der Rückgewähranspruch im Falle der verdeckten Sacheinlage (vgl. § 27 Rz. 51) nicht auf § 62 gestützt werden konnte[136]. Arg. a maiore ad minus muss dies erst recht für die Nachgründung gelten. Dass mit § 62 die schärfere Regelung nur für die Kapitalerhaltung gilt, ist nur scheinbar ein Widerspruch: während § 62 einen unbedingten, durch § 66 gestärkten Anspruch auf Rückgewähr einer verbotenen Auszahlung gibt, betreffen die verdeckte Sacheinlage und die Nachgründung Sachverhalte, in denen Leistungen ausgetauscht werden – zwar in unzulässiger Weise, doch muss hier stets die Gegenleistung mit berücksichtigt werden. Dies lässt sich nur gem. §§ 812 ff., 985, 987 ff. BGB gewährleisten.

### 2. Nach der Eintragung

45 Soweit auch die übrigen Voraussetzungen des § 52 Abs. 1–5 vorliegen, wird der Nachgründungsvertrag mit der Eintragung in das Handelsregister wirksam. Weder fehlende Schriftform (Rz. 27 f.) noch ein fehlender Zustimmungsbeschluss (Rz. 34 ff.) werden durch die Eintragung geheilt[137]. Umgekehrt lassen fehlende Aktionärsinformationen oder Prüfungen (Rz. 29 ff.) und (oder) eine zu hoch bemessene Vergütung die Wirksamkeit des Nachgründungsvertrages unberührt; in Betracht kommt neben einer Anfechtung des Zustimmungsbeschlusses (oben Rz. 35) aber auch ein Verstoß gegen das Verbot der Einlagenrückgewähr (§ 57; dazu dort Rz. 21)[138].

---

133 *Arnold* in KölnKomm. AktG, 3. Aufl., § 52 AktG Rz. 44; *Hüffer*, § 52 AktG Rz. 7; *Priester* in Großkomm. AktG, 4. Aufl., § 52 AktG Rz. 102; *Lieder*, ZIP 2010, 964, 970.
134 Einzelheiten zur bereicherungsrechtlichen Rückabwicklung: BGH v. 11.5.2009 – II ZR 137/08 – „Lurgi II", ZIP 2009, 1155 = AG 2009, 493, Rz. 15 mit im Erg. zust. Anm. *Lieder*, WuB II A. § 27 AktG 1.09; vgl. dazu auch bei § 27 Rz. 51.
135 *Arnold* in KölnKomm. AktG, 3. Aufl., § 52 AktG Rz. 45; *Pentz* in MünchKomm. AktG, 3. Aufl., § 52 AktG Rz. 62; *Priester* in Großkomm. AktG, 4. Aufl., § 52 AktG Rz. 88; *Lieder* ZIP 2010, 964, 970.
136 So überzeugend BGH v. 9.7.2007 – II ZR 62/06 – „Lurgi I", BGHZ 173, 145 = AG 2007, 741, Rz. 18 m. Anm. *H.-F. Müller*, LMK 2007, 242984; BGH v. 18.2.2008 – II ZR 132/06 – „Rheinmöwe", BGHZ 175, 265 = AG 2008, 383, Rz. 15; ebenso *Pentz* in MünchKomm. AktG, 3. Aufl., § 52 AktG Rz. 62; *Habersack*, ZGR 2008, 48, 60 f.; *Lieder*, ZIP 2010, 964, 970; *Lieder*, WuB II A. § 27 AktG 2.08; a.A. *Arnold* in KölnKomm. AktG, 3. Aufl., § 52 AktG Rz. 45; *Hüffer*, § 52 AktG Rz. 9; *Körber* in Bürgers/Körber, § 52 AktG Rz. 22 a.E.; *Priester* in Großkomm. AktG, 4. Aufl., § 52 AktG Rz. 88; *Drygala* in FS U. Huber, 2006, S. 691, 694 f., 698 ff., 702 f.
137 *Arnold* in KölnKomm. AktG, 3. Aufl., § 52 AktG Rz. 40; *Körber* in Bürgers/Körber, § 52 AktG Rz. 21; *Pentz* in MünchKomm. AktG, 3. Aufl., § 52 AktG Rz. 50; *Priester* in Großkomm. AktG, 4. Aufl., § 52 AktG Rz. 89.
138 Wie hier *Heidinger* in Spindler/Stilz, § 52 AktG Rz. 91; *Pentz* in MünchKomm. AktG, 3. Aufl., § 52 AktG Rz. 50; *Priester* in Großkomm. AktG, 4. Aufl., § 52 AktG Rz. 90; s. noch *Kraft* in KölnKomm. AktG, 2. Aufl., § 52 AktG Rz. 45.

## VIII. Befreiungen (§ 52 Abs. 9)

### 1. Laufende Geschäfte der Gesellschaft

Von den besonderen Nachgründungsvorschriften des § 52 Abs. 1–8 dispensiert § 52 Abs. 9 Var. 1 zunächst den Erwerb von Vermögensgegenständen im Rahmen der *laufenden Geschäfte* der Gesellschaft. Gemeint sind damit **alltägliche Geschäfte**[139], bei welchen besondere Risiken für die Interessen von Gesellschaftsgläubigern und Aktionären in Bezug auf die Kapitalausstattung der AG typischerweise nicht zu besorgen sind[140]. „Laufende Geschäfte" dürfen in diesem Zusammenhang nicht mit „gewöhnlichen Geschäften" verwechselt werden, mit solchen Geschäften also, die mit einem bestimmten Unternehmenstyp verbunden sind (vgl. § 116 Abs. 1 HGB)[141]. Dies unterscheidet § 52 Abs. 9 in seiner aktuellen Fassung von der bis 2001 (NaStraG; dazu Rz. 4) geltenden Ausnahmevorschrift, die Erwerbsvorgänge ausnahm, die den Gegenstand des Unternehmens bildeten. Dementsprechend können die zum früheren Recht angestellten Überlegungen[142] nicht unbesehen auf die Neufassung übertragen werden[143].

46

**Keine Ausnahme** gilt daher z.B. für den früher zum Teil[144] für nachgründungsfrei gehaltenen Erwerb von Beteiligungen durch eine Holdinggesellschaft[145]. Entsprechendes gilt für den Erwerb von Anlagevermögen[146] und den Aufbau der unternehmensinternen Infrastruktur[147].

47

Wenn es auch heute nicht mehr hinreichend ist, dass der Erwerb der Sachwerte den Gegenstand des Unternehmens bildet, ist gleichwohl auch weiterhin erforderlich, dass die laufenden Geschäfte im Sinne des § 52 Abs. 9 einen **spezifischen Bezug zum**

48

---

139 *Arnold* in KölnKomm. AktG, 3. Aufl., § 52 AktG Rz. 47; *Heidinger* in Spindler/Stilz, § 52 AktG Rz. 19; *Hüffer*, § 52 AktG Rz. 18; *Körber* in Bürgers/Körber, § 52 AktG Rz. 23; *Priester* in Großkomm. AktG, 4. Aufl., § 52 AktG Rz. 92; *Bayer/Lieder*, NZG 2010, 86, 92; *Lieder*, ZIP 2010, 964, 969.
140 In diesem Sinne auch *Arnold* in KölnKomm. AktG, 3. Aufl., § 52 AktG Rz. 47; *Hüffer*, § 52 AktG Rz. 18; *Bayer/Lieder*, NZG 2010, 86, 92; zurückhaltender *Priester* in Großkomm. AktG, 4. Aufl., § 52 AktG Rz. 92 ff.
141 Für eine Interpretation in Anlehnung an § 116 Abs. 1 HGB aber *Dormann/Fromholzer*, AG 2001, 242, 246; *Hartmann/Barcaba*, AG 2001, 437, 441; *Pentz*, NZG 2001, 346, 352; *Schwab*, Nachgründung, S. 126 f.; wie hier aber zutreffend *Arnold* in KölnKomm. AktG, 3. Aufl., § 52 AktG Rz. 47; *Heidinger* in Spindler/Stilz, § 52 AktG Rz. 19; *Körber* in Bürgers/Körber, § 52 AktG Rz. 23; *Priester* in Großkomm. AktG, 4. Aufl., § 52 AktG Rz. 92.
142 S. exemplarisch *Kraft* in KölnKomm. AktG, 2. Aufl., § 52 AktG Rz. 55 f.; *Lutter/Ziemons*, ZGR 1999, 479, 487 ff.
143 Großzügiger *Hüffer*, § 52 AktG Rz. 18; *Schwab*, Nachgründung, S. 127; zurückhaltender *Priester* in Großkomm. AktG, 4. Aufl., § 52 AktG Rz. 94.
144 So z.B. *Jäger*, NZG 1998, 370, 372; *Holzapfel/Roschmann* in FS Bezzenberger, 2000, S. 163, 174; a.A. *Lutter/Ziemons*, ZGR 1999, 479, 494 f.; *Knott*, BB 1999, 806, 809.
145 *Arnold* in KölnKomm. AktG, 3. Aufl., § 52 AktG Rz. 47 a.E.; *Hüffer*, § 52 AktG Rz. 18 a.E.; *Körber* in Bürgers/Körber, § 52 AktG Rz. 23; *Priester* in Großkomm. AktG, 4. Aufl., § 52 AktG Rz. 94; *Koch*, Nachgründung, S. 103 f.; a.A. *Walter/Hald*, DB 2001, 1183, 1185; *Schwab*, Nachgründung, S. 129.
146 *Arnold* in KölnKomm. AktG, 3. Aufl., § 52 AktG Rz. 47; *Körber* in Bürgers/Körber, § 52 AktG Rz. 23; *Priester* in Großkomm. AktG, 4. Aufl., § 52 AktG Rz. 94 a.E.; *Eisolt*, DStR 2001, 748, 752; ebenso die früher h.M.: RG v. 20.12.1928 – 318/28 VI, JW 1929, 2944, 2945; *Pentz* in MünchKomm. AktG, 3. Aufl., § 52 AktG Rz. 54; *Knott*, BB 1999, 806, 809; *Werner*, NZG 2000, 231, 232; *Krieger* in FS Claussen, 1997, S. 223, 230; a.A. *Schwab*, Nachgründung, S. 128.
147 *Arnold* in KölnKomm. AktG, 3. Aufl., § 52 AktG Rz. 47; *Hüffer*, § 52 AktG Rz. 18; *Priester* in Großkomm. AktG, 4. Aufl., § 52 AktG Rz. 92 a.E.; *Priester*, DB 2001, 467, 470; *Eisolt*, DStR 2001, 748, 752; *Koch*, Nachgründung, S. 100 ff.; großzügiger *Schwab*, Nachgründung, S. 128 f.

**Unternehmensgegenstand** aufweisen[148]. Soweit der satzungsmäßige Unternehmensgegenstand gem. § 23 Abs. 3 Nr. 2 dies vorsieht, bleibt z.B. der Erwerb von Immobilien durch eine Grundstücks(handels)gesellschaft auch weiterhin nachgründungsfrei[149]. Dabei handelt es sich um einen der wenigen Fälle, den die Ausnahmevorschrift noch erfasst. Im Übrigen ist deren Anwendungsbereich im Hinblick auf die 10 %-Grenze außerordentlich beschränkt.

49 Zu alltäglichen Geschäften gehören auch solche Erwerbsvorgänge, ohne die der Unternehmensgegenstand nicht verwirklicht werden kann (**Hilfsgeschäfte**)[150]. Hierzu zählt die Beschaffung von Betriebsmitteln in Produktionsgesellschaften, der Gütererwerb in einem Handelsunternehmen sowie der Abschluss von Verträgen mit Mitarbeitern oder externen Dienstleistern, soweit sie einen spezifischen Bezug zum jeweiligen Unternehmensgegenstand aufweisen[151].

### 2. Zwangsvollstreckung

50 Erwerbsvorgänge in der Zwangsvollstreckung **sind nachgründungsfrei**, weil die Annahme einer Vorabsprache hier typischerweise fern liegt[152]. Dies rechtfertigt eine Freistellung von den Nachgründungskautelen nicht nur, wenn die Gesellschaft Inhaberin eines Titels ist[153], sondern auch, soweit die AG im Rahmen der Zwangsvollstreckung als Mitbieterin beteiligt ist[154]. Auch in diesem Fall ist eine nachgründungstypische Gefahrenlage regelmäßig nicht gegeben. Erfasst ist außerdem der Erwerb nach §§ 165 f., 173 InsO[155] sowie nach § 1233 Abs. 2 BGB[156]; demgegenüber ist eine Zwangsversteigerung nach § 753 BGB, §§ 180 ff. ZVG nur nachgründungsfrei, soweit diese aufgrund eines vollstreckbaren Titels erfolgt[157].

---

148 So oder ähnlich *Hüffer*, § 52 AktG Rz. 18; *Priester* in Großkomm. AktG, 4. Aufl., § 52 AktG Rz. 94; *C. Schmidt/Seipp*, ZIP 2000, 2089, 2090 f.
149 *Arnold* in KölnKomm. AktG, 3. Aufl., § 52 AktG Rz. 47; *Hüffer*, § 52 AktG Rz. 18, *Körber* in Bürgers/Körber, § 52 AktG Rz. 23; *Pentz* in MünchKomm. AktG, 3. Aufl., § 52 AktG Rz. 55; (nach früherem Recht) RG v. 24.6.1910 – 692/09 II, JW 1910, 800; *v. Godin/Wilhelmi*, § 52 AktG Anm. 12.
150 *Hüffer*, § 52 AktG Rz. 18; *Körber* in Bürgers/Körber, § 52 AktG Rz. 23; *Priester* in Großkomm. AktG, 4. Aufl., § 52 AktG Rz. 93; *Koch*, Nachgründung, S. 99 f.; *Bayer/Lieder*, NZG 2010, 86, 92; *Lieder*, ZIP 2010, 964, 969; (zum früheren Recht) *Krieger* in FS Claussen, 1997, S. 223, 232; noch weitergehend *Diekmann*, ZIP 1996, 2149, 2150; *Schwab*, Nachgründung, S. 128 f.
151 Ebenso *Heidinger* in Spindler/Stilz, § 52 AktG Rz. 20; *Bayer/Lieder*, NZG 2010, 86, 92; weitere Beispiele bei *Priester* in Großkomm. AktG, 4. Aufl., § 52 AktG Rz. 93; *Pentz* in MünchKomm. AktG, 3. Aufl., § 52 AktG Rz. 57; *Koch*, Nachgründung, S. 91 ff.; *Krieger* in FS Claussen, 1997, S. 223, 232 f.
152 Vgl. *Pentz* in MünchKomm. AktG, 3. Aufl., § 52 AktG Rz. 51, 58 f.; *Priester* in Großkomm. AktG, 4. Aufl., § 52 AktG Rz. 96; *Schwab*, Nachgründung, S. 131 f.
153 So aber die früher h.M.: *Hüffer*, § 52 AktG Rz. 19; *Kraft* in KölnKomm. AktG, 2. Aufl., § 52 AktG Rz. 57; *Diekmann*, ZIP 1996, 2149, 2150 f.
154 Wie hier *Arnold* in KölnKomm. AktG, 3. Aufl., § 52 AktG Rz. 48; *Körber* in Bürgers/Körber, § 52 AktG Rz. 24; *Pentz* in MünchKomm. AktG, 3. Aufl., § 52 AktG Rz. 58; *Pentz*, NZG 2001, 346, 348; *Priester* in Großkomm. AktG, 4. Aufl., § 52 AktG Rz. 96; *Heidinger* in Spindler/Stilz, § 52 AktG Rz. 21; *Schwab*, Nachgründung, S. 131 f., jeweils auch unter Hinweis auf Art. 11 Abs. 2 der Kapitalrichtlinie.
155 *Hüffer*, § 52 AktG Rz. 19 a.E.; *Körber* in Bürgers/Körber, § 52 AktG Rz. 24; *Pentz* in MünchKomm. AktG, 3. Aufl., § 52 AktG Rz. 58; *Priester* in Großkomm. AktG, 4. Aufl., § 52 AktG Rz. 96; *Schwab*, Nachgründung, S. 132; a.A. *Falk/Schäfer*, ZIP 2001, 1337, 1342.
156 *Körber* in Bürgers/Körber, § 52 AktG Rz. 24; *Pentz* in MünchKomm. AktG, 3. Aufl., § 52 AktG Rz. 58; *Priester* in Großkomm. AktG, 4. Aufl., § 52 AktG Rz. 96; *Schwab*, Nachgründung, S. 132.
157 *Heidinger* in Spindler/Stilz, § 52 AktG Rz. 22 a.E.; *Priester* in Großkomm. AktG, 4. Aufl., § 52 AktG Rz. 96 a.E.; *Hartmann/Barcaba*, AG 2001, 437, 442.

## 3. Erwerb an der Börse

**Nachgründungsfrei** ist nach § 52 Abs. 9 Var. 3 schließlich **der Erwerb an der Börse**. 51
Diese Einschränkung findet ihre teleologische Rechtfertigung in der Überlegung, dass die Erwerbsmodalitäten hier durch die Mechanismen des Marktes bestimmt werden; die mit einer Nachgründung typischerweise in Zusammenhang stehenden Gefahren für die Kapitalaufbringung sind hier ausgeschlossen[158]. Dies gilt für sämtliche Börsen im Sinne des Börsengesetzes[159], auch für Warenbörsen[160]. Auch Erwerbsvorgänge **im Rahmen eines Übernahmeangebots** nach § 31 WpÜG sind in analoger Anwendung des § 52 Abs. 9 Var. 3 von den Nachgründungsvorschriften auszunehmen[161], da das Angebot in diesem Fall an den Börsenpreis gebunden ist und es dementsprechend an der nachgründungstypischen Gefährdungslage mangelt.

## IX. Verhältnis der Nachgründung zur verdeckten Sacheinlage

Das Nachgründungsrecht und die verdeckte Sacheinlage stehen als Schutzinstrumente gegen Umgehungen des Sachgründungsrechts **eigenständig** und **unabhängig** nebeneinander[162]. Noch vor Inkrafttreten des ARUG hatte der BGH bereits zutreffend anerkannt, dass die Grundsätze der verdeckten Sacheinlage durch § 52 nicht verdrängt werden[163]. Vielmehr darf man das Nachgründungsrecht als flankierenden Sanktionsmechanismus begreifen, der das Sachgründungsrecht ebenso gegen Umgehungen schützt, wie die Rechtsfigur der verdeckten Sacheinlage[164]. Umgekehrt entfaltet § 52 auch keine Ausstrahlungswirkung auf den Tatbestand der verdeckten Sacheinlage. Insbesondere kann aus dem tatbestandlichen Vorliegen eines Nachgründungsgeschäfts nicht auf eine verdeckte Sacheinlage geschlossen werden[165]. Das zeigt sich besonders deutlich am Beispiel der Dienstleistung, die zwar von § 52 erfasst ist (Rz. 21), nicht aber zu einer verdeckten Sacheinlage führen kann (Rz. § 27 Rz. 18). Nachgründung und verdeckte Sacheinlage unterscheiden sich weiterhin durch die besonderen tatbestandlichen Voraussetzungen für Vertragspartner (Rz. 14 ff.) und Gegenleistung (Rz. 25) von Nachgründungsgeschäften sowie den eng begrenzten zeitlichen Anwendungsbereich des § 52 (Rz. 24). 52

---

158 *Arnold* in KölnKomm. AktG, 3. Aufl., § 52 AktG Rz. 49; *Hüffer*, § 52 AktG Rz. 20; *Körber* in Bürgers/Körber, § 52 AktG Rz. 25; *Priester* in Großkomm. AktG, 4. Aufl., § 52 AktG Rz. 97; *Dormann/Fromholzer*, AG 2001, 242, 246; *Hartmann/Barcaba*, AG 2001, 437, 442.
159 Dazu ausf. *Groß*, Kapitalmarktrecht, § 1 BörsG Rz. 1 f., § 2 BörsG Rz. 2 ff.; *Schwark* in Schwark, 3. Aufl., § 1 BörsG Rz. 1 ff.
160 *Arnold* in KölnKomm. AktG, 3. Aufl., § 52 AktG Rz. 49; *Heidinger* in Spindler/Stilz, § 52 AktG Rz. 23; *Hüffer*, § 52 AktG Rz. 20; *Priester* in Großkomm. AktG, 4. Aufl., § 52 AktG Rz. 97; *Hartmann/Barcaba*, AG 2001, 437, 442; a.A. *Schwab*, Nachgründung, S. 133: nicht für Freiverkehr gem. § 78 BörsG und nicht für Warenbörsen; zweifelnd auch *Pentz* in MünchKomm. AktG, 3. Aufl., § 52 AktG Rz. 59.
161 Wie hier *Priester* in Großkomm. AktG, 4. Aufl., § 52 AktG Rz. 97 a.E.; *Pentz* in MünchKomm. AktG, 3. Aufl., § 52 AktG Rz. 59; *Dormann/Fromholzer*, AG 2001, 242, 246; a.A. *Schwab*, Nachgründung, S. 134.
162 Zum Folgenden grundlegend *Lieder*, ZIP 2010, 964, 967 ff.; s. ferner *Herrler/Reymann*, DNotZ 2009, 914, 919 ff.
163 BGH v. 9.7.2007 – II ZR 62/06 – „Lurgi I", BGHZ 173, 145 = AG 2007, 741, Rz. 18; BGH v. 18.2.2008 – II ZR 132/06 – „Rheinmöve", BGHZ 175, 265 = AG 2008, 383, Rz. 15; dem folgend Rechtsausschuss, BT-Drucks. 16/13098, S. 36; zuvor bereits *Priester* in Großkomm. AktG, 4. Aufl., § 52 AktG Rz. 16; *Habersack*, ZGR 2008, 48, 59; ausf. *Lutter/Gehling*, WM 1989, 1445, 1448 ff.; a.A. *Wilhelm*, ZHR 152 (1988), 333, 349 ff.; *Loos*, AG 1989, 381, 386 f.
164 Zutreffend *Lieder*, ZIP 2010, 964, 968; *Lieder*, WuB II A. § 27 AktG 2.08.
165 So aber *Pentz* in MünchKomm. AktG, 3. Aufl., § 52 AktG Rz. 10; *Mülbert*, ZHR 154 (1990), 145, 176.

53 Treffen Nachgründung und verdeckte Sacheinlage tatbestandlich aufeinander, gebührt der **Unwirksamkeitsfolge** des § 52 Abs. 1 der **Vorrang gegenüber** einer **Anrechnung** nach § 27 Abs. 3 AktG (zur Anrechnung näher § 27 Rz. 70 ff.).[166] Das ergibt sich aus dem weitergehenden Normzweck des § 52, der nicht nur – wie die Rechtsfigur der verdeckten Sacheinlage (§ 27 Rz. 58) – darauf gerichtet ist, Umgehungen der Sacheinbringungsvorschriften zu sanktionieren (§ 27 Rz. 51), sondern außerdem darauf abzielt, die Vorstände junger Aktiengesellschaften vor unzulässigen Übergriffen von Gründern und Großaktionären zu schützen (Rz. 2). Dieser weitergehende Schutzzweck des § 52 wäre nur mangelhaft verwirklicht, wenn ein Verstoß gegen Nachgründungsrecht im Anwendungsbereich der verdeckten Sacheinlage – anders als sonst – zur Anrechnung des Werts des eingebrachten Vermögensgegenstandes und nicht zur Unwirksamkeit des Nachgründungsvertrags und sämtlicher Vollzugsgeschäfte führen würde (zur Unwirksamkeitsfolge: oben Rz. 44). Dafür spricht außerdem Art. 11 **Kapitalrichtlinie**, der für die Wirksamkeit von Nachgründungsgeschäften eine Wertprüfung, Offenlegung und einen Hauptversammlungsbeschluss verlangt. Ließe das deutsche Recht eine Anrechnung des Sachwerts unter Missachtung dieser gemeinschaftsrechtlich verbürgten Kautelen zu, würde gegen das Gebot der richtlinienkonformen Auslegung verstoßen[167]. Eine Anrechnung des tatsächlichen Sachwerts scheitert demnach daran, dass die Unwirksamkeitsfolge des § 52 dazu führt, dass die Sache nicht wirksam in die AG eingebracht werden kann[168]. In der Praxis werden demnach die Rechtsfolgen der verdeckten Sacheinlage durch das Nachgründungsrecht **überlagert**.

54 Der eigenständige Charakter von Nachgründung und verdeckter Sacheinlage ist durch die **Streichung des § 52 Abs. 10 a.F.** unterstrichen worden. Für die **Heilung verdeckter Sacheinlagen** ist das Nachgründungsverfahren heute ohne Bedeutung (ausf. § 27 Rz. 83 ff.)[169]. Sind beide Rechtsinstitute verwirklicht, müssen für eine Heilung sowohl die Wirksamkeitsvoraussetzungen des § 52 vorliegen als auch die spezifischen Heilungsvoraussetzungen für verdeckte Sacheinlagen erfüllt sein. Da sich Heilungs- und Nachgründungsverfahren in diesem Zusammenhang weitgehend decken, können beide Verfahren gemeinsam durchgeführt werden[170].

55 **De lege lata** wird man sich nicht zuletzt aufgrund der gemeinschaftsrechtlichen Vorgaben zum Nachgründungsrecht mit den divergierenden Rechtsfolgen des § 52 Abs. 1 und der verdeckter Sacheinlage abfinden müssen, auch wenn das Eingreifen der Unwirksamkeitsfolge im Ergebnis vom Zeitpunkt der Eintragung der AG abhängt[171]. **De lege ferenda** ist dieses Ergebnis durchaus zweifelhaft. Die Problematik lässt sich indes durch eine Rechtsänderung im Aktiengesetz nicht beseitigen. Vielmehr ist festzuhalten, dass aufgrund der europäischen Vorgaben die mit der Reformierung der verdeckten Sacheinlage angestrebte Liberalisierung im Anwendungsbereich des § 52 AktG grandios gescheitert ist. Es zeigt sich auch an dieser Stelle (vgl. bereits bei § 27 Rz. 56), dass der durch die Neufassung der § 27 Abs. 3 und 4 verursachte Eingriff in das Kapitalaufbringungsrecht systemwidrig ist und wenig durchdacht war. Mit Genugtuung mögen die Kritiker nun sehen, dass für einen beträchtlichen Teil der verdeckten Sacheinlagen das Nachgründungsrecht auch in Zukunft für eine scharfe

---

166 Dazu ausf. *Lieder*, ZIP 2010, 964, 969 f.; vgl. noch *Bayer/Lieder*, GWR 2010, 3, 5; zum bisherigen Recht bereits ebenso *Priester* in Großkomm. AktG, 4. Aufl., § 52 AktG Rz. 17.
167 Wie hier schon *Lieder*, ZIP 2010, 964, 969 f.; im Erg. ebenso *Herrler/Reymann*, DNotZ 2009, 914, 921.
168 *Lieder*, ZIP 2010, 964, 970.
169 Näher *Lieder*, ZIP 2010, 964, 970.
170 *Lieder*, ZIP 2010, 964, 970 f.
171 S. dazu krit. *Herrler/Reymann*, DNotZ 2009, 914, 921 f.

Sanktionierung unzulässiger Umgehungsgeschäfte sorgt. Anwendungsbereich für die verdeckte Sacheinlage sind in erster Linie Kapitalerhöhungen, die erst später als zwei Jahre nach der Gründung vorgenommen werden (dazu oben Rz. 10, 24).

## § 53
## Ersatzansprüche bei der Nachgründung

Für die Nachgründung gelten die §§ 46, 47, 49 bis 51 über die Ersatzansprüche der Gesellschaft sinngemäß. An die Stelle der Gründer treten die Mitglieder des Vorstands und des Aufsichtsrats. Sie haben die Sorgfalt eines ordentlichen und gewissenhaften Geschäftsleiters anzuwenden. Soweit Fristen mit der Eintragung der Gesellschaft in das Handelsregister beginnen, tritt an deren Stelle die Eintragung des Vertrags über die Nachgründung.

| | |
|---|---|
| I. Regelungsgegenstand, Normzweck und Vorläuferregelungen . . . . . . . 1 | III. Besonderheiten der Nachgründungshaftung . . . . . . . . . . . . . . . . . 5 |
| II. Anwendbare Haftungsgrundsätze . . . 4 | |

**Literatur:** S. zu § 52.

### I. Regelungsgegenstand, Normzweck und Vorläuferregelungen

§ 53 erklärt bei der Nachgründung die Grundsätze der **Gründungshaftung** für **entsprechend anwendbar**. Geregelt ist damit die Haftung gegenüber der AG für Schäden, die diese im Rahmen der Nachgründung erleidet. Die Nachgründungshaftung ist zwingend und strafrechtlich abgesichert (vgl. §§ 399 Abs. 1 Nr. 1–3, 400 Abs. 1 Nr. 2 und Abs. 2, 403, 404). 1

Der **Zweck** des § 53 ist es, die Nachgründungshaftung in Anlehnung an die Gründungshaftung zu regeln, dabei aber (durch § 53 Satz 2–4) zugleich den Besonderheiten des Nachgründungsverfahrens hinreichend gerecht zu werden[1]. Die Haftungssanktion dient letztlich der Absicherung des Gebots der realen Kapitalaufbringung und insofern dem Schutz der Gesellschaftsgläubiger und der (zukünftigen) Aktionäre[2]. 2

Zu den historischen **Vorläuferregelungen** des § 53 zählen Art. 213f Abs. 5 ADHGB 1884, § 203 HGB 1897 und § 46 AktG 1937. 3

### II. Anwendbare Haftungsgrundsätze

Nach § 53 Satz 1 gelten für die haftungsrechtliche Verantwortlichkeit bei der Nachgründung im Sinne des § 52 (dazu § 52 Rz. 7 ff.) die §§ 46, 47, 49–51 sinngemäß. Hinsichtlich der Gründerhaftung gelten die objektiven und subjektiven Voraussetzungen des § 46, einschließlich der speziellen Exkulpationsvorschrift entsprechend. War das 4

---
1 *Hüffer*, § 53 AktG Rz. 1 a.E.; *Kraft* in KölnKomm. AktG, 2. Aufl., § 53 AktG Rz. 2; *Ehricke* in Großkomm. AktG, 4. Aufl., § 53 AktG Rz. 3.
2 *Pentz* in MünchKomm. AktG, 3. Aufl., § 53 AktG Rz. 3 a.E.; *Ehricke* in Großkomm. AktG, 4. Aufl., § 53 AktG Rz. 3 a.E.; *Heidinger* in Spindler/Stilz, § 53 AktG Rz. 1.

Tätigwerden der Verwaltungsmitglieder durch Hintermänner veranlasst, haften beide Personengruppen entsprechend § 46 Abs. 5[3]. Gründungsgenossen und Emittenten haften entsprechend § 47. Insofern gilt § 47 Nr. 1 z.B. auch, wenn ein Nachgründungsaufwand empfangen wird, welcher der Hauptversammlung nicht hinreichend offen gelegt wurde[4]. Für die Haftung entsprechend § 47 Nr. 2 und 3 ist der Nachgründungsvertrag und der übernommene Vermögensgegenstand nach § 52 Abs. 1 maßgeblich[5]. Die Verweisung auf § 49 bezieht sich auf die externe Nachgründungsprüfung gem. § 52 Abs. 4. In Bezug auf §§ 47 Nr. 3, 50, 51 ist der besondere Fristbeginn nach § 53 Satz 4 (dazu Rz. 7) zu berücksichtigen. Im Übrigen wird auf die Kommentierung der maßgeblichen Vorschriften Bezug genommen.

### III. Besonderheiten der Nachgründungshaftung

5   Während die Gründung durch die Gründungsgesellschafter durchgeführt wird, wird im Rahmen der Nachgründung in diesem Zusammenhang die AG durch ihre Organe tätig. Deshalb kommen als **Haftungsadressaten** auch nicht mehr die Gründer, sondern die Mitglieder von Vorstand und Aufsichtsrat in Betracht (§ 53 Satz 2). Daneben besteht eine Ersatzpflicht der Verwaltungsmitglieder nach §§ 93, 116[6].

6   In Abweichung von dem **Haftungsmaßstab** der Gründer („ordentlicher Geschäftsmann") haften die Organmitglieder gem. § 53 Satz 3 für die Sorgfalt eines ordentlichen und gewissenhaften Geschäftsleiters. Das stellt eine deutliche Haftungsverschärfung dar[7], die nach ihrer Teleologie auch im Rahmen des § 46 Abs. 2 einfache Fahrlässigkeit ausreichen lässt[8]. In modifizierter Form (Sorgfalt eines ordentlichen und gewissenhaften Geschäftsleiters) findet auch § 46 Abs. 3 sinngemäße Anwendung[9].

7   § 53 Satz 4 modifiziert schließlich den **Fristbeginn** (vgl. Rz. 4): Anstelle der Eintragung der AG ist danach die Eintragung des Nachgründungsvertrages in das Handelsregister maßgeblich.

---

3 *Hüffer*, § 53 AktG Rz. 2; *Kraft* in KölnKomm. AktG, 2. Aufl., § 53 AktG Rz. 9; *Pentz* in MünchKomm. AktG, 3. Aufl., § 53 AktG Rz. 6; *Ehricke* in Großkomm. AktG, 4. Aufl., § 53 AktG Rz. 9.

4 *Kraft* in KölnKomm. AktG, 2. Aufl., § 53 AktG Rz. 6; *Pentz* in MünchKomm. AktG, 3. Aufl., § 53 AktG Rz. 7; *Ehricke* in Großkomm. AktG, 4. Aufl., § 53 AktG Rz. 10; a.A. *Schwab*, Nachgründung, S. 243.

5 *Kraft* in KölnKomm. AktG, 2. Aufl., § 53 AktG Rz. 7; *Pentz* in MünchKomm. AktG, 3. Aufl., § 53 AktG Rz. 7.

6 Im Ergebnis unstr., vgl. nur *Hüffer*, § 53 AktG Rz. 3; uneinheitlich aber die rechtsdogmatische Einordnung: s. einerseits *Pentz* in MünchKomm. AktG, 3. Aufl., § 53 AktG Rz. 13; *Schwab*, Nachgründung, S. 246; andererseits *Ehricke* in Großkomm. AktG, 4. Aufl., § 53 AktG Rz. 15.

7 Vgl. *Hüffer*, § 53 AktG Rz. 3; *Kraft* in KölnKomm. AktG, 2. Aufl., § 53 AktG Rz. 8; *Pentz* in MünchKomm. AktG, 3. Aufl., § 53 AktG Rz. 12; *Ehricke* in Großkomm. AktG, 4. Aufl., § 53 AktG Rz. 16.

8 *Pentz* in MünchKomm. AktG, 3. Aufl., § 53 AktG Rz. 12 a.E.; *Ehricke* in Großkomm. AktG, 4. Aufl., § 53 AktG Rz. 16; *Falk/Schäfer*, ZIP 2004, 1337, 1342; a.A. noch *Barz* in Großkomm. AktG, 3. Aufl., § 53 AktG Anm. 3; neuerdings wieder *Schwab*, Nachgründung, S. 244.

9 *Hüffer*, § 53 AktG Rz. 3; *Schwab*, Nachgründung, S. 244; *Falk/Schäfer*, ZIP 2004, 1337, 1342; *Heidinger* in Spindler/Stilz, § 53 AktG Rz. 4; a.A. *Kraft* in KölnKomm. AktG, 2. Aufl., § 53 AktG Rz. 8 a.E.; *Ehricke* in Großkomm. AktG, 4. Aufl., § 53 AktG Rz. 16 a.E; *Pentz* in MünchKomm. AktG, 3. Aufl., § 53 AktG Rz. 12.

# Dritter Teil. Rechtsverhältnisse der Gesellschaft und der Gesellschafter

## § 53a
## Gleichbehandlung der Aktionäre

Aktionäre sind unter gleichen Voraussetzungen gleich zu behandeln.

| | |
|---|---|
| **I. Überblick** . . . . . . . . . . . . . . . . . . 1 | 5. Zulässige Ungleichbehandlung . . . . 31 |
| 1. Regelungsgegenstand und Bedeutung 1 | a) Satzungsmäßige Differenzierung . 32 |
| 2. Vorgängervorschriften und Parallel- | b) Sachliche Rechtfertigung . . . . . . . 34 |
| regelungen . . . . . . . . . . . . . . . . . . . . . 6 | aa) Allgemeines . . . . . . . . . . . . . 34 |
| a) Vorgängervorschriften . . . . . . . . 6 | bb) Einzelfälle . . . . . . . . . . . . . . 36 |
| b) Parallelregelungen . . . . . . . . . . . . 7 | c) Verzicht auf Gleichbehandlung . . 37 |
| aa) Gesellschaftsrecht . . . . . . . . 7 | 6. Rechtsfolgen bei Verstößen . . . . . . . 39 |
| bb) Kapitalmarktrecht . . . . . . . . 8 | a) Gleichbehandlungswidrige Haupt- |
| cc) Verfassungsrecht . . . . . . . . . 9 | versammlungsbeschlüsse . . . . . . 39 |
| dd) Privatrecht . . . . . . . . . . . . . 10 | b) Gleichbehandlungswidrige Ver- |
| 3. Gemeinschaftsrecht und Rechts- | waltungsmaßnahmen . . . . . . . . . 40 |
| vergleichung . . . . . . . . . . . . . . . . . . . 11 | c) Deliktsrechtliche Schadens- |
| 4. Verhältnis zur mitgliedschaftlichen | ersatzansprüche . . . . . . . . . . . . . 41 |
| Treuepflicht . . . . . . . . . . . . . . . . . . . 12 | **III. Mitgliedschaftliche Treuepflicht** . . . 42 |
| **II. Gleichbehandlungsgebot** . . . . . . . . 13 | 1. Überblick . . . . . . . . . . . . . . . . . . . . . 42 |
| 1. Grundlagen . . . . . . . . . . . . . . . . . . . 13 | a) Anerkennung und Bedeutung . . 42 |
| a) Geltungsgrund . . . . . . . . . . . . . . 13 | b) Gemeinschaftsrecht und Rechts- |
| b) Rechtsnatur . . . . . . . . . . . . . . . . 14 | vergleichung . . . . . . . . . . . . . . . . 43 |
| 2. Geltungsbereich des Gleich- | c) Verhältnis zur organschaftlichen |
| behandlungsgebots . . . . . . . . . . . . . . 15 | Treuepflicht . . . . . . . . . . . . . . . . 44 |
| a) Persönliche Reichweite . . . . . . . . 15 | 2. Grundlagen . . . . . . . . . . . . . . . . . . . 45 |
| aa) Verpflichtete . . . . . . . . . . . . 15 | a) Geltungsgrund . . . . . . . . . . . . . . 45 |
| bb) Begünstigte . . . . . . . . . . . . . 17 | b) Rechtsnatur . . . . . . . . . . . . . . . . 46 |
| b) Sachliche Reichweite . . . . . . . . . 18 | c) Verwandte Rechtsfiguren . . . . . . 47 |
| aa) Mitgliedschaftlicher Bereich . 18 | 3. Wirkungsrichtungen . . . . . . . . . . . . 48 |
| bb) Ungleichbehandlung gegen- | a) Treuepflicht zwischen AG und |
| über Mitaktionären . . . . . . . 19 | Aktionären . . . . . . . . . . . . . . . . . 48 |
| cc) Einzelfälle . . . . . . . . . . . . . . 20 | b) Treuepflicht der Aktionäre |
| (1) Gleichbehandlungswidrige | untereinander . . . . . . . . . . . . . . . 49 |
| Hauptversammlungs- | 4. Geltungsbereich . . . . . . . . . . . . . . . 51 |
| beschlüsse . . . . . . . . . . . . . 21 | a) Persönliche Reichweite . . . . . . . . 51 |
| (2) Gleichbehandlungswidrige | b) Sachliche Reichweite . . . . . . . . . 52 |
| Verwaltungsmaßnahmen . . . 22 | c) Zeitliche Reichweite . . . . . . . . . . 53 |
| c) Zeitliche Reichweite . . . . . . . . . . 23 | 5. Inhalt . . . . . . . . . . . . . . . . . . . . . . . . 54 |
| 3. Gleichbehandlungsmaßstäbe . . . . . 24 | a) Allgemeines . . . . . . . . . . . . . . . . 54 |
| a) Spezialregelungen . . . . . . . . . . . 24 | b) Einzelfälle . . . . . . . . . . . . . . . . . . 56 |
| b) Gleichbehandlung nach | c) Verzicht auf Treuepflicht . . . . . . 60 |
| Kapitalanteilen . . . . . . . . . . . . . . 25 | 6. Treuepflicht im Unternehmens- |
| c) Gleichbehandlung nach Köpfen . . 26 | verbund . . . . . . . . . . . . . . . . . . . . . . 61 |
| 4. Arten der Ungleichbehandlung . . . 27 | 7. Rechtsfolgen bei Verstößen . . . . . . . 62 |
| a) Formale Ungleichbehandlung . . . 28 | a) Treuwidrige Einzelmaßnahmen . . 62 |
| b) Materielle Ungleichbehandlung . . 29 | aa) Stimmrechtsausübung . . . . . . 63 |
| c) Ausgrenzungen . . . . . . . . . . . . . . 30 | bb) Hauptversammlungs- |
| | beschlüsse . . . . . . . . . . . . . . 64 |

cc) Beschlussmängelklagen .... 65
dd) Verwaltungsmaßnahmen ... 66
b) Anspruchsziele bei Treuepflicht-
verstößen ................ 67

aa) Erfüllung ............... 68
bb) Unterlassung ............ 69
cc) Schadensersatz ........... 70
dd) Beschlussanfechtung ....... 71

**Literatur: 1. Gleichbehandlungsgebot.** *Habersack/Tröger,* „Ihr naht euch wieder, schwankende Gestalten ..." – Zur Frage eines europarechtlichen Gleichbehandlungsgebots beim Anteilshandel, NZG 2010, 1; *Henn,* Die Gleichbehandlung der Aktionäre in Theorie und Praxis, AG 1985, 240; *G. Hueck,* Der Grundsatz der gleichmäßigen Behandlung im Privatrecht, 1958; *Huguenin Jacobs,* Das Gleichbehandlungsprinzip im Aktienrecht, 1994; *Kocher/Eisermann,* Der Gleichbehandlungsgrundsatz als Maßstab in Übernahmesituationen nicht börsennotierter Aktiengesellschaften, DB 2008, 225; *Verse,* Der Gleichbehandlungsgrundsatz im Recht der Kapitalgesellschaften, 2006; *Verse,* Aktienrechtliche Entsendungsrechte am Maßstab des Gleichbehandlungsgrundsatzes und der Kapitalverkehrsfreiheit, ZIP 2008, 1754; *Voges,* Zum Grundsatz der Gleichbehandlung im Aktienrecht, AG 1975, 197.

**2. Mitgliedschaftliche Treuepflicht.** *Burgard,* Das Wettbewerbsverbot des herrschenden Aktionärs, in FS Lutter, 2000, S. 1033; *Dreher,* Treuepflichten zwischen Aktionären und Verhaltenspflichten bei der Stimmrechtsbündelung, ZHR 157 (1993), 150; *Hennrichs,* Treuepflichten im Aktienrecht, AcP 195 (1995), 221; *Henze,* Zur Treuepflicht unter Aktionären, in FS Kellermann, 1991, S. 141; *Henze,* Treupflichten der Gesellschafter im Kapitalgesellschaftsrecht, ZHR 162 (1998), 186; *Hüffer,* Zur gesellschaftsrechtlichen Treuepflicht als richterrechtlicher Generalklausel, in FS Steindorff, 1990, S. 59; *Lutter,* Zur Treuepflicht des Großaktionärs, JZ 1976, 225; *Lutter,* Die Treuepflicht des Aktionärs, ZHR 153 (1989), 446; *Lutter,* Treuepflichten und ihre Anwendungsprobleme, ZHR 162 (1998), 164; *Meyer-Landrut,* Mehrheitsherrschaft und Treupflicht im Aktienrecht, in FS Häußling, 1990, S. 249; *Marsch-Barner,* Treuepflichten zwischen Aktionären und Verhaltenspflichten bei der Stimmrechtsbündelung, ZHR 157 (1993), 172; *Röhricht,* Treuepflichten der Aktionäre, insbesondere des Mehrheitsgesellschafters, in Hommelhoff/Hopt/v. Werder (Hrsg.), Handbuch Corporate Governance, 2003, S. 513; *M. Weber,* Vormitgliedschaftliche Treubindungen, 1999; *Wiedemann,* Zu den Treuepflichten im Gesellschaftsrecht, in FS Heinsius, 1991, S. 949; *M. Winter,* Mitgliedschaftliche Treubindungen im GmbH-Recht, 1988.

# I. Überblick

## 1. Regelungsgegenstand und Bedeutung

1 § 53a schreibt seit dem Jahre 1979 (Rz. 6) den aktienrechtlichen Gleichbehandlungsgrundsatz fest, der schon zuvor in Rechtsprechung und Rechtslehre allgemein anerkannt war[1]. Seine **Kodifizierung** hat wegen des **nur klarstellenden Charakters** Kritik erfahren[2], doch geht mit ihr ein wünschenswerter Zuwachs an Legitimation, Transparenz und Rechtssicherheit einher[3].

2 § 53a gebietet eine Gleichbehandlung der Aktionäre, ohne den **Normadressaten** zu benennen. Aus der systematischen Stellung der Vorschrift im Dritten Teil des Ersten Buches folgt, dass sich der Grundsatz (nur) an die **Aktiengesellschaft und ihre Organe**

---

1 Vgl. BGH v. 6.10.1960 – II ZR 150/58 – „Minimax II", BGHZ 33, 175, 186; BGH v. 11.11.1965 – II ZR 122/63, BGHZ 44, 245, 256; *G. Hueck,* S. 44 ff.; *Voges,* AG 1975, 197 ff.; rückblickend nach Einführung des § 53a BGH v. 9.11.1992 – II ZR 230/91 – „Bremer Bankverein", BGHZ 120, 141, 150 f. = AG 1993, 134; *Bungeroth* in MünchKomm. AktG, 3. Aufl., § 53a AktG R § 53a AktG Rz. 1; *Henze/Notz* in Großkomm. AktG, 4. Aufl., § 53a AktG Rz. 3; *Hüffer,* § 53a AktG Rz. 1; *Janssen* in Heidel, § 53a AktG Rz. 1; *Lutter/Zöllner* in KölnKomm. AktG, 2. Aufl., § 53a AktG Rz. 2.
2 Vgl. *Hüffer,* NJW 1979, 1065, 1068; *Lutter* in FS Ferid, 1978, S. 599, 605 ff.
3 Ähnliche Einschätzungen bei *Bungeroth* in MünchKomm. AktG, 3. Aufl., § 53a AktG Rz. 2; *Henn,* AG 1985, 240, 243; *Henze/Notz* in Großkomm. AktG, 4. Aufl., § 53a AktG Rz. 5 f.; offen lassend *Lutter/Zöllner* in KölnKomm. AktG, 2. Aufl., § 53a AktG Rz. 2.

richtet⁴. In praktischer Hinsicht begrenzt er vor allem die Beschlussfreiheit der Hauptversammlung und den Handlungsspielraum des Vorstands (näher Rz. 39 f.).

§ 53a spricht von einer Gleichbehandlung „unter gleichen Voraussetzungen". Er verlangt daher **keine absolute Gleichstellung, sondern nur eine relative Gleichbehandlung**[5]: Ungleichheiten, die sich aus den satzungsmäßigen Unterschieden in der Ausgestaltung der Aktien ergeben, bleiben grundsätzlich unberührt. Streng genommen strebt § 53a damit entgegen seinem Wortlaut keine Gleichbehandlung der *Aktionäre*, sondern der *Aktien* an[6]. 3

§ 53a formuliert den Gleichbehandlungsgrundsatz als *positive* Handlungsmaxime. Griffiger ist die *negative* Fassung, dass einzelne Aktionäre nicht ohne sachlichen Grund ungleich behandelt werden dürfen[7]. Sie streicht das **Verbot willkürlicher Ungleichbehandlung** heraus[8], das bis heute den harten Kern des aktienrechtlichen Gleichbehandlungsgebots bildet[9]. 4

§ 53a schützt von seiner theoretischen Struktur Mehrheit und Minderheit gleichermaßen[10]; praktisch zieht er vor allem der Mehrheitsherrschaft Grenzen und erweist sich damit als ein **Eckpfeiler des Minderheitenschutzes** im Aktienrecht[11]. Allerdings vermag er nicht sämtliche Schutzlücken zu schließen, sondern bedarf der Ergänzung durch die mitgliedschaftliche Treuepflicht (näher Rz. 12). 5

## 2. Vorgängervorschriften und Parallelregelungen

### a) Vorgängervorschriften

§ 53a ist vermittels des Durchführungsgesetzes zur 2. gesellschaftsrechtlichen EWG-Richtlinie vom 19.12.1978[12] in das geschriebene Aktienrecht gelangt. Er hat in seiner generalklauselartigen Weite keinen Vorläufer; punktuelle Einzelausprägungen finden sich in §§ 12 Abs. 1 Satz 1, 60 Abs. 1, 131 Abs. 4 Satz 1, 134 Abs. 1 Satz 1[13]. Auch ohne textliche Basis hatte schon das RG den Grundsatz gleichmäßiger Behandlung der Aktionäre postuliert[14], und der BGH hat diese Spruchpraxis fortgeführt[15]. Im beglei- 6

---

4 Vgl. *Bungeroth* in MünchKomm. AktG, 3. Aufl., § 53a AktG Rz. 5; *Hüffer*, § 53a AktG Rz. 4; *Janssen* in Heidel, § 53a AktG Rz. 1; *Lutter/Zöllner* in KölnKomm. AktG, 2. Aufl., § 53a AktG Rz. 5.
5 Vgl. *Henze/Notz* in Großkomm. AktG, 4. Aufl., § 53a AktG Rz. 27 und 69; *Janssen* in Heidel, § 53a AktG Rz. 2; *K. Schmidt*, GesR, § 16 II 4b, S. 463.
6 Ähnlich *Bungeroth* in MünchKomm. AktG, 3. Aufl., § 53a AktG Rz. 11.
7 Vgl. *Lutter/Zöllner* in KölnKomm. AktG, 2. Aufl., § 53a AktG Rz. 6; *Raiser/Veil*, Kapitalgesellschaften, § 11 Rz. 69; *Wiedemann*, GesR, Bd. I, § 8 II 2, S. 427.
8 Vgl. *Janssen* in Heidel, § 53a AktG Rz. 5; *Lutter/Zöllner* in KölnKomm. AktG, 2. Aufl., § 53a AktG Rz. 6; *Westermann* in Bürgers/Körber, § 53a AktG Rz. 1.
9 Vgl. *Hüffer*, § 53a AktG Rz. 4; *Janssen* in Heidel, § 53a AktG Rz. 3; *Lutter/Zöllner* in KölnKomm. AktG, 2. Aufl., § 53a AktG Rz. 7.
10 Vgl. *Henze/Notz* in Großkomm. AktG, 4. Aufl., § 53a AktG Rz. 26; *Janssen* in Heidel, § 53a AktG Rz. 3.
11 Vgl. *Henze/Notz* in Großkomm. AktG, 4. Aufl., § 53a AktG Rz. 26; *Janssen* in Heidel, § 53a AktG Rz. 3.
12 BGBl. I 1978, 1959.
13 Vgl. *Bungeroth* in MünchKomm. AktG, 3. Aufl., § 53a AktG Rz. 1; *Janssen* in Heidel, § 53a AktG Rz. 1.
14 Vgl. RG v. 7.5.1898 – I 33/98, RGZ 41, 97, 99; RG v. 14.10.1902 – III 242/02, RGZ 52, 287, 293 f.; RG v. 15.11.1905 – I 198/05, RGZ 62, 56, 60 f.; RG v. 23.10.1925 – II 575/24, RGZ 112, 14, 18; für eine kritische Analyse der reichsgerichtlichen Entscheidungskette *Wiethölter*, Interessen und Organisation der Aktiengesellschaft im amerikanischen und deutschen Recht, 1961, S. 110 ff.; zuletzt *Verse*, S. 15 ff.
15 Vgl. BGH v. 6.10.1960 – II ZR 150/58 – „Minimax II", BGHZ 33, 175, 186; BGH v. 11.11.1965 – II ZR 122/63, BGHZ 44, 245, 256; rückblickend nach Einführung des § 53a BGH v. 9.11.1992 – II ZR 230/91 – „Bremer Bankverein", BGHZ 120, 141, 150 f. = AG 1993, 134.

tenden Schrifttum sind vor allem die dogmatischen Grundlagen des Gleichbehandlungsgebotes herausgearbeitet worden[16].

**b) Parallelregelungen**

7 aa) **Gesellschaftsrecht.** Der Gleichbehandlungsgrundsatz ist keine Besonderheit des Aktienrechts, sondern fester Bestandteil aller privatrechtlichen Personenverbände[17]. Insbesondere gilt er auch ohne ausdrückliche Kodifizierung im GmbH-Recht[18].

8 bb) **Kapitalmarktrecht.** Eine Einzelausprägung des kapitalmarktrechtlichen Gleichbehandlungsgebotes findet sich in § 3 Abs. 1 WpÜG. Dessen bereichsübergreifende Ausarbeitung hat gerade erst begonnen[19]. Berührungspunkte mit § 53a bestehen etwa beim Rückerwerb eigener Aktien[20].

9 cc) **Verfassungsrecht.** Verbindungslinien zum verfassungsrechtlichen Gleichheitssatz des Art. 3 GG haben vor allem die Gesetzesmaterialen anlässlich der Einführung des aktienrechtlichen Gleichbehandlungsgebotes hergestellt[21]. Hierbei ist Vorsicht am Platze, weil § 53a ein *subjektiv-privates* und kein *subjektiv-öffentliches* Schutzrecht verkörpert[22]. Gewisse Parallelen lassen sich aber hinsichtlich der Argumentationsstrukturen ausmachen, mit denen man den Gleichheitssatz handhabbar macht[23].

10 dd) **Privatrecht.** Im allgemeinen Privatrecht spielen Gleichbehandlungspflichten als Einschränkungen der Privatautonomie in unterschiedlichen Zusammenhängen eine Rolle[24]. Das Allgemeine Gleichbehandlungsgesetz vom 14.8.2006[25] hat sie zuletzt beträchtlich erweitert; gem. § 2 Abs. 3 Satz 1 AGG bleiben die sonstigen Gleichbehandlungsgebote – und damit auch § 53a – hiervon unberührt.

**3. Gemeinschaftsrecht und Rechtsvergleichung**

11 Im Europäischen Gesellschaftsrecht hat das Gleichbehandlungsgebot in Art. 42 der Kapitalrichtlinie[26], Art. 4 der Aktionärsrechterichtlinie[27] und Art. 17 der Transparenzrichtlinie[28] Ausdruck gefunden[29]. Danach müssen die Mitgliedstaaten für die Anwendung dieser Richtlinien die Gleichbehandlung der Aktionäre sicherstellen, die

---

16 Vgl. etwa *Cohn*, AcP 132 (1930), 154 ff.; *G. Hueck*, S. 44 ff. und passim.
17 Vgl. *K. Schmidt*, GesR, § 16 II 4b, S. 462 ff.; *Wank* in FS Hüffer, 2010, S. 1051, 1061.
18 Vgl. BGH v. 16.12.1991 – II ZR 58/91, BGHZ 116, 359, 373; *Fleischer* in MünchKomm. GmbHG, Einl. Rz. 161; *Fleischer*, GmbHR 2008, 673, 677 f.; *Raiser* in Ulmer, § 14 GmbHG Rz. 102 ff.
19 Vgl. *Bachmann*, ZHR 170 (2006), 144 m.w.N.
20 Näher *Paefgen*, ZIP 2002, 1509; *Verse*, S. 474 ff.
21 Vgl. Begr. RegE, BT-Drucks. 8/1678, S. 13, wonach sich § 53a an die Rechtsprechung des BVerfG zum Willkürverbot des Art. 3 GG anlehnt; ferner *Bungeroth* in MünchKomm. AktG, 3. Aufl., § 53a AktG Rz. 15; sowie *Henn*, AG 1985, 240.
22 Übereinstimmend *Henze/Notz* in Großkomm. AktG, 4. Aufl., § 53a AktG Rz. 10; *Hüffer*, § 53a AktG Rz. 3; *Lutter/Zöllner* in KölnKomm. AktG, 2. Aufl., § 53a AktG Rz. 3; ferner *Wiedemann*, GesR, Bd. I, § 8 II 2, S. 428.
23 Ebenso *Henze/Notz* in Großkomm. AktG, 4. Aufl., § 53a AktG Rz. 10; *Hüffer*, § 53a AktG Rz. 3; *Lutter/Zöllner* in KölnKomm. AktG, 2. Aufl., § 53a AktG Rz. 3; *Verse*, S. 86.
24 Für eine umfassende Sicht der Gleichbehandlungsfälle *G. Hueck*, S. 22 ff. und passim; *Bydlinski*, Der Gleichheitsgrundsatz im österreichischen Privatrecht, Gutachten für den 1. Österreichischen Juristentag (1961).
25 BGBl. I 2006, 1897.
26 Richtlinie 77/91/EWG v. 13.12.1976, ABl. L 26 v. 31.1.1977, S. 1.
27 Richtlinie 2007/36/EG v. 11.7.2007, ABl. L 184 v. 14.7.2007, S. 17.
28 Richtlinie 2004/109/EG v. 15.1.2004, ABl. L 390 v. 31.12.2004, S. 38.
29 Zum daraus folgenden Gebot richtlinienkonformer Auslegung *Habersack*, Europäisches Gesellschaftsrecht, § 6 Rn. 79; *Verse*, S. 94 ff.

sich in denselben Verhältnissen befinden. Einzelnen Literaturstimmen zufolge hat der Richtliniengeber damit einem französischen Rechtsanliegen entsprochen[30]. Dagegen enthält das Gemeinschaftsrecht nach einer neuen Entscheidung des EuGH keinen allgemeinen Rechtsgrundsatz, vermöge dessen die Minderheitsaktionäre dadurch geschützt sind, dass der Hauptaktionär, der die Kontrolle über eine Gesellschaft erwirbt, verpflichtet ist, ihre Aktien zu den gleichen Bedingungen aufzukaufen wie zu denen, die beim Kontrollerwerb vereinbart wurden[31]. In Frankreich leitet man das – ungeschriebene – aktienrechtliche Gleichbehandlungsgebot aus Art. 1 der Präambel der Verfassung ab[32], doch spielt es in der Spruchpraxis nur eine geringe Rolle. Auch das englische und U.S.-amerikanische Aktienrecht weisen dem Gleichbehandlungsgebot keine eigenständige Bedeutung zu, sondern begreifen es als Bestandteil der Treuepflicht[33]. Lediglich im schweizerischen Aktienrecht, das in Artt. 706 Abs. 2 Nr. 3, 717 Abs. 2 OR Gleichbehandlungsdirektiven für Generalversammlungsbeschlüsse und Maßnahmen des Verwaltungsrats aufstellt, gibt es eine reichhaltigere Diskussion[34].

### 4. Verhältnis zur mitgliedschaftlichen Treuepflicht

Der aktienrechtliche Gleichbehandlungsgrundsatz ist mit einer Reihe von Schwächen behaftet, die seinen durchschlagenden Erfolg seit jeher verhindern: Er verpflichtet erstens nur die Gesellschaft und nicht den Mehrheitsaktionär (Rz. 16), verlangt zweitens allein die Unterlassung willkürlicher Differenzierungen (Rz. 34) und versagt drittens, wo die Gesellschaftermehrheit bereit ist, die Lasten in gleicher Weise auf sich zu nehmen, weil sie außerhalb der Gesellschaft, z.B. über ein Konzernunternehmen, Kompensation findet[35]. Wegen dieser beschränkten Reichweite bedarf das **Gleichbehandlungsgebot** einer konzeptionellen Ergänzung durch die **mitgliedschaftliche Treuepflicht**[36]. Beide Rechtsfiguren sind nach heute gesichertem Erkenntnisstand **funktional vergleichbar**[37]. In der Spruchpraxis dominiert inzwischen die geschmeidigere Treuepflicht. Manche sprechen sogar davon, dass das Gleichbehandlungsgebot in einem umfassenden Treuepflichtprinzip aufgehe[38], doch ist dies wegen verbleibender Detailunterschiede auf der Tatbestands- und Rechtsfolgenseite rechtstheoretisch nicht zweifelsfrei.

12

---

30 Vgl. *Henn*, AG 1985, 240, 242; s. auch *Ganske*, DB 1978, 2461, 2462, der von „kontroversen Erörterungen in Brüssel" spricht; ferner *Verse*, S. 28.
31 Vgl. EuGH v. 15.10.2009 – C-101/08 – Audiolux, ZIP 2009, 2241; eingehend dazu *Habersack/ Tröger*, NZG 2010, 1.
32 Vgl. Conseil constitutionnel, 7.1.1988, Rev. Soc. 1988, 229.
33 Für England *Verse*, S. 131 ff. unter Hinweis auf die *unfair prejudice*-Vorschrift.
34 Monographisch *Huguenin Jacobs*, Das Gleichbehandlungsprinzip im Aktienrecht, 1994; ausführlich auch *Böckli*, Schweizer Aktienrecht, 4. Aufl. 2009, § 13 Rz. 679 ff.; *Kunz*, Der Minderheitenschutz im schweizerischen Aktienrecht, 2001, § 8 Rz. 56 ff.
35 Näher *Wiedemann*, GesR, Bd. I, § 8 II 2b, S. 429 f.; *Zöllner*, S. 303 ff.; s. auch *K. Schmidt*, GesR, § 16 II 4b dd, S. 464.
36 Vgl. *Hüffer*, § 53a AktG Rz. 2; *Lutter/Zöllner* in KölnKomm. AktG, 2. Aufl., § 53a AktG Rz. 80; für eine stärkere Hinwendung zum Gleichbehandlungsgrundsatz dagegen *Verse*, S. 53 ff. und passim.
37 Vgl. schon *G. Hueck*, S. 107 ff., 112 f.; aus heutiger Sicht *Henze/Notz* in Großkomm. AktG, 4. Aufl., § 53a AktG Rz. 8; *Hüffer*, § 53a AktG Rz. 2; *M. Winter*, Mitgliedschaftliche Treubindungen im GmbH-Recht, 1988, S. 82.
38 Vgl. *Henze/Notz* in Großkomm. AktG, 4. Aufl., § 53a AktG Rz. 8; *Hüffer*, § 53a AktG Rz. 2; ferner OLG Stuttgart v. 12.5.1999 – 20 U 62/98, AG 2000, 229, 230: Gleichbehandlungsgebot als Ausfluss der Treuepflicht; s. auch *Verse*, S. 92 f.

## II. Gleichbehandlungsgebot

### 1. Grundlagen

#### a) Geltungsgrund

13 Über den inneren Geltungsgrund des Gleichbehandlungsgrundsatzes gehen die Meinungen auseinander. Manche leiten ihn aus dem Bestand eines Gemeinschaftsverhältnisses ab[39]; andere betonen seinen rechtsgeschäftlichen Ursprung[40] und führen ihn auf den Organisationsvertrag der Gründer zurück[41]; wieder andere erblicken in ihm eine notwendige Ausübungskontrolle einseitiger Mehrheits- und Verwaltungsherrschaft[42] oder verweisen auf ein überpositives Prinzip der verteilenden Gerechtigkeit[43]. Jede dieser Deutungen hat einen berechtigten Kern[44]. Aus rechtsökonomischer Sicht verdient zudem Hervorhebung, dass der Gleichbehandlungsgrundsatz – wie die mitgliedschaftliche Treuepflicht (vgl. Rz. 45) – eine Lückenausfüllungsregel darstellt, die allen Aktionären *ex ante* vor Augen führt, wie die Gesellschaft *ex post* auf unerwartete Umstände reagieren wird. Er dient daher ganz im Sinne eines „implicit contracting"[45] der Stabilisierung unausgesprochener Verhaltenserwartungen der Aktionäre[46].

#### b) Rechtsnatur

14 Das Gleichbehandlungsgebot ist kein verselbständigtes subjektives Recht des Aktionärs, das neben seine Mitverwaltungs- und Vermögensrechte tritt[47]. Erst recht bildet es kein Sonderrecht i.S. des § 35 BGB[48]. Vielmehr ist es **integraler Bestandteil der Mitgliedschaft**[49] und verschafft jedem einzelnen Aktionär eine mitgliedschaftliche Abwehrbefugnis bei willkürlicher Ungleichbehandlung[50]. Rechtstheoretisch handelt es sich um ein Rechtsprinzip, das nicht unmittelbar subsumtionsfähig ist, sondern weiter konkretisiert werden muss[51].

---

39 Vgl. *G. Hueck*, S. 128 ff., 222 ff.; *Zöllner*, Schranken, S. 301 f.
40 Vgl. *Cohn*, AcP 132 (1930), 129, 139, 154 ff.; *Hüffer*, § 53a AktG Rz. 3; *Henze/Notz* in Großkomm. AktG, 4. Aufl., § 53a AktG Rz. 17.
41 Vgl. *Henze/Notz* in Großkomm. AktG, 4. Aufl., § 53a AktG Rz. 17; *Hüffer*, § 53a AktG Rz. 3; *Janssen* in Heidel, § 53a AktG Rz. 4.
42 Vgl. *L. Raiser*, ZHR 111 (1948), 75 ff., 90 ff.; *Raiser/Veil*, Kapitalgesellschaften, § 11 Rz. 69; *K. Schmidt*, GesR, § 16 II 4b aa, S. 462 f.; *Wiedemann*, GesR, Bd. I, § 8 II 2a, S. 468 f.
43 Vgl. *Lutter/Zöllner* in KölnKomm. AktG, 2. Aufl., § 53a AktG Rz. 4; *Raiser/Veil*, Kapitalgesellschaften, § 11 Rz. 69; auf die ausgleichende Gerechtigkeit abstellend *Verse*, S. 77 ff.
44 Ähnlich *K. Schmidt*, GesR, § 16 II 4b aa, S. 462; *Raiser* in Ulmer, GmbHG, § 14 Rz. 104.
45 *Ruffner*, Die ökonomischen Grundlagen eines Rechts der Publikumsgesellschaft, 2000, S. 258 f.
46 Tendenziell auch *Wiedemann*, GesR, Bd. I, § 8 II 2a, S. 429, der von einer „rechtspsychologischen Erklärung" spricht; sowie *Bydlinski*, System und Prinzipien des Privatrechts, 1996, S. 473, wonach das Gleichbehandlungsgebot eine „auf den mutmaßlichen und typischen Willen der Beteiligten zu stützende, umfassende Auslegungsregel" darstellt.
47 Vgl. *Bungeroth* in MünchKomm. AktG, 3. Aufl., § 53a AktG Rz. 4; *Henze/Notz* in Großkomm. AktG, 4. Aufl., § 53a AktG Rz. 21; *Hüffer*, § 53a AktG Rz. 4; *Janssen* in Heidel, § 53a AktG Rz. 4.
48 Vgl. RG v. 10.3.1938 – V 195/37, JW 1938, 1329; *Bungeroth* in MünchKomm. AktG, 3. Aufl., § 53a AktG Rz. 4; *Lutter/Zöllner* in KölnKomm. AktG, 2. Aufl., § 53a AktG Rz. 7.
49 Vgl. RG v. 10.3.1938 – V 195/37, JW 1938, 1329; *Henze/Notz* in Großkomm. AktG, 4. Aufl., § 53a AktG Rz. 21; *Janssen* in Heidel, § 53a AktG Rz. 4; *Lutter/Zöllner* in KölnKomm. AktG, 2. Aufl., § 53a AktG Rz. 7.
50 Vgl. *Henze/Notz* in Großkomm. AktG, 4. Aufl., § 53a AktG Rz. 19; *Hüffer*, § 53a AktG Rz. 4.
51 Für eine etwas andere Akzentsetzung *Lutter/Zöllner* in KölnKomm. AktG, 2. Aufl., § 53a AktG Rz. 5, die von einer „Generalklausel" sprechen.

## 2. Geltungsbereich des Gleichbehandlungsgebots
### a) Persönliche Reichweite

**aa) Verpflichtete.** Die positive Handlungsmaxime, Aktionäre unter gleichen Voraussetzungen gleich zu behandeln, **richtet sich an die Aktiengesellschaft**[52]. Sie bindet die Organe der Gesellschaft[53] und verbietet es Vorstand, Aufsichtsrat und Hauptversammlung gleichermaßen, Aktionäre ohne hinreichende sachliche Rechtfertigung unterschiedlich zu behandeln[54].   15

**Keine Wirkung** entfaltet § 53a **im Verhältnis der Aktionäre untereinander**[55]. Ein Aktionär kann daher nicht von seinem Mitaktionär Gleichbehandlung verlangen[56]. Denkbar sind aber Ansprüche aus der mitgliedschaftlichen Treuebindung zwischen den Aktionären (näher Rz. 49).   16

**bb) Begünstigte.** § 53a entfaltet nach seinem eindeutigen Wortlaut Schutzwirkungen nur gegenüber den Aktionären. Dritte können sich dagegen nicht auf den Grundsatz der Gleichbehandlung berufen. Das gilt auch für die Inhaber von Wandel- und Optionsanleihen oder von Genussrechten[57].   17

### b) Sachliche Reichweite

**aa) Mitgliedschaftlicher Bereich.** § 53a betrifft allein den mitgliedschaftlichen Bereich[58], also die gesellschaftsrechtlich geprägten Gemeinschaftsbeziehungen zwischen der AG und ihren Aktionären[59]. Er **gilt nicht für schuldrechtliche Individualbeziehungen** zwischen ihnen[60]. Die Gesellschaft kann daher im gewöhnlichen Geschäftsverkehr Kauf-, Miet- oder Dienstverträge mit einzelnen Aktionären abschließen, ohne dabei an den Gleichbehandlungsgrundsatz gebunden zu sein[61]. An-   18

---

52 Vgl. OLG Düsseldorf v. 8.6.1973 – 19 W 21/72, AG 1973, 282, 284; *Henze/Notz* in Großkomm. AktG, 4. Aufl., § 53a AktG Rz. 29; *Hüffer*, § 53a AktG Rz. 4; *Janssen* in Heidel, § 53a AktG Rz. 1; *Lutter/Zöllner* in KölnKomm. AktG, 2. Aufl., § 53a AktG Rz. 25.
53 Vgl. *Henze/Notz* in Großkomm. AktG, 4. Aufl., § 53a AktG Rz. 29; *Janssen* in Heidel, § 53a AktG Rz. 4; *Lutter/Zöllner* in KölnKomm. AktG, 2. Aufl., § 53a AktG Rz. 25.
54 Vgl. *Bungeroth* in MünchKomm. AktG, 3. Aufl., § 53a AktG Rz. 4; *Henze/Notz* in Großkomm. AktG, 4. Aufl., § 53a AktG Rz. 29.
55 Vgl. OLG Celle v. 30.1.1974 – 9 U 73/73, AG 1974, 83, 84; *Bungeroth* in MünchKomm. AktG, 3. Aufl., § 53a AktG Rz. 5; *Henze/Notz* in Großkomm. AktG, 4. Aufl., § 53a AktG Rz. 30; *Hüffer*, § 53a AktG Rz. 4; *Lutter/Zöllner* in KölnKomm. AktG, 2. Aufl., § 53a AktG Rz. 17; *Verse*, S. 177 ff.; *Wiesner* in MünchHdb. AG, § 17 Rz. 11.
56 Vgl. *Bungeroth* in MünchKomm. AktG, 3. Aufl., § 53a AktG Rz. 5; *Henze/Notz* in Großkomm. AktG, 4. Aufl., § 53a AktG Rz. 30; *Hüffer*, § 53a AktG Rz. 4; a.A. *Reul*, Die Pflicht zur Gleichbehandlung der Aktionäre bei privaten Kontrollaktionen, 1991, S. 270 f.
57 Anders kraft ausdrücklicher Anordnung in der Schweiz, vgl. *Forstmoser/Maier-Hayoz/Nobel*, Schweizerisches Aktienrecht, 1996, § 39 Rz. 33 f.
58 Vgl. BGH v. 14.1.1997 – KZR 30/95, AG 1997, 414; *Bungeroth* in MünchKomm. AktG, 3. Aufl., § 53a AktG Rz. 7; *Henze/Notz* in Großkomm. AktG, 4. Aufl., § 53a AktG Rz. 31; *Janssen* in Heidel, § 53a AktG Rz. 3; *Lutter/Zöllner* in KölnKomm. AktG, 2. Aufl., § 53a AktG Rz. 17; *Verse*, S. 192 ff.; *Westermann* in Bürgers/Körber, § 53a AktG Rz. 3.
59 Vgl. BGH v. 14.1.1997 – KZR 30/95, AG 1997, 414; *Bungeroth* in MünchKomm. AktG, 3. Aufl., § 53a AktG Rz. 7.
60 Vgl. BGH v. 14.1.1997 – KZR 30/95, AG 1997, 414; *Bungeroth* in MünchKomm. AktG, 3. Aufl., § 53a AktG Rz. 7; *Henze/Notz* in Großkomm. AktG, 4. Aufl., § 53a AktG Rz. 41; *Lutter/Zöllner* in KölnKomm. AktG, 2. Aufl., § 53a AktG Rz. 21.
61 Vgl. LG Lüneburg v. 24.1.1961 – 4 O 403/61, DB 1961, 402 (Genossenschaft); *Bungeroth* in MünchKomm. AktG, 3. Aufl., § 53a AktG Rz. 7; *Henze/Notz* in Großkomm. AktG, 4. Aufl., § 53a AktG Rz. 41; *Janssen* in Heidel, § 53a AktG Rz. 3; *Lutter/Zöllner* in KölnKomm. AktG, 2. Aufl., § 53a AktG Rz. 21.

ders liegt es nur, wenn sie den Vertrag gerade wegen der Aktionärseigenschaft des Vertragspartners eingeht[62]. Das ist denkbar, wenn der Vorstand den Vertrag mit dem Mehrheitsaktionär unter dessen beherrschenden Einfluss abgeschlossen hat[63]. Eine tatsächliche Vermutung dafür lässt sich bei einem Vertragsschluss zwischen Mehrheitsaktionär und Gesellschaft aber nicht mit Anspruch auf Allgemeingültigkeit[64], sondern allenfalls in Konzernlagen aufstellen[65].

19   **bb) Ungleichbehandlung gegenüber Mitaktionären.** § 53a erfasst des Weiteren nur Ungleichbehandlungen gegenüber anderen Aktionären. Er greift nicht ein, wenn sämtliche Aktionäre zulasten eines gesellschaftsfremden Dritten zurückgesetzt werden[66]. Allerdings kann sich der Vorstand durch nicht gerechtfertigte Begünstigungen Dritter nach § 93 Abs. 2 schadensersatzpflichtig machen[67]. Unverändert anwendbar bleibt das Gleichbehandlungsgebot jedoch, wenn der begünstigte Dritte einem Aktionär gleichzustellen ist[68]. Hierfür lassen sich jene Zurechnungsregeln heranziehen, die man im Rahmen des § 57 (näher § 57 Rz. 30 ff.)[69] oder bei der Erstreckung des Stimmverbots des § 136 auf gesellschaftergleiche Dritte entwickelt hat[70].

20   **cc) Einzelfälle.** Im systematischen Zugriff kann man den Gleichbehandlungsschutz der Aktionäre gegenüber Hauptversammlungsbeschlüssen und gegenüber Verwaltungsmaßnahmen unterscheiden[71].

21   **(1) Gleichbehandlungswidrige Hauptversammlungsbeschlüsse.** Zur ersten Gruppe gehören namentlich Hauptversammlungsbeschlüsse über die Begünstigung einzelner Aktionäre bei Kapitalerhöhungen[72] sowie über freiwillige Nachschüsse, die mit Sondervorteilen kombiniert werden, um auf die Aktionäre Druck zur Übernahme von Zubußen auszuüben[73]; ferner Ermächtigungsbeschlüsse zum Erwerb oder zur Veräußerung eigener Aktien, die den Vorgaben des § 71 Abs. 1 Satz 1 Nr. 8 Satz 3 i.V.m.

---

62  Vgl. BGH v. 14.1.1997 – KZR 30/95, AG 1997, 414; *Bungeroth* in MünchKomm. AktG, 3. Aufl., § 53a AktG Rz. 7; *Henze/Notz* in Großkomm. AktG, 4. Aufl., § 53a AktG Rz. 42.
63  Vgl. *Henze/Notz* in Großkomm. AktG, 4. Aufl., § 53a AktG Rz. 42; *Lutter/Zöllner* in KölnKomm. AktG, 2. Aufl., § 53a AktG Rz. 21.
64  A.A. *Lutter/Zöllner* in KölnKomm. AktG, 2. Aufl., § 53a AktG Rz. 21; dagegen mit Recht *Bungeroth* in MünchKomm. AktG, 3. Aufl., § 53a AktG Rz. 7; *Henze/Notz* in Großkomm. AktG, 4. Aufl., § 53a AktG Rz. 42.
65  Wie hier *Henze/Notz* in Großkomm. AktG, 4. Aufl., § 53a AktG Rz. 42.
66  Vgl. LG Lüneburg v. 24.1.1961 – 4 O 403/61, DB 1961, 402 (Genossenschaft); *Bungeroth* in MünchKomm. AktG, 3. Aufl., § 53a AktG Rz. 6; *Henze/Notz* in Großkomm. AktG, 4. Aufl., § 53a AktG Rz. 31 und 39; *Lutter/Zöllner* in KölnKomm. AktG, 2. Aufl., § 53a AktG Rz. 19.
67  Vgl. *Bungeroth* in MünchKomm. AktG, 3. Aufl., § 53a AktG Rz. 6; *Henze/Notz* in Großkomm. AktG, 4. Aufl., § 53a AktG Rz. 39; *Lutter/Zöllner* in KölnKomm. AktG, 2. Aufl., § 53a AktG Rz. 20.
68  Vgl. LG Kassel v. 24.11.1988 – 11 O 1063/88, ZIP 1989, 306, 308; *Henze/Notz* in Großkomm. AktG, 4. Aufl., § 53a AktG Rz. 40; *Lutter/Zöllner* in KölnKomm. AktG, 2. Aufl., § 53a AktG Rz. 20; *Verse*, S. 244 ff.
69  Vgl. *Henze/Notz* in Großkomm. AktG, 4. Aufl., § 53a AktG Rz. 40.
70  Vgl. *Henze/Notz* in Großkomm. AktG, 4. Aufl., § 53a AktG Rz. 40; *Lutter/Zöllner* in KölnKomm. AktG, 2. Aufl., § 53a AktG Rz. 20; für das österreichische Recht OGH v. 16.12.1980 – 5 Ob 649/80, GmbHR 1984, 235 (GmbH).
71  Vgl. etwa *Huguenin Jacobs*, S. 65 ff. und 199 ff.; *Verse*, S. 355 ff. und 362 ff.
72  Vgl. RG v. 23.10.1925 – II 575/24, RGZ 112, 14, 18; BGH v. 6.10.1960 – II ZR 150/58 – „Minimax II", BGHZ 33, 135; *G. Hueck*, S. 333 ff.; *Lutter/Zöllner* in KölnKomm. AktG, 2. Aufl., § 53a AktG Rz. 55; *Raiser/Veil*, Kapitalgesellschaften, § 11 Rz. 74; *Wiedemann*, GesR, Bd. I, § 8 II 2, S. 427 f.
73  Vgl. RG v. 7.5.1898 – I 33/98, RGZ 41, 97, 99; RG v. 14.10.1902 – III 242/02, RGZ 52, 287, 293; *Lutter/Zöllner* in KölnKomm. AktG, 2. Aufl., § 53a AktG Rz. 53; *Wiedemann*, GesR, Bd. I, § 8 II 2, S. 428.

§ 53a zuwiderlaufen[74]; außerdem Beschlüsse über die Einführung von Höchststimmrechten[75] oder über die Umwandlung von Vorzugsaktien in Stammaktien[76].

**(2) Gleichbehandlungswidrige Verwaltungsmaßnahmen.** In die zweite Gruppe fallen etwa verdeckte Gewinnausschüttungen an einzelne Aktionäre[77] einschließlich solcher zur Ablösung aktienrechtlicher Klagerechte[78]; die ungleiche Einforderung von Einlagen durch den Vorstand nach §§ 36 Abs. 2 Satz 1, 63 Abs. 1[79] sowie die gleichheitswidrige Zustimmungsverweigerung des Vorstands bei der Übertragung vinkulierter Aktien nach § 68 Abs. 2 Satz 2[80]; des Weiteren Unterstützungshandlungen, mit denen der Vorstand einseitig einem Großaktionär den Erwerb von Namensaktien erleichtert[81]; schließlich alle Maßnahmen zum Rückerwerb eigener Aktien unter Verletzung des Gleichbehandlungsgebotes[82].

### c) Zeitliche Reichweite

Der Gleichbehandlungsgrundsatz schützt den Aktionär für die Dauer seiner Mitgliedschaft[83]. Er gilt schon im Stadium der Vorgesellschaft und muss auch im Liquidationsstadium noch beachtet werden[84]. Vor- und Nachwirkungen sind – anders als bei der mitgliedschaftlichen Treuepflicht (vgl. Rz. 53) – noch kaum erörtert[85].

### 3. Gleichbehandlungsmaßstäbe

### a) Spezialregelungen

Verschiedene Vorschriften des Aktienrechts enthalten eigene Verteilungsmaßstäbe, die dem § 53a als Spezialregelungen vorgehen[86]. Dazu gehören insbesondere die §§ 60 Abs. 1, 134 Abs. 1 Satz 1, 186 Abs. 1 Satz 1, 216 Abs. 1, 271 Abs. 2. Diese weichen teilweise von dem grundsätzlichen Gleichbehandlungserfordernis ab, wenn nicht alle Aktionäre ihre Einlagen vollständig erbracht haben, vgl. §§ 60 Abs. 2, 134 Abs. 2 Satz 4 und 5, 271 Abs. 3[87].

---

74 Eingehend *Henze/Notz* in Großkomm. AktG, 4. Aufl., § 53a AktG Rz. 32 ff.
75 Vgl. *Raiser/Veil*, Kapitalgesellschaften, § 11 Rz. 73.
76 Vgl. OLG Köln v. 20.9.2001 – 18 U 125/01 – „Metro", ZIP 2001, 2049, 2051 f.; *Henze/Notz* in Großkomm. AktG, 4. Aufl., § 53a AktG Rz. 37; *Raiser/Veil*, Kapitalgesellschaften, § 11 Rz. 74.
77 Vgl. *Henze/Notz* in Großkomm. AktG, 4. Aufl., § 53a AktG Rz. 36; *Lutter/Zöllner* in KölnKomm. AktG, 2. Aufl., § 53a AktG Rz. 73; *Raiser/Veil*, Kapitalgesellschaften, § 11 Rz. 72.
78 Vgl. LG Köln v. 12.1.1988 – 3 O 703/87, AG 1988, 349, 350.
79 Vgl. *Lutter/Zöllner* in KölnKomm. AktG, 2. Aufl., § 53a AktG Rz. 70; *Raiser/Veil*, Kapitalgesellschaften, § 11 Rz. 72; *Westermann* in Bürgers/Körber, § 53a AktG Rz. 10.
80 Vgl. *Henze/Notz* in Großkomm. AktG, 4. Aufl., § 53a AktG Rz. 36.
81 Vgl. BGH v. 22.10.2007 – II ZR 184/06, ZIP 2008, 218; *Kocher/Eisermann*, DB 2008, 225.
82 Vgl. *Henze/Notz* in Großkomm. AktG, 4. Aufl., § 53a AktG Rz. 116; *Lutter/Zöllner* in KölnKomm. AktG, 2. Aufl., § 53a AktG Rz. 65.
83 Vgl. *Henze/Notz* in Großkomm. AktG, 4. Aufl., § 53a AktG Rz. 44.
84 Vgl. *Henze/Notz* in Großkomm. AktG, 4. Aufl., § 53a AktG Rz. 44.
85 Vorsichtige Ansätze für eine Art Nachwirkung bei *Henze/Notz* in Großkomm. AktG, 4. Aufl., § 53a AktG Rz. 45; für Bevorzugungen ehemaliger und künftiger Gesellschafter auch *Verse*, S. 220 ff.
86 Vgl. *Bungeroth* in MünchKomm. AktG, 3. Aufl., § 53a AktG Rz. 8; *Henze/Notz* in Großkomm. AktG, 4. Aufl., § 53a AktG Rz. 54; *Janssen* in Heidel, § 53a AktG Rz. 11.
87 Vgl. *Henze/Notz* in Großkomm. AktG, 4. Aufl., § 53a AktG Rz. 57; *Janssen* in Heidel, § 53a AktG Rz. 12.

### b) Gleichbehandlung nach Kapitalanteilen

25 Außerhalb der Spezialregelungen erfolgt die Gleichbehandlung hinsichtlich der sog. Hauptrechte nach Maßgabe der Kapitalbeteiligung[88]. Das gilt namentlich für das Stimmrecht, den Anspruch auf Gewinnbeteiligung, das Bezugsrecht und den Anspruch auf Liquidationsüberschuss[89]. Auch die Inanspruchnahme aus der Einlagepflicht richtet sich nach der Kapitalbeteiligung[90].

### c) Gleichbehandlung nach Köpfen

26 Für die sog. Hilfsrechte gilt im Grundsatz das Gebot der Gleichbehandlung nach Köpfen[91]. Das betrifft etwa das Recht auf Teilnahme an der Hauptversammlung, das Rede- und Auskunftsrecht und die Anfechtungsbefugnis[92]. Allerdings kann der Umfang der Kapitalbeteiligung beim Rederecht im Einzelfall angemessene Differenzierungen hinsichtlich der Redezeit rechtfertigen[93].

## 4. Arten der Ungleichbehandlung

27 Für die Feststellung einer Ungleichbehandlung sind allein objektive Kriterien maßgeblich; subjektive Elemente spielen keine Rolle[94]. Im Übrigen pflegt man zwischen formaler und materieller Ungleichbehandlung zu unterscheiden[95], wiewohl beide Erscheinungsformen von § 53a erfasst werden.

### a) Formale Ungleichbehandlung

28 Eine formale Ungleichbehandlung liegt vor, wenn Aktionäre schon äußerlich ungleich behandelt werden[96]. Beispiele bilden der Bezugsrechtsausschluss nur für einen Teil der Aktionäre[97], die Einführung eines Höchststimmrechts allein für ausländische Anteilseigner[98] oder die Gewährung eines verlängerten Rederechts nur für Gründeraktionäre[99].

---

88 Vgl. BGH v. 19.12.1977 – II ZR 136/76 – „Mannesmann", BGHZ 70, 117, 121; *Bungeroth* in MünchKomm. AktG, 3. Aufl., § 53a AktG Rz. 11; *Henze/Notz* in Großkomm. AktG, 4. Aufl., § 53a AktG Rz. 50; *Hüffer*, § 53a AktG Rz. 6; *Janssen* in Heidel, § 53a AktG Rz. 9; *Lutter/Zöllner* in KölnKomm. AktG, 2. Aufl., § 53a AktG Rz. 22.
89 Vgl. *Bungeroth* in MünchKomm. AktG, 3. Aufl., § 53a AktG Rz. 12; *Henze/Notz* in Großkomm. AktG, 4. Aufl., § 53a AktG Rz. 51; *Hüffer*, § 53a AktG Rz. 6; *Janssen* in Heidel, § 53a AktG Rz. 9; *Lutter/Zöllner* in KölnKomm. AktG, 2. Aufl., § 53a AktG Rz. 22.
90 *Bungeroth* in MünchKomm. AktG, 3. Aufl., § 53a AktG Rz. 12; *Henze/Notz* in Großkomm. AktG, 4. Aufl., § 53a AktG Rz. 51.
91 *Bungeroth* in MünchKomm. AktG, 3. Aufl., § 53a AktG Rz. 13; *Henze/Notz* in Großkomm. AktG, 4. Aufl., § 53a AktG Rz. 52; *Hüffer*, § 53a AktG Rz. 7; *Janssen* in Heidel, § 53a AktG Rz. 10; *Lutter/Zöllner* in KölnKomm. AktG, 2. Aufl., § 53a AktG Rz. 23; *Westermann* in Bürgers/Körber, § 53a AktG Rz. 5.
92 Vgl. *Bungeroth* in MünchKomm. AktG, 3. Aufl., § 53a AktG Rz. 13; *Henze/Notz* in Großkomm. AktG, 4. Aufl., § 53a AktG Rz. 52.
93 Vgl. *Bungeroth* in MünchKomm. AktG, 3. Aufl., § 53a AktG Rz. 13; *Henze/Notz* in Großkomm. AktG, 4. Aufl., § 53a AktG Rz. 53; *Hüffer*, § 53a AktG Rz. 7; *Lutter/Zöllner* in KölnKomm. AktG, 2. Aufl., § 53a AktG Rz. 23; kritisch *Janssen* in Heidel, § 53a AktG Rz. 10.
94 Vgl. *Janssen* in Heidel, § 53a AktG Rz. 17; *Lutter/Zöllner* in KölnKomm. AktG, 2. Aufl., § 53a AktG Rz. 9; *Wiedemann*, GesR, Bd. I, § 8 II 2b, S. 429.
95 Vgl. *Henze/Notz* in Großkomm. AktG, 4. Aufl., § 53a AktG Rz. 62; *Hüffer*, § 53a AktG Rz. 9; *Janssen* in Heidel, § 53a AktG Rz. 18; *Lutter/Zöllner* in KölnKomm. AktG, 2. Aufl., § 53a AktG Rz. 10 f.
96 Vgl. *Henze/Notz* in Großkomm. AktG, 4. Aufl., § 53a AktG Rz. 63; *Hüffer*, § 53a AktG Rz. 9; *Janssen* in Heidel, § 53a AktG Rz. 18.
97 Vgl. *Lutter/Zöllner* in KölnKomm. AktG, 2. Aufl., § 53a AktG Rz. 10.
98 Vgl. *Hüffer*, § 53a AktG Rz. 9.
99 Vgl. *Henze/Notz* in Großkomm. AktG, 4. Aufl., § 53a AktG Rz. 63.

### b) Materielle Ungleichbehandlung

Von einer materiellen Ungleichbehandlung spricht man, wenn die betreffende Maßnahme bei formaler Gleichheit einzelne Aktionäre schwerer trifft[100]. Das Standardbeispiel bildet eine Kapitalherabsetzung im Verhältnis 10:1, bei der Aktionäre mit weniger als zehn Anteilen ihre Mitgliedschaft verlieren[101]. Entgegen der Rechtsprechung liegt eine materielle Ungleichbehandlung auch in der nachträglichen Einführung eines Höchststimmrechts, wenn einzelne Aktionäre die Höchstgrenze mit ihrem Aktienbestand bereits überschritten haben[102]. Das schließt ihre sachliche Rechtfertigung nicht aus.

### c) Ausgrenzungen

Nicht unter § 53a fallen Maßnahmen, die einzelne Aktionäre ungleich schwerer treffen, wenn der Grund dafür nicht in ihrer Mitgliedschaft, sondern in privaten Umständen liegt[103]. So verhält es sich etwa, wenn ein Aktionär sein Bezugsrecht im Rahmen einer Kapitalerhöhung wegen finanzieller Schwierigkeiten nicht ausüben kann.

### 5. Zulässige Ungleichbehandlung

Liegt eine Ungleichbehandlung vor, so ist damit noch keineswegs über einen Verstoß gegen § 53a entschieden. Vielmehr kann die Ungleichbehandlung von der Satzung gedeckt, sachlich gerechtfertigt oder durch einen Gleichbehandlungsverzicht des benachteiligten Aktionärs unbeachtlich sein.

### a) Satzungsmäßige Differenzierung

Die Satzung kann den Gleichbehandlungsgrundsatz nicht als solchen abschaffen[104]; § 53a ist zwingender Natur[105]. Sie kann aber ohne weiteres Aktien mit unterschiedlichen Rechten und Pflichten ausstatten[106]. Von dieser **Gestaltungsfreiheit** zeugen etwa die §§ 11 Satz 1, 12 Abs. 1 Satz 2 im Hinblick auf Vermögens- und Stimmrechte[107]. Ebenso kann die Satzung Nebenleistungspflichten (§ 55) und die Möglichkeit einer Zwangseinziehung (§ 237 Abs. 1 Satz 2) nur für bestimmte Aktien vorsehen[108].

---

100 Vgl. *Henze/Notz* in Großkomm. AktG, 4. Aufl., § 53a AktG Rz. 64; *Janssen* in Heidel, § 53a AktG Rz. 18; *Lutter/Zöllner* in KölnKomm. AktG, 2. Aufl., § 53a AktG Rz. 11; *Verse*, S. 232 ff.
101 Vgl. *Janssen* in Heidel, § 53a AktG Rz. 18; *Lutter/Zöllner* in KölnKomm. AktG, 2. Aufl., § 53a AktG Rz. 11; *Wiedemann*, GesR, Bd. I, § 8 II 2, S. 429.
102 Wie hier *Bungeroth* in MünchKomm. AktG, 3. Aufl., § 53a AktG Rz. 24; *Henze/Notz* in Großkomm. AktG, 4. Aufl., § 53a AktG Rz. 66; *Hüffer*, § 53a AktG Rz. 9; *Lutter/Zöllner* in KölnKomm. AktG, 2. Aufl., § 53a AktG Rz. 11; a.A. wohl BGH v. 19.12.1977 – II ZR 136/76 – „Mannesmann", BGHZ 70, 117, 121 f.; OLG Düsseldorf v. 21.6.1976 – 6 U 276/75, AG 1976, 215, 216 f.
103 Vgl. *G. Hueck*, S. 190 ff.; *Henze/Notz* in Großkomm. AktG, 4. Aufl., § 53a AktG Rz. 67; *Lutter/Zöllner* in KölnKomm. AktG, 2. Aufl., § 53a AktG Rz. 12.
104 Vgl. *Bungeroth* in MünchKomm. AktG, 3. Aufl., § 53a AktG Rz. 17; *Henn*, AG 1985, 240, 243; *Hüffer*, § 53a AktG Rz. 5; *Lutter/Zöllner* in KölnKomm. AktG, 2. Aufl., § 53a AktG Rz. 26.
105 Vgl. *Bungeroth* in MünchKomm. AktG, 3. Aufl., § 53a AktG Rz. 17; *Henze/Notz* in Großkomm. AktG, 4. Aufl., § 53a AktG Rz. 84; *Wiesner* in MünchHdb. AG, § 17 Rz. 11.
106 Vgl. *Bungeroth* in MünchKomm. AktG, 3. Aufl., § 53a AktG Rz. 21; *Henze/Notz* in Großkomm. AktG, 4. Aufl., § 53a AktG Rz. 86; *Hüffer*, § 53a AktG Rz. 5; *Janssen* in Heidel, § 53a AktG Rz. 15; *Lutter/Zöllner* in KölnKomm. AktG, 2. Aufl., § 53a AktG Rz. 28. *Westermann* in Bürgers/Körber, § 53a AktG Rz. 5.
107 Vgl. *Henze/Notz* in Großkomm. AktG, 4. Aufl., § 53a AktG Rz. 86.
108 Vgl. *Bungeroth* in MünchKomm. AktG, 3. Aufl., § 53a AktG Rz. 21; *Henze/Notz* in Großkomm. AktG, 4. Aufl., § 53a AktG Rz. 86.

Innerhalb der jeweiligen Gattung gilt das Gleichbehandlungsgebot aber in vollem Umfang[109].

33 Satzungsmäßige Abweichungen vom Gleichbehandlungsgrundsatz sind auch ohne Schaffung besonderer Aktiengattungen bei der Festlegung des Gewinnverteilungsschlüssels (§ 60 Abs. 3) oder beim Stimmrecht (§ 134 Abs. 1 und 2) zulässig[110]. Grenzen ergeben sich hier allerdings bei späteren Satzungsänderungen[111]. Hingegen sollen Entsendungsrechte in den Aufsichtsrat (§ 101 Abs. 2) sogar durch nachträgliche Satzungsänderung ohne die Zustimmung sämtlicher Aktionäre eingeräumt werden können[112].

**b) Sachliche Rechtfertigung**

34 **aa) Allgemeines.** Eine unterschiedliche Behandlung von Aktionären kann im Einzelfall aus sachlichen Gründen gerechtfertigt sein[113]. Der Grundsatz der Gleichbehandlung verbietet nämlich nur eine willkürliche, sachlich nicht gerechtfertigte Ungleichbehandlung[114]. Die Darlegungs- und Beweislast für eine ungleiche Behandlung obliegt dem Aktionär; demgegenüber muss die Gesellschaft die sachliche Rechtfertigung beweisen[115].

35 Im konkreten Zugriff muss die Ungleichbehandlung zunächst einem nicht unbedeutenden Gesellschaftsinteresse dienen[116]. Belange Dritter, Sonderinteressen einzelner Aktionäre oder ein Bestreben des Vorstands, das Gemeinwohl zu fördern, können eine Ungleichbehandlung von vornherein nicht tragen[117]. Liegt ein **anerkennenswertes Gesellschaftsinteresse** vor, ist die Ungleichbehandlung weiterhin an den Grundsätzen der Geeignetheit, Erforderlichkeit und Verhältnismäßigkeit zu messen[118], die ganz allgemein als Schranken für Eingriffe in Mitgliedschaftsrechte anerkannt

---

109 Vgl. OLG Düsseldorf v. 8.6.1973 – 19 W 21/72, AG 1973, 282, 284; *Bungeroth* in Großkomm. AktG, 4. Aufl., § 53a AktG Rz. 20; *Henze/Notz* in Großkomm. AktG, 4. Aufl., § 53a AktG Rz. 87; *Janssen* in Heidel, § 53a AktG Rz. 15.
110 Vgl. *Bungeroth* in MünchKomm. AktG, 3. Aufl., § 53a AktG Rz. 21; *Henze/Notz* in Großkomm. AktG, 4. Aufl., § 53a AktG Rz. 88.
111 Näher *Bungeroth* in MünchKomm. AktG, 3. Aufl., § 53a AktG Rz. 23; *Henze/Notz* in Großkomm. AktG, 4. Aufl., § 53a AktG Rz. 89; *Lutter/Zöllner* in KölnKomm. AktG, 2. Aufl., § 53a AktG Rz. 24.
112 Vgl. OLG Hamm v. 31.3.2008 – 8 U 222/07 – „ThyssenKrupp", ZIP 2008, 1530; zustimmend *Verse*, ZIP 2008, 1754, 1758.
113 Vgl. *Bungeroth* in MünchKomm. AktG, 3. Aufl., § 53a AktG Rz. 14; *Henze/Notz* in Großkomm. AktG, 4. Aufl., § 53a AktG Rz. 69; *Hüffer*, § 53a AktG Rz. 10; *Janssen* in Heidel, § 53a AktG Rz. 16; *Lutter/Zöllner* in KölnKomm. AktG, 2. Aufl., § 53a AktG Rz. 13; *Westermann* in Bürgers/Körber, § 53a AktG Rz. 6.
114 Vgl. BGH v. 6.10.1960 – II ZR 150/58 – „Minimax II", BGHZ 33, 175, 186; BGH v. 16.12.1991 – II ZR 58/91, BGHZ 116, 359, 373 (GmbH).
115 Vgl. *Henn*, AG 1985, 240, 243; *Janssen* in Heidel, § 53a AktG Rz. 6; *Lutter/Zöllner* in KölnKomm. AktG, 2. Aufl., § 53a AktG Rz. 43.
116 Vgl. *Bungeroth* in MünchKomm. AktG, 3. Aufl., § 53a AktG Rz. 15; *Henze/Notz* in Großkomm. AktG, 4. Aufl., § 53a AktG Rz. 71; *Janssen* in Heidel, § 53a AktG Rz. 19; *Lutter/Zöllner* in KölnKomm. AktG, 2. Aufl., § 53a AktG Rz. 14.
117 Vgl. *Bungeroth* in MünchKomm. AktG, 3. Aufl., § 53a AktG Rz. 15; *Lutter/Zöllner* in KölnKomm. AktG, 2. Aufl., § 53a AktG Rz. 14.
118 Vgl. *Bungeroth* in MünchKomm. AktG, 3. Aufl., § 53a AktG Rz. 15; *Henze/Notz* in Großkomm. AktG, 4. Aufl., § 53a AktG Rz. 70; *Hüffer*, § 53a AktG Rz. 10; *Janssen* in Heidel, § 53a AktG Rz. 19; *Lutter/Zöllner* in KölnKomm. AktG, 2. Aufl., § 53a AktG Rz. 15; differenzierend *Verse*, S. 285 ff.

sind[119]. Hierzu bedarf es einer sorgfältigen Abwägung aller Umstände des jeweiligen Falles[120].

**bb) Einzelfälle.** Als hinreichende Sachgründe hat die Rechtsprechung anerkannt: den Schutz vor Überfremdung bei nachträglicher Einführung von Höchststimmrechten[121], den Bezugsrechtsausschluss zu Lasten einzelner Aktionäre, welche die Gesellschaft vernichten wollen[122]; den Ausschluss von Kleinaktionären bei der Ausgabe von Genussrechten an einer ertragsschwachen Gesellschaft, wenn diese als Kapitalanlage uninteressant sind[123]; die Umwandlung von Vorzugs- in Stammaktien gegen Zahlung einer angemessenen Prämie, wenn für die Umwandlung nahe liegende Gründe gegeben sind[124]; die Verweigerung einer satzungsmäßig erforderlichen Zustimmung des Vorstands zur Übertragung vinkulierter Namensaktien, wenn anderenfalls eine Sperrminorität entstünde[125].

36

### c) Verzicht auf Gleichbehandlung

Ein ungleich behandelter Aktionär kann **im konkreten Einzelfall** auf den Schutz des § 53a **verzichten**[126]. Der Verzicht bedarf zu seiner Wirksamkeit einer ausdrücklichen oder schlüssigen Erklärung[127], die vor, bei oder nach der Ungleichbehandlung abgegeben werden kann[128]. Diese kann auch in einer positiven Stimmabgabe des Aktionärs für einen entsprechenden Hauptversammlungsbeschluss liegen[129], z.B. in der Zustimmung zu einem ihn benachteiligenden Gewinnverwendungsbeschluss[130].

37

Dagegen ist ein **pauschaler Verzicht**, der sich nicht auf bestimmte, klar umrissene Rechtspositionen bezieht, **wirkungslos**[131]. Gleiches gilt für einen zukünftigen Gleichbehandlungsverzicht in bestimmten Angelegenheiten, z.B. für die Aktienzu-

38

---

119 Grundlegend *Zöllner*, S. 351 f.; aus der Rechtsprechung BGH v. 19.12.1977 – II ZR 136/76 – „Mannesmann", BGHZ 70, 40, 43 ff.; BGH v. 16.2.1981 – II ZR 169/79 – „Süssen", BGHZ 80, 69, 74; BGH v. 19.4.1982 – II ZR 55/81 – „Holzmann", BGHZ 83, 319, 322 = AG 1982, 252.
120 Vgl. *Bungeroth* in MünchKomm. AktG, 3. Aufl., § 53a AktG Rz. 16; *Henze/Notz* in Großkomm. AktG, 4. Aufl., § 53a AktG Rz. 71; *Hüffer*, § 53a AktG Rz. 10.
121 Vgl. BGH v. 6.10.1960 – II ZR 150/58 – „Minimax II", BGHZ 33, 175, 186 f.
122 Vgl. BGH v. 6.10.1960 – II ZR 150/58 – „Minimax II", BGHZ 33, 175, 186 f.; eingehend *Verse*, S. 457 ff.
123 Vgl. BGH v. 9.11.1992 – II ZR 230/91 – „Bremer Bankverein", BGHZ 120, 141, 151 f. = AG 1993, 134.
124 Vgl. OLG Köln v. 20.9.2001 – 18 U 125/01 – „Metro", ZIP 2001, 2049, 2051 f.; ausführlich *Wirth/Arnold*, ZGR 2002, 859 ff.
125 Vgl. LG Aachen v. 19.5.1992 – 41 O 30/92 – „AGF/AMB", AG 1992, 410, 412 ff.
126 Vgl. *Bungeroth* in MünchKomm. AktG, 3. Aufl., § 53a AktG Rz. 19; *Henze/Notz* in Großkomm. AktG, 4. Aufl., § 53a AktG Rz. 93; *Hüffer*, § 53a AktG Rz. 5; *Janssen* in Heidel, § 53a AktG Rz. 7; *Lutter/Zöllner* in KölnKomm. AktG, 2. Aufl., § 53a AktG Rz. 30; *Wiesner* in MünchHdb. AG, § 17 Rz. 11.
127 Vgl. *Henze/Notz* in Großkomm. AktG, 4. Aufl., § 53a AktG Rz. 96.
128 Vgl. *Bungeroth* in MünchKomm. AktG, 3. Aufl., § 53a AktG Rz. 20; *Lutter/Zöllner* in Großkomm. AktG, 4. Aufl., § 53a AktG Rz. 29.
129 Vgl. *Bungeroth* in MünchKomm. AktG, 3. Aufl., § 53a AktG Rz. 20; *Henze/Notz* in Großkomm. AktG, 4. Aufl., § 53a AktG Rz. 96; *Hüffer*, § 53a AktG Rz. 5; *Lutter/Zöllner* in KölnKomm. AktG, 2. Aufl., § 53a AktG Rz. 29; *Westermann* in Bürgers/Körber, § 53a AktG Rz. 7.
130 Vgl. *Henze/Notz* in Großkomm. AktG, 4. Aufl., § 53a AktG Rz. 93; *Hüffer*, § 53a AktG Rz. 5.
131 Vgl. *Bungeroth* in MünchKomm. AktG, 3. Aufl., § 53a AktG Rz. 17; *Henze/Notz* in Großkomm. AktG, 4. Aufl., § 53a AktG Rz. 95; *Janssen* in Heidel, § 53a AktG Rz. 7; *Lutter/Zöllner* in KölnKomm. AktG, 2. Aufl., § 53a AktG Rz. 30.

teilung bei allen weiteren Kapitalerhöhungen[132]. Die Rechtsordnung reagiert hier – wie auch anderwärts – auf das Phänomen begrenzter Rationalität, das nach rechtspaternalistischem Schutz gegen einen „freiwilligen" Vorausverzicht verlangt, wenn dessen Tragweite für den Betroffenen schwer voraussehbar ist[133].

### 6. Rechtsfolgen bei Verstößen

#### a) Gleichbehandlungswidrige Hauptversammlungsbeschlüsse

39 Verstößt ein Hauptversammlungsbeschluss gegen § 53a, ist er in aller Regel gem. § 243 Abs. 1 anfechtbar[134]. Eine Nichtigkeit nach § 241 Nr. 3 kommt nur ganz ausnahmsweise in Betracht, namentlich bei einem Beschluss, der darauf abzielt, den Gleichbehandlungsgrundsatz gänzlich abzuschaffen[135].

#### b) Gleichbehandlungswidrige Verwaltungsmaßnahmen

40 Bei ihnen können je nach Sachlage Verweigerungsrechte, Ansprüche auf aktive Gleichbehandlung oder Beseitigungsrechte entstehen[136]. So begründet eine ungleiche Einforderung von Einlagen ein Leistungsverweigerungsrecht des benachteiligten Aktionärs[137]. Die Rechtsfolge aktiver Gleichbehandlung ist z.B. bei der erforderlichen Zustimmung zur Veräußerung vinkulierter Namensaktien anerkannt, wenn der Vorstand diese bereits einem anderen Aktionär unter gleichen Bedingungen erteilt hat[138]. Davon abgesehen hat ein Aktionär keinen Anspruch auf eine „Gleichbehandlung im Unrecht", wenn diese eine erneute Pflichtverletzung des Vorstands zur Folge hätte[139]. Schließlich ist ein gleichheitswidriges Rechtsgeschäft in bestimmten Fällen als nichtig anzusehen und löst deshalb Rückerstattungsansprüche der Gesellschaft aus[140], etwa bei verdeckten Gewinnausschüttungen[141] oder beim Rückerwerb eigener Aktien[142].

---

132 Vgl. *Bungeroth* in MünchKomm. AktG, 3. Aufl., § 53a AktG Rz. 17; *Henze/Notz* in Großkomm. AktG, 4. Aufl., § 53a AktG Rz. 95; *Lutter/Zöllner* in KölnKomm. AktG, 2. Aufl., § 53a AktG Rz. 30.
133 Näher *Fleischer*, ZGR 2001, 1, 6 f.
134 Vgl. RG v. 16.9.1927 – II 21/27, RGZ 118, 67, 72 f.; RG v. 13.11.1934 – II 190/34, JW 1935, 1776; BGH v. 11.7.1960 – II ZR 24/58, BB 1960, 880, 881; LG Köln v. 14.4.1980 – 67 Akt 1/79, AG 1981, 81, 82; *Bungeroth* in MünchKomm. AktG, 3. Aufl., § 53a AktG Rz. 28; *Henze/Notz* in Großkomm. AktG, 4. Aufl., § 53a AktG Rz. 110; *Hüffer*, § 53a AktG Rz. 12; *Lutter/Zöllner* in KölnKomm. AktG, 2. Aufl., § 53a AktG Rz. 32; *Raiser/Veil*, Kapitalgesellschaften, § 11 Rz. 76.
135 Vgl. *Bungeroth* in MünchKomm. AktG, 3. Aufl., § 53a AktG Rz. 29; *Henze/Notz* in Großkomm. AktG, 4. Aufl., § 53a AktG Rz. 113; *Lutter/Zöllner* in KölnKomm. AktG, 2. Aufl., § 53a AktG Rz. 26; *Westermann* in Bürgers/Körber, § 53a AktG Rz. 9.
136 Vgl. *Hüffer*, § 53a AktG Rz. 12; *Janssen* in Heidel, § 53a AktG Rz. 27; *Raiser/Veil*, Kapitalgesellschaften, § 11 Rz. 76; *K. Schmidt*, GesR, § 16 II 4b ee, 504 f.; eingehend *Verse*, S. 379 ff. (Beseitigung), S. 399 ff. (Schadensersatz), S. 412 ff. (Unterlassung).
137 Vgl. *Hüffer*, § 53a AktG Rz. 12; *Janssen* in Heidel, § 53a AktG Rz. 28; *Lutter/Zöllner* in KölnKomm. AktG, 2. Aufl., § 53a AktG Rz. 37.
138 Vgl. LG Aachen v. 19.5.1992 – 41 O 30/92 – „AGF/AMB", AG 1992, 410, 412; *Bungeroth* in MünchKomm. AktG, 3. Aufl., § 53a AktG Rz. 32; *Hüffer*, § 53a AktG Rz. 12; *Janssen* in Heidel, § 53a AktG Rz. 39.
139 Vgl. BGH v. 22.10.2007 – II ZR 184/06, ZIP 2008, 218, 219.
140 Vgl. *Raiser/Veil*, Kapitalgesellschaften, § 11 Rz. 76; *Westermann* in Bürgers/Körber, § 53a AktG Rz. 10.
141 Vgl. *Hüffer*, § 53a AktG Rz. 12; *Janssen* in Heidel, § 53a AktG Rz. 30; *Lutter/Zöllner* in KölnKomm. AktG, 2. Aufl., § 53a AktG Rz. 38.
142 Vgl. *Bungeroth* in MünchKomm. AktG, 3. Aufl., § 53a AktG Rz. 31; *Henze/Notz* in Großkomm. AktG, 4. Aufl., § 53a AktG Rz. 116; *Lutter/Zöllner* in KölnKomm. AktG, 2. Aufl., § 53a AktG Rz. 34.

### c) Deliktsrechtliche Schadensersatzansprüche

Ersatzansprüche aus § 823 Abs. 1 BGB oder aus § 823 Abs. 2 BGB i.V.m. § 53a stehen den benachteiligten Aktionären nach h.M. nicht zu[143]. Denkbar sind in besonders gelagerten Fällen allenfalls Ansprüche aus § 826 BGB[144] oder aus § 117 Abs. 1[145]. 41

## III. Mitgliedschaftliche Treuepflicht

### 1. Überblick

#### a) Anerkennung und Bedeutung

Nach heute gefestigter Rechtsüberzeugung beansprucht die mitgliedschaftliche Treuepflicht auch im Aktienrecht Anerkennung[146]. Sie hat sich als **Teil der ungeschriebenen Legalordnung** neben den geschriebenen Einzelausprägungen des Treuepflichtgedankens (§§ 243 Abs. 2 Satz 1, 117, 53a, 255 Abs. 2)[147] etabliert und dient Rechtsprechung und Rechtslehre vornehmlich als **Instrument des Minderheitenschutzes**[148]. Hinsichtlich ihrer Wirkungsrichtung pflegt man Treuebindungen zwischen AG und Aktionären (Vertikalverhältnis) und solche der Aktionäre untereinander (Horizontalverhältnis) zu unterscheiden (näher Rz. 48 f.). Allerdings muss die Figur der Treuepflicht im Aktienrecht mit Augenmaß gehandhabt werden[149]. 42

#### b) Gemeinschaftsrecht und Rechtsvergleichung

Ein gemeinschaftsrechtliches Fundament der mitgliedschaftlichen Treuepflicht fehlt. Allerdings hat der EuGH entschieden, dass die nationalen Gerichte einem Aktionär auch bei Ausübung *gemeinschaftsrechtlicher* Rechtspositionen den *nationalen* Missbrauchseinwand entgegenhalten können, sofern sie dadurch nicht die „Wirksamkeit und einheitliche Anwendung des Gemeinschaftsrechts" und die „Tragweite" der betreffenden Vorschrift beeinträchtigen[150]. Von den ausländischen Aktienrechten hat 43

---

143 Vgl. *Hüffer*, § 53a AktG Rz. 12; *G. Hueck*, S. 295; *Janssen* in Heidel, § 53a AktG Rz. 32; *Lutter/Zöllner* in KölnKomm. AktG, 2. Aufl., § 53a AktG Rz. 42; a.A. *Bungeroth* in MünchKomm. AktG, 3. Aufl., § 53a AktG Rz. 38; *Henn*, AG 1985, 240, 248; *Westermann* in Bürgers/Körber, § 53a AktG Rz. 10.
144 Vgl. *Bungeroth* in MünchKomm. AktG, 3. Aufl., § 53a AktG Rz. 38; *Henze/Notz* in Großkomm. AktG, 4. Aufl., § 53a AktG Rz. 152.
145 Vgl. *Janssen* in Heidel, § 53a AktG Rz. 32.
146 Vgl. BGH v. 1.2.1988 – II ZR 75/87 – „Linotype", BGHZ 103, 184, 194 f.; BGH v. 20.3.1995 – II ZR 205/94 – „Girmes", BGHZ 129, 136, 142 = AG 1995, 368; BGH v. 5.7.1999 – II ZR 126/98 – „Hilgers", BGHZ 142, 167, 169 f. = AG 1999, 517; *Bungeroth* in MünchKomm. AktG, 3. Aufl., vor § 53a AktG Rz. 19; *Henze/Notz* in Großkomm. AktG, 4. Aufl., § 53a AktG Rz. 7; *Hüffer*, § 53a AktG Rz. 14; *Janssen* in Heidel, § 53a AktG Rz. 18; *Raiser/Veil*, Kapitalgesellschaften, § 11 Rz. 55 ff.; *K. Schmidt*, GesR, § 28 I 4a, S. 799 ff.
147 Eingehend dazu *M. Weber*, S. 53 ff.; ferner *Henze/Notz* in Großkomm. AktG, 4. Aufl., Anh. § 53a AktG Rz. 1.
148 Vgl. *Bungeroth* in MünchKomm. AktG, 3. Aufl., vor § 53a AktG Rz. 26; *Windbichler*, GesR, § 30 Rz. 35; *Hüffer*, § 53a AktG Rz. 14 und 17; *Röhricht* in Hommelhoff/Hopt/v. Werder, Handbuch Corporate Governance, 2003, S. 513, 532; *K. Schmidt*, GesR, § 20 IV 3, S. 593; *Wiedemann*, GesR, Bd. I, § 8 II 3, S. 431 ff.
149 Vgl. *Henze/Notz* in Großkomm. AktG, 4. Aufl., Anh. § 53a AktG Rz. 12 und 97 f.; *Windbichler*, GesR, § 30 Rz. 33; *Bungeroth* in MünchKomm. AktG, 3. Aufl., vor § 53a AktG Rz. 31; *Röhricht* in Hommelhoff/Hopt/v. Werder, Handbuch Corporate Governance, 2003, S. 513, 544 f.
150 Vgl. EuGH v. 23.5.2000 – C-373/97 – „Diamantis", Slg. 2000, I-1723, 1736 f. zu Art. 25 der Richtlinie 77/91/EWG; dazu auch *Henze/Notz* in Großkomm. AktG, 4. Aufl., Anh. § 53a AktG Rz. 10; *Hüffer*, § 53a AktG Rz. 14; verallgemeinernd *Fleischer*, JZ 2003, 865, 868 f.

sich vor allem das US-amerikanische um die Ausarbeitung treuepflichtgestützter Verhaltenspflichten des Mehrheitsgesellschafters verdient gemacht[151].

### c) Verhältnis zur organschaftlichen Treuepflicht

44 Von der mitgliedschaftlichen Treuepflicht im Ausgangspunkt scharf zu unterscheiden ist die Treuepflicht der Vorstands- und Aufsichtsratsmitglieder, die durch ihre organschaftliche Stellung begründet wird und sich bündig als Pflicht zur Amtstreue bezeichnen lässt[152].

## 2. Grundlagen

### a) Geltungsgrund

45 Über den Geltungsgrund der mitgliedschaftlichen Treuepflicht gehen die Auffassungen auseinander: Manche leiten sie aus § 242 BGB ab[153]; andere verweisen auf die Förderpflicht des § 705 BGB[154] oder begreifen sie als notwendiges Gegenstück zur Einwirkungsmacht (vor allem) des Mehrheitsgesellschafters[155]; wieder andere führen sie auf den Organisationsvertrag der Gründer zurück[156] oder erblicken in ihr einen zwingenden Bestandteil jeder Gemeinschaftsethik[157]. Jede dieser Deutungen hebt einen wichtigen Einzelaspekt hervor. Aus rechtsökonomischer Sicht ist zu ergänzen, dass die Treuepflicht ein richtunggebendes Prinzip darstellt, aus dem sich Entscheidungsregeln zur Bewältigung noch unbekannter Konfliktlagen ableiten lassen[158].

### b) Rechtsnatur

46 Rechtstheoretisch ordnet man die mitgliedschaftliche Treuepflicht gewöhnlich als **Generalklausel** ein, die eine Ermächtigung zur richterrechtlichen Rechtsfortbildung enthält[159]. Gelegentlich ist sogar von ihrer gewohnheitsrechtlichen Verfestigung die Rede[160]. Daneben findet sich die Deutung als *Rechtsprinzip*, das Orientierungsgebote überpositiven Charakters beinhalte[161].

### c) Verwandte Rechtsfiguren

47 Die mitgliedschaftliche Treuepflicht weist enge Berührungspunkte mit dem Gleichbehandlungsgebot auf (näher Rz. 12). Eine institutionell verfestigte Ausprägung der

---

151 Vgl. etwa *American Law Institute*, Principles of Corporate Governance, 1994, Part V, Chapter 3: „Duty of fair dealing of controlling sharerholders"; rechtsvergleichend *Jahnke*, Gesellschaftsrechtliche Treuepflicht, 2003, S. 105 ff.; *Merkt/Göthel*, US-amerikanisches Gesellschaftsrecht, 2. Aufl. 2006, Rz. 932 ff.
152 Näher *Fleischer* in Fleischer, Handbuch des Vorstandsrechts, § 9 Rz. 8; *Röhricht* in Hommelhoff/Hopt/v. Werder, Handbuch Corporate Governance, 2003, S. 513, 514; *Wiedemann* in FS Heinsius, 1991, S. 949, 950 ff.
153 Vgl. *Hennrichs*, AcP 195 (1995), 221, 228 ff.; *Röhricht* in Hommelhoff/Hopt/v. Werder, Handbuch Corporate Governance, 2003, S. 513, 517 f.
154 Vgl. *Lutter*, AcP 180 (1980), 84, 102 ff.; *Lutter*, ZHR 153 (1989), 446, 454.
155 Vgl. *Zöllner*, S. 342 ff.
156 Vgl. *Hüffer*, § 53a AktG Rz. 15; *M. Winter*, S. 63 ff.; *Wiesner* in MünchHdb. AG, § 17 Rz. 15.
157 Vgl. *Wiedemann*, GesR, Bd. II, § 3 II 3a bb, S. 194.
158 Näher dazu und zu den Besonderheiten unvollständiger Verträge *Fleischer*, ZGR 2001, 1, 4 f.
159 Vgl. *Henze/Notz* in Großkomm. AktG, 4. Aufl., Anh. § 53a AktG Rz. 19; *Hüffer*, § 53a AktG Rz. 15; *Bungeroth* in MünchKomm. AktG, 3. Aufl., vor § 53a AktG Rz. 20; *Stimpel* in FS 25 Jahre BGH, 1975, S. 13, 19; *Wiesner* in MünchHdb. AG, § 17 Rz. 15.
160 Vgl. *Röhricht* in Hommelhoff/Hopt/v. Werder, Handbuch Corporate Governance, 2003, S. 513, 517; *Wiesner* in MünchHdb. AG, § 17 Rz. 15.
161 Vgl. *Wiedemann* in Lutter/Wiedemann, Gestaltungsfreiheit im Gesellschaftsrecht, 1998, S. 5, 20 ff.

Treuepflicht bildet darüber hinaus die materielle Beschlusskontrolle nach Maßgabe der sog. Kali- und Salz-Formel[162, 163]. Verbindungslinien bestehen schließlich zu dem Verbot missbräuchlicher Anfechtungsklagen[164], das der BGH freilich zumeist auf § 242 BGB stützt[165].

### 3. Wirkungsrichtungen

#### a) Treuepflicht zwischen AG und Aktionären

Die Anerkennung einer Treuepflicht des Aktionärs gegenüber seiner Gesellschaft geht schon auf das RG zurück[166] und wurde damals in zeitbedingter Übersteigerung vor allem zur Begrenzung des Anfechtungsrechts herangezogen[167]. Der BGH hat diese im Kern überzeugende Rechtsprechungslinie fortgeführt[168] und eine spiegelbildliche Treuepflicht der Gesellschaft gegenüber ihren Aktionären anerkannt[169]. Das Schrifttum ist dem im Grundsatz wie in den Einzelheiten weitgehend gefolgt[170].

48

#### b) Treuepflicht der Aktionäre untereinander

Jüngeren Datums ist die Begründung einer Treuepflicht zwischen den Aktionären. Die ältere Spruchpraxis hatte Auseinandersetzungen unter Aktionären nur nach den allgemeinen Rechtsgrundsätzen der §§ 226, 242 BGB beurteilt[171]. Ergänzend bemühte sie lediglich das Sittengebot der §§ 138, 826 BGB[172] und hielt daran auch nach der ITT-Entscheidung zur horizontalen Treuepflicht des GmbH-Gesellschafters[173] im

49

---

162 Vgl. BGH v. 13.3.1978 – II ZR 142/76 – „Kali und Salz", BGHZ 71, 40.
163 Vgl. *Henze/Notz* in Großkomm. AktG, 4. Aufl., Anh. § 53a AktG Rz. 23; *Hüffer*, § 53a AktG Rz. 17; *Janssen* in Heidel, § 53a AktG Rz. 20; *Röhricht* in Hommelhoff/Hopt/v. Werder, Handbuch Corporate Governance, 2003, S. 513, 537.
164 Vgl. *Henze/Notz* in Großkomm. AktG, 4. Aufl., Anh. § 53a AktG Rz. 24; *Bungeroth* in MünchKomm. AktG, 3. Aufl., § 53a AktG Rz. 27; *Röhricht* in Hommelhoff/Hopt/v. Werder, Handbuch Corporate Governance, 2003, S. 513, 542 f.
165 Vgl. BGH v. 22.5.1989 – II ZR 206/88 – „Kochs Adler", BGHZ 107, 296, 311 = AG 1989, 399; ferner BGH v. 20.3.1995 – II ZR 205/94 – „Girmes", BGHZ 129, 136, 144 f. = AG 1995, 368, wonach es in der Praxis bei Anfechtungs- und Auskunftsrechten „kaum" eines Rückgriffs auf die Treuepflicht bedarf.
166 Vgl. RG v. 22.1.1935 – II 198/34, RGZ 146, 385, 395; RG v. 21.9.1938 – II 183/37, RGZ 158, 248, 254; dazu aus dem zeitgenössischen Schrifttum *Klausing* in FS Schlegelberger, 1936, S. 405 ff.
167 Vgl. RG v. 22.1.1935 – II 198/34, RGZ 146, 385, 395 ff.
168 Vgl. BGH v. 9.6.1954 – II ZR 70/53, BGHZ 14, 25, 38; BGH v. 1.2.1988 – II ZR 75/87 – „Linotype", BGHZ 103, 184, 194 = AG 1988, 135; BGH v. 20.3.1995 – II ZR 205/94 – „Girmes", BGHZ 129, 136, 142 = AG 1995, 368; zur GmbH auch BGH v. 1.4.1953 – II ZR 235/52, BGHZ 9, 157, 163; BGH v. 5.6.1975 – II ZR 23/74 – „ITT", BGHZ 65, 15, 18.
169 Vgl. BGH v. 20.3.1995 – II ZR 205/94 – „Girmes", BGHZ 129, 136, 142 = AG 1995, 368.
170 Vgl. *Henze/Notz* in Großkomm. AktG, 4. Aufl., Anh. § 53a AktG Rz. 4 und 87; *Hüffer*, § 53a AktG Rz. 19; *Bungeroth* in MünchKomm. AktG, 3. Aufl., § 53a AktG Rz. 19 und 30; *Raiser/Veil*, Kapitalgesellschaften, § 11 Rz. 61; *Westermann* in Bürgers/Körber, § 53a AktG Rz. 13.
171 Vgl. RG v. 29.11.1912 – II 369/12, RGZ 81, 37, 40; RG v. 17.11.1922 – II 864/21, RGZ 105, 373, 375.
172 Beginnend mit RG v. 22.2.1916 – II 395/15, JW 1916, 575, 576; RG v. 22.6.1923 – II 888/22, RGZ 107, 72, 75; RG v. 23.10.1925 – II 575/24, RGZ 112, 14, 19; RG v. 30.3.1926 – II 226/25, RGZ 113, 188, 193; zusammenfassend *Zöllner*, Schranken, S. 288 ff.; *Verse*, S. 22 ff.; anschaulich *M. Weber*, S. 32: „Die §§ 138, 826 BGB funktionierten so, rückblickend gesehen, wie eine Art Kokon, innerhalb dessen sich gesellschaftsrechtliche Treubindungen als ein eigenständiges gesellschaftsrechtliches Rechtsinstitut entfalten konnten."
173 Vgl. BGH v. 5.6.1975 – II ZR 23/74 – „ITT", BGHZ 65, 15.

§ 53a

Audi/NSU-Fall für das Aktienrecht fest[174]. Erst **im Jahre 1988** vollzog der **BGH** in der Linotype-Entscheidung den rechtsfortbildenden Schritt zur Anerkennung einer gesellschaftsrechtlichen **Treuepflicht des Mehrheitsaktionärs gegenüber dem Minderheitsaktionär**[175]. Unter Berufung auf Vorarbeiten in der Rechtslehre[176] führte er zur Begründung aus, dass ein Mehrheitsgesellschafter auch in der AG die Möglichkeit habe, durch Einflussnahme auf die Geschäftsführung die gesellschaftsbezogenen Interessen der Mitgesellschafter zu beeinträchtigen, so dass hier ebenfalls als Gegengewicht die gesellschaftsrechtliche Pflicht zu fordern sei, auf jene Interessen Rücksicht zu nehmen[177]. Nachfolgende Entscheidungen haben diesen Richterspruch bestätigt[178] und damit im Schrifttum fast durchgängig Zustimmung gefunden[179].

50   In der Girmes-Entscheidung aus dem Jahre **1995** hat der **BGH** seine Rechtsprechung dahin ergänzt, **dass auch dem Minderheitsaktionär eine Treuepflicht gegenüber dem Mehrheitsaktionär** und gegenüber anderen Minderheits- oder Kleinaktionären obliegt[180]. Diese verpflichtet ihn, seine Mitgliedsrechte, insbesondere seine Mitverwaltungs- und Kontrollrechte, unter angemessener Berücksichtigung der gesellschaftsbezogenen Interessen der anderen Aktionäre auszuüben[181]. Erreichen mehrere Minderheitsaktionäre erst zusammen die Voraussetzungen für eine Sperrminorität oder für die Durchsetzung eines Minderheitenrechts, wird die Treubindung für jeden von ihnen jedenfalls in den Fällen der Stimmbindung und Stimmrechtsbündelung relevant[182]. Nach zutreffender h.L. erschöpft sie sich aber nicht in dieser wirkungsbezogenen Treuepflicht[183], sondern gilt ganz unabhängig von einer genügenden Einflussposition[184]. Die Bedeutungslosigkeit der Stimmabgabe ändert nichts an ihrer etwaigen Treuwidrigkeit, sondern ist allein eine Frage fehlender Kausalität[185]. Auch zufällig eintretende Antrags- oder Sperrminderheiten (ebenfalls Zufallsmehrheiten[186]) unterliegen daher mitgliedschaftlichen Treuebindungen[187].

---

174 Vgl. BGH v. 13.2.1976 – II ZR 61/74 – „Audi/NSU", AG 1976, 218, 219; die Entscheidung erging nur wenige Monate nach dem ITT-Urteil; zu dem zeitlichen Zusammenhang *Henze/Notz* in Großkomm. AktG, 4. Aufl., Anh. § 53a AktG Rz. 2 mit Fn. 11; *Röhricht* in Hommelhoff/Hopt/v. Werder, Handbuch Corporate Governance, S. 513, 522.
175 Vgl. BGH v. 1.2.1988 – II ZR 75/87 – „Linotype", BGHZ 103, 184, 194 ff. = AG 1988, 135.
176 Vgl. vor der Linotype-Entscheidung besonders *Lutter*, JZ 1976, 225 ff.; und *Wiedemann* in FS Barz, 1974, S. 561, 569; grundlegend *Zöllner*, S. 335 ff.
177 Vgl. BGH v. 1.2.1988 – II ZR 75/87 – „Linotype", BGHZ 103, 184, 195 = AG 1988, 135.
178 Vgl. BGH v. 22.6.1992 – II ZR 178/90 – „IBH/Scheich Kamel", NJW 1992, 3167, 3171; BGH v. 5.7.1999 – II ZR 126/98 – „Hilgers", BGHZ 142, 167, 169 f. = AG 1999, 517.
179 Vgl. die in Fn. 143 Genannten sowie *Henze* in FS Kellermann, 1991, S. 141; *Hüffer* in FS Steindorff, 1990, S. 59; *Lutter*, ZHR 153 (1989), 446; *Wiedemann*, JZ 1989, 447; a.A. *Meyer-Landrut* in FS Häußler, 1990, S. 249, 250; *Flume*, ZIP 1996, 161 ff.
180 Vgl. BGH v. 20.3.1995 – II ZR 205/94 – „Girmes", BGHZ 129, 136, 142 ff. = AG 1995, 368.
181 Vgl. BGH v. 20.3.1995 – II ZR 205/94 – „Girmes", BGHZ 129, 136 = AG 1995, 368.
182 Vgl. BGH v. 20.3.1995 – II ZR 205/94 – „Girmes", BGHZ 129, 136, 137 = AG 1995, 368.
183 So aber *Dreher*, ZHR 157 (1993), 150, 158 ff.
184 Vgl. *Hennrichs*, AcP 195 (1995), 221, 237; *Henze/Notz* in Großkomm. AktG, 4. Aufl., Anh. § 53a AktG Rz. 73; *Lutter*, JZ 1995, 1053, 1054; *Bungeroth* in MünchKomm. AktG, 3. Aufl., vor § 53a AktG Rz. 26; *Röhricht* in Hommelhoff/Hopt/v. Werder, Handbuch Corporate Governance, S. 513, 540 f.; offen lassend BGH v. 20.3.1995 – II ZR 205/94 – „Girmes", BGHZ 129, 136, 137 = AG 1995, 368.
185 Vgl. *Lutter*, JZ 1995, 1053, 1054; *Bungeroth* in MünchKomm. AktG, 3. Aufl., vor § 53a AktG Rz. 26.
186 Vgl. *Hüffer*, § 53a AktG Rz. 17; *Röhricht* in Hommelhoff/Hopt/v. Werder, Handbuch Corporate Governance, S. 513, 541.
187 Vgl. *Henze/Notz* in Großkomm. AktG, 4. Aufl., Anh. § 53a AktG Rz. 73 m.w.N.; offen lassend BGH v. 20.3.1995 – II ZR 205/94 – „Girmes", BGHZ 129, 136, 137 = AG 1995, 368.

## 4. Geltungsbereich

### a) Persönliche Reichweite

Die mitgliedschaftliche Treuepflicht bindet nur die **Aktionäre**[188]. Außenstehende Dritte sind an dem treuepflichtbegründenden Rechtsverhältnis nicht beteiligt und unterliegen daher auch keinen korporativen Treuebindungen[189]. Das gilt auch für den Stimmrechtsvertreter, der nicht Aktionär ist[190]. Der BGH lässt ihn allerdings bei einer treuwidrigen Weisung entsprechend § 179 BGB haften, wenn er den ihn beauftragenden Aktionär nicht aufdeckt[191]. Daneben ist an eine treuepflichtgestützte Haftung des Aktionärs jedenfalls unter dem Gesichtspunkt des Auswahlverschuldens zu denken[192]. Diskutabel und im Ausgangspunkt anzuerkennen ist eine Erstreckung der Treuepflicht auf **mittelbare Gesellschafter**, deren Intensität freilich nach den Fallumständen variiert[193]. Mögliche Anwendungsfälle bilden Vinkulierungsklauseln[194] und – mit aller gebotenen Vorsicht – Konzernsachverhalte[195]. Dagegen unterliegt der Alleinaktionär ebenso wenig einer mitgliedschaftlichen Treuepflicht wie der Einmanngesellschafter einer GmbH[196]. Den berechtigten Belangen des Gläubigerschutzes ist auf andere Weise Rechnung zu tragen als durch ein dogmatisch dunkles Eigeninteresse der Einmann-AG[197]. 51

### b) Sachliche Reichweite

Der sachliche Schutzbereich der Treuepflicht eines Aktionärs gegenüber seinen Mitaktionären erstreckt sich grundsätzlich nur auf den von der Satzung erfassten, durch den Gesellschaftszweck umschriebenen **mitgliedschaftlichen Bereich**[198]. Er umfasst keinen Schaden, der im außergesellschaftlichen Bereich des Mitaktionärs entstanden ist. Das gilt auch dann, wenn dieser Schaden wesentlich darauf beruht, dass der Mitaktionär seiner Einlagepflicht aus einer Kapitalerhöhung nicht nachgekommen ist[199]. 52

---

188 Vgl. BGH v. 20.3.1995 – II ZR 205/94 – „Girmes", BGHZ 129, 136, 148 = AG 1995, 368; *Bungeroth* in MünchKomm. AktG, 3. Aufl., vor § 53a AktG Rz. 22.
189 Vgl. *Henze/Notz* in Großkomm. AktG, 4. Aufl., Anh. § 53a AktG Rz. 28; *Bungeroth* in MünchKomm. AktG, 3. Aufl., vor § 53a AktG Rz. 23.
190 Vgl. BGH v. 20.3.1995 – II ZR 205/94 – „Girmes", BGHZ 129, 136, 142 ff. = AG 1995, 368; *Henze/Notz* in Großkomm. AktG, 4. Aufl., Anh. § 53a AktG Rz. 31; *Hüffer*, § 53a AktG Rz. 15 und 20b; a.A. *Marsch-Barner*, ZHR 157 (1993), 172, 184; ferner *Lutter*, JZ 1995, 1053, 1056 („Rollenübernahme").
191 Vgl. BGH v. 20.3.1995 – II ZR 205/94 – „Girmes", BGHZ 129, 136, 149 ff. = AG 1995, 368; vorbereitend *Henssler*, ZHR 197 (1993), 91, 118 f.
192 Vgl. *Hüffer*, § 53a AktG Rz. 20b; offen *Henze/Notz* in Großkomm. AktG, 4. Aufl., Anh. § 53a AktG Rz. 21 m.w.N.
193 Wie hier *Henze/Notz* in Großkomm. AktG, 4. Aufl., Anh. § 53a AktG Rz. 36 ff.
194 Näher *Liebscher*, ZIP 2003, 825, 829 ff.
195 Ähnlich *Henze/Notz* in Großkomm. AktG, 4. Aufl., Anh. § 53a AktG Rz. 35, 39.
196 Vgl. BGH v. 28.9.1992 – II ZR 299/91, BGHZ 119, 257, 262 (GmbH); BGH v. 10.5.1993 – II ZR 74/92, BGHZ 122, 333, 336 (GmbH); *Henze/Notz* in Großkomm. AktG, 4. Aufl., § 53a AktG Rz. 42 ff.
197 Wie hier *Henze*, NZG 2003, 649, 655 f.; s. auch *Bachmann*, NZG 2001, 961, 970 f.; a.A. *Burgard*, ZIP 2002, 827, 833 ff.
198 Vgl. BGH v. 22.6.1992 – II ZR 178/90 – „IBH/Scheich Kamel", NJW 1992, 3167, 3171; *Henze/Notz* in Großkomm. AktG, 4. Aufl., Anh. § 53a AktG Rz. 25; *Hüffer*, § 53a AktG Rz. 21; *Bungeroth* in MünchKomm. AktG, 3. Aufl., vor § 53a AktG Rz. 32; *Röhricht* in Hommelhoff/Hopt/v. Werder, Handbuch Corporate Governance, 2003, S. 513, 525.
199 Vgl. BGH v. 22.6.1992 – II ZR 178/90 – „IBH/Scheich Kamel", NJW 1992, 3167, 3171; *Brandes*, WM 1994, 2177, 2181; *Hüffer*, § 53a AktG Rz. 21; *Röhricht* in Hommelhoff/Hopt/v. Werder, Handbuch Corporate Governance, 2003, S. 513, 525.

## c) Zeitliche Reichweite

53 Zeitlich gilt die Treuepflicht schon im Stadium der Vorgesellschaft[200] und noch im Liquidationsstadium[201]. Zurückhaltung ist aber gegenüber einer vormitgliedschaftlichen Treuebindung geboten, wie sie im Schrifttum teilweise befürwortet wird[202]. Die einschlägigen Sachprobleme lassen sich mit den Begründungsmustern einer bereichsspezifischen *culpa in contrahendo* zumeist befriedigend lösen[203].

## 5. Inhalt

### a) Allgemeines

54 Die mitgliedschaftliche Treuepflicht verlangt in ihrer allgemeinsten Form, in gesellschaftlichen Belangen auf die Interessen der AG und die gesellschaftsbezogenen Interessen der Mitgesellschafter angemessen Rücksicht zu nehmen[204]. Ihre Intensität hängt von der Realstruktur des Verbandes ab und ist bei personalistischen Aktiengesellschaften stärker ausgeprägt als bei Publikumsgesellschaften[205]. Von ihrer Wirkungsweise lassen sich zwei Funktionskreise der Treuepflicht unterscheiden: die **Schrankenfunktion**, die der Ausübung von Aktionärsrechten äußere Grenzen zieht (Rücksichtnahmepflicht)[206], und die **Ergänzungsfunktion**, die den Aktionär dazu anhält, durch aktives Tun zum Gelingen der gesellschaftlichen Zwecksetzung beizutragen (Förderpflicht)[207].

55 Ganz im Vordergrund steht die **rechtsbegrenzende Rücksichtnahmepflicht**, die vor allem bei den Mitverwaltungsrechten des Aktionärs, namentlich bei seinem Stimmrecht[208], zur Geltung kommt. Nach verbreiteter Ansicht ist hinsichtlich des Pflichtenumfangs zwischen eigennützigen (Verbot willkürlicher oder unverhältnismäßiger Rechtsausübung) und uneigennützigen (Vorrang des Gesellschaftsinteresses) Mitgliedschaftsrechten zu unterscheiden[209], doch lässt sich diese Einteilung kaum trenn-

---

200 Vgl. *Henze/Notz* in Großkomm. AktG, 4. Aufl., Anh. § 53a AktG Rz. 26.
201 Vgl. OLG Düsseldorf v. 17.2.1994 – 6 U 44/93, NJW-RR 1995, 420, 422 f. (GmbH); *Henze/Notz* in Großkomm. AktG, 4. Aufl., Anh. § 53a AktG Rz. 26.
202 Eingehend *M. Weber*, S. 178 ff., 239 ff. und passim; dem zuneigend *Henze/Notz* in Großkomm. AktG, 4. Aufl., Anh. § 53a AktG Rz. 41; *K. Schmidt*, GesR, § 20 IV 1b, S. 588 f.; kritisch *Fleischer*, NZG 2000, 561, 563 ff.; *Bungeroth* in MünchKomm. AktG, 3. Aufl., vor § 53a AktG Rz. 23; *Wiedemann*, GesR, Bd. II, § 2 II 1b, S. 99 f.
203 Näher *Fleischer*, NZG 2000, 561, 563 ff.; für den Management Buyout *Fleischer*, AG 2000, 309, 320.
204 Vgl. BGH v. 1.2.1988 – II ZR 75/87 – „Linotype", BGHZ 103, 184, 195 = AG 1988, 135; BGH v. 20.3.1995 – II ZR 205/94 – „Girmes", BGHZ 129, 136, 143 f. = AG 1995, 368; BGH v. 5.7.1999 – II ZR 126/98 – „Hilgers", BGHZ 142, 167, 170 = AG 1999, 517; *Henze/Notz* in Großkomm. AktG, 4. Aufl., Anh. § 53a AktG Rz. 52; *Bungeroth* in MünchKomm. AktG, 3. Aufl., vor § 53a AktG Rz. 25; *Röhricht* in Hommelhoff/Hopt/v. Werder, Handbuch Corporate Governance, 2003, S. 513, 519; *Westermann* in Bürgers/Körber, § 53a AktG Rz. 13.
205 Vgl. *Henze/Notz* in Großkomm. AktG, 4. Aufl., Anh. § 53a AktG Rz. 8; *Windbichler*, GesR, § 30 Rz. 33; *Lutter*, AcP 180 (1980), 84, 102 ff.; *Raiser/Veil*, Kapitalgesellschaften, § 11 Rz. 62; *Röhricht* in Hommelhoff/Hopt/v. Werder, Handbuch Corporate Governance, 2003, S. 513, 526; *K. Schmidt*, GesR, § 20 IV 2d, S. 592; *Wiedemann*, GesR, Bd. I, § 8 II 3a und b, S. 433 f.; *Zöllner*, Schranken, S. 349 ff.
206 Vgl. *Henze/Notz* in Großkomm. AktG, 4. Aufl., Anh. § 53a AktG Rz. 57; *Hüffer*, § 53a AktG Rz. 16; *Bungeroth* in MünchKomm. AktG, 3. Aufl., vor § 53a AktG Rz. 25.
207 Vgl. *Henze/Notz* in Großkomm. AktG, 4. Aufl., Anh. § 53a AktG Rz. 81 ff.; *Lutter*, AcP 180 (1980), 84, 102 ff.; *Bungeroth* in MünchKomm. AktG, 3. Aufl., vor § 53a AktG Rz. 28.
208 Vgl. *Henze/Notz* in Großkomm. AktG, 4. Aufl., Anh. § 53a AktG Rz. 57 f.; *Janssen* in Heidel, § 53a AktG Rz. 19; *Bungeroth* in MünchKomm. AktG, 3. Aufl., vor § 53a AktG Rz. 27.
209 Vgl. *Henze/Notz* in Großkomm. AktG, 4. Aufl., Anh. § 53a AktG Rz. 53 ff.; *Windbichler*, GesR, § 30 Rz. 33; *Hüffer*, § 53a AktG Rz. 16; *Raiser/Veil*, Kapitalgesellschaften, § 11 Rz. 62; *Wiesner* in MünchHdb. AG, § 17 Rz. 19 f.

scharf durchführen und bietet daher nur einen ersten Anhalt[210]. Die **pflichtenbegründende Förderpflicht der Aktionäre** ist dagegen nach ganz h.M. auf Ausnahmefälle beschränkt[211], weil sich deren aktive Mitwirkung nach der gesetzlichen Grundkonzeption in der Leistung der Einlage erschöpft (vgl. § 54 Rz. 1). Was schließlich die **Treuepflicht der Gesellschaft** anbelangt, herrscht Einigkeit darüber, dass diese dem einzelnen Aktionär eine ungehinderte und sachgemäße Wahrnehmung seiner Mitgliedschaftsrechte ermöglichen muss und alles zu unterlassen hat, was diese Rechte beeinträchtigen könnte[212].

**b) Einzelfälle**

Die **rechtsbegrenzende Rücksichtnahmepflicht** aktualisiert sich für den **Mehrheitsaktionär** vor allem bei seiner Stimmrechtsausübung: Gegen die mehrheitsbezogene Treuepflicht verstößt, wer als Großaktionär für die Auflösung der Gesellschaft stimmt, wenn er bereits vor der Beschlussfassung mit dem Vorstand Absprachen über die Übernahme wesentlicher Teile des Gesellschaftsvermögens getroffen hat[213]. Gleiches gilt, wenn er mit seiner Stimmrechtsmacht einen Abschlussprüfer gegen den Willen der Minderheit ohne sachlichen Grund durch einen anderen ersetzt[214]; einen Abschlussprüfer wählt, gegen den erkennbar die Besorgnis der Befangenheit besteht[215]; Aufsichtsratsmitglieder abberuft und neue wählt, die ihm zum Schaden der Gesellschaft ergeben sind[216]; Vorstand oder Aufsichtsrat die Entlastung erteilt, obwohl eindeutige oder schwerwiegende Satzungsverstöße vorliegen[217]. Weiterhin gebietet die Treuepflicht dem Mehrheitsaktionär, möglichst vielen Minderheitsaktionären den Verbleib in der Gesellschaft zu eröffnen, wenn das Grundkapital der AG im Zuge der Herabsetzung auf Null erhöht wird[218]; konkret muss er das Entstehen unverhältnismäßig hoher Spitzen dadurch vermeiden, dass der Nennbetrag der neuen Aktien auf den gesetzlichen Mindestbetrag festgelegt wird[219]. Darüber hinaus leitet die h.M. aus der mitgliedschaftlichen Treuepflicht ein Wettbewerbsverbot des Mehrheits- oder Kontrollaktionärs ab[220].

56

Für den **Minderheitsaktionär** erlangt die **Schrankenfunktion der Treuepflicht** vor allem Bedeutung, wenn er durch eine ihm zustehende Sperrminorität Blockadepolitik

57

---

210 Kritisch auch *Röhricht* in Hommelhoff/Hopt/v. Werder, Handbuch Corporate Governance, 2003, S. 513, 535 ff.
211 Vgl. BGH v. 20.3.1995 – II ZR 205/94 – „Girmes", BGHZ 129, 136, 151 = AG 1995, 368; *Henze/Notz* in Großkomm. AktG, 4. Aufl., Anh. § 53a AktG Rz. 81; *Hüffer*, § 53a AktG Rz. 22; *Bungeroth* in MünchKomm. AktG, 3. Aufl., vor § 53a AktG Rz. 28; *Röhricht* in Hommelhoff/Hopt/v. Werder, Handbuch Corporate Governance, 2003, S. 513, 542.
212 Vgl. BGH v. 19.9.1994 – II ZR 248/92 – „BMW", BGHZ 127, 107, 111 = AG 1994, 559; *Henze/Notz* in Großkomm. AktG, 4. Aufl., Anh. § 53a AktG Rz. 87; *Lutter*, AcP 180 (1980), 84, 122 f.; *Bungeroth* in MünchKomm. AktG, 3. Aufl., vor § 53a AktG Rz. 30.
213 Vgl. BGH v. 1.2.1988 – II ZR 75/87 – „Linotype", BGHZ 103, 184, 193 = AG 1988, 135.
214 Vgl. BGH v. 23.9.1991 – II ZR 189/90, AG 1992, 58, 59.
215 Vgl. BGH v. 25.11.2000 – II ZR 49/01 – „HypoVereinsbank", BGHZ 153, 32, 43 f.
216 Vgl. KG v. 3.12.2002 – 1 W 363/02 – „E.ON/Ruhrgas", ZIP 2003, 1042, 1046 f.
217 Vgl. BGH v. 25.11.2000 – II ZR 133/01 – „Macrotron", BGHZ 153, 47, 51 = AG 2003, 273.
218 Vgl. BGH v. 5.7.1999 – II ZR 126/98 – „Hilgers", BGHZ 142, 167 = AG 1999, 517; abw. noch RG v. 12.11.1913 – I 130/13, LZ 1914, 273: Kapitalherabsetzung durch Zusammenlegung von Aktien im Verhältnis 45:1.
219 Vgl. BGH v. 5.7.1999 – II ZR 126/98 – „Hilgers", BGHZ 142, 167, 169 f. = AG 1999, 517; s. im Rahmen einer Abfindung nach § 305 Abs. 1 und 3 auch LG Berlin v. 13.11.1995 – 99 O 126/95 – „Brau und Brunnen", AG 1996, 230, 232.
220 Vgl. *Armbrüster*, ZIP 1997, 1269, 1271; *Burgard* in FS Lutter, 2000, S. 1033, 1039 ff.; *Henze/Notz* in Großkomm. AktG, 4. Aufl., Anh. § 53a AktG Rz. 78; *Windbichler*, GesR, § 30 Rz. 34; *K. Schmidt*, GesR, § 20 V 1b, S. 596.

betreiben kann[221]. So darf er etwa eine sinnvolle und mehrheitlich angestrebte Sanierung aus eigennützigen Gründen nicht verhindern, sondern muss sich ggf. der Stimme enthalten[222]. Ebenso ist es ihm verboten, Anfechtungsrechte missbräuchlich auszuüben oder von seinem Teilnahme-, Rede- und Auskunftsrecht in der Hauptversammlung einen illoyalen Gebrauch zu machen[223].

58 Aus der **aktiven Förderpflicht von Mehrheits- und Minderheitsgesellschaftern** lässt sich das Gebot ableiten, an der Heilung von Gründungs- und Satzungsmängeln[224] sowie an der Heilung verdeckter Sacheinlagen[225] mitzuwirken. Positive Mitwirkungspflichten sind ferner denkbar, wenn ein Hauptversammlungsbeschluss im überwiegenden Interesse der Gesellschaft oder eines Mitgesellschafters dringend geboten und das Abstimmungsermessen der Aktionäre aus Rechtsgründen auf Null reduziert ist[226]. Zu erwägen sind positive Stimmpflichten schließlich, wenn es um die Erreichung eines erforderlichen Quorums für die Geltendmachung von Ersatzansprüchen gegen Organmitglieder geht[227].

59 Die **Treuepflicht der Gesellschaft** gebietet, einem Aktionär Protokollabschriften der eigenen Wortbeiträge in der Hauptversammlung gegen Kostenerstattung zu überlassen[228]. Gleiches gilt für die Übermittlung erforderlicher Steuerbescheinigungen[229]. Dagegen ist eine treuepflichtgestützte Zustimmungspflicht der Gesellschaft nach § 68 Abs. 2 zur Übertragung vinkulierter Aktien eines Aktionärs nur in den seltenen Fällen einer Ermessensreduzierung auf Null denkbar[230].

### c) Verzicht auf Treuepflicht

60 Ein Aktionär kann im konkreten Einzelfall auf treugemäße Behandlung verzichten[231]. Dagegen ist ein genereller Verzicht, der sich nicht auf bestimmte, klar umrissene Rechtspositionen bezieht, ebenso unwirksam wie ein genereller Dispens von

---

221 Vgl. *Henze/Notz* in Großkomm. AktG, 4. Aufl., Anh. § 53a AktG Rz. 72; *Raiser/Veil*, Kapitalgesellschaften, § 11 Rz. 65; *Röhricht* in Hommelhoff/Hopt/v. Werder, Handbuch Corporate Governance, 2003, S. 513, 540.
222 Vgl. BGH v. 20.3.1995 – II ZR 205/94 – „Girmes", BGHZ 129, 136, 152 f. = AG 1995, 368.
223 Vgl. BGH v. 20.3.1995 – II ZR 205/94 – „Girmes", BGHZ 129, 136, 144 = AG 1995, 368; *Henze/Notz* in Großkomm. AktG, 4. Aufl., Anh. § 53a AktG Rz. 75 ff.; *Bungeroth* in MünchKomm. AktG, 3. Aufl., vor § 53a AktG Rz. 27; *Raiser/Veil*, Kapitalgesellschaften, § 11 Rz. 64; *Röhricht* in Hommelhoff/Hopt/v. Werder, Handbuch Corporate Governance, 2003, S. 513, 542 ff.
224 Vgl. *Henze/Notz* in Großkomm. AktG, 4. Aufl., Anh. § 53a AktG Rz. 59; *Röhricht* in Hommelhoff/Hopt/v. Werder, Handbuch Corporate Governance, 2003, S. 513, 541.
225 Vgl. BGH v. 4.3.1996 – II ZB 8/95, BGHZ 132, 141 (GmbH); BGH v. 7.7.2003 – II ZR 235/01, BGHZ 155, 329 (GmbH); *Henze/Notz* in Großkomm. AktG, 4. Aufl., Anh. § 53a AktG Rz. 86; *Röhricht* in Hommelhoff/Hopt/v. Werder, Handbuch Corporate Governance, 2003, S. 513, 541.
226 Vgl. OLG Stuttgart v. 23.7.2003 – 20 U 5/03, AG 2003, 588, 590 (im konkreten Fall verneinend); *Henze/Notz* in Großkomm. AktG, 4. Aufl., Anh. § 53a AktG Rz. 59 und 82; *Bungeroth* in MünchKomm. AktG, 3. Aufl., vor § 53a AktG Rz. 28; *Röhricht* in Hommelhoff/Hopt/v. Werder, Handbuch Corporate Governance, 2003, S. 513, 542.
227 Vgl. *Henze/Notz* in Großkomm. AktG, 4. Aufl., Anh. § 53a AktG Rz. 59; *Röhricht* in Hommelhoff/Hopt/v. Werder, Handbuch Corporate Governance, 2003, S. 513, 542.
228 Vgl. BGH v. 19.9.1994 – II ZR 248/92 – „BMW", BGHZ 127, 107, 111 f. = AG 1994, 559.
229 Vgl. BGH v. 30.9.1991 – II ZR 208/90, ZIP 1991, 1584, 1585 (GmbH).
230 Vgl. BGH v. 1.12.1986 – II ZR 287/85, NJW 1987, 1019, 1020; LG Aachen v. 19.5.1992 – 41 O 30/92 – „AGF/AMB", AG 1992, 410, 411 f. (im konkreten Fall verneinend); *Henze/Notz* in Großkomm. AktG, 4. Aufl., Anh. § 53a AktG Rz. 90; *Lutter*, AG 1992, 369, 373.
231 Vgl. *Henze/Notz* in Großkomm. AktG, 4. Aufl., Anh. § 53a AktG Rz. 127; *Hüffer*, § 53a AktG Rz. 18.

der mitgliedschaftlichen Treuepflicht durch die Satzung[232]. Insoweit gilt nichts anderes als beim Verzicht auf Gleichbehandlung (vgl. Rz. 38).

### 6. Treuepflicht im Unternehmensverbund

In jüngerer Zeit hat man verschiedentlich eine Neuinterpretation der §§ 311, 317 im Sinne eines treuepflichtgesteuerten Aktienkonzernrechts vorgeschlagen[233]. Daran ist richtig, dass auch und gerade im faktischen Aktienkonzern eine Einwirkungskontrolle geboten sein kann[234] und dass ausländische Rechte ohne kodifiziertes Konzernrecht hierzu auf das Institut der mitgliedschaftlichen Treuepflicht zurückgreifen[235]. Allerdings dürfen dadurch die spezialgesetzlichen Regelungen der §§ 311 ff. nicht überspielt werden[236]. 61

### 7. Rechtsfolgen bei Verstößen

#### a) Treuwidrige Einzelmaßnahmen

Die Rechtsfolgen treuwidrigen Verhaltens richten sich nach den Erklärungen oder Handlungen, durch die ein Aktionär oder die Gesellschaft ihre Treuepflicht verletzt hat. 62

aa) *Stimmrechtsausübung.* Die von einem Aktionär treuwidrig abgegebene Stimme ist nach h.M. nichtig und mithin bei der Stimmauszählung in der Hauptversammlung unbeachtlich[237]. Dem ist mit der Maßgabe beizutreten, dass die Stimmabgabe nur bei einem *offenkundigen* Treuepflichtverstoß unbeachtlich ist[238]. Auch in der Praxis wird ein Versammlungsleiter derartige Stimmen wohl nur in Evidenzfällen bei der Ermittlung des Abstimmungsergebnisses beiseite lassen[239]. 63

bb) *Hauptversammlungsbeschlüsse.* Treuwidrige Hauptversammlungsbeschlüsse sind nach allg. M. gem. § 243 Abs. 1 anfechtbar[240]. Als Generalklausel (Rz. 46) genügt die mitgliedschaftliche Treuepflicht dem Gesetzesbegriff des § 243 Abs. 1[241]. In geeig- 64

---

232 Vgl. *Henze/Notz* in Großkomm. AktG, 4. Aufl., Anh. § 53a AktG Rz. 126; *Hüffer*, § 53a AktG Rz. 18.
233 Vgl. *Zöllner*, ZHR 162 (1998), 235 ff.; im Anschluss daran *Tröger*, Treupflicht im Konzern, 2000, S. 210 ff.
234 Ähnlich *Henze/Notz* in Großkomm. AktG, 4. Aufl., Anh. § 53a AktG Rz. 155; *Hüffer*, § 53a AktG Rz. 20.
235 Rechtsvergleichend bereits *Wiedemann*, Die Unternehmensgruppe im Privatrecht, 1988, S. 47 ff.; zum Sachproblem zuletzt *Gilson*, 119 Harv. L. Rev. 1641 (2006).
236 Gleichsinnig *Henze/Notz* in Großkomm. AktG, 4. Aufl., Anh. § 53a AktG Rz. 156; *Hüffer*, § 53a AktG Rz. 20; *Kropff* in MünchKomm. AktG, 3. Aufl., vor § 311 Rz. 19; *Röhricht* in Hommelhoff/Hopt/v. Werder, Handbuch Corporate Governance, 2003, S. 513, 531.
237 Vgl. BGH v. 9.11.1987 – II ZR 100/87, ZIP 1988, 22, 24 (GmbH); BGH v. 19.11.1990 – II ZR 88/89, ZIP 1991, 23, 24 (GmbH); BGH v. 12.7.1993 – II ZR 65/92, ZIP 1993, 1228, 1230 (GmbH); OLG Stuttgart v. 8.10.1999 – 20 U 59/99 – „DASA/Dornier", AG 2000, 369, 371; *Bungeroth* in MünchKomm. AktG, 3. Aufl., vor § 53a AktG Rz. 42; *Henze/Notz* in Großkomm. AktG, 4. Aufl., Anh. § 53a AktG Rz. 128 ff.; *Hüffer*, § 53a AktG Rz. 22; *Westermann* in Bürgers/Körber, § 53a AktG Rz. 14; *Wiesner* in MünchHdb. AG, § 17 Rz. 22; *Zöllner*, Schranken, S. 366 ff.
238 Abgewogen in diesem Sinne auch *Wiedemann*, GesR, Bd. II, § 3 II 3e aa, S. 207.
239 Vgl. *Henze/Notz* in Großkomm. AktG, 4. Aufl., Anh. § 53a AktG Rz. 133; *Marsch-Barner*, ZHR 157 (1993), 172, 189; *Bungeroth* in MünchKomm. AktG, 3. Aufl., vor § 53a AktG Rz. 42.
240 Vgl. BGH v. 1.2.1988 – II ZR 75/87 – „Linotype", BGHZ 103, 184, 193; BGH v. 5.7.1999 – II ZR 126/98 – „Hilgers", BGHZ 142, 167, 169 = AG 1999, 517; *Henze/Notz* in Großkomm. AktG, 4. Aufl., Anh. § 53a AktG Rz. 135; *Hüffer*, § 53a AktG Rz. 21; *Janssen* in Heidel, § 53a AktG Rz. 6.
241 Vgl. *Hüffer*, § 243 Rz. 5; *K. Schmidt* in Großkomm. AktG, 4. Aufl., § 243 Rz. 9.

neten Fällen kann mit der Anfechtungsklage zugleich ein Antrag auf positive Beschlussfeststellung verbunden werden[242].

65 **cc) Beschlussmängelklagen.** Missbräuchlich erhobene Anfechtungsklagen (Rz. 47) sind nach h.M. unbegründet[243], während missbräuchliche Nichtigkeitsklagen unzulässig sein sollen[244].

66 **dd) Verwaltungsmaßnahmen.** Treuwidriges Verwaltungshandeln ist rechtswidrig und damit nichtig. Der treuwidrige Akt entfaltet keine Wirkung[245].

### b) Anspruchsziele bei Treuepflichtverstößen

67 Je nach Fallgestaltung und Problemlage sind bei Treuepflichtverletzungen verschiedene Anspruchsziele denkbar[246]:

68 **aa) Erfüllung.** Ein Erfüllungsanspruch kommt etwa in Betracht, wenn die Gesellschaft ihre Treuepflicht gegenüber einem Aktionär verletzt[247]. Dieser hat dann ggf. einen klagbaren Anspruch auf Aushändigung von Teilen des Hauptversammlungsprotokolls (Rz. 59) oder auf die nach § 68 Abs. 2 erforderliche Zustimmung zur Anteilsveräußerung (Rz. 59).

69 **bb) Unterlassung.** An Unterlassungsansprüche ist namentlich zu denken, wenn ein (Mehrheits-)Aktionär gegen sein treuepflichtbedingtes Wettbewerbsverbot (Rz. 56) verstößt[248].

70 **cc) Schadensersatz.** Treuepflichtverletzungen können weiterhin Schadensersatzansprüche nach § 280 Abs. 1 Satz 1 BGB begründen[249]. Ist der Schaden ausschließlich im Gesellschaftsvermögen entstanden, können Mitgesellschafter ihren sog. Reflexschaden allerdings nicht ersetzt verlangen; es bleibt dann bei einem Anspruch der Gesellschaft[250]. Hinsichtlich des Vertretenmüssens gilt, dass bei treuwidrigem Stimmverhalten nur vorsätzliche Pflichtverstöße schadensersatzbewehrt sind[251]. Dies hat die Rechtsprechung auf die Vorschrift des § 117 Abs. 7 Nr. 1 a.F. gestützt[252]. Nach dessen Streichung durch das UMAG[253] gilt jedenfalls für Kleinaktionäre nichts anderes, weil sonst die Gefahr bestünde, dass diese von der Ausübung ihres Stimmrechts abgeschreckt würden. Außerdem nimmt die h.M. einen grundsätzlichen Vor-

---

242 Vgl. *Bungeroth* in MünchKomm. AktG, 3. Aufl., vor § 53a AktG Rz. 42.
243 Vgl. BGH v. 15.6.1992 – II ZR 173/91, ZIP 1992, 1391; *Hüffer*, § 245 Rz. 26.
244 Vgl. OLG Stuttgart v. 10.1.2001 – 20 U 91/99, AG 2001, 315, 316; OLG Stuttgart v. 23.1.2002 – 20 U 54/01, AG 2003, 165; *Hüffer*, § 249 Rz. 11.
245 Vgl. *Henze/Notz* in Großkomm. AktG, 4. Aufl., Anh. § 53a AktG Rz. 141.
246 Vgl. *Raiser/Veil*, Kapitalgesellschaften, § 11 Rz. 68; *K. Schmidt*, GesR, § 20 V 4, S. 595.
247 Vgl. *Henze/Notz* in Großkomm. AktG, 4. Aufl., Anh. § 53a AktG Rz. 142.
248 Vgl. *Henze/Notz* in Großkomm. AktG, 4. Aufl., Anh. § 53a AktG Rz. 143.
249 Vgl. BGH v. 20.3.1995 – II ZR 205/94 – „Girmes", BGHZ 129, 136, 158 = AG 1995, 368; *Henze/Notz* in Großkomm. AktG, 4. Aufl., Anh. § 53a AktG Rz. 145; *Hüffer*, § 53a AktG Rz. 21; *Janssen* in Heidel, § 53a AktG Rz. 21; *Bungeroth* in MünchKomm. AktG, 3. Aufl., § 53a AktG Rz. 43.
250 Vgl. BGH v. 20.3.1995 – II ZR 205/94 – „Girmes", BGHZ 129, 136, 165 = AG 1995, 368; *Henze/Notz* in Großkomm. AktG, 4. Aufl., Anh. § 53a AktG Rz. 146; *Raiser/Veil*, Kapitalgesellschaften, § 11 Rz. 61.
251 Vgl. BGH v. 20.3.1995 – II ZR 205/94 – „Girmes", BGHZ 129, 136, 162 ff. = AG 1995, 368; *Grunewald* in FS Kropff, 1997, S. 89, 98; *Henze/Notz* in Großkomm. AktG, 4. Aufl., Anh. § 53a AktG Rz. 147; *Bungeroth* in MünchKomm. AktG, 3. Aufl., vor § 53a AktG Rz. 44.
252 Vgl. BGH v. 20.3.1995 – II ZR 205/94 – „Girmes", BGHZ 129, 136, 162 = AG 1995, 368.
253 BGBl. I 2005, 2802; dazu *Kort* in Großkomm. AktG, 4. Aufl., § 117 AktG Rz. 247; *Spindler*, NZG 2005, 825, 831.

rang der Beschlussanfechtung vor einem Schadensersatzanspruch an[254]. Über den Fall treuwidriger Stimmrechtsausübung hinaus beschränken manche die Haftung aus einer Treuepflichtverletzung im Aktienrecht generell auf Vorsatz[255], andere befürworten eine Grenzziehung bei grober Fahrlässigkeit nach dem Rechtsgedanken der §§ 277, 708 BGB[256].

**dd) Beschlussanfechtung.** Hauptversammlungsbeschlüsse, die unter Verstoß gegen Treuebindungen zustande gekommen sind, können angefochten werden (vgl. Rz. 64). 71

## § 54
## Hauptverpflichtung der Aktionäre

(1) Die Verpflichtung der Aktionäre zur Leistung der Einlagen wird durch den Ausgabebetrag der Aktien begrenzt.

(2) Soweit nicht in der Satzung Sacheinlagen festgesetzt sind, haben die Aktionäre den Ausgabebetrag der Aktien einzuzahlen.

(3) Der vor der Anmeldung der Gesellschaft eingeforderte Betrag kann nur in gesetzlichen Zahlungsmitteln oder durch Gutschrift auf ein Konto bei einem Kreditinstitut oder einem nach § 53 Abs. 1 Satz 1 oder § 53b Abs. 1 Satz 1 oder Abs. 7 des Gesetzes über das Kreditwesen tätigen Unternehmen der Gesellschaft oder des Vorstands zu seiner freien Verfügung eingezahlt werden. Forderungen des Vorstands aus diesen Einzahlungen gelten als Forderungen der Gesellschaft.

(4) Der Anspruch der Gesellschaft auf Leistung der Einlagen verjährt in zehn Jahren von seiner Entstehung an. Wird das Insolvenzverfahren über das Vermögen der Gesellschaft eröffnet, so tritt die Verjährung nicht vor Ablauf von sechs Monaten ab dem Zeitpunkt der Eröffnung ein.

| | |
|---|---|
| I. Überblick . . . . . . . . . . . . . . . . . . 1 | aa) Bareinlagen . . . . . . . . . . . . 10 |
| 1. Regelungsgegenstand und Bedeutung 1 | bb) Gutgläubiger lastenfreier Erwerb . . . . . . . . . . . . . . . . 11 |
| 2. Vorgängervorschriften und Normentwicklung . . . . . . . . . . . . . . . . 2 | cc) Sacheinlagen . . . . . . . . . . . 13 |
| 3. Gemeinschaftsrecht und Rechtsvergleichung . . . . . . . . . . . . . . 3 | 5. Rechtsfolgen bei Verstößen . . . . . . 14 |
| | III. Weitere Pflichten und freiwillige Leistungen . . . . . . . . . . . . . . . . . 15 |
| II. Einlagepflicht (§ 54 Abs. 1) . . . . . . 4 | 1. Nebenpflichten . . . . . . . . . . . . . 15 |
| 1. Entstehung . . . . . . . . . . . . . . . 4 | a) Selbständige Nebenpflichten . . . . 15 |
| 2. Rechtsnatur . . . . . . . . . . . . . . 5 | b) Unselbständige Nebenpflichten . . 16 |
| 3. Umfang . . . . . . . . . . . . . . . . . 6 | 2. Schuldrechtliche Vereinbarungen . . . 17 |
| 4. Gläubiger und Schuldner . . . . . . . . 9 | a) Zulässigkeit . . . . . . . . . . . . . 17 |
| a) Gläubiger . . . . . . . . . . . . . . 9 | b) Inhalt . . . . . . . . . . . . . . . . 19 |
| b) Schuldner . . . . . . . . . . . . . . 10 | aa) Allgemeines . . . . . . . . . . . 19 |

---

254 Vgl. *Henze/Notz* in Großkomm. AktG, 4. Aufl., Anh. § 53a AktG Rz. 148; *Marsch-Barner*, ZHR 157 (1993), 172, 191.
255 Vgl. *Bungeroth* in MünchKomm. AktG, 3. Aufl., vor § 53a AktG Rz. 44 – mit Ausnahme von Anfechtungsklagen gegen HV-Beschlüsse; dem zuneigend *Henze/Notz* in Großkomm. AktG, 4. Aufl., Anh. § 53a AktG Rz. 149; offen lassend BGH v. 20.3.1995 – II ZR 205/94 – „Girmes", BGHZ 129, 136, 162 = AG 1995, 368.
256 Vgl. *Häsemeyer*, ZHR 160 (1996), 109, 118; *Hüffer*, § 53a AktG Rz. 21.

| | |
|---|---|
| bb) Insbesondere Zuzahlungsverpflichtungen . . . . . . . . . . 20 | 2. Zahlungsarten . . . . . . . . . . . . . . . . 27 |
| c) Rechtliche Behandlung . . . . . . . . 21 | a) Allgemeines . . . . . . . . . . . . . . 27 |
| d) Durchsetzung . . . . . . . . . . . . . . 22 | b) Barzahlung . . . . . . . . . . . . . . . 28 |
| 3. Freiwillige Leistungen . . . . . . . . . . 23 | c) Kontogutschrift . . . . . . . . . . . . 29 |
| **IV. Vorrang der Bareinlage** | aa) Kontoführende Stelle . . . . . . . 30 |
| **(§ 54 Abs. 2)** . . . . . . . . . . . . . . . . . . 24 | bb) Währungsfragen . . . . . . . . . . 31 |
| **V. Erfüllung der Einlagepflicht** | cc) Kreditinstitut als Mitgründer . 32 |
| **(§ 54 Abs. 3)** . . . . . . . . . . . . . . . . . . 25 | 3. Empfangszuständigkeit . . . . . . . . . . 33 |
| 1. Anwendungsbereich . . . . . . . . . . . 25 | 4. Endgültige freie Verfügung . . . . . . . 34 |
| a) Sachliche Reichweite . . . . . . . . . 25 | 5. Rechtsfolgen bei Verstößen . . . . . . . 35 |
| b) Zeitliche Reichweite . . . . . . . . . 26 | **VI. Verjährung (§ 54 Abs. 4)** . . . . . . . . . 36 |

**Literatur:** *Barthelmeß/Braun,* Zulässigkeit schuldrechtlicher Verfügungsbeschränkungen über Aktien, AG 2000, 172; *Becker,* Aktienrechtliches und handelsrechtliches Agio, NZG 2003, 510; *Benecke/Geldsetzer,* Wann verjähren Einlageforderungen von Kapitalgesellschaften?, NZG 2006, 7; *Geßler,* Die Umwandlung von Krediten in haftendes Eigenkapital, in FS Möhring, 1975, S. 173; *Heinsius,* Kapitalerhöhung bei der Aktiengesellschaft gegen Geldeinlagen und Gutschrift der Einlagen auf einem Konto der Gesellschaft bei der Emissionsbank, in FS Fleck, 1988, S. 89; *Immenga,* Vertragliche Vinkulierung von Aktien, AG 1992, 79; *Joussen,* Gesellschafterabsprachen neben Satzung und Gesellschaftsvertrag, 1995; *König,* Der satzungsergänzende Nebenvertrag, 1996; *Noack,* Gesellschaftervereinbarungen bei Kapitalgesellschaften, 1994; *Priester,* Nichtkorporative Satzungsbestimmungen bei Kapitalgesellschaften, DB 1979, S. 681; *Priester,* Schuldrechtliche Zusatzleistungen bei Kapitalerhöhungen im Aktienrecht, in FS Röhricht, 2005, S. 467; *Schorling/Vogel,* Schuldrechtliche Finanzierungsvereinbarungen neben Kapitalerhöhungsbeschluss und Zeichnung, AG 2003, 86; *Stenzel,* Verjährung des Anspruchs von Kapitalgesellschaften auf Erbringung der Gesellschaftereinlage, BB 2008, 1077; *Thiessen,* Zur Neuregelung der Verjährung im Handels- und Gesellschaftsrecht, ZHR 168 (2004), 503.

## I. Überblick

### 1. Regelungsgegenstand und Bedeutung

1   § 54 regelt die Verpflichtung zur Einlageleistung als „Hauptverpflichtung der Aktionäre". Abs. 1 legt die **Obergrenze der Einlagepflicht** fest und dient damit der **internen Risikobegrenzung**[1]. Abs. 2 betont den Vorrang der Bareinlage vor der Sacheinlage. Abs. 3 bestimmt, wie der von den Aktionären vor Anmeldung der Gesellschaft eingeforderte Betrag einzuzahlen ist. Abs. 4 sieht eine Sonderverjährung für Einlagenansprüche vor. Insgesamt beruht § 54 auf dem für das Aktienrecht zentralen Grundsatz der realen Kapitalaufbringung[2]. Neben der körperschaftsrechtlichen Einlagepflicht können die Aktionäre weitere Verpflichtungen gegenüber der Gesellschaft nur auf schuldrechtlicher Grundlage eingehen (näher Rz. 15 ff.).

### 2. Vorgängervorschriften und Normentwicklung

2   § 54 geht auf den inhaltlich übereinstimmenden § 49 AktG 1937 zurück, der seinerseits Vorläufer in den §§ 211, 195 Abs. 3 HGB 1897 hatte. Die Vorschrift ist durch das

---

1 Vgl. *Cahn/Senger* in Spindler/Stilz, § 54 AktG Rz. 2; *Henze* in Großkomm. AktG, 4. Aufl., § 54 AktG Rz. 46 ff.; *Hüffer,* § 54 AktG Rz. 1; *Janssen* in Heidel, § 54 AktG Rz. 1; *Lutter* in KölnKomm. AktG, 2. Aufl., § 54 AktG Rz. 2, der in Anlehnung an *Lehmann,* Recht der Aktiengesellschaften, Bd. 1, 1898, S. 290, von der „Magna Charta" des Aktionärs spricht.
2 Vgl. *Cahn/Senger* in Spindler/Stilz, § 54 AktG Rz. 1; *Windbichler,* GesR, § 30 Rz. 28; *Kübler/Assmann,* GesR, § 15 II 3a, S. 194; *Lutter* in KölnKomm. AktG, 2. Aufl., § 54 AktG Rz. 2.

StückAG von 1998³ in Abs. 1 und 2 geändert und durch das Gesetz zur Anpassung von Verjährungsvorschriften an das Schuldrechtsmodernisierungsgesetz von 2004⁴ um den neu eingefügten Abs. 4 ergänzt worden.

### 3. Gemeinschaftsrecht und Rechtsvergleichung

§ 54 ist eingebettet in das Gesamtsystem des festen Kapitals, wie es die **Zweite (Kapital-)Richtlinie**⁵ gemeinschaftsweit festschreibt⁶. Anderwärts, z.B. in den Vereinigten Staaten, werden die Kernfunktionen des gesetzlichen Kapitals europäischer Prägung durch andere Regelungen übernommen⁷. Überall gibt es aber eine dem § 54 Abs. 1 funktional entsprechende Risikobegrenzung der Aktionäre, die zu den Funktionsbedingungen einer (Publikums-)Aktiengesellschaft gehört. 3

## II. Einlagepflicht (§ 54 Abs. 1)

### 1. Entstehung

Die Einlagepflicht entsteht durch Übernahme der Aktien bei der Gründung (§ 29) oder durch Zeichnung neuer Aktien im Rahmen einer Kapitalerhöhung (§ 185)⁸. Ihr Bestand hängt nicht davon ab, dass die AG im Handelsregister eingetragen wird⁹. Bei späteren Kapitalerhöhungen ist aber § 185 Abs. 1 Satz 3 Nr. 4 zu beachten¹⁰. 4

### 2. Rechtsnatur

Die Einlagepflicht ist **mitgliedschaftliche Pflicht des Aktionärs**¹¹. Eine von der Mitgliedschaft isolierbare Einlagepflicht gibt es nicht¹². Zwischen den Rechten und Pflichten aus der Mitgliedschaft besteht kein Gegenseitigkeitsverhältnis¹³; insbesondere können AG oder Aktionär keine Einrede des nichterfüllten Vertrages (§ 320 BGB) erheben¹⁴. Sonderregeln gelten allerdings für die Ausübung des Stimmrechts (§ 134 Abs. 2), die Gewinnverteilung (§ 60 Abs. 2) und die Verteilung des Liquida- 5

---

3 BGBl. I 1998, 590.
4 BGBl. I 2004, 3214.
5 Richtlinie 77/91/EWG v. 13.12.1976, ABl. Nr. L 26 v. 31.1.1977, S. 1.
6 Dazu *Grundmann*, Europäisches Gesellschaftsrecht, Rz. 326 ff.; *Habersack*, Europäisches Gesellschaftsrecht, § 6 Rz. 16 ff.
7 Vgl. *Engert* in Lutter, Das Kapital der Aktiengesellschaft in Europa, S. 743, 754 ff.; speziell für Delaware *Fleischer*, RIW 2005, 92 ff.
8 Vgl. *Bungeroth* in MünchKomm. AktG, 3. Aufl., § 54 AktG Rz. 3 f.; *Cahn/Senger* in Spindler/Stilz, § 54 AktG Rz. 10; *Henze* in Großkomm. AktG, 4. Aufl., § 54 AktG Rz. 9; *Hüffer*, § 54 AktG Rz. 2; *Janssen* in Heidel, § 54 AktG Rz. 2; *Lutter* in KölnKomm. AktG, 2. Aufl., § 54 AktG Rz. 1.
9 Vgl. OLG Nürnberg v. 28.2.1967 – 7 U 169/66, AG 1967, 362, 363; *Bungeroth* in MünchKomm. AktG, 3. Aufl., § 54 AktG Rz. 3; *Henze* in Großkomm. AktG, 4. Aufl., § 54 AktG Rz. 10; *Hüffer*, § 54 AktG Rz. 3.
10 Vgl. *Bungeroth* in MünchKomm. AktG, 3. Aufl., § 54 AktG Rz. 4.
11 Vgl. *Bungeroth* in MünchKomm. AktG, 3. Aufl., § 54 AktG Rz. 5; *Henze* in Großkomm. AktG, 4. Aufl., § 54 AktG Rz. 7; *Hüffer*, § 54 AktG Rz. 2; *Janssen* in Heidel, § 54 AktG Rz. 2.
12 Vgl. *Henze* in Großkomm. AktG, 4. Aufl., § 54 AktG Rz. 8; *Hüffer*, § 54 AktG Rz. 2.
13 Vgl. *Bungeroth* in MünchKomm. AktG, 3. Aufl., § 54 AktG Rz. 5; *Henze* in Großkomm. AktG, 4. Aufl., § 54 AktG Rz. 8; *Hüffer*, § 54 AktG Rz. 2; *Janssen* in Heidel, § 54 AktG Rz. 3; *Lutter* in KölnKomm. AktG, 2. Aufl., § 54 AktG Rz. 4; *Westermann* in Bürgers/Körber, § 54 AktG Rz. 3.
14 Vgl. RG v. 30.11.1928 – II 38/28, RGZ 122, 339, 349; *Bungeroth* in MünchKomm. AktG, 3. Aufl., § 54 AktG Rz. 5; *Cahn/Senger* in Spindler/Stilz, § 54 AktG Rz. 10; *Henze* in Großkomm. AktG, 4. Aufl., § 54 AktG Rz. 8; a.A. für Sacheinlagen v. *Godin/Wilhelmi*, § 54 AktG Anm. 4.

tionsüberschusses (§ 271 Abs. 3). Außerdem kann der säumige Aktionär nach § 64 ausgeschlossen oder nach § 63 Abs. 3 mit einer Vertragsstrafe belegt werden[15].

### 3. Umfang

6  Gem. § 54 Abs. 1 wird die Höhe der Einlagepflicht durch den Ausgabebetrag der Aktien begrenzt. Es besteht daher **keine Nachschusspflicht**[16]; ein satzungsändernder Beschluss, der den Aktionären zusätzliche Kosten für die Übertragung von Namensaktien aufbürdet, läuft dem zuwider und ist gem. § 241 Nr. 3 nichtig[17]. Ausgabebetrag ist bei Nennbetragsaktien der Nennbetrag (§ 8 Abs. 2) oder ein um das Agio erhöhter Betrag (§ 9 Abs. 2), bei Stückaktien der auf die einzelne Aktie entfallende anteilige Betrag des Grundkapitals (§ 8 Abs. 3) oder ein um das Agio erhöhter Betrag (§ 9 Abs. 2)[18].

7  Eine **teilweise Ausnahme** vom Grundsatz des § 54 Abs. 1 besteht **bei unterbewerteten Sacheinlagen**: Liegt der wahre Sachwert über dem Ausgabebetrag, so muss der Aktionär die Sacheinlage vollständig erbringen, ohne eine höhere Aktienzuteilung verlangen zu können[19]. Scheitert die Sacheinlage, richtet sich die dann eintretende Geldleistungspflicht allerdings nicht nach dem wahren Wert der Sacheinlage, sondern nach dem Ausgabebetrag der Aktien[20].

8  Die **Untergrenze der Einlagepflicht** ergibt sich nicht aus § 54 Abs. 1, sondern aus dem Verbot der Unterpariemission nach **§ 9 Abs. 1**: Für einen geringeren Betrag als den Nennbetrag oder den auf die einzelne Stückaktie entfallenden anteiligen Betrag des Grundkapitals dürfen Aktien nicht ausgegeben werden[21].

### 4. Gläubiger und Schuldner

#### a) Gläubiger

9  Gläubigerin der Einlageforderung ist die Gesellschaft, und zwar vor Handelsregistereintragung als Vor-AG, danach als juristische Person[22].

#### b) Schuldner

10 **aa) Bareinlagen.** Schuldner der Bareinlagepflicht ist der jeweilige Aktionär, und zwar als Übernehmer, Zeichner oder Erwerber ohne Rücksicht auf den Erwerbsgrund[23].

---

15 Vgl. *Janssen* in Heidel, § 54 AktG Rz. 3; *Lutter* in KölnKomm. AktG, 2. Aufl., § 54 AktG Rz. 4.
16 Vgl. *Bungeroth* in MünchKomm. AktG, 3. Aufl., § 54 AktG Rz. 7; *Henze* in Großkomm. AktG, 4. Aufl., § 54 AktG Rz. 39; *Lutter* in KölnKomm. AktG, 2. Aufl., § 54 AktG Rz. 2.
17 Vgl. BGH v. 20.9.2004 – II ZR 288/02, BGHZ 160, 253, 256 = AG 2004, 673.
18 Vgl. *Bungeroth* in MünchKomm. AktG, 3. Aufl., § 54 AktG Rz. 7; *Cahn/Senger* in Spindler/Stilz, § 54 AktG Rz. 23; *Westermann* in Bürgers/Körber, § 54 AktG Rz. 4.
19 Vgl. *Bungeroth* in MünchKomm. AktG, 3. Aufl., § 54 AktG Rz. 8; *Henze* in Großkomm. AktG, 4. Aufl., § 54 AktG Rz. 41; *Janssen* in Heidel, § 54 AktG Rz. 6; *Lutter* in KölnKomm. AktG, 2. Aufl., § 54 AktG Rz. 12.
20 Vgl. *Bungeroth* in MünchKomm. AktG, 3. Aufl., § 54 AktG Rz. 8; *Hüffer*, § 54 AktG Rz. 5; *Lutter* in KölnKomm. AktG, 2. Aufl., § 54 AktG Rz. 12.
21 Vgl. *Bungeroth* in MünchKomm. AktG, 3. Aufl., § 54 AktG Rz. 9; *Henze* in Großkomm. AktG, 4. Aufl., § 54 AktG Rz. 4; *Hüffer*, § 54 AktG Rz. 5; *Janssen* in Heidel, § 54 AktG Rz. 5.
22 Vgl. BGH v. 23.10.2006 – II ZR 162/05, BGHZ 169, 270, 272 = AG 2007, 82 Rz. 8; *Bungeroth* in MünchKomm. AktG, 3. Aufl., § 54 AktG Rz. 11; *Henze* in Großkomm. AktG, 4. Aufl., § 54 AktG Rz. 16; *Hüffer*, § 54 AktG Rz. 3.
23 Vgl. *Bungeroth* in MünchKomm. AktG, 3. Aufl., § 54 AktG Rz. 12; *Henze* in Großkomm. AktG, 4. Aufl., § 54 AktG Rz. 17; *Hüffer*, § 54 AktG Rz. 4; *Janssen* in Heidel, § 54 AktG Rz. 7; *Lutter* in KölnKomm. AktG, 2. Aufl., § 54 AktG Rz. 6.

Mit dem Übergang der Mitgliedschaft auf den neuen Erwerber wird der Vormann von seiner Einlagepflicht frei und haftet der AG nur noch subsidiär nach § 65[24]. Bei Namensaktien ist allerdings nach § 67 Abs. 2 nur der im Aktienregister Eingetragene und nicht der wirkliche Aktionär Einlageschuldner[25].

**bb) Gutgläubiger lastenfreier Erwerb.** Hat die Gesellschaft entgegen § 10 Abs. 2 vor der vollen Leistung des Ausgabebetrages Inhaberaktien ausgegeben, wird der gutgläubige Erwerber nach allg.M. geschützt: Nicht er, sondern der ursprüngliche Aktionär schuldet die noch ausstehende (Rest-)Einlage[26]. Gleiches gilt nach zutreffender h.M. beim Erwerb von Nennbetragsaktien, soweit die Teilbeträge entgegen § 10 Abs. 2 überhaupt nicht oder mit einem überhöhten Betrag über der Teilleistung in der Urkunde angegeben sind[27]. Gutglaubensschutz genießt allerdings nur der rechtsgeschäftliche Zweiterwerber, nicht der gesetzliche Gesamtrechtsnachfolger oder der Ersterwerber[28]; ebenso wenig, wer die Aktien in Ausübung eines mittelbaren Bezugsrechts (§ 186 Abs. 5) erwirbt[29]. Der Begriff der Gutgläubigkeit entspricht dem des § 932 Abs. 2 BGB[30]; der strengere § 62 Abs. 1 Satz 2 ist eine nicht verallgemeinerungsfähige Sondervorschrift[31]. 11

Beim **Erwerb von Zwischenscheinen** ist dagegen kein Raum für einen gutgläubigen lastenfreien Erwerb[32]. Hier fehlt es an einer mit § 10 Abs. 2 Satz 2 vergleichbaren gesetzlichen Vertrauensgrundlage; ein überhöhter Tilgungsvermerk kann daher kein größeres Vertrauen erwecken als eine sonstige – unrichtige oder gefälschte – Quittung der AG[33]. Dem Aktionär bleiben nur Schadensersatzansprüche gegenüber seinem Vormann oder dem Urheber des unrichtigen Vermerks[34]. 12

**cc) Sacheinlagen.** Schuldner der Sacheinlage ist stets nur der Aktionär, der sie versprochen hat[35]. Auf einen späteren Erwerber geht die Sacheinlagepflicht nicht über[36], wohl aber die von der Sacheinlagepflicht überlagerte Barzahlungspflicht (vgl. 13

---

24 Vgl. *Cahn/Senger* in Spindler/Stilz, § 54 AktG Rz. 13; *Henze* in Großkomm. AktG, 4. Aufl., § 54 AktG Rz. 17; *Hüffer*, § 54 AktG Rz. 4; *Janssen* in Heidel, § 54 AktG Rz. 7; *Lutter* in KölnKomm. AktG, 2. Aufl., § 54 AktG Rz. 6.
25 Vgl. *Bungeroth* in MünchKomm. AktG, 3. Aufl., § 54 AktG Rz. 12; *Henze* in Großkomm. AktG, 4. Aufl., § 54 AktG Rz. 18; *Lutter* in KölnKomm. AktG, 2. Aufl., § 54 AktG Rz. 6.
26 Vgl. BGH v. 5.4.1993 – II ZR 15/91, BGHZ 122, 180, 196 f.; OLG Köln v. 8.2.2001 – 14 U 9/99, AG 2002, 92 f.; RG v. 13.3.1934 – II 225/33, RGZ 144, 138, 145; KG v. 12.5.1927 – 7 U 138/27, JW 1927, 2434, 2435; *Bungeroth* in MünchKomm. AktG, 3. Aufl., § 54 AktG Rz. 14; *Henze* in Großkomm. AktG, 4. Aufl., § 54 AktG Rz. 22; *Hüffer*, § 54 AktG Rz. 4; *Janssen* in Heidel, § 54 AktG Rz. 8; *Lutter* in KölnKomm. AktG, 2. Aufl., § 54 AktG Rz. 7.
27 Vgl. KG v. 12.5.1927 – 7 U 138/27, JW 1927, 2434, 2435; *Henze* in Großkomm. AktG, 4. Aufl., § 54 AktG Rz. 22; *Bungeroth* in MünchKomm. AktG, 3. Aufl., § 54 AktG Rz. 15; *Janssen* in Heidel, § 54 AktG Rz. 8; *Lutter* in KölnKomm. AktG, 2. Aufl., § 54 AktG Rz. 7.
28 Vgl. BGH v. 5.4.1993 – II ZR 15/91, BGHZ 122, 180, 197; *Henze* in Großkomm. AktG, 4. Aufl., § 54 AktG Rz. 21.
29 Vgl. BGH v. 5.4.1993 – II ZR 15/91 BGHZ 122, 180, 198 ff.
30 Vgl. *Cahn/Senger* in Spindler/Stilz, § 54 AktG Rz. 16; *Janssen* in Heidel, § 54 AktG Rz. 8.
31 Vgl. *Bungeroth* in MünchKomm. AktG, 3. Aufl., § 54 AktG Rz. 17; *Henze* in Großkomm. AktG, 4. Aufl., § 54 AktG Rz. 25; *Lutter* in KölnKomm. AktG, 2. Aufl., § 54 AktG Rz. 7.
32 Vgl. KG v. 12.5.1927 – 7 U 138/27, JW 1927, 2434, 2435; *Cahn/Senger* in Spindler/Stilz, § 54 AktG Rz. 19; *Bungeroth* in MünchKomm. AktG, 3. Aufl., § 54 AktG Rz. 16; *Henze* in Großkomm. AktG, 4. Aufl., § 54 AktG Rz. 30; *Janssen* in Heidel, § 54 AktG Rz. 9; *Lutter* in KölnKomm. AktG, 2. Aufl., § 54 AktG Rz. 9.
33 Vgl. *Lutter* in KölnKomm. AktG, 2. Aufl., § 54 AktG Rz. 9.
34 Vgl. *Janssen* in Heidel, § 54 AktG Rz. 9; *Lutter* in KölnKomm. AktG, 2. Aufl., § 54 AktG Rz. 9.
35 Vgl. *Henze* in Großkomm. AktG, 4. Aufl., § 54 AktG Rz. 21; *Hüffer*, § 54 AktG Rz. 4; *Lutter* in KölnKomm. AktG, 2. Aufl., § 54 AktG Rz. 11.
36 Vgl. *Bungeroth* in MünchKomm. AktG, 3. Aufl., § 54 AktG Rz. 20; *Lutter* in KölnKomm. AktG, 2. Aufl., § 54 AktG Rz. 11.

Rz. 24)³⁷. Für den gutgläubigen lastenfreien Erwerb gelten die zur Bareinlage erläuterten Grundsätze entsprechend (vgl. Rz. 11)³⁸.

### 5. Rechtsfolgen bei Verstößen

14 § 54 Abs. 1 ist zwingendes Recht. Verstöße hiergegen führen zur Nichtigkeit des betreffenden Satzungsbestandteils oder Hauptversammlungsbeschlusses³⁹. Das zu viel Gezahlte können die Aktionäre nach §§ 812 ff. BGB zurückfordern⁴⁰.

## III. Weitere Pflichten und freiwillige Leistungen

### 1. Nebenpflichten

#### a) Selbständige Nebenpflichten

15 Die einzige Ausnahme vom Begrenzungsgrundsatz des § 54 Abs. 1 bildet die **mitgliedschaftliche Nebenleistungspflicht des § 55**⁴¹. Darüber hinausgehende körperschaftsrechtliche Pflichten des Aktionärs können nicht begründet werden⁴². Insbesondere ist es unzulässig, Aktionäre zur Gewährung von Darlehen oder Sicherheiten zu verpflichten⁴³, ihnen korporative Dienstleistungs- oder Lieferpflichten aufzuerlegen⁴⁴, sie zur Unterlassung von Wettbewerb, zur Übernahme von Gesellschaftsämtern, zum Beitritt zu einer Vereinigung⁴⁵ oder zur Vornahme von Rechtsgeschäften mit der Gesellschaft oder Dritten anzuhalten⁴⁶. Gleiches gilt für die Schaffung mitgliedschaftlicher Verfügungsbeschränkungen, etwa einem Verbot der Verpfändung oder Sicherungsübereignung⁴⁷; ferner für korporative Pflichten zur Übertragung der Aktien auf die Gesellschaft oder Dritte⁴⁸. Unzulässig sind schließlich auch körperschaftsrechtliche Vereinbarungen, die einen Entzug von Mitgliedschaftsrechten oder eine Vertragsstrafe vorsehen, um den Aktionär zur Erfüllung der vorgenannten Verpflichtungen anzuhalten⁴⁹.

---

37 Vgl. *Cahn/Senger* in Spindler/Stilz, § 54 AktG Rz. 14; *Henze* in Großkomm. AktG, 4. Aufl., § 54 AktG Rz. 32; *Hüffer*, § 54 AktG Rz. 4; *Bungeroth* in MünchKomm. AktG, 3. Aufl., § 54 AktG Rz. 20; offen lassend OLG Dresden v. 18.2.2004 – 2 U 1846/03, AG 2004, 611, 614.
38 Vgl. *Henze* in Großkomm. AktG, 4. Aufl., § 54 AktG Rz. 33; *Hüffer*, § 54 AktG Rz. 4; *Janssen* in Heidel, § 54 AktG Rz. 10; *Lutter* in KölnKomm. AktG, 2. Aufl., § 54 AktG Rz. 11.
39 Vgl. RG v. 19.3.1926 – II 412/25, RGZ 113, 152, 155; BGH v. 20.9.2004 – II ZR 288/02, BGHZ 160, 253 = AG 2004, 673; *Henze* in Großkomm. AktG, 4. Aufl., § 54 AktG Rz. 132; *Hüffer*, § 54 AktG Rz. 20; *Lutter* in KölnKomm. AktG, 2. Aufl., § 54 AktG Rz. 13.
40 Vgl. *Henze* in Großkomm. AktG, 4. Aufl., § 54 AktG Rz. 133; *Hüffer*, § 54 AktG Rz. 20; *Janssen* in Heidel, § 54 AktG Rz. 37.
41 Vgl. *Bungeroth* in MünchKomm. AktG, 3. Aufl., § 54 AktG Rz. 22; *Cahn/Senger* in Spindler/Stilz, § 54 AktG Rz. 25; *Henze* in Großkomm. AktG, 4. Aufl., § 54 AktG Rz. 46; *Hüffer*, § 54 AktG Rz. 6; *Westermann* in Bürgers/Körber, § 54 AktG Rz. 6.
42 Vgl. *Bungeroth* in MünchKomm. AktG, 3. Aufl., § 54 AktG Rz. 22; *Henze* in Großkomm. AktG, 4. Aufl., § 54 AktG Rz. 47; *Janssen* in Heidel, § 54 AktG Rz. 11; *Lutter* in KölnKomm. AktG, 2. Aufl., § 54 AktG Rz. 14.
43 Vgl. *Lutter* in KölnKomm. AktG, 2. Aufl., § 54 AktG Rz. 15.
44 Vgl. *Henze* in Großkomm. AktG, 4. Aufl., § 54 AktG Rz. 47.
45 Vgl. RG v. 25.9.1901 – I 142/01, RGZ 49, 77.
46 Vgl. RG v. 18.9.1899 – I 288/99, JW 1900, 18.
47 Vgl. *Henze* in Großkomm. AktG, 4. Aufl., § 54 AktG Rz. 47; *Janssen* in Heidel, § 54 AktG Rz. 11; *Lutter* in KölnKomm. AktG, 2. Aufl., § 54 AktG Rz. 16.
48 Vgl. RG v. 25.9.1901 – I 142/01, RGZ 49, 77, 79; *Henze* in Großkomm. AktG, 4. Aufl., § 54 AktG Rz. 47; *Lutter* in KölnKomm. AktG, 2. Aufl., § 54 AktG Rz. 16; a.A. RG v. 17.2.1928 – II 275/27, RGZ 120, 177, 180.
49 Vgl. RG v. 25.9.1901 – I 142/01, RGZ 49, 77, 80; RG v. 15.6.1928 – II 502/27, JW 1928, 2622, 2624 f.; *Henze* in Großkomm. AktG, 4. Aufl., § 54 AktG Rz. 48; *Lutter* in KölnKomm. AktG, 2. Aufl., § 54 AktG Rz. 17.

## b) Unselbständige Nebenpflichten

Zulässig ist dagegen nach allg.M. die satzungsmäßige Begründung **unselbständiger** 16 **Nebenpflichten (Hilfspflichten) zur Sicherung ausstehender Einlagen**[50]. Dazu zählt zunächst die Vertragsstrafe i.S. des § 63 Abs. 3, aber auch die Verpflichtung zur Hingabe von Einlagesicherungen in Form eines Pfandrechts, einer Hypothek oder eines Wechselakzepts[51]. Hierher gehört ferner die Pflicht, einen Wohnungswechsel oder den Tod des Aktionärs mitzuteilen[52]. Mit Ausnahme der nach § 63 Abs. 3 zugelassenen Vertragsstrafe dürfen sämtliche unselbständigen Nebenpflichten weder einen eigenen vermögensrechtlichen Inhalt haben noch darf ihre Verletzung besonders geahndet werden[53]. Erlischt die Einlageschuld, so geht auch die Nebenpflicht mit unter[54].

## 2. Schuldrechtliche Vereinbarungen

### a) Zulässigkeit

Aktionäre können sich nach ganz h.M. **auf schuldrechtlicher Grundlage zur Erbrin-** 17 **gung weiterer Leistungen** verpflichten[55]. § 54 Abs. 1 steht dem nicht entgegen, weil er sich nur auf die mitgliedschaftliche Einlagepflicht bezieht[56]. Zulässig sind sowohl Vereinbarungen zwischen AG und Aktionär als auch solche der Aktionäre untereinander[57]; ferner eine Vereinbarung der Aktionäre zugunsten Dritter (§ 328 BGB), aus welcher der AG eigene Ansprüche erwachsen[58]. Ähnliche Abreden werden auch von vielen ausländischen Aktienrechten anerkannt[59].

Alle Abreden sind **grundsätzlich formfrei** möglich, sofern keine speziellen Formvor- 18 schriften (z.B. §§ 311b, 518 BGB) eingreifen[60]. Ihre Aufnahme in die Satzungsurkunde ist nicht erforderlich, aber unschädlich, da es kein Verbot gibt, nichtkörperschaftliche Vereinbarungen in die Satzung aufzunehmen[61]. Es empfiehlt sich jedoch, den schuldrechtlichen Charakter der Regelung klarzustellen, weil es sonst zu Ausle-

---

50 Vgl. *Bungeroth* in MünchKomm. AktG, 3. Aufl., § 54 AktG Rz. 25; *Cahn/Senger* in Spindler/Stilz, § 54 AktG Rz. 27; *Henze* in Großkomm. AktG, 4. Aufl., § 54 AktG Rz. 49; *Hüffer*, § 54 AktG Rz. 6; *Janssen* in Heidel, § 54 AktG Rz. 12; *Lutter* in KölnKomm. AktG, 2. Aufl., § 54 AktG Rz. 19.
51 Vgl. RG v. 12.3.1918 – II 402/17, RGZ 92, 315, 317; KG v. 6.3.1930 – 1b X 6/30, JW 1930, 2712, 2713.
52 Vgl. OLG Karlsruhe v. 12.7.1923, OLG-Rspr 43, 309.
53 Vgl. *Bungeroth* in MünchKomm. AktG, 3. Aufl., § 54 AktG Rz. 27; *Henze* in Großkomm. AktG, 4. Aufl., § 54 AktG Rz. 50; *Janssen* in Heidel, § 54 AktG Rz. 12; *Lutter* in KölnKomm. AktG, 2. Aufl., § 54 AktG Rz. 20.
54 Vgl. *Bungeroth* in MünchKomm. AktG, 3. Aufl., § 54 AktG Rz. 27; *Henze* in Großkomm. AktG, 4. Aufl., § 54 AktG Rz. 52; *Hüffer*, § 54 AktG Rz. 6.
55 Vgl. *Cahn/Senger* in Spindler/Stilz, § 54 AktG Rz. 29; *Hüffer*, § 54 AktG Rz. 7; *König*, S. 44 ff.; *Lutter* in KölnKomm. AktG, 2. Aufl., § 54 AktG Rz. 21; *Noack*, S. 37 ff. und passim; *Westermann* in Bürgers/Körber, § 54 AktG Rz. 7; *Wiesner* in MünchHdb. AG, § 16 Rz. 41.
56 Vgl. *Henze* in Großkomm. AktG, 4. Aufl., § 54 AktG Rz. 53; *Hüffer*, § 54 AktG Rz. 7.
57 Vgl. *Bungeroth* in MünchKomm. AktG, 3. Aufl., § 54 AktG Rz. 30; *Hüffer*, § 54 AktG Rz. 7.
58 Vgl. *Bungeroth* in MünchKomm. AktG, 3. Aufl., § 54 AktG Rz. 30; *Cahn/Senger* in Spindler/Stilz, § 54 AktG Rz. 29; *Henze* in Großkomm. AktG, 4. Aufl., § 54 AktG Rz. 55; *Hüffer*, § 54 AktG Rz. 7.
59 Vgl. für England etwa *Gower/Davies*, Principles of Modern Company Law, 8th ed. 2008, S. 676 ff.; für Frankreich und die Schweiz *König*, S. 105 ff., 153 ff.
60 Vgl. *Bungeroth* in MünchKomm. AktG, 3. Aufl., § 54 AktG Rz. 34; *Henze* in Großkomm. AktG, 4. Aufl., § 54 AktG Rz. 54; *Hüffer*, § 54 AktG Rz. 7.
61 Vgl. *Bungeroth* in MünchKomm. AktG, 3. Aufl., § 54 AktG Rz. 34; *Henze* in Großkomm. AktG, 4. Aufl., § 54 AktG Rz. 54; *Lutter* in KölnKomm. AktG, 2. Aufl., § 54 AktG Rz. 24; *Priester*, DB 1979, 681; *Westermann* in Bürgers/Körber, § 54 AktG Rz. 8 f.

gungsschwierigkeiten kommen kann[62]. Nach h.M. besteht nämlich eine Vermutung für den korporativen Charakter einer dort festgeschriebenen Abrede, wenn sie alle Aktionäre bindet[63]. Dagegen wird man von einer Mehrzahl schuldrechtlicher Einzelvereinbarungen ausgehen müssen, wenn ihr Inhalt über den zulässigen Rahmen des § 55 hinausgeht[64].

### b) Inhalt

19  **aa) Allgemeines.** Gegenstand der schuldrechtlichen Vereinbarung können einmalige oder wiederkehrende, entgeltliche oder unentgeltliche Leistungen beliebigen Inhalts sein[65]. So können sich die Aktionäre z.B. verpflichten, der AG zusätzliche Mittel schenkweise zur Verfügung zu stellen oder bestimmte Dienst- oder Sachleistungen zu erbringen[66]. In Betracht kommen ferner Verpflichtungen zur Bereitstellung einlagegleicher Finanzplankredite[67].

20  **bb) Insbesondere Zuzahlungsverpflichtungen.** Eine verbreitete Form schuldrechtlicher Vereinbarungen sind Zuzahlungsverpflichtungen bei der Gesellschaftsgründung oder im Zusammenhang mit einer Kapitalerhöhung. Sie begegnen vor allem bei Venture Capital-Gesellschaften[68] und werden häufig als „schuldrechtliches" Agio bezeichnet[69]. Ihre grundsätzliche Zulässigkeit begegnet keinen durchgreifenden Bedenken[70]. Bilanziell sind sie – anders als ein förmliches Agio – nicht unter § 272 Abs. 2 Nr. 1 HGB[71], sondern unter § 272 Abs. 2 Nr. 4 HGB zu erfassen[72]. Eine Ausschüttungssperre für diese Beträge nach § 150 Abs. 2 und 3 besteht daher nicht[73].

---

62 Dazu *Priester*, DB 1979, 681, 684; *Bungeroth* in MünchKomm. AktG, 3. Aufl., § 54 AktG Rz. 35 ff.; *Lutter* in KölnKomm. AktG, 2. Aufl., § 54 AktG Rz. 25.
63 Vgl. *Bungeroth* in MünchKomm. AktG, 3. Aufl., § 54 AktG Rz. 36; *Cahn/Senger* in Spindler/Stilz, § 54 AktG Rz. 37; *Janssen* in Heidel, § 54 AktG Rz. 14; *Priester*, DB 1979, 681, 684; *Wiesner* in MünchHdb. AG, § 16 Rz. 41.
64 Vgl. *Bungeroth* in MünchKomm. AktG, 3. Aufl., § 54 AktG Rz. 36; *Cahn/Senger* in Spindler/Stilz, § 54 AktG Rz. 37; *Henze* in Großkomm. AktG, 4. Aufl., § 54 AktG Rz. 64; *Janssen* in Heidel, § 54 AktG Rz. 14.
65 Vgl. *Bungeroth* in MünchKomm. AktG, 3. Aufl., § 54 AktG Rz. 31; *Henze* in Großkomm. AktG, 4. Aufl., § 54 AktG Rz. 56; *Hüffer*, § 54 AktG Rz. 7.
66 Vgl. *Bungeroth* in MünchKomm. AktG, 3. Aufl., § 54 AktG Rz. 31; *Lutter* in KölnKomm. AktG, 2. Aufl., § 54 AktG Rz. 22.
67 Vgl. BGH v. 28.6.1999 – II ZR 272/98, BGHZ 142, 116 (GmbH); *Henze* in Großkomm. AktG, 4. Aufl., § 54 AktG Rz. 57 ff.; *Fleischer*, DStR 1999, 1774 ff.
68 Vgl. *Becker*, NZG 2003, 510, 511; *Mellert*, NZG 2003, 1096; *Priester* in FS Röhricht, 2005, S. 467 f.; *Schorling/Vogel*, AG 2003, 86.
69 Vgl. *Hermanns*, ZIP 2003, 788, 789; *Mellert*, NZG 2003, 1096; Begriffskritik bei *Priester* in FS Röhricht, 2005, S. 467, 469 f.
70 Vgl. *Becker*, NZG 2003, 510, 513 f.; *Mellert*, NZG 2003, 1096, 1097; *Priester* in FS Lutter, 2000, S. 617, 624 ff.; *Priester* in FS Röhricht, 2005, S. 467, 470 ff.; *Schorling/Vogel*, AG 2003, 86, 87 ff.; *Wagner*, DB 2004, 293 ff.; enger BayObLG v. 27.2.2002 – 3Z BR 35/02, ZIP 2002, 1484, das nur solche Zusatzleistungen als statthaft ansieht, die der AG keinen eigenen Anspruch geben; a.A. *Herchen*, Agio und verdecktes Agio im Recht der Kapitalgesellschaften, 2004, S. 279 ff.
71 So aber *Becker*, NZG 2003, 510, 515 f.
72 Vgl. *Hüffer*, § 54 AktG Rz. 8; *Mellert*, NZG 2003, 1096, 1097 f.; *Priester* in FS Röhricht, 2005, S. 467, 476 f.
73 Vgl. *Hüffer*, § 54 AktG Rz. 8; *Priester* in FS Röhricht, 2005, S. 467, 476 f.; *Wagner*, DB 2004, 293, 297.

## c) Rechtliche Behandlung

Schuldrechtliche Vereinbarungen **unterliegen grundsätzlich nur den bürgerlichrechtlichen Regeln**. Sie sind nach Maßgabe der §§ 133, 157 BGB auszulegen[74] und unterliegen insoweit nur einer beschränkten Nachprüfung in der Revision[75]. Ihre Änderung und Aufhebung ist – wie ihre Begründung (Rz. 18) – formfrei möglich. Die durch sie begründeten Verpflichtungen gehen bei einer Übertragung der Aktie nicht *ipso iure* auf den Erwerber über, weil sie nicht Teil der Mitgliedschaft sind[76]. Vielmehr bedarf es zur Verbindlichkeitsübertragung – wie auch sonst – einer Schuldübernahme nach §§ 414, 415 BGB[77]. Allerdings kann der Schuldübernahmevertrag auch konkludent geschlossen werden[78]. Dafür genügt jedoch weder die Aufnahme der schuldrechtlichen Vereinbarung in die Satzung[79] noch die Kenntnis des Erwerbers von ihrer Existenz[80]; es müssen vielmehr weitere Umstände hinzukommen, die auf einen Verpflichtungswillen des Erwerbers schließen lassen[81].

## d) Durchsetzung

Schuldrechtliche Verpflichtungen können ausschließlich mit schuldrechtlichen, nicht mit korporationsrechtlichen Sanktionsmitteln durchgesetzt werden[82]. Die Drohung mit Kaduzierung ist daher unzulässig[83], und zwar auch dann, wenn sich ein Aktionär dem freiwillig unterworfen hat[84].

## 3. Freiwillige Leistungen

Freiwillige Zusatzleistungen von Aktionären begegnen grundsätzlich keinen Bedenken[85]. Allerdings dürfen sie nicht durch rechtliche Sanktionen erzwungen werden[86]. Unzulässig ist auch ein wirtschaftlicher Zwang, der gegeben ist, wenn die Aktionäre die Zusatzleistung zur Vermeidung effektiver wirtschaftlicher Nachteile erbringen

---

74 Vgl. *Cahn/Senger* in Spindler/Stilz, § 54 AktG Rz. 33; *Henze* in Großkomm. AktG, 4. Aufl., § 54 AktG Rz. 62.
75 Vgl. *Cahn/Senger* in Spindler/Stilz, § 54 AktG Rz. 33; *Henze* in Großkomm. AktG, 4. Aufl., § 54 AktG Rz. 63; *Hüffer*, § 54 AktG Rz. 8.
76 Vgl. *Henze* in Großkomm. AktG, 4. Aufl., § 54 AktG Rz. 68; *Lutter* in KölnKomm. AktG, 2. Aufl., § 54 AktG Rz. 28.
77 *Cahn/Senger* in Spindler/Stilz, § 54 AktG Rz. 38.
78 Vgl. *Cahn/Senger* in Spindler/Stilz, § 54 AktG Rz. 39; *Henze* in Großkomm. AktG, 4. Aufl., § 54 AktG Rz. 71; *Lutter* in KölnKomm. AktG, 2. Aufl., § 54 AktG Rz. 29.
79 Vgl. *Bungeroth* in MünchKomm. AktG, 3. Aufl., § 54 AktG Rz. 42; *Henze* in Großkomm. AktG, 4. Aufl., § 54 AktG Rz. 72; *Lutter* in KölnKomm. AktG, 2. Aufl., § 54 AktG Rz. 29; a.A. *Goldschmidt*, JW 1928, 2618, 2619.
80 Vgl. *Bungeroth* in MünchKomm. AktG, 3. Aufl., § 54 AktG Rz. 42; *Henze* in Großkomm. AktG, 4. Aufl., § 54 AktG Rz. 73; *Priester*, DB 1979, 681, 686; a.A. wohl *Lutter* in KölnKomm. AktG, 2. Aufl., § 54 AktG Rz. 29.
81 Vgl. *Cahn/Senger* in Spindler/Stilz, § 54 AktG Rz. 39; *Henze* in Großkomm. AktG, 4. Aufl., § 54 AktG Rz. 73.
82 Vgl. *Bungeroth* in MünchKomm. AktG, 3. Aufl., § 54 AktG Rz. 30; *Henze* in Großkomm. AktG, 4. Aufl., § 54 AktG Rz. 75; *Lutter* in KölnKomm. AktG, 2. Aufl., § 54 AktG Rz. 21.
83 Vgl. *Henze* in Großkomm. AktG, 4. Aufl., § 54 AktG Rz. 75; *Lutter* in KölnKomm. AktG, 2. Aufl., § 54 AktG Rz. 21.
84 Vgl. *Bungeroth* in MünchKomm. AktG, 3. Aufl., § 54 AktG Rz. 30; *Henze* in Großkomm. AktG, 4. Aufl., § 54 AktG Rz. 75; *Lutter* in KölnKomm. AktG, 2. Aufl., § 54 AktG Rz. 21.
85 Vgl. *Bungeroth* in MünchKomm. AktG, 3. Aufl., § 54 AktG Rz. 28; *Henze* in Großkomm. AktG, 4. Aufl., § 54 AktG Rz. 77; *Hüffer*, § 54 AktG Rz. 9; *Janssen* in Heidel, § 54 AktG Rz. 19.
86 Vgl. *Bungeroth* in MünchKomm. AktG, 3. Aufl., § 54 AktG Rz. 28; *Henze* in Großkomm. AktG, 4. Aufl., § 54 AktG Rz. 77; *Hüffer*, § 54 AktG Rz. 9.

müssen[87]. Als zulässig angesehen wird dagegen das Versprechen von Vorzügen für eine freiwillige Zusatzleistung[88]. Zu beachten ist dabei freilich der Gleichbehandlungsgrundsatz des § 53a[89].

## IV. Vorrang der Bareinlage (§ 54 Abs. 2)

24 Gem. § 54 Abs. 2 haben die Aktionäre den Ausgabebetrag einzuzahlen, soweit nicht in der Satzung Sacheinlagen festgesetzt sind. Die Vorschrift stellt klar, dass die **Zahlung von Bargeld die gesetzliche Grund- und Auffangregel** bildet[90]. Eine vereinbarte Sacheinlagepflicht verdrängt die Geldzahlungspflicht nicht, sondern überlagert sie nur[91]. Treten Leistungsstörungen auf oder erweist sich die Sacheinlagevereinbarung als unwirksam, lebt die Einlagepflicht in Geld wieder auf[92].

## V. Erfüllung der Einlagepflicht (§ 54 Abs. 3)

### 1. Anwendungsbereich

#### a) Sachliche Reichweite

25 § 54 Abs. 3 knüpft an die Regelungen der §§ 36 Abs. 2, 36a Abs. 1 über die Mindesteinlage im Gründungsstadium an und regelt die Art und Weise der Leistungserbringung[93]. Die Vorschrift erfasst nur Zahlungen auf eingeforderte Bareinlagen[94]. Sie sichert die reale Kapitalaufbringung, indem sie die erfüllungsbewirkenden Zahlungsarten einschränkt[95]. Die Erfüllung der Sacheinlagepflicht richtet sich nicht nach § 54 Abs. 3, sondern nach allgemeinen bürgerlichrechtlichen Regeln[96].

---

87 Vgl. RG v. 15.10.1902 – I 131/02, RGZ 52, 287, 293 f.; RG v. 18.9.1912 – I 72/12, RGZ 80, 81, 85 f.; *Cahn/Senger* in Spindler/Stilz, § 54 AktG Rz. 34; *Henze* in Großkomm. AktG, 4. Aufl., § 54 AktG Rz. 78; *Hüffer*, § 54 AktG Rz. 9; *Lutter* in KölnKomm. AktG, 2. Aufl., § 54 AktG Rz. 33.
88 Vgl. *Bungeroth* in MünchKomm. AktG, 3. Aufl., § 54 AktG Rz. 29; *Henze* in Großkomm. AktG, 4. Aufl., § 54 AktG Rz. 79; *Hüffer*, § 54 AktG Rz. 9; *Janssen* in Heidel, § 54 AktG Rz. 19.
89 Vgl. RG v. 25.4.1911 – II 572/10, RGZ 76, 155, 157; *Bungeroth* in MünchKomm. AktG, 3. Aufl., § 54 AktG Rz. 29; *Hüffer*, § 54 AktG Rz. 9; *Janssen* in Heidel, § 54 AktG Rz. 19.
90 Vgl. *Bungeroth* in MünchKomm. AktG, 3. Aufl., § 54 AktG Rz. 43; *Cahn/Senger* in Spindler/Stilz, § 54 AktG Rz. 3 und 7; *Henze* in Großkomm. AktG, 4. Aufl., § 54 AktG Rz. 11; *Hüffer*, § 54 AktG Rz. 10; *Janssen* in Heidel, § 54 AktG Rz. 20; *Lutter* in KölnKomm. AktG, 2. Aufl., § 54 AktG Rz. 5.
91 Vgl. *Henze* in Großkomm. AktG, 4. Aufl., § 54 AktG Rz. 13; *Hüffer*, § 54 AktG Rz. 10; grundlegend *Lutter*, Kapital, Sicherung der Kapitalaufbringung und Kapitalerhaltung in den Aktien- und GmbH-Rechten der EWG, S. 285.
92 Vgl. *Cahn/Senger* in Spindler/Stilz, § 54 AktG Rz. 8; *Henze* in Großkomm. AktG, 4. Aufl., § 54 AktG Rz. 13; *Hüffer*, § 54 AktG Rz. 10; grundlegend *Lutter*, Kapital, Sicherung der Kapitalaufbringung und Kapitalerhaltung in den Aktien- und GmbH-Rechten der EWG, S. 285.
93 Vgl. *Bungeroth* in MünchKomm. AktG, 3. Aufl., § 54 AktG Rz. 43 und 46; *Hüffer*, § 54 AktG Rz. 11; *Janssen* in Heidel, § 54 AktG Rz. 21; *Lutter* in KölnKomm. AktG, 2. Aufl., § 54 AktG Rz. 11.
94 Vgl. *Henze* in Großkomm. AktG, 4. Aufl., § 54 AktG Rz. 81; *Hüffer*, § 54 AktG Rz. 12; *Janssen* in Heidel, § 54 AktG Rz. 21; *Lutter* in KölnKomm. AktG, 2. Aufl., § 54 AktG Rz. 34.
95 Vgl. *Bungeroth* in MünchKomm. AktG, 3. Aufl., § 54 AktG Rz. 43; *Henze* in Großkomm. AktG, 4. Aufl., § 54 AktG Rz. 82; *Hüffer*, § 54 AktG Rz. 12; *Janssen* in Heidel, § 54 AktG Rz. 21; *Lutter* in KölnKomm. AktG, 2. Aufl., § 54 AktG Rz. 34.
96 Vgl. *Bungeroth* in MünchKomm. AktG, 3. Aufl., § 54 AktG Rz. 44; *Henze* in Großkomm. AktG, 4. Aufl., § 54 AktG Rz. 81; *Janssen* in Heidel, § 54 AktG Rz. 21; *Lutter* in KölnKomm. AktG, 2. Aufl., § 54 AktG Rz. 25.

## b) Zeitliche Reichweite

§ 54 Abs. 3 gilt nur für Bareinzahlungen bis zur Entstehung der AG durch Eintragung in das Handelsregister[97]. Entgegen seinem ungenauen Wortlaut kommt es nicht auf den Zeitpunkt der Anmeldung, sondern auf den der Eintragung an: Erfasst werden daher auch regelwidrig nach Anmeldung eingeforderte Beiträge, wenn die Zahlung vor Eintragung erfolgt; umgekehrt sind vor Anmeldung eingeforderte Beiträge nicht erfasst, die erst nach Eintragung geleistet werden[98]. Für diese wie für alle anderen Zahlungen nach Eintragung der AG gelten die allgemeinen Vorschriften der §§ 362 ff. BGB[99]. 26

## 2. Zahlungsarten

### a) Allgemeines

§ 54 Abs. 3 beschränkt die **erfüllungstauglichen Zahlungsarten** auf **Barzahlung** und **Kontogutschrift** und schließt damit alle anderen Erfüllungsformen aus[100]. Keine Tilgungswirkung entfalten daher die Leistung an Erfüllungs statt (§ 364 Abs. 1 BGB) oder die Aufrechnung (§§ 387 ff. BGB)[101]. Gleiches gilt nach h.M. für die Direktzahlung an einen Gesellschaftsgläubiger (§ 362 Abs. 2 BGB), selbst wenn sie mit Zustimmung des Vorstands erfolgt[102]. Dem Einlageschuldner steht in allen Fällen lediglich ein Bereicherungsanspruch zu[103], den er jedoch nach § 66 Abs. 1 Satz 2 nicht zur Aufrechnung gegen die Einlageforderung verwenden kann. 27

### b) Barzahlung

Die Einlage kann nach § 54 Abs. 3 Satz 1 Alt. 1 zunächst in gesetzlichen Zahlungsmitteln geleistet werden. Das sind nach § 14 Abs. 1 Satz 2 BBankG auf Euro lautende Banknoten und Münzen[104]. Ausländische Zahlungsmittel genügen nicht[105]. Die 28

---

97 Vgl. *Bungeroth* in MünchKomm. AktG, 3. Aufl., § 54 AktG Rz. 46; *Henze* in Großkomm. AktG, 4. Aufl., § 54 AktG Rz. 83; *Hüffer*, § 54 AktG Rz. 11; *Janssen* in Heidel, § 54 AktG Rz. 22.
98 Vgl. *Bungeroth* in MünchKomm. AktG, 3. Aufl., § 54 AktG Rz. 46; *Henze* in Großkomm. AktG, 4. Aufl., § 54 AktG Rz. 83; *Hüffer*, § 54 AktG Rz. 11; *Janssen* in Heidel, § 54 AktG Rz. 22; a.A. *Cahn/Senger* in Spindler/Stilz, § 54 AktG Rz. 44.
99 Vgl. *Henze* in Großkomm. AktG, 4. Aufl., § 54 AktG Rz. 83; *Hüffer*, § 54 AktG Rz. 11; *Janssen* in Heidel, § 54 AktG Rz. 22.
100 Vgl. RG v. 22.10.1918 – II 158/18, RGZ 94, 61; RG v. 13.3.1934 – II 225/33, RGZ 144, 138, 146; RG v. 29.5.1934 – II 9/34, RGZ 144, 348, 351; RG v. 12.10.1937 – II 51/37, RGZ 156, 23, 31; *Bungeroth* in MünchKomm. AktG, 3. Aufl., § 54 AktG Rz. 51; *Henze* in Großkomm. AktG, 4. Aufl., § 54 AktG Rz. 97; *Hüffer*, § 54 AktG Rz. 12; *Janssen* in Heidel, § 54 AktG Rz. 23.
101 Vgl. *Bungeroth* in MünchKomm. AktG, 3. Aufl., § 54 AktG Rz. 51; *Henze* in Großkomm. AktG, 4. Aufl., § 54 AktG Rz. 97; *Janssen* in Heidel, § 54 AktG Rz. 23; *Lutter* in KölnKomm. AktG, 2. Aufl., § 54 AktG Rz. 44; *Westermann* in Bürgers/Körber, § 54 AktG Rz. 11.
102 Vgl. BGH v. 13.7.1992 – II ZR 263/91, BGHZ 119, 177, 188; OLG Naumburg v. 10.5.1999 – 7 W 24/99, NZG 2000, 152, 153; *Bungeroth* in MünchKomm. AktG, 3. Aufl., § 54 AktG Rz. 51; *Henze* in Großkomm. AktG, 4. Aufl., § 54 AktG Rz. 98; *Hüffer*, § 54 AktG Rz. 12; *Janssen* in Heidel, § 54 AktG Rz. 23; a.A. *Ihrig*, Die endgültige freie Verfügung über die Einlage von Kapitalgesellschaften, 1991, S. 295 ff.; *Ulmer*, GmbHR 1993, 189, 190.
103 Vgl. *Bungeroth* in MünchKomm. AktG, 3. Aufl., § 54 AktG Rz. 51; *Janssen* in Heidel, § 54 AktG Rz. 23; *Lutter* in KölnKomm. AktG, 2. Aufl., § 54 AktG Rz. 44.
104 Vgl. auch Art. 128 AEUV und Art. 16 der Satzung des Europäischen Systems der Zentralbanken und der Europäischen Zentralbank.
105 Vgl. *Bungeroth* in MünchKomm. AktG, 3. Aufl., § 54 AktG Rz. 53; *Hüffer*, § 54 AktG Rz. 13.

Banknoten und Münzen müssen der Gründungsgesellschaft gem. §§ 929 ff. BGB übereignet werden[106]. Eine Scheckzahlung steht der Barzahlung nicht gleich[107].

### c) Kontogutschrift

29 Ebenfalls zulässig ist nach § 54 Abs. 3 Satz 1 Alt. 2 die Gutschrift auf einem Konto.

30 **aa) Kontoführende Stelle.** Als kontoführende Stellen kommen zunächst Kreditinstitute in Betracht. Dies sind nach § 1 Abs. 1 Satz 1 KWG Unternehmen, die Bankgeschäfte gewerbsmäßig oder in einem Umfang betreiben, der einen in kaufmännischer Weise eingerichteten Gewerbebetrieb erfordert. Dazu gehören inländische Banken und Sparkassen[108] einschließlich der Postbank[109], nicht aber die Deutsche Bundesbank[110]. Seit einer Gesetzesänderung aus dem Jahre 1997[111] sind auch bestimmte ausländische Unternehmen als kontoführende Stellen zugelassen. Dazu zählen Unternehmen mit Sitz im Ausland, welche im Inland eine Zweigniederlassung unterhalten, die Bankgeschäfte betreibt (§ 53 Abs. 1 Satz 1 KWG), Unternehmen mit Sitz in einem Mitgliedstaat des EWR, die in ihrem Herkunftsland zugelassen sind und im Geltungsbereich des KWG Bankgeschäfte über eine Zweigniederlassung oder im Wege des grenzüberschreitenden Dienstleistungsverkehrs betreiben (§ 53b Abs. 1 Satz 1 KWG), sowie bestimmte im EWR ansässige Tochter- und Enkelunternehmen (§ 53b Abs. 7 KWG)[112].

31 **bb) Währungsfragen.** Die Kontogutschrift bei einem inländischen Kreditinstitut in Euro wirkt schuldbefreiend[113]. Darüber hinaus müssen auch Kontogutschriften auf gesetzlich zugelassenen Auslandskonten in der dort geltenden Währung zulässig sein[114]. Zur Vermeidung einer umgekehrten Diskriminierung kann dann für Gutschriften in statthafter Auslandswährung bei einem inländischen Kreditinstitut nichts anderes gelten[115].

32 **cc) Kreditinstitut als Mitgründer.** Ist ein Kreditinstitut selbst Mitgründer, so kann bei ihm nach allg.M. gleichwohl ein Konto eingerichtet werden, auf das jeder andere Einlageschuldner mit befreiender Wirkung leisten kann[116]. Nach zutreffender h.L. kann das betreffende Kreditinstitut auch seine eigene Einlagepflicht durch Gutschrift

---

106 Vgl. *Henze* in Großkomm. AktG, 4. Aufl., § 54 AktG Rz. 85; *Janssen* in Heidel, § 54 AktG Rz. 24; *Lutter* in KölnKomm. AktG, 2. Aufl., § 54 AktG Rz. 44.
107 Vgl. *Hüffer*, § 54 AktG Rz. 13; *Janssen* in Heidel, § 54 AktG Rz. 24.
108 Vgl. *Henze* in Großkomm. AktG, 4. Aufl., § 54 AktG Rz. 89; *Hüffer*, § 54 AktG Rz. 15.
109 Vgl. *Bungeroth* in MünchKomm. AktG, 3. Aufl., § 54 AktG Rz. 59; *Henze* in Großkomm. AktG, 4. Aufl., § 54 AktG Rz. 91; *Hüffer*, § 54 AktG Rz. 15; *Westermann* in Bürgers/Körber, § 54 AktG Rz. 12.
110 Vgl. *Bungeroth* in MünchKomm. AktG, 3. Aufl., § 54 AktG Rz. 59; *Henze* in Großkomm. AktG, 4. Aufl., § 54 AktG Rz. 90; *Hüffer*, § 54 AktG Rz. 15.
111 BGBl. I 1997, 2567.
112 Näher *Bungeroth* in MünchKomm. AktG, 3. Aufl., § 54 AktG Rz. 61 f.; *Cahn/Senger* in Spindler/Stilz, § 54 AktG Rz. 59 ff.
113 Allg. M., vgl. *Henze* in Großkomm. AktG, 4. Aufl., § 54 AktG Rz. 87; *Hüffer*, § 54 AktG Rz. 16; *Janssen* in Heidel, § 54 AktG Rz. 27.
114 Wie hier *Bungeroth* in MünchKomm. AktG, 3. Aufl., § 54 AktG Rz. 66; *Hüffer*, § 54 AktG Rz. 16; a.A. *Janssen* in Heidel, § 54 AktG Rz. 27; differenzierend *Henze* in Großkomm. AktG, 4. Aufl., § 54 AktG Rz. 87.
115 Ebenso *Cahn/Senger* in Spindler/Stilz, § 54 AktG Rz. 56; *Henze* in Großkomm. AktG, 4. Aufl., § 54 AktG Rz. 87 mit Fn. 200; *Hüffer*, § 54 AktG Rz. 16; a.A. *Bungeroth* in MünchKomm. AktG, 3. Aufl., § 54 AktG Rz. 66.
116 Vgl. *Bungeroth* in MünchKomm. AktG, 3. Aufl., § 54 AktG Rz. 63; *Henze* in Großkomm. AktG, 4. Aufl., § 54 AktG Rz. 95; *Hüffer*, § 54 AktG Rz. 17; *Janssen* in Heidel, § 54 AktG Rz. 28; *Lutter* in KölnKomm. AktG, 2. Aufl., § 54 AktG Rz. 37.

auf das von ihm geführte Konto erfüllen[117]. Die von der Gegenmeinung[118] erhobenen Bedenken dringen angesichts der Entwicklungsgeschichte der Vorschrift[119] und ihres unbestimmten Wortlauts (bei „einem" Kreditinstitut) nicht durch. Allerdings ist durch vertragliche Ausgestaltung des Kontos sicherzustellen, dass das Kreditinstitut keinen Zugriff auf den gutgeschriebenen Betrag hat, weil es sonst an dem Erfordernis endgültiger freier Verfügung zugunsten des Vorstands fehlt[120].

### 3. Empfangszuständigkeit

§ 54 Abs. 3 verlangt weiterhin die Gutschrift auf einem Konto der Gesellschaft oder des Vorstands. Nach einhelliger Auffassung ist die Gesellschaft als Vor-AG kontofähig[121]. Mit Eintragung der AG im Handelsregister gehen die Forderungen der Vor-AG gegen das kontoführende Kreditinstitut automatisch auf die AG über[122]. Soweit das Gesetz von einer Gutschrift auf das Konto des Vorstands spricht, ist nicht der Vorstand als Organ[123], sondern die Vor-AG Inhaberin dieses Kontos und des sich daraus ergebenden Auszahlungsanspruchs[124]. Die Fiktion des § 54 Abs. 3 Satz 2 ist beim heutigen Stand der Dogmatik zur Vor-AG entbehrlich[125]. Leistungen auf Privatkonten einzelner Vorstandsmitglieder entfalten keine befreiende Wirkung[126]. Gleiches gilt für Zahlungen auf das Konto eines Aktionärs, selbst wenn darüber neben ihm auch der Vorstand verfügungsberechtigt ist[127].

33

### 4. Endgültige freie Verfügung

Schließlich müssen Bargeld oder Buchgeld dem Vorstand zur freien Verfügung stehen. Damit verweist § 54 Abs. 3 Satz 1 auf ein bereits in § 36 Abs. 2 genanntes Erfordernis (näher § 36 Rz. 14 ff.).

34

---

117 Vgl. *Cahn/Senger* in Spindler/Stilz, § 54 AktG Rz. 65 f.; *Geßler* in FS Möhring, 1975, S. 173, 175 ff.; *Heinsius* in FS Fleck, 1988, S. 83, 92 ff.; *Henze* in Großkomm. AktG, 4. Aufl., § 54 AktG Rz. 95; *Hüffer*, § 54 AktG Rz. 17; *Janssen* in Heidel, § 54 AktG Rz. 28; *Wiesner* in MünchHdb. AG, § 16 Rz. 5.
118 Vgl. *Bungeroth* in MünchKomm. AktG, 3. Aufl., § 54 AktG Rz. 65; *Frey*, Einlagen in Kapitalgesellschaften, 1990, S. 184 ff.; *Lutter* in KölnKomm. AktG, 2. Aufl., § 54 AktG Rz. 37; *Wiedemann*, ZIP 1991, 1257, 1264 f.
119 Vgl. zum Problem bereits *Dorpalen*, BankArch 1934/35, 339, 340; *Schlegelberger/Quassowski*, § 49 AktG 1937 Anm. 6.
120 Dazu *Cahn/Senger* in Spindler/Stilz, § 54 AktG Rz. 72; *Heinsius* in FS Fleck, 1988, S. 89, 92 ff.; *Henze* in Großkomm. AktG, 4. Aufl., § 54 AktG Rz. 113; *Hüffer*, § 54 AktG Rz. 18.
121 Vgl. BGH v. 2.4.1962 – II ZR 169/61, WM 1962, 644; BGH v. 2.5.1966 – II ZR 219/63, BGHZ 45, 338, 347; *Henze* in Großkomm. AktG, 4. Aufl., § 54 AktG Rz. 102; *Hüffer*, § 54 AktG Rz. 19; *Lutter* in KölnKomm. AktG, 2. Aufl., § 54 AktG Rz. 39.
122 Vgl. *Henze* in Großkomm. AktG, 4. Aufl., § 54 AktG Rz. 102; *Lutter* in KölnKomm. AktG, 2. Aufl., § 54 AktG Rz. 39.
123 So aber *Janssen* in Heidel, § 54 AktG Rz. 25.
124 Vgl. *Cahn/Senger* in Spindler/Stilz, § 54 AktG Rz. 69; *Henze* in Großkomm. AktG, 4. Aufl., § 54 AktG Rz. 103; *Hüffer*, § 54 AktG Rz. 19; *Lutter* in KölnKomm. AktG, 2. Aufl., § 54 AktG Rz. 40.
125 Vgl. *Henze* in Großkomm. AktG, 4. Aufl., § 54 AktG Rz. 103; *Hüffer*, § 54 AktG Rz. 19.
126 Vgl. *Henze* in Großkomm. AktG, 4. Aufl., § 54 AktG Rz. 104; *Lutter* in KölnKomm. AktG, 2. Aufl., § 54 AktG Rz. 41.
127 Vgl. BGH v. 29.1.2001 – II ZR 183/00, NJW 2001, 1647, 1648 (GmbH); *Hüffer*, § 54 AktG Rz. 19.

## 5. Rechtsfolgen bei Verstößen

35 Leistet ein Einlageschuldner unter Verstoß gegen § 54 Abs. 3, so tritt keine Erfüllungswirkung ein[128]. Die Einlageforderung der Gesellschaft besteht weiter; der Leistende ist auf Bereicherungsansprüche gem. §§ 812 ff. BGB verwiesen.

## VI. Verjährung (§ 54 Abs. 4)

36 Der Anspruch der Gesellschaft auf Leistung der Einlage verjährt nach § 54 Abs. 4 in zehn Jahren von seiner Entstehung an. Die im Jahre 2004 neu eingefügte (vgl. Rz. 2) **Sonderverjährung** war notwendig geworden, weil die im Zuge der Schuldrechtsreform eingeführte Regelverjährung von drei Jahren (§ 195 BGB) mit subjektivem Beginn (§ 199 Abs. 1 BGB) im Rahmen des Kapitalschutzes untragbar gewesen wäre[129]. Die geltende **Zehnjahresfrist** berücksichtigt die Informations- und Einflussdefizite der Gesellschaftsgläubiger[130]. Sie orientiert sich am Vorbild des § 199 Abs. 4 BGB und entspricht der gesetzlich vorgeschriebenen Aufbewahrungsdauer für Buchungsbelege (§ 257 Abs. 4 HGB, § 147 Abs. 3 AO)[131]. Für noch nicht verjährte Ansprüche ist die Rückwirkungsregelung des Art. 229 § 12 Abs. 2 Satz 2 EGBGB zu beachten[132]. Die Verjährung beginnt mit Entstehung der Forderung, d.h. mit der Aufforderung des Vorstands zur Zahlung der Einlage (§ 63 Abs. 1)[133]. Vorstandsmitglieder, die eine fällige Einlageforderung verjähren lassen, machen sich nach § 93 Abs. 2 schadensersatzpflichtig[134]. Unter bestimmten Voraussetzungen können Gesellschaftsgläubiger bereits verjährte Einlageforderungen durch Anfechtung (§ 143 InsO, § 11 AnfG) wieder aufleben lassen[135].

37 Wird das Insolvenzverfahren über das Vermögen der Gesellschaft eröffnet, so tritt die Verjährung nach § 54 Abs. 4 Satz 2 nicht vor Ablauf von sechs Monaten ab dem Zeitpunkt der Eröffnung ein. Diese **gesetzliche Ablaufhemmung** soll dem Insolvenzverwalter Gelegenheit geben, die Ansprüche gegen die Aktionäre zu prüfen und verjährungshemmende Handlungen vorzunehmen[136].

---

128 Vgl. *Henze* in Großkomm. AktG, 4. Aufl., § 54 AktG Rz. 135; *Hüffer*, § 54 AktG Rz. 20; *Janssen* in Heidel, § 54 AktG Rz. 39.
129 Vgl. *Benecke/Geldsetzer*, NZG 2006, 7; *Cahn/Senger* in Spindler/Stilz, § 54 AktG Rz. 81; *Hüffer*, § 54 AktG Rz. 21; *Janssen* in Heidel, § 54 AktG Rz. 34; *Thiessen*, ZHR 168 (2004), 503, 508.
130 Näher *Thiessen*, ZHR 168 (2004), 503, 540.
131 Vgl. Begr. RegE BT-Drucks. 15/3653, S. 20; *Cahn/Senger* in Spindler/Stilz, § 54 AktG Rz. 81; *Janssen* in Heidel, § 54 AktG Rz. 34.
132 Vgl. BGH v. 11.2.2008 – II ZR 171/06, ZIP 2008, 643; *Janssen* in Heidel, § 54 AktG Rz. 35; kritisch aber *Mansel/Budzkiewicz*, NJW 2005, 327; *Wagner*, ZIP 2005, 560 f.; ausführlich *Benecke/Geldsetzer*, NZG 2006, 7 ff.; *Stenzel*, BB 2008, 1077 ff.
133 Vgl. *Janssen* in Heidel, § 54 AktG Rz. 34; *Wiesner* in MünchHdb. AG, § 16 Rz. 11.
134 Vgl. Begr. RegE BT-Drucks. 15/3653, S. 21; *Cahn/Senger* in Spindler/Stilz, § 54 AktG Rz. 84; *Thiessen*, ZHR 168 (2004), 503, 524.
135 Vgl. Begr. RegE BT-Drucks. 15/3653, S. 21; *Cahn/Senger* in Spindler/Stilz, § 54 AktG Rz. 85; *Thiessen*, ZHR 168 (2004), 503, 524 f.
136 Vgl. Begr. RegE BT-Drucks. 15/3653, S. 21; *Hüffer*, § 54 AktG Rz. 11; *Cahn/Senger* in Spindler/Stilz, § 54 AktG Rz. 86; *Thiessen*, ZHR 168 (2004), 503, 521; *Westermann* in Bürgers/Körber, § 54 AktG Rz. 16.

## § 55
## Nebenverpflichtungen der Aktionäre

**(1)** Ist die Übertragung der Aktien an die Zustimmung der Gesellschaft gebunden, so kann die Satzung Aktionären die Verpflichtung auferlegen, neben den Einlagen auf das Grundkapital wiederkehrende, nicht in Geld bestehende Leistungen zu erbringen. Dabei hat sie zu bestimmen, ob die Leistungen entgeltlich oder unentgeltlich zu erbringen sind. Die Verpflichtung und der Umfang der Leistungen sind in den Aktien und Zwischenscheinen anzugeben.

**(2)** Die Satzung kann Vertragsstrafen für den Fall festsetzen, dass die Verpflichtung nicht oder nicht gehörig erfüllt wird.

| | |
|---|---|
| I. Überblick .................... 1 | 2. Sicherung der Nebenleistungspflicht . 21 |
| 1. Regelungsgegenstand und Bedeutung 1 | a) Vertragsstrafe ............... 21 |
| 2. Vorgängervorschriften und Parallel- | b) Sonstige Sicherungsmöglichkeiten 22 |
| regelungen ................. 4 | IV. Rechtsnatur und Pflichtenübergang |
| 3. Rechtsvergleichung ............ 6 | der Nebenleistungspflicht ........ 23 |
| II. Begründung und Ausgestaltung der | 1. Rechtsnatur ................. 23 |
| Nebenleistungspflicht .......... 7 | 2. Pflichtenübergang ............. 25 |
| 1. Voraussetzungen ............. 7 | a) Allgemeines ............... 25 |
| a) Vinkulierte Namensaktien ..... 7 | b) Gutgläubiger lastenfreier Erwerb . 26 |
| b) Festlegung in der Satzung ...... 8 | V. Beendigung der Nebenleistungs- |
| c) Fortbestehen der Einlagepflicht .. 10 | pflicht ..................... 27 |
| 2. Gegenstand ................. 11 | 1. Zeitablauf und Bedingungseintritt .. 27 |
| a) Leistung .................. 12 | 2. Satzungsänderung ............ 28 |
| b) Wiederkehrende Leistung ...... 13 | 3. Veräußerung der Aktien ........ 30 |
| c) Keine Geldleistung .......... 14 | 4. Unmöglichkeit der Leistung ...... 31 |
| 3. Einzelausgestaltung ............ 15 | 5. Kündigung ................. 32 |
| a) Verschiedene Aktiengattungen .. 15 | a) Ordentliche Kündigung ....... 32 |
| b) Nebenleistungspflicht und | b) Außerordentliche Kündigung .... 33 |
| Nebenleistungsrecht ......... 16 | 6. Auflösung der Gesellschaft ...... 34 |
| 4. Entgelt .................... 17 | 7. Insolvenz der Gesellschaft ....... 35 |
| 5. Kenntlichmachung ............ 19 | VI. Pflichtverletzung bei Verstößen .... 37 |
| III. Leistungsstörungen und Sicherung | VII. Schuldrechtliche Nebenleistungs- |
| der Nebenleistungspflicht ....... 20 | pflichten ................... 38 |
| 1. Leistungsstörungen ............ 20 | |

**Literatur:** *F. Brixner/J. Brixner,* Bäuerliche Aktiengesellschaften mit genossenschaftlicher Zielsetzung, AG 1965, 262; *J. Brixner,* Zweckmäßigkeit und Möglichkeiten genossenschaftlicher Betätigung in der Rechtsform der Aktiengesellschaft, 1961; *Gannmüller,* Die Nebenleistungsgesellschaft auf mangelhafter Grundlage, GmbHR 1955, 172; *Kulenkampf,* Die Nebenleistungsaktiengesellschaft, 1927; *Luther,* Die genossenschaftliche AG, 1978; *K. Schmidt,* Nebenleistungsgesellschaften (§ 55 AktG, § 3 Abs. 2 GmbHG) zwischen Gesellschaftsrecht, Schuldrecht und Kartellrecht – Von der Rübenzucker-AG zum Nebenleistungsnetzwerk, in FS Immenga, 2004, S. 705; *Schnorr v. Carolsfeld,* Zur Arbeitsleistung im Rahmen von Gesellschaftsverhältnissen, in FS A. Hueck, 1959, S. 261; *Schütt,* Die Nebenleistungsaktiengesellschaft, 1927; *E. Wolff,* Die Nebenleistungsaktiengesellschaft des neuen HGB, in FS Wilke, 1900, S. 319.

## I. Überblick

### 1. Regelungsgegenstand und Bedeutung

1 § 55 gestattet es, den Aktionären in der Satzung Nebenleistungspflichten aufzuerlegen[1]. Er bildet die **einzige Ausnahme zu § 54 Abs. 1**[2], der die mitgliedschaftliche Leistungspflicht grundsätzlich auf die Erbringung der versprochenen Einlage beschränkt (vgl. § 54 Rz. 1). Um Missstände zu vermeiden, knüpft Abs. 1 die Nebenverpflichtung an zwei Voraussetzungen: Sie kommt nur bei vinkulierten Namensaktien in Betracht (Abs. 1 Satz 1) und muss in ihrem Umfang auf Aktien und Zwischenscheinen angegeben sein (Abs. 1 Satz 3).

2 Eine Gesellschaft, die von § 55 Gebrauch macht, pflegt man als **Nebenleistungs-Aktiengesellschaft** zu bezeichnen[3]. Sie ist der charakteristische Fall einer Aktiengesellschaft mit Genossenschaftszwecken[4]. Wegen ihres personalistischen Einschlags[5] gilt sie vielen als Fremdkörper im System des Aktienrechts[6]. Dies trifft für Liefer- oder Abnahmepflichten der Aktionäre gegenüber der Gesellschaft (Rz. 3) gewiss zu, doch zeigt die Existenz schuldrechtlicher Nebenabreden (vgl. § 54 Rz. 17 ff.), dass sich Aktionäre untereinander gelegentlich zu weiteren Leistungen verpflichten.

3 In der Rechtspraxis kommt die Nebenleistungs-AG nur selten vor: Jenseits ihres historischen Anlassfalls – der **Zuckerrüben-AG** (Rz. 4) – spielt sie heute keine nennenswerte Rolle mehr[7], auch wenn ihr andere Anwendungsfelder (Molkereien, Brennereien[8], landwirtschaftliche Produktion[9]) rechtlich durchaus offen stehen[10]. Dogmatisch bleibt sie wegen ihrer charakteristischen Gemengelage zwischen Verbandsorganisations- und Schuldrecht von dauerhaftem Interesse[11]. Zudem beschäftigt sie als Kartellaktiengesellschaft[12] bisweilen die kartellrechtliche Spruchpraxis[13].

---

1 Vgl. Begr. RegE bei *Kropff*, Aktiengesetz, S. 72.
2 Vgl. *Cahn/Senger* in Spindler/Stilz, § 55 AktG Rz. 1; *v. Godin/Wilhelmi*, § 55 AktG Anm. 1; *Henze* in Großkomm. AktG, 4. Aufl., § 55 AktG Rz. 2; *Hüffer*, § 55 AktG Rz. 1; *Janssen* in Heidel, § 55 AktG Rz. 1; *Windbichler*, GesR, § 30 Rz. 32; *Raiser/Veil*, Kapitalgesellschaften, § 11 Rz. 54.
3 Vgl. *Baumbach/Hueck*, § 55 AktG Anm. 2; *Lutter* in KölnKomm. AktG, 2. Aufl., § 55 AktG Rz. 2; *Kübler/Assmann*, GesR, § 15 II 3b, S. 195; *K. Schmidt*, GesR, § 26 III 2 f., S. 773 f.
4 Vgl. RG v. 27.6.1888 – I 163/88, RGZ 21, 148, 155 f.; *Brixner/Brixner*, AG 1965, 262, 264; *Luther*, S. 77 ff. und passim; *Raiser/Veil*, Kapitalgesellschaften, § 11 Rz. 54; *K. Schmidt* in FS Immenga, 2004, S. 705, 708.
5 Dazu *v. Godin/Wilhelmi*, § 55 Anm. 1 und 2; *Lutter* in KölnKomm. AktG, 2. Aufl., § 55 AktG Rz. 2; *K. Schmidt* in FS Immenga, 2004, S. 705, 708.
6 Vgl. *Bungeroth* in MünchKomm. AktG, 3. Aufl., § 55 AktG Rz. 3; *Cahn/Senger* in Spindler/Stilz, § 55 AktG Rz. 2; *Henze* in Großkomm. AktG, 4. Aufl., § 55 AktG Rz. 5; *Lutter* in KölnKomm. AktG, 2. Aufl., § 55 AktG Rz. 2; aus der älteren Literatur *Schlegelberger/Quassowski*, § 50 AktG 1937 Anm. 4.
7 Vgl. *Bungeroth* in MünchKomm. AktG, 3. Aufl., § 55 AktG Rz. 3; *Henze* in Großkomm. AktG, 4. Aufl., § 55 AktG Rz. 5; *Hüffer*, § 55 AktG Rz. 1; *Lutter* in KölnKomm. AktG, 2. Aufl., § 55 AktG Rz. 3; *Westermann* in Bürgers/Körber, § 55 AktG Rz. 1.
8 Vgl. RG v. 19.5.1922 – II 550/21, RGZ 104, 349.
9 Vgl. RG v. 2.11.1923 – II 541/28, RGZ 125, 114: Hefeverwertung.
10 Vgl. *Cahn/Senger* in Spindler/Stilz, § 55 AktG Rz. 3; *Henze* in Großkomm. AktG, 4. Aufl., § 55 AktG Rz. 5; *Hüffer*, § 55 AktG Rz. 1; *Lutter* in KölnKomm. AktG, 2. Aufl., § 55 AktG Rz. 3.
11 Näher *K. Schmidt* in FS Immenga, 2004, S. 705, 707.
12 Dazu *v. Godin/Wilhelmi*, § 55 AktG Anm. 12; aus früherer Zeit RG v. 2.7.1926 – II 570/25, RGZ 114, 212; RG v. 2.11.1923 – II 541/28, RGZ 125, 114; *Schlegelberger/Quassowski*, § 50 AktG 1937 Anm. 3.
13 Vgl. BGH v. 14.1.1997 – KZR 30/95 – „Zuckerrübenanlieferungsrecht II", WuW/E BGH 3104 = AG 1997, 414.

## 2. Vorgängervorschriften und Parallelregelungen

Die gesetzliche Regelung der Nebenleistungs-Aktiengesellschaft geht auf § 212 HGB 1897 zurück. Sie wurde vor allem für die Bedürfnisse der Rübenzuckerindustrie geschaffen[14], nachdem das RG mitgliedschaftliche Lieferpflichten der Zuckerrübenbauer unter der Geltung des ADHGB nicht als wirksame Satzungsbestandteile anerkannt hatte[15]. Die an sich nahe liegende Rechtsform der Genossenschaft bot wegen ihres Austrittsrechts nach § 65 GenG keinen hinreichenden Ersatz[16]. § 50 AktG 1937 hat die Regelung trotz ihrer geringen praktischen Bedeutung[17] beibehalten. Der Reformgesetzgeber von 1965 hat sie übernommen und lediglich hinzugefügt, dass die Satzung auch bestimmen muss, ob die Nebenleistungen entgeltlich oder unentgeltlich zu erbringen sind[18].

Das **GmbH-Recht** lässt satzungsmäßige Nebenleistungspflichten in **§ 3 Abs. 2 GmbHG** zu, ohne sie an die strengen aktienrechtlichen Vorgaben zu binden[19]. Im Recht der Personengesellschaften können statutarische Zusatzpflichten wegen des weit gefassten Beitragsbegriffs in § 706 BGB ohne weiteres eingeführt werden[20].

## 3. Rechtsvergleichung

International ist der Rechtsstand uneinheitlich: In Österreich lässt § 50 öAktG korporative Nebenverpflichtungen in enger Anlehnung an das deutsche AktG von 1937 zu[21]. Das schweizerische Aktienrecht bestimmt dagegen in § 680 Abs. 1 OR mit Nachdruck, dass der Aktionär auch durch die Statuten nicht verpflichtet werden kann, mehr zu leisten als den für den Bezug bei ihrer Ausgabe festgesetzten Betrag[22].

## II. Begründung und Ausgestaltung der Nebenleistungspflicht

### 1. Voraussetzungen

#### a) Vinkulierte Namensaktien

Gem. § 55 Abs. 1 Satz 1 sind satzungsmäßige Nebenleistungspflichten nur möglich, wenn die Übertragung der Aktien an die Zustimmung der Gesellschaft gebunden ist. Es muss sich also um **vinkulierte Namensaktien i.S. des § 68 Abs. 2** handeln[23]. Auf diese Weise kann die Gesellschaft Einfluss auf die Auswahl ihres (Nebenleistungs-)

---

14 Vgl. HGB-Denkschrift in Schubert/Schmiedel/Krampe, Quellen zum Handelsgesetzbuch von 1897, Bd. II/2, S. 1058 ff.; aus der zeitgenössischen Literatur *Wolff* in FS Wilke, 1900, S. 319.
15 Vgl. RG v. 26.11.1886 – III 153/86, RGZ 17, 5, 14; RG v. 21.6.1887 – II 48/87, RGZ 19, 108, 109 f.
16 Vgl. *Baumbach/Hueck*, § 55 AktG Anm. 2; *Henze* in Großkomm. AktG, 4. Aufl., § 55 AktG Rz. 5; *Hüffer*, § 55 AktG Rz. 1.
17 So ausdrücklich *Klausing*, AktG 1937, Einleitung, Rz. 50d.
18 Vgl. Begr. RegE bei *Kropff*, Aktiengesetz, S. 72.
19 Vgl. *Hirte*, KapGesR, Rz. 4.42; *K. Schmidt* in FS Immenga, 2004, S. 705, 711 f.
20 Vgl. *Wiedemann*, GesR, Bd. II, § 3 II 1c, S. 187 f.
21 Näher *Saurer* in Doralt/Kalss/Nowotny, AktG, 2003, § 50 öAktG Rz. 2 ff.
22 Näher *Böckli*, Schweizer Aktienrecht, 4. Aufl. 2009, § 1 Rz. 16; *Forstmoser/Meier-Hayoz/Nobel*, Schweizer Aktienrecht, 1996, § 42 Rz. 9 ff.; aus der Rechtsprechung Schweizerisches Bundesgericht v. 6.7.1965, BGE 91 II 298, 305: „Der Aktionär ist zu nichts weiterem verpflichtet als zur Leistung seiner Einlage. Verpflichtungen persönlicher Art auferlegt ihm das Gesetz nicht."
23 Vgl. *Baumbach/Hueck*, § 55 AktG Anm. 3; *Bungeroth* in MünchKomm. AktG, 3. Aufl., § 55 AktG Rz. 4; *v. Godin/Wilhelmi*, § 55 AktG Anm. 2; *Henze* in Großkomm. AktG, 4. Aufl., § 55 AktG Rz. 6; *Hüffer*, § 55 AktG Rz. 2; *Janssen* in Heidel, § 55 AktG Rz. 2; *Lutter* in KölnKomm. AktG, 2. Aufl., § 55 AktG Rz. 16; *Westermann* in Bürgers/Körber, § 55 AktG Rz. 3.

Schuldners nehmen[24] und einen neuen Erwerber ablehnen, der nicht die nötige Sicherheit für die Erfüllung der Nebenleistungspflicht bietet[25]. Gegebenenfalls kann sie ihre Zustimmung auch davon abhängig machen, dass der neue Erwerber etwaige Rückstände des Altaktionärs übernimmt oder Sicherheiten beibringt (vgl. Rz. 22).

### b) Festlegung in der Satzung

8   Nach dem eindeutigen Gesetzeswortlaut müssen korporative Nebenleistungspflichten in der Satzung festgelegt werden[26]. Die Aufnahme in einen gesonderten Vertrag reicht nicht aus[27]. Allerdings braucht die Satzung die Nebenverpflichtung nicht in allen Einzelheiten zu regeln[28]. Es genügt, wenn sie einen nach Art, Inhalt und Umfang vorgezeichneten Rahmen vorgibt[29], der dann nach billigem Ermessen durch Vorstand, Aufsichtsrat, Hauptversammlung oder auch durch außenstehende Dritte ausgefüllt wird[30].

9   Nachträglich können Nebenleistungspflichten nur durch eine Satzungsänderung eingeführt, erhöht oder verschärft werden[31]. Erhöhungen oder Verschärfungen liegen auch in der Einführung oder Erhöhung einer Vertragsstrafe[32], einer Herabsetzung des Entgelts[33] oder einer Verlängerung der Lebensdauer der Gesellschaft[34]. Sämtliche Maßnahmen bedürfen nach § 180 Abs. 1 zu ihrer Wirksamkeit der Zustimmung aller betroffenen Aktionäre[35].

---

24  Vgl. *Cahn/Senger* in Spindler/Stilz, § 55 AktG Rz. 16; *Henze* in Großkomm. AktG, 4. Aufl., § 55 AktG Rz. 6; *Hüffer*, § 55 AktG Rz. 2; *Lutter* in KölnKomm. AktG, 2. Aufl., § 55 AktG Rz. 16.
25  Vgl. *Baumbach/Hueck*, § 55 AktG Anm. 3; *v. Godin/Wilhelmi*, § 55 AktG Anm. 2.
26  Vgl. *Bungeroth* in MünchKomm. AktG, 3. Aufl., § 55 AktG Rz. 5; *Henze* in Großkomm. AktG, 4. Aufl., § 55 AktG Rz. 7; *Hüffer*, § 55 AktG Rz. 2; *Lutter* in KölnKomm. AktG, 2. Aufl., § 55 AktG Rz. 17; *Westermann* in Bürgers/Körber, § 55 AktG Rz. 3.
27  Vgl. *Bungeroth* in MünchKomm. AktG, 3. Aufl., § 55 AktG Rz. 5; *Cahn/Senger* in Spindler/Stilz, § 55 AktG Rz. 18; *Janssen* in Heidel, § 55 AktG Rz. 2.
28  Vgl. *Baumbach/Hueck*, § 55 AktG Anm. 5; *Bungeroth* in MünchKomm. AktG, 3. Aufl., § 55 AktG Rz. 5; *v. Godin/Wilhelmi*, § 55 AktG Anm. 3.
29  Vgl. RG v. 29.10.1915 – II 137/15, RGZ 87, 261, 265 f. (GmbH); RG v. 27.5.1932 – II 332/31, RGZ 136, 313, 318; *Baumbach/Hueck*, § 55 AktG Anm. 5; *Bungeroth* in MünchKomm. AktG, 3. Aufl., § 55 AktG Rz. 5; *Henze* in Großkomm. AktG, 4. Aufl., § 55 AktG Rz. 7; *Hüffer*, § 55 AktG Rz. 2; *Lutter* in KölnKomm. AktG, 2. Aufl., § 55 AktG Rz. 17.
30  Vgl. RG v. 29.10.1915 – II 137/15, RGZ 87, 261, 265 (GmbH); RG v. 27.5.1932 – II 332/31, RGZ 136, 313, 318; RG v. 2.7.1937 – II 25/37, HRR 1937 Nr. 1450; *Baumbach/Hueck*, § 55 AktG Anm. 5; *Flechtheim*, JW 1916, 126; *v. Godin/Wilhelmi*, § 55 AktG Anm. 3; *Henze* in Großkomm. AktG, 4. Aufl., § 55 AktG Rz. 7.
31  Vgl. *Bungeroth* in MünchKomm. AktG, 3. Aufl., § 55 AktG Rz. 8; *v. Godin/Wilhelmi*, § 55 AktG Anm. 3; *Henze* in Großkomm. AktG, 4. Aufl., § 55 AktG Rz. 15; *Lutter* in KölnKomm. AktG, 2. Aufl., § 55 AktG Rz. 18.
32  Vgl. RG v. 8.6.1928 – II 515/27, RGZ 121, 238, 242; *Baumbach/Hueck*, § 55 AktG Anm. 5; *Bungeroth* in MünchKomm. AktG, 3. Aufl., § 55 AktG Rz. 8; *v. Godin/Wilhelmi*, § 55 AktG Anm. 3; *Henze* in Großkomm. AktG, 4. Aufl., § 55 AktG Rz. 28.
33  Vgl. OLG Braunschweig v. 6.6.1916 – II ZS, OLGR 36, 278, 279 f.; *Baumbach/Hueck*, § 55 AktG Anm. 5; *Bungeroth* in MünchKomm. AktG, 3. Aufl., § 55 AktG Rz. 8; *v. Godin/Wilhelmi*, § 55 AktG Anm. 3; *Henze* in Großkomm. AktG, 4. Aufl., § 55 AktG Rz. 28.
34  Vgl. RG v. 29.4.1932 – II 368/31, RGZ 136, 185, 187 ff.; *Bungeroth* in MünchKomm. AktG, 3. Aufl., § 55 AktG Rz. 8; *v. Godin/Wilhelmi*, § 55 AktG Anm. 3; *Henze* in Großkomm. AktG, 4. Aufl., § 55 AktG Rz. 28.
35  Vgl. *Bungeroth* in MünchKomm. AktG, 3. Aufl., § 55 AktG Rz. 8; *Cahn/Senger* in Spindler/Stilz, § 55 AktG Rz. 20; *Henze* in Großkomm. AktG, 4. Aufl., § 55 AktG Rz. 15; *Lutter* in KölnKomm. AktG, 2. Aufl., § 55 AktG Rz. 18; *Wiesner* in MünchHdb. AG, § 16 Rz. 38.

## c) Fortbestehen der Einlagepflicht

Die Nebenleistungspflicht kann nur neben der Einlagepflicht des § 54 begründet werden[36]. Sie kann diese nicht ersetzen, weil anderenfalls keine Deckung für das Grundkapital vorhanden wäre[37]. Nebenleistungspflichten nach § 55 werden nämlich nicht auf das Grundkapital erbracht und unterliegen folglich nicht den aktienrechtlichen Kapitalaufbringungs- und -erhaltungsregeln[38]. Werden sie den Aktionären als Einlagen auferlegt, handelt es sich nicht mehr um Pflichten i.S. des § 55 Abs. 1, sondern um Sacheinlageverpflichtungen nach § 27 Abs. 1[39]. 10

## 2. Gegenstand

Gegenstand der Nebenverpflichtung können gem. § 55 Abs. 1 Satz 1 nur wiederkehrende, nicht in Geld bestehende Leistungen sein. 11

### a) Leistung

Der Leistungsbegriff wird weit verstanden. Er umfasst wie in § 241 Abs. 1 BGB grundsätzlich Handlungen und Unterlassungen beliebiger Art[40]. Auf ihren Vermögenswert kommt es entgegen der älteren Rechtsprechung nicht an, sofern die Gesellschaft ein berechtigtes Interesse an der Leistung hat[41]. Nebenverpflichtungen, die gegen ein gesetzliches Verbot (§ 134 BGB) oder die guten Sitten (§ 138 BGB) verstoßen, können allerdings nicht wirksam begründet werden[42]. Dies gilt etwa für Stimmbindungen gegenüber der Gesellschaft oder ihrer Verwaltung, die gegen § 136 Abs. 2 verstoßen[43], oder für Nebenpflichten, die den Gleichbehandlungsgrundsatz oder die Treuepflicht missachten[44]. 12

### b) Wiederkehrende Leistung

Die Leistung muss eine wiederkehrende sein. Unzulässig sind damit zum einen einmalige Leistungen[45]. Das betrifft etwa die Pflicht zur Einbringung eines Grundstücks 13

---

36 Vgl. *Baumbach/Hueck*, § 55 AktG Anm. 4; *Bungeroth* in MünchKomm. AktG, 3. Aufl., § 55 AktG Rz. 2; *v. Godin/Wilhelmi*, § 55 AktG Anm. 1; *Janssen* in Heidel, § 55 AktG Rz. 1; *Lutter* in KölnKomm. AktG, 2. Aufl., § 55 AktG Rz. 4.
37 Vgl. *Baumbach/Hueck*, § 55 AktG Anm. 4; *Henze* in Großkomm. AktG, 4. Aufl., § 55 AktG Rz. 2; *Hüffer*, § 55 AktG Rz. 2; *Janssen* in Heidel, § 55 AktG Rz. 3.
38 Vgl. *Baumbach/Hueck*, § 55 AktG Anm. 4; *v. Godin/Wilhelmi*, § 55 AktG Anm. 1; *Henze* in Großkomm. AktG, 4. Aufl., § 55 AktG Rz. 2; *Lutter* in KölnKomm. AktG, 2. Aufl., § 55 AktG Rz. 4.
39 Vgl. *Henze* in Großkomm. AktG, 4. Aufl., § 55 AktG Rz. 2; *Lutter* in KölnKomm. AktG, 2. Aufl., § 55 AktG Rz. 4.
40 Vgl. *Bungeroth* in MünchKomm. AktG, 3. Aufl., § 55 AktG Rz. 14; *Henze* in Großkomm. AktG, 4. Aufl., § 55 AktG Rz. 3; *Hüffer*, § 55 AktG Rz. 3; *Janssen* in Heidel, § 55 AktG Rz. 5; *Lutter* in KölnKomm. AktG, 2. Aufl., § 55 AktG Rz. 5.
41 Vgl. *Bungeroth* in MünchKomm. AktG, 3. Aufl., § 55 AktG Rz. 14; *Cahn/Senger* in Spindler/Stilz, § 55 AktG Rz. 5; *Henze* in Großkomm. AktG, 4. Aufl., § 55 AktG Rz. 16; *Hüffer*, § 55 AktG Rz. 3; *Lutter* in KölnKomm. AktG, 2. Aufl., § 55 AktG Rz. 5; a.A. RG v. 25.9.1901 – I 142/01, RGZ 49, 77, 78; *Schlegelberger/Quassowski*, § 50 AktG 1937 Anm. 6.
42 Vgl. *Bungeroth* in MünchKomm. AktG, 3. Aufl., § 55 AktG Rz. 14; *Cahn/Senger* in Spindler/Stilz, § 55 AktG Rz. 5; *Henze* in Großkomm. AktG, 4. Aufl., § 55 AktG Rz. 21.
43 Vgl. *A. Hueck*, ZGR 1972, 237, 250; *Bungeroth* in MünchKomm. AktG, 3. Aufl., § 55 AktG Rz. 14; *Henze* in Großkomm. AktG, 4. Aufl., § 55 AktG Rz. 21.
44 Vgl. OLG Braunschweig v. 9.10.1991 – 3 U 115/88, AgrarR 1992, 208; *Henze* in Großkomm. AktG, 4. Aufl., § 55 AktG Rz. 21.
45 Vgl. *Baumbach/Hueck*, § 55 AktG Anm. 6; *Cahn/Senger* in Spindler/Stilz, § 55 AktG Rz. 6; *v. Godin/Wilhelmi*, § 55 AktG Anm. 4; *Hüffer*, § 55 AktG Rz. 4; *Janssen* in Heidel, § 55 AktG Rz. 5; *Westermann* in Bürgers/Körber, § 55 AktG Rz. 6.

in die Gesellschaft (die nur als Sacheinlage i.S. des § 27 Abs. 1 zulässig ist)[46] oder zur Verschaffung eines sonstigen Gegenstands[47]. **Ausgeschlossen** sind zum anderen **dauernde Leistungen**[48], etwa die Festsetzung eines generellen Wettbewerbsverbots[49], die Verpflichtung zur Übernahme von Gesellschaftsämtern (z.B. Vorstands- oder Aufsichtsratsmandat)[50] oder zur Mitgliedschaft in einem bestimmten Verein oder Berufsverband[51]; ferner die Pflicht, (Rüben-)Grundstücke nicht zu veräußern[52] oder bestimmte Waren nicht zu führen oder nicht an andere Unternehmen zu liefern[53]. Vereinbart werden kann dagegen die Erbringung einer periodisch wiederkehrenden Dienstleistung, z.B. die Durchführung einer Revision[54]. Darüber hinaus sind entgegen einer älteren Lehrmeinung auch Unterlassungen als Nebenpflichten statthaft, sofern sie nur anlässlich wiederkehrender Rechtsgeschäfte beachtet werden müssen[55], z.B. kartellrechtlich zulässige Konditionen- oder Rabattkartelle[56]. Hieran anknüpfend wird in jüngerer Zeit vorgeschlagen, die Einhaltung der Anforderungen an die Aktionärsstruktur für die Steuerbefreiung einer REIT-AG durch Nebenpflichten nach § 55 sicherzustellen[57].

### c) Keine Geldleistung

14 Die Nebenleistung darf weder unmittelbar noch mittelbar in Geld bestehen[58]. Dadurch soll eine Umgehung der Einlagevorschriften verhindert werden[59]. Unzulässig sind demnach nicht nur Leistungen in Form sonstiger Zahlungsmittel (z.B. Anweisungen, Wechsel, Schecks)[60], sondern auch Verpflichtungen zur Übernahme von Bürgschaften, Garantien oder sonstigen Sicherheiten[61]. Außerdem scheiden alle gegenseitigen Verträge aus, bei denen der Aktionär zu einer Gegenleistung in Geld ver-

---

46 Vgl. *Bungeroth* in MünchKomm. AktG, 3. Aufl., § 55 AktG Rz. 16; *Henze* in Großkomm. AktG, 4. Aufl., § 55 AktG Rz. 17; *Hüffer*, § 55 AktG Rz. 4; *Lutter* in KölnKomm. AktG, 2. Aufl., § 55 AktG Rz. 6.
47 Vgl. *Henze* in Großkomm. AktG, 4. Aufl., § 55 AktG Rz. 17.
48 Vgl. *Baumbach/Hueck*, § 55 AktG Anm. 6; *v. Godin/Wilhelmi*, § 55 AktG Anm. 4; *Hüffer*, § 55 AktG Rz. 4.
49 Vgl. KG v. 1.3.1911 – VII ZS, OLGR 27, 345, 346; *Baumbach/Hueck*, § 55 AktG Anm. 6; *v. Godin/Wilhelmi*, § 55 AktG Anm. 4; *Henze* in Großkomm. AktG, 4. Aufl., § 55 AktG Rz. 17; *Janssen* in Heidel, § 55 AktG Rz. 5; *Lutter* in KölnKomm. AktG, 2. Aufl., § 55 AktG Rz. 6.
50 Vgl. *Bungeroth* in MünchKomm. AktG, 3. Aufl., § 55 AktG Rz. 16; *Henze* in Großkomm. AktG, 4. Aufl., § 55 AktG Rz. 17.
51 Vgl. RG v. 25.9.1901 – I 142/01, RGZ 49, 77, 78 f.; *Bungeroth* in MünchKomm. AktG, 3. Aufl., § 55 AktG Rz. 16; *Henze* in Großkomm. AktG, 4. Aufl., § 55 AktG Rz. 17.
52 Vgl. *Baumbach/Hueck*, § 55 AktG Anm. 6; *Henze* in Großkomm. AktG, 4. Aufl., § 55 AktG Rz. 17; *Lutter* in KölnKomm. AktG, 2. Aufl., § 55 AktG Rz. 6.
53 Vgl. *Henze* in Großkomm. AktG, 4. Aufl., § 55 AktG Rz. 17; *Lutter* in KölnKomm. AktG, 2. Aufl., § 55 AktG Rz. 6.
54 Vgl. *Bungeroth* in MünchKomm. AktG, 3. Aufl., § 55 AktG Rz. 16; *Cahn/Senger* in Spindler/Stilz, § 55 AktG Rz. 6; *Henze* in Großkomm. AktG, 4. Aufl., § 55 AktG Rz. 17.
55 Vgl. *Bungeroth* in MünchKomm. AktG, 3. Aufl., § 55 AktG Rz. 17; *Henze* in Großkomm. AktG, 4. Aufl., § 55 AktG Rz. 17; *Lutter* in KölnKomm. AktG, 2. Aufl., § 55 AktG Rz. 7; a.A. *Schlegelberger/Quassowski*, § 50 AktG 1937 Anm. 6.
56 Vgl. *Lutter* in KölnKomm. AktG, 2. Aufl., § 55 AktG Rz. 7.
57 Vgl. *Wienecke/Fett*, NZG 2007, 774, 777.
58 Vgl. *Cahn/Senger* in Spindler/Stilz, § 55 AktG Rz. 8; *Hüffer*, § 55 AktG Rz. 4; *Janssen* in Heidel, § 55 AktG Rz. 8; *Lutter* in KölnKomm. AktG, 2. Aufl., § 55 AktG Rz. 8.
59 Vgl. *Hüffer*, § 55 AktG Rz. 4; *Janssen* in Heidel, § 55 AktG Rz. 6.
60 Vgl. *Henze* in Großkomm. AktG, 4. Aufl., § 55 AktG Rz. 20; *Lutter* in KölnKomm. AktG, 2. Aufl., § 55 AktG Rz. 8.
61 Vgl. *Baumbach/Hueck*, § 55 AktG Anm. 6; *Bungeroth* in MünchKomm. AktG, 3. Aufl., § 55 AktG Rz. 15; *Henze* in Großkomm. AktG, 4. Aufl., § 55 AktG Rz. 20; *Janssen* in Heidel, § 55 AktG Rz. 6; *Lutter* in KölnKomm. AktG, 2. Aufl., § 55 AktG Rz. 8.

pflichtet ist[62], insbesondere die Pflicht, Waren gegen Entgelt von der Gesellschaft zu beziehen[63] oder sich ihrer entgeltlichen Vermittlung beim Abschluss von Geschäften zu bedienen[64]. Ausnahmsweise als zulässig angesehen werden hingegen seit jeher untergeordnete Hilfspflichten, welche die Nebenleistungspflicht ergänzen, z.B. die Verpflichtung der Zuckerrübenbauern, den Samen von der Gesellschaft zu beziehen[65].

### 3. Einzelausgestaltung

#### a) Verschiedene Aktiengattungen

Die Nebenleistungspflicht muss nicht allen Aktionären obliegen[66]. Vielmehr kann die Gesellschaft auch einen Teil der Aktien als reguläre Kapitalaktien ausgestalten. Die Nebenleistungsaktien bilden dann eine besondere Gattung i.S. des § 11[67]. 15

#### b) Nebenleistungspflicht und Nebenleistungsrecht

Ob der Nebenleistungspflicht ein spiegelbildliches Nebenleistungsrecht des Aktionärs zur Seite steht, wird unterschiedlich beurteilt. Nach h.M. ist ein solches Abnahmerecht bei entgeltlichen Nebenleistungen regelmäßig anzunehmen, auch wenn die Satzung dies nicht ausdrücklich vorsieht[68]. Besteht ein Nebenleistungsrecht auf Anlieferung von Zuckerrüben, so ist ein Pächter, der vinkulierte Namensaktien erworben hat, verpflichtet, die Namensaktien nach Beendigung des Pachtvertrages an den Verpächter zu übertragen[69]. 16

### 4. Entgelt

Gem. § 55 Abs. 1 Satz 2 hat die Satzung zu bestimmen, ob die Leistungen entgeltlich oder unentgeltlich zu erbringen sind. Die durch das AktG 1965 neu eingefügte Vorschrift soll künftige Aktienerwerber schützen[70]; diese sollen schon aus der Satzung die mit dem Anteilserwerb verbundenen Risiken und Kosten ersehen können[71]. Für 17

---

62 Vgl. *Baumbach/Hueck*, § 55 AktG Anm. 6; *v. Godin/Wilhelmi*, § 55 AktG Anm. 5.
63 Vgl. *Baumbach/Hueck*, § 55 AktG Anm. 6; *Henze* in Großkomm. AktG, 4. Aufl., § 55 AktG Rz. 20; *Janssen* in Heidel, § 55 AktG Rz. 6.
64 Vgl. *Bungeroth* in MünchKomm. AktG, 3. Aufl., § 55 AktG Rz. 15; *Henze* in Großkomm. AktG, 4. Aufl., § 55 AktG Rz. 20; *Janssen* in Heidel, § 55 AktG Rz. 6; *Lutter* in KölnKomm. AktG, 2. Aufl., § 55 AktG Rz. 8.
65 Vgl. bereits *Schlegelberger/Quassowski*, § 50 AktG 1937 Anm. 6; heute *Bungeroth* in MünchKomm. AktG, 3. Aufl., § 55 AktG Rz. 15; *Cahn/Senger* in Spindler/Stilz, § 55 AktG Rz. 9; *v. Godin/Wilhelmi*, § 55 AktG Anm. 5; *Henze* in Großkomm. AktG, 4. Aufl., § 55 AktG Rz. 20; *Lutter* in KölnKomm. AktG, 2. Aufl., § 55 AktG Rz. 8.
66 Vgl. *Baumbach/Hueck*, § 55 AktG Anm. 4; *Bungeroth* in MünchKomm. AktG, 3. Aufl., § 55 AktG Rz. 13; *v. Godin/Wilhelmi*, § 55 AktG Anm. 3; *Henze* in Großkomm. AktG, 4. Aufl., § 55 AktG Rz. 4; *Lutter* in KölnKomm. AktG, 2. Aufl., § 55 AktG Rz. 4; früher bereits *Schlegelberger/Quassowski*, § 50 AktG 1937 Anm. 10.
67 Vgl. RG v. 25.9.1912 – I 6/12, RGZ 80, 95, 97; OLG Braunschweig v. 6.6.1916 – II ZS, OLGR 36, 278, 279; *Bungeroth* in MünchKomm. AktG, 3. Aufl., § 55 AktG Rz. 13; *Cahn/Senger* in Spindler/Stilz, § 55 AktG Rz. 11; *v. Godin/Wilhelmi*, § 55 AktG Anm. 3; *Henze* in Großkomm. AktG, 4. Aufl., § 55 AktG Rz. 4.
68 Vgl. *v. Godin/Wilhelmi*, § 55 AktG Anm. 11; *Henze* in Großkomm. AktG, 4. Aufl., § 55 AktG Rz. 40; *Hüffer*, § 55 AktG Rz. 8; *Lutter* in KölnKomm. AktG, 2. Aufl., § 55 AktG Rz. 21; a.A. *Baumbach/Hueck*, § 180 AktG Anm. 2; zweifelnd auch *Bungeroth* in MünchKomm. AktG, 3. Aufl., § 55 AktG Rz. 23.
69 Vgl. BGH v. 27.4.2001 – LwZR 10/00, NJW 2001, 2537 f. = AG 2001, 586; *Hüffer*, § 55 AktG Rz. 3.
70 Vgl. Begr. RegE bei *Kropff*, Aktiengesetz, S. 72; *Baumbach/Hueck*, § 55 AktG Anm. 1; *Hüffer*, § 55 AktG Rz. 2; *Lutter* in KölnKomm. AktG, 2. Aufl., § 55 AktG Rz. 17.
71 Vgl. *Henze* in Großkomm. AktG, 4. Aufl., § 55 AktG Rz. 10.

Nebenleistungs-Aktiengesellschaften, die bereits vor dem 1.1.1965 bestanden, enthält § 10 EGAktG eine Übergangsvorschrift[72].

18  Zulässig und bei der Rübenzucker-AG verbreitet anzutreffen sind **Mischformen zwischen Entgeltlichkeit und Unentgeltlichkeit**[73], z.B. entgeltliche Lieferung von Zuckerrüben und unentgeltliche Entsorgung der Abfälle[74]. Die Höhe des Entgelts kann bereits in der Satzung festgelegt werden[75]. Gestattet ist aber ebenso die fallweise Festlegung durch ein Gesellschaftsorgan[76]. Neben dem Vorstand kommen dafür auch Aufsichtsrat und Hauptversammlung in Betracht; §§ 111 Abs. 4 Satz 1, 119 Abs. 2 stehen dem nicht entgegen, weil die Entgeltfestsetzung keine Geschäftsführungsmaßnahme darstellt[77]. In jedem Fall ist die Festlegung gem. § 315 BGB nach billigem Ermessen zu treffen[78]. Schließlich kann auch ein Dritter die Höhe der Vergütung bestimmen[79]. Für ihn gelten die §§ 317, 319 BGB[80]. § 316 BGB scheidet im Hinblick auf § 53a aus[81]. Die Ermessensausübung nach §§ 315, 317 BGB ist gerichtlich nachprüfbar[82].

### 5. Kenntlichmachung

19  Nach § 55 Abs. 1 Satz 3 sind die Verpflichtung und der Umfang der Leistungen in den Aktien und Zwischenscheinen anzugeben. Auf diese Weise soll jeder Erwerber auf die Nebenverpflichtungen aufmerksam gemacht werden[83]. Es genügt die Angabe eines festen, im Einzelnen noch ausfüllungsbedürftigen Rahmens für den Leistungsumfang[84]. Anders als in der Satzung (Rz. 17) müssen Entgeltlichkeit oder Unentgeltlichkeit nicht kenntlich gemacht werden[85].

---

72 Vgl. *Bungeroth* in MünchKomm. AktG, 3. Aufl., § 55 AktG Rz. 6; *v. Godin/Wilhelmi*, § 55 Anm. 7; *Henze* in Großkomm. AktG, 4. Aufl., § 55 AktG Rz. 10.
73 Vgl. *Henze* in Großkomm. AktG, 4. Aufl., § 55 AktG Rz. 11; *Hüffer*, § 55 AktG Rz. 5; *Janssen* in Heidel, § 55 AktG Rz. 7.
74 Vgl. *Lutter* in KölnKomm. AktG, 2. Aufl., § 55 AktG Rz. 9.
75 Vgl. *Baumbach/Hueck*, § 55 AktG Anm. 7; *Bungeroth* in MünchKomm. AktG, 3. Aufl., § 55 AktG Rz. 7; *Lutter* in KölnKomm. AktG, 2. Aufl., § 55 AktG Rz. 9.
76 Vgl. *Baumbach/Hueck*, § 55 AktG Anm. 7; *Bungeroth* in MünchKomm. AktG, 3. Aufl., § 55 AktG Rz. 7; *Janssen* in Heidel, § 55 AktG Rz. 3; *Lutter* in KölnKomm. AktG, 2. Aufl., § 55 AktG Rz. 9; früher schon RG v. 27.5.1932 – II 332/31, RGZ 136, 313, 318; RG v. 2.7.1937 – II 25/37, JW 1937, 2836.
77 Vgl. *Bungeroth* in MünchKomm. AktG, 3. Aufl., § 55 AktG Rz. 7; *Henze* in Großkomm. AktG, 4. Aufl., § 55 AktG Rz. 12.
78 Vgl. RG v. 29.10.1915 – II 137/15, RGZ 87, 261, 265 f.; OLG Braunschweig v. 6.6.1916 – II ZS, OLGR 36, 278, 280; OLG Braunschweig v. 9.10.1991 – 3 U 115/88, AgrarR 1992, 208, 210; *Lutter* in KölnKomm. AktG, 2. Aufl., § 55 AktG Rz. 9.
79 Vgl. *Baumbach/Hueck*, § 55 AktG Anm. 8; *v. Godin/Wilhelmi*, § 55 AktG Anm. 3; *Henze* in Großkomm. AktG, 4. Aufl., § 55 AktG Rz. 13.
80 Vgl. *Baumbach/Hueck*, § 55 AktG Anm. 7.
81 Vgl. *Henze* in Großkomm. AktG, 4. Aufl., § 55 AktG Rz. 12; s. auch OLG Braunschweig v. 9.10.1991 – 3 U 115/88, AgrarR 1992, 208, 210; a.A. *Cahn/Senger* in Spindler/Stilz, § 55 AktG Rz. 14.
82 Vgl. *Bungeroth* in MünchKomm. AktG, 3. Aufl., § 55 AktG Rz. 7; *Henze* in Großkomm. AktG, 4. Aufl., § 55 AktG Rz. 12.
83 Vgl. *Baumbach/Hueck*, § 55 AktG Anm. 9; *Westermann* in Bürgers/Körber, § 55 AktG Rz. 5.
84 Vgl. *Bungeroth* in MünchKomm. AktG, 3. Aufl., § 55 AktG Rz. 10; *Henze* in Großkomm. AktG, 4. Aufl., § 55 AktG Rz. 22; *Janssen* in Heidel, § 55 AktG Rz. 3.
85 Vgl. *Bungeroth* in MünchKomm. AktG, 3. Aufl., § 55 AktG Rz. 10; *Henze* in Großkomm. AktG, 4. Aufl., § 55 AktG Rz. 22.

## III. Leistungsstörungen und Sicherung der Nebenleistungspflicht

### 1. Leistungsstörungen

Bei Nichterfüllung, verspäteter oder mangelhafter Erfüllung von Nebenleistungen gelten die §§ 275 ff. BGB entsprechend[86]. Auf entgeltliche Nebenleistungen finden außerdem die §§ 323 ff. BGB[87] sowie die §§ 437 ff. BGB[88] analoge Anwendung. Die Rechtsfolgen beschränken sich aber grundsätzlich auf die in Rede stehende *Einzelleistung*; das davon zu unterscheidende *Stammrecht* der Gesellschaft auf wiederkehrende Leistungen bleibt unberührt[89]. Anders liegt es nur, wenn die Erbringung der Nebenleistung generell unmöglich wird (vgl. Rz. 31). Ob der Aktionär die Leistungsstörung zu vertreten hat, beurteilt sich nicht nach § 708 BGB, sondern nach den §§ 276 ff. BGB und gegebenenfalls nach § 347 HGB[90]. 20

### 2. Sicherung der Nebenleistungspflicht

#### a) Vertragsstrafe

Gem. § 55 Abs. 2 kann die Satzung Vertragsstrafen für den Fall festsetzen, dass die Verpflichtung nicht oder nicht gehörig erfüllt wird. Die Vorschrift stellt klar, dass die Vertragsstrafe lediglich ein Druckmittel zur Erfüllung der Nebenleistungspflicht darstellt und damit nicht dem Verbot von Geldleistungen nach § 55 Abs. 1 Satz 1 (vgl. Rz. 14) zuwiderläuft[91]. Voraussetzungen und Höhe der Vertragsstrafe müssen in der Satzung geregelt sein[92]. Im Übrigen gelten die §§ 339 ff. BGB und § 348 HGB[93]; bei § 340 Abs. 1 BGB ist allerdings zu beachten, dass die Vertragsstrafe stets nur die betreffende Einzelleistung, nicht aber die Stammpflicht zur Nebenleistung (vgl. Rz. 20) ersetzt[94]. Die Vertragsstrafe kann ihrerseits durch die statutarische Pflicht zur Hingabe von Wechselakzepten oder zur Bestellung von Pfandrechten gesichert werden[95]. 21

---

86 Vgl. *Bungeroth* in MünchKomm. AktG, 3. Aufl., § 55 AktG Rz. 24; *Henze* in Großkomm. AktG, 4. Aufl., § 55 AktG Rz. 35; *Hüffer*, § 55 AktG Rz. 6; *Westermann* in Bürgers/Körber, § 55 AktG Rz. 9.
87 Vgl. *Baumbach/Hueck*, § 55 AktG Anm. 12; *Bungeroth* in MünchKomm. AktG, 3. Aufl., § 55 AktG Rz. 24; *Henze* in Großkomm. AktG, 4. Aufl., § 55 AktG Rz. 35; *Hüffer*, § 55 AktG Rz. 6; *Janssen* in Heidel, § 55 AktG Rz. 8.
88 Vgl. *Janssen* in Heidel, § 55 AktG Rz. 8; *Lutter* in KölnKomm. AktG, 2. Aufl., § 55 AktG Rz. 14.
89 Vgl. *Baumbach/Hueck*, § 55 AktG Anm. 12; *Bungeroth* in MünchKomm. AktG, 3. Aufl., § 55 AktG Rz. 24; *Henze* in Großkomm. AktG, 4. Aufl., § 55 AktG Rz. 35; *Hüffer*, § 55 AktG Rz. 6; *Lutter* in KölnKomm. AktG, 2. Aufl., § 55 AktG Rz. 14.
90 Vgl. *Baumbach/Hueck*, § 55 AktG Anm. 12; *Bungeroth* in MünchKomm. AktG, 3. Aufl., § 55 AktG Rz. 26; *Cahn/Senger* in Spindler/Stilz, § 55 AktG Rz. 38; *Henze* in Großkomm. AktG, 4. Aufl., § 55 AktG Rz. 36; *Lutter* in KölnKomm. AktG, 2. Aufl., § 55 AktG Rz. 14; einschränkend *Westermann* in Bürgers/Körber, § 55 AktG Rz. 9.
91 Vgl. *Baumbach/Hueck*, § 55 AktG Anm. 7; *Bungeroth* in MünchKomm. AktG, 3. Aufl., § 55 AktG Rz. 27; *Lutter* in KölnKomm. AktG, 2. Aufl., § 55 AktG Rz. 15.
92 Vgl. *Bungeroth* in MünchKomm. AktG, 3. Aufl., § 55 AktG Rz. 28; *Henze* in Großkomm. AktG, 4. Aufl., § 55 AktG Rz. 56.
93 Vgl. *Baumbach/Hueck*, § 55 AktG Anm. 11; *Bungeroth* in MünchKomm. AktG, 3. Aufl., § 55 AktG Rz. 28; *Henze* in Großkomm. AktG, 4. Aufl., § 55 AktG Rz. 56.
94 Vgl. *Bungeroth* in MünchKomm. AktG, 3. Aufl., § 55 AktG Rz. 28; *Henze* in Großkomm. AktG, 4. Aufl., § 55 AktG Rz. 56.
95 Vgl. *Henze* in Großkomm. AktG, 4. Aufl., § 55 AktG Rz. 58; *Lutter* in KölnKomm. AktG, 2. Aufl., § 55 AktG Rz. 15.

## b) Sonstige Sicherungsmöglichkeiten

22 Ein Ausschluss säumiger Aktionäre nach § 64 scheidet nach ganz h.M. aus[96], weil die Nebenverpflichtung keine Einlageschuld ist (vgl. Rz. 10). Möglich bleibt aber die satzungsmäßige Anordnung der Zwangseinziehung nach § 237 für den Fall einer unterbliebenen oder nicht gehörigen Erfüllung von Nebenleistungspflichten[97]. Außerdem kann die Gesellschaft ihre nach § 68 Abs. 2 bei einer Anteilsveräußerung erforderliche Zustimmung davon abhängig machen, dass der Veräußerer Sicherheiten für die Erfüllung der Nebenleistungspflicht durch den Erwerber beibringt[98] oder dass der Erwerber rückständige Leistungen des Veräußerers übernimmt[99]. Ersteres kann sich deswegen als notwendig erweisen, weil § 65 über die subsidiäre Zahlungspflicht der Vormänner auf Nebenleistungen keine Anwendung findet[100].

## IV. Rechtsnatur und Pflichtenübergang der Nebenleistungspflicht

### 1. Rechtsnatur

23 Die Nebenleistungspflicht ist **gesellschaftsrechtlicher Natur**[101]. Sie beruht auf der Mitgliedschaft und trifft den Aktionär als solchen[102]. Dies ist in verschiedener Hinsicht höchst folgenreich:

24 Zunächst kann sich der Aktionär seiner Nebenleistungspflicht nicht dadurch entledigen, dass er auf sein Mitgliedschaftsrecht verzichtet: Es gibt weder ein Abandonrecht noch eine Dereliktionsmöglichkeit[103]. Weiterhin ist eine selbständige Anfechtung der Stammverpflichtung zur Nebenleistung nach zutreffender h.M. ausgeschlossen[104]; die hieran geübte Kritik[105] übersieht, dass eine isolierte Anfechtung eine satzungsmäßig nicht vorgesehene Aktiengattung hervorbrächte und damit einseitig die

---

96 Vgl. *Baumbach/Hueck*, § 55 AktG Anm. 14; *v. Godin/Wilhelmi*, § 55 AktG Anm. 5; *Hüffer*, § 55 AktG Rz. 6; *Janssen* in Heidel, § 55 AktG Rz. 10; *Lutter* in KölnKomm. AktG, 2. Aufl., § 55 AktG Rz. 15; a.A. *Schnorr v. Carolsfeld* in FS A. Hueck, 1959, S. 261, 278; *Schnorr v. Carolsfeld*, DNotZ 1963, 404, 414 mit Fn. 19.
97 Vgl. *Baumbach/Hueck*, § 55 AktG Anm. 14; *Bungeroth* in MünchKomm. AktG, 3. Aufl., § 55 AktG Rz. 29; *Cahn/Senger* in Spindler/Stilz, § 55 AktG Rz. 40; *Henze* in Großkomm. AktG, 4. Aufl., § 55 AktG Rz. 60; a.A. *v. Godin/Wilhelmi*, § 237 AktG Anm. 12.
98 Vgl. *Bungeroth* in MünchKomm. AktG, 3. Aufl., § 55 AktG Rz. 30.
99 Vgl. *Bungeroth* in MünchKomm. AktG, 3. Aufl., § 55 AktG Rz. 30; *v. Godin/Wilhelmi*, § 55 AktG Anm. 2.
100 Vgl. *Bungeroth* in MünchKomm. AktG, 3. Aufl., § 55 AktG Rz. 29; *Henze* in Großkomm. AktG, 4. Aufl., § 55 AktG Rz. 61.
101 Vgl. RG v. 27.5.1932 – II 332/31, RGZ 136, 313, 315; *Baumbach/Hueck*, § 55 AktG Anm. 10; *Bungeroth* in MünchKomm. AktG, 3. Aufl., § 55 AktG Rz. 20; *v. Godin/Wilhelmi*, § 55 AktG Anm. 1; *Henze* in Großkomm. AktG, 4. Aufl., § 55 AktG Rz. 2; *Hüffer*, § 55 AktG Rz. 3; *Janssen* in Heidel, § 55 AktG Rz. 4; *Lutter* in KölnKomm. AktG, 2. Aufl., § 55 AktG Rz. 10.
102 Vgl. *Baumbach/Hueck*, § 55 AktG Anm. 10; *Bungeroth* in MünchKomm. AktG, 3. Aufl., § 55 AktG Rz. 20; *Lutter* in KölnKomm. AktG, 2. Aufl., § 55 AktG Rz. 10.
103 Vgl. RG v. 22.6.1886 – III 30/86, RGZ 17, 3, 5; RG v. 7.6.1910 – II 507/09, RGZ 73, 429, 433; *Baumbach/Hueck*, § 55 AktG Anm. 13; *Bungeroth* in MünchKomm. AktG, 3. Aufl., § 55 AktG Rz. 45; *v. Godin/Wilhelmi*, § 55 AktG Anm. 9; *Henze* in Großkomm. AktG, 4. Aufl., § 55 AktG Rz. 49; *Lutter* in KölnKomm. AktG, 2. Aufl., § 55 AktG Rz. 12; a.A. *Schnorr v. Carolsfeld* in FS A. Hueck, 1959, S. 261, 279.
104 Vgl. RG v. 4.4.1916 – II 427/15, RGZ 88, 187; *Baumbach/Hueck*, § 55 AktG Anm. 11; *Bungeroth* in MünchKomm. AktG, 3. Aufl., § 55 AktG Rz. 47; *Cahn/Senger* in Spindler/Stilz, § 55 AktG Rz. 34; *v. Godin/Wilhelmi*, § 55 AktG Anm. 6; *Henze* in Großkomm. AktG, 4. Aufl., § 55 AktG Rz. 44.
105 Vgl. *Lutter* in KölnKomm. AktG, 2. Aufl., § 55 AktG Rz. 11; zweifelnd auch *Hüffer*, § 55 AktG Rz. 3.

Rechtsstellung der übrigen Aktionäre beeinträchtigte[106]. Ferner kann die Gesellschaft das Stammrecht auf die Nebenleistung nach § 399 Fall 1 BGB nicht an einen Dritten abtreten[107]; nach allgemeinen Grundsätzen wird die Abtretung aber mit Zustimmung des Aktionärs wirksam[108]. Schließlich **beruht die Verpflichtung zur Nebenleistung nicht auf einem schuldrechtlichen Vertrag**[109], so dass die Vorschriften über den jeweiligen Vertragstyp (Kauf-, Miet-, Dienst- oder Werkvertrag) nicht unmittelbar, sondern nur entsprechend anwendbar sind[110]. Bei entgeltlichen Nebenverpflichtungen stehen Nebenleistung und Entgelt gleichwohl in einer Art Gegenseitigkeitsverhältnis[111], weshalb die §§ 320 ff. BGB analog herangezogen werden können, soweit aktienrechtliche Grundsätze nicht entgegenstehen (vgl. Rz. 20).

## 2. Pflichtenübergang

### a) Allgemeines

Weil die Nebenleistungsverpflichtung an der Aktie haftet[112], geht sie bei einer Veräußerung der Mitgliedschaft ohne weiteres auf den Erwerber über[113]. Einer besonderen Schuldübernahme nach §§ 414, 415 BGB bedarf es nicht[114]. Der Pflichtenübergang kann nicht einmal mit Zustimmung der Aktiengesellschaft ausgeschlossen werden[115], da Mitgliedschaftsrecht und Nebenpflicht untrennbar miteinander verbunden sind.

25

### b) Gutgläubiger lastenfreier Erwerb

Ist die Nebenverpflichtung entgegen § 55 Abs. 1 Satz 3 aus den Aktien oder Zwischenscheinen nicht ersichtlich, wird ein gutgläubiger Erwerber nicht Schuldner dieser Verpflichtung[116]. Gutgläubigkeit liegt vor, wenn der Erwerber die Nebenleis-

26

---

106 Vgl. *Bungeroth* in MünchKomm. AktG, 3. Aufl., § 55 AktG Rz. 47; *Henze* in Großkomm. AktG, 4. Aufl., § 55 AktG Rz. 44.
107 Vgl. RG v. 27.5.1932 – II 332/31, RGZ 136, 313, 315; *Bungeroth* in MünchKomm. AktG, 3. Aufl., § 55 AktG Rz. 20; *v. Godin/Wilhelmi*, § 55 AktG Anm. 10; *Henze* in Großkomm. AktG, 4. Aufl., § 55 AktG Rz. 33; *Hüffer*, § 55 AktG Rz. 7; *Lutter* in KölnKomm. AktG, 2. Aufl., § 55 AktG Rz. 29.
108 Vgl. RG v. 13.12.1935 – II 161/35, RGZ 149, 385, 394 ff.; *v. Godin/Wilhelmi*, § 55 AktG Anm. 10; *Hüffer*, § 55 AktG Rz. 7; a.A. *Bungeroth* in MünchKomm. AktG, 3. Aufl., § 55 AktG Rz. 20.
109 Vgl. *Bungeroth* in MünchKomm. AktG, 3. Aufl., § 55 AktG Rz. 22; *Hüffer*, § 55 AktG Rz. 3; *Lutter* in KölnKomm. AktG, 2. Aufl., § 55 AktG Rz. 10.
110 Vgl. RG v. 29.10.1915 – II 137/15, RGZ 87, 261, 265 (GmbH); *Baumbach/Hueck*, § 55 AktG Anm. 12; *Bungeroth* in MünchKomm. AktG, 3. Aufl., § 55 AktG Rz. 22; *Henze* in Großkomm. AktG, 4. Aufl., § 55 AktG Rz. 34; *Lutter* in KölnKomm. AktG, 2. Aufl., § 55 AktG Rz. 10; *Westermann* in Bürgers/Körber, § 55 AktG Rz. 9.
111 Vgl. *Bungeroth* in MünchKomm. AktG, 3. Aufl., § 55 AktG Rz. 22; *Henze* in Großkomm. AktG, 4. Aufl., § 55 AktG Rz. 34; *Lutter* in KölnKomm. AktG, 2. Aufl., § 55 AktG Rz. 10.
112 Anschaulich *Schlegelberger/Quassowski*, § 50 AktG 1937 Anm. 7; *Lutter* in KölnKomm. AktG, 2. Aufl., § 55 AktG Rz. 10.
113 Vgl. *Baumbach/Hueck*, § 55 AktG Anm. 10; *Bungeroth* in MünchKomm. AktG, 3. Aufl., § 55 AktG Rz. 20; *v. Godin/Wilhelmi*, § 55 AktG Anm. 1; *Henze* in Großkomm. AktG, 4. Aufl., § 55 AktG Rz. 32; *Hüffer*, § 55 AktG Rz. 7; *Janssen* in Heidel, § 55 AktG Rz. 9; *Lutter* in KölnKomm. AktG, 2. Aufl., § 55 AktG Rz. 23.
114 Vgl. *Baumbach/Hueck*, § 55 AktG Anm. 10; *Bungeroth* in MünchKomm. AktG, 3. Aufl., § 55 AktG Rz. 20; *Cahn/Senger* in Spindler/Stilz, § 55 AktG Rz. 28; *Henze* in Großkomm. AktG, 4. Aufl., § 55 AktG Rz. 32; *Lutter* in KölnKomm. AktG, 2. Aufl., § 55 AktG Rz. 23.
115 Vgl. *Baumbach/Hueck*, § 55 AktG Anm. 10; *Bungeroth* in MünchKomm. AktG, 3. Aufl., § 55 AktG Rz. 20; *Hüffer*, § 55 AktG Rz. 7; *Lutter* in KölnKomm. AktG, 2. Aufl., § 55 AktG Rz. 23; früher bereits *Schlegelberger/Quassowski*, § 50 AktG 1937 Anm. 7.
116 Vgl. RG v. 18.3.1913 – II 608/12, RGZ 82, 72, 73; *Baumbach/Hueck*, § 55 AktG Anm. 9; *Hüffer*, § 55 AktG Rz. 10; *Janssen* in Heidel, § 55 AktG Rz. 10; *Wiesner* in MünchHdb. AG, § 16 Rz. 40.

tungspflicht nicht kennt und seine Unkenntnis nicht auf grober Fahrlässigkeit beruht[117]. Durch den gutgläubigen Erwerb geht der Nebenleistungscharakter der Aktie verloren[118]: Der Veräußerer wird von der Verpflichtung frei[119], der gutgläubige Neuaktionär erwirbt lastenfrei, auf die Gutgläubigkeit späterer Erwerber kommt es nicht an, da die Aktie keine Nebenverpflichtung mehr verbrieft[120]. Nur unter den Voraussetzungen des § 826 BGB kann der Veräußerer nach § 249 Abs. 1 BGB zur Weitererfüllung der Nebenleistung verpflichtet sein[121].

## V. Beendigung der Nebenleistungspflicht

### 1. Zeitablauf und Bedingungseintritt

27 Ist die Nebenverpflichtung befristet oder auflösend bedingt vereinbart, so endet sie ohne weiteres mit Zeitablauf oder Bedingungseintritt[122].

### 2. Satzungsänderung

28 Nebenleistungspflichten können durch Satzungsänderung aufgehoben werden[123]. Einer Zustimmung der betroffenen Aktionäre nach § 180 Abs. 1 bedarf es nicht, es sei denn, der Nebenleistungspflicht entspricht ein mitgliedschaftliches Nebenleistungsrecht (dazu Rz. 16)[124]. Beachtung erheischt bei mehreren Aktiengattungen (Rz. 15) aber § 179 Abs. 3[125]; außerdem muss das Gleichbehandlungsgebot des § 53a stets gewahrt werden.

29 Wird durch satzungsändernden Hauptversammlungsbeschluss die Vinkulierung aufgehoben, fällt die Nebenleistungspflicht ebenfalls weg[126], weil die Vinkulierung eine zwingende Voraussetzung für Nebenleistungsaktien darstellt (Rz. 7).

---

117 Vgl. *Bungeroth* in MünchKomm. AktG, 3. Aufl., § 55 AktG Rz. 42; *Cahn/Senger* in Spindler/Stilz, § 55 AktG Rz. 25; *Henze* in Großkomm. AktG, 4. Aufl., § 55 AktG Rz. 24; *Westermann* in Bürgers/Körber, § 55 AktG Rz. 7.
118 Vgl. *Bungeroth* in MünchKomm. AktG, 3. Aufl., § 55 AktG Rz. 44; *Henze* in Großkomm. AktG, 4. Aufl., § 55 AktG Rz. 22; a.A. *Lutter* in KölnKomm. AktG, 2. Aufl., § 55 AktG Rz. 24.
119 Vgl. *Bungeroth* in MünchKomm. AktG, 3. Aufl., § 55 AktG Rz. 43; *Henze* in Großkomm. AktG, 4. Aufl., § 55 AktG Rz. 25.
120 Vgl. *Bungeroth* in MünchKomm. AktG, 3. Aufl., § 55 AktG Rz. 44; *Henze* in Großkomm. AktG, 4. Aufl., § 55 AktG Rz. 26; a.A. *Lutter* in KölnKomm. AktG, 2. Aufl., § 55 AktG Rz. 24; *v. Godin/Wilhelmi*, § 55 AktG Anm. 13.
121 Vgl. *Baumbach/Hueck*, § 55 AktG Anm. 9; *Bungeroth* in MünchKomm. AktG, 3. Aufl., § 55 AktG Rz. 43; *Lutter* in KölnKomm. AktG, 2. Aufl., § 55 AktG Rz. 24; weitergehend *Henze* in Großkomm. AktG, 4. Aufl., § 55 AktG Rz. 26.
122 Vgl. *Bungeroth* in MünchKomm. AktG, 3. Aufl., § 55 AktG Rz. 32; *Cahn/Senger* in Spindler/Stilz, § 55 AktG Rz. 41; *v. Godin/Wilhelmi*, § 55 AktG Anm. 9; *Henze* in Großkomm. AktG, 4. Aufl., § 55 AktG Rz. 39; *Hüffer*, § 55 AktG Rz. 8; *Lutter* in KölnKomm. AktG, 2. Aufl., § 55 AktG Rz. 21.
123 Vgl. *Bungeroth* in MünchKomm. AktG, 3. Aufl., § 55 AktG Rz. 33; *Henze* in Großkomm. AktG, 4. Aufl., § 55 AktG Rz. 40; *Janssen* in Heidel, § 55 AktG Rz. 11.
124 Vgl. *Bungeroth* in MünchKomm. AktG, 3. Aufl., § 55 AktG Rz. 34; *Henze* in Großkomm. AktG, 4. Aufl., § 55 AktG Rz. 40; *Hüffer*, § 55 AktG Rz. 8.
125 Vgl. *Bungeroth* in MünchKomm. AktG, 3. Aufl., § 55 AktG Rz. 34; *Cahn/Senger* in Spindler/Stilz, § 55 AktG Rz. 42.
126 Vgl. *Bungeroth* in MünchKomm. AktG, 3. Aufl., § 55 AktG Rz. 35; *Henze* in Großkomm. AktG, 4. Aufl., § 55 AktG Rz. 42; *Lutter* in KölnKomm. AktG, 2. Aufl., § 55 AktG Rz. 16.

### 3. Veräußerung der Aktien

Durch die Veräußerung seiner Aktien wird der Altaktionär von allen mitgliedschaftlichen Pflichten und damit auch von der Nebenleistungspflicht frei[127]. Er haftet auch nicht subsidiär fort[128], weil sich § 65 nur auf die Einlagepflicht bezieht (vgl. Rz. 22). Denkbar ist allenfalls eine individualvertragliche Ausfallhaftung auf schuldrechtlicher Grundlage (vgl. Rz. 22). Zur Erbringung rückständiger Einzelleistungen bleibt der Altaktionär allerdings verpflichtet[129]. 30

### 4. Unmöglichkeit der Leistung

Wird dem Aktionär die Erbringung der Nebenleistung *generell* unmöglich, so erlischt die Nebenleistungspflicht entsprechend § 275 BGB[130]. Die Mitgliedschaft besteht ohne die Nebenpflicht fort[131]; auf den Bestand der AG hat dies keinen Einfluss[132]. Die Unmöglichkeit einer *einzelnen* Nebenleistung lässt das Stammrecht auf wiederkehrende Nebenleistungen dagegen unberührt (vgl. Rz. 20). 31

### 5. Kündigung

#### a) Ordentliche Kündigung

Eine ordentliche Kündigung der Nebenleistungspflicht kommt nur in Betracht, wenn sie in der Satzung vorgesehen ist[133]. 32

#### b) Außerordentliche Kündigung

Nach zutreffender h.M. steht dem Aktionär ein außerordentliches Kündigungsrecht aus wichtigem Grund zu, wenn ihm die Inanspruchnahme aus der Nebenpflicht schlechterdings unzumutbar geworden ist[134]. Zunächst muss er jedoch versuchen, sich durch Veräußerung seiner Aktien – auch unter Hinnahme erheblicher Preiszugeständnisse – von den nicht mehr zumutbaren Nebenverpflichtungen zu befreien[135]. 33

---

127 Vgl. *Baumbach/Hueck*, § 55 AktG Anm. 13; *Bungeroth* in MünchKomm. AktG, 3. Aufl., § 55 AktG Rz. 41; *v. Godin/Wilhelmi*, § 55 AktG Anm. 1; *Henze* in Großkomm. AktG, 4. Aufl., § 55 AktG Rz. 41; *Westermann* in Bürgers/Körber, § 55 AktG Rz. 12.
128 Vgl. *Bungeroth* in MünchKomm. AktG, 3. Aufl., § 55 AktG Rz. 41; *Cahn/Senger* in Spindler/Stilz, § 55 AktG Rz. 47; *Janssen* in Heidel, § 55 AktG Rz. 9.
129 Vgl. *Baumbach/Hueck*, § 55 AktG Anm. 13; *Bungeroth* in MünchKomm. AktG, 3. Aufl., § 55 AktG Rz. 41; *Janssen* in Heidel, § 55 AktG Rz. 9; *Lutter* in KölnKomm. AktG, 2. Aufl., § 55 AktG Rz. 23.
130 Vgl. RG v. 19.5.1922 – II 550/21, RGZ 104, 349, 350; *Bungeroth* in MünchKomm. AktG, 3. Aufl., § 55 AktG Rz. 46; *Henze* in Großkomm. AktG, 4. Aufl., § 55 AktG Rz. 43.
131 Vgl. *Bungeroth* in MünchKomm. AktG, 3. Aufl., § 55 AktG Rz. 25; *Henze* in Großkomm. AktG, 4. Aufl., § 55 AktG Rz. 43.
132 Vgl. RG v. 19.5.1922 – II 550/21, RGZ 104, 349; *Bungeroth* in MünchKomm. AktG, 3. Aufl., § 55 AktG Rz. 46; *v. Godin/Wilhelmi*, § 55 AktG Anm. 9.
133 Vgl. *Bungeroth* in MünchKomm. AktG, 3. Aufl., § 55 AktG Rz. 48; *Henze* in Großkomm. AktG, 4. Aufl., § 55 AktG Rz. 45.
134 Vgl. *Baumbach/Hueck*, § 55 AktG Anm. 13; *Bungeroth* in MünchKomm. AktG, 3. Aufl., § 55 AktG Rz. 49; *Henze* in Großkomm. AktG, 4. Aufl., § 55 AktG Rz. 46; *Hüffer*, § 55 AktG Rz. 9; *Janssen* in Heidel, § 55 AktG Rz. 13; *Lutter* in KölnKomm. AktG, 2. Aufl., § 55 AktG Rz. 13; a.A. Schlegelberger/Quassowski, § 50 AktG 1937 Anm. 7.
135 Vgl. RG v. 7.2.1930 – II 247/29, RGZ 128, 1, 17 f.; *Bungeroth* in MünchKomm. AktG, 3. Aufl., § 55 AktG Rz. 49; *Henze* in Großkomm. AktG, 4. Aufl., § 55 AktG Rz. 47; *Lutter* in KölnKomm. AktG, 2. Aufl., § 55 AktG Rz. 13.

## 6. Auflösung der Gesellschaft

34 Mit Auflösung der Gesellschaft erlischt die Stammverpflichtung zur Nebenleistung[136], es sei denn, sie erweist sich ausnahmsweise auch während des Abwicklungsstadiums als erforderlich[137]. Dagegen lässt eine Umwandlung der AG durch Formwechsel, Verschmelzung, Spaltung oder Vermögensübertragung die Nebenverpflichtung fortbestehen[138]. Die Gläubigerstellung geht im Wege der Gesamtrechtsnachfolge auf den neuen Rechtsträger über[139]. Anders liegt es nur, wenn die Satzung für diesen Fall das Erlöschen der Nebenleistungspflicht vorsieht[140].

## 7. Insolvenz der Gesellschaft

35 Mit Eröffnung des Insolvenzverfahrens über das Vermögen der Gesellschaft ist diese gem. § 262 Abs. 1 Nr. 3 aufgelöst. Es gelten dann die oben erläuterten Grundsätze (Rz. 34), mit der Folge, dass die Nebenverpflichtung erlischt[141].

36 Hingegen lässt die Eröffnung des Insolvenzverfahrens über das Vermögen des Aktionärs die Nebenleistungspflicht nicht erlöschen[142]. Der Insolvenzverwalter kann jedoch die Erbringung der Einzelleistungen entsprechend § 103 InsO ablehnen, solange die Aktie zur Insolvenzmasse gehört[143]. Der Gesellschaft steht dann ein Schadensersatzanspruch als Insolvenzforderung zu[144].

## VI. Pflichtverletzung bei Verstößen

37 Nebenverpflichtungen, die den Anforderungen des § 55 Abs. 1 Satz 1 und 2 nicht genügen, sind nach § 134 BGB unwirksam[145]. Der Bestand der Gesellschaft und die Entstehung der einzelnen Mitgliedschaften bleiben davon unberührt[146]. Dagegen haben Verstöße gegen die Angabepflicht des § 55 Abs. 1 Satz 3 grundsätzlich keinen Ein-

---

136 Vgl. RG v. 27.10.1909 – I 615/08, RGZ 72, 236, 239 (Genossenschaft); RG v. 17.5.1929 – II 541/28, RGZ 125, 114, 119 f. (GmbH); *Baumbach/Hueck*, § 55 AktG Anm. 13; *Cahn/Senger* in Spindler/Stilz, § 55 AktG Rz. 45; *Henze* in Großkomm. AktG, 4. Aufl., § 55 AktG Rz. 51; *Hüffer*, § 55 AktG Rz. 8; *Janssen* in Heidel, § 55 AktG Rz. 12.
137 Vgl. RG v. 27.10.1909 – I 615/08, RGZ 72, 236, 239 f.; *Baumbach/Hueck*, § 55 AktG Anm. 13; *Bungeroth* in MünchKomm. AktG, 3. Aufl., § 55 AktG Rz. 36; *Hüffer*, § 55 AktG Rz. 8; *Janssen* in Heidel, § 55 AktG Rz. 12.
138 Vgl. *Bungeroth* in MünchKomm. AktG, 3. Aufl., § 55 AktG Rz. 37; *Cahn/Senger* in Spindler/Stilz, § 55 AktG Rz. 44; *Hüffer*, § 55 AktG Rz. 9; *Janssen* in Heidel, § 55 AktG Rz. 12; *Lutter* in KölnKomm. AktG, 2. Aufl., § 55 AktG Rz. 28.
139 Vgl. *Henze* in Großkomm. AktG, 4. Aufl., § 55 AktG Rz. 37; *Hüffer*, § 55 AktG Rz. 9; *Janssen* in Heidel, § 55 AktG Rz. 12.
140 Vgl. RG v. 27.5.1932 – II 332/31, RGZ 136, 313, 318.
141 Vgl. *Bungeroth* in MünchKomm. AktG, 3. Aufl., § 55 AktG Rz. 38; *Henze* in Großkomm. AktG, 4. Aufl., § 55 AktG Rz. 52; *Hüffer*, § 55 AktG Rz. 8; *Janssen* in Heidel, § 55 AktG Rz. 12.
142 Vgl. RG v. 30.10.1923 – II 898/22, RGZ 108, 20, 23 (GmbH); *Bungeroth* in MünchKomm. AktG, 3. Aufl., § 55 AktG Rz. 40; *Henze* in Großkomm. AktG, 4. Aufl., § 55 AktG Rz. 53; *Lutter* in KölnKomm. AktG, 2. Aufl., § 55 AktG Rz. 25.
143 Vgl. *Bungeroth* in MünchKomm. AktG, 3. Aufl., § 55 AktG Rz. 40; *Henze* in Großkomm. AktG, 4. Aufl., § 55 AktG Rz. 53.
144 Vgl. *Lutter* in KölnKomm. AktG, 2. Aufl., § 55 AktG Rz. 25.
145 Vgl. RG v. 10.5.1912 – II 43/12, RGZ 79, 332, 335; RG v. 24.10.1913 – II 429/13, RGZ 83, 216, 218; *Cahn/Senger* in Spindler/Stilz, § 55 AktG Rz. 51; *Henze* in Großkomm. AktG, 4. Aufl., § 55 AktG Rz. 62; *Hüffer*, § 55 AktG Rz. 10; *Janssen* in Heidel, § 55 AktG Rz. 14; a.A. *Baumbach/Hueck*, § 55 AktG Anm. 7, die durch Auslegung helfen wollen.
146 Vgl. RG v. 19.5.1922 – II 550/21, RGZ 104, 349, 351; *Bungeroth* in MünchKomm. AktG, 3. Aufl., § 55 AktG Rz. 11; *Henze* in Großkomm. AktG, 4. Aufl., § 55 AktG Rz. 62; *Janssen* in Heidel, § 55 AktG Rz. 14; *Westermann* in Bürgers/Körber, § 55 AktG Rz. 7.

fluss auf die Nebenleistungspflicht[147]. Der erste Aktiennehmer ist zur Leistungserbringung verpflichtet[148]; ein gutgläubiger Zweiterwerber kann allerdings lastenfrei erwerben (vgl. Rz. 26).

### VII. Schuldrechtliche Nebenleistungspflichten

Auf schuldrechtlicher Grundlage können Nebenverpflichtungen beliebigen Inhalts vereinbart werden (näher § 54 Rz. 17 ff.), und zwar sowohl unter den Aktionären als auch zwischen den Aktionären und der Gesellschaft[149]. Die einschränkenden Voraussetzungen des § 55 Abs. 1 gelten nicht[150], so dass der Kautelarpraxis größere Gestaltungsspielräume offen stehen[151].

38

## § 56
## Keine Zeichnung eigener Aktien; Aktienübernahme für Rechnung der Gesellschaft oder durch ein abhängiges oder in Mehrheitsbesitz stehendes Unternehmen

(1) Die Gesellschaft darf keine eigenen Aktien zeichnen.

(2) Ein abhängiges Unternehmen darf keine Aktien der herrschenden Gesellschaft, ein in Mehrheitsbesitz stehendes Unternehmen keine Aktien der an ihm mit Mehrheit beteiligten Gesellschaft als Gründer oder Zeichner oder in Ausübung eines bei einer bedingten Kapitalerhöhung eingeräumten Umtausch- oder Bezugsrechts übernehmen. Ein Verstoß gegen diese Vorschrift macht die Übernahme nicht unwirksam.

(3) Wer als Gründer oder Zeichner oder in Ausübung eines bei einer bedingten Kapitalerhöhung eingeräumten Umtausch- oder Bezugsrechts eine Aktie für Rechnung der Gesellschaft oder eines abhängigen oder in Mehrheitsbesitz stehenden Unternehmens übernommen hat, kann sich nicht darauf berufen, dass er die Aktie nicht für eigene Rechnung übernommen hat. Er haftet ohne Rücksicht auf Vereinbarungen mit der Gesellschaft oder dem abhängigen oder in Mehrheitsbesitz stehenden Unternehmen auf die volle Einlage. Bevor er die Aktie für eigene Rechnung übernommen hat, stehen ihm keine Rechte aus der Aktie zu.

(4) Werden bei einer Kapitalerhöhung Aktien unter Verletzung der Absätze 1 oder 2 gezeichnet, so haftet auch jedes Vorstandsmitglied der Gesellschaft auf die volle Einlage. Dies gilt nicht, wenn das Vorstandsmitglied beweist, dass es kein Verschulden trifft.

---

147 Vgl. RG v. 18.3.1913 – II 608/12, RGZ 82, 72, 73; *Henze* in Großkomm. AktG, 4. Aufl., § 55 AktG Rz. 63; *Hüffer*, § 55 AktG Rz. 10; *Janssen* in Heidel, § 55 AktG Rz. 14.
148 Vgl. *Bungeroth* in MünchKomm. AktG, 3. Aufl., § 55 AktG Rz. 12; *Hüffer*, § 55 AktG Rz. 10; *Westermann* in Bürgers/Körber, § 55 AktG Rz. 7.
149 Vgl. *Baumbach/Hueck*, § 55 AktG Anm. 8; *Bungeroth* in MünchKomm. AktG, 3. Aufl., § 55 AktG Rz. 50; *Henze* in Großkomm. AktG, 4. Aufl., § 55 AktG Rz. 64.
150 Vgl. *Bungeroth* in MünchKomm. AktG, 3. Aufl., § 55 AktG Rz. 50; *Henze* in Großkomm. AktG, 4. Aufl., § 55 AktG Rz. 64.
151 Vgl. *Brixner/Brixner*, AG 1965, 262, 264.

I. Überblick ............... 1
1. Regelungsgegenstand und Bedeutung   1
2. Vorgängervorschriften und Parallelregelungen ............... 4
3. Gemeinschaftsrecht und Rechtsvergleichung ............... 6
II. **Verbot der Zeichnung eigener Aktien**   8
1. Verbotstatbestand ........... 8
2. Rechtsfolgen eines Verstoßes .....   9
   a) Nichtigkeit ............ 9
   b) Heilungsmöglichkeit ........ 10
   c) Rechtsfolgen der Heilung ..... 11
III. **Verbot der Aktienübernahme durch ein abhängiges oder in Mehrheitsbesitz stehendes Unternehmen** ...... 12
1. Verbotstatbestand ........... 12
   a) Verbotsadressaten ........ 13
   b) Verbotene Erwerbsarten ...... 16
2. Rechtsfolgen eines Verstoßes ..... 17
   a) Keine Nichtigkeit .......... 17
   b) Pflichten und Rechte des Übernehmers ............... 18
IV. **Aktienübernahme für Rechnung der Gesellschaft oder eines Tochterunternehmens** ............... 19
1. Tatbestand ............... 19
   a) Mittelbare Stellvertretung ..... 19
   b) Historischer Anlassfall: Vorratsaktien .............. 20
   c) Erwerbsformen .......... 21
   d) Handeln für Rechnung der Gesellschaft oder eines Tochterunternehmens .............. 22
      aa) Allgemeine Anforderungen .. 22
      bb) Emission neuer Aktien ..... 23
2. Rechtsfolgen ............. 24
   a) Wirksamkeit der Aktienübernahme ............... 24
   b) Pflichten und Rechte aus der Aktienübernahme .......... 25
   c) Pflichten und Rechte aus dem Innenverhältnis ........... 27
3. Nachträgliche Übernahme für eigene Rechnung ................ 28
V. **Haftung der Vorstandsmitglieder** ... 29

**Literatur:** *Büdenbender*, Eigene Aktien und Aktien an der Muttergesellschaft, DZWiR 1998, 1 (Teil 1), 55 (Teil 2); *Hahn*, Die Übernahme von Aktien für Rechnung der Gesellschaft, 2005; *Hettlage*, Darf sich eine Kapitalgesellschaft durch die Begründung einer wechselseitigen Beteiligung an der Kapitalaufbringung ihrer eigenen Kapitalgeber beteiligen?, AG 1967, 259; *Krause*, Die Gewährung von Aktien beim Unternehmenskauf, in Henze/Hoffmann-Becking (Hrsg.), RWS-Forum 25, 2004, S. 301; *Vedder*, Zum Begriff „für Rechnung" im AktG und im WpHG, 1999; *M. Winter*, Gesellschaftsrechtliche Schranken für „Wertgarantien" der AG auf eigene Aktien, in FS Röhricht, 2005, S. 709.

## I. Überblick

### 1. Regelungsgegenstand und Bedeutung

1 § 56 verbietet die Zeichnung eigener Aktien durch die Gesellschaft und sucht auch nahe liegende Umgehungsformen zu unterbinden[1]. Er dient in erster Linie der **Sicherung der realen Kapitalaufbringung**[2] und steht damit in einer gedanklichen Linie mit den sonstigen Kapitalaufbringungsvorschriften des Aktienrechts[3]. Darüber hinaus richtet er sich **gegen sog. Vorrats- oder Verwertungsaktien**[4], die nach dem Ers-

---

[1] Vgl. *Henze* in Großkomm. AktG, 4. Aufl., § 56 AktG Rz. 3; *Hüffer*, § 56 AktG Rz. 1; *Janssen* in Heidel, § 56 AktG Rz. 1.

[2] Vgl. bereits Amtl. Begr. zu § 51 AktG 1937 bei *Klausing*, AktG 1937, S. 43; *Bungeroth* in MünchKomm. AktG, 3. Aufl., § 56 AktG Rz. 2; *Cahn/Senger* in Spindler/Stilz, § 56 AktG Rz. 1; *Henze* in Großkomm. AktG, 4. Aufl., § 56 AktG Rz. 3; *Hüffer*, § 56 AktG Rz. 1; *Janssen* in Heidel, § 56 AktG Rz. 1.

[3] Vgl. *Bungeroth* in MünchKomm. AktG, 3. Aufl., § 56 AktG Rz. 2; *Henze* in Großkomm. AktG, 4. Aufl., § 56 AktG Rz. 3; *Lutter* in KölnKomm. AktG, 2. Aufl., § 56 AktG Rz. 5.

[4] Vgl. Amtl. Begr. zu § 51 AktG 1937 bei *Klausing*, AktG 1937, S. 43; *Schlegelberger/Quassowski*, § 51 AktG 1937 Anm. 1; *Baumbach/Hueck*, § 56 AktG Anm. 2; *Bungeroth* in MünchKomm. AktG, 3. Aufl., § 56 AktG Rz. 3; *Henze* in Großkomm. AktG, 4. Aufl., § 56 AktG Rz. 6; *Hüffer*, § 56 AktG Rz. 1; *Lutter* in KölnKomm. AktG, 2. Aufl., § 56 AktG Rz. 3.

ten Weltkrieg entstanden und in der Folgezeit zu Stimmrechtsmanipulationen missbraucht wurden (näher Rz. 20).

Im Einzelnen enthält Abs. 1 ein Selbstzeichnungsverbot für die Gesellschaft, das in Abs. 2 auf die Aktienübernahme durch ein abhängiges oder in ihrem Mehrheitsbesitz stehendes Unternehmen – und damit auf **(Umgehungs-)Tatbestände der mittelbaren Selbstzeichnung** – ausgedehnt wird. Abs. 3 regelt mit der Aktienübernahme für Rechnung der Gesellschaft einen weiteren Fall der Scheinkapitalbildung und will ihr durch nachteilige Rechtsfolgen für den Übernehmer jeden Anreiz nehmen. Abs. 4 sichert die Verbotstatbestände der Abs. 1 und 2 durch eine verschuldensabhängige Haftung der Vorstandsmitglieder ab. 2

§ 56 betrifft nur den **ursprünglichen (originären) Erwerb eigener Aktien** durch die Gesellschaft[5]; Statthaftigkeit und Grenzen des abgeleiteten (derivativen) Aktienerwerbs beurteilen sich nach den §§ 71 ff.[6]. In der Rechtsprechung hat das Selbstzeichnungsverbot bislang keinen nennenswerten Niederschlag gefunden[7]; in der Finanzierungspraxis spielt es gelegentlich bei Kurs- oder Wertgarantien im Zusammenhang mit Unternehmenskäufen eine Rolle (näher Rz. 22)[8]. 3

### 2. Vorgängervorschriften und Parallelregelungen

§ 56 verfolgt ein einheitliches Schutzkonzept, beruht in seiner gegenwärtigen Fassung aber auf verschiedenen Reformgesetzen. Das Verbot der Aktienübernahme durch ein abhängiges Unternehmen nach § 56 Abs. 2 geht auf § 226 Abs. 4 Satz 2 HGB 1897 zurück und ist von dort über § 51 Abs. 2 AktG 1937 in das geltende Recht gelangt. Die Regelung über die Aktienübernahme für Rechnung der Gesellschaft nach § 56 Abs. 3 ist erstmals durch § 51 Abs. 1 AktG 1937 eingeführt worden. Das Selbstzeichnungsverbot des § 56 Abs. 1 und die Vorstandshaftung des § 56 Abs. 4 beruhen auf der Umsetzung der gemeinschaftsrechtlichen Kapitalrichtlinie (Rz. 6), waren in ihrem Regelungsgehalt aber schon zuvor anerkannt[9]. 4

Im GmbH-Recht gilt ebenfalls ein Verbot der Selbstzeichnung; die GmbH kann daher selbst keine Stammeinlagen übernehmen[10]. 5

### 3. Gemeinschaftsrecht und Rechtsvergleichung

§ 56 Abs. 1 und 4 fußt auf der gemeinschaftsrechtlichen **Kapitalrichtlinie (KapRL)**[11]. Nach Art. 18 Abs. 1 KapRL darf die Gesellschaft keine eigenen Aktien zeichnen[12]. 6

---

5 Vgl. *Baumbach/Hueck*, § 56 AktG Anm. 5; *Büdenbender*, DZWiR 1998, 1, 2; *Cahn/Senger* in Spindler/Stilz, § 56 AktG Rz. 6; *Henze* in Großkomm. AktG, 4. Aufl., § 56 AktG Rz. 4; *Lutter* in KölnKomm. AktG, 2. Aufl., § 56 AktG Rz. 5; früher bereits *Schlegelberger/Quassowski*, § 51 AktG 1937 Anm. 1.
6 Vgl. *Bungeroth* in MünchKomm. AktG, 3. Aufl., § 56 AktG Rz. 2; *Henze* in Großkomm. AktG, 4. Aufl., § 56 AktG Rz. 4; *Lutter* in KölnKomm. AktG, 2. Aufl., § 56 AktG Rz. 5.
7 So auch die Beobachtung bei *Hahn*, S. 34.
8 Vgl. *Krause*, S. 301, 317 ff.; *M. Winter* in FS Röhricht, 2005, S. 709 ff.
9 Vgl. *Ganske*, DB 1978, 2461, 2463; *Henze* in Großkomm. AktG, 4. Aufl., § 56 AktG Rz. 1; *Hüffer*, § 56 AktG Rz. 2; *Janssen* in Heidel, § 56 AktG Rz. 1; *Lutter* in KölnKomm. AktG, 2. Aufl., § 56 AktG Rz. 6.
10 Vgl. BGH v. 9.12.1954 – II ZB 15/54, BGHZ 15, 391, 392; *Hueck/Fastrich* in Baumbach/Hueck, § 1 GmbHG Rz. 31; *Bayer* in Lutter/Hommelhoff, § 5 GmbHG Rz. 10; *Fleischer* in MünchKomm. GmbHG, Einl. Rz. 167; *Fleischer*, GmbHR 2008, 673, 679; *Roth* in Roth/Altmeppen, § 1 GmbHG Rz. 33.
11 Zweite Richtlinie 77/91/EWG vom 13.12.1976, ABl. EG Nr. L 26 v. 31.1.1977, S. 1.
12 Vgl. *Grundmann*, Europäisches Gesellschaftsrecht, Rz. 329; *Habersack*, Europäisches Gesellschaftsrecht, § 6 Rz. 50; *Schwarz*, Europäisches Gesellschaftsrecht, Rz. 600.

Umgehungsformen werden durch Art. 18 Abs. 2 und Art. 24a KapRL erfasst[13]. Für Verstöße gegen das Selbstzeichnungsverbot sieht Art. 18 Abs. 3 KapRL eine Vorstandshaftung vor, die verschuldensabhängig ausgestaltet werden kann[14]. Der deutsche Gesetzgeber hat die gemeinschaftsrechtlichen Vorgaben durch das Durchführungsgesetz zur 2. gesellschaftsrechtlichen EWG-Richtlinie[15] in nationales Recht umgesetzt.

7 International ist das Verbot der Zeichnung eigener Aktien keine Selbstverständlichkeit[16]: So gestattet etwa das schweizerische Recht den originären Erwerb eigener Aktien durch die Gesellschaft und unterwirft ihn in Art. 659 OR den gleichen Regeln wie denen des derivativen Erwerbs eigener Aktien (10 %-Grenze, Liberierung aus freien Gesellschaftsmitteln)[17].

## II. Verbot der Zeichnung eigener Aktien

### 1. Verbotstatbestand

8 Gem. § 56 Abs. 1 darf die Gesellschaft keine eigenen Aktien zeichnen. Der **Zeichnungsbegriff** ist weit zu verstehen[18]. Er erfasst jede rechtsgeschäftliche Erklärung, die auf den originären Erwerb von Aktien abzielt[19]. Dazu gehören die Zeichnung neuer Aktien bei einer Kapitalerhöhung gegen Einlagen (§ 185 Abs. 1) und bei der Ausübung eines genehmigten Kapitals (§ 203 Abs. 1 Satz 1 i.V.m. § 185 Abs. 1) ebenso wie die Bezugserklärung im Rahmen einer bedingten Kapitalerhöhung (§ 198 Abs. 1 Satz 1)[20]. Gleiches gilt für die Zeichnung eigener Aktien bei der Gründung[21], doch hat dies nur theoretische Bedeutung, weil die Gesellschaft zu diesem Zeitpunkt noch nicht existiert und daher weder eine Gründungs- noch eine Übernahmeerklärung abzugeben vermag[22]. Zulässig ist dagegen der originäre Erwerb eigener Aktien bei einer Kapitalerhöhung aus Gesellschaftsmitteln nach § 215 Abs. 1[23]; diese stellt keine Ka-

---

13 Vgl. *Habersack*, Europäisches Gesellschaftsrecht, § 6 Rz. 51; *Schwarz*, Europäisches Gesellschaftsrecht, Rz. 611.
14 Vgl. *Grundmann*, Europäisches Gesellschaftsrecht, Rz. 329; *Habersack*, Europäisches Gesellschaftsrecht, § 6 Rz. 51; *Schwarz*, Europäisches Gesellschaftsrecht, Rz. 600.
15 BGBl. I 1978, 1959.
16 A.A. *Lutter* in KölnKomm. AktG, 2. Aufl., § 56 AktG Rz. 2.
17 Ausführlich *Böckli*, Schweizer Aktienrecht, 4. Aufl., § 4 Rz. 352; knapper *Forstmoser/Meier-Hayoz/Nobel*, Schweizerisches Aktienrecht, 1996, § 50 Rz. 165; anders noch zuvor BGE 117 II 298, das den originären Erwerb eigener Aktien als „absoluten inadmissible" bezeichnete.
18 Vgl. *Cahn/Senger* in Spindler/Stilz, § 56 AktG Rz. 9; *Henze* in Großkomm. AktG, 4. Aufl., § 56 AktG Rz. 7.
19 Vgl. *Henze* in Großkomm. AktG, 4. Aufl., § 56 AktG Rz. 7; *Hüffer*, § 56 AktG Rz. 3; *Janssen* in Heidel, § 56 AktG Rz. 2; *Schäfer* in Marsch-Barner/Schäfer, Handbuch börsennotierte AG, § 50 Rz. 13.
20 Vgl. *Bungeroth* in MünchKomm. AktG, 3. Aufl., § 56 AktG Rz. 8; *Henze* in Großkomm. AktG, 4. Aufl., § 56 AktG Rz. 7; *Hüffer*, § 56 AktG Rz. 3; *Janssen* in Heidel, § 56 AktG Rz. 2; *Schäfer* in Marsch-Barner/Schäfer, Handbuch börsennotierte AG, § 50 Rz. 13.
21 Vgl. *Bungeroth* in MünchKomm. AktG, 3. Aufl., § 56 AktG Rz. 7; *Henze* in Großkomm. AktG, 4. Aufl., § 56 AktG Rz. 7; *Hüffer*, § 56 AktG Rz. 3; *Lutter* in KölnKomm. AktG, 2. Aufl., § 56 AktG Rz. 7.
22 Vgl. *Baumbach/Hueck*, § 56 AktG Anm. 4; *Bungeroth* in MünchKomm. AktG, 3. Aufl., § 56 AktG Rz. 7; *Henze* in Großkomm. AktG, 4. Aufl., § 56 AktG Rz. 16; *Hüffer*, § 56 AktG Rz. 3; *Schäfer* in Marsch-Barner/Schäfer, Handbuch börsennotierte AG, § 50 Rz. 13; s. auch *Schlegelberger/Quassowski*, § 51 AktG 1937 Anm. 1 unter Hinweis darauf, dass der Ersterwerber der Aktien begrifflich nur ein anderer sein könne.
23 Vgl. *Bungeroth* in MünchKomm. AktG, 3. Aufl., § 56 AktG Rz. 9; *Henze* in Großkomm. AktG, 4. Aufl., § 56 AktG Rz. 8; *Hüffer*, § 56 AktG Rz. 3; *Janssen* in Heidel, § 56 AktG Rz. 2; *Lutter* in KölnKomm. AktG, 2. Aufl., § 56 AktG Rz. 7.

pitalbeschaffungsmaßnahme dar, so dass der Grundsatz realer Kapitalaufbringung nicht beeinträchtigt wird[24].

## 2. Rechtsfolgen eines Verstoßes

### a) Nichtigkeit

Ein Verstoß gegen § 56 Abs. 1 macht die Zeichnungs- oder Bezugserklärung nach § 134 BGB nichtig[25]. Vorstand und Aufsichtsratsvorsitzender dürfen die Durchführung der Kapitalerhöhung daher nicht nach § 188 Abs. 1 zur Eintragung in das Handelsregister anmelden[26]; das Registergericht darf sie nicht eintragen[27]. Dasselbe gilt auch für die Anmeldung und Eintragung von Bezugsaktien[28]. 9

### b) Heilungsmöglichkeit

Wird die Kapitalerhöhung unzulässigerweise eingetragen, bewirkt dies nach h.M. die Heilung der nichtigen Zeichnungserklärungen[29]. Zur Begründung verweist man auf § 56 Abs. 4 und dessen Bezugnahme auf § 56 Abs. 1: Die Haftung der Vorstandsmitglieder auf die volle Einlage setzt eine Heilung der Zeichnungserklärung unausgesprochen voraus[30]. 10

### c) Rechtsfolgen der Heilung

Die heilende Wirkung der Eintragung hat zur Folge, dass die Aktien rechtsgültig zur Entstehung gelangen und der Gesellschaft als eigene Aktien zustehen[31]. Wie diese Aktien zu behandeln sind, regelt das Gesetz nicht ausdrücklich. Richtigerweise sind die §§ 71b, 71c analog anzuwenden[32]. 11

---

24 Vgl. *Henze* in Großkomm. AktG, 4. Aufl., § 56 AktG Rz. 8; *Janssen* in Heidel, § 56 AktG Rz. 2; *Lutter* in KölnKomm. AktG, 2. Aufl., § 56 AktG Rz. 7; *Schäfer* in Marsch-Barner/Schäfer, Handbuch börsennotierte AG, § 50 Rz. 13; *Hirte* in Großkomm. AktG, 4. Aufl., § 215 AktG Rz. 9.
25 Vgl. *Bungeroth* in MünchKomm. AktG, 3. Aufl., § 56 AktG Rz. 10 und 11; *Ganske*, DB 1978, 2461, 2463; *Henze* in Großkomm. AktG, 4. Aufl., § 56 AktG Rz. 9 und 13; *Hüffer*, § 56 AktG Rz. 4; *Janssen* in Heidel, § 56 AktG Rz. 3; *Lutter* in KölnKomm. AktG, 2. Aufl., § 56 AktG Rz. 8; *Westermann* in Bürgers/Körber, § 56 AktG Rz. 4.
26 Vgl. *Cahn/Senger* in Spindler/Stilz, § 56 AktG Rz. 14; *Henze* in Großkomm. AktG, 4. Aufl., § 56 AktG Rz. 10; *Janssen* in Heidel, § 56 AktG Rz. 3; *Lutter* in KölnKomm. AktG, 2. Aufl., § 56 AktG Rz. 8.
27 Vgl. *Büdenbender*, DZWiR 1998, 1, 6; *Bungeroth* in MünchKomm. AktG, 3. Aufl., § 56 AktG Rz. 10; *Hüffer*, § 56 AktG Rz. 4; *Janssen* in Heidel, § 56 AktG Rz. 13; *Lutter* in KölnKomm. AktG, 2. Aufl., § 56 AktG Rz. 8.
28 Vgl. *Bungeroth* in MünchKomm. AktG, 3. Aufl., § 56 AktG Rz. 15; *Henze* in Großkomm. AktG, 4. Aufl., § 56 AktG Rz. 13; *Hüffer*, § 56 AktG Rz. 4; *Lutter* in KölnKomm. AktG, 2. Aufl., § 56 AktG Rz. 10.
29 Vgl. *Bungeroth* in MünchKomm. AktG, 3. Aufl., § 56 AktG Rz. 13; *Cahn/Senger* in Spindler/Stilz, § 56 AktG Rz. 15; *Henze* in Großkomm. AktG, 4. Aufl., § 56 AktG Rz. 14; *Janssen* in Heidel, § 56 AktG Rz. 4; *Lutter* in KölnKomm. AktG, 2. Aufl., § 56 AktG Rz. 9; *Schäfer* in Marsch-Barner/Schäfer, Handbuch börsennotierte AG, § 50 Rz. 14; zweifelnd *Hüffer*, § 56 AktG Rz. 5.
30 Vgl. *Bungeroth* in MünchKomm. AktG, 3. Aufl., § 56 AktG Rz. 13; *Henze* in Großkomm. AktG, 4. Aufl., § 56 AktG Rz. 15.
31 Vgl. *Bungeroth* in MünchKomm. AktG, 3. Aufl., § 56 AktG Rz. 16; *Cahn/Senger* in Spindler/Stilz, § 56 AktG Rz. 17; *Henze* in Großkomm. AktG, 4. Aufl., § 56 AktG Rz. 16; *Hüffer*, § 56 AktG Rz. 6; *Lutter* in KölnKomm. AktG, 2. Aufl., § 56 AktG Rz. 11.
32 Vgl. *Bungeroth* in MünchKomm. AktG, 3. Aufl., § 56 AktG Rz. 17; *Henze* in Großkomm. AktG, 4. Aufl., § 56 AktG Rz. 16; *Hüffer*, § 56 AktG Rz. 6; *Janssen* in Heidel, § 56 AktG Rz. 5; offen lassend *Lutter* in KölnKomm. AktG, 2. Aufl., § 56 AktG Rz. 11; *Schäfer* in Marsch-Barner/Schäfer, Handbuch börsennotierte AG, § 50 Rz. 13.

## III. Verbot der Aktienübernahme durch ein abhängiges oder in Mehrheitsbesitz stehendes Unternehmen

### 1. Verbotstatbestand

12 § 56 Abs. 2 verbietet aus Gründen des Umgehungsschutzes bestimmte Formen der mittelbaren Selbstzeichnung[33].

#### a) Verbotsadressaten

13 Das Verbot der Aktienübernahme richtet sich an Unternehmen, die in Mehrheitsbesitz der Aktiengesellschaft stehen oder von ihr abhängig sind. Der Unternehmensbegriff ist in Übereinstimmung mit den konzernrechtlichen Regeln rechtsformneutral auszulegen[34]. Der Begriff des **Mehrheitsbesitzes** richtet sich nach **§ 16 Abs. 1**, derjenige der **Abhängigkeit** nach **§ 17**[35]. Ein Abhängigkeitsverhältnis kann auch auf einem Beherrschungs- oder Gewinnabführungsvertrag nach § 291 beruhen[36]. Sofern es an einer Beteiligung der herrschenden AG an der vertragsabhängigen Gesellschaft fehlt, rechtfertigt sich das Verbot der mittelbaren Selbstzeichnung zwar nicht unter dem Gesichtspunkt realer Kapitalaufbringung, wohl aber unter dem der Vermeidung von Verwaltungsstimmen (Rz. 20)[37].

14 **Auf einfache Unternehmensbeteiligungen der Gesellschaft**, die nicht den §§ 16, 17 unterfallen, findet § 56 Abs. 2 **keine Anwendung**[38]. Das führt zwar zu einer rechtspolitisch bedenklichen Aushöhlung des Grundsatzes realer Kapitalaufbringung[39], ist aber *de lege lata* als bewusste gesetzgeberische Entscheidung hinzunehmen. Einen gewissen Mindestschutz vermitteln die §§ 19 ff., 328, sofern die Beteiligung des abhängigen oder in Mehrheitsbesitz stehenden Unternehmens den Schwellenwert von 25 % überschreitet.

15 Kein Zeichnungsverbot greift ferner in dem zu § 56 Abs. 2 spiegelbildlichen Fall ein, in dem ein herrschendes oder mit Mehrheit beteiligtes Unternehmen Aktien seiner Tochter-AG übernimmt[40]. Soweit das Mutterunternehmen sein Vermögen nicht zur Deckung des eigenen Nennkapitals benötigt, kann es frei über seine restlichen Mittel

---

33 Vgl. *Bungeroth* in MünchKomm. AktG, 3. Aufl., § 56 AktG Rz. 24; *Henze* in Großkomm. AktG, 4. Aufl., § 56 AktG Rz. 23.
34 Vgl. *Bungeroth* in MünchKomm. AktG, 3. Aufl., § 56 AktG Rz. 25; *Henze* in Großkomm. AktG, 4. Aufl., § 56 AktG Rz. 24; *Hüffer*, § 56 AktG Rz. 7.
35 Vgl. *Bungeroth* in MünchKomm. AktG, 3. Aufl., § 56 AktG Rz. 25; *Henze* in Großkomm. AktG, 4. Aufl., § 56 AktG Rz. 23; *Hüffer*, § 56 AktG Rz. 7; *Janssen* in Heidel, § 56 AktG Rz. 7.
36 Vgl. *Cahn/Senger* in Spindler/Stilz, § 56 AktG Rz. 27; *Henze* in Großkomm. AktG, 4. Aufl., § 56 AktG Rz. 25; *Hüffer*, § 56 AktG Rz. 7.
37 Vgl. *Bungeroth* in MünchKomm. AktG, 3. Aufl., § 56 AktG Rz. 28; *Henze* in Großkomm. AktG, 4. Aufl., § 56 AktG Rz. 25.
38 Vgl. *Bungeroth* in MünchKomm. AktG, 3. Aufl., § 56 AktG Rz. 30; *Henze* in Großkomm. AktG, 4. Aufl., § 56 AktG Rz. 28; *Hüffer*, § 56 AktG Rz. 7; *Westermann* in Bürgers/Körber, § 56 AktG Rz. 5; a.A. *Hettlage*, AG 1967, 249; *H. Winter*, Die wechselseitige Beteiligung von Aktiengesellschaften, 1970, S. 27 ff., 43 ff., 51 ff.
39 Rechtspolitische Kritik auch bei *Bungeroth* in MünchKomm. AktG, 3. Aufl., § 56 AktG Rz. 30; *Henze* in Großkomm. AktG, 4. Aufl., § 56 AktG Rz. 28; *Hüffer*, § 56 AktG Rz. 7; *Lutter* in KölnKomm. AktG, 2. Aufl., § 56 AktG Rz. 15.
40 Vgl. *Bungeroth* in MünchKomm. AktG, 3. Aufl., § 56 AktG Rz. 29; *Henze* in Großkomm. AktG, 4. Aufl., § 56 AktG Rz. 29; *Hüffer*, § 56 AktG Rz. 8; *Lutter* in KölnKomm. AktG, 2. Aufl., § 56 AktG Rz. 34; früher schon *Boesebeck*, AG 1961, 331, 333; *Kropff*, DB 1959, 15, 17; *Schlegelberger/Quassowski*, § 51 AktG 1937 Anm. 10.

verfügen[41]. Ebenso wenig gilt § 56 Abs. 2 für die Übernahme von Aktien durch ein gleichgeordnetes Konzernunternehmen[42].

**b) Verbotene Erwerbsarten**

§ 56 Abs. 2 Satz 1 verbietet die Aktienübernahme „als Gründer oder Zeichner". Der Gründungsfall scheidet regelmäßig aus, weil ein Unternehmen von einer noch nicht existierenden Gesellschaft weder abhängig sein noch in deren Mehrheitsbesitz stehen kann[43]. Denkbar sind allenfalls seltene Konstellationen der formwechselnden Umwandlung einer herrschenden Personengesellschaft in eine AG[44] oder der Einbringung einer mehrheitlichen Unternehmensbeteiligung als Sacheinlage in die zu gründende AG[45]. Das Übernahmeverbot betrifft daher im Wesentlichen die Zeichnung neuer Aktien im Rahmen einer Kapitalerhöhung gegen Einlagen (§ 185 Abs. 1) oder der Ausnutzung eines genehmigten Kapitals (§ 203 Abs. 1 Satz 1 i.V.m. § 185 Abs. 1) sowie die Ausübung eines Umtausch- oder Bezugsrechts bei einer bedingten Kapitalerhöhung (§ 198 Abs. 1 Satz 1)[46]. Stets muss es sich um einen originären Aktienerwerb handeln; der derivative Erwerb ist in § 71d abschließend geregelt[47]. Nicht erfasst wird – wie bei § 56 Abs. 1 (Rz. 8) – die Teilnahme an einer Kapitalerhöhung aus Gesellschaftsmitteln[48].

**2. Rechtsfolgen eines Verstoßes**

**a) Keine Nichtigkeit**

Ein Verstoß gegen § 56 Abs. 2 Satz 1 macht die Übernahme gem. § 56 Abs. 2 Satz 2 nicht unwirksam. **§ 134 BGB greift** hier – anders als bei einem Verstoß gegen § 56 Abs. 1 (Rz. 9) – **nicht ein**[49]. Das abhängige oder in Mehrheitsbesitz stehende Unternehmen wird Aktionär der herrschenden Aktiengesellschaft. Der Gesetzgeber will auf diese Weise eine weitere Gefährdung der realen Kapitalaufbringung vermeiden[50]. Allerdings gilt der gesetzliche Dispens vom Verbot des § 134 BGB nicht für die schuldrechtliche Übernahmeverpflichtung des Tochterunternehmens[51]. Abgesehen vom Fall der bedingten Kapitalerhöhung (§§ 200, 201) muss das Registergericht die

---

41 Vgl. *Lutter* in KölnKomm. AktG, 2. Aufl., § 56 AktG Rz. 34.
42 Vgl. *Bungeroth* in MünchKomm. AktG, 3. Aufl., § 56 AktG Rz. 29; *Henze* in Großkomm. AktG, 4. Aufl., § 56 AktG Rz. 29; früher schon *Schlegelberger/Quassowski*, § 51 AktG 1937 Anm. 10.
43 Vgl. *Bungeroth* in MünchKomm. AktG, 3. Aufl., § 56 AktG Rz. 31; *Henze* in Großkomm. AktG, 4. Aufl., § 56 AktG Rz. 31; *Hüffer*, § 56 AktG Rz. 9; *Janssen* in Heidel, § 56 AktG Rz. 8.
44 Vgl. *Henze* in Großkomm. AktG, 4. Aufl., § 56 AktG Rz. 32; *Janssen* in Heidel, § 56 AktG Rz. 8; *Lutter* in KölnKomm. AktG, 2. Aufl., § 56 AktG Rz. 17.
45 Vgl. *Bungeroth* in MünchKomm. AktG, 3. Aufl., § 56 AktG Rz. 32; *Cahn/Senger* in Spindler/Stilz, § 56 AktG Rz. 29; *Henze* in Großkomm. AktG, 4. Aufl., § 56 AktG Rz. 32.
46 Vgl. *Bungeroth* in MünchKomm. AktG, 3. Aufl., § 56 AktG Rz. 33; *Hüffer*, § 56 AktG Rz. 9; *Janssen* in Heidel, § 56 AktG Rz. 8.
47 Vgl. *Hüffer*, § 56 AktG Rz. 9; *Janssen* in Heidel, § 56 AktG Rz. 8; *Lutter* in KölnKomm. AktG, 2. Aufl., § 56 AktG Rz. 16.
48 Vgl. *Henze* in Großkomm. AktG, 4. Aufl., § 56 AktG Rz. 34; *Hüffer*, § 56 AktG Rz. 9.
49 Vgl. *Bungeroth* in MünchKomm. AktG, 3. Aufl., § 56 AktG Rz. 36; *Henze* in Großkomm. AktG, 4. Aufl., § 56 AktG Rz. 35; *Hüffer*, § 56 AktG Rz. 10; *Westermann* in Bürgers/Körber, § 56 AktG Rz. 7.
50 Vgl. *Bungeroth* in MünchKomm. AktG, 3. Aufl., § 56 AktG Rz. 38; *Henze* in Großkomm. AktG, 4. Aufl., § 56 AktG Rz. 35; *Hüffer*, § 56 AktG Rz. 19; früher schon *Schlegelberger/Quassowski*, § 51 AktG 1937 Anm. 12.
51 Vgl. *Henze* in Großkomm. AktG, 4. Aufl., § 56 AktG Rz. 36; *Hüffer*, § 56 AktG Rz. 10; *Janssen* in Heidel, § 56 AktG Rz. 10.

verbotswidrige Aktienübernahme außerdem beanstanden und eine beantragte Handelsregistereintragung verweigern[52].

### b) Pflichten und Rechte des Übernehmers

18 Das abhängige oder in Mehrheitsbesitz stehende Unternehmen ist verpflichtet, die Einlage (§ 54) zu leisten und eine etwaige Nebenpflicht (§ 55) zu erfüllen[53]. Dagegen stehen ihm aus verbotswidrig übernommenen Aktien keine Mitgliedschaftsrechte zu. Dies folgt aus einer analogen Anwendung des § 71b i.V.m. § 71d Sätze 2 und 4[54]. Entsprechend § 71c Abs. 1 i.V.m. § 71d Sätze 2 und 4 ist das Unternehmen außerdem verpflichtet, die Aktien binnen Jahresfrist zu veräußern[55]. Schließlich muss das herrschende oder mehrheitlich beteiligte Unternehmen nach § 160 Abs. 1 Nr. 1 im Anhang über Bestand, Zugang, Verwertung und Erlösverwendung hinsichtlich der von seinen Tochterunternehmen übernommenen Aktien berichten[56].

## IV. Aktienübernahme für Rechnung der Gesellschaft oder eines Tochterunternehmens

### 1. Tatbestand

#### a) Mittelbare Stellvertretung

19 § 56 Abs. 3 betrifft Fälle der Aktienübernahme im Wege mittelbarer Stellvertretung[57]: Der Übernehmer handelt nach außen im eigenen Namen, aber im Innenverhältnis für Rechnung der Gesellschaft oder eines abhängigen oder in Mehrheitsbesitz stehenden Unternehmens.

#### b) Historischer Anlassfall: Vorratsaktien

20 Die Regelung geht zurück auf § 51 Abs. 1 AktG 1937 (vgl. Rz. 4) und richtete sich ausweislich der Amtlichen Begründung gegen **sog. Vorratsaktien**[58]. Diese waren aus den Verhältnissen der Inflationszeit entstanden: Damals konnten Aktien geschaffen werden, auf die nur ganz geringe Goldmarkeinzahlungen zu leisten waren. Das nutzten viele Gesellschaften und veranlassten Verwaltungsmitglieder, Hausbanken oder befreundete Unternehmen, solche Aktien zu übernehmen und sie zu ihrer Verfügung zu halten[59]. Nach der Inflationszeit wurden Vorratsaktien in der Weise geschaffen, dass die Gesellschaft den Übernehmern (Banken, Konsortien) den einzuzahlenden

---

52 Vgl. *Bungeroth* in MünchKomm. AktG, 3. Aufl., § 56 AktG Rz. 38; *Henze* in Großkomm. AktG, 4. Aufl., § 56 AktG Rz. 37; *Hüffer*, § 56 AktG Rz. 10; *Janssen* in Heidel, § 56 AktG Rz. 10; a.A. *Baumbach/Hueck*, § 56 AktG Anm. 8; *Cahn/Senger* in Spindler/Stilz, § 56 AktG Rz. 33; *Schlegelberger/Quassowski*, § 51 AktG 1937 Anm. 12.
53 Vgl. *Bungeroth* in MünchKomm. AktG, 3. Aufl., § 56 AktG Rz. 41; *Cahn/Senger* in Spindler/Stilz, § 56 AktG Rz. 35; *Henze* in Großkomm. AktG, 4. Aufl., § 56 AktG Rz. 39.
54 Vgl. *Hüffer*, § 56 AktG Rz. 11; für eine unmittelbare Anwendung *Bungeroth* in MünchKomm. AktG, 3. Aufl., § 56 AktG Rz. 41.
55 Vgl. *Henze* in Großkomm. AktG, 4. Aufl., § 56 AktG Rz. 41; *Janssen* in Heidel, § 56 AktG Rz. 11; *Lutter* in KölnKomm. AktG, 2. Aufl., § 56 AktG Rz. 31; *Westermann* in Bürgers/Körber, § 56 AktG Rz. 7.
56 Vgl. *Cahn/Senger* in Spindler/Stilz, § 56 AktG Rz. 36; *Henze* in Großkomm. AktG, 4. Aufl., § 56 AktG Rz. 42; *Hüffer*, § 56 AktG Rz. 11; *Janssen* in Heidel, § 56 AktG Rz. 12.
57 Vgl. *Bungeroth* in MünchKomm. AktG, 3. Aufl., § 56 AktG Rz. 53; *Henze* in Großkomm. AktG, 4. Aufl., § 56 AktG Rz. 47; *Lutter* in KölnKomm. AktG, 2. Aufl., § 56 AktG Rz. 35.
58 Vgl. Amtl. Begr. zu § 51 AktG 1937 bei *Klausing*, AktG 1937, S. 43; rückblickend *Hahn*, S. 56 ff.
59 Vgl. Amtl. Begr. zu § 51 AktG 1937 bei *Klausing*, AktG 1937, S. 43.

Betrag zur Verfügung stellte oder ihn sofort nach der Einzahlung an die Zeichner zurückfließen ließ[60]. Mit der damaligen Neuregelung reagierte der Reformgesetzgeber auf Gefahren der Vorratsaktien für die reale Kapitalaufbringung und auf Missbräuche bei der Stimmrechtsausübung[61]. Den unternehmerischen Interessen an einem flexiblen Vorratskapital trug er durch Einführung des genehmigten Kapitals Rechnung, so dass Vorratsaktien wirtschaftlich entbehrlich wurden[62].

**c) Erwerbsformen**

Im Hinblick auf die Erwerbsformen gelten die zu § 56 Abs. 1 und 2 erläuterten Grundsätze (vgl. Rz. 8 und 16): Erfasst werden die Übernahme bei der Gründung (§§ 2, 29)[63], die Zeichnung bei einer Kapitalerhöhung gegen Einlagen (§ 185 Abs. 1) oder im Rahmen eines genehmigten Kapitals (§ 203 Abs. 1 Satz 1 i.V.m. § 185 Abs. 1) sowie die Ausübung eines Umtausch- oder Bezugsrechts bei einer bedingten Kapitalerhöhung (§ 198 Abs. 1 Satz 1)[64].

21

**d) Handeln für Rechnung der Gesellschaft oder eines Tochterunternehmens**

**aa) Allgemeine Anforderungen.** § 56 Abs. 3 Satz 1 verlangt weiter, dass der Dritte für Rechnung der Gesellschaft (Fall 1) oder eines (von ihr[65]) abhängigen oder in (ihrem) Mehrheitsbesitz stehenden Unternehmens (Fall 2) handelt. Ein solches **Handeln für fremde Rechnung** ist gegeben, wenn die Gesellschaft das mit der Aktienübernahme verbundene wirtschaftliche Risiko ganz oder teilweise trägt[66]. Das gilt für einen geplanten späteren Eigenerwerb der Aktien durch die Gesellschaft[67] ebenso wie für eine beabsichtigte Weiterveräußerung, wenn zwischen Gesellschaft und Übernehmer ein Auftragsverhältnis (§§ 662 ff. BGB), ein Geschäftsbesorgungsvertrag (§ 675 BGB), ein Kommissionsvertrag (§§ 383 ff. HGB) oder ein ähnliches Verhältnis (§ 406 HGB) besteht[68]. Die Risikoübernahme folgt dann aus der Pflicht der Gesellschaft zum Aufwendungsersatz (§ 670 BGB)[69], es sei denn, die Vorschriften über den Aufwendungs-

22

---

60 Auch dazu Amtl. Begr. zu § 51 AktG 1937 bei *Klausing*, AktG 1937, S. 43.
61 Vgl. Amtl. Begr. zu § 51 AktG 1937 bei *Klausing*, AktG 1937, S. 43; Schlegelberger/Quassowski, § 51 AktG 1937 Anm. 1; aus heutiger Sicht *Bungeroth* in MünchKomm. AktG, 3. Aufl., § 56 AktG Rz. 3; *Henze* in Großkomm. AktG, 4. Aufl., § 56 AktG Rz. 6; *Lutter* in KölnKomm. AktG, 2. Aufl., § 56 AktG Rz. 3.
62 Vgl. Amtl. Begr. zu § 51 AktG 1937 bei *Klausing*, AktG 1937, S. 43, aus heutiger Sicht *Bungeroth* in MünchKomm. AktG, 3. Aufl., § 56 AktG Rz. 3; *Henze* in Großkomm. AktG, 4. Aufl., § 56 AktG Rz. 6; *Lutter* in KölnKomm. AktG, 2. Aufl., § 56 AktG Rz. 4.
63 Vgl. *Baumbach/Hueck*, § 56 AktG Anm. 5; *Bungeroth* in MünchKomm. AktG, 3. Aufl., § 56 AktG Rz. 54; *Henze* in Großkomm. AktG, 4. Aufl., § 56 AktG Rz. 50; *Janssen* in Heidel, § 56 AktG Rz. 13; *Lutter* in KölnKomm. AktG, 2. Aufl., § 56 AktG Rz. 36.
64 Vgl. *Bungeroth* in MünchKomm. AktG, 3. Aufl., § 56 AktG Rz. 55; *Henze* in Großkomm. AktG, 4. Aufl., § 56 AktG Rz. 50; *Janssen* in Heidel, § 56 AktG Rz. 13.
65 Vgl. zum insoweit ungenauen Gesetzeswortlaut *Henze* in Großkomm. AktG, 4. Aufl., § 56 AktG Rz. 52.
66 Vgl. OLG Hamm v. 24.1.2007 – 8 U 69/06; *Bungeroth* in MünchKomm. AktG, 3. Aufl., § 56 AktG Rz. 57; *Henze* in Großkomm. AktG, 4. Aufl., § 56 AktG Rz. 53; *Hüffer*, § 56 AktG Rz. 12; *Janssen* in Heidel, § 56 AktG Rz. 15; *Lutter* in KölnKomm. AktG, 2. Aufl., § 56 AktG Rz. 38; *Westermann* in Bürgers/Körber, § 56 AktG Rz. 9.
67 Vgl. *Henze* in Großkomm. AktG, 4. Aufl., § 56 AktG Rz. 55; *Hüffer*, § 56 AktG Rz. 12; *Janssen* in Heidel, § 56 AktG Rz. 15; *Lutter* in KölnKomm. AktG, 2. Aufl., § 56 AktG Rz. 38.
68 Vgl. *Henze* in Großkomm. AktG, 4. Aufl., § 56 AktG Rz. 83; *Hüffer*, § 56 AktG Rz. 12; *Janssen* in Heidel, § 56 AktG Rz. 14; *Vedder*, S. 52 f.
69 Vgl. *Bungeroth* in MünchKomm. AktG, 3. Aufl., § 56 AktG Rz. 57; *Henze* in Großkomm. AktG, 4. Aufl., § 56 AktG Rz. 54; *Hüffer*, § 56 AktG Rz. 12; *Janssen* in Heidel, § 56 AktG Rz. 15; *Lutter* in KölnKomm. AktG, 2. Aufl., § 56 AktG Rz. 38.

ersatz werden ausnahmsweise voll abbedungen[70]. Ebenfalls unter § 56 Abs. 3 fällt die Übernahme einer Kursgarantie der Gesellschaft zugunsten des Übernehmers[71]. Hier kann unter Umständen die Behandlung des Vorgangs nach Art einer gemischten Sacheinlage helfen[72].

23 **bb) Emission neuer Aktien.** Bei Kapitalerhöhungen unter Einschaltung einer Emissionsbank oder eines Emissionskonsortiums findet § 56 Abs. 3 Anwendung, wenn die Bank oder das Konsortium das Übernahmerisiko nicht vollständig tragen[73]. Zur Vermeidung der damit verbundenen Rechtsfolgen darf der Übernahmevertrag nicht vorsehen, dass die Gesellschaft nicht plazierte Aktien zurücknehmen oder Mindererlöse vergüten muss. Die vollständige Risikoübernahme darf jedoch in Form einer Provision aus dem Mehrerlös gegenüber dem Ausgabebetrag der Aktien abgegolten werden[74].

## 2. Rechtsfolgen

### a) Wirksamkeit der Aktienübernahme

24 § 56 Abs. 3 enthält im Gegensatz zu § 56 Abs. 1 und 2 kein Verbot der Aktienübernahme[75]. Ausweislich der Amtlichen Begründung wollte der Gesetzgeber keine „unsicheren Rechtsverhältnisse" schaffen[76]. Er setzt statt dessen auf die abschreckende Wirkung der Rechtsfolgen einer Aktienübernahme für Rechnung der Gesellschaft[77]: § 56 Abs. 3 Satz 2 belastet den Übernehmer mit der vollen Verantwortung für die Aktienübernahme, während ihm § 56 Abs. 3 Satz 3 alle Rechte aus diesen Aktien vorenthält[78].

### b) Pflichten und Rechte aus der Aktienübernahme

25 Wer als Gründer oder Zeichner eine Aktie für Rechnung der Gesellschaft übernommen hat, kann sich nach § 56 Abs. 3 Satz 1 nicht darauf berufen, dass er die Aktie nicht für eigene Rechnung übernommen hat. Gem. § 56 Abs. 3 Satz 2 haftet er vielmehr ohne Rücksicht auf Vereinbarungen mit der Gesellschaft oder dem abhängigen oder in Mehrheitsbesitz stehenden Unternehmen auf die volle Einlage[79]. Gegebenen-

---

70 Vgl. *Henze* in Großkomm. AktG, 4. Aufl., § 56 AktG Rz. 54; *Hüffer*, § 56 AktG Rz. 12; *Janssen* in Heidel, § 56 AktG Rz. 15.
71 Vgl. *Hahn*, S. 64, 79, 81 f.; *Hüffer*, § 56 AktG Rz. 12; *Krause*, S. 301, 320 ff.; *Vedder*, S. 56; *M. Winter* in FS Röhricht, 2005, S. 709, 713.
72 Näher *Krause*, S. 301, 321 f.; *M. Winter* in FS Röhricht, 2005, S. 709, 718.
73 Vgl. *Hahn*, S. 84; *Hüffer*, § 56 AktG Rz. 13; *Janssen* in Heidel, § 56 AktG Rz. 16.
74 Vgl. *Hahn*, S. 84; *Hüffer*, § 56 AktG Rz. 13; *Janssen* in Heidel, § 56 AktG Rz. 16.
75 Vgl. *Bungeroth* in MünchKomm. AktG, 3. Aufl., § 56 AktG Rz. 65; *Henze* in Großkomm. AktG, 4. Aufl., § 56 AktG Rz. 64; *Janssen* in Heidel, § 56 AktG Rz. 18; abw. *Cahn/Senger* in Spindler/Stilz, § 56 AktG Rz. 53 ff.
76 Vgl. Amtl. Begr. zu § 51 AktG 1937 bei *Klausing*, AktG 1937, S. 44 mit dem Zusatz: „Es hätte dazu geführt, dass die Gesellschaft nicht übernommene Aktien gehabt hätte, die auf irgendeine Weise hätten beseitigt werden müssen."; ferner *Schlegelberger/Quassowski*, § 51 AktG 1937 Anm. 6.
77 Vgl. Amtl. Begr. zu § 51 AktG 1937 bei *Klausing*, AktG 1937, S. 44; *Baumbach/Hueck*, § 56 AktG Anm. 7; *Bungeroth* in MünchKomm. AktG, 3. Aufl., § 56 AktG Rz. 65; *Henze* in Großkomm. AktG, 4. Aufl., § 56 AktG Rz. 64.
78 Vgl. *Bungeroth* in MünchKomm. AktG, 3. Aufl., § 56 AktG Rz. 65; *Henze* in Großkomm. AktG, 4. Aufl., § 56 AktG Rz. 64; *Westermann* in Bürgers/Körber, § 56 AktG Rz. 12.
79 Vgl. Amtl. Begr. zu § 51 AktG 1937 bei *Klausing*, AktG 1937, S. 44; *Bungeroth* in MünchKomm. AktG, 3. Aufl., § 56 AktG Rz. 66; *Henze* in Großkomm. AktG, 4. Aufl., § 56 AktG Rz. 64.

falls muss er auch eine aktienrechtliche Nebenverpflichtung erfüllen[80]. Sache des Vorstands ist es, von dem Aktienübernehmer die volle Einlage einzufordern[81] und damit die Aktienübernahme für Rechnung der Gesellschaft in eine solche für eigene zu verwandeln[82]. Unterlässt er dies, machen sich die Vorstandsmitglieder nach Maßgabe des § 93 Abs. 2 schadensersatzpflichtig[83].

Solange die Aktie noch nicht für eigene Rechnung übernommen ist, d.h. die Einlage noch nicht geleistet wurde, stehen dem Übernehmer nach § 56 Abs. 3 Satz 3 keine Rechte aus der Aktie zu. Der Rechtsausschluss betrifft sowohl Vermögens- wie Mitverwaltungsrechte[84] und gilt auch für das Recht auf den Liquidationsüberschuss[85]. 26

### c) Pflichten und Rechte aus dem Innenverhältnis

Das Innenverhältnis zwischen Gesellschaft und Übernehmer bleibt wirksam[86]. Der Übernehmer kann daraus nach § 56 Abs. 3 Satz 1 aber keine Rechte, insbesondere **keinen Anspruch auf Aufwendungsersatz**, herleiten[87]. Er kann also weder Erstattung der gezahlten Einlagen oder sonstiger Auslagen noch Zahlung einer Provision verlangen[88]. Umgekehrt stehen der Gesellschaft alle Ansprüche aus dem Innenverhältnis zu[89]. Insbesondere kann sie nach § 667 BGB oder § 384 Abs. 2 Halbs. 2 Fall 2 HGB bei einer Weiterveräußerung der Aktie an Dritte den erzielten Erlöses herausverlangen[90]. 27

### 3. Nachträgliche Übernahme für eigene Rechnung

Übernimmt der Aktionär die Aktien nachträglich für eigene Rechnung, so stehen ihm nach § 56 Abs. 3 Satz 3 die zunächst vorenthaltenen Mitgliedschaftsrechte zu. Dazu bedarf es keines gesonderten Erwerbsvorgangs mehr, wohl aber der Beendigung des jeweiligen Innenverhältnisses mit der Gesellschaft[91]. Liegt dem eine vertragliche Vereinbarung zugrunde, bedarf es in der Regel eines Auflösungsvertrages[92]. Nur in Ausnahmefällen wird eine Kündigung aus wichtigem Grund möglich sein[93]. 28

---

80 Vgl. *Bungeroth* in MünchKomm. AktG, 3. Aufl., § 56 AktG Rz. 66; *Henze* in Großkomm. AktG, 4. Aufl., § 56 AktG Rz. 65.
81 Vgl. Amtl. Begr. zu § 51 AktG 1937 bei *Klausing*, AktG 1937, S. 44; *Baumbach/Hueck*, § 56 AktG Anm. 7; *Henze* in Großkomm. AktG, 4. Aufl., § 56 AktG Rz. 65; *Hüffer*, § 56 AktG Rz. 14; *Lutter* in KölnKomm. AktG, 2. Aufl., § 56 AktG Rz. 44.
82 Vgl. Amtl. Begr. zu § 51 AktG 1937 bei *Klausing*, AktG 1937, S. 44.
83 Vgl. Amtl. Begr. zu § 51 AktG 1937 bei *Klausing*, AktG 1937, S. 44; *Henze* in Großkomm. AktG, 4. Aufl., § 56 AktG Rz. 65; *Hüffer*, § 56 AktG Rz. 14.
84 Vgl. Amtl. Begr. zu § 51 AktG 1937 bei *Klausing*, AktG 1937, S. 44; *Baumbach/Hueck*, § 56 AktG Anm. 7; *Lutter* in KölnKomm. AktG, 2. Aufl., § 56 AktG Rz. 47.
85 Vgl. *Bungeroth* in MünchKomm. AktG, 3. Aufl., § 56 AktG Rz. 68; *v. Godin/Wilhelmi*, § 56 AktG Anm. 4; *Henze* in Großkomm. AktG, 4. Aufl., § 56 AktG Rz. 67; *Hüffer*, § 56 AktG Rz. 15; *Janssen* in Heidel, § 56 AktG Rz. 18.
86 Vgl. *Bungeroth* in MünchKomm. AktG, 3. Aufl., § 56 AktG Rz. 72; *Hüffer*, § 56 AktG Rz. 14; *Janssen* in Heidel, § 56 AktG Rz. 19; *Lutter* in KölnKomm. AktG, 2. Aufl., § 56 AktG Rz. 45.
87 Vgl. *Hüffer*, § 56 AktG Rz. 14; *Janssen* in Heidel, § 56 AktG Rz. 19; *Lutter* in KölnKomm. AktG, 2. Aufl., § 56 AktG Rz. 46.
88 Vgl. *Bungeroth* in MünchKomm. AktG, 3. Aufl., § 56 AktG Rz. 70; *Henze* in Großkomm. AktG, 4. Aufl., § 56 AktG Rz. 69.
89 Vgl. *Hüffer*, § 56 AktG Rz. 15; *Westermann* in Bürgers/Körber, § 56 AktG Rz. 13.
90 Vgl. *Henze* in Großkomm. AktG, 4. Aufl., § 56 AktG Rz. 72; *Hüffer*, § 56 AktG Rz. 14.
91 Vgl. *Hüffer*, § 56 AktG Rz. 16; *Janssen* in Heidel, § 56 AktG Rz. 20.
92 Vgl. *Hüffer*, § 56 AktG Rz. 16; *Janssen* in Heidel, § 56 AktG Rz. 20.
93 Vgl. *Hüffer*, § 56 AktG Rz. 16; *Westermann* in Bürgers/Körber, § 56 AktG Rz. 14.

## V. Haftung der Vorstandsmitglieder

29 Werden bei einer Kapitalerhöhung Aktien unter Verletzung der Absätze 1 oder 2 gezeichnet, haftet jedes Vorstandsmitglied der Gesellschaft nach § 56 Abs. 4 Satz 1 auf die volle Einlage. Die Haftung bezieht sich nicht auf Fälle der Selbstzeichnung bei der Gründung[94], die freilich nur theoretischer Natur sind (vgl. Rz. 8). Bei einer Aktienübernahme im Rahmen einer Kapitalerhöhung trifft die Einstandspflicht entgegen dem missverständlichen Gesetzeswortlaut („auch") nur die Vorstandsmitglieder, weil sich die Gesellschaft ihre Einlagen nicht selbst schulden kann[95]. Eine zusätzliche Einlagenhaftung neben derjenigen des abhängigen oder in Mehrheitsbesitz stehenden Unternehmens ist daher nur in den Fällen des § 56 Abs. 2 gegeben.

30 **Mehrere Vorstandsmitglieder** haften als **Gesamtschuldner** i.S. der §§ 421 ff. BGB[96]. Jedes Vorstandsmitglied kann sich nach § 56 Abs. 4 Satz 2 von der Haftung befreien, indem es sein fehlendes Verschulden beweist. Für den Gründungsfall ist eine Exkulpation wegen der Pflicht zur gemeinsamen Anmeldung durch alle Vorstandsmitglieder nach § 36 Abs. 1 nahezu ausgeschlossen; bei Kapitalerhöhungen genügt der Nachweis, dass das betreffende Vorstandsmitglied mit dem Vorgang nicht betraut war und auch keine ressortübergreifende Überwachungspflicht verletzt hat[97]. Leisten die Vorstandsmitglieder nach § 56 Abs. 4 Satz 1 die Einlagen, so haben sie einen Anspruch auf Herausgabe der eingezahlten Aktien oder auf Erstattung ihrer Aufwendungen[98].

31 Unabhängig davon kommt ein Schadensersatzanspruch der Gesellschaft gegen pflichtwidrig handelnde Vorstandsmitglieder nach § 93 Abs. 2, Abs. 3 Nr. 3 in Betracht[99].

# § 57
# Keine Rückgewähr, keine Verzinsung der Einlagen

**(1) Den Aktionären dürfen die Einlagen nicht zurückgewährt werden. Als Rückgewähr gilt nicht die Zahlung des Erwerbspreises beim zulässigen Erwerb eigener Aktien. Satz 1 gilt nicht bei Leistungen, die bei Bestehen eines Beherrschungs- oder Gewinnabführungsvertrags (§ 291) erfolgen oder durch einen vollwertigen Gegenleistungs- oder Rückgewähranspruch gegen den Aktionär gedeckt sind. Satz 1 ist zudem nicht anzuwenden auf die Rückgewähr eines Aktionärsdarlehens und Leistungen auf Forderungen aus Rechtshandlungen, die einem Aktionärsdarlehen wirtschaftlich entsprechen.**

---

94 Vgl. *Bungeroth* in MünchKomm. AktG, 3. Aufl., § 56 AktG Rz. 43; *Henze* in Großkomm. AktG, 4. Aufl., § 56 AktG Rz. 20.

95 Vgl. *Henze* in Großkomm. AktG, 4. Aufl., § 56 AktG Rz. 19; *Hüffer*, § 56 AktG Rz. 17; *Schäfer* in Marsch-Barner/Schäfer, Handbuch börsennotierte AG, § 50 Rz. 15.

96 Vgl. *Henze* in Großkomm. AktG, 4. Aufl., § 56 AktG Rz. 19; *Hüffer*, § 56 AktG Rz. 17; *Janssen* in Heidel, § 56 AktG Rz. 23; *Lutter* in KölnKomm. AktG, 2. Aufl., § 56 AktG Rz. 62; *Westermann* in Bürgers/Körber, § 56 AktG Rz. 16.

97 Vgl. *Henze* in Großkomm. AktG, 4. Aufl., § 56 AktG Rz. 21; *Janssen* in Heidel, § 56 AktG Rz. 23; *Lutter* in KölnKomm. AktG, 2. Aufl., § 56 AktG Rz. 63.

98 Vgl. *Henze* in Großkomm. AktG, 4. Aufl., § 56 AktG Rz. 22; *Hüffer*, § 56 AktG Rz. 17; *Janssen* in Heidel, § 56 AktG Rz. 23; *Lutter* in KölnKomm. AktG, § 56 AktG Rz. 62.

99 Vgl. *Büdenbender*, DZWiR 1998, 55, 57; *Janssen* in Heidel, § 56 AktG Rz. 23; *Schäfer* in Marsch-Barner/Schäfer, Handbuch börsennotierte AG, § 50 Rz. 15.

**(2) Den Aktionären dürfen Zinsen weder zugesagt noch ausgezahlt werden.**

**(3) Vor Auflösung der Gesellschaft darf unter die Aktionäre nur der Bilanzgewinn verteilt werden.**

| | |
|---|---|
| I. Überblick | 1 |
| 1. Regelungsgegenstand und Bedeutung | 1 |
| 2. Vorgängervorschriften, Parallelregelungen und Reform | 5 |
| 3. Gemeinschaftsrecht und Rechtsvergleichung | 7 |
| II. Verbot der Einlagenrückgewähr (§ 57 Abs. 1 Satz 1) | 9 |
| 1. Allgemeines | 9 |
| 2. Sachliche Reichweite | 10 |
| a) Offene Leistungen | 10 |
| b) Verdeckte Leistungen | 11 |
| aa) Grundlagen | 11 |
| bb) Objektive Voraussetzungen | 12 |
| (1) Allgemeines | 12 |
| (2) Betriebliche Rechtfertigung? | 15 |
| (3) Maßgeblichkeit von Verkehrswerten | 17 |
| cc) Subjektive Voraussetzungen? | 19 |
| c) Einzelfälle | 21 |
| aa) Typische Fälle | 21 |
| bb) Kursgarantie, Wiederkaufspflicht | 22 |
| cc) Abkauf von Anfechtungsklagen | 23 |
| dd) Haftungsfreistellung bei der Platzierung von Aktien | 24 |
| (1) Platzierung neuer Aktien | 24 |
| (2) Umplatzierung bestehender Aktien | 25 |
| ee) Break-Fee-Vereinbarungen | 28 |
| 3. Persönliche Reichweite | 29 |
| a) Leistungen an Aktionäre | 29 |
| b) Leistungen unter Beteiligung Dritter | 30 |
| aa) Leistungen durch Dritte | 30 |
| bb) Leistungen an Dritte | 31 |
| cc) Leistungen unter Dritten | 32 |
| 4. Zeitliche Reichweite | 33 |
| III. Ausnahmen vom Verbot der Einlagenrückgewähr (§ 57 Abs. 1 Satz 2 bis 4) | 34 |
| 1. Zulässiger Erwerb eigener Aktien (§ 57 Abs. 1 Satz 2) | 34 |
| 2. Beherrschungs- oder Gewinnabführungsvertrag (§ 57 Abs. 1 Satz 3 Alt. 1) | 35 |
| 3. Deckung durch vollwertigen Gegenleistungs- oder Rückgewähranspruch (§ 57 Abs. 1 Satz 3 Alt. 2) | 38 |
| a) Allgemeines | 38 |
| b) Austauschverträge | 41 |
| aa) Vollwertiger Gegenleistungsanspruch | 42 |
| bb) Deckungsgebot | 43 |
| cc) Verbleibende Bedeutung des Drittvergleichs | 44 |
| dd) Beweislast | 45 |
| c) Darlehensgewährung | 46 |
| aa) Vollwertiger Rückgewähranspruch | 46 |
| (1) Bonität des Schuldners | 47 |
| (2) Besicherung | 48 |
| (3) Klumpenrisiko | 49 |
| (4) Teilweise Vollwertigkeit | 50 |
| bb) Bedeutung der Verzinsung | 51 |
| (1) Vollwertigkeit | 52 |
| (2) Deckungsgebot und Drittvergleich | 53 |
| cc) Leistungszeitpunkt | 55 |
| (1) Allgemeines | 55 |
| (2) Stehenlassen und Verlängerung des Kredits | 57 |
| dd) Cash Pooling | 58 |
| d) Sicherheitenbestellung | 59 |
| aa) Wertungsparallele zur Darlehensgewährung | 59 |
| bb) Vollwertiger Rückgriffsanspruch | 60 |
| cc) Leistungszeitpunkt | 61 |
| 4. Rückgewähr eines Aktionärsdarlehens (§ 57 Abs. 1 Satz 4) | 62 |
| 5. Sonstige Fälle | 65 |
| IV. Konkurrenzfragen | 66 |
| 1. Verhältnis zur Kapitalmarktinformationshaftung | 66 |
| 2. Verhältnis zu §§ 87, 89 bei Vorstands-Aktionären | 68 |
| 3. Verhältnis zu §§ 311 ff. bei abhängiger AG | 69 |
| V. Zinsverbot (§ 57 Abs. 2) | 70 |
| VI. Verbot sonstiger Vermögensverteilung (§ 57 Abs. 3) | 72 |
| VII. Rechtsfolgen eines Verstoßes | 73 |
| 1. Rückgewähransprüche | 73 |
| 2. Schadensersatzansprüche | 76 |

## § 57

**Literatur:** *Altmeppen,* Cash Pooling und Kapitalerhaltung bei bestehendem Beherrschungs- oder Gewinnabführungsvertrag, NZG 2010, 361; *Altmeppen,* Cash Pooling und Kapitalerhaltung im faktischen Konzern, NZG 2010, 401; *Altmeppen,* „Upstream-loans", Cash Pooling und Kapitalerhaltung nach neuem Recht, ZIP 2009, 49; *Ballerstedt,* Kapital, Gewinn und Ausschüttung bei Kapitalgesellschaften, 1949; *Baums,* Das Zinsverbot im Aktienrecht, in FS Horn, 2006, S. 245; *T. Bezzenberger,* Das Kapital der Aktiengesellschaft, 2005; *Bitter,* Rechtsperson und Kapitalerhaltung, ZHR 168 (2004), 302; *Blasche/König,* Upstream-Darlehen vor dem Hintergrund des neuen § 30 Abs. 1 GmbHG, GmbHR 2009, 897; *Blöse,* Aufsteigendes Darlehen einer Aktiengesellschaft – Eine Erwiderung, DB 2010, 1053; *Bommert,* Verdeckte Vermögensverlagerungen im Aktienrecht, 1989; *Brocker/Rockstroh,* Upstream-Darlehen und Cash-Pooling in der GmbH nach der Rückkehr zur bilanziellen Betrachtungsweise, BB 2009, 730; *Buschmann,* Finanzplankredit und MoMiG, NZG 2009, 91; *Cahn,* Kapitalerhaltung im Konzern, 1998; *Cahn,* Kredite an Gesellschafter – zugleich Anmerkung zur MPS-Entscheidung des BGH, Der Konzern 2009, 67; *Drygala/Kremer,* Alles neu macht der Mai – Zur Neuregelung der Kapitalerhaltungsvorschriften im Regierungsentwurf zum MoMiG, ZIP 2007, 1289; *Eckert,* Emittentenhaftung für fehlerhafte Kapitalmarktinformation und aktienrechtliche Kapitalerhaltung, GesRZ 2010, 88; *Erne,* Haftungsvermeidung des Geschäftsführers durch Frühwarnsysteme bei Nutzung von Cash Pooling, GWR 2010, 314; *Eusani,* Darlehensverzinsung und Kapitalerhaltung beim Cash Pooling nach dem MoMiG, GmbHR 2009, 795; *Fleischer,* Verdeckte Gewinnausschüttung und Kapitalschutz im Europäischen Gesellschaftsrecht, in Lutter (Hrsg.), Das Kapital der Aktiengesellschaft in Europa, 2006, S. 114; *Fleischer,* Zweifelsfragen der verdeckten Gewinnausschüttung im Aktienrecht, WM 2007, 909; *Fleischer,* Umplatzierung von Aktien durch öffentliches Angebot (Secondary Public Offering) und verdeckte Einlagenrückgewähr nach § 57 Abs. 1 AktG, ZIP 2007, 1969; *Frotscher,* Verdeckte Gewinnausschüttung und Grundsatz der Kapitalerhaltung, in FS Raupach, 2006, S. 363; *Gebauer,* Börsenprospekthaftung und Kapitalerhaltungsgrundsatz in der Aktiengesellschaft, 1999; *Gehle,* Aufsteigende Darlehen einer Aktiengesellschaft, DB 2010, 151; *Gehrlein,* Die Behandlung von Gesellschafterdarlehen nach dem MoMiG, BB 2008, 846; *Gruber,* Prospekthaftung der AG versus Kapitalerhaltung, GesRZ 2010, 73; *Habersack,* Aufsteigende Kredite im Lichte des MoMiG und des „Dezember"-Urteils des BGH, ZGR 2009, 347; *Habersack,* Aufsteigende Darlehen nach MoMiG, in FS Schaumburg, 2009, S. 1291; *Heckschen,* Kapitalerhaltung und Down-Stream-Merger, GmbHR 2008, 802; *Heider,* Börsengang, Prospekthaftung und Einlagenrückgewähr nach § 57 AktG, in FS Sigle, 2000, S. 251; *Henze,* Konzernfinanzierung und Besicherung, WM 2005, 717; *Henze,* Vermögensbindung und Anlegerschutz, NZG 2005, 115; *Henze,* Der Schadensersatzanspruch des Anlegers bei fehlerhaften Ad-hoc-Mitteilungen in der Rechtsprechung des BGH, in FS Schwark, 2009, S. 425; *Hoger,* Kapitalschutz als Durchsetzungsschranke umwandlungsrechtlicher Ausgleichsansprüche von Gesellschaftern, AG 2008, 149; *Johannsen-Roth/Goslar,* Rechtliche Rahmenbedingungen für Übernahmeprämien bei Misch- oder Tauschangeboten im Lichte von § 255 Abs. 2 Satz 1 AktG und § 57 AktG, AG 2007, 573; *Joost,* Grundlagen und Rechtsfolgen der Kapitalerhaltungsregeln im Aktienrecht, ZHR 149 (1985), 419; *Kiefner/Theusinger,* Aufsteigende Darlehen und Sicherheitenbegebung im Aktienrecht nach MoMiG, NZG 2008, 801; *Kindler,* Gesellschaftsrechtliche Grenzen der Emittentenhaftung am Kapitalmarkt – Eine Nachlese zum Fall „EM.TV" vor dem Hintergrund zwischenzeitlicher Entwicklungen, in FS Hüffer, 2010, S. 417; *Klinck/Gärtner,* Versetzt das MoMiG dem Cash-Pooling den Todesstoß?, NZI 2008, 457; *Langenbucher,* Kapitalerhaltung und Kapitalmarkthaftung, ZIP 2005, 239; *Lutter* (Hrsg.), Das Kapital der Aktiengesellschaft in Europa, 2006; *Lutter,* Kapital, Sicherung der Kapitalaufbringung und Kapitalerhaltung in den Aktien- und GmbH-Rechten der EWG, 1964; *Lutter,* Verdeckte Leistungen und Kapitalschutz, in FS Stiefel, 1987, S. 505; *Marx,* Der Solvenztest als Alternative zur Kapitalerhaltung in der Aktiengesellschaft, 2006; *Moser,* Einlagenrückgewähr durch Ergebnisabführungsvertrag, RdW 2010, 331; *Mülbert/Leuschner,* Aufsteigende Darlehen im Kapitalerhaltungs- und Konzernrecht – Gesetzgeber und BGH haben gesprochen, NZG 2009, 281; *Oechsler,* Paketzuschläge im Verhältnis zwischen Aktionär und AG, NZG 2008, 690; *Podewils,* Umplatzierung von Aktienpaketen und verbotene Einlagenrückgewähr, NZG 2009, 1101; *Richard,* Kapitalschutz der Aktiengesellschaft, 2007; *Riedel,* Unzulässige Vermögenszuwendungen und ihre Rechtsfolgen im Recht der Aktiengesellschaft, 2004; *Rosengarten,* Die Rechtsfolgen eines „verdeckten" Verstoßes gegen § 57 AktG: Endgültiger Abschied von der Nichtigkeit, ZHR 168 (2004), 708; *Schall,* Kapitalgesellschaftsrechtlicher Gläubigerschutz, 2009; *K. Schmidt,* Aktionärskredite vor und nach MoMiG – Versuch eines kasuistischen Testlaufs im Laboratorium der Rechtspolitik, in FS Hüffer, 2010, S. 885; *Schmolke,* Kapitalerhaltung in der GmbH nach dem MoMiG, 2009; *Schön,* Vermögensbindung und Kapitalschutz in der AG – Versuch einer Differenzierung, in FS Röhricht, 2005, S. 559; *Spindler,* Konzernfinanzierung, ZHR 171 (2007), 245; *Spliedt,* MoMiG in der Insolvenz – ein Sanierungsversuch, ZIP 2009, 149; *Theisen,* Die Umplatzierung von Aktien durch öffentliches Angebot, Diss. Bonn 2010; *Ulmer,* Das

Sonderrecht der §§ 311 ff. AktG und sein Verhältnis zur allgemeinen aktienrechtlichen Haftung für Schädigungen der AG, in FS Hüffer, 2010, S. 999; *Wand/Tillmann/Heckenthaler*, Aufsteigende Darlehen und Sicherheiten bei Aktiengesellschaften nach dem MoMiG und der MPS-Entscheidung des BGH, AG 2009, 148; *Wild*, Prospekthaftung einer deutschen Aktiengesellschaft unter deutschem und europäischem Kapitalschutz, 2007; *Wilhelm*, Die Vermögensbindung bei der Aktiengesellschaft und der GmbH und das Problem der Unterkapitalisierung, in FS Flume, 1978, Bd. II, S. 337; *Winkler/Becker*, Die Limitation Language bei Akquisitions- und Konzernfinanzierungen unter Berücksichtigung des MoMiG, ZIP 2009, 2361; *Wirsch*, Die Vollwertigkeit des Rückgewähranspruchs – Kapitalaufbringung und Kapitalerhaltung im Cash Pool, Der Konzern 2009, 443.

## I. Überblick

### 1. Regelungsgegenstand und Bedeutung

§ 57 enthält den **Grundsatz der Kapitalerhaltung**[1], genauer: den der aktienrechtlichen Vermögensbindung[2]. Er ergänzt den Grundsatz der realen Kapitalaufbringung[3] und bildet zusammen mit ihm das notwendige Gegenstück zu der in § 1 Abs. 1 Satz 2 enthaltenen Regelung, nach der den Gesellschaftsgläubigern nur das Gesellschaftsvermögen haftet[4]. Weiter abgestützt wird § 57 durch die Vorschriften der §§ 59, 62, 66 Abs. 2 und 71 ff.[5].

1

Im Einzelnen untersagt der – sprachlich zu eng gefasste (Rz. 9) – Abs. 1 die Rückgewähr von Einlagen an Aktionäre. Abs. 2 sorgt dafür, dass das Verbot der Einlagenrückgewähr nicht durch Zusage oder Zahlung von Zinsen umgangen werden kann. Abs. 3 verbietet es werbenden Gesellschaften, etwas anderes als den Bilanzgewinn an die Aktionäre auszuzahlen, und verdeutlicht damit die Reichweite der Vermögensbindung im Aktienrecht.

2

§ 57 dient nach herkömmlicher Sichtweise **verschiedenen Schutzzielen**[6]. Im Vordergrund steht danach das Interesse der Gläubiger an der Erhaltung eines Haftungsfonds[7]. Als weitere Regelungsziele gelten die Gleichbehandlung der Aktionäre, die durch Vermögenszuwendungen an einzelne Gesellschafter verletzt würde[8], die Erhaltung der gesetzlichen Kompetenzordnung, die durch Zuwendungen des Vorstands au-

3

---

1 Vgl. Begr. RegE *Kropff*, Aktiengesetz, S. 73; *Bayer* in MünchKomm. AktG, 3. Aufl., § 57 AktG Rz. 1; *Drinhausen* in Heidel, § 57 AktG Rz. 1; *Henze* in Großkomm. AktG, 4. Aufl., § 57 AktG Rz. 4; *Hüffer*, § 57 AktG Rz. 1; *Lutter* in KölnKomm. AktG, 2. Aufl., § 57 AktG Rz. 1.
2 Vgl. *Cahn/Senger* in Spindler/Stilz, § 57 AktG Rz. 1; *Henze* in Großkomm. AktG, 4. Aufl., § 57 AktG Rz. 10; *Hüffer*, § 57 AktG Rz. 1; *Wiesner* in MünchHdb. AG, § 16 Rz. 42.
3 Vgl. *Henze* in Großkomm. AktG, 4. Aufl., § 57 AktG Rz. 5; *Hüffer*, § 57 AktG Rz. 1; *Lutter* in KölnKomm. AktG, 2. Aufl., § 57 AktG Rz. 2.
4 Vgl. Begr. RegE *Kropff*, Aktiengesetz, S. 73; *Bayer* in MünchKomm. AktG, 3. Aufl., § 57 AktG Rz. 1; *Drinhausen* in Heidel, § 57 AktG Rz. 1; *Henze* in Großkomm. AktG, 4. Aufl., § 57 AktG Rz. 5; *Hüffer*, § 57 AktG Rz. 1.
5 Vgl. *Bayer* in MünchKomm. AktG, 3. Aufl., § 57 AktG Rz. 1; *Drinhausen* in Heidel, § 57 AktG Rz. 1; *Henze* in Großkomm. AktG, 4. Aufl., § 57 AktG Rz. 4; *Lutter* in KölnKomm. AktG, 2. Aufl., § 57 AktG Rz. 3.
6 Grundlegend *Flechtheim* in Düringer/Hachenburg, HGB, 3. Aufl. 1934, § 213 Rz. 1; vertiefend *Ballerstedt*, S. 132 ff.; zuletzt *Schön* in FS Röhricht, 2005, S. 559, 560 ff.
7 Vgl. *Bayer* in MünchKomm. AktG, 3. Aufl., § 57 AktG Rz. 6 f.; *Cahn/Senger* in Spindler/Stilz, § 57 AktG Rz. 6 f.; *Henze* in Großkomm. AktG, 4. Aufl., § 57 AktG Rz. 7; *Hüffer*, § 57 AktG Rz. 1; *Lutter* in KölnKomm. AktG, 2. Aufl., § 57 AktG Rz. 2; *Ballerstedt*, S. 123; *Flechtheim* in Düringer/Hachenburg, HGB, 3. Aufl. 1934, § 213 Rz. 1.
8 Vgl. RG v. 14.3.1903 – Rep I 371/02, RGZ 54, 128, 132; RG v. 20.2.1923 – II 36/22, RGZ 107, 161, 168; *Bayer* in MünchKomm. AktG, 3. Aufl., § 57 AktG Rz. 2; *Bitter*, ZHR 168 (2004), 303, 310 f.; *Henze* in Großkomm. AktG, 4. Aufl., § 57 AktG Rz. 7; *Hüffer*, § 57 AktG Rz. 1; *Lutter* in KölnKomm. AktG, 2. Aufl., § 57 AktG Rz. 2; *Ballerstedt*, S. 132 f.; *Flechtheim* in Düringer/Hachenburg, HGB, 3. Aufl. 1934, § 213 Rz. 1.

ßerhalb der gesetzlich vorgeschriebenen Gewinnverteilung unterlaufen würde[9], sowie die Gewährleistung eines zutreffenden Gewinnausweises, der nicht durch außerbilanzielle Wertverschiebungen verfälscht werden soll[10]. Diese Vielzahl von Schutzobjekten schrumpft beträchtlich zusammen, wenn man schärfer zwischen *Schutzzielen* und *Schutzreflexen* unterscheidet[11]. **Nach richtiger Ansicht** zielt § 57 **ausschließlich** auf den **Gläubigerschutz** ab[12]. Der Schutz der übrigen Teilziele bildet eine nicht unerwünschte Nebenfolge der Vermögensbindung und wird durch eigenständige Rechtsinstitute (§ 53a, mitgliedschaftliche Treuepflicht) gewährleistet, die in Tatbestandsvoraussetzungen und Rechtsfolgen mit § 57 konkurrieren[13].

4 Der Grundsatz der aktienrechtlichen Vermögensbindung ist **zwingendes Recht**[14]. Er kann statutarisch weder abbedungen noch abgeschwächt werden[15]. Umgekehrt kann die Satzung das Verbot der Einlagenrückgewähr auch nicht ausdehnen: Wird der Bilanzgewinn unter Missachtung einer die Verteilung ausschließenden Satzungsbestimmung, wie sie § 58 Abs. 4 gestattet, verteilt, ohne dass der Hauptversammlungsbeschluss nach § 243 Abs. 1 angefochten wird, so bleibt die Ausschüttung wirksam[16].

**2. Vorgängervorschriften, Parallelregelungen und Reform**

5 § 57 geht zurück auf §§ 52, 54 AktG 1937, die ihrerseits Vorläufer in § 213 HGB 1897 und Art. 216, 217 ADHGB hatten[17]. § 57 Abs. 3 a.F., der sog. Bauzinsen zugelassen hatte, ist im Jahre 1978 gestrichen worden[18]. An seine Stelle hat der Gesetzgeber im Jahre 1994 die ursprünglich in § 58 Abs. 5 a.F. angesiedelte Beschränkung der Vermögensverteilung auf den Bilanzgewinn eingefügt[19]. Im Rahmen des Gesetzes zur Modernisierung des GmbH-Rechts und zur Bekämpfung von Missbräuchen (MoMiG) von 2008 wurde § 57 Abs. 1 durch einen neuen Satz 3 (Sonderregeln zur Kreditgewährung an Aktionäre sowie zum Cash-Management, dazu Rz. 38 ff.) und einen neuen Satz 4 (Abschaffung kapitalersetzender Aktionärsdarlehen, dazu Rz. 62 ff.) ergänzt[20].

6 Das GmbH-rechtliche Gegenstück zu § 57 findet sich in § 30 GmbHG. Allerdings ist dort lediglich das Stammkapital dem Zugriff der Gesellschafter entzogen[21], während im Aktienrecht das gesamte Gesellschaftsvermögen einer strengen Bindung unterliegt[22].

---

9 Vgl. *Bayer* in MünchKomm. AktG, 3. Aufl., § 57 AktG Rz. 2; *Henze* in Großkomm. AktG, 4. Aufl., § 57 AktG Rz. 7; *Hüffer*, § 57 AktG Rz. 1; *Lutter* in KölnKomm. AktG, 2. Aufl., § 57 AktG Rz. 2; *Schön* in FS Röhricht, 2005, S. 559, 565; *Ballerstedt*, S. 133.
10 Vgl. *Ballerstedt*, S. 133; abschwächend *Schön* in FS Röhricht, 2005, S. 559, 565 f. („Hilfsfunktion").
11 Näher *Fleischer*, WM 2007, 909, 910.
12 Vgl. *Cahn/Senger* in Spindler/Stilz, § 57 AktG Rz. 6; *Fleischer*, WM 2007, 909, 910; ähnlich bereits *Bommert*, S. 95 ff., der aber zusätzlich auf bereicherungsrechtliche Wertungen abstellt.
13 Vgl. *Fleischer*, WM 2007, 909, 910.
14 Vgl. *Bayer* in MünchKomm. AktG, 3. Aufl., § 57 AktG Rz. 4; *Henze* in Großkomm. AktG, 4. Aufl., § 57 AktG Rz. 6; *Hüffer*, § 57 AktG Rz. 1; *Lutter* in KölnKomm. AktG, 2. Aufl., § 57 AktG Rz. 11; *Wiesner* in MünchHdb. AG, § 16 Rz. 42.
15 Vgl. *Bayer* in MünchKomm. AktG, 3. Aufl., § 57 AktG Rz. 4; *Drinhausen* in Heidel, § 57 AktG Rz. 3; *Lutter* in KölnKomm. AktG, 2. Aufl., § 57 AktG Rz. 11; *Wiesner* in MünchHdb. AG, § 16 Rz. 42.
16 Ähnlich *Bayer* in MünchKomm. AktG, 3. Aufl., § 57 AktG Rz. 4; *Henze* in Großkomm. AktG, 4. Aufl., § 57 AktG Rz. 6; *Lutter* in KölnKomm. AktG, 2. Aufl., § 57 AktG Rz. 11.
17 Eingehend zur Kodifikationsgeschichte *Joost*, ZHR 149 (1985), 419, 423 ff.; *Riedel*, S. 64 ff.
18 BGBl. I 1978, 1959.
19 BGBl. I 1994, 1961.
20 BGBl. I 2008, 2026.
21 Dazu und zu abweichenden Regelungen in ausländischen GmbH-Rechten *Fleischer* in Michalski, GmbHG, Syst. Darst. 6 Rz. 90.
22 Vgl. BGH v. 21.6.1999 – II ZR 47/98, ZIP 1999, 1352; OLG Jena v. 25.4.2007 – 6 U 947/05, ZIP 2007, 1314, 1315; RG v. 13.12.1935 – II 161/35, RGZ 149, 385, 400; *Cahn/Senger* in Spindler/

## 3. Gemeinschaftsrecht und Rechtsvergleichung

§ 57 fußt auf Art. 15 Abs. 1 der **Kapitalrichtlinie** (KapRL)[23], der einen doppelten Schutzkordon zugunsten des aufgebrachten Kapitals errichtet: Gem. lit. a) darf keine Ausschüttung an Aktionäre erfolgen, durch die das Nettoaktivvermögen, wie es der Jahresabschluss ausweist, den Betrag der gezeichneten Kapitals zuzüglich gesperrter Rücklagen unterschreiten würde. Gem. lit. c) darf der Betrag einer Ausschüttung den Bilanzgewinn nicht überschreiten[24]. Nach hierzulande vorherrschender, aber nicht unbestrittener Auffassung sind auch verdeckte Vermögenszuwendungen (Rz. 11) als unzulässige Ausschüttungen i.S. des Art. 15 Abs. 1 KapRL anzusehen[25].

**Andere europäische Aktienrechte** kennen zwar das Prinzip der Vermögensbindung, doch erstrecken sie es häufig nicht auf verdeckte Vermögenszuwendungen[26]. Im Gegensatz dazu enthält das schweizerische Aktienrecht in Art. 678 Abs. 2 OR eine ausdrückliche Regelung der verdeckten Gewinnausschüttung[27]. **Rechtspolitisch gerät** die **bilanzgestützte Ausschüttungssperre** unter dem Eindruck englischer Fundamentalkritik[28] und US-amerikanischer Alternativlösungen[29] zunehmend **unter Druck**. Manche fordern ihre Ersetzung oder Ergänzung durch einen sog. Solvenztest[30]. Eine weitere Herausforderung für § 57 Abs. 1 und 3 bildet zukünftig die Rechnungslegung nach IAS/IFRS[31].

## II. Verbot der Einlagenrückgewähr (§ 57 Abs. 1 Satz 1)

### 1. Allgemeines

Gem. § 57 Abs. 1 Satz 1 dürfen den Aktionären **die Einlagen** nicht zurückgewährt werden. Die Formulierung ist höchst unglücklich und nur noch historisch zu verstehen[32]. Nach gefestigter Rechtsüberzeugung verbietet § 57 Abs. 1 Satz 1 jede Zuwendung der Gesellschaft an einen Aktionär außerhalb der Verteilung des Bilanzgewinns

---

Stilz, § 57 AktG Rz. 1; *Drinhausen* in Heidel, § 57 AktG Rz. 2; *Henze* in Großkomm. AktG, 4. Aufl., § 57 AktG Rz. 10; *Hüffer*, § 57 AktG Rz. 2; *Lutter* in KölnKomm. AktG, 2. Aufl., § 57 AktG Rz. 6; abw. *Wilhelm* in FS Flume, 1978, Bd. II, S. 337.
23 Richtlinie 77/91/EWG v. 13.12.1976, ABl. EG Nr. L 26 v. 31.1.1977, S. 1.
24 Näher *Fleischer* in Lutter, Das Kapital der Aktiengesellschaft in Europa, S. 114, 118; *Grundmann*, Europäisches Gesellschaftsrecht, Rz. 342; *Habersack*, Europäisches Gesellschaftsrecht, § 6 Rz. 33; *Schwarz*, Europäisches Gesellschaftsrecht, Rz. 596.
25 Vgl. *Fleischer* in Lutter, Das Kapital der Aktiengesellschaft in Europa, S. 114, 118 ff.; *Habersack*, Europäisches Gesellschaftsrecht, § 6 Rz. 34; *Mülbert* in FS Lutter, 2000, S. 535, 545 ff.; *Schön* in FS Kropff, 1997, S. 285, 291 ff.; abw. *Bezzenberger*, S. 259 ff.; *Koll-Möllenhoff*, Das Prinzip des festen Grundkapitals im europäischen Gesellschaftsrecht, 2005, S. 159 f.; *Schall*, S. 31 ff.; *Ullrich*, Verdeckte Vermögensverlagerungen in den Aktien- und GmbH-Rechten Frankreichs, Belgiens und Deutschlands, 1994, S. 14 ff.
26 Vgl. für England und Frankreich *Bezzenberger*, S. 261 ff., 268 ff.; *Fleischer* in Lutter, Das Kapital der Aktiengesellschaft in Europa, S. 114, 121 ff., 123 ff.
27 Vgl. *Böckli*, Schweizer Aktienrecht, 4. Aufl. 2009, § 12 Rz. 553 ff.; *T. Müller*, Der Schutz der Aktiengesellschaft vor unzulässigen Kapitalentnahmen, 1997, S. 87 ff. und passim.
28 Vgl. vor allem den sog. *Rickford*-Report, EBLR 2004, 919, 975 f.
29 Zu Delaware *Fleischer*, RIW 2005, 92; zu Kalifornien *Pellens/Brandt/Richard*, DB 2006, 2021; *Richard*, S. 222 ff.
30 Näher *Böcking/Dutzi*, Der Konzern 2007, 435; *Engert*, ZHR 170 (2006), 295; *Pellens/Jödicke/Richard*, DB 2005, 1393; *Jungmann*, ZGR 2006, 638; *Pellens/Jödicke/Schmidt*, Der Konzern 2007, 427; *Hennrichs*, Der Konzern 2008, 42; umfassend *Marx*, Der Solvenztest als Alternative zur Kapitalerhaltung in der Aktiengesellschaft, 2006.
31 Eingehend *Ekkenga*, AG 2006, 389; *Naumann*, Der Konzern 2007, 422; umfassend *Merschmeyer*, Die Kapitalschutzfunktion des Jahresabschlusses und Übernahme der IAS/IFRS für die Einzelbilanz, 2005.
32 Vgl. *Lutter* in KölnKomm. AktG, 2. Aufl., § 57 AktG Rz. 5.

und der gesetzlich zugelassenen Ausnahmen[33]. Maßgebend ist eine **wertmäßige, keine gegenständliche Betrachtung**[34]. Daher spielt es keine Rolle, ob das Zurückgewährte die Einlage i.S. des § 54 Abs. 1 ist[35]. Ebenso ist es ohne Belang, ob der Aktionär seine Einlagepflicht schon erfüllt hat[36]. Schließlich kommt es nicht darauf an, ob der Aktionär selbst Schuldner der Einlagepflicht war oder gar keine Einlage mehr erbringen muss, weil sein Rechtsvorgänger diese schon geleistet hat[37].

### 2. Sachliche Reichweite

#### a) Offene Leistungen

10 § 57 Abs. 1 Satz 1 erfasst zunächst die **offene Einlagenrückgewähr**, die freilich selten vorkommt[38]. Beispiele bilden etwa Dividendenabschlagszahlungen, die nicht von § 59 gedeckt sind[39]; Dividendenzahlungen ohne oder aufgrund nichtigen Jahresabschlusses (§§ 172, 173)[40] oder ohne wirksamen Gewinnverwendungsbeschluss (§ 174)[41]; Treueprämien für langjährige Mitgliedschaft[42]; Bonuszahlungen für das Erscheinen zur Hauptversammlung (vgl. auch Rz. 16)[43]; Kapitalrückzahlungen ohne wirksamen Kapitalherabsetzungsbeschluss (§ 222)[44] sowie verfrühte Kapitalrückzahlungen (§ 225 Abs. 2)[45].

#### b) Verdeckte Leistungen

11 **aa) Grundlagen.** § 57 Abs. 1 Satz 1 erfasst darüber hinaus auch die verdeckte Einlagenrückgewähr, die durch ein anderes Rechtsgeschäft bemäntelt wird[46]. Gleichsinnig

---

33 Vgl. *Bayer* in MünchKomm. AktG, 3. Aufl., § 57 AktG Rz. 7; *Cahn/Senger* in Spindler/Stilz, § 57 AktG Rz. 14; *Drinhausen* in Heidel, § 57 AktG Rz. 4; *Henze* in Großkomm. AktG, 4. Aufl., § 57 AktG Rz. 9; *Hüffer*, § 57 AktG Rz. 2; *Lutter* in KölnKomm. AktG, 2. Aufl., § 57 AktG Rz. 5; *Westermann* in Bürgers/Körber, § 57 AktG Rz. 5; *Wiesner* in MünchHdb. AG, § 16 Rz. 42.
34 Vgl. RG v. 19.10.1934 – II 85/34, RGZ 146, 84, 94; OLG Frankfurt v. 30.1.1992 – 16 U 120/90 – „Hornblower Fischer AG", AG 1992, 194, 196; OLG Frankfurt v. 30.11.1995 – 6 U 192/91 – „Küppersbusch/AEG", AG 1996, 324, 325; *Drinhausen* in Heidel, § 57 AktG Rz. 4; *Henze* in Großkomm. AktG, 4. Aufl., § 57 AktG Rz. 5; *Hüffer*, § 57 AktG Rz. 6; *Lutter* in KölnKomm. AktG, 2. Aufl., § 57 AktG Rz. 5.
35 Vgl. *Henze* in Großkomm. AktG, 4. Aufl., § 57 AktG Rz. 8; *Hüffer*, § 57 AktG Rz. 2; *Lutter* in KölnKomm. AktG, 2. Aufl., § 57 AktG Rz. 5; *Wiesner* in MünchHdb. AG, § 16 Rz. 42.
36 Vgl. *Henze* in Großkomm. AktG, 4. Aufl., § 57 AktG Rz. 8; *Lutter* in KölnKomm. AktG, 2. Aufl., § 57 AktG Rz. 7.
37 Vgl. RG v. 19.10.1934 – II 85/34, RGZ 146, 84, 87, 94; *Cahn/Senger* in Spindler/Stilz, § 57 AktG Rz. 14; *Henze* in Großkomm. AktG, 4. Aufl., § 57 AktG Rz. 8.
38 Vgl. *Drinhausen* in Heidel, § 57 AktG Rz. 7; *Hüffer*, § 57 AktG Rz. 5; *Lutter* in KölnKomm. AktG, 2. Aufl., § 57 AktG Rz. 14.
39 Vgl. RG v. 20.2.1923 – II 36/22, RGZ 107, 161, 168; RG v. 1.9.1936 – II 58/36, HRR 1937 Nr. 13.
40 Vgl. *Cahn/Senger* in Spindler/Stilz, § 57 AktG Rz. 29; *Henze* in Großkomm. AktG, 4. Aufl., § 57 AktG Rz. 26; *Westermann* in Bürgers/Körber, § 57 AktG Rz. 12.
41 Vgl. *Drinhausen* in Heidel, § 57 AktG Rz. 7; *Henze* in Großkomm. AktG, 4. Aufl., § 57 AktG Rz. 26; *Lutter* in KölnKomm. AktG, 2. Aufl., § 57 AktG Rz. 14.
42 Vgl. *Drinhausen* in Heidel, § 57 AktG Rz. 7; *Hüffer*, § 57 AktG Rz. 5; *Lutter* in KölnKomm. AktG, 2. Aufl., § 57 AktG Rz. 14.
43 Vgl. *Henze* in Großkomm. AktG, 4. Aufl., § 57 AktG Rz. 34; *Klühs*, ZIP 2006, 107, 110 f.; *E. Vetter*, AG 2006, 32, 34.
44 Vgl. *Henze* in Großkomm. AktG, 4. Aufl., § 57 AktG Rz. 32; *Lutter* in KölnKomm. AktG, 2. Aufl., § 57 AktG Rz. 14.
45 Vgl. *Henze* in Großkomm. AktG, 4. Aufl., § 57 AktG Rz. 32; *Lutter* in KölnKomm. AktG, 2. Aufl., § 57 AktG Rz. 14.
46 Vgl. BGH v. 14.5.1992 – II ZR 299/90, NJW 1992, 2821; BGH v. 1.3.1999 – II ZR 312/97, BGHZ 141, 79, 84, 87 f. = AG 1999, 372; *Bayer* in MünchKomm. AktG, 3. Aufl., § 57 AktG Rz. 30 ff.;

spricht man von verdeckter Gewinnausschüttung[47], verdeckter Vermögensverlagerung oder **verdeckter Vermögenszuwendung**. Einen gesetzlichen Anhaltspunkt für diese Rechtsfigur bietet § 61, wonach den Aktionären für wiederkehrende Leistungen nur eine den Wert der Leistungen nicht übersteigende Gegenleistung gezahlt werden darf[48]. Methodisch handelt es sich um eine teleologische Extension: Der zu eng gefasste Tatbestand des § 57 wird zur vollen Verwirklichung seines Gläubigerschutzzwecks (Rz. 3) *praeter verba legis* erweitert[49].

**bb) Objektive Voraussetzungen. (1) Allgemeines.** Ob Austauschgeschäfte zwischen Gesellschaft und Gesellschaftern gegen § 57 verstoßen, beurteilten Rechtsprechung und Lehre bisher anhand eines normativ-objektiven Vergleichsmaßstabs (zum Einfluss des neuen § 57 Abs. 1 Satz 3 Alt. 2 unten Rz. 43 f.). Danach liegt eine verdeckte Gewinnausschüttung vor, wenn ein **objektives Missverhältnis zwischen Leistung und Gegenleistung** besteht[50]. Zur weiteren Konkretisierung fragt der BGH, ob ein gewissenhaft nach kaufmännischen Grundsätzen handelnder Geschäftsleiter das betreffende Geschäft unter sonst gleichen Umständen zu gleichen Bedingungen auch mit einem Nichtgesellschafter abgeschlossen hätte[51]. Gleichsinnig spricht man – gerade im benachbarten Steuerrecht[52] – von einem **Dritt- oder Fremdvergleich** oder – auch international – von einem *dealing at arm's length*[53]. Für einen *allgemeinen* Beurteilungsspielraum ist nach zutreffender h.M. mit Blick auf den Normzweck (Rz. 3) kein Raum[54]. Je nach Art und Struktur des Geschäfts sind aber Bewertungsbandbreiten *im Einzelfall* unvermeidbar. Der BGH billigt den Beteiligten einen „gewissen unternehmerischen Handlungsspielraum"[55] zu.

12

---

*Cahn/Senger* in Spindler/Stilz, § 57 AktG Rz. 14; *Drinhausen* in Heidel, § 57 AktG Rz. 7 ff.; *Fleischer*, WM 2007, 909 f.; *Henze* in Großkomm. AktG, 4. Aufl., § 57 AktG Rz. 35 ff.; *Hüffer*, § 57 AktG Rz. 8 ff.; *Lutter* in KölnKomm. AktG, 2. Aufl., § 57 AktG Rz. 8, 15 ff.; *Westermann* in Bürgers/Körber, § 57 AktG Rz. 15 ff.; *Wiesner* in MünchHdb. AG, § 16 Rz. 44.

47 Zur historischen Begriffsentwicklung *Schulze-Osterloh* in FS Stimpel, 1985, S. 487 f. kritisch *Stimpel* in FS 100 Jahre GmbHG, 1992, S. 335, 341 („unausrottbare Fehlbezeichnung").

48 Eingehend *Fleischer* in Lutter, Das Kapital der Aktiengesellschaft in Europa, S. 114, 126 f., im Anschluss an Vorarbeiten der österreichischen Doktrin.

49 Näher *Fleischer*, WM 2007, 909, 910; auch *Lutter* in FS Stiefel, 1987, S. 505, 529, der von einer Anwendung des § 57 über seinen Wortlaut hinaus spricht; dem zuneigend ferner *Bezzenberger*, S. 209.

50 Vgl. BGH v. 1.12.1986 – II ZR 306/85, NJW 1987, 1194 f. (GmbH); BGH v. 13.11.1995 – II ZR 113/94, NJW 1996, 589 (GmbH); OLG Frankfurt v. 30.1.1992 – 16 U 120/90 – „Hornblower Fischer AG", AG 1992, 194, 196; KG v. 15.3.1999 – 8 U 4630/98, AG 2000, 183; OLG Koblenz v. 10.2.1977 – 6 U 847/75, AG 1977, 231; *Bayer* in MünchKomm. AktG, 3. Aufl., § 57 AktG Rz. 37; *Cahn/Senger* in Spindler/Stilz, § 57 AktG Rz. 19; *Drinhausen* in Heidel, § 57 AktG Rz. 8; *Henze* in Großkomm. AktG, 4. Aufl., § 57 AktG Rz. 40; *Hüffer*, § 57 AktG Rz. 8; *Lutter* in KölnKomm. AktG, 2. Aufl., § 57 AktG Rz. 16; *Westermann* in Bürgers/Körber, § 57 AktG Rz. 15; *Wiesner* in MünchHdb. AG, § 16 Rz. 44.

51 Vgl. BGH v. 1.12.1986 – II ZR 306/85, NJW 1987, 1194; BGH v. 13.11.1995 – II ZR 113/94, NJW 1996, 589, 590.

52 Vgl. *Schwedhelm* in Streck, 7. Aufl. 2008, § 8 KStG Rz. 238 m.w.N.; zum Verhältnis von steuer- und gesellschaftsrechtlicher vGA zuletzt *Frotscher* in FS Raupach, 2006, S. 363.

53 Vgl. *Bayer* in MünchKomm. AktG, 3. Aufl., § 57 AktG Rz. 32; *Henze* in Großkomm. AktG, 4. Aufl., § 57 AktG Rz. 35.

54 Vgl. *Drinhausen* in Heidel, § 57 AktG Rz. 10; *Fleischer*, WM 2007, 909, 912; *Henze* in Großkomm. AktG, 4. Aufl., § 57 AktG Rz. 42 mit Fn. 105; *Hüffer*, § 57 AktG Rz. 9; *Lutter* in KölnKomm. AktG, 2. Aufl., § 57 AktG Rz. 20; abw. *Gail*, WPg 1970, 237, 240.

55 Vgl. BGH v. 1.12.1986 – II ZR 306/85, NJW 1987, 1194, 1195; BGH v. 13.11.1995 – II ZR 113/94, NJW 1996, 589, 590.

13  Im konkreten Zugriff kommt es darauf an, ob ein **Marktvergleich** möglich ist oder nicht[56]. **Bestehen Marktpreise**, so bilden sie für Erwerbsgeschäfte der Gesellschaft grundsätzlich die Obergrenze[57]. Bei Veräußerungsgeschäften sprechen Gesichtspunkte der Absatz- und Preispolitik für einen gewissen Spielraum[58]. **Fehlen Marktpreise**, sollte man sich zunächst um eine „Rekonstruktion des Marktes"[59] bemühen und die Möglichkeiten eines hypothetischen Marktvergleichs ausschöpfen[60]. Ansonsten wird man für die Preisfindung die Anwendung anerkannter Bewertungsmethoden verlangen müssen[61], die jedoch in aller Regel nicht zu einem festen Preis, sondern zu einer Preisspanne führen[62]. Bei sämtlichen Preisen innerhalb dieser Spanne liegt kein Missverhältnis zwischen Leistung und Gegenleistung vor[63]. Der Aktionär trägt zumindest dann die Darlegungs- und Beweislast für die vom ihm erbrachte Gegenleistung, wenn es um den Vergütungsumfang schwer greifbarer (Service-)Leistungen geht[64].

14  Bei **Zuwendungen an die Aktionäre zum Selbstkostenpreis** bejahen manche einen Verstoß gegen § 57, wenn die Gesellschaft am Markt einen höheren Preis hätte erzielen können[65]. Andere sehen Preisnachlässe für alle Aktionäre als zulässig an, sofern dahinter eine wohlkalkulierte Vermarktungsstrategie des Vorstands steht[66]. Der ersten Ansicht ist beizutreten: Es geht nicht an, das unternehmerische Ermessen des Vorstands gegen die aktienrechtliche Vermögensbindung auszuspielen, die als zwingendes Recht (Rz. 4) unbedingte Beachtung verlangt[67]. Diskutabel ist allenfalls eine Ausnahme für Aktiengesellschaften mit atypischer Zwecksetzung, sofern Grundkapital und gesetzliche Rücklage nicht angegriffen werden[68]. *Lege non distinguente*, lässt sich dies allerdings nur mühsam mit der geltenden Fassung des § 57 vereinbaren[69].

---

56 Vgl. *Bayer* in MünchKomm. AktG, 3. Aufl., § 57 AktG Rz. 38 ff.; *Cahn/Senger* in Spindler/Stilz, § 57 AktG Rz. 21 f.; *Drinhausen* in Heidel, § 57 AktG Rz. 10; *Hüffer*, § 57 AktG Rz. 9; *Lutter* in KölnKomm. AktG, 2. Aufl., § 57 AktG Rz. 17.
57 Vgl. *Bayer* in MünchKomm. AktG, 3. Aufl., § 57 AktG Rz. 38; *Cahn/Senger* in Spindler/Stilz, § 57 AktG Rz. 21; *Henze* in Großkomm. AktG, 4. Aufl., § 57 AktG Rz. 41; *Lutter* in KölnKomm. AktG, 2. Aufl., § 57 AktG Rz. 17. Es versteht sich von selbst, dass der Marktvergleich auch Gesichtspunkte wie Serviceleistungen, Lieferverlässlichkeit etc. einschließt.
58 Vgl. *Fleischer*, WM 2007, 909, 912; *Henze* in Großkomm. AktG, 4. Aufl., § 57 AktG Rz. 41; *Lutter* in KölnKomm. AktG, 2. Aufl., § 57 AktG Rz. 17; s. auch OLG Karlsruhe v. 16.12.1983 – 15 U 99/82, WM 1984, 656, 660.
59 So der Aufsatztitel von *Neus*, DBW 57 (1997), 38; dies für innerkonzernliche Leistungen aufgreifend *Wiedemann/Fleischer* in Lutter/Scheffler/U. H. Schneider (Hrsg.), Handbuch der Konzernfinanzierung, 1998, § 29 Rz. 16.
60 Vgl. *Fleischer*, WM 2007, 909, 912; ähnlich *Bezzenberger*, S. 229; *Cahn/Senger* in Spindler/Stilz, § 57 AktG Rz. 22.
61 Vgl. LG München v. 20.11.2003 – 5 HKO 16543/01, AG 2004, 159, 160 f.: Unternehmenskauf; *Cahn/Senger* in Spindler/Stilz, § 57 AktG Rz. 22; *Drinhausen* in Heidel, § 57 AktG Rz. 11; *Wiesner* in MünchHdb. AG, § 16 Rz. 44.
62 Vgl. *Drinhausen* in Heidel, § 57 AktG Rz. 11; *Fleischer*, WM 2007, 909, 912.
63 Vgl. *Drinhausen* in Heidel, § 57 AktG Rz. 10; *Henze* in Großkomm. AktG, 4. Aufl., § 57 AktG Rz. 42; *Lutter* in KölnKomm. AktG, 2. Aufl., § 57 AktG Rz. 19; für Geschäftsführerbezüge auch BGH v. 14.5.1990 – II ZR 126/89, BGHZ 111, 224, 227.
64 Vgl. *Henze* in Großkomm. AktG, 4. Aufl., § 57 AktG Rz. 44; *Hüffer*, § 57 AktG Rz. 9; verallgemeinernd *Riedel*, S. 125 f.
65 Vgl. *Bezzenberger*, S. 229 f.; *Henze* in Großkomm. AktG, 4. Aufl., § 57 AktG Rz. 57; *Riedel*, S. 36 ff.; *Stimpel* in FS 100 Jahre GmbHG, 1992, S. 335, 344.
66 Vgl. *Bayer* in MünchKomm. AktG, 3. Aufl., § 57 AktG Rz. 34; *Cahn/Senger* in Spindler/Stilz, § 57 AktG Rz. 21.
67 Näher *Fleischer*, WM 2007, 909, 912.
68 Dafür *Eberth*, Die Aktiengesellschaft mit atypischer Zielsetzung, 2000, S. 83 ff.; *Mülbert* in FS Lutter, 2000, S. 535, 549 f.; *Cahn/Senger* in Spindler/Stilz, § 57 AktG Rz. 20; s. auch *Schön* in FS Röhricht, 2005, S. 559, 569.
69 Zurückhaltend auch *Bayer* in MünchKomm. AktG, 3. Aufl., § 57 AktG Rz. 97; ablehnend *Luther*, Die genossenschaftliche Aktiengesellschaft, 1978, S. 33 ff.

**(2) Betriebliche Rechtfertigung?** Rechtsprechung und h.L. halten eine „Rechtfertigung aus betrieblichen Gründen"[70] für möglich, wenn die Beteiligten zum Nachteil der AG vom Marktpreis abweichen und dies eine kaufmännisch vertretbare Reaktion auf unternehmensinterne Fehlentwicklungen darstellt[71]. Ein häufig genanntes Beispiel bilden Fälle, in denen ein Gesellschafter der AG für einen gewissen Zeitraum die gesamte Produktion zum Herstellungspreis abzunehmen verspricht[72]. Hier könnte man freilich schon mit Hilfe der allgemeinen Beurteilungsmaßstäbe (Rz. 12) einen Verstoß gegen § 57 verneinen, weil der Gesellschafter der AG das – offensichtlich beträchtliche – Absatzrisiko abnimmt. Ebenso liegt es, wenn sich die AG in Liquiditätsschwierigkeiten befindet und sämtliche Waren auf einen Schlag gegen Preisnachlässe an einen Gesellschafter veräußert[73]. Erst recht gilt dies beim verlustbringenden Verkauf von „Ladenhütern", die regelmäßig nicht mehr, sondern weniger wert sind als der Selbstkostenpreis[74]. Insgesamt **kann man** daher mit guten Gründen **bezweifeln, ob es einer eigenständigen Kategorie** der betrieblichen Rechtfertigung überhaupt **bedarf**[75].

15

Keinesfalls darf die betriebliche Notwendigkeit zu einem dogmatischen Allzweckinstrument ausgebaut werden, mit dessen Hilfe sich die aktienrechtliche Vermögensbindung von Fall zu Fall aufweichen lässt. Es ist daher **kein gangbarer Weg**, den Hauptversammlungsteilnehmern einen **Präsenzbonus** aus gebundenem Vermögen unter Berufung auf das „betriebliche Interesse" an einer hohen Hauptversammlungspräsenz zu zahlen[76]. Vielmehr verstößt ein Präsenzbonus, der nicht aus dem Bilanzgewinn gezahlt wird, sowohl gegen § 57 als auch gegen Art. 15 KapRL[77].

16

**(3) Maßgeblichkeit von Verkehrswerten.** Nach ganz h.M. kann eine verdeckte Gewinnausschüttung auch bei bilanziell neutralen Geschäften vorliegen[78]. Unter dem Blickwinkel wertmäßiger Vermögensbindung kommt es nicht darauf an, ob der zugewendete Vermögenswert in der Bilanz ausgewiesen oder überhaupt aktivierungsfähig ist, sofern er bei der Gesellschaft nur real vorhanden war[79]. **Entscheidend** ist **nicht der bilanzielle Ansatz, sondern der Verkehrswert** des betreffenden Vermögensgegenstandes[80]. Eine verdeckte Gewinnausschüttung liegt daher vor, wenn die Gesell-

17

---

70 Vgl. BGH v. 1.12.1986 – II ZR 306/85, NJW 1987, 1194, 1195; BGH v. 13.11.1995 – II ZR 113/94, NJW 1996, 589, 590.
71 In diesem Sinne *Henze* in Großkomm. AktG, 4. Aufl., § 57 AktG Rz. 41 und 60; *Stimpel* in FS 100 Jahre GmbHG, 1992, S. 335, 345; s. auch *Tries*, Verdeckte Gewinnausschüttungen im GmbH-Recht, 1991, S. 180 f.
72 Vgl. *Stimpel* in FS 100 Jahre GmbHG, 1992, S. 335, 345; *Pentz* in Rowedder/Schmidt-Leithoff, § 30 GmbHG Rz. 39.
73 Vgl. *Bezzenberger*, S. 230; *Fleischer*, WM 2007, 909, 913.
74 Richtige Einordnung bei *Bayer* in MünchKomm. AktG, 3. Aufl., § 57 AktG Rz. 33; *Henze* in Großkomm. AktG, 4. Aufl., § 57 AktG Rz. 58; *Stimpel* in FS 100 Jahre GmbHG, 1992, S. 335, 345.
75 Näher *Fleischer*, WM 2007, 909, 913; für eine Einbeziehung in den Begriff der Angemessenheit auch *Tries*, Verdeckte Gewinnausschüttungen im GmbH-Recht, 1991, S. 53.
76 So aber *Singhof*, NZG 1998, 670, 674; erwägend auch *Uwe H. Schneider/Burgard* in FS Beusch, 1993, S. 783, 802 f.; wie hier *Spindler* in VGR (Hrsg.), Gesellschaftsrecht in der Diskussion 2005, 2006, S. 31, 60 f.
77 Vgl. *Fleischer*, WM 2007, 909, 913; *Klühs*, ZIP 2006, 107, 110 f.; *E. Vetter*, AG 2006, 32, 34; *Hahn/Reif*, GesRZ 2007, 44, 46.
78 Vgl. *Fleischer*, WM 2007, 909, 914; *Henze* in Großkomm. AktG, 4. Aufl., § 57 AktG Rz. 11; *Riedel*, S. 32 f.; *Wiedemann*, GesR I, § 8 III 1a, S. 440 f.; früher schon *Flechtheim* in Düringer/Hachenburg, HGB, 3. Aufl. 1934, § 213 Rz. 4.
79 Vgl. *Bayer* in MünchKomm. AktG, 3. Aufl., § 57 AktG Rz. 7; *Henze* in Großkomm. AktG, 4. Aufl., § 57 AktG Rz. 57; *Riedel*, S. 32 f.
80 Vgl. *Bezzenberger*, S. 219; *Fleischer*, WM 2007, 909, 914; *Henze* in Großkomm. AktG, 4. Aufl., § 57 AktG Rz. 57.

schaft ihr Grundstück zum Buchwert, aber unter dem Verkehrswert an einen Gesellschafter veräußert[81]. Gleiches gilt für die Überlassung selbst erstellter immaterieller Vermögensgegenstände des Anlagevermögens, welche, wie z.B. eine Marke, dem Aktivierungsverbot des § 248 Abs. 2 Satz 2 HGB unterfallen, an den Hauptaktionär ohne äquivalenten Ausgleich[82]. Hierher gehört schließlich auch die unentgeltliche Nutzung von Gegenständen des Gesellschaftsvermögens, etwa eines Firmenflugzeugs für Privatreisen der Gesellschafter[83].

18 Einen schwierigen Grenzfall bilden **Geschäftschancen der Gesellschaft**, die steuerrechtlich schon häufiger unter dem Gesichtspunkt einer verdeckten Gewinnausschüttung nach § 8 Abs. 3 KStG untersucht worden sind[84]. Aktienrechtlich kann ein Verstoß gegen § 57 vorliegen, wenn die Gesellschaft einem Aktionär Geschäftschancen ohne angemessenes Entgelt überlässt[85]. Wann eine Geschäftschance zum gebundenen Vermögen gehört, ist wenig geklärt. Außer Frage stehen sollte dies bei vertraglich gesicherten Rechtspositionen[86], doch wird man auch tatsächliche Erwerbsaussichten einbeziehen müssen, sofern sie hinreichend konkretisiert sind und ihnen vom Markt ein Vermögenswert beigelegt wird[87].

19 **cc) Subjektive Voraussetzungen?** Nach heute **h.M.** müssen zu dem objektiven Missverhältnis von Leistung und Gegenleistung **keine subjektiven Elemente** hinzutreten[88]. Eine ältere und neuerdings wiederbelebte Gegenansicht verlangt zusätzlich subjektive Elemente auf Seiten der AG[89] oder ein Bewusstsein beider Vertragspartner über den gesellschaftsrechtlichen Zuwendungsgrund (*causa societatis*) der verdeckten Vermögensverlagerung[90].

20 Im Ausgangspunkt ist der h.M. beizutreten[91]. Für sie spricht die Parallele zum GmbH-Recht, wo es nicht auf subjektive Erwägungen ankommt[92], sowie ein Umkehrschluss zu § 62 Abs. 1 Satz 2, der den guten Glauben der Aktionäre nur bei offenen Gewinnausschüttungen schützt. In die gleiche Richtung weist § 61, der als gesetzliche Einzelausprägung des Verbots verdeckter Gewinnausschüttung (Rz. 11) aus-

---

81 Vgl. *Bezzenberger*, S. 219 f.; *Fleischer*, WM 2007, 909, 914; *Henze* in Großkomm. AktG, 4. Aufl., § 57 AktG Rz. 57 mit Fn. 176; sowie – jeweils für das GmbH-Recht – *W. Müller* in Ulmer, § 29 GmbHG Rz. 166; *Stimpel* in FS 100 Jahre GmbHG, 1992, S. 335, 341 ff.
82 Beispiel in Anlehnung an OLG Frankfurt v. 30.11.1995 – 6 U 192/91 – „Küppersbusch/AEG", AG 1996, 324, 326; dazu *Fleischer*, EWiR 1996, 197, 198.
83 Fall nach BGH v. 14.12.1959 – II ZR 187/57, BGHZ 31, 258, 275 f. (GmbH); dazu *Servatius*, GmbHR 1998, 723.
84 Eingehend etwa *Fleischer*, DStR 1999, 1249 ff.
85 Vgl. *Bezzenberger*, S. 225 f.; *Hirte*, KapGesR, Rz. 5.83; für die GmbH auch *Habersack* in Ulmer, § 30 GmbHG Rz. 47; *Altmeppen* in Roth/Altmeppen, § 30 GmbHG Rz. 154; aus österreichischer Sicht zuletzt *Hoenig/Stingl*, GesRZ 2007, 23; *Hügel* in FS Koppensteiner, 2006, S. 25.
86 Vgl. *Hirte*, KapGesR, Rz. 5.83.
87 Vgl. *Fleischer*, WM 2007, 909, 915; ähnlich *Bezzenberger*, S. 225 f.; *Hoenig/Stingl*, GesRZ 2007, 23, 27 ff.
88 Vgl. *Bayer* in MünchKomm. AktG, 3. Aufl., § 57 AktG Rz. 45; *Drinhausen* in Heidel, § 57 AktG Rz. 9; *Henze* in Großkomm. AktG, 4. Aufl., § 57 AktG Rz. 47; *Hüffer*, § 57 AktG Rz. 10; *Lutter* in KölnKomm. AktG, 2. Aufl., § 57 AktG Rz. 57.
89 Vgl. *Geßler* in FS Fischer, 1979, S. 131, 135 f.; *Hefermehl/Bungeroth* in G/H/E/K, § 57 AktG Rz. 13; *Westermann* in Bürgers/Körber, § 57 AktG Rz. 16; für noch schärfere subjektive Anforderungen *Flechtheim* in Düringer/Hachenburg, HGB, 3. Aufl. 1934, § 213 HGB Rz. 4.
90 Vgl. *Ballerstedt*, S. 118 f.; *Bezzenberger*, S. 232 ff.; *Flume*, ZHR 144 (1980), 18, 21 f.; *Wilhelm* in FS Flume, 1978, Bd. II, S. 337, 379 ff.; *Wilhelm*, KapGesR, Rz. 441; im Ansatz auch *Cahn/Senger* in Spindler/Stilz, § 57 AktG Rz. 26.
91 Ausführlicher *Fleischer*, WM 2007, 909, 914.
92 Vgl. BGH v. 1.12.1986 – II ZR 306/85, NJW 1987, 1194, 1195; BGH v. 13.11.1995 – II ZR 113/94, NJW 1996, 589, 590.

schließlich auf einen objektiven Wertvergleich abstellt. **Bedenkenswert** ist es allerdings, dem Aktionär im Wege einer teleologischen Gesetzeskorrektur den **Gegenbeweis offen zu halten**, dass die Zuwendung zweifelsfrei nichts mit seiner Aktionärseigenschaft zu tun hat[93]. So kann es liegen, wenn ein Kleinaktionär wie jeder andere Kunde „mit Hilfe der Torheit der Verwaltung"[94] von einer Kaufhaus-AG Waren zu sorgfaltswidrig niedrigen Preisen erwirbt[95] oder von einer Bank-AG versehentlich einen Kredit zu ungewöhnlich günstigen Konditionen erhält[96]. Ähnlich verhält es sich bei freiwilligen Leistungen der Gesellschaft an Arbeitnehmer-Aktionäre, die allen Arbeitnehmern gleichermaßen gewährt werden[97].

### c) Einzelfälle

**aa) Typische Fälle.** Beispiele für verdeckte Gewinnausschüttungen bilden die Übernahme von Bauleistungen durch die AG für einen Aktionär zu einem nicht kostendeckenden Preis[98], die Überlassung eines Warenzeichens an einen ausscheidenden Aktionär ohne angemessene Gegenleistung[99], die Veräußerung von Beteiligungen an einen Aktionär unter Marktpreis[100], der Erwerb von Gegenständen durch die AG über Marktpreis[101], der Abschluss eines Vergleichs mit einem Aktionär, der nach Sach- und Streitstand nicht gerechtfertigt war[102], die Rückzahlung eines noch nicht fälligen Darlehens durch die AG an den Kreditgeber (hier: Ehefrau des Aktionärs), wodurch der bürgende Aktionär vorzeitig von seiner Bürgschuld befreit wird[103], die Zahlung überhöhter Provisionen oder Gehälter an einen Aktionär[104]. 21

**bb) Kursgarantie, Wiederkaufspflicht.** Die AG verstößt nach allgemeiner Auffassung gegen 57 Abs. 1 Satz 1, wenn sie sich gegenüber einem Aktionär verpflichtet, ihm bei ungünstiger Kursentwicklung der Aktie die Kursdifferenz zu erstatten[105]. Ebenso wenig darf sie ihm zusagen, auf Verlangen seine Aktien zu einem bestimmten (Mindest-)Kurs zurückzuerwerben[106]. 22

---

93 Näher *Fleischer*, WM 2007, 909, 914; von einem anderen Ausgangspunkt (*causa societatis* im Ansatz erforderlich) auch *Cahn/Senger* in Spindler/Stilz, § 57 AktG Rz. 27.
94 *Lutter* in KölnKomm. AktG, 2. Aufl., § 57 AktG Rz. 27.
95 Vgl. *Fleischer*, WM 2007, 909, 914; i.E. ebenso *Cahn/Senger* in Spindler/Stilz, § 57 AktG Rz. 26; ferner *Bayer* in MünchKomm. AktG, 3. Aufl., § 57 AktG Rz. 32; abw. *Lutter* in KölnKomm. AktG, 2. Aufl., § 57 AktG Rz. 27.
96 Beispiel nach *Frotscher* in FS Raupach, 2006, S. 363, 364 mit Fn. 8, der im Hinblick auf die „anonyme Struktur der AG" an einem Verstoß gegen § 57 zweifelt; ferner *K. Schmidt*, GesR, § 29 II 2a, S. 891, wonach es an einer Kreditgewährung „causa societatis" fehlt. Zur Begründung könnte man auch an einen Umkehrschluss zu § 15 Abs. 1 Satz 1 Nr. 10 KWG denken; dazu *Cahn*, Der Konzern 2004, 235, 244; *Drinhausen* in Heidel, § 57 AktG Rz. 18.
97 Näher *Fleischer*, WM 2007, 909, 914; i.E. auch *Bayer* in MünchKomm. AktG, 3. Aufl., § 57 AktG Rz. 35; *Henze* in Großkomm. AktG, 4. Aufl., § 57 AktG Rz. 79; *Riedel*, S. 35 f.
98 BGH v. 1.12.1986 – II ZR 306/85, NJW 1987, 1194, 1195.
99 OLG Frankfurt v. 30.11.1995 – 6 U 192/91, AG 1996, 324, 325.
100 OLG Karlsruhe v. 16.12.1983 – 15 U 99/82, WM 1984, 656, 658 f.
101 BGH v. 10.3.1997 – II ZR 339/95, ZIP 1997, 927; OLG Celle v. 18.8.1992 – 18 U 3/92, NJW 1993, 739, 740.
102 BGH v. 14.5.1992 – II ZR 299/90, NJW 1992, 2821.
103 KG v. 24.7.1998 – 14 U 2121/97, NZG 1999, 161.
104 RG v. 23.10.1940 – IV 24/40, HRR 1941 Nr. 132.
105 Vgl. BFH v. 17.10.1984 – I R 22/79, WM 1985, 537, 539; RG v. 14.10.1909 – Rep VI 310/08, RGZ 72, 30, 32; *Bayer* in MünchKomm. AktG, 3. Aufl., § 57 AktG Rz. 86; *Cahn/Senger* in Spindler/Stilz, § 57 AktG Rz. 42; *Henze* in Großkomm. AktG, 4. Aufl., § 57 AktG Rz. 68; *Lutter* in KölnKomm. AktG, 2. Aufl., § 57 AktG Rz. 31; *Westermann* in Bürgers/Körber, § 57 AktG Rz. 18.
106 Vgl. *Bayer* in MünchKomm. AktG, 3. Aufl., § 57 AktG Rz. 86; *Cahn/Senger* in Spindler/Stilz, § 57 AktG Rz. 42; *Drinhausen* in Heidel, § 57 AktG Rz. 12d; *Henze* in Großkomm.

23  **cc) Abkauf von Anfechtungsklagen.** Der Abkauf von Anfechtungsklagen stellt unabhängig von seiner Einkleidung (Übernahme der Verfahrenskosten, Beraterhonorare) im Außenverhältnis eine verbotene Einlagenrückgewähr dar[107]. Im Innenverhältnis zwischen Vorstand und Gesellschaft (zur drohenden Organhaftung nach § 93 Abs. 3 Nr. 1, 2 und 5 i.V.m. § 57 vgl. Rz. 76) können Sonderzahlungen an missbräuchlich klagende Kleinaktionäre aber ausnahmsweise unter Notstandsgesichtspunkten gerechtfertigt sein, wenn der Gesellschaft ein schwerer, unmittelbar bevorstehender Schaden droht[108]. Die Rechtfertigung steht allerdings unter dem Vorbehalt, dass dem Vorstand keine Handlungsalternative zur Verfügung steht[109]. Helfen könnte ihm namentlich der durch das UMAG von 2005 neu eingefügte und durch das ARUG jüngst reformierte § 246a, doch hat sich diese Vorschrift in der Praxis bislang nicht bewährt[110]. Unterschiedlich beurteilt wird schließlich, ob bei nicht eindeutiger Rechtslage ein Vergleich möglich bleibt, wenn er unter Mitwirkung und auf Vorschlag des Prozessgerichts abgeschlossen wird[111].

24  **dd) Haftungsfreistellung bei der Platzierung von Aktien. (1) Platzierung neuer Aktien.** Bei der Platzierung neuer Aktien lassen sich die Emissionsbanken durch die Gesellschaft im Innenverhältnis von ihrer Prospekthaftung nach §§ 44, 45 BörsG, §§ 13, 13a VerkProspG freistellen[112]. Eine solche **Freistellung im Übernahmevertrag** bildet nach ganz h.M. **keine verdeckte Einlagenrückgewähr** gegenüber den Emissionsbanken, wenn die Gesellschaft die Unrichtigkeit des Prospekts zu vertreten hat[113]. Weil die Gesellschaft den fehlinformierten Anlegern im Außenverhältnis ebenfalls nach § 44 Abs. 1 Nr. 1 BörsG haftet, ohne dass dem § 57 Abs. 1 entgegensteht (Rz. 66 f.), handelt es sich lediglich um eine interne Abrede über den Gesamtschuldnerausgleich nach § 426 Abs. 1 Satz 1 Halbs. 2 BGB[114]. Im Gegensatz zur US-amerikanischen Spruchpraxis, die eine Freistellung zugunsten der Emissionsbanken aus kapital-

---

AktG, 4. Aufl., § 57 AktG Rz. 69; *Lutter* in KölnKomm. AktG, 2. Aufl., § 57 AktG Rz. 31; abw. RG v. 26.11.1915 – Rep II 234/15, RGZ 87, 339.

107  Vgl. BGH v. 14.5.1992 – II ZR 299/90, NJW 1992, 2821; *Bayer* in MünchKomm. AktG, 3. Aufl., § 57 AktG Rz. 88; *Cahn/Senger* in Spindler/Stilz, § 57 AktG Rz. 43; *Henze* in Großkomm. AktG, 4. Aufl., § 57 AktG Rz. 70 f.; *Hüffer*, § 57 AktG Rz. 5; *Lutter* in KölnKomm. AktG, 2. Aufl., § 57 AktG Rz. 29; *Poelzig*, WM 2008, 1009; *Westermann* in Bürgers/Körber, § 57 AktG Rz. 20.

108  Näher *Fleischer*, ZIP 2005, 141, 150; *Martens*, AG 1988, 118, 120 f.; *Poelzig*, WM 2008, 1009, 1011 f.; *Schlaus*, AG 1988, 113, 116; *Tiedemann*, Wirtschaftsstrafrecht, 2004, Rz. 194; zurückhaltend *Spindler* in FS Canaris, 2007, Bd. II, S. 403, 424.

109  Vgl. *Diekgräf*, Sonderzahlungen an opponierende Kleinaktionäre im Rahmen von Anfechtungs- und Spruchstellenverfahren, 1990, S. 180 ff.; *Fleischer*, ZIP 2005, 141, 150; *Riegger/Götze* in Krieger/Uwe H. Schneider, Handbuch Managerhaftung, 2. Aufl. 2010, § 26 Rz. 71 ff.

110  Dazu *Baums/Keinath/Gajek*, ZIP 2007, 1629; *Poelzig*, WM 2008, 1009, 1015 f.; sowie mit weitergehenden Lösungsvorschlägen DAV Handelsrechtsausschuss, NZG 2007, 497, 498 ff.

111  Dafür *Bayer* in MünchKomm. AktG, 3. Aufl., § 57 AktG Rz. 88 mit Fn. 235; *Boujong* in FS Kellermann, 1991, S. 1, 11; *Wiesner* in MünchHdb. AG, § 16 Rz. 46; dagegen *Henze* in Großkomm. AktG, 4. Aufl., § 57 AktG Rz. 71.

112  Musterklauseln bei *Groß* in Happ (Hrsg.), Aktienrecht, 3. Aufl. 2007, § 16.02; *Lenenbach*, Kapitalmarkt- und Börsenrecht, 2002, Rz. 7.72.

113  Vgl. LG Bonn v. 1.6.2007 – 1 O 552/09, ZIP 2007, 1267, 1269 (obiter); *Bayer* in MünchKomm. AktG, 3. Aufl., § 57 AktG Rz. 89; *Cahn/Senger* in Spindler/Stilz, § 57 AktG Rz. 38; *Drinhausen* in Heidel, § 57 AktG Rz. 12; *Ellenberger*, Prospekthaftung im Wertpapierhandel, 2001, S. 76; *Fredebeil*, Aktienemissionen, 2002, S. 225 ff.; *Henze* in Großkomm. AktG, 4. Aufl., § 57 AktG Rz. 55; *Schanz*, Börseneinführung, 3. Aufl. 2007, § 9 Rz. 93 f.; *Technau*, AG 1998, 448, 455.

114  Näher *Fleischer*, ZIP 2007, 1969; *Groß*, Kapitalmarktrecht, §§ 44, 45 BörsG Rz. 18; *Henze* in Großkomm. AktG, 4. Aufl., § 57 AktG Rz. 55.

marktrechtlichen Gründen für unwirksam hält[115], liegt darin auch keine unzulässige Umgehung der Prospekthaftungsvorschriften[116]. Ein Verstoß gegen § 57 Abs. 1 ist allerdings zu bejahen, wenn die unrichtige oder unvollständige Prospektinformation aus dem Verantwortungsbereich der Emissionsbanken stammt[117].

**(2) Umplatzierung bestehender Aktien.** Bei einer Umplatzierung von Aktien durch öffentliches Angebot (*Secondary Public Offering*) **erbringt der Emittent** mit der Prospekterstellung, der Übernahme der Prospektverantwortung[118] und der Haftungsfreistellung der Emissionsbanken regelmäßig **eine Reihe vermögenswerter Leistungen gegenüber den veräußernden Altaktionären**, die ohne gleichwertigen Ausgleich gegen § 57 Abs. 1 verstoßen[119]. Umstritten ist, ob ein solcher Ausgleich auch durch Vermögensvorteile erfolgen kann, die der Gesellschaft durch die Umplatzierung zufließen. (1) Einzelnen Stimmen zufolge scheidet das Interesse der Gesellschaft an einer Umplatzierung der Aktien als Kompensation im Rahmen des § 57 Abs. 1 von vornherein aus[120]. (2) Die Gegenauffassung verneint bei einem Gesellschaftsinteresse eine verdeckte Einlagenrückgewähr[121] und verfährt bei der Anerkennung möglicher Vorteile recht großzügig[122]. (3) Nach einer vermittelnden Ansicht kann die Übernahme des Prospekthaftungsrisikos durch gleichwertige Vorteile aufgewogen werden, doch sollen insoweit strenge Maßstäbe gelten[123].

25

Nach richtiger Auffassung kann ein **Ausgleich auch durch Vermögensvorteile** erfolgen, die die Gesellschaft **durch die Umplatzierung** erlangt[124]. Der gläubigerschützende Zweck des § 57 Abs. 1 (Rz. 3) verbietet es jedoch, Vergünstigungen allgemeiner Art als geeignete Kompensation anzusehen. Anrechnungsfähig sind nur konkret er-

26

---

115 Dazu *Hazen*, The Law of Securities Regulation, 5th ed. 2005, § 7.14, S. 313 ff.
116 Ausführlich *Fleischer*, ZIP 2007, 1969; ebenso *Heider* in FS Sigle, 2000, S. 251, 261; *Technau*, AG 1998, 448, 455 f.
117 Vgl. *Bayer* in MünchKomm. AktG, 3. Aufl., § 57 AktG Rz. 90; *Cahn/Senger* in Spindler/Stilz, § 57 AktG Rz. 38; *Heider* in FS Sigle, 2000, S. 251, 263; *Technau*, AG 1998, 445, 456.
118 Zur Versicherbarkeit des Prospekthaftungsrisikos *Appenzeller/Waller*, GesKR 2007, 256, 272; *Grossmann/Mönnich*, NZG 2003, 708, 712; *Manthey*, VW 2006, 760; dies verkennend OLG Köln v. 28.5.2009 – 18 U 108/07, ZIP 2009, 1276, 1283.
119 Vgl. LG Bonn v. 1.6.2007 – 1 O 552/09, ZIP 2007, 1267, 1269; *Bayer* in MünchKomm. AktG, 3. Aufl., § 57 AktG Rz. 91; *Drinhausen* in Heidel, § 57 AktG Rz. 12; *Ekkenga/Maas*, Das Recht der Wertpapieremissionen, 2006, Rz. 377; *Henze* in Großkomm. AktG, 4. Aufl., § 57 AktG Rz. 56; *Hoffmann-Becking* in FS Lieberknecht, 1997, S. 25, 37; umfassend *Theisen*, § 8 A; zweifelnd OLG Köln v. 28.5.2009 – 18 U 108/07, ZIP 2009, 1276, 1282 f.
120 Vgl. LG Bonn v. 1.6.2007 – 1 O 552/09, ZIP 2007, 1267, 1269; *Hirte* in Lutter/Scheffler/U. H. Schneider (Hrsg.), Handbuch der Konzernfinanzierung, 1998, Rz. 35, 37; *Podewils*, NZG 2009, 1101, 1102; wohl auch *Bayer* in MünchKomm. AktG, 3. Aufl., § 57 AktG Rz. 91; für Österreich *Reich-Rohrwig*, Grundsatzfragen der Kapitalerhaltung bei der AG, der GmbH sowie GmbH & Co. KG, 2004, S. 369 ff.
121 Vgl. OLG Köln v. 28.5.2009 – 18 U 108/07, ZIP 2009, 1276, 1282; *Fredebeil*, Aktienemissionen, 2002, S. 231 ff.; *Haag* in Habersack/Mülbert/Schlitt, Unternehmensfinanzierung am Kapitalmarkt, 2. Aufl. 2008, § 23 Rz. 62; *Hoffmann-Becking* in FS Lieberknecht, 1997, S. 25, 37; *Meyer* in Marsch-Barner/Schäfer, Handbuch börsennotierte AG, § 8 Rz. 156; wohl auch *Drinhausen* in Heidel, § 57 AktG Rz. 12 mit Fn. 19.
122 Vgl. etwa die lange Beispielsliste bei *Meyer* in Marsch-Barner/Schäfer, Handbuch börsennotierte AG, 1. Aufl. 2005, § 7 Rz. 149: Erlangung der Unabhängigkeit von einem beherrschenden Aktionär, Verbreiterung der Aktionärsbasis, Stärkung des Streubesitzes, Erhöhung der Liquidität der Aktie, Verbesserung der Investor Relations durch die Prospektinformationen, Erlangung eines größeren allgemeinen Bekanntheitsgrades.
123 Vgl. *Heider* in FS Sigle, 2000, S. 251, 264 ff.; *Henze* in Großkomm. AktG, 4. Aufl., § 57 AktG Rz. 56; für Österreich *Hlawati/Doralt* in Brandl/Kalss/Lucius/Oppitz/Sarin (Hrsg.), Finanzierung über den Kapitalmarkt, 2006, S. 282 ff.
124 Ausführlicher zu Folgendem *Fleischer*, ZIP 2007, 1969.

fassbare und bezifferbare Vorteile[125]. Die Darlegungs- und **Beweislast** dafür liegt **bei den Altaktionären**. Weitere Anrechnungsverbote können sich im Einzelfall aus normativen Gründen ergeben. Insbesondere stellt die Erlangung der Unabhängigkeit der Gesellschaft von einem beherrschenden Großaktionär keinen anrechnungsfähigen Ausgleichsposten dar, wenn sich ihr Vorteil in der Beendigung des Schädigungspotentials erschöpft: Ebenso wie es gegen § 57 Abs. 1 verstößt, einem Kleinaktionär den Lästigkeitswert einer missbräuchlichen Anfechtungsklage abzukaufen (vgl. Rz. 23), ist es mit dem Verbot der Einlagenrückgewähr unvereinbar, sich von der missbräuchlichen Einflussnahme eines Großaktionärs „freizukaufen". Davon unberührt bleiben andere Vorteile, die der Gesellschaft aus der Erlangung ihrer Unabhängigkeit zufließen mögen.

27 Ob ein Verstoß gegen § 57 Abs. 1 im Verhältnis zwischen Gesellschaft und Altaktionären auf die **Freistellungsvereinbarung zugunsten der Emissionsbanken** durchschlägt, wird von einem Teil der Lehre verneint[126], von anderen Stimmen bejaht, wenn und weil die Emissionsbanken von der verbotenen Einlagenrückgewähr durch den Übernahmevertrag Kenntnis haben[127]. Für die zweite Ansicht sprechen jedenfalls dann gute Gründe, wenn die Emissionsbanken sichere Kenntnis davon haben, dass der Gesellschaft aus der Umplatzierung keine gleichwertigen vermögenswerten Vorteile zufließen. Von § 57 Abs. 1 nicht erfasst wird dagegen eine Haftungsfreistellung der Emissionsbanken durch die Altaktionäre[128].

28 ee) **Break-Fee-Vereinbarungen.** Break-Fee-Vereinbarungen verpflichten einen oder beide Vertragspartner für den Fall des Scheiterns einer M&A-Transaktion zur Zahlung einer bestimmten Geldsumme. Weil § 57 Abs. 1 Satz 1 auch Leistungen an zukünftige Aktionäre erfasst (Rz. 33), müssen sich solche Zahlungsversprechen am Verbot der Einlagenrückgewähr messen lassen[129]. Nach allgemeiner Ansicht sind sie jedoch mit § 57 Abs. 1 Satz 1 vereinbar, wenn sie im wohlverstandenen Interesse der Zielgesellschaft liegen und nicht über eine angemessene Kostenerstattung für den Bieter hinausgehen[130]. Gewisse Schwierigkeiten bereitet die Feststellung der Ausgeglichenheit von Leistung und Gegenleistung. Vergleichsgrößen sind die zu erwartenden Transaktionsvorteile für die Gesellschaft (im Erfolgsfall) und die zu zahlende Kostenerstattung (im Misserfolgsfall), jeweils multipliziert mit ihrer Eintrittswahrscheinlichkeit[131]. Der gläubigerschützende Zweck des § 57 Abs. 1 Satz 1 gebietet es aber, nur konkret erfassbare und bezifferbare Vorteile für die Gesellschaft als saldierungsfähig anzusehen[132]. Hier liegen Parallelen zur Übernahme des Prospekthaftungsrisikos durch die Gesellschaft bei einer Umplatzierung von Aktien (Rz. 25 ff.).

---

125 Vgl. *Fleischer*, ZIP 2007, 1969, 1975; zustimmend *Pankow* in Just/Voß/Ritz/Zeising, WpPG, 2009, § 44 BörsG, § 13 VerkProspG Rz. 85; *Theisen*, § 8 C III.
126 Vgl. *Groß*, Kapitalmarktrecht, §§ 44, 45 BörsG Rz. 22; *Meyer* in Marsch-Barner/Schäfer, Handbuch börsennotierte AG, § 8 Rz. 157; wohl auch *Bayer* in MünchKomm. AktG, 3. Aufl., § 57 AktG Rz. 91.
127 Vgl. *Heider* in FS Sigle, 2000, S. 251, 270 f.; ferner *Fredebeil*, Aktienemissionen, 2002, S. 232; für Österreich *Reich-Rohrwig*, Grundsatzfragen der Kapitalerhaltung bei der AG, GmbH sowie GmbH & Co. KG, 2004, S. 375.
128 Vgl. *Schanz*, Börseneinführung, 3. Aufl. 2007, § 9 Rz. 76; *Technau*, AG 1998, 445, 457.
129 Näher *Fleischer*, ZHR 172 (2008), 538, 565 f.; *Fleischer*, AG 2009, 345, 351 f.
130 Vgl. mit Begründungsunterschieden im Einzelnen *Banerjea*, DB 2003, 1489, 1493; *Fleischer*, AG 2009, 345, 352; *Guinomet*, Break fee-Vereinbarungen 2003, S. 256 ff.; *Kuhn*, Exklusivvereinbarungen bei Unternehmenszusammenschlüssen, 2007, S. 272 ff.; *Ströhmann*, Corporate Lockups nach U.S.-amerikanischem und deutschem Gesellschaftsrecht, 2003, S. 339 ff.; *Ziegler/Stancke*, M&A Review 2008, 28, 33.
131 Vgl. *Fleischer*, AG 2009, 345, 352.
132 Dazu *Fleischer*, ZHR 172 (2008), 538, 565; *Fleischer*, AG 2009, 345, 352.

## 3. Persönliche Reichweite

### a) Leistungen an Aktionäre

§ 57 Abs. 1 Satz 1 erfasst nach seinem Wortlaut nur Leistungen der AG an ihre Aktionäre. Der Gesetzeszweck (Rz. 3) gebietet es aber, **auch Vermögensverlagerungen unter Beteiligung Dritter** einzubeziehen, wenn sie bei wirtschaftlicher Betrachtung einer Einlagenrückgewähr gleichkommen[133]. Die persönliche Reichweite des Verbotstatbestandes erstreckt sich daher auch auf die „**Trabanten" von AG und Aktionär**.

29

### b) Leistungen unter Beteiligung Dritter

**aa) Leistungen durch Dritte.** Unter § 57 Abs. 1 Satz 1 fallen zunächst Leistungen Dritter für Rechnung der AG[134]. Analog § 56 Abs. 3 Satz 1 hat der Dritte daher keinen Aufwendungsersatzanspruch gegen die Gesellschaft[135]. Entsprechendes gilt für Zuwendungen Dritter auf eigene Rechnung, wenn es sich bei ihnen um ein von der AG abhängiges oder in ihrem Mehrheitsbesitz stehendes Unternehmen handelt[136].

30

**bb) Leistungen an Dritte.** Von § 57 Abs. 1 Satz 1 erfasst werden auch bestimmte Leistungen an Dritte, die im wirtschaftlichen Ergebnis einer verdeckten Einlagenrückgewähr entsprechen. Dazu zählen zum einen Leistungen an aktionärsgleiche Dritte oder faktische Aktionäre[137], etwa an den Treugeber eines Aktionärs[138], den beherrschenden Gesellschafter einer Gesellschaft, die ihrerseits an der AG beteiligt ist[139], den gesetzlichen oder rechtsgeschäftlichen Vertreter eines Aktionärs[140], den Nießbraucher[141], den atypischen Pfandgläubiger[142] oder atypischen stillen Gesell-

31

---

133 Vgl. *Cahn/Senger* in Spindler/Stilz, § 57 AktG Rz. 53; *Drinhausen* in Heidel, § 57 AktG Rz. 39; *Henze* in Großkomm. AktG, 4. Aufl., § 57 AktG Rz. 73; *Hüffer*, § 57 AktG Rz. 14; *Lutter* in KölnKomm. AktG, 2. Aufl., § 57 AktG Rz. 36; *Riedel*, S. 151.
134 Vgl. OLG Hamburg v. 23.5.1980 – 11 U 117/79, AG 1980, 275, 278; *Bayer* in MünchKomm. AktG, 3. Aufl., § 57 AktG Rz. 48; *Cahn/Senger* in Spindler/Stilz, § 57 AktG Rz. 55; *Drinhausen* in Heidel, § 57 AktG Rz. 44; *Henze* in Großkomm. AktG, 4. Aufl., § 57 AktG Rz. 75; *Hüffer*, § 57 AktG Rz. 13; *Wiesner* in MünchHdb. AG, § 16 Rz. 48; s. auch BGH v. 26.6.2000 – II ZR 21/99, ZIP 2000, 1489, 1490 (GmbH).
135 Vgl. *Bayer* in MünchKomm. AktG, 3. Aufl., § 57 AktG Rz. 48; *Hüffer*, § 57 AktG Rz. 13; *Lutter* in KölnKomm. AktG, 2. Aufl., § 57 AktG Rz. 37.
136 Vgl. *Bayer* in MünchKomm. AktG, 3. Aufl., § 57 AktG Rz. 49; *Cahn/Senger* in Spindler/Stilz, § 57 AktG Rz. 56; *Drinhausen* in Heidel, § 57 AktG Rz. 44; *Henze* in Großkomm. AktG, 4. Aufl., § 57 AktG Rz. 76; *Hüffer*, § 57 AktG Rz. 13; *Lutter* in KölnKomm. AktG, 2. Aufl., § 57 AktG Rz. 38; *Wiesner* in MünchHdb. AG, § 16 Rz. 48.
137 Vgl. BGH v. 13.11.2007 – XI ZR 294/07, ZIP 2008, 118, 119; *Bayer* in MünchKomm. AktG, 3. Aufl., § 57 AktG Rz. 59; *Cahn/Senger* in Spindler/Stilz, § 57 AktG Rz. 65; *Henze* in Großkomm. AktG, 4. Aufl., § 57 AktG Rz. 81; *Lutter* in KölnKomm. AktG, 2. Aufl., § 57 AktG Rz. 40.
138 Vgl. BGH v. 20.2.1989 – II ZR 167/88 – „Tiefbau", BGHZ 107, 7, 12 = AG 1989, 243; OLG Hamburg v. 23.5.1980 – 11 U 117/79, AG 1980, 275, 278; BGH v. 14.12.1959 – II ZR 187/57, BGHZ 31, 266 (GmbH); *Bayer* in MünchKomm. AktG, 3. Aufl., § 57 AktG Rz. 60; *Henze* in Großkomm. AktG, 4. Aufl., § 57 AktG Rz. 81; *Lutter* in KölnKomm. AktG, 2. Aufl., § 57 AktG Rz. 42.
139 Vgl. *Bayer* in MünchKomm. AktG, 3. Aufl., § 57 AktG Rz. 60; *Drinhausen* in Heidel, § 57 AktG Rz. 41; *Henze* in Großkomm. AktG, 4. Aufl., § 57 AktG Rz. 82.
140 Vgl. *Drinhausen* in Heidel, § 57 AktG Rz. 41; *Henze* in Großkomm. AktG, 4. Aufl., § 57 AktG Rz. 83.
141 Vgl. *Bayer* in MünchKomm. AktG, 3. Aufl., § 57 AktG Rz. 60; *Henze* in Großkomm. AktG, 4. Aufl., § 57 AktG Rz. 84.
142 Vgl. BGH v. 13.7.1992 – II ZR 251/91, BGHZ 119, 191, 195 (GmbH); *Bayer* in MünchKomm. AktG, 3. Aufl., § 57 AktG Rz. 61; *Drinhausen* in Heidel, § 57 AktG Rz. 43; *Henze* in Großkomm. AktG, 4. Aufl., § 57 AktG Rz. 84.

schafter[143]. Hierher gehören zum anderen Leistungen an Dritte, die dem Aktionär zuzurechnen sind[144], namentlich Zuwendungen an Dritte für Rechnung[145] oder auf Veranlassung[146] des Aktionärs, Leistungen an nahe Angehörige[147] oder an verbundene Unternehmen[148].

32 **cc) Leistungen unter Dritten.** § 57 Abs. 1 Satz 1 findet ferner Anwendung, wenn die gerade erörterten Fallgestaltungen miteinander kombiniert werden[149], also auf beiden Seiten „Trabanten" von AG und Aktionär auftreten.

**4. Zeitliche Reichweite**

33 § 57 Abs. 1 erfasst auch **Leistungen an ehemalige oder künftige Aktionäre** mit Rücksicht auf ihre Gesellschafterstellung[150]. Dies gilt namentlich, wenn das Leistungsversprechen noch vor dem Ausscheiden des Aktionärs gegeben wurde[151], ist aber auf diesen Fall nicht beschränkt[152]. Es genügt ein enger zeitlicher und sachlicher Zusammenhang mit der Aktionärsstellung[153]. Eine feste zeitliche Grenze lässt sich nicht ziehen[154].

---

143 Vgl. OLG Köln v. 4.12.2008 – 18 U 211/07, DB 2009, 609, 610; BGH v. 7.11.1988 – II ZR 46/88, BGHZ 106, 7, 9 f. (GmbH); *Bayer* in MünchKomm. AktG, 3. Aufl., § 57 AktG Rz. 62.
144 Vgl. *Hüffer*, § 57 AktG Rz. 15; *Lutter* in KölnKomm. AktG, 2. Aufl., § 57 AktG Rz. 41.
145 Vgl. BGH v. 8.7.1985 – II ZR 269/84, BGHZ 95, 188, 193; BGH v. 20.2.1989 – II ZR 167/88 – „Tiefbau", BGHZ 107, 7, 10 ff. = AG 1989, 243; OLG Hamburg v. 23.5.1980 – 11 U 117/79, AG 1980, 275, 278; *Bayer* in MünchKomm. AktG, 3. Aufl., § 57 AktG Rz. 65; *Henze* in Großkomm. AktG, 4. Aufl., § 57 AktG Rz. 86; *Hüffer*, § 57 AktG Rz. 15; *Lutter* in KölnKomm. AktG, 2. Aufl., § 57 AktG Rz. 43.
146 Vgl. BGH v. 11.10.1956 – II ZR 47/55, WM 1957, 61; OLG Hamburg v. 23.5.1980 – 11 U 117/79, AG 1980, 275, 278; OLG Düsseldorf v. 24.10.1979 – 11 U 47/79, AG 1980, 273; *Bayer* in MünchKomm. AktG, 3. Aufl., § 57 AktG Rz. 68; *Henze* in Großkomm. AktG, 4. Aufl., § 57 AktG Rz. 88; *Hüffer*, § 57 AktG Rz. 15; *Lutter* in KölnKomm. AktG, 2. Aufl., § 57 AktG Rz. 45.
147 Vgl. BGH v. 28.9.1981 – II ZR 223/80, BGHZ 81, 365, 369 (GmbH); BGH v. 24.9.1990 – II ZR 174/89, NJW 1991, 357, 358 (GmbH); *Bayer* in MünchKomm. AktG, 3. Aufl., § 57 AktG Rz. 69; *Drinhausen* in Heidel, § 57 AktG Rz. 41; *Henze* in Großkomm. AktG, 4. Aufl., § 57 AktG Rz. 90; *Hüffer*, § 57 AktG Rz. 15; *Lutter* in KölnKomm. AktG, 2. Aufl., § 57 AktG Rz. 44; *Westermann* in Bürgers/Körber, § 57 AktG Rz. 8.
148 Vgl. BGH v. 21.9.1981 – II ZR 104/80, BGHZ 81, 311, 315 f. (GmbH); BGH v. 21.6.1999 – II ZR 70/98, ZIP 1999, 1314, 1315 (GmbH); *Bayer* in MünchKomm. AktG, 3. Aufl., § 57 AktG Rz. 70 ff.; *Henze* in Großkomm. AktG, 4. Aufl., § 57 AktG Rz. 92 ff.
149 Vgl. *Drinhausen* in Heidel, § 57 AktG Rz. 45; *Henze* in Großkomm. AktG, 4. Aufl., § 57 AktG Rz. 97; *Riedel*, S. 166.
150 Vgl. *Bayer* in MünchKomm. AktG, 3. Aufl., § 57 AktG Rz. 57; *Cahn/Senger* in Spindler/Stilz, § 57 AktG Rz. 51; *Canaris* in FS Fischer, 1979, S. 31, 32; *Drinhausen* in Heidel, § 57 AktG Rz. 42; *Henze* in Großkomm. AktG, 4. Aufl., § 57 AktG Rz. 80; *Hüffer*, § 57 AktG Rz. 14; *Lutter* in KölnKomm. AktG, 2. Aufl., § 57 AktG Rz. 40; *Wiesner* in MünchHdb. AG, § 16 Rz. 49.
151 Vgl. OLG Frankfurt v. 30.11.1995 – 6 U 192/91, AG 1996, 324, 325; OLG Hamburg v. 23.5.1980 – 11 U 117/79, AG 1980, 275, 278; für die GmbH auch BGH v. 24.3.1954 – II ZR 23/53, BGHZ 13, 49, 54.
152 Vgl. *Bayer* in MünchKomm. AktG, 3. Aufl., § 57 AktG Rz. 58; *Henze* in Großkomm. AktG, 4. Aufl., § 57 AktG Rz. 80; *Hüffer*, § 57 AktG Rz. 14.
153 Vgl. *Bayer* in MünchKomm. AktG, 3. Aufl., § 57 AktG Rz. 57; *Cahn/Senger* in Spindler/Stilz, § 57 AktG Rz. 51; *Lutter* in KölnKomm. AktG, 2. Aufl., § 57 AktG Rz. 40.
154 Vgl. *Bayer* in MünchKomm. AktG, 3. Aufl., § 57 AktG Rz. 57; *Henze* in Großkomm. AktG, 4. Aufl., § 57 AktG Rz. 80; *Hüffer*, § 57 AktG Rz. 14; abw. *Lutter* in KölnKomm. AktG, 2. Aufl., § 57 AktG Rz. 40 (sechs Monate); allgemein zu „gegriffenen Größen" *Fleischer* in FS Canaris, 2007, Bd. II, S. 71.

## III. Ausnahmen vom Verbot der Einlagenrückgewähr (§ 57 Abs. 1 Satz 2 bis 4)

### 1. Zulässiger Erwerb eigener Aktien (§ 57 Abs. 1 Satz 2)

Als Rückgewähr von Einlagen gilt nach § 57 Abs. 1 Satz 2 nicht die Zahlung des Erwerbspreises beim zulässigen Erwerb eigener Aktien (§§ 71 ff.). Die h.M. versteht dies als gesetzliche Ausnahme vom an sich einschlägigen Verbot der Einlagenrückgewähr[155]. Der Erlaubnistatbestand bezieht sich aber nur auf den Erwerbsanlass, nicht auf die Preisgestaltung: Ein Aktienrückkauf zu überhöhten Preisen bildet grundsätzlich eine verdeckte Vermögensverlagerung[156].

34

### 2. Beherrschungs- oder Gewinnabführungsvertrag (§ 57 Abs. 1 Satz 3 Alt. 1)

Gem. § 57 Abs. 1 Satz 3 Alt. 1 gilt das Verbot der Einlagenrückgewähr nicht bei Leistungen, die **„bei Bestehen"** eines Beherrschungs- oder Gewinnabführungsvertrages (§ 291) erfolgen[157]. Die durch das MoMiG neu eingefügte Vorschrift erweitert das **Konzernprivileg** des § 291 Abs. 3 a.F., das nur Leistungen „auf Grund" eines Beherrschungs- oder Gewinnabführungsvertrages erfasste[158]. Nach der Neuregelung kommt es nicht mehr darauf an, ob die Einlagenrückgewähr auf einer Weisung des herrschenden Unternehmens beruht[159]. Außerdem ist die Freistellung vom Gebot der Kapitalerhaltung – anders als noch im Regierungsentwurf[160] – nicht mehr auf Leistungen zwischen den Vertragsparteien beschränkt[161]. Vielmehr privilegiert § 57 Abs. 1 Satz 3 Alt. 1 auch Leistungen an Dritte auf Veranlassung des herrschenden Unternehmens, beispielsweise an andere Konzernunternehmen oder an Unternehmen, die mit dem herrschenden Unternehmen oder anderen Konzernunternehmen in Geschäftsverbindungen stehen[162]. Schließlich wird das Kapitalerhaltungsgebot bei Bestehen eines isolierten Gewinnabführungsvertrags für sämtliche Leistungen und nicht nur für den

35

---

155 Vgl. *Baumbach/Hueck*, § 57 AktG Anm. 10; *Bayer* in MünchKomm. AktG, 3. Aufl., § 57 AktG Rz. 134; *Drinhausen* in Heidel, § 57 AktG Rz. 31; *Henze* in Großkomm. AktG, 4. Aufl., § 57 AktG Rz. 183; *Hüffer*, § 57 AktG Rz. 16; *Lutter* in KölnKomm. AktG, 2. Aufl., § 57 AktG Rz. 32; *Westermann* in Bürgers/Körber, § 57 AktG Rz. 27; kritisch *Bezzenberger*, Erwerb eigener Aktien durch die AG, 2002, Rz. 64; *Escher-Weingart/Kübler*, ZHR 162 (1998), 537, 538, wonach der zulässige Aktienrückkauf keine Einlagenrückgewähr ist.
156 Vgl. *Bayer* in MünchKomm. AktG, 3. Aufl., § 57 AktG Rz. 134; *Drinhausen* in Heidel, § 57 AktG Rz. 31; *Henze* in Großkomm. AktG, 4. Aufl., § 57 AktG Rz. 183; *Hüffer*, § 57 AktG Rz. 16; *Lutter* in KölnKomm. AktG, 2. Aufl., § 57 AktG Rz. 33; abw. *Bezzenberger*, Erwerb eigener Aktien durch die AG, 2002, Rz. 67; *Huber* in FS Kropff, 1997, S. 101, 114 f.
157 Zur Vereinbarkeit dieser Regelung mit Art. 15 Abs. 1 der Kapitalrichtlinie *Wand/Tillmann/Heckenthaler*, AG 2009, 148, 153.
158 Vgl. 1. Aufl. § 57 Rz. 46.
159 Vgl. *Altmeppen*, ZIP 2009, 49, 55; DAV Handelsrechtsausschuss, NZG 2007, 735, 740; *Drygala/Kremer*, ZIP 2007, 1289, 1296; *Hüffer*, § 57 AktG Rz. 17; *Mülbert/Leuschner*, NZG 2009, 281, 287.
160 Vgl. § 30 Abs. 1 Satz 2 RegE-GmbHG: „Satz 1 gilt nicht bei Leistungen, die zwischen den Vertragsteilen eines Beherrschungs- oder Gewinnabführungsvertrages (§ 291 des Aktiengesetzes) erfolgen."
161 Vgl. *Bormann/Urlichs*, GmbHR-Sonderheft 2008, S. 37, 47; *Kiefner/Theusinger*, NZG 2008, 801, 803; *Schmolke*, § 30 GmbHG Rz. 170.
162 Vgl. Begr. Rechtsausschuss, BT-Drucks. 16/9737, S. 98 in wörtlicher Übernahme eines Vorschlags des DAV Handelsrechtsausschusses, NZG 2007, 735, 740; ferner *Altmeppen* in Roth/Altmeppen, § 30 GmbHG Rz. 56; *Hüffer*, § 57 AktG Rz. 17; *Schmolke*, § 30 GmbHG Rz. 172.

vertragsmäßig abzuführenden Gewinn außer Kraft gesetzt[163], was insbesondere für Darlehensgewährungen im Rahmen eines Cash Pooling von Bedeutung ist[164].

36 Die erweiterte Freistellung vom Verbot der Einlagenrückgewähr findet ihre Rechtfertigung in der Verlustausgleichspflicht des herrschenden Unternehmens bei Bestehen eines Beherrschungs- oder Gewinnabführungsvertrages gem. § 302[165]. Folgerichtig ist § 57 Abs. 1 Satz 3 Alt. 1 **nicht** – entsprechend – auf **sonstige Unternehmensverträge i.S. des § 292** anwendbar, weil diese gerade keine Pflicht des anderen Vertragsteils zur Verlustübernahme begründen[166].

37 Zahlreiche Literaturstimmen machen die Suspendierung des Kapitalerhaltungsgebots darüber hinaus von einer Vollwertigkeit des Verlustausgleichsanspruchs abhängig[167]. Eine Gegenmeinung lehnt dies ab[168] und zieht dem **Konzernprivileg des § 57 Abs. 1 Satz 3 Alt. 1** nur durch das Verbot existenzgefährdender Weisungen eine immanente Grenze[169]. Die besseren Gründe sprechen für die Gegenmeinung: Die Verbotsausnahme für den Vertragskonzern enthält – anders als § 57 Abs. 1 Satz 3 Alt. 2 – gerade **kein bilanzielles Vollwertigkeitserfordernis**. Wollte man es gleichwohl in den Gesetzeswortlaut hineinlesen, wäre § 57 Abs. 1 Satz 3 Alt. 1 neben der zweiten Alternative weitgehend überflüssig. Vor allem aber würde eine Vollwertigkeitsprüfung den Leistungsaustausch im Vertragskonzern entgegen dem Willen des Reformgesetzgebers erheblich erschweren. Freilich kann der Vorstand der abhängigen Gesellschaft bei fehlender Vollwertigkeit des Verlustausgleichsanspruchs zur Kündigung des Unternehmensvertrages gem. § 297 verpflichtet sein[170].

### 3. Deckung durch vollwertigen Gegenleistungs- oder Rückgewähranspruch (§ 57 Abs. 1 Satz 3 Alt. 2)

#### a) Allgemeines

38 § 57 Abs. 1 Satz 3 Alt. 2 stellt Leistungen vom Verbot der Einlagenrückgewähr frei, die durch einen vollwertigen Gegenleistungs- oder Rückgewähranspruch gedeckt sind. Dieser durch das MoMiG neu eingeführte Ausnahmetatbestand bildet eine **Reaktion des Gesetzgebers auf das November-Urteil des BGH aus dem Jahre 2003**. Danach wurden Kreditgewährungen an Gesellschafter, die nicht aus Rücklagen oder Gewinnvorträgen, sondern zulasten des gebundenen Vermögens der GmbH erfolgten, auch dann als verbotene Auszahlungen i.S. des § 30 GmbHG angesehen, wenn der

---

163 Vgl. *Altmeppen* in Roth/Altmeppen, § 30 GmbHG Rz. 55; *Hüffer*, § 57 AktG Rz. 17; *Kiefner/Theusinger*, NZG 2008, 801, 803; *Thiessen* in Bork/Schäfer, § 30 GmbHG Rz. 106; einschränkend bei unterjährigen Leistungen *Mülbert/Leuschner*, NZG 2009, 281, 287.
164 Vgl. *Bormann/Urlichs*, GmbHR-Sonderheft 2008, S. 37, 47; *Drygala/Kremer*, ZIP 2007, 1289, 1295 f.; *Schmolke*, § 30 GmbHG Rz. 170.
165 Vgl. *Drygala/Kremer*, ZIP 2007, 1289, 1296; *Heidinger* in Michalski, § 30 GmbHG Rz. 212; *Hueck/Fastrich* in Baumbach/Hueck, § 30 GmbHG Rz. 44; *Schmolke*, § 30 GmbHG Rz. 170.
166 Vgl. *Drygala/Kremer*, ZIP 2007, 1287, 1296; *Schmolke*, § 30 GmbHG Rz. 170; *Thiessen* in Bork/Schäfer, § 30 GmbHG Rz. 107.
167 Vgl. *Altmeppen*, ZIP 2009, 49, 55 f.; *Blasche/König*, GmbHR 2009, 897, 902; *Bormann/Urlichs*, GmbHR-Sonderheft 2008, S. 37, 47 f.; *Mülbert/Leuschner*, NZG 2009, 281, 287; *Wand/Tillmann/Heckenthaler*, AG 2009, 148, 154.
168 Vgl. *Ekkenga* in MünchKomm. GmbHG, § 30 GmbHG Rz. 270; *Heidinger* in Michalski, § 30 GmbHG Rz. 213; *Hommelhoff* in Lutter/Hommelhoff, § 30 GmbHG Rz. 48; *Schmolke*, § 30 GmbHG Rz. 171; implizit auch *Westermann*, DZWiR 2008, 485, 493.
169 Vgl. *Hommelhoff* in Lutter/Hommelhoff, § 30 GmbHG Rz. 49; *Schmolke*, § 30 GmbHG Rz. 171.
170 Dazu *Hommelhoff* in Lutter/Hommelhoff, § 30 GmbHG Rz. 49.

Rückzahlungsanspruch gegen den Gesellschafter im Einzelfall vollwertig war[171]. Nach verbreiteter Auffassung ließen sich die wesentlichen Aussagen des November-Urteils auf die AG übertragen, so dass Darlehen aus gebundenem Vermögen an Aktionäre grundsätzlich gegen § 57 Abs. 1 Satz 1 verstießen[172]. Dieser Rechtsstand hat in der Praxis zu großer Verunsicherung über die Zulässigkeit aufsteigender Darlehen im Allgemeinen und des Cash Pooling zwischen Konzernunternehmen im Besonderen geführt[173].

Der **Reformgesetzgeber** hat daraufhin eine **Rückkehr zur bilanziellen Betrachtungsweise** vorgenommen, wie sie vor dem November-Urteil galt[174]. Vollwertige Gegenleistungs- oder Rückgewähransprüche werden nicht mehr „geistig aus[ge]blendet", sondern nach Maßgabe der allgemeinen Bilanzierungsgrundsätze in die Beurteilung einbezogen[175]. § 57 Abs. 1 Satz 3 Alt. 2 will es den Gesellschaften auf diese Weise erleichtern, mit ihren Aktionären – vor allem im Konzern – alltägliche und wirtschaftlich sinnvolle Leistungsbeziehungen zu unterhalten und abzuwickeln[176]. Dies gilt **namentlich** für die Praxis des **Cash Pooling**, die nach Einschätzung der Gesetzesmaterialien **im Grundsatz ökonomisch sinnvoll** ist und regelmäßig auch dem Interesse von Konzerntöchtern dient[177]. Den notwendigen Schutz vor einem Ausplündern von Gesellschaften soll das neu eingeführte Vollwertigkeits- und Deckungsgebot gewährleisten[178]. Außerdem verweist die Regierungsbegründung auf ergänzende Gläubigerschutzinstrumente, etwa die allgemeine Geschäftsleiterhaftung, die Insolvenzverursachungshaftung des § 92 Abs. 2 Satz 3, die Rechtsprechungsregeln über den existenzvernichtenden Eingriff sowie die Insolvenzanfechtung[179]. 39

Der **BGH** hat die gesetzliche Rückbesinnung auf die bilanzielle Betrachtungsweise sogleich nachvollzogen und **sich in der MPS-Entscheidung aus dem Jahre 2008 von seinem November-Urteil distanziert**[180], und zwar auch für Altfälle aus der Zeit vor Inkrafttreten des neuen § 57 Abs. 1 Satz 3[181]. Dem ersten Leitsatz zufolge ist die Gewährung eines unbesicherten, kurzfristig rückforderbaren „upstream-Darlehens" durch eine abhängige AG kein per se nachteiliges Rechtsgeschäft i.S. von § 311, wenn die Rückzahlungsforderung im Zeitpunkt der Darlehensausreichung vollwertig ist[182]. Unter dieser Voraussetzung liegt auch kein Verstoß gegen § 57 vor, wie dessen neuer Abs. 1 Satz 3 klarstellt[183]. Unberührt bleibt nach Ansicht des BGH aber die aus § 93 Abs. 1 Satz 1 folgende Verpflichtung der Verwaltungsorgane der abhängigen Gesellschaft, laufend etwaige Änderungen des Kreditrisikos zu prüfen und auf eine sich 40

---

171 Vgl. BGH v. 24.11.2003 – II ZR 171/01, BGHZ 157, 72, 75 ff.
172 Vgl. OLG Jena v. 25.4.2007 – 6 U 947/05, ZIP 2007, 1314, 1315 f.; *Bayer/Lieder*, ZGR 2005, 133, 146 f.; *Habersack/Schürnbrand*, NZG 2004, 689, 690; *Hüffer*, § 57 AktG Rz. 18; 1. Aufl. § 57 Rz. 22.
173 So ausdrücklich Begr. RegE MoMiG, BT-Drucks. 16/6140, S. 41.
174 Vgl. Begr. RegE MoMiG, BT-Drucks. 16/6140, S. 41; von einem der „Leitmotive der Reform" spricht *Seibert*, GmbHR 2007, 673; befürwortend etwa *Grunewald*, WM 2006, 2333, 2334; *Schall*, S. 160; *Spindler*, ZHR 171 (2007), 245, 269; *Winter*, DStR 2007, 1484, 1488 f.
175 Begr. RegE MoMiG, BT-Drucks. 16/6140, S. 41.
176 So ausdrücklich Begr. RegE MoMiG, BT-Drucks. 16/6140, S. 41.
177 Vgl. Begr. RegE MoMiG, BT-Drucks. 16/6140, S. 41.
178 Dazu Begr. RegE MoMiG, BT-Drucks. 16/6140, S. 41.
179 Näher Begr. RegE MoMiG, BT-Drucks. 16/6140, S. 41.
180 Vgl. BGH v. 1.12.2008 – II ZR 102/07, BGHZ 179, 71 Leitsatz 1.
181 Vgl. BGH v. 1.12.2008 – II ZR 102/07, BGHZ 179, 71, Rz. 12; für methodisch „bemerkenswert" halten dies *Habersack*, ZGR 2009, 347, 365; *K. Schmidt*, JuS 2009, 477, 478; rechtstheoretisch handelt es sich um eine „Vorberücksichtigung" eines Reformgesetzes; dazu *Fleischer/Wedemann*, AcP 209 (2009), 597, 626 f.
182 Vgl. BGH v. 1.12.2008 – II ZR 102/07, BGHZ 179, 71 Leitsatz 1.
183 Vgl. BGH v. 1.12.2008 – II ZR 102/07, BGHZ 179, 71, Rz. 12.

nach der Darlehensausreichung andeutende Bonitätsverschlechterung mit einer Kreditkündigung oder der Anforderung von Sicherheiten zu reagieren[184].

**b) Austauschverträge**

41 Austauschverträge zwischen Gesellschaft und Aktionären unterliegen nach § 57 Abs. 1 Satz 3 Alt. 2 Unterfall 1 einer **doppelaktigen Prüfung**: Der Gegenleistungsanspruch der Gesellschaft muss erstens vollwertig sein (Rz. 42) und zweitens dem sog. Deckungsgebot genügen (Rz. 43).

42 **aa) Vollwertiger Gegenleistungsanspruch.** Notwendige Bedingung für die Nichtanwendung des § 57 Abs. 1 Satz 1 auf Austauschverträge zwischen Gesellschaft und Aktionären ist zunächst die **Vollwertigkeit** des Gegenleistungsanspruchs. Sie wird **anhand der allgemeinen Bilanzierungsgrundsätze** ermittelt[185]. Diese Rückbindung an das bilanzrechtliche Referenzsystem dient der besseren praktischen Handhabbarkeit der Kapitalerhaltungsregeln und soll für mehr Rechtssicherheit sorgen. Bei der Vollwertigkeitsprüfung kommt dem Vorstand ein gewisser kaufmännischer Beurteilungsspielraum zu (vgl. auch Rz. 12)[186]. Die Durchsetzbarkeit des Gegenanspruchs ist ausweislich der Regierungsbegründung Teil der Definition des Vollwertigkeitsbegriffs und bedarf daher keiner besonderen Erwähnung[187].

43 **bb) Deckungsgebot.** Das sog. Deckungsgebot, das im Wortlaut des § 57 Abs. 1 Satz 3 nur (aber immerhin) angedeutet wird[188], verlangt bei Austauschverträgen, dass der Zahlungsanspruch gegen den Gesellschafter nicht nur vollwertig ist, sondern den **geleisteten Gegenstand** auch **wertmäßig nach Marktwerten** und **nicht nach Abschreibungswerten „deckt"**[189]. Dies entspricht der schon vor dem MoMiG vertretenen Maßgeblichkeit von Verkehrswerten bei einem Leistungsaustausch zwischen Gesellschaft und Gesellschafter (vgl. Rz. 17)[190]. Die bilanzneutrale Auskehr stiller Reserven an einen Aktionär verstößt daher auch weiterhin gegen das Verbot der Einlagenrückgewähr[191]. Gleiches gilt für Geschäfte zum Nachteil der Gesellschaft mit nicht bilanzierungsfähigen Vermögensgegenständen, z.B. bestimmten Immaterialgütern oder Forderungen aus Dienstleistung oder Nutzungsüberlassung[192].

44 **cc) Verbleibende Bedeutung des Drittvergleichs.** Es bleibt die Frage nach dem Verhältnis des neu eingefügten Deckungsgebots zur bisherigen Drittvergleichsprüfung,

---

184 Vgl. BGH v. 1.12.2008 – II ZR 102/07, BGHZ 179, 71, Rz. 14.
185 Vgl. Begr. RegE MoMiG, BT-Drucks. 16/6140, S. 41; *Altmeppen* in Roth/Altmeppen, § 30 GmbHG Rz. 76.
186 Vgl. *Drygala/Kremer*, ZIP 2007, 1289, 1293; *Heidinger* in Michalski, § 30 GmbHG Rz. 193; *Kiefner/Theusinger*, NZG 2008, 801, 805 f.; *Wand/Tillmann/Heckenthaler*, AG 2009, 148, 153.
187 Vgl. Begr. RegE MoMiG, BT-Drucks. 16/6140, S. 41; zustimmend *Hommelhoff* in Lutter/Hommelhoff, § 30 GmbHG Rz. 28.
188 Dazu *Altmeppen* in Roth/Altmeppen, § 30 GmbHG Rz. 76; *Ekkenga* in MünchKomm. GmbHG, § 30 GmbHG Rz. 236; *Heidinger* in Michalski, § 30 GmbHG Rz. 187; abw. *Hommelhoff* in Lutter/Hommelhoff, § 30 GmbHG Rz. 33, der das Deckungsgebot in den Begriff der Vollwertigkeit integrieren möchte.
189 So ausdrücklich Begr. RegE MoMiG, BT-Drucks. 16/6140, S. 41; aus dem Schrifttum *Altmeppen* in Roth/Altmeppen, § 30 GmbHG Rz. 76; *Eusani*, GmbHR 2009, 512; *Heidinger* in Michalski, § 30 GmbHG Rz. 187; *Wicke*, § 30 GmbHG Rz. 13.
190 Ebenso *Heidinger* in Michalski, § 30 GmbHG Rz. 187; *Schmolke*, § 30 GmbHG Rz. 89.
191 Vgl. *Drygala/Kremer*, ZIP 2007, 1289, 1293 f.; *Gehrlein*, Der Konzern 2007, 771, 786; *Hommelhoff* in Lutter/Hommelhoff, § 30 GmbHG Rz. 32; *Hueck/Fastrich* in Baumbach/Hueck, § 30 GmbHG Rz. 37; *Kiefner/Theusinger*, NZG 2008, 801, 804.
192 Vgl. *Heidinger* in Michalski, § 30 GmbHG Rz. 188; *Hommelhoff* in Lutter/Hommelhoff, § 30 GmbHG Rz. 32.

die bei Austauschverträgen darauf abstellte, ob ein gewissenhaft nach kaufmännischen Grundsätzen handelnder Geschäftsleiter den Vertrag unter sonst gleichen Bedingungen mit einem Nichtgesellschafter abgeschlossen hätte (Rz. 12)[193]. Der Sache nach finden sich die maßgeblichen Prüfkriterien nunmehr im Deckungsgebot des § 57 Abs. 1 Satz 3 Alt. 2 wieder[194]. Hinsichtlich der Angemessenheit von Leistung und Gegenleistung bildet der **Drittvergleich** daher kein gesondertes Tatbestandsmerkmal des § 57 Abs. 1 Satz 3 Alt. 2 Unterfall 1, sondern **geht im** neu geschaffenen **Deckungsgebot auf**[195]. Gleichwohl bleibt für den Drittvergleich im Hinblick auf dessen unterschiedliche teleologische Fundierung noch ein eigenständiger Anwendungsbereich[196], zumal es für ihn auf den Verpflichtungszeitpunkt ankommt, während für das Deckungsgebot der Erfüllungszeitpunkt maßgeblich ist[197].

**dd) Beweislast.** Die Darlegungs- und Beweislast dafür, dass die Leistung der Gesellschaft durch eine vollwertige Gegenleistung kompensiert wird, trägt der Gesellschafter[198]. 45

**c) Darlehensgewährung**

**aa) Vollwertiger Rückgewähranspruch.** Bei Darlehen und anderen „Leistungen mit Kreditcharakter"[199] verlangt § 57 Abs. 1 Satz 3 für die Suspendierung des Kapitalerhaltungsgebots zunächst einen vollwertigen Rückgewähranspruch gegen den Aktionär. Ebenso wie bei Austauschverträgen (Rz. 42) bestimmt sich dessen **Vollwertigkeit nach allgemeinen Bilanzierungsgrundsätzen**[200]. Maßgebend ist eine vernünftige kaufmännische Beurteilung, wie sie auch bei der Bewertung von Forderungen aus Drittgeschäften im Rahmen der Bilanzierung (§ 253 HGB) vorgenommen wird[201]. 46

**(1) Bonität des Schuldners.** Für die bilanzielle Vollwertigkeit kommt es in erster Linie auf die zukünftige Durchsetzbarkeit des Rückgewähranspruchs[202] und damit auf die Bonität des darlehensnehmenden Aktionärs an[203]. Diese wiederum beurteilt sich nach der Vermögens- und Ertragslage des Aktionärs[204] sowie der Laufzeit der Darlehensvereinbarung[205]. Der Rückgewähranspruch darf in der Bilanz zum vollen Nenn- 47

---

193 Auf diese Formel abstellend auch noch BGH v. 1.12.2008 – II ZR 102/07, BGHZ 179, 71, Rz. 9.
194 Ebenso *Heidinger* in Michalski, § 30 GmbHG Rz. 71 und 187.
195 In diesem Sinne auch *Heidinger* in Michalski, § 30 GmbHG Rz. 71; *Kiefner/Theusinger*, NZG 2008, 801, 806; *Schmolke*, § 30 GmbHG Rz. 158 f. mit Rz. 89.
196 Näher dazu *Schmolke*, § 30 GmbHG Rz. 158; ferner *Schall*, S. 160 mit Fn. 312; wohl auch *Heidinger* in Michalski, § 30 GmbHG Rz. 71.
197 Vgl. *Ekkenga* in MünchKomm. GmbHG, § 30 GmbHG Rz. 236; *Schmolke*, § 30 GmbHG Rz. 159.
198 Vgl. *Bormann/Urlichs*, GmbHR-Sonderheft 2008, S. 37, 49; *Ekkenga* in MünchKomm. GmbHG, § 30 GmbHG Rz. 292; *Heidinger* in Michalski, § 30 GmbHG Rz. 144 und 193.
199 Begr. RegE MoMiG, BT-Drucks. 16/6140, S. 41.
200 Vgl. Begr. RegE MoMiG, BT-Drucks. 16/6140, S. 41; *Heidinger* in Michalski, § 30 GmbHG Rz. 191.
201 Vgl. BGH v. 1.12.2008 – II ZR 102/07, BGHZ 179, 249 Tz. 13; *Hueck/Fastrich* in Baumbach/Hueck, § 30 GmbHG Rz. 42.
202 Vgl. *Drygala/Kremer*, ZIP 2007, 1289, 1293; *Kiefner/Theusinger*, NZG 2008, 801, 804; *Drygala/Kremer*, ZIP 2007, 1289, 1293; *Wand/Tillmann/Heckenthaler*, AG 2009, 148, 151.
203 Vgl. BGH v. 1.12.2008 – II ZR 102/07, BGHZ 179, 71 Tz. 16; außerdem *Mülbert/Leuschner*, NZG 2009, 281, 282; *Hommelhoff* in Lutter/Hommelhoff, § 30 GmbHG Rz. 28; ferner *Drygala/Kremer*, ZIP 2007, 1289, 1293, die auf die nur begrenzte Bedeutung der sonstigen Darlehenskonditionen hinweisen; kritisch dazu *Wirsch*, Der Konzern, 2009, 443, 446.
204 Vgl. BGH v. 1.12.2008 – II ZR 102/07, BGHZ 179, 71 Tz. 16; ferner etwa *Drygala/Kremer*, ZIP 2007, 1289, 1293.
205 Vgl. *Drygala/Kremer*, ZIP 2007, 1289, 1293; *Westermann* in Scholz, Nachtrag MoMiG Bd. III § 30 GmbHG Rz. 26.

wert angesetzt werden, wenn seine Realisierung gesichert erscheint[206]. Bei einem unbesicherten Kredit ist dies nicht der Fall, sofern ein konkretes Ausfallrisiko erkennbar ist, d.h. begründete Zweifel an der rechtzeitigen Rückzahlung der Darlehensvaluta bestehen[207]. So liegt es nach den Gesetzesmaterialien bei einer mit geringen Mitteln ausgestatteten Erwerbergesellschaft[208]. Eine an Sicherheit grenzende Wahrscheinlichkeit der Darlehensrückzahlung ist hingegen ebenso wenig erforderlich[209] wie ein Investment-Grade-Rating[210]. Unter der Erheblichkeitsschwelle liegende Ausfallrisiken begründen unter dem Gesichtspunkt der Schuldnerbonität keine Abschreibungspflicht.

48 **(2) Besicherung.** Bilanziell ist eine Besicherung des Darlehensrückgewähranspruchs keine notwendige Bedingung für dessen Aktivierung zum Nennwert. Folgerichtig ist sie auch zur Erfüllung des Vollwertigkeitsgebots i.S. von § 57 Abs. 1 Satz 3 Alt. 2 AktG nicht zwingend erforderlich[211]. Dessen ungeachtet bilden Sicherheiten einen wesentlichen Faktor bei der Bewertung schuldrechtlicher Forderungen[212]. Sie können namentlich bei Zweifeln an der Bonität des Schuldners einen an sich gebotenen Abschreibungsbedarf abwenden[213].

49 **(3) Klumpenrisiko.** Schon vor dem MoMiG hat man darauf hingewiesen, dass die Gesellschaft bei der Ausreichung von Großkrediten an Aktionäre ein Klumpen- oder Konzentrationsrisiko eingeht[214], das sie anders als ein Kreditinstitut nicht über eine Vielzahl von Kreditgeschäften „hinwegdiversifizieren" kann[215]. Verschiedene Literaturstimmen wollen dieses Klumpenrisiko im Rahmen der bilanziellen Vollwertig-

---

206 Vgl. *Drygala/Kremer*, ZIP 2007, 1289, 1293; *Hueck/Fastrich* in Baumbach/Hueck, § 30 GmbHG Rz. 42; gleichsinnig *Altmeppen*, ZIP 2009, 49.
207 Vgl. BGH v. 1.12.2008 – II ZR 102/07, BGHZ 179, 71, Rz. 13 unter Berufung auf *Habersack/Schürnbrand*, NZG 2004, 689, 694; ferner *Wand/Tillmann/Heckenthaler*, AG 2009, 148, 151 f. unter Verweis auf das Niederstwertprinzip in § 253 Abs. 3 HGB sowie auf § 252 Abs. 1 Nr. 4 HGB; *Wirsch*, Der Konzern 2009, 443, 446 unter Berufung auf das bilanzielle Vorsichtsprinzip; strenger *Altmeppen* in Roth/Altmeppen, § 30 GmbHG Rz. 97, wonach die volle Aktivierbarkeit des Rückzahlungsanspruchs nicht „den geringsten Zweifeln" unterliegen dürfe; gleichsinnig *Hommelhoff* in Lutter/Hommelhoff, § 30 GmbHG Rz. 28.
208 Vgl. Begr. RegE MoMiG, BT-Drucks. 16/6140, S. 41; abw. *Wand/Tillmann/Heckenthaler*, AG 2009, 148, 156 f., die den Darlehensrückgewähranspruch der Zielgesellschaft regelmäßig für vollwertig halten, wenn die Dividendenzahlungen des Zielunternehmens zum Zeitpunkt der Darlehensgewährung voraussichtlich ausreichen, um sowohl die Verpflichtungen der Erwerbergesellschaft gegenüber den Banken zu erfüllen als auch das Darlehen an die Zielgesellschaft zurückzuzahlen.
209 Vgl. BGH v. 1.12.2008 – II ZR 102/07, BGHZ 179, 71, Rz. 13; *Drygala/Kremer*, ZIP 2007, 1289, 1293; *Hommelhoff* in Lutter/Hommelhoff, § 30 GmbHG Rz. 28; *Westermann* in Scholz, Nachtrag MoMiG Bd. III § 30 GmbHG Rz. 26; sehr streng hingegen *Hüffer*, § 57 AktG Rz. 20, wonach die Kreditwürdigkeit des Aktionärs bei Anlegung strengster Maßstäbe außerhalb jeden vernünftigen Zweifels stehen muss.
210 Vgl. *Wand/Tillmann/Heckenthaler*, AG 2009, 148, 152; abw. *Cahn*, Der Konzern 2009, 67, 74 ff.
211 Vgl. BGH v. 1.12.2008 – II ZR 102/07, BGHZ 179, 71, Rz. 13; *Altmeppen* in Roth/Altmeppen, § 30 GmbHG Rz. 99; *Drygala/Kremer*, ZIP 2007, 1289, 1293; *Habersack*, ZGR 2009, 347, 354; *Kiefner/Theusinger*, NZG 2008, 801, 804; *Schall*, S. 160; *Schmolke*, § 30 GmbHG Rz. 96; *Wand/Tillmann/Heckenthaler*, AG 2009, 148, 152; *Wirsch*, Der Konzern 2009, 443, 447; abw. *Heidinger* in Michalski, § 30 GmbHG Rz. 205, wonach sich dem Fehlen banküblicher Sicherheiten in einem höheren Zinssatz niederschlagen muss.
212 Vgl. *Blasche/König*, GmbHR 2009, 897, 900; *Wand/Tillmann/Heckenthaler*, AG 2009, 148, 152; *Wirsch*, Der Konzern 2009, 443, 447.
213 Vgl. *Blasche/König*, GmbHR 2009, 897, 900; *Wirsch*, Der Konzern 2009, 443, 447.
214 Ausführlich dazu *Fleischer/Schmolke*, ZHR 173 (2009), 649 ff.
215 Vgl. etwa OLG Koblenz AG 1977, 231, 232; *Mülbert*, ZGR 1995, 578, 590; zuletzt auch *Mülbert/Leuschner*, NZG 2009, 281, 282.

keitsprüfung berücksichtigen. Zum Teil wird eine Pauschalwertberichtigung zur Abbildung des Klumpenrisikos vorgeschlagen[216]. Dagegen spricht zum einen, dass sich für einen Bewertungsabschlag bei Klumpenrisiken bisher keine bilanzrechtlichen Vorbilder finden[217]; die Bewertungspraxis aktiviert Forderungen bei bestehender Bonität des Schuldners vielmehr in aller Regel zum Nennwert[218]. Zum anderen fehlen plausible Bewertungsmaßstäbe für die Höhe der Pauschalwertberichtigung[219]. Ein zweiter Vorschlag geht dahin, das Vollwertigkeitserfordernis zusätzlich vom Bestehen eines Informations- und Reaktionssystems abhängig zu machen, mit dem die kreditgewährende AG rasch auf eine Bonitätsverschlechterung des Gesellschafter-Darlehensnehmers reagieren kann[220]. Auch diese vor allem auf das Cash Pooling zugeschnittene Lösung entfernt sich von den hergebrachten Maßstäben zur Forderungsbewertung[221] und lädt das bilanzgeprägte Recht der Kapitalerhaltung mit Erwägungen auf, welche im Organhaftungsrecht besser aufgehoben sind[222]. Beide Vorschläge laufen überdies dem erklärten Willen des Reformgesetzgebers zuwider, Klumpenrisiken bei Beachtung des Vollwertigkeitserfordernisses i.S. des § 57 Abs. 1 Satz 3 als nicht relevante Restrisiken in Kauf zu nehmen[223].

**(4) Teilweise Vollwertigkeit.** Unterschiedlich beurteilt wird, ob im Rahmen des § 57 Abs. 1 Satz 3 Alt. 2 auch eine teilweise Vollwertigkeit genügt. Eine verbreitete Literaturmeinung bejaht dies und hält eine verdeckte Einlagenrückgewähr nur hinsichtlich des nicht vollwertigen Teils des Rückforderungsanspruchs für gegeben[224]. Die vorzugswürdige Gegenmeinung beruft sich auf den Gesetzeswortlaut („vollwertig", nicht „teilwertig") und die Parallelregelung zur Kapitalaufbringung in § 27 Abs. 4, die ebenfalls einem bilanziellen Alles-oder-Nichts-Prinzip folgt[225].

50

---

216 In diesem Sinne *Hentzen*, ZGR 2005, 480, 504 f.; *Kropff*, NJW 2009, 814, 815 mit Fn. 3; für einen allgemeinen Hinweis auf eine bilanzielle Prüfung auch *Spindler*, ZHR 171 (2007) 245, 269; sowie 1. Aufl., § 57 Rz. 26.
217 Ein pauschaler Abschlag wird bislang nur bei Forderungen mit gleichartigen Risiken zugelassen, die zu Gruppen zusammengefasst sind, vgl. *Kleindieck* in Großkomm. HGB, 4. Aufl., § 253 HGB Rz. 73. Eine Pauschalwertberichtigung zum Ausgleich des Klumpenrisikos ablehnend auch *J. Vetter* in Goette/Habersack, Das MoMiG in Wissenschaft und Praxis, 2009, Rz. 4.46.
218 Vgl. *Kleindieck* in Großkomm. HGB, 4. Aufl., § 253 HGB Rz. 73.
219 Dazu *Fleischer/Schmolke*, ZHR 173 (2009), 649, 684; auch *Hentzen*, ZGR 2005, 480, 504 f. nennt keine konkreten Zahlen.
220 Vgl. *Hommelhoff*, ZHR 173 (2009) 255, 274 f.; *Hommelhoff* in Lutter/Hommelhoff, § 30 GmbHG Rz. 31; s. auch *Altmeppen* in MünchKomm. AktG, 3. Aufl., § 311 AktG Rz. 243 mit Fn. 317; *Eusani*, GmbHR 2009, 795, 796; *Wand/Tillmann/Heckenthaler*, AG 2009, 148, 157; *Westermann* in Scholz, Nachtrag MoMiG Bd. III § 30 GmbHG Rz. 25 mit Fn. 6 und 26, nach denen das Klumpenrisiko mit in die Beurteilung der Vollwertigkeit einfließen muss.
221 Eine (zu) schmale Basis bildet allenfalls BFH DStR 2003, 2060, der maßgeblich auf die Bonität des Schuldners abstellt, dann aber hinzufügt: „Bei der Bewertung von Auslandsforderungen können neben der Bonität des Schuldners zusätzliche Umstände zu berücksichtigen sein, die sich aus einer erschwerten oder geminderten Realisierbarkeit der Forderung unter den besonderen Bedingungen im Ausland in rechtlicher oder tatsächlicher Hinsicht ergeben."
222 Näher *Fleischer/Schmolke*, ZHR 173 (2009), 649, 684 f.; kritisch gegenüber weiteren Anforderungen unter Rechtssicherheitsgesichtspunkten auch *Mülbert/Leuschner*, NZG 2009, 281, 283.
223 Dazu *Fleischer/Schmolke*, ZHR 173 (2009), 649, 685, 688.
224 Vgl. *Blaschke/König*, GmbHR 2009, 897, 901; *Kiefner/Theusinger*, NZG 2008, 801, 804; *Mülbert/Leuschner*, NZG 2009, 281, 284; *J. Vetter* in Goette/Habersack, Das MoMiG in Wissenschaft und Praxis, 2009, Rz. 4.49 ff.
225 Vgl. *Altmeppen* in Roth/Altmeppen, § 30 GmbHG Rz. 98; *Bormann/Urlichs*, GmbHR-Sonderheft 2008, S. 37, 48; *Hommelhoff* in Lutter/Hommelhoff, § 30 GmbHG Rz. 27; *Hueck/Fastrich* in Baumbach/Hueck, § 30 GmbHG Rz. 55; *Spliedt*, ZIP 2009, 149, 151 f.

51  **bb) Bedeutung der Verzinsung.** Die Bedeutung einer angemessenen Darlehensverzinsung für den Ausnahmetatbestand des § 57 Abs. 1 Satz 3 Alt. 2 Unterfall 2 wird sowohl unter Vollwertigkeitsgesichtspunkten (Rz. 52) als auch unter denen des Deckungsgebots und Drittvergleichs (Rz. 53) erörtert.

52  **(1) Vollwertigkeit.** Als gesichert gilt, dass zur Vollwertigkeit **längerfristiger Kredite** eine **angemessene Verzinsung** erforderlich ist[226]. Dies folgt aus den bilanzrechtlichen Bewertungsmaßstäben, nach denen (Kredit-)Forderungen auf der Basis eines marktüblichen Zinses abzuzinsen sind, wenn ihre Laufzeit über ein Jahr beträgt[227]. Bei **kurzfristigen Krediten** kann bilanzrechtlich aus Vereinfachungsgründen auf eine Abschreibung verzichtet werden[228]. Hieran knüpft die **h.M.** für die Vollwertigkeit i.S. des § 57 Abs. 1 Satz 3 Alt. 2 Unterfall 2 an: Kreditforderungen mit einer Restlaufzeit von bis zu einem Jahr **büßen** danach ihre **Vollwertigkeit nicht wegen Unter- oder Unverzinslichkeit ein**[229]. Andere Stimmen verlangen dagegen auch bei kurzfristigen Darlehen eine angemessene Verzinsung für die Vollwertigkeit des Rückgewähranspruchs und berufen sich hierfür auf kapitalschutzrechtliche Sonderwertungen[230]. Eine vermittelnde Ansicht will nur bei kurzfristigen Ausleihen im Cash Pool auf eine angemessene Verzinsung verzichten[231].

53  **(2) Deckungsgebot und Drittvergleich.** Nach einer verbreiteten Literaturmeinung ergibt sich das Erfordernis angemessener Verzinsung nicht aus dem Vollwertigkeits-, sondern aus dem **Deckungsgebot**: Der Zins stelle die Gegenleistung des Darlehensnehmers für die Kapitalüberlassung dar; bei fehlender oder unzulänglicher Verzinsung mangele es an der notwendigen Deckung[232]. Andere Autoren leiten die Verzinsungspflicht aus einem **Drittvergleich** ab[233] oder werben für eine korrigierende Gesetzesauslegung: Danach nimmt § 57 Abs. 1 Satz 3 die Darlehensgewährung nur in Bezug auf das allgemeine Ausfallrisiko vom Verbot der Einlagenrückgewähr aus; hinsichtlich eines etwaigen Zinsnachteils soll es dagegen bei § 57 Abs. 1 Satz 1 bleiben[234]. Wieder andere Stimmen lehnen eine nähere Prüfung der Kreditkonditionen ab, weil der Reformgesetzgeber insoweit bewusst auf das Erfordernis eines Drittvergleichs verzichtet habe[235].

---

226 Vgl. *Brocker/Rockstroh*, BB 2009, 730, 731; *Drygala/Kremer*, ZIP 2007, 1289, 1293; *Gehrlein*, Der Konzern 2007, 771, 785; *Hüffer*, § 57 AktG Rz. 20; *Schmolke*, § 30 GmbHG Rz. 98.
227 Vgl. *Kleindiek* in Großkomm. HGB, 4. Aufl., § 253 HGB Rz. 73; *Merkt* in Baumbach/Hopt, § 253 HGB Rz. 21.
228 Dazu *Kleindiek* in Großkomm. HGB, 4. Aufl., § 253 HGB Rz. 73.
229 So etwa *Drygala/Kremer*, ZIP 2007, 1289, 1293; *Ekkenga* in MünchKomm. GmbHG, § 30 GmbHG Rz. 252; *Gehrlein*, Der Konzern 2007, 771, 785; *Hueck/Fastrich* in Baumbach/Hueck, § 30 GmbHG Rz. 56; *Kiefner/Theusinger*, NZG 2008, 801, 804; *Schmolke*, § 30 GmbHG Rz. 98; *Thümmel/Burkhardt*, AG 2009, 885, 888; *Wand/Tillmann/Heckenthaler*, AG 2009, 148, 152; wohl auch *Westermann* in Scholz, Nachtrag MoMiG Bd. III § 30 GmbHG Rz. 26.
230 So *Blasche/König*, GmbHR 2009, 897, 899 f.; *Eusani*, GmbHR 2009, 795, 797; *Wirsch*, Der Konzern 2009, 443, 449; vgl. ferner *Mülbert/Leuschner*, NZG 2009, 281, 282; im Ergebnis ebenso *Möller*, Der Konzern, 2008, 1, 5.
231 Vgl. *Altmeppen*, ZIP 2009, 49, 52.
232 So *Cahn*, Der Konzern 2009, 67, 71; ähnlich *Möller*, Der Konzern 2008, 1, 5; *Thümmel/Burkhardt*, AG 2009, 885, 889; *Winter*, DStR 2007, 1484, 1487, 1489; *Wirsch*, Der Konzern 2009, 443, 449, 450; ferner *Altmeppen* in Roth/Altmeppen, § 30 GmbHG Rz. 139.
233 Vgl. *Hirte*, ZInsO 2008, 689, 692; *Hölzle*, GmbHR 2007, 729, 734; *Spliedt*, ZIP 2009, 149, 150.
234 Vgl. *Habersack*, ZGR 2009, 347, 359 f.; *Mülbert/Leuschner*, NZG 2008, 281, 282 f.
235 Vgl. *Schmolke*, § 30 GmbHG Rz. 98; gegen jedes Verzinsungserfordernis auch *Rohde/Schmidt*, NWB 2008, 4777, 4784.

Die Meinungsverschiedenheiten beruhen auf **unterschiedlichen Deutungen** darüber, **wie weit** die **Privilegierung der Darlehensgewährung durch** den **Reformgesetzgeber reicht**. Angesichts der Vorgeschichte des MoMiG (Rz. 38 f.) sollte die kurzfristige zinslose Überlassung von Liquidität jedenfalls im Rahmen eines Cash Pooling zulässig sein: Dem Reformgesetzgeber war es ein besonderes Anliegen, die Einzahlung in ein solches System ohne übermäßigen Prüfungsaufwand zu ermöglichen[236]. Über diesen legislatorischen Anlassfall hinaus scheinen Gesetzeswortlaut und Gesetzesmaterialien generell zwischen Leistungen mit Kreditcharakter und sonstigen Austauschgeschäften zu unterscheiden: § 57 Abs. 1 Satz 3 Alt. 2 Unterfall 2 verlangt für den Fall der Darlehensgewährung lediglich einen vollwertigen Rückgewähranspruch, und die Regierungsbegründung spricht nur im Zusammenhang mit dem Gegenleistungsanspruch bei Austauschgeschäften vom Deckungsgebot[237]. Ob hierin tatsächlich eine bewusste Ausklammerung des Konditionenvergleichs für sämtliche Kreditleistungen an Gesellschafter liegt[238], lässt sich allerdings nicht mit letzter Sicherheit ergründen.

54

**cc) Leistungszeitpunkt. (1) Allgemeines.** Für die Bestimmung der Vollwertigkeit kommt es auf den Zeitpunkt der Darlehensvalutierung an[239]. Spätere, nicht vorhersehbare negative Entwicklungen der Darlehensforderung gegen den Aktionär und bilanzielle Abwertungen führen ausweislich der Gesetzesmaterialien nicht nachträglich zu einer verbotenen Auszahlung[240].

55

Spätere Abwertungen können allerdings eine Verlustanzeigepflicht des Vorstands nach § 92 Abs. 1 begründen[241].

56

**(2) Stehenlassen und Verlängerung des Kredits.** Eine kapitalerhaltungsrechtlich relevante Leistung kann aber – wie schon bisher – gegeben sein, wenn ein bestehendes Darlehen verlängert oder nach Ende der Laufzeit nicht eingefordert wird und der Rückgewähranspruch zu diesem Zeitpunkt nicht vollwertig i.S. des § 57 Abs. 1 Satz 3 Alt. 2 ist[242]. Ein solches „Stehenlassen" des Kredits liegt vor, wenn die Gesellschaft auf eine sich andeutende Verschlechterung der Durchsetzbarkeit des Rückgewähranspruchs nicht mit einer möglichen Kündigung (vgl. § 490 Abs. 1 BGB) oder einem Sicherungsverlangen reagiert[243]. Vereinzelt wird ein Verstoß gegen § 57 Abs. 1 bereits

57

---

236 Dazu Begr. RegE MoMiG, BT-Drucks. 16/6140, S. 41; *Drygala/Kremer*, ZIP 2007, 1289, 1293; *Schall*, S. 160; *Schmolke*, § 30 GmbHG Rz. 98.
237 Vgl. Begr. RegE MoMiG, BT-Drucks. 16/6140, S. 41.
238 In diesem Sinne *Schmolke*, § 30 GmbHG Rz. 98; anders *Mülbert/Leuschner*, NZG 2009, 281, 283, wonach keine Anhaltspunkte dafür ersichtlich sind, dass der Gesetzgeber die Forderung nach einem Dritt- bzw. Konditionenvergleich nicht übernahm.
239 Vgl. *Mülbert/Leuschner*, NZG 2009, 281, 282; *Schmolke*, § 30 GmbHG Rz. 97; allgemein für den Zeitpunkt der Leistungserbringung *Habersack* in FS Schaumburg, 2009, S. 1291, 1302; *Hüffer*, § 57 AktG Rz. 20.
240 Vgl. Begr. RegE MoMiG, BT-Drucks. 16/6140, S. 41; im Rahmen des § 311 auch BGH v. 1.12.2008 – II ZR 102/07, BGHZ 179, 71, Rz. 13; aus dem Schrifttum *Drygala/Kremer*, ZIP 2007, 1289, 1293; *Mülbert/Leuschner*, NZG 2009, 281, 282; *Schmolke*, § 30 GmbHG Rz. 97; *Wicke*, § 30 GmbHG Rz. 11.
241 Vgl. Begr. RegE MoMiG, BT-Drucks. 16/6140, S. 41.
242 Vgl. *Drygala/Kremer*, ZIP 2007, 1289, 1293; *Schmolke*, § 30 GmbHG Rz. 97; *Wilhelmi*, WM 2009, 1917, 1920, 1921; *Wirsch*, Der Konzern 2009, 443, 450.
243 Für die GmbH *Drygala/Kremer*, ZIP 2007, 1289, 1293; *Schmolke*, § 30 GmbHG Rz. 97; *Westermann* in Scholz, Nachtrag MoMiG Bd. III § 30 GmbHG Rz. 28; *Wicke*, § 30 GmbHG Rz. 11; im Hinblick auf § 311 auch BGH v. 1.12.2008 – II ZR 102/07, BGHZ 179, 71, Rz. 14; zustimmend *Wilhelmi*, WM 2009, 1917, 1920; vorsichtiger *Mülbert/Leuschner*, NZG 2009, 281, 283 f.; *Blasche/König*, GmbHR 2009, 897, 900; gegen Auszahlung bei „schlichtem" Unterlassen *Altmeppen* in Roth/Altmeppen, § 30 GmbHG Rz. 109 ff., 111; wohl auch *Hueck/Fastrich* in Baumbach/Hueck, § 30 GmbHG Rz. 43.

bei einer Vertragsgestaltung bejaht, welche die Gesellschaft zwingt, das Darlehen auch bei Entstehen eines konkreten Ausfallrisikos stehen zu lassen[244].

58 **dd) Cash Pooling.** Die Ausführungen zur Darlehensgewährung gelten grundsätzlich in gleicher Weise für das Cash Pooling im Konzern[245], auf dessen rechtliche Absicherung § 57 Abs. 1 Satz 3 Alt. 2 vor allem abzielt[246]. Grundlage für die konzerninternen Zahlungsströme sind **Darlehensverträge**[247] zwischen den einzelnen Konzerngesellschaften und der Betreibergesellschaft, die zu Rückgewähransprüchen täglich wechselnden Umfangs führen[248]. Wegen des **bilanziellen Vollwertigkeitserfordernisses** muss die einzahlende Gesellschaft bei jeder Ausleihung, und damit beim Cash Pooling gegebenenfalls täglich, prognostizieren, ob die Betreibergesellschaft als unmittelbare Darlehensnehmerin in der Lage sein wird, die gewährten Mittel entsprechend der Cash-Pooling-Vereinbarung zurückzuzahlen[249]. Handelt es sich bei der Betreibergesellschaft nicht um die Muttergesellschaft und gibt diese eine Bürgschafts- oder Patronatserklärung ab, sind diese Interzessionserklärungen in die Bonitätsprüfung einzubeziehen und können etwaige Bonitätszweifel bezüglich der Betreibergesellschaft wettmachen[250]. **Kurzfristige Darlehen** im Rahmen eines Cash Pooling bedürfen **keiner marktüblichen Verzinsung**[251]. Sonderprobleme ergeben sich bei der wiederholten Gewährung und Rückzahlung von Darlehen im Hinblick auf § 135 InsO[252].

**d) Sicherheitenbestellung**

59 **aa) Wertungsparallele zur Darlehensgewährung.** Der Reformgesetzgeber des MoMiG hat sich zur Zulässigkeit aufsteigender Sicherheiten nicht geäußert. Nach ganz h.M. ist ein **wertungsmäßiger Gleichlauf von Darlehensgewährung und Sicherheitenbestellung** geboten[253]. Konstruktiv werden dazu zwei unterschiedliche Wege beschritten: (1) Eine verbreitete Literaturmeinung verneint in streng bilanzieller Betrachtungsweise eine verbotene Einlagenrückgewähr schon dann, wenn die Sicherheitenbestellung mit keiner Inanspruchnahme der Gesellschaft zu rechnen ist, weil die Sicherheit dann lediglich „unter dem Strich" auszuweisen ist (§§ 251, 268 Abs. 7 HGB)[254]. Ist eine Inanspruchnahme zu diesem Zeitpunkt dagegen bereits so wahrscheinlich, dass die Gesellschaft eine Rückstellung für eine ungewisse Verbind-

---

244 So *Wilhelmi*, WM 2009, 1917, 1920; ferner *Westermann* in Scholz, Nachtrag MoMiG Bd. III § 30 GmbHG Rz. 28 (als Erfordernis für Vollwertigkeit des Rückgewähranspruchs).
245 Vgl. *Hommelhoff* in Lutter/Hommelhoff, § 30 GmbHG Rz. 37; *Schmolke*, § 30 GmbHG Rz. 100.
246 Dazu Begr. RegE MoMiG, BT-Drucks. 16/6140, S. 41.
247 Vgl. statt vieler *Priester*, ZIP 2006, 1557.
248 Näher *Hommelhoff* in Lutter/Hommelhoff, § 30 GmbHG Rz. 37.
249 Vgl. *Wirsch*, Der Konzern 2009, 443, 447; s. auch *Hommelhoff* in Lutter/Hommelhoff, § 30 GmbHG Rz. 40 ff., der die Einrichtung eines Informations-, Frühwarn- und Reaktionssystems für die Vollwertigkeit von Ausleihungen im Rahmen eines Cash Pooling voraussetzt.
250 Vgl. *Wirsch*, Der Konzern 2009, 443, 447.
251 Vgl. *Schmolke*, § 30 GmbHG Rz. 100.
252 Dazu *Klinck/Gärtner*, NZI 2008, 457 ff.; zum früheren Rechtsstand bereits *J. Vetter/Stadler*, Haftungsrisiken beim konzernweiten Cash Pooling, 2003, Rz. 60.
253 Vgl. *Altmeppen*, ZIP 2009, 49, 52; *Cahn*, Der Konzern, 2009, 7, 9; *Drygala/Kremer*, ZIP 2007, 1289, 1295; *Ekkenga* in MünchKomm. GmbHG, § 30 GmbHG Rz. 140; *Eusani*, GmbHR 2009, 795, 799; *Freitag*, WM 2007, 1681, 1685; *Gehrlein*, Der Konzern 2007, 771, 785; *Schmolke*, § 30 GmbHG Rz. 104 ff.; abw. *Tillmann*, NZG 2008, 401, 404 f.; ferner *Hommelhoff* in Lutter/Hommelhoff, § 30 GmbHG Rz. 35, wonach die Sicherheitsleistung der Gesellschaft allein an § 30 Abs. 1 Satz 1 GmbHG zu messen ist.
254 In diesem Sinne *Altmeppen* in Roth/Altmeppen, § 30 GmbHG Rz. 129 f. mit Rz. 133; *Drygala/Kremer*, ZIP 2007, 1289, 1295; *Eusani*, GmbHR 2009, 795, 799; *Kiefner/Theusinger*, NZG 2008, 801, 805; *Wicke*, § 30 GmbHG Rz. 12.

lichkeit (§ 249 Abs. 1 HGB) bilden muss, liegt eine verbotene Leistung der Gesellschaft vor, wenn die Rückstellung nicht durch einen vollwertigen Freistellungs- oder Rückgriffsanspruch gegen den begünstigten Aktionär neutralisiert wird. (2) Nach anderer Ansicht ist bei der **entsprechenden Anwendung des § 57 Abs. 1 Satz 3 Alt. 2 Unterfall 2** weniger auf eine streng bilanzielle Betrachtungsweise als auf die dort zum Ausdruck kommende Zuweisung des Ausfallrisikos abzustellen: Ebenso wie die gesetzliche Neuregelung zur Absicherung des Ausfallrisikos die Vollwertigkeit des Darlehensrückgewähranspruchs verlangt, ist danach für das Ausfallrisiko der gesicherten Forderung – ungeachtet der Wahrscheinlichkeit einer Inanspruchnahme der Sicherheit – ein vollwertiger Freistellungs- oder Rückgriffsanspruch gegen den Aktionär erforderlich[255]. Im Ergebnis werden sich beide Ansichten selten unterscheiden, weil ein vollwertiger Rückgriffsanspruch regelmäßig vorliegen wird, wenn im Zeitpunkt der Sicherheitenbestellung mit keiner Inanspruchnahme zu rechnen ist[256].

**bb) Vollwertiger Rückgriffsanspruch.** Die Vollwertigkeit des Rückgriffsanspruchs bemisst sich wie beim Rückgewähranspruch maßgeblich nach der Bonität des Schuldners. Eine Besicherung ist auch hier keine notwendige Bedingung[257]. Für die Bonitätsbewertung ist grundsätzlich auf Marktwerte und nicht auf Zerschlagungswerte abzustellen[258], da nicht jede Inanspruchnahme aus der Sicherheit gleichbedeutend mit einer negativen Fortbestehensprognose oder gar Insolvenz des Aktionärs ist[259]. Allerdings dürfte jedenfalls im Dreipersonenverhältnis die Vollwertigkeit des Rückgriffsanspruchs regelmäßig zu verneinen sein, wenn die Sicherheitenbestellung – wie häufig – gerade dazu dient, ein konkretes Ausfallrisiko abzusichern[260].

**cc) Leistungszeitpunkt.** Für die Beurteilung der Vollwertigkeit des Rückgriffsanspruchs kommt es auf den Leistungszeitpunkt durch die Gesellschaft an. Nach **h.M.** ist dies der **Zeitpunkt der Sicherheitenbestellung**[261], nach anderer Ansicht der Zeitpunkt der Inanspruchnahme der Sicherheit[262] bzw. derjenige des Eintritts der bilanzrechtlichen Rückstellungspflicht[263]. **Richtigerweise ist zu differenzieren**: Ist Sicherungsnehmer ein echter Dritter, leistet die Gesellschaft bereits durch die Sicherheitenbestellung. Steht ihr zu diesem Zeitpunkt ein vollwertiger Freistellungs- oder Rückgriffsanspruch gegen den begünstigten Aktionär zu, liegt entsprechend § 57 Abs. 1 Satz 3 Alt. 2 Unterfall 2 keine verbotene Einlagenrückgewähr vor. Ein nachträglicher Fortfall der Vollwertigkeit schadet dann nicht mehr[264]. Ist der Aktionär hingegen selbst Nehmer einer *schuldrechtlichen Sicherheit*, ist vor Inanspruchnahme

---

255 So etwa *Ekkenga* in MünchKomm. GmbHG, § 30 GmbHG Rz. 140; *Gehrlein*, Der Konzern 2007, 771, 785; *Hueck/Fastrich* in Baumbach/Hueck, § 30 GmbHG Rz. 62; *Kollmorgen/Santelmann/Weiß*, BB 2009, 1818; *Schmolke*, § 30 GmbHG Rz. 104 f.; *Spliedt*, ZIP 2009, 149, 152; *Wand/Tillmann/Heckenthaler*, AG 2009, 148, 152; *Westermann* in Scholz, Nachtrag MoMiG Bd. III § 30 GmbHG Rz. 31.
256 Dazu *Schmolke*, § 30 GmbHG Rz. 105; beides in eins setzend *Hommelhoff* in Lutter/Hommelhoff, § 30 GmbHG Rz. 34 a.E.
257 Ebenso *Kiefner/Theusinger*, NZG 2008, 801, 805; abw. *Hölzle*, GmbHR 2007, 729, 734; *Hirte*, ZInsO 2008, 689, 692.
258 Abw. *Spindler*, ZHR 171 (2007), 245, 256.
259 Vgl. *Drygala/Kremer*, ZIP 2007, 1289, 1292; *Kiefner/Theusinger*, NZG 2008, 801, 805; *Schmolke*, § 30 GmbHG Rz. 106.
260 Vgl. *Spliedt*, ZIP 2009, 149, 152; *Wand/Tillmann/Heckenthaler*, AG 2009, 148, 152.
261 Vgl. *Cahn*, Der Konzern 2009, 7, 9; *Drygala/Kremer*, ZIP 2007, 1289, 1295; *Kiefner/Theusinger*, NZG 2008, 801, 805; *Wand/Tillmann/Heckenthaler*, AG 2009, 148, 152; *Wicke*, § 30 GmbHG Rz. 12.
262 So *Tillmann*, NZG 2008, 401, 404.
263 So *Kollmorgen/Santelmann/Weiß*, BB 2009, 1818, 1819.
264 Ausführlich *Schmolke*, § 30 GmbHG Rz. 105 ff.; zustimmend *Schall*, S. 161 f.; ebenso *Hueck/Fastrich* in Baumbach/Hueck, § 30 GmbHG Rz. 59, 61.

der Sicherheit keine kapitalerhaltungsrechtliche Leistung der Gesellschaft gegeben, weil diese ihre Inanspruchnahme unter Berufung auf § 57 Abs. 1 Satz 1 verweigern kann (und muss), wenn sie zu diesem Zeitpunkt keinen vollwertigen Rückgriffsanspruch gegen den Aktionär hat. Hat die Gesellschaft dem Aktionär eine *dingliche Sicherheit* bestellt, liegt hierin bereits ein realer Vermögensabfluss, so dass es wiederum auf den Zeitpunkt der Sicherheitenbestellung ankommt[265].

### 4. Rückgewähr eines Aktionärsdarlehens (§ 57 Abs. 1 Satz 4)

62  Gem. § 57 Abs. 1 Satz 4 ist das Verbot der Einlagenrückgewähr zudem nicht anzuwenden auf die Rückgewähr eines Aktionärsdarlehens und Leistungen auf Forderungen aus Rechtshandlungen, die einem Aktionärsdarlehen wirtschaftlich entsprechen. Diese auf das MoMiG zurückgehende Neuregelung dient der **Abschaffung der sog. Rechtsprechungsregeln zu den eigenkapitalersetzenden Gesellschafterdarlehen**[266]. Auch im Aktienrecht hatten Rechtsprechung und Lehre kapitalersetzende Darlehen aus Gesellschafterhand wie Eigenkapital behandelt und Tilgungsleistungen entsprechend § 57 Abs. 1 Satz 1 als verdeckte Einlagenrückgewähr eingeordnet[267]. Voraussetzung dafür war nach dem Gedanken der Finanzierungsfolgenverantwortung, dass der Aktionär über ein Mindestmaß an Einfluss verfügte, also eine durch die Beteiligung vermittelte Unternehmerstellung mit entsprechender Verantwortung aufwies[268]. Dies wurde regelmäßig angenommen, wenn er mehr als 25 % der Aktien der Gesellschaft hielt oder – bei geringerer, aber nicht unbeträchtlicher Beteiligung – verbunden mit weiteren Umständen über gesellschaftsrechtlich fundierte Einflussmöglichkeiten verfügte, die einer Sperrminorität vergleichbar waren[269]. Ein Vorstands- oder Aufsichtsratsamt sollte dafür nicht genügen[270]. In verbundenen Unternehmen galten Sonderregeln[271].

63  Zur Vereinfachung der komplizierten Rechtslage hat der Reformgesetzgeber das Kapitalersatzrecht abgeschafft und nach Vorarbeiten im Schrifttum[272] durch **rechtsformübergreifende Regeln zu den Gesellschafterdarlehen im Insolvenzrecht** ersetzt[273]. Nach § 39 Abs. 1 Nr. 5 i.V.m. § 39 Abs. 4 Satz 1 InsO sind Forderungen auf Rückgewähr eines Aktionärsdarlehens oder Forderungen aus Rechtshandlungen, die einem solchen Darlehen wirtschaftlich entsprechen, in der Insolvenz nachrangig zu berichtigen. Auf das Merkmal „kapitalersetzend" wird fürderhin verzichtet[274], so dass **grundsätzlich jedes Aktionärsdarlehen** bei Eintritt der Insolvenz **nachrangig** ist. Das in § 39 Abs. 5 InsO verankerte **Kleinbeteiligtenprivileg** orientiert sich bei der Aktiengesellschaft nicht an der bisherigen 25 %-Schwelle der Rechtsprechung (Rz. 62), sondern übernimmt die **10 %-Grenze** des § 32a Abs. 3 Satz 3 GmbHG a.F.[275]. Rückzahlungen eines Aktionärsdarlehens im letzten Jahr vor Stellung des Insolvenzantrags

---

265 Näher *Schmolke*, § 30 GmbHG Rz. 106 f.; zustimmend *Schall*, S. 161 mit Fn. 324; ganz ähnlich in anderem Zusammenhang *Cahn*, Der Konzern 2009, 7, 9 f.
266 Vgl. Begr. RegE MoMiG, BT-Drucks. 16/6140, S. 42.
267 Vgl. BGH v. 26.3.1984 – II ZR 171/83, BGHZ 90, 381, 385 ff.; BGH v. 9.5.2005 – II ZR 66/03, NZG 2005, 712, 713; sowie 1. Aufl. § 57 Rz. 54.
268 Vgl. BGH v. 26.3.1984 – II ZR 171/83, BGHZ 90, 381 f.
269 Vgl. BGH v. 26.3.1984 – II ZR 171/83, BGHZ 90, 381, 382; BGH v. 9.5.2005 – II ZR 66/03, NZG 2005, 712; unter dem methodologischen Gesichtspunkt einer judikativen Quantifizierung *Fleischer* in FS Canaris, 2007, Bd. II, S. 71, 76 ff.
270 Vgl. BGH v. 9.5.2005 – II ZR 66/03, NZG 2005, 712.
271 Umfassend *Löwisch*, Eigenkapitalersatzrecht, 2007, Rz. 168 ff.; zuletzt *K. Schmidt* in FS Hüffer, 2010, S. 885, 888 ff.
272 Grundlegend *Huber/Habersack*, BB 2006, 1 ff.
273 Vgl. Begr. RegE MoMiG, BT-Drucks. 16/6140, S. 42.
274 Vgl. Begr. RegE MoMiG, BT-Drucks. 16/6140, S. 56.
275 Vgl. *Hüffer*, § 57 AktG Rz. 20; *K. Schmidt* in FS Hüffer, 2010, S. 885, 897 ff.

sind nach § 135 Abs. 1 InsO anfechtbar. Zudem trifft die Vorstandsmitglieder eine vorverlagerte Insolvenzverursachungshaftung gem. § 92 Abs. 2 Satz 3, wenn sie (Rück-)Zahlungen an Aktionäre leisten, die zur Zahlungsunfähigkeit der Gesellschaft führen mussten[276].

**Vom Anwendungsverbot des § 57 Abs. 1 Satz 4 nicht erfasst** ist nach herrschender Lehre die ebenfalls von der Rechtsprechung entwickelte **Figur des Finanzplankredits**[277], weil die Kapitalbindung in diesen Fällen nicht auf gesetzlicher Anordnung beruht, sondern durch Satzungsregelung, Gesellschafterbeschluss oder Abrede zwischen Aktionär und Gesellschaft begründet wird[278]. Bei einer Fortentwicklung der Rechtsprechung zu den Finanzplankrediten sind allerdings die Wertungen des neuen Regelungsregimes zu berücksichtigen[279]. 64

### 5. Sonstige Fälle

Weitere Ausnahmetatbestände gelten für Kapitalherabsetzungen (§§ 222 Abs. 3, 225 Abs. 2)[280], wechselseitige Beteiligungen (§ 71d Satz 2)[281], Abschlagszahlungen auf den Bilanzgewinn (§ 59 Abs. 1)[282] und Vergütungen von Nebenleistungen (§ 55 Abs. 1 Satz 2)[283]. 65

## IV. Konkurrenzfragen

### 1. Verhältnis zur Kapitalmarktinformationshaftung

Der Grundsatz der aktienrechtlichen Vermögensbindung kollidiert mit der kapitalmarktrechtlichen Informationshaftung, wenn irregeführte Anleger Schadensersatzansprüche gegen die Gesellschaft aus §§ 44, 45 BörsG, §§ 37b, c WpHG, § 826 BGB, § 823 Abs. 2 BGB i.V.m. § 400 AktG geltend machen. Die inzwischen h.L. spricht sich für einen **durchgängigen Vorrang der Kapitalmarktinformationshaftung** aus[284]. Eine überkommene Gegenansicht unterscheidet im Anschluss an Entscheidungen des RG[285] danach, ob der Anleger originär durch Zeichnung oder derivativ durch Um- 66

---

276 Vgl. Begr. RegE MoMiG, BT-Drucks. 16/6140, S. 42.
277 Vgl. *Bormann/Urlichs*, GmbHR-Sonderheft 2008, S. 37, 50; *Buschmann*, NZG 2009, 91 ff.; *Ekkenga*, WM 2006, 1986, 1992 ff.; *Habersack*, ZIP 2007, 2145, 2152 f.; *Heidinger* in Michalski, § 30 GmbHG Rz. 211; *Schmolke*, § 30 GmbHG Rz. 184; abw. *Hueck/Fastrich* in Baumbach/Hueck, § 30 GmbHG Rz. 22; *Schall*, S. 176.
278 Vgl. BGH v. 28.6.1999 – II ZR 272/98, BGHZ 142, 116; dazu etwa *Fleischer*, DStR 1999, 1774.
279 Vgl. *Habersack*, ZIP 2007, 2145, 2152 f.; *Schmolke*, § 30 GmbHG Rz. 184; ausführlich *Buschmann*, NZG 2009, 91, 92 f.; s. aber auch *Gehrlein*, BB 2008, 846, 854.
280 Vgl. BFH v. 25.10.1979 – VIII R 46/76, AG 1980, 312; *Drinhausen* in Heidel, § 57 AktG Rz. 35; *Henze* in Großkomm. AktG, 4. Aufl., § 57 AktG Rz. 185; *Hüffer*, § 57 AktG Rz. 6; *Lutter* in KölnKomm. AktG, 2. Aufl., § 57 AktG Rz. 45.
281 Vgl. *Drinhausen* in Heidel, § 57 AktG Rz. 38; *Henze* in Großkomm. AktG, 4. Aufl., § 57 AktG Rz. 184; *Hüffer*, § 57 AktG Rz. 6.
282 Vgl. *Henze* in Großkomm. AktG, 4. Aufl., § 57 AktG Rz. 186.
283 Vgl. *Drinhausen* in Heidel, § 57 AktG Rz. 37.
284 Vgl. *Drinhausen* in Heidel, § 57 AktG Rz. 12b; *Fleischer*, Gutachten F für den 64. DJT, 2002, F 62, 73 ff.; *Gebauer*, S. 201 ff.; *Hamann* in Schäfer/Hamann, §§ 44, 45 BörsG Rz. 78 ff.; *Hopt/Voigt* in Hopt/Voigt, Prospekt- und Kapitalmarktinformationshaftung, 2005, S. 9, 117 f.; *Hüffer*, § 57 AktG Rz. 3; *Möllers*, BB 2005, 1637, 1639 ff.; *Renzenbrink/Holzner*, BKR 2002, 434, 439; *Wiesner* in MünchHdb. AG, § 16 Rz. 58; *Zimmer* in Schwark, §§ 37b, c WpHG Rz. 11 ff.
285 Vgl. RG v. 28.4.1909 – Rep I 254/08, RGZ 71, 97, 98 f.; RG v. 2.6.1916 – Rep III 61/16, RGZ 88, 271, 272.

satzgeschäft Aktionär geworden ist[286], wobei der Erwerb im Wege des mittelbaren Bezugsrechts teils der ersten[287], teils der zweiten Fallgruppe[288] zugeschlagen wird. Wieder andere befürworten eine Haftungsbegrenzung auf das freie, Grundkapital und gesetzliche Rücklage übersteigende Gesellschaftsvermögen[289]. Der BGH hat im Rahmen der deliktischen Emittentenhaftung für falsche Ad-hoc-Mitteilungen nach §§ 826, 31 BGB einen unbedingten Vorrang des Anlegerschutzes bejaht[290]. Offen gelassen hat er, ob dies auch für die börsengesetzliche Prospekthaftung gilt[291].

67 Der Vorrang der Kapitalmarktinformationshaftung **verdient im Ergebnis Zustimmung**[292]. Begründen lässt er sich mit dem erklärten Willen des Reformgesetzgebers[293] und wertenden Überlegungen zur größeren Schutzbedürftigkeit der Anleger[294]. Die Gegenansicht berücksichtigt nicht hinreichend, dass Fremdkapitalgeber auch sonst nicht davor gefeit sind, dass das gebundene Kapital durch schädigende Maßnahmen der Verwaltung angegriffen wird[295]. Sie kämpft außerdem mit rechtspraktischen und bilanzrechtlichen Folgeproblemen[296]. Ob die Akzente im Insolvenzfall anders zu setzen und irregeführte Anleger mit ihren Ersatzansprüchen in die Gruppe der nachrangigen Insolvenzgläubiger gem. § 39 InsO einzuordnen sind[297], ist allein eine Frage *de lege ferenda*[298]. Gemeinschaftsrechtliche Vorschriften geben entgegen gelegentlich geäußerten Zweifeln[299] keinen Anlass zu einer korrigierenden Auslegung: Zum einen fällt die Begleichung kapitalmarktbezogener Schadensersatzansprüche nicht unter den Begriff der Ausschüttung i.S. des Art. 15 KapRL[300]; zum anderen folgt aus Art. 6 Abs. 1 der Prospektrichtlinie ein gemeinschaftsrechtlicher Vorrang des Anlegerschutzes[301].

### 2. Verhältnis zu §§ 87, 89 bei Vorstands-Aktionären

68 Bei **überhöhten Gehältern an Vorstands-Aktionäre** ist neben § 87 auch § 57 anwendbar[302]. Allerdings besteht bei der Festlegung der Vorstandsvergütung ein breiter

---

286 Vgl. OLG Frankfurt v. 17.3.1999 – 21 U 260/97, AG 2000, 132, 134; *Henze* in Großkomm. AktG, 4. Aufl., § 57 AktG Rz. 19 ff.; *Krämer/Baudisch*, WM 1998, 1161, 1165, 1167 ff.
287 So *Schwark* in FS Raisch, 1995, S. 269, 287.
288 So *Henze* in Großkomm. AktG, 4. Aufl., § 57 AktG Rz. 24.
289 Vgl. *Henze*, AG 2004, 405, 407 ff., 410; *Henze*, NZG 2005, 115, 117; *Schön* in FS Röhricht, 2005, S. 459, 468; *Veil*, ZHR 167 (2003), 365, 395.
290 Vgl. BGH v. 9.5.2005 – II ZR 287/02 – „EM.TV", NJW 2005, 2450, 2451 f.
291 Vgl. BGH v. 9.5.2005 – II ZR 287/02 – „EM.TV", NJW 2005, 2450, 2452.
292 Näher *Fleischer*, ZIP 2005, 1805 ff.
293 Wie hier *Horn* in FS Ulmer, 2003, S. 817, 827; *Keusch/Wankerl*, BKR 2003, 744, 746; *Langenbucher*, ZIP 2005, 239, 241; *Renzenbrink/Holzner*, BKR 2002, 434, 438.
294 Vgl. *Fleischer*, Gutachten F für den 64. DJT, 2002, F 73 f.
295 Vgl. *Baums*, ZHR 167 (2003), 139, 169.
296 Dazu schon RG v. 4.4.1916 – Rep II 427/15, RGZ 88, 187, 189; auch OLG Frankfurt v. 17.3.2005 – 1 U 149/04 – „Comroad", ZIP 2005, 710, 713; *Gebauer*, S. 198 f.; *Langenbucher*, ZIP 2005, 239, 244.
297 So der Vorschlag von *Baums*, ZHR 167 (2003), 139, 170; zustimmend *Hopt/Voigt* in Hopt/Voigt, Prospekt- und Kapitalmarktinformationshaftung, 2005, S. 9, 18; ablehnend *Zimmer*, WM 2004, 9, 11.
298 Vgl. *Fleischer*, ZIP 2005, 1805, 1811; *Möllers*, BB 2005, 1637, 1642; abw. *Langenbucher*, ZIP 2005, 239, 244 f.
299 Vgl. *Veil*, ZHR 167 (2003), 365, 395.
300 Vgl. *Fleischer*, ZIP 2005, 1805, 1811; *Langenbucher*, ZIP 2005, 239, 242; *Möllers*, BB 2005, 1637, 1640; *Mülbert/Steup*, WM 2005, 1633, 1653.
301 Vgl. *Fleischer*, ZIP 2005, 1805, 1811; *Grundmann*, Europäisches Gesellschaftsrecht, Rz. 343; *Möllers*, BB 2005, 1637, 1641.
302 Vgl. *Bayer* in MünchKomm. AktG, 3. Aufl., § 57 AktG Rz. 81; *Fleischer*, WM 2007, 909, 915; *Henze* in Großkomm. AktG, 4. Aufl., § 57 AktG Rz. 48; ferner RG v. 23.10.1940 – IV

Bewertungskorridor[303]. Auch bei **ungewöhnlich günstigen Kreditkonditionen für Vorstands-Aktionäre** bleibt es bei einem Nebeneinander von § 89 und § 57[304]. Jedoch steht den Vorstands-Aktionären der Nachweis offen, dass überhöhte Gehaltszahlungen und ungewöhnlich günstige Kreditkonditionen allein auf ihrer organschaftlichen Stellung beruhen und den Schutzzweck des § 57 nicht berühren[305]. Hält der Kredit einem Drittvergleich stand, wird § 57 von § 89 verdrängt, weil das AktG 1965 Vorstandskredite aus wohlerwogenen Gründen nicht verbieten wollte[306].

### 3. Verhältnis zu §§ 311 ff. bei abhängiger AG

Für die einfache Abhängigkeit und den faktischen Konzern enthält das Gesetz keine ausdrückliche Befreiung vom Verbot der Einlagenrückgewähr. Rechtsprechung und herrschende Lehre sehen in den **§§ 311 ff.** eine die §§ 57, 62, 93 Abs. 3 Nr. 1 **verdrängende Spezialregelung**[307]. Danach lösen typischerweise unter § 57 Abs. 1 Satz 1 fallende Maßnahmen zum Nachteil der abhängigen Gesellschaft unter Einschluss von Vermögensverschiebungen keinen sofortigen Rückgewähranspruch gem. § 62 aus; vielmehr lässt § 311 einen zeitlichen gestreckten Ausgleich in der Weise zu, dass der Nachteil bis zum Ende des Geschäftsjahrs ausgeglichen oder aber bis dahin der abhängigen Gesellschaft ein Rechtsanspruch auf künftigen Nachteilsausgleich eingeräumt wird[308]. Verschiedene Gegenstimmen verneinen allerdings eine auch nur zeitweilige Verdrängung der §§ 57, 62 durch die §§ 311 ff.[309].

## V. Zinsverbot (§ 57 Abs. 2)

Gem. § 57 Abs. 2 dürfen den Aktionären Zinsen weder zugesagt noch ausgezahlt werden. Ausweislich der Gesetzesmaterialien soll dieses historisch weit zurückreichende Zinsverbot[310] verhindern, dass das Verbot der Einlagenrückgewähr umgangen wird[311]. § 57 Abs. 2 hat daher neben § 57 Abs. 1 **nur klarstellende Funktion**[312]. Er erfasst alle wiederkehrenden, in ihrer Höhe bestimmten oder bestimmbaren Zahlungen, die einem Aktionär ohne Rücksicht auf den festgestellten Bilanzgewinn geleis-

---

24/40, HRR 1941 Nr. 132 (GmbH); zurückhaltend aber LG München v. 29.3.2007 – 5 HK O 12931/06, NZG 2007, 477, 478.
303 Vgl. BGH v. 14.5.1990 – II ZR 126/89, BGHZ 111, 224, 227 (GmbH); *Fleischer*, WM 2007, 909, 915; insoweit zutreffend LG München v. 29.3.2007 – 5 HK O 12931/06, NZG 2007, 477.
304 Vgl. *Fleischer*, WM 2007, 909, 915.
305 Vgl. *Cahn/Senger* in Spindler/Stilz, § 57 AktG Rz. 27; *Fleischer*, WM 2007, 909, 915.
306 Vgl. *Deilmann*, AG 2006, 62, 64 ff.; *Fleischer*, WM 2007, 909, 915 f.; *Kort* in Großkomm. AktG, 4. Aufl., § 89 AktG Rz. 5.
307 Vgl. BGH v. 1.12.2008 – II ZR 102/07, BGHZ 179, 71 Tz. 11; *Goette*, DStR 2009, 2602, 2604; *Habersack*, ZGR 2009, 347, 356; *Kiefner/Theusinger*, NZG 2008, 801, 802; *Mülbert/Leuschner*, NZG 2009, 281, 286; *Thümmel/Burckhardt*, AG 2009, 885, 893; *Ulmer* in FS Hüffer, 2010, S. 999, 1007 ff.; *Wand/Tillmann/Heckenthaler*, AG 2009, 148, 155.
308 So wörtlich BGH v. 1.12.2008 – II ZR 102/07, BGHZ 179, 71 Tz. 11.
309 Vgl. *Cahn/Senger* in Spindler/Stilz, § 57 AktG Rz. 121; *Ehricke*, Das abhängige Konzernunternehmen in der Insolvenz, 1998, S. 320 ff.; *Wackerbarth*, Grenzen der Leitungsmacht in der internationalen Unternehmensgruppe, 2001, S. 125 ff, 305 ff.; differenzierend *Bayer* in MünchKomm. AktG, 3. Aufl., § 57 AktG Rz. 146 ff.
310 Zur Kodifikationsgeschichte *Baums* in FS Horn, 2006, S. 249, 251 ff.
311 Vgl. Begr. RegE *Kropff*, Aktiengesetz, S. 73.
312 Vgl. *Cahn/Senger* in Spindler/Stilz, § 57 AktG Rz. 80; *Drinhausen* in Heidel, § 57 AktG Rz. 27; *Henze* in Großkomm. AktG, 4. Aufl., § 57 AktG Rz. 162; *Hüffer*, § 57 AktG Rz. 21; *Lutter* in KölnKomm. AktG, 2. Aufl., § 57 AktG Rz. 48.

tet werden sollen³¹³. Dazu gehört insbesondere die feste Dividendengarantie³¹⁴. Verboten ist nicht erst die Zinszahlung, sondern bereits ihre Zusage³¹⁵.

71 **Nicht von § 57 Abs. 2 erfasst** werden hingegen Abschläge auf den Bilanzgewinn (§ 59), Vorabdividenden (§ 60 Abs. 2), zinsähnliche Zahlungen auf satzungsmäßiger Grundlage (§ 60 Abs. 3) sowie Vorzugsdividenden (§§ 139 ff.)³¹⁶. Ihre fälschliche Bezeichnung als „Zinszahlungen" ist unschädlich³¹⁷. Gezahlt werden dürfen auch marktübliche Zinsen für Darlehen, die der AG von Aktionären gewährt werden³¹⁸. Schließlich ist es mit § 57 Abs. 2 ohne weiteres vereinbar, dass Dritte eine feste Verzinsung auf die Einlage eines Aktionärs garantieren, sofern das Vermögen der AG dadurch nicht beeinträchtigt wird³¹⁹. Systematisch pflegt man insoweit (an die Aktionäre gerichtete) Rentengarantien und (an die AG gerichtete) Rentabilitätsgarantien zu unterscheiden³²⁰. Als gesetzlicher Anwendungsfall einer Rentengarantie ist § 304 Abs. 1 anzusehen³²¹.

## VI. Verbot sonstiger Vermögensverteilung (§ 57 Abs. 3)

72 Gem. § 57 Abs. 3 darf unter die Aktionäre vor Auflösung der Gesellschaft nur der Bilanzgewinn verteilt werden. Die Vorschrift entspricht wörtlich dem § 58 Abs. 5 a.F.³²². (Rz. 5) und wiederholt inhaltlich das Verbot der Einlagenrückgewähr des § 57 Abs. 1³²³. Entgegen ihrem missverständlichen Wortlaut gilt sie auch im Abwicklungsstadium der AG bis zum Ablauf des Sperrjahres³²⁴. Das Verbot sonstiger Vermögensverteilung verbietet es der Gesellschaft außerdem, ihren Aktionären in der Satzung das Recht auf freien Zutritt zu Gesellschaftseinrichtungen (z.B. Theater, Zoo) zu gewähren (vgl. auch Rz. 14)³²⁵.

---

313 Vgl. *Bayer* in MünchKomm. AktG, 3. Aufl., § 57 AktG Rz. 115; *Drinhausen* in Heidel, § 57 AktG Rz. 27; *Henze* in Großkomm. AktG, 4. Aufl., § 57 AktG Rz. 162; *Hüffer*, § 57 AktG Rz. 21; kritisch *Cahn/Senger* in Spindler/Stilz, § 57 AktG Rz. 80, die die Formulierung für zu eng halten.
314 Vgl. *Bayer* in MünchKomm. AktG, 3. Aufl., § 57 AktG Rz. 115; *Henze* in Großkomm. AktG, 4. Aufl., § 57 AktG Rz. 161; *Lutter* in KölnKomm. AktG, 2. Aufl., § 57 AktG Rz. 49.
315 Vgl. *Bayer* in MünchKomm. AktG, 3. Aufl., § 57 AktG Rz. 114; *Drinhausen* in Heidel, § 57 AktG Rz. 28; *Henze* in Großkomm. AktG, 4. Aufl., § 57 AktG Rz. 162.
316 Vgl. *Bayer* in MünchKomm. AktG, 3. Aufl., § 57 AktG Rz. 116; *Drinhausen* in Heidel, § 57 AktG Rz. 27; *Henze* in Großkomm. AktG, 4. Aufl., § 57 AktG Rz. 165; *Hüffer*, § 57 AktG Rz. 21.
317 Vgl. RG v. 8.4.1908 – Rep I 595/07, RGZ 68, 235, 238; *Bayer* in MünchKomm. AktG, 3. Aufl., § 57 AktG Rz. 116; *Hüffer*, § 57 AktG Rz. 21; *Lutter* in KölnKomm. AktG, 2. Aufl., § 57 AktG Rz. 50.
318 Vgl. *Bayer* in MünchKomm. AktG, 3. Aufl., § 57 AktG Rz. 118; *Cahn/Senger* in Spindler/Stilz, § 57 AktG Rz. 81; *Henze* in Großkomm. AktG, 4. Aufl., § 57 AktG Rz. 167.
319 Vgl. *Bayer* in MünchKomm. AktG, 3. Aufl., § 57 AktG Rz. 122; *Henze* in Großkomm. AktG, 4. Aufl., § 57 AktG Rz. 168; *Hüffer*, § 57 AktG Rz. 21; *Lutter* in KölnKomm. AktG, 2. Aufl., § 57 AktG Rz. 51.
320 Vgl. *Bayer* in MünchKomm. AktG, 3. Aufl., § 57 AktG Rz. 125 ff.; *Henze* in Großkomm. AktG, 4. Aufl., § 57 AktG Rz. 169 ff.; *Lutter* in KölnKomm. AktG, 2. Aufl., § 57 AktG Rz. 53.
321 Vgl. *Henze* in Großkomm. AktG, 4. Aufl., § 57 AktG Rz. 180; *Lutter* in KölnKomm. AktG, 2. Aufl., § 57 AktG Rz. 56.
322 Dazu Begr. RegE *Kropff*, Aktiengesetz, S. 78.
323 Vgl. *Bayer* in MünchKomm. AktG, 3. Aufl., § 57 AktG Rz. 131; *Drinhausen* in Heidel, § 57 AktG Rz. 29; *Henze* in Großkomm. AktG, 4. Aufl., § 57 AktG Rz. 181; *Hüffer*, § 57 AktG Rz. 22.
324 Vgl. *Bayer* in MünchKomm. AktG, 3. Aufl., § 57 AktG Rz. 132; *Hüffer*, § 57 AktG Rz. 22; *Lutter* in KölnKomm. AktG, 2. Aufl., § 58 AktG Rz. 81.
325 Näher *Bayer* in MünchKomm. AktG, 3. Aufl., § 57 AktG Rz. 133; abw. *Lutter* in KölnKomm. AktG, 2. Aufl., § 58 AktG Rz. 21.

## VII. Rechtsfolgen eines Verstoßes

### 1. Rückgewähransprüche

Welche Rechtsfolgen ein Verstoß gegen das Verbot der Einlagenrückgewähr nach sich zieht, ist Gegenstand anhaltender Auseinandersetzungen. Nach hergebrachter und lange Zeit herrschender Auffassung sind schuldrechtliches Verpflichtungsgeschäft und dingliches Vollzugsgeschäft gem. § 134 BGB nichtig[326]. Mit dem aktienrechtlichen Rückgewähranspruch des § 62 konkurrieren danach dingliche Herausgabeansprüche der Gesellschaft aus § 985 BGB, während Bereicherungsansprüche durch § 62 verdrängt werden sollen[327]. Abschwächend bejahen manche bei verdeckten Gewinnausschüttungen nur die Nichtigkeit des Verpflichtungsgeschäfts, nicht auch des dinglichen Erfüllungsgeschäfts[328]. Eine vordringende und zahlenmäßig wohl schon überwiegende Gegenansicht wendet sich mit Begründungsunterschieden im Einzelnen gegen die Nichtigkeit von Verpflichtungs- und Erfüllungsgeschäft und sieht § 62 als abschließende Spezialregelung an[329]. 73

Die besseren Gründe sprechen für eine **Abkehr von den traditionellen Nichtigkeitslehren**. Diese bildeten ein dogmatisches Provisorium, solange das Aktienrecht noch keinen eigenständigen Rückgewähranspruch der Gesellschaft kannte, und sind mit Einführung des § 62 AktG 1965 entbehrlich geworden[330]. Ihre Rechtsfolgen schießen über das Ziel hinaus, weil § 57 nicht den Leistungsaustausch als solchen, sondern nur die Kapitalschmälerung verbietet[331], und laufen dem wertmäßigen (nicht: sachbezogenen) Verständnis der aktienrechtlichen Vermögensbindung zuwider[332]. Gesichtspunkte des Gläubigerschutzes, namentlich die Insolvenzfestigkeit nach § 47 InsO, gebieten nicht zwingend die Nichtigkeit; sie spielen bei Geld- oder Dienstleistungen ohnehin keine Rolle und bleiben eine Begründung dafür schuldig, warum die Gesellschaft bei einer Insolvenz des Aktionärs besser stehen soll als dessen sonstige Gläubiger[333]. Auch im GmbH-Recht hat sich der BGH unter dem Beifall des Schrifttums für die Wirksamkeit des dinglichen Geschäfts ausgesprochen[334]; ein Gleichlauf zwischen § 30 GmbHG und § 57 liegt nahe, da sich die Vermögensbindung im GmbH- und Aktienrecht nur graduell, nicht grundsätzlich unterscheidet[335]. Schließlich führt die neue Sichtweise zu einer deutlichen Vereinfachung bei den Rechtsfol- 74

---

326 Vgl. *Canaris* in FS Fischer, 1979, S. 30, 33 f.; *Henze* in Großkomm. AktG, 4. Aufl., § 57 AktG Rz. 201, 203, 206, 210; *Hüffer*, § 57 AktG Rz. 23; *Wiedemann*, GesR I, § 8 III 1a, S. 442; *Wiesner* in MünchHdb. AG, § 16 Rz. 52.
327 Vgl. *Henze* in Großkomm. AktG, 4. Aufl., § 57 AktG Rz. 204, 224; *Hüffer*, § 57 AktG Rz. 25.
328 Vgl. *Lutter* in KölnKomm. AktG, 2. Aufl., § 57 AktG Rz. 69 f.; *Geßler* in FS Fischer, 1979, S. 131, 143 f.
329 Vgl. *Bayer* in MünchKomm. AktG, 3. Aufl., § 57 AktG Rz. 162 ff.; *Bitter*, ZHR 168 (2004), 302, 342 ff.; *Cahn/Senger* in Spindler/Stilz, § 57 AktG Rz. 84 ff.; *Drinhausen* in Heidel, § 57 AktG Rz. 52 ff.; *Flume*, ZHR 144 (1980), 18, 23 ff.; *Joost*, ZHR 149 (1985), 419, 435; *Riedel*, S. 78 ff.; *Rosengarten*, ZHR 168 (2004), 708 ff.; *K. Schmidt*, GesR, § 29 II 2b bb, S. 893 f.; *Westermann* in Bürgers/Körber, § 57 AktG Rz. 33a f.; *Wilhelm* in FS Flume, 1978, Bd. 2, S. 387, 384 ff.
330 Vgl. *Bayer* in MünchKomm. AktG, 3. Aufl., § 57 AktG Rz. 162; *Drinhausen* in Heidel, § 57 AktG Rz. 53; *Rosengarten*, ZHR 168 (2004), 708, 719 ff.
331 Vgl. *K. Schmidt*, GesR, § 29 II 2b bb, S. 893; auch *Bitter*, ZHR 168 (2004), 302, 343.
332 Vgl. *Bezzenberger*, S. 245; *K. Schmidt*, GesR, § 29 II 2b bb, S. 893.
333 Vgl. *Bezzenberger*, S. 246; *Bommert*, S. 85 f.; *Riedel*, S. 90 f.; *Westermann* in Bürgers/Körber, § 57 AktG Rz. 33a.
334 Vgl. BGH v. 23.6.1997 – II ZR 220/95 – „PIT", BGHZ 136, 125, 130.
335 Vgl. *Bayer* in MünchKomm. AktG, 3. Aufl., § 57 AktG Rz. 164; *Drinhausen* in Heidel, § 57 AktG Rz. 53; *Rosengarten*, ZHR 168 (2004), 708, 721 ff.

gen verdeckter Gewinnausschüttungen und erfüllt damit eine wichtige Aufgabe juristischer Theoriebildung.

75 Im Ergebnis stehen der Gesellschaft bei verdeckten Gewinnausschüttungen daher **keine Vindikationsansprüche gegen den begünstigten Aktionär** zu. Sie muss (Leistungsverweigerungsrecht) und darf (Leistungsverbot) unausgewogene Austauschgeschäfte freilich nicht erfüllen[336]. Ob man dies aus dem Verbotscharakter des § 57 i.S. des § 134 BGB[337] oder unmittelbar aus § 57[338] ableitet, ist zweitrangig.

### 2. Schadensersatzansprüche

76 Vorstands- und Aufsichtsratsmitglieder haften für verbotswidrige Vermögenszuwendungen an Aktionäre nach § 93 Abs. 3 Nr. 1, 2 und 5 i.V.m. § 116 Satz 1[339]. Der Schaden der Gesellschaft liegt bereits in dem Vermögensabfluss, nicht erst in dem Betrag, der vom begünstigten Aktionär nach § 62 Abs. 1 Satz 1 nicht mehr beigetrieben werden kann[340]. Lediglich im Innenverhältnis können die Organmitglieder beim Zuwendungsempfänger Rückgriff nehmen[341]. Unter den Voraussetzungen des § 117 sind auch Schadensersatzansprüche gegen Aktionäre denkbar, die unter Ausnutzung ihres Einflusses auf die Geschäftsleitung die verbotene Einlagenrückgewähr veranlasst haben[342].

## § 58
## Verwendung des Jahresüberschusses

**(1) Die Satzung kann nur für den Fall, dass die Hauptversammlung den Jahresabschluss feststellt, bestimmen, dass Beträge aus dem Jahresüberschuss in andere Gewinnrücklagen einzustellen sind. Auf Grund einer solchen Satzungsbestimmung kann höchstens die Hälfte des Jahresüberschusses in andere Gewinnrücklagen eingestellt werden. Dabei sind Beträge, die in die gesetzliche Rücklage einzustellen sind, und ein Verlustvortrag vorab vom Jahresüberschuss abzuziehen.**

---

336 Allg. M., vgl. *Bayer* in MünchKomm. AktG, 3. Aufl., § 57 AktG Rz. 155; *Henze* in Großkomm. AktG, 4. Aufl., § 57 AktG Rz. 206.
337 So *Bayer* in MünchKomm. AktG, 3. Aufl., § 57 AktG Rz. 154; *Cahn/Senger* in Spindler/Stilz, § 57 AktG Rz. 84; *Drinhausen* in Heidel, § 57 AktG Rz. 53; *Riedel*, S. 50 ff., 63 f.; alle unter Hinweis darauf, dass für die Nichtigkeitsfolge des § 134 BGB kein Raum bleibe, weil § 62 „ein anderes" bestimme.
338 So *K. Schmidt*, GesR, § 29 II 2b bb, S. 893; *Armbrüster* in MünchKomm. BGB, 5. Aufl., § 134 BGB Rz. 72; *Sack* in Staudinger, § 134 BGB Rz. 196 und 245.
339 Vgl. *Bayer* in MünchKomm. AktG, 3. Aufl., § 57 AktG Rz. 168; *Cahn/Senger* in Spindler/Stilz, § 57 AktG Rz. 97; *Henze* in Großkomm. AktG, 4. Aufl., § 57 AktG Rz. 226; *Hüffer*, § 57 AktG Rz. 25; *Lutter* in KölnKomm. AktG, 2. Aufl., § 57 AktG Rz. 106; *Westermann* in Bürgers/Körber, § 57 AktG Rz. 37.
340 Wie hier *Bayer* in MünchKomm. AktG, 3. Aufl., § 57 AktG Rz. 168; *Cahn/Senger* in Spindler/Stilz, § 57 AktG Rz. 97; abw. *Henze* in Großkomm. AktG, 4. Aufl., § 57 AktG Rz. 226; *Lutter* in KölnKomm. AktG, 2. Aufl., § 57 AktG Rz. 106.
341 Vgl. *Bayer* in MünchKomm. AktG, 3. Aufl., § 57 AktG Rz. 168; *Cahn/Senger* in Spindler/Stilz, § 57 AktG Rz. 97.
342 Vgl. *Bayer* in MünchKomm. AktG, 3. Aufl., § 57 AktG Rz. 170; *Cahn/Senger* in Spindler/Stilz, § 57 AktG Rz. 98; *Henze* in Großkomm. AktG, 4. Aufl., § 57 AktG Rz. 227; *Hüffer*, § 57 AktG Rz. 25.

(2) Stellen Vorstand und Aufsichtsrat den Jahresabschluss fest, so können sie einen Teil des Jahresüberschusses, höchstens jedoch die Hälfte, in andere Gewinnrücklagen einstellen. Die Satzung kann Vorstand und Aufsichtsrat zur Einstellung eines größeren oder kleineren Teils des Jahresüberschusses ermächtigen. Auf Grund einer solchen Satzungsbestimmung dürfen Vorstand und Aufsichtsrat keine Beträge in andere Gewinnrücklagen einstellen, wenn die anderen Gewinnrücklagen die Hälfte des Grundkapitals übersteigen oder soweit sie nach der Einstellung die Hälfte übersteigen würden. Absatz 1 Satz 3 gilt sinngemäß.

(2a) Unbeschadet der Absätze 1 und 2 können Vorstand und Aufsichtsrat den Eigenkapitalanteil von Wertaufholungen bei Vermögensgegenständen des Anlage- und Umlaufvermögens und von bei der steuerrechtlichen Gewinnermittlung gebildeten Passivposten, die nicht im Sonderposten mit Rücklageanteil ausgewiesen werden dürfen, in andere Gewinnrücklagen einstellen. Der Betrag dieser Rücklagen ist entweder in der Bilanz gesondert auszuweisen oder im Anhang anzugeben.

(3) Die Hauptversammlung kann im Beschluss über die Verwendung des Bilanzgewinns weitere Beträge in Gewinnrücklagen einstellen oder als Gewinn vortragen. Sie kann ferner, wenn die Satzung sie hierzu ermächtigt, auch eine andere Verwendung als nach Satz 1 oder als die Verteilung unter die Aktionäre beschließen.

(4) Die Aktionäre haben Anspruch auf den Bilanzgewinn, soweit er nicht nach Gesetz oder Satzung, durch Hauptversammlungsbeschluss nach Absatz 3 oder als zusätzlicher Aufwand auf Grund des Gewinnverwendungsbeschlusses von der Verteilung unter die Aktionäre ausgeschlossen ist.

(5) Sofern die Satzung dies vorsieht, kann die Hauptversammlung auch eine Sachausschüttung beschließen.

| | |
|---|---|
| I. Überblick . . . . . . . . . . . . . . . . . 1 | 3. Rücklagenbildung im Konzern . . . . . 26 |
| 1. Regelungsgegenstand und Bedeutung 1 | a) Rücklagenbildung in der abhängigen Gesellschaft . . . . . . . . . . . 26 |
| 2. Vorgängervorschriften und Normentwicklung . . . . . . . . . . . . . 4 | b) Rücklagenbildung in der herrschenden Gesellschaft . . . . . . . 27 |
| 3. Rechtsvergleichung . . . . . . . . . . . . 6 | aa) Problemstellung . . . . . . . . . . 27 |
| II. Grundbegriffe und Gesetzessystematik . . . . . . . . . . . . . . . . 7 | bb) Meinungsstand . . . . . . . . . . 28 |
| 1. Grundbegriffe . . . . . . . . . . . . . . . 7 | cc) Stellungnahme . . . . . . . . . . 29 |
| 2. Gesetzessystematik . . . . . . . . . . . . 10 | dd) Reformvorschläge . . . . . . . . . 30 |
| III. Einstellung in Gewinnrücklagen bei Feststellung des Jahresabschlusses . . 11 | IV. Einstellung in Sonderrücklagen durch Vorstand und Aufsichtsrat . . . . . . . 31 |
| 1. Feststellung durch die Hauptversammlung . . . . . . . . . . . . . . . . 11 | 1. Allgemeines . . . . . . . . . . . . . . . . 31 |
| a) Allgemeines . . . . . . . . . . . . . . . 11 | 2. Anwendungsbereich . . . . . . . . . . . 32 |
| b) Satzungsbestimmung . . . . . . . . 14 | a) Eigenkapitalanteil von Wertaufholungen . . . . . . . . . . . . . . 32 |
| c) Höchstgrenze . . . . . . . . . . . . . 16 | b) Eigenkapitalanteil von Passivposten . . . . . . . . . . . . . . . . . 33 |
| 2. Feststellung durch Vorstand und Aufsichtsrat . . . . . . . . . . . . . . . . 18 | c) Rücklagenbildung bei fehlendem Jahresüberschuss . . . . . . . . . . . 34 |
| a) Gesetzliche Ermächtigung . . . . . 18 | 3. Zuständigkeit . . . . . . . . . . . . . . . 35 |
| aa) Unternehmerisches Ermessen 18 | 4. Ausweis der Sonderrücklage . . . . . . 36 |
| bb) Begrenzung des Ermessens . . . 19 | V. Einstellung in Gewinnrücklagen und andere Maßnahmen im Gewinnverwendungsbeschluss . . . . . . . . . . 37 |
| cc) Höchstgrenze . . . . . . . . . . . 21 | |
| b) Satzungsmäßige Ermächtigung . . 22 | |
| aa) Reichweite . . . . . . . . . . . . . 22 | 1. Verwendung des Bilanzgewinns . . . . 37 |
| bb) Höchstgrenze . . . . . . . . . . . 25 | |

2. Gewinnverwendungsmöglichkeiten . . 38
   a) Ausschüttung . . . . . . . . . . . . . . . 38
   b) Gewinnrücklagen . . . . . . . . . . . 39
   c) Gewinnvortrag . . . . . . . . . . . . . 40
   d) Andere Verwendung . . . . . . . . . 41
3. Satzungsregelungen . . . . . . . . . . . . 42

## VI. Anspruch der Aktionäre auf den Bilanzgewinn . . . . . . . . . . . . . . . 43

1. Mitgliedschaftlicher Gewinnbeteiligungsanspruch . . . . . . . . . . . 44
2. Schuldrechtlicher Gewinnauszahlungsanspruch . . . . . . . . . . . 45
3. Ausschlusstatbestände . . . . . . . . . . 49
   a) Kein verteilungsfähiger Gewinn . . 49
   b) Kein Dividendenrecht . . . . . . . . 50

4. Verbriefung . . . . . . . . . . . . . . . . . . 51
   a) Dividendenschein (Coupon) . . . . . 51
   b) Erneuerungsschein (Talon) . . . . . . 54

## VII. Besonderheiten bei der REIT-AG . . . 55

## VIII. Sachausschüttung . . . . . . . . . . . . . . 57

1. Allgemeines . . . . . . . . . . . . . . . . . . 57
2. Satzungsbestimmung . . . . . . . . . . . 58
3. Hauptversammlungsbeschluss . . . . . 59
4. Bewertung . . . . . . . . . . . . . . . . . . 60
5. Mangelhaftigkeit der Sachdividende . 61

## IX. Rechtsfolgen bei Verstößen . . . . . . . 62

1. Festgestellter Jahresabschluss . . . . . 62
2. Gewinnverwendungsbeschluss . . . . 64

**Literatur:** *Baums*, Rücklagenbildung und Gewinnausschüttung im Aktienrecht, in FS K. Schmidt, 2009, S. 57; *Beusch*, Rücklagenbildung im Konzern, in FS Goerdeler, 1987, S. 25; *Frodermann*, Möglichkeiten und Grenzen der Gewinnthesaurierung im Konzern, 1994; *Gelhausen/Althoff*, Die Bilanzierung ausschüttungs- und abführungsgesperrter Beträge im handelsrechtlichen Jahresabschluss nach dem BilMoG, WPg 2009, 584 (Teil 1), 629 (Teil 2); *Geßler*, Rücklagenbildung im Konzern, AG 1985, 257; *Geßler*, Rücklagenbildung bei Gewinnabführungsverträgen, in FS Meilicke, 1985, S. 18; *v. Gleichenstein*, Satzungsmäßige Ermächtigung der Verwaltung einer Aktiengesellschaft zur Bildung freier Rücklagen (§ 58 Abs. 2 AktG 1965), BB 1966, 1057; *Goerdeler*, Rücklagenbildung nach § 58 Abs. 2 AktG im Konzern, WPg 1986, 229; *Gollnick*, Gewinnverwendung im Konzern, 1991; *Götz*, Die Sicherung der Rechte der Konzernobergesellschaft bei Konzernbildung und Konzernleitung, AG 1984, 85; *Götz*, Rücklagenbildung in der Unternehmensgruppe, in FS Moxter, 1994, S. 573; *Grund*, Sachdividenden bei Aktiengesellschaften, 2006; *Habersack*, „Superdividenden", in FS K. Schmidt, 2009, S. 523; *Hasselbach/Wicke*, Sachausschüttungen im Aktienrecht, NZG 2001, 599; *Herzig*, BilMoG, Tax Accounting und Corporate Governance Aspekte, DB 2010, 1; *Holzborn/Bunnemann*, Gestaltung einer Sachausschüttung und Gewährleistung im Rahmen der Sachdividende, AG 2003, 671; *Kohl*, Die Kompetenz zur Bildung von Gewinnrücklagen im Aktienkonzern, 1991; *Krekeler/Lichtenberg*, Satzungsänderungen nach § 58 Abs. 2 AktG – eine Rechtstatsachenuntersuchung, ZHR 135 (1971), 362; *Kronstein/Claussen*, Publizität und Gewinnverwendung im neuen Aktienrecht, 1960; *Kropff*, Gesellschaftsrechtliche Auswirkungen der Ausschüttungssperre in § 268 Abs. 8 HGB, in FS Hüffer, 2010, S. 539; *Leinekugel*, Die Sachdividende im deutschen und europäischen Aktienrecht, 2000; *Lutter*, Rücklagenbildung im Konzern, in FS Goerdeler, 1987, S. 327; *Lutter/Leinekugel/Rödder*, Die Sachdividende – Gesellschaftsrecht und Steuerrecht, ZGR 2002, 204; *Marsch*, Die rechtliche Problematik der Verwendung von Jahresüberschüssen deutscher Aktiengesellschaften unter besonderer Berücksichtigung der Kleinaktionärsinteressen, 1974; *W. Müller*, Die Änderungen im HGB und die Neuregelung der Sachdividende durch das Transparenz- und Publizitätsgesetz, NZG 2002, 752; *Orth*, Sachdividenden – Zu deren Kodifizierung und den offen gebliebenen aktienrechtlichen, bilanzrechtlichen und steuerrechtlichen Fragen, WPg 2004, 777 (Teil 1), 841 (Teil 2); *Schnorbus*, Die Sachdividende, ZIP 2003, 509; *Schüppen*, Dividende ohne Hauptversammlungsbeschluss? – Zur Durchsetzung des mitgliedschaftlichen Gewinnanspruchs in Pattsituationen, in FS Röhricht, 2005, S. 571; *Schulze-Osterloh*, Ausweis der Sachdividende im Jahresabschluss und im Gewinnverwendungsbeschluss, in FS Priester, 2007, S. 749; *Schulze-Osterloh*, Sachdividenden und die Notwendigkeit des Zeitwertansatzes, WPg 2008, 562; *Schütte*, Die Dividendenentscheidung in der Aktiengesellschaft, 1994; *Siegel*, Zur Berücksichtigung von Sachdividenden im Jahresüberschuss, WPg 2008, 553; *Simon*, Ausschüttungs- und Abführungssperre als gläubigerschützendes Institut in der reformierten HGB-Bilanzierung – Zur Regelung des § 268 VIII HGB n.F., NZG 2009, 1081; *Strothotte*, Die Gewinnverwendung in Aktiengesellschaften – Eine vergleichende Untersuchung zum Recht Deutschlands und des Vereinigten Königreichs, Diss. Bonn, 2010; *Theisen*, Rücklagenbildung im Konzern, ZHR 156 (1992), 174; *Thomas*, Rücklagenbildung im Konzern, ZGR 1985, 365; *Tübke*, Sachausschüttungen im deutschen, französischen und Schweizer Aktien- und Steuerrecht, 2002; *Waclawik*, Die neue Sachdividende: Was ist sie wert?, WM 2003, 2266; *Werner*, Gewinnverwendung im Konzern, in FS Stimpel, 1985, S. 935.

## I. Überblick

### 1. Regelungsgegenstand und Bedeutung

§ 58 betrifft die Verwendung des Jahresergebnisses. Er legt in Abs. 1 bis Abs. 3 fest, welche Gesellschaftsorgane Teile des Jahresüberschusses zur Rücklagenbildung verwenden dürfen. Abs. 4 weist den verbleibenden Bilanzgewinn den Aktionären als Anspruch zu. Abs. 5 gestattet Sachausschüttungen, sofern die Satzung dies vorsieht. 1

Im Kern regelt § 58 die **Kompetenzverteilung zwischen Verwaltung und Hauptversammlung** hinsichtlich der erwirtschafteten Kapitalerträge[1]. Er strebt einen Ausgleich zwischen dem Selbstfinanzierungsinteresse der Gesellschaft (sowie ihrer Verwaltung) und dem Dividendeninteresse der Aktionäre an[2]. Weil der Gesetzgeber beide Interessen als gleichwertig einstuft[3], sieht er in § 58 Abs. 2 Satz 1 einen **Kompromiss** vor, nach dem Verwaltung und Hauptversammlung jeweils über die Hälfte des Jahresüberschusses entscheiden[4]. 2

**Rechtspolitisch** überwiegt die **Kritik** an der gesetzlichen Lösung[5]. Die Haupteinwände richten sich gegen die weitreichende Thesaurierungskompetenz der Verwaltung[6], die durch eine satzungsmäßige Ermächtigung nach § 58 Abs. 2 Satz 2 (Rz. 22 ff.) häufig noch erweitert wird[7]. Reformvorschläge reichen von einem Zwang zur Voll- oder Mindestausschüttung[8] über den vollständigen Übergang der Gewinnverwendungskompetenz auf die Hauptversammlung, wenn die angesammelten freien Rücklagen 3

---

1 Vgl. *ADS*, § 58 AktG Rz. 1; *Cahn/Senger* in Spindler/Stilz, § 58 AktG Rz. 7; *Drinhausen* in Heidel, § 58 AktG Rz. 1; *Hüffer*, § 58 AktG Rz. 2; *Lutter* in KölnKomm. AktG, 2. Aufl., § 58 AktG Rz. 23.
2 Vgl. Begr. RegE *Kropff*, Aktiengesetz, S. 75; *ADS*, § 58 AktG Rz. 6; *Bayer* in MünchKomm. AktG, 3. Aufl., § 58 AktG Rz. 2; *Drinhausen* in Heidel, § 58 AktG Rz. 1; *v. Godin/Wilhelmi*, § 58 AktG Anm. 1; *Henze* in Großkomm. AktG, 4. Aufl., § 58 AktG Rz. 11; *Hüffer*, § 58 AktG Rz. 1; *Lutter* in KölnKomm. AktG, 2. Aufl., § 58 AktG Rz. 5.
3 Vgl. *Cahn/Senger* in Spindler/Stilz, § 58 AktG Rz. 3; *v. Godin/Wilhelmi*, § 58 AktG Anm. 3; *Hüffer*, § 58 AktG Rz. 2.
4 Zum Kompromisscharakter *Bayer* in MünchKomm. AktG, 3. Aufl., § 58 AktG Rz. 16; *Cahn/Senger* in Spindler/Stilz, § 58 AktG Rz. 2; *Lutter* in KölnKomm. AktG, 2. Aufl., § 58 AktG Rz. 20; *Westermann* in Bürgers/Körber, § 58 AktG Rz. 1; *Wilhelmi*, AG 1965, 153, 154; für eine eingehende Darstellung der rechtspolitischen Diskussion im Vorfeld der Aktienrechtsreform von 1965 *Bahrenfuss*, Die Entstehung des Aktiengesetzes von 1965, 2000, S. 688 ff.
5 Vgl. *Cahn/Senger* in Spindler/Stilz, § 58 AktG Rz. 4 ff.; *Henze* in Großkomm. AktG, 4. Aufl., § 58 AktG Rz. 13; *Hüffer*, § 58 AktG Rz. 2; *Lutter* in KölnKomm. AktG, 2. Aufl., § 58 AktG Rz. 20; aus ökonomischer Sicht auch *Drucarczyk* in Staehle/Stoll (Hrsg.), Betriebswirtschaftliche Beiträge zur Lösung der ökonomischen Krise, 1984, S. 41, 60 ff.; *Wenger* in Jahrbuch für Neue Politische Ökonomie, Bd. 6 (1987), S. 217, 219 ff.; für eine Beibehaltung der bisherigen Regelung aber *Pfaff*, BFuP 41 (1989), 1013, 1025 f.; s. auch *Rudolph*, Unternehmensfinanzierung und Kapitalmarkt, 2006, S. 457, im Hinblick auf einen drohenden Unterinvestitionseffekt zu Lasten der Gläubiger bei einer zu hohen Gewinnausschüttung.
6 Vgl. *Cahn/Senger* in Spindler/Stilz, § 58 AktG Rz. 4 ff.; *Henze* in Großkomm. AktG, 4. Aufl., § 58 AktG Rz. 13.
7 Dazu *Krekeler/Lichtenberg*, ZHR 135 (1971), 362, 365 ff.
8 Vgl. *Pütz/Willgerodt*, Gleiches Recht für Beteiligungskapital, 1985, S. 110 ff.; *Wagner* in D. Schneider (Hrsg.), Kapitalmarkt und Finanzierung, 1986, S. 409, 421 ff.; *Niedernhuber*, Ausschüttungsregelungen für Aktiengesellschaften, 1988, S. 267 ff; kritisch dazu *Albach/Corte/Friedewald/Lutter/Richter*, Deregulierung des Aktienrechts: Das Drei-Stufen-Modell, 1988, S. 125 ff.

die Hälfte des Grundkapitals erreichen[9], bis hin zu einem Verbot der Selbstfinanzierung für Publikumsaktiengesellschaften[10].

## 2. Vorgängervorschriften und Normentwicklung

4 § 58 Abs. 1 und 2 ist durch das Aktiengesetz von 1965 neu gestaltet worden[11]. Zuvor galten für die Dividendenentscheidung in der AG höchst unterschiedliche Regelungen[12]: Nach § 260 Abs. 1 HGB 1897 stellte die Hauptversammlung den Jahresabschluss fest und beschloss auch über die Gewinnverwendung. Davon rückte das AktG 1937 ab, indem es die Feststellung des Jahresabschlusses grundsätzlich in die Hände der Verwaltung legte und ihr die Möglichkeit eröffnete, in beliebigem Umfang stille Reserven zu legen[13]. Als Reaktion auf eine übermäßige Rücklagenbildung in der Praxis hat das AktG 1965 die Stellung der Aktionäre gegenüber der Verwaltung durch die Hälfteregelung in § 58 Abs. 2 Satz 1 wieder gestärkt[14]. § 58 Abs. 3 geht auf § 126 Abs. 3 Satz 2 AktG 1937 zurück; § 58 Abs. 4 entspricht im Wesentlichen § 52 Satz 1 Halbsatz 2 AktG 1937.

5 § 58 Abs. 2a ist durch das BiRiLiG von 1985[15] neu in das Gesetz eingefügt worden. § 58 Abs. 2 Satz 2 wurde durch das Gesetz für kleine Aktiengesellschaften und zur Deregulierung des Aktienrechts von 1994[16], das KonTraG von 1998[17] und zuletzt durch das TransPuG von 2002[18] geändert. § 58 Abs. 5 hat ebenfalls durch das TransPuG Eingang in das Gesetz gefunden. Der ursprüngliche § 58 Abs. 5 AktG 1965 ist im Jahre 1994 aus systematischen Gründen in § 57 Abs. 3 eingestellt worden (vgl. § 57 Rz. 5).

## 3. Rechtsvergleichung

6 **International** lässt sich bei der Verteilung der Gewinnermittlungs- und -verwendungskompetenzen eine **enorme Spannbreite** ausmachen: In Frankreich fallen Feststellung des Jahresabschlusses und Gewinnverwendung in die Zuständigkeit der Hauptversammlung[19]; in den Vereinigten Staaten liegt die Dividendenentscheidung allein in den Händen der Verwaltung[20]. Der (gescheiterte) Entwurf einer 5. EG-Richtlinie über die Struktur der Aktiengesellschaften von 1983[21] wies der Hauptversammlung das Verwendungsrecht des gesamten, nicht ausschüttungsgesperrten Geschäfts-

---

9 Vgl. 7. Hauptgutachten der Monopolkommission, BT-Drucks. 11/2677, Rz. 812; noch weitergehend *Drukarczyk* in Staehle/Stoll (Hrsg.), Betriebswirtschaftslehre und ökonomische Krise, 1984, S. 41, 60 ff.; ferner *Cahn/Senger* in Spindler/Stilz, § 58 AktG Rz. 8, die für eine erhebliche Stärkung der Dispositionsbefugnis der Hauptversammlung eintreten; dagegen aber Stellungnahme der Bundesregierung, BT-Drucks. 11/4804, Rz. 34; und *Rittner*, ZGR 1990, 203, 209.
10 Vgl. *Schütte*, S. 161 ff., 177 f.
11 Vgl. Begr. RegE bei *Kropff*, Aktiengesetz, S. 74 ff.
12 Eingehend zur Gesetzesgeschichte seit dem Preußischen Aktiengesetz von 1843 *Frodermann*, S. 29 ff.; *Kohl*, S. 90 ff.; *Schütte*, S. 25 ff.
13 Vgl. Amtl. Begr. zu § 125 AktG 1937 bei *Klausing*, S. 110.
14 Vgl. Begr. RegE bei *Kropff*, Aktiengesetz, S. 74 f.
15 BGBl. I 1985, 2355.
16 BGBl. I 1994, 1961.
17 BGBl. I 1998, 786.
18 BGBl. I 2002, 2681.
19 Vgl. *Ripert/Roblot/Germain*, Droit commercial, Les sociétés commerciales, 18° éd. 2002, Rz. 1585, unter Hinweis auf die abweichende Rechtslage in Deutschland.
20 Vgl. *Cox/Hazen*, Corporations, 2d ed. 2003, S. 550 ff.; ausführlich und rechtsvergleichend *Fleischer* in Bayer/Habersack (Hrsg.), Aktienrecht im Wandel, 2007, Bd. 2, S. 430, 451 Rz. 42, 455 Rz. 51, 460 Rz. 61.
21 ABl. Nr. C 240 v. 9.9.1983.

ergebnisses zu[22]. Hinsichtlich der Vor- und Nachteile dieser grundverschiedenen institutionellen Arrangements herrscht **in der rechtsvergleichenden und ökonomischen Forschung** noch **Nachholbedarf**[23].

## II. Grundbegriffe und Gesetzessystematik

### 1. Grundbegriffe

§ 58 baut auf den Vorschriften zur Ermittlung des Jahresergebnisses auf und verwendet deren Grundbegriffe[24]. Danach gilt: **Jahresabschluss** ist der Oberbegriff für Bilanz, Gewinn- und Verlustrechnung (GuV) und Anhang (§§ 242 Abs. 3, 264 Abs. 1 Satz 1 HGB)[25]. **Jahresergebnis** ist der Saldo aller in der GuV ausgewiesenen Erträge und Aufwendungen und der Steuern[26]. Er ist in der GuV nach § 275 Abs. 2 und 3 HGB als Posten 20 (Gesamtkostenverfahren) oder Posten 19 (Umsatzkostenverfahren) auszuweisen. Ein **Jahresüberschuss** liegt vor, wenn der Saldo positiv ist[27]. Sind die Aufwendungen des Geschäftsjahres dagegen höher als die Erträge, spricht man von einem Jahresfehlbetrag[28]. Jahresüberschuss bzw. Jahresfehlbetrag bilden den Ausgangspunkt der Ergebnisverwendung[29].

Der **Bilanzgewinn** wird nach Maßgabe des § 158 Abs. 1 ermittelt: Er ergibt sich aus dem Jahresergebnis zuzüglich eines Gewinn- oder abzüglich eines Verlustvortrages aus dem Vorjahr (Nr. 1), zuzüglich der Entnahmen aus den Kapital- oder Gewinnrücklagen (Nr. 2 und 3) und abzüglich der Einstellungen in Gewinnrücklagen (Nr. 4). Gewinnrücklagen werden aus dem Ergebnis vorangegangener Geschäftsjahre gebildet (§ 272 Abs. 3 Satz 1 HGB). Zu ihnen gehören die gesetzlichen Rücklagen (§§ 150, 300), die Rücklagen für Anteile an einem herrschenden oder mit Mehrheit beteiligten Unternehmen (§ 272 Abs. 4 HGB), die satzungsmäßigen Rücklagen und die anderen Gewinnrücklagen.

Von den offenen Rücklagen sind die **stillen Reserven** zu unterscheiden, deren Höhe aus der Bilanz nicht ersichtlich ist. Nach der Art ihrer Entstehung unterscheidet man Zwangsreserven (Beispiel: Anschaffungswertprinzip des § 253 Abs. 1 HGB), Schätzungsreserven (Beispiel: Bandbreite bei Schätzwerten) und Ermessensreserven (Beispiel: Ansatz- und Bewertungswahlrechte)[30]. Wertaufholungen sind Zuschreibungen auf der Aktivseite der Bilanz, die vorgenommen werden müssen, wenn die Gründe für erfolgte außerplanmäßige Abschreibungen später weggefallen sind (§ 253 Abs. 5 HGB)[31].

---

22 Vgl. *Niedernhuber*, WPg 1985, 6.
23 Weiterführend aus ökonomischer Sicht *Rudolph*, Unternehmensfinanzierung und Kapitalmarkt, 2006, S. 441 ff.; aus juristischer Sicht *Schütte*, S. 148 ff., 166 ff.; *Strothotte*, Diss. Bonn, 2010, Abschnitt F.
24 Vgl. *Drinhausen* in Heidel, § 58 AktG Rz. 2; *Henze* in Großkomm. AktG, 4. Aufl., § 58 AktG Rz. 15.
25 Vgl. *Winkeljohann/Schellhorn* in BeckBilkomm., § 264 HGB Rz. 5 ff., 8 ff.; WP-Handbuch 2006, Bd. I, E Rn. 2.
26 Vgl. *Förschle* in BeckBilkomm., § 275 HGB Rz. 261; *Großfeld/Luttermann*, Bilanzrecht, 4. Aufl. 2005, Rz. 1064.
27 Vgl. *Förschle* in BeckBilkomm., § 275 HGB Rz. 261.
28 Vgl. *Förschle* in BeckBilkomm., § 275 HGB Rz. 261.
29 Vgl. *Förschle* in BeckBilkomm., § 275 HGB Rz. 262; *Großfeld/Luttermann*, Bilanzrecht, 4. Aufl. 2005, Rz. 1064; *Henze* in Großkomm. AktG, 4. Aufl., § 58 AktG Rz. 15.
30 *Merkt* in Baumbach/Hopt, § 253 HGB Rz. 26.
31 Vgl. *Merkt* in Baumbach/Hopt, § 253 HGB Rz. 28; *Winkeljohann/Taetzner* in BeckBilkomm., § 253 HGB Rz. 633.

## 2. Gesetzessystematik

10 § 58 steht in engem Sachzusammenhang mit den Vorschriften über die Feststellung des Jahresabschlusses (§§ 172, 173) und den Gewinnverwendungsbeschluss (§ 174)[32]. Er bildet zudem eine systematische Einheit mit der Anfechtung des Gewinnverwendungsbeschlusses wegen übermäßiger Rücklagenbildung (§ 254)[33]. Eine Verbindungslinie zu den Kapitalschutzvorschriften der §§ 54 ff. stellt lediglich § 58 Abs. 4 her, der den Anspruch der Aktionäre auf den Bilanzgewinn beschränkt und damit der Kapitalerhaltung dient[34].

## III. Einstellung in Gewinnrücklagen bei Feststellung des Jahresabschlusses

### 1. Feststellung durch die Hauptversammlung

#### a) Allgemeines

11 § 58 Abs. 1 setzt voraus, dass die Hauptversammlung den Jahresabschluss feststellt. **In der Rechtspraxis** ist das die **Ausnahme**; regelmäßig stellen Vorstand und Aufsichtsrat den Jahresabschluss fest (§ 172)[35]. Die Hauptversammlung ist zur Feststellung nach § 173 Abs. 1 Satz 1 nur befugt, wenn Vorstand und Aufsichtsrat ihr dies überlassen oder wenn der Aufsichtsrat den Jahresabschluss nicht gebilligt hat. Weitere Sonderfälle betreffen die Feststellung des Jahresabschlusses während der Abwicklung (§ 270 Abs. 2 Satz 1), nach einer Kapitalherabsetzung mit Rückwirkung (§ 234 Abs. 2) und bei der KGaA (§ 286 Abs. 1 Satz 1).

12 Stellt die Hauptversammlung den Jahresabschluss fest, ist sie – anders als der Aufsichtsrat – nicht an den vom Vorstand aufgestellten Jahresabschluss gebunden[36]. Sie kann die Bilanzierungs- und Bewertungswahlrechte unter Beachtung des materiellen Bilanzrechts daher nach ihrem Belieben ausüben[37].

13 Von der Rücklagenbildung im Rahmen der Feststellung des Jahresabschlusses durch die Hauptversammlung (§ 58 Abs. 1) ist ihre Rücklagenbildung im Rahmen des Gewinnverwendungsbeschlusses (§ 58 Abs. 3, dazu Rz. 38) streng zu unterscheiden: Erstere geht vom Jahresüberschuss als Ausgangsgröße aus, letztere vom Bilanzgewinn[38].

#### b) Satzungsbestimmung

14 Gem. § 58 Abs. 1 Satz 1 kann die Hauptversammlung anlässlich der Feststellung des Jahresabschlusses nur Teile des Jahresüberschusses in andere Gewinnrücklagen ein-

---

32 Vgl. *ADS*, § 58 AktG Rz. 4; *Bayer* in MünchKomm. AktG, 3. Aufl., § 58 AktG Rz. 1; *Cahn/Senger* in Spindler/Stilz, § 58 AktG Rz. 13; *Hüffer*, § 58 AktG Rz. 5; *Lutter* in KölnKomm. AktG, 2. Aufl., § 58 AktG Rz. 4.
33 Vgl. *ADS*, § 58 AktG Rz. 5; *Bayer* in MünchKomm. AktG, 3. Aufl., § 58 AktG Rz. 1; *Hüffer*, § 58 AktG Rz. 5; *Lutter* in KölnKomm. AktG, 2. Aufl., § 58 AktG Rz. 4.
34 Vgl. *ADS*, § 58 AktG Rz. 4; *Baumbach/Hueck*, § 58 AktG Anm. 12; *Henze* in Großkomm. AktG, 4. Aufl., § 58 AktG Rz. 11; *Hüffer*, § 58 AktG Rz. 5.
35 Vgl. *ADS*, § 58 AktG Rz. 32; *Baumbach/Hueck*, § 58 AktG Anm. 4; *Bayer* in MünchKomm. AktG, 3. Aufl., § 58 AktG Rz. 23; *Cahn/Senger* in Spindler/Stilz, § 58 AktG Rz. 20; *Drinhausen* in Heidel, § 58 AktG Rz. 14; *Henze* in Großkomm. AktG, 4. Aufl., § 58 AktG Rz. 23; *Lutter* in KölnKomm. AktG, 2. Aufl., § 58 AktG Rz. 61.
36 Vgl. *ADS*, § 58 AktG Rz. 33; *Bayer* in MünchKomm. AktG, 3. Aufl., § 58 AktG Rz. 24; *Cahn/Senger* in Spindler/Stilz, § 58 AktG Rz. 20; *Henze* in Großkomm. AktG, 4. Aufl., § 58 AktG Rz. 28.
37 Vgl. *Bayer* in MünchKomm. AktG, 3. Aufl., § 58 AktG Rz. 24; *Cahn/Senger* in Spindler/Stilz, § 58 AktG Rz. 20; *Henze* in Großkomm. AktG, 4. Aufl., § 58 AktG Rz. 28.
38 Vgl. *ADS*, § 58 AktG Rz. 31.

stellen, wenn die Satzung dies vorsieht. Ohne entsprechende Satzungsbestimmung ist es ihr verboten, die anderen Gewinnrücklagen zu dotieren[39]. Sie darf dann nach § 173 Abs. 2 Satz 2 nur die gesetzlich vorgeschriebenen Rücklagenzuführungen (§§ 150, 300) vornehmen[40]. **Ziel** dieser Regelung ist es, **willkürliche Thesaurierungen** durch die Hauptversammlungsmehrheit **auszuschließen**[41]. Das erweist sich deshalb als besonders dringend, weil den Minderheitsaktionären kein Anfechtungsrecht wegen überzogener Rücklagenbildung nach § 58 Abs. 1 zusteht; § 254 Abs. 1 berechtigt nur zur Anfechtung des Gewinnverwendungsbeschlusses[42].

Die Satzung muss den Umfang der Rücklagendotierung selbst festlegen; eine Ermächtigung der Hauptversammlung reicht nicht aus[43]. § 58 Abs. 1 Satz 1 fordert vielmehr, dass die Satzung den Betrag der Rücklagenzuführung in Form einer absoluten Zahl oder eines festen Prozentsatzes eindeutig vorgibt[44]. Fehlt es an der hinreichenden Bestimmtheit, so ist die Satzungsbestimmung nichtig[45].

### c) Höchstgrenze

Nach § 58 Abs. 1 Satz 2 kann auf Grund einer Satzungsbestimmung **höchstens die Hälfte des Jahresüberschusses in andere Gewinnrücklagen** eingestellt werden. Dies dient dem Schutz der Minderheitsaktionäre[46]. Darüber hinaus gibt es keine Begrenzung für eine satzungsmäßige Regelung der Rücklagenbildung; insbesondere gilt § 58 Abs. 2 Satz 3 (Rz. 25) nicht analog[47]. Eine Satzungsregelung, welche die Höchstgrenze des § 58 Abs. 1 Satz 2 überschreitet, ist nicht nichtig. Vielmehr muss die Hauptversammlung dann genau die Hälfte des Jahresüberschusses in andere Gewinnrücklagen einstellen[48].

Bei der **Berechnung der Höchstgrenze** sind nach § 58 Abs. 1 Satz 3 Beträge, die in die gesetzlichen Rücklagen einzustellen sind, und ein Verlustvortrag vorab vom Jahresüberschuss abzuziehen. Dadurch soll höchstens die Hälfte des tatsächlich verfügbaren Teils des Jahresüberschusses bei der Feststellung des Jahresabschlusses in andere

---

39 Vgl. *ADS*, § 58 AktG Rz. 34; *Hüffer*, § 58 AktG Rz. 6; *Westermann* in Bürgers/Körber, § 58 AktG Rz. 17.
40 Vgl. *ADS*, § 58 AktG Rz. 34; *Bayer* in MünchKomm. AktG, 3. Aufl., § 58 AktG Rz. 25; *Drinhausen* in Heidel, § 58 AktG Rz. 17; *Hüffer*, § 58 AktG Rz. 6.
41 Vgl. *ADS*, § 58 AktG Rz. 35; *Bayer* in MünchKomm. AktG, 3. Aufl., § 58 AktG Rz. 25; *Cahn/Senger* in Spindler/Stilz, § 58 AktG Rz. 24; *Henze* in Großkomm. AktG, 4. Aufl., § 58 AktG Rz. 25; *Hüffer*, § 58 AktG Rz. 6.
42 Vgl. *ADS*, § 58 AktG Rz. 35; *Cahn/Senger* in Spindler/Stilz, § 58 AktG Rz. 24; *Mutze*, AG 1966, 173, 177.
43 Vgl. *ADS*, § 58 AktG Rz. 39; *Bayer* in MünchKomm. AktG, 3. Aufl., § 58 AktG Rz. 26; *Henze* in Großkomm. AktG, 4. Aufl., § 58 AktG Rz. 26; *Hüffer*, § 58 AktG Rz. 6; *Lutter* in KölnKomm. AktG, 2. Aufl., § 58 AktG Rz. 61; *Mutze*, AG 1966, 173, 177 f.; *Werner*, AG 1967, 102, 104; abw. *v. Godin/Wilhelmi*, § 58 AktG Anm. 4.
44 Vgl. *ADS*, § 58 AktG Rz. 39; *Cahn/Senger* in Spindler/Stilz, § 58 AktG Rz. 23; *Drinhausen* in Heidel, § 58 AktG Rz. 16; *Henze* in Großkomm. AktG, 4. Aufl., § 58 AktG Rz. 25; *Hüffer*, § 58 AktG Rz. 6; *Lutter* in KölnKomm. AktG, 2. Aufl., § 58 AktG Rz. 62; abw. *Gail*, WPg 1966, 425, 428; *Werther*, AG 1966, 305, 307.
45 Vgl. *ADS*, § 58 AktG Rz. 41; *Henze* in Großkomm. AktG, 4. Aufl., § 58 AktG Rz. 27; *Lutter* in KölnKomm. AktG, 2. Aufl., § 58 AktG Rz. 62.
46 Vgl. *Drinhausen* in Heidel, § 58 AktG Rz. 19.
47 Vgl. *ADS*, § 58 AktG Rz. 45; *Bayer* in MünchKomm. AktG, 3. Aufl., § 58 AktG Rz. 28; *Lutter* in KölnKomm. AktG, 2. Aufl., § 58 AktG Rz. 26; *Westermann* in Bürgers/Körber, § 58 AktG Rz. 4.
48 Vgl. *ADS*, § 58 AktG Rz. 44; *Bayer* in MünchKomm. AktG, 3. Aufl., § 58 AktG Rz. 34; *Cahn/Senger* in Spindler/Stilz, § 58 AktG Rz. 33; *Drinhausen* in Heidel, § 58 AktG Rz. 20; *Henze* in Großkomm. AktG, 4. Aufl., § 58 AktG Rz. 32; *Lutter* in KölnKomm. AktG, 2. Aufl., § 58 AktG Rz. 63; abw. *Mutze*, AG 1966, 173, 178.

## § 58

Gewinnrücklagen eingestellt werden können[49]. Die Höhe der gesetzlichen Rücklagen bestimmt sich nach § 150 Abs. 2, im Vertragskonzern nach § 300. Der Verlustvortrag wird in der AG gem. § 158 Abs. 1 Satz 1 Nr. 1 unmittelbar nach dem Jahresüberschuss ausgewiesen. Ein Gewinnvortrag aus dem Vorjahr wird dagegen nicht hinzugerechnet[50]. Analog § 58 Abs. 1 Satz 3 sind die Sonderrücklage (§ 218 Satz 2) und die Zuweisung zur Kapitalrücklage (§ 232) abzuziehen[51]. Nicht abzugsfähig sind demgegenüber Rücklagen für Anteile an einem herrschenden oder mehrheitlich beteiligten Unternehmen (§ 272 Abs. 4 HGB)[52] und satzungsmäßige Rücklagen[53]. Gem. § 261 Abs. 3 Satz 1 rechnet schließlich der Ertrag aus höheren Bewertungen auf Grund einer Sonderprüfung nach §§ 258 ff. für die Anwendung des § 58 nicht zum Jahresüberschuss.

### 2. Feststellung durch Vorstand und Aufsichtsrat

#### a) Gesetzliche Ermächtigung

18 **aa) Unternehmerisches Ermessen.** Stellen, wie es die Regel ist, Vorstand und Aufsichtsrat den Jahresabschluss fest, so können sie nach § 58 Abs. 2 Satz 1 einen Teil des Jahresüberschusses, höchstens jedoch die Hälfte in andere Gewinnrücklagen einstellen. Die Entscheidung über die Rücklagenbildung steht grundsätzlich in ihrem pflichtgemäßen Ermessen[54]. Auch die Satzung kann die Verwaltung nicht verpflichten, Beträge in andere Gewinnrücklagen einzustellen[55]. Die Vorschrift ist vorbehaltlich des § 58 Abs. 2 Satz 2 zwingendes Recht[56].

19 **bb) Begrenzung des Ermessens.** In Ausnahmefällen ist das Ermessen von Vorstand und Aufsichtsrat beschränkt: So sind sie nach Abschlagszahlungen auf den Bilanzgewinn (§ 59) in der Weise gebunden, dass der nach Bildung von Gewinnrücklagen verbleibende Bilanzgewinn mindestens dem Betrag der Abschlagszahlungen entspricht[57]. Außerdem dürfen sie nach Ausgabe von Belegschaftsaktien im Rahmen der Ausübung eines genehmigten Kapitals nach § 204 Abs. 3 Satz 1 über die entsprechenden Beträge nicht nochmals zu Lasten des Bilanzgewinns verfügen[58].

---

49 Vgl. *ADS*, § 58 AktG Rz. 14; *Bayer* in MünchKomm. AktG, 3. Aufl., § 58 AktG Rz. 29; *Cahn/Senger* in Spindler/Stilz, § 58 AktG Rz. 26.

50 Vgl. *ADS*, § 58 AktG Rz. 18; *Bayer* in MünchKomm. AktG, 3. Aufl., § 58 AktG Rz. 31; *Cahn/Senger* in Spindler/Stilz, § 58 AktG Rz. 28; *Döllerer* in FS Geßler, 1971, S. 93, 100 f.

51 Vgl. *Bayer* in MünchKomm. AktG, 3. Aufl., § 58 AktG Rz. 32; *Drinhausen* in Heidel, § 58 AktG Rz. 10; *Henze* in Großkomm. AktG, 4. Aufl., § 58 AktG Rz. 31; *Hüffer*, § 58 AktG Rz. 8; *Lutter* in KölnKomm. AktG, 2. Aufl., § 58 AktG Rz. 26; einschränkend *Cahn/Senger* in Spindler/Stilz, § 58 AktG Rz. 29.

52 Vgl. *ADS*, § 58 AktG Rz. 19; *Heller*, DB 1987, 645, 646; *Henze* in Großkomm. AktG, 4. Aufl., § 58 AktG Rz. 31; *Hüffer*, § 58 AktG Rz. 8; *Zilias/Lanfermann*, WPg 1980, 89, 93.

53 Vgl. *Cahn/Senger* in Spindler/Stilz, § 58 AktG Rz. 31; *Heller*, DB 1987, 645, 649.

54 Vgl. *ADS*, § 58 AktG Rz. 61; *Bayer* in MünchKomm. AktG, 3. Aufl., § 58 AktG Rz. 37; *Cahn/Senger* in Spindler/Stilz, § 58 AktG Rz. 34; *Drinhausen* in Heidel, § 58 AktG Rz. 21; *Henze* in Großkomm. AktG, 4. Aufl., § 58 AktG Rz. 43; *Hüffer*, § 58 AktG Rz. 9.

55 Vgl. *Cahn/Senger* in Spindler/Stilz, § 58 AktG Rz. 34; *Drinhausen* in Heidel, § 58 AktG Rz. 21; *Henze* in Großkomm. AktG, 4. Aufl., § 58 AktG Rz. 36.

56 Vgl. *ADS*, § 58 AktG Rz. 50; *Cahn/Senger* in Spindler/Stilz, § 58 AktG Rz. 34; *Henze* in Großkomm. AktG, 4. Aufl., § 58 AktG Rz. 36; *Hüffer*, § 58 AktG Rz. 9; *Lutter* in KölnKomm. AktG, 2. Aufl., § 58 AktG Rz. 26.

57 Vgl. *ADS*, § 58 AktG Rz. 59; *Bayer* in MünchKomm. AktG, 3. Aufl., § 58 AktG Rz. 50; *Cahn/Senger* in Spindler/Stilz, § 58 AktG Rz. 35; *Drinhausen* in Heidel, § 58 AktG Rz. 21; *Henze* in Großkomm. AktG, 4. Aufl., § 58 AktG Rz. 44; *Hüffer*, § 58 AktG Rz. 10; *Lutter* in KölnKomm. AktG, 2. Aufl., § 58 AktG Rz. 35.

58 Vgl. *ADS*, § 58 AktG Rz. 60; *Bayer* in MünchKomm. AktG, 3. Aufl., § 58 AktG Rz. 50; *Cahn/Senger* in Spindler/Stilz, § 58 AktG Rz. 35; *Henze* in Großkomm. AktG, 4. Aufl., § 58 AktG Rz. 44; *Hüffer*, § 58 AktG Rz. 10.

Unterschiedlich beurteilt wird, ob die Verwaltung im Einzelfall pflichtwidrig handeln kann, obwohl sich die Rücklagendotierung im gesetzlichen Rahmen hält: Nach einer Auffassung scheidet ein Ermessensfehlgebrauch und damit eine Schadensersatzpflicht gem. §§ 93 Abs. 2, 116 Satz 1 bei dieser Sachlage von vornherein aus[59]; die Gegenansicht hält eine Ermessensreduzierung in besonders gelagerten Fällen für denkbar[60]. Richtigerweise lässt sich auch im Rahmen des § 58 Abs. 2 Satz 1 eine Überschreitung des unternehmerischen Ermessens nicht ausschließen[61], doch kommt den Verwaltungsmitgliedern das Geschäftsleiterermessen des § 93 Abs. 1 Satz 2 zugute, weil die **Rücklagenbildung eine unternehmerische Entscheidung der Verwaltung** darstellt[62]. Eine Vermutung pflichtgemäßen Verwaltungshandelns, wie sie für § 58 Abs. 2 Satz 1 gelegentlich erwogen wird[63], ist daher nicht mehr angezeigt. 20

**cc) Höchstgrenze.** Die gesetzliche Ermächtigung zur Bildung anderer Gewinnrücklagen erstreckt sich nach § 58 Abs. 2 Satz 1 auf **höchstens die Hälfte des Jahresüberschusses**. Gem. § 58 Abs. 2 Satz 4 gelten für die Berechnung des Jahresüberschusses die Vorgaben des § 58 Abs. 1 Satz 3 (Rz. 17) sinngemäß. Die zusätzliche Schranke des § 58 Abs. 2 Satz 3 für satzungsmäßige Ermächtigungen ist dagegen auf die gesetzliche Ermächtigung nach § 58 Abs. 2 Satz 1 nicht anwendbar[64]. 21

**b) Satzungsmäßige Ermächtigung**

**aa) Reichweite.** Die Satzung kann Vorstand und Aufsichtsrat nach § 58 Abs. 2 Satz 2 zur Einstellung eines größeren oder kleineren Teils des Jahresüberschusses ermächtigen. Eine Verpflichtung ist dagegen ausgeschlossen[65]. Für börsennotierte Gesellschaften war lange Zeit lediglich die Einstellung eines größeren Teils zulässig, doch hat das TransPuG von 2002 (Rz. 5) dies geändert, um ein unerwünschtes „Zwangssparen"[66] zu vermeiden. Die Praxis hat von der Ermächtigung des § 58 Abs. 2 Satz 2 regen Gebrauch gemacht und damit die Thesaurierungskompetenz der Verwaltung beträchtlich ausgedehnt (vgl. Rz. 3). 22

Nach heute ganz h.M. kann die Satzung Vorstand und Aufsichtsrat dazu ermächtigen, den gesamten Jahresüberschuss in andere Gewinnrücklagen einzustellen[67]. Um- 23

---

59 Vgl. *Cahn/Senger* in Spindler/Stilz, § 58 AktG Rz. 37; *Lutter* in KölnKomm. AktG, 2. Aufl., § 58 AktG Rz. 34.
60 Vgl. *Bayer* in MünchKomm. AktG, 3. Aufl., § 58 AktG Rz. 38; *Henze* in Großkomm. AktG, 4. Aufl., § 58 AktG Rz. 45; *Hüffer*, § 58 AktG Rz. 10.
61 Allgemein dazu *Fleischer* in Fleischer (Hrsg.), Vorstandsrecht, § 7 Rz. 52 ff.
62 Vgl. *Baums* in FS K. Schmidt, 2009, S. 57, 67; *Habersack* in FS K. Schmidt, 2009, S. 523, 535; Zur Parallelfrage in den Vereinigten Staaten *Cox/Hazen*, Corporations, 2d ed. 2003, S. 550 ff.; rechtsvergleichend *Fleischer* in Bayer/Habersack (Hrsg.), Aktienrecht im Wandel, 2007, Bd. 2, S. 430, 455 Rz. 51.
63 Vgl. *Lutter* in KölnKomm. AktG, 2. Aufl., § 58 AktG Rz. 34; auch *Hüffer*, § 58 AktG Rz. 10.
64 Vgl. *ADS*, § 58 AktG Rz. 58; *Bayer* in MünchKomm. AktG, 3. Aufl., § 58 AktG Rz. 42; *Henze* in Großkomm. AktG, 4. Aufl., § 58 AktG Rz. 42; *Lutter* in KölnKomm. AktG, 2. Aufl., § 58 AktG Rz. 33.
65 Vgl. *ADS*, § 58 AktG Rz. 51 f.; *Drinhausen* in Heidel, § 58 AktG Rz. 22; *Henze* in Großkomm. AktG, 4. Aufl., § 58 AktG Rz. 36; *Hüffer*, § 58 AktG Rz. 11; *Lutter* in KölnKomm. AktG, 2. Aufl., § 58 AktG Rz. 35.
66 Begr. RegE, BT-Drucks. 14/8769, S. 12.
67 Vgl. BGH v. 1.3.1971 – II ZR 53/69, BGHZ 55, 359, 360 ff.; *ADS*, § 58 AktG Rz. 52; *Bayer* in MünchKomm. AktG, 3. Aufl., § 58 AktG Rz. 44; *Cahn/Senger* in Spindler/Stilz, § 58 AktG Rz. 41; *Drinhausen* in Heidel, § 58 AktG Rz. 23; *Henze* in Großkomm. AktG, 4. Aufl., § 58 AktG Rz. 38; *Hüffer*, § 58 AktG Rz. 12; *Lutter* in KölnKomm. AktG, 2. Aufl., § 58 AktG Rz. 30; *Westermann* in Bürgers/Körber, § 58 AktG Rz. 8; abw. *Eckardt*, NJW 1967, 396; *Geßler*, DB 1967, 215, 216; *Rosencrantz*, NJW 1969, 666, unter Hinweis auf den Gesetzeswortlaut („Teil des Jahresüberschusses"); *v. Gleichenstein*, BB 1966, 229, 233; *Schäfer*, BB 1966, 1047, unter Berufung auf § 254.

gekehrt ist es auch zulässig, die Befugnis der Verwaltung zur Bildung anderer Gewinnrücklagen in der Satzung gänzlich auszuschließen[68].

24 Die **satzungsmäßige Ermächtigung** muss **hinreichend konkret** gefasst sein. Manche Stimmen sehen die Wiederholung des Gesetzeswortlauts als genügend an[69]; andere verlangen die ausdrückliche Angabe einer Obergrenze („bis zu 75 % des Jahresüberschusses", „der ganze Jahresüberschuss")[70]. Der Warnfunktion der Vorschrift wird die zweite Auffassung besser gerecht. Nicht zu beanstanden sind Formulierungen wie „den ganzen Jahresüberschuss abzüglich des für die Ausschüttung einer Dividende von 4 % erforderlichen Betrags"[71].

25 **bb) Höchstgrenze.** Gem. § 58 Abs. 2 Satz 3 dürfen Vorstand und Aufsichtsrat auch auf Grund einer Satzungsbestimmung keine Beträge in andere Gewinnrücklagen einstellen, wenn die anderen Gewinnrücklagen die Hälfte des Grundkapitals übersteigen oder soweit sie nach der Einstellung die Hälfte übersteigen würden. Für die Berechnung der Höchstgrenze ist auf die in der Bilanz ausgewiesenen anderen Gewinnrücklagen (§ 266 Abs. 3 A. III. 4 HGB) abzustellen[72]. Unberührt bleibt die Befugnis der Verwaltung, aus der Hälfte des Jahresüberschusses gem. § 58 Abs. 2 Satz 1 Rücklagen zu bilden[73].

### 3. Rücklagenbildung im Konzern

#### a) Rücklagenbildung in der abhängigen Gesellschaft

26 § 58 ist beim **Fehlen eines Gewinnabführungsvertrages** uneingeschränkt anwendbar: Rücklagen dürfen bei der abhängigen Gesellschaft nur nach Maßgabe der dort genannten Regeln gebildet werden[74]. Auch bei **Bestehen eines Gewinnabführungsvertrages** dürfen in der Tochtergesellschaft andere Gewinnrücklagen gebildet werden, wie § 301 Satz 2 zeigt[75]. Unterschiedlich beurteilt wird, ob in diesen Fällen § 58 Abs. 2 zu beachten ist: Nach einer Ansicht kommt die Vorschrift bei Bestehen eines Gewinnabführungsvertrages in analoger Anwendung des § 291 Abs. 3 nie zum Zuge[76]; die herrschende Gegenansicht hält dies nur bei 100 %-Tochtergesellschaften[77] sowie bei einem festen Ausgleich für außenstehende Aktionäre nach § 304 Abs. 2

---

68 Vgl. *Hoffmann-Becking*, ZIP 1995, 1, 5; *Hüffer*, § 58 AktG Rz. 12; *Lutter*, AG 1994, 429, 436.
69 Vgl. *ADS*, § 58 AktG Rz. 53; *Baumbach/Hueck*, § 58 AktG Anm. 4; *Henze* in Großkomm. AktG, 4. Aufl., § 58 AktG Rz. 39; *Lutter* in KölnKomm. AktG, 2. Aufl., § 58 AktG Rz. 31.
70 Vgl. *Bayer* in MünchKomm. AktG, 3. Aufl., § 58 AktG Rz. 46; *Drinhausen* in Heidel, § 58 AktG Rz. 24; *Hüffer*, § 58 AktG Rz. 11.
71 LG Hamburg v. 16.10.1968 – 26 T 18/68, NJW 1969, 664, 666; *Bayer* in MünchKomm. AktG, 3. Aufl., § 58 AktG Rz. 46; *Drinhausen* in Heidel, § 58 AktG Rz. 24; *Hüffer*, § 58 AktG Rz. 11; s. auch LG Aachen v. 15.1.1991 – 41 O 185/90, EWiR 1991, 323.
72 Vgl. *ADS*, § 58 AktG Rz. 66; *Bayer* in MünchKomm. AktG, 3. Aufl., § 58 AktG Rz. 48; *Henze* in Großkomm. AktG, 4. Aufl., § 58 AktG Rz. 42.
73 Vgl. *ADS*, § 58 AktG Rz. 65; *Bayer* in MünchKomm. AktG, 3. Aufl., § 58 AktG Rz. 47; *Henze* in Großkomm. AktG, 4. Aufl., § 58 AktG Rz. 42; *Hüffer*, § 58 AktG Rz. 13.
74 Vgl. *ADS*, § 58 AktG Rz. 74; *Bayer* in MünchKomm. AktG, 3. Aufl., § 58 AktG Rz. 52; *Cahn/Senger* in Spindler/Stilz, § 58 AktG Rz. 59; *Geßler*, AG 1985, 257, 261; *Hüffer*, § 58 AktG Rz. 14; *Lutter* in Lutter/Scheffler/Uwe H. Schneider (Hrsg.), Handbuch Konzernfinanzierung, 1998, § 14 Rz. 35.
75 Vgl. *ADS*, § 58 AktG Rz. 75; *Bayer* in MünchKomm. AktG, 3. Aufl., § 58 AktG Rz. 54; *Drinhausen* in Heidel, § 58 AktG Rz. 31; *Hüffer*, § 58 AktG Rz. 15.
76 Vgl. *Hefermehl/Bungeroth* in G/H/E/K, § 58 AktG Rz. 63; *Krieger* in MünchHdb. AG, § 69 Rz. 57; *Kropff* in G/H/E/K, § 151 Rz. 19.
77 Vgl. *ADS*, § 58 AktG Rz. 77; *Bayer* in MünchKomm. AktG, 3. Aufl., § 58 AktG Rz. 56; *Henze* in Großkomm. AktG, 4. Aufl., § 58 AktG Rz. 48; *Hüffer*, § 58 AktG Rz. 15; abw. *Geßler* in FS Meilicke, 1985, S. 18, 25.

Satz 1[78] für richtig; bei einem variablen Ausgleich nach § 304 Abs. 2 Satz 1 müsse dagegen die Begrenzung des § 58 Abs. 2 Beachtung finden[79]. Dieser differenzierenden Ansicht ist beizutreten; sie lässt sich auf eine teleologische Reduktion des § 58 Abs. 2 bei fehlendem Schutzbedürfnis der Tochteraktionäre stützen[80]. Praktisch bietet die Anwendbarkeit des § 58 Abs. 2 den außenstehenden Tochteraktionären bei einem variablen Ausgleich keinen wirkungsvollen Schutz, weil die gesetzliche Höchstgrenze durch eine satzungsmäßige Ermächtigung (Rz. 22 ff.) ohne weiteres überwunden werden kann[81].

**b) Rücklagenbildung in der herrschenden Gesellschaft**

**aa) Problemstellung.** Die Bildung von Gewinnrücklagen in Tochtergesellschaften schmälert den verteilbaren Jahresüberschuss der Muttergesellschaft. Weil der Vorstand der Muttergesellschaft deren Stimmrechte in den Tochtergesellschaften ausübt und dort auf eine vollständige oder teilweise Gewinnthesaurierung hinwirken kann, werden die Gewinnverwendungsbefugnisse der Aktionäre der Muttergesellschaft verkürzt[82]. Darüber hinaus werden die Interessen der Anleihe- und Genussrechtsgläubiger der Muttergesellschaft beeinträchtigt[83]. Die Problematik verschärft sich bei reinen Holding-Gesellschaften und mit zunehmender Tiefenstaffelung des Konzerns[84]. Sie ist im Schrifttum schon früh erkannt worden[85], aber erst in den siebziger Jahren ins aktienrechtliche Bewusstsein eingedrungen[86]. Empirische Untersuchungen zur Gewinnverwendungspolitik in deutschen Konzernen scheinen eine Tendenz zu beträchtlichen Thesaurierungsmaßnahmen bei Tochtergesellschaften zu bestätigen[87].

**bb) Meinungsstand.** Wegweisende Rechtsprechung zum Aktienrecht fehlt bislang[88]. Im Schrifttum werden drei Lösungen angeboten: (1) **Nach einer Auffassung** enthält

27

28

---

78 Vgl. *Bayer* in MünchKomm. AktG, 3. Aufl., § 58 AktG Rz. 56; *Geßler* in FS Meilicke, 1985, S. 18, 22; *Henze* in Großkomm. AktG, 4. Aufl., § 58 AktG Rz. 49; *Hüffer*, § 58 AktG Rz. 15.
79 Vgl. *ADS*, § 58 AktG Rz. 78; *Bayer* in MünchKomm. AktG, 3. Aufl., § 58 AktG Rz. 57; *Drinhausen* in Heidel, § 58 AktG Rz. 31; *Geßler* in FS Meilicke, 1985, S. 18, 22 f.; *Henze* in Großkomm. AktG, 4. Aufl., § 58 AktG Rz. 49; *Hüffer*, § 58 AktG Rz. 15.
80 Wie hier *Hüffer*, § 58 AktG Rz. 15; offen lassend *Bayer* in MünchKomm. AktG, 3. Aufl., § 58 AktG Rz. 56; *Drinhausen* in Heidel, § 58 AktG Rz. 31.
81 Vgl. *Bayer* in MünchKomm. AktG, 3. Aufl., § 58 AktG Rz. 57; *Cahn/Senger* in Spindler/Stilz, § 58 AktG Rz. 68; *Krieger* in MünchHdb. AG, § 69 Rz. 57; *Lutter* in Lutter/Scheffler/Uwe H. Schneider (Hrsg.), Handbuch Konzernfinanzierung, 1998, § 14 Rz. 36.
82 Problemdarstellung bei *Hoffmann-Becking* in MünchHdb. AG, § 46 Rz. 9 ff.; *Raiser/Veil*, Kapitalgesellschaften, § 53 Rz. 21; *K. Schmidt*, GesR, § 31 V 3, S. 969 f.; Beispielsfälle bei *Bayer* in MünchKomm. AktG, 3. Aufl., § 58 AktG Rz. 58 ff.; *Cahn/Senger* in Spindler/Stilz, § 58 AktG Rz. 70 f.; *Henze* in Großkomm. AktG, 4. Aufl., § 58 AktG Rz. 50 ff.
83 Zu diesem Sonderproblem bei der Ausgabe von Wandelschuldverschreibungen und Genussrechten mit gewinnabhängiger Verzinsung *Krieger* in MünchHdb. AG, § 63 Rz. 71 und § 69 Rz. 58.
84 Vgl. *Bayer* in MünchKomm. AktG, 3. Aufl., § 58 AktG Rz. 61; *Henze* in Großkomm. AktG, 4. Aufl., § 58 AktG Rz. 52; *Hüffer*, § 58 AktG Rz. 16; plastisch *Ordelheide*, BFuP 1986, 293, 308, wonach die Tochterunternehmen als „Spardosen" des Konzerns anzusehen sind; von einem „Tresoreffekt" spricht *Uwe H. Schneider*, ZGR 1984, 497, 502.
85 Vgl. etwa *Mestmäcker*, Verwaltung, Konzerngewalt und Rechte der Aktionäre, 1958, S. 272; *H. Weber*, JZ 1972, 482, 487.
86 Grundlegend *Lutter* in FS H. Westermann, 1974, S. 347, 361 ff.; *Lutter* in FS Barz, 1974, S. 199, 210 ff.; zur weiteren Entwicklung *Lutter* in FS Goerdeler, 1987, S. 327, 331 ff.; *Lutter* in KölnKomm. AktG, 2. Aufl., § 58 AktG Rz. 38 ff.
87 Vgl. *Linnhoff/Pellens*, ZfbF 39 (1987), 987, 994 ff.; *Pellens*, Aktionärsschutz im Konzern, 1994, S. 119 ff.; *Kühnberger/Schmidt*, ZfB 69 (1999), 1263, 1275 ff.
88 Zum verwandten, aber nicht vollständig deckungsgleichen Problem im Personengesellschaftsrecht OLG Hamburg v. 9.8.2005 – 11 U 203/04, ZIP 2006, 897, wonach das Gewinnbezugsrecht des Kommanditisten nicht dadurch ausgehöhlt werden darf, dass Gewinne überwie-

§ 58 Abs. 2 für Konzernsachverhalte eine verdeckte **Regelungslücke**, die durch eine konzerndimensionale Gesamtbetrachtung in dem Sinne zu schließen ist, dass der Muttergesellschaft die bei Tochtergesellschaften gebildeten Rücklagen zugerechnet werden[89]. Überschreiten Vorstand und Aufsichtsrat bei ihrer Rücklagenbildung in der Muttergesellschaft die so bestimmte Höchstgrenze des § 58 Abs. 2 Satz 1, soll deren Jahresabschluss entsprechend § 256 Abs. 1 Nr. 4 nichtig sein[90]. (2) Die **überwiegende Gegenansicht** hält jede **Korrektur des § 58 Abs. 2** in Konzernkonstellationen für **unzulässig**[91], weil sich der Gesetzgeber des BiRiLiG in Kenntnis der Problematik gegen eine Änderung der Vorschrift ausgesprochen habe[92]. (3) Eine **vermittelnde Ansicht** belässt es bei der Pflicht der Konzernleitung, die Bildung von Gewinnrücklagen auf nachgelagerten Konzernstufen bei der Rücklagenbildung in der Muttergesellschaft angemessen zu berücksichtigen[93]. Eine Verletzung dieser Pflicht soll nicht zur Nichtigkeit des Jahresabschlusses nach § 256 Abs. 1 Nr. 4 führen[94], wohl aber zur Durchführung einer Sonderprüfung analog § 258[95] und zur Verweigerung der Entlastung nach § 120[96] berechtigen.

29 **cc) Stellungnahme.** Eine konzerndimensionale Zurechnung von Rücklagen in Tochtergesellschaften übersteigt die Grenzen zulässiger Rechtsfortbildung und wäre auch in der Sache verfehlt, weil sie den Konzern entgegen der gesetzlichen Grundkonzeption als rechtliche Einheit verstünde. Zudem vermögen ihre rigorosen Rechtsfolgen bei allfälligen Verstößen (Nichtigkeit des Jahresabschlusses) nicht zu überzeugen. Den Vorzug verdient daher eine **vermittelnde Ansicht**, nach der der Vorstand der

---

gend bei der Tochter thesauriert werden und nicht bei der Muttergesellschaft ankommen; dazu *Priester*, DStR 2007, 28, 31 f.; offen lassend in der Revisionsinstanz BGH v. 15.1.2007 – II ZR 245/05 – „Otto", ZIP 2007, 475, 479 Rz. 26; dazu *Haar*, NZG 2007, 601 ff.; *Wertenbruch*, ZIP 2007, 798 ff.

89 Vgl. *Geßler* in FS Meilicke, 1985, S. 18, 26 ff.; *Geßler*, AG 1985, 257, 261 f.; *Gollnick*, S. 88 ff.; *Götz*, AG 1984, 85, 93 f.; *Götz* in FS Moxter, 1994, S. 575 ff.; *Kohl*, S. 191 ff.; *Theisen*, ZHR 156 (1992), 174, 182 ff.; dem zuneigend auch *Raiser/Veil*, Kapitalgesellschaften, § 53 Rz. 23.

90 Vgl. *Geßler* in FS Meilicke, 1985, S. 18, 27; *Gollnick*, S. 186; *Götz*, AG 1984, 85, 93 f.; *Götz* in FS Moxter, 1994, S. 573, 596 f.; *Raiser/Veil*, Kapitalgesellschaften, § 53 Rz. 23; abw. *Kohl*, S. 240 ff.

91 Vgl. *Beusch* in FS Goerdeler, 1987, S. 25, 33 ff.; *Drinhausen* in Heidel, § 58 AktG Rz. 32; *Hüffer*, § 58 AktG Rz. 17; *Krieger* in MünchHdb. AG, § 69 Rz. 56; *Thomas*, ZGR 1985, 365, 377 ff.; *Werner* in FS Stimpel, 1985, S. 935, 941 ff.; *Westermann* in FS Pleyer, 1986, S. 421, 437 ff.

92 Vgl. Rechtsausschuss, BT-Drucks. 10/4268, S. 124: „Der neue Abs. 2a gilt wie schon bisher Abs. 2 nur für Entscheidungen über den Jahresüberschuss der Gesellschaft, so dass bei Mutterunternehmen entsprechende Entscheidungen von Tochterunternehmen nicht zu berücksichtigen sind."

93 Vgl. *Bayer* in MünchKomm. AktG, 3. Aufl., § 58 AktG Rz. 69; *Cahn/Senger* in Spindler/Stilz, § 58 AktG Rz. 78; *Frodermann*, S. 127 ff.; *Großfeld/Luttermann*, Bilanzrecht, 4. Aufl. 2005, Rz. 720; *Hefermehl/Bungeroth* in G/H/E/K, § 58 AktG Rz. 8; *Lutter* in KölnKomm. AktG, 2. Aufl., § 58 AktG Rz. 41 ff.; *Lutter* in FS Goerdeler, 1987, S. 327, 334 ff.; *Lutter* in Lutter/Scheffler/Uwe H. Schneider (Hrsg.), Handbuch Konzernfinanzierung, 1998, § 14 Rz. 33; im Grundsatz auch ADS, § 58 AktG Rz. 87; *Goerdeler*, WPg 1986, 229, 232 ff.; *Henze* in Großkomm. AktG, 4. Aufl., § 58 AktG Rz. 62.

94 Vgl. *Bayer* in MünchKomm. AktG, 3. Aufl., § 58 AktG Rz. 68; *Cahn/Senger* in Spindler/Stilz, § 58 AktG Rz. 79; *Frodermann*, S. 153 ff.; *Kohl*, S. 240 ff.; *Lutter* in KölnKomm. AktG, 2. Aufl., § 58 AktG Rz. 46.

95 Vgl. *Gollnick*, S. 187 f.; *Kohl*, S. 245 ff.; *Lutter* in KölnKomm. AktG, 2. Aufl., § 58 AktG Rz. 49; *Lutter* in FS Goerdeler, 1987, S. 327, 345 f.; dagegen aber ADS, § 58 AktG Rz. 87; *Frodermann*, S. 157 ff.; *Henze* in Großkomm. AktG, 4. Aufl., § 58 AktG Rz. 62.

96 Vgl. *Cahn/Senger* in Spindler/Stilz, § 58 AktG Rz. 79; *Goerdeler*, WPg 1986, 229, 236 f.; *Lutter* in FS Westermann, 1974, S. 347, 364; *Lutter* in KölnKomm. AktG, 2. Aufl., § 58 AktG Rz. 47; *Lutter* in FS Goerdeler, 1987, S. 327, 348.

Muttergesellschaft bei der Rücklagenbildung in Tochtergesellschaften das Dividendeninteresse der Aktionäre der Muttergesellschaft berücksichtigen muss. Ihm wird im Rahmen seiner konzernweiten Finanzverantwortung bei der Festlegung der Rücklagen- und Ausschüttungspolitik ein Ausgleich der widerstreitenden Interessen abverlangt[97], der entsprechende Ermessensspielräume einschließt. Für eine Rücklagenbildung in Tochtergesellschaften können dabei im Einzelfall steuerrechtliche Gesichtspunkte (z.B. Erlangung eines größeren Rahmens für die Gesellschafterfremdfinanzierung nach § 8a KStG) oder die Grundsätze ordnungsgemäßer Finanzierung der Tochtergesellschaft sprechen[98].

**dd) Reformvorschläge.** Vor diesem Hintergrund hat man im Schrifttum verschiedentlich Gesetzesänderungen gefordert. Die Empfehlungen *de lege ferenda* gehen überwiegend dahin, das Ergebnis des Konzernabschlusses als Bemessungsgrundlage für die Gewinnverwendung im Rahmen des § 58 festzuschreiben[99]. Einzelne Stimmen halten neuerdings aber eine gesetzliche Lösung für entbehrlich, weil eine aktionärsschädigende Dividendenpolitik zumindest bei börsennotierten Gesellschaften durch Marktkräfte (Aktienverkäufe, sinkende Aktienkurse, steigende Übernahmegefahr) verhindert werde[100]. 30

## IV. Einstellung in Sonderrücklagen durch Vorstand und Aufsichtsrat

### 1. Allgemeines

Gem. § 58 Abs. 2a können Vorstand und Aufsichtsrat den Eigenkapitalanteil von Wertaufholungen bei Vermögensgegenständen des Anlage- und Umlaufvermögens und von bei der steuerrechtlichen Gewinnermittlung gebildeten Passivposten, die nicht im Sonderposten mit Rücklageanteil ausgewiesen werden dürfen, in andere Gewinnrücklagen einstellen. Die Vorschrift, die ein Gegenstück in § 29 Abs. 4 GmbHG findet, ist durch das BiRiLiG von 1986 eingeführt worden (Rz. 5). Sie dient dazu, die nachträglich aufgedeckten Reserven im Unternehmen zu binden[101]. 31

### 2. Anwendungsbereich

#### a) Eigenkapitalanteil von Wertaufholungen

§ 58 Abs. 2a Satz 1 Fall 1 erlaubt es, den Eigenkapitalanteil von Wertaufholungen in andere Gewinnrücklagen einzustellen. Wertaufholungen sind solche nach § 253 Abs. 5 HGB (Rz. 9); ihr Eigenkapitalanteil ergibt sich aus dem Zuschreibungsbetrag abzüglich der Steuerbelastung[102]. Die Vorschrift wird zukünftig an Bedeutung gewin- 32

---

[97] Zur konzernweiten Rücklagen- und Ausschüttungspolitik als einem Teilbereich der finanziellen Führung im Konzern *Fleischer*, DB 2005, 759, 764; *Theisen*, Der Konzern, 2. Aufl. 2000, S. 211.
[98] Ebenso für das GmbH-Recht *W. Müller* in Ulmer, § 29 GmbHG Rz. 98.
[99] Vgl. *Busse von Colbe* in FS Goerdeler, 1987, S. 61, 72 ff.; *Hinz*, Der Konzernabschluss als Instrument zur Informationsermittlung und Ausschüttungsbemessung, 2002, S. 285 ff.; *Kirchner*, ZGR 1985, 214, 233; *Lehertshuber*, BFuP 38 (1986), 326, 337 ff.; *Ordelheide*, ZfbF 39 (1987), 975, 985 f.; *Pellens*, Aktionärsschutz im Konzern, 1994, S. 231 ff.; *Uwe H. Schneider*, ZGR 1984, 497, 519 f.; *Theisen*, ZHR 156 (1992), 174, 182 ff.
[100] Vgl. *Pellens/Gassen/Richard*, DBW 63 (2003), 309, 328; *Pellens/Fülbier/Gassen*, Internationale Rechnungslegung, 6. Aufl. 2006, S. 916.
[101] Vgl. BT-Drucks. 10/4268, S. 123 f.; *Bayer* in MünchKomm. AktG, 3. Aufl., § 58 AktG Rz. 72; *Cahn/Senger* in Spindler/Stilz, § 58 AktG Rz. 48; *Drinhausen* in Heidel, § 58 AktG Rz. 26; *Henze* in Großkomm. AktG, 4. Aufl., § 58 AktG Rz. 66; *Hüffer*, § 58 AktG Rz. 18.
[102] Vgl. ADS, § 58 AktG Rz. 90 ff.; *Bayer* in MünchKomm. AktG, 3. Aufl., § 58 AktG Rz. 74; *Cahn/Senger* in Spindler/Stilz, § 58 AktG Rz. 50; *Henze* in Großkomm. AktG, 4. Aufl., § 58 AktG Rz. 70.

nen, weil mit Aufgabe der umgekehrten Maßgeblichkeit durch das BilMoG die Möglichkeit entfallen ist, auch in der Handelsbilanz an einem niedrigeren steuerrechtlich zulässigen Wertansatz festzuhalten[103].

### b) Eigenkapitalanteil von Passivposten

33 Nach § 58 Abs. 2a Satz 1 Fall 2 kann auch der Eigenkapitalanteil von Passivposten, die bei der steuerrechtlichen Gewinnermittlung gebildet wurden und nicht in Sonderposten mit Rücklageanteil ausgewiesen werden dürfen, in andere Gewinnrücklagen eingestellt werden. Nach Abschaffung der §§ 247 Abs. 3, 273 HGB a.F. können Passivposten, die bei der steuerrechtlichen Gewinnermittlung gebildet wurden, grundsätzlich nicht mehr in einem Sonderposten mit Rücklageanteil ausgewiesen werden, so dass die Verwaltung bei wortlautgetreuer Anwendung für den Eigenkapitalanteil sämtlicher steuerrechtlich gebildeter Passivposten eine Gewinnrücklage bilden könnte[104].

### c) Rücklagenbildung bei fehlendem Jahresüberschuss

34 Nicht ausdrücklich geregelt ist, ob die Rücklage des § 58 Abs. 2a Satz 1 auch bei fehlendem Jahresüberschuss dotiert werden darf. Eine beachtliche Literaturansicht verneint dies und spricht sich für eine Nachdotierung in späteren Überschussjahren aus[105]. Die vordringende Gegenauffassung hält eine Rücklagenbildung auch dann für zulässig, wenn durch sie ein Bilanzverlust entsteht oder vertieft wird[106]. Sie verdient Zustimmung, da weder der Gesetzeswortlaut noch teleologische Erwägungen einen Ausschluss der Rücklagenbildung verlangen.

### 3. Zuständigkeit

35 Für die Rücklagenbildung nach § 58 Abs. 2a sind Vorstand und Aufsichtsrat ausschließlich zuständig[107]. Ihnen steht dabei ein Wahlrecht zu („können"), das sie nach pflichtgemäßem Ermessen ausüben[108]. Das Recht zur Rücklagendotierung besteht „unbeschadet der Absätze 1 und 2", so dass die Rücklage nach § 58 Abs. 2a nicht auf die Kontingente für eine Dotierung der anderen Gewinnrücklagen angerechnet wird[109].

### 4. Ausweis der Sonderrücklage

36 Der Betrag der Sonderrücklage ist nach § 58 Abs. 2a Satz 2 entweder in der Bilanz gesondert auszuweisen (durch einen „Davon-Vermerk"[110]) oder im Anhang (§§ 284 ff.

---

103 Vgl. *Strothotte*, Diss. Bonn, 2010, Abschnitt E. II. 1. a. dd.
104 Vgl. *Herzig*, DB 2010, 1, 7; *Strothotte*, Diss. Bonn, 2010, Abschnitt E. II. 1. a. dd.; zu § 29 GmbHG *Hueck/Fastrich* in Baumbach/Hueck, § 29 GmbHG Rz. 18; abw. *Ekkenga* in MünchKomm. GmbHG, § 29 GmbHG Rz. 242.
105 Vgl. *ADS*, § 58 AktG Rz. 95 ff.; *Hüffer*, § 58 AktG Rz. 18; *Knop*, DB 1986, 549, 555.
106 Vgl. *Bayer* in MünchKomm. AktG, 3. Aufl., § 58 AktG Rz. 80; *Cahn/Senger* in Spindler/Stilz, § 58 AktG Rz. 55; *Henze* in Großkomm. AktG, 4. Aufl., § 58 AktG Rz. 69; *Westermann* in Bürgers/Körber, § 58 AktG Rz. 20.
107 Vgl. *ADS*, § 58 AktG Rz. 102; *Bayer* in MünchKomm. AktG, 3. Aufl., § 58 AktG Rz. 76; *Cahn/Senger* in Spindler/Stilz, § 58 AktG Rz. 56; *Drinhausen* in Heidel, § 58 AktG Rz. 28; *Henze* in Großkomm. AktG, 4. Aufl., § 58 AktG Rz. 72; *Hüffer*, § 58 AktG Rz. 20.
108 Vgl. *ADS*, § 58 AktG Rz. 104; *Bayer* in MünchKomm. AktG, 3. Aufl., § 58 AktG Rz. 77; *Cahn/Senger* in Spindler/Stilz, § 58 AktG Rz. 56; *Henze* in Großkomm. AktG, 4. Aufl., § 58 AktG Rz. 72.
109 Vgl. *ADS*, § 58 AktG Rz. 105; *Bayer* in MünchKomm. AktG, 3. Aufl., § 58 AktG Rz. 78; *Drinhausen* in Heidel, § 58 AktG Rz. 28; *Hüffer*, § 58 AktG Rz. 20.
110 Vgl. *ADS*, § 58 AktG Rz. 107; *Bayer* in MünchKomm. AktG, 3. Aufl., § 58 AktG Rz. 79; *Cahn/Senger* in Spindler/Stilz, § 58 AktG Rz. 58; *Hüffer*, § 58 AktG Rz. 21.

HGB) anzugeben. In der GuV ist der Betrag gem. § 158 Abs. 1 Satz 1 Nr. 4 Buchst. d ebenfalls anzugeben, sofern dies nicht im Anhang geschieht[111].

## V. Einstellung in Gewinnrücklagen und andere Maßnahmen im Gewinnverwendungsbeschluss

### 1. Verwendung des Bilanzgewinns

Gem. § 58 Abs. 3 i.V.m. § 174 Abs. 1 Satz 1 beschließt die Hauptversammlung über die Verwendung des Bilanzgewinns. Sie ist hierbei nach § 174 Abs. 1 Satz 2 an den festgestellten Jahresabschluss und damit auch an die Höhe des dort ausgewiesenen Bilanzgewinns gebunden[112]. Über dessen Verwendung kann sie aber grundsätzlich frei entscheiden, ohne an den Gewinnverwendungsvorschlag der Verwaltung nach § 170 Abs. 2 gebunden zu sein[113]. Ihr stehen dabei gem. § 58 Abs. 3 **verschiedene Möglichkeiten der Gewinnverwendung** zur Verfügung: Ausschüttung (= Verteilung an die Aktionäre), Einstellung in Gewinnrücklagen, Gewinnvortrag oder eine andere Verwendung bei satzungsmäßiger Ermächtigung. Der Gewinnverwendungsbeschluss wird gem. § 133 Abs. 1 mit einfacher Stimmenmehrheit gefasst[114]; die Satzung kann eine qualifizierte Mehrheit vorsehen[115].

37

### 2. Gewinnverwendungsmöglichkeiten

#### a) Ausschüttung

In der Regel wird die Hauptversammlung die Ausschüttung des Bilanzgewinns an die Aktionäre beschließen[116]. Sie entscheidet hierbei nur über den auszuschüttenden Gesamtbetrag; die Verteilung auf die einzelnen Aktionäre ergibt sich gem. § 60 aus Satzung oder Gesetz[117]. Ausgeschlossen oder eingeschränkt ist die Gewinnausschüttung nach einer ordentlichen Kapitalherabsetzung (§ 225 Abs. 2) und bei einer vereinfachten Kapitalherabsetzung (§§ 230, 233)[118] sowie bei einem satzungsmäßigen Ausschluss der Ausschüttung, wie er für die Anerkennung der steuerlichen Gemeinnüt-

38

---

111 Vgl. *Bayer* in MünchKomm. AktG, 3. Aufl., § 58 AktG Rz. 79; *Hüffer*, § 58 AktG Rz. 21.
112 Vgl. BGH v. 28.10.1993 – IX ZR 21/93, BGHZ 124, 27, 32 = AG 1994, 81; *Bayer* in MünchKomm. AktG, 3. Aufl., § 58 AktG Rz. 81; *Cahn/Senger* in Spindler/Stilz, § 58 AktG Rz. 80; *Drinhausen* in Heidel, § 58 AktG Rz. 33.
113 Vgl. BGH v. 28.10.1993 – IX ZR 21/93, BGHZ 124, 27, 31 = AG 1994, 81; *Bayer* in MünchKomm. AktG, 3. Aufl., § 58 AktG Rz. 81; *Cahn/Senger* in Spindler/Stilz, § 58 AktG Rz. 80; *Henze* in Großkomm. AktG, 4. Aufl., § 58 AktG Rz. 78; *Hoffmann-Becking* in MünchHdb. AG, § 46 Rz. 14.
114 Vgl. Begr. RegE bei *Kropff*, Aktiengesetz, S. 77; *ADS*, § 58 AktG Rz. 110; *Bayer* in MünchKomm. AktG, 3. Aufl., § 58 AktG Rz. 83; *Cahn/Senger* in Spindler/Stilz, § 58 AktG Rz. 80; *Lutter* in KölnKomm. AktG, 2. Aufl., § 58 AktG Rz. 70.
115 Vgl. *Bayer* in MünchKomm. AktG, 3. Aufl., § 58 AktG Rz. 83; *Luther* in FS Hengeler, 1972, S. 167, 188 f.
116 Vgl. *Bayer* in MünchKomm. AktG, 3. Aufl., § 58 AktG Rz. 84; *Cahn/Senger* in Spindler/Stilz, § 58 AktG Rz. 81; *Henze* in Großkomm. AktG, 4. Aufl., § 58 AktG Rz. 75; *Lutter* in Großkomm. AktG, 4. Aufl., § 58 AktG Rz. 67.
117 Vgl. BGH v. 28.6.1982 – II ZR 69/81, BGHZ 84, 303, 311 = AG 1983, 188; *Bayer* in MünchKomm. AktG, 3. Aufl., § 58 AktG Rz. 84; *Cahn/Senger* in Spindler/Stilz, § 58 AktG Rz. 81; *Lutter* in KölnKomm. AktG, 2. Aufl., § 58 AktG Rz. 102.
118 Zu beidem *Bayer* in MünchKomm. AktG, 3. Aufl., § 58 AktG Rz. 85; *Cahn/Senger* in Spindler/Stilz, § 58 AktG Rz. 82; *Henze* in Großkomm. AktG, 4. Aufl., § 58 AktG Rz. 76; *Lutter* in KölnKomm. AktG, 2. Aufl., § 58 AktG Rz. 68.

zigkeit der betroffenen AG erforderlich ist (§§ 55 Abs. 1 Satz 2 Nr. 1, 59, 60 AO)[119]. Ferner darf der Gewinnverwendungsbeschluss keine Ausschüttungen gesperrter Beträge nach § 268 Abs. 8 HGB vorsehen[120].

### b) Gewinnrücklagen

39 Gem. § 58 Abs. 3 Satz 1 Fall 1 kann die Hauptversammlung weitere Beträge in Gewinnrücklagen einstellen. Sie kann die Rücklagendotierung auch mit einer Zweckbindung versehen[121]. Eine Höchstgrenze für die Rücklagenbildung sieht § 58 Abs. 3 nicht vor[122]. Dass die Minderheitsaktionäre hierdurch in ihren Vermögensrechten erheblich beeinträchtigt werden können, hat der Gesetzgeber in Kauf genommen[123]. Den einzigen Schutz der Minderheit gegen ein „Aushungern" durch die Mehrheit bildet § 254[124].

### c) Gewinnvortrag

40 Die Hauptversammlung kann den Bilanzgewinn nach § 58 Abs. 3 Satz 1 Fall 2 auch auf neue Rechnung vortragen. Im Unterschied zur Rücklagenzuweisung (Rz. 39) ist der Gewinnvortrag im Folgejahr ohne weiteres wieder dem (neuen) Bilanzgewinn zuzurechnen (§ 158 Abs. 1 Satz 1 Nr. 1). Eine gesetzliche Höchstgrenze für den Gewinnvortrag besteht ebenso wenig wie für die Einstellung in Gewinnrücklagen; Minderheitsaktionäre werden allein durch ihr Anfechtungsrecht nach § 254 geschützt[125]. In der Praxis wird der Gewinnvortrag zumeist nur für Spitzenbeträge genutzt, die zur Ausschüttung eines weiteren Dividendenprozentpunktes nicht ausreichen[126].

### d) Andere Verwendung

41 Gem. § 58 Abs. 3 Satz 2 kann die Hauptversammlung ferner eine andere Verwendung des Bilanzgewinns beschließen, wenn die Satzung sie hierzu ermächtigt. In Betracht kommt vor allem eine Zuwendung an Dritte zur Förderung gemeinnütziger Zwecke[127]. Die praktische Bedeutung dieser Ermächtigung ist allerdings gering, da Unter-

---

119 Vgl. *Bayer* in MünchKomm. AktG, 3. Aufl., § 58 AktG Rz. 87; *Cahn/Senger* in Spindler/Stilz, § 58 AktG Rz. 82.
120 Vgl. *Gelhausen/Althoff*, WPg 2009, 584, 590; *Kropff* in FS Hüffer, 2010, S. 539, 541; *Simon*, NZG 2009, 1081, 1085; *Strothotte*, Diss. Bonn, 2010, Abschnitt E. II. 1. c.
121 Vgl. *ADS*, § 58 AktG Rz. 115; *Bayer* in MünchKomm. AktG, 3. Aufl., § 58 AktG Rz. 88; *Cahn/Senger* in Spindler/Stilz, § 58 AktG Rz. 83; *Westermann* in Bürgers/Körber, § 58 AktG Rz. 25.
122 Vgl. BGH v. 28.10.1993 – IX ZR 21/93, BGHZ 124, 27, 31 = AG 1994, 81; *ADS*, § 58 AktG Rz. 118; *Bayer* in MünchKomm. AktG, 3. Aufl., § 58 AktG Rz. 89; *Henze* in Großkomm. AktG, 4. Aufl., § 58 AktG Rz. 79; *Lutter* in KölnKomm. AktG, 2. Aufl., § 58 AktG Rz. 70.
123 Vgl. Begr. RegE bei *Kropff*, Aktiengesetz, S. 77; *Henze* in Großkomm. AktG, 4. Aufl., § 58 AktG Rz. 79; *Lutter* in KölnKomm. AktG, 2. Aufl., § 58 AktG Rz. 70.
124 Vgl. *Baumbach/Hueck*, § 58 AktG Anm. 9; *Bayer* in MünchKomm. AktG, 3. Aufl., § 58 AktG Rz. 89; *Cahn/Senger* in Spindler/Stilz, § 58 AktG Rz. 84; *Lutter* in KölnKomm. AktG, 2. Aufl., § 58 AktG Rz. 70; *Marsch*, S. 95 ff.
125 Vgl. *ADS*, § 58 AktG Rz. 119; *Bayer* in MünchKomm. AktG, 3. Aufl., § 58 AktG Rz. 90; *Cahn/Senger* in Spindler/Stilz, § 58 AktG Rz. 85; *Henze* in Großkomm. AktG, 4. Aufl., § 58 AktG Rz. 80.
126 Vgl. *ADS*, § 58 AktG Rz. 119; *Baumbach/Hueck*, § 58 AktG Anm. 16; *Bayer* in MünchKomm. AktG, 3. Aufl., § 58 AktG Rz. 90; *Cahn/Senger* in Spindler/Stilz, § 58 AktG Rz. 85; *Hüffer*, § 58 AktG Rz. 24; *Lutter* in KölnKomm. AktG, 2. Aufl., § 58 AktG Rz. 73; s. auch BGH v. 24.1.1957 – II ZR 208/55, BGHZ 23, 150, 155.
127 Vgl. Begr. RegE bei *Kropff*, Aktiengesetz, S. 78; *ADS*, § 58 AktG Rz. 122; *Drinhausen* in Heidel, § 58 AktG Rz. 37; *Hüffer*, § 58 AktG Rz. 25; *Lutter* in KölnKomm. AktG, 2. Aufl., § 58 AktG Rz. 75; *Sethe*, ZHR 162 (1998), 474, 478 f.

nehmensspenden zumeist vom Vorstand vorgenommen[128] und dann unmittelbar als Aufwand verbucht werden[129]. Über den Gesetzeswortlaut hinaus kann die Satzung die Hauptversammlung auch zu einer anderweitigen Verwendung des Bilanzgewinns verpflichten[130]. Neuerdings wird eine Ergänzung des § 58 Abs. 3 zum Zwecke der Einführung eines Präsenzbonus für die Hauptversammlungsteilnahme vorgeschlagen[131].

### 3. Satzungsregelungen

Die Satzung kann die Hauptversammlung zur vollständigen oder teilweisen Ausschüttung des Bilanzgewinns verpflichten[132]. Umgekehrt kann sie die Verteilung von Bilanzgewinn unter die Aktionäre auch ganz oder teilweise ausschließen[133], was zur Erhaltung des steuerlichen Gemeinnützigkeitsprivilegs erforderlich ist[134]. Anerkannt sind ferner ein satzungsmäßiges Verbot, Gewinn auf neue Rechnung vorzutragen[135], und ein Verbot, Rücklagen zu bilden[136]. Nach überwiegender, aber nicht unbestrittener Auffassung kann die Satzung schließlich einen Zwang zur Rücklagenbildung vorsehen[137]. Hierfür spricht nicht zuletzt § 158 Abs. 1 Nr. 4c, der andernfalls leer liefe[138].

42

## VI. Anspruch der Aktionäre auf den Bilanzgewinn

Die Aktionäre haben nach § 58 Abs. 4 Anspruch auf den Bilanzgewinn, soweit er nicht von der Verteilung unter den Aktionären ausgeschlossen ist (dazu Rz. 49 ff.). Dieses **Dividendenrecht** gilt als **das wichtigste mitgliedschaftliche Vermögensrecht des Aktionärs**[139]. Dogmatisch pflegt man den mitgliedschaftlichen (abstrakten) Ge-

43

---

128 Näher *Fleischer* in Fleischer (Hrsg.), Vorstandsrecht, § 1 Rz. 36 ff.
129 Vgl. *Bayer* in MünchKomm. AktG, 3. Aufl., § 58 AktG Rz. 91; *Henze* in Großkomm. AktG, 4. Aufl., § 58 AktG Rz. 81; *Lutter* in KölnKomm. AktG, 2. Aufl., § 58 AktG Rz. 76.
130 Vgl. *ADS*, § 58 AktG Rz. 122; *Bayer* in MünchKomm. AktG, 3. Aufl., § 58 AktG Rz. 91; *Drinhausen* in Heidel, § 58 AktG Rz. 37; *Hüffer*, § 58 AktG Rz. 25; *Lutter* in KölnKomm. AktG, 2. Aufl., § 58 AktG Rz. 75; abw. v. *Godin/Wilhelmi*, § 58 AktG Anm. 3.
131 Vgl. *Klühs*, ZIP 2006, 107, 112, 118.
132 Vgl. *ADS*, § 58 AktG Rz. 133; *Baumbach/Hueck*, § 58 AktG Anm. 9; *Bayer* in MünchKomm. AktG, 3. Aufl., § 58 AktG Rz. 92; *Cahn/Senger* in Spindler/Stilz, § 58 AktG Rz. 87; *Hoffmann-Becking* in MünchHdb. AG, § 46 Rz. 16; *H.P. Müller*, WPg 1969, 245, 247; s. auch BGH v. 28.6.1982 – II ZR 69/81, BGHZ 84, 303, 305 = AG 1983, 188.
133 Vgl. *Bayer* in MünchKomm. AktG, 3. Aufl., § 58 AktG Rz. 92; *Cahn/Senger* in Spindler/Stilz, § 58 AktG Rz. 88; *Drinhausen* in Heidel, § 58 AktG Rz. 38; *Henze* in Großkomm. AktG, 4. Aufl., § 58 AktG Rz. 84; *Lutter* in KölnKomm. AktG, 2. Aufl., § 58 AktG Rz. 68; abw. *Strothotte*, Diss. Bonn, 2010, Abschnitt E. II. 1. b. bb.
134 Vgl. *ADS*, § 58 AktG Rz. 135; *Bayer* in MünchKomm. AktG, 3. Aufl., § 58 AktG Rz. 87; *Henze* in Großkomm. AktG, 4. Aufl., § 58 AktG Rz. 84.
135 Vgl. *ADS*, § 58 AktG Rz. 138; *Bayer* in MünchKomm. AktG, 3. Aufl., § 58 AktG Rz. 93; *Cahn/Senger* in Spindler/Stilz, § 58 AktG Rz. 87; *v. Godin/Wilhelmi*, § 58 AktG Anm. 5; *Luther* in FS Hengeler, 1972, S. 167, 185.
136 Vgl. *Bayer* in MünchKomm. AktG, 3. Aufl., § 58 AktG Rz. 93; *Cahn/Senger* in Spindler/Stilz, § 58 AktG Rz. 87.
137 Vgl. *Cahn/Senger* in Spindler/Stilz, § 58 AktG Rz. 89; *Henze* in Großkomm. AktG, 4. Aufl., § 58 AktG Rz. 84; *Hoffmann-Becking* in MünchHdb. AG, § 46 Rz. 16; *H.P. Müller*, WPg 1969, 245, 247 f.; abw. *Lutter* in KölnKomm. AktG, 2. Aufl., § 58 AktG Rz. 69; *Strothotte*, Diss. Bonn, 2010, Abschnitt E. II. 1. b. bb.
138 Vgl. *Hoffmann-Becking* in MünchHdb. AG, § 46 Rz. 16.
139 Vgl. *Drinhausen* in Heidel, § 58 AktG Rz. 39; *Henze* in Großkomm. AktG, 4. Aufl., § 58 AktG Rz. 85; *Lutter* in KölnKomm. AktG, 2. Aufl., § 58 AktG Rz. 79; relativierend *Bayer* in MünchKomm. AktG, 3. Aufl., § 58 AktG Rz. 96.

winnbeteiligungsanspruch (Rz. 44) von dem schuldrechtlichen (konkreten) Gewinnauszahlungsanspruch (Rz. 45) zu unterscheiden[140].

### 1. Mitgliedschaftlicher Gewinnbeteiligungsanspruch

44 Der mitgliedschaftliche Gewinnbeteiligungsanspruch entsteht, sobald ein ordnungsgemäß festgestellter Jahresabschluss vorliegt, der einen Bilanzgewinn ausweist[141]. Er ist untrennbar mit der Mitgliedschaft verbunden und kann daher weder isoliert abgetreten noch gepfändet werden[142]. Auch ist er grundsätzlich nicht auf eine bestimmte Geldzahlung gerichtet[143]. Jeder Aktionär kann aber auf Herbeiführung eines Gewinnverwendungsbeschlusses nach § 174 klagen, wenn die Hauptversammlung nicht innerhalb der Frist des § 175 Abs. 1 Satz 2 über die Gewinnverwendung beschließt[144]. Ein stattgebendes Urteil ist nach § 888 ZPO vollstreckbar, nicht nach § 894 ZPO, da die Hauptversammlung über die Verwendung des Bilanzgewinns in der Regel frei entscheiden kann[145]. Bei einer Pattsituation in der Hauptversammlung wird neuerdings eine auf Vollausschüttung gerichtete, positive Beschlussfeststellungsklage erwogen[146].

### 2. Schuldrechtlicher Gewinnauszahlungsanspruch

45 Der konkrete Gewinnauszahlungsanspruch entsteht erst mit Wirksamwerden des Gewinnverwendungsbeschlusses nach § 174 i.V.m. § 58 Abs. 3[147]. Er ist nach ganz h.M. schuldrechtlicher Natur[148] und kann als Gläubigerrecht selbständig übertragen, gepfändet und verpfändet werden[149]. Inhaltlich ist er grundsätzlich auf Zahlung in

---

140 Vgl. *ADS*, § 58 AktG Rz. 140; *Baumbach/Hueck*, § 58 AktG Anm. 20; *Drinhausen* in Heidel, § 58 AktG Rz. 40; *Henze* in Großkomm. AktG, 4. Aufl., § 58 AktG Rz. 85; *Hoffmann-Becking* in MünchHdb. AG, § 46 Rz. 22; *Hüffer*, § 58 AktG Rz. 26; für eine weitere Unterteilung *Lutter* in KölnKomm. AktG, 2. Aufl., § 58 AktG Rz. 80.
141 Vgl. BGH v. 8.10.1952 – II ZR 313/51, BGHZ 7, 263, 264; BGH v. 24.1.1957 – II ZR 208/55, BGHZ 23, 150, 154; BGH v. 3.11.1975 – II ZR 67/73, BGHZ 65, 230, 235; BGH v. 28.10.1993 – IX ZR 21/93, BGHZ 124, 27, 31 = AG 1994, 81; *ADS*, § 58 AktG Rz. 140; *Bayer* in MünchKomm. AktG, 3. Aufl., § 58 AktG Rz. 98; *Cahn/Senger* in Spindler/Stilz, § 58 AktG Rz. 91; *Henze* in Großkomm. AktG, 4. Aufl., § 58 AktG Rz. 87; *Hüffer*, § 58 AktG Rz. 26.
142 Vgl. *ADS*, § 58 AktG Rz. 140; *Bayer* in MünchKomm. AktG, 3. Aufl., § 58 AktG Rz. 100; *Drinhausen* in Heidel, § 58 AktG Rz. 39; *Hoffmann-Becking* in MünchHdb. AG, § 46 Rz. 22; *Hüffer*, § 58 AktG Rz. 26.
143 Vgl. *Henze* in Großkomm. AktG, 4. Aufl., § 58 AktG Rz. 87.
144 Vgl. *ADS*, § 58 AktG Rz. 140; *Baumbach/Hueck*, § 58 AktG Anm. 19; *Cahn/Senger* in Spindler/Stilz, § 58 AktG Rz. 91; *Drinhausen* in Heidel, § 58 AktG Rz. 40; *Lutter* in KölnKomm. AktG, 2. Aufl., § 58 AktG Rz. 91.
145 Vgl. *ADS*, § 58 AktG Rz. 140; *Bayer* in MünchKomm. AktG, 3. Aufl., § 58 AktG Rz. 99; *Cahn/Senger* in Spindler/Stilz, § 58 AktG Rz. 91; *Drinhausen* in Heidel, § 58 AktG Rz. 40; *Henze* in Großkomm. AktG, 4. Aufl., § 58 AktG Rz. 87; *Lutter* in KölnKomm. AktG, 2. Aufl., § 58 AktG Rz. 91.
146 Vgl. *Cahn/Senger* in Spindler/Stilz, § 58 AktG Rz. 92; *Schüppen* in FS Röhricht, 2005, S. 571, 575 ff.
147 Vgl. BGH v. 28.10.1993 – IX ZR 21/93, BGHZ 124, 27, 32 = AG 1994, 81; *Bayer* in MünchKomm. AktG, 3. Aufl., § 58 AktG Rz. 103; *Drinhausen* in Heidel, § 58 AktG Rz. 41; *Henze* in Großkomm. AktG, 4. Aufl., § 58 AktG Rz. 94; *Hüffer*, § 58 AktG Rz. 28.
148 Vgl. *Bayer* in MünchKomm. AktG, 3. Aufl., § 58 AktG Rz. 102; *Drinhausen* in Heidel, § 58 AktG Rz. 41; *Henze* in Großkomm. AktG, 4. Aufl., § 58 AktG Rz. 94; abw. *Cahn/Senger* in Spindler/Stilz, § 58 AktG Rz. 97.
149 Vgl. RG v. 16.4.1920 – II 396/19, RGZ 98, 318, 320 (GmbH); *ADS*, § 58 AktG Rz. 140; *Baumbach/Hueck*, § 58 AktG Anm. 20; *Bayer* in MünchKomm. AktG, 3. Aufl., § 58 AktG Rz. 113; *Cahn/Senger* in Spindler/Stilz, § 58 AktG Rz. 94; *Drinhausen* in Heidel, § 58 AktG Rz. 41; *Hüffer*, § 58 AktG Rz. 28; *Lutter* in KölnKomm. AktG, 2. Aufl., § 58 AktG Rz. 100.

Geld gerichtet (zu Sachdividenden Rz. 57 ff.)[150]. Als künftiger Zahlungsanspruch kann er Gegenstand eines Dividendenverzichts sein (näher § 60 Rz. 20 f.)[151].

Der Gewinnauszahlungsanspruch setzt einen **wirksamen Gewinnverwendungsbeschluss** voraus[152]. Er entsteht nicht, wenn der Gewinnverwendungsbeschluss oder der Jahresabschluss, auf dem er beruht, nichtig sind[153]. Die Nichtigkeit entfällt mit der Heilung des Mangels[154]. Auch ein erfolgreich angefochtener Gewinnverwendungsbeschluss bildet keine Grundlage für eine Gewinnverwendung[155]. Gleichwohl erfolgte Auszahlungen sind gem. § 62 Abs. 1 Satz 1 zurückzugewähren; gutgläubige Aktionäre werden nach § 62 Abs. 1 Satz 2 geschützt (näher § 62 Rz. 21 ff.).

46

Der Gewinnauszahlungsanspruch wird nach § 271 Abs. 1 BGB **grundsätzlich sofort**, d.h. mit dem Gewinnverwendungsbeschluss der Hauptversammlung, **fällig**[156]. Die AG kann jedoch während der für die Auszahlung erforderlichen Zeit nach § 286 Abs. 4 BGB nicht in Verzug geraten[157]. Eine spätere Fälligkeit kann durch Satzung oder Hauptversammlungsbeschluss bestimmt werden[158].

47

Ein **einmal entstandener Gewinnauszahlungsanspruch** ist nach allgemeiner Meinung **unentziehbar**. Er kann daher durch einen nachfolgenden Hauptversammlungsbeschluss weder aufgehoben noch geändert werden[159]. Nach zutreffender h.M. bleibt der Gewinnauszahlungsanspruch auch dann durchsetzbar, wenn im Zeitpunkt zwischen Gewinnverwendungsbeschluss und Auszahlung der Dividende so hohe Verluste entstehen, dass die Dividendenzahlung aus der gesetzlichen Rücklage (§ 150) oder sogar aus dem Grundkapital erfolgen muss[160]. In der Insolvenz der Gesellschaft kann der Gewinnauszahlungsanspruch im gleichen Rang mit den sonstigen Gläubigerforderungen geltend gemacht werden[161].

48

---

150 Vgl. *Bayer* in MünchKomm. AktG, 3. Aufl., § 58 AktG Rz. 105; *Drinhausen* in Heidel, § 58 AktG Rz. 43; *Henze* in Großkomm. AktG, 4. Aufl., § 58 AktG Rz. 94; *Hüffer*, § 58 AktG Rz. 28; *Lutter* in KölnKomm. AktG, 2. Aufl., § 58 AktG Rz. 107.
151 Vgl. *Bayer* in MünchKomm. AktG, 3. Aufl., § 58 AktG Rz. 113; *Hüffer*, § 58 AktG Rz. 28.
152 Vgl. *Bayer* in MünchKomm. AktG, 3. Aufl., § 58 AktG Rz. 104; *Henze* in Großkomm. AktG, 4. Aufl., § 58 AktG Rz. 93.
153 Vgl. *Bayer* in MünchKomm. AktG, 3. Aufl., § 58 AktG Rz. 104; *Cahn/Senger* in Spindler/Stilz, § 58 AktG Rz. 95; *Drinhausen* in Heidel, § 58 AktG Rz. 42.
154 Vgl. *Bayer* in MünchKomm. AktG, 3. Aufl., § 58 AktG Rz. 104; *Cahn/Senger* in Spindler/Stilz, § 58 AktG Rz. 95.
155 Vgl. *Bayer* in MünchKomm. AktG, 3. Aufl., § 58 AktG Rz. 104; *Cahn/Senger* in Spindler/Stilz, § 58 AktG Rz. 95; *Hoffmann-Becking* in MünchHdb. AG, § 46 Rz. 23a.
156 Vgl. *Bayer* in MünchKomm. AktG, 3. Aufl., § 58 AktG Rz. 114; *Drinhausen* in Heidel, § 58 AktG Rz. 44; *Hoffmann-Becking* in MünchHdb. AG, § 46 Rz. 24; *Hüffer*, § 58 AktG Rz. 28; *Lutter* in KölnKomm. AktG, 2. Aufl., § 58 AktG Rz. 109.
157 Vgl. *Drinhausen* in Heidel, § 58 AktG Rz. 44; *Hoffmann-Becking* in MünchHdb. AG, § 46 Rz. 24; *Hüffer*, § 58 AktG Rz. 28; *Lutter* in KölnKomm. AktG, 2. Aufl., § 58 AktG Rz. 109.
158 Vgl. *Bayer* in MünchKomm. AktG, 3. Aufl., § 58 AktG Rz. 114; *Henze* in Großkomm. AktG, 4. Aufl., § 58 AktG Rz. 95; *Hoffmann-Becking* in MünchHdb. AG, § 46 Rz. 24a; *Hüffer*, § 58 AktG Rz. 28.
159 Vgl. BGH v. 8.10.1952 – II ZR 313/51, BGHZ 7, 263, 264; BGH v. 24.1.1957 – II ZR 208/55, BGHZ 23, 150, 157; *Baumbach/Hueck*, § 58 AktG Anm. 20; *Drinhausen* in Heidel, § 58 AktG Rz. 44; *Lutter* in KölnKomm. AktG, 2. Aufl., § 58 AktG Rz. 103.
160 Vgl. *Baumbach/Hueck*, § 58 AktG Anm. 20; *Cahn/Senger* in Spindler/Stilz, § 58 AktG Rz. 98; *Ekkenga*, AG 2006, 383, 395; *Lutter* in KölnKomm. AktG, 2. Aufl., § 58 AktG Rz. 105; *Strobel-Haarmann* in FS Rädler, 1999, S. 607, 625 f.; abw. *Bayer* in MünchKomm. AktG, 3. Aufl., § 58 AktG Rz. 116; *Henze* in Großkomm. AktG, 4. Aufl., § 58 AktG Rz. 102.
161 Vgl. ROHG v. 10.9.1875 – Rep 665/75, ROHGE 18, 153, 154 f.; *Baumbach/Hueck*, § 58 AktG Anm. 20; *Hefermehl/Bungeroth* in G/H/E/K, § 58 AktG Rz. 136; *Lutter* in KölnKomm. AktG, 2. Aufl., § 58 AktG Rz. 101; abw. *Bayer* in MünchKomm. AktG, 3. Aufl., § 58 AktG Rz. 118.

## 3. Ausschlussstatbestände

### a) Kein verteilungsfähiger Gewinn

49 Gem. § 58 Abs. 4 haben die Aktionäre nur Anspruch auf den Bilanzgewinn, soweit er nicht nach Gesetz oder Satzung, durch Hauptversammlungsbeschluss nach § 58 Abs. 3 oder als zusätzlicher Aufwand auf Grund des Gewinnverwendungsbeschlusses von der Verteilung unter die Aktionäre ausgeschlossen ist. Gesetzlich kann die Gewinnausschüttung im Anschluss an eine Kapitalherabsetzung oder nach § 268 Abs. 8 HGB ausgeschlossen sein (Rz. 38). Ein satzungsmäßiger Ausschluss ist auf Grund einer statutarischen Klausel nach § 58 Abs. 3 Satz 2 denkbar (Rz. 41). Durch Hauptversammlungsbeschluss kann der Gewinnanspruch entfallen, wenn der gesamte Bilanzgewinn in Gewinnrücklagen eingestellt oder auf neue Rechnung vorgetragen wird (Rz. 39 f.). Zusätzlicher Aufwand kann sich ergeben, wenn die Hauptversammlung von dem Gewinnverwendungsvorschlag der Verwaltung (§ 170 Abs. 2) abweicht und dadurch eine höhere Körperschaftsteuerbelastung entsteht[162]. Gleiches gilt für höhere Tantiemen oder Arbeitnehmervergütungen, wenn diese an die ausgeschüttete Dividende gekoppelt sind[163].

### b) Kein Dividendenrecht

50 Darüber hinaus verliert ein Aktionär sein Dividendenrecht beim Vorliegen der gesetzlichen Ausschlussstatbestände der §§ 20 Abs. 7 Satz 1, 21 Abs. 4 Satz 1, 56 Abs. 3 Satz 3, 71b, 71d Satz 4, 328[164]. Kein endgültiger Rechtsverlust, sondern nur ein Ruhen des mitgliedschaftlichen Gewinnanspruchs tritt dagegen in den Fällen der §§ 20 Abs. 7 Satz 2, 21 Abs. 4 Satz 2 AktG, 28 Satz 2 WpHG, § 59 Satz 2 WpÜG ein[165].

## 4. Verbriefung

### a) Dividendenschein (Coupon)

51 Die Aktionäre haben nach ganz h.M. einen Anspruch auf Verbriefung ihres Gewinnauszahlungsanspruchs (Rz. 45), wenn dieser nicht (wie zumeist bei börsennotierten Gesellschaften) durch die Satzung ausgeschlossen ist[166]. Die **Verbriefung** erfolgt im Dividendenschein (auch: Coupon, Gewinnanteilsschein)[167], der in aller Regel als Inhaberpapier ausgestellt wird, auch wenn die AG Namensaktien ausgegeben hat[168]. Gewöhnlich werden die Dividendenscheine den Aktienurkunden (Mantel) als Bogen

---

162 Vgl. *Bayer* in MünchKomm. AktG, 3. Aufl., § 58 AktG Rz. 120; *Cahn/Senger* in Spindler/Stilz, § 58 AktG Rz. 92; *Henze* in Großkomm. AktG, 4. Aufl., § 58 AktG Rz. 96; *Hüffer*, § 58 AktG Rz. 27.
163 Vgl. *Bayer* in MünchKomm. AktG, 3. Aufl., § 58 AktG Rz. 120; *Cahn/Senger* in Spindler/Stilz, § 58 AktG Rz. 96; *Hüffer*, § 58 AktG Rz. 27; s. auch BAG v. 12.2.2003 – 10 AZR 392/02 – „Siemens", AG 2003, 426, 427.
164 Vgl. *Bayer* in MünchKomm. AktG, 3. Aufl., § 58 AktG Rz. 123; *Henze* in Großkomm. AktG, 4. Aufl., § 58 AktG Rz. 89.
165 Vgl. *Bayer* in MünchKomm. AktG, 3. Aufl., § 58 AktG Rz. 124; *Henze* in Großkomm. AktG, 4. Aufl., § 58 AktG Rz. 98.
166 Vgl. *Cahn/Senger* in Spindler/Stilz, § 58 AktG Rz. 99; *Drinhausen* in Heidel, § 58 AktG Rz. 45; *Henze* in Großkomm. AktG, 4. Aufl., § 58 AktG Rz. 105; *Hüffer*, § 58 AktG Rz. 29; *Lutter* in KölnKomm. AktG, 2. Aufl., § 58 AktG Rz. 118; *Westermann* in Bürgers/Körber, § 58 AktG Rz. 32; abw. *Wiesner* in MünchHdb. AG, § 12 Rz. 27.
167 Vgl. *Bayer* in MünchKomm. AktG, 3. Aufl., § 58 AktG Rz. 125; *Drinhausen* in Heidel, § 58 AktG Rz. 45; *Henze* in Großkomm. AktG, 4. Aufl., § 58 AktG Rz. 105.
168 Vgl. *Cahn/Senger* in Spindler/Stilz, § 58 AktG Rz. 99; *Drinhausen* in Heidel, § 58 AktG Rz. 45; *Hüffer*, § 58 AktG Rz. 29.

beigegeben, die aus einzeln abtrennbaren Gewinnanteilsscheinen und einem Erneuerungsschein (Talon) bestehen[169].

Als **Inhaberpapiere** gelten für die **Dividendenscheine** grundsätzlich die **§§ 793 ff. BGB**. Die AG wird daher durch Leistung an den Inhaber selbst dann frei, wenn dieser Nichtberechtigter ist, es sei denn, sie kennt die fehlende Berechtigung und kann sie ohne weiteres beweisen (§ 793 Abs. 1 Satz 2 BGB)[170]. Sie kann dem Zahlungsanspruch des Inhabers die Einwendungen des § 796 BGB entgegensetzen[171]. Außerdem stehen ihr alle Einwendungen zu Gebote, welche die Rechtsgültigkeit des Dividendenanspruchs betreffen oder sich aus dem mitgliedschaftlichen Verhältnis zwischen ihr und den Aktionären ergeben, soweit sie zur Zeit der Entstehung des Dividendenanspruchs begründet waren[172]. Nicht anwendbar sind § 799 Abs. 1 Satz 2 BGB (gerichtliche Kraftloserklärung) und § 803 BGB[173]. 52

Die **Übertragung der Gewinnanteilsscheine** richtet sich nach **§§ 929 ff. BGB**[174]. Ein gutgläubiger Erwerb ist gem. §§ 932, 933, 936 BGB, §§ 366, 367 HGB möglich[175]. Das gilt nach § 935 Abs. 1 Satz 2 BGB auch bei abhanden gekommenen Dividendenscheinen[176]. Gewinnanteilsscheine sind weder Bestandteil noch Zubehör der Aktie[177]. Dingliche Rechtsgeschäfte über die Aktie erfassen daher nicht automatisch die Gewinnanteilsscheine[178]. Im Zweifel erstreckt sich das schuldrechtliche Geschäft über die Aktien aber auch auf die noch nicht fälligen Dividendenscheine[179]. 53

**b) Erneuerungsschein (Talon)**

Der Anspruch auf Ausgabe neuer Dividendenscheine wird in der Regel nicht selbständig verbrieft, sondern folgt aus der Aktie[180]. Der Gewinnanteilsbogen (Rz. 51) enthält als letzten Abschnitt einen Erneuerungsschein (Talon), den § 75 erwähnt. Dieser kann gegen einen neuen Bogen einschließlich Talon eingetauscht werden, wenn die Dividendenscheine des alten Bogens aufgebraucht sind[181]. Der Erneue- 54

---

169 Näher *Wiesner* in MünchHdb. AG, § 12 Rz. 27.
170 Vgl. *Cahn/Senger* in Spindler/Stilz, § 58 AktG Rz. 100; *Drinhausen* in Heidel, § 58 AktG Rz. 46; *Henze* in Großkomm. AktG, 4. Aufl., § 58 AktG Rz. 107.
171 Vgl. *Hüffer*, § 58 AktG Rz. 29; *Wiesner* in MünchHdb. AG, § 12 Rz. 28.
172 Vgl. *Bayer* in MünchKomm. AktG, 3. Aufl., § 58 AktG Rz. 130; *Henze* in Großkomm. AktG, 4. Aufl., § 58 AktG Rz. 111; *Lutter* in KölnKomm. AktG, 2. Aufl., § 58 AktG Rz. 117; *Wiesner* in MünchHdb. AG, § 12 Rz. 28.
173 Vgl. *Bayer* in MünchKomm. AktG, 3. Aufl., § 58 AktG Rz. 127; *Cahn/Senger* in Spindler/Stilz, § 58 AktG Rz. 100; *Hüffer*, § 58 AktG Rz. 29; *Lutter* in KölnKomm. AktG, 2. Aufl., § 58 AktG Rz. 116.
174 Vgl. *Bayer* in MünchKomm. AktG, 3. Aufl., § 58 AktG Rz. 128; *Henze* in Großkomm. AktG, 4. Aufl., § 58 AktG Rz. 110; *Wiesner* in MünchHdb. AG, § 12 Rz. 29.
175 Vgl. *Bayer* in MünchKomm. AktG, 3. Aufl., § 58 AktG Rz. 128; *Cahn/Senger* in Spindler/Stilz, § 58 AktG Rz. 101; *Henze* in Großkomm. AktG, 4. Aufl., § 58 AktG Rz. 110.
176 Vgl. *Henze* in Großkomm. AktG, 4. Aufl., § 58 AktG Rz. 110; *Lutter* in KölnKomm. AktG, 2. Aufl., § 58 AktG Rz. 116.
177 Vgl. OLG Düsseldorf v. 11.7.1991 – 6 U 59/91, DB 1991, 1826; *Wiesner* in MünchHdb. AG, § 12 Rz. 29.
178 Vgl. *Bayer* in MünchKomm. AktG, 3. Aufl., § 58 AktG Rz. 129; *Henze* in Großkomm. AktG, 4. Aufl., § 58 AktG Rz. 111; *Lutter* in KölnKomm. AktG, 2. Aufl., § 58 AktG Rz. 117.
179 Vgl. *Bayer* in MünchKomm. AktG, 3. Aufl., § 58 AktG Rz. 129; *Henze* in Großkomm. AktG, 4. Aufl., § 58 AktG Rz. 112; *Lutter* in KölnKomm. AktG, 2. Aufl., § 58 AktG Rz. 117; *Wiesner* in MünchHdb. AG, § 12 Rz. 29.
180 Vgl. *Drinhausen* in Heidel, § 58 AktG Rz. 48; *Henze* in Großkomm. AktG, 4. Aufl., § 58 AktG Rz. 114; *Hüffer*, § 58 AktG Rz. 30.
181 Vgl. *Bayer* in MünchKomm. AktG, 3. Aufl., § 58 AktG Rz. 131; *Cahn/Senger* in Spindler/Stilz, § 58 AktG Rz. 102; *Henze* in Großkomm. AktG, 4. Aufl., § 58 AktG Rz. 114; *Lutter* in KölnKomm. AktG, 2. Aufl., § 58 AktG Rz. 133.

rungsschein ist kein echtes Wertpapier, sondern ein **einfaches Legitimationspapier**[182]: Er legitimiert seinen Inhaber zum Bezug weiterer Dividendenscheine, solange der AG kein Widerspruch des Inhabers der Haupturkunde vorliegt[183]. Der Erneuerungsschein ist nicht selbständig verkehrsfähig[184]. Mit Übertragung des Eigentums an der Aktienurkunde geht gem. § 952 BGB auch das Eigentum an dem Erneuerungsschein auf den Erwerber über[185]. Werden die Aktienurkunden für kraftlos erklärt oder verliert der Aktionär seine Mitgliedschaft durch Ausschluss oder Einziehung der Aktien, so erlischt der Erneuerungsschein[186].

## VII. Besonderheiten bei der REIT-AG

55 Für die durch das REITG von 2007[187] neu eingeführte Immobilien-Aktiengesellschaft mit börsennotierten Anteilen (REIT-AG) gelten hinsichtlich der Gewinnausschüttung zahlreiche Besonderheiten[188]. Als Gegengewicht zur Befreiung der REIT-AG von der Körperschaft- und Gewerbesteuer sieht das Gesetz eine **weitreichende Ausschüttungsverpflichtung** vor[189]. Nach § 13 Abs. 1 Satz 1 REITG muss die REIT-AG erstmals im Folgegeschäftsjahr des Geschäftsjahrs, in dem sie die Voraussetzungen des § 1 Abs. 1 REITG erfüllt, mindestens 90 % ihres handelsrechtlichen Jahresüberschusses i.S. des § 275 HGB an die Aktionäre als Dividende ausschütten. Im Interesse hoher Ausschüttungen findet die Verpflichtung zur Bildung einer gesetzlichen Rücklage nach § 150 AktG gem. § 13 Abs. 1 Satz 2 REITG keine Anwendung. Zur Sicherung eines hohen Ausschüttungsvolumens sind überdies nach § 13 Abs. 2 REITG bei der Ermittlung des Jahresüberschusses planmäßige Abschreibungen nur in gleich bleibenden Jahresraten zulässig.

56 Zur Einhaltung dieser Vorgaben **empfiehlt** sich eine **satzungsmäßige Regelung**[190]. Fehlt es daran, ist das Ermessen von Vorstand und Aufsichtsrat bei der Feststellung des Jahresabschlusses im Hinblick auf § 13 Abs. 1 REITG beschränkt (vgl. Rz. 19). Setzen sich Vorstand und Aufsichtsrat darüber hinweg, bleibt der von ihnen festgestellte Jahresabschluss gleichwohl wirksam, doch machen sich die Verwaltungsmitglieder nach §§ 93 Abs. 2, 116 Satz 1 schadensersatzpflichtig[191]. Auch die Aktionäre sind in ihrem Abstimmungsverhalten im Rahmen des Gewinnverwendungsbeschlusses nach § 58 Abs. 3 (Rz. 37) grundsätzlich frei[192]. Einen Anspruch des einzelnen Aktionärs auf eine Beschlussfassung der Hauptversammlung mit dem Inhalt des § 13

---

182 Vgl. RG v. 9.11.1910 – Rep I 151/10, RGZ 74, 339, 341; *Bayer* in MünchKomm. AktG, 3. Aufl., § 58 AktG Rz. 131; *Drinhausen* in Heidel, § 58 AktG Rz. 48; *Hüffer*, § 58 AktG Rz. 30.
183 Vgl. *Bayer* in MünchKomm. AktG, 3. Aufl., § 58 AktG Rz. 131; *Drinhausen* in Heidel, § 58 AktG Rz. 48; *Hüffer*, § 58 AktG Rz. 30; *Wiesner* in MünchHdb. AG, § 12 Rz. 30.
184 Vgl. *Drinhausen* in Heidel, § 58 AktG Rz. 48; *Hüffer*, § 58 AktG Rz. 30; *Lutter* in KölnKomm. AktG, 2. Aufl., § 58 AktG Rz. 135.
185 Vgl. *Bayer* in MünchKomm. AktG, 3. Aufl., § 58 AktG Rz. 132; *Cahn/Senger* in Spindler/Stilz, § 58 AktG Rz. 102; *Henze* in Großkomm. AktG, 4. Aufl., § 58 AktG Rz. 114; *Lutter* in KölnKomm. AktG, 2. Aufl., § 58 AktG Rz. 135.
186 Vgl. *Bayer* in MünchKomm. AktG, 3. Aufl., § 58 AktG Rz. 132; *Henze* in Großkomm. AktG, 4. Aufl., § 58 AktG Rz. 114; *Lutter* in KölnKomm. AktG, 2. Aufl., § 58 AktG Rz. 135; *Wiesner* in MünchHdb. AG, § 12 Rz. 31.
187 BGBl. I 2007, 914.
188 Näher *Frey/Harbarth*, ZIP 2007, 1177, 1183 f.; *Hahn*, ZGR 2006, 805, 833 ff.; *Quass/Becker*, AG 2007, 421, 430 f.
189 Vgl. Begr. RegE, BR-Drucks. 779/06, S. 36.
190 Vgl. *Hahn*, ZGR 2006, 805, 834.
191 Vgl. *Frey/Harbarth*, ZIP 2007, 1177, 1184.
192 Vgl. *Frey/Harbarth*, ZIP 2007, 1177, 1184 mit zutreffendem Hinweis auf Ausnahmen unter dem Gesichtspunkt der aktienrechtlichen Treuepflicht.

Abs. 1 REITG sieht das Gesetz bewusst nicht vor[193]. Umstritten ist, ob die Ausschüttungsverpflichtung des § 13 Abs. 1 REITG durch eine Gewinnthesaurierung bei Tochtergesellschaften umgangen werden kann oder ob die Vorschrift konzerndimensional auszulegen ist (zu einer ähnlichen Fragestellung Rz. 27 ff.)[194]. Bei Nichtbeachtung der Ausschüttungsvorgaben sind gem. § 16 Abs. 3–6 REITG steuerähnliche Zahlungen von der zuständigen Finanzbehörde festzusetzen.

## VIII. Sachausschüttung

### 1. Allgemeines

Gem. § 58 Abs. 5 kann die Hauptversammlung auch eine Sachausschüttung beschließen, **sofern die Satzung das vorsieht**. Diese Vorschrift ist auf Empfehlung der Corporate Governance Kommission[195] durch das TransPuG von 2002 (Rz. 5) in das Gesetz aufgenommen worden. Zuvor bedurften Sachdividenden nach ganz h.M. der Zustimmung sämtlicher Aktionäre[196]. Nach dem Vorbild zahlreicher ausländischer Rechtsordnungen[197] und im Einklang mit der Kapitalrichtlinie[198] schafft die gesetzliche Neuregelung einen praktikableren Gestaltungsrahmen. In der aktienrechtlichen Praxis gibt es für Sachausschüttungen eine Reihe denkbarer Anwendungsfelder[199].

57

### 2. Satzungsbestimmung

Voraussetzung für die Zulässigkeit einer Sachausschüttung ist zunächst eine entsprechende Satzungsbestimmung. Dieses Erfordernis dient ausweislich der Regierungsbegründung dem Überraschungsschutz des Aktionärs[200]. Die Satzungsbestimmung kann entweder in der Ursprungssatzung enthalten sein oder nachträglich durch satzungsändernden Beschluss eingeführt werden[201]. Wenn die Satzung – wie bei vielen Publikumsgesellschaften – gem. § 179 Abs. 2 Satz 2 für Satzungsänderungen die einfache Mehrheit genügen lässt, gilt das auch hier[202]. Die Regierungsbegründung will den satzungsändernden Beschluss einer Inhaltskontrolle unterwerfen, um das Vertrauen der Minderheitsaktionäre auf Barausschüttung zu berücksichtigen[203]. Dies vermag nicht zu überzeugen, weil die satzungsmäßige Gestattung einer Sachaus-

58

---

193 Vgl. die Gegenäußerung der Bundesregierung, BT-Drucks. 16/4036, S. 3, zu einem entsprechenden Vorschlag des Bundesrates, BR-Drucks. 779/06, S. 10 f.; dazu auch *Quass/Becker*, AG 2007, 421, 430 f.
194 Dazu *Hahn*, ZGR 2006, 805, 834 f.; *Quass/Becker*, AG 2007, 421, 431.
195 Vgl. *Baums*, Bericht Regierungskommission, Rz. 200.
196 Vgl. *ADS*, § 58 AktG Rz. 140; *Cahn/Senger* in Spindler/Stilz, § 58 AktG Rz. 103; *Henze/Notz* in Großkomm. AktG, 4. Aufl., § 58 Abs. 5 AktG Rz. 130; *Hoffmann-Becking* in MünchHdb. AG, § 46 Rz. 27; *Lutter* in KölnKomm. AktG, 2. Aufl., § 58 AktG Rz. 107; abw. *Bayer* in MünchKomm. AktG, 3. Aufl., § 58 AktG Rz. 105.
197 Eingehend *Leinekugel*, S. 43 ff.; *Tübke*, S. 193 ff., 243 ff.
198 Dazu *Henze/Notz* in Großkomm. AktG, 4. Aufl., § 58 Abs. 5 AktG Rz. 132; *Lutter/Leinekugel/Rödder*, ZGR 2002, 204, 225 ff.
199 Näher *Hasselbach/Wicke*, NZG 2001, 599; *Henze/Notz* in Großkomm. AktG, 4. Aufl., § 58 Abs. 5 AktG Rz. 133; *Lutter/Leinekugel/Rödder*, ZGR 2002, 204, 205 f.; *Schnorbus*, ZIP 2003, 509, 510.
200 Vgl. Begr. RegE BT-Drucks. 14/8769, S. 12; *Drinhausen* in Heidel, § 58 AktG Rz. 50.
201 Vgl. *Bayer* in MünchKomm. AktG, 3. Aufl., § 58 AktG Rz. 108; *Cahn/Senger* in Spindler/Stilz, § 58 AktG Rz. 103; *Henze/Notz* in Großkomm. AktG, 4. Aufl., § 58 Abs. 5 AktG Rz. 151; *Hoffmann-Becking* in MünchHdb. AG, § 46 Rz. 27; *Holzborn/Bunnemann*, AG 2003, 671, 672; *Hüffer*, § 58 AktG Rz. 31.
202 Vgl. *Bayer* in MünchKomm. AktG, 3. Aufl., § 58 AktG Rz. 108; *Cahn/Senger* in Spindler/Stilz, § 58 AktG Rz. 103; *Hoffmann-Becking* in MünchHdb. AG, § 46 Rz. 27; *Hüffer*, § 58 AktG Rz. 31.
203 Vgl. Begr. RegE, BT-Drucks. 14/8769, S. 13.

schüttung noch nicht in die Mitgliedsrechte der Aktionäre eingreift[204]. Jedoch unterliegt der konkrete Gewinnverwendungsbeschluss einer umfassenden gerichtlichen Kontrolle (Rz. 59).

### 3. Hauptversammlungsbeschluss

59 Die Hauptversammlung beschließt über die Ausschüttung einer Sachdividende **mit einfacher Stimmenmehrheit** (§ 133 Abs. 1)[205]. Inhaltlich muss der Beschluss Art und Höhe der Sachausschüttung festlegen[206]. Hierzu hat die Verwaltung Vorschläge zu unterbreiten (§ 124 Abs. 3 Satz 1), welche die Hauptversammlung allerdings nicht binden[207]: Die **Kompetenz zur Konkretisierung des Ausschüttungsgegenstandes** liegt als Bestandteil der Gewinnverwendungskompetenz allein **in der Hand der Hauptversammlung**[208]. Regelmäßig wird es sich bei den ausgeschütteten Sachwerten um fungible Vermögensgegenstände handeln, z.B. börsennotierte Aktien der Gesellschaft selbst oder ihrer Töchter[209]. Nicht schlechthin ausgeschlossen ist aber auch die Ausschüttung nicht fungibler Werte, wie etwa Aktien ohne Börsennotierung, selbst hergestellte Erzeugnisse oder andere Gebrauchsgegenstände[210]. Sie können die Bardividende allerdings nicht vollständig ersetzen[211] und greifen unter Umständen in die Mitgliedschaftsrechte der Aktionäre ein. Der betreffende Gewinnverwendungsbeschluss kann daher im Einzelfall gegen das Verbot der Gleichbehandlung aller Aktionäre oder gegen die mitgliedschaftliche Treuepflicht verstoßen[212]. Auch die Ausschüttung von Aktien kann ausnahmsweise gegen § 53a oder § 243 Abs. 2 Satz 1 verstoßen, wenn der Großaktionär auf diese Weise eine (qualifizierte) Kapitalmehrheit erhält[213].

### 4. Bewertung

60 Ob die ausgeschütteten Sachwerte zu Buch- oder Marktwerten zu bewerten sind, hat der Gesetzgeber der weiteren wissenschaftlichen Diskussion überlassen[214]. Einer verbreiteten Ansicht zufolge dürfen Buchwerte angesetzt werden, wenn die gleichmäßi-

---

204 Vgl. *Cahn/Senger* in Spindler/Stilz, § 58 AktG Rz. 104; *Hüffer*, § 58 AktG Rz. 31; *W. Müller*, NZG 2002, 752, 757; abw. *Drinhausen* in Heidel, § 58 AktG Rz. 51; *Henze/Notz* in Großkomm. AktG, 4. Aufl., § 58 Abs. 5 AktG Rz. 186 ff.; *Holzborn/Bunnemann*, AG 2003, 671, 672; *Knigge*, WM 2002, 1729, 1736.
205 Vgl. Begr. RegE, BT-Drucks. 14/8769, S. 12; *Cahn/Senger* in Spindler/Stilz, § 58 AktG Rz. 105; *Drinhausen* in Heidel, § 58 AktG Rz. 55; *Henze/Notz* in Großkomm. AktG, 4. Aufl., § 58 Abs. 5 AktG Rz. 158; *Hoffmann-Becking* in MünchHdb. AG, § 46 Rz. 17; *Hüffer*, § 58 AktG Rz. 32; *Schnorbus*, ZIP 2003, 509, 512 f.; rechtspolitische Kritik hieran bei DAV Handelsrechtsausschuss, NZG 2002, 115, 116.
206 Vgl. *Cahn/Senger* in Spindler/Stilz, § 58 AktG Rz. 105; *Hüffer*, § 58 AktG Rz. 32.
207 Vgl. *Drinhausen* in Heidel, § 58 AktG Rz. 53; *Henze/Notz* in Großkomm. AktG, 4. Aufl., § 58 Abs. 5 AktG Rz. 174; *Hüffer*, § 58 AktG Rz. 32; *W. Müller*, NZG 2002, 752, 758; *Schnorbus*, ZIP 2003, 509, 512.
208 Vgl. *Cahn/Senger* in Spindler/Stilz, § 58 AktG Rz. 107; *Henze/Notz* in Großkomm. AktG, 4. Aufl., § 58 Abs. 5 AktG Rz. 174 ff.; *Schnorbus*, ZIP 2003, 509, 512.
209 Vgl. Begr. RegE, BT-Drucks. 14/8769, S. 13; *Cahn/Senger* in Spindler/Stilz, § 58 AktG Rz. 105; *Hüffer*, § 58 AktG Rz. 32.
210 Vgl. *Cahn/Senger* in Spindler/Stilz, § 58 AktG Rz. 105; *Holzborn/Bunnemann*, AG 2003, 671, 673; *Hüffer*, § 58 AktG Rz. 32; *Schnorbus*, ZIP 2003, 509, 511.
211 Vgl. Begr. RegE, BT-Drucks. 14/8769, S. 13.
212 Vgl. *Cahn/Senger* in Spindler/Stilz, § 58 AktG Rz. 105; *Henze/Notz* in Großkomm. AktG, 4. Aufl., § 58 Abs. 5 AktG Rz. 180; *Hüffer*, § 58 AktG Rz. 32.
213 Vgl. *Cahn/Senger* in Spindler/Stilz, § 58 AktG Rz. 106; *Drinhausen* in Heidel, § 58 AktG Rz. 56; *Henze/Notz* in Großkomm. AktG, 4. Aufl., § 58 Abs. 5 AktG Rz. 181; *W. Müller*, NZG 2002, 752, 757.
214 Vgl. Begr. RegE, BT-Drucks. 14/8769, S. 13.

ge Behandlung aller Aktionäre nach dem Maßstab ihrer Gewinnberechtigung (§ 60) gewahrt ist[215]. Die vordringende Gegenansicht spricht sich für eine **Bewertung zu Verkehrswerten** aus[216]. Ihr **gebührt der Vorzug**, weil nach § 57 Abs. 3 allein der Bilanzgewinn ausgeschüttet werden darf, der als bloße Rechengröße gerade keine stillen Reserven erfasst.

### 5. Mangelhaftigkeit der Sachdividende

Wie Rechts- und Sachmängel einer Sachdividende zu behandeln sind, harrt noch einer abschließenden Klärung[217]. 61

## IX. Rechtsfolgen bei Verstößen

### 1. Festgestellter Jahresabschluss

Ein festgestellter Jahresabschluss ist bei Verstößen gegen § 58 Abs. 1 und 2 gem. § 256 Abs. 1 Nr. 4 nichtig[218]. Die Nichtigkeit kann allerdings nach § 256 Abs. 5 nicht mehr geltend gemacht werden, wenn seit der Bekanntmachung des Jahresabschlusses sechs Monate verstrichen sind. Ist der Jahresabschluss nichtig, hat dies nach § 253 Abs. 1 Satz 1 auch die Nichtigkeit des Gewinnverwendungsbeschlusses zur Folge. Mit der Heilung der Nichtigkeit des Jahresabschlusses kann nach § 253 Abs. 1 Satz 2 auch die Nichtigkeit des Gewinnverwendungsbeschlusses aus diesem Grunde nicht mehr geltend gemacht werden. 62

Wird ein Sonderposten entgegen § 58 Abs. 2a zu hoch angesetzt, führt auch dies zur Nichtigkeit des Jahresabschlusses gem. § 256 Abs. 1 Nr. 4[219]. Dagegen bleibt es folgenlos, wenn er nicht oder zu niedrig gebildet wird, weil die Verwaltung insoweit ein Wahlrecht hat[220]. 63

### 2. Gewinnverwendungsbeschluss

Ein Gewinnverwendungsbeschluss nach § 58 Abs. 3, der die Bindung an den Jahresabschluss (§ 174 Abs. 1 Satz 2) missachtet, ist gem. § 241 Abs. 1 Nr. 3 Fall 3 nichtig[221]. Im Übrigen führen Verstöße gegen § 58 Abs. 3 oder gegen die Satzung nur zur 64

---

215 Vgl. *Bayer* in MünchKomm. AktG, 3. Aufl., § 58 AktG Rz. 110; *Grund*, S. 165 ff., 197 ff.; *Hoffmann-Becking* in MünchHdb. AG, § 46 Rz. 28; *Holzborn/Bunnemann*, AG 2003, 671, 674 f.; *Leinekugel*, S. 147 ff.; *Lutter/Leinekugel/Rödder*, ZGR 2002, 204, 215 ff.; *Siegel*, WPg 2008, 553; *Westermann* in Bürgers/Körber, § 58 AktG Rz. 29.
216 Vgl. *Cahn/Senger* in Spindler/Stilz, § 58 AktG Rz. 110; *Drinhausen* in Heidel, § 58 AktG Rz. 58; *Henze/Notz* in Großkomm. AktG, 4. Aufl., § 58 Abs. 5 AktG Rz. 197 ff.; *Hüffer*, § 58 AktG Rz. 33; *Ihrig/Wagner*, BB 2002, 789, 796; *Orth*, WPg 2004, 777, 782 ff.; *Prinz/Schürner*, DStR 2003, 181, 183; *Schnorbus*, ZIP 2003, 509, 514 ff.; *Schulze-Osterloh* in FS Priester, 2007, S. 749, 750 ff.; *Schulze-Osterloh*, WPg 2008, 562 ff.; *Tübke*, S. 59 f.; *Waclawik*, WM 2003, 2266, 2270 f.; WP-Handbuch 2006, Bd. I, F Rz. 321.
217 Vgl. einerseits *Grund*, S. 161 ff.; *Henze/Notz* in Großkomm. AktG, 4. Aufl., § 58 Abs. 5 AktG Rz. 215 ff.; *Holzborn/Bunnemann*, AG 2003, 671, 676 ff.: § 365 BGB analog; andererseits *Schnorbus*, ZIP 2003, 509, 516 f.: § 280 BGB.
218 Vgl. *ADS*, § 58 AktG Rz. 147 f.; *Baumbach/Hueck*, § 58 AktG Anm. 6; *Bayer* in MünchKomm. AktG, 3. Aufl., § 58 AktG Rz. 134; *Cahn/Senger* in Spindler/Stilz, § 58 AktG Rz. 111; *Drinhausen* in Heidel, § 58 AktG Rz. 59; *Henze* in Großkomm. AktG, 4. Aufl., § 58 AktG Rz. 116; *Hüffer*, § 58 AktG Rz. 34.
219 Vgl. *Bayer* in MünchKomm. AktG, 3. Aufl., § 58 AktG Rz. 135; *Drinhausen* in Heidel, § 58 AktG Rz. 61; *Hüffer*, § 58 AktG Rz. 35.
220 Vgl. *Bayer* in MünchKomm. AktG, 3. Aufl., § 58 AktG Rz. 135; *Hüffer*, § 58 AktG Rz. 35.
221 Vgl. *ADS*, § 58 AktG Rz. 151; *Bayer* in MünchKomm. AktG, 3. Aufl., § 58 AktG Rz. 136; *Cahn/Senger* in Spindler/Stilz, § 58 AktG Rz. 112; *Drinhausen* in Heidel, § 58 AktG Rz. 62; *Henze* in Großkomm. AktG, 4. Aufl., § 58 AktG Rz. 117; *Hüffer*, § 58 AktG Rz. 36.

Anfechtbarkeit nach § 243 Abs. 1[222]. Eine übermäßige Rücklagenbildung oder ein nicht gerechtfertigter Gewinnvortrag kann außerdem die Anfechtbarkeit nach § 254 begründen[223].

## § 59
## Abschlagszahlung auf den Bilanzgewinn

(1) Die Satzung kann den Vorstand ermächtigen, nach Ablauf des Geschäftsjahrs auf den voraussichtlichen Bilanzgewinn einen Abschlag an die Aktionäre zu zahlen.

(2) Der Vorstand darf einen Abschlag nur zahlen, wenn ein vorläufiger Abschluss für das vergangene Geschäftsjahr einen Jahresüberschuss ergibt. Als Abschlag darf höchstens die Hälfte des Betrags gezahlt werden, der von dem Jahresüberschuss nach Abzug der Beträge verbleibt, die nach Gesetz oder Satzung in Gewinnrücklagen einzustellen sind. Außerdem darf der Abschlag nicht die Hälfte des vorjährigen Bilanzgewinns übersteigen.

(3) Die Zahlung eines Abschlags bedarf der Zustimmung des Aufsichtsrats.

| | |
|---|---|
| I. Überblick . . . . . . . . . . . . . . . . . 1 | III. Höhe der Abschlagszahlung . . . . . . 10 |
| 1. Regelungsgegenstand und Bedeutung 1 | 1. Hälfte des ermittelten Jahresüberschusses . . . . . . . . . . . . . . 11 |
| 2. Vorgängervorschriften und Parallelregelungen . . . . . . . . . . . . . . . . . 3 | 2. Hälfte des vorjährigen Bilanzgewinns 12 |
| 3. Rechtsvergleichung und Gemeinschaftsrecht . . . . . . . . . . . . . . 4 | IV. Rechtsfolgen . . . . . . . . . . . . . . 13 |
| II. Voraussetzungen der Abschlagszahlung . . . . . . . . . . . . . . . . . . . 5 | 1. Zahlungsanspruch des Aktionärs . . . 13 |
| 1. Satzungsermächtigung . . . . . . . . . 5 | 2. Auswirkungen auf Jahresabschluss und Gewinnverwendung . . . . . . . . 14 |
| 2. Ablauf des Geschäftsjahrs . . . . . . . 6 | V. Verstöße . . . . . . . . . . . . . . . . . 15 |
| 3. Vorläufiger Jahresabschluss mit Jahresüberschuss . . . . . . . . . . . . 7 | 1. Überhöhte Abschlagszahlung . . . . . 15 |
| 4. Vorstandsbeschluss . . . . . . . . . . . 8 | 2. Unzulässige Abschlagszahlung . . . . 16 |
| 5. Zustimmung des Aufsichtsrats . . . . 9 | 3. Haftung der Verwaltung . . . . . . . . 17 |
| | VI. Zwischendividenden . . . . . . . . . . 18 |

**Literatur:** *Eder*, Aktuelle Probleme der Vorabausschüttung, BB 1994, 1260; *Siebel/Gebauer*, Interimsdividende, AG 1999, 385; *Thalmann/Waibel*, Endlich – die Interimsdividende setzt sich im schweizerischen Recht durch, SZW 2007, 18.

---

222 Vgl. *Baumbach/Hueck*, § 58 AktG Anm. 11; *Drinhausen* in Heidel, § 58 AktG Rz. 64; *Henze* in Großkomm. AktG, 4. Aufl., § 58 AktG Rz. 117; *Lutter* in KölnKomm. AktG, 2. Aufl., § 58 AktG Rz. 77.
223 Vgl. *Bayer* in MünchKomm. AktG, 3. Aufl., § 58 AktG Rz. 137; *Cahn/Senger* in Spindler/Stilz, § 58 AktG Rz. 112; *Henze* in Großkomm. AktG, 4. Aufl., § 58 AktG Rz. 117; *Hüffer*, § 58 AktG Rz. 37.

## I. Überblick

### 1. Regelungsgegenstand und Bedeutung

§ 59 ermöglicht Abschlagszahlungen auf den Bilanzgewinn, knüpft ihre Zulässigkeit aber an strenge Voraussetzungen und beschränkt ihre Höhe in doppelter Weise. Damit trägt der Gesetzgeber dem Umstand Rechnung, dass die Vorschrift nicht nur das Verbot der Einlagenrückgewähr nach § 57 durchbricht, sondern auch die Verfahrens- und Zuständigkeitsregeln des § 58 lockert[1]. 1

Ausweislich der Gesetzesmaterialien sollen **Abschlagszahlungen** auf den Bilanzgewinn die Aktie als Anlageform attraktiver machen und durch **eine Art Halbjahrescoupon** Benachteiligungen gegenüber festverzinslichen Wertpapieren ausgleichen[2]. Zweifel an der Praxisnähe der Vorschrift sind allerdings schon während des Gesetzgebungsverfahrens laut geworden[3] und haben sich in der Folgezeit bestätigt: § 59 ist nahezu bedeutungslos geblieben[4], was vor allem an dem hohen Kostenaufwand für Abschlagszahlungen liegen dürfte[5]. 2

### 2. Vorgängervorschriften und Parallelregelungen

§ 59 ist durch das Aktiengesetz von 1965 neu eingeführt worden. Zuvor waren Abschlagszahlungen auf den Bilanzgewinn verboten[6]. Auf die GmbH ist § 59 nach allgemeiner Auffassung nicht übertragbar[7]; dort besteht eine weitergehende Freiheit für vorweggenommene Gewinnausschüttungen schon während des laufenden Geschäftsjahres[8]. 3

### 3. Rechtsvergleichung und Gemeinschaftsrecht

International werden vielfach nicht nur Abschlagszahlungen nach Ablauf des Geschäftsjahres, sondern echte Zwischendividenden gezahlt (vgl. auch Rz. 18)[9]. Gemeinschaftsrechtlich sind Zwischendividenden nach Maßgabe des Art. 15 Abs. 2 Kapitalrichtlinie[10] statthaft[11]. 4

---

1 Vgl. *Bayer* in MünchKomm. AktG, 3. Aufl., § 59 AktG Rz. 1; *Cahn* in Spindler/Stilz, § 59 AktG Rz. 2; *Drinhausen* in Heidel, § 59 AktG Rz. 3; *Henze* in Großkomm. AktG, 4. Aufl., § 59 AktG Rz. 3; *Hüffer*, § 59 AktG Rz. 1.
2 Vgl. Begr. RegE bei *Kropff*, Aktiengesetz, S. 79; *Baumbach/Hueck*, § 59 AktG Anm. 1; *Cahn* in Spindler/Stilz, § 59 AktG Rz. 3; *Henze* in Großkomm. AktG, 4. Aufl., § 59 AktG Rz. 3; *Hüffer*, § 59 AktG Rz. 1; *Lutter* in KölnKomm. AktG, 2. Aufl., § 59 AktG Rz. 3.
3 Vgl. Ausschussbericht bei *Kropff*, Aktiengesetz, S. 80; zurückhaltend auch *v. Godin/Wilhelmi*, § 59 AktG Anm. 1.
4 Vgl. *Cahn* in Spindler/Stilz, § 59 AktG Rz. 4; *Drinhausen* in Heidel, § 59 AktG Rz. 1; *Windbichler*, GesR, § 30 AktG Rz. 21; *Hüffer*, § 59 AktG Rz. 1; *Lutter* in KölnKomm. AktG, 2. Aufl., § 59 AktG Rz. 4; vereinzelte Anwendungsfälle sind nachgewiesen bei *Siebel/Gebauer*, AG 1999, 385, 389.
5 Vgl. *Bayer* in MünchKomm. AktG, 3. Aufl., § 59 AktG Rz. 3; *Cahn* in Spindler/Stilz, § 59 AktG Rz. 4; *Hüffer*, § 59 AktG Rz. 1; zu Kostenfragen auch *Siebel/Gebauer*, AG 1999, 385, 399 ff.
6 Vgl. RG v. 20.2.1923 – II 36/22, RGZ 107, 161, 168; RG v. 1.9.1936 – II 58/36, HRR 1937 Nr. 13.
7 Vgl. *Eder*, BB 1994, 1260; *Hueck/Fastrich* in Baumbach/Hueck, § 29 GmbHG Rz. 60.
8 Vgl. BGH v. 7.11.1977 – II ZR 43/76, NJW 1978, 425 (GmbH & Co. KG); *Hommelhoff* in Lutter/Hommelhoff, § 29 GmbHG Rz. 45.
9 Darauf verweist bereits Begr. RegE bei *Kropff*, Aktiengesetz, S. 79; rechtsvergleichende Übersichten bei *Siebel/Gebauer*, AG 1999, 385, 391 ff.; *Thalmann/Waibel*, SZW 2007, 18, 19.
10 Richtlinie 77/91/EWG v. 13.12.1976, ABl. EG Nr. L 26 v. 31.1.1977, S. 1.
11 Vgl. *Grundmann*, Europäisches Gesellschaftsrecht, Rz. 342; *Schwarz*, Europäisches Gesellschaftsrecht, Rz. 596.

## II. Voraussetzungen der Abschlagszahlung

### 1. Satzungsermächtigung

5 § 59 verlangt für Abschlagszahlungen zunächst eine Satzungsermächtigung. Diese kann in der ursprünglichen Satzung enthalten sein oder später durch Satzungsänderung gem. §§ 179 ff. eingeführt werden[12]. Ein bloßer Hauptversammlungsbeschluss genügt nicht[13]. Die Satzung kann die Zulässigkeit von Abschlagszahlungen von weiteren Voraussetzungen abhängig machen[14]; dagegen kann sie die gesetzlichen Voraussetzungen des § 59 weder aufheben noch lockern[15].

### 2. Ablauf des Geschäftsjahrs

6 Gem. § 59 Abs. 2 Satz 1 sind Abschlagszahlungen erst nach Ablauf des Geschäftsjahrs zulässig[16]. Vorwegausschüttungen auf den voraussichtlichen Bilanzgewinn des laufenden Geschäftsjahres scheiden daher nach geltendem Recht (zu Reformvorschlägen Rz. 18) aus[17]. Gestattet sind hingegen Abschlagsdividenden nach Ablauf eines Rumpfgeschäftsjahres[18].

### 3. Vorläufiger Jahresabschluss mit Jahresüberschuss

7 Ein Abschlag darf nach § 59 Abs. 2 Satz 1 nur gezahlt werden, wenn ein vorläufiger Abschluss für das vergangene Geschäftsjahr einen Jahresüberschuss ergibt. Schätzungen oder Überschlagsrechnungen genügen nicht[19]. Erforderlich sind vielmehr Bilanz und GuV (§ 242 Abs. 3 HGB) nach den für die AG geltenden Ansatz-, Bewertungs- und Gliederungsvorschriften (§§ 252 ff., 266 ff., 275 ff. HGB)[20]. „**Vorläufig**" bedeutet demnach nur, dass Prüfung und Bestätigung durch Aufsichtsrat und Abschlussprüfer noch nicht vorliegen müssen und dass auch Anhang und Lagebericht noch ausstehen können[21]. Mit „**Jahresüberschuss**" ist die in § 275 Abs. 2 Nr. 20 bzw. Abs. 3 Nr. 19 HGB aufgeführte Zahl gemeint[22]. Ein Gewinnvortrag aus dem Vorjahr und Entnahmen aus Rücklagen (§ 158 Abs. 1 Satz 1 Nr. 1–3) bleiben als bilanzpolitische Ent-

---

[12] Vgl. *Baumbach/Hueck*, § 59 AktG Anm. 2; *Bayer* in MünchKomm. AktG, 3. Aufl., § 59 AktG Rz. 4; *Henze* in Großkomm. AktG, 4. Aufl., § 59 AktG Rz. 6; *Hüffer*, § 59 AktG Rz. 2; *Lutter* in KölnKomm. AktG, 2. Aufl., § 59 AktG Rz. 6.

[13] Vgl. *Bayer* in MünchKomm. AktG, 3. Aufl., § 59 AktG Rz. 4; *Drinhausen* in Heidel, § 59 AktG Rz. 2; *v. Godin/Wilhelmi*, § 59 AktG Anm. 2; *Henze* in Großkomm. AktG, 4. Aufl., § 59 AktG Rz. 6; *Hüffer*, § 59 AktG Rz. 2; *Westermann* in Bürgers/Körber, § 59 AktG Rz. 2.

[14] Vgl. *Cahn* in Spindler/Stilz, § 59 AktG Rz. 5; *Drinhausen* in Heidel, § 59 AktG Rz. 6.

[15] Vgl. *Bayer* in MünchKomm. AktG, 3. Aufl., § 59 AktG Rz. 6; *Cahn* in Spindler/Stilz, § 59 AktG Rz. 5; *Henze* in Großkomm. AktG, 4. Aufl., § 59 AktG Rz. 9.

[16] Vgl. *Bayer* in MünchKomm. AktG, 3. Aufl., § 59 AktG Rz. 7; *Cahn* in Spindler/Stilz, § 59 AktG Rz. 9; *v. Godin/Wilhelmi*, § 59 AktG Anm. 3; *Henze* in Großkomm. AktG, 4. Aufl., § 59 AktG Rz. 4.

[17] Vgl. *Drinhausen* in Heidel, § 59 AktG Rz. 4; *v. Godin/Wilhelmi*, § 59 AktG Anm. 3; *Henze* in Großkomm. AktG, 4. Aufl., § 59 AktG Rz. 4; *Lutter* in KölnKomm. AktG, 2. Aufl., § 59 AktG Rz. 6.

[18] Vgl. *Bayer* in MünchKomm. AktG, 3. Aufl., § 59 AktG Rz. 7; *Henze* in Großkomm. AktG, 4. Aufl., § 59 AktG Rz. 4.

[19] Vgl. *Drinhausen* in Heidel, § 59 AktG Rz. 5; *v. Godin/Wilhelmi*, § 59 AktG Anm. 4; *Hüffer*, § 59 AktG Rz. 3; *Lutter* in KölnKomm. AktG, 2. Aufl., § 59 AktG Rz. 10.

[20] Vgl. *Bayer* in MünchKomm. AktG, 3. Aufl., § 59 AktG Rz. 8; *Cahn* in Spindler/Stilz, § 59 AktG Rz. 10; *Henze* in Großkomm. AktG, 4. Aufl., § 59 AktG Rz. 10; *Lutter* in KölnKomm. AktG, 2. Aufl., § 59 AktG Rz. 10.

[21] Vgl. *Henze* in Großkomm. AktG, 4. Aufl., § 59 AktG Rz. 11; *Hüffer*, § 59 AktG Rz. 3; *Lutter* in KölnKomm. AktG, 2. Aufl., § 59 AktG Rz. 10.

[22] Vgl. *Bayer* in MünchKomm. AktG, 3. Aufl., § 59 AktG Rz. 8; *Cahn* in Spindler/Stilz, § 59 AktG Rz. 10; *Henze* in Großkomm. AktG, 4. Aufl., § 59 AktG Rz. 12.

scheidungen dem endgültigen Jahresabschluss vorbehalten und dürfen nicht berücksichtigt werden[23].

### 4. Vorstandsbeschluss

Über die Abschlagszahlung beschließt nach § 59 Abs. 2 Satz 1 der Vorstand. Dieser ist zur Zahlung nicht verpflichtet, sondern entscheidet nach eigenem Ermessen[24]. Auch die Satzung kann Abschlagszahlungen nicht zwingend vorschreiben, selbst wenn genügend Mittel zur Verfügung stehen[25]. Erforderlich ist ein **Beschluss des gesamten Vorstands**; eine Delegation auf einzelne seiner Mitglieder kommt nicht in Betracht[26]. Für jede neue Abschlagszahlung muss ein eigener Beschluss gefasst werden[27].

8

### 5. Zustimmung des Aufsichtsrats

Gem. § 59 Abs. 3 bedarf die Zahlung eines Abschlags der Zustimmung des Aufsichtsrats. Entgegen dem bürgerlichrechtlichen Sprachgebrauch ist eine vorherige Zustimmung erforderlich; eine Genehmigung i.S. des § 184 Abs. 1 BGB reicht nicht aus[28]. Die Zustimmung muss durch einen **Beschluss des gesamten Aufsichtsrats** erfolgen; eine Übertragung auf einen Ausschuss ist unzulässig[29]. Der Aufsichtsrat entscheidet – wie der Vorstand (Rz. 8) – nach eigenem Ermessen und kann seine Zustimmung auch aus Gründen der Zweckmäßigkeit verweigern[30]. Eine erteilte Zustimmung wird mit Bekanntgabe des Beschlusses wirksam[31].

9

## III. Höhe der Abschlagszahlung

Durch die Abschlagszahlung dürfen die Belange der Gesellschaftsgläubiger nicht gefährdet werden[32]. § 59 Abs. 2 begrenzt die Höhe des Abschlags daher in doppelter Weise.

10

---

23 Vgl. *Cahn* in Spindler/Stilz, § 59 AktG Rz. 10; *Henze* in Großkomm. AktG, 4. Aufl., § 59 AktG Rz. 12; *Hüffer*, § 59 AktG Rz. 3; *Lutter* in KölnKomm. AktG, 2. Aufl., § 59 AktG Rz. 10.
24 Vgl. Begr. RegE bei *Kropff*, Aktiengesetz, S. 79; *Baumbach/Hueck*, § 59 AktG Anm. 2; *Bayer* in MünchKomm. AktG, 3. Aufl., § 59 AktG Rz. 9; *Cahn* in Spindler/Stilz, § 59 AktG Rz. 7; *Henze* in Großkomm. AktG, 4. Aufl., § 59 AktG Rz. 14; *Lutter* in KölnKomm. AktG, 2. Aufl., § 59 AktG Rz. 6.
25 Vgl. Begr. RegE bei *Kropff*, Aktiengesetz, S. 79; *Baumbach/Hueck*, § 59 AktG Anm. 2; *Lutter* in KölnKomm. AktG, 2. Aufl., § 59 AktG Rz. 6.
26 Vgl. *Bayer* in MünchKomm. AktG, 3. Aufl., § 59 AktG Rz. 9; *Cahn* in Spindler/Stilz, § 59 AktG Rz. 7; *Henze* in Großkomm. AktG, 4. Aufl., § 59 AktG Rz. 14; *Lutter* in KölnKomm. AktG, 2. Aufl., § 59 AktG Rz. 7.
27 Vgl. *Bayer* in MünchKomm. AktG, 3. Aufl., § 59 AktG Rz. 9; *Henze* in Großkomm. AktG, 4. Aufl., § 59 AktG Rz. 14; *Hüffer*, § 59 AktG Rz. 2.
28 Vgl. *Cahn* in Spindler/Stilz, § 59 AktG Rz. 8; *Drinhausen* in Heidel, § 59 AktG Rz. 3; *Hüffer*, § 59 AktG Rz. 2; *Westermann* in Bürgers/Körber, § 59 AktG Rz. 5.
29 Vgl. *Cahn* in Spindler/Stilz, § 59 AktG Rz. 8; *Drinhausen* in Heidel, § 59 AktG Rz. 3; *Henze* in Großkomm. AktG, 4. Aufl., § 59 AktG Rz. 10; *Lutter* in KölnKomm. AktG, 2. Aufl., § 59 AktG Rz. 8.
30 Vgl. *Bayer* in MünchKomm. AktG, 3. Aufl., § 59 AktG Rz. 11; *Cahn* in Spindler/Stilz, § 59 AktG Rz. 8; *Henze* in Großkomm. AktG, 4. Aufl., § 59 AktG Rz. 16; *Lutter* in KölnKomm. AktG, 2. Aufl., § 59 AktG Rz. 8.
31 Vgl. *Bayer* in MünchKomm. AktG, 3. Aufl., § 59 AktG Rz. 10; *Henze* in Großkomm. AktG, 4. Aufl., § 59 AktG Rz. 18; *Lutter* in KölnKomm. AktG, 2. Aufl., § 59 AktG Rz. 8.
32 Vgl. Begr. RegE bei *Kropff*, Aktiengesetz, S. 79.

## 1. Hälfte des ermittelten Jahresüberschusses

11 Nach § 59 Abs. 2 Satz 2 darf als Abschlag höchstens die Hälfte des Betrags gezahlt werden, der von dem Jahresüberschuss nach Abzug der Beträge verbleibt, die nach Gesetz oder Satzung in Gewinnrücklagen einzustellen sind. Zu den Gewinnrücklagen i.S. des § 266 Abs. 3 HGB gehören die gesetzlichen Rücklagen nach §§ 150, 300 sowie die satzungsmäßigen Rücklagen nach § 58 Abs. 1[33]. Nach zutreffender herrschender Meinung ist außerdem ein Abzug in der Höhe vorzunehmen, in der die Hauptversammlung voraussichtlich von einer etwaigen Ermächtigung nach § 58 Abs. 3 Satz 2 Gebrauch machen wird[34]. Dagegen sind Einstellungen in Kapitalrücklagen i.S. des § 272 Abs. 2 HGB nicht zu berücksichtigen, weil sie ohne Durchgang durch die GuV in die Bilanz eingestellt werden[35].

## 2. Hälfte des vorjährigen Bilanzgewinns

12 Außerdem darf der Abschlag nach § 59 Abs. 2 Satz 3 nicht die Hälfte des vorjährigen Bilanzgewinns übersteigen. Diese Beschränkung soll verhindern, dass die Gewinnverteilung völlig von der Hauptversammlung auf den Vorstand übergehen kann[36]. Sie vermag ihren Zweck allerdings nicht zu erreichen, wenn sich die Ertragslage der Gesellschaft deutlich verschlechtert oder die Verwaltung ihre Rücklagenpolitik ändert[37].

# IV. Rechtsfolgen

## 1. Zahlungsanspruch des Aktionärs

13 Mit Erfüllung des letzten Tatbestandsmerkmals des § 59 entsteht ein Zahlungsanspruch des Aktionärs gegen die Gesellschaft als selbständig verkehrsfähiges und sofort fälliges Gläubigerrecht[38]. Die Verteilung des Abschlags auf die einzelnen Aktionäre richtet sich nach § 60[39].

## 2. Auswirkungen auf Jahresabschluss und Gewinnverwendung

14 Die Abschlagszahlung erfolgt erst nach Ablauf des Geschäftsjahrs und lässt den Jahresabschluss daher unberührt[40]. Auch bildet sie keine Verwendung des Jahreser-

---

33 Vgl. *Bayer* in MünchKomm. AktG, 3. Aufl., § 59 AktG Rz. 14 f.; *Cahn* in Spindler/Stilz, § 59 AktG Rz. 12; *Lutter* in KölnKomm. AktG, 2. Aufl., § 59 AktG Rz. 11.
34 Vgl. *Cahn* in Spindler/Stilz, § 59 AktG Rz. 13; *v. Godin/Wilhelmi*, § 59 AktG Anm. 5; *Henze* in Großkomm. AktG, 4. Aufl., § 59 AktG Rz. 22; abw. *Hefermehl/Bungeroth* in G/H/E/K, § 59 AktG Rz. 18.
35 Vgl. *Bayer* in MünchKomm. AktG, 3. Aufl., § 59 AktG Rz. 14; *Cahn* in Spindler/Stilz, § 59 AktG Rz. 12; *Henze* in Großkomm. AktG, 4. Aufl., § 59 AktG Rz. 21; *Lutter* in KölnKomm. AktG, 2. Aufl., § 59 AktG Rz. 11.
36 Vgl. Begr. RegE bei *Kropff*, Aktiengesetz, S. 80; *Cahn* in Spindler/Stilz, § 59 AktG Rz. 14; *Lutter* in KölnKomm. AktG, 2. Aufl., § 59 AktG Rz. 12; kritisch *v. Godin/Wilhelmi*, § 59 AktG Anm. 6.
37 Vgl. *Bayer* in MünchKomm. AktG, 3. Aufl., § 59 AktG Rz. 16; *Henze* in Großkomm. AktG, 4. Aufl., § 59 AktG Rz. 24.
38 Vgl. *Bayer* in MünchKomm. AktG, 3. Aufl., § 59 AktG Rz. 17; *Cahn* in Spindler/Stilz, § 59 AktG Rz. 15; *Drinhausen* in Heidel, § 59 AktG Rz. 7; *Henze* in Großkomm. AktG, 4. Aufl., § 59 AktG Rz. 25; *Hüffer*, § 59 AktG Rz. 4.
39 Vgl. Begr. RegE bei *Kropff*, Aktiengesetz, S. 80; *Baumbach/Hueck*, § 59 AktG Anm. 6; *Bayer* in MünchKomm. AktG, 3. Aufl., § 59 AktG Rz. 17; *Henze* in Großkomm. AktG, 4. Aufl., § 59 AktG Rz. 25; *Lutter* in KölnKomm. AktG, 2. Aufl., § 59 AktG Rz. 13.
40 Vgl. *Bayer* in MünchKomm. AktG, 3. Aufl., § 59 AktG Rz. 18; *Cahn* in Spindler/Stilz, § 59 AktG Rz. 16; *Eder*, BB 1994, 1260, 1261; *Henze* in Großkomm. AktG, 4. Aufl., § 59 AktG Rz. 26; *Hüffer*, § 59 AktG Rz. 4; *Lutter* in KölnKomm. AktG, 2. Aufl., § 59 AktG Rz. 14.

gebnisses i.S. des § 268 Abs. 1 HGB[41]. Allerdings ist die Vorabausschüttung im Hauptversammlungsbeschluss über die Gewinnverwendung zu Informationszwecken zu vermerken, weil die Angaben des § 174 Abs. 2 sonst kein vollständiges Bild vermitteln[42].

## V. Verstöße

### 1. Überhöhte Abschlagszahlung

Stellt sich später heraus, dass der gezahlte Abschlag den in dem festgestellten Jahresabschluss ausgewiesenen Bilanzgewinn übersteigt, so sind die Aktionäre gem. § 62 Abs. 1 Satz 1 zur Rückgewähr verpflichtet[43]. Gutgläubige Dividendenempfänger werden allerdings durch § 62 Abs. 1 Satz 2 geschützt (vgl. § 62 Rz. 21 ff.)[44]. 15

### 2. Unzulässige Abschlagszahlung

Eine Rückgewährpflicht besteht ferner, wenn die Tatbestandsvoraussetzungen des § 59 für eine Abschlagszahlung gar nicht vorliegen[45]. Allerdings gilt auch hier § 62 Abs. 1 Satz 2 zugunsten gutgläubiger Empfänger[46]. 16

### 3. Haftung der Verwaltung

Bei Zahlung unzulässiger oder überhöhter Abschläge haften Vorstand und Aufsichtsrat nach Maßgabe der §§ 93 Abs. 3 Nr. 2, 116[47]. Der Schaden kann beträchtliche Ausmaße annehmen, weil Rückgewähransprüche gegen die Aktionäre rechtlich nur selten bestehen (§ 62 Abs. 1 Satz 2) oder praktisch schwer durchsetzbar sind (Publikumsgesellschaft)[48]. 17

## VI. Zwischendividenden

**Echte Zwischendividenden** (auch: Interimsdividenden), also Zahlungen auf den vorläufigen Bilanzgewinn des laufenden Geschäftsjahrs (z.B. Quartals- oder Halbjahresdividenden) sind nach geltendem Recht **nicht zulässig** (vgl. Rz. 6). *De lege ferenda* 18

---

41 Vgl. *Cahn* in Spindler/Stilz, § 59 AktG Rz. 16; *Drinhausen* in Heidel, § 59 AktG Rz. 7; *Eder*, BB 1994, 1260, 1261; *Hüffer*, § 59 AktG Rz. 4.
42 Vgl. *Bayer* in MünchKomm. AktG, 3. Aufl., § 59 AktG Rz. 19; *Cahn* in Spindler/Stilz, § 59 AktG Rz. 16; *Drinhausen* in Heidel, § 59 AktG Rz. 7; *Hüffer*, § 59 AktG Rz. 4.
43 Vgl. Begr. RegE bei *Kropff*, Aktiengesetz, S. 80; *Bayer* in MünchKomm. AktG, 3. Aufl., § 59 AktG Rz. 21; *Cahn* in Spindler/Stilz, § 59 AktG Rz. 17; *Drinhausen* in Heidel, § 59 AktG Rz. 8; *Hüffer*, § 59 AktG Rz. 4; *Lutter* in KölnKomm. AktG, 2. Aufl., § 59 AktG Rz. 15; *Westermann* in Bürgers/Körber, § 59 AktG Rz. 7.
44 Vgl. Begr. RegE bei *Kropff*, Aktiengesetz, S. 80; *Baumbach/Hueck*, § 59 AktG Anm. 8; *Bayer* in MünchKomm. AktG, 3. Aufl., § 59 AktG Rz. 21; *Cahn* in Spindler/Stilz, § 59 AktG Rz. 17; *Henze* in Großkomm. AktG, 4. Aufl., § 59 AktG Rz. 30; *Lutter* in KölnKomm. AktG, 2. Aufl., § 59 AktG Rz. 15.
45 Vgl. *Bayer* in MünchKomm. AktG, 3. Aufl., § 59 AktG Rz. 20; *Cahn* in Spindler/Stilz, § 59 AktG Rz. 17; *Henze* in Großkomm. AktG, 4. Aufl., § 59 AktG Rz. 31; *Lutter* in KölnKomm. AktG, 2. Aufl., § 59 AktG Rz. 16.
46 Vgl. *Cahn* in Spindler/Stilz, § 59 AktG Rz. 17; *Henze* in Großkomm. AktG, 4. Aufl., § 59 AktG Rz. 31; *Lutter* in KölnKomm. AktG, 2. Aufl., § 59 AktG Rz. 16.
47 Vgl. *Bayer* in MünchKomm. AktG, 3. Aufl., § 59 AktG Rz. 21; *Cahn* in Spindler/Stilz, § 59 AktG Rz. 18; *Henze* in Großkomm. AktG, 4. Aufl., § 59 AktG Rz. 32; *Lutter* in KölnKomm. AktG, 2. Aufl., § 59 AktG Rz. 17.
48 Vgl. *Cahn* in Spindler/Stilz, § 59 AktG Rz. 18; *Henze* in Großkomm. AktG, 4. Aufl., § 59 AktG Rz. 32; *Hoffmann-Becking* in Hommelhoff/Lutter/Schmidt/Schön/Ulmer (Hrsg.), Corporate Governance, 2002, S. 224.

fordern viele, ihre Einführung dem Satzungsgeber anheimzustellen, wie dies zahlreiche ausländische Aktienrechte (Vereinigte Staaten, England, Niederlande) gestatten[49].

## § 60
## Gewinnverteilung

(1) Die Anteile der Aktionäre am Gewinn bestimmen sich nach ihren Anteilen am Grundkapital.

(2) Sind die Einlagen auf das Grundkapital nicht auf alle Aktien in demselben Verhältnis geleistet, so erhalten die Aktionäre aus dem verteilbaren Gewinn vorweg einen Betrag von vier vom Hundert der geleisteten Einlagen. Reicht der Gewinn dazu nicht aus, so bestimmt sich der Betrag nach einem entsprechend niedrigeren Satz. Einlagen, die im Laufe des Geschäftsjahrs geleistet wurden, werden nach dem Verhältnis der Zeit berücksichtigt, die seit der Leistung verstrichen ist.

(3) Die Satzung kann eine andere Art der Gewinnverteilung bestimmen.

| | |
|---|---|
| I. Überblick ................... 1 | III. Satzungsmäßiger Gewinnverteilungsschlüssel ............. 12 |
| 1. Regelungsgegenstand und Bedeutung 1 | 1. Allgemeines ............... 12 |
| 2. Vorgängervorschriften und Parallelregelungen ................. 3 | 2. Festsetzung in der Satzung ...... 14 |
| II. Gesetzlicher Gewinnverteilungsschlüssel ................... 4 | a) Ursprungssatzung .......... 14 |
| | b) Satzungsänderung .......... 16 |
| 1. Verteilungsmaßstab bei gleicher Einlageleistung ............. 5 | c) Kapitalerhöhung ........... 17 |
| 2. Verteilungsmaßstab bei ungleicher Einlageleistung ............. 7 | 3. Gestaltungsmöglichkeiten ....... 18 |
| a) Allgemeines .............. 7 | IV. Sonderfragen ................ 20 |
| b) Einlageleistungen in ungleicher Höhe .................... 9 | 1. Gewinnverzicht ............. 20 |
| c) Einlageleistungen zu unterschiedlichen Zeitpunkten .......... 10 | 2. Verlust und Ruhen von Mitgliedschaftsrechten ............. 22 |

**Literatur:** *Bezzenberger,* „Dividendenverzicht" des Großaktionärs, Das Wertpapier 1967, 291; *Buchetmann,* Die teileingezahlte Aktie – insbesondere die Rechtsstellung der Inhaber teileingezahlter Aktien, 1972; *Erhart/Riedel,* Disquotale Gewinnausschüttungen bei Kapitalgesellschaften – gesellschafts- und steuerrechtliche Gestaltungsmöglichkeiten, BB 2008, 2266; *Horbach,* Der Gewinnverzicht des Großaktionärs, AG 2001, 78; *Kirschner,* Der „Dividendenverzicht" des Aktionärs, 2004; *König,* Der Dividendenverzicht des Mehrheitsaktionärs – Dogmatische Einordnung und praktische Durchführung, AG 2001, 399; *Mertens,* Zulässigkeit einer Ermächtigung des Vorstands, Aktien für das abgelaufene Geschäftsjahr auszugeben?, in FS Wiedemann, 2002, S. 1113; *Müller,* Endgültiger Dividendenverlust bei unterlassener Mitteilung gem. § 20 Abs. 7 AktG?, AG 1996, 396; *Schwandtner,* Disquotale Gewinnausschüttungen in Personen- und Kapi-

---

49 Vgl. *Baums,* Bericht Regierungskommission, Rz. 201 f.; *Cahn* in Spindler/Stilz, § 59 AktG Rz. 19; *Hüffer,* § 59 AktG Rz. 5; *Siebel/Gebauer,* AG 1999, 385, 386 ff.; zu Folgefragen *Hoffmann-Becking* in Hommelhoff/Lutter/Schmidt/Schön/Ulmer (Hrsg.), Corporate Governance, 2002, S. 223 f.; kritisch *Windbichler,* GesR, § 30 Rz. 21 unter Hinweis darauf, dass bei Streubesitz und kleiner Stückelung nur sehr geringe Beträge gezahlt würden, was hohe Kosten verursache.

talgesellschaften, 2006; *Simon*, Rückwirkende Dividendengewährung beim genehmigten Kapital?, AG 1960, 148; *Wündisch*, Können junge Aktien mit Dividendenberechtigung für ein bereits abgelaufenes Geschäftsjahr ausgestattet werden?, AG 1960, 320.

## I. Überblick

### 1. Regelungsgegenstand und Bedeutung

§ 60 gibt den **Verteilungsschlüssel** für den Teil des Bilanzgewinns vor, der nach § 174 Abs. 2 Nr. 2 an die Aktionäre auszuschütten ist. Abs. 1 enthält die gesetzliche Grundregel für die Gewinnverteilung bei gleicher Einlageleistung. Abs. 2 regelt die Gewinnverteilung bei Einlageleistungen in ungleicher Höhe oder zu unterschiedlichen Zeitpunkten. Abs. 3 gestattet eine abweichende Festlegung des Verteilungsmaßstabs durch die Satzung. In der Praxis sind derartige Satzungsbestimmungen weit verbreitet, so dass die nur subsidiär geltenden Vorgaben des Abs. 1 und Abs. 2 keine große Bedeutung haben[1].

1

Die Zuständigkeit für die Gewinnverteilung liegt allein beim Vorstand[2]. Eine Hauptversammlungskompetenz besteht insoweit nicht[3]. Auch der Vorstand hat freilich keinerlei Spielraum mehr; er führt den Gewinnverwendungsbeschluss nach Maßgabe des gesetzlichen oder satzungsmäßigen Verteilungsschlüssels lediglich aus[4].

2

### 2. Vorgängervorschriften und Parallelregelungen

§ 60 entspricht nahezu wörtlich dem § 53 AktG 1937, der seinerseits auf § 214 HGB zurückgeht. Das StückAG von 1998[5] hat den Wortlaut des § 60 Abs. 1 angepasst, um den Besonderheiten von Stückaktien Rechnung zu tragen. Eine sachliche Änderung war damit nicht verbunden. Für die GmbH sieht § 29 Abs. 3 GmbHG einen ähnlichen Verteilungsmaßstab vor. Allerdings kommt es dort bei ungleicher Einzahlung nicht auf die schon geleisteten Einlagen an; § 60 Abs. 2 ist nicht entsprechend anwendbar[6].

3

## II. Gesetzlicher Gewinnverteilungsschlüssel

Der gesetzliche Gewinnverteilungsschlüssel in § 60 Abs. 1 und 2 orientiert sich am Gleichbehandlungsgrundsatz des § 53a[7]. Er will sicherstellen, dass Aktionäre, die durch eine höhere Einlage ein größeres Anlagerisiko tragen, dafür auch eine höhere Dividende erhalten[8].

4

---

1 Vgl. *Baumbach/Hueck*, § 60 AktG Anm. 3; *Bayer* in MünchKomm. AktG, 3. Aufl., § 60 AktG Rz. 4; *Drinhausen* in Heidel, § 60 AktG Rz. 2; *v. Godin/Wilhelmi*, § 60 AktG Anm. 1; *Henze* in Großkomm. AktG, 4. Aufl., § 60 AktG Rz. 4; *Lutter* in KölnKomm. AktG, 2. Aufl., § 60 AktG Rz. 2.
2 Vgl. *Bayer* in MünchKomm. AktG, 3. Aufl., § 60 AktG Rz. 2; *Cahn* in Spindler/Stilz, § 60 AktG Rz. 8; *Henze* in Großkomm. AktG, 4. Aufl., § 60 AktG Rz. 2.
3 Vgl. BGH v. 28.6.1982 – II ZR 69/81, BGHZ 84, 303, 311 = AG 1983, 188; *Cahn* in Spindler/Stilz, § 60 AktG Rz. 8; *Henze* in Großkomm. AktG, 4. Aufl., § 60 AktG Rz. 2; *Hüffer*, § 60 AktG Rz. 1; *Lutter* in KölnKomm. AktG, 2. Aufl., § 60 AktG Rz. 2.
4 Vgl. *Bayer* in MünchKomm. AktG, 3. Aufl., § 60 AktG Rz. 2; *Henze* in Großkomm. AktG, 4. Aufl., § 60 AktG Rz. 2.
5 BGBl. I 1998, 590.
6 Vgl. *Hueck/Fastrich* in Baumbach/Hueck, § 29 GmbHG Rz. 51.
7 Vgl. *Bayer* in MünchKomm. AktG, 3. Aufl., § 60 AktG Rz. 3; *Cahn* in Spindler/Stilz, § 60 AktG Rz. 1; *Henze* in Großkomm. AktG, 4. Aufl., § 60 AktG Rz. 6; *Hüffer*, § 60 AktG Rz. 1; *G. Hueck*, Der Grundsatz der gleichmäßigen Behandlung im Privatrecht, 1958, S. 48.
8 Vgl. *Cahn* in Spindler/Stilz, § 60 AktG Rz. 1; *Henze* in Großkomm. AktG, 4. Aufl., § 60 AktG Rz. 6.

## 1. Verteilungsmaßstab bei gleicher Einlageleistung

5  Gem. § 60 Abs. 1 bestimmen sich die Anteile der Aktionäre am Gewinn nach ihren Anteilen am Grundkapital. Der durch das StückAG (Rz. 3) geänderte Gesetzeswortlaut knüpft an die Definition des § 8 Abs. 4 an: Bei Nennbetragsaktien kommt es auf das Verhältnis des Nennbetrags zum Grundkapital an, bei Stückaktien auf das Verhältnis der vom Aktionär gehaltenen Aktien zur Gesamtzahl der ausgegebenen Aktien[9]. Ein etwa vereinbartes Aufgeld (Agio) bleibt nach allgemeiner Ansicht außer Betracht, weil es keine Leistung auf das Grundkapital darstellt, sondern in die Kapitalrücklage eingestellt wird[10].

6  § 60 Abs. 1 gilt nur **für den Fall gleichmäßiger Einlageleistung**[11]; ansonsten kommt der Verteilungsschlüssel des § 60 Abs. 2 (Rz. 7) zur Anwendung. Nicht erforderlich ist dagegen, dass die Einlagen *vollständig* erbracht wurden[12]. § 60 Abs. 1 ist daher z.B. auch dann anwendbar, wenn alle Aktionäre am selben Stichtag nur 50 % des geringsten Ausgabebetrags einbezahlt haben[13]. Ohne Belang ist ferner, ob es sich bei den Einlageleistungen um Bar- oder Sacheinlagen handelt[14].

## 2. Verteilungsmaßstab bei ungleicher Einlageleistung

### a) Allgemeines

7  § 60 Abs. 2 enthält Sonderregeln für die Fälle, dass Einlagen in ungleicher Höhe (Satz 1 und 2) oder zu unterschiedlichen Zeitpunkten (Satz 3) geleistet wurden[15]. Die Vorschrift ist bereits dann anwendbar, wenn nur ein *einziger* Aktionär mehr oder weniger oder zu einem anderen Zeitpunkt leistet als die anderen[16]. Zu berücksichtigen sind allerdings nur fällige Einlageleistungen[17]. Vorleistungen bleiben im Rahmen des § 60 Abs. 2 unberücksichtigt[18].

8  Einlagen i.S. des § 60 Abs. 2 sind sowohl Bar- als auch Sacheinlagen[19]. Dagegen findet ein Agio – wie schon im Rahmen von § 60 Abs. 1 (Rz. 5) – keine Berücksichtigung, weil es nicht zum Grundkapital gehört[20].

---

9  Vgl. *Bayer* in MünchKomm. AktG, 3. Aufl., § 60 AktG Rz. 6; *Cahn* in Spindler/Stilz, § 60 AktG Rz. 4; *Drinhausen* in Heidel, § 60 AktG Rz. 3; *Hüffer*, § 60 AktG Rz. 2.
10  Vgl. *Baumbach/Hueck*, § 60 AktG Anm. 4; *Bayer* in MünchKomm. AktG, 3. Aufl., § 60 AktG Rz. 8; *Cahn* in Spindler/Stilz, § 60 AktG Rz. 7; *Drinhausen* in Heidel, § 60 AktG Rz. 3; *Lutter* in KölnKomm. AktG, 2. Aufl., § 60 AktG Rz. 5; *Westermann* in Bürgers/Körber, § 60 AktG Rz. 2.
11  Vgl. *Bayer* in MünchKomm. AktG, 3. Aufl., § 60 AktG Rz. 7; *Cahn* in Spindler/Stilz, § 60 AktG Rz. 6; *Henze* in Großkomm. AktG, 4. Aufl., § 60 AktG Rz. 8.
12  Vgl. *Cahn* in Spindler/Stilz, § 60 AktG Rz. 6; *Henze* in Großkomm. AktG, 4. Aufl., § 60 AktG Rz. 8; *Hüffer*, § 60 AktG Rz. 2; *Lutter* in KölnKomm. AktG, 2. Aufl., § 60 AktG Rz. 5.
13  Vgl. *Bayer* in MünchKomm. AktG, 3. Aufl., § 60 AktG Rz. 7; *Hüffer*, § 60 AktG Rz. 2.
14  Vgl. *Bayer* in MünchKomm. AktG, 3. Aufl., § 60 AktG Rz. 8; *Cahn* in Spindler/Stilz, § 60 AktG Rz. 6; *Henze* in Großkomm. AktG, 4. Aufl., § 60 AktG Rz. 8; *Lutter* in KölnKomm. AktG, 2. Aufl., § 60 AktG Rz. 5.
15  Zur Kodifikationsgeschichte dieser Regelung *Baums* in FS Horn, 2006, S. 249, 259 ff.
16  Vgl. *Cahn* in Spindler/Stilz, § 60 AktG Rz. 9; *Henze* in Großkomm. AktG, 4. Aufl., § 60 AktG Rz. 10 f.; *Hüffer*, § 60 AktG Rz. 3; *Lutter* in KölnKomm. AktG, 2. Aufl., § 60 AktG Rz. 10.
17  Vgl. *Cahn* in Spindler/Stilz, § 60 AktG Rz. 9; *Drinhausen* in Heidel, § 60 AktG Rz. 5; *Henze* in Großkomm. AktG, 4. Aufl., § 60 AktG Rz. 12.
18  Vgl. *Hüffer*, § 60 AktG Rz. 3; *Lutter* in KölnKomm. AktG, 2. Aufl., § 60 AktG Rz. 9; *Westermann* in Bürgers/Körber, § 60 AktG Rz. 3.
19  Vgl. *Bayer* in MünchKomm. AktG, 3. Aufl., § 60 AktG Rz. 10; *Cahn* in Spindler/Stilz, § 60 AktG Rz. 13; *Henze* in Großkomm. AktG, 4. Aufl., § 60 AktG Rz. 13; *Lutter* in KölnKomm. AktG, 2. Aufl., § 60 AktG Rz. 7.
20  Vgl. *Baumbach/Hueck*, § 60 AktG Anm. 5; *Bayer* in MünchKomm. AktG, 3. Aufl., § 60 AktG Rz. 10; *Cahn* in Spindler/Stilz, § 60 AktG Rz. 12; *Drinhausen* in Heidel, § 60 AktG Rz. 5; *Hen-*

## b) Einlageleistungen in ungleicher Höhe

Sind die Einlagen auf das Grundkapital nicht auf alle Aktien in demselben Verhältnis geleistet, so erhalten alle Aktionäre nach § 60 Abs. 2 Satz 1 zunächst eine Vorabdividende von 4 % auf ihre tatsächlich geleisteten Einlagen. Reicht der Gewinn dazu nicht aus, so bestimmt sich der Betrag gem. § 60 Abs. 2 Satz 2 nach einem entsprechend niedrigeren Satz. Übersteigt der Gewinn die Vorabdividende, wird der Rest nach Maßgabe des § 60 Abs. 1 verteilt[21]. 9

## c) Einlageleistungen zu unterschiedlichen Zeitpunkten

Einlagen, die im Laufe des Geschäftsjahrs geleistet wurden, werden gem. § 60 Abs. 2 Satz 3 nach dem Verhältnis der Zeit berücksichtigt, die seit der Leistung verstrichen ist. Maßgebend für die zeitanteilige Berücksichtigung ist nicht der Zeitpunkt der Fälligkeit, sondern jener der tatsächlichen Leistung[22]. Auch hier erhalten die Aktionäre zunächst eine zeitanteilige Vorabdividende[23]; ein etwaiger Überschuss wird entsprechend § 60 Abs. 1 verteilt[24]. Reicht der Gewinn dagegen nicht aus, muss die Vorabdividende entsprechend § 60 Abs. 2 Satz 2 gekürzt werden[25]. 10

§ 60 Abs. 2 Satz 3 gilt auch für Kapitalerhöhungen während des laufenden Geschäftsjahres: Auch bei sofortiger Volleinzahlung erhalten die Zeichner junger Aktien zunächst nur eine zeitanteilige Vorabdividende[26]. Für die alten Aktien gilt bei unterschiedlicher Einlageleistung § 60 Abs. 2, sonst § 60 Abs. 1[27]. Der Kapitalerhöhungsbeschluss kann das Gewinnbezugsrecht für die jungen Aktien aber abweichend festlegen (vgl. Rz. 17). 11

## III. Satzungsmäßiger Gewinnverteilungsschlüssel

### 1. Allgemeines

Die Satzung kann nach § 60 Abs. 3 eine andere Art der Gewinnverteilung bestimmen. Der Gesetzgeber gewährt insoweit **Satzungsautonomie**[28], weil die Gewinnver- 12

---

ze in Großkomm. AktG, 4. Aufl., § 60 AktG Rz. 14; *Hoffmann-Becking* in MünchHdb. AG, § 46 Rz. 20a; *Hüffer*, § 60 AktG Rz. 3; *Lutter* in KölnKomm. AktG, 2. Aufl., § 60 AktG Rz. 8.

21 Vgl. *Bayer* in MünchKomm. AktG, 3. Aufl., § 60 AktG Rz. 11; *Drinhausen* in Heidel, § 60 AktG Rz. 7; *Henze* in Großkomm. AktG, 4. Aufl., § 60 AktG Rz. 10; *Hüffer*, § 60 AktG Rz. 4; *Lutter* in KölnKomm. AktG, 2. Aufl., § 60 AktG Rz. 12.

22 Vgl. *Bayer* in MünchKomm. AktG, 3. Aufl., § 60 AktG Rz. 12; *Cahn* in Spindler/Stilz, § 60 AktG Rz. 16; *Henze* in Großkomm. AktG, 4. Aufl., § 60 AktG Rz. 11; *Hüffer*, § 60 AktG Rz. 5; *Lutter* in KölnKomm. AktG, 2. Aufl., § 60 AktG Rz. 9.

23 Vgl. *Bayer* in MünchKomm. AktG, 3. Aufl., § 60 AktG Rz. 12; *Drinhausen* in Heidel, § 60 AktG Rz. 6.

24 Vgl. *Cahn* in Spindler/Stilz, § 60 AktG Rz. 16; *Hüffer*, § 60 AktG Rz. 5; *Lutter* in KölnKomm. AktG, 2. Aufl., § 60 AktG Rz. 12.

25 Vgl. *Bayer* in MünchKomm. AktG, 3. Aufl., § 60 AktG Rz. 12; *Lutter* in KölnKomm. AktG, 2. Aufl., § 60 AktG Rz. 12.

26 Vgl. *Baumbach/Hueck*, § 60 AktG Anm. 5; *Bayer* in MünchKomm. AktG, 3. Aufl., § 60 AktG Rz. 13; *Cahn* in Spindler/Stilz, § 60 AktG Rz. 14; *Drinhausen* in Heidel, § 60 AktG Rz. 6; *Hüffer*, § 60 AktG Rz. 5; *Lutter* in KölnKomm. AktG, 2. Aufl., § 60 AktG Rz. 11; abw. v. Godin/Wilhelmi, § 60 AktG Anm. 5.

27 Vgl. *Bayer* in MünchKomm. AktG, 3. Aufl., § 60 AktG Rz. 13; *Cahn* in Spindler/Stilz, § 60 AktG Rz. 14; *Henze* in Großkomm. AktG, 4. Aufl., § 60 AktG Rz. 15; *Hüffer*, § 60 AktG Rz. 5.

28 Vgl. BGH v. 28.6.1982 – II ZR 69/81, BGHZ 84, 303, 310 = AG 1983, 188; *Hoffmann-Becking* in MünchHdb. AG, § 46 Rz. 21.

teilung nur das Verhältnis der Aktionäre untereinander betrifft[29] und der Maßstab der Gleichbehandlung im Aktienrecht privatautonomer Gestaltung zugänglich ist, wie die §§ 11 Satz 1, 12 Abs. 1 Satz 2 zeigen[30].

13 Der Vorrang der Satzung gilt uneingeschränkt für eine vollständige und abschließende Regelung. Enthält die Satzung dagegen nur eine Teilregelung, so kann der gesetzliche Verteilungsschlüssel ergänzend herangezogen werden[31]. Er kommt auch dann wieder zum Zuge, wenn die Satzungsbestimmung – etwa durch eine Gesetzesänderung – undurchführbar geworden ist[32].

## 2. Festsetzung in der Satzung

### a) Ursprungssatzung

14 Ein von § 60 Abs. 1 und 2 abweichender Gewinnverteilungsschlüssel muss stets in der Satzung selbst enthalten sein[33]. Nicht zulässig sind Satzungsbestimmungen, welche die Hauptversammlung, ein anderes Gesellschaftsorgan oder gar einen Dritten ermächtigen, den Gewinnverteilungsschlüssel festzulegen[34]. Ein gleichwohl auf einer solchen Grundlage gefasster Gewinnverteilungsbeschluss der Hauptversammlung ist rechtlich ohne Bedeutung[35]. Zur Begründung ziehen manche § 241 Nr. 3 Var. 3 heran[36], andere halten den Beschluss schlicht für wirkungslos[37].

15 Eine Ausnahme von dem Erfordernis einer satzungsmäßigen Regelung gilt nur für das genehmigte Kapital[38]; die §§ 202 ff. sind gegenüber § 60 Abs. 3 insoweit *leges speciales*[39]. Nach einer obergerichtlichen Entscheidung soll schließlich auch eine bloße Öffnungsklausel für eine gelegentliche Abweichung vom gesetzlichen Gewinnverteilungsschlüssel mit Einverständnis aller Betroffenen zulässig sein[40].

---

29 Vgl. *Cahn* in Spindler/Stilz, § 60 AktG Rz. 17; *Henze* in Großkomm. AktG, 4. Aufl., § 60 AktG Rz. 17; *Hüffer*, § 60 AktG Rz. 1.
30 Vgl. *Cahn* in Spindler/Stilz, § 60 AktG Rz. 2; *Henze* in Großkomm. AktG, 4. Aufl., § 60 AktG Rz. 1; *Hüffer*, § 60 AktG Rz. 1; *G. Hueck*, Der Grundsatz der gleichmäßigen Behandlung im Privatrecht, 1958, S. 48 und 252 ff.
31 Vgl. *Bayer* in MünchKomm. AktG, 3. Aufl., § 60 AktG Rz. 14; *Cahn* in Spindler/Stilz, § 60 AktG Rz. 18; *Henze* in Großkomm. AktG, 4. Aufl., § 60 AktG Rz. 16; *Lutter* in KölnKomm. AktG, 2. Aufl., § 60 AktG Rz. 13.
32 Vgl. RG v. 19.5.1922 – II 550/21, RGZ 104, 349, 350 f.; *Bayer* in MünchKomm. AktG, 3. Aufl., § 60 AktG Rz. 14; *Cahn* in Spindler/Stilz, § 60 AktG Rz. 18; *Drinhausen* in Heidel, § 60 AktG Rz. 8; *Lutter* in KölnKomm. AktG, 2. Aufl., § 60 AktG Rz. 13.
33 Vgl. BGH v. 28.6.1982 – II ZR 69/81, BGHZ 84, 303, 311 = AG 1983, 188; *Bayer* in MünchKomm. AktG, 3. Aufl., § 60 AktG Rz. 16; *Cahn* in Spindler/Stilz, § 60 AktG Rz. 19; *Drinhausen* in Heidel, § 60 AktG Rz. 10; *Hüffer*, § 60 AktG Rz. 6; *Lutter* in KölnKomm. AktG, 2. Aufl., § 60 AktG Rz. 14.
34 Vgl. *Bayer* in MünchKomm. AktG, 3. Aufl., § 60 AktG Rz. 16; *Cahn* in Spindler/Stilz, § 60 AktG Rz. 19; *Erhart/Riedel*, BB 2008, 2266, 2269; *Henze* in Großkomm. AktG, 4. Aufl., § 60 AktG Rz. 18; *Hüffer*, § 60 AktG Rz. 6; *Lutter* in KölnKomm. AktG, 2. Aufl., § 60 AktG Rz. 14.
35 Vgl. *Bayer* in MünchKomm. AktG, 3. Aufl., § 60 AktG Rz. 33; *Henze* in Großkomm. AktG, 4. Aufl., § 60 AktG Rz. 33; *Lutter* in KölnKomm. AktG, 2. Aufl., § 60 AktG Rz. 28; ausführlich *Schwandtner*, S. 131 ff.; abw. *Cahn* in Spindler/Stilz, § 60 AktG Rz. 19: nur Anfechtbarkeit.
36 Vgl. *Hüffer*, § 60 AktG Rz. 6.
37 Vgl. *Baumbach/Hueck*, § 119 AktG Anm. 10.
38 Näher *Bayer* in MünchKomm. AktG, 3. Aufl., § 60 AktG Rz. 17; *Henze* in Großkomm. AktG, 4. Aufl., § 60 AktG Rz. 19; *Lutter* in KölnKomm. AktG, 2. Aufl., § 60 AktG Rz. 14.
39 Vgl. *Henze* in Großkomm. AktG, 4. Aufl., § 60 AktG Rz. 19.
40 Vgl. BayObLG v. 23.5.2001 – 3 Z 31/01, BayObLGZ 2001, 137, 139 f. (GmbH); wohl auch OLG Celle v. 28.9.1988 – 9 U 78/87, ZIP 1989, 511; ablehnend *Schwandtner*, S. 170 ff.

## b) Satzungsänderung

Der gesetzliche oder satzungsmäßige Gewinnverteilungsschlüssel kann nachträglich geändert werden[41]. Nach ganz herrschender Meinung bedarf es dazu nicht nur einer Satzungsänderung gem. §§ 179 ff., sondern auch der Zustimmung jedes einzelnen Aktionärs, zu dessen Ungunsten der Gewinnverteilungsschlüssel verändert werden soll[42].

## c) Kapitalerhöhung

Bei Kapitalerhöhungen trifft der Kapitalerhöhungsbeschluss häufig eine von § 60 Abs. 1 und 3 abweichende Gewinnverteilungsregelung für die jungen Aktien. Dies ist grundsätzlich zulässig, weil jede Kapitalerhöhung zugleich eine Satzungsänderung darstellt[43]. Werden die jungen Aktien bei der Gewinnverteilung bevorzugt, so bedarf es entgegen den soeben (Rz. 16) dargestellten Grundsätzen keiner Zustimmung aller nachteilig betroffenen Altaktionäre. Für ihren Schutz sorgt bereits das gesetzliche Bezugsrecht[44]. Ist das Bezugsrecht der Altaktionäre nach § 186 Abs. 3 ausgeschlossen, so berücksichtigt die herrschende Meinung den Eingriff in deren Gewinnstammrecht im Rahmen der Prüfung der sachlichen Rechtfertigung des Bezugsrechtsausschlusses[45]. Vorbeugend empfiehlt sich eine klarstellende Klausel in der Ursprungssatzung[46].

## 3. Gestaltungsmöglichkeiten

**Hinsichtlich der Einzelausgestaltung** der Gewinnverteilung herrscht **Liberalität**: Die Satzung kann Vorzugsaktien in unterschiedlichen Variationen schaffen[47], nicht voll eingezahlte Aktien vom Gewinn gänzlich ausschließen[48] oder den Großaktionär auf eine Gewinnobergrenze beschränken[49]. Denkbar ist auch eine Gewinnverteilung

---

41 Vgl. *Baumbach/Hueck*, § 60 AktG Anm. 6; *Bayer* in MünchKomm. AktG, 3. Aufl., § 60 AktG Rz. 19; *Drinhausen* in Heidel, § 60 AktG Rz. 10; *Henze* in Großkomm. AktG, 4. Aufl., § 60 AktG Rz. 21; *Hüffer*, § 60 AktG Rz. 8; *Lutter* in KölnKomm. AktG, 2. Aufl., § 60 AktG Rz. 16.
42 Vgl. *Baumbach/Hueck*, § 60 AktG Anm. 6; *Bayer* in MünchKomm. AktG, 3. Aufl., § 60 AktG Rz. 19; *Drinhausen* in Heidel, § 60 AktG Rz. 10; *Henze* in Großkomm. AktG, 4. Aufl., § 60 AktG Rz. 21; *Hoffmann-Becking* in MünchHdb. AG, § 46 Rz. 21; *Hüffer*, § 60 AktG Rz. 8; *Lutter* in KölnKomm. AktG, 2. Aufl., § 60 AktG Rz. 16; abw. mit beachtlichen Gründen *Cahn* in Spindler/Stilz, § 60 AktG Rz. 21 ff., der in Anlehnung an §§ 141 Abs. 3, 179 Abs. 3 einen mit qualifizierter Mehrheit zu fassenden Sonderbeschluss der benachteiligten Aktionäre genügen lässt.
43 Vgl. *Bayer* in MünchKomm. AktG, 3. Aufl., § 60 AktG Rz. 22; *Drinhausen* in Heidel, § 60 AktG Rz. 11; *Henze* in Großkomm. AktG, 4. Aufl., § 60 AktG Rz. 22; *Hüffer*, § 60 AktG Rz. 9; *Lutter* in KölnKomm. AktG, 2. Aufl., § 60 AktG Rz. 17.
44 Vgl. *Bayer* in MünchKomm. AktG, 3. Aufl., § 60 AktG Rz. 23; *Drinhausen* in Heidel, § 60 AktG Rz. 11; *Henze* in Großkomm. AktG, 4. Aufl., § 60 AktG Rz. 22; *Hüffer*, § 60 AktG Rz. 9; *Lutter* in KölnKomm. AktG, 2. Aufl., § 60 AktG Rz. 17.
45 Vgl. *Bayer* in MünchKomm. AktG, 3. Aufl., § 60 AktG Rz. 24; *Drinhausen* in Heidel, § 60 AktG Rz. 11; *Henze* in Großkomm. AktG, 4. Aufl., § 60 AktG Rz. 23 f.; *Hüffer*, § 60 AktG Rz. 9; *Lutter* in KölnKomm. AktG, 2. Aufl., § 60 AktG Rz. 17.
46 Dazu *Henze* in Großkomm. AktG, 4. Aufl., § 60 AktG Rz. 28; *Hüffer*, § 60 AktG Rz. 9; *Lutter* in KölnKomm. AktG, 2. Aufl., § 60 AktG Rz. 17.
47 Näher *Bayer* in MünchKomm. AktG, 3. Aufl., § 60 AktG Rz. 20; *Lutter* in KölnKomm. AktG, 2. Aufl., § 60 AktG Rz. 10.
48 Vgl. *Bayer* in MünchKomm. AktG, 3. Aufl., § 60 AktG Rz. 21; *Cahn* in Spindler/Stilz, § 60 AktG Rz. 27; *Hüffer*, § 60 AktG Rz. 7; *Lutter* in KölnKomm. AktG, 2. Aufl., § 60 AktG Rz. 20; *Westermann* in Bürgers/Körber, § 60 AktG Rz. 5.
49 Vgl. *Bayer* in MünchKomm. AktG, 3. Aufl., § 60 AktG Rz. 21; *Lutter* in KölnKomm. AktG, 2. Aufl., § 60 AktG Rz. 20.

nach dem Verhältnis der erbrachten Nebenleistungen (§ 55)[50] oder bei genossenschaftlich strukturierten Gesellschaften nach Maßgabe der in Anspruch genommenen Leistungen der AG in Form einer sog. Umsatzdividende[51]. Weiterhin kann die Satzung gem. § 60 Abs. 3 einen **Präsenzbonus** für die Hauptversammlungsteilnahme[52] oder eine abweichende Gewinnverteilung bei Tracking Stocks[53] einführen. In steuerrechtlicher Hinsicht muss allerdings stets geprüft werden, ob die **disquotale Gewinnausschüttung** einen Rechtsmissbrauch i.S. des § 42 AO darstellt[54].

19 Bei einer Kapitalerhöhung können die jungen Aktien nach allgemeiner Ansicht am Gewinn des Geschäftsjahres oder einer Teilperiode beteiligt werden[55]. Richtigerweise gilt dies auch für eine Gewinnbeteiligung an einem bereits abgelaufenen Geschäftsjahr[56]. Das Gesetz selbst sieht eine solche Lösung in § 217 Abs. 2 für die Kapitalerhöhung aus Gesellschaftsmitteln vor[57]. Sonderprobleme ergeben sich beim genehmigten Kapital[58].

## IV. Sonderfragen

### 1. Gewinnverzicht

20 In der Praxis kann sich aus verschiedenen Gründen ein Bedürfnis nach einem Gewinnverzicht des Großaktionärs ergeben[59]. Konstruktiv lässt sich dieser durch einen **verfügenden Erlassvertrag** zwischen der AG und dem verzichtenden Aktionär **über** seinen **künftigen schuldrechtlichen Gewinnauszahlungsanspruch** (vgl. § 58 Rz. 44) erreichen[60]. Dabei wird die AG durch ihren Vorstand vertreten[61]. Der Erlassvertrag hat zur Folge, dass der konkrete Gewinnauszahlungsanspruch des verzichtenden Aktionärs von vornherein nicht entsteht und sich der Bilanzgewinn nach Satzung oder

---

50 Vgl. RG v. 19.5.1922 – II 550/21, RGZ 104, 349, 350 f.; *Bayer* in MünchKomm. AktG, 3. Aufl., § 60 AktG Rz. 21; *Drinhausen* in Heidel, § 60 AktG Rz. 12; *Henze* in Großkomm. AktG, 4. Aufl., § 60 AktG Rz. 29; *Hüffer*, § 60 AktG Rz. 7; *Lutter* in KölnKomm. AktG, 2. Aufl., § 60 AktG Rz. 19.
51 Vgl. *Luther*, Die genossenschaftliche Aktiengesellschaft, 1978, S. 165; *Henze* in Großkomm. AktG, 4. Aufl., § 60 AktG Rz. 29; *Lutter* in KölnKomm. AktG, 2. Aufl., § 60 AktG Rz. 20.
52 Vgl. *Klühs*, ZIP 2006, 107, 111; *Lenz*, NZG 2006, 334.
53 Vgl. *Breuninger/Krüger* in FS W. Müller, 2001, S. 527, 530 ff.; *Cichy/Heins*, AG 2010, 181, 185; *Erhart/Riedel*, BB 2008, 2266, 2271.
54 Vgl. etwa BFH v. 28.6.2006 – I R 97/05, DStR 2006, 1938, 1942 (GmbH); BFH v. 19.8.1999 – I R 77/96, BStBl. II 2001, 43 (GmbH); *Erhart/Riedel*, BB 2008, 2266, 2271 ff.; eingehend *Kirschner*, S. 137 ff.; *Schwandtner*, S. 374 ff.
55 Vgl. *Cahn* in Spindler/Stilz, § 60 AktG Rz. 28; *Henze* in Großkomm. AktG, 4. Aufl., § 60 AktG Rz. 30; *Hüffer*, § 60 AktG Rz. 10; *Lutter* in KölnKomm. AktG, 2. Aufl., § 60 AktG Rz. 22; *Westermann* in Bürgers/Körber, § 60 AktG Rz. 7.
56 Vgl. *Henze* in Großkomm. AktG, 4. Aufl., § 60 AktG Rz. 30; *Hoffmann-Becking* in MünchHdb. AG, § 46 Rz. 21a; *Hüffer*, § 60 AktG Rz. 10; *Lutter* in KölnKomm. AktG, 2. Aufl., § 60 AktG Rz. 22; *Simon*, AG 1960, 148; *Wündisch*, AG 1960, 320; abw. *Bayer* in MünchKomm. AktG, 3. Aufl., § 60 AktG Rz. 30 f.; *Cahn* in Spindler/Stilz, § 60 AktG Rz. 28; *Mertens* in FS Wiedemann, 2002, S. 1113, 1114.
57 Ausführlich dazu *Lutter* in KölnKomm. AktG, 2. Aufl., § 60 AktG Rz. 24.
58 Näher dazu mit Meinungsunterschieden im Einzelnen *Bayer* in MünchKomm. AktG, 3. Aufl., § 60 AktG Rz. 25 ff.; *Henze* in Großkomm. AktG, 4. Aufl., § 60 AktG Rz. 25 ff.
59 Zu den Motiven *Erhart/Riedel*, BB 2008, 2266, 2271; *Horbach*, AG 2001, 78; *König*, AG 2001, 399, 400; früher bereits *Bezzenberger*, Das Wertpapier 1967, 291; *Knur*, DB 1954, 544.
60 Vgl. *Bayer* in MünchKomm. AktG, 3. Aufl., § 60 AktG Rz. 38; *Erhart/Riedel*, BB 2008, 2266, 2271; *Hoffmann-Becking* in MünchHdb. AG, § 46 Rz. 25; *Horbach*, AG 2001, 78, 82 f.; *Hüffer*, § 60 AktG Rz. 11; *König*, AG 2001, 399, 403 f.; abw. *Kirschner*, S. 73 ff., der eine einseitige empfangsbedürftige Verzichtserklärung ausreichen lässt.
61 Vgl. *Bayer* in MünchKomm. AktG, 3. Aufl., § 60 AktG Rz. 38; *Horbach*, AG 2001, 78, 84; *Hüffer*, § 60 AktG Rz. 11; abw. *Hoffmann-Becking* in MünchHdb. AG, § 46 Rz. 25.

Gesetz auf die übrigen Aktionäre verteilt[62]. Dagegen verändert er weder den Gewinnverwendungsbeschluss der Hauptversammlung nach § 174 Abs. 2 noch den gesetzlichen oder satzungsmäßigen Gewinnverteilungsschlüssel[63].

Nicht zulässig ist aufgrund des Abspaltungsverbots ein Verzicht auf das mitgliedschaftliche Gewinnstammrecht (zu ihm § 58 Rz. 45)[64]. Auch ein Beschluss der Hauptversammlung, den Bilanzgewinn mit Zustimmung des verzichtenden Aktionärs ausschließlich auf die Mitaktionäre zu verteilen, dürfte unzulässig sein[65]. 21

## 2. Verlust und Ruhen von Mitgliedschaftsrechten

Stehen einem Aktionär aus seinen Anteilen endgültig keine Rechte zu (z.B. nach § 56 Abs. 3 Satz 3, 71b, 71d Satz 4, 328), so entsteht für ihn auch kein Auszahlungsanspruch[66]. Der auszuschüttende Gewinn verteilt sich dann nach Satzung oder Gesetz auf die übrigen Aktionäre[67]. 22

Anders liegt es beim bloßen Ruhen der mitgliedschaftlichen Rechte (z.B. nach §§ 20 Abs. 7 Satz 2[68], 21 Abs. 4 Satz 2): Hier entsteht mit dem Gewinnverwendungsbeschluss nach § 174 Abs. 2 ein Auszahlungsanspruch, den der Aktionär während des temporären Rechtsverlusts allerdings nicht geltend machen kann[69]. Holt er die nicht vorsätzlich unterlassene Mitteilung nach, lebt seine Befugnis rückwirkend wieder auf[70]. Bis dahin ist der nicht ausgeschüttete Betrag in neuer Rechnung als sonstige Verbindlichkeit der Gesellschaft auszuweisen[71]. 23

# § 61
# Vergütung von Nebenleistungen

**Für wiederkehrende Leistungen, zu denen Aktionäre nach der Satzung neben den Einlagen auf das Grundkapital verpflichtet sind, darf eine den Wert der Leistungen nicht übersteigende Vergütung ohne Rücksicht darauf gezahlt werden, ob ein Bilanzgewinn ausgewiesen wird.**

---

62 Vgl. *Bayer* in MünchKomm. AktG, 3. Aufl., § 60 AktG Rz. 38; *Cahn* in Spindler/Stilz, § 60 AktG Rz. 29; *Henze* in Großkomm. AktG, 4. Aufl., § 60 AktG Rz. 38; *Hoffmann-Becking* in MünchHdb. AG, § 46 Rz. 25; *Hüffer*, § 60 AktG Rz. 12; *Knur*, DB 1954, 544; abw. *Schwandtner*, S. 105 f.
63 Vgl. *Cahn* in Spindler/Stilz, § 60 AktG Rz. 29; *Henze* in Großkomm. AktG, 4. Aufl., § 60 AktG Rz. 38; *Hüffer*, § 60 AktG Rz. 8.
64 Vgl. *Bayer* in MünchKomm. AktG, 3. Aufl., § 60 AktG Rz. 38; *Horbach*, AG 2001, 78, 82; *Kirschner*, S. 65 f.; *Schwandtner*, S. 114 f.
65 Wie hier *Hoffmann-Becking* in MünchHdb. AG, § 46 Rz. 25; *Horbach*, AG 2001, 78, 81; *Hüffer*, § 60 AktG Rz. 12; *Schwandtner*, S. 130 ff.; abw. *Bayer* in MünchKomm. AktG, 3. Aufl., § 60 AktG Rz. 39; *König*, AG 2001, 399, 404 f.
66 Vgl. *Henze* in Großkomm. AktG, 4. Aufl., § 60 AktG Rz. 36; s. auch BGH v. 30.1.1995 – II ZR 45/94, NJW 1995, 1027, 1028 (GmbH).
67 Vgl. *Bayer* in MünchKomm. AktG, 3. Aufl., § 60 AktG Rz. 36; *Cahn* in Spindler/Stilz, § 60 AktG Rz. 30; *Henze* in Großkomm. AktG, 4. Aufl., § 60 AktG Rz. 36; *Lutter* in KölnKomm. AktG, 2. Aufl., § 60 AktG Rz. 2.
68 Vgl. BGH v. 24.4.2006 – II ZR 30/05, BGHZ 167, 204 = AG 2006, 501.
69 Vgl. *Cahn* in Spindler/Stilz, § 60 AktG Rz. 30; *Henze* in Großkomm. AktG, 4. Aufl., § 60 AktG Rz. 37.
70 Vgl. *Bayer* in MünchKomm. AktG, 3. Aufl., § 60 AktG Rz. 37; *Cahn* in Spindler/Stilz, § 60 AktG Rz. 30; *Henze* in Großkomm. AktG, 4. Aufl., § 60 AktG Rz. 37.
71 Vgl. *Cahn* in Spindler/Stilz, § 60 AktG Rz. 30; *Henze* in Großkomm. AktG, 4. Aufl., § 60 AktG Rz. 37; *Müller*, AG 1996, 396, 397.

| | |
|---|---|
| I. Überblick .................. 1 | 2. Wertermittlung von Leistung und |
| 1. Regelungsgegenstand und Bedeutung 1 | Gegenleistung ................ 6 |
| 2. Vorgängervorschriften ......... 3 | IV. Rechtsnatur und Geltendmachung des |
| II. Voraussetzungen eines Vergütungs- | Vergütungsanspruchs ........... 8 |
| anspruchs .................. 4 | 1. Rechtsnatur ................ 8 |
| III. Höchstgrenze der Vergütung ..... 5 | 2. Geltendmachung ............. 9 |
| 1. Allgemeines ................ 5 | V. Rechtsfolgen bei Verstößen ....... 10 |

**Literatur:** S. bei § 55.

## I. Überblick

### 1. Regelungsgegenstand und Bedeutung

1 § 61 betrifft die **Vergütung von Nebenleistungen i.S. des § 55 Abs. 1**[1] und ist zusammen mit dieser Vorschrift zu lesen[2]. Rechtstechnisch wäre es glücklicher gewesen, ihn als deren Abs. 3 in das Gesetz einzufügen. Beide Regelungen sehen eine **Ausnahme von dem Verbot fester Vergütungen in § 57** vor[3]. Das ist gerechtfertigt, weil die Nebenleistungen trotz ihres mitgliedschaftlichen Charakters gerade keine Einlagen auf das Grundkapital sind (vgl. § 55 Rz. 10) und folgerichtig auch nicht unter das Verbot der Einlagenrückgewähr fallen[4]. Es verhält sich insoweit nicht anders als bei schuldrechtlichen Drittgeschäften zwischen Gesellschaft und Aktionär, für die ebenfalls eine feste Vergütung vereinbart werden darf (näher § 57 Rz. 12).

2 § 61 verlangt nicht generell, dass korporative Nebenleistungen zu vergüten sind; dies bleibt vielmehr gem. § 55 Abs. 1 Satz 2 dem Satzungsgeber überlassen[5]. Sieht die Satzung aber ein Entgelt vor, so darf dessen Höhe den Wert der Nebenleistung nicht übersteigen. Bei Lichte besehen liegt hierin keine Sonderbestimmung für die Vergütung von Nebenleistungen, sondern der **gesetzgeberische Ausdruck eines verallgemeinerungsfähigen Rechtsgedankens**[6]. Der durch § 61 vermittelte (Kapital-)Schutz wäre nur höchst unvollkommen, wenn die Gesellschaft für *schuldrechtliche* Austauschbeziehungen überhöhte Vergütungen an ihre Aktionäre zahlen dürfte. Unter diesem Blickwinkel bietet § 61 zugleich einen gesetzlichen Anhalt für das ungeschriebene Rechtsinstitut der verdeckten Gewinnausschüttung (vgl. § 57 Rz. 11)[7].

---

1 Vgl. *Baumbach/Hueck*, § 61 AktG Anm. 2; *Bayer* in MünchKomm. AktG, 3. Aufl., § 61 AktG Rz. 1; *Hüffer*, § 61 AktG Rz. 1.
2 Vgl. *Henze* in Großkomm. AktG, 4. Aufl., § 61 AktG Rz. 3.
3 Vgl. *Baumbach/Hueck*, § 61 AktG Anm. 2; *Bayer* in MünchKomm. AktG, 3. Aufl., § 61 AktG Rz. 1; *Drinhausen* in Heidel, § 61 AktG Rz. 1; *Henze* in Großkomm. AktG, 4. Aufl., § 61 AktG Rz. 4; *Hüffer*, § 61 AktG Rz. 1; abw. *Cahn* in Spindler/Stilz, § 61 AktG Rz. 2: bloß klarstellende Funktion.
4 Vgl. *Baumbach/Hueck*, § 61 AktG Anm. 2; *Bayer* in MünchKomm. AktG, 3. Aufl., § 61 AktG Rz. 1; *Henze* in Großkomm. AktG, 4. Aufl., § 61 AktG Rz. 4; *Lutter* in KölnKomm. AktG, 2. Aufl., § 61 AktG Rz. 2.
5 Vgl. *Bayer* in MünchKomm. AktG, 3. Aufl., § 61 AktG Rz. 1; *Henze* in Großkomm. AktG, 4. Aufl., § 61 AktG Rz. 5.
6 Vgl. *Fleischer* in Lutter, Das Kapital der Aktiengesellschaft in Europa, 2006, S. 114, 126 f.; für die gleichsinnige Vorschrift des österreichischen Rechts schon zuvor *Arnold*, GesRZ 1985, 86, 90; *Krejci*, wbl 1993, 269, 271; *Reich-Rohrwig*, Grundsatzfragen der Kapitalerhaltung bei AG, GmbH sowie GmbH & Co. KG, 2004, S. 119.
7 Vgl. *Fleischer* in Lutter, Das Kapital der Aktiengesellschaft in Europa, 2006, S. 114, 126; *Fleischer*, WM 2007, 909; s. auch schon den Hinweis bei *Ballerstedt*, Kapital, Gewinn und Ausschüttung bei Kapitalgesellschaften, 1949, S. 132.

## 2. Vorgängervorschriften

§ 61 geht auf § 216 HGB 1897 zurück[8] und hat von dort über § 55 AktG 1937 ohne inhaltliche Änderung Eingang in das geltende Aktienrecht gefunden[9]. 3

## II. Voraussetzungen eines Vergütungsanspruchs

§ 61 baut auf § 55 Abs. 1 auf und teilt dessen Tatbestandsvoraussetzungen[10]. Er regelt 4
daher nur die Vergütungshöchstgrenze für entgeltliche Nebenleistungen, die in der Satzung festgelegt sind (vgl. § 55 Rz. 8 f.); diejenige für nichtkorporative Nebenleistungen richtet sich allein nach § 57[11]. Auch auf Schadensersatzansprüche eines Aktionärs, z.B. wegen einer Pflichtverletzung der Gesellschaft aus dem Nebenleistungsverhältnis, findet § 61 keine Anwendung[12]; sie dürfen daher den Wert der vom Aktionär erbrachten Leistung übersteigen[13].

## III. Höchstgrenze der Vergütung

### 1. Allgemeines

Nach der Grundregel des § 61 darf die Höhe der Vergütung den Wert der Nebenleis- 5
tung nicht übersteigen[14]. Diese Höchstgrenze gilt unabhängig davon, ob die Satzung die Vergütung selbst fixiert (vgl. § 55 Rz. 17) oder ihre Festlegung von Fall zu Fall dem Vorstand, einem anderen Gesellschaftsorgan oder außenstehenden Dritten überlässt (vgl. § 55 Rz. 18). Nach hergebrachter Ansicht ist die satzungsmäßige Festlegung einer Mindestvergütung nichtig, weil sie die Gefahr berge, dass die Vergütung in Zukunft den Wert der Leistung übersteige[15]. Die besseren Gründe sprechen indes für eine im Vordringen befindliche Gegenansicht: Danach ist die statutarische Festlegung wirksam und darf nur bei einem späteren Sinken der Marktpreise in Höhe des Überschussbetrages nicht angewendet werden[16].

### 2. Wertermittlung von Leistung und Gegenleistung

Der **Marktpreis** im vorgesehenen Leistungszeitpunkt markiert grundsätzlich die 6
**Höchstgrenze** für die Vergütung der Nebenleistung[17]. Wird die betreffende Leistung

---

8 Vgl. HGB-Denkschrift in Schubert/Schmiedel/Krampe, Quellen zum Handelsgesetzbuch von 1897, Bd. II/2, S. 1062.
9 Vgl. Begr. RegE bei *Kropff*, Aktiengesetz, S. 81.
10 Ähnlich *Bayer* in MünchKomm. AktG, 3. Aufl., § 61 AktG Rz. 3; *Henze* in Großkomm. AktG, 4. Aufl., § 61 AktG Rz. 3; *Westermann* in Bürgers/Körber, § 61 AktG Rz. 1.
11 Vgl. *Bayer* in MünchKomm. AktG, 3. Aufl., § 61 AktG Rz. 3.
12 Vgl. *Bayer* in MünchKomm. AktG, 3. Aufl., § 61 AktG Rz. 3; *Lutter* in KölnKomm. AktG, 2. Aufl., § 61 AktG Rz. 3.
13 Vgl. *Bayer* in MünchKomm. AktG, 3. Aufl., § 61 AktG Rz. 3; *v. Godin/Wilhelmi*, § 61 AktG Anm. 4.
14 Vgl. *Bayer* in MünchKomm. AktG, 3. Aufl., § 61 AktG Rz. 5; *Drinhausen* in Heidel, § 61 AktG Rz. 2; *Henze* in Großkomm. AktG, 4. Aufl., § 61 AktG Rz. 11; *Hüffer*, § 61 AktG Rz. 2; *Westermann* in Bürgers/Körber, § 61 AktG Rz. 3.
15 Vgl. RG v. 10.4.1901 – I 499/00, RGZ 48, 102, 104 f.; *Baumbach/Hueck*, § 61 AktG Anm. 3; *Drinhausen* in Heidel, § 61 AktG Rz. 2; *Hüffer*, § 61 AktG Rz. 2; *Lutter* in KölnKomm. AktG, 2. Aufl., § 61 AktG Rz. 6.
16 Vgl. *Bayer* in MünchKomm. AktG, 3. Aufl., § 61 AktG Rz. 6; *Cahn* in Spindler/Stilz, § 61 AktG Rz. 9; *Henze* in Großkomm. AktG, 4. Aufl., § 61 AktG Rz. 17; wohl auch *v. Godin/Wilhelmi*, § 61 AktG Anm. 2; früher bereits *Schlegelberger/Quassowski*, § 55 AktG 1937 Anm. 2.
17 Vgl. *Baumbach/Hueck*, § 61 AktG Anm. 3; *Bayer* in MünchKomm. AktG, 3. Aufl., § 61 AktG Rz. 5; *Drinhausen* in Heidel, § 61 AktG Rz. 2; *Henze* in Großkomm. AktG, 4. Aufl., § 61 AktG Rz. 12; *Hüffer*, § 61 AktG Rz. 2; *Lutter* in KölnKomm. AktG, 2. Aufl., § 61 AktG Rz. 5.

nicht marktförmig angeboten, ist ersatzweise auf den günstigsten Preis abzustellen, für den die Gesellschaft die Leistung bei Dritten hätte erwerben können[18]. Eine gewisse Bandbreite bei der Preisbemessung ist bisweilen unvermeidlich[19].

7   Die Ermittlung des Vergütungswertes bereitet bei Barzahlungen naturgemäß keine Schwierigkeiten. Bei **Mischvergütungen**, die sich aus baren und unbaren Vergütungselementen zusammensetzen, ist der Vergütungsgesamtwert zu errechnen[20]. So gehen etwaige Sachleistungen der Gesellschaft, z.B. die Lieferung von Rübensamen oder die Rückgabe von Verarbeitungsrückständen[21], in die Berechnung des Vergütungswertes ein[22].

## IV. Rechtsnatur und Geltendmachung des Vergütungsanspruchs

### 1. Rechtsnatur

8   Hinsichtlich der Rechtsnatur des Vergütungsanspruchs ist zu unterscheiden: Das **Stammrecht des Aktionärs** auf eine Vergütung hat – wie die Nebenverpflichtung selbst, auf der es beruht (vgl. § 55 Rz. 23) – mitgliedschaftlichen Charakter[23] und kann daher nur zusammen mit der Aktie übertragen werden[24]. Davon zu unterscheiden ist der **konkrete Zahlungsanspruch**, der mit Erbringung der einzelnen Nebenleistung entsteht[25]. Er bildet ein selbständiges Gläubigerrecht, über das der Aktionär – auch schon vor dessen Entstehung – frei verfügen[26] und das ihm die Gesellschaft nicht mehr einseitig entziehen kann[27]. Die dogmatische Parallele zur Unterscheidung zwischen dem mitgliedschaftlichen Beteiligungsanspruch und dem schuldrechtlichen Gewinnauszahlungsanspruch nach Wirksamwerden des Gewinnverwendungsbeschlusses (vgl. § 58 Rz. 44 ff.) ist mit Händen zu greifen[28].

---

18  Vgl. *Bayer* in MünchKomm. AktG, 3. Aufl., § 61 AktG Rz. 5; *Cahn* in Spindler/Stilz, § 61 AktG Rz. 9; *Henze* in Großkomm. AktG, 4. Aufl., § 61 AktG Rz. 12; *Lutter* in KölnKomm. AktG, 2. Aufl., § 61 AktG Rz. 5.
19  Vgl. *Henze* in Großkomm. AktG, 4. Aufl., § 61 AktG Rz. 12; *Lutter* in KölnKomm. AktG, 2. Aufl., § 61 AktG Rz. 5.
20  Vgl. *Henze* in Großkomm. AktG, 4. Aufl., § 61 AktG Rz. 13.
21  Vgl. RG v. 10.4.1901 – I 499/00, RGZ 48, 102, 105.
22  Vgl. *Henze* in Großkomm. AktG, 4. Aufl., § 61 AktG Rz. 13; i.E. ebenso *Bayer* in MünchKomm. AktG, 3. Aufl., § 61 AktG Rz. 5, und *Schlegelberger/Quassowski*, § 55 AktG 1937 Anm. 2, die von einer „Anrechnung" sprechen.
23  Vgl. *Bayer* in MünchKomm. AktG, 3. Aufl., § 61 AktG Rz. 10; *Drinhausen* in Heidel, § 61 AktG Rz. 3; *Henze* in Großkomm. AktG, 4. Aufl., § 61 AktG Rz. 7; *Hüffer*, § 61 AktG Rz. 2; *Lutter* in KölnKomm. AktG, 2. Aufl., § 61 AktG Rz. 9; a.A. *Baumbach/Hueck*, § 61 AktG Anm. 3, sowie früher *Schlegelberger/Quassowski*, § 55 AktG 1937 Anm. 4: reines Gläubigerrecht.
24  Vgl. *Bayer* in MünchKomm. AktG, 3. Aufl., § 61 AktG Rz. 10; *Drinhausen* in Heidel, § 61 AktG Rz. 3; *Henze* in Großkomm. AktG, 4. Aufl., § 61 AktG Rz. 7.
25  Vgl. *Bayer* in MünchKomm. AktG, 3. Aufl., § 61 AktG Rz. 11; *v. Godin/Wilhelmi*, § 61 AktG Anm. 3; *Henze* in Großkomm. AktG, 4. Aufl., § 61 AktG Rz. 8; *Lutter* in KölnKomm. AktG, 2. Aufl., § 61 AktG Rz. 9.
26  Vgl. *Drinhausen* in Heidel, § 61 AktG Rz. 3; *Lutter* in KölnKomm. AktG, 2. Aufl., § 61 AktG Rz. 9.
27  Vgl. *Bayer* in MünchKomm. AktG, 3. Aufl., § 61 AktG Rz. 11; *Henze* in Großkomm. AktG, 4. Aufl., § 61 AktG Rz. 8.
28  Wie hier *Bayer* in MünchKomm. AktG, 3. Aufl., § 61 AktG Rz. 11; *Henze* in Großkomm. AktG, 4. Aufl., § 61 AktG Rz. 8; *Lutter* in KölnKomm. AktG, 2. Aufl., § 61 AktG Rz. 9.

## 2. Geltendmachung

Den konkreten Zahlungsanspruch muss der Aktionär im Wege der Leistungsklage verfolgen[29]. Die Satzung kann allerdings die Anspruchsverfolgung im Schiedsverfahren vorsehen[30]. In der Insolvenz der Gesellschaft wird der konkrete Zahlungsanspruch wie ein gewöhnlicher Drittgläubigeranspruch behandelt, nimmt also gleichmäßig an der Verteilung der Quote teil[31].

## V. Rechtsfolgen bei Verstößen

Übersteigt die Vergütung die Obergrenze des § 61, so liegt in Höhe des Überschussbetrages eine **verbotene Einlagenrückgewähr i.S. des § 57** vor[32]. Der Überschussbetrag ist der Gesellschaft nach § 62 Abs. 1 Satz 1 zurückzugewähren[33]. Auf einen guten Glauben kann sich der Aktionär nicht berufen, weil die Vergütung für Nebenleistungen grundsätzlich keine Dividendenzahlung nach § 62 Abs. 1 Satz 2 darstellt[34]. Anders liegt es nur, wenn die überhöhte Vergütung ausnahmsweise aus dem Bilanzgewinn gezahlt wird[35], was weder nach § 57 noch nach § 61 unzulässig ist[36]. Die Rechtsgrundlage dafür bietet § 60 Abs. 3[37].

Für schuldhaft veranlasste, durchgeführte oder zugelassene Überschusszahlungen haften Vorstand und Aufsichtsrat der Gesellschaft nach Maßgabe der §§ 93 Abs. 2, Abs. 3 Nr. 1 und 5, 116 Satz 1 auf Schadensersatz[38].

# § 62
# Haftung der Aktionäre beim Empfang verbotener Leistungen

(1) Die Aktionäre haben der Gesellschaft Leistungen, die sie entgegen den Vorschriften dieses Gesetzes von ihr empfangen haben, zurückzugewähren. Haben sie Beträge als Gewinnanteile bezogen, so besteht die Verpflichtung nur, wenn sie wussten oder

---

29 Vgl. *Bayer* in MünchKomm. AktG, 3. Aufl., § 61 AktG Rz. 12; *Henze* in Großkomm. AktG, 4. Aufl., § 61 AktG Rz. 9.
30 Vgl. *Bayer* in MünchKomm. AktG, 3. Aufl., § 61 AktG Rz. 12; *Henze* in Großkomm. AktG, 4. Aufl., § 61 AktG Rz. 9.
31 Vgl. *Bayer* in MünchKomm. AktG, 3. Aufl., § 61 AktG Rz. 13; *Lutter* in KölnKomm. AktG, 2. Aufl., § 61 AktG Rz. 9.
32 Vgl. *Bayer* in MünchKomm. AktG, 3. Aufl., § 61 AktG Rz. 14; *Cahn* in Spindler/Stilz, § 61 AktG Rz. 12; *Henze* in Großkomm. AktG, 4. Aufl., § 61 AktG Rz. 15; *Westermann* in Bürgers/Körber, § 61 AktG Rz. 5; *Wiesner* in MünchHdb. AG, § 16 Rz. 39.
33 Vgl. *Baumbach/Hueck*, § 61 AktG Anm. 3; *Bayer* in MünchKomm. AktG, 3. Aufl., § 61 AktG Rz. 14; *v. Godin/Wilhelmi*, § 61 AktG Anm. 2; *Henze* in Großkomm. AktG, 4. Aufl., § 61 AktG Rz. 15; *Lutter* in KölnKomm. AktG, 2. Aufl., § 61 AktG Rz. 8.
34 Vgl. *Bayer* in MünchKomm. AktG, 3. Aufl., § 61 AktG Rz. 14; *Henze* in Großkomm. AktG, 4. Aufl., § 61 AktG Rz. 15; *Lutter* in KölnKomm. AktG, 2. Aufl., § 61 AktG Rz. 8; früher schon *Schlegelberger/Quassowski*, § 55 AktG 1937 Anm. 2.
35 Vgl. *Bayer* in MünchKomm. AktG, 3. Aufl., § 61 AktG Rz. 14; *Lutter* in KölnKomm. AktG, 2. Aufl., § 61 AktG Rz. 8; früher schon *Schlegelberger/Quassowski*, § 55 AktG 1937 Anm. 3.
36 Vgl. *v. Godin/Wilhelmi*, § 61 AktG Anm. 5; *Henze* in Großkomm. AktG, 4. Aufl., § 61 AktG Rz. 16; *Lutter* in KölnKomm. AktG, 2. Aufl., § 61 AktG Rz. 7.
37 Vgl. *Henze* in Großkomm. AktG, 4. Aufl., § 61 AktG Rz. 16.
38 Vgl. *Baumbach/Hueck*, § 61 AktG Anm. 3; *Bayer* in MünchKomm. AktG, 3. Aufl., § 61 AktG Rz. 15; *Henze* in Großkomm. AktG, 4. Aufl., § 61 AktG Rz. 18.

## § 62

infolge von Fahrlässigkeit nicht wussten, dass sie zum Bezuge nicht berechtigt waren.

(2) Der Anspruch der Gesellschaft kann auch von den Gläubigern der Gesellschaft geltend gemacht werden, soweit sie von dieser keine Befriedigung erlangen können. Ist über das Vermögen der Gesellschaft das Insolvenzverfahren eröffnet, so übt während dessen Dauer der Insolvenzverwalter oder der Sachwalter das Recht der Gesellschaftsgläubiger gegen die Aktionäre aus.

(3) Die Ansprüche nach diesen Vorschriften verjähren in zehn Jahren seit dem Empfang der Leistung. § 54 Abs. 4 Satz 2 findet entsprechende Anwendung.

| | |
|---|---|
| **I. Überblick** . . . . . . . . . . . . . . . . . 1 | 4. Anspruchsdurchsetzung . . . . . . . . 19 |
| 1. Regelungsgegenstand und Bedeutung 1 | 5. Anspruchskonkurrenzen . . . . . . . . 20 |
| 2. Vorgängervorschriften und Parallelregelungen . . . . . . . . . . . . . . . . . 2 | **III. Gutgläubiger Bezug von Gewinnanteilen** . . . . . . . . . . . . 21 |
| 3. Gemeinschaftsrecht . . . . . . . . . . . 4 | 1. Regelungszweck . . . . . . . . . . . . . 21 |
| **II. Rückgewähranspruch der Gesellschaft** . . . . . . . . . . . . . . . . 5 | 2. Bezug von Gewinnanteilen . . . . . . 22 |
| 1. Rechtsnatur des Anspruchs . . . . . . 5 | 3. Gutgläubigkeit des Aktionärs . . . . 24 |
| 2. Anspruchsvoraussetzungen . . . . . 6 | 4. Beweislast . . . . . . . . . . . . . . . . . 25 |
| a) Empfang von Leistungen . . . . . . 6 | 5. Abtretung des Gewinnanspruchs . . . 26 |
| b) Entgegen den Vorschriften des Aktiengesetzes . . . . . . . . . . . . 7 | **IV. Geltendmachung des Rückgewähranspruchs durch Gesellschaftsgläubiger und Insolvenzverwalter** . . . 27 |
| c) Gläubiger des Anspruchs . . . . . . 8 | 1. Rechtsstellung der Gläubiger . . . . . 27 |
| d) Schuldner des Anspruchs . . . . . 9 | a) Inhalt des Gläubigerrechts . . . . . 27 |
| aa) Grundsatz: Aktionäre als Rückgewährschuldner . . . . 9 | b) Keine eigene Empfangszuständigkeit . . . . . . . . . . . . 28 |
| (1) Allgemeines . . . . . . . . . . . . . 9 | 2. Voraussetzungen der Geltendmachung . . . . . . . . . . . . . . . . . 29 |
| (2) Dem Aktionär zurechenbarer Drittempfang . . . . . . . . . . 10 | a) Gesellschaftsgläubiger . . . . . . . . 29 |
| (3) Ehemalige und zukünftige Aktionäre . . . . . . . . . . . . . 11 | b) Keine Befriedigung durch die Gesellschaft . . . . . . . . . . . . . 31 |
| (4) Rechtsnachfolger des Aktionärs . . . . . . . . . . . . . 12 | 3. Einwendungen des Aktionärs . . . . . 32 |
| bb) Ausnahme: Nichtaktionäre als Rückgewährschuldner . . . 13 | 4. Insolvenz der Gesellschaft . . . . . . . 33 |
| (1) Allgemeines . . . . . . . . . . . . . 13 | a) Verfolgungsrecht von Insolvenzverwalter und Sachwalter . . . . . . 33 |
| (2) Faktische Aktionäre . . . . . . . 14 | b) Prozessuale Wirkungen . . . . . . . 34 |
| (3) Echte Dritte . . . . . . . . . . . . 15 | **V. Verjährung** . . . . . . . . . . . . . . . . 35 |
| (4) Vor- und Nachmänner . . . . . . 16 | |
| cc) Mehrere Schuldner . . . . . . . 17 | |
| 3. Anspruchsinhalt . . . . . . . . . . . . . 18 | |

**Literatur:** *Bange*, Die Rückforderung von Gewinnausschüttungen durch den Insolvenzverwalter bei nichtigen Jahresabschlüssen, ZInsO 2006, 519; *Bezzenberger*, Das Kapital der Aktiengesellschaft, 2005; *Bitter*, Rechtsperson und Kapitalerhaltung, ZHR 168 (2004), 302; *Bommert*, Verdeckte Vermögensverlagerungen im Aktienrecht, 1989; *Cahn*, Kapitalerhaltung im Konzern, 1998; *Canaris*, Die Rückgewähr von Gesellschaftereinlagen durch Zuwendungen an Dritte, in FS Fischer, 1979, S. 31; *Ehmann*, Sanktion gegen missbräuchliche Anfechtungsklagen „räuberischer Aktionäre": Rückforderung der Rechtsanwaltsgebühren, ZIP 2008, 584; *Fleischer*, Zweifelsfragen der verdeckten Gewinnausschüttung im Aktienrecht, WM 2007, 909; *Flume*, Der Gesellschafter und das Vermögen der Kapitalgesellschaft und die Problematik der verdeckten Gewinnausschüttung, ZHR 144 (1980), 18; *Ganske*, Das Zweite Gesellschaftsrechtliche Koordinierungsgesetz vom 13.12.1978, DB 1978, 2461; *Geßler*, Zur handelsrechtlichen verdeckten Gewinnausschüttung, in FS Fischer, 1979, S. 131; *Joost*, Grundlagen und Rechtsfolgen der Kapitalerhaltungsregeln im Aktienrecht, ZHR 149 (1985), 419; *W. Müller*, Zum Entwurf eines Gesetzes zur Durchführung der Zweiten Richtlinie des Rates der Europäischen Gemeinschaften zur Koordinierung des Gesellschaftsrechts, WPg 1978, 565; *Riedel*, Unzulässige Vermögenszuwendungen und ihre Rechtsfolgen im Recht der Aktiengesellschaft, 2004; *Rosengarten*, Die Rechtsfolgen eines „verdeckten" Verstoßes gegen § 57 AktG – Endgültiger Abschied von der Nichtigkeit, ZHR 168 (2004), 708; *Thiessen*, Zur Neuregelung der Verjährung im Handels- und Gesellschaftsrecht, ZHR 168 (2004), 503; *Westermann/Wilhelmi*, Zum Kapitalerhaltungsgrundsatz im Aktienrecht speziell bei Finanzierung eines Beteiligtenerwerbs aus Mitteln der AG, DZWiR 1996, 249; *Wiesner*, Übergang des Rückgewähranspruchs nach § 62 Abs. 1 AktG auf den Aktienerwerber, in FS Raiser, 2005, S. 471; *Wilken*, Unzulässige Einlagenrückgewähr gemäß §§ 57, 62 AktG, WiB 1996, 163.

## I. Überblick

### 1. Regelungsgegenstand und Bedeutung

§ 62 regelt einen selbständigen Rückgewähranspruch der Gesellschaft gegen ihre Aktionäre beim Empfang verbotener Leistungen. Er flankiert die Verbotstatbestände der §§ 57 ff., 71 ff. und dient damit dem **Grundsatz der Kapitalerhaltung**[1]. Abs. 1 Satz 1 formt den aktienrechtlichen Rückgewähranspruch nach dem Vorbild des § 346 BGB aus[2]; Abs. 1 Satz 2 enthält eine Ausnahme zugunsten gutgläubiger Dividendenempfänger; Abs. 2 ermächtigt die Gesellschaftsgläubiger zur Geltendmachung des Rückgewähranspruchs; Abs. 3 betrifft Verjährungsfragen. 1

### 2. Vorgängervorschriften und Parallelregelungen

§ 62 hat eine **wechselvolle Vorgeschichte**[3]: Ursprünglich war eine Rückgewährpflicht in Art. 197 Abs. 3 ADHGB nur für Kommanditaktionäre vorgesehen. § 217 HGB 1897 führte erstmals eine (Außen-)Haftung für Aktionäre gegenüber den Gesellschaftsgläubigern ein, die § 56 AktG 1937 im Wesentlichen übernahm. Auf Vorschlag des Rechts- und des Wirtschaftsausschusses ist die Vorschrift im Jahre 1965 völlig neu geregelt worden[4]. Spätere Änderungen beruhen auf gemeinschaftsrechtlichen Vorgaben (§ 62 Abs. 1 Satz 2; vgl. Rz. 4), sprachlichen Anpassungen durch die Insolvenzrechtsreform[5] (§ 62 Abs. 2 Satz 2) und einer Verlängerung der Verjährungsfrist im Zuge der Schuldrechtsreform[6] (§ 62 Abs. 3). 2

Eine parallele, aber in den Einzelheiten abweichende und erschöpfende Rückgewährvorschrift enthält § 31 GmbHG. Für eine analoge Anwendung des § 62 im GmbH-Recht bleibt daher kein Raum[7]. Die Rechtsprechung hat ferner eine entsprechende Heranziehung des § 62 Abs. 1 und 3 auf die Publikums-KG abgelehnt[8]. 3

---

1 Vgl. *Bayer* in MünchKomm. AktG, 3. Aufl., § 62 AktG Rz. 1; *Drinhausen* in Heidel, § 62 AktG Rz. 1; *Henze* in Großkomm. AktG, 4. Aufl., § 62 AktG Rz. 8; *Hüffer*, § 62 AktG Rz. 1; *Lutter* in KölnKomm. AktG, 2. Aufl., § 62 AktG Rz. 3; *Wiesner* in FS Raiser, 2005, S. 471, 474 f.
2 Dazu Ausschussbericht bei *Kropff*, Aktiengesetz, S. 83.
3 Eingehend zur Gesetzesgeschichte *Bezzenberger*, S. 238 ff.; *Joost*, ZHR 149 (1985), 419, 423 ff.; *Riedel*, S. 64 ff.
4 Vgl. Ausschussbericht bei *Kropff*, Aktiengesetz, S. 83.
5 Vgl. Art. 47 Nr. 2 EGInsO v. 5.10.1994, BGBl. I 1994, 2911.
6 Vgl. Art. 11 Nr. 3 Gesetz zur Anpassung von Verjährungsvorschriften an das Gesetz zur Modernisierung des Schuldrechts v. 9.12.2004, BGBl. I 2004, 3214.
7 Vgl. BGH v. 4.5.1977 – VIII ZR 298/75, NJW 1977, 1449, 1451; *Bayer* in MünchKomm. AktG, 3. Aufl., § 62 AktG Rz. 6; *Henze* in Großkomm. AktG, 4. Aufl., § 62 AktG Rz. 10.
8 Vgl. BGH v. 12.7.1982 – II ZR 201/81, BGHZ 84, 383, 386 f.; kritisch *K. Schmidt*, BB 1984, 1588, 1593.

### 3. Gemeinschaftsrecht

4 § 62 fußt auf Art. 16 der **Kapitalrichtlinie**[9], die im Jahre 1978 in nationales Recht umgesetzt worden ist[10]. Danach darf das nationale Recht den Rückgewähranspruch von der Bösgläubigkeit des Aktionärs abhängig machen und die Beweislast der Gesellschaft zuweisen. Es handelt sich um eine Mindestregelung[11], über die der deutsche Gesetzgeber in § 62 Abs. 1 Satz 1 hinausgegangen ist[12].

## II. Rückgewähranspruch der Gesellschaft

### 1. Rechtsnatur des Anspruchs

5 § 62 Abs. 1 begründet einen **spezifisch aktienrechtlichen Rückgewähranspruch**[13]. Er trägt damit weder die Schwächen des Bereicherungsrechts (§§ 814, 817 Satz 2, 818 Abs. 3 BGB) in sich[14] noch erfordert er ein Verschulden[15]. Nach § 66 Abs. 2 gilt für ihn – wie für den Einlageanspruch – ein Befreiungs- und Aufrechnungsverbot[16], so dass man im Schrifttum gelegentlich von einem „Wiedereinlage-Anspruch" spricht[17].

### 2. Anspruchsvoraussetzungen

#### a) Empfang von Leistungen

6 § 62 Abs. 1 Satz 1 setzt zunächst den Empfang von Leistungen voraus. Der Begriff der Leistung ist weit auszulegen und erfasst jede vermögenswerte Zuwendung[18]. Dazu gehören nicht nur Geldzahlungen, sondern auch unbezahlte oder zu niedrig entgoltene Sach- oder Dienstleistungen aller Art, die Zuwendung immaterieller Güter, die Überlassung von Personal sowie die bloße Duldung der Inanspruchnahme von Gesellschaftseinrichtungen (z.B. EDV)[19].

---

9 Richtlinie 77/91/EWG v. 13.12.1976, ABl. EG Nr. L 26 v. 31.1.1977, S. 1.
10 Vgl. Durchführungsgesetz v. 13.12.1978, BGBl. I 1978, 1959.
11 Vgl. *Grundmann*, Europäisches Gesellschaftsrecht, Rz. 344; *Habersack*, Europäisches Gesellschaftsrecht, § 6 Rz. 36; *Schwarz*, Europäisches Gesellschaftsrecht, Rz. 597.
12 Vgl. *Schwarz*, Europäisches Gesellschaftsrecht, Rz. 597.
13 Vgl. *Baumbach/Hueck*, § 62 AktG Anm. 3; *Bayer* in MünchKomm. AktG, 3. Aufl., § 62 AktG Rz. 7; *Bezzenberger*, S. 240 f.; *Cahn* in Spindler/Stilz, § 62 AktG Rz. 4; *Henze* in Großkomm. AktG, 4. Aufl., § 62 AktG Rz. 11; *Hüffer*, § 62 AktG Rz. 2; *Lutter* in KölnKomm. AktG, 2. Aufl., § 62 AktG Rz. 4; *Westermann* in Bürgers/Körber, § 62 AktG Rz. 3; abw. *Bommert*, S. 100 ff., der den Anspruch als Synthese aus Aktien- und Bereicherungsrecht deutet; dem zuneigend *Raiser/Veil*, Kapitalgesellschaften, § 19 Rz. 13; noch anders zu § 56 AktG 1937: RG v. 2.11.1911 – Rep IV 676/10, RGZ 77, 88, 89: bereicherungsrechtlicher Anspruch.
14 Vgl. BGH v. 17.5.1999 – II ZR 76/98, NJW 1999, 2524, 2526 (Genossenschaft): Bedeutungslosigkeit von § 818 Abs. 3 BGB; *Cahn* in Spindler/Stilz, § 62 AktG Rz. 4; *Henze* in Großkomm. AktG, 4. Aufl., § 62 AktG Rz. 11; *Hüffer*, § 62 AktG Rz. 2.
15 Vgl. *Baumbach/Hueck*, § 62 AktG Anm. 4; *Drinhausen* in Heidel, § 62 AktG Rz. 1; *Hüffer*, § 62 AktG Rz. 2; *Lutter* in KölnKomm. AktG, 2. Aufl., § 62 AktG Rz. 4.
16 Vgl. *Bayer* in MünchKomm. AktG, 3. Aufl., § 62 AktG Rz. 7; *v. Godin/Wilhelmi*, § 62 AktG Anm. 4.
17 Vgl. *Lutter*, Kapital, S. 377 f.; *Lutter* in KölnKomm. AktG, 2. Aufl., § 62 AktG Rz. 5; zustimmend *Henze* in Großkomm. AktG, 4. Aufl., § 62 AktG Rz. 11; *Riedel*, S. 99; *Wiesner* in FS Raiser, 2005, S. 471, 472; ähnlich auch BGH v. 26.1.2001 – V ZR 452/99, BGHZ 146, 331, 341 (GmbH): „funktional mit dem Einlageanspruch der Gesellschaft zu vergleichen"; kritisch *Bezzenberger*, S. 241 f.; *Cahn* in Spindler/Stilz, § 62 AktG Rz. 4.
18 Vgl. *Cahn* in Spindler/Stilz, § 62 AktG Rz. 5; *Drinhausen* in Heidel, § 62 AktG Rz. 2; *Lutter* in KölnKomm. AktG, 2. Aufl., § 62 AktG Rz. 16; *Riedel*, S. 100.
19 Vgl. OLG Frankfurt v. 30.11.1995 – 6 U 192/91, AG 1996, 324, 325; *Bayer* in MünchKomm. AktG, 3. Aufl., § 62 AktG Rz. 30; *Cahn* in Spindler/Stilz, § 62 AktG Rz. 5; *Henze* in Groß-

## b) Entgegen den Vorschriften des Aktiengesetzes

Der Leistungsempfang muss gegen aktienrechtliche Vorschriften verstoßen haben. Darunter fällt zunächst **jegliche Form der verbotenen Einlagenrückgewähr nach § 57** einschließlich der verdeckten Gewinnausschüttung (vgl. § 57 Rz. 11 ff.)[20] und der Zahlung des Erwerbspreises beim unzulässigen Erwerb eigener Aktien[21]. Erfasst werden auch Dividendenzahlungen ohne gültigen Gewinnverwendungsbeschluss (§ 174) oder unter Missachtung des Gewinnverteilungsschlüssels (§ 60)[22], die Bedienung ruhender oder nicht bestehender Dividendenrechte (§ 20 Abs. 7 AktG, § 28 Satz 1 WpHG, § 59 Satz 1 WpÜG)[23], die Zahlung einer überhöhten Vergütung für Nebenleistungen (§ 61) und überhöhter Abschlagszahlungen auf den Bilanzgewinn (§ 59)[24] sowie Leistungen unter Missachtung der befristeten Zahlungsverbote bei Kapitalherabsetzung (§§ 225 Abs. 2, 230, 232, 233, 237 Abs. 2) und Liquidation (§ 272 Abs. 1)[25].

7

## c) Gläubiger des Anspruchs

**Gläubiger** des Rückgewähranspruchs ist **allein die Gesellschaft**[26]. Aus § 62 Abs. 2 Satz 1 folgt nichts anderes, weil dieser kein materielles, sondern ein prozessuales Recht enthält (vgl. Rz. 27)[27].

8

## d) Schuldner des Anspruchs

**aa) Grundsatz: Aktionäre als Rückgewährschuldner. (1) Allgemeines.** Der Rückgewähranspruch des § 62 Abs. 1 Satz 1 richtet sich **grundsätzlich nur gegen Aktionäre**, die verbotswidrige Leistungen empfangen haben[28]. Entscheidend ist die Aktionärseigenschaft im Zeitpunkt des Leistungsempfangs[29]. Ob der Aktionär die Mitgliedschaft im eigenen Interesse oder treuhänderisch für einen Dritten hält, ist ohne Belang[30]; die Weitergabe der Zuwendung an den Hintermann (zu dessen eigener Haftung

9

---

komm. AktG, 4. Aufl., § 62 AktG Rz. 13; *Hüffer*, § 62 AktG Rz. 6; *Lutter* in KölnKomm. AktG, 2. Aufl., § 62 AktG Rz. 17.

20 Vgl. *Cahn* in Spindler/Stilz, § 62 AktG Rz. 6; *Henze* in Großkomm. AktG, 4. Aufl., § 62 AktG Rz. 14; *Hüffer*, § 62 AktG Rz. 7; *Lutter* in KölnKomm. AktG, 2. Aufl., § 62 AktG Rz. 17.

21 Vgl. *Cahn* in Spindler/Stilz, § 62 AktG Rz. 6; *Hüffer*, § 62 AktG Rz. 7; *Lutter* in KölnKomm. AktG, 2. Aufl., § 62 AktG Rz. 17.

22 Vgl. *Bayer* in MünchKomm. AktG, 3. Aufl., § 62 AktG Rz. 36 und 38; *Cahn* in Spindler/Stilz, § 62 AktG Rz. 6; *Henze* in Großkomm. AktG, 4. Aufl., § 62 AktG Rz. 17.

23 Vgl. *Bayer* in MünchKomm. AktG, 3. Aufl., § 62 AktG Rz. 39 f.; *Henze* in Großkomm. AktG, 4. Aufl., § 62 AktG Rz. 17; *Wiesner* in MünchHdb. AG, § 16 Rz. 64.

24 Vgl. *Hüffer*, § 62 AktG Rz. 7; *Wiesner* in MünchHdb. AG, § 16 Rz. 64.

25 Vgl. *Cahn* in Spindler/Stilz, § 62 AktG Rz. 6; *Lutter* in KölnKomm. AktG, 2. Aufl., § 62 AktG Rz. 17.

26 Vgl. *Bayer* in MünchKomm. AktG, 3. Aufl., § 62 AktG Rz. 8; *Cahn* in Spindler/Stilz, § 62 AktG Rz. 7; *Henze* in Großkomm. AktG, 4. Aufl., § 62 AktG Rz. 20; *Hüffer*, § 62 AktG Rz. 3; *Lutter* in KölnKomm. AktG, 2. Aufl., § 62 AktG Rz. 6.

27 Vgl. *Drinhausen* in Heidel, § 62 AktG Rz. 7; *Henze* in Großkomm. AktG, 4. Aufl., § 62 AktG Rz. 19.

28 Vgl. *Baumbach/Hueck*, § 62 AktG Anm. 8; *Drinhausen* in Heidel, § 62 AktG Rz. 8; *Hüffer*, § 62 AktG Rz. 4; *Lutter* in KölnKomm. AktG, 2. Aufl., § 62 AktG Rz. 8; *Riedel*, S. 217; *Westermann* in Bürgers/Körber, § 62 AktG Rz. 5.

29 Vgl. *Bayer* in MünchKomm. AktG, 3. Aufl., § 62 AktG Rz. 12; *Drinhausen* in Heidel, § 62 AktG Rz. 8; *Henze* in Großkomm. AktG, 4. Aufl., § 62 AktG Rz. 21; *Lutter* in KölnKomm. AktG, 2. Aufl., § 62 AktG Rz. 8; abw. *Cahn* in Spindler/Stilz, § 62 AktG Rz. 8: Zeitpunkt der Leistungszusage.

30 Vgl. *Cahn* in Spindler/Stilz, § 62 AktG Rz. 8; *Henze* in Großkomm. AktG, 4. Aufl., § 62 AktG Rz. 23.

Rz. 14) vermag den Treuhänder (= Strohmann) nicht zu entlasten[31]. Ebenso lässt eine nachträgliche Veräußerung der Aktie die Haftung unberührt[32].

10 **(2) Dem Aktionär zurechenbarer Drittempfang.** Der Aktionär ist auch dann nach § 62 Abs. 1 Satz 1 zur Rückgewähr verpflichtet, wenn die Leistung an einen Dritten erfolgt und der Drittempfang dem Aktionär wie ein eigener Empfang zuzurechnen ist[33]. Eine solche Zurechnung ist etwa zu bejahen bei Leistungen an Dritte für Rechnung oder auf Veranlassung des Aktionärs sowie bei Leistungen an nahe Angehörige oder verbundene Unternehmen (vgl. § 57 Rz. 31). Davon zu unterscheiden ist die Frage nach einer eigenen aktienrechtlichen Haftung der Leistungsempfänger (dazu Rz. 14).

11 **(3) Ehemalige und zukünftige Aktionäre.** § 62 Abs. 1 Satz 1 ist darüber hinaus auf ehemalige und zukünftige Aktionäre anwendbar, die verbotswidrige Leistungen mit Rücksicht auf ihre Gesellschafterstellung erhalten haben[34]. Dies gilt namentlich, wenn das Leistungsversprechen noch vor dem Ausscheiden des Aktionärs gegeben wurde[35], ist auf diesen Fall aber nicht beschränkt (vgl. § 57 Rz. 33). Es genügt ein enger zeitlicher und sachlicher Zusammenhang mit der Aktionärsstellung. Eine feste zeitliche Grenze lässt sich nicht ziehen.

12 **(4) Rechtsnachfolger des Aktionärs.** Bei einer Rechtsnachfolge in die Mitgliedschaft ist zu unterscheiden: Gesamtrechtsnachfolger, z.B. Erben, treten in die Rechts- und Pflichtenstellung ihres Vorgängers ein und haften daher nach § 62 Abs. 1 Satz 1[36]. Einzelrechtsnachfolger können dagegen nach herrschender Meinung nicht nach § 62 Abs. 1 Satz 1 in Anspruch genommen werden[37].

13 **bb) Ausnahme: Nichtaktionäre als Rückgewährschuldner. (1) Allgemeines.** Nichtaktionäre haften der Gesellschaft grundsätzlich nicht nach § 62 Abs. 1 Satz 1[38]. Das ergibt sich aus dem Wortlaut der Vorschrift und ihrer Rechtsnatur als spezifisch aktienrechtlicher, also an die Mitgliedschaft anknüpfender, Rückgewähranspruch (Rz. 5).

---

31 Vgl. *Bayer* in MünchKomm. AktG, 3. Aufl., § 62 AktG Rz. 15; *Lutter* in KölnKomm. AktG, 2. Aufl., § 62 AktG Rz. 12.
32 Vgl. *Baumbach/Hueck*, § 62 AktG Anm. 8; *Bayer* in MünchKomm. AktG, 3. Aufl., § 62 AktG Rz. 11 f.; *Hüffer*, § 62 AktG Rz. 4; *Lutter* in KölnKomm. AktG, 2. Aufl., § 62 AktG Rz. 8; *Wiesner* in FS Raiser, 2005, S. 471, 474.
33 Vgl. *Bayer* in MünchKomm. AktG, 3. Aufl., § 62 AktG Rz. 14; *Henze* in Großkomm. AktG, 4. Aufl., § 62 AktG Rz. 22; *Riedel*, S. 234 f.
34 Vgl. OLG Frankfurt v. 30.11.1995 – 6 U 192/91, AG 1996, 324, 325 mit Anm. *Fleischer*, EWiR 1996, 137; OLG Hamburg v. 23.5.1980 – 11 U 117/79, AG 1980, 275, 278; OLG Koblenz v. 10.2.1977 – 6 U 847/75, AG 1977, 231; BGH v. 24.3.1954 – II ZR 23/53, BGHZ 13, 49, 54 (GmbH); *Bayer* in MünchKomm. AktG, 3. Aufl., § 62 AktG Rz. 13; *Canaris* in FS Fischer, 1979, S. 31, 32 f.; *Henze* in Großkomm. AktG, 4. Aufl., § 62 AktG Rz. 27; *Hüffer*, § 62 AktG Rz. 5; *Lutter* in KölnKomm. AktG, 2. Aufl., § 62 AktG Rz. 8; *Riedel*, S. 223 ff.; *Westermann/Wilhelmi*, DZWiR 1996, 249.
35 Vgl. OLG Frankfurt v. 30.11.1995 – 6 U 192/91, AG 1996, 324, 325; OLG Hamburg v. 23.5.1980 – 11 U 117/79, AG 1980, 275, 278; BGH v. 24.3.1954 – II ZR 23/53, BGHZ 13, 49, 54 (GmbH).
36 Vgl. *Bayer* in MünchKomm. AktG, 3. Aufl., § 62 AktG Rz. 24; *Henze* in Großkomm. AktG, 4. Aufl., § 62 AktG Rz. 37; *Hüffer*, § 62 AktG Rz. 4.
37 Vgl. *Bayer* in MünchKomm. AktG, 3. Aufl., § 62 AktG Rz. 25; *Henze* in Großkomm. AktG, 4. Aufl., § 62 AktG Rz. 37; *Hüffer*, § 62 AktG Rz. 4; abw. *Wiesner* in FS Raiser, 2005, S. 471, 473 ff.; s. auch *Lutter* in KölnKomm. AktG, 2. Aufl., § 62 AktG Rz. 8.
38 Vgl. *Bayer* in MünchKomm. AktG, 3. Aufl., § 62 AktG Rz. 17; *Cahn* in Spindler/Stilz, § 62 AktG Rz. 14; *Henze* in Großkomm. AktG, 4. Aufl., § 62 AktG Rz. 25; *Hüffer*, § 62 AktG Rz. 5; *Lutter* in KölnKomm. AktG, 2. Aufl., § 62 AktG Rz. 9.

**(2) Faktische Aktionäre.** Eine Ausnahme von diesem Grundsatz ist für faktische Aktionäre und aktionärsgleiche Dritte angezeigt[39]. Sie müssen sich auch hinsichtlich des Anspruchs aus § 62 Abs. 1 Satz 1 wie Aktionäre behandeln lassen und haften der Gesellschaft selbst auf Rückgewähr. Zu diesem Kreis gehören etwa der Treugeber des „Strohmann"-Aktionärs (vgl. auch § 46 Abs. 5), der rechtsgeschäftliche oder gesetzliche Vertreter des Aktionärs, der die Mitgliedschaft im eigenen Interesse zu seinem Vorteil instrumentalisiert, der beherrschende Gesellschafter einer Gesellschaft, die ihrerseits an der AG beteiligt ist, der Nießbraucher, der atypische Pfandgläubiger und der atypisch stille Gesellschafter (vgl. § 57 Rz. 31)[40].

**(3) Echte Dritte.** Leistungsempfänger, die weder ehemalige oder zukünftige Aktionäre noch faktische Aktionäre sind, haften nicht nach § 62 Abs. 1 Satz 1[41]. Dies gilt nach verbreiteter, aber umstrittener Ansicht auch für Ehegatten und minderjährige Kinder des Aktionärs als Leistungsempfänger[42]. Sie sehen sich hinsichtlich verbotener Leistungen nur einem bürgerlich-rechtlichen Rückgewähranspruch der Gesellschaft aus §§ 812 ff. BGB ausgesetzt[43].

**(4) Vor- und Nachmänner.** Vor- und Nachmänner des erstattungspflichtigen Aktionärs haften nicht nach § 62 Abs. 1 Satz 1, weil diese Haftung nicht den jeweiligen, sondern nur den die Leistung empfangenden Aktionär trifft[44].

**cc) Mehrere Schuldner.** Haben mehrere Aktionäre verschiedene verbotswidrige Leistungen erhalten, so trifft jeden von ihnen eine eigenständige Rückgewährpflicht[45]. Eine Gesamtschuld liegt nicht vor[46]. Sind dagegen für ein und dieselbe Zuwendung mehrere Personen ersatzpflichtig, z.B. „Strohmann"-Aktionär und Hintermann, so haften sie als Gesamtschuldner[47].

### 3. Anspruchsinhalt

Über den Inhalt des Rückgewähranspruchs aus § 62 Abs. 1 Satz 1 gehen die Auffassungen auseinander: Die hergebrachte Auffassung befürwortet eine gegenständliche

---

39 Vgl. BGH v. 13.11.2007 – XI ZR 294/07, ZIP 2008, 118; *Bayer* in MünchKomm. AktG, 3. Aufl., § 62 AktG Rz. 17 f.; *Canaris* in FS Fischer, 1979, S. 31, 40 f.; *Henze* in Großkomm. AktG, 4. Aufl., § 62 AktG Rz. 28; *Lutter* in KölnKomm. AktG, 2. Aufl., § 62 AktG Rz. 13.
40 Vgl. *Bayer* in MünchKomm. AktG, 3. Aufl., § 62 AktG Rz. 18 f.; *Henze* in Großkomm. AktG, 4. Aufl., § 62 AktG Rz. 28.
41 Vgl. BGH v. 13.10.1980 – II ZR 2/80, ZIP 1981, 188; OLG Düsseldorf v. 24.10.1979 – 11 U 47/79, ZIP 1981, 186; *Bayer* in MünchKomm. AktG, 3. Aufl., § 62 AktG Rz. 11; *Henze* in Großkomm. AktG, 4. Aufl., § 62 AktG Rz. 29; *Lutter* in KölnKomm. AktG, 2. Aufl., § 62 AktG Rz. 13; *Riedel*, S. 235 ff.; abw. *Drinhausen* in Heidel, § 62 AktG Rz. 13.
42 Vgl. *Canaris* in FS Fischer, 1979, S. 31, 36 ff.; *Henze* in Großkomm. AktG, 4. Aufl., § 62 AktG Rz. 30; *Lutter* in KölnKomm. AktG, 2. Aufl., § 62 AktG Rz. 13; *Riedel*, S. 239 ff.; abw. *Bayer* in MünchKomm. AktG, 3. Aufl., § 62 AktG Rz. 20; *Cahn* in Spindler/Stilz, § 62 AktG Rz. 17; *Drinhausen* in Heidel, § 62 AktG Rz. 13; *Hüffer*, § 62 AktG Rz. 5; auch BGH v. 28.9.1981 – II ZR 223/80, BGHZ 81, 365, 368 (GmbH).
43 Vgl. *Canaris* in FS Fischer, 1979, S. 31, 36 ff.; *Henze* in Großkomm. AktG, 4. Aufl., § 62 AktG Rz. 30; *Lutter* in KölnKomm. AktG, 2. Aufl., § 62 AktG Rz. 13.
44 Vgl. *Baumbach/Hueck*, § 62 AktG Anm. 8; *Bayer* in MünchKomm. AktG, 3. Aufl., § 62 AktG Rz. 27; *v. Godin/Wilhelmi*, § 62 AktG Anm. 4; *Henze* in Großkomm. AktG, 4. Aufl., § 62 AktG Rz. 38; *Lutter* in KölnKomm. AktG, 2. Aufl., § 62 AktG Rz. 14.
45 Vgl. *Bayer* in MünchKomm. AktG, 3. Aufl., § 62 AktG Rz. 28; *Henze* in Großkomm. AktG, 4. Aufl., § 62 AktG Rz. 33; *Riedel*, S. 101.
46 Vgl. *Lutter* in KölnKomm. AktG, 2. Aufl., § 62 AktG Rz. 15; *Westermann* in Bürgers/Körber, § 62 AktG Rz. 5.
47 Vgl. *Bayer* in MünchKomm. AktG, 3. Aufl., § 62 AktG Rz. 29; *Cahn* in Spindler/Stilz, § 62 AktG Rz. 21; *Henze* in Großkomm. AktG, 4. Aufl., § 62 AktG Rz. 34; *Riedel*, S. 230.

Rückgewähr des verbotswidrig Empfangenen[48]; nach einer vordringenden Gegenansicht wird **nur Wertersatz** geschuldet[49]. Der letztgenannten Ansicht ist beizutreten: Sie berücksichtigt zutreffend, dass § 57 nur eine rechnerische, keine gegenständliche Wertbindung bezweckt (vgl. § 57 Rz. 74), und zieht die richtigen Schlüsse daraus, dass verbotswidrige Rechtsgeschäfte zwischen Gesellschaft und Aktionär nicht gegen § 134 BGB verstoßen (vgl. § 57 Rz. 73)[50].

### 4. Anspruchsdurchsetzung

19 Die Durchsetzung des Rückgewähranspruchs aus § 62 Abs. 1 Satz 1 obliegt dem Vorstand[51]. Ein Klagerecht des einzelnen Aktionärs ist *de lege lata* nicht begründbar[52]. In der Praxis unterbleibt eine Anspruchsverfolgung häufig deshalb, weil der Vorstand mit ihr sein eigenes Fehlverhalten eingestehen würde[53]. Rechtspolitische Reformvorschläge zielen auf eine Beseitigung der Informationsdefizite der Aktionäre[54].

### 5. Anspruchskonkurrenzen

20 § 62 bildet einen spezialgesetzlichen Rückgewähranspruch, der **Ansprüche aus ungerechtfertigter Bereicherung** verdrängt[55]. Nach zutreffender, aber umstrittener Auffassung stehen der Gesellschaft auch keine **dinglichen Herausgabeansprüche** (§§ 985, 1007 BGB) gegen den begünstigten Aktionär zu, weil das Verfügungsgeschäft nicht nach § 134 BGB nichtig ist (näher § 57 Rz. 73)[56]. **Deliktsrechtliche Ansprüche**, namentlich aus § 826 BGB, bleiben dagegen unberührt, da sie nicht auf Rückgewähr, sondern auf Schadensersatz gerichtet sind[57]. Auch § 117 bleibt anwendbar[58].

---

48 Vgl. BGH v. 17.3.2008 – II ZR 24/07, NZG 2008, 467, Rz. 9 (GmbH); *Drinhausen* in Heidel, § 62 AktG Rz. 14; *Geßler* in FS Fischer, 1979, S. 131, 132; *Henze* in Großkomm. AktG, 4. Aufl., § 62 AktG Rz. 43 f.; *Hüffer*, § 62 AktG Rz. 9; *Lutter* in KölnKomm. AktG, 2. Aufl., § 62 AktG Rz. 27; *Westermann* in Bürgers/Körber, § 62 AktG Rz. 7.
49 Vgl. *Bayer* in MünchKomm. AktG, 3. Aufl., § 62 AktG Rz. 47 ff.; *Flume*, ZHR 144 (1980), 18, 24; *Joost*, ZHR 149 (1985), 419, 420; *Riedel*, S. 105 ff.; *K. Schmidt*, GesR, § 29 II 2b, S. 891 f.; auf die Umstände des Einzelfalls abstellend *Cahn* in Spindler/Stilz, § 62 AktG Rz. 22.
50 Vgl. *Fleischer*, WM 2007, 909, 916.
51 Vgl. *Bayer* in MünchKomm. AktG, 3. Aufl., § 62 AktG Rz. 113; *Henze* in Großkomm. AktG, 4. Aufl., § 62 AktG Rz. 54; *Hüffer*, § 62 AktG Rz. 13; *Lutter* in KölnKomm. AktG, 2. Aufl., § 62 AktG Rz. 35.
52 Vgl. *Henze* in Großkomm. AktG, 4. Aufl., § 62 AktG Rz. 54 ff.; *Hüffer*, § 62 AktG Rz. 13; *Lutter* in KölnKomm. AktG, 2. Aufl., § 62 AktG Rz. 36; *Zöllner*, ZGR 1988, 392, 401 f. (für Ersatzansprüche); abw. *Flume*, ZHR 144 (1980), 18, 32, 33 für Fälle der verdeckten Gewinnausschüttung.
53 Vgl. *Bayer* in MünchKomm. AktG, 3. Aufl., § 62 AktG Rz. 113; *Henze* in Großkomm. AktG, 4. Aufl., § 62 AktG Rz. 54; *Lutter* in KölnKomm. AktG, 2. Aufl., § 62 AktG Rz. 35; *Wiesner* in MünchHdb. AG, § 16 Rz. 66.
54 Vgl. *Bayer* in MünchKomm. AktG, 3. Aufl., § 62 AktG Rz. 114 ff.; wohl auch *Henze* in Großkomm. AktG, 4. Aufl., § 62 AktG Rz. 58.
55 Vgl. *Drinhausen* in Heidel, § 62 AktG Rz. 17; *Hüffer*, § 62 AktG Rz. 10; *Lutter* in KölnKomm. AktG, 2. Aufl., § 62 AktG Rz. 29; *Wiesner* in MünchHdb. AG, § 16 Rz. 65.
56 Vgl. *Bayer* in MünchKomm. AktG, 3. Aufl., § 57 AktG Rz. 162 ff.; *Bitter*, ZHR 168 (2004), 302, 342 ff.; *Cahn/Senger* in Spindler/Stilz, § 57 AktG Rz. 84 ff.; *Fleischer*, WM 2007, 909, 916 ff.; *Rosengarten*, ZHR 168 (2004), 708 ff.; abw. *Henze* in Großkomm. AktG, 4. Aufl., § 62 AktG Rz. 63; *Hüffer*, § 62 AktG Rz. 10; *Wiesner* in MünchHdb. AG, § 16 Rz. 65.
57 Vgl. *Drinhausen* in Heidel, § 62 AktG Rz. 17; *Flume*, ZHR 144 (1980), 18, 27 f.; *Henze* in Großkomm. AktG, 4. Aufl., § 62 AktG Rz. 63; *Hüffer*, § 62 AktG Rz. 10; *Lutter* in KölnKomm. AktG, 2. Aufl., § 62 AktG Rz. 30; *Riedel*, S. 148 f.; *Westermann* in Bürgers/Körber, § 62 AktG Rz. 4.
58 Vgl. *Hüffer*, § 62 AktG Rz. 10; *Lutter* in KölnKomm. AktG, 2. Aufl., § 62 AktG Rz. 30; *Wiesner* in MünchHdb. AG, § 16 Rz. 65.

## III. Gutgläubiger Bezug von Gewinnanteilen

### 1. Regelungszweck

§ 62 Abs. 1 Satz 2 schützt Aktionäre, die verbotene Leistungen gutgläubig als Gewinnanteile bezogen haben[59]. Dahinter steht die zutreffende Erwägung, dass die Nichtigkeit des Gewinnverwendungsbeschlusses nicht selten auf Gesellschaftsinterna beruht, die ein Aktionär regelmäßig nicht zu überblicken vermag[60]. Zudem würde ein verschuldensunabhängiger Anspruch auf Rückgewähr bereits ausgezahlter Dividenden die Attraktivität der Aktie als Anlageform erheblich beeinträchtigen[61]. 21

### 2. Bezug von Gewinnanteilen

§ 62 Abs. 1 Satz 2 privilegiert nur den Bezug von Gewinnanteilen. Darunter fallen ausschließlich Dividenden, die aufgrund eines Gewinnverwendungsbeschlusses nach § 174 ausgeschüttet wurden, und Dividendenabschläge nach § 59[62]. Auf die Bezeichnung durch die Parteien kommt es nicht an, solange es sich in der Sache um Gewinnanteile handelt[63]. Den praktisch wichtigsten Anwendungsfall bildet der Dividendenbezug aufgrund eines nichtigen oder für nichtig erklärten Gewinnverwendungsbeschlusses[64]. 22

Nicht von § 62 Abs. 1 Satz 2 erfasst werden alle anderen Vermögenszuwendungen der Gesellschaft an Aktionäre außerhalb einer Gewinnverteilung nach § 58 Abs. 4, namentlich verdeckte Gewinnausschüttungen, überhöhte Vergütungen für Nebenleistungen entgegen § 61, die Zahlung eines Erwerbspreises beim Erwerb eigener Aktien entgegen §§ 71 ff., Rückzahlungen im Rahmen einer Kapitalherabsetzung unter Missachtung der gesetzlichen Vorgaben sowie die unzulässige Auskehrung eines Liquidationserlöses entgegen § 272[65]. Ebenso wenig ist die Vorschrift auf Gewinnanteile anwendbar, die ihren Rechtsgrund nicht in dem mitgliedschaftlichen Gewinnbezugsrecht haben, z.B. Tantiemen an Verwaltungsmitglieder oder Ausschüttungen an Genussrechtsinhaber[66]. 23

### 3. Gutgläubigkeit des Aktionärs

Der Aktionär muss die Gewinnanteile gutgläubig bezogen haben. Daran fehlt es, wenn er wusste oder infolge von Fahrlässigkeit nicht wusste, dass er zum Bezug 24

---

59 Zur Gesetzesentwicklung *Bitter*, ZHR 168 (2004), 302, 336; zur Unanwendbarkeit auf Kommanditisten einer Publikums-KG BGH v. 12.7.1982 – II ZR 201/81, BGHZ 84, 383, 386 f.
60 Vgl. *Baumbach/Hueck*, § 62 AktG Anm. 5; *Bayer* in MünchKomm. AktG, 3. Aufl., § 62 AktG Rz. 58; *Cahn* in Spindler/Stilz, § 62 AktG Rz. 25; *Henze* in Großkomm. AktG, 4. Aufl., § 62 AktG Rz. 64.
61 Vgl. *Bayer* in MünchKomm. AktG, 3. Aufl., § 62 AktG Rz. 59; *Cahn* in Spindler/Stilz, § 62 AktG Rz. 25.
62 Vgl. *Bayer* in MünchKomm. AktG, 3. Aufl., § 62 AktG Rz. 61; *Drinhausen* in Heidel, § 62 AktG Rz. 20 mit Fn. 19; *Cahn* in Spindler/Stilz, § 62 AktG Rz. 26; *Henze* in Großkomm. AktG, 4. Aufl., § 62 AktG Rz. 65; *Hüffer*, § 62 AktG Rz. 11; *Lutter* in KölnKomm. AktG, 2. Aufl., § 62 AktG Rz. 32.
63 Vgl. *Henze* in Großkomm. AktG, 4. Aufl., § 62 AktG Rz. 66; *Lutter* in KölnKomm. AktG, 2. Aufl., § 62 AktG Rz. 32.
64 Vgl. *Bayer* in MünchKomm. AktG, 3. Aufl., § 62 AktG Rz. 61; *Cahn* in Spindler/Stilz, § 62 AktG Rz. 26; *Hüffer*, § 62 AktG Rz. 11.
65 Vgl. *Baumbach/Hueck*, § 62 AktG Anm. 7; *Cahn* in Spindler/Stilz, § 62 AktG Rz. 26; *Henze* in Großkomm. AktG, 4. Aufl., § 62 AktG Rz. 68; *Lutter* in KölnKomm. AktG, 2. Aufl., § 62 AktG Rz. 32.
66 Vgl. *Baumbach/Hueck*, § 62 AktG Anm. 8; *Bayer* in MünchKomm. AktG, 3. Aufl., § 62 AktG Rz. 62; *Henze* in Großkomm. AktG, 4. Aufl., § 62 AktG Rz. 67; *Lutter* in KölnKomm. AktG, 2. Aufl., § 62 AktG Rz. 32; *Westermann* in Bürgers/Körber, § 62 AktG Rz. 8.

nicht berechtigt war. Hinsichtlich der Sorgfaltsanforderungen ist typischerweise zwischen Kleinaktionären und geschäftserfahrenen Großaktionären zu unterscheiden[67]. Inhaltlicher Bezugspunkt des guten Glaubens ist die Berechtigung, den Gewinnanteil beziehen zu dürfen[68]. Ein Rechtsirrtum schließt den guten Glauben nicht aus, wenn er entschuldbar ist[69]. Hat ein Aktionär Kenntnis von einer Anfechtungsklage gegen den Gewinnverwendungsbeschluss, wird man seine Gutgläubigkeit allerdings in aller Regel verneinen müssen[70]. Maßgebender Zeitpunkt für das Vorhandensein des guten Glaubens ist der Zeitpunkt des Empfangs der verbotenen Leistung[71].

### 4. Beweislast

25 Seit der Umsetzung der Kapitalrichtlinie in nationales Recht (Rz. 4) trifft den Aktionär nicht mehr – wie noch unter der Geltung des § 62 Abs. 1 Satz 3 a.F.[72] – die Beweislast für sämtliche Voraussetzungen des § 62 Abs. 1 Satz 2. Vielmehr gelten die allgemeinen Beweisregeln: Danach muss der Aktionär nur noch beweisen, dass er die Leistung als Gewinnanteil bezogen hat, während die Gesellschaft den Beweis für seine Bösgläubigkeit zu erbringen hat[73].

### 5. Abtretung des Gewinnanspruchs

26 Hat der Aktionär seinen vermeintlichen Gewinnanspruch abgetreten, so sind drei Fallgestaltungen zu unterscheiden: (1) Bei Gutgläubigkeit von Zedent und Zessionar greift § 62 Abs. 1 Satz 2 zugunsten des Zessionars ein, der die empfangene Leistung daher nicht zurückgewähren muss[74]. (2) Bei Gutgläubigkeit des Zedenten und Bösgläubigkeit des Zessionars gilt das Gleiche, weil letzterer sonst nach §§ 453, 437 BGB Rückgriff nehmen könnte und ersterer den Schutz des § 62 Abs. 1 Satz 1 verlöre[75]. (3) Bei Bösgläubigkeit des Zedenten und Gutgläubigkeit des Zessionars haftet jener nach § 62 Abs. 1 Satz 1[76]; dieser wird entsprechend § 62 Abs. 1 Satz 2 geschützt[77].

---

67 Vgl. *Bange*, ZInsO 2006, 519, 521; *Bayer* in MünchKomm. AktG, 3. Aufl., § 62 AktG Rz. 69; *Cahn* in Spindler/Stilz, § 62 AktG Rz. 27; *Henze* in Großkomm. AktG, 4. Aufl., § 62 AktG Rz. 79; *Lutter* in KölnKomm. AktG, 2. Aufl., § 62 AktG Rz. 33.
68 Vgl. *Drinhausen* in Heidel, § 62 AktG Rz. 22; *Henze* in Großkomm. AktG, 4. Aufl., § 62 AktG Rz. 73; *Westermann* in Bürgers/Körber, § 62 AktG Rz. 9.
69 Vgl. RG v. 2.11.1911 – Rep IV 676/10, RGZ 77, 88, 92; *Baumbach/Hueck*, § 62 AktG Anm. 6; *Drinhausen* in Heidel, § 62 AktG Rz. 22; *Hüffer*, § 62 AktG Rz. 11; *Lutter* in KölnKomm. AktG, 2. Aufl., § 62 AktG Rz. 33.
70 Vgl. *Bayer* in MünchKomm. AktG, 3. Aufl., § 62 AktG Rz. 69; *Henze* in Großkomm. AktG, 4. Aufl., § 62 AktG Rz. 79.
71 Vgl. ROHG v. 10.9.1875 – Rep 665/75, ROHG 18, 153, 157; *Baumbach/Hueck*, § 62 AktG Anm. 6; *Bayer* in MünchKomm. AktG, 3. Aufl., § 62 AktG Rz. 70; *Cahn* in Spindler/Stilz, § 62 AktG Rz. 27; *Henze* in Großkomm. AktG, 4. Aufl., § 62 AktG Rz. 80; *Lutter* in KölnKomm. AktG, 2. Aufl., § 62 AktG Rz. 33.
72 Dazu *Baumbach/Hueck*, § 62 AktG Anm. 6; *v. Godin/Wilhelmi*, § 62 AktG Anm. 1.
73 Vgl. *Bayer* in MünchKomm. AktG, 3. Aufl., § 62 AktG Rz. 71; *Cahn* in Spindler/Stilz, § 62 AktG Rz. 28; *Henze* in Großkomm. AktG, 4. Aufl., § 62 AktG Rz. 97 f.; *Hüffer*, § 62 AktG Rz. 12; *Lutter* in KölnKomm. AktG, 2. Aufl., § 62 AktG Rz. 34; *W. Müller*, WPg 1978, 565, 569; abw. *Ganske*, DB 1978, 2461, 2463: volle Beweislast bei der AG.
74 Vgl. *Bayer* in MünchKomm. AktG, 3. Aufl., § 62 AktG Rz. 72; *Cahn* in Spindler/Stilz, § 62 AktG Rz. 29; *Henze* in Großkomm. AktG, 4. Aufl., § 62 AktG Rz. 84 f.
75 Vgl. *Bayer* in MünchKomm. AktG, 3. Aufl., § 62 AktG Rz. 73; *Cahn* in Spindler/Stilz, § 62 AktG Rz. 29; *Henze* in Großkomm. AktG, 4. Aufl., § 62 AktG Rz. 86 ff.
76 Vgl. *Bayer* in MünchKomm. AktG, 3. Aufl., § 62 AktG Rz. 74; *Henze* in Großkomm. AktG, 4. Aufl., § 62 AktG Rz. 89.
77 Vgl. *Bayer* in MünchKomm. AktG, 3. Aufl., § 62 AktG Rz. 74; *Cahn* in Spindler/Stilz, § 62 AktG Rz. 29; *Henze* in Großkomm. AktG, 4. Aufl., § 62 AktG Rz. 90.

## IV. Geltendmachung des Rückgewähranspruchs durch Gesellschaftsgläubiger und Insolvenzverwalter

### 1. Rechtsstellung der Gläubiger

#### a) Inhalt des Gläubigerrechts

Gem. § 62 Abs. 2 Satz 1 kann der Anspruch der Gesellschaft auch von den Gläubigern der Gesellschaft geltend gemacht werden, soweit sie von dieser keine Befriedigung erlangen können. Nach zutreffender herrschender Meinung gewährt diese Vorschrift den Gesellschaftsgläubigern – anders als die Vorgängerregelung des § 56 AktG 1937[78] – keinen eigenen Anspruch, sondern ermächtigt sie lediglich, den Anspruch der Gesellschaft im eigenen Namen geltend zu machen[79]. Klagen sie, liegt eine gesetzliche Prozessstandschaft vor[80]. Die Gläubigerbefugnis ist aber nicht auf die klageweise Durchsetzung beschränkt, sondern schließt auch das Recht ein, die Aktionäre durch eine Mahnung in Verzug zu setzen[81]. Mangels Gläubigermehrheit sind die §§ 428 ff. BGB nicht anwendbar[82].

27

#### b) Keine eigene Empfangszuständigkeit

Nach heute herrschender Lehre sind die Gesellschaftsgläubiger nicht berechtigt, Leistung an sich selbst zu verlangen[83]. Eine eigene Empfangszuständigkeit steht ihnen nicht zu[84]. Die früher überwiegende Gegenansicht, nach der die Gläubiger Leistung an sich selbst verlangen konnten[85], wird dem normprägenden Grundsatz der Kapitalerhaltung (Rz. 1) nicht gerecht und ist auch durch einen Vergleich mit § 93 Abs. 5 Satz 1[86] nicht veranlasst: Dieser dient nicht der Kapitalerhaltung und unterliegt daher auch nicht der Schranke des § 66[87].

28

### 2. Voraussetzungen der Geltendmachung

#### a) Gesellschaftsgläubiger

Das Verfolgungsrecht des § 62 Abs. 2 Satz 1 steht nur den Gesellschaftsgläubigern zu. Für die Gläubigerstellung genügt jede gegen die Gesellschaft gerichtete Forderung

29

---

78 Dazu *Schlegelberger/Quassowski*, § 56 AktG 1937 Anm. 3.
79 Vgl. *Baumbach/Hueck*, § 62 AktG Anm. 10; *Bayer* in MünchKomm. AktG, 3. Aufl., § 62 AktG Rz. 80; *Henze* in Großkomm. AktG, 4. Aufl., § 62 AktG Rz. 105; *Hüffer*, § 62 AktG Rz. 13; *Lutter* in KölnKomm. AktG, 2. Aufl., § 62 AktG Rz. 39 f.
80 Vgl. *Bayer* in MünchKomm. AktG, 3. Aufl., § 62 AktG Rz. 80; *Henze* in Großkomm. AktG, 4. Aufl., § 62 AktG Rz. 105; *Hüffer*, § 62 AktG Rz. 13; *Westermann* in Bürgers/Körber, § 62 AktG Rz. 11.
81 Vgl. *Bayer* in MünchKomm. AktG, 3. Aufl., § 62 AktG Rz. 80; *Henze* in Großkomm. AktG, 4. Aufl., § 62 AktG Rz. 105; *Hüffer*, § 62 AktG Rz. 13.
82 Vgl. *Baumbach/Hueck*, § 62 AktG Anm. 11; *Henze* in Großkomm. AktG, 4. Aufl., § 62 AktG Rz. 107; *Lutter* in KölnKomm. AktG, 2. Aufl., § 62 AktG Rz. 41.
83 Vgl. *Bayer* in MünchKomm. AktG, 3. Aufl., § 62 AktG Rz. 84; *Henze* in Großkomm. AktG, 4. Aufl., § 62 AktG Rz. 108; *Hüffer*, § 62 AktG Rz. 14; *Lutter* in KölnKomm. AktG, 2. Aufl., § 62 AktG Rz. 45; *Wiesner* in MünchHdb. AG, § 16 Rz. 66.
84 Vgl. *Henze* in Großkomm. AktG, 4. Aufl., § 62 AktG Rz. 108.
85 Vgl. BGH v. 29.9.1977 – II ZR 157/76, BGHZ 69, 274, 284 (obiter); *Baumbach/Hueck*, § 62 AktG Anm. 10 f.; *v. Godin/Wilhelmi*, § 62 AktG Anm. 3; neuerdings wieder *Cahn* in Spindler/Stilz, § 62 AktG Rz. 31 ff.
86 Zum Vorbildcharakter dieser Vorschrift Ausschussbericht bei *Kropff*, Aktiengesetz, S. 83; zur ganz herrschenden Deutung des § 93 Abs. 5 als materiellrechtliche Anspruchsvervielfältigung eigener Art *Fleischer* in Spindler/Stilz, § 93 AktG Rz. 251.
87 Wie hier *Bayer* in MünchKomm. AktG, 3. Aufl., § 62 AktG Rz. 86; *Henze* in Großkomm. AktG, 4. Aufl., § 62 AktG Rz. 113; *Hüffer*, § 62 AktG Rz. 13; *Lutter* in KölnKomm. AktG, 2. Aufl., § 62 AktG Rz. 39 und 45.

ohne Rücksicht auf ihren Gegenstand oder Entstehungsgrund[88]. Unerheblich ist, ob die Forderung den Rückgewähranspruch der Gesellschaft über- oder unterschreitet[89] oder ob sie vor oder nach dem Rückgewähranspruch entstanden ist[90]. Auch Aktionäre und Mitglieder von Vorstand oder Aufsichtsrat können Gesellschaftsgläubiger sein[91]. Ferner gilt § 62 Abs. 1 Satz 1 im Konzern[92].

30 Die Gläubigerstellung muss zum Zeitpunkt der letzten mündlichen Verhandlung bestehen[93]. Außerdem muss der Anspruch des Gläubigers rechtlich durchsetzbar sein[94]. Einwendungen, erhobene Einreden oder die fehlende Fälligkeit entziehen dem Gesellschaftsgläubiger die Prozessführungsbefugnis[95].

### b) Keine Befriedigung durch die Gesellschaft

31 Weiterhin darf für den Gläubiger keine Befriedigungsmöglichkeit bestehen. Nicht ausreichend ist, dass die zahlungsfähige Gesellschaft die Leistung schlicht verweigert[96]. Vielmehr muss die Uneinbringlichkeit der Forderung auf der objektiven Illiquidität der Gesellschaft beruhen[97]. Diesen Nachweis kann der Gesellschaftsgläubiger durch einen fruchtlosen Vollstreckungsversuch oder unter Berufung auf die Nichteröffnung des Insolvenzverfahrens mangels Masse, aber auch mit Hilfe der von der Gesellschaft geführten Bücher oder vergeblicher Beitreibungsbemühungen anderer Gläubiger führen[98].

### 3. Einwendungen des Aktionärs

32 Der beklagte Aktionär kann im Prozess zunächst alle Gegenrechte der Gesellschaft gegenüber dem Gesellschaftsgläubiger (z.B. Erfüllung, Verjährung, § 320 BGB) geltend machen[99]. Analog § 770 BGB, § 129 Abs. 2 und 3 HGB gehört dazu auch ein Leis-

---

88 Vgl. *Baumbach/Hueck*, § 62 AktG Anm. 15; *Bayer* in MünchKomm. AktG, 3. Aufl., § 62 AktG Rz. 87; *Drinhausen* in Heidel, § 62 AktG Rz. 28; *Hüffer*, § 62 AktG Rz. 14; *Lutter* in KölnKomm. AktG, 2. Aufl., § 62 AktG Rz. 42.
89 Vgl. *Drinhausen* in Heidel, § 62 AktG Rz. 28; *Henze* in Großkomm. AktG, 4. Aufl., § 62 AktG Rz. 120.
90 Vgl. *Baumbach/Hueck*, § 62 AktG Anm. 15; *Bayer* in MünchKomm. AktG, 3. Aufl., § 62 AktG Rz. 87; *Drinhausen* in Heidel, § 62 AktG Rz. 28; *Henze* in Großkomm. AktG, 4. Aufl., § 62 AktG Rz. 121; *Hüffer*, § 62 AktG Rz. 14.
91 Vgl. *Bayer* in MünchKomm. AktG, 3. Aufl., § 62 AktG Rz. 88; *Henze* in Großkomm. AktG, 4. Aufl., § 62 AktG Rz. 119.
92 Vgl. *Henze* in Großkomm. AktG, 4. Aufl., § 62 AktG Rz. 119.
93 Vgl. *Cahn* in Spindler/Stilz, § 62 AktG Rz. 36; *Henze* in Großkomm. AktG, 4. Aufl., § 62 AktG Rz. 121; *Lutter* in KölnKomm. AktG, 2. Aufl., § 62 AktG Rz. 42.
94 Vgl. *Bayer* in MünchKomm. AktG, 3. Aufl., § 62 AktG Rz. 87; *Cahn* in Spindler/Stilz, § 62 AktG Rz. 36; *Henze* in Großkomm. AktG, 4. Aufl., § 62 AktG Rz. 122.
95 Vgl. *Bayer* in MünchKomm. AktG, 3. Aufl., § 62 AktG Rz. 87; *Henze* in Großkomm. AktG, 4. Aufl., § 62 AktG Rz. 122.
96 Vgl. *Bayer* in MünchKomm. AktG, 3. Aufl., § 62 AktG Rz. 90; *Cahn* in Spindler/Stilz, § 62 AktG Rz. 37; *Henze* in Großkomm. AktG, 4. Aufl., § 62 AktG Rz. 126; *Hüffer*, § 62 AktG Rz. 14.
97 Vgl. *Bayer* in MünchKomm. AktG, 3. Aufl., § 62 AktG Rz. 90; *Drinhausen* in Heidel, § 62 AktG Rz. 29; *Henze* in Großkomm. AktG, 4. Aufl., § 62 AktG Rz. 125.
98 Vgl. *Drinhausen* in Heidel, § 62 AktG Rz. 29; *v. Godin/Wilhelmi*, § 62 AktG Anm. 3; *Henze* in Großkomm. AktG, 4. Aufl., § 62 AktG Rz. 128; *Lutter* in KölnKomm. AktG, 2. Aufl., § 62 AktG Rz. 43.
99 Vgl. *Bayer* in MünchKomm. AktG, 3. Aufl., § 62 AktG Rz. 96; *Drinhausen* in Heidel, § 62 AktG Rz. 31; *Henze* in Großkomm. AktG, 4. Aufl., § 62 AktG Rz. 130; *Hüffer*, § 62 AktG Rz. 15; *Westermann* in Bürgers/Körber, § 62 AktG Rz. 14.

tungsverweigerungsrecht bei einer Anfechtungs- oder Aufrechnungsbefugnis der Gesellschaft[100]. Außerdem kann er alle Einwendungen vorbringen, die ihm gegenüber dem Anspruch der Gesellschaft aus § 62 Abs. 1 Satz 1 zustehen[101]. Dagegen stehen ihm in der Regel keine Einwendungen aus dem Verhältnis zum Gesellschaftsgläubiger zu, weil dieser keinen eigenen Anspruch, sondern den der Gesellschaft verfolgt (Rz. 27)[102]. Anders liegt es nur bei einem *pactum de non petendo* zwischen Aktionär und Gesellschaftsgläubiger[103].

### 4. Insolvenz der Gesellschaft

#### a) Verfolgungsrecht von Insolvenzverwalter und Sachwalter

Ist über das Vermögen der Gesellschaft das Insolvenzverfahren eröffnet, so geht das Verfolgungsrecht der Gesellschaftsgläubiger gem. § 62 Abs. 2 Satz 2 auf den Insolvenzverwalter über. Nur dieser ist gerichtlich und außergerichtlich zur Geltendmachung des Rückgewähranspruchs berechtigt[104], was im Übrigen schon aus § 80 InsO folgt[105]. Bei der Eigenverwaltung tritt der Sachwalter an die Stelle des Insolvenzverwalters. § 62 Abs. 2 Satz 2 erweitert insoweit die Zuständigkeit nach § 280 InsO, indem er die Rechtsverfolgung durch die Gesellschaft auch dann ausschließt, wenn sie nach §§ 270 ff. InsO an sich möglich wäre[106].

33

#### b) Prozessuale Wirkungen

Mit Insolvenzeröffnung wird ein bereits anhängiger Rechtsstreit zwischen Gesellschaftsgläubiger und Rückgewährschuldner gem. § 240 ZPO unterbrochen[107]. Nimmt der Insolvenzverwalter den Rechtsstreit auf, was ihm freisteht, so tritt er als Rechtsnachfolger i.S. des § 325 ZPO in den Streit ein[108]. Die gerichtliche Entschei-

34

---

100 Vgl. *Bayer* in MünchKomm. AktG, 3. Aufl., § 62 AktG Rz. 96; *Cahn* in Spindler/Stilz, § 62 AktG Rz. 40; *Henze* in Großkomm. AktG, 4. Aufl., § 62 AktG Rz. 131; *Lutter* in KölnKomm. AktG, 2. Aufl., § 62 AktG Rz. 49.
101 Vgl. *Drinhausen* in Heidel, § 62 AktG Rz. 31; *Hüffer*, § 62 AktG Rz. 15; *Lutter* in KölnKomm. AktG, 2. Aufl., § 62 AktG Rz. 47.
102 Vgl. *Bayer* in MünchKomm. AktG, 3. Aufl., § 62 AktG Rz. 98; *Cahn* in Spindler/Stilz, § 62 AktG Rz. 39; *Henze* in Großkomm. AktG, 4. Aufl., § 62 AktG Rz. 133; *Lutter* in KölnKomm. AktG, 2. Aufl., § 62 AktG Rz. 48.
103 Vgl. *Bayer* in MünchKomm. AktG, 3. Aufl., § 62 AktG Rz. 99; *Henze* in Großkomm. AktG, 4. Aufl., § 62 AktG Rz. 134; *Hüffer*, § 62 AktG Rz. 15; *Lutter* in KölnKomm. AktG, 2. Aufl., § 62 AktG Rz. 48.
104 Vgl. RG v. 19.5.1897 – Rep I 16/97, RGZ 39, 62, 63 f.; RG v. 17.12.1910 – Rep I 400/09, RGZ 74, 428, 429; *Henze* in Großkomm. AktG, 4. Aufl., § 62 AktG Rz. 136; *Hüffer*, § 62 AktG Rz. 16; *Lutter* in KölnKomm. AktG, 2. Aufl., § 62 AktG Rz. 50.
105 Vgl. *Bayer* in MünchKomm. AktG, 3. Aufl., § 62 AktG Rz. 102; *Henze* in Großkomm. AktG, 4. Aufl., § 62 AktG Rz. 102; *Lutter* in KölnKomm. AktG, 2. Aufl., § 62 AktG Rz. 50; abw. auf der Grundlage einer anderen dogmatischen Deutung des Verfolgungsrechts *Cahn* in Spindler/Stilz, § 62 AktG Rz. 41.
106 Vgl. Begr. RegE, BT-Drucks. 12/3803, S. 84; *Bayer* in MünchKomm. AktG, 3. Aufl., § 62 AktG Rz. 103; *Drinhausen* in Heidel, § 62 AktG Rz. 32; *Henze* in Großkomm. AktG, 4. Aufl., § 62 AktG Rz. 137; *Hüffer*, § 62 AktG Rz. 16; abw. dogmatische Einordnung bei *K. Schmidt*, AG 2006, 597, 598, 602.
107 Vgl. *Bayer* in MünchKomm. AktG, 3. Aufl., § 62 AktG Rz. 104; *Cahn* in Spindler/Stilz, § 62 AktG Rz. 42; *Henze* in Großkomm. AktG, 4. Aufl., § 62 AktG Rz. 138; *Hüffer*, § 62 AktG Rz. 16.
108 Vgl. RG v. 5.6.1935 – II 228/34, JW 1935, 3301 (zu § 241 HGB a.F.); *Henze* in Großkomm. AktG, 4. Aufl., § 62 AktG Rz. 138; *Lutter* in KölnKomm. AktG, 2. Aufl., § 62 AktG Rz. 50.

dung bindet Gesellschaftsgläubiger und Gesellschaft[109]. Lässt der Insolvenzverwalter den anhängigen Rechtsstreit ruhen, so können ihn auch die Gesellschaftsgläubiger bis zum Ende des Insolvenzverfahrens nicht fortsetzen[110]. Erst nach Verfahrensbeendigung lebt die Gläubigerbefugnis des § 62 Abs. 2 Satz 1 wieder auf[111].

## V. Verjährung

35 Die Rückgewähransprüche aus § 62 Abs. 1 und 2 verjähren nach § 62 Abs. 3 Satz 1 in zehn Jahren seit dem Empfang der Leistung. Die im Jahre 2004 neu eingeführte (Rz. 2) **Sonderverjährung** war notwendig geworden, weil die im Zuge der Schuldrechtsreform eingeführte Regelverjährung von drei Jahren (§ 195 BGB) mit subjektivem Beginn (§ 199 Abs. 1 BGB) für aktienrechtliche Rückgewähransprüche unangemessen kurz gewesen wäre[112]. Sie orientiert sich an der ebenfalls zehnjährigen Verjährungsfrist für den Einlageanspruch nach § 54 Abs. 4 Satz 1[113]. Für noch nicht verjährte Ansprüche ist die Rückwirkungsregelung des Art. 229 § 12 EGBGB zu beachten.

36 Die Verjährung beginnt mit dem Empfang der Leistung und endet nach § 188 Abs. 2 BGB[114]. Wird das Insolvenzverfahren über das Vermögen der Gesellschaft eröffnet, so tritt die Verjährung nach § 62 Abs. 3 Satz 2 i.V.m. § 54 Abs. 4 Satz 2 nicht vor Ablauf von sechs Monaten ab dem Tag der Eröffnung ein. Diese gesetzliche Ablaufhemmung soll dem Insolvenzverwalter Gelegenheit geben, Rückgewähransprüche gegen die Aktionäre zu prüfen und verjährungshemmende Handlungen vorzunehmen[115].

## § 63
## Folgen nicht rechtzeitiger Einzahlung

(1) Die Aktionäre haben die Einlagen nach Aufforderung durch den Vorstand einzuzahlen. Die Aufforderung ist, wenn die Satzung nichts anderes bestimmt, in den Gesellschaftsblättern bekannt zu machen.

(2) Aktionäre, die den eingeforderten Betrag nicht rechtzeitig einzahlen, haben ihn vom Eintritt der Fälligkeit an mit fünf vom Hundert für das Jahr zu verzinsen. Die Geltendmachung eines weiteren Schadens ist nicht ausgeschlossen.

(3) Für den Fall nicht rechtzeitiger Einzahlung kann die Satzung Vertragsstrafen festsetzen.

---

109 Vgl. *Cahn* in Spindler/Stilz, § 62 AktG Rz. 42; *Henze* in Großkomm. AktG, 4. Aufl., § 62 AktG Rz. 138.
110 Vgl. RG v. 17.12.1910 – Rep I 400/09, RGZ 74, 428, 429 f.; *Henze* in Großkomm. AktG, 4. Aufl., § 62 AktG Rz. 138; *Hüffer*, § 62 AktG Rz. 16; *Lutter* in KölnKomm. AktG, 2. Aufl., § 62 AktG Rz. 50.
111 Vgl. *Bayer* in MünchKomm. AktG, 3. Aufl., § 62 AktG Rz. 105; *Henze* in Großkomm. AktG, 4. Aufl., § 62 AktG Rz. 138; *Lutter* in KölnKomm. AktG, 2. Aufl., § 62 AktG Rz. 50.
112 Vgl. Begr. RegE, BT-Drucks. 15/3653, S. 22; *Thiessen*, ZHR 168 (2004), 503, 505, 516.
113 Vgl. Begr. RegE, BT-Drucks. 15/3653, S. 22; *Hüffer*, § 62 AktG Rz. 17; *Thiessen*, ZHR 168 (2004), 503, 529 ff.
114 Vgl. *Cahn* in Spindler/Stilz, § 62 AktG Rz. 45; *Hüffer*, § 62 AktG Rz. 17.
115 Vgl. *Hüffer*, § 62 AktG Rz. 17.

| | |
|---|---|
| **I. Überblick** . . . . . . . . . . . . . . . . 1 | b) Aufsichtsratsvorbehalt . . . . . . . . 12 |
| 1. Regelungsgegenstand und Bedeutung 1 | c) Ermessen des Vorstands . . . . . . . 13 |
| 2. Vorgängervorschriften und Parallelregelungen . . . . . . . . . . . . . . . . . 2 | d) Gleichbehandlung der Aktionäre . 14 |
| **II. Anwendungsbereich** . . . . . . . . . . 4 | 2. Inhalt . . . . . . . . . . . . . . . . . . . . 16 |
| 1. Sachliche Reichweite . . . . . . . . . . 4 | 3. Bekanntmachung . . . . . . . . . . . . . 18 |
| a) Allgemeines . . . . . . . . . . . . . . . 4 | 4. Rechtswirkungen . . . . . . . . . . . . 20 |
| b) Bareinlagen . . . . . . . . . . . . . . 5 | a) Erfüllbarkeit . . . . . . . . . . . . . . 20 |
| c) Sacheinlagen . . . . . . . . . . . . . 6 | b) Fälligkeit . . . . . . . . . . . . . . . 21 |
| 2. Persönliche Reichweite . . . . . . . . 7 | c) Abtretung, Verpfändung, Pfändung 22 |
| a) Gegenwärtige Aktionäre . . . . . . . 7 | **IV. Folgen nicht rechtzeitiger Einzahlung** 23 |
| b) Veräußerung der Aktie . . . . . . . . 8 | 1. Fälligkeitszins . . . . . . . . . . . . . . 23 |
| c) Gutgläubiger lastenfreier Erwerb . 9 | 2. Schadensersatz . . . . . . . . . . . . . 24 |
| 3. Zeitliche Reichweite . . . . . . . . . . 10 | 3. Vertragsstrafe . . . . . . . . . . . . . 25 |
| **III. Aufforderung zur Einzahlung** . . . . 11 | **V. Besonderheiten in der Insolvenz** . . . 26 |
| 1. Zuständigkeit . . . . . . . . . . . . . . 11 | 1. Insolvenz des Aktionärs . . . . . . . . 26 |
| a) Maßnahme der Geschäftsführung . 11 | 2. Insolvenz der Gesellschaft . . . . . . . 29 |

**Literatur:** *Buchetmann*, Die teileingezahlte Aktie – insbesondere die Rechtsstellung der Inhaber teileingezahlter Aktien, 1972; *v. Halem*, Die Kaduzierung von Aktien und Geschäftsanteilen, 1961; *Müller*, Zur Pfändung der Einlageforderung der AG, AG 1971, 1; *Steinberg*, Die Erfüllung der Bareinlagepflicht nach Eintragung der Gesellschaft und der Kapitalerhöhung, 1973.

## I. Überblick

### 1. Regelungsgegenstand und Bedeutung

§ 63 bestimmt, wie die Einlagen fällig gestellt werden, und regelt die **Rechtsfolgen nicht rechtzeitiger Einzahlung**. Er knüpft an die Hauptverpflichtung der Aktionäre zur Einzahlung der Einlagen an (§ 54) und steht an der Spitze einer Vorschriftengruppe, die besondere Sicherungen für die Erfüllung dieser Pflicht vorsieht (§§ 63–66). Sämtliche Einzelvorschriften dienen dem Grundsatz der realen Kapitalaufbringung[1]. 1

### 2. Vorgängervorschriften und Parallelregelungen

§ 63 geht auf § 57 AktG 1937 zurück, der seinerseits ohne sachliche Änderung aus § 218 HGB 1897 übernommen worden war. Gegenüber der Vorgängervorschrift stellt die Neuregelung klar, dass die Zahlungsaufforderung nur vom Vorstand ausgehen und nicht der Hauptversammlung überlassen werden kann[2]. Außerdem ist die Zahlungsaufforderung nunmehr in den Gesellschaftsblättern bekannt zu machen[3]. 2

Im GmbH-Recht bedarf die Einforderung von Einzahlungen auf die Stammeinlagen gem. § 46 Nr. 2 GmbHG eines Gesellschafterbeschlusses; die Rechtsfolgen versäumter Zahlung regeln die §§ 20–24 GmbHG. 3

---

[1] Vgl. *Bayer* in MünchKomm. AktG, 3. Aufl., § 63 AktG Rz. 2; *Cahn* in Spindler/Stilz, § 63 AktG Rz. 2; *Gehrlein* in Großkomm. AktG, 4. Aufl., § 63 AktG Rz. 2; *Hüffer*, § 63 AktG Rz. 1; *Lutter* in KölnKomm. AktG, 2. Aufl., § 63 AktG Rz. 2.
[2] Vgl. Begr. RegE bei *Kropff*, Aktiengesetz, S. 84.
[3] Vgl. Begr. RegE bei *Kropff*, Aktiengesetz, S. 83.

## II. Anwendungsbereich

### 1. Sachliche Reichweite

#### a) Allgemeines

4 § 63 bezieht sich nur auf Einlagen i.S. des § 54 Abs. 1[4]. Nicht erfasst werden Nebenleistungspflichten (§ 55) und Nebenforderungen aus der Einlageschuld (§ 63 Abs. 2 und 3)[5]. Auch auf die Verpflichtung zur Rückgewähr verbotener Leistungen (§ 62) ist § 63 nicht anwendbar[6].

#### b) Bareinlagen

5 § 63 erfasst in erster Linie offene Bareinlagen[7], auch solche aus einer Kapitalerhöhung[8]. Neben dem Nennbetrag bzw. dem auf die einzelne Stückaktie entfallenden anteiligen Betrag des Grundkapitals gehört dazu auch das Aufgeld (Agio)[9]. Ist die Eintragung der Gesellschaft oder der Kapitalerhöhung trotz Nichteinzahlung des vorgeschriebenen Mindestbetrages nach §§ 36 Abs. 2, 36a Abs. 1, 188 Abs. 2 erfolgt, findet § 63 ebenfalls Anwendung[10]. Die fehlerhafte Eintragung ändert allerdings nichts an der Fälligkeit des Mindestbetrages[11].

#### c) Sacheinlagen

6 Auf Sacheinlagen ist § 63 grundsätzlich nicht anwendbar[12]. Dies ergibt sich sowohl aus dem Wortlaut der Vorschrift („Einzahlung") als auch aus der sofortigen Fälligkeit von Sacheinlagen gem. § 36a Abs. 2 Satz 1. Allerdings kann die Satzung eine entsprechende Regelung in Ergänzung des Gesetzes (§ 23 Abs. 5 Satz 2) vorsehen[13]. Dagegen

---

4 Vgl. *Bayer* in MünchKomm. AktG, 3. Aufl., § 63 AktG Rz. 4; *Bergheim* in Heidel, § 63 AktG Rz. 1; *Hüffer*, § 63 AktG Rz. 2.
5 Vgl. RG v. 22.2.1908 – Rep I 230/07, RGZ 68, 271, 273 (GmbH); *Bayer* in MünchKomm. AktG, 3. Aufl., § 63 AktG Rz. 4; *Cahn* in Spindler/Stilz, § 63 AktG Rz. 6; *Gehrlein* in Großkomm. AktG, 4. Aufl., § 63 AktG Rz. 3; *Hüffer*, § 63 AktG Rz. 2.
6 Vgl. *Bayer* in MünchKomm. AktG, 3. Aufl., § 63 AktG Rz. 4; *Cahn* in Spindler/Stilz, § 63 AktG Rz. 6; *Gehrlein* in Großkomm. AktG, 4. Aufl., § 63 AktG Rz. 3.
7 Vgl. *Baumbach/Hueck*, § 63 AktG Anm. 3; *Bayer* in MünchKomm. AktG, 3. Aufl., § 63 AktG Rz. 5; *Bergheim* in Heidel, § 63 AktG Rz. 2; *Cahn* in Spindler/Stilz, § 63 AktG Rz. 4; *Hüffer*, § 63 AktG Rz. 2; *Gehrlein* in Großkomm. AktG, 4. Aufl., § 63 AktG Rz. 3; *Lutter* in KölnKomm. AktG, 2. Aufl., § 63 AktG Rz. 4.
8 Vgl. *Bayer* in MünchKomm. AktG, 3. Aufl., § 63 AktG Rz. 5; *Lutter* in KölnKomm. AktG, 2. Aufl., § 63 AktG Rz. 4; *Westermann* in Bürgers/Körber, § 63 AktG Rz. 2.
9 Vgl. *Bayer* in MünchKomm. AktG, 3. Aufl., § 63 AktG Rz. 5; *Cahn* in Spindler/Stilz, § 63 AktG Rz. 4; *Gehrlein* in Großkomm. AktG, 4. Aufl., § 63 AktG Rz. 3; *Hüffer*, § 63 AktG Rz. 2; *Lutter* in KölnKomm. AktG, 2. Aufl., § 63 AktG Rz. 4.
10 Vgl. *Bayer* in MünchKomm. AktG, 3. Aufl., § 63 AktG Rz. 6; *Cahn* in Spindler/Stilz, § 63 AktG Rz. 5; *Gehrlein* in Großkomm. AktG, 4. Aufl., § 63 AktG Rz. 4; *Hüffer*, § 63 AktG Rz. 2; *Lutter* in KölnKomm. AktG, 2. Aufl., § 63 AktG Rz. 4.
11 Vgl. RG v. 13.3.1934 – II 225/33, RGZ 144, 138, 147 f.; *Bayer* in MünchKomm. AktG, 3. Aufl., § 63 AktG Rz. 6; *Cahn* in Spindler/Stilz, § 63 AktG Rz. 5; *Gehrlein* in Großkomm. AktG, 4. Aufl., § 63 AktG Rz. 4; *Lutter* in KölnKomm. AktG, 2. Aufl., § 63 AktG Rz. 4.
12 Vgl. RG v. 22.2.1908 – Rep I 230/07, RGZ 68, 271, 273 (GmbH); *Baumbach/Hueck*, § 63 AktG Anm. 3; *Bayer* in MünchKomm. AktG, 3. Aufl., § 63 AktG Rz. 7; *Bergheim* in Heidel, § 63 AktG Rz. 2; *Cahn* in Spindler/Stilz, § 63 AktG Rz. 4; *Gehrlein* in Großkomm. AktG, 4. Aufl., § 63 AktG Rz. 5; *Lutter* in KölnKomm. AktG, 2. Aufl., § 63 AktG Rz. 5.
13 Vgl. *Bayer* in MünchKomm. AktG, 3. Aufl., § 63 AktG Rz. 8; *Bergheim* in Heidel, § 63 AktG Rz. 3; *Cahn* in Spindler/Stilz, § 63 AktG Rz. 4; *Hüffer*, § 63 AktG Rz. 2; *Lutter* in KölnKomm. AktG, 2. Aufl., § 63 AktG Rz. 6; *Westermann* in Bürgers/Körber, § 63 AktG Rz. 3.

gilt § 63 ohne weiteres für die wieder auflebende Geldzahlungspflicht bei einem Scheitern der Sacheinlage (dazu § 54 Rz. 24)[14].

**2. Persönliche Reichweite**

**a) Gegenwärtige Aktionäre**

§ 63 richtet sich an die „Aktionäre". Dies sind die gegenwärtigen Aktionäre[15]. Weil die AG vor vollständiger Einlageleistung nur Namensaktien oder auf den Namen lautende Zwischenscheine ausgeben darf (§ 10 Abs. 2 Satz 1), ergeben sich die betreffenden Aktionäre aus dem Aktienregister (§ 67 Abs. 2)[16].

**b) Veräußerung der Aktie**

Mit Veräußerung der Aktie geht die Einlagepflicht auf den Erwerber über (vgl. § 54 Rz. 10). Dieser muss die Fälligstellung durch Aufforderung auch dann gegen sich gelten lassen, wenn sie schon vor seinem Erwerb erfolgt ist[17]. Dagegen treffen die Nebenpflichten nach § 63 Abs. 2 und 3 stets nur den Aktionär, in dessen Person sie erfüllt sind[18]. Bereits entstandene Zins-, Schadensersatz- oder Vertragsstrafeverpflichtungen gehen daher nicht auf den Erwerber über[19]; er haftet nur für Verbindlichkeiten, die nach seiner Eintragung ins Aktienregister entstehen[20].

**c) Gutgläubiger lastenfreier Erwerb**

Hat die Gesellschaft entgegen § 10 Abs. 2 vor der vollen Leistung des Ausgabebetrages Inhaberaktien ausgegeben oder auf Namensaktien eine zu hohe Einlageleistung quittiert, so wird der gutgläubige rechtsgeschäftliche Erwerber geschützt: Nicht er, sondern der Veräußerer schuldet die noch ausstehende (Rest-)Einlage (näher § 54 Rz. 11)[21]. Entgegen der wohl herrschenden Meinung sollten den Veräußerer zugleich

7

8

9

---

14 Vgl. *Bayer* in MünchKomm. AktG, 3. Aufl., § 63 AktG Rz. 9; *Cahn* in Spindler/Stilz, § 63 AktG Rz. 4; *Gehrlein* in Großkomm. AktG, 4. Aufl., § 63 AktG Rz. 7; *Hüffer*, § 63 AktG Rz. 2; *Lutter* in KölnKomm. AktG, 2. Aufl., § 63 AktG Rz. 7; abw. RG v. 22.2.1908 – Rep I 230/07, RGZ 68, 271, 273 (GmbH).
15 Vgl. *Baumbach/Hueck*, § 63 AktG Anm. 4; *Bergheim* in Heidel, § 63 AktG Rz. 5; *Cahn* in Spindler/Stilz, § 63 AktG Rz. 7; *Hüffer*, § 63 AktG Rz. 3; *Lutter* in KölnKomm. AktG, 2. Aufl., § 63 AktG Rz. 8.
16 Vgl. *Baumbach/Hueck*, § 63 AktG Anm. 4; *Bayer* in MünchKomm. AktG, 3. Aufl., § 63 AktG Rz. 10; *Cahn* in Spindler/Stilz, § 63 AktG Rz. 7; *Gehrlein* in Großkomm. AktG, 4. Aufl., § 63 AktG Rz. 9; *Hüffer*, § 63 AktG Rz. 3; *Lutter* in KölnKomm. AktG, 2. Aufl., § 63 AktG Rz. 8; *Westermann* in Bürgers/Körber, § 63 AktG Rz. 6.
17 Vgl. *Bayer* in MünchKomm. AktG, 3. Aufl., § 63 AktG Rz. 18; *Cahn* in Spindler/Stilz, § 63 AktG Rz. 7; *Gehrlein* in Großkomm. AktG, 4. Aufl., § 63 AktG Rz. 12; *Hüffer*, § 63 AktG Rz. 3.
18 Vgl. BGH v. 5.4.1993 – II ZR 195/91, BGHZ 122, 180, 202 f.; RG v. 13.3.1934 – II 225/33, RGZ 144, 138, 145; *Bayer* in MünchKomm. AktG, 3. Aufl., § 63 AktG Rz. 19; *Cahn* in Spindler/Stilz, § 63 AktG Rz. 8; *Gehrlein* in Großkomm. AktG, 4. Aufl., § 63 AktG Rz. 13; *Hüffer*, § 63 AktG Rz. 3; *Lutter* in KölnKomm. AktG, 2. Aufl., § 63 AktG Rz. 9.
19 Vgl. *Bayer* in MünchKomm. AktG, 3. Aufl., § 63 AktG Rz. 20; *Cahn* in Spindler/Stilz, § 63 AktG Rz. 8; *Gehrlein* in Großkomm. AktG, 4. Aufl., § 63 AktG Rz. 13; *Hüffer*, § 63 AktG Rz. 3; *Lutter* in KölnKomm. AktG, 2. Aufl., § 63 AktG Rz. 9; abw. *Baumbach/Hueck*, § 63 AktG Anm. 4; *v. Godin/Wilhelmi*, § 63 AktG Anm. 10, nach denen die Zinspflicht, nicht aber die Schadensersatz- und Vertragsstrafeverbindlichkeiten auf den Erwerber übergehen.
20 Vgl. BGH v. 5.4.1993 – II ZR 195/91, BGHZ 122, 180, 203; *Bayer* in MünchKomm. AktG, 3. Aufl., § 63 AktG Rz. 21; *Cahn* in Spindler/Stilz, § 63 AktG Rz. 8; *Gehrlein* in Großkomm. AktG, 4. Aufl., § 63 AktG Rz. 15; *Lutter* in KölnKomm. AktG, 2. Aufl., § 63 AktG Rz. 9.
21 Vgl. *Bayer* in MünchKomm. AktG, 3. Aufl., § 63 AktG Rz. 12; *Cahn* in Spindler/Stilz, § 63 AktG Rz. 9; *Gehrlein* in Großkomm. AktG, 4. Aufl., § 63 AktG Rz. 17; *Hüffer*, § 63 AktG Rz. 4; *Lutter* in KölnKomm. AktG, 2. Aufl., § 63 AktG Rz. 10.

die Nebenpflichten nach § 63 Abs. 2 und 3 treffen, auch wenn er nicht mehr Aktionär ist[22].

### 3. Zeitliche Reichweite

10 § 63 wendet sich an den Aktionär und gilt daher erst mit Eintragung der AG in das Handelsregister (§ 41 Abs. 1 Satz 1)[23]. Vorher finden die §§ 36 Abs. 2, 36a, 37 Abs. 1 Anwendung[24].

## III. Aufforderung zur Einzahlung

### 1. Zuständigkeit

#### a) Maßnahme der Geschäftsführung

11 Die Aufforderung zur Einzahlung ist eine Maßnahme der Geschäftsführung[25]. Sie steht nach § 63 Abs. 1 Satz 1 allein dem **Vorstand** zu und kann nicht der Hauptversammlung übertragen werden[26]. Auch sonstige Einschränkungen durch Hauptversammlungsbeschluss (z.B. von der Einforderung abzusehen) oder Satzungsbestimmung vermögen den Vorstand nicht zu binden[27]. Seine Zuständigkeit ist ausschließlich und unabdingbar[28]. Erforderlich und genügend ist ein Handeln der Vorstandsmitglieder in vertretungsberechtigter Zahl (§ 78)[29]. Nach Eröffnung des Insolvenzverfahrens über das Vermögen der AG geht die Befugnis zur Zahlungsaufforderung auf den Insolvenzverwalter über (vgl. Rz. 29)[30].

#### b) Aufsichtsratsvorbehalt

12 Im Innenverhältnis kann die Zahlungsaufforderung gem. § 111 Abs. 4 Satz 2 an die Zustimmung des Aufsichtsrats gebunden werden[31]. Die Aktionäre werden in diesem

---

22 Wie hier *Bayer* in MünchKomm. AktG, 3. Aufl., § 63 AktG Rz. 24; *Cahn* in Spindler/Stilz, § 63 AktG Rz. 9; abw. *Gehrlein* in Großkomm. AktG, 4. Aufl., § 63 AktG Rz. 17; *Hüffer*, § 63 AktG Rz. 4; *Lutter* in KölnKomm. AktG, 2. Aufl., § 63 AktG Rz. 10, die nur die §§ 280 ff. BGB anwenden wollen.
23 Vgl. *Bergheim* in Heidel, § 63 AktG Rz. 5; *Cahn* in Spindler/Stilz, § 63 AktG Rz. 3; *Gehrlein* in Großkomm. AktG, 4. Aufl., § 63 AktG Rz. 8; *Lutter* in KölnKomm. AktG, 2. Aufl., § 63 AktG Rz. 8.
24 Vgl. *Bayer* in MünchKomm. AktG, 3. Aufl., § 63 AktG Rz. 2; *Gehrlein* in Großkomm. AktG, 4. Aufl., § 63 AktG Rz. 8.
25 Vgl. *Bayer* in MünchKomm. AktG, 3. Aufl., § 63 AktG Rz. 25; *Gehrlein* in Großkomm. AktG, 4. Aufl., § 63 AktG Rz. 21; *Hüffer*, § 63 AktG Rz. 5; *Lutter* in KölnKomm. AktG, 2. Aufl., § 63 AktG Rz. 12.
26 Vgl. Begr. RegE bei *Kropff*, Aktiengesetz, S. 84; *Bayer* in MünchKomm. AktG, 3. Aufl., § 63 AktG Rz. 25; *Cahn* in Spindler/Stilz, § 63 AktG Rz. 10; *Gehrlein* in Großkomm. AktG, 4. Aufl., § 63 AktG Rz. 21; *Hüffer*, § 63 AktG Rz. 5; *Lutter* in KölnKomm. AktG, 2. Aufl., § 63 AktG Rz. 12.
27 Vgl. *Bayer* in MünchKomm. AktG, 3. Aufl., § 63 AktG Rz. 25; *Gehrlein* in Großkomm. AktG, 4. Aufl., § 63 AktG Rz. 21; *Hüffer*, § 63 AktG Rz. 5; *Lutter* in KölnKomm. AktG, 2. Aufl., § 63 AktG Rz. 12.
28 Vgl. *Bayer* in MünchKomm. AktG, 3. Aufl., § 63 AktG Rz. 25; *Cahn* in Spindler/Stilz, § 63 AktG Rz. 10; *Lutter* in KölnKomm. AktG, 2. Aufl., § 63 AktG Rz. 12.
29 Vgl. *Cahn* in Spindler/Stilz, § 63 AktG Rz. 10; *Gehrlein* in Großkomm. AktG, 4. Aufl., § 63 AktG Rz. 21; *Hüffer*, § 63 AktG Rz. 5.
30 Vgl. *Bayer* in MünchKomm. AktG, 3. Aufl., § 63 AktG Rz. 27; *Bergheim* in Heidel, § 63 AktG Rz. 7; *Cahn* in Spindler/Stilz, § 63 AktG Rz. 10; *Hüffer*, § 63 AktG Rz. 5.
31 Vgl. *Bayer* in MünchKomm. AktG, 3. Aufl., § 63 AktG Rz. 26; *Cahn* in Spindler/Stilz, § 63 AktG Rz. 11; *Gehrlein* in Großkomm. AktG, 4. Aufl., § 63 AktG Rz. 22; *Hüffer*, § 63 AktG Rz. 5; *Lutter* in KölnKomm. AktG, 2. Aufl., § 63 AktG Rz. 12.

Fall grundsätzlich durch die unbeschränkte Vertretungsmacht des Vorstands gem. § 82 Abs. 1 geschützt[32]. Nur in Ausnahmefällen greifen die Regeln über den Missbrauch der Vertretungsmacht ein[33].

### c) Ermessen des Vorstands

Die Entscheidung über die Einforderung der Einlagen liegt im pflichtgemäßen Ermessen des Vorstands[34]. Sie kann durch Satzung oder Hauptversammlungsbeschluss nicht eingeschränkt werden[35]. Auch kann ein Aktionär grundsätzlich nicht einwenden, angesichts der Finanzlage der Gesellschaft bestehe kein wirtschaftliches Bedürfnis für die Einforderung[36].

13

### d) Gleichbehandlung der Aktionäre

Der Vorstand muss bei seiner Entscheidung jedoch den Grundsatz der Gleichbehandlung der Aktionäre (§ 53a) sorgfältig beachten[37]. Er darf die Aktionäre weder zeitlich noch der Höhe nach ohne sachlichen Grund unterschiedlich behandeln[38]. Differenzierungen können aber durch die unterschiedliche Höhe der bisher erbrachten Leistungen[39] oder im Hinblick auf unterschiedliche Aktiengattungen oder Ausgabebedingungen gerechtfertigt sein[40].

14

Bei Verstößen gegen § 53a kann sich der benachteiligte Aktionär hinsichtlich des überschießenden Betrages auf ein Leistungsverweigerungsrecht wegen unzulässiger Rechtsausübung stützen[41]. Ihn treffen dann auch keine Zins-, Schadensersatz- oder Vertragsstrafeverpflichtungen nach § 63 Abs. 2 und 3[42]. Im Falle einer Pfändung und Überweisung der Einlageforderung kann der betreffende Aktionär sein Leistungsver-

15

---

32 Vgl. *Fleischer*, NZG 2005, 529, 536; *Fleischer* in FS Huber, 2006, S. 719, 731.
33 Näher *Fleischer* in Spindler/Stilz, § 82 Rz. 29; *Spindler* in MünchKomm. AktG, 3. Aufl., § 82 AktG Rz. 57 ff.
34 Vgl. *Bergheim* in Heidel, § 63 AktG Rz. 7; *Gehrlein* in Großkomm. AktG, 4. Aufl., § 63 AktG Rz. 23; *Lutter* in KölnKomm. AktG, 2. Aufl., § 63 AktG Rz. 12; *Westermann* in Bürgers/Körber, § 63 AktG Rz. 5.
35 Vgl. *Bayer* in MünchKomm. AktG, 3. Aufl., § 63 AktG Rz. 28; *Bergheim* in Heidel, § 63 AktG Rz. 7; *Cahn* in Spindler/Stilz, § 63 AktG Rz. 12; *Gehrlein* in Großkomm. AktG, 4. Aufl., § 63 AktG Rz. 23; *Lutter* in KölnKomm. AktG, 2. Aufl., § 63 AktG Rz. 12.
36 Vgl. *Bayer* in MünchKomm. AktG, 3. Aufl., § 63 AktG Rz. 28; *Buchetmann*, S. 27; *Cahn* in Spindler/Stilz, § 63 AktG Rz. 12; *Gehrlein* in Großkomm. AktG, 4. Aufl., § 63 AktG Rz. 23; *Lutter* in KölnKomm. AktG, 2. Aufl., § 63 AktG Rz. 12; abw. *Müller*, AG 1971, 1, 2.
37 Vgl. *Bayer* in MünchKomm. AktG, 3. Aufl., § 63 AktG Rz. 29; *Bergheim* in Heidel, § 63 AktG Rz. 7; *Gehrlein* in Großkomm. AktG, 4. Aufl., § 63 AktG Rz. 26; *Hüffer*, § 63 AktG Rz. 6; *Lutter* in KölnKomm. AktG, 2. Aufl., § 63 AktG Rz. 13.
38 Vgl. RG v. 23.10.1914 – Rep II 148/14, RGZ 85, 366 f. (GmbH); RG v. 15.5.1931 – II 459/30, RGZ 132, 392, 396 (GmbH); *Bayer* in Großkomm. AktG, 4. Aufl., § 63 AktG Rz. 29; *Gehrlein* in Großkomm. AktG, 4. Aufl., § 63 AktG 2. Aufl., Rz. 26; *Lutter* in KölnKomm. AktG, 2. Aufl., § 63 AktG Rz. 13.
39 Vgl. RG v. 23.10.1914 – Rep II 148/14, RGZ 85, 366, 368; *Hüffer*, § 63 AktG Rz. 6; *Lutter* in KölnKomm. AktG, 2. Aufl., § 63 AktG Rz. 13.
40 Vgl. *Bayer* in MünchKomm. AktG, 3. Aufl., § 63 AktG Rz. 30; *Gehrlein* in Großkomm. AktG, 4. Aufl., § 63 AktG Rz. 27; *Westermann* in Bürgers/Körber, § 63 AktG Rz. 5.
41 Vgl. *Bayer* in MünchKomm. AktG, 3. Aufl., § 63 AktG Rz. 31; *Gehrlein* in Großkomm. AktG, 4. Aufl., § 63 AktG Rz. 28; *Hüffer*, § 63 AktG Rz. 6; *Lutter* in KölnKomm. AktG, 2. Aufl., § 63 AktG Rz. 13; abw. RG v. 23.10.1914 – Rep II 148/14, RGZ 85, 366, 368.
42 Vgl. *Bayer* in MünchKomm. AktG, 3. Aufl., § 63 AktG Rz. 31; *Gehrlein* in Großkomm. AktG, 4. Aufl., § 63 AktG Rz. 28; *Lutter* in KölnKomm. AktG, 2. Aufl., § 63 AktG Rz. 13.

weigerungsrecht gegenüber dem Gläubiger der Gesellschaft allerdings nicht mehr geltend machen[43].

## 2. Inhalt

16 Die **Zahlungsaufforderung** muss **eindeutig und bestimmt** sein[44]. Aus ihr muss hervorgehen, ob die gesamte Resteinlage oder nur ein Teilbetrag eingefordert wird[45]. Firma und Sitz der AG sind anzugeben[46]. Außerdem muss die Erklärung den Vorstand als Auffordernden erkennen lassen[47].

17 Weiterhin sind die **Aktionärsschuldner genau zu bezeichnen**[48], z.B. durch Verweis auf das Aktienregister oder die Beschreibung der Aktie nach Gattung und Serie[49]. Anzugeben ist ferner ein bestimmter Zahlungstermin, der dem Aktionär genügend Zeit für eine rechtzeitige Einzahlung gewährt[50]. Schließlich müssen die Zahlungsmodalitäten (Gesellschaftskasse, Bankverbindung) aufgeführt werden[51].

## 3. Bekanntmachung

18 Gem. § 63 Abs. 1 Satz 2 ist die Aufforderung, wenn die Satzung nichts anderes bestimmt, **in den Gesellschaftsblättern** bekannt zu machen. Dazu gehört stets der elektronische Bundesanzeiger (§ 25 Satz 1), daneben ggf. noch andere Blätter oder elektronische Informationsmedien (§ 25 Satz 2). Ein Zugang der Zahlungsaufforderung i.S. der §§ 130 ff. BGB ist nicht erforderlich[52].

19 Die Satzung kann statt dessen eine andere Form der Bekanntmachung wählen. Kleine Gesellschaften mit wenigen Aktionären sehen häufig eine Bekanntgabe durch Brief oder eingeschriebenen Brief vor[53]. In diesem Fall muss der Brief dem Aktionär aus Gründen der Rechtssicherheit tatsächlich zugehen, damit die Zahlungsaufforderung wirksam wird[54]. Eine Satzungsbestimmung, die auf jede Form der Bekanntma-

---

43 Vgl. BGH v. 29.5.1980 – II ZR 142/79, NJW 1980, 2253 (GmbH); *Gehrlein* in Großkomm. AktG, 4. Aufl., § 63 AktG Rz. 35; *Hüffer*, § 63 AktG Rz. 6; *Lutter* in KölnKomm. AktG, 2. Aufl., § 63 AktG Rz. 20.
44 Vgl. *Bayer* in MünchKomm. AktG, 3. Aufl., § 63 AktG Rz. 32; *Cahn* in Spindler/Stilz, § 63 AktG Rz. 13; *Gehrlein* in Großkomm. AktG, 4. Aufl., § 63 AktG Rz. 18; *Hüffer*, § 63 AktG Rz. 6; *Lutter* in KölnKomm. AktG, 2. Aufl., § 63 AktG Rz. 14.
45 Vgl. *Bayer* in MünchKomm. AktG, 3. Aufl., § 63 AktG Rz. 32; *Cahn* in Spindler/Stilz, § 63 AktG Rz. 13; *Gehrlein* in Großkomm. AktG, 4. Aufl., § 63 AktG Rz. 18.
46 Vgl. *Cahn* in Spindler/Stilz, § 63 AktG Rz. 13; *Gehrlein* in Großkomm. AktG, 4. Aufl., § 63 AktG Rz. 18; *Hüffer*, § 63 AktG Rz. 6.
47 Vgl. *Gehrlein* in Großkomm. AktG, 4. Aufl., § 63 AktG Rz. 18; *Hüffer*, § 63 AktG Rz. 6; *Lutter* in KölnKomm. AktG, 2. Aufl., § 63 AktG Rz. 14.
48 Vgl. *Bayer* in MünchKomm. AktG, 3. Aufl., § 63 AktG Rz. 33; *Cahn* in Spindler/Stilz, § 63 AktG Rz. 14; *Gehrlein* in Großkomm. AktG, 4. Aufl., § 63 AktG Rz. 19; *Hüffer*, § 63 AktG Rz. 6; *Lutter* in KölnKomm. AktG, 2. Aufl., § 63 AktG Rz. 14.
49 Vgl. *Gehrlein* in Großkomm. AktG, 4. Aufl., § 63 AktG Rz. 19; *Hüffer*, § 63 AktG Rz. 19; *Lutter* in KölnKomm. AktG, 2. Aufl., § 63 AktG Rz. 14.
50 Vgl. *Bayer* in MünchKomm. AktG, 3. Aufl., § 63 AktG Rz. 32; *Buchetmann*, S. 29; *Cahn* in Spindler/Stilz, § 63 AktG Rz. 14; *Gehrlein* in Großkomm. AktG, 4. Aufl., § 63 AktG Rz. 20; *Lutter* in KölnKomm. AktG, 2. Aufl., § 63 AktG, Rz. 14.
51 Vgl. *Bayer* in MünchKomm. AktG, 3. Aufl., § 63 AktG Rz. 32; *Gehrlein* in Großkomm. AktG, 4. Aufl., § 63 AktG Rz. 20; *Hüffer*, § 63 AktG Rz. 6.
52 Vgl. *Bayer* in MünchKomm. AktG, 3. Aufl., § 63 AktG Rz. 34; *Cahn* in Spindler/Stilz, § 63 AktG Rz. 16; *Hüffer*, § 63 AktG Rz. 6.
53 Vgl. *Baumbach/Hueck*, § 63 AktG Anm. 9; *Bergheim* in Heidel, § 63 AktG Rz. 8; *Gehrlein* in Großkomm. AktG, 4. Aufl., § 63 AktG Rz. 25.
54 Vgl. BGH v. 15.1.1990 – II ZR 164/88, BGHZ 110, 47, 76 f. = AG 1990, 298; *Bayer* in MünchKomm. AktG, 3. Aufl., § 63 AktG Rz. 36; *Cahn* in Spindler/Stilz, § 63 AktG Rz. 16; *Gehrlein* in Großkomm. AktG, 4. Aufl., § 63 AktG Rz. 25.

chung verzichtet, ist unwirksam[55]. Gleiches gilt für eine im Vergleich zum Bundesanzeiger schwerer zugängliche Bekanntmachungsart[56].

## 4. Rechtswirkungen

### a) Erfüllbarkeit

Die Zahlungsaufforderung begründet die Erfüllbarkeit der Einlageforderung[57]. Im Gegensatz zu § 271 Abs. 1 BGB darf der Aktionär seine Einlagepflicht nicht schon vorher erfüllen, weil der AG keine Zahlungen aufgedrängt werden sollen und sich ein Aktionär gegenüber den anderen keinen Vorteil im Hinblick auf Gewinnbeteiligung (§ 60 Abs. 2) und Stimmrecht (§ 134 Abs. 2) verschaffen soll[58].

20

### b) Fälligkeit

Vor allem führt die Zahlungsaufforderung die Fälligkeit der Einlageschuld herbei[59]. Bei der Kapitalerhöhung genügt insoweit die Angabe eines festen Zahlungstermins im Erhöhungsbeschluss und in dem vom Inferenten unterzeichneten Zeichnungsschein[60]. Auf andere Weise, etwa durch Festlegung von Zahlungsfristen in der Satzung, ist eine Fälligstellung nicht möglich[61]. Die Fälligkeit tritt nach allgemeiner Ansicht erst mit Ablauf des letzten Tages der Zahlungsfrist ein[62].

21

### c) Abtretung, Verpfändung, Pfändung

Auch nach Abtretung oder Verpfändung der Einlageforderung bleibt allein der Vorstand berechtigt, die Fälligkeit der Resteinlage durch eine Zahlungsaufforderung herbeizuführen[63]. Ebenso wenig gibt die bloße Pfändung der Einlageforderung nach § 829 ZPO dem Pfändungspfandgläubiger das Recht, die Aktionäre zur Zahlung aufzufordern[64]. Erst mit erfolgter Überweisung zur Einziehung bzw. an Zahlungs statt nach § 835 ZPO geht das Aufforderungsrecht als Hilfsrecht auf ihn über[65]. Gegenüber dem Pfändungspfandgläubiger kann sich der Aktionär dann auch nicht mehr auf eine

22

---

55 Vgl. *Bayer* in MünchKomm. AktG, 3. Aufl., § 63 AktG Rz. 36; *Lutter* in KölnKomm. AktG, 2. Aufl., § 63 AktG Rz. 15.
56 Vgl. *Cahn* in Spindler/Stilz, § 63 AktG Rz. 16; *Gehrlein* in Großkomm. AktG, 4. Aufl., § 63 AktG Rz. 25.
57 Vgl. *Bayer* in MünchKomm. AktG, 3. Aufl., § 63 AktG Rz. 37; *Cahn* in Spindler/Stilz, § 63 AktG Rz. 17; *Gehrlein* in Großkomm. AktG, 4. Aufl., § 63 AktG Rz. 29; *Hüffer*, § 63 AktG Rz. 7; *Lutter* in KölnKomm. AktG, 2. Aufl., § 63 AktG Rz. 16.
58 Vgl. *Bayer* in MünchKomm. AktG, 3. Aufl., § 63 AktG Rz. 37; *Cahn* in Spindler/Stilz, § 63 AktG Rz. 17; *Gehrlein* in Großkomm. AktG, 4. Aufl., § 63 AktG Rz. 29; *v. Godin/Wilhelmi*, § 63 AktG Anm. 2; *Lutter* in KölnKomm. AktG, 2. Aufl., § 63 AktG Rz. 16.
59 Vgl. OLG Hamburg v. 2.6.2006 – 11 U 244/05, ZIP 2006, 1677; *Bayer* in MünchKomm. AktG, 3. Aufl., § 63 AktG Rz. 38; *Cahn* in Spindler/Stilz, § 63 AktG Rz. 18; *Gehrlein* in Großkomm. AktG, 4. Aufl., § 63 AktG Rz. 30; *Hüffer*, § 63 AktG Rz. 7; *Lutter* in KölnKomm. AktG, 2. Aufl., § 63 AktG Rz. 17.
60 Vgl. BGH v. 11.5.2009 – II ZR 137/08, ZIP 2009, 1155.
61 Vgl. *Gehrlein* in Großkomm. AktG, 4. Aufl., § 63 AktG Rz. 30; *v. Godin/Wilhelmi*, § 63 AktG Anm. 2; *Lutter* in KölnKomm. AktG, 2. Aufl., § 63 AktG Rz. 11.
62 Vgl. *Bayer* in Großkomm. AktG, 4. Aufl., § 63 AktG Rz. 40; *Cahn* in Spindler/Stilz, § 63 AktG Rz. 18; *Gehrlein* in Großkomm. AktG, 4. Aufl., § 63 AktG Rz. 30.
63 Vgl. *Baumbach/Hueck*, § 63 AktG Anm. 10; *Bayer* in MünchKomm. AktG, 3. Aufl., § 63 AktG Rz. 44; *Gehrlein* in Großkomm. AktG, 4. Aufl., § 63 AktG Rz. 34; *Hüffer*, § 63 AktG Rz. 7; *Lutter* in KölnKomm. AktG, 2. Aufl., § 63 AktG Rz. 19.
64 Vgl. *Bayer* in MünchKomm. AktG, 3. Aufl., § 63 AktG Rz. 45; *Buchetmann*, S. 27; *Hüffer*, § 63 AktG Rz. 7.
65 Vgl. *Bayer* in MünchKomm. AktG, 3. Aufl., § 63 AktG Rz. 45; *Gehrlein* in Großkomm. AktG, 4. Aufl., § 63 AktG Rz. 35; *Hüffer*, § 63 AktG Rz. 7; *Lutter* in KölnKomm. AktG, 2. Aufl., § 63 AktG Rz. 20.

Verletzung des Gleichbehandlungsgrundsatzes berufen (vgl. Rz. 15), weil das Befriedigungsinteresse des Gläubigers Vorrang genießt.

## IV. Folgen nicht rechtzeitiger Einzahlung

### 1. Fälligkeitszins

23 Aktionäre, die den eingeforderten Betrag nicht rechtzeitig einzahlen, haben ihn nach § 63 Abs. 2 Satz 1 vom Eintritt der Fälligkeit an mit fünf Prozent pro Jahr zu verzinsen. Der Zinsanspruch setzt weder Verschulden noch Verzug voraus, weil es sich um Fälligkeitszinsen handelt[66]. Nur während des Annahmeverzugs der Gesellschaft sind keine Zinsen zu entrichten (§ 301 BGB)[67]. § 63 Abs. 2 Satz 1 enthält eine abschließende Regelung i.S. des § 23 Abs. 5 Satz 2 und kann daher weder verschärft noch herabgesetzt oder abbedungen werden[68]. Höhere Zinsen können nur als Verzugsschaden oder Vertragsstrafe geltend gemacht werden[69].

### 2. Schadensersatz

24 Nach § 63 Abs. 2 Satz 2 ist die Geltendmachung eines weiteren Schadens nicht ausgeschlossen. Diese Vorschrift bildet allerdings keine eigenständige Anspruchsgrundlage, sondern verweist auf die allgemeinen Regeln des Schuldrechts[70]. In Betracht kommt vor allem der Ersatz eines Verzugsschadens nach Maßgabe der §§ 286 ff. BGB[71]. Die Zahlungsaufforderung durch den Vorstand ist nach herrschender Meinung als kalendermäßige oder kalendermäßig berechenbare Zeitbestimmung i.S. des § 286 Abs. 2 Nr. 1 oder 2 BGB anzusehen[72], so dass es regelmäßig keiner Mahnung bedarf. Mit Verzugseintritt haftet der säumige Aktionär nach § 288 BGB auf Verzugszinsen in Höhe von fünf Prozentpunkten über dem jeweiligen Basiszinssatz.

### 3. Vertragsstrafe

25 Für den Fall nicht rechtzeitiger Einzahlung kann die Satzung nach § 63 Abs. 3 eine Vertragsstrafe festsetzen. Für diese gelten die §§ 339 ff. BGB, § 348 HGB[73]. Der Ent-

---

66 Vgl. BGH v. 5.4.1993 – II ZR 195/91, BGHZ 122, 180, 201; RG v. 25.10.1917 – Rep VI 367/17, RGZ 91, 60, 64 f.; *Bayer* in MünchKomm. AktG, 3. Aufl., § 63 AktG Rz. 48; *Bergheim* in Heidel, § 63 AktG Rz. 10; *Cahn* in Spindler/Stilz, § 63 AktG Rz. 19; *Gehrlein* in Großkomm. AktG, 4. Aufl., § 63 AktG Rz. 38; *Hüffer*, § 63 AktG Rz. 8; *Lutter* in KölnKomm. AktG, 2. Aufl., § 63 AktG Rz. 22.
67 Vgl. *Bayer* in MünchKomm. AktG, 3. Aufl., § 63 AktG Rz. 48; *Gehrlein* in Großkomm. AktG, 4. Aufl., § 63 AktG Rz. 38; *Hüffer*, § 63 AktG Rz. 8; *Lutter* in KölnKomm. AktG, 2. Aufl., § 63 AktG Rz. 23.
68 Vgl. *Bayer* in MünchKomm. AktG, 3. Aufl., § 63 AktG Rz. 49; *Bergheim* in Heidel, § 63 AktG Rz. 10; *Cahn* in Spindler/Stilz, § 63 AktG Rz. 20; *Gehrlein* in Großkomm. AktG, 4. Aufl., § 63 AktG Rz. 39; *Hüffer*, § 63 AktG Rz. 8; *Lutter* in KölnKomm. AktG, 2. Aufl., § 63 AktG Rz. 24; *Westermann* in Bürgers/Körber, § 63 AktG Rz. 10.
69 Vgl. *Bergheim* in Heidel, § 63 AktG Rz. 10; *Lutter* in KölnKomm. AktG, 2. Aufl., § 63 AktG Rz. 24.
70 Vgl. *Bayer* in MünchKomm. AktG, 3. Aufl., § 63 AktG Rz. 50; *Cahn* in Spindler/Stilz, § 63 AktG Rz. 21; *Gehrlein* in Großkomm. AktG, 4. Aufl., § 63 AktG Rz. 40; *Hüffer*, § 63 AktG Rz. 8.
71 Vgl. *Bergheim* in Heidel, § 63 AktG Rz. 11; *Cahn* in Spindler/Stilz, § 63 AktG Rz. 21; *Gehrlein* in Großkomm. AktG, 4. Aufl., § 63 AktG Rz. 40; *Hüffer*, § 63 AktG Rz. 8; *Lutter* in KölnKomm. AktG, 2. Aufl., § 63 AktG Rz. 25.
72 Vgl. *Bergheim* in Heidel, § 63 AktG Rz. 11; *Cahn* in Spindler/Stilz, § 63 AktG Rz. 21; *Hüffer*, § 63 AktG Rz. 8.
73 Vgl. *Baumbach/Hueck*, § 63 AktG Anm. 13; *Bergheim* in Heidel, § 63 AktG Rz. 12; *Cahn* in Spindler/Stilz, § 63 AktG Rz. 22; *Gehrlein* in Großkomm. AktG, 4. Aufl., § 63 AktG Rz. 43; *Hüffer*, § 63 AktG Rz. 9.

zug der Mitgliedschaft kann wegen des Vorrangs des § 64 nicht als Vertragsstrafe angeordnet werden[74]; ebenso wenig die Suspendierung einzelner Mitgliedschaftsrechte, etwa des Stimmrechts[75]. Demgegenüber ist es wegen des Satzungsvorbehalts in § 60 Abs. 3 möglich, einen säumigen Aktionär von seinem Gewinnbezugsrecht auszuschließen[76]. Fälligkeitszinsen (Rz. 23) und Vertragsstrafe können uneingeschränkt nebeneinander verlangt werden[77]. Dagegen ist ein Schadensersatzanspruch (Rz. 24) nach §§ 341 Abs. 2, 340 Abs. 2 BGB um eine verwirkte Vertragsstrafe zu kürzen[78].

## V. Besonderheiten in der Insolvenz

### 1. Insolvenz des Aktionärs

Die Eröffnung eines Insolvenzverfahrens über das Vermögen des Aktionärs lässt die Rechtsfolgen nicht rechtzeitiger Einzahlung unberührt[79]. Die Gesellschaft kann ihre Einlageforderung weiterhin fällig stellen und nach Maßgabe des § 63 Abs. 2 und 3 Fälligkeitszinsen, Schadensersatz oder Vertragsstrafe geltend machen[80]. Alle Ansprüche können gem. § 174 Abs. 1 InsO beim Insolvenzverwalter als Insolvenzforderung angemeldet werden, wobei nach Verfahrenseröffnung entstehende Zinsforderungen nach § 39 Abs. 1 Nr. 1 InsO nur nachrangig Berücksichtigung finden. 26

Daneben steht es der Gesellschaft offen, das Kaduzierungsverfahren nach §§ 64, 65 zu betreiben und nur den Ausfall nach § 64 Abs. 4 Satz 2 (vgl. § 64 Rz. 43) nebst Nebenforderungen im Insolvenzverfahren anzumelden[81]. Zwischen beiden Wegen besteht Wahlfreiheit; ein Vorrang des Kaduzierungsverfahrens lässt sich nicht begründen[82]. Daher kann die Gesellschaft auch nach Erhalt der Insolvenzquote wegen der Resteinlageforderung noch zur Kaduzierung übergehen[83]. 27

---

74 Vgl. RG v. 25.9.1901 – Rep I 142/01, RGZ 49, 77; *Bayer* in MünchKomm. AktG, 3. Aufl., § 63 AktG Rz. 56; *Gehrlein* in Großkomm. AktG, 4. Aufl., § 63 AktG Rz. 46; *Hüffer*, § 63 AktG Rz. 9; *Lutter* in KölnKomm. AktG, 2. Aufl., § 63 AktG Rz. 28.
75 Vgl. *Baumbach/Hueck*, § 63 AktG Anm. 13; *Cahn* in Spindler/Stilz, § 63 AktG Rz. 24; *v. Godin/Wilhelmi*, § 63 AktG Anm. 8; *Lutter* in KölnKomm. AktG, 2. Aufl., § 63 AktG Rz. 28.
76 Vgl. *Bayer* in MünchKomm. AktG, 3. Aufl., § 63 AktG Rz. 56; *Cahn* in Spindler/Stilz, § 63 AktG Rz. 24; *Gehrlein* in Großkomm. AktG, 4. Aufl., § 63 AktG Rz. 46; *Hüffer*, § 63 AktG Rz. 9; *Lutter* in KölnKomm. AktG, 2. Aufl., § 63 AktG Rz. 28; abw. *v. Godin/Wilhelmi*, § 63 AktG Anm. 8; wohl auch *Baumbach/Hueck*, § 63 AktG Anm. 13.
77 Vgl. BGH v. 25.3.1963 – II ZR 83/62, NJW 1963, 1197; *Bayer* in Großkomm. AktG, 4. Aufl., § 63 AktG Rz. 58; *Gehrlein* in Großkomm. AktG, 4. Aufl., § 63 AktG Rz. 48; *Hüffer*, § 63 AktG Rz. 9; *Lutter* in KölnKomm. AktG, 2. Aufl., § 63 AktG Rz. 31; abw. RG v. 14.2.1883 – Rep I 526/82, RGZ 9, 36, 44; *Baumbach/Hueck*, § 63 AktG Anm. 13.
78 Vgl. *Bayer* in MünchKomm. AktG, 3. Aufl., § 63 AktG Rz. 59; *Cahn* in Spindler/Stilz, § 63 AktG Rz. 26; *Gehrlein* in Großkomm. AktG, 4. Aufl., § 63 AktG Rz. 49; *Hüffer*, § 63 AktG Rz. 9; *Lutter* in KölnKomm. AktG, 2. Aufl., § 63 AktG Rz. 32; *Westermann* in Bürgers/Körber, § 63 AktG Rz. 11.
79 Vgl. *Bayer* in Großkomm. AktG, 4. Aufl., § 63 AktG Rz. 60; *Cahn* in Spindler/Stilz, § 63 AktG Rz. 30; *Lutter* in KölnKomm. AktG, 2. Aufl., § 63 AktG Rz. 33.
80 Vgl. *Gehrlein* in Großkomm. AktG, 4. Aufl., § 63 AktG Rz. 51; *Lutter* in KölnKomm. AktG, 2. Aufl., § 63 AktG Rz. 33; *Westermann* in Bürgers/Körber, § 63 AktG Rz. 9.
81 Vgl. RG v. 3.4.1912 – Rep I 178/11, RGZ 79, 174, 178; *Bayer* in MünchKomm. AktG, 3. Aufl., § 63 AktG Rz. 61; *Cahn* in Spindler/Stilz, § 63 AktG Rz. 31; *Gehrlein* in Großkomm. AktG, 4. Aufl., § 63 AktG Rz. 51; *Lutter* in KölnKomm. AktG, 2. Aufl., § 63 AktG Rz. 33; abw. *Wolff*, LZ 1911, 881.
82 Vgl. RG v. 3.4.1912 – Rep I 178/11, RGZ 79, 174, 178; *Bayer* in MünchKomm. AktG, 3. Aufl., § 63 AktG Rz. 61; *Cahn* in Spindler/Stilz, § 63 AktG Rz. 31; *Gehrlein* in Großkomm. AktG, 4. Aufl., § 63 AktG Rz. 51; abw. *Steinberg*, S. 47.
83 Vgl. *Bayer* in MünchKomm. AktG, 3. Aufl., § 63 AktG Rz. 61; *Buchetmann*, S. 140; *Cahn* in Spindler/Stilz, § 63 AktG Rz. 31; *Gehrlein* in Großkomm. AktG, 4. Aufl., § 63 AktG Rz. 51; *Lutter* in KölnKomm. AktG, 2. Aufl., § 63 AktG Rz. 34.

28 Erfüllt der Insolvenzverwalter die volle Einlageforderung, kann er die Aushändigung einer Inhaberaktie verlangen[84]. Der Gesellschaft steht aber ein Zurückbehaltungsrecht nach § 273 BGB an der Aktienurkunde zu, soweit noch Nebenforderungen nach § 63 Abs. 2 und 3 offen stehen[85].

**2. Insolvenz der Gesellschaft**

29 Ausstehende Einlageforderungen sind bei einer Insolvenz der AG Bestandteil der verteilungsfähigen Masse[86]. Für ihre Geltendmachung ist nach § 80 Abs. 1 InsO der Insolvenzverwalter zuständig[87]. Ein etwaiger Aufsichtsratsvorbehalt nach § 111 Abs. 4 Satz 2 (Rz. 12) wird dann hinfällig[88]. Auch der Insolvenzverwalter muss jedoch gegenüber den Aktionären den Gleichbehandlungsgrundsatz (Rz. 14 f.) beachten[89]. Zudem darf er nach dem Rechtsgedanken des § 271 Abs. 3 ausstehende Einlagen nur insoweit einziehen, als es zur Befriedigung der Gläubiger erforderlich ist[90].

30 Ein Aktionär, der seine Einlageschuld vollständig erfüllt, hat einen Anspruch auf Herausgabe der bereits hergestellten Aktien[91]. Dagegen kann er die Herstellung neuer Aktienurkunden nicht verlangen[92]. Die Frage wird obsolet, wenn die Satzung nach § 10 Abs. 5 nur die Erstellung einer Globalurkunde vorsieht[93].

# § 64
## Ausschluss säumiger Aktionäre

**(1) Aktionären, die den eingeforderten Betrag nicht rechtzeitig einzahlen, kann eine Nachfrist mit der Androhung gesetzt werden, dass sie nach Fristablauf ihrer Aktien und der geleisteten Einzahlungen für verlustig erklärt werden.**

**(2) Die Nachfrist muss dreimal in den Gesellschaftsblättern bekanntgemacht werden. Die erste Bekanntmachung muss mindestens drei Monate, die letzte mindestens ei-**

---

84 Vgl. *Gehrlein* in Großkomm. AktG, 4. Aufl., § 63 AktG Rz. 52.
85 Vgl. *Bayer* in MünchKomm. AktG, 3. Aufl., § 63 AktG Rz. 62; *Gehrlein* in Großkomm. AktG, 4. Aufl., § 63 AktG Rz. 52; *Lutter* in KölnKomm. AktG, 2. Aufl., § 63 AktG Rz. 33.
86 Vgl. RG v. 3.4.1912 – Rep I 178/11, RGZ 79, 174 f.; *Bayer* in MünchKomm. AktG, 3. Aufl., § 63 AktG Rz. 63; *Cahn* in Spindler/Stilz, § 63 AktG Rz. 27; *Gehrlein* in Großkomm. AktG, 4. Aufl., § 63 AktG Rz. 54.
87 Vgl. RG v. 9.12.1899 – Rep I 334/99, RGZ 45, 153, 155; RG v. 9.12.1927 – II 200/27, RGZ 119, 220, 223; *Bayer* in MünchKomm. AktG, 3. Aufl., § 63 AktG Rz. 63; *Cahn* in Spindler/Stilz, § 63 AktG Rz. 27; *Gehrlein* in Großkomm. AktG, 4. Aufl., § 63 AktG Rz. 54.
88 Vgl. RG v. 9.12.1899 – Rep I 334/99, RGZ 45, 153, 155; *Bayer* in MünchKomm. AktG, 3. Aufl., § 63 AktG Rz. 63; *Cahn* in Spindler/Stilz, § 63 AktG Rz. 27; *Gehrlein* in Großkomm. AktG, 4. Aufl., § 63 AktG Rz. 54.
89 Vgl. *Bayer* in MünchKomm. AktG, 3. Aufl., § 63 AktG Rz. 63; *Cahn* in Spindler/Stilz, § 63 AktG Rz. 28; *Gehrlein* in Großkomm. AktG, 4. Aufl., § 63 AktG Rz. 54.
90 Vgl. RG v. 3.4.1912 – Rep I 178/11, RGZ 79, 174 f.; *Bayer* in MünchKomm. AktG, 3. Aufl., § 63 AktG Rz. 63; *Buchetmann*, S. 134 f.; *Cahn* in Spindler/Stilz, § 63 AktG Rz. 28; *Gehrlein* in Großkomm. AktG, 4. Aufl., § 63 AktG Rz. 54. *Lutter* in KölnKomm. AktG, 2. Aufl., § 63 AktG Rz. 37; *Westermann* in Bürgers/Körber, AktG, § 63 AktG Rz. 9.
91 Vgl. RG v. 22.10.1918 – Rep II 158/18, RGZ 94, 61, 64; *Lutter* in KölnKomm. AktG, 2. Aufl., § 63 AktG Rz. 38.
92 Vgl. *Bayer* in MünchKomm. AktG, 3. Aufl., § 63 AktG Rz. 64; *Cahn* in Spindler/Stilz, § 63 AktG Rz. 29; *Gehrlein* in Großkomm. AktG, 4. Aufl., § 63 AktG Rz. 55; *Lutter* in KölnKomm. AktG, 2. Aufl., § 63 AktG Rz. 38.
93 Vgl. *Bayer* in MünchKomm. AktG, 3. Aufl., § 63 AktG Rz. 64; *Cahn* in Spindler/Stilz, § 63 AktG Rz. 29.

nen Monat vor Fristablauf ergehen. Zwischen den einzelnen Bekanntmachungen muss ein Zeitraum von mindestens drei Wochen liegen. Ist die Übertragung der Aktien an die Zustimmung der Gesellschaft gebunden, so genügt an Stelle der öffentlichen Bekanntmachungen die einmalige Einzelaufforderung an die säumigen Aktionäre; dabei muss eine Nachfrist gewährt werden, die mindestens einen Monat seit dem Empfang der Aufforderung beträgt.

(3) Aktionäre, die den eingeforderten Betrag trotzdem nicht zahlen, werden durch Bekanntmachung in den Gesellschaftsblättern ihrer Aktien und der geleisteten Einzahlungen zugunsten der Gesellschaft für verlustig erklärt. In der Bekanntmachung sind die für verlustig erklärten Aktien mit ihren Unterscheidungsmerkmalen anzugeben.

(4) An Stelle der alten Urkunden werden neue ausgegeben; diese haben außer den geleisteten Teilzahlungen den rückständigen Betrag anzugeben. Für den Ausfall der Gesellschaft an diesem Betrag oder an den später eingeforderten Beträgen haftet ihr der ausgeschlossene Aktionär.

| | |
|---|---|
| **I. Überblick** . . . . . . . . . . . . . . . . . . 1 | b) Einmalige Einzelaufforderung . . . 23 |
| 1. Regelungsgegenstand und Bedeutung 1 | 4. Verlustigerklärung . . . . . . . . . . . . . 24 |
| 2. Vorgängervorschriften und Parallelregelungen . . . . . . . . . . . . . . . . . 3 | a) Zeitpunkt . . . . . . . . . . . . . . . . . 24 |
| | b) Inhalt . . . . . . . . . . . . . . . . . . . . 25 |
| 3. Verfahrensablauf . . . . . . . . . . . . . . 4 | c) Form und Wirksamwerden . . . . 26 |
| 4. Andere Ausschlusstatbestände . . . . 5 | d) Abwendung des Ausschlusses . . 27 |
| **II. Anwendungsbereich** . . . . . . . . . . . 6 | **IV. Rechtswirkungen des Ausschlusses** . 29 |
| 1. Sachliche Reichweite . . . . . . . . . . 7 | 1. Rechtsstellung des ausgeschlossenen Aktionärs . . . . . . . . . . . . . . . . . . . 29 |
| a) Allgemeines . . . . . . . . . . . . . . . 7 | |
| b) Bareinlagen . . . . . . . . . . . . . . . 8 | a) Verlust der Mitgliedschaft . . . . . 29 |
| c) Sacheinlagen . . . . . . . . . . . . . . 9 | aa) Mitgliedschaftsrechte . . . . . . 30 |
| d) Gemischte Einlagen . . . . . . . . . 10 | bb) Mitgliedschaftspflichten . . . . 31 |
| 2. Persönliche Reichweite . . . . . . . . . 11 | cc) Geleistete Einzahlungen . . . . 32 |
| a) Aktionäre . . . . . . . . . . . . . . . . . 11 | b) Rechte Dritter an der Aktie . . . . . 33 |
| b) Abtretung, Verpfändung, Pfändung 12 | c) Unumkehrbarkeit des Ausschlusses . . . . . . . . . . . . . . . . 34 |
| 3. Zeitliche Reichweite . . . . . . . . . . . 13 | d) Kein gutgläubiger Erwerb . . . . . 35 |
| **III. Durchführung des Ausschlusses** . . . 14 | 2. Zuordnung der Mitgliedschaft . . . . 36 |
| 1. Zuständigkeit . . . . . . . . . . . . . . . . 14 | a) Allgemeines . . . . . . . . . . . . . . . 36 |
| a) Maßnahme der Geschäftsführung . 14 | b) Behandlung der kaduzierten Aktien . . . . . . . . . . . . . . . . . . . 37 |
| b) Ermessen des Vorstands . . . . . . . 15 | |
| c) Gleichbehandlung der Aktionäre . 16 | 3. Schicksal der Aktienurkunden . . . . . 38 |
| 2. Fristsetzung und Ausschlussandrohung . . . . . . . . . . . . . . . . . . . . . . . 17 | a) Nichtigkeit der alten Urkunden . . 38 |
| | b) Ausgabe neuer Urkunden . . . . . . 39 |
| a) Zeitpunkt . . . . . . . . . . . . . . . . . 18 | 4. Ausfallhaftung des ausgeschlossenen Aktionärs . . . . . . . . . . . . . . . . . . . 41 |
| b) Inhalt . . . . . . . . . . . . . . . . . . . . 19 | |
| aa) Fristsetzung . . . . . . . . . . . . . 19 | **V. Fehlerhafter Ausschluss** . . . . . . . . 42 |
| bb) Betroffene Aktionäre . . . . . . 20 | **VI. Besonderheiten in der Insolvenz** . . . 43 |
| cc) Ausschlussandrohung . . . . . . 21 | 1. Insolvenz des Aktionärs . . . . . . . . . 43 |
| 3. Bekanntmachung . . . . . . . . . . . . . 22 | 2. Insolvenz der Gesellschaft . . . . . . . 44 |
| a) Dreimalige öffentliche Bekanntmachung . . . . . . . . . . . . . . . . . 22 | |

**Literatur:** S. bei § 63.

## § 64

### I. Überblick

#### 1. Regelungsgegenstand und Bedeutung

1 § 64 regelt das Ausschlussverfahren gegenüber dem säumigen Aktionär, der die nach § 63 Abs. 1 eingeforderte Einlage nicht rechtzeitig einzahlt. Die drohende Kaduzierung der Aktie soll den Aktionär zur Erfüllung seiner offenen Einlageschuld anhalten und dient damit dem **Grundsatz der realen Kapitalaufbringung**[1]. Ihre Durchführung wirkt wie eine entschädigungslose Enteignung, weil dem Aktionär erbrachte Teilleistungen nicht erstattet werden und ihm auch ein Überschuss aus der Verwertung der Aktie nicht zugute kommt[2]. Die geringe Bedeutung der Kaduzierung in der Rechtsprechung sagt nichts über ihre praktische Relevanz, da § 64 vor allem als Druckmittel konzipiert ist[3].

2 **§ 64 ist in jeder Hinsicht zwingend**[4]. Die Satzung kann die Möglichkeit des Ausschlusses weder einschränken noch erweitern[5]. Sie kann das Kaduzierungsverfahren daher nicht auf Sacheinlagen, Nebenleistungspflichten (§ 55) oder Zins-, Schadensersatz- und Vertragsstrafeverpflichtungen (§ 63 Abs. 2 und 3) ausdehnen[6]. Ebenso wenig kann der Ausschluss auf die Nichtbestellung von Sicherheiten für ausstehende Einlagen gestützt werden[7]. Möglich bleiben aber schuldrechtliche Abreden (vgl. § 54 Rz. 17 ff.), nach denen die AG unter bestimmten Voraussetzungen zur Veräußerung der Aktien und Verwertung des Erlöses berechtigt sein soll[8].

#### 2. Vorgängervorschriften und Parallelregelungen

3 § 64 geht auf § 58 AktG 1937 zurück, der seinerseits ohne sachliche Änderung den § 219 HGB 1897 übernommen hatte. Neu eingefügt worden sind im Jahre 1965 lediglich Abs. 2 Satz 3 (Zeitraum zwischen den Bekanntmachungen) und Abs. 3 Satz 2 (Angabe der Unterscheidungsmerkmale der kaduzierten Aktien in der Verlustigerklärung)[9]. Eine Parallelvorschrift findet sich in § 21 GmbHG.

#### 3. Verfahrensablauf

4 § 64 ist Bestandteil einer auf mehrere Vorschriften verteilten Gesamtregelung. Aus seinem Zusammenspiel mit §§ 63, 65 ergibt sich folgender **Ablauf des Kaduzierungs-**

---

1 Vgl. *Bayer* in MünchKomm. AktG, 3. Aufl., § 64 AktG Rz. 1; *Cahn* in Spindler/Stilz, § 64 AktG Rz. 2; *Gehrlein* in Großkomm. AktG, 4. Aufl., § 64 AktG Rz. 2; *Hüffer*, § 64 AktG Rz. 1; *Lutter* in KölnKomm. AktG, 2. Aufl., § 64 AktG Rz. 2.
2 Vgl. *Bayer* in MünchKomm. AktG, 3. Aufl., § 64 AktG Rz. 2; *Bergheim* in Heidel, § 64 AktG Rz. 1; *Cahn* in Spindler/Stilz, § 64 AktG Rz. 2; *Gehrlein* in Großkomm. AktG, 4. Aufl., § 64 AktG Rz. 2; *Lutter* in KölnKomm. AktG, 2. Aufl., § 64 AktG Rz. 2.
3 Dazu *Bayer* in MünchKomm. AktG, 3. Aufl., § 64 AktG Rz. 3; *Hüffer*, § 64 AktG Rz. 1.
4 Vgl. BGH v. 28.1.2002 – II ZR 259/00, NZG 2002, 333 = AG 2002, 618 (für § 64 Abs. 3); *Baumbach/Hueck*, § 64 AktG Anm. 2; *Hüffer*, § 64 AktG Rz. 1; *Lutter* in KölnKomm. AktG, 2. Aufl., § 64 AktG Rz. 46; *Westermann* in Bürgers/Körber, § 64 AktG Rz. 1.
5 Vgl. *Bayer* in MünchKomm. AktG, 3. Aufl., § 64 AktG Rz. 6; *Bergheim* in Heidel, § 64 AktG Rz. 1; *Cahn* in Spindler/Stilz, § 64 AktG Rz. 5; *Gehrlein* in Großkomm. AktG, 4. Aufl., § 64 AktG Rz. 5; *Lutter* in KölnKomm. AktG, 2. Aufl., § 64 AktG Rz. 46.
6 Vgl. RG v. 25.9.1901 – Rep I 142/01, RGZ 49, 77, 80; *Bayer* in MünchKomm. AktG, 3. Aufl., § 64 AktG Rz. 6; *Cahn* in Spindler/Stilz, § 64 AktG Rz. 5; *Gehrlein* in Großkomm. AktG, 4. Aufl., § 64 AktG Rz. 5; *Lutter* in KölnKomm. AktG, 2. Aufl., § 64 AktG Rz. 46.
7 Vgl. KG v. 6.3.1930 – ZS 1b X 6/30, JW 1930, 2712; *Bayer* in MünchKomm. AktG, 3. Aufl., § 64 AktG Rz. 6; abw. *Pinner*, JW 1930, 2712 ff.
8 Vgl. *Baumbach/Hueck*, § 64 AktG Anm. 2; *Bayer* in MünchKomm. AktG, 3. Aufl., § 64 AktG Rz. 7; *Gehrlein* in Großkomm. AktG, 4. Aufl., § 64 AktG Rz. 6; *Lutter* in KölnKomm. AktG, 2. Aufl., § 64 AktG Rz. 47.
9 Näher Begr. RegE bei *Kropff*, Aktiengesetz, S. 84 f.

**verfahrens**: Aufforderung zur Einzahlung der Einlagen und ergebnisloser Ablauf der Zahlungsfrist (§ 63 Abs. 1), Nachfristsetzung nebst Ausschlussandrohung (§ 64 Abs. 1 und 2), Verlustigerklärung der Mitgliedschaft (§ 64 Abs. 3), Ausgabe neuer Aktienurkunden (§ 64 Abs. 4 Satz 1), Verwertung der kaduzierten Aktien (§ 65), Ausfallhaftung des ausgeschlossenen Aktionärs (§ 64 Abs. 4 Satz 2)[10].

### 4. Andere Ausschlusstatbestände

§ 64 ermöglicht nur den zwangsweisen Ausschluss wegen rückständiger Einlagen. Demgegenüber kann die Zwangseinziehung nach § 237 Abs. 1 auf ganz verschiedene Einziehungsgründe gestützt werden, verlangt aber in der Regel die Zahlung eines Einziehungsentgelts. § 327a Abs. 1 ermöglicht den Ausschluss einer Restminderheit von höchstens 5 % gegen eine angemessene Barabfindung ohne sachlichen Grund[11]. Schließlich erkennt die heute herrschende Lehre einen Aktionärsausschluss aus wichtigem Grund auch ohne satzungsmäßige Grundlage an[12].

## II. Anwendungsbereich

§ 64 knüpft an § 63 an und teilt dessen Anwendungsvoraussetzungen (vgl. § 63 Rz. 4 ff.)[13].

### 1. Sachliche Reichweite

#### a) Allgemeines

§ 64 bezieht sich nur auf fällige Einlageforderungen i.S. des § 54 Abs. 1[14]. Nicht erfasst werden Nebenleistungspflichten (§ 55), Nebenforderungen aus der Einlageschuld (§ 63 Abs. 2 und 3) sowie Verpflichtungen zur Rückgewähr verbotener Leistungen (§ 62)[15].

#### b) Bareinlagen

§ 64 erfasst in erster Linie offene Bareinlagen[16], auch solche aus einer Kapitalerhöhung[17]. Die Einlageschuld schließt ein etwaiges Aufgeld ein[18].

---

10 Ähnlich *Bayer* in MünchKomm. AktG, 3. Aufl., § 64 AktG Rz. 5; *Cahn* in Spindler/Stilz, § 64 AktG Rz. 4; *Gehrlein* in Großkomm. AktG, 4. Aufl., § 64 AktG Rz. 4; *v. Godin/Wilhelmi*, § 64 Anm. 2; *Lutter* in KölnKomm. AktG, 2. Aufl., § 64 AktG Rz. 3.
11 Dazu und zu einem Überblick über alle aktienrechtlichen Ausschlusstatbestände *Fleischer* in Großkomm. AktG, vor § 327a Rz. 34 ff.
12 Vgl. *Becker*, ZGR 1986, 383, 386 ff.; *Grunewald*, Der Ausschluss aus Gesellschaft und Verein, 1987, S. 52 ff.; *K. Schmidt*, GesR, § 28 I 5, S. 803; offen lassend BGH v. 1.2.1988 – II ZR 75/87, BGHZ 103, 184, 192 = AG 1988, 135.
13 Vgl. *Baumbach/Hueck*, § 64 AktG Anm. 2; *Bayer* in MünchKomm. AktG, 3. Aufl., § 64 AktG Rz. 9; *Gehrlein* in Großkomm. AktG, 4. Aufl., § 64 AktG Rz. 8; *Lutter* in KölnKomm. AktG, 2. Aufl., § 64 AktG Rz. 10.
14 Vgl. *Bayer* in MünchKomm. AktG, 3. Aufl., § 64 AktG Rz. 10.
15 Vgl. *Baumbach/Hueck*, § 64 AktG Anm. 2; *Bergheim* in Heidel, § 64 AktG Rz. 3; *Cahn* in Spindler/Stilz, § 64 AktG Rz. 9; *Gehrlein* in Großkomm. AktG, 4. Aufl., § 64 AktG Rz. 15; *v. Godin/Wilhelmi*, § 64 AktG Anm. 3; *Lutter* in KölnKomm. AktG, 2. Aufl., § 64 AktG Rz. 11; *Westermann* in Bürgers/Körber, § 64 AktG Rz. 3.
16 Vgl. *Bayer* in MünchKomm. AktG, 3. Aufl., § 64 AktG Rz. 10; *Bergheim* in Heidel, § 64 AktG Rz. 2; *Cahn* in Spindler/Stilz, § 64 AktG Rz. 7; *Gehrlein* in Großkomm. AktG, 4. Aufl., § 64 AktG Rz. 9; *Hüffer*, § 64 AktG Rz. 3; *Lutter* in KölnKomm. AktG, 2. Aufl., § 64 AktG Rz. 11.
17 Vgl. *Bayer* in MünchKomm. AktG, 3. Aufl., § 64 AktG Rz. 10.
18 Vgl. *Bayer* in MünchKomm. AktG, 3. Aufl., § 64 AktG Rz. 10; *Gehrlein* in Großkomm. AktG, 4. Aufl., § 64 AktG Rz. 9; *Lutter* in KölnKomm. AktG, 2. Aufl., § 64 AktG Rz. 11.

## c) Sacheinlagen

9 Auf Sacheinlagen ist § 64 grundsätzlich nicht anwendbar[19]. Anders als im Rahmen des § 63 (vgl. § 63 Rz. 6) kann die Satzung seinen Anwendungsbereich auch nicht auf Sacheinlagen ausdehnen[20]. Dagegen kommt § 64 für die wieder auflebende Geldzahlungspflicht bei einem Scheitern der Sacheinlage erneut zum Tragen (vgl. § 54 Rz. 24)[21].

## d) Gemischte Einlagen

10 Bei einer gemischten Einlage, die teils Bareinlage, teils Sacheinlage ist, kann ein Ausschlussverfahren nur wegen einer nicht rechtzeitig geleisteten Bareinlage eingeleitet werden[22]. Wird der Ausschluss wirksam, verliert der Aktionär gem. § 64 Abs. 3 Satz 1 auch die bereits geleistete Sacheinlage[23].

## 2. Persönliche Reichweite

### a) Aktionäre

11 § 64 richtet sich allein gegen säumige Aktionäre[24]. Weil die AG vor vollständiger Einlageleistung nur Namensaktien oder auf den Namen lautende Zwischenscheine ausgeben darf (§ 10 Abs. 2 Satz 1), geht es in der Regel um die Kaduzierung von Namensaktien[25]. Das Kaduzierungsverfahren steht aber auch zur Verfügung, wenn gesetzeswidrig nicht voll eingezahlte Inhaberaktien ausgegeben wurden[26].

### b) Abtretung, Verpfändung, Pfändung

12 Ein Kaduzierungsverfahren scheidet aus, wenn die AG die Einlageforderung an einen Dritten abgetreten hat[27]. Der Dritte kann kein Ausschlussverfahren betreiben, weil

---

[19] Vgl. RG v. 22.2.1908 – Rep I 230/07 – „Internationale Reklamegesellschaft", RGZ 68, 271, 273 (GmbH); *Baumbach/Hueck*, § 64 AktG Anm. 2; *Bayer* in MünchKomm. AktG, 3. Aufl., § 64 AktG Rz. 12; *Cahn* in Spindler/Stilz, § 64 AktG Rz. 7; *Gehrlein* in Großkomm. AktG, 4. Aufl., § 64 AktG Rz. 11; *v. Godin/Wilhelmi*, § 64 AktG Anm. 3; *Hüffer*, § 64 AktG Rz. 3; *Lutter* in KölnKomm. AktG, 2. Aufl., § 64 AktG Rz. 11.

[20] Vgl. *Baumbach/Hueck*, § 64 AktG Anm. 2; *Bayer* in MünchKomm. AktG, 3. Aufl., § 64 AktG Rz. 12; *Cahn* in Spindler/Stilz, § 64 AktG Rz. 5; *Gehrlein* in Großkomm. AktG, 4. Aufl., § 64 AktG Rz. 11; *v. Godin/Wilhelmi*, § 64 AktG Anm. 3; *Lutter* in KölnKomm. AktG, 2. Aufl., § 64 AktG Rz. 46.

[21] Vgl. *Bayer* in MünchKomm. AktG, 3. Aufl., § 63 AktG Rz. 12; *Cahn* in Spindler/Stilz, § 64 AktG Rz. 7; *Gehrlein* in Spindler/Stilz, § 64 AktG Rz. 12; *Hüffer*, § 64 AktG Rz. 3; *Lutter* in KölnKomm. AktG, 2. Aufl., § 64 AktG Rz. 11.

[22] Vgl. *Bayer* in MünchKomm. AktG, 3. Aufl., § 64 AktG Rz. 13; *Cahn* in Spindler/Stilz, § 64 AktG Rz. 8; *Gehrlein* in Großkomm. AktG, 4. Aufl., § 64 AktG Rz. 11.

[23] Vgl. *Baumbach/Hueck*, § 64 AktG Anm. 2; *Bayer* in MünchKomm. AktG, 3. Aufl., § 64 AktG Rz. 13; *Cahn* in Spindler/Stilz, § 64 AktG Rz. 8; *Gehrlein* in Großkomm. AktG, 4. Aufl., § 64 AktG Rz. 11.

[24] Vgl. *Bayer* in MünchKomm. AktG, 3. Aufl., § 64 AktG Rz. 14; *Cahn* in Spindler/Stilz, § 64 AktG Rz. 14; *Hüffer*, § 64 AktG Rz. 3; *Lutter* in KölnKomm. AktG, 2. Aufl., § 64 AktG Rz. 12.

[25] Vgl. *Bergheim* in Heidel, § 64 AktG Rz. 2; *Cahn* in Spindler/Stilz, § 64 AktG Rz. 15; *Hüffer*, § 64 AktG Rz. 3.

[26] Vgl. *Bayer* in MünchKomm. AktG, 3. Aufl., § 64 AktG Rz. 15; *Cahn* in Spindler/Stilz, § 64 AktG Rz. 15; *Hüffer*, § 64 AktG Rz. 3.

[27] Vgl. *Bayer* in MünchKomm. AktG, 3. Aufl., § 64 AktG Rz. 22; *Cahn* in Spindler/Stilz, § 64 AktG Rz. 16; *Gehrlein* in Großkomm. AktG, 4. Aufl., § 64 AktG Rz. 13; *Hüffer*, § 64 AktG Rz. 3; *Lutter* in KölnKomm. AktG, 2. Aufl., § 64 AktG Rz. 14.

das Recht zur Kaduzierung als unselbständiges Nebenrecht nicht übertragbar ist[28]. Dagegen bleibt ein Ausschluss des säumigen Aktionärs möglich, wenn die AG die Einlageforderung lediglich verpfändet hat[29]. Gleiches gilt bei einer Pfändung der Einlageforderung in Form der Überweisung zur Einziehung[30].

### 3. Zeitliche Reichweite

§ 64 setzt die Eintragung der AG oder der Kapitalerhöhung in das Handelsregister voraus[31]. Auf Übernehmer oder Zeichner von Aktien ist das Kaduzierungsverfahren noch nicht anwendbar[32]. 13

## III. Durchführung des Ausschlusses

### 1. Zuständigkeit

#### a) Maßnahme der Geschäftsführung

Die Entscheidung über die Kaduzierung ist eine korporative Maßnahme der Geschäftsführung[33]. Sie fällt daher in die **alleinige Zuständigkeit des Vorstands**[34]. Intern kann sie allerdings gem. § 111 Abs. 4 Satz 2 an die Zustimmung des Aufsichtsrats gebunden werden[35]. Dagegen kann die Satzung wegen des engen Sachzusammenhangs zwischen § 63 und § 64 nach zutreffender herrschender Meinung keine abweichende Zuständigkeitsverteilung, z.B. eine Beteiligung der Hauptversammlung, vorsehen[36]. Nach Eröffnung des Insolvenzverfahrens über das Vermögen der AG geht die Entscheidungszuständigkeit auf den Insolvenzverwalter über (Rz. 44)[37]. 14

---

28 Vgl. *Bayer* in MünchKomm. AktG, 3. Aufl., § 64 AktG Rz. 22; *Cahn* in Spindler/Stilz, § 64 AktG Rz. 16; eingehend für die GmbH *Melber*, Die Kaduzierung bei der GmbH, 1993, S. 163 ff.
29 Vgl. *Bayer* in MünchKomm. AktG, 3. Aufl., § 64 AktG Rz. 24; *Cahn* in Spindler/Stilz, § 64 AktG Rz. 17; *Gehrlein* in Großkomm. AktG, 4. Aufl., § 64 AktG Rz. 14; *Hüffer*, § 64 Rz. 3; *Lutter* in KölnKomm. AktG, 2. Aufl., § 64 AktG Rz. 14.
30 Vgl. *Bayer* in MünchKomm. AktG, 3. Aufl., § 64 AktG Rz. 26; *Cahn* in Spindler/Stilz, § 64 AktG Rz. 17; *Gehrlein* in Großkomm. AktG, 4. Aufl., § 64 AktG Rz. 14; *Hüffer*, § 64 Rz. 3; *Lutter* in KölnKomm. AktG, 2. Aufl., § 64 AktG Rz. 14; *Müller*, AG 1971, 1, 5.
31 Vgl. BGH v. 23.10.2006 – II ZR 162/05, BGHZ 169, 270, 275; Rz. 14 = AG 2007, 82; *Bayer* in MünchKomm. AktG, 3. Aufl., § 64 AktG Rz. 14; *Bergheim* in Heidel, § 64 AktG Rz. 2; *Gehrlein* in Großkomm. AktG, 4. Aufl., § 64 AktG Rz. 15; *v. Godin/Wilhelmi*, § 64 AktG Anm. 3.
32 Vgl. RG v. 20.4.1904 – Rep I 15/04, RGZ 58, 55, 57 (GmbH); *Bayer* in MünchKomm. AktG, 3. Aufl., § 64 AktG Rz. 14; *Cahn* in Spindler/Stilz, § 64 AktG Rz. 14; *Gehrlein* in Großkomm. AktG, 4. Aufl., § 64 AktG Rz. 15; *v. Godin/Wilhelmi*, § 64 AktG Anm. 3; *Lutter* in KölnKomm. AktG, 2. Aufl., § 64 AktG Rz. 12.
33 Vgl. *Cahn* in Spindler/Stilz, § 64 AktG Rz. 18; *Lutter* in KölnKomm. AktG, 2. Aufl., § 64 AktG Rz. 9.
34 Vgl. *Cahn* in Spindler/Stilz, § 64 AktG Rz. 18; *Gehrlein* in Großkomm. AktG, 4. Aufl., § 64 AktG Rz. 20; *Hüffer*, § 64 Rz. 2; *Lutter* in KölnKomm. AktG, 2. Aufl., § 64 AktG Rz. 9.
35 Vgl. *Bayer* in MünchKomm. AktG, 3. Aufl., § 64 AktG Rz. 27; *Cahn* in Spindler/Stilz, § 64 AktG Rz. 18; *Gehrlein* in Großkomm. AktG, 4. Aufl., § 64 AktG Rz. 20; *Lutter* in KölnKomm. AktG, 2. Aufl., § 64 AktG Rz. 9.
36 Vgl. *Cahn* in Spindler/Stilz, § 64 AktG Rz. 18; *Gehrlein* in Großkomm. AktG, 4. Aufl., § 64 AktG Rz. 20; *Lutter* in KölnKomm. AktG, 2. Aufl., § 64 AktG Rz. 9; abw. Baumbach/Hueck, § 64 AktG Anm. 3; *Bayer* in MünchKomm. AktG, 3. Aufl., § 64 AktG Rz. 29 f.; *v. Godin/Wilhelmi*, § 64 AktG Anm. 4; *Westermann* in Bürgers/Körber, § 64 AktG Rz. 5.
37 Vgl. RG v. 11.6.1915 – Rep II 105/15, RGZ 86, 419, 422 (GmbH); *Gehrlein* in Großkomm. AktG, 4. Aufl., § 64 AktG Rz. 20; *Lutter* in KölnKomm. AktG, 2. Aufl., § 64 AktG Rz. 9.

## b) Ermessen des Vorstands

15 Die Entscheidung über die Einleitung des Kaduzierungsverfahrens liegt im pflichtgemäßen Ermessen des Vorstands[38]. Er ist nicht verpflichtet, nach § 64 vorzugehen, sondern kann sich mit der gerichtlichen Geltendmachung der Einlage und ihrer Nebenforderungen begnügen[39]. Ebenso wenig muss er ein einmal eingeleitetes Verfahren zu Ende führen[40]. Allerdings machen sich die Vorstandsmitglieder nach § 93 Abs. 2 schadensersatzpflichtig, wenn sie ohne sachlichen Grund von einem Kaduzierungsverfahren absehen und dadurch den Rückgriff auf solvente Vormänner (§ 65) versperren[41].

## c) Gleichbehandlung der Aktionäre

16 Wie bei der Einforderung der Einlagen (§ 63 Rz. 14 f.) hat der Vorstand auch bei der Kaduzierung den Grundsatz der Gleichbehandlung der Aktionäre (§ 53a) sorgfältig zu beachten[42]. Er muss daher grundsätzlich gegen alle säumigen Aktionäre gleichmäßig vorgehen, sofern nicht bei einem von ihnen besondere Umstände eine Ausnahme rechtfertigen[43]. Eine solche Rechtfertigung kann in unterschiedlichen Beitreibungschancen liegen, so dass es der AG gestattet ist, die Einlageforderung gegen solvente, aber zahlungsunwillige Aktionäre gerichtlich geltend zu machen und gegen zahlungsunfähige Aktionäre sogleich das Kaduzierungsverfahren einzuleiten[44]. Das Gleichbehandlungsgebot gilt besonders strikt, wenn das Ausschlussverfahren bereits eingeleitet worden ist: Die Gesellschaft darf hier nur ganz ausnahmsweise, namentlich bei nachträglich umstrittenen Einlageforderungen, das Verfahren gegen einzelne Aktionäre einstellen und gegen andere zu Ende führen[45].

---

38 Vgl. RG v. 7.6.1902 – Rep I 61/02 – „Theater des Westens", RGZ 51, 416, 417 (GmbH); RG v. 3.4.1912 – Rep I 178/11, RGZ 79, 174, 178; KG v. 28.11.1900 – V CS, OLGR 1, 435, 436; *Baumbach/Hueck*, § 64 AktG Anm. 3; *Bayer* in MünchKomm. AktG, 3. Aufl., § 64 AktG Rz. 31; *Cahn* in Spindler/Stilz, § 64 AktG Rz. 19; *Gehrlein* in Großkomm. AktG, 4. Aufl., § 64 AktG Rz. 21; *Lutter* in KölnKomm. AktG, 2. Aufl., § 64 AktG Rz. 4.

39 Vgl. RG v. 7.6.1902 – Rep I 61/02 – „Theater des Westens", RGZ 51, 416, 417 (GmbH); *Baumbach/Hueck*, § 64 AktG Anm. 3; *Cahn* in Spindler/Stilz, § 64 AktG Rz. 19; *Gehrlein* in Großkomm. AktG, 4. Aufl., § 64 AktG Rz. 21; *Lutter* in KölnKomm. AktG, 2. Aufl., § 57 AktG Rz. 4.

40 Vgl. RG v. 7.6.1902 – Rep I 61/02 – „Theater des Westens", RGZ 51, 416, 417 (GmbH); OLG München v. 26.5.1909 – I ZS, OLGR 22, 15, 16; *Baumbach/Hueck*, § 64 AktG Anm. 3; *Bayer* in MünchKomm. AktG, 3. Aufl., § 64 AktG Rz. 32; *Hüffer*, § 64 AktG Rz. 2; *Lutter* in KölnKomm. AktG, 2. Aufl., § 64 AktG Rz. 4; abw. OLG Celle v. 3.11.1902 – II CS, OLGR 6, 191, 192 (GmbH).

41 Vgl. *Cahn* in Spindler/Stilz, § 64 AktG Rz. 20; *Gehrlein* in Großkomm. AktG, 4. Aufl., § 64 AktG Rz. 21; *Lutter* in KölnKomm. AktG, 2. Aufl., § 64 AktG Rz. 4.

42 Vgl. *Baumbach/Hueck*, § 64 AktG Anm. 3; *Bayer* in MünchKomm. AktG, 3. Aufl., § 64 AktG Rz. 34; *Cahn* in Spindler/Stilz, § 64 AktG Rz. 21; *Gehrlein* in Großkomm. AktG, 4. Aufl., § 64 AktG Rz. 23; *Hüffer*, § 64 AktG Rz. 2; *Lutter* in KölnKomm. AktG, 2. Aufl., § 64 AktG Rz. 5.

43 Vgl. RG v. 23.10.1914 – Rep II 148/14, RGZ 85, 366, 368; *Baumbach/Hueck*, § 64 AktG Anm. 3; *Bayer* in MünchKomm. AktG, 3. Aufl., § 64 AktG Rz. 34; *Cahn* in Spindler/Stilz, § 64 AktG Rz. 21; *Gehrlein* in Großkomm. AktG, 4. Aufl., § 64 AktG Rz. 23; *Lutter* in KölnKomm. AktG, 2. Aufl., § 64 AktG Rz. 5.

44 Vgl. *Bayer* in MünchKomm. AktG, 3. Aufl., § 64 AktG Rz. 35; *Cahn* in Spindler/Stilz, § 64 AktG Rz. 21; *Gehrlein* in Großkomm. AktG, 4. Aufl., § 64 AktG Rz. 23; *Hüffer*, § 64 AktG Rz. 2; *Lutter* in KölnKomm. AktG, 2. Aufl., § 64 AktG Rz. 5.

45 Vgl. *Bayer* in MünchKomm. AktG, 3. Aufl., § 64 AktG Rz. 36; *Cahn* in Spindler/Stilz, § 64 AktG Rz. 21; *Gehrlein* in Großkomm. AktG, 4. Aufl., § 64 AktG Rz. 24; *Lutter* in KölnKomm. AktG, 2. Aufl., § 64 AktG Rz. 6.

## 2. Fristsetzung und Ausschlussandrohung

Die Gesellschaft kann den Aktionären, die den eingeforderten Betrag nicht rechtzeitig einzahlen, gem. § 64 Abs. 1 eine Nachfrist mit der Androhung setzen, dass sie nach Fristablauf ihrer Aktien und der geleisteten Einzahlungen für verlustig erklärt werden. 17

### a) Zeitpunkt

Die Nachfristsetzung kann nach dem eindeutigen Gesetzeswortlaut erst erfolgen, wenn die Zahlungsfrist des § 63 Abs. 1 abgelaufen ist[46]. Sie darf daher nicht schon mit dieser verbunden werden[47]. Eine vorzeitige Nachfristsetzung bleibt wirkungslos[48]. 18

### b) Inhalt

**aa) Fristsetzung.** Die Nachfrist kann sowohl durch Angabe eines bestimmten Kalendertages (z.B. bis zum 1. Juni) als auch durch Nennung eines Anfangstermins (z.B. drei Monate vom Zeitpunkt der Bekanntmachung an) bestimmt werden[49]. Ihre Dauer beträgt bei öffentlicher Bekanntmachung mindestens drei Monate (§ 64 Abs. 2 Satz 2), bei individueller Aufforderung gegenüber den Inhabern vinkulierter Namensaktien mindestens einen Monat (§ 64 Abs. 2 Satz 4)[50]. Die Aufforderung, „prompt" zu zahlen, stellt keine wirksame Fristsetzung dar[51]. Eine zu kurz bemessene Frist ist unwirksam und setzt nicht die gesetzliche Mindestfrist in Lauf[52]. 19

**bb) Betroffene Aktionäre.** Die Erklärung muss die von der Kaduzierung bedrohten Aktionäre genau bezeichnen[53]. Für den Regelfall nicht voll eingezahlter Namensaktien ergibt sich der betroffene Personenkreis aus dem Aktienregister (§ 67 Abs. 2)[54]. Die säumigen Aktionäre sind dann am besten namentlich mit Angabe der Serie und Aktiennummer nebst Zahlungsrückstand zu individualisieren[55]. Eine Aufforderung 20

---

46 Vgl. *Bayer* in MünchKomm. AktG, 3. Aufl., § 64 AktG Rz. 39; *Bergheim* in Heidel, § 64 AktG Rz. 4; *Gehrlein* in Großkomm. AktG, 4. Aufl., § 64 AktG Rz. 26; *Lutter* in KölnKomm. AktG, 2. Aufl., § 64 AktG Rz. 16.
47 Vgl. KG v. 3.2.1909 – V ZS, OLGR 19, 370 (GmbH); OLG München v. 1.2.1984 – 7 U 4142/83, GmbHR 1985, 56 (GmbH); *Bayer* in MünchKomm. AktG, 3. Aufl., § 64 AktG Rz. 39; *Cahn* in Spindler/Stilz, § 64 AktG Rz. 22; *Gehrlein* in Großkomm. AktG, 4. Aufl., § 64 AktG Rz. 26; *Hüffer*, § 64 AktG Rz. 4.
48 Vgl. *Bayer* in MünchKomm. AktG, 3. Aufl., § 64 AktG Rz. 39; *Gehrlein* in Großkomm. AktG, 4. Aufl., § 64 AktG Rz. 26; *Lutter* in KölnKomm. AktG, 2. Aufl., § 64 AktG Rz. 16.
49 Vgl. *Bayer* in MünchKomm. AktG, 3. Aufl., § 64 AktG Rz. 40; *Bergheim* in Heidel, § 64 AktG Rz. 8; *Cahn* in Spindler/Stilz, § 64 AktG Rz. 24; *Gehrlein* in Großkomm. AktG, 4. Aufl., § 64 AktG Rz. 27; *Hüffer*, § 64 AktG Rz. 5; *Lutter* in KölnKomm. AktG, 2. Aufl., § 64 AktG Rz. 16.
50 Vgl. *Bayer* in MünchKomm. AktG, 3. Aufl., § 64 AktG Rz. 40; *Gehrlein* in Großkomm. AktG, 4. Aufl., § 64 AktG Rz. 27; *Lutter* in KölnKomm. AktG, 2. Aufl., § 64 AktG Rz. 16.
51 Vgl. OLG Köln v. 28.6.1908 – VI ZS, OLGR 19, 369 f. (GmbH); *Gehrlein* in Großkomm. AktG, 4. Aufl., § 64 AktG Rz. 27.
52 Vgl. *Bayer* in MünchKomm. AktG, 3. Aufl., § 64 AktG Rz. 40.
53 Vgl. *Cahn* in Spindler/Stilz, § 64 AktG Rz. 23; *Gehrlein* in Großkomm. AktG, 4. Aufl., § 64 AktG Rz. 29; *Hüffer*, § 64 AktG Rz. 5.
54 Vgl. *Bayer* in MünchKomm. AktG, 3. Aufl., § 64 AktG Rz. 42; *Cahn* in Spindler/Stilz, § 64 AktG Rz. 23; *Gehrlein* in Großkomm. AktG, 4. Aufl., § 64 AktG Rz. 29; *Lutter* in KölnKomm. AktG, 2. Aufl., § 64 AktG Rz. 18.
55 Vgl. *Baumbach/Hueck*, § 64 AktG Anm. 3; *Gehrlein* in Großkomm. AktG, 4. Aufl., § 64 AktG Rz. 29; *v. Godin/Wilhelmi*, § 64 AktG Anm. 5; *Hüffer*, § 64 AktG Rz. 5; *Lutter* in KölnKomm. AktG, 2. Aufl., § 64 AktG Rz. 19; *Westermann* in Bürgers/Körber, § 64 AktG Rz. 6.

an „alle Aktionäre, die sich mit der eingeforderten Zahlung in Rückstand befinden", verfehlt ihre Warnfunktion und reicht nicht aus[56].

21 **cc) Ausschlussandrohung.** Die Androhung des Ausschlusses muss eindeutig und unmissverständlich erfolgen[57]. Formelhafte Wendungen („Wahrung aller Rechte") und allgemeine Warnhinweise („gesetzliche Nachteile") genügen nicht[58]. Auch der Begriff „Kaduzierung" ist nicht jedermann geläufig[59]. Es empfiehlt sich daher, sich bei der Ausschlussandrohung an den Wortlaut des § 64 Abs. 1 zu halten[60].

### 3. Bekanntmachung

#### a) Dreimalige öffentliche Bekanntmachung

22 Die Nachfrist muss ordnungsgemäß bekannt gemacht werden. § 64 Abs. 2 Satz 1 verlangt grundsätzlich eine dreimalige Bekanntmachung in den (allen[61]) Gesellschaftsblättern. Dazu gehört stets der elektronische Bundesanzeiger (§ 25 Satz 1), daneben ggf. noch andere Blätter oder elektronische Informationsmedien (§ 25 Satz 2). Gem. § 64 Abs. 2 Satz 2 muss die erste Bekanntmachung mindestens drei Monate, die letzte einen Monat vor Fristablauf ergehen. Zwischen den einzelnen Bekanntmachungen muss nach § 64 Abs. 2 Satz 3 ein Zeitraum von mindestens drei Wochen liegen. Die jeweilige Bekanntmachung ist mit Erscheinen des letzten Gesellschaftsblattes vollendet[62].

#### b) Einmalige Einzelaufforderung

23 Ist die Übertragung der Aktien an die Zustimmung der Gesellschaft gebunden (§ 68 Abs. 2 Satz 1), so genügt an Stelle der öffentlichen Bekanntmachungen gem. § 64 Abs. 2 Satz 4 die einmalige Einzelaufforderung an die säumigen Aktionäre. Dabei muss eine Nachfrist gewährt werden, die mindestens einen Monat seit dem Empfang der Aufforderung beträgt. Für den Zugang der Mitteilung ist die AG beweispflichtig, so dass sich die Zustellung durch Einschreiben empfiehlt[63].

---

56 Vgl. KG v. 28.11.1900 – V CS, OLGR 1, 435; *Gehrlein* in Großkomm. AktG, 4. Aufl., § 64 AktG Rz. 29; *Hüffer*, § 64 AktG Rz. 5; *Lutter* in KölnKomm. AktG, 2. Aufl., § 64 AktG Rz. 19.
57 Vgl. *Bayer* in MünchKomm. AktG, 3. Aufl., § 64 AktG Rz. 41; *Cahn* in Spindler/Stilz, § 64 AktG Rz. 25; *Gehrlein* in Großkomm. AktG, 4. Aufl., § 64 AktG Rz. 28.
58 Vgl. *Bayer* in MünchKomm. AktG, 3. Aufl., § 64 AktG Rz. 41; *Cahn* in Spindler/Stilz, § 64 AktG Rz. 25; *Gehrlein* in Großkomm. AktG, 4. Aufl., § 64 AktG Rz. 28; *Lutter* in KölnKomm. AktG, 2. Aufl., § 64 AktG Rz. 17.
59 Vgl. *Bayer* in MünchKomm. AktG, 3. Aufl., § 64 AktG Rz. 41; *Gehrlein* in Großkomm. AktG, 4. Aufl., § 64 AktG Rz. 28.
60 Vgl. *Bayer* in MünchKomm. AktG, 3. Aufl., § 64 AktG Rz. 41; *Cahn* in Spindler/Stilz, § 64 AktG Rz. 25; *Gehrlein* in Großkomm. AktG, 4. Aufl., § 64 AktG Rz. 28; *v. Godin/Wilhelmi*, § 64 Anm. 5; *Lutter* in KölnKomm. AktG, 2. Aufl., § 64 AktG Rz. 17.
61 Vgl. *Cahn* in Spindler/Stilz, § 64 AktG Rz. 26; *Gehrlein* in Großkomm. AktG, 4. Aufl., § 64 AktG Rz. 30; *Lutter* in KölnKomm. AktG, 2. Aufl., § 64 AktG Rz. 21.
62 Vgl. *Bayer* in MünchKomm. AktG, 3. Aufl., § 64 AktG Rz. 46; *Bergheim* in Heidel, § 64 AktG Rz. 7; *Cahn* in Spindler/Stilz, § 64 AktG Rz. 26; *Gehrlein* in Großkomm. AktG, 4. Aufl., § 64 AktG Rz. 31; *Hüffer*, § 64 AktG Rz. 5; *Lutter* in KölnKomm. AktG, 2. Aufl., § 64 AktG Rz. 21; *Westermann* in Bürgers/Körber, AktG, § 64 Rz. 7.
63 Vgl. *Bergheim* in Heidel, § 64 AktG Rz. 10; *Gehrlein* in Großkomm. AktG, 4. Aufl., § 64 AktG Rz. 32; *v. Godin/Wilhelmi*, § 64 AktG Anm. 7; *Lutter* in KölnKomm. AktG, 2. Aufl., § 64 AktG Rz. 20.

## 4. Verlustigerklärung

### a) Zeitpunkt

Nach fruchtlosem Ablauf der Nachfrist kann der Vorstand säumige Aktionäre ihrer 24
Aktien und der geleisteten Einlagen für verlustig erklären. Die Verlustigerklärung
muss nicht unverzüglich nach Fristablauf, aber innerhalb einer angemessenen Frist
erfolgen[64]. Wartet der Vorstand zu lange, kann das Kaduzierungsrecht verwirkt
sein[65], und der Gesellschaft bleibt nur die Möglichkeit, das Ausschlussverfahren erneut einzuleiten[66]. Entgegen dem missverständlichen Gesetzeswortlaut („werden für
verlustig erklärt") ist der Vorstand nicht verpflichtet, den Ausschluss zu erklären;
vielmehr entscheidet er nach pflichtgemäßem Ermessen unter Beachtung des Gleichbehandlungsgrundsatzes (vgl. bereits Rz. 15 f.)[67].

### b) Inhalt

Der Ausschluss muss eindeutig und unmissverständlich erklärt werden[68]. Ratsam ist 25
eine enge Anlehnung an den Wortlaut des § 64 Abs. 3 Satz 1[69]. Gem. § 64 Abs. 3
Satz 2 sind die betroffenen Aktien in der Verlustigerklärung mit ihren Unterscheidungsmerkmalen anzugeben. Dazu gehören Aktiennummer, Serie, Stückelung und
ggf. weitere Merkmale[70].

### c) Form und Wirksamwerden

Gem. § 64 Abs. 3 Satz 1 muss die Verlustigerklärung durch einmalige Bekannt- 26
machung in den Gesellschaftsblättern erfolgen. Dies gilt auch für vinkulierte Aktien[71].
Eine anderweitige Veröffentlichung, etwa eine Erklärung gegenüber den säumigen
Aktionären, genügt nicht, weil das Formerfordernis auch dem Schutz des Rechtsverkehrs dient und nicht zur Disposition der Gesellschaft steht[72]. Wirksam wird der

---

64 Vgl. KG v. 28.11.1900 – V CS, OLGR 1, 435 f.: „3 Jahre sind zu lang"; *Baumbach/Hueck*, § 64 Anm. 5; *Bayer* in MünchKomm. AktG, 3. Aufl., § 64 AktG Rz. 50; *Cahn* in Spindler/Stilz, § 64 AktG Rz. 31; *Gehrlein* in Großkomm. AktG, 4. Aufl., § 64 AktG Rz. 34; *Lutter* in KölnKomm. AktG, 2. Aufl., § 64 AktG Rz. 23.
65 Vgl. *Baumbach/Hueck*, § 64 AktG Anm. 5; *Bayer* in MünchKomm. AktG, 3. Aufl., § 64 AktG Rz. 50; *Bergheim* in Heidel, § 64 AktG Rz. 11; *Gehrlein* in Großkomm. AktG, 4. Aufl., § 64 AktG Rz. 34; *Lutter* in KölnKomm. AktG, 2. Aufl., § 64 AktG Rz. 23.
66 Vgl. *Cahn* in Spindler/Stilz, § 64 AktG Rz. 31; *Gehrlein* in Großkomm. AktG, 4. Aufl., § 64 AktG Rz. 34; *Lutter* in KölnKomm. AktG, 2. Aufl., § 64 AktG Rz. 23.
67 Vgl. *Baumbach/Hueck*, § 64 AktG Anm. 5; *Bayer* in MünchKomm. AktG, 3. Aufl., § 64 AktG Rz. 49; *Cahn* in Spindler/Stilz, § 64 AktG Rz. 29; *Gehrlein* in Großkomm. AktG, 4. Aufl., § 64 AktG Rz. 33; *Hüffer*, § 64 AktG Rz. 6; *Lutter* in KölnKomm. AktG, 2. Aufl., § 64 AktG Rz. 23.
68 Vgl. *Bayer* in MünchKomm. AktG, 3. Aufl., § 64 AktG Rz. 52; *Gehrlein* in Großkomm. AktG, 4. Aufl., § 64 AktG Rz. 35.
69 Vgl. *Bayer* in MünchKomm. AktG, 3. Aufl., § 64 AktG Rz. 52; *Cahn* in Spindler/Stilz, § 64 AktG Rz. 32; *Gehrlein* in Großkomm. AktG, 4. Aufl., § 64 AktG Rz. 35.
70 Vgl. Begr. RegE bei *Kropff*, Aktiengesetz, S. 85; *Baumbach/Hueck*, § 64 AktG Anm. 5; *Bayer* in MünchKomm. AktG, 3. Aufl., § 64 AktG Rz. 52; *v. Godin/Wilhelmi*, § 64 AktG Anm. 8; *Hüffer*, § 64 AktG Rz. 6.
71 Vgl. *Bayer* in MünchKomm. AktG, 3. Aufl., § 64 AktG Rz. 51; *v. Godin/Wilhelmi*, § 64 Anm. 8; *Gehrlein* in Großkomm. AktG, 4. Aufl., § 64 AktG Rz. 36; *Hüffer*, § 64 AktG Rz. 6; *Lutter* in KölnKomm. AktG, 2. Aufl., § 64 AktG Rz. 25; *Westermann* in Bürgers/Körber, § 64 AktG Rz. 9.
72 Vgl. BGH v. 28.1.2002 – II ZR 259/00, NZG 2002, 333 = AG 2002, 618; *Bayer* in MünchKomm. AktG, 3. Aufl., § 64 AktG Rz. 51; *Cahn* in Spindler/Stilz, § 64 AktG Rz. 33; *Hüffer*, § 64 AktG Rz. 6.

Ausschluss mit Ablauf des Tages, an dem das letzte Gesellschaftsblatt erschienen ist[73].

#### d) Abwendung des Ausschlusses

27 Teilzahlungen hindern den Ausschluss nicht und sind nach erfolgter Kaduzierung für den Aktionär sogar verloren[74]. Der säumige Aktionär kann die Kaduzierung jedoch bis zum Wirksamwerden des Ausschlusses (Rz. 26) abwenden, indem er die Einlage vollständig leistet[75]. Gem. § 267 Abs. 1 BGB kann die Zahlung auch durch einen Dritten für ihn erfolgen[76].

28 Zur Vermeidung des Ausschlusses braucht der Aktionär an sich nur die fällige Einlageforderung ohne Nebenforderungen zu begleichen[77]. Dabei ist allerdings zu bedenken, dass Leistungen des Schuldners gem. § 367 Abs. 1 BGB zunächst auf die Zinsen und erst dann auf die Hauptforderung angerechnet werden[78]. Eine Zahlung des Aktionärs mit abweichender Tilgungsbestimmung kann die AG nach § 367 Abs. 2 BGB ablehnen[79].

### IV. Rechtswirkungen des Ausschlusses

#### 1. Rechtsstellung des ausgeschlossenen Aktionärs

#### a) Verlust der Mitgliedschaft

29 Mit Wirksamwerden der Verlustigerklärung verliert der betroffene Aktionär seine Mitgliedschaft[80]. Er wird zum Nichtmitglied[81], doch geht das Mitgliedschaftsrecht als solches – anders als bei der Zwangseinziehung nach § 237 Abs. 1 – nicht unter (näher Rz. 36).

30 **aa) Mitgliedschaftsrechte.** Durch den Ausschluss erlöschen alle mitgliedschaftlichen Rechte des Aktionärs[82]. Das gilt sowohl für seine Mitverwaltungs- wie für seine

---

73 Vgl. *Baumbach/Hueck*, § 64 AktG Anm. 5; *Bergheim* in Heidel, § 64 AktG Rz. 12; *Gehrlein* in Großkomm. AktG, 4. Aufl., § 64 AktG Rz. 37; *v. Godin/Wilhelmi*, § 64 AktG Anm. 8; *Hüffer*, § 64 AktG Rz. 6; *Lutter* in KölnKomm. AktG, 2. Aufl., § 64 AktG Rz. 25.
74 Vgl. *Bayer* in MünchKomm. AktG, 3. Aufl., § 64 AktG Rz. 48; *Cahn* in Spindler/Stilz, § 64 AktG Rz. 30; *Gehrlein* in Großkomm. AktG, 4. Aufl., § 64 AktG Rz. 33.
75 Vgl. *Bayer* in MünchKomm. AktG, 3. Aufl., § 64 AktG Rz. 19; *Gehrlein* in Großkomm. AktG, 4. Aufl., § 64 AktG Rz. 18; *Hüffer*, § 64 AktG Rz. 6; *Lutter* in KölnKomm. AktG, 2. Aufl., § 64 AktG Rz. 15.
76 Vgl. BGH v. 22.6.1992 – II ZR 30/91, NJW 1992, 2698, 2699 (GmbH); BGH v. 26.9.1994 – II ZR 166/93, ZIP 1994, 1855 f. (GmbH); *Bayer* in MünchKomm. AktG, 3. Aufl., § 64 AktG Rz. 19; *Cahn* in Spindler/Stilz, § 64 AktG Rz. 12; *Gehrlein* in Großkomm. AktG, 4. Aufl., § 64 AktG Rz. 18.
77 Vgl. *Bayer* in MünchKomm. AktG, 3. Aufl., § 64 AktG Rz. 20; *Gehrlein* in Großkomm. AktG, 4. Aufl., § 64 AktG Rz. 19; *Lutter* in KölnKomm. AktG, 2. Aufl., § 64 AktG Rz. 11.
78 Vgl. *Bayer* in MünchKomm. AktG, 3. Aufl., § 64 AktG Rz. 20; *Cahn* in Spindler/Stilz, § 64 AktG Rz. 13; *Gehrlein* in Großkomm. AktG, 4. Aufl., § 64 AktG Rz. 19.
79 Vgl. *Cahn* in Spindler/Stilz, § 64 AktG Rz. 13; *Gehrlein* in Großkomm. AktG, 4. Aufl., § 64 AktG Rz. 19.
80 Vgl. *Bayer* in MünchKomm. AktG, 3. Aufl., § 64 AktG Rz. 58; *Cahn* in Spindler/Stilz, § 64 AktG Rz. 34; *Gehrlein* in Großkomm. AktG, 4. Aufl., § 64 AktG Rz. 40; *Hüffer*, § 64 AktG Rz. 7; *Lutter* in KölnKomm. AktG, 2. Aufl., § 64 AktG Rz. 29; *Westermann* in Bürgers/Körber, § 64 AktG Rz. 11.
81 Vgl. *Baumbach/Hueck*, § 64 AktG Anm. 6; *Bayer* in MünchKomm. AktG, 3. Aufl., § 64 AktG Rz. 58; *Gehrlein* in Großkomm. AktG, 4. Aufl., § 64 AktG Rz. 42.
82 Vgl. *Bayer* in MünchKomm. AktG, 3. Aufl., § 64 AktG Rz. 61; *Cahn* in Spindler/Stilz, § 64 AktG Rz. 36; *Gehrlein* in Großkomm. AktG, 4. Aufl., § 64 AktG Rz. 43; *Lutter* in KölnKomm. AktG, 2. Aufl., § 64 AktG Rz. 29.

Vermögensrechte[83]. Unberührt bleiben bereits fällig gewordene Dividendenansprüche[84] sowie sonstige Drittgläubigeransprüche[85].

**bb) Mitgliedschaftspflichten.** Zugleich treffen den ausgeschlossenen Aktionär keine mitgliedschaftlichen Pflichten mehr[86]. Dies gilt insbesondere für seine Einlagepflicht, die durch die Ausfallhaftung des § 64 Abs. 4 Satz 2 ersetzt wird (Rz. 41)[87], aber auch für etwaige Nebenpflichten (§ 55)[88]. Für bereits angefallene Zins-, Schadensersatz- und Vertragsstrafeverbindlichkeiten (§ 63 Abs. 2 und 3) muss er dagegen weiter aufkommen[89]. 31

**cc) Geleistete Einzahlungen.** Gem. § 64 Abs. 3 Satz 1 verliert der Aktionär die geleistete Einlage zugunsten der AG. Die missglückte Formulierung bringt zunächst zum Ausdruck, dass während der Mitgliedschaft geleistete Einlagen mit Rechtsgrund erbracht wurden und daher nicht zurückgefordert werden können[90]. Darüber hinaus stellt sie klar, dass auch eine bereicherungsrechtliche Rückforderung wegen nachträglichen Wegfalls des Rechtsgrundes oder wegen eines etwaigen Verwertungsüberschusses (vgl. § 65 Rz. 38) ausscheidet[91]. 32

### b) Rechte Dritter an der Aktie

Mit Ausschluss des Aktionärs erlöschen auch alle Rechte seiner Gläubiger an der Aktie[92]. Dingliche Rechte, z.B. Pfandrecht oder Nießbrauch, gehen ersatzlos unter[93]. Schuldrechtliche Ansprüche Dritter, die das Mitgliedschaftsrecht betreffen, können nicht mehr erfüllt werden; an ihre Stelle tritt ggf. eine Schadensersatzpflicht des ausgeschlossenen Aktionärs[94]. 33

---

83 Vgl. *Bayer* in MünchKomm. AktG, 3. Aufl., § 64 AktG Rz. 61; *Lutter* in KölnKomm. AktG, 2. Aufl., § 64 AktG Rz. 29.
84 Vgl. *Baumbach/Hueck*, § 64 AktG Anm. 6; *Cahn* in Spindler/Stilz, § 64 AktG Rz. 37; *Gehrlein* in Großkomm. AktG, 4. Aufl., § 64 AktG Rz. 42; *Lutter* in KölnKomm. AktG, 2. Aufl., § 64 AktG Rz. 30.
85 Vgl. *Bayer* in MünchKomm. AktG, 3. Aufl., § 64 AktG Rz. 62; *Hüffer*, § 64 AktG Rz. 7.
86 Vgl. *Bayer* in MünchKomm. AktG, 3. Aufl., § 64 AktG Rz. 63; *Cahn* in Spindler/Stilz, § 64 AktG Rz. 38; *Gehrlein* in Großkomm. AktG, 4. Aufl., § 64 AktG Rz. 38; *Lutter* in KölnKomm. AktG, 2. Aufl., § 64 AktG Rz. 32.
87 Vgl. *Bayer* in MünchKomm. AktG, 3. Aufl., § 64 AktG Rz. 63; *Hüffer*, § 64 AktG Rz. 7; *Lutter* in KölnKomm. AktG, 2. Aufl., § 64 AktG Rz. 32.
88 Vgl. *Gehrlein* in Großkomm. AktG, 4. Aufl., § 64 AktG Rz. 43.
89 Vgl. *Gehrlein* in Großkomm. AktG, 4. Aufl., § 64 AktG Rz. 43; *v. Godin/Wilhelmi*, § 64 AktG Anm. 10; *Lutter* in KölnKomm. AktG, 2. Aufl., § 64 AktG Rz. 32.
90 Vgl. *Bayer* in MünchKomm. AktG, 3. Aufl., § 64 AktG Rz. 59; *Cahn* in Spindler/Stilz, § 64 AktG Rz. 35; *Lutter* in KölnKomm. AktG, 2. Aufl., § 64 AktG Rz. 28.
91 Vgl. *Bayer* in MünchKomm. AktG, 3. Aufl., § 64 AktG Rz. 59; *Cahn* in Spindler/Stilz, § 64 AktG Rz. 35; *Gehrlein* in Großkomm. AktG, 4. Aufl., § 64 AktG Rz. 35; *Lutter* in KölnKomm. AktG, 2. Aufl., § 64 AktG Rz. 41.
92 Vgl. *Baumbach/Hueck*, § 64 AktG Anm. 6; *Bayer* in MünchKomm. AktG, 3. Aufl., § 64 AktG Rz. 64; *Cahn* in Spindler/Stilz, § 64 AktG Rz. 40; *Gehrlein* in Großkomm. AktG, 4. Aufl., § 64 AktG Rz. 44.
93 Vgl. *Bayer* in MünchKomm. AktG, 3. Aufl., § 64 AktG Rz. 64; *Gehrlein* in Großkomm. AktG, 4. Aufl., § 64 AktG Rz. 44; *v. Godin/Wilhelmi*, § 64 AktG Anm. 8; *Lutter* in KölnKomm. AktG, 2. Aufl., § 64 AktG Rz. 31; *Westermann* in Bürgers/Körber, § 64 AktG Rz. 11.
94 Vgl. *Bayer* in MünchKomm. AktG, 3. Aufl., § 64 AktG Rz. 65; *Cahn* in Spindler/Stilz, § 64 AktG Rz. 41; *Gehrlein* in Großkomm. AktG, 4. Aufl., § 64 AktG Rz. 44.

## c) Unumkehrbarkeit des Ausschlusses

34 Die einmal ausgesprochene Kaduzierung ist unwiderruflich[95]. Eine nachträgliche Zahlung durch den Aktionär kann den Ausschluss nicht mehr heilen[96]. Dem ausgeschlossenen Aktionär bleibt nur die Möglichkeit, sein früheres Mitgliedschaftsrecht im Verwertungsverfahren nach § 65 Abs. 3 zu erwerben[97].

## d) Kein gutgläubiger Erwerb

35 Mit Wirksamwerden des Ausschlusses verliert der Aktionär seine Verfügungsbefugnis. Zudem scheidet ein gutgläubiger Erwerb der Aktien durch Dritte aus[98]. Dies gilt auch, wenn entgegen § 10 Abs. 2 Inhaberaktien vor Volleinzahlung oder Namensaktien mit überhöht ausgewiesenen Teilleistungen ausgegeben wurden[99].

## 2. Zuordnung der Mitgliedschaft

### a) Allgemeines

36 Die Kaduzierung bewirkt, dass der betroffene Aktionär seine Mitgliedschaft verliert (Rz. 29), führt aber nicht zum Untergang der Mitgliedschaft als solcher[100]. Wem die Mitgliedschaft bis zur Verwertung (§ 65) zusteht, ist streitig: Die hergebrachte Ansicht nahm an, dass das Mitgliedschaftsrecht als subjektloses Recht ohne Inhaber fortbesteht[101]; die heute herrschende Meinung geht von einem **vorübergehenden Erwerb der Aktie durch die Gesellschaft** aus[102]. Ihr gebührt der Vorzug, weil die Kategorie subjektloser Rechte – wie die einer Keinmann-Gesellschaft – zu dogmatischen Verwerfungen führt.

### b) Behandlung der kaduzierten Aktien

37 Die Gesellschaft muss die Mitgliedschaft des ausgeschlossenen Aktionärs nach § 65 verwerten; jedes andere Vorgehen ist unzulässig[103]. Sie darf die kaduzierten Aktien

---

95 Vgl. *Bayer* in MünchKomm. AktG, 3. Aufl., § 64 AktG Rz. 60; *Gehrlein* in Großkomm. AktG, 4. Aufl., § 64 AktG Rz. 48; *Lutter* in KölnKomm. AktG, 2. Aufl., § 64 AktG Rz. 36.
96 Vgl. *Baumbach/Hueck*, § 64 AktG Anm. 6; *Bayer* in MünchKomm. AktG, 3. Aufl., § 64 AktG Rz. 60; *Gehrlein* in Großkomm. AktG, 4. Aufl., § 64 AktG Rz. 48; *Lutter* in KölnKomm. AktG, 2. Aufl., § 64 AktG Rz. 36; abw. *v. Godin/Wilhelmi*, § 65 AktG Anm. 2.
97 Vgl. *Bayer* in MünchKomm. AktG, 3. Aufl., § 64 AktG Rz. 60; *Cahn* in Spindler/Stilz, § 64 AktG Rz. 39; *Gehrlein* in Großkomm. AktG, 4. Aufl., § 64 AktG Rz. 48; *Lutter* in KölnKomm. AktG, 2. Aufl., § 64 AktG Rz. 36.
98 Vgl. *Bayer* in MünchKomm. AktG, 3. Aufl., § 64 AktG Rz. 73; *Bergheim* in Heidel, § 64 AktG Rz. 13; *Gehrlein* in Großkomm. AktG, 4. Aufl., § 64 AktG Rz. 47; *v. Godin/Wilhelmi*, § 64 AktG Anm. 11; *Hüffer*, § 64 AktG Rz. 7; *Lutter* in KölnKomm. AktG, 2. Aufl., § 64 AktG Rz. 33.
99 Vgl. *Bayer* in MünchKomm. AktG, 3. Aufl., § 64 AktG Rz. 73; *Cahn* in Spindler/Stilz, § 64 AktG Rz. 44; *Gehrlein* in Großkomm. AktG, 4. Aufl., § 64 AktG Rz. 47; *Lutter* in KölnKomm. AktG, 2. Aufl., § 64 AktG Rz. 33.
100 Vgl. *Bayer* in MünchKomm. AktG, 3. Aufl., § 64 AktG Rz. 68; *Cahn* in Spindler/Stilz, § 64 AktG Rz. 42; *Gehrlein* in Großkomm. AktG, 4. Aufl., § 64 AktG Rz. 45; *Hüffer*, § 64 AktG Rz. 8; *Lutter* in KölnKomm. AktG, 2. Aufl., § 64 AktG Rz. 34; *Westermann* in Bürgers/Körber, § 64 AktG Rz. 11.
101 Vgl. BGH v. 13.7.1964 – II ZR 110/62, BGHZ 42, 89, 92 (GmbH); RG v. 26.3.1920 – II 413/19, RGZ 98, 276, 278 (GmbH); *v. Godin/Wilhelmi*, § 64 AktG Anm. 8; *v. Halem*, S. 41 ff.; *Hefermehl/Bungeroth* in G/H/E/K, § 64 Rz. 49; *Hohner*, Subjektlose Rechte, 1967, S. 113 ff.
102 Vgl. *Bayer* in MünchKomm. AktG, 3. Aufl., § 64 AktG Rz. 70; *Cahn* in Spindler/Stilz, § 64 AktG Rz. 42; *Gehrlein* in Großkomm. AktG, 4. Aufl., § 64 AktG Rz. 46; *Hüffer*, § 64 AktG Rz. 8; *Lutter* in KölnKomm. AktG, 2. Aufl., § 64 AktG Rz. 35.
103 Vgl. *Baumbach/Hueck*, § 64 AktG Anm. 6; *Bayer* in MünchKomm. AktG, 3. Aufl., § 64 AktG Rz. 70; *Cahn* in Spindler/Stilz, § 64 AktG Rz. 43; *Gehrlein* in Großkomm. AktG,

nicht aktivieren, weil sich deren Wert in der bereits aktivierten, offenen Einlageforderung erschöpft[104]. Die betreffenden Aktien sind aber nach § 160 Abs. 1 Nr. 2 im Anhang auszuweisen[105]. Gläubiger der AG können auf die Aktien nicht zugreifen[106]. Im Rahmen der §§ 71 Abs. 2, 71c Abs. 2 bleiben kaduzierte Aktien unberücksichtigt[107].

### 3. Schicksal der Aktienurkunden

#### a) Nichtigkeit der alten Urkunden

Die alten Aktienurkunden verlieren durch die Ausschlusserklärung ihre Wertpapiereigenschaft, ohne dass es einer besonderen Kraftloserklärung bedarf[108]. Nach richtiger Ansicht ist die AG gehalten, die ungültigen Aktienurkunden zur Verhütung von Missbrauch analog §§ 985, 952 BGB aus dem Verkehr zu ziehen[109]. 38

#### b) Ausgabe neuer Urkunden

An Stelle der alten Urkunden hat die AG nach § 64 Abs. 4 Satz 1 Halbs. 1 neue auszugeben. Dies ist schon deshalb erforderlich, weil Vormänner des ausgeschlossenen Aktionärs nach § 65 Abs. 1 Satz 4 nur gegen Aushändigung der neuen Urkunden zur Zahlung verpflichtet sind. War die kaduzierte Mitgliedschaft nicht verbrieft, kann die Urkundenausgabe unterbleiben[110]. 39

Die neuen Urkunden müssen nach § 64 Abs. 4 Satz 1 Halbs. 2 außer den geleisteten Teilzahlungen den rückständigen Betrag angeben. Sowohl die Teilzahlungen als auch der rückständige Betrag sind in der neuen Urkunde als eingezahlt zu vermerken, weil der Vormann die Urkunde nur gegen Zahlung erhält (§ 65 Abs. 1 Satz 4) und ein Drittwerber (§ 65 Abs. 3) die Zahlung nicht schuldet[111]. Dagegen müssen Nebenforderungen (§ 63 Abs. 2 und 3) nicht angegeben werden[112]. 40

---

4. Aufl., § 64 AktG Rz. 46; *Hüffer*, § 64 AktG Rz. 8; *Lutter* in KölnKomm. AktG, 2. Aufl., § 64 AktG Rz. 35.
104 Vgl. *Cahn* in Spindler/Stilz, § 64 AktG Rz. 43; *Gehrlein* in Großkomm. AktG, 4. Aufl., § 64 AktG Rz. 46; *Hüffer*, § 64 AktG Rz. 8; *Lutter* in KölnKomm. AktG, 2. Aufl., § 64 AktG Rz. 35.
105 Vgl. *Baumbach/Hueck*, § 64 AktG Anm. 16; *v. Godin/Wilhelmi*, § 64 AktG Anm. 8; *Hüffer*, § 64 AktG Rz. 8; *Lutter* in KölnKomm. AktG, 2. Aufl., § 64 AktG Rz. 35.
106 Vgl. *Bayer* in MünchKomm. AktG, 3. Aufl., § 64 AktG Rz. 70; *v. Godin/Wilhelmi*, § 64 AktG Anm. 8; *Hüffer*, § 64 AktG Rz. 8; *Lutter* in KölnKomm. AktG, 2. Aufl., § 64 AktG Rz. 35.
107 Vgl. *Bayer* in MünchKomm. AktG, 3. Aufl., § 64 AktG Rz. 70; *Cahn* in Spindler/Stilz, § 64 AktG Rz. 43; *Gehrlein* in Großkomm. AktG, 4. Aufl., § 64 AktG Rz. 46; *Hüffer*, § 64 AktG Rz. 8.
108 Vgl. *Bayer* in MünchKomm. AktG, 3. Aufl., § 64 AktG Rz. 72; *Cahn* in Spindler/Stilz, § 64 AktG Rz. 45; *Gehrlein* in Großkomm. AktG, 4. Aufl., § 64 AktG Rz. 49; *Lutter* in KölnKomm. AktG, 2. Aufl., § 64 AktG Rz. 37; *Westermann* in Bürgers/Körber, § 64 AktG Rz. 15.
109 Wie hier *Baumbach/Hueck*, § 64 AktG Anm. 8; *Bayer* in MünchKomm. AktG, 3. Aufl., § 64 AktG Rz. 74; *Cahn* in Spindler/Stilz, § 64 AktG Rz. 45; *v. Godin/Wilhelmi*, § 64 AktG Anm. 9; abw. *Gehrlein* in Großkomm. AktG, 4. Aufl., § 64 AktG Rz. 50; *Hefermehl/Bungeroth* in G/H/E/K, § 64 AktG Rz. 52; *Lutter* in KölnKomm. AktG, 2. Aufl., § 64 AktG Rz. 38; *Westermann* in Bürgers/Körber, § 64 AktG Rz. 15.
110 Vgl. *Bayer* in MünchKomm. AktG, 3. Aufl., § 64 AktG Rz. 75; *Bergheim* in Heidel, § 64 AktG Rz. 15; *Cahn* in Spindler/Stilz, § 64 AktG Rz. 46; *Gehrlein* in Großkomm. AktG, 4. Aufl., § 64 AktG Rz. 51; *Hüffer*, § 64 AktG Rz. 9; *Lutter* in KölnKomm. AktG, 2. Aufl., § 64 AktG Rz. 39.
111 Vgl. *Baumbach/Hueck*, § 64 AktG Anm. 8; *Bayer* in MünchKomm. AktG, 3. Aufl., § 64 AktG Rz. 78; *Gehrlein* in Großkomm. AktG, 4. Aufl., § 64 AktG Rz. 52; *Hüffer*, § 64 AktG Rz. 9; *Lutter* in KölnKomm. AktG, 2. Aufl., § 64 AktG Rz. 39.
112 Vgl. *Bayer* in MünchKomm. AktG, 3. Aufl., § 64 AktG Rz. 77; *Bergheim* in Heidel, § 64 AktG Rz. 17; *Cahn* in Spindler/Stilz, § 64 AktG Rz. 47; *Gehrlein* in Großkomm. AktG, 4. Aufl., § 64 AktG Rz. 52.

## 4. Ausfallhaftung des ausgeschlossenen Aktionärs

41 Der ausgeschlossene Aktionär haftet der Gesellschaft nach § 64 Abs. 4 Satz 2 für deren Ausfall. Die Haftung erstreckt sich auf den gesamten rückständigen Betrag einschließlich jener Beiträge, die der Vorstand gem. § 63 Abs. 1 erst nach der Kaduzierung einfordert[113], nicht dagegen auf Nebenforderungen nach § 63 Abs. 2 und 3[114]. Sie kommt allerdings nur hilfsweise zum Tragen, wenn und soweit die Inanspruchnahme der Vormänner (§ 65 Abs. 1) und die Verwertung durch Verkauf (§ 65 Abs. 3) erfolglos geblieben sind[115].

## V. Fehlerhafter Ausschluss

42 Sämtliche Mängel des Kaduzierungsverfahrens führen zur **Nichtigkeit des Ausschlusses**[116]. Eine Heilung scheidet aus; in Betracht kommt nur eine Neuvornahme aller Verfahrensschritte[117]. Der Aktionär ist daher weiterhin Mitglied der Gesellschaft mit allen Rechten und Pflichten[118]. Er kann gegen die AG auf Feststellung des Fortbestands seiner Mitgliedschaft klagen (§ 256 ZPO)[119]. Verfügungen der AG über die Aktie sind wirkungslos; ein gutgläubiger Erwerb durch einen Dritten ist nicht möglich[120]. Von der AG ausgestellte neue Aktien sind ein rechtliches Nullum[121].

## VI. Besonderheiten in der Insolvenz

### 1. Insolvenz des Aktionärs

43 Bei einer Insolvenz des Aktionärs kann die AG das Kaduzierungsverfahren betreiben und eine etwaige Ausfallforderung (§ 64 Abs. 4 Satz 2) zur Insolvenztabelle anmelden[122]. Wahlweise kann sie die offene Einlageforderung als Insolvenzforderung geltend machen, die darauf entfallende Quote in Empfang nehmen und wegen des unge-

---

113 Vgl. *Cahn* in Spindler/Stilz, § 64 AktG Rz. 50; *Gehrlein* in Großkomm. AktG, 4. Aufl., § 64 AktG Rz. 54; *Hüffer*, § 64 AktG Rz. 9; *Lutter* in KölnKomm. AktG, 2. Aufl., § 64 AktG Rz. 40.
114 Vgl. *Bayer* in MünchKomm. AktG, 3. Aufl., § 64 AktG Rz. 83; *Cahn* in Spindler/Stilz, § 64 AktG Rz. 50; *Gehrlein* in Großkomm. AktG, 4. Aufl., § 64 AktG Rz. 55.
115 Vgl. RG v. 10.7.1914 – Rep II 175/14, RGZ 85, 237, 241 (GmbH); *Bayer* in MünchKomm. AktG, 3. Aufl., § 64 AktG Rz. 81; *Cahn* in Spindler/Stilz, § 64 AktG Rz. 49; *Gehrlein* in Großkomm. AktG, 4. Aufl., § 64 AktG Rz. 56; *v. Godin/Wilhelmi*, § 64 AktG Anm. 10; *Lutter* in KölnKomm. AktG, 2. Aufl., § 64 AktG Rz. 42.
116 Vgl. *Bayer* in MünchKomm. AktG, 3. Aufl., § 64 AktG Rz. 90; *Cahn* in Spindler/Stilz, § 64 AktG Rz. 53; *Gehrlein* in Großkomm. AktG, 4. Aufl., § 64 AktG Rz. 61; *Lutter* in KölnKomm. AktG, 2. Aufl., § 64 AktG Rz. 48; *Westermann* in Bürgers/Körber, § 64 AktG Rz. 17.
117 Vgl. *Cahn* in Spindler/Stilz, § 64 AktG Rz. 53; *Gehrlein* in Großkomm. AktG, 4. Aufl., § 64 AktG Rz. 61; *v. Godin/Wilhelmi*, § 64 AktG Anm. 11; *Lutter* in KölnKomm. AktG, 2. Aufl., § 64 AktG Rz. 48.
118 Vgl. RG v. 14.2.1883 – Rep I 526/82, RGZ 9, 36, 41 f.; KG v. 28.11.1900 – V CS, OLGR 1, 435, 436; *Gehrlein* in Großkomm. AktG, 4. Aufl., § 64 AktG Rz. 61; *Lutter* in KölnKomm. AktG, 2. Aufl., § 64 AktG Rz. 49.
119 Vgl. *Baumbach/Hueck*, § 64 AktG Anm. 7; *Bayer* in MünchKomm. AktG, 3. Aufl., § 64 AktG Rz. 91; *v. Godin/Wilhelmi*, § 64 AktG Anm. 11.
120 Vgl. *Bayer* in MünchKomm. AktG, 3. Aufl., § 64 AktG Rz. 92; *Cahn* in Spindler/Stilz, § 64 AktG Rz. 54; *Gehrlein* in Großkomm. AktG, 4. Aufl., § 64 AktG Rz. 65; *Lutter* in KölnKomm. AktG, 2. Aufl., § 64 AktG Rz. 50.
121 Vgl. KG v. 28.11.1900 – V CS, OLGR 1, 435, 436; *Gehrlein* in Großkomm. AktG, 4. Aufl., § 64 AktG Rz. 65; *Lutter* in KölnKomm. AktG, 2. Aufl., § 64 AktG Rz. 50.
122 Vgl. *Gehrlein* in Großkomm. AktG, 4. Aufl., § 64 AktG Rz. 67; *Lutter* in KölnKomm. AktG, 2. Aufl., § 64 AktG Rz. 52.

deckten Restbetrages ein Ausschlussverfahren einleiten[123]. Der Insolvenzverwalter muss sich seinerseits entscheiden, ob er die fällige Einlageschuld vollständig erfüllt und die Aktie zugunsten der Masse verwertet oder ob er die Zahlung verweigert und die Kaduzierung durch die AG in Kauf nimmt[124].

### 2. Insolvenz der Gesellschaft

Die Insolvenz der Gesellschaft schließt eine Kaduzierung nicht aus[125]. Die Kaduzierungsbefugnis liegt in den Händen des Insolvenzverwalters (§ 80 InsO), der ebenso wie der Vorstand (Rz. 16) an den Gleichbehandlungsgrundsatz (§ 53a) gebunden ist[126].

44

# § 65
# Zahlungspflicht der Vormänner

(1) Jeder im Aktienregister verzeichnete Vormann des ausgeschlossenen Aktionärs ist der Gesellschaft zur Zahlung des rückständigen Betrags verpflichtet, soweit dieser von seinen Nachmännern nicht zu erlangen ist. Von der Zahlungsaufforderung an einen früheren Aktionär hat die Gesellschaft seinen unmittelbaren Vormann zu benachrichtigen. Dass die Zahlung nicht zu erlangen ist, wird vermutet, wenn sie nicht innerhalb eines Monats seit der Zahlungsaufforderung und der Benachrichtigung des Vormanns eingegangen ist. Gegen Zahlung des rückständigen Betrags wird die neue Urkunde ausgehändigt.

(2) Jeder Vormann ist nur zur Zahlung der Beträge verpflichtet, die binnen zwei Jahren eingefordert werden. Die Frist beginnt mit dem Tage, an dem die Übertragung der Aktie zum Aktienregister der Gesellschaft angemeldet wird.

(3) Ist die Zahlung des rückständigen Betrags von Vormännern nicht zu erlangen, so hat die Gesellschaft die Aktie unverzüglich zum Börsenpreis und beim Fehlen eines Börsenpreises durch öffentliche Versteigerung zu verkaufen. Ist von der Versteigerung am Sitz der Gesellschaft kein angemessener Erfolg zu erwarten, so ist die Aktie an einem geeigneten Ort zu verkaufen. Zeit, Ort und Gegenstand der Versteigerung sind öffentlich bekanntzumachen. Der ausgeschlossene Aktionär und seine Vormänner sind besonders zu benachrichtigen; die Benachrichtigung kann unterbleiben, wenn sie untunlich ist. Bekanntmachung und Benachrichtigung müssen mindestens zwei Wochen vor der Versteigerung ergehen.

| I. Überblick . . . . . . . . . . . . . . . . . . . 1 | II. Rückgriff auf die Vormänner . . . . . . 5 |
|---|---|
| 1. Regelungsgegenstand und Bedeutung 1 | 1. Wirksame Kaduzierung . . . . . . . . . . 5 |
| 2. Vorgängervorschriften und Parallelregelungen . . . . . . . . . . . . . . . . . . . 3 | 2. Haftungsschuldner . . . . . . . . . . . . . . 6 |
|  | a) Vormann . . . . . . . . . . . . . . . . . . . 6 |
|  | b) Eintragung im Aktienregister . . . . 8 |
| 3. Verwertungspflicht der Gesellschaft . 4 | c) Staffelregress . . . . . . . . . . . . . . . . 10 |

---

123 Vgl. *Gehrlein* in Großkomm. AktG, 4. Aufl., § 64 AktG Rz. 67; *Lutter* in KölnKomm. AktG, 2. Aufl., § 64 AktG Rz. 52.
124 Vgl. *Bayer* in MünchKomm. AktG, 3. Aufl., § 64 AktG Rz. 94; *Cahn* in Spindler/Stilz, § 64 AktG Rz. 57; *Gehrlein* in Großkomm. AktG, 4. Aufl., § 64 AktG Rz. 67.
125 Vgl. *Bayer* in MünchKomm. AktG, 3. Aufl., § 64 AktG Rz. 93; *Cahn* in Spindler/Stilz, § 64 AktG Rz. 58; *Lutter* in KölnKomm. AktG, 2. Aufl., § 64 AktG Rz. 51.
126 Vgl. *Cahn* in Spindler/Stilz, § 64 AktG Rz. 58; *Gehrlein* in Großkomm. AktG, 4. Aufl., § 64 AktG Rz. 66; *Lutter* in KölnKomm. AktG, 2. Aufl., § 64 AktG Rz. 51.

| | | | |
|---|---|---|---|
| aa) Allgemeines | 10 | 4. Verjährung | 25 |
| bb) Haftung des unmittelbaren Vormanns | 11 | **IV. Verkauf der Aktie** | 26 |
| cc) Haftung des mittelbaren Vormanns | 12 | 1. Verkaufspflicht | 26 |
| (1) Zahlungsunfähigkeit der Nachmänner | 12 | 2. Verkäufer und Käufer | 27 |
| | | 3. Verkaufsmodalitäten | 29 |
| (2) Benachrichtigung des Vormanns | 14 | a) Verkauf über die Börse | 29 |
| | | b) Öffentliche Versteigerung | 30 |
| dd) Mehrere Schuldner | 15 | aa) Allgemeines | 30 |
| 3. Haftungsschuld | 16 | bb) Versteigerungsort | 31 |
| a) Rechtsnatur | 16 | cc) Bekanntmachung und Benachrichtigung | 32 |
| b) Umfang | 17 | dd) Sorgfaltspflicht des Vorstands | 33 |
| 4. Rechtsstellung des zahlenden Vormanns | 18 | 4. Rechtsfolgen des Verkaufs | 34 |
| a) Erwerb der Mitgliedschaft | 18 | a) Rechtsstellung des Käufers | 34 |
| b) Zahlung des Vormanns | 19 | b) Verlust der Regressansprüche gegen Vormänner | 36 |
| c) Aushändigung der neuen Urkunde | 20 | c) Ausfallhaftung des ausgeschlossenen Aktionärs | 37 |
| d) Erstattungsanspruch gegen Nachmänner | 21 | d) Übererlös | 38 |
| **III. Befristung der Haftung** | 22 | 5. Unverkäuflichkeit der Aktie | 39 |
| 1. Anwendungsbereich | 22 | 6. Verfahrensmängel | 40 |
| 2. Fristbeginn | 23 | a) Unwirksamkeit der Kaduzierung | 40 |
| 3. Fristende | 24 | b) Fehlerhafter Regress | 41 |
| | | c) Fehlerhafter Verkauf | 42 |

**Literatur:** S. vor § 63.

## I. Überblick

### 1. Regelungsgegenstand und Bedeutung

1 § 65 steht in engem Zusammenhang mit § 64 und regelt die **Verwertung der kaduzierten Aktie**. Er bestimmt im Interesse der realen Kapitalaufbringung[1], dass die Gesellschaft nach dem Ausschluss des säumigen Aktionärs Rückgriff gegen dessen Vormänner zu nehmen (Abs. 1) und, wenn der rückständige Betrag von ihnen nicht zu erlangen ist, die Aktie zu verkaufen hat (Abs. 3). Näher festgelegte Verkaufsregeln sollen den ausgeschlossenen Aktionär vor einer Verschleuderung der Aktie durch die Gesellschaft schützen[2].

2 **§ 65 ist in jeder Hinsicht zwingend**[3]. Die Satzung kann den Rückgriff gegen die Vormänner weder erweitern noch abmildern[4]. Eine Milderung der Rückgriffshaftung

---

[1] Zu diesem Regelungszweck *Bayer* in MünchKomm. AktG, 3. Aufl., § 65 AktG Rz. 2; *Bergheim* in Heidel, § 65 AktG Rz. 1; *Cahn* in Spindler/Stilz, § 65 AktG Rz. 2; *Gehrlein* in Großkomm. AktG, 4. Aufl., § 65 AktG Rz. 2; *Lutter* in KölnKomm. AktG, 2. Aufl., § 65 AktG Rz. 2.

[2] Vgl. Begr. RegE bei *Kropff*, Aktiengesetz, S. 65; *Bayer* in MünchKomm. AktG, 3. Aufl., § 65 AktG Rz. 3; *Gehrlein* in Großkomm. AktG, 4. Aufl., § 65 AktG Rz. 1; *Hüffer*, § 65 AktG Rz. 1.

[3] Vgl. *Baumbach/Hueck*, § 65 AktG Anm. 1; *Bayer* in MünchKomm. AktG, 3. Aufl., § 65 AktG Rz. 6; *Bergheim* in Heidel, § 65 AktG Rz. 1; *Cahn* in Spindler/Stilz, § 65 AktG Rz. 4; *Gehrlein* in Großkomm. AktG, 4. Aufl., § 65 AktG Rz. 4; *Hüffer*, § 65 AktG Rz. 1; *Westermann* in Bürgers/Körber, § 65 AktG Rz. 1.

[4] Vgl. *Baumbach/Hueck*, § 65 AktG Anm. 1; *Gehrlein* in Großkomm. AktG, 4. Aufl., § 65 AktG Rz. 4; *Lutter* in KölnKomm. AktG, 2. Aufl., § 65 AktG Rz. 49.

oder ihrer Dauer (Abs. 2) wäre überdies mit dem Befreiungsverbot des § 66 Abs. 1 Satz 1 unvereinbar[5].

### 2. Vorgängervorschriften und Parallelregelungen

§ 65 geht auf § 59 AktG 1937 zurück, der seinerseits mit § 220 HGB 1897 sachlich übereinstimmte. Neu eingeführt worden ist im Jahre 1965 nur die Verkaufspflicht der Gesellschaft in § 65 Abs. 3[6]. Geringfügige Änderungen sind in jüngerer Zeit durch das NaStraG von 2001[7] (Abs. 1 Satz 1 und Abs. 2 Satz 2: Aktienregister statt Aktienbuch) und das Vierte Finanzmarktförderungsgesetz von 2002[8] (Abs. 3 Satz 1: Börsenpreis statt amtlicher Börsenpreis) erfolgt. Eine GmbH-rechtliche Parallelregelung findet sich in § 22 GmbHG.

### 3. Verwertungspflicht der Gesellschaft

Hat die Gesellschaft die Kaduzierung durchgeführt, so muss sie die Aktie nach Maßgabe des § 65 verwerten[9]. Ein Ermessensspielraum steht ihr – anders als im Rahmen des § 64 (vgl. § 64 Rz. 15 f. und 24) – nicht mehr zu[10]. Der Vorstand ist daher verpflichtet, gegen einen zahlungskräftigen Vormann mit allen prozessualen Mitteln vorzugehen[11].

## II. Rückgriff auf die Vormänner

### 1. Wirksame Kaduzierung

Die Zahlungspflicht der Vormänner nach § 65 Abs. 1 Satz 1 setzt zunächst eine wirksame Kaduzierung voraus[12]. Dies ergibt sich sowohl aus dem Gesetzeswortlaut („Vormann des ausgeschlossenen Aktionärs") als auch aus der systematischen Zusammenschau der §§ 64, 65, die eine Regelungs- und Sinneinheit bilden[13]. Weil § 65 auf § 64 aufbaut, müssen für einen Haftungsrückgriff zugleich dessen Tatbestandsvoraussetzungen (vgl. § 64 Rz. 14 ff.) vorliegen[14]. Insbesondere kommt ein Rückgriff nur wegen rückständiger Bareinlagen, nicht wegen rückständiger Sacheinlagen in Betracht[15].

---

5 Vgl. *v. Godin/Wilhelmi*, § 65 AktG Anm. 4; *Lutter* in KölnKomm. AktG, 2. Aufl., § 65 AktG Rz. 49.
6 Dazu Begr. RegE bei *Kropff*, Aktiengesetz, S. 85.
7 BGBl. I 2001, 123.
8 BGBl. I 2002, 2058.
9 Vgl. *Bayer* in MünchKomm. AktG, 3. Aufl., § 65 AktG Rz. 7; *Gehrlein* in Großkomm. AktG, 4. Aufl., § 65 AktG Rz. 5; *v. Godin/Wilhelmi*, § 65 AktG Anm. 1; *Lutter* in KölnKomm. AktG, 2. Aufl., § 65 AktG Rz. 3.
10 Vgl. *Cahn* in Spindler/Stilz, § 65 AktG Rz. 7; *Hüffer*, § 65 AktG Rz. 2.
11 Vgl. *Bayer* in MünchKomm. AktG, 3. Aufl., § 65 AktG Rz. 7; *Gehrlein* in Großkomm. AktG, 4. Aufl., § 65 AktG Rz. 5; *Lutter* in KölnKomm. AktG, 2. Aufl., § 65 AktG Rz. 3.
12 Vgl. BGH v. 28.1.2002 – II ZR 259/00, NZG 2002, 333 = AG 2002, 618; RG v. 11.6.1915 – Rep II 105/15, RGZ 86, 419, 420 (GmbH); *Baumbach/Hueck*, § 65 AktG Anm. 3; *Bayer* in MünchKomm. AktG, 3. Aufl., § 65 AktG Rz. 12; *Bergheim* in Heidel, § 65 AktG Rz. 3; *Cahn* in Spindler/Stilz, § 65 AktG Rz. 5; *Gehrlein* in Großkomm. AktG, 4. Aufl., § 65 AktG Rz. 9; *Hüffer*, § 65 AktG Rz. 6; *Lutter* in KölnKomm. AktG, 2. Aufl., § 65 AktG Rz. 7; *Westermann* in Bürgers/Körber, § 65 AktG Rz. 3.
13 Vgl. *Bayer* in MünchKomm. AktG, 3. Aufl., § 65 AktG Rz. 12; *Cahn* in Spindler/Stilz, § 65 AktG Rz. 5.
14 Vgl. *Bayer* in MünchKomm. AktG, 3. Aufl., § 65 AktG Rz. 13; *Cahn* in Spindler/Stilz, § 65 AktG Rz. 6; *Lutter* in KölnKomm. AktG, 2. Aufl., § 65 AktG Rz. 2.
15 Vgl. *Baumbach/Hueck*, § 65 AktG Anm. 2; *Bayer* in MünchKomm. AktG, 3. Aufl., § 65 AktG Rz. 13; *Cahn* in Spindler/Stilz, § 65 AktG Rz. 6; *Gehrlein* in Großkomm. AktG, 4. Aufl., § 65 AktG Rz. 9.

## 2. Haftungsschuldner

### a) Vormann

6   Zahlungspflichtig sind gem. § 65 Abs. 1 Satz 1 die Vormänner des ausgeschlossenen Aktionärs. Vormann ist jeder unmittelbare oder mittelbare Rechtsvorgänger[16], auch ein Treuhänder[17]. War der Ausgeschlossene erster Aktieninhaber, kommt nur eine Verwertung nach § 65 Abs. 3 in Betracht[18].

7   Auch der zuerst ausgeschlossene Aktionär kann **bei einer abermaligen Kaduzierung** für einen später eingeforderten Teil der Einlage Vormann sein[19]. War die AG selbst Zwischenerwerber, ist der Rückgriff auf den Erstkaduzierten und dessen Vormänner entgegen der herrschenden Meinung nicht wegen Konfusion ausgeschlossen[20], sondern im Interesse der realen Kapitalaufbringung (Rz. 1) weiterhin möglich[21].

### b) Eintragung im Aktienregister

8   Haftungsschuldner sind nach § 65 Abs. 1 Satz 1 grundsätzlich nur **Vormänner, die im Aktienregister verzeichnet sind**. Entscheidend ist nach § 67 Abs. 2 allein die Eintragung, nicht die materielle Rechtslage. Daher kann ein im Aktienregister nicht eingetragener früherer Aktionär nach § 65 nicht in Anspruch genommen werden[22], wohl aber ein dort verzeichneter Nichtaktionär[23]. Zu Unrecht eingetragene Personen können ihrer Inanspruchnahme grundsätzlich nur durch Löschung aus dem Aktienregister (§ 67 Abs. 3) entgehen[24], es sei denn, sie haben ihre Eintragung nicht zurechenbar veranlasst[25].

9   Hat die Gesellschaft **unverkörperte Mitgliedschaftsrechte** ausgegeben, haften die Vormänner trotz fehlender Eintragung im Aktienregister[26], und zwar unabhängig davon,

---

16  Vgl. *Bayer* in MünchKomm. AktG, 3. Aufl., § 65 AktG Rz. 16; *Cahn* in Spindler/Stilz, § 65 AktG Rz. 8; *Gehrlein* in Großkomm. AktG, 4. Aufl., § 65 AktG Rz. 8.
17  Vgl. OLG Dresden v. 6.7.1998 – 2 U 959/98, NZG 1998, 852 (GmbH); *Bayer* in MünchKomm. AktG, 3. Aufl., § 65 AktG Rz. 16.
18  Vgl. *Bayer* in MünchKomm. AktG, 3. Aufl., § 65 AktG Rz. 16; *Bergheim* in Heidel, § 65 AktG Rz. 5; *Cahn* in Spindler/Stilz, § 65 AktG Rz. 8; *Gehrlein* in Großkomm. AktG, 4. Aufl., § 65 AktG Rz. 14.
19  Vgl. *Bayer* in MünchKomm. AktG, 3. Aufl., § 65 AktG Rz. 18; *Cahn* in Spindler/Stilz, § 65 AktG Rz. 12; *Gehrlein* in Großkomm. AktG, 4. Aufl., § 65 AktG Rz. 18; *Lutter* in KölnKomm. AktG, 2. Aufl., § 65 AktG Rz. 10; abw. BayObLG v. 27.9.1906 – I ZS, OLGR 14, 355.
20  So aber RG v. 26.3.1920 – II 413/19, RGZ 98, 276, 278 (GmbH); *Hefermehl/Bungeroth* in G/H/E/K, § 65 AktG Rz. 90; *Hüffer*, § 65 AktG Rz. 4; *Lutter* in KölnKomm. AktG, 2. Aufl., § 65 AktG Rz. 12; *Werneburg*, ZHR 90 (1927), 204, 211; wohl auch *Gehrlein* in Großkomm. AktG, 4. Aufl., § 65 AktG Rz. 74.
21  Wie hier *Bayer* in MünchKomm. AktG, 3. Aufl., § 65 AktG Rz. 20; *Cahn* in Spindler/Stilz, § 65 AktG Rz. 14.
22  Vgl. *Bayer* in MünchKomm. AktG, 3. Aufl., § 65 AktG Rz. 22; *Cahn* in Spindler/Stilz, § 65 AktG Rz. 9; *Gehrlein* in Großkomm. AktG, 4. Aufl., § 65 AktG Rz. 15; *Lutter* in KölnKomm. AktG, 2. Aufl., § 65 AktG Rz. 9; *Westermann* in Bürgers/Körber, § 65 AktG Rz. 4.
23  Vgl. *Bayer* in MünchKomm. AktG, 3. Aufl., § 65 AktG Rz. 22; *Cahn* in Spindler/Stilz, § 65 AktG Rz. 9; *Lutter* in KölnKomm. AktG, 2. Aufl., § 65 AktG Rz. 9.
24  Vgl. *Cahn* in Spindler/Stilz, § 65 AktG Rz. 9; *Gehrlein* in Großkomm. AktG, 4. Aufl., § 65 AktG Rz. 15; *Lutter* in KölnKomm. AktG, 2. Aufl., § 65 AktG Rz. 9.
25  Zu dieser Ausnahme *Cahn* in Spindler/Stilz, § 65 AktG Rz. 9; *Gehrlein* in Großkomm. AktG, 4. Aufl., § 65 AktG Rz. 15.
26  Vgl. *Bayer* in MünchKomm. AktG, 3. Aufl., § 65 AktG Rz. 23; *Cahn* in Spindler/Stilz, § 65 AktG Rz. 10; *Gehrlein* in Großkomm. AktG, 4. Aufl., § 65 AktG Rz. 16; *Hüffer*, § 65 AktG Rz. 2; offen lassend BGH v. 28.1.2002 – II ZR 259/00, NZG 2002, 333 = AG 2002, 618; kritisch *Bergheim* in Heidel, § 65 AktG Rz. 4 unter Berufung darauf, dass die Eintragung im Aktienregister auch ohne Verbriefung möglich sei.

ob der Erwerb der Gesellschaft angezeigt wurde[27]. Ebenso greift die Vormännerhaftung ein, wenn überhaupt kein Aktienregister angelegt wurde oder wenn entgegen § 10 Abs. 2 Satz 1 nicht voll eingezahlte Inhaberaktien ausgegeben wurden[28].

### c) Staffelregress

**aa) Allgemeines.** Jeder Vormann ist nach § 65 Abs. 1 Satz 1 nur dann zur Zahlung verpflichtet, wenn der rückständige Betrag von seinen Nachmännern nicht zu erlangen ist (sog. Staffel- oder Stufenregress). Die Gesellschaft muss daher die Haftungsreihenfolge der Vormänner einhalten und kann – anders als im Wechsel- oder Scheckrecht (Art. 47 WG, Art. 44 ScheckG: sog. Sprungregress) – nicht unmittelbar auf einen entfernteren Vormann zugreifen[29]. Teilzahlungen eines näheren Vormanns kommen den entfernteren Vormännern zugute[30]. 10

**bb) Haftung des unmittelbaren Vormanns.** Der unmittelbare Vormann des ausgeschlossenen Aktionärs haftet allein aufgrund der Kaduzierung[31]. Er kann nicht einwenden, dass der ausgeschlossene Aktionär zahlungsunfähig ist[32]. Für ihn bleibt nur der Innenregress gegen den Kaduzierten (vgl. Rz. 21)[33]. 11

**cc) Haftung des mittelbaren Vormanns. (1) Zahlungsunfähigkeit der Nachmänner.** Ein unmittelbarer Vormann haftet nach § 65 Abs. 1 Satz 1 Halbsatz 2 nur, soweit seine Nachmänner zahlungsunfähig sind. Die Darlegungs- und Beweislast für die Zahlungsunfähigkeit liegt bei der AG[34]. Als Nachweis genügen die Eröffnung des Insolvenzverfahrens, die Ablehnung der Eröffnung mangels Masse oder ein fruchtloser Pfändungsversuch[35]. 12

Den Nachweis der Zahlungsunfähigkeit erleichtert die **in § 65 Abs. 1 Satz 3 aufgestellte Vermutung**: Dass die Zahlung nicht zu erlangen ist, wird danach vermutet, wenn (1) die Gesellschaft den unmittelbaren Nachmann des später in Anspruch genommenen Vormanns zur Zahlung aufgefordert hat, (2) sie den Vormann hiervon be- 13

---

27 Abw. KG v. 12.5.1927 – 7 U 138/27, JW 1927, 2434, 2436; wie hier *Bayer* in MünchKomm. AktG, 3. Aufl., § 65 AktG Rz. 23; *Cahn* in Spindler/Stilz, § 65 AktG Rz. 10; *Gehrlein* in Großkomm. AktG, 4. Aufl., § 65 AktG Rz. 16; *Lutter* in KölnKomm. AktG, 2. Aufl., § 65 AktG Rz. 11.
28 Vgl. *Bayer* in MünchKomm. AktG, 3. Aufl., § 65 AktG Rz. 24; *Cahn* in Spindler/Stilz, § 65 AktG Rz. 11; *Gehrlein* in Großkomm. AktG, 4. Aufl., § 65 AktG Rz. 17; *v. Godin/Wilhelmi*, § 65 AktG Anm. 3; *Hüffer*, § 65 AktG Rz. 2; *Lutter* in KölnKomm. AktG, 2. Aufl., § 65 AktG Rz. 11.
29 Vgl. *Baumbach/Hueck*, § 65 AktG Anm. 4; *Bayer* in MünchKomm. AktG, 3. Aufl., § 65 AktG Rz. 25; *Bergheim* in Heidel, § 65 AktG Rz. 2; *Cahn* in Spindler/Stilz, § 65 AktG Rz. 18; *Hüffer*, § 65 AktG Rz. 4; *Lutter* in KölnKomm. AktG, 2. Aufl., § 65 AktG Rz. 12.
30 Vgl. *Bayer* in MünchKomm. AktG, 3. Aufl., § 65 AktG Rz. 26; *Cahn* in Spindler/Stilz, § 65 AktG Rz. 18; *Gehrlein* in Großkomm. AktG, 4. Aufl., § 65 AktG Rz. 23.
31 Vgl. RG v. 10.7.1914 – Rep II 175/14, RGZ 85, 237, 241 (GmbH); OLG Köln v. 23.1.1987 – 20 U 148/86, WM 1987, 537; *Baumbach/Hueck*, § 65 AktG Anm. 4; *Cahn* in Spindler/Stilz, § 65 AktG Rz. 20; *Hüffer*, § 65 AktG Rz. 4; *Lutter* in KölnKomm. AktG, 2. Aufl., § 65 AktG Rz. 12.
32 Vgl. *Baumbach/Hueck*, § 65 AktG Anm. 4; *Bayer* in MünchKomm. AktG, 3. Aufl., § 65 AktG Rz. 27; *Cahn* in Spindler/Stilz, § 65 AktG Rz. 20; *Gehrlein* in Großkomm. AktG, 4. Aufl., § 65 AktG Rz. 21; *Hüffer*, § 65 AktG Rz. 4.
33 Vgl. *Bayer* in MünchKomm. AktG, 3. Aufl., § 65 AktG Rz. 27.
34 Vgl. *Bayer* in MünchKomm. AktG, 3. Aufl., § 65 AktG Rz. 28; *Cahn* in Spindler/Stilz, § 65 AktG Rz. 21; *Gehrlein* in Großkomm. AktG, 4. Aufl., § 65 AktG Rz. 24; *Lutter* in KölnKomm. AktG, 2. Aufl., § 65 AktG Rz. 13.
35 Vgl. *Bayer* in MünchKomm. AktG, 3. Aufl., § 65 AktG Rz. 28; *Gehrlein* in Großkomm. AktG, 4. Aufl., § 65 AktG Rz. 24; *Lutter* in KölnKomm. AktG, 2. Aufl., § 65 AktG Rz. 13.

nachrichtigt hat (Rz. 14) und (3) die Zahlung nicht innerhalb eines Monats seit Zahlungsaufforderung und Benachrichtigung des Vormanns eingegangen ist. Sämtliche Vermutungstatsachen sind von der AG darzutun und zu beweisen[36]. Der in Anspruch genommene Vormann kann die Vermutung widerlegen[37], indem er z.B. die Zahlungsfähigkeit eines Nachmanns nachweist[38].

14 **(2) Benachrichtigung des Vormanns.** Gem. § 65 Abs. 1 Satz 2 hat die Gesellschaft den unmittelbaren Vormann von der Zahlungsaufforderung an einen früheren Aktionär zu benachrichtigen. Diese Benachrichtigung bildet indes keine Voraussetzung der Zahlungspflicht[39]. Sie soll dem Vormann nur Gelegenheit geben, auf die Zahlung durch seinen Nachfolger hinzuwirken[40]. Ohne Benachrichtigung fehlt allerdings eine Voraussetzung für die Vermutungsregel des § 65 Abs. 1 Satz 3 (Rz. 13), doch kann die Gesellschaft die Zahlungsunfähigkeit der Nachmänner auch anders beweisen[41].

15 **dd) Mehrere Schuldner.** Die Zahlungsunfähigkeit der Nachmänner lässt ihre Schuldnerstellung unberührt und verschafft der Gesellschaft lediglich einen weiteren Regressschuldner[42]. Jedoch handelt es sich wegen des Staffelregresses (Rz. 10) nicht um eine Gesamtschuld[43].

**3. Haftungsschuld**

**a) Rechtsnatur**

16 Die Zahlungspflicht der Vormänner gem. § 65 beruht auf einem **gesetzlichen Schuldverhältnis aufgrund früherer Mitgliedschaft**[44]. Sie unterliegt wie die Einlagepflicht dem Befreiungs- und Aufrechnungsverbot des § 66 Abs. 1. Die Gesellschaft kann die Regressforderung wegen ihres nachwirkenden korporativen Charakters gem. § 22 ZPO an ihrem Sitz einklagen[45].

---

36 Vgl. *Bayer* in MünchKomm. AktG, 3. Aufl., § 65 AktG Rz. 30; *Cahn* in Spindler/Stilz, § 65 AktG Rz. 22; *Gehrlein* in Großkomm. AktG, 4. Aufl., § 65 AktG Rz. 26; *Lutter* in KölnKomm. AktG, 2. Aufl., § 65 AktG Rz. 13; *Westermann* in Bürgers/Körber, § 65 AktG Rz. 6.
37 Vgl. *Gehrlein* in Großkomm. AktG, 4. Aufl., § 65 AktG Rz. 27; *Hüffer*, § 65 AktG Rz. 4; *Lutter* in KölnKomm. AktG, 2. Aufl., § 65 AktG Rz. 13.
38 Vgl. *Bayer* in MünchKomm. AktG, 3. Aufl., § 65 AktG Rz. 31; *Bergheim* in Heidel, § 65 AktG Rz. 7.
39 Vgl. *Bayer* in MünchKomm. AktG, 3. Aufl., § 65 AktG Rz. 33; *Cahn* in Spindler/Stilz, § 65 AktG Rz. 24; *Gehrlein* in Großkomm. AktG, 4. Aufl., § 65 AktG Rz. 30; *v. Godin/Wilhelmi*, § 65 AktG Anm. 5; *Hüffer*, § 65 AktG Rz. 3; *Lutter* in KölnKomm. AktG, 2. Aufl., § 65 AktG Rz. 15; abw. *Baumbach/Hueck*, § 65 AktG Anm. 3; *Westermann* in Bürgers/Körber, § 65 AktG Rz. 5.
40 Vgl. *v. Godin/Wilhelmi*, § 65 AktG Anm. 5; *Hüffer*, § 65 AktG Rz. 3; *Lutter* in KölnKomm. AktG, 2. Aufl., § 65 AktG Rz. 15.
41 Vgl. *Baumbach/Hueck*, § 65 AktG Anm. 4; *Cahn* in Spindler/Stilz, § 65 AktG Rz. 24; *Gehrlein* in Großkomm. AktG, 4. Aufl., § 65 AktG Rz. 30; *Lutter* in KölnKomm. AktG, 2. Aufl., § 65 AktG Rz. 15.
42 Vgl. *Bayer* in MünchKomm. AktG, 3. Aufl., § 65 AktG Rz. 35; *Cahn* in Spindler/Stilz, § 65 AktG Rz. 25; *Gehrlein* in Großkomm. AktG, 4. Aufl., § 65 AktG Rz. 29; *Lutter* in KölnKomm. AktG, 2. Aufl., § 65 AktG Rz. 14.
43 Vgl. *Gehrlein* in Großkomm. AktG, 4. Aufl., § 65 AktG Rz. 29; *Lutter* in KölnKomm. AktG, 2. Aufl., § 65 AktG Rz. 14.
44 Vgl. *Cahn* in Spindler/Stilz, § 65 AktG Rz. 15; *Gehrlein* in Großkomm. AktG, 4. Aufl., § 65 AktG Rz. 8; *Hüffer*, § 65 AktG Rz. 5; *Lutter* in KölnKomm. AktG, 2. Aufl., § 65 AktG Rz. 6.
45 Vgl. *Cahn* in Spindler/Stilz, § 65 AktG Rz. 15; *Gehrlein* in Großkomm. AktG, 4. Aufl., § 65 AktG Rz. 8; *Hüffer*, § 65 AktG Rz. 5; *Lutter* in KölnKomm. AktG, 2. Aufl., § 65 AktG Rz. 6.

### b) Umfang

Die Vormänner haften höchstens für den rückständigen Einlagebetrag[46]. Teilzahlungen des ausgeschlossenen Aktionärs vor seinem Ausschluss mindern ihre Haftungsschuld ebenso wie Teilleistungen vorrangiger Regressschuldner[47]. Auch Drittleistungen (§ 267 BGB) wirken haftungsmindernd[48]. Dagegen erstreckt sich die Zahlungspflicht der Vormänner weder auf Nebenforderungen nach § 63 Abs. 2 und 3 noch auf die Kosten des Kaduzierungsverfahrens[49]. 17

### 4. Rechtsstellung des zahlenden Vormanns

#### a) Erwerb der Mitgliedschaft

Mit Zahlung der rückständigen Einlage erwirbt der Vormann die Mitgliedschaft kraft Gesetzes[50]. Eine Vinkulierung der kaduzierten Mitgliedschaft (§ 68 Abs. 2) entfaltet keine Wirkung[51]. Der Vormann erwirbt die Mitgliedschaft ex nunc[52]. Dividendenansprüche oder Bezugsrechte, die zwischen Kaduzierung und Rechtsübergang begründet wurden, stehen ihm daher nicht zu[53]. An nachteilige Satzungsänderungen (§ 179 Abs. 3) ist er gebunden[54]. 18

#### b) Zahlung des Vormanns

Die Mitgliedschaft erlangt nur der zahlende Vormann, der dem ausgeschlossenen Aktionär am nächsten steht[55]. Er muss den rückständigen Betrag aber nicht vollständig selbst aufgebracht haben: Vielmehr kommen ihm Teilleistungen des ausgeschlossenen Aktionärs und vorrangiger Regressschuldner ebenso zugute (Rz. 17) wie Leistungen eines Dritten nach § 267 BGB[56], nicht dagegen Drittleistungen im eigenen Interesse[57]. 19

---

46 Vgl. *Bayer* in MünchKomm. AktG, 3. Aufl., § 65 AktG Rz. 41; *Bergheim* in Heidel, § 65 AktG Rz. 5; *Cahn* in Spindler/Stilz, § 65 AktG Rz. 16; *Gehrlein* in Großkomm. AktG, 4. Aufl., § 65 AktG Rz. 10; *Lutter* in KölnKomm. AktG, 2. Aufl., § 65 AktG Rz. 8.
47 Vgl. *Cahn* in Spindler/Stilz, § 65 AktG Rz. 16; *Gehrlein* in Großkomm. AktG, 4. Aufl., § 65 AktG Rz. 10; *Lutter* in KölnKomm. AktG, 2. Aufl., § 65 AktG Rz. 8.
48 Vgl. *Gehrlein* in Großkomm. AktG, 4. Aufl., § 65 AktG Rz. 10; *Lutter* in KölnKomm. AktG, 2. Aufl., § 65 AktG Rz. 8.
49 Vgl. *Baumbach/Hueck*, § 65 AktG Anm. 3; *Bayer* in MünchKomm. AktG, 3. Aufl., § 65 AktG Rz. 42; *Cahn* in Spindler/Stilz, § 65 AktG Rz. 26; *v. Godin/Wilhelmi*, § 65 AktG Anm. 4; *Lutter* in KölnKomm. AktG, 2. Aufl., § 65 AktG Rz. 8.
50 Vgl. *Bayer* in MünchKomm. AktG, 3. Aufl., § 65 AktG Rz. 51; *Bergheim* in Heidel, § 65 AktG Rz. 9; *Cahn* in Spindler/Stilz, § 65 AktG Rz. 32; *Gehrlein* in Großkomm. AktG, 4. Aufl., § 65 AktG Rz. 39; *Hüffer*, § 65 AktG Rz. 6; *Lutter* in KölnKomm. AktG, 2. Aufl., § 65 AktG Rz. 16.
51 Vgl. *Baumbach/Hueck*, § 65 AktG Anm. 5; *Lutter* in KölnKomm. AktG, 2. Aufl., § 65 AktG Rz. 19.
52 Vgl. *Bayer* in MünchKomm. AktG, 3. Aufl., § 65 AktG Rz. 53; *Gehrlein* in Großkomm. AktG, 4. Aufl., § 65 AktG Rz. 46.
53 Vgl. *Cahn* in Spindler/Stilz, § 65 AktG Rz. 32; *Gehrlein* in Großkomm. AktG, 4. Aufl., § 65 AktG Rz. 46; *Lutter* in KölnKomm. AktG, 2. Aufl., § 65 AktG Rz. 18.
54 Vgl. *Baumbach/Hueck*, § 65 AktG Anm. 5; *Gehrlein* in Großkomm. AktG, 4. Aufl., § 65 AktG Rz. 46; *Lutter* in KölnKomm. AktG, 2. Aufl., § 65 AktG Rz. 18.
55 Vgl. *Baumbach/Hueck*, § 65 AktG Anm. 5; *Bayer* in MünchKomm. AktG, 3. Aufl., § 65 AktG Rz. 55; *Gehrlein* in Großkomm. AktG, 4. Aufl., § 65 AktG Rz. 42; *Lutter* in KölnKomm. AktG, 2. Aufl., § 65 AktG Rz. 42.
56 Vgl. *Baumbach/Hueck*, § 65 AktG Anm. 5; *Bayer* in MünchKomm. AktG, 3. Aufl., § 65 AktG Rz. 57; *Gehrlein* in Großkomm. AktG, 4. Aufl., § 65 AktG Rz. 44; *Lutter* in KölnKomm. AktG, 2. Aufl., § 65 AktG Rz. 23.
57 Vgl. *Cahn* in Spindler/Stilz, § 65 AktG Rz. 31; *Lutter* in KölnKomm. AktG, 2. Aufl., § 65 AktG Rz. 23.

#### c) Aushändigung der neuen Urkunde

20 Gem. § 65 Abs. 1 Satz 4 ist dem zahlenden Vormann die nach § 64 Abs. 4 Satz 1 neu auszugebende Aktienurkunde auszuhändigen. Der Vormann kann sich also gegenüber der AG auf ein Zurückbehaltungsrecht (§ 273 Abs. 1 BGB) berufen, das mit § 66 Abs. 1 vereinbar ist[58].

#### d) Erstattungsanspruch gegen Nachmänner

21 Erstattungsansprüche des zahlenden Vormanns gegen den ausgeschlossenen Aktionär und seine Nachmänner richten sich nach bürgerlich-rechtlichen Regeln[59]. Die herrschende Meinung billigt ihm gegen seinen unmittelbaren Nachmann einen vertraglichen Schadensersatzanspruch[60], gegenüber entfernteren Nachmännern Ansprüche aus Bereicherungsrecht und Geschäftsführung ohne Auftrag zu[61]. Andere wollen trotz Fehlens eines Gesamtschuldverhältnisses zwischen den Beteiligten (Rz. 15) § 426 Abs. 1 Satz 1 BGB entsprechend anwenden[62].

### III. Befristung der Haftung

#### 1. Anwendungsbereich

22 Gem. § 65 Abs. 2 Satz 1 ist jeder Vormann nur zur Zahlung der Beträge verpflichtet, die binnen zwei Jahren eingefordert werden. Diese zeitliche Beschränkung gilt für alle nach seinem Ausscheiden vom Vorstand nach § 63 Abs. 1 Satz 1 fällig gestellten Einlagebeträge. Für zuvor fällige Beträge haftet der Vormann ohne die zeitliche Grenze des § 65 Abs. 2[63].

#### 2. Fristbeginn

23 Die Zweijahresfrist beginnt nach § 65 Abs. 2 Satz 2 mit dem Tage, an dem die Übertragung der Aktie zum Aktienregister angemeldet wird. Sie ist nach §§ 187 Abs. 1, 188 Abs. 2 BGB zu berechnen, wobei der Tag der Mitteilung mitgerechnet wird[64]. Wer die Anmeldung vornimmt (Veräußerer oder Erwerber), ist ohne Belang[65]. Voraus-

---

58 Vgl. *Bayer* in MünchKomm. AktG, 3. Aufl., § 65 AktG Rz. 71; *Cahn* in Spindler/Stilz, § 65 AktG Rz. 34; *Gehrlein* in Großkomm. AktG, 4. Aufl., § 65 AktG Rz. 48; *Lutter* in KölnKomm. AktG, 2. Aufl., § 65 AktG Rz. 21; *Westermann* in Bürgers/Körber, § 65 AktG Rz. 7.
59 Vgl. *Baumbach/Hueck*, § 65 AktG Anm. 5; *Bergheim* in Heidel, § 65 AktG Rz. 12; *Cahn* in Spindler/Stilz, § 65 AktG Rz. 36; *Gehrlein* in Großkomm. AktG, 4. Aufl., § 65 AktG Rz. 49; *v. Godin/Wilhelmi*, § 65 AktG Anm. 2.
60 Vgl. ROHG v. 10.4.1877 – Rep 1612/76, ROHG 22, 231, 233 f.; *Bayer* in Großkomm. AktG, 4. Aufl., § 65 AktG Rz. 64; *Cahn* in Spindler/Stilz, § 65 AktG Rz. 37; *Gehrlein* in Großkomm. AktG, 4. Aufl., § 65 AktG Rz. 50; *Lutter* in KölnKomm. AktG, 2. Aufl., § 65 AktG Rz. 31.
61 Vgl. *Baumbach/Hueck*, § 65 AktG Anm. 5; *Gehrlein* in Großkomm. AktG, 4. Aufl., § 65 AktG Rz. 51; *v. Godin/Wilhelmi*, § 65 AktG Anm. 7; *Lutter* in KölnKomm. AktG, 2. Aufl., § 65 AktG Rz. 31 (nur GoA); kritisch dazu *Bayer* in MünchKomm. AktG, 3. Aufl., § 65 AktG Rz. 69; abw. *v. Halem*, S. 105 ff.
62 Vgl. *Bayer* in MünchKomm. AktG, 3. Aufl., § 65 AktG Rz. 69; *Cahn* in Spindler/Stilz, § 65 AktG Rz. 39; *Lutter* in KölnKomm. AktG, 2. Aufl., § 65 AktG Rz. 31.
63 Vgl. *Bayer* in MünchKomm. AktG, 3. Aufl., § 65 AktG Rz. 43; *Cahn* in Spindler/Stilz, § 65 AktG Rz. 43; *Gehrlein* in Großkomm. AktG, 4. Aufl., § 65 AktG Rz. 33; *Hüffer*, § 65 AktG Rz. 7; *Lutter* in KölnKomm. AktG, 2. Aufl., § 65 AktG Rz. 26; *Westermann* in Bürgers/Körber, § 65 AktG Rz. 8.
64 Vgl. *Bayer* in MünchKomm. AktG, 3. Aufl., § 65 AktG Rz. 45; *Bergheim* in Heidel, § 65 AktG Rz. 14; *Cahn* in Spindler/Stilz, § 65 AktG Rz. 44.
65 Vgl. *Gehrlein* in Großkomm. AktG, 4. Aufl., § 65 AktG Rz. 35; *Lutter* in KölnKomm. AktG, 2. Aufl., § 65 AktG Rz. 27.

setzung ist allerdings eine ordnungsgemäße, mit allen notwendigen Nachweisen (z.B. einer etwaigen Zustimmung nach § 68 Abs. 2) versehene Mitteilung[66].

### 3. Fristende

Das Fristende bestimmt sich nach § 188 Abs. 2 BGB. Dabei muss die Einlageforderung innerhalb des Zweijahreszeitraums fällig werden; dass nur die Zahlungsaufforderung nach § 63 Abs. 1 Satz 1 vor Fristablauf erfolgt, genügt nicht[67]. 24

### 4. Verjährung

Als Anspruch aus einem gesetzlichen Schuldverhältnis (Rz. 16) verjährt die Regressforderung nach §§ 195, 199 Abs. 1 BGB innerhalb von drei Jahren nach Entstehung und Kenntniserlangung durch die AG[68]. 25

## IV. Verkauf der Aktie

### 1. Verkaufspflicht

Ist die Zahlung des rückständigen Betrags von Vormännern nicht zu erlangen, so hat die Gesellschaft die Aktie gem. § 65 Abs. 3 Satz 1 zu verkaufen. Es besteht also eine Verkaufspflicht[69], die gesellschaftsintern dem Vorstand obliegt[70]. Dieser muss unverzüglich, also ohne schuldhaftes Zögern (§ 121 Abs. 1 Satz 1 BGB), handeln, darf aber im Interesse der AG an einem möglichst hohen Erlös bei niedrigen Aktienkursen mit dem Verkauf zuwarten, sofern die finanzielle Lage der Gesellschaft dies erlaubt[71]. 26

### 2. Verkäufer und Käufer

Die Gesellschaft verkauft die Aktie aus eigenem Recht, im eigenen Namen und für eigene Rechnung[72]. Pfändungsgläubiger und Pfändungspfandgläubiger können das Verkaufsrecht der Gesellschaft ausüben[73]. 27

Als Käufer kommt grundsätzlich jedermann in Betracht, auch der ausgeschlossene Aktionär oder einer seiner Vormänner[74]. Dagegen scheidet die Gesellschaft wegen der Schranke des § 71 Abs. 2 Satz 3 als Käufer im Regelfall aus[75]. 28

---

66 Vgl. *Bayer* in MünchKomm. AktG, 3. Aufl., § 65 AktG Rz. 45; *Gehrlein* in Großkomm. AktG, 4. Aufl., § 65 AktG Rz. 35; *Lutter* in KölnKomm. AktG, 2. Aufl., § 65 AktG Rz. 27.
67 Vgl. *Bayer* in MünchKomm. AktG, 3. Aufl., § 65 AktG Rz. 48; *Cahn* in Spindler/Stilz, § 65 AktG Rz. 47; *Gehrlein* in Großkomm. AktG, 4. Aufl., § 65 AktG Rz. 37.
68 Vgl. *Cahn* in Spindler/Stilz, § 65 AktG Rz. 48; *Hüffer*, § 65 AktG Rz. 7; *Thiessen*, ZHR 168 (2004), 503, 522 f.
69 Vgl. *Baumbach/Hueck*, § 65 AktG Anm. 7; *Gehrlein* in Großkomm. AktG, 4. Aufl., § 65 AktG Rz. 55; *Lutter* in KölnKomm. AktG, 2. Aufl., § 65 AktG Rz. 32.
70 Vgl. *Hüffer*, § 65 AktG Rz. 8; *Lutter* in KölnKomm. AktG, 2. Aufl., § 65 AktG Rz. 32.
71 Vgl. KG v. 3.11.1909 – VII ZS, OLGR 19, 371; *Bayer* in MünchKomm. AktG, 3. Aufl., § 65 AktG Rz. 79; *Cahn* in Spindler/Stilz, § 65 AktG Rz. 50; *Hüffer*, § 65 AktG Rz. 8; *Lutter* in KölnKomm. AktG, 2. Aufl., § 65 AktG Rz. 32; abw. *Bergheim* in Heidel, § 65 AktG Rz. 17.
72 Vgl. *Baumbach/Hueck*, § 65 AktG Anm. 7; *Bergheim* in Heidel, § 65 AktG Rz. 16; *Cahn* in Spindler/Stilz, § 65 AktG Rz. 51; *Gehrlein* in Großkomm. AktG, 4. Aufl., § 65 AktG Rz. 57; *Lutter* in KölnKomm. AktG, 2. Aufl., § 65 AktG Rz. 34.
73 Vgl. *Bayer* in MünchKomm. AktG, 3. Aufl., § 65 AktG Rz. 76; *Cahn* in Spindler/Stilz, § 65 AktG Rz. 51; *Gehrlein* in Großkomm. AktG, 4. Aufl., § 65 AktG Rz. 57; *K. Müller*, AG 1971, 1, 4 f.
74 Vgl. *Baumbach/Hueck*, § 65 AktG Anm. 7; *Bayer* in MünchKomm. AktG, 3. Aufl., § 65 AktG Rz. 81; *Gehrlein* in Großkomm. AktG, 4. Aufl., § 65 AktG Rz. 58.
75 Vgl. *Cahn* in Spindler/Stilz, § 65 AktG Rz. 52; *v. Godin/Wilhelmi*, § 65 AktG Anm. 10; *Lutter* in KölnKomm. AktG, 2. Aufl., § 65 AktG Rz. 40.

## 3. Verkaufsmodalitäten

### a) Verkauf über die Börse

29 Gem. § 65 Abs. 3 Satz 1 Fall 1 sind börsennotierte Aktien zum Börsenpreis zu verkaufen. Das frühere Erfordernis der amtlichen Feststellung eines Börsenpreises ist durch das Vierte Finanzmarktförderungsgesetz gestrichen worden (Rz. 3); heute wird der Börsenpreis gem. § 24 BörsG ermittelt. Liegt ein Börsenpreis vor, scheidet eine andere Art der Verwertung aus[76].

### b) Öffentliche Versteigerung

30 **aa) Allgemeines.** Beim Fehlen eines Börsenpreises erfolgt die Verwertung der Aktie gem. § 65 Abs. 3 Satz 1 Fall 2 durch öffentliche Versteigerung. Einzelheiten ergeben sich aus § 383 Abs. 3 BGB, wonach die Versteigerung durch einen für den Versteigerungsort bestellten Gerichtsvollzieher oder zu Versteigerungen befugten anderen Beamten oder öffentlich angestellten Versteigerer öffentlich zu erfolgen hat[77]. Der Kaufvertrag kommt durch Zuschlag zustande (§ 156 BGB)[78].

31 **bb) Versteigerungsort.** Die Versteigerung hat grundsätzlich am Sitz der Gesellschaft stattzufinden[79]. Ist dort kein angemessener Erfolg zu erwarten, muss die Aktie gem. § 65 Abs. 2 Satz 3 an einem anderen geeigneten Ort (z.B. einem Börsenplatz[80]) verkauft werden. Die Entscheidung hierüber liegt im pflichtgemäßen Ermessen des Vorstands[81].

32 **cc) Bekanntmachung und Benachrichtigung.** Zeit, Ort und Gegenstand der Versteigerung sind mindestens zwei Wochen vorher (§ 65 Abs. 3 Satz 5) öffentlich bekannt zu machen (§ 65 Abs. 3 Satz 3). Der ausgeschlossene Aktionär und seine Vormänner sind besonders zu benachrichtigen (§ 65 Abs. 3 Satz 4 Halbsatz 1). Eine besondere Form ist hierfür nicht vorgeschrieben[82]; es empfiehlt sich aber eine schriftliche Mitteilung durch Einschreiben[83]. Bei unbekanntem Aufenthaltsort kann eine öffentliche Zustellung (§ 132 Abs. 2 BGB i.V.m. §§ 185 ff. ZPO) erfolgen. Die Benachrichtigung kann nach § 65 Abs. 3 Satz 4 Halbsatz 2 unterbleiben, wenn sie untunlich ist. Gegenüber dem ausgeschlossenen Aktionär dürfte dies wegen seiner Ausfallhaftung nach § 64 Abs. 4 Satz 2 kaum jemals der Fall sein[84]. Anders kann es gegenüber den Vormännern liegen[85], deren Regressschuld mit dem Zuschlag erlischt (Rz. 36).

---

76 Vgl. *Bayer* in MünchKomm. AktG, 3. Aufl., § 65 AktG Rz. 83; *Cahn* in Spindler/Stilz, § 65 AktG Rz. 53; *Gehrlein* in Großkomm. AktG, 4. Aufl., § 65 AktG Rz. 60; *Lutter* in KölnKomm. AktG, 2. Aufl., § 65 AktG Rz. 35.
77 Vgl. *Bayer* in MünchKomm. AktG, 3. Aufl., § 65 AktG Rz. 84; *Cahn* in Spindler/Stilz, § 65 AktG Rz. 54; *Gehrlein* in Großkomm. AktG, 4. Aufl., § 65 AktG Rz. 61.
78 Vgl. *Bayer* in MünchKomm. AktG, 3. Aufl., § 65 AktG Rz. 87; *Cahn* in Spindler/Stilz, § 65 AktG Rz. 54; zur Dogmatik BGH v. 24.4.1998 – V ZR 197/97, BGHZ 138, 339, 342.
79 Vgl. *Bayer* in MünchKomm. AktG, 3. Aufl., § 65 AktG Rz. 85; *Gehrlein* in Großkomm. AktG, 4. Aufl., § 65 AktG Rz. 64; *Hüffer*, § 65 AktG Rz. 9; *Westermann* in Bürgers/Körber, § 65 AktG Rz. 13.
80 Vgl. *Baumbach/Hueck*, § 65 AktG Anm. 7; *v. Godin/Wilhelmi*, § 65 AktG Anm. 10; *Lutter* in KölnKomm. AktG, 2. Aufl., § 65 AktG Rz. 37.
81 Vgl. *Bayer* in MünchKomm. AktG, 3. Aufl., § 65 AktG Rz. 85; *Bergheim* in Heidel, § 65 AktG Rz. 20; *v. Godin/Wilhelmi*, § 65 AktG Anm. 10; *Lutter* in KölnKomm. AktG, 2. Aufl., § 65 AktG Rz. 37.
82 Vgl. *Bergheim* in Heidel, § 65 AktG Rz. 22; *Hüffer*, § 65 AktG Rz. 9.
83 Vgl. *Bayer* in MünchKomm. AktG, 3. Aufl., § 65 AktG Rz. 86; *Gehrlein* in Großkomm. AktG, 4. Aufl., § 65 AktG Rz. 63.
84 Vgl. *Bayer* in MünchKomm. AktG, 3. Aufl., § 65 AktG Rz. 86; *Cahn* in Spindler/Stilz, § 65 AktG Rz. 56; *Gehrlein* in Großkomm. AktG, 4. Aufl., § 65 AktG Rz. 63; *Lutter* in KölnKomm. AktG, 2. Aufl., § 65 AktG Rz. 38.
85 Vgl. *Gehrlein* in Großkomm. AktG, 4. Aufl., § 65 AktG Rz. 63; *Lutter* in KölnKomm. AktG, 2. Aufl., § 65 AktG Rz. 38.

## § 65

**dd) Sorgfaltspflicht des Vorstands.** Der Vorstand muss zur Vermeidung einer persönlichen Haftung (§ 93 Abs. 2) im Rahmen der Versteigerung die verkehrsübliche Sorgfalt beachten[86]. Er hat daher grundsätzlich auf Barzahlung zu bestehen und darf den Kaufpreis nur ausnahmsweise bei einem solventen Erwerber stunden[87]. Im Interesse der Gesellschaft an einem möglichst hohen Erlös ist er befugt, einen Mindestpreis zu verlangen und die Versteigerung bei zu niedrigen Geboten abzubrechen[88]. 33

### 4. Rechtsfolgen des Verkaufs

#### a) Rechtsstellung des Käufers

Der **Käufer wird** vom Erwerbszeitpunkt an **Aktionär mit allen Rechten und Pflichten**[89]. Die rückständige Einlageschuld muss er nicht mehr aufbringen; sie gilt mit der Verwertung als getilgt[90]. Künftig fällig werdende Einlageschulden muss er dagegen begleichen[91]. 34

Die **Zahlungsforderung der Gesellschaft** gegen den Käufer ist entgegen der hergebrachten Ansicht nicht Kaufpreisforderung[92], sondern **Einlageforderung**[93]. Für sie gilt daher das Befreiungs- und Aufrechnungsverbot des § 66 Abs. 1[94]. 35

#### b) Verlust der Regressansprüche gegen Vormänner

Mit Abschluss des Kaufvertrages erlöschen die Regressansprüche gegen die Vormänner des ausgeschlossenen Aktionärs[95], und zwar auch dann, wenn der Kaufpreis hinter der rückständigen Einlage zurückbleibt[96]. Unberührt bleibt eine etwaige Haftung der Vormänner im Rahmen eines weiteren Kaduzierungsverfahrens wegen später fällig gestellter Einlageschulden[97]. 36

---

86 Vgl. *Baumbach/Hueck*, § 65 AktG Anm. 7; *Bayer* in MünchKomm. AktG, 3. Aufl., § 65 AktG Rz. 88; *Cahn* in Spindler/Stilz, § 65 AktG Rz. 57; *Lutter* in KölnKomm. AktG, 2. Aufl., § 65 AktG Rz. 39.
87 Vgl. *Bayer* in MünchKomm. AktG, 3. Aufl., § 65 AktG Rz. 88; *Gehrlein* in Großkomm. AktG, 4. Aufl., § 65 AktG Rz. 65.
88 Vgl. *Bayer* in MünchKomm. AktG, 3. Aufl., § 65 AktG Rz. 88; *Gehrlein* in Großkomm. AktG, 4. Aufl., § 65 AktG Rz. 65; *Lutter* in KölnKomm. AktG, 2. Aufl., § 65 AktG Rz. 39.
89 Vgl. *Baumbach/Hueck*, § 65 AktG Anm. 7; *Bayer* in MünchKomm. AktG, 3. Aufl., § 65 AktG Rz. 94; *Cahn* in Spindler/Stilz, § 65 AktG Rz. 63; *v. Godin/Wilhelmi*, § 65 AktG Anm. 12; *Hüffer*, § 65 AktG Rz. 10; *Lutter* in KölnKomm. AktG, 2. Aufl., § 65 AktG Rz. 34; *Westermann* in Bürgers/Körber, § 65 AktG Rz. 15.
90 Vgl. *Bayer* in MünchKomm. AktG, 3. Aufl., § 65 AktG Rz. 94; *Gehrlein* in Großkomm. AktG, 4. Aufl., § 65 AktG Rz. 20; *Hüffer*, § 65 AktG Rz. 10; *Lutter* in KölnKomm. AktG, 2. Aufl., § 65 AktG Rz. 34.
91 Vgl. *Bayer* in MünchKomm. AktG, 3. Aufl., § 65 AktG Rz. 94; *Cahn* in Spindler/Stilz, § 65 AktG Rz. 63; *Hüffer*, § 65 AktG Rz. 10.
92 So aber *Hefermehl/Bungeroth* in G/H/E/K, § 65 AktG Rz. 80.
93 Vgl. *Bayer* in MünchKomm. AktG, 3. Aufl., § 65 AktG Rz. 96; *Cahn* in Spindler/Stilz, § 65 AktG Rz. 64; *Gehrlein* in Großkomm. AktG, 4. Aufl., § 65 AktG Rz. 66; *Lutter* in KölnKomm. AktG, 2. Aufl., § 65 AktG Rz. 41; für die GmbH auch BGH v. 13.7.1964 – II ZR 110/62, BGHZ 42, 89, 93.
94 Vgl. *Hüffer*, § 65 AktG Rz. 10; *Lutter* in KölnKomm. AktG, 2. Aufl., § 65 AktG Rz. 41.
95 Vgl. *Gehrlein* in Großkomm. AktG, 4. Aufl., § 65 AktG Rz. 67; *v. Godin/Wilhelmi*, § 65 AktG Anm. 11; *Hüffer*, § 65 AktG Rz. 10; *Lutter* in KölnKomm. AktG, 2. Aufl., § 65 AktG Rz. 42.
96 Vgl. *Bayer* in MünchKomm. AktG, 3. Aufl., § 65 AktG Rz. 90; *Cahn* in Spindler/Stilz, § 65 AktG Rz. 59.
97 Vgl. *Cahn* in Spindler/Stilz, § 65 AktG Rz. 59; *Gehrlein* in Großkomm. AktG, 4. Aufl., § 65 AktG Rz. 67.

### c) Ausfallhaftung des ausgeschlossenen Aktionärs

37 Der ausgeschlossene Aktionär haftet nach § 64 Abs. 4 Satz 2 für jede Differenz zwischen Verwertungserlös und Einlagerückstand[98]. Voraussetzung für seine Ausfallhaftung ist allerdings die ordnungsgemäße Durchführung des Verwertungsverfahrens[99], wofür die Gesellschaft darlegungs- und beweispflichtig ist[100]. Hinsichtlich der Zahlungsunfähigkeit der Vormänner kommt ihr die Vermutung des § 65 Abs. 1 Satz 3 (Rz. 13) zugute[101].

### d) Übererlös

38 Ein etwaiger Übererlös steht der Gesellschaft zu[102]. Der ausgeschlossene Aktionär kann auch unter dem Gesichtspunkt ungerechtfertigter Bereicherung keine Herausgabe verlangen[103]. Ebenso wenig kann der überschüssige Betrag mit noch nicht fälligen offenen Einlageschulden verrechnet werden[104].

### 5. Unverkäuflichkeit der Aktie

39 Ist die Aktie unverkäuflich, so verfestigt sich das vorläufige Eigentum der Gesellschaft (§ 64 Rz. 36), und diese erwirbt endgültig Eigentum an der kaduzierten Aktie[105]. Unverkäuflichkeit ist gegeben, wenn ein Verkauf von vornherein aussichtslos ist oder mehrere Verkaufsversuche erfolglos geblieben sind[106]. § 71 Abs. 2 Satz 3 steht dem Erwerb durch die AG nicht entgegen[107]. Diese hat den Aktienerwerb gem. § 272 Abs. 1a HGB zu bilanzieren. Entgegen der herrschenden Meinung führt die Vereinigung von Schuldner- und Gläubigerstellung in der Person der Gesellschaft nicht zur Konfusion der rückständigen Einlageschuld (näher Rz. 7), so dass die Ausfallhaftung des ausgeschlossenen Aktionärs und die Regresshaftung der Vormänner bestehen bleiben[108].

---

98 Vgl. *Bayer* in MünchKomm. AktG, 3. Aufl., § 65 AktG Rz. 91; *Cahn* in Spindler/Stilz, § 65 AktG Rz. 60; *Gehrlein* in Großkomm. AktG, 4. Aufl., § 65 AktG Rz. 68; *Hüffer*, § 65 AktG Rz. 10.
99 Vgl. *Cahn* in Spindler/Stilz, § 65 AktG Rz. 60; *Gehrlein* in Großkomm. AktG, 4. Aufl., § 65 AktG Rz. 68; *Lutter* in KölnKomm. AktG, 2. Aufl., § 65 AktG Rz. 42.
100 Vgl. *Bayer* in MünchKomm. AktG, 3. Aufl., § 65 AktG Rz. 91; *Cahn* in Spindler/Stilz, § 65 AktG Rz. 60.
101 Vgl. *Bayer* in MünchKomm. AktG, 3. Aufl., § 65 AktG Rz. 91.
102 Vgl. *Baumbach/Hueck*, § 65 AktG Anm. 7; *Cahn* in Spindler/Stilz, § 65 AktG Rz. 61; *Gehrlein* in Großkomm. AktG, 4. Aufl., § 65 AktG Rz. 43; *Lutter* in KölnKomm. AktG, 2. Aufl., § 65 AktG Rz. 43.
103 Vgl. *Bayer* in MünchKomm. AktG, 3. Aufl., § 65 AktG Rz. 92; *Hüffer*, § 65 AktG Rz. 10.
104 Vgl. *Baumbach/Hueck*, § 65 AktG Anm. 7; *Bayer* in MünchKomm. AktG, 3. Aufl., § 65 AktG Rz. 93; *Cahn* in Spindler/Stilz, § 65 AktG Rz. 62; *Lutter* in KölnKomm. AktG, 2. Aufl., § 65 AktG Rz. 43; abw. *Gehrlein* in Großkomm. AktG, 4. Aufl., § 65 AktG Rz. 69.
105 Vgl. RG v. 11.6.1915 – Rep II 105/15, RGZ 86, 419, 421 (GmbH); *Bayer* in MünchKomm. AktG, 3. Aufl., § 65 AktG Rz. 97; *Gehrlein* in Großkomm. AktG, 4. Aufl., § 65 AktG Rz. 73; *Lutter* in KölnKomm. AktG, 2. Aufl., § 65 AktG Rz. 44; *Westermann* in Bürgers/Körber, § 65 AktG Rz. 15.
106 Vgl. RG v. 26.3.1920 – II 413/19, RGZ 98, 276, 278 (GmbH); *Cahn* in Spindler/Stilz, § 65 AktG Rz. 65; *Gehrlein* in Großkomm. AktG, 4. Aufl., § 65 AktG Rz. 72.
107 Vgl. *Cahn* in Spindler/Stilz, § 65 AktG Rz. 65; *Gehrlein* in Großkomm. AktG, 4. Aufl., § 65 AktG Rz. 73.
108 Wie hier *Bayer* in MünchKomm. AktG, 3. Aufl., § 65 AktG Rz. 98; *Cahn* in Spindler/Stilz, § 65 AktG Rz. 66.

## 6. Verfahrensmängel

### a) Unwirksamkeit der Kaduzierung

Ist die Kaduzierung unwirksam, so ist der vermeintlich Ausgeschlossene in Wirklichkeit noch Aktionär (vgl. § 64 Rz. 42). Ein zahlender Vormann kann seine Leistung von der Gesellschaft gem. § 812 Abs. 1 Satz 1 BGB herausverlangen[109]. Einem Käufer stehen gegen die Gesellschaft die Rechte aus § 311a Abs. 2 BGB zu[110].

40

### b) Fehlerhafter Regress

Hat die AG in Durchbrechung der Haftungsreihenfolge (Rz. 10) den rückständigen Einlagebetrag von einem Vormann erlangt, der (noch) nicht Regressschuldner war, so erwirbt dieser nicht die kaduzierte Mitgliedschaft[111]. Er kann seine Leistung lediglich nach § 812 Abs. 1 Satz 1 BGB herausverlangen[112]. Bei einem Verkauf nach § 65 Abs. 3 wird der gutgläubige Erwerber dagegen entsprechend §§ 932, 1244 BGB, § 366 HGB, Art. 16 WG geschützt[113]; der bösgläubige Erwerber muss die Aktienurkunde Zug um Zug gegen Rückzahlung des Kaufpreises herausgegeben[114].

41

### c) Fehlerhafter Verkauf

Bei einem fehlerhaften Verkauf nach § 65 Abs. 3 gelten die §§ 1243 ff. BGB entsprechend. Verfahrensfehler lassen die Gültigkeit der Versteigerung danach auch bei Bösgläubigkeit des Erwerbers unberührt (§ 1243 Abs. 2 BGB)[115]; Veräußerungsmängel führen dagegen grundsätzlich zur Unwirksamkeit des Erwerbs, sofern der Erwerber nicht gutgläubig ist (§ 1244 BGB)[116].

42

# § 66
# Keine Befreiung der Aktionäre von ihren Leistungspflichten

(1) Die Aktionäre und ihre Vormänner können von ihren Leistungspflichten nach den §§ 54 und 65 nicht befreit werden. Gegen eine Forderung der Gesellschaft nach den §§ 54 und 65 ist die Aufrechnung nicht zulässig.

(2) Absatz 1 gilt entsprechend für die Verpflichtung zur Rückgewähr von Leistungen, die entgegen den Vorschriften dieses Gesetzes empfangen sind, für die Ausfallhaftung

---

109 Vgl. *Bayer* in MünchKomm. AktG, 3. Aufl., § 65 AktG Rz. 99; *Cahn* in Spindler/Stilz, § 65 AktG Rz. 67; *Gehrlein* in Großkomm. AktG, 4. Aufl., § 65 AktG Rz. 75.
110 Vgl. *Bayer* in MünchKomm. AktG, 3. Aufl., § 65 AktG Rz. 100; *Cahn* in Spindler/Stilz, § 65 AktG Rz. 67.
111 Vgl. *Bayer* in MünchKomm. AktG, 3. Aufl., § 65 AktG Rz. 104; *Cahn* in Spindler/Stilz, § 65 AktG Rz. 68.
112 Vgl. *Cahn* in Spindler/Stilz, § 65 AktG Rz. 68.
113 Vgl. *Bayer* in MünchKomm. AktG, 3. Aufl., § 65 AktG Rz. 105; *Gehrlein* in Großkomm. AktG, 4. Aufl., § 65 AktG Rz. 76; *Lutter* in KölnKomm. AktG, 2. Aufl., § 65 AktG Rz. 46.
114 Vgl. *Bayer* in MünchKomm. AktG, 3. Aufl., § 65 AktG Rz. 105; *Cahn* in Spindler/Stilz, § 65 AktG Rz. 69.
115 Vgl. *Bayer* in MünchKomm. AktG, 3. Aufl., § 65 AktG Rz. 108; *Cahn* in Spindler/Stilz, § 65 AktG Rz. 70; *Gehrlein* in Großkomm. AktG, 4. Aufl., § 65 AktG Rz. 77.
116 Vgl. *Bayer* in MünchKomm. AktG, 3. Aufl., § 65 AktG Rz. 107; *Cahn* in Spindler/Stilz, § 65 AktG Rz. 70; *Gehrlein* in Großkomm. AktG, 4. Aufl., § 65 AktG Rz. 78; *Westermann* in Bürgers/Körber, § 65 AktG Rz. 17.

des ausgeschlossenen Aktionärs sowie für die Schadenersatzpflicht des Aktionärs wegen nicht gehöriger Leistung einer Sacheinlage.

(3) Durch eine ordentliche Kapitalherabsetzung oder durch eine Kapitalherabsetzung durch Einziehung von Aktien können die Aktionäre von der Verpflichtung zur Leistung von Einlagen befreit werden, durch eine ordentliche Kapitalherabsetzung jedoch höchstens in Höhe des Betrags, um den das Grundkapital herabgesetzt worden ist.

| | |
|---|---|
| I. Überblick | 1 |
| 1. Regelungsgegenstand und Bedeutung | 1 |
| 2. Vorgängervorschriften und Parallelregelungen | 2 |
| II. Befreiungsverbot | 3 |
| 1. Anwendungsbereich | 3 |
| 2. Begriff der Befreiung | 4 |
| a) Allgemeines | 4 |
| b) Einzelfälle | 5 |
| III. Aufrechnungsverbot | 7 |
| 1. Aufrechnung durch den Aktionär | 7 |
| a) Verbotszweck | 7 |
| b) Anwendungsbereich | 8 |
| 2. Aufrechnung durch die Gesellschaft | 9 |
| a) Allgemeines | 9 |
| b) Vollwertigkeit | 10 |
| c) Fälligkeit | 11 |
| d) Liquidität | 12 |
| e) Gefährdung der Einlageforderung | 13 |
| 3. Aufrechnungsvertrag | 14 |
| 4. Kontokorrent | 15 |
| 5. Zurückbehaltungsrecht des Aktionärs | 17 |
| IV. Entsprechende Anwendung | 18 |
| 1. Rückgewährpflichten | 18 |
| 2. Ausfallhaftung des ausgeschlossenen Aktionärs | 19 |
| 3. Schadensersatzpflicht wegen nicht gehöriger Leistung einer Sacheinlage | 20 |
| V. Befreiung durch Kapitalherabsetzung | 21 |
| 1. Allgemeines | 21 |
| 2. Ordentliche Kapitalherabsetzung | 22 |
| 3. Kapitalherabsetzung durch Einziehung von Aktien | 23 |
| VI. Befreiungs- und Aufrechnungsverbot bei Beteiligung Dritter | 24 |
| 1. Abtretung | 24 |
| 2. Leistung an Dritte | 25 |
| 3. Pfändung und Verpfändung | 27 |
| VII. Liquidation und Insolvenz der AG | 28 |
| VIII. Rechtsfolgen bei Verstößen | 29 |

**Literatur:** *Berger,* Das „Vollwertigkeitsprinzip" als Voraussetzung der Pfändung von Einlageforderungen bei Kapitalgesellschaften, ZZP 107 (1994), 29; *Buchetmann,* Die teileingezahlte Aktie – insbesondere die Rechtsstellung der Inhaber teileingezahlter Aktien, 1972; *Frey,* Einlagen in Kapitalgesellschaften: Gläubigerschutz und Gestaltungsfreiheit, 1990; *K. Müller,* Zur Pfändung der Einlageforderung der AG, AG 1971, 1; *K. Schmidt,* Die Übertragung, Pfändung und Verpfändung von Einlageforderungen, ZHR 157 (1993), 291; *Steinberg,* Die Erfüllung der Bareinlagepflicht nach Eintragung der Gesellschaft und der Kapitalerhöhung, 1973.

## I. Überblick

### 1. Regelungsgegenstand und Bedeutung

1 § 66 Abs. 1 verbietet die Befreiung der Aktionäre von ihren Einlagepflichten und die Aufrechnung gegen Einlageforderungen der Gesellschaft. § 66 Abs. 2 erstreckt das **Befreiungs- und Aufrechnungsverbot** auf vergleichbare Sachverhalte. Beide Vorschriften **dienen** – wie §§ 63 bis 65 – **der realen Aufbringung des Grundkapitals**[1]. § 66 Abs. 2

---

1 Vgl. Begr. RegE bei *Kropff,* Aktiengesetz, S. 86; *Bayer* in MünchKomm. AktG, 3. Aufl., § 66 AktG Rz. 2; *Drinhausen* in Heidel, § 66 AktG Rz. 1; *Gehrlein* in Großkomm. AktG, 4. Aufl., § 66 AktG Rz. 2; *Hüffer,* § 58 AktG Rz. 1; *Lutter* in KölnKomm. AktG, 2. Aufl., § 66 AktG Rz. 2; *Westermann* in Bürgers/Körber, § 66 AktG Rz. 1; *Wiesner* in MünchHdb. AG, § 16 Rz. 24.

Fall 2 ergänzt darüber hinaus § 57² und bezweckt die Sicherung der Kapitalerhaltung[3]. § 66 Abs. 3 enthält eine Ausnahmeregelung für die Kapitalherabsetzung. Insgesamt bildet die Vorschrift einen Eckpfeiler der aktienrechtlichen Finanzverfassung[4]. Entsprechend ihrem gläubigerschützenden Regelungszweck beansprucht sie zwingende Geltung[5]. Ihre Vorgaben können weder durch die Satzung noch durch Hauptversammlungsbeschluss durchbrochen werden[6].

### 2. Vorgängervorschriften und Parallelregelungen

§ 66 Abs. 1 geht auf § 60 AktG 1937 zurück, der seinerseits auf § 221 HGB 1897 beruht. § 66 Abs. 2 und 3 sind durch die Aktienrechtsreform von 1965 neu eingefügt worden, entsprechen aber der zuvor geltenden Lehre[7]. GmbH-rechtliche Parallelregelungen finden sich in §§ 19 Abs. 2 und 3, 25 GmbHG.

## II. Befreiungsverbot

### 1. Anwendungsbereich

Das Befreiungsverbot des § 66 Abs. 1 Satz 1 erfasst alle Arten von Einlagepflichten[8]. Es gilt für Geld- und Sacheinlagen und schließt Einlageverpflichtungen aus der Gründung ebenso ein wie solche aus einer Kapitalerhöhung. In den Anwendungsbereich der Norm fallen außerdem Pflichten, welche die Einlagepflicht ersetzen oder ergänzen, z.B. die Differenzhaftung des Sacheinlegers. Nicht erfasst werden dagegen Nebenleistungspflichten (§ 55) und Nebenforderungen wie Zinsen, Schadensersatzforderungen oder Vertragsstrafen (§ 63 Abs. 2 und 3)[9].

---

2 Vgl. *Baumbach/Hueck*, § 66 AktG Anm. 2; *Bayer* in MünchKomm. AktG, 3. Aufl., § 66 AktG Rz. 2; *Gehrlein* in Großkomm. AktG, 4. Aufl., § 66 AktG Rz. 2.
3 Vgl. *Baumbach/Hueck*, § 66 AktG Anm. 2; *Bayer* in MünchKomm. AktG, 3. Aufl., § 66 AktG Rz. 2; *Lutter* in KölnKomm. AktG, 2. Aufl., § 66 AktG Rz. 2; *Drinhausen* in Heidel, § 66 AktG Rz. 2; *Gehrlein* in Großkomm. AktG, 4. Aufl., § 66 AktG Rz. 2; *Hüffer*, § 66 AktG Rz. 1; *Lutter* in KölnKomm. AktG, 2. Aufl., § 66 AktG Rz. 2.
4 Ähnlich *Bayer* in MünchKomm. AktG, 3. Aufl., § 66 AktG Rz. 3; *Gehrlein* in Großkomm. AktG, 4. Aufl., § 66 AktG Rz. 2; *Lutter* in KölnKomm. AktG, 2. Aufl., § 66 AktG Rz. 2; *Wiesner* in MünchHdb. AG, § 16 Rz. 24; früher bereits *Flechtheim* in Düringer/Hachenburg, HGB, 3. Aufl. 1932, § 221 HGB Rz. 1: „Eckpfeiler des deutschen Aktienrechts"; rechtspolitische Kritik bei *Cahn* in Spindler/Stilz, § 66 AktG Rz. 2.
5 Vgl. *Baumbach/Hueck*, § 66 AktG Anm. 2; *Bayer* in MünchKomm. AktG, 3. Aufl., § 66 AktG Rz. 5; *Lutter* in KölnKomm. AktG, 2. Aufl., § 66 AktG Rz. 53; *Wiesner* in MünchHdb. AG, § 16 Rz. 24.
6 Vgl. RG v. 7.11.1930 – II 81/30, JW 1931, 2097, 2098 (GmbH); KG v. 11.12.1914 – 1a X 1174/14, KGJ 47 A 108, 111 (GmbH); *Baumbach/Hueck*, § 66 AktG Anm. 2; *Bayer* in MünchKomm. AktG, 3. Aufl., § 66 AktG Rz. 5; *Lutter* in KölnKomm. AktG, 2. Aufl., § 66 AktG Rz. 53.
7 Vgl. Begr. RegE bei *Kropff*, Aktiengesetz, S. 86; *Lutter* in KölnKomm. AktG, 2. Aufl., § 66 AktG Rz. 1.
8 Vgl. *Bayer* in MünchKomm. AktG, 3. Aufl., § 66 AktG Rz. 6; *Cahn* in Spindler/Stilz, § 66 AktG Rz. 3; *Drinhausen* in Heidel, § 66 AktG Rz. 2; *Gehrlein* in Großkomm. AktG, 4. Aufl., § 66 AktG Rz. 3; *Hüffer*, § 66 Rz. 2; *Westermann* in Bürgers/Körber, § 66 AktG Rz. 2; *Wiesner* in MünchHdb. AG, § 16 Rz. 24.
9 Vgl. *Baumbach/Hueck*, § 66 AktG Anm. 9; *Bayer* in MünchKomm. AktG, 3. Aufl., § 66 AktG Rz. 8; *Cahn* in Spindler/Stilz, § 66 AktG Rz. 3; *Drinhausen* in Heidel, § 66 AktG Rz. 4; *Gehrlein* in Großkomm. AktG, 4. Aufl., § 66 AktG Rz. 6; *Hüffer*, § 66 AktG Rz. 2; *Lutter* in KölnKomm. AktG, 2. Aufl., § 66 AktG Rz. 3; *Wiesner* in MünchHdb. AG, § 16 Rz. 24.

## 2. Begriff der Befreiung

### a) Allgemeines

4 Nach § 66 Abs. 1 Satz 1 können Aktionäre von ihrer Leistungspflicht nicht „befreit" werden. Der untechnische **Begriff der Befreiung** ist entsprechend dem Regelungszweck der Vorschrift (Rz. 1) **weit auszulegen**[10]. Er erfasst sämtliche Rechtsgeschäfte, welche die betreffenden Ansprüche der Gesellschaft (Rz. 3) nach Grund, Höhe, Inhalt oder Leistungszeitpunkt aufheben oder beeinträchtigen[11]. Nicht erfasst werden dagegen die Verjährung und Verwirkung von Forderungen, weil § 66 Abs. 1 Satz 1 nur rechtsgeschäftliche Erleichterungen verbietet[12].

### b) Einzelfälle

5 § 66 Abs. 1 Satz 1 verbietet einen Erlass- oder Teilerlassvertrag (§ 397 Abs. 1 BGB) sowie alle anderen Rechtsgeschäfte, die zu vergleichbaren Ergebnissen führen[13]. Dazu gehören vor allem ein negatives Schuldanerkenntnis (§ 397 Abs. 2 BGB), die Zustimmung zu einer befreienden Schuldübernahme durch einen Dritten (§§ 414, 415 BGB) und eine Verpflichtung der Gesellschaft, ihre Ansprüche auf Dauer nicht geltend zu machen (*pactum de non petendo*)[14]. Gleiches gilt für die Annahme einer Leistung an Erfüllungs Statt (§ 364 Abs. 1 BGB)[15], die Umwandlung einer Bareinlage in eine Sacheinlage und umgekehrt[16], die Mitwirkung der Gesellschaft an einer Novation[17] und die Annahme einer unzulänglichen Leistung, insbesondere einer mangelhaften Sacheinlage[18]. Unter das Befreiungsverbot fallen ferner die Stundung[19], die Zahlung

---

10 Vgl. *Bayer* in MünchKomm. AktG, 3. Aufl., § 66 AktG Rz. 10; *Cahn* in Spindler/Stilz, § 66 AktG Rz. 7; *Drinhausen* in Heidel, § 66 Rz. 2; *Gehrlein* in Großkomm. AktG, 4. Aufl., § 66 AktG Rz. 10; *Hüffer*, § 66 AktG Rz. 3.
11 Vgl. *Bayer* in MünchKomm. AktG, 3. Aufl., § 66 AktG Rz. 10; *Cahn* in Spindler/Stilz, § 66 AktG Rz. 7; *Drinhausen* in Heidel, § 66 Rz. 2; *Gehrlein* in Großkomm. AktG, 4. Aufl., § 66 AktG Rz. 10; *Hüffer*, § 66 AktG Rz. 3.
12 Vgl. *Baumbach/Hueck*, § 66 AktG Anm. 6; *Bayer* in MünchKomm. AktG, 3. Aufl., § 66 AktG Rz. 28; *Cahn* in Spindler/Stilz, § 66 AktG Rz. 7; *Gehrlein* in Großkomm. AktG, 4. Aufl., § 66 AktG Rz. 25 und 27; *Hüffer*, § 66 AktG Rz. 3; *Lutter* in KölnKomm. AktG, 2. Aufl., § 66 AktG Rz. 12 f.
13 Vgl. OLG Köln v. 13.10.1988 – 1 U 37/88, ZIP 1989, 174, 176 (GmbH); *Cahn* in Spindler/Stilz, § 66 AktG Rz. 8; *Gehrlein* in Großkomm. AktG, 4. Aufl., § 66 AktG Rz. 11; *Hüffer*, § 66 AktG Rz. 3; *Lutter* in KölnKomm. AktG, 2. Aufl., § 66 AktG Rz. 5; *Wiesner* in MünchHdb. AG, § 16 Rz. 24.
14 Vgl. *Bayer* in MünchKomm. AktG, 3. Aufl., § 66 AktG Rz. 11; *Cahn* in Spindler/Stilz, § 66 AktG Rz. 8.
15 Vgl. OLG Köln v. 13.10.1988 – 1 U 37/88, ZIP 1989, 174, 176 (GmbH); *Bayer* in MünchKomm. AktG, 3. Aufl., § 66 AktG Rz. 18; *Cahn* in Spindler/Stilz, § 66 AktG Rz. 11; *Gehrlein* in Großkomm. AktG, 4. Aufl., § 66 AktG Rz. 17; *Lutter* in KölnKomm. AktG, 2. Aufl., § 66 AktG Rz. 6.
16 Vgl. KG v. 26.5.1914 – 7. ZS, OLGR 31, 387, 389; *Bayer* in MünchKomm. AktG, 3. Aufl., § 66 AktG Rz. 18; *Gehrlein* in Großkomm. AktG, 4. Aufl., § 66 AktG Rz. 18; *Hüffer*, § 66 AktG Rz. 4; *Lutter* in KölnKomm. AktG, 2. Aufl., § 66 AktG Rz. 6.
17 Vgl. *Cahn* in Spindler/Stilz, § 66 AktG Rz. 10; *Gehrlein* in Großkomm. AktG, 4. Aufl., § 66 AktG Rz. 15; *Hüffer*, § 66 AktG Rz. 4; *Lutter* in KölnKomm. AktG, 2. Aufl., § 66 AktG Rz. 5; *Wiesner* in MünchHdb. AG, § 16 Rz. 25.
18 Vgl. *Baumbach/Hueck*, § 66 AktG Anm. 6; *Bayer* in MünchKomm. AktG, 3. Aufl., § 66 AktG Rz. 12; *Cahn* in Spindler/Stilz, § 66 AktG Rz. 13; *Gehrlein* in Großkomm. AktG, 4. Aufl., § 66 AktG Rz. 12; *Hüffer*, § 66 Rz. 4; *Wiesner* in MünchHdb. AG, § 16 Rz. 25.
19 Vgl. *Baumbach/Hueck*, § 66 AktG Anm. 6; *Bayer* in MünchKomm. AktG, 3. Aufl., § 66 AktG Rz. 21; *Cahn* in Spindler/Stilz, § 66 AktG Rz. 9; *Gehrlein* in Großkomm. AktG, 4. Aufl., § 66 AktG Rz. 20; *Lutter* in KölnKomm. AktG, 2. Aufl., § 66 AktG Rz. 8; *Westermann* in Bürgers/Körber, § 66 AktG Rz. 5.

der Einlage aus Darlehensmitteln der Gesellschaft oder die Besicherung eines Kredits, mit dem der Aktionär seine Einlageschuld begleicht[20]. Nach h.M. schließt § 66 Abs. 1 Satz 1 ferner die Beteiligung der Gesellschaft an einem Insolvenzplan im Insolvenzverfahren des Aktionärs nach §§ 217 ff. InsO aus[21].

Nicht schlechthin ausgeschlossen ist dagegen ein Vergleich i.S. des § 779 BGB über die Einlageforderung, wenn erhebliche Zweifel am Bestand oder Umfang des Anspruchs bestehen[22]. Ebenso wenig verstoßen die Leistung erfüllungshalber (§ 364 Abs. 2 BGB)[23] und die Hinterlegung (§§ 372 ff. BGB)[24] gegen das Befreiungsverbot. Entgegen der h.M. begründet auch die Übertragung nicht voll eingezahlter eigener Aktien an die Gesellschaft keinen Verstoß gegen § 66 Abs. 1 Satz 1, da die offene Einlageforderung in der Person der AG nicht durch Konfusion untergeht (vgl. auch § 65 Rz. 7)[25].

## III. Aufrechnungsverbot

### 1. Aufrechnung durch den Aktionär

#### a) Verbotszweck

Gem. § 66 Abs. 1 Satz 2 ist den Aktionären und ihren Vormännern eine Aufrechnung gegen Einlageforderungen der Gesellschaft verboten. Das **Aufrechnungsverbot** dient dem Grundsatz der realen Kapitalaufbringung: Es beugt der Gefahr vor, dass gleichartige, aber nicht gleichwertige Forderungen zur Aufrechnung gestellt werden und so der Sache nach eine Teilbefreiung eintritt[26]. Zugleich stellt es zum Schutz der Gesellschaftsgläubiger sicher, dass die vom Aktionär geschuldete Einlageleistung der Gesellschaft in der vorgesehenen Form zufließt[27].

---

20 Vgl. OLG Köln v. 18.11.1983 – 20 U 71/83, WM 1984, 740 (GmbH); *Baumbach/Hueck*, § 66 AktG Anm. 6; *Bayer* in MünchKomm. AktG, 3. Aufl., § 66 AktG Rz. 13; *Cahn* in Spindler/Stilz, § 66 AktG Rz. 12; *Gehrlein* in Großkomm. AktG, 4. Aufl., § 66 AktG Rz. 13; *Hüffer*, § 66 AktG Rz. 4; *Lutter* in KölnKomm. AktG, 2. Aufl., § 66 AktG Rz. 5.
21 Vgl. *Bayer* in MünchKomm. AktG, 3. Aufl., § 66 AktG Rz. 26; *Hüffer*, § 66 AktG Rz. 4; *Lutter* in KölnKomm. AktG, 2. Aufl., § 66 AktG Rz. 11; dagegen aber *Cahn* in Spindler/Stilz, § 66 AktG Rz. 17; *Gehrlein* in Großkomm. AktG, 4. Aufl., § 66 AktG Rz. 23.
22 Vgl. RG v. 23.4.1912 – Rep II 19/12, RGZ 79, 271, 274 (GmbH); BayObLG v. 30.10.1984 – BReg. 3 Z 204/84, DB 1985, 107 (GmbH); *Baumbach/Hueck*, § 66 AktG Anm. 6; *Bayer* in MünchKomm. AktG, 3. Aufl., § 66 AktG Rz. 23; *Drinhausen* in Heidel, § 66 Rz. 6; *Gehrlein* in Großkomm. AktG, 4. Aufl., § 66 AktG Rz. 22; *Lutter* in KölnKomm. AktG, 2. Aufl., § 66 AktG Rz. 10; *Wiesner* in MünchHdb. AG, § 16 Rz. 26; ausführlich *Cahn*, Vergleichsverbote im Gesellschaftsrecht, 1996, S. 17 ff.
23 Vgl. *Bayer* in MünchKomm. AktG, 3. Aufl., § 66 AktG Rz. 20; *Gehrlein* in Großkomm. AktG, 4. Aufl., § 66 AktG Rz. 19; *Hüffer*, § 66 AktG Rz. 4; *Lutter* in KölnKomm. AktG, 2. Aufl., § 66 AktG Rz. 7; *Wiesner* in MünchHdb. AG, § 16 Rz. 26; einschränkend *Westermann* in Bürgers/Körber, § 66 AktG Rz. 38.
24 Vgl. *Baumbach/Hueck*, § 66 AktG Anm. 6; *Bayer* in MünchKomm. AktG, 3. Aufl., § 66 AktG Rz. 22; *Gehrlein* in Großkomm. AktG, 4. Aufl., § 66 AktG Rz. 21; *Hüffer*, § 66 AktG Rz. 4; *Lutter* in KölnKomm. AktG, 2. Aufl., § 66 AktG Rz. 9; *Wiesner* in MünchHdb. AG, § 16 Rz. 26.
25 Wie hier *Bayer* in MünchKomm. AktG, 3. Aufl., § 66 AktG Rz. 15; *Cahn* in Spindler/Stilz, § 66 AktG Rz. 14; abw. RG v. 26.3.1920 – II 413/19, RGZ 98, 276, 278 (GmbH); *Gehrlein* in Großkomm. AktG, 4. Aufl., § 66 AktG Rz. 14; *Lutter* in KölnKomm. AktG, 2. Aufl., § 66 AktG Rz. 5.
26 Vgl. *Bayer* in MünchKomm. AktG, 3. Aufl., § 66 AktG Rz. 35; *Gehrlein* in Großkomm. AktG, 4. Aufl., § 66 AktG Rz. 33; *Hüffer*, § 66 AktG Rz. 4; *Lutter* in KölnKomm. AktG, 2. Aufl., § 66 AktG Rz. 14; *K. Schmidt*, GesR, § 29 II 1a, S. 882.
27 Vgl. *Bayer* in MünchKomm. AktG, 3. Aufl., § 66 AktG Rz. 35; *Gehrlein* in Großkomm. AktG, 4. Aufl., § 66 AktG Rz. 33; *Lutter* in KölnKomm. AktG, 2. Aufl., § 66 AktG Rz. 14; ausführ-

### b) Anwendungsbereich

8   Das Aufrechnungsverbot erstreckt sich auf jene Leistungspflichten, die auch vom Befreiungsverbot erfasst werden (Rz. 3)[28]. Auf den Rechtsgrund der zur Aufrechnung gestellten Forderung kommt es nicht an[29]. Ausgeschlossen ist daher auch eine Aufrechnung mit einem gesellschaftsrechtlichen Anspruch[30] oder einem Schadensersatzanspruch aus unerlaubter Handlung gegen die Gesellschaft[31]. Gleiches gilt für eine Aufrechnung mit einer an den Aktionär von einem Dritten abgetretenen Forderung (anders bei Forderungsabtretung der AG an einen Dritten, Rz. 24)[32]. § 66 Abs. 1 Satz 2 steht einer Anrechnung des Werts des Vermögensgegenstands auf die Einlageforderung bei einer verdeckten Sacheinlage gem. § 27 Abs. 3 in der Neufassung durch das ARUG nicht entgegen.

## 2. Aufrechnung durch die Gesellschaft

### a) Allgemeines

9   Das Aufrechnungsverbot des § 66 Abs. 1 Satz 2 erstreckt sich nach seinem Wortlaut nicht auf die Gesellschaft. Die mit den §§ 387 ff. BGB verbundenen Wertdeckungsprobleme (Rz. 7) erfordern es jedoch, der Aufrechnung auch insoweit Grenzen zu ziehen[33]. Danach kann die Gesellschaft grundsätzlich (zu einer Ausnahme Rz. 13) nur aufrechnen, wenn die Gegenforderung des Aktionärs oder Vormanns **vollwertig, fällig und liquide** ist[34]. Das Vorliegen dieser Voraussetzungen beurteilt sich nach objektiven Maßstäben im Zeitpunkt der Aufrechnungserklärung[35]; auf die Einschätzungen der Beteiligten kommt es nicht an[36]. Die Darlegungs- und Beweislast für die Aufrech-

---

lich *Cahn* in Spindler/Stilz, § 66 AktG Rz. 21 unter Hinweis auf die Gesetzesmaterialien zu § 184c Satz 1 ADHGB i.d.F. von 1884.

28  Vgl. *Bayer* in MünchKomm. AktG, 3. Aufl., § 66 AktG Rz. 33; *Hüffer*, § 66 AktG Rz. 5.

29  Vgl. *Bayer* in MünchKomm. AktG, 3. Aufl., § 66 AktG Rz. 36; *Cahn* in Spindler/Stilz, § 66 AktG Rz. 23; *Gehrlein* in Großkomm. AktG, 4. Aufl., § 66 AktG Rz. 34; *Lutter* in KölnKomm. AktG, 2. Aufl., § 66 AktG Rz. 35.

30  Vgl. RG v. 4.12.1931 – II ZR 135/31, JW 1932, 718, 719; RG v. 12.1.1901 – Rep I 322/00, RGZ 47, 180, 185 (GmbH); *Baumbach/Hueck*, § 66 AktG Anm. 8; *Bayer* in MünchKomm. AktG, 3. Aufl., § 66 AktG Rz. 36; *Gehrlein* in Großkomm. AktG, 4. Aufl., § 66 AktG Rz. 34; *v. Godin/Wilhelmi*, § 66 AktG Anm. 5.

31  Vgl. RG v. 27.9.1918 – Rep II 55/18, RGZ 93, 326, 330 (GmbH); *Bayer* in MünchKomm. AktG, 3. Aufl., § 66 AktG Rz. 36; *Lutter* in KölnKomm. AktG, 2. Aufl., § 66 AktG Rz. 15.

32  Vgl. BGH v. 18.11.1969 – II ZR 83/68, BGHZ 53, 71, 72 (GmbH); *Bayer* in MünchKomm. AktG, 3. Aufl., § 66 AktG Rz. 36.

33  Vgl. *Baumbach/Hueck*, § 66 AktG Anm. 8; *Bayer* in MünchKomm. AktG, 3. Aufl., § 66 AktG Rz. 38; *Gehrlein* in Großkomm. AktG, 4. Aufl., § 66 AktG Rz. 35; *Hüffer*, § 66 AktG Rz. 6; *Lutter* in KölnKomm. AktG, 2. Aufl., § 66 AktG Rz. 16.

34  Vgl. RG v. 29.5.1886 – Rep I 129/86, RGZ 18, 1, 5; RG v. 27.4.1903 – Rep I 120/03, RGZ 54, 389, 392 (GmbH); RG v. 22.10.1918 – Rep II 158/18, RGZ 94, 61, 63; RG v. 4.12.1931 – II 135/31, RGZ 134, 262, 268; BGH v. 13.10.1953 – II ZR 182/53, BGHZ 15, 52, 57; BGH v. 13.7.1964 – II ZR 110/62, BGHZ 42, 89, 93; BGH v. 26.3.1984 – II ZR 14/84, BGHZ 90, 370, 372; BGH v. 21.2.1991 – II ZR 60/93, BGHZ 125, 141, 143 (jeweils GmbH); *Bayer* in MünchKomm. AktG, 3. Aufl., § 66 AktG Rz. 39; *Drinhausen* in Heidel, § 66 AktG Rz. 8; *Gehrlein* in Großkomm. AktG, 4. Aufl., § 66 AktG Rz. 35; *Hüffer*, § 66 AktG Rz. 6; *Wiesner* in MünchHdb. AG, § 16 Rz. 28; Grundsatzkritik bei *Frey*, S. 51 ff., 71 f.

35  Vgl. RG v. 7.12.1909 – Rep II 101/09, RGZ 72, 266, 268 (GmbH); RG v. 16.2.1938 – II 196/37, JW 1938, 1400 (GmbH); *Baumbach/Hueck*, § 66 AktG Anm. 8; *Bayer* in MünchKomm. AktG, 3. Aufl., § 66 AktG Rz. 45; *Gehrlein* in Großkomm. AktG, 4. Aufl., § 66 AktG Rz. 38; *Lutter* in KölnKomm. AktG, 2. Aufl., § 66 AktG Rz. 17.

36  Vgl. *Baumbach/Hueck*, § 66 AktG Anm. 8; *Gehrlein* in Großkomm. AktG, 4. Aufl., § 66 AktG Rz. 38.

nungsvoraussetzungen trägt der Aktionär als Einlageschuldner[37]. Darüber hinaus können Zahlungen, die vor Anmeldung zu leisten sind (§§ 36 Abs. 2, 36a, 188 Abs. 2, 203 Abs. 1), nur nach Maßgabe des § 54 Abs. 3 erfolgen, so dass eine Aufrechnung insoweit ganz ausscheidet[38].

**b) Vollwertigkeit**

Die Gegenforderung des Aktionärs oder Vormanns muss vollwertig, d.h. aus dem Vermögen der Gesellschaft realisierbar sein[39]. Daran fehlt es jedenfalls bei Überschuldung oder Zahlungsunfähigkeit der Gesellschaft[40]. Kurzfristige Liquiditätsengpässe schließen die Vollwertigkeit nach h.M. nicht aus, wohl aber nachhaltige Zahlungsschwierigkeiten[41]. Trotz Überschuldung oder Zahlungsunfähigkeit bleibt die Vollwertigkeit der Gegenforderung unangetastet, wenn sie in voller Höhe durch Sicherheiten abgedeckt ist[42]. Bei fehlender Vollwertigkeit geht eine dennoch erklärte Aufrechnung ins Leere. Eine anteilige Tilgung der Einlage- oder Regressforderung entsprechend dem Wert der Gegenforderung kommt nicht in Betracht[43].

10

**c) Fälligkeit**

Im Gegensatz zu § 387 BGB, der die Erfüllbarkeit der Gegenforderung genügen lässt, darf die Gesellschaft nur aufrechnen, wenn die Gegenforderung fällig (§ 271 BGB) ist[44]. Der Sache nach hat nämlich die Aufrechnung gegen eine noch nicht fällige Forderung ähnliche Wirkungen wie eine durch § 66 Abs. 1 Satz 1 verbotene Stundung (Rz. 5) der Einlageforderung[45].

11

**d) Liquidität**

Die Gegenforderung des Aktionärs oder Vormanns muss schließlich nach Grund und Höhe unbestritten sein; ihr dürfen keine Einwendungen und Einreden der Gesellschaft entgegenstehen[46].

12

---

37 Vgl. RG v. 7.11.1930 – II 81/30, JW 1931, 2097, 2098 (GmbH); OLG Stuttgart v. 19.12.1986 – 2 U 57/86, NJW 1987, 1032 (GmbH); *Bayer* in MünchKomm. AktG, 3. Aufl., § 66 AktG Rz. 47; *Wiesner* in MünchHdb. AG, § 16 Rz. 28; abw. *Gehrlein* in Großkomm. AktG, 4. Aufl., § 66 AktG Rz. 42; *Lutter* in KölnKomm. AktG, 2. Aufl., § 66 AktG Rz. 22.
38 Vgl. RG v. 22.10.1918 – Rep II 158/18, RGZ 94, 61, 62 f.; *Bayer* in MünchKomm. AktG, 3. Aufl., § 66 AktG Rz. 34; *Gehrlein* in Großkomm. AktG, 4. Aufl., § 66 AktG Rz. 35; *v. Godin/Wilhelmi*, § 66 AktG Anm. 5; *Hüffer*, § 66 AktG Rz. 6.
39 Vgl. *Hüffer*, § 66 AktG Rz. 7.
40 Vgl. RG v. 22.10.1918 – Rep II 158/18, RGZ 94, 61, 63; RG v. 4.12.1931 – II 135/31, RGZ 134, 266, 268; BGH v. 26.3.1984 – II ZR 14/84, BGHZ 90, 370, 373 (GmbH); BGH v. 15.1.1990 – II ZR 164/88, BGHZ 110, 47, 61 f.; BGH v. 21.2.1991 – II ZR 60/93, BGHZ 125, 141, 145 f. (GmbH); *Baumbach/Hueck*, § 66 AktG Anm. 8; *Bayer* in MünchKomm. AktG, 3. Aufl., § 66 AktG Rz. 41; *Hüffer*, § 66 AktG Rz. 8; *Lutter* in KölnKomm. AktG, 2. Aufl., § 66 AktG Rz. 20.
41 Vgl. *Bayer* in MünchKomm. AktG, 3. Aufl., § 66 AktG Rz. 41; *Hefermehl/Bungeroth* in G/H/E/K, § 66 AktG Rz. 42; *Hüffer*, § 66 AktG Rz. 7; kritisch gegenüber dem dehnbaren Begriff der nachhaltigen Zahlungsschwierigkeiten *Gehrlein* in Großkomm. AktG, 4. Aufl., § 66 AktG Rz. 37; *Lutter* in KölnKomm. AktG, 2. Aufl., § 66 AktG Rz. 20.
42 Vgl. RG v. 22.10.1918 – Rep II 158/18, RGZ 94, 61, 63 f.; *Bayer* in Großkomm. AktG, 4. Aufl., § 66 AktG Rz. 41; *Gehrlein* in Großkomm. AktG, 4. Aufl., § 66 AktG Rz. 37; *Steinberg*, S. 66.
43 Vgl. RG v. 22.10.1918 – Rep II 158/18, RGZ 94, 61, 63; *Bayer* in MünchKomm. AktG, 3. Aufl., § 66 AktG Rz. 46; *Gehrlein* in Großkomm. AktG, 4. Aufl., § 66 AktG Rz. 38.
44 Vgl. BGH v. 13.10.1953 – II ZR 182/53, BGHZ 15, 52, 57 (GmbH); *Bayer* in MünchKomm. AktG, 3. Aufl., § 66 AktG Rz. 43; *Gehrlein* in Großkomm. AktG, 4. Aufl., § 66 AktG Rz. 39; *Hüffer*, § 66 AktG Rz. 7; *Lutter* in KölnKomm. AktG, 2. Aufl., § 66 AktG Rz. 18.
45 Vgl. *Gehrlein* in Großkomm. AktG, 4. Aufl., § 66 AktG Rz. 39; *Hüffer*, § 66 AktG Rz. 7.
46 Vgl. RG v. 20.10.1914 – Rep II 219/14, RGZ 85, 351, 354 (GmbH); *Bayer* in MünchKomm. AktG, 3. Aufl., § 66 AktG Rz. 44; *Gehrlein* in Großkomm. AktG, 4. Aufl., § 66 AktG Rz. 40;

### e) Gefährdung der Einlageforderung

13 Die strengen Zulässigkeitsvoraussetzungen der Aufrechnung gelten nicht, wenn sich ihre Anwendung zweckwidrig zum Nachteil des Gesellschaftsvermögens auswirken würde[47]. Deshalb darf die Gesellschaft ihrerseits aufrechnen, wenn die Durchsetzung der Einlageforderung infolge schlechter wirtschaftlicher Lage des Schuldners gefährdet ist, keine Rückgriffsmöglichkeiten nach § 65 Abs. 1 bestehen und eine Verwertung nach § 65 Abs. 3 wenig Ertrag verspricht[48].

### 3. Aufrechnungsvertrag

14 Eine einvernehmliche Verrechnung durch Aufrechnungsvertrag i.S. eines *verfügenden* Erfüllungsersatzvertrages zwischen Gesellschaft und Einlage- oder Regressschuldner ist immer dann zulässig, wenn die Gesellschaft eine einseitige Aufrechnung erklären durfte[49]. Unwirksam ist dagegen eine Vereinbarung, durch die sich die Gesellschaft gegenüber dem Einlage- oder Regressschuldner *verpflichtet*, künftig gegen eine gem. § 66 geschützte Forderung aufzurechnen[50].

### 4. Kontokorrent

15 Die Einstellung der Einlageforderung in ein Kontokorrent ist **mit** dem Aufrechnungs- und Befreiungsverbot des **§ 66 Abs. 1 unvereinbar**[51]. Sie hätte nämlich zur Folge, dass die Gesellschaft aufgrund des mit der Kontokorrentabrede regelmäßig verbundenen antizipierten Verrechnungsvertrages die Verrechnung der Einlageforderung mit einer Gegenforderung vorwegnimmt, ohne dass sichergestellt ist, ob die Zulässigkeitsvoraussetzungen eines Aufrechnungsvertrages (Rz. 14) vorliegen. Außerdem käme sie in ihrer Wirkung einer verbotenen Stundung (Rz. 5) gleich, weil die Einstellung einer Forderung in ein Kontokorrent deren selbständige Geltendmachung ausschließt.

16 Von der Unwirksamkeit der Kontokorrentabrede über die Einlageforderung zu unterscheiden ist die Frage, ob die **Einlageforderung bei einer dennoch erfolgten Einstellung in ein Kontokorrent** dann erlischt, wenn die Gegenforderungen vollwertig, fällig und liquide sind und sich ein Überschuss zu Gunsten des Aktionärs ergibt. Dies ist

---

für eine andere Deutung des Liquiditätserfordernisses *Lutter* in KölnKomm. AktG, 2. Aufl., § 66 AktG Rz. 19; ferner *Gehrlein* in Großkomm. AktG, 4. Aufl., § 66 AktG Rz. 40, der dieser Voraussetzung neben dem Vollwertigkeitserfordernis keine eigenständige Bedeutung beimisst.

47 Vgl. *Baumbach/Hueck*, § 66 AktG Anm. 9; *Bayer* in Großkomm. AktG, 4. Aufl., § 66 AktG Rz. 48; *Gehrlein* in Großkomm. AktG, 4. Aufl., § 66 AktG Rz. 41; *Hüffer*, § 66 Rz. 6; *Westermann* in Bürgers/Körber, AktG, § 66 Rz. 8.

48 Vgl. BGH v. 13.10.1953 – II ZR 182/53, BGHZ 15, 52, 57 f. (GmbH); BGH v. 21.9.1979 – II ZR 214/77, NJW 1979, 216 (GmbH); *Bayer* in Großkomm. AktG, 4. Aufl., § 66 AktG Rz. 48; *Gehrlein* in Großkomm. AktG, 4. Aufl., § 66 AktG Rz. 41; *Lutter* in KölnKomm. AktG, 2. Aufl., § 66 AktG Rz. 21; *Wiesner* in MünchHdb. AG, § 16 Rz. 28.

49 Vgl. *Bayer* in MünchKomm. AktG, 3. Aufl., § 66 AktG Rz. 53; *Cahn* in Spindler/Stilz, § 66 AktG Rz. 33; *Gehrlein* in Großkomm. AktG, 4. Aufl., § 66 AktG Rz. 45; *Lutter* in KölnKomm. AktG, 2. Aufl., § 66 AktG Rz. 23; *Wiesner* in MünchHdb. AG, § 16 Rz. 29.

50 Vgl. *Bayer* in MünchKomm. AktG, 3. Aufl., § 66 AktG Rz. 55; *Cahn* in Spindler/Stilz, § 66 AktG Rz. 34; *Gehrlein* in Großkomm. AktG, 4. Aufl., § 66 AktG Rz. 44; *Lutter* in KölnKomm. AktG, 2. Aufl., § 66 AktG Rz. 23; *Steinberg*, S. 62.

51 Vgl. RG v. 27.9.1929 – II 20/29, JW 1930, 2685, 2687 (Genossenschaft); OLG Colmar v. 12.4.1907 – I ZS, OLGR 14, 364 (GmbH); *Baumbach/Hueck*, § 66 AktG Anm. 24; *Bayer* in MünchKomm. AktG, 3. Aufl., § 66 AktG Rz. 56; *Cahn* in Spindler/Stilz, § 66 AktG Rz. 35; *Gehrlein* in Großkomm. AktG, 4. Aufl., § 66 AktG Rz. 46; *Lutter* in KölnKomm. AktG, 2. Aufl., § 66 AktG Rz. 24; *Wiesner* in MünchHdb. AG, § 16 Rz. 29.

entgegen einer verbreiteten Ansicht[52] abzulehnen[53], weil der Aktionär auch unter diesen Umständen nicht die versprochene Leistung erbringt.

### 5. Zurückbehaltungsrecht des Aktionärs

Der Aktionär darf gegenüber offen stehenden Einlageforderungen grundsätzlich kein Zurückbehaltungsrecht geltend machen[54]. Dies war früher in § 184c Satz 2 ADHGB ausdrücklich geregelt und folgt heute daraus, dass ein Zurückbehaltungsrecht in seiner Wirkung der verbotenen Aufrechnung gleichkommt. Eine gesetzliche Ausnahme von diesem Grundsatz enthält § 65 Abs. 1 Satz 4, wonach der Vormann berechtigt ist, die Zahlung der Regressschuld bis zur Aushändigung einer Aktienurkunde zu verweigern (vgl. § 65 Rz. 20). Diesem Fall stellt die herrschende Lehre entsprechend § 19 Abs. 2 Satz 3 GmbHG denjenigen an die Seite, dass dem Aktionär Gegenforderungen zustehen, die sich unmittelbar auf den Gegenstand einer Sacheinlage beziehen (z.B. Verwendungsersatz)[55].

17

## IV. Entsprechende Anwendung

### 1. Rückgewährpflichten

Gem. § 66 Abs. 2 Fall 1 gilt das Befreiungs- und Aufrechnungsverbot des § 66 Abs. 1 entsprechend für die Rückgewährpflicht des § 62 Abs. 1 beim Empfang von Leistungen entgegen §§ 57, 58, 60, 61[56]. Es erfasst auch Nichtaktionäre, soweit sie ausnahmsweise nach § 62 Abs. 1 Rückgewährschuldner sind (vgl. § 62 Rz. 9 ff.)[57]. Dagegen ist das Befreiungs- und Aufrechnungsverbot nicht auf Dritte anwendbar, die der Gesellschaft bei Verstößen gegen § 57 Abs. 1 Satz 1 nur nach Bereicherungsrecht haften (vgl. § 62 Rz. 13 ff.)[58].

18

---

52 Vgl. *Gehrlein* in Großkomm. AktG, 4. Aufl., § 66 AktG Rz. 48; *Lutter* in KölnKomm. AktG, 2. Aufl., § 66 AktG Rz. 24; *Wiesner* in MünchHdb. AG, § 16 Rz. 29; wohl auch *Westermann* in Bürgers/Körber, AktG, § 66 Rz. 8.
53 Wie hier *Bayer* in MünchKomm. AktG, 3. Aufl., § 66 AktG Rz. 57; *Cahn* in Spindler/Stilz, § 66 AktG Rz. 35.
54 Vgl. RG v. 7.11.1913 – Rep II 370/13, RGZ 83, 266, 268 (GmbH); OLG Hamburg v. 22.4.1913 – II ZS, OLGR 27, 137, 139; *Baumbach/Hueck*, § 66 AktG Anm. 10; *Bayer* in MünchKomm. AktG, 3. Aufl., § 66 AktG Rz. 58; *Cahn* in Spindler/Stilz, § 66 AktG Rz. 35; *Gehrlein* in Großkomm. AktG, 4. Aufl., § 66 AktG Rz. 49 f.; *Lutter* in KölnKomm. AktG, 2. Aufl., § 66 AktG Rz. 25; *Wiesner* in MünchHdb. AG, § 16 Rz. 29.
55 Vgl. *Baumbach/Hueck*, § 66 AktG Anm. 10; *Bayer* in MünchKomm. AktG, 3. Aufl., § 66 AktG Rz. 59; *Cahn* in Spindler/Stilz, § 66 AktG Rz. 36; *Gehrlein* in Großkomm. AktG, 4. Aufl., § 66 AktG Rz. 51; *v. Godin/Wilhelmi*, § 66 AktG Anm. 5; *Lutter* in KölnKomm. AktG, 2. Aufl., § 66 AktG Rz. 25; *Westermann* in Bürgers/Körber, AktG, § 66 Rz. 9; *Wiesner* in MünchHdb. AG, § 16 Rz. 29; abw. *Buchetmann*, S. 36 f.; *Steinberg*, S. 90.
56 Vgl. *Bayer* in MünchKomm. AktG, 3. Aufl., § 66 AktG Rz. 60; *Cahn* in Spindler/Stilz, § 66 AktG Rz. 4; *Drinhausen* in Heidel, § 66 Rz. 9; *Gehrlein* in Großkomm. AktG, 4. Aufl., § 66 AktG Rz. 9; *v. Godin/Wilhelmi*, § 66 AktG Anm. 3; *Hüffer*, § 66 AktG Rz. 8.
57 Vgl. *Bayer* in MünchKomm. AktG, 3. Aufl., § 66 AktG Rz. 60; *Gehrlein* in Großkomm. AktG, 4. Aufl., § 66 AktG Rz. 9; *Hüffer*, § 66 Rz. 9.
58 Vgl. *Bayer* in MünchKomm. AktG, 3. Aufl., § 66 AktG Rz. 60; *Gehrlein* in Großkomm. AktG, 4. Aufl., § 66 AktG Rz. 9; *Hüffer*, § 66 AktG Rz. 8.

## 2. Ausfallhaftung des ausgeschlossenen Aktionärs

19 Die entsprechende Anwendung des § 66 Abs. 1 erstreckt sich nach § 66 Abs. 2 Fall 2 auch auf die Ausfallhaftung des ausgeschlossenen Aktionärs. Damit hat der Reformgesetzgeber von 1965 eine zuvor umstrittene Frage ausdrücklich geregelt[59].

## 3. Schadensersatzpflicht wegen nicht gehöriger Leistung einer Sacheinlage

20 Schließlich gilt das Befreiungs- und Aufrechnungsverbot des § 66 Abs. 1 gem. § 66 Abs. 2 Fall 3 ebenso für die Schadensersatzpflicht des Aktionärs wegen nicht gehöriger Leistung einer Sacheinlage. Unter eine nicht gehörige Leistung fallen Leistungsstörungen aller Art, z.B. Verzug, Unmöglichkeit oder Sachmängel[60]. Die Regelung ist beim heutigen Stand der Dogmatik entbehrlich, weil unwirksame Sacheinlagevereinbarungen zu einer Bareinlageverpflichtung führen (vgl. § 54 Rz. 24), die bereits von § 66 Abs. 1 erfasst wird[61]. Dagegen wird ein über die Einlageschuld hinausgehender Schadensersatzanspruch entgegen dem zu weit geratenen Gesetzeswortlaut nicht von den Dispositionsbeschränkungen des § 66 Abs. 1 erfasst[62].

## V. Befreiung durch Kapitalherabsetzung

### 1. Allgemeines

21 **§ 66 Abs. 3** enthält eine **Ausnahme von dem Befreiungsverbot** des § 66 Abs. 1 Satz 1. Danach können die Aktionäre von ihrer Pflicht zur Einlageleistung durch eine ordentliche Kapitalherabsetzung oder durch eine Kapitalherabsetzung durch Einziehung von Aktien befreit werden. Dagegen ist eine Befreiung durch vereinfachte Kapitalherabsetzung nicht vorgesehen, sondern durch § 230 Satz 1 ausgeschlossen[63]. Über den Wortlaut der Vorschrift („Einlageverpflichtung") hinaus erstreckt sich die Befreiung auch auf die Ausfallhaftung des ausgeschlossenen Aktionärs (§ 64 Abs. 4 Satz 2) und die Zahlungspflicht seiner Rechtsvorgänger (§ 65)[64].

### 2. Ordentliche Kapitalherabsetzung

22 Der Beschluss über die ordentliche Kapitalherabsetzung (§ 222) allein entfaltet noch keine Befreiungswirkung. Hinzutreten muss ein Erlassvertrag (§ 397 Abs. 1 BGB), bei dessen Abschluss die AG durch den Vorstand vertreten wird[65]. Der Vorstand darf die

---

59 In diesem Sinne bereits RG v. 26.3.1920 – II 413/19, RGZ 98, 276 f. (GmbH); *Schlegelberger/Quassowski*, § 60 AktG 1937 Anm. 1.
60 Vgl. *Baumbach/Hueck*, § 66 AktG Anm. 3; *Cahn* in Spindler/Stilz, § 66 AktG Rz. 6; *Gehrlein* in Großkomm. AktG, 4. Aufl., § 66 AktG Rz. 4; *Hüffer*, § 66 AktG Rz. 10.
61 Vgl. *Cahn* in Spindler/Stilz, § 66 AktG Rz. 6; *Drinhausen* in Heidel, § 66 AktG Rz. 11; *Hüffer*, § 66 AktG Rz. 10; *Lutter* in KölnKomm. AktG, 2. Aufl., § 66 AktG Rz. 3.
62 Vgl. *Cahn* in Spindler/Stilz, § 66 AktG Rz. 6; *Drinhausen* in Heidel, § 66 Rz. 11; *Gehrlein* in Großkomm. AktG, 4. Aufl., § 66 AktG Rz. 5; *Hüffer*, § 66 AktG Rz. 10; *Lutter* in KölnKomm. AktG, 2. Aufl., § 66 AktG Rz. 3; abw. *Bayer* in MünchKomm. AktG, 3. Aufl., § 66 AktG Rz. 63.
63 Vgl. *Bayer* in MünchKomm. AktG, 3. Aufl., § 66 AktG Rz. 29; *Cahn* in Spindler/Stilz, § 66 AktG Rz. 46; *Drinhausen* in Heidel, § 58 AktG Rz. 15; *Hüffer*, § 66 AktG Rz. 11; *Lutter* in KölnKomm. AktG, 2. Aufl., § 66 AktG Rz. 59.
64 Vgl. *Cahn* in Spindler/Stilz, § 66 AktG Rz. 46; *Gehrlein* in Großkomm. AktG, 4. Aufl., § 66 AktG Rz. 29; *Westermann* in Bürgers/Körber, § 66 AktG Rz. 15.
65 Vgl. *Bayer* in MünchKomm. AktG, 3. Aufl., § 66 AktG Rz. 30; *Cahn* in Spindler/Stilz, § 66 AktG Rz. 47; *Gehrlein* in Großkomm. AktG, 4. Aufl., § 66 AktG Rz. 30; *Hüffer*, § 66 AktG Rz. 11; *Lutter* in KölnKomm. AktG, 2. Aufl., § 66 AktG Rz. 56.

erforderliche Willenserklärung erst abgeben, wenn die Maßnahme den Gläubigern bekannt gemacht wurde, seit Eintragung der Kapitalherabsetzung in das Handelsregister mindestens sechs Monate verstrichen sind und den darauf bestehenden Gläubigern Befreiung oder Sicherheitsleistung gewährt wurde (§ 225 Abs. 1 und 2)[66]. Gem. § 66 Abs. 3 Halbsatz 2 können die Aktionäre durch eine ordentliche Kapitalherabsetzung allerdings höchstens in Höhe des Betrags befreit werden, um den das Grundkapital herabgesetzt worden ist[67]. Der durch die Kapitalherabsetzung gewonnene Betrag ist gleichmäßig unter alle Aktionäre zu verteilen (§ 53a), sofern die benachteiligten Aktionäre nicht einer abweichenden Verteilung zustimmen[68].

### 3. Kapitalherabsetzung durch Einziehung von Aktien

Die Begrenzung des § 66 Abs. 3 Halbsatz 2 gilt nicht für die Kapitalherabsetzung durch Einziehung von Aktien. Weil die betroffenen Mitgliedschaften untergehen, erlöschen alle offenen Einlagepflichten[69]. Die Gesellschaftsgläubiger werden durch §§ 225 Abs. 2, 237 Abs. 2 Satz 3 geschützt[70].  23

## VI. Befreiungs- und Aufrechnungsverbot bei Beteiligung Dritter

### 1. Abtretung

Die Einlageforderung kann von der Gesellschaft abgetreten werden, wenn die Gesellschaft im Gegenzug ein **vollwertiges Entgelt** erhält[71]. Die Abtretung von Rückgewähransprüchen nach § 62 hat die Rechtsprechung dagegen ohne Rücksicht auf dieses Erfordernis zugelassen[72]. Nach wirksamer Abtretung entfaltet § 66 grundsätzlich keine Bindungswirkung mehr[73]. Ausgeschlossen ist – entgegen § 406 BGB – lediglich die Aufrechnung des Einlageschuldners gegenüber dem Zessionar mit einer Forde-  24

---

66 Vgl. *Gehrlein* in Großkomm. AktG, 4. Aufl., § 66 AktG Rz. 30; *Lutter* in KölnKomm. AktG, 2. Aufl., § 66 AktG Rz. 56.
67 Zur früher abweichenden Rechtsprechung Begr. RegE bei *Kropff*, Aktiengesetz, S. 86.
68 Vgl. *Bayer* in MünchKomm. AktG, 3. Aufl., § 66 AktG Rz. 31; *Gehrlein* in Großkomm. AktG, 4. Aufl., § 66 AktG Rz. 31.
69 Vgl. *Baumbach/Hueck*, § 66 AktG Anm. 11; *Bayer* in MünchKomm. AktG, 3. Aufl., § 66 AktG Rz. 32; *Cahn* in Spindler/Stilz, § 66 AktG Rz. 48; *Gehrlein* in Großkomm. AktG, 4. Aufl., § 66 AktG Rz. 32; *Lutter* in KölnKomm. AktG, 2. Aufl., § 66 AktG Rz. 57; *Wiesner* in MünchHdb. AG, § 16 Rz. 31.
70 Vgl. *Bayer* in MünchKomm. AktG, 3. Aufl., § 66 AktG Rz. 32; *Cahn* in Spindler/Stilz, § 66 AktG Rz. 48; *Gehrlein* in Großkomm. AktG, 4. Aufl., § 66 AktG Rz. 32; *Hüffer*, § 66 AktG Rz. 11; *Lutter* in KölnKomm. AktG, 2. Aufl., § 66 AktG Rz. 57.
71 Vgl. RG v. 14.6.1929 – II 653/28, RGZ 124, 380, 382; RG v. 22.5.1931 – II 299/30, RGZ 133, 81, 83 (GmbH); RG v. 15.1.1932 – II 245/31, RGZ 135, 55, 57 (Genossenschaft); BGH v. 18.11.1969 – II ZR 83/68, BGHZ 53, 71, 72 (GmbH); *Baumbach/Hueck*, § 66 AktG Anm. 7; *Bayer* in MünchKomm. AktG, 3. Aufl., § 66 AktG Rz. 68; *Gehrlein* in Großkomm. AktG, 4. Aufl., § 66 AktG Rz. 63; *Lutter* in KölnKomm. AktG, 2. Aufl., § 66 AktG Rz. 47; *Westermann* in Bürgers/Körber, § 66 AktG Rz. 11; *Wiesner* in MünchHdb. AG, § 16 Rz. 30; differenzierend *Cahn* in Spindler/Stilz, § 66 AktG Rz. 40 f.; kritisch *K. Schmidt*, ZHR 157 (1993), 291, 310 ff.
72 Vgl. BGH v. 29.9.1977 – II ZR 157/76, BGHZ 69, 274, 283 f. (GmbH); zustimmend *Cahn* in Spindler/Stilz, § 66 AktG Rz. 42; ablehnend *Bayer* in MünchKomm. AktG, 3. Aufl., § 66 AktG Rz. 70; *Gehrlein* in Großkomm. AktG, 4. Aufl., § 66 AktG Rz. 64; *Lutter* in KölnKomm. AktG, 2. Aufl., § 66 AktG Rz. 47.
73 Vgl. *Bayer* in MünchKomm. AktG, 3. Aufl., § 66 AktG Rz. 73; *Gehrlein* in Großkomm. AktG, 4. Aufl., § 66 AktG Rz. 65; *Lutter* in KölnKomm. AktG, 2. Aufl., § 66 AktG Rz. 46.

rung, die ihm gegenüber der AG zusteht[74]. Die Einlageforderung wird nicht bereits aufgrund der Abtretung fällig, sondern muss zunächst vom Vorstand nach Maßgabe des § 63 eingefordert werden[75].

### 2. Leistung an Dritte

25 Die Gesellschaft kann den Einlageschuldner ermächtigen, an einen Dritten zu leisten (§§ 362 Abs. 2, 185 BGB). Eine Schuldbefreiung tritt dadurch jedoch nur ein, **wenn** der Gesellschaft im Gegenzug **der volle wirtschaftliche Wert der Einlageforderung zufließt**[76]. Das ist zu bejahen, wenn die Forderung des Dritten gegen die Gesellschaft vollwertig, fällig und liquide ist, weil es sich nur unter diesen Voraussetzungen um eine Abkürzung mehrfacher Zahlungsvorgänge handelt[77].

26 **Zahlungen auf ein Konto der Gesellschaft** werden nach § 54 Abs. 3 wie Barzahlungen behandelt (vgl. § 54 Rz. 27 ff.); das kontoführende Kreditinstitut ist mithin kein Dritter i.S. des § 362 Abs. 2 BGB[78]. Der Erfüllung der Einlageschuld steht es daher grundsätzlich nicht entgegen, wenn die Zahlung einem debitorischen Gesellschaftskonto gutgeschrieben wird[79]. Problematisch ist allerdings, ob die zugeflossenen Mittel dem Vorstand gem. § 36 Abs. 2 zur freien Verfügung stehen (näher § 36 Rz. 22)[80].

### 3. Pfändung und Verpfändung

27 Die für die Abtretung geltenden Grundsätze (Rz. 24) sind entsprechend auf die Fälle der Pfändung und Verpfändung der Einlageforderung anzuwenden[81]. Ihr Wirksamwerden setzt daher voraus, dass der Gesellschaft eine vollwertige Gegenleistung zufließt[82]. Daran wird es bei der Pfändung der Einlageforderung regelmäßig fehlen[83].

---

74 Vgl. RG v. 20.10.1914 – Rep II 219/14, RGZ 85, 351, 353 (GmbH); BGH v. 18.11.1969 – II ZR 83/68, BGHZ 53, 71, 75 (GmbH); *Bayer* in MünchKomm. AktG, 3. Aufl., § 66 AktG Rz. 73; *Gehrlein* in Großkomm. AktG, 4. Aufl., § 66 AktG Rz. 65; *Lutter* in KölnKomm. AktG, 2. Aufl., § 66 AktG Rz. 46.
75 Vgl. *Bayer* in MünchKomm. AktG, 3. Aufl., § 66 AktG Rz. 72; *Gehrlein* in Großkomm. AktG, 4. Aufl., § 66 AktG Rz. 65; *Lutter* in KölnKomm. AktG, 2. Aufl., § 66 AktG Rz. 45.
76 Vgl. BGH v. 13.7.1992 – II ZR 263/91, BGHZ 119, 177, 184 = AG 1992, 443; *Bayer* in MünchKomm. AktG, 3. Aufl., § 66 Rz. 74; *Gehrlein* in Großkomm. AktG, 4. Aufl., § 66 AktG Rz. 66; *Lutter* in KölnKomm. AktG, 2. Aufl., § 66 AktG Rz. 48; *Westermann* in Bürgers/Körber, § 66 AktG Rz. 13.
77 Vgl. *Bayer* in MünchKomm. AktG, 3. Aufl., § 66 AktG Rz. 74; *Gehrlein* in Großkomm. AktG, 4. Aufl., § 66 AktG Rz. 66; *Lutter* in KölnKomm. AktG, 2. Aufl., § 66 AktG Rz. 48; abw. v. Godin/Wilhelmi, § 66 AktG Anm. 6.
78 Vgl. *Bayer* in MünchKomm. AktG, 3. Aufl., § 66 AktG Rz. 75; *Gehrlein* in Großkomm. AktG, 4. Aufl., § 66 AktG Rz. 67; *Lutter* in KölnKomm. AktG, 2. Aufl., § 66 AktG Rz. 49.
79 Vgl. *Bayer* in MünchKomm. AktG, 3. Aufl., § 66 AktG Rz. 75; *Cahn* in Spindler/Stilz, § 66 AktG Rz. 44; *Gehrlein* in Großkomm. AktG, 4. Aufl., § 66 AktG Rz. 67; *Lutter* in KölnKomm. AktG, 2. Aufl., § 66 AktG Rz. 49; *Steinberg*, S. 155 ff.
80 Vgl. *Bayer* in MünchKomm. AktG, 3. Aufl., § 66 AktG Rz. 76; *Cahn* in Spindler/Stilz, § 66 AktG Rz. 45; *Gehrlein* in Großkomm. AktG, 4. Aufl., § 66 AktG Rz. 68.
81 Vgl. *Bayer* in MünchKomm. AktG, 3. Aufl., § 66 AktG Rz. 79; *Gehrlein* in Großkomm. AktG, 4. Aufl., § 66 AktG Rz. 69; *Lutter* in KölnKomm. AktG, 2. Aufl., § 66 AktG Rz. 50.
82 Vgl. RG v. 22.5.1931 – II 299/30, RGZ 133, 81 (GmbH); RG v. 12.10.1937 – II 51/37, RGZ 156, 23, 25; BGH v. 18.11.1969 – II ZR 83/68, BGHZ 53, 71 (GmbH); *Baumbach/Hueck*, § 66 AktG Anm. 7; *Bayer* in MünchKomm. AktG, 3. Aufl., § 66 AktG Rz. 79; *Gehrlein* in Großkomm. AktG, 4. Aufl., § 66 AktG Rz. 69; *Lutter* in KölnKomm. AktG, 2. Aufl., § 66 AktG Rz. 50; kritisch *K. Schmidt*, ZHR 157 (1993), 291, 310 ff.
83 Vgl. *Bayer* in MünchKomm. AktG, 3. Aufl., § 66 AktG Rz. 79; *Gehrlein* in Großkomm. AktG, 4. Aufl., § 66 AktG Rz. 69.

## VII. Liquidation und Insolvenz der AG

§ 66 gilt grundsätzlich auch in der Liquidation (vgl. § 264 Abs. 3)[84] und im Insolvenzverfahren der Gesellschaft[85]. Seine Anwendbarkeit wird allerdings durch den Liquidationszweck begrenzt: Sind alle Gläubiger befriedigt und wird der Geschäftsbetrieb eingestellt, findet § 66 aufgrund teleologischer Reduktion keine Anwendung mehr[86]. Gleiches gilt, wenn alle Gläubiger zustimmen[87], und im Hinblick auf die Pfändung, wenn die Eröffnung des Insolvenzverfahrens mangels Kostendeckung abgewiesen wurde und sich kein weiterer Gläubiger bereit erklärt, einen Vorschuss zu leisten[88]. 28

## VIII. Rechtsfolgen bei Verstößen

Satzungsänderungen oder sonstige Hauptversammlungsbeschlüsse, die gegen § 66 verstoßen, sind nach § 241 Nr. 3 nichtig[89]. Gleiches gilt gem. § 134 BGB für jedes andere Rechtsgeschäft, das § 66 zuwiderläuft[90]. Die Nichtigkeit erfasst sowohl das Verpflichtungs- als auch das Verfügungsgeschäft[91]. Bereits erbrachte Leistungen sind nach §§ 812 ff. BGB rückabzuwickeln[92]. Dem Aktionär ist es dabei allerdings verwehrt, mit seinem Bereicherungsanspruch gegen die Einlageforderung aufzurechnen oder ein Zurückbehaltungsrecht auszuüben[93]. 29

---

84 Vgl. RG v. 12.11.1935 – II 48/35, RGZ 149, 293, 297 (GmbH); BGH v. 30.11.1967 – II ZR 68/65, NJW 1968, 398 (GmbH); *Baumbach/Hueck*, § 66 AktG Anm. 5; *Bayer* in MünchKomm. AktG, 3. Aufl., § 66 AktG Rz. 82; *Cahn* in Spindler/Stilz, § 66 AktG Rz. 49; *Gehrlein* in Großkomm. AktG, 4. Aufl., § 66 AktG Rz. 73; *Lutter* in KölnKomm. AktG, 2. Aufl., § 66 AktG Rz. 52; *Steinberg*, S. 170 ff.
85 Vgl. *Bayer* in MünchKomm. AktG, 3. Aufl., § 66 AktG Rz. 82; *Cahn* in Spindler/Stilz, § 66 AktG Rz. 49; *Gehrlein* in Großkomm. AktG, 4. Aufl., § 66 AktG Rz. 74; *Lutter* in KölnKomm. AktG, 2. Aufl., § 66 AktG Rz. 52.
86 Vgl. RG v. 12.11.1935 – II 48/35, RGZ 149, 293, 298 (GmbH); *Baumbach/Hueck*, § 66 AktG Anm. 5; *Bayer* in MünchKomm. AktG, 3. Aufl., § 66 AktG Rz. 83; *Cahn* in Spindler/Stilz, § 66 AktG Rz. 49; *Gehrlein* in Großkomm. AktG, 4. Aufl., § 66 AktG Rz. 74.
87 Vgl. RG v. 12.10.1937 – II 51/37, RGZ 156, 23, 27 f.; *Bayer* in MünchKomm. AktG, 3. Aufl., § 66 AktG Rz. 83; *Gehrlein* in Großkomm. AktG, 4. Aufl., § 66 AktG Rz. 77; *Steinberg*, S. 178.
88 Vgl. RG v. 12.10.1937 – II 51/37, RGZ 156, 23, 26 ff.; *Bayer* in MünchKomm. AktG, 3. Aufl., § 66 AktG Rz. 84; *Cahn* in Spindler/Stilz, § 66 AktG Rz. 49; *Gehrlein* in Großkomm. AktG, 4. Aufl., § 66 AktG Rz. 78.
89 Vgl. *Cahn* in Spindler/Stilz, § 66 AktG Rz. 50; *Drinhausen* in Heidel, § 66 AktG Rz. 16; *Gehrlein* in Großkomm. AktG, 4. Aufl., § 66 AktG Rz. 81; *Lutter* in KölnKomm. AktG, 2. Aufl., § 66 AktG Rz. 54.
90 Vgl. *Bayer* in MünchKomm. AktG, 3. Aufl., § 66 AktG Rz. 87; *Cahn* in Spindler/Stilz, § 66 AktG Rz. 50; *Hüffer*, § 66 AktG Rz. 12; *Lutter* in KölnKomm. AktG, 2. Aufl., § 66 AktG Rz. 54.
91 Vgl. RG v. 14.6.1929 – II 653/28, RGZ 124, 380, 383; RG v. 22.5.1931 – II 299/30, RGZ 133, 81, 83 (GmbH); *Baumbach/Hueck*, § 66 AktG Anm. 2; *Bayer* in MünchKomm. AktG, 3. Aufl., § 66 AktG Rz. 87; *Cahn* in Spindler/Stilz, § 66 AktG Rz. 50; *Gehrlein* in Großkomm. AktG, 4. Aufl., § 66 AktG Rz. 81; *Hüffer*, § 66 AktG Rz. 12; *Lutter* in KölnKomm. AktG, 2. Aufl., § 66 AktG Rz. 54; *Wiesner* in MünchHdb. AG, § 16 Rz. 24.
92 Vgl. *Bayer* in MünchKomm. AktG, 3. Aufl., § 66 AktG Rz. 88; *Gehrlein* in Großkomm. AktG, 4. Aufl., § 66 AktG Rz. 82; *Hüffer*, § 66 AktG Rz. 12; *Lutter* in KölnKomm. AktG, 2. Aufl., § 66 AktG Rz. 54.
93 Vgl. OLG Rostock v. 14.7.1910 – I ZS, OLGR 22, 13 (GmbH); OLG Zweibrücken v. 17.9.1965 – 1 U 110/65, NJW 1966, 840 f. (GmbH); *Bayer* in MünchKomm. AktG, 3. Aufl., § 66 AktG Rz. 88; *Gehrlein* in Großkomm. AktG, 4. Aufl., § 66 AktG Rz. 82; *Hüffer*, § 66 AktG Rz. 11; *Lutter* in KölnKomm. AktG, 2. Aufl., § 66 AktG Rz. 54.

## § 67
## Eintragung im Aktienregister

(1) Namensaktien sind unter Angabe des Namens, Geburtsdatums und der Adresse des Inhabers sowie der Stückzahl oder der Aktiennummer und bei Nennbetragsaktien des Betrags in das Aktienregister der Gesellschaft einzutragen. Der Inhaber ist verpflichtet, der Gesellschaft die Angaben nach Satz 1 mitzuteilen. Die Satzung kann Näheres dazu bestimmen, unter welchen Voraussetzungen Eintragungen im eigenen Namen für Aktien, die einem anderen gehören, zulässig sind. Aktien, die zu einem in- oder ausländischen Investmentvermögen nach dem Investmentgesetz gehören, dessen Anteile nicht ausschließlich von Anlegern, die nicht natürliche Personen sind, gehalten werden, gelten als Aktien des in- oder ausländischen Investmentvermögens, auch wenn sie im Miteigentum der Anleger stehen; verfügt das Investmentvermögen über keine eigene Rechtspersönlichkeit, gelten sie als Aktien der Verwaltungsgesellschaft des Investmentvermögens.

(2) Im Verhältnis zur Gesellschaft gilt als Aktionär nur, wer als solcher im Aktienregister eingetragen ist. Jedoch bestehen Stimmrechte aus Eintragungen nicht, die eine nach Absatz 1 Satz 3 bestimmte satzungsmäßige Höchstgrenze überschreiten oder hinsichtlich derer eine satzungsmäßige Pflicht zur Offenlegung, dass die Aktien einem anderen gehören, nicht erfüllt wird. Ferner bestehen Stimmrechte aus Aktien nicht, solange ein Auskunftsverlangen gemäß Absatz 4 Satz 2 oder Satz 3 nach Fristablauf nicht erfüllt ist.

(3) Geht die Namensaktie auf einen anderen über, so erfolgen Löschung und Neueintragung im Aktienregister auf Mitteilung und Nachweis.

(4) Die bei Übertragung oder Verwahrung von Namensaktien mitwirkenden Kreditinstitute sind verpflichtet, der Gesellschaft die für die Führung des Aktienregisters erforderlichen Angaben gegen Erstattung der notwendigen Kosten zu übermitteln. Der Eingetragene hat der Gesellschaft auf ihr Verlangen innerhalb einer angemessenen Frist mitzuteilen, inwieweit ihm die Aktien, als deren Inhaber er im Aktienregister eingetragen ist, auch gehören; soweit dies nicht der Fall ist, hat er die in Absatz 1 Satz 1 genannten Angaben zu demjenigen zu übermitteln, für den er die Aktien hält. Dies gilt entsprechend für denjenigen, dessen Daten nach Satz 2 oder diesem Satz übermittelt werden. Absatz 1 Satz 4 gilt entsprechend; für die Kostentragung gilt Satz 1. Wird der Inhaber von Namensaktien nicht in das Aktienregister eingetragen, so ist das depotführende Institut auf Verlangen der Gesellschaft verpflichtet, sich gegen Erstattung der notwendigen Kosten durch die Gesellschaft an dessen Stelle gesondert in das Aktienregister eintragen zu lassen. § 125 Abs. 5 gilt entsprechend. Wird ein Kreditinstitut im Rahmen eines Übertragungsvorgangs von Namensaktien nur vorübergehend gesondert in das Aktienregister eingetragen, so löst diese Eintragung keine Pflichten infolge des Absatzes 2 und nach § 128 aus und führt nicht zur Anwendung von satzungsmäßigen Beschränkungen nach Absatz 1 Satz 3.

(5) Ist jemand nach Ansicht der Gesellschaft zu Unrecht als Aktionär in das Aktienregister eingetragen worden, so kann die Gesellschaft die Eintragung nur löschen, wenn sie vorher die Beteiligten von der beabsichtigten Löschung benachrichtigt und ihnen eine angemessene Frist zur Geltendmachung eines Widerspruchs gesetzt hat. Widerspricht ein Beteiligter innerhalb der Frist, so hat die Löschung zu unterbleiben.

(6) Der Aktionär kann von der Gesellschaft Auskunft über die zu seiner Person in das Aktienregister eingetragenen Daten verlangen. Bei nichtbörsennotierten Gesellschaften kann die Satzung Weiteres bestimmen. Die Gesellschaft darf die Registerdaten sowie die nach Absatz 4 Satz 2 und 3 mitgeteilten Daten für ihre Aufgaben im Ver-

hältnis zu den Aktionären verwenden. Zur Werbung für das Unternehmen darf sie die Daten nur verwenden, soweit der Aktionär nicht widerspricht. Die Aktionäre sind in angemessener Weise über ihr Widerspruchsrecht zu informieren.

**(7) Diese Vorschriften gelten sinngemäß für Zwischenscheine.**

| | |
|---|---|
| **I. Grundlagen** .................. 1 | 1. Grundmuster und betroffene Finanzhäuser ............... 25 |
| 1. Wesen des Aktienregisters ....... 1 | 2. Mitteilungs- und Nachweispflichten . 27 |
| 2. Regelungsgeschichte ........... 3 | 3. Eintragung von Depotbanken als Platzhalter im Aktienregister ...... 29 |
| 3. Aktienregister und Namensaktien .. 4 | 4. Kostenerstattung ............. 31 |
| **II. Eintragungen in das Aktienregister (§ 67 Abs. 1)** ................ 6 | **VI. Löschung zu Unrecht erfolgter Eintragungen (§ 67 Abs. 5)** ........ 32 |
| 1. Form und Führung des Aktienregisters .................... 6 | 1. Grundlinien ................ 32 |
| 2. Verfahrensmäßige Mindestanforderungen ............... 8 | 2. Voraussetzungen der Löschung .... 33 |
| 3. Die einzutragenden Daten im Einzelnen ................... 9 | 3. Verfahren der Löschung ........ 34 |
| 4. Mitteilungspflichten der Aktionäre (§ 67 Abs. 1 Satz 2) ............ 12 | 4. Wirkungen der Löschung ....... 36 |
| **III. Wirkungen der Eintragung (§ 67 Abs. 2)** ................ 13 | 5. Ansprüche und Rechtsschutzmöglichkeiten ................ 38 |
| 1. Legitimation des Eingetragenen gegenüber der Gesellschaft ...... 13 | **VII. Sonderregeln für Fremdbesitz** ...... 41 |
| 2. Betroffene Mitgliedschaftsrechte und -pflichten ................ 14 | 1. Ziele und Grundriss der Regelung ... 41 |
| **IV. Registerliche Behandlung des Übergangs von Aktien (§ 67 Abs. 3)** ..... 15 | 2. Erfasste Gestaltungen ........... 42 |
| 1. Eckpunkte .................. 15 | 3. Satzungsmäßige Offenlegungspflichten und Eintragungsgrenzen ...... 46 |
| 2. Mitteilung und Nachweis ........ 16 | 4. Auskunftsverlangen ............ 47 |
| a) Mitteilung ................ 16 | 5. Sanktionen ................. 48 |
| b) Nachweis ................ 18 | 6. Investmentfonds ............. 50 |
| 3. Die Umschreibung im Aktienregister 21 | **VIII. Umgang mit den Daten des Aktienregisters (§ 67 Abs. 6)** ............ 51 |
| a) Austragung und Neueintragung .. 21 | 1. Auskunftsrecht der Aktionäre über eigene Daten ............... 51 |
| b) Ansprüche der Beteiligten ..... 22 | 2. Verwendung der Daten durch die Gesellschaft ................ 53 |
| c) Freier Meldebestand ......... 23 | **IX. Zwischenscheine (§ 67 Abs. 7)** ..... 55 |
| d) Record date und Eintragungsstopp 24 | |
| **V. Mitwirkungspflichten von Kapitalmarktintermediären (§ 67 Abs. 4 Satz 1 und Satz 5–7)** ........... 25 | |

**Literatur:** *Altmeppen*, Abschied von der „unwiderlegbar vermuteten" Mitgliedschaft des Scheingesellschafters in der Kapitalgesellschaft, ZIP 2009, 345; *Baums*, Der Eintragungsstopp bei Namensaktien, in FS Hüffer, 2010, S. 15; *Bayer/Lieder*, Umschreibungsstopp bei Namensaktien vor Durchführung der Hauptversammlung, NZG 2009, 1361; *Bredbeck/Schmidt/Sigl*, Das elektronische Aktienregister (Musteraktienbuch), in von Rosen/Seifert (Hrsg.), Die Namensaktie, 2000, S. 315; *Drygala*, Namensaktien in freiem Meldebestand, NZG 2004, 893; *Gätsch*, Die Neuregelung des Rechts der Namensaktie durch das Risikobegrenzungsgesetz, in FS Beuthien, 2009, S. 133; *Grigoleit/Rachlitz*, Beteiligungstransparenz aufgrund des Aktienregisters, ZHR 174 (2010), 12; *Happ*, Vom Aktienbuch zum elektronischen Aktionärsregister – Einige Bemerkungen zu einem altehrwürdigen aktienrechtlichen Institut, in FS G. Bezzenberger, 2000, S. 111; *Hüther*, Namensaktien, Internet und die Zukunft der Stimmrechtsvertretung, AG 2001, 68; *Kastner*, Das integrierte Aktienbuch – Unternehmen kommunizieren erfolgreich mit ihren Anlegern, in von

Rosen/Seifert (Hrsg.), Die Namensaktie, 2000, S. 335; *Kindler*, Der Aktionär in der Informationsgesellschaft – Das Gesetz zur Namensaktie und zur Erleichterung der Stimmrechtsausübung, NJW 2001, 1678; *Leuering*, Das Aktienbuch, ZIP 1999, 1745; *Marsch-Barner*, Zur neueren Entwicklung im Recht der Namensaktie, in FS Hüffer, 2010, S. 627; *Müller-von Pilchau*, Von der physischen Urkunde zur virtuellen Aktie – Die Realisierung der Girosammelverwahrung für Namensaktien in Deutschland, in von Rosen/Seifert (Hrsg.), Die Namensaktie, 2000, S. 97; *Noack*, Die Namensaktie – Dornröschen erwacht, DB 1999, 1306; *Noack*, Die Umstellung von Inhaber- auf Namensaktien, in FS G. Bezzenberger, 2000, S. 291; *Noack*, Namensaktie und Aktienregister – Einsatz für Investor Relations und Produktmarketing, DB 2001, 27; *Noack*, Globalurkunde und unverkörperte Mitgliedschaften bei der kleinen Aktiengesellschaft, in FS Wiedemann, 2002, S. 1141; *Noack*, Neues Recht für Namensaktionäre – Zur Änderung des § 67 durch das Risikobegrenzungsgesetz, NZG 2008, 721; *von Nussbaum*, Zu Nachweisstichtag (record date) und Eintragungssperre bei Namensaktien, NZG 2009, 456; *Quass*, Nichtigkeit von Hauptversammlungsbeschlüssen wegen eines Umschreibestopps im Aktienregister?, AG 2009, 432; *von Rosen/Gebauer*, Namensaktie und Investor Relations, in von Rosen/Seifert (Hrsg.), Die Namensaktie, 2000, S. 127; *von Rottenburg*, Inhaberaktien und Namensaktien im deutschen und amerikanischen Recht, 1967 (ZHR-Beiheft 34); *Uwe H. Schneider/Müller-v. Pilchau*, Der nicht registrierte Namensaktionär – Zum Problem der freien Meldebestände, AG 2007, 181; *Seibert*, Der Entwurf eines Gesetzes zur Namensaktie und zur Erleichterung der Stimmrechtsausübung (Namensaktiengesetz – NaStraG) – vom geltenden Recht über den Referentenentwurf zum Regierungsentwurf, in von Rosen/Seifert (Hrsg.), Die Namensaktie, 2000, S. 11; *Spindler*, Internet und Corporate Governance – ein neuer virtueller (T)Raum? Zum Entwurf des NaStraG, ZGR 2000, 420; *Than/Hannöver*, Depotrechtliche Fragen bei Namensaktien, in von Rosen/Seifert (Hrsg.), Die Namensaktie, 2000, S. 279; *Wiedemann*, Die Übertragung und Vererbung von Mitgliedschaftsrechten bei Handelsgesellschaften, 1965.

## I. Grundlagen

### 1. Wesen des Aktienregisters

1   Das Aktienregister will **Rechtsklarheit und -sicherheit** stiften[1]. Es verzeichnet auf Seiten der Gesellschaft die Inhaber von Namensaktien und deren Aktienbestände und dient den Aktionären als **Legitimationsgrundlage** gegenüber der Gesellschaft (§ 67 Abs. 2, näher Rz. 3, 13 f.). Von dieser Legitimation, der formellen Berechtigung, ist die materielle Berechtigung zu unterscheiden, die Innehabung der Aktie als Mitgliedschaft. Die Aktie gehört demjenigen, der sie ursprünglich von der Gesellschaft übernommen hat oder später von einem anderen Aktionär erwirbt (näher § 68 Rz. 5 ff.). Dies geschieht außerhalb des Aktienregisters. Die Eintragung im Register ist hierfür nicht Voraussetzung; sie begründet die Mitgliedschaft des Aktionärs nicht[2], auch nicht beim originären Erwerb von der Gesellschaft[3], sie kann Mängel des Aktienerwerbs nicht heilen[4], und das Register ist auch keine Grundlage für einen gutgläubigen Erwerb der Aktie[5].

---

1   RG v. 5.2.1929 – II 332/28, RGZ 123, 279, 282; *Wiedemann*, Die Übertragung und Vererbung von Mitgliedschaftsrechten bei Handelsgesellschaften, S. 131 ff.; *Bayer* in MünchKomm. AktG, 3. Aufl., § 67 AktG Rz. 1.
2   OLG Stuttgart v. 1.12.2008 – 20 W 12/08, AG 2009, 204, 206 re.Sp.; OLG Frankfurt v. 9.1.2006 – 20 W 124/05, AG 2006, 290, 292 li.Sp.; OLG Hamm v. 15.4.2008 – I-27 W 54/07, AG 2008, 671, 672 li.Sp.; OLG Jena v. 25.2.2004 – 2 U 635/03, AG 2004, 268, 270 re.Sp.; RG v. 5.2.1929 – II 332/28, RGZ 123, 279, 282, auch 281; *Wiedemann*, Die Übertragung und Vererbung von Mitgliedschaftsrechten bei Handelsgesellschaften, S. 145 ff.; *von Rottenburg*, Inhaberaktien und Namensaktien im deutschen und amerikanischen Recht, S. 26 ff.; *Bayer* in MünchKomm. AktG, 3. Aufl., § 67 AktG Rz. 36.
3   RG v. 29.1.1915 – II 432/14, RGZ 86, 154, 157.
4   OLG Stuttgart v. 1.12.2008 – 20 W 12/08, AG 2009, 204, 206 re.Sp.; RG v. 5.2.1929 – II 332/28, RGZ 123, 279, 282; *Bayer* in MünchKomm. AktG, 3. Aufl., § 67 AktG Rz. 36.
5   *Bayer* in MünchKomm. AktG, 3. Aufl., § 67 AktG Rz. 36; *Lutter/Drygala* in KölnKomm. AktG, 3. Aufl., § 67 AktG Rz. 42.

Um indessen die Mitgliedschafsrechte gegenüber der Gesellschaft ausüben zu können, müssen die Aktionäre ihre **Berechtigung nachweisen**, sich legitimieren. Das kann auf zwei Weisen geschehen. Die Gesellschaft kann entweder für jede einzelne Hauptversammlung und sonstige Einzelanlässe einen gesonderten Rechtsnachweis verlangen, oder die Aktionäre werden einmal und auf Dauer registriert. Ersteres geschieht bei Inhaberaktien, letzteres schreibt § 67 für Namensaktien vor. Die Eintragung im Register ist hier Voraussetzung für die Geltendmachung der Mitgliedschaftsrechte gegenüber der Gesellschaft, und die Gesellschaft kann den Eingetragenen zur Rechteausübung zulassen, ohne Nachteile befürchten zu müssen, falls dieser nicht materiell berechtigt ist. Darüber hinaus erleichtert das Aktienregister die Kommunikation der Gesellschaft mit ihren Aktionären (Investor Relations) und kann als Frühwarnsystem bei unerwünschten Unternehmensübernahmen dienen.

2

### 2. Regelungsgeschichte

Die Regeln des § 67 über das Aktienregister sind in ihrem Kernbestand uralt. Aber bis Ende des 20. Jahrhunderts spielten Namensaktien und Aktienregister in Deutschland nur eine Nebenrolle, denn es herrschte die Inhaberaktie vor. Das änderte sich mit dem Vordringen der elektronischen **Datenverarbeitung** und der wachsenden Bedeutung der **Investor Relations**, auch vor dem Hintergrund der Übernahmepraxis[6] (vgl. Rz. 2), sowie der Internationalisierung des Börsenwesens, denn an wichtigen ausländischen Finanzplätzen werden nur Namensaktien akzeptiert. Und es änderte sich nicht zuletzt auch durch das „Gesetz zur Namensaktie und zur Erleichterung der Stimmrechtsausübung (Namensaktiengesetz – **NaStraG**)" von 2001[7], das die Bestimmung des § 67 in wichtigen Punkten modernisiert und an das EDV-Zeitalter angepasst hat[8]. Das Gesetz wollte ein möglichst vollständiges Aktienregister gewährleisten und damit Klarheit für die Gesellschaft schaffen, wer zur Ausübung der Aktionärsrechte befugt ist. Weitere Änderungen brachte 2008 das „Gesetz zur Begrenzung der mit Finanzinvestitionen verbundenen Risiken (**RisikobegrenzungsG**)"[9]. Dieses Gesetz folgt einem anderen Ziel; es will für Gesellschaften mit Namensaktien die Beteiligungstransparenz erhöhen und in diesem Sinne auf ein materiell richtiges Aktienregister hinwirken (Rz. 41 ff.). Der alte und der neue Gesetzeszweck kommen sich manchmal in die Quere.

3

### 3. Aktienregister und Namensaktien

Die Bestimmungen über das Aktienregister und insbesondere § 67 gelten nur für Namensaktien. Die **Aktien müssen** also nach der Satzung auf den Namen lauten (vgl. §§ 10, 23 Abs. 3 Nr. 5). Außerdem müssen die Aktien **nach vorwaltender Ansicht** tatsächlich **in Wertpapieren verbrieft sein.** Die Gesellschaft, so heißt es, könne natürlich auch für unverbriefte Mitgliedschaften ein Register führen, aber sie müsse es nicht, und so ein Register sei kein Aktienregister im Sinne des § 67 und entfalte nicht dessen Wirkungen[10]. Nach **anderer Ansicht** soll die Gesellschaft bei unverbrief-

4

---

6 Näher *Merkt* in Großkomm. AktG, 4. Aufl., § 67 AktG Rz. 10 ff.
7 Vom 18.1.2001, BGBl. I 2001, 123; hierzu RegE, BT-Drucks. 14/4051 v. 8.9.2000, Anlage 1; Beschlussempfehlung und Bericht des BT-Rechtsausschusses, BT-Drucks. 14/4618 v. 15.11.2000.
8 Ausführlich *Merkt* in Großkomm. AktG, 4. Aufl., § 67 AktG Rz. 3 ff.
9 Vom 18.8.2008, BGBl. I 2008, 1666; hierzu RegE, BT-Drucks. 16/7438 v. 7.12.2007, Anlage 1; Beschlussempfehlung des BT-Finanzausschusses, BT-Drucks. 16/9778 v. 25.6.2008; Bericht des BT-Finanzausschusses, BT-Drucks. 16/9821 v. 26.6.2008.
10 OLG München v. 4.5.2005 – 23 U 5121/04, NZG 2005, 756, 757 li.Sp. = AG 2005, 584; OLG Neustadt v. 12.7.1955 – 2 U 151/54, MDR 1956, 109, 110 (zum AktG 1937, dessen §§ 61–62 in der Tat in diese Richtung wiesen); RG v. 29.12.1894 – I 311/94, RGZ 34, 110, 117 (wo aber laut Satzung ohnehin Inhaberaktien vorgesehen waren); KG v. 28.5.1894 – I J 179/94, KGJ 14,

ten Namensaktien zwar nicht verpflichtet, wohl aber befähigt und berechtigt sein, ein Aktienregister nach § 67 mit den dort vorgesehenen Wirkungen einzurichten[11]. **Richtiger Weise** kann und **muss** jedoch die Gesellschaft ein solches **Aktienregister unabhängig davon** führen, **ob** die **Aktien in Urkunden verbrieft** sind, solange nur die Satzung Namensaktien vorsieht[12].

5  Die Unterscheidung zwischen Inhaber- und Namensaktien ist **nicht** nur eine **wertpapierrecht**liche, **sondern** auch und vor allem eine **gesellschaftsrecht**liche Unterscheidung; es geht um unterschiedliche aktienrechtliche Regeln, denen die Gesellschaft die Ausübung und Übertragung ihrer Mitgliedschaftsrechte durch die Wahl der einen oder anderen Aktienart unterstellt (§ 68 Rz. 4). So kann die Gesellschaft auch unverbriefte Namensaktien vinkulieren (§ 68 Rz. 17), oder solche Aktien mit Nebenverpflichtungen (§ 55)[13] oder einem Entsenderecht zum Aufsichtsrat versehen (§ 101 Abs. 2) oder frühere Aktieninhaber in die Einlagehaftung nehmen (§ 65 Rz. 9). Warum sollen solche unverbrieften Namensaktien dann nicht auch den Regeln über das Aktienregister unterliegen? Das Bedürfnis nach einer gesicherten und dauerhaften Legitimationsgrundlage ist hier sogar noch größer als bei verbrieften Namensaktien.

## II. Eintragungen in das Aktienregister (§ 67 Abs. 1)

### 1. Form und Führung des Aktienregisters

6  Das Aktienregister ist kein Handelsbuch, gehört aber zu den „sonst erforderlichen Aufzeichnungen" im Sinne des § 239 HGB. Es kann als **elektronische Datenbank** geführt werden[14] oder in **Papierform**[15], auch durch geordnete Ablage einzelner Blätter (§ 239 Abs. 4 HGB). Veränderungen müssen nachvollziehbar sein (§ 239 Abs. 3 HGB). Als Ordnungskriterium kommen sowohl die Personen der Aktionäre (Personalfolium) als auch die einzelnen Aktien mit ihren Stücknummern (Realfolium) in Betracht, aber letzteres ist veraltet und bei sammelverwahrten oder globalverbrieften Aktien (§ 68 Rz. 11 ff.) unpraktisch[16].

7  Liegen die Voraussetzungen für die Führung eines Aktienregisters vor, so ist die Gesellschaft hierzu verpflichtet[17], und jeder Namensaktionär kann dies von der Gesellschaft verlangen[18], weil seine Mitgliedschaftsrechte betroffen sind. **Zuständig** für

---

27, 32 (wo aber laut Satzung ebenfalls Inhaberaktien vorgesehen waren); *Merkt* in Großkomm. AktG, 4. Aufl., § 67 AktG Rz. 40 f.; *Lutter/Drygala* in KölnKomm. AktG, 3. Aufl., § 67 AktG Rz. 6, 12, 39 f., 162, Anh. § 68 AktG Rz. 4; *Hüffer*, § 67 AktG Rz. 10.

11 *Barz* in Großkomm. AktG, 3. Aufl., § 67 AktG Anm. 4. Für eine solche Möglichkeit des Weiteren RG v. 29.1.1915 – II 432/14, RGZ 86, 154 ff.; *Happ* in FS G. Bezzenberger, S. 111, 119; wohl auch OLG Brandenburg v. 6.6.2001 – 7 U 145/00, NZG 2002, 476, 478 re.Sp. = AG 2003, 328; diese sagen allerdings nicht, ob damit auch eine Pflicht der Gesellschaft einhergeht.
12 *Noack* in FS Wiedemann, S. 1141, 1155 f., auch 1153 f.; *Wieneke* in von Rosen/Seifert, Die Namensaktie, S. 229, 252 ff.; *Cahn* in Spindler/Stilz, § 67 AktG Rz. 9.
13 *Bungeroth* in MünchKomm. AktG, 3. Aufl., § 55 AktG Rz. 4.
14 RegE für das NaStraG, BT-Drucks. 14/4051 v. 8.9.2000, Anlage 1, Begründung zu § 67, S. 10 re.Sp.
15 Vgl. hierzu *Katschinski/Rawert*, ZIP 2008, 1993, 2000 ff. mit praktischen Anleitungen für die Gesellschafterliste im GmbH-Recht, die auch für kleine, nicht börsennotierte Aktiengesellschaften hilfreich sein können.
16 *Müller-von Pilchau* in von Rosen/Seifert, Die Namensaktie, S. 97, 122 ff.; *Bredbeck/Schmidt/Sigl* in von Rosen/Seifert, Die Namensaktie, S. 315, 328 ff.
17 Statt vieler OLG München v. 4.5.2005 – 23 U 5121/04, NZG 2005, 756, 757 li.Sp. = AG 2005, 584.
18 *Cahn* in Spindler/Stilz, § 67 AktG Rz. 9. Weitergehend (auch Inhaberaktionäre) *Merkt* in Großkomm. AktG, 4. Aufl., § 67 AktG Rz. 29; *Lutter/Drygala* in KölnKomm. AktG, 3. Aufl., § 67 AktG Rz. 7; *Bayer* in MünchKomm. AktG, 3. Aufl., § 67 AktG Rz. 15.

die Einrichtung und Führung des Aktienregisters ist auf Seiten der Gesellschaft der **Vorstand**[19] in seiner Gesamtheit als Kollegialorgan[20]. Er kann die laufende Arbeit auf einzelne Vorstandsmitglieder, nachgeordnete Mitarbeiter und auch auf externe Dienstleister[21] delegieren, bleibt aber selbst in der Verantwortung und muss sich daher die Oberaufsicht vorbehalten[22].

## 2. Verfahrensmäßige Mindestanforderungen

Wer Namensaktien ursprünglich von der Gesellschaft übernommen hat, wird „von Amts wegen" eingetragen[23], nachfolgende Zweiterwerber dagegen nur auf Mitteilung und Nachweis (§ 67 Abs. 3 und hierzu Rz. 15 ff.). Die **Legitimationswirkung** von Eintragungen im Aktienregister (Rz. 13 f.) tritt **nur** ein, **wenn** die Eckpunkte des **Eintragungsverfahrens in Ordnung** waren, das heißt wenn die Eintragung vom Vorstand oder einem von ihm beauftragten Registerführer vorgenommen wurde, und zwar beim Zweiterwerb auf Grund zurechenbarer Mitteilungen und Nachweise hierzu befugter Personen[24] (näher Rz. 16 ff., 27 f.; zu den Folgen von Verstößen Rz. 33).

8

## 3. Die einzutragenden Daten im Einzelnen

Im Aktienregister einzutragen ist nach § 67 grundsätzlich der „Inhaber" der Aktie, also der materiell berechtigte **Aktionär**, dem die Aktie gegenständlich-dinglich zugeordnet ist (vgl. Rz. 1). Aktionär in diesem Sinne kann auch ein Treuhänder sein (vgl. Rz. 45). Der einzutragende **Name** des Aktionärs umfasst den Vor- und Familiennamen und muss eine zweifelsfreie Identifikation ermöglichen. Ergänzend tritt bei natürlichen Personen das **Geburtsdatum** als Kennzeichnungsmerkmal hinzu. Bei Handelsgesellschaften ist die **Firma** maßgeblich, und auch der Einzelkaufmann kann sie verwenden[25]. Die ebenfalls einzutragende **Adresse** muss nach der Gesetzesbegründung „in der Regel die postalische Anschrift bezeichnen. Der Aktionär kann auch eine Büroadresse, einen Zustellungsbevollmächtigten und ... auch eine E-Mail Adresse angeben, sofern nicht aus besonderen Gründen (etwa bei teileingezahlten Aktien) eine zustellungsfähige Anschrift benötigt wird."[26]

9

Des Weiteren muss für jeden Aktionär der **Aktienbestand** eingetragen werden, also bei Nennbetragsaktien die Anzahl der Aktien und ihre Nennbeträge und bei Stückaktien die Stückzahl (und, wenn die einzelnen Aktien mit Nummern versehen sind, auch diese, aber das ist selten). Hat die Gesellschaft Aktien verschiedener Gattung ausgegeben (z.B. Stammaktien und Vorzugsaktien), so ist auch die Gattung der Ak-

10

---

19 OLG Zweibrücken v. 3.12.1996 – 3 W 171/96, AG 1997, 140 re.Sp.; OLG Jena v. 25.2.2004 – 2 U 635/03, AG 2004, 268, 269 re.Sp.
20 OLG München v. 4.5.2005 – 23 U 5121/04, NZG 2005, 756, 757 li.Sp. = AG 2005, 584.
21 RegE für das NaStraG, BT-Drucks. 14/4051 v. 8.9.2000, Anlage 1, Begründung zu § 67, S. 11 li.Sp.; *Leuering*, ZIP 1999, 1745, 1746 li.Sp.; *Huep*, WM 2000, 1623, 1626; *Cahn* in Spindler/Stilz, § 67 AktG Rz. 10; ausf. *Chudaska* in von Rosen/Seifert, Die Namensaktie, S. 355 ff.
22 *Lutter/Drygala* in KölnKomm. AktG, 3. Aufl., § 67 AktG Rz. 9; *Happ* in FS G. Bezzenberger, S. 111, 117; *Huep*, WM 2000, 1623, 1626.
23 OLG Jena v. 25.2.2004 – 2 U 635/03, AG 2004, 268, 270 li.Sp.; *Lutter/Drygala* in KölnKomm. AktG, 3. Aufl., § 67 AktG Rz. 12.
24 OLG München v. 21.11.2005 – 31 Wx 71/05, AG 2006, 167, 168 li.Sp.; *Lutter/Drygala* in KölnKomm. AktG, 3. Aufl., § 67 AktG Rz. 50 ff.; *Bayer* in MünchKomm. AktG, 3. Aufl., § 67 AktG Rz. 68 f.; *Wiedemann*, Die Übertragung und Vererbung von Mitgliedschaftsrechten bei Handelsgesellschaften, S. 138 f. Im selben Sinne RG v. 5.2.1929 – II 332/28, RGZ 123, 279, 285, 287 f.
25 *Happ* in FS G. Bezzenberger, S. 111, 120 f.
26 RegE für das NaStraG, BT-Drucks. 14/4051 v. 8.9.2000, Anlage 1, Begründung zu § 67, S. 11 li.Sp.

tien anzugeben. Soweit sich die Zahl oder die rechtliche Gestalt von Aktien durch Maßnahmen verändert, die von der Gesellschaft verfügt werden (z.B. Kapitalerhöhung, Zusammenlegung oder Einziehung, Änderung der Aktiengattung), kann und muss die Gesellschaft dies von sich aus eintragen[27]. Bei der Aktienübertragung wird die Gesellschaft dagegen nur auf Mitteilung und Nachweis tätig (Rz. 15 ff.).

11 Steht eine Namensaktie **mehreren Berechtigten** gemeinschaftlich zu (vgl. § 69 und dort Rz. 3), werden sie alle eingetragen, nicht notwendig aber die Art des Gemeinschaftsverhältnisses[28]. Eine **BGB-Außengesellschaft** kann unter ihrem Namen oder mit den Namen der Gesellschafter eingetragen werden[29]. Auch ein **Pfandrecht** oder ein **Nießbrauch**[30] an Aktien können (nicht müssen) eingetragen werden; als Inhaber dieser Rechte gilt dann entsprechend § 67 Abs. 2 gegenüber der Gesellschaft nur der Eingetragene[31]. Zur Eintragung von **Fremdbesitz** (d.h. von Legitimationsaktionären oder Platzhaltern) s. unten Rz. 41 ff.

### 4. Mitteilungspflichten der Aktionäre (§ 67 Abs. 1 Satz 2)

12 Der Aktionär ist nach § 67 Abs. 1 Satz 2 verpflichtet, der Gesellschaft die zur Führung des Aktienregisters erforderlichen Angaben (Rz. 9 f.) mitzuteilen, damit das Aktienregister möglichst vollständig und richtig ist[32]. Das läuft der Sache nach auf eine Pflicht hinaus, sich im Register eintragen zu lassen[33] und auch die erforderlichen Nachweise zu erbringen[34]. Im Börsenhandel genügt der Aktienerwerber diesen Pflichten, indem er die relevanten Daten seiner Depotbank zur Verfügung stellt, so dass sie über diese und die Wertpapiersammelbank an die Gesellschaft gelangen können (vgl. Rz. 17 f.). Ansonsten muss der Aktionär selbst gegenüber der Gesellschaft aktiv werden (vgl. Rz. 19 f.); einer Aufforderung bedarf es nicht[35]. Die Mitteilungs- und Eintragungspflichten der Aktionäre werden allerdings gegenstandslos, wenn an Stelle des Aktionärs in rechtmäßiger Weise ein Fremdbesitzer im Aktienregister eingetragen wird[36] (vgl. Rz. 41 ff.).

## III. Wirkungen der Eintragung (§ 67 Abs. 2)

### 1. Legitimation des Eingetragenen gegenüber der Gesellschaft

13 „Im Verhältnis zur Gesellschaft gilt" nach § 67 Abs. 2 „als Aktionär nur, wer als solcher im Aktienregister eingetragen ist." Die Eintragung im **Aktienregister begründet** zwar **nicht die Mitgliedschaft** und ist nicht Voraussetzung für deren Erwerb oder

---

27 *Bayer* in MünchKomm. AktG, 3. Aufl., § 67 AktG Rz. 72.
28 *Bayer* in MünchKomm. AktG, 3. Aufl., § 67 AktG Rz. 23, § 69 Rz. 4.
29 *Merkt* in Großkomm. AktG, 4. Aufl., § 67 AktG Rz. 32; *Happ* in FS G. Bezzenberger, S. 111, 121. Anders *Bayer* in MünchKomm. AktG, 3. Aufl., § 67 AktG Rz. 27; *Cahn* in Spindler/Stilz, § 67 AktG Rz. 19; *Wieneke* in Bürgers/Körber, § 67 AktG Rz. 9; *Heinrich* in Heidel, § 67 AktG Rz. 9: immer (auch) Namen der Gesellschafter.
30 Vgl. LG Aachen v. 6.4.2009 – 44 T 1/09, AG 2009, 881 zur Möglichkeit der Eintragung eines Nießbrauchs in die GmbH-Gesellschafterliste.
31 *Merkt* in Großkomm. AktG, 4. Aufl., § 67 AktG Rz. 37 ff.; *Lutter/Drygala* in KölnKomm. AktG, 3. Aufl., § 67 AktG Rz. 33 ff.; *Cahn* in Spindler/Stilz, § 67 AktG Rz. 23 f.
32 RegE für das RisikobegrenzungsG, BT-Drucks. 16/7438 v. 7.12.2007, Anlage 1, Begründung zu Art. 3 Nr. 1a (betr. § 67 Abs. 1), S. 13 re.Sp.
33 *Lutter/Drygala* in KölnKomm. AktG, 3. Aufl., § 67 AktG Rz. 13; *Noack*, NZG 2008, 721. Zweifelnd *Grigoleit/Rachlitz*, ZHR 174 (2010), 12, 38 f.
34 *Lutter/Drygala* in KölnKomm. AktG, 3. Aufl., § 67 AktG Rz. 14; *Noack*, NZG 2008, 721.
35 *Lutter/Drygala* in KölnKomm. AktG, 3. Aufl., § 67 AktG Rz. 14.
36 *Grigoleit/Rachlitz*, ZHR 174 (2010), 12, 38 f.

Veräußerung (Rz. 1). Aber die Rechte aus der Namensaktie können gegenüber der Gesellschaft nur unter der Voraussetzung der Eintragung in das Aktienregister ausgeübt werden. Der Registereintrag schafft eine formelle Berechtigung (wenn das Eintragungsverfahren korrekt war, vgl. Rz. 8); er **legitimiert** den Eingetragenen im Verhältnis zur Gesellschaft[37] (vgl. schon Rz. 2), und dieser Legitimationsnachweis kann nur durch die Eintragung im Aktienregister geführt werden[38]. Die Eintragung begründet eine **Vermutung, dass** der Eingetragene in dem verzeichneten Umfang tatsächlich Aktionär und somit **materiell berechtigt** ist, und zwar eine **unwiderlegliche Vermutung**[39]. Die Gesellschaft muss die Ausübung der Mitgliedschaftsrechte durch den Eingetragenen gelten lassen, auch wenn dieser nicht materiell berechtigt ist[40], und selbst wenn die Gesellschaft das positiv weiß[41]. Sie muss dem Eingetragenen sogar die Rechteausübung aktiv ermöglichen, soweit dies nach anderen Regeln geboten ist (etwa §§ 125 ff., 175 Abs. 2). Und sie muss und darf eine Ausübung von Aktionärsrechten durch andere Personen nicht gelten lassen[42]. Die Gesellschaft oder ein nicht eingetragener materiell Berechtigter müssen vielmehr einen eingetragenen Nichtberechtigten erst einmal aus dem Aktienregister hinausbewegen und notfalls hinausklagen (Rz. 32 ff., 38 ff.), bevor die Gesellschaft dem letzteren die Berechtigung absprechen und der Berechtigte gegenüber der Gesellschaft in seine Rechte einrücken kann. Bei der **Verschmelzung** gilt die Legitimation, die aus der Eintragung im Aktienregister der übertragenden Gesellschaft folgt, auch im Verhältnis zur übernehmenden Gesellschaft[43]; diese muss von sich aus den Aktionär nach Maßgabe des Aktienumtauschverhältnisses in ihr eigenes Aktienregister eintragen. Beim **Erbfall** geht die Legitimation ohne weiteres auf den Erben über[44] (arg. Erbenbesitz, § 857 BGB).

---

37 OLG Zweibrücken v. 3.12.1996 – 3 W 171/96, AG 1997, 140 re.Sp.; OLG Jena v. 25.2.2004 – 2 U 635/03, AG 2004, 268, 269 f.; RG v. 29.1.1915 – II 360/14, RGZ 86, 160, 161; *Lutter/Drygala* in KölnKomm. AktG, 3. Aufl., § 67 AktG Rz. 43; *Leuering*, ZIP 1999, 1745, 1747 li.Sp. Kritisch zur Begriffsbildung *Merkt* in Großkomm. AktG, 4. Aufl., § 67 AktG Rz. 49 ff.
38 OLG Frankfurt v. 28.1.2008 – 20 W 443/07, AG 2008, 550, 551 f.; OLG München v. 21.11.2005 – 31 Wx 71/05, AG 2006, 167 f.
39 RegE für das NaStraG, BT-Drucks. 14/4051 v. 8.9.2000, Anlage 1, Begründung zu § 67, S. 11 li.Sp.; OLG Frankfurt v. 28.1.2008 – 20 W 443/07, AG 2008, 550, 551 re.Sp.; OLG Hamm v. 15.4.2008 – I-27 W 54/07, AG 2008, 671, 672 li.Sp.; OLG Jena v. 25.2.2004 – 2 U 635/03, AG 2004, 268, 269; OLG Hamburg v. 1.9.2003 – 11 W 30/03, AG 2003, 694 li.Sp.; *Merkt* in Großkomm. AktG, 4. Aufl., § 67 AktG Rz. 49 ff.; *Lutter/Drygala* in KölnKomm. AktG, 3. Aufl., § 67 AktG Rz. 46; *Wiedemann*, Die Übertragung und Vererbung von Mitgliedschaftsrechten bei Handelsgesellschaften, S. 137, auch 133 ff. Anders *Altmeppen*, ZIP 2009, 345, 346 ff., 351.
40 OLG Jena v. 25.2.2004 – 2 U 635/03, AG 2004, 268, 269 f.; OLG Frankfurt v. 28.1.2008 – 20 W 443/07, AG 2008, 550, 551 re.Sp.; *Lutter/Drygala* in KölnKomm. AktG, 3. Aufl., § 67 AktG Rz. 64; *Bayer* in MünchKomm. AktG, 3. Aufl., § 67 AktG Rz. 41; *Wiedemann*, Die Übertragung und Vererbung von Mitgliedschaftsrechten bei Handelsgesellschaften, S. 133 f. Anders zum früheren Recht RG v. 29.1.1915 – II 432/14, RGZ 86, 154, 157, 160; RG v. 29.1.1915 – II 360/14, RGZ 86, 160, 161.
41 OLG Jena v. 25.2.2004 – 2 U 635/03, AG 2004, 268, 269 f.; *Merkt* in Großkomm. AktG, 4. Aufl., § 67 AktG Rz. 50; *Wieneke* in Bürgers/Körber, § 67 AktG Rz. 13.
42 OLG Hamburg v. 1.9.2003 – 11 W 30/03, AG 2003, 694; RG v. 5.2.1929 – II 332/28, RGZ 123, 279, 282, 283, 285; RG v. 29.1.1915 – II 432/14, RGZ 86, 154, 158; *Lutter/Drygala* in KölnKomm. AktG, 3. Aufl., § 67 AktG Rz. 69; *Wiedemann*, Die Übertragung und Vererbung von Mitgliedschaftsrechten bei Handelsgesellschaften, S. 133 f.; *Drygala*, NZG 2004, 893, 894.
43 Vgl. KG v. 22.11.1999 – 2 W 7008/98, ZIP 2000, 498, 500 li.Sp.
44 OLG Jena v. 25.2.2004 – 2 U 635/03, AG 2004, 268, 270 f.; OLG Brandenburg v. 6.6.2001 – 7 U 145/00, NZG 2002, 476, 478 re.Sp. = AG 2003, 328; *Lutter/Drygala* in KölnKomm. AktG, 3. Aufl., § 67 AktG Rz. 71. Anders *Bayer* in MünchKomm. AktG, 3. Aufl., § 67 AktG Rz. 64.

## 2. Betroffene Mitgliedschaftsrechte und -pflichten

14 Die Vermutungswirkung der Eintragung im Aktienregister bezieht sich auf **sämtliche Mitgliedschaftsrechte**[45]. Nur der Eingetragene kann also an der Hauptversammlung teilnehmen, sich zu der Versammlung anmelden (§ 123 Abs. 2)[46], dort das Stimmrecht aus den registrierten Aktien ausüben, Widerspruch zu Protokoll geben und Beschlüsse gerichtlich angreifen[47] (§§ 245, 249), die Einberufung einer Hauptversammlung[48] oder die Ergänzung ihrer Tagesordnung verlangen (§ 122), gerichtliche Anträge auf Bestellung, Abberufung oder Auswechselung von Organmitgliedern oder Abschlussprüfern stellen, Sonderprüfungen durchsetzen[49], Ersatzansprüche der Gesellschaft im eigenen Namen gerichtlich geltend machen (§ 148)[50], ein Abfindungsangebot der Gesellschaft annehmen[51], oder ein Spruchverfahren einleiten[52], und zwar auch gegen den Hauptaktionär nach einem Squeeze-Out[53]. Die Eintragung legitimiert ebenfalls zum Empfang von Dividenden und zur Geltendmachung des Bezugsrechts auf neue Aktien, wenn diese Ansprüche nicht gesondert wertpapiermäßig verbrieft sind[54]. Die **Vermutung** der Mitgliedschaft gilt aber **auch zu Lasten des Eingetragenen**, wenn er die Eintragung zurechenbar veranlasst hat[55] (vgl. Rz. 8). Der Eingetragene haftet dann der Gesellschaft insbesondere für ausstehende Einlagen[56]. Ist der Eingetragene nicht Aktionär, so haftet auch dieser[57] (§ 421 BGB); zahlt der Eingetragene, kann er beim Aktionär Rückgriff nehmen (§ 426 BGB). **Nicht maßgebend** ist die Eintragung im Aktienregister dagegen **für** die Beurteilung, ob einem Aktionär die Mehrheit der Aktien an der Gesellschaft gehört, so dass diese nach § 16 ein in Mehrheitsbesitz stehendes Unternehmen ist (§ 16 Rz. 5), oder ob der Aktionär die für einen Squeeze-Out nach § 327a erforderliche Beteiligungsschwelle von 95 % erreicht; in beiden Fällen kommt es allein auf die materielle Inhaberschaft der Aktien an[58]. Zur Legitimationswirkung bei Fremdeintragungen s. Rz. 43 f.

---

45 OLG Frankfurt v. 9.1.2006 – 20 W 124/05, AG 2006, 290, 292; OLG Hamburg v. 1.9.2003 – 11 W 30/03, AG 2003, 694 li.Sp.; *Bayer* in MünchKomm. AktG, 3. Aufl., § 67 AktG Rz. 37, 43.
46 *Hüffer*, § 67 AktG Rz. 14.
47 OLG Celle v. 7.9.1983 – 9 U 34/83, AG 1984, 266, 268 li.Sp. (vgl. aber auch 271); LG Köln v. 14.4.1980 – 67 Akt 1/79, AG 1981, 81, 82 li.Sp. Zur Anfechtung von Hauptversammlungsbeschlüssen soll nach h.M. neben einem eingetragenen Legitimationsaktionär (Rz. 43) auch der wirkliche Aktionär befugt sein (§ 245 Rz. 11).
48 OLG Zweibrücken v. 3.12.1996 – 3 W 171/96, AG 1997, 140 f.
49 OLG München v. 21.11.2005 – 31 Wx 71/05, AG 2006, 167 f.
50 *G. u. T. Bezzenberger* in Großkomm. AktG, 4. Aufl., § 148 AktG Rz. 107.
51 OLG Jena v. 25.2.2004 – 2 U 635/03, AG 2004, 268, 269 ff.
52 OLG Frankfurt v. 9.1.2006 – 20 W 124/05, AG 2006, 290, 292; KG v. 22.11.1999 – 2 W 7008/98, ZIP 2000, 498, 500 li.Sp. (zu § 15 UmwG).
53 OLG Frankfurt v. 28.1.2008 – 20 W 443/07, AG 2008, 550, 551 re.Sp.; OLG Hamburg v. 1.9.2003 – 11 W 30/03, AG 2003, 694, mit krit. Anm. von *Dißars*, BB 2004, 1293; LG München I v. 6.11.2009 – 5 HK O 21285/08, Der Konzern 2010, 196 f.; *Wieneke* in Bürgers/Körber, § 67 AktG Rz. 19; ausf. *Lieder*, NZG 2005, 159.
54 *Bayer* in MünchKomm. AktG, 3. Aufl., § 67 AktG Rz. 45; *Than/Hannöver* in von Rosen/Seifert, Die Namensaktie, S. 279, 289.
55 OLG Jena v. 25.2.2004 – 2 U 635/03, AG 2004, 268, 270 li.Sp.; *Lutter/Drygala* in KölnKomm. AktG, 3. Aufl., § 67 AktG Rz. 59; *Wiedemann*, Die Übertragung und Vererbung von Mitgliedschaftsrechten bei Handelsgesellschaften, S. 135 f. Vgl. auch RG v. 27.11.1933 – VI 364/33, JW 1934, 363 ff. (keine Einlagenhaftung bei einvernehmlicher Eintragung nur zum Schein, arg. § 117 Abs. 1 BGB).
56 RG v. 7.11.1930 – II 81/30, JW 1931, 2097 f.; RG v. 29.1.1915 – II 432/14, RGZ 86, 154 ff.; *Lutter/Drygala* in KölnKomm. AktG, 3. Aufl., § 67 AktG Rz. 54 ff.; *Bayer* in MünchKomm. AktG, 3. Aufl., § 67 AktG Rz. 43. Einschränkend *Altmeppen*, ZIP 2009, 345, 350 ff.
57 *Altmeppen*, ZIP 2009, 345, 349 f.
58 OLG Stuttgart v. 1.12.2008 – 20 W 12/08, AG 2009, 204, 206 re.Sp.

## IV. Registerliche Behandlung des Übergangs von Aktien (§ 67 Abs. 3)

### 1. Eckpunkte

Soll das Aktienregister aktuell und möglichst vollständig bleiben, so müssen beim Übergang und insbesondere bei einer Übertragung von Namensaktien der ehemalige Aktionär im Register ausgetragen („gelöscht") und der neue Aktionär eingetragen werden. Die Gesellschaft muss und darf die Löschung und die Neueintragung **nicht ‚von Amts wegen'** vornehmen, sondern wird nur „auf Mitteilung und Nachweis" tätig, wie es in § 67 Abs. 3 heißt, also auf Betreiben derjenigen, die an der Aktienübertragung beteiligt sind. Hierauf hat die Gesellschaft allerdings einen Anspruch gegen den Inhaber der Namensaktie (Rz. 12, auch Rz. 22), wenn sie sich nicht mit der Eintragung eines Platzhalters begnügt (Rz. 23, 29 f., 44).

### 2. Mitteilung und Nachweis

#### a) Mitteilung

Die Mitteilung des Aktienübergangs ist keine bloße Übermittlung von Informationen, sondern zugleich eine Art privatrechtlicher Antrag, eine einseitige empfangsbedürftige geschäftsähnliche Handlung, welche die Gesellschaft zum Handeln veranlassen soll[59]. Die allgemeinen BGB-Regeln über Willenserklärungen gelten hierfür entsprechend[60]. Die Eintragung des Aktienerwerbers und die Löschung des Veräußerers sind rechtlich gesonderte Vorgänge[61]. In der Eintragung des neuen Aktionärs ist allerdings die Löschung des alten inbegriffen. Soll bei der Übertragung von Aktien der Veräußerer im Register ausgetragen und der Erwerber eingetragen werden, so ist hierfür eine **Mitteilung des Erwerbers** erforderlich, die durch einen Nachweis des Aktienerwerbs untermauert sein muss (Rz. 18 ff.). Viele verlangen außerdem eine Zustimmung des Veräußerers zu seiner Löschung, folgern die Zustimmung dann aber schon aus der Veräußerung[62]. Und manche meinen sogar, dass der Veräußerer eine eigene Mitteilung machen müsse, wozu er allerdings gegenüber dem Erwerber verpflichtet sei und diesen regelmäßig auch bevollmächtige[63]. Die Umschreibung muss jedenfalls unterbleiben, wenn der (wirkliche oder vermeintliche) Veräußerer seiner Löschung widerspricht, und solange der eintragungswillige Erwerber diesen Widerstand nicht überwunden hat (vgl. Rz. 22 a.E.). Auf der anderen Seite kann eine Mitteilung lediglich des Veräußerers nur dazu führen, dass dieser im Register ausgetragen wird[64] (vgl. Rz. 23, auch Rz. 29 f., 42).

Eine bestimmte Form schreibt das Gesetz für die Mitteilung nicht vor. Sie kann auch von einem Stellvertreter oder Boten stammen. Ausreichend und beim Börsenerwerb girosammelverwahrter Aktien üblich ist nach der Gesetzesbegründung die „automatische ... Einspeisung von Daten der Wertpapiersammelbank in das **elektronische** Aktienregister. In der **Datenübermittlung** durch die Sammelbank liegt die Mitteilung zur Umschreibung"[65] und, so muss man hinzufügen, regelmäßig auch der Nachweis

---

59 *Hüffer*, § 67 AktG Rz. 17.
60 *Merkt* in Großkomm. AktG, 4. Aufl., § 67 AktG Rz. 94 f.
61 *Drygala*, NZG 2004, 893.
62 *Bayer* in MünchKomm. AktG, 3. Aufl., § 67 AktG Rz. 81; Uwe H. Schneider/Müller-v. Pilchau, AG 2007, 181, 187 li.Sp.
63 *Grigoleit/Rachlitz*, ZHR 174 (2010), 12, 37; auch *Lutter/Drygala* in KölnKomm. AktG, 3. Aufl., § 67 AktG Rz. 90 f.
64 *Bayer* in MünchKomm. AktG, 3. Aufl., § 67 AktG Rz. 80, 87.
65 RegE für das NaStraG, BT-Drucks. 14/4051 v. 8.9.2000, Anlage 1, Begründung zu § 67, S. 11 li.Sp.; *Cahn* in Spindler/Stilz, § 67 AktG Rz. 55.

des Rechtsübergangs[66]. Die Wertpapiersammelbank erhält die Daten von den depotführenden Kreditinstituten (Rz. 26) und handelt gegenüber der Gesellschaft als (Unter-)Bevollmächtigte oder Botin[67] der betroffenen Aktionäre.

### b) Nachweis

18 Der gesetzlich gebotene **Nachweis** der Aktienübertragung liegt beim Erwerb girosammelverwahrter Aktien über die Börse regelmäßig in der **elektronischen Datenübermittlung** durch die Wertpapiersammelbank (vgl. Rz. 17, näher Rz. 26). Die Gesellschaft (oder ihr externer Registerführer, Rz. 7) muss nach der Gesetzesbegründung „die Umschreibungsmitteilungen einer (automatisierten) Plausibilitätsprüfung unterziehen. Dabei darf die Gesellschaft grundsätzlich auf die Richtigkeit einer automatisierten Mitteilung durch ein Kreditinstitut vertrauen. ... Bei Zweifeln kann die Gesellschaft die Umschreibung anhalten und nachfragen; es sind dann weitere Nachweise zu erbringen."[68] Auch beim Aktienerwerb außerhalb der Girosammelverwahrung und selbst außerhalb der Börse kann man die übereinstimmende Mitteilung der vom Erwerber und vom Veräußerer eingeschalteten Kreditinstitute in der Regel zugleich als Nachweis der Aktienübertragung gelten lassen.

19 Beim Erwerb von Aktien **außerhalb des bankmäßigen Depotwesens** muss demgegenüber der Rechtsübergang nachgewiesen werden, indem etwa der Erwerber die Aktienurkunden vorlegt[69] und sich durch Indossament oder eine schriftliche Abtretungserklärung des Veräußeres ausweist[70] (vgl. § 68 Rz. 7 ff.), oder durch Vorlage schriftlicher Verträge oder eines Erbscheins. Richtiger Weise genügen als Nachweis auch schon übereinstimmende Mitteilungen des bislang im Aktienregister eingetragenen Veräußerers und des Erwerbers, dass die Aktien an den letzteren übertragen wurden[71].

20 Im Einzelfall kann die Gesellschaft weitere Nachweise verlangen, und in Zweifelsfällen muss sie dies auch tun (s. auch Rz. 18)[72]. Die Gesellschaft darf jedoch die **Nachweisanforderungen nicht** dergestalt **überspannen**, dass die freie Übertragbarkeit der Aktie (§ 68 Rz. 2) beeinträchtigt wird[73]. Unzulässig und nichtig wäre etwa eine Satzungsbestimmung, wonach Übertragungsgeschäfte generell vor den Augen von Gesellschaftsbediensteten vorgenommen oder notariell beglaubigt werden müssen, zumal wenn die Aktionäre mit den Kosten belastet werden[74].

### 3. Die Umschreibung im Aktienregister

#### a) Austragung und Neueintragung

21 Die „**Löschung**" der Daten des ehemaligen Aktionärs im Register, von der § 67 Abs. 3 spricht, ist der Sache nach eine Austragung, denn Änderungen des Aktienregisters dürfen nicht in einer Weise erfolgen, dass der ursprüngliche Inhalt nicht mehr feststellbar ist (§ 239 Abs. 3 HGB; vgl. Rz. 6). An Stelle des Ausgetragenen kann dann der **neue Aktionär** im Aktienregister **eingetragen** werden. Die Gesellschaft kann auch vermerken, dass der neue die Aktien dann und dann von dem alten erworben hat,

---

66 *Baums* in FS Hüffer, S. 15, 23.
67 Für Letzteres *Hüffer*, § 67 AktG Rz. 17; *Heinrich* in Heidel, § 67 AktG Rz. 17.
68 RegE für das NaStraG, BT-Drucks. 14/4051 v. 8.9.2000, Anlage 1, Begründung zu § 67, S. 11. Zustimmend BGH v. 20.9.2004 – II ZR 288/02, BGHZ 160, 253, 258 = AG 2004, 673.
69 KG v. 20.12.2002 – 14 U 5141/00, AG 2003, 568, 569 li.Sp.
70 BGH v. 20.9.2004 – II ZR 288/02, BGHZ 160, 253, 257 = AG 2004, 673.
71 Eher anders *Hüffer*, § 67 AktG Rz. 18.
72 BGH v. 20.9.2004 – II ZR 288/02, BGHZ 160, 253, 257 = AG 2004, 673.
73 BGH v. 20.9.2004 – II ZR 288/02, BGHZ 160, 253, 257 f. = AG 2004, 673.
74 BGH v. 20.9.2004 – II ZR 288/02, BGHZ 160, 253, 257 f. = AG 2004, 673.

aber verpflichtet ist sie hierzu nicht. Beim **Kettenerwerb** von Aktien, insbesondere über die Börse, wird nur der letzte Erwerber eingetragen, nicht die Zwischenerwerber (vgl. § 68 Rz. 20). Die Gesellschaft teilt den Betroffenen die Eintragung oder Austragung im Register mit; das kann über die Wertpapiersammelbank und die Depotbanken geschehen.

### b) Ansprüche der Beteiligten

Die Gesellschaft oder ihr externer Registerführer (Rz. 7) müssen grundsätzlich die Umschreibung unverzüglich nach Eingang der Mitteilungen und Nachweise vornehmen[75]. Der **Aktienerwerber**, der die erforderliche Mitteilung macht und den Nachweis erbringt, hat **gegen die Gesellschaft** einen klagbaren Anspruch auf Eintragung in das Aktienregister[76], und der Veräußerer hat einen entsprechenden Anspruch auf Löschung. Die Ansprüche sind nach § 888 ZPO vollstreckbar und können auch durch einstweilige Verfügung (Leistungsverfügung) durchgesetzt werden, wenn die Sache eilt, insbesondere vor einer Hauptversammlung, und wenn dem Berechtigten sonst schwere Nachteile drohen. Der Streitwert einer Klage auf Eintragung in das Aktienregister beträgt regelmäßig 10 % bis 25 % des Werts der betroffenen Aktien[77]. Eine unrechtmäßige Verweigerung oder ungebührliche Verzögerung der Eintragung verpflichtet zum Schadensersatz[78]. Umgekehrt hat die **Gesellschaft gegen den Aktienerwerber** einen Anspruch, dass dieser sich (oder zumindest einen Legitimationsaktionär oder Platzhalter, Rz. 42 ff.) im Aktienregister eintragen lässt (§ 67 Abs. 1 Satz 2, Rz. 12). Der Aktienerwerber hat seinerseits **gegen den Veräußerer** aus dem zu Grunde liegenden Schuldverhältnis einen Anspruch, dass dieser die Registerumschreibung ermöglicht und am Nachweis der Aktienübertragung mitwirkt[79], wenn nichts anderes vereinbart ist.

22

### c) Freier Meldebestand

Möglich ist es auch, dass nach der Übertragung von Aktien zwar der bisherige Aktionär im Register ausgetragen, aber **niemand** an seiner Stelle **eingetragen** wird. Das ist dann der freie Meldebestand, der Bestand in nicht registrierten Namensaktien. Ihre Inhaber können gegenüber der Gesellschaft keine Mitgliedschaftsrechte ausüben (§ 67 Abs. 2 Satz 1)[80], wenn diese nicht, wie oftmals das Dividendenrecht und auch das Bezugsrecht auf neue Aktien, in eigenen Wertpapieren verbrieft sind. Bei teileingezahlten Aktien darf allerdings der Veräußerer nur ausgetragen werden, wenn an seiner Stelle ein Erwerber eingetragen wird[81]. Bei Gesellschaften, die an die elektronische Datenübermittlung durch die Wertpapiersammelbank angeschlossen sind (Rz. 26 f., auch Rz. 17 f.), kommen solche freien Meldebestände nicht vor, denn hier werden Aktien, für welche die auf Erwerberseite tätigen Depotbanken weder Eintragungsanträge auf den Aktionär noch auf sich selbst gestellt haben, von der Wertpapiersammelbank auf den Namen der Depotbank an das Aktienregister der Gesell-

23

---

75 RegE für das NaStraG, BT-Drucks. 14/4051 v. 8.9.2000, Anlage 1, Begründung zu § 67, S. 11 re.Sp.; *Noack*, ZIP 1999, 1993, 1997 li.Sp.
76 *Bayer* in MünchKomm. AktG, 3. Aufl., § 67 AktG Rz. 91; *Wiedemann*, Die Übertragung und Vererbung von Mitgliedschaftsrechten bei Handelsgesellschaften, S. 139. Hiervon ausgehend auch OLG Hamm v. 15.4.2008 – I-27 W 54/07, AG 2008, 671, 672 li.Sp.; OLG Zweibrücken v. 3.12.1996 – 3 W 171/96, AG 1997, 140 li.Sp.
77 OLG Hamm v. 15.4.2008 – I-27 W 54/07, AG 2008, 671, 672 li.Sp.
78 *Bayer* in MünchKomm. AktG, 3. Aufl., § 67 AktG Rz. 91 f.
79 *Grigoleit/Rachlitz*, ZHR 174 (2010), 12, 37.
80 Näher *Drygala*, NZG 2004, 893, 894 ff.
81 *Drygala*, NZG 2004, 893, 896 re.Sp.

schaft gemeldet[82]. Auch insofern kann man jedoch in einem weiteren Sinne von freien Meldebeständen sprechen[83], weil keine Meldung von Seiten des Erwerbers vorliegt.

**d) Record date und Eintragungsstopp**

24 Die Gesellschaft kann vorsehen, dass nur diejenigen Aktionäre an der Hauptversammlung teilnehmen und dort ihre Rechte ausüben können, die spätestens an einem bestimmten Tag vor der Versammlung, dem so genannten **„record date"**, im Aktienregister eingetragen sind[84] oder zumindest eine Eintragungsmitteilung mit Nachweis erbracht haben. Des Weiteren können (nicht müssen[85]) die Gesellschaft oder ihr Registerführer später beantragte **Umschreibungen** im Aktienregister für die anschließende Zeit bis zur Hauptversammlung **aussetzen**[86], um das Aktienregister und das Teilnehmerverzeichnis für die Hauptversammlung im Einklang zu halten. Die zulässige Höchstfrist entspricht der gesetzlichen Frist für eine statutarisch gebotene Anmeldung zur Hauptversammlung[87]. Eine solche Anmeldung muss nach § 123 Abs. 2 Satz 2 der Gesellschaft mindestens sechs Tage vor der Versammlung zugehen, wobei nach § 123 Abs. 2 Satz 4 der Tag des Zugangs nicht mitzurechnen ist. Dementsprechend dürfen zwischen dem letzten Tag, an dem die Aktionäre ihre Eintragung in das Aktienregister beantragt haben müssen, und dem Tag der Hauptversammlung höchstens sechs Tage liegen[88]. Eine Satzungsgrundlage ist für die Festsetzung eines record date und für einen Eintragungsstopp nicht erforderlich[89]. Aber ebenso wie nach § 123 Abs. 2 Satz 3 für die Anmeldung kann die Satzung eine kürzere Frist vorgeben[90]. Die Frist muss bei börsennotierten Gesellschaften in der Einberufung der Hauptversammlung bekannt gemacht werden (§ 121 Abs. 3 Satz 3 Nr. 1)[91]. Eine Übertragung der Aktien ist materiell-rechtlich auch nach dem record date und während eines Eintragungsstopps möglich; aber gegenüber der Gesellschaft zur Teilnahme und Mitwirkung an der Hauptversammlung legitimiert ist dann nicht der neue, sondern der ehemalige Aktionär, der allerdings nur mit Einwilligung des neuen handeln darf (§ 405 Abs. 3 Nr. 1)[92].

## V. Mitwirkungspflichten von Kapitalmarktintermediären (§ 67 Abs. 4 Satz 1 und Satz 5–7)

**1. Grundmuster und betroffene Finanzhäuser**

25 Die bei der Übertragung oder Verwahrung von Namensaktien mitwirkenden Kreditinstitute sind verpflichtet, der Gesellschaft die für die Führung des Aktienregisters

---

82 *Uwe H. Schneider/Müller-v. Pilchau*, AG 2007, 181, 183, 187; vgl. auch Clearstream Banking AG, AGB v. 1.2.2004, Nr. 46 Abs. 2.
83 *Uwe H. Schneider/Müller-v. Pilchau*, AG 2007, 181, 183.
84 *Grigoleit/Rachlitz*, ZHR 174 (2010), 12, 28; *v. Nussbaum*, NZG 2009, 456 f.
85 LG Köln v. 5.12.2008 – 82 O 91/08, AG 2009, 449, 450 re.Sp.
86 RegE für das NaStraG, BT-Drucks. 14/4051 v. 8.9.2000, Anlage 1, Begründung zu § 67, S. 11 re.Sp.; BGH v. 21.9.2009 – II ZR 174/08, WM 2009, 2085, 2086 f., Rz. 9; näher *Wieneke* in von Rosen/Seifert, Die Namensaktie, S. 229, 244 ff.; *Grigoleit/Rachlitz*, ZHR 174 (2010), 12, 28 f.; *Bayer/Lieder*, NZG 2009, 1361, 1362 f.; *Baums* in FS Hüffer, S. 15, 19 ff.; *Quass*, AG 2009, 432, 433 ff.
87 BGH v. 21.9.2009 – II ZR 174/08, WM 2009, 2085, 2087 li.Sp., Rz. 9; *Grigoleit/Rachlitz*, ZHR 174 (2010), 12, 29; *Bayer/Lieder*, NZG 2009, 1361, 1362 f.; *Baums* in FS Hüffer, S. 15, 26 f.
88 *Grigoleit/Rachlitz*, ZHR 174 (2010), 12, 29; *Bayer/Lieder*, NZG 2009, 1361, 1363 re.Sp.
89 *Grigoleit/Rachlitz*, ZHR 174 (2010), 12, 28; *Baums* in FS Hüffer, S. 15, 28.
90 RegE für das NaStraG, BT-Drucks. 14/4051 v. 8.9.2000, Anlage 1, Begründung zu § 67, S. 11 re.Sp.; *Hüffer*, § 67 AktG Rz. 20; *Bayer/Lieder*, NZG 2009, 1361, 1363 re.Sp.
91 *v. Nussbaum*, NZG 2009, 456, 457 f.; *Quass*, AG 2009, 432, 436 ff. Anders *Baums* in FS Hüffer, S. 15, 28 ff.
92 *Quass*, AG 2009, 432, 435.

erforderlichen **Angaben** zu **übermitteln** (§ 67 Abs. 4 Satz 1), **und sich** auf Verlangen der Gesellschaft an Stelle des Aktionärs im Aktienregister **eintragen** zu **lassen** (§ 67 Abs. 4 Satz 5–7). Diese Pflichten entspringen nicht dem öffentlichen Bankaufsichtsrecht, sondern sind privatrechtliche Pflichten gegenüber der Gesellschaft[93]. Den Kreditinstituten gleichgestellt sind nach § 67 Abs. 4 Satz 6 und § 125 Abs. 5 Finanzdienstleistungsinstitute (§ 1 Abs. 1a KWG), gleichgerichtete inländische Zweigstellen ausländischer Unternehmen (§ 53 Abs. 1 Satz 1 KWG) sowie bestimmte weitere Finanzhäuser im Europäischen Wirtschaftsraum (§ 53b Abs. 1 Satz 1 oder Abs. 7 KWG).

Auch **Wertpapiersammelbanken** sind in die Pflicht zur Datenübermittlung einbezogen, wenn und weil sie bei der Verwahrung und auch bei der Übertragung von Namensaktien mitwirken. Die Wertpapiersammelbank verwahrt Sammelurkunden oder Sammelbestände einzelner Aktienurkunden und führt Wertpapierkonten für die angeschlossenen Depotbanken, auf denen die Miteigentumsanteile an der Sammelurkunde oder am Sammelbestand und die daraus folgenden Aktienrechte verbucht sind. Die **Depotbanken** wiederum vermitteln diese Aktien den einzelnen Aktionären (§ 68 Rz. 12). Und da der Aktienhandel und die Aktienregister elektronisch verbunden sind[94], **übermitteln** die auf Seiten der Aktienerwerber tätigen Depotbanken die Namen und sonstigen **Daten** der Aktionäre laufend an die Wertpapiersammelbank, welche die Daten sodann an die Aktienregister der einzelnen Gesellschaften weiterleitet. Zwischen der Wertpapiersammelbank und der Bank, die das Depot des materiell berechtigten Aktionärs verwaltet, können noch Zwischenverwahrer eingeschaltet sein, insbesondere im Kapitalmarktverkehr mit dem Ausland (vgl. Rz. 42, 47). 26

## 2. Mitteilungs- und Nachweispflichten

Übermittlungspflichtig nach § 67 Abs. 4 Satz 1 sind die **Angaben, die** nach § 67 Abs. 1 im Aktienregister der Gesellschaft **eingetragen werden müssen**, also Name, Geburtsdatum und Adresse des Aktionärs sowie bei Nennbetragsaktien der Nennbetrag und bei Stückaktien die Stückzahl (Rz. 9 ff.). „Es geht" bei der Übermittlung dieser Angaben durch die Kreditinstitute nach den zutreffenden Worten der Gesetzesbegründung „nicht nur um die Mitteilung bei Erwerb und Veräußerung (einschließlich Schenkung und Universalsukzession), sondern auch bei Adressen- oder Namensänderungen während der Haltezeit und um die erstmalige Umstellung auf Namensaktien oder bloße Depotübertragungen."[95] 27

Zur Übermittlung dieser Daten sind die angesprochenen **Finanzhäuser** nach § 67 Abs. 4 Satz 1 kraft Gesetzes gegenüber der Gesellschaft **verpflichtet**[96], wobei die Depotbanken ihrer Pflicht zur Datenübermittlung an die Gesellschaft dadurch genügen, dass sie die Daten der zwischengeschalteten Wertpapiersammelbank zur Verfügung stellen. Die Finanzhäuser müssen von sich aus tätig werden, nicht erst auf Verlangen der Gesellschaft. Die Verpflichtung besteht allerdings **nicht, wenn** der Aktio- 28

---

[93] So für die Platzhalter-Eintragung Beschlussempfehlung und Bericht des BT-Rechtsausschusses zum RegE für das UMAG, BT-Drucks. 15/5693 v. 15.6.2005, Bericht zu § 67, S. 16 re.Sp.

[94] Näher zum Ganzen *Bredbeck/Schmidt/Sigl* in von Rosen/Seifert, Die Namensaktie, S. 315 ff.; *Than/Hannöver* in von Rosen/Seifert, Die Namensaktie, S. 279, 284 ff.; *Blitz* in von Rosen/Seifert, Die Namensaktie, S. 373 ff.

[95] RegE für das NaStraG, BT-Drucks. 14/4051 v. 8.9.2000, Anlage 1, Begründung zu § 67, S. 11 re.Sp.

[96] Beschlussempfehlung und Bericht des BT-Rechtsausschusses zum RegE für das NaStraG, BT-Drucks. 14/4618 v. 15.11.2000, Bericht zu § 67, S. 13 li.Sp., vgl. auch S. 4 zur entsprechenden Abwandlung der Formulierung des RegE. Von einer solchen Verpflichtung ausgehend aber auch schon RegE für das NaStraG, BT-Drucks. 14/4051 v. 8.9.2000, Anlage 1, Begründung zu § 67, S. 11 re.Sp.

när der Datenübermittlung **widerspricht**[97]. Dann wird die Depotbank des Erwerbers als Platzhalter zur Eintragung in das Aktienregister gemeldet (Rz. 23) oder auf Verlangen der Gesellschaft eingetragen (Rz. 29 f.).

### 3. Eintragung von Depotbanken als Platzhalter im Aktienregister

29 Wird der Aktionär nicht in das Aktienregister eingetragen (und auch kein Legitimationsaktionär oder Platzhalter auf Betreiben der Beteiligten, Rz. 23, 43 f.), so ist nach § 67 Abs. 4 Satz 5[98] „das depotführende Institut auf Verlangen der Gesellschaft verpflichtet, sich ... an dessen Stelle gesondert in das Aktienregister eintragen zu lassen". Das soll Unvollständigkeiten des Aktienregisters vermeiden. Depotführend ist jedes Finanzhaus, das für die Aktien ein Depot führt. Bei mehrstufigen Verwahrerketten kann die Gesellschaft wählen, welchen Verwahrer sie in Anspruch nimmt. Der Eintragungsanspruch entsteht nur auf Verlangen der Gesellschaft; das liegt in deren Ermessen und wird insbesondere bei größeren Aktienbeständen in Betracht kommen[99]. Ein entgegenstehender Wille des Aktionärs ist unbeachtlich[100].

30 Das Depot führende Institut wird nach § 67 Abs. 4 Satz 5 „gesondert" im Aktienregister eingetragen, das heißt unter einer eigenständigen Position hinsichtlich der betroffenen Aktien, gekennzeichnet als **Fremdbesitz** (vgl. § 129 Abs. 3). Das Institut wird hierdurch nicht zum Aktionär, sondern nur als Platzhalter im Aktienregister eingetragen[101]. Aber es ist durch die Eintragung gegenüber der Gesellschaft wie ein Aktionär legitimiert (§ 67 Abs. 2 Satz 1)[102], und die Gesellschaft kann dem eingetragenen Institut mit befreiender Wirkung dasjenige geben, was sie dem Aktionär zukommen lassen muss. Für die Stimmrechtsausübung ist allerdings eine besondere Ermächtigung von Seiten des Aktionärs erforderlich (§ 135 Abs. 6). Die Eintragung löst daher für die Depotbanken keine Meldepflichten nach §§ 21 ff. WpHG aus[103]. Die Legitimationswirkung der Eintragung greift außerdem nach § 67 Abs. 4 Satz 7 nicht zu Ungunsten der Depotbank, wenn diese „nur vorübergehend" in das Aktienregister eingetragen wird[104], das heißt für Tage, nicht Wochen[105] (vgl. Rz. 46 a.E.).

### 4. Kostenerstattung

31 Die betroffenen Finanzhäuser sind zur Datenübermittlung an die Gesellschaft (§ 67 Abs. 4 Satz 1) und zur eigenen Eintragung im Aktienregister (§ 67 Abs. 4 Satz 5

---

97 RegE für das NaStraG, BT-Drucks. 14/4051 v. 8.9.2000, Anlage 1, Begründung zu § 67, S. 11 re.Sp.; *Lutter/Drygala* in KölnKomm. AktG, 3. Aufl., § 67 AktG Rz. 109. Anders *Gätsch* in FS Beuthien, S. 133, 145.
98 Eingefügt durch Art. 1 Nr. 1 des Gesetzes zur Unternehmensintegrität und Modernisierung des Anfechtungsrechts (UMAG) vom 22.9.2005, BGBl. I 2005, 2802.
99 Beschlussempfehlung und Bericht des BT-Rechtsausschusses zum RegE für das UMAG, BT-Drucks. 15/5693 v. 15.6.2005, Bericht zu § 67, S. 16 re.Sp.
100 *Hüffer*, § 67 AktG Rz. 21.
101 So die treffende Formulierung in Beschlussempfehlung und Bericht des BT-Rechtsausschusses zum RegE für das UMAG, BT-Drucks. 15/5693 v. 15.6.2005, Bericht zu § 67, S. 16 re.Sp.
102 *Seibert* in von Rosen/Seifert, Die Namensaktie, S. 11, 31; *Than/Hannöver* in von Rosen/Seifert, Die Namensaktie, S. 307 ff.
103 Beschlussempfehlung und Bericht des BT-Rechtsausschusses zum RegE für das UMAG, BT-Drucks. 15/5693 v. 15.6.2005, Bericht zu § 67, S. 16 re.Sp.; *Than/Hannöver* in von Rosen/Seifert, Die Namensaktie, S. 279, 308 ff.
104 Eingefügt durch Art. 9 Nr. 4a des Gesetzes über elektronische Handelsregister und Genossenschaftsregister sowie das Unternehmensregister (EHUG) vom 10.11.2006, BGBl. I 2006, 2553.
105 Vgl. Beschlussempfehlung und Bericht des BT-Rechtsausschusses zum RegE für das EHUG, BT-Drucks. 16/2781 v. 15.6.2005, Bericht zu Art. 9 Nr. 4a (betr. § 67), S. 88; *Grigoleit/Rachlitz*, ZHR 174 (2010), 12, 42.

und 7) nur „gegen Erstattung der notwendigen Kosten" von Seiten der Gesellschaft verpflichtet. Die erstattungsfähigen Beträge für die Übermittlung von Daten ergeben sich aus der **Verordnung** über den Ersatz von Aufwendungen der Kreditinstitute vom 17.6.2003[106], die auf der Ermächtigungsgrundlage des § 128 Abs. 3 beruht.

## VI. Löschung zu Unrecht erfolgter Eintragungen (§ 67 Abs. 5)

### 1. Grundlinien

Ist die **Gesellschaft** der Ansicht, dass jemand zu Unrecht in das Aktienregister eingetragen worden ist, so muss sie **auf die Löschung** der Eintragung **hinwirken**, damit das Aktienregister wieder richtig wird[107]. Die Gesellschaft darf aber die Eintragung nur löschen, wenn die Beteiligten vorher benachrichtigt werden und nicht widersprechen. Ein solcher Widerspruch kann dann nur gerichtlich gebrochen werden[108] (näher Rz. 38 ff.). Die einmal vorgenommene **Eintragung** im Aktienregister begründet also gegenüber der Gesellschaft eine **geschützte Rechtsposition** des Eingetragenen, selbst wenn die Eintragung zu Unrecht erfolgt ist[109].

32

### 2. Voraussetzungen der Löschung

Die Löschung setzt voraus, **dass jemand zu Unrecht in das Aktienregister eingetragen worden ist** (§ 67 Abs. 5 Satz 1). Dies ist der Fall, **wenn der** als Aktionär **Eingetragene** schon im Zeitpunkt der Eintragung **nicht Aktionär war** und die Eintragung deshalb von Anfang an inhaltlich unrichtig war[110]. Eine Eintragung ist des Weiteren zu Unrecht erfolgt und dem Löschungsverfahren ausgesetzt, **wenn das Verfahren der Eintragung fehlerhaft war**[111], und der Verfahrensfehler nicht nachträglich bereinigt worden ist[112]. Das ist zwar nicht ganz zweifelsfrei, weil die Legitimationswirkung der Eintragung bei groben Verfahrensfehlern von vornherein nicht entsteht (Rz. 8). Aber auch solche Eintragungen können einen Vertrauensschutz gebieten, so dass der Gesellschaft die freihändige Löschung verwehrt ist[113]. Hat dagegen ein im Aktienregister ursprünglich zu Recht eingetragener Aktionär seine Aktien später veräußert, so ist nicht das Löschungsverfahren eröffnet, sondern ausschließlich das Verfahren der Umschreibung auf Mitteilung und Nachweis[114] (§ 67 Abs. 3, hierzu Rz. 15 ff.). Bloße Schreibfehler, die sich nicht auf die Rechtsstellung der Beteiligten auswirken, kann die Gesellschaft formlos berichtigen, ohne dass ein Löschungsverfahren nach § 67 Abs. 5 erforderlich wäre[115].

33

---

106 BGBl. I 2003, 885.
107 OLG Jena v. 25.2.2004 – 2 U 635/03, AG 2004, 268, 270 li.Sp.; *Lutter/Drygala* in KölnKomm. AktG, 3. Aufl., § 67 AktG Rz. 145, auch Rz. 140.
108 OLG Zweibrücken v. 3.12.1996 – 3 W 171/96, AG 1997, 140, 141 li.Sp.
109 OLG Zweibrücken v. 3.12.1996 – 3 W 171/96, AG 1997, 140 f.; *Lutter/Drygala* in Köln-Komm. AktG, 3. Aufl., § 67 AktG Rz. 133; im selben Sinne RegE für das AktG, BT-Drucks. IV/171 v. 3.2.1962, Anlage 1, Begründung zu § 64 [= § 67], S. 117 li.Sp., auch bei *Kropff*, Aktiengesetz, § 67, S. 87.
110 *Lutter/Drygala* in KölnKomm. AktG, 3. Aufl., § 67 AktG Rz. 130.
111 *Lutter/Drygala* in KölnKomm. AktG, 3. Aufl., § 67 AktG Rz. 129.
112 Vgl. *Bayer* in MünchKomm. AktG, 3. Aufl., § 67 AktG Rz. 114.
113 *Bayer* in MünchKomm. AktG, 3. Aufl., § 67 AktG Rz. 105.
114 RegE für das AktG, BT-Drucks. IV/171 v. 3.2.1962, Anlage 1, Begründung zu § 64 [= § 67], S. 117 li.Sp., auch bei *Kropff*, Aktiengesetz, § 67, S. 87; *Lutter/Drygala* in KölnKomm. AktG, 3. Aufl., § 67 AktG Rz. 127.
115 RegE für das AktG, BT-Drucks. IV/171 v. 3.2.1962, Anlage 1, Begründung zu § 64 [= § 67], S. 117 li.Sp., auch bei *Kropff*, Aktiengesetz, § 67, S. 87.

## 3. Verfahren der Löschung

34 Die Gesellschaft darf die Löschung nach § 67 Abs. 5 Satz 1 nur vornehmen, wenn sie vorher die Beteiligten von der beabsichtigten Löschung benachrichtigt und ihnen eine angemessene Frist zum Widerspruch setzt. **Beteiligte** sind alle, deren Rechte durch die Löschung berührt werden[116]. Das ist in erster Linie der Eingetragene[117]. Auch der zu Unrecht Eingetragene hat das Widerspruchsrecht und genießt damit einen verfahrensmäßigen Bestandsschutz[118]. Zu den Beteiligten gehören weiter der unmittelbar zuvor Eingetragene, dessen Stellung mit der Löschung wieder auflebt (Rz. 36)[119], angeblich sogar noch früher Eingetragene, die dann einer Eintragung näher rücken[120], und richtiger Weise auch der Inhaber eines im Register eingetragenen Pfandrechts oder Nießbrauchs an der Aktie[121], wenn eine Geltendmachung dieser Rechte gegenüber der Gesellschaft von der Eintragung abhängt (Rz. 11).

35 Die **Benachrichtigung** der Beteiligten von der beabsichtigten Löschung und die Fristsetzung zum Widerspruch, die § 67 Abs. 5 Satz 1 der Gesellschaft abverlangt, sind nicht formgebunden, müssen aber inhaltlich zweifelsfrei ankündigen, dass die Gesellschaft die Löschung vornehmen wird, wenn der Beteiligte nicht fristgerecht widerspricht. Dieser muss also **auf die Widerspruchsmöglichkeit hingewiesen** werden. Der Widerspruch muss als Willenserklärung zugehen, braucht aber nicht begründet zu werden[122]. Eine Widerspruch**sfrist** von einem Monat wird in der Regel angemessen sein[123]. Geht der Gesellschaft kein fristgerechter Widerspruch zu, oder erklären sich alle Beteiligten mit der Löschung einverstanden[124], kann die Registereintragung gelöscht werden. Widerspricht dagegen auch nur ein Beteiligter, so muss die Löschung unterbleiben, solange der Widerspruch nicht zurückgenommen oder gerichtlich ausgeräumt ist (Rz. 38 ff., auch Rz. 32, zur Folge von Gesetzesverstößen Rz. 37).

## 4. Wirkungen der Löschung

36 Die Löschung beseitigt die Eintragung und deren Legitimation **mit Wirkung für die Zukunft**[125]. Mit gleicher Wirkung tritt der frühere Eintragungszustand wieder in Geltung. Der unmittelbar zuvor Eingetragene gilt von nun an der Gesellschaft gegenüber wieder als Aktionär (§ 67 Abs. 2)[126]. Für die Vergangenheit wird demgegenüber die bisherige Legitimationslage nicht hinfällig; insbesondere sind Leistungen der Gesell-

---

116 *Bayer* in MünchKomm. AktG, 3. Aufl., § 67 AktG Rz. 108; *Lutter/Drygala* in KölnKomm. AktG, 3. Aufl., § 67 AktG Rz. 134.
117 *Bayer* in MünchKomm. AktG, 3. Aufl., § 67 AktG Rz. 108; *Lutter/Drygala* in KölnKomm. AktG, 3. Aufl., § 67 AktG Rz. 134.
118 OLG Zweibrücken v. 3.12.1996 – 3 W 171/96, AG 1997, 140 li.Sp.; *Lutter/Drygala* in KölnKomm. AktG, 3. Aufl., § 67 AktG Rz. 151.
119 *Bayer* in MünchKomm. AktG, 3. Aufl., § 67 AktG Rz. 108; *Lutter/Drygala* in KölnKomm. AktG, 3. Aufl., § 67 AktG Rz. 135.
120 *Lutter/Drygala* in KölnKomm. AktG, 3. Aufl., § 67 AktG Rz. 136.
121 Streitig. Wie hier *Merkt* in Großkomm. AktG, 4. Aufl., § 67 AktG Rz. 129; *Hüffer*, § 67 AktG Rz. 24. Differenzierend *Lutter/Drygala* in KölnKomm. AktG, 3. Aufl., § 67 AktG Rz. 137; *Bayer* in MünchKomm. AktG, 3. Aufl., § 67 AktG Rz. 109; a.A. *Heinrich* in Heidel, § 67 AktG Rz. 28.
122 *Bayer* in MünchKomm. AktG, 3. Aufl., § 67 AktG Rz. 113.
123 Ähnlich *Merkt* in Großkomm. AktG, 4. Aufl., § 67 AktG Rz. 131 sowie *Hüffer*, § 67 AktG Rz. 24 (weniger als ein Monat nur in Ausnahmefällen angemessen).
124 *Bayer* in MünchKomm. AktG, 3. Aufl., § 67 AktG Rz. 112.
125 OLG Jena v. 25.2.2004 – 2 U 635/03, AG 2004, 268, 271 li.Sp.; *Lutter/Drygala* in KölnKomm. AktG, 3. Aufl., § 67 AktG Rz. 143.
126 *Lutter/Drygala* in KölnKomm. AktG, 3. Aufl., § 67 AktG Rz. 142.

schaft an den damals Eingetragenen mit Rechtsgrund erfolgt[127], und werden frühere Hauptversammlungsbeschlüsse nicht wegen Stimmabgabe durch den Gelöschten anfechtbar[128]. Offene Einlageansprüche gegen den vormals Eingetragenen muss die Gesellschaft nach der Löschung ganz normal beweisen; die frühere Eintragung begründet jetzt keine Vermutung mehr[129].

Nimmt die Gesellschaft die Löschung gesetzwidrig ohne Benachrichtigung oder trotz eines beachtlichen Widerspruchs vor, so handelt sie **rechtsmissbräuchlich**, wenn sie dem bislang Eingetragenen und eigenmächtig wieder Ausgetragenen die fehlende Registereintragung entgegenhält; der Betroffene kann dann weiterhin seine Rechte gegenüber der Gesellschaft geltend machen, wie wenn die Löschung nicht erfolgt wäre[130]. 37

### 5. Ansprüche und Rechtsschutzmöglichkeiten

Ist jemand zu Unrecht in das Aktienregister eingetragen worden, so hat die **Gesellschaft** gegen ihn einen **Anspruch** auf Duldung der Löschung und, wenn er widerspricht, auf Rücknahme des Widerspruchs[131]. Der letztere Anspruch kann mit einer Leistungsklage geltend gemacht[132] und nach § 894 ZPO vollstreckt werden; mit der Rechtskraft des Urteils gilt die Rücknahme als erklärt[133] und kann die Löschung vorgenommen werden. 38

Der **materiell Berechtigte**, also der nicht eingetragene Aktionär, hat einen **Anspruch gegen den zu Unrecht Eingetragenen** auf Rücknahme eines Widerspruchs und sonstige Mitwirkung an der Löschung. Das folgt bei gescheiterten Geschäften über die Veräußerung von Aktien aus den §§ 812 ff. BGB, wenn und weil der Eingetragene die Registerposition ohne rechtlichen Grund erlangt hat. Und es folgt allgemein aus dem Rechtsgedanken des § 1004 BGB, denn zur Namens-Mitgliedschaft in einer Aktiengesellschaft gehört auch die Möglichkeit, sich im Aktienregister eintragen zu lassen, und der zu Unrecht Eingetragene beeinträchtigt insoweit die Mitgliedschaft. Darüber hinaus können auch andere Personen, die ein eigenes rechtlich geschütztes Interesse an der Löschung haben, gegen den zu Unrecht Eingetragenen auf Rücknahme des Widerspruchs klagen, nämlich der unmittelbar zuvor Eingetragene und angeblich sogar die noch früher Eingetragenen[134]. 39

Der nicht eingetragene materiell Berechtigte hat darüber hinaus auf Grund seiner Mitgliedschaft einen klagbaren **Anspruch gegen die Gesellschaft**, dass diese ein Löschungsverfahren gegen den zu Unrecht Eingetragenen einleitet. Auch der vormals Eingetragene hat einen hierhin gehenden Anspruch; das ist eine Nachwirkung der früheren formellen Berechtigung. Ebenfalls anspruchsberechtigt sind zu Unrecht Eingetragene, so kommen sie aus der Aktionärsverantwortung heraus, und nach herrschender Auffassung auch alle anderen durch die zu Unrecht erfolgte Eintragung Betroffenen[135]. Der Anspruch gegen die Gesellschaft geht allerdings nur dann auf Lö- 40

---

127 OLG Jena v. 25.2.2004 – 2 U 635/03, AG 2004, 268, 271 li.Sp.
128 *Hüffer*, § 67 AktG Rz. 26; *Bayer* in MünchKomm. AktG, 3. Aufl., § 67 AktG Rz. 118.
129 Ebenso im Ergebnis *Altmeppen*, ZIP 2009, 345, 350 ff.
130 OLG Zweibrücken v. 3.12.1996 – 3 W 171/96, AG 1997, 140 f.
131 *Merkt* in Großkomm. AktG, 4. Aufl., § 67 AktG Rz. 135.
132 KG v. 20.12.2002 – 14 U 5141/00, AG 2003, 568 f.; *Bayer* in MünchKomm. AktG, 3. Aufl., § 67 AktG Rz. 114 f.
133 *Bayer* in MünchKomm. AktG, 3. Aufl., § 67 AktG Rz. 114 f.
134 *Merkt* in Großkomm. AktG, 4. Aufl., § 67 AktG Rz. 136; *Lutter/Drygala* in KölnKomm. AktG, 3. Aufl., § 67 AktG Rz. 140; *Hüffer*, § 67 AktG Rz. 25.
135 *Cahn* in Spindler/Stilz, § 67 AktG Rz. 92; *Bayer* in MünchKomm. AktG, 3. Aufl., § 67 AktG Rz. 116; *Hüffer*, § 67 AktG Rz. 27; *Lutter/Drygala* in KölnKomm. AktG, 3. Aufl., § 67 AktG Rz. 145 f.

schung der Eintragung, wenn kein fristgerechter Widerspruch erhoben wurde oder alle Widerspruchsberechtigten mit der Löschung einverstanden sind[136]. Ein solcher Löschungsanspruch kann in besonderen Fällen auch durch einstweilige Verfügung (Leistungsverfügung) durchgesetzt werden, wenn die Sache eilt und dem Berechtigten sonst schwere Nachteile drohen. Erhebt dagegen der zu Unrecht Eingetragene oder ein anderer Beteiligter (Rz. 34) im Löschungsverfahren Widerspruch, muss dieser erst ausgeräumt werden. Das kann die Gesellschaft tun (Rz. 38), aber sie muss es nicht, sondern kann den materiell Berechtigten oder sonstige Anspruchsinhaber darauf verweisen, den Rechtsstreit selbst zu führen[137].

## VII. Sonderregeln für Fremdbesitz

### 1. Ziele und Grundriss der Regelung

41 Die Sonderregeln für Fremdbesitz wurden 2008 durch das RisikobegrenzungsG geschaffen (Rz. 3). Sie wollen **Beteiligungstransparenz** für die Gesellschaften gewährleisten und sind von Vorbehalten gegen verdeckt agierende Finanzinvestoren getragen[138]. Die Gesellschaft kann durch ihre Satzung die Eintragung von Fremdbesitz quantitativ beschränken oder von der Benennung des wirklichen Aktionärs abhängig machen (§ 67 Abs. 1 Satz 3, näher Rz. 46), und sie kann jederzeit kraft Gesetzes eine Mitteilung verlangen, inwieweit dem Eingetragenen die Aktien auch gehören (§ 67 Abs. 4 Satz 2–3, hierzu Rz. 47). Solange solche Offenlegungs- und Mitteilungspflichten nicht erfüllt sind, ist das Stimmrecht aus den Aktien gesperrt (§ 67 Abs. 2 Satz 2–3, Rz. 48).

### 2. Erfasste Gestaltungen

42 Einer Satzungsregelung zugänglich sind nach § 67 Abs. 1 Satz 3 „**Eintragungen im eigenen Namen für Aktien, die einem anderen gehören**". Im selben Sinne geht das gesetzliche Auskunftsrecht der Gesellschaft dahin, inwieweit dem Eingetragenen die Aktien auch wirklich „gehören" (§ 67 Abs. 4 Satz 2). Es geht also um Fälle, in denen die Aktie gegenständlich-dinglich einem anderen zugeordnet ist (Rz. 1) als dem im Aktienregister Eingetragenen oder demjenigen, der um Eintragung nachsucht[139]. Das kommt durchaus vor, insbesondere bei mehrgliedrigen Verwahrerketten. Viele und vor allem ausländische Aktionäre lassen sich nicht selbst im Aktienregister eintragen, sondern an ihrer Stelle wird ein anderer registriert, meistens ein Kapitalmarkt-Intermediär[140].

43 Solche Fremdeintragungen sind nicht leicht mit den Geboten in Einklang zu bringen, dass „der Inhaber" von Namensaktien im Aktienregister einzutragen ist (§ 67 Abs. 1 Satz 1–2) und die zwischengeschalteten Finanzhäuser dessen Daten an die Gesellschaft melden müssen (§ 67 Abs. 4 Satz 1). Gleichwohl sind **Fremdeintragungen**

---

136 *Hüffer*, § 67 AktG Rz. 27; auch *Bayer* in MünchKomm. AktG, 3. Aufl., § 67 AktG Rz. 117.
137 *Cahn* in Spindler/Stilz, § 67 AktG Rz. 92; *Hüffer*, § 67 AktG Rz. 27; *Bayer* in MünchKomm. AktG, 3. Aufl., § 67 AktG Rz. 115.
138 RegE für das RisikobegrenzungsG, BT-Drucks. 16/7438 v. 7.12.2007, Anlage 1, Begründung A. Allgemeiner Teil, S. 8 f.
139 Auf die gegenständliche Rechtszuordnung abstellend auch *Lutter/Drygala* in KölnKomm. AktG, 3. Aufl., § 67 AktG Rz. 15. Anders *Noack*, NZG 2008, 721, 723 f., der an den formalen Nachweis durch ein depotführendes Finanzhaus anknüpft; dem zustimmend *Gätsch* in FS Beuthien, S. 133, 141, 153.
140 Näher *Müller-v. Pilchau*, AG 2007, 181, 182 ff.

**grundsätzlich rechtens**[141]. Das Gesetz erkennt seit langem die Möglichkeit an, dass jemand mit Aktien, die einem anderen gehören, im Aktienregister eingetragen ist, und denkt dabei an die **Legitimationsübetragung** von Aktien (§§ 129 Abs. 3 und 135 Abs. 6). Diese ist eine Ermächtigungstreuhand in der äußeren Form der Vollrechtsübertragung. Der Aktionär wird oder bleibt Inhaber der Aktie, aber er ermächtigt entsprechend § 185 BGB einen anderen, den Legitimationsaktionär, die Rechte aus der Aktie und insbesondere das Stimmrecht im eigenen Namen auszuüben, und lässt ihn gegenüber der Gesellschaft als Berechtigten auftreten[142]. Dann muss die Gesellschaft den ermächtigten Legitimationsaktionär wie einen wirklichen Aktionär behandeln. Ein Kreditinstitut oder ähnliches Unternehmen kann allerdings als Legitimationsaktionär das Stimmrecht aus den Aktien nur mit besonderer Ermächtigung des materiell berechtigten Aktionärs im eigenen Namen ausüben (§ 135 Abs. 6). Einer Legitimationseintragung im Aktienregister steht von Gesetzes wegen nichts entgegen. Die Gesellschaft hat nach der Gesetzesbegründung lediglich die Möglichkeit, „die grundsätzlich zulässige Eintragung von Legitimationsaktionären … über entsprechende Regelungen in der Satzung einzuschränken"[143], und sie kann Auskünfte verlangen, wem die Aktien gehören. Der Aktionär hat dementsprechend gegen die Gesellschaft einen Anspruch auf Eintragung des Legitimierten[144], den dieser auf Grund der Ermächtigung im eigenen Namen geltend machen kann. Die Rolle des Eingetragenen kann durch den Vermerk „Fremdbesitz" offen gelegt werden[145], und die Satzung kann dies gebieten; das ändert aber nichts daran, dass nur der Eingetragene gegenüber der Gesellschaft legitimiert ist[146].

Von der Legitimationseintragung unterscheidet sich begrifflich die **Platzhaltereintragung** dadurch, dass der im Aktienregister Eingetragene nicht vom Aktionär zur Rechteausübung ermächtigt ist[147]. Meistens wird allerdings die Registereintragung des Platzhalters in dieser oder jener Weise vom Einverständnis des materiall berechtigten Aktionärs getragen sein, so dass in Wirklichkeit eine Legitimationseintragung vorliegt. Wenn der Platzhalter im Aktienregister eingetragen wird, ist er gegenüber der Gesellschaft zur Rechteausübung legitimiert (§ 67 Abs. 2 Satz 1)[148], und wenn der Aktionär das weiß und will und dies gegenüber dem Platzhalter zum Ausdruck bringt, liegt hierin eine Ermächtigung. Die Gesellschaft muss dem aber regelmäßig nicht nachgehen, sondern kann denjenigen eintragen, auf den die Eintragungsmitteilung lautet, und der die Aktien auf seinen Namen in einem Depot hält. Sie kann allerdings auch nachfragen und die Eintragung verweigern, wenn der materiell berechtigte Aktionär nicht einverstanden ist. 44

---

141 *Grigoleit/Rachlitz*, ZHR 174 (2010), 12, 30 ff., 49; *Lutter/Drygala* in KölnKomm. AktG, 3. Aufl., § 67 AktG Rz. 17 ff. (für Legitimationsaktionäre). Einschränkend *Gätsch* in FS Beuthien, S. 133, 142 ff., 154 (nur Legitimationsaktionäre und – auf Verlangen der Gesellschaft – Depotbanken als Platzhalter).
142 BayObLG v. 17.9.1987 – BReg. 3 Z 76/87, BayObLGZ 1987, 297, 301 f.; *Lutter/Drygala* in KölnKomm. AktG, 3. Aufl., § 68 AktG Rz. 37 ff.; *Wiesner* in MünchHdb. AG, § 60 Rz. 60; jeweils m.w.N.
143 RegE für das RisikobegrenzungsG, BT-Drucks. 16/7438 v. 7.12.2007, Anlage 1, Begründung zu Art. 3 Nr. 1a (betr. § 67 Abs. 1), S. 13 re.Sp.
144 *Grigoleit/Rachlitz*, ZHR 174 (2010), 12, 33 ff., 42. Anders *Noack*, NZG 2008, 721, 722 li.Sp.; *Müller-v. Pilchau*, AG 2007, 181, 185 li.Sp.
145 *Bayer* in MünchKomm. AktG, 3. Aufl., § 67 AktG Rz. 22. Strenger *Happ* in FS G. Bezzenberger, S. 111, 123 (muss).
146 *Noack*, DB 1999, 1306, 1307 li.Sp.
147 *Grigoleit/Rachlitz*, ZHR 174 (2010), 12, 14, 39 ff.; *Noack*, NZG 2008, 721 ff.; *Müller-v. Pilchau*, AG 2007, 181, 184, 186, 188.
148 *Grigoleit/Rachlitz*, ZHR 174 (2010), 12, 40, 43, 53; *Mülbert* in FS Nobbe, 2009, S. 691, 707.

45 **Nicht** von den Sonderregeln für Fremdbesitz erfasst ist die klassische **Vollrechtstreuhand**, bei der die Aktie dem eingetragenen (oder einzutragenden) Treuhänder gegenständlich-dinglich gehört, und dieser gegenüber dem Treugeber lediglich schuldrechtlichen Bindungen unterliegt[149]. Hier ist der Treuhänder für die Gesellschaft ganz normal Aktionär.

### 3. Satzungsmäßige Offenlegungspflichten und Eintragungsgrenzen

46 Nach § 67 Abs. 1 Satz 3 kann die Satzung bestimmen, unter welchen Voraussetzungen die Eintragung von Fremdbesitz zulässig ist. Welche Art von Satzungsregeln damit gemeint sind, zeigt sich an der Bestimmung des § 67 Abs. 2 Satz 2 über die Folgen von Verstößen. Möglich sind hiernach Satzungsbestimmungen, wonach mit dem Eintragungsverlangen zugleich gegenüber der Gesellschaft offen zu legen ist, **dass die Aktien einem anderen gehören**[150] (nicht aber, wem sie gehören; das fällt nur unter das gesetzliche Auskunftsrecht der Gesellschaft nach § 67 Abs. 4 Satz 2–3[151]). Eine Satzungspflicht zur Offenlegung greift auch ohne konkretes Mitteilungsverlangen der Gesellschaft. Im Aktienregister eingetragen wird nur der Fremdbesitzer, aber seine Rolle wird durch einen entsprechenden Vermerk kenntlich gemacht[152]. Solche statutarischen Pflichten zur Offenlegung ergeben meist nur bei größeren Aktienbeständen einen Sinn. Die Satzung kann daher vorsehen, dass die Pflichten erst ab einer **bestimmten Menge von Aktien** bestehen[153]. Oder es kann bestimmt werden, dass ab einer bestimmten Beteiligungsschwelle Eintragungen von Fremdbesitz nicht mehr zulässig sind[154]. Der Gesetzgeber hat hierbei an Größenordnungen von ca. 0,5 % bis 2 % gedacht[155]. Ein vollständiger Ausschluss von Legitimationseintragungen wäre dagegen in börsennotierten Aktiengesellschaften nicht zulässig, weil er die Fungibilität der Aktie übermäßig beeinträchtigen würde[156]. Durch Satzungsänderung eingeführte Offenlegungspflichten und Beteiligungshöchstgrenzen für Fremdbesitz gelten auch für frühere Eintragungen im Aktienregister[157]. Kreditinstitute, die nur vorübergehend als Platzhalter im Aktienregister eingetragen werden, fallen mit diesen Aktien nach § 67 Abs. 4 Satz 7 nicht unter die satzungsmäßigen Offenlegungspflichten und Eintragungsgrenzen, und Gleiches muss auch bei sonstigen Eintragungen depotführender Institute gelten, die auf Verlangen der Gesellschaft erfolgt sind[158].

---

149 RegE für das RisikobegrenzungsG, BT-Drucks. 16/7438 v. 7.12.2007, Anlage 1, Begründung zu Art. 3 Nr. 1a (betr. § 67 Abs. 1), S. 14 li.Sp. („Treuhandverhältnisse oder andere schuldrechtliche Vereinbarungen, die derjenige, dem die Aktien ‚gehören' zu Drittten unterhält, sind von der Vorschrift nicht erfasst", entgegen vorangegangenen Stimmen im Gesetzgebungsverfahren); *Lutter/Drygala* in KölnKomm. AktG, 3. Aufl., § 67 AktG Rz. 15 f., 120; *Grigoleit/Rachlitz*, ZHR 174 (2010), 12, 14 f., 25; *Marsch-Barner* in FS Hüffer, S. 627, 630, 642.
150 RegE für das RisikobegrenzungsG, BT-Drucks. 16/7438 v. 7.12.2007, Anlage 1, Begründung zu Art. 3 Nr. 1a (betr. § 67 Abs. 1), S. 14 li.Sp.
151 *Grigoleit/Rachlitz*, ZHR 174 (2010), 12, 46. Anders *Marsch-Barner* in FS Hüffer, S. 627, 639.
152 *Grigoleit/Rachlitz*, ZHR 174 (2010), 12, 49 f.
153 *Lutter/Drygala* in KölnKomm. AktG, 3. Aufl., § 67 AktG Rz. 22, 24.
154 RegE für das RisikobegrenzungsG, BT-Drucks. 16/7438 v. 7.12.2007, Anlage 1, Begründung zu Art. 3 Nr. 1a (betr. § 67 Abs. 1), S. 13 re.Sp. Ausführlich zum Ganzen *Grigoleit/Rachlitz*, ZHR 174 (2010), 12, 43 ff.; *Marsch-Barner* in FS Hüffer, S. 627, 631 ff., 638 ff.
155 RegE für das RisikobegrenzungsG, BT-Drucks. 16/7438 v. 7.12.2007, Anlage 1, Begründung zu Art. 3 Nr. 1a (betr. § 67 Abs. 1), S. 13 re.Sp.
156 *Lutter/Drygala* in KölnKomm. AktG, 3. Aufl., § 67 AktG Rz. 27; mit gleicher Tendenz RegE für das RisikobegrenzungsG, BT-Drucks. 16/7438 v. 7.12.2007, Anlage 1, Begründung zu Art. 3 Nr. 1a (betr. § 67 Abs. 1), S. 13 re.Sp. Anders *Gätsch* in FS Beuthien, S. 133, 151.
157 *Lutter/Drygala* in KölnKomm. AktG, 3. Aufl., § 67 AktG Rz. 25; *Marsch-Barner* in FS Hüffer, S. 627, 635. Einschränkend *Grigoleit/Rachlitz*, ZHR 174 (2010), 12, 47 f. (nur Offenlegungspflichten). Ablehnend *Noack*, NZG 2008, 721, 722 f.
158 *Marsch-Barner* in FS Hüffer, S. 627, 633.

## 4. Auskunftsverlangen

Auch ohne satzungsmäßige Offenlegungsklauseln oder Höchstgrenzen für Fremdbesitz kann die Gesellschaft nach § 67 Abs. 4 Satz 2 von dem im Aktienregister Eingetragenen (oder schon vorab von demjenigen, der um Eintragung nachsucht) **kraft Gesetzes** Auskunft darüber verlangen, ob ihm die Aktien gehören, und wenn nein, für wen er die Aktien hält. Dessen Daten muss der Eingetragene dann der Gesellschaft übermitteln, als Kreditinstitut allerdings nur gegen Kostenerstattung (§ 67 Abs. 4 Satz 4, vgl. Rz. 31). Die gleiche Verpflichtung trifft auch den Nachmann selbst (§ 67 Abs. 4 Satz 3). Der Auskunftsanspruch der Gesellschaft setzt sich so bei mehrgliedrigen Legitimations- oder Verwahrerverhältnissen **bis zum materiell berechtigten Aktionär** fort[159]. „Eine angemessene Auskunftsfrist dürfte" nach der Gesetzesbegründung „bei mindestens 14 Tagen je Auskunftsgesuch liegen"[160]. Die Gesellschaft kann aus eigener Macht im Aktienregister eintragen, dass es sich um Fremdbesitz handelt, aber die mitgeteilten Daten des Nachmanns werden nicht eingetragen[161]. Verstöße gegen die Mitteilungspflicht sind als Ordnungswidrigkeit sanktioniert (§ 405 Abs. 2a).

47

## 5. Sanktionen

Bei einem Verstoß gegen satzungsmäßige Offenlegungspflichten oder Beteiligungshöchstgrenzen für Fremdbesitz (§ 67 Abs. 1 Satz 3) oder bei Verstößen gegen die Auskunftspflicht auf Anfrage der Gesellschaft (§ 67 Abs. 4 Satz 2–3) **ruht** nach § 67 Abs. 2 Satz 2–3 das **Stimmrecht** aus den betroffenen Aktien. Der Eingetragene kann nicht mitstimmen, weil die Grenzen überschritten oder die Pflichten nicht erfüllt sind, und der wirkliche Aktionär kann nicht mitstimmen, weil er nicht eingetragen ist. Die Satzung kann auch vorsehen, dass Fremdbesitz-Aktienbestände oberhalb einer Höchstgrenze zwar im Register eingetragen werden, aber kein Stimmrecht gewähren[162]. Nicht ausgeschlossen sind das Recht auf Dividende[163] sowie die weiteren Vermögens- und Mitwirkungsrechte aus der Aktie[164]. Das Stimmrecht lebt wieder auf, sobald die gebotene Mitteilung oder Offenlegung erfolgt ist[165].

48

Die Sanktion des Stimmrechtsverlusts relativiert die Legitimationswirkung des Aktienregisters (§ 67 Abs. 2 Satz 1 und hierzu Rz. 2, 13 f.) ganz erheblich zu Gunsten der materiellen Rechtslage[166]. Das macht satzungsmäßige Offenlegungspflichten und auch Höchstgrenzen und Auskunftsverlangen zu einer **gefährlichen Streitquelle**. Die Gesellschaft kann oft nicht wissen, welche Rolle der Eingetragene wirklich spielt. Wenn sie dem im Register Eingetragenen zu Unrecht das Stimmrecht abspricht, kann dieser die Hauptversammlungsbeschlüsse anfechten. Und wenn die Gesellschaft den Eingetragenen zur Abstimmung zulässt, werden möglicherweise andere Aktionäre anfechten. Die Gesellschaften sollten es sich daher gut überlegen, ob sie von den Sonderregeln für Fremdbesitz Gebrauch machen wollen.

49

---

159 RegE für das RisikobegrenzungsG, BT-Drucks. 16/7438 v. 7.12.2007, Anlage 1, Begründung zu Art. 3 Nr. 1c (betr. § 67 Abs. 4), S. 14 re.Sp.; *Lutter/Drygala* in KölnKomm. AktG, 3. Aufl., § 67 AktG Rz. 122. Teilweise anders *Noack*, NZG 2008, 721, 723 f.
160 RegE für das RisikobegrenzungsG, BT-Drucks. 16/7438 v. 7.12.2007, Anlage 1, Begründung zu Art. 3 Nr. 1c (betr. § 67 Abs. 4), S. 14 re.Sp.
161 *Grigoleit/Rachlitz*, ZHR 174 (2010), 12, 50 ff.; *Noack*, NZG 2008, 721, 724 li.Sp.
162 *Marsch-Barner* in FS Hüffer, S. 627, 636 f.
163 RegE für das RisikobegrenzungsG, BT-Drucks. 16/7438 v. 7.12.2007, Anlage 1, Begründung zu Art. 3 Nr. 1b (betr. § 67 Abs. 2), S. 14 li.Sp.
164 *Grigoleit/Rachlitz*, ZHR 174 (2010), 12, 51, 53; *Noack*, NZG 2008, 721, 725 li.Sp.
165 Anders *Grigoleit/Rachlitz*, ZHR 174 (2010), 12, 54 (für Sperrfrist analog § 28 Satz 3 WpHG).
166 *Grigoleit/Rachlitz*, ZHR 174 (2010), 12, 51, 59 f.; *Noack*, NZG 2008, 721, 723 li.Sp.

## 6. Investmentfonds

50 Investmentaktiengesellschaften (§§ 2 Abs. 5, 96 ff. InvG) und gleichartige ausländische Gebilde, die selbst rechtsfähig sind, werden ganz normal als Aktionäre im Aktienregister eingetragen. Gleiches gilt, wenn die im Fonds befindlichen Aktien gegenständlich einem Treuhänder gehören, der sie den Anlegern schuldrechtlich vermittelt; hier ist der Treuhänder Aktionär und wird eingetragen (Rz. 45). Stehen dagegen die Aktien im Miteigentum der Anleger, wie bei den meisten deutschen Sondervermögens-Fonds (§§ 2 Abs. 1–2, 30 ff. InvG), so sind grundsätzlich die Anleger Aktionäre und müssen als solche eingetragen oder im Falle von Fremdeintragungen auf Verlangen der Gesellschaft benannt werden, und es können statutarische Beschränkungen greifen. Hiervon machen jedoch § 67 Abs. 1 Satz 4 und Abs. 4 Satz 4 eine Ausnahme für Fonds, deren Anteile nicht ausschließlich von juristischen Personen gehalten werden, an denen also auch natürliche Personen als Anteilsinhaber beteiligt sind[167]. Ist ein solches Publikums-Sondervermögen nicht rechtsfähig (und daran fehlt es insbesondere in Deutschland), so gilt die Kapitalanlagegesellschaft oder sonstige Verwaltungsgesellschaft des Fonds gegenüber der Gesellschaft als Inhaberin der Aktien und wird als Aktionärin registriert. Die Sonderregeln für Fremdbesitz gelten dann nicht.

## VIII. Umgang mit den Daten des Aktienregisters (§ 67 Abs. 6)

### 1. Auskunftsrecht der Aktionäre über eigene Daten

51 Jeder Namensaktionär kann nach § 67 Abs. 6 Satz 1 von der Gesellschaft Auskunft über **alle zu seiner Person** oder zu seinen Aktien in das Aktienregister **eingetragenen Daten** verlangen. Das gilt entsprechend für Daten des betroffenen Aktionärs, die der Gesellschaft auf ihr Verlangen von Intermediären mitgeteilt wurden, aber nicht im Register eingetragen sind (vgl. Rz. 47). Die Auskunft über eingetragene Daten kann auch durch Gestattung der Einsichtnahme in das Register erteilt werden[168], wenn die Daten dort verständlich angeordnet sind und auf zumutbare Weise zugänglich gemacht werden. **Über die Mitaktionäre** und deren Daten kann der Aktionär dagegen **keine Auskunft** verlangen; das ergibt sich im Umkehrschluss aus § 67 Abs. 6 Satz 1[169]. In **nichtbörsennotierten Gesellschaften** kann allerdings die **Satzung** „Weiteres bestimmen" (§ 67 Abs. 6 Satz 2), das heißt ergänzende Regelungen treffen (§ 23 Abs. 5 Satz 2) und auch ein Recht zur Auskunft über andere Namensaktionäre und deren Daten gewähren[170].

52 Die reichen Informationen des Aktienregisters über die Aktionäre und ihr Investitionsverhalten[171] werden damit in Börsengesellschaften zum **Monopolwissen der Unternehmensleiter** und geben diesen am Markt für Unternehmenskontrolle einen unschätzbaren Vorteil. Das steht im Gegensatz zum US-amerikanischen Recht und auch zu anderen europäischen Rechtsordnungen, wo jeder Aktionär ganz weitgehenden Zugang zum Aktienregister hat, so dass die Aktionäre einander einschätzen und

---

167 *Lutter/Drygala* in KölnKomm. AktG, 3. Aufl., § 67 AktG Rz. 28 f.
168 RegE für das NaStraG, BT-Drucks. 14/4051, Anlage 1, Begründung zu § 67, S. 11 re.Sp.; Beschlussempfehlung und Bericht des BT-Rechtsausschusses zum RegE für das NaStraG, BT-Drucks. 14/4618 v. 15.11.2000, Bericht zu § 67, S. 13 re.Sp.
169 RegE für das NaStraG, BT-Drucks. 14/4051 v.8.9.2000, Anlage 1, Begründung zu § 67, S. 11 re.Sp. und allg. M. Kritisch aus rechtspolitischer Sicht *Huep*, WM 2000, 1623, 1626 ff.
170 RegE für das NaStraG, BT-Drucks. 14/4051 v.8.9.2000, Anlage 1, Begründung zu § 67, S. 11 re.Sp. Kritisch *Spindler*, ZGR 2000, 420, 425.
171 *Kastner* in von Rosen/Seifert, Die Namensaktie, S. 335, 348 ff.

miteinander kommunizieren können[172]. Einen gewisssen Ersatz hierfür verschaffen in Deutschland das Aktionärsforum[173], das Teilnehmerverzeichnis bei Hauptversammlungen (§ 129 Abs. 4) und bei börsennotierten Gesellschaften das Gebot der Offenlegung größerer Beteiligungen (§§ 21 ff. WpHG)[174]. Außerdem greift bei berechtigtem Einzelinteresse in Sonderfällen der bürgerlichrechtliche Anspruch auf Urkundseinsicht (§ 810 BGB)[175].

### 2. Verwendung der Daten durch die Gesellschaft

Die Gesellschaft darf nach § 67 Abs. 6 Satz 3 die Registerdaten und weitere mitgeteilte Daten „für ihre **Aufgaben im Verhältnis zu den Aktionären** verwenden." Hierunter fallen die aktienrechtlich gebotenen Erklärungen und Mitteilungen der Gesellschaft, insbesondere im Vorfeld von Hauptversammlungen (§§ 121 Abs. 4, 125 Abs. 2, 126 f.), und auch die ungefragte Übermittelung von Werken der Rechnungslegung und Berichten, die nach dem Gesetz lediglich zugänglich zu machen oder auf Anforderung zu übersenden sind[176] (z.B. § 175 Abs. 2). Erlaubt sind weiter „**Investor-Relations**maßnahmen"[177], also die Werbung um den als Kapitalanleger verstandenen Aktionär[178], sowie statistische Analysen[179]. 53

Die Gesellschaft darf die Daten des Weiteren nach § 67 Abs. 6 Satz 4 „zur Werbung für das Unternehmen ... verwenden". Das umfasst insbesondere die Produktwerbung[180], auch für Konzernunternehmen[181]. Der Aktionär kann sich dies allerdings durch einen Widerspruch verbieten (§ 67 Abs. 6 Satz 4–5). Die Gesellschaft kann und muss die Daten natürlich auch einem von ihr beauftragten externen Registerführer zugänglich machen (vgl. Rz. 7). **Unzulässig** ist dagegen die Veröffentlichung der Daten oder die **Weitergabe** an Dritte und selbst an andere Aktionäre[182] (wenn die Satzung das nicht eigens erlaubt, Rz. 51). 54

## IX. Zwischenscheine (§ 67 Abs. 7)

Solche Urkunden verbriefen Aktien vor Ausgabe endgültiger Aktienurkunden (§ 8 Abs. 6) und müssen auf den Namen lauten (§ 10 Abs. 3–4). Sie stehen also Namens- 55

---

172 *Wunderlich/Labermeier* in von Rosen/Seifert, Die Namensaktie, S. 143, 159 f. (USA); *Happ* in FS G. Bezzenberger, S. 111, 128 f. (Schweden). Vgl. auch *Hüther*, AG 2001, 68 ff. mit rechtspolitischer Kritik an der deutschen Regelung.
173 *Wieneke* in Bürgers/Körber, § 67 AktG Rz. 39.
174 *Merkt* in Großkomm. AktG, 4. Aufl., § 67 AktG Rz. 160–166.
175 RegE für das NaStraG, BT-Drucks. 14/4051 v. 8.9.2000, Anlage 1, Begründung zu § 67, S. 11 re.Sp.; *Lutter/Drygala* in KölnKomm. AktG, 3. Aufl., § 67 AktG Rz. 154; *Noack*, ZIP 1999, 1993, 1998 li.Sp.
176 *Kindler*, NJW 2001, 1678, 1682.
177 RegE für das NaStraG, BT-Drucks. 14/4051 v. 8.9.2000, Anlage 1, Begründung zu § 67, S. 12 li.Sp. und allg. M.
178 So die treffende Formulierung von *Hüffer*, § 67 AktG Rz. 31; ausführlich *Noack*, DB 2001, 27, 28 f.; *Kindler*, NJW 2001, 1678, 1682.
179 *Bayer* in MünchKomm. AktG, 3. Aufl., § 67 AktG Rz. 133; *Noack*, DB 2001, 27, 28 re.Sp.; *Kindler*, NJW 2001, 1678, 1682.
180 RegE für das NaStraG, BT-Drucks. 14/4051 v. 8.9.2000, Anlage 1, Begründung zu § 67, S. 12 li.Sp. und allg. M.
181 Beschlussempfehlung und Bericht des BT-Rechtsausschusses zum RegE für das NaStraG, BT-Drucks. 14/4618 v. 15.11.2000, Bericht zu § 67, S. 13 re.Sp.; *Noack*, DB 2001, 27, 29 re.Sp.
182 BGH v. 22.10.2007 – II ZR 184/06, AG 2008, 164, 165, Rz. 4; *Grigoleit/Rachlitz*, ZHR 174 (2010), 12, 23 f., auch zu den Ausnahmen.

aktien sehr nahe. Deshalb gelten nach § 67 Abs. 7 die **Regeln über das Aktienregister sinngemäß** auch für Zwischenscheine.

# § 68
# Übertragung von Namensaktien. Vinkulierung

**(1) Namensaktien können auch durch Indossament übertragen werden. Für die Form des Indossaments, den Rechtsausweis des Inhabers und seine Verpflichtung zur Herausgabe gelten sinngemäß Artikel 12, 13 und 16 des Wechselgesetzes.**

**(2) Die Satzung kann die Übertragung an die Zustimmung der Gesellschaft binden. Die Zustimmung erteilt der Vorstand. Die Satzung kann jedoch bestimmen, dass der Aufsichtsrat oder die Hauptversammlung über die Erteilung der Zustimmung beschließt. Die Satzung kann die Gründe bestimmen, aus denen die Zustimmung verweigert werden darf.**

**(3) Bei Übertragung durch Indossament ist die Gesellschaft verpflichtet, die Ordnungsmäßigkeit der Reihe der Indossamente, nicht aber die Unterschriften zu prüfen.**

**(4) Diese Vorschriften gelten sinngemäß für Zwischenscheine.**

| | |
|---|---|
| **I. Grundlagen** . . . . . . . . . . . . . . . . . 1 | a) Namensaktien . . . . . . . . . . . . . . . 17 |
| 1. Der Regelungsgehalt im Überblick . . 1 | b) Von der Vinkulierung erfasste Aktien im Einzelnen . . . . . . . . . 18 |
| 2. Der Grundsatz der freien Übertragbarkeit der Aktie . . . . . . . . . . . . . . 2 | 3. Betroffene Rechtsgeschäfte, Rechtswirkungen . . . . . . . . . . . . . . . . . . . 19 |
| 3. Aktien und Aktienurkunden . . . . . . 3 | a) Übertragung von Aktien . . . . . . . 19 |
| 4. Namensaktien und Inhaberaktien . . 4 | b) Weitere erfasste Gestaltungen . . . 21 |
| **II. Die Übertragung von Aktien** . . . . . . 5 | c) Nicht erfasste Gestaltungen . . . . . 22 |
| 1. Unverbriefte Aktien . . . . . . . . . . . 5 | d) Bezugspunkt und Wirkung der Zustimmung oder ihrer Verweigerung . . . . . . . . . . . . . . 23 |
| 2. Verbriefte Inhaberaktien . . . . . . . . 6 | e) Die schuldrechtliche Ebene . . . . . 25 |
| 3. Verbriefte Namensaktien (§ 68 Abs. 1) . . . . . . . . . . . . . . . 7 | 4. Die Entscheidung über die Zustimmung . . . . . . . . . . . . . . . . . 27 |
| a) Begriff und Wesen . . . . . . . . . . . 7 | a) Innergesellschaftliche Zuständigkeit . . . . . . . . . . . . . . 27 |
| b) Übertragung durch Indossament oder Abtretung . . . . . . . . . . . . . 8 | b) Mögliche Vorgaben der Satzung . . 29 |
| c) Form des Indossaments . . . . . . . 9 | c) Pflichtgemäßes Ermessen . . . . . . 30 |
| d) Wirkungen des Indossaments . . . 10 | d) Zu berücksichtigende Interessen im Einzelnen . . . . . . . . . . . . . . 31 |
| 4. Sammelverwahrung und Globalurkunden . . . . . . . . . . . . . . . . . . 11 | e) Abwägung der Interessen . . . . . . 32 |
| a) Begriffe . . . . . . . . . . . . . . . . . . 11 | 5. Erklärung der Zustimmung oder ihrer Versagung . . . . . . . . . . . . . . 34 |
| b) Konstruktion der Aktienübertragung . . . . . . . . . . . . . . 13 | a) Zuständigkeit und Formfreiheit . . 34 |
| c) Offene Fragen . . . . . . . . . . . . . . 14 | b) Begründung der Entscheidung . . . 35 |
| **III. Vinkulierte Namensaktien (§ 68 Abs. 2)** . . . . . . . . . . . . . . . 15 | 6. Ansprüche und Rechtsschutzmöglichkeiten . . . . . . . . . . . . . . . . 36 |
| 1. Wesen und Gestaltungsgrenzen . . . . 15 | **IV. Prüfungspflicht der Gesellschaft (§ 68 Abs. 3)** . . . . . . . . . . . . . . . 39 |
| a) Wesen und Zweck der Aktienvinkulierung . . . . . . . . . . . . . . . 15 | **V. Zwischenscheine (§ 68 Abs. 4)** . . . . 40 |
| b) Gestaltungsgrenzen . . . . . . . . . . 16 | |
| 2. Betroffene Aktien . . . . . . . . . . . . . 17 | |

**Literatur zur Aktienübertragung:** *Blitz*, Namensaktien – Kein Clearingproblem, in von Rosen/Seifert (Hrsg.), Die Namensaktie, 2000, S. 373; *Einsele*, Wertpapierrecht als Schuldrecht – Funktionsverlust von Effektenurkunden im internationalen Rechtsverkehr, 1995; *Habersack/Mayer*, Globalverbriefte Aktien als Gegenstand sachenrechtlicher Verfügungen? Ein (weiteres) Plädoyer für die Ablösung der Globalurkunde durch Wertrechte, WM 2000, 1678; *Kümpel*, Zur Girosammelverwahrung und Registerumschreibung der vinkulierten Namensaktien – Rationalisierung des Depot- und Effektengeschäfts, WM-Sonderbeilage 8/1983; *F. Mahler*, Rechtsgeschäftliche Verfügungen über sonder- und sammelverwahrte Wertpapiere des Kapitalmarktes, 2006; *Mentz/Fröhling*, Die Formen der rechtsgeschäftlichen Übertragung von Aktien, NZG 2002, 201; *Mirow*, Die Übertragung von Aktien im Aktienkaufvertrag – Formulierungshilfen für die Praxis, NZG 2008, 52; *Mülbert*, Die Aktie zwischen mitgliedschafts- und wertpapierrechtlichen Vorstellungen, in FS Nobbe, 2009, S. 691; *Noack*, Globalurkunde und unverkörperte Mitgliedschaften bei der kleinen Aktiengesellschaft, in FS Wiedemann, 2002, S. 1141; *Noack*, Anlegerrechte bei mittelbar gehaltenen Wertpapieren – Bemerkungen zu dem Dreieck aus Emittent – Intermediär – Aktionär, in Baums/Cahn (Hrsg.), Die Zukunft des Clearing und Settlement, 2006, S. 63; *von Rottenburg*, Inhaberaktien und Namensaktien im deutschen und amerikanischen Recht, 1967 (ZHR-Beiheft 34); *Stupp*, Aktuelle Rechtsprobleme bei der Verpfändung von Aktien zur Kreditbesicherung, DB 2006, 655; *Than/Hannöver*, Depotrechtliche Fragen bei Namensaktien, in von Rosen/Seifert (Hrsg.), Die Namensaktie, 2000, S. 279; *Zöllner*, Die Zurückdrängung des Verkörperungselements bei den Wertpapieren, in FS L. Raiser, 1974, S. 249.

**Literatur zur vinkulierten Namensaktie:** *Asmus*, Die vinkulierte Mitgliedschaft – Der Schutz mitgliedschaftlicher Vinkulierungsinteressen und das Problem der Gesetzesumgehung, 2001; *Barthelmeß/Braun*, Zulässigkeit schuldrechtlicher Verfügungsbeschränkungen über Aktien zugunsten der Aktiengesellschaft, AG 2000, 172; *Bayer*, Gesetzliche Zuständigkeit der Hauptversammlung für die Zustimmung zur Übertragung vinkulierter Namensaktien auf einen künftigen Mehrheitsaktionär?, in FS Hüffer, 2010, S. 35; *Bayer/Hoffmann*, Vinkulierungsklauseln bei Aktiengesellschaften, AG-Report 2007, R375; *Berger*, Die Klage auf Zustimmung zur Übertragung vinkulierter Namensaktien – Verfahrensrechtliche Bemerkungen zum AMB-Urteil des LG Aachen, ZHR 157 (1993), 31; *Boesebeck*, Nochmals: Übertragung vinkulierter Namensaktien durch den Alleinaktionär, NJW 1952, 1116; *Bork*, Vinkulierte Namensaktien in Zwangsvollstreckung und Insolvenz des Aktionärs, in FS Henckel, 1995, S. 23; *Friedewald*, Die personalistische Aktiengesellschaft, 1991; *Hirte*, Entscheidung über die Zustimmung zur Übertragung von vinkulierten Namensaktien: Kompetenzverlagerung auf die Hauptversammlung und Einbindung des Aufsichtsrats, in FS Kollhosser, Bd. II, 2004, S. 217; *Immenga*, Vertragliche Vinkulierung von Aktien?, AG 1992, 79; *Immenga*, Klagebefugnisse bei Verweigerung der Zustimmung zur Übertragung vinkulierter Namensaktien, AG 1992, 105; *Immenga*, Mehrheitserfordernisse bei einer Abstimmung der Hauptversammlung über die Übertragung vinkulierter Namensaktien, BB 1992, 2446; *Liebscher*, Umgehungsresistenz von Vinkulierungsklauseln, ZIP 2003, 825; *Liebscher/Lübke*, Die zwangsweise Verwertung vinkulierter Anteile – zur angeblich vinkulierungsfreien Pfand- und Insolvenzverwertung, ZIP 2004, 241; *Lutter*, Die Rechte und Pflichten des Vorstands bei der Übertragung vinkulierter Namensaktien, AG 1992, 369; *Lutter/Grunewald*, Zur Umgehung von Vinkulierungsklauseln in Satzungen von Aktiengesellschaften und Gesellschaften mbH, AG 1992, 109; *Lutter/Grunewald*, Gesellschaften als Inhaber vinkulierter Aktien und Geschäftsanteile, AG 1989, 409; *Reichert*, Das Zustimmungserfordernis zur Abtretung von Geschäftsanteilen in der GmbH, 1984; *Reichert/Weller*, Der GmbH-Geschäftsanteil – Übertragung und Vinkulierung – Kommentierung zu §§ 14–18 GmbHG, 2006; *Reichert/Winter*, Vinkulierungsklauseln und gesellschafterliche Treupflicht, in FS 100 Jahre GmbHG, 1992, S. 209; *K. Schmidt*, Aktionärs- und Gesellschafterzuständigkeiten bei der Freigabe vinkulierter Aktien und Geschäftsanteile – Kompetenzprobleme um § 68 AktG und § 15 Abs. 5 GmbHG, in FS Beusch, 1993, S. 759; *Serick*, Die Anwendung von Regeln zu vinkulierten Geschäftsanteilen (RGZ 159 S. 272) auf vinkulierte Namensaktien, in FS Hefermehl, 1976, S. 427; *Stoppel*, Vinkulierungsklauseln in der Vorgesellschaft und bei Umwandlung, WM 2008, 147; *H. P. Westermann*, Vinkulierung von GmbH-Geschäftsanteilen und Aktien – Ermessensfreiheit und Zustimmungsentscheidung, in FS U. Huber, 2006, S. 997; *Wiedemann*, Die Übertragung und Vererbung von Mitgliedschaftsrechten bei Handelsgesellschaften, 1965; *Wirth*, Vinkulierte Namensaktien – Ermessen des Vorstands bei der Zustimmung zur Übertragung, DB 1992, 617.

## I. Grundlagen

### 1. Der Regelungsgehalt im Überblick

1 Die **Übertragung von Aktien** ist im AktG kaum geregelt. § 68 befasst sich nur mit zwei **Sonderaspekten**, nämlich der Übertragung verbriefter Namensaktien (Abs. 1) und der vinkulierten Namensaktie, bei der die Wirksamkeit der Übertragung von der Zustimmung der Gesellschaft abhängt (Abs. 2). Der letzteren Bestimmung ist zugleich zu entnehmen, dass weitergehende satzungsmäßige Übertragungsbeschränkungen unzulässig sind (§ 23 Abs. 5, näher Rz. 16).

### 2. Der Grundsatz der freien Übertragbarkeit der Aktie

2 Aktien sind grundsätzlich frei übertragbar[1]. Das ist ein Eckstein des Aktienrechts und gehört zum verfassungsrechtlich geschützten Zuweisungsgehalt des Aktieneigentums[2]. Der Aktionär muss seine **Investition beenden** können, indem er seine Aktien veräußert, weil es in der Aktiengesellschaft kaum andere Austrittsmöglichkeiten gibt. So wird die Kapitalwidmungsdauer auf Seiten der Gesellschaft von der Kapitalwidmungsdauer beim Aktionär abgekoppelt und unabhängig.

### 3. Aktien und Aktienurkunden

3 Die Aktie als Mitgliedschaftsrecht entsteht und besteht durch die Gesellschaft und ihre Satzung, unabhängig davon, ob sie in einer Urkunde verbrieft ist. Aktienurkunden sind daher **nur deklaratorische** und keine konstitutiven **Wertpapiere**. Sie können keine nicht vorhandene Mitgliedschaft begründen und die gesellschaftsrechtliche Ausgestaltung von Mitgliedschaften nicht überspielen, auch nicht zu Gunsten eines gutgläubigen Erwerbers[3].

### 4. Namensaktien und Inhaberaktien

4 Aktien können nach der **Satzung** auf den Inhaber oder auf Namen lauten (§ 10 Abs. 1–3, § 23 Abs. 3 Nr. 5). Das bezieht sich zunächst auf die Urkunden, in denen die Aktien verbrieft werden können. Aber die Unterscheidung zwischen Inhaber- und Namensaktien hat nicht nur eine wertpapierrechtliche, sondern auch und vor allem eine **gesellschaftsrechtliche Bedeutung**; es geht um unterschiedliche aktienrechtliche Regeln, denen die Gesellschaft ihre Mitgliedschaften durch die Wahl der einen oder anderen Aktienart unterstellt[4]. Auch unverbriefte Namensaktien sind im gesellschaftsrechtlichen Sinne Namensaktien (§ 67 Rz. 5) und können namentlich auch vinkuliert werden (§ 68 Abs. 2, unten Rz. 17). Das ist bei Inhaberaktien nicht möglich, auch nicht bei unverbrieften.

---

1 BGH v. 20.9.2004 – II ZR 288/02, BGHZ 160, 253, 256 ff. = AG 2004, 673; BayObLG v. 24.11.1988 – BReg 3 Z 111/88, ZIP 1989, 638, 640 f. = BayObLGZ 1988, 371; *Lutter/Drygala* in KölnKomm. AktG, 3. Aufl., § 68 AktG Rz. 57 und Anh. § 68 AktG Rz. 33.
2 BVerfG v. 27.4.1999 – 1 BvR 1613/94, BVerfGE 100, 289, 305 f., 307 f.
3 BGH v. 5.4.1993 – II ZR 195/91, BGHZ 122, 180, 194; *Flechtheim* in Düringer/Hachenburg, HGB, 3. Aufl., Bd. III/1, 1934, Vorbem. zu §§ 222 f. HGB Anm. 4; *Lutter/Drygala* in KölnKomm. AktG, 3. Aufl., § 68 AktG Rz. 25, auch Rz. 3; vgl. auch OLG Hamburg v. 3.7.1970 – 11 U 29/70, AG 1970, 230 f.
4 *Noack* in FS Wiedemann, S. 1141, 1152 f.; *Mülbert* in FS Nobbe, S. 691, 693.

## II. Die Übertragung von Aktien

### 1. Unverbriefte Aktien

Solche Aktien werden wie Forderungen durch formlose **Abtretungsvereinbarung** übertragen (**§§ 398, 413 BGB**)[5]. Hierbei spielt es keine Rolle, ob die Aktien von Satzungs wegen als Inhaberaktien oder als Namensaktien ausgestaltet sind. Ein gutgläubiger oder gutgläubig lastenfreier Erwerb der Mitgliedschaft vom Nichtberechtigten ist bei solchen Aktien nicht möglich[6]. Umgekehrt genießt aber die Gesellschaft einen gewissen schuldrechtlichen Gutglaubensschutz, wenn Aktien übertragen worden sind (§§ 407 ff. BGB)[7].

5

### 2. Verbriefte Inhaberaktien

Hier ist der Berechtigte in der Urkunde nicht namentlich benannt[8]. Die **Mitgliedschaft** steht dem **Eigentümer der Aktienurkunde** zu. Und der jeweilige Inhaber der Urkunde, das heißt wer die Urkunde vorlegen kann oder jedenfalls im Besitz hat, ist gegenüber der Gesellschaft legitimiert, also formell berechtigt, und kann die Mitgliedschaftsrechte geltend machen. **Übertragen** wird die Mitgliedschaft **nach** sachenrechtlichen Regeln durch Übereignung der Urkunde (**§§ 929 ff. BGB**)[9]. Damit kommt auch ein gutgläubiger oder gutgläubig lastenfreier Erwerb der Mitgliedschaft vom Nichtberechtigten in Betracht (§§ 932 ff. BGB). Alternativ kann die Mitgliedschaft als Recht abgetreten werden (§§ 398, 413 BGB); das Eigentum an der Aktienurkunde fällt dann kraft Gesetzes dem Erwerber zu (arg. § 952 BGB)[10]. Ein gutgläubiger Erwerb ist in diesem Fall nicht möglich (vgl. Rz. 5).

6

### 3. Verbriefte Namensaktien (§ 68 Abs. 1)

#### a) Begriff und Wesen

Sieht die Satzung Namensaktien vor, so ist im Falle der Verbriefung **in der Aktienurkunde** derjenige **namentlich zu bezeichnen**, an den die Gesellschaft die Urkunde begibt. Die Mitgliedschaft steht hier wie bei verbrieften Inhaberaktien dem Eigentümer der Aktienurkunde zu; er ist materiell berechtigt. Doch für die formelle Berechtigung, die Legitimation, ist nicht nur wie bei der Inhaberaktie die Innehabung der Urkunde erforderlich, sondern auch die namentliche Nennung oder, wenn es sich um einen Zweiterwerber handelt, ein Indossament (Rz. 8 ff.) zu Gunsten des Urkundsinhabers. Im Verhältnis zur Gesellschaft wird diese wertpapierrechtliche Legitimation allerdings ganz weitgehend durch das Aktienregister verdrängt, und gilt nur als Aktionär, wer dort eingetragen ist (§ 67 Abs. 2 und § 67 Rz. 2, 13.).

7

---

5  BGH v. 5.4.1993 – II ZR 195/91, BGHZ 122, 180, 196; LG Berlin v. 27.8.1993 – 85 O 140/93, AG 1994, 378, 379 und allg. M.
6  *Lutter/Drygala* in KölnKomm. AktG, 3. Aufl., Anh. § 68 AktG Rz. 3.
7  *Noack* in FS Wiedemann, S. 1141, 1157; *Lutter/Drygala* in KölnKomm. AktG, 3. Aufl., Anh. § 68 AktG Rz. 5.
8  Ausführlich hierzu und zum Folgenden *Lutter/Drygala* in KölnKomm. AktG, 3. Aufl., Anh. § 68 AktG Rz. 9–21; *Flechtheim* in Düringer/Hachenburg, HGB, 3. Aufl., Bd. III/1, 1934, Vorbem. zu §§ 222 f. HGB Anm. 5 f.
9  BGH v. 5.4.1993 – II ZR 195/91, BGHZ 122, 180, 196; LG Berlin v. 27.8.1993 – 85 O 140/93, AG 1994, 378, 379 li.Sp.
10 Speziell für Inhaberaktien *Lutter/Drygala* in KölnKomm. AktG, 3. Aufl., Anh. § 68 AktG Rz. 17 a.E.; *Mentz/Fröhling*, NZG 2002, 201, 202 li.Sp; *Mülbert* in FS Nobbe, S. 691, 699 f. Allgemein für Inhaberpapiere *Zöllner* in FS L. Raiser, S. 249, 272 ff., 277 ff.; *Habersack* in MünchKomm. BGB, 5. Aufl., § 793 BGB Rz. 32 f. m.w.N. Anders *Brändel* in Großkomm. AktG, 4. Aufl., § 10 AktG Rz. 36. Einschränkend *Ziemons* oben § 10 Rz. 29.

## b) Übertragung durch Indossament oder Abtretung

8 Verbriefte Namensaktien können nach § 68 Abs. 1 Satz 1 durch **Indossament** übertragen werden, wobei nach überwiegender Auffassung noch die **Übereignung der Aktienurkunde** hinzutreten muss[11]. Das Indossament ist ein schriftlicher Vermerk des Veräußerers (Indossanten) auf der Urkunde, dass ein anderer (der Erwerber und Indossatar) die Rechte aus der Urkunde haben soll. Das Indossament legitimiert den Urkundsinhaber und ermöglicht einen gutgläubigen Erwerb (näher Rz. 10). Diese Möglichkeit der Übertragung durch Indossament (und Übereignung der Aktienurkunde) besteht für Namensaktien nach § 68 Abs. 1 immer und zwingend. Daneben können Namensaktien auch durch **einfache Abtretung** des Aktienrechts nach §§ 398 und 413 BGB übertragen werden[12], womit das Eigentum an der Urkunde entsprechend § 952 BGB dem Erwerber zufällt. Streitig ist, ob für diese Art der Rechtsübertragung noch die Übergabe der Urkunde oder ein Übergabesurrogat hinzukommen muss[13], oder ob die Abtretungsvereinbarung genügt[14]. Gutgläubiger Erwerb ist hier jedenfalls nicht möglich[15]. Die Eintragung im Aktienregister gehört nicht mehr zum Übertragungstatbestand, sondern betrifft nur die formelle Legitimation gegenüber der Gesellschaft (§ 67 Rz. 2, 13).

## c) Form des Indossaments

9 Hinsichtlich der Form und der Wirkungen des Indossaments verweist § 68 Abs. 1 Satz 2 auf die Regeln des Wechselgesetzes. Das Indossament kann den Indossatar bezeichnen (**Vollindossament**). Die überlieferte Formulierung lautet dann „für mich an XY" oder einfach nur „an XY". Nach Art. 13 Abs. 2 Satz 1 WG muss aber das Indossament den Indossatar nicht benennen und kann sogar in der bloßen Unterschrift des Indossanten bestehen (**Blankoindossament**). Wenn Namensaktien blanko indossiert sind, können sie wie Inhaberaktien durch einfache Übereignung der Aktienurkunde weiterübertragen werden (vgl. für den Wechsel Art. 14 Abs. 2 Nr. 3 WG und für die Inhaberaktie oben Rz. 6)[16]. Nur solche blanko indossierten Namensaktien können in Sammelverwahrung genommen oder als Globalurkunde ausgestellt werden (sind „vertretbar" im Sinne von § 5 Abs. 1 und § 9a Abs. 1 DepotG, vgl. Rz. 11 ff.)[17] und sind **börsenfähig** („frei handelbar" im Sinne des § 5 Abs. 1 BörsZulV)[18]. Nach den von § 68 Abs. 1 Satz 2 weiter in Bezug genommenen wechselrechtlichen Regeln muss das

---

[11] Für Namensaktie *Merkt* in Großkomm. AktG, 4. Aufl., § 68 AktG Rz. 17, 44 ff. und h.M. Ebenso für Wechsel BGH v. 12.12.1957 – II ZR 43/57, NJW 1958, 302; Baumbach/Hefermehl/ *Casper*, WG, SchG, Recht der kartengestützten Zahlungen, 23. Aufl. 2008, Einl. WG Rz. 33, Art. 11 WG Rz. 1. Anders (keine Übereignung erforderlich) *Zöllner*, Wertpapierrecht, 14. Aufl. 1987, § 14 I 1a; *Bülow* in Heidelberger Komm. zum WG/SchG und zu den AGB, 4. Aufl. 2004, Art. 11 WG Rz. 4.

[12] BGH v. 20.9.2004 – II ZR 288/02, BGHZ 160, 253, 256 f. = AG 2004, 673; ganz h.M.

[13] So für die Namensaktie KG v. 20.12.2002 – 14 U 5141/00, AG 2003, 568 f.; RG v. 3.6.1932 – II 335/31, JW 1932, 2599. Ebenso für den Wechsel BGH v. 12.12.1957 – II ZR 43/57, NJW 1958, 302, 303; BGH v. 11.4.1988 – II ZR 272/87, BGHZ 104, 145, 149 f.

[14] Hierfür fast durchgehend die neuere Lit. zum AktG, statt vieler *Merkt* in Großkomm. AktG, 4. Aufl., § 68 AktG Rz. 131; *Zöllner* in FS L. Raiser, S. 249, 278 ff.; *Noack* in FS G. Bezzenberger, 2000, S. 291, 297.

[15] *Merkt* in Großkomm. AktG, 4. Aufl., § 68 AktG Rz. 138; *Wieneke* in Bürgers/Körber, § 68 AktG Rz. 5.

[16] *Merkt* in Großkomm. AktG, 4. Aufl., § 68 AktG Rz. 36–38; *von Rottenburg*, Inhaberaktien und Namensaktien im deutschen und amerikanischen Recht, S. 25 f.

[17] *Merkt* in Großkomm. AktG, 4. Aufl., § 68 AktG Rz. 108 ff.; Clearstream Banking AG, Allg. Geschäftsbedingungen, Stand 1.2.2004, Nr. 46 Abs. 1.

[18] *Merkt* in Großkomm. AktG, 4. Aufl., § 68 AktG Rz. 114 ff.; Bedingungen für Geschäfte an der Frankfurter Wertpapierbörse, Stand 12.10.2009, § 19 Abs. 1.

Indossament unbedingt sein (Art. 12 Abs. 1 WG), vom Indossanten unterschrieben (Art. 13 Abs. 1 Satz 2 WG), und es muss auf die Rückseite der Aktienurkunde oder ein mit dieser fest verbundenes Blatt gesetzt sein oder beim Vollindossament auch auf die Vorderseite der Urkunde (Art. 13 Abs. 1 Satz 1, Abs. 2 Satz 2 WG).

### d) Wirkungen des Indossaments

Auch hier gilt nach § 68 Abs. 1 Satz 2 Wechselrecht sinngemäß: Wer als Inhaber der Urkunde durch ein Indossament benannt ist oder auf ein Blankoindossament verweisen kann, von dem wird widerleglich vermutet, dass er auch materiell berechtigt, also Eigentümer der Urkunde und Inhaber des verbrieften Rechts ist (Art. 16 Abs. 1 WG). Das ist die **Legitimationsfunktion** des Indossaments[19]. (Sie ist gegenüber der Gesellschaft indessen durch das Aktienregister als Legitimationsgrundlage überlagert, § 67 Abs. 2 und § 67 Rz. 2, 13). Des Weiteren hat das Indossament eine **Transportfunktion** und ermöglicht einen sehr weit gehenden gutgläubigen Eigentums- und Rechtserwerb vom Nichtberechtigten, wenn dieser seinerseits durch Indossament legitimiert war (Art. 16 Abs. 2 WG), also besonders einfach bei blanko indossierten Namensaktien[20]. Bei **vinkulierten Namensaktien** ist allerdings die Transportfunktion des Indossaments eingeschränkt. War der Veräußerer und Indossant mangels Zustimmung der Gesellschaft nicht Aktionär geworden, so kann der Indossatar die Aktie zwar gutgläubig erwerben, aber er braucht hierfür seinerseits die Zustimmung der Gesellschaft[21].

### 4. Sammelverwahrung und Globalurkunden

### a) Begriffe

Bei der **Sammelverwahrung** (§ 5 Abs. 1 DepotG) werden vertretbare Aktienurkunden derselben Gesellschaft und derselben Art für mehrere Berechtigte in einem einheitlichen Sammelbestand verwahrt[22]. Eine Steigerungsform hiervon ist die Sammelurkunde oder **Globalurkunde**; sie verbrieft mehrere oder auch alle Mitgliedschaftsrechte einer Gesellschaft, die jedes für sich in vertretbaren Aktienurkunden einer und derselben Art verbrieft sein könnten (§ 9a DepotG). Beides ist sowohl bei Inhaberaktien als auch bei blankoindossierten Namensaktien möglich (vgl. Rz. 9). Die einzelnen Aktionäre sind dann entsprechend ihrer gesellschaftsrechtlichen Beteiligung **Miteigentümer nach Bruchteilen** an den zum Sammelbestand des Verwahrers gehörenden Aktienurkunden derselben Art (§ 6 Abs. 1 DepotG) oder an der Globalurkunde (§ 9a Abs. 2 DepotG). Sie werden sogar nach überlieferter Lehre als mittelbare Mitbesitzer angesehen, denen der Verwahrer den Besitz vermittelt.

Ist der Verwahrer eine **Wertpapiersammelbank**, so vermittelt diese den Besitz nicht unmittelbar an die einzelnen Aktionäre, sondern an die Depotbanken, und diese vermitteln den Besitz weiter an die Aktionäre, die sonach mittelbare Mitbesitzer zwei-

---

19 *Merkt* in Großkomm. AktG, 4. Aufl., § 68 AktG Rz. 66 ff. m.w.N.
20 *Lutter/Drygala* in KölnKomm. AktG, 3. Aufl., § 68 AktG Rz. 18 ff.; *Merkt* in Großkomm. AktG, 4. Aufl., § 68 AktG Rz. 77 ff.
21 *Lutter/Drygala* in KölnKomm. AktG, 3. Aufl., § 68 AktG Rz. 27 f.
22 Ausführlich hierzu und zum Folgenden *Einsele* in MünchKomm. HGB, 2. Aufl., Bd. 5, Depotgeschäft Rz. 42–128; *F. Mahler*, Rechtsgeschäftliche Verfügungen über sonder- und sammelverwahrte Wertpapiere des Kapitalmarktes, S. 22 ff., 47 ff., 85 ff.; *Mentz/Fröhling*, NZG 2002, 201, 204 ff.; *Than/Hannöver* in von Rosen/Seifert, Die Namensaktie, S. 279, 284 ff.; *Habersack/Mayer*, WM 2000, 1678 ff.; *Habersack* in MünchKomm. BGB, 5. Aufl., Vor § 793 BGB Rz. 30 ff.; Baumbach/Hefermehl/*Casper*, WG, SchG, Recht der kartengestützten Zahlungen, 23. Aufl. 2008, WPR Rz. 91–101; *Blitz* in von Rosen/Seifert, Die Namensaktie, S. 373, 376 ff.; zu den Grundstrukturen schon *Zöllner* in FS L. Raiser, S. 249, 251 ff.

ter Stufe sind. Zur Aufschlüsselung des Aktienbestandes führt die Wertpapiersammelbank **Wertpapierkonten** für die Depotbanken, und bei diesen unterhalten die Aktionäre Wertpapierkonten.

### b) Konstruktion der Aktienübertragung

13 Auch für Aktien, die in einen Sammelbestand einbezogen oder in einer Globalurkunde verkörpert sind, wird die Übertragung **nach sachenrechtlichen Übereignungsregeln** als Übertragung des Miteigentumsanteils konstruiert (**§§ 929 ff. BGB**). Im Effektengiroverkehr sind hierbei Depotbanken als Kommissionäre eingeschaltet. Wenn jemand seine Aktien an jemand anderen veräußert, der bei einer anderen Depotbank Kunde ist, so melden Depotbanken den Vorgang an die Wertpapiersammelbank. Diese bucht die Miteigentumsanteile vom Konto der Depotbank des Veräußerers ab und verbucht sie auf das Konto der Depotbank des Erwerbers, und diese wiederum schreibt die Aktien dem Depot des Erwerbers gut. Die Besitzübergabe nach § 929 Satz 1 BGB wird hierbei in einer Umstellung der Besitzmittlungsverhältnisse gesehen, nämlich darin, dass die Wertpapiersammelbank nunmehr für die Depotbank des Erwerbers besitzt, die dann ihrerseits dem Erwerber den Besitz vermittelt. Praktisch ist also die sachenrechtliche Übereignung ganz wesentlich **durch Buchungsvorgänge überlagert**.

### c) Offene Fragen

14 Man kann sich fragen, ob die **sachenrechtliche Übereignungs-Konstruktion** bei der Girosammelverwahrung und bei Globalurkunden juristisch sinnvoll ist, und ob die Rechtsposition der Aktionäre wirklich noch etwas mit **Besitz** zu tun hat[23]. Die meisten Gesellschaften mit Globalurkunden schließen ja eine Einzelverbriefung ihrer Anteile statutarisch aus (§ 10 Abs. 5), so dass die Aktionäre nichts in die Hand bekommen können (§ 9a Abs. 3 Satz 2 DepotG). Gleichwohl hält der Gesetzgeber am sachenrechtlichen System fest[24]. Denn der Kapitalmarkt ist ganz wesentlich auf die Möglichkeit eines gutgläubigen Erwerbs angewiesen, und einen solchen gibt es nach überliefertem Recht nur bei der Übereignung von Urkunden und anderen körperlichen Sachen. Man könnte natürlich auch umlauffähige, aber unverbriefte **Wertrechte** schaffen und eine bestimmte Form der Buchung als Rechtsscheinträger festschreiben. Aber ohne gesetzliche Regelung ist das schwer, und eine solche würde die Fortentwicklung der Praxis vielleicht eher einengen als beflügeln.

## III. Vinkulierte Namensaktien (§ 68 Abs. 2)

### 1. Wesen und Gestaltungsgrenzen

#### a) Wesen und Zweck der Aktienvinkulierung

15 Nach § 68 Abs. 2 kann die Satzung „die Übertragung" von Namensaktien „an die Zustimmung der Gesellschaft binden", also die Wirksamkeit einer Übertragung der Aktien von der Zustimmung der Gesellschaft abhängig machen. Der Grundsatz der

---

23 Kritisch vor allem *Zöllner* in FS L. Raiser, S. 249, 251 ff.; *Habersack/Mayer*, WM 2000, 1678, 1680 ff.; *Einsele* in MünchKomm. HGB, 2. Aufl., Bd. 5, Depotgeschäft Rz. 93 f., 111 ff.; ausführlich *Einsele*, Wertpapierrecht als Schuldrecht. Zuversichtlich dagegen *Kümpel*, Bank- und Kapitalmarktrecht, 3. Aufl. 2004, Rz. 11.247 ff.; *Than* in FS Schimanski, 1999, S. 821; *Lutter/Drygala* in KölnKomm. AktG, 3. Aufl., Anh. § 68 AktG Rz. 30; *Mülbert* in FS Nobbe, S. 691 ff.; *Berger*, WM 2009, 577, 578 ff.; *F. Mahler*, Rechtsgeschäftliche Verfügungen über sonder- und sammelverwahrte Wertpapiere des Kapitalmarktes.
24 Beschlussempfehlung und Bericht des BT-Rechtsausschusses zum RegE für das KonTraG, BT-Drucks. 13/10038 v. 4.3.1998, Bericht zu § 10, S. 25 re.Sp.

freien Übertragbarkeit der Aktie (Rz. 2) ist bei solchen vinkulierten („gefesselten") Namensaktien eingeschränkt. Die Vinkulierung ist keine bürgerlichrechtliche Verfügungsbeschränkung, die der Aktie von außen angelegt wäre, sondern eine statutarische Inhaltsbestimmung des Mitgliedschaftsrechts in dem Sinne, dass die Aktie nur eingeschränkt übertragbar ist[25]. Vinkulierte Namensaktien sind bei nicht börsennotierten Gesellschaften weit verbreitet[26]. Sie können vor allem für **personenbezogene Gesellschaften und insbesondere Familiengesellschaften**[27] sinnvoll sein, weil es hier auf Vertrauen, Verträglichkeit und andere persönliche Verhältnisse der Aktionäre ankommt. Die Vinkulierung kann außerdem einer allzu starken Beteiligung einzelner Aktionäre vorbauen, Anteilsparitäten stabilisieren und die Gesellschaft **konzernunabhängig halten**[28]. Und sie kann schließlich bei teileingezahlten Aktien die finanzielle Leistungsfähigkeit des Erwerbers sichern. Die Vinkulierung von Aktien ist aber auch **bedenklich**, denn die Unternehmensleiter können sich so ihre Aktionäre aussuchen, obwohl es sich eigentlich umgekehrt gehört[29]. Eine Vinkulierung, die auf staatliche Einflussnahme zurückgeht, kann gegen die europäische Kapitalverkehrsfreiheit verstoßen[30].

### b) Gestaltungsgrenzen

Die Vinkulierungsregel des **§ 68 Abs. 2** bezeichnet die **äußerste Grenze**, bis zu der die freie Übertragbarkeit der Aktie satzungsmäßig eingeschränkt werden kann[31]. Die Satzung kann daher die Wirksamkeit der Übertragung von Aktien nicht von anderen Umständen oder von Formen abhängig machen, die im Gesetz nicht vorgesehen sind, wie zum Beispiel einer Beurkundung oder Beglaubigung[32]. Erst recht nicht kann die Satzung in Bezug auf die Aktien Vorkaufsrechte oder Ankaufsrechte oder Übertragungspflichten mit körperschaftsrechtlicher Wirkung festschreiben[33]. Unzulässig und nichtig wäre hiernach etwa eine satzungsmäßige Pflicht zur Rückübertragung von Belegschaftsaktien nach Beendigung des Dienstverhältnisses[34]. Möglich sind jedoch entsprechende **schuldrechtliche Abreden** der Aktionäre untereinander und auch zwischen der Gesellschaft und den einzelnen Aktionären[35]. Die Gesellschaft kann sogar die Zustimmung zur Übertragung vinkulierter Aktien davon abhängig machen, dass solche Abreden oder auch bestimmte Formen eingehalten werden[36].

16

---

25 *Bork* in FS Henckel, S. 23, 33 f.; *Lutter*, AG 1992, 369, 373; *Mülbert* in FS Nobbe, S. 691, 713 ff.; *Liebscher/Lübke*, ZIP 2004, 241, 246 f.
26 *Bayer/Hoffmann*, AG-Report 2007, R 375 ff.
27 BGH v. 1.12.1986 – II ZR 287/85, NJW 1987, 1019, 1020 = AG 1987, 155.
28 LG Aachen v. 19.5.1992 – 41 O 30/92, WM 1992, 1485, 1495 f. = AG 1992, 410; *Lutter*, AG 1992, 369, 374 f.
29 *Immenga*, AG 1992, 79, 81 ff.
30 *Lieder*, ZHR 172 (2008), 306, 308 ff.
31 BGH v. 20.9.2004 – II ZR 288/02, BGHZ 160, 253, 256 f. = AG 2004, 673; BayObLG v. 24.11.1988 – BReg 3 Z 111/88, ZIP 1989, 638, 640 ff. = BayObLGZ 1988, 371; KG v. 22.12.1938 – 1 Wx 648/38, JW 1939, 296; *Merkt* in Großkomm. AktG, 4. Aufl., § 68 AktG Rz. 212 ff.
32 Teilw. anders BGH v. 20.9.2004 – II ZR 288/02, BGHZ 160, 253, 256 f. = AG 2004, 673 („als Minus gegenüber einer Vinkulierung" zulässig, wenn deren Voraussetzungen erfüllt sind).
33 BayObLG v. 24.11.1988 – BReg 3 Z 111/88, ZIP 1989, 638, 639, 642 = BayObLGZ 1988, 371; *Lutter* in KölnKomm. AktG, 2. Aufl., § 54 AktG Rz. 16.
34 BayObLG v. 24.11.1988 – BReg 3 Z 111/88, ZIP 1989, 638, 639 ff. = BayObLGZ 1988, 371, betr. Satzungsänderung.
35 BayObLG v. 24.11.1988 – BReg 3 Z 111/88, ZIP 1989, 638, 642 = BayObLGZ 1988, 371; *Lutter/Drygala* in KölnKomm. AktG, 3. Aufl., § 68 AktG Rz. 57, auch Rz. 73; *Cahn* in Spindler/Stilz, § 68 AktG Rz. 39; *Barthelmeß/Braun*, AG 2000, 172 ff.; kritisch *Otto*, AG 1991, 369, 372 ff.; *Immenga*, AG 1992, 79 ff.
36 BayObLG v. 24.11.1988 – BReg 3 Z 111/88, ZIP 1989, 638, 642 = BayObLGZ 1988, 371 (betr. schuldrechtliche Bindungen); *Lutter/Drygala* in KölnKomm. AktG, 3. Aufl., § 68 AktG Rz. 57. Anders *Immenga*, AG 1992, 79, 83 re.Sp.

## 2. Betroffene Aktien

### a) Namensaktien

17 Nur Namensaktien können vinkuliert werden. Das gilt unabhängig davon, ob sie in einer Urkunde verbrieft sind oder nicht, solange nur die **Satzung** die Aktie **als Namensaktie ausgestaltet**[37]. In der Aktienurkunde braucht die Vinkulierung nicht vermerkt zu sein[38]. Vinkulierte Namensaktien können sogar mit einem Blankoindossament (Rz. 9) versehen[39] und unter bestimmten weiteren Voraussetzungen in Sammelverwahrung (Rz. 11, 9) genommen[40] und zum **Börsenhandel** zugelassen werden[41], aber das ist selten. Die Gesellschaft entscheidet dann über die Zustimmung zur Aktienübertragung im Zusammenhang mit den laufenden Datenübermittlungen, die zur Fortschreibung des Aktienregisters von der Wertpapiersammelbank und den Depotbanken hereinkommen (§ 67 Abs. 3–4, § 67 Rz. 26) und kann gezielt diejenigen Aktienerwerber ausschalten, die ihr nicht gefallen[42].

### b) Von der Vinkulierung erfasste Aktien im Einzelnen

18 Welche Aktien von der Vinkulierung erfasst sind, bestimmt sich nach der **Satzung**. Vinkulierte und nicht vinkulierte Aktien können in einer Gesellschaft nebeneinander bestehen. Einer nachträglichen Vinkulierung durch **Satzungsänderung** müssen alle betroffenen Aktionäre zustimmen, sonst ist die Satzungsänderung unwirksam (§ 180 Abs. 2)[43]. Gleiches gilt, wenn eine bestehende Vinkulierung verschärft werden soll[44]. Sind alle Aktien vinkuliert, so sind es ohne weiteres auch neue Aktien aus einer **Kapitalerhöhung**; der Kapitalerhöhungsbeschluss braucht dies nicht noch einmal auszusprechen, und eine Zustimmung nach § 180 Abs. 2 ist nicht erforderlich[45]. Waren dagegen keine oder nicht alle bisherigen Aktien vinkuliert, so muss der Kapitalerhöhungsbeschluss eine Vinkulierung der neuen Aktien eigens und satzungsändernd anordnen. Außerdem müssen in diesen Fällen nach überlieferter Auffassung diejenigen Aktionäre entsprechend § 180 Abs. 2 einzeln zustimmen, die nicht vinkulierte alte Aktien haben und hierauf im Rahmen des gesetzlichen Bezugsrechts vinkulierte neue Aktien erhalten sollen[46]. Diese Auffassung trifft jedoch nicht zu, weil das Bezugsrecht nicht zum Inhalt hat, dass die neuen Aktien den alten gleichen[47]. Bei der **Kapitalerhöhung aus Gesellschaftsmitteln** erstreckt sich eine Vinkulierung alter Aktien automatisch auch auf die neuen Aktien, die auf die alten entfallen[48].

---

37 *Lutter/Drygala* in KölnKomm. AktG, 3. Aufl., Anh. § 68 AktG Rz. 6; *Merkt* in Großkomm. AktG, 4. Aufl., § 68 AktG Rz. 197 f. Hiervon ausgehend auch BGH v. 20.9.2004 – II ZR 288/02, BGHZ 160, 253, 256 f. = AG 2004, 673.
38 OLG Hamburg v. 3.7.1970 – 11 U 29/70, AG 1970, 230 re.Sp.
39 *Kümpel*, WM 1983, Sonderbeilage 8, S. 4 ff.
40 *Merkt* in Großkomm. AktG, 4. Aufl., § 68 AktG Rz. 221–225; Clearstream Banking AG, Allg. Geschäftsbedingungen, Stand 1.2.2004, Nr. 47–55.
41 *Merkt* in Großkomm. AktG, 4. Aufl., § 68 AktG Rz. 226–245; Bedingungen für Geschäfte an der Frankfurter Wertpapierbörse, Stand 12.10.2009, § 19 Abs. 2–3.
42 *Bredbeck/Schmidt/Sigl* in von Rosen/Seifert, Die Namensaktie, S. 315, 322.
43 BGH v. 20.9.2004 – II ZR 288/02, BGHZ 160, 253, 257 = AG 2004, 673.
44 *Bayer* in MünchKomm. AktG, 3. Aufl., § 68 AktG Rz. 46; *Hirte* in FS Kollhosser, S. 217, 218 ff.
45 LG Bonn v. 10.4.1969 – 11 O 3/69, AG 1970, 18 f.; *Lutter* in KölnKomm. AktG, 2. Aufl., § 180 AktG Rz. 13; *Hüffer*, § 180 AktG Rz. 7 und § 68 AktG Rz. 13.
46 *Merkt* in Großkomm. AktG, 4. Aufl., § 68 AktG Rz. 264 f.; *Hüffer*, § 180 AktG Rz. 7 und § 68 AktG Rz. 13; *Bayer* in MünchKomm. AktG, 3. Aufl., § 68 AktG Rz. 48 f.; auch noch hier die 1. Aufl.
47 *Cahn* in Spindler/Stilz, § 68 AktG Rz. 43; *Lutter/Drygala* in KölnKomm. AktG, 3. Aufl., § 68 AktG Rz. 62.
48 LG Bonn v. 10.4.1969 – 11 O 3/69, AG 1970, 18, 19 re.Sp.

Die Vinkulierung kann durch einfache Satzungsänderung aufgehoben werden (§ 179 Abs. 1–2).

### 3. Betroffene Rechtsgeschäfte, Rechtswirkungen

#### a) Übertragung von Aktien

Mit der Übertragung, deren Wirksamkeit nach § 68 Abs. 2 von der Zustimmung der Gesellschaft abhängt, sind **verfügende Rechtsgeschäfte** gemeint, welche die gegenständliche („dingliche") Rechtszuordnung der Mitgliedschaft und deren Übergang auf einen anderen zum Inhalt haben[49]. Auf die schuldrechtliche Verpflichtungsgrundlage kommt es nicht an[50]. Von der Vinkulierung erfasst sind daher auch die Übertragung zur Erbauseinandersetzung oder in Erfüllung eines Vermächtnisses[51] sowie die **Treuhandübertragung**[52]. Vinkulierungsklauseln in der Gründungssatzung erfassen auch schon die Anteile der Vorgesellschaft[53]. Bezugsrechte auf vinkulierte Aktien sind ebenfalls vinkuliert[54]. Die **Satzung** kann die Vinkulierung auf bestimmte Arten von Übertragungsgeschäften beschränken[55] (zu den möglichen Fällen vgl. Rz. 29). Im Zusammenhang mit einer Verschmelzung gelten zum Teil Besonderheiten (§ 33 UmwG)[56]. Zum gutgläubigen Erwerb vom Nichtberechtigten s. oben Rz. 10.

19

Bei blanko indossierten und insbesondere bei **börsengehandelten vinkulierten Namensaktien** (vgl. Rz. 9, 17) liegt in der (zunächst schwebend unwirksamen, Rz. 23) Veräußerung im Zweifel zugleich eine vom Veräußerer konkludent erteilte Ermächtigung des Erwerbers, seinerseits über die Aktie weiter zu verfügen und bei der Gesellschaft um Zustimmung nachzusuchen (§ 185 BGB). Das gilt auch für weitere Erwerber in der Kette. Erteilt die Gesellschaft dem **letzten Erwerber** die Zustimmung, so **wird** nur dieser **Aktionär**, nicht auch die Zwischenerwerber[57].

20

#### b) Weitere erfasste Gestaltungen

Eine Vinkulierung von Aktien erfasst außer der Übertragung in entsprechender Anwendung auch die Bestellung eines **Pfandrechts** oder eines **Nießbrauchs** an diesen Aktien[58], denn hierfür gilt Gleiches wie für die Übertragung (§§ 1274, 1069 BGB).

21

---

49 RG v. 5.2.1929 – II 332/28, RGZ 123, 279, 284 und allg. M.
50 Statt vieler *Merkt* in Großkomm. AktG, 4. Aufl., § 68 AktG Rz. 273.
51 *Merkt* in Großkomm. AktG, 4. Aufl., § 68 AktG Rz. 277 m.w.N.; *Wiedemann*, Die Übertragung und Vererbung von Mitgliedschaftsrechten bei Handelsgesellschaften, S. 93 f. Ebenso für den Vollzug einer testamentarischen Teilungsanordnung in Bezug auf GmbH-Geschäftsanteile OLG Düsseldorf v. 23.1.1987 – 7 U 244/85, ZIP 1987, 227, 230 f.; ebenso für Vermächtnis eines GmbH-Teilgeschäftsanteils BGH v. 28.1.1960 – II ZR 236/57, BGHZ 32, 35, 39 ff.
52 *Serick* in FS Hefermehl, S. 427, 436, 440 ff.; *Asmus*, Die vinkulierte Mitgliedschaft, S. 203 f.; auch OLG Köln v. 26.3.2008 – 18 U 7/07, AG 2008, 781, 782.
53 *Stoppel*, WM 2008, 147 ff.
54 *Herfs* in Habersack/Mülbert/Schlitt, Unternehmensfinanzierung am Kapitalmarkt, 2. Aufl. 2008, § 4 Rz. 37 m.w.N.
55 *Lutter/Drygala* in KölnKomm. AktG, 3. Aufl., § 68 AktG Rz. 69; *Bayer* in MünchKomm. AktG, 3. Aufl., § 68 AktG Rz. 57 f.
56 Hierzu *Asmus*, Die vinkulierte Mitgliedschaft, S. 216 f.
57 RG v. 3.6.1932 – II 335/31, JW 1932, 2599 (allerdings nur für Botenstellung der Zwischenperson); *Mülbert* in FS Nobbe, S. 691, 718 ff.; *Lutter/Drygala* in KölnKomm. AktG, 3. Aufl., § 68 AktG Rz. 104; *Berger*, ZHR 157 (1993), 31, 45 f.
58 *Lutter/Drygala* in KölnKomm. AktG, 3. Aufl., § 68 AktG Rz. 54; *Merkt* in Großkomm. AktG, 4. Aufl., § 68 AktG Rz. 279; *Asmus*, Die vinkulierte Mitgliedschaft, S. 207 ff.; *Apfelbaum*, Die Verpfändung der Mitgliedschaft in der Aktiengesellschaft, 2005, S. 33 f., 301 ff.; vgl. auch BGH v. 14.1.2010 – IX ZR 78/09, ZIP 2010, 335, 336, Rz. 12, re.Sp. zur Verpfändung eines

Die Vinkulierung gilt des Weiteren für die **Legitimationsübertragung**[59]. Diese überträgt zwar nicht die Mitgliedschaft, sondern nur die Befugnis zur Ausübung der Mitgliedschaftsrechte auf einen anderen (§ 67 Rz. 43), aber das ist es ja gerade, was die Gesellschaft kontrollieren will. Eine Vinkulierung erfasst ihrem Sinn und Zweck nach auch Ausweichgestaltungen wie Vollmachten, Stimmbindungen und Treuhandvereinbarungen, wenn diese bei wertender Betrachtung aus Sicht der Gesellschaft einer Übertragung der Aktie gleichkommen, also einen vergleichbaren Einfluss auf die Gesellschaft bewirken sollen, und deshalb auf eine **Umgehung** der Übertragungsbeschränkung hinauslaufen würden. Dann sind solche Gestaltungen ohne Zustimmung der Gesellschaft unwirksam[60].

### c) Nicht erfasste Gestaltungen

22  Nicht unter die Vinkulierung fallen die **Gesamtrechtsnachfolge**, insbesondere bei Verschmelzung oder Erbfall[61], und der Übergang von Aktien kraft Gesetzes[62]. Ebenso wenig der Mitgliederwechsel in einer anderen Gesellschaft, welche die vinkulierten Aktien hält, solange der Wechsel nicht geradezu einer Umgehung der Vinkulierung dient[63], oder die Anwachsung des Vermögens einer solchen Personengesellschaft an den letzten verbleibenden Gesellschafter. Auch die **Pfändung** wird von der Vinkulierung **nicht** erfasst[64], **wohl aber** die anschließende **Verwertung**, doch kann hier die Zustimmung nur aus wichtigem Grund verweigert werden[65]. Entsprechend verhält es sich in der **Insolvenz des Aktionärs** bei Verfügungen des Insolvenzverwalters[66].

### d) Bezugspunkt und Wirkung der Zustimmung oder ihrer Verweigerung

23  Die Zustimmung oder ihre Verweigerung muss sich auf ein **bestimmtes Verfügungsgeschäft** oder auf einen bestimmten oder zumindest bestimmbaren[67] Kreis von Geschäften und Erwerbern beziehen; eine Pauschaleinwilligung oder auch Pauschalverweigerung würden dagegen die Satzungsgrundlage der Vinkulierung unzulässig

---

GbR-Anteils. Anders *Cahn* in Spindler/Stilz, § 68 AktG Rz. 34; für die Verpfändung auch *Liebscher/Lübke*, ZIP 2004, 241, 250 f.

59 *Serick* in FS Hefermehl, S. 427, 433 ff. und h.M.
60 RG v. 31.1.1931 – II 222/30, RGZ 132, 149, 158 f. (betr. Stimmrechtsvollmacht). Grundlegend *Asmus*, Die vinkulierte Mitgliedschaft, insbes. S. 7 ff., 91 ff., 161 ff., 202 ff.; des Weiteren *Bayer* in MünchKomm. AktG, 3. Aufl., § 68 AktG Rz. 116 ff.; *Lutter/Grunewald*, AG 1989, 109 ff.; *Liebscher*, ZIP 2003, 825 ff.
61 BayObLG v. 24.11.1988 – BReg 3 Z 111/88, ZIP 1989, 638, 641 = BayObLGZ 1988, 371 (betr. Erbfolge); *Merkt* in Großkomm. AktG, 4. Aufl., § 68 AktG Rz. 282 ff.; *Heinrich* in Heidel, § 68 AktG Rz. 14.
62 *Merkt* in Großkomm. AktG, 4. Aufl., § 68 AktG Rz. 288; *Lutter/Drygala* in KölnKomm. AktG, 3. Aufl., § 68 AktG Rz. 111. Beispiele: § 65, § 320a.
63 *Merkt* in Großkomm. AktG, 4. Aufl., § 68 AktG Rz. 286, auch Rz. 285; *Lutter/Grunewald*, AG 1989, 409 ff.; *Liebscher*, ZIP 2003, 825, 827 ff.; *Asmus*, Die vinkulierte Mitgliedschaft, S. 144 f. (mit Betonung des Umgehungsschutzes).
64 *Bork* in FS Henckel, S. 23, 29 ff.; *Bayer* in MünchKomm. AktG, 3. Aufl., § 68 AktG Rz. 111; *Kunst*, Zwangsvollstreckung in Wertpapiere, 2004, S. 151.
65 *Cahn* in Spindler/Stilz, § 68 AktG Rz. 35; *Liebscher/Lübke*, ZIP 2004, 241, 251 f.; im gleichen Sinne *Bork* in FS Henckel, S. 23, 32 ff.; *Kunst*, Zwangsvollstreckung in Wertpapiere, 2004, S. 151 f. Anders ein Großteil der älteren Literatur.
66 *Bork* in FS Henckel, S. 23, 38 f.; *Bayer* in MünchKomm. AktG, 3. Aufl., § 68 AktG Rz. 114; *Liebscher/Lübke*, ZIP 2004, 241, 251 f. Anders ein Teil der GmbH-Literatur, wonach Abtretungsbeschränkungen hier nicht gelten.
67 Hierhin gehend BGH v. 21.9.2009 – II ZR 174/08, WM 2009, 2085, 2086 li.Sp. und 2087 li.Sp., Rz. 2 und 10.

überspielen und wären unwirksam[68]. Im Einzelnen gelten die **§§ 182 ff. BGB**[69]. Die Zustimmung der Gesellschaft kann der Aktienübertragung als Einwilligung vorangehen (§ 183 BGB) oder als Genehmigung nachfolgen (§ 184 BGB)[70]; das ist satzungsfest[71]. Hat die Gesellschaft eingewilligt, ist die Übertragung von Anfang an wirksam; bei verweigerter Einwilligung ist sie von vornherein unwirksam[72]. Ohne Zustimmung ist die Aktienübertragung zunächst **schwebend unwirksam**, wird durch die Genehmigung rückwirkend wirksam oder mit deren Verweigerung endgültig unwirksam[73]. Die Unwirksamkeit besteht nicht nur gegenüber der Gesellschaft, sondern auch im Verhältnis der Vertragspartner zueinander und zu Dritten, wirkt also **absolut**[74].

Wenn nach verweigerter Zustimmung die Gesellschaft später ihre Meinung ändert, muss das **Übertragungsgeschäft neu** vorgenommen werden[75]. Eine rechtlich fehlerhafte Verweigerung der Zustimmung (vgl. Rz. 27 ff.) beendet allerdings nach verbreiteter Auffassung den Schwebezustand nicht[76], jedenfalls nicht bei besonders schweren Fehlern[77], so dass hiernach die Übertragung der Aktien von alleine in Geltung erwächst, wenn die Zustimmung später doch noch erteilt oder erfolgreich eingeklagt wird.

24

### e) Die schuldrechtliche Ebene

Der Wirksamkeitsvorbehalt der **Vinkulierung betrifft** nur das dingliche Verfügungsgeschäft über die Aktien (Rz. 19), **nicht das** zu Grunde liegende **schuldrechtliche Verpflichtungsgeschäft**[78], es sei denn, dieses wird unter der Bedingung der Zustimmung zur Übertragung geschlossen. Auch ein schuldrechtliches Vorkaufsrecht (§§ 463 ff. BGB) kann frei vereinbart werden[79]. Bei einem Verkauf vinkulierter Aktien ist der

25

---

68 LG Aachen v. 19.5.1992 – 41 O 30/92, WM 1992, 1485, 1494 li.Sp. = AG 1992, 410; RG v. 31.1.1931 – II 222/30, RGZ 132, 149, 155; *Lutter/Drygala* in KölnKomm. AktG, 3. Aufl., § 68 AktG Rz. 86; *Bayer* in MünchKomm. AktG, 3. Aufl., § 68 AktG Rz. 91; *Lutter*, AG 1992, 369, 372 li.Sp. In anderem Sinne KG v. 26.5.2008 – 23 U 88/07, AG 2009, 118 f.
69 RG v. 31.1.1931 – II 222/30, RGZ 132, 149, 155; *Hüffer*, § 68 AktG Rz. 16 und allg. M. Ebenso für KG BGH v. 28.4.1954 – II ZR 8/53, BGHZ 13, 179, 184 ff.; für GmbH LG Düsseldorf v. 17.11.1988 – 32 O 226/87, AG 1989, 332.
70 BGH v. 1.12.1986 – II ZR 287/85, NJW 1987, 1019 = AG 1987, 155; KG v. 20.12.2002 – 14 U 5141/00, AG 2003, 568, 569.
71 RG v. 31.1.1931 – II 222/30, RGZ 132, 149, 155; *Lutter/Drygala* in KölnKomm. AktG, 3. Aufl., § 68 AktG Rz. 84.
72 *Merkt* in Großkomm. AktG, 4. Aufl., § 68 AktG Rz. 494, 502.
73 RG v. 31.1.1931 – II 222/30, RGZ 132, 149, 157; *Merkt* in Großkomm. AktG, 4. Aufl., § 68 AktG Rz. 495, 501 f. Ebenso BGH v. 28.4.1954 – II ZR 8/53, BGHZ 13, 179, 186 f. für KG; LG Düsseldorf v. 17.11.1988 – 32 O 226/87, AG 1989, 332 für GmbH.
74 *Wiedemann*, Die Übertragung und Vererbung von Mitgliedschaftsrechten bei Handelsgesellschaften, S. 115 ff.; *Lutter/Drygala* in KölnKomm. AktG, 3. Aufl., § 68 AktG Rz. 94; hiervon ausgehend aus RG v. 31.1.1931 – II 222/30, RGZ 132, 149, 157; BGH v. 28.4.1954 – II ZR 8/53, BGHZ 13, 179, 187 f. für KG.
75 *Lutter/Drygala* in KölnKomm. AktG, 3. Aufl., § 68 AktG Rz. 93; ebenso der Sache nach BGH v. 28.4.1954 – II ZR 8/53, BGHZ 13, 179, 187 für KG.
76 *K. Schmidt* in FS Beusch, S. 759, 778 ff.; dem zuneigend *Bayer* in MünchKomm. AktG, 3. Aufl., § 68 AktG Rz. 99. Anders *Cahn* in Spindler/Stilz, § 68 AktG Rz. 72; kritisch auch *Lutter/Drygala* in KölnKomm. AktG, 3. Aufl., § 68 AktG Rz. 93.
77 LG Düsseldorf v. 17.11.1988 – 32 O 226/87, AG 1989, 332 (betr. rechtsmissbräuchliche, vertragsbrüchige Zustimmungsverweigerung in GmbH); im selben Sinne *Lutter/Drygala* in KölnKomm. AktG, 3. Aufl., § 68 AktG Rz. 91, 93.
78 RG v. 5.2.1929 – II 332/28, RGZ 123, 279, 284; LG Offenburg v. 8.11.1988 – 2 O 220/88, AG 1989, 134, 137 re.Sp.; LG Aachen v. 19.5.1992 – 41 O 30/92, WM 1992, 1485, 1490 re.Sp. = AG 1992, 410; allg. M.
79 LG Offenburg v. 8.11.1988 – 2 O 220/88, AG 1989, 134, 137 re.Sp.

Verkäufer gegenüber dem Käufer auf Grund des Kaufvertrags verpflichtet, auf die Genehmigung von Seiten der Gesellschaft nach Kräften hinzuwirken[80], und entsprechend verhält es sich bei sonstigen Verpflichtungen zur Übertragung solcher Aktien[81].

26 Bei **Leistungsstörungen** kommt es darauf an, ob die Aktien als vinkulierte verkauft sind[82]. Wenn ja, gehört die Vinkulierung zur geschuldeten Beschaffenheit der Aktien. Kommt jedoch die Aktienübertragung mangels Zustimmung der Gesellschaft nicht zu Stande, erfüllt der Verkäufer seine Pflicht zur Übertragung der Aktien nicht; der enttäuschte Käufer kann daher vom Vertrag zurücktreten (§ 323 BGB) und einen bereits gezahlten Kaufpreis zurückfordern (§ 346 Abs 1 BGB). Im Börsenhandel ist dies allerdings ausgeschlossen, und dem Käufer bleibt nur die Möglichkeit, die Aktien kraft der ihm vom Verkäufer erteilten Ermächtigung (vgl. Rz. 20) an einen Dritten zu veräußern[83], der dann vielleicht bei der Gesellschaft mehr Glück hat. Waren dagegen nach dem Kaufvertrag gewöhnliche, frei übertragbare Aktien geschuldet, so ist schon die Vinkulierung als solche ein Rechtsmangel (§ 435 BGB), und zwar grundsätzlich ein unbehebbarer. Der Käufer kann dann vom Kaufvertrag zurücktreten (§§ 323, 326 Abs 5 BGB) und überdies Schadensersatz statt der Leistung wegen anfänglicher Leistungsunmöglichkeit fordern (§ 311a BGB).

### 4. Die Entscheidung über die Zustimmung

#### a) Innergesellschaftliche Zuständigkeit

27 Zuständig für die Entscheidung über die Zustimmung ist von Gesetzes wegen der **Vorstand** (§ 68 Abs. 2 Satz 2), und zwar in seiner Gesamtheit als Kollegialorgan[84], in der Kommanditgesellschaft auf Aktien der oder die geschäftsführenden Komplementäre (§ 278 Abs. 3)[85]. Die **Satzung** (und nur sie allein) kann jedoch bestimmen, dass der **Aufsichtsrat** oder die **Hauptversammlung** über die Zustimmung entscheidet, und zwar an Stelle des Vorstands, nicht etwa gemeinsam mit ihm, denn das würde die Übertragbarkeit der Aktien unzulässig erschweren[86] (vgl. Rz. 16). Aus demselben Grunde kann, wenn der Vorstand entscheidungszuständig ist, **kein Zustimmungsvorbehalt** zu Gunsten des Aufsichtsrats nach § 111 Abs. 4 Satz 2 begründet werden[87]. Innerhalb des Aufsichtsrats kann auch ein Ausschuss entscheiden (arg. § 107 Abs. 3 Satz 2)[88]. In der Hauptversammlung darf der betroffene Aktionär mitstimmen[89]. Im

---

80 LG Offenburg v. 8.11.1988 – 2 O 220/88, AG 1989, 134, 137 re.Sp.; *Berger*, ZHR 157 (1993), 31, 34; *Wiedemann*, Die Übertragung und Vererbung von Mitgliedschaftsrechten bei Handelsgesellschaften, S. 123.
81 BGH v. 29.5.1967 – II ZR 105/66, BGHZ 48, 163, 166 (betr. Treuhandabrede über GmbH-Geschäftsanteile).
82 Dies und das Folgende nach *Lutter/Drygala* in KölnKomm. AktG, 3. Aufl., § 68 AktG Rz. 97 ff. Zum Ganzen auch – mit Abweichungen in den Einzelheiten – *Cahn* in Spindler/Stilz, § 68 AktG Rz. 73; *Merkt* in Großkomm. AktG, 4. Aufl., § 68 AktG Rz. 508 ff.
83 Bedingungen für Geschäfte an der Frankfurter Wertpapierbörse, Stand 12.10.2009, § 18.
84 *Merkt* in Großkomm. AktG, 4. Aufl., § 68 AktG Rz. 343 f.; *Lutter*, AG 1992, 369, 370 li.Sp. Anders im letzteren Punkt *Cahn* in Spindler/Stilz, § 68 AktG Rz. 48 (Delegation auf einzelne Vorstandsmitglieder möglich).
85 BGH v. 5.12.2005 – II ZR 291/03, BGHZ 165, 192, 202 = AG 2006, 117; OLG München v. 13.8.2003 – 7 U 2927/02, AG 2004, 151, 155 li.Sp.
86 *Bayer* in MünchKomm. AktG, 3. Aufl., § 68 AktG Rz. 65; *Lutter*, AG 1992, 369, 370 li.Sp.
87 *Bayer* in MünchKomm. AktG, 3. Aufl., § 68 AktG Rz. 65. Anders *Hirte* in FS Kollhosser, S. 217, 223 ff.
88 *Merkt* in Großkomm. AktG, 4. Aufl., § 68 AktG Rz. 353; *Lutter*, AG 1992, 369, 370 li.Sp.
89 *Bayer* in MünchKomm. AktG, 3. Aufl., § 68 AktG Rz. 68; *K. Schmidt* in FS Beusch, S. 759, 771 f.; ebenso für GmbH BGH v. 29.5.1967 – II ZR 105/66, BGHZ 48, 163, 167. Anders *Zöllner* in KölnKomm. AktG, 1. Aufl., § 136 AktG Rz. 29.

Aufsichtsrat besteht dagegen analog § 34 BGB ein Stimmverbot[90]. Und wenn ein Vorstandsmitglied Aktien veräußern oder erwerben will, fällt die Entscheidungszuständigkeit des Vorstands nach § 112 an den Aufsichtsrat[91]. Anderen Personen oder Einrichtungen als den drei Gesellschaftsorganen kann die Zuständigkeit nicht zugewiesen werden (§ 23 Abs. 5).

Die Befugnis zur Zustimmung fällt entgegen vorwaltender Ansicht **nicht** von Gesetzes wegen an die **Hauptversammlung, wenn** die Aktienübertragung zu einem Mehrheitserwerb oder selbst zur **Konzernabhängigkeit** der Gesellschaft führt[92]. Ungeschriebene Hauptversammlungszuständigkeiten kommen nach Maßgabe der „Holzmüller"-Rechtsprechung des BGH nur bei Eingriffen in die rechtliche Stellung der Hauptversammlung und der Aktionäre in Betracht (§ 119 Rz. 26 ff.). Diese Rechte verändern sich aber beim mehrheitlichen und auch beim abhängigkeitsbegründenden Anteilserwerb nicht. Der allgemeine Gedanke eines Konzern-Eingangsschutzes, der hier oft berufen wird, ist schon für sich genommen fragwürdig, denn das Gesetz gestaltet die Aktiengesellschaft als Organisationsform gerade konzernoffen aus[93]. Jedenfalls lässt sich aus dem Gedanken nicht herleiten, dass die Begründung von Abhängigkeit stets einen Hauptversammlungsbeschluss erfordert (§ 311 Rz. 136). Im Gegenteil, die Zustimmung zur Übertragung vinkulierter Aktien ist ein wichtiger Schalthebel für die Unabhängigkeit oder Konzernbindung der Gesellschaft (vgl. Rz. 15), das weiß jeder und wusste auch der Gesetzgeber, und das Gesetz legt diesen Hebel in die Hände des Vorstands (§ 68 Abs. 2 Satz 2). Wenn die Aktionäre es anders wollen, können und müssen sie statutarisch die Befugnis auf die Hauptversammlung übertragen[94]. Eine Regelungslücke liegt daher nicht vor.

28

**b) Mögliche Vorgaben der Satzung**

Die Satzung kann nach § 68 Abs. 2 Satz 4 „die **Gründe** bestimmen, **aus denen** die Zustimmung **verweigert werden darf**". Dann ist diese zu erteilen, wenn solche Gründe nicht vorliegen[95]. Möglich ist auch eine Satzungsregelung, dass die Zustimmung in bestimmten Fällen erteilt werden muss, etwa bei einer Übertragung von Aktien an Mitaktionäre oder an bestimmte andere Personen[96] oder auch bei Übertragung kleinerer Mengen von Aktien. Dagegen kann die Satzung keine Gründe festschreiben, aus denen die Zustimmung stets und zwingend versagt werden muss, denn dies ginge über das Gesetz hinaus („... verweigert werden **darf**") und würde daher die Übertragung von Aktien unzulässig erschweren[97] (vgl. Rz. 16). Auch der Zweck einer Vinku-

29

---

90 *Merkt* in Großkomm. AktG, 4. Aufl., § 68 AktG Rz. 351. Anders *Lutter/Drygala* in KölnKomm. AktG, 3. Aufl., § 68 AktG Rz. 75.
91 *Lutter/Drygala* in KölnKomm. AktG, 3. Aufl., § 68 AktG Rz. 75; *Drygala*, unten § 112 Rz. 6. Anders KG v. 20.12.2002 – 14 U 5141/00, AG 2003, 568; *Merkt* in Großkomm. AktG, 4. Aufl., § 68 AktG Rz. 345.
92 So aber *Lutter/Drygala* in KölnKomm. AktG, 3. Aufl., § 68 AktG Rz. 68, auch Rz. 81 a.E; *Merkt* in Großkomm. AktG, 4. Aufl., § 68 AktG Rz. 367 ff.; *Bayer* in FS Hüffer, 2010, S. 35, 42 ff.; *Bayer* in MünchKomm. AktG, 3. Aufl., § 68 AktG Rz. 64; *K. Schmidt* in FS Beusch, S. 759, 768 ff.; *Lutter*, AG 1992, 369, 374 f.; grundsätzlich ebenso *Seydel*, Konzernbildungskontrolle bei der Aktiengesellschaft, 1995, S. 108 ff. Wie hier dagegen *Cahn* in Spindler/Stilz, § 68 AktG Rz. 50; *Hüffer*, § 68 AktG Rz. 15 a.E.; *Immenga*, BB 1992, 2446, 2447.
93 *Altmeppen* in MünchKomm. AktG, 3. Aufl., Vor § 311 AktG Rz. 33 ff., 44 ff., 57 ff.
94 *Immenga*, BB 1992, 2446, 2447 li.Sp.; *Cahn* in Spindler/Stilz, § 68 AktG Rz. 50.
95 Ebenso mit Abstufungen *Bayer* in MünchKomm. AktG, 3. Aufl., § 68 AktG Rz. 61; *Lutter*, AG 1992, 369, 371.
96 *Lutter/Drygala* in KölnKomm. AktG, 3. Aufl., § 68 AktG Rz. 69; *Merkt* in Großkomm. AktG, 4. Aufl., § 68 AktG Rz. 400. Anders *Cahn* in Spindler/Stilz, § 68 AktG Rz. 53.
97 *Bayer* in MünchKomm. AktG, 3. Aufl., § 68 AktG Rz. 62; *Merkt* in Großkomm. AktG, 4. Aufl., § 68 AktG Rz. 396 ff.; *Cahn* in Spindler/Stilz, § 68 AktG Rz. 53; *Wiesner* in

lierungsklausel kann bei der Satzungsauslegung ins Gewicht fallen[98], doch führt das praktisch meist nicht weiter, weil die Satzung objektiv ausgelegt werden muss (§ 23 Rz. 9) und die meisten Klauseln sehr allgemein gehalten sind[99].

### c) Pflichtgemäßes Ermessen

30 Soweit die Satzung die Gründe für die Erteilung oder Verweigerung der Zustimmung nicht festlegt, entscheidet der Vorstand oder das sonst zuständige Gesellschaftsorgan (Rz. 27) in den Worten des **BGH „nach pflichtgemäßem Ermessen"**, wobei sich die „Ermessensausübung ... in erster Linie am Wohl der Gesellschaft zu orientieren [hat,] ... aber auch die berechtigten Interessen des betroffenen Aktionärs nicht außer Acht lassen" darf[100]. In der GmbH wird dieser Kontrollmaßstab oft in den Begriff der gesellschaftlichen **Treuepflicht** gekleidet[101]. Das kann man grundsätzlich auch für die Aktiengesellschaft übernehmen[102]. Die Treuepflicht bei der Zustimmung zur Anteilsübertragung begrenzt als Rechtsausübungsschranke das Ermessen zu einem pflichtgemäßen. Im Vordergrund steht dabei die Treuepflicht der Organmitglieder, die über die Zustimmung entscheiden, gegenüber der Gesellschaft. Treuebindungen bestehen aber auch zwischen der Gesellschaft und den Aktionären (§ 53a Rz. 48), und diese Bindungen sind auf Seiten der Gesellschaft wiederum durch das handelnde Organ zu beachten. So fließen mittelbar und auf zweiter Stufe auch die Belange der Aktionäre in die Entscheidung mit ein. Einer positiven sachlichen Rechtfertigung im Sinne eines gewichtigen Grundes bedarf die Verweigerung der Zustimmung nicht[103]. Zu beachten ist indessen der Grundsatz der gleichmäßigen Behandlung (§ 53a). Dieser führt aber nur weiter, wenn es quantitativ und qualitativ vergleichbare Erwerbsfälle gibt[104]. Auch kann die Gesellschaft ihre Handhabung im Laufe der Zeit ändern[105].

### d) Zu berücksichtigende Interessen im Einzelnen

31 Bei der Entscheidung über die Zustimmung kann **auf Seiten der Gesellschaft** das Anliegen ins Gewicht fallen, ihren Charakter als Familiengesellschaft zu bewahren[106],

---

MünchHdb. AG, § 14 Rz. 21; *Wirth*, DB 1992, 617, 618 li.Sp. Anders *Lutter/Drygala* in KölnKomm. AktG, 3. Aufl., § 68 AktG Rz. 70; *Asmus*, Die vinkulierte Mitgliedschaft, S. 77 f.; *Friedewald*, Die personalistische Aktiengesellschaft, S. 39 f.

98 OLG Düsseldorf v. 23.1.1987 – 7 U 244/85, ZIP 1987, 227, 230 f. (GmbH); *Lutter*, AG 1992, 369, 371 re.Sp.; *Immenga*, AG 1992, 79, 82 re.Sp.

99 Vgl. LG Aachen v. 19.5.1992 – 41 O 30/92, WM 1992, 1485, 1492 f. = AG 1992, 410; RG v. 31.1.1931 – II 222/30, RGZ 132, 149, 154 f.; OLG Düsseldorf v. 23.1.1987 – 7 U 244/85, ZIP 1987, 227, 230 f. (GmbH).

100 BGH v. 1.12.1986 – II ZR 287/85, NJW 1987, 1019, 1020 li.Sp. = AG 1987, 155; fast wörtlich ebenso LG Aachen v. 19.5.1992 – 41 O 30/92, WM 1992, 1485, 1492 re.Sp. = AG 1992, 410. Für „pflichtgemäßes Ermessen" in diesem Sinne auch *Lutter/Drygala* in KölnKomm. AktG, 3. Aufl., § 68 AktG Rz. 79; *Lutter*, AG 1992, 369, 370 ff.; *Bayer* in MünchKomm. AktG, 3. Aufl., § 68 AktG Rz. 72 ff.; *Friedewald*, Die personalistische Aktiengesellschaft, S. 42 ff.

101 *Reichert*, Das Zustimmungserfordernis zur Abtretung von Geschäftsanteilen in der GmbH, 1984, S. 224 ff.; *Reichert/Winter* in FS 100 Jahre GmbHG, S. 209, 221 ff.; *Winter/Löbbe* in Ulmer, § 15 GmbHG Rz. 243. Ebenso für OHG BGH v. 20.10.1986 – II ZR 86/85, ZIP 1987, 166, 167 f.

102 *Asmus*, Die vinkulierte Mitgliedschaft, S. 53 ff., 56 ff.

103 *Lutter*, AG 1992, 369, 372 f.; ihm folgend *Bork* in FS Henckel, S. 23, 27.

104 LG Aachen v. 19.5.1992 – 41 O 30/92, WM 1992, 1485, 1493 = AG 1992, 410; *H. P. Westermann* in FS U. Huber, S. 997, 1007.

105 *H. P. Westermann* in FS U. Huber, S. 997, 1007 f.; *Cahn* in Spindler/Stilz, § 68 AktG Rz. 55; *Wirth*, DB 1992, 617, 619.

106 BGH v. 1.12.1986 – II ZR 287/85, NJW 1987, 1019, 1020 li.Sp. = AG 1987, 155.

oder allzu große Einzelbeteiligungen zu vermeiden und konzernfrei zu bleiben[107] (vgl. Rz. 15). Auch andere Gründe können eine Rolle spielen, etwa der Wunsch nach einer Kontinuität der Geschäftspolitik[108], oder sei es auch nur, dass der Aktienerwerber persönlich oder geschäftlich nicht in den Mitgliederkreis passt[109]. Die hier berührten Interessen sind oft primär bei den Mitaktionären angesiedelt[110], können aber auch die Willensbildung in der Gesellschaft als Ganzem berühren; hiervon hängt ihr Gewicht ab (vgl. Rz. 30, 32). Zu Gunsten des **veräußerungswilligen Aktionärs** schlägt demgegenüber dessen Interesse zu Buche, nicht auf Dauer gegen seinen Willen an der Beteiligung festgehalten zu werden, also seine Aktien grundsätzlich veräußern zu können[111]. Der Wunsch, an einen bestimmten Erwerber zu veräußern, ist dagegen grundsätzlich nicht geschützt[112]. Darüber hinaus ist entgegen überlieferter Auffassung auch das Interesse des **Erwerbers** zu berücksichtigen, wenn dieser schon anderweitig Aktionär ist[113], sonst nicht[114].

**e) Abwägung der Interessen**

Die **Gesellschaft** darf **grundsätzlich** ihren Eigeninteressen **Vorrang** vor gegenläufigen Interessen betroffener Aktionäre einräumen (vgl. Rz. 30: „in erster Linie ... Wohl der Gesellschaft")[115]. Darin liegt der Sinn und Zweck der Vinkulierung (Rz. 15). In **besonderen Fällen** kann allerdings auch das Interesse des veräußerungswilligen Aktionärs den Ausschlag geben[116]. Ist dieser etwa in einer **Familien-AG** auf den Veräußerungserlös existenziell angewiesen, so kann nach zutreffender Ansicht des BGH die Gesellschaft „gehalten sein, der Verfügung über die Aktien zugunsten Dritter [d.h. Familienfremder] zuzustimmen, wenn sie dem Aktionär keinen anderweitigen Verkauf zu angemessenen Bedingungen an ihr genehme Nachfolger ermöglicht." Die anderen Familienmitglieder können ja die Aktien selbst erwerben[117] und dürfen ihre Familienbande nicht einseitig zu Lasten der schwächsten Mitglieder kultivieren. Auch wenn die Zustimmung einem veräußerungswilligen Aktionär wiederholt trotz wechselnder Erwerbskandidaten versagt wird, kann dies für einen Ermessensmissbrauch sprechen[118].

32

---

107 LG Aachen v. 19.5.1992 – 41 O 30/92, WM 1992, 1485, 1495 ff. = AG 1992, 410; sehr weit gehend *Lutter*, AG 1992, 369, 374 f.; *Wirth*, DB 1992, 617, 620.
108 *Asmus*, Die vinkulierte Mitgliedschaft, S. 45, 66.
109 *Asmus*, Die vinkulierte Mitgliedschaft, S. 66.
110 *Asmus*, Die vinkulierte Mitgliedschaft, S. 43 ff., auch S. 5 f., 22, 25 ff.; andeutungsweise auch BGH v. 1.12.1986 – II ZR 287/85, NJW 1987, 1019, 1020 li.Sp. = AG 1987, 155.
111 BGH v. 1.12.1986 – II ZR 287/85, NJW 1987, 1019, 1020 li.Sp. = AG 1987, 155; LG Aachen v. 19.5.1992 – 41 O 30/92, WM 1992, 1485, 1493 re.Sp., 1496 re.Sp. = AG 1992, 410; *Immenga*, AG 1992, 79, 82 re.Sp.
112 LG Aachen v. 19.5.1992 – 41 O 30/92, WM 1992, 1485, 1493 re.Sp., 1496 re.Sp. = AG 1992, 410.
113 Anders LG Aachen v. 19.5.1992 – 41 O 30/92, WM 1992, 1485, 1492 re.Sp., 1496 re.Sp. = AG 1992, 410; *Merkt* in Großkomm. AktG, 4. Aufl., § 68 AktG Rz. 410; *Bork* in FS Henckel, S. 23, 26. An dieser h.M. zweifelnd *Bayer* in MünchKomm. AktG, 3. Aufl., § 68 AktG Rz. 72.
114 *Berger*, ZHR 157 (1993), 31, 37 f.
115 BGH v. 1.12.1986 – II ZR 287/85, NJW 1987, 1019, 1020 li.Sp. = AG 1987, 155; noch deutlicher LG Aachen v. 19.5.1992 – 41 O 30/92, WM 1992, 1485, 1493 re.Sp., 1496 re.Sp. = AG 1992, 410; aus der Literatur *Wirth*, DB 1992, 617, 619 re.Sp.
116 *Friedewald*, Die personalistische Aktiengesellschaft, S. 44 f.; *H. P. Westermann* in FS U. Huber, S. 997, 1009 ff.
117 BGH v. 1.12.1986 – II ZR 287/85, NJW 1988, 1019, 1020 li.Sp. = AG 1987, 155.
118 *Lutter/Drygala* in KölnKomm. AktG, 3. Aufl., § 68 AktG Rz. 82.

33 Aus einer **Börsennotierung** der Aktien lässt sich zwar kein Anspruch auf Zustimmung herleiten[119], doch darf die Gesellschaft dem Erwerber hier keine außergewöhnlichen Eigenschaften abverlangen und muss einem ‚Normalaktionär' die Zustimmung erteilen, wenn sie das auch früher regelmäßig getan hat[120]. Ist die Gesellschaft von einem **Übernahmeangebot** betroffen, so gehört die Verweigerung der Zustimmung zur Übertragung vinkulierter Namensaktien an den Bieter zu den in **§ 33 Abs. 1 WpÜG** angesprochenen „Handlungen …, durch die der Erfolg des Angebots verhindert werden könnte". Die Verweigerung bedarf daher der Zustimmung des Aufsichtsrats (§ 33 Abs. 1 Satz 2 Fall 3 WpÜG)[121]. Die Interessen der Aktionäre, ihre Aktien zu einem erhöhten Preis an den Bieter zu veräußern, haben hier besonderes Gewicht[122].

### 5. Erklärung der Zustimmung oder ihrer Versagung

#### a) Zuständigkeit und Formfreiheit

34 Hier geht es um die Vertretung der Gesellschaft; deshalb ist **stets der Vorstand zuständig** (§ 78 Abs. 1), auch wenn gesellschaftsintern ein anderes Organ entscheidet[123]. Die Erklärung muss von Vorstandsmitgliedern in vertretungsberechtigter Zahl oder durch einen Bevollmächtigten abgegeben werden[124] und an den bisherigen Aktionär oder an den Aktienerwerber gerichtet sein (§ 182 Abs. 1 BGB)[125]. Sie ist grundsätzlich auch dann verbindlich, wenn sie von der gesellschaftsinternen Entscheidung abweicht[126] (vgl. aber Rz. 24). Wird die Zustimmung nicht innerhalb angemessener Frist erteilt, so gilt sie als verweigert (arg. §§ 108 Abs. 2, 177 Abs. 2, 415 Abs. 2 BGB)[127]. Die Erklärung **bedarf keiner besonderen Form**; daran kann die Satzung nichts ändern[128]. Sie kann daher auch konkludent erfolgen, etwa durch Anerkennung des Erwerbers als Aktionär und Eintragung in das Aktienregister[129]. Bei arglistiger Täuschung kann die Gesellschaft ihre Zustimmungserklärung anfechten[130].

---

119 RG v. 31.1.1931 – II 222/30, RGZ 132, 149, 153 ff.; *Lutter*, AG 1992, 369, 372; in gleicher Richtung LG Aachen v. 19.5.1992 – 41 O 30/92, WM 1992, 1485, 1493 li.Sp. = AG 1992, 410. Anders *Otto*, DB 1988, Beilage 12, S. 1, 7 (Verweigerung in der Regel rechtsmissbräuchlich).
120 *Lutter*, AG 1992, 369, 372 re.Sp.
121 *Merkt* in Großkomm. AktG, 4. Aufl., § 68 AktG Rz. 433 ff.; mit gleichem Ansatz *Hirte* in KölnKomm. WpÜG, § 33 WpÜG Rz. 59, 172; *Krause/Pötzsch* in Assmann/Pötzsch/Uwe H. Schneider, § 33 WpÜG Rz. 113. Anders *Lutter/Drygala* in KölnKomm. AktG, 3. Aufl., § 68 AktG Rz. 81.
122 *Assmann/Bozenhardt* in Assmann/Basaldua/Bozenhardt/Peltzer (Hrsg.), Übernahmeangebote, 1990, S. 1, 118.
123 *Merkt* in Großkomm. AktG, 4. Aufl., § 68 AktG Rz. 448; *Cahn* in Spindler/Stilz, § 68 AktG Rz. 63.
124 LG Aachen v. 19.5.1992 – 41 O 30/92, WM 1992, 1485, 1494 li.Sp. = AG 1992, 410; *Merkt* in Großkomm. AktG, 4. Aufl., § 68 AktG Rz. 449.
125 *Merkt* in Großkomm. AktG, 4. Aufl., § 68 AktG Rz. 459.
126 RegE für das AktG, BT-Drucks. IV/171 v. 3.2.1962, Anlage 1, Begründung zu § 65 [= § 68], S. 117 li.Sp., auch bei *Kropff*, Aktiengesetz, § 68, S. 88; *Lutter/Drygala* in KölnKomm. AktG, 3. Aufl., § 68 AktG Rz. 89; *Asmus*, Die vinkulierte Mitgliedschaft, S. 71. Ebenso für GmbH RG v. 22.3.1939 – II 137/38, RGZ 160, 225, 231.
127 *Bayer* in MünchKomm. AktG, 3. Aufl., § 68 AktG Rz. 89; ebenso für GmbH KG v. 4.12.1997 – 2 U 8874/96, GmbHR 1988, 641 li.Sp. (LS).
128 KG v. 22.12.1938 – 1 Wx 648/38, JW 1939, 296; *Merkt* in Großkomm. AktG, 4. Aufl., § 68 AktG Rz. 464 f.; *Lutter/Drygala* in KölnKomm. AktG, 3. Aufl., § 68 AktG Rz. 85.
129 KG v. 20.12.2002 – 14 U 5141/00, AG 2003, 568 li.Sp.; *Lutter/Drygala* in KölnKomm. AktG, 3. Aufl., § 68 AktG Rz. 85; *Merkt* in Großkomm. AktG, 4. Aufl., § 68 AktG Rz. 462; RG v. 7.11.1930 – II 81/30, JW 1931, 2097 re.Sp.; grundsätzlich auch RG v. 31.1.1931 – II 222/30, RGZ 132, 149, 155. Ebenso für GmbH RG v. 22.3.1939 – II 137/38, RGZ 160, 225, 232 ff.
130 RG v. 3.6.1932 – II 335/31, JW 1932, 2599 re.Sp.; *Bayer* in MünchKomm. AktG, 3. Aufl., § 68 AktG Rz. 93.

## b) Begründung der Entscheidung

Eine ablehnende Entscheidung muss die Gesellschaft begründen, wenn nach der Satzung die Zustimmung nur aus bestimmten Gründen verweigert werden darf. Aber auch sonst muss die Gesellschaft ihre Entscheidung **jedenfalls im Prozess** begründen[131] (vgl. Rz. 36, 38) und grundsätzlich auch schon zuvor[132] auf Nachfrage, damit die Betroffenen angemessen reagieren können.

35

## 6. Ansprüche und Rechtsschutzmöglichkeiten

Der veräußerungswillige Aktionär und richtiger Weise auch der Aktienerwerber, der schon bislang Aktionär ist[133] (vgl. Rz. 31) hat gegen die Gesellschaft einen **Anspruch auf ermessensfehlerfreie Entscheidung.** Doch ob die Aktienübertragung der Gesellschaft und den Mitaktionären gut tut oder nicht, ist eine Prognoseentscheidung, die sich gerichtlicher Nachprüfung weitgehend entzieht[134]. Der Anspruch kann sich daher nur **unter besonderen Umständen** zu einem Anspruch **auf Zustimmung** verdichten. So wenn die Interessen der am Veräußerungsgeschäft beteiligten Aktionäre ausnahmsweise das Interesse der Gesellschaft und der Mitaktionäre eindeutig überwiegen (Rz. 32 f.), oder wenn die Zustimmung aus sachfremden Erwägungen verweigert wurde, und die Gesellschaft nicht spätestens im Prozess andere und stichhaltige Gründe vortragen kann[135].

36

Die **Zustimmungserklärung** wird **durch** ein obsiegendes **rechtskräftiges Urteil ersetzt** (§ 894 ZPO)[136]. Ein Aktienerwerber, der kein eigenes Klagerecht hat (Rz. 36), kann in gewillkürter Prozessstandschaft aus dem Recht des Veräußerers klagen[137]. Die Ermächtigung hierzu kann sich schlüssig aus dem Verkauf der Aktien ergeben, vor allem bei blanko indossierten Namensaktien und jedenfalls beim Erwerb über die Börse[138] (vgl. Rz. 20). Die Gesellschaft ist dem Aktionär zum Schadensersatz verpflichtet, wenn sie die Übertragung der Aktien widerrechtlich vereitelt[139].

37

Sind die Gründe für eine Verweigerung der Zustimmung in der Satzung abschließend vorgegeben (vgl. Rz. 29), so trägt die Gesellschaft die **Beweislast** dafür, dass solche Gründe vorliegen[140]. Soweit dagegen die Gesellschaft nach Ermessen entscheidet, liegt die Beweislast für Tatsachen, von denen es abhängt, ob ein Ermessensmiss-

38

---

131 LG Aachen v. 19.5.1992 – 41 O 30/92, WM 1992, 1485, 1492 li.Sp. = AG 1992, 410; *Merkt* in Großkomm. AktG, 4. Aufl., § 68 AktG Rz. 482; *Bayer* in MünchKomm. AktG, 3. Aufl., § 68 AktG Rz. 92.
132 *Cahn* in Spindler/Stilz, § 68 AktG Rz. 65; *Friedewald*, Die personalistische Aktiengesellschaft, S. 53 f.; *Wiedemann*, Die Übertragung und Vererbung von Mitgliedschaftsrechten bei Handelsgesellschaften, S. 107. Anders *Lutter/Drygala* in KölnKomm. AktG, 3. Aufl., § 68 AktG Rz. 88.
133 Anders im letzteren Punkt LG Aachen v. 19.5.1992 – 41 O 30/92, WM 1992, 1485, 1490 f. = AG 1992, 410.
134 *Lutter*, AG 1992, 369, 373 f.; *Merkt* in Großkomm. AktG, 4. Aufl., § 68 AktG Rz. 407.
135 *Bayer* in MünchKomm. AktG, 3. Aufl., § 68 AktG Rz. 107; *Lutter*, AG 1992, 369, 373 f.
136 LG Düsseldorf v. 17.11.1988 – 32 O 226/87, AG 1989, 332 (GmbH); *Hüffer*, § 68 AktG Rz. 16.
137 LG Aachen v. 19.5.1992 – 41 O 30/92, WM 1992, 1485, 1490 f. = AG 1992, 410; *Bayer* in MünchKomm. AktG, 3. Aufl., § 68 AktG Rz. 110; *Berger*, ZHR 157 (1993), 31, 40 ff. Anders *Wirth*, DB 1992, 617, 621.
138 LG Aachen v. 19.5.1992 – 41 O 30/92, WM 1992, 1485, 1490 f. = AG 1992, 410 (betr. Börsen-AG); *Immenga*, AG 1992, 105, 108 f.; *Berger*, ZHR 157 (1993), 31, 46 f.
139 *Bayer* in MünchKomm. AktG, 3. Aufl., § 68 AktG Rz. 106, 108 f., allerdings grundsätzlich nur im Hinblick auf den Veräußerer.
140 *Wiedemann*, Die Übertragung und Vererbung von Mitgliedschaftsrechten bei Handelsgesellschaften, S. 107.

brauch vorlag und die Zustimmung erteilt werden muss, im Prozess bei dem auf Zustimmung klagenden Aktionär[141]. Eine Umkehr der Beweislast wie bei der Vorstandshaftung gegenüber der Gesellschaft (§ 93 Abs. 2 Satz 2) findet nicht statt. Die Gesellschaft muss aber einen Klagevortrag substanziiert bestreiten[142], und Gründe für die Entscheidung vorbringen, die nicht ermessensfehlerhaft sind, sonst gilt der Klagevortrag als zugestanden (§ 138 Abs. 3 ZPO).

### IV. Prüfungspflicht der Gesellschaft (§ 68 Abs. 3)

39  Nach dieser Bestimmung, die systematisch eher zu § 67 gehört, muss die Gesellschaft bei der Übertragung von Namensaktien durch Indossament (Rz. 8 f.) nur die Ordnungsmäßigkeit der Indossamentenreihe, nicht aber die Echtheit der Unterschriften prüfen. Das **bezieht sich auf die Eintragung** von Rechtsänderungen **im Aktienregister** und den hierfür erforderlichen Nachweis (§ 67 Abs. 3) und lässt eine formalisierte Prüfung genügen, solange keine besonderen Verdachtsmomente vorliegen[143]. Bei sammelverwahrten und globalverbrieften Aktien (Rz. 11 ff.) genügt sogar schon eine Plausibilitätskontrolle der von den zwischengeschalteten Banken empfangenen Mitteilungen[144] (vgl. § 67 Rz. 17 f., 26).

### V. Zwischenscheine (§ 68 Abs. 4)

40  Solche Wertpapiere verkörpern Aktien vor Ausgabe endgültiger Aktienurkunden (§ 8 Abs. 6) und müssen auf Namen lauten (§ 10 Abs. 3–4), **stehen** also **Namensaktien sehr nahe**. Deshalb gelten nach § 68 Abs. 4 die Regeln über die Übertragbarkeit durch Indossament (§ 68 Abs. 1), die Möglichkeit der Vinkulierung (§ 68 Abs. 2) und die Prüfungspflicht der Gesellschaft (§ 68 Abs. 3) sinngemäß auch für Zwischenscheine.

## § 69
## Rechtsgemeinschaft an einer Aktie

**(1) Steht eine Aktie mehreren Berechtigten zu, so können sie die Rechte aus der Aktie nur durch einen gemeinschaftlichen Vertreter ausüben.**

**(2) Für die Leistungen auf die Aktie haften sie als Gesamtschuldner.**

**(3) Hat die Gesellschaft eine Willenserklärung dem Aktionär gegenüber abzugeben, so genügt, wenn die Berechtigten der Gesellschaft keinen gemeinschaftlichen Vertreter benannt haben, die Abgabe der Erklärung gegenüber einem Berechtigten. Bei mehreren Erben eines Aktionärs gilt dies nur für Willenserklärungen, die nach Ablauf eines Monats seit dem Anfall der Erbschaft abgegeben werden.**

---

141 *Bork* in FS Henckel, S. 23, 27; *Wirth*, DB 1992, 617, 621 li.Sp.; ebenso im Erg. *Lutter/Drygala* in KölnKomm. AktG, 3. Aufl., § 68 AktG Rz. 79. Anders, nämlich für Beweislast der Gesellschaft, *Berger*, ZHR 157 (1993), 31, 36 f.
142 *Bork* in FS Henckel, S. 23, 27.
143 BGH v. 20.9.2004 – II ZR 288/02, BGHZ 160, 253, 257 = AG 2004, 673; *Lutter/Drygala* in KölnKomm. AktG, 3. Aufl., § 68 AktG Rz. 121.
144 *Bayer* in MünchKomm. AktG, 3. Aufl., § 68 AktG Rz. 29.

| | |
|---|---|
| I. Grundgedanke .............. 1 | 1. Bedeutung und Bestellung ........ 7 |
| II. Zuordnung einer Aktie an mehrere Inhaber ................... 2 | 2. Rechtsstellung des gemeinsamen Vertreters ................... 8 |
| 1. Betroffene Aktien ............. 2 | IV. Gesamtschuldnerische Haftung (§ 69 Abs. 2) ................ 10 |
| 2. Erfasste Gestaltungen .......... 3 | |
| 3. Nicht erfasste Gestaltungen ...... 4 | V. Willenserklärungen der Gesellschaft (§ 69 Abs. 3) ................ 11 |
| III. Der gemeinsame Vertreter (§ 69 Abs. 1) ................. 7 | |

## I. Grundgedanke

Aktien sind einheitliche Mitgliedschaftsrechte und in sich unteilbar (§ 8 Abs. 5). Sie können aber wie andere Vermögensgegenstände mehreren Berechtigten gemeinschaftlich zustehen. Die damit einhergehenden Erschwernisse sind nicht von der Gesellschaft, sondern von den Mitberechtigten zu tragen, weil sie aus deren Sphäre stammen. Die Berechtigten müssen zur Gesellschaft durch einen gemeinsamen Vertreter sprechen (§ 69 Abs. 1), damit die Rechte aus der Aktie einheitlich ausgeübt werden[1]. Umgekehrt kann die Gesellschaft jeden einzelnen Mitberechtigten mit Wirkung für alle ansprechen (§ 69 Abs. 3). Und alle Mitberechtigten sind gegenüber der Gesellschaft in der Haftung (§ 69 Abs. 2). § 69 regelt nur das Außenverhältnis zwischen den Mitberechtigten und der Gesellschaft. Im Innenverhältnis der Mitberechtigten zueinander gelten die Regeln der jeweiligen Gemeinschaft.

1

## II. Zuordnung einer Aktie an mehrere Inhaber

### 1. Betroffene Aktien

§ 69 gilt für unverbriefte Aktien wie für verbriefte Aktien, egal ob Namens- oder Inhaberaktien[2]. Am meisten **Bedeutung** hat die Norm **bei Namensaktien**, für die mehrere Berechtigte im Aktienregister eingetragen sind[3] (§ 67 Rz. 11).

2

### 2. Erfasste Gestaltungen

Die Aktie als Mitgliedschaftsrecht muss mehreren Berechtigten in der Weise gegenständlich („dinglich") zugeordnet sein, dass die Berechtigten Mitinhaber der Aktie und somit gemeinschaftlich Aktionär sind. Mitberechtigung im Sinne des § 69 sind hiernach vor allem die **Bruchteilsgemeinschaft** (§§ 741 ff. BGB) sowie die eheliche **Gütergemeinschaft** (§§ 1415 ff. BGB) und die **Erbengemeinschaft**[4] (§§ 2032 ff. BGB).

3

### 3. Nicht erfasste Gestaltungen

Keine Mitberechtigung im Sinne des § 69 liegt vor, wenn jemand an der Aktie eines anderen nur ein **beschränktes dingliches Recht** oder eine **schuldrechtliche Beteiligung** hat[5], denn dann ist nur der andere Aktionär. § 69 findet auch keine Anwendung, wenn ein **Sammelbestand** an Aktienurkunden oder eine **Globalurkunde** im

4

---

[1] BGH v. 12.6.1989 – II ZR 246/88, BGHZ 108, 21, 31 = GmbHR 1989, 329 (zu § 18 GmbHG).
[2] *Lutter/Drygala* in KölnKomm. AktG, 3. Aufl., § 69 AktG Rz. 4; *Merkt* in Großkomm. AktG, 4. Aufl., § 69 AktG Rz. 3, 7; *Bayer* in MünchKomm. AktG, 3. Aufl., § 69 AktG Rz. 4.
[3] *Bayer* in MünchKomm. AktG, 3. Aufl., § 67 AktG Rz. 23 und § 69 AktG Rz. 14.
[4] BayObLG v. 2.8.1968 – 2 Z 54/68, AG 1968, 330, 331.
[5] *Bayer* in MünchKomm. AktG, 3. Aufl., § 69 AktG Rz. 5; *Lutter/Drygala* in KölnKomm. AktG, 3. Aufl., § 69 AktG Rz. 5.

Miteigentum mehrerer Aktionäre steht (vgl. hierzu § 68 Rz. 11), denn die Mitgliedschaften als Rechte stehen hier den Einzelnen zu[6]. Auf Investmentfonds, deren Vermögen im Miteigentum der Fondsanleger steht (vgl. § 30 Abs. 1 InvG), ist § 69 nicht anwendbar[7]; vor allem § 69 Abs. 2 und 3 passsen hier nicht. Vielmehr gilt nach § 67 Abs. 1 Satz 4 bei Namensaktien grundsätzlich die Fonds-Verwaltungsgesellschaft gegenüber der Aktiengesellschaft als Inhaberin der Aktien (vgl. § 67 Rz. 50). Das lässt sich entsprechend auch auf Inhaberaktien übertragen.

5 Am anderen Ende der Skala fallen aus dem Begriff der Mitberechtigung und damit auch aus dem Anwendungsbereich des § 69 die juristischen Personen und andere **rechtsfähige Gesellschaften** heraus, wie die oHG und die KG[8] sowie die Vor-Kapitalgesellschaft[9]. Auch die **BGB-Außengesellschaft** fällt entgegen verbreiteter Auffassung nicht unter § 69[10], weil sie nach außen hin ein eigenständiger Rechtsträger ist. Gleiches gilt für den nicht-rechtsfähigen Verein[11]. Dass es in beiden Fällen für die Vertretungsverhältnisse keine Registerpublizität gibt, gebietet nicht die Anwendung des § 69[12], denn eine solche Publizität gibt es auch bei Vor-Kapitalgesellschaften und vielen ausländischen Gesellschaften nicht, ohne dass man ihnen deshalb die einheitliche Rechtsinhaberschaft an Aktien absprechen kann.

6 Wenn eine **andere Gesellschaft**, die ein eigenständiger Rechtsträger ist (z.B. eine GmbH), Aktien an einer Aktiengesellschaft hält, soll nach überwiegender Ansicht § 69 entsprechend und in dem Sinne gelten, dass die andere Gesellschaft für die Ausübung der Rechte aus diesen Aktien entweder einen Einzelvertreter bestellen oder allen Vertretern Gesamtvertretungsmacht einräumen müsse[13]. Das ist jedoch nicht richtig. Wie die beteiligte Gesellschaft (im Beispiel die GmbH) gegenüber der Aktiengesellschaft **vertreten** wird, richtet sich nach der allgemeinen Vertretungsordnung der beteiligten Gesellschaft, die von der Aktiengesellschaft hinzunehmen ist.

### III. Der gemeinsame Vertreter (§ 69 Abs. 1)

**1. Bedeutung und Bestellung**

7 Soweit § 69 anwendbar ist, sind die Mitberechtigten an der Aktie gegenüber der Gesellschaft nicht verpflichtet, einen gemeinsamen Vertreter zu bestellen. Aber sie

---

6 Lutter/Drygala in KölnKomm. AktG, 3. Aufl., § 69 AktG Rz. 16; *Habersack/Mayer*, WM 2000, 1678, 1679; *Mentz/Fröhling*, NZG 2002, 201, 204 re.Sp.
7 Anders *Cahn* in Spindler/Stilz, § 69 AktG Rz. 6; *Lutter/Drygala* in KölnKomm. AktG, 3. Aufl., § 69 AktG Rz. 15.
8 BGH v. 3.11.1980 – II ZB 1/79, BGHZ 78, 311, 316 = GmbHR 1981, 188 (zu § 18 GmbHG); *Merkt* in Großkomm. AktG, 4. Aufl., § 69 AktG Rz. 11 und h.M.; abw. *Schwichtenberg*, DB 1976, 375 f.
9 *Merkt* in Großkomm. AktG, 4. Aufl., § 69 AktG Rz. 14; *Hüffer*, § 69 AktG Rz. 3.
10 Wie hier *Merkt* in Großkomm. AktG, 4. Aufl., § 69 AktG Rz. 13 f.; *Hüffer*, § 69 AktG Rz. 3; Ebenso zu § 18 GmbHG *Winter/Löbbe* in Ulmer, § 18 GmbHG Rz. 6; *Koch*, ZHR 146 (1982), 118, 127 ff. Für analoge Anwendung des § 69 dagegen *Bayer* in MünchKomm. AktG, 3. Aufl., § 69 AktG Rz. 8; *Cahn* in Spindler/Stilz, § 69 AktG Rz. 8; *Lutter/Drygala* in KölnKomm. AktG, 3. Aufl., § 69 AktG Rz. 9; früher auch BGH v. 3.11.1980 – II ZB 1/79, BGHZ 78, 311, 313 ff. = GmbHR 1981, 188 (zu § 18 GmbHG).
11 *Merkt* in Großkomm. AktG, 4. Aufl., § 69 AktG Rz. 14; *Winter/Löbbe* in Ulmer, § 18 GmbHG Rz. 13. Anders *Bayer* in MünchKomm. AktG, 3. Aufl., § 69 AktG Rz. 9; *Lutter/Drygala* in KölnKomm. AktG, 3. Aufl., § 69 AktG Rz. 9.
12 So aber *Bayer* in MünchKomm. AktG, 3. Aufl., § 69 AktG Rz. 8; *Cahn* in Spindler/Stilz, § 69 AktG Rz. 8.
13 *Merkt* in Großkomm. AktG, 4. Aufl., § 69 AktG Rz. 18 f.; *Bayer* in MünchKomm. AktG, 3. Aufl., § 69 AktG Rz. 12 f., auch Rz. 17; *Lutter/Drygala* in KölnKomm. AktG, 3. Aufl., § 69 AktG Rz. 11 f.; ausführlich *Großfeld/Spennemann*, AG 1979, 128 ff.

können ihre **Mitgliedschaftsrechte** ohne ihn nicht **ausüben**. Die Bestellung des gemeinsamen Vertreters erfolgt durch **Bevollmächtigung** (§§ 167 ff. BGB)[14]. Bei der Bruchteilsgemeinschaft und auch bei der Erbengemeinschaft genügt hierfür die einfache Stimmenmehrheit der Teilhaber oder Erben (§§ 2038 Abs. 2 Satz 1, 745 Abs. 1 BGB)[15]. Soweit für die Vollmacht Formerfordernissse bestehen, wie insbesondere bei der Stimmrechtsausübung (§ 134 Abs. 3) und bei einseitigen Rechtsgeschäften des gemeinsamen Vertreters (§ 174 BGB), gelten diese auch im Rahmen des § 69. Der Vertreter ist der Gesellschaft zu benennen (vgl. § 69 Abs. 3 Satz 1). Er kann (muss aber nicht) zusammen mit den Mitberechtigten ins **Aktienregister** eingetragen werden, dann ist er gegenüber der Gesellschaft besonders fest legitimiert (§ 67 Abs. 2)[16]. **Testamentsvollstrecker** und vergleichbare Amtswalter sind kraft ihres Amtes gemeinsame Vertreter im Sinne des § 69[17].

### 2. Rechtsstellung des gemeinsamen Vertreters

Vertretungsbedürftig ist die Ausübung aller **Mitgliedschaftsrechte** aus der Aktie gegenüber der Gesellschaft (Teilnahme an Hauptversammlungen, Stimmrecht, Beschlussanfechtung etc.)[18] und auch der Empfang von Dividenden oder Bezugsaktien aus Kapitalerhöhungen, sofern nicht die hierauf gerichteten Ansprüche gesondert wertpapiermäßig verbrieft sind[19] oder die Leistungen durch Finanzintermediäre unmittelbar an die Mitberechtigten weitergeleitet werden. Die Vollmacht des gemeinsamen Vertreters kann **gegenständlich beschränkt** sein, etwa auf die Stimmrechtsausübung[20], denn auch ein individueller Aktionär kann solche Spezialvollmachten erteilen. Verfügungen über die Aktie sind von der nach § 69 gebotenen Vollmacht nicht umfasst[21].

8

Da § 69 dem Schutz der Gesellschaft dient, kann diese einen rechtsgeschäftlich bestellten gemeinsamen **Vertreter** (aber nicht etwa einen Testamentsvollstrecker) **übergehen** und die Mitberechtigten zur unmittelbaren Rechteausübung zulassen, wenn sie das wollen und mit einer Stimme sprechen[22]. Nach verbreiteter Ansicht soll sogar ein einzelner Mitberechtigter Beschlüsse der Hauptversammlung alleine anfechten können, wenn ihm das Innenrecht der jeweiligen Gemeinschaft ein entsprechendes Notgeschäftsführungsrecht gibt[23], aber das widerspricht dem Wortlaut des § 69 Abs. 1 und ist daher nicht richtig[24]. Eine Vollversammlung im Sinne von § 121 Abs. 6 liegt auch dann vor, wenn die gemeinschaftlich Berechtigten ohne einen gemeinsamen Vertreter zugegen sind[25].

9

---

14 *Lutter/Drygala* in KölnKomm. AktG, 3. Aufl., § 69 AktG Rz. 18.
15 BayObLG v. 2.8.1968 – 2 Z 54/68, AG 1968, 330, 331 (betr. Erbengemeinschaft).
16 *Bayer* in MünchKomm. AktG, 3. Aufl., § 69 AktG Rz. 18, § 67 AktG Rz. 23.
17 *Hüffer*, § 69 AktG Rz. 3 und allg. M.
18 *Lutter/Drygala* in KölnKomm. AktG, 3. Aufl., § 69 AktG Rz. 27; *Merkt* in Großkomm. AktG, 4. Aufl., § 69 AktG Rz. 43.
19 *Merkt* in Großkomm. AktG, 4. Aufl., § 69 AktG Rz. 47.
20 *Lutter/Drygala* in KölnKomm. AktG, 3. Aufl., § 69 AktG Rz. 22; *Cahn* in Spindler/Stilz, § 69 AktG Rz. 15. Anders *Merkt* in Großkomm. AktG, 4. Aufl., § 69 AktG Rz. 39; *Bayer* in MünchKomm. AktG, 3. Aufl., § 69 AktG Rz. 21; *Hüffer*, § 69 AktG Rz. 4.
21 Statt vieler *Cahn* in Spindler/Stilz, § 69 AktG Rz. 17.
22 *Bayer* in MünchKomm. AktG, 3. Aufl., § 69 AktG Rz. 26 f. und h.M.
23 *Bayer* in MünchKomm. AktG, 3. Aufl., § 69 AktG Rz. 25; *Schwab* unten § 245 Rz. 4. Ebenso BGH v. 12.6.1989 – II ZR 246/88, BGHZ 108, 21, 30 f. = GmbHR 1989, 329 zu § 18 GmbHG (der allerdings gemeinschaftliche Rechtsausübung und keinen gemeinsamen Vertreter vorschreibt) und zu § 2038 Abs. 1 Satz 2 Halbsatz 2 BGB; *Winter/Löbbe* in Ulmer, § 18 GmbHG Rz. 21.
24 Ebenso *Merkt* in Großkomm. AktG, 4. Aufl., § 69 AktG Rz. 43; *Hüffer*, § 245 AktG Rz. 6.
25 KG v. 20.11.1971 – 1 W 1990/71, AG 1972, 49, 50.

## IV. Gesamtschuldnerische Haftung (§ 69 Abs. 2)

10  Für Leistungen auf die Aktie haften nach § 69 Abs. 2 die Mitberechtigten als Gesamtschuldner (§§ 421 ff. BGB). So vor allem für **ausstehende Einlagen** (§ 54, auch §§ 27 Abs. 3, 183 Abs. 2) und für die Verpflichtung zur Rückgewähr verbotener Zuwendungen von Gesellschaftsvermögen (§ 62)[26]. Diese Mitverpflichtung ist Kehrseite der Mitberechtigung und setzt bei Namensaktien voraus, dass die Betroffenen gemeinsam als Aktionär im Aktienregister eingetragen sind[27] (vgl. § 67 Rz. 11, 14). Erben können sich auf eine bürgerlich-rechtliche Beschränkung ihrer Haftung berufen (§§ 1975 ff., 2059 ff., 2145 BGB), aber nach verbreiteter Meinung nicht mehr, wenn sie im Aktienregister eingetragen sind[28]. Für das Innenverhältnis der Mitberechtigten gelten die Regeln des jeweiligen Gemeinschaftsverhältnisses.

## V. Willenserklärungen der Gesellschaft (§ 69 Abs. 3)

11  Hier geht es nicht um die vielen Erklärungen der Gesellschaft gegenüber der Gesamtheit der Aktionäre, sondern nur um Willenserklärungen der Gesellschaft „dem Aktionär gegenüber", also um **individuelle Rechtsgeschäfte** mit den Inhabern dieser einzelnen Aktie[29]. Für solche Willenserklärungen ist der gemeinsame Vertreter empfangszuständig. Haben die Mitberechtigten keinen gemeinsamen Vertreter bestellt oder ihn nicht der Gesellschaft benannt, so darf dies nicht zu Lasten der Gesellschaft gehen; es genügt daher nach § 69 Abs. 3 Satz 1 die Erklärung gegenüber einem der Mitberechtigten. Für Miterben gilt dies allerdings erst einen Monat nach dem Erbfall (§ 69 Abs. 3 Satz 2).

# § 70
# Berechnung der Aktienbesitzzeit

**Ist die Ausübung von Rechten aus der Aktie davon abhängig, dass der Aktionär während eines bestimmten Zeitraums Inhaber der Aktie gewesen ist, so steht dem Eigentum ein Anspruch auf Übereignung gegen ein Kreditinstitut, Finanzdienstleistungsinstitut oder ein nach § 53 Abs. 1 Satz 1 oder § 53b Abs. 1 Satz 1 oder Abs. 7 des Gesetzes über das Kreditwesen tätiges Unternehmen gleich. Die Eigentumszeit eines Rechtsvorgängers wird dem Aktionär zugerechnet, wenn er die Aktie unentgeltlich, von seinem Treuhänder, als Gesamtrechtsnachfolger, bei Auseinandersetzung einer Gemeinschaft oder bei einer Bestandsübertragung nach § 14 des Versicherungsaufsichtsgesetzes oder § 14 des Gesetzes über Bausparkassen erworben hat.**

---

26 *Lutter/Drygala* in KölnKomm. AktG, 3. Aufl., § 69 AktG Rz. 35. Im Hinblick auf § 62 einschränkend *Bayer* in MünchKomm. AktG, 3. Aufl., § 69 AktG Rz. 30; *Merkt* in Großkomm. AktG, 4. Aufl., § 69 AktG Rz. 56, 58; verneinend *Cahn* in Spindler/Stilz, § 69 AktG Rz. 19.
27 *Bayer* in MünchKomm. AktG, 3. Aufl., § 69 AktG Rz. 31; *Lutter/Drygala* in KölnKomm. AktG, 3. Aufl., § 69 AktG Rz. 34, 36.
28 *Cahn* in Spindler/Stilz, § 69 AktG Rz. 21; *Lutter/Drygala* in KölnKomm. AktG, 3. Aufl., § 69 AktG Rz. 37; *Hüffer*, § 69 AktG Rz 7. Anders im letzteren Punkt *Merkt* in Großkomm. AktG, 4. Aufl., § 69 AktG Rz. 62 ff.; *Bayer* in MünchKomm. AktG, 3. Aufl., § 69 AktG Rz. 32 f.
29 *Lutter/Drygala* in KölnKomm. AktG, 3. Aufl., § 69 AktG Rz. 38; *Lohr* in Heidel, § 69 AktG Rz. 17 und allg. M.

## I. Grundlagen

### 1. Bedeutung der Norm

§ 70 ist Vorschalt-Norm für eine Reihe von **Minderheitsrecht**en, deren Geltendmachung von einer bestimmten Dauer der Aktieninhaberschaft abhängt. Das Gesetz will verhindern, dass Aktien gerade deshalb erworben werden, um die Minderheitsrechte geltend zu machen. Allerdings **verlängert** § 70 zu Gunsten desjenigen, der im Zeitpunkt der Geltendmachung des Minderheitsrechts Aktionär ist[1], die erforderliche Zeitspanne der **Aktieninhaberschaft** unter bestimmten Voraussetzungen **in die Vergangenheit hinein**. Diese Voraussetzungen können auch kumuliert oder kombiniert auftreten[2]. Die Norm gilt für unverbriefte und verbriefte Aktien, Inhaber- wie Namensaktien[3]. 1

### 2. Betroffene Minderheitsrechte

Eine mindestens dreimonatige Aktieninhaberschaft ist Voraussetzung für den Antrag auf gerichtliche Bestellung von **Sonderprüfern** (§ 142 Abs. 2 Satz 2), auch wegen unzulässiger Unterbewertung von Bilanzposten (§ 258 Abs. 2 Satz 4) und im Konzern (§ 315 Satz 2), für den Antrag auf gerichtliche **Ersetzung von Abschlussprüfern** (§ 318 Abs. 3 Satz 4 HGB) und auch für einen Antrag auf gerichtliche Bestellung oder Abberufung von Abwicklern (§ 265 Abs. 3 Satz 2). Beim Antrag auf gerichtliche Ermächtigung, im eigenen Namen **Ersatzansprüche der Gesellschaft** zu deren Gunsten **einzuklagen**, müssen die Aktien vor der Erkennbarkeit des Anspruchs erworben worden sein (§ 148 Abs. 1 Satz 2 Nr. 1); auch hier wird die Zeit der Aktieninhaberschaft nach § 70 in die Vergangenheit hinein verlängert[4]. Gleiches gilt für die Befugnis zur gerichtlichen **Anfechtung** von Hauptversammlungsbeschlüssen, die nach § 245 Nr. 1 davon abhängt, dass der Aktionär die Aktien schon vor der Bekanntmachung der Tagesordnung erworben hat. 2

## II. Verschaffungsansprüche gegen Finanzintermediäre (§ 70 Satz 1)

### 1. Grundgedanke und betroffene Unternehmen

Dem Aktionär wird nach § 70 Satz 1 der Zeitraum zugerechnet, in dem er einen Verschaffungsanspruch auf die Aktien (Rz. 4) gegen **bestimmte Finanzintermediäre** hat- 3

---

1 Dieses Erfordernis kann nicht durch § 70 überspielt werden; *Bayer* in MünchKomm. AktG, 3. Aufl., § 70 AktG Rz. 2; *Merkt* in Großkomm. AktG, 4. Aufl., § 70 AktG Rz. 6, 10; *Lutter/Drygala* in KölnKomm. AktG, 3. Aufl., § 70 AktG Rz. 5 und allg. M.
2 Näher hierzu *Bayer* in MünchKomm. AktG, 3. Aufl., § 70 AktG Rz. 23–25; *Merkt* in Großkomm. AktG, 4. Aufl., § 70 AktG Rz. 8 f., 35; *Lutter/Drygala* in KölnKomm. AktG, 3. Aufl., § 70 AktG Rz. 6.
3 *Merkt* in Großkomm. AktG, 4. Aufl., § 70 AktG Rz. 6; *Lutter/Drygala* in KölnKomm. AktG, 3. Aufl., § 70 AktG Rz. 7.
4 *G. u. T. Bezzenberger* in Großkomm. AktG, 4. Aufl., § 148 AktG Rz. 114.

te, nämlich Kreditinstitute (§ 1 Abs. 1 und § 2 Abs. 1 KWG), Finanzdienstleistungsinstitute (§ 1 Abs. 1a und § 2 Abs. 6 KWG), gleich gerichtete inländische Zweigstellen ausländischer Unternehmen (§ 53 Abs. 1 Satz 1 KWG) sowie bestimmte weitere Finanzhäuser im Europäischen Wirtschaftsraum (§ 53b Abs. 1 Satz 1 oder Abs. 7 KWG). Das Gesetz erkennt den jetzigen Aktionär schon für jene Zeit als **wirtschaftlichen Inhaber** der Aktie an, weil er nach den Worten der Gesetzesbegründung „damit bereits eine wirtschaftliche Verfügungsmacht über die Aktie erhält, die dem Eigentumsrecht nahe kommt"[5], und weil er in aller Regel schon damals das wirtschaftliche Risiko aus der Aktie trug[6].

### 2. Erfasste Geschäfte

4   Mit dem „Anspruch auf Übereignung" der Aktie sind im Sinne des § 70 Satz 1 Ansprüche auf Übertragung der Mitgliedschaft gemeint[7]. Hierzu gehören **schuldrechtliche Verschaffungsansprüche** nach bürgerlichem Recht, etwa beim Kauf von Aktien aus den Händen des Finanzhauses (§§ 433 Abs. 1, 453 BGB), und vor allem Herausgabeansprüche aus **Einkaufskommission** (§ 384 Abs. 2 HGB). Auch beim mittelbaren **Bezugsrecht** entstehen solche Ansprüche[8]. Beim unmittelbaren Bezugsrecht verhält es sich ebenso, wenn der Aktionär zur Geltendmachung des Rechts nach § 26 DepotG ein Finanzhaus als Kommissionär einschaltet[9]. Übt der Aktionär das Recht selbst gegenüber der AG aus, kann er sinnvoller Weise nicht schlechter stehen, und § 70 Satz 1 gilt entsprechend[10]. Davon abgesehen und darüber hinaus wird auf neu bezogene Aktien die Vorbesitzzeit der alten Aktien teilweise angerechnet[11]. Der Anspruch auf Übertragung der Aktien muss **fällig** sein, zählt also bei der Einkaufskommission erst ab Ausführung und nicht schon ab Annahme des Auftrags durch den Finanzintermediär[12]. **Nicht** unter § 70 fällt dagegen die Depotverwahrung in Form der Sammelverwahrung, denn hier ist der Berechtigte selbst Aktionär (vgl. § 68 Rz. 11 f. und § 69 Rz. 4), so dass man die Zeit-Zurechnung nach § 70 Satz 1 nicht braucht[13].

---

5   RegE für das AktG, BT-Drucks. IV/171 v. 3.2.1962, Anlage 1, Begründung zu § 67 [= § 70], S. 117 re.Sp., auch bei *Kropff*, Aktiengesetz, § 70, S. 89.
6   *Lutter/Drygala* in KölnKomm. AktG, 3. Aufl., § 70 AktG Rz. 4; *Merkt* in Großkomm. AktG, 4. Aufl., § 70 AktG Rz. 10.
7   Ähnlich (Anspruch auf Verschaffung der Mitgliedschaft) *Bayer* in MünchKomm. AktG, 3. Aufl., § 70 AktG Rz. 7; *Merkt* in Großkomm. AktG, 4. Aufl., § 70 AktG Rz. 13.
8   *Lutter/Drygala* in KölnKomm. AktG, 3. Aufl., § 70 AktG Rz. 16; *Bayer* in MünchKomm. AktG, 3. Aufl., § 70 AktG Rz. 12; *Merkt* in Großkomm. AktG, 4. Aufl., § 70 AktG Rz. 19; *Cahn* in Spindler/Stilz, § 70 AktG Rz. 8.
9   *Merkt* in Großkomm. AktG, 4. Aufl., § 70 AktG Rz. 19; *Lutter/Drygala* in KölnKomm. AktG, 3. Aufl., § 70 AktG Rz. 16; *Cahn* in Spindler/Stilz, § 70 AktG Rz. 8.
10  *Cahn* in Spindler/Stilz, § 70 AktG Rz. 8; *Wieneke* in Bürgers/Körber, § 70 AktG Rz. 5; im gleichen Sinne *Bayer* in MünchKomm. AktG, 3. Aufl., § 70 AktG Rz. 12. Anders *Merkt* in Großkomm. AktG, 4. Aufl., § 70 AktG Rz. 19 f.
11  S. im Einzelnen *Lutter/Drygala* in KölnKomm. AktG, 3. Aufl., § 70 AktG Rz. 17; *Merkt* in Großkomm. AktG, 4. Aufl., § 70 AktG Rz. 20; *Bayer* in MünchKomm. AktG, 3. Aufl., § 70 AktG Rz. 12.
12  *Merkt* in Großkomm. AktG, 4. Aufl., § 70 AktG Rz. 18; *Lutter/Drygala* in KölnKomm. AktG, 3. Aufl., § 70 AktG Rz. 15; *Cahn* in Spindler/Stilz, § 70 AktG Rz. 8.
13  Ebenso *Bayer* in MünchKomm. AktG, 3. Aufl., § 70 AktG Rz. 9; *Lutter/Drygala* in KölnKomm. AktG, 3. Aufl., § 70 AktG Rz. 14; *Cahn* in Spindler/Stilz, § 70 AktG Rz. 6; *Wieneke* in Bürgers/Körber, § 70 AktG Rz. 2. Für Anwendung des § 70 Satz 1 dagegen *Merkt* in Großkomm. AktG, 4. Aufl., § 70 AktG Rz. 15 f.; *Hüffer*, § 70 AktG Rz. 3; *Lohr* in Heidel, § 70 AktG Rz. 3.

## III. Zurechnung von Zeiten eines Rechtsvorgängers (§ 70 Satz 2)

### 1. Überblick und Grundgedanken

§ 70 Satz 2 zählt fünf Fälle auf, in denen dem jetzigen Aktionär die Aktieninhaberschaft seines unmittelbaren Rechtsvorgängers zeitlich zugerechnet wird. Der Regelungsgedanke liegt zum Teil wieder in der wirtschaftlichen Aktieninhaberschaft (vgl. Rz. 3) und zum anderen Teil darin, dass in diesen Fällen die Aktien typischer Weise nicht gerade mit dem Ziel erworben werden, Minderheitenrechte gerichtlich geltend zu machen[14] (vgl. Rz. 1). Bei Namensaktien kommt es nicht auf die Eintragung des Rechtsvorgängers im Aktienregister an[15].

### 2. Betroffene Fälle

Im Einzelnen geht es um folgende Gestaltungen: (a) **Unentgeltlicher Erwerb**, sei es unter Lebenden oder von Todes wegen als Schenkung oder Vermächtnis oder in Erfüllung eines Pflichtteilsanspruchs[16]. Die Gewährung eines Wertpapierdarlehens, auch eines zinslosen, steht dem nicht gleich[17], denn hier werden die Aktien nur zeitweilig überlassen (§ 607 BGB); das ist kein Erwerb im Sinne des § 70 Satz 2 und der hier zu Grunde liegenden Wertungen (vgl. Rz. 5). Wohl aber fällt die Rückgewähr der entliehenen Aktien unter § 70 Satz 2. (b) **Erwerb vom Treuhänder**, und zwar bei der Verwaltungstreuhand ebenso wie bei der Sicherungstreuhand, nicht dagegen die Legitimationsübertragung und deren Aufhebung, denn hier bleibt das Mitgliedschaftsrecht ohnehin beim Aktionär[18] (vgl. § 67 Rz. 43). (c) **Gesamtrechtsnachfolge**, insbesondere beim Erbfall oder bei Verschmelzungen und Spaltungen und auch bei Anwachsung des Vermögens einer Personengesellschaft an den letzten verbleibenden Gesellschafter[19]. (d) **Auseinandersetzung** einer Bruchteilsgemeinschaft, ehelichen Gütergemeinschaft oder Erbengemeinschaft (vgl. § 69 Rz. 3), aber auch von Personengesellschaften[20]. (e) Die **Bestandsübertragung**, das heißt rechtsgeschäftliche Einzelübertragung einer Sondervermögensmasse, nach § 14 VAG oder § 14 BausparkG; sie steht einer Gesamtrechtsnachfolge nahe[21].

---

14 *Cahn* in Spindler/Stilz, § 70 AktG Rz. 9; auch *Bayer* in MünchKomm. AktG, 3. Aufl., § 70 AktG Rz. 13. Kritisch *Merkt* in Großkomm. AktG, 4. Aufl., § 70 AktG Rz. 21.
15 *Merkt* in Großkomm. AktG, 4. Aufl., § 70 AktG Rz. 22.
16 *Merkt* in Großkomm. AktG, 4. Aufl., § 70 AktG Rz. 24 f.; *Lutter/Drygala* in KölnKomm. AktG, 3. Aufl., § 70 AktG Rz. 19; *Bayer* in MünchKomm. AktG, 3. Aufl., § 70 AktG Rz. 14f; *Cahn* in Spindler/Stilz, § 70 AktG Rz. 10. Im letzteren Punkt wohl a.M. *Hüffer*, § 70 AktG Rz. 4.
17 Anders für zinslose Wertpapierdarlehen *Merkt* in Großkomm. AktG, 4. Aufl., § 70 AktG Rz. 24; *Lutter/Drygala* in KölnKomm. AktG, 3. Aufl., § 70 AktG Rz. 19; *Bayer* in MünchKomm. AktG, 3. Aufl., § 70 AktG Rz. 14; *Cahn* in Spindler/Stilz, § 70 AktG Rz. 10.
18 *Lutter/Drygala* in KölnKomm. AktG, 3. Aufl., § 70 AktG Rz. 20; *Merkt* in Großkomm. AktG, 4. Aufl., § 70 AktG Rz. 27; *Bayer* in MünchKomm. AktG, 3. Aufl., § 70 AktG Rz. 17 f. Anders für Legitimationsübertragung *Cahn* in Spindler/Stilz, § 70 AktG Rz. 11.
19 *Bayer* in MünchKomm. AktG, 3. Aufl., § 70 AktG Rz. 18; *Lutter/Drygala* in KölnKomm. AktG, 3. Aufl., § 70 AktG Rz. 21.
20 *Bayer* in MünchKomm. AktG, 3. Aufl., § 70 AktG Rz. 20 f.; *Lutter/Drygala* in KölnKomm. AktG, 3. Aufl., § 70 AktG Rz. 32 f.
21 *Merkt* in Großkomm. AktG, 4. Aufl., § 70 AktG Rz. 34; *Lutter/Drygala* in KölnKomm. AktG, 3. Aufl., § 70 AktG Rz. 24.

## § 71
### Erwerb eigener Aktien

(1) Die Gesellschaft darf eigene Aktien nur erwerben,

1. wenn der Erwerb notwendig ist, um einen schweren, unmittelbar bevorstehenden Schaden von der Gesellschaft abzuwenden,
2. wenn die Aktien Personen, die im Arbeitsverhältnis zu der Gesellschaft oder einem mit ihr verbundenen Unternehmen stehen oder standen, zum Erwerb angeboten werden sollen,
3. wenn der Erwerb geschieht, um Aktionäre nach § 305 Abs. 2, § 320b oder nach § 29 Abs. 1, § 125 Satz 1 in Verbindung mit § 29 Abs. 1, § 207 Abs. 1 Satz 1 des Umwandlungsgesetzes abzufinden,
4. wenn der Erwerb unentgeltlich geschieht oder ein Kreditinstitut mit dem Erwerb eine Einkaufskommission ausführt,
5. durch Gesamtrechtsnachfolge,
6. auf Grund eines Beschlusses der Hauptversammlung zur Einziehung nach den Vorschriften über die Herabsetzung des Grundkapitals,
7. wenn sie ein Kreditinstitut, Finanzdienstleistungsinstitut oder Finanzunternehmen ist, aufgrund eines Beschlusses der Hauptversammlung zum Zwecke des Wertpapierhandels. Der Beschluss muss bestimmen, dass der Handelsbestand der zu diesem Zweck zu erwerbenden Aktien fünf vom Hundert des Grundkapitals am Ende jeden Tages nicht übersteigen darf; er muss den niedrigsten und höchsten Gegenwert festlegen. Die Ermächtigung darf höchstens fünf Jahre gelten; oder
8. aufgrund einer höchstens fünf Jahre geltenden Ermächtigung der Hauptversammlung, die den niedrigsten und höchsten Gegenwert sowie den Anteil am Grundkapital, der zehn vom Hundert nicht übersteigen darf, festlegt. Als Zweck ist der Handel in eigenen Aktien ausgeschlossen. § 53a ist auf Erwerb und Veräußerung anzuwenden. Erwerb und Veräußerung über die Börse genügen dem. Eine andere Veräußerung kann die Hauptversammlung beschließen; § 186 Abs. 3, 4 und § 193 Abs. 2 Nr. 4 sind in diesem Fall entsprechend anzuwenden. Die Hauptversammlung kann den Vorstand ermächtigen, die eigenen Aktien ohne weiteren Hauptversammlungsbeschluss einzuziehen.

(2) Auf die zu den Zwecken nach Absatz 1 Nr. 1 bis 3, 7 und 8 erworbenen Aktien dürfen zusammen mit anderen Aktien der Gesellschaft, welche die Gesellschaft bereits erworben hat und noch besitzt, nicht mehr als zehn vom Hundert des Grundkapitals entfallen. Dieser Erwerb ist ferner nur zulässig, wenn die Gesellschaft im Zeitpunkt des Erwerbs eine Rücklage in Höhe der Aufwendungen für den Erwerb bilden könnte, ohne das Grundkapital oder eine nach Gesetz oder Satzung zu bildende Rücklage zu mindern, die nicht zur Zahlung an die Aktionäre verwandt werden darf. In den Fällen des Absatzes 1 Nr. 1, 2, 4, 7 und 8 ist der Erwerb nur zulässig, wenn auf die Aktien der Ausgabebetrag voll geleistet ist.

(3) In den Fällen des Absatzes 1 Nr. 1 und 8 hat der Vorstand die nächste Hauptversammlung über die Gründe und den Zweck des Erwerbs, über die Zahl der erworbenen Aktien und den auf sie entfallenden Betrag des Grundkapitals, über deren Anteil am Grundkapital sowie über den Gegenwert der Aktien zu unterrichten. Im Falle des Absatzes 1 Nr. 2 sind die Aktien innerhalb eines Jahres nach ihrem Erwerb an die Arbeitnehmer auszugeben.

**(4)** Ein Verstoß gegen die Absätze 1 oder 2 macht den Erwerb eigener Aktien nicht unwirksam. Ein schuldrechtliches Geschäft über den Erwerb eigener Aktien ist jedoch nichtig, soweit der Erwerb gegen die Absätze 1 oder 2 verstößt.

| | |
|---|---|
| **I. Grundlagen** | 1 |
| 1. Wesen des Erwerbs eigener Aktien und Anliegen des Rechts | 1 |
| a) Grundgedanke | 1 |
| b) Eigene Aktien als wertlose Rechtshülsen | 2 |
| c) Der entgeltliche Erwerb eigener Aktien als Auseinandersetzungs- und Ausschüttungsvertrag | 3 |
| d) Die Ausschüttungsschranken der Kapitalerhaltung | 4 |
| e) Probleme des Haltens und der Wiederausgabe eigener Aktien | 6 |
| 2. Rechtsgeschäfte und Erlaubnisschranken | 7 |
| a) Betroffene Rechtsgeschäfte | 7 |
| b) Die Erlaubnisschranken im Überblick | 10 |
| 3. Regelungsgeschichte | 11 |
| a) Vom laissez faire (1884–1931) zur Prohibition (1931–1998) | 11 |
| b) Die Europäische Kapitalrichtlinie (1976) | 12 |
| c) Das KonTraG (1998) | 13 |
| d) Die Änderung der Kapitalrichtlinie (2006) | 14 |
| e) Das ARUG und das BilMoG (2009) | 15 |
| **II. Die Ermächtigung von Seiten der Hauptversammlung zum Erwerb eigener Aktien (§ 71 Abs. 1 Nr. 8 Satz 1 und 6)** | 16 |
| 1. Zur Gesetzessystematik | 16 |
| 2. Der Ermächtigungsbeschluss der Hauptversammlung | 17 |
| a) Zeitpunkt und allgemeine Beschlussanforderungen | 17 |
| b) Kein Gebot einer Zweckvorgabe | 18 |
| c) Geltungsdauer der Ermächtigung | 19 |
| d) Erwerbsvolumen | 21 |
| e) Preisvorgaben | 22 |
| f) Weitere mögliche Beschlussinhalte | 23 |
| 3. Der ermächtigte Vorstand | 24 |
| a) Kompetenzen | 24 |
| b) Besonderheiten bei Übernahmeangeboten | 25 |
| 4. Ermächtigung des Vorstands zur Einziehung zurückzuerwerbender Aktien | 26 |
| a) Überblick | 26 |
| b) Einziehungsermächtigung von Seiten der Hauptversammlung | 27 |
| c) Erwerb und Einziehung der Aktien durch den Vorstand | 28 |
| 5. Rückerwerb und Einziehung von Aktien einer bestimmten Gattung | 29 |
| **III. Spezielle Erwerbsanlässe (§ 71 Abs. 1 Nr. 1–7)** | 30 |
| 1. Schadensabwendung (§ 71 Abs. 1 Nr. 1) | 31 |
| a) Begriff und Notwendigkeit der Schadensabwendung | 31 |
| b) Abwehr von Übernahmeversuchen | 32 |
| 2. Arbeitnehmeraktien (§ 71 Abs. 1 Nr. 2 und Abs. 3 Satz 2) | 33 |
| 3. Abfindung von Aktionären (§ 71 Abs. 1 Nr. 3) | 36 |
| a) Grundriss | 36 |
| b) Konzernrechtliche Abfindungsfälle | 37 |
| c) Umwandlungsrechtliche Abfindungsfälle | 39 |
| d) Abfindung und Kapitalerhaltung | 40 |
| e) Weitere Abfindungsfälle | 42 |
| 4. Unentgeltlicher Erwerb und Einkaufskommission (§ 71 Abs. 1 Nr. 4) | 43 |
| 5. Gesamtrechtsnachfolge (§ 71 Abs. 1 Nr. 5) | 46 |
| 6. Erwerb eigener Aktien zur Einziehung (§ 71 Abs. 1 Nr. 6) | 47 |
| a) Gesetzessystematik und Ablauf | 47 |
| b) Kapitalerhaltung | 48 |
| 7. Handelsbestand von Finanzhäusern (§ 71 Abs. 1 Nr. 7) | 49 |
| **IV. Mengen- und kapitalbezogene Erwerbsschranken (§ 71 Abs. 2)** | 51 |
| 1. Die 10 %-Schranke (§ 71 Abs. 2 Satz 1) | 51 |
| 2. Bilanzierung und Kapitalerhaltung beim Aktienrückerwerb | 54 |
| a) Grundgedanke | 54 |
| b) Rückblick auf die Gesetzesentwicklung | 55 |
| c) Bilanzielle Behandlung des Aktienrückerwerbs | 56 |
| d) Kapitalerhaltung beim Aktienrückerwerb | 59 |
| 3. Volleinzahlung der zurückerworbenen Aktien (§ 71 Abs. 2 Satz 3) | 62 |
| **V. Art und Weise des Aktienrückerwerbs** | 63 |
| 1. Gleichmäßige Behandlung der Aktionäre | 63 |
| 2. Erwerb über die Börse | 64 |

3. Öffentliches Rückkaufangebot
   („tender offer") . . . . . . . . . . . . . . . 65
4. Übertragbare Andienungsrechte
   („transferable put rights") . . . . . . . . 68
5. Auskauf einzelner Aktionäre
   („negotiated repurchase") . . . . . . . . 70
VI. Rechtsfolgen von Gesetzesverstößen
   und Beweislast beim Aktienrückerwerb . . . . . . . . . . . . . . . . . . . . . 71
   1. Unwirksamkeit des schuldrechtlichen Erwerbsgeschäfts . . . . . . . . . 71
   2. Rückgewährpflichten . . . . . . . . . . . . 72
   3. Schutz des guten Glaubens entsprechend § 62 Abs. 1 Satz 2 . . . . . . 73
   4. Verantwortlichkeit der
      Organmitglieder . . . . . . . . . . . . . . . 74
   5. Beweislast . . . . . . . . . . . . . . . . . . . 75
VII. Wiederausgabe eigener Aktien . . . . . 78
   1. Grundriss der gesetzlichen Regelung 78

2. Vergleichbarkeit mit der Aktienausgabe bei Kapitalerhöhungen . . . . 79
3. Gleichbehandlung und Erwerbsanrechte der Aktionäre . . . . . . . . . . 80
4. Grundsätzliche Beschlusskompetenz
   der Hauptversammlung . . . . . . . . . 82
5. Aktienoptionspläne . . . . . . . . . . . . . 85
6. Bilanzielle Behandlung der Wiederausgabe eigener Aktien . . . . . . . . . 88
VIII. Informationspflichten (§ 71 Abs. 3
   Satz 1 und § 160 Abs. 1 Nr. 2) . . . . . . 89
IX. Verbindungslinien zum Kapitalmarktrecht . . . . . . . . . . . . . . . . . . . . 90
   1. Ziele der Gesellschaft beim Aktienrückerwerb . . . . . . . . . . . . . . . . . . 90
   2. Verbot des Handels in eigenen Aktien
      (§ 71 Abs. 1 Nr. 8 Satz 2) . . . . . . . . . 91
   3. Kapitalmarktrechtliche Transparenzgebote . . . . . . . . . . . . . . . . . . . . . . 92

**Literatur:** *Bednarz,* Der Ermächtigungsbeschluss der Hauptversammlung zum Erwerb eigener Aktien – Anforderungen und Schranken (§ 71 Abs. 1 Nr. 8 S. 1 und 2), 2006; *Benckendorff,* Erwerb eigener Aktien im deutschen und US-amerikanischen Recht, 1998; *Berrar/Schnorbus,* Rückwerb eigener Aktien und Übernahmerecht, ZGR 2003, 59; *T. Bezzenberger,* Erwerb eigener Aktien durch die AG, 2002; *Brammer,* Rückerwerbbare Aktien, 2008; *Cahn,* Aktien der herrschenden AG im Fondsvermögen abhängiger Investmentgesellschaften, WM 2001, 1929; *Cahn,* Eigene Aktien und gegenseitige Beteiligungen, in Bayer/Habersack (Hrsg.), Aktienrecht im Wandel, Bd. II Grundsatzfragen des Aktienrechts, 2007, S. 763–826; *Cahn,* Die Auswirkungen der Richtlinie zur Änderung der Kapitalrichtlinie auf den Erwerb eigener Aktien, Der Konzern 2007, 385; *Cahn/Ostler,* Eigene Aktien und Wertpapierleihe, AG 2008, 221; *Escher-Weingart/Kübler,* Erwerb eigener Aktien – Deutsche Reformbedürfnisse und europäische Fesseln?, ZHR 162 (1998), 537; *Fleischer/Körber,* Der Rückerwerb eigener Aktien und das Wertpapiererwerbs- und Übernahmegesetz, BB 2001, 2589; *Habersack,* Das Andienungs- und Erwerbsrecht bei Erwerb und Veräußerung eigener Anteile, ZIP 2004, 1121; *V. Hampel,* Erwerb eigener Aktien und Unternehmenskontrolle, Beiträge zur Theorie der Finanzmärkte Nr. 10, 1994; *H. Hirsch,* Der Erwerb eigener Aktien nach dem KonTraG – Unter besonderer Berücksichtigung der Bilanzierung eigener Aktien, 2004; *U. Huber,* Rückkauf eigener Aktien, in FS Kropff, 1997, S. 101; *Kocher,* Sind Ermächtigungen der Hauptversammlung zur Verwendung eigener Aktien analog § 202 I AktG auf fünf Jahre befristet?, NZG 2010, 172; *Kitanoff,* Der Erwerb eigener Aktien – Aktienrückkäufe und Interessen der Gläubiger, Aktionäre und des Kapitalmarkts, 2009; *Kleindiek,* Stock Options und Erwerb eigener Aktien, RWS-Forum 10, 1997, S. 23; *Kniehase,* Derivate auf eigene Aktien, 2005; *H. J. Kopp,* Erwerb eigener Aktien – Ökonomische Analyse vor dem Hintergrund von Unternehmensverfassung und Informationseffizienz des Kapitalmarkts, 1996; *Kropff,* Nettoausweis des Gezeichneten Kapitals und Kapitalschutz, ZIP 2009, 1137; *Last,* Der Erwerb eigener Aktien als Ausschüttungsinstrument, 2006; *Leuering,* Der Rückerwerb eigener Aktien im Auktionsverfahren, AG 2007, 435; *Lüken,* Der Erwerb eigener Aktien nach §§ 71 ff. AktG – Deregulierungs- und Liberalisierungsbestrebungen im europäischen Gesellschaftsrecht, 2004; *Lutter,* Kapital, Sicherung der Kapitalaufbringung und Kapitalerhaltung in den Aktien- und GmbH-Rechten der EWG, 1964; *Martens,* Der Erwerb eigener Aktien zum Umtausch im Verschmelzungsverfahren, in FS Boujong, 1996, S. 335; *M. Möller,* Rückerwerb eigener Aktien – Der Rückerwerb eigener Aktien ohne positive gesetzliche Zweckvorgabe, 2005; *Nowotny,* Kapitalmarkt und Aktienrückerwerb – Das österreichische Aktienrückerwerbsgesetz 1999, in FS Lutter, 2000, S. 1513; *Oechsler,* Die Änderung der Kapitalrichtlinie und der Rückerwerb eigener Aktien, ZHR 170 (2006), 72; *Oechsler,* Die Verhinderung wettbewerbsfremder Konzentrationsanreize durch die Anwendung des WpÜG auf den Rückerwerb eigener Aktien, in FS Konzen, 2006, S. 619; *Oechsler,* Die neue Kapitalgrenze beim Rückerwerb eigener Aktien (§ 71 Abs. 2 Satz 2 AktG), AG 2010, 105; *Paefgen,* Die Gleichbehandlung beim Aktienrückerwerb im Schnittfeld von Gesellschafts- und Übernahmerecht, ZIP 2002, 1509;

*Paefgen*, Eigenkapitalderivate bei Aktienrückkäufen und Managementbeteiligungsmodellen, AG 1999, 67; *D. Posner*, Der Erwerb eigener Aktien in der US-amerikanischen Unternehmenspraxis, AG 1994, 312; *Reichert/Harbarth*, Veräußerung und Einziehung eigener Aktien, ZIP 2001, 1441; *Rieckers*, Ermächtigung des Vorstands zu Erwerb und Einziehung eigener Aktien, ZIP 2009, 700; *Schanze*, Eigene Aktien – Recht und Ökonomik, in FS Nobel, 2005, S. 999; *S. Schön*, Geschichte und Wesen der eigenen Aktie, 1937; *Singhof/Weber*, Neue kapitalmarktrechtliche Rahmenbedingungen für den Erwerb eigener Aktien, AG 2005, 549; *Thiel*, Wirtschaftsgüter ohne Wert – Die eigenen Anteile der Kapitalgesellschaft, in FS L. Schmidt, 1993, S. 569; *Veller*, Öffentliche Angebote zum Erwerb eigener Aktien, 2009; *J. Vetter*, Die Gegenleistung für den Erwerb einer Aktie bei Ausübung einer Call Option – Überlegungen zu § 71 Abs. 1 Nr. 8 AktG und § 31 Abs. 6 WpÜG, AG 2003, 478; *J. Vetter*, Die Gegenleistung beim Erwerb eigener Aktien mittels Call Optionen, AG 2004, 344; *Wastl*, Erwerb eigener Aktien nach dem Referentenentwurf zur Änderung des AktG und des HGB, DB 1997, 461; *Wastl/Wagner/Lau*, Der Erwerb eigener Aktien aus juristischer Sicht – Herleitung und Entwicklung von Vorschlägen für eine gesetzgeberische Reform, 1997; *Westphal*, Der nicht zweckgebundene Erwerb eigener Aktien – Die Umsetzung des Artikels 19 Absatz 1 der zweiten gesellschaftsrechtlichen Richtlinie in England, den Niederlanden und Deutschland, 2004; *Wieneke/Förl*, Die Einziehung eigener Aktien nach § 237 Abs. 3 Nr. 3 AktG – Eine Lockerung des Grundsatzes der Vermögensbindung?, AG 2005, 189; *Zilias/Lanfermann*, Die Neuregelung des Erwerbs und Haltens eigener Aktien, WPg 1980, 61 und 89.

## I. Grundlagen

### 1. Wesen des Erwerbs eigener Aktien und Anliegen des Rechts

#### a) Grundgedanke

Die Bestimmung des § 71 begrenzt die Möglichkeiten der Gesellschaft, ihre eigenen Aktien zurückzuerwerben. Beim Erwerb eigener Aktien durch die Gesellschaft fallen Sinn und Form auseinander. Der Form nach handelt es sich um eine reguläre Übertragung der Aktien. Schuldrechtliche Verpflichtungsgrundlage ist meistens ein Austauschvertrag, in der Regel ein Kauf, weshalb man auch vom Aktienrückkauf sprechen kann. Dem Sinn nach aber ist der entgeltliche Erwerb eigener Aktien durch die Gesellschaft eine Ausschüttung zur Abfindung ausscheidender Aktionäre. Das rührt an die Kapital- und Beteiligungsgrundlagen der Gesellschaft.

1

#### b) Eigene Aktien als wertlose Rechtshülsen

Beim Erwerb eigener Aktien haben die Aktien in den Händen des veräußernden Aktionärs und der Gesellschaft ganz unterschiedliche Bedeutungen und Zuweisungsgehalte. Eigene Aktien sind für die Gesellschaft ohne Wert, denn sie **weisen der Gesellschaft nur ihr eigenes Vermögen zu**, das sie ohnehin schon hat, und sie geben der Gesellschaft auch keine Rechte (§ 71b). Sie sind Rechtsobjekte, aber keine Vermögensgegenstände, auch nicht bilanziell (Rz. 56). Die Bedeutung der Eigenaktien besteht lediglich darin, dass die Gesellschaft sie später wieder entgeltlich veräußern kann. Aber auch dieses Kapitalschöpfungspotenzial gibt der Gesellschaft substanziell nichts, was sie nicht schon hat, denn sie kann von Hause aus jederzeit Kapital gegen Ausgabe neuer Aktien aufnehmen, und braucht dazu keine eigenen Aktien zu erwerben[1].

2

---

1 *Thiel* in FS L. Schmidt, S. 569, 570 ff.; *Cahn* in Spindler/Stilz, § 71 AktG Rz. 1; *T. Bezzenberger*, Erwerb eigener Aktien, Rz. 54 ff.; *Brammer*, Rückerwerbbare Aktien, S. 57 ff., 89 f.; *Kitanoff*, Der Erwerb eigener Aktien, S. 54 ff. Mit gleichem Grundgedanken schon *Lutter*, Kapital, S. 430 ff., 440, 450 ff.

## c) Der entgeltliche Erwerb eigener Aktien als Auseinandersetzungs- und Ausschüttungsvertrag

3 Der entgeltliche Erwerb eigener Aktien ist eine **Ausschüttung** von Gesellschaftsvermögen[2]. Das für den Aktienrückerwerb verausgabte Entgelt fließt an die veräußernden Aktionäre, ohne dass die Gesellschaft einen Gegenwert erhält. Zutreffend spricht daher in neuerer Zeit auch der Gesetzgeber von einer „Auskehrung ... an die Anteilseigner"[3]. Diese Ausschüttung oder Auskehrung erfolgt in Gestalt eines Auseinandersetzungs- und Abfindungsvertrags[4]. Wenn ein Aktionär seine Aktien an die Gesellschaft zurückgibt, scheidet er damit aus der Gesellschaft aus. Sein Anteil am Wert des **Gesellschaftsvermögens wächst den verbleibenden Aktionären zu.** Der veräußernde Aktionär wendet also den Wert seiner Aktien nicht der Gesellschaft zu, sondern den Mitaktionären. Im Gegenzug erhält der ausscheidende Aktionär beim entgeltlichen Erwerb eigener Aktien in Form des Veräußerungsentgelts eine **Abfindung** aus dem Gesellschaftsvermögen. Die verbleibenden Aktionäre haben dann an dem verminderten Gesellschaftsvermögen höhere Beteiligungsquoten. Das Grundmuster ist dasselbe wie beim Ausscheiden eines Gesellschafters aus der Gesellschaft bürgerlichen Rechts gegen Abfindung (§ 738 BGB)[5].

## d) Die Ausschüttungsschranken der Kapitalerhaltung

4 Wegen seines Ausschüttungscharakters unterwerfen das Aktienrecht – und übrigens auch das GmbH-Recht (§ 33 GmbHG) – den entgeltlichen Erwerb eigener Anteile ähnlich wie eine Dividendenausschüttung den Schranken der Kapitalerhaltung, um die Gesellschaftsgläubiger zu schützen. Das ist ein wesentliches Anliegen des § 71[6]. Die Gesellschaft darf den **Aktienrückkauf** nach den zutreffenden Worten der Gesetzesbegründung „nur aus dem ausschüttungsfähigen Vermögen" bestreiten[7], das heißt mit Mitteln, die sie ebenso gut als Bilanzgewinn ausweisen und als Dividende an die Aktionäre verteilen könnte. Der Aktienrückkauf darf ebenso wie eine Dividendenzahlung nur zu Lasten von verteilbaren Gewinnen oder Rücklagen erfolgen und nicht auf Kosten des Grundkapitals und der gebundenen Rücklagen, die gegen Ausschüttungen an die Aktionäre gesperrt sind[8] (§ 71 Abs. 2 Satz 2, näher unten Rz. 54 ff.). Aktienrückkäufe sind daher immer auch Maßnahmen der Gewinnverwendung, nur dass die Ausschüttung nicht kollektiv und gleichmäßig erfolgt, wie bei der Dividende, sondern auf der Grundlage individueller Ausschüttungsverträge mit den veräußernden Aktionären. Als Alternative zur Dividendenausschüttung bietet sich der Aktienrückkauf vor allem an, wenn auf Seiten der Gesellschaft die auszuschüttenden Mittel nicht kontinuierlich, sondern nur einmalig oder in unregelmäßigen Schüben freigesetzt werden, und/oder wenn die Aktionäre unterschiedli-

---

2 *Cahn* in Spindler/Stilz, § 71 AktG Rz. 14; *T. Bezzenberger*, Erwerb eigener Aktien, Rz. 63 ff.; *Brammer*, Rückerwerbbare Aktien, S. 60 ff., 64 ff., 89 ff.; *Last*, Der Erwerb eigener Aktien als Ausschüttungsinstrument, S. 7 ff.; *Kitanoff*, Der Erwerb eigener Aktien, S. 58 ff.; ebenso der Sache nach *Lutter*, Kapital, S. 430 ff., 450 ff. Anders im Ansatz *Bednarz*, Der Ermächtigungsbeschluss, S. 72 ff. (Einlagerückgewähr).
3 RegE für das BilMoG, BT-Drucks. 16/10067 v. 30.7.2008, Anlage 1, Begründung zu Art. 1 Nr. 23 (betr. § 272 HGB), S. 65 f.
4 *Lutter*, Kapital, S. 431, 450; *T. Bezzenberger*, Erwerb eigener Aktien, Rz. 60 ff.; *Brammer*, Rückerwerbbare Aktien, S. 60 ff., 82, 86, 89 ff.
5 *T. Bezzenberger*, Erwerb eigener Aktien, Rz. 61.
6 Vgl. BGH v. 9.5.2005 – II ZR 287/02, NJW 2005, 2450, 2452 re.Sp.
7 RegE für das BilMoG, BT-Drucks. 16/10067 v. 30.7.2008, Anlage 1, Begründung zu Art. 5 Nr. 1 (betr. § 71 AktG), S. 101 li.Sp.
8 *Lutter*, Kapital, S. 432 ff., 450 ff.; *T. Bezzenberger*, Erwerb eigener Aktien, Rz. 63 ff., auch Rz. 29, 37, 99 ff.; *Brammer*, Rückerwerbbare Aktien, S. 64 ff., 89 ff., vgl. auch S. 26 ff.

cher Meinung sind, ob sie ihr Kapital in der Gesellschaft belassen oder heraushaben wollen.

Oft heißt es, dass im Aktienrückkauf eine verbotene Einlagerückgewähr an den veräußernden Aktionär liege, wenn die Gesellschaft die eigenen Aktien gemessen an deren Wert zu teuer bezahlt[9]. Das trifft jedoch in dieser Allgemeinheit nicht zu. Das Verbot der Einlagerückgewähr (§ 57 Abs. 1) schützt die Gläubiger der Gesellschaft und besagt, dass Ausschüttungen an die Aktionäre nur zu Lasten verteilbarer Gewinne und Rücklagen gehen dürfen[10] (Rz. 4, 54, 59 f.). **Solange** diese **Ausschüttungsspielräume** beim Aktienrückkauf **eingehalten sind**, handelt es sich nicht um eine Einlagerückgewähr. Unter dem Gesichtspunkt des Gläubigerschutzes und der Kapitalerhaltung **kommt es** daher **auf die Höhe des Entgelts nicht an**[11]. Die Höhe des Rückkaufentgelts ist vielmehr insoweit eine reine Angelegenheit der Aktionäre. Wenn die Gesellschaft die Aktien zu teuer zurückkauft, wendet sie den veräußernden Aktionären einen Vorteil zu Lasten der verbleibenden zu, und wenn die Aktien zu billig zurückerworben werden, liegt es umgekehrt. Deshalb müssen alle Aktionäre gleiche Möglichkeiten haben, ihre Aktien an die Gesellschaft zurückzuveräußern[12] (näher Rz. 63 ff.).

### e) Probleme des Haltens und der Wiederausgabe eigener Aktien

Nicht nur beim Erwerb eigener Aktien besteht Regelungsbedarf, sondern auch beim Halten und bei der Wiederausgabe dieser Aktien durch die Gesellschaft. Manche ausländischen Rechtsordnungen lassen zurückerworbene Aktien in den Händen der Gesellschaft erlöschen. Wenn die Gesellschaft dann später wieder Aktien begeben will, muss sie neue Aktien ausgeben[13], und dann greifen Schutzregeln zu Gunsten der Aktionäre. In Deutschland dagegen und in den meisten anderen Ländern bestehen die zurückerworbenen Aktien in den Händen der Gesellschaft als formale Rechtsgebilde fort, als **„treasury shares"** (Schatzaktien). Die Mitgliedschaft in der Kapitalgesellschaft ist so weitgehend von der Person ihres Inhabers losgelöst, dass die Gesellschaft formal-rechtlich ihr eigenes Mitglied sein kann[14], obwohl das substanziell keinen Sinn ergibt (vgl. Rz. 2). Solche eigenen Aktien können dann auch wieder veräußert werden. Eine Wiederveräußerung eigener Aktien gleicht wirtschaftlich und auch bei gesellschaftsrechtlich wertender Betrachtung der Ausgabe neuer Aktien gegen Einlagen und ist deshalb der Sache nach eine **Wiederausgabe** (Rz. 79). Mit Hilfe der eigenen Aktien werden Transaktionen, die eigentlich zum Primärmarkt für neu entstehende Beteiligungen gehören, auf den Sekundärmarkt für schon bestehende Beteiligungen verschoben[15]. Das begründet die Gefahr, dass die Regeln übergangen werden, welche

---

9 *Merkt* in Großkomm. AktG, 4. Aufl., § 71 AktG Rz. 56 ff., 250; *Cahn* in Spindler/Stilz, § 71 AktG Rz. 45; *Oechsler* in MünchKomm. AktG, 3. Aufl., § 71 AktG Rz. 200, 225, auch Rz. 69 ff.; *Henze* in Großkomm. AktG, 4. Aufl., § 57 AktG Rz. 183, 65; *Hüffer*, § 57 AktG Rz. 16; Deutscher Anwaltverein, Stellungnahme zum Referentenentwurf von 1996 für das KonTraG, Tz. 95, ZIP 1997, 163, 171 re.Sp.; *Flechtheim* in Düringer/Hachenburg, HGB, 3. Aufl., Bd. III/1, 1934, § 213 HGB Anm. 4; *Hirsch*, Der Erwerb eigener Aktien nach dem KonTraG, S. 113 ff.; *Benckendorff*, Erwerb eigener Aktien, S. 235 ff., auch S. 87, 215, 286; *Bednarz*, Der Ermächtigungsbeschluss, S. 175 ff., 183 ff., auch S. 68 f., 79 ff.; *Veller*, Öffentliche Angebote zum Erwerb eigener Aktien, S. 58 ff.; *Saria*, NZG 2000, 458, 459 ff.
10 *T. Bezzenberger*, Das Kapital der Aktiengesellschaft, S. 16 ff., 70 ff., 201 ff.
11 *T. Bezzenberger*, Erwerb eigener Aktien, Rz. 67 f.; *Brammer*, Rückerwerbbare Aktien, S. 65 f., 91 f.; *Last*, Der Erwerb eigener Aktien als Ausschüttungsinstrument, S. 44 ff.; *Kitanoff*, Der Erwerb eigener Aktien, S. 63 ff.; ähnlich *U. Huber* in FS Kropff, S. 101, 114 f.
12 *T. Bezzenberger*, Erwerb eigener Aktien, Rz. 67 f., 136 ff.
13 *T. Bezzenberger*, Erwerb eigener Aktien, Rz. 88 ff.
14 *Bednarz*, Der Ermächtigungsbeschluss, S. 53 ff.
15 *Schanze* in FS Nobel, S. 999, 1021 f.

die Aktionäre bei der Ausgabe neuer Aktien schützen, und dass Personen mit innergesellschaftlichem Einfluss beim Anblick der „Schatzaktien" auf schlechte Gedanken kommen und sich an den Aktien vergreifen. Gerade auch dem muss das Recht entgegenwirken. Näher unten Rz. 80 ff. zur Wiederausgabe eigener Aktien.

## 2. Rechtsgeschäfte und Erlaubnisschranken

### a) Betroffene Rechtsgeschäfte

7   Die hier erläuterten Regeln beziehen sich auf den **dervativen Erwerb** schon vorhandener Aktien. Der originäre Erwerb eigener Aktien im Wege der Selbstzeichnung bei Gründung oder Kapitalerhöhung ist vom Gesetz an anderer Stelle angesprochen und schlechthin verboten (§ 56). Dagegen ist der derivative Erwerb eigener Aktien innerhalb bestimmter Schranken zulässig (§§ 71 Abs. 1–2, 71d). Diese Zulässigkeitsschranken gelten sowohl für das verfügende **Übertragungsgeschäft** als auch für ein zu Grunde liegendes schuldrechtliches **Verpflichtungsgeschäft** (arg. § 71 Abs. 4 Satz 2)[16]. Technisch folgen die Geschäfte den allgemeinen Regeln des Schuldrechts und des Verfügungsrechts. Der veräußernde Aktionär überträgt in Erfüllung einer Leistungspflicht die Aktie als Mitgliedschaftsrecht auf die Gesellschaft, so dass dieser die Aktie nunmehr gegenständlich („dinglich") zugeordnet ist. Bei verbrieften Aktien muss hierfür die Urkunde übereignet oder Miteigentum an einem Sammelbestand oder einer Globalurkunde übertragen werden, und unverbriefte Aktien werden formlos abgetreten (§ 68 Rz. 5 ff.).

8   Die **Sicherungsübereignung** oder -abtretung eigener Aktien an die Gesellschaft fällt entgegen landläufiger Meinung[17] **nicht** unter den Begriff des Erwerbs eigener Aktien, denn sie begründet der Sache nach nur ein besitzloses Pfandrecht, und ist daher wie eine Inpfandnahme eigener Aktien zu behandeln, die allerdings ähnlichen Schranken unterliegt wie der Erwerb (§ 71e)[18]. Einem Erwerb eigener Aktien steht es auch **nicht** gleich, wenn die Gesellschaft **Anteile an einem anderen Unternehmen** erwirbt, das neben sonstigem Vermögen auch Aktien der Gesellschaft hält[19] (anders in Umgehungsfällen[20] und nach § 71d der Erwerb von Aktien eines herrschenden Unternehmens). Auch die Verwahrung von Aktienurkunden durch die Gesellschaft fällt nicht unter § 71[21].

9   Beim **Einsatz von Finanzderivaten** muss man unterscheiden: Erwirbt die Gesellschaft Wandel- oder Optionsanleihen oder auch reine Optionen, die zum originären Aktienbezug von der Gesellschaft selbst berechtigen, so steht dies einem Erwerb eigener Aktien nicht gleich; die Gesellschaft kann solche Rechte allerdings nicht ausüben (§ 56)[22]. Auch der entgeltliche Erwerb von Kaufoptionen (call options) und vergleichbaren Finanzderivaten, die ein Recht (aber eben noch keine Pflicht) zum Erwerb von

---

16 *Oechsler* in MünchKomm. AktG, 3. Aufl., § 71 AktG Rz. 73; *Cahn* in Spindler/Stilz, § 71 AktG Rz. 35, 194; *Wieneke* in Bürgers/Körber, § 71 AktG Rz. 2. Anders *Schmid/Mühlhäuser*, AG 2001, 493, 494.
17 *Oechsler* in MünchKomm. AktG, 3. Aufl., § 71 AktG Rz. 78, § 71e Rz. 9; *Lutter/Drygala* in KölnKomm. AktG, 3. Aufl., § 71 AktG Rz. 32, § 71e AktG Rz. 10; *Hüffer*, § 71e AktG Rz. 2.
18 Ebenso *Cahn/Ostler*, AG 2008, 221, 226 ff. für den vergleichbaren Fall des Pensionsgeschäfts (repurchase agreement), in dem die AG als Pensionsnehmerin fungiert.
19 Anders *Cahn*, Kapitalerhaltung im Konzern, 1998, S. 151 ff.; *Cahn* in Spindler/Stilz, § 71 AktG Rz. 44, § 71d AktG Rz. 59 ff.
20 *Lutter/Drygala* in KölnKomm. AktG, 3. Aufl., § 71 AktG Rz. 44; *Oechsler* in MünchKomm. AktG, 3. Aufl., § 71 AktG Rz. 95.
21 Vgl. BGH v. 1.12.1986 – II ZR 287/85, NJW 1987, 1019.
22 *Lutter/Drygala* in KölnKomm. AktG, 3. Aufl., § 71 AktG Rz. 25; *Oechsler* in MünchKomm. AktG, 3. Aufl., § 71 AktG Rz. 94.

Aktien aus den Händen anderer Aktionäre geben, fällt nicht unter die Zulässigkeitsschranken des Aktienrückerwerbs, wohl aber die Ausübung solcher Rechte[23] im Wege der effektiven Lieferung, nicht hingegen durch Geldausgleich („cash settlement")[24]. Die Begebung von Verkaufsoptionen (put options) auf eigene Aktien durch die Gesellschaft als Stillhalterin begründet eine Erwerbsverpflichtung und steht daher dem Erwerb eigener Aktien gleich[25], auch bei Abwicklung durch Geldausgleich[26], denn die finanziellen Folgen für die Gesellschaft sind hier die gleichen wie bei effektiver Lieferung.

**b) Die Erlaubnisschranken im Überblick**

Bei den Zulässigkeitsgrenzen des Erwerbs eigener Aktien kreuzen sich zwei Arten von Grenzlinien, die man sich bildlich als senkrechte und waagerechte Linien vorstellen kann (s. die Tabelle auf der folgenden Seite). Die senkrechten Linien umreißen bestimmte **Erwerbsanlässe** wie den Aktienerwerb mit allgemeiner Ermächtigung der Hauptversammlung oder zur Schadensabwendung oder zur Weitergabe der Aktien an Arbeitnehmer u.s.w. (§ 71 Abs. 1 Nr. 1–8). Diese nebeneinander eröffneten senkrechten Erlaubniskorridore werden von bestimmten **mengenmäßigen und kapitalbezogenen Erwerbsschranken** gekreuzt, die man sich als einen Satz waagerechter Grenzlinien vorstellen kann. Da ist zunächst das Erfordernis, dass auf die eigenen Aktien grundsätzlich nicht mehr als 10 % des Grundkapitals entfallen darf (§ 71 Abs. 2 Satz 1). Zweitens muss die Gesellschaft die eigenen Aktien in der Regel aus Mitteln erwerben, die sie auch als Dividende an die Aktionäre ausschütten könnte (§ 71 Abs. 2 Satz 2). Und drittens müssen die Aktien in den meisten Fällen voll eingezahlt sein (§ 71 Abs. 2 Satz 3). Diese drei waagerechten Erwerbsschranken gelten nicht für alle Erwerbsanlässe einheitlich, sondern je nach Anlass gemeinsam oder einzeln oder auch gar nicht.

10

---

23 *Cahn* in Spindler/Stilz, § 71 AktG Rz. 187; *Oechsler* in MünchKomm. AktG, 3. Aufl., § 71 AktG Rz. 82; *Block* in Heidel, § 71 AktG Rz. 6; *J. Vetter*, AG 2003, 478, 479. Anders hier 1. Aufl. Rz. 3.
24 *Oechsler* in MünchKomm. AktG, 3. Aufl., § 71 AktG Rz. 84; *Kniehase*, Derivate auf eigene Aktien, S. 169 ff.
25 *Cahn* in Spindler/Stilz, § 71 AktG Rz. 125, 194 ff.; *Oechsler* in MünchKomm. AktG, 3. Aufl., § 71 AktG Rz. 82; *Brammer*, Rückerwerbbare Aktien, S. 201 f.
26 Anders *Oechsler* in MünchKomm. AktG, 3. Aufl., § 71 AktG Rz. 84; *Kniehase*, Derivate auf eigene Aktien, S. 169 ff.

**Erlaubnistatbestände für den Erwerb eigener Aktien durch die Gesellschaft (§ 71 Abs. 1-2)**

| AktG | § 71 Abs. 1 Nr. 1 | § 71 Abs. 1 Nr. 2 | § 71 Abs. 1 Nr. 3 | § 71 Abs. 1 Nr. 4 | § 71 Abs. 1 Nr. 5 | § 71 Abs. 1 Nr. 6 | § 71 Abs. 1 Nr. 7 | § 71 Abs. 1 Nr. 8 |
|---|---|---|---|---|---|---|---|---|
| Kapitalrichtlinie | Art. 19 Abs. 2 | Art. 19 Abs. 3 | Art. 20 Abs. 1 lit. d, f | Art. 20 Abs. 1 lit. c | Art. 20 Abs. 1 lit. b | Art. 20 Abs. 1 lit. a | (Art. 19 Abs. 1) | Art. 19 Abs. 1 |
| Erwerbsanlass | Schadensabwehr | Angebot der Aktien an Arbeitnehmer | Abfindung von Aktionären | (1) unentgeltlicher Erwerb; (2) Einkaufskommission eines Kreditinstituts | Gesamtrechtsnachfolge | Einziehung auf Grund eines HV-Beschlusses zur Kapitalherabsetzung | Handelsbestand eines Finanzhauses, Ermächtigung der HV | allgemeine Ermächtigung der HV |
| geregelt seit | NotVO 1931 | Kleine AktR-Reform 1959, 2. FFG 1994 | AktG 1965, UmwBerG 1994 | AktG 1937; NotVO 1931 | AktG 1965 | NotVO 1931 | 2. FFG 1994 | KonTraG 1998 |
| Einbeziehung in die 10 %-Grenze (§ 71 Abs. 2 Nr. 1) | ja | ja | ja | nein | nein | nein | ja, zudem Spezialgrenze von 5 % | ja |
| Erwerb nur zu Lasten verteilbaren Gesellschaftsvermögens (§ 71 Abs. 2 Satz 2) | ja | ja | ja | nein | nein | nein, aber besondere Kapitalsicherung nach §§ 237, 225 | ja | ja |
| Volleinzahlung (§ 71 Abs. 2 Satz 3) | ja | ja | nein | ja | nein | nein (vgl. § 66 Abs. 3) | ja | ja |

### 3. Regelungsgeschichte

#### a) Vom laissez faire (1884–1931) zur Prohibition (1931–1998)

Der deutsche Gesetzgeber hat dem Erwerb eigener Aktien lange Zeit keine klaren Grenzen gesetzt[27]. Das ermöglichte während der **großen Depression** nach 1929 überbordende Aktienrückkäufe, die manche Aktienunternehmen in den Ruin trieben. Die Gesellschaften durften daher seit 1931 eigene Aktien grundsätzlich nur noch erwerben, wenn dies zur Abwendung eines schweren Schadens notwendig war, und selbst dann durften die Eigenaktien 10 % aller Aktien nicht übersteigen[28]. Damit war der Aktienrückerwerb im Wesentlichen verboten und der gesetzliche Rahmen in Deutschland für viele Jahrzehnte abgesteckt (vgl. bis heute § 71 Abs. 1 Nr. 1). Die Aktiengesetze von 1937 und 1965 haben die zulässigen Erwerbstatbestände zwar etwas erweitert, doch nur für wenige Sonderfälle (vgl. die Tabelle oben bei Rz. 10).

11

#### b) Die Europäische Kapitalrichtlinie (1976)

Der Erwerb eigener Aktien durch die Gesellschaft bildet einen Schwerpunkt dieser Richtlinie[29] (Art. 19–24, 39 Kapitalrichtlinie) und wurde dort in Anlehnung an die romanischen Rechte[30] freizügiger und viel durchdachter geregelt als nach damaligem deutschen Recht. Die Mitgliedstaaten müssen ihren Gesellschaften den Aktienrückerwerb nicht erlauben, aber sie können es. Dann bedarf der Erwerb nach Art. 19 Abs. 1 Kapitalrichtlinie grundsätzlich einer **Ermächtigung durch die Hauptversammlung**, die nach der ursprünglichen Richtlinienfassung längstens 18 Monate gelten durfte. Der Erwerb darf nicht zu Lasten des gebundenen, ausschüttungsgesperrten Gesellschaftsvermögens erfolgen, darauf legt die Richtlinie großen Wert (Rz. 54), und die Aktien müssen voll eingezahlt sein. Außerdem durfte der Bestand an eigenen Aktien höchstens 10 % aller vorhandenen Aktien umfassen. An diesen Grundtatbestand der Erlaubnis zum Aktienrückkauf knüpft die Richtlinie eine Reihe von Sondertatbeständen, die auf besondere Erwerbszwecke oder Erwerbsformen bezogen sind, wie zum Beispiel die Abfindung von Minderheitsaktionären oder die Gesamtrechtsnachfolge. Hier können die nationalen Rechte entweder von einem ermächtigenden Hauptversammlungsbeschluss absehen oder von allen genannten Anforderungen (Art. 19 Abs. 2 und Art. 20 Kapitalrichtlinie). In diesem Nebenkatalog waren auch die wenigen Erlaubnistatbestände des damaligen deutschen Rechts enthalten, so dass dieses bei Umsetzung der Richtlinie nicht grundsätzlich geändert werden musste[31].

12

---

27 Hierzu und allgemein zur Regelungsgeschichte *Merkt* in Großkomm. AktG, 4. Aufl., § 71 AktG Rz. 94–133; *Hirsch*, Der Erwerb eigener Aktien nach dem KonTraG, S. 3–32; *Bednarz*, Der Ermächtigungsbeschluss, S. 29–48; *T. Bezzenberger*, Erwerb eigener Aktien, Rz. 22–32; *Benckendorff*, Erwerb eigener Aktien, S. 36–47; zur älteren Zeit auch *S. Schön*, Geschichte und Wesen der eigenen Aktie, 1937.
28 § 226 HGB i.d. Neufassung durch die VO des Reichspräsidenten über Aktienrecht, Bankenaufsicht und über eine Steueramnestie, vom 19.9.1931, RGBl. I 1931, 493; ausführlich hierzu und zur Vorgeschichte *Maltschew*, Der Rückerwerb eigener Aktien in der Weltwirtschaftskrise 1929–1931, 2004.
29 Zweite Richtlinie des Rates vom 13.12.1976 zur Koordinierung der Schutzbestimmungen, die in den Mitgliedstaaten den Gesellschaften im Sinne des Artikels 58 Absatz 2 des [damaligen EWG-]Vertrages [heute Art. 50 Abs. 2 lit. g AEUV] im Interesse der Gesellschafter sowie Dritter für die Gründung der Aktiengesellschaft sowie für Erhaltung und Änderung ihres Kapitals vorgeschrieben sind, um diese Bestimmungen gleichwertig zu gestalten (77/91/EWG), ABl. EG Nr. L 26 v. 31.1.1977, S. 1–13 (nachfolgend Kapitalrichtlinie).
30 Vgl. *Lutter*, Kapital, S. 432 ff.
31 Gesetz zur Durchführung der Zweiten Richtlinie des Rates der Europäischen Gemeinschaften zur Koordinierung des Gesellschaftsrechts vom 13.12.1978, BGBl. I 1978, 1959 (KapRiLiG).

### c) Das KonTraG (1998)

13 Erst das Gesetz zur Kontrolle und Transparenz im Unternehmensbereich (KonTraG)[32] hat die Freiräume der europäischen Kapitalrichtlinie auch in Deutschland ausgeschöpft und in den § 71 Abs. 1 die Nr. 8 eingefügt, wonach eigene Aktien auch ohne besonderen sachlichen Erwerbsgrund aufgrund einer allgemeinen Ermächtigung der Hauptversammlung erworben werden dürfen. Das war eine **wichtige gesetzespolitische Wende**: Aus dem grundsätzlichen Verbot des Erwerbs eigener Aktien ist eine grundsätzliche Erlaubnis geworden[33], wenn auch mit Grenzen und Auflagen.

### d) Die Änderung der Kapitalrichtlinie (2006)

14 Im Jahr 2006 hat der europäische Gesetzgeber die Kapitalrichtlinie geändert[34] und die Erlaubnisschranken für den Erwerb eigener Aktien noch weiter gelockert. Die **Ermächtigung** von Seiten der Hauptversammlung darf jetzt für bis zu **fünf Jahre** erteilt werden und nicht mehr nur für 18 Monate (Art. 19 Abs. 1 Unterabs. 1 lit a Kapitalrichtlinie). Außerdem ist ein zulässiger Höchstbestand an eigenen Aktien europarechtlich nicht mehr bindend vorgegeben; die Gesellschaften dürfen vielmehr nach der Richtlinie so viele eigene Aktien zurückerwerben, wie sie ausschüttungsfähiges Kapital haben (Art. 19 Abs. 1 Unterabs. 1 lit b Kapitalrichtlinie). Die nationalen Gesetzgeber können jedoch weiterhin feste zahlenmäßige Höchstgrenzen für den Bestand an eigenen Aktien vorsehen (Art. 19 Abs. 1 Unterabs. 2 lit i Kapitalrichtlinie).

### e) Das ARUG und das BilMoG (2009)

15 Das Gesetz zur Modernisierung des Bilanzrechts (**BilMoG**)[35] hat die bilanzielle Behandlung des Erwerbs und der Wiederausgabe eigener Aktien neu geregelt. Der Aktienrückerwerb wird jetzt auch bilanzell als dasjenige abgebildet, was er substanziell ist, nämlich eine Ausschütttung (vgl. Rz. 3 f., näher zur Rechnungslegung Rz. 56 ff., 88). Des Weiteren hat das Gesetz zur Umsetzung der Aktionärsrechterichtlinie (**ARUG**)[36], das eigentlich ganz andere Materien betraf, in Anlehnung an die geänderte Kapitalrichtlinie die zulässige **Geltungsdauer der Ermächtigung** zum Aktienrückerwerb auf bis zu **fünf Jahre** verlängert (§ 71 Abs. 1 Nr. 7 und 8). Das leuchtet ein. Die Fünfjahresfrist gilt ja auch für die Ermächtigung des Vorstands zur Ausgabe neuer Aktien aus genehmigtem Kapital (Art. 25 Abs. 2 Satz 3 Kapitalrichtlinie, § 204 Abs. 1 und 2 AktG)[37], das in mancher Hinsicht ein Gegenstück zum Erwerb eigener Aktien ist. Die Bestandshöchstgrenze für eigene Aktien in Höhe von 10 % des Grundkapitals hat der deutsche Gesetzgeber dagegen stehen gelassen. Auch das war

---

32 Vom 27.4.1998, BGBl. I 1998, 786.
33 *Lüken*, Der Erwerb eigener Aktien nach §§ 71 ff. AktG, S. 132–137; *Wastl*, DB 1997, 461, 462 li.Sp.; *Benckendorff*, Erwerb eigener Aktien, S. 209 f.; *T. Bezzenberger*, Erwerb eigener Aktien, Rz. 32. Anders, nämlich immer noch von einem grundsätzlichen Verbot ausgehend, *Lutter/Drygala* in KölnKomm. AktG, 3. Aufl., § 71 AktG Rz. 3, 31; *Hüffer*, § 71 AktG Rz. 1, 3 ff.; *Bednarz*, Der Ermächtigungsbeschluss, S. 108 ff.; *Westphal*, Der nicht zweckgebundene Erwerb eigener Aktien, S. 133, 146; wohl auch OLG Hamburg v. 18.9.2009 – 11 U 183/07, juris, Rz. 73.
34 Richtlinie 2006/68/EG des Europäischen Parlaments und des Rates vom 6.9.2006 zur Änderung der Richtlinie 77/91/EWG des Rates in Bezug auf die Gründung von Aktiengesellschaften und die Erhaltung und Änderung ihres Kapitals, ABl. EU Nr. L 264 v. 25.9.2006, S. 32–36.
35 Vom 25.5.2009, BGBl. I 2009, 1102.
36 Vom 30.7.2009, BGBl. I 2009, 2479.
37 Diese Parallele zieht auch der RegE für das ARUG, BT-Drucks. 16/11642 v. 21.1.2009, Anlage 1, Begründung zu Art. 1 Nr. 6a (betr. § 71 Abs. 1), S. 25 re. Sp.

richtig[38]. Man mag sich zwar fragen, weshalb die Gesellschaft dasjenige, was sie als Dividende an die Aktionäre verteilen kann, nicht auch im Wege des Aktienrückkaufs soll ausschütten dürfen. Aber die Gefahr, dass die Liquidität der Gesellschaft ungebührlich ausgehöhlt wird, ist beim Aktienrückkauf größer. Die Ausschüttungspolitik kann hier wegen ihrer ungleichmäßigen Auswirkungen leichter zum Spielball von Eigeninteressen einzelner starker Aktionäre werden. Und dem Aktienrückkauf wohnt eine gewisse Suchtgefahr inne, wenn der Vorstand die Aktien für unterbewertet hält und der Rückkauf den Börsenkurs beflügeln soll (vgl. Rz. 90).

## II. Die Ermächtigung von Seiten der Hauptversammlung zum Erwerb eigener Aktien (§ 71 Abs. 1 Nr. 8 Satz 1 und 6)

### 1. Zur Gesetzessystematik

Der Erwerb eigener Aktien wird formal gesehen und nach außen hin durch Umsatzgeschäfte vorgenommen und ist so betrachtet ein Akt der Geschäftsführung und Vertretung, der dem Vorstand obliegt. Aber der Aktienrückerwerb ist als Ausschüttungsvorgang auch eine Maßnahme der Gewinnverwendung (Rz. 3 f.) und rührt überdies an die Beteiligungsverhältnisse der Gesellschaft. Das sind Angelegenheiten der Aktionäre. Der Vorstand braucht daher für den Aktienrückerwerb grundsätzlich eine Ermächtigung von Seiten der Hauptversammlung. Der Erwerbstatbestand des § 71 Abs. 1 Nr. 8, der diesen Rechtsgedanken umsetzt, erscheint zwar in dem gesetzlichen Katalog zulässiger Erwerbsanlässe erst an letzter Stelle, weil er zeitlich als Letzter in das Gesetz eingefügt wurde (Rz. 13). Aber rechtssystematisch und praktisch ist dies der **Hauptkorridor für den Erwerb eigener Aktien** durch die Gesellschaft[39]. Er ist ja auch der Grundtatbestand der europäischen Kapitalrichtlinie. Die Richtlinienbestimmung lautet:

**Art. 19 Abs. 1 Unterabs. 1 lit. a Kapitalrichtlinie.** „Die Genehmigung für den Erwerb wird von der Hauptversammlung erteilt, welche die Einzelheiten des vorgesehenen Erwerbs und insbesondere die Höchstzahl der zu erwerbenden Aktien, die Geltungsdauer der Genehmigung, die sich nach den nationalen Rechtsvorschriften richtet, dabei aber fünf Jahre nicht überschreiten darf, und bei entgeltlichem Erwerb den niedrigsten und höchsten Gegenwert festlegt. ..."

### 2. Der Ermächtigungsbeschluss der Hauptversammlung

#### a) Zeitpunkt und allgemeine Beschlussanforderungen

Die Hauptversammlung kann den Vorstand zum Aktienrückerwerb lediglich ermächtigen, nicht aber verpflichten[40]. Der Beschluss muss zeitlich **vor dem Aktienerwerb** gefasst werden. Die Ermächtigung ist keine Satzungsänderung, bedarf daher nur einfacher Stimmenmehrheit (§ 133 Abs. 1) und wird nicht im Handelsregister eingetragen.

---

38 Stellungnahme der Arbeitsgruppe Europäisches Gesellschaftsrecht (Group of German Experts on Corporate Law) vom 1.3.2003, ZIP 2003, 863, 873; *Merkt* in Großkomm. AktG, 4. Aufl., § 71 AktG Rz. 10 ff.; *Bayer*, BB 2004, 1, 8. Anders *Escher-Weingart/Kübler*, ZHR 162 (1998), 537, 558 f.; *Oechsler*, ZHR 170 (2006), 72, 73 ff.; *Westphal*, Der nicht zweckgebundene Erwerb eigener Aktien, S. 183 ff.; 1. Aufl. Rz. 14.
39 Ebenso *Schanze* in FS Nobel, S. 999, 1007 ff.
40 *Bednarz*, Der Ermächtigungsbeschluss, S. 144 ff.

### b) Kein Gebot einer Zweckvorgabe

18  Anders als fast alle übrigen Erlaubnistatbestände für den Erwerb eigener Aktien, die auf besondere materielle Erwerbszwecke ausgerichtet sind, ist der Aktienerwerb mit Ermächtigung der Hauptversammlung an **keine bestimmte gesetzliche Zweckvorgabe** gebunden[41]. Auch die **Hauptversammlung muss keinen Zweck** für den Erwerb **vorgeben**[42]. Das war zwar in einem früheren Gesetzentwurf so vorgesehen[43], wurde aber als zu schwerfällig kritisiert[44], und ist deshalb nicht Gesetz geworden. Die Hauptversammlung muss vielmehr nur Vorgaben zur Geltungsdauer der Ermächtigung, zum Erwerbsvolumen und zum Preis machen. (S. aber auch Rz. 23 zu möglichen freiwilligen Zweckvorgaben sowie Rz. 80, 82 ff. und 26 f. zur Mitwirkung der Hauptversammlung bei einer späteren Wiederausgabe oder Einziehung der eigenen Aktien).

### c) Geltungsdauer der Ermächtigung

19  Sie umfasst höchstens **fünf Jahre**. Verlauf und Ende der Frist berechnen sich nach §§ 187 ff. BGB[45]. Beschließt also die Hauptversammlung am 26.4.00, so endet eine Fünf-Jahres-Frist mit Ablauf des 26.4.05. Die Frist gilt nur für den Erwerb der Aktien, nicht für das Behalten[46]. Innerhalb der Frist müssen sowohl das schuldrechtliche Verpflichtungsgeschäft über den Aktienerwerb als auch der gegenständlich verfügende Erwerb zustande kommen. Die Ermächtigung kann **beliebig oft erneuert** werden, auch schon vor Fristablauf. Ebenso kann die Hauptversammlung eine bestehende Ermächtigung mit einfacher Mehrheit für die Zukunft wieder aufheben[47] oder abändern.

20  Die Geltungsdauer der Ermächtig muss **im Hauptversammlungsbeschluss festgeschrieben** sein[48]. Das ergibt sich im Wege der Gesetzesauslegung aus den Vorgaben der europäischen Kapitalrichtlinie (oben Rz. 16). Der Beschluss muss also entweder ein bestimmtes Enddatum nennen (bis zum Ablauf des 26.4.05) oder eine Zeitspanne (vom Tag der Beschlussfassung so und so viele Monate oder Jahre)[49]. Enthält der Ermächtigungsbeschluss keine Zeitvorgabe, so gilt nicht etwa von Gesetzes wegen die fünfjährige Höchstfrist, sondern der Ermächtigungsbeschluss ist nichtig (§ 241 Nr. 3)[50] und ein hierauf gestützter Aktienerwerb fehlerhaft (§ 71 Abs. 4 Satz 2)[51].

---

41 RegE für das KonTraG, BT-Drucks. 13/9712 v. 28.1.1998, Anlage 1, Begründung zu Art. 1 Nr. 4–5 (betr. § 71), S. 13 re.Sp.
42 LG Berlin v. 15.11.1999 – 99 O 83/99, AG 2000, 328, 329 li.Sp.; *Merkt* in Großkomm. AktG, 4. Aufl., § 71 AktG Rz. 266; *Cahn* in Spindler/Stilz, § 71 AktG Rz. 93. Zu Unrecht zweifelnd OLG München v. 28.1.2002 – 7 W 814/01, AG 2003, 163 re.Sp.
43 Referentenentwurf 1996 für das KonTraG, Art. 1 Nr. 4 (betr. § 71 Abs. 1 Nr. 8), ZIP 1996, 2129, 2130 re.Sp.
44 Deutscher Anwaltverein, ZIP 1997, 163, 170 f.; Bundesverband der Deutschen Industrie und andere, WM 1997, 490, 492 li.Sp.
45 *Möller*, Rückerwerb eigener Aktien, Rz. 27 ff.; *Oechsler* in MünchKomm. AktG, 3. Aufl., § 71 AktG Rz. 197.
46 RegE für das KonTraG, BT-Drucks. 13/9712 v. 28.1.1998, Anlage 1, Begr. zu Art. 1 Nr. 4–5 (betr. § 71), S. 13 li.Sp.; *Merkt* in Großkomm. AktG, 4. Aufl., § 71 AktG Rz. 253.
47 Ausführlich zur Verlängerung, Ersetzung und Aufhebung der Ermächtigung *Bednarz*, Der Ermächtigungsbeschluss, S. 150–172.
48 *Möller*, Rückerwerb eigener Aktien, Rz. 18 ff.; *Oechsler* in MünchKomm. AktG, 3. Aufl., § 71 AktG Rz. 197; *Bednarz*, Der Ermächtigungsbeschluss, S. 127 ff.
49 *Lutter/Drygala* in KölnKomm. AktG, 3. Aufl., § 71 AktG Rz. 125; *Möller*, Rückerwerb eigener Aktien, Rz. 27 ff.
50 *Möller*, Rückerwerb eigener Aktien, Rz. 18 ff., 26; *Oechsler* in MünchKomm. AktG, 3. Aufl., § 71 AktG Rz. 195, 197; *Hüffer*, § 71 AktG Rz. 19e; *Wieneke* in Bürgers/Körber, § 71 AktG Rz. 31.
51 *Hüffer*, § 71 AktG Rz. 19e; *Block* in Heidel, § 71 AktG Rz. 61.

### d) Erwerbsvolumen

Die Ermächtigung zum Aktienrückerwerb darf sich nach § 71 Abs. 1 Nr. 8 Satz 1 **höchstens** auf Aktien im Gesamtnennbetrag oder mit einem anteiligen Grundkapitalsbetrag von **10 %** des Grundkapitals erstrecken. Gemeint ist nicht die Menge an Aktien, welche die Gesellschaft insgesamt in Händen halten darf (dies ist gesondert in § 71 Abs. 2 Satz 1 geregelt, s. Rz. 51 f.), sondern die **Menge, die sie** auf Grund dieser einen Ermächtigung **erwerben darf**[52]. Das Gesetz bezieht sich hier auf Art. 19 Abs. 1 Unterabs. 1 lit a Kapitalrichtlinie, wonach der Ermächtigungsbeschluss der Hauptversammlung „die Höchstzahl der zu erwerbenden Aktien ... festlegt". Wenn also die Gesellschaft mit Ermächtigung der Hauptversammlung 10 % ihrer Aktien zurückerwirbt und dann 6 % wieder veräußert, darf sie aufgrund der bestehenden Ermächtigung nicht noch einmal 6 % der Aktien zurückerwerben, sondern hierzu ist eine neue Ermächtigung erforderlich. Maßgebend für die Obergrenze ist das satzungsmäßig bestimmte Grundkapital im Ermächtigungszeitpunkt[53] (und nicht zur Zeit des Rückerwerbs[54]), damit die Aktionäre abschätzen können, worauf sie sich einlassen. Das zulässige Erwerbsvolumen muss im Ermächtigungsbeschluss festgelegt sein (§ 71 Abs. 1 Nr. 8 Satz 1), andernfalls ist der Beschluss nichtig (§ 241 Nr. 3)[55]. Die gesetzliche Höchstgrenze von 10 % für das Erwerbsvolumen steht allerdings im Widerspruch zum europäischen Recht, denn dieses erlaubt gesetzliche Mengengrenzen nur für den Bestand an eigenen Aktien (Art. 19 Abs. 1 Unterabs. 2 lit. i Kapitalrichtlinie) und nicht auch für den Umfang der Erwerbsermächtigung[56]. 21

### e) Preisvorgaben

Nach § 71 Abs. 1 Nr. 8 Satz 1 AktG und Art. 19 Abs. 1 Unterabs. 1 lit a Kapitalrichtlinie muss der Ermächtigungsbeschluss des Weiteren „den niedrigsten und höchsten Gegenwert festleg[en]", also den Mindest- und Höchstpreis für den Aktienrückkauf. Auch das ist Wirksamkeitsvoraussetzung für den Beschluss[57]. Der **Höchstpreis** braucht nicht betragsmäßig bestimmt zu sein, sondern kann auch in relativer Anbindung an den Börsenkurs im künftigen Erwerbszeitpunkt vorgegeben werden[58], etwa in der Weise, dass der Kurs am Tag des Erwerbs oder auch der durchschnittliche Kurs einer dem Erwerb vorausgehenden Zahl von Börsentagen bis zu einem bestimmten Prozentsatz überschritten werden darf[59], wobei eine Abweichung von 10 % als rechtmäßig angesehen[60] und üblicher Weise durch den Hauptversammlungsbeschluss ermöglicht wird, aber richtiger Weise auch höhere Mehrbeträge zulässig sein können (Rz. 5). Dass die Hauptversammlung außerdem einen **Mindestpreis** vorgeben muss, 22

---

52 RegE für das KonTraG, BT-Drucks. 13/9712 v. 28.1.1998, Anlage 1, Begründung zu Art. 1 Nr. 4–5 (betr. § 71), S. 13; *Merkt* in Großkomm. AktG, 4. Aufl., § 71 AktG Rz. 264.
53 *Oechsler* in MünchKomm. AktG, 3. Aufl., § 71 AktG Rz. 204; *Cahn* in Spindler/Stilz, § 71 AktG Rz. 103; *Bednarz*, Der Ermächtigungsbeschluss, S. 139; *Last*, Der Erwerb eigener Aktien als Ausschüttungsinstrument, S. 42.
54 So aber *Merkt* in Großkomm. AktG, 4. Aufl., § 71 AktG Rz. 265; *Lutter/Drygala* in Köln-Komm. AktG, 3. Aufl., § 71 AktG Rz. 134.
55 *Cahn* in Spindler/Stilz, § 71 AktG Rz. 102; *Block* in Heidel, § 71 AktG Rz. 61.
56 *Cahn*, Der Konzern 2007, 385, 392 ff.
57 *Merkt* in Großkomm. AktG, 4. Aufl., § 71 AktG Rz. 271.
58 RegE für das KonTraG, BT-Drucks. 13/9712 v. 28.1.1998, Anlage 1, Begründung zu Art. 1 Nr. 4–5 (betr. § 71), S. 13 li.Sp. – Zur Preisberechnung beim Erwerb eigener Aktien mittels Call Optionen s. *J. Vetter*, AG 2003, 478, 480 f.; *J. Vetter*, AG 2004, 344.
59 LG Berlin v. 15.11.1999 – 99 O 83/99, AG 2000, 328, 329 li.Sp.; *Merkt* in Großkomm. AktG, 4. Aufl., § 71 AktG Rz. 249, 263.
60 LG Berlin v. 15.11.1999 – 99 O 83/99, AG 2000, 328, 329 li.Sp.

ist ziemlich unsinnig[61], aber nun einmal Gesetz. Wenn einem nichts Besseres einfällt, kann man den anteiligen Grundkapitalsbetrag der Aktien als Untergrenze festschreiben[62].

#### f) Weitere mögliche Beschlussinhalte

23 Die Hauptversammlung kann im Ermächtigungsbeschluss dem Vorstand weitere Vorgaben machen, und auf diese Weise die Ermächtigung einschränken. Das gilt insbesondere im Hinblick auf den **Zweck**[63] sowie die **Art und Weise des Aktienrückkaufs**[64], ob also etwa die Aktien über die Börse erworben werden sollen oder im Wege eines öffentlichen Rückkaufangebots, und welche Form das letztere annehmen soll (vgl. Rz. 64 ff.). Dann muss sich der Vorstand daran halten, sonst ist der spätere Erwerb von der Ermächtigung nicht gedeckt und daher fehlerhaft (§ 71 Abs. 4)[65]. Die Hauptversammlung kann die Entscheidung des Vorstands zum Aktienrückerwerb auch an die **Zustimmung des Aufsichtsrats** binden[66]. Bei Verstoß handelt der Vorstand zwar gesellschaftsintern pflichtwidrig, aber der Aktienerwerb ist nach außen hin rechtens[67], nicht anders als beim Verstoß gegen satzungsmäßige Zustimmungsvorbehalte (§ 111 Abs. 4 Satz 2). Außerdem kann die Versammlung schon vorab bestimmen, was künftig mit den zurückerworbenen Aktien geschehen soll[68] (näher Rz. 26 ff., 80 ff.).

### 3. Der ermächtigte Vorstand

#### a) Kompetenzen

24 Im Rahmen der Ermächtigung durch die Hauptversammlung entscheidet der **Vorstand** über den Umfang sowie die Art und Weise des Aktienrückerwerbs als Maßnahme der **Geschäftsführung**[69]. Und er schließt im Namen der Gesellschaft die Verträge mit den veräußernden Aktionären über den Erwerb der Aktien durch die Gesellschaft. Näher **zur Art und Weise des Aktienrückerwerbs** unten Rz. 63 ff. Die Satzung oder der Aufsichtsrat können den Aktienrückerwerb nach § 111 Abs. 4 Satz 2 einem Zustimmungsvorbehalt von Seiten des **Aufsichtsrats** unterwerfen; ein Verstoß hiergegen hat aber nur gesellschaftsinterne Folgen[70] (vgl. Rz. 23).

---

61 *T. Bezzenberger*, Erwerb eigener Aktien, Rz. 43; *Bednarz*, Der Ermächtigungsbeschluss, S. 175. Anders *Cahn* in Spindler/Stilz, § 71 AktG Rz. 109.
62 Der Aktienrückerwerb unter pari bereitet besondere bilanzielle Probleme; *Kropff*, ZIP 2009, 1137, 1141 f.
63 RegE für das KonTraG, BT-Drucks. 13/9712 v. 28.1.1998, Anlage 1, Begründung zu Art. 1 Nr. 4–5 (betr. § 71), S. 13 re.Sp.
64 *Merkt* in Großkomm. AktG, 4. Aufl., § 71 AktG Rz. 269.
65 *Oechsler* in MünchKomm. AktG, 3. Aufl., § 71 AktG Rz. 207; *Hüffer*, § 71 AktG Rz. 19 f.
66 *Lutter/Drygala* in KölnKomm. AktG, 3. Aufl., § 71 AktG Rz. 139; *Hüffer*, § 71 AktG Rz. 19 f.; *Möller*, Rückerwerb eigener Aktien, Rz. 90 ff., 380; *Rieckers*, AG 2009, 700 f. Anders *Cahn* in Spindler/Stilz, § 71 AktG Rz. 98; *Wieneke* in Bürgers/Körber, § 71 AktG Rz. 34.
67 *Lutter/Drygala* in KölnKomm. AktG, 3. Aufl., § 71 AktG Rz. 139; *Hüffer*, § 71 AktG Rz. 19 f. Anders, nämlich für Unrechtmäßigkeit des Erwerbs auch nach außen hin, *Möller*, Rückerwerb eigener Aktien, Rz. 90 ff., 380.
68 RegE für das KonTraG, BT-Drucks. 13/9712 v. 28.1.1998, Anlage 1, Begründung zu Art. 1 Nr. 4–5 (betr. § 71), S. 13 re.Sp.
69 RegE für das KonTraG, BT-Drucks. 13/9712 v. 28.1.1998, Anlage 1, Begründung zu Art. 1 Nr. 4–5 (betr. § 71), S. 13 re.Sp.
70 *Oechsler* in MünchKomm. AktG, 3. Aufl., § 71 AktG Rz. 207; *Möller*, Rückerwerb eigener Aktien, Rz. 89 f., 381.

### b) Besonderheiten bei Übernahmeangeboten

Zu den möglichen Abwehrmaßnahmen einer Zielgesellschaft gegen ein Übernahmeangebot gehört auch der Erwerb eigener Aktien[71] (vgl. auch unten Rz. 32 zu § 71 Abs. 1 Nr. 1). Wird der Vorstand hierzu **nach dem Übernahmeangebot** von der Hauptversammlung gemäß § 71 Abs. 1 Nr. 8 ermächtigt, genügt für deren Beschluss wie gewöhnlich die einfache Stimmenmehrheit[72] (vgl. Rz. 17). Wird demgegenüber die Ermächtigung schon **vor dem Übernahmeangebot** auf Vorrat erteilt, kommen zusätzlich die Anforderungen des § 33 Abs. 2 WpÜG zur Geltung, das heißt der Ermächtigungsbeschluss bedarf qualifizierter Mehrheit und muss den Aktienrückerwerb gerade auch zur Abwehr möglicher künftiger Übernahmeangebote zulassen, was nur für höchstens 18 Monate zulässig ist. Dagegen darf der Vorstand eine vor dem Übernahmeangebot erteilte allgemeine Ermächtigung der Hauptversammlung zum Aktienrückerwerb, die nicht auch zielgerichtet zur Abwehr solcher Angebote beschlossen worden ist, nach dem Übernahmeangebot nicht mehr zu dessen Abwehr ausschöpfen, auch nicht mit Zustimmung des Aufsichtsrats[73].

### 4. Ermächtigung des Vorstands zur Einziehung zurückzuerwerbender Aktien

#### a) Überblick

Die Hauptversammlung kann den Vorstand nicht nur zum Erwerb eigener Aktien, sondern nach § 71 Abs. 1 Nr. 8 Satz 6 auch dazu „ermächtigen, die eigenen Aktien ohne weiteren Hauptversammlungsbeschluss einzuziehen." Das ist **etwas anderes als** der Erwerb eigener Aktien zur Einziehung nach **§ 71 Abs. 1 Nr. 6**. Dort wird die Einziehung von der Hauptversammlung vorab und bindend beschlossen, und der Vorstand führt diesen Beschluss mit dem anschließenden Rückerwerb nur aus (Rz. 47). Im Rahmen des § 71 Abs. 1 Nr. 8 Satz 6 entscheidet demgegenüber der Vorstand aufgrund der Ermächtigung selbst, und zwar zunächst über den Rückerwerb und dann noch einmal über die Einziehung.

#### b) Einziehungsermächtigung von Seiten der Hauptversammlung

Die Ermächtigung der Hauptversammlung an den Vorstand zur Einziehung der zurückzuerwerbenden Aktien (§ 71 Abs. 1 Nr. 8 Satz 6) kann **gleichzeitig** und in demselben Beschluss erteilt werden, wie die Ermächtigung des Vorstands zum Rückerwerb der Aktien. Die Einziehungsermächtigung kann aber **auch nachträglich** durch einen gesonderten Hauptversammlungsbeschluss begründet werden[74], und zwar auch für eigene Aktien, die auf andere Weise als nach § 71 Abs. 1 Nr. 8 erworben wurden[75]. Die Einziehung von Aktien ist eine Satzungsänderung, welche die eingezogenen Aktien erlöschen lässt und regelmäßig auch das Grundkapital um den auf diese Aktien anteilig entfallenden Betrag herabsetzt (§ 237). Die Ermächtigung des Vorstands ist in

---

71 Näher *Lutter/Drygala* in KölnKomm. AktG, 3. Aufl., § 71 AktG Rz. 143 ff.; *Berrar/Schnorbus*, ZGR 2003, 59, 100 ff.; *Veller*, Öffentliche Angebote zum Erwerb eigener Aktien, S. 171 ff.; *Hirsch*, Der Erwerb eigener Aktien nach dem KonTraG, S. 56 ff.
72 *Lutter/Drygala* in KölnKomm. AktG, 3. Aufl., § 71 AktG Rz. 147.
73 *Lutter/Drygala* in KölnKomm. AktG, 3. Aufl., § 71 AktG Rz. 148 f.; *T. Bezzenberger*, Erwerb eigener Aktien, Rz. 53, auch Rz. 52; *Hirte*, ZGR 2002, 623, 647 f. Anders Beschlussempfehlung und Bericht des BT-Finanzausschusses zum RegE 2001 für das WpÜG, BT-Drucks. 14/7477, S. 74; *Berrar/Schnorbus*, ZGR 2003, 59, 106 f.; *Hirsch*, Der Erwerb eigener Aktien nach dem KonTraG, S. 63.
74 *Merkt* in Großkomm. AktG, 4. Aufl., § 71 AktG Rz. 298; *Cahn* in Spindler/Stilz, § 71 AktG Rz. 145. Anders *Oechsler* in MünchKomm. AktG, 3. Aufl., § 71 AktG Rz. 281; *Lutter/Drygala* in KölnKomm. AktG, 3. Aufl., § 71 AktG Rz. 197.
75 *Reichert/Harbarth*, ZIP 2001, 1441, 1450.

diesem Fall der Sache nach ein **negatives genehmigtes Kapital**. Deshalb bedarf der hierhin gehende Ermächtigungsbeschluss grundsätzlich entsprechend §§ 179 Abs. 2 und 222 Abs. 1 einer Dreiviertel-Mehrheit[76]. Für eine Einziehung im vereinfachten Verfahren nach § 237 Abs. 3 (vgl. Rz. 48), das in den hier angesprochenen Fällen regelmäßig gangbar ist (Rz. 28), genügt dagegen analog § 237 Abs. 4 Satz 2 die einfache Mehrheit[77]. Bei Stückaktien kann die Hauptversammlung den Vorstand auch zur Einziehung ohne Kapitalherabsetzung ermächtigen (§ 237 Abs. 3 Nr. 3), so dass sich der Anteil der übrigen Aktien am Grundkapital erhöht[78] (vgl. Rz. 47 f.). Auch für eine solche Ermächtigung reicht entsprechend § 237 Abs. 4 Satz 2 die einfache Mehrheit.

### c) Erwerb und Einziehung der Aktien durch den Vorstand

28 **Beim Erwerb** der Aktien durch die Gesellschaft sind die **Kapitalerhaltungsschranken** des § 71 Abs. 2 zu beachten, das heißt die Gesellschaft darf die Aktien nur mit Mitteln erwerben, die sie auch als Dividende ausschütten könnte[79] (Rz. 54, 59 ff., auch Rz. 4). Da die Aktien anschließend aus den Händen der Gesellschaft unentgeltlich eingezogen werden, gelten dann grundsätzlich **nicht** noch einmal **die Kapitalherabsetzungsregeln über den Gläubigerschutz** (arg. § 237 Abs. 3 Nr. 1). Allerdings muss bei der Einziehung im Wege der Kapitalherabsetzung die Kapitalrücklage um den Herabsetzungsbetrag des Grundkapitals aufgestockt werden (§ 237 Abs. 5), und hierfür müssen schon im Zeitpunkt des Aktienrückerwerbs hinreichende verteilbare Mittel vorhanden sein (vgl. Rz. 60 f.). Der Aktienrückerwerb muss innerhalb der höchstens fünfjährigen Ermächtigungsfrist erfolgen (Rz. 19). Die Einziehung hingegen ist nicht fristgebunden; das folgt im Umkehrschluss aus der gesetzlichen Fristvorgabe für die Erwerbsermächtigung[80].

### 5. Rückerwerb und Einziehung von Aktien einer bestimmten Gattung

29 Bezieht sich der Rückkauf und gegebenenfalls eine nachfolgend vorgesehene Einziehung nur auf Aktien einer bestimmten Gattung, so liegt hierin eine Ungleichbehandlung der Aktiengattungen. Diese muss schon im Ermächtigungsbeschluss der **Hauptversammlung** vorgesehen und sachlich gerechtfertigt sein[81]. Sind mehrere stimmberechtigte Aktiengattungen vorhanden, müssen die Inhaber der vom Rückkauf ausgeschlossenen Aktiengattungen nach dem Rechtsgedanken der §§ 179 Abs. 3 und 222 Abs. 2 durch **Sonderbeschluss** zustimmen, um die Ungleichbehandlung zu rechtfertigen. Das gilt auch für die Inhaber von **Vorzugaktien ohne Stimmrecht**, wenn sie vom Rückerwerb ausgeschlossen werden[82]. Sollen dagegen allein die stimmrechtslosen Vorzugsaktien zurückerworben werden, müssen deren Inhaber keinen Sonderbeschluss fassen, weil sich nicht die Rechte der Vorzugsaktien vermindern, sondern nur ihre Zahl[83].

---

76 *Merkt* in Großkomm. AktG, 4. Aufl., § 71 AktG Rz. 298. Anders, nämlich stets für einfache Mehrheit, *Cahn* in Spindler/Stilz, § 71 AktG Rz. 146; *Rieckers*, AG 2009, 700, 701 li.Sp.
77 Ebenso im Ansatz *Merkt* in Großkomm. AktG, 4. Aufl., § 71 AktG Rz. 298; auch *Oechsler* in MünchKomm. AktG, 3. Aufl., § 71 AktG Rz. 280.
78 *Kitanoff*, Der Erwerb eigener Aktien, S. 114.
79 *Rieckers*, AG 2009, 700, 702 f.
80 *Kocher*, NZG 2010, 172, 173 f.; *Merkt* in Großkomm. AktG, 4. Aufl., § 71 AktG Rz. 298. Anders, nämlich für fünfjährige Höchstfrist in Anlehnung an § 202 Abs. 1, *Lutter/Drygala* in KölnKomm. AktG, 3. Aufl., § 71 AktG Rz. 198.
81 *Cahn* in Spindler/Stilz, § 71 AktG Rz. 128.
82 Vgl. allgemein zur Sonderbeschlussfassung dieser Aktionäre *T. Bezzenberger*, Vorzugsaktien ohne Stimmrecht, 1991, S. 115 ff., 140 ff., 163 ff.
83 Dem zuneigend auch *Hillebrandt/Schremper*, BB 2001, 533, 536 f.

## III. Spezielle Erwerbsanlässe (§ 71 Abs. 1 Nr. 1–7)

§ 71 Abs. 1 Nr. 1–7 enthalten eine Reihe besonderer und **privilegierter Erlaubnistatbestände** für den Erwerb eigener Aktien durch die Gesellschaft. Das Gesetz sieht hier von einem Ermächtigungsbeschluss der Hauptversammlung ab (mit Ausnahme von Nr. 7, betr. den Eigenhandel der Aktienbanken), und es sieht zum Teil sogar von den Mengen- und Kapitalerhaltungsschranken des Aktienrückerwerbs ab (§ 71 Abs. 2).

30

### 1. Schadensabwendung (§ 71 Abs. 1 Nr. 1)

#### a) Begriff und Notwendigkeit der Schadensabwendung

Nach § 71 Abs. 1 Nr. 1 darf die Gesellschaft auch ohne Hauptversammlungsbeschluss eigene Aktien erwerben, „wenn der Erwerb **notwendig** ist, um einen schweren, unmittelbar bevorstehenden Schaden von der Gesellschaft abzuwenden". Der Aktienrückerwerb muss also zur Schadensabwendung taugen, es dürfen keine besseren oder ebenso guten Mittel zur Hand sein[84], und die Zeit muss so sehr drängen, dass man die Hauptversammlung nicht mehr nach § 71 Abs. 1 Nr. 8 vorab befragen kann[85]. Der **Schaden** muss **der Gesellschaft** selbst und nicht nur den Aktionären drohen[86]. Deshalb berechtigen im Rahmen des Schadensabwehr-Tatbestands **Kursverluste** in aller Regel **nicht** zu Stützungskäufen[87], sondern nur ausnahmsweise, wenn etwa ein gezielter und manipulativer Angriff auf den Kurs der Aktien geführt wird und das Fortkommen der Gesellschaft ernstlich gefährdet, zum Beispiel bei einer Börseneinführung oder wichtigen Neuemission und auch im Vorfeld einer Verschmelzung[88].

31

#### b) Abwehr von Übernahmeversuchen

Als Abwehrmaßnahme gegen unerwünschte Unternehmensübernahmen (vgl. schon oben Rz. 25 zu § 71 Abs. 1 Nr. 8) ist der Erwerb eigener Aktien zur Schadensabwendung nach § 71 Abs. 1 Nr. 1 **grundsätzlich unzulässig**[89], wenn auch nicht schlechthin[90]. Ein drohender oder schon angelaufener Übernahmeversuch kann den Erwerb **in engen Ausnahmefällen** rechtfertigen, wenn ernsthafte Besorgnis besteht, dass der Aktienaufkäufer die Gesellschaft gesetzeswidrig ausplündern oder vom Markt verdrängen will oder ähnliche Pläne verfolgt, deren Verwirklichung das Recht nicht erlaubt[91].

32

---

84 OLG Hamburg v. 18.9.2009 – 11 U 183/07, juris, Rz. 77; *Merkt* in Großkomm. AktG, 4. Aufl., § 71 AktG Rz. 169; *Cahn* in Spindler/Stilz, § 71 AktG Rz. 52.
85 *Merkt* in Großkomm. AktG, 4. Aufl., § 71 AktG Rz. 166, 183.
86 BFH v. 16.2.1977 – I R 163/75, BFHE 122, 52, 54 = BStBl. II 1977, 572; *Benckendorff*, Erwerb eigener Aktien, S. 212 und allg. M.
87 „Jedenfalls" gegen die Zulässigkeit von Aktienrückkäufen nach § 71 Abs. 1 Nr. 1 zum Zweck „normaler Kurspflege" RegE für das AktG, BT-Drucks. IV/171 v. 3.2.1962, Anlage 1, Begründung zu § 68 [= § 71 a.F.], S. 118 li.Sp., auch bei *Kropff*, Aktiengesetz, § 71, S. 91.
88 *Lutter/Drygala* in KölnKomm. AktG, 3. Aufl., § 71 AktG Rz. 49 ff.; *Merkt* in Großkomm. AktG, 4. Aufl., § 71 AktG Rz. 178 f.; *Benckendorff*, Erwerb eigener Aktien, S. 216 f.; *Flechtheim* in Düringer/Hachenburg, HGB, 3. Aufl., Bd. III/1, 1934, § 226 HGB Anm. 17.
89 BFH v. 16.2.1977 – I R 122, 52, BFHE 122, 52, 53 f. = BStBl. II 1977, 572 (wo die Gesellschaft einem unerwünschten Aktienaufkauf durch ein potenzielles Konkurrenzunternehmen zuvorgekommen war); *Lutter/Drygala* in KölnKomm. AktG, 3. Aufl., § 71 AktG Rz. 54 ff.; *Hopt*, ZGR 1993, 534, 563 f.; *Benckendorff*, Erwerb eigener Aktien, S. 218 ff.
90 So aber *Oechsler* in MünchKomm. AktG, 3. Aufl., § 71 AktG Rz. 115–124; *Assmann/Bozenhardt* in Assmann/Basaldua/Bozenhardt/Peltzer, Übernahmeangebote, ZGR-Sonderheft 9, 1990, S. 132 ff.; *Kitanoff*, Der Erwerb eigener Aktien, S. 174 f.; *Otto*, DB 1988, Beilage 12, S. 8 li.Sp.
91 *Lutter/Drygala* in KölnKomm. AktG, 3. Aufl., § 71 AktG Rz. 56; *Benckendorff*, Erwerb eigener Aktien, S. 219 f.; *van Aubel*, Vorstandspflichten bei Übernahmeangeboten, 1996, S. 22 ff.,

## 2. Arbeitnehmeraktien (§ 71 Abs. 1 Nr. 2 und Abs. 3 Satz 2)

33 Nach § 71 Abs. 1 Nr. 2 darf die Gesellschaft eigene Aktien ohne Ermächtigungsbeschluss der Hauptversammlung erwerben, „wenn die Aktien Personen, die im Arbeitsverhältnis zu der Gesellschaft oder einem mit ihr [im Sinne des § 15] verbundenen Unternehmen stehen oder standen, zum Erwerb angeboten werden sollen". **Dazu gehören** auch leitende Angestellte[92] sowie ehemalige Arbeitnehmer, also vor allem Betriebsrentner und sonstige Ruheständler[93], nicht aber Organmitglieder[94]. Für die **Zulässigkeit des Aktienrückerwerbs** nach § 71 Abs. 1 Nr. 2 genügt die beim Abschluss des schuldrechtlichen Erwerbsgeschäfts bestehende und realistische Absicht des Vorstands, die Aktien später an die Begünstigten weiterzugeben; dies muss nach außen erkennbar und in der Regel durch einen Vorstandsbeschluss in Erscheinung treten[95].

34 Die so erworbenen Aktien müssen nach § 71 Abs. 3 Satz 2 innerhalb eines Jahres nach ihrem Erwerb **an die Begünstigten ausgegeben** werden. Dies kann im Rahmen des Üblichen und Angemessenen auch verbilligt geschehen[96]. Werden die Aktien nicht rechtzeitig weitergegeben, wird der Erwerb nicht nachträglich unzulässig[97]. Die Gesellschaft muss dann aber die Aktien entsprechend § 71c Abs. 1 anderweitig veräußern[98], und zwar innerhalb eines Jahres nach Aufgabe der ursprünglichen Absicht zur Weitergabe an die Arbeitnehmer, spätestens binnen zwei Jahren ab dem Rückerwerb (vgl. auch § 71c Rz. 5); dabei ist das Vorerwerbsrecht der Aktionäre zu beachten (Rz. 80 f.), falls die Aktien nicht doch noch an die Arbeitnehmer ausgegeben werden[99].

35 **Aktienoptionspläne** für Arbeitnehmer können **nicht** nach § 71 Abs. 1 Nr. 2 bedient werden[100], sondern nur nach § 71 Abs. 1 Nr. 8 auf Grund eines Beschlusses der Hauptversammlung in entsprechender Anwendung des § 193 Abs. 2 Nr. 4 (vgl. hierzu Rz. 85 f.). Denn der Verwässerungseffekt für die Aktionäre ist hier viel weniger kalkulierbar und kann größer sein, als wenn die Aktien sogleich an die Arbeitnehmer ausgegeben werden. Aktienoptionspläne sind wie eine Kurswette zwischen den Op-

---

166 ff.; *Werner*, AG 1972, 93, 96 re.Sp.; *Flechtheim* in Düringer/Hachenburg, HGB, 3. Aufl., Bd. III/1, 1934, § 226 HGB Anm. 17; mit gleicher Grundtendenz BGH v. 6.10.1960 – II ZR 150/58, BGHZ 33, 175, 182 f., 185 ff. (betr. Kapitalerhöhung mit Bezugsrechtsausschluss). Offen gelassen in BFH v. 16.2.1977 – I R 163/75, BFHE 122, 52, 54 = BStBl. II 1977, 572.

92 *Lutter/Drygala* in KölnKomm. AktG, 3. Aufl., § 71 AktG Rz. 74; *Wieneke* in Bürgers/Körber, § 71 AktG Rz. 17.

93 RegE für das 2. FFG, BT-Drucks. 12/6679 v. 27.1.1994, Begründung zu Art. 4 Nr. 2 (betr. § 71), S. 83 re.Sp.

94 RegE für das KonTraG, BT-Drucks. 13/9712 v. 28.1.1998, Anlage 1, Begründung zu Art. 1 Nr. 4–5 (betr. § 71), S. 15 li.Sp.; LG Mainz v. 27.8.2004 – 11 HK.O 16/04, NZG 2005, 325 re.Sp.; *Lutter/Drygala* in KölnKomm. AktG, 3. Aufl., § 71 AktG Rz. 76.

95 *Lutter/Drygala* in KölnKomm. AktG, 3. Aufl., § 71 AktG Rz. 68 f. Strenger *Cahn* in Spindler/Stilz, § 71 AktG Rz. 61 (stets Vorstandsbeschluss).

96 *Oechsler* in MünchKomm. AktG, 3. Aufl., § 71 AktG Rz. 146; *Wieneke* in Bürgers/Körber, § 71 AktG Rz. 17.

97 *Lutter/Drygala* in KölnKomm. AktG, 3. Aufl., § 71 AktG Rz. 71, 85; *Merkt* in Großkomm. AktG, 4. Aufl., § 71 AktG Rz. 194; *Hüffer*, § 71 AktG Rz. 13, 23.

98 *Oechsler* in MünchKomm. AktG, 3. Aufl., § 71 AktG Rz. 143 und Rz. 335, § 71c AktG Rz. 7; auch *Lutter/Drygala* in KölnKomm. AktG, 3. Aufl., § 71 AktG Rz. 85, § 71c AktG Rz. 21.

99 *Oechsler* in MünchKomm. AktG, 3. Aufl., § 71 AktG Rz. 335.

100 Referentenentwurf 1996 für das KonTraG, Begründung zu Art. 1 Nr. 4 (betr. § 71), ZIP 1996, 2129, 2130 re.Sp.; *Weiß*, Aktienoptionspläne für Führungskräfte, 1999, S. 242 f.; *Hüffer*, ZHR 161 (1997), 214, 220 f.; auch *Hüffer*, § 71 AktG Rz. 12. Anders *Oechsler* in MünchKomm. AktG, 3. Aufl., § 71 AktG Rz. 138; *Lutter/Drygala* in KölnKomm. AktG, 3. Aufl., § 71 AktG Rz. 82; *Cahn* in Spindler/Stilz, § 71 AktG Rz. 64; *Umnuß/Ehle*, BB 2002, 1042.

tionsberechtigten und den alten Aktionären, und diese müssen selbst entscheiden, ob sie sich darauf einlassen (arg. §§ 192 f., 71 Abs. 1 Nr. 8 Satz 5 Halbsatz 2).

### 3. Abfindung von Aktionären (§ 71 Abs. 1 Nr. 3)

#### a) Grundriss

Bei bestimmten **Konzernierungs- und Umwandlungsmaßnahmen** muss die Gesellschaft Aktionäre abfinden, und nach § 71 Abs. 1 Nr. 3 darf sie hierfür eigene Aktien ohne Ermächtigungsbeschluss der Hauptversammlung erwerben. Das gilt auch für nicht voll eingezahlte Aktien (§ 71 Abs. 2 Satz 3); doch gelten die 10 % – Grenze für den Bestand an eigenen Aktien (§ 71 Abs. 2 Satz 1) und die allgemeine Kapitalerhaltungsschranke (§ 71 Abs. 2 Satz 2) auch hier.

36

#### b) Konzernrechtliche Abfindungsfälle

Bei der **Eingliederung** durch Mehrheitsbeschluss (§ 320) gehen die Aktien der Minderheitsaktionäre der eingegliederten Gesellschaft auf die Hauptgesellschaft über (§ 320a). Im Gegenzug müssen die ausscheidenden Minderheitsaktionäre grundsätzlich mit Aktien der Hauptgesellschaft abgefunden werden (§ 320b). Hierfür darf diese nach § 71 Abs. 1 Nr. 3 eigene Aktien erwerben. Und beim Abschluss eines **Beherrschungs- oder Gewinnabführungsvertrags** können die außenstehenden Aktionäre der Untergesellschaft ihre Anteile in Aktien der Obergesellschaft eintauschen oder, wenn diese noch eine Muttergesellschaft über sich hat, in Aktien der Mutter (§ 305). Auch hierfür darf die verpflichtete Obergesellschaft eigene Aktien erwerben (§ 71 Abs. 1 Nr. 3) oder Aktien ihrer Muttergesellschaft (§ 71d Satz 3), oder die Mutter erwirbt eigene Aktien und stellt sie ihrer abfindungsverpflichteten Tochter zur Verfügung[101]. Die Gesellschaft erwirbt die Aktien in all diesen Fällen nur vorübergehend, um **neue Aktionäre in die Gesellschaft aufzunehmen**[102].

37

Für die Rechtmäßigkeit des Aktienrückerwerbs kommt es darauf an, dass der **Vorstand** im Erwerbszeitpunkt, also beim Abschluss des schuldrechtlichen Erwerbsgeschäfts, von der ernsthaften **Absicht** geleitet ist, die Aktien für die genannten Abfindungszwecke **zu verwenden**, und diese Absicht muss nachprüfbar in Erscheinung treten[103], also in der Regel durch einen Vorstandsbeschluss dokumentiert sein (vgl. Rz. 33). Außerdem müssen die erforderlichen Anteilseignerbeschlüsse über die abfindungsbegründende Strukturmaßnahme gefasst[104] oder zumindest konkret und realisierbar geplant sein[105]. Kommt die Abfindung später nicht zu Stande, bleibt der Erwerb rechtmäßig, aber die Aktien müssen entsprechend § 71c Abs. 1 binnen eines Jahres anderweitig veräußert werden[106].

38

#### c) Umwandlungsrechtliche Abfindungsfälle

Bei einer **Verschmelzung** muss der übernehmende oder neue Rechtsträger unter bestimmten Voraussetzungen Anteilsinhabern des übertragenden Rechtsträgers den Erwerb ihrer Anteile gegen angemessene Barabfindung anbieten (**§ 29 Abs. 1** und § 36 Abs. 1 UmwG). Die Abfindung wird erst nach Eintragung der Verschmelzung im Handelsregister gewährt (§ 31 UmwG), also nachdem die abfindungsberechtigten An-

39

---

101 *Lutter/Drygala* in KölnKomm. AktG, 3. Aufl., § 71 AktG Rz. 89.
102 *Lutter/Drygala* in KölnKomm. AktG, 3. Aufl., § 71 AktG Rz. 88, 93.
103 *Merkt* in Großkomm. AktG, 4. Aufl., § 71 AktG Rz. 214 und h.M.
104 So grundsätzlich *Lutter/Drygala* in KölnKomm. AktG, 3. Aufl., § 71 AktG Rz. 105.
105 *Merkt* in Großkomm. AktG, 4. Aufl., § 71 AktG Rz. 214; *Oechsler* in MünchKomm. AktG, 3. Aufl., § 71 AktG Rz. 163.
106 *Oechsler* in MünchKomm. AktG, 3. Aufl., § 71 AktG Rz. 163 a.E und § 71c AktG Rz. 4.

teilsinhaber bereits Aktionäre der übernehmenden oder neuen Aktiengesellschaft geworden sind (§ 20 Abs. 1 Nr. 3 UmwG). Diese erwirbt daher im Gegenzug für die Abfindung ihre eigenen Aktien. Entsprechend verhält es sich nach **§ 125 Satz 1** i.V.m. § 29 Abs. 1 **UmwG** bei der **Aufspaltung und Abspaltung** (nicht aber bei der Ausgliederung). Und vor allem kann beim **Formwechsel** jeder widersprechende Anteilsinhaber von der Gesellschaft nach **§ 207 Abs. 1 Satz 1 UmwG** verlangen, dass sie ihm seine umgewandelten Anteile gegen angemessene Barabfindung abnimmt. Der Aktienrückerwerb zielt hier anders als in den konzernrechtlichen Abfindungsfällen (Rz. 37) vor allem auf den Austritt von **Aktionären aus der Gesellschaft**, und diese erwirbt ihre eigenen Aktien möglicher Weise auf Dauer[107].

### d) Abfindung und Kapitalerhaltung

40 Da Umwandlungsbeschlüsse grundsätzlich einer Dreiviertel-Mehrheit bedürfen, können bis zu **25 %** der Anteilsinhaber von der Gesellschaft den Rückerwerb ihrer Aktien gegen Abfindung verlangen. Auf der anderen Seite darf aber die Gesellschaft nach § 71 Abs. 1 Nr. 3 höchstens **10 %** ihrer Aktien zurückerwerben (§ 71 Abs. 2 Satz 1) und auch das nur zu Lasten ausschüttungsfähigen Gesellschaftsvermögens (§ 71 Abs. 2 Satz 2). Dieser **Widerspruch** ist im Gesetz schlecht aufgelöst. In § 29 Abs. 1 Satz 1 Halbsatz 2 und § 207 Abs. 1 Satz 1 Halbsatz 2 UmwG heißt es, dass auf die dort geregelten Abfindungsfälle § 71 Abs. 4 Satz 2 (betr. die schuldrechtliche Nichtigkeit eines regelwidrigen Aktienrückerwerbs) nicht anzuwenden ist. Der Aktienrückerwerb ist also nicht nur dinglich, sondern auch schuldrechtlich wirksam, selbst wenn er über die 10 % – Grenze hinausgeht oder gegen die Kapitalerhaltung verstößt. Aber die 10 % – Grenze und die Kapitalerhaltung als solche sind nicht aufgehoben, so dass ein übersteigender Aktienrückerwerb insoweit regelwidrig bleibt[108].

41 Am ehesten lässt sich dieser **Widerspruch** so **überbrücken**: Wenn sich schon vor den Umwandlungsbeschlüssen der Anteilseignerversammlungen abzeichnet, dass die Abfindungsverlangen über die 10 % – Grenze hinausgehen oder mit der Kapitalerhaltung unvereinbar sind, müssen solche Beschlüsse unterbleiben, andernfalls sind sie fehlerhaft und anfechtbar[109], wenn nicht gar wegen Verstoßes gegen den Gläubigerschutz nichtig (§ 241 Nr. 3)[110]. Tritt dagegen ein solches Übermaß von Abfindungsverlangen erst später zu Tage, wird der Beschluss nicht nachträglich rechtswidrig, und die übernehmende oder neue Gesellschaft kann und muss die Aktien trotz des Gesetzesverstoßes zurückerwerben[111] (vgl. aber auch § 71c Rz. 6). Und selbst eine fehlerhafte Umwandlung wird mit Eintragung im Handelsregister bestandsfest (§ 20

---

107 *Grunewald* in FS Boujong, 1996, S. 175 ff.
108 *Grunewald* in Lutter, § 29 UmwG Rz. 24 m.w.N.; *Petersen*, Der Gläubigerschutz im Umwandlungsrecht, 2001, S. 27 ff.; *Lutter* in FS Wiedemann, 2002, S. 1097, 1108. Anders *Cahn* in Spindler/Stilz, § 71 AktG Rz. 70; *Lutter/Drygala* in KölnKomm. AktG, 3. Aufl., § 71 AktG Rz. 209. Nicht eindeutig Fraktionsentwurf für das UmwBerG, BT-Drucks. 12/6699 v. 1.2.1994, Begründung zu Art. 1, § 29 UmwG, S. 94 (Minderheitenschutz) und Begründung zu Art. 6 Nr. 1 (betr. § 71), S. 177 li.Sp. (Gläubigerschutz).
109 *Grunewald* in Lutter, § 29 UmwG Rz. 24; *Decher* in Lutter, § 207 UmwG Rz. 18; einschränkend *Kitanoff*, Der Erwerb eigener Aktien, S. 120 f. (nur bei Verstoß gegen die Kapitalerhaltung). Anders *Cahn* in Spindler/Stilz, § 71 AktG Rz. 70; *Lutter/Drygala* in KölnKomm. AktG, 3. Aufl., § 71 AktG Rz. 209.
110 Hierfür *Merkt* in Großkomm. AktG, 4. Aufl., § 71 AktG Rz. 339; *Oechsler* in MünchKomm. AktG, 3. Aufl., § 71 AktG Rz. 154, 315.
111 *Grunewald* in Lutter, § 29 UmwG Rz. 25 ff. m.w.N.; *Merkt* in Großkomm. AktG, 4. Aufl., § 71 AktG Rz. 216 f., auch Rz. 340; *Oechsler* in MünchKomm. AktG, 3. Aufl., § 71 AktG Rz. 154. Anders *Petersen*, Der Gläubigerschutz im Umwandlungsrecht, 2001, S. 29 ff.; *Kitanoff*, Der Erwerb eigener Aktien, S. 123 f.

Abs. 2 UmwG); das erstreckt sich dann auch auf den regelwidrigen Aktienrückerwerb[112].

### e) Weitere Abfindungsfälle

Obwohl der Gesetzgeber die Bestimmung des § 71 Abs. 1 Nr. 3 auf die dort ausdrücklich genannten Konzernierungs- und Umwandlungsfälle beschränkt sehen wollte[113], ist eine **entsprechende Anwendung** auf andere Gestaltungen nicht schlechthin ausgeschlossen[114]. So können beim Rückzug der Gesellschaft von der Börse (**Delisting**) widersprechende Aktionäre gegen Abfindung aus der Gesellschaft ausscheiden (s. § 119 Rz. 53). Hierfür kann die Gesellschaft eigene Aktien erwerben[115], und zwar analog § 71 Abs. 1 Nr. 3[116]. Der Aktienrückkauf ist auch hier nach den Worten des BGH nur „in den nach §§ 71 f. AktG bestehenden Grenzen" zulässig[117]. Gehen indessen die Abfindungsverlangen über die 10 % – Grenze oder über die Kapitalerhaltungsschranke hinaus, muss man ebenso verfahren wie in den umwandlungsrechtlichen Abfindungsfällen (s. Rz. 41), mit denen das Delisting verwandt ist[118]. Des Weiteren kann bei einer **Konzernverschmelzung** ohne Hauptversammlungsbeschluss (§ 62 UmwG) die übernehmende Muttergesellschaft den Minderheitsgesellschaftern der übertragenden Tochtergesellschaft, die jetzt in die Muttergesellschaft eintreten, nicht nur neue Aktien aus einer Kapitalerhöhung geben, sondern auch eigene Aktien, die sie zu diesem Zweck analog § 71 Abs. 1 Nr. 3 zurückerwerben darf[119]. Ein weiterer Analogiefall ist die kapitalmarktrechtliche Schadensersatzhaftung der Gesellschaft gegenüber getäuschten Anlegern (**Prospekthaftung** etc, vgl. § 57 Rz. 66 f.). Die Gesellschaft schuldet hier dem Anleger Naturalrestitution (§ 249 BGB) durch Erstattung des für die Aktien gezahlten Erwerbspreises gegen Rücknahme der Aktien; das gilt ohne Rücksicht auf die Kapitalerhaltungsschranke des § 71 Abs. 2 Satz 2[120]. Auch dieser Aktienrückerwerb lässt sich am ehesten § 71 Abs. 1 Nr. 3 zuordnen, denn er ist ein Wiederhall der Schadensersatzpflicht, und diese beinhaltet eine Abfindung.

42

### 4. Unentgeltlicher Erwerb und Einkaufskommission (§ 71 Abs. 1 Nr. 4)

Ein Erwerb eigener Aktien ohne ermächtigenden Hauptversammlungsbeschluss ist nach § 71 Abs. 1 Nr. 4 zulässig, wenn der Erwerb unentgeltlich geschieht, oder wenn die Gesellschaft ein Kreditinstitut ist (§ 1 Abs. 1 KWG) und mit dem Erwerb eine

43

---

112 *Decher* in Lutter, § 207 UmwG Rz. 18 f. Anders *Petersen*, Der Gläubigerschutz im Umwandlungsrecht, 2001, S. 29 ff.
113 Fraktionsentwurf für das UmwBerG, BT-Drucks. 12/6699 v. 1.2.1994, Begründung zu Art. 6 Nr. 1 (betr. § 71), S. 177 li.Sp.
114 *Merkt* in Großkomm. AktG, 4. Aufl., § 71 AktG Rz. 210; *Hüffer*, § 71 AktG Rz. 15 a.E.; *Martens* in FS Boujong, S. 335, 336 ff., 339 ff.; *Block* in Heidel, § 71 AktG Rz. 40.
115 BGH v. 25.11.2002 – II ZR 133/01, BGHZ 153, 47, 57 = AG 2003, 273 und im Grundsatz h.M., s. die nachfolgend Genannten.
116 *Cahn* in Spindler/Stilz, § 71 AktG Rz. 156; *Merkt* in Großkomm. AktG, 4. Aufl., § 71 AktG Rz. 213; *Lutter/Drygala* in KölnKomm. AktG, 3. Aufl., § 71 AktG Rz. 96 f. Anders *Henze*, NZG 2003, 649, 650 (für Anwendung des § 71 Abs. 1 Nr. 8).
117 BGH v. 25.11.2002 – II ZR 133/01, BGHZ 153, 47, 57 = AG 2003, 273.
118 *Cahn* in Spindler/Stilz, § 71 AktG Rz. 156; mit gleichem Ansatz *Oechsler* in MünchKomm. AktG, 3. Aufl., § 71 AktG Rz. 158. Für strikte Geltung der Mengen- und Kapitalgrenze dagegen *Kleindiek* in FS G. Bezzenberger, 2000, S. 653, 666 ff.; *Vollmer/Grupp*, ZGR 1995, 459, 476.
119 *Lutter/Drygala* in KölnKomm. AktG, 3. Aufl., § 71 AktG Rz. 94; *Cahn* in Spindler/Stilz, § 71 AktG Rz. 72; *Martens* in FS Boujong, S. 335, 336 ff., 339 ff. Anders *Merkt* in Großkomm. AktG, 4. Aufl., § 71 AktG Rz. 211 f.
120 Vgl. BGH v. 9.5.2005 – II ZR 287/02, NJW 2005, 2451 ff.; bestätigend BGH v. 3.3.2008 – II ZR 310/06, NJW-RR 2008, 1004 f. = AG 2008, 377. Kritisch *Lutter/Drygala* in KölnKomm. AktG, 3. Aufl., § 71 AktG Rz. 99 ff.

Einkaufskommission ausführt (§§ 383 ff. HGB). Die Aktien müssen **voll eingezahlt** sein (§ 71 Abs. 2 Satz 3), aber die **10 % – Grenze** (§ 71 Abs. 2 Satz 1) und die **Kapitalerhaltungsschranke** (§ 71 Abs. 2 Satz 2) **gelten nicht**. Denn beim unentgeltlichen Erwerb droht von vornherein keine Gefahr für die Kapitalerhaltung, und bei der Einkaufskommission erwirbt die Gesellschaft die Aktien nur ganz vorübergehend.

44 **Unentgeltlich** ist der Erwerb, wenn die Gesellschaft keinerlei Gegenleistung[121] und auch keine sonstigen privatrechtlichen Vermögensopfer erbringen muss[122]. So bei der Schenkung und beim Vermächtnis[123], nicht dagegen bei der gemischten Schenkung, beim Vermächtnis unter Auflage[124] und auch nicht bei der Schenkung unter Auflage, soweit die Auflagen das ohne die eigenen Aktien vorhandene Gesellschaftsvermögen vermindern oder belasten würden. Eine Belastung der Gesellschaft mit Erbschaft- oder Schenkungsteuer schließt dagegen die Unentgeltlichkeit nicht aus[125]. Unentgeltlich ist auch die Hereinnahme eigener Aktien auf Grund eines unverzinslichen Wertpapierdarlehens[126].

45 Bei der **Einkaufskommission** muss der Kommissionsvertrag bereits geschlossen sein, wenn die Gesellschaft die Aktien erwirbt[127]. Nimmt der Kommittent die Aktien nicht ab, wird der Erwerb nicht nachträglich unzulässig[128], aber die Gesellschaft muss die Aktien analog § 71c Abs. 1 binnen eines Jahres anderweitig veräußern[129] (vgl. Rz. 34, 38). Die Gesellschaft kann die Kommission auch im Wege des **Selbsteintritts** (§ 400 HGB) mit anderweitig erworbenen eigenen Aktien ausführen und sich dann nach verbreiteter Ansicht später in gleicher Höhe entsprechend § 71 Abs. 1 Nr. 4 wieder eindecken[130]. Letzteres überzeugt nicht; die genannte Bestimmung will den Aktienbanken die Einkaufskommission ermöglichen und nicht ihre Bestände an Eigenaktien hoch halten.

### 5. Gesamtrechtsnachfolge (§ 71 Abs. 1 Nr. 5)

46 Auch auf diese Weise kann die Gesellschaft eigene Aktien ohne ermächtigenden Hauptversammlungsbeschluss erwerben und ohne die Mengen- und Kapitalschranken des § 71 Abs. 2. Das Gesetz will die Gesamtrechtsnachfolge, die ohnehin nur in besonders normierten Fällen stattfindet, nicht daran scheitern lassen, dass sie einen

---

121 OLG Hamburg v. 18.9.2009 – 11 U 183/07, juris, Rz. 79; *Merkt* in Großkomm. AktG, 4. Aufl., § 71 AktG Rz. 221; *Cahn* in Spindler/Stilz, § 71 AktG Rz. 76.
122 OLG Hamburg v. 18.9.2009 – 11 U 183/07, juris, Rz. 83 f.
123 *Merkt* in Großkomm. AktG, 4. Aufl., § 71 AktG Rz. 221; *Wieneke* in Bürgers/Körber, § 71 AktG Rz. 24.
124 *Merkt* in Großkomm. AktG, 4. Aufl., § 71 AktG Rz. 221; *Block* in Heidel, § 71 AktG Rz. 45.
125 OLG Hamburg v. 18.9.2009 – 11 U 183/07, juris, Rz. 79; *Merkt* in Großkomm. AktG, 4. Aufl., § 71 AktG Rz. 221.
126 Hiervon ausgehend wohl auch OLG Hamburg v. 18.9.2009 – 11 U 183/07, juris, Rz. 80 ff. (wo aber letzten Endes keine Unentgeltlichkeit vorlag).
127 *Merkt* in Großkomm. AktG, 4. Aufl., § 71 AktG Rz. 226; *Lutter/Drygala* in KölnKomm. AktG, 3. Aufl., § 71 AktG Rz. 222.
128 *Lutter/Drygala* in KölnKomm. AktG, 3. Aufl., § 71 AktG Rz. 222; *Wieneke* in Bürgers/Körber, § 71 AktG Rz. 25.
129 *Merkt* in Großkomm. AktG, 4. Aufl., § 71 AktG Rz. 227; dem zuneigend auch *Oechsler* in MünchKomm. AktG, 3. Aufl., § 71 AktG Rz. 169. Anders (Veräußerungspflicht nur nach § 71c Abs. 2) *Lutter/Drygala* in KölnKomm. AktG, 3. Aufl., § 71 AktG Rz. 222; *Cahn* in Spindler/Stilz, § 71 AktG Rz. 76.
130 *Merkt* in Großkomm. AktG, 4. Aufl., § 71 AktG Rz. 224; *Lutter/Drygala* in KölnKomm. AktG, 3. Aufl., § 71 AktG Rz. 223; *Cahn* in Spindler/Stilz, § 71 AktG Rz. 78.

Erwerb eigener Aktien mit sich bringt[131]. In Betracht kommt ein Vermögenserwerb durch Erbschaft (§ 1922 BGB, zum Vermächtnis Rz. 44) und vor allem durch **Verschmelzung** im Wege der Aufnahme (§ 20 Abs. 1 Nr. 1 UmwG), denn wenn der übertragende Rechtsträger Aktien der übernehmenden Gesellschaft hält, werden diese durch die Verschmelzung zu eigenen Aktien der übernehmenden Gesellschaft[132].

## 6. Erwerb eigener Aktien zur Einziehung (§ 71 Abs. 1 Nr. 6)

### a) Gesetzessystematik und Ablauf

Nach § 71 Abs. 1 Nr. 6 kann die Gesellschaft eigene Aktien „auf Grund eines Beschlusses der Hauptversammlung zur Einziehung nach den Vorschriften über die Herabsetzung des Grundkapitals" erwerben. Das verweist auf die §§ 237–239 über die Kapitalherabsetzung durch Einziehung von Aktien sowie die Einziehung von Stückaktien ohne Kapitalherabsetzung. Hiernach können „Aktien ... nach Erwerb durch die Gesellschaft eingezogen werden" (§ 237 Abs. 1 Satz 1 Fall 2), wobei die Einziehung grundsätzlich mit einer Kapitalherabsetzung einhergeht. Erforderlich ist dann ein **Hauptversammlungs**beschluss über die Kapitalherabsetzung durch Einziehung zurückzuerwerbender Aktien (§ 237 Abs. 2 Satz 1 und Abs. 4). Dieser Beschluss muss dem Aktienerwerb vorausgehen[133] und den Herabsetzungsbetrag des Grundkapitals sowie die Zahl der einzuziehenden Aktien vorab bestimmen oder zumindest Eckdaten vorgeben[134]. Handelt es sich um Stückaktien, so können diese entsprechend § 71 Abs. 1 Nr. 6 zurückerworben und auch ohne Kapitalherabsetzung in der Weise eingezogen werden, dass sich der Anteil der übrigen Aktien am Grundkapital erhöht (§ 237 Abs. 3 Nr. 3)[135], wenn der Hauptversammlungsbeschluss das vorsieht. Der **Vorstand** ist in all den genannten Fällen nicht nur ermächtigt, sondern auch verpflichtet, den Beschluss auszuführen, also die Aktien für die Gesellschaft zurückzuerwerben und anschließend unverzüglich deren Einziehung zu verfügen; dann erlöschen die Aktien in den Händen der Gesellschaft.

47

### b) Kapitalerhaltung

Für den Erwerb eigener Aktien nach § 71 Abs. 1 Nr. 6 zur Einziehung enthalten die Regeln über den Aktienrückerwerb keine mengen- und kapitalbezogenen Erwerbsschranken (§ 71 Abs. 2). Der Gläubigerschutz und die Kapitalerhaltung richten sich vielmehr nach den **Regeln über die Kapitalherabsetzung**[136]. Grundsätzlich muss danach die Gesellschaft den Gläubigern auf Verlangen Sicherheit leisten, und sie darf den Aktionären erst nach einem halben Jahr Kapital auszahlen (§ 225), auch bei der Kapitalherabsetzung durch Einziehung von Aktien (§ 237 Abs. 2 und hierzu § 237 Rz. 30 ff.). Diese Erschwernisse gelten jedoch nicht im vereinfachten Einziehungsverfahren, das heißt, wenn die einzuziehenden Aktien voll eingezahlt sind und entweder unentgeltlich oder zu Lasten eines Bilanzgewinns oder von ausschüttungsfähigen Gewinnrücklagen eingezogen werden (§ 237 Abs. 3 Nr. 1 und 2). Letzteres deckt sich im

48

---

131 RegE für das AktG, BT-Drucks. IV/171 v. 3.2.1962, Anlage 1, Begründung zu § 68 [= § 71], S. 118 re.Sp., auch bei *Kropff*, Aktiengesetz, § 71, S. 91.
132 Hierzu und zu weiteren Fällen *Merkt* in Großkomm. AktG, 4. Aufl., § 71 AktG Rz. 228 ff.; *Block* in Heidel, § 71 AktG Rz. 51.
133 RegE für das KonTraG, BT-Drucks. 13/9712 v. 28.1.1998, Anlage 1, Begründung zu Art. 1 Nr. 4–5 (betr. § 71), S. 13 re.Sp.; *Lutter/Drygala* in KölnKomm. AktG, 3. Aufl., § 71 AktG Rz. 232, auch Rz. 196.
134 Näher *T. Bezzenberger*, Erwerb eigener Aktien, Rz. 39 f.
135 *Krieger* in MünchHdb. AG, § 62 Rz. 32; *Cahn* in Spindler/Stilz, § 71 AktG Rz. 82; *Kitanoff*, Der Erwerb eigener Aktien, S. 115.
136 *Merkt* in Großkomm. AktG, 4. Aufl., § 71 AktG Rz. 233; *Wieneke/Förl*, AG 2005, 189, 192; *T. Bezzenberger*, Erwerb eigener Aktien, Rz. 37 f.

Wesentlichen mit den Kapitalschranken des Aktienrückerwerbs (§ 72 Abs. 2 Satz 2, s. Rz. 59). Wenn die Aktieneinziehung mit einer Herabsetzung des Grundkapitals einhergeht, muss darüber hinaus beim vereinfachten Einziehungsverfahren der ursprünglich auf die eingezogenen Aktien entfallende Betrag des Grundkapitals in die Kapitalrücklage eingestellt werden (§ 237 Abs. 5), so dass er gegen Ausschüttungen gesperrt bleibt. Werden Stückaktien nach § 237 Abs. 3 Nr. 3 ohne Kapitalherabsetzung eingezogen (Rz. 47), so entfällt die Einstellung in die Kapitalrücklage, aber der Einziehungserwerb muss ebenfalls unentgeltlich oder zu Lasten freier Mittel erfolgen, um der Kapitalerhaltung zu genügen[137].

### 7. Handelsbestand von Finanzhäusern (§ 71 Abs. 1 Nr. 7)

49 Nach dieser Bestimmung dürfen Kreditinstitute (§ 1 Abs. 1 KWG), Finanzdienstleistungsinstitute (§ 1 Abs. 1a KWG) und Finanzunternehmen (§ 1 Abs. 3 KWG) in der Rechtsform einer Aktiengesellschaft mit Ermächtigung der Hauptversammlung eigene Aktien zurückerwerben, um laufend bis zu fünf Prozent ihrer Aktien als Handelsbestand zum Zwecke des Wertpapierhandels vorzuhalten[138]. Das umfasst den Eigenhandel in seinen verschiedenen Erscheinungsformen, auch im Zusammenhang mit einer Wertpapierleihe[139], Hedging-Geschäften und der Begründung oder Ausübung von Optionen[140]. Für die Formulierung des Hauptversammlungsbeschlusses genügt die Wiederholung der Gesetzesworte **„zum Zwecke des Wertpapierhandels"**[141]. Darin liegt dann auch die Ermächtigung zur Wiederveräußerung der eigenen Aktien im Rahmen des Wertpapierhandels. Andere Zwecke dürfen nicht verfolgt werden. Die Ermächtigung muss **Höchst- und Mindestpreise** festlegen, was auch in relativer Anbindung an den Börsenkurs geschehen kann[142] (vgl. Rz. 22), und darf für **höchstens fünf Jahre** erteilt werden (vgl. Rz. 19 f.).

50 Des Weiteren muss der Ermächtigungsbeschluss bestimmen, dass der „Handelsbestand der zu diesem Zweck [d.h. zum Zwecke des Wertpapierhandels] zu erwerbenden Aktien **fünf vom Hundert des Grundkapitals** am Ende jeden Tages nicht übersteigen darf"; auch insoweit genügt die Wiederholung des Gesetzeswortlauts im Beschluss. Bezugsgröße ist das Grundkapital am jeweiligen Stichtag[143]. Die 5 %-Grenze bezieht sich nicht auf die Anzahl an Aktien, welche die Gesellschaft auf Grund der Ermächtigung erwerben darf, sondern auf den Handelsbestand, den sie in Händen halten darf. Dieser darf außerdem zusammen mit anderweitig erworbenen eigenen Aktien nicht mehr als 10 % aller Aktien betragen (§ 71 Abs. 2 Satz 1). Die nach § 71 Abs. 1 Nr. 7 zurückerworbenen Aktien müssen überdies voll eingezahlt sein (§ 71 Abs. 2 Satz 3) und dürfen nur mit ausschüttungsfähigen Mitteln erworben werden (§ 71 Abs. 2 Satz 2).

---

137 *Krieger* in MünchHdb. AG, § 62 Rz. 32; *Wieneke/Förl*, AG 2005, 189, 192 ff.; *Kitanoff*, Der Erwerb eigener Aktien, S. 119 f. Anders *Cahn* in Spindler/Stilz, § 71 AktG Rz. 82 a.E.
138 Zum wirtschaftlichen und rechtspolitischen Hintergrund *Butzke*, WM 1995, 1389, 1390 ff.
139 Hierzu ausführlich *Cahn/Ostler*, AG 2008, 221, 231 ff.
140 RegE für das 2. FFG, BT-Drucks. 12/6679 v. 27.1.1994, Begründung zu Art. 4 Nr. 2 (betr. § 71), S. 83 f.
141 *Oechsler* in MünchKomm. AktG, 3. Aufl., § 71 AktG Rz. 184; *Hüffer*, § 71 AktG Rz. 19b; *Wieneke* in Bürgers/Körber, § 71 AktG Rz. 28.
142 *Merkt* in Großkomm. AktG, 4. Aufl., § 71 AktG Rz. 249.
143 *Lutter/Drygala* in KölnKomm. AktG, 3. Aufl., § 71 AktG Rz. 113; *Oechsler* in MünchKomm. AktG, 3. Aufl., § 71 AktG Rz. 186. Anders *Hüffer*, § 71 AktG Rz. 19b.

## IV. Mengen- und kapitalbezogene Erwerbsschranken (§ 71 Abs. 2)

### 1. Die 10 %-Schranke (§ 71 Abs. 2 Satz 1)

Auf eigene Aktien in den Händen der Gesellschaft dürfen nach § 71 Abs. 2 Satz 1 grundsätzlich nicht mehr als 10 % des Grundkapitals entfallen. Diese Beschränkung bezieht sich in erster Linie auf das **Halten** eigener Aktien, zum Teil und mittelbar aber auch auf den **Erwerb**. Im Einzelnen ist die Regelung ziemlich verschachtelt. Angesprochen werden zunächst nur „**die zu den Zwecken nach [§ 71] Abs. 1 Nr. 1 bis 3, 7 und 8 erworbenen Aktien**". Das sind der Aktienrückerwerb mit allgemeiner Ermächtigung der Hauptversammlung (Nr. 8) und weiter der Erwerb zur Schadensabwendung (Nr. 1), zur Arbeitnehmerbeteiligung (Nr. 2), zur Abfindung von Aktionären (Nr. 3) und zum Aufbau des Handelsbestands von Finanzhäusern (Nr. 7). Dieser Erwerb ist nur zulässig, wenn hierdurch der Gesamtbestand an eigenen Aktien 10 % nicht übersteigt. Früher zurückerworbene, aber bereits wieder veräußerte Eigenaktien zählen hierbei nicht mit[144]. Der Erwerb eigener Aktien nach den übrigen Erwerbstatbeständen unterliegt dagegen nicht dieser mengenmäßigen Beschränkung, also nicht der unentgeltliche Erwerb und die Aktien-Einkaufskommission (Nr. 4), die Gesamtrechtsnachfolge (Nr. 5) oder der Erwerb zur Einziehung (Nr. 6). Allerdings werden auch die so erworbenen eigenen Aktien in den Gesamtbestand einberechnet, dessen Höhe den Erwerb eigener Aktien nach den zuerst genannten Erlaubnistatbeständen beschränkt[145]. 51

Wenn also zum **Beispiel** die Gesellschaft 8 % ihrer Aktien im Wege der Gesamtrechtsnachfolge erworben hat (§ 71 Abs. 1 Nr. 5), darf sie jetzt mit allgemeiner Ermächtigung der Hauptversammlung (§ 71 Abs. 1 Nr. 8) nur 2 % hinzuerwerben, weil die bereits erworbenen Gesamtrechtsnachfolge-Aktien auf den Höchstbestand der Ermächtigungs-Aktien angerechnet werden. Hat aber umgekehrt die Gesellschaft schon 2 % ihrer Aktien nach Abs. 1 Nr. 8 mit Ermächtigung der Hauptversammlung erworben, kann sie anschließend beliebig viele zusätzliche Aktien durch Gesamtrechtsnachfolge erwerben, denn dieser Erwerb unterliegt nicht der 10 %-Schranke. Und auch die schon vorhandenen 2 % Ermächtigungs-Aktien bleiben im Rahmen des Erlaubten, denn auf deren zulässigen Höchstbestand sind nach § 71 Abs. 2 Satz 1 nur diejenigen anderen Eigenaktien anzurechnen, „welche die Gesellschaft bereits erworben hat", nicht dagegen später erworbene eigene Aktien. Die Gesellschaft muss allerdings den Gesamtbestand an eigenen Aktien innerhalb von drei Jahren auf 10 % zurückführen (§ 71c Abs. 2, vgl. § 71c Rz. 6 ff.). 52

Den eigenen Aktien stehen Aktien der Gesellschaft gleich, die einem Tochterunternehmen gehören oder von einem Dritten gehalten werden, der für Rechnung der Gesellschaft oder ihres Tochterunternehmens handelt (§ 71d Satz 3, näher § 71d Rz. 6 f., 15, 24). Auch ausländische Tochterunternehmen und Dritte werden erfasst[146]. Der Innehabung von Aktien der Gesellschaft steht ein Pfandrecht an solchen Aktien gleich (§ 71e Abs. 1 Satz 1, vgl. § 71e Rz. 4, 6, 9). 53

### 2. Bilanzierung und Kapitalerhaltung beim Aktienrückerwerb

#### a) Grundgedanke

Da der Erwerb eigener Aktien eine Ausschüttung der Gesellschaft an die veräußernden Aktionäre ist (Rz. 3), unterliegt er zum Schutz der Gesellschaftsgläubiger den 54

---

144 *Cahn* in Spindler/Stilz, § 71 AktG Rz. 218.
145 *Lutter/Drygala* in KölnKomm. AktG, 3. Aufl., § 71 AktG Rz. 204; *Oechsler* in MünchKomm. AktG, 3. Aufl., § 71 AktG Rz. 308, 311 f.
146 *Lutter/Drygala* in KölnKomm. AktG, 3. Aufl., § 71 AktG Rz. 213.

**Ausschüttungsschranken der Kapitalerhaltung.** Die Gesellschaft darf ihre Aktien nur mit Mitteln zurückerwerben, die sie auch als Dividende an die Aktionäre ausschütten könnte (vgl. schon Rz. 4), das heißt zu Lasten von freien, ausschüttungsfähigen Gewinnrücklagen oder anderer Jahresabschlussposten, die in Bilanzgewinn verwandelt werden können. Das nach dem Aktienrückkauf verbleibende bilanzielle Reinvermögen der Gesellschaft muss sowohl das Grundkapital als auch die gebundenen, ausschüttungssperrenden Rücklagen abdecken, also vor allem die Kapitalrücklage in ihren wichtigsten Spielarten[147] und die gesetzliche Gewinnrücklage (vgl. § 150 AktG und § 272 Abs. 2 Nr. 1–3 HGB). So ist es auch in der europäischen Kapitalrichtlinie vorgegeben. Der Erwerb eigener Aktien, so heißt es dort, „darf nicht dazu führen, dass das Nettoaktivvermögen [gemeint ist das bilanzielle Reinvermögen der Gesellschaft[148]] den in Artikel 15 Absatz 1 Buchstaben a und b genannten Betrag unterschreitet" (Art. 19 Abs. 1 Satz 2 lit. b Kapitalrichtlinie), also „den Betrag des gezeichneten Kapitals zuzüglich der Rücklagen, deren Ausschüttung das [jeweilige nationale] Gesetz oder die Satzung nicht gestattet" (Art. 15 Abs. 1 lit. a Kapitalrichtlinie).

### b) Rückblick auf die Gesetzesentwicklung

55 Um die gesetzestechnische Ausformung dieses Grundgedankens zu verstehen, muss man sich in Erinnerung rufen, dass eigene Aktien **bis zum BilMoG** von 2009 (vgl. Rz. 15) grundsätzlich in der Bilanz zu Anschaffungskosten **aktiviert** werden mussten („Bruttoausweis"). Als Gegengewicht war in entsprechender Höhe auf der Passivseite der Bilanz eine gebundene **Rücklage für eigene Aktien** zu bilden (§ 272 Abs. 4 Satz 1 HGB a.F.). Der Wertansatz der eigenen Aktien wurde so aus dem Ausschüttungsspielraum der Gesellschaft wieder hinausgerechnet[149]. Und der Erwerb dieser Aktien war „nur zulässig, wenn die Gesellschaft die ... Rücklage für eigene Aktien bilden [konnte], ohne das Grundkapital oder eine nach Gesetz oder Satzung zu bildende Rücklage zu mindern, die nicht zu Zahlungen an die Aktionäre verwendet werden darf" (§ 71 Abs. 2 Satz 2 a.F.). Das ist zwar in dieser Form Geschichte, aber zum Verständnis des geltenden Rechts immer noch hilfreich.

### c) Bilanzielle Behandlung des Aktienrückerwerbs

56 **Seit dem BilMoG** von 2009 dürfen **eigene Aktien** in der Bilanz **nicht mehr aktiviert** werden[150], denn sie sind in den Händen der Gesellschaft keine Vermögensgegenstände[151] (vgl. Rz. 2). Zahlt also die Gesellschaft für die zurückerworbenen Aktien ein Entgelt, so fließen diese Mittel ergebnisneutral aus den Aktiva ab, und nichts kommt stattdessen herein. Der Ausschüttungscharakter des Aktienrückerwerbs (Rz. 3 f.) wird so zutreffend abgebildet. Die Neuregelung beseitigt auch noch einen weiteren Schwachpunkt des früheren Rechts. Die damals gebotene Aktivierung eigener Ak-

---

147 Eine Ausnahme gilt für den Sonderfall der Kapitalrücklage nach § 272 Abs. 2 Nr. 4 HGB (Zuzahlungen der Aktionäre in das Eigenkapital); ein solcher Posten unterliegt nach § 150 Abs. 2–3 keinen Verwendungsbeschränkungen und kann daher ausgeschüttet und auch zur Finanzierung von Aktienrückkäufen verwendet werden; *ADS*, § 272 HGB Rz. 191 und 185; hiervon ausgehend auch OLG Stuttgart v. 25.11.2009 – 20 U 5/09, WM 2010, 120, 124 li.Sp. = AG 2010, 133.
148 *T. Bezzenberger*, Das Kapital der Aktiengesellschaft, S. 26.
149 *T. Bezzenberger*, Erwerb eigener Aktien, Rz. 88 ff.
150 Ausführlich hierzu und zum Folgenden *Kropff*, ZIP 2009, 1137, 1140 ff. S. auch *Hirsch*, Der Erwerb eigener Aktien nach dem KonTraG, S. 201 ff., 226 ff.; *T. Bezzenberger*, Erwerb eigener Aktien, Rz. 104 ff.; beide zu § 272 Abs. 1 Satz 4–5 HGB a.F., wo schon damals unter bestimmten Ausnahmevoraussetzungen ein Nettoausweis eigener Aktien vorgesehen war.
151 Ebenso der Sache nach RegE für das BilMoG, BT-Drucks. 16/10067 v. 30.7.2008, Anlage 1, Begründung zu Art. 1 Nr. 23 (betr. § 272 HGB), S. 65 re.Sp.

tien führte nämlich dazu, dass geschäftliche Verluste der Gesellschaft zu einer Abschreibung auf den Wertansatz der Eigenaktien nötigen konnten und auf diese Weise doppelt zu Buche schlugen. Da eigene Aktien heute auf der Aktivseite der Bilanz nicht mehr erscheinen, gibt es auf der Passivseite der Bilanz auch keine Rücklage für eigene Aktien mehr. Vielmehr wird das Entgelt für den Aktienrückkauf auf der Passivseite **vom Eigenkapital abgezogen**. Das ist ist der bilanzielle „Nettoausweis" eigener Aktien.

Auf der Passivseite der Bilanz sieht der Nettoausweis so aus: Der Nennbetrag oder **anteilige Grundkapitalsbetrag** der zurückerworbenen Aktien ist „in der Vorspalte offen **von dem Posten ‚gezeichnetes Kapital' abzusetzen**" (§ 272 Abs. 1a Satz 1 HGB). Damit entsteht ein negativer Korrekturposten zum gezeichneten Kapital. Dieses erscheint zwar in der Vorspalte der Bilanz weiterhin in Höhe des satzungsmäßigen Grundkapitals (§ 152 Abs. 1 Satz 1 AktG, § 272 Abs. 1 Satz 2 HGB), aber es geht nur vermindert um den Absetzungsbetrag für die eigenen Aktien in die Hauptspalte der Bilanz und in die Bilanzsumme sowie das bilanzielle Eigenkapital ein (vgl. Rz. 61). Hat etwa eine Gesellschaft mit einem Grundkapital von 100 im abgelaufenen Geschäftsjahr eigene Aktien im Gesamtnennbetrag von 10 zurückerworben, so erscheinen in der Vorspalte der Bilanz das gezeichnete Kapital (100) und der Absetzungsbetrag (minus 10), letzterer etwa unter der Bezeichnung „hiervon [nämlich vom Grundkapital] auf eigene Aktien entfallend" oder „Nennbetrag eigener Aktien". Daraus ergibt sich, immer noch in der Vorspalte, der Saldo von 90, den man als „begebenes Kapital" oder ähnlich bezeichnen kann. Dieser Saldoposten wird dann in die Hauptspalte der Bilanz übertragen. Die Absetzung eigener Aktien vom Grundkapital folgt amerikanischen Vorbildern[152] und lässt den Anteil der zurückerworbenen Aktien aus der Bilanz ersichtlich werden; das verbessert den Informationsgehalt des Jahresabschlusses[153]. Aber es entstehen Probleme für die Kapitalerhaltung (Rz. 60).

57

Soweit die Anschaffungskosten, welche die Gesellschaft für den Rückerwerb eigener Aktien aufwendet, über den Nennbetrag oder anteiligen Grundkapitalsbetrag dieser Aktien hinausgehen, ist der **Unterschiedsbetrag „mit den frei verfügbaren Rücklagen zu verrechnen**" (§ 272 Abs. 1a Satz 2 HGB). Die Rücklagen werden also ergebnisneutral in entsprechendem Umfang vermindert. Auch insoweit wird der Ausschüttungscharakter des Aktienrückkaufs zutreffend abgebildet.

58

#### d) Kapitalerhaltung beim Aktienrückerwerb

Um die Kapitalerhaltung beim Erwerb eigener Aktien zu gewährleisten, geht das Gesetz einen begrifflichen Umweg und tut so, als würde es die frühere Rücklage für eigene Aktien (Rz. 55) noch geben. Der Aktienrückerwerb ist in den praktisch wichtigsten Fällen (vgl. Rz. 10 und 51) „nur zulässig, **wenn die Gesellschaft** im Zeitpunkt des Erwerbs **eine Rücklage** in Höhe der Aufwendungen für den Erwerb **bilden könnte**, ohne das Grundkapital oder eine nach Gesetz oder Satzung zu bildende Rücklage zu mindern, die nicht zur Zahlung an die Aktionäre verwandt werden darf" (§ 71 Abs. 2 Satz 2). Die fiktive Rücklage für eigene Aktien müsste also **zu Lasten ausschüttungsfähigen Eigenkapitals** gebildet werden können, das heißt aus einem Jahresüberschuss, vermehrt um einen Gewinnvortrag und vermindert um einen Verlustvortrag, oder durch Entnahmen aus freien Rücklagen. Nicht dagegen dürfte die Bildung der gedachten Eigenaktien-Rücklage auf Kosten der gebundenen Rücklagen gehen (also

59

---

152 *T. Bezzenberger*, Erwerb eigener Aktien, Rz. 108 m.w.N.
153 RegE für das BilMoG, BT-Drucks. 16/10067 v. 30.7.2008, Anlage 1, Begründung zu Art. 1 Nr. 23 (betr. § 272 HGB), S. 66 li.Sp.

vor allem der Kapitalrücklage in ihren wesentlichen Bestandteilen[154] oder der gesetzlichen Gewinnrücklage), oder gar dergestalt erfolgen, dass das Grundkapital ausgehöhlt würde und eine Unterbilanz entstünde[155]. Und selbst die freien Rücklagen stehen für Aktienrückkäufe nicht zur Verfügung, soweit sie selbst geschaffene und aktivierte Immaterialgüter oder ähnlich unsichere Vermögenswerte abdecken und daher nach § 268 Abs. 8 HGB gegen Ausschüttungen gesperrt sind[156]. Für den Ermächtigungsbeschluss der Hauptversammlung zum Aktienrückkauf ist die Fähigkeit zur Rücklagebildung noch ohne Bedeutung[157]. Aber die Bildung der Rücklage aus freien Mitteln muss nach § 71 Abs. 2 Satz 2 **„im Zeitpunkt des Erwerbs"** der eigenen Aktien möglich sein, das heißt beim Abschluss des schuldrechtlichen Verpflichtungsgeschäfts, sonst ist dieses wegen Gesetzesverstoßes unwirksam (§ 71 Abs. 4 Satz 2)[158]. Bei länger laufenden Rückkaufprogrammen ist jedes Einzelgeschäft gesondert zu beurteilen[159]. Will die Gesellschaft für ihre Fähigkeit zur Rücklagebildung eine bestandsfeste Kapitalgrundlage schaffen, kann sie hierfür im vorausgehenden Jahresabschluss Bilanzgewinn bereitstellen[160].

60 Durch die Regelung des § 71 Abs. 2 Satz 2 ist der Gläubigerschutz durch Kapitalerhaltung beim Erwerb eigener Aktien gewährleistet. Für die spätere Zeit, also während die Gesellschaft die eigenen Aktien hält, droht dagegen eine Lücke in der Kapitalerhaltung[161], weil der Nennbetrag oder anteilige Grundkapitalsbetrag der eigenen Aktien vom gezeichneten Kapital abzusetzen ist und nur der übersteigende Rückkaufpreis von den freien Rücklagen abgezogen wird (§ 272 Abs. 1a HGB, vgl. Rz. 57 f.). Angenommen, eine Aktiengesellschaft mit freien Gewinnrücklagen von 50 und sonst keinem Ausschüttungsspielraum erwirbt zum Preis von 50 eigene Aktien im Nennbetrag von 10. Dann werden im folgenden Jahresabschluss 10 vom Grundkapital abgesetzt, und die freien Gewinnrücklagen vermindern sich um 40. Die Gesellschaft kann jetzt scheinbar in Höhe des Restbetrags der freien Gewinnrücklagen von 10 noch einmal eine Ausschüttung vornehmen, obwohl doch schon 50 im Wege des Aktienrückkaufs ausgeschüttet worden sind und der Ausschüttungsspielraum von Anfang an nur 50 betrug. Das kann nicht richtig sein. Man muss daher die Bestimmung des **§ 237 Abs. 5 entsprechend** anwenden. Hiernach ist bei der kapitalherabsetzenden Einziehung von Aktien im vereinfachten Verfahren „**in die Kapitalrücklage** ein Betrag **einzustellen**, der dem auf die eingezogenen Aktien entfallenden Betrag des Grundkapitals gleichkommt"[162]. Wenn das Gesetz den Aktienrückerwerb in Bezug auf das Grundkapital wie eine kapitalherabsetzende Einziehung der Aktien behandelt, muss das auch hinsichtlich der Kapitalrücklage gelten. Im Beispielsfall ist

---

154 OLG München v. 28.1.2002 – 7 W 814/01, AG 2003, 163 f. Eine Ausnahme gilt für den Sonderfall der Kapitalrücklage nach § 272 Abs. 2 Nr. 4 HGB (vgl. Fn. 147).
155 S. zum alten Recht *Zilias/Lanfermann*, WPg 1980, 89, 90 ff.; *ADS*, § 272 HGB Rz. 185 ff.; *T. Bezzenberger*, Erwerb eigener Aktien, Rz. 100 ff.
156 *Kropff* in FS Hüffer, 539, 546 ff.; *Hüffer*, § 71 AktG Rz. 21a.
157 Anders OLG München v. 28.1.2002 – 7 W 814/01, AG 2003, 163 f. (Anfechtbarkeit des Beschlusses, wenn keine realistische Perspektive für eine spätere Bildung der Rücklage besteht).
158 OLG Stuttgart v. 25.11.2009 – 20 U 5/09, WM 2010, 120, 125 li.Sp. = AG 2010, 133.
159 OLG Stuttgart v. 25.11.2009 – 20 U 5/09, WM 2010, 120, 123 f. = AG 2010, 133.
160 *T. Bezzenberger*, Erwerb eigener Aktien, Rz. 121 ff.
161 *Oechsler*, AG 2010, 105, 108 ff.; *Kropff*, ZIP 2009, 1137, 1140 ff.; auch schon *Zätzsch* in FS W. Müller, 2001, S. 773, 786 f.; *T. Bezzenberger*, Erwerb eigener Aktien, Rz. 109 ff.
162 Ähnliche Überlegungen bei *Zätzsch* in FS W. Müller, 2001, S. 773, 786 f.; auch bei *Kropff*, ZIP 2009, 1137, 1141 f., dort allerdings nur für den Spezialfall, dass die eigenen Aktien für weniger als den Nennbetrag zurückerworben wurden. Für Einstellung des Grundkapitals-Absetzungsbetrags in eine ausschüttungssperrende Gewinnrücklage früher *T. Bezzenberger*, Erwerb eigener Aktien, Rz. 111 f.; ebenso jetzt *Oechsler*, AG 2010, 105, 109 f.

daher der **Nennbetrag der eigenen Aktien** von 10, der vom gezeichneten Kapital abgesetzt wurde, in die Kapitalrücklage einzustellen. Und damit die Ausschüttungsschranken der Kapitalerhaltung schon im Zeitpunkt des Aktienrückkaufs greifen, muss man dessen Zulässigkeit davon abhängig machen, dass die Einstellung in die Kapitalrücklage aus ausschüttungsfähigen Mittteln gespeist werden kann, im Beispielsfall aus dem Restbestand der freien Gewinnrücklage.

Hier das Ganze noch einmal als Schema:

**Bilanzielle Behandlung des Rückerwerbs eigener Aktien**
(Gesamtnennbetrag 10, Rückkaufpreis 50)

| Aktiva | | | Passiva | | |
|---|---|---|---|---|---|
| | jetzt | Vorjahr | | jetzt | Vorjahr |
| Geld | 50 | 100 | Gezeichnetes Kapital | 100 | 100 |
| | | | ./. NB eigener Aktien | − 10 | |
| | | | Begebenes Kapital | 90 | 90 |
| Sonstiges Vermögen | 400 | 400 | Kapitalrücklage | 110 | 100 |
| | | | Freie Gewinnrücklagen | − | 50 |
| | | | Fremdkapital | 250 | 250 |
| | 450 | 500 | | 450 | 500 |

Der Erwerbspreis von 50 für die eigenen Aktien ist hier aus den Aktiva abgeflossen. Und die freien Gewinnrücklagen haben sich um denselben Betrag vermindert. 40 sind mit den über den Nennbetrag hinausgehenden Anschaffungskosten der eigenen Aktien verrechnet (§ 272 Abs. 1a Satz 2 HGB), und 10 sind entnommen und in die Kapitalrücklage eingestellt worden (§ 237 Abs. 5 AktG analog), um die Absetzungs-Lücke beim Grundkapital auszugleichen. So kommt alles ins Lot.

### 3. Volleinzahlung der zurückerworbenen Aktien (§ 71 Abs. 2 Satz 3)

Ein Erwerb eigener Aktien ist in den meisten Fällen (vgl. Rz. 10, 51) „nur zulässig, wenn auf die Aktien der Ausgabebetrag voll geleistet ist" (§ 71 Abs. 2 Satz 3). Damit wird vor allem die Kapitalaufbringung geschützt; die Gesellschaft kann ja nicht ihre eigene Einlageschuldnerin sein[163]. Eingezahlt sein muss nicht nur der anteilige Grundkapitalsbetrag, sondern der gesamte Ausgabebetrag **einschließlich** des Einlageaufgelds (**Agio**)[164].

## V. Art und Weise des Aktienrückerwerbs

### 1. Gleichmäßige Behandlung der Aktionäre

Dass der Grundsatz der gleichmäßigen Behandlung der Aktionäre (§ 53a) auch beim Erwerb eigener Aktien durch die Gesellschaft gilt, war seit jeher anerkannt[165], und das Gesetz hebt es für den Aktienerwerb mit allgemeiner Ermächtigung der Haupt-

---

163 *Merkt* in Großkomm. AktG, 4. Aufl., § 71 AktG Rz. 335; *Brammer*, Rückerwerbbare Aktien, S. 91.
164 *Merkt* in Großkomm. AktG, 4. Aufl., § 71 AktG Rz. 336.
165 LG Göttingen v. 6.1.1992 – 8 O 123/91, WM 1992, 1373, 1375 re.Sp. = AG 1993, 46; *Lutter* in KölnKomm. AktG, 1. Aufl., § 71 AktG Rz. 9.

versammlung noch einmal klarstellend[166] hervor (§ 71 Abs. 1 Nr. 8 Satz 3). Der Gleichbehandlungsgrundsatz gilt indessen auch beim Aktienrückerwerb aus anderem Anlass, etwa zur Arbeitnehmerbeteiligung oder zur Einziehung[167] (anders nur bei der Gesamtrechtsnachfolge). Mit der Gleichbehandlung ist eine Gleichheit der Chancen gemeint[168], nicht der Ergebnisse. Alle Aktionäre müssen grundsätzlich **gleiche Möglichkeiten** haben, Aktien zu gleichen Bedingungen an die Gesellschaft zu veräußern[169]. Die Gleichbehandlung tritt unterschiedlich in Erscheinung, je nachdem, auf welche Weise die Gesellschaft ihre eigenen Aktien zurückerwirbt. Unter mehreren gleichheitstauglichen Methoden des Aktienrückerwerbs hat die Hauptversammlung im Ermächtigungsbeschluss die Wahl, und soweit dort oder von Rechts wegen nichts bestimmt ist, entscheidet der Vorstand.

### 2. Erwerb über die Börse

64 Diese Weise des Aktienrückkaufs wird vom Gesetz eigens als gleichheitstauglich hervorgehoben (§ 71 Abs. 1 Nr. 8 Satz 4) und ist nach der Gesetzesbegründung bei börsennotierten Gesellschaften „die **Methode der Wahl** zur Wahrung der Gleichbehandlung. Mit Erwerb und Veräußerung über die Börse ... ist der Handel in allen Marktsegmenten im In- und Ausland erfasst."[170] Die Chancengleichheit ist hier durch den allgemeinen Zugang zum Aktienhandel gewahrt[171].

### 3. Öffentliches Rückkaufangebot („tender offer")

65 An Stelle des Erwerbs über die Börse sind auch öffentliche Rückkaufangebote zulässig. Hierbei kann sich die Gesellschaft zum Rückkauf ihrer Aktien zu einem Festpreis erbieten (**öffentliches Festpreisangebot oder „fixed price tender offer"**)[172]. Soll auf diese Weise eine fest bestimmte Zahl von Aktien zurückerworben werden, muss die Gesellschaft meistens einen erheblichen Aufschlag auf den Marktpreis der Aktien anbieten. Die Geselllschaft kann aber auch anbieten, Aktien „bis zu" einer bestimmten Zahl zu erwerben. Wenn im einen oder anderen Fall zu viele Verkaufsangebote eingehen, muss die Gesellschaft diese **repartieren**, also gegenüber jedem Anbieter proportional kürzen[173]. Das geschieht von Gesetzes wegen entsprechend dem Verhältnis der Beteiligungsquoten[174], weil dieses der Maßstab für die Vermögensteilhabe der Aktionäre ist (§§ 60 Abs. 1, 186 Abs. 1, 272 Abs. 2). Die Hauptversammlung

---

166 RegE für das KonTraG, BT-Drucks. 13/9712 v. 28.1.1998, Anlage 1, Begründung zu Art. 1 Nr. 4–5 (betr. § 71), S. 13 re.Sp.
167 *Last*, Der Erwerb eigener Aktien als Ausschüttungsinstrument, S. 51.
168 RegE für das KonTraG, BT-Drucks. 13/9712 v. 28.1.1998, Anlage 1, Begründung zu Art. 1 Nr. 4–5 (betr. § 71), S. 13 re.Sp.
169 OLG Hamburg v. 18.9.2009 – 11 U 183/07, juris, Rz. 85; *Benckendorff*, Erwerb eigener Aktien, S. 90 f., 243; *Veller*, Öffentliche Angebote zum Erwerb eigener Aktien, S. 69 f.
170 RegE für das KonTraG, BT-Drucks. 13/9712 v. 28.1.1998, Anlage 1, Begründung zu Art. 1 Nr. 4–5 (betr. § 71), S. 13 re.Sp.
171 Kritisch *U. Huber* in FS Kropff, S. 101, 113 f.
172 RegE für das KonTraG, BT-Drucks. 13/9712 v. 28.1.1998, Anlage 1, Begründung zu Art. 1 Nr. 4–5 (betr. § 71), S. 13 f.; *Möller*, Rückerwerb eigener Aktien, Rz. 228 ff.; *T. Bezzenberger*, Erwerb eigener Aktien, Rz. 138 ff.
173 RegE für das KonTraG, BT-Drucks. 13/9712 v. 28.1.1998, Anlage 1, Begründung zu Art. 1 Nr. 4–5 (betr. § 71), S. 14 li.Sp.
174 *Merkt* in Großkomm. AktG, 4. Aufl., § 71 AktG Rz. 72 f.; *Cahn* in Spindler/Stilz, § 71 AktG Rz. 123; *Möller*, Rückerwerb eigener Aktien, Rz. 228 ff.; *Habersack*, ZIP 2004, 1121, 1123 re.Sp., 1125 f.; wohl auch RegE für das KonTraG, BT-Drucks. 13/9712 v. 28.1.1998, Anlage 1, Begründung zu Art. 1 Nr. 4–5 (betr. § 71), S. 14 li.Sp.

kann im Ermächtigungsbeschluss aber auch eine Repartierung proportional zum Umfang der Verkaufsangebote vorsehen[175].

Eine verfeinerte Form des öffentlichen Rückkaufangebots ist das **Preisspannen-Angebot** oder „**dutch auction tender offer**". Hier kündigt die Gesellschaft an, eine bestimmte Zahl von Aktien zurückzukaufen und nennt hierfür einen Mindest- und einen Höchstpreis. Die verkaufswilligen Aktionäre müssen dann ihrerseits bestimmte Mengen von Aktien anbieten und dabei erklären, wie viel sie für die Aktien mindestens haben wollen. Anschließend kauft die Gesellschaft die angekündigte Zahl von Aktien einheitlich zu dem Preis zurück, für den sie die gewollte Aktienzahl bekommen kann. Vereinfachtes Beispiel: Die Gesellschaft will 100 Aktien zum Preis von 45 bis 50 Euro pro Aktie zurückkaufen. Aktionär A bietet daraufhin 50 Aktien für 45 Euro das Stück an, Aktionär B bietet 50 Aktien für je 48 Euro, und Aktionär C will 50 Aktien zu je 50 Euro verkaufen. Dann kauft die Gesellschaft die 100 Aktien von A und B und zahlt dafür 48 Euro pro Aktie, und zwar auch an A, der eigentlich schon für 45 Euro verkaufen wollte. Auch diese Weise des Aktienrückkaufs ist zulässig und entspricht dem Gebot gleichmäßiger Behandlung[176].

66

Auf Angebote einer Börsengesellschaft zum Rückerwerb eigener Aktien sind entgegen einer früher weit verbreiteten Auffassung[177] die Regeln des **WpÜG** über öffentliche Aktienkaufangebote **unanwendbar**[178]. Denn Rückkaufangebote der Gesellschaft fallen nach Art. 2 Abs. 1 lit. a der Europäischen Übernahmerichtlinie[179] ausdrücklich nicht unter den dort zu Grunde gelegten Begriff des „Angebots", und ebenso ist der Begriff im deutschen Gesetz zu verstehen, das die Richtlinie umgesetzt hat. Aktienrückkaufprogramme sind vielmehr kapitalmarktrechtlich eigenständig und anders geregelt (Rz. 93).

67

### 4. Übertragbare Andienungsrechte („transferable put rights")

Die Gesellschaft kann den Aktionären auch im Verhältnis ihrer Beteiligungsquoten übertragbare Andienungsrechte (Verkaufsoptionen) für ihre Aktien einräumen, gleichsam umgekehrte Bezugsrechte; auch das ist eine **zulässige Weise des Aktienrückerwerbs** und mit dem Gleichheitsgrundsatz vereinbar[180]. Dann können diejeni-

68

---

175 *Merkt* in Großkomm. AktG, 4. Aufl., § 71 AktG Rz. 73 a.E.; *Dieckmann/Merkner*, ZIP 2004, 836, 841.
176 RegE für das KonTraG, BT-Drucks. 13/9712 v. 28.1.1998, Anlage 1, Begründung zu Art. 1 Nr. 4–5 (betr. § 71), S. 13 re.Sp.; *Cahn* in Spindler/Stilz, § 71 AktG Rz. 124; *Leuering*, AG 2007, 435 ff.; *Möller*, Rückerwerb eigener Aktien, Rz. 235 ff.; *T. Bezzenberger*, Erwerb eigener Aktien, Rz. 141; *U. Huber* in FS Kropff, S. 101, 115.
177 BaFin, Merkblatt zum Rückerwerb eigener Aktien v. 5.7.2005, im Internet unter www.jura.uni-augsburg.de/prof/moellers/materialien (am 9.8.2006 aufgehoben, s. die folgende Fn.); aus dem Schrifttum *Poetzsch* in Assmann/Poetzsch/Uwe H. Schneider, § 2 WpÜG Rz. 37 ff.; *Fleischer/Körber*, BB 2001, 2589, 2592 f.; mit Einschränkungen auch *Oechsler* in MünchKomm. AktG, 3. Aufl., § 71 AktG Rz. 228 ff.; *Oechsler* in FS Konzen, S. 619, 620 ff.
178 Bekanntmachung der BaFin v. 9.8.2006, betreffend den Rückerwerb eigener Aktien, im Internet unter www.jura. uni-augsburg.de/prof/moellers/materialien; BaFin, Aufsicht über Wertpapiererwerbs-, Übernahme- und Pflichtangebote nach dem WpÜG, vom 12.2.2009, Ziff. 1, im Internet unter www.bafin.de, dort unter der Rubrik Veröffentlichungen – Unternehmen – Börsennotierte Unternehmen – Übernahmen; *Lutter/Drygala* in KölnKomm. AktG, 3. Aufl., § 71 AktG Rz. 266 ff.; *Cahn* in Spindler/Stilz, § 71 AktG Rz. 159; *Angerer* in Geibel/Süßmann, 2. Aufl. 2008, § 1 WpÜG Rz. 128 m.w.N.; ebenso früher schon *Berrar/Schnorbus*, ZGR 2003, 59, 72 ff.
179 Richtlinie 2004/25/EG des Europäischen Parlaments und des Rates vom 21.4.2004 betreffend Übernahmeangebote, ABl. EU Nr. L 142 v. 30.4.2004, S. 12.
180 *Cahn* in Spindler/Stilz, § 71 AktG Rz. 125; *Möller*, Rückerwerb eigener Aktien, Rz. 239 f.; *U. Huber* in FS Kropff, S. 101, 115 f.; *Block* in Heidel, § 71 AktG Rz. 66; *T. Bezzenberger*, Erwerb eigener Aktien, Rz. 142.

gen Aktionäre, die ihre Aktien behalten wollen, ihre Andienungsrechte an jene Aktionäre verkaufen, die besonders viele Aktien zurückgeben wollen, so dass mittelbar auch die verbleibenden Aktionäre an einer Rückkaufprämie teilhaben. Meist heißt es, dass solche übertragbaren Andienungsrechte zwingend eingeräumt werden müssen[181] oder sogar schon von Gesetzes wegen bestehen[182]. Jede abweichende Weise des Aktienrückerwerbs müsste dann ähnlich wie ein Bezugsrechtausschluss eigens von der Hauptversammlung beschlossen werden und sachlich besonders gerechtfertigt sein[183], auch ein Festpreisangebot, das die Aktionäre nur entweder annehmen oder verstreichen lassen können, oder ein Preisspannen-Angebot und nach manchen Stimmen sogar der Erwerb über die Börse[184].

69 Ein so weit verstandenes Andienungsrecht der Aktionäre widerspräche jedoch dem Anliegen des Gesetzes, „das Finanzierungsinstrumentarium der deutschen Gesellschaften ... an die **international übliche Praxis** an[zu]gl[e]ichen"[185], also vor allem an die amerikanische Praxis. Übertragbare Andienungsrechte sind dort unüblich. Die meisten Aktienrückkäufe stellen vielmehr die Aktionäre vor die Wahl, entweder ihre Aktien zu behalten, wenn sie zuversichtlich sind, oder gegen eine Prämie auszuscheiden, so dass die Skeptiker unter den Aktionären, die an ihren Aktien am wenigsten festhalten, zum Austritt aus der Gesellschaft bewogen werden[186]. Dieses Anliegen würde erschwert, wenn eine Rückkaufprämie zwingend auch den verbleibenden Aktionären zu Gute kommen müsste. Die Gesellschaft **kann** den Aktionären übertragbare Andienungsrechte einräumen, **aber** sie **muss** es **nicht**[187].

### 5. Auskauf einzelner Aktionäre („negotiated repurchase")

70 Wenn eine Gesellschaft ihre Aktien nur aus den Händen einzelner, ausgewählter Aktionäre zurückerwirbt, ohne den anderen Aktionären gleiche Möglichkeiten zu eröffnen, so kann dies **nur schwer vor dem Grundsatz der gleichmäßigen Behandlung bestehen**[188]. Es müssen schon besondere sachliche Gründe für die Ungleichbehandlung vorliegen. Man wird diese am ehesten in personenbezogenen Gesellschaften finden, etwa in Familiengesellschaften. Dagegen geht in Gesellschaften mit börsennotierten Aktien die Gleichheit grundsätzlich vor[189]. Individuelle Rückkaufvereinbarungen zwischen der Gesellschaft und ausgewählten einzelnen Aktionären setzen einen spe-

---

181 *Lutter/Drygala* in KölnKomm. AktG, 3. Aufl., § 71 AktG Rz. 166; *Merkt* in Großkomm. AktG, 4. Aufl., § 71 AktG Rz. 69 f.; *Paefgen*, AG 1999, 67, 68 ff.; *Paefgen*, ZIP 2002, 1509, 1510 ff.
182 *Habersack*, ZIP 2004, 1121, 1123 ff.; *Oechsler* in MünchKomm. AktG, 3. Aufl., § 71 AktG Rz. 97 f., 223, 226; *Hüffer*, § 71 AktG Rz. 19k.
183 *Habersack*, ZIP 2004, 1121, 1123 ff.; *Merkt* in Großkomm. AktG, 4. Aufl., § 71 AktG Rz. 75 ff.; *Oechsler* in MünchKomm. AktG, 3. Aufl., § 71 AktG Rz. 224 f.; *Paefgen*, ZIP 2002, 1509, 1511 f.
184 Hierfür *Habersack*, ZIP 2004, 1121, 1125 f.
185 RegE für das KonTraG, BT-Drucks. 13/9712 v. 28.1.1998, Anlage 1, Begründung zu Art. 1 Nr. 4–5 (betr. § 71), S. 13 li.Sp.
186 *Hampel*, Erwerb eigener Aktien und Unternehmenskontrolle, 1994.
187 Ebenso *Cahn* in Spindler/Stilz, § 71 AktG Rz. 121, 125; *Veller*, Öffentliche Angebote zum Erwerb eigener Aktien, S. 71–79; *Lüken*, Der Erwerb eigener Aktien nach §§ 71 ff. AktG, S. 153 f.; *Möller*, Rückerwerb eigener Aktien, Rz. 240.
188 Hierzu und zum Folgenden *Lutter/Drygala* in KölnKomm. AktG, 3. Aufl., § 71 AktG Rz. 168 ff.; *Cahn* in Spindler/Stilz, § 71 AktG Rz. 12, 127; *Benckendorff*, Erwerb eigener Aktien, S. 64 f., 245–247; *T. Bezzenberger*, Erwerb eigener Aktien, Rz. 143 f.; *Hirsch*, Der Erwerb eigener Aktien nach dem KonTraG, S. 108 ff.; *Wastl*, DB 1998, 461, 463 ff.; *Bosse*, NZG 2000, 16, 17 ff. Ganz gegen die Zulässigkeit solcher Vereinbarungen *Hüffer*, § 71 AktG Rz. 19k; *Nowotny* in FS Lutter, 2000, S. 1513, 1519 f.
189 OLG Hamburg v. 18.9.2009 – 11 U 183/07, juris, Rz. 86.

ziell hierhin gehenden Ermächtigungsbeschluss der Hauptversammlung voraus[190], der die begünstigten Aktionäre bezeichnen oder bestimmbar umschreiben oder zumindest überprüfbare Kriterien für deren Auswahl vorgeben muss. Ein solcher Beschluss und der anschließende Aktienrückerwerb sind jedenfalls dann rechtens, wenn die vom Aktienrückerwerb ausgeschlossenen Aktionäre einstimmig zustimmen[191]. Ansonsten kommt es auf die Sachgründe im Einzelfall an. Hierbei können auch Belange der Gesellschaft unterhalb der Schwelle der Abwendung eines schweren Schadens (vgl. Rz. 31 f.) ins Gewicht fallen.

## VI. Rechtsfolgen von Gesetzesverstößen und Beweislast beim Aktienrückerwerb

### 1. Unwirksamkeit des schuldrechtlichen Erwerbsgeschäfts

Verstößt der Erwerb eigener Aktien gegen die Anforderungen und Schranken des § 71 Abs. 1 oder 2, so ist nach § 71 Abs. 4 Satz 1 das verfügende („dingliche") Übertragungsgeschäft gleichwohl wirksam, und die Gesellschaft wird Inhaberin der gesetzwidrig zurückerworbenen Aktien. So kann sie diese wieder veräußern[192], wie es das Gesetz an anderer Stelle gebietet (§ 71c Abs. 1). Aber das zu Grunde liegende schuldrechtliche Verpflichtungsgeschäft über den Aktienerwerb ist nach § 71 Abs. 4 Satz 2 nichtig. Es gibt also **keine Erfüllungsansprüche**[193]; die Gesellschaft kann die Übertragung der Aktien nicht verlangen[194], und der veräußernde Aktionär kann kein Entgelt von der Gesellschaft fordern[195]. Teilweise durchbrochen ist diese Nichtigkeitssanktion allerdings bei den gesetzlichen Abfindungsgeboten nach dem UmwG (vgl. Rz. 41).

71

### 2. Rückgewährpflichten

Wenn ein nichtiges Verpflichtungsgeschäft über den Erwerb eigener Aktien dennoch durchgeführt ist, muss das **Geschäft rückabgewickelt** werden[196]. Die Gesellschaft kann nach § 62 Abs. 1 Satz 1 vom früheren Aktionär das Entgelt zurückfordern, das sie für die Aktien gezahlt hat[197], weil die Zahlung entgegen den Vorschriften des Aktiengesetzes erfolgt ist. Und der frühere Aktionär kann von der Gesellschaft die Aktien herausverlangen, allerdings nur nach den Regeln über die Herausgabe einer un-

72

---

190 Ebenso im Ergebnis *Merkt* in Großkomm. AktG, 4. Aufl., § 71 AktG Rz. 79; *Lutter/Drygala* in KölnKomm. AktG, 3. Aufl., § 71 AktG Rz. 174.
191 RegE für das KonTraG, BT-Drucks. 13/9712 v. 28.1.1998, Anlage 1, Begründung zu Art. 1 Nr. 4–5 (betr. § 71), S. 14 li.Sp.; *Merkt* in Großkomm. AktG, 4. Aufl., § 71 AktG Rz. 80; *U. Huber* in FS Kropff, S. 101, 116.
192 RegE für das KapRiLiG, BT-Drucks. 8/1678 v. 31.3.1978, Anlage 1, Begründung zu § 71 Abs. 4, S. 16 li.Sp.
193 LG Göttingen v. 6.1.1992 – 8 O 123/91, WM 1992, 1373, 1374 f. = AG 1993, 46; RG v. 21.4.1941 – II 128/40, RGZ 167, 40, 48; beide betr. den Erwerb von Aktien einer Muttergesellschaft (§ 71d Satz 2); *Lutter/Drygala* in KölnKomm. AktG, 3. Aufl., § 71 AktG Rz. 246 und 249; *Benckendorff*, Erwerb eigener Aktien, S. 254.
194 RG v. 21.4.1941 – II 128/40, RGZ 167, 40, 48.
195 LG Göttingen v. 6.1.1992 – 8 O 123/91, WM 1992, 1373, 1374 f. = AG 1993, 46.
196 RegE für das KapRiLiG, BT-Drucks. 8/1678 v. 31.3.1978, Anlage 1, Begründung zu § 71 Abs. 4, S. 16 li.Sp.; näher hierzu und zum Folgenden *T. Bezzenberger*, Erwerb eigener Aktien, Rz. 168 ff.
197 OLG Stuttgart v. 25.11.2009 – 20 U 5/09, WM 2010, 120, 125 li.Sp. = AG 2010, 133; BFH v. 16.2.1977 – I R 163/75, BFHE 122, 52, 54 = BStBl. II 1977, 572; *Lutter/Drygala* in KölnKomm. AktG, 3. Aufl., § 71 AktG Rz. 252; *Merkt* in Großkomm. AktG, 4. Aufl., § 71 AktG Rz. 385. Anders *Joost*, ZHR 149 (1985), 419, 431 f.

gerechtfertigten Bereicherung (§§ 812, 818 f. BGB)[198]. Damit erfüllt die Gesellschaft zugleich ihre Pflicht zur Veräußerung der eigenen Aktien nach § 71c Abs. 1 (s. § 71c Rz. 4). Der aktienrechtliche Rückforderungsanspruch der Gesellschaft (§ 62 Abs. 1 Satz 1) ist stärker als der gegenläufige Bereicherungsanspruch des früheren Aktionärs; dieser kann von seiner Rückgewährschuld nicht befreit werden und gegen den Anspruch der Gesellschaft nicht aufrechnen (§ 66 Abs. 1–2), und auch ein Zurückbehaltungsrecht steht ihm nicht zu[199], weil dies dem Sinn des Aufrechnungsverbots widersprechen würde. Der Anspruch der Gesellschaft verjährt in 10 Jahren (§ 62 Abs. 3). Gleiches sollte richtiger Weise auch für den bereicherungsrechtlichen Gegenanspruch des ehemaligen Aktionärs gelten[200]. Hat die Gesellschaft einen Einkaufskommissionär eingeschaltet, führen Verstöße gegen die Erlaubnisschranken des Aktienrückaufs zur Unwirksamkeit des Kommissionsvertrags, und der vermeintliche Kommissionär handelt für eigene Rechnung (§ 71a Abs. 2, vgl. § 71a Rz. 24 ff. und § 71d Rz. 3). Die Gesellschaft schuldet ihm keinen Aufwendungsersatz und keine Vergütung, und sie darf die Aktien nicht abnehmen; widrigenfalls müssen solche Leistungen zurückgewährt werden[201].

### 3. Schutz des guten Glaubens entsprechend § 62 Abs. 1 Satz 2

73   Seit Aktiengesellschaften ihre eigenen Aktien mit allgemeiner Ermächtigung der Hauptversammlung zurückerwerben können (§ 71 Abs. 1 Nr. 8), sind Aktienrückkäufe weit verbreitet. Damit ist ein **Verkehrsschutzbedürfnis** entstanden, das es früher nicht gab. Man sollte daher die Bestimmung des § 62 Abs. 1 Satz 2 über den Schutz des guten Glaubens bei gesetzwidrigen Gewinnausschüttungen auf den Aktienrückkauf entsprechend anwenden (sehr str.), so dass ein Aktionär, der seine Aktien gutgläubig an die Gesellschaft veräußert hat, das hierfür empfangene Entgelt behalten darf und die Aktien nicht von der Gesellschaft zurückfordern kann[202]. Denn auch der Aktienrücklauf ist eine Art der Ausschüttung (Rz. 3 f.).

### 4. Verantwortlichkeit der Organmitglieder

74   Der unerlaubte Erwerb eigener Aktien löst **Schadensersatz**ansprüche der Gesellschaft gegen die Vorstands- und Aufsichtsratsmitglieder aus, die für das Geschäft verantwortlich sind, und sei es auch nur, weil sie es fahrlässig nicht verhindert haben (§§ 93 Abs. 2 und 3 Nr. 3, 116)[203]. Der zu ersetzende Schaden umfasst die Mittel, welche die Gesellschaft für den Aktienrückerwerb aufgewendet hat, sowie einen Zinsschaden, abzüglich dessen, was der Gesellschaft durch eine Wiederveräußerung der

---

198  *Lutter/Drygala* in KölnKomm. AktG, 3. Aufl., § 71 AktG Rz. 250, § 71c Rz. 31; *Merkt* in Großkomm. AktG, 4. Aufl., § 71 AktG Rz. 389.
199  *Lutter/Drygala* in KölnKomm. AktG, 3. Aufl., § 71 AktG Rz. 252; *Merkt* in Großkomm. AktG, 4. Aufl., § 71 AktG Rz. 387; *Wieneke* in Bürgers/Körber, § 71 AktG Rz. 54; *Block* in Heidel, § 71 AktG Rz. 103.
200  *T. Bezzenberger*, Erwerb eigener Aktien, Rz. 174 f.
201  *Cahn* in Spindler/Stilz, § 62 AktG Rz. 234.
202  *T. Bezzenberger*, Erwerb eigener Aktien, Rz. 176 ff. Anders *Henze* in Großkomm. AktG, 4. Aufl., § 62 AktG Rz. 68; *Cahn* in Spindler/Stilz, § 62 AktG Rz. 26; *Benckendorff*, Erwerb eigener Aktien, S. 242, 256 f.; auch *Hüffer*, § 62 AktG Rz. 11; *Lutter* in KölnKomm. AktG, 2. Aufl., § 62 AktG Rz. 31.
203  OLG Stuttgart v. 25.11.2009 – 20 U 5/09, WM 2010, 120 = AG 2010, 133; OLG Hamburg v. 18.9.2009 – 11 U 183/07, juris, Rz. 92 ff. (beide betr. Vorstandshaftung für aktives Tun); *U. Huber* in FS Duden, 1977, S. 137, 144 f.; *Kessler/Suchan*, BB 2000, 2529, 2536 re.Sp. Zum Verantwortungs- und Haftungsmaßstab *Flechtheim*, Bank-Archiv 31 (1931/32), 10, 14.

Aktien zugeflossen ist[204]. Im Gegenzug muss die Gesellschaft dem ersatzpflichtigen Organmitglied entsprechend § 255 BGB die Kaufpreis-Rückgewähransprüche abtreten, die ihr wegen der Nichtigkeit des Aktienrückkaufs gegen den verkaufenden Aktionär zustehen (vgl. Rz. 72); insoweit hat das Organmitglied ein Zurückbehaltungsrecht (§ 273 Abs. 1 BGB)[205]. Eine Organhaftung kann sich ferner daraus ergeben, dass eigene Aktien entgegen § 71c nicht rechtzeitig wieder veräußert wurden[206]. Darüber hinaus handeln Vorstandsmitglieder bei vielen verbotenen Geschäften in eigenen Aktien ordnungswidrig und riskieren ein **Bußgeld** (§ 405 Abs. 1 Nr. 4).

### 5. Beweislast

Die Beweislast für die Zulässigkeit des Aktienrückerwerbs trägt nach **landläufiger Meinung** derjenige, der sich auf einen der Tatbestände des zulässigen Aktienrückerwerbs beruft[207]. Das ist jedoch zu allgemein und auch nicht richtig. Jede Partei trägt im Prozess die Beweislast für die tatsächlichen Voraussetzungen der ihr günstigen Rechtsnorm[208]. Es kommt daher auf die Rollenverteilung an:

**(1) Klagt** der **Aktionär gegen** die **Gesellschaft auf Zahlung des Kaufpreises** für seine Aktien, so muss er beweisen, dass zwischen ihm und der Gesellschaft ein Aktienrückkaufvertrag geschlossen wurde. Wendet die Gesellschaft ein, dass der Vertrag wegen Verstoßes gegen die Regeln über den Erwerb eigener Aktien (§ 71 Abs. 1–2) schuldrechtlich nichtig sei (§ 71 Abs. 4 Satz 2), so liegt die Beweislast für diese Einredetatsache (rechtshindernde Tatsache) bei der Gesellschaft. **(2) Klagt** umgekehrt die **Gesellschaft gegen** den **Aktionär auf** Übertragung der **Aktien**, muss sie den Abschluss des Rückkaufvertrags und der Aktionär dessen Nichtigkeit beweisen.

**(3)** Ist der Aktienrückkauf bereits durchgeführt, und **klagt** die **Gesellschaft gegen den Aktionär auf Rückzahlung des Kaufpreises**, so macht sie einen Anspruch nach § 62 Abs. 1 Satz 1 geltend, wonach die Aktionäre der Gesellschaft Leistungen, die sie gesetzwidrig von ihr empfangen haben, zurückgewähren müssen (vgl. Rz. 72). Für diese Anspruchsvoraussetzungen ist die Gesellschaft beweisbelastet. Sie muss also beweisen, dass sie dem Aktionär eine Leistung erbracht hat, und dass dies entgegen den Regeln über den Erwerb eigener Aktien geschehen ist. **(4) Klagt** dagegen der ehemalige **Aktionär gegen** die **Gesellschaft auf** Rückübertragung der **Aktien** nach § 812 Abs. 1 Satz 1 Fall 1 BGB (Rz. 72), muss er die Leistung der Aktien an die Gesellschaft beweisen, und er muss auch beweisen, dass der von der Gesellschaft geltend gemachte Rechtsgrund, nämlich ein wirksamer Aktienrückkaufvertrag, wegen der Nichtigkeit des Vertrags nicht besteht[209].

## VII. Wiederausgabe eigener Aktien

### 1. Grundriss der gesetzlichen Regelung

Ob und wie die Gesellschaft eigene Aktien wieder veräußert, ergibt sich mitunter aus dem zu Grunde liegenden **Erwerbsanlass**. So beim Aktienrückerwerb zur Arbeit-

---

204 OLG Stuttgart v. 25.11.2009 – 20 U 5/09, WM 2010, 120, 125 f., auch 122 re.Sp. = AG 2010, 133.
205 OLG Stuttgart v. 25.11.2009 – 20 U 5/09, WM 2010, 120, 125 re.Sp. = AG 2010, 133.
206 OLG Stuttgart v. 25.11.2009 – 20 U 5/09, WM 2010, 120, 124 re.Sp., auch 122 li.Sp. = AG 2010, 133.
207 *Oechsler* in MünchKomm. AktG, 3. Aufl., § 71 AktG Rz. 101; *Lutter/Drygala* in KölnKomm. AktG, 3. Aufl., § 71 AktG Rz. 238; *Hüffer*, § 71 AktG Rz. 3 a.E. Kritisch *Block* in Heidel, § 71 AktG Rz. 10.
208 *Rosenberg/Schwab/Gottwald*, Zivilprozessrecht, 17. Aufl. 2010, § 115 Rz. 7.
209 So ist die Beweislastverteilung bei der Leistungskondiktion; s. *Schwab* in MünchKomm. BGB, 5. Aufl., § 812 BGB Rz. 363 ff.; *Sprau* in Palandt, § 812 BGB Rz. 76.

nehmerbeteiligung (§ 71 Abs. 1 Nr. 2) oder zur Abfindung von Aktionären (§ 71 Abs. 1 Nr. 3) sowie bei der Einkaufskommission von Aktienbanken (§ 71 Abs. 1 Nr. 4 Fall 2) und in einem weiteren Sinne auch beim Handelsbestand von Finanzhäusern (§ 71 Abs. 1 Nr. 7)[210]. Das Recht gebietet zudem eine Wiederveräußerung verbotswidrig oder zu viel erworbener eigener Aktien (§ 71c Abs. 1–2). Genauere Regeln über die Art und Weise der Wiederveräußerung eigener Aktien enthält das Gesetz nur im Zusammenhang mit dem Aktienrückerwerb auf Grund allgemeiner Ermächtigung der Hauptversammlung (§ 71 Abs. 1 Nr. 8 Satz 3–5). Ebenso wie beim Erwerb eigener Aktien beruft das Gesetz hier für deren Wiederveräußerung in erster Linie die **Gleichbehandlung** (§ 71 Abs. 1 Nr. 8 Satz 3) und lässt dafür die Veräußerung über die Börse genügen (§ 71 Abs. 1 Nr. 8 Satz 4). Dann fügt das Gesetz schwer verständlich hinzu: „Eine andere Veräußerung kann die **Hauptversammlung** beschließen; § 186 Abs. 3, 4 [über die Anforderungen an den Bezugsrechtsausschluss in einem Kapitalerhöhungsbeschluss der Hauptversammlung] und § 193 Abs. 2 Nr. 4 [betr. den Inhalt von Hauptversammlungsbeschlüssen über eine bedingte Kapitalerhöhung für Aktienoptionspläne] sind in diesem Fall entsprechend anzuwenden" (§ 71 Abs. 1 Nr. 8 Satz 5, näher Rz. 80, 85). Diese Anforderungen gelten entsprechend für die Wiederveräußerung eigener Aktien, welche die Gesellschaft zur Schadensabwehr (§ 71 Abs. 1 Nr. 1) oder unentgeltlich (§ 71 Abs. 1 Nr. 4) oder durch Gesamtrechtsnachfolge (§ 71 Abs. 1 Nr. 5) erworben hat, denn die Interessenlage ist hier dieselbe. Ähnlich liegt es, wenn die Gesellschaft nach § 71c Abs. 1–2 zur Veräußerung eigener Aktien verpflichtet ist[211] (vgl. § 71c Rz. 4, 9).

### 2. Vergleichbarkeit mit der Aktienausgabe bei Kapitalerhöhungen

79 Die Wiederveräußerung eigener Aktien ist formal gesehen ein Austauschgeschäft über vorhandene Aktien. Doch der Sache nach ist der Vorgang einer Ausgabe neuer Aktien bei Kapitalerhöhungen wesensverwandt[212] (vgl. schon Rz. 6). Da die Eigenaktien in den Händen der Gesellschaft keinen Wert haben (Rz. 2) und keine Rechte gewähren (§ 71b), entsteht in den Händen des Erwerbers die Aktie als Vermögenswert und als Bündel von Rechten neu. Der Erwerber der Aktien leistet kein normales Austauschentgelt, sondern er leistet der Sache nach eine Einlage, um in die Gesellschaft aufgenommen zu werden. Man kann daher von einer **Wiederausgabe** der eigenen Aktien sprechen. Die maßgebenden Wertungen und der rechtliche Schutzbedarf sind hier ähnlich wie bei der Ausgabe neuer Aktien. Wenn die bisherigen Aktionäre die wieder ausgegebenen eigenen Aktien nicht proportional erhalten, müssen sie mit einem fremden Aktienerwerber teilen, so dass sich ihre Beteiligungsquoten vermindern, und wenn die Aktien zu billig begeben werden, verwässert dies den Wert der alten Anteile[213].

---

210 Zu den Sonderfragen im Zusammenhang mit der Abwicklung von Pensions- und Wertpapierleihgeschäften s. *Cahn/Ostler*, AG 2008, 221, 230 ff.
211 OLG Oldenburg v. 17.3.1994 – 1 U 46/91, AG 1994, 417, 418 re.Sp.; OLG Oldenburg v. 17.3.1994 – 1 U 151/93, WM 1995, 924, 926 re.Sp. = AG 1994, 415; beide für Gleichbehandlung der Aktionäre bei der gesetzlich angeordneten Veräußerung von Aktien, welche die Gesellschaft zu viel besitzt (§ 71c Abs. 2).
212 OLG Stuttgart v. 6.7.2007 – 20 W 5/06, AG 2007, 705, 712 f.; *U. Huber* in FS Kropff, S. 101, 118; *T. Bezzenberger*, Erwerb eigener Aktien, Rz. 55, 127; *Brammer*, Rückerwerbbare Aktien, S. 58 f.; *Last*, Der Erwerb eigener Aktien als Ausschüttungsinstrument, S. 130 ff. Einschränkend *Cahn* in Spindler/Stilz, § 71 AktG Rz. 132.
213 Letzteres stellt BGH v. 16.2.2004 – II ZR 316/02, BGHZ 158, 122, 128 = AG 2004, 269 in Abrede. Wie hier dagegen OLG Stuttgart v. 6.7.2007 – 20 W 5/06, AG 2007, 705, 712 f.; OLG Hamm v. 29.8.1983 – 8 U 304/82, ZIP 1983, 1332, 1334 re.Sp. (betr. bergrechtl. Gewerkschaft); *Cahn* in Spindler/Stilz, § 71 AktG Rz. 16, 129, 132, 135 (allerdings mit Einschrän-

## 3. Gleichbehandlung und Erwerbsanrechte der Aktionäre

Ebenso wie beim Aktienrückerwerb müssen die Aktionäre bei einer Wiederveräuße- 80
rung eigener Aktien, die nicht von Rechts wegen auf bestimmte Erwerber zielt (vgl.
Rz. 78 am Anf. und § 71c Rz. 4, 9), **gleichmäßig behandelt** werden (§ 71 Abs. 1 Nr. 8
Satz 3 und § 53a)[214]. Darüber hinaus haben die Aktionäre in diesem Fall ein **Anrecht
zum Erwerb** dieser Aktien, das zum Teil dem Bezugsrecht auf neue Aktien entspricht[215]. Dieses Erwerbsanrecht ist (anders als das Bezugsrecht) bei der Wiederausgabe eigener Aktien über die Börse ohne weiteres gewahrt; so muss man den § 71
Abs. 1 Nr. 8 Satz 4 verstehen[216]. Wenn dagegen der Vorstand außerhalb der Börse die
eigenen Aktien an Dritte ausgibt, die bislang nicht Aktionäre waren, oder gar einzelne Aktionäre auf Kosten anderer bei der Zuteilung bevorzugt, so entspricht dies einem **Bezugsrechtsausschluss**[217]. Erforderlich ist daher nach § 71 Abs. 1 Nr. 8 Satz 5
Halbsatz 2 ein Beschluss der Hauptversammlung, der eine solche vom gleichmäßigen
Erwerbsanrecht der Aktionäre abweichende Wiederausgabe der Aktien eigens verfügt
oder entsprechend § 203 Abs. 2 den Vorstand hierzu ermächtigt. Ein solcher Beschluss unterliegt entsprechend § 186 Abs. 3 und 4 den gleichen erhöhten Mehrheits-,
Bekanntmachungs- und Begründungsanforderungen wie ein Bezugsrechtausschluss
oder eine Ermächtigung des Vorstands hierzu. Für börsennotierte Gesellschaften
kommt allerdings auch die Bestimmung des § 186 Abs. 3 Satz 4 über den erleichterten Bezugsrechtsausschluss zum Tragen[218]. Mit der „andere[n] Veräußerung" der eigenen Aktien, die nach § 71 Abs. 1 Nr. 8 Satz 5 diese erschwerenden Beschlussanforderungen auslöst, ist also nicht etwas anderes als der Börsenweg gemeint[219], sondern
etwas anderes als die gleichmäßige Erwerbsmöglichkeit der Aktionäre[220].

---

kungen hinsichtlich der Quotenverwässerung); *Reichert/Harbarth*, ZIP 2001, 1441, 1442, 1446 li.Sp.
214 Näher *U. Huber* in FS Kropff, S. 101, 117–120; *Cahn* in Spindler/Stilz, § 71 AktG Rz. 129 ff.; *Benckendorff*, Erwerb eigener Aktien, S. 278 ff., auch S. 196 f.; *T. Bezzenberger*, Erwerb eigener Aktien, Rz. 145 ff.; *Martens*, AG 1996, 337, 342 re.Sp.
215 *Merkt* in Großkomm. AktG, 4. Aufl., § 71 AktG Rz. 81, 283 ff.; *Oechsler* in MünchKomm. AktG, 3. Aufl., § 71 AktG Rz. 247; *Lutter/Drygala* in KölnKomm. AktG, 3. Aufl., § 71 AktG Rz. 177; *U. Huber* in FS Kropff, S. 101, 118 f.; *Habersack*, ZIP 2004, 1121, 1123 ff.; *T. Bezzenberger*, Erwerb eigener Aktien, Rz. 145 ff.; *Hirsch*, Der Erwerb eigener Aktien nach dem KonTraG, S. 166 ff.; ebenso zum alten Recht OLG Hamm v. 29.8.1983 – 8 U 304/82, ZIP 1983, 1332, 1334, betr. bergrechtliche Gewerkschaft. Ebenso im Grundsatz, doch einschränkend, *Cahn* in Spindler/Stilz, § 71 AktG Rz. 130 ff., 134 f. Anders *Benckendorff*, Erwerb eigener Aktien, S. 280–282, 285, auch S. 196 f.; *Lüken*, Der Erwerb eigener Aktien nach § 71 ff. AktG, S. 205 f.
216 *Cahn* in Spindler/Stilz, § 71 AktG Rz. 132.
217 RegE für das KonTraG, BT-Drucks. 13/9712 v. 28.1.1998, Anlage 1, Begründung zu Art. 1 Nr. 4–5 (betr. § 71), S. 14 li.Sp.; *Last*, Der Erwerb eigener Aktien als Ausschüttungsinstrument, S. 132 ff., 135 ff.; *Reichert/Harbarth*, ZIP 2001, 1441, 1442 ff., dort auch zu den Gestaltungsmöglichkeiten im Einzelnen.
218 RegE für das KonTraG, BT-Drucks. 13/9712 v. 28.1.1998, Anlage 1, Begründung zu Art. 1 Nr. 4–5 (betr. § 71), S. 14 li.Sp.; LG München v. 18.12.2008 – 5 HK O 11182/08, ZIP 2009, 586, 570 li.Sp. = AG 2009, 213; *Lutter/Drygala* in KölnKomm. AktG, 3. Aufl., § 71 AktG Rz. 180 ff.; *Reichert/Harbarth*, ZIP 2001, 1441, 1442 ff.
219 So aber OLG Schleswig v. 18.9.2002 – 5 U 164/01, AG 2003, 102 re.Sp.; *U. Huber* in FS Kropff, S. 101, 118 Fn. 94; auch Deutscher Anwaltverein, Stellungnahme zum Referentenentwurf 1996 für das KonTraG, Tz. 99, 103, ZIP 1997, 163, 172.
220 RegE für das KonTraG, BT-Drucks. 13/9712 v. 28.1.1998, Anlage 1, Begründung zu Art. 1 Nr. 4–5 (betr. § 71), S. 14 li.Sp. (allerdings recht beiläufig); *Cahn* in Spindler/Stilz, § 71 AktG Rz. 133; *Merkt* in Großkomm. AktG, 4. Aufl., § 71 AktG Rz. 284; *Habersack*, ZIP 2004, 1121, 1122 li.Sp.; *T. Bezzenberger*, Erwerb eigener Aktien, Rz. 151, 154; *Benckendorff*, Erwerb eigener Aktien, S. 285; hiervon ausgehend auch LG Berlin v. 15.11.1999 – 99 O 83/99, AG 2000, 328, 329 re.Sp.

81 Setzt sich der Vorstand bei der Wiederausgabe eigener Aktien unrechtmäßig über das gleichmäßige Erwerbsanrecht der Aktionäre hinweg, so **kann** jeder übergangene **Aktionär** gegen die Gesellschaft auf Unterlassung oder Schadensersatz oder auch auf Feststellung **klagen** (§ 256 ZPO), dass der Beschluss des Vorstands (und gegebenenfalls auch ein Aufsichtsratsbeschluss) über die Wiederausgabe der Aktien rechtsfehlerhaft und daher nichtig waren, nicht anders als bei der Ausgabe neuer Aktien mit Bezugsrechtausschluss aus genehmigten Kapital (vgl. hierzu § 203 Rz. 31 und § 186 Rz. 33).

### 4. Grundsätzliche Beschlusskompetenz der Hauptversammlung

82 Die Wiederausgabe eigener Aktien bedarf entgegen überwiegender Ansicht grundsätzlich **immer** eines Beschlusses der **Hauptversammlung**[221], auch soweit das gleichmäßige Erwerbsanrecht der Aktionäre gewahrt bleibt. Anders nur, wenn sich die Art und Weise der Wiederausgabe bereits aus dem Erwerbsanlass ergibt (vgl. Rz. 78) oder die Gesellschaft gesetzlich zur Wiederausgabe verpflichtet ist (§ 71c Abs. 1–2 und dort Rz. 4, 9). Denn es gehört zu den Grundprinzipien des deutschen und europäischen Aktienrechts, dass die Ausgabe von Aktien gegen Kapitalbeiträge von der Hauptversammlung entschieden oder zumindest von deren Ermächtigung getragen sein muss. Das muss für die Wiederausgabe eigener Aktien ebenso gelten wie für die Ausgabe neuer Aktien, weil die Interessen- und Gefährdungslage der Aktionäre im Wesentlichen gleich ist (Rz. 79, 6). Die Hauptversammlung kommt also nicht erst ins Spiel, wenn die Art und Weise der Wiederausgabe der eigenen Aktien einem Bezugsrechtausschluss gleicht (vgl. Rz. 80), sondern sie muss von Hause aus über die Wiederausgabe entscheiden.

83 Die **Hauptversammlung kann selber entscheiden**, dass und wie die Aktien wieder ausgegeben werden sollen; dann muss der Vorstand sich daran halten. **Oder** die Versammlung kann **den Vorstand ermächtigen**, über die Wiederausgabe der eigenen Aktien zu entscheiden[222]. Das eine wie das andere kann schon **vorab** in dem Beschluss über die Ermächtigung des Vorstands zum Rückerwerb der Aktien geschehen, **oder** auch **nachträglich** durch gesonderten Beschluss[223]. Solange das gleichmäßige Erwerbsanrecht der Aktionäre (Rz. 80) gewahrt bleibt, genügt für solche Beschlüsse die **einfache Stimmenmehrheit**[224], ebenso wie bei der Ermächtigung des Vorstands zum Erwerb der eigenen Aktien (Rz. 17). Die Höchstdauer für eine Ermächtigung des Vorstands zur Wiederveräußerung eigener Aktien beträgt **fünf Jahre**, so wie beim Rückerwerb (§ 71 Abs. 1 Nr. 8 Satz 1) und beim genehmigten Kapital (§ 202 Abs. 1)[225]. Die Frist beginnt mit dem Ermächtigungsbeschluss und muss ebenso wie beim genehmigten Kapital im Beschluss festgesetzt sein.

84 Hat die Hauptversammlung den Vorstand allgemein zur Wiederausgabe der eigenen Aktien ermächtigt, und nichts Näheres beschlossen, so kann der Vorstand die Aktien freihändig über die **Börse** abgeben oder auch außerhalb der Börse den Aktionären

---

221 *U. Huber* in FS Kropff, S. 101, 119 f.; de lege ferenda auch *Wastl*, DB 1997, 461, 465. Anders *Cahn* in Spindler/Stilz, § 71 AktG Rz. 133 a.E., 135; *Möller*, Rückerwerb eigener Aktien, Rz. 93; *Oechsler* in MünchKomm. AktG, 3. Aufl., § 71 AktG Rz. 210; *Last*, Der Erwerb eigener Aktien als Ausschüttungsinstrument, S. 131; auch noch *T. Bezzenberger*, Erwerb eigener Aktien, Rz. 151, 154.
222 *U. Huber* in FS Kropff, S. 101, 119.
223 LG Berlin v. 15.11.1999 – 99 O 83/99, AG 2000, 328, 329; *U. Huber* in FS Kropff, S. 101, 119. Anders *Merkt* in Großkomm. AktG, 4. Aufl., § 71 AktG Rz. 84; *Oechsler*, ZHR 170 (2006), 72, 80.
224 *U. Huber* in FS Kropff, S. 101, 117 f.
225 *U. Huber* in FS Kropff, S. 101, 119. Anders *Kocher*, NZG 2010, 172, 173 f.

gleichmäßig zum Erwerb anbieten, etwa in Anlehnung an das **Bezugsverfahren** bei Kapitalerhöhungen (§ 186 Abs. 1–2 und 5). Hat dagegen die Hauptversammlung den Vorstand nur zum Aktienrückerwerb ermächtigt, und zur Wiederausgabe der Aktien nichts gesagt, so darf der Vorstand die Aktien nicht wieder ausgeben, auch nicht über die Börse oder gleichmäßig an die Aktionäre, denn die Ermächtigung zum Erwerb der eigenen Aktien beinhaltet keine Ermächtigung zur Wiederveräußerung (Rz. 82).

### 5. Aktienoptionspläne

Eigene Aktien der Gesellschaft können auch zur Bedienung von Aktienoptionen für Unternehmensleiter und Arbeitnehmer verwendet werden[226] (vgl. schon Rz. 35) und sind insoweit eine Alternative zur bedingten Kapitalerhöhung und zum genehmigten Kapital. Diese Art der Wiederausgabe eigener Aktien muss mit den Eckdaten des Aktienoptionsplans **von der Hauptversammlung beschlossen** werden, wie bei einer bedingten Kapitalerhöhung (§ 71 Abs. 1 Nr. 8 Satz 5 i.V.m. § 193 Abs. 2 Nr. 4); dabei müssen auch der Ausübungspreis für die Optionen oder dessen Berechnungsgrundlagen vorgegeben sein[227]. Das kann im Ermächtigungsbeschluss zum Aktienrückkauf oder durch einen späteren gesonderten Beschluss geschehen[228]. 85

Für einen solchen Hauptversammlungsbeschluss gelten neben der Bestimmung des § 193 Abs. 2 Nr. 4 die Anforderungen des § 186 über den Bezugsrechtausschluss entsprechend[229], soweit es um das zwingende Gebot **qualifizierter Mehrheit** geht (**§ 186 Abs. 3 Satz 2**)[230]. Denn nach der Gesetzesbegründung soll „für beide Beschaffungsformen (Eigenerwerb, bedingtes Kapital) das Sicherheitsniveau angeglichen" werden[231]. Da aber § 71 Abs. 1 Nr. 8 Satz 5 nicht auf das qualifizierte Mehrheitserfordernis verweist, das in § 193 Abs. 1 für die bedingte Kapitalerhöhung zur Bedienung von Aktienoptionen vorgesehen ist, muss man insoweit § 186 Abs. 3 heranziehen. Ein besonderer **Vorstandsbericht** nach § 186 Abs. 4 ist dagegen **nicht** erforderlich[232], denn er ist auch bei der bedingten Kapitalerhöhung nicht geboten. 86

**Unzulässig** ist der Einsatz eigener Aktien zur Bedienung von Aktienoptionen **für Aufsichtsratsmitglieder**[233]. Der Gesetzgeber hat im Zusammenhang mit der bedingten 87

---

226 RegE für das KonTraG, BT-Drucks. 13/9712 v. 28.1.1998, Anlage 1, Begründung zu Art. 1 Nr. 4–5 (betr. § 71), S. 14 li.Sp.; BGH v. 16.2.2004 – II ZR 316/02, BGHZ 158, 122, 125 = AG 2004, 265; LG Berlin v. 15.11.1999 – 99 O 83/99, AG 2000, 328; *Lutter/Drygala* in KölnKomm. AktG, 3. Aufl., § 71 AktG Rz. 187 ff.; *Weiß*, WM 1999, 353, 360 ff.
227 *Merkt* in Großkomm. AktG, 4. Aufl., § 71 AktG Rz. 292; *Lutter/Drygala* in KölnKomm. AktG, 3. Aufl., § 71 AktG Rz. 188 m.w.N.
228 LG Berlin v. 15.11.1999 – 99 O 83/99, AG 2000, 328, 329; *Lutter/Drygala* in KölnKomm. AktG, 3. Aufl., § 71 AktG Rz. 190. Hiervon ausgehend auch BGH v. 16.2.2004 – II ZR 316/02, BGHZ 158, 122 = AG 2004, 265; OLG Schleswig v. 18.9.2002 – 5 U 164/01, AG 2003, 102, 104 re.Sp. Anders, nämlich gegen die Zulässigkeit einer späteren Beschlussfassung, *Merkt* in Großkomm. AktG, 4. Aufl., § 71 AktG Rz. 288; *Oechsler*, ZHR 170 (2006), 72, 80.
229 OLG Schleswig v. 18.9.2002 – 5 U 164/01, AG 2003, 102 li.Sp., 103 f.; *Merkt* in Großkomm. AktG, 4. Aufl., § 71 AktG Rz. 287. Anders *Weiß*, WM 1999, 353, 362 li.Sp.; *Hüffer*, § 71 AktG Rz. 19j. Offen gelassen in BGH v. 16.2.2004 – II ZR 316/02, BGHZ 158, 122, 125 = AG 2004, 265; LG Berlin v. 15.11.1999 – 99 O 83/99, AG 2000, 328, 329.
230 *Lutter/Drygala* in KölnKomm. AktG, 3. Aufl., § 71 AktG Rz. 189; *Oechsler* in MünchKomm. AktG, 3. Aufl., § 71 AktG Rz. 259.
231 RegE für das KonTraG, BT-Drucks. 13/9712 v. 28.1.1998, Anlage 1, Begründung zu Art. 1 Nr. 4–5 (betr. § 71), S. 14 li.Sp.
232 RegE für das KonTraG, BT-Drucks. 13/9712, v. 28.1.1998, Anlage 1, Begründung zu Art. 1 Nr. 24–25 (betr. §§ 192 und 193), S. 24 re.Sp., auch S. 23 li.Sp.; *Merkt* in Großkomm. AktG, 4. Aufl., § 71 AktG Rz. 287.
233 So im Hinblick auf den Aktienrückerwerb nach § 71 Abs. 1 Nr. 8 mit allgemeiner Ermächtigung der Hauptversammlung BGH v. 16.2.2004 – II ZR 316/02, BGHZ 158, 122, 125 ff. = AG 2004, 265; *Habersack*, ZGR 2004, 721, 724 ff. Anders OLG Schleswig v. 18.9.2002 – 5 U

Kapitalerhöhung, dem Hauptweg für Aktienoptionspläne, solche Optionen für Aufsichtsratsmitglieder bewusst abgelehnt[234] und das in § 192 Abs. 2 Nr. 3 zum Ausdruck gebracht. Dies darf nicht durch den Einsatz eigener Aktien umgangen werden.

### 6. Bilanzielle Behandlung der Wiederausgabe eigener Aktien

88 Die bilanzielle Abbildung der Wiederausgabe eigener Aktien ist das Gegenstück zum Aktienrückerwerb (hierzu oben Rz. 56 ff.). Da eigene Aktien nicht aktiviert werden, erhöhen sich bei ihrer entgeltlichen Wiederveräußerung die **Aktiva** und die Bilanzsumme der Gesellschaft um den vereinnahmten Erlös. Das geschieht ergebnisneutral, weil das Entgelt für die Aktien der Sache nach eine Einlage ist (vgl. Rz. 79). Auf der **Passivseite** der Bilanz entfällt nach der Wiederausgabe die Absetzung des Nennbetrags oder anteiligen Grundkapitalsbetrags der eigenen Aktien vom **gezeichneten Kapital** (§ 272 Abs. 1b Satz 1 HGB). Ein übersteigender Erlös „ist bis zur Höhe des [beim Rückerwerb] mit den frei verfügbaren Rücklagen verrechneten Betrages in die jeweiligen Rücklagen einzustellen" (§ 272 Abs. 1b Satz 2 HGB), also in der Regel in die **freien Gewinnrücklagen**; diese werden in dem Maße wieder aufgefüllt, in dem sie auf Grund des Aktienrückkaufs vermindert wurden. Und ein noch weiter übersteigender Wiederveräußerungserlös geht in die **Kapitalrücklage** ein (§ 272 Abs. 1b Satz 3 HGB). Besser wäre es gesetzespolitisch, den ganzen Erlös aus der Wiederausgabe eigener Aktien, soweit er den anteiligen Grundkapitalsbetrag übersteigt, wie eine Einlage in die Kapitalrücklage zu leiten[235].

### VIII. Informationspflichten (§ 71 Abs. 3 Satz 1 und § 160 Abs. 1 Nr. 2)

89 Beim Erwerb eigener Aktien zur Schadensabwendung (§ 71 Abs. 1 Nr. 1) oder mit allgemeiner Ermächtigung der Hauptversammlung (§ 71 Abs. 1 Nr. 8) muss der Vorstand nach § 71 Abs. 3 Satz 1 die **nächste Hauptversammlung** unterrichten, ob und inwieweit die Gesellschaft während der Berichtsperiode eigene Aktien erworben hat, also vor der Hauptversammlung und gegebenenfalls nach einem Bericht an eine frühere Hauptversammlung. Zu berichten ist über die finanziellen Eckdaten des Aktienrückerwerbs, namentlich über „den Gegenwert", also das aufgewendete Entgelt[236], sowie über die Gründe und den Zweck des Erwerbs; hierfür sind **substanziierte** Angaben erforderlich, weshalb die Gesellschaft die Aktien erwerben durfte[237] und sich davon Vorteile verspricht. Die Unterrichtung muss im Bericht des Vorstands an die Hauptversammlung erfolgen, zumindest aber auf Nachfrage von Aktionären (§ 131)[238]. Die Hauptversammlung kann so insbesondere überprüfen, ob der Aktienrückerwerb sich im Rahmen einer Ermächtigung gehalten hat, und inwieweit die Ermächtigung in Zukunft noch ausgeübt werden kann[239]. Entsprechend muss der

---

164/01, AG 2003, 102 f. (vom BGH aufgehoben); *Hoff*, WM 2003, 910, 912 ff.; *Lutter* in FS Hadding, 2004, S. 561, 568 ff.; *Fuchs*, WM 2004, 2233, 2236.
234 RegE für das KonTraG, BT-Drucks. 13/9712 v. 28.1.1998, Anlage 1, Begründung zu Art. 1 Nr. 24–25 (betr. §§ 192 und 193), S. 24. Anders noch der Referentenentwurf von 1996 für das KonTraG, ZIP 1997, 2129, 2137. Zu den Gründen für diesen Sinneswandel BGH v. 16.2.2004 – II ZR 316/02, BGHZ 158, 122, 126 f. = AG 2004, 265 m.w.N.
235 So früher im Hinblick auf § 272 Abs. 1 Satz 4–5 HGB i.d.F. vor dem BilMoG BMF v. 2.12.1998, Tz. 11 und 27, BStBl. I 1998, 1509, 1510 und 1511 re.Sp.; *T. Bezzenberger*, Erwerb eigener Aktien, Rz. 128 f.; *Thiel*, DB 1998, 1583, 1585 re.Sp. Anders schon damals *ADS*, Ergänzungsbd. zur 6. Aufl., § 272 HGB Rz. 32 (für Dotierung der Gewinnrücklagen).
236 *Lutter/Drygala* in KölnKomm. AktG, 3. Aufl., § 71 AktG Rz. 65, 201.
237 BGH v. 9.2.1987 – II ZR 119/86, BGHZ 101, 1, 17 = AG 1987, 344 zu § 71 Abs. 1 Nr. 1; *Lutter/Drygala* in KölnKomm. AktG, 3. Aufl., § 71 AktG Rz. 65, 201.
238 BGH v. 9.2.1987 – II ZR 119/86, BGHZ 101, 1, 15 f. = AG 1987, 344.
239 *Veller*, Öffentliche Angebote zum Erwerb eigener Aktien, S. 96.

Vorstand die Hauptversammlung **auch** über eine **Wiederveräußerung** eigener Aktien unterrichten[240]. Angaben über eigene Aktien sind außerdem im **Anhang zum Jahresabschluss** zu machen (**§ 160 Abs. 1 Nr. 2**). Soweit sich diese mit den nach § 71 Abs. 3 Satz 1 gebotenen Angaben decken, genügt in der Hauptversammlung die Vorlage des Jahresabschlusses mit dem Anhang[241].

## IX. Verbindungslinien zum Kapitalmarktrecht

### 1. Ziele der Gesellschaft beim Aktienrückerwerb

Durch den entgeltlichen Erwerb eigener Aktien können börsennotierte Gesellschaften ihren **Aktienkurs nach oben treiben**, indem sie zusätzliche Nachfrage nach den Aktien schaffen, dem Kapitalmarkt Zuversicht und Ausschüttungsvermögen signalisieren, und diejenigen Aktionäre auskaufen, die an den Aktien am wenigsten festhalten. Das wohnt dem Aktienrückkauf schlechthin inne, und muss von Rechts wegen grundsätzlich hingenommen werden. 90

### 2. Verbot des Handels in eigenen Aktien (§ 71 Abs. 1 Nr. 8 Satz 2)

Nicht hinnehmbar ist es allerdings, wenn die Gesellschaft beim Erwerb und bei der Wiederveräußerung eigener Aktien einfach nur billig kaufen und teuer verkaufen will. Bei Geschäften in eigenen Aktien sind oder werden die Geschäftspartner der Gesellschaft zugleich deren Mitglieder, und es würde der **mitgliedschaftlichen Treuepflicht** widersprechen, wenn die informationell von Natur aus überlegene Gesellschaft ihre Aktionäre systematisch übervorteilt. Nach **§ 71 Abs. 1 Nr. 8 Satz 2** ist deshalb „als Zweck" des Aktienrückerwerbs „der **Handel in eigenen Aktien** ausgeschlossen". Der **Begriff** hat zwei Elemente, die beide in der Gesetzesbegründung anklingen, nämlich (1) den „fortlaufende[n] Kauf und Verkauf eigener Aktien"[242] über eine gewisse Dauer und vor allem (2) den „Versuch, Trading-Gewinne zu machen"[243], also die Gewinnerzielungsabsicht[244]. Ersteres ist ein Indiz für Letzteres[245]. Trading in diesem Sinne ist der Gesellschaft schlicht verboten. 91

### 3. Kapitalmarktrechtliche Transparenzgebote

Wenn eine Gesellschaft eigene Aktien kauft, will sie indessen meistens nicht die Kursentwicklung Gewinn bringend ausnutzen (vgl. Rz. 91), sondern **gestaltend** und stützend **auf die Kursbildung einwirken**. Das fällt nicht unter das Verbot des Handels in eigenen Aktien[246], wirft aber **Probleme für die Funktionsfähigkeit des Kapitalmarkts** auf. Die Gesellschaft ist die geborene Insiderin und kann sich mit Geschäften in eigenen Aktien an der Chancengleichheit der Kapitalmarktteilnehmer vergreifen. 92

---

240 Ebenso *Wastl*, DB 1997, 461, 465 li.Sp.
241 RegE für das KapRiLiG, BT-Drucks. 8/1678 v. 31.3.1978, Anlage 1, Begründung zu Art. 1 Nr. 14 (betr. § 71), S. 15 li.Sp.; *Lutter/Drygala* in KölnKomm. AktG, 3. Aufl., § 71 AktG Rz. 65, 201; *Cahn* in Spindler/Stilz, § 71 AktG Rz. 227.
242 RegE für das KonTraG, BT-Drucks. 13/9712 v. 28.1.1998, Anlage 1, Begründung zu Art. 1 Nr. 4–5 (betr. § 71), S. 13 re.Sp.; ebenso *Huber* in FS Kropff, S. 101, 120 f.
243 RegE für das KonTraG, BT-Drucks. 13/9712 v. 28.1.1998, Anlage 1, Begründung zu Art. 1 Nr. 4–5 (betr. § 71), S. 13 re.Sp.
244 *Merkt* in Großkomm. AktG, 4. Aufl., § 71 AktG Rz. 275; *Bosse*, WM 2000, 806, 807 ff.; *T. Bezzenberger*, Erwerb eigener Aktien, Rz. 161 f.
245 *Merkt* in Großkomm. AktG, 4. Aufl., § 71 AktG Rz. 276; *Lutter/Drygala* in KölnKomm. AktG, 3. Aufl., § 71 AktG Rz. 154.
246 *Merkt* in Großkomm. AktG, 4. Aufl., § 71 AktG Rz. 277; *G. Kraft/Altvater*, NZG 1998, 448, 450 re.Sp.; *T. Bezzenberger*, Erwerb eigener Aktien, Rz. 162. Anders *Lutter*, AG-Sonderheft August 1997, 52*, 56* re.Sp.

Die Nachfrage nach den Aktien von Seiten der Gesellschaft ist überdies ganz anders ausgerichtet als die Nachfrage von Seiten gewöhnlicher Käufer. Die Gesellschaft investiert nicht, sondern desinvestiert, und das können die übrigen Kapitalmarktteilnehmer nicht ohne weiteres erkennen.

93 Der Rückerwerb eigener Aktien durch börsennotierte Gesellschaften unterliegt daher einer Vielzahl von Regeln des Kapitalmarktrechts, die vor allem Transparenz gewährleisten und irreführende Signale an die Märkte verhindern wollen[247]. Zu nennen sind insbesondere die europäischen **Marktmissbrauchsrichtlinie**[248] und das deutsche Wertpapierhandelsgesetz (**WpHG**). Rückkaufprogramme für eigene Aktien, die zur Kapitalherabsetzung, zur Bedienung von Wandel- oder Optionsanleihen oder zur Arbeitnehmerbeteiligung dienen, sind unter bestimmten Voraussetzungen durch eine besondere **EG-Verordnung** von der Marktmissbrauchsrichtlinie ausgenommen[249] und auch nach deutschem Kapitalmarktrecht nicht zu beanstanden (§§ 14 Abs. 2, 20a Abs. 3 WpHG, § 5 MaKonVO). Sind die Anforderungen der Ausnahme-Verordnung nicht erfüllt, können Aktienrückkäufe verbotene Insider-Geschäfte (**§ 14 WpHG**)[250] oder Marktmanipulationen (**§ 20a WpHG**) sein. Die Entscheidung des Vorstands, Aktien der Gesellschaft zurückzuerwerben oder wieder zu veräußern, kann daher eine Ad-hoc-Mitteilung nach **§ 15 WpHG** gebieten[251]. Und aus § 26 Abs. 1 Satz 2 WpHG ergeben sich Veröffentlichungspflichten, wenn die eigenen Aktien einer börsennotierten Gesellschaft 3 %, 5 % oder 10 % erreichen, überschreiten oder wieder unterschreiten. Verstöße gegen die Kapitalmarktregeln führen nicht zur Unwirksamkeit des Aktienrückkaufs, denn diese Rechtfolge greift nach § 71 Abs. 4 Satz 2 nur bei einem Verstoß gegen die gesellschaftsrechtlichen Bestimmungen des § 71 Abs. 1 und 2.

## § 71a
## Umgehungsgeschäfte

**(1) Ein Rechtsgeschäft, das die Gewährung eines Vorschusses oder eines Darlehens oder die Leistung einer Sicherheit durch die Gesellschaft an einen anderen zum Zweck des Erwerbs von Aktien dieser Gesellschaft zum Gegenstand hat, ist nichtig. Dies gilt nicht für Rechtsgeschäfte im Rahmen der laufenden Geschäfte von Kreditinstituten oder Finanzdienstleistungsinstituten sowie für die Gewährung eines Vorschusses oder eines Darlehens oder für die Leistung einer Sicherheit zum Zweck des Erwerbs von Aktien durch Arbeitnehmer der Gesellschaft oder eines mit ihr verbun-**

---

247 Ausführlich hierzu und zum Folgenden *Cahn* in Spindler/Stilz, § 71 AktG Rz. 160–184; *Lutter/Drygala* in KölnKomm. AktG, 3. Aufl., § 71 AktG Rz. 255 ff.; *Veller*, Öffentliche Angebote zum Erwerb eigener Aktien, S. 97 ff.; *Singhof/Weber*, AG 2005, 549 ff.
248 Richtlinie 2003/6/EG des Europäischen Parlaments und des Rates vom 28.1.2003 über Insider-Geschäfte und Marktmanipulationen (Marktmissbrauch), ABl. EU Nr. L 96 v. 12.4.2003, S. 16 ff.
249 Verordnung (EG) Nr. 2273/2003 der Kommission vom 22.12.2003 zur Durchführung der Richtlinie 2003/6/EG des Europäischen Parlaments und des Rates – Ausnahmeregelungen für Rückkaufprogramme und Kursstabilisierungsmaßnahmen, ABl. EU Nr. L 336 v. 23.12.2003, S. 33 ff. Vgl. auch Art. 8 und Erwägungsgrund 33 der Marktmissbrauchsrichtlinie (Fn. 248).
250 RegE für das KonTraG, BT-Drucks. 13/9712 v. 28.1.1998, Anlage 1, Begründung zu Art. 1 Nr. 4–5 (betr. § 71), S. 14 re.Sp.; *Assmann* in Assmann/Uwe H. Schneider, § 14 WpHG Rz. 36 ff. und § 15 WpHG Rz. 87. Hiervon ausgehend auch Art. 6 der EG-AusnahmeVO (Fn. 249) sowie EuGH v. 23.12.2009 – Rs C-45/08, WM 2010, 65.
251 *Lutter/Drygala* in KölnKomm. AktG, 3. Aufl., § 71 AktG Rz. 255 ff.; *Cahn* in Spindler/Stilz, § 71 AktG Rz. 162 f., 166; *Veller*, Öffentliche Angebote zum Erwerb eigener Aktien, S. 190.

denen Unternehmens; auch in diesen Fällen ist das Rechtsgeschäft jedoch nichtig, wenn die Gesellschaft im Zeitpunkt des Erwerbs eine Rücklage in Höhe der Aufwendungen für den Erwerb nicht bilden könnte, ohne das Grundkapital oder eine nach Gesetz oder Satzung zu bildende Rücklage zu mindern, die nicht zur Zahlung an die Aktionäre verwandt werden darf. Satz 1 gilt zudem nicht für Rechtsgeschäfte bei Bestehen eines Beherrschungs- oder Gewinnabführungsvertrags (§ 291).

(2) Nichtig ist ferner ein Rechtsgeschäft zwischen der Gesellschaft und einem anderen, nach dem dieser berechtigt oder verpflichtet sein soll, Aktien der Gesellschaft für Rechnung der Gesellschaft oder eines abhängigen oder eines in ihrem Mehrheitsbesitz stehenden Unternehmens zu erwerben, soweit der Erwerb durch die Gesellschaft gegen § 71 Abs. 1 oder 2 verstoßen würde.

| | |
|---|---|
| I. Überblick . . . . . . . . . . . . . . . . . . 1 | b) Zusammenhang zwischen Aktienerwerb und Finanzierungsgeschäft . . 14 |
| II. Das Verbot der finanziellen Unterstützung von Seiten der Gesellschaft zum Erwerb ihrer Aktien (§ 71a Abs. 1) . . 2 | c) Nichtigkeitsfolge und Rückgewähransprüche . . . . . . . . . . . . . . . 15 |
| 1. Grundlagen . . . . . . . . . . . . . . . . 2 | d) Finanzierungsverbot und Unternehmensverbindung . . . . . . . . . . 18 |
| a) Regelungsgegenstand . . . . . . . . 2 | e) Originärer Aktienerwerb . . . . . . . 20 |
| b) Europäische und rechtspolitische Perspektiven . . . . . . . . . . . . . . 3 | 3. Verbotsausnahmen (§ 71a Abs. 1 Satz 2) . . . . . . . . . . . . . . . . . . . . 21 |
| c) Verhältnis zu den Zulässigkeitsschranken des Aktienrückerwerbs (§ 71) . . . . . . . . . . . . . 6 | a) Finanzdienstleistungen . . . . . . . 21 |
| | b) Arbeitnehmerbeteiligung . . . . . . 22 |
| d) Verhältnis zur Kapitalerhaltung und Vermögensbindung (§ 57) . . . 7 | c) Vorrang der Kapitalerhaltung . . . . 23 |
| e) Grundgedanken des Finanzierungsverbots . . . . . . . . . . . . . 9 | III. Verbotener Erwerb eigener Aktien durch mittelbare Stellvertreter (§ 71a Abs. 2) . . . . . . . . . . . . . . . . 24 |
| 2. Verbotene Gestaltungen und Rechtsfolgen bei Verstoß (§ 71a Abs. 1 Satz 1) . . . . . . . . . . . . . . . . . . . 11 | 1. Grundgedanken und Gesetzessystematik . . . . . . . . . . . . . . . . . . 24 |
| a) Verbotene und zulässige Geschäftsarten . . . . . . . . . . . . 11 | 2. Erfasste Gestaltungen und Erlaubnisschranken . . . . . . . . . . . 25 |
| | 3. Rechtsfolgen bei Verstoß . . . . . . . . 26 |

**Literatur:** *Drygala*, Finanzielle Unterstützung des Aktienerwerbs nach der Reform der Kapitalrichtlinie, Der Konzern 2007, 396; *Fleischer*, Finanzielle Unterstützung des Aktienerwerbs und Leveraged Buyout – § 71a AktG im Lichte italienischer Erfahrungen, AG 1996, 494; *Freitag*, „Financial Assistance" durch die Aktiengesellschaft nach der Reform der Kapitalrichtlinie – (k)ein Freifahrschein für LBOs?, AG 2007, 157; *Habersack*, Die finanzielle Unterstützung des Aktienerwerbs – Überlegungen zu Zweck und Anwendungsbereich des § 71a Abs. 1 Satz 1 AktG, in FS Röhricht, 2005, S. 155; *Kerber*, Die aktienrechtlichen Grenzen der finanziellen Unterstützung des Aktienerwerbs im Buy-out-Verfahren – Zur Reichweite und Abgrenzung von § 71a AktG und §§ 311 ff. AktG beim Unternehmenserwerb im Wege der Schuldübernahme und nachfolgender Verschmelzung, DB 2004, 1027; *Kerber*, Unternehmenserwerb im Wege der Schuldübernahme und nachfolgender Verschmelzung – Ein aktienrechtlicher Nachtrag zur Reichweite von § 71a AktG, NZG 2006, 50; *Klass*, Der Buyout von Aktiengesellschaften – Eine juristisch-ökonomische Untersuchung zu § 71a Abs. 1 AktG und zur Gesetzesumgehung im Gesellschaftsrecht, 2000; *Langevoort*, Organized Illusions: A Behavioral Theory of Why Corporations Mislead Stock Market Investors (and Cause Other Social Harms), University of Pennsylvania Law Review 146 (1997/1998), 101, auch in Sunstein (Hrsg.), Behavioral Law and Economics, 2000, S. 144; *Ludwig*, Verbotene finanzielle Unterstützung im Sinne des § 71a Abs. 1 Satz 1 AktG ohne rechtsgeschäftliche Beteiligung der Zielgesellschaft?, in Liber amicorum Happ, 2006, S. 131; *Lutter/Wahlers*, Der Buyout – Amerikanische Fälle und die Regeln des deutschen Rechts, AG 1989, 1; *Malmendier/Tate*, CEO Overconfidence and Corporate Investment, Journal of Finance LX (2005), 2661; *Malmendier/Tate*, Who makes acquisitions? CEO overconfidence and the market's reaction, Journal of Financial Economics 89 (2008), 20; *Nuyken*, Finanzielle Unterstützung bei Private-Equity-

Transaktionen – Fallstudien zu § 71a AktG, ZIP 2004, 1893; *Oechsler*, Das Finanzierungsverbot des § 71a Abs. 1 Satz 1 AktG bei Erwerb eigener Aktien – Schutzzweck und praktische Anwendung, ZIP 2006, 1661; *Riegger*, Kapitalgesellschaftsrechtliche Grenzen der Finanzierung von Unternehmensübernahmen durch Finanzinvestoren, ZGR 2008, 233; *R. Roll*, The Hubris Hypothesis of Corporate Takeovers, Journal of Business, 1986 (vol. 59 no. 2 pt. 1), 197; *Schmolke*, Finanzielle Unterstützung des derivativen Aktienerwerbs – Gläubiger- und Aktionärsschutz nach der geplanten Änderung der Kapitalrichtlinie, WM 2005, 1828; *U. Schroeder*, Finanzielle Unterstützung des Aktienerwerbs – Der § 71a Abs. 1 AktG und sein Vorbild im englischen Gesellschaftsrecht, 1995; *Seibt*, Gläubigerschutz bei Änderung der Kapitalstruktur durch Erhöhung des Fremdkapitalanteils (Leveraged Recapitalization/Leveraged Buy Out), ZHR 171 (2007), 282; *Singhof*, Zur finanziellen Unterstützung des Erwerbs eigener Aktien durch Kreditinstitute, NZG 2002, 745; *Wymeersch*, Article 23 of the second company law directive: the prohibition on financial assistance to acquire shares of the company, in FS Drobnig, 1998, S. 725.

## I. Überblick

1   § 71a regelt in den Absätzen 1 und 2 zwei verschiedene Gestaltungen. **Abs. 1** enthält ein Verbot der finanziellen Unterstützung von Seiten der Gesellschaft zum Erwerb ihrer Aktien durch einen anderen, der für eigene Rechnung handelt. Dies ist eine eigenständige Regelung zum Schutz des Gesellschaftsvermögens, die mit dem Aktienrückerwerb (§ 71, §§ 71b–71d) nur entfernt zu tun hat (Rz. 6) und über die allgemeine Kapitalerhaltung und Vermögensbindung (§ 57) hinausgeht (Rz. 7 f.). Demgegenüber betrifft **Abs. 2** den Erwerb von Aktien der Gesellschaft durch einen anderen, der für Rechnung der Gesellschaft handelt. Dies steht dem Erwerb eigener Aktien durch die Gesellschaft gleich und gehört gesetzessystematisch zu den Erlaubnisschranken des Aktienrückerwerbs (§§ 71 und 71d, vgl. unten Rz. 24 sowie § 71d Rz. 3).

## II. Das Verbot der finanziellen Unterstützung von Seiten der Gesellschaft zum Erwerb ihrer Aktien (§ 71a Abs. 1)

### 1. Grundlagen

#### a) Regelungsgegenstand

2   Nach § 71a Abs. 1 Satz 1 sind Rechtsgeschäfte nichtig, mit denen die Gesellschaft einen anderen beim Erwerb ihrer Aktien finanziell unterstützt, etwa indem die Gesellschaft dem Aktienerwerber ein Darlehen gewährt oder einem Dritten Sicherheiten für ein Darlehen leistet, das dieser dem Aktienerwerber gewährt. Solche und ähnliche Gestaltungen sind nach § 71a Abs. 1 in der Aktiengesellschaft grundsätzlich verboten. Dabei geht es vor allem um den fremdfinanzierten Unternehmenskauf (**„leveraged buy-out"**) im Wege des Aktienerwerbs („share deal"), bei dem das Vermögen der erworbenen Gesellschaft zur Erwerbsfinanzierung herangezogen werden soll (näher Rz. 9 f.).

#### b) Europäische und rechtspolitische Perspektiven

3   Das Verbot der finanziellen Unterstützung des Aktienerwerbs stammt aus dem englischen Gesellschaftsrecht der 1920er Jahre[1] und ist von dort 1976 in die europäische **Kapitalrichtlinie** (vgl. § 71 Rz. 12) eingeflossen[2]. Deren einschlägige Bestimmung lautete damals schlicht: „Eine Gesellschaft darf im Hinblick auf den Erwerb ihrer Aktien durch einen Dritten weder Vorschüsse geben noch Darlehen gewähren noch Si-

---

[1] *U. Schroeder*, Finanzielle Unterstützung, S. 20 ff.
[2] *U. Schroeder*, Finanzielle Unterstützung, S. 16 ff.

cherheiten leisten" (Art. 23 Abs. 1 Kapitalrichtlinie a.F.). So wurde es 1978 in Deutschland umgesetzt (§ 71a Abs. 1 Satz 1)[3].

Im Jahr 2006 ist die Kapitalrichtlinie geändert[4] und das europäische Finanzierungsverbot gelockert worden. Die nationalen Gesetzgeber können es nunmehr nach **Art. 23 Abs. 1 Kapitalrichtlinie n.F.** ihren Gesellschaften „gestatte[n], im Hinblick auf einen Erwerb eigener Aktien durch einen Dritten unmittelbar oder mittelbar Vorschüsse zu zahlen, Darlehen zu gewähren oder Sicherheiten zu leisten", wenn das Geschäft zu Marktbedingungen vorgenommen wird, durch ausschütttungsfähiges Gesellschaftsvermögen gedeckt ist, und wenn die Hauptversammlung mit qualifizierter Mehrheit einwilligt. Aber die einzelstaatlichen Gesetze müssen das nicht erlauben[5]. 4

Der deutsche Gesetzgeber hat diese europäischen Lockerungen nicht übernommen, ja kaum eines Blicks gewürdigt und den bisherigen § 71a Abs. 1 Satz 1 mit seinem strikten Verbot bewusst stehen gelassen[6]. 5

### c) Verhältnis zu den Zulässigkeitsschranken des Aktienrückerwerbs (§ 71)

Der Gesetzgeber hat das Finanzierungsverbot des § 71a Abs. 1 ursprünglich wohl als **Umgehungsschutz** im Hinblick auf die Zulässigkeitsschranken des Erwerbs eigener Aktien verstanden[7], wie es in der Gesetzesüberschrift anklingt. Doch diese Vorstellung stößt zu Recht auf Vorbehalte[8]. Die beiden Gestaltungen haben zwar manches gemeinsam, unterscheiden sich aber auch wesentlich. Der Aktienrückkauf ist eine Ausschüttung an die veräußernden Aktionäre, weil eigene Aktien in den Händen der Gesellschaft keinen Wert haben (§ 71 Rz. 2 ff.) und auch bilanziell keine Vermögensgegenstände sind (§ 71 Rz. 56). Bei der finanziellen Unterstützung des Aktienerwerbs bekommt die Gesellschaft dagegen etwas in die Hand, nämlich den Rückzahlungsanspruch beim Darlehen (§ 488 Abs. 1 Satz 2 BGB) oder auch Rückgriffsansprüche, wenn die Gesellschaft Fremdverbindlichkeiten des Aktienerwerbers absichert und aus der Sicherung in Anspruch genommen wird (§§ 670, 774 BGB etc.). Solche Forderungen der Gesellschaft gegen den Aktienerwerber sind aber, soweit dessen Vermögen nur aus den erworbenen Aktien der Gesellschaft besteht, auch nur durch diese Aktien gedeckt. Im Krisenfall ist man dann leicht wieder beim Erwerb eigener Aktien. Nur weiß man das vorab nicht, und vor allem wollen es die Beteiligten nicht. Hierin liegt ein wichtiger Unterschied zum Aktienrückkauf. Außerdem ist die fi- 6

---

3 Eingefügt durch Art. 1 Nr. 15 KapRiLiG v. 13.12.1978, BGBl. I 1978, 1959 (vgl. § 71 Rz. 12).
4 Richtlinie 2006/68/EG des Europäischen Parlaments und des Rates vom 6.9.2006 zur Änderung der Richtlinie 77/91/EWG des Rates in Bezug auf die Gründung von Aktiengesellschaften und die Erhaltung und Änderung ihres Kapitals, ABl. EU Nr. L 264 v. 25.9.2006, S. 32–36; hierzu unter dem Gesichtspunkt des Finanzierungsverbots *Drygala*, Der Konzern 2007, 396 ff.; *Freitag*, AG 2007, 157, 159 ff.; *H. P. Westermann*, ZHR 172 (2008), 144, 161 ff.; zur Entstehungsgeschichte *Schmolke*, WM 2005, 1828, 1829 ff.
5 *H. P. Westermann*, ZHR 172 (2008), 144, 162.
6 Beschlussempfehlung und Bericht des BT-Rechtsausschusses zum RegE für das ARUG (vgl. § 71 Rz. 15), BT-Drucks. 16/13098 v. 20.5.2009, Bericht zu Art. 1 Nr. 1b (betr. § 27 AktG Abs. 3–4), S. 38 li.Sp.
7 RegE für das KapRiLiG, BT-Drucks. 8/1678 v. 31.3.1978, Anlage 1, Begründung zu Art. 1 Nr. 15 (betr. § 71a), S. 16 li.Sp. (allerdings nicht sehr klar); mit gleichem Ansatz *Lutter/Drygala* in KölnKomm. AktG, 3. Aufl., § 71a AktG Rz. 6–8, 27; *Klass*, Der Buyout, S. 22 ff.; zum Teil auch LG Düsseldorf v. 28.10.2005 – 39 O 180/04, ZIP 2006, 516, 518 re.Sp.; *Oechsler* in Münch-Komm. AktG, 3. Aufl., § 71a AktG Rz. 4.
8 *U. Schroeder*, Finanzielle Unterstützung, S. 107 ff.; *Habersack* in FS Röhricht, S. 155, 158 ff.; *Cahn* in Spindler/Stilz, § 71a AktG Rz. 8; *Nuyken*, ZIP 2004, 1893, 1894 li.Sp.; *Wymeersch* in FS Drobnig, S. 725, 741 f.; *Hüffer*, § 71a AktG Rz. 1, 3.

nanzielle Unterstützung des Aktienerwerbs selbst dann verboten, wenn die Gesellschaft die Aktien selbst erwerben dürfte[9], und ein Umgehungsschutz kann nicht weiter gehen als die umgangene Norm.

**d) Verhältnis zur Kapitalerhaltung und Vermögensbindung (§ 57)**

7 Manche verstehen das Finanzierungsverbot des § 71a Abs. 1 Satz 1 als eine Ausprägung der allgemeinen Kapitalerhaltung und Vermögensbindung (§ 57)[10]. In der Tat gibt es hier Überschneidungen. § 57 spricht zwar im Unterschied zu § 71a nur Geschäfte der Gesellschaft mit Aktionären an, aber den Aktionären sind im Rahmen des § 57 werdende Aktionäre gleichgestellt (§ 57 Rz. 33). Gewährt also etwa die Gesellschaft einem nicht kreditwürdigen Aktienerwerber ein Darlehen, und ist daher der Rückzahlungsanspruch der Gesellschaft nicht vollwertig, so liegt in dem Vorgang eine verbotene Vermögenszuwendung an den Aktienerwerber (§ 57 Rz. 46 ff.). Ebenso verhält es sich, wenn die Gesellschaft zu Gunsten des Aktienerwerbers einen Fremdkredit besichert, bei dem die Rückgriffsmöglichkeit nicht vollwertig ist; auch hierin liegt eine unzulässige Zuwendung an den Aktienerwerber (§ 57 Rz. 59 ff.). Und „ist der Gesellschafter", wie es in der Gesetzesbegründung heißt, „z.B. eine mit geringen Mitteln ausgestattete Erwerbsgesellschaft ..., dürfte die Vollwertigkeit regelmäßig zu verneinen sein"[11]. Insoweit decken die Kapitalerhaltung und Vermögensbindung (§ 57) den Normbereich des Finanzierungsverbots (§ 71a Abs. 1) weitgehend mit ab[12]. Innerhalb des Überschneidungsbereichs sind beide Normen anwendbar[13].

8 Das Finanzierungsverbot des **§ 71a Abs. 1** geht jedoch **über** die in **§ 57** gezogenen Ausschüttungsgrenzen der Kapitalerhaltung und Vermögensbindung **hinaus**. Diese sind nämlich nicht verletzt, wenn die Gesellschaft einem Aktionär – oder eben auch einem Aktienerwerber – Leistungen erbringt, die durch einen vollwertigen Rückgewähranspruch gegen den Empfänger gedeckt sind (§ 57 Abs. 1 Satz 3)[14] oder, so muss man für die Bestellung von Sicherheiten hinzufügen, durch eine vollwertige Rückgriffsmöglichkeit unterlegt sind. Vom Finanzierungsverbot des § 71a Abs. 1 Satz 1 werden dagegen auch diese Gestaltungen erfasst, obwohl sie dem Werte nach ausgewogen sind, denn eine Unausgewogenheit des Geschäfts, und dass die Gesellschaft konkrete Vermögenseinbußen erleidet, gehört nicht zum Tatbestand des Finanzie-

---

9 RegE für das KapRiLiG, BT-Drucks. 8/1678 v. 31.3.1978, Anlage 1, Begründung zu Art. 1 Nr. 15 (betr. § 71a), S. 16 li.Sp.; *Oechsler* in MünchKomm. AktG, 3. Aufl., § 71a AktG Rz. 39. Anders *Lutter/Drygala* in KölnKomm. AktG, 3. Aufl., § 71a AktG Rz. 42 f.; *Habersack* in FS Röhricht, S. 155, 167 ff.

10 *Freitag*, AG 2007, 157, 162 ff.; *Habersack* in FS Röhricht, S. 155, 161 ff.; *Riegger*, ZGR 2008, 233, 240, 245; *U. Schroeder*, Finanzielle Unterstützung, S. 114 ff.; *Oechsler* in MünchKomm. AktG, 3. Aufl., § 71a AktG Rz. 10. Kritisch *Wymeersch* in FS Drobnig, S. 725, 741 ff.

11 RegE für das MoMiG, BT-Drucks. 16/6140 v. 27.5.2007, Begründung zu Art. 1 Nr. 20 (betr. § 30 Abs. 1 GmbHG), S. 41 re.Sp. und hierauf verweisend Begründung zu Art. 5 Nr. 5 (betr. § 57 AktG), S. 52 li.Sp.; zustimmend *Riegger*, ZGR 2008, 233, 238 f.

12 *Oechsler*, ZIP 2006, 1661, 1663 li.Sp.; *Klass*, Der Buyout, S 118 ff.; auch *Habersack* in FS Röhricht, S. 155, 161; anschaulich BGH v. 13.11.2007 – XI ZR 294/07, ZIP 2008, 118, 119 = AG 2008, 120. Anders *Kerber*, NZG 2006, 50, 51 f.

13 *Cahn* in Spindler/Stilz, § 71a AktG Rz. 11 a.E. Anders, nämlich für Spezialität des § 71a, *Oechsler*, ZIP 2006, 1661, 1663 li.Sp., 1666 li.Sp.; auch *U. Schroeder*, Finanzielle Unterstützung, S. 116.

14 Eingefügt durch das Gesetz zur Modernisierung des GmbH-Rechts und zur Bekämpfung von Missbräuchen (MoMiG) vom 23.10.2008, BGBl. I 2008, 2026. Anders zuvor BGH v. 24.11.2003 – II ZR 171/01, BGHZ 157, 72, 75 und LS = GmbHR 2004, 302 (zu § 30 GmbHG); aufgegeben in BGH v. 1.12.2008 – II ZR 102/07, WM 2009, 78, 80 = AG 2009, 81, Rz. 11 f. (vor allem zu §§ 311, 317, aber auch zu § 57).

rungsverbots[15]. Dieses ist ein **abstrakter Gefährdungstatbestand**[16], bei dem es im Unterschied zu § 57 nicht darauf ankommt, ob eine Verletzung erfolgt, oder auch nur eine Gefahr im konkreten Fall eintritt. Die finanzielle Unterstützung des Aktienerwerbs ist **allein wegen ihres Geschäftsgegenstands verboten**. Die allgemeine Kapitalerhaltung und Vermögensbindung nach § 57 betrifft überdies nur das Verhältnis der Gesellschaft zu ihren Aktionären (§ 57) und zu Personen, die aus besonderen Gründen wie Aktionäre zu behandeln sind (§ 57 Rz. 31, 33), wohingegen das Finanzierungsverbot auch Geschäfte der Gesellschaft mit „anderen" erfasst und für nichtig erklärt (71a Abs. 1), wie etwa die Sicherheitsleistung der Gesellschaft an eine Bank, die dem Aktienerwerber ein Darlehen gibt. Das lässt sich aus § 57 nicht herleiten. Das Finanzierungsverbot hat also gegenständlich und personell einen eigenständigen Regelungsgehalt.

### e) Grundgedanken des Finanzierungsverbots

Ein abstrakter Gefährdungstatbestand wie das Finanzierungsverbot des **§ 71a Abs. 1 Satz 1 ergibt rechtspolitisch** nur einen **Sinn**, wenn der umschriebene Tatbestand auch wirklich Gefahr in sich birgt. Auch für die Auslegung des geltenden Rechts kommt es hierauf und auf die Art der Gefahr an. Dass fremdfinanzierte Unternehmenskäufe gesamtwirtschaftlich überwiegend Schaden stiften, ist nicht empirisch belegt[17]. Doch es stellt sich Unbehagen ein, wenn gerade die erworbene Gesellschaft für das finanzielle Risiko einer solchen Transaktion in die Haftung genommen wird. Dieses **Risiko** besteht nicht zuletzt darin, **dass der Erwerber die Aktien zu teuer erwirbt** und deshalb den Erwerb allzu weitgehend fremdfinanziert. Wenn er deswegen später Probleme bekommt, schlagen diese auf die Gesellschaft durch und können großes Unheil über das Unternehmen bringen. Wie groß die Gefahr tatsächlich ist, lässt sich schwer sagen. Wirtschaftlich gibt es immerhin Tendenzen, die in diese Richtung wirken. Der Aktienerwerber kauft das Unternehmen teurer als jeder andere, der es ebenfalls hätte erwerben können. Das kann allzu leicht dazu führen, dass er zu teuer erwirbt, denn wer bei einem Bieterwettbewerb das höchste Gebot abgibt, bei dem ist die Wahrscheinlichkeit am größten, dass er den Wert des Objekts überschätzt (**The Winner's Curse** – der Fluch des Gewinners[18]). Dafür spricht auch, dass bei großen Unternehmensübernahmen der Börsenwert der übernehmenden Gesellschaft eher sinkt als steigt[19]. Der Aktienerwerber glaubt offenbar, aus dem Unternehmen mehr an zusätzlichen Leistungen und an Synergieeffekten herauszuholen zu können als der bisherige Inhaber und andere mögliche Erwerber. Hier ist die Gefahr der Selbstüberschätzung sehr groß. Unternehmensleiter und Transaktionsmanager sind meis-

---

15 *U. Schroeder*, Finanzielle Unterstützung, S. 166 ff.; *Lutter/Drygala* in KölnKomm. AktG, 3. Aufl., § 71a AktG Rz. 20, 27, 29; *Cahn* in Spindler/Stilz, § 71a AktG Rz. 11; *Drygala*, Der Konzern 2007, 396, 398 f.; *Oechsler* in MünchKomm. AktG, 3. Aufl., § 71a AktG Rz. 19; *Oechsler*, ZIP 2006, 1661, 1662 li.Sp., 1665 li.Sp. Anders zu Unrecht LG Düsseldorf v. 28.10.2005 – 39 O 180/04, ZIP 2006, 516, 518 ff.
16 *Oechsler* in MünchKomm. AktG, 3. Aufl., § 71a AktG Rz. 38; *Oechsler*, ZIP 2006, 1661, 1664 re.Sp.
17 *Lutter/Drygala* in KölnKomm. AktG, 3. Aufl., § 71a AktG Rz. 15 f.; *Eidenmüller*, DStR 2007, 2116 ff.; *Eidenmüller*, ZHR 171 (2007), 644, 648, 653 ff., 678 ff.; alle m.w.N. Kritisch gleichwohl *Uwe H. Schneider*, NZG 2007, 888.
18 Vgl. hierzu, auch im Hinblick auf Unternehmenskäufe, *Thaler*, Journal of Economic Perspectives 2 (1988), 191, auch in *Thaler*, The Winner's Curse – Paradoxes and Anomalies of Economic Life, 1992, S. 50–62.
19 *Brealey/Myers/Allen*, Principles of Corporate Finance, 9. Aufl. 2008, Chapter 32.5 a.E., S. 905 f.; *Ross/Westerfield/Jaffe/Jordan*, Modern Financial Management, 8. Aufl. 2008, Chapter 29.9, S. 836; ausführlich *Moeller/Schlingemann/Stulz*, Journal of Financial Economics 73 (2004), 201.

tens von einem **übertriebenen Optimismus** geleitet[20]. Das ist empirisch belegt und schlägt sich nicht zuletzt in überteuerten Übernahmen nieder, vor allem wenn die erforderlichen Finanzmittel aus dem Unternehmen selbst entnommen werden können[21].

10 Wirtschaftlich ist es beim fremdfinanzierten Unternehmenskauf in erster Linie die Funktion des Kreditgebers oder allgemeiner des Kreditmarkts, eine solche überoptimistisch überzogene Fremdfinanzierung zu verhindern und einem übermäßigen Finanzstrukturrisiko von Anfang an entgegenzuwirken. Wenn nun aber dieses Risiko im Wege von Kreditsicherheiten auf die erworbene Gesellschaft überwälzt werden dürfte, hätte der Kreditgeber weniger Anreiz, dem Risiko entgegenzuwirken, denn er könnte sich ja bei der Gesellschaft schadlos halten. Die **Gesellschaft** hinwiederum **kann** dem Risiko **nicht** Interesse wahrend **entgegenwirken**, wenn sie vom Aktienerwerber abhängig ist oder wird. Und der Erwerber wird, wie gesagt, das Risiko allzu oft unterschätzen. Gegen dieses Marktversagen schreitet das Gesetz mit dem Finanzierungsverbot ein. Der Aktienerwerber muss einen unabhängigen Kreditgeber finden, den er von seinen Erwartungen überzeugen kann[22]. Damit verfolgt § 71a Abs. 1 Satz 1 den Zweck, überoptimistisch finanzierte Unternehmenskäufe zu verhindern und dem Aufbau exzessiver Leverage vorzubauen.

### 2. Verbotene Gestaltungen und Rechtsfolgen bei Verstoß (§ 71a Abs. 1 Satz 1)

#### a) Verbotene und zulässige Geschäftsarten

11 Das Gesetz verbietet „die Gewährung eines Vorschusses oder eines Darlehens oder die Leistung einer Sicherheit" an einen Aktionär oder an einen anderen (vgl. Rz. 2, 8, 15). Zum **Darlehen** gehören außer dem Darlehensvertrag im Sinne des § 488 BGB und dem Sachdarlehen (§ 607) auch andere Weisen der Kreditgewährung[23] wie die Stundung[24] oder die Einräumung eines ungewöhnlich großzügigen Zahlungsziels[25]. **Vorschüsse** sind vorfällige Leistungen der Gesellschaft auf Verbindlichkeiten[26]. Und eine **Sicherheitsleistung** liegt vor, wenn die Gesellschaft mit ihrem Vermögen für die Erfüllung einer fremden Verbindlichkeit einsteht und auf diese Weise das Ausfallrisiko eines Gläubigers ganz oder teilweise übernimmt, also etwa für dessen Forderung eine Bürgschaft, Mithaftung oder Garantie übernimmt oder ein Grundpfandrecht bestellt oder bewegliche Sachen oder Rechte zur Sicherheit übereignet oder überträgt.

12 Das Finanzierungsverbot kann auch **andere Gestaltungen** erfassen[27], die in vergleichbarer Weise die Gesellschaft mit finanziellen Risiken des Erwerbs ihrer Aktien belasten. Hierzu gehören etwa stille Beteiligungen der Gesellschaft am Aktienerwerber[28].

---

20 Speziell im Hinblick auf Unternehmensübernahmen *R. Roll*, Journal of Business, 1986 (vol. 59 no. 2 pt. 1), 197; allgemein *Langevoort* in Sunstein, S. 144 f.
21 *Malmendier/Tate*, Journal of Financial Economics 89 (2008), 20 ff.; *Malmendier/Tate*, Journal of Finance LX (2005), 2661 ff.
22 Ebenso *Oechsler*, ZIP 2006, 1661, 1664 f.; *Oechsler* in MünchKomm. AktG, 3. Aufl., § 71a AktG Rz. 4 a.E.
23 *Hüffer*, § 71a AktG Rz. 2; *Wieneke* in Bürgers/Körber, § 71a AktG Rz. 4.
24 *Hüffer*, § 71a AktG Rz. 2; *Wieneke* in Bürgers/Körber, § 71a AktG Rz. 4.
25 *Wieneke* in Bürgers/Körber, § 71a AktG Rz. 4.
26 LG Göttingen v. 6.1.1992 – 8 O 123/91, WM 1992, 1373, 1375 re.Sp. = AG 1993, 46; *Hüffer*, § 71a AktG Rz. 2; *U. Schroeder*, Finanzielle Unterstützung, S. 161 f.
27 LG Düsseldorf v. 28.10.2005 – 39 O 180/04, ZIP 2006, 516, 518 li.Sp.; *U. Schroeder*, Finanzielle Unterstützung, S. 174 ff.; *Oechsler* in MünchKomm. AktG, 3. Aufl., § 71a AktG Rz. 19 ff.; *Hüffer*, § 71a AktG Rz. 2. Skeptisch *Habersack* in FS Röhricht, S. 155, 170.
28 *Merkt* in Großkomm. AktG, 4. Aufl., § 71a AktG Rz. 35; *Wieneke* in Bürgers/Körber, § 71a AktG Rz. 4.

Gleiches gilt erst recht für **verlorene Zuschüsse** der Gesellschaft zum Aktienerwerb; sie fallen schon unter § 57[29], verstoßen aber auch gegen § 71a[30]. Erörtert wird weiter der Fall, dass der Aktienerwerber im Wege eines **Austauschgeschäfts** einen Vermögensgegenstand an die Gesellschaft veräußert und mit dem Erlös seine Verbindlichkeiten aus dem Erwerb der Aktien bedient. Sind solche Geschäfte dem Werte nach unausgewogen, enthalten sie einen verlorenen Zuschuss der Gesellschaft und verstoßen sowohl gegen § 57 als auch gegen § 71a[31]. Ausgewogene Austauschgeschäfte verletzen dagegen das Finanzierungsverbot selbst dann nicht, wenn sie funktional zur Finanzierung des Aktienerwerbs vorgenommen werden und die Gesellschaft keinen sinnvollen betrieblichen Anlass für den Erwerb des Vermögensgegenstands hat[32], denn der Vorgang ist mit den in § 71a genannten Gestaltungen zu wenig vergleichbar. Die Gesellschaft bleibt daher auf andere, allgemeine Rechtsschutzbehelfe verwiesen (§§ 117, 311, 317[33]). Gegen das Finanzierungsverbot verstößt es demgegenüber, wenn die übernommene Gesellschaft eine Forderung gegen ihren bisherigen Aktionär hat und im Zusammenhang mit dem Aktienerwerb daran mitwirkt, dass der Aktienerwerber die **Verbindlichkeit** an Stelle des bisherigen Aktionärs **übernimmt** (§§ 414 f. BGB)[34]. Das ist ebenso zu beurteilen, wie wenn der Aktienerwerber den entsprechenden Betrag als Kaufpreis an den Veräußerer zahlt, dieser damit seine Verbindlichkeit gegenüber der Gesellschaft tilgt, und die Gesellschaft das Geld dann darlehensweise an den Erwerber wieder auszahlt, was ohne Zweifel gegen das Finanzierungsverbot verstoßen würde.

Die Übernahme von **Kurspflege**kosten durch die Gesellschaft ist unter dem Gesichtspunkt des § 71a Abs. 1 bedenklich[35], sollte aber als rechtens anerkannt werden, wenn die Kursstabilisierung nach der einschlägigen europäischen Kapitalmarktverordnung (vgl. § 71 Rz. 93) erlaubt ist[36], denn wer sonst soll hierfür bezahlen? **Kursgarantien** der Gesellschaft sind dagegen nach § 71a Abs. 1 nichtig, wenn sie im Zusammenhang mit dem Aktienerwerb übernommen werden[37], und verstoßen zudem gegen § 57, wenn sie mit einem Aktionär vereinbart sind. „**Break fee – Vereinbarungen**", mit denen die Gesellschaft einem Übernahmeinteressenten verspricht, ihm die Kosten des Übernahmeversuchs zu erstatten, falls dieser scheitern sollte, fallen dagegen nicht

13

---

29 In erster Linie hierauf abstellend LG Mainz v. 27.8.2004 – 11 HK.O 16/04, NZG 2005, 325.
30 *U. Schroeder*, Finanzielle Unterstützung, S. 175 ff.; *Merkt* in Großkomm. AktG, 4. Aufl., § 71a AktG Rz. 32.
31 *U. Schroeder*, Finanzielle Unterstützung, S. 174 f.; *Merkt* in Großkomm. AktG, 4. Aufl., § 71a AktG Rz. 34; *Oechsler* in MünchKomm. AktG, 3. Aufl., § 71a AktG Rz. 20.
32 *U. Schroeder*, Finanzielle Unterstützung, S. 187 ff. Anders *Lutter/Drygala* in KölnKomm. AktG, 3. Aufl., § 71a AktG Rz. 29.
33 Vgl. *T. Bezzenberger*, Das Kapital der Aktiengesellschaft, 2005, S. 292 f., 299, 324.
34 *Kerber*, DB 2004, 1027, 1028 re.Sp.; *Kerber*, NZG 2006, 50, 52 f.; *Oechsler*, ZIP 2006, 1661, 1665 f.; mit Einschränkungen auch *Cahn* in Spindler/Stilz, § 71a AktG Rz. 46 f. Anders LG Düsseldorf v. 28.10.2005 – 39 O 180/04, ZIP 2006, 516, 518 ff. (betr. Schuldübernahme nach § 415 BGB) mit abl. Anmerkung von *Kerber*; *Habersack* in FS Röhricht, S. 155, 172 f.; *Nuyken*, ZIP 2004, 1893, 1896 f.; im Grunde auch *Lutter/Drygala* in KölnKomm. AktG, 3. Aufl., § 71a AktG Rz. 35. Offen gelassen in OLG Düsseldorf v. 28.9.2006 – I-5 U 6/06, NZG 2006, 273, 274 re.Sp.
35 *Lutter/Gehling*, Anm. zu OLG Frankfurt v. 30.1.1992 – 16 U 120/90, WuB II A § 71a AktG 1.92, 952, 954 ff.; im gleichen Sinne BGH v. 5.7.1993 – II ZR 194/92, AG 1994, 32, 34 li.Sp. Anders als Vorinstanz OLG Frankfurt v. 30.1.1992 – 16 U 120/90, WM 1992, 572, 576 li.Sp. = AG 1992, 149; *Hüffer*, § 71a AktG Rz. 3.
36 *Oechsler* in MünchKomm. AktG, 3. Aufl., § 71a AktG Rz. 22. Anders *Merkt* in Großkomm. AktG, 4. Aufl., § 71a AktG Rz. 33 (immer Verstoß gegen § 71a).
37 *Cahn* in Spindler/Stilz, § 71a AktG Rz. 39; *Merkt* in Großkomm. AktG, 4. Aufl., § 71a AktG Rz. 38; mit gleichem Ansatz LG Göttingen v. 6.1.1992 – 8 O 123/91, WM 1992, 1373, 1375 = AG 1993, 46. Anders *Lutter/Drygala* in KölnKomm. AktG, 3. Aufl., § 71a AktG Rz. 37.

unter § 71a[38]. Solche Vereinbarungen erleichtern zwar den Aktienerwerb, doch nur mittelbar und am Rande; es fehlt ein hinreichender Funktionszusammenhang mit dem Erwerb, und es fehlen die LBO-spezifischen Gefahren (vgl. Rz. 9 f.). Dividendenzahlungen, die nach §§ 57-58 und § 174 rechtmäßig sind, verstoßen nicht gegen § 71a, auch wenn sie zur Finanzierung des Aktienerwerbs dienen[39].

#### b) Zusammenhang zwischen Aktienerwerb und Finanzierungsgeschäft

14 Die Nichtigkeit des Finanzierungsgeschäfts setzt nach § 71a Abs. 1 Satz 1 voraus, dass die finanzielle Unterstützung der Gesellschaft „zum Zweck des Erwerbs von Aktien dieser Gesellschaft" erfolgt, oder wie es in der europäischen Kapitalrichtlinie heißt, „im Hinblick auf einen Erwerb" der Aktien (Art. 23 Abs. 1 Satz 1 Kapitalrichtlinie, vgl. Rz. 4). Entscheidend ist der **Funktionszusammenhang** zwischen dem Finanzierungsgeschäft und dem Aktienerwerb[40]. Die Leistung der Gesellschaft muss objektiv dem Aktienerwerb dienen, und die Parteien des Finanzierungsgeschäfts müssen dies **wissen** und die Zweckverknüpfung rechtsgeschäftlich herstellen[41]. Bei objektivem Zweckzusammenhang sind das Wissen und der Wille der Beteiligten zu vermuten[42]. Ob das Finanzierungsgeschäft dem Aktienerwerb vorangeht oder nachfolgt, spielt keine Rolle; **auch nachträgliche Geschäfte** können dem Finanzierungsverbot unterfallen[43], solange nur die Schulden oder Risiken, für welche die Gesellschaft in die Pflicht genommen wird, noch aus dem Aktienerwerb herrühren.

#### c) Nichtigkeitsfolge und Rückgewähransprüche

15 Die Nichtigkeit nach § 71a Abs. 1 Satz 1 erfasst nicht nur Geschäfte zwischen der Gesellschaft und (gegenwärtigen, werdenden oder ehemaligen) Aktionären, sondern **auch Geschäfte mit Dritten**, also namentlich die Besicherung von Fremdkrediten des Aktienerwerbers (Rz. 2, 8, 11). Nichtig sind allerdings nach § 71a überwiegender Ansicht zufolge **nur schuldrechtliche Verpflichtungen**, nicht auch erfüllende Verfügungen[44].

---

38 *Fleischer*, AG 2009, 345, 352 ff. m.w.N.; *Lutter/Drygala* in KölnKomm. AktG, 3. Aufl., § 71a AktG Rz. 34; *Cahn* in Spindler/Stilz, § 71a AktG Rz. 42; *Sieger/Hasselbach*, BB 2000, 625, 628 f. Anders *Merkt* in Großkomm. AktG, 4. Aufl., § 71a AktG Rz. 39 f.; *Oechsler* in MünchKomm. AktG, 3. Aufl., § 71a AktG Rz. 29; auch noch 1. Aufl. Rz. 12.
39 *U. Schroeder*, Finanzielle Unterstützung, S. 190 ff.; *Habersack* in FS K. Schmidt, 2009, S. 523, 543; *Merkt* in Großkomm. AktG, 4. Aufl., § 71a AktG Rz. 36; *Cahn* in Spindler/Stilz, § 71a AktG Rz. 12; *Seibt*, ZHR 171 (2007), 282, 304.
40 *U. Schroeder*, Finanzielle Unterstützung, S. 192 ff.; *Oechsler* in MünchKomm. AktG, 3. Aufl., § 71a AktG Rz. 35, auch Rz. 37; im selben Sinne *Lutter/Drygala* in KölnKomm. AktG, 3. Aufl., § 71a AktG Rz. 39 f. sowie *Lutter/Wahlers*, AG 1989, 1, 9 („Funktionsbezug"); *Fleischer*, AG 1996, 494, 501 re.Sp. („sachlicher Zusammenhang").
41 *U. Schroeder*, Finanzielle Unterstützung, S. 198–203; *Lutter/Drygala* in KölnKomm. AktG, 3. Aufl., § 71a AktG Rz. 39; *Lutter/Wahlers*, AG 1989, 1, 9 li.Sp.
42 *U. Schroeder*, Finanzielle Unterstützung, S. 203 f.; *Lutter/Drygala* in KölnKomm. AktG, 3. Aufl., § 71a AktG Rz. 39.
43 *U. Schroeder*, Finanzielle Unterstützung, S. 193–198; *Lutter/Drygala* in KölnKomm. AktG, 3. Aufl., § 71a AktG Rz. 40 f.; *Merkt* in Großkomm. AktG, 4. Aufl., § 71a AktG Rz. 46; *Lutter/Wahlers*, AG 1989, 1, 9 li.Sp.; *Fleischer*, AG 1996, 494, 500 f.; *Singhof*, NZG 2002, 745, 746 re.Sp.; *Hüffer*, § 71a AktG Rz. 3. Anders *Otto*, DB 1989, 1389, 1395.
44 *Merkt* in Großkomm. AktG, 4. Aufl., § 71a AktG Rz. 48; *Lutter/Drygala* in KölnKomm. AktG, 3. Aufl., § 71a AktG Rz. 50 ff.; *Lutter/Wahlers*, AG 1989, 1, 10 li.Sp.; *Oechsler* in MünchKomm. AktG, 3. Aufl., § 71a AktG Rz. 40; *Seibt*, ZHR 171 (2007), 282, 305 f.; *Nuyken*, ZIP 2004, 1893, 1894; im Grundsatz ebenso *U. Schroeder*, Finanzielle Unterstützung, S. 254, auch S. 166. Die Kommentare sehen allerdings auch das Erfüllungsgeschäft als nichtig an, wenn es gegenüber einem Aktionär vorgenommen wird und gegen § 57 verstößt. Doch ob diese Norm das hergibt, ist str. und wird von der h.M. verneint, s. oben § 57 Rz. 73 ff.

Ein **Darlehen**svertrag ist hiernach nichtig, wenn die Gesellschaft das Darlehen zum Zweck des Erwerbs ihrer Aktien verspricht[45]. Der Darlehensnehmer kann keine Auszahlung verlangen und muss dennoch empfangene Mittel sogleich an die Gesellschaft zurückgeben. Verbürgt sich die Gesellschaft für eine Forderung, die mit dem Erwerb ihrer Aktien zusammenhängt, ist der **Bürgschaft**svertrag nichtig und die Gesellschaft nicht in der Bürgenhaftung[46]. Ein **Pfandrecht** oder eine **Hypothek** können auf der Grundlage der überlieferten Meinung zwar dinglich wirksam bestellt werden[47], aber es fehlt die schuldrechtliche causa hierfür; das Sicherungsrecht muss daher an die Gesellschaft zurückgewährt werden und ist insoweit auch einredebehaftet. Ebenso verhält es sich bei der **Grundschuld** und bei der **Sicherungsabtretung** von Forderungen und anderen Rechten; hier ist der schuldrechtliche Sicherungsvertrag nichtig. Bei der **Sicherungsübereignung** beweglicher Sachen würde allerdings die Nichtigkeit des Sicherungsvertrags zugleich dazu führen, dass kein wirksames Besitzmittlungsverhältnis vorliegt (§ 868 BGB), so dass auch die dingliche Übereignung unwirksam ist (§ 930 BGB). Ist der Partner des nichtigen Verpflichtungsgeschäfts Aktionär oder werdender Aktionär oder aus anderen Gründen wie ein Aktionär zu behandeln, so hat die Gesellschaft gegen ihn einen **Rückgewähranspruch** nach § 62 Abs. 1 Satz 1, weil der Aktionär die Leistung entgegen den Vorschriften des Aktiengesetzes empfangen hat[48]. Dieser Anspruch kann auch von den Gläubigern der Gesellschaft geltend gemacht werden (§ 62 Abs. 2 Satz 1). Anderen Personen gegenüber steht der Gesellschaft nur das allgemeine Bereicherungsrecht zur Hand (§§ 812 ff. BGB)[49].

16

Richtigerweise führen indessen Verstöße gegen das Finanzierungsverbot **auch** zur **Nichtigkeit des** gegenständlichen **Verfügungsgeschäfts**[50]. Auch dieses hat ja im Sinne des Gesetzeswortlauts die finanzielle Unterstützung des Aktienerwerbs „zum Gegenstand". Die Norm entspringt überdies dem europäischen Recht (Rz. 3 f.), das für ganz Europa taugen muss, auch dort, wo man mit der strengen deutschrechtlichen Unterscheidung zwischen Verpflichtung und Verfügung nicht so viel anfangen kann. Dass beim Erwerb eigener Aktien nur das schuldrechtliche Verpflichtungsgeschäft unwirksam und das erfüllende Verfügungsgeschäft wirksam ist (§ 71 Abs. 4), lässt sich auf das Finanzierungsverbot nicht übertragen[51]. § 71 Abs. 4 schützt die Gesellschaft, gibt ihr zumindest, was man ihr geben kann, bis alles rückabgewickelt ist, und setzt die Gesellschaft in den Stand, die eigenen Aktien wieder auszugeben oder einzuziehen (vgl. § 71 Rz. 71). Dieser Schutzgedanke greift bei § 71a Abs. 1 nicht. Dingliche Sicherungsrechte sind daher als solche nicht wirksam bestellt, und Sachleistungen dinglich unwirksam, so dass die Gesellschaft einen Eigentümer-Herausgabeanspruch hat (§ 985 BGB). Der Aktienerwerb als solcher wird dagegen weder auf der Verpflichtungs- noch auf der Verfügungsebene von der Nichtigkeitssanktion erfasst[52].

17

---

45 BGH v. 13.11.2007 – XI ZR 294/07, ZIP 2008, 118, 119 re.Sp. = AG 2008, 120, Rz. 19.
46 U. Schroeder, Finanzielle Unterstützung, S. 252 f., 255 f., vgl. auch S. 164 ff.
47 Anders allerdings insoweit U. Schroeder, Finanzielle Unterstützung, S. 255; Lutter/Drygala in KölnKomm. AktG, 3. Aufl., § 71a AktG Rz. 56 f.
48 U. Schroeder, Finanzielle Unterstützung, S. 256 ff.; Lutter/Drygala in KölnKomm. AktG, 3. Aufl., § 71a AktG Rz. 53 f.; Hüffer, § 71a AktG Rz. 4. Auch BGH v. 13.11.2007 – XI ZR 294/07, ZIP 2008, 118, 119 li.Sp. = AG 2008, 120, Rz. 11, für den Fall, dass zugleich ein Verstoß gegen § 57 vorliegt, im Übrigen zu § 71a offen gelassen.
49 U. Schroeder, Finanzielle Unterstützung, S. 261; Lutter/Drygala in KölnKomm. AktG, 3. Aufl., § 71a AktG Rz. 55.
50 Cahn in Spindler/Stilz, § 71a AktG Rz. 49, 53; Joost, ZHR 149 (1985), 419, 430.
51 So aber U. Schroeder, Finanzielle Unterstützung, S. 254, auf den sich die Kommentarliteratur im Wesentlichen stützt, vgl. zu Rz. 15.
52 Seibt, ZHR 171 (2007), 282, 305 f.

### d) Finanzierungsverbot und Unternehmensverbindung

18 Ist der fremdfinanzierte Aktienerwerber im Verhältnis zur Gesellschaft ein **herrschendes Unternehmen**, so bleibt das Finanzierungsverbot des § 71a Abs. 1 Satz 1 in Geltung und wird nicht durch die konzernrechtlichen Ausgleichs- und Haftungsregeln der §§ 311 und 317 verdrängt[53]. Diese Regeln betreffen den Ausgleich konkreter Nachteile, welche die abhängige Gesellschaft aus der Unternehmensverbindung erleidet und wandeln die in § 57 verankerte allgemeine Kapitalerhaltung und Vermögensbindung ab, der sie als Spezialbestimmungen vorgehen (§ 311 Rz. 117). Statt auf die Nachteiligkeit einzelner Vermögenszuwendungen der Gesellschaft an Aktionäre (wie nach § 57) kommt es im Unternehmensverbund auf die Nachteile und ausgleichenden Vorteile während einer ganzen Rechnungsperiode an[54]. Das Finanzierungsverbot des § 71a Abs. 1 Satz 1 stellt dagegen von vornherein nicht darauf ab, ob und inwieweit die Gesellschaft aus der finanziellen Unterstützung des Aktienerwerbs konkrete Nachteile erleidet, sondern verbietet solche Finanzierungsgeschäfte wegen ihrer strukturellen und abstrakten Gefährlichkeit (Rz. 9 f.) schlechthin und der Art nach (Rz. 8). Daran wollen die §§ 311 und 317 nichts ändern. Im Gegenteil, in den von § 71a Abs. 1 angesprochenen buy-out-Fällen wird die Gesellschaft typischer Weise von dem Aktienerwerber abhängig, und es ist kaum vorstellbar, dass die Regel gerade für diesen Kernbereich nicht gelten soll. Die Gesellschaft darf daher, gerade auch wenn sie abhängig ist, ihren gegenwärtig oder künftig herrschenden Unternehmer-Aktionär nicht finanziell beim Erwerb ihrer eigenen Aktien unterstützen. Unterstellt sich dagegen der Aktienerwerber die Gesellschaft durch einen **Beherrschungs- oder Gewinnabführungsvertrag**, so gilt das Finanzierungsverbot nicht, das ordnet § 71a Abs. 1 Satz 3 eigens an[55], soweit die Geschäfte nach Vertragskonzernrecht erlaubt sind[56].

19 Bei der Verschmelzung muss man unterscheiden: Eine **Aufwärts-Verschmelzung** der erworbenen AG auf eine fremdfinanzierte Erwerbergesellschaft ist unter dem Gesichtspunkt des § 71a Abs. 1 Satz 1 unbedenklich[57], weil die erworbene AG, um deren Schutz es geht, in diesem Fall erlischt (§ 20 Abs. 1 Nr. 2 UmwG). Dagegen wäre die **Abwärts-Verschmelzung** der Erwerbergesellschaft auf die erworbene AG entgegen vorwaltender Ansicht eine Umgehung des Finanzierungsverbots[58], wenn zwischen dem Aktienerwerb und der Verschmelzung ein Funktionszusammenhang besteht (vgl. Rz. 14), denn was da auf die AG hernieder kommt, sind gerade die Verbindlichkeiten oder Finanzierungslasten aus dem Erwerb ihrer Anteile, die der Gesellschaft

---

53 *Cahn* in Spindler/Stilz, § 71a AktG Rz. 21; *Lutter/Drygala* in KölnKomm. AktG, 3. Aufl., § 71a AktG Rz. 48; *Oechsler* in MünchKomm. AktG, 3. Aufl., § 71a AktG Rz. 13; *Klass*, Der Buyout, S. 136 ff. Für weitergehenden Vorrang der §§ 311 ff. dagegen *U. Schroeder*, Finanzielle Unterstützung, S. 274 ff.; *Merkt* in Großkomm. AktG, 4. Aufl., § 71a AktG Rz. 22; *Fleischer*, AG 1996, 494, 505 ff.; *Riegger*, ZGR 2008, 233, 240; *J. Vetter*, unten § 311 Rz. 119; *Krieger* in MünchHdb. AG, § 69 Rz. 54; *Habersack* in Emmerich/Habersack, Aktien- und GmbH-Konzernrecht, § 311 AktG Rz. 82.
54 *T. Bezzenberger*, Das Kapital des Aktiengesellschaft, 2005, S. 321 ff.
55 Eingefügt 2008 durch das MoMiG, vgl. zu Rz. 8; früher str.
56 *Lutter/Drygala* in KölnKomm. AktG, 3. Aufl., § 71a AktG Rz. 47; ebenso schon früher *U. Schroeder*, Finanzielle Unterstützung, S. 284–293.
57 LG Düsseldorf v. 28.10.2005 – 39 O 180/04, ZIP 2006, 516, 520 f.; *Lutter/Drygala* in KölnKomm. AktG, 3. Aufl., § 71a AktG Rz. 38; *Habersack* in FS Röhricht, S. 155, 173 ff. Anders *Klass*, Der Buyout, S. 169 ff.; *Ludwig* in Liber amicorum Happ, S. 131, 132 ff.
58 *Klass*, Der Buyout, S. 169 ff.; *Ludwig* in Liber amicorum Happ, S. 131, 132 ff. Anders *Oechsler* in MünchKomm. AktG, 3. Aufl., § 71a AktG Rz. 26, 31 a.E.; *Freitag*, AG 2007, 157, 159 li.Sp.; *Riegger*, ZGR 2008, 233, 248 f.; *Eidenmüller*, ZHR 171 (2007), 644, 662 f.; *Fleischer*, AG 1996, 494, 505; *Nuyken*, ZIP 2004, 1893, 1898 f. Zweifelnd *Uwe H. Schneider*, NZG 2007, 888, 892.

nach § 71a Abs. 1 Satz 1 nicht auferlegt werden dürfen. Der Verschmelzungsbeschluss der erworbenen AG ist daher nach § 241 Nr. 3 nichtig. Mögliche Auswege sind der Vertragskonzern (Rz. 18) oder der **Formwechsel** der erworbenen AG in eine GmbH oder in eine andere Rechtsform, in der das Finanzierungsverbot des § 71a Abs. 1 Satz 1 nicht gilt.

### e) Originärer Aktienerwerb

Nicht eindeutig geklärt ist bislang, ob das Finanzierungsverbot des § 71a Abs. 1 auch für den originären Aktienerwerb gilt[59]. Die Gesellschaft gibt zum Beispiel jemandem ein Darlehen, damit er Aktien aus einer Kapitalerhöhung zeichnet und einzahlt, oder sie gibt ihm die eingezahlte Einlage absprachegemäß als Darlehen zurück. Aus der europäischen Kapitalrichtlinie folgt die Geltung des Finanzierungsverbots für solche Fälle nicht zwingend; die Richtlinie spricht vielmehr in Art. 23 Abs. 1 Unterabs. 5 den Erwerb von Aktien und die Zeichnung von Aktien gesondert an und erstreckt die Regeln über die finanzielle Unterstützung des Aktienerwerbs nicht allgemein auf die Unterstützung der Zeichnung. Und im deutschen Recht ist die Materie schon in § 27 Abs. 4[60] geregelt, und zwar dahingehend, dass in solchen Fällen grundsätzlich die Einlageforderung nicht erfüllt ist und daher fortbesteht, es sei denn, der vertragliche Rückgewähranspruch der Gesellschaft ist vollwertig und jederzeit fällig. Das Gesetz erlaubt also unter bestimmten Voraussetzungen, dass ein Darlehensanspruch an die Stelle der Einlageforderung tritt und dass der originäre Aktienerwerb auf diese Weise finanziert wird. Dahinter muss das Finanzierungsverbot des § 71a Abs. 1 mit seiner Nichtigkeitssanktion zurückstehen. Beim originären Aktienerwerb fehlt überdies der typische Bezug zum leveraged buy-out, so dass der Geltungsgrund des § 71a Abs. 1 nicht oder viel weniger berührt ist.

### 3. Verbotsausnahmen (§ 71a Abs. 1 Satz 2)

### a) Finanzdienstleistungen

Vom Finanzierungsverbot des § 71a Abs. 1 Satz 1 sind nach Satz 2 **Kreditinstitute** (§ 1 Abs. 1 KWG) und Finanzdienstleistungsinstitute (§ 1 Abs. 1a KWG) teilweise ausgenommen. Sie sollen wegen ihrer Rechtsform als AG keinen Wettbewerbsnachteil erleiden[61]. Die Freistellung gilt nur im Rahmen der **laufenden Geschäfte**, und zwar dieses konkreten Finanzhauses[62]. Das einzelne Finanzierungsgeschäft darf also keinen größeren Umfang haben und kein höheres Risiko in sich bergen, als es bei vergleichbaren Geschäften des jeweiligen Finanzhauses in Bezug auf fremde Aktien üblich ist[63].

---

59 Dafür Beschlussempfehlung und Bericht des BT-Rechtsausschusses zum RegE für das ARUG (vgl. § 71 Rz. 15), BT-Drucks. 16/13098 v. 20.5.2009, Bericht zu Art. 1 Nr. 1b (betr. § 27 AktG Abs. 3–4), S. 38 li.Sp., weil dies angeblich aus der Kapitalrichtlinie folge; ebenso *Habersack*, AG 2009, 557, 561 ff.; des Weiteren *Cahn/Senger* in Spindler/Stilz, § 56 AktG Rz. 12 f.; auch *Lutter/Drygala* in KölnKomm. AktG, 3. Aufl., § 71a AktG Rz. 21 a.E.; *Hüffer*, § 27 AktG Rz. 45. Dagegen *U. Schroeder*, Finanzielle Unterstützung, S. 152 ff.; *Merkt* in Großkomm. AktG, 4. Aufl., § 71a AktG Rz. 43.
60 Eingefügt durch das ARUG (vgl. § 71 Rz. 15).
61 *Lutter/Drygala* in KölnKomm. AktG, 3. Aufl., § 71a AktG Rz. 60; *Cahn* in Spindler/Stilz, § 71a AktG Rz. 55; *Block* in Heidel, § 71a AktG Rz. 13.
62 *Singhof*, NZG 2002, 745, 747; *Lutter/Drygala* in KölnKomm. AktG, 3. Aufl., § 71a AktG Rz. 61.
63 *Singhof*, NZG 2002, 745, 747.

## b) Arbeitnehmerbeteiligung

22 Ebenfalls vom Finanzierungsverbot ausgenommen sind nach § 71a Abs. 1 Satz 2 Vorschüsse, Darlehen und Sicherheitsleistungen der Gesellschaft zum Zweck des Erwerbs ihrer Aktien durch Arbeitnehmer der Gesellschaft oder verbundener Unternehmen[64]. Das gehört zur aktienrechtlichen Förderung der Arbeitnehmerbeteiligung und umfasst auch die Darlehensfinanzierung von Optionsprogrammen durch die AG. Nicht erlaubt ist dagegen die finanzielle Unterstützung des Aktienerwerbs durch Organmitglieder[65].

## c) Vorrang der Kapitalerhaltung

23 Auch in den beiden genannten Ausnahmefällen ist das Finanzierungsgeschäft nur gültig, wenn die Gesellschaft eine gebundene Sonderrücklage zu Lasten des ausschüttungsfähigen Gesellschaftsvermögens bilden könnte, wie beim Erwerb eigener Aktien (§ 71 Abs. 2 Satz 2 AktG, vgl. dort Rz. 59). Die Gesellschaft darf also ein **Finanzierungsrisiko** aus dem Erwerb ihrer Anteile **nur bis zur Höhe des freien**, verteilbaren **Gesellschaftsvermögens** übernehmen. Ebenso wie beim Erwerb eigener Aktien muss allerdings die Rücklage später im Jahresabschluss nicht tatsächlich gebildet werden. Maßgebend für die Höhe der gedachten Sonderrücklage ist entgegen dem missverständlichen (weil einfach von § 71 Abs. 2 abgeschriebenen) Gesetzeswortlaut nicht der Preis, den der Aktienerwerber für die Aktien zahlt[66], sondern der Betrag, bis zu dem die Gesellschaft im Risiko ist, also etwa der Betrag eines Aktienkauf-Darlehens oder der Wert einer gestellten Sicherheit[67], unabhängig davon, ob eine Inanspruchnahme konkret droht. Früher vorgenommene und noch laufende Finanzierungsgeschäfte sind hinzuzurechnen[68].

## III. Verbotener Erwerb eigener Aktien durch mittelbare Stellvertreter (§ 71a Abs. 2)

### 1. Grundgedanken und Gesetzessystematik

24 Erwirbt ein anderer „Aktien der Gesellschaft **für Rechnung der Gesellschaft**", wie es in § 71a Abs. 2 heißt, so **steht** dies **dem Erwerb eigener Aktien** durch die Gesellschaft **gleich** (näher § 71d Rz. 2). Eine hierhin gehende Vereinbarung zwischen der Gesellschaft und dem anderen ist daher nur zulässig, wenn die Gesellschaft die Aktien selbst erwerben dürfte. Dies und die hiernach zulässigen Gestaltungen sind in § 71d geregelt. Darf dagegen die Gesellschaft die Aktien nicht selbst erwerben, so darf sie die Aktien auch nicht für eigene Rechnung durch andere erwerben lassen. Das ist eigentlich selbstverständlich und in § 71a Abs. 2 noch einmal festgeschrieben. Die Bestimmung gehört gesetzessystematisch eher zu § 71 und § 71d als zum Finanzierungsverbot des § 71a Abs. 1.

---

64 Zu den hier berührten Abgrenzungsfragen OLG Frankfurt v. 22.12.2003 – 19 U 78/03, NZG 2004, 419 = AG 2004, 567.
65 *Lutter/Drygala* in KölnKomm. AktG, 3. Aufl., § 71a AktG Rz. 63; *Cahn* in Spindler/Stilz, § 71a AktG Rz. 57.
66 So aber *Merkt* in Großkomm. AktG, 4. Aufl., § 71a AktG Rz. 63.
67 *Singhof*, NZG 2002, 745, 749 ff.; *U. Schroeder*, Finanzielle Unterstützung, S. 224 f.; *Lutter/Drygala* in KölnKomm. AktG, 3. Aufl., § 71a AktG Rz. 64; *Block* in Heidel, § 71a AktG Rz. 16.
68 *Lutter/Drygala* in KölnKomm. AktG, 3. Aufl., § 71a AktG Rz. 65; *U. Schroeder*, Finanzielle Unterstützung, S. 225 f.; *Singhof*, NZG 2002, 745, 751 li.Sp.

## 2. Erfasste Gestaltungen und Erlaubnisschranken

Der Tatbestand des § 71a Abs. 2 erfasst den Auftrag (§ 662 BGB), die Geschäftsbesorgung (§ 675 BGB), die Kommission (§§ 383, 406 HGB)[69] und alle anderen Vereinbarungen über eine **mittelbare Stellvertretung**, nach denen die Gesellschaft die wirtschaftlichen Folgen des Aktienerwerbs tragen soll, also insbesondere dem Erwerber den Preis erstatten müsste (§ 670 BGB) und die Aktien von ihm herausverlangen könnte (§ 667 BGB). Solche Vereinbarungen sind nur erlaubt und wirksam, wenn auf Seiten der Gesellschaft ein **Tatbestand zulässigen Erwerbs** eigener Aktien vorliegt (§ 71 Abs. 1) und die **Mengen und Kapitalschranken** des Erwerbs eingehalten sind (§ 71 Abs. 2, s. im Einzelnen § 71d Rz. 4 ff.). Ebenso wird es behandelt, wenn der mittelbare Stellvertreter Aktien der Gesellschaft für Rechnung eines Tochterunternehmens erwerben soll (vgl. § 71d Rz. 24).

25

## 3. Rechtsfolgen bei Verstoß

Würde die Gesellschaft im Falle eines Eigenerwerbs der Aktien die Erlaubnisschranken überschreiten, so ist nach § 71a Abs. 2 das auftrags- oder kommissionsrechtliche **Innenverhältnis** zwischen der Gesellschaft und dem Aktienerwerber **nichtig**. Entsprechendes gilt für Vereinbarungen zwischen dem Aktienerwerber und einem Tochterunternehmen der Gesellschaft und für Verträge des Erwerbers mit der Muttergesellschaft, wonach Aktien der Mutter für Rechnung der Tochter erworben werden sollen[70]. Auch Ansprüche aus Geschäftsführung ohne Auftrag können nicht entstehen[71]. Das **Außenverhältnis** zwischen dem Aktienerwerber und dem Aktienveräußerer **bleibt** hiervon **unberührt**, wenn sich aus diesem Verhältnis nichts anderes ergibt. Der vermeintliche mittelbare Stellvertreter erwirbt also die Aktien wirksam, doch für eigene Rechnung; er kann von der Gesellschaft weder Aufwendungsersatz noch Vergütung verlangen und muss ihr die Aktien nicht herausgeben.

26

# § 71b
# Rechte aus eigenen Aktien

**Aus eigenen Aktien stehen der Gesellschaft keine Rechte zu.**

| | | | |
|---|---|---|---|
| I. Grundgedanke | 1 | 1. Gewinnrecht | 4 |
| II. Betroffene Aktien | 2 | 2. Stimmrecht | 5 |
| III. Ausgeschlossene Rechte | 3 | 3. Kapitalmarktrechtliche Folgen | 6 |
| IV. Berechtigungsquoten der verbleibenden Aktionäre | 4 | | |

---

69 *Merkt* in Großkomm. AktG, 4. Aufl., § 71a AktG Rz. 67; *Cahn* in Spindler/Stilz, § 71a AktG Rz. 66.
70 *Cahn* in Spindler/Stilz, § 71a AktG Rz. 70; *Merkt* in Großkomm. AktG, 4. Aufl., § 71a AktG Rz. 70.
71 Ebenso mit Begründungsunterschieden im Einzelnen *Lutter/Drygala* in KölnKomm. AktG, 3. Aufl., § 71a AktG Rz. 78; *Merkt* in Großkomm. AktG, 4. Aufl., § 71a AktG Rz. 74. Anders *Cahn* in Spindler/Stilz, § 71a AktG Rz. 69.

**Literatur:** *Bedkowski,* Der neue Emittentenleitfaden der BaFin, BB 2009, 394; *Busch,* Eigene Aktien bei der Stimmrechtsmitteilung – Zähler, Nenner, Missstand, AG 2009, 425; *Krämer/Heinrich,* Emittentenleitfaden „reloaded", ZIP 2009, 1737; *Schnabel/Korff,* Mitteilungs- und Veröffentlichungspflichten gemäß §§ 21 ff. WpHG und ihre Änderung durch das Transparenzrichtlinie-Umsetzungsgesetz – Ausgewählte Praxisfragen, ZBB 2007, 179; *Widder/Kocher,* Die Behandlung eigener Aktien im Rahmen der Mitteilungspflichten nach §§ 21 ff. WpHG, AG 2007, 13. S. im Übrigen bei § 71.

## I. Grundgedanke

1 Die Gesellschaft kann in Gestalt eigener Aktien zwar der äußeren Form nach, aber nicht substanziell ihr eigenes Mitglied sein (§ 71 Rz. 6). Deshalb **schaltet § 71b sämtliche Mitgliedschaftsrechte** eigener Aktien **aus**. Erst wenn die Aktien an einen anderen veräußert werden, leben in dessen Händen die Rechte aus den Aktien wieder auf.

## II. Betroffene Aktien

2 Der Ausschluss der Mitgliedschaftsrechte nach § 71b gilt für **alle eigenen Aktien** der Gesellschaft, egal wie sie in deren Hände gelangt sind[1]. Gleichgestellt sind Aktien der Gesellschaft, die ein **mittelbarer Stellvertreter** für Rechnung der Gesellschaft hält (§ 71d Satz 1 und 4, § 71d Rz. 7, 11), oder die einem **Tochterunternehmen** der Gesellschaft oder einem Dritten für dessen Rechnung gehören (§ 71d Satz 2 und 4, § 71d Rz. 16, 24). Unanwendbar ist § 71b auf eigene Aktien, die der Gesellschaft lediglich verpfändet sind. Gleiches gilt für die Sicherungsübereignung oder Sicherungsabtretung eigener Aktien an die Gesellschaft, wenn der Sicherungsgeber Herr des Stimmrechts und Inhaber der aus den Aktien entspringenden Vermögensrechte bleibt[2], denn die Sicherungsübertragung steht einer Verpfändung gleich (vgl. § 71 Rz. 8 und § 71e Rz. 2).

## III. Ausgeschlossene Rechte

3 Ausgeschlossen sind sämtliche Vermögens- und Mitwirkungsrechte aus den Aktien (und entsprechend auch die Mitgliedspflichten[3]). Wegen des **Stimmrecht**ausschlusses zählen die betroffenen Aktien nicht zu dem bei Beschlussfassungen vertretenen Kapital[4]. Ein Stimmrecht kann auch nicht durch bevollmächtigte oder ermächtigte Dritte ausgeübt werden[5]. Eigene Aktien der Gesellschaft und gleichgestellte Aktien (Rz. 2) gewähren außerdem kein mitgliedschaftliches **Gewinnrecht** und erst recht keine Dividendenforderungen. Die Aktien geben auch kein **Bezugsrecht** bei Kapitalerhöhungen und keinen Anteil an einem **Liquidationsüberschuss** bei der Abwicklung. Da solche Rechte in den Händen der Gesellschaft nicht entstehen, können sie auch nicht an andere abgetreten werden, selbst wenn sie in Wertpapieren verbrieft

---

1 *Merkt* in Großkomm. AktG, 4. Aufl., § 71b AktG Rz. 10 f.; *Cahn* in Spindler/Stilz, § 71b AktG Rz. 3; *Block* in Heidel, § 71b AktG Rz. 2.
2 Ebenso *Cahn/Ostler,* AG 2008, 221, 229 f. für den vergleichbaren Fall des Pensionsgeschäfts, bei dem die AG als Pensionsnehmerin fungiert.
3 *Merkt* in Großkomm. AktG, 4. Aufl., § 71b AktG Rz. 23 ff.; *Lutter/Drygala* in KölnKomm. AktG, 3. Aufl., § 71b AktG Rz. 26; *Cahn* in Spindler/Stilz, § 71b AktG Rz. 11.
4 *Lutter/Drygala* in KölnKomm. AktG, 3. Aufl., § 71b AktG Rz. 8; *Merkt* in Großkomm. AktG, 4. Aufl., § 71b AktG Rz. 15; *Wienecke* in Bürgers/Körber, § 71b AktG Rz. 3.
5 *Lutter/Drygala* in KölnKomm. AktG, 3. Aufl., § 71b AktG Rz. 11; *Cahn* in Spindler/Stilz, § 71b AktG Rz. 8.

sind⁶. Dagegen nehmen eigene Aktien und gleichgestellte Aktien an einer Kapitalerhöhung aus Gesellschaftsmitteln teil (§ 215 Abs. 1).

## IV. Berechtigungsquoten der verbleibenden Aktionäre

### 1. Gewinnrecht

Da eigene Aktien in den Händen der Gesellschaft rechtlos sind, erhöhen sich die Berechtigungsquoten der verbleibenden Aktionäre. Ein ausgeschütteter **Bilanzgewinn** steht allein diesen wirklichen Aktionären zu; nur in ihren Händen entstehen Dividendenforderungen, und zwar unmittelbar kraft ihres eigenen Mitgliedschaftsrechts und nicht als ein von der Gesellschaft abgeleitetes Recht⁷. Darauf muss man bei der Formulierung des Gewinnverwendungsvorschlags und -beschlusses achten. **Beispiel:** Es gibt 100 Aktien, davon gehören 10 der Gesellschaft, und der Bilanzgewinn beträgt 1000. Dann könnte der **Gewinnverwendungsbeschluss** lauten: „Ausschüttung eines Betrags von 900 zur Zahlung einer Dividende von 10 auf alle dividendenberechtigten Aktien (zu denen eigene Aktien der Gesellschaft nicht gehören); Vortrag von 100 auf neue Rechnung." Wenn man im Zeitpunkt des **Gewinnverwendungsvorschlags** noch nicht weiß, wie viele eigene Aktien die Gesellschaft beim späteren Beschluss haben wird, könnte der Vorschlag lauten: „Ausschüttung eines Betrags von bis zu 1000 zur Zahlung einer Dividende von 10 auf alle dividendenberechtigten Aktien (zu denen eigene Aktien der Gesellschaft nicht gehören); Vortrag des Restbetrags auf neue Rechnung."

4

### 2. Stimmrecht

Der Erwerb eigener Aktien durch die Gesellschaft kann außerdem dazu führen, dass einem Unternehmer-Aktionär die Mehrheit zuwächst, so dass die Gesellschaft **konzernrechtlich** zu einem in **Mehrheits**besitz stehenden Unternehmen wird (§ 16 Abs. 1). Denn eigene Aktien der Gesellschaft sind hier von der Gesamtzahl der Aktien und Stimmrechte als Bezugsgröße abzuziehen (§ 16 Abs. 2 Satz 2–3 und Abs. 3 Satz 2). Ähnlich verhält es sich im Hinblick auf das **Konzernbilanzrecht** mit den Stimmrechten (§ 290 Abs. 4 HGB).

5

### 3. Kapitalmarktrechtliche Folgen

Für die Stimmrechtspublizität börsennotierter Gesellschaften nach den **§§ 21 ff. WpHG** sind eigene Aktien der Gesellschaft ungeachtet des § 71b als Bezugsgröße (im „Nenner") mit zu berücksichtigen (s. oben Anh. § 22 § 21 WpHG Rz. 13). Liegen eigene Aktien in den Händen einer Gesellschaft, die transparenzrechtlich Tochterunternehmen eines Meldepflichtigen ist (§ 22 Abs. 3 WpHG i.V.m. § 290 HGB), so sind diese Aktien nicht nach § 22 Abs. 1 Satz 1 Nr. 1 WpHG dem Meldepflichtigen zuzurechnen (str., s. wiederum oben Anh. § 22 § 21 WpHG Rz. 13). Wenn die Stimmrechtsquote eines Aktionärs auf Grund des Erwerbs eigener Aktien durch die Gesellschaft über die 30 % - Schwelle steigt, erlangt dieser **keine „Kontrolle"** im Sinne des § 29 Abs. 2 **WpÜG** und muss daher auch kein Angebot zum Erwerb aller übrigen Aktien machen⁸.

6

---

6 *Lutter/Drygala* in KölnKomm. AktG, 3. Aufl., § 71b AktG Rz. 13, auch Rz. 4; *Oechsler* in MünchKomm. AktG, 3. Aufl., § 71b AktG Rz. 11; *Cahn* in Spindler/Stilz, § 71b AktG Rz. 9.
7 BGH v. 30.1.1995 – II ZR 45/94, NJW 1995, 1027, 1028 f. = GmbHR 1995, 291 (betr. GmbH).
8 RegE für das WpÜG, BT-Drucks. 14/7034 v. 5.10.2001, Anlage 1, Begründung zu Art. 1 (WpÜG) § 29 Abs. 2, S. 53 li.Sp.; *Meyer* in Geibel/Süßmann, § 35 WpÜG Rz. 33 f.; *Krause/Pötzsch* in Assmann/Pötzsch/Uwe H. Schneider, § 35 WpÜG Rz. 117. Anders *Berrar/Schnorbus*, ZGR 2003, 59, 88 ff.; *Fleischer/Körber*, BB 2001, 2589, 2593 f.

## § 71c
## Veräußerung und Einziehung eigener Aktien

(1) Hat die Gesellschaft eigene Aktien unter Verstoß gegen § 71 Abs. 1 oder 2 erworben, so müssen sie innerhalb eines Jahres nach ihrem Erwerb veräußert werden.

(2) Entfallen auf die Aktien, welche die Gesellschaft nach § 71 Abs. 1 in zulässiger Weise erworben hat und noch besitzt, mehr als zehn vom Hundert des Grundkapitals, so muss der Teil der Aktien, der diesen Satz übersteigt, innerhalb von drei Jahren nach dem Erwerb der Aktien veräußert werden.

(3) Sind eigene Aktien innerhalb der in den Absätzen 1 und 2 vorgesehenen Fristen nicht veräußert worden, so sind sie nach § 237 einzuziehen.

| | |
|---|---|
| I. Sinn und Zweck der Regelung ..... 1 | III. Veräußerung zulässig erworbener eigener Aktien oberhalb der 10 %-Schwelle (§ 71c Abs. 2) ..... 6 |
| II. Veräußerung unzulässig erworbener eigener Aktien (§ 71c Abs. 1) ...... 2 | 1. Erfasste Fälle ................ 6 |
| 1. Betroffene Aktien ............. 2 | 2. Zu veräußernde Aktien ........ 7 |
| 2. Zu veräußernde Aktien ........ 3 | 3. Veräußerungsfrist ............ 8 |
| 3. Art und Weise der Veräußerung, Veräußerungsfrist ............ 4 | 4. Art und Weise der Veräußerung ... 9 |
| 4. Gescheiterte Arbeitnehmerbeteiligungen ................ 5 | IV. Pflicht zur Einziehung (§ 71c Abs. 3) . 10 |
| | V. Berichtspflichten und Verantwortlichkeit der Organmitglieder ...... 11 |

**Literatur:** S. bei § 71.

## I. Sinn und Zweck der Regelung

1  Die Bestimmung des § 71c will gewährleisten, dass unzulässig erworbene eigene Aktien aus den Beständen der Gesellschaft schnell wieder verschwinden (Abs. 1) und dass auch der Bestand an zulässig erworbenen Eigenaktien mittelfristig höchstens 10 % beträgt (Abs. 2). Um das zu erreichen, erlegt das Gesetz der Gesellschaft Veräußerungspflichten auf und, wenn diese nicht fruchten, eine Pflicht zur Einziehung eigener Aktien (Abs. 3).

## II. Veräußerung unzulässig erworbener eigener Aktien (§ 71c Abs. 1)

### 1. Betroffene Aktien

2  In § 71c Abs. 1 geht es um Aktien, deren Erwerb durch die Gesellschaft seiner Art nach nicht erlaubt war (§ 71 Abs. 1) oder die Mengen- und Kapitalschranken durchbrochen hat (§ 71 Abs. 2)[1]. Solche Aktien gehören gegenständlich („dinglich") der Gesellschaft (§ 71 Abs. 4 Satz 1 und § 71 Rz. 71). Aber dieser Zustand muss innerhalb eines Jahres durch Veräußerung der eigenen Aktien beendet werden. Gleichgestellt sind Aktien der Gesellschaft, die ein Tochterunternehmen unzulässig erworben hat

---

[1] *Lutter/Drygala* in KölnKomm. AktG, 3. Aufl., § 71c AktG Rz. 8; *Wieneke* in Bürgers/Körber, § 71c AktG Rz. 2.

(§ 71d Satz 2 Fall 1); auch hier trifft die Veräußerungspflicht die Gesellschaft, wenn und weil diese auf die Aktien bei der Tochter zugreifen kann[2] (§ 71d Satz 5 und § 71d Rz. 20). Beim unerlaubten Aktienerwerb durch Treuhänder greifen dagegen andere Regeln; das Treuhandverhältnis ist unwirksam (§ 71a Abs. 2), und der vermeintliche Treuhänder kann die Aktien behalten (vgl. § 71a Rz. 26, 71d Rz. 3).

### 2. Zu veräußernde Aktien

Lassen sich im Falle des § 71c Abs. 1 die Aktien individualisieren, so sind **die** konkreten **Aktien** zu veräußern, **deren Erwerb unzulässig war**, ansonsten Aktien in entsprechender Menge[3]. Erwirbt die Gesellschaft zum **Beispiel** im Jahr 01 eigene Aktien im Umfang von 4 % mit allgemeiner Ermächtigung der Hauptversammlung zulässig zurück (§ 71 Abs. 1 Nr. 8), und dann bei Fortbestehen dieser Ermächtigung im Jahr 02 noch einmal 8 %, so ist dieser zweite Erwerb im Umfang von 2 % unzulässig, weil die Gesellschaft insgesamt nur 10 % ihrer Aktien zurückerwerben darf (§ 71 Abs. 1 Nr. 8 und Abs. 2 Satz 1, vgl. § 71 Rz. 21, 51). Im Jahr 03 müssen deshalb 2 % eigene Aktien wieder veräußert sein, und zwar aus der zweiten Tranche, wenn sich das noch auseinanderhalten lässt. Anderes **Beispiel:** Die Gesellschaft erwirbt 4 % eigene Aktien im Jahr 01 zulässig mit Ermächtigung der Hauptversammlung zurück (§ 71 Abs. 1 Nr. 8), und sie erwirbt im Jahr 02 weitere 8 % eigene Aktien zur Abwehr eines nur vermeintlichen Schadens unerlaubt hinzu (§ 71 Abs. 1 Nr. 1). Dann müssen diese 8 % im Jahr 03 wieder veräußert sein.

3

### 3. Art und Weise der Veräußerung, Veräußerungsfrist

Beim unzulässigen Erwerb eigener Aktien ist das schuldrechtliche Erwerbsgeschäft nichtig (§ 71 Abs. 4 Satz 2). Die Gesellschaft muss daher in erster Linie die Aktien nach § 812 BGB **an die vormaligen Aktionäre zurückübertragen** (vgl. § 71 Rz. 72); damit erfüllt sie zugleich ihre Veräußerungspflicht nach § 71c Abs. 1[4]. Ein Erwerbsanrecht der übrigen Aktionäre (§ 71 Rz. 80) besteht insoweit nicht, und auch ein Hauptversammlungsbeschluss ist nicht erforderlich (vgl. § 71 Rz. 82 ff.). Können oder wollen die vormaligen Aktionäre die Aktien nicht zurücknehmen, muss die Gesellschaft die Aktien anderweitig veräußern (hierzu Rz. 9). Die einjährige Veräußerungsfrist beginnt mit dem dinglichen Aktienerwerb durch die Gesellschaft und berechnet sich nach §§ 187, 188 BGB.

4

### 4. Gescheiterte Arbeitnehmerbeteiligungen

Eigene Aktien, welche die Gesellschaft zur Arbeitnehmerbeteiligung erworben hat (§ 71 Abs. 1 Nr. 2), sind innerhalb eines Jahres nach ihrem Erwerb an die Arbeitnehmer auszugeben (**§ 71 Abs. 3 Satz 2**). Verstreicht die Frist oder zerschlagen sich die Beteiligungspläne schon früher, so wird hierdurch der Aktienerwerb nicht nachträglich unzulässig, wohl aber das weitere Halten der Aktien für die Zukunft. Die Aktien müssen deshalb **entsprechend § 71c Abs. 1** innerhalb eines Jahres ab diesem Zeitpunkt anderweitig abgegeben werden, also spätestens zwei Jahre nach Erwerb, falls die Arbeitnehmer sie nicht doch noch haben wollen (vgl. § 71 Rz. 34).

5

---

2 *Lutter/Drygala* in KölnKomm. AktG, 3. Aufl., § 71c AktG Rz. 9, auch Rz. 4; *Block* in Heidel, § 71c AktG Rz. 5.
3 *Lutter/Drygala* in KölnKomm. AktG, 3. Aufl., § 71c AktG Rz. 25 f.; *Cahn* in Spindler/Stilz, § 71c AktG Rz. 7.
4 *Lutter/Drygala* in KölnKomm. AktG, 3. Aufl., § 71c AktG Rz. 31; *Cahn* in Spindler/Stilz, § 71c AktG Rz. 8.

## III. Veräußerung zulässig erworbener eigener Aktien oberhalb der 10 %-Schwelle (§ 71c Abs. 2)

### 1. Erfasste Fälle

6 In § 71c Abs. 2 geht es um eigene Aktien der Gesellschaft oder ihrer Tochterunternehmen (§ 71d Satz 2 und § 71d Rz. 13 ff.) oder mittelbarer Stellvertreter (§ 71d Satz 1-2 und § 71d Rz. 2 ff., 7, 24), deren Erwerb nach **§ 71 Abs. 1** einen zulässigen Erwerbsanlass hatte **und** auch nicht gegen die Mengen- und Kapitalschranken des **§ 71 Abs. 2** verstieß, insbesondere nicht gegen die **10 %-Grenze** des § 71 Abs. 2 Satz 1[5]. Hierzu gehören vor allem die **Fälle**, in denen diese Grenze nicht gilt, also die Einkaufskommission von Aktienbanken und der unentgeltliche Erwerb (§ 71 Abs. 1 Nr. 4), die Gesamtrechtsnachfolge (§ 71 Abs. 1 Nr. 5) und der Erwerb zur Einziehung (§ 71 Abs. 1 Nr. 6), wenn diese später nicht stattfindet. Auch in den umwandlungsrechtlichen Abfindungsfällen (§§ 29 Abs. 1, 125, 207 Abs. 1 UmwG) kann es geschehen, dass die Gesellschaft mehr als 10 % ihrer Aktien zurückerwirbt und dies hingenommen wird (hierzu § 71 Rz. 40 ff.); dann ist der übersteigende Bestand ebenfalls nach § 71c Abs. 2 innerhalb von drei Jahren zu veräußern[6].

### 2. Zu veräußernde Aktien

7 Zu veräußern sind nach § 71c Abs. 2 so viele eigene Aktien, dass auf den **verbleibenden Bestand** an Eigenaktien **höchstens 10 %** des Grundkapitals entfallen. Das müssen nicht notwendig die konkreten Aktien sein, deren Erwerb die 10 % – Grenze überschritten hat, sondern nur Aktien in entsprechender Menge[7]. Unterhalb der 10 %-Schwelle kann die Gesellschaft zulässig erworbene eigene Aktien auf Dauer behalten[8]. Für die **Berechnung**, ob der Bestand an eigenen Aktien über 10 % hinausgeht und deshalb nach § 71c Abs. 2 Aktien zu veräußern sind, müssen alle eigenen Aktien der Gesellschaft berücksichtigt werden, soweit diese nicht schon nach § 71c Abs. 1 wegen unzulässigen Erwerbs zu veräußern sind[9]. In den Gesamtbestand als Berechnungsgrundlage sind auch Aktien einzubeziehen, die ein Tochterunternehmen oder mittelbarer Stellvertreter hält (§ 71d Satz 3). Erwirbt die Gesellschaft zum **Beispiel** 8 % ihrer Aktien zulässiger Weise mit allgemeiner Ermächtigung der Hauptversammlung (§ 71 Abs. 1 Nr. 8, wo die 10 %-Grenze des § 71 Abs. 2 Satz 1 gilt), und dann noch einmal 4 % ihrer Aktien unentgeltlich und wiederum zulässig (§ 71 Abs. 1 Nr. 4, wo die 10 %-Grenze nicht gilt), so müssen Aktien im Umfang von 2 % innerhalb von drei Jahren ab dem zweiten Erwerbsfall nach § 71c Abs. 2 veräußert werden.

### 3. Veräußerungsfrist

8 Die dreijährige Veräußerungsfrist nach § 71c Abs. 2 beginnt mit dem gegenständlichen („dinglichen") Aktienerwerb, durch den die 10 %-Grenze überschritten oder

---

[5] *Lutter/Drygala* in KölnKomm. AktG, 3. Aufl., § 71c AktG Rz. 10; *Merkt* in Großkomm. AktG, 4. Aufl., § 71c AktG Rz. 12; *Block* in Heidel, § 71c AktG Rz. 12 f.
[6] Für entsprechende Geltung *Lutter* in FS Wiedemann, 2002, S. 1097, 1107 ff.; *Hüffer*, § 71c AktG Rz. 4.
[7] RegE für das KapRiLiG, BT-Drucks. 8/1678 v. 31.3.1978, Anlage 1, Begründung zu Art. 1 Nr. 15 (betr. § 71c), S. 16 re.Sp.; *Lutter/Drygala* in KölnKomm. AktG, 3. Aufl., § 71c AktG Rz. 28; *Merkt* in Großkomm. AktG, 4. Aufl., § 71c AktG Rz. 25.
[8] *Lutter* in FS Wiedemann, 2002, S. 1097, 1107.
[9] *Oechsler* in MünchKomm. AktG, 3. Aufl., § 71c AktG Rz. 10; *Merkt* in Großkomm. AktG, 4. Aufl., § 71c AktG Rz. 13.

noch weiter überschritten wurde, und bemisst sich nach §§ 187 und 188 BGB. Die Veräußerungspflicht entfällt, wenn der Anteil eigener Aktien aus anderen Gründen unter 10 % sinkt, etwa durch eine Kapitalerhöhung[10].

**4. Art und Weise der Veräußerung**

Die Aktien müssen möglichst so verwendet werden, wie es ihrem ursprünglichen Erwerbszweck entspricht (z.B. Abfindung von Aktionären)[11]. Soweit das nicht gelingt oder keinen Erfolg verspricht, muss die Gesellschaft die eigenen Aktien anderweitig veräußern. Hierfür ist ein Beschluss der Hauptversammlung (vgl. § 71 Rz. 82) entbehrlich[12], damit die Gesellschaft ihre gesetzliche Pflicht zur Veräußerung umstandslos erfüllen kann[13]. Hat allerdings die **Hauptversammlung Vorgaben** für die Wiederausgabe der Aktien gemacht, sind diese zu beachten, soweit mit der gesetzlichen Veräußerungspflicht vereinbar. Bei der Veräußerung eigener Aktien müssen die Aktionäre **gleichmäßig** behandelt werden (§ 71 Abs. 1 Nr. 8 Satz 3); das gilt auch für die Veräußerung nach § 71c Abs. 2[14]. Auch in diesem Fall haben die Aktionäre ein mitgliedschaftliches **Erwerbsanrecht**, das dem Bezugsrecht auf neue Aktien ähnlich ist[15] (vgl. § 71 Rz. 80). Eine Veräußerung der eigenen Aktien über die Börse genügt dem (arg. § 71 Abs. 1 Nr. 8 Satz 4)[16]. Die Gesellschaft kann aber auch ein Bezugsverfahren durchführen (vgl. § 71 Rz. 84). Danach verbleibende Aktien kann der Vorstand freihändig ausgeben.

9

## IV. Pflicht zur Einziehung (§ 71c Abs. 3)

Werden eigene Aktien entgegen § 71c Abs. 1 oder 2 nicht rechtzeitig veräußert, so sind sie nach § 71c Abs. 3 einzuziehen. Das geschieht **nach Maßgabe des § 237** auf Grund eines Beschlusses der Hauptversammlung[17]. Die Einziehung kann im vereinfachten Verfahren nach § 237 Abs. 3–5 stattfinden[18], weil die Aktien unentgeltlich aus den Händen der Gesellschaft eingezogen werden. Der Vorstand muss auf einen Einziehungsbeschluss der Hauptversammlung hinwirken (arg. § 405 Abs. 1 Nr. 4c), und zwar spätestens nach Ablauf der Veräußerungsfrist für die nächste Hauptversammlung[19]. Bis zum Einziehungsbeschluss kann der Vorstand die Aktien noch ver-

10

---

10 *Lutter/Drygala* in KölnKomm. AktG, 3. Aufl., § 71c AktG Rz. 29; *Cahn* in Spindler/Stilz, § 71c AktG Rz. 12; *Wieneke* in Bürgers/Körber, § 71c AktG Rz. 8.
11 *Lutter/Drygala* in KölnKomm. AktG, 3. Aufl., § 71c AktG Rz. 33; *Merkt* in Großkomm. AktG, 4. Aufl., § 71c AktG Rz. 33.
12 Ebenso i. Erg. *Hüffer*, § 71c AktG Rz. 6 f.
13 Vgl. *Lutter/Drygala* in KölnKomm. AktG, 3. Aufl., § 71c AktG Rz. 47 f.
14 OLG Oldenburg v. 17.3.1994 – 1 U 46/91, AG 1994, 417, 418 re.Sp.; OLG Oldenburg v. 17.3.1994 – 1 U 151/93, WM 1995, 924, 926 re.Sp. = AG 1994, 415; *Lutter/Drygala* in KölnKomm. AktG, 3. Aufl., § 71c AktG Rz. 34, 38; *Merkt* in Großkomm. AktG, 4. Aufl., § 71c AktG Rz. 34.
15 *Oechsler* in MünchKomm. AktG, 3. Aufl., § 71c AktG Rz. 20; *Hirsch*, Der Erwerb eigener Aktien nach dem KonTraG, S. 181 ff.
16 *Oechsler* in MünchKomm. AktG, 3. Aufl., § 71c AktG Rz. 20; *Merkt* in Großkomm. AktG, 4. Aufl., § 71c AktG Rz. 37.
17 *Lutter/Drygala* in KölnKomm. AktG, 3. Aufl., § 71c AktG Rz. 43 ff.; *Cahn* in Spindler/Stilz, § 71c AktG Rz. 14; *Block* in Heidel, § 71c AktG Rz. 20 f.
18 Grundsätzlich ebenso *Lutter/Drygala* in KölnKomm. AktG, 3. Aufl., § 71c AktG Rz. 44; *Cahn* in Spindler/Stilz, § 71c AktG Rz. 14.
19 *Lutter/Drygala* in KölnKomm. AktG, 3. Aufl., § 71c AktG Rz. 45; *Merkt* in Großkomm. AktG, 4. Aufl., § 71c AktG Rz. 45.

äußern[20], und wenn die Einziehung scheitert, muss er auf eine unverzügliche Veräußerung hinwirken[21].

### V. Berichtspflichten und Verantwortlichkeit der Organmitglieder

11 Der Vorstand muss über die Veräußerung eigener Aktie im Anhang zum nächsten Jahresabschluss **berichten** (§ 160 Abs. 1 Nr. 1–2) und auch gegenüber der Hauptversammlung (vgl. § 71 Rz. 89). Er handelt **ordnungswidrig**, wenn er veräußerungspflichtige Aktien nicht rechtzeitig anbietet (§ 405 Abs. 1 Nr. 4b) oder keine rechtzeitige Einziehung einleitet (§ 405 Abs. 1 Nr. 4c). Außerdem kommen **Schadensersatzansprüche** der Gesellschaft gegen die Organmitglieder in Betracht (§§ 93, 116; vgl. hierzu § 71 Rz. 74).

## § 71d
## Erwerb eigener Aktien durch Dritte

**Ein im eigenen Namen, jedoch für Rechnung der Gesellschaft handelnder Dritter darf Aktien der Gesellschaft nur erwerben oder besitzen, soweit dies der Gesellschaft nach § 71 Abs. 1 Nr. 1 bis 5, 7 und 8 und Abs. 2 gestattet wäre. Gleiches gilt für den Erwerb oder den Besitz von Aktien der Gesellschaft durch ein abhängiges oder ein im Mehrheitsbesitz der Gesellschaft stehendes Unternehmen sowie für den Erwerb oder den Besitz durch einen Dritten, der im eigenen Namen, jedoch für Rechnung eines abhängigen oder eines im Mehrheitsbesitz der Gesellschaft stehenden Unternehmens handelt. Bei der Berechnung des Anteils am Grundkapital nach § 71 Abs. 2 Satz 1 und § 71c Abs. 2 gelten diese Aktien als Aktien der Gesellschaft. Im Übrigen gelten § 71 Abs. 3 und 4, §§ 71a bis 71c sinngemäß. Der Dritte oder das Unternehmen hat der Gesellschaft auf ihr Verlangen das Eigentum an den Aktien zu verschaffen. Die Gesellschaft hat den Gegenwert der Aktien zu erstatten.**

| | |
|---|---|
| I. Überblick . . . . . . . . . . . . . . . . . 1 | 4. Folgen des zulässigen Aktienerwerbs für Rechnung der Gesellschaft . . . . . 7 |
| II. Für Rechnung der Gesellschaft handelnde Dritte . . . . . . . . . . . . . . 2 | a) Gleichstellung der Aktien mit eigenen Aktien der Gesellschaft . . . . . 7 |
| 1. Erfasste Personen und Rechtsverhältnisse . . . . . . . . . . . . . . . 2 | b) Verschaffungs- und Erstattungspflichten . . . . . . . . . . . . . . . . 8 |
| 2. Abgrenzung zwischen § 71d und § 71a Abs. 2 . . . . . . . . . . . . . . . 3 | c) Bilanzierung . . . . . . . . . . . . . 9 |
| 3. Voraussetzungen des zulässigen Aktienerwerbs für Rechnung der Gesellschaft . . . . . . . . . . . . . . 4 | 5. Unzulässiger Aktienerwerb für Rechnung der Gesellschaft . . . . . . . 11 |
| a) Grundgedanke . . . . . . . . . . . 4 | 6. Finanzielle Unterstützung des Aktienerwerbs (§ 71a Abs. 1 und § 71d Satz 4) . . . . . . . . . . . 12 |
| b) Zulässige Erwerbsanlässe (§ 71 Abs. 1) . . . . . . . . . . . . 5 | III. Tochterunternehmen . . . . . . . . . . 13 |
| c) Mengen- und Kapitalschranken (§ 71 Abs. 2) . . . . . . . . . . . . 6 | 1. Erfasste Unternehmen und Gestaltungen . . . . . . . . . . . . . . 13 |

---

20 *Lutter/Drygala* in KölnKomm. AktG, 3. Aufl., § 71c AktG Rz. 51 f.; *Oechsler* in MünchKomm. AktG, 3. Aufl., § 71c AktG Rz. 23; *Cahn* in Spindler/Stilz, § 71c AktG Rz. 14.
21 *Hüffer*, § 71c AktG Rz. 8; *Lutter/Drygala* in KölnKomm. AktG, 3. Aufl., § 71c AktG Rz. 47.

| | |
|---|---|
| 2. Gleichstellung der Aktien mit eigenen Aktien der Gesellschaft ...... 15 | 6. Finanzielle Unterstützung des Aktienerwerbs (§ 71a Abs. 1 und § 71d Satz 4) ............... 21 |
| 3. Kapitalerhaltung und Bilanzierung .. 18 | 7. Wechselseitige Beteiligungen ...... 22 |
| 4. Verschaffungs- und Erstattungspflichten .................... 19 | **IV. Für Rechnung eines Tochterunternehmens handelnde Dritte** ....... 24 |
| 5. Folgen des unzulässigen Aktienerwerbs durch Tochterunternehmen .. 20 | |

**Literatur:** *Cahn,* Kapitalerhaltung im Konzern, 1998. S. im Übrigen bei § 71 und § 71a.

## I. Überblick

71d erstreckt die Zulässigkeitsschranken des Erwerbs und des Haltens eigener Aktien auf mittelbare Stellvertreter der Gesellschaft (Satz 1), Tochterunternehmen (Satz 2 Fall 1) und mittelbare Stellvertreter von Tochterunternehmen (Satz 2 Fall 2). Aktien in den Händen dieser Personen stehen eigenen Aktien der Gesellschaft weitgehend gleich (Satz 3–4). Die Gesellschaft kann die Aktien von den Betroffenen herausverlangen (Satz 5), wenn sie ihnen den Wert erstattet (Satz 6). Außerdem werden die genannten Personen in das Verbot der finanziellen Unterstützung des Aktienerwerbs (§ 71a Abs. 1) mit einbezogen (§ 71d Satz 4), und sie unterliegen auch den Schranken der Inpfandnahme eigener Aktien (§ 71e Abs. 1 Satz 1). 1

## II. Für Rechnung der Gesellschaft handelnde Dritte

### 1. Erfasste Personen und Rechtsverhältnisse

Erwirbt ein Dritter Aktien der Gesellschaft in deren Namen (§ 164 BGB), so ist dies ein Erwerb eigener Aktien und fällt unmittelbar unter die Schranken des § 71. Diese Schranken erstreckt § 71d Satz 1 aber auch auf Personen, die „im eigenen Namen, jedoch für Rechnung der Gesellschaft handeln", also dergestalt, dass sie zwar nach außen hin Partner des Aktienerwerbsgeschäfts sind, aber die wirtschaftlichen Folgen des Geschäfts bei der Gesellschaft eintreten sollen. Das umfasst alle Figuren **mittelbarer Stellvertretung**, insbesondere den Auftrag (§ 662 BGB), die Geschäftsbesorgung (§ 675 BGB) und die Kommission (§§ 383, 406 HGB) sowie die Geschäftsführung ohne Auftrag (§ 677 BGB), wenn sie zu Herausgabe- und Erstattungsansprüchen führt, und auch andere Formen der Treuhand. Dass der Erwerb und die Inhaberschaft von Aktien der Gesellschaft durch solche Personen einem Erwerb und Halten eigener Aktien durch die Gesellschaft gleichsteht, ist unausweichlich und auch von der europäischen Kapitalrichtlinie vorgegeben (Art. 19 ff.); die genannten Personen vermitteln ja der Gesellschaft den Erwerb und die Inhaberschaft der Aktien. 2

### 2. Abgrenzung zwischen § 71d und § 71a Abs. 2

Beide Normen gehen davon aus, dass ein mittelbarer Stellvertreter Aktien der Gesellschaft nur erwerben darf, soweit auch die Gesellschaft selbst das dürfte, entfalten diesen Gedanken aber nach unterschiedlichen Richtungen. In **§ 71a Abs. 2** geht es um den **unzulässigen Aktienerwerb**. Wenn die Gesellschaft ihre Aktien nicht zurückerwerben dürfte, darf sie dies auch nicht durch mittelbare Stellvertreter tun. Bei Verstoß ist das schuldrechtliche Auftrags- oder Geschäftsbesorgungsverhältnis zwischen der Gesellschaft und dem vermeintlichen mittelbaren Stellvertreter nichtig, und dieser ist gegenüber der Gesellschaft nicht berechtigt und verpflichtet, sondern 3 handelt für eigene Rechnung (§ 71a Rz. 26, auch § 71c Rz. 2). In **§ 71d** geht es dagegen im Wesentlichen (vgl. aber Rz. 11) um den **zulässigen Aktienerwerb**[1]. Wenn die Gesellschaft die Aktien selbst erwerben dürfte, darf sie dies auch durch mittelbare Stellvertreter tun. Das hierauf gerichtete Auftrags- oder Geschäftsbesorgungsverhältnis ist also gültig. § 71d Sätze 3–6 behandeln dann allerdings die Aktien grundsätzlich wie eigene Aktien der Gesellschaft und stellen zugleich sicher, dass die Aktien auch wirklich der Gesellschaft zugeordnet sind.

### 3. Voraussetzungen des zulässigen Aktienerwerbs für Rechnung der Gesellschaft

#### a) Grundgedanke

4  Als mittelbarer Stellvertreter der Gesellschaft darf ein anderer deren Aktien nach § 71d Satz 1 nur erwerben, wenn auf Seiten der Gesellschaft ein **zulässiger Erwerbsanlass** vorliegt (§ 71 Abs. 1 Nr. 1–5, 7 und 8), und wenn die **Mengen- und Kapitalschranken** des Aktienrückerwerbs eingehalten werden, soweit diese gelten (§ 71 Abs. 2).

#### b) Zulässige Erwerbsanlässe (§ 71 Abs. 1)

5  Die in § 71 Abs. 1 eröffneten Anlässe für den Erwerb eigener Aktien kommen beim Aktienerwerb durch mittelbare Stellvertreter zum Teil mit Abwandlungen zur Geltung. Ein Erwerb von Aktien der Gesellschaft zur Schadensabwehr (**§ 71 Abs. 1 Nr. 1**) muss einen Schaden von der Gesellschaft (und nicht vom mittelbaren Stellvertreter) abwenden. Zulässig ist weiter der Erwerb eigener Aktien durch mittelbare Stellvertreter für Arbeitnehmer oder abfindungsberechtigte Anteilseigner der Gesellschaft oder eines Tochterunternehmens (**§ 71 Abs. 1 Nr. 2 und 3**). Beim unentgeltlichen Erwerb (**§ 71 Abs. 1 Nr. 4 Fall 1**) muss nicht notwendig der mittelbare Stellvertreter unentgeltlich handeln[2], aber der Gesellschaft darf durch den Erwerb keine Entgelt- oder Erstattungspflicht entstehen. Bei der Einkaufskommission (**§ 71 Abs. 1 Nr. 4 Fall 2**) muss die Gesellschaft Kreditinstitut sein, nicht unbedingt der mittelbare Stellvertreter[3]. Eine Gesamtrechtsnachfolge (**§ 71 Abs. 1 Nr. 5**) müsste demgegenüber auf Seiten des mittelbaren Stellvertreters eintreten. Zur Einziehung (**§ 71 Abs. 1 Nr. 6**) kann die Gesellschaft ihre Aktien nur selbst erwerben; mittelbare Stellvertretung ist hier nicht zulässig (§ 71d Satz 1). Dagegen kann der Handelsbestand eines Finanzhauses an eigenen Aktien (**§ 71 Abs. 1 Nr. 7**) auch durch mittelbare Stellvertreter aufgebaut und unterhalten werden. Und auch den Aktienrückerwerb mit allgemeiner Ermächtigung der Hauptversammlung (**§ 71 Abs. 1 Nr. 8**) kann die Gesellschaft von einem mittelbaren Stellvertreter vornehmen lassen, etwa im Wege der Kommission[4].

#### c) Mengen- und Kapitalschranken (§ 71 Abs. 2)

6  Aktien des mittelbaren Stellvertreters werden wie eigene Aktien der Gesellschaft gewertet, soweit es um die **10 %-Grenze** für den zulässigen Höchstbestand eigener Aktien geht (§ 71 Abs. 2 Satz 1, § 71d Satz 1 und 3). Auch in die Kapitalerhaltungsschranke des § 71 Abs. 2 Satz 2 werden die Aktien des mittelbaren Stellvertreters

---

[1] Ebenso *Merkt* in Großkomm. AktG, 4. Aufl., § 71d AktG Rz. 13 f. Ausführlich zur Gesetzessystematik *Lutter/Drygala* in KölnKomm. AktG, 3. Aufl., § 71d AktG Rz. 94 ff., 122, auch § 71a Rz. 23.
[2] So aber *Lutter/Drygala* in KölnKomm. AktG, 3. Aufl., § 71d AktG Rz. 107; *Merkt* in Großkomm. AktG, 4. Aufl., § 71d AktG Rz. 8; *Hüffer*, § 71d AktG Rz. 3; *Block* in Heidel, § 71d AktG Rz. 9.
[3] *Merkt* in Großkomm. AktG, 4. Aufl., § 71d AktG Rz. 8. Anders *Hüffer*, § 71d AktG Rz. 3; *Wieneke* in Bürgers/Körber, § 71d AktG Rz. 7.
[4] *Lutter/Drygala* in KölnKomm. AktG, 3. Aufl., § 71d AktG Rz. 109; *Hüffer*, § 71d AktG Rz. 3.

nach § 71d Satz 1 mit einbezogen. Hiernach ist der Erwerb eigener Aktien in den meisten Fällen „nur zulässig, **wenn die Gesellschaft** im Zeitpunkt des Erwerbs **eine Rücklage** in Höhe der Aufwendungen für den Erwerb **bilden könnte**, ohne das Grundkapital oder eine nach Gesetz oder Satzung zu bildende Rücklage zu mindern, die nicht zur Zahlung an die Aktionäre verwandt werden darf" (§ 71 Abs. 2 Satz 2). Die Gesellschaft darf ihre eigenen Aktien nur mit Mitteln erwerben, die sie auch als Dividende an die Aktionäre ausschütten könnte (s. § 71 Rz. 4, 54, 59, 60 a.E.). Übertragen auf den Aktienerwerb durch mittelbare Stellvertreter bedeutet dies, dass auf Seiten der Gesellschaft so viele freie Mittel vorhanden sein müssen, wie die Gesellschaft dem mittelbaren Stellvertreter an Aufwendungen für den Aktienerwerb erstatten muss oder möglicher Weise wird erstatten müssen. Sind die Ausschüttungsschranken überschritten, ist die Vereinbarung über die mittelbare Stellvertretung unwirksam (§ 71a Abs. 2), und der vermeintliche mittelbare Stellvertreter handelt auf eigene Rechnung (vgl. Rz. 3, 11 sowie § 71a Rz. 26).

### 4. Folgen des zulässigen Aktienerwerbs für Rechnung der Gesellschaft

#### a) Gleichstellung der Aktien mit eigenen Aktien der Gesellschaft

Auch in weiteren Hinsichten werden bei zulässiger und wirksamer mittelbarer Stellvertretung (Rz. 4–6) die Aktien des mittelbaren Stellvertreters eigenen Aktien der Gesellschaft gleichgestellt. Sie gewähren **keine Mitgliedschaftsrechte**, ebensowenig wie eigene Aktien (§§ 71b, 71d Satz 4). Die **Berichtspflichten** des Vorstands über Geschäfte in eigenen Aktien erstrecken sich auch auf den mittelbaren Stellvertreter (§§ 71 Abs. 3 Satz 1, 71d Satz 4; § 160 Abs. 1 Nr. 2). Die Aktien des mittelbaren Stellvertreters sind eigenen Aktien der Gesellschaft auch insoweit gleichgestellt, als zulässig erworbene **Aktien oberhalb der 10 %-Grenze** innerhalb von drei Jahren wieder zu **veräußern** und nach Verstreichen der Frist einzuziehen sind (§§ 71c Abs. 2–3, 71d Satz 3–4). Diese Verpflichtung trifft die Gesellschaft[5]. Sie kann hierfür die Aktien vom mittelbaren Stellvertreter herausverlangen (Rz. 8) und selbst veräußern, oder sie kann den mittelbaren Stellvertreter zur Veräußerung für Rechnung der Gesellschaft veranlassen.

7

#### b) Verschaffungs- und Erstattungspflichten

Dass der mittelbare Stellvertreter **die Aktien** der Gesellschaft auf Verlangen **übertragen** muss, folgt schon aus dem Geschäftsbesorgungs- und Kommissionsrecht (§ 667 BGB, § 384 Abs. 2 HGB) und ist aktienrechtlich für zwingend erklärt (§ 71d Satz 5). Die Übetragung auf die Gesellschaft unterliegt nicht noch einmal den Erwerbsschranken des § 71[6]. Verlangt die Gesellschaft die Aktien heraus, so muss sie im Gegenzug dem mittelbaren Stellvertreter den „**Gegenwert** der Aktien ... **erstatten**" (§ 71d Satz 6). Das ist der Erwerbspreis (vgl. § 71 Abs. 1 Nr. 8 und Abs. 3), den der mittelbare Stellvertreter aufgewendet hat[7]. Dieser kann außerdem nach Maßgabe des Auftrags- oder Geschäftsbesorgungsverhältnisses Honorar oder Provision von der Gesellschaft verlangen[8].

8

---

5 RegE für das KapRiLiG, BT-Drucks. 8/1678 v. 31.3.1978, Anlage 1, Begründung zu Art. 1 Nr. 15 (betr. § 71d), S. 17 li.Sp.; *Zilias/Lanfermann*, WPg 1980, 61, 66 re.Sp.

6 *Lutter/Drygala* in KölnKomm. AktG, 3. Aufl., § 71d AktG Rz. 117; *Wieneke* in Bürgers/Körber, § 71d AktG Rz. 23.

7 *Lutter/Drygala* in KölnKomm. AktG, 3. Aufl., § 71d AktG Rz. 113, 117; *Oechsler* in MünchKomm. AktG, 3. Aufl., § 71d AktG Rz. 69. Anders *Merkt* in Großkomm. AktG, 4. Aufl., § 71d AktG Rz. 85 (Verkehrswert im Übertragungszeitpunkt).

8 *Lutter/Drygala* in KölnKomm. AktG, 3. Aufl., § 71d AktG Rz. 113, 117.

### c) Bilanzierung

9 Wenn die Aktien des mittelbaren Stellvertreters aktienrechtlich der Gesellschaft zugerechnet werden, muss man sie auch bilanzrechtlich wie solche behandeln. Das entspricht auch dem Grundgedanken des § 246 Abs. 1 Satz 2 Halbsatz 2 HGB über die bilanzielle Zurechnung von Vermögensgegenstände an den wirtschaftlichen Eigentümer. Eigene Aktien sind allerdings keine Vermögensgegenstände (§ 71 Rz. 2, 56), so dass die Norm nicht unmittelbar gilt. Aber der Grundgedanke greift, nämlich dass man die Aktien des mittelbaren Stellvertreters bilanziell der Gesellschaft zurechnen muss, wenn die Kriterien der wirtschaftlichen Zurechnung erfüllt sind. Das wird in des Fällen des § 71d Satz 1 in der Regel so sein, schon weil die Gesellschaft die Aktien jederzeit vom mittelbaren Stellvertreter herausverlangen kann (§ 71d Satz 5)[9].

10 Aktien des mittelbaren Stellvertreters, die hiernach der Gesellschaft zuzurechnen sind, dürfen bei dieser nicht aktiviert werden, noch weniger als eigene Aktien (hierzu 71 Rz. 56). Vielmehr muss man den Vorgang – nicht anders als einen unmittelbaren Aktienrückkauf durch die Gesellschaft – wie eine Ausschüttung der Gesellschaft an die veräußernden Aktionäre behandeln (vgl § 71 Rz. 1 ff., 56 ff.). Hat die Gesellschaft dem mittelbaren Stellvertreter bereits die Anschaffungskosten für die Aktien erstattet, so fließt dieser Betrag ergebnisneutral aus den Aktiven der Gesellschaft ab. Auf der Passivseite der Bilanz wird (a) der anteilige Grundkapitalsbetrag der vom mittelbaren Stellvertreter für die Gesellschaft gehaltenen Aktien vom gezeichneten Kapital abgesetzt, und (b) der übersteigende Aufwand für den Rückerwerb mit den frei verfügbaren Rücklagen verrechnet (§ 272 Abs. 1a), ebenso wie bei regulären Eigenaktien (vgl. § 71 Rz. 57 f.). Außerdem ist hier wie dort (c) der Absetzungsbetrag des Grundkapitals analog § 237 Abs. 5 in die Kapitalrücklage einzustellen (vgl. § 71 Rz. 60). Hat dagegen der mittelbare Stellvertreter lediglich einen Anspruch gegen die Gesellschaft auf Erstattung der Anschaffungskosten für die Aktien (§§ 670, 675 BGB etc.), so muss die Gesellschaft hierfür auf der Passivseite der Bilanz eine Verbindlichkeit ausweisen oder je nach Sachlage zumindest eine Rückstellung bilden, und sie muss diesen Betrag ebenso wie im erstgenannten Fall von ihren Eigenkapitalposten abziehen (§ 272 Abs. 1a).

### 5. Unzulässiger Aktienerwerb für Rechnung der Gesellschaft

11 Hier bestimmen sich die Rechtsfolgen nach **§ 71a Abs. 2**: Der vermeintliche mittelbare Stellvertreter handelt für eigene Rechnung, und § 71d Satz 3–6 gelten grundsätzlich nicht (Rz. 3). Allerdings gewähren auch diese Aktien nach §§ 71b und 71d Satz 4 **keine Mitgliedschaftsrechte**, solange sich der „mittelbare Stellvertreter" nicht nachprüfbar von der vermeintlichen Bindung gegenüber der Gesellschaft losgesagt und sein Handeln für eigene Rechnung akzeptiert hat[10].

### 6. Finanzielle Unterstützung des Aktienerwerbs (§ 71a Abs. 1 und § 71d Satz 4)

12 Soweit die Gesellschaft jemand anderen nicht beim Erwerb ihrer Aktien finanziell unterstützen darf (§ 71a Abs. 1), darf dies auch kein Dritter für Rechnung der Gesellschaft tun (§ 71d Satz 4). Bei Verstoß ist das Auftrags- oder Geschäftsbesorgungsverhältnis zwischen der Gesellschaft und dem Dritten analog § 71a Abs. 2 nichtig, so

---

9 Zweifelnd *Lutter/Drygala* in KölnKomm. AktG, 3. Aufl., § 71d AktG Rz. 110.
10 *Lutter/Drygala* in KölnKomm. AktG, 3. Aufl., § 71d AktG Rz. 102, 121, auch Rz. 92 f., § 71b Rz. 20 ff.; *Merkt* in Großkomm. AktG, 4. Aufl., § 71d AktG Rz. 25; *Hüffer*, § 71d AktG Rz. 10.

dass letzterer die Finanzierung des Aktienerwerbs für eigene Rechnung vornimmt und der Gesellschaft hieraus keine Lasten entstehen[11].

## III. Tochterunternehmen

### 1. Erfasste Unternehmen und Gestaltungen

Auch **abhängige** (§ 17) oder im **Mehrheitsbesitz** der Gesellschaft stehende Unternehmen (§ 16) dürfen Aktien der Gesellschaft nur erwerben und halten, soweit dies der Gesellschaft selbst erlaubt wäre (§ 71d Satz 2 Fall 1). Die Norm verhindert Verzerrungen der Corporate Governance und dient dem Kapitalschutz[12], den sie zugleich erweitert, denn der Erwerb und das Halten von Aktien der Muttergesellschaft durch die Tochter werden insgesamt einem Eigenerwerb und eigenen Aktien der Muttergesellschaft gleichgestellt und nicht nur entsprechend der Beteiligungsquote der Mütter an der Tochter. § 71d Satz 3–6 regeln den **zulässigen und** grundsätzlich auch den **unzulässigen Aktienerwerb** durch Tochterunternehmen, weil es für den letzteren anders als bei der mittelbaren Stellvertretung (§ 71a Abs. 2) kaum Sonderregeln gibt (vgl. Rz. 3). Wird ein **Investmentfonds** in Gestalt eines Sondervermögens von einer Kapitalanlagegesellschaft verwaltet, die von einer Mutter-AG abhängig ist, so gelten die in § 71d genannten Schranken nicht für den Erwerb von Aktien der Mutter-AG durch den Fonds[13]. 13

Der zulässige **Erwerbsanlass** im Sinne des § 71 Abs. 1 muss grundsätzlich **bei der Mutter**gesellschaft vorliegen, weil es um deren Kapitalerhaltung und Governance geht. Für den Aktienrückerwerb mit allgemeiner Ermächtigung der Hauptversammlung (§ 71 Abs. 1 Nr. 8) ist daher ein Hauptversammlungsbeschluss der Mutter erforderlich[14]. Gleiches gilt für den Aufbau eines Eigenhandels-Bestands (§ 71 Abs. 1 Nr. 7); außerdem muss hier die Mutter[15] oder die Tochter[16] ein Finanzhaus sein. Ein Aktienrückerwerb zur Schadensabwehr (§ 71 Abs. 1 Nr. 1) muss einen Schaden von der Mutter abwenden, der ihr allerdings auch mittelbar durch Schädigung der Tochter drohen kann[17]. Arbeitnehmerbeteiligungen können sowohl bei der Mutter als auch bei der Tochter aufgebaut werden (§ 71 Abs. 1 Nr. 2), und hierfür können beide die Aktien erwerben[18]. Beim Aktienrückerwerb zur Abfindung von Aktionären (§ 71 Abs. 1 Nr. 3) kann auch die Tochter Aktien der Mutter erwerben[19] (vgl. § 71 Rz. 37). Bei der Einkaufskommission (§ 71 Abs. 1 Nr. 4 Fall 2) genügt es, wenn entweder die Mutter oder die Tochter Kreditinstitut ist[20]. Die Unentgeltlichkeit (§ 71 Abs. 1 Nr. 4 14

---

11 *Lutter/Drygala* in KölnKomm. AktG, 3. Aufl., § 71d AktG Rz. 123; *Cahn* in Spindler/Stilz, § 71d AktG Rz. 50.
12 *Cahn* in Spindler/Stilz, § 71d AktG Rz. 2; *Lutter/Drygala* in KölnKomm. AktG, 3. Aufl., § 71d AktG Rz. 11 f.
13 *Cahn*, WM 2001, 1929 ff.; *Hüffer*, § 71d AktG Rz. 5, auch § 71 AktG Rz. 6.
14 *Lutter/Drygala* in KölnKomm. AktG, 3. Aufl., § 71d AktG Rz. 35; *Cahn* in Spindler/Stilz, § 71d AktG Rz. 41; *Hüffer*, § 71d AktG Rz. 5, 14; *Block* in Heidel, § 71d AktG Rz. 30.
15 *Lutter/Drygala* in KölnKomm. AktG, 3. Aufl., § 71d AktG Rz. 34; *Oechsler* in MünchKomm. AktG, 3. Aufl., § 71d AktG Rz. 42; *Cahn* in Spindler/Stilz, § 71d AktG Rz. 41; *Butzke*, WM 1995, 1389, 1391 li.Sp.
16 *Block* in Heidel, § 71d AktG Rz. 29; *Merkt* in Großkomm. AktG, 4. Aufl., § 71d AktG Rz. 50.
17 *Lutter/Drygala* in KölnKomm. AktG, 3. Aufl., § 71d AktG Rz. 24; *Cahn* in Spindler/Stilz, § 71d AktG Rz. 41.
18 *Lutter/Drygala* in KölnKomm. AktG, 3. Aufl., § 71d AktG Rz. 26; *Cahn* in Spindler/Stilz, § 71d AktG Rz. 41.
19 *Lutter/Drygala* in KölnKomm. AktG, 3. Aufl., § 71d AktG Rz. 29; *Cahn* in Spindler/Stilz, § 71d AktG Rz. 41.
20 *Lutter/Drygala* in KölnKomm. AktG, 3. Aufl., § 71d AktG Rz. 31 f.; *Cahn* in Spindler/Stilz, § 71d AktG Rz. 41.

Fall 1) muss auch bei der Tochter vorliegen, und eine Gesamtrechtsnachfolge (§ 71 Abs. 1 Nr. 5) muss bei ihr eintreten[21].

## 2. Gleichstellung der Aktien mit eigenen Aktien der Gesellschaft

15 Soweit es um die **10 %-Grenze** für den zulässigen Bestand an eigenen Aktien (§ 71 Abs. 2 Satz 1) und um die Pflicht zur Veräußerung rechtmäßig darüber hinaus erworbener Aktien geht (§ 71c Abs. 2), werden die Aktien des Tochterunternehmens der Gesellschaft wie eigene Aktien **zugerechnet** (§ 71d Satz 3). Erfasst werden auch Aktien, die das Tochterunternehmen erworben hat, bevor es in Abhängigkeit oder Mehrheitsbesitz geriet[22]. Maßgebende Bezugsgröße für die 10 % ist das Grundkapital der Gesellschaft, nicht des Tochterunternehmens[23]. Müssen rechtmäßig erworbene Aktien oberhalb der 10 %-Schwelle **veräußert oder eingezogen** werden (**§§ 71c Abs. 2–3, 71d Satz 3–4**), so trifft diese Verpflichtung die **Muttergesellschaft**[24]; hierfür hat diese Verschaffungsansprüche gegen die Tochter (vgl. Rz. 19).

16 Die Aktien des Tochterunternehmens gewähren ebensowenig wie eigene Aktien der Gesellschaft ein Stimmrecht oder sonstige Rechte (**§§ 71b, 71d Satz 4**), egal ob die Aktien zulässig oder unzulässig erworben wurden[25]. Über die Aktiengeschäfte des Tochterunternehmens muss der Vorstand der Muttergesellschaft gegenüber deren Hauptversammlung und im Anhang zum Jahresabschluss ebenso **berichten** wie über Geschäfte der Gesellschaft in eigenen Aktien (§§ 71 Abs. 3 Satz 1, 71d Satz 4; § 160 Abs. 1 Nr. 2; vgl. § 71 Rz. 89).

17 Hat das Tochterunternehmen die Aktien zum Zwecke der **Arbeitnehmerbeteiligung** zulässig erworben (§§ 71 Abs. 1 Nr. 2, 71d Satz 2), so sind die Aktien innerhalb eines Jahres an die Arbeitnehmer auszugeben (§§ 71 Abs. 3 Satz 2, 71d Satz 4). Diese gesetzliche **Pflicht trifft** immer auch die **Muttergesellschaft**[26], kann aber auch durch die Tochter erfüllt werden (vgl. Rz. 20).

## 3. Kapitalerhaltung und Bilanzierung

18 Das Tochterunternehmen darf Aktien der Muttergesellschaft in den Fällen des § 71 Abs. 1 Nr. 1–3 und 7–8 nur erwerben, wenn die Mutter in Höhe der Anschaffungskosten eine gedachte **Rücklage für eigene Aktien** zu Lasten ihres ausschüttungsfähigen Vermögens bilden könnte, wie wenn sie die Aktien selbst zurückerwerben würde (vgl. § 71 Rz. 59); das folgt aus § 71 Abs. 2 Satz 2, auf den 71d Satz 1–2 verweisen[27]. Die anschließende bilanzielle Behandlung der Aktien hängt davon ab, ob das Tochter-

---

21 *Lutter/Drygala* in KölnKomm. AktG, 3. Aufl., § 71d AktG Rz. 33.
22 *Hüffer*, § 71d Rz. 13; auch *Merkt* in Großkomm. AktG, 4. Aufl., § 71d AktG Rz. 59. Anders *Cahn/Farrenkopf*, AG 1984, 178 ff.
23 *Lutter/Drygala* in KölnKomm. AktG, 3. Aufl., § 71d AktG Rz. 38; *Cahn* in Spindler/Stilz, § 71d AktG Rz. 42.
24 RegE für das KapRiLiG, BT-Drucks. 8/1678 v. 31.3.1978, Anlage 1, Begründung zu Art. 1 Nr. 15 (betr. § 71d), S. 17 li.Sp.; *Lutter/Drygala* in KölnKomm. AktG, 3. Aufl., § 71d AktG Rz. 63; *Oechsler* in MünchKomm. AktG, 3. Aufl., § 71d AktG Rz. 61.
25 *Lutter/Drygala* in KölnKomm. AktG, 3. Aufl., § 71d AktG Rz. 54 f.; *Hüffer*, § 71d AktG Rz. 18. Anders hinsichtlich des Dividendenrechts *Cahn* in Spindler/Stilz, § 71d AktG Rz. 51.
26 *Oechsler* in MünchKomm. AktG, 3. Aufl., § 71d AktG Rz. 53; *Merkt* in Großkomm. AktG, 4. Aufl., § 71d AktG Rz. 62; *Zilias/Lanfermann*, WPg 1980, 61, 66 re.Sp. Einschr. *Cahn* in Spindler/Stilz, § 71d AktG Rz. 47 sowie *Hüffer*, § 71d AktG Rz. 15 (nur wenn die Tochter die Aktien auf Veranlassung der Mutter erworben hat). Für eine primäre Verpflichtung der Tochter *Lutter/Drygala* in KölnKomm. AktG, 3. Aufl., § 71d AktG Rz. 28.
27 *Lutter/Drygala* in KölnKomm. AktG, 3. Aufl., § 71d AktG Rz. 39; *Oechsler* in MünchKomm. AktG, 3. Aufl., § 71d AktG Rz. 47; *Cahn* in Spindler/Stilz, § 71d AktG Rz. 43; *Kropff*, ZIP 2009, 1137, 1142 li.Sp.; *Zilias/Lanfermann*, WPg 1980, 61, 66.

unternehmen die Aktien für eigene Rechnung hält oder als mittelbarer Stellvertreter für Rechnung der Mutter. Im letzteren Falle sind die Aktien nach den Regeln über die wirtschaftliche Zurechnung bilanziell wie eigene Aktien der Mutter zu behandeln[28], ebenso wie beim Aktienerwerb durch andere mittelbare Stellvertreter der Mutter (hierzu oben Rz. 9 f.). Hält die Tochter dagegen die Aktien für eigene Rechnung, so bildet sich der Vorgang allein in ihrer Bilanz ab. Die Tochter muss die Aktien als Vermögensgegenstände zu Anschaffungskosten aktivieren[29]. Und wenn sie eine Kapitalgesellschaft ist, muss sie auf der Passivseite in gleicher Höhe eine Rücklage für Anteile an einem herrschenden oder mehrheitlich beteiligten Unternehmen bilden (§ 272 Abs. 4 Satz 1–2 HGB). Diese Rücklage wirkt fortan auf Seiten der Tochter als Ausschüttungssperre. Weil eine solche Sperre auf der Ebene der Mutter nach dem Rückerwerb nicht besteht, muss man es als weitere Zulässigkeitsvoraussetzung des Aktienerwerbs durch die Tochter ansehen, dass auch diese im Zeitpunkt des Erwerbs in der Lage ist, die Rücklage zu Lasten verteilbarer Mittel zu bilden[30].

### 4. Verschaffungs- und Erstattungspflichten

Die **Gesellschaft kann** von dem Tochterunternehmen die **Übertragung** der Aktien **verlangen** (§ 71d Satz 5), egal ob diese rechtmäßig oder unrechtmäßig erworben wurden[31], und ob sie nach § 71c veräußert oder eingezogen werden müssen[32]. Der Anspruch entsteht erst durch eine hierhin gehende Erklärung der Gesellschaft[33]. Die anschließende Übernahme der Aktien durch die Muttergesellschaft fällt nicht noch einmal unter § 71[34]. Die Mutter hat der Tochter „**den Gegenwert der Aktien zu erstatten**" (§ 71d Satz 6). Damit sind ähnlich wie in § 71 Abs. 1 Nr. 8 und Abs. 3 Satz 1 und auch bei der mittelbaren Stellvertretung (oben Rz. 8) die historischen Anschaffungskosten der Tochter gemeint[35] und nicht der Marktwert der Aktien im Zeitpunkt der Übertragung an die Mutter[36]. Die Tochter muss mit plus/minus null davonkommen, denn die Aktien werden von Anfang an wie eigene Aktien der Muttergesellschaft gewertet, und bei ihr müssen deshalb auch die finanziellen Folgen eintreten.

### 5. Folgen des unzulässigen Aktienerwerbs durch Tochterunternehmen

Durfte das Tochterunternehmen die Aktien nach § 71 Abs. 1–2 und § 71d Satz 1–2 nicht erwerben, so ist nach **§ 71 Abs. 4** und § 71d Satz 4 der Erwerb gegenständlich („dinglich") wirksam[37], aber die schuldrechtliche Verpflichtungsgrundlage ist un-

---

28 Ebenso andeutungsweise RegE für das BilMoG, BT-Drucks. 16/10067 v. 30.7.2008, Anlage 1, Begründung zu Art. 1 Nr. 23 (betr. § 272 HGB), S. 66 re.Sp.
29 RegE für das BilMoG, BT-Drucks. 16/10067 v. 30.7.2008, Anlage 1, Begründung zu Art. 1 Nr. 23 (betr. § 272 HGB), S. 66 re.Sp., dort auch zu den einschlägigen Bilanzposten.
30 *Kropff*, ZIP 2009, 1137, 1142. Anders *Cahn* in Spindler/Stilz, § 71d AktG Rz. 43; *Lutter/Drygala* in KölnKomm. AktG, 3. Aufl., § 71d AktG Rz. 40 f.
31 *Hüffer*, § 71d AktG Rz. 20.
32 *Cahn* in Spindler/Stilz, § 71d AktG Rz. 55; *Hüffer*, § 71d AktG Rz. 20. Teilw. anders *Lutter/Drygala* in KölnKomm. AktG, 3. Aufl., § 71d AktG Rz. 79, 81 (nur in den Fällen des § 71c).
33 *Lutter/Drygala* in KölnKomm. AktG, 3. Aufl., § 71d AktG Rz. 80, 83; *Cahn* in Spindler/Stilz, § 71d AktG Rz. 55.
34 *Cahn* in Spindler/Stilz, § 71d AktG Rz. 57; *Lutter/Drygala* in KölnKomm. AktG, 3. Aufl., § 71d AktG Rz. 82, auch Rz. 20.
35 *Oechsler* in MünchKomm. AktG, 3. Aufl., § 71d AktG Rz. 69; *Zilias/Lanfermann*, WPg 1980, 61, 67.
36 So aber *Lutter/Drygala* in KölnKomm. AktG, 3. Aufl., § 71d AktG Rz. 86; *Cahn* in Spindler/Stilz, § 71d AktG Rz. 58; *Hüffer*, § 71d AktG Rz. 22.
37 *Lutter/Drygala* in KölnKomm. AktG, 3. Aufl., § 71d AktG Rz. 43; *Cahn* in Spindler/Stilz, § 71d AktG Rz. 49.

wirksam[38]. Das Tochterunternehmen muss daher die **Aktien** nach § 812 BGB an den Veräußerer **zurückgewähren**[39] (vgl. § 71 Rz. 72); dahinter muss der Verschaffungsanspruch der Mutter (§ 71d Satz 5) zurückstehen[40]. Im Gegenzug kann das Tochterunternehmen das für die Aktien gezahlte Entgelt vom Veräußerer zurückverlangen, und zwar nach § 62, wenn es selbst AG oder KGaA ist, oder nach § 31 GmbHG, wenn es als GmbH zu Lasten des Stammkapitals gezahlt hat, sonst nur nach § 812 BGB[41]. Die Muttergesellschaft kann nichts zurückverlangen, weil sie nichts weggegeben hat[42]. Kommt keine Rückabwicklung zu Stande, müssen die Aktien nach § 71c Abs. 1 und 3 sowie § 71d Satz 4 veräußert und notfalls eingezogen werden. Diese Pflicht trifft die Muttergesellschaft[43], auch hierfür hat sie den Verschaffungsanspruch nach § 71d Satz 5 gegen die Tochter[44]. Wenn allerdings die Tochter die Aktien selbst veräußert und dabei niemand schlechter steht, ist das auch rechtens[45].

### 6. Finanzielle Unterstützung des Aktienerwerbs (§ 71a Abs. 1 und § 71d Satz 4)

21 Ebensowenig wie die Gesellschaft selbst (§ 71a Abs. 1) dürfen ihre Tochterunternehmen jemand anderen beim Erwerb von Aktien der Gesellschaft finanziell unterstützen (§ 71d Satz 4). Ein Tochterunternehmen darf also grundsätzlich keinen Kredit zum Erwerb von Aktien der Mutter gewähren, und es darf auch keine hierhin gehenden Drittkredite besichern. Anders nur, wenn ausnahmsweise ein Erlaubnistatbestand vorliegt, und zwar grundsätzlich auf Seiten der Muttergesellschaft[46], und wenn diese die Aktien aus freiem Vermögen erwerben könnte (§§ 71a Abs. 1 Satz 2, 71d Satz 4). Verbotene Finanzierungsgeschäfte der Tochter sind nichtig[47] (vgl. im Einzelnen § 71a Rz. 11 ff.).

### 7. Wechselseitige Beteiligungen

22 Die **§§ 71 ff.** und insbesondere § 71d **gelten** auch dann, wenn eine Tochter-Kapitalgesellschaft mehr als 25 % der Aktien an ihrer Muttergesellschaft hält, so dass eine **einseitig qualifizierte wechselseitige Beteiligung** im Sinne von § 19 Abs. 2 vorliegt. Diese Norm legitimiert solche Erscheinungen nicht über die Grenzen der §§ 71 ff. hinaus. Die Tochter darf deshalb weitere Aktien an der Mutter nur erwerben, wenn diese das selbst tun dürfte[48]. Der Aktienbestand der Tochter an der Mutter gewährt au-

---

38 LG Göttingen v. 6.1.1992 – 8 O 123/91, WM 1992, 1373, 1374 f. = AG 1993, 46; RG v. 21.4.1941 – II 128/40, RGZ 167, 40, 44 ff.; *Lutter/Drygala* in KölnKomm. AktG, 3. Aufl., § 71 d AktG Rz. 44; *Cahn* in Spindler/Stilz, § 71d AktG Rz. 49.
39 *Lutter/Drygala* in KölnKomm. AktG, 3. Aufl., § 71d AktG Rz. 44 f.; *Cahn* in Spindler/Stilz, § 71d AktG Rz. 49; *Hüffer*, § 71d AktG Rz. 16.
40 *Lutter/Drygala* in KölnKomm. AktG, 3. Aufl., § 71d AktG Rz. 84; *Oechsler* in MünchKomm. AktG, 3. Aufl., § 71d AktG Rz. 66; *Zilias/Lanfermann*, WPg 1980, 61, 67.
41 *Lutter/Drygala* in KölnKomm. AktG, 3. Aufl., § 71d AktG Rz. 46, auch Rz. 44; *Cahn* in Spindler/Stilz, § 71d AktG Rz. 49.
42 *Cahn* in Spindler/Stilz, § 71d AktG Rz. 49; *Lutter/Drygala* in KölnKomm. AktG, 3. Aufl., § 71d AktG Rz. 46.
43 RegE für das KapRiLiG, BT-Drucks. 8/1678 v. 31.3.1978, Anlage 1, Begründung zu Art. 1 Nr. 15 (betr. § 71d), S. 17 li.Sp.; *Lutter/Drygala* in KölnKomm. AktG, 3. Aufl., § 71d AktG Rz. 63 f.; *Oechsler* in MünchKomm. AktG, 3. Aufl., § 71d AktG Rz. 60. Weitergehend *Cahn* in Spindler/Stilz, § 71d AktG Rz. 52 (auch die Tochter).
44 RegE für das KapRiLiG, BT-Drucks. 8/1678 v. 31.3.1978, Anlage 1, Begründung zu Art. 1 Nr. 15 (betr. § 71d), S. 17 li.Sp.
45 *Oechsler* in MünchKomm. AktG, 3. Aufl., § 71d AktG Rz. 60; *Lutter/Drygala* in KölnKomm. AktG, 3. Aufl., § 71d AktG Rz. 65, auch Rz. 83; *Cahn* in Spindler/Stilz, § 71d AktG Rz. 52.
46 *Merkt* in Großkomm. AktG, 4. Aufl., § 71d AktG Rz. 68.
47 LG Göttingen v. 6.1.1992 – 8 O 123/91, WM 1992, 1373, 1375 f. = AG 1993, 46; *Hüffer*, § 71d AktG Rz. 17; *Lutter/Drygala* in KölnKomm. AktG, 3. Aufl., § 71d AktG Rz. 49.
48 *Krieger* in MünchHdb. AG, § 68 Rz. 113.

ßerdem keine Mitgliedschaftsrechte (§§ 71b, 71d Satz 4) und muss spätestens innerhalb von drei Jahren ab dem Zustandekommen des Mutter-Tochter-Verhältnisses auf höchstens 10 % abgeschmolzen werden (§§ 71c Abs. 2, 71d Satz 3–4), oder sogar vollständig, wenn die Tochter die Aktien unzulässig erworben hat (§§ 71c Abs. 1, 71d - Satz 4). Und die Mutter kann die Aktien von der Tochter herausverlangen (§ 71d Satz 5). Solche wechselseitigen Beteiligungen können daher nur vorübergehend Bestand haben[49].

Bei **beiderseitig qualifizierten wechselseitigen Beteiligungen**, also wenn jede der beiden Gesellschaften an der jeweils anderen eine Mehrheitsbeteiligung hält oder dort eine beherrschende Stellung einnimmt, gelten nach § 19 Abs. 3 beide Gesellschaften als herrschend und als abhängig. Dann sind auf beiden Seiten die Mitgliedschaftsrechte ausgeschlossen (§§ 71b, 71d Satz 4)[50]. Nach verbreiteter Ansicht sollen jedoch keine Abschmelzungs- oder Herausgabepflichten nach §§ 71c und 71d bestehen, weil nicht klar sei, wessen Aktienbestand abgebaut werden müsse[51]. Das überzeugt nicht. Wenn und weil beide Gesellschaften abhängig sind, müssen bei beiden die Aktienbestände an der jeweils anderen abgebaut werden (§§ 71c, 71d), bis die Grenzen zulässiger Beteiligung wieder eingehalten sind[52]. Wer hier zurückweicht, müssen die Beteiligten selbst regeln, und wenn keiner zurückweichen will, müssen es beide tun. 23

## IV. Für Rechnung eines Tochterunternehmens handelnde Dritte

Auch mittelbare Stellvertreter von Tochterunternehmen dürfen Aktien der Muttergesellschaft nur erwerben, soweit diese die Aktien selbst zurückerwerben dürfte (§ 71d Satz 2 Fall 2). Der Fall ist **ebenso zu beurteilen wie der Aktienerwerb durch einen mittelbaren Stellvertreter der Muttergesellschaft** (Rz. 2 ff.). Dürfte diese die Aktien nicht selbst erwerben, so ist das Auftrags- oder Geschäftsbesorgungsverhältnis zwischen der Tochter und dem „mittelbaren Stellvertreter" nach § 71a Abs. 2 nichtig, und letzterer handelt für eigene Rechnung. § 71d Satz 3–6 gelten dann grundsätzlich nicht. Anwendbar ist lediglich § 71b, wonach die betroffenen Aktien keine Rechte gewähren (vgl. Rz. 11). **§ 71d Satz 3–6 erfassen** also im Wesentlichen **nur den zulässigen Aktienerwerb** durch mittelbare Stellvertreter von Tochterunternehmen[53] (vgl. Rz. 3). Der Anspruch der Muttergesellschaft auf Übertragung der Aktien (§ 71d Satz 5) richtet sich dann gegen den mittelbaren Stellvertreter des Tochterunternehmens und geht Herausgabeansprüchen der Tochter aus dem Auftrags- oder Geschäftsbesorgungsverhältnis vor[54]. Im Gegenzug muss die Muttergesellschaft dem mittelba- 24

---

49 Wie hier *Lutter/Drygala* in KölnKomm. AktG, 3. Aufl., § 71d AktG Rz. 74; *Bayer* in MünchKomm. AktG, 3. Aufl., § 19 AktG Rz. 49 f.; *Emmerich* in Emmerich/Habersack, Aktien- und GmbH-Konzernrecht, § 19 AktG Rz. 16; *Hüffer*, § 19 AktG Rz. 6, § 71d AktG Rz. 7. Anders *Cahn/Farrenkopf*, AG 1984, 178 ff. für den Fall, dass das andere Unternehmen die Aktien erworben hatte, bevor es in Abhängigkeit oder Mehrheitsbesitz geriet, vgl. oben Rz. 15.
50 Statt aller *Lutter/Drygala* in KölnKomm. AktG, 3. Aufl., § 71d AktG Rz. 77 f.
51 *Lutter/Drygala* in KölnKomm. AktG, 3. Aufl., § 71d AktG Rz. 76; *Hüffer*, § 71d AktG Rz. 7, § 19 AktG Rz. 8.
52 Ebenso *Bayer* in MünchKomm. AktG, 3. Aufl., § 19 AktG Rz. 51; *Emmerich* in Emmerich/Habersack, Aktien- und GmbH-Konzernrecht, § 19 AktG Rz. 19; *Krieger* in MünchHdb. AG, § 68 Rz. 113.
53 *Lutter/Drygala* in KölnKomm. AktG, 3. Aufl., § 71d AktG Rz. 126 f.; *Merkt* in Großkomm. AktG, 4. Aufl., § 71d AktG Rz. 58, auch Rz. 10; *Hüffer*, § 71d AktG Rz. 23 f. Teilweise anders *Cahn* in Spindler/Stilz, § 71d AktG Rz. 38.
54 *Cahn* in Spindler/Stilz, § 71d AktG Rz. 38; *Lutter/Drygala* in KölnKomm. AktG, 3. Aufl., § 71d AktG Rz. 129.

ren Stellvertreter die Kosten erstatten, die diesem durch den Aktienerwerb entstanden sind (§ 71d Satz 6, hierzu Rz. 8)[55].

## § 71e
## Inpfandnahme eigener Aktien

(1) Dem Erwerb eigener Aktien nach § 71 Abs. 1 und 2, § 71d steht es gleich, wenn eigene Aktien als Pfand genommen werden. Jedoch darf ein Kreditinstitut oder Finanzdienstleistungsinstitut im Rahmen der laufenden Geschäfte eigene Aktien bis zu dem in § 71 Abs. 2 Satz 1 bestimmten Anteil am Grundkapital als Pfand nehmen. § 71a gilt sinngemäß.

(2) Ein Verstoß gegen Absatz 1 macht die Inpfandnahme eigener Aktien unwirksam, wenn auf sie der Ausgabebetrag noch nicht voll geleistet ist. Ein schuldrechtliches Geschäft über die Inpfandnahme eigener Aktien ist nichtig, soweit der Erwerb gegen Absatz 1 verstößt.

| | |
|---|---|
| I. Grundlinien . . . . . . . . . . . . . . . . . . 1 | III. Rechtsfolgen bei Grenzüberschreitung (§ 71e Abs. 2) . . . . . . . . . . . . . 7 |
| 1. Inhalt und Zweck der Norm . . . . . . 1 | 1. Unerlaubte originäre Pfandrechte . . . 7 |
| 2. Erfasste Gestaltungen . . . . . . . . . . 2 | 2. Unerlaubter derivativer Pfandrechtserwerb . . . . . . . . . . . . 8 |
| **II. Zulässigkeitsvoraussetzungen der Inpfandnahme eigener Aktien** . . . . 3 | 3. Abbau von Überständen oberhalb der 10 %-Schwelle . . . . . . . . . . . 9 |
| 1. Allgemeine Erlaubnistatbestände (§§ 71 Abs. 1, 71e Abs. 1 Satz 1) . . . . 3 | **IV. Tochterunternehmen und mittelbare Stellvertreter (§ 71d)** . . . . . . . . . . . 10 |
| 2. Mengen- und Kapitalschranken (§§ 71 Abs. 2, 71e Abs. 1 Satz 1) . . . . 4 | **V. Verbot der finanziellen Unterstützung des Pfandrechtserwerbs (§ 71a Abs. 1)** 11 |
| 3. Besonderer Erlaubnistatbestand für Finanzhäuser (§ 71e Abs. 1 Satz 2) . . 6 | |

Literatur: *Beeser*, Inpfandnahme von Eigenaktien, AcP 159 (1960), 56. S. im Übrigen bei § 71 und § 71a.

## I. Grundlinien

### 1. Inhalt und Zweck der Norm

1 § 71e stellt die Inpfandnahme eigener Aktien in wesentlichen Hinsichten dem Erwerb solcher Aktien gleich. Das schützt die Zulässigkeitsschranken des **Erwerbs eigener Aktien** vor **Umgehungen**[1], etwa durch einen Erwerb bei der Pfandverwertung[2]. Des Weiteren will § 71e die Gesellschaft davor bewahren, dass wenn es ihr schlecht

---

55 Anders, nämlich für Erstattung des Marktwerts der Aktien im Zeitpunkt der Übertragung auf die Muttergesellschaft, *Lutter/Drygala* in KölnKomm. AktG, 3. Aufl., § 71d AktG Rz. 129; *Hüffer*, § 71d AktG Rz. 24.

1 RegE für das AktG, BT-Drucks. IV/171 v. 3.2.1962, Anlage 1, Begründung zu § 68 [= § 71 a.F.], S. 118 re.Sp., auch bei *Kropff*, Aktiengesetz, § 71, S. 91 f.

2 *Lutter/Drygala* in KölnKomm. AktG, 3. Aufl., § 71e Rz. 6; *Hüffer*, § 71e AktG Rz. 1.

geht, zusätzlich der **Wert ihrer Kreditsicherheiten sinkt**, so dass es ihr noch schlechter geht[3].

## 2. Erfasste Gestaltungen

Das Tatbestandsmerkmal „als Pfand genommen" in § 71e Abs. 1 Satz 1 umfasst die **rechtsgeschäftliche**, auch AGB-mäßige, Bestellung von **Pfandrecht**en an Aktien der Gesellschaft (§§ 1204 ff., 1273 ff. BGB)[4] zu Gunsten der Gesellschaft selbst (oder nach § 71d gleichgestellter Personen, vgl. Rz. 10). Dem steht es gleich, wenn die Gesellschaft eine Forderung, die durch ein Pfandrecht an eigenen Aktien gesichert ist, durch Rechtsgeschäft von einem anderen erwirbt (§ 398 BGB) und das Pfandrecht kraft Gesetzes mit übergeht (§§ 401 Abs. 1, 1250 BGB)[5]. Ansonsten fällt der Erwerb von Pfandrechten kraft Gesetzes nicht unter § 71e, ebenso wenig das Pfändungspfandrecht (§ 804 ZPO)[6]. Die **Sicherungsabtretung** oder -übereignung eigener Aktien an die Gesellschaft ist dagegen wie eine rechtsgeschäftliche Inpfandnahme zu behandeln und wird von § 71e erfasst (str., s. § 71 Rz. 8). 2

## II. Zulässigkeitsvoraussetzungen der Inpfandnahme eigener Aktien

### 1. Allgemeine Erlaubnistatbestände (§§ 71 Abs. 1, 71e Abs. 1 Satz 1)

Die Inpfandnahme eigener Aktien muss sich nach § 71e Abs. 1 Satz 1 in einen Tatbestand des zulässigen Erwerbs eigener Aktien (§ 71 Abs. 1) entsprechend einfügen. Erforderlich ist also grundsätzlich ein **Ermächtigungsbeschluss der Hauptversammlung** (§ 71 Abs. 1 Nr. 8). Eine Inpfandnahme kann aber auch notwendig sein, um einen schweren, unmittelbar bevorstehenden **Schaden** von der Gesellschaft **abzuwenden** (§ 71 Abs. 1 Nr. 1), insbesondere wenn eine früher begründete Forderung gesichert werden muss, und keine anderen Sicherungsmittel zur Verfügung stehen[7]. Auch andere Erwerbsanlässe kommen in Betracht. 3

### 2. Mengen- und Kapitalschranken (§§ 71 Abs. 2, 71e Abs. 1 Satz 1)

Für die Inpfandnahme eigener Aktien verweist § 71e Abs. 1 Satz 1 auch auf die **10 %-Höchstbestandsgrenze** des § 71 Abs. 2 Satz 1, soweit diese für den entsprechenden Tatbestand des Erwerbs eigener Aktien gilt. Auf die in Pfand genommenen Aktien dürfen also zusammen mit anderen Pfandaktien und eigenen Aktien der Gesellschaft oder gleich gestellter Dritter (§ 71d) grundsätzlich nicht mehr als 10 % des Grundkapitals der Gesellschaft entfallen. Die in Pfand genommenen Aktien müssen außerdem in den meisten Fällen **voll eingezahlt** sein (§§ 71 Abs. 2 Satz 3, 71e Abs. 1 Satz 1). 4

Des Weiteren verweist § 71e Abs. 1 Satz 1 auf die **Kapitalerhaltungsschranke** des § 71 Abs. 2 Satz 2, wonach die Gesellschaft das Entgelt für einen Erwerb eigener Aktien aus freien Mitteln aufbringen und daher in der Lage sein muss, in Höhe der Auf- 5

---

3 RegE für das AktG, BT-Drucks. IV/171 v. 3.2.1962, Anlage 1, Begründung zu § 68 [= § 71 a.F.], S. 118 re.Sp., auch bei *Kropff*, Aktiengesetz, § 71, S. 91.
4 *Lutter/Drygala* in KölnKomm. AktG, 3. Aufl., § 71e AktG Rz. 7; *Cahn* in Spindler/Stilz, § 71e AktG Rz. 3; *Hüffer*, § 71e AktG Rz. 2.
5 Ebenso mit Unterschieden im Einzelnen *Lutter/Drygala* in KölnKomm. AktG, 3. Aufl., § 71e AktG Rz. 8; *Cahn* in Spindler/Stilz, § 71e AktG Rz. 3; *Block* in Heidel, § 71e AktG Rz. 3; *Beeser*, AcP 159 (1960), 56, 64 ff.
6 *Lutter/Drygala* in KölnKomm. AktG, 3. Aufl., § 71e AktG Rz. 8; *Cahn* in Spindler/Stilz, § 71e AktG Rz. 3; *Wieneke* in Bürgers/Körber, § 71e AktG Rz. 3.
7 Formulierung übernommen von *Hüffer*, § 71e AktG Rz. 3.

wendungen für den Erwerb eine hypothetische Rücklage für eigene Aktien zu Lasten ausschüttungsfähiger Eigenkapitalposten zu bilden (vgl. § 71 Rz. 59). Bei der Inpfandnahme werden allerdings nicht Aktien erworben, sondern lediglich Pfandrechte hieran. Maßgebend für die Kapitalerhaltungsschranke (also für die Höhe der gedachten Rücklage) ist daher nicht der Wert der verpfändeten Aktien und auch nicht die Höhe der gesicherten Forderung[8], sondern der **Wert der Pfandrechts**, das heißt die Differenz zwischen dem Wert der durch das Pfandrecht an eigenen Aktien gesicherten Forderung und dem geringeren Wert, den die Forderung ohne das Pfandrechte hätte[9]. In Höhe dieser Differenz müssen freie Mittel vorhanden sein; sonst ist die Inpfandnahme der eigenen Aktien nicht rechtens (zu den Folgen unten Rz. 7 f.). Die Rücklage muss allerdings nicht tatsächlich im Jahresabschluss gebildet werden, ebensowenig wie beim Erwerb eigener Aktien nach § 71 und bei der finanziellen Unterstützung des Aktienerwerbs nach § 71a Abs. 1 Satz 2 (dort Rz. 23).

### 3. Besonderer Erlaubnistatbestand für Finanzhäuser (§ 71e Abs. 1 Satz 2)

6 **Kreditinstitute** (§ 1 Abs. 1 KWG) und Finanzdienstleistungsinstitute (§ 1 Abs. 1a KWG) dürfen **ohne Ermächtigungsbeschluss** der Hauptversammlung eigene Aktien in Pfand nehmen, wenn dies **im Rahmen des laufenden Geschäfts** geschieht (§ 71e Abs. 1 Satz 2). Gemeint ist ebenso wie in § 71a Abs. 1 Satz 2 (vgl. dort Rz. 21) das laufende Geschäft dieses konkreten Finanzhauses. Hinsichtlich des Volumens verweist § 71e Abs. 1 Satz 2 auf die 10 %-Grenze des § 71 Abs. 2 Satz 1, wobei wiederum Pfandaktien und eigene Aktien zusammengezählt werden[10] (wie oben Rz. 4). Auch hier muss in Höhe des Werts der Pfandrechte die Bildung einer hypothetischen Rücklage aus verteilbaren Mitteln möglich sein[11] (vgl. Rz. 5 sowie § 71a Abs. 1 Satz 2 und dort Rz. 23).

## III. Rechtsfolgen bei Grenzüberschreitung (§ 71e Abs. 2)

### 1. Unerlaubte originäre Pfandrechte

7 Bei Verstößen gegen die Erlaubnisschranken ist die Inpfandnahme **nicht voll eingezahlter Aktien** durch die Gesellschaft oder gleichgestellte Personen (§ 71d) unwirksam, so dass das Pfandrecht als dingliches Recht nicht entsteht (§ 71e Abs. 1 Satz 1). **Bei voll eingezahlten** Aktien lassen demgegenüber Verstöße gegen die Zulässigkeitsschranken der Inpfandnahme die dingliche Bestellung des Pfandrechts unberührt[12], aber die schuldrechtliche Verpflichtungsgrundlage ist nichtig (§ 71e Abs. 2 Satz 2). Der Verpfänder kann die Aufhebung des Pfandrechts und gegebenenfalls Rückgabe der Aktienurkunden verlangen (§ 812 Abs. 1 Satz 1 BGB)[13], und der Verwertungsanspruch der Gesellschaft aus dem Pfandrecht ist der Bereicherungseinrede ausgesetzt

---

8 So aber *Lutter/Drygala* in KölnKomm. AktG, 3. Aufl., § 71e AktG Rz. 23; *Merkt* in Großkomm. AktG, 4. Aufl., § 71e AktG Rz. 20; *Hüffer*, § 71e AktG Rz. 4; alle für eine Ausrichtung der Kapitalerhaltungsschranke am Verkehrswert der verpfändeten Aktien, höchstens an der Höhe der gesicherten Forderung.
9 *Cahn* in Spindler/Stilz, § 71e AktG Rz. 12; *Oechsler* in MünchKomm. AktG, 3. Aufl., § 71e AktG Rz. 19.
10 RegE für das AktG, BT-Drucks. IV/171 v. 3.2.1962, Anlage 1, Begründung zu § 68 = § 71 a.F.), S. 119 li.Sp. auch bei *Kropff*, Aktiengesetz, § 71, S. 92; *Lutter/Drygala* in KölnKomm. AktG, 3. Aufl., § 71e AktG Rz. 29 f.
11 Anders zum früheren Recht *Lutter/Drygala* in KölnKomm. AktG, 3. Aufl., § 71e AktG Rz. 28.
12 *Lutter/Drygala* in KölnKomm. AktG, 3. Aufl., § 71e AktG Rz. 32; *Hüffer*, § 71e AktG Rz. 7.
13 *Lutter/Drygala* in KölnKomm. AktG, 3. Aufl., § 71e AktG Rz. 35; *Merkt* in Großkomm. AktG, 4. Aufl., § 71e AktG Rz. 30; *Hüffer*, § 71e AktG Rz. 7.

(vgl. § 821 BGB). Das Rechtsgeschäft, aus dem die zu sichernde Forderung hervorgeht, ist grundsätzlich gültig, kann aber mittelbar ebenfalls in Mitleidenschaft gezogen werden (§§ 139, 313 f., 490 BGB)[14]. Veräußerungs- und Einziehungspflichten wie bei Eigenaktien (§ 71c) gibt es bei Pfandaktien nicht, weil diese der Gesellschaft nicht gehören[15].

### 2. Unerlaubter derivativer Pfandrechtserwerb

Entsprechende Rechtsfolgen greifen, wenn die Gesellschaft ohne Erlaubnisgrundlage eine mit Pfandrechten an eigenen Aktien besicherte Forderung rechtsgeschäftlich von einem anderen erwirbt (vgl. Rz. 2). Bei **nicht voll eingezahlten Pfandaktien** kann das Pfandrecht nicht auf die Gesellschaft übergehen und erlischt daher (arg. § 71e Abs. 2 Satz 1 AktG, § 1250 Abs. 2 BGB). Und bei **voll eingezahlten Aktien** entfällt die schuldrechtliche Grundlage für das Behalten-Dürfen des Pfandrechts (§ 71e Abs. 2 Satz 2), so dass dieses zurückzugewähren und einredebehaftet ist (vgl. Rz. 7).

8

### 3. Abbau von Überständen oberhalb der 10 %-Schwelle

Auch im Hinblick auf die Pflicht nach § 71c Abs. 2 zum Abbau von Eigenbeständen oberhalb der 10 %-Grenze werden Pfandaktien und Eigenaktien zusammengerechnet (§ 71e Abs. 1)[16]. Zum Abbau eines zulässig entstandenen Überstands muss die Gesellschaft nach § 71c Abs. 2 eigene Aktien veräußern oder einziehen[17], oder es muss der Bestand an Pfandrechten vermindert werden.

9

## IV. Tochterunternehmen und mittelbare Stellvertreter (§ 71d)

Die **Inpfandnahme** von Aktien der Gesellschaft **durch Tochterunternehmen** steht der Inpfandnahme durch die Gesellschaft gleich (§ 71e Abs. 1 Satz 1, § 71d Satz 2 Fall 1). Das gilt für die Zulässigkeitsvoraussetzungen und für die Rechtsfolgen. Auch **mittelbare Stellvertreter** der Gesellschaft oder eines Tochterunternehmens dürfen Aktien der Gesellschaft nur als Pfand nehmen, soweit die Gesellschaft selbst dies dürfte (§ 71e Abs. 1 Satz 1, § 71d Satz 1–2). Ist dies nicht der Fall, so ist das Auftrags- oder Geschäftsbesorgungsverhältnis nichtig (§ 71e Abs. 1 Satz 3, § 71a Abs. 2), und der „mittelbare Stellvertreter" handelt für eigene Rechnung[18] (vgl. § 71a Rz. 26 und § 71d Rz. 24). Hätte dagegen die Gesellschaft die Aktien selbst in Pfand nehmen dürfen, so ist das Verhältnis mit dem mittelbaren Stellvertreter gültig, und dessen Pfandrechte werden dem Bestand der Gesellschaft an eigenen Aktien und Pfandaktien hinzugerechnet (§ 71e Abs. 1 Satz 1, § 71d Satz 3, vgl. dort Rz. 6 f.). Übertragungs- und Erstattungsansprüche wie bei den Eigenaktien (§ 71d Satz 5–6) bestehen in all diesen Fällen nicht[19].

10

---

14 *Lutter/Drygala* in KölnKomm. AktG, 3. Aufl., § 71e AktG Rz. 33; *Merkt* in Großkomm. AktG, 4. Aufl., § 71e AktG Rz. 29; *Hüffer*, § 71e AktG Rz. 7.

15 RegE für das KapRiLiG, BT-Drucks. 8/1678 v. 31.3.1978, Anlage 1, Begründung zu Art. 1 Nr. 15 (betr. § 71e), S. 17 li.Sp.; *Lutter/Drygala* in KölnKomm. AktG, 3. Aufl., § 71e AktG Rz. 41; *Hüffer*, § 71e AktG Rz. 8 a.E.

16 *Lutter/Drygala* in KölnKomm. AktG, 3. Aufl., § 71e AktG Rz. 42 f.; *Merkt* in Großkomm. AktG, 4. Aufl., § 71e AktG Rz. 34; *Hüffer*, § 71e AktG Rz. 8. Anders *Oechsler* in MünchKomm. AktG, 3. Aufl., § 71e AktG Rz. 23.

17 *Lutter/Drygala* in KölnKomm. AktG, 3. Aufl., § 71e AktG Rz. 43; *Hüffer*, § 71e AktG Rz. 8.

18 *Lutter/Drygala* in KölnKomm. AktG, 3. Aufl., § 71e AktG Rz. 39, 46, 48 f.; *Hüffer*, § 71e AktG Rz. 6.

19 *Lutter/Drygala* in KölnKomm. AktG, 3. Aufl., § 71e AktG Rz. 47; *Merkt* in Großkomm. AktG, 4. Aufl., § 71e AktG Rz. 39; *Oechsler* in MünchKomm. AktG, 3. Aufl., § 71e AktG Rz. 22.

## V. Verbot der finanziellen Unterstützung des Pfandrechtserwerbs (§ 71a Abs. 1)

11 Nach § 71e Abs. 1 Satz 3 und entsprechend § 71a Abs. 1 Satz 1 sind Finanzierungsgeschäfte (vgl. § 71a Rz. 11 ff.) zwischen der Gesellschaft und einem anderen nichtig, wenn sie zum Zweck des Erwerbs von Pfandrechten an Aktien der Gesellschaft erfolgen, also insbesondere den anderen dabei unterstützen sollen, eine durch solche Pfandrechte gesicherte Forderung zu begründen, zu erwerben[20] oder zu behalten. Die Ausnahmen zu Gunsten des laufenden Geschäfts von Finanzhäusern (§ 71a Abs. 1 Satz 2) gelten auch insoweit. Hier werden die Regeln über eigene Aktien schon ein wenig skurril.

# § 72
# Kraftloserklärung von Aktien im Aufgebotsverfahren

**(1) Ist eine Aktie oder ein Zwischenschein abhanden gekommen oder vernichtet, so kann die Urkunde im Aufgebotsverfahren nach dem Gesetz über das Verfahren in Familiensachen und in den Angelegenheiten der freiwilligen Gerichtsbarkeit für kraftlos erklärt werden. § 799 Abs. 2 und § 800 des Bürgerlichen Gesetzbuchs gelten sinngemäß.**

**(2) Sind Gewinnanteilscheine auf den Inhaber ausgegeben, so erlischt mit der Kraftloserklärung der Aktie oder des Zwischenscheins auch der Anspruch aus den noch nicht fälligen Gewinnanteilscheinen.**

**(3) Die Kraftloserklärung einer Aktie nach §§ 73 oder 226 steht der Kraftloserklärung der Urkunde nach Absatz 1 nicht entgegen.**

# § 73
# Kraftloserklärung von Aktien durch die Gesellschaft

**(1) Ist der Inhalt von Aktienurkunden durch eine Veränderung der rechtlichen Verhältnisse unrichtig geworden, so kann die Gesellschaft die Aktien, die trotz Aufforderung nicht zur Berichtigung oder zum Umtausch bei ihr eingereicht sind, mit Genehmigung des Gerichts für kraftlos erklären. Beruht die Unrichtigkeit auf einer Änderung des Nennbetrags der Aktien, so können sie nur dann für kraftlos erklärt werden, wenn der Nennbetrag zur Herabsetzung des Grundkapitals herabgesetzt ist. Namensaktien können nicht deshalb für kraftlos erklärt werden, weil die Bezeichnung des Aktionärs unrichtig geworden ist. Gegen die Entscheidung des Gerichts ist die Beschwerde zulässig; eine Anfechtung der Entscheidung, durch die die Genehmigung erteilt wird, ist ausgeschlossen.**

**(2) Die Aufforderung, die Aktien einzureichen, hat die Kraftloserklärung anzudrohen und auf die Genehmigung des Gerichts hinzuweisen. Die Kraftloserklärung kann nur erfolgen, wenn die Aufforderung in der in § 64 Abs. 2 für die Nachfrist vorgeschriebenen Weise bekanntgemacht worden ist. Die Kraftloserklärung geschieht durch Be-**

---

[20] *Lutter/Drygala* in KölnKomm. AktG, 3. Aufl., § 71e AktG Rz. 38; ähnlich *Hüffer*, § 71e AktG Rz. 6.

kanntmachung in den Gesellschaftsblättern. In der Bekanntmachung sind die für kraftlos erklärten Aktien so zu bezeichnen, dass sich aus der Bekanntmachung ohne weiteres ergibt, ob eine Aktie für kraftlos erklärt ist.

**(3) An Stelle der für kraftlos erklärten Aktien sind**, vorbehaltlich einer Satzungsregelung nach § 10 Abs. 5, neue Aktien auszugeben und dem Berechtigten auszuhändigen oder, wenn ein Recht zur Hinterlegung besteht, zu hinterlegen. Die Aushändigung oder Hinterlegung ist dem Gericht anzuzeigen.

**(4) Soweit zur Herabsetzung des Grundkapitals Aktien zusammengelegt werden**, gilt § 226.

## § 74
## Neue Urkunden an Stelle beschädigter oder verunstalteter Aktien oder Zwischenscheine

Ist eine Aktie oder ein Zwischenschein so beschädigt oder verunstaltet, dass die Urkunde zum Umlauf nicht mehr geeignet ist, so kann der Berechtigte, wenn der wesentliche Inhalt und die Unterscheidungsmerkmale der Urkunde noch sicher zu erkennen sind, von der Gesellschaft die Erteilung einer neuen Urkunde gegen Aushändigung der alten verlangen. Die Kosten hat er zu tragen und vorzuschießen.

## § 75
## Neue Gewinnanteilscheine

Neue Gewinnanteilscheine dürfen an den Inhaber des Erneuerungsscheins nicht ausgegeben werden, wenn der Besitzer der Aktie oder des Zwischenscheins der Ausgabe widerspricht; sie sind dem Besitzer der Aktie oder des Zwischenscheins auszuhändigen, wenn er die Haupturkunde vorlegt.

| | |
|---|---|
| I. Bedeutung der Regeln . . . . . . . . . . . 1 | 1. Voraussetzungen . . . . . . . . . . . . . . . 6 |
| II. Beschädigte oder verunstaltete Aktienurkunden (§ 74) . . . . . . . . . . 2 | 2. Folgen der Kraftloserklärung . . . . . . 7 |
| | 3. Änderung des Aktiennennbetrags . . . 8 |
| III. Kraftloserklärung von Aktienurkunden im Aufgebotsverfahren (§ 72) . . . 3 | V. Gewinnanteilscheine . . . . . . . . . . . 9 |
| 1. Voraussetzungen . . . . . . . . . . . . . . . 3 | 1. Begriff und Rechtsnatur . . . . . . . . . . 9 |
| 2. Aufgebotsverfahren . . . . . . . . . . . . 4 | 2. Schicksal bei Kraftloserklärung der Aktienurkunde (§ 72 Abs. 2) . . . . . . 10 |
| 3. Ausschließungsbeschluss . . . . . . . . 5 | 3. Verlustanzeige und deren Wirkung . . 11 |
| IV. Kraftloserklärung von Aktienurkunden durch die Gesellschaft (§ 73) . . . 6 | VI. Erneuerungsscheine (§ 75) . . . . . . . . 12 |

### I. Bedeutung der Regeln

In den §§ 72–75 geht es nicht oder jedenfalls nicht unmittelbar um die Aktie als Mitgliedschaftsrecht, sondern um die **Aktienurkunde**. Diese ist zwar nur ein deklaratorisches und kein konstitutives Wertpapier (§ 68 Rz. 3), aber doch **Wertpapier** in dem    1

Sinne, dass die Geltendmachung der Mitgliedschaftsrechte von der Innehabung der Urkunde abhängen kann. Verbriefte Mitgliedschaften können überdies nach sachenrechtlichen Regeln durch Übereignung der Urkunde übertragen werden (§§ 929 ff. BGB), so dass ein gutgläubiger Erwerb möglich ist (§ 68 Rz. 6 ff.). Diese **Legitimations- und Transportfunktionen** der Aktienurkunde werden gestört, wenn die Urkunde beschädigt oder vernichtet ist, in falsche Hände gerät oder inhaltlich unrichtig wird.

## II. Beschädigte oder verunstaltete Aktienurkunden (§ 74)

2   Solche Urkunden sind je nach Schwere der Beeinträchtigung nicht mehr zum Umlauf geeignet. Solange indessen der wesentliche Inhalt und die Unterscheidungsmerkmale der Aktienurkunde noch sicher zu erkennen sind, verkörpert die Urkunde weiterhin das Mitgliedschaftsrecht und kann Legitimationsgrundlage gegenüber der Gesellschaft sein. Der so Ausgewiesene kann daher nach § 74 gegen Vorschuss der Kosten von der Gesellschaft die Erteilung einer **neuen Aktienurkunde verlangen**, Zug um Zug gegen Aushändigung der alten.

## III. Kraftloserklärung von Aktienurkunden im Aufgebotsverfahren (§ 72)

### 1. Voraussetzungen

3   Hier geht es um den Fall, dass die Aktienurkunde abhanden gekommen oder vernichtet ist (§ 72). Die Grenze von der Beschädigung (§ 74) zur **Vernichtung** ist überschritten, wenn der wesentliche Inhalt und die Unterscheidungsmerkmale der Urkunde nicht mehr sicher zu erkennen sind[1]. Und **abhanden gekommen** ist die Urkunde, wenn der bisherige Inhaber aus tatsächlichen Gründen nicht mehr auf sie zugreifen kann[2]. Ob die Urkunde vernichtet oder abhanden gekommen ist, weiß man manchmal nicht genau. In beiden Fällen behält zwar der Aktionär sein Mitgliedschaftsrecht. Aber er kann das Recht jetzt nicht mehr urkundlich nachweisen, und beim Abhandenkommen droht außerdem die Gefahr, dass ein anderer sich die Legitimationswirkung der Urkunde zu Nutze macht oder die Aktie gutgläubig erwirbt.

### 2. Aufgebotsverfahren

4   Um dem früheren Inhaber der Aktienurkunde wieder eine Legitimation zu verschaffen und zu verhindern, dass die Urkunde unrechtmäßig verwendet wird, kann nach § 72 wegen abhanden gekommener oder vernichteter Aktienurkunden ein gerichtlicher Ausschließungsbeschluss im Aufgebotsverfahren erwirkt werden. Dieses Verfahren richtet sich nach §§ 433 ff., 466 ff. FamFG und enthält eine **öffentliche gerichtliche Aufforderung**, die Urkunde innerhalb bestimmter Zeit vorzulegen, andernfalls die Urkunde für kraftlos erklärt werde (§ 469 FamFG). **Antragsberechtigt** ist derjenige, dem die Legitimationswirkung der Urkunde unmittelbar vor der Vernichtung oder dem Abhandenkommen zugute kam. Das ist bei Inhaberaktien und blanko indossierten Namensaktien (vgl. § 68 Rz. 9) „der bisherige Inhaber des abhanden gekommenen oder vernichteten Papiers" (§ 467 Abs. 1 FamFG), bei fremdverwahrten Aktien also der Verwahrer und nicht der Aktionär[3]. Und „bei anderen Urkunden" ist

---

1 *Wieneke* in Bürgers/Körber, § 72 AktG Rz. 3 m.w.N.
2 *Merkt* in Großkomm. AktG, 4. Aufl., § 72 AktG Rz. 12; im selben Sinne OLG Stuttgart v. 28.4.1955 – 3 U 3/54, NJW 1955, 1154, 1155 re.Sp. (zum Wechsel).
3 *Lutter/Drygala* in KölnKomm. AktG, 3. Aufl., § 72 AktG Rz. 9; *Merkt* in Großkomm. AktG, 4. Aufl., § 72 AktG Rz. 18.

derjenige antragsberechtigt, „der das Recht aus der Urkunde geltend machen kann" (§ 467 Abs. 2 FamFG), also bei Namensaktien derjenige, der damals die Urkunde innehatte und sich durch Indossament ausweisen konnte. Auf die Eintragung im Aktienregister kommt es insoweit nicht an[4]. Die Gesellschaft muss den bisherigen Urkundsinhaber und Antragsteller im Verfahren mit Informationen und Belegen unterstützen (§ 72 Abs. 1 Satz 2 AktG, § 799 Abs. 2 BGB).

### 3. Ausschließungsbeschluss

Legt im Aufgebotsverfahren niemand die Urkunde vor, so wird die **Urkunde** im Ausschließungsbeschluss **für kraftlos erklärt** (§ 478 Abs. 1 FamFG), das heißt sie verbrieft die Mitgliedschaft nicht mehr, und ihre frühere **Legitimationswirkung** kommt jetzt demjenigen zu Gute, der den Ausschließungsbeschluss erwirkt hat (§ 479 Abs. 1 FamFG). Dieser kann von der Gesellschaft die **Erteilung einer neuen Aktienurkunde** verlangen (§ 72 Abs. 1 Satz 2 AktG, § 800 BGB). Wird dagegen die Urkunde im Aufgebotsverfahren von einem anderen vorgelegt, so muss sich der Antragsteller mit ihm anderweitig und notfalls im Prozessweg auseinander setzen.

5

## IV. Kraftloserklärung von Aktienurkunden durch die Gesellschaft (§ 73)

### 1. Voraussetzungen

Wird der Inhalt von Aktienurkunden durch eine Veränderung der rechtlichen Verhältnisse unrichtig, etwa weil die Gesellschaft ihre Firma ändert oder Inhaberaktien in Namensaktien umwandelt oder Vorzugsaktien in Stammaktien, oder auch bei einer Verschmelzung sowie anderen Umwandlungsmaßnahmen[5], so bleibt die Urkunde weiterhin Legitimationsgrundlage gegenüber der Gesellschaft. Aber sie stiftet Verwirrung, und insoweit ist auch ihre Umlauffähigkeit beeinträchtigt. In der Regel wird dann die Gesellschaft im Einvernehmen mit den Aktionären oder dem Verwahrer der Aktienurkunden die alten unrichtigen Urkunden berichtigen oder gegen neue richtige Urkunden umtauschen. Falls dies nicht gelingt, kann die Gesellschaft nach ihrem Ermessen die nicht zur Berichtigung oder zum Umtausch eingereichten alten Aktienurkunden für kraftlos erklären, allerdings nur in einem aufwendigen Verfahren mit vorheriger **gerichtlicher Genehmigung** und öffentlichen Bekanntmachungen, weil die Gesellschaft hier in Individualrechte der Aktionäre eingreift[6]. Die gerichtliche Genehmigung ergeht in einem unternehmensrechtlichen Verfahren nach §§ 375 ff. FamFG.

6

### 2. Folgen der Kraftloserklärung

Mit der Kraftloserklärung durch die Gesellschaft verliert die Aktienurkunde ihre Wertpapiereigenschaft. Sie verkörpert die Mitgliedschaft nicht mehr und ist keine Legitimationsgrundlage mehr gegenüber der Gesellschaft. Die betroffenen **Mitgliedschaften** sind jetzt **unverbrieft**, können also auch nicht mehr gutgläubig erworben werden[7]. Der materiell berechtigte Aktionär kann von der Gesellschaft die **Ausgabe neuer Aktienurkunden** verlangen (§ 73 Abs. 3), bei Namensaktien allerdings nur, wenn er im Aktienregister eingetragen ist (§ 67 Abs. 2)[8]. Im Übrigen bleibt die Inha-

7

---

4 *Lutter/Drygala* in KölnKomm. AktG, 3. Aufl., § 72 AktG Rz. 10 und h.M. Anders *Cahn* in Spindler/Stilz, § 72 AktG Rz. 9.
5 *Merkt* in Großkomm. AktG, 4. Aufl., § 73 AktG Rz. 2.
6 *Herbig*, DJ 1935, 112, 113 ff.
7 *Wieneke* in Bürgers/Körber, § 73 AktG Rz. 11.
8 *Oechsler* in MünchKomm. AktG, 3. Aufl., § 73 AktG Rz. 35 und allg. M.

berschaft der alten, kraftlosen Aktienpapiere ein Indiz für die materielle Rechtsinhaberschaft, das nach allgemeinem Beweisrecht zu würdigen ist, aber mit den Jahren verblasst[9].

### 3. Änderung des Aktiennennbetrags

8 Beruht die Unrichtigkeit von Aktienurkunden auf einer Änderung des Nennbetrags der Aktien, so können nach § 73 Abs. 1 Satz 2 die Urkunden **nur** dann für kraftlos erklärt werden, **wenn** der Nennbetrag zur **Herabsetzung des Grundkapitals** herabgesetzt ist, also in den Fällen der §§ 222 Abs. 4 und 229 Abs. 3. Diese Beschränkung gilt nicht für die Euro-Umstellung und die damit verbundenen Kapitalveränderungen (§ 4 Abs. 6 EGAktG); hier können alte DM-Aktienurkunden für kraftlos erklärt werden[10]. Eine bloße Neueinteilung des Grundkapitals in kleinere oder größere Aktiennennbeträge rechtfertigt dagegen keine Kraftloserklärung[11]. Und wenn Aktien zur Herabsetzung des Grundkapitals zusammengelegt werden, gibt es ein besonderes Verfahren der Kraftloserklärung (§ 226), das Vorrang hat (§ 73 Abs. 4).

## V. Gewinnanteilscheine

### 1. Begriff und Rechtsnatur

9 Gewinnanteilscheine (Coupons) sind Nebenpapiere der Aktienurkunde und verbriefen die aus der Mitgliedschaft losgelösten schuldrechtlichen Zahlungsansprüche auf ausgeschütteten Bilanzgewinn[12]. Sie benennen in der Regel den Berechtigten nicht namentlich, lauten also auf den Inhaber, auch bei Namensaktien, und werden daher **im Wesentlichen wie Inhaberschuldverschreibungen** (§ 793 BGB) behandelt.

### 2. Schicksal bei Kraftloserklärung der Aktienurkunde (§ 72 Abs. 2)

10 Mit einer gerichtlichen Kraftloserklärung der Aktienurkunde im Aufgebotsverfahren (Rz. 5) „erlischt" nach § 72 Abs. 2 „auch der Anspruch aus den noch nicht fälligen Gewinnanteilscheinen", wenn diese „auf den Inhaber ausgegeben" sind. Wird dann künftig Bilanzgewinn ausgeschüttet, so sind die **Ansprüche** hierauf **nicht mehr in den** betroffenen **Gewinnanteilscheinen verbrieft**. Die Ansprüche können aber weiterhin vom materiell Berechtigten geltend gemacht werden, regelmäßig also vom Aktionär, der wiederum durch den Ausschließungsbeschluss legitimiert ist[13]. Der Berechtigte kann nach § 72 Abs. 1 Satz 2 und entsprechend § 800 BGB von der Gesellschaft auch die Ausgabe neuer Gewinnanteilscheine verlangen[14]. Ebenso verhält es sich, wenn die Aktienurkunde nach § 73 von der Gesellschaft für kraftlos erklärt wird (vgl. Rz. 7); auch hier erfasst die Kraftloserklärung entsprechend § 72 Abs. 2 zugleich

---

9 Weitergehend *Merkt* in Großkomm. AktG, 4. Aufl., § 73 AktG Rz. 48 und die dort genannte übrige Kommentarliteratur, die von einer fortbestehenden Legitimationswirkung der alten, kraftlosen Aktienurkunden ausgehen.
10 *Merkt* in Großkomm. AktG, 4. Aufl., § 73 AktG Rz. 21; *van Ooy* in Heidel, § 73 AktG Rz. 5.
11 Zu den (jedenfalls heute nicht mehr tragfähigen) gesetzgeberischen Gründen *Herbig*, DJ 1935, 112, 114 f.
12 Ausführlich hierzu und zum Folgenden *Lutter* in KölnKomm. AktG, 2. Aufl., § 58 AktG Rz. 115–132; *Marburger* in Staudinger, 2009, § 803 BGB Rz. 12 f.
13 *Oechsler* in MünchKomm. AktG, 3. Aufl., § 72 AktG Rz. 17; *Merkt* in Großkomm. AktG, 4. Aufl., § 72 AktG Rz. 32 f.; *Cahn* in Spindler/Stilz, § 72 AktG Rz. 14. Anders *Lutter/Drygala* in KölnKomm. AktG, 3. Aufl., § 72 AktG Rz. 22.
14 *Lutter/Drygala* in KölnKomm. AktG, 3. Aufl., § 72 AktG Rz. 22; *Oechsler* in MünchKomm. AktG, 3. Aufl., § 72 AktG Rz. 17; *Cahn* in Spindler/Stilz, § 72 AktG Rz. 14; *Ruge*, JW 1931, 3058 f.

die Gewinnanteilscheine für künftige Dividenden[15], weil diese nur Nebenpapiere der Aktienurkunde sind. Gewinnanteilscheine, die bereits fällige Dividendenforderungen verbriefen, werden dagegen durch die Kraftloserklärung der Aktienurkunde nicht berührt[16].

### 3. Verlustanzeige und deren Wirkung

Für **vernichtete oder abhanden gekommene** (Rz. 3) **Gewinnanteilscheine** gibt es kein eigenständiges Aufgebotsverfahren mit Ausschließungsbeschluss (arg. § 72 Abs. 1–2, AktG, § 799 Abs. 1 Satz 2 BGB, § 433 FamFG). Der bisherige Inhaber kann lediglich seinen Anspruch gleichsam auf **Warteliste** bei der Gesellschaft anmelden und den Anspruch erst geltend machen, wenn kein anderer den abhanden gekommenen Schein rechtzeitig der Gesellschaft zur Einlösung vorlegt (**§ 804 BGB**). Sind dagegen Gewinnanteilscheine nur beschädigt oder verunstaltet, können sie ähnlich wie Aktien (Rz. 2) bei der Gesellschaft gegen neue Urkunden eingetauscht werden (vgl. § 798 BGB).

11

## VI. Erneuerungsscheine (§ 75)

Erneuerungsscheine (Talons) dienen zum Empfang neuer Gewinnanteilscheine und sind keine Wertpapiere, sondern einfache Legitimationspapiere[17]; die Gesellschaft kann an den Inhaber mit befreiender Wirkung leisten, aber der Inhaber kann die Leistung nicht fordern. Vielmehr entspringt der Anspruch auf die neuen Gewinnanteilscheine aus der Mitgliedschaft. Legitimiert ist daher immer auch der Inhaber der **Aktienurkunde**; sein Recht **geht dem** Recht des Inhabers des **Erneuerungsscheins vor** (**§ 75**).

12

---

15 *Merkt* in Großkomm. AktG, 4. Aufl., § 73 AktG Rz. 45; *Lutter/Drygala* in KölnKomm. AktG, 3. Aufl., § 73 AktG Rz. 27; *Herbig*, DJ 1935, 112, 115 re.Sp. Einschränkend *Oechsler* in MünchKomm. AktG, 3. Aufl., § 73 AktG Rz. 32 sowie *Cahn* in Spindler/Stilz, § 73 AktG Rz. 23 (nur wenn die Scheine ebenfalls unrichtig geworden und in die Kraftloserklärung mit einbezogen sind).
16 *Lutter/Drygala* in KölnKomm. AktG, 3. Aufl., § 72 AktG Rz. 21 und allg. M.
17 RG v. 9.11.1910 – I 151/10, RGZ 74, 339, 341; *Marburger* in Staudinger, 2009, § 803 BGB Rz. 14.

# Vierter Teil. Verfassung der Aktiengesellschaft

## Erster Abschnitt. Vorstand

### § 76
### Leitung der Aktiengesellschaft

(1) Der Vorstand hat unter eigener Verantwortung die Gesellschaft zu leiten.

(2) Der Vorstand kann aus einer oder mehreren Personen bestehen. Bei Gesellschaften mit einem Grundkapital von mehr als drei Millionen Euro hat er aus mindestens zwei Personen zu bestehen, es sei denn, die Satzung bestimmt, dass er aus einer Person besteht. Die Vorschriften über die Bestellung eines Arbeitsdirektors bleiben unberührt.

(3) Mitglied des Vorstands kann nur eine natürliche, unbeschränkt geschäftsfähige Person sein. Mitglied des Vorstands kann nicht sein, wer

1. als Betreuter bei der Besorgung seiner Vermögensangelegenheiten ganz oder teilweise einem Einwilligungsvorbehalt (§ 1903 des Bürgerlichen Gesetzbuchs) unterliegt,
2. aufgrund eines gerichtlichen Urteils oder einer vollziehbaren Entscheidung einer Verwaltungsbehörde einen Beruf, einen Berufszweig, ein Gewerbe oder einen Gewerbezweig nicht ausüben darf, sofern der Unternehmensgegenstand ganz oder teilweise mit dem Gegenstand des Verbots übereinstimmt,
3. wegen einer oder mehrerer vorsätzlich begangener Straftaten
   a) des Unterlassens der Stellung des Antrags auf Eröffnung des Insolvenzverfahrens (Insolvenzverschleppung),
   b) nach den §§ 283 bis 283d des Strafgesetzbuchs (Insolvenzstraftaten),
   c) der falschen Angaben nach § 399 dieses Gesetzes oder § 82 des Gesetzes betreffend die Gesellschaften mit beschränkter Haftung,
   d) der unrichtigen Darstellung nach § 400 dieses Gesetzes, § 331 des Handelsgesetzbuchs, § 313 des Umwandlungsgesetzes oder § 17 des Publizitätsgesetzes,
   e) nach den §§ 263 bis 264a oder den §§ 265b bis 266a des Strafgesetzbuchs zu einer Freiheitsstrafe von mindestens einem Jahr

verurteilt worden ist; dieser Ausschluss gilt für die Dauer von fünf Jahren seit der Rechtskraft des Urteils, wobei die Zeit nicht eingerechnet wird, in welcher der Täter auf behördliche Anordnung in einer Anstalt verwahrt worden ist.

Satz 2 Nr. 3 gilt entsprechend bei einer Verurteilung im Ausland wegen einer Tat, die mit den in Satz 2 Nr. 3 genannten Taten vergleichbar ist.

| | | | |
|---|---|---|---|
| I. Grundlagen | 1 | 1. Notwendiges Organ | 3 |
| 1. Vorstandsrecht im unternehmensrechtlichen Normengefüge | 1 | 2. Rechtsstellung der Vorstandsmitglieder | 6 |
| 2. Regelungsgegenstand und Normzweck | 2 | 3. Leitungskompetenz | 8 |
| II. Vorstand als Leitungsorgan (§ 76 Abs. 1) | 3 | 4. Unter eigener Verantwortung | 10 |
| | | a) Selbständigkeit und Weisungsfreiheit | 10 |

| | |
|---|---|
| b) Leitungsgrundsätze (Unternehmensinteresse) .............. 12 | 1. Zahl der Vorstandsmitglieder (§ 76 Abs. 2) ................. 19 |
| c) Neutralitätspflicht ........... 15 | 2. Arbeitsdirektor ............... 22 |
| 5. Konzernrechtliche Fragen ........ 16 | **IV. Eignung zum Vorstandsmitglied (§ 76 Abs. 3)** ................ 24 |
| a) Vorstand der herrschenden AG .................... 16 | 1. Natürliche Person ............. 24 |
| b) Vorstand der abhängigen/eingegliederten AG ............... 17 | 2. Statutarische Eignungsvoraussetzungen ................... 25 |
| c) Vorstandsdoppelmandate ...... 18 | 3. Bestellungshindernisse .......... 27 |
| **III. Zusammensetzung des Vorstands** .. 19 | |

**Literatur:** *Fleischer*, Unternehmensspenden und Leistungsermessen des Vorstandes im Aktienrecht, AG 2001, 172; *Fleischer*, Zur Leitungsaufgabe des Vorstands im Aktienrecht, ZIP 2003, 1; *Fleischer*, Zur organschaftlichen Treuepflicht der Geschäftsleiter im Aktien- und GmbH-Recht, WM 2003, 1045; *Götz*, Corporate Governance multinationaler Konzerne und deutsches Unternehmensrecht, ZGR 2003, 1; *Götz*, Leitungssorgfalt und Leitungskontrolle der Aktiengesellschaft hinsichtlich abhängiger Unternehmen, ZGR 1998, 524; *Heermann*, Unternehmerisches Ermessen, Organhaftung und Beweislastverteilung, ZIP 1998, 761; *Henze*, Leitungsverantwortung des Vorstands – Überwachungspflicht des Aufsichtsrats, BB 2000, 209; *Hommelhoff*, Die Konzernleitungspflicht, 1982; *Hommelhoff*, Satzungsmäßige Eignungsvoraussetzungen für Vorstandsmitglieder einer Aktiengesellschaft, BB 1977, 322; *Kallmeyer*, Pflichten des Vorstands der Aktiengesellschaft zur Unternehmensplanung, ZGR 1993, 104; *Kind*, Darf der Vorstand einer AG Spenden an politische Parteien vergeben?, NZG 2000, 567; *Kindler*, Unternehmerisches Ermessen und Pflichtenbindung, ZHR 162 (1998), 101; *Krieger*, Personalentscheidungen des Aufsichtsrats, 1981; *Martens*, Der Grundsatz gemeinsamer Vorstandsverantwortung, in FS Fleck, 1998, S. 191; *Martens*, Die Organisation des Konzernvorstands, in FS Heinsius, 1991, S. 523; *Meilicke*, Zuwendungen an politische Parteien aus Mitteln wirtschaftlicher Unternehmen, NJW 1959, 409; *Merkt*, Verhaltenspflichten des Vorstandes der Zielgesellschaft bei feindlichen Übernahmen, ZHR 166 (2001), 224; *Mertens*, Der Vorstand darf zahlen, AG 2000, 157; *Mülbert*, Aktiengesellschaft, Unternehmensgruppe und Kapitalmarkt, 2. Aufl. 1996; *Rittner*, Zur Verantwortlichkeit des Vorstands nach § 76 Abs. 1 AktG, in FS Geßler, 1971, S. 139; *Schiessl*, Gesellschafts- und mitbestimmungsrechtliche Probleme der Spartenorganisation, ZGR 1992, 64; *R.H. Schmidt/Spindler*, Shareholder-Value zwischen Ökonomie und Recht, in FG Kübler, 1997, S. 515; *Uwe H. Schneider*, Compliance als Aufgabe der Unternehmensleitung, ZIP 2003, 645; *Schwark*, Spartenorganisation in Großunternehmen und Unternehmensrecht, ZHR 142 (1978), 203; *Schwark*, Virtuelle Holding und Bereichsvorstände, in FS Ulmer, 2003, S. 605; *Seibt*, Dekonstruktion des Delegationsverbots bei der Unternehmensleitung, in FS K. Schmidt, 2009, S. 1463; *v. Werder*, Shareholder Value-Ansatz als (einzige) Richtschnur des Vorstandshandelns?, ZGR 1998, 69.

# I. Grundlagen

## 1. Vorstandsrecht im unternehmensrechtlichen Normengefüge

1 Das Vorstandsrecht (§§ 76–94) steht programmatisch am Beginn des der Verfassung der AG gewidmeten vierten Gesetzesteils, in dem die Vorschriften über das Handeln der Gesellschaft durch ihre Verwaltungsorgane Vorstand und Aufsichtsrat (§§ 76 ff., 95 ff.) und über die Willensbildung durch Beschlussfassung der Hauptversammlung (§§ 118 ff.) einschließlich der Entscheidung über die Sonderprüfung und die Geltendmachung von Ersatzansprüchen (§§ 142 ff.) zusammengefasst sind. Die AG hat zwingend eine **zweigliedrige Verwaltungsstruktur** mit Vorstand und Aufsichtsrat und der Satzungsgeber kann *de lege lata* kein eingliedriges Board- oder Verwaltungsratsystem einführen[1]; allerdings besteht bei der Societas Europaea ein Wahlrecht zwischen ei-

---

1 Zu entsprechenden rechtspolitischen Vorschlägen Europäische Kommission, Mitteilung an den Rat und das Europäische Parlament, Modernisierung des Gesellschaftsrechts und Verbesserung der Corporate Governance in der Europäischen Union – Aktionsplan, Brüssel, 21.5.2003,

ner eingliedrigen und einer zweigliedrigen Verwaltungsstruktur (Art. 38 lit. b SE-VO). Unter dem Dach des Aktienrechts haben sich **zwei Sonderrechtsmaterien** gebildet, nämlich das **Recht der kapitalmarktnahen AG** und dasjenige der kapitalmarktfernen AG[2], deren Unterschiede auch im Vorstandsrecht ihren Niederschlag finden.

### 2. Regelungsgegenstand und Normzweck

Die Vorschrift des § 76 regelt den Vorstand als notwendiges Unternehmensorgan und dessen Leitungskompetenz (Abs. 1), dessen zahlenmäßige Zusammensetzung (Abs. 2) sowie die persönlichen Eignungsvoraussetzungen für das Vorstandsamt (Abs. 3)[3]. Die exklusive Zuweisung der Leitungskompetenz an den Vorstand als Kollegialorgan in § 76 Abs. 1 hat ein doppeltes Bedeutungsfeld: Zum einem bestimmt es damit die **Kompetenzabgrenzung gegenüber den beiden anderen zwingenden Unternehmensorganen Aufsichtsrat und Hauptversammlung** und bestimmt hier vor allem die die Rechtsform der AG charakterisierende **Weisungsunabhängigkeit des Vorstands** von Beschlussfassungen des Aufsichtsrats und der Hauptversammlung (Ausnahme: § 119 Abs. 2). Zum anderen ergibt sich aus der Zuweisung der Leitungskompetenz an den Vorstand als Gesamtorgan, dass entsprechend dem in § 77 niedergelegten Prinzip der Gesamtgeschäftsführungsbefugnis und unabhängig von der konkreten Binnenorganisation des Vorstands ein **vollständiger Verantwortungs- und Haftungsausschluss einzelner Vorstandsmitglieder nicht angängig** ist.

## II. Vorstand als Leitungsorgan (§ 76 Abs. 1)

### 1. Notwendiges Organ

Der Vorstand ist ein **notwendiges Organ** der AG, durch das sie als juristische Person willens- und handlungsfähig wird. Die AG kann nach § 39 ohne Vorstand nicht wirksam gegründet werden (vgl. auch §§ 33, 36 Abs. 1, 37 Abs. 4)[4]; der Registerrichter hat in diesem Fall nach § 38 die Eintragung abzulehnen. Nach Entstehung der AG muss der Vorstand als Organ weiter bestehen; der Wegfall auch sämtlicher Vorstandsmitglieder (Tod, Amtsniederlegung, Abberufung) berührt indes den Bestand der AG nicht[5]. Damit die AG nicht handlungsunfähig wird, hat der Aufsichtsrat in diesem Fall primär für eine unverzügliche (§ 121 Abs. 1 BGB) Wiederbesetzung zu sorgen (§ 84), ggf. hat eine gerichtliche Bestellung von Vorstandsmitgliedern zu erfolgen

---

KOM (2003) 284 endg. (hierzu *van Hulle/Maul*, ZGR 2004, 484 ff.; *Hopt*, ZIP 2005, 461, 466); Report on the High Level Group of Company Law Experts on the Modern Regulatory Framework for Company Law in Europe, Brüssel, 4.11.2002, Ziff. 4.1 (The Role of Non-Executive and Supervisory Directors), abrufbar unter www.europa.eu.int/comm/internal_market/en/company/company/modern/consult/report_en.pdf; zum Rechtsvergleich *C. Teichmann*, ZGR 2001, 645, 663 ff.; aus der deutschen Diskussion z.B. *Seibt*, AG 2005, 413, 429; Deutscher Notarverein, NZG 2001, 185, 189; *Kley*, Börsen-Zeitung v. 24.4.2002, S. 5.

2 Hierzu *Seibt* in VGR, Gesellschaftsrecht in der Diskussion 2000, 2001, S. 37 ff.; s. auch §§ 20 Abs. 8, 21 Abs. 5, 67 Abs. 6 Satz 2, 110 Abs. 3 Satz 2, 123 Abs. 3 Sätze 2 und 3, 125 Abs. 1 Satz 3, 130 Abs. 1 Satz 3, 134 Abs. 1 Satz 2, 149 Abs. 1, 161, 171 Abs. 2 Satz 2, 248a Satz 1, 328 Abs. 3, 404 Abs. 1 und Abs. 2 AktG sowie §§ 285 Nr. 9 lit. a Sätze 5–7, Nr. 10 Satz 1, Nr. 16, 314 Abs. 1 Nr. 6 lit. c Sätze 5–7, Nr. 8, 317 Abs. 4 HGB; vgl. auch das Gutachten von *Bayer*, Verhandlungen des 67. Juristentages (2008), Band E, S. 9 ff. (Entschließung zu einer stärkeren Differenzierung von börsennotierten und nicht börsennotierten AG wurde jedoch mehrheitlich abgelehnt).

3 Vgl. *Fleischer* in Spindler/Stilz, § 76 AktG Rz. 1.

4 *Hüffer*, § 76 AktG Rz. 5; *Mertens/Cahn* in KölnKomm. AktG, 3. Aufl., § 76 AktG Rz. 78; *Kort* in Großkomm. AktG, 4. Aufl., § 76 AktG Rz. 12; *Spindler* in MünchKomm. AktG, 3. Aufl., § 76 AktG Rz. 7.

5 *Hüffer*, § 76 AktG Rz. 5; *Spindler* in MünchKomm. AktG, 3. Aufl., § 76 AktG Rz. 7.

(§ 85). Der Aufsichtsrat kann auch in dieser Situation nicht selbst die Unternehmensleitung übernehmen, dies nicht einmal interimistisch für den Zeitraum bis zum Eintritt neuer Vorstandsmitglieder[6]. Allerdings kann sich die Unternehmenspraxis damit behelfen, dass der Aufsichtsrat einzelne seiner Mitglieder interimistisch zu Vorstandsmitgliedern bestellt (vgl. § 105 Abs. 2).

4 Die **Bezeichnung** „Vorstand" für das Leitungsorgan ist **zwingend** und eine abweichende Begriffsbildung führt zur Ablehnung der Eintragung nach § 38 Abs. 1[7]. Andererseits ist es rechtlich unschädlich, wenn der Vorstand unternehmensintern oder auch im Geschäftsverkehr in anderer Weise bezeichnet wird, z.B. als „Board of Directors", „(Executive) Board", „Verwaltungsrat", „Direktorium", „Präsidium" o.ä., sofern nur sichergestellt ist (z.B. durch Klammer-Hinzusetzung des Begriffs „Vorstand"), dass es sich bei dem betreffenden Organ um einen Vorstand i.S. des deutschen Aktienrechts handelt (Irreführungsschutz)[8].

5 **Sonstige in die Geschäftsleitung der AG eingebundene Unternehmensgremien**, in denen häufig unternehmensangehörige Führungskräfte, externe Sachverständige und/oder einzelne Vorstandsmitglieder tätig sind und die Bezeichnungen tragen wie „Executive Committee", „Steering Committee", „Direktorium", „Vorstandsausschuss" o.Ä., können errichtet werden und auch den Vorstand bei dessen Geschäftsführung unterstützen. Sie werden damit allerdings nicht zum Unternehmensorgan und können nicht (weder rechtlich noch tatsächlich) die Aufgaben und Kompetenzen eines Unternehmensorgans (z.B. Vorstand oder Aufsichtsrat) wahrnehmen, auch nicht teilweise und auch nicht durch Ausübung von Veto-Rechten[9].

5a Die **Verleihung von Ehrentiteln** wie **Ehrenvorsitzender bzw. Ehrenmitglied des Vorstands** oder der Gesellschaft kann in der Satzung vorgesehen, aber auch ausgeschlossen werden; sie ist aber auch ohne statutarische Ermächtigung zulässig[10]. Der Inhaber einer solchen Ehrenposition ist kein Gesellschaftsorgan und die sich aus der Verleihung ergebenden Folgen (z.B. Gaststatus bei bestimmten Organsitzungen, Arbeitszimmer und Sekretariat in Unternehmen sowie sonstige personelle und sachliche Ressourcen, Ehrenvergütung) ergeben sich alleine aus dem Beschlussinhalt[11]. Bei fehlender Satzungsregelung ist der Aufsichtsrat zur Verleihung des Ehrentitels eines Ehrenvorsitzenden bzw. Ehrenmitglieds des Vorstands zuständig[12]; regelmäßig wird der Aufsichtsrat aber den Vorstand und ggf. auch die Hauptversammlung in den Entscheidungsprozess einbeziehen (insbesondere bei Verleihung eines Ehrentitels des Ehrenvorsitzenden bzw. Ehrenmitglieds der Gesellschaft).

---

6 So auch *Spindler* in MünchKomm. AktG, 3. Aufl., § 76 AktG Rz. 7; *Mertens/Cahn* in KölnKomm. AktG, 3. Aufl., § 76 AktG Rz. 79.
7 *Hüffer*, § 76 AktG Rz. 5; *Kort* in Großkomm. AktG, 4. Aufl., § 76 AktG Rz. 13; *Spindler* in MünchKomm. AktG, 3. Aufl., § 76 AktG Rz. 9.
8 Ähnlich *Kort* in Großkomm. AktG, 4. Aufl., § 76 AktG Rz. 13; *Wiesner* in MünchHdb. AG, § 19 Rz. 33; strenger *Hüffer*, § 76 AktG Rz. 5; *Spindler* in MünchKomm. AktG, 3. Aufl., § 76 AktG Rz. 9; *Mertens/Cahn* in KölnKomm. AktG, 3. Aufl., § 76 AktG Rz. 78.
9 Ähnlich *Kort* in Großkomm. AktG, 4. Aufl., § 76 AktG Rz. 14 f.; *Spindler* in MünchKomm. AktG, 3. Aufl., § 76 AktG Rz. 10; *Hoffmann-Becking*, ZGR 1998, 497, 510 f.
10 *Mertens/Cahn* in KölnKomm. AktG, 3. Aufl., Vorb. § 76 AktG Rz. 19; *Kort* in Großkomm. AktG, 4. Aufl., § 76 AktG Rz. 17; *Spindler* in MünchKomm. AktG, 3. Aufl., § 76 AktG Rz. 3.
11 *Mertens/Cahn* in KölnKomm. AktG, 3. Aufl., Vorb. § 76 AktG Rz. 19.
12 Ebenso *Kort* in Großkomm. AktG, 4. Aufl., § 76 AktG Rz. 17; *Spindler* in MünchKomm. AktG, 3. Aufl., § 76 AktG Rz. 3; abw. *Mertens/Cahn* in KölnKomm. AktG, 3. Aufl., Vorb. § 76 AktG Rz. 19.

## 2. Rechtsstellung der Vorstandsmitglieder

Die organschaftlichen Befugnisse des Vorstands werden von den Vorstandsmitgliedern ausgeübt. Durch diese tritt die AG als juristische Person im Rechtsverkehr handelnd auf und Kenntnisse, Handlungen und tatsächliche Zustände (z.B. Besitz), die in der Person auch nur eines Vorstandsmitglieds vorliegen, werden der AG als eigene Kenntnisse, Handlungen oder Zustände zugerechnet (es sei denn, das Gesetz stellt ausnahmsweise auf eine Mehrzahl von Organmitgliedern ab)[13]. Allerdings sind die Vorstandsmitglieder nicht selbst Organe[14], sondern **Organpersonen**. Zu Zurechnungsfragen s. § 78 Rz. 19 ff. Vorstandsmitglieder üben in der Regel keine abhängige, sondern eine selbständige unternehm*ähnliche* Tätigkeit aus, woraus indes nicht folgt, dass die Vorstandsmitglieder *per se* Kaufleute i.S. von § 1 HGB wären[15]; sie sind – sofern sie keine erheblichen Aktienpakete an der Gesellschaft halten – aber Verbraucher i.S. von § 13 BGB beim Abschluss des Anstellungsvertrages nebst Schiedsvereinbarung[16]. 6

Aus der Zuweisung der Leitungskompetenz zum Vorstand als Gesamtorgan folgt ebenso wie aus dem in § 77 niedergelegten Prinzip der Gesamtgeschäftsführung, dass den Vorstandsmitgliedern im Grundsatz in gleicher Weise die Unternehmensleitungsfunktion sowie gleiche Rechte und Pflichten zukommen (s. auch § 77 Rz. 14). Aus der herausgehobenen Rechtsstellung eines Vorstandsmitglieds und den ihm zugeordneten Geschäftsführungs- und Vertretungsbefugnissen und der mit diesen Handlungsmöglichkeiten zusammenhängenden Risikoexposition der AG resultiert eine **besondere (über den inhaltlichen Gehalt von § 242 BGB hinausgehende), organschaftliche Vertrauens- und Treuebindung der Vorstandsmitglieder gegenüber der Gesellschaft** und der durch sie personifizierten Gesamtheit der Aktionäre[17]. Die Vorstandsmitglieder haben sich mit allen Kräften den Interessen der Gesellschaft zu widmen, sie in jeder Weise zu fördern und Schaden von ihr abzuwenden[18]. Gesetzliche Ausprägungen der *organschaftlichen* Treuepflicht sind das für Vorstandsmitglieder während ihrer Amtszeit geltende Wettbewerbsverbot nach § 88 AktG sowie die Verschwiegenheitspflicht nach § 93 Abs. 1 Satz 3; daneben fließen aus der organschaftlichen Treuepflicht das Gebot zur Vermeidung und zur Offenlegung von Interessenkonflikten[19], das Verbot des Erhalts von Sondervorteilen[20] sowie das Gebot zur loyalen Zusammenarbeit mit sowie zu unbedingter Offenheit gegenüber dem Aufsichtsrat[21]. Zur *dienstvertraglichen* Treuepflicht s. § 84 Rz. 37. 7

---

13 *Hüffer*, § 76 AktG Rz. 6; *Spindler* in MünchKomm. AktG, 3. Aufl., § 76 AktG Rz. 11.
14 So in unglücklicher Terminologie *Mertens/Cahn* in KölnKomm. AktG, 3. Aufl., § 76 AktG Rz. 80; krit. hierzu z.B. *Hüffer*, § 76 AktG Rz. 6; *Kort* in Großkomm. AktG, 4. Aufl., § 76 AktG Rz. 19 f.; vgl. auch *Frels*, ZHR 122 (1959), 173, 181.
15 BGH v. 23.3.1988 – VIII ZR 175/87, BGHZ 104, 95, 98; BGH v. 5.6.1996 – VIII ZR 151/95, BGHZ 133, 71, 87; *Kort* in Großkomm. AktG, 4. Aufl., § 76 AktG Rz. 19; *Spindler* in MünchKomm. AktG, 3. Aufl., § 76 AktG Rz. 11 a.E.
16 Vgl. OLG Hamm v. 18.7.2007 – 8 Sch 2/07, AG 2007, 910, 912, Rz. 38; *Mülbert* in FS Hadding, 2004, S. 575, 582.
17 I.E. ebenso *Spindler* in MünchKomm. AktG, 3. Aufl., § 76 AktG Rz. 14; *Hüffer*, § 84 AktG Rz. 9; *Mertens/Cahn* in KölnKomm. AktG, 3. Aufl., § 93 AktG Rz. 16; *Möllers* in Hommelhoff/Hopt/v. Werder, Hdb. Corporate Governance, 2. Aufl. 2009, S. 423, 426 ff.; rechtsvergleichend *Fleischer*, WM 2003, 1045 ff.
18 *Spindler* in MünchKomm. AktG, 3. Aufl., § 76 AktG Rz. 14; *Möllers* in Hommelhoff/Hopt/v. Werder, Hdb. Corporate Governance, 2. Aufl. 2009, S. 423, 431.
19 Vgl. Ziff. 4.3.4 Satz 1, 5.5.2 und 5.5.3 Satz 1 DCGK.
20 Vgl. Ziff. 4.3.2 und 4.3.3 DCGK.
21 BGH v. 26.3.1956 – II ZR 57/55, BGHZ 20, 239; *Spindler* in MünchKomm. AktG, 3. Aufl., § 76 AktG Rz. 14.

### 3. Leitungskompetenz

8 Der Vorstand „hat die Gesellschaft zu leiten" (**§ 76 Abs. 1**), d.h. er ist hierzu berechtigt aber gleichzeitig auch verpflichtet (sog. Pflichtrecht)[22]. Aus dieser Leitungsverpflichtung ergibt sich allerdings **kein strenges Delegationsverbot** in dem Sinne, dass Maßnahmen der Unternehmensleitung nicht auf einzelne Vorstandsmitglieder, auf nachgeordnete Führungsebenen oder auf Dritte übertragbar sind, während dies bei sonstigen Bereichen der Geschäftsführung i.S. von § 77 möglich wäre[23]. Außerhalb des Bereichs gesetzlicher Einzelpflichtzuständigkeiten des Gesamtorgans (Rz. 9) ist die Frage nach der Zulässigkeit der Delegation ein wesentlicher Teilaspekt einer allgemeinen Theorie der sorgfältigen unternehmerischen Entscheidung und zwingend eine von den konkreten Umständen abhängige Einzelfallentscheidung[24]. Bei der Auswahl der sachgerechten Entscheidungsebene sind die in Frage stehende Teilphase des Entscheidungsprozesses sowie weitere Kriterien zu berücksichtigen, z.B. (1) Inhalt oder Sachgegenstand der Entscheidung, (2) Bedeutung der Entscheidung, (3) Komplexität der von der Entscheidungsfrage betroffenen Interessen, Umfang der Prognose, Spielräume und Zahl der Handlungsoptionen, (4) fachlich-technische Kompliziertheit der Entscheidungsfrage, (5) Geheimhaltungsbedürfnis bezüglich der Entscheidungsprozesse, (6) verfügbarer Zeitraum für die Entscheidungsfindung, (7) Verfügbarkeit personeller und sachlicher Ressourcen für die Willensbildung, (8) Vermeidung von Interessenkonflikten und (9) die Unternehmenskultur. Die h.M. stellt vorrangig auf die Qualifikation als Maßnahme der Unternehmensleitung ab und hält eine Delegation – bei Beachtung zwingender Gesetzesvorschriften (z.B. Datenschutzrecht[25]) und bei Bestehen von Informations- und Entscheidungsrechten – (nur) von der Unternehmensleitung zugehörigen Hilfsfunktionen vom Vorstand an unternehmensinterne oder -externe Dritte im Wege des Outsourcing für zulässig, wie z.B. bestimmte Planungsaufgaben im Zusammenhang mit dem Risikoüberwachungssystem i.S. von § 91 Abs. 2 sowie dessen technische Einrichtung (vgl. auch § 25a Abs. 2 KWG) oder das EDV- oder das Telekommunikations-/IT-System[26].

9 Das Pflichtrecht der Leitung bezieht sich trotz des Normwortlauts nicht auf den Gesellschafterverband, sondern auf die wirtschaftliche und soziale Organisations- und Wirkungseinheit, also das Unternehmen[27]. Der **Begriff der Unternehmensleitung** als ein herausgehobener Teilbereich der Geschäftsführung (verstanden als jegliche tatsächliche oder rechtsgeschäftliche Tätigkeit für die AG) ist zunächst in Anleihe an den derzeitigen Stand der betriebswirtschaftlichen Organisations- und Managementlehre (Unternehmensplanung, Unternehmenskoordination, Unternehmenskontrolle und Besetzung der nachgeordneten Führungsstellen[28]) und unter Berücksichtigung der Struktur, Komplexität und Größe des Unternehmens sowie der Bedeutung der

---

22 Hierzu *Seibt* in FS K. Schmidt, 2009, S. 1463, 1466 ff.; *Fleischer* in Spindler/Stilz, § 76 AktG Rz. 10; *Fleischer*, ZIP 2003, 1, 2.
23 So allerdings *Hüffer*, § 76 AktG Rz. 7; *Mertens/Cahn* in KölnKomm. AktG, 3. Aufl., § 76 AktG Rz. 42; *Spindler* in MünchKomm. AktG, 3. Aufl., § 76 AktG Rz. 15, *Schwark*, ZHR 142 (1978), 203, 215 f.
24 Ausführlich hierzu *Seibt* in FS K. Schmidt, 2009, S. 1463 ff.
25 Hierzu *BAKred*, ZBB 2002, 66, 69; *Hoeren*, DuD 2002, 736, 737 f.; *Steding/Meyer*, BB 2001, 1693, 1698.
26 *Spindler* in MünchKomm. AktG, 3. Aufl., § 76 AktG Rz. 19; *Kort* in Großkomm. AktG, 4. Aufl., § 76 AktG Rz. 7.
27 *Seibt* in FS K. Schmidt, 2009, S. 1463; *Hommelhoff*, Konzernleitungspflicht, 1982, S. 43 f.; *Mertens/Cahn* in KölnKomm. AktG, 3. Aufl., § 76 AktG Rz. 6; *Fleischer*, ZIP 2003, 1.
28 Vgl. OLG Schleswig v. 27.8.2008 – 2 W 160/05, AG 2009, 374, 375; *Hüffer*, § 76 AktG Rz. 8; *Mertens/Cahn* in KölnKomm. AktG, 3. Aufl., § 76 AktG Rz. 5; *Kort* in Großkomm. AktG, 4. Aufl., § 76 AktG Rz. 38; *Spindler* in MünchKomm. AktG, 3. Aufl., § 76 AktG Rz. 16; *Semler*, Leitung und Überwachung, Rz. 11; *Henze*, BB 2000, 209, 210; i.E. ähnlich *Fleischer*,

Maßnahme zu konturieren, ferner durch eine normative Durchmusterung des Aktienrechts nach solchen Vorstandsfunktionen, die gesetzlich dem Gesamtorgan zugewiesen sind[29]. Zu den anhand einer normativen Gesetzesauslegung entwickelten Leitungsfunktion gehören die Aufgaben, (1) die der Vorstand im Verhältnis zu den beiden anderen Unternehmensorganen Aufsichtsrat und Hauptversammlung zu deren Aufgabenerfüllung zu erbringen hat, wie z.B. die Einberufung von Aufsichtsratssitzungen oder Hauptversammlungen (§§ 110 Abs. 1, 121 Abs. 2), die Vorbereitung von, Berichterstattung an und Begleitung von Aufsichtsratssitzungen bzw. Hauptversammlungen (§§ 83, 90, 118 Abs. 2, 124 Abs. 3 Satz 1, 119 Abs. 2, 186 Abs. 4 Satz 2 AktG sowie z.B. §§ 8, 125 Satz 1, 127, 192 UmwG), die Vorlage des Jahresabschlusses und Lageberichts an den Aufsichtsrat (§ 170) sowie die Anfechtung von Hauptversammlungsbeschlüssen (§ 245 Nr. 4, (2) die der Vorstand in öffentlich-rechtlicher oder sonstiger drittschützender Funktion ausübt, wie z.B. die Buchführungs- und Steuerpflichten (§ 91 Abs. 1) sowie die Entwicklung und Leitung eines Risikoüberwachungssystems (§ 91 Abs. 2) und die Wahrung der – konzernweiten – Corporate Compliance (vgl. Ziff. 4.1.3 DCGK), die Unterzeichnung des Jahresabschlusses und ihre Offenlegung (§ 245 Satz 1, § 325 HGB) sowie die Abgabe der Corporate Governance-Entsprechenserklärung (§ 161) und (3) welche die Corporate Governance-Struktur des Unternehmens betreffen, wie z.B. die Antragstellung beim Statusverfahren (§ 98 Abs. 2 Nr. 1) oder die Verhandlung sog. Mitbestimmungsvereinbarungen (vgl. § 13 Abs. 1 SEBG, Art. 4 Abs. 1 SE-VO).

### 4. Unter eigener Verantwortung

#### a) Selbständigkeit und Weisungsfreiheit

Der Vorstand hat „unter eigener Verantwortung" die Gesellschaft zu leiten (§ 76 Abs. 1), was zweierlei impliziert, nämlich zum einen die **Freiheit zum selbständigen und weisungsfreien Handeln nach eigenem Ermessen**[30] und zum anderen die Haftungsfolge bei sorgfaltspflichtwidrigem Handeln (Rz. 20). Weder die Hauptversammlung noch der Aufsichtsrat noch ein (Groß-)Aktionär noch ein außenstehender Dritter (z.B. Fremdkapitalgeber, Rating-Agentur, Finanzanalyst) können dem Vorstand verbindliche Weisungen erteilen[31]. Es besteht weder ein Auftrag noch ein auftragsähnliches Rechtsverhältnis zwischen dem Vorstand und den Aktionären der Gesellschaft[32] oder zwischen dem Vorstand und der Hauptversammlung, weshalb jene auch nicht über die individuellen Auskunftsrechte der Aktionäre hinaus eine besondere Informationspflicht des Vorstands durch Beschluss herbeiführen können[33]. Andererseits gibt es kein absolutes Verbot der Vorwegbindung des Vorstandsermessens als eine prinzipielle Grenze der Vertragsfreiheit der Aktiengesellschaft, sondern es sind nur solche vertraglichen Bindungen unzulässig, die den Leitungsspielraum des Vor-

10

---

ZIP 2003, 1, 5: Planungs- und Steuerungs-, Organisations-, Finanz- und Informationsverantwortung.
29 Hierzu *Hüffer*, § 76 AktG Rz. 8; *Spindler* in MünchKomm. AktG, 3. Aufl., § 76 AktG Rz. 16 (beide mit ähnlichen Katalogen, die von der nachfolgenden Kategorisierung und Aufzählung im Detail abweichen).
30 Ebenso *Fleischer* in Spindler/Stilz, § 76 AktG Rz. 51 ff.
31 Vgl. BGH v. 5.5.2008 – II ZR 108/07, AG 2008, 541, 542; *Hüffer*, § 76 AktG Rz. 10; *Mertens/Cahn* in KölnKomm. AktG, 3. Aufl., § 76 AktG Rz. 44. Etwas anderes gilt nur für den Vorstand einer beherrschten oder eingegliederten Gesellschaft nach §§ 308 ff. (Rz. 22).
32 BGH v. 30.3.1967 – II ZR 245/63, NJW 1967, 1462, 1463; LG Detmold v. 28.1.1958 – O 223/57, AG 1959, 140; *Kort* in Großkomm. AktG, 4. Aufl., § 76 AktG Rz. 42; *Spindler* in MünchKomm. AktG, 3. Aufl., § 76 AktG Rz. 23; *Hüffer*, ZIP 1996, 401, 404; *Hüffer*, § 76 AktG Rz. 10.
33 *Hüffer*, ZIP 1996, 401, 404; *Spindler* in MünchKomm. AktG, 3. Aufl., § 76 AktG Rz. 23; a.A. LG Detmold v. 28.3.1958 – O 223/57, AG 1959, 140.

stands in Ansehung des Unternehmensinteresses in unvertretbarer Weise einschränken[34]. Daher kann die Gesellschaft durchaus **Zusammenschlussvereinbarungen** (*Business Combination Agreement*)[35], **Kooperationsvereinbarungen** (*Cooperation [Framework] Agreement*)[36] und **Investorenvereinbarungen** (*Investment Agreement*)[37] abschließen, die u.a. Leitlinien für die zukünftige Unternehmensführung und bestimmte Vorgaben für wesentliche Geschäftsführungsmaßnahmen enthalten; solche Vereinbarungen können auch durch die Einbeziehung eines Aktionärs und Garanten als weiteren Rechteadressaten abgesichert werden (nämlich dann über die Durchsetzung als Aktionärsvereinbarung; vgl. § 23 Rz. 64 ff.)[38].

11 Die Unabhängigkeit und Weisungsfreiheit des Vorstands wird institutionell durch die aktienrechtlich **zwingende Kompetenzzuordnung zu den drei Unternehmensorganen** gesichert (vgl. § 23 Abs. 5). Allerdings kommt dem Aufsichtsrat – trotz des Grundsatzes der Nichtübertragbarkeit von Maßnahmen der Geschäftsführung (§ 111 Abs. 4 Satz 1) – eine Mitleitungsfunktion (vgl. §§ 171 Abs. 2 Sätze 3–5, 172 Satz 1, § 58 Abs. 2, § 111 Abs. 4 Satz 2 AktG; Ziff. 3.3 Satz 2 DCGK) sowie die Aufgabe einer zukunftsgerichteten, unternehmerischen Beratung[39] zu. Die Konturen der **Kompetenzabgrenzung zwischen Vorstand und Beschlüssen der Hauptversammlung** sind schärfer: Es besteht grundsätzlich keine Pflicht des Vorstands, den Beschlüssen der Hauptversammlung zu folgen, soweit es um Fragen der Geschäftsführung geht, es sei denn, dass der Vorstand nach § 119 Abs. 2 die Entscheidung der Hauptversammlung selbst eingeholt hat. Einen zulässigen mittelbaren Einfluss auf die Geschäftsführung besitzt die Hauptversammlung durch statutarische Festlegung (d.h. auch Änderung) des Unternehmensgegenstands, da der Vorstand insoweit einer Folgepflicht unterliegt, als er den statutarischen Unternehmensgegenstand durch werbende Geschäftstätigkeit auszufüllen hat (zu den Fallgruppen der Satzungsüberschreitung und Satzungsunterschreitung § 179 Rz. 17 f.); dies kann zur (mittelfristigen) Aufnahme/Erwerb bzw. zur Aufgabe/Veräußerung eines Geschäftsbereichs zwingen. Die Vorbereitungs- und Ausführungspflicht des Vorstands nach § 83 ist keine Ausnahme vom Prinzip der Weisungsfreiheit des Vorstands, da hier eine Beschlusszuständigkeit der Hauptversammlung vorausgesetzt wird, die im Feld der Geschäftsführungsmaßnahmen im Grundsatz eben nicht besteht. Zu Konzernfällen s. Rz. 17 ff.

### b) Leitungsgrundsätze (Unternehmensinteresse)

12 Der Vorstand hat nach herkömmlichem Verständnis seine Leitungstätigkeit anhand des Unternehmensinteresses auszurichten, wobei der Begriff des Unternehmensinteresses als Abbreviatur für die gleichberechtigte Berücksichtigung vielfältiger Anspruchs- und Interessengruppen (*Stakeholder*) zu verstehen ist, nämlich insbesondere der Eigenkapital- und Fremdkapitalgeber, der Arbeitnehmer, der Kunden und Lieferanten sowie der allgemeinen Öffentlichkeit[40]. Der Verweis auf das Unternehmensinteresse bedeutet in keinem Fall, dass das Unternehmen selbst Interessenträger oder das Unternehmen gegenüber der Gesellschaft mehr oder minder verselbständigt ist. Die normative Durchmusterung des Aktienrechts ergibt allerdings einen **Gewich-**

---

34 Ähnlich *Mertens/Cahn* in KölnKomm. AktG, 3. Aufl., § 76 AktG Rz. 53 f.
35 Hierzu z.B. *Seibt* in Seibt, Beck'sches Formularbuch M&A, 2008, S. 1044 ff.
36 Hierzu OLG Schleswig v. 27.8.2008 – 2 W 160/05 – „Mobilcom/France Telecom", AG 2009, 374.
37 Hierzu *Seibt/Wunsch*, Der Konzern 2009, 195 ff.; *Kiem*, AG 2009, 301 ff.
38 So *Seibt/Wunsch*, Der Konzern 2009, 195, 200 f.; skeptisch *Kiem*, AG 2009, 301, 304.
39 Hierzu *Seibt* in Hommelhoff/Hopt/v. Werder, Hdb. Corporate Governance, 2. Aufl. 2009, S. 391, 397; vgl. auch Ziff. 3.1, 3.2 und 4.1.2 DCGK.
40 So *Hüffer*, § 76 AktG Rz. 15; ähnlich *Goette* in FS 50 Jahre BGH, 2000, S. 123, 137; *Henze*, BB 2000, 209, 212.

tungsvorsprung der Aktionärsinteressen vor den Belangen anderer Anspruchs- und Interessengruppen i.S. eines moderaten Shareholder Value-Konzepts[41]. Der Unternehmensbetrieb in der Rechtsform der AG ist zuvörderst eine „Veranstaltung der Aktionäre"[42]. Entsprechend seiner Bindung an den Gesellschaftszweck (§ 82 Abs. 2) ist der Vorstand konsequenterweise einem nachhaltig renditeorientierten Verwaltungshandeln verpflichtet, soweit die Satzung nichts anderes vorsieht[43]. Die gesetzliche Zielvorgabe einer dauerhaften Rentabilität spiegelt auch § 91 Abs. 2 wider, der den Vorstand zur Einrichtung eines Überwachungssystems für bestandsgefährdende Risiken verpflichtet, und der Unternehmensbestand hängt eben von der langfristigen Rentabilität ab[44]. Die Wahrung von Arbeitnehmer-, Verbraucher- und Allgemeininteressen werden durch zahlreiche Vorschriften außerhalb des Aktienrechts dem Vorstand heteronom vorgegeben[45]. Trotz des Gewichtungsvorsprungs zu Gunsten der Aktionärsinteressen darf der Vorstand aber *Stakeholder*-Interessen über den (markt-)gesetzlichen Mindestrahmen hinaus berücksichtigen, soweit er dadurch einer gesellschaftlichen Erwartung entspricht und den Ruf der AG als *Good Corporate Citizen* pflegt, da dies gerade im wohlverstandenem Aktionärsinteresse liegt[46]. Auch die neue Fassung von Ziff. 4.1.1 DCGK (seit der Fassung vom 18.6.2009, jetzt i.d.F. vom 26.5.2010)[47] spiegelt das hier vertretene Verständnis eines moderaten Shareholder-Konzepts wider.

Der Vorstand ist daher grundsätzlich befugt, aus dem Vermögen der AG **Zuwendungen zur Förderung von Kunst, Wissenschaft, Sozialwesen, Umweltschutz oder Sport** zu vergeben[48]. Dies gilt auch für Hilfeleistungen bei Naturkatastrophen und Unglücksfällen im In- und Ausland[49], Zahlungen an Stiftungen wie die Stiftungsinitiative zur Zwangsarbeiterentschädigung (unabhängig davon, wie wahrscheinlich die

13

---

41 Hierzu *R.H. Schmidt/Spindler* in FG Kübler, 1997, S. 505; *Fleischer* in Fleischer, Handbuch des Vorstandsrechts, § 1 Rz. 29 ff.; zur Überordnung der Anteilseignerinteressen auch *Empt*, Corporate Social Responsibility, 2004, S. 199 f.; *Groh*, DB 2000, 2153, 2158; *Wiedemann*, GesR, Bd. 1, S. 338 f.; *Zöllner*, AG 2003, 2, 7 f.; zu Vorzügen des Shareholder Value ausführlich *Fleischer* in Spindler/Stilz, § 76 AktG Rz. 29 ff.
42 *Fleischer* in Fleischer, Handbuch des Vorstandsrecht, § 1 Rz. 30; *Wiedemann*, Organverantwortung und Gesellschafterklagen in der AG, 1989, S. 133; *Wiedemann* in Großkomm. AktG, 4. Aufl., § 179 AktG Rz. 67.
43 OLG Hamm v. 10.5.1995 – 8 U 59/94, AG 1995, 512, 514; *Hüffer*, § 76 AktG Rz. 13; *Hüffer* in FS Raiser, 2005, S. 163, 168 ff.; *Mertens/Cahn* in KölnKomm. AktG, 3. Aufl., § 76 AktG Rz. 21; *Goette* in FS 50 Jahre BGH, 2000, S. 123, 127; *Fleischer* in Fleischer, Handbuch des Vorstandsrechts, § 1 Rz. 30; *Semler*, Leitung und Überwachung der AG, S. 27 ff. – Zur Zielvorgabe einer nachhaltigen, wertorientierten Unternehmensführung auch Ziff. 4.1.1 DCGK.
44 *Spindler* in MünchKomm. AktG, 3. Aufl., § 76 AktG Rz. 74.
45 Zutr. *Ulmer*, AcP 202 (2002), 143, 158; *Fleischer* in Fleischer, Handbuch des Vorstandsrechts, § 1 Rz. 39.
46 Zutr. *Fleischer* in Fleischer, Handbuch des Vorstandsrechts, § 1 Rz. 31, 35; vgl. auch *Spindler* in MünchKomm. AktG, 3. Aufl., § 76 AktG Rz. 76 ff.
47 „Der Vorstand leitet das Unternehmen in eigener Verantwortung und im Unternehmensinteresse, also unter Berücksichtigung der Belange der Aktionäre, seiner Arbeitnehmer und der sonstigen dem Unternehmen verbundenen Gruppen mit dem Ziel nachhaltiger Wertschöpfung"; zur Änderung von Ziff. 4.1.1 DCGK in 2009 vgl. *Krienke/Schnell*, NZA 2010, 135, 137.
48 *Hüffer*, § 76 AktG Rz. 14; *Mertens/Cahn* in KölnKomm. AktG, 3. Aufl., § 76 AktG Rz. 34; *Kort* in Großkomm. AktG, 4. Aufl., § 76 AktG Rz. 65; *Hopt* in Großkomm. AktG, 4. Aufl., § 93 AktG Rz. 120; *Spindler* in MünchKomm. AktG, 3. Aufl., § 76 AktG Rz. 77; *Fleischer* in Fleischer, Handbuch des Vorstandsrechts, § 1 Rz. 36; *Fleischer*, AG 2001, 171, 175; *Zöllner*, AG 2003, 2, 8.
49 BGH v. 6.12.2001 – 1 StR 215/01, BGHSt 47, 187, 194; *Kort* in Großkomm. AktG, 4. Aufl., § 76 AktG Rz. 66 f.; *Spindler* in MünchKomm. AktG, 3. Aufl., § 76 AktG Rz. 87; *Rittner* in FS Geßler, 1970, S. 139, 154 ff.

Durchsetzung von Ansprüchen gegen das konkrete Unternehmen ist)[50] sowie unentgeltliche Zuwendungen an politische Parteien[51]. Solche Zuwendungen rechtfertigen sich auf der Basis des moderaten *Shareholder Value*-Konzepts, unter dem auch empirisch belegbaren Gesichtspunkt, dass solche Mittelvergaben die soziale Akzeptanz der konkreten AG und damit ihr wirtschaftliches Fortkommen verbessern (können)[52]. Dabei hat der Vorstand einen weiten Ermessensspielraum bei der Frage, welchen Aufwand er für welche Zwecke betreibt, auf welchen Gewinn er aus außerwirtschaftlichen Gründen verzichtet und für welche sozialen, politischen, kulturellen und wissenschaftlichen Zwecke er Mittel der Gesellschaft einsetzt[53]. Es gilt das **unternehmensbezogene Gebot der Angemessenheit** (nicht: feste Betragshöchstgrenzen[54]), wonach die Höhe der unentgeltlichen Zuwendung insgesamt nicht den Rahmen dessen überschreiten darf, was nach Größe und Außenbedeutung, finanzieller Ausstattung und wirtschaftlicher Situation der AG sowie ihrer strategischen Ziele (z.B. Neuausrichtung des Unternehmensgegenstands, Expansion in neue Märkte), dem Branchenumfeld des Unternehmens, dem Grad der Akzeptanz der Unternehmensaktivitäten in der Allgemeinheit und der Nähe des unterstützten Zwecks zum Unternehmensgegenstand als angemessen angesehen werden kann[55]. Keines dieser Abwägungskriterien ist indes allein entscheidend oder überragend wichtig, so dass z.B. auch in Krisenzeiten nicht vollständig auf Zuwendungen zur Förderung von Kunst, Wissenschaft, Sozialwesen, Umweltschutz, Sport o.Ä. werden muss[56]. Allerdings darf der Vorstand bei seiner Vergabeentscheidung nicht sachwidrig privaten Präferenzen unangemessenen Raum geben oder gar willkürlich mit Gesellschaftsmitteln eigennützige Ziele durchsetzen[57]. Es entspricht guter Unternehmenspraxis, über die vorgenommenen Unternehmensspenden einmal jährlich im Corporate Governance-Bericht (vgl. Ziff. 3.10 DCGK) zu berichten und *de lege ferenda* ist es angezeigt vorzuschreiben, Unternehmensspenden in der Gewinn- und Verlustrechnung gesondert auszuweisen[58].

---

50 *Mertens*, AG 2000, 157, 158 ff.; *Hüffer*, § 76 AktG Rz. 14; *Spindler* in MünchKomm. AktG, 3. Aufl., § 76 AktG Rz. 87; *Kort* in Großkomm. AktG, 4. Aufl., § 76 AktG Rz. 75; a.A. *Philipp*, AG 2000, 62, 64 ff.

51 BGH v. 6.12.2001 – 1 StR 215/01, BGHSt 47, 187, 193, 195 (implizit); *Kort* in Großkomm. AktG, 4. Aufl., § 76 AktG Rz. 69; *Hopt* in Großkomm. AktG, 4. Aufl., § 93 AktG Rz. 121; *Spindler* in MünchKomm. AktG, 3. Aufl., § 76 AktG Rz. 87; *Hüffer*, § 76 AktG Rz. 14; *Fleischer* in Fleischer, Handbuch des Vorstandsrechts, § 1 Rz. 41; *Fleischer*, AG 2001, 171, 179; *Kind*, NZG 2000, 567, 568 f.; a.A. *Meilicke*, NJW 1959, 409, 411 (Pflicht zur parteipolitischer Neutralität).

52 *Fleischer*, AG 2001, 171, 175; vgl. auch BGH v. 6.12.2001 – 1 StR 215/01, BGHSt 47, 187, 194 f.

53 BGH v. 6.12.2001 – 1 StR 215/01, BGHSt 47, 187, 195; *Fleischer* in Fleischer, Handbuch des Vorstandsrechts, § 1 Rz. 37.

54 So z.B. *Kind*, NZG 2000, 567, 570: 1 % des Bilanzgewinns; *Uwe H. Schneider* in Scholz, § 43 GmbHG Rz. 72: 2 % des Bilanzgewinns.

55 Ähnlich *Mertens/Cahn* in KölnKomm. AktG, 3. Aufl., § 76 AktG Rz. 35; *Kort* in Großkomm. AktG, 4. Aufl., § 76 AktG Rz. 67; *Hopt* in Großkomm. AktG, 4. Aufl, § 93 AktG Rz. 120; *Fleischer* in Fleischer, Handbuch des Vorstandsrechts, § 1 Rz. 38; *Fleischer*, AG 2001, 171, 177 ff.; *Zachert*, Vergabe von Unternehmensspenden, 2005, S. 186 ff.

56 Vgl. BGH v. 6.12.2001 – 1 StR 215/01, BGHSt 47, 187, 197; *Fleischer* in Fleischer, Handbuch des Vorstandsrechts, § 1 Rz. 38 a.E.; *Fleischer*, AG 2001, 171, 178.

57 *Fleischer* in Fleischer, Handbuch des Vorstandsrechts, § 1 Rz. 39; *Fleischer*, AG 2001, 171, 178; *Mertens/Cahn* in KölnKomm. AktG, 3. Aufl., § 76 AktG Rz. 33; *Kort* in Großkomm. AktG, 4. Aufl., § 76 AktG Rz. 74; *Hopt* in Großkomm. AktG, 4. Aufl., § 93 AktG Rz. 120; *H.P. Westermann*, ZIP 1990, 771, 775; *Zachert*, Vergabe von Unternehmensspenden, 2005, S. 150 ff.

58 So auch *Fleischer* in Fleischer, Handbuch des Vorstandsrechts, § 1 Rz. 40; *Fleischer*, AG 2001, 171, 178 f.; *Empt*, Corporate Social Responsibility, 2004, S. 212 ff.; *K. Schmidt*, Non-Profit Law Yearbook 2001, S. 107, 123 ff.

**Leistungen an opponierende Aktionäre**, die bei verständiger und wirtschaftlicher Betrachtung als ein Abkauf von Aktionärsrechten (Anfechtungs-/Klagerecht, Sonderprüfungsrecht) zu qualifizieren sind, verstoßen gegen §§ 57, 58 und liegen im Regelfall nicht im Unternehmensinteresse[59]. Allerdings ist dann eine Ausnahme (i.S. eines Rechtfertigungsgrundes ähnlich dem Notstand gem. § 34 StGB) anzuerkennen, wenn (und soweit) die Leistung zur Abwehr eines schweren, unmittelbar bevorstehenden Schadens notwendig erscheint (z.B. Ermöglichung einer Barkapitalerhöhung zur weiteren Finanzierung der Gesellschaft oder einer Verschmelzung zur sinnvollen strategischen Weiterentwicklung des Unternehmens)[60]. **Sonderzahlungen an klagende Wettbewerber**, wie sie etwa im Rahmen von Fusionskontrollverfahren vorkommen, sind dagegen im Rahmen des Geschäftsleiterermessens und unter Beachtung des Gebots der Angemessenheit in der Regel zulässig[61]. Die **Zahlung von Schmier- und Bestechungsgeldern** an in- und ausländische Amtsträger sowie Privatpersonen sind im Lichte und im Rahmen der deutschen Strafvorschriften (§§ 299, 331 ff. StGB) nicht vom Unternehmensinteresse gedeckt (selbst bei nachgewiesener Üblichkeit im betreffenden Ausland) und in jedem Fall pflichtwidrig[62].

### c) Neutralitätspflicht

Aus der Kompetenzzuordnung an den Vorstand, das Unternehmen im Unternehmensinteresse zu leiten (§ 76 Abs. 1), folgen im Zusammenblick mit dem verbandsrechtlichen Gleichbehandlungsgebot der Aktionäre nach § 53a die korrespondierenden **Pflichten des Vorstands, (i) keine einseitige Parteinahme zu seinen Gunsten oder zugunsten eines einzelnen Aktionärs ohne sachlich gerechtfertigten Grund vorzunehmen**[63] sowie **(ii) keinen sachlich nicht gerechtfertigten Einfluss auf die Zusammensetzung des Aktionärskreises zu nehmen** (sog. Neutralitätspflicht)[64]. Dies führt allerdings nicht dazu, dass der Vorstand nicht doch im Rahmen der pflichtgemäßen Ausübung seines Leitungsermessens – und nicht in Verfolgung eigennütziger Interessen – berechtigt wäre, auch Geschäftsführungsmaßnahmen zu ergreifen, die die Zusammensetzung des Aktionärskreises gezielt oder tatsächlich verändern (z.B. Zulassung bestimmter Inferenten bei Kapitalerhöhungen aus genehmigtem Kapital oder Ausgabe von Wandelschuldverschreibungen an bestimmte Investoren, jeweils mit Bezugsrechtsausschluss)[65]. Denn zu den Aufgaben des Vorstands gehört es, sich um eine für die Gesellschaft und ihre strategische Ausrichtung zielführende Aktionärsstruktur zu bemühen und eine solche zu erhalten[66]. Der Vorstand ist berechtigt, aber selbstverständlich nicht verpflichtet, Aktienumplatzierungen von Aktionären auf Dritte zu unterstützen oder gar zu initiieren. Auch im Vorfeld von öffentlichen Kaufangeboten bestehen keine Pflichten des Vorstands, die über den Maßstab der ordnungsgemäßen Geschäftsleitung (§ 93 Abs. 1 Satz 1) hinausgehen. Mit der Veröffentlichung der Entscheidung des Bieters zur Abgabe eines Angebots werden die Vor-

---

59 *Kort* in Großkomm. AktG, 4. Aufl., § 76 AktG Rz. 79; *Fleischer* in Fleischer, Handbuch des Vorstandsrechts, § 1 Rz. 45.
60 Ähnlich *Kort* in Großkomm. AktG, 4. Aufl., § 76 AktG Rz. 79; *Spindler* in MünchKomm. AktG, 3. Aufl., § 76 AktG Rz. 90; *Martens*, AG 1988, 118, 119 ff.; *Diekgräf*, Sonderzahlung an opponierende Kleinaktionäre, 1990, S. 150 ff., 339 f.; *Fleischer* in Fleischer, Handbuch des Vorstandsrechts, § 1 Rz. 45; *Fleischer*, ZIP 2005, 141, 150 f.
61 *Fleischer* in Fleischer, Handbuch des Vorstandsrechts, § 1 Rz. 46.
62 Vgl. *Kort* in Großkomm. AktG, 4. Aufl., § 76 AktG Rz. 77; *Spindler* in MünchKomm. AktG, 3. Aufl., § 76 AktG Rz. 89; *Fleischer* in Fleischer, Handbuch des Vorstandsrechts, § 1 Rz. 43 f.; *Fleischer*, ZIP 2005, 141, 145.
63 Hierzu BGH v. 22.10.2007 – II ZR 184/06, AG 2008, 164.
64 Ähnlich *Hopt* in Großkomm. AktG, 4. Aufl., § 93 AktG Rz. 122.
65 Hierzu im Sanierungskontext *Seibt*, Der Konzern 2009, 261, 270.
66 Ebenso *Arnold/Wenninger*, CFL 2010, 79, 80; *Martens* in FS Beusch, 1993, S. 529, 542 f.

standspflichten durch das übernahmerechtliche (eingeschränkte) Handlungsverbot nach §§ 33, 33a WpÜG konkretisiert[67].

## 5. Konzernrechtliche Fragen

### a) Vorstand der herrschenden AG

16   Den Vorstand der herrschenden AG trifft **keine Konzernleitungspflicht im strengen Sinne**, derzufolge dieser nicht nur zur Leitung der eigenen AG als herrschendem Unternehmen verpflichtet ist, sondern auch zur umfassenden Leitung der Tochtergesellschaften nach dem Standard des § 76 Abs. 1[68]. Dies folgt aus den Verhaltensverboten des § 311, denen der Gedanke der Eigenverantwortung des Vorstands der abhängigen Gesellschaft zugrunde liegt und der daher (trotz Erlaubnisvorbehalts) einer derart strengen einheitlichen Konzernleitung entgegensteht. Es steht vielmehr im Ermessen des konzernleitenden Vorstands, inwieweit er innerhalb der gesetzlichen Grenzen auf die Leitung des abhängigen Unternehmens Einfluss nimmt oder ob er die abhängige Gesellschaft weitgehend selbständig arbeiten lässt[69]. Dies bedeutet allerdings umgekehrt nicht, dass der Vorstand der herrschenden AG nicht verpflichtet wäre, die sich aus den Beteiligungen der AG ergebenden Einflussrechte entsprechend den an die Geschäftsführung und Leitung anzulegenden Pflichten eines ordentlichen und gewissenhaften Geschäftsleiters wahrzunehmen, um die Interessen jener Gesellschaft, insbesondere mit dem Ziel ihre dauerhafte Rentabilität zu wahren[70]. Diese Pflichtenstellung geht nicht so weit, dass der Vorstand zur intensiven Beherrschung oder ständigen Ausübung von Weisungsrechten verpflichtet wäre oder aufgefordert wäre, eine Minderheitsbeteiligung oder eine knappe Mehrheitsbeteiligung in einer Weise aufzustocken, dass der herrschenden AG dauernde Weisungsmöglichkeiten zur Verfügung stehen[71]. Unter besonderen Umständen kann sich allerdings im Vertragskonzern eine Verpflichtung zum Ausspruch von Anweisungen ergeben, deren Unterlassung dann zur Haftung nach § 309 führt[72].

---

67  Hierzu zusammenfassend *Arnold/Wenninger*, CFL 2010, 79, 80 ff.
68  *Fleischer* in Spindler/Stilz, § 76 AktG Rz. 77; *Hüffer*, § 76 AktG Rz. 17; *Mertens/Cahn* in KölnKomm. AktG, 3. Aufl., § 76 AktG Rz. 65 a.E.; *Spindler* in MünchKomm. AktG, 3. Aufl., § 76 AktG Rz. 52; *Habersack* in Emmerich/Habersack, Aktien- und GmbH-Konzernrecht, § 311 AktG Rz. 11; *Kort* in Großkomm. AktG, 4. Aufl., § 76 AktG Rz. 139; *Koppensteiner* in KölnKomm. AktG, 2. Aufl., § 311 AktG Rz. 3; *Götz*, ZGR 1998, 524, 527 ff.; *Martens* in FS Heinsius, 1991, S. 523, 531; *Mülbert*, Aktiengesellschaft, Unternehmensgruppe und Kapitalmarkt, 2. Aufl. 1996, S. 29 ff.; dagegen bejahend z.B. *Hommelhoff*, Konzernleitungspflicht, 1982, S. 43 ff., 165 ff., 184 ff.; *Hommelhoff/Mattheus*, BFuP 2000, 217, 222 ff.; *Wiesner* in MünchHdb. AG, § 19 Rz. 12; *Schneider*, ZHR 143 (1979), 485, 506 ff.; *Schneider*, ZGR 1980, 511, 532 ff.
69  *Hüffer*, § 76 AktG Rz. 17; *Spindler* in MünchKomm. AktG, 3. Aufl., § 76 AktG Rz. 52; *Martens* in FS Heinsius, 1991, S. 523, 531.
70  *Hüffer*, § 76 AktG Rz. 17a; *Hopt* in Großkomm. AktG, § 93 AktG Rz. 114; *Kort* in Großkomm. AktG, 4. Aufl., § 76 AktG Rz. 140; *Spindler* in MünchKomm. AktG, 3. Aufl., § 76 AktG Rz. 49; *Martens* in FS Heinsius, 1991, S. 523, 531 f.
71  *Spindler* in MünchKomm. AktG, 3. Aufl., § 76 AktG Rz. 49; *Kort* in Großkomm. AktG, 4. Aufl., § 76 AktG Rz. 144 (Vertragskonzern) und 145 (faktischer Konzern); weitergehend *Götz*, ZGR 1998, 524, 526 (Pflicht zur Ausübung von Weisungsrechten).
72  *Spindler* in MünchKomm. AktG, 3. Aufl., § 76 AktG Rz. 51; *Emmerich* in Emmerich/Habersack, Aktien- und GmbH-Konzernrecht, § 309 AktG Rz. 35; *Koppensteiner* in KölnKomm. AktG, 2. Aufl., § 309 AktG Rz. 3; *Altmeppen* in MünchKomm. AktG, 2. Aufl., § 309 AktG Rz. 48 ff.

### b) Vorstand der abhängigen/eingegliederten AG

Bei **Bestehen eines Beherrschungsvertrags** i.S. von § 291 Abs. 1 Satz 1 ist das herrschende Unternehmen nach § 308 Abs. 1 berechtigt, dem Vorstand der abhängigen AG in Bezug auf die Leitung Weisungen zu erteilen, und jener Vorstand ist nach § 308 Abs. 2 verpflichtet, diese Weisungen zu befolgen, es sei denn, dass sie offensichtlich nicht den Belangen des herrschenden Unternehmens oder der mit ihm oder der Gesellschaft konzernverbundenen Unternehmen dienen; § 76 Abs. 1 ist hier also nicht anwendbar[73] (im Einzelnen § 308 Rz. 2 ff.). Der Vorstand der abhängigen AG kann auch nachgeordneten Mitarbeitern gegenüber anordnen, Weisungen der herrschenden Gesellschaft zu befolgen, allerdings muss sichergestellt sein, dass er Kenntnis von den Weisungen vor ihrer Befolgung erhält, damit er die Vereinbarkeit mit § 308 Abs. 1 prüfen kann[74]. Die gleichen Grundsätze gelten auch für den **Vorstand einer eingegliederten Gesellschaft**, da dieser der Weisungsmacht der Hauptgesellschaft gem. §§ 323, 308 Abs. 2 Satz 1 unterliegt[75]. Im **faktischen Konzern** ist der Vorstand des abhängigen Unternehmens nicht an Weisungen der herrschenden Gesellschaft gebunden. Er hat vielmehr „unter eigener Verantwortung" nach § 76 Abs. 1 zu handeln[76] (im Einzelnen Rz. 10 ff.).

17

### c) Vorstandsdoppelmandate

Die Führung in Konzernen wird nicht selten durch eine Personalunion zwischen den Vorstandsmitgliedern der Obergesellschaft und den Organmitgliedern der Untergesellschaften (Aufsichtsrat oder Vorstand/Geschäftsführung) geschaffen. Zu Vorstandsdoppelmandaten in der Ober- und in der Untergesellschaft kommt es vor allem in Spartenkonzernen sowie in Konzernen, bei denen eine reine Holdinggesellschaft an der Spitze steht[77]. Solche Doppelmandate von Vorstandsmitgliedern im Konzern sind aktienrechtlich **zulässig**, (arg. e § 88 Abs. 1 Satz 2: Zustimmung beider Aufsichtsräte)[78]. Doppelmandate im faktischen Konzern führen trotz der Verstärkung des Einflusses der Obergesellschaft nicht zu einer analogen Anwendung vertragskonzernrechtlicher Vorschriften[79]. **Interessenkollisionen** in der Person eines Doppel-Vor-

18

---

73 *Hüffer*, § 76 AktG Rz. 18, *Kort* in Großkomm. AktG, 4. Aufl., § 76 AktG Rz. 141, 150; *Spindler* in MünchKomm. AktG, 3. Aufl., § 76 AktG Rz. 45; *Emmerich* in Emmerich/Habersack, Aktien- und GmbH-Konzernrecht, § 308 AktG Rz. 49.
74 *Hüffer*, § 308 AktG Rz. 8; *Koppensteiner* in KölnKomm. AktG, 2. Aufl., § 308 AktG Rz. 10; *Spindler* in MünchKomm. AktG, 3. Aufl., § 76 AktG Rz. 45; a.M. *Altmeppen* in MünchKomm. AktG, 2. Aufl., § 308 AktG Rz. 75 ff., 79; *Götz*, ZGR 2003, 1, 5.
75 *Hüffer*, § 76 AktG Rz. 18; *Spindler* in MünchKomm. AktG, 3. Aufl., § 76 AktG Rz. 46; *Fleischer* in Spindler/Stilz, § 76 AktG Rz. 91.
76 Vgl. OLG Celle v. 28.5.2008 – 9 K 184/07, AG 2008, 711, 712, Rz. 38; *Hüffer*, § 76 AktG Rz. 19; *Kort* in Großkomm. AktG, 4. Aufl., § 76 AktG Rz. 150; *Spindler* in MünchKomm. AktG, 3. Aufl., § 76 AktG Rz. 47; *Fleischer* in Spindler/Stilz, § 76 AktG Rz. 89.
77 Zu rechtstatsächlichen Erkenntnissen *Holtmann*, Personelle Verflechtungen, 1989, S. 89 ff.; vgl. auch *Streyl*, Vorstands-Doppelmandate, 1992, S. 118 ff.; *Martens* in FS Heinsius, 1991, S. 523, 530 ff.; *Fleischer* in Spindler/Stilz, § 76 AktG Rz. 92; zur Vertragsgestaltung bei Vorstandsdoppelmandaten *Fonk*, NZG 2010, 368 ff.
78 Vgl. OLG Köln v. 24.11.1992 – 22 U 72/92, ZIP 1993, 110, 114; LG Köln v. 3.2.1992 – 91 O 203/91, AG 1992, 238, 240; *Hüffer*, § 76 AktG Rz. 21; *Mertens/Cahn* in KölnKomm. AktG, 3. Aufl., § 76 AktG Rz. 70; *Kort* in Großkomm. AktG, 4. Aufl., § 76 AktG Rz. 178; *Spindler* in MünchKomm. AktG, 3. Aufl., § 76 AktG Rz. 56; *Fleischer* in Spindler/Stilz, § 76 AktG Rz. 93 m.w.N.; *Fonk*, NZG 2010, 368; *Aschenbeck*, NZG 2000, 1015, 1018; *Hoffmann-Becking*, ZHR 150 (1986), 570, 574; *Semler* in FS Stiefel, 1987, S. 719, 734; *Dreher* in FS E. Lorenz, 1994, S. 175, 183 ff.
79 *Mertens/Cahn* in KölnKomm. AktG, 3. Aufl., § 76 AktG Rz. 72, § 77 Rz. 39; *Spindler* in MünchKomm. AktG, 3. Aufl., § 76 AktG Rz. 56; *Aschenbeck*, NZG 2000, 1015, 1019; *Decher*, Personelle Verflechtungen im Aktienkonzern, 1990, S. 64 ff.; *Dreher* in FS E. Lorenz, 1994,

stands sind im Rahmen des faktischen Konzerns wie folgt zu lösen: In erster Linie hat sich das konfliktbefangene Vorstandsmitglied bei seiner Entscheidung ausschließlich von den Interessen desjenigen Pflichtenkreises leiten zu lassen, in dem es gerade tätig wird; Interessen des anderen Pflichtenkreises dürfen nur insoweit berücksichtigt werden, als sie mit ersteren nicht konfligieren[80]. Lässt sich eine punktuell wesentliche Interessenkollision hierdurch nicht auflösen bzw. vermeiden, besteht analog § 34 BGB ein gesetzliches Stimmverbot für das Vorstandsmitglied[81]. Besteht ein nachhaltiger, wesentlicher und nicht anders vermeidbarer Interessenkonflikt, so hat das Vorstandsmitglied sein Mandat niederzulegen oder es muss vom Aufsichtsrat einer Gesellschaft (im Zweifel der Tochtergesellschaft) abberufen werden. Diese Grundsätze gelten entsprechend auch bei einem Doppelmandat im Vorstand der herrschenden Gesellschaft und dem Aufsichtsrat einer abhängigen Gesellschaft[82].

## III. Zusammensetzung des Vorstands

### 1. Zahl der Vorstandsmitglieder (§ 76 Abs. 2)

19 **a)** Der Vorstand kann aus einer oder aus mehreren Personen bestehen (**§ 76 Abs. 2 Satz 1**). Dabei muss die Satzung die Zahl der Mitglieder des Vorstands oder die Regeln, nach denen diese Zahl festgelegt wird, bestimmen (§ 23 Abs. 3 Nr. 6). Sie kann demnach vorsehen, dass die Gesellschaft einen ein- oder mehrköpfigen Vorstand haben soll, die genaue Mitgliederzahl, eine Mindest- oder Höchstzahl oder eine Entscheidungsprärogative zugunsten des Aufsichtsrats regeln[83]. Die Satzung kann sich trotz § 23 Abs. 3 Nr. 6 auch auf die bloße Wiederholung der gesetzlichen Regelung in § 76 Abs. 2 Satz 1 beschränken, mit der Folge, dass dann der Aufsichtsrat darüber entscheidet, wie viele Mitglieder der Vorstand haben soll[84]. Bei der Entscheidung hat der Aufsichtsrat im Rahmen seines pflichtgemäßen Ermessens nach § 116 das Ziel der Arbeitseffizienz des Vorstands zu verfolgen und dabei die Unternehmensgröße, die Tätigkeitsbranchen, die Komplexität der Unternehmensstruktur u.ä. zu berücksich-

---

S. 175, 183 ff.; *Streyl*, Vorstands-Doppelmandate, 1992, S. 112 ff.; a.A. *Säcker*, ZHR 151 (1987), 59, 65 ff.

80 *Spindler* in MünchKomm. AktG, 3. Aufl., § 76 AktG Rz. 57; *Fleischer* in Spindler/Stilz, § 76 AktG Rz. 94; *Aschenbeck*, NZG 2000, 1015, 1021; *Hoffmann-Becking*, ZHR 150 (1986), 570, 578 f.; *Krieger* in MünchHdb. AG, § 69 Rz. 29; *Möllers* in Hommelhoff/Hopt/v. Werder, Hdb. Corporate Governance, 2. Aufl. 2009, S. 423, 434; *Streyl*, Vorstands-Doppelmandate, 1992, S. 173.

81 Vgl. *Hoffmann-Becking*, ZHR 150 (1986), 570, 579 ff.; *Semler* in FS Stiefel, 1987, S. 719, 757; ähnlich *Kort* in Großkomm. AktG, 4. Aufl., § 76 AktG Rz. 183 ff., 187 (§ 136 AktG, § 47 Abs. 4 GmbHG analog); krit. *Hüffer*, § 76 AktG Rz. 21 a.E.; *Spindler* in MünchKomm. AktG, 3. Aufl., § 76 AktG Rz. 58; *Möllers* in Hommelhoff/Hopt/v. Werder, Hdb. Corporate Governance, 2. Aufl. 2009, S. 423, 434; *Fleischer* in Spindler/Stilz, § 76 AktG Rz. 95 („tatbestandlich enger zugeschnittenes Stimmverbot entsprechend § 136 AktG" erwägend).

82 *Kort* in Großkomm. AktG, 4. Aufl., § 76 AktG Rz. 190 ff.; *Spindler* in MünchKomm. AktG, 3. Aufl., § 76 AktG Rz. 58 a.E.; *Martens* in FS Heinsius, 1991, S. 523, 529; *Hoffmann-Becking*, ZHR 150 (1986), 570, 577.

83 *Hüffer*, § 76 AktG Rz. 22; *Spindler* in MünchKomm. AktG, 3. Aufl., § 76 AktG Rz. 95; *Kort* in Großkomm. AktG, 4. Aufl., § 76 AktG Rz. 194; *Fleischer* in Spindler/Stilz, § 76 AktG Rz. 98; zur Zulässigkeit einer statutarischen Entscheidungskompetenz des Aufsichtsrats OLG Stuttgart v. 15.10.2008 – 20 K 19/07, AG 2009, 124, 126.

84 BGH v. 17.12.2001 – II ZR 288/99, ZIP 2002, 216; LG Köln v. 10.6.1998 – 91 O 15/98, AG 1999, 137; KG, KGJ 24, A194, 197; *Hüffer*, § 76 AktG Rz. 22; *Kort* in Großkomm. AktG, 4. Aufl., § 76 AktG Rz. 194 f.; *Spindler* in MünchKomm. AktG, 3. Aufl., § 76 AktG Rz. 95; *Fleischer* in Spindler/Stilz, § 76 AktG Rz. 98; abw. *Schäfer*, ZGR 2003, 147, 160 f.

tigen[85]. Ziff. 4.2.1 DCGK sieht als Empfehlung die Bildung eines mehrköpfigen Vorstands vor, was bei börsennotierten Unternehmen regelmäßig sachgerecht sein wird.

**b)** Bei Gesellschaften, deren Grundkapital 3 Mio. Euro übersteigt, muss der Vorstand – vorbehaltlich einer abweichenden Satzungsregelung – aus mindestens zwei Personen bestehen (**§ 76 Abs. 2 Satz 2**). Die Satzung kann ausdrücklich vorschreiben, dass der Vorstand (nur) aus einer Person besteht, allerdings ist auch die gesetzeswiederholende Formulierung hinreichend, dass der Vorstand aus einer oder mehreren Personen bestehen kann[86]. 20

**c)** Hat ein Vorstand weniger Mitglieder, als er nach Gesetz oder Satzung haben muss (**Unterbesetzung**), so ist der Aufsichtsrat verpflichtet, die fehlenden Mitglieder unverzüglich zu bestellen (§ 84), ggf. ist das Verfahren der gerichtlichen Bestellung einzuleiten (§ 85). Die Unterbesetzung des Vorstands beeinträchtigt die Handlungsfähigkeit der AG solange nicht, wie das Handeln von Vorstandsmitgliedern in vertretungsberechtigter Zahl genügt und diese Zahl vorhanden ist[87]. Soweit allerdings der Vorstand als Kollegialorgan tätig werden muss (z.B. §§ 90–92, 121 Abs. 2, 124 Abs. 3 Satz 1, 161, 170 Abs. 1 und Abs. 2, 172, 245 Nr. 4), ist er insbesondere nach der Rechtsprechung handlungsunfähig[88]. Die scharfe Rechtsfolge der Handlungsunfähigkeit ist indes nicht gerechtfertigt, soweit Vorstandsmaßnahmen bloße Realakte (§§ 90, 91), innergesellschaftliche Verfahrenshandlungen ohne rechtsgeschäftlichen Charakter (§§ 121 Abs. 2, 170 Abs. 1) oder im öffentlichen Interesse liegende Anträge sind (§ 92)[89]. Für die Beschlussfassung über die Einberufung einer Hauptversammlung oder für den Feststellungsbeschluss des Jahresabschlusses ist der Vorstand nicht handlungsfähig[90]; im letzteren Fall gilt die Nichtigkeitsfolge nach § 256 Abs. 2[91]. Bei **Überbesetzung des Vorstands** bleibt die AG wirksam vertreten[92]; die Bestellung des überzähligen Vorstands ist aus Verkehrsschutzgründen als wirksam anzusehen[93]. 21

## 2. Arbeitsdirektor

Die dem MitbestG, MontanMitbestG und MitbestErgG unterfallenden Gesellschaften haben als gleichberechtigtes Mitglied des Vorstands einen Arbeitsdirektor zu be- 22

---

85 Ähnlich *Kort* in Großkomm. AktG, 4. Aufl., § 76 AktG Rz. 197; *Spindler* in MünchKomm. AktG, 3. Aufl., § 76 AktG Rz. 95.
86 LG Köln v. 10.6.1998 – 91 O 15/98, AG 1999, 137 f.; *Hüffer*, § 76 AktG Rz. 22, *Mertens/Cahn* in KölnKomm. AktG, 3. Aufl., § 76 AktG Rz. 107; *Spindler* in MünchKomm. AktG, 3. Aufl., § 76 AktG Rz. 96; *Möhring*, NJW 1966, 1, 5; a.A. *Tiefenbacher*, BB 1965, 1197; *Barz*, AG 1966, 41.
87 LG Berlin v. 30.10.1990 – 98 T 39/90, AG 1991, 244, 245; *Hüffer*, § 76 AktG Rz. 23; *Mertens/Cahn* in KölnKomm. AktG, 3. Aufl., § 76 AktG Rz. 110; *Spindler* in MünchKomm. AktG, 3. Aufl., § 76 AktG Rz. 97; *Möhring*, NJW 1966, 1, 5; *Rottnauer*, NZG 2000, 414, 416.
88 BGH v. 12.11.2001 – II ZR 225/99 – „Sachsenmilch III", BGHZ 149, 158, 161; OLG Dresden v. 31.8.1999 – 13 U 1215/99, AG 2000, 43, 44 f.; LG Heilbronn v. 19.11.1999 – 3 KfH O 227/99, AG 2000, 373, 374; LG Dresden v. 25.9.1998 – 41 O 1133/96, AG 1999, 46, 47; *Spindler* in MünchKomm. AktG, 3. Aufl., § 76 AktG Rz. 98; *Wiesner* in MünchHdb. AG, § 19 Rz. 37; *Möhring*, NJW 1966, 1, 5.
89 *Hüffer*, § 76 AktG Rz. 23; i.E. ebenso *Fleischer* in Spindler/Stilz, § 76 AktG Rz. 104; *Schäfer*, ZGR 2003, 147, 153 f.; weitergehend *Kort* in Großkomm. AktG, 4. Aufl., § 76 AktG Rz. 199; *Götz*, ZIP 2002, 1745, 1748 ff.; *Priester* in FS Kropff, 1997, S. 591, 597 ff.; *Rottnauer*, NZG 2000, 414, 416 ff.
90 *Hüffer*, § 76 AktG Rz. 23; i.E. ebenso *Mertens/Cahn* in KölnKomm. AktG, 3. Aufl., § 76 AktG Rz. 111.
91 *Hüffer*, § 76 AktG Rz. 23.
92 *Hüffer*, § 76 AktG Rz. 23; *Mertens/Cahn* in KölnKomm. AktG, 3. Aufl., § 76 AktG Rz. 109; *Spindler* in MünchKomm. AktG, 3. Aufl., § 76 AktG Rz. 99; *Fleischer* in Spindler/Stilz, § 76 AktG Rz. 101.
93 *Mertens/Cahn* in KölnKomm. AktG, 3. Aufl., § 76 AktG Rz. 198.

stellen (§ 33 Abs. 1 Satz 1 MitbestG, § 13 Abs. 1 MontanMitbestG, § 13 Mitbest-ErgG). *De lege ferenda* ist der gesetzliche Zwang zur Bestellung eines Arbeitsdirektors aufzugeben und in den Bereich der Satzungsautonomie zu überführen[94]. Die mitbestimmungsrechtlichen Sonderregelungen bleiben „unberührt" (§ 76 Abs. 2 Satz 3), d.h. sie gehen den generellen Regeln zur Vorstandszusammensetzung vor. Während (nur) im Geltungsbereich des MontanMitbestG ein besonderes Wahlerfordernis besteht, das sicherstellen soll, dass der Arbeitsdirektor das besondere Vertrauen der Arbeitnehmervertreter genießt und demzufolge der Arbeitsdirektor nicht gegen die Stimmen der Mehrheit der Arbeitnehmervertreter im Aufsichtsrat bestellt werden kann (§ 13 Abs. 1 Satz 2 MontanMitbestG), gilt dies bei § 33 MitbestG und § 13 MitbestErgG nicht, so dass hier eine **Bestellung** des Arbeitsdirektors auch gegen den Willen der Arbeitnehmervertreter im Aufsichtsrat erfolgen kann[95]. Die Bestellung des Arbeitsdirektors erfolgt wie die der anderen Vorstandsmitglieder (vgl. § 31 Abs. 2–4 MitbestG, § 12 MontanMitbestG), und zwar unabhängig davon, ob es sich bei dem Kandidaten bereits um ein Mitglied des Vorstands handelt oder nicht[96]. Mit seiner Bestellung wird dem Arbeitsdirektor kraft Gesetzes zugleich ein **unabdingbarer Mindestzuständigkeitsbereich** (Kernbereich) zugewiesen, der ihm weder durch Satzung noch durch Geschäftsordnung entzogen werden kann[97] und der insbesondere das Personalwesen, das Gesundheitswesen, den Arbeitsschutz, die Berufsaus- und Weiterbildung sowie die Sozial- und Altersfürsorge umfasst[98], nicht aber den Personal- und Sozialbereich der leitenden Angestellten[99]. Aus dem Bestehen des Mindestzuständigkeitsbereichs folgt nicht, dass dem Arbeitsdirektor auch die Alleinzuständigkeit in Personal- und Sozialangelegenheiten oder ein Letztentscheidungsrecht für sein Ressort zukommen muss[100]. Der Arbeitsdirektor ist ein **gleichberechtigtes Mitglied des Vorstands**. Hieraus folgt allerdings kein Anspruch darauf, Alleinvertretungsbefugnis zu erhalten, selbst wenn den übrigen Vorstandsmitgliedern diese Befugnis verliehen ist[101]. Auch eine andere differenzierende Behandlung von Vorstandsmitgliedern (z.B. Stichentscheidungsrecht des Vorsitzenden zur Auflösung von Patt-Situationen; s. § 77 Rz. 13) sind zulässig, es sei denn, es handelt sich ausnahmsweise um eine offensichtliche Diskriminierung[102].

23 Aus der Bedeutung der mitbestimmungsrechtlichen Vorschriften zum Arbeitsdirektor für die Verwirklichung der Unternehmensmitbestimmung auch im Vorstand sowie aus der Pflicht effektiver Tätigkeitsausübung im Kernbereich der Personal- und

---

94 So bereits *Seibt*, NZA 2004, 767, 775; *Seibt*, AG 2005, 413 (422 und 427 zur SE).
95 *Seibt* in Henssler/Willemsen/Kalb, ArbR-Komm., § 33 MitbestG Rz. 1.
96 *Seibt* in Henssler/Willemsen/Kalb, ArbR-Komm., § 33 MitbestG Rz. 2; *Oetker* in ErfKomm., § 33 MitbestG Rz. 3; *Henssler* in Ulmer/Habersack/Henssler, § 33 MitbestG Rz. 9.
97 Vgl. OLG Frankfurt a.M. v. 23.4.1985 – 5 U 149/84 – „Sperry", DB 1985, 1459; *Seibt* in Henssler/Willemsen/Kalb, ArbR-Komm., § 33 MitbestG Rz. 3; *Oetker* in ErfKomm., § 33 MitbestG Rz. 18; *Säcker*, DB 1977, 1993, 1994; a.A. *Hoffmann*, BB 1977, 17, 19.
98 Hierzu *Spieker*, BB 1968, 1089, 1090; *Köstler/Kittner/Zachert/Müller*, Aufsichtsratspraxis, Rz. 642 f.; *Oetker* in ErfKomm., § 33 MitbestG Rz. 19; vgl. auch LG Frankfurt a.M. v. 26.4.1984 – 3/6 O 210/83 – „Sperry", AG 1984, 276, 277; *Seibt* in Henssler/Willemsen/Kalb, ArbR-Komm., § 33 MitbestG Rz. 3.
99 *Seibt* in Henssler/Willemsen/Kalb, ArbR-Komm., § 33 MitbestG Rz. 3; *Oetker* in ErfKomm., § 33 MitbestG Rz. 20; *Henssler* in Ulmer/Habersack/Henssler, § 33 MitbestG Rz. 45 ff.; *Hoffmann*, BB 1976, 1233, 1234; a.A. *Reich/Lewerenz*, AuR 1976, 353, 368; *Säcker*, DB 1977, 1993, 1994.
100 Vgl. OLG Frankfurt a.M. v. 23.4.1985 – 5 U 149/84 – „Sperry", DB 1985, 1459, 1460; *Seibt* in Henssler/Willemsen/Kalb, ArbR-Komm., § 33 MitbestG Rz. 4; *Oetker* in ErfKomm., § 33 MitbestG Rz. 21.
101 *Seibt* in Henssler/Willemsen/Kalb, ArbR-Komm., § 33 MitbestG Rz. 8; *Oetker* in ErfKomm., § 33 MitbestG Rz. 10; *Hoffmann*, BB 1977, 17, 21.
102 *Seibt* in Henssler/Willemsen/Kalb, ArbR-Komm., § 33 MitbestG Rz. 8 m.w.N.

Sozialfragen folgt, dass der Vorstand im Regelfall mit mindestens zwei Mitgliedern zu besetzen ist und entgegenstehende Satzungsregelungen nichtig sind[103]; allerdings gilt dies nicht (teleologische Reduktion) bei funktionslosen Zwischenholdinggesellschaften oder ähnlichen Konstellationen[104]. Ist ein Arbeitsdirektor (noch) nicht bestellt, ist der Vorstand trotzdem handlungsfähig, sofern er nur die zur gesetzlichen Vertretung des Unternehmens erforderliche Mitgliederzahl besitzt[105]. Kommt es nicht zur Bestellung eines Arbeitsdirektors, so kann entsprechend § 85 Abs. 1 gerichtlich ein Notvorstand als Arbeitsdirektor bestellt werden, sofern ausnahmsweise ein „dringender Fall" vorliegt, also der Vorstand in seiner Gesamtheit wegen des Fehlens des Arbeitsdirektors zur Erfüllung der ihm obliegenden Aufgaben nicht in der Lage ist[106].

## IV. Eignung zum Vorstandsmitglied (§ 76 Abs. 3)

### 1. Natürliche Person

Nur natürliche, unbeschränkt geschäftsfähige Personen können ein Vorstandsamt übernehmen (§ 76 Abs. 3 Satz 1). Sie dürfen auch nicht i.S. von §§ 1896 ff., 1903 BGB unter Betreuung mit Einwilligungsvorbehalt stehen (§ 76 Abs. 3 Satz 2; s. auch Rz. 27). Juristische Personen oder Personengesellschaften können – anders als z.B. bei der niederländischen *Naamloze Vennootschap* (NV) – nicht Vorstandsmitglied sein[107]. Unerheblich ist die Staatsangehörigkeit, der Wohnsitz oder ein Aktienbesitz (es gilt das Prinzip der Fremdorganschaft, welches aber eine Personalunion zwischen Aktionärs- und Organstellung nicht ausschließt). Allerdings muss das Vorstandsmitglied jederzeit nach Deutschland einreisen können, da ansonsten die Teilnahme an Vorstandssitzungen und die persönliche Befassung mit den Geschicken der AG vor Ort ausgeschlossen wäre[108]. Bei Ausländern entscheidet über die Geschäftsfähigkeit deren Heimatstatut (Art. 7 Abs. 1 EGBGB)[109]. 24

---

103 So *Hüffer*, § 76 AktG Rz. 24; *Mertens/Cahn* in KölnKomm. AktG, 3. Aufl., § 76 AktG Rz. 108; *Kort* in Großkomm. AktG, 4. Aufl., § 76 AktG Rz. 203 f.; *Spindler* in MünchKomm. AktG, 3. Aufl., § 76 AktG Rz. 100; *Seibt* in Henssler/Willemsen/Kalb, ArbR-Komm., § 33 MitbestG Rz. 2; *Oetker* in ErfKomm., § 33 MitbestG Rz. 3; *Henssler* in Ulmer/Habersack/Henssler, § 33 MitbestG Rz. 2 und § 30 MitbestG Rz. 6; *Raiser*, § 33 MitbestG Rz. 6; a.A. (Zulässigkeit eines einköpfigen Organs) *Overlack*, ZHR 141 (1977), 125, 128 f.
104 *Seibt* in Henssler/Willemsen/Kalb, ArbR-Komm., § 33 MitbestG Rz. 2.
105 *Seibt* in Henssler/Willemsen/Kalb, ArbR-Komm., § 33 MitbestG Rz. 2.
106 Vgl. *Seibt* in Henssler/Willemsen/Kalb, ArbR-Komm., § 33 MitbestG Rz. 2; *Oetker* in ErfKomm., § 33 MitbestG Rz. 5; *Hoffmann*, BB 1977, 17, 21; a.A. *Gach* in MünchKomm. AktG, 3. Aufl., § 33 MitbestG Rz. 14 (in der besprochenen Konstellation handele es sich stets um einen dringenden Fall).
107 *Hüffer*, § 76 AktG Rz. 25; *Kort* in Großkomm. AktG, 4. Aufl., § 76 AktG Rz. 207; *Spindler* in MünchKomm. AktG, 3. Aufl., § 76 AktG Rz. 103; *Fleischer* in Spindler/Stilz, § 76 AktG Rz. 92.
108 *Hüffer*, § 76 AktG Rz. 25; *Kort* in Großkomm. AktG, 4. Aufl., § 76 AktG Rz. 209; *Spindler* in MünchKomm. AktG, 3. Aufl., § 76 AktG Rz. 104; *Thüsing* in Fleischer, Handbuch des Vorstandsrechts, § 4 Rz. 11; für die GmbH: OLG Frankfurt v. 22.2.2001 – 20 W 376/2000, FGPrax 2001, 124; OLG Hamm v. 9.8.1999 – 15 W 181/99, NZG 1999, 1004; OLG Köln v. 30.9.1998 – 2 Wx 22/98, GmbHR 1999, 182, 183; LG Rostock v. 22.12.2003 – 5 T 9/03, NZG 2004, 532; *Erdmann*, NZG 2002, 503, 505 ff.; a.A. OLG Dresden v. 5.11.2002 – 2 U 1433/02, NZG 2003, 628, 629; *Wiesner* in MünchHdb. AG, § 20 Rz. 1; *Mertens/Cahn* in KölnKomm. AktG, 3. Aufl., § 76 AktG Rz. 115; *Erdmann*, NZG 2002, 503, 506 f.
109 *Kort* in Großkomm. AktG, 4. Aufl., § 76 AktG Rz. 208; *Spindler* in MünchKomm. AktG, 3. Aufl., § 76 AktG Rz. 104 a.E.

## 2. Statutarische Eignungsvoraussetzungen

25 Die Satzung kann besondere Eignungsvoraussetzungen für die Übernahme eines Vorstandsamtes vorschreiben, wobei der Umfang zulässiger Auswahlrichtlinien und deren Verbindlichkeit umstritten sind. Nach zutreffender h.M. ist die Festlegung bestimmter Eignungsvoraussetzungen (z.B. Mindest- oder Höchstalter, Beendigung bestimmter Berufsausbildung, Zeitraum absolvierter Berufstätigkeit, Familienzugehörigkeit, deutsche Staatsangehörigkeit, inländischer Wohnsitz) **zulässig, soweit sie sachbezogen sind und das Auswahlermessen des Aufsichtsrats nicht unverhältnismäßig einengen**[110]. Nach der Gegenansicht[111] haben solche Satzungsbestimmungen nur Sollcharakter, und der Aufsichtsrat soll berechtigt sein, sich über eine solche Bestimmung nach pflichtgemäßem Ermessen hinwegzusetzen, da der Aufsichtsrat im Augenblick der tatsächlich anstehenden Bestellung die Eignung besser entscheiden könne als der Satzungsgeber. Diese Einschränkung überzeugt vor dem Hintergrund der aktienrechtlichen Kompetenzabgrenzung nicht, da der Satzungsgeber auch die inhaltlichen Leitlinien vorgeben kann, die die AG in Gestalt des Unternehmenszwecks und Unternehmensgegenstandes zu befolgen hat, so dass ihm auch die Berechtigung zuzubilligen ist, durch Satzungsregelung die Verwirklichung dieser inhaltlichen Ziele durch entsprechende personelle Maßnahmen zu erreichen[112]. Allerdings kann der Aufsichtsrat die Grenzen einer Satzungsbestimmung dann nach pflichtgemäßer Prüfung (§ 116) überwinden, wenn die Richtlinien offenkundig willkürliche, sachlich nicht gerechtfertigte Kriterien auferlegen (z.B. in aller Regel Geschlecht) oder die Auswahlmöglichkeit entwertet, wenn z.B. nur eine geringe Anzahl von Personen die statutarischen Vorgaben überhaupt erfüllen. Das Benachteiligungsverbot in § 7 AGG begrenzt die Satzungsautonomie nur insoweit, als die Festlegung eines Höchstalters unter 58 Jahren bei Bestellung unzulässig ist; die Statuierung eines Mindestalters ist nach § 10 Satz 3 Nr. 2 AGG ausdrücklich erlaubt[113].

26 Für **mitbestimmte Gesellschaften** werden zuweilen Einschränkungen der Verbindlichkeit von statutarischen Eignungsvoraussetzungen vorgeschlagen. So wird die Ermessensbindung der Satzungsregelung auf die Anteilseignervertreter im Aufsichtsrat beschränkt[114] oder eine bindende Festlegung von Eignungsvoraussetzungen hier gänzlich abgelehnt[115]. Weder aus § 25 MitbestG noch aus § 31 MitbestG lässt sich ein irgendwie gearteter Wertungsvorrang des MitbestG vor dem AktG begründen, so dass für eine Sonderbehandlung mitbestimmter Aufsichtsräte insgesamt oder der Arbeitnehmervertreter im Aufsichtsrat kein Raum ist. Eine unterschiedliche Ermessensbindung der Aufsichtsratsmitglieder abhängig vom jeweiligen Wahlkörper verstieße überdies gegen den Grundsatz gleicher Organrechte und -pflichten sowie der einheitlichen Organverantwortung aller Aufsichtsratsmitglieder[116].

---

110 *Hüffer*, § 76 AktG Rz. 26; *Kort* in Großkomm. AktG, 4. Aufl., § 76 AktG Rz. 225; *Spindler* in MünchKomm. AktG, 3. Aufl., § 76 AktG Rz. 108; *Fleischer* in Spindler/Stilz, § 76 AktG Rz. 113 ff.; *Wiesner* in MünchHdb. AG, § 20 Rz. 5; *Geßler* in FS Luther, 1976, S. 82.
111 *Mertens/Cahn* in KölnKomm. AktG, 3. Aufl., § 76 AktG Rz. 116; *Lutter/Krieger*, Aufsichtsrat, Rz. 340; *Hommelhoff*, BB 1977, 322, 324 ff.
112 Zutr. *Spindler* in MünchKomm. AktG, 3. Aufl., § 76 AktG Rz. 108.
113 Zutr. *Lutter*, BB 2007, 725, 729 f.
114 So *Mertens*, ZGR 1977, 270, 287 f.
115 *Säcker*, DB 1977, 1791, 1792 f.; *Ballerstedt*, ZGR 1977, 133, 155; *Naendrup* in GemKomm. MitbestG, § 25 Rz. 105 f.
116 So auch *Ulmer/Habersack* in Ulmer/Habersack/Henssler, § 31 MitbestG Rz. 12; *Spindler* in MünchKomm. AktG, 3. Aufl., § 76 AktG Rz. 109; zum Grundsatz gleicher Rechts- und Pflichtenstellung von Anteilseigner- und Arbeitnehmervertreter *Seibt* in Henssler/Willemsen/Kalb, ArbR-Komm., § 25 MitbestG Rz. 15 f.

## 3. Bestellungshindernisse

Die Bestimmungen des § 76 Abs. 3 Sätze 2 und 3 enthalten gesetzliche Bestellungshindernisse, deren Umfang durch das MoMiG[117] aus Gründen einer verschärften Sanktionierung und damit verbesserten Prävention bestimmter Pflichtverletzungen erweitert wurde. Die durch das MoMiG neu strukturierten Bestellungshindernisse sind in drei Gruppen klassifiziert, nämlich in (1) das Bestehen eines Einwilligungsvorbehalts bei Betreuten (frühere Rechtslage: Geschäftsunfähigkeit nach § 104 Nr. 3 BGB), (2) das Bestehen eines Berufs- oder Gewerbeverbots (Rz. 28) sowie (3) die Verurteilung wegen einer vorsätzlich begangenen Katalogstraftat (Rz. 29). Ein gesetzliches Bestellungshindernis besteht zunächst für denjenigen, der als Betreuter bei Besorgung seiner Vermögensangelegenheiten ganz oder teilweise einem Einwilligungsvorbehalt (§ 1903 BGB) unterliegt (§ 76 Abs. 3 Satz 2 Nr. 1), wobei eine solche Vorbehaltsanordnung nur zur Abwendung einer erheblichen Gefahr für die Person oder das Vermögen des Betreuten zulässig ist[118].

27

Darüber hinaus beseht ein Bestellungshindernis bei einem durch rechtskräftiges Urteil (vgl. § 70 StGB) oder eine vollziehbare Entscheidung einer Verwaltungsbehörde (vgl. z.B. § 35 Abs. 1 GewO oder gewerberechtliche Spezialregelungen) angeordneten Berufs- oder Gewerbeverbot und zumindest partieller Übereinstimmung von Unternehmensgegenstand und Gegenstand des Berufs- oder Gewerbeverbots (§ 76 Abs. 3 Satz 2 Nr. 2). Vorläufige Anordnungen nach § 132 Abs. 2 StPO werden nicht erfasst[119]. Das Bestellungshindernis besteht nur, solange das entsprechende Verbot wirkt[120]; mit der Aussetzung eines Berufsverbots nach § 70a StGB entfällt auch das Bestellungshindernis für deren Dauer[121]. Es sind bestimmte Personen kraft Bundes- bzw. Landesverfassungsrechts von der Bestellung zum Vorstand ausgeschlossen (z.B. Bundespräsident, Mitglieder der Bundesregierung); Beamte bedürfen zum Eintritt in den Vorstand einer beamtenrechtlichen Genehmigung (§§ 99 Abs. 1, 100 BBG bzw. Landesbeamtengesetze)[122]. Die Tätigkeit als Steuerberater ist mit dem Vorstandsamts unvereinbar (§ 57 StBerG)[123].

28

Nach der auch in der 1. Auflage (Rz. 27) geforderten systematischen Weiterentwicklung des Kreises der zu einem Bestellungshindernis führenden Straftaten gehören hierzu die rechtskräftigen Verurteilungen (1) wegen Insolvenzverschleppung (§ 15a Abs. 4 InsO), (2) wegen einer Insolvenzstraftat (nach §§ 283–283d StGB), (3) wegen falscher Angaben nach § 399 AktG oder § 82 GmbHG, (4) wegen unrichtiger Darstellungen nach § 400 AktG, § 331 HGB, § 313 UmwG oder § 17 PublG oder (5) mit einer Freiheitsstrafe von mindestens einem Jahr wegen Kreditbetrugs (§ 265b StGB), Untreue (§ 266 StGB) oder Vorenthaltens und Veruntreuens von Arbeitsentgelten (§ 266a StGB). In sämtlichen Fällen gilt die Inhabilität mit Rechtskraft des Urteils und für die Dauer von fünf Jahren (Fristberechnung nach §§ 187 ff. BGB), wobei die Zeit nicht eingerechnet wird, in welcher der Täter infolge behördlicher Anordnung in einer Anstalt verwahrt worden ist (§ 76 Abs. 3 Satz 2 Nr. 3 letzter Hs.). Das Gesetz

29

---

117 Gesetz zur Modernisierung des GmbH-Rechts und zur Bekämpfung von Missbräuchen vom 23.10.2008, BGBl. I 2008, 2026.
118 *Diederichsen* in Palandt, § 1903 BGB Rz. 4 f.
119 *Spindler* in MünchKomm. AktG, 3. Aufl., § 76 AktG Rz. 112; *Thüsing* in Fleischer, Handbuch des Vorstandsrechts, § 4 Rz. 10.
120 *Hüffer*, § 76 AktG Rz. 27; *Spindler* in MünchKomm. AktG, 3. Aufl., § 76 AktG Rz. 112.
121 *Mertens/Cahn* in KölnKomm. AktG, 3. Aufl., § 76 AktG Rz. 118.
122 Übersicht hierzu bei *Spindler* in MünchKomm. AktG, 3. Aufl., § 84 AktG Rz. 32.
123 Hierzu BGH v. 4.3.1996 – StbSt (R) 4/95, AG 1996, 366.

differenziert nicht – wie an sich verfassungsrechtlich vorgegeben[124] – die Zeitdauer des Bestellungshindernisses nach Maßgabe des typisierten Unrechtsgehalts der jeweiligen Katalogstraftat, sondern das MoMiG will den verfassungsrechtlichen Anforderungen dadurch nachkommen, dass (1) nur vorsätzlich begangene Straftaten zur Amtsunfähigkeit führen (also insbesondere fahrlässige Insolvenzstraftaten nicht erfasst werden), (2) die Verurteilung wegen Betrugstatbeständen der §§ 263, 263a, 264 und 264a StGB nicht als Katalogtatbestand aufgenommen worden ist und (3) bei der Verurteilung wegen Straftaten nach §§ 265b, 266 und 266a StGB qualifizierend eine Freiheitsstrafe von mindestens einem Jahr verhängt worden sein muss. Ein Bestellungshindernis besteht – wegen der fortschreitenden Internationalisierung des Wirtschaftsverkehrs zu Recht – auch dann, wenn eine Verurteilung wegen einer mit den in § 76 Abs. 3 Satz 2 Nr. 3 aufgeführten Katalogtatbeständen vergleichbaren ausländischen Straftat vorliegt (§ 76 Abs. 3 Satz 3). Die Verurteilung wegen einer Katalogstraftat (§ 76 Abs. 3 Satz 2 Nr. 3, Satz 3) ist ein gesetzliches Verbot i.S. von § 134 BGB[125], das von Rechts wegen wirkt, so dass darüber hinaus keine Abberufung des Vorstands erforderlich ist[126]. Die Verurteilung wegen anderer Straftaten führt nicht zu einem Bestellungshindernis.

# § 77
# Geschäftsführung

**(1) Besteht der Vorstand aus mehreren Personen, so sind sämtliche Vorstandsmitglieder nur gemeinschaftlich zur Geschäftsführung befugt. Die Satzung oder die Geschäftsordnung des Vorstands kann Abweichendes bestimmen; es kann jedoch nicht bestimmt werden, dass ein oder mehrere Vorstandsmitglieder Meinungsverschiedenheiten im Vorstand gegen die Mehrheit seiner Mitglieder entscheiden.**

**(2) Der Vorstand kann sich eine Geschäftsordnung geben, wenn nicht die Satzung den Erlass der Geschäftsordnung dem Aufsichtsrat übertragen hat oder der Aufsichtsrat eine Geschäftsordnung für den Vorstand erlässt. Die Satzung kann Einzelfragen der Geschäftsordnung bindend regeln. Beschlüsse des Vorstands über die Geschäftsordnung müssen einstimmig gefasst werden.**

| | | | |
|---|---|---|---|
| I. Regelungsgegenstand und Normzweck | 1 | 2. Gesamtgeschäftsführung | 5 |
| II. Prinzip der Gesamtgeschäftsführung (§ 77 Abs. 1 Satz 1) | 4 | III. Willensbildung, Geschäftsverteilung und Binnenorganisation (§ 77 Abs. 1 Satz 2) | 7 |
| 1. Begriff der Geschäftsführung | 4 | | |

---

124 Ebenso *Mertens/Cahn* in KölnKomm. AktG, 3. Aufl., § 76 AktG Rz. 123; vgl. zu verfassungsrechtlichen Bedenken an § 76 Abs. 3 Satz 3 AktG a.F. *Kort* in Großkomm. AktG, 4. Aufl., § 76 AktG Rz. 216; *Spindler* in MünchKomm. AktG, 3. Aufl., § 76 AktG Rz. 111; *Hüffer*, § 76 AktG Rz. 27; für die GmbH: *Stein*, AG 1987, 165, 171 ff.
125 Vgl. OLG Naumburg v. 10.11.1999 – 7 Wx 7/99, FGPrax 2000, 121 (zur GmbH); BayObLG v. 16.7.1982 – 3 Z 74/82, BB 1982, 1508; *Mertens/Cahn* in KölnKomm. AktG, 3. Aufl., § 76 AktG Rz. 122; *Hüffer*, § 76 AktG Rz. 27; *Kort* in Großkomm. AktG, 4. Aufl., § 76 AktG Rz. 221; *Spindler* in MünchKomm. AktG, 3. Aufl., § 76 AktG Rz. 111.
126 BayObLG v. 16.7.1982 – 3 Z 74/82, BB 1982, 1508; OLG Frankfurt v. 4.3.1994 – 20 W 49/94, FGPrax 1995, 42; *Hüffer*, § 76 AktG Rz. 27; *Kort* in Großkomm. AktG, 4. Aufl., § 76 AktG Rz. 215, 221; *Spindler* in MünchKomm. AktG, 3. Aufl., § 76 AktG Rz. 111; *W.H. Roth*, JZ 1990, 1030.

1. Abweichende Regelung durch Satzung oder Geschäftsordnung ...... 7
2. Einstimmigkeitsprinzip und Mehrheitsbeschluss ............... 8
   a) Beschluss ................. 8
   b) Mehrheitsprinzip ........... 10
3. Verbot des Alleinentscheidungsrechts ..................... 13
4. Veto-Recht .................. 14
5. Geschäftsverteilung ........... 16
6. Binnenorganisation und Gestaltungsgrenzen .................... 19
   a) Organisationsmuster ........ 20
   b) CEO-Modell ............... 21
7. Gesetzliche Beschränkungen der Geschäftsführungsbefugnis und Vorgaben zur Binnenorganisation ... 22
   a) Regulierte Unternehmensbranchen .................... 22
   b) Unternehmensmitbestimmung .. 23

IV. Geschäftsordnung (§ 77 Abs. 2) ..... 24
1. Inhalt ..................... 24
2. Zuständigkeit ................ 25
3. Form ...................... 28
4. Wirkung und Geltungsdauer ...... 29
5. Mitbestimmte Gesellschaften ..... 30

**Literatur:** *Bernhardt/Witt*, Unternehmensleitung im Spannungsfeld zwischen Ressortverteilung und Gesamtverantwortung, ZfB 69 (1999), 825; *Bezzenberger*, Der Vorstandsvorsitzende der Aktiengesellschaft, ZGR 1996, 661; *Endres*, Organisation der Unternehmensleitung aus Sicht der Praxis, ZHR 163 (1999), 441; *Erle*, Das Vetorecht des Vorstandsvorsitzenden in der Aktiengesellschaft, AG 1987, 7; *Fleischer*, Zum Grundsatz der Gesamtverantwortung im Aktienrecht, NZG 2003, 449; *Frühauf*, Geschäftsleitung in der Unternehmenspraxis, ZGR 1998, 407; *v. Hein*, Vom Vorstandsvorsitzenden zum CEO?, ZHR 166 (2002), 464; *Hoffmann-Becking*, Zur rechtlichen Organisation der Zusammenarbeit im Vorstand der AG, ZGR 1998, 497; *Martens*, Der Grundsatz gemeinsamer Vorstandsverantwortung, in FS Fleck, 1998, S. 191; *Säcker*, Die Geschäftsordnung für das zur gesetzlichen Vertretung eines mitbestimmten Unternehmens befugte Organ, DB 1977, 1993; *Schiessl*, Gesellschafts- und mitbestimmungsrechtliche Probleme der Spartenorganisation (Divisionalisierung), ZGR 1992, 64; *Schwark*, Spartenorganisation in Großunternehmen und Unternehmensrecht, ZHR 142 (1978), 203; *Schwark*, Virtuelle Holding und Bereichsvorstände, in FS Ulmer, 2003, S. 605; *Spicker*, Die haftungsrechtliche Verantwortlichkeit der Mitglieder eines mehrköpfigen Vorstandes in der nichtkonzerngebundenen AG, DB 1962, 927; *Wicke*, Der CEO im Spannungsverhältnis zum Kollegialprinzip, NJW 2007, 3755.

## I. Regelungsgegenstand und Normzweck

Die Vorschrift des § 77 weist die Geschäftsführung der AG als Bestandteil der Leistungskompetenz implizit dem Vorstand zu, ergänzt durch die gesetzliche Zuweisung einzelner Rechte und Pflichten zum Vorstand (z.B. §§ 83, 90, 91, 92, 110 Abs. 1, 118 Abs. 2, 170). Die Geschäftsführungsbefugnis ist eine im Grundsatz (§ 76 Rz. 10) allein dem Vorstand zukommende Organbefugnis, so dass anderen Führungskräften (und zwar selbst sog. Bereichsvorständen, die keine Organpersonen sondern leitende Angestellte sind) oder sogar unternehmensfremden Dritten **organschaftliche Aufgaben nicht übertragen** werden können[1]; unberührt bleibt die schuldrechtliche Delegationsbefugnis solcher Geschäftsführungsmaßnahmen, die nicht zur Unternehmensleitung i.S. von § 76 Abs. 1 gehören (§ 76 Rz. 10). 1

Für die Ausübung der Geschäftsführung durch einen mehrköpfigen Vorstand regelt § 77 Abs. 1 das **Prinzip der Gesamtgeschäftsführung** (*Kollegialprinzip*). Dieses Prinzip entspricht der für die Vertretung in § 78 Abs. 2 Satz 1 getroffenen Grundregelung; dieser Gleichlauf wurde durch das AktG 1965 klargestellt, in dem neben der bereits bestehenden Regelung zur Vertretungsbefugnis nun auch mit § 77 Abs. 1 die Gesamtge- 2

---

1 *Hüffer*, § 77 AktG Rz. 5; *Hoffmann-Becking*, ZGR 1998, 497, 510.

schäftsführungsbefugnis geregelt wurde[2]. Der Gesetzgeber hat das Kollegialprinzip als Grundregelung verankert, um eine **ausgewogene Entscheidungsfindung** zu erreichen, in der verschiedene fachliche Eingaben berücksichtigt wurden[3]. Der durch das Kollegialprinzip ausgelöste Abstimmungsbedarf im Gesamtvorstand senkt die Gefahr vorgefasst-einseitiger Beschlüsse, führt insgesamt zu einer Kontinuität der Willensbildung im Vorstand[4] und ergänzt das Kollegialprinzip die vertikale Fremdkontrolle des Vorstands durch den Aufsichtsrat um eine **horizontale Selbstkontrolle**[5]. Wenngleich das Kollegialprinzip zu Verzögerungen des Entscheidungsprozesses (z.B. Abstimmungszeit zwischen den Vorstandsmitgliedern, Reibungsverluste durch Fehlverhaltensweisen von Vorstandsmitgliedern) und zu einer gewissen Verwässerung der Verantwortlichkeiten im Vorstand führen kann[6], wird das Kollegialprinzip in der Regel das vorzugswürdigere Prinzip der Vorstandsorganisation sein[7]. Eine auf das konkrete Unternehmen abgestimmte flexiblere Binnenorganisation kann die **Satzung** oder **Geschäftsordnung** vorsehen (§ 77 Abs. 1 Satz 2). Allerdings wurde das früher geregelte Alleinentscheidungsrecht des Vorstandsvorsitzenden (§ 70 Abs. 2 Satz 2 AktG 1937) satzungsfest abgeschafft[8], ähnlich ist eine positive Willensbildung gegen die Vorstandsmehrheit unzulässig (§ 77 Abs. 1 Satz 2 Halbsatz 2, Rz. 14) und es gibt bestimmte Mindestzuständigkeiten des Gesamtvorstands (Rz. 21). Bei kapitalmarktfernen AG sollte *de lege ferenda* Satzungsfreiheit zur Regelung eines Alleinentscheidungsrechts des Vorstandsvorsitzenden durch Aufsichtsratsentscheidung (ähnlich § 70 Abs. 2 Satz 2 AktG 1937) eingeräumt werden[9].

3 Die Regelung in § 77 Abs. 2, derzufolge der Vorstand sich eine **Geschäftsordnung** geben kann, hat lediglich **klarstellenden** Charakter und beruht auf dem allgemeinen Prinzip, dass ein Gremium als Ausfluss seiner Organisationsautonomie über seine Geschäftsordnung selbst entscheiden kann[10].

---

2 Vgl. Begr. RegE AktG 1965 zu § 77, zit. bei *Kropff*, Aktiengesetz, S. 99.
3 Vgl. Begr. RegE AktG 1965 zu § 77, zit. bei *Kropff*, Aktiengesetz, S. 99; vgl. auch Bericht der hochrangigen Gruppe von Experten auf dem Gebiet des Gesellschaftsrechts über moderne gesellschaftsrechtliche Rahmenbedingungen in Europa vom 4.11.2002, S. 67 („The Group believes that collective responsibility is an appropriate mechanism to avoid a limited number of board members, in particular certain executive directors whose performance is to be reflected in financial statements having decisive role in determining their content"); *Fleischer*, NZG 2003, 449, 458; *Fleischer* in Spindler/Stilz, § 77 AktG Rz. 2.
4 *Fleischer*, NZG 2003, 449, 458 f.; *v. Werder* in Sadowski/Czap/Wächter, Regulierung und Unternehmenspolitik, 1996, S. 257, 271 f.
5 Hierzu *Fleischer*, NZG 2003, 449, 459; *Martens* in FS Fleck, 1988, S. 191, 201 f.; *Hoffmann-Becking*, ZHR 162 (1998), 497, 513; für eine ökonomische Analyse aus US-amerikanischer Sicht *Bainbridge*, Corporate Law and Economics, 2002, S. 210 ff.
6 Hierzu *Fleischer*, NZG 2003, 449, 458; *v. Werder* in Sadowski/Czap/Wächter, Regulierung und Unternehmenspolitik, 1996, S. 257, 262, 267 f., 270.
7 *Fleischer*, NZG 2003, 449, 459; *v. Werder* in Sadowski/Czap/Wächter, Regulierung und Unternehmenspolitik, 1996, S. 257, 274 f.; *Bernhardt/Witt*, ZfB 69 (1999), 825, 841; aus US-amerikanischer Sicht *Bainbridge*, Corporate Law and Economics, 2002, S. 208 ff.
8 Hierzu z.B. *Fleischer*, NZG 2003, 449, 457 f. m.w.N.
9 In diese Richtung vorsichtig bereits *W. Schmidt* in Hengeler, Beiträge zur Aktienrechtsreform, 1959, S. 42, 59; *Fleischer*, NZG 2003, 449, 459 („Wenn überhaupt, sind Auflockerungen noch am ehesten bei kapitalmarktfernen Aktiengesellschaften vertretbar"); zur Kritik an der Satzungsstrenge des Kollegialprinzips aus US-amerikanischer Sicht *Eisenberg*, The Structure of a Corporation – A legal Analysis, 1976, S. 184 f.
10 Begr. RegE AktG 1965 zu § 77, zit. bei *Kropff*, Aktiengesetz, S. 99.

## II. Prinzip der Gesamtgeschäftsführung (§ 77 Abs. 1 Satz 1)

### 1. Begriff der Geschäftsführung

Der Begriff der Geschäftsführung umfasst **jedes Handeln des Vorstands für die Gesellschaft, gleichgültig ob tatsächlicher oder rechtlicher Natur**[11]. Sie umfasst als herausgehobenen Teilbereich die Unternehmensleitung der AG (§ 76 Rz. 5 ff.), aber auch jede Einzelmaßnahme, die der Vorstand intern (z.B. Beschlussfassung als Vorgang der Willensbildung, Führung der Handelsbücher nach § 91) oder gegenüber Dritten (rechtsgeschäftliche Vertretung, § 78) trifft[12]. Beim Vorstandshandeln im Namen der Gesellschaft gegenüber Dritten kann die Handlung unter zwei Gesichtspunkten beurteilt werden, nämlich zum einen, ob sie im Innenverhältnis gegenüber der Gesellschaft vorgenommen werden durfte (Frage der Geschäftsführungsbefugnis i.S. von § 77) und zum anderen ob sie im Außenverhältnis gegenüber dem Dritten wirksam war (Frage der Vertretungsbefugnis i.S. von § 78). Die sonst im Gesellschaftsrecht übliche Abgrenzung von Geschäftsführungsmaßnahmen zu den den Gesellschaftern vorbehaltenen Grundlagengeschäften findet im Aktienrecht nur in Form einer Vorlagepflicht an die Hauptversammlung in seltenen Ausnahmefällen Widerhall (Holzmüller/Gelatine-Rechtsprechung; s. § 119 Rz. 26 ff.)[13].

### 2. Gesamtgeschäftsführung

Bei einem mehrköpfigen Vorstand sind die Vorstandsmitglieder nur gemeinschaftlich zur Geschäftsführung befugt (§ 77 Abs. 1 Satz 1). Daher bedarf es zur Vornahme einer Geschäftsführungsmaßnahme im Grundsatz einer **Willensübereinstimmung sämtlicher Vorstandsmitglieder** (s. bereits Rz. 2) in Form einer ausdrücklichen oder konkludenten Zustimmung aller Vorstandsmitglieder zu der geplanten Maßnahme[14]. Formvorschriften für die Zustimmung bestehen nicht[15]. Das eine Maßnahme ablehnende Vorstandsmitglied braucht seinen (gegenteiligen) Willen nicht wie ein OHG-Gesellschafter durch Widerspruch kundzutun[16]. Die Zustimmung kann zu einem bestimmten Geschäft, aber auch für eine Reihe gleichartiger Geschäfte erteilt werden[17]. Allerdings widerspricht es dem Kollegialprinzip und ist daher unzulässig (und unbeachtlich), dass ein Vorstandsmitglied einem oder mehreren anderen Mitgliedern seine Zustimmung für alle von diesem künftig vorzunehmenden Geschäftsführungsmaßnahmen im Voraus erteilt[18]. Vorstandsmitglieder sind im Grundsatz verpflichtet, an Vorstandssitzungen teilzunehmen und Beschlüsse des Gremiums zu ermöglichen[19].

---

11 *Hüffer*, § 77 AktG Rz. 3; *Mertens/Cahn* in KölnKomm. AktG, 3. Aufl., § 77 AktG Rz. 2; *Kort* in Großkomm. AktG, 4. Aufl., § 77 AktG Rz. 3; *Spindler* in MünchKomm. AktG, 3. Aufl., § 77 AktG Rz. 6, *Fleischer* in Spindler/Stilz, § 77 AktG Rz. 3.
12 *Fleischer* in Spindler/Stilz, § 77 AktG Rz. 3.
13 Ebenso *Hüffer*, § 77 AktG Rz. 4; *Mertens/Cahn* in KölnKomm. AktG, 3. Aufl., § 77 AktG Rz. 5; *Spindler* in MünchKomm. AktG, 3. Aufl., § 77 AktG Rz. 7; *Fleischer* in Spindler/Stilz, § 77 AktG Rz. 7.
14 *Hüffer*, § 77 AktG Rz. 6; *Mertens/Cahn* in KölnKomm. AktG, 3. Aufl., § 77 AktG Rz. 8; *Kort* in Großkomm. AktG, 4. Aufl., § 77 AktG Rz. 7; *Spindler* in MünchKomm. AktG, 3. Aufl., § 77 AktG Rz. 11; *Fleischer* in Spindler/Stilz, § 77 AktG Rz. 8.
15 *Hüffer*, § 77 AktG Rz. 6; *Mertens/Cahn* in KölnKomm. AktG, 3. Aufl., § 77 AktG Rz. 33; *Spindler* in MünchKomm. AktG, 3. Aufl., § 77 AktG Rz. 24.
16 *Hüffer*, § 77 AktG Rz. 6; *Spindler* in MünchKomm. AktG, 3. Aufl., § 77 AktG Rz. 11; *Fleischer* in Spindler/Stilz, § 77 AktG Rz. 8; *Priester*, AG 1984, 253; *Erle*, AG 1987, 7.
17 *Spindler* in MünchKomm. AktG, 3. Aufl., § 77 AktG Rz. 11.
18 Vgl. BGH v. 12.12.1960 – III ZR 255/59, BGHZ 34, 27 (für Gesamtvertretung bei GmbH); *Hüffer*, § 77 AktG Rz. 7; *Kort* in Großkomm. AktG, 4. Aufl., § 77 AktG Rz. 7; *Spindler* in MünchKomm. AktG, 3. Aufl., § 77 AktG Rz. 11.
19 LG München I v. 31.5.2007 – 5 HK O 11977/06, AG 2007, 827, 829.

6 Auf Geschäftsführungsmaßnahmen, die wegen **Gefahr im Verzug** keinen Aufschub dulden, sind wegen Fehlens entsprechender Regelungen in § 77 die Vorschriften der § 115 Abs. 2 HGB, § 744 Abs. 2 BGB als allgemeine Rechtsgedanken mit der Folge anzuwenden, dass dann ein Beschluss mit den Stimmen der anwesenden oder ansonsten erreichbaren Mitglieder gefasst werden kann[20]. Die abwesenden und auch nicht erreichbaren Vorstandsmitglieder sind umgehend von der Beschlussfassung zu unterrichten und können jetzt nachträglich und binnen kurzer Frist widersprechen, allerdings nur so lange die Maßnahme noch nicht durchgeführt wurde; der Widerspruch macht den Beschluss hinfällig, es sei denn, dass dieser pflichtwidrig erhoben wurden[21]. Zu Einzelheiten der Beschlussfassung s. Rz. 8 ff.

### III. Willensbildung, Geschäftsverteilung und Binnenorganisation (§ 77 Abs. 1 Satz 2)

#### 1. Abweichende Regelung durch Satzung oder Geschäftsordnung

7 Der Grundsatz der Gesamtgeschäftsführung (*Kollegialprinzip*) ist **in wesentlichen Aspekten nicht zwingend**. Eine abweichende Regelung muss jedoch zwingend in der Satzung oder in der Geschäftsordnung des Vorstands stehen (§ 77 Abs. 1 Satz 2). Es gibt **kein Gleichlaufprinzip zwischen der Geschäftsführungs- und der Vertretungsbefugnis**, demzufolge beide Regelungsbereiche inhaltlich übereinstimmen müssen[22]. Insbesondere können Bestimmungen über die Ausübung der Vertretungsbefugnis nach § 78 Abs. 2 und Abs. 3 nicht ohne weiteres als stillschweigende Bestimmungen über die Ausübung der Geschäftsführung gewertet werden[23].

#### 2. Einstimmigkeitsprinzip und Mehrheitsbeschluss

#### a) Beschluss

8 Ein mehrköpfiger Vorstand fasst seine Entscheidungen durch Beschluss, der nach § 77 Abs. 1 Satz 1 **im Grundsatz Einstimmigkeit** erfordert. Eine Form ist nicht vorgeschrieben und die Zustimmungserklärung kann auch in einem konkludenten Verhalten liegen (Rz. 5). Die für Vorstandsbeschlüsse eines Vereins geltenden §§ 28 Abs. 1, 32, 34 BGB sind entsprechend anwendbar. Zu einer Vorstandssitzung müssen alle Vorstandsmitglieder unter Bezeichnung des Gegenstands der Beschlussfassung ordnungsgemäß geladen sein, ansonsten ist der gefasste Beschluss nichtig[24]. Sind alle Mitglieder erschienen und haben sie sich in Kenntnis von Einberufungsmängeln an der Verhandlung über die Tagesordnung ohne Widerspruch beteiligt, so liegt darin ein konkludenter Verzicht auf die Geltendmachung der Einberufungsmängel[25]. Der Beschluss ist wirksam zustande gekommen, wenn alle Mitglieder zugestimmt haben,

---

20 Vgl. *Hüffer*, § 77 AktG Rz. 6; *Mertens/Cahn* in KölnKomm. AktG, 3. Aufl., § 77 AktG Rz. 9, 32; *Kort* in Großkomm. AktG, 4. Aufl., § 77 AktG Rz. 11; *Spindler* in MünchKomm. AktG, 3. Aufl., § 77 AktG Rz. 28; *Wiesner* in MünchHdb. AG, § 22 Rz. 6; *Wicke*, NJW 2007, 3755.
21 *Mertens/Cahn* in KölnKomm. AktG, 3. Aufl., § 77 AktG Rz. 9; *Kort* in Großkomm. AktG, 4. Aufl., § 77 AktG Rz. 11; *Spindler* in MünchKomm. AktG, 3. Aufl., § 77 AktG Rz. 24; *Fleischer* in Spindler/Stilz, § 77 AktG Rz. 9.
22 Ebenso *Fleischer* in Spindler/Stilz, § 77 AktG Rz. 10.
23 Vgl. *Hüffer*, § 77 AktG Rz. 9; *Mertens/Cahn* in KölnKomm. AktG, 3. Aufl., § 77 AktG Rz. 10; *Spindler* in MünchKomm. AktG, 3. Aufl., § 77 AktG Rz. 12.
24 OLG Schleswig v. 5.2.1960 – 5 U 114/59, NJW 1960, 1862; *Kort* in Großkomm. AktG, 4. Aufl., § 77 AktG Rz. 9; *Spindler* in MünchKomm. AktG, 3. Aufl., § 77 AktG Rz. 25.
25 LG Gießen v. 23.6.1998 – 7 T 278/98, RPfleger 1998, 523, 525; *Spindler* in MünchKomm. AktG, 3. Aufl., § 77 AktG Rz. 25; *Keilbach*, DNotZ 2001, 671, 681 f.; *Heinrichs* in Palandt, § 32 BGB Rz. 10.

auch die bei einer Sitzung nicht anwesenden Mitglieder[26], und das Beschlussergebnis festgestellt wurde[27]. Eine Niederschrift bzw. Protokollierung ist für Vorstandssitzungen nicht vorgeschrieben (*arg. e* § 107 Abs. 2), allerdings wird der Vorstand aus Dokumentationsgründen im Hinblick auf seine Haftungs- und Verantwortlichkeitsrisiken (vgl. insbesondere § 93 Abs. 1 Satz 2) Protokolle führen[28]. Kommt es infolge von **Meinungsverschiedenheiten im Vorstand** nicht zu einer Beschlussfassung, so kann die beabsichtigte Geschäftsführungsmaßnahme nicht durchgeführt werden. Es kann sinnvoll sein (und nicht selten sieht das die Geschäftsordnung für den Vorstand vor), dass dann der Aufsichtsrat auf Begehren eines Vorstandsmitglieds um Vermittlung ersucht wird. Dagegen kann weder die Satzung noch gar die Geschäftsordnung für den Vorstand bestimmen, dass der Aufsichtsrat oder die Hauptversammlung im Falle einer die Beschlussfassung verhindernden Meinungsverschiedenheit im Vorstand eine verbindliche Entscheidung trifft; dies würde gegen § 111 Abs. 4 (Aufsichtsrat) bzw. § 119 Abs. 2 (Hauptversammlung) verstoßen[29]. Der Aufsichtsrat kann aber ein Vorstandsmitglied abberufen, um die praktische Beschlussfähigkeit im Vorstand wieder herzustellen, und er kann auch einem Vorstandsmitglied die Abberufung in Aussicht stellen, falls es sich nicht dem Standpunkt anderer Vorstandsmitglieder anschließt[30].

Die **Zustimmung des einzelnen Vorstandsmitglieds** zu einer Geschäftsführungsmaßnahme bzw. die **Einzelstimme** als Teil der Beschlussfassung ist eine Willenserklärung, die mit dem Zugang an die anderen Vorstandsmitglieder wirksam wird[31]. Sie ist bedingungsfeindlich, kann aber bei Vorliegen eines wichtigen Grundes (z.B. Veränderung der tatsächlichen Sachlage) solange noch widerrufen werden, wie die beschlossene Maßnahme nicht ausgeführt ist[32]. Eine Stimmabgabe ist ferner nach allgemeinen Regeln (§§ 119 ff. BGB) anfechtbar und der Beschluss ist dann *ex tunc* nichtig, sofern sich eine Auswirkung auf das Beschlussergebnis bei mangelfreier Stimmabgabe ergeben hätte[33]. Eine Stellvertretung bei Zustimmungserteilung bzw. Stimmabgabe ist unzulässig und kann auch nicht durch Satzungsregelung erlaubt werden, da es um eine persönliche Entscheidung des Organmitglieds geht; eine Botenschaft ist jedenfalls zulässig, wenn hierfür ein hinreichender Grund besteht (z.B. Abwesenheit), ansonsten bei Einverständnis der übrigen Vorstandsmitglieder[34].

9

---

26 *Kort* in Großkomm. AktG, 4. Aufl., § 77 AktG Rz. 10; *Spindler* in MünchKomm. AktG, 3. Aufl., § 77 AktG Rz. 25.
27 BGH v. 26.5.1975 – II ZR 34/74, NJW 1975, 2101; BGH v. 9.12.1968 – II ZR 57/67, NJW 1969, 841, 842; *Spindler* in MünchKomm. AktG, 3. Aufl., § 77 AktG Rz. 25; *Reuter* in MünchKomm. BGB, 5. Aufl., § 32 BGB Rz. 49; *Weick* in Staudinger, Neubearb. 2005, § 32 BGB Rz. 13, 36.
28 Strenger und für eine Rechtspflicht zur Protokollierung *Spindler* in MünchKomm. AktG, 3. Aufl., § 77 AktG Rz. 25; dagegen *Kort* in Großkomm. AktG, 4. Aufl., § 77 AktG Rz. 9.
29 *Spindler* in MünchKomm. AktG, 3. Aufl., § 77 AktG Rz. 27.
30 Ebenso *Mertens/Cahn* in KölnKomm. AktG, 3. Aufl., § 77 AktG Rz. 49; *Kort* in Großkomm. AktG, 4. Aufl., § 77 AktG Rz. 22.
31 *Spindler* in MünchKomm. AktG, 3. Aufl., § 77 AktG Rz. 21; *Fleischer* in Spindler/Stilz, § 77 AktG Rz. 24.
32 *Hüffer*, § 77 AktG Rz. 7; *Kort* in Großkomm. AktG, 4. Aufl., § 77 AktG Rz. 13; *Spindler* in MünchKomm. AktG, 3. Aufl., § 77 AktG Rz. 21; *Fleischer* in Spindler/Stilz, § 77 AktG Rz. 24; einschränkend *Mertens/Cahn* in KölnKomm. AktG, 3. Aufl., § 77 AktG Rz. 8, 35.
33 *Mertens/Cahn* in KölnKomm. AktG, 3. Aufl., § 77 AktG Rz. 35; *Kort* in Großkomm. AktG, 4. Aufl., § 77 AktG Rz. 17; *Spindler* in MünchKomm. AktG, 3. Aufl., § 77 AktG Rz. 21.
34 *Kort* in Großkomm. AktG, 4. Aufl., § 77 AktG Rz. 16; *Spindler* in MünchKomm. AktG, 3. Aufl., § 77 AktG Rz. 21; enger *Mertens/Cahn* in KölnKomm. AktG, 3. Aufl., § 77 AktG Rz. 36 (Zulassung durch die Geschäftsordnung oder Zustimmung aller Vorstandsmitglieder erforderlich).

## b) Mehrheitsprinzip

10 Das aus der Gesamtgeschäftsführung fließende Einstimmigkeitsprinzip erschwert die Handlungsfähigkeit des drei- und mehrköpfigen Vorstands häufig ungebührlich, so dass bei größeren Vorstandsbesetzungen regelmäßig das Mehrheitsprinzip vorgesehen wird, um Meinungsverschiedenheiten und Konflikte im Gremium auch gegen den *status quo ante* lösen zu können. Für die **Verankerung des Mehrheitsprinzips** ist eine Regelung in Satzung oder Geschäftsordnung notwendig (§ 77 Abs. 1 Satz 2); auch eine langjährige Praxis im Vorstand ist wegen des eindeutigen Gesetzeswortlauts und des Schriftformerfordernisses für die Geschäftsordnung (Rz. 34) nicht ausreichend[35]. In der Satzung oder (in der Praxis weitaus üblicher) in der Geschäftsordnung des Vorstands kann dann weiter das Beschlussquorum (einfache oder eine qualifizierte Mehrheit), die Mehrheitsreferenz (Mehrheit der abgegebenen, anwesenden oder sämtlicher Stimmen) sowie der Stimmwert von Enthaltungen (die ohne ausdrückliche Regelung nach allgemeinen Prinzipien bei der Mehrheitsbestimmung nicht mitzuzählen sind[36]) geregelt werden, es kann auch nach Beschlussgegenständen in diesen Punkten differenziert werden[37]. Ist eine einfache Mehrheitsentscheidung festgelegt, jedoch ohne Referenzwert, so gilt im Zweifel die Zahl aller amtierenden Vorstandsmitglieder als Bezugsgröße für die Mehrheitsberechnung[38]; vorrangig muss jedoch eine Auslegung der Regelung anhand anderer Bestimmungen in der Satzung oder Geschäftsordnung, ggf. auch einer langjährigen Praxis, erfolgen.

11 Die überstimmten Vorstandsmitglieder sind an einen ordnungsgemäß zustande gekommenen und inhaltlich gesetzmäßigen Beschluss gebunden und verpflichtet, an der **Durchführung des Beschlusses pflichtgetreu mitzuwirken**[39]. Handelt es sich umgekehrt um einen rechtswidrigen und dem Unternehmensinteresse entgegenstehenden Beschluss, so ist jedes Vorstandsmitglied verpflichtet, mit den ihm zumutbaren Mitteln die Durchführung des Beschlusses zu verhindern, zunächst durch eine Gegenvorstellung im Vorstand (*Remonstration*) und dann durch Unterrichtung des Aufsichtsrats, nicht aber durch Niederlegung seines Amtes[40]; ein Recht zum Hinwegsetzen über – mutmaßlich pflichtwidrige – Mehrheitsbeschlüsse gibt es nicht[41]. Die Einschaltung gesellschaftsfremder Dritter kann nur dann ausnahmsweise erlaubt (Verschwiegenheitspflicht nach § 93 Abs. 1 Satz 2!) und sogar erforderlich sein, wenn alle gesellschaftsinternen Einflussmöglichkeiten erfolglos ausgeschöpft wurden und eine Anzeigepflicht nach § 138 StGB besteht oder ansonsten eine existenzgefährden-

---

35 Vgl. *Hüffer*, § 77 AktG Rz. 9; *Kort* in Großkomm. AktG, 4. Aufl., § 77 AktG Rz. 20; *Spindler* in MünchKomm. AktG, 3. Aufl., § 77 AktG Rz. 12; *Fleischer* in Spindler/Stilz, § 77 AktG Rz. 10.
36 Vgl. BGH v. 12.1.1987 – II ZR 152/86, BB 1987, 993 (zum Verein); BGH v. 8.12.1988 – V ZB 3/88, BGHZ 106, 179, 181 f. (zu § 25 Abs. 1 WEG); *Löwisch*, BB 1996, 1006 f. (zu § 33 Abs. 1 Satz 1 BetrVG); abw. BAG v. 17.9.1991, AP Nr. 59 zu § 112 BetrVG 1972 (*obiter dictum*); *Reichold* in Henssler/Willemsen/Kalb, ArbR-Komm., § 33 BetrVG Rz. 10 m.w.N.; vgl. auch § 37 Abs. 1 Satz 2 BPersVG.
37 Vgl. *Hüffer*, § 77 AktG Rz. 11; *Mertens/Cahn* in KölnKomm. AktG, 3. Aufl., § 77 AktG Rz. 11; *Kort* in Großkomm. AktG, 4. Aufl., § 77 AktG Rz. 21; *Spindler* in MünchKomm. AktG, 3. Aufl., § 77 AktG Rz. 12.
38 Ebenso *Hoffmann-Becking*, ZGR 1998, 497, 510; a.A. (Zahl der abgegebenen Stimmen) *Kort* in Großkomm. AktG, 4. Aufl., § 77 AktG Rz. 21; *Spindler* in MünchKomm. AktG, 3. Aufl., § 77 AktG Rz. 13; *Fleischer* in Spindler/Stilz, § 77 AktG Rz. 12.
39 *Spindler* in MünchKomm. AktG, 3. Aufl, § 77 AktG Rz. 30.
40 Hierzu ausführlich *Fleischer*, BB 2004, 2645, 2648 ff.; vgl. auch *Mertens/Cahn* in KölnKomm. AktG, 3. Aufl., § 77 AktG Rz. 50; *Kort* in Großkomm. AktG, 4. Aufl., § 77 AktG Rz. 22; *Spindler* in MünchKomm. AktG, 3. Aufl., § 77 AktG Rz. 30.
41 Ebenso *Mertens/Cahn* in KölnKomm. AktG, 3. Aufl., § 77 AktG Rz. 31.

de Maßnahme droht (z.B. Anordnung von Geldbuße oder Verfall wegen Gesetzesverletzung)[42]. Zur Haftung s. § 93 Rz. 25 ff.

Bei **Patt-Situationen** (Stimmengleichheit oder z.B. Abstimmungsergebnis von 4 : 2 Stimmen bei 6 Vorstandsmitgliedern und der Regelung einer qualifizierten Beschlussmehrheit größer 2/3 sämtlicher Stimmen) ist ein Beschluss nicht zustande gekommen. Die Satzung oder die Geschäftsordnung für den Vorstand kann für solche Fälle der Patt-Situation allerdings bestimmen, dass die Stimme des Vorstandsvorsitzenden oder eines anderen Mitglieds (z.B. des primär für den Beschlussgegenstand nach der Ressortverantwortlichkeit zuständigen Vorstandsmitglieds) den Ausschlag gibt (sog. **Stichentscheidsrecht**)[43]; selbstverständlich kann auch die Regelung zum Zweitstimmrecht des Aufsichtsratsvorsitzenden in einem zweiten Wahlgang nach § 29 Abs. 2 MitbestG entsprechend nachgebildet werden. Bei einem bloß zweigliederigen Vorstand ist der Stichentscheid eines Vorstandsmitglieds allerdings unzulässig, da dies dem unzulässigen Alleinentscheidungsrecht eines Organmitglieds entsprechen würde[44]. Unzulässig ist es auch, einem Gremium, dem auch andere Personen als Vorstandsmitglieder angehören, ein Stichentscheidsrecht einzuräumen[45]; demgegenüber kann in der Geschäftsordnung angeordnet werden, dass in Patt-Situationen ein solches Gremium um eine Beschlussempfehlung für einen zweiten Wahlgang nachgesucht werden muss (s. auch Rz. 8). 12

### 3. Verbot des Alleinentscheidungsrechts

Während § 70 Abs. 2 Satz 2 AktG 1937 als Ausdruck des „Führerprinzips" dem Vorstandsvorsitzenden bei Meinungsverschiedenheiten im Vorstand das Alleinentscheidungsrecht zubilligte, regelt § 77 Abs. 1 Satz 2 Halbsatz 2 das Gegenteil: Es kann weder einem noch mehreren Vorstandsmitgliedern das Recht zur alleinigen Entscheidung gegen die Mehrheit der übrigen Vorstandsmitglieder eingeräumt werden[46]. Dem Leitbild des Gesetzgebers entsprechend soll der Vorstandsvorsitzende vielmehr die Stellung eines *primus inter pares* behalten[47]. Hat etwa eine AG einen fünfköpfigen Vorstand, darunter drei stellvertretende Vorstandsmitglieder i.S. von § 94, denen jedoch alle mit dem Vorstandsamt zusammenhängenden gesetzlichen Rechte und Pflichten zukommen (s. § 94 Rz. 1), so kann nicht geregelt werden, dass die beiden übrigen Vorstandsmitglieder gegen die Stimmen der stellvertretenden Vorstandsmitglieder in Fragen der Geschäftsführung entscheiden. 13

---

42 *Fleischer*, BB 2004, 2645, 2649 f.
43 Vgl. BGH v. 14.11.1983 – II ZR 33/83, BGHZ 89, 48, 59 = NJW 1984, 733; *Hüffer*, § 77 AktG Rz. 11; *Mertens/Cahn* in KölnKomm. AktG, 3. Aufl., § 77 AktG Rz. 12; *Kort* in Großkomm. AktG, 4. Aufl., § 77 AktG Rz. 26; *Spindler* in MünchKomm. AktG, 3. Aufl., § 77 AktG Rz. 14; *Fleischer* in Spindler/Stilz, § 77 AktG Rz. 13; *Hoffmann-Becking*, ZGR 1998, 497, 518.
44 OLG Karlsruhe v. 20.5.2000 – 8 U 233/99, AG 2001, 93, 94; OLG Hamburg v. 20.5.1985 – 2 W 49/84, AG 1985, 251; *Hüffer*, § 77 AktG Rz. 11; *Mertens/Cahn* in KölnKomm. AktG, 3. Aufl., § 77 AktG Rz. 12; *Kort* in Großkomm. AktG, 4. Aufl., § 77 AktG Rz. 26; *Spindler* in MünchKomm. AktG, 3. Aufl., § 77 AktG Rz. 14; *Fleischer* in Spindler/Stilz, § 77 AktG Rz. 13; *Hoffmann-Becking*, NZG 2003, 745, 746 und 748; *Schiessl*, ZGR 1992, 64, 70; *Knur*, DNotZ 1966, 324, 342; a.A. *Bürger*, DB 1966, 101; *Riegger*, BB 1972, 592; *Priester*, AG 1984, 253 ff.
45 Ebenso *Mertens/Cahn* in KölnKomm. AktG, 3. Aufl., § 77 AktG Rz. 12; *Götz*, ZGR 2003, 1, 14 f.
46 *Fleischer* in Spindler/Stilz, § 77 AktG Rz. 14.
47 *Wicke*, NJW 2007, 3755.

### 4. Veto-Recht

14 Die Satzung oder die Geschäftsführung für den Vorstand kann allerdings vorsehen, dass ein oder mehrere Vorstandsmitglieder bei sonst geltendem Mehrheitsprinzip berechtigt sind, eine von der Mehrheit befürwortete Geschäftsführungsmaßnahme zu verhindern (Veto-Recht)[48]. Dies ergibt sich bereits aus der gesetzlichen Grundregelung der Gesamtgeschäftsführungsbefugnis in § 77 Abs. 1 Satz 1 (= Veto-Recht für jedes Vorstandsmitglied). Die Satzung und die Geschäftsordnung können für den Vorstand regeln, ob das Veto-Recht eine endgültige oder nur eine Suspensivwirkung (für einen dort bestimmten Zeitraum, z.B. bis zur weiteren Beschlussfassung im Gesamtvorstand, längstens aber für sechs Wochen) haben soll.

15 **Bei mitbestimmten Gesellschaften**, die der Verpflichtung unterliegen, einen Arbeitsdirektor zu bestellen (§ 33 MitbestG, § 13 MontanMitbestG, § 13 MitbestErgG) ist es hingegen unzulässig, einem oder mehreren Vorstandsmitgliedern ein *endgültig* wirkendes Veto-Recht einzuräumen[49]. Dies gilt selbst dann, wenn dem Arbeitsdirektor oder allen Vorstandsmitgliedern für ihr Ressort ebenfalls ein Veto-Recht eingeräumt ist[50]. Allerdings stehen die gesetzlichen Regelungen zum Arbeitsdirektor weder der Einräumung eines suspensiven Veto-Rechts zugunsten eines oder mehrerer Vorstandsmitglieder noch der Bestimmung eines Stichentscheidsrechts zugunsten eines Vorstandsmitglieds zur Auflösung von Patt-Situationen entgegen (letzteres, sofern dem Gesamtorgan mehr als zwei Mitglieder angehören)[51].

### 5. Geschäftsverteilung

16 Durch Satzung oder Geschäftsordnung des Vorstands können folgende **Geschäftsführungsstrukturen** (als Abweichung i.S. von § 77 Abs. 1 Satz 2) geregelt werden: Gesamtgeschäftsführung mit Mehrheitsprinzip (und ggf. mit Stichentscheidungsrechten und/oder Veto-Rechten; Rz. 15 ff.); Einzelgeschäftsführung ohne Beschränkung der Geschäftsführungsbefugnis; Einzelgeschäftsführung mit funktionsbezogener, spartenbezogener, personenbezogener oder geographischer Beschränkung der Geschäftsführungsbefugnis. Es ist auch zulässig, diese unterschiedlichen Formen der Geschäftsführung miteinander zu kombinieren, also z.B. einigen Mitgliedern Einzelgeschäftsführungsbefugnis und anderen Mitgliedern Gesamtgeschäftsführungsbefugnis einzuräumen oder in der Weise, dass bestimmte Vorstandsmitglieder zugleich für ein Zentralressort (z.B. Personal und Recht) und für eine Geschäftssparte oder eine Re-

---

48 OLG Karlsruhe v. 20.5.2000 – 8 U 233/99, AG 2001, 93, 94; *Hüffer*, § 77 AktG Rz. 12; *Mertens/Cahn* in KölnKomm. AktG, 3. Aufl., § 77 AktG Rz. 13 f.; *Kort* in Großkomm. AktG, 4. Aufl., § 77 AktG Rz. 27; *Spindler* in MünchKomm. AktG, 3. Aufl., § 77 AktG Rz. 17; *Fleischer* in Spindler/Stilz, § 77 AktG Rz. 16; offen BGH v. 14.11.1983 – II ZR 33/83, BGHZ 89, 48, 58 = NJW 1984, 733 = AG 1984, 48; *Hoffmann-Becking*, ZGR 1998, 497, 518 f.; a.A. *Bezzenberger*, ZGR 1996, 661, 667.

49 Vgl. BGH v. 14.11.1983 – 2 ZR 33/83 – „Reemtsma", BGHZ 89, 48, 59 = AG 1984, 48; *Hüffer*, § 77 AktG Rz. 13 und 23; *Mertens/Cahn* in KölnKomm. AktG, 3. Aufl., § 77 AktG Rz. 14; *Kort* in Großkomm. AktG, 4. Aufl., § 77 AktG Rz. 29; *Spindler* in MünchKomm. AktG, 3. Aufl., § 77 AktG Rz. 19; *Seibt* in Henssler/Willemsen/Kalb, ArbR-Komm., § 33 MitbestG Rz. 8; *Raiser/Veil*, § 33 MitbestG Rz. 29; *Fleischer* in Spindler/Stilz, § 77 AktG Rz. 18; *Wiesner* in MünchHdb. AG, § 22 Rz. 10; *Schiessl*, ZGR 1992, 64, 70 f.

50 BGH v. 14.11.1983 – 2 ZR 33/83 – „Reemtsma", BGHZ 89, 48, 60 = AG 1984, 48; *Hüffer*, § 77 AktG Rz. 13; *Kort* in Großkomm. AktG, 4. Aufl., § 77 AktG Rz. 29; *Spindler* in MünchKomm. AktG, 3. Aufl., § 77 AktG Rz. 19; *Fleischer* in Spindler/Stilz, § 77 AktG Rz. 18.

51 Zum suspensiven Veto-Recht *Mertens/Cahn* in KölnKomm. AktG, 3. Aufl., § 77 AktG Rz. 14; *Kort* in Großkomm. AktG, 4. Aufl., § 77 AktG Rz. 29; zweifelnd *Hüffer*, § 77 AktG Rz. 13 a.E., einschränkend *Spindler* in MünchKomm. AktG, 3. Aufl., § 77 AktG Rz. 19; zum Stichentscheidsrecht *Seibt* in Henssler/Willemsen/Kalb, ArbR-Komm., § 33 MitbestG Rz. 8 m.w.N. sowie oben Rz. 13.

gion zuständig ist[52]. Auch die Bildung von **Vorstandsausschüssen**, in denen bestimmte Geschäftsführungsfunktionen gebündelt, Ressorts koordiniert oder die Durchführung von Vorstandsbeschlüssen überwacht werden, ist zulässig, wenn hierdurch die zwingenden Zuständigkeiten des Gesamtvorstands und die allgemeine Gleichberechtigung der Vorstandsmitglieder nicht beeinträchtigt wird[53].

Gewöhnlich werden die Fragen der Geschäftsverteilung in einer vom Aufsichtsrat für den Vorstand erlassenen **Geschäftsordnung** (Rz. 24 ff.) geregelt. Denn aus seiner Personalkompetenz (§ 84) fließt auch die Verpflichtung, eine zweckmäßige und effiziente Geschäftsverteilung für die Vorstandsmitglieder zu schaffen und ggf. später an veränderte Umstände anzupassen[54]. Er bedarf hierfür nicht der organschaftlichen Zustimmung des Vorstands oder einzelner Vorstandsmitglieder[55]. Die hiervon zu trennende Frage, ob ein Vorstandsmitglied auch schuldrechtlich verpflichtet ist, den ihm durch die Geschäftsordnung zugewiesenen Geschäftsbereich zu übernehmen, entscheidet der Anstellungsvertrag mit dem betreffenden Vorstandsmitglied (Bestehen einer Öffnungsklausel zugunsten des Aufsichtsrats)[56]. Das Auseinaderfallen von Ressortneuverteilung durch Geschäftsordnungserlass und dem im Anstellungsvertrag vereinbarten Geschäftsbereich bietet keine wichtigen Grund zur Abberufung des Vorstandsmitglieds[57]. Hat der Vorstand nach § 77 Abs. 2 Satz 1 durch eine von ihm erlassene Geschäftsordnung selbst eine Geschäftsverteilung vorgenommen, so kann er diese Regelung jederzeit wieder aufheben oder ändern. Allerdings bedarf es hierzu als *actus contrarius* wie beim Erlass der Geschäftsordnung der Zustimmung aller Vorstandsmitglieder (vgl. § 77 Abs. 2 Satz 3)[58].

17

Eine **Geschäftsverteilung** bewirkt allerdings nicht, dass sich die Verantwortung und Haftung der Vorstandsmitglieder auf den ihnen speziell übertragenen Geschäftsbereich beschränkt (**Grundsatz der Gesamtverantwortung**)[59]. Sie bleiben vielmehr für die gesamte Geschäftsführung verantwortlich, allerdings modifiziert die Geschäftsverteilung die von ihnen einzuhaltende Sorgfaltspflicht i.S. von § 93 nach Inhalt und Ausmaß (näher § 93 Rz. 27). Alle Vorstandsmitglieder müssen als Folge der Pflicht zur organinternen Selbstkontrolle für einen **reibungslosen und angemessenen Informationsfluss innerhalb des Gesamtorgans** (sog. *Management Information System*) sorgen[60]. Schließlich können einzelne Vorstandsmitglieder besondere Überwachungspflichten treffen, z.B. das für die Bereiche Controlling und Revision zuständigen Vorstandsmitglied oder Vorstände sachlich benachbarter Ressorts; auch den Vorstandsvorsitzenden werden zumeist höhere Überwachungsanforderungen treffen, da

18

---

52 Vgl. *Hüffer*, § 77 AktG Rz. 10 und 14; *Kort* in Großkomm. AktG, 4. Aufl., § 77 AktG Rz. 23; *Spindler* in MünchKomm. AktG, 3. Aufl., § 77 AktG Rz. 20.
53 Vgl. *Hüffer*, § 77 AktG Rz. 10; *Spindler* in MünchKomm. AktG, 3. Aufl., § 77 AktG Rz. 32; *Fleischer* in Spindler/Stilz, § 77 AktG Rz. 40; vgl. auch *Hoffmann-Becking*, ZGR 1998, 497, 509 ff. und 515 ff.
54 *Spindler* in MünchKomm. AktG, 3. Aufl., § 77 AktG Rz. 47.
55 *Spindler* in MünchKomm. AktG, 3. Aufl., § 77 AktG Rz. 47; *Mertens*, ZGR 1983, 189, 197.
56 Vgl. *Spindler* in MünchKomm. AktG, 3. Aufl., § 77 AktG Rz. 41.
57 *Kort* in Großkomm. AktG, 4. Aufl., § 77 AktG Rz. 93; *Spindler* in MünchKomm. AktG, 3. Aufl., § 77 AktG Rz. 41 a.E.; *Wiesner* in MünchHdb. AG, § 22 Rz. 18.
58 *Hüffer*, § 77 AktG Rz. 19; *Spindler* in MünchKomm. AktG, 3. Aufl., § 77 AktG Rz. 42.
59 Hierzu *Fleischer* in Spindler/Stilz, § 77 AktG Rz. 43 ff.; *Mertens/Cahn* in KölnKomm. AktG, 3. Aufl., § 77 AktG Rz. 22.
60 *Mertens/Cahn* in KölnKomm. AktG, 3. Aufl., § 77 AktG Rz. 22 ff.; *Kort* in Großkomm. AktG, 4. Aufl., § 77 AktG Rz. 40; *Hoffmann-Becking*, ZGR 1998, 497, 513; *Schiessl*, ZGR 1992, 64, 69; *Fleischer*, NZG 2003, 449, 454; etwas schwächer *Spindler* in MünchKomm. AktG, 3. Aufl., § 77 AktG Rz. 59 (anders § 93 AktG Rz. 131 f.: keine Pflicht, die anderen Mitglieder durch Management-Informationssysteme zu überwachen).

die Gesamtüberwachung der Unternehmensleitung in der Regel ein Schwerpunkt seines Amtes bildet[61].

### 6. Binnenorganisation und Gestaltungsgrenzen

19 **Gestaltungsgrenzen** sind also einerseits das Prinzip der Gesamtleitung, das drei wesentliche Ausprägungen hat, nämlich (1) dass die Unternehmensleitung i.S. von § 76 Abs. 1 zwingende Aufgabe des Kollegialorgans ist und einzelne Vorstandsmitglieder zwar mit der Vorbereitung, aber nicht mit der Durchführung der Unternehmensleitung betraut werden können, (2) der nicht delegierbaren Pflicht des Gesamtorgans zur Selbstkontrolle und (3) der prinzipiellen Gleichberechtigung der Vorstandsmitglieder, sowie andererseits das in § 77 Abs. 1 Satz 2 Halbsatz 2 niedergelegte Prinzip, dass die Willensbildung im Vorstand nicht gegen die Mehrheit erfolgen kann[62].

#### a) Organisationsmuster

20 Eine **funktionale Organisation**, bei unter fachlichen Gesichtspunkten Ressorts gebildet (z.B. Produktion, Vertrieb und Marketing, Forschung und Entwicklung, Finanzen und Controlling, Recht und Personal) und an einzelne Vorstandsmitgliedern übertragen werden, ist aktienrechtlich zulässig, aber nicht bindend vorgegeben[63]. Auch eine **Spartenorganisation**, bei der Einzelzuständigkeiten von Vorstandsmitgliedern anhand der Produkt- bzw. Dienstleistungsbereiche, geographischen Vertriebsregionen oder anderen sachlichen Marktparametern gebildet werden[64], ist aktienrechtlich bei Einhaltung der allgemeinen Regeln zulässig[65]. Allerdings kann es zu einem Konflikt mit dem in § 76 Abs. 1 niedergelegten Prinzip der Gesamtverantwortung des Kollegialorgans für die Unternehmensleitung kommen, wenn eine einem Vorstandsmitglied zugeordnete Sparte für das Wohl und Wehe des Unternehmens von überragender Bedeutung ist[66]. Die Binnenorganisation des Vorstands kann auch in einer **Mischstruktur** (z.B. Matrixorganisation) bestehen, derzufolge einzelne Vorstandsmitglieder für bestimmte Geschäftsbereiche, Produkte, Dienstleistungen oder Marken einschließlich aller damit zusammenhängenden Funktionen zuständig sind, während andere Vorstandsmitglieder bestimmte Funktionsbereiche (z.B. Recht und Steuern, Personal oder interne Revision) wahrnehmen. Diese Organisation ist aktienrechtlich zulässig, solange die Gleichberechtigung aller Vorstandsmitglieder und die Möglichkeit zur gegenseitigen Überwachung bestehen[67]. Das Gleiche gilt für das **Modell der virtuellen Holding**, in dem ein Teil der Vorstandsmitglieder die strategischen Fragen verantworten, während die anderen Vorstandsmitglieder für die operativen Geschäftsbereiche bzw. bestimmte Funktionen zuständig sind. Hier ist insbesondere zu gewährleisten, dass sämtliche Vorstandsmitglieder jedenfalls auch auf die Strategieentwicklung und

---

61 Hierzu ausführlich *Bezzenberger*, ZGR 1996, 661, 670 ff.; i.E. auch *Dose*, Rechtsstellung der Vorstandsmitglieder, 3. Aufl. 1975, S. 122; *Hopt* in Großkomm. AktG, 4. Aufl., § 93 AktG Rz. 62; *Spindler* in MünchKomm. AktG, 3. Aufl., § 93 AktG Rz. 145; *Wiesner* in MünchHdb. AG, § 24 Rz. 3; a.A. *Fleischer*, NZG 2003, 449, 455; *von Hein*, ZHR 166 (2002), 464, 488 ff.; *Mertens/Cahn* in KölnKomm. AktG, 3. Aufl., § 77 AktG Rz. 18 und § 84 AktG Rz. 102.
62 Ausführlich zu Grenzen der Geschäftsverteilung vgl. *Mertens/Cahn* in KölnKomm. AktG, 3. Aufl., § 77 AktG Rz. 22 ff.
63 Vgl. *Spindler* in MünchKomm. AktG, 3. Aufl., § 77 AktG Rz. 66; *Schwark*, ZHR 142 (1978), 203, 205 f.; ferner *Fleischer* in Spindler/Stilz, § 77 AktG Rz. 36.
64 Zu Spartenorganisation und ihren Vorteilen gegenüber der funktionalen Organisation aus betriebswirtschaftlicher Sicht *Frese*, Grundlagen der Organisation, 7. Aufl. 1998, S. 397 ff.; *Laux/Liermann*, Grundlagen der Organisation, 5. Aufl. 2003, S. 297 ff.
65 *Kort* in Großkomm. AktG, 4. Aufl., § 76 AktG Rz. 153; *Spindler* in MünchKomm. AktG, 3. Aufl., § 77 AktG Rz. 67; *Fleischer* in Spindler/Stilz, § 77 AktG Rz. 38.
66 *Spindler* in MünchKomm. AktG, 3. Aufl., § 77 AktG Rz. 67.
67 *Spindler* in MünchKomm. AktG, 3. Aufl., § 77 AktG Rz. 68.

die sonstigen Aspekte der Unternehmensleitung i.S. von § 76 Abs. 1 Einfluss nehmen können[68].

**b) CEO-Modell**

Herkömmlicherweise wird mit einem *Chief Executive Officer* (CEO)-Modell die Vorstellung verbunden, dass jenem eine Richtlinienkompetenz zukommt, er ggf. sogar gegenüber anderen Vorstandsmitgliedern weisungsbefugt ist und Geschäftsführungsfragen an sich ziehen kann[69]. Eine solche Ausgestaltung wäre wegen Kollision mit dem Prinzip der gleichberechtigten Stellung sämtlicher Vorstandsmitglieder und der Gesamtverantwortung für die Unternehmensleitung i.S. von § 76 Abs. 1 unzulässig[70]. Allerdings kann die Stellung des Vorstandsvorsitzenden in zulässiger Weise durch Zuweisung der Strategieentwicklung (vorbereitende Tätigkeit) und eines besonders wichtigen Geschäftsbereichs, durch Verankerung eines Stichentscheidungsrechtes (Rz. 13) sowie eines dauernden Veto-Rechts (bei einer mitbestimmten Gesellschaft: eines Veto-Rechts mit Suspensivwirkung) (Rz. 15 ff.) und schließlich durch Übernahme der repräsentativen Unternehmensfunktion eine in tatsächlicher Sicht durchaus mit *Chief Executive Officers* in Board-Strukturen vergleichbare Stellung erreichen. Auch die begleitende Schaffung von Vorstandsausschüssen, denen der Vorstandsvorsitzende auch vorstehen kann, sind bei Beachtung der allgemeinen Gestaltungsgrenzen zulässig (Rz. 19). Das CEO-Modell lässt sich bei der Societas Europaea im Rahmen einer monistischen Verwaltungsstruktur mit gesteigerten Rechten des Verwaltungsratsvorsitzenden noch weitergehend gestalten[71].

21

**7. Gesetzliche Beschränkungen der Geschäftsführungsbefugnis und Vorgaben zur Binnenorganisation**

**a) Regulierte Unternehmensbranchen**

In Ergänzung zum Kartellrecht hat der Gesetzgeber in Infrastruktur- und Versorgungsbranchen die Beschränkungen der Geschäftsführungsbefugnis geregelt, die eine Entflechtung (sog. *Unbundling*) vom Netzbetrieb zu übrigen Unternehmensbereichen zum Ziel hat. Besonders weitgehende Entflechtungsvorschriften bestehen in der **Energiewirtschaft** (§§ 6–10 EnWG); bei **Telekommunikationsunternehmen** ist nicht mehr eine zwingende rechtliche Entflechtung des Bereichs betriebsöffentlicher Telekommunikationsnetze und der Erbringung von Telekommunikationsdiensten für die Öffentlichkeit von anderen Aktivitäten geboten (§ 14 Abs. 1 TKG 1996), sondern es ist nun nur noch eine strukturelle Separierung in Form der bilanziellen Entflechtung vorgeschrieben (§ 7 TKG). In **anderen regulierten Branchen** gibt es besondere gesetzliche Anforderungen an die Vorstandsmitglieder, die § 76 Abs. 3 ergänzen (z.B. §§ 32, 33 Abs. 1 Nr. 2 und 4, Abs. 2 und Abs. 3, § 2c KWG) oder sonstige Vorgaben an die Binnenorganisation des Vorstands stellen (z.B. § 25a KWG für ein Risikoüberwachungssystem).

22

---

68 *Spindler* in MünchKomm. AktG, 3. Aufl., § 77 AktG Rz. 68; *Schwark* in FS Ulmer, 2003, S. 605, 613 ff.; vgl. auch *Götz*, ZGR 2003, 1, 11 ff.
69 Darstellung von CEO-Modellen bei *von Hein*, ZHR 166 (2002), 464 ff.; *Kort* in Großkomm. AktG, 4. Aufl., § 77 AktG Rz. 52 ff.; *Spindler* in MünchKomm. AktG, 3. Aufl., § 77 AktG Rz. 69; *Fleischer* in Spindler/Stilz, § 77 AktG Rz. 41 f.; *Wicke*, NJW 2007, 3755, 3757 f.
70 Ebenso *Kort* in Großkomm. AktG, 4. Aufl., § 77 AktG Rz. 52 ff.; *Spindler* in MünchKomm. AktG, 3. Aufl., § 77 AktG Rz. 69; *Fleischer* in Spindler/Stilz, § 77 AktG Rz. 41; *Semler* in FS Lutter, 2000, S. 728; *Rieger* in FS Peltzer, 2001, S. 339, 349; *Bernhardt/Witt*, ZfB 69 (1999), 825, 830; *von Hein*, ZHR 166 (2002), 464, 482 ff.
71 Hierzu *Seibt* in Lutter/Hommelhoff, Europäische Gesellschaft, 2005, S. 67, 86 ff.; *Siems* in KölnKomm. AktG, 3. Aufl., § 34 SEAG Rz. 6.

### b) Unternehmensmitbestimmung

23 **§ 32 MitbestG** enthält (ähnlich wie § 15 MitbestErgG) eine **Spezialvorschrift zur Beschränkung der Geschäftsführungs- und Vertretungsbefugnis** des Vorstands für den Fall, dass ein nach dem MitbestG mitbestimmtes Unternehmen (Obergesellschaft) an einem anderen, gleichfalls dem MitbestG unterliegendem Unternehmen (Untergesellschaft) mit mindestens 25 % beteiligt ist. Denn die Mitbestimmung im Aufsichtsrat der Obergesellschaft könnte deren Vorstand veranlassen, bei der Ausübung der der Obergesellschaft zustehenden Stimmrechte in der Anteilseignerversammlung der Untergesellschaft auch Arbeitnehmerinteressen zu berücksichtigen, was zu einer unangemessenen Kumulation der Mitbestimmungsrechte führen könnte[72]. Daneben sollen Grundlagenentscheidungen, die unabhängigen Unternehmen der Anteilseignerversammlung vorbehalten sind, auch in abhängigen Unternehmen ohne Arbeitnehmereinfluss getroffen werden[73]. Beide Ziele verwirklicht § 32 MitbestG durch eine doppelte Modifikation der aktienrechtlichen Regeln über Vorstand und Aufsichtsrat: In einem ersten Schritt wird bestimmt, dass die aus der Beteiligung fließenden Rechte nicht vom Vorstand der Obergesellschaft allein wahrgenommen werden können, sondern nur aufgrund eines diesen bindenden Aufsichtsratsbeschlusses; in einem zweiten Schritt wird der Beschluss des Gesamtaufsichtsrats durch einen Sonderbeschluss der Anteilseignervertreter ersetzt, wodurch im Ergebnis die Wahrnehmung der Beteiligungsrechte vom Vorstand auf die Anteilseignerseite im Aufsichtsrat verlagert wird[74].

## IV. Geschäftsordnung (§ 77 Abs. 2)

### 1. Inhalt

24 In einer Geschäftsordnung können nur **dispositive Regelungen zur Binnenorganisation und Geschäftsverteilung zum Zweck der Effizienzsteigerung** geregelt werden. Die Geschäftsordnung unterliegt nicht der richterlichen Inhaltskontrolle[75]. Sie ist objektiv auszulegen[76].

### 2. Zuständigkeit

25 Eine Pflicht zum Erlass einer Geschäftsordnung besteht von Gesetzes wegen nicht. In erster Linie ist der Vorstand selbst berufen, sich eine Geschäftsordnung zu geben (sog. *Organisationsautonomie*); dies gilt nur dann nicht, wenn der Aufsichtsrat eine Geschäftsordnung für den Vorstand erlässt oder die Satzung dem Aufsichtsrat den Erlass einer Geschäftsordnung übertragen hat (vorrangige Kompetenz des Aufsichtsrats). Ebenso tritt eine vom Vorstand selbst erlassene Geschäftsordnung insoweit zurück, als sie im Widerspruch zu den Anstellungsverträgen der Vorstandsmitglieder (z.B. im Hinblick auf die Ressortverteilung) steht (Personalkompetenz des Aufsichts-

---

72 Vgl. BT-Drucks. 7/2172, S. 28; vgl. auch *Seibt* in Henssler/Willemsen/Kalb, ArbR-Komm, § 32 MitbestG Rz. 1; *Raiser/Veil*, § 32 MitbestG Rz. 1; *Weiss*, Der Konzern 2005, 590.
73 Vgl. *Seibt* in Henssler/Willemsen/Kalb, ArbR-Komm, § 32 MitbestG Rz. 1; *Oetker* in ErfKomm., § 32 MitbestG Rz. 1; *Ulmer/Habersack* in Ulmer/Habersack/Henssler, § 32 MitbestG Rz. 2; *Raiser/Veil*, § 32 MitbestG Rz. 1.
74 *Seibt* in Henssler/Willemsen/Kalb, ArbR-Komm, § 32 MitbestG Rz. 1; *Raiser/Veil*, § 32 MitbestG Rz. 1.
75 *Kort* in Großkomm. AktG, 4. Aufl., § 77 AktG Rz. 80; *Spindler* in MünchKomm. AktG, 3. Aufl., § 77 AktG Rz. 39.
76 *Fleischer* in Spindler/Stilz, § 77 AktG Rz. 60; *Mertens/Cahn* in KölnKomm. AktG, 3. Aufl., § 77 AktG Rz. 55.

rats)⁷⁷. Für ihren Erlass, ihre inhaltliche Änderung und ihre Aufhebung ist stets ein einstimmiger Beschluss aller Vorstandsmitglieder notwendig (§ 77 Abs. 2 Satz 3)⁷⁸. Wird ein neues Vorstandsmitglied bestellt oder tritt ein Mitglied aus, so bleibt die Geschäftsordnung weiterhin maßgeblich, auch wenn das neue Mitglied bzw. die verbleibenden Mitglieder nicht ausdrücklich oder konkludent zustimmen⁷⁹. Aus der organschaftlichen Treuepflicht kann eine positive Mitwirkungspflicht der Vorstandsmitglieder zur Anpassung folgen.

Aus der Personalkompetenz des Aufsichtsrats über den Vorstand (§§ 84, 87, 88, 89) folgt das vorrangige Recht, eine Geschäftsordnung für den Vorstand zu erlassen und damit deren Organisationsautonomie zu überspielen. Dabei kann die Zuständigkeit zum Erlass einer Geschäftsordnung einem Aufsichtsratsausschuss nicht übertragen werden (§ 107 Abs. 3 Satz 2). Eine vom Vorstand für sich selbst erlassene Geschäftsordnung tritt automatisch mit dem Erlass einer Geschäftsordnung durch den Aufsichtsrat außer Kraft⁸⁰, und zwar in dem Umfang des inhaltlich-sachlichen Anwendungsbereichs der vom Aufsichtsrat erlassenen Geschäftsordnung (**Sperrwirkung einer vom Aufsichtsrat für den Vorstand erlassenen Geschäftsordnung**). Der Aufsichtsrat kann auch eine vom Vorstand erlassene Geschäftsordnung ganz oder teilweise aufheben, wobei letzteres dann einer Änderung der Geschäftsordnung entspricht (was im praktischen Ergebnis dem Verhältnis von Rahmen-Geschäftsordnung durch den Aufsichtsrat und Ausführungs-Geschäftsordnung durch den Vorstand selbst ähnelt)⁸¹. 26

Die **Satzung kann Einzelfragen der Geschäftsordnung verbindlich regeln** (§ 77 Abs. 2 Satz 2), z.B. eine Geschäftsverteilung, die Bildung von Ausschüssen oder sonstige Aspekte der Zusammenarbeit im Vorstand. Die Regelungskompetenz der Satzung findet dadurch eine Begrenzung, dass nur „Einzelfragen" bestimmt werden dürfen und damit die Grundkompetenz von Vorstand und Aufsichtsrat zur organisatorischen Gesamtgestaltung der Geschäftsordnung nicht ausgeschaltet werden darf⁸². Die Satzung kann aber dem Aufsichtsrat den Erlass der Geschäftsordnung übertragen (§ 77 Abs. 2 Satz 1). Dann kann der Vorstand selbst eine Geschäftsordnung für sich erlassen, wenn der Aufsichtsrat von seiner Zuständigkeit keinen Gebrauch macht. Die Satzung kann auch bestimmen, dass der Vorstand eine Geschäftsordnung nur mit Zu- 27

---

77 *Spindler* in MünchKomm. AktG, 3. Aufl., § 77 AktG Rz. 43; *Mertens/Cahn* in KölnKomm. AktG, 3. Aufl., § 77 AktG Rz. 64; *Hoffmann-Becking*, ZGR 1998, 497, 502.
78 *Hüffer*, § 77 AktG Rz. 19; *Mertens/Cahn* in KölnKomm. AktG, 3. Aufl., § 77 AktG Rz. 62; *Spindler* in MünchKomm. AktG, 3. Aufl. § 77 AktG Rz. 42.
79 Vgl. *Hüffer*, § 77 AktG Rz. 22; *Kort* in Großkomm. AktG, 4. Aufl., § 77 AktG Rz. 75; *Spindler* in MünchKomm. AktG, 3. Aufl., § 77 AktG Rz. 46; *Hoffmann-Becking*, ZGR 1998, 497, 500; *Wiesner* in MünchHdb. AG, § 22 Rz. 21; *Mertens/Cahn* in KölnKomm. AktG, 3. Aufl., § 77 AktG Rz. 65.
80 Begr. RegE AktG 1965 zu § 77, zit. bei *Kropff*, Aktiengesetz, S. 99; *Hüffer*, § 77 AktG Rz. 22; *Kort* in Großkomm. AktG, 4. Aufl., § 77 AktG Rz. 70; *Spindler* in MünchKomm. AktG, 3. Aufl., § 77 AktG Rz. 49; *Hoffmann-Becking*, ZGR 1998, 497, 501; *Uwe H. Schneider* in FS Mühl, 1981, S. 633, 635.
81 So auch v. *Godin/Wilhelmi*, § 77 AktG Anm. 9; *Golling*, Sorgfaltspflicht und Verantwortlichkeit der Vorstandsmitglieder, 1968, S. 64; a.A. (bloße Änderung nicht zulässig) Begr. RegE AktG 1965 zu § 77, zit. bei *Kropff*, Aktiengesetz, S. 99; *Mertens/Cahn* in KölnKomm. AktG, 3. Aufl., § 77 AktG Rz. 60; *Kort* in Großkomm. AktG, 4. Aufl., § 77 AktG Rz. 70; *Spindler* in MünchKomm. AktG, 3. Aufl., § 77 AktG Rz. 50 („ungereimtes Zwittergebilde").
82 *Hüffer*, § 77 AktG Rz. 20; *Mertens/Cahn* in KölnKomm. AktG, 3. Aufl., § 77 AktG Rz. 61; *Spindler* in MünchKomm. AktG, 3. Aufl., § 77 AktG Rz. 52; *Fleischer* in Spindler/Stilz, § 77 AktG Rz. 66; *Hoffmann-Becking*, ZGR 1998, 497, 505; i.E. auch *Kort* in Großkomm. AktG, 4. Aufl., § 77 AktG Rz. 72.

stimmung des Aufsichtsrats erlassen darf[83]. Dagegen kann die Satzung den Aufsichtsrat nicht vom Erlass einer Geschäftsordnung ausschließen und dieses Recht nur dem Vorstand zuweisen, und zwar selbst dann nicht, wenn dem Aufsichtsrat ein Zustimmungsvorbehalt eingeräumt wird (arg. e § 23 Abs. 5)[84].

### 3. Form

28 Aus dem Sinn und Zweck einer Geschäftsordnung folgt, dass diese **schriftlich oder in Textform** (§ 126b BGB) zu dokumentieren ist[85]. Allerdings handelt es sich hierbei nur um ein untechnisches Schriftformerfordernis, das nicht zur Folge hat, dass die Vorstandsmitglieder das Dokument eigenhändig zu unterzeichnen haben und dass bei Nichteinhaltung der Schriftlichkeit die Regelungen nichtig sind[86]. Erlässt der Aufsichtsrat eine Geschäftsordnung für den Vorstand, so ist der Beschluss in eine Niederschrift aufzunehmen, die der Vorsitzende des Aufsichtsrats unterzeichnet (§ 107 Abs. 2). Allerdings hängt auch hier die Wirksamkeit des Beschlusses nicht von der Einhaltung dieser Form ab (§ 107 Abs. 2 Satz 3)[87].

### 4. Wirkung und Geltungsdauer

29 Jedes Vorstandsmitglied ist verpflichtet, die vom Gesamtorgan oder vom Aufsichtsrat erlassene Geschäftsordnung oder die in der Satzung vorgegebenen Einzelregelungen zu beachten. Andernfalls können sie sich nach § 93 Abs. 2 ersatzpflichtig machen, und die Nichtbeachtung kann einen wichtigen Grund für die Abberufung als Vorstandsmitglied bilden[88]. Eine Geschäftsordnung gilt solange, bis der Zeitpunkt ihrer zeitlichen Befristung (z.B. Ende der Amtsperiode) eingetreten ist oder sie geändert oder aufgehoben wird.

### 5. Mitbestimmte Gesellschaften

30 Der Zwang zur Bestellung eines Arbeitsdirektors in den Vorstand (§ 33 MitbestG, § 13 MontanMitbestG; § 13 MitbestErgG) führt weder zu einer Pflicht zum Erlass einer Geschäftsordnung für den Aufsichtsrat noch umgekehrt zu einem Verbot, eine Geschäftsordnung für den Vorstand zu erlassen[89]. Die Vorschriften der § 33 Abs. 2 Satz 2 MitbestG sowie § 13 Abs. 2 Satz 2 MontanMitbestG („das Nähere bestimmt

---

[83] Begr. RegE AktG 1965 zu § 77, zit. bei *Kropff*, Aktiengesetz, S. 99; *Hüffer*, § 77 AktG Rz. 19; *Spindler* in MünchKomm. AktG, 3. Aufl., § 77 AktG Rz. 53.

[84] *Hüffer*, § 77 AktG Rz. 19; *Mertens/Cahn* in KölnKomm. AktG, 3. Aufl., § 77 AktG Rz. 58; *Kort* in Großkomm. AktG, 4. Aufl., § 77 AktG Rz. 66; *Spindler* in MünchKomm. AktG, 3. Aufl., § 77 AktG Rz. 53; *Wiesner* in MünchHdb. AG, § 22 Rz. 20.

[85] Zur schriftlichen Dokumentationspflicht Ausschussbericht zu § 77 AktG 1965 zit. bei *Kropff*, Aktiengesetz, S. 100; *Hüffer*, § 77 AktG Rz. 21; *Kort* in Großkomm. AktG, 4. Aufl., § 77 AktG Rz. 78; *Spindler* in MünchKomm. AktG, 3. Aufl., § 77 AktG Rz. 54; *Fleischer* in Spindler/Stilz, § 77 AktG Rz. 67; *Baumbach/Hueck*, § 77 AktG Anm. 15; diff. *Mertens/Cahn* in KölnKomm. AktG, 3. Aufl., § 77 AktG Rz. 56.

[86] Vgl. *Hüffer*, § 77 AktG Rz. 21; *Mertens/Cahn* in KölnKomm. AktG, 3. Aufl., § 77 AktG Rz. 56; *Kort* in Großkomm. AktG, 4. Aufl., § 77 AktG Rz. 78; *Spindler* in MünchKomm. AktG, § 77 AktG Rz. 54; *Fleischer* in Spindler/Stilz, § 77 AktG Rz. 67; *Baumbach/Hueck*, § 77 AktG Anm. 15.

[87] *Mertens/Cahn* in KölnKomm. AktG, 3. Aufl., § 77 AktG Rz. 56; *Kort* in Großkomm. AktG, 4. Aufl., § 77 AktG Rz. 79; *Spindler* in MünchKomm. AktG, 3. Aufl., § 77 AktG Rz. 55.

[88] *Spindler* in MünchKomm. AktG, 3. Aufl., § 77 AktG Rz. 57.

[89] *Hüffer*, § 77 AktG Rz. 23; *Mertens/Cahn* in KölnKomm. AktG, 3. Aufl., § 77 AktG Rz. 68; *Kort* in Großkomm. AktG, 4. Aufl., § 77 AktG Rz. 94; *Spindler* in MünchKomm. AktG, 3. Aufl., § 77 AktG Rz. 56; *Fleischer* in Spindler/Stilz, § 77 AktG Rz. 70; *Uwe H. Schneider* in FS Mühl, 1981, S. 633, 639 f.; *Wissmann* in MünchHdb. ArbR, § 379 Rz. 7; a.A. *Henssler* in Ulmer/Habersack/Henssler, § 33 MitbestG Rz. 43.

die Geschäftsordnung") statuieren keine Erlasspflicht, sondern erlauben vielmehr den Erlass einer Geschäftsordnung zur Funktionssteigerung des Vorstandshandels. Denn ohne Geschäftsordnung bleibt es bei der Gesamtgeschäftsführungsbefugnis mit Einstimmigkeitsprinzip unter Einschluss des Arbeitsdirektors[90]. Zur Stellung des Arbeitsdirektors als gleichberechtigtem Vorstandsmitglied und zu insoweit zulässigen Regelungen der Binnenorganisation § 76 Rz. 31 ff.

## § 78
## Vertretung

(1) Der Vorstand vertritt die Gesellschaft gerichtlich und außergerichtlich. Hat eine Gesellschaft keinen Vorstand (Führungslosigkeit), wird die Gesellschaft für den Fall, dass ihr gegenüber Willenserklärungen abgegeben oder Schriftstücke zugestellt werden, durch den Aufsichtsrat vertreten.

(2) Besteht der Vorstand aus mehreren Personen, so sind, wenn die Satzung nichts anderes bestimmt, sämtliche Vorstandsmitglieder nur gemeinschaftlich zur Vertretung der Gesellschaft befugt. Ist eine Willenserklärung gegenüber der Gesellschaft abzugeben, so genügt die Abgabe gegenüber einem Vorstandsmitglied oder im Fall des Absatzes 1 Satz 2 gegenüber einem Aufsichtsratsmitglied. An die Vertreter der Gesellschaft nach Absatz 1 können unter der im Handelsregister eingetragenen Geschäftsanschrift Willenserklärungen gegenüber der Gesellschaft abgegeben und Schriftstücke für die Gesellschaft zugestellt werden. Unabhängig hiervon können die Abgabe und die Zustellung auch unter der eingetragenen Anschrift der empfangsberechtigten Person nach § 39 Abs. 1 Satz 2 erfolgen.

(3) Die Satzung kann auch bestimmen, dass einzelne Vorstandsmitglieder allein oder in Gemeinschaft mit einem Prokuristen zur Vertretung der Gesellschaft befugt sind. Dasselbe kann der Aufsichtsrat bestimmen, wenn die Satzung ihn hierzu ermächtigt hat. Absatz 2 Satz 2 gilt in diesen Fällen sinngemäß.

(4) Zur Gesamtvertretung befugte Vorstandsmitglieder können einzelne von ihnen zur Vornahme bestimmter Geschäfte oder bestimmter Arten von Geschäften ermächtigen. Dies gilt sinngemäß, wenn ein einzelnes Vorstandsmitglied in Gemeinschaft mit einem Prokuristen zur Vertretung der Gesellschaft befugt ist.

| | |
|---|---|
| I. Regelungsgegenstand und Normzweck . . . . . . . . . . . . . . . . . . . . . . . 1 | b) Willensmängel, Kenntnis und Kennenmüssen (Wissenszurechnung) . . . . . . . . . . . . . . . 10 |
| II. Vorstand als Vertretungsorgan (§ 78 Abs. 1) . . . . . . . . . . . . . . . 2 | c) Haftung kraft Rechtsscheins . . . . 13 |
| 1. Organschaftliche Vertretung . . . . . . 2 | 4. Gewillkürte Vertretung . . . . . . . . . 14 |
| 2. Umfang der Vertretungsmacht . . . . . 7 | III. Gesetzliche Vertretungsordnung (§ 78 Abs. 2) . . . . . . . . . . . . . . . 16 |
| a) Grundsatz der unbeschränkten Vertretungsmacht und Grenzen . . 7 | 1. Aktivvertretung: Prinzip der Gesamtvertretungsbefugnis (§ 78 Abs. 2 Satz 1) . . . . . . . . . . . . . . . . . . . . 16 |
| b) Insichgeschäfte des Vorstands . . . 8 | |
| 3. Wirkung der Vertretung . . . . . . . . 9 | |
| a) Grundsatz . . . . . . . . . . . . . . . . 9 | |

---

[90] Zutr. *Hüffer*, § 77 AktG Rz. 23; *Kort* in Großkomm. AktG, 4. Aufl., § 77 AktG Rz. 94; *Spindler* in MünchKomm. AktG, 3. Aufl., § 77 AktG Rz. 56; *Raiser/Veil*, § 33 MitbestG Rz. 25 f.

2. Passivvertretung: Prinzip der Einzelvertretungsbefugnis (§ 78 Abs. 2 Satz 2) . . . . . . . . . . . . . . . 19

3. Passivvertretung des Aufsichtsrats bei Führungslosigkeit . . . . . . . . . . . 20

**IV. Abweichende Bestimmungen zur Gesamtvertretungsbefugnis (§ 78 Abs. 3)** . . . . . . . . . . . . . . 22
1. Gesetzliche Ausnahmen . . . . . . . . . 22
2. Privatautonome Regelungen . . . . . . 23
3. Gestaltungsvarianten . . . . . . . . . . . 24
   a) Einzelvertretung . . . . . . . . . . . . 25
   b) Unechte Gesamtvertretung . . . . . 26

c) Gemeinschaftliche Vertretung durch mehrere Vorstandsmitglieder . . . . . . . . . . . . . . . . . . . 27

**V. Einzelermächtigung (§ 78 Abs. 4)** . . . 28
1. Grundlagen und Rechtsnatur der Ermächtigung . . . . . . . . . . . . . . . . 28
2. Erteilung der Ermächtigung . . . . . . . 29
3. Umfang der Ermächtigung . . . . . . . . 30
4. Widerruf der Ermächtigung . . . . . . . 31
5. Genehmigung des Alleinhandelns . . 32
6. Einzelermächtigung bei gemischter Gesamtvertretung . . . . . . . . . . . . . 33

**VI. Organhaftung (§ 31 BGB)** . . . . . . . . 34

**Literatur:** *Beuthien*, Zur Theorie der Stellvertretung im Gesellschaftsrecht, in FS Zöllner, 1998, S. 87; *Bork*, Zurechnung im Konzern, ZGR 1994, 237; *Drexl*, Wissenszurechnung im Konzern, ZHR 161 (1997), 491; *Grunewald*, Wissenszurechnung bei juristischen Personen, in FS Beusch, 1993, S. 301; *Hübner*, Zur Zulässigkeit der Generalvollmacht bei Kapitalgesellschaften, ZHR 143 (1979), 1; *Kuckein*, Einhaltung der gesetzlichen Schriftform bei Unterzeichnung eines Mietvertrags für eine Kapitalgesellschaft, NZM 2010, 148; *Priester*, Geschäfte mit Dritten vor Eintragung der AG, ZHR 165 (2001), 383; *Raiser*, Kenntnis und Kennenmüssen von Unternehmen, in FS Bezzenberger, 2000, S. 561; *Richardi*, Die Wissensvertretung, AcP 169 (1969), 385; *Roquette*, Rechtsfragen zur unechten Gesamtvertretung im Rahmen der gesetzlichen Vertretung von Kapitalgesellschaften, in FS Oppenhoff, 1985, S. 335; *Schilken*, Wissenszurechnung im Zivilrecht, 1983; *Schüler*, Die Wissenszurechnung im Konzern, 2000; *Schwarz*, Die Gesamtvertretungsermächtigung, NZG 2001, 529; *Schwarz*, Rechtsfragen zur Vorstandsermächtigung nach § 78 Abs. 4 AktG, ZGR 2001, 744; *Schwarz*, Vertretungsregelungen durch den Aufsichtsrat (§ 78 Abs. 3 S. 2 AktG) und durch Vorstandsmitglieder (§ 78 Abs. 4 S. 1 AktG), ZHR 166 (2002), 625; *Timme/Hülk*, Schriftform bei Mietvertrag mit einer Aktiengesellschaft, NZG 2010, 177; *Waltermann*, Die Wissenszurechnung, AcP 192 (1992), 181.

## I. Regelungsgegenstand und Normzweck

1 Die Vorschrift des § 78 betrifft die Vertretung der AG i.S. der organschaftlichen Zurechnung des in ihrem Namen entfalteten Vorstandshandelns (insbesondere bei Vornahme von Rechtsgeschäften), weist diese wie die Geschäftsführung dem Vorstand zu und ergänzt insoweit die nach § 76 Abs. 1 dem Vorstand obliegende Leitungskompetenz ins Außenverhältnis. Bei einem mehrköpfigen Vorstand gilt für die Aktivvertretung nach § 78 Abs. 2 Satz 1 das **Prinzip der Gesamtvertretung**, das dem in § 77 Abs. 1 verankerten Prinzip der Gesamtgeschäftsführung für die Binnenbefugnis entspricht. Diese Grundregelung der Gesamtgeschäftsführung dient dem **Schutz der AG vor unangemessen risikogeneigten, unausgewogenen oder übereilten Handlungen (Übereilungsschutz) sowie vor der Unzulänglichkeit oder Unwahrhaftigkeit einzelner Vorstandsmitglieder**[1]. Die Gesamtvertretungsbefugnis verlängert damit das in § 77 Abs. 1 niedergelegte Prinzip der Gesamtgeschäftsführung und die hiermit (sowie mit der allgemeinen Organstellung der Vorstandsmitglieder) verbundene horizontale Selbstkontrolle des Vorstandshandelns. Eine auf das konkrete Unternehmen abgestimmte flexiblere Vertretungsregelung (Einzelvertretung, unechte Gesamtvertretung, gemeinschaftliche Vertretung durch mehrere Vorstandsmitglieder) kann vorgesehen werden (§ 78 Abs. 3; Rz. 23). Des Weiteren kann der Rechtsverkehr dadurch er-

---
1 So auch *Spindler* in MünchKomm. AktG, 3. Aufl., § 78 AktG Rz. 27.

leichtert werden, dass die gesamtvertretungsberechtigten Vorstandsmitglieder einzelne von ihnen zur Vornahme bestimmter Geschäfte oder bestimmter Arten von Geschäften ermächtigen können (§ 78 Abs. 4; Rz. 28 ff.); daneben Vertretung ist ein Handeln der AG durch Bevollmächtigte möglich (Rz. 14 ff.). Bei der Passivvertretung gilt zur Erleichterung des Rechtsverkehrs zwingend das Prinzip der Einzelvertretung (§ 78 Abs. 2 Satz 2; Rz. 19).

## II. Vorstand als Vertretungsorgan (§ 78 Abs. 1)

### 1. Organschaftliche Vertretung

Nach § 78 Abs. 1 wird die Gesellschaft durch den Vorstand gerichtlich und außergerichtlich vertreten. Der Vorstand *hat die Stellung eines* gesetzlichen Vertreters (vgl. § 26 Abs. 2 Satz 1 Halbsatz 2 BGB)[2]. Das Handeln des Vorstands wird der Gesellschaft als ihr eigenes Handeln zugerechnet (**Organtheorie**)[3]. Mit der Organbestellung (§§ 84, 85) kommt dem Vorstandsmitglied die Vertretungsmacht zu; es genügt hierbei die vollzogene Bestellung, mag sie auch fehlerhaft gewesen sein[4].

2

Die dem Vorstand zugewiesene **außergerichtliche Vertretung** der AG erstreckt sich auf den gesamten Privatrechtsverkehr sowie auf die Vertretung gegenüber Behörden. Hiervon sind nur bestimmte Rechtsbeziehungen zum Schutz der aktienrechtlichen Kompetenzstruktur ausgenommen: So wird die Gesellschaft in Ihren Rechtsbeziehungen gegenüber (aktuellen und ehemaligen) Vorstandsmitgliedern vom Aufsichtsrat vertreten (§ 112; Näheres s. dort). Die Hauptversammlung vertritt die Gesellschaft zwingend bei der Bestellung und Abberufung von Aufsichtsratsmitgliedern (soweit sie nicht von den Arbeitnehmern zu wählen oder von bestimmten Aktionären zu entsenden sind), bei der Bewilligung einer Vergütung an Aufsichtsratsmitglieder (einschließlich von zusätzlichen Sondervergütungen) sowie bei der Bestellung von Abschlussprüfern und Sonderprüfern. Bei bestimmten Maßnahmen sind Vorstand und Aufsichtsrat(svorsitzender) nur gemeinsam zur Vertretung der Gesellschaft berufen (vgl. §§ 184 Abs. 1 Satz 1, 188 Abs. 1, 195 Abs. 1, 207 Abs. 2, 223, 229 Abs. 3, 237 Abs. 4 Satz 5 sowie bei bestimmten Klagen[5]), in anderen Fällen darf der Vorstand nur mit Zustimmung der Hauptversammlung handeln (vgl. §§ 50 Satz 1, 52 Abs. 1, 53 Satz 1, 93 Abs. 4 Satz 3, 116, 117 Abs. 4, 293 Abs. 1 Satz 1, 295 Abs. 1 und Abs. 2, 297 Abs. 2, 309 Abs. 3 Satz 1, 310 Abs. 4, 317 Abs. 4, 318 Abs. 4 AktG, §§ 4, 13, 125, 176, 233 UmwG). Soweit der Vorstand die Gesellschaft bei einem Geschäft nur mit Zustimmung eines anderen Organs oder eines sonstigen Beteiligten (z.B. Sonderbeschluss von außenstehenden Aktionären) vertreten kann, ist ein von ihm allein geschlossenen Rechtsgeschäft nach § 177 BGB schwebend unwirksam; es kann dann also von dem anderen Organ oder sonstigen Beteiligten nachträglich genehmigt werden[6], wobei aus der Pflicht zur Verfolgung des Unternehmensinteresses ggf. auch ei-

3

---

2 *Hüffer*, § 78 AktG Rz. 3; *Habersack* in Großkomm. AktG, 4. Aufl., § 78 AktG Rz. 13; *Spindler* in MünchKomm. AktG, 3. Aufl., § 78 AktG Rz. 5; *Fleischer* in Spindler/Stilz, § 78 AktG Rz. 4; *Beuthien* in FS Zöllner, 1998, Band I, S. 87, 99 ff.; *Beuthien*, NJW 1999, 1145 f.; a.A. *Mertens/Cahn* in KölnKomm. AktG, 3. Aufl., § 78 AktG Rz. 7 (Vorstand *ist* gesetzlicher Vertreter).
3 *Fleischer* in Spindler/Stilz, § 78 AktG Rz. 4 m.w.N.
4 Vgl. BGH v. 6.3.1975 – II ZR 80/73, BGHZ 64, 72, 75 = NJW 1975, 1117; *Hüffer*, § 78 AktG Rz. 3 und § 84 AktG Rz. 10; *Mertens/Cahn* in KölnKomm. AktG, 3. Aufl., § 78 AktG Rz. 66; *Habersack* in Großkomm. AktG, 4. Aufl., § 78 AktG Rz. 13; *Spindler* in MünchKomm. AktG, 3. Aufl., § 78 AktG Rz. 5.
5 Hierzu *Mertens/Cahn* in KölnKomm. AktG, 3. Aufl., § 78 AktG Rz. 13.
6 Vgl. BGH v. 21.6.1999 – II ZR 27/98, NJW 1999, 3263; BGH v. 22.4.1991 – II ZR 151/9, AG 1991, 269, 270; BGH v. 19.12.1988 – II ZR 74/88, ZIP 1989, 294, 295 ff.; OLG Karlsruhe v. 13.10.1995 – 10 U 51/95, AG 1996, 224, 225 f.; *Habersack* in Großkomm. AktG, 4. Aufl., § 78

ne Verpflichtung zur nachträglichen Genehmigung fließen kann[7]. Eine **aufgelöste Gesellschaft** wird gerichtlich und außergerichtlich (und einschließlich von Rechtstreitigkeiten gegenüber ehemaligen Vorstandsmitgliedern[8]) von den Abwicklern vertreten (vgl. Erl. zu §§ 262, 269). Zur Insolvenz vgl. Rz. 22.

4 Als juristische Person ist die AG **parteifähig** und auf der Grundlage der Organtheorie auch **prozessfähig**[9]. Die **gerichtliche Vertretung** liegt in der Regel nach § 78 Abs. 1 beim Vorstand. Dies gilt nicht für Rechtsstreitigkeiten der Gesellschaft mit Vorstandsmitgliedern (§ 112: Aufsichtsrat), bei Anfechtungs- und Nichtigkeitsklagen gegen Hauptversammlungsbeschlüsse (vgl. §§ 246 Abs. 2, 249 Abs. 1, 250 Abs. 3, 253, 254 Abs. 2, 255 Abs. 3: Doppelvertretung durch Vorstand und Aufsichtsrat) und gegen die Feststellung des Jahresabschlusses (vgl. §§ 256 Abs. 7, 257 Abs. 2, 246 Abs. 2 Satz 2: Doppelvertretung durch Vorstand und Aufsichtsrat) sowie bei der Klage auf Nichtigerklärung (vgl. §§ 246 Abs. 2 Satz 2, 275 Abs. 4: Doppelvertretung durch Vorstand und Aufsichtsrat) und zur Geltendmachung von Ersatzansprüchen aus der Gründung oder der Geschäftsführung (§ 147 Abs. 3 Satz 1 und Satz 2: Besonderer Vertreter); für Freigabeanträge nach § 246a Abs. 1 AktG bleibt es bei den allgemeinen Vertretungsregeln der § 78 Abs. 1 und Abs. 2 Satz 1[10]. Sind keine Vorstandsmitglieder vorhanden, durch die die Gesellschaft im Prozess vertreten werden kann, so kann nach § 57 ZPO bei Gefahr in Verzug ein besonderer Vertreter bestellt werden. Bei Wegfall eines Vorstandsmitglieds wird der Rechtsstreit nach § 241 ZPO unterbrochen, sofern Gesamtvertretung besteht und die verbleibenden Vorstandsmitglieder nicht mehr zur Vertretung befugt sind[11].

5 Klagt der Vorstand oder ein Vorstandsmitglied, so vertritt der Aufsichtsrat die Gesellschaft allein (§ 246 Abs. 2 Satz 3). Hat ein Aufsichtsratsmitglied Klage auf Feststellung der Nichtigkeit eines Aufsichtsratsbeschlusses eingereicht, ist allein der Vorstand vertretungs- und prozessführungsbefugt, da Beklagter die AG ist[12]. Bei Vertretung durch den Vorstand gehört die Bezeichnung seiner Mitglieder zur **Parteibezeichnung in Schriftsätzen und Urteilen** (§§ 130 Nr. 1, 253 Abs. 4, 313 Abs. 1 Nr. 1 ZPO). Eine gegen die AG gerichtete Klage ist dem Vorstand **zuzustellen**, wobei die Zustellung an ein Vorstandsmitglied genügt (§ 170 Abs. 1 und Abs. 3 ZPO); eine Zustellung ausschließlich an einen Prokuristen (kein gesetzlicher Vertreter!) ist nicht ausreichend[13]. Bei Fällen der Doppelvertretung durch Vorstand und Aufsichtsrat müssen Zustellungen je an ein Mitglied des Vorstands und des Aufsichtsrats er-

---

AktG Rz. 12; *Spindler* in MünchKomm. AktG, 3. Aufl., § 78 AktG Rz. 9; *Fleischer* in Spindler/Stilz, § 78 AktG Rz. 17.
7 *Spindler* in MünchKomm. AktG, 3. Aufl., § 78 AktG Rz. 9; *Fleischer* in Spindler/Stilz, § 78 AktG Rz. 17.
8 OLG Brandenburg v. 28.11.2001 – 7 U 102/01, AG 2003, 44.
9 So auch BGH v. 9.6.1983 – I ZR 73/81, NJW 1984, 668; *Hüffer*, § 78 AktG Rz. 4; *Habersack* in Großkomm. AktG, 4. Aufl., § 78 AktG Rz. 19; *Fleischer* in Spindler/Stilz, § 78 AktG Rz. 7; a.A. BGH v. 8.2.1993 – II ZR 62/92, NJW 1993, 1654 f.; *Spindler* in MünchKomm. AktG, 3. Aufl., § 78 AktG Rz. 13.
10 OLG Bremen v. 1.12.2008 – 2 W 71/08, AG 2009, 412, 413 (Rz. 20); OLG Karlsruhe v. 7.12.2006 – 7 W 78/06, AG 2007, 284; vgl. auch unten § 246a Rz. 25.
11 *Spindler* in MünchKomm. AktG, 3. Aufl., § 78 AktG Rz. 21; vgl. auch BGH v. 13.2.1989 – II ZR 209/88, NJW 1989, 2055, 2056; BGH v. 22.4.1991 – II ZR 151/90, NJW-RR 1991, 926; BGH v. 7.7.1993 – VIII ZR 2/92, NJW-RR 1993, 1250.
12 BGH v. 17.5.1993 – II ZR 89/92, BGHZ 122, 342, 345 f.; LG Frankfurt v. 19.12.1995 – 2/14 O 183/95, ZIP 1996, 1661, 1662; *Hüffer*, § 78 AktG Rz. 4; *Spindler* in MünchKomm. AktG, 3. Aufl., § 78 AktG Rz. 18; a.A. *Stodolkowitz*, ZHR 154 (1990), 1, 16 f., 18.
13 Ebenso *Mertens/Cahn* in KölnKomm. AktG, 3. Aufl., § 78 AktG Rz. 25; *Stöber* in Zöller, § 171 ZPO Rz. 7 m.w.N.; a.A. *Baumbach/Hartmann*, § 171 ZPO Rz. 5.

folgen[14]. Vertritt der Vorstand in einem Streitverfahren die AG, so können die Vorstandsmitglieder (unabhängig von ihrer Beteiligung in der Prozessführung) nicht als Zeugen auftreten, sondern nur im Wege des Beweises durch Parteivernehmung vernommen werden (§ 455 Abs. 1 Satz 1 ZPO)[15]. Bei einem mehrgliedrigen Vorstand bestimmt das Gericht, ob alle oder nur einzelne Vorstandsmitglieder als Partei zu vernehmen sind (§ 455 Abs. 1 Satz 2, § 449 ZPO). Ein Vorstandsmitglied kann nicht Schiedsrichter in einem Prozess sein, an dem die Gesellschaft als Partei beteiligt ist[16]. In Straf- oder Ordnungswidrigkeitenverfahren wird die Gesellschaft als Nebenbeteiligte (§ 444 StPO, §§ 30, 88 OWiG) durch den Vorstand vertreten; Vorstandsmitglieder sind als Betroffene anzuhören, Prokuristen und andere Angestellte als Zeugen. Aussageverweigerungsrechte (§§ 136 Abs. 1 Satz 2, 163a Abs. 3 Satz 2 StPO) werden von den Vorstandsmitgliedern ausgeübt, gegen die sich das Ermittlungs- oder Hauptverfahren nicht richtet[17].

Ist in der Zwangsvollstreckung eine **Versicherung an Eides statt** abzugeben (§§ 807, 883 Abs. 2, 899 ff. ZPO), so sind hierzu grundsätzlich alle Vorstandsmitglieder verpflichtet, die im Zeitpunkt der Versicherung dem Vorstand angehören[18]. Ausnahmsweise ist allerdings auch ein ausgeschiedenes Vorstandsmitglied verpflichtet, die Versicherung an Eides statt abzugeben, wenn es sich der Verpflichtung durch Amtsniederlegung gezielt entziehen wollte[19] oder wenn es als letztverbleibendes Vorstandsmitglied aus dem Amt ausgeschieden ist[20].

## 2. Umfang der Vertretungsmacht

### a) Grundsatz der unbeschränkten Vertretungsmacht und Grenzen

Die Vertretungsmacht des Vorstands ist grundsätzlich unbeschränkt (§ 78 Abs. 1) und auch unbeschränkbar (§ 82 Abs. 1). Weder aus dem Gesellschaftszweck noch aus dem Unternehmensgegenstand ergeben sich Beschränkungen der Vertretungsmacht des Vorstands (es gibt keine den in anglo-amerikanischen Rechtsordnungen entwickelte, vergleichbare ultra vires-Doktrin[21]); noch können Beschränkungen aus einer enger gefassten Geschäftsführungsbefugnis hergeleitet werden (s. auch § 77 Rz. 8).

---

14 BGH v. 10.3.1960 – II ZR 56/59, BGHZ 32, 119; *Habersack* in Großkomm. AktG, 4. Aufl., § 78 AktG Rz. 20; *Spindler* in MünchKomm. AktG, 3. Aufl., § 78 AktG Rz. 17; *Fleischer* in Spindler/Stilz, § 78 AktG Rz. 8.
15 RG v. 1.10.1880 – II 184/80, RGZ 2, 400 f.; RG v. 9.1.1900 – VIa 275/99, RGZ 46, 318, 319; *Hüffer*, § 78 AktG Rz. 4; *Habersack* in Großkomm. AktG, 4. Aufl., § 78 AktG Rz. 21; *Spindler* in MünchKomm. AktG, 3. Aufl., § 78 AktG Rz. 15; *Mertens/Cahn* in KölnKomm. AktG, 3. Aufl., § 78 AktG Rz. 21; *Fleischer* in Spindler/Stilz, § 78 AktG Rz. 7.
16 RG v. 17.9.1918 – VII 118/18, RGZ 93, 288; *Mertens/Cahn* in KölnKomm. AktG, 3. Aufl., § 78 AktG Rz. 21.
17 *Mertens/Cahn* in KölnKomm. AktG, 3. Aufl., § 78 AktG Rz. 26.
18 OLG Hamm v. 8.5.1984 – 14 W 23/84, WM 1984, 1343, 1344; OLG Hamm v. 9.11.1984 – 14 W 136/84, OLGZ 1985, 227, 228; *Hüffer*, § 78 AktG Rz. 4; *Mertens/Cahn* in KölnKomm. AktG, 3. Aufl., § 78 AktG Rz. 22; *Spindler* in MünchKomm. AktG, 3. Aufl., § 78 AktG Rz. 16; *Stöber* in Zöller, § 807 ZPO Rz. 6; a.A. OLG Frankfurt v. 7.11.1975 – 20 W 779/75, RPfleger 1976, 27; *Habersack* in Großkomm. AktG, 4. Aufl., § 78 AktG Rz. 21.
19 OLG Hamm v. 9.11.1984 – 14 W 136/84, OLGZ 1985, 227, 228; OLG Stuttgart v. 10.11.1983 – 8 W 340/83, ZIP 1984, 113, 114; *Hüffer*, § 78 AktG Rz. 4; *Spindler* in MünchKomm. AktG, 3. Aufl., § 78 AktG Rz. 16; *Mertens/Cahn* in KölnKomm. AktG, 3. Aufl., § 78 AktG Rz. 22; *Habersack* in Großkomm. AktG, 4. Aufl., § 78 AktG Rz. 21; a.A. OLG Frankfurt v. 7.11.1975 – 20 W 779/75, RPfleger 1976, 27.
20 *Spindler* in MünchKomm. AktG, 3. Aufl., § 78 AktG Rz. 16.
21 Ausführlich hierzu *Spindler*, Recht und Konzern, 1993, S. 235 ff.; *Crezelius*, ZGR 1980, 359, 369 ff.; *Merkt/Göthel*, US-amerikanisches Gesellschaftsrecht, 2. Aufl. 2006, Rz. 307 ff.; *Fleischer* in Spindler/Stilz, § 78 AktG Rz. 9.

Allerdings können nach dem Rechtsinstitut des Missbrauchs der Vertretungsmacht die Geschäftswirkungen gegen die AG gem. § 138 BGB oder gem. § 242 BGB nicht eintreten, wenn der Geschäftspartner kollusiv mit den vertretungsberechtigten Vorstandsmitgliedern zum Nachteil der AG handeln wollte; das Gleiche gilt bei positiver Kenntnis des Geschäftspartners vom missbräuchlichen Handeln des Vorstandsmitglieds oder bei grob fahrlässiger Verkennung des auf der Hand liegenden Missbrauchs (Evidenzmaßstab)[22]. Eine Beschränkung der Geschäftsführungs- und Vertretungsbefugnis bei der Beteiligungsverwaltung enthält die Sonderregelung in § 32 MitbestG (ähnlich § 15 MontanMitbestG) (s. § 77 Rz. 28).

**b) Insichgeschäfte des Vorstands**

8  Als kompetenzzuweisende Sondervorschrift zu § 78 Abs. 1 bestimmt § 112, dass die Gesellschaft „Vorstandsmitgliedern gegenüber" durch den Aufsichtsrat vertreten wird, so dass für eine Anwendung des § 181 1. Fall BGB (**Fall des Selbstkontrahierens**) kein Raum ist[23]. Demgegenüber erfasst § 112 nicht den **Fall der Mehrvertretung**, so dass dieser Tatbestand den Schranken des **§ 181 2. Fall BGB** unterliegt[24], und der Vorstand daher zur Mehrvertretung nur befugt ist, wenn sie entweder von beiden Vertretenden gestattet ist oder der Erfüllung einer Verbindlichkeit dient. Bei einem mehrköpfigen Vorstand liegt keine Mehrvertretung vor, wenn ein Vorstandsmitglied im Namen eines Dritten mit der AG, vertreten durch die übrigen Vorstandsmitglieder, ein Rechtsgeschäft abschließt, sofern diese trotz des Ausfalls eines ihrer Mitglieder noch die AG wirksam vertreten können[25]. Demgegenüber ist das Verbot der Mehrvertretung verletzt, wenn die übrigen Vorstandsmitglieder der AG nur gemeinschaftlich mit dem zugleich im Namen eines Dritten handelnden Vorstandsmitglieds vertretungsbefugt sind[26]. Wird allerdings ein Gesamtvertreter nach § 78 Abs. 4 Satz 1 von den Gesamtvertretern in ihrer Gesamtheit zu selbständigem Handeln namens der AG ermächtigt, liegt keine tatbestandliche Mehrvertretung vor[27]. Im Falle des Alleinvorstands und gleichzeitigen Alleinaktionärs gilt § 181 BGB ebenfalls[28]. Die **verbotsbefreiende Gestattung der Mehrvertretung** kann in der Satzung enthalten sein (analog § 78 Abs. 3 Satz 1) oder vom Aufsichtsrat durch Beschluss und auf der Grundlage einer entsprechenden Satzungsermächtigung erteilt werden (analog § 78 Abs. 3

---

22 Vgl. RG v. 5.11.1934 – VI 180/34, RGZ 145, 311, 315; BGH v. 25.3.1968 – II ZR 208/64, BGHZ 50, 112, 114; BGH v. 18.2.1960 – VII ZR 21/59, WM 1960, 611; BGH v. 28.2.1966 – VII ZR 125/65, WM 1966, 491, 492; *Hüffer*, § 78 AktG Rz. 9; *Spindler* in MünchKomm. AktG, 3. Aufl., § 78 AktG Rz. 99 und § 82 AktG Rz. 57 ff.
23 *Hüffer*, § 78 AktG Rz. 6; *Mertens/Cahn* in KölnKomm. AktG, 3. Aufl., § 78 AktG Rz. 71 ff.; *Spindler* in MünchKomm. AktG, 3. Aufl., § 78 AktG Rz. 111; *Fleischer* in Spindler/Stilz, § 78 AktG Rz. 11.
24 *Hüffer*, § 78 AktG Rz. 6; *Habersack* in Großkomm. AktG, 4. Aufl., § 78 AktG Rz. 15; *Spindler* in MünchKomm. AktG, 3. Aufl., § 78 AktG Rz. 112; *Fleischer* in Spindler/Stilz, § 78 AktG Rz. 12.
25 OLG Saarbrücken v. 30.11.2000 – 8 U 71/00-15, AG 2001, 483; *Spindler* in MünchKomm. AktG, 3. Aufl., § 78 AktG Rz. 114.
26 Vgl. RG v. 3.2.1917 – V 341/16, RGZ 89, 367, 373; *Spindler* in MünchKomm. AktG, 3. Aufl., § 78 AktG Rz. 114.
27 RG v. 17.2.1922 – II 442/21, RGZ 103, 417, 418; RG v. 27.9.1924 – V 367/23, RGZ 108, 405, 407; BGH v. 6.3.1975 – II ZR 80/73, BGHZ 64, 72, 75 = NJW 1975, 1117; *Schramm* in MünchKomm. BGB, 5. Aufl., § 181 BGB Rz. 22; *Uwe H. Schneider* in Scholz, § 35 GmbHG Rz. 94; offen *Spindler* in MünchKomm. AktG, 3. Aufl., § 78 AktG Rz. 115; a.A. *Mertens/Cahn* in KölnKomm. AktG, 3. Aufl., § 78 AktG Rz. 72; *Habersack* in Großkomm. AktG, 4. Aufl., § 78 AktG Rz. 55; *Plander*, DB 1975, 1493, 1495 f.; krit. auch *Hüffer*, § 78 AktG Rz. 6.
28 *Hüffer*, § 78 AktG Rz. 6; *Mertens/Cahn* in KölnKomm. AktG, 3. Aufl., § 78 AktG Rz. 72; *Habersack* in Großkomm. AktG, 4. Aufl., § 78 AktG Rz. 15; *Spindler* in MünchKomm. AktG, 3. Aufl., § 78 AktG Rz. 117 (anders noch 2. Auflage Rz. 95); a.A. *Ekkenga*, AG 1985, 40, 42.

Satz 2)²⁹. Demgegenüber reicht ein einfacher Hauptversammlungsbeschluss nach § 119 Abs. 2 nicht aus, und die Aktionäre außerhalb der Hauptversammlung (und selbst ein Alleinaktionär) sind für die Gestattung unzuständig³⁰. Die **Zwischenschaltung eines Unterbevollmächtigten** lässt das Erfordernis der Personengleichheit nicht entfallen, da der Untervertreter von dem Vorstandsmitglied, mit dem er das Geschäft beschließt, bevollmächtigt ist und jener typischerweise die Möglichkeit hat, auf die Sachentscheidung des von ihm bestellten Untervertreters einzuwirken (§ 181 BGB analog)³¹. Ein gegen das Verbot der Mehrvertretung (§ 181 2. Fall BGB) verstoßendes Rechtsgeschäft ist nicht nichtig, sondern als von einem Vertreter ohne Vertretungsmacht geschlossen **schwebend unwirksam** (§§ 177 ff. BGB)³². Es wird daher durch Genehmigung einerseits seitens der Gesellschaft (zuständig ist der Aufsichtsrat nach § 112³³) und andererseits durch den Dritten voll wirksam. Eine Pflicht zur Genehmigung durch die Gesellschaft kann sich nur aus Treu und Glauben oder der Pflicht zur Wahrung des Unternehmensinteresses ergeben³⁴.

### 3. Wirkung der Vertretung

#### a) Grundsatz

Die vom Vorstand im Namen der Gesellschaft und im Rahmen seiner Vertretungsmacht abgegebenen und entgegengenommenen Willenserklärungen wirken unmittelbar für und gegen die Gesellschaft gem. **§ 164 Abs. 1 und Abs. 3 BGB**. Geben bei einem mehrköpfigen Vorstand mehrere alleinvertretungsberechtigte Vorstandsmitglieder oder mehrere Gruppen von gesamtvertretungsberechtigten Vorstandsmitgliedern widersprüchliche Erklärungen ab, so ist nach allgemeinen Regeln für ihre Wirksamkeit die zeitliche Reihenfolge maßgebend³⁵. Bei gleichzeitiger Abgabe sind die sich widersprechenden Erklärungen nichtig, da kein eindeutiger Wille der Gesellschaft feststellbar ist. Ein Handeln im Namen der AG kann sich auch aus den Umständen ergeben (§ 164 Abs. 1 Satz 2 BGB); § 79 steht als bloße Ordnungsvorschrift einer solchen Annahme nicht entgegen³⁶.

9

---

29 *Hüffer*, § 78 AktG Rz. 7; *Spindler* in MünchKomm. AktG, 3. Aufl., § 78 AktG Rz. 118 (anders noch 2. Auflage Rz. 91); *Wiesner* in MünchHdb. AG, § 23 Rz. 22; *Fleischer* in Spindler/Stilz, § 78 AktG Rz. 12; a.A. *Habersack* in Großkomm. AktG, 4. Aufl., § 78 AktG Rz. 17; *Ekkenga*, AG 1985, 40, 42.
30 I.E. ebenso *Hüffer*, § 78 AktG Rz. 7; *Mertens/Cahn* in KölnKomm. AktG, 3. Aufl., § 78 AktG Rz. 75; *Habersack* in Großkomm. AktG, 4. Aufl., § 78 AktG Rz. 17; *Spindler* in MünchKomm. AktG, 3. Aufl., § 78 AktG Rz. 118 (anders noch 2. Auflage Rz. 91 ff.); *Fleischer* in Spindler/Stilz, § 78 AktG Rz. 12; a.A. *Ekkenga*, AG 1985, 40, 42.
31 Vgl. BGH v. 6.3.1975 – II ZR 80/73, BGHZ 64, 72, 74; BGH v. 13.6.1984 – VIII ZR 125/83, BGHZ 91, 334, 336; *Mertens/Cahn* in KölnKomm. AktG, 3. Aufl., § 78 AktG Rz. 73; *Spindler* in MünchKomm. AktG, 3. Aufl., § 78 AktG Rz. 121; *Schramm* in MünchKomm. BGB, 5. Aufl., § 181 BGB Rz. 24; *Schilken* in Staudinger, Neubearb. 2009, § 181 BGB Rz. 36; *Leptien* in Soergel, 13. Aufl., § 181 BGB Rz. 29.
32 RG v. 4.11.1903 – I 228/03, RGZ 56, 104, 107 f.; RG v. 6.11.1903 – V 194/07, RGZ 67, 51, 54 ff.; RG v. 25.11.1927 – VI 322/27, RGZ 119, 114, 116; BGH v. 8.10.1975 – VIII ZR 115/74, BGHZ 65, 123, 126; BGH v. 29.11.1993 – II ZR 107/92, NJW-RR 1994, 291, 292; *Schramm* in MünchKomm. BGB, 5. Aufl., § 181 BGB Rz. 41.
33 *Spindler* in MünchKomm. AktG, 3. Aufl., § 78 AktG Rz. 122.
34 Vgl. RG v. 26.11.1906 – VI 418/05, RGZ 64, 366, 373; RG v. 17.2.1925 – VI 74/24, RGZ 110, 214, 216; *Spindler* in MünchKomm. AktG, 3. Aufl., § 78 AktG Rz. 122.
35 *Mertens/Cahn* in KölnKomm. AktG, 3. Aufl., § 78 AktG Rz. 69; *Spindler* in MünchKomm. AktG, 3. Aufl., § 78 AktG Rz. 86.
36 BGH v. 17.4.1980 – VII ZR 120/79, WM 1980, 780, 781; *Hüffer*, § 78 AktG Rz. 9.

### b) Willensmängel, Kenntnis und Kennenmüssen (Wissenszurechnung)

10 Nach welchen Rechtsgrundsätzen sich die Frage nach der Wissenszurechnung beurteilt, wird (vor allem im dogmatischen Ausgangspunkt) streitig diskutiert. Gegen die von einigen favorisierte (ggf. analoge) Anwendung der Stellvertretungs-Zurechnungsregeln der §§ 164 ff. BGB[37] spricht zum einen, dass die Grundnorm des § 166 Abs. 1 BGB auf die Verschiedenheit von Vertreter und Vertretenen zugeschnitten ist (was hier nicht passt), und zum anderen die für den Vorstand prinzipiell nicht beschränkbare Vertretungsmacht nach außen, die gleichermaßen auch für die Kenntniserlangung gilt[38]. Auf dem Boden der Organtheorie (Rz. 2)[39], unter Rückgriff auf den Kanon der Organisationspflichten auf Organebene[40] oder unter wertender und entsprechender Anwendung der §§ 28 Abs. 2, 31 BGB bzw. § 78 Abs. 2 Satz 2 AktG[41] kann **grundsätzlich jedes Wissen eines Organmitglieds der AG insgesamt zugerechnet** werden, mit folgenden Einzelausprägungen:

11 Der **Willensmangel in der Person nur eines mitwirkenden Gesamtvertreters** macht das Geschäft für die AG anfechtbar, und das gesamte Geschäft wird durch Anfechtungserklärung gegenüber dem Geschäftsgegner nach § 143 Abs. 1 BGB rückwirkend nach § 142 BGB nichtig[42]. Hat ein Gesamtvertreter das Geschäft mit dem Dritten allein (aber mit Ermächtigung seitens der übrigen Vorstandsmitglieder nach § 78 Abs. 4 Satz 1) abgeschlossen, so ist allein die Person des handelnden Vorstandsmitglieds dafür maßgeblich, ob das Geschäft wegen eines bei ihm vorliegenden Willensmangels anfechtbar ist; Willensmängel der übrigen Vorstandsmitglieder bei Erteilung der internen Ermächtigung sind wie Mängel bei einer Bevollmächtigung zu behandeln und können zur Anfechtung der Ermächtigung führen[43].

12 Die **Kenntnis oder das Kennenmüssen** bereits **eines Gesamtvertreters** (Vorstand ist Willensorgan) gilt als Kenntnis oder Kennenmüssen der AG (*arg. e* § 78 Abs. 2 Satz 2)[44]. Für das Wissen eines ausgeschiedenen Vorstandsmitglieds gilt dies nur inso-

---

37 So *Baumann*, ZGR 1973, 284, 290 ff.; *W. Schultz*, NJW 1996, 1392, 1393 f.; *W. Schultz*, NJW 1997, 2093, 2094; *W. Schultz*, NJW 1990, 477, 478 ff.; *Römmer-Collmann*, Wissenszurechnung, 1998, S. 93 ff., 124 ff.
38 Vgl. auch *K. Schmidt*, GesR, § 10 V 2 (S. 285 ff.); *Spindler* in MünchKomm. AktG, 3. Aufl., § 78 AktG Rz. 87, *Hartung*, NZG 1999, 524, 526; *Schilken*, Wissenszurechnung im Zivilrecht, 1983, S. 129 ff., 135 ff.
39 Für eine Ableitung der Wissenszurechnung aus der Organtheorie *Waltermann*, AcP 192 (1992), 181, 216 ff., 224 ff.; *Beuthien* in FS Zöllner, 1998, Band I, S. 87, 97 f.; *Beuthien*, NJW 1999, 1142, 1144 f.; *Schilken*, Wissenszurechnung im Zivilrecht, 1983, S. 132 ff., 138 f.; dagegen BGH v. 2.2.1996 – V ZR 239/94, BGHZ 132, 30, 37 = AG 1996, 220 („wertende Beurteilung").
40 So *Uwe H. Schneider* in Scholz, § 35 GmbHG Rz. 84; *Habersack* in Großkomm. AktG, 4. Aufl., § 78 AktG Rz. 24 f.
41 So *Spindler* in MünchKomm. AktG, 3. Aufl., § 78 AktG Rz. 87; *Fleischer* in Spindler/Stilz, § 78 AktG Rz. 46 ff.
42 RG v. 19.2.1912 – VI 291/11, RGZ 78, 347, 354; BGH v. 30.4.1955 – II ZR 5/54, WM 1955, 830, 832; BGH v. 14.2.1974 – II ZB 6/73, BGHZ 62, 166, 173; *Hüffer*, § 78 AktG Rz. 12; *Spindler* in MünchKomm. AktG, 3. Aufl., § 78 AktG Rz. 88; *Uwe H. Schneider* in Scholz, § 35 GmbHG Rz. 86; *Paefgen* in Ulmer, § 35 GmbHG Rz. 12; *Schramm* in MünchKomm. BGB, 5. Aufl., § 166 BGB Rz. 14; *Schilken* in Staudinger, Neubearb. 2009, § 167 BGB Rz. 58.
43 *Spindler* in MünchKomm. AktG, 3. Aufl., § 78 AktG Rz. 89; *Schramm* in MünchKomm. BGB, 5. Aufl., § 166 BGB Rz. 14.
44 RG v. 31.12.1902 – I 320/02, RGZ 53, 227, 231; RG v. 28.1.1905 – V 251/04, RGZ 59, 400, 408; BGH v. 3.3.1956 – IV ZR 314/55, BGHZ 20, 149, 153 (für Genossenschaft); BGH v. 6.4.1964 – II ZR 75/62, BGHZ 41, 282, 287; BGH v. 23.10.1958 – II ZR 127/57, WM 1959, 81; *Hüffer*, § 78 AktG Rz. 12; *Spindler* in MünchKomm. AktG, 3. Aufl., § 78 AktG Rz. 90; *Uwe H. Schneider* in Scholz, § 35 GmbHG Rz. 81; *Schramm* in MünchKomm. BGB, 5. Aufl., § 166 BGB Rz. 20; *Baumann*, ZGR 1973, 284 ff.

weit, als es sich um typischerweise aktenmäßig festgehaltenes Wissen handelt[45]. Das arglistige Verhalten eines Vorstandsmitglieds wird der AG bei Gesamtvertretung auch dann zugerechnet, wenn die übrigen Vorstandsmitglieder nicht arglistig gehandelt haben[46]. Die Zurechnung der Kenntnis bzw. des Kennenmüssens des Vorstandsmitglieds erfolgt aber – auch bei Personalunion zwischen Vorstandsmitgliedern verschiedener Gesellschaften – in Bezug auf die jeweils vertretene AG[47]. Eine **Wissenszurechnung im Konzern** ist ohne Hinzutreten weiterer tatsächlicher Umstände nicht anzunehmen und entspräche auch nicht dem Umstand, dass gerade keine strenge Pflicht zur Konzernleitung besteht (s. § 76 Rz. 21)[48].

### c) Haftung kraft Rechtsscheins

Die allgemeinen Grundsätze zur **Duldungs- und Anstandsvollmacht** gelten auch im Hinblick auf die Ermächtigung eines gesamtvertretungsberechtigten Vorstandsmitglieds nach § 78 Abs. 4 Satz 1[49]. Aus Vertrauenshaftungsgesichtspunkten und dem Prinzip von Treu und Glauben folgt auch, dass die AG an den Inhalt eines kaufmännischen Bestätigungsschreibens des Geschäftsgegners gebunden wird, obwohl die AG bei Vertragsschluss nicht wirksam vertreten war und auf das Bestätigungsschreiben schweigt[50]. 13

### 4. Gewillkürte Vertretung

Von der Dritten gegenüber unbeschränkbaren gesetzlichen Vertretung (§§ 78 Abs. 1, 82 Abs. 1) ist die Vertretung der Gesellschaft aufgrund bürgerlich-rechtlicher Vollmacht, Handlungsvollmacht gem. § 54 HGB oder Prokura gem. §§ 48 ff. HGB (**Fälle der gewillkürten Vertretung**) zu unterscheiden. Der gewillkürte Vertreter ist nicht wie der Vorstand ein Organ der AG, sondern seine Rechtstellung beruht ausschließlich auf einer Vollmacht, die ihn befugt, die AG rechtsgeschäftlich zu vertreten. Die Satzung kann die Erteilung einer Vollmacht an einen Dritten nicht ausschließen und auch nicht vorschreiben, dass nur Gesamtprokura erteilt werden darf[51]. 14

Die Vollmachtserteilung erfolgt durch den Vorstand, bei einem Handlungsbevollmächtigten kann sie auch durch eine Prokuristen geschehen. Die Satzung oder der Aufsichtsrat können bestimmen, dass die Bestellung eines Prokuristen der Zustimmung des Aufsichtsrats nach § 111 Abs. 4 Satz 2 bedarf. Da es sich um eine interne Beschränkung der Geschäftsführungsbefugnis des Vorstands handelt, darf das zur Eintragung der Prokura berufene Registergericht nicht prüfen, ob diese erteilt worden 15

---

45 Vgl. BGH v. 8.12.1989 – V ZR 246/87, BGHZ 109, 327, 331 ff.; BGH v. 17.5.1995 – VIII ZR 70/94, NJW 1995, 2159, 2160; *Habersack* in Großkomm. AktG, 4. Aufl., § 78 AktG Rz. 27; *Grunewald* in FS Beusch, 1993, S. 301, 307; a.A. *Spindler* in MünchKomm. AktG, 3. Aufl., § 78 AktG Rz. 90 a.E.
46 *Spindler* in MünchKomm. AktG, 3. Aufl., § 78 AktG Rz. 91.
47 BGH v. 13.10.2000 – V ZR 349/99, NJW 2001, 359, 360; *Hüffer*, § 78 AktG Rz. 12 a.E.; *Spindler* in MünchKomm. AktG, 3. Aufl., § 78 AktG Rz. 93.
48 Str., ausführlich zur Wissenszurechnung im Konzern *Spindler*, Unternehmensorganisationspflichten, 2001, S. 966 ff.; *Drexl*, ZHR 161 (1997), 491 ff.; *Habersack* in Großkomm. AktG, 4. Aufl., § 78 AktG Rz. 27.
49 BGH v. 17.12.1975 – IV ZR 73/74, AG 1976, 219, 220; *Mertens/Cahn* in KölnKomm. AktG, 3. Aufl., § 78 AktG Rz. 59; *Spindler* in MünchKomm. AktG, 3. Aufl., § 78 AktG Rz. 97.
50 Vgl. BGH v. 15.6.1964 – II ZR 129/62, NJW 1964, 1951; BGH v. 27.1.1965 – VIII ZR 11/63, NJW 1965, 965; *Spindler* in MünchKomm. AktG, 3. Aufl., § 78 AktG Rz. 94 ff., 98.
51 *Hüffer*, § 78 AktG Rz. 10; *Mertens/Cahn* in KölnKomm. AktG, 3. Aufl., § 78 AktG Rz. 79; *Habersack* in Großkomm. AktG, 4. Aufl., § 78 AktG Rz. 57; *Spindler* in MünchKomm. AktG, 3. Aufl., § 78 AktG Rz. 100, 104 (anders noch 2. Auflage); *Fleischer* in Spindler/Stilz, § 78 AktG Rz. 41.

ist[52]. Der Vorstand kann auch eine **Generalvollmacht** erteilen, der den Bevollmächtigten umfassend zur Vornahme aller Rechtsgeschäfte und Rechtshandlungen für die AG berechtigt und damit im Umfang über die Generalhandlungsvollmacht nach § 54 HGB oder einer Prokura nach § 48 HGB hinausgeht[53]. Die Zuständigkeit des Vorstands zur gesetzlichen Vertretung der Gesellschaft wird durch das Bestehen einer Generalvollmacht nicht berührt. Der Vorstand kann sie jederzeit widerrufen (*arg. e* § 52 Abs. 1 HGB). Eine unwiderrufliche Generalvollmacht kann der Vorstand einem Dritten nicht einräumen[54], da dies zur Umgehung der zwingenden Vorstandsregelungen (z.B. § 84 Abs. 1 Satz 1) und der Personalkompetenz des Aufsichtsrats führen könnte.

### III. Gesetzliche Vertretungsordnung (§ 78 Abs. 2)

#### 1. Aktivvertretung: Prinzip der Gesamtvertretungsbefugnis (§ 78 Abs. 2 Satz 1)

16 Zum Schutz der AG (Rz. 1) bestimmt § 78 Abs. 2 Satz 1, dass die Mitglieder eines mehrköpfigen Vorstands grundsätzlich nur gemeinschaftlich berechtigt sind, die AG bei der Abgabe von Willenserklärungen („aktiv") zu vertreten. Die Gesamtvertretung beschränkt nicht den Umfang der Vertretungsbefugnis, die eben sachlich unbeschränkt und unbeschränkbar ist (§ 82 Abs. 1), sondern nur ihre persönliche Ausübung durch die Vorstandsmitglieder. Weder durch Satzung noch durch Beschlussfassung des Aufsichtsrats kann einem Vorstandsmitglied die Vertretungsbefugnis vollständig entzogen oder Dritten gegenüber an Bedingungen geknüpft werden, die über § 78 hinausgehen. Ist ein gesamtvertretungsberechtigtes Vorstandsmitglied aus tatsächlichen Gründen vorübergehend verhindert, so kann die AG solange nicht gesetzlich vertreten werden, bis die Veränderung behoben oder ein neues Vorstandsmitglied nach §§ 84, 85 bestellt ist. Eine automatische Erweiterung der Vertretungsbefugnis der verbleibenden Vorstandsmitglieder tritt grundsätzlich nicht ein[55]. Bei dem endgültigen Wegfall eines Vorstandsmitglieds (Tod, Amtsniederlegung, Abberufung) ist danach zu unterscheiden, ob hiernach noch die nach Gesetz oder Satzung zur Vertretung erforderliche Zahl von Vorstandsmitgliedern besteht[56]. Sieht die Satzung eine Mindestzahl von Vorstandsmitgliedern vor und bleibt trotz Ausscheidens eines Vorstandsmitglieds diese nötige Mindestzahl erhalten, kann unter den verbliebenen Vorstandsmitgliedern die Gesamtvertretung für die AG fortgesetzt werden[57]. Allerdings

---

52 RG v. 22.12.1931 – II B 30/31, RGZ 134, 303, 307; BGH v. 14.2.1974 – II ZB 6/73, BGHZ 62, 166, 168 (zur GmbH); *Hüffer*, § 78 AktG Rz. 10; *Spindler* in MünchKomm. AktG, 3. Aufl., § 78 AktG Rz. 101.
53 Vgl. BGH v. 22.1.1962 – II ZR 11/61, BGHZ 36, 292, 295; *Hüffer*, § 78 AktG Rz. 10; *Mertens/Cahn* in KölnKomm. AktG, 3. Aufl., § 78 AktG Rz. 78; *Spindler* in MünchKomm. AktG, 3. Aufl., § 78 AktG Rz. 108; a.A. für die GmbH BGH v. 18.10.1976 – II ZR 9/75, NJW 1977, 199, 200.
54 *Hüffer*, § 78 AktG Rz. 10; *Mertens/Cahn* in KölnKomm. AktG, 3. Aufl., § 78 AktG Rz. 78; *Spindler* in MünchKomm. AktG, 3. Aufl., § 78 AktG Rz. 109; *Wiesner* in MünchHdb. AG, § 23 Rz. 23; *Hübner*, ZHR 143 (1979), 1, 9 ff.
55 BGH v. 12.12.1960 – II ZR 255/59, BGHZ 34, 27, 29 = NJW 1961, 506 (zur GmbH); *Hüffer*, § 78 AktG Rz. 11; *Mertens/Cahn* in KölnKomm. AktG, 3. Aufl., § 78 AktG Rz. 55; *Habersack* in Großkomm. AktG, 4. Aufl., § 78 AktG Rz. 29; *Spindler* in MünchKomm. AktG, 3. Aufl., § 78 AktG Rz. 31.
56 *Hüffer*, § 78 AktG Rz. 11; *Mertens/Cahn* in KölnKomm. AktG, 3. Aufl., § 78 AktG Rz. 65, *Habersack* in Großkomm. AktG, 4. Aufl., § 78 AktG Rz. 30; *Fleischer* in Spindler/Stilz, § 78 AktG Rz. 23.
57 *Hüffer*, § 78 AktG Rz. 11; *Mertens/Cahn* in KölnKomm. AktG, 3. Aufl., § 78 AktG Rz. 31, 37, 65; *Habersack* in Großkomm. AktG, 4. Aufl., § 78 AktG Rz. 30; *Spindler* in MünchKomm. AktG, 3. Aufl., § 78 AktG Rz. 32; *Wiesner* in MünchHdb. AG, § 23 Rz. 9; *Roquette* in FS Oppenhoff, 1985, S. 335, 339 f.; vgl. auch BGH v. 12.11.2001 – II ZR 225/99, ZIP 2002,

steht § 82 Abs. 1 einer Satzungsregelung nicht entgegen, in der vorgeschrieben wird, dass bei Verhinderung oder Wegfall eines Vorstandsmitglieds Einzelvertretungsbefugnis der übrig gebliebenen Vorstandsmitglieder oder Vertretung durch eine begrenzte Zahl von Vorstandsmitgliedern eintreten soll[58].

Die Anordnung der Gesamtvertretung in § 78 Abs. 2 Satz 1 verlangt ein **„gemeinschaftliches" Handeln der Vorstandsmitglieder**, ohne dass das Gesetz weitere Anforderungen regeln würde. Der Normzweck (Rz. 1) verlangt nicht, dass die Gesamtvertreter durch einen Gesamtakt zur gleichen Zeit und am gleichen Ort handeln[59]. Neben einer gemeinsamen Abgabe der Erklärungen ist auch die getrennte Abgabe inhaltlich übereinstimmender Erklärungen, aber auch die Erklärung durch ein Vorstandsmitglied mit Ermächtigung durch die übrigen Gesamtvertreter nach § 78 Abs. 4 sowie mit nachträglicher Zustimmung gem. § 177 BGB der anderen möglich[60]; dabei kann die Zustimmung der übrigen Gesamtvertreter auch formlos und intern erfolgen[61]. Dem Formerfordernis des § 550 Satz 1 BGB ist nur Genüge getan, wenn alle Vorstandsmitglieder den Mietvertrag unterzeichnen oder eine Unterschrift den Hinweis enthält, dass das unterzeichnende Vorstandsmitglied auch diejenigen Vorstandsmitglieder vertreten will, die nicht unterzeichnet haben[62]. 17

Das MoMiG hat „zum Zwecke der Deregulierung"[63] § 79 AktG a.F. aufgehoben, da dessen Normzweck (Klarheit und Sicherheit des Rechtsverkehrs) bereits durch die allgemeinen Vertretungsregeln der §§ 164 ff. BGB hinreichend gewährleistet ist. 18

**2. Passivvertretung: Prinzip der Einzelvertretungsbefugnis (§ 78 Abs. 2 Satz 2)**

Bei Willenserklärungen, die gegenüber der AG abzugeben sind, genügt anders als bei der aktiven Vertretung stets die Abgabe gegenüber *einem* Vorstandsmitglied (§ 78 Abs. 2 Satz 2). Es gilt also **zwingend Einzelvertretung** und zwar nach § 78 Abs. 3 Satz 3 auch bei gemischter Gesamtvertretung, so dass dann auch eine dem Prokuristen als rechtsgeschäftlichem Vertreter gegenüber abgegebene Willenserklärung gegenüber der AG abgegeben ist[64]. Bei Klagen gegen die AG können Zustellungen wirksam an einen Gesamtvertreter bewirkt werden (§ 171 Abs. 3 ZPO; Rz. 5). Das Gleiche gilt für sonstige Arten von Erklärungen oder Mitteilungen (z.B. Mängelrügen, Mahnungen, Fristsetzungen, Wechselproteste)[65]. 19

---

172, 173; BGH v. 17.12.2001 – II ZR 288/99, ZIP 2002, 216, 217 (beide zu § 124 Abs. 3 Satz 1); OLG Hamburg v. 11.9.1987 – 11 W 55/87, DB 1987, 2037 (zu § 35 Abs. 2 Satz 2 GmbHG).
58 Vgl. RG v. 17.2.1922 – II 442/21, RGZ 103, 417, 418 (zur GmbH); offen BGH v. 12.12.1960 – II ZR 255/59, BGHZ 34, 27, 29; a.A. *Spindler* in MünchKomm. AktG, 3. Aufl., § 78 AktG Rz. 32; *Baumbach/Hueck*, § 78 AktG Anm. 10.
59 RG v. 14.2.1931 – II 378/12, RGZ 81, 325; *Mertens/Cahn* in KölnKomm. AktG, 3. Aufl., § 78 AktG Rz. 48 f.; *Spindler* in MünchKomm. AktG, 3. Aufl., § 78 AktG Rz. 58; *Schramm* in MünchKomm. BGB, 5. Aufl., § 164 BGB Rz. 86; *Schilken* in Staudinger, Neubearb. 2009, § 167 BGB Rz. 53; *Fleischer* in Spindler/Stilz, § 78 AktG Rz. 24.
60 Vgl. BGH v. 13.4.1959 – III ZR 144/57, WM 1959, 881, 883; *Spindler* in MünchKomm. AktG, 3. Aufl., § 78 AktG Rz. 75 ff.; *Fleischer* in Spindler/Stilz, § 78 AktG Rz. 24.
61 RG v. 18.2.1929 – III 354/20, RGZ 101, 342, 343; RG v. 11.12.1925 – VI 417/25, RGZ 112, 215, 220 f.; *Hüffer*, § 78 AktG Rz. 12; *Mertens/Cahn* in KölnKomm. AktG, 3. Aufl., § 78 AktG Rz. 48 ff.; *Spindler* in MünchKomm. AktG, 3. Aufl., § 78 AktG Rz. 58; *Schramm* in MünchKomm. BGB, 5. Aufl., § 164 BGB Rz. 87; *Fleischer* in Spindler/Stilz, § 78 AktG Rz. 24.
62 Vgl. BGH v. 4.11.2009 – XII ZR 86/07 (KG), ZIP 2010, 185, 186 f.; dazu *Kuckein*, NZM 2010, 148; *Timme/Hülk*, NZG 2010, 177.
63 Begr. zu § 35 Abs. 3 GmbHG-E, BR-Drucks. 354/07, S. 98 = ZIP Beilage Heft 23/2007, 18.
64 *Mertens/Cahn* in KölnKomm. AktG, 3. Aufl., § 78 AktG Rz. 43; *Spindler* in MünchKomm. AktG, 3. Aufl., § 78 AktG Rz. 83.
65 *Fleischer* in Spindler/Stilz, § 78 AktG Rz. 25; *Mertens/Cahn* in KölnKomm. AktG, 3. Aufl., § 78 AktG Rz. 30; *Hüffer*, § 78 AktG Rz. 13.

### 3. Passivvertretung des Aufsichtsrats bei Führungslosigkeit

20 Zur Erschwerung insbesondere gläubigerschädigender Zustände bei Führungslosigkeit einer AG (d.h. Nicht-Bestehen eines Vorstands) ist durch das **MoMiG**[66] in § 78 Abs. 1 Satz 2 die Regelung eingeführt worden, derzufolge die Gesellschaft dann und „für den Fall, dass ihr gegenüber Willenserklärungen abgegeben oder Schriftstücke zugestellt werden" durch den Aufsichtsrat vertreten wird[67]. Durch diese Bestimmung des **Aufsichtsrats als ersatzweisen Empfangsvertreter der AG** wird sichergestellt, dass die Gläubiger zur Durchsetzung ihrer Ansprüche Zustellungen gegenüber der AG auch bewirken können, wenn kein Vorstand bestellt ist (vgl. § 170 Abs. 1 Satz 1, § 171 Satz 1 ZPO). Es genügt die Abgabe gegenüber einem Aufsichtsratsmitglied (§ 78 Abs. 2 Satz 2). Für den Eintritt der Empfangsvertretung des Aufsichtsrats ist es unerheblich, ob die Mitglieder des Aufsichtsrats oder gar die Aktionäre Kenntnis von der Führungslosigkeit haben[68].

21 Das MoMiG hat den Rechtsverkehr und den Gläubigerschutz durch **Neuregelungen des Verfahrens des Zugangs von Willenserklärungen sowie für Zustellungen** an die Vertreter der Gesellschaft mit Anfügung von § 78 Abs. 2 Sätze 3 und 4 gestärkt: Nun können unter der im Handelsregister eingetragenen Geschäftsanschrift an die Vertreter der AG (Vorstand nach § 78 Abs. 1 Satz 1 sowie Aufsichtsrat nach § 78 Abs. 1 Satz 2) Willenserklärungen gegenüber der AG abgegeben und Schriftstücke für die AG zugestellt werden. Damit findet eine „Kanalisation auf diese Geschäftsanschrift" statt, solange dort tatsächlich ein Geschäftslokal besteht oder der zurechenbare Rechtsschein eines Geschäftsraums gesetzt worden ist[69]. Ist bei dieser Geschäftsanschrift eine Zustellung unmöglich, so kann jetzt die Zustellung im Wege der öffentlichen Bekanntgabe nach § 185 Nr. 2 ZPO erfolgen. Die Neuregelung in § 78 Abs. 2 Satz 3 begründet eine unwiderlegliche Vermutung, dass unter der eingetragenen Adresse ein Vertreter der Gesellschaft erreicht werden kann; irrelevant für den Zugang einer Willenserklärung bei der AG ist also die tatsächliche Kenntnisnahme, selbst wenn dem Erklärenden bekannt sein sollte, dass der Vertreter der Gesellschaft an der eingetragenen Adresse nicht tätig ist[70]. Für die Abgabe der Willenserklärung gegenüber der AG unter der eingetragenen Geschäftsanschrift ist zudem ohne Bedeutung, ob der Vertreter zutreffend bezeichnet wird. Es muss nur erkennbar zum Ausdruck kommen, dass die Willenserklärung gegenüber der AG abgegeben wird. Es ist daher auch nicht erforderlich, dass der Erklärende weiß, dass ein Fall der Führungslosigkeit vorliegt[71]. Die AG hat die Möglichkeit, neben der Geschäftsanschrift eine zusätzliche Person nebst Anschrift in das Handelsregister einzutragen (§ 39 Abs. 1 Satz 2), an die jederzeit zugestellt werden kann, unabhängig davon, ob eine Zustellung an die Vertreter der AG unter der Geschäftsanschrift möglich ist (§ 78 Abs. 2 Satz 4). Diese Variante bietet zum einen dem Gläubiger eine zusätzliche Zustellungsmöglichkeit an die AG, aber andererseits auch für die AG einen zweiten Weg zur Kenntniserlangung. Ist eine solche weitere Empfangsperson im Handelsregister eingetragen, kann der Gläubiger den Weg der öffentlichen Bekanntgabe erst gehen, wenn er zuvor das Schriftstück an diese weitere Empfangsperson zuzustellen versuchte, dies aber nicht möglich war (vgl. § 185 Nr. 2 ZPO).

---

66 Gesetz zur Modernisierung des GmbH-Rechts und zur Bekämpfung von Missbräuchen vom 23.10.2008, BGBl. I 2008, 2026.
67 Dazu bereits *Spindler* in MünchKomm. AktG, 3. Aufl., § 78 AktG Rz. 134; zur Rechtslage bei der GmbH vgl. *Zirngibl* in Bunnemann/Zirngibl, Auswirkungen des MoMiG auf bestehende GmbHs, 2008, Rz. 99 ff.
68 Begr. zu § 35 Abs. 1 GmbHG-E, BR-Drucks. 354/07, S. 97 = ZIP Beilage Heft 23/2007, 17.
69 Begr. zu § 35 Abs. 2 GmbHG-E, BR-Drucks. 354/07, S. 97 = ZIP Beilage Heft 23/2007, 17.
70 Vgl. Begr. zu § 35 Abs. 2 GmbHG-E, BR-Drucks. 354/07, S. 97 = ZIP Beilage Heft 23/2007, 17.
71 Begr. zu § 35 Abs. 2 GmbHG-E, BR-Drucks. 354/07, S. 98 = ZIP Beilage Heft 23/2007, 18.

## IV. Abweichende Bestimmungen zur Gesamtvertretungsbefugnis (§ 78 Abs. 3)

### 1. Gesetzliche Ausnahmen

Eine gesetzlich geregelte Ausnahme vom Grundsatz der Gesamtvertretung enthält § 15 Abs. 1 InsO, wonach jedes einzelne Vorstandsmitglied einen Insolvenzantrag stellen kann, sofern Zahlungsunfähigkeit (nicht drohende Zahlungsunfähigkeit) oder Überschuldung vorliegt. Dann ist allerdings der Grund zur Insolvenzeröffnung glaubhaft zu machen (§ 15 Abs. 2 InsO). 22

### 2. Privatautonome Regelungen

Eine von dem gesetzlichen Regelfall der Gesamtvertretung abweichende Gestaltung ist **in erster Linie durch die Satzung** zu treffen (§ 78 Abs. 2 Satz 1, Abs. 3 Satz 1). Einschränkungen ergeben sich aus der **Personalkompetenz des Aufsichtsrats** für die Vorstandsmitglieder: So kann die Satzung z.B. nicht anordnen, dass eine bestimmte, vom Aufsichtsrat nicht zum Vorstandsmitglied bestellte Person die Gesellschaft in einer bestimmten Weise vertritt. Auch kann die Satzung keine konkrete Regelung der Vertretungsbefugnis für eine bestimmte, namentlich benannte Person treffen[72]. Alle Bestimmungen zur Vertretungsbefugnis, die durch Satzungsregelungen möglich sind, können auch durch Aufsichtsratsbeschluss getroffen werden, wenn die Satzung den Aufsichtsrat hierzu ermächtigt hat (§ 78 Abs. 3 Satz 2). Der Aufsichtsrat (aber nicht die Satzung) kann auch einem Ausschuss nach § 107 Abs. 3 die Bestimmung überlassen[73]. Weiter kann der Aufsichtsrat nicht nur allgemeine Regelungen treffen, sondern aufgrund Satzungsermächtigung auch die Vertretungsbefugnis bestimmter Vorstandsmitglieder regeln, allerdings nicht für ein einzelnes Geschäft[74]. Durch den Anstellungsvertrag mit dem betreffenden Vorstandsmitglied wird der Aufsichtsrat in seinem Beschlussermessen nicht beschränkt. Der Aufsichtsrat kann über den Wortlaut des § 78 Abs. 3 Satz 2 hinaus bei entsprechender Ermächtigung die Gesamtvertretung nicht nur in eine gemischte Gesamtvertretungsmacht oder in eine Einzelvertretungsmacht ändern, sondern einzelnen Mitgliedern auch die Befugnis erteilen, die Gesellschaft mit einem anderen Vorstandsmitglied zu vertreten (gemeinschaftliche Vertretung)[75]. Er kann bei entsprechender Ermächtigung auch eine durch die Satzung an sich angeordnete Einzelvertretung in eine gemeinschaftliche oder gemischte Gesamtvertretung umwandeln[76]. Die **Hauptversammlung** kann mit einem einfachen Beschluss nach § 119 keine Regelung der Vertretungsbefugnis treffen; sie kann auch nicht durch die Satzung hierzu ermächtigt werden (arg. Personalkompetenz des Aufsichtsrats)[77]. 23

### 3. Gestaltungsvarianten

Die **Gestaltungsfreiheit** durch Satzungsregelung oder Aufsichtsratsbeschluss ist (nur) in zweierlei Hinsicht **beschränkt**: Kein Vorstandsmitglied darf von der Vertretung 24

---

72 *Habersack* in Großkomm. AktG, 4. Aufl., § 78 AktG Rz. 43; *Spindler* in MünchKomm. AktG, 3. Aufl., § 78 AktG Rz. 50.
73 *Hüffer*, § 78 AktG Rz. 14; *Spindler* in MünchKomm. AktG, 3. Aufl., § 78 AktG Rz. 52.
74 *Habersack* in Großkomm. AktG, 4. Aufl., § 78 AktG Rz. 43; *Spindler* in MünchKomm. AktG, 3. Aufl., § 78 AktG Rz. 53.
75 KG v. 8.12.1932 – 1b X 633/32, JW 1933, 1031 Nr. 2; *Spindler* in MünchKomm. AktG, 3. Aufl., § 78 AktG Rz. 53.
76 *Mertens/Cahn* in KölnKomm. AktG, 3. Aufl., § 78 AktG Rz. 45; *Spindler* in MünchKomm. AktG, 3. Aufl., § 78 AktG Rz. 54.
77 RG v. 26.6.1940 – II B 3/40, RGZ 164, 177, 184; *Spindler* in MünchKomm. AktG, 3. Aufl., § 78 AktG Rz. 56.

völlig ausgeschlossen[78] und kein anderes Organ als der Vorstand oder gar ein Dritter darf mit der gesetzlichen Vertretung betraut werden. Zum Schutz des Rechtsverkehrs sind die Anordnungen über die Vertretungsbefugnis streng auszulegen; unzulässig sind auch bedingte Regelungen der Vertretungsmacht[79].

### a) Einzelvertretung

25  Jedes Vorstandsmitglied oder einzelne Vorstandsmitglieder können allein zur Vertretung der Gesellschaft befugt sein (§ 78 Abs. 3 Satz 1, 1. Fall). Besitzt die AG nur ein einziges Vorstandsmitglied, so hat dieses notwendig Alleinvertretungsmacht[80]. Eine Spaltung der Vertretungsbefugnis in Gesamtvertretungsbefugnis für einzelne Geschäfte mit besonders hoher wirtschaftlicher Bedeutung oder Risikopotential und Einzelvertretungsbefugnis für sonstige Geschäfte ist unzulässig[81]. Dem Vorsitzenden des Vorstands ist bei einem mehrgliedrigen Vorstand nicht zwingend Einzelvertretungsbefugnis einzuräumen[82].

### b) Unechte Gesamtvertretung

26  Ein Vorstandsmitglied oder einzelne Vorstandsmitglieder können in Gemeinschaft mit einem Prokuristen zur Vertretung der Gesellschaft befugt sein (§ 78 Abs. 3 Satz 1, 2. Fall). Damit kann bei echter Gesamtvertretung oder gemeinschaftlicher Vertretung (Rz. 16) ein Prokurist einen oder mehrere Vorstandsmitglieder ersetzen. Die Anordnung unechter Gesamtvertretung darf weder dazu führen, dass die sonst gegebene Einzelvertretungsmacht eines Vorstandsmitglieds beschränkt ist[83], noch dürfen Alleinvorstände[84] oder sämtliche Mitglieder eines mehrköpfigen Vorstands an dessen Mitwirkung gebunden werden[85]. Die gemischte Gesamtvertretung ist ihrem Wesen nach keine sachlich beschränkte Vertretung, d.h. der Umfang der Vertretungsbefugnis richtet sich nicht nach der Rechtsstellung des Prokuristen, sondern nach der Vertretungsmacht des Vorstandsmitglieds[86].

---

78 *Hüffer*, § 78 AktG Rz. 14; *Mertens/Cahn* in KölnKomm. AktG, 3. Aufl., § 78 AktG Rz. 33; *Habersack* in Großkomm. AktG, 4. Aufl., § 78 AktG Rz. 40; *Spindler* in MünchKomm. AktG, 3. Aufl., § 78 AktG Rz. 34.
79 Vgl. *Mertens/Cahn* in KölnKomm. AktG, 3. Aufl., § 78 AktG Rz. 35 ff.
80 *Hüffer*, § 78 AktG Rz. 11; *Spindler* in MünchKomm. AktG, 3. Aufl., § 78 AktG Rz. 35; *Fleischer* in Spindler/Stilz, § 78 AktG Rz. 30.
81 *Hüffer*, § 78 AktG Rz. 15; *Mertens/Cahn* in KölnKomm. AktG, 3. Aufl., § 78 AktG Rz. 34; *Habersack* in Großkomm. AktG, 4. Aufl., § 78 AktG Rz. 40; *Spindler* in MünchKomm. AktG, 3. Aufl., § 78 AktG Rz. 38; *Fleischer* in Spindler/Stilz, § 78 AktG Rz. 30.
82 *Spindler* in MünchKomm. AktG, 3. Aufl., § 78 AktG Rz. 36; *Fleischer* in Spindler/Stilz, § 78 AktG Rz. 30.
83 BGH v. 31.3.1954 – II ZR 57/53, BGHZ 13, 61, 65 = NJW 1954, 1158; BGH v. 6.2.1958 – II ZR 210/56, BGHZ 26, 330, 333 = NJW 1958, 668; *Hüffer*, § 78 AktG Rz. 16; *Mertens/Cahn* in KölnKomm. AktG, 3. Aufl., § 78 AktG Rz. 38; *Fleischer* in Spindler/Stilz, § 78 AktG Rz. 31; *Roquette* in FS Oppenhoff, 1985, S. 335, 338.
84 *Hüffer*, § 78 AktG Rz. 16; *Spindler* in MünchKomm. AktG, 3. Aufl., § 78 AktG Rz. 46; *Fleischer* in Spindler/Stilz, § 78 AktG Rz. 31.
85 *Hüffer*, § 78 AktG Rz. 16; *Mertens/Cahn* in KölnKomm. AktG, 3. Aufl., § 78 AktG Rz. 41; *Spindler* in MünchKomm. AktG, 3. Aufl., § 78 AktG Rz. 45; *Roquette* in FS Oppenhoff, 1985, S. 335, 337 ff.
86 RG v. 22.12.1931 – II B 30/31, RGZ 134, 303, 306; BGH v. 31.3.1954 – II ZR 57/53, BGHZ 13, 61, 64 = NJW 1954, 1158; BGH v. 14.2.1974 – II ZB 6/73, BGHZ 62, 166, 170 = NJW 1974, 1194; BayObLG v. 19.6.1973 – 2 Z 21/73, NJW 1973, 2068; *Hüffer*, § 78 AktG Rz. 17; *Mertens/Cahn* in KölnKomm. AktG, 3. Aufl., § 78 AktG Rz. 39; *Habersack* in Großkomm. AktG, 4. Aufl., § 78 AktG Rz. 46; *Spindler* in MünchKomm. AktG, 3. Aufl., § 78 AktG Rz. 47; *Fleischer* in Spindler/Stilz, § 78 AktG Rz. 32; *Beuthien/Müller*, DB 1995, 461; *Roquette* in FS Op-

c) **Gemeinschaftliche Vertretung durch mehrere Vorstandsmitglieder**

Aus § 78 Abs. 2 Satz 1 folgt die Zulässigkeit, dass ein/einzelne Vorstandsmitglied(er) in Gemeinschaft mit einem anderen Vorstandsmitglied zur Vertretung der Gesellschaft befugt sein können (gemeinschaftliche Vertretung[87]). Dabei muss die den einzelnen Vorstandsmitgliedern erteilte Vertretungsbefugnis nicht gleichwertig sein[88]. So kann auch vorgesehen werden, dass ein Vorstandsmitglied allein und die übrigen nur zusammen mit diesem für die Gesellschaft handeln können (sog. halbseitige Gesamtvertretung[89]).

## V. Einzelermächtigung (§ 78 Abs. 4)

### 1. Grundlagen und Rechtsnatur der Ermächtigung

Zur Gesamtvertretung befugte Vorstandsmitglieder (das können zwei, mehrere oder alle Vorstandsmitglieder sein) können einzelne von ihnen ermächtigen, bestimmte Geschäfte oder bestimmte Arten von Geschäften allein abzuschließen (§ 78 Abs. 4 Satz 1); Gleiches gilt für den Fall der gemischten Gesamtvertretung (§ 78 Abs. 4 Satz 2). Die Ermächtigung stellt sich für den Gesamtvorstand oder die ermächtigende Gruppe von Vorstandsmitgliedern als Ausübung aktiver Gesamtvertretung dar. Das ermächtigte Vorstandsmitglied erhält, soweit die Ermächtigung reicht, die Stellung eines Einzelvertreters. Die Ermächtigung i.S. von § 78 Abs. 4 ist weder eine Verfügungsermächtigung i.S. von § 185 Abs. 1 BGB (denn sie erstreckt sich auf Verfügungs- und Verpflichtungsgeschäfte) noch eine Handlungsvollmacht gem. § 54 HGB (das Vorstandsmitglied ist Willensorgan der AG und nicht Dritter)[90], sondern ein eigenes Rechtsinstitut i.S. einer Ausübungsermächtigung zur Erweiterung der gesetzlichen Vertretungsmacht[91].

### 2. Erteilung der Ermächtigung

Für die Ermächtigung ist keine Form vorgeschrieben, sie kann auch konkludent erteilt werden, insbesondere durch bewusstes Dulden selbständiger Tätigkeit eines Vorstandsmitglieds seitens der übrigen gesamtvertretungsberechtigten Mitglieder[92].

---

penhoff, 1985, S. 335, 336; a.A. *Krebs*, ZHR 159 (1995), 635, 645 f.; *Reinert*, Unechte Gesamtvertretung und unechte Gesamtprokura, 1990, S. 41 ff.; 54 ff.

87 *Mertens/Cahn* in KölnKomm. AktG, 3. Aufl., § 78 AktG Rz. 27 ff.; *Hüffer*, § 78 AktG Rz. 18; *Spindler* in MünchKomm. AktG, 3. Aufl., § 78 AktG Rz. 39; *Fleischer* in Spindler/Stilz, § 78 AktG Rz. 33.

88 Vgl. KG v. 8.12.1932 – 1b X 633/32, JW 1933, 1031 Nr. 2; *Spindler* in MünchKomm. AktG, 3. Aufl., § 78 AktG Rz. 41; *Fleischer* in Spindler/Stilz, § 78 AktG Rz. 33.

89 RG v. 9.3.1917 – II 1/17, RGZ 90, 21, 22 f. (zur OHG); *Hüffer*, § 78 AktG Rz. 18; *Mertens/Cahn* in KölnKomm. AktG, 3. Aufl., § 78 AktG Rz. 38; *Spindler* in MünchKomm. AktG, 3. Aufl., § 78 AktG Rz. 42; *Fleischer* in Spindler/Stilz, § 78 AktG Rz. 33.

90 So auch *Hüffer*, § 78 AktG Rz. 20; *Mertens/Cahn* in KölnKomm. AktG, 3. Aufl., § 78 AktG Rz. 58 ff.; *Spindler* in MünchKomm. AktG, 3. Aufl., § 78 AktG Rz. 64; *Fleischer* in Spindler/Stilz, § 78 AktG Rz. 35; a.A. noch RG v. 8.3.1901 – VII 371/00, RGZ 48, 56, 80; RG v. 8.10.1912 – II 271/12, RGZ 80, 180, 182.

91 Zutr. *Schwarz*, ZGR 2001, 744, 750 f.; *Schwarz*, NZG 2001, 529, 335 ff.; *Schwarz*, ZHR 166 (2002), 625, 653 f.; *Habersack* in Großkomm. AktG, 4. Aufl., § 78 AktG Rz. 50; *Fleischer* in Spindler/Stilz, § 78 AktG Rz. 35; i.E. ebenso BGH v. 6.3.1975 – II ZR 80/73, BGHZ 64, 72, 75 = NJW 1975, 1117; BGH v. 13.6.1984 – VIII ZR 125/83, BGHZ 91, 334, 336 = NJW 1985, 2085; BGH v. 25.11.1985 – II ZR 115/85, AG 1986, 259; *Hüffer*, § 78 AktG Rz. 19; *Mertens/Cahn* in KölnKomm. AktG, 3. Aufl., § 78 AktG Rz. 58; *Spindler* in MünchKomm. AktG, 3. Aufl., § 78 AktG Rz. 64.

92 OLG Köln v. 16.11.1977 – 15 U 69/76, OLGZ 1977, 343, 345; RG v. 5.2.1929 – II 332/28, RGZ 123, 279, 288; BAG v. 18.12.1980 – 2 AZR 980/78, NJW 1981, 2374; *Hüffer*, § 78 AktG Rz. 19;

Der Adressat der Ermächtigung darf hieran mitwirken[93]. Die Ermächtigung kann dem zu ermächtigenden Vorstandsmitglied (entsprechend § 167 Abs. 1, 1. Fall BGB), dem Dritten gegenüber (entsprechend § 167 Abs. 1, 2. Fall BGB) oder durch Erklärung gegenüber der Öffentlichkeit (*arg. e* § 171 BGB) erteilt werden[94].

### 3. Umfang der Ermächtigung

30 Die Ermächtigung kann nach dem ausdrücklichen Wortlaut von § 78 Abs. 4 nur „zur Vornahme bestimmter Geschäfte oder bestimmter Arten von Geschäften" erteilt werden. Eine darüber hinausgehende allgemeine Ermächtigung, insbesondere auch die Erteilung einer Generalvollmacht, ist als Widerspruch zum Telos der Gesamtvertretung unzulässig und nichtig[95]. Erforderlich ist immer eine **hinreichend präzise sachliche, gegenständliche Beschränkung**[96]; eine bloß betragsmäßige Begrenzung ist nicht genügend[97]. Eine entsprechende Anwendung von § 54 HGB ist nicht angängig, da ein Rechtsscheinträger (z.B. Handelsregistereintragung) betreffend die Ermächtigung fehlt[98]. Das nach § 78 Abs. 4 ermächtigte Vorstandsmitglied braucht beim Abschluss von Geschäften nicht zu erklären, dass es als ermächtigter Gesamtvertreter handelt[99].

### 4. Widerruf der Ermächtigung

31 Der Widerruf der Ermächtigung ist **jederzeit formlos und ohne Begründung möglich**[100]. Er muss von einer zur Vertretung der Gesellschaft erforderlichen Zahl von Vorstandsmitgliedern (bzw. bei der unechten Gesamtvertretung: Vorstandsmitglied und Prokurist) ausgesprochen werden, da der Widerruf kein Akt der internen Geschäftsführung ist[101]. Der Rechtsgedanke des § 116 Abs. 3 Satz 2 HGB (Vertrauens-

---

*Mertens/Cahn* in KölnKomm. AktG, 3. Aufl., § 78 AktG Rz. 55; *Habersack* in Großkomm. AktG, 4. Aufl., § 78 AktG Rz. 51; *Spindler* in MünchKomm. AktG, 3. Aufl., § 78 AktG Rz. 66; *Fleischer* in Spindler/Stilz, § 78 AktG Rz. 37; *Schwarz*, ZGR 2000, 744, 754 ff.; a.A. *Schilken* in Staudinger, Neubearb. 2009, § 167 BGB Rz. 55.

93 *Hüffer*, § 78 AktG Rz. 19; *Mertens/Cahn* in KölnKomm. AktG, 3. Aufl., § 78 AktG Rz. 55; *Spindler* in MünchKomm. AktG, 3. Aufl., § 78 AktG Rz. 65; *Fleischer* in Spindler/Stilz, § 78 AktG Rz. 36; a.A. *Schwarz*, ZGR 2001, 744, 753; ähnlich *Habersack* in Großkomm. AktG, 4. Aufl., § 78 AktG Rz. 52.

94 Vgl. *Hüffer*, § 78 AktG Rz. 19; *Spindler* in MünchKomm. AktG, 3. Aufl., § 78 AktG Rz. 67.

95 BGH v. 12.12.1960 – II ZR 255/59, BGHZ 34, 27, 30; BGH v. 25.11.1985 – II ZR 115/85, WM 1986, 315, 316; OLG Dresden v. 20.1.1994 – 7 U 678/93, NJW-RR 1995, 803, 804; *Hüffer*, § 78 AktG Rz. 21; *Mertens/Cahn* in KölnKomm. AktG, 3. Aufl., § 78 AktG Rz. 57; *Habersack* in Großkomm. AktG, 4. Aufl., § 78 AktG Rz. 53; *Spindler* in MünchKomm. AktG, 3. Aufl., § 78 AktG Rz. 68; *Fleischer* in Spindler/Stilz, § 78 AktG Rz. 38.

96 *Mertens/Cahn* in KölnKomm. AktG, 3. Aufl., § 78 AktG Rz. 57; *Habersack* in Großkomm. AktG, 4. Aufl., § 78 AktG Rz. 53; *Spindler* in MünchKomm. AktG, 3. Aufl., § 78 AktG Rz. 68; ähnlich *Fleischer* in Spindler/Stilz, § 78 AktG Rz. 38.

97 *Hüffer*, § 78 AktG Rz. 21; *Spindler* in MünchKomm. AktG, 3. Aufl., § 78 AktG Rz. 68; *Fleischer* in Spindler/Stilz, § 78 AktG Rz. 38.

98 *Habersack* in Großkomm. AktG, 4. Aufl., § 78 AktG Rz. 53; *Mertens/Cahn* in KölnKomm. AktG, 3. Aufl., § 78 AktG Rz. 58; *Fleischer* in Spindler/Stilz, § 78 AktG Rz. 35; für Analogie vorsichtig *Spindler* in MünchKomm. AktG, 3. Aufl., § 78 AktG Rz. 69 („Analogie an sich geboten").

99 RG v. 4.10.1927 – II 37/27, RGZ 118, 168, 170; *Spindler* in MünchKomm. AktG, 3. Aufl., § 78 AktG Rz. 70.

100 *Hüffer*, § 78 AktG Rz. 22; *Habersack* in Großkomm. AktG, 4. Aufl., § 78 AktG Rz. 56; *Spindler* in MünchKomm. AktG, 3. Aufl., § 78 AktG Rz. 71; *Fleischer* in Spindler/Stilz, § 78 AktG Rz. 40.

101 So auch *Spindler* in MünchKomm. AktG, 3. Aufl., § 78 AktG Rz. 72; a.A. *Hüffer*, § 78 AktG Rz. 22; *Mertens/Cahn* in KölnKomm. AktG, 3. Aufl., § 78 AktG Rz. 62; *Habersack* in Großkomm. AktG, 4. Aufl., § 78 AktG Rz. 56; *Schwarz*, ZGR 2001, 744, 745.

verlust auch nur eines Ermächtigenden genügt) reicht nicht aus, für den *actus contrarius* strengere Anforderungen als für die Erteilung der Ermächtigung zu fordern. Auf das Einverständnis des Ermächtigten kommt es niemals an, auch wenn er bei der Erteilung der Ermächtigung an sich selbst mitgewirkt hat (Verbot des Richtens in eigenen Angelegenheiten)[102]. Jede vertretungsbefugte Zusammensetzung von Vorstandsmitgliedern ist zum Widerruf befugt, d.h. die Vorstandsmitglieder, deren Ermächtigung widerrufen wurde, können sich über den Willen der Organmitglieder hinwegsetzen, welche die Ermächtigung erteilt haben[103]. Im Außenverhältnis ist jeder Widerruf durch vertretungsberechtigte Vorstandsmitglieder wirksam[104]. Im Übrigen gelten die §§ 170–173 BGB entsprechend[105].

### 5. Genehmigung des Alleinhandelns

Hat ein gesamtvertretungsberechtigtes Vorstandsmitglied ein Rechtsgeschäft mit einem Dritten alleine abgeschlossen, ohne dass ihm eine Einzelermächtigung i.S. von § 78 Abs. 4 erteilt worden war, so ist das Geschäft schwebend unwirksam; es gelten die **§§ 177 ff., 182 ff. BGB**[106]. Die Genehmigung muss von so vielen Vorstandsmitgliedern erteilt werden, dass diese entweder allein oder zusammen mit dem tätig gewordenen Mitglied eine zur Vertretung der Gesellschaft ausreichende Zahl erreichen. Sie bedarf keiner Form und setzt nicht voraus, dass die genehmigenden Vorstandsmitglieder alle Einzelheiten des Geschäfts kennen[107]. Die die Genehmigung erklärenden Vorstandsmitglieder brauchen nicht schon zur Zeit der Geschäftsvornahme dem Vorstand angehört haben[108]. Auch die Beendigung der Organmitgliedschaft desjenigen, der das Rechtsgeschäft allein geschlossen hat, ändert an dem Schwebezustand nichts; die Genehmigung wirkt auf den Zeitpunkt der Geschäftsvornahme zurück (§ 184 Abs. 1 BGB)[109]. Ist der Aufsichtsrat nach § 78 Abs. 3 Satz 2 dazu ermächtigt, kann er auch nachträglich dem betreffenden Vorstandsmitglied Einzelvertretungsbefugnis einräumen, allerdings nur in allgemeiner Form und nicht bloß für das einzelne, in Frage stehende Rechtsgeschäft.

32

### 6. Einzelermächtigung bei gemischter Gesamtvertretung

Bei gemischter Gesamtvertretung (§ 78 Abs. 3) ist § 78 Abs. 4 Satz 1 (Erlaubnis der Einzelermächtigung) nach Satz 2 sinngemäß anwendbar, d.h. das Vorstandsmitglied kann sich zusammen mit dem Prokuristen die Ermächtigung zum Alleinhandeln erteilen. Das Gleiche gilt zugunsten des Prokuristen nicht, da er durch die Anordnung gemischter Gesamtvertretung weder zum Vorstandsmitglied noch zum gesetzlichen Vertreter der AG und dies durch die Erteilung einer Ermächtigung nach § 78 Abs. 4

33

---

102 I.E. ebenso *Mertens/Cahn* in KölnKomm. AktG, 3. Aufl., § 78 AktG Rz. 62; *Spindler* in MünchKomm. AktG, 3. Aufl., § 78 AktG Rz. 72; *Schwarz*, ZGR 2001, 744, 775.
103 *Hüffer*, § 78 AktG Rz. 22; *Mertens/Cahn* in KölnKomm. AktG, 3. Aufl., § 78 AktG Rz. 62; *Spindler* in MünchKomm. AktG, 3. Aufl., § 78 AktG Rz. 73; a.A. *Schwarz*, ZGR 2001, 744, 777; *Habersack* in Großkomm. AktG, 4. Aufl., § 78 AktG Rz. 56; *Fleischer* in Spindler/Stilz, § 78 AktG Rz. 40.
104 *Spindler* in MünchKomm. AktG, 3. Aufl., § 78 AktG Rz. 73.
105 Ausf. *Spindler* in MünchKomm. AktG, 3. Aufl., § 78 AktG Rz. 74; *Fleischer* in Spindler/Stilz, § 78 AktG Rz. 40.
106 *Habersack* in Großkomm. AktG, 4. Aufl., § 78 AktG Rz. 32, 35 f.; *Spindler* in MünchKomm. AktG, 3. Aufl., § 78 AktG Rz. 75.
107 RG v. 18.2.1921 – III 354/20, RGZ 101, 342, 343; BGH v. 13.4.1959 – III ZR 144/57, WM 1959, 881, 883; *Mertens/Cahn* in KölnKomm. AktG, 3. Aufl., § 78 AktG Rz. 51; *Spindler* in MünchKomm. AktG, 3. Aufl., § 78 AktG Rz. 75.
108 *Mertens/Cahn* in KölnKomm. AktG, 3. Aufl., § 78 AktG Rz. 52; *Spindler* in MünchKomm. AktG, 3. Aufl., § 78 AktG Rz. 77.
109 *Spindler* in MünchKomm. AktG, 3. Aufl., § 78 AktG Rz. 77.

## VI. Organhaftung (§ 31 BGB)

34 Die AG ist nach § 31 BGB für den Schaden verantwortlich, den der Vorstand, ein Vorstandsmitglied oder ein anderer verfassungsmäßig berufener Vertreter (insbesondere besondere Vertreter i.S. von § 30 BGB[112]) durch eine in Ausführung der ihm zustehenden Verrichtungen begangene, zum Schadenersatz verpflichtende Handlung oder Unterlassung einem Dritten zufügt. Die Vorschrift des § 31 BGB begründet für die AG **keinen selbständigen Haftungstatbestand, sondern ihr wird vielmehr die zum Ersatz verpflichtende Handlung der Organperson zugerechnet** (s. auch § 76 Rz. 8). Sie gilt nach ihrem Sinn und Zweck für den außervertraglichen und den vertraglichen Bereich[113]; auf den Rechtsgrund der Haftung kommt es nicht an. Eine Anwendung des § 831 BGB und des § 278 BGB auf Organpersonen wird durch § 31 BGB ausgeschlossen[114]. Die AG kann sich nicht mit einer sorgfältigen Auswahl der Vorstandsmitglieder exkulpieren[115]: Allerdings erfordert die Zurechnung eine Handlung oder Unterlassung „in Ausführung der ihr zustehenden Verrichtung", was voraussetzt, dass das Handeln der Organperson in den ihr zugewiesenen Wirkungskreis (nicht notwendigerweise in die Grenzen seiner Vertretungsmacht) fällt[116]. Zwischen der schädigenden Handlung der Organperson und dem ihr zugewiesenen Aufgabenbereich muss ein innerer (d.h. sachlicher), nicht nur zeitlicher oder örtlicher Zusammenhang bestehen; rein deliktisches Handeln des Organmitglieds genügt nicht[117]. § 31 BGB findet auch auf die **Vor-AG** Anwendung, setzt also keine Eintragung ins Handelsregister voraus[118]. Die Organhaftung der Gesellschaft nach § 31 BGB schließt eine persönliche Haftung des Vorstandsmitglieds nach den hierfür maßgeblichen Vorschriften nicht aus[119].

---

110 *Spindler* in MünchKomm. AktG, 3. Aufl., § 78 AktG Rz. 81 f.
111 *Habersack* in Großkomm. AktG, 4. Aufl., § 78 AktG Rz. 46; *Spindler* in MünchKomm. AktG, 3. Aufl., § 78 AktG Rz. 82.
112 Hierzu *Spindler* in MünchKomm. AktG, 3. Aufl., § 78 AktG Rz. 125.
113 BGH v. 6.2.1984 – II ZR 119/83, BGHZ 90, 92, 95; BGH v. 12.3.1990 – II ZR 179/89, BGHZ 110, 323, 327; *Mertens/Cahn* in KölnKomm. AktG, 3. Aufl., § 76 AktG Rz. 78; *Kort* in Großkomm. AktG, 4. Aufl., § 76 AktG Rz. 167; *Habersack* in Großkomm. AktG, 4. Aufl., § 78 AktG Rz. 22; *Spindler* in MünchKomm. AktG, 3. Aufl., § 78 AktG Rz. 123; *Fleischer* in Spindler/Stilz, § 78 AktG Rz. 52.
114 *Kort* in Großkomm. AktG, 4. Aufl., § 76 AktG Rz. 166; *Habersack* in Großkomm. AktG, 4. Aufl., § 78 AktG Rz. 23; *Spindler* in MünchKomm. AktG, 3. Aufl., § 78 AktG Rz. 123; *Fleischer* in Spindler/Stilz, § 78 AktG Rz. 53; a.A. *Hüffer*, § 78 AktG Rz. 23.
115 *Hüffer*, § 78 AktG Rz. 23; *Spindler* in MünchKomm. AktG, 3. Aufl., § 78 AktG Rz. 123.
116 RG v. 6.12.1939 – VI 104/39, RGZ 162, 202, 207; BGH v. 8.2.1952 – I ZR 92/51, NJW 1952, 537; BGH v. 8.7.1986 – VI ZR 47/85, BGHZ 98, 148; BGH v. 13.1.1978 – VI ZR 303/85, BGHZ 99, 298, 300; *Spindler* in MünchKomm. AktG, 3. Aufl., § 78 AktG Rz. 127; *Reuter* in MünchKomm. BGB, 5. Aufl., § 31 BGB Rz. 32; *Fleischer* in Spindler/Stilz, § 78 AktG Rz. 54 f.
117 Vgl. OLG Hamburg v. 31.1.2002 – 3 U 181/00, NZG 2002, 873 (für GmbH); *Spindler* in MünchKomm. AktG, 3. Aufl., § 78 AktG Rz. 127; *Priester*, ZHR 165 (2001), 383, 388.
118 *Hüffer*, § 78 AktG Rz. 23; *Kort* in Großkomm. AktG, 4. Aufl., § 76 AktG Rz. 166; *Spindler* in MünchKomm. AktG, 3. Aufl., § 78 AktG Rz. 123; *Fleischer* in Spindler/Stilz, § 78 AktG Rz. 51.
119 *Fleischer* in Spindler/Stilz, § 78 AktG Rz. 51.

## § 79
*(weggefallen)*

§ 79 a.F., der Zeichnungsregeln für Vorstandsmitglieder enthielt, ist „zum Zwecke der Deregulierung" durch Art. 5 Nr. 8 MoMiG vom 23.10.2008 (BGBl. I 2008, 2026) aufgehoben worden, da dessen Normzweck (Klarheit und Sicherheit des Rechtsverkehrs) bereits durch die allgemeinen Vertretungsregeln der §§ 164 ff. BGB hinreichend gewährleistet ist. Parallel dazu erfolgte die Neufassung des § 35 Abs. 2 GmbHG.

## § 80
## Angaben auf Geschäftsbriefen

(1) Auf allen Geschäftsbriefen gleichviel welcher Form, die an einen bestimmten Empfänger gerichtet werden, müssen die Rechtsform und der Sitz der Gesellschaft, das Registergericht des Sitzes der Gesellschaft und die Nummer, unter der die Gesellschaft in das Handelsregister eingetragen ist, sowie alle Vorstandsmitglieder und der Vorsitzende des Aufsichtsrats mit dem Familiennamen und mindestens einem ausgeschriebenen Vornamen angegeben werden. Der Vorsitzende des Vorstands ist als solcher zu bezeichnen. Werden Angaben über das Kapital der Gesellschaft gemacht, so müssen in jedem Fall das Grundkapital sowie, wenn auf die Aktien der Ausgabebetrag nicht vollständig eingezahlt ist, der Gesamtbetrag der ausstehenden Einlagen angegeben werden.

(2) Der Angaben nach Absatz 1 Satz 1 und 2 bedarf es nicht bei Mitteilungen oder Berichten, die im Rahmen einer bestehenden Geschäftsverbindung ergehen und für die üblicherweise Vordrucke verwendet werden, in denen lediglich die im Einzelfall erforderlichen besonderen Angaben eingefügt zu werden brauchen.

(3) Bestellscheine gelten als Geschäftsbriefe im Sinne des Absatzes 1. Absatz 2 ist auf sie nicht anzuwenden.

(4) Auf allen Geschäftsbriefen und Bestellscheinen, die von einer Zweigniederlassung einer Aktiengesellschaft mit Sitz im Ausland verwendet werden, müssen das Register, bei dem die Zweigniederlassung geführt wird, und die Nummer des Registereintrags angegeben werden; im Übrigen gelten die Vorschriften der Absätze 1 bis 3 für die Angaben bezüglich der Haupt- und der Zweigniederlassung, soweit nicht das ausländische Recht Abweichungen nötig macht. Befindet sich die ausländische Gesellschaft in Abwicklung, so sind auch diese Tatsache sowie alle Abwickler anzugeben.

| | |
|---|---|
| I. Regelungsgegenstand und Normzweck ................... 1 | III. Weitere Angaben .............. 7 |
| II. Erforderliche Angaben .......... 2 | IV. Informationsmedium Geschäftsbrief . 8 |
| 1. Rechtsform und Sitz ........... 2 | 1. Geschäftsbrief .............. 8 |
| 2. Registergericht und -nummer ..... 3 | 2. Ausnahmen ............... 9 |
| 3. Namensangaben ............. 4 | a) Verwendung von Vordrucken im Rahmen bestehender Geschäftsverbindungen ............ 9 |
| 4. Gesellschaftskapital ........... 5 | b) Gesellschaftsinterne Kommunikation ................. 10 |
| 5. Zweigniederlassungen ausländischer Gesellschaften ............. 6 | V. Folgen eines Verstoßes ......... 11 |

**Literatur:** *Bärwaldt/Schabacker*, Angaben auf Geschäftspapieren inländischer Zweigniederlassungen ausländischer Kapitalgesellschaften, AG 1996, 461; *Einmahl*, Die erste gesellschaftsrechtliche Richtlinie des Rates der Europäischen Gemeinschaften und ihre Bedeutung für das deutsche Aktienrecht, AG 1969, 131; *Glaus/Gabel*, Praktische Umsetzung der Anforderungen zu Pflichtangaben in E-Mails, BB 2007, 1744; *Maaßen/Orlikowski-Wolf*, Stellt das Fehlen von Pflichtangaben in Geschäftskorrespondenz einen Wettbewerbsverstoß dar?, BB 2007, 561; *Mutter*, Pflichtangaben auf Geschäftsbriefen auch im E-Mail-Verkehr?, GmbHR 2001, 336.

## I. Regelungsgegenstand und Normzweck

1   Die Vorschrift des § 80 beruht in ihrer jetzigen Form im Wesentlichen auf der EU-Publizitätsrichtlinie[1] (wenngleich § 100 AktG 1937 bereits eine sachlich entsprechende Regelung vorsah) und dient der **in- und ausländischen Publizität wesentlicher Gesellschaftsverhältnisse**. Es soll insbesondere sichergestellt werden, dass Geschäftspartner über die wesentlichen Parameter der AG und die diese leitende Personen ohne die Notwendigkeit eigener aufwändiger Nachforschung unterrichtet werden[2]. Entsprechende Regelungen finden sich in § 25a GenG, § 35a GmbHG, §§ 37a, 125a, 177a HGB sowie § 7 Abs. 4 PartGG. Für **kapitalmarktnahe AG** werden die Publizitätsanforderungen durch vielfältige kapitalmarktrechtliche Vorschriften ergänzt[3]. Darüber hinaus sind im Geschäftsbericht und in allen Veröffentlichungen und Vervielfältigungen des Jahresabschlusses und des Geschäftsberichts die sämtlichen Mitglieder des Vorstands und des Aufsichtsrats mit dem Familiennamen und mindestens einem ausgeschriebenen Vornamen sowie den ausgeübten Beruf und bei börsennotierten Gesellschaften auch die Mitgliedschaft in Aufsichtsräten und anderen Kontrollgremien i.S. von § 125 Abs. 1 Satz 3 anzugeben; der Vorsitzende des Aufsichtsrats, seine Stellvertreter und ein etwaiger Vorsitzender des Vorstands sind als solche zu bezeichnen (§ 285 Nr. 10 HGB: Pflichtangaben im Anhang). Für Abwickler gilt § 268 Abs. 4. Auf die Vor-AG ist § 80 entsprechend anzuwenden[4].

## II. Erforderliche Angaben

### 1. Rechtsform und Sitz

2   Die Angabe der **Rechtsform** wird durch die Bezeichnung „Aktiengesellschaft" oder die Abkürzung „AG" erfüllt, da auch die Abkürzung international bekannt ist[5]. Allerdings ist die Angabe insgesamt entbehrlich, wenn die Firma, die auf eine AG hinweist (§ 4), auf dem Geschäftsbrief vollständig angegeben ist[6]. Der (Satzungs)**Sitz** der

---

1 Erste Richtlinie 68/151/EWG des Rats der Europäischen Gemeinschaften zur Koordinierung der Schutzbestimmungen, die in den Mitgliedstaaten den Gesellschaften i.S.d. Artikels 58 Absatz 2 des Vertrages im Interesse der Gesellschafter sowie Dritter vorgeschrieben sind, um diese Bestimmung gleichwertig zu gestalten, vom 9.3.1968, ABl. EG Nr. L 65 v. 14.3.1968, S. 8 ff.
2 Vgl. Begr. RegE AktG 1965 zu § 80, zit. bei *Kropff*, Aktiengesetz, S. 101; *Ankele*, GmbHR 1965, 52, 55; *Einmahl*, AG 1969, 131, 133 f.; *Hüffer*, § 80 AktG Rz. 1; *Spindler* in MünchKomm. AktG, 3. Aufl., § 80 AktG Rz. 1; *Fleischer* in Spindler/Stilz, § 80 AktG Rz. 1.
3 Hierzu *Fleischer*, NZG 2006, 561, 564 ff.
4 *Habersack* in Großkomm. AktG, 4. Aufl., § 80 AktG Rz. 1; *Spindler* in MünchKomm. AktG, 3. Aufl., § 80 AktG Rz. 3; *Mertens/Cahn* in KölnKomm. AktG, 3. Aufl., § 80 AktG Rz. 1; *Fleischer* in Spindler/Stilz, § 80 AktG Rz. 2.
5 *Hüffer*, § 80 AktG Rz. 3; *Mertens/Cahn* in KölnKomm. AktG, 3. Aufl., § 80 AktG Rz. 3; *Spindler* in MünchKomm. AktG, 3. Aufl., § 80 AktG Rz. 7 (anders noch 2. Auflage Rz. 4); *Fleischer* in Spindler/Stilz, § 80 AktG Rz. 5; *Kreplin*, BB 1969, 1112, 1113.
6 Ebenso *Hüttmann*, DB 1980, 1884; *Schaffland*, BB 1980, 1501, 1502; *Heymann/Emmerich*, 2. Aufl., § 125a HGB Rz. 8; a.A. *Habersack* in Großkomm. AktG, 4. Aufl., § 80 AktG Rz. 13;

Gesellschaft (§ 5 Abs. 1) ist anzugeben, und zwar auch dann, wenn der Geschäftsbrief schon denselben Ort als Absendeort nennt[7]. Der Gesellschaftssitz, der u.a. für die Ermittlung des allgemeinen Gerichtsstands (§ 17 Abs. 1 ZPO) von Bedeutung ist, ist auch dann anzugeben, wenn der Geschäftsbrief von einer anderen Orts belegenen Zweigniederlassung oder Betriebsstätte abgesandt wird[8].

## 2. Registergericht und -nummer

Weiter sind das Registergericht des Sitzes der Gesellschaft (vgl. § 14) und die Nummer, unter der die Gesellschaft in das Handelsregister eingetragen ist, anzugeben. Ausreichend ist die Angabe in abgekürzter Form (z.B. AG Hamburg HRB 1234)[9]. 3

## 3. Namensangaben

Es müssen ferner alle Vorstandsmitglieder (einschließlich der stellvertretenden Vorstandsmitglieder i.S. von § 94) und der Vorsitzende des Aufsichtsrats mit dem **Familiennamen und mindestens einem ausgeschriebenen Vornamen** angegeben werden. Zur Vermeidung einer Irreführung des Rechtsverkehrs ist von der Angabe des Stellvertreterzusatzes bei stellvertretenden Vorstandsmitgliedern abzusehen[10]. Hat die AG einen Vorstandsvorsitzenden, so ist dieser als solcher zu bezeichnen (§ 80 Abs. 1 Satz 2); dies kann durch entsprechende Angabe vor und hinter der Namensnennung geschehen. Auf **sonstige Organfunktionen** (z.B. Vorstandssprecher, stellvertretender Vorstandsvorsitzender, Arbeitsdirektor, stellvertretender Aufsichtsratsvorsitzender) braucht nicht hingewiesen zu werden[11]; etwas anderes gilt nur für einen Notvorstand, da dieser Umstand regelmäßig für den Geschäftsverkehr von Bedeutung ist[12]. Die Angabe der sonstigen Organfunktionen kann aber freiwillig erfolgen[13]. 4

## 4. Gesellschaftskapital

**Angaben zum Gesellschaftskapital sind nicht erforderlich**, aber zulässig. Macht die Gesellschaft entsprechende Angaben, so müssen das Grundkapital und der Gesamtbetrag der ausstehenden Einlagen (das ist der Ausgabebetrag der Aktien) angegeben werden (§ 80 Abs. 1 Satz 3). Ausstehende Sacheinlagen müssen dagegen nicht angege- 5

---

*Spindler* in MünchKomm. AktG, 3. Aufl., § 80 AktG Rz. 7; *Hopt* in Baumbach/Hopt, § 125a HGB Rz. 5.
7 *Hüffer*, § 80 AktG Rz. 3; *Habersack* in Großkomm. AktG, 4. Aufl., § 80 AktG Rz. 13; *Spindler* in MünchKomm. AktG, 3. Aufl., § 80 AktG Rz. 8; *Fleischer* in Spindler/Stilz, § 80 AktG Rz. 13; einschränkend *Schaffland*, BB 1980, 1501, 1502; *Schlegelberger/K. Schmidt*, 5. Aufl., § 125a HGB Rz. 7.
8 *Hüffer*, § 80 AktG Rz. 3; *Mertens/Cahn* in KölnKomm. AktG, 3. Aufl., § 80 AktG Rz. 4; *Habersack* in Großkomm. AktG, 4. Aufl., § 80 AktG Rz. 13; *Spindler* in MünchKomm. AktG, 3. Aufl., § 80 AktG Rz. 8.
9 *Hüffer*, § 80 AktG Rz. 3; *Habersack* in Großkomm. AktG, 4. Aufl., § 80 AktG Rz. 13; *Spindler* in MünchKomm. AktG, 3. Aufl., § 80 AktG Rz. 9; *Mertens/Cahn* in KölnKomm. AktG, 3. Aufl., § 80 AktG Rz. 5; *Fleischer* in Spindler/Stilz, § 80 AktG Rz. 13.
10 So auch *Hüffer*, § 80 AktG Rz. 3; *Habersack* in Großkomm. AktG, 4. Aufl., § 80 AktG Rz. 14; *Fleischer*, NZG 2006, 561, 563; *Fleischer* in Spindler/Stilz, § 80 AktG Rz. 14; a.A. *Spindler* in MünchKomm. AktG, 3. Aufl., § 80 AktG Rz. 10.
11 *Hüffer*, § 80 AktG Rz. 3; *Mertens/Cahn* in KölnKomm. AktG, 3. Aufl., § 80 AktG Rz. 6; *Habersack* in Großkomm. AktG, 4. Aufl., § 80 AktG Rz. 14; *Spindler* in MünchKomm. AktG, 3. Aufl., § 80 AktG Rz. 10; *Fleischer* in Spindler/Stilz, § 80 AktG Rz. 14.
12 *Mertens/Cahn* in KölnKomm. AktG, 3. Aufl., § 80 AktG Rz. 6; *Spindler* in MünchKomm. AktG, 3. Aufl., § 80 AktG Rz. 11.
13 *Mertens/Cahn* in KölnKomm. AktG, 3. Aufl., § 80 AktG Rz. 6; zweifelnd aber *Hüffer*, § 80 AktG Rz. 3; *Habersack* in Großkomm. AktG, 4. Aufl., § 80 AktG Rz. 14; *Fleischer* in Spindler/Stilz, § 80 AktG Rz. 14.

§ 80                                                                                           Vorstand

ben werden[14], es sei denn, das Unterlassen solcher Angaben ist geeignet, den Rechtsverkehr irrezuführen[15].

### 5. Zweigniederlassungen ausländischer Gesellschaften

6   Hat eine **Gesellschaft mit Auslandssitz** eine **Zweigniederlassung in Deutschland**, so gelten für die von dieser verwandten Geschäftsbriefe und Bestellscheine grundsätzlich die Regelungen der § 80 Abs. 1 und 3, bezogen auf die ausländische Haupt- sowie die inländische Zweigniederlassung (doppelte Angabeverpflichtung zur Verbesserung von Transparenz und Gläubigerschutz; durch MoMiG jetzt in § 80 Abs. 4 Satz 1 klargestellt[16]); abweichende Vorschriften des ausländischen Rechts sind allerdings zu beachten (letzter Hs.). Ferner sind das Register, bei dem die Zweigniederlassung geführt wird (§ 13d Abs. 1 HGB), und die Nummer des Registereintrags anzugeben. Alle Angaben haben in deutscher Sprache zu erfolgen[17]; zur Rechtsform der ausländischen Gesellschaft ist ein erläuternder Hinweis (etwa „Aktiengesellschaft österreichischen Rechts") aufzunehmen[18]. Bei Auslandsgesellschaften ohne eingetragene Zweigniederlassung in Deutschland und mit Schwerpunkt ihrer tatsächlichen Geschäftstätigkeit in Deutschland sind § 80 Abs. 1 bis Abs. 3 entsprechend anzuwenden[19]. Befindet sich die Gesellschaft mit Auslandssitz in Abwicklung, so sind auch diese Tatsache sowie alle Abwickler anstelle der Vorstandsmitglieder anzugeben[20].

## III. Weitere Angaben

7   Die AG ist berechtigt, über die in § 8 Abs. 1 vorgeschriebenen Angaben hinaus weitere Angaben über die Gesellschaft und die Geschäftsleitung zu machen (z.B. Angabe von Bereichsvorständen, Organfunktionen (Rz. 3 a.E.), ISO-Zertifizierungen, Teilnehmererklärungen nach Art. 10 Abs. 1 EG-UmwPrüfVO, Umsatzsteuer-Identitätsnummer[21]), sofern diese den Rechtsverkehr nicht irreführen (§§ 1, 3 UWG).

## IV. Informationsmedium Geschäftsbrief

### 1. Geschäftsbrief

8   Die nach § 80 vorgeschriebenen Angaben müssen „auf allen Geschäftsbriefen *gleichviel welcher Art* [stehen], die an einen bestimmten Empfänger gerichtet werden". Diese **konkrete Empfängerbezogenheit** entspricht den Anforderungen an einen Han-

---

14  *Hüffer*, § 80 AktG Rz. 4; *Mertens/Cahn* in KölnKomm. AktG, 3. Aufl., § 80 AktG Rz. 7; *Habersack* in Großkomm. AktG, 4. Aufl., § 80 AktG Rz. 15; *Spindler* in MünchKomm. AktG, 3. Aufl., § 80 AktG Rz. 12; *Fleischer* in Spindler/Stilz, § 80 AktG Rz. 15; *Einmahl*, AG 1969, 131, 134.
15  *Mertens/Cahn* in KölnKomm. AktG, 3. Aufl., § 80 AktG Rz. 7; *Habersack* in Großkomm. AktG, 4. Aufl., § 80 AktG Rz. 15; *Spindler* in MünchKomm. AktG, 3. Aufl., § 80 AktG Rz. 12; *Fleischer* in Spindler/Stilz, § 80 AktG Rz. 15.
16  Vgl. Begr. RegE MoMiG BT-Drucks. 16/6140, S. 43.
17  *Bärwaldt/Schabacker*, AG 1996, 461, 462; *Habersack* in Großkomm. AktG, 4. Aufl., § 80 AktG Rz. 8; *Spindler* in MünchKomm. AktG, 3. Aufl., § 80 AktG Rz. 25.
18  *Bärwaldt/Schabacker*, AG 1996, 461, 462; *Habersack* in Großkomm. AktG, 4. Aufl., § 80 AktG Rz. 8; *Spindler* in MünchKomm. AktG, 3. Aufl., § 80 AktG Rz. 25; a.A. *K. Schmidt* in Lutter, Europäische Auslandsgesellschaften, 2005, S. 43.
19  Vgl. *K. Schmidt* in Lutter, Europäische Auslandsgesellschaften, 2005, S. 40.
20  Vgl. *Bärwaldt/Schabacker*, AG 1996, 461, 464; *Habersack* in Großkomm. AktG, 4. Aufl., § 80 AktG Rz. 9; *Spindler* in MünchKomm. AktG, 3. Aufl., § 80 AktG Rz. 25.
21  *Bärwaldt/Schabacker*, AG 1996, 461, 465 f.; *Spindler* in MünchKomm. AktG, 3. Aufl., § 80 AktG Rz. 13.

delsbrief i.S. von §§ 238 Abs. 2, 257 Abs. 1 HGB[22] und grenzt den Geschäftsbrief von Werberundschreiben, öffentlichen Bekanntmachungen, Anzeigen und Mitteilungen ab, die für einen größeren unbestimmten Personenkreis bestimmt sind[23]. Geschäftsbrief i.S. von § 80 Abs. 1 ist daher jede an einen bestimmten Empfänger nach außen im Namen der Gesellschaft gerichtete geschäftliche (nicht rein private oder persönliche) schriftliche Mitteilung[24]. Das können auch Mitteilungen oder Berichte sein, für die üblicherweise Vordrucke verwendet werden, insbesondere auch individuell an den Empfänger gerichtete Preislisten, Rechnungen und Quittungen[25]. **Bestellscheine** gelten nach ausdrücklicher gesetzlicher Anordnung in § 80 Abs. 3 als Geschäftsbriefe, selbst wenn diese wie gewöhnlich nicht an einen bestimmten Empfänger gerichtet sind. Auf den Umfang der Mitteilung oder die äußere Form kommt es nicht an[26]. Nach der Gesetzesergänzung durch das EHUG vom 10.11.2006 (*„gleichviel welcher Art"*) ist die teleologische Auslegung des Gesetzesbegriffs des „Geschäftsbriefs" in der Weise klargestellt, dass auch geschäftliche Mitteilungen zu erfassen sind, die per E-Mail oder in anderer elektronischer Form versandt werden; auch bei Ihnen sind die Pflichtangaben nach § 80 Abs. 1 einzuhalten[27]. Dagegen gilt § 80 nicht für Mitteilungen, auf deren Gestaltung der Absender keinen Einfluss hat (z.B. Telegramme, Telex- und Fernschreiben[28]), ebenso wenig für telefonische Mitteilungen[29] oder solche per Videoübertragung.

## 2. Ausnahmen

### a) Verwendung von Vordrucken im Rahmen bestehender Geschäftsverbindungen

Aus Zweckmäßigkeitsgründen **befreit** § 80 Abs. 2 alle Mitteilungen und Berichte, die **im Rahmen einer bestehenden Geschäftsverbindung** ergehen und für die üblicherweise Vordrucke verwendet werden, von der ansonsten bestehenden Angabepflicht nach § 80 Abs. 1 Sätze 1 und 2. Das **Merkmal der bestehenden Geschäftsverbindung ist weit zu verstehen** und setzt nicht voraus, dass bereits zuvor ein Rechtsgeschäft zwischen Absender und Empfänger zustande gekommen ist[30]. Allerdings folgt aus dem Publizitätszweck von § 80, dass der Geschäftspartner schon über die dort geregelten Pflichtangaben informiert ist, sei es durch vorhergehende Korrespondenz, sei es auf anderem Weg[31]. Die Üblichkeit der Verwendung eines Vordrucks i.S. von § 80 Abs. 2 ist anhand der Umstände des konkreten Einzelfalls zu beurteilen, insbesonde-

9

---

22 A.A. wohl *Fleischer* in Spindler/Stilz, § 80 AktG Rz. 4.
23 Vgl. *Spindler* in MünchKomm. AktG, 3. Aufl., § 80 AktG Rz. 15.
24 *Bärwaldt/Schabacker*, AG 1996, 461, 462; *Hüffer*, § 80 AktG Rz. 2, *Habersack* in Großkomm. AktG, 4. Aufl., § 80 AktG Rz. 3; *Spindler* in MünchKomm. AktG, 3. Aufl., § 80 AktG Rz. 15.
25 *Mertens/Cahn* in KölnKomm. AktG, 3. Aufl., § 80 AktG Rz. 5; *Spindler* in MünchKomm. AktG, 3. Aufl., § 80 AktG Rz. 15; *Fleischer* in Spindler/Stilz, § 80 AktG Rz. 4.
26 *Spindler* in MünchKomm. AktG, 3. Aufl., § 80 AktG Rz. 17; *Fleischer* in Spindler/Stilz, § 80 AktG Rz. 4.
27 *Spindler* in MünchKomm. AktG, 3. Aufl., § 80 AktG Rz. 18; zur Rechtslage vor dem EHUG *Habersack* in Großkomm. AktG, 4. Aufl., § 80 AktG Rz. 4; *Schmittmann/Ahrens*, DB 2002, 1038 ff.; unsicher *Fleischer* in Spindler/Stilz, § 80 AktG Rz. 5; dagegen *Mutter*, GmbHR 2001, 336 ff. – Zur praktischen Ausführung ausf. *Glaus/Gabel*, BB 2007, 1744 ff.
28 *Habersack* in Großkomm. AktG, 4. Aufl., § 80 AktG Rz 4; *Spindler* in MünchKomm. AktG, 3. Aufl., § 80 AktG Rz. 18; *Uwe H. Schneider* in Scholz, § 35a GmbHG Rz. 3; a.A. *Zöllner* in Baumbach/Hueck, § 35a GmbHG Rz. 7; *Fleischer* in Spindler/Stilz, § 80 AktG Rz. 5; *Mertens/Cahn* in KölnKomm. AktG, 3. Aufl., § 80 AktG Rz. 15.
29 *Habersack* in Großkomm. AktG, 4. Aufl., § 80 AktG Rz. 4; *Spindler* in MünchKomm. AktG, 3. Aufl., § 80 AktG Rz. 18.
30 *Spindler* in MünchKomm. AktG, 3. Aufl., § 80 AktG Rz. 20; wohl auch *Fleischer* in Spindler/Stilz, § 80 AktG Rz. 10.
31 Ähnlich (aber zwingend Kenntnis durch Korrespondenz) *Hüffer*, § 80 AktG Rz. 5; *Mertens/Cahn* in KölnKomm. AktG, 3. Aufl., § 80 AktG Rz. 17; *Habersack* in Großkomm. AktG,

re unter Berücksichtigung der Unternehmensbranche sowie des Verwendungszwecks, des regelmäßigen Empfängerkreises und des Inhalts des Vordrucks[32]. Das **Merkmal des Vordrucks** verlangt, dass der Text des Formblatts bis auf wenige Angaben vollständig ist und die Lücken sich auf den konkreten Geschäftsvorfall beziehende besondere Angaben beschränken (Ausnahme: formularmäßige Bestellscheine nach der unwiderleglichen Vermutung des § 80 Abs. 3 Satz 1). In der Praxis fallen unter die Befreiungsvorschrift des § 80 Abs. 2 regelmäßig Angebote, Auftragsbestätigungen, Versandankündigungen und -anzeigen, Lieferscheine, Empfangsscheine, Rechnungen, Kontoauszüge und Gutschrifts- bzw. Saldenbestätigungen, Mahnungen wegen Zahlungsverzug bzw. auf Abnahme, Abholbenachrichtigungen sowie die im Bankverkehr üblichen Formblätter[33]. Schließlich gilt die Befreiung auch für (regelmäßige[34]) Berichte, insbesondere an Behörden und andere Stellen (z.B. Industrie- und Handelskammern, Wirtschaftsverbände), für die üblicherweise Vordrucke verwendet werden[35].

### b) Gesellschaftsinterne Kommunikation

10  Mitteilungen innerhalb einer Gesellschaft (z.B. an einzelne Abteilungen, Betriebsstätten oder Zweigniederlassungen), unterfallen § 80 weder nach dem auf den Außenrechtsverkehr gerichteten Publizitätszweck noch nach dem Wortlaut „an einen bestimmten [Dritt]Empfänger gerichteter Geschäftsbrief"[36]. Dagegen gilt § 80 ohne Einschränkung bei der Kommunikation zwischen verbundenen Unternehmen[37].

## V. Folgen eines Verstoßes

11  Da § 80 bloße **Ordnungsvorschrift** ist, hat ein Verstoß gegen die Angabenpflichten aus § 80 keine Auswirkungen auf die Wirksamkeit der in einem Geschäftsbrief enthaltenen rechtsgeschäftlichen Erklärungen[38]. In seltenen Ausnahmefällen kann das Fehlen der Pflichtangaben bzw. die Unrichtigkeit der Angaben auf dem Geschäftsbrief den Erklärungsempfänger zur Anfechtung einer von ihm abgegebenen Willenserklärung nach §§ 119 Abs. 2 BGB berechtigen[39] oder unter dem Gesichtspunkt der

---

4. Aufl., § 80 AktG Rz. 11; *Spindler* in MünchKomm. AktG, 3. Aufl., § 80 AktG Rz. 20 (anders noch 2. Auflage Rz. 14: jeder Kontakt ausreichend); *Einmahl*, AG 1969, 131, 136.
32 Ähnlich *Hüffer*, § 80 AktG Rz. 5; *Mertens/Cahn* in KölnKomm. AktG, 3. Aufl., § 80 AktG Rz. 18; *Habersack* in Großkomm. AktG, 4. Aufl., § 80 AktG Rz. 10; *Spindler* in MünchKomm. AktG, 3. Aufl., § 80 AktG Rz. 21.
33 S. auch Aufzählung bei *Spindler* in MünchKomm. AktG, 3. Aufl., § 80 AktG Rz. 23.
34 *Habersack* in Großkomm. AktG, 4. Aufl., § 80 AktG Rz. 11; *Spindler* in MünchKomm. AktG, 3. Aufl., § 80 AktG Rz. 23.
35 *Hüffer*, § 80 AktG Rz. 5; *Habersack* in Großkomm. AktG, 4. Aufl., § 80 AktG Rz. 10; *Spindler* in MünchKomm. AktG, 3. Aufl., § 80 AktG Rz. 23.
36 So auch *Spindler* in MünchKomm. AktG, 3. Aufl., § 80 AktG Rz. 16.
37 *Mertens/Cahn* in KölnKomm. AktG, 3. Aufl., § 80 AktG Rz. 13; *Spindler* in MünchKomm. AktG, 3. Aufl., § 80 AktG Rz. 16.
38 *Hüffer*, § 80 AktG Rz. 8; *Mertens/Cahn* in KölnKomm. AktG, 3. Aufl., § 80 AktG Rz. 22; *Habersack* in Großkomm. AktG, 4. Aufl., § 80 AktG Rz. 17; *Spindler* in MünchKomm. AktG, 3. Aufl., § 80 AktG Rz. 26; *Fleischer* in Spindler/Stilz, § 80 AktG Rz. 18.
39 Vgl. OLG Hamm v. 9.1.1990 – 26 U 21/89, NJW-RR 1990, 523 (Anfechtung eines Werkvertrags wegen Nichteintragung in Handwerksrolle); *Habersack* in Großkomm. AktG, 4. Aufl., § 80 AktG Rz. 17; *Spindler* in MünchKomm. AktG, 3. Aufl., § 80 AktG Rz. 28; Schlegelberger/K. Schmidt, 5. Aufl., § 125a HGB Rz. 14 (zu § 125a HGB); *Fleischer* in Spindler/Stilz, § 80 AktG Rz. 18; a.A. *Koppensteiner* in Rowedder/Schmidt-Leithoff, § 35a GmbHG Rz. 10 (zu § 35a GmbHG); *Hüffer*, § 80 AktG Rz. 8; *Bärwaldt/Schabacker*, AG 1996, 461, 467.

*culpa in contrahendo* (§§ 280 Abs. 1, 282, 241 Abs. 2, 311 Abs. 2 BGB)[40] oder aus § 823 Abs. 2 BGB i.V.m. § 80 AktG (Schutzgesetz)[41] oder § 826 BGB schadensersatzpflichtig machen. Beim Handeln von Personen, die auf einem Geschäftsbrief i.S. von § 80 Abs. 1 noch als Vorstandsmitglieder aufgeführt sind, kommt eine Bindung der Gesellschaft nach den Grundsätzen der Rechtsscheinhaftung (analog § 179 BGB) in Betracht[42]. Das Fehlen der Pflichtangaben auf Geschäftsbriefen ist als unlauteres Verhalten i.S. von § 4 Nr. 11 UWG zu qualifizieren, in seltenen Ausnahmefällen kommt auch eine Verletzung von § 3 UWG in Betracht[43]. Die Einhaltung von § 80 kann vom Registergericht durch **Ordnungsstrafe** gegen die Vorstandsmitglieder durchgesetzt werden (§ 407 Abs. 1); eine strafrechtliche Sanktion ist nicht mehr vorgesehen.

## § 81
## Änderung des Vorstands und der Vertretungsbefugnis seiner Mitglieder

(1) Jede Änderung des Vorstands oder der Vertretungsbefugnis eines Vorstandsmitglieds hat der Vorstand zur Eintragung in das Handelsregister anzumelden.

(2) Der Anmeldung sind die Urkunden über die Änderung in Urschrift oder öffentlich beglaubigter Abschrift beizufügen.

(3) Die neuen Vorstandsmitglieder haben in der Anmeldung zu versichern, dass keine Umstände vorliegen, die ihrer Bestellung nach § 76 Abs. 3 Satz 2 Nr. 2 und 3 sowie Satz 3 entgegenstehen, und dass sie über ihre unbeschränkte Auskunftspflicht gegenüber dem Gericht belehrt worden sind. § 37 Abs. 2 Satz 2 ist anzuwenden.

| | |
|---|---|
| I. Regelungsgegenstand und Normzweck ................. 1 | d) Wegfall der Anmeldepflicht ..... 7 |
| II. Anmeldepflicht ............... 3 | 2. Zuständigkeit ............... 8 |
| 1. Gegenstände der Anmeldung ...... 3 | 3. Form und Verfahren ......... 11 |
| a) Änderung des Vorstands ....... 3 | 4. Versicherung über Fehlen von Bestellungshindernissen ........ 14 |
| b) Änderung der persönlichen Verhältnisse ............. 5 | 5. Wirkung der Eintragung ........ 15 |
| c) Änderung der Vertretungsbefugnis .................. 6 | III. Zeichnung der Namensunterschrift . 16 |

---

40 *Habersack* in Großkomm. AktG, 4. Aufl., § 80 AktG Rz. 17; *Spindler* in MünchKomm. AktG, 3. Aufl., § 80 AktG Rz. 28; *Schlegelberger/K. Schmidt*, 5. Aufl., § 125a HGB Rz. 14 (zu § 125a HGB); *Hüffer*, § 80 AktG Rz. 8; *Fleischer* in Spindler/Stilz, § 80 AktG Rz. 18; *Bärwaldt/Schabacker*, AG 1996, 461, 467.
41 LG Detmold v. 20.10.1989 – 9 O 402/89, GmbHR 1991, 23; *Habersack* in Großkomm. AktG, 4. Aufl., § 80 AktG Rz. 17; *Spindler* in MünchKomm. AktG, 3. Aufl., § 80 AktG Rz. 28; *Fleischer* in Spindler/Stilz, § 80 AktG Rz. 18; a.A. *Mertens/Cahn* in KölnKomm. AktG, 3. Aufl., § 80 AktG Rz. 22.
42 Vgl. *Spindler* in MünchKomm. AktG, 3. Aufl., § 80 AktG Rz. 28; *Fleischer* in Spindler/Stilz, § 80 AktG Rz. 18.
43 OLG Düsseldorf v. 6.5.2003 – 20 U 174/02, I-20 U 174/02, NJW-RR 2004, 41, 42; *Maaßen/Orlikowski-Wolf*, BB 2007, 561, 564 ff.; *Mertens/Cahn* in KölnKomm. AktG, 3. Aufl., § 80 AktG Rz. 23 m.w.N.

## § 81

**Literatur:** *Fleischer*, Organpublizität im Aktien-, Bilanz- und Kapitalmarktrecht, NZG 2006, 561; *Frels*, Handelsregisterliche Fragen bei der Vorstandsbestellung, AG 1967, 227; *Gross*, Eintragung und Anmeldebefugnis der Geschäftsführer der Gesellschaft mit beschränkter Haftung, Rpfleger 1970, 156; *Gustavus*, Die registerrechtlichen Bestimmungen des Gesetzes zur Durchführung der Ersten EWG-Richtlinie zur Koordinierung des Gesellschaftsrechts, BB 1969, 1165; *Kießling/Eichele*, Amtsniederlegung des GmbH-Geschäftsführers und Registerlöschung, GmbHR 1999, 1165; *Lappe*, Änderungen des Registerrechts der GmbH, GmbHR 1970, 9; *Servatius*, Zur Eintragung organschaftlicher Vertretungsmacht ins Handelsregister, NZG 2002, 456.

## I. Regelungsgegenstand und Normzweck

1 Die Vorschrift des § 81 bezweckt vor allem **im Interesse des Rechtsverkehrs die Publizität hinsichtlich der Vorstandsmitglieder und ihrer Vertretungsbefugnisse**[1]. Sie verlängert die Publizitätsanforderung an den ersten Vorstand (vgl. §§ 37 Abs. 3, 39 Abs. 1) und stellt in dieser Gesamtschau die aktuelle Richtigkeit des Handelsregisters und damit zugleich die zutreffende Information des Rechtsverkehrs sicher[2]. Ferner bezweckt die Vorschrift, auch neuen Vorstandsmitgliedern gegenüber etwaige Bestellungshindernisse durchzusetzen, indem jene verpflichtet sind, in der Anmeldung das Fehlen von Bestellungshindernissen mit Strafbarkeitsfolge zu versichern (§ 81 Abs. 3)[3].

2 § 81 Abs. 1, 2 und 4 entsprechen weitgehend § 73 AktG 1937[4]. Die Vorschrift des § 81 Abs. 3 wurde durch die GmbH-Novelle von 1980 eingefügt, Abs. 4 wurde durch das EHUG aufgehoben (Rz. 16). Die EU-Publizitätsrichtlinie[5] regelt nicht die von § 81 betroffenen Pflichten[6].

## II. Anmeldepflicht

### 1. Gegenstände der Anmeldung

#### a) Änderung des Vorstands

3 Eine nach § 81 Abs. 1 anmeldepflichtige „Änderung des Vorstands" ist **jede Änderung in der personellen Zusammensetzung des Vorstands**, umfasst also das Ausscheiden eines bisherigen Vorstandsmitglieds durch Zeitablauf, Amtsniederlegung oder Widerruf seiner Bestellung sowie den Eintritt eines neuen Vorstandsmitglieds[7]. Zum „Vorstand" gehören auch Notvorstände[8] und die stellvertretende Vorstandsmitglieder i.S.

---

1 *Hüffer*, § 81 AktG Rz. 1; *Habersack* in Großkomm. AktG, 4. Aufl., § 81 AktG Rz. 1; *Spindler* in MünchKomm. AktG, 3. Aufl., § 81 AktG Rz. 1 f.; *Fleischer* in Spindler/Stilz, § 81 AktG Rz. 1.
2 *Habersack* in Großkomm. AktG, 4. Aufl., § 81 AktG Rz. 1; *Fleischer* in Spindler/Stilz, § 81 AktG Rz. 1.
3 *Hüffer*, § 81 AktG Rz. 1; *Habersack* in Großkomm. AktG, 4. Aufl., § 81 AktG Rz. 1; *Fleischer* in Spindler/Stilz, § 81 AktG Rz. 1.
4 Ausführlich *Habersack* in Großkomm. AktG, 4. Aufl., § 81 AktG Rz. 2; *Fleischer* in Spindler/Stilz, § 81 AktG Rz. 2.
5 Erste Richtlinie 68/151/EWG des Rats der Europäischen Gemeinschaften zur Koordinierung der Schutzbestimmungen, die in den Mitgliedstaaten den Gesellschaften i.S.d. Artikels 58 Absatz 2 des Vertrages im Interesse der Gesellschafter sowie Dritter vorgeschrieben sind, um diese Bestimmung gleichwertig zu gestalten, vom 9.3.1968, ABl. EG Nr. L 65 v. 14.3.1968, S. 8 ff.
6 Hierzu *Habersack* in Großkomm. AktG, 4. Aufl., § 81 AktG Rz. 3; *Fleischer* in Spindler/Stilz, § 81 AktG Rz. 3.
7 *Hüffer*, § 81 AktG Rz. 2; *Habersack* in Großkomm. AktG, 4. Aufl., § 81 AktG Rz. 4; *Spindler* in MünchKomm. AktG, 3. Aufl., § 81 AktG Rz. 4; *Fleischer* in Spindler/Stilz, § 81 AktG Rz. 4 f.
8 *Mertens/Cahn* in KölnKomm. AktG, 3. Aufl., § 81 AktG Rz. 3.

von § 94[9]. Da zum Irreführungsschutz kein Stellvertretervermerk in das Handelsregister eingetragen werden kann (§ 94 Rz. 2), liegt kein anmeldepflichtiger Vorgang vor, wenn ein stellvertretendes Vorstandsmitglied zum ordentlichen Vorstandsmitglied ernannt wird oder umgekehrt[10]. Auch der isolierte Hinzuerwerb oder der Verlust einer besonderen Organfunktion (Vorstandsvorsitzender, stellvertretender Vorstandsvorsitzender, Arbeitsdirektor) ist kein anmeldepflichtiger Vorgang[11].

Zur Identifizierung dient der Name (einschl. Doktorgrad, nicht Professorentitel[12]) des Vorstandsmitglieds. Nach § 43 Nr. 4 HRV sind die Mitglieder des Vorstands und ihre Stellvertreter außer mit dem Familiennamen auch mit Vornamen, Geburtsdatum und Wohnort einzutragen. Auch die Eintragung eines nach § 84 Abs. 2 ernannten Vorstandsvorsitzenden ist registerrechtlich zulässig; bei der Eintragung der Ernennung von stellvertretenden Vorstandsvorsitzenden oder Arbeitsdirektoren ist die Praxis der Registergerichte uneinheitlich. Auf diese nicht gesetzlich anmeldepflichtigen Angaben erstreckt sich die Publizitätswirkung des Handelsregisters nicht[13]. Die Dauer der Vorstandsbestellung wird nicht eingetragen, ebenso nicht die Verlängerung einer Amtszeit[14].

#### b) Änderung der persönlichen Verhältnisse

Eine Änderung in den persönlichen Verhältnissen eines Vorstandsmitglieds ist nur anmelde*pflichtig*, soweit der Normzweck des § 81 Abs. 1 die Eintragung gebietet. Dies ist nur bei Namensänderung, z.B. infolge Adoption, Heirat oder Erwerb von neuen Namensbestandteilen (z.B. Doktortitel; Rz. 4) anzunehmen[15]. Nur anmelde*fähig* ist dagegen jede Änderung eines sonstigen in § 43 Nr. 4 HRV genannten Umstands.

#### c) Änderung der Vertretungsbefugnis

Des Weiteren ist jede Änderung der Vertretungsbefugnis anmeldepflichtig, also die Änderung der Gesamtvertretung in Einzelvertretung oder unechte Gesamtvertretung, die Aufhebung einer zunächst erteilten Befreiung vom Verbot der Mehrvertretung gem. § 181 BGB oder ein Vorgang in umgekehrter Richtung[16]. Die Erteilung und der Widerruf einer Einzelermächtigung i.S. von § 78 Abs. 4 sind weder anmeldepflichtig noch gar anmeldefähig, da sie die allgemeine Vertretungsordnung unberührt

---

9 *Habersack* in Großkomm. AktG, 4. Aufl., § 81 AktG Rz. 4; *Spindler* in MünchKomm. AktG, 3. Aufl., § 81 AktG Rz. 4; *Mertens/Cahn* in KölnKomm. AktG, 3. Aufl., § 81 AktG Rz. 3; *Fleischer* in Spindler/Stilz, § 81 AktG Rz. 4.
10 *Habersack* in Großkomm. AktG, 4. Aufl., § 81 AktG Rz. 4; *Mertens/Cahn* in KölnKomm. AktG, 3. Aufl., § 81 AktG Rz. 3; *Fleischer* in Spindler/Stilz, § 81 AktG Rz. 5.
11 Vgl. *Hüffer*, § 81 AktG Rz. 2; *Habersack* in Großkomm. AktG, 4. Aufl., § 81 AktG Rz. 4; *Spindler* in MünchKomm. AktG, 3. Aufl., § 81 AktG Rz. 6 und 10; *Mertens/Cahn* in KölnKomm. AktG, 3. Aufl., § 81 AktG Rz. 4; vgl. auch LG Stuttgart v. 14.10.1953 – 3 KfH T 7/1953, BB 1953, 870; *Mertens/Cahn* in KölnKomm. AktG, 3. Aufl., § 81 AktG Rz. 4.
12 *Mertens/Cahn* in KölnKomm. AktG, 3. Aufl., § 81 AktG Rz. 6.
13 *Spindler* in MünchKomm. AktG, 3. Aufl., § 81 AktG Rz. 7.
14 *Mertens/Cahn* in KölnKomm. AktG, 3. Aufl., § 81 AktG Rz. 4; *Spindler* in MünchKomm. AktG, 3. Aufl., § 81 AktG Rz. 6; krit. hierzu *Fleischer*, NZG 2006, 561, 567.
15 *Hüffer*, § 81 AktG Rz. 3; *Habersack* in Großkomm. AktG, 4. Aufl., § 81 AktG Rz. 6; *Spindler* in MünchKomm. AktG, 3. Aufl., § 81 AktG Rz. 5 und 7; *Fleischer* in Spindler/Stilz, § 81 AktG Rz. 6; *Fleischer*, NZG 2006, 561, 562.
16 *Habersack* in Großkomm. AktG, 4. Aufl., § 81 AktG Rz. 7; *Fleischer* in Spindler/Stilz, § 81 AktG Rz. 8 ff.; zur Pflicht der Eintragung einer Befreiung von § 181 BGB BGH v. 28.2.1983 – II ZB 8/82, BGHZ 87, 59, 61 f.

§ 81

lassen[17]. Erfolgt die Änderung der Vertretungsbefugnis im Wege der Satzungsänderung, so bedarf es lediglich der in § 181 vorgeschriebenen Anmeldung[18]. Dies gilt allerdings nicht (und es bedarf daher zusätzlich der Anmeldung nach § 81 Abs. 1), wenn eine satzungsmäßige Vertretungsregelung mit der Folge aufgehoben wird, dass dann die gesetzliche Vertretungsordnung wieder auflebt[19].

**d) Wegfall der Anmeldepflicht**

7   Eine Änderung der in § 81 Abs. 1 genannten Umstände muss nicht mehr angemeldet werden, wenn sie inzwischen hinfällig geworden ist und somit die tatsächlichen Umstände dem durch das Handelsregister Verlautbarten entsprechen (Argument: kein hinreichendes Verkehrsinteresse)[20]. Allerdings ist die AG berechtigt, zur Klarstellung auch inzwischen sachlich überholten Änderungen anzumelden; das schutzwürdige Interesse der AG ergibt sich aus § 15 Abs. 1 HGB, demzufolge nach überwiegender Auslegung[21] Dritte sich auf nicht eingetragene aber eintragungspflichtige Tatsachen auch berufen können, wenn diese fortgefallen sind[22].

**2. Zuständigkeit**

8   Anmeldepflichtig ist „der Vorstand" (§ 81 Abs. 1), wobei ein Handeln durch eine **vertretungsberechtigte Zahl von Vorstandsmitgliedern** genügt[23]; im Fall unechter Gesamtvertretung ist deshalb auch die Anmeldung durch ein Vorstandsmitglied in Gemeinschaft mit einem Prokuristen möglich[24]. Die Anmeldung ist – im Unterschied zur Versicherung nach § 81 Abs. 3 – kein höchstpersönliches Geschäft, so dass sich ein Vorstandsmitglied durch einen vom Vorstand in der Form des § 12 Abs. 2 Satz 1 HGB (öffentliche Beglaubigung) Bevollmächtigten vertreten lassen kann[25].

---

17 *Hüffer*, § 81 AktG Rz. 4; *Mertens/Cahn* in KölnKomm. AktG, 3. Aufl., § 81 AktG Rz. 7; *Habersack* in Großkomm. AktG, 4. Aufl., § 81 AktG Rz. 7; *Fleischer* in Spindler/Stilz, § 81 AktG Rz. 7; differenzierend *Servatius*, NZG 2002, 456, 458 f.
18 EuGH v. 12.11.1974 – RS 32–74 – „Haaga", Slg. 1974, 1201, 1205 ff. = BB 1974, 1500 f.; *Hüffer*, § 81 AktG Rz. 4; *Mertens/Cahn* in KölnKomm. AktG, 3. Aufl., § 81 AktG Rz. 7; *Habersack* in Großkomm. AktG, 4. Aufl., § 81 AktG Rz. 7; *Spindler* in MünchKomm. AktG, 3. Aufl., § 81 AktG Rz. 8 a.E.; *Fleischer* in Spindler/Stilz, § 81 AktG Rz. 10.
19 EuGH v. 12.11.1974 – RS 32–74 – „Haaga", Slg. 1974, 1201, 1205 ff. = BB 1974, 1500 f.; *Hüffer*, § 81 AktG Rz. 4 a.E.; *Habersack* in Großkomm. AktG, 4. Aufl., § 81 AktG Rz. 7.
20 *Hüffer*, § 81 AktG Rz. 2; *Mertens/Cahn* in KölnKomm. AktG, 3. Aufl., § 81 AktG Rz. 5; *Habersack* in Großkomm. AktG, 4. Aufl., § 81 AktG Rz. 5; *Spindler* in MünchKomm. AktG, 3. Aufl., § 81 AktG Rz. 11.
21 Vgl. BGH v. 11.11.1991 – II ZR 287/90, BGHZ 116, 37, 44 = NJW 1992, 505; *Hüffer* in Staub, 4. Aufl. 1995, § 15 HGB Rz. 19 f.
22 *Hüffer*, § 81 AktG Rz. 2; *Mertens/Cahn* in KölnKomm. AktG, 3. Aufl., § 81 AktG Rz. 5; *Habersack* in Großkomm. AktG, 4. Aufl., § 81 AktG Rz. 5; *Spindler* in MünchKomm. AktG, 3. Aufl., § 81 AktG Rz. 11.
23 BayObLG v. 12.7.1973 – 2 Z 31/73, WM 1973, 1226, 1229; *Hüffer*, § 81 AktG Rz. 5; *Mertens/Cahn* in KölnKomm. AktG, 3. Aufl., § 81 AktG Rz. 8; *Habersack* in Großkomm. AktG, 4. Aufl., § 81 AktG Rz. 8; *Spindler* in MünchKomm. AktG, 3. Aufl., § 81 AktG Rz. 12; *Fleischer* in Spindler/Stilz, § 81 AktG Rz. 8.
24 KG v. 22.9.1938 – 1 Wx 427/38, JW 1938, 3121; *Hüffer*, § 81 AktG Rz. 5; *Habersack* in Großkomm. AktG, 4. Aufl., § 81 AktG Rz. 8; *Spindler* in MünchKomm. AktG, 3. Aufl., § 81 AktG Rz. 12; *Mertens/Cahn* in KölnKomm. AktG, 3. Aufl., § 81 AktG Rz. 8; *Fleischer* in Spindler/Stilz, § 81 AktG Rz. 8.
25 BayObLG v. 14.4.1982 – 3 Z 20/82, WM 1982, 647; OLG Köln v. 1.10.1986 – 2 Wx 53/86, NJW 1987, 135; *Hüffer*, § 81 AktG Rz. 5; *Mertens/Cahn* in KölnKomm. AktG, 3. Aufl., § 81 AktG Rz. 8; *Habersack* in Großkomm. AktG, 4. Aufl., § 81 AktG Rz. 8; *Spindler* in MünchKomm. AktG, 3. Aufl., § 81 AktG Rz. 12.

Ein **neu bestelltes Vorstandsmitglied** ist selbst zur Anmeldung seines Organeintritts 9
berechtigt und verpflichtet (arg. e § 81 Abs. 3 Satz 1); es muss jedoch seine Anmeldebefugnis gesondert nachweisen[26]. Ein **ausgeschiedenes Vorstandsmitglied** ist entgegen einzelner Kritik zur Anmeldung nicht befugt, da es eben kein Organmitglied
mehr ist[27]. Allerdings wird in der Praxis zulässigerweise nicht selten vorgesehen,
dass das ausscheidende Vorstandsmitglied sein Amt nur mit der Maßgabe niederlegt,
dass sein Ausscheiden erst mit Eingang der Anmeldung bei Gericht wirksam werden
soll; dann kann es die Anmeldung selbstverständlich noch selbst vornehmen[28]. In jedem Fall hat das ausgeschiedene Vorstandsmitglied einen klagbaren, auf Vornahme
der Anmeldung seines Ausscheidens gerichteten Anspruch gegen die AG, wobei das
rechtskräftige Urteil die Anmeldung nach § 81 Abs. 1 ersetzt (vgl. § 894 ZPO)[29]. Es
kann beim Registergericht anregen, dass der Vorstand durch Ordnungsstrafen nach
§ 14 HGB angehalten wird, das Ausscheiden anzumelden. Kann die AG infolge des
Ausscheidens nicht mehr vertreten werden (Fall der Unterbesetzung; § 76 Rz. 21), so
hat der Aufsichtsrat zunächst ein neues Vorstandsmitglied zu bestellen; ggf. ist auch
ein Notvorstand gerichtlich zu bestellen[30].

Da die **Änderung der Vertretungsbefugnis im Wege der Satzungsänderung** erst mit 10
Eintragung im Handelsregister wirksam wird (§ 181 Abs. 3), hat diese Anmeldung
noch auf der Grundlage der bisherigen Vertretungsordnung zu erfolgen[31]. Dies gilt
auch in dem Fall, dass infolge der Satzungsänderung ein Einzelvorstand an die Stelle
eines gesamtvertretungsberechtigten mehrköpfigen Vorstands tritt[32].

### 3. Form und Verfahren

Die Vorstandsmitglieder müssen die Änderungen elektronisch in öffentlich-beglau- 11
bigter Form dem Registergericht einreichen (§ 12 Abs. 1 Satz 1 HGB)[33]. Der Anmeldung sind nach § 81 Abs. 2 auch die Urkunden über die Änderung in Urschrift (Über-

---

26 *Mertens/Cahn* in KölnKomm. AktG, 3. Aufl., § 81 AktG Rz. 10; *Habersack* in Großkomm.
 AktG, 4. Aufl., § 81 AktG Rz. 9; *Spindler* in MünchKomm. AktG, 3. Aufl., § 81 AktG Rz. 13;
 *Fleischer* in Spindler/Stilz, § 81 AktG Rz. 9.
27 *Hüffer*, § 81 AktG Rz. 5; *Mertens/Cahn* in KölnKomm. AktG, 3. Aufl., § 81 AktG Rz. 10;
 *Spindler* in MünchKomm. AktG, 3. Aufl., § 81 AktG Rz. 13; *Fleischer* in Spindler/Stilz, § 81
 AktG Rz. 9; zu GmbH-Geschäftsführern BayObLG v. 10.7.1981 – 1 Z 44/81, BB 1982, 199;
 OLG Frankfurt v. 31.5.1983 – 20 W 120/83, BB 1983, 1561; a.A. (Anmeldeberechtigung des
 ausgeschiedenen Vorstandsmitglieds für kurze Frist) *Habersack* in Großkomm. AktG,
 4. Aufl., § 81 AktG Rz. 10; für GmbH-Geschäftsführer *Kießling/Eichele*, GmbHR 1999,
 1165, 1172 f.; LG Berlin v. 22.7.1992 – 98 T 25/92, GmbHR 1993, 292 (3 Wochen); LG Köln v.
 14.8.1997 – 87 T 25/97, GmbHR 1998, 183; sympathisierend auch OLG Frankfurt v.
 16.6.1993 – 20 W 178/93, NJW-RR 1994, 105 f.
28 Vgl. OLG Frankfurt v. 31.5.1983 – 20 W 120/83, BB 1983, 1561; *Mertens/Cahn* in KölnKomm.
 AktG, 3. Aufl., § 81 AktG Rz. 10; *Spindler* in MünchKomm. AktG, 3. Aufl., § 81 AktG
 Rz. 13; *Baumbach/Hueck*, § 81 AktG Anm. 5; *Fleischer* in Spindler/Stilz, § 81 AktG Rz. 9.
29 *Hüffer*, § 81 AktG Rz. 5; *Spindler* in MünchKomm. AktG, 3. Aufl., § 81 AktG Rz. 15; *Mer-
tens/Cahn* in KölnKomm. AktG, 3. Aufl., § 81 AktG Rz. 10; *Fleischer* in Spindler/Stilz, § 81
 AktG Rz. 9.
30 *Spindler* in MünchKomm. AktG, 3. Aufl., § 81 AktG Rz. 13.
31 *Mertens/Cahn* in KölnKomm. AktG, 3. Aufl., § 81 AktG Rz. 11; *Spindler* in MünchKomm.
 AktG, 3. Aufl., § 81 AktG Rz. 14; *Habersack* in Großkomm. AktG, 4. Aufl., § 81 AktG
 Rz. 10; *Fleischer* in Spindler/Stilz, § 81 AktG Rz. 10.
32 *Mertens/Cahn* in KölnKomm. AktG, 3. Aufl., § 81 AktG Rz. 11; *Habersack* in Großkomm.
 AktG, 4. Aufl., § 81 AktG Rz. 10 (anders 3. Auflage Rz. 4); *Spindler* in MünchKomm. AktG,
 3. Aufl., § 81 AktG Rz. 14.
33 *Habersack* in Großkomm. AktG, 4. Aufl., § 81 AktG Rz. 11; *Spindler* in MünchKomm. AktG,
 3. Aufl., § 81 AktG Rz. 16; *Mertens/Cahn* in KölnKomm. AktG, 3. Aufl., § 81 AktG Rz. 12;
 *Fleischer* in Spindler/Stilz, § 81 AktG Rz. 12 f.

mittlung als elektronische Aufzeichnung nach § 12 Abs. 2 Satz 2 HGB ausreichend) oder öffentlich-beglaubigter Abschrift beizufügen, um dem Registergericht die materielle Prüfung der Anmeldung zu ermöglichen[34]. So sind bei einer Amtsniederlegung das an den Aufsichtsrat gerichtete Niederlegungsschreiben des Vorstandsmitglieds, beim Tod die Sterbeurkunde und bei der Bestellung der Bestellungsbeschluss des Aufsichtsrats (eine vom Vorsitzenden des Aufsichtsrats unterschriebene Ausfertigung genügt[35]) oder des Gerichts bzw. die Niederschrift über die Sitzung des Aufsichtsrats einzureichen. Eines Nachweises des Zugangs des Amtsniederlegungsschreibens oder des Widerrufs der Abberufung durch Urkundenvorlage bedarf es dagegen nicht[36]. Die eingereichten Unterlagen verbleiben entsprechend § 37 Abs. 6 bei den Registerakten.

12  Das **Registergericht** ist verpflichtet, die eingereichten Urkunden auf ihren Inhalt **zu prüfen**, ob sie die beantragte Eintragung rechtfertigen[37]. Bei begründeten Zweifeln an der sachlichen Richtigkeit der angemeldeten Tatsachen kann es nach § 26 FamFG Ermittlungen anstellen, insbesondere weitere Unterlagen anfordern[38]. Ist die Bestellung eines Vorstandsmitglieds vom Aufsichtsrat widerrufen worden, so hat der Registerrichter jedoch nicht nachzuprüfen, ob tatsächlich ein den Widerruf rechtfertigender wichtiger Grund vorgelegen hat (arg. e § 84 Abs. 3 Satz 4)[39].

13  Die **Kosten der Eintragung** hat alleine die Gesellschaft zu tragen[40]. Kommt der Vorstand seiner öffentlich-rechtlichen sowie dienstvertraglichen[41] Anmeldepflicht nicht nach, so kann das Registergericht die Vorstandsmitglieder zur ordnungsgemäßen Anmeldung durch Ordnungsstrafen anhalten (§ 407 Abs. 1 AktG, § 14 HGB)[42] und von der Gesellschaft, vertreten durch den Aufsichtsrat (§ 112), zur Vornahme der Anmeldung bzw. Mitwirkung verklagt werden[43].

---

34 *Hüffer*, § 81 AktG Rz. 7; *Mertens/Cahn* in KölnKomm. AktG, 3. Aufl., § 81 AktG Rz. 12 ff.; *Habersack* in Großkomm. AktG, 4. Aufl., § 81 AktG Rz. 11; *Spindler* in MünchKomm. AktG, 3. Aufl., § 81 AktG Rz. 18; *Fleischer* in Spindler/Stilz, § 81 AktG Rz. 14; vgl. auch OLG Hamm v. 10.7.2001 – 15 W 81/01, NZG 2001, 1038, 1039 (zu § 39 GmbHG).
35 *Spindler* in MünchKomm. AktG, 3. Aufl., § 81 AktG Rz. 19; *Fleischer* in Spindler/Stilz, § 81 AktG Rz. 14.
36 Vgl. *Spindler* in MünchKomm. AktG, 3. Aufl., § 81 AktG Rz. 18; *Fleischer* in Spindler/Stilz, § 81 AktG Rz. 14; vgl. auch OLG Hamm v. 26.9.2002 – 15W 321/02, DB 2003, 331, 332 (zu § 39 GmbHG).
37 OLG Düsseldorf v. 15.12.2000 – 3 Wx 432/00, NZG 2001, 229, 230; OLG Hamm v. 10.7.2001 – 15 W 81/01, NZG 2001, 1038, 1039 (zu § 39 GmbHG); *Hüffer*, § 81 AktG Rz. 7; *Habersack* in Großkomm. AktG, 4. Aufl., § 81 AktG Rz. 11; *Mertens/Cahn* in KölnKomm. AktG, 3. Aufl., § 81 AktG Rz. 13; *Fleischer* in Spindler/Stilz, § 81 AktG Rz. 15.
38 OLG Düsseldorf v. 15.12.2000 – 3 Wx 432/00, NZG 2001, 229, 230; *Hüffer*, § 81 AktG Rz. 7; *Spindler* in MünchKomm. AktG, 3. Aufl., § 81 AktG Rz. 20; *Fleischer* in Spindler/Stilz, § 81 AktG Rz. 15.
39 BayObLG v. 6.8.1981 – 1 Z 39/81, DB 1981, 2219, 2220; *Mertens/Cahn* in KölnKomm. AktG, 3. Aufl., § 81 AktG Rz. 15; *Spindler* in MünchKomm. AktG, 3. Aufl., § 81 AktG Rz. 20; *Fleischer* in Spindler/Stilz, § 81 AktG Rz. 15.
40 *Hüffer*, § 81 AktG Rz. 6; *Mertens/Cahn* in KölnKomm. AktG, 3. Aufl., § 81 AktG Rz. 19; *Habersack* in Großkomm. AktG, 4. Aufl., § 81 AktG Rz. 11; *Spindler* in MünchKomm. AktG, 3. Aufl., § 81 AktG Rz. 21. – Zum Gebührenansatz bei gleichzeitiger Anmeldung von Ausscheiden und Neuantritt eines GmbH-Geschäftsführers OLG Düsseldorf v. 26.5.1988 – 10 W 40/88, ZIP 1988, 916 (nur eine Gebühr).
41 *Spindler* in MünchKomm. AktG, 3. Aufl., § 81 AktG Rz. 21.
42 *Habersack* in Großkomm. AktG, 4. Aufl., § 81 AktG Rz. 14; *Spindler* in MünchKomm. AktG, 3. Aufl., § 81 AktG Rz. 17.
43 *Spindler* in MünchKomm. AktG, 3. Aufl., § 81 AktG Rz. 21, auch mit Hinweis auf das regelmäßig fehlende Rechtsschutzbedürfnis.

## 4. Versicherung über Fehlen von Bestellungshindernissen

**§ 81 Abs. 3 Satz 1** erstreckt die nach § 37 Abs. 2 Satz 1 dem Gründungsvorstand obliegende Pflicht zur Abgabe einer Versicherung über das Fehlen von Bestellungshindernissen und die durchgeführte Belehrung auf die neuen Vorstandsmitglieder und sorgt somit implizit für eine Durchsetzung des § 76 Abs. 3 Sätze 3 und 4 (Rz. 1). Der Gesetzeswortlaut ist durch Art. 5 Nr. 10 MoMiG wegen der Änderung bei § 76 Abs. 3 neugefasst worden. Die Belehrung des Vorstandsmitglieds (§ 51 Abs. 2 BZRG) kann durch einen in- oder ausländischen Notar, einen Vertreter eines vergleichbaren rechtsberatenden Berufs (insbesondere Rechtsanwälte) oder einen Konsularbeamten erfolgen (§ 81 Abs. 3 Satz 2 i.V.m. § 37 Abs. 2 Satz 2, durch MoMiG erweitert). Die Versicherung ist höchstpersönlich (d.h. keine Abgabe durch Vertreter möglich) abzugeben[44], und Falschangaben sind strafbar (§ 399 Abs. 1 Nr. 6).

14

## 5. Wirkung der Eintragung

Die Wirksamkeit einer Änderung des Vorstands oder seiner Vertretungsbefugnis ist – außer bei einer Satzungsänderung (§ 181 Abs. 3) – nicht von ihrer Handelsregistereintragung abhängig; die Eintragung hat vielmehr nur **deklaratorische Bedeutung**[45]. Die Registereintragung hat allerdings Bedeutung für den **Schutz gutgläubiger Dritter**: Solange eine Änderung nicht eingetragen und bekannt gemacht worden ist, kann sie nach § 15 Abs. 1 HGB Dritten nicht entgegengesetzt werden, die diese Änderung nicht kennen; demgegenüber müssen sie eine eingetragene und bekannt gemachte Änderung gegen sich gelten lassen. Darüber hinaus wird zwar eine unwirksame Änderung (z.B. nichtige Bestellung eines Vorstandsmitglieds) nicht durch die Eintragung im Handelsregister wirksam, aber Dritte können sich gegenüber der Gesellschaft auf die bekannt gemachte Tatsache nach § 15 Abs. 3 HGB berufen, es sei denn, dass sie die Unrichtigkeit kannten[46]. Mit Ausnahme von rein sozialgerichtlichen Akten, die gegenüber einem Aktionär als Gesellschafter getroffen werden, gilt der Verkehrsschutz des § 15 HGB auch für Aktionäre[47]. Auf das Verhältnis der Gesellschaftsorgane untereinander oder im Verhältnis zur Gesellschaft finden die Verkehrsschutzvorschriften des § 15 HGB demgegenüber grundsätzlich keine Anwendung (§ 82 Rz. 13)[48].

15

## III. Zeichnung der Namensunterschrift

**§ 81 Abs. 4** ist durch das am 1.1.2007 in Kraft getretene Gesetz über elektronische Handelsregister und Genossenschaftsregister sowie das Unternehmensregister (EHUG) als

16

---

44 *Hüffer*, § 81 AktG Rz. 8; *Habersack* in Großkomm. AktG, 4. Aufl., § 81 AktG Rz. 12; *Spindler* in MünchKomm. AktG, 3. Aufl., § 81 AktG Rz. 22; *Fleischer* in Spindler/Stilz, § 81 AktG Rz. 19.
45 *Hüffer*, § 81 AktG Rz. 10; *Habersack* in Großkomm. AktG, 4. Aufl., § 81 AktG Rz. 13; *Spindler* in MünchKomm. AktG, 3. Aufl., § 81 AktG Rz. 23; *Fleischer* in Spindler/Stilz, § 81 AktG Rz. 20.
46 *Habersack* in Großkomm. AktG, 4. Aufl., § 81 AktG Rz. 13; *Spindler* in MünchKomm. AktG, 3. Aufl., § 81 AktG Rz. 24. Zu Grenzen des Vertrauensschutzes nach § 15 Abs. 3 HGB vgl. BGH v. 1.7.1991 – II ZR 292/90, BGHZ 115, 78 ff. = NJW 1991, 2566 f.; *Hopt* in Baumbach/Hopt, § 15 HGB Rz. 19; *Fleischer* in Spindler/Stilz, § 81 AktG Rz. 21; abw. *K. Schmidt*, Handelsrecht, 5. Aufl. 1999, § 14 III 3 S. 410 ff.: Vorrang des Verkehrsschutzes.
47 *Spindler* in MünchKomm. AktG, 3. Aufl., § 81 AktG Rz. 25 m.w.N.
48 Vgl. RG v. 12.6.1928 – II 534/27, RGZ 120, 363, 369; *Spindler* in MünchKomm. AktG, 3. Aufl., § 81 AktG Rz. 25; *Hüffer* in Großkomm. HGB, 5. Aufl., § 15 HGB Rz. 31; *Fleischer* in Spindler/Stilz, § 81 AktG Rz. 22.

Folgeänderung aufgrund der Einrichtung der elektronisch geführten Handelsregister aufgehoben worden[49]. Unterschriften, die bei einem elektronischen Register eingescannt sind, gewährleisten zum einen nicht hinreichend ihre Echtheit, zum anderen besteht die Erwartung, dass die elektronische Unterschrift die eigenhändige Unterschrift künftig ablösen wird[50].

# § 82
# Beschränkungen der Vertretungs- und Geschäftsführungsbefugnis

(1) Die Vertretungsbefugnis des Vorstands kann nicht beschränkt werden.

(2) Im Verhältnis der Vorstandsmitglieder zur Gesellschaft sind diese verpflichtet, die Beschränkungen einzuhalten, die im Rahmen der Vorschriften über die Aktiengesellschaft die Satzung, der Aufsichtsrat, die Hauptversammlung und die Geschäftsordnungen des Vorstands und des Aufsichtsrats für die Geschäftsführungsbefugnis getroffen haben.

| | |
|---|---|
| I. Regelungsgegenstand und Normzweck ................ 1 | III. Beschränkungen der Geschäftsführungsbefugnis (§ 82 Abs. 2) ....... 11 |
| II. Unbeschränkbarkeit der Vertretungsmacht (§ 82 Abs. 1) ........ 3 | 1. Grundsatz ................ 11 |
| 1. Grundsatz ................ 3 | 2. Beschränkungen durch Satzung .... 12 |
| 2. Gesetzliche Grenzen .......... 4 | a) Gesellschaftszweck ......... 12 |
| 3. Ausnahmen ............... 5 | b) Unternehmensgegenstand ...... 13 |
| a) Missbrauch der Vertretungsmacht ............... 5 | 3. Beschränkungen durch Aufsichtsrat . 16 |
| b) Rechtsgeschäfte mit Organpersonen ............... 8 | 4. Beschränkungen durch Geschäftsordnung .................. 17 |
| c) Rechtsgeschäfte mit Konzerngesellschaften .............. 9 | 5. Beschränkungen durch Vorstandsanstellungsvertrag ............ 18 |
| d) Vereinbarte Zustimmungsvorbehalte ............... 10 | 6. Rechtsfolgen bei Überschreitung der Geschäftsführungsbefugnis ....... 19 |

**Literatur:** *Fleischer*, Reichweite und Grenzen der unbeschränkten Organvertretungmacht im Kapitalgesellschaftsrecht, NZG 2005, 529; *Hoffmann-Becking*, Zur rechtlichen Organisation der Zusammenarbeit im Vorstand der AG, ZGR 1998, 497; *Martens*, Aktienrechtliche Probleme eines Ausstiegs aus der Kernenergie, in FS Kellermann, 1991, S. 271; *Rohde/Geschwandtner*, Zur Beschränkbarkeit der Geschäftsführungsbefugnis des Vorstands einer Aktiengesellschaft, NZG 2005, 996; *Roth*, Missbrauch der Vertretungsmacht durch den GmbH-Geschäftsführer, ZGR 1985, 265; *Stein*, Die Grenzen vollmachtloser Vertretung gegenüber Vorstandsmitgliedern und Geschäftsführern, AG 1999, 28; *Stodolkowitz*, Gerichtliche Durchsetzung von Organpflichten in der Aktiengesellschaft, ZHR 154 (1990), 1; *Tieves*, Der Unternehmensgegenstand der Kapitalgesellschaft, 1998.

---

49 Begr. Gesetzentwurf, BT-Drucks. 16/960, S. 66.
50 Begr. Gesetzentwurf, BT-Drucks. 16/960, S. 47; zweifelnd *Ries*, Rpfleger 2006, 233, 235 f.

## I. Regelungsgegenstand und Normzweck

Die Vorschrift des § 82 enthält im Wesentlichen drei Aussagen, nämlich (1) die **Unbeschränkbarkeit der Vertretungsbefugnis** des Vorstands im Außenverhältnis (§ 82 Abs. 1), (2) die **Beschränkungsfähigkeit der Geschäftsführungsbefugnis** des Vorstands im Innenverhältnis zur Gesellschaft (§ 82 Abs. 2) und (3) die **Trennung der Vertretungsbefugnis** einerseits **und der Geschäftsführungsbefugnis** andererseits (*Trennungstheorie*). Diese Grundaussagen waren bereits in § 235 HGB 1897 und danach in § 74 AktG 1937 kodifiziert. § 82 ist heute im Lichte von Art. 9 EU-Publizitätsrichtlinie[1] auszulegen, der im Grundsatz eine Verpflichtung der Gesellschaft durch rechtsgeschäftliche Handlungen der Organe statuiert, außer wenn diese nicht dem Unternehmensgegenstand zugerechnet werden können und dem Dritten die Überschreitung bekannt war oder sein konnte[2].

Mit dem Grundsatz der unbeschränkten und unbeschränkbaren Vertretungsbefugnis des Vorstand (§ 82 Abs. 1) räumt der Gesetzgeber dem **Interesse an der Sicherheit und Leichtigkeit des Handelsverkehrs** und damit Verkehrsschutzgesichtspunkten **Vorrang vor dem Schutz der AG vor pflichtwidrigem Verhalten des Vorstands** ein[3]. Damit lehnt der Gesetzgeber zugleich die *ultra vires*-Doktrin, derzufolge die Rechts- und Verpflichtungsfähigkeit eines Verbands und damit zugleich die Vertretungsmacht der Organperson durch den satzungsmäßigen Verbandszweck begrenzt werden[4]. Diese dem Schutz des Rechtsverkehrs dienende Zuweisung des Risikos an die AG (entspricht dem deutschen Recht für alle Handelsgesellschaften außer Verein und GbR), dass die Vorstandsmitglieder ihre Vertretungsbefugnis pflichtwidrig ausüben, ist sowohl wertungsmäßig überzeugend (die AG hat die Vorstandsmitglieder durch den Aufsichtsrat bestellt und ihre Vertretungsbefugnisse festgelegt) als auch wohlfahrtsökonomisch sinnvoll, da der mit der Personalkompetenz ausgestattete Aufsichtsrat im Hinblick auf die Risikoeinschätzung und -überwachung der Vorstandsmitglieder der *cheapest cost avoider*[5] ist. Zur Risikoabschichtung und -minimierung kann die AG im Rahmen von § 82 Abs. 2 dem Vorstand Beschränkungen der Geschäftsführungsbefugnis im **Innenverhältnis** auferlegen. Der in § 82 Abs. 1 niedergelegte Grundsatz der unbeschränkbaren Vertretungsmacht gilt auch für den Vorstand der Vor-AG[6]. Für die **aufgelöste Gesellschaft** sieht § 269 Abs. 5 eine § 82 Abs. 1

---

1 Erste Richtlinie 68/151/EWG des Rats der Europäischen Gemeinschaften zur Koordinierung der Schutzbestimmungen, die in den Mitgliedstaaten den Gesellschaften i.S.d. Artikels 58 Absatz 2 des Vertrages im Interesse der Gesellschafter sowie Dritter vorgeschrieben sind, um diese Bestimmung gleichwertig zu gestalten, vom 9.3.1968, ABl. EG Nr. L 65 v. 14.3.1968, S. 8 ff.
2 Hierzu ausführlich *Habersack* in Großkomm. AktG, 4. Aufl., § 82 AktG Rz. 2.
3 Vgl. *Spindler* in MünchKomm. AktG, 3. Aufl., § 82 AktG Rz. 7; *Habersack* in Großkomm. AktG, 4. Aufl., § 82 AktG Rz. 1.
4 Vgl. Begr. RegE AktG 1965 zu § 82, zit. bei *Kropff*, Aktiengesetz, S. 103; *Hüffer*, § 82 AktG Rz. 2; *Mertens/Cahn* in KölnKomm. AktG, 3. Aufl., § 82 AktG Rz. 1; *Habersack* in Großkomm. AktG, 4. Aufl., § 82 AktG Rz. 1; *Spindler* in MünchKomm. AktG, 3. Aufl., § 82 AktG Rz. 8; *Fleischer* in Spindler/Stilz, § 82 AktG Rz. 1; *Tieves*, Unternehmensgegenstand, 1998, S. 270 ff.; zur ultra vires-Doktrin *K. Schmidt*, GesR, § 8 V 2 (S. 214 ff.); *Merkt/Göthel*, US-amerikanisches Gesellschaftsrecht, 2. Aufl. 2006, Rz. 307 ff.
5 Hierzu *v. Schenck* in Semler/v. Schenck, Arbeitshandbuch Aufsichtsratsmitglieder, § 7 Rz. 1 ff.; *Semler*, Leitung und Überwachung, § 5 Rz. 85 ff.; *E. Vetter* in Marsch-Barner/Schäfer, Hdb. börsennotierte AG, 2. Aufl. 2009, § 23 Rz. 20 ff., § 26 Rz. 1 ff.
6 So auch *Arnold* in KölnKomm. AktG, 3. Aufl., § 41 AktG Rz. 32 (anders 2. Aufl. Rz. 43); *Spindler* in MünchKomm. AktG, 3. Aufl., § 82 AktG Rz. 3; *Pentz* in MünchKomm. AktG, 3. Aufl., § 41 AktG Rz. 34 f.; *Fleischer* in Spindler/Stilz, § 82 AktG Rz. 1; *K. Schmidt* in FS Kraft, 1998, S. 573, 582; *K. Schmidt*, GesR, § 27 II 3a (S. 788 f.); *Priester*, ZHR 165 (2001), 383, 388 f.; *Beuthien*, NJW 1997, 565, 567; *Raiser/Veil*, Kapitalgesellschaften, 5. Aufl. 2010, § 26 Rz. 122 (zu § 37 Abs. 2 GmbHG); a.A. *Hüffer*, § 41 AktG Rz. 11 und § 82 AktG Rz. 1; *Mertens/Cahn* in

entsprechende Vorschrift vor: Abwickler können mit Wirkung für die AG auch andere als Abwicklungsgeschäfte tätigen; Pflichtverletzungen betreffen nur das Innenverhältnis zur Gesellschaft[7].

## II. Unbeschränkbarkeit der Vertretungsmacht (§ 82 Abs. 1)

### 1. Grundsatz

3   Der in § 82 Abs. 1 niedergelegte Grundsatz der unbeschränkten und unbeschränkbaren (organschaftlichen) Vertretungsmacht im Außenverhältnis **gilt unabhängig von der Zusammensetzung und Binnenstruktur des Vorstands** sowie den nach § 82 Abs. 2 zulässigen Beschränkungen der Geschäftsführungsbefugnis. Es ist hiervon der gesamte Bereich der organschaftlichen Vertretung der Gesellschaft durch den Vorstand erfasst[8]. Auf Bevollmächtigte findet § 82 Abs. 1 dagegen keine Anwendung; für Prokuristen und Handlungsbevollmächtigte ist aber ebenfalls aus Verkehrsschutzgründen der Vollmachtsumfang gesetzlich bestimmt (vgl. §§ 50, 54 ff. HGB). Rechtsgeschäfte, die der Vorstand als Organ der AG mit Dritten abschließt, sind für die Gesellschaft bindend, sofern die Vertretungsbefugnis nicht gesetzlich eingeschränkt ist. Dabei ist es gleichgültig, ob der satzungsmäßige Gegenstand des Unternehmens solche Geschäfte mit sich bringt, ob es sich um außergewöhnliche oder besonders risikoreiche Geschäfte handelt oder ob der Vorstand aus sonstigen Gründen im Verhältnis zur AG befugt ist, solche Geschäfte zu schließen.

### 2. Gesetzliche Grenzen

4   Eine faktische Beschränkung der Vertretungsmacht des Vorstands enthalten die gesetzlichen Zuständigkeitsregelungen über die organschaftliche Vertretung der Gesellschaft durch den Aufsichtsrat oder einen besonderen Vertreter (§ 30 BGB) sowie über die Mitwirkung des Aufsichtsrats oder der Hauptversammlung bei der Vertretung der Gesellschaft durch den Vorstand (§ 78 Rz. 3 und 5). Rechtlich betrachtet schränken diese Zuständigkeitsregeln die gesetzlich konturierte Vertretungsmacht des Vorstands indes nicht ein, sondern definieren sie vielmehr[9]. Die vom BGH entwickelte **Holzmüller/Gelatine-Rechtsprechung**, wonach der Vorstand bei bestimmten Maßnahmen verpflichtet ist, diese der Hauptversammlung zur Entscheidung vorzulegen, die einen schwerwiegenden Eingriff in die Rechte und Interessen der Aktionäre zur Folge haben, ist keine solche Zuständigkeitsregel, die die Vertretungsbefugnis des Vorstands rechtlich oder tatsächlich begrenzt[10]. Auch die Geltung allgemeiner Gesetze oder der guten Sitten, deren Verletzung durch Vornahme eines bestimmten Geschäftes zu seiner Nichtigkeit führt (§§ 134, 138 BGB), sind keine Beschränkung der

---

KölnKomm. AktG, 3. Aufl., § 82 AktG Rz. 3; *Habersack* in Großkomm. AktG, 4. Aufl., § 82 AktG Rz. 3; *Hommelhoff/Freytag*, DStR 1997, 1367, 1368; *Wiedenmann*, ZIP 1997, 2029, 2032 für die GmbH; BGH v. 9.3.1981 – II ZR 54/80, BGHZ 80, 129, 139 = NJW 1981, 1371; *Ulmer* in Ulmer, § 11 GmbHG Rz. 54.

7  *Habersack* in Großkomm. AktG, 4. Aufl., § 82 AktG Rz. 4.

8  *Hüffer*, § 82 AktG Rz. 3; *Mertens/Cahn* in KölnKomm. AktG, 3. Aufl., § 82 AktG Rz. 5 ff.; *Habersack* in Großkomm. AktG, 4. Aufl., § 82 AktG Rz. 6; *Spindler* in MünchKomm. AktG, 3. Aufl., § 82 AktG Rz. 29; *Fleischer* in Spindler/Stilz, § 82 AktG Rz. 4; *Mertens/Cahn* in KölnKomm. AktG, 3. Aufl., § 82 AktG Rz. 4.

9  Ähnlich *Habersack* in Großkomm. AktG, 4. Aufl., § 82 AktG Rz. 7.

10 Vgl. BGH v. 25.2.1982 – II ZR 184/80 – „Holzmüller", BGHZ 83, 122, 132; BGH v. 26.4.2004 – II ZR 155/02 – „Gelatine", BGHZ 159, 30 = AG 2004, 384; OLG Celle v. 7.3.2001 – 9 U 137/00, ZIP 2001, 613, 616; *Hüffer*, § 82 AktG Rz. 4; *Mertens/Cahn* in KölnKomm. AktG, 3. Aufl., § 82 AktG Rz. 6; *Habersack* in Großkomm. AktG, 4. Aufl., § 82 AktG Rz. 8; *Fleischer* in Spindler/Stilz, § 82 AktG Rz. 10.

Vertretungsbefugnis des Vorstands[11], denn bei solchen Geschäften soll der Vorstand nicht nur von der Vertretung ausgeschlossen sein, sondern diese sollen überhaupt nicht geschlossen werden.

### 3. Ausnahmen

#### a) Missbrauch der Vertretungsmacht

Für sämtliche Tatbestände inhaltlich unbeschränkter und unbeschränkbarer Vertretungsmacht ist anerkannt, dass ein interne Bindungen missachtendes und damit pflichtwidriges Vertreterhandeln (mit Ausnahme von Fällen der Vertretung in Gerichts- und Verwaltungsverfahren[12]) nach Lage des Einzelfalls auf das Außenverhältnis durchschlagen kann (**Lehre vom Missbrauch der Vertretungsmacht**)[13]. Die deutsche Lehre vom Missbrauch der Vertretungsmacht ist in ihrer jetzigen Ausformung (Rz. 11 f.) mit den Vorgaben in Art. 9 EU-Publizitätsrichtlinie vereinbar[14].

5

Ein Missbrauch der organschaftlichen Vertretungsmacht ist zunächst bei **kollusivem Zusammenwirken zwischen dem Vorstand und dem Dritten zum Nachteil der Gesellschaft** gegeben. In dieser Weise zustande gekommene Rechtsgeschäfte sind zumeist sittenwidrig und nach § 138 BGB nichtig; zumindest ist der Dritte zusammen mit dem handelnden Vorstandsmitglied der Gesellschaft nach §§ 826, 840, 249 BGB zum Schadensersatz verpflichtet, und der Gesellschaft steht die Einrede unerlaubten Rechtserwerbs zu[15]. Über die Konturierung der außerhalb des kollusiven Zusammenwirkens liegenden Fallgruppen und deren Voraussetzungen besteht kein Einvernehmen, wobei auf der Grundlage der höchstrichterlichen Rechtsprechung und unter Berücksichtigung des Normzwecks von § 82 Abs. 1 sowie von Art. 9 EU-Publizitätsrichtlinie folgende Grundlinien zu konstatieren sind: Auf Seiten des Vorstands kommt es ausschließlich auf das **Vorliegen einer objektiven Pflichtverletzung** an, unabhängig ob der Inhalt des Rechtsgeschäfts zu Nachteilen oder gar Schäden bei der AG führt[16]. Besondere subjektive Voraussetzungen in der Person des Vertreters, wie z.B. ein bewusstes Handeln zum Nachteil des Vertretenen (AG) sind nicht zu verlangen, da es allein darauf ankommt festzustellen, ob in der Person des Dritten ein Ver-

6

---

11 *Mertens/Cahn* in KölnKomm. AktG, 3. Aufl., § 82 AktG Rz. 8; *Spindler* in MünchKomm. AktG, 3. Aufl., § 82 AktG Rz. 13.
12 RG v. 3.2.1917 – V 341/16, RGZ 89, 367, 369; *Habersack* in Großkomm. AktG, 4. Aufl., § 82 AktG Rz. 9; *Zöllner* in Baumbach/Hueck, § 37 GmbHG Rz. 44.
13 St. Rspr. seit RG v. 10.12.1913 – V 303/13, RGZ 83, 348, 353; zuletzt BGH v. 10.4.2006 – II ZR 337/05, NJW 2006, 2776; vgl. auch *Hüffer*, § 82 AktG Rz. 6 f.; *Mertens/Cahn* in KölnKomm. AktG, 3. Aufl., § 82 AktG Rz. 46 ff.; *Habersack* in Großkomm. AktG, 4. Aufl., § 82 AktG Rz. 9 ff.; *Spindler* in MünchKomm. AktG, 3. Aufl., § 82 AktG Rz. 57 ff.; *Fleischer* in Spindler/Stilz, § 82 AktG Rz. 12; *K. Schmidt*, GesR, § 10 II 2 (S. 256 ff.); *Roth*, ZGR 1985, 275 ff.
14 Hierzu *Habersack* in Großkomm. AktG, 4. Aufl., § 82 AktG Rz. 10; *Schwarz*, Europäisches Gesellschaftsrecht, Rz. 356; einschränkend *Schwab*, ZGR 2000, 446, 462 f.
15 RG v. 9.1.1917 – VII 351/16, RGZ 145, 311, 315; BGH v. 25.3.1968 – II ZR 208/64, BGHZ 50, 112, 114 = NJW 1968, 1379; BGH v. 28.2.1966 – VII ZR 125/65, NJW 1966, 1911; BGH v. 17.5.1988 – VI ZR 233/87, NJW 1989, 26, 27; BGH v. 5.11.2003 – VIII ZR 218/01, NZG 2004, 139, 140; OLG Hamm v. 18.11.1996 – 31 U 42/96, NJW-RR 1997, 737 f.; OLG Zweibrücken v. 13.3.2001 – 8 U 91/00, NZG 2001, 763; *Hüffer*, § 82 AktG Rz. 6; *Mertens/Cahn* in KölnKomm. AktG, 3. Aufl., § 82 AktG Rz. 24; *Habersack* in Großkomm. AktG, 4. Aufl., § 82 AktG Rz. 11; *Spindler* in MünchKomm. AktG, 3. Aufl., § 82 AktG Rz. 57; *Uwe H. Schneider* in Scholz, § 35 GmbHG Rz. 133; diff. *Fleischer* in Spindler/Stilz, § 82 AktG Rz. 16; abw. *Kleindiek* in Lutter/Hommelhoff, § 35 GmbHG Rz. 24: Rückgriff auf § 177 BGB.
16 *Habersack* in Großkomm. AktG, 4. Aufl., § 82 AktG Rz. 12; einschränkend für bei objektiver Betrachtung vorteilhafte Rechtsgeschäfte *R. Fischer* in FS Schilling, 1973, S. 3, 15 ff., 19 ff.; *Schramm* in MünchKomm. BGB, 5. Aufl., § 164 BGB Rz. 113; *Fleischer* in Spindler/Stilz, § 82 AktG Rz. 14.

trauenstatbestand gegeben ist[17]. Auf der Seite des Geschäftsgegners ist darauf abzustellen, ob das **pflichtwidrige Verhalten des Vorstands für ihn evident war**[18]. Eine solche Evidenz liegt vor, wenn die objektive Pflichtverletzung wegen massiver Verdachtsmomente für jedermann klar und sofort, also ohne Nachforschungen, erkennbar war und sich daher die Pflichtverletzung aufdrängen musste[19]. Bloße einfache Fahrlässigkeit des Dritten reicht nicht aus[20].

7 Auf der **Rechtsfolgenseite** billigt die tradierte, aber zu recht bestrittene Auffassung, die für einen Missbrauch der Vertretungsmacht auf Seiten des Vorstands eine bewusste Schädigung der Interessen der AG voraussetzt, der AG den *exceptio doli*-Einwand (§ 242 BGB) gegenüber dem Dritten zu[21]. Im Kern der Diskussion geht es um die Frage, ob bei Vorliegen der Voraussetzungen für einen Missbrauch der Vertretungsmacht der Vorstand mit Vertretungsmacht handelt (sie aber missbraucht) (dann *exceptio doli*-Einwand nach § 242 BGB) oder eben ohne Vertretungsmacht handelt (dann analoge Anwendung der §§ 177 ff. BGB). Für die Annahme eines Handelns ohne Vertretungsmacht spricht die mangelnde Schutzbedürftigkeit der Geschäftsgegners, da dann die AG – vorbehaltlich § 180 BGB – das schwebend unwirksame Rechtsgeschäft durch Genehmigung entsprechend §§ 177 f. BGB wirksam werden lassen kann[22]. Für die Frage der Zuständigkeit zur Erteilung der Genehmigung für die

---

17 So auch BGH v. 19.6.2006 – II ZR 337/05, DStR 2006, 1515 (zur GmbH); vgl. auch BGH v. 29.6.1999 – XI ZR 277/98, ZIP 1999, 1303, 1304 (zur Vollmacht); BGH v. 13.11.1995 – II ZR 113/94, NJW 1996, 589, 590; BGH v. 18.5.1988 – IVa ZR 59/87, NJW 1988, 3012, 3013 (zur Vollmacht); BGH v. 14.3.1988 – II ZR 211/87, NJW 1988, 2241, 2243; BGH v. 5.12.1983 – II ZR 56/82, NJW 1984, 1461, 1462; OLG Zweibrücken v. 13.3.2001 – 8 U 91/00, NZG 2001, 763; *Spindler* in MünchKomm. AktG, 3. Aufl., § 82 AktG Rz. 63 (anders 2. Aufl. Rz. 41); *Habersack* in Großkomm. AktG, 4. Aufl., § 82 AktG Rz. 11 f.; *Zöllner* in Baumbach/Hueck, § 37 GmbHG Rz. 40; *Kleindiek* in Lutter/Hommelhoff, § 35 GmbHG Rz. 23; *Schlegelberger/ K. Schmidt*, 5. Aufl., § 126 HGB Rz. 21; *Schramm* in MünchKomm. BGB, 5. Aufl., § 164 BGB Rz. 113; a.A. *Hüffer*, § 82 AktG Rz. 7; *Mertens/Cahn* in KölnKomm. AktG, 3. Aufl., § 82 AktG Rz. 46 ff.; *Uwe H. Schneider* in Scholz, § 35 GmbHG Rz. 136; abw. auch die ältere Rechtsprechung z.B. BGH v. 25.3.1968 – II ZR 208/64, BGHZ 50, 112, 114 f. = NJW 1968, 1379 (nicht als abw. bezeichnet in BGH v. 19.6.2006 – II ZR 337/05, DStR 2006, 1515).
18 BGH v. 25.10.1994 – XI ZR 239/93, BGHZ 127, 239, 241 f. = NJW 1995, 250 (zur Bankvollmacht); BGH v. 19.4.1994 – XI ZR 18/93, NJW 1994, 2082, 2083 (zur Bankvollmacht); BGH v. 29.6.1999 – XI ZR 277/98, ZIP 1999, 1303, 1304 (zur Bankvollmacht); OLG Zweibrücken v. 13.3.2001 – 8 U 91/00, NZG 2001, 763; *Hüffer*, § 82 AktG Rz. 7; *Habersack* in Großkomm. AktG, 4. Aufl., § 82 AktG Rz. 13; *Fleischer* in Spindler/Stilz, § 82 AktG Rz. 15; *K. Schmidt*, GesR, § 10 II 2c bb (S. 259 f.); für Maßgeblichkeit grober Fahrlässigkeit OLG Dresden v. 20.1.1994 – 7 U 678/93, NJW-RR 1995, 803, 804 f.
19 BGH v. 5.11.2003 – VIII ZR 218/01, NZG 2004, 139, 140; BGH v. 25.10.1994 – XI ZR 239/93, BGHZ 127, 239, 241 = NJW 1995, 250 (zur Bankvollmacht); BGH v. 29.6.1999 – XI ZR 277/98, ZIP 1999, 1303, 1304 (zur Bankvollmacht); BGH v. 13.11.1995 – II ZR 113/94, NJW 1996, 589; BGH v. 14.3.1988 – II ZR 211/87, NJW 1988, 2241, 2243 (zu § 37 Abs. 2 GmbHG); BGH v. 5.12.1983 – II ZR 56/82, NJW 1984, 1461, 1462 (zu § 37 Abs. 2 GmbHG); *Hüffer*, § 82 AktG Rz. 7; *Habersack* in Großkomm. AktG, 4. Aufl., § 82 AktG Rz. 13; *Fleischer* in Spindler/Stilz, § 82 AktG Rz. 15.
20 So noch zu § 50 HGB BGH v. 25.3.1968 – II ZR 208/64, BGHZ 50, 112, 114; wie hier *Hüffer*, § 82 AktG Rz. 7; *Habersack* in Großkomm. AktG, 4. Aufl., § 82 AktG Rz. 13.
21 RG v. 14.10.1931 – I 10/31, RGZ 134, 67, 72; BGH v. 19.5.1980 – II ZR 241/79, WM 1980, 953, 954; BGH v. 25.10.1994 – XI ZR 239/93, NJW 1995, 250 (zur Bankvollmacht); *Hüffer*, § 82 AktG Rz. 7; *Mertens/Cahn* in KölnKomm. AktG, 3. Aufl., § 82 AktG Rz. 46 ff.; *Kalss* in MünchKomm. AktG, 3. Aufl., § 82 AktG Rz. 43; *Schramm* in MünchKomm. BGB, 5. Aufl., § 164 BGB Rz. 116; diff. *Fleischer* in Spindler/Stilz, § 82 AktG Rz. 16.
22 Vgl. BGH v. 25.2.2002 – II ZR 374/00, NZG 2002, 517 (zu Treuhandvereinbarung); OLG Zweibrücken v. 13.3.2001 – 8 U 91/00, NZG 2001, 763; *Habersack* in Großkomm. AktG, 4. Aufl., § 82 AktG Rz. 14; *Uwe H. Schneider* in Scholz, § 35 GmbHG Rz. 132, 139; *Kleindiek* in Lutter/Hommelhoff, § 35 GmbHG Rz. 22; *K. Schmidt*, Handelsrecht, 5. Aufl. 1999, § 16 III 4 b aa (S. 473 ff.); *K. Schmidt*, AcP 174 (1974), 54, 59; *Schlegelberger/K. Schmidt*, 5. Aufl., § 126

AG kommt es auf die Art des Missbrauchstatbestandes an[23]. Hat der Vertretene (AG) den Missbrauch der Vertretungsmacht dadurch ermöglicht oder wesentlich erleichtert, dass er die für ihn zumutbaren Kontrollmaßnahmen gegenüber dem Vertreter unterlassen hat (Verletzung der allgemeinen Überwachungspflicht des Vorstands oder der vertikalen Überwachungspflicht des Aufsichtsrats), so sind die nachteiligen Folgen des Geschäfts auf den Dritten und die AG nach Maßgabe des auf jeder Seite obwaltenden Verschuldens zu verteilen. Hierfür kann der **Rechtsgedanke des § 254 BGB** herangezogen werden[24] (jedenfalls bei der Geltendmachung etwaiger Schadensersatzansprüche der AG aus *culpa in contrahendo* (§§ 280 Abs. 1, 311 Abs. 2 BGB) oder aus Delikt[25]) oder der *exceptio doli*-Gegeneinwand nach § 242 BGB[26].

**b) Rechtsgeschäfte mit Organpersonen**

Nach dem Telos von § 82 Abs. 1 ist für die Geltung des Grundsatzes der unbeschränkten und unbeschränkbaren Vertretungsmacht insoweit kein Raum, als ein Handeln der durch den Vorstand vertretenen AG mit Mitgliedern des Aufsichtsrats (oder umgekehrt ein Handeln der durch den Aufsichtsrat vertretenen AG mit Vorstandsmitgliedern, § 112) in Frage steht; **§ 82 Abs. 1 ist insoweit teleologisch zu reduzieren**[27]. Dies gilt auch in den Fällen, in denen die Organpersonen der AG vertretungsberechtigte Organpersonen anderer Gesellschaften sind und in deren Namen mit dem pflichtwidrig handelnden Vorstandsmitglied kontrahieren[28]. Demgegenüber können sich **Angestellte** im Grundsatz auf die Unbeschränktheit der Vertretungsmacht berufen[29].

8

**c) Rechtsgeschäfte mit Konzerngesellschaften**

§ 82 Abs. 1 ist weiterhin in den Fällen **teleologisch zu reduzieren**, in denen Rechtsgeschäfte mit konzernzugehörigen Gesellschaften betroffen sind, und der Geschäftsgegner eine rechtlich abgesicherte Möglichkeit zur Einsichtnahme in die Verhältnisse der AG hat[30]. Allerdings besteht eine rechtlich abgesicherte oder tatsächlich bestehende (und rechtlich erlaubte) Möglichkeit zur Einsichtnahme nicht bei jeder mehrheitlichen Beteiligung und erst recht nicht im Verhältnis zu Schwestergesellschaf-

9

---

HGB Rz. 22; *Schilken* in Staudinger, Neubearb. 2009, § 167 BGB Rz. 103; *Krebs* in MünchKomm. HGB, 2. Aufl., Vor § 48 HGB Rz. 70.
23 Hierzu *Habersack* in Großkomm. AktG, 4. Aufl., § 82 AktG Rz. 14.
24 Vgl. BGH v. 25.3.1968 – II ZR 208/64, BGHZ 50, 112, 114 = NJW 1968, 1379; *Tank*, NJW 1969, 6, 10 f.; dagegen *Habersack* in Großkomm. AktG, 4. Aufl., § 82 AktG Rz. 15; *Spindler* in MünchKomm. AktG, 3. Aufl., § 82 AktG Rz. 65; *K. Schmidt*, Handelsrecht, 5. Aufl. 1999, § 16 III 4 b aa (S. 475 f.); *K. Schmidt*, GesR, § 10 II 2d (S. 260); *Joost* in Großkomm. HGB, 5. Aufl. 2008, § 50 HGB Rz. 53; a.A. *Fleischer* in Spindler/Stilz, § 82 AktG Rz. 16.
25 *Habersack* in Großkomm. AktG, 4. Aufl., § 82 AktG Rz. 15; *Spindler* in MünchKomm. AktG, 3. Aufl., § 82 AktG Rz. 65; *Schlegelberger/K. Schmidt*, 5. Aufl., § 126 HGB Rz. 23.
26 So *Spindler* in MünchKomm. AktG, 3. Aufl., § 82 AktG Rz. 65.
27 *Mertens/Cahn* in KölnKomm. AktG, 3. Aufl., § 82 AktG Rz. 11; § 78 Rz. 68; *Habersack* in Großkomm. AktG, 4. Aufl., § 82 AktG Rz. 17; *Spindler* in MünchKomm. AktG, 3. Aufl., § 82 AktG Rz. 50 f., 56; *Fleischer* in Spindler/Stilz, § 82 AktG Rz. 19; *Fleischer*, NZG 2005, 529, 530; vgl. auch OLG Zweibrücken v. 13.3.2001 – 8 U 91/00, NZG 2001, 763 (zu § 37 Abs. 2 GmbHG).
28 *Habersack* in Großkomm. AktG, 4. Aufl., § 82 AktG Rz. 17.
29 *Habersack* in Großkomm. AktG, 4. Aufl., § 82 AktG Rz. 17; *Fleischer* in Spindler/Stilz, § 82 AktG Rz. 24; *Fleischer*, NZG 2005, 529, 536 f.; abw. *Mertens/Cahn* in KölnKomm. AktG, 3. Aufl., § 82 AktG Rz. 15.
30 Vgl. OLG Celle v. 7.3.2001 – 9 U 137/00, ZIP 2001, 613, 616; *Habersack* in Großkomm. AktG, 4. Aufl., § 82 AktG Rz. 18; *Spindler* in MünchKomm. AktG, 3. Aufl., § 82 AktG Rz. 55; *Uwe H. Schneider*, BB 1986, 201, 204 f.; diff. *Fleischer* in Spindler/Stilz, § 82 AktG Rz. 21 ff.; *Fleischer*, NZG 2005, 529, 536.

ten³¹. Es gelten insoweit die gleichen Grundsätze wie bei der Frage der konzernweiten Wissenszurechnung (§ 78 Rz. 24)³².

### d) Vereinbarte Zustimmungsvorbehalte

10 Keine Ausnahme des § 82 Abs. 1 sind vereinbarte **Zustimmungsvorbehalte**. Ein solcher Zustimmungsvorbehalt (z.B. Vorbehalt einer Satzungsänderung zur Erweiterung des Unternehmensgegenstands) ist in der Regel als aufschiebende Bedingung i.S. von § 158 Abs. 1 BGB auszulegen³³. Eine andere zulässige Vorbehaltskonstruktion ist die Vereinbarung der AG mit einem Dritten, derzufolge die AG nur unter weiteren bestimmten Voraussetzungen (z.B. Zustimmung des Aufsichtsrats) wirksam vertreten ist³⁴. In beiden Fällen bildet die Pflicht zur Unternehmensleitung durch den Vorstand (§ 76 Abs. 1) die Grenze für eine solche Selbstbeschränkung³⁵. Im Regelfall wird sich aus dem Rechtsgeschäft als Nebenpflicht ergeben, dass der Vorstand gegenüber dem Geschäftsgegner verpflichtet ist, die vorbehaltene Entscheidung einzuholen (auch im Sinne einer Förderungspflicht) und diesen mitzuteilen³⁶.

## III. Beschränkungen der Geschäftsführungsbefugnis (§ 82 Abs. 2)

### 1. Grundsatz

11 Die Vorstandsmitglieder sind verpflichtet, im Verhältnis zur AG etwaige Beschränkungen ihrer Geschäftsführungsbefugnis einzuhalten, allerdings gilt dies nur insoweit, als diese Beschränkungen „im Rahmen der Vorschriften über die Aktiengesellschaft" getroffen werden (§ 82 Abs. 2).

### 2. Beschränkungen durch Satzung

#### a) Gesellschaftszweck

12 Die Geschäftsführungsbefugnis des Vorstands erfährt zunächst Einschränkungen durch den Zweck der Gesellschaft. Dieser besteht, solange und soweit die Satzung nicht etwas anderes regelt, in der **Gewinnerzielung** im Sinne einer dauerhaften Rentabilität (s. auch § 76 Rz. 15)³⁷. Allerdings hat der Vorstand nach § 76 Abs. 1 eigenverantwortlich und im Rahmen eines weiten Beurteilungsermessens zu entscheiden, *wie* er den ihn bindenden Gesellschaftszweck verwirklicht (s. hierzu § 76 Rz. 16 f.).

---

31 Zutr. *Spindler* in MünchKomm. AktG, 3. Aufl., § 82 AktG Rz. 55; weitergehend *Uwe H. Schneider*, BB 1986, 201, 204 f.; *Habersack* in Großkomm. AktG, 4. Aufl., § 82 AktG Rz. 18; *Fleischer* in Spindler/Stilz, § 82 AktG Rz. 22; wohl auch BGH v. 26.10.1978 – II ZR 119/77, WM 1979, 71, 72 (zu § 126 Abs. 2 HGB für die von einem Gesellschafter einer oHG beherrschten Tochtergesellschaft).
32 Zutr. *Spindler* in MünchKomm. AktG, 3. Aufl., § 82 AktG Rz. 55.
33 *Habersack* in Großkomm. AktG, 4. Aufl., § 82 AktG Rz. 16; *Spindler* in MünchKomm. AktG, 3. Aufl., § 82 AktG Rz. 14 (m. zutr. Hinweis, dass es ggf. bereits am Abschlusswillen des Vorstands fehlen und sich damit um eine unverbindliche Vorverhandlung handeln kann).
34 *Mertens/Cahn* in KölnKomm. AktG, 3. Aufl., § 82 AktG Rz. 11 und § 78 AktG Rz. 70; *Habersack* in Großkomm. AktG, 4. Aufl., § 82 AktG Rz. 16; *Spindler* in MünchKomm. AktG, 3. Aufl., § 82 AktG Rz. 14.
35 *Spindler* in MünchKomm. AktG, 3. Aufl., § 82 AktG Rz. 15 (Folge: Nichtigkeit nach § 134 BGB).
36 Schwächer *Spindler* in MünchKomm. AktG, 3. Aufl., § 82 AktG Rz. 14.
37 *Hüffer*, § 82 AktG Rz. 9; *Habersack* in Großkomm. AktG, 4. Aufl., § 82 AktG Rz. 22; *Fleischer* in Spindler/Stilz, § 82 AktG Rz. 27.

### b) Unternehmensgegenstand

Eine bedeutsame Einschränkung der Geschäftsführungsbefugnis ergibt sich aus dem satzungsmäßigen Unternehmensgegenstand (§ 23 Abs. 3 Nr. 2). Der Vorstand darf einerseits keine Handlung außerhalb dieses Bereiches vornehmen (**Verbot der Satzungsüberschreitung**[38]), und er muss andererseits auch den Unternehmensgegenstand aktiv durch Geschäftsführungsmaßnahmen ausfüllen (**Verbot der Satzungsunterschreitung**[39]).

Es ist deshalb für den jeweiligen Einzelfall im Wege der **Auslegung der Satzung** unter Berücksichtigung einer branchen- und marktbezogenen Verkehrsauffassung zu ermitteln, welchen Spielraum der Vorstand hat[40]. Bei der Satzungsauslegung ist auch die Realstruktur der Gesellschaft, der Grad der sachlichen Detailliertheit der Unternehmensgegenstandsbestimmung sowie weitere Satzungsbestimmungen (z.B. super-qualifizierte Mehrheitserfordernisse für Strukturmaßnahmen) zu berücksichtigen. Keine rechtliche Bedeutung hat demgegenüber ein Zustimmungsbeschluss des Aufsichtsrats zur konkreten Geschäftsführungsmaßnahme oder gar nur das erzielte Einvernehmen mit dem Aufsichtsratsvorsitzenden; allerdings sind beides Umstände, die durchaus eine bedeutende Indizwirkung für eine bestimmte branchen- und marktbezogene Verkehrsauffassung haben. Im Zweifel werden die geographische Ausdehnung der Unternehmenstätigkeit, die Änderung von Produktions- und Vertriebsmethoden, der Erwerb von Beteiligungen (jedenfalls bei Vorliegen einer Konzernklausel), die Entwicklung und der Erwerb abrundender bzw. benachbarter Geschäftsaktivitäten, die Aufgabe oder die Veräußerung von Randaktivitäten sowie die Vornahme von Hilfsgeschäften, die z.B. die Vermarktung der Produkte und Dienstleistungen fördern, vom Unternehmensgegenstand erfasst[41]. Die Verlagerung von Unternehmenssparten oder sonstigen Geschäftsaktivitäten auf Tochter- und/oder Gemeinschaftsunternehmen sowie der Erwerb von Beteiligungsgesellschaften ist dem Vorstand nur bei Vorliegen einer **statutarischen Konzernklausel** gestattet, wenn die zu verlagernde bzw. zu erwerbende Geschäftsaktivität ein bedeutendes wirtschaftliches Gewicht hat[42]; eine allgemeine Konzernklausel, derzufolge die Gesellschaft auch Beteiligungen gründen, halten und erwerben darf, genügt nicht[43]. Darüber hinaus ist der Vorstand im Rahmen seiner pflichtgemäßen Unternehmensleitung (§ 76 Abs. 1) berechtigt, eine statisch formulierte Satzungsbestimmung zum Unternehmensgegenstand **im Hinblick**

---

38 Ausführlich *Seibt* oben § 23 Rz. 38 und unten § 179 Rz. 17.
39 Ausführlich *Seibt* oben § 23 Rz. 38a und unten § 179 Rz. 18.
40 Ausführlich *Mertens/Cahn* in KölnKomm. AktG, 3. Aufl., § 82 AktG Rz. 22 ff., 33 ff.; vgl. auch *Hüffer*, § 82 AktG Rz. 9; *Habersack* in Großkomm. AktG, 4. Aufl., § 82 AktG Rz. 24; *Spindler* in MünchKomm. AktG, 3. Aufl., § 82 AktG Rz. 34 ff.; *Tieves*, Unternehmensgegenstand, 1998, S. 210 ff.
41 Vgl. *Hüffer*, § 82 AktG Rz. 9; *Mertens/Cahn* in KölnKomm. AktG, 3. Aufl., § 82 AktG Rz. 22 ff., 34 ff.; *Habersack* in Großkomm. AktG, 4. Aufl., § 82 AktG Rz. 24; *Tieves*, Unternehmensgegenstand, 1998, S. 210 ff.; *Säcker* in FS Lukes, 1989, S. 547, 550 f.
42 Im Ausgangspunkt ähnlich *Habersack* in Großkomm. AktG, 4. Aufl., § 82 AktG Rz. 25; *Wiedemann* in Großkomm. AktG, 4. Aufl., § 179 AktG Rz. 64; *Koppensteiner* in KölnKomm. AktG, 3. Aufl., Vor § 291 AktG Rz. 18 ff.; *Groß*, AG 1994, 266, 269; *Lutter* in FS Stimpel, 1985, S. 825, 847; *Tieves*, Unternehmensgegenstand, 1998, S. 409 ff.; diff. *Mertens/Cahn* in KölnKomm. AktG, 3. Aufl., § 76 AktG Rz. 61 ff.; a.A. *Hommelhoff*, Konzernleitungspflicht, 1982, S. 267 ff.; offen gelassen in BGH v. 25.2.1982 – II ZR 184/80 – „Holzmüller", BGHZ 83, 122, 130 = NJW 1982, 1703 = AG 1982, 158.
43 *Hüffer*, § 82 AktG Rz. 9; *Habersack* in Großkomm. AktG, 4. Aufl., § 82 AktG Rz. 25; *Wiedemann* in Großkomm. AktG, 4. Aufl., § 179 AktG Rz. 64; *Groß*, AG, 1994, 266, 269 f.; *Tieves*, Unternehmensgegenstand, 1998, S. 477 ff.; *Timm*, AG als Konzernspitze, 1980, S. 131 f.; diff. *Mertens/Cahn* in KölnKomm. AktG, 3. Aufl., § 76 AktG Rz. 61 ff.; a.A. *Fleischer* in Spindler/Stilz, § 82 AktG Rz. 32; *Hommelhoff*, Konzernleitungspflicht, 1982, S. 273.

auf allgemeine Marktentwicklungen (z.B. Produkt- oder Dienstleistungsinnovationen, neue Werkstoffe oder Produktionsverfahren, Nachfragetrends) **satzungsimmanent weiterzuentwickeln**, sofern die durchzuführenden Geschäftsführungsmaßnahmen nicht zu einer erheblichen Erhöhung der Risikoexposition oder zu notwendigen Investitionen in erheblicher Höhe kommen[44].

15 Durch Satzungsbeschluss kann die **Hauptversammlung** den statutarischen Unternehmensgegenstand in der Weise präzisieren, dass die AG und damit der Vorstand auf bestimmte Geschäfte, Produkte oder Dienstleistungen, Produktions- und Vertriebsmethoden sowie geographische Märkte begrenzt wird, und zwar durch positive Benennung dieser Parameter oder Negativumschreibung[45]. Im Rahmen des Gesellschaftszwecks (in der Regel: Gewinnerzielung im Sinne einer dauerhaften Rentabilität) kann die Satzung dem Vorstand z.B. die Herstellung eines Produkts oder ein bestimmtes Produktionsverfahren (z.B. Nutzung der Atomenergie für die Energieerzeugung, Verwendung genmanipulierter Nahrungsgrundstoffe[46]) vorschreiben bzw. untersagen. Von solchen **sachlich-gegenständlichen Konturierungen des Unternehmensgegenstandes** sind Formulierungen zu unterscheiden, die den Vorstand im Rahmen des Unternehmensgegenstandes bestimmte (z.B. weltanschaulich-politische, wirtschaftliche oder finanzielle) Zielvorgaben oder Leitideen auferlegen. Solche Vorgaben betreffen das *wie* der Geschäftsführung im Rahmen des Unternehmensgegenstandes und greifen in unzulässiger Weise in die Leitungsmacht des Vorstands ein[47]. Eine Ausnahme gilt nur bei sog. Tendenzunternehmen (vgl. § 1 Abs. 2 DrittelbG, § 1 Abs. 4 MitbestG), bei denen satzungsmäßige Präferenzvorgaben statuiert werden können[48]. Zu weiteren Beschränkungen durch die Hauptversammlung s. Erl. § 119.

### 3. Beschränkungen durch Aufsichtsrat

16 Das Gesetz begrenzt die Geschäftsführungsbefugnis des Vorstands insoweit, als der Aufsichtsrat aufgrund aktienrechtlicher Vorschriften zur Vertretung oder zur Mitwirkung bei der Vertretung der Gesellschaft berufen ist (§ 78 Rz. 3 und 5); ferner hat die **Satzung** oder der Aufsichtsrat bestimmte Arten von Geschäften unter den Vorbehalt der Zustimmung durch den Aufsichtsrat zu stellen (§ 111 Abs. 4 Satz 2).

### 4. Beschränkungen durch Geschäftsordnung

17 Beschränkungen der Geschäftsführungsbefugnis des Vorstands können sich schließlich aus den „**Geschäftsordnungen des Vorstands und des Aufsichtsrats**" *für den Vor-*

---

44 So auch *Mertens/Cahn* in KölnKomm. AktG, 3. Aufl., § 82 AktG Rz. 33; *Habersack* in Großkomm. AktG, 4. Aufl., § 82 AktG Rz. 24 a.E.
45 So auch *Röhricht* in Großkomm. AktG, 4. Aufl., § 23 AktG Rz. 84 ff.; *Habersack* in Großkomm. AktG, 4. Aufl., § 82 AktG Rz. 26; *Spindler* in MünchKomm. AktG, 3. Aufl., § 82 AktG Rz. 35; *Fleischer* in Spindler/Stilz, § 82 AktG Rz. 33; a.A. zuletzt OLG Stuttgart v. 22.7.2006 – 8 W 271/06 – „Smart/Maybach", ZIP 2007, 231; *Hüffer*, § 82 AktG Rz. 10.
46 So auch *Habersack* in Großkomm. AktG, 4. Aufl., § 82 AktG Rz. 26; *Spindler* in MünchKomm. AktG, 3. Aufl., § 82 AktG Rz. 35; *Tieves*, Unternehmensgegenstand, 1998, S. 137 f. u. 153 ff.; *Fleischer* in Spindler/Stilz, § 82 AktG Rz. 33; a.A. *Hüffer*, § 82 AktG Rz. 10; *Martens* in FS Kellermann, 1991, S. 271, 277 ff.
47 Zutr. *Mertens/Cahn* in KölnKomm. AktG, 3. Aufl., § 82 AktG Rz. 29; *Habersack* in Großkomm. AktG, 4. Aufl., § 82 AktG Rz. 26; *Hüffer*, § 82 AktG Rz. 10; ähnlich auch *Spindler* in MünchKomm. AktG, 3. Aufl., § 82 AktG Rz. 35; *Röhricht* in Großkomm. AktG, 4. Aufl., § 23 AktG Rz. 194 f.; ähnlich *Fleischer* in Spindler/Stilz, § 82 AktG Rz. 33.
48 *Hüffer*, § 82 AktG Rz. 10; *Habersack* in Großkomm. AktG, 4. Aufl., § 82 AktG Rz. 26 a.E.; *Spindler* in MünchKomm. AktG, 3. Aufl., § 82 AktG Rz. 35; *Winkler*, NJW 1970, 449, 452 (zur Satzung der Axel-Springer-Beteiligungs-AG); *von Rechenberg*, Hauptversammlung als oberstes Organ, 1986, S. 83 ff.; a.A. *Mertens*, NJW 1970, 1718 ff.

*stand* i.S. von § 77 Abs. 2 ergeben[49]. Selbstverständlich können nur solche Beschränkungen in der Geschäftsordnung festgelegt werden, die sich im Rahmen der zwingenden aktienrechtlichen Zuständigkeitsordnung halten. Zu den möglichen Inhalten einer Geschäftsordnung für den Vorstand s. § 77 Rz. 30.

### 5. Beschränkungen durch Vorstandsanstellungsvertrag

Neben den organschaftlichen Beschränkungen der Geschäftsführungsbefugnis (auf die § 82 Abs. 2 mit seiner Aufzählung zielt) müssen die Vorstandsmitglieder auch die von ihnen jeweils im Anstellungsvertrag übernommenen Dienstpflichten einhalten, soweit diese nicht zwingenden aktienrechtlichen Vorschriften oder der Satzung widersprechen[50]. So kann im **Anstellungsvertrag** z.B. die Funktions- bzw. Ressortzuständigkeit (ausschließlich mit schuldrechtlicher Wirkung[51]) festgelegt sein, häufig findet sich hier auch ein allgemeiner Verweis auf die Einhaltung der jeweiligen Geschäftsordnung für den Vorstand und die unternehmensinternen Corporate Governance- und/oder Corporate Compliance-Grundsätze. Solche Verweisklauseln führen dann auch zu einer dienstvertraglichen Pflichtenstellung, die unabhängig von einer organschaftlichen besteht (*Trennungsprinzip*). Unzulässig sind Vereinbarungen im Anstellungsvertrag, die dem Vorstandsmitglied die Verpflichtung auferlegen, bei Vornahme wichtiger Geschäfte die Zustimmung der Hauptversammlung einzuholen oder dem Aufsichtsrat über den Rahmen des § 111 Abs. 4 Satz 2 hinausgehende Mitwirkungsrechte einzuräumen[52]. 18

### 6. Rechtsfolgen bei Überschreitung der Geschäftsführungsbefugnis

Die Überschreitung der Geschäftsführungsbefugnis im Innenverhältnis lässt die Vertretungsbefugnis des Vorstands im Außenverhältnis grundsätzlich unberührt (§ 82 Abs. 1; zu den Grenzen und Ausnahmen Rz. 8 ff.). Allerdings ist das Vorstandsmitglied unter den weiteren Voraussetzungen des § 93 Abs. 2 der Gesellschaft gegenüber zum **Schadenersatz** verpflichtet[53]. Zudem kann die Pflichtverletzung den **Widerruf der Bestellung** (§ 84 Abs. 3) sowie die **Kündigung des dienstrechtlichen Anstellungsvertrages** aus wichtigem Grund zur Folge haben[54]. Missachtet der Vorstand einen in Geschäftsführungsangelegenheiten ergangenen Beschluss der Hauptversammlung (§ 119 Abs. 2), so kommt ein **Anspruch des einzelnen Aktionärs auf Vollzug bzw. Nichtvollzug der Maßnahme** in Betracht (§ 83 Rz. 14). Wesensähnlich aber davon zu unterscheiden ist der **Anspruch eines jeden Aktionärs** aus § 1004 BGB analog i.V.m. § 823 Abs. 1 AktG (sonstiges Recht) **auf Unterlassung und Beseitigung** solcher Maßnahmen, die den Bereich der Geschäftsführung überschreiten und infolge ihres struk- 19

---

49 *Mertens/Cahn* in KölnKomm. AktG, 3. Aufl., § 82 AktG Rz. 42; *Habersack* in Großkomm. AktG, 4. Aufl., § 82 AktG Rz. 29; *Spindler* in MünchKomm. AktG, 3. Aufl., § 82 AktG Rz. 43; *Fleischer* in Spindler/Stilz, § 82 AktG Rz. 36.
50 *Mertens/Cahn* in KölnKomm. AktG, 3. Aufl., § 82 AktG Rz. 42; *Spindler* in MünchKomm. AktG, 3. Aufl., § 82 AktG Rz. 44; *Wiesner* in MünchHdb. AG, § 21 Rz. 66; für die GmbH: *Koppensteiner* in Rowedder/Schmidt-Leithoff, § 35 GmbHG Rz. 81 ff.; *Paefgen* in Ulmer, § 35 GmbHG Rz. 245 ff.
51 Ähnlich *Hüffer*, § 82 AktG Rz. 13 („deklaratorische Bedeutung"); *Habersack* in Großkomm. AktG, 4. Aufl., § 82 AktG Rz. 29 („deklaratorische Bedeutung"); weitergehend *Spindler* in MünchKomm. AktG, 3. Aufl., § 82 AktG Rz. 31; wohl auch *Mertens/Cahn* in KölnKomm. AktG, 3. Aufl., § 82 AktG Rz. 42.
52 *Spindler* in MünchKomm. AktG, 3. Aufl., § 82 AktG Rz. 44.
53 *Habersack* in Großkomm. AktG, 4. Aufl., § 82 AktG Rz. 30; *Spindler* in MünchKomm. AktG, 3. Aufl., § 82 AktG Rz. 45; *Fleischer* in Spindler/Stilz, § 82 AktG Rz. 37.
54 *Hüffer*, § 82 AktG Rz. 14; *Mertens/Cahn* in KölnKomm. AktG, 3. Aufl., § 82 AktG Rz. 43; *Habersack* in Großkomm. AktG, 4. Aufl., § 82 AktG Rz. 30; *Spindler* in MünchKomm. AktG, 3. Aufl., § 82 AktG Rz. 45; *Fleischer* in Spindler/Stilz, § 82 AktG Rz. 37.

turändernden Charakters oder aus sonstigen Gründen in den Zuständigkeitsbereich der Hauptversammlung fallen[55]. Dagegen hat die Gesellschaft **keinen Anspruch gegen den Vorstand auf Vornahme einer bestimmten Geschäftsführungsmaßnahme**, den sie im Wege einer Klage (vertreten durch den Aufsichtsrat, § 112) gegen Vorstandsmitglieder durchsetzen könnte[56]. Der Aufsichtsrat kann auch nicht im Namen der Gesellschaft gegen die Vorstandsmitglieder auf Unterlassung einer bestimmten Geschäftsführungsmaßnahme klagen[57]; es verbleibt alleine bei der nachträglichen Sanktion der Schadenersatzpflicht nach § 93 Abs. 2 sowie der Abberufung und Kündigung des Anstellungsverhältnisses. Dies ist nur dann anders, wenn die Vornahme einer bestimmten Geschäftsführungsmaßnahme (z.B. Verkauf einer Unternehmensbeteiligung) an die Zustimmung des Aufsichtsrats geknüpft oder nach dem statutarischen Unternehmensgegenstand nicht vorgenommen werden darf[58]. In Einzelfällen kann auch der Widerruf der Bestellung aus wichtigem Grund (§ 84 Abs. 3) bei einer unmittelbar bevorstehenden Geschäftsführungsmaßnahme zulässig sein, die die internen Beschränkungen überschreitet[59].

# § 83
# Vorbereitung und Ausführung von Hauptversammlungsbeschlüssen

(1) Der Vorstand ist auf Verlangen der Hauptversammlung verpflichtet, Maßnahmen, die in die Zuständigkeit der Hauptversammlung fallen, vorzubereiten. Das Gleiche gilt für die Vorbereitung und den Abschluss von Verträgen, die nur mit Zustimmung der Hauptversammlung wirksam werden. Der Beschluss der Hauptversammlung bedarf der Mehrheiten, die für die Maßnahmen oder für die Zustimmung zu dem Vertrag erforderlich sind.

(2) Der Vorstand ist verpflichtet, die von der Hauptversammlung im Rahmen ihrer Zuständigkeit beschlossenen Maßnahmen auszuführen.

| | | | |
|---|---|---|---|
| I. Regelungsgegenstand und Normzweck | 1 | 1. Gegenstand der Vorbereitung | 4 |
| II. Vorbereitungspflicht (§ 83 Abs. 1) | 4 | a) Maßnahmen der Hauptversammlung | 4 |
| | | b) Zustimmungsbedürftige Verträge | 6 |

---

[55] Grundlegend BGH v. 25.2.1982 – II ZR 184/00 – „Holzmüller", BGHZ 83, 122, 132 ff. = NJW 1982, 1703 = AG 1982, 158; BGH v. 26.4.2004 – II ZR 155/02 – „Gelatine I", BGHZ 159, 30 = ZIP 2004, 993 = AG 2004, 384; *Habersack*, Mitgliedschaft, 1996, S. 117 ff., 171 ff., 297 ff.; zu Unterlassungs- und Beseitigungsansprüchen von Aktionären im Übernahmerecht *Seibt* in Henze/Hoffmann-Becking, Gesellschaftsrecht 2003, 2004, S. 337, 355 ff. und 271 f.

[56] BGH v. 28.11.1988 – II ZR 57/88 – „Opel", AG 1989, 89, 90; *Hüffer*, § 90 AktG Rz. 23; *Mertens/Cahn* in KölnKomm. AktG, 3. Aufl., Vorbem. § 76 AktG Rz. 4; *Mertens*, ZHR 154 (1990), 24 ff.; *Spindler* in MünchKomm. AktG, 3. Aufl., § 82 AktG Rz. 47; *Stodolkowitz*, ZHR 154 (1990), 1 ff.; *Hoffmann-Becking* in MünchHdb. AG, § 33 Rz. 76.

[57] BGH v. 28.11.1988 – II ZR 57/88 – „Opel", AG 1989, 89, 90; *Hüffer*, § 90 AktG Rz. 23; *Mertens/Cahn* in KölnKomm. AktG, 3. Aufl., Vorbem. § 76 AktG Rz. 4; *Mertens*, ZHR 154 (1990), 24 ff.; *Spindler* in MünchKomm. AktG, 3. Aufl., § 82 AktG Rz. 47; *Raiser*, ZGR 1989, 44, 56 ff.

[58] *Hüffer*, § 90 AktG Rz. 23; *Spindler* in MünchKomm. AktG, 3. Aufl., § 82 AktG Rz. 47; *Posek*, DB 1996, 2165 ff.

[59] *Hüffer*, § 90 AktG Rz. 23; *Mertens/Cahn* in KölnKomm. AktG, 3. Aufl., Vorbem. § 76 AktG Rz. 4; *Spindler* in MünchKomm. AktG, 3. Aufl., § 82 AktG Rz. 47.

| | | | |
|---|---|---|---|
| 2. Verlangen der Hauptversammlung | 8 | 3. Grenzen | 12 |
| III. Ausführungspflicht (§ 83 Abs. 2) | 10 | IV. Rechtsfolgen einer Pflichtverletzung | 13 |
| 1. Voraussetzungen | 10 | 1. Ansprüche der Gesellschaft | 13 |
| 2. Inhalt | 11 | 2. Ansprüche der Aktionäre | 14 |

## I. Regelungsgegenstand und Normzweck

Die Vorschrift des **§ 83 Abs. 1** verpflichtet den Vorstand auf Verlangen der Hauptversammlung zur *Vorbereitung* von Maßnahmen die in die Zuständigkeit der Hauptversammlung fallen (Satz 1) oder die im Zusammenhang mit Verträgen stehen, die nur mit Zustimmung der Hauptversammlung wirksam werden (Satz 2). Diese **Vorbereitungspflicht** zielt auf die **Effektivierung der in § 119 niedergelegten Kompetenzen der Hauptversammlung**[1]. Die Beschlusszuständigkeiten der Hauptversammlung sollen nicht deshalb faktisch leer laufen, weil die Hauptversammlung aufgrund ihrer Organisationsschwäche nicht zu den erforderlichen praktischen Maßnahmen in der Lage ist. Demgegenüber ist der Vorstand als das primär zur Geschäftsführung berufene Organ (§§ 76 Abs. 1, 77 Abs. 1 Satz 1) am sachnächsten, um eine Beschlussfassung der Hauptversammlung fachlich umfassend und kosteneffizient vorzubereiten. Sie verlängert auch die gesetzlichen Vorbereitungspflichten insbesondere im Zusammenhang mit der Einberufung der Hauptversammlung und der Beschlussfassung von Strukturmaßnahmen (vgl. §§ 120 Abs. 3 Satz 2 und Satz 3, 175 Abs. 2 und Abs. 3, 293 f. AktG, §§ 61, 63 f., 73, 78, 125 Satz 1, 239 UmwG). 1

**§ 83 Abs. 2** regelt die **Pflicht des Vorstands zur Ausführung der von der Hauptversammlung im Rahmen ihrer Zuständigkeit beschlossenen Maßnahmen** bzw. seine Pflicht, sich des Vollzugs von Negativbeschlüssen zu enthalten. Da der Vorstand nach §§ 76 Abs. 1, 77 Abs. 1 Satz 1 das primäre Geschäftsführungs- und damit Exekutivorgan der Gesellschaft ist, kommt der Pflichtenzuweisung in § 83 Abs. 2 nur **klarstellende Bedeutung** zu[2]. Sie ist wegen der Organisationsschwäche der Hauptversammlung auch sachlich zutreffend und wohlfahrtsökonomisch sinnvoll. Die Ausführungspflicht steht im systematischen Zusammenhang mit dem Haftungsprivileg des § 93 Abs. 4 Satz 1 und mit dem Vorlagerecht des Vorstands für Geschäftsführungsmaßnahmen nach § 119 Abs. 2[3]. 2

Die Vorschrift des **§ 83 begründet jedoch keine Zuständigkeit der Hauptversammlung**, insbesondere modifiziert sie den Regelungsgehalt von § 119 Abs. 2 nicht. Sie gilt auch im faktischen Konzern, im Vertragskonzern und bei Eingliederung der Gesellschaft[4]. Auch das Weisungsrecht nach §§ 308, 323 lässt die Zuständigkeit der Hauptversammlung unberührt, so dass das herrschende Unternehmen insoweit im Grundsatz keine Weisungen erteilen kann[5]. Das herrschende Unternehmen ist berechtigt, den Vorstand anzuweisen, die in den Zuständigkeitsbereich der Hauptver- 3

---

1 Vgl. Begr. RegE AktG 1965 zu § 83, zit. bei *Kropff*, Aktiengesetz, S. 104; *Hüffer*, § 83 AktG Rz. 1; *Habersack* in Großkomm. AktG, 4. Aufl., § 83 AktG Rz. 2; *Fleischer* in Spindler/Stilz, § 83 AktG Rz. 1.
2 *Habersack* in Großkomm. AktG, 4. Aufl., § 83 AktG Rz. 2; *Fleischer* in Spindler/Stilz, § 83 AktG Rz. 7.
3 Zutr. *Mertens/Cahn* in KölnKomm. AktG, 3. Aufl., § 83 AktG Rz. 2.
4 *Habersack* in Großkomm. AktG, 4. Aufl., § 83 AktG Rz. 4; *Spindler* in MünchKomm. AktG, 3. Aufl., § 83 AktG Rz. 3.
5 OLG Karlsruhe v. 7.12.1990 – 15 U 256/89, AG 1991, 144, 146; *Habersack* in Großkomm. AktG, 4. Aufl., § 83 AktG Rz. 4; *Spindler* in MünchKomm. AktG, 3. Aufl., § 83 AktG Rz. 3.

sammlung fallenden Maßnahmen vorzubereiten und der Hauptversammlung zur Beschlussfassung vorzulegen[6].

## II. Vorbereitungspflicht (§ 83 Abs. 1)

### 1. Gegenstand der Vorbereitung

#### a) Maßnahmen der Hauptversammlung

4  Die Pflicht zur Vorbereitung setzt im ersten Fall voraus, dass die Maßnahme „in die Zuständigkeit der Hauptversammlung" fällt (**§ 83 Abs. 1 Satz 1**). Davon betroffen sind (1) die in § 119 Abs. 1 aufgeführten sowie die andernorts der Hauptversammlung zugewiesenen Maßnahmen (vgl. §§ 103, 147, 173, 234 Abs. 2, 270 Abs. 2, 274, 319, 320 AktG, §§ 13, 65, 73 UmwG)[7], (2) Strukturmaßnahmen, die nach der Holzmüller/Gelatine-Rechtsprechung zustimmungspflichtig sind[8], (3) die Geschäftsführungsmaßnahmen, für die der Vorstand die Entscheidung der Hauptversammlung nach § 119 Abs. 2 verlangt[9], sowie (4) die Maßnahmen, die aufgrund ausdrücklicher Satzungsregelung unter Beachtung von § 23 Abs. 5 der Zuständigkeit der Hauptversammlung unterliegen[10].

5  Aus der umfassenden Geschäftsführungsbefugnis des Vorstands (und nicht aus § 83 Abs. 1) folgt eine Vorbereitungspflicht für **Maßnahmen, die nur an einen geschäftsinternen Zustimmungsbeschluss der Hauptversammlung gebunden** sind, aber im Außenverhältnis ohne die Mitwirkung der Hauptversammlung wirksam vorgenommen werden können[11], sowie die **regelmäßig wiederkehrenden Beschlüsse**. Dies betrifft insbesondere (1) die Zustimmung zur Übertragung von Namensaktien nach § 68 Abs. 2 Sätze 2 und 3[12], (2) die Entscheidung einer Zustimmungsverweigerung des Aufsichtsrats nach § 111 Abs. 4 Satz 3[13], (3) die Ausgabe von Wandel-, Gewinnschuldverschreibungen und Genussrechten nach § 221[14] sowie (4) die Hauptversammlungsbeschlüsse über die Gewinnverwendung und Entlastung in der ordentlichen Hauptversammlung durch Vorlage des Jahresabschlusses, des Lageberichts und des Berichts des Aufsichtsrats (§ 120 Abs. 3 Satz 2).

---

6 OLG Karlsruhe v. 7.12.1990 – 15 U 256/89, AG 1991, 144, 146; *Habersack* in Großkomm. AktG, 4. Aufl., § 83 AktG Rz. 4; *Spindler* in MünchKomm. AktG, 3. Aufl., § 83 AktG Rz. 3.
7 *Spindler* in MünchKomm. AktG, 3. Aufl., § 83 AktG Rz. 6; *Habersack* in Großkomm. AktG, 4. Aufl., § 83 AktG Rz. 6 mit Fn. 5; *Fleischer* in Spindler/Stilz, § 83 AktG Rz. 3.
8 *Habersack* in Großkomm. AktG, 4. Aufl., § 83 AktG Rz. 6; *Spindler* in MünchKomm. AktG, 3. Aufl., § 83 AktG Rz. 6; *Fleischer* in Spindler/Stilz, § 83 AktG Rz. 3; *Hüffer*, § 83 AktG Rz. 2; a.A. *Mertens/Cahn* in KölnKomm. AktG, 3. Aufl., § 83 AktG Rz. 4.
9 *Hüffer*, § 83 AktG Rz. 2; *Mertens/Cahn* in KölnKomm. AktG, 3. Aufl., § 83 AktG Rz. 4; *Habersack* in Großkomm. AktG, 4. Aufl., § 83 AktG Rz. 6; *Spindler* in MünchKomm. AktG, 3. Aufl., § 83 AktG Rz. 6; *Fleischer* in Spindler/Stilz, § 83 AktG Rz. 3.
10 *Hüffer*, § 83 AktG Rz. 2.
11 *Hüffer*, § 83 AktG Rz. 2; *Habersack* in Großkomm. AktG, 4. Aufl., § 83 AktG Rz. 6 (anders 3. Aufl. Rz. 2); *Spindler* in MünchKomm. AktG, 3. Aufl., § 83 AktG Rz. 7; *Werner*, AG 1972, 93, 99; a.A. *Mertens/Cahn* in KölnKomm. AktG, 3. Aufl., § 83 AktG Rz. 4.
12 *Hüffer*, § 83 AktG Rz. 2; *Spindler* in MünchKomm. AktG, 3. Aufl., § 83 AktG Rz. 8.
13 *Hüffer*, § 83 AktG Rz. 2; *Habersack* in Großkomm. AktG, 4. Aufl., § 83 AktG Rz. 6; *Spindler* in MünchKomm. AktG, 3. Aufl., § 83 AktG Rz. 8; *Werner*, AG 1972, 93, 99.
14 *Hüffer*, § 83 AktG Rz. 2; *Habersack* in Großkomm. AktG, 4. Aufl., § 83 AktG Rz. 6; *Spindler* in MünchKomm. AktG, 3. Aufl., § 83 AktG Rz. 8; *Werner*, AG 1972, 93, 98 f.; a.A. *Mertens/Cahn* in KölnKomm. AktG, 3. Aufl., § 83 AktG Rz. 4.

## b) Zustimmungsbedürftige Verträge

Die Vorbereitungspflicht des Vorstands wird durch § 83 Abs. 1 Satz 2 auf die Fälle erweitert, in denen der Vorstand auf Verlangen der Hauptversammlung zur „Vorbereitung und [zum] Abschluss von Verträgen [verpflichtet wird], die nur mit Zustimmung der Hauptversammlung wirksam werden". Dem sachlichen **Anwendungsbereich** unterliegen daher (1) Unternehmensverträge (§ 293 Abs. 1)[15], (2) Verschmelzungsverträge (§§ 13, 65, 73 UmwG)[16], (3) Nachgründungsverträge (§ 52)[17], (4) Gesamtvermögensgeschäfte i.S. von § 179a[18] sowie (5) Verträge, die auf einen Verzicht auf oder einen Vergleich über Ersatzansprüche der Gesellschaft gerichtet sind (§§ 50, 53 Satz 1, 93 Abs. 4 Satz 3, 116, 117 Abs. 4, 309 Abs. 3, 310 Abs. 4, 317 Abs. 4, 318 Abs. 4, 323 Abs. 1 Satz 2)[19].

6

Der sprachlich misslungene Gesetzeswortlaut („Verpflichtung zur Vorbereitung der Vorbereitung") ist in dem Sinne zu lesen, dass der Vorstand auf Verlangen der Hauptversammlung die zur Vorbereitung und zum Abschluss von zustimmungsbedürftigen Verträgen erforderlichen Maßnahmen zu ergreifen hat. Die Norm begründet also ein **Initiativrecht der Hauptversammlung** in der Art, dass der Vorstand auch dann zur Vorbereitung des Vertragsschlusses verpflichtet ist, wenn dies die Hauptversammlung, nicht aber der Vorstand wünscht[20]. Das Initiativrecht der Hauptversammlung verlängert sich dann über deren Zustimmungskompetenz bis zur Ausführungspflicht des Vorstands nach § 83 Abs. 2.

7

## 2. Verlangen der Hauptversammlung

Die Vorbereitungspflicht des Vorstands setzt als zweite Voraussetzung ein entsprechendes **Verlangen der Hauptversammlung in Form eines Beschlusses** voraus, der der für die Maßnahme oder die Zustimmung zum Vertrag erforderlichen Mehrheit bedarf (§ 83 Abs. 1 Satz 3). Durch diese Anforderung wird sichergestellt, dass der Vorstand nicht zu von vornherein überflüssigen Vorbereitungshandlungen verpflichtet wird[21]. Dieser Normzweck verlangt überdies, dass in den Fällen, in denen es zur Wirksamkeit der Maßnahme eines Sonderbeschlusses bedarf (vgl. §§ 179 Abs. 3, 182 Abs. 2, 222 Abs. 2, 295 Abs. 2), die Vorbereitungspflicht von einer entsprechenden Beschlussfassung abhängig zu machen ist[22].

8

---

15 *Fleischer* in Spindler/Stilz, § 83 AktG Rz. 5.
16 BGH v. 5.4.1993 – II ZR 238/91, BGHZ 122, 211, 217 = AG 1993, 422 = NJW 1993, 1976 (zu Unternehmensvertrag); *Hüffer*, § 83 AktG Rz. 3; *Habersack* in Großkomm. AktG, 4. Aufl., § 83 AktG Rz. 7; *Spindler* in MünchKomm. AktG, 3. Aufl., § 83 AktG Rz. 10; *Fleischer* in Spindler/Stilz, § 83 AktG Rz. 5.
17 *Spindler* in MünchKomm. AktG, 3. Aufl., § 83 AktG Rz. 10; *Fleischer* in Spindler/Stilz, § 83 AktG Rz. 5.
18 *Habersack* in Großkomm. AktG, 4. Aufl., § 83 AktG Rz. 7; *Fleischer* in Spindler/Stilz, § 83 AktG Rz. 5.
19 *Hüffer*, § 83 AktG Rz. 3; *Habersack* in Großkomm. AktG, 4. Aufl., § 83 AktG Rz. 7; *Spindler* in MünchKomm. AktG, 3. Aufl., § 83 AktG Rz. 10; *Fleischer* in Spindler/Stilz, § 83 AktG Rz. 5.
20 Vgl. LG Köln v. 5.10.2007 – 82 O 114/06, AG 2008, 336, 340, Rz. 156; *Hüffer*, § 83 AktG Rz. 3; *Mertens/Cahn* in KölnKomm. AktG, 3. Aufl., § 83 AktG Rz. 5; *Habersack* in Großkomm. AktG, 4. Aufl., § 83 AktG Rz. 8; *Spindler* in MünchKomm. AktG, 3. Aufl., § 83 AktG Rz. 9; *Fleischer* in Spindler/Stilz, § 83 AktG Rz. 5; *Werner*, AG 1972, 93, 98; vgl. auch Begr. RegE AktG 1965 zu § 83, zit. bei *Kropff*, Aktiengesetz, S. 104.
21 Begr. RegE AktG 1965 zu § 83, zit. bei *Kropff*, Aktiengesetz, S. 104; *Hüffer*, § 83 AktG Rz. 4; *Habersack* in Großkomm. AktG, 4. Aufl., § 83 AktG Rz. 9; *Spindler* in MünchKomm. AktG, 3. Aufl., § 83 AktG Rz. 11; *Fleischer* in Spindler/Stilz, § 83 AktG Rz. 6.
22 *Mertens/Cahn* in KölnKomm. AktG, 3. Aufl., § 83 AktG Rz. 6; *Habersack* in Großkomm. AktG, 4. Aufl., § 83 AktG Rz. 9; *Spindler* in MünchKomm. AktG, 3. Aufl., § 83 AktG Rz. 11; *Wiesner* in MünchHdb. AG, § 25 Rz. 79; *Fleischer* in Spindler/Stilz, § 83 AktG Rz. 6.

9   Die Vorschrift des § 83 Abs. 1 kann nicht teleologisch in der Weise ausgelegt werden, dass eine Vorbereitungspflicht des Vorstands auch in den Fällen eintritt, in denen einer **Aktionärsminderheit** ein **Initiativrecht** zusteht, also namentlich in den Fällen der Bestellung von Sonderprüfern (§§ 142 Abs. 2 und Abs. 4, 258 Abs. 2 Satz 3) und der Geltendmachung von Ersatzansprüchen der Gesellschaft (§ 147)[23]. Mit § 83 Abs. 1 verfolgt der Gesetzgeber nämlich den Zweck, die effektive Wahrnehmung von Hauptversammlungskompetenzen zu ermöglichen (Rz. 1), während die Fälle der Minderheitenrechte gerade dadurch gekennzeichnet sind, dass die Hauptversammlung zunächst mehrheitlich die Einleitung entsprechender Maßnahmen abgelehnt hat[24]. Der Vorstand soll in diesen Fällen nicht gegen den Willen der Aktionärsmehrheit handeln; das Minderheitsverlangen ist vielmehr durch gerichtliche Anordnung zu vollziehen (vgl. §§ 142 Abs. 2 und Abs. 4, 147 Abs. 3 Satz 2, 258 Abs. 2 Satz 3). Entsprechendes gilt erst recht in den Fällen, in denen der Minderheit nur ein **Widerspruchsrecht** zusteht (vgl. §§ 50 Satz 1, 53 Satz 1, 93 Abs. 4 Satz 3)[25] oder ein **Einzelaktionär** zur Geltendmachung von Ansprüchen der Gesellschaft berechtigt ist (vgl. §§ 309 Abs. 4, 310 Abs. 4, 317 Abs. 4, 318 Abs. 4, 323 Abs. 1 Satz 2)[26].

### III. Ausführungspflicht (§ 83 Abs. 2)

#### 1. Voraussetzungen

10  Die Ausführungspflicht des Vorstands setzt zunächst voraus, dass die betreffende Maßnahme in die **Zuständigkeit der Hauptversammlung** fällt (Rz. 4); insbesondere werden also auch die auf Verlangen des Vorstands nach § 119 Abs. 2 beschlossenen Geschäftsführungsmaßnahmen erfasst[27]. Die Ausführungspflicht setzt weiter voraus, dass der Beschluss der Hauptversammlung **gesetzmäßig** ist (arg. e § 93 Abs. 4 Satz 1)[28]. Etwaige Anfechtungsgründe sind mit Bestandskraft des Hauptversammlungsbeschlusses unbeachtlich, d.h. der Vorstand ist – wenn kein Nichtigkeitsgrund vorliegt – mit Ablauf der Monatsfrist des § 246 Abs. 1 grundsätzlich zu seiner Ausführung verpflichtet[29]. Schließlich setzt § 83 Abs. 2 voraus, dass die Maßnahme ausführungsbedürftig ist (z.B. Abschluss eines Vertrags, Eintragung in das Handelsregister)[30].

---

23 *Hüffer*, § 83 AktG Rz. 4; *Mertens/Cahn* in KölnKomm. AktG, 3. Aufl., § 83 AktG Rz. 7; *Habersack* in Großkomm. AktG, 4. Aufl., § 83 AktG Rz. 10; *Fleischer* in Spindler/Stilz, § 83 AktG Rz. 6; a.A. *Spindler* in MünchKomm. AktG, 3. Aufl., § 83 AktG Rz. 12.
24 Zutr. *Mertens/Cahn* in KölnKomm. AktG, 3. Aufl., § 83 AktG Rz. 6; *Habersack* in Großkomm. AktG, 4. Aufl., § 83 AktG Rz. 10; *Fleischer* in Spindler/Stilz, § 83 AktG Rz. 6.
25 Unstr. *Mertens/Cahn* in KölnKomm. AktG, 3. Aufl., § 83 AktG Rz. 7; *Habersack* in Großkomm. AktG, 4. Aufl., § 83 AktG Rz. 10; *Spindler* in MünchKomm. AktG, 3. Aufl., § 83 AktG Rz. 12; *Fleischer* in Spindler/Stilz, § 83 AktG Rz. 6.
26 Unstr. *Mertens/Cahn* in KölnKomm. AktG, 3. Aufl., § 83 AktG Rz. 7; *Habersack* in Großkomm. AktG, 4. Aufl., § 83 AktG Rz. 10; *Spindler* in MünchKomm. AktG, 3. Aufl., § 83 AktG Rz. 13; *Fleischer* in Spindler/Stilz, § 83 AktG Rz. 6.
27 BGH v. 15.1.2001 – II ZR 124/99, BGHZ 146, 288, 293 = AG 2001, 261 = NJW 2001, 1277; *Hüffer*, § 83 AktG Rz. 5; *Mertens/Cahn* in KölnKomm. AktG, 3. Aufl., § 83 AktG Rz. 9; *Habersack* in Großkomm. AktG, 4. Aufl., § 83 AktG Rz. 11; *Spindler* in MünchKomm. AktG, 3. Aufl., § 83 AktG Rz. 21, *Fleischer* in Spindler/Stilz, § 83 AktG Rz. 7; a.A. v. Godin/Wilhelmi, § 93 AktG Anm. 22 und § 119 AktG Anm. 6.
28 *Habersack* in Großkomm. AktG, 4. Aufl., § 83 AktG Rz. 12; *Spindler* in MünchKomm. AktG, 3. Aufl., § 83 AktG Rz. 17 ff.; *Mertens/Cahn* in KölnKomm. AktG, 3. Aufl., § 83 AktG Rz. 9; *Fleischer* in Spindler/Stilz, § 83 AktG Rz. 8.
29 *Habersack* in Großkomm. AktG, 4. Aufl., § 83 AktG Rz. 12; *Fleischer* in Spindler/Stilz, § 83 AktG Rz. 13 ff.
30 *Habersack* in Großkomm. AktG, 4. Aufl., § 83 AktG Rz. 12.

## 2. Inhalt

Der Inhalt der Ausführungspflicht bestimmt sich nach der Art der beschlossenen Maßnahme (z.B. Abschluss eines Vertrags, Anmeldung zur Handelsregistereintragung, Durchführung einer Kapitalerhöhung) und dem konkreten Hauptversammlungsbeschluss unter Berücksichtigung der mit diesem verfolgten Ziele und Einzelfallumstände (z.B. Sanierungsnotwendigkeit)[31]. Neben der **Pflicht zur Ausführung positiver Beschlüsse** kann auch die **Pflicht zur Beachtung negativer, auf Nichtvornahme einer Maßnahme gerichteter Beschlüsse** bestehen[32]. 11

## 3. Grenzen

Vor der Ausführung von Beschlüssen der Hauptversammlung hat der Vorstand ihre **Gesetzmäßigkeit zu prüfen**; bei Feststellung einer Gesetzes- oder Satzungswidrigkeit kann er den Hauptversammlungsbeschluss durch Anfechtungsklage beseitigen (§§ 243, 245 Nr. 4 und 5). Anhand einer konkreten Einzelfallbetrachtung ist festzustellen, ob der Vorstand auch zur Erhebung einer Anfechtungsklage verpflichtet ist, was in der Regel zu bejahen ist, wenn durch die Beschlussausführung die AG voraussichtlich geschädigt wird[33]. Ist infolge Fristablaufs eine Anfechtung nicht mehr möglich, so kann er ausnahmsweise die Beschlussausführung verweigern, wenn er mit überzeugenden Gründen annehmen darf, dass er wegen der pflichtwidrigen Unterlassung der Klageerhebung nach § 93 Abs. 4, Abs. 5 der AG und den Gesellschaftsgläubigern gegenüber zum Schadensersatz verpflichtet ist[34]. Der Vorstand ist in der Regel verpflichtet, eine erneute Entscheidung der Hauptversammlung herbeizuführen, wenn die Ausführung eines an sich gesetzesmäßigen Hauptversammlungsbeschlusses infolge veränderter Umstände der AG Schaden zufügen würde[35] und eine teleologische Auslegung des Hauptversammlungsbeschlusses (Rz. 11) nicht zur Schadensabwehr hinreichend ist. 12

## IV. Rechtsfolgen einer Pflichtverletzung

### 1. Ansprüche der Gesellschaft

Die Nichterfüllung der in § 83 Abs. 1 und Abs. 2 statuierten Pflichten kann bei Vorliegen der weiteren Voraussetzungen des § 93 Abs. 2 zur **Schadensersatzpflicht** der Vorstandsmitglieder, gleichzeitig auch zur **Abberufung aus wichtigem Grund** (§ 84 Abs. 3) sowie zur **außerordentlichen Kündigung des Vorstands-Anstellungsvertrags** führen[36]. Zweifel über das Bestehen einer Vorbereitungs- oder Ausführungspflicht nach § 83 können ein Rechtsschutzbedürfnis für eine Feststellungsklage der Gesellschaft (vertreten durch den Aufsichtsrat, § 112[37]) nach § 256 ZPO bieten. Die durch 13

---

31 Zum Ausführungsspielraum bei der Durchführung von Sanierungskapitalerhöhungen *Seibt/Voigt*, AG 2009, 133, 137; *Seibt*, Der Konzern 2009, 261, 265.
32 *Habersack* in Großkomm. AktG, 4. Aufl., § 83 AktG Rz. 14; *Fleischer* in Spindler/Stilz, § 83 AktG Rz. 7; *Raiser*, ZHR 153 (1989), 1, 33; *Zöllner*, ZGR 1988, 392, 415 f.; offen lassend OLG München v. 12.5.1993 – 27 U 459/92, BB 1993, 2040 = AG 1994, 134.
33 *Spindler* in MünchKomm. AktG, 3. Aufl., § 83 AktG Rz. 22.
34 Ähnlich *Mertens/Cahn* in KölnKomm. AktG, 3. Aufl., § 83 AktG Rz. 9; *Habersack* in Großkomm. AktG, 4. Aufl., § 83 AktG Rz. 13; *Spindler* in MünchKomm. AktG, 3. Aufl., § 83 AktG Rz. 22; *Fleischer* in Spindler/Stilz, § 83 AktG Rz. 8.
35 *Spindler* in MünchKomm. AktG, 3. Aufl., § 83 AktG Rz. 23; *Habersack* in Großkomm. AktG, 4. Aufl., § 83 AktG Rz. 13; *Fleischer* in Spindler/Stilz, § 83 AktG Rz. 17.
36 *Habersack* in Großkomm. AktG, 4. Aufl., § 83 AktG Rz. 25; *Spindler* in MünchKomm. AktG, 3. Aufl., § 83 AktG Rz. 24; *Fleischer* in Spindler/Stilz, § 83 AktG Rz. 18.
37 *Spindler* in MünchKomm. AktG, 3. Aufl., § 83 AktG Rz. 24; *Fleischer* in Spindler/Stilz, § 83 AktG Rz. 18.

den Aufsichtsrat vertretene Gesellschaft (§ 112) kann darüber hinaus die Vorstandsmitglieder auch auf Erfüllung ihrer Pflichten aus § 83 verklagen (kein unangemessener Eingriff in die Geschäftsführungsbefugnis des Vorstands)[38].

### 2. Ansprüche der Aktionäre

14   Des Weiteren hat jeder Aktionär einen auf Erfüllung gerichteten Individualanspruch, der aus dem mitgliedschaftlichen Rechtsverhältnis folgt und sich gegen die AG richtet[39]. Die Verletzung der Ausführungspflicht kann ferner als Eingriff in die deliktsrechtlich geschützte Mitgliedschaft des Aktionärs (§ 823 Abs. 1 BGB, „sonstiges Recht") qualifizieren[40].

## § 84
## Bestellung und Abberufung des Vorstands

(1) Vorstandsmitglieder bestellt der Aufsichtsrat auf höchstens fünf Jahre. Eine wiederholte Bestellung oder Verlängerung der Amtszeit, jeweils für höchstens fünf Jahre, ist zulässig. Sie bedarf eines erneuten Aufsichtsratsbeschlusses, der frühestens ein Jahr vor Ablauf der bisherigen Amtszeit gefasst werden kann. Nur bei einer Bestellung auf weniger als fünf Jahre kann eine Verlängerung der Amtszeit ohne neuen Aufsichtsratsbeschluss vorgesehen werden, sofern dadurch die gesamte Amtszeit nicht mehr als fünf Jahre beträgt. Dies gilt sinngemäß für den Anstellungsvertrag; er kann jedoch vorsehen, dass er für den Fall einer Verlängerung der Amtszeit bis zu deren Ablauf weitergilt.

(2) Werden mehrere Personen zu Vorstandsmitgliedern bestellt, so kann der Aufsichtsrat ein Mitglied zum Vorsitzenden des Vorstands ernennen.

(3) Der Aufsichtsrat kann die Bestellung zum Vorstandsmitglied und die Ernennung zum Vorsitzenden des Vorstands widerrufen, wenn ein wichtiger Grund vorliegt. Ein solcher Grund ist namentlich grobe Pflichtverletzung, Unfähigkeit zur ordnungsmäßigen Geschäftsführung oder Vertrauensentzug durch die Hauptversammlung, es sei denn, dass das Vertrauen aus offenbar unsachlichen Gründen entzogen worden ist. Dies gilt auch für den vom ersten Aufsichtsrat bestellten Vorstand. Der Widerruf ist wirksam, bis seine Unwirksamkeit rechtskräftig festgestellt ist. Für die Ansprüche aus dem Anstellungsvertrag gelten die allgemeinen Vorschriften.

(4) Die Vorschriften des Gesetzes über die Mitbestimmung der Arbeitnehmer in den Aufsichtsräten und Vorständen der Unternehmen des Bergbaus und der Eisen und Stahl erzeugenden Industrie vom 21. Mai 1951 (Bundesgesetzbl. I S. 347) – Montan-Mitbestimmungsgesetz – über die besonderen Mehrheitserfordernisse für einen Aufsichtsratsbeschluss über die Bestellung eines Arbeitsdirektors oder den Widerruf seiner Bestellung bleiben unberührt.

---

38   *Spindler* in MünchKomm. AktG, 3. Aufl., § 83 AktG Rz. 25; *Hommelhoff*, ZHR 143 (1979), 288, 309 f.; *Stodolkowitz*, ZHR 154 (1990), 1, 9 f.; zurückhaltend *Habersack* in Großkomm. AktG, 4. Aufl., § 83 AktG Rz. 15; a.A. *Hüffer*, § 83 AktG Rz. 6; *Mertens/Cahn* in KölnKomm. AktG, 3. Aufl., § 83 AktG Rz. 12; *Fleischer* in Spindler/Stilz, § 83 AktG Rz. 18; *Mertens*, ZHR 154 (1990), 24, 34 f.
39   *Hüffer*, § 83 AktG Rz. 6; *Mertens/Cahn* in KölnKomm. AktG, 3. Aufl., § 83 AktG Rz. 12; *Zöllner*, ZGR 1988, 392, 415; offen gelassen OLG München v. 12.5.1993 – 27 U 459/92, BB 1993, 2040 = AG 1994, 134; *Fleischer* in Spindler/Stilz, § 83 AktG Rz. 18.
40   *Habersack* in Großkomm. AktG, 4. Aufl., § 83 AktG Rz. 16.

## I. Grundlagen ................. 1
1. Regelungsgegenstand und Normzweck ................. 1
2. Trennung von organrechtlichen und schuldvertragrechtlichen Rechtsbeziehungen ................. 5

## II. Bestellung von Vorstandsmitgliedern (§ 84 Abs. 1) ................. 6
1. Begriff und Rechtsnatur ......... 6
2. Zuständigkeit ............... 8
3. Voraussetzungen der Bestellung und Verfahren ................. 9
   a) Beschluss ................. 9
   b) Beschlussermessen und Eignungsvoraussetzungen ........... 11
4. Amtszeit ................... 13
   a) Dauer der Bestellung ........ 13
   b) Wiederbestellung ........... 15
   c) Leistungen nach Ausscheiden ... 18
5. Rechte und Pflichten aus der Bestellung ................. 19
   a) Organschaftliche Rechts- und Pflichtenstellung ............ 19
   b) Sonderfall: Insolvenz ........ 20
6. Fehlerhafte Bestellung .......... 21
   a) Außenverhältnis ............ 21
   b) Innergesellschaftlicher Bereich .. 22

## III. Anstellungsvertrag ............ 23
1. Begriff und Rechtsnatur ......... 23
2. Zuständigkeit ............... 24
   a) Aufsichtsrat ............... 24
   b) Sonderfall: Drittanstellungsvertrag ................. 26
3. Form und Vertragsdauer ......... 27
4. Rechte und Pflichten aus dem Anstellungsvertrag ............ 29
   a) Vergütung und Versorgung ..... 29
   b) Sonstige Ansprüche .......... 33
   c) Pflichten ................. 35
   d) Änderung der Rechte und Pflichten ................. 37
5. Fehlerhafte Anstellung .......... 38

## IV. Vorsitzender des Vorstands (§ 84 Abs. 2) ................. 39
1. Ernennung ................... 39
2. Rechtsstellung ............... 41
3. Chief Executive Officer; Vorstandssprecher ................. 42
4. Widerruf der Ernennung ........ 44

## V. Widerruf der Bestellung (§ 84 Abs. 3) . 45
1. Begriff und Rechtsnatur ......... 45
2. Zuständigkeit und Verfahren ...... 46
3. Widerrufsgründe ............. 48
   a) Wichtiger Grund ............ 48
   b) Einzelfälle ................. 49a
   c) Vertrauensentzug ........... 50
4. Widerrufswirkungen ........... 52
   a) Wirksamkeit ............... 52
   b) Rechtsschutz ............... 53
   c) Folgen einer Rückkehr des unwirksam abberufenen Vorstandsmitglieds ................. 55
5. Sonstige Beendigungstatbestände ... 56
   a) Amtsniederlegung ........... 56
   b) Einverständliches Ausscheiden .. 57
   c) Sonstige Beendigungsgründe ... 58
6. Suspendierung ............... 59

## VI. Kündigung des Anstellungsvertrags . 60
1. Allgemeines ................. 60
2. Zuständigkeit und Verfahren ...... 61
3. Kündigung durch Gesellschaft .... 62
   a) Zwingendes Recht zur Kündigung . 62
   b) Kündigungs- und Verwirkungsfrist ................. 63
   c) Wichtiger Grund ............ 66
   d) Rechtsfolgen ............... 68
   e) Änderungskündigung ......... 69
   f) Auflösende Bedingung ........ 70
   g) Rechtsschutz ............... 71
4. Kündigung durch das Vorstandsmitglied ................. 72
5. Sonstige Beendigungsgründe ...... 75

## VII. Arbeitsdirektor in der Montan-Mitbestimmung (§ 84 Abs. 4) ...... 76

*Literatur: Bauer/Arnold*, Der „richtige Zeitpunkt" für die Erstbestellung von Vorstandsmitgliedern, DB 2007, 1571; *Bauer/Diller*, Koppelung von Abberufung und Kündigung bei Organmitgliedern, GmbHR 1998, 809; *Bauer/Krets*, Gesellschaftsrechtliche Sonderregeln bei der Beendigung von Vorstands- und Geschäftsführerverträgen, DB 2003, 811; *Baums*, Der Geschäftsleitervertrag, 1987; *Bezzenberger*, Der Vorstandsvorsitzende der Aktiengesellschaft, ZGR 1996, 661; *Eckardt*, Die Beendigung der Vorstands- und Geschäftsführerstellung in Kapitalgesellschaften, 1989; *Fleck*, Das Dienstverhältnis der Vorstandsmitglieder und Geschäftsführer von Kapitalgesellschaften in der Rechtsprechung des BGH, WM 1968, Sonderbeilage Nr. 3; WM 1981, Sonderbeilage Nr. 3; WM 1985, 677; WM 1994, 1957; *Götz*, Die vorzeitige Wiederwahl von Vorständen, AG 2002, 305; *Goette*, Der Geschäftsführerdienstvertrag zwischen Gesellschafts- und Arbeitsrecht in der Rechtsprechung des Bundesgerichtshofs, in FS Wiedemann, 2002, S. 873; *Grobys/Littger*, Amtsniederlegung durch das Vorstandsmitglied einer AG, BB 2002, 2292; *Grumann/Gillmann*, Abberufung und Kündigung von Vorstandsmitgliedern einer Aktiengesellschaft, DB 2003, 770; *v. Hein*, Zur rechtlichen Organisation der Zusammenarbeit im Vorstand der AG, ZGR 1998, 497; *Hoffmann-Becking*, Zur rechtlichen Organisation der Zusammenarbeit im Vorstand der AG, ZGR 1998, 497; *Hoffmann-Becking*, Zum einverständlichen Ausscheiden von Vorstandsmitgliedern, in FS Stimpel, 1985, S. 589; *Hohenstatt/Willemsen*, Abfindungsobergrenzen in Vorstandsverträgen, NJW 2008, 3462; *Jaeger*, Die Auswirkungen des VorstAG auf die Praxis von Aufhebungsvereinbarungen, NZA 2010, 128; *Janzen*, Vorzeitige Beendigung von Vorstandsamt und -vertrag, NZG 2003, 468; *Krieger*, Personalentscheidungen des Aufsichtsrats, 1981; *Link*, Die Amtsniederlegung durch Gesellschaftsorgane, 2003; *Lutter*, Das Abfindungs-Cap in Ziff. 4.2.3 Abs. 3 und 4 des Deutschen Corporate Governance-Kodex, BB 2009, 1874; *Martens*, Die außerordentliche Beendigung von Organ- und Anstellungsverhältnis, in FS Werner, 1984, S. 495; *Meier/Pech*, Bestellung und Anstellung von Vorstandsmitgliedern in Aktiengesellschaften und Geschäftsführern in einer GmbH, DStR 1995, 1195; *Mertens*, Verfahrensfragen bei Personalentscheidungen des mitbestimmten Aufsichtsrats, ZGR 1983, 189; *Messer*, Die Abberufung des Vorstandes der AG wegen Vertrauensentzugs durch die Hauptversammlung, in FS Nirk, 1992, S. 681; *Niewiarra*, Verträge zwischen Vorstand und Aktionär, BB 1998, 1961; *Reuter*, Bestellung Anstellung von Organmitgliedern im Körperschaftsrecht, in FS Zöllner, 1998, S. 487; *Schumacher-Mohr*, Fristprobleme bei der außerordentlichen Kündigung von Vorstandsmitgliedern einer Aktiengesellschaft, ZIP 2002, 2245; *Schürnbrand*, Zur fehlerhaften Bestellung von Aufsichtsratsmitgliedern und fehlerhaften Abberufung von Vorstandsmitgliedern, NZG 2008, 609; *Stein*, Die neue Dogmatik der Wissensverantwortung bei der ordentlichen Kündigung von Organmitgliedern der Kapitalgesellschaften, ZGR 1999, 264; *Tschöpe/Wortmann*, Der wichtige Grund bei Abberufungen und außerordentlichen Kündigungen von geschäftsführenden Organvertretern, NZG 2009, 161; *Willemer*, Die Neubestellung von Vorstandsmitgliedern vor Ablauf der Amtsperiode, AG 1977, 130; *Zöllner*, Lohn ohne Arbeit bei Vorstandsmitgliedern, in FS Koppensteiner, 2001, S. 291.

## I. Grundlagen

### 1. Regelungsgegenstand und Normzweck

1 § 84 ist eine **Kernvorschrift des deutschen Aktienrechts**, mit der im Wesentlichen drei für das aktienrechtliche Kompetenzgefüge wesentliche Fragen geregelt werden: (1) Der Aufsichtsrat als Gesamtorgan ist für die Bestellung und deren Widerruf von Vorstandsmitgliedern sowie die Ernennung zum Vorstandsvorsitzenden und ihren Widerruf sowie dem Abschluss, die Änderung und Kündigung des Anstellungsvertrags zuständig. (2) Die Bestellungsdauer ist – entgegen früherem Rechtsstand und hierauf beruhender Unternehmenspraxis[1] – bei der Möglichkeit zur Wiederbestellung auf höchstens fünf Jahre begrenzt. (3) Der Widerruf der Vorstandsbestellung ist ebenso wie die Kündigung des Anstellungsvertrags nur aus wichtigem Grund zulässig, wobei das Gesetz als wichtigen Grund für die Abberufung den Vertrauensentzug durch Hauptversammlungsbeschluss bestimmt (§ 84 Abs. 3 Satz 2 3. Fall). Diese **Regelungstrias ist zwingend und satzungsfest** (§ 23 Abs. 5).

2 Die Zuweisung der ausschließlichen Personalkompetenz über den Vorstand an den Aufsichtsrat ist mit dem AktG 1937 eingeführt worden und beruht auf dem Gedanken, dass der **Aufsichtsrat wegen seiner Größe und seiner Zusammensetzung sowie seiner Selbstorganisations- und Handlungsfähigkeit zur Regelung von Personalfragen des Unternehmensleitungsorgans** (einschließlich der Vergütungsfragen, § 87) **besser geeignet ist als die Hauptversammlung**. Gleichzeitig ist mit dem AktG 1937 die Gesamtverantwortung des Aufsichtsrats festgelegt worden, der eine Überantwortung der Personalkompetenz auf einen Aufsichtsratsausschuss nicht erlaubt (vgl. § 107 Abs. 3 Satz 2). Neben der mittelbaren Einflussnahme der Hauptversammlung auf die Vorstandsbesetzung über deren Personalkompetenz über den Aufsichtsrat (vgl. § 101

---

[1] *Spindler* in MünchKomm. AktG, 3. Aufl., § 84 AktG Rz. 2: vor 1937 langfristige oder gar lebenslängliche Bestellung üblich; vgl. auch *Fleischer* in Spindler/Stilz, § 84 AktG Rz. 2.

Abs. 1) kann die Hauptversammlung dadurch Einfluss nehmen, dass sie einen mit qualifizierter Mehrheit gefassten Hauptversammlungsbeschluss fasst, mit dem einem Vorstandsmitglied das Vertrauen der Hauptversammlung entzogen wird, was dann – vorbehaltlich sachwidriger Erwägungen bei der Beschlussfassung – einen wichtigen Grund für den Widerruf der Vorstandsbestellung gibt (Rz. 50 ff.). Wenngleich diese Zuweisung der Personalkompetenz über den Vorstand an den Aufsichtsrat im Regelfall wegen der Größe und Zusammensetzung sowie der Organisations- und Handlungsfähigkeit des Aufsichtsrats im Verhältnis der Hauptversammlung sinnvoll und eine höhere Richtigkeitsgewähr der Entscheidung erwarten lässt, sollte *de lege ferenda* **für kapitalmarktferne AG hier Satzungsfreiheit** gegeben werden. Gerade bei kapitalmarktfernen AG mit einem sehr beschränkten Aktionärskreis (z.B. nachgeordnete Konzerngesellschaften, Familien-AG) kann in der Praxis das Bedürfnis bestehen, wie in ausländischen Rechtsordnungen (z.B. Niederlande[2]) durch Satzungsregelung die Personalkompetenz über den Vorstand (einschließlich der Vergütungsfragen) der Hauptversammlung zu überantworten[3]. Demgegenüber ist bei der kapitalmarktnahen AG an der gesetzlich zwingenden Zuweisung der Personalkompetenz an den Aufsichtsrat festzuhalten, und zwar auch im Hinblick auf die einen wesentlichen Anteil der Personalpolitik ausmachenden Vergütungsfragen.

Die **Bestimmung der Maximalbestellungsdauer von fünf Jahren ist das Ergebnis der Koordination von drei teilweise widerstreitender Interessen**, nämlich zum einen des Aufsichtsrats, ihm zur Effektivierung seiner Personalkompetenz eine möglichst unbeeinträchtigte Entschließungsfreiheit im Zusammenhang mit der Vorstandsbestellung einzuräumen (die aber gleichzeitig auch eine Prüfungs*pflicht* beinhaltet), zum weiteren des Vorstands, ihm eine hinreichend lange Entfaltungszeit zu ermöglichen, und schließlich der AG, sie vor ungebührlichen wirtschaftlichen Lasten durch überlange Bestellungsdauer zu schützen und insofern den aus dem Angemessenheitserfordernis der Vorstandsvergütung (§ 87) verfolgten Schutzzweck zu verlängern. Dessen ungeachtet sollte *de lege ferenda* der mögliche Bestellungszeitrahmen für **kapitalmarktferne AG** in der Satzung bis zu einer Höchstdauer von sieben Jahren geregelt werden können, um insbesondere bei mittelständischen AG im Wettbewerb um geeignete Führungskräfte keinen wesentlichen Rechtsformnachteil gegenüber in der Rechtsform der GmbH organisierte Unternehmen zu gewärtigen. 3

Die **Beschränkung der Widerrufsmöglichkeit der Bestellung und der Kündigung des Anstellungsvertrags** auf Situationen, in denen jeweils wichtige Gründe hierfür vorliegen, dient in erster Linie dazu, die **Unabhängigkeit des Vorstands vor Einflussnahmen des Aufsichtsrats auf die Geschäftsführung zu schützen und die Eigenverantwortlichkeit der Unternehmensleitung** (§ 76 Abs. 1) **zu unterstützen**, in zweiter Linie allerdings auch der **wirtschaftlichen Absicherung der Vorstandsmitglieder**[4]. Schon die bloße Möglichkeit einer jederzeitigen Abberufung würde das Verantwortungsbewusstsein, die Initiative und die Entschlusskraft der Vorstandsmitglieder lähmen[5]. Die Regelung einer inhaltlichen Beschränkung (Vorliegen eines wichtigen Grundes) anstelle einer prozeduralen Anforderung (z.B. qualifizierte Beschlussmehrheit wie z.B. bei der Abberufung von Aufsichtsratsmitgliedern nach § 103 Abs. 1) ist durch die 4

---

2 Bei der nicht dem „Strukturregime" unterliegenden Naamloze Vennootschap (NV) bestellt die Gesellschafterversammlung (bei großer Satzungsfreiheit) die Geschäftsführer; vgl. *Rammeloo/de Kluiver* in Hirte/Bücker, Grenzüberschreitende Gesellschaften, 2005, § 6 Rz. 24–27 (S. 188 f.).
3 Hierzu *Thüsing*, ZGR 2003, 457, 491; *Lutter*, ZIP 2003, 737, 740; *Lutter*, ZIP 2006, 733, 734; *Spindler*, DStR 2004, 36.
4 Ähnlich *Fleischer* in Spindler/Stilz, § 84 AktG Rz. 98.
5 *Spindler* in MünchKomm. AktG, 3. Aufl., § 84 AktG Rz. 4.

herausragende Stellung der Vorstandsmitglieder für die Unternehmensleitung sowie durch die besondere Arbeitsnähe von Vorstand und Aufsichtsrat gerechtfertigt. Bei kapitalmarktfernen AG mit kleinerem Aktionärskreis ist der Vorstandsschutz für den Bereich der organschaftlichen Bestellung allerdings dadurch eingeschränkt, als § 84 Abs. 3 Satz 2 3. Fall den Vertrauensentzug durch mit einfacher Mehrheit zu fassenden Hauptversammlungsbeschluss als wichtigen Grund statuiert, der dem Aufsichtsrat einen Widerruf der Vorstandsbestellung ermöglicht. Für **kapitalmarktferne AG** sollte *de lege ferenda* und ergänzend zu der Regelung in § 84 Abs. 3 Satz 2 3. Fall die Möglichkeit eingeräumt werden, als *Minus* zur Verlagerung der Personalkompetenz vom Aufsichtsrat auf die Hauptversammlung (Rz. 2) bestimmte Umstände als wichtige Gründe statutarisch regeln zu können, die einen Widerruf der Bestellung rechtfertigen und insoweit die gerichtliche Überprüfbarkeit einschränken.

### 2. Trennung von organrechtlichen und schuldvertragrechtlichen Rechtsbeziehungen

5 Für die Rechtsbeziehungen zwischen Vorstandsmitglied und AG sind zwei im Grundsatz getrennte Ebenen zu unterscheiden, nämlich die durch den Bestellungsakt begründete organrechtliche Beziehung und die durch den Abschluss des Anstellungsvertrags begründete schuldvertragliche Rechtsbeziehung (sog. **Trennungsprinzips**)[6]. Die Regelungen in § 84 Abs. 1 Satz 1 und Satz 5, Abs. 3 Satz 1 und Satz 5 bringen diese beiden, getrennten Rechtsschicksalen unterliegenden Ebenen zum Ausdruck. Die Tatsache, dass der Anstellungsvertrag in der Praxis häufig mit der organschaftlichen Bestellung sachlich-inhaltlich und zeitlich verknüpft ist, rechtfertigt es nicht, in den Rechtsbeziehungen zwischen der AG und dem Vorstandsmitglied ein einziges Rechtsverhältnis anzunehmen, dass auf einem zweiseitigen körperschaftsrechtlichen Bestellungsvertrag beruhe (sog. Einheitstheorie)[7].

## II. Bestellung von Vorstandsmitgliedern (§ 84 Abs. 1)

### 1. Begriff und Rechtsnatur

6 Die Bestellung zum Vorstandsmitglied ist die **Kurzbezeichnung des sozial- oder körperschaftsrechtlichen Aktes, durch den eine Person zum Organmitglied des Vorstands berufen wird und hierdurch die mit einem Vorstandsmitglied verbundene Rechts- und Pflichtenstellung sowohl im Innen- als auch im Außenverhältnis erlangt**[8]. Der gesamte Bestellungsvorgang besteht aus dem **Bestellungsbeschluss mit seiner Kundgabe an den Bestellten** (kurz: Bestellung)[9] sowie dessen **Einverständniser-**

---

[6] So auch BGH v. 14.7.1980 – II ZR 161/79, BGHZ 78, 82, 84; BGH v. 24.11.1980 – II ZR 182/79, BGHZ 79, 38, 41; BGH v. 14.11.1983 – II ZR 33/83, BGHZ 89, 48, 52; BGH v. 29.5.1989 – II ZR 220/88, NJW 1989, 2683; BGH v. 28.10.2002 – II ZR 146/02, NJW 2003, 351; OLG Schleswig v. 16.11.2000 – 5 U 66/99, AG 2001, 651; vgl. auch Begr. RegE AktG 1965 zu § 84, zit. bei *Kropff*, Aktiengesetz, S. 106; *Hüffer*, § 84 AktG Rz. 2; *Mertens/Cahn* in KölnKomm. AktG, 3. Aufl., § 84 AktG Rz. 4; *Spindler* in MünchKomm. AktG, 3. Aufl., § 84 AktG Rz. 10; *Fleischer* in Spindler/Stilz, § 84 AktG Rz. 7; *Bauer*, DB 1992, 1413 f.; *Fleck*, WM 1981 Sonderbeilage Nr. 3, S. 1, 3.
[7] So aber *Baums*, Geschäftsleitervertrag, 1987, S. 3 ff.; zuvor *v. Godin/Wilhelmi*, 2. Aufl. 1950, § 75 AktG 1937 Rz. 2.
[8] Vgl. BGH v. 11.7.1951 – II ZR 30/51, BGHZ 3, 90, 92; *Hüffer*, § 84 AktG Rz. 4; *Mertens/Cahn* in KölnKomm. AktG, 3. Aufl., § 84 AktG Rz. 4 ff.; *Spindler* in MünchKomm. AktG, 3. Aufl., § 84 AktG Rz. 9; *Fleischer* in Spindler/Stilz, § 84 AktG Rz. 5.
[9] *Hüffer*, § 84 AktG Rz. 4; *Mertens/Cahn* in KölnKomm. AktG, 3. Aufl., § 84 AktG Rz. 4 ff.; *Spindler* in MünchKomm. AktG, 3. Aufl., § 84 AktG Rz. 8 und 17; *Fleischer* in Spindler/Stilz, § 84 AktG Rz. 5.

**klärung gegenüber dem Aufsichtsrat** (mit Zugang der Erklärung bei ihm)[10]. Der Erfordernis der Einverständniserklärung des Bestellten ergibt sich aus dem allgemeinen Grundsatz, dass niemand gegen seinen Willen rechtsgeschäftlich begründete Pflichten übernehmen muss. Der gesamthafte Bestellungsvorgang ist ein einem Vertrag entsprechendes Rechtsverhältnis, da es sich um zwei inhaltlich aufeinander bezogene Rechtsgeschäfte handelt[11].

**Nicht** zur Bestellung gehört die **Zuweisung eines bestimmten Geschäftsbereichs oder einer Funktion im Vorstand**[12]. Es handelt sich vielmehr um eine nicht zwingend vorzunehmende Aufgabe der Geschäftsordnung[13]. Eine Besonderheit ergibt sich nur für den bei bestimmten Gesellschaften zu bestellenden Arbeitsdirektor (vgl. § 33 MitbestG, § 13 MontanMitbestG, § 13 MitbestErgG), bei dem durch die Bestellung kraft Gesetzes zugleich ein unabdingbarer Mindestzuständigkeitsbereich (Kernbereich) dem Arbeitsdirektor zugewiesen wird (§ 76 Rz. 22 f.)[14].   7

## 2. Zuständigkeit

Für die Bestellung von Vorstandsmitgliedern ist der **Aufsichtsrat als Gesamtorgan** zuständig, und zwar ausschließlich und zwingend[15]. Eine abweichende Bestellungszuständigkeit regelnde Satzungsbestimmung oder ein abweichender Hauptversammlungsbeschluss wären nichtig; dies gilt auch für eine Regelung, derzufolge die Vorstandsbestellung von der Zustimmung oder Mitwirkung eines Dritten abhängig ist[16]. Auch die Insolvenzeröffnung lässt die Zuständigkeit des Aufsichtsrats für die Vorstandsbestellung unberührt[17]. Der Gesamtaufsichtsrat kann seine Bestellungskompetenz weder auf einen Aufsichtsratsausschuss[18] (§ 107 Abs. 3 Satz 2)[19] noch auf den Aufsichtsratsvorsitzenden übertragen. Erst recht kann der Aufsichtsrat seine ausschließliche Bestellungskompetenz nicht auf ein anderes Organ übertragen, insbesondere kann er den Vorstand nicht ermächtigen, weitere Vorstandsmitglieder in   8

---

10 *Hüffer*, § 84 AktG Rz. 3 und 4; *Spindler* in MünchKomm. AktG, 3. Aufl., § 84 AktG Rz. 8 und 21; *Fleischer* in Spindler/Stilz, § 84 AktG Rz. 5.
11 Zutr. *Hüffer*, § 84 AktG Rz. 4; *Hüffer* in Ulmer, § 46 GmbHG Rz. 46; ähnlich (Qualifikation als Bestellungsvertrag) *Baums*, Geschäftsleitervertrag, 1987, S. 40; *Schnorr von Carolsfeld*, DNotZ 1963, 404, 419; *Hadding* in Soergel, 13. Aufl., § 27 BGB Rz. 9; abw. (Zustimmung ist bloße Rechtsbedingung) *Reuter* in MünchKomm. BGB, 5. Aufl., § 27 BGB Rz. 15; *Weick* in Staudinger, Neubearb. 2005, § 27 BGB Rz. 10; offen *Spindler* in MünchKomm. AktG, 3. Aufl., § 84 AktG Rz. 21 f.; zum Meinungsstand *Fleischer* in Spindler/Stilz, § 84 AktG Rz. 5.
12 *Fleischer* in Spindler/Stilz, § 84 AktG Rz. 6.
13 *Hüffer*, § 84 AktG Rz. 3; *Mertens/Cahn* in KölnKomm. AktG, 3. Aufl., § 84 AktG Rz. 4 ff.; *Mertens*, ZGR 1983, 189, 196 ff.; *Fleischer* in Spindler/Stilz, § 84 AktG Rz. 6; a.A. *Krieger*, Personalentscheidungen des Aufsichtsrats, 1981, S. 199 f.
14 Hierzu *Seibt* in Henssler/Willemsen/Kalb, ArbR-Komm., § 33 MitbestG Rz. 3 m.w.N. sowie Nachweise bei § 76 Rz. 22 f.; *Fleischer* in Spindler/Stilz, § 84 AktG Rz. 6.
15 *Hüffer*, § 84 AktG Rz. 5; *Mertens/Cahn* in KölnKomm. AktG, 3. Aufl., § 84 AktG Rz. 7; *Spindler* in MünchKomm. AktG, 3. Aufl., § 84 AktG Rz. 11 f.; *Fleischer* in Spindler/Stilz, § 84 AktG Rz. 9; *Lutter/Krieger*, Aufsichtsrat, Rz. 332.
16 *Spindler* in MünchKomm. AktG, 3. Aufl., § 84 AktG Rz. 11; *Fleischer* in Spindler/Stilz, § 84 AktG Rz. 9.
17 OLG Nürnberg v. 20.3.1990 – 1 U 2275/89, AG 1991, 446, 447; *Hüffer*, § 84 AktG Rz. 5; *Spindler* in MünchKomm. AktG, 3. Aufl., § 84 AktG Rz. 11; *Fleischer* in Spindler/Stilz, § 84 AktG Rz. 9.
18 Vgl. auch BGH v. 17.3.2008 – II ZR 239/06, AG 2008, 894, 895, Rz. 11 f. – zur eG: keine Vertretungsmacht des Aufsichtsratsvorsitzenden.
19 BGH v. 23.10.1975 – II ZR 90/73, BGHZ 65, 190, 192 f.; BGH v. 24.11.1980 – II ZR 182/79, BGHZ 79, 38, 42 f.; *Hüffer*, § 84 AktG Rz. 5 und § 107 Rz. 18; *Fleischer* in Spindler/Stilz, § 84 AktG Rz. 9; s. auch § 107 Rz. 38.

Form der Kooptation selbst zu bestellen[20]. Nur die **Vorbereitung der Bestellung** kann einem Ausschuss (z.B. dem Präsidial- oder Personalausschuss oder einem Ad hoc gebildeten *Finding Committee*) oder einem Aufsichtsratsmitglied überlassen werden, der dann in gewissen Abständen über die Ergebnisse seiner Arbeit entsprechend § 107 Abs. 3 Satz 3 berichten muss (Ziff. 5.1.2 Abs. 1 Satz 4 DCGK)[21].

### 3. Voraussetzungen der Bestellung und Verfahren

#### a) Beschluss

9  Für die Vorstandsbestellung bedarf es einer **ausdrücklichen Beschlussfassung des Aufsichtsrats** als Gesamtorgan nach § 108[22]. Eine konkludente Beschlussfassung etwa in Form der Duldung der Vorstandstätigkeit ist nicht ausreichend[23]. Bei der Bestellung mehrerer Vorstandsmitglieder muss gesondert in separaten Wahlgängen abgestimmt und Beschluss gefasst werden[24]. Zwingend enthält der Beschluss nur die namentliche Bezeichnung des (zukünftigen) Vorstandsmitglieds und die Zuweisung der Organfunktion „Vorstand", regelmäßig aber noch den Bestellungsbeginn und die Bestellungsdauer; fehlt es an den Angaben zu Beginn und Dauer, ist eine Auslegung anhand sonstiger Umstände vorzunehmen (Rz. 14).

10  Der Bestellungsbeschluss bedarf **zwingend der einfachen Mehrheit**; allerdings gelten für nach dem MitbestG mitbestimmte Gesellschaften Besonderheiten (vgl. § 31 Abs. 2 bis Abs. 4 MitbestG[25]). Weder die Satzung noch der Aufsichtsrat selbst können zulässigerweise das Erfordernis einer qualifizierten Beschlussmehrheit aufstellen; entgegenstehende Regelungen sind nichtig[26]. Ist ein Aufsichtsratsmitglied Kandidat für die Vorstandsbestellung, so unterliegt er nach dem Rechtsgedanken des § 34 BGB dem Stimmenthaltungsgebot[27]. Die Satzung oder die Geschäftsordnung des Aufsichtsrats könnten besondere Formerfordernisse für den Beschluss vorschreiben (z.B. notarielle Beurkundung), allerdings nur mit der Wirkung einer Ordnungsvorschrift

---

20 *Spindler* in MünchKomm. AktG, 3. Aufl., § 84 AktG Rz. 13; *Fleischer* in Spindler/Stilz, § 84 AktG Rz. 9.

21 Vgl. *Spindler* in MünchKomm. AktG, 3. Aufl., § 84 AktG Rz. 16; *Krieger*, Personalentscheidungen des Aufsichtsrats, 1981, S. 58 ff., 72 ff.; *Lutter/Krieger*, Aufsichtsrat, Rz. 337.

22 BGH v. 6.4.1964 – II ZR 75/62, BGHZ 41, 282, 286; BGH v. 23.10.1975 – II ZR 90/73, BGHZ 65, 190, 192 f.; BGH v. 24.11.1980 – II ZR 182/79, BGHZ 79, 38, 42 f.; *Hüffer*, § 84 AktG Rz. 5; *Spindler* in MünchKomm. AktG, 3. Aufl., § 84 AktG Rz. 18; *Fleischer* in Spindler/Stilz, § 84 AktG Rz. 11; *Lutter/Krieger*, Aufsichtsrat, 5. Aufl. 2008, Rz. 342 f., 590.

23 BGH v. 6.4.1964 – II ZR 75/62, BGHZ 41, 282, 286; OLG Dresden v. 31.8.2000 – 13 U 1215/99, AG 2000, 43, 44; *Hüffer*, § 84 AktG Rz. 5; *Spindler* in MünchKomm. AktG, 3. Aufl., § 84 AktG Rz. 18.

24 *Spindler* in MünchKomm. AktG, 3. Aufl., § 84 AktG Rz. 18; *Fonk* in Semler/v. Schenck, Arbeitshandbuch Aufsichtsratsmitglieder, § 9 Rz. 44.

25 Hierzu *Seibt* in Henssler/Willemsen/Kalb, ArbR-Komm., § 31 MitbestG Rz. 3 ff. – Für die dem MontanMitbestG unterfallenden Gesellschaften ergeben sich nur in Bezug auf die Bestellung des Arbeitsdirektors Besonderheiten (vgl. § 13 Abs. 1 Satz 2 MontanMitbestG; § 13 Satz 1 MitbestErgG).

26 Ebenso für Satzungsbestimmungen *Hüffer*, § 108 AktG Rz. 8; *Mertens* in KölnKomm. AktG, 2. Aufl., § 108 AktG Rz. 46; *Spindler* in MünchKomm. AktG, 3. Aufl., § 84 AktG Rz. 19; *Fleischer* in Spindler/Stilz, § 84 AktG Rz. 11; *Thüsing* in Fleischer, Handbuch des Vorstandsrechts, § 4 Rz. 25.

27 Für Stimmrecht ohne Einschränkung *Mertens* in KölnKomm. AktG, 2. Aufl., § 108 AktG Rz. 50; *Mertens*, ZGR 1983, 189, 203 ff.; *Lutter/Krieger*, Aufsichtsrat, Rz. 343; dagegen für Stimmverbot *Hüffer*, § 108 AktG Rz. 9; *Spindler* in MünchKomm. AktG, 3. Aufl., § 84 AktG Rz. 18; *Thüsing* in Fleischer, Handbuch des Vorstandsrechts, § 4 Rz. 22. Bei der Annahme eines Stimmverbotes könnte sich das betreffende Aufsichtsratsmitglied nicht der Stimme enthalten und er zählte für die Frage der Beschlussfähigkeit nicht mit; offen lassend *Fleischer* in Spindler/Stilz, § 84 AktG Rz. 11.

(d.h. keine Unwirksamkeit bei deren Verletzung)[28]. Von der Beschlussfassung des Aufsichtsrats ist die **Erklärung der beschlossenen Bestellung** bzw. Kundgabe des Beschlusses an den Bestellten zu unterscheiden, wozu der Aufsichtsrat seinen Vorsitzenden, ein anderes Aufsichtsratsmitglied oder auch einen Dritten (z.B. Vorstandsvorsitzenden) ermächtigen kann. Schließlich ist zur Wirksamkeit der Bestellung zum Vorstandsmitglied dessen Zustimmung (und der Zugang der Zustimmungserklärung beim Aufsichtsrat, d.h. im Zweifel beim Aufsichtsratsvorsitzenden) notwendig.

### b) Beschlussermessen und Eignungsvoraussetzungen

Der Aufsichtsrat übt mit seinem Bestellungsbeschluss ein **eigenes unternehmerisches Ermessen** aus[29] und trifft die Bestellung notwendigerweise **eigenständig und eigenverantwortlich**. Die Entschließungs- und Ermessensfreiheit des Aufsichtsrats einschränkende Vereinbarungen sind nach § 134 BGB nichtig[30]. Dies gilt auch für Stimmbindungsvereinbarungen mit nach § 101 Abs. 2 delegierten Mitgliedern[31] oder für Anstellungsverträge mit Vorständen bzw. Führungskräften (jeweils einschließlich der Regelungen, die wirtschaftlich-faktisch signifikanten Druck zugunsten einer (Wieder-)Bestellung ausüben; vgl. auch Rz. 18). Allerdings sind bloße Vorschlagsrechte zugunsten eines anderen Gesellschaftsorgans oder eines Dritten (sei es durch Satzungsbestimmung, rechtsgeschäftliche Vereinbarung oder ad-hoc) rechtlich unbedenklich, wenn sie die Entschließungs- und Ermessensfreiheit des Aufsichtsrats nicht merklich beeinträchtigen (z.B. Recht zur Mitteilung von Personalvorschlägen und auf Befassung des Aufsichtsrats)[32]. Dies gilt erst recht für Vorbesprechungen und Probeabstimmungen im Aufsichtsrat.

11

In dem Bestellungsbeschluss kulminiert die **Pflicht des Aufsichtsrats**, entsprechend § 116 eine **langfristige Personalplanung für den Vorstand zu betreiben**, in einem revolvierenden Prozess **geeignete Kandidaten für Vorstandsämter innerhalb und außerhalb des Unternehmens zu sichten**, bei passender Gelegenheit **auszuwählen und zu sachgerechten Konditionen für eine Vorstandstätigkeit zu verpflichten**[33]. Es entspricht guter Corporate Governance, dass der Aufsichtsrat den Vorstand in diese langfristige Personalplanung einbindet[34]. Daher sollte der Aufsichtsratsbeschluss über die inhaltlichen Mindestanforderungen hinaus (Rz. 9) dokumentieren, in welcher Weise der Aufsichtsrat den Personalentscheidungsprozess durchgeführt hat und wel-

12

---

28 Ähnlich zum statutarischen Formerfordernis *Spindler* in MünchKomm. AktG, 3. Aufl., § 84 AktG Rz. 19; *Fleischer* in Spindler/Stilz, § 84 AktG Rz. 11; vgl. auch *Mertens/Cahn* in KölnKomm. AktG, 3. Aufl., § 84 AktG Rz. 29.
29 *Goette* in FS 50 Jahre BGH, 2000, S. 123, 129; *Hüffer*, § 84 AktG Rz. 5.
30 *Hüffer*, § 84 AktG Rz. 5; *Mertens/Cahn* in KölnKomm. AktG, 3. Aufl., § 84 AktG Rz. 8; *Spindler* in MünchKomm. AktG, 3. Aufl., § 84 AktG Rz. 14; *Fleischer* in Spindler/Stilz, § 84 AktG Rz. 16; *Niewierra*, BB 1998, 1961, 1963.
31 BGH v. 29.1.1962 – II ZR 1/61, BGHZ 36, 296, 306; *Spindler* in MünchKomm. AktG, 3. Aufl., § 84 AktG Rz. 14.
32 Ähnlich *Spindler* in MünchKomm. AktG, 3. Aufl., § 84 AktG Rz. 14; *Wiesner* in MünchHdb. AG, § 20 Rz. 5; *Hoffmann/Lehmann/Weinmann*, § 31 MitbestG Rz. 9; vgl. auch OLG Stuttgart v. 30.5.2007 – 20 U 14/06, AG 2007, 873, 876; a.A. (Unzulässigkeit unverbindlicher Vorschlagsrechte) *Mertens/Cahn* in KölnKomm. AktG, 3. Aufl., § 84 AktG Rz. 9; *Kort* in Großkomm. AktG, 4. Aufl., § 84 AktG Rz. 36, 51; *Meier/Pech*, DStR 1995, 1195; differenzierend *Hüffer*, § 84 AktG Rz. 5.
33 Zur Pflicht des Aufsichtsrats zur langfristigen Personalplanung *Semler* in Semler/v. Schenck, Arbeitshandbuch Aufsichtsratsmitglieder, § 1 Rz. 48; *Spindler* in MünchKomm. AktG, 3. Aufl., § 84 AktG Rz. 15.
34 S. auch Ziff. 5.1.2 Satz 2 DCGK: „[Der Aufsichtsrat] soll gemeinsam mit dem Vorstand für eine langfristige Nachfolgeplanung sorgen".

che tragenden Gründe für die Auswahl des Bestellten gegenüber Alternativkandidaten gesprochen haben. Der Aufsichtsrat muss sich darüber versichert haben, dass in der Person des zu bestellenden Vorstandsmitglieds alle gesetzlichen und ggf. auch satzungsmäßigen Eignungsvoraussetzungen (hierzu § 76 Rz. 24–29) vorliegen.

### 4. Amtszeit

#### a) Dauer der Bestellung

13 Die Vorstandsbestellung kann nur für **höchstens fünf (Kalender-, nicht Geschäfts-) Jahre** erfolgen (§ 84 Abs. 1 Satz 1). Dabei läuft die Frist vom Tag des Amtszeitbeginns an, also in erster Linie von dem im Bestellungsbeschluss bestimmten Beginn bzw. bei Fehlen einer solchen ausdrücklichen Bestimmung mit dem Tag der Wirksamkeit des gesamthaften Bestellungsvorgangs (Rz. 6). Eine **befristete Bestellung** in dem Sinne, dass der Bestellungsbeginn zeitlich nach dem Beschlusstag liegt, ist jedenfalls so lange zulässig, als die Befristung nicht länger als ein Jahr beträgt (arg. e § 84 Abs. 1 Satz 3)[35], sie kann auch im Handelsregister eingetragen werden[36].

14 Im Rahmen des Bestellungsbeschlusses hat der Aufsichtsrat unter Berücksichtigung der Umstände des Einzelfalls (§ 116) **die Amtszeit nach pflichtgemäßem Ermessen festzulegen**. Dabei wird der Aufsichtsrat neben den Marktbedingungen für Führungskräfte u.a. zu berücksichtigen haben, welche Aufgaben und Ziele das zu bestellende Vorstandsmitglied kurz-, mittel- und/oder langfristig erreichen soll, der Umfang und die Qualität der konkreten Erfahrung mit dem bzw. Erfahrungsberichte Dritter über das zu bestellenden Vorstandsmitglied, also insbesondere, ob es sich um eine Erstbestellung für das Unternehmen handelt, sowie schließlich weitere Umstände in dessen Person (z.B. Alter). Die strikte Beachtung fester Richtlinien ist wegen eines Ermessensausfalls problematisch. Zum Schutz der finanziellen Mittel der AG entspricht es guter Corporate Governance, bei Erstbestellungen im Regelfall nicht die gesetzliche Maximaldauer von fünf Jahren für die Bestellung auszunutzen[37]. Umgekehrt wird eine Vorstandsbestellung für einen Zeitraum unter einem Jahr selten als pflichtgemäße Ermessensentscheidung zu rechtfertigen sein[38], es sei denn, es handelt sich um die Erledigung einer zeitlich überschaubaren Aufgabe (z.B. Entwicklung und Umsetzung eines wesentlichen Kosteneinsparungsprogramms als *Chief Restructuring Officer*) oder für eine Übergangsfrist bis zur Amtsübernahme einer anderen Person (*Interim Management*). Enthält der Bestellungsbeschluss keine Bestimmung der Amtszeit oder ist sie auf „unbestimmte Zeit" festgelegt, ist sie im Zweifel als eine Bestellung auf fünf Jahre anzusehen[39]. Die Satzung kann für die Amtszeit keine ver-

---

35 Ebenso *Mertens/Cahn* in KölnKomm. AktG, 3. Aufl., § 84 AktG Rz. 15; *Spindler* in MünchKomm. AktG, 3. Aufl., § 84 AktG Rz. 34; *Fleischer* in Spindler/Stilz, § 84 AktG Rz. 12; *Krieger*, Personalentscheidungen des Aufsichtsrats, 1981, S. 127 f.; *Lutter/Krieger*, Aufsichtsrat, Rz. 358; ausführlich gegen eine formale Lesart des § 84 Abs. 1 Satz 3 *Bauer/Arnold*, DB 2007, 1571.
36 *Spindler* in MünchKomm. AktG, 3. Aufl., § 84 AktG Rz. 34; *Kort* in Großkomm. AktG, 4. Aufl., § 84 AktG Rz. 59.
37 S. auch die Anregung in Ziff. 5.1.2 DCGK; hierzu *Kremer* in Ringleb/Kremer/Lutter/v. Werder, DCGK, 3. Aufl. 2008, Rz. 947 ff.; *Fleischer* in Spindler/Stilz, § 84 AktG Rz. 14; *Bauer/Arnold*, DB 2007, 1571.
38 Vgl. OLG Karlsruhe v. 10.7.1972 – 8 U 74/73, AG 1973, 310, 311; *Mertens/Cahn* in KölnKomm. AktG, 3. Aufl., § 84 AktG Rz. 24; *Spindler* in MünchKomm. AktG, 3. Aufl., § 84 AktG Rz. 37; *Steinbeck/Menke*, DStR 2003, 940, 943; strenger (Mindestfrist von einem Jahr) *Heidbüchel*, WM 2004, 1317, 1318; offen *Hüffer*, § 84 AktG Rz. 7.
39 ÖstOGH v. 25.5.1999 – 1 Ob 11/99w, AG 2001, 100, 102; *Hüffer*, § 84 AktG Rz. 7; *Mertens/Cahn* in KölnKomm. AktG, 3. Aufl., § 84 AktG Rz. 16; *Kort* in Großkomm. AktG, 4. Aufl.,

bindlichen Vorgaben (z.B. maximale Bestellungszeit von drei Jahren oder ausnahmslose Bestellungszeit von fünf Jahren) machen[40].

**b) Wiederbestellung**

Eine wiederholte Bestellung oder eine Verlängerung der Amtszeit eines Vorstandsmitglieds ist **zulässig**, jedoch jeweils nur für höchstens fünf Jahre (§ 84 Abs. 1 Satz 2). Hierfür ist zwingend ein erneuter Bestellungsakt notwendig. Für die Wiederbestellung eines Vorstandsmitglieds oder die Verlängerung seiner Amtszeit ist wie beim Ursprungsbeschluss ein **ausdrücklicher Aufsichtsratsbeschluss** (also kein konkludentes Verhalten) erforderlich (*arg. e* § 107 Abs. 2)[41]. Die Amtszeit eines Vorstandsmitglieds kann sich daher auch nicht dadurch verlängern, dass der Aufsichtsrat dessen weitere Tätigkeit für die AG duldet[42]. Eine objektive Gesetzesumgehung (mit Nichtigkeit nach § 134 BGB) liegt in dem Fall vor, dass der Anstellungsvertrag des Vorstandsmitglieds eine Weiterführung des Anstellungsverhältnisses ohne jegliche Vertragsanpassung als Arbeitsverhältnis vorsieht, wenn die Organstellung beendet ist[43]; ein „nachklappendes" Arbeitsverhältnis kann aber zulässig sein, wenn (i) es ernsthaft gewollt ist und (ii) die Vertragsparteien die wesentlichen Konditionen so angepasst haben, dass sie den Anforderungen an das zukünftige Arbeitsverhältnis entsprechen. Es ist zulässig, wenn ein Arbeitsverhältnis während der Organzeit als Vorstand ruhend gestellt wird und nach Organbeendigung wieder auflebt[44].

15

Der Aufsichtsratsbeschluss über die Wiederbestellung oder Verlängerung der Amtszeit kann **frühestens ein Jahr vor Ablauf der Amtszeit** gefasst werden (§ 84 Abs. 1 Satz 3). Wird er zuvor gefasst, so ist er unwirksam und begründet keine wirksame Bestellung oder Verlängerung der Amtszeit[45]. Anders zu beurteilen sind die **Fälle der Neufestsetzung der Amtszeit**, die nicht an die laufende Amtsdauer anschließen, sondern sie ersetzen soll, also Fälle, in denen z.B. nach Ablauf von zwei Jahren einer 5-jährigen Amtszeit der Aufsichtsrat das betreffende Vorstandsmitglied nach einer formalen Abberufung auf neue fünf Jahre wiederbestellt. Die Vorschrift des § 84 Abs. 1 Satz 3 erfasst diese Gestaltung weder dem Wortlaut noch dem Zweck nach, denn das freie Entschließungsermessen des Aufsichtsrats wird hierdurch nicht beschränkt[46]. Bei der pflichtgemäßen Ermessensentscheidung des Aufsichtsrats wird

16

---

§ 84 AktG Rz. 63; *Spindler* in MünchKomm. AktG, 3. Aufl., § 84 AktG Rz. 38; *Fleischer* in Spindler/Stilz, § 84 AktG Rz. 13; *Grumann/Gillmann*, DB 2003, 770.
40 Ebenso *Mertens/Cahn* in KölnKomm. AktG, 3. Aufl., § 84 AktG Rz. 17; *Kort* in Großkomm. AktG, 4. Aufl., § 84 AktG Rz. 64; *Spindler* in MünchKomm. AktG, 3. Aufl., § 84 AktG Rz. 38.
41 BGH v. 11.7.1953 – II ZR 126/52, BGHZ 10, 187, 194; BGH v. 6.4.1964 – II ZR 75/62, BGHZ 41, 282, 285; BGH v. 17.4.1967 – II ZR 157/64, BGHZ 47, 341, 343; BGH v. 13.6.1960 – II ZR 73/58, WM 1960, 803, 805; *Spindler* in MünchKomm. AktG, 3. Aufl., § 84 AktG Rz. 41.
42 BGH v. 11.7.1953 – II ZR 126/52, BGHZ 10, 187, 194; *Hüffer*, § 84 AktG Rz. 6; *Spindler* in MünchKomm. AktG, 3. Aufl., § 84 AktG Rz. 41.
43 BAG v. 26.8.2009 – 5 AZR 522/08, DB 2009, 2480; vgl. auch *Spindler* in MünchKomm. AktG, 3. Aufl., § 84 AktG Rz. 74.
44 BAG v. 26.8.2009 – 5 AZR 522/08, DB 2009, 2480; vgl. auch *Spindler* in MünchKomm. AktG, 3. Aufl., § 84 AktG Rz. 52; *Kauffmann-Lauven*, NZA 2000, 799.
45 *Spindler* in MünchKomm. AktG, 3. Aufl., § 84 AktG Rz. 42; *Bauer/Arnold*, DB 2006, 260; ausführlich zum Meinungsstand *Fleischer* in Spindler/Stilz, § 84 AktG Rz. 13.
46 I.E. ebenso *Lutter/Krieger*, Aufsichtsrat, Rz. 358; *Wiesner* in MünchHdb. AG, § 20 Rz. 32; *Willemer*, AG 1977, 130, 132 f.; *Bauer/Arnold*, DB 2006, 260, 261; *Bauer/Krets*, DB 2003, 811, 817; *Hölters/Weber*, AG 2005, 629, 631 ff.; *Seibt*, AG 2003, 465, 474; *Werner*, AG 1990, 1, 19; tendenziell auch *Hüffer*, § 84 AktG Rz. 7; abl. *Spindler* in MünchKomm. AktG, 3. Aufl., § 84 AktG Rz. 44; *Mertens/Cahn* in KölnKomm. AktG, 3. Aufl., § 84 AktG Rz. 18 f.; *Götz*, AG 2002, 305, 306 f.

dieser indes beachtliche Gründe für diese Gestaltung mit Aufhebung der bisherigen Bestellung unter gleichzeitiger Neubestellung konstatieren müssen[47].

17 In gleicher Weise wie bei der Erst-Vorstandsbestellung hat sich der Aufsichtsrat bei der **Entscheidung über die Wiederbestellung** mit der Funktion des Vorstandspostens, den vom Vorstand als Gesamtorgan zu erfüllenden Aufgaben sowie mit der Person des zur Wiederbestellung anstehenden Vorstandsmitglieds auseinander zu setzen, jetzt unter Berücksichtigung der von dem Vorstand bislang erbrachten Leistungen; ein gegenüber Erst-Bestellungen herabgesetztes Prüfungsprogramm gibt es nicht[48]. Eine Verpflichtung der Gesellschaft, eine Wiederbestellung nach Ablauf von fünf Jahren vorzunehmen, verstößt gegen § 84 Abs. 1 Satz 1 und ist nach § 134 BGB nichtig[49]. Eine automatische Verlängerung der Amtszeit ohne erneuten Aufsichtsratsbeschluss ist nur in dem Sonderfall möglich, dass die Bestellung zunächst auf weniger als fünf Jahre erfolgte und die Gesamtamtszeit trotz der automatischen Verlängerung eine Zeitdauer von fünf Jahren nicht übersteigt (§ 84 Abs. 1 Satz 4). Die Satzung kann die Wiederbestellung nicht ausschließen[50].

### c) Leistungen nach Ausscheiden

18 Die gesetzliche Befristung der Bestellungsdauer schließt nicht aus, dass sich die AG wirksam zu geldlichen Leistungen an ein Vorstandsmitglied nach seinem Ausscheiden verpflichtet. So kann z.B. einem Vorstandsmitglied in bestimmten Umständen ein angemessenes **Ruhegehalt, Übergangsgeld oder eine Beratungsvergütung** zugesagt werden, sollte er nach einer bestimmten Tätigkeitsdauer für die AG nicht mehr als Vorstand wiederbestellt werden. Bei der hierfür notwendigen Aufsichtsratsentscheidung ist neben § 87 Abs. 1 (Angemessenheit der Gesamtbezüge) auch der Normzweck des § 84 Abs. 1 zu berücksichtigen, dass durch die Vereinbarung eines Ruhegehalts oder einer ähnlichen Leistung das freie Entschließungsermessen des Aufsichtsrats über die Wiederbestellung nicht unbillig beschränkt werden darf[51]. Diese Grenzen werden *in der Regel* bei Vereinbarungen überschritten sein, denenzufolge ein Vorstandsmitglied seine Gesamtvergütung des Ausscheidensjahres für mehr als zwei Jahre weiterbeziehen wird (vgl. § 87 Rz. 14) oder die das Auslösen eines Ruhegehalts in Höhe von mehr als 60 % der jährlichen Gesamtbezüge zum Zeitpunkt des Ausscheidens vor dem 46. Lebensjahr bzw. 75 % vor dem 51. Lebensjahr vorsehen.

### 5. Rechte und Pflichten aus der Bestellung

### a) Organschaftliche Rechts- und Pflichtenstellung

19 Mit Wirksamwerden des Bestellungsaktes wird der Bestellte **Organmitglied im Vorstand und in dieser Funktion berechtigt und verpflichtet, das Unternehmen zu leiten (§ 76 Abs. 1) sowie die sonstigen Geschäfte zu führen (§ 77) und die AG organschaft-**

---

47 S. auch Ziff. 5.1.2 Abs. 2 Satz 2 DCGK: „Eine Wiederbestellung vor Ablauf eines Jahres vor dem Ende der Bestelldauer bei gleichzeitiger Aufhebung der laufenden Bestellung soll nur bei Vorliegen besonderer Umstände erfolgen"; *Seibt*, AG 2003, 465, 474 f.; ähnlich *Kremer* in Ringleb/Kremer/Lutter/v. Werder, DCGK, 3. Aufl. 2008, Rz. 950; enger *Leuchten*, NZG 2005, 909, 911.
48 Ähnlich *Spindler* in MünchKomm. AktG, 3. Aufl., § 84 AktG Rz. 45.
49 *Spindler* in MünchKomm. AktG, 3. Aufl., § 84 AktG Rz. 45; *Fleischer* in Spindler/Stilz, § 84 AktG Rz. 16.
50 *Mertens/Cahn* in KölnKomm. AktG, 3. Aufl., § 84 AktG Rz. 17; *Kort* in Großkomm. AktG, 4. Aufl., § 84 AktG Rz. 64.
51 Vgl. BGH v. 2.5.1968 – II ZR 18/67, WM 1968, 1041; *Spindler* in MünchKomm. AktG, 3. Aufl., § 84 AktG Rz. 49; *Mertens/Cahn* in KölnKomm. AktG, 3. Aufl., § 84 AktG Rz. 21; *Fonk* in Semler/v. Schenck, Arbeitshandbuch Aufsichtsratsmitglieder, § 9 Rz. 162.

lich zu vertreten (§ 78). Darüber hinaus entsteht mit dem gesamthaften Bestellungsakt ein **gegenseitiges Treue- und Rücksichtnahmeverhältnis**, das alleine auf der Organstellung beruht, seine sachliche Rechtfertigung aus dem Umgang mit fremden Vermögenswerten und Geschäftschancen, aber auch aus der Pflicht zur vertrauensvollen Zusammenarbeit mit anderen Gesellschaftsorganen bezieht und im Umfang und der Intensität über den allgemeinen schuldrechtlichen Standard des § 242 BGB hinausgeht (§ 76 Rz. 9).

### b) Sonderfall: Insolvenz

Auch in der Insolvenz bleibt die **Personalkompetenz des Aufsichtsrats** für Bestellung und Abberufung des Vorstands bestehen. Allerdings können sowohl der Insolvenzverwalter als auch die Vorstandsmitglieder den dienstrechtlichen Anstellungsvertrag unter Einhaltung der gesetzlichen Frist (entsprechende Anwendung von § 622 BGB) nach § 113 InsO kündigen[52]. In vielen Fällen wird die Insolvenzeröffnung darüber hinaus einen wichtigen Grund bilden, der den Aufsichtsrat zum Widerruf der Bestellung (§ 84 Abs. 3) und zur fristlosen Kündigung des Anstellungsvertrages (§ 626 BGB) berechtigt.

20

### 6. Fehlerhafte Bestellung

### a) Außenverhältnis

Ist eine als Vorstandsmitglied für die AG tätige Person nicht wirksam zum Vorstandsmitglied bestellt oder wiederbestellt worden oder hat die Bestellung insbesondere durch Zeitablauf geendet, so sind **Dritte nach § 15 Abs. 3 HGB geschützt**, wenn die Vorstandsbestellung dieser Person im Handelsregister eingetragen und bekannt gemacht worden ist[53]. Handelt ein Vorstandsmitglied nach seinem Ausscheiden noch für die AG, so sind **gutgläubige Dritte nach § 15 Abs. 1 HGB geschützt**, es sei denn, das Vorstandsamt ist infolge des Eintritts eines gesetzlichen Unfähigkeitsgrundes erloschen (§ 76 Abs. 3 AktG, § 105 BGB)[54].

21

### b) Innergesellschaftlicher Bereich

Auf sozialrechtliche Akte, die eine als Vorstandsmitglied tätige Person im innergesellschaftlichen Bereich vornimmt, passt der Rechtsscheingedanke im Grundsatz nicht. Der von einem Nicht-Vorstandsmitglied festgestellte **Jahresabschluss** ist nach § 256 Abs. 2 nichtig[55], wobei die Nichtigkeit nicht mehr geltend gemacht werden kann, wenn seit der Bekanntmachung des Jahresabschlusses im Bundesanzeiger sechs Monate verstrichen sind (§ 256 Abs. 6). Demgegenüber ist die **Einberufung der Hauptversammlung** unabhängig vom guten Glauben auch beim Handeln von Nicht-Vorstandsmitgliedern stets gültig (arg. e § 121 Abs. 2 Satz 2)[56]. In sonstigen Fällen gilt, dass diejenige Person, die ohne wirksame Vorstandsbestellung mit Wissen des Aufsichtsrats oder eines Aufsichtsratsmitglieds für die AG als Vorstandsmitglied tätig ist, wegen der tatsächlich ausgeübten Organstellung die **gesetzlichen Pflichten ei-**

22

---

52 BGH v. 11.5.1981 – II ZR 126/80, NJW 1981, 2748, 2749; BGH v. 29.1.1981 – II ZR 92/80, BGHZ 79, 291, 292 f. (zur GmbH); BGH v. 26.3.1984 – II ZR 120/83, BGHZ 91, 217, 219 (zur GmbH); *Uhlenbruck*, BB 2003, 1185, 1187; *Mertens/Cahn* in KölnKomm. AktG, 3. Aufl., § 84 AktG Rz. 186.
53 *Spindler* in MünchKomm. AktG, 3. Aufl., § 84 AktG Rz. 227; *Schultz*, NZG 1999, 89, 99 f.
54 *Spindler* in MünchKomm. AktG, 3. Aufl., § 84 AktG Rz. 230.
55 *Spindler* in MünchKomm. AktG, 3. Aufl., § 84 AktG Rz. 232; a.A. *Stein*, Das faktische Organ, 1984, S. 129.
56 *Spindler* in MünchKomm. AktG, 3. Aufl., § 84 AktG Rz. 232.

nes ordnungsgemäß bestellten **Vorstandsmitglieds** treffen[57]. Für die **Beendigung der (faktischen) Organmitgliedschaft des fehlerhaft bestellten Vorstandsmitglieds** genügt es in der Regel nicht (Ausnahme: faktische Organmitgliedschaft besteht ohne einen vorhergehenden Aufsichtsratsbeschluss[58]), dass der Bestellungsmangel dem betroffenen Vorstandsmitglied bekannt wird[59], sondern es bedarf eines ausdrücklichen Aufsichtsratsbeschlusses, der die Unwirksamkeit der Bestellung feststellt[60] oder einer förmlichen Amtsniederlegung des (faktischen) Vorstandsmitglieds[61]. Für den Aufsichtsratsbeschluss ist ein wichtiger Grund i.S. von § 84 Abs. 3 ebenso wenig erforderlich wie die Einhaltung des Verfahrens nach § 31 MitbestG bei dem MitbestG unterfallenden Gesellschaften. Mit Beschlusskundgabe endet die (faktische) Organmitgliedschaft[62].

## III. Anstellungsvertrag

### 1. Begriff und Rechtsnatur

23 Der Anstellungsvertrag regelt die schuldrechtlichen Beziehungen zwischen dem Vorstandsmitglied und der AG. Da das Vorstandsmitglied in aller Regel seine Tätigkeit entgeltlich ausübt, ist der Anstellungsvertrag grundsätzlich ein **Dienstvertrag, der eine Geschäftsbesorgung zum Gegenstand hat** und auf den neben den besonderen aktienrechtlichen Regelungen die §§ 611 ff., 675 BGB anzuwenden sind[63]. Der Anstellungsvertrag kommt nach allgemeinen Regeln zustande, bedarf also insbesondere des Zugangs der Annahmeerklärung des Vorstandsmitglieds beim Aufsichtsrat[64]. Sofern es sich um einen Formularvertrag handelt, ist eine Inhaltskontrolle nach §§ 305 ff. BGB durchzuführen, da die Bereichsausnahme des § 310 Abs. 4 Satz 2 BGB keine Anwendung findet[65]. Die Vorstandsmitglieder sind grundsätzlich **keine Arbeitnehmer**, insbesondere keine Handlungsgehilfen[66]; sie haben die Stellung des „konkreten"

---

57 BGH v. 6.4.1964 – II ZR 75/62, BGHZ 41, 282, 287; BGH v. 17.4.1967 – II ZR 157/64, BGHZ 47, 341, 343; *Hüffer*, § 84 AktG Rz. 10; *Mertens/Cahn* in KölnKomm. AktG, 3. Aufl., § 84 AktG Rz. 30 ff.; *Lutter/Krieger*, Aufsichtsrat, Rz. 360; *Baums*, Geschäftsleitervertrag, 1987, S. 163 ff.; ähnlich *Stein*, Das faktische Organ, 1984, S. 6 ff., 11 f., 111 ff., 116 ff.; *Schultz*, NZG 1999, 89, 100.
58 *Baums*, Geschäftsleitervertrag, 1987, S. 206 ff.; *Mertens/Cahn* in KölnKomm. AktG, 3. Aufl., § 84 AktG Rz. 33; *Spindler* in MünchKomm. AktG, 3. Aufl., § 84 AktG Rz. 233.
59 So aber *Stein*, Das faktische Organ, 1984, S. 125, 136 ff.
60 So *Mertens/Cahn* in KölnKomm. AktG, 3. Aufl., § 84 AktG Rz. 32; *Spindler* in MünchKomm. AktG, 3. Aufl., § 84 AktG Rz. 233; *Thüsing* in Fleischer, Handbuch des Vorstandsrechts, § 4 Rz. 48; *Wiesner* in MünchHdb. AG, § 20 Rz. 36; *Lutter/Krieger*, Aufsichtrat, Rz. 360.
61 *Spindler* in MünchKomm. AktG, 3. Aufl., § 84 AktG Rz. 233.
62 Vgl. *Baums*, Geschäftsleitervertrag, 1987, S. 204 ff.; *Stein*, Das faktische Organ, 1984, S. 97 ff., 119 ff.; *Mertens/Cahn* in KölnKomm. AktG, 3. Aufl., § 84 AktG Rz. 30; *Spindler* in MünchKomm. AktG, 3. Aufl., § 84 AktG Rz. 233; *Wiesner* in MünchHdb. AG, § 20 Rz. 36; *Lutter/Krieger*, Aufsichtsrat, Rz. 360.
63 Vgl. BGH v. 11.7.1953 – II ZR 126/52, BGHZ 10, 187, 191; BGH v. 7.12.1961 – II ZR 117/60, BGHZ 36, 142; *Hüffer*, § 84 AktG Rz. 11; *Mertens/Cahn* in KölnKomm. AktG, 3. Aufl., § 84 AktG Rz. 34; *Spindler* in MünchKomm. AktG, 3. Aufl., § 84 AktG Rz. 50; *Fleischer* in Spindler/Stilz, § 84 AktG Rz. 24; *Wiesner* in MünchHdb. AG, § 21 Rz. 1; *Bauer/Arnold*, ZIP 2006, 2337, 2337 f.
64 *Hüffer*, § 84 AktG Rz. 11; *Spindler* in MünchKomm. AktG, 3. Aufl., § 84 AktG Rz. 50.
65 Hierzu ausführlich *Bauer/Arnold*, ZIP 2006, 2337, 2338 ff.
66 St. Rspr. BGH v. 16.12.1953 – II ZR 41/53, BGHZ 12, 1, 8; BGH v. 7.12.1961 – II ZR 117/60, BGHZ 36, 142; BGH v. 9.11.1967 – II ZR 64/67, BGHZ 49, 30; BGH v. 24.11.1980 – II ZR 182/79, BGHZ 79, 38, 41; BGH v. 7.12.1987 – II ZR 206/87, WM 1988, 298, 299; *Hüffer*, § 84 AktG Rz. 11; *Mertens/Cahn* in KölnKomm. AktG, 3. Aufl., § 84 AktG Rz. 35; *Spindler* in MünchKomm. AktG, 3. Aufl., § 84 AktG Rz. 51; *Fleischer* in Spindler/Stilz, § 84 AktG Rz. 25; *Wiesner* in MünchHdb. AG, § 19 Rz. 39; § 21 Rz. 5; *Henssler*, RdA 1992, 289, 291 f.; *Martens* in FS

Prinzipals im Unternehmen[67]. Trotz alledem können in Ausnahmefällen auch zugunsten von Vorstandsmitgliedern arbeitsrechtliche Schutznormen Anwendung finden, sofern ihre konkrete Stellung tatsächlich arbeitnehmerähnlich ist und sich aus den betreffenden Arbeitsschutznormen oder ihrer Auslegung nichts anderes ergibt[68]. Zur Verbrauchereigenschaft von Vorstandsmitgliedern i.S. von § 13 BGB beim Abschluss des Anstellungsvertrages s. § 76 Rz. 6.

## 2. Zuständigkeit

### a) Aufsichtsrat

Für die Entscheidung über den Anstellungsvertrag und dessen Inhalt ist **ausschließlich und zwingend**[69] **der Aufsichtsrat zuständig** (§ 84 Abs. 1 Satz 5 i.V.m. § 84 Abs. 1 Satz 1), der hierbei als gesetzlicher Vertreter der AG handelt (§ 112)[70]. Gleiches gilt für Änderungen des Anstellungsvertrages[71] sowie für den Abschluss oder die Änderungen von Nebenvereinbarungen wie Vergütungs- und Versorgungsvereinbarungen (einschließlich der Gewährung von Stock Options[72]) oder von *Intellectual Property*-Entwicklungsverträgen. 24

Bis zum Inkrafttreten des **VorstAG** konnte der Aufsichtsrat die Entscheidung über den Anstellungsvertrag und dessen Inhalt im Gegensatz zur Vorstandsbestellung selbst einem Ausschuss überlassen; denn § 107 Abs. 3 Satz 2 AktG a.F. verwies nur auf § 84 Abs. 1 Sätze 1 und 3 für das Delegationsverbot[73]. Das VorstAG hat nun einen Verweis auf § 87 Abs. 1 und Abs. 2 Sätze 1 und 2 ergänzt und damit geregelt, dass die Bestimmung der Vorstandsvergütung dem Gesamtaufsichtsrat vorbehalten ist. Da vielfältige Regelungen im Anstellungsvertrag einen Vergütungsbezug haben und es überdies Wechselwirkungen zwischen der Vorstandsvergütung und sonstigen Anstellungsbedingungen gibt, wird es in aller Regel sinnvoll sein, dass das Aufsichtsratsplenum über den Abschluss und etwaige Änderungen des Gesamtvertragswerks be- 25

---

Hilger/Stumpf, 1983, S. 437, 439 ff. (zweifelnd allerdings für Vorstandsmitglieder konzernabhängiger Aktiengesellschaften, S. 441 f.); a.A. *Wehrmeyer*, Die arbeitsrechtliche Einordnung der Organe juristischer Personen, 1988, S. 211.

67 OLG Frankfurt v. 6.12.1972 – 6 U 152/71, DB 1973, 139; BGH v. 23.1.2003 – IX ZR 39/02, WM 2003, 551, 553 (für GmbH-Geschäftsführer); *Hüffer*, § 84 AktG Rz. 11; *Spindler* in MünchKomm. AktG, 3. Aufl., § 84 AktG Rz. 53; *Fleischer* in Spindler/Stilz, § 84 AktG Rz. 26; *Wiesner* in MünchHdb. AG, § 19 Rz. 39.

68 *Hüffer*, § 84 AktG Rz. 17; *Spindler* in MünchKomm. AktG, 3. Aufl., § 84 AktG Rz. 56; *Martens* in FS Hilger/Stumpf, 1983, S. 437, 439 ff.; ausführlich zu Einzelfragen *Fleischer* in Spindler/Stilz, § 84 AktG Rz. 27 ff.; *Henssler*, RdA 1992, 289, 293 ff.; *Henze*, HRR AktR, Rz. 364 ff.; *Fleck*, WM 1994, 1957, 1964 ff.; *Thüsing* in Fleischer, Handbuch des Vorstandsrechts, § 4 Rz. 55 ff.

69 Vgl. BGH v. 6.4.1964 – II ZR 75/62, BGHZ 41, 282, 285; *Mertens/Cahn* in KölnKomm. AktG, 3. Aufl., § 84 AktG Rz. 51; *Kort* in Großkomm. AktG, 4. Aufl., § 84 AktG Rz. 32; *Spindler* in MünchKomm. AktG, 3. Aufl., § 84 AktG Rz. 59; *Fleischer* in Spindler/Stilz, § 84 AktG Rz. 33.

70 *Hüffer*, § 84 AktG Rz. 12; *Spindler* in MünchKomm. AktG, 3. Aufl., § 84 AktG Rz. 59 f.; *Fleischer* in Spindler/Stilz, § 84 AktG Rz. 37.

71 OLG Düsseldorf v. 13.7.1979 – 8 U 132/78, BB 1979, 1314; *Hüffer*, § 84 AktG Rz. 12; *Spindler* in MünchKomm. AktG, 3. Aufl., § 84 AktG Rz. 63; *Fleischer* in Spindler/Stilz, § 84 AktG Rz. 33.

72 Hierzu *Baums* in FS Claussen, 1997, S. 3, 15; *Hüffer*, ZHR 161 (1997), 214, 232 ff.; *Hüffer*, § 84 AktG Rz. 12; *Spindler* in MünchKomm. AktG, 3. Aufl., § 84 AktG Rz. 63.

73 BGH v. 23.10.1975 – II ZR 90/73, BGHZ 65, 190, 191; BGH v. 6.4.1964 – II ZR 75/62, BGHZ 41, 282, 285; *Hüffer*, § 84 AktG Rz. 12; *Spindler* in MünchKomm. AktG, 3. Aufl., § 84 AktG Rz. 60; *Fleischer* in Spindler/Stilz, § 84 AktG Rz. 34.

schließt[74]. Sollte ausnahmsweise eine Delegation von nichtvergütungsrelevanten Vertragsbestandteilen auf einen Ausschuss sinnvoll sein, so muss dieser mit mindestens drei Mitgliedern besetzt sein, damit eine Umgehung von § 108 Abs. 2 Satz 3 ausgeschlossen ist[75]. Deshalb kann ein Ausschuss, der lediglich aus dem Vorsitzenden des Aufsichtsrats und seinem Stellvertreter gebildet worden ist, in keinem Fall Anstellungsverträge wirksam abschließen[76]. Näheres bei § 107. Die bloße Vorbereitung eines Vertragsabschlusses (z.B. Gespräche mit Personalberatungsunternehmen, Kandidatengespräche, Verhandlungen über wirtschaftliche Eckpunkte) kann auf jedes Aufsichtsratsmitglied, aber auch auf ein Vorstandsmitglied oder einen Berater übertragen werden[77]. Der Aufsichtsrat kann auch eines seiner Mitglieder (in der Praxis häufig seinen Vorsitzenden) bevollmächtigen, den ausverhandelten und vom Aufsichtsrat beschlossenen Anstellungsvertrag für die Gesellschaft zu unterzeichnen, wobei hiermit nicht die Befugnis verbunden ist, noch vom Aufsichtsrat festlegte wesentliche Vertragsinhalte zu ändern[78]. Die Entscheidung über den Anstellungsvertrag und dessen Inhalt erfolgt durch **Beschluss** nach § 108[79]. Allerdings liegt in dem Beschluss über die Bestellung nicht ohne weiteres auch der Beschluss über den Anstellungsvertrag[80].

**b) Sonderfall: Drittanstellungsvertrag**

26 Aufgrund der rechtlichen Trennung der organschaftlichen Bestellung vom schuldrechtlichen Anstellungsvertrag können beide Rechtsverhältnisse auch in der Weise auseinander fallen, dass der Anstellungsvertrag nicht mit der Bestellungsgesellschaft, sondern mit einer Drittgesellschaft (zumeist Konzerngesellschaft) abgeschlossen wird. Solche Drittanstellungsverträge sind auch **aktienrechtlich zulässig**[81], allerdings nur bei Beachtung folgender Kautelen: Der mit der Drittgesellschaft abgeschlossene Anstellungsvertrag wird überlagert und verdrängt durch die zwingende aktienrechtliche Pflichtenlage des Vorstands, insbesondere die Verpflichtung, die Bestellungsgesellschaft im Unternehmensinteresse eigenverantwortlich zu leiten (§ 76 Abs. 1). Dieser **Pflichtenvorrang der Bestellungsgesellschaft** ist ausdrücklich von der Drittgesellschaft zu akzeptieren. Dies gilt im Grundsatz ebenso (wenngleich in der Praxis

---

74 Ebenso *Mertens/Cahn* in KölnKomm. AktG, 3. Aufl., § 84 AktG Rz. 48; *Hoffmann-Becking/Krieger*, NZG 2009, Beilage zu Heft 26, Rz. 73 f.
75 Vgl. *Hüffer*, § 84 AktG Rz. 13; *Spindler* in MünchKomm. AktG, 3. Aufl., § 84 AktG Rz. 60; *Fleischer* in Spindler/Stilz, § 84 AktG Rz. 36.
76 BGH v. 23.10.1975 – II ZR 90/73, BGHZ 65, 190, 192 f.; *Hüffer*, § 84 AktG Rz. 13; *Spindler* in MünchKomm. AktG, 3. Aufl., § 84 AktG Rz. 60; *Fleischer* in Spindler/Stilz, § 84 AktG Rz. 34; *Fleck*, WM 1994, 1957 f.
77 Vgl. BGH v. 13.1.2003 – II ZR 254/00, WM 2003, 681, 683 (Vorstandsmitglied); *Spindler* in MünchKomm. AktG, 3. Aufl., § 84 AktG Rz. 62.
78 Vgl. BGH v. 17.4.1967 – II ZR 157/64, BGHZ 47, 341, 350; BGH v. 6.4.1964 – II ZR 75/62, BGHZ 41, 282, 285; BGH v. 8.12.1960 – II ZR 107/59, WM 1961, 299, 300; *Spindler* in MünchKomm. AktG, 3. Aufl., § 84 AktG Rz. 61; *Fleischer* in Spindler/Stilz, § 84 AktG Rz. 36; *Meier/Pech*, DStR 1995, 1195, 1196.
79 *Hüffer*, § 84 AktG Rz. 12; *Spindler* in MünchKomm. AktG, 3. Aufl., § 84 AktG Rz. 63.
80 OLG Schleswig v. 16.11.2000 – 5 U 66/99, NZG 2001, 275; *Spindler* in MünchKomm. AktG, 3. Aufl., § 84 AktG Rz. 63.
81 Ebenso *Hohenstatt/Seibt/Wagner*, ZIP 2008, 2289, 2293; *Wiesner* in MünchHdb. AG, § 21 Rz. 2 ff.; *Martens* in FS Hilger/Stumpf, 1983, S. 437, 442; *Krieger*, Personalentscheidungen des Aufsichtsrats, 1981, S. 186 f.; *Lutter/Krieger*, Aufsichtsrat, Rz. 411; offen *Hüffer*, § 84 AktG Rz. 14 (vorsichtig bejahend bei Bestehen von Beherrschungsvertrag oder Eingliederung); *Fleischer* in Spindler/Stilz, § 84 AktG Rz. 39; a.A. *Mertens/Cahn* in KölnKomm. AktG, 3. Aufl., § 84 AktG Rz. 56; *Spindler* in MünchKomm. AktG, 3. Aufl., § 84 AktG Rz. 66; *Thüsing* in Fleischer, Handbuch des Vorstandsrechts, § 4 Rz. 68 f.; *Baums*, Geschäftsleitervertrag, 1987, S. 73 f.; *Theobald* in FS Raiser, 2005, S. 421, 435 ff.

deutlich abgeschwächt), wenn zwischen der Bestellungs- und der Drittgesellschaft ein Beherrschungsvertrag besteht oder eine Eingliederung vorliegt, da hier die Unternehmensleitungspflicht nach § 76 Abs. 1 durch die Vorschriften in §§ 308 Abs. 2, 323 Abs. 1 überlagert werden[82].

### 3. Form und Vertragsdauer

Für den Anstellungsvertrag ist gesetzlich keine Schriftform vorgeschrieben, doch ist die **schriftliche Fixierung** bereits aus Dokumentationszwecken Ausdruck pflichtgemäßen Aufsichtsratshandelns i.S. von § 116[83]. Ansonsten kommt es mit dem Tätigkeitsbeginn des Bestellten zu einem konkludenten Vertragsschluss[84]. 27

Es entspricht dem Trennungsprinzip, dass die Dauer des Anstellungsvertrages der Bestellungsdauer nicht gleichen muss. Allerdings kann auch der Anstellungsvertrag nur auf **höchstens fünf Kalenderjahre** geschlossen werden (§ 84 Abs. 1 Satz 5 i.V.m. § 84 Abs. 1 Satz 2). Durch diese gesetzliche Vertragshöchstdauer wird ebenfalls die Entschließungsfreiheit des Aufsichtsrats in Fragen der Vorstandsbestellung geschützt. Keine Bedenken bestehen gegen eine **Verlängerungsklausel** mit dem Inhalt, dass sich der Anstellungsvertrag automatisch für den Fall der Wiederbestellung verlängert, sei es für einen bestimmten Zeitraum, sei es bis zum Ende der Organbestellung[85]. Fehlt eine solche Verlängerungsklausel im Anstellungsvertrag, so bedarf es für die Weitergeltung des Anstellungsvertrages eines ausdrücklichen Aufsichtsratsbeschlusses (bloße Weiterbeschäftigung nach § 625 BGB ist durch die Sonderregelung des § 84 Abs. 1 ausgeschlossen[86]), der frühestens ein Jahr vor Ablauf des Vertrages gefasst werden darf (§ 84 Abs. 1 Satz 5 i.V.m. § 84 Abs. 1 Satz 3)[87]. Fehlt im Anstellungsvertrag eine ausdrückliche Bestimmung zur Vertragsdauer, ist diese durch Auslegung zu ermitteln, wobei im Zweifel anzunehmen ist, dass der Vertrag bis zum Ablauf der Bestellung unter Beachtung der 5-Jahresfrist geschlossen ist[88]. 28

### 4. Rechte und Pflichten aus dem Anstellungsvertrag

#### a) Vergütung und Versorgung

Die Ansprüche eines Vorstandsmitglieds gegen die AG ergeben sich in erster Linie aus dem Anstellungsvertrag und den ggf. weiter getroffenen **Nebenvereinbarungen**. Ist der **Anstellungsvertrag** nur konkludent geschlossen worden (Rz. 29), ist zugunsten des Vorstandsmitglieds von einer nach § 612 Abs. 1 BGB stillschweigend vereinbarten angemessenen Vergütung auszugehen, und zwar unabhängig davon, ob das 29

---

82 Zutr. *Spindler* in MünchKomm. AktG, 3. Aufl., § 84 AktG Rz. 66; wohl abw. *Hüffer*, § 84 AktG Rz. 14.
83 Ebenso *Fleischer* in Spindler/Stilz, § 84 AktG Rz. 38.
84 OLG Stuttgart v. 13.3.2002 – 20 U 59/01, AG 2003, 211, 213; *Spindler* in MünchKomm. AktG, 3. Aufl., § 84 AktG Rz. 64; *Fleischer* in Spindler/Stilz, § 84 AktG Rz. 38.
85 Vgl. BGH v. 11.7.1951 – II ZR 118/50, BGHZ 3, 90, 94; BGH v. 11.7.1953 – II ZR 126/52, BGHZ 10, 187, 194; *Hüffer*, § 84 AktG Rz. 15; *Mertens/Cahn* in KölnKomm. AktG, 3. Aufl., § 84 AktG Rz. 53; *Spindler* in MünchKomm. AktG, 3. Aufl., § 84 AktG Rz. 68; *Fleischer* in Spindler/Stilz, § 84 AktG Rz. 41; *Weber/Dahlbender*, DB 1996, 2373 f.
86 *Spindler* in MünchKomm. AktG, 3. Aufl., § 84 AktG Rz. 69; *Kort* in Großkomm. AktG, 4. Aufl., § 84 AktG Rz. 336; *Krieger*, Personalentscheidungen des Aufsichtsrats, 1981, S. 123; offen lassend *Fleischer* in Spindler/Stilz, § 84 AktG Rz. 41.
87 *Spindler* in MünchKomm. AktG, 3. Aufl., § 84 AktG Rz. 68.
88 *Spindler* in MünchKomm. AktG, 3. Aufl., § 84 AktG Rz. 69; *Kort* in Großkomm. AktG, 4. Aufl., § 84 AktG Rz. 38; *Mertens/Cahn* in KölnKomm. AktG, 3. Aufl., § 84 AktG Rz. 53; *Fleischer* in Spindler/Stilz, § 84 AktG Rz. 40.

Vorstandsmitglied gleichzeitig Aktionär ist[89]. Neben dem Hauptanspruch auf Gehaltszahlung können vielfältige entgeltrelevante Leistungen vereinbart sein, z.B. Ansprüche auf Gewinnbeteiligung, auf Gesellschaftsbeteiligung (z.B. Stock Option-Programme), auf Ruhegehalt, Hinterbliebenenbezüge oder Leistungen verwandter Art, auf Aufwandsentschädigung, Versicherungsentgelte, Sachleistungen (Dienstfahrzeug, Büroausstattung), Provisionen und anderen Nebenleistungen jeder Art. Für die Struktur und Höhe der Gesamtbezüge gilt der Angemessenheitsgrundsatz des § 87. Gehaltserhöhungen bedürfen einer entsprechenden Anpassungsklausel (häufig sog. Spannungsklauseln mit Bezugnahme auf vergleichbares Gehalt) im Anstellungsvertrag sowie eines die Erhöhung feststellenden Aufsichtsratsbeschlusses. Wertsicherungsklauseln bedurften bis zum 13.9.2007 einer Genehmigung durch das Bundesamt für Wirtschaft (vgl. § 7 PreisklauselVO; § 2 Preisangaben- und PreisklauselG i.V.m. § 3 PreisklauselVO); nun bedarf es zwar keiner Genehmigung mehr, aber der gesetzliche Anwendungsbereich für zulässige Wertsicherungsklauseln ist sehr begrenzt und wird praktische Bedeutung nur für solche Fälle haben, in denen das Vorstandsmitglied bei Ablauf seines Amts in den Ruhestand eintreten soll (vgl. § 3 Abs. 1 lit. c PreisklauselG).

30 Wird einem **Vorstandsmitglied die Erfüllung seiner Tätigkeitspflicht aus einem von ihm nicht zu vertretenden Grunde unmöglich**, so verliert er nach § 326 Abs. 1 Satz 1 BGB grundsätzlich seinen Gehaltsanspruch, es sei denn, die Unmöglichkeit beruht auf einem äußeren, auf den Betrieb einwirkenden und in ihrer Sphäre liegenden Umstand (Grundsätze über das Betriebsrisiko)[90]. Liegt der Hinderungsgrund indes in der Person des Vorstandsmitglieds, so steht ihm der Gehaltsanspruch nach Maßgabe von § 616 BGB nur „für eine verhältnismäßig nicht erhebliche Zeit" zu[91]. Hat die **AG die Unmöglichkeit der Dienstleistung zu vertreten** (§ 326 Abs. 2 Satz 1 BGB) oder befindet sie sich in Annahmeverzug (§ 615 BGB), so muss sie das Gehalt weiterzahlen, wobei sich das Vorstandsmitglied indes Ersparnisse und anderweitige Bezüge anrechnen lassen muss (§ 326 Abs. 2 Satz 2, § 615 Satz 2 BGB)[92]. Bei einer unberechtigten Kündigung seitens der AG reicht ein deutlicher Widerspruch des Vorstandsmitglieds gegen die Kündigung (auch ohne ein ausdrückliches Angebot der Dienste nach §§ 294, 295 BGB) aus, um die AG in Annahmeverzug zu setzen[93]. Ohne vertragliche Regelung, für die die Angemessenheitsgrenzen des § 87 gelten[94] (Maximaldauer: zwölf Monate), hat das Vorstandsmitglied im Krankheitsfall keinen Anspruch auf Entgeltfortzahlung nach dem EFZG; es gilt nur § 616 BGB, der eine Gehaltsfortzahlung nur für etwa drei Tage bis maximal zwei Wochen erlaubt[95].

---

89 Abw. (Vergütungsanspruch nur für Nicht-Aktionäre) OLG Stuttgart v. 13.3.2002 – 20 U 59/01, AG 2003, 211, 213; ebenso *Spindler* in MünchKomm. AktG, 3. Aufl., § 84 AktG Rz. 76.
90 *Spindler* in MünchKomm. AktG, 3. Aufl., § 84 AktG Rz. 79; krit. *Zöllner* in FS Koppensteiner, 2001, S. 291, 295 f.
91 Zutr. *Mertens/Cahn* in KölnKomm. AktG, 3. Aufl., § 84 AktG Rz. 62; *Spindler* in MünchKomm. AktG, 3. Aufl., § 84 AktG Rz. 79; *Fleischer* in Spindler/Stilz, § 84 AktG Rz. 47; gegen BGH v. 11.7.1953 – II ZR 126/52, BGHZ 10, 187, 193 (Gesellschaft kann sich gegenüber einem langjährigen und bewährten Vorstandsmitglied wegen der ihr obliegenden Treuepflicht nicht auf die Leistungsfreiheit nach § 326 Abs. 1 Satz 1 BGB berufen); zustimmend *Meyer-Landrut*, AG 1964, 325.
92 *Peltzer*, BB 1976, 1249, 1251; *Spindler* in MünchKomm. AktG, 3. Aufl., § 84 AktG Rz. 80; *Fleischer* in Spindler/Stilz, § 84 AktG Rz. 46.
93 BGH v. 15.2.1968 – II ZR 92/66, WM 1968, 611, 612; *Spindler* in MünchKomm. AktG, 3. Aufl., § 84 AktG Rz. 80.
94 *Spindler* in MünchKomm. AktG, 3. Aufl., § 84 AktG Rz. 81; *Zöllner* in FS Koppensteiner, 2001, S. 291, 293; *Fonk* in Semler/v. Schenck, Arbeitshandbuch Aufsichtsratsmitglieder, § 9 Rz. 150.
95 Hierzu *Zöllner* in FS Koppensteiner, 2001, S. 291, 292 f.; *Spindler* in MünchKomm. AktG, 3. Aufl., § 84 AktG Rz. 81; abw. (§ 3 Abs. 1 EFZG mit 6-Wochen-Frist als Anhalt) *Mertens/*

In der Praxis besondere wirtschaftliche Bedeutung haben **Versorgungsansprüche** (insbesondere Altersruhegeld, Invaliditäts- und Hinterbliebenenversorgung, ggf. Übergangsgeld) der Vorstandsmitglieder, die in der Regel ausdrücklich (aber kein Schrifttumserfordernis; vgl. aber § 6a Abs. 1 EStG!) vereinbart werden müssen[96]. Die Versorgungsleistungen sind primär Entgelt für geleistete Dienste und Betriebstreue[97]. Für die Vertragspraxis sind eindeutige Bestimmungen zur Berechnungsgrundlage wichtig; die Bezugnahme auf ein „Jahresgehalt" umfasst im Zweifel die Gesamtvergütung einschl. Tantieme und Aktienoptionen (Barwert bei Ausgabe), aber ohne Nebenbezüge und Sachleistungen[98]. Nur in ganz seltenen Fällen kann sich die aus der Fürsorge- und Treupflicht der Gesellschaft ein Versorgungsanspruch ohne eine vertragliche Grundlage herleiten[99]; eine betriebliche Übung für Arbeitnehmer reicht demgegenüber in keinem Fall als Anspruchsgrundlage aus[100]. Nach h.M. unterfallen Ruhegeldvereinbarungen mit Vorstandsmitgliedern, die nicht allein oder mit anderen Vorstandsmitgliedern mehrheitlich an der Gesellschaft beteiligt sind (also keine unternehmerähnlichen Personen sind) gem. § 17 Abs. 1 Satz 2 BetrAVG den Vorschriften der §§ 1–16 BetrAVG[101]. Die sämtlichen Elemente der Versorgungszusagen[102] müssen dem **Angemessenheitsgebot** nach § 87 entsprechen[103]. – Ein Anspruch auf Abschluss einer das Vorstandsmitglied einbeziehenden **D&O-Versicherung** folgt nicht aus der Fürsorgepflicht, sondern bedarf einer anstellungsvertraglichen Grundlage[104].

31

Den Bezügen eines Vorstandsmitglieds kommt **Pfändungsschutz** nach §§ 850 ff. ZPO zu[105]. In der **Insolvenz** der AG gelten folgende Grundsätze für Ansprüche von Vorstandsmitgliedern: Fällige Gehaltsforderungen der Vorstandsmitglieder aus der Zeit vor Insolvenzeröffnung sind gewöhnliche Insolvenzforderungen nach § 38 InsO. Dies gilt auch für Ruhegehaltsansprüche, die nach Insolvenzeröffnung fällig werden. Sie

32

---

*Cahn* in KölnKomm. AktG, 3. Aufl., § 84 AktG Rz. 62; *Wiesner* in MünchHdb. AG, § 21 Rz. 37.

96 Vgl. BGH v. 18.12.1954 – II ZR 281/53, BGHZ 16, 50, 51; BGH v. 17.12.1956 – II ZR 47/56, BGHZ 22, 375, 381; BGH v. 20.12.1993 – II ZR 217/92, NJW-RR 1994, 357, 358; *Spindler* in MünchKomm. AktG, 3. Aufl., § 84 AktG Rz. 198 f.; *Fleischer* in Spindler/Stilz, § 84 AktG Rz. 48, 50.

97 Vgl. BGH v. 23.10.1975 – II ZR 90/73, WM 1975, 1237, 1239.

98 Ausführlich *Mertens/Cahn* in KölnKomm. AktG, 3. Aufl., § 84 AktG Rz. 74 ff. m.w.N.

99 Vgl. BGH v. 28.1.1953 – II ZR 265/51, BGHZ 8, 348, 368; BGH v. 18.12.1954 – II ZR 281/53, BGHZ 16, 50, 51; BGH v. 17.12.1956 – II ZR 47/56, BGHZ 22, 375, 381; BGH v. 23.9.1968 – II ZR 94/67, BGHZ 50, 378, 383; BGH v. 23.9.1968 – II ZR 94/67, WM 1968, 1226, 1227; *Spindler* in MünchKomm. AktG, 3. Aufl., § 84 AktG Rz. 198; *Fleischer* in Spindler/Stilz, § 84 AktG Rz. 50.

100 Vgl. BGH v. 17.2.1969 – II ZR 19/68, WM 1969, 686, 688; BGH v. 20.12.1993 – II ZR 217/92, NJW-RR 1994, 357, 358; *Spindler* in MünchKomm. AktG, 3. Aufl., § 84 AktG Rz. 199; *Wiesner* in MünchHdb. AG, § 21 Rz. 46; a.A. *Fleischer* in Spindler/Stilz, § 84 AktG Rz. 50.

101 *Mertens/Cahn* in KölnKomm. AktG, 3. Aufl., § 84 AktG Rz. 51; *Wiesner* in MünchHdb. AG, § 21 Rz. 47; *Fleck*, WM 1994, 1957, 1967 ff.; vgl. BGH v. 9.6.1980 – II ZR 255/78, BGHZ 77, 233, 236 (zum GmbH-Geschäftsführer); BGH v. 28.4.1980 – II ZR 254/78, BGHZ 77, 94, 101 f. (zum GmbH-Geschäftsführer); BGH v. 15.7.2002 – II ZR 192/00, ZIP 2002, 1701, 1702; BGH v. 13.1.2003 – II ZR 254/00, WM 2003, 681, 682 (zum VVaG-Vorstand); *Mertens/Cahn* in KölnKomm. AktG, 3. Aufl., § 84 AktG Rz. 68 ff.; krit. *Spindler* in MünchKomm. AktG, 3. Aufl., § 84 AktG Rz. 204, 206 f.; *Thüsing* in Fleischer, Handbuch des Vorstandsrechts, § 6 Rz. 80; *Thüsing*, AG 2003, 484 ff.

102 Ausführlich zu Gestaltungsmöglichkeiten *Fonk* in Semler/v. Schenck, Arbeitshandbuch Aufsichtsratsmitglieder, § 9 Rz. 227 ff.

103 *Fleischer* in Spindler/Stilz, § 84 AktG Rz. 56.

104 *Fleischer*, WM 2005, 909, 919 f.; *Seibt/Saame*, AG 2006, 901, 907; *Deilmann*, NZG 2005, 54, 56; *Koch*, GmbHR 2004, 160, 168; *Spindler* in MünchKomm. AktG, 3. Aufl., § 84 AktG Rz. 90.

105 *Hüffer*, § 84 AktG Rz. 18; *Mertens/Cahn* in KölnKomm. AktG, 3. Aufl., § 84 AktG Rz. 38; *Fleck* in FS Hilger/Stumpf, 1983, S. 197, 209.

sind nach ihrem Schätzungswert anzumelden und zu berücksichtigen (§§ 38, 65 InsO). Nach § 7 BetrAVG sind laufende Ruhegeldansprüche und unverfallbare Anwartschaften insolvenzgesichert; der Anwartschaftsberechtigte hat einen versicherungsrechtlichen Anspruch gegen den Pensionssicherungsverein[106]. Auf rückständige, vor Insolvenzeröffnung fällig gewordene Ruhegeldansprüche findet ebenfalls § 38 InsO Anwendung. Kündigt der Insolvenzverwalter den Anstellungsvertrag nach § 113 InsO, so hat das Vorstandsmitglied nach § 113 Abs. 2 InsO als einfacher Insolvenzgläubiger einen Anspruch auf Ersatz des ihm durch die Kündigung des Anstellungsvertrags entstandenen Schadens.

**b) Sonstige Ansprüche**

33  Der **Urlaubsanspruch** eines Vorstandsmitglieds richtet sich in erster Linie nach dem Anstellungsvertrag[107] (und nicht nach dem BUrlG; vgl. § 2 BUrlG); bei Fehlen einer ausdrücklichen vertraglichen Regelung ergibt sich der Anspruch aus der dienstvertraglichen Fürsorgepflicht des Dienstherrn[108]. Ein gesetzliches Erfordernis der Urlaubsgenehmigung durch den Aufsichtsrat besteht nicht; erforderlich ist indes in jedem Fall eine Abstimmung mit den anderen Vorstandsmitgliedern sowie die Einrichtung einer angemessenen Urlaubsvertretung[109], ggf. auch die Beschlussmitwirkung während der Urlaubszeit. Vor der Beendigung des Vorstandsamtes kann das Vorstandsmitglied auch ohne entsprechende vertragliche Regelung eine angemessene Zeit beanspruchen, um sich eine andere Tätigkeit zu suchen (vgl. § 629 BGB).

34  Ein Vorstandsmitglied hat **Anspruch auf Erteilung eines Zeugnisses** (§ 630 BGB)[110], das vom Aufsichtsrat erteilt wird (§ 112). **Auslagen** kann ein Vorstandsmitglied nach §§ 669, 670 BGB unter Heranziehung der entsprechenden arbeitsrechtlichen Rechtsprechung ersetzt verlangen[111]. Weiter hat es aus allgemeinem Auftragsrecht einen Freistellungsanspruch bei Erstattungsverpflichtungen gegenüber Dritten (§ 257 Satz 1 BGB) und einen Schadenersatzanspruch bei unverschuldeter Schadensverursachung. Bei Verurteilung eines Vorstandsmitglieds zu einer **Geldstrafe, Geldbuße oder Geldauflage** hat dieser sie im Grundsatz (Ausnahmen z.B. OWiG-Bußgeld ohne Verschulden, Orientierung der Bußgeldhöhe an Unternehmensparametern) selbst zu tragen[112]; allerdings kann die AG die Kosten eines Strafverteidigers oder des Rechtsstreits vorschießen[113]. Eine nachträgliche Ersatzleistung der Geldstrafe, Geldbuße oder Geld-

---

106 Hierzu *Thüsing* in Fleischer, Handbuch des Vorstandsrechts, § 6 Rz. 96; *Wiesner* in MünchHdb. AG, § 21 Rz. 58 ff.
107 BGH v. 3.12.1962 – II ZR 201/61, LM GmbHG § 35 Nr. 5; *Thüsing* in Fleischer, Handbuch des Vorstandsrechts, § 4 Rz. 76; *Zöllner* in FS Koppensteiner, 2001, S. 291, 294; *Spindler* in MünchKomm. AktG, 3. Aufl., § 84 AktG Rz. 85; a.A. *Henssler*, RdA 1992, 289, 295 f.
108 *Spindler* in MünchKomm. AktG, 3. Aufl., § 84 AktG Rz. 85; *Fleischer* in Spindler/Stilz, § 84 AktG Rz. 99.
109 *Fleischer* in Spindler/Stilz, § 84 AktG Rz. 62; *Mertens/Cahn* in KölnKomm. AktG, 3. Aufl., § 84 AktG Rz. 87; ähnlich *Thüsing* in Fleischer, Handbuch des Vorstandsrechts, § 4 Rz. 77; *Spindler* in MünchKomm. AktG, 3. Aufl., § 84 AktG Rz. 85; *Kort* in Großkomm. AktG, 4. Aufl., § 84 AktG Rz. 424; *Zöllner* in FS Koppensteiner, 2001, S. 291, 294.
110 *Spindler* in MünchKomm. AktG, 3. Aufl., § 84 AktG Rz. 91; *Wiesner* in MünchHdb. AG, § 21 Rz. 65; *Peltzer*, BB 1976, 1249, 1252; i.E. ebenso *Hüffer*, § 84 AktG Rz. 17; vgl. auch BGH v. 9.11.1967 – II ZR 64/67, BGHZ 49, 30 (zum GmbH-Geschäftsführer).
111 *Spindler* in MünchKomm. AktG, 3. Aufl., § 84 AktG Rz. 92.
112 *Mertens/Cahn* in KölnKomm. AktG, 3. Aufl., § 84 AktG Rz. 92; *Spindler* in MünchKomm. AktG, 3. Aufl., § 84 AktG Rz. 86; *Wiesner* in MünchHdb. AG, § 21 Rz. 63.
113 BAG v. 28.5.1960 – 2 AZR 548/59, BAGE 9, 243, 249; *Spindler* in MünchKomm. AktG, 3. Aufl., § 84 AktG Rz. 86.

auflage (sowie der begleitenden Verfahrenskosten) kann regelmäßig nur in den Grenzen des § 93 Abs. 4 erfolgen[114].

**c) Pflichten**

Die Pflichten eines Vorstandsmitglieds ergeben sich bereits in großem Umfang unmittelbar aus dem Gesetz: Neben seiner **Hauptpflicht**, die Gesellschaft mit den weiteren Vorstandsmitgliedern unter eigener Verantwortung und im Unternehmensinteresse zu leiten (§ 76 Abs. 1) treten die sich aus der **organschaftlichen Treuepflicht** ergebenden Einzelpflichten des Wettbewerbsverbots, der Verschwiegenheitspflicht, der Vermeidung von Interessenkonflikten und des Verbots von Sondervorteilen (hierzu § 76 Rz. 9 ff.) sowie weitere Pflichten wie die Pflicht zur Offenheit gegenüber dem Aufsichtsrat und den Berichtspflichten. Die einem Vorstandsmitglied kraft Gesetzes obliegenden Organpflichten sind aufgrund des Anstellungsvertrags zugleich vertragliche Pflichten[115], die er mit der Sorgfalt eines ordentlichen und gewissenhaften Geschäftsleiters zu erfüllen hat (§ 93 Abs. 1).

35

Aus dem Anstellungsvertrag werden sich häufig noch weitere, „vertragsautonome" **Pflichten** ergeben, z.B. eine Residenzpflicht, eine Verpflichtung zur Übernahme bestimmter Ämter außerhalb der Tätigkeit für die AG, die Einhaltung einer bestimmten Mindestdienstzeit, ein nachvertragliches Wettbewerbsverbot, besondere Vertraulichkeitsverpflichtungen oder das Verbot der Durchführung von Risikogeschäften (z.B. Börsen- und Spekulationsgeschäfte). Aus Sicht der AG ist es empfehlenswert, das Vorstandsmitglied ausdrücklich zu verpflichten, die Empfehlungen (und ggf. auch Anregungen) des DCGK in seiner jeweiligen Fassung sowie ggf. unternehmenseigene Corporate Governance- und Compliance-Kodizes zu beachten. Bei Ausscheiden ist das Vorstandsmitglied über die in seinem Besitz befindlichen Unterlagen auskunftspflichtig, und er hat diese herauszugeben (§§ 675, 666, 667 BGB)[116]; ein Zurückbehaltungsrecht steht ihm gegenüber diesen Ansprüchen nicht zu[117].

36

**d) Änderung der Rechte und Pflichten**

Sie folgt den allgemeinen Regeln. Hinzu kommt eine **einseitige Abänderungsbefugnis durch die AG im Hinblick auf die dem betreffenden Vorstandsmitglied zugewiesenen Aufgaben oder Vorstandsressorts**. Die Aufgaben- bzw. Ressortzuweisung durch die Geschäftsordnung für den Vorstand (§ 77 Abs. 2) kann im Rahmen der pflichtgemäßen Organausübung geändert werden, ohne dass es hiergegen einen dienstvertraglichen Schutz geben kann. Jedoch stellt die Zuweisung eines anderen Pflichtenkreises (und zwar im Grundsatz unabhängig davon, ob es sich um eine Beschränkung oder eine Erweiterung handelt) eine Vertragsverletzung dar, wenn es sich um eine wesentliche, nicht ohne weiteres zumutbare Änderung handelt. Fehlt (ausnahmsweise) der wichtige Grund für die Änderungskündigung, hat das Vorstandsmitglied einen Schadenersatzanspruch nach § 280 BGB und die Möglichkeit, das Amt niederzulegen[118].

37

---

114 Ausführlich *Spindler* in MünchKomm. AktG, 3. Aufl., § 84 AktG Rz. 86 f.; *Rehbinder*, ZHR 148 (1984), 555, 570 ff.
115 Vgl. *Spindler* in MünchKomm. AktG, 3. Aufl., § 84 AktG Rz. 93; *Mertens/Cahn* in KölnKomm. AktG, 3. Aufl., § 93 Rz. 3 f.; *Fleischer* in Spindler/Stilz, § 84 AktG Rz. 75; *Wiesner* in MünchHdb. AG, § 21 Rz. 66; *Krieger*, Personalentscheidungen des Aufsichtsrats, 1981, S. 163 f.
116 BGH v. 3.12.1962 – II ZR 63/60, WM 1963, 161; *Spindler* in MünchKomm. AktG, 3. Aufl., § 84 AktG Rz. 98; *Fleischer* in Spindler/Stilz, § 84 AktG Rz. 81 f.
117 BGH v. 11.7.1968 – II ZR 108/67, WM 1968, 1325; *Spindler* in MünchKomm. AktG, 3. Aufl., § 84 AktG Rz. 98; *Fleischer* in Spindler/Stilz, § 84 AktG Rz. 82.
118 *Thüsing* in Fleischer, Handbuch des Vorstandsrechts, § 4 Rz. 134.

Eine gesetzlich geregelte einseitige Änderungsbefugnis zugunsten der AG findet sich in § 87 Abs. 2 (Näheres s. § 87 Rz. 18 ff.). Umgekehrt folgt aus der Treue- und Fürsorgepflicht der AG für das Vorstandsmitglied in Ausnahmesituationen, dass der Aufsichtsrat auch ohne vertragliche Anpassungsklauseln Vertragsregeln (insbesondere über die Gehaltshöhe) zugunsten des Vorstandsmitglieds verbessern kann.

### 5. Fehlerhafte Anstellung

38  Auf einen fehlerhaften Anstellungsvertrag eines Vorstandsmitglieds (z.B. Nichtigkeit wegen Verletzung zwingender aktienrechtlicher Vorschriften) sind die **für das fehlerhafte Arbeitsverhältnis geltenden Grundsätze anzuwenden**[119]. Ist der Anstellungsvertrag durch Tätigkeitsaufnahme tatsächlich in Vollzug gesetzt worden, so ist der Vertrag (trotz Fehlerhaftigkeit) als wirksam zu behandeln. Das Vorstandsmitglied hat die dienstvertraglichen Pflichten zu erfüllen, andererseits stehen ihm auch die Rechte zu, einschließlich erdienter Versorgungsbezüge[120] sowie der Ansprüche, die sich aus der Fürsorgepflicht der Gesellschaft gegenüber Organmitgliedern ergeben[121]. Das **Vorstandsmitglied kann jederzeit mit Wirkung für die Zukunft aus der tatsächlichen Stellung entfernt werden**, ohne dass es hierfür einer Kündigung bedürfte[122] (wenngleich dies in der Praxis aus Gesichtspunkten der Dokumentation und Rechtssicherheit erfolgen wird). In Ausnahmefällen kann der Gesellschaft die Berufung auf die Unwirksamkeit des Vertrags aus Treu und Glauben verwehrt sein[123].

## IV. Vorsitzender des Vorstands (§ 84 Abs. 2)

### 1. Ernennung

39  Der Aufsichtsrat kann ein Mitglied eines mehrköpfigen Vorstands zum Vorsitzenden des Vorstands (üblicher Sprachgebrauch: Vorstandsvorsitzender) ernennen (§ 84 Abs. 2). Eine solche Ernennung ist nicht zwingend, aber Ausweis guter Corporate Governance (s. auch Ziff. 4.2.1 DCGK). Für die Ernennung ist der **Gesamtaufsichtsrat ausschließlich zuständig**; (vgl. § 107 Abs. 3 Satz 2)[124]. Weder die Hauptversammlung noch der Vorstand können einen Vorsitzenden ernennen[125] und auch die Satzung

---

119  BGH v. 3.7.2000 – II ZR 282/98, NJW 2000, 2983 (2. Leitsatz) (zur GmbH); BGH v. 17.9.1998 – IX ZR 237/97, NJW 1998, 3567; BGH v. 21.1.1991 – II ZR 144/90, BGHZ 113, 237, 247 ff. (zum Verein); BGH v. 23.10.1975 – II ZR 90/73, BGHZ 65, 190, 194 f.; BGH v. 6.4.1964 – II ZR 75/62, BGHZ 41, 282, 287 ff.; OLG Schleswig v. 16.11.2000 – 5 U 66/99, AG 2001, 651, 653; *Hüffer*, § 84 AktG Rz. 19; *Mertens/Cahn* in KölnKomm. AktG, 3. Aufl., § 84 AktG Rz. 57 ff.; *Fleischer* in Spindler/Stilz, § 84 AktG Rz. 84; *Wiesner* in MünchHdb. AG, § 21 Rz. 26; *Henssler*, RdA 1992, 289, 297; *Baums*, Geschäftsleitervertrag, 1987, S. 153 ff., 195 ff.; i.E. ähnlich *Spindler* in MünchKomm. AktG, 3. Aufl., § 84 AktG Rz. 234.
120  *Hüffer*, § 84 AktG Rz. 19; *Mertens/Cahn* in KölnKomm. AktG, 3. Aufl., § 84 AktG Rz. 57; *Spindler* in MünchKomm. AktG, 3. Aufl., § 84 AktG Rz. 235; *Fleischer* in Spindler/Stilz, § 84 AktG Rz. 85; *Wiesner* in MünchHdb. AG, § 21 Rz. 27.
121  *Spindler* in MünchKomm. AktG, 3. Aufl., § 84 AktG Rz. 204; *Fleischer* in Spindler/Stilz, § 84 AktG Rz. 85.
122  So auch BGH v. 17.4.1967 – II ZR 157/64, BGHZ 47, 341, 343; *Spindler* in MünchKomm. AktG, 3. Aufl., § 84 AktG Rz. 235; a.A. *Hüffer*, § 84 AktG Rz. 19; *Mertens/Cahn* in KölnKomm. AktG, 3. Aufl., § 84 AktG Rz. 32; *Fleischer* in Spindler/Stilz, § 84 AktG Rz. 85; *Baums*, Geschäftsleitervertrag, 1987, S. 206 ff.
123  BGH v. 23.10.1975 – II ZR 90/73, BGHZ 65, 190, 194; OLG Schleswig v. 16.11.2000 – 5 U 66/99, AG 2001, 651, 654; *Spindler* in MünchKomm. AktG, 3. Aufl., § 84 AktG Rz. 235; *Fleischer* in Spindler/Stilz, § 84 AktG Rz. 85.
124  *Hüffer*, § 84 AktG Rz. 20; *Fleischer* in Spindler/Stilz, § 84 AktG Rz. 86.
125  *Kort* in Großkomm. AktG, 4. Aufl., § 77 AktG Rz. 49; *Spindler* in MünchKomm. AktG, 3. Aufl., § 84 AktG Rz. 100; *Wiesner* in MünchHdb. AG, § 24 Rz. 1 f.

kann die Ernennung eines Vorsitzenden weder vorschreiben noch verbieten[126]. Der Vorsitzende des Vorstands ist auf Geschäftsbriefen zu bezeichnen (§ 80 Abs. 1 Satz 2), ebenso im Anhang (§ 285 Nr. 10 Satz 2 HGB). Zwar ist die Ernennung eines Vorsitzenden des Vorstands zum Handelsregister nicht anmelde*pflichtig*, aber eintragungs*fähig* (vgl. § 43 Nr. 4 HRV).

Die Ernennung zum Vorsitzenden ist an **dieselben formellen und materiellen Voraussetzungen wie die Bestellung zum Vorstandsmitglied** geknüpft: Neben dem Aufsichtsratsbeschluss (und dessen Zugang beim Ernannten) bedarf es insbesondere des Einverständnisses des Ernannten[127]. Für die Amtszeit des Vorsitzenden gelten dieselben Regeln wie für die Bestellung zum Vorstandsmitglied[128], allerdings ist ein Gleichlauf zwischen der Bestellungsdauer eines Vorstandsmitglieds und seiner Ernennung zum Vorsitzenden nicht zwingend (wenngleich üblich). Für die Beschlussfassung gelten keine Besonderheiten, insbesondere ist auch bei mitbestimmten Unternehmen nach § 29 Abs. 1 MitbestG die einfache Beschlussmehrheit ausreichend; § 31 MitbestG ist nicht anwendbar[129]. Etwas anderes gilt auch dann nicht, wenn die Ernennung zum Vorsitzenden mit der Vorstandsbestellung sachlich oder zeitlich zusammenfällt[130]. Bei nicht dem MitbestG unterfallenden Unternehmen besteht für die Regelung eines qualifizierten Mehrheitserfordernisses Satzungsfreiheit[131]. Der Aufsichtsrat kann auch in einer Geschäftsordnung für den Vorstand den jeweiligen Vorsitzenden *in persona* oder anhand bestimmter Kriterien bestimmen. 40

## 2. Rechtsstellung

Ausdrückliche Normen fehlen im deutschen Aktien- und Kapitalmarktrecht. Aus **allgemeinen Prinzipien der Binnenorganisation von Gremien** ergibt sich indes, dass dem Vorsitzenden des Vorstands mit seiner Ernennung das Recht zukommt, die Vorstandssitzungen vorzubereiten und zu leiten (einschließlich von Leitungsmaßnahmen wie Gewährung von Informationen, Zuweisung von Rederecht, Einladung von Sachverständigen etc.), die Beschlussfassungen festzustellen (einschließlich der Beurteilung von Stimmverboten bzw. einer Verpflichtung zur Stimmenthaltung bei Interessenkonflikten), die beschlossenen Maßnahmen durchzuführen sowie die Repräsentations- und Bezugsperson für den Aufsichtsrat und für Dritte zu sein[132]. Darüber hinaus obliegt ihm im Regelfall (was im Ernennungsbeschluss oder in der Geschäftsordnung 41

---

126 *Mertens/Cahn* in KölnKomm. AktG, 3. Aufl., § 84 AktG Rz. 101; *Spindler* in MünchKomm. AktG, 3. Aufl., § 84 AktG Rz. 100; *Wiesner* in MünchHdb. AG, § 24 Rz. 2; *Fleischer* in Spindler/Stilz, § 84 AktG Rz. 86; a.A. *Dose*, Rechtsstellung der Vorstandsmitglieder, 3. Aufl. 1975, S. 28 ff.; differenzierend *Lutter/Krieger*, Aufsichtsrat, Rz. 458 (Satzungsanordnung zulässig, Satzungsuntersagung unzulässig).
127 *Hüffer*, § 84 AktG Rz. 20; *Spindler* in MünchKomm. AktG, 3. Aufl., § 84 AktG Rz. 101; *Fleischer* in Spindler/Stilz, § 84 AktG Rz. 87; *Wiesner* in MünchHdb. AG, § 24 Rz. 2.
128 *Hüffer*, § 84 AktG Rz. 20; *Spindler* in MünchKomm. AktG, 3. Aufl., § 84 AktG Rz. 101.
129 *Hüffer*, § 84 AktG Rz. 20; *Mertens/Cahn* in KölnKomm. AktG, 3. Aufl., § 84 AktG Rz. 100; *Spindler* in MünchKomm. AktG, 3. Aufl., § 84 AktG Rz. 101; *Wiesner* in MünchHdb. AG, § 24 Rz. 2; *Seibt* in Henssler/Willemsen/Kalb, ArbR-Komm., § 31 MitbestG Rz. 9; *Gach* in MünchKomm. AktG, 3. Aufl., § 31 MitbestG Rz. 21; *Oetker* in ErfKomm., § 31 MitbestG Rz. 10; *Fleischer* in Spindler/Stilz, § 84 AktG Rz. 87; a.A. *Krieger*, Personalentscheidungen des Aufsichtsrats, 1981, S. 254.
130 So aber *Hüffer*, § 84 AktG Rz. 20; *Spindler* in MünchKomm. AktG, 3. Aufl., § 84 AktG Rz. 101; *Thüsing* in Fleischer, Handbuch des Vorstandsrechts, § 4 Rz. 50.
131 *Spindler* in MünchKomm. AktG, 3. Aufl., § 84 AktG Rz. 101; *Mertens/Cahn* in KölnKomm. AktG, 3. Aufl., § 84 AktG Rz. 100.
132 Ähnlich *Spindler* in MünchKomm. AktG, 3. Aufl., § 84 AktG Rz. 102; *Kort* in Großkomm. AktG, 4. Aufl., § 77 AktG Rz. 50 f.; *Fleischer* in Spindler/Stilz, § 84 AktG Rz. 88 f.; *Bezzenberger*, ZGR 1996, 661, 662 ff.; *Krieger*, Personalentscheidungen des Aufsichtsrats, 1981, S. 244 ff.

für den Vorstand ausdrücklich bestimmt sein sollte) die besondere Amtspflicht zur vorstandsinternen Koordination und Überwachung, die über die allen Vorstandsmitgliedern obliegende horizontale Überwachungspflicht hinausgeht[133]. Neben der Geschäftsordnung kann auch die Satzung die Rechtsstellung eines Vorsitzenden näher regeln (vgl. § 77 Abs. 1 Satz 2 und Abs. 2 Satz 2). Dort kann insbesondere bestimmt sein, dass seine Stimme bei Stimmengleichheit im Vorstand den Ausschlag gibt (s. § 77 Rz. 13) oder dass ihm ein (suspensives) Veto-Recht zukommt (s. § 77 Rz. 15 ff.).

### 3. Chief Executive Officer; Vorstandssprecher

42 In der Praxis vor allem kapitalmarktnaher AG werden Vorsitzende des Vorstands unternehmensintern und -extern nicht selten auch *Chief Executive Officer* (CEO) genannt, und zwar als Abbreviatur eines mit besonderen Rechten und Pflichten ausgestatteten Vorstandsvorsitzenden (im Einzelnen § 77 Abs. 1 Satz 2 Halbsatz 2; § 77 Rz. 14). Die in- und externe Bezeichnung als *Chief Executive Officer* ist grundsätzlich zulässig, es sei denn, Aspekte des Irreführungsschutzes streiten ausnahmsweise dagegen (vgl. § 76 Rz. 6).

43 Als *Minus* zum Vorstandsvorsitzenden kann der Vorstand für sich selbst einen **Sprecher** bestimmen, solange der Aufsichtsrat keinen Vorstandsvorsitzenden ernennt (*arg. e* § 77 Abs. 2 Satz 1)[134]. Auch der Aufsichtsrat kann die Sprecherfunktion in der Geschäftsordnung für den Vorstand festlegen[135]. Die Rechtsstellung des Vorstandssprechers ist Ausfluss der Organisationsautonomie des Vorstands. Dabei ist allerdings zu berücksichtigen, dass die Entscheidung für die Wahl eines Vorstandssprechers (anstelle der Ernennung eines Vorstandsvorsitzenden durch den Aufsichtsrat) ein Bekenntnis für die ausnahmslose Geltung des Kollegialprinzips, die Stellung des Vorstandssprechers als *primus inter pares* und damit gleichzeitig die Ablehnung einer sachlichen Führungsfunktion des Sprechers ist. Daher wird dem Vorstandssprecher in der Regel nur die Rolle der Sitzungsvorbereitung, Sitzungsleitung und Beschlussausführung sowie der Repräsentation des Vorstands gegenüber dem Aufsichtsrat und Dritten zukommen[136].

### 4. Widerruf der Ernennung

44 Die Ernennung zur Vorstandsvorsitzenden kann ebenso wie die Vorstandsbestellung **nur aus wichtigem Grund widerrufen werden** (§ 84 Abs. 3 Satz 1). Bei der Prüfung des wichtigen Grunds ist entscheidend, ob der AG die Tätigkeit des Vorstandsmitglieds als Vorsitzenden weiter zuzumuten ist[137]; ggf. kommt als milderes Mittel zum Wi-

---

[133] Strenger *Spindler* in MünchKomm. AktG, 3. Aufl., § 84 AktG Rz. 102; *Kort* in Großkomm. AktG, 4. Aufl., § 77 AktG Rz. 51; *Bezzenberger*, ZGR 1996, 661, 662 ff.; *Krieger*, Personalentscheidungen des Aufsichtsrats, 1981, S. 244 ff., 248. – S. auch § 77 Rz. 2 und 20.

[134] *Hüffer*, § 84 AktG Rz. 22; *Spindler* in MünchKomm. AktG, 3. Aufl., § 84 AktG Rz. 103; *Fleischer* in Spindler/Stilz, § 84 AktG Rz. 90; *Wiesner* in MünchHdb. AG, § 24 Rz. 4; *Hoffmann-Becking*, ZGR 1998, 497, 517; *Krieger*, Personalentscheidungen des Aufsichtsrats, 1981, S. 255 ff. – Unternehmenspraxis: Commerzbank, Bayerische Hypo- und Vereinsbank, SAP.

[135] *Kort* in Großkomm. AktG, 4. Aufl., § 77 AktG Rz. 57; *Spindler* in MünchKomm. AktG, 3. Aufl., § 84 AktG Rz. 103, *Fleischer* in Spindler/Stilz, § 84 AktG Rz. 90; *Hoffmann-Becking*, ZGR 1998, 497, 517.

[136] *Hüffer*, § 84 AktG Rz. 22; *Spindler* in MünchKomm. AktG, 3. Aufl., § 84 AktG Rz. 103; *Hoffmann-Becking*, ZGR 1998, 497, 517.

[137] Vgl. *Hüffer*, § 84 AktG Rz. 23; *Spindler* in MünchKomm. AktG, 3. Aufl., § 84 AktG Rz. 142; *Krieger*, Personalentscheidungen des Aufsichtsrats, 1981, S. 254; ausführlich *Fleischer* in Spindler/Stilz, § 84 AktG Rz. 98 ff.

derruf der Ernennung auch eine Einschränkung seiner Kompetenzen in Betracht. Der Widerruf der Ernennung zum Vorsitzenden kann auch ohne Widerruf der Vorstandsbestellung erfolgen. Zuständig für den Widerruf der Ernennung ist **ausschließlich der Aufsichtsrat**. Auch bei mitbestimmten Aktiengesellschaften genügt ein Beschluss mit einfacher Mehrheit nach § 29 MitbestG; § 31 MitbestG findet keine Anwendung[138]. Eine Zuweisung der Funktion des Vorstandsvorsitzenden im Anstellungsvertrag hat keinen eigenständigen Regelungsgehalt und beschränkt nicht das Recht des Aufsichtsrats, die Ernennung zum Vorstandsvorsitzenden zu widerrufen. Die **Beendigung der Funktion eines Vorstandssprechers bedarf keines wichtigen Grundes**, sondern kann jederzeit durch einfachen Vorstandsbeschluss oder Änderung der Geschäftsordnung für den Vorstand erfolgen[139].

## V. Widerruf der Bestellung (§ 84 Abs. 3)

### 1. Begriff und Rechtsnatur

Der Widerruf der Bestellung zum Vorstandsmitglied ist der körperschaftsrechtliche *actus contrarius* zur Bestellung, der auf die **Beseitigung der Organstellung** abzielt[140]. Dem Trennungsprinzip (Rz. 5) entsprechend berührt der Widerruf der Bestellung den Anstellungsvertrag nicht[141], so dass die Kündigung des Anstellungsvertrags grundsätzlich gesondert erklärt werden muss. Allerdings kann in dem Widerruf der Bestellung die schlüssige Erklärung einer außerordentlichen Kündigung liegen[142], z.B. wenn sie erkennbar der Ausdruck eines das Gesamtrechtsverhältnis belastenden Vertrauensverlustes ist[143] oder wenn die AG für das Anstellungsverhältnis nicht etwas Abweichendes erklärt[144].

45

### 2. Zuständigkeit und Verfahren

Die Kompetenz zum Widerruf der Vorstandsbestellung kommt **ausschließlich dem Aufsichtsrat als Gesamtgremium** zu (§ 84 Abs. 3 Satz 1); die Entscheidung kann nicht auf einen Ausschuss übertragen werden (§ 107 Abs. 3 Satz 2)[145]. Die Satzung kann diese Zuständigkeit keinem anderen Unternehmensorgan oder gar einem Drit-

46

---

138 *Hüffer*, § 84 AktG Rz. 23; *Spindler* in MünchKomm. AktG, 3. Aufl., § 84 AktG Rz. 142; *Seibt* in Henssler/Willemsen/Kalb, ArbR-Komm., § 31 MitbestG Rz. 9.
139 *Fleischer* in Spindler/Stilz, § 84 AktG Rz. 90.
140 *Hüffer*, § 84 AktG Rz. 24; *Fleischer* in Spindler/Stilz, § 84 AktG Rz. 91.
141 *Hüffer*, § 84 AktG Rz. 24; *Mertens/Cahn* in KölnKomm. AktG, 3. Aufl., § 84 AktG Rz. 106; *Spindler* in MünchKomm. AktG, 3. Aufl., § 84 AktG Rz. 107; *Fleischer* in Spindler/Stilz, § 84 AktG Rz. 91; zum österreichischem Recht öStOGH v. 18.5.1995 – 6 Ob 517/95, AG 1996, 39, 41; a.A. *Baums*, Geschäftsleitervertrag, 1987, S. 290 ff., 295 ff.
142 Vgl. BGH v. 24.2.1954 – II ZR 88/53, BGHZ 12, 337, 340 (zur GmbH); BGH v. 26.10.1955 – VI ZR 90/54, BGHZ 18, 334; BGH v. 29.3.1973 – II ZR 20/71, WM 1973, 639; BGH v. 26.1.1999 – II ZR 27/98, NJW 1999, 3263 ff.; OLG Hamburg v. 28.6.1991 – 11 U 148/90, GmbHR 1992, 43, 48 (zur GmbH); *Hüffer*, § 84 AktG Rz. 24; *Mertens/Cahn* in KölnKomm. AktG, 3. Aufl., § 84 AktG Rz. 106; *Spindler* in MünchKomm. AktG, 3. Aufl., § 84 AktG Rz. 107; *Fleischer* in Spindler/Stilz, § 84 AktG Rz. 91; *Wiesner* in MünchHdb. AG, § 21 Rz. 73; a.A. *Janzen*, NZG 2003, 468, 472.
143 Vgl. BGH v. 26.10.1955 – VI ZR 90/54, BGHZ 18, 334; BGH v. 29.3.1973 – II ZR 20/71, WM 1973, 639.
144 *Hüffer*, § 84 AktG Rz. 24; *Mertens/Cahn* in KölnKomm. AktG, 3. Aufl., § 84 AktG Rz. 106; *Spindler* in MünchKomm. AktG, 3. Aufl., § 84 AktG Rz. 107; strenger OLG Rostock v. 14.10.1998 – 6 U 234/97, NZG 1999, 216, 217 (zur Abberufung eines GmbH-Geschäftsführers).
145 OLG Stuttgart v. 13.3.2002 – 20 U 59/01, AG 2003, 211, 212; *Hüffer*, § 84 AktG Rz. 25; *Spindler* in MünchKomm. AktG, 3. Aufl., § 84 AktG Rz. 105; *Fleischer* in Spindler/Stilz, § 84 AktG Rz. 94.

ten übertragen[146]. Ebenso wenig kann die Satzung oder aber der Anstellungsvertrag zugunsten des Vorstandsmitglieds vorsehen, dass ein (unberechtigter) Widerruf der Vorstandsbestellung nicht vorgenommen werden darf und diese Verpflichtung mit einer Vertragsstrafe sanktioniert werden kann[147].

47 Der Widerruf erfolgt durch **Aufsichtsratsbeschluss** nach § 108 und **Widerrufserklärung gegenüber dem abzuberufenden Vorstandsmitglied**. Erst mit dem Zugang der Widerrufserklärung wird der Widerruf der Vorstandsbestellung nach außen wirksam[148]. Bei einem formal fehlerhaften Beschluss (z.B. Beschlussfassung durch Ausschuss, Fehler bei der Einberufung der Aufsichtsratssitzung) ist der Widerruf unwirksam, § 84 Abs. 3 Satz 4 ist auf diesen Fall nicht anwendbar[149]; allerdings können die Mängel durch Bestätigungsbeschluss (entsprechend § 244) geheilt werden[150]. In mitbestimmten Gesellschaften ist das in § 31 MitbestG geregelte Verfahren einzuhalten (§ 31 Abs. 5 MitbestG). Zur Fristgebundenheit von Widerrufsbeschlüssen s. Rz. 63. Zur Abgabe der Widerrufserklärung kann der Aufsichtsrat seinen Vorsitzenden (Regelfall) oder ein anderes Aufsichtsratsmitglied bevollmächtigen[151]. Er kann sich aber auch Vorstandsmitgliedern oder sogar Dritten als Erklärungsboten (nicht als Stellvertreter; *arg. e* § 111 Abs. 5) bedienen[152].

### 3. Widerrufsgründe

#### a) Wichtiger Grund

48 Der Widerruf der Vorstandsbestellung setzt das **Vorliegen eines wichtigen Grundes zwingend voraus**. Liegt dieser nicht vor, so ist zwar nicht der Aufsichtsratsbeschluss, aber der im Namen der AG erklärte Widerruf unwirksam[153]. Die Beschränkung des Widerrufsrechts unterstützt die Stellung des Vorstands und dessen Aufgabe, das Unternehmen unabhängig und eigenverantwortlich zu leiten (§ 76 Abs. 1). Weder die Satzung noch die Hauptversammlung kann dem Aufsichtsrat die Befugnis zum jederzeitigen Widerruf einräumen[154]; auch das Vorstandsmitglied kann nicht selbst (z.B. im Anstellungsvertrag) auf das Erfordernis des wichtigen Grundes verzichten[155]. Es kann auch weder durch Satzung noch durch Vereinbarung mit dem Vorstandsmit-

---

146 *Mertens/Cahn* in KölnKomm. AktG, 3. Aufl., § 84 AktG Rz. 105, 123; *Spindler* in MünchKomm. AktG, 3. Aufl., § 84 AktG Rz. 105.
147 Ebenso zur Vertragsregelung *Mertens/Cahn* in KölnKomm. AktG, 3. Aufl., § 84 AktG Rz. 123; *Spindler* in MünchKomm. AktG, 3. Aufl., § 84 AktG Rz. 105; *Fleischer* in Spindler/Stilz, § 84 AktG Rz. 94.
148 *Spindler* in MünchKomm. AktG, 3. Aufl., § 84 AktG Rz. 111; *Fleischer* in Spindler/Stilz, § 84 AktG Rz. 96.
149 OLG Köln v. 28.2.2008 – 18 U 3/08, NZG 2008, 635; *Spindler* in MünchKomm. AktG, 3. Aufl., § 84 AktG Rz. 108; *Fleischer* in Spindler/Stilz, § 84 AktG Rz. 128; a.A. *Schürnbrand*, NZG 2008, 609, 611.
150 OLG Stuttgart v. 13.3.2002 – 20 U 59/01, AG 2003, 211, 212; *Spindler* in MünchKomm. AktG, 3. Aufl., § 84 AktG Rz. 108; *Fleischer* in Spindler/Stilz, § 84 AktG Rz. 128.
151 RG v. 14.5.1908 – VI 384/07, RGZ 68, 381; BGH v. 1.2.1968 – II ZR 212/65, WM 1968, 570; *Hüffer*, § 84 AktG Rz. 25; *Spindler* in MünchKomm. AktG, 3. Aufl., § 84 AktG Rz. 111; *Fleischer* in Spindler/Stilz, § 84 AktG Rz. 96.
152 BGH v. 17.2.1954 – II ZR 63/53, BGHZ 12, 327, 334; OLG Stuttgart v. 13.3.2002 – 20 U 59/01, AG 2003, 211, 212; *Hüffer*, § 84 AktG Rz. 25; *Mertens/Cahn* in KölnKomm. AktG, 3. Aufl., § 84 AktG Rz. 111 a.E.; *Spindler* in MünchKomm. AktG, 3. Aufl., § 84 AktG Rz. 111; *Fleischer* in Spindler/Stilz, § 84 AktG Rz. 96.
153 BGH v. 7.6.1962 – II ZR 131/61, WM 1962, 811; *Hüffer*, § 84 AktG Rz. 26; *Mertens/Cahn* in KölnKomm. AktG, 3. Aufl., § 84 AktG Rz. 120; *Spindler* in MünchKomm. AktG, 3. Aufl., § 84 AktG Rz. 113; *Tschöpe/Wortmann*, NZG 2009, 161.
154 *Mertens/Cahn* in KölnKomm. AktG, 3. Aufl., § 84 AktG Rz. 123; *Spindler* in MünchKomm. AktG, 3. Aufl., § 84 AktG Rz. 113; *Lutter/Krieger*, Aufsichtsrat, Rz. 364.
155 *Spindler* in MünchKomm. AktG, 3. Aufl., § 84 AktG Rz. 113.

glied bestimmte Gründe als solche Widerrufsgründe festgelegt werden, die ohne weitere gerichtliche Nachprüfung zur sofortigen Abberufung berechtigen oder umgekehrt die Widerrufsmöglichkeit auf die solchermaßen bestimmten Gründe beschränken[156].

Ein den Widerruf rechtfertigender wichtiger Grund liegt vor, **wenn im Rahmen einer Einzelfallbeurteilung die Fortsetzung des Organverhältnisses bis zum Ende der Amtszeit für die AG unzumutbar ist**[157]. Dabei kommt es für die Feststellung der Unzumutbarkeit nicht auf eine Abwägung der Interessen der AG mit denjenigen des Vorstandsmitglieds an[158], sondern es kommt nur auf eine Betrachtung der Interessen der AG an, während die Interessen des Vorstandsmitglieds im Rahmen des Kündigungsschutzes zu beachten sind[159]. Bei der Entscheidung, ob ein wichtiger Grund zum Bestellungswiderruf vorliegt, hat der **Aufsichtsrat keinen Beurteilungsspielraum**; sie unterliegt in vollem Umfang der gerichtlichen Überprüfung[160]. Der wichtige Grund muss **nicht zwingend in der Person des Vorstandsmitglieds liegen**[161]; auf ein Verschulden kommt es ebenso wenig zwingend an[162]. Berücksichtigungsfähig sind u.a. das Verhalten des Vorstandsmitglieds außerhalb seiner Amtstätigkeit[163], sein Verhalten vor Vorstandsbestellung[164] sowie für AG schadensindizierte Umfeldsituationen (z.B. anhaltende, einheitliche Kritik von Aufsichtsbehörden [insbesondere bei Abberufungsverlangen nach § 36 KWG, § 87 Abs. 6 VAG], Aktionären, Kreditgebern, Vertragspartnern oder Kapitalmarktintermediären)[165].

49

---

156 *Spindler* in MünchKomm. AktG, 3. Aufl., § 84 AktG Rz. 114 – zur rechtspolitisch begrüßenswerten Satzungsfreiheit in diesem Punkt bei kapitalmarktfernen AG s. Rz. 2.
157 BGH v. 23.10.2006 – II ZR 298/05, DStR 2007, 262; BGH v. 19.10.1987 – II ZR 97/87, NJW-RR 1988, 352, 353; OLG Stuttgart v. 13.3.2002 – 20 U 59/01, AG 2003, 211, 212; OLG Karlsruhe v. 4.5.1999 – 8 U 153/97, NZG 2000, 264, 265; *Hüffer*, § 84 AktG Rz. 26; *Mertens/Cahn* in KölnKomm. AktG, 3. Aufl., § 84 AktG Rz. 121 (anders bei Rz. 105); *Spindler* in MünchKomm. AktG, 3. Aufl., § 84 AktG Rz. 116; *Fleischer* in Spindler/Stilz, § 84 AktG Rz. 99; *Fleck*, WM 1985, 677, 680.
158 BGH v. 19.10.1987 – II ZR 97/87, NJW-RR 1988, 352, 353 (zur GmbH); OLG Stuttgart v. 13.3.2002 – 20 U 60/01, NZG 2002, 971, 972; so aber KG v. 3.5.2007 – 23 U 102/06, AG 2007, 745, 746, Rz. 40; *Hüffer*, § 84 AktG Rz. 26; *Mertens/Cahn* in KölnKomm. AktG, 3. Aufl., § 84 AktG Rz. 121; *Fleischer* in Spindler/Stilz, § 84 AktG Rz. 100; *Janzen*, NZG 2003, 468, 470; *Grumann/Gillmann*, DB 2003, 770, 771.
159 So auch *Spindler* in MünchKomm. AktG, 3. Aufl., § 84 AktG Rz. 117 (anders noch 2. Aufl. Rz. 69); *Wiesner* in MünchHdb. AG, § 20 Rz. 44; *Krieger*, Personalentscheidungen des Aufsichtsrats, 1981, S. 132; *Lutter/Krieger*, Aufsichtsrat, Rz. 364; *Thüsing* in Fleischer, Handbuch des Vorstandsrechts, § 5 Rz. 9.
160 *Hüffer*, § 84 AktG Rz. 26; *Mertens/Cahn* in KölnKomm. AktG, 3. Aufl., § 84 AktG Rz. 122; *Spindler* in MünchKomm. AktG, 3. Aufl., § 84 AktG Rz. 115; *Wiesner* in MünchHdb. AG, § 20 Rz. 51; *Thüsing* in Fleischer, Handbuch des Vorstandsrechts, § 5 Rz. 15; *Schaefer/Missling*, NZG 1998, 441, 445; a.A. *Krieger*, Personalentscheidungen des Aufsichtsrats, 1981, S. 138 ff.; abw. auch OLG Stuttgart v. 13.3.2002 – 20 U 60/01, NZG 2002, 971, 972: Ermessensausübung.
161 *Hüffer*, § 84 AktG Rz. 27; *Spindler* in MünchKomm. AktG, 3. Aufl., § 84 AktG Rz. 118; vgl. auch OLG Hamm v. 7.1.1991 – 8 U 155/90, AG 1991, 399, 400 f.
162 BGH v. 24.2.1992 – II ZR 79/91, ZIP 1992, 760, 761; BGH v. 3.7.1975 – II ZR 35/73, AG 1975, 242, 244; OLG Stuttgart v. 13.3.2002 – 20 U 59/01, AG 2003, 211, 212; *Hüffer*, § 84 AktG Rz. 27; *Mertens/Cahn* in KölnKomm. AktG, 3. Aufl., § 84 AktG Rz. 121; *Spindler* in MünchKomm. AktG, 3. Aufl., § 84 AktG Rz. 118; *Wiesner* in MünchHdb. AG, § 20 Rz. 45; *Grumann/Gillmann*, DB 2003, 770, 771; *Janzen*, NZG 2003, 468, 470.
163 BGH v. 25.1.1956 – VI ZR 175/54, WM 1956, 865; *Spindler* in MünchKomm. AktG, 3. Aufl., § 84 AktG Rz. 118.
164 Vgl. BGH v. 20.10.1954 – II ZR 280/53, BGHZ 15, 71, 76; *Spindler* in MünchKomm. AktG, 3. Aufl., § 84 AktG Rz. 118.
165 Ausführlich *Fleischer*, DStR 2006, 1507 ff.; zuletzt auch BGH v. 23.10.2006 – II ZR 298/05, DStR 2007, 262 m. Anm. *Goette*.

## b) Einzelfälle

49a In § 84 Abs. 3 Satz 2 sind als Beispiele („namentlich") für einen wichtigen Grund zum einen die „grobe Pflichtverletzung" und zum anderen die „Unfähigkeit zur ordnungsmäßigen Geschäftsführung" des Vorstandsmitglieds angeführt. Diese Beispielangaben beschränken aber weder den Kreis berücksichtigungsfähiger Umstände noch ersetzt das Vorliegen eines Beispielsachverhalts die notwendige Einzelfallabwägung. Als **Fälle grober Pflichtverletzung** kommen in Betracht[166]: Teilnahme an unehrenhaften oder riskanten Geschäften[167]; Verletzung organschaftlicher Kernpflichten (z.B. Einrichtung eines Risikofrüherkennungssystems nach § 91 Abs. 2)[168]; Vornahme verbotener Insidergeschäfte, Wahrnehmung von Geschäftschancen der Gesellschaft oder Ausnutzung des Vorstandsamts für persönliche Vorteile[169]; Aneignung von Gesellschaftsvermögen[170]; Verletzung von Pflichten gegenüber den sonstigen Vorstandsmitgliedern, z.B. Täuschung über erhebliche Tatsachen, Übergriffe in die Kompetenzbereiche anderer Vorstandsmitglieder[171]; Verletzung der Pflichten gegenüber anderen Organen, z.B. mangelnde Offenheit gegenüber dem Aufsichtsrat, Missachtung von Zustimmungsvorbehalten i.S. von § 111 Abs. 4[172]; Beteiligung an strafbaren Handlungen, auch im privaten Bereich, wobei auch ein starker Tatverdacht ausreichen kann[173]; Schädigung des Ansehens der AG durch außerdienstliches Verhalten[174]; Vorliegen hoher Verschuldung des Vorstandsmitglieds oder sogar persönliche Insolvenz bzw. Offenbarungsversicherung[175]; verbale und tätliche Angriffe gegen Aktionäre[176]. Zu den **Fällen der Unfähigkeit zur ordnungsgemäßen Geschäftsführung** gehören[177]: Fehlen der für das Vorstandsamt erforderlichen Kenntnisse[178]; keine Fähigkeit zur Bewältigung von Unternehmenskrisen[179]; unüberbrückbare Differenzen zwischen Vorstandsmitgliedern oder zwischen Vorstand und Aufsichtsrat über Grundsatzfragen der Unternehmenspolitik[180]; Vorliegen persönlicher Unzuverlässigkeit im gewerbe-

---

166 Hierzu *Thüsing* in Fleischer, Handbuch des Vorstandsrechts, § 5 Rz. 19 ff.; *Fleischer* in Spindler/Stilz, § 84 AktG Rz. 103 f.
167 RG v. 10.1.1903 – I 271/02, RGZ 53, 266, 267; BGH v. 25.1.1956 – VI ZR 175/54, WM 1956, 865.
168 LG Berlin v. 3.7.2002 – 2 O 358/01, AG 2002, 682, 683 f.; *Fleischer* in Spindler/Stilz, § 84 AktG Rz. 103.
169 Vgl. BGH v. 8.5.1967 – II ZR 126/65, WM 1967, 679; BGH v. 23.9.1985 – II ZR 246/84, ZIP 1985, 1484, 1485 (zur GmbH).
170 Vgl. BGH v. 17.10.1983 – II ZR 31/83, WM 1984, 29 f. (zur GmbH); OLG Stuttgart v. 13.3.2002 – 20 U 59/01, AG 2003, 211, 213; OLG Hamm v. 7.5.1984 – 8 U 22/84, GmbHR 1985, 119 (zur GmbH); *Fleischer* in Spindler/Stilz, § 84 AktG Rz. 103.
171 Vgl. OLG Düsseldorf v. 13.5.1982 – 8 U 11/81, AG 1982, 225.
172 BGH v. 26.3.1956 – II ZR 57/55, BGHZ 20, 239, 246; BGH v. 13.7.1998 – II ZR 131/97, AG 1998, 519 f.; *Fleischer* in Spindler/Stilz, § 84 AktG Rz. 103.
173 BGH v. 9.1.1967 – II ZR 226/64, WM 1967, 251; BayObLG v. 13.5.1955 – 2 Z 14/55, NJW 1955, 1678; enger (nur bei Bezug zur beruflichen Tätigkeit) *Thüsing* in Fleischer, Handbuch des Vorstandsrechts, § 5 Rz. 19; *Fleischer* in Spindler/Stilz, § 84 AktG Rz. 104.
174 BGH v. 25.1.1956 – VI ZR 175/54, WM 1956, 865.
175 Vgl. OLG Hamburg v. 27.8.1954 – 1 U 395/53, BB 1954, 978.
176 BGH v. 24.10.1994 – II ZR 91/94, DStR 1994, 1746 (zur GmbH); *Fleischer* in Spindler/Stilz, § 84 AktG Rz. 103.
177 Hierzu *Thüsing* in Fleischer, Handbuch des Vorstandsrechts, § 5 Rz. 22 ff.
178 OLG Stuttgart v. 9.10.1956 – 2 W 69/56, GmbHR 1957, 59, 60 (zur GmbH).
179 *Wiesner* in MünchHdb. AG, § 20 Rz. 46; vgl. aber auch OLG Köln v. 16.3.1988 – 6 U 38/87, WM 1988, 974, 979.
180 Vgl. BGH v. 17.10.1983 – II ZR 31/83, WM 1984, 29 f. (zur GmbH); OLG Karlsruhe v. 4.5.1999 – 8 U 153/97, NZG 2000, 264, 265 f. (zur 2-Personen-GmbH); OLG Köln v. 13.2.1987 – 19 U 172/86, ZIP 1987, 1120, 1124; östOGH v. 25.5.1999 – 1 Ob 11/99w, AG 2001, 100, 103.

rechtlichen Sinne mit Unternehmensbeeinträchtigung[181]; Wegfall der von der Satzung verlangten persönlichen Eigenschaften; langdauernde Krankheit[182]; suchtartige Alkohol-, Medikamenten- oder Drogenabhängigkeit[183].

**c) Vertrauensentzug**

Nach § 84 Abs. 3 Satz 2, 3. Fall ist ein wichtiger Grund für die Widerrufsbestellung auch gegeben, wenn die Hauptversammlung dem Vorstandsmitglied das Vertrauen entzieht, es sei denn, dies geschieht aus offenbar unsachlichen Gründen. Diese Vorschrift will dem Umstand Rechnung tragen, dass die Machtbefugnisse des Vorstandsmitglieds der inneren Berechtigung entbehren, wenn dieser das Vertrauen der Hauptversammlung verloren hat[184]. Sie ist rechtspolitisch wegen der Beschränkung der eigenverantwortlichen Stellung der Vorstandsmitglieder nicht unproblematisch (insbesondere bei kapitalmarktfernen AG mit kleinem Aktionärskreis) (Rz. 2), lässt sich aber auch dadurch rechtfertigen, dass der Vertrauensentzug in der Regel ein gewichtiges Indiz für die Unfähigkeit zur ordnungsgemäßen Geschäftsführung i.S. von § 84 Abs. 3 Satz 2, 2. Fall sein wird[185]. Für den Vertrauensentzug ist **eine besondere Begründung oder ein objektiv vorwerfbarer Pflichtenverstoß nicht erforderlich**[186]. Er genügt als Widerrufsgrund selbst dann, wenn dem Vorstandsmitglied kein persönlicher Vorwurf gemacht werden kann oder er bei Meinungsverschiedenheiten über wesentliche Unternehmensentscheidungen sogar objektiv im Recht ist[187]. Nur offenbar unsachliche Gründe (also Willkür oder offenbare Treuewidrigkeit)[188] machen den Vertrauensentzug mit der Folge wirkungslos, dass der Aufsichtsrat keine Widerrufserklärung abgeben darf.

50

Der Vertrauensentzug muss in Form eines **Beschlusses der Hauptversammlung** (ggf. Vollversammlung i.S. von § 121 Abs. 6) – vor Widerrufserklärung[189] – erfolgen (arg. e § 118 Abs. 1)[190]. Ein Vertrauensentzug durch einen Mehrheits- oder Alleinaktionär außerhalb der Hauptversammlung ist nicht ausreichend[191]. In der Regel liegt weder

51

---

181 Vgl. OLG Stuttgart v. 13.3.2002 – 20 U 59/01, AG 2003, 211, 212 f.
182 BAG v. 12.3.1968 – 1 AZR 413/67, NJW 1968, 1693; *Fleischer* in Spindler/Stilz, § 84 AktG Rz. 105; *Spindler* in MünchKomm. AktG, 3. Aufl., § 84 AktG Rz. 119 und 121.
183 Vgl. *Fleischer*, NZG 2010, 521, 522 und 525.
184 Vgl. Begr. RegE AktG 1965 zu § 84, zit. bei *Kropff*, Aktiengesetz, S. 106; vgl. auch BGH v. 28.4.1954 – II ZR 211/53, BGHZ 13, 188, 192 f.; BGH v. 3.7.1975 – II ZR 35/73, AG 1975, 242; LG Darmstadt v. 4.2.1987 – 9 O 339/86, AG 1987, 318, 320; *Hüffer*, § 84 AktG Rz. 29; *Spindler* in MünchKomm. AktG, 3. Aufl., § 84 AktG Rz. 126; *Säcker* in FS G. Müller, 1981, S. 745, 746 ff.
185 Hierzu *Fleischer* in Spindler/Stilz, § 84 AktG Rz. 110.
186 Vgl. östOGH v. 28.4.1998 – 1 Ob 294/97k, AG 1999, 140, 141; *Hüffer*, § 84 AktG Rz. 29; *Spindler* in MünchKomm. AktG, 3. Aufl., § 84 AktG Rz. 126; *Fleischer* in Spindler/Stilz, § 84 AktG Rz. 107.
187 BGH v. 3.7.1975 – II ZR 35/73, AG 1975, 242, 244; BGH v. 29.5.1989 – II ZR 220/88, NJW 1989, 2683, 2684; *Hüffer*, § 84 AktG Rz. 29; *Spindler* in MünchKomm. AktG, 3. Aufl., § 84 AktG Rz. 126; *Fleischer* in Spindler/Stilz, § 84 AktG Rz. 107; *Säcker* in FS G. Müller, 1981, S. 745, 746 ff.
188 Vgl. KG v. 3.12.2002 – 1 W 363/02, ZIP 2003, 1042, 1046 f.; *Hüffer*, § 84 AktG Rz. 29 a.E.; *Fleischer* in Spindler/Stilz, § 84 AktG Rz. 108.
189 ÖstOGH v. 18.5.1995 – 6 Ob 517/95, AG 1996, 39, 41; *Hüffer*, § 84 AktG Rz. 30; *Spindler* in MünchKomm. AktG, 3. Aufl., § 84 AktG Rz. 127.
190 Vgl. BGH v. 7.6.1962 – II ZR 131/61, WM 1962, 811; *Hüffer*, § 84 AktG Rz. 30; *Mertens/Cahn* in KölnKomm. AktG, 3. Aufl., § 84 AktG Rz. 128; *Spindler* in MünchKomm. AktG, 3. Aufl., § 84 AktG Rz. 127; *Fleischer* in Spindler/Stilz, § 84 AktG Rz. 109; zweifelnd *Säcker* in FS G. Müller, 1981, S. 745, 751 f.
191 So auch BGH v. 7.6.1962 – II ZR 131/61, WM 1962, 811; *Hüffer*, § 84 AktG Rz. 30; *Mertens/Cahn* in KölnKomm. AktG, 3. Aufl., § 84 AktG Rz. 128; *Spindler* in MünchKomm. AktG,

in der Verweigerung der Entlastung noch in der Missbilligung einer einzelnen Maßnahme ein zukunftsgerichteter Vertrauensentzug[192]. Ein Vorstandsmitglied, das auch Aktionär ist, darf bei der Beschlussfassung mitstimmen; § 136 Abs. 1 greift wegen der qualitativen Verschiedenheit des Vertrauensentzugs zur Entlastungsverweigerung nicht ein[193]. Für den **Aufsichtsrat** besteht allerdings **keine Verpflichtung**, das Vorstandsmitglied **abzuberufen**, dem die Hauptversammlung das Vertrauen entzogen hat[194].

### 4. Widerrufswirkungen

#### a) Wirksamkeit

52  Nach § 84 Abs. 3 Satz 4 ist der **Widerruf wirksam, bis seine Unwirksamkeit rechtskräftig festgestellt ist**. Diese der Rechtssicherheit und dem Unternehmensinteresse dienende Vorschrift bezieht sich trotz des insoweit undifferenzierten Wortlauts nur auf das Erfordernis des wichtigen Grundes (einschließlich des Falles des Vertrauensentzugs i.S. von § 84 Abs. 3 Satz 3, 3. Fall)[195] und auf den Fall der automatischen Beendigung des Vorstandsamts[196]. Mit dem Zugang der Widerrufserklärung oder dem für das Wirksamwerden des Widerrufs festgesetzten Zeitpunkt endet damit die Organstellung des Betroffenen, selbst wenn ein wichtiger Grund gefehlt haben sollte[197]. Der verbliebene Vorstand muss das Ausscheiden des Abberufenen zum Handelsregister anmelden (§ 81 Abs. 1), und das Registergericht trägt die Vorstandsänderung ein, ohne das Vorliegen eines wichtigen Grundes für die Abberufung zu prüfen (s. auch § 81 Rz. 12). Demgegenüber endet die Organstellung nicht, wenn der Widerrufsbeschluss des Aufsichtsrats fehlt, nicht formell ordnungsgemäß zustandegekommen ist[198] (zum Bestätigungsbeschluss entsprechend § 244 Rz. 47) oder evident willkürlich ist. Nur eine „rechtskräftige Feststellung der Unwirksamkeit des Widerrufs" führt zum Wiederaufleben des Organverhältnisses. Steht nur das Vorliegen eines wichtigen Grundes im Streit, so genügen nur **Endurteile in Hauptsacheverfahren** dem Normzweck, nicht aber rechtskräftige Beschlüsse in einstweiligen Verfügungsverfahren[199].

---

3. Aufl., § 84 AktG Rz. 127; *Fleischer* in Spindler/Stilz, § 84 AktG Rz. 109; a.A. *Säcker* in FS G. Müller, 1981, S. 745, 751.
192 Zutr. *Spindler* in MünchKomm. AktG, 3. Aufl., § 84 AktG Rz. 127; *Hüffer*, § 84 AktG Rz. 30; *Kubis* in MünchKomm. AktG, 2. Aufl., § 120 AktG Rz. 35; *Zöllner* in KölnKomm. AktG, 1. Aufl., § 119 AktG Rz. 41 f.; *Zimmermann* in FS Rowedder, 1994, S. 593, 594 f.; vgl. auch KG v. 3.5.2007 – 23 U 102/06, AG 2007, 745, 746 (Rz. 38); a.A. *Mertens/Cahn* in KölnKomm. AktG, 3. Aufl., § 84 AktG Rz. 127; *Wiesner* in MünchHdb. AG, § 20 Rz. 49.
193 Eingehend *Zimmermann* in FS Rowedder, 1994, S. 593, 596 ff.; vgl. auch *Hüffer*, § 84 AktG Rz. 30 a.E.; *Spindler* in MünchKomm. AktG, 3. Aufl., § 84 AktG Rz. 127 a.E.
194 BGH v. 28.4.1954 – II ZR 211/53, BGHZ 13, 188, 193; *Mertens/Cahn* in KölnKomm. AktG, 3. Aufl., § 84 AktG Rz. 129; *Spindler* in MünchKomm. AktG, 3. Aufl., § 84 AktG Rz. 128.
195 Hierzu OLG Stuttgart v. 15.4.1985 – 2 U 57/85, AG 1985, 193; *Hüffer*, § 84 AktG Rz. 31; Zweifel bei rechtsmissbräuchlichen Widerruf *Spindler* in MünchKomm. AktG, 3. Aufl., § 84 AktG Rz. 129.
196 *Spindler* in MünchKomm. AktG, 3. Aufl., § 84 AktG Rz. 131; *Fleischer* in Spindler/Stilz, § 84 AktG Rz. 126.
197 ÖstOGH v. 18.5.1995 – 6 Ob 517/95, AG 1996, 39, 41; BGH v. 28.4.1998 – 1 Ob 294/97k, AG 1999, 140, 141; *Hüffer*, § 84 AktG Rz. 31; *Spindler* in MünchKomm. AktG, 3. Aufl., § 84 AktG Rz. 129; *Fleischer* in Spindler/Stilz, § 84 AktG Rz. 127.
198 OLG Stuttgart v. 15.4.1985 – 2 U 57/85, AG 1985, 193; LG München I v. 27.6.1985 – 5 HKO 9397/85, AG 1986, 142 f.; *Hüffer*, § 84 AktG Rz. 31; *Mertens/Cahn* in KölnKomm. AktG, 3. Aufl., § 84 AktG Rz. 116; *Spindler* in MünchKomm. AktG, 3. Aufl., § 84 AktG Rz. 131; *Wiesner* in MünchHdb. AG, § 20 Rz. 52.
199 So auch OLG Stuttgart v. 15.4.1985 – 2 U 57/85, AG 1985, 193; *Hüffer*, § 84 AktG Rz. 32; *Mertens/Cahn* in KölnKomm. AktG, 3. Aufl., § 84 AktG Rz. 115; *Spindler* in MünchKomm.

## b) Rechtsschutz

Das abberufene Vorstandsmitglied kann gegen die Gesellschaft (vertreten durch den Aufsichtsrat, § 112[200]) **auf Feststellung der Unwirksamkeit des Widerrufs** klagen. Die Zuständigkeit eines Schiedsgerichts kann für diesen Streitgegenstand weder im Anstellungsvertrag noch anderswo vereinbart werden[201]. Da mit der rechtskräftigen Feststellung der Unwirksamkeit des Widerrufs bewirkt wird, dass das abberufene Mitglied *ex nunc* wieder Vorstandsmitglied ist, ist die Feststellungsklage materiell eine Gestaltungsklage[202]. Wird die Klage nicht auf das Fehlen eines wichtigen Grundes gestützt (z.B. Fehlen oder formelle Unwirksamkeit des Aufsichtsratsbeschlusses), liegt eine echte **Feststellungsklage** vor[203]. Zur umfassenden Verteidigung kann ein Hauptantrag auf Feststellung der Nichtigkeit des Widerrufs mit dem Hilfsantrag auf Unwirksamkeitserklärung kombiniert werden. Das Gericht prüft, ob **in formeller Hinsicht** ein wirksamer Aufsichtsratsbeschluss und **in materieller Hinsicht** ein wichtiger Grund für den Widerruf vorliegt. Der Aufsichtsrat (vgl. § 112) kann während des Prozesses einen ordnungsgemäßen Beschluss nachholen und damit den formellen Mangel entsprechend § 244 beheben, so dass dann Erledigung der Hauptsache eintritt[204]. Bei der materiellen Prüfung darf das Gericht in erster Linie nur solche Gründe berücksichtigen, auf denen der Aufsichtsratsbeschluss beruht, wobei die AG auch andere Gründe als Hilfstatsachen heranziehen darf[205]. Auf der Grundlage eines neuen, entsprechenden Aufsichtsratsbeschlusses können Gründe nachgeschoben werden, wobei unerheblich ist, ob die nachgeschobenen Gründe schon zurzeit des ersten Widerrufsbeschlusses vorgelegen haben[206]. Allerdings sind solche Gründe verwirkt, die dem Aufsichtsrat bei dem ursprünglichen Widerrufsbeschluss bereits bekannt waren und von ihm bewusst nicht zur Grundlage für den Bestellungswiderruf genommen worden sind[207]. Die Klageerhebung hat weder einen Suspensiveffekt noch

53

---

AktG, 3. Aufl., § 84 AktG Rz. 130; *Fleischer* in Spindler/Stilz, § 84 AktG Rz. 127; *Lutter/Krieger*, Aufsichtsrat, Rz. 372; vgl. auch BGH v. 20.12.1982 – II ZR 110/82, BGHZ 86, 177, 181 ff. (zur GmbH).

200 Vgl. BGH v. 11.5.1981 – II ZR 126/80, NJW 1981, 2748, 2749; BGH v. 11.5.1981 – II ZR 126/80, AG 1982, 18; OLG Koblenz v. 11.11.1979 – 6 U 329/78, AG 1980, 282; LAG Köln v. 30.11.1999 – 13 Sa 917/99, DB 2000, 1084; *Hüffer*, § 84 AktG Rz. 33; *Spindler* in MünchKomm. AktG, 3. Aufl., § 84 AktG Rz. 132 (anders noch 2. Aufl. Rz. 75); *Fleischer* in Spindler/Stilz, § 84 AktG Rz. 129; *Wiesner* in MünchHdb. AG, § 20 Rz. 53.

201 *Mertens/Cahn* in KölnKomm. AktG, 3. Aufl., § 84 AktG Rz. 97; *Spindler* in MünchKomm. AktG, 3. Aufl., § 84 AktG Rz. 132; *Wiesner* in MünchHdb. AG, § 20 Rz. 53; *Hommelhoff*, ZHR 143 (1979), 288, 312 f.; *Fleischer* in Spindler/Stilz, § 84 AktG Rz. 129; a.A. *Vollmer*, GmbHR 1984, 5, 11 ff. für satzungsmäßige Schiedsklauseln.

202 OLG Stuttgart v. 13.3.2002 – 20 U 59/01, AG 2003, 211, 212; KG v. 8.7.1983 – 14 U 259/83, AG 1984, 24, 25; *Hüffer*, § 84 AktG Rz. 34; *Mertens/Cahn* in KölnKomm. AktG, 3. Aufl., § 84 AktG Rz. 135, 142; *Spindler* in MünchKomm. AktG, 3. Aufl., § 84 AktG Rz. 132; *Fleischer* in Spindler/Stilz, § 84 AktG Rz. 130; *Wiesner* in MünchHdb. AG, § 20 Rz. 53; *Grumann/Gillmann*, DB 2003, 770, 771 f.

203 *Hüffer*, § 84 AktG Rz. 34; *Spindler* in MünchKomm. AktG, 3. Aufl., § 84 AktG Rz. 132; *Fleischer* in Spindler/Stilz, § 84 AktG Rz. 130.

204 Vgl. *Hüffer*, § 84 AktG Rz. 34; *Mertens/Cahn* in KölnKomm. AktG, 3. Aufl., § 84 AktG Rz. 117; *Spindler* in MünchKomm. AktG, 3. Aufl., § 84 AktG Rz. 133; *Fleischer* in Spindler/Stilz, § 84 AktG Rz. 128.

205 *Spindler* in MünchKomm. AktG, 3. Aufl., § 84 AktG Rz. 134.

206 *Mertens/Cahn* in KölnKomm. AktG, 3. Aufl., § 84 AktG Rz. 140; *Spindler* in MünchKomm. AktG, 3. Aufl., § 84 AktG Rz. 134; *Fleischer* in Spindler/Stilz, § 84 AktG Rz. 131; unklar *Hüffer*, § 84 AktG Rz. 34; abw. auch *Thüsing* in Fleischer, Handbuch des Vorstandsrechts, § 5 Rz. 16: Nachschieben auch ohne Aufsichtsratsbeschluss möglich, sofern Gründe schon bei Widerrufserklärung vorlagen.

207 Ähnlich BGH v. 28.4.1954 – II ZR 211/53, BGHZ 13, 188, 194 f.; BGH v. 14.12.1961 – II ZR 127/61, WM 1962, 109, 111; *Mertens/Cahn* in KölnKomm. AktG, 3. Aufl., § 84 AktG

führt sie zur Unterbrechung der Bestellungsdauer[208]. Die AG kann den Widerruf nicht einseitig mit der Folge zurücknehmen, dass der Abberufene automatisch wieder Vorstandsmitglied ist. Allerdings kann der Aufsichtsrat mit dessen Zustimmung ihn zum Vorstandsmitglied neu bestellen oder im Wege eines außergerichtlichen Vergleichs die Unwirksamkeit des Widerrufs feststellen; bei einem solchen Vergleich wird die AG durch den Aufsichtsrat vertreten (§ 112).

54 Ein **einstweiliger Rechtsschutz** ist nur im Falle von Unwirksamkeitsgründen zulässig, die sich nicht auf das Fehlen eines wichtigen Grundes beziehen[209]. Beim Streitwert und der Beschwer (§§ 3, 546 Abs. 2 ZPO) ist alleine das Interesse des Vorstandsmitglieds maßgeblich, die Gesellschaft zu leiten bzw. umgekehrt das Gesellschaftsinteresse, den Abberufenen von der Unternehmensleitung fernzuhalten; nicht maßgeblich sind die Vergütungshöhe oder die Abberufungsfolgen[210].

### c) Folgen einer Rückkehr des unwirksam abberufenen Vorstandsmitglieds

55 Ist an Stelle des unwirksam abberufenen Vorstandsmitglieds eine Person zum Vorstand bestellt worden, so fällt deren Bestellung **nicht automatisch** weg, sobald das frühere Mitglied durch die rechtskräftige Entscheidung sein Vorstandsamt wiedererhält. Es liegt auch kein wichtiger Grund für die Abberufung des neuen oder gar des alten Vorstandsmitglieds vor[211]. Allerdings kann die Bestellung des Neumitglieds unter die auflösende Bedingung gestellt werden, dass die Abberufung des früheren Mitglieds für unwirksam erklärt wird[212].

### 5. Sonstige Beendigungstatbestände

### a) Amtsniederlegung

56 Mit der Amtsniederlegung bezeichnet man die **einseitige, empfangsbedürftige und formlose Erklärung eines Vorstandsmitglieds gegenüber dem Aufsichtsrat** (vgl. § 112[213]), aus dem Organverhältnis ausscheiden zu wollen. Die Zulässigkeit der Amtsniederlegung von Vorstandsmitgliedern[214] fließt aus dem rechtsformübergreifenden Prinzip, dass sich ein Geschäftsleiter jederzeit und einseitig von seinen Organpflichten lösen können muss, es sei denn, ein solches Vorgehen ist rechtsmissbräuchlich. Das Vorstandsmitglied muss seinen Anstellungsvertrag nicht gleichzeitig kündigen; es gilt auch hier das Trennungsprinzip (Rz. 5). Es kommt auch nicht darauf

---

Rz. 140, *Spindler* in MünchKomm. AktG, 3. Aufl., § 84 AktG Rz. 134; *Fleischer* in Spindler/Stilz, § 84 AktG Rz. 131.
208 *Spindler* in MünchKomm. AktG, 3. Aufl., § 84 AktG Rz. 132, 137.
209 OLG Stuttgart v. 15.4.1985 – 2 U 57/85, AG 1985, 193; *Hüffer*, § 84 AktG Rz. 34; *Mertens/Cahn* in KölnKomm. AktG, 3. Aufl., § 84 AktG Rz. 115; *Spindler* in MünchKomm. AktG, 3. Aufl., § 84 AktG Rz. 139; *Grumann/Gillmann*, DB 2003, 770, 772.
210 BGH v. 22.5.1995 – II ZR 247/94, WM 1995, 1316 f.; BGH v. 28.5.1990 – II ZR 245/89, GmbHR 1990, 345, 346; *Hüffer*, § 84 AktG Rz. 34; *Spindler* in MünchKomm. AktG, 3. Aufl., § 84 AktG Rz. 138.
211 Zutr. *Spindler* in MünchKomm. AktG, 3. Aufl., § 84 AktG Rz. 140; abw. *Mertens/Cahn* in KölnKomm. AktG, 3. Aufl., § 84 AktG Rz. 142.
212 So implizit auch *Spindler* in MünchKomm. AktG, 3. Aufl., § 84 AktG Rz. 140.
213 Zugang bei einem Aufsichtsratsmitglied genügt; vgl. BGH v. 17.9.2001 – II ZR 378/99, NZG 2002, 43, 44 (zur GmbH); *Hüffer*, § 84 AktG Rz. 36.
214 *Hüffer*, § 84 AktG Rz. 36; *Mertens/Cahn* in KölnKomm. AktG, 3. Aufl., § 84 AktG Rz. 199; *Spindler* in MünchKomm. AktG, 3. Aufl., § 84 AktG Rz. 146; *Fleischer* in Spindler/Stilz, § 84 AktG Rz. 139; vgl. auch BGH v. 14.7.1980 – II ZR 161/79, BGHZ 78, 82, 84 (zur GmbH); BGH v. 8.2.1993 – II ZR 58/92, BGHZ 121, 257, 260 (zur GmbH); BGH v. 26.6.1995 – II ZR 109/94, NJW 1995, 2850 (zur GmbH); BGH v. 13.2.1984 – II ZR 2/83, AG 1984, 266 (zur Genossenschaft).

an, dass für die Amtsniederlegung ein wichtiger Grund vorliegt (dies hat nur Bedeutung für etwaige Schadenersatzansprüche der AG gegenüber dem Vorstandsmitglied) oder sich das Vorstandsmitglied wenigstens auf einen solchen Grund beruft[215], sondern bis zur Grenze des Rechtsmissbrauchs kommt der Rechtssicherheit Vorrang zu[216]. Die **Grenze des Rechtsmissbrauchs** ist dann überschritten, wenn das Vorstandsmitglied die Amtsniederlegung zur Unzeit gebraucht, z.B. wenn die AG nach der Amtsniederlegung nicht mehr handlungsfähig ist (insbesondere in insolvenznahen Situationen)[217], oder um einen modifizierten Anstellungsvertrag oder eine vorzeitige Neubestellung durchzusetzen[218].

### b) Einverständliches Ausscheiden

Bei gegenseitigem **Einvernehmen** kann jederzeit und ohne Vorliegen eines wichtigen Grundes das organschaftliche Ausscheiden eines Vorstandsmitglieds vereinbart werden[219]. Für die AG handelt der Gesamtaufsichtsrat durch Beschluss nach § 108; eine Delegation auf einen (Personal)Ausschuss ist nicht zulässig (*arg. e* § 107 Abs. 3 Satz 2)[220]. Für mitbestimmte Gesellschaften gilt nach § 31 Abs. 5 MitbestG analog das Verfahren der § 31 Abs. 2 bis Abs. 4 MitbestG[221].

57

### c) Sonstige Beendigungsgründe

Die **Organstellung** eines Vorstandsmitglieds **endet** weiterhin durch den Eintritt eines gesetzlichen Unfähigkeitsgrundes, den Ablauf der Amtszeit, den Tod, den Formwechsel der AG in eine andere Rechtsform sowie das Erlöschen der AG durch ihre Verschmelzung auf ein anderes Unternehmen. Die Auflösung der Gesellschaft stellt demgegenüber weder einen gesetzlichen Beendigungsgrund dar noch rechtfertigt sie ohne weiteres einen Widerruf der Bestellung und eine Kündigung des Anstellungsvertrags aus wichtigem Grund (*arg. e* § 265 Abs. 1); erst bei Vollbeendigung der Gesellschaft endet auch die Organstellung.

58

---

215 So noch BGH v. 14.7.1980 – II ZR 161/79, BGHZ 78, 82, 84 (zur GmbH); vgl. dazu *Fleischer* in Spindler/Stilz, § 84 AktG Rz. 140.
216 I.E. ebenso *Hüffer*, § 84 AktG Rz. 36; *Mertens/Cahn* in KölnKomm. AktG, 3. Aufl., § 84 AktG Rz. 199; *Spindler* in MünchKomm. AktG, 3. Aufl., § 84 AktG Rz. 146; *Zöllner* in FS Koppensteiner, 2001, S. 291, 302; a.A. *Thüsing* in Fleischer, Handbuch des Vorstandsrechts, § 5 Rz. 36; *Link*, Amtsniederlegung, 2003, S. 68 ff., 83, 125 ff., 139 (Anwendung von § 712 Abs. 2 BGB analog).
217 Vgl. BayObLG v. 15.6.1999 – 3 Z BR 35/99, DStR 2000, 290 (zur GmbH); KG v. 1.11.2000 – 23 W 3250/00, GmbHR 2001, 147 (zur GmbH); *Hüffer*, § 84 AktG Rz. 36; *Spindler* in Münch-Komm. AktG, 3. Aufl., § 84 AktG Rz. 146; offen lassend BGH v. 8.2.1993 – II ZR 58/92, ZIP 1993, 430, 432.
218 *Spindler* in MünchKomm. AktG, 3. Aufl., § 84 AktG Rz. 146; *Thüsing* in Fleischer, Handbuch des Vorstandsrechts, § 5 Rz. 37.
219 Vgl. BGH v. 24.11.1980 – II ZR 182/79, DB 1981, 308, 309; OLG Karlsruhe v. 13.10.1995 – 10 U 51/95, AG 1996, 224, 227; *Hüffer*, § 84 AktG Rz. 37; *Spindler* in MünchKomm. AktG, 3. Aufl., § 84 AktG Rz. 147; *Fleischer* in Spindler/Stilz, § 84 AktG Rz. 142; *Wiesner* in MünchHdb. AG, § 20 Rz. 57.
220 Vgl. BGH v. 24.11.1980 – II ZR 182/79, BGHZ 79, 38, 43 f.; *Hüffer*, § 84 AktG Rz. 37; *Spindler* in MünchKomm. AktG, 3. Aufl., § 84 AktG Rz. 147; *Wiesner* in MünchHdb. AG, § 20 Rz. 57; *Hoffmann-Becking* in FS Stimpel, 1985, S. 589, 593.
221 *Seibt* in Henssler/Willemsen/Kalb, ArbR-Komm., § 31 MitbestG Rz. 9; *Ulmer/Habersack* in Ulmer/Habersack/Henssler, § 31 MitbestG Rz. 27; *Raiser/Veil*, § 31 MitbestG Rz. 42; *Westhoff*, DB 1980, 2520, 2522; *Spindler* in MünchKomm. AktG, 3. Aufl., § 84 AktG Rz. 147.

## 6. Suspendierung

59 Zulässigkeit und Voraussetzungen der **vorläufigen Amtsenthebung auf (kurze) Zeit (Suspendierung)** sind umstritten[222]: Die Suspendierung ist kein echter, zeitlich begrenzter Widerruf der Bestellung, mit der Folge, dass § 84 Abs. 3 für die Voraussetzungen (insbesondere Bestehen eines wichtigen Grundes) und das Verfahren eingehalten werden müssen[223], sondern eine vorläufige Maßnahme (z.B. zur Klärung von Vorwürfen, die bei Richtigkeit als wichtiger Grund gelten), so dass an die Suspendierung als *Minus* zum Bestellungswiderruf bei Anwendung von § 84 Abs. 3 **geringere Anforderungen an den „wichtigen Grund" als beim Widerruf** zu stellen sind[224]. Die Suspendierung muss vom Aufsichtsratsplenum beschlossen werden (keine Notzuständigkeit des Aufsichtsratsvorsitzenden); bei mitbestimmten Gesellschaften ist § 31 MitbestG einzuhalten[225]. Das suspendierte Vorstandsmitglied bleibt Organperson, nur darf es seine gesetzlichen Geschäftsführungs- und Vertretungsbefugnis nicht mehr ausüben[226]; Dritten gegenüber ist diese Beschränkung allerdings wirkungslos (§ 82 Abs. 1). Den sich aus der weiter bestehenden Organstellung des Suspendierten ergebenden allgemeinen Vorstandspflichten kann sich dieser (nur) durch Amtsniederlegung entziehen. Gegen die Suspendierung kann sich das Vorstandsmitglied bis zur Abberufung mithilfe einer einstweiligen Verfügung wehren[227].

## VI. Kündigung des Anstellungsvertrags

### 1. Allgemeines

60 Nach § 84 Abs. 3 Satz 5 gelten bei einem Widerruf der Vorstandsbestellung „für die Ansprüche aus dem Anstellungsvertrag die allgemeinen Vorschriften", womit der Gesetzgeber Folgendes kodifizieren wollte: Trotz der Interdependenz zwischen Vorstandsbestellung und Anstellungsvertrag gilt das **Trennungsprinzip** mit der Folge, dass das dienstvertragliche Anstellungsverhältnis unabhängig vom Bestehen des körperschaftsrechtlichen Organverhältnisses zu betrachten ist. Daraus folgt wiederum, dass (1) der Bestellungswiderruf auf die dienstvertraglichen (Zahlungs)Ansprüche keinen Einfluss hat, (2) zur Beendigung sämtlicher Rechtsverhältnisse mit den Vorstandsmitglied auch der Anstellungsvertrag gekündigt werden muss und (3) es sich hierbei um eine außerordentliche Kündigung nach § 626 BGB handelt, die eines wichtigen Grundes bedarf und nur innerhalb einer Verwirkungsfrist von zwei Wochen ab Kenntnis von diesem Grund möglich ist. Da das Vorstandsmitglied mit dem Widerruf seiner Bestellung für die AG nicht mehr tätig werden muss, wird die AG in der

---

222 Ausführlich *Mertens/Cahn* in KölnKomm. AktG, 3. Aufl., § 84 AktG Rz. 189 ff.; *Fleischer* in Spindler/Stilz, § 84 AktG Rz. 134 ff.
223 So aber LG München I v. 27.6.1985 – 5 HKO 9397/85, AG 1986, 142; *Spindler* in MünchKomm. AktG, 3. Aufl., § 84 AktG Rz. 143 f.; *Krieger*, Personalentscheidungen des Aufsichtsrats, 1981, S. 154 ff.
224 So i.E. auch *Mertens/Cahn* in KölnKomm. AktG, 3. Aufl., § 84 AktG Rz. 189; *Kort* in Großkomm. AktG, 4. Aufl., § 84 AktG Rz. 233 ff.; *Fleischer* in Spindler/Stilz, § 84 AktG Rz. 134 f.; *Thüsing* in Fleischer, Handbuch des Vorstandsrechts, § 5 Rz. 43 ff.; *Fonk* in Semler/v. Schenck, Arbeitshandbuch Aufsichtsratsmitglieder, § 9 Rz. 283; sympathisierend *Hüffer*, § 84 AktG Rz. 35.
225 *Kort* in Großkomm. AktG, 4. Aufl., § 84 AktG Rz. 240 f.; *Mertens/Cahn* in KölnKomm. AktG, 3. Aufl., § 84 AktG Rz. 194; *Fleischer* in Spindler/Stilz, § 84 AktG Rz. 136.
226 So auch KG v. 8.7.1983 – 14 U 259/83, AG 1984, 24, 25; OLG München v. 17.9.1985 – 7 W 1933/85, AG 1986, 234, 235; *Mertens/Cahn* in KölnKomm. AktG, 3. Aufl., § 84 AktG Rz. 189; *Fleischer* in Spindler/Stilz, § 84 AktG Rz. 137; *Wiesner* in MünchHdb. AG, § 20 Rz. 62; *Thüsing* in Fleischer, Handbuch des Vorstandsrechts, § 5 Rz. 46.
227 *Mertens/Cahn* in KölnKomm. AktG, 3. Aufl., § 84 AktG Rz. 195.

Regel nicht nur die Vorstandsbestellung widerrufen, sondern auch den dienstvertraglichen Anstellungsvertrag kündigen. Die Entscheidung des Aufsichtsrats, neben dem Bestellungswiderruf auch den Anstellungsvertrag zu kündigen, liegt allerdings in dessen pflichtgemäßen Ermessen, mit der Folge, dass in Einzelfällen auch ein isolierter Bestellungswiderruf erfolgen darf (z.B. Erhaltung des Wettbewerbsverbots)[228], allerdings auch umgekehrt zulässig ist, die automatische Beendigung des Anstellungsvertrags durch Vereinbarung an den Bestellungswiderruf zu koppeln (sog. Gleichlaufklausel; Rz. 75)[229].

### 2. Zuständigkeit und Verfahren

Die AG wird bei der Kündigung des Anstellungsvertrags **ausschließlich vom Aufsichtsrat vertreten** (§ 112). Bei der Abgabe der Kündigungserklärung kann sich der Aufsichtsrat eines Bevollmächtigten oder Boten bedienen[230]. Die hiervon zu trennende **Entscheidung über die Abgabe der Kündigungserklärung** fällt der Aufsichtsrat durch **Beschluss** (§ 108). Fehlt ein solcher Beschluss oder ist er nicht ordnungsgemäß zustande gekommen, so ist die Kündigung unwirksam[231]. Die Beschlussfassung über die Kündigung kann im Gegensatz zu derjenigen über die Bestellungswiderrufung einem mindestens dreiköpfigen Ausschuss übertragen werden, da § 84 Abs. 3 Satz 5 in § 107 Abs. 3 Satz 2 nicht aufgeführt wird[232]. Allerdings darf der Beschluss des Ausschusses über die Kündigung die dem Gesamtorgan vorbehaltene Entscheidung über den Bestellungswiderruf nicht präjudizieren (z.B. Kündigungsbeschluss vor Widerrufsbeschluss)[233]. Der Kündigungsbeschluss kann jedoch mit der Maßgabe erfolgen, dass die Kündigung nur bei Bestellungswiderrufung erklärt werden soll[234]. Die vorstehenden Grundsätze gelten entsprechend für den Abschluss eines Aufhebungsvertrags mit dem Vorstandsmitglied[235].

61

### 3. Kündigung durch Gesellschaft

### a) Zwingendes Recht zur Kündigung

Das Recht der AG, den Anstellungsvertrag nach § 626 BGB bei Vorliegen eines wichtigen Grundes kündigen zu können, ist zwingend und kann weder durch Satzung

62

---

228 Vgl. auch BGH v. 1.2.1968 – II ZR 212/65, WM 1968, 570; *Spindler* in MünchKomm. AktG, 3. Aufl., § 84 AktG Rz. 150 a.E.
229 BGH v. 29.5.1989 – II ZR 220/88, NJW 1989, 2683; *Hüffer*, § 84 AktG Rz. 40; *Spindler* in MünchKomm. AktG, 3. Aufl., § 84 AktG Rz. 150; einschränkend *Bauer/Diller*, GmbHR 1998, 809, 812 f.
230 *Hüffer*, § 84 AktG Rz. 38; *Spindler* in MünchKomm. AktG, 3. Aufl., § 84 AktG Rz. 151; *Fleischer* in Spindler/Stilz, § 84 AktG Rz. 96.
231 BGH v. 1.2.1968 – II ZR 212/65, WM 1968, 570; OLG Karlsruhe v. 28.4.2004 – 7 U 62/03, ZIP 2004, 2377, 2378; *Hüffer*, § 84 AktG Rz. 38; *Spindler* in MünchKomm. AktG, 3. Aufl., § 84 AktG Rz. 151; *Fleischer* in Spindler/Stilz, § 84 AktG Rz. 95.
232 BGH v. 23.10.1975 – II ZR 90/73, BGHZ 65, 190, 192 f.; *Hüffer*, § 84 AktG Rz. 38; *Spindler* in MünchKomm. AktG, 3. Aufl., § 84 AktG Rz. 151.
233 Vgl. BGH v. 24.11.1980 – II ZR 182/79, BGHZ 79, 38, 44 (zur GmbH); BGH v. 25.2.1982 – II ZR 102/81, BGHZ 83, 145, 150 (zur GmbH); BGH v. 14.11.1983 – II ZR 33/83, BGHZ 89, 48, 56 (zur GmbH); *Hüffer*, § 84 AktG Rz. 38; *Spindler* in MünchKomm. AktG, 3. Aufl., § 84 AktG Rz. 152; *Hoffmann-Becking* in FS Stimpel, 1985, S. 589, 594.
234 *Hüffer*, § 84 AktG Rz. 38; *Spindler* in MünchKomm. AktG, 3. Aufl., § 84 AktG Rz. 152; *Wiesner* in MünchHdb. AG, § 21 Rz. 75; *Hoffmann-Becking* in FS Stimpel, 1985, S. 589, 595 f.
235 Vgl. BGH v. 24.11.1980 – II ZR 182/79, BGHZ 79, 38, 43 (zur GmbH); *Hüffer*, § 84 AktG Rz. 38a; *Säcker*, DB 1979, 1321, 1322; teilw. krit. *Hoffmann-Becking* in FS Stimpel, 1985, S. 589, 593 ff.; zu Auswirkungen des VorstAG auf die Praxis von Aufhebungsvereinbarungen vgl. *Jaeger*, NZA 2010, 128.

noch durch Vereinbarung ausgeschlossen oder auf bestimmte Gründe beschränkt werden[236]. Eine solche unzulässige Rechtsbeschränkung kann in der Vereinbarung einer Vertragsstrafe[237] oder einer Abfindungsleistung liegen[238]. Bei unentgeltlicher Vorstandstätigkeit kann die AG die schuldrechtliche Beziehung ebenfalls nur aus wichtigem Grund kündigen; § 671 BGB ist nicht anwendbar[239].

**b) Kündigungs- und Verwirkungsfrist**

63 Ist der Anstellungsvertrag auf unbestimmte Dauer (höchstens aber auf fünf Jahre, § 84 Abs. 1 Satz 1) abgeschlossen, so ist auch eine befristete Kündigung nach § 26 Abs. 2, § 621 BGB) zulässig. Demgegenüber ist eine ordentliche Kündigung vor Ablauf der Bestellungsfrist auch hier ausgeschlossen (*arg. e* § 84 Abs. 3)[240].

64 Bei der außerordentlichen Kündigung muss diese **innerhalb eines Zeitraums von zwei Wochen erfolgen, nachdem der Aufsichtsrat von den die Kündigung rechtfertigenden Tatsachen Kenntnis erlangt** hat (§ 626 Abs. 2 BGB). Nach h.M. muss innerhalb dieser Zweiwochenfrist der Kündigungsbeschluss gefasst und die Kündigung dem Vorstandsmitglied erklärt werden, ansonsten ist die Kündigung unwirksam[241]. Eine solche Rechtsanwendung lässt allerdings die Besonderheiten bei der Kündigung von Vorstandsmitgliedern außer Acht, insbesondere die Verkoppelung mit dem Widerruf der Organstellung, der insoweit bestehenden komplexen Entscheidungs- und Organisationslage sowie der regelmäßig geringeren Schutzbedürftigkeit des Organmitglieds[242]; § 626 Abs. 2 BGB bedarf daher im Fall der Kündigung von Vorstandsmitgliedern der **teleologischen Anpassung** bei der Bestimmung des Fristbeginns (Rz. 69) sowie in der Weise, dass die Zweiwochenfrist keine strenge Ausschlussfrist ist, sondern eine für eine Einzelfallbetrachtung wertungsoffene Verwirkungsfrist[243]. Die Verwirkungsfrist beginnt mit Kenntnis (nicht mit bloßem Kennenmüssen[244]) des Aufsichtsrats von dem die Kündigung rechtfertigenden Gesamtsachverhalt, nicht nur einzelner Aspekte[245]. Aus dem Prinzip der Kollegialvertretung des Aufsichtsrats sowie insbesondere der Zuweisung der Personalkompetenz an das Gesamtorgan folgt, dass im Grundsatz die Kenntnis sämtlicher Organmitglieder (bzw. sämtliche Mitglieder des für die Entscheidung zuständigen Ausschusses; Rz. 61) in ihrer Eigenschaft als Mitwirkende an der kollektiven Entscheidungsfindung für den Fristbeginn maßgeblich ist[246]. Deshalb reicht die bloße Kenntnis des Aufsichtsratsvorsitzen-

---

236 BGH v. 28.1.1953 – II ZR 265/51, BGHZ 8, 348, 361; BGH v. 30.11.1961 – II ZR 137/60, WM 1962, 201; *Spindler* in MünchKomm. AktG, 3. Aufl., § 84 AktG Rz. 152; *Kort* in Großkomm. AktG, 4. Aufl., § 84 AktG Rz. 499.
237 Vgl. RG v. 12.7.1905 – V 220/05, RGZ 61, 228.
238 BGH v. 3.7.2000 – II ZR 282/98, NJW 2000, 2983, 2984; ausführlich zu Abfindungszahlungen an ausscheidende Vorstandsmitglieder *Lutter*, BB 2009, 1874; *Hohenstatt/Willemsen*, NJW 2008, 3462.
239 *Spindler* in MünchKomm. AktG, 3. Aufl., § 84 AktG Rz. 155.
240 OLG Karlsruhe v. 10.7.1972 – 8 U 74/73, AG 1973, 310, 311; *Mertens/Cahn* in KölnKomm. AktG, 3. Aufl., § 84 AktG Rz. 149; *Spindler* in MünchKomm. AktG, 3. Aufl., § 84 AktG Rz. 158; *Fleischer* in Spindler/Stilz, § 84 AktG Rz. 165.
241 *Hüffer*, § 84 AktG Rz. 41; *Spindler* in MünchKomm. AktG, 3. Aufl., § 84 AktG Rz. 160.
242 Zutr. *Martens* in FS Werner, 1984, S. 495 ff.; *Hüffer*, § 84 AktG Rz. 41.
243 Ähnlich *Fleischer* in Spindler/Stilz, § 84 AktG Rz. 157.
244 LAG Düsseldorf v. 10.12.1970 – 3 Sa 409/70, DB 1971, 151; *Fleischer* in Spindler/Stilz, § 84 AktG Rz. 159.
245 BGH v. 26.2.1996 – II ZR 114/95, ZIP 1996, 636; BAG v. 10.6.1988 – 2 AZR 25/88, NJW 1989, 733; *Hüffer*, § 84 AktG Rz. 42.
246 So i.E. auch BGH v. 19.5.1980 – II ZR 169/79, AG 1981, 47, 48; BAG v. 5.5.1977 – 2 AZR 297/76, NJW 1978, 723; *Spindler* in MünchKomm. AktG, 3. Aufl., § 84 AktG Rz. 160; *Wiesner*, BB 1981, 1533, 1536 ff.; *Stein*, ZGR 1999, 264, 269; *Grumann/Gillmann*, DB 2003, 770, 774.

den[247] oder anderer einzelner Aufsichtsratsmitglieder[248] für die Fristauslösung ebenso wenig aus wie außerhalb der Organstellung erlangtes Wissen[249]. Allerdings ist jedes Mitglied, das Kenntnis der eine Kündigung rechtfertigenden Tatsachen erlangt hat, zur Einberufung einer die Kündigung des betreffenden Vorstandsmitglieds behandelnden Aufsichtsratssitzung verpflichtet. Daher läuft die Verwirkungsfrist ab dem Sitzungstag, zu dem der Vorsitzende oder ein anderes kenntnisbehaftetes Mitglied **in zumutbarer Weise unter Berücksichtigung der Eilbedürftigkeit der Sache das Gesamtgremium bzw. den zuständigen Ausschuss hätte einberufen können**[250]. Hiernach ist dem Aufsichtsratsvorsitzenden bzw. den kenntnisbehaftenden Mitglied eine kurze Überlegensfrist von höchstens zwei Wochen einzuräumen, so dass in der Regel eine Maximalfrist von der umfassenden Kenntniserlangung eines Aufsichtsratsmitglieds bis zur Kündigung von etwa vier Wochen besteht[251].

Eine **Anhörung** ist – außer in Fällen der Verdachtskündigung – **keine Voraussetzung** für die Wirksamkeit der fristlosen Kündigung[252]. Sie hemmt den Ablauf der Verwirkungsfrist, wenn diese zur Aufklärung der Kündigungsgründe nach objektiviertem Maßstab erforderlich erscheint[253]. Aus der Natur der Verwirkungsfrist folgt, dass sich das Vorstandsmitglied unter dem Gesichtspunkt widersprüchlichen Verhaltens auf diese nicht berufen kann, wenn dieses den Aufsichtsrat selbst ersucht hat, noch keine Kündigung auszusprechen, etwa um eine einvernehmliche Amtsbeendigung kurzfristig zu verhandeln und die AG nach Scheitern der Verhandlungen unverzüglich gekündigt hat[254]. 65

**c) Wichtiger Grund**

Ein in § 626 Abs. 1 BGB vorausgesetzter wichtiger Grund liegt dann vor, wenn unter Berücksichtigung aller Umstände des Einzelfalls und unter Abwägung der relevanten Interessen beider Vertragsteile **die Fortsetzung des Anstellungsverhältnisses** (insbesondere auch die Leistung auf die Vergütungsansprüche) **bis zum Ablauf der Kündigungsfrist oder der Beendigung des Dienstverhältnisses nicht zumutbar ist** (vgl. § 314 66

---

247 *Fleischer* in Spindler/Stilz, § 84 AktG Rz. 157; a.A. *Mertens/Cahn* in KölnKomm. AktG, 3. Aufl., § 84 AktG Rz. 175.
248 So aber noch BGH v. 6.4.1964 – II ZR 75/62, BGHZ 41, 282, 287; OLG Düsseldorf v. 4.9.1997 – 6 U 223/96 (n. veröff.).
249 Vgl. BGH v. 15.6.1998 – II ZR 318/96, NZG 1998, 634, 635; *Fleischer* in Spindler/Stilz, § 84 AktG Rz. 157.
250 Zutr. *Spindler* in MünchKomm. AktG, 3. Aufl., § 84 AktG Rz. 160; *Stein*, ZGR 1999, 264, 275 ff.; *Grumann/Gillmann*, DB 2003, 770, 774; i.E. auch BGH v. 5.4.1990 – IX ZR 16/89, WM 1990, 1028, 1030; OLG Köln v. 26.11.1993 – 19 U 93/93, DB 1994, 471; OLG Frankfurt v. 18.9.1998 – 10 U 272/96, NZG 1999, 356, 357 (zur Genossenschaft); BGH v. 15.6.1998 – II ZR 318/96, BGHZ 139, 89, 92 (zur GmbH); *Goette*, DStR 1998, 1103, 1104; BGH v. 10.9.2001 – II ZR 14/00, NZG 2002, 46, 47 f. (zur GmbH); OLG Karlsruhe v. 28.4.2004 – 7 U 62/03, ZIP 2004, 2377, 2379 (zur GmbH); KG v. 27.9.2004 – 2 U 191/02, NZG 2004, 1165, 1167; *Hüffer*, § 84 AktG Rz. 42.
251 So auch *Spindler* in MünchKomm. AktG, 3. Aufl., § 84 AktG Rz. 160 a.E.; *Schuhmacher-Mohr*, ZIP 2002, 2245, 2247 f.
252 BGH v. 26.2.1996 – II ZR 114/95, NJW 1996, 1403, 1404; OLG Düsseldorf v. 2.7.2007 – I-9 U 3/07, AG 2008, 166; *Mertens/Cahn* in KölnKomm. AktG, 3. Aufl., § 84 AktG Rz. 164; *Fleischer* in Spindler/Stilz, § 84 AktG Rz. 162; *Thüsing* in Fleischer, Handbuch des Vorstandsrechts, § 5 Rz. 57.
253 Ähnlich BGH v. 14.10.1991 – II ZR 239/90, ZIP 1992, 32, 34 (zur GmbH); *Spindler* in MünchKomm. AktG, 3. Aufl., § 84 AktG Rz. 165.
254 Ebenso i.E. BGH v. 5.6.1975 – II ZR 131/73, NJW 1975, 1698 (zur GmbH); *Mertens/Cahn* in KölnKomm. AktG, 3. Aufl., § 84 AktG Rz. 181; *Spindler* in MünchKomm. AktG, 3. Aufl., § 84 AktG Rz. 164; *Wiesner* in MünchHdb. AG, § 21 Rz. 80; krit. *Thüsing* in Fleischer, Handbuch des Vorstandsrechts, § 5 Rz. 67.

Abs. 1 Satz 2 BGB). Dabei ist das Vorliegen eines wichtigen Grundes i.S. von § 626 Abs. 1 BGB unabhängig von der Frage nach der Zulässigkeit eines Bestellungswiderrufs nach § 84 Abs. 3 AktG zu beurteilen; die Auslegung von § 626 Abs. 1 BGB hat zwar die Besonderheiten einer Vorstandstätigkeit, die gesteigerten Treuebindungen und die erheblichen Vermögensbeeinträchtigungsmöglichkeiten zu berücksichtigen, ist ansonsten autonom auszulegen[255]. Eine vorangehende **Abmahnung** des Vorstandsmitglieds ist für eine Kündigung des Anstellungsverhältnisses aus wichtigem Grund nach der Rechtsprechung **grundsätzlich nicht erforderlich**[256]. § 314 Abs. 2 BGB ist wegen der Besonderheiten der Schuldrechtsbeziehung von Vorstandsmitglied zur AG (Rz. 80) teleologisch zu reduzieren; im Regelfall wird die Abmahnung auch nach § 323 Abs. 2 Nr. 3 i.V.m. § 314 Abs. 2 Satz 2 BGB entbehrlich sein[257].

67 Folgende Anhalte gelten für die vorzunehmenden Interessenabwägungen: „**Grobe Pflichtverletzungen**" i.S. von § 84 Abs. 3 Satz 2, 1. Fall bilden in der Regel auch einen wichtigen Grund für die fristlose Kündigung nach § 626 BGB[258]. Demgegenüber ist bei der „**Unfähigkeit zur ordnungsmäßigen Geschäftsführung**" i.S. von § 84 Abs. 3 Satz 2, 2. Fall die durch eine Kündigung beim Vorstandsmitglied entstehenden sozialen Folgen stärker zu berücksichtigen[259]. Der „**Vertrauensentzug durch die Hauptversammlung**" i.S. von § 84 Abs. 3 Satz 2, 3. Fall trägt isoliert die fristlose Kündigung nach § 626 BGB nicht, sondern der Fortbestand des schuldrechtlichen Anstellungsverhältnisses (und insbesondere der Vergütungsansprüche) ist das notwendige Korrelat für die Beendigung der Organstellung ohne Rücksicht auf die Gründe des Vertrauensverlustes[260]; entscheidend ist für die Kündigung des Anstellungsverhältnisses, aus welchen Gründen die Hauptversammlung das Vertrauen entzogen hat[261]. Eine unberechtigte Amtsniederlegung ist schließlich stets ein wichtiger Grund i.S. einer gröblichen Pflichtverletzung[262].

#### d) Rechtsfolgen

68 Mit der rechtswirksamen Kündigung des Anstellungsvertrags verliert das Vorstandsmitglied seine Gehaltsansprüche und in der Regel auch die Versorgungsansprüche. Allerdings kann – in den Grenzen des § 128 Abs. 1 BGB – vereinbart sein, dass der Ruhegehaltsanspruch schon mit dem Vertragsschluss (selten eine pflichtgemäße Aufsichtsratsentscheidung) oder nach Ablauf einer bestimmten Dienstzeit entsteht und lediglich die Fälligkeit an den Eintritt besonderer Voraussetzungen mit der Folge geknüpft ist, dass auch bei fristloser Kündigung des Anstellungsvertrags der bereits

---

255 Vgl. BGH v. 23.10.1995 – II ZR 130/94, WM 1995, 2064, 2065 (zur GmbH); OLG Karlsruhe v. 28.4.2004 – 7 U 62/03, ZIP 2004, 2377, 2379; *Hüffer*, § 84 AktG Rz. 39; *Spindler* in MünchKomm. AktG, 3. Aufl., § 84 AktG Rz. 166; *Fleck*, WM 1994, 1957, 1964.
256 BGH v. 14.2.2000 – II ZR 218/98, NJW 2000, 1638, 1639 (zur GmbH); BGH v. 10.9.2001 – II ZR 14/00, ZIP 2001, 1957, 1958 (zur GmbH); OLG Düsseldorf v. 2.7.2007 – I-9 U 3/07, AG 2008, 166; vgl. auch *Goette* in FS Wiedemann, 2002, S. 873, 880 ff.; *Reiserer*, BB 2002, 1199, 1201; offen lassend *Fleischer* in Spindler/Stilz, § 84 AktG Rz. 163.
257 So auch i.E. *Hüffer*, § 84 AktG Rz. 39; *Koch*, ZIP 2005, 1621, 1625 ff.; abw. *Spindler* in MünchKomm. AktG, 3. Aufl., § 84 AktG Rz. 164 (§ 626 BGB *lex specialis* zu § 314 Abs. 2 BGB).
258 *Hüffer*, § 84 AktG Rz. 40; *Spindler* in MünchKomm. AktG, 3. Aufl., § 84 AktG Rz. 167.
259 *Hüffer*, § 84 AktG Rz. 40; *Spindler* in MünchKomm. AktG, 3. Aufl., § 84 AktG Rz. 167.
260 Zutr. *Säcker* in FS G. Müller, 1981, S. 745, 746 ff.; *Hüffer*, § 84 AktG Rz. 40.
261 *Säcker* in FS G. Müller, 1981, S. 745, 746 ff.; *Hüffer*, § 84 AktG Rz. 40; *Spindler* in MünchKomm. AktG, 3. Aufl., § 84 AktG Rz. 171.
262 BGH v. 9.2.1978 – II ZR 189/76, NJW 1978, 1435, 1437 (zur GmbH); BGH v. 14.7.1980 – II ZR 161/79, BGHZ 78, 82, 85 (zur GmbH); BGH v. 19.6.1995 – II ZR 228/94, DStR 1995, 1359 (zur GmbH); *Hüffer*, § 84 AktG Rz. 40; *Spindler* in MünchKomm. AktG, 3. Aufl., § 84 AktG Rz. 167.

entstandene Anspruch fortbesteht[263]. Wird rechtskräftig das Nichtbestehen eines wichtigen Grundes für die Kündigung festgestellt, so stehen dem betroffenen Vorstandsmitglied die Gehaltsansprüche (einschließlich nach zutreffender Auffassung Gehaltserhöhungen in Entsprechung zu solchen bei den übrigen Vorstandsmitgliedern sowie an sämtliche Vorstandsmitglieder gewährte Tantiemen[264]) für zurückliegende Perioden trotz § 84 Abs. 3 Satz 4 zu, jedenfalls wenn das Vorstandsmitglied seine Dienste weiter angeboten hat. Ein zu Unrecht entlassenes Vorstandsmitglied hat ferner einen Schadenersatzanspruch gegen die Gesellschaft aus § 628 Abs. 2 BGB[265].

### e) Änderungskündigung

Ist die AG zur Kündigung des Anstellungsvertrags berechtigt, so kann der Aufsichtsrat auch eine sog. Änderungskündigung mit dem Ziel erklären, den Vertragsinhalt zu modifizieren (z.B. Änderung des Tätigkeitsbereichs). Ist das Vorstandsmitglied mit der Änderungskündigung inhaltlich einverstanden, so kommt die Vertragsänderung zustande, ansonsten wird das Vertragsverhältnis beendet[266]. 69

### f) Auflösende Bedingung

Eine dienstvertragliche Regelung, derzufolge der Anstellungsvertrag mit dem Bestellungswiderruf automatisch beendet wird, ist zulässig (sog. **Gleichlaufklausel**)[267]. Bei Vorliegen einer Gleichlaufklausel erfolgt die Beendigung des Anstellungsvertrages nach Ablauf der in § 622 Abs. 1 Satz 2 BGB bestimmten Frist[268]. Da das Vorstandsmitglied durch die Vereinbarung der Gleichlaufklausel den Schutz der Zweiwochenfrist nach § 626 Abs. 2 BGB verliert, muss der Klauselinhalt mit Blick auf § 305c BGB eindeutig gefasst sein[269]. Ist als Vertragsdauer des Anstellungsvertrages „die Zeit der Bestellung" geregelt, so endet der Anstellungsvertrag in Ermangelung anderer Hinweise nicht automatisch bei Wegfall des Vorstandsamts durch Formwechsel oder Verschmelzung der AG[270]. 70

### g) Rechtsschutz

Das Vorstandsmitglied kann gegen die fristlose Kündigung – wie gegen den Bestellungswiderruf – vor dem ordentlichen Gericht Feststellungsklage erheben. Beide Klagen können auch miteinander verbunden werden[271]. Daneben kann das Vorstandsmitglied auch mit der Leistungsklage die Weiterzahlung der Vergütung geltend 71

---

263 Vgl. BGH v. 28.1.1953 – II ZR 265/51, BGHZ 8, 348, 366; *Spindler* in MünchKomm. AktG, 3. Aufl., § 84 AktG Rz. 177.
264 Str., zum Meinungsstand *Spindler* in MünchKomm. AktG, 3. Aufl., § 84 AktG Rz. 178.
265 Vgl. BGH v. 23.2.1961 – II ZR 147/58, WM 1961, 569, 673; vgl. auch BGH v. 28.10.2002 – II ZR 146/02, DStR 2002, 2182, 2183 (zur GmbH).
266 Vgl. BGH v. 9.4.1956 – II ZR 135/55, WM 1956, 666.
267 BGH v. 29.5.1989 – II ZR 220/88, NJW 1989, 2683; *Hüffer*, § 84 AktG Rz. 40; *Spindler* in MünchKomm. AktG, 3. Aufl., § 84 AktG Rz. 182; *Bauer*, DB 1992, 1413, 1414 f.; *Grumann/ Gillmann*, DB 2003, 770, 772 f.; a.A. *Eckardt*, AG 1989, 431, 432 f.; zweifelnd auch *Zöllner* in FS Koppensteiner, 2001, S. 291, 297.
268 BGH v. 29.5.1989 – II ZR 220/88, NJW 1989, 2683, 2684; *Hüffer*, § 84 AktG Rz. 40; *Spindler* in MünchKomm. AktG, 3. Aufl., § 84 AktG Rz. 183; *Grumann/Gillmann*, DB 2003, 770, 772.
269 *Hüffer*, § 84 AktG Rz. 40; *Spindler* in MünchKomm. AktG, 3. Aufl., § 84 AktG Rz. 183; *Bauer/Diller*, GmbHR 1998, 809, 811 ff.; *Grumann/Gillmann*, DB 2003, 770, 773.
270 Zutr. *Spindler* in MünchKomm. AktG, 3. Aufl., § 84 AktG Rz. 184.
271 *Mertens/Cahn* in KölnKomm. AktG, 3. Aufl., § 84 AktG Rz. 137; *Spindler* in MünchKomm. AktG, 3. Aufl., § 84 AktG Rz. 185; *Fleischer* in Spindler/Stilz, § 84 AktG Rz. 166.

machen, auch im Urkundenprozess[272]. Die Darlegungs- und Beweislast für das Vorliegen eines wichtigen Grundes trägt die AG[273].

**4. Kündigung durch das Vorstandsmitglied**

72 Auch ein Vorstandsmitglied kann seinen Anstellungsvertrag nach § 626 BGB **nur aus wichtigem Grund gegenüber dem Aufsichtsrat als Vertreter der AG** (§ 112) fristlos kündigen; eine ordentliche Kündigung ist bei einem befristeten Vertrag nicht möglich, es sei denn, sie ist ausdrücklich vereinbart worden. Ein wichtiger Grund liegt dann vor, wenn unter Berücksichtigung der Umstände des Einzelfalls und unter Abwägung der relevanten Interessen beider Vertragsseiten dem Vorstandsmitglied die Fortsetzung seiner Tätigkeit unzumutbar ist (vgl. § 314 Abs. 1 Satz 2 BGB). Folgende Umstände können im Einzelfall einen **wichtigen Grund** bilden[274]: vertragswidriges Verhalten der Gesellschaft wie dauernde oder materiell bedeutsame Nichtzahlung der Bezüge, unzulässige Eingriffe des Aufsichtsrats in die Geschäftsführung, Vertrauensentzug durch die Hauptversammlung oder Verweigerung der Entlastung, grundloser Widerruf der Bestellung, Verlust der eigenverantwortlichen Entscheidungsbefugnis aufgrund des Abschlusses eines Beherrschungsvertrags oder wegen einer Eingliederung, ggf. auch erhebliche Beschränkung der Geschäftsführungsbefugnis durch Satzung oder Aufsichtsratsbeschluss. Demgegenüber qualifiziert in der Regel der Umstand nicht als wichtiger Grund, dass sich ein Vorstandsmitglied mit seinen Auffassungen nicht im Vorstand oder im Aufsichtsrat (vgl. § 111 Abs. 4 Satz 2) durchsetzen kann[275].

73 Im **Anstellungsvertrag** können auch die Gründe konkretisiert werden, die dem Vorstandsmitglied eine fristlose Kündigung nach § 626 BGB ermöglichen, z.B. dass der Eintritt eines Kontrollwechsels i.S. von § 29 Abs. 2 WpÜG o.ä. Veränderungen auf Aktionärsebene (sog. *Change of Control*-**Klauseln**) zur Kündigung berechtigen[276]. Solche *Change of Control*-Klauseln sind bei börsennotierten AG offen zu legen (§ 289 Abs. 4, § 315 Abs. 4 HGB), in aller Regel übernahmerechtlich (Maßstab: § 33 WpÜG) unbedenklich und ihr materieller Inhalt ist an §§ 116, 87 zu messen[277].

74 Einen **Anstellungsvertrag mit unbestimmter Dauer** kann das Vorstandsmitglied nach § 621 BGB befristet kündigen[278]. Ein besonderes Kündigungsrecht statuiert § 87 Abs. 2 Satz 3 bei Herabsetzung der Vorstandsbezüge (s. auch § 87 Rz. 21). Bei unentgeltlicher Tätigkeit kann das Vorstandsmitglied jederzeit fristlos kündigen, allerdings nach § 671 Abs. 2 BGB in der Regel nur so, dass die AG für die Besorgung der Geschäfte anderweitige Fürsorge treffen kann; andernfalls macht er sich schadenersatzpflichtig[279].

---

272 BGH v. 10.5.1988 – IX ZR 175/87, BB 1988, 1418; KG v. 17.9.1996 – 5 U 3157/96, NJW-RR 1997, 1059; *Spindler* in MünchKomm. AktG, 3. Aufl., § 84 AktG Rz. 185; *Fischer*, NJW 2003, 333 ff.
273 *Hüffer*, § 84 AktG Rz. 40; *Spindler* in MünchKomm. AktG, 3. Aufl., § 84 AktG Rz. 185; *Grumann/Gillmann*, DB 2003, 770, 772.
274 Hierzu *Spindler* in MünchKomm. AktG, 3. Aufl., § 84 AktG Rz. 187; *Fleischer* in Spindler/Stilz, § 84 AktG Rz. 168; *Thüsing* in Fleischer, Handbuch des Vorstandsrechts, § 5 Rz. 77 f.
275 *Spindler* in MünchKomm. AktG, 3. Aufl., § 84 AktG Rz. 187.
276 Hierzu und zum empirischen Befund *Evers* in Hommelhoff/Hopt/v. Werder, Hdb. Corporate Governance, 2. Aufl. 2009, S. 349, 373 f. (CoC-Klauseln in 50 % der DAX-Unternehmen).
277 Hierzu *Fonk* in Semler/v. Schenck, Arbeitshandbuch Aufsichtsratsmitglieder, § 9 Rz. 271 ff., 336 ff.; zu Unrecht krit. im Hinblick auf das Vereitelungsverbot *Bauer/Krets*, DB 2003, 811, 816.
278 *Grobys/Littger*, BB 2002, 2292, 2293.
279 *Spindler* in MünchKomm. AktG, 3. Aufl., § 84 AktG Rz. 190.

### 5. Sonstige Beendigungsgründe

Aufhebungsverträge zwischen der AG (vertreten durch den Aufsichtsrat, § 112) und dem Vorstandsmitglied können auch ohne Vorliegen eines wichtigen Grundes abgeschlossen werden und beenden nach Maßgabe des vertraglichen Inhalts die schuldrechtliche Rechtsbeziehung. Zu den sonstigen Beendigungsgründen gehören der Ablauf der Vertragslaufzeit, der Eintritt vertraglich vereinbarter Beendigungsgründe (z.B. Erreichen eines bestimmten Lebensalters) sowie der Tod. Demgegenüber lässt der Rechtsformwechsel oder die Verschmelzung der Gesellschaft im Gegensatz zur Organstellung die schuldrechtliche Rechtsbeziehung zum Unternehmen unberührt.

### VII. Arbeitsdirektor in der Montan-Mitbestimmung (§ 84 Abs. 4)

Die Vorschrift des § 84 Abs. 4 bezieht sich auf § 13 Abs. 1 Sätze 2 und 3 MontanMitbestG (sowie § 13 MitbestErgG) und stellt insoweit klar, dass die dortige Regelung, derzufolge der Arbeitsdirektor gegen die Stimmen der Mehrheit der (an der Abstimmung beteiligten) Arbeitnehmervertreter im Aufsichtsrat weder bestellt noch abberufen werden kann, als *lex specialis* unberührt bleibt[280]. Ist ein Arbeitsdirektor unter Verletzung von § 13 Abs. 1 Satz 3 MontanMitbestG abberufen worden, so ist die Abberufung unwirksam; § 84 Abs. 3 Satz 2 ist nicht anwendbar[281].

# § 85
# Bestellung durch das Gericht

**(1)** Fehlt ein erforderliches Vorstandsmitglied, so hat in dringenden Fällen das Gericht auf Antrag eines Beteiligten das Mitglied zu bestellen. Gegen die Entscheidung ist die Beschwerde zulässig.

**(2)** Das Amt des gerichtlich bestellten Vorstandsmitglieds erlischt in jedem Fall, sobald der Mangel behoben ist.

**(3)** Das gerichtlich bestellte Vorstandsmitglied hat Anspruch auf Ersatz angemessener barer Auslagen und auf Vergütung für seine Tätigkeit. Einigen sich das gerichtlich bestellte Vorstandsmitglied und die Gesellschaft nicht, so setzt das Gericht die Auslagen und die Vergütung fest. Gegen die Entscheidung ist die Beschwerde zulässig; die Rechtsbeschwerde ist ausgeschlossen. Aus der rechtskräftigen Entscheidung findet die Zwangsvollstreckung nach der Zivilprozessordnung statt.

| | |
|---|---|
| I. Regelungsgegenstand und Normzweck ... 1 | 3. Antrag eines Beteiligten ... 4 |
| II. Voraussetzungen gerichtlicher Bestellung ... 2 | III. Verfahren ... 5 |
| 1. Fehlen eines erforderlichen Vorstandsmitglieds ... 2 | 1. Zuständigkeit ... 5 |
| 2. Dringlichkeit ... 3 | 2. Entscheidung ... 6 |
| | IV. Rechtsstellung gerichtlich bestellter Vorstandsmitglieder ... 9 |

---

280 Zur Bestellung eines Arbeitsdirektor bei Montan-Unternehmen *Seibt* in Henssler/Willemsen/Kalb, ArbR-Komm., 2. Aufl. 2006, § 13 MontanMitbestG Rz. 2–4.
281 *Spindler* in MünchKomm. AktG, 3. Aufl., § 84 AktG Rz. 197; a.A. *Mertens/Cahn* in KölnKomm. AktG, 3. Aufl., § 84 AktG Rz. 116.

## I. Regelungsgegenstand und Normzweck

1 Die Vorschrift des § 85 regelt für dringende Fälle eine gegenüber dem Aufsichtsrat (§ 84 Abs. 1) **subsidiäre Gerichtskompetenz zur Bestellung von für die Handlungs- und Prozessfähigkeit der AG erforderlicher Vorstandsmitglieder**[1]. § 85 geht als *lex specialis* § 29 BGB vor[2].

## II. Voraussetzungen gerichtlicher Bestellung

### 1. Fehlen eines erforderlichen Vorstandsmitglieds

2 Die gerichtliche Bestellungskompetenz setzt zunächst das *Fehlen* eines *erforderlichen* Vorstandsmitglieds voraus (§ 85 Abs. 1 Satz 1). Ein **Vorstandsmitglied fehlt**, wenn er durch Tod, Widerruf der Bestellung, Zeitablauf oder Amtsniederlegung aus dem Vorstand ausgeschieden ist, nicht hingegen, wenn er infolge Abwesenheit, Erkrankung oder sonstigen Gründen sein Amt nur vorübergehend nicht ausüben kann (*arg. e* § 105 Abs. 2 Satz 1)[3]. Ist allerdings ganz überwiegend wahrscheinlich, dass ein Vorstandsmitglied sein Amt endgültig nicht mehr ausüben wird (z.B. infolge dauernder, den Zeitraum eines Jahres überschreitende Erkrankung oder Abwesenheit), so liegt bereits im Zeitpunkt dieser informierten Prognoseentscheidung ein „Fehlen" i.S. von § 85 Abs. 1 Satz 1 vor[4]. Das fehlende Vorstandsmitglied muss zudem für eine Vertretungs- oder Geschäftsführungsmaßnahme des Vorstands (z.B. Aufstellung des Jahresabschlusses, Einberufung der Hauptversammlung, Erwerb oder Veräußerung einer Unternehmenssparte) **erforderlich** sein[5]. Ein Vorsitzender des Vorstands (§ 84 Abs. 2) kann vom Gericht nicht bestellt werden, selbst wenn ein solcher in der Satzung vorgesehen ist[6].

### 2. Dringlichkeit

3 Die gerichtliche Ersatzzuständigkeit besteht nur **in dringenden Fällen** (§ 85 Abs. 1 Satz 1), also dann, wenn unter Berücksichtigung der Umstände des Einzelfalls der Aufsichtsrat selbst nicht eingreift oder eingreifen kann, um den Zustand des Fehlens der erforderlichen Vorstandsmitglieder zu beheben, und ohne kurzfristiges Eingreifen des Gerichts zu befürchten ist, dass sich erhebliche Nachteile für das Unternehmen und ihre *Stakeholder* (Aktionäre, Gläubiger und Vertragspartner, Belegschaft) ergeben[7] oder eine alsbald erforderliche Handlung nicht vorgenommen werden könnte[8]. Der **Wegfall des Arbeitsdirektors als Vorstandsmitglied** (§ 33 MitbestG, § 13 Montan-MitbestG) begründet *per se* keine Dringlichkeit, da der ihm gesetzlich zugeordnete

---

1 Begr. RegE AktG 1965 zu § 85, zit. bei *Kropff*, Aktiengesetz, S. 107 f.; *Hüffer*, § 85 AktG Rz. 1; *Spindler* in MünchKomm. AktG, 3. Aufl., § 85 AktG Rz. 1 f.
2 *Hüffer*, § 85 AktG Rz. 1; *Spindler* in MünchKomm. AktG, 3. Aufl., § 85 AktG Rz. 3; *Fleischer* in Spindler/Stilz, § 85 AktG Rz. 4.
3 *Hüffer*, § 85 AktG Rz. 2; *Mertens/Cahn* in KölnKomm. AktG, 3. Aufl., § 85 AktG Rz. 2; *Spindler* in MünchKomm. AktG, 3. Aufl., § 85 AktG Rz. 4; *Fleischer* in Spindler/Stilz, § 85 AktG Rz. 5.
4 *Kort* in Großkomm. AktG, 4. Aufl., § 85 AktG Rz. 10 f.; *Spindler* in MünchKomm. AktG, 3. Aufl., § 85 AktG Rz. 4.
5 *Hüffer*, § 85 AktG Rz. 2; *Spindler* in MünchKomm. AktG, 3. Aufl., § 85 AktG Rz. 5; *Fleischer* in Spindler/Stilz, § 85 AktG Rz. 6; vgl. auch Begr. RegE AktG 1965 zu § 85, zit. bei *Kropff*, Aktiengesetz, S. 108.
6 *Spindler* in MünchKomm. AktG, 3. Aufl., § 85 AktG Rz. 6.
7 *Hüffer*, § 85 AktG Rz. 3; *Spindler* in MünchKomm. AktG, 3. Aufl., § 85 AktG Rz. 7; *Fleischer* in Spindler/Stilz, § 85 AktG Rz. 7.
8 BayObLG v. 28.8.1997 – 3 Z BR 1/97, NZG 1998, 73, 74 (zur GmbH); *Spindler* in MünchKomm. AktG, 3. Aufl., § 85 AktG Rz. 7; *Fleischer* in Spindler/Stilz, § 85 AktG Rz. 7.

Zuständigkeitsbereich auch von einem anderen Vorstandsmitglied (interimistisch) wahrgenommen werden kann[9]. Ist für eine Spaltgesellschaft weder Vorstand noch Aufsichtsrat vorhanden, so ist eine Ersatzbestellung der erforderlichen Vorstandsmitglieder – trotz der Möglichkeit der Bestellung eines Interim-Aufsichtsrat nach § 104 – dringlich[10]. Bei einem Rechtsstreit ist die Dringlichkeit einer gerichtlichen Ersatzbestellung nach § 85 nicht dadurch ausgeschlossen, dass auch ein „besonderer Vertreter" nach § 57 ZPO bestellt werden kann[11]. Ist hingegen ein Prozesspfleger nach § 57 ZPO bereits bestellt worden, so entfällt die Dringlichkeit einer gerichtlichen Vorstandsbestellung insoweit, als die Befugnisse des in seinem Aufgabenkreis beschränkten Prozesspflegers reichen[12]

### 3. Antrag eines Beteiligten

Die Bestellung eines erforderlichen Vorstandsmitglieds muss beim Amtsgericht des Sitzes der Gesellschaft (§ 14) von einem Beteiligten schriftlich oder zu Protokoll der Geschäftsstelle (§ 25 Abs. 1 FamFG) beantragt werden, d.h. eine Bestellung von Amts wegen ist nicht möglich[13]. **Beteiligter** ist jeder, der ein schutzwürdiges Interesse an der sofortigen Bestellung eines erforderlichen Vorstandsmitglieds hat (kein „Jedermann-Recht"), in erster Linie also vorhandene (ggf. auch ausgeschiedene) Organmitglieder, Aktionäre, Gläubiger und Vertragspartner, in bestimmten Fällen auch Betriebsverfassungsorgane (z.B. Betriebsrat bei geplanten Abschluss einer Betriebsvereinbarung)[14]. Das Vorliegen einer derartigen Beteiligungsstellung sowie der Bestellungsvoraussetzungen ist glaubhaft zu machen (Rechtsschutzbedürfnis)[15]. Wird eine Ersatzbestellung zur Geltendmachung von Ansprüchen gegen die AG beantragt, so setzt die gerichtliche Bestellung nicht voraus, dass der erstrebten Rechtsverfolgung Aussicht auf Erfolg zukommt[16].

4

---

9 *Seibt* in Henssler/Willemsen/Kalb, ArbR-Komm., § 33 MitbestG Rz. 2; ähnlich *Thüsing* in Fleischer, Handbuch des Vorstandsrechts, § 4 Rz. 30; *Hoffmann*, BB 1977, 17, 21; *Hoffmann/Lehmann/Weinmann*, § 33 MitbestG Rz. 17; dagegen (stets Dringlichkeit) *Fleischer* in Spindler/Stilz, § 85 AktG Rz. 7; (in der Regel Dringlichkeit) LG Bad Kreuznach v. 3.10.1979 – 2 T 78/79, AG 1979, 346; *Ulmer/Habersack* in Ulmer/Habersack/Henssler, § 37 MitbestG Rz. 20; *Mertens* in KölnKomm. AktG, 2. Aufl., Anhang zu § 117 B § 33 MitbestG Rz. 9; *Gach* in MünchKomm. AktG, 3. Aufl., § 33 MitbestG Rz. 14.
10 BGH v. 25.9.1989 – II ZR 53/89, AG 1990, 78; BGH v. 10.3.1986 – II ARZ 1/86, AG 1986, 290; BGH v. 17.9.1984 – II ARZ 4/84, AG 1985, 53 f.; BayObLG v. 3.2.1987 – 3 Z 162/86, BayObLGZ 1987, 29, 33 ff.; *Hüffer*, § 85 AktG Rz. 3; *Mertens/Cahn* in KölnKomm. AktG, 3. Aufl., § 85 AktG Rz. 4; *Spindler* in MünchKomm. AktG, 3. Aufl., § 85 AktG Rz. 7; *Fleischer* in Spindler/Stilz, § 85 AktG Rz. 7.
11 OLG Celle v. 6.11.1964 -9 Wx 4/64, NJW 1965, 504, 505; *Hüffer*, § 85 AktG Rz. 3; *Mertens/Cahn* in KölnKomm. AktG, 3. Aufl., § 85 AktG Rz. 6; *Spindler* in MünchKomm. AktG, 3. Aufl., § 85 AktG Rz. 3, 8; *Fleischer* in Spindler/Stilz, § 85 AktG Rz. 7; offen gelassen bei OLG Stuttgart v. 12.7.1995 – 9 W 69/94, MDR 1996, 198; a.A. *Reuter* in MünchKomm. BGB, 5. Aufl., § 29 BGB Rz. 11 (kein Rechtsschutzbedürfnis).
12 OLG Celle v. 6.11.1964 – 9 Wx 4/64, NJW 1965, 504, 505; *Hüffer*, § 85 AktG Rz. 3; *Mertens/Cahn* in KölnKomm. AktG, 3. Aufl., § 85 AktG Rz. 6; *Spindler* in MünchKomm. AktG, 3. Aufl., § 85 AktG Rz. 8; *Fleischer* in Spindler/Stilz, § 85 AktG Rz. 7.
13 *Spindler* in MünchKomm. AktG, 3. Aufl., § 85 AktG Rz. 9; *Fleischer* in Spindler/Stilz, § 85 AktG Rz. 8.
14 *Spindler* in MünchKomm. AktG, 3. Aufl., § 85 AktG Rz. 9; abw. *Thüsing* in Fleischer, Handbuch des Vorstandsrechts, § 4 Rz 31 (kein Antragsrecht zugunsten von Arbeitnehmern oder Betriebsrat).
15 KG v. 20.2.2007 – I W 323/06, AG 2007, 400, 401 (zur Aktionärsstellung); *Mertens/Cahn* in KölnKomm. AktG, 3. Aufl., § 85 AktG Rz. 8.
16 OLG Hamm v. 19.8.1965 – 15 W 157/65, OLGZ 65, 329; *Hüffer*, § 85 AktG Rz. 4; *Spindler* in MünchKomm. AktG, 3. Aufl., § 85 AktG Rz. 10; *Fleischer* in Spindler/Stilz, § 85 AktG Rz. 8.

## III. Verfahren

### 1. Zuständigkeit

5 Für die Bestellung eines Vorstandsmitglieds ist das Amtsgericht des Gesellschaftssitzes (§ 14 AktG, §§ 1–85, 375 Nr. 3, 377 FamFG) zuständig. Es entscheidet der Richter (§ 17 Nr. 2a RPflG).

### 2. Entscheidung

6 Vor der Bestellung wird in der Regel eine **Anhörung noch amtierender Vorstandsmitglieder** sowie des Aufsichtsrats zweckmäßig sein[17]. Die Gesellschaft, die Mitglieder des Aufsichtsrats und ggf. vorhandene Vorstandsmitglieder sind am Verfahren notwendig beteiligt[18]. Die als Vorstandsmitglied vom Gericht zu bestellende Person muss für das Amt bei der konkret betroffenen Gesellschaft geeignet sein, d.h. es sind nicht nur die gesetzlichen, sondern auch die statutarischen Eignungsvoraussetzungen zu beachten, es sei denn, die Beachtung der Satzungsbestimmungen kann die Handlungs- und Prozessunfähigkeit der AG nicht auflösen[19]. Auch bei Missachtung statutarischer Eignungsvoraussetzungen ist die gerichtliche Vorstandsbestellung mit Bekanntgabe an den Bestellten wirksam[20].

7 Liegen die förmlichen und sachlichen Voraussetzungen für eine gerichtliche Ersatzbestellung vor, muss das Gericht das Vorstandsmitglied bestellen[21]; es ist an Vorschläge des Antragstellers nicht gebunden. Die **Bestellung** erfolgt **durch Beschluss**, der zu begründen ist und der mit der Bekanntmachung an den Bestellten (nicht an den Antragsteller) wirksam wird[22]. Das bestellte Vorstandsmitglied ist nach § 81 Abs. 1 zur Eintragung in das Handelsregister anzumelden, wovon im Einzelfall abgesehen werden kann, wenn die Bestellung nur für einzelne Rechtshandlungen erfolgt ist[23].

8 Gegen den Bestellungsbeschluss findet die sofortige Beschwerde jedes Beeinträchtigten (z.B. Aufsichtsrat und übrige Vorstandsmitglieder, nicht hingegen Aktionäre)[24] nach § 59 Abs. 1 FamFG, und gegen die Ablehnung der Ersatzbestellung die Beschwerde des Antragstellers nach §§ 58 Abs. 1, 59 Abs. 2 FamFG statt. Das Beschwerdegericht kann sein Ermessen in vollem Umfang an die Stelle des Erstgerichts set-

---

17 OLG Frankfurt v. 28.1.2008 – 20 W 399/07, AG 2008, 419, 420; *Spindler* in MünchKomm. AktG, 3. Aufl., § 85 AktG Rz. 13; *Nedden-Boeger*, FGPrax 2010, 1, 3.
18 BayObLG v. 10.3.1988 – 3 Z 125/87, AG 1988, 301, 302; *Mertens/Cahn* in KölnKomm. AktG, 3. Aufl., § 85 AktG Rz. 7; *Spindler* in MünchKomm. AktG, 3. Aufl., § 85 AktG Rz. 13.
19 *Spindler* in MünchKomm. AktG, 3. Aufl., § 85 AktG Rz. 14; abw. *Mertens/Cahn* in KölnKomm. AktG, 3. Aufl., § 85 AktG Rz. 14.
20 *Spindler* in MünchKomm. AktG, 3. Aufl., § 85 AktG Rz. 15.
21 So auch *Mertens/Cahn* in KölnKomm. AktG, 3. Aufl., § 85 AktG Rz. 11; *Spindler* in MünchKomm. AktG, 3. Aufl., § 85 AktG Rz. 18; *Fleischer* in Spindler/Stilz, § 85 AktG Rz. 11.
22 BGH v. 16.6.1952 – IV ZR 131/51, BGHZ 6, 232, 235 f.; *Mertens/Cahn* in KölnKomm. AktG, 3. Aufl., § 85 AktG Rz. 10; *Spindler* in MünchKomm. AktG, 3. Aufl., § 85 AktG Rz. 18; *Fleischer* in Spindler/Stilz, § 85 AktG Rz. 10; a.A. (zu § 145 FGG) *Winkler* in Keidel/Kunze/Winkler, 15. Aufl. 2003, § 145 FGG Rz. 14 (Bekanntgabe an Antragsteller und Bestellten); *Hohlfeld*, GmbHR 1986, 181, 184 (Bekanntgabe an Gesellschafter/Gesellschaft und Bestellten); *Baumbach/Hueck*, § 85 AktG Anm. 7 (Bekanntgabe an Antragsteller).
23 *Spindler* in MünchKomm. AktG, 3. Aufl., § 85 AktG Rz. 19; *Mertens/Cahn* in KölnKomm. AktG, 3. Aufl., § 85 AktG Rz. 15; *Kort* in Großkomm. AktG, 4. Aufl., § 85 AktG Rz. 60 f.; *Fleischer* in Spindler/Stilz, § 85 AktG Rz. 11.
24 *Hüffer*, § 85 AktG Rz. 4; *Fleischer* in Spindler/Stilz, § 85 AktG Rz. 12; *Spindler* in MünchKomm. AktG, 3. Aufl., § 85 AktG Rz. 21; a.A. *Mertens/Cahn* in KölnKomm. AktG, 3. Aufl., § 85 AktG Rz. 13.

zen[25]. Rechtsbeschwerde nach §§ 70 ff. FamFG ist zulässig, wenn sie zugelassen worden ist.

## IV. Rechtsstellung gerichtlich bestellter Vorstandsmitglieder

Der gerichtlich Bestellte hat grundsätzlich **die vollen Rechte und Pflichten eines Vorstandsmitglieds**. Da das Gericht die zur Vertretung oder Geschäftsführung nach Gesetz oder Satzung *erforderlichen* Vorstandsmitglieder zu bestellen hat, richtet sich die gerichtlich zugewiesene Vertretungsmacht nach der Fehlstellung bei der AG[26]. Ist die Bestellung nur für die Vornahme einer oder einzelner Rechtshandlungen (§ 77) erforderlich, so kann das Gericht die Bestellung auf diesen bestimmten Zweck beschränken (z.B. Entgegennahme oder Erklärung einer Kündigung, Abschluss eines Vertrages, Aufstellung einer Bilanz, Einladung einer Hauptversammlung)[27]. Diese Einschränkung der Geschäftsführungsbefugnis verpflichtet den Bestellten nur gegenüber der Gesellschaft; Dritten gegenüber wäre eine Beschränkung der Vertretungsmacht unwirksam (§ 82 Abs. 1).

9

Die Bestellung kann nur **für die Zeit bis zur Behebung des Mangels** erfolgen (§ 85 Abs. 2), d.h. das Amt des gerichtlich Bestellten endet ohne besondere Abberufung mit der Bestellung des erforderlichen Vorstandsmitglieds durch den Aufsichtsrat nach § 84 Abs. 1 und der Annahme durch den Bestellten[28]. Gleiches gilt bei gerichtlicher Bestellung für einen bestimmten Zweck[29]. Das gerichtlich bestellte Vorstandsmitglied kann während seiner Amtszeit nur vom Gericht von Amts wegen und bei Vorliegen eines wichtigen Grundes abberufen werden[30]; hiergegen kann das Vorstandsmitglied Beschwerde einlegen, die allerdings keine aufschiebende Wirkung besitzt (§ 57 Abs. 6 FamFG). Der Aufsichtsrat ist hierzu nicht befugt (§ 84 Abs. 3 gilt nicht), kann jedoch eine neues Vorstandsmitglied (§ 84 Abs. 1) bestellen, wodurch das Amt der gerichtlich Bestellten automatisch erlischt[31].

10

Durch die gerichtliche Bestellung wird zwischen dem Vorstandsmitglied und der AG **eine kooperationsrechtliche Beziehung, indes kein Anstellungsvertrag begründet**[32] und deren Rechtsverhältnis wird – sofern es nicht nach der Bestellung zu vertraglichen Regelungen kommt – durch Gesetz bestimmt. Dabei hat das gerichtlich bestellte Vorstandsmitglied einen **Rechtsanspruch** auf Ersatz angemessener barer Auslagen und **auf Vergütung für seine Tätigkeit** (§ 85 Abs. 3 Satz 1), wobei das Vorstandsmitglied sich in erster Linie mit der Gesellschaft (vertreten durch den Aufsichtsrat, § 112) über die Höhe seiner Vergütung und der Auslagen einigen soll. Kommt es zu

11

---

25 BGH v. 21.3.1957 – II ZR 172/55, BGHZ 24, 47, 52; *Mertens/Cahn* in KölnKomm. AktG, 3. Aufl., § 85 AktG Rz. 13; *Spindler* in MünchKomm. AktG, 3. Aufl., § 85 AktG Rz. 21.
26 *Hüffer*, § 85 AktG Rz. 5; *Mertens/Cahn* in KölnKomm. AktG, 3. Aufl., § 85 AktG Rz. 15; *Spindler* in MünchKomm. AktG, 3. Aufl., § 85 AktG Rz. 16; *Fleischer* in Spindler/Stilz, § 85 AktG Rz. 13.
27 Vgl. *Hüffer*, § 85 AktG Rz. 4; *Spindler* in MünchKomm. AktG, 3. Aufl., § 85 AktG Rz. 17.
28 *Hüffer*, § 85 AktG Rz. 5; *Spindler* in MünchKomm. AktG, 3. Aufl., § 85 AktG Rz. 22; *Fleischer* in Spindler/Stilz, § 85 AktG Rz. 15.
29 *Spindler* in MünchKomm. AktG, 3. Aufl., § 85 AktG Rz. 22; a.A. *Fleischer* in Spindler/Stilz, § 85 AktG Rz. 15; *Mertens/Cahn* in KölnKomm. AktG, 3. Aufl., § 85 AktG Rz. 17 (fehlende Bestimmbarkeit).
30 *Spindler* in MünchKomm. AktG, 3. Aufl., § 85 AktG Rz. 23; *Fleischer* in Spindler/Stilz, § 85 AktG Rz. 16.
31 *Spindler* in MünchKomm. AktG, 3. Aufl., § 85 AktG Rz. 23.
32 Zutr. *Spindler* in MünchKomm. AktG, 3. Aufl., § 85 AktG Rz. 25; zur abweichenden h.M. für Notgeschäftsführer der GmbH vgl. *Altmeppen* in Roth/Altmeppen, § 6 GmbHG Rz. 50 m.w.N.

keiner vertraglichen Regelung, hat eine gerichtliche Festsetzung zu erfolgen (§ 85 Abs. 3 Satz 2). Dem vorrangigen Ziel der konsensualen Vergütungsbestimmung kann dabei dadurch Rechnung getragen werden, dass das Gericht den Beteiligten Gelegenheit zum Vorschlag einer Vergütung gibt. Die Beteiligten können dann ihre Auffassungen mithilfe von Stellungnahmen von Sachverständigen oder Auszügen aus Vergütungstabellen von Personalberatungsunternehmen darlegen. Das Gericht wird auch die veröffentlichten Geschäftsleitergehälter von Unternehmen heranziehen, die dem in Rede stehenden Unternehmen nach Umsatz, Marktstellung und Beschäftigtenzahl entsprechen[33]. Gegen die Festsetzung ist die Möglichkeit der Beschwerde gegeben (§ 85 Abs. 3 Sätze 3 und 4). Der Bestellte kann die Amtsübernahme von der Leistung eines Vorschusses abhängig machen[34].

## § 86
*(weggefallen)*

§ 86 wurde aufgehoben mit Wirkung vom 26.7.2002 durch Gesetz vom 19. 7. 2002 (BGBl. I 2002, 2681).

## § 87
## Grundsätze für die Bezüge der Vorstandsmitglieder

**(1)** Der Aufsichtsrat hat bei der Festsetzung der Gesamtbezüge des einzelnen Vorstandsmitglieds (Gehalt, Gewinnbeteiligungen, Aufwandsentschädigungen, Versicherungsentgelte, Provisionen, anreizorientierte Vergütungszusagen wie zum Beispiel Aktienbezugsrechte und Nebenleistungen jeder Art) dafür zu sorgen, dass diese in einem angemessenen Verhältnis zu den Aufgaben und Leistungen des Vorstandsmitglieds sowie zur Lage der Gesellschaft stehen und die übliche Vergütung nicht ohne besondere Gründe übersteigen. Die Vergütungsstruktur ist bei börsennotierten Gesellschaften auf eine nachhaltige Unternehmensentwicklung auszurichten. Variable Vergütungsbestandteile sollen daher eine mehrjährige Bemessungsgrundlage haben; für außerordentliche Entwicklungen soll der Aufsichtsrat eine Begrenzungsmöglichkeit vereinbaren. Satz 1 gilt sinngemäß für Ruhegehalt, Hinterbliebenenbezüge und Leistungen verwandter Art.

**(2)** Verschlechtert sich die Lage der Gesellschaft nach der Festsetzung so, dass die Weitergewährung der Bezüge nach Absatz 1 unbillig für die Gesellschaft wäre, so soll der Aufsichtsrat oder im Falle des § 85 Absatz 3 das Gericht auf Antrag des Aufsichtsrats die Bezüge auf die angemessene Höhe herabsetzen. Ruhegehalt, Hinterbliebenenbezüge und Leistungen verwandter Art können nur in den ersten drei Jahren nach Ausscheiden aus der Gesellschaft nach Satz 1 herabgesetzt werden. Durch eine Herabsetzung wird der Anstellungsvertrag im Übrigen nicht berührt. Das Vorstandsmitglied kann jedoch seinen Anstellungsvertrag für den Schluss des nächsten Kalendervierteljahrs mit einer Kündigungsfrist von sechs Wochen kündigen.

---

33 BAG v. 26.4.2006 – 5 AZR 549/05, NZA 2006, 1354, 1356; *Müller-Glöge* in MünchKomm. BGB, 5. Aufl., § 612 BGB Rz. 29.
34 *Hüffer*, § 85 AktG Rz. 6 a.E.

**(3) Wird über das Vermögen der Gesellschaft das Insolvenzverfahren eröffnet und kündigt der Insolvenzverwalter den Anstellungsvertrag eines Vorstandsmitglieds, so kann es Ersatz für den Schaden, der ihm durch die Aufhebung des Dienstverhältnisses entsteht, nur für zwei Jahre seit dem Ablauf des Dienstverhältnisses verlangen.**

| | |
|---|---|
| I. Regelungsgegenstand und Normzweck . . . . . . . . . . . . . . . . . . . . . 1 | b) Vergütungskomponenten (Einzelfälle) . . . . . . . . . . . . . . . 14 |
| II. Angemessenheit der Vorstandsbezüge (§ 87 Abs. 1) . . . . . . . . . . . 4 | 4. Pflichtenstellung und Rechtsfolgen . . 16 |
| 1. Geltungsbereich des Angemessenheitsgebots . . . . . . . . . . . . . . . . . . 4 | a) Pflichtenstellung . . . . . . . . . . . . 16 |
| a) Vorstandsmitglieder . . . . . . . . . 4 | b) Rechtsfolgen . . . . . . . . . . . . . . 17 |
| b) Gesamtbezüge . . . . . . . . . . . . . 5 | III. Nachträgliche Herabsetzung der Gesamtbezüge (§ 87 Abs. 2) . . . . . . . 18 |
| c) Versorgungsbezüge (§ 87 Abs. 1 Satz 4) . . . . . . . . . . . . . . . . . . . 7 | 1. Voraussetzungen . . . . . . . . . . . . . . 18 |
| 2. Angemessenheit . . . . . . . . . . . . . . 8 | 2. Zuständigkeit und Verfahren für angemessene Herabsetzung . . . . . . 19 |
| a) Allgemeine Maßstäbe und Parameter (§ 87 Abs. 1 Satz 1) . . . . . . 8 | 3. Anstellungsvertrag und Kündigungsrecht des Vorstandsmitglieds . . . . . 21 |
| b) Ausrichtung auf nachhaltige Unternehmensentwicklung (§ 87 Abs. 1 Sätze 2 und 3) . . . . . . 12 | 4. Herabsetzung von Versorgungsbezügen . . . . . . . . . . . . . . . . . . . . 22 |
| 3. Vergütungsstruktur und Einzelkomponenten . . . . . . . . . . . . . . . . 13 | IV. Insolvenz (§ 87 Abs. 3) . . . . . . . . . . 23 |
| a) Vergütungsstruktur . . . . . . . . . 13 | V. Offenlegung der Vorstandsvergütungen . . . . . . . . . . . . . . . . . . . 24 |

**Literatur:** *Bauer/Arnold*, Festsetzung und Herabsetzung der Vorstandsvergütung nach dem VorstAG, AG 2009, 717; *Bauer/Arnold*, Mannesmann und die Folgen für Vorstandsverträge, DB 2006, 546; *Baums*, Die Unabhängigkeit des Vergütungsberaters, AG 2010, 53; *Brauer*, Die aktienrechtliche Beurteilung von „appreciation awards" zu Gunsten des Vorstands, NZG 2004, 502; *Dreher*, Change of control-Klauseln bei Aktiengesellschaften, AG 2002, 214; *Dreher*, Vergütung, Versorgung und Absicherung von Vorstandsmitgliedern in der Aktiengesellschaft, in Henze/Hoffmann-Becking (Hrsg.), Gesellschaftsrecht 2003 (RWS-Forum 25), 2004, S. 203; *Fleischer*, Zur Angemessenheit der Vorstandsvergütung im Aktienrecht, DStR 2005, 1279 und 1318; *Fleischer*, Das Gesetz zur Angemessenheit der Vorstandsvergütung (VorstAG), NZG 2009, 801; *Fleischer*, Aufsichtsratsverantwortlichkeit für die Vorstandsvergütung und Unabhängigkeit der Vergütungsberater, BB 2010, 67; *Fonk*, Die Zulässigkeit von Vorstandsbezügen dem Grunde nach, NZG 2005, 248; *Gaul/Janz*, Wahlkampfgetöse im Aktienrecht: Gesetzliche Begrenzung der Vorstandsvergütung und Änderung der Aufsichtsratstätigkeit, NZA 2009, 809; *Hoffmann-Becking*, Rechtliche Anmerkungen zur Vorstands- und Aufsichtsratsvergütung, ZHR 169 (2005), 155; *Hoffmann-Becking*, Vorstandsvergütung nach Mannesmann, NZG 2006, 127; *Hoffmann-Becking/Krieger*, Leitfaden zur Anwendung des Gesetzes zur Angemessenheit der Vorstandsvergütung, NZG 2009, Beilage zu Heft 26; *Hohenstatt*, Das Gesetz zur Angemessenheit der Vorstandsvergütung, ZIP 2009, 1349; *Hohenstatt/Kuhnke*, Vergütungsstruktur und variable Vergütungsmodelle für Vorstandsmitglieder nach dem VorstAG, ZIP 2009, 1981; *Hohenstatt/Seibt/Wagner*, Einbeziehung von Vorstandsmitgliedern in ergebnisabhängige Vergütungssysteme von Konzernobergesellschaften, ZIP 2008, 2289; *Käpplinger*, Zur aktienrechtlichen Zulässigkeit von Abfindungszahlungen, NZG 2003, 573; *Koch*, Die Herabsetzung der Vorstandsbezüge gemäß § 87 Abs. 2 AktG nach dem VorstAG, WM 2010, 49; *Körner*, Die Angemessenheit von Vorstandsbezügen in § 87 AktG, NJW 2004, 2697; *Kort*, Mannesmann: Das „Aus" für nachträglich vorgesehene Vorstandsvergütungen ohne Anreizwirkung?, NZG 2006, 131; *Korts*, Die Vereinbarung von Kontrollwechselklauseln in Vorstandsverträgen, BB 2009, 1876; *Liebers/Hoefs*, Anerkennungs- und Abfindungszahlungen an ausscheidende Vorstandsmitglieder, ZIP 2004, 97; *Lücke*, Die Angemessenheit von Vorstandsbezügen – Der erste unbestimmte Rechtsbegriff?, NZG 2005, 689; *Lutter*, Corporate Governance und ihre aktuellen Probleme, ZIP 2003, 737; *Lutter*, Das Abfindungs-Cap in Ziff. 4.2.3 Abs. 3 und 4 des Deutschen Corporate Governance-Kodex, BB 2009, 1874; *Marsch-Barner*, Aktuelle Rechtsfragen zur Vergütung von Vorstands- und Aufsichtsratsmitgliedern einer AG, in FS Röhricht, 2005, S. 401; *Martens*, Die Vorstandsvergütung auf dem Prüfstand, ZHR 169 (2005), 124;

*Schwark*, Zur Angemessenheit der Vorstandsvergütung, in FS Raiser, 2005, S. 377; *Seibert*, Das VorstAG – Regelungen zur Angemessenheit der Vorstandsvergütung und zum Aufsichtsrat, WM 2009, 1489; *Semler*, Leistungs- und erfolgsbezogene Vorstandsvergütungen, in FS Budde, 1995, S. 599; *Spindler*, Vergütung und Abfindung von Vorstandsmitgliedern, DStR 2004, 36; *Tegtmeier*, Die Vergütung von Vorstandsmitgliedern, 1998; *Thüsing*, Auf der Suche nach dem iustum pretium der Vorstandstätigkeit, ZGR 2003, 457; *Thüsing*, Das Gesetz zur Angemessenheit der Vorstandsvergütung, AG 2009, 517; *Weller*, Die Systemkohärenz des § 87 Abs. 2 AktG – Eingeschränkte Vertragstreue beim Vorstandsvertrag auf Grund Fremdinteressenwahrung, NZG 2010, 7; *Wollburg*, Unternehmensinteresse bei Vergütungsentscheidungen, ZIP 2004, 646.

## I. Regelungsgegenstand und Normzweck

1   In der durch das VorstAG[1] ergänzten Vorschrift des § 87 sind weiterhin drei Einzelregelungen zu Vorstandsbezügen zusammengefasst, nämlich (1) das **Gebot der Angemessenheit** der Gesamt- und Versorgungsbezüge eines Vorstandsmitglieds (**Abs. 1**), (2) die **Möglichkeit einer Herabsetzung** der Gesamt- und Versorgungsbezüge bei Verschlechterung der Gesellschaftsverhältnisse und Unbilligkeit (**Abs. 2**) und (3) die **Begrenzung des Schadenersatzanspruchs** des Vorstandsmitglieds bei insolvenzbedingter Kündigung des Vorstandsvertrags (**Abs. 3**). Die gemeinsame Klammer dieser drei Einzelregelungen ist ihr primärer Zweck, der **im Schutz der AG, ihrer Aktionäre und ihrer Gläubiger vor einem übermäßigen Abfluss finanzieller Mittel in Form von Vorstandsbezügen** besteht[2] und der durch eine Einschränkung der Vertragsfreiheit erreicht wird. Bei kapitalmarktorientierten AG kommt als Normzweck der Schutz des Anlegervertrauens in eine auf nachhaltige Renditeerzielung gerichtete, angemessene Vorstandsvergütung hinzu. Die Regelung des § 87 Abs. 1 (und in abgeschwächter Form des Abs. 2) beruht daneben – insbesondere auch nach Vorstellung des VorstAG-Gesetzgebers[3] – auf dem Gedanken, dass die Vorstandsvergütung nicht nur Entgelt für geleistete Tätigkeit, sondern auch Instrument der Verhaltenssteuerung ist. Die Norm geht über § 78 AktG 1937 auf Kap. III § 1 Abs. 1 der 3. NotVO des Reichspräsidenten zur Sicherung von Wirtschaft und Finanzen vom 6.10.1931[4] zurück, die ihren Regelungsfokus vor dem Hintergrund der Weltwirtschaftskrise auf der Ermöglichung der Herabsetzung von Vorstandsbezügen ohne Rückgriff auf § 242 BGB hatte und das allgemeine Angemessenheitsgebot nur ergänzend regelte[5].

2   Das Angemessenheitsgebot konkretisiert für den Teilaspekt der Vorstandsbezüge die **Sorgfaltspflicht des Aufsichtsrats bei Ausübung seiner Personalkompetenz** (§§ 116, 93) und dient wie jene in ersten Linie der Verhaltenssteuerung und daneben dem finanziellen Schutz der AG und ihrer *Stakeholder* (Ausgleich von Nachteilen) (Rz. 1). Bei der Bestellung und dem Abschluss eines Anstellungsvertrags hat der Aufsichtsrat nach Feststellung der Geeignetheit der konkreten Person für die konkrete Vorstandsaufgabe vier Regelungsbereiche in seine pflichtgemäße Entscheidung (§§ 116, 93) aufzunehmen, nämlich (1) die Beschreibung des Vorstandsressorts sowie ggf. besondere Funktionen, (2) den Umfang der Betätigungsfreiheit (z.B. Dienstort, Freiheit für Nebentätigkeiten, Corporate Governance-Regeln, Bestehen eines nachvertraglichen Wettbewerbsverbots), (3) die Vergütung sowie (4) die Laufzeit des Vertrags und die Tätigkeitsperspektive. Für den Bereich der Vergütung hat der Aufsichtsrat § 87 Abs. 1

---

1   Gesetz zur Angemessenheit der Vorstandsvergütung (VorstAG) vom 31.7.2009, BGBl. I 2009, 2509.
2   Vgl. *Schlegelberger/Quassowski*, AktG 1937, § 78 Anm. 1; *Hüffer*, § 87 AktG Rz. 1.
3   Vgl. Begr. RegE Allgemeiner Teil sowie zu § 87, BT-Drucks. 16/12278, S. 5 f.
4   RGBl. I 1931, 537; vgl. zu Vorgänger- und Parallelregelungen *Fleischer* in Spindler/Stilz, § 87 AktG Rz. 2.
5   Ebenso *Hüffer*, § 87 AktG Rz. 1.

zu berücksichtigen, aber auch dass die Gesamtheit der anstellungsvertraglichen Regelungen angemessen ist, wobei durchaus Wechselbeziehungen zwischen den vier Kernbereichen besteht. In gleicher Weise wie der Sorgfaltsmaßstab der §§ 116, 93 schränkt auch § 87 Abs. 1 die Vertragsfreiheit bei Rechtsgeschäften der Gesellschaft mit einem Vorstandsmitglied ein, und zwar durch das der Sittenwidrigkeit i.S. von § 138 BGB vorgelagerte Angemessenheitskonzept[6], das u.a. eine Einzelfallbetrachtung und eine Marktbezogenheit beinhaltet und daher auch der Idee eines *iustum pretium* entgegensteht.

Die **Satzung** kann weder wirksam Unter- und/oder Obergrenzen für Vorstandsvergütungen noch sonstige Richtlinien zur Bemessung von Vorstandsbezügen regeln, da dies der ausschließlichen Zuordnung der Personalkompetenz über den Vorstand an den Aufsichtsrat widersprechen würde[7]. Bei kapitalmarktfernen AG sollte allerdings ähnlich wie bei der Bestimmung von persönlichen Eignungsvoraussetzungen für die Übernahme des Vorstandsamts die statutarische Verankerung allgemeiner Vergütungsrichtlinien möglich sein. 3

## II. Angemessenheit der Vorstandsbezüge (§ 87 Abs. 1)

### 1. Geltungsbereich des Angemessenheitsgebots

#### a) Vorstandsmitglieder

Das Angemessenheitsgebot des § 87 Abs. 1 gilt nur für Vorstandsmitglieder einschließlich ihrer Stellvertreter (§ 94). Für die Vergütung sonstiger Führungskräfte gilt über § 93 Abs. 1 Satz 1 ein wesensgleicher, den Vorstand bindender Angemessenheitsgrundsatz. Für Aufsichtsratsmitglieder gilt das in § 113 Abs. 1 Satz 3 normierte Angemessenheitsgebot. Bei Vereinbarungen mit ausgeschiedenen Vorstandsmitgliedern ist § 87 Abs. 1 entsprechend anwendbar[8]. 4

#### b) Gesamtbezüge

Der Aufsichtsrat hat „bei der Festsetzung der Gesamtbezüge des einzelnen Vorstandsmitglieds" das Angemessenheitsgebot zu beachten. Zu den Gesamtbezügen gehören sämtliche Leistungen der AG, die dem Vorstandsmitglied mit Rücksicht auf seine Unternehmenstätigkeit gewährt werden[9], wobei das Gesetz – nach dem VorstAG und ohne materielle Änderung der bisherigen Rechtslage – als nicht abschließenden Beispielskatalog möglicher Vergütungsbestandteile „Gehalt, Gewinnbeteiligung, Aufwandsentschädigung, Versicherungsentgelte, Provisionen, anreizorientierte Vergütungszusagen wie z.B. Aktienbezugsrechte und Nebenleistungen jeder Art" (§ 87 Abs. 1 Satz 1) nennt[10]; die abweichende Definition in § 285 Satz 1 Nr. 9 lit. a, § 314 Abs. 1 Nr. 6 lit. a HGB ist für § 87 bedeutungslos. Die möglichen Vergütungsbestandteile lassen sich in die vier Kategorien (1) **Basisvergütung** (einschließlich Aufwandsentschädigungen), (2) **Nebenleistungen** (z.B. Dienstfahrzeug, Dienstwohnung 5

---

6 *Fleischer* in Spindler/Stilz, § 87 AktG Rz. 9; ähnlich *Spindler* in MünchKomm. AktG, 3. Aufl., § 87 AktG Rz. 3.
7 Für Zulässigkeit statutarischer Richtlinien *Hüffer*, § 87 AktG Rz. 2; *Ulmer/Habersack* in Ulmer/Habersack/Henssler, § 31 MitbestG Rz. 40; *Körner*, NJW 2004, 2697, 2701; *Overlack*, ZHR 141 (1977), 125, 134; a.M. *Mertens/Cahn* in KölnKomm. AktG, 3. Aufl., § 87 AktG Rz. 4.
8 *Spindler* in MünchKomm. AktG, 3. Aufl., § 87 AktG Rz. 81.
9 Vgl. *Spindler* in MünchKomm. AktG, 3. Aufl., § 87 AktG Rz. 9; *Mertens/Cahn* in KölnKomm. AktG, 3. Aufl., § 87 AktG Rz. 18; *Hoffmann-Becking*, ZHR 169 (2005), 155, 156.
10 Zum nicht abschließenden Charakter der Gesetzesaufzählung *Spindler* in MünchKomm. AktG, 3. Aufl., § 87 AktG Rz. 9; *Fleischer* in Spindler/Stilz, § 87 AktG Rz. 6; *Mertens/Cahn* in KölnKomm. AktG, 3. Aufl., § 87 AktG Rz. 18.

sowie Kommunikationseinrichtungen in der Privatwohnung, jeweils auch zur privaten Nutzung; Vorzugskonditionen bei Waren- bzw. Dienstleistungsbezug; Übernahme von Versicherungsprämien; Zurverfügungstellung von Chauffeur oder Personal für Privatwohnung zur Ermöglichung von Repräsentationsveranstaltungen, Zurverfügungstellung von Personal Coaches, Fitnesstrainern oder Finanzberatern, Medical Check-up), jeweils auch zur privaten Nutzung; (3) **variable Vergütung** (z.B. Tantiemen und Gewinnbeteiligungen, Bezugsrechte und sonstige aktienbasierte Vergütungen, Phantom Stock-Programme, Sondervergütungen/*Appreciation Awards*) und (4) **Versorgungsleistungen** sowie Beendigungsleistungen wie Abfindungen bei Nicht-Verlängerung von Vorstandsverträgen oder bei Kündigung aus wichtigem Grund seitens des Vorstandsmitglieds einordnen. Die Nebenleistungen als Teil der Vergütung sind von sog. **dienstlichen Fürsorgeaufwendungen** abzugrenzen, die die Gesellschaft eingeht, um dem Vorstandsmitglied einen angemessen ausgestalteten und ausreichend sicheren infrastrukturellen Rahmen für seine Amtstätigkeit zur Verfügung stellen zu können (z.B. Dienstfahrzeug, Dienstwohnung und Kommunikationseinrichtungen in Privatwohnung, jeweils ausschließlich zur dienstlichen Nutzung)[11]. Zu den von der Angemessenheitsprüfung erfassten Gesamtbezügen gehören auch Vergütungen, die das Vorstandsmitglied von Beteiligungsunternehmen für dortige Tätigkeiten erhält[12]; dies gilt nicht für Vergütungen, die das Vorstandsmitglied wegen Tätigkeiten in Drittunternehmen (z.B. Aufsichtsrats- bzw. Beiratsvergütungen) oder anderer Tätigkeiten (z.B. Gutachtenhonorare) erhält[13] (wobei diese Tätigkeiten bei der Angemessenheitsprüfung Berücksichtigung finden.

6 Nach dem ausdrücklichen Gesetzeswortlaut ist die Basis der Angemessenheitsprüfung im Grundsatz der (monetäre) Wert der Gesamtbezüge (einschl. der Versorgungsbezüge), nicht hingegen (auch nicht zusätzlich) ein einzelner Vergütungsbestandteil oder eine Vergütungskategorie. Dieses Modell einer Gesamtbetrachtung räumt dem Aufsichtsrat die nötige Flexibilität zur Berücksichtigung von Einzelumständen ein (z.B. Zulässigkeit einer extrem hohen variablen Vergütung bei niedriger Basisvergütung im Fall einer Unternehmenskrise und bei Erreichen eines Turn Around; Gewährung hoher Versorgungsleistungen trotz Erstbestellung eines über 50-jährigen Vorstandsmitglieds im Fall, dass dieser seine Altersversorgung im Altunternehmen durch Unternehmenswechsel verliert). Allerdings setzt der vom Aufsichtsrat zu berücksichtigende und im Angemessenheitsgebot enthaltene Grundsatz der Funktionalität der Vergütung (Grund der Optimierung des Leistungsanreizes; Rz. 5) der freien Gestaltung der Einzelbestandteile und der Struktur der Gesamtbezüge Grenzen. In diesem Sinne stehen auch Ziff. 4.2.3 Abs. 2 Satz 3 DCGK, denenzufolge sämtliche Vergütungsbestandteile „für sich und insgesamt" angemessen sein müssen, der hier vertretenen Gesamtbetrachtung verschiedener Vergütungskomponenten nicht entgegen[14].

### c) Versorgungsbezüge (§ 87 Abs. 1 Satz 4)

7 Nach § 87 Abs. 1 Satz 4 gilt das Gebot der angemessenen Vergütung (§ 87 Abs. 1 Satz 1) auch für – in Form eines nicht abschließenden Beispielkatalogs – „Ruhegehalt, Hinterbliebenenbezüge und Leistungen verwandter Art", also für alle Arten von

---

11 Vgl. *Mertens/Cahn* in KölnKomm. AktG, 3. Aufl., § 87 AktG Rz. 19; *Mertens*, AG 2000, 447, 449.
12 So auch Ziff. 4.2.2 Abs. 2 DCGK; vgl. auch *Mertens/Cahn* in KölnKomm. AktG, 3. Aufl., § 87 AktG Rz. 12; *Schwark* in FS Raiser, 2005, S. 377, 380.
13 Vgl. *Schwark* in FS Raiser, 2005, S. 377, 380.
14 Ebenso *Mertens/Cahn* in KölnKomm. AktG, 3. Aufl., § 87 AktG Rz. 6.

Versorgungsbezügen, die von der Gesellschaft oder auf deren Rechnung von Dritten an das Vorstandsmitglied oder seine Hinterbliebenen geleistet werden.

## 2. Angemessenheit

### a) Allgemeine Maßstäbe und Parameter (§ 87 Abs. 1 Satz 1)

Während der Gesetzeswortlaut bislang dem Aufsichtsrat nur auftrug, dafür Sorge zu tragen, dass „die Gesamtbezüge in einem angemessenen Verhältnis zu den Aufgaben des Vorstandsmitglieds und zur Lage der Gesellschaft stehen", hat das VorstAG das Pflichtenprogramm des Aufsichtsrats vom Wortlaut her in dreifacher Hinsicht erweitert: (1) Die „Leistungen des Vorstandsmitglieds" sind nun auch ein Bezugsparameter für die Angemessenheitsprüfung. (2) Die Angemessenheitsprüfung hat eine „Üblichkeitsprüfung" in dem Sinne zu beinhalten, dass die Gesamtbezüge „die übliche Vergütung nicht ohne besondere Gründe übersteigen" darf. (3) Bei börsennotierten Gesellschaften ist die Vergütungsstruktur auf eine nachhaltige Unternehmensentwicklung auszurichten. Aus Sicht der Kommentierung in der 1. Auflage handelt es sich bei diesen Erweiterungen um gesetzgeberische Klarstellungen der vom Aufsichtsrat bei der Festsetzung der Vorstandsvergütung bereits bisher kumulativ zu beachtenden Parametern. Dabei gibt § 87 Abs. 1 auch i.d.F. des VorstAG kein abschließendes Prüfungsschema vor, sondern nur einen Anhalt nachfrageorientierter materieller Kriterien für die Angemessenheit. Wie bislang hat die Angemessenheitsprüfung des Aufsichtsrats (1) eine **Vielzahl angebots- und nachfrageorientierter, materieller Kriterien** (Rz. 9), (2) das **relationale Kriterium der Üblichkeit** (Rz. 10) sowie (3) das **funktionale Kriterium des optimierten Leistungsanreizes und Steuerungseffektes** (Rz. 11 f.) zu berücksichtigen[15]. Zur zulässigen Konzernausrichtung der Vergütung Rz. 13 a.E. Dabei bezieht sich das Gebot der Angemessenheit auf den Zeitpunkt der „Festsetzung" (d.h. Vereinbarung) der Bezüge[16]. 8

Zu den berücksichtigungsgeeigneten, **materiellen Kriterien** gehören die Qualifikation, die Berufserfahrung, das Alter, die Reputation und – nach sehr zweifelhafter h.M.[17] – die Familienverhältnisse des Kandidaten, die voraussichtlichen Aufgaben und Funktionen des Vorstandsmitglieds, bei bereits bestehender Organtätigkeit: die Leistungen des Vorstandsmitglieds (u.a. bezogen auf sein Ressort sowie auf seine Wahrnehmung der Gesamtverantwortung und horizontalen Selbstkontrolle, seine Außendarstellung und -kommunikation sowie Repräsentation des Unternehmens) die wirtschaftliche, finanzielle, strategische und reputationelle Lage der Gesellschaft, die Komplexität der Unternehmensstruktur und geographische Marktdurchdringung, der Dienstort, die mit der Übernahme des Vorstandsamts einhergehenden Risiken (Haftungsrisiken, Amtsdauer und Perspektiven) sowie die ggf. weiteren Tätigkeiten[18]. Keines dieser materiellen Kriterien hat für die unternehmerische Ermessensentscheidung des Aufsichtsrats eine überragende Bedeutung, sondern es bleibt eine marktorientierte Einzelfallentscheidung. Die Funktion als Vorstandsvorsitzender (mit der besonderen Amtspflicht zur vorstandsinternen Koordination und Überwa- 9

---

15 Ähnlich *Thüsing* in Fleischer, Handbuch des Vorstandsrechts, § 6 Rz. 7 ff.
16 *Hüffer*, § 87 AktG Rz. 3; *Spindler* in MünchKomm. AktG, 3. Aufl., § 87 AktG Rz. 72.
17 *Hüffer*, § 87 AktG Rz. 2; *Spindler* in MünchKomm. AktG, 3. Aufl., § 87 AktG Rz. 29; *Thüsing* in Fleischer, Handbuch des Vorstandsrechts, § 6 Rz. 8 m.w.N. zur Rechtsprechung; krit. *Kort* in Großkomm. AktG, 4. Aufl., § 87 AktG Rz. 46; ebenfalls ablehnend *Fleischer* in Spindler/Stilz, § 87 AktG Rz. 5.
18 Zu ähnlichen Kriterienkatalogen *Mertens/Cahn* in KölnKomm. AktG, 3. Aufl., § 87 AktG Rz. 14 f.; *Spindler* in MünchKomm. AktG, 3. Aufl., § 87 AktG Rz. 34; *Fleischer* in Spindler/Stilz, § 87 AktG Rz. 6 f.; *Thüsing* in Fleischer, Handbuch des Vorstandsrechts, § 6 Rz. 8 ff.; *Tegtmeier*, Vergütung von Vorstandsmitgliedern, S. 277 ff.

chung; s. § 84 Rz. 41) rechtfertigt in der Regel eine im Verhältnis zu den übrigen Vorstandsmitgliedern höhere Vergütung[19]. Bei einer Spartenorganisation wird häufig eine Vergütungsabstufung zwischen den Vorstandsmitgliedern im Verhältnis der unterschiedlichen wirtschaftlichen, finanziellen, strategischen und reputationellen Bedeutung der Sparte für das Gesamtunternehmen und der Komplexität ihrer jeweiligen Organisationsstruktur sein[20]. In Einzelfällen kann der Aufsichtsrat der Zugehörigkeit zum Kollegialorgan und seiner Gesamtverantwortung maßgebliche Bedeutung in dem Sinne beimessen, dass er ein nicht-individualisiertes Vergütungssystem beschließt[21].

10  Das VorstAG hat nun explizit die Verpflichtung des Aufsichtsrats formuliert, „dafür zu sorgen, dass diese [Gesamtbezüge, *scil.*] (...) die übliche Vergütung nicht ohne besondere Gründe übersteigen" (§ 87 Abs. 1 Satz 1). Während der VorstAG-RegE noch eine Regelung vorsah, derzufolge die Vergütung im angemessenen Verhältnis zu der üblichen Vergütung stehen sollte[22], und damit die Üblichkeit eindeutig wie nach hiesigem Verständnis Parameter der Angemessenheitsprüfung qualifizierte, ist das nach der Umformulierung im Rechtsausschuss im Gesetzeswortlaut nicht mehr unzweifelhaft erkennbar, sondern es könnte sich bei der Üblichkeit auch um ein zur Angemessenheit hinzutretendes zweites Begrenzungskriterium der Vorstandsvergütung handeln[23]. Es bleibt trotz der insoweit unscharfen Gesetzesformulierung dabei, dass der Gesetzgeber das Gebot der **Üblichkeit** nicht neben das Gebot der Angemessenheit stellen wollte, sondern dass es ihm um eine **inhaltliche Konturierung des Angemessenheitsgebots im Sinne einer Obergrenze** ging[24]. Dabei sollte nach dem Willen des Gesetzgebers der Aufsichtsrat eine **Zwei-Stufen Prüfung** (Üblichkeit, Vorliegen besonderer Gründe für Unüblichkeit) mit einer doppelten Üblichkeitsuntersuchung anstellen, nämlich im Hinblick auf Vergleichsunternehmen (genauer: die Vergütungshöhen von Führungskräften in anderen Unternehmen, jeweils in vergleichbaren Situationen; **sog. horizontale Üblichkeit**; „Muss"-Berücksichtigung) sowie in Bezug auf das Vergütungsniveau innerhalb des Unternehmens (**sog. vertikale Üblichkeit**; „Kann"-Berücksichtigung)[25]. Dem Aufsichtsrat kommt bei der Frage der Auswahl und Gewichtung von Vergleichsunternehmen für die horizontale Üblichkeit ein weiter Beurteilungsspielraum zu, bei dem er als Vergleichsparameter u.a. die Frage der Kapitalmarktorientierung, die Komplexität des Aktionärs- und Stakeholderkreises, die Branchenausrichtung sowie die wirtschaftliche, finanzielle, strategische und reputationelle Lage der Gesellschaft, die Komplexität der Unternehmensstruktur und geographische Marktdurchdringung, die Risiken für Vorstandsmitglieder etc. zu berücksichtigen hat. Bei international tätigen Unternehmen sind selbstverständlich auch ausländische Vergütungsniveaus zu berücksichtigen, allerdings bei Ineinstellung ggf. dort bestehender Besonderheiten (z.B. Amtsdauer und Perspektive, Haftungsrisiken)[26]. Vergütungsstudien von Personalberatungsunternehmen oder sche-

---

19  Ebenso *Mertens/Cahn* in KölnKomm. AktG, 3. Aufl., § 87 AktG Rz. 12; *Schwark* in FS Raiser, 2005, S. 377, 384.
20  *Fleischer* in Spindler/Stilz, § 87 AktG Rz. 4; *Mertens/Cahn* in KölnKomm. AktG, 3. Aufl., § 87 AktG Rz. 12.
21  Ebenso *Bauer/Arnold*, AG 2009, 717, 719; ähnlich *Spindler* in MünchKomm. AktG, 3. Aufl., § 87 AktG Rz. 28.
22  BT-Drucks. 16/12278, S. 3.
23  So z.B. *Mertens/Cahn* in KölnKomm. AktG, 3. Aufl., § 87 AktG Rz. 16.
24  Ebenso *Bauer/Arnold*, AG 2009, 717, 719.
25  Begr. RegE zu § 87 AktG, BT-Drucks. 16/12278, S. 5; *Mertens/Cahn* in KölnKomm. AktG, 3. Aufl., § 87 AktG Rz. 16.
26  Tendenziell ähnlich *Spindler* in MünchKomm. AktG, 3. Aufl., § 87 AktG Rz. 24; *Horn* in FS Lutter, 2000, S. 1113, 1130; *Bauer/Arnold*, AG 2009, 717, 720; Fleischer, NZG 2009, 801, 802; *Hohaus/Weber*, DB 2009, 1515, 1516; *Baums* in FS Claussen, 1997, S. 3, 29 ff.; einschrän-

matische Vergütungstabellen[27] können eine erste Orientierung für die Frage der Üblichkeit bieten. Beim Kriterium der vertikalen Üblichkeit geht es um die Einpassung der Vorstandsvergütung in das Lohn- und Gehaltsgefüge im Unternehmen, eine kaum konturenscharfe und praktikable Leitlinie[28], die nur in seltenen Ausnahmefällen Entscheidungsrelevanz haben wird und hinter der Anforderung nach horizontaler Üblichkeit zurücktritt (wie auch die Gesetzesbegründung durch die „kann auch"-Formulierung impliziert[29]). Feste Bezugsrelationen (z.B. maximal 20-fache des durchschnittlichen Gehaltsniveaus) sind in keinem Fall angängig. Käme der Aufsichtsrat zu der Erkenntnis, dass die Gesamtbezüge die „übliche" Vergütung übersteigen, hat er in einem zweiten Schritt bei weitem Beurteilungsspielraum zu prüfen, ob eine Ausnahmesituation vorliegt, die ein Überschreiten des üblichen Rahmens rechtfertigt[30].

Bei der Strukturierung der Vorstandsvergütung, also insbesondere bei der Aufteilung der Vergütung in feste und variable Bestandteile, der Identifikation der Bezugskriterien und Zielgrößen für die variable Vergütung, das Verhältnis von Vergütungschancen zu Verlustrisiken für getätigte Eigeninvestments sowie Abstufungen zwischen den Vorstandsmitgliedern, hat der Aufsichtsrat (ebenso wie bei weiteren Bestandteilen des Vorstands-Anstellungsvertrags wie z.B. Ressortzuschnitt und Vertragslaufzeit) die hierdurch ausgelösten **Leistungsanreize und Steuerungseffekte** zu berücksichtigen. Der Aufsichtsrat nimmt bei der Gestaltung von Vorstands-Anstellungsverträgen und insbesondere bei der Vorstandsvergütung ausnahmsweise eine Annexaufgabe der Unternehmensleitung wahr. Denn die Ausrichtung der Vorstandsvergütung hat sich an der Unternehmensstrategie, den kurz-, mittel- und langfristigen Unternehmenszielen sowie generell am Ziel nachhaltig renditeorientierten Verwaltungshandelns auszurichten. Für börsennotierte Gesellschaften hat dies das VorstAG mit § 87 Abs. 1 Satz 3 und der dort verankerten Ausrichtung „auf eine nachhaltige Unternehmensentwicklung" klarstellend kodifiziert (hierzu Rz. 12).

### b) Ausrichtung auf nachhaltige Unternehmensentwicklung (§ 87 Abs. 1 Sätze 2 und 3)

Für börsennotierte Gesellschaften verlangt § 87 Abs. 1 Satz 2 i.d.F. des VorstAG klarstellend (Rz. 11), dass die Vergütungsstruktur auf eine nachhaltige Unternehmensentwicklung auszurichten ist. Dies entspricht der allgemeinen Pflichtenstellung der Unternehmensverwaltung, ihre Tätigkeit auf die Verfolgung des Unternehmensinteresses und hierbei das **Ziel einer dauerhaften bzw. nachhaltigen Rentabilität bei Verfolgung des Gesellschaftszwecks** zu richten[31]. § 87 Abs. 1 Satz 3 Halbsatz 1 konkretisiert dieses Gebot für börsennotierte Gesellschaften[32] in der Weise, dass variable Vergütungsbestandteile eine mehrjährige Bemessungsgrundlage haben sollen. Damit wird aber auch für börsennotierte Gesellschaften nicht zwingend vorgegeben, dass die Vergütung – wie regelmäßig (vgl. auch Ziff. 4.2.2 DCGK) – variable Vergütungsbestandteile enthalten muss; ausnahmsweise kann auch eine bloße Fixvergütung ange-

---

kend *Adams*, ZIP 2002, 1339; *Hüffer*, ZHR 161 (1997), 214, 235; *Thüsing* in Fleischer, Handbuch des Vorstandsrechts, § 6 Rz. 12; zu pauschal weitergehend *Kallmeyer*, ZIP 2002, 1663.
27 Vgl. *Lücke*, NZG 2005, 692, 696 f.
28 Kritisch auch *Mertens/Cahn* in KölnKomm. AktG, 3. Aufl., § 87 AktG Rz. 16; *Hohenstatt*, ZIP 2009, 1349, 1351.
29 I.E. gleichsinnig *Bauer/Arnold*, AG 2009, 717, 720; *Fleischer*, NZG 2009, 801, 802; *Gaul/Janz*, NZA 2009, 809, 810; abw. *Thüsing*, AG 2009, 517, 518 f.
30 *Bauer/Arnold*, AG 2009, 717, 719.
31 Hierzu für den Vorstand s. § 76 Rz. 12 und für den Aufsichtsrat s. § 111 Rz. 12.
32 *Bauer/Arnold*, AG 2009, 717, 721; *Hohenstatt*, ZIP 2009, 1349, 1352.

messen sein[33]. Variable Vergütungsbestandteile müssen eine mehrjährige Bemessungsgrundlage haben, wobei dem Wortlaut nach ausreichend und rechtlich zulässig ein Mindestbemessungszeitraum von zwei Jahren ist[34], in aller Regel und entsprechend der jetzigen Unternehmenspraxis aber ein Bemessungszeitraum von mindestens drei Jahren sinnfällig ist. Die **Vorgabe der mehrjährigen Bemessungsgrundlage** führt nicht zur Unzulässigkeit von in der Praxis üblichen **Jahrestantiemen** (die z.B. auf bestimmte Bilanzziffern abstellen), sofern nur die langfristigen Verhaltensanreize überwiegen[35]. Unabhängig vom Erfordernis der Mehrjährigkeit ist für die Nachhaltigkeitsausrichtung wesentlich, dass **sowohl positive als auch ggf. negative Unternehmensentwicklungen** berücksichtigt werden können (vgl. auch Ziff. 4.2.3 Abs. 2 Satz 3 DCGK). Die Unternehmenspraxis hat hierzu eine Reihe von Gestaltungen entwickelt, insbesondere Gesamtbetrachtungssysteme (Aufteilung der Zieltantieme in Jahrestranchen und eine Gesamtbetrachtungstantieme für einen Zeitraum, ggf. kombiniert mit Hürdenwerten für die Auszahlung vorjähriger Zieltantiemen), Jahresdurchschnittsmodelle (Zieltantieme abhängig von einem rollierenden z.B. EBITDA-Mehrjahresdurchschnitt) sowie *Long Term Incentive*-Programme mit *Phantom Shares* oder *Restricted Shares* (Gewährung von *Phantom Shares* bzw. *Restricted Shares* bei Zielerreichung, wobei die Phantom Shares bzw. Restricted Shares erst nach mehrjähriger Wartezeit in einem Geldbetrag zum dann gültigen Aktienkurs einlösbar sind). Ein bloßes Hinausschieben der Auszahlung, z.B. an das Ende der Vertragslaufzeit des Vorstandsmitglieds, wird dem Nachhaltigkeitserfordernis nicht gerecht. Weiterhin verlangt jetzt § 87 Abs. 1 Satz 3 Halbsatz 2, dass der Aufsichtsrat „für außerordentliche Entwicklungen eine Begrenzungsmöglichkeit vereinbaren [soll]". Nach der Gesetzesbegründung sollen hierdurch „Windfall-Profits" (z.B. durch Unternehmensübernahmen, Veräußerung von Unternehmensteilen, Hebung stiller Reserven und externe Einflüsse) zugunsten der Vorstandsmitglieder verhindert werden[36]. Dieser eher Einzelmaßnahmen bezogene Ansatz ist allerdings nicht zwingend, und für die Vertragsumsetzung ist es regelmäßig – in Übereinstimmung mit der Empfehlung bei Ziff. 4.2.3 Abs. 3 Satz 4 DCGK[37] – sinnvoll und zulässig, einen festen Maximalbetrag der variablen Vergütung zu regeln[38]. Die gesetzliche Verankerung der Nachhaltigkeitsforderung steht nicht per se besonderen **Transaktionsboni** oder **Antritts-, Wiederbestellungs- oder Beendigungsprämien** entgegen[39].

### 3. Vergütungsstruktur und Einzelkomponenten

#### a) Vergütungsstruktur

13 Die Zusammensetzung der Vorstandsvergütung aus den möglichen Einzelbestandteilen Basisvergütung, Nebenleistungen, variable Vergütung und Versorgungsleistungen

---

33 Ebenso *Mertens/Cahn* in KölnKomm. AktG, 3. Aufl., § 87 AktG Rz. 22; vgl. auch *Bauer/Arnold*, AG 2009, 717, 722; *Hoffmann-Becking/Krieger*, NZG 2009, Beilage zu Heft 26, Rz. 10; *Hohenstatt*, ZIP 2009, 1349, 1352; *Fleischer*, NZG 2009, 801, 803; *Thüsing*, AG 2009, 517, 519.
34 Ebenso *Bauer/Arnold*, AG 2009, 717, 722; *Hoffmann-Becking/Krieger*, NZG 2008, Beilage Heft 26, 1,2; *Hohenstatt/Kuhnke*, ZIP 2009, 1981, 1984; a.A. (drei oder vier Jahre) *Seibert*, WM 2009, 1489, 1490; a.A. (fünf Jahre) *Thüsing*, AG 2009, 517, 521.
35 Ebenso *Bauer/Arnold*, AG 2009, 717, 722; *Hohenstatt*, ZIP 2009, 1349, 1351; *Fleischer*, NZG 2009, 801, 803; *Hohaus/Weber*, DB 2009, 1515, 1518; *Seibert*, WM 2009, 1489, 1490; vgl. auch BT-Drucks. 16/13433, S. 16.
36 BT-Drucks. 16/13433, S. 16.
37 Hierzu *Lutter*, BB 2009, 1874 ff.
38 Ebenso *Bauer/Arnold*, AG 2009, 717, 724; *Lingemann*, BB 2009, 1918, 1920.
39 Ebenso *Bauer/Arnold*, AG 2009, 717, 721; *Fleischer*, NZG 2009, 801, 803; *Thüsing*, AG 2009, 517, 520; zweifelnd *Hanau*, NJW 2009, 1652, 1653.

(s. Rz. 5; Vergütungsstruktur) obliegt dem Aufsichtsrat bei weitem Beurteilungsspielraum und bei Beachtung der personen- und unternehmensbezogenen Einzelfallumstände. Nach Ziff. 4.2.3 Abs. 2 Satz 2 DCGK sollen die monetären Vergütungsteile fixe und variable Bestandteile umfassen; aber auch die ausschließliche Vereinbarung einer Festvergütung kann im Ausnahmefall Ausdruck pflichtgemäßer Ausübung der Personalkompetenz des Aufsichtsrats sein (Rz. 7). Wenngleich Ziff. 4.2.3 Abs. 2 Satz 3 DCGK nun weiter bestimmt, dass die variablen Vergütungsteile grundsätzlich eine mehrjährige Bemessungsgrundlage haben und sowohl positiven als auch negativen Entwicklungen Rechnung tragen sollen, sind einmalige oder jährlich wiederkehrende, an bestimmte Parameter gebundene, variable Vergütungsbestandteile nicht unzulässig (Rz. 7). In der Unternehmenspraxis findet man häufig eine Vierteilung der Vorstandsvergütung in Festvergütung (ca. 40 %-60 %), Jahrestantiemen (ca. 20 %-25 %), langfristig ausgerichteten, variablen Vergütungskomponenten (ca. 25 %-40 %) und Versorgungszusagen. Die Ausrichtung der variablen Vergütung der Vorstandsmitglieder an Finanzdaten oder qualitativen Zielen der Konzernobergesellschaft, einer Teilkonzernspitze, des Konzerns insgesamt oder – ausnahmsweise – eines maßgeblichen Aktionärs steht nicht grundsätzlich im Widerspruch zu § 87 Abs. 1 Satz 1; Gleiches gilt auch für die unmittelbare Einbeziehung von Vorstandsmitgliedern in Vergütungssysteme des herrschenden Unternehmens oder – ausnahmsweise – von maßgeblich beteiligten Anteilseignern[40]. Außerhalb des Vertragskonzerns und abgesehen vom Fall der Eingliederung muss der Aufsichtsrat allerdings Vorkehrungen treffen, dass die bei maßgeblichen Anteilseignern ohnehin bestehenden Interessenkonflikten nicht eine Dimension erlangen, die unter Corporate Governance-Gesichtspunkten nicht mehr hinnehmbar ist (z.B. Begrenzung der sich auf dem maßgeblichen Anteilseigner beziehenden Vergütung auf max. 30 % bis 50 % der variablen Vergütung sowie Etablierung zuverlässiger Melde- und Überwachungssysteme für Interessenkonflikte).

**b) Vergütungskomponenten (Einzelfälle)**

Die Vereinbarung von **Sondervergütungen für die Durchführung bestimmter Geschäftsführungsmaßnahmen** (z.B. Erwerb oder Veräußerung einer bestimmten Beteiligung, anderer Vermögensgegenstände oder Unternehmensbereiche) oder den Eintritt eines bestimmten gesellschaftsbezogenen Umstands (z.B. Abgabe eines bestimmten Übernahmeangebots für die AG) ist nicht bereits deshalb unzulässig, weil das Vergütungsparameter sich nicht auf das Gesamtunternehmen oder primär (aber nicht ausschließlich) auf die Aktionärsinteressen bezieht; der Prüfungsmaßstab für den Aufsichtsrat sind auch hier die Regelungen in §§ 116, 93 Abs. 1 Satz 1 sowie § 87 Abs. 1 Satz 1. Dies gilt im Grundsatz selbst dann, wenn die Sondervergütung ohne ausdrückliche Vertragsgrundlage und erst nach Eintritt des Sonderumstands gewährt wird[41]. Sie sind dann zulässig, soweit sie nach Art und Höhe als Ergänzung der ursprünglich vertraglich festgelegten, aber nachträglich nicht mehr als leistungsgerecht

14

---

40 Ausführlich *Hohenstatt/Seibt/Wagner*, ZIP 2008, 2289 ff.; vgl. auch *Waldhausen/Schüller*, AG 2009, 179 ff.; a.A. OLG München v. 7.5.2008 – 7 U 5618/07, ZIP 2008, 1237; *Tröger*, ZGR 2009, 447 ff.; offen gelassen bei BGH v. 9.11.2009 – II ZR 154/08, ZIP 2009, 2437 (jedenfalls „kein eindeutiger und schwerwiegender Gesetzesverstoß").
41 So auch *Hüffer*, § 87 AktG Rz. 4; *Fonk*, NZG 2005, 248, 249 f.; *Hoffmann-Becking*, ZHR 169 (2005), 155, 161 ff.; *Hoffmann-Becking*, NZG 2006, 127, 129; *Kort*, NJW 2005, 333, 335; *Liebers/Hoefs*, ZIP 2004, 97, 99 ff.; *Marsch-Barner* in FS Röhricht, 2005, S. 401, 405 f.; *Wollburg*, ZIP 2004, 646, 652 ff.; a.A. BGH v. 21.12.2005 – 3 StR 470/04 – „Mannesmann", AG 2006, 110, 112; *Brauer*, NZG 2004, 502, 507; *Martens*, ZHR 169 (2005), 124, 131 ff.

erscheinenden Vergütung verstanden werden können[42]. **Bei aktienbasierten oder aktienkursorientierten Vergütungen** hat der Aufsichtsrat nach §§ 116, 93 Abs. 1 Satz 1 und § 87 Abs. 1 Satz 1 in einem dreigliedrigen Vorgang zu prüfen, (1) ob eine aktienbasierte oder aktienkursorientierte Vergütung im konkreten Einzelfall geeignet ist, optimale Leistungsanreize zu setzen, (2) welches konkrete Vergütungsprogramm (z.B. Aktienoptionsprogramme, Aktiengewährung zu vergünstigten Konditionen (*Restricted Stock Program*) oder Phantom Stock-Programm) im konkreten Fall angemessen ist und schließlich (3) mit welchen Einzelparametern das Vergütungsprogramm auszugestalten ist (vgl. hierzu § 192 Rz. 18)[43]. Die **Vereinbarung von Abfindungen bei Nicht-Verlängerung von Vorstandsverträgen** über den im Vertrag genannten Zeitpunkt hinaus, verstoßen nicht in jedem Fall gegen § 84 Abs. 1 Sätze 1 und 5; eine solche Vereinbarung ist nach §§ 116, 93 Abs. 1 Satz 1 sowie § 87 Abs. 1 Satz 1 zulässig, wenn es hierfür vernünftige Gründe gibt (z.B. Alter der Kandidaten) und der wirtschaftliche Umfang der Abfindung nicht ein solches Gewicht (Anhalt: maximal mehr als das Doppelte der jährlichen Gesamtbezüge) hat, dass dies zum Ermessensausfall bei der Frage der Vertragsverlängerung führt (s. auch § 84 Rz. 18). Bei **vorzeitiger Beendigung der Vorstandstätigkeit ohne wichtigen Grund** sind Zahlungen, die eine Vergütung des Barwertes der Restvertragszeit überschreiten, nur ausnahmsweise zulässig[44]; Maßstab der Bewertungsentscheidung ist der allgemeine Sorgfaltspflichtmaßstab der §§ 116, 93 Abs. 1 Satz 1[45]. Auch die **Kombination eines Sonderkündigungsrechts bei Kontrollwechseln mit einer Abfindungsvereinbarung** (sog. *Change of Control*-Klauseln) sind nicht *per se* unzulässig, sondern nach §§ 116, 93 Abs. 1 Satz 1 sowie § 87 Abs. 1 Satz 1 zu beurteilen[46]; Ziff. 4.2.3 Abs. 5 DCGK enthält jetzt die Empfehlung einer Umfangbegrenzung (3 Jahresvergütungen), die einen zutreffenden Anhalt für den Regelfall bietet.

15 Die früher durch § 86 a.F. (aufgehoben durch Art. 1 Nr. 4 TransPuG)[47] zwingende Orientierung einer **Gewinnbeteiligung** am „Jahresgewinn" ist zu Recht aufgehoben worden; eine Anknüpfung an die Konzernrechnungslegung sowie an andere Kennziffern, wie EBIT, EBITDA, ROCE oder EPS sind demnach zulässig[48]. Prinzipiell zulässig sind auch sog. Dividendenantiemen, bei denen sich der Zahlungsanspruch u.a. nach der tatsächlichen Dividendenauszahlung (Betrag je Geldeinheit der Dividendenzahlung) oder der Dividendenrendite bemisst[49]. Eine Ausrichtung der Gewinnbeteiligung aus-

---

42 Zutr. *Hüffer*, § 87 AktG Rz. 4; *Fonk*, NZG 2005, 248, 250 f.; a.A. BGH v. 21.12.2005 – 3 StR 470/04 – „Mannesmann", AG 2006, 110, 112.
43 Zu Ausgestaltung von Aktienoptionsprogrammen z.B. *Baums* in FS Claussen, 1997, S. 3, 29 ff.; *Hüffer*, ZHR 161 (1997), 214, 219 f., 234 ff.; *Weiß*, Aktienoptionspläne für Führungskräfte, 1999, S. 131 ff.; *Thüsing* in Fleischer, Handbuch des Vorstandsrechts, § 6 Rz. 67 ff.
44 *Fonk*, NZG 2005, 248, 259; *Schwark* in FS Raiser, 2005, S. 377, 392 f.; *Liebers/Hoefs*, ZIP 2004, 97, 101; a.A. (keine Abfindung über Barwert) *Martens*, ZHR 169 (2005), 124, 141; *Käpplinger*, NZG 2003, 573, 574. – Für die neue Empfehlung (zuvor Anregung) einer Umfangsbegrenzung auf max. zwei Jahresvergütungen Ziff. 4.2.3 Abs. 4 DCGK; hierzu und zur entsprechenden Vertragsgestaltung *Bauer/Arnold*, BB 2008, 1692 ff.; *Hohenstatt/Willemsen*, NJW 2008, 3462 ff.
45 *Mertens/Cahn* in KölnKomm. AktG, 3. Aufl., § 87 AktG Rz. 83; *Hoffmann-Becking*, ZHR 169 (2005), 155, 169.
46 Zutr. *Hüffer*, § 87 AktG Rz. 5; *Mertens/Cahn* in KölnKomm. AktG, 3. Aufl., § 87 AktG Rz. 85; *Fleischer* in Spindler/Stilz, § 87 AktG Rz. 27; *Dreher*, AG 2002, 214, 216 f.; *Bauer/Arnold*, DB 2006, 260, 263 ff.; *Korts*, BB 2009, 1876, 1878 ff.; a.A. *Mertens*, ZHR 169 (2005), 124, 143.
47 Transparenz- und Publizitätsgesetz vom 19.7.2002, BGBl. I 2002, 2681; hierzu *Ihrig/Wagner*, BB 2002, 789, 793.
48 *Mertens/Cahn* in KölnKomm. AktG, 3. Aufl., § 87 AktG Rz. 26.
49 Vgl. BGH v. 3.7.2000 – II ZR 12/99, BGHZ 145, 1, 3; OLG Düsseldorf v. 18.12.1998 – 17 U 33/98, AG 1999, 468, 469; *Mertens/Cahn* in KölnKomm. AktG, 3. Aufl., § 87 AktG Rz. 27.

schließlich an Umsatzzahlen wird in der Regel (Ausnahmen z.B. Vertriebsgesellschaften mit Konzernpreisen, Wachstumsphase mit Marktanteilswettbewerb) wegen fehlerhafter Leistungsanreize (Rz. 6) nicht angemessen i.S. von § 87 Abs. 1 sein[50].

### 4. Pflichtenstellung und Rechtsfolgen

#### a) Pflichtenstellung

Pflichtenadressat für die Anwendung des Angemessenheitsgebots bei der Festsetzung der Gesamtbezüge ist – entsprechend der allgemeinen Personalkompetenzzuordnung – der **Aufsichtsrat**, und zwar das Gesamtgremium (**Delegationsverbot** nach § 107 Abs. 3 Satz 3; s. auch § 84 Rz. 25); ein (Personal-)Ausschuss kann nun nur noch vorbereitende Funktionen ausüben. Der Aufsichtsrat hat für dessen Einhaltung „zu sorgen" (§ 87 Abs. 1 Satz 1; Pflichtrecht). Die **Strukturierung und Vereinbarung der Vorstandsvergütung ist eine unternehmerische Maßnahme**, bei der dem Aufsichtsrat ein weiter Beurteilungsspielraum zusteht (vgl. § 116 Satz 1 i.V.m. § 93 Abs. 1 Satz 2), der nur **eingeschränkt gerichtlich überprüfbar**[51] ist, nämlich insoweit es um eklatant unangemessene Vergütungen geht[52]. Zur Erfüllung seiner Beweislast im Streitverfahren sollte der Aufsichtsrat die tragenden Erwägungen seiner Entscheidung zur Vergütungsstruktur und zu einzelnen Bestandteilen, den eingestellten Parametern und seine Überlegungen zur Üblichkeit schriftlich im Rahmen des Aufsichtsratsbeschlusses dokumentieren. Die Beiziehung eines **unabhängigen Vergütungsberaters** kann zur sachverständigen Beratung sinnvoll sein (vgl. Ziff. 4.2.2 Satz 3 DCGK[53]), ist aber nicht gesetzlich zwingend gefordert. Der Grundsatz der Angemessenheit der Vorstandsbezüge (§ 87 Abs. 1) ist **keine rechtsbegründende Schutzvorschrift zugunsten der Vorstandsmitglieder**, aus dem sich ein gesetzlicher Anspruch auf eine bestimmte Vergütungsstruktur, bestimmte Vergütungsbestandteile oder eine bestimmte Vergütungshöhe ergibt; sie ist vielmehr eine Begrenzungsvorschrift. Aber das durch die Vergütungsvereinbarung konkret begünstigte **Vorstandsmitglied** ist auch nicht Pflichtenadressat des § 87 Abs. 1 und hierauf bezieht sich auch nicht die allgemeine Sorgfaltsverpflichtung eines ordentlichen Geschäftsleiters nach § 93 Abs. 1 Satz 1[54].

#### b) Rechtsfolgen

Die Norm des § 87 Abs. 1 ist kein Verbotsgesetz i.S. des § 134 BGB[55]. Solange die Vergütungsregelung nicht wegen Sittenwidrigkeit i.S. von § 138 Abs. 1 BGB nichtig ist[56], bleibt der **Vergütungsanspruch** des Vorstandsmitglieds auch im Umfang unangemes-

---

50 *Hüffer*, § 86 AktG Rz. 2; *Mertens/Cahn* in KölnKomm. AktG, 3. Aufl., § 87 AktG Rz. 30; *Hoffmann-Becking*, NZG 1999, 797, 799; a.A. *Thüsing*, ZGR 2003, 457, 502.
51 Für Anwendung der Grundsätze der *Business Judgement Rule* BGH v. 21.12.2005 – 3 StR 470/04 – „Mannesmann", NJW 2006, 522, 523, Rz. 15; LG München I v. 29.3.2007 – 5 HK O 12931/06, AG 2007, 458; *Mertens/Cahn* in KölnKomm. AktG, 3. Aufl., § 87 AktG Rz. 4; *Fleischer* in Spindler/Stilz, § 87 AktG Rz. 15; *Fleischer*, DB 2006, 542, 543; *Baums* in FS Huber, 2006, S. 655, 663 f.; *Hoffmann-Becking*, ZHR 169 (2005), 155, 158; *Lutter*, ZIP 2007, 841, 847; *Kort*, NZG 2006, 131, 132; *Wollburg*, ZIP 2004, 646, 649 f.; a.A. *Schäfer*, ZIP 2005, 1253, 1258; *Schwark* in FS Raiser, 2005, S. 377, 391 f.
52 Zutr. *Mertens/Cahn* in KölnKomm. AktG, 3. Aufl., § 87 AktG Rz. 7.
53 Hierzu *Fleischer*, BB 2010, 67 ff.; *Baums*, AG 2010, 53 ff.
54 *Fleischer* in Spindler/Stilz, § 87 AktG Rz. 1; a.A. *Spindler* in MünchKomm. AktG, 3. Aufl., § 87 AktG Rz. 79.
55 *Mertens/Cahn* in KölnKomm. AktG, 3. Aufl., § 87 AktG Rz. 5.
56 *Hüffer*, § 87 AktG Rz. 8; *Mertens/Cahn* in KölnKomm. AktG, 3. Aufl., § 87 AktG Rz. 4; *Spindler* in MünchKomm. AktG, 3. Aufl., § 87 AktG Rz. 80; *Fleischer* in Spindler/Stilz, § 87 AktG Rz. 28; *Hoffmann-Becking*, NZG 1999, 797, 798; *Spindler*, DStR 2004, 36, 42.

sener Vertragsleistung **wirksam und durchsetzbar**[57]. Bei Überschreitung des weiten Beurteilungsermessens zur Angemessenheit (Rz. 16) haftet der Aufsichtsrat dafür nach §§ 116, 93, wobei die Schadensbemessung schwierig und nur den Differenzbetrag zwischen tatsächlich gezahlter Vorstandsvergütung und Obergrenze einer angemessenen Vorstandsvergütung ersatzfähig ist. Bei vorsätzlichen, gravierenden Pflichtverletzungen kann der Straftatbestand der Untreue (§ 266 StGB) vorliegen.

### III. Nachträgliche Herabsetzung der Gesamtbezüge (§ 87 Abs. 2)

#### 1. Voraussetzungen

18 Das VorstAG hat (1) die Anforderungen an die Herabsetzung von Vorstandsbezügen dem Wortlaut der Norm (Streichung der Qualifikationen einer *wesentlichen* Verhältnisverschlechterung und *schweren* Unbilligkeit) und der Intention des Gesetzgebers nach zulasten von Vorstandsmitgliedern im Verhältnis zur bisherigen Rechtslage herabgesetzt[58], (2) den sachlichen Anwendungsbereich erweitert, (3) die Pflichtenstellung des Aufsichtsrats durch Einschränkung von dessen Beurteilungsspielraum (Ersetzung von „ist ... berechtigt" durch „soll") verschärft sowie (4) den betragsmäßigen Herabsetzungsspielraum vergrößert (jetzt Herabsetzung „auf die angemessene Höhe" anstatt „angemessene Herabsetzung"). Der Aufsichtsrat soll nunmehr die Gesamtbezüge des einzelnen Vorstandsmitglieds i.S. von § 87 Abs. 1 Satz 1 sowie dessen Versorgungsleistungen i.S. von § 87 Abs. 1 Satz 4) angemessen herabsetzen, wenn (1) in den Verhältnissen der Gesellschaft (nicht des Konzerns) eine Verschlechterung eingetreten ist *und* (2) die Weitergewährung der Bezüge für die AG eine Unbilligkeit bedeuten würde[59]. Bei der Auslegung der Voraussetzungen für die Herabsetzung von Vorstandsbezügen sind allerdings – trotz der Gesetzesänderungen – im Hinblick auf Art. 14 GG, der auch vertragliche Anspruchspositionen schützt[60], strenge Maßstäbe zum Schutz der Vorstandsmitglieder anzulegen, d.h. die Verschlechterung der Gesellschaftsverhältnisse und die Unbilligkeit der Weiterzahlung müssen ein deutlich über Durchschnittsfälle hinausgehendes, signifikantes Gewicht erreichen[61]. Demnach ist eine **Verschlechterung in den Gesellschaftsverhältnissen** nur bei einer im deutlich über Durchschnittsfällen liegenden negativen Entwicklung der wirtschaftlichen (einschließlich finanziellen) Lage der AG gegeben, die nach Vereinbarung der Vorstandsvergütung eingetreten und zum Zeitpunkt der Vereinbarung noch nicht absehbar war[62]. Entgegen der RegBegr. zum VorstAG erreichen Entlassungen oder Lohnkürzungen bei Unmöglichkeit von Gewinnausschüttungen[63] alleine nicht das notwendige Maß der Verschlechterung der Gesellschaftsverhältnisse[64]. Die negative Abweichung von den Erwartungen des Aufsichtsrats in ein Vorstandsmitglied ist keine Ver-

---

57 *Hüffer*, § 87 AktG Rz. 8; *Mertens/Cahn* in KölnKomm. AktG, 3. Aufl., § 87 AktG Rz. 4; *Spindler* in MünchKomm. AktG, 3. Aufl., § 87 AktG Rz. 80; *Uwe H. Schneider*, ZIP 1996, 1769, 1770; diff. *Fleischer* in Spindler/Stilz, § 87 AktG Rz. 28 f.
58 Vgl. Begr. RegE zu § 87, BT-Drucks. 16/12278, S. 6: „klarere und schärfere Fassung"; vgl. auch *Mertens/Cahn* in KölnKomm. AktG, 3. Aufl., § 87 AktG Rz. 94.
59 Vgl. dazu *Weller*, NZG 2010, 7; *Koch*, WM 2010, 49.
60 Hierzu BVerfG v. 26.5.1993 – 1 BvR 208/93, BVerfGE 89, 1, 8; BVerfG v. 31.10.1984 – 1 BvR 35/82, 1 BvR 356/82, 1 BvR 794/82, BVerfGE 68, 193, 222 f.
61 Ähnlich *Mertens/Cahn* in KölnKomm. AktG, 3. Aufl., § 87 AktG Rz. 94; *Gaul/Janz*, NZA 2009, 809, 812; *Diller*, NZG 2009, 1006, 1007; a.A. *Fleischer*, NZG 2009, 801, 803 f.; *Bosse*, BB 2009, 1650, 1651; *Lingemann*, BB 2009, 1918, 1920; *Seibert*, WM 2009, 1489, 1490 f.
62 *Hüffer*, § 87 AktG Rz. 9; *Spindler* in MünchKomm. AktG, 3. Aufl., § 87 AktG Rz. 86 f.
63 BT-Drucks. 16/12278, S. 7.
64 Gleichsinnig *Bauer/Arnold*, AG 2009, 717, 725.

änderung der Gesellschaftsverhältnisse[65]. Das weitere **Erfordernis der „Unbilligkeit"** verlangt eine Einzelfallbetrachtung aus Sicht der Gesellschaft (nicht der Öffentlichkeit oder nach mutmaßlichen allgemeinen Wertungen[66]) mit Berücksichtigung der Interessen des betroffenen Vorstandsmitglieds[67]. Dabei ist auch von Gewicht, ob und inwieweit die Verschlechterung der Gesellschaftsverhältnisse auf die Geschäftsführungstätigkeit des betroffenen Vorstandsmitglieds zurückzuführen ist[68].

### 2. Zuständigkeit und Verfahren für angemessene Herabsetzung

Liegen die Herabsetzungsvoraussetzungen des § 87 Abs. 2 Satz 1 vor, so ist der Gesamtaufsichtsrat (nicht mehr ein zuständiger Ausschuss, vgl. § 107 Abs. 3 Satz 3[69]) *verpflichtet*, im Beschlusswege (§ 108) über eine angemessene Vergütungsherabsetzung *zu entscheiden*; eine strenge Herabsetzungspflicht hat das VorstAG letztlich nicht statuiert (nur „Soll"-Vorschrift zur Berücksichtigung besonderer Umstände)[70]. Unterlässt der Aufsichtsrat bei entsprechender Verpflichtung die Herabsetzung (oder ggf. den Herabsetzungsantrag an das Gericht bei gerichtlicher Vorstandsbestellung), so ist er unter den Voraussetzungen der §§ 116, 93 AktG schadenersatzpflichtig[71]. Die Herabsetzung ist nach dem VorstAG auf „die **angemessene** Höhe" vorzunehmen, wenn der Gesamtbetrag der sämtlichen Vorstandsbezüge auf ein noch angemessenes Maß i.S. von § 87 Abs. 1 beschränkt wird[72]. Im Regelfall sind sämtliche Vorstandsmitglieder gleichmäßig zu belasten (Verbot sachwidriger Differenzierung)[73] und die Bezüge nur temporär zu kürzen[74]; eine Übergangsabstufung kann angemessen sein[75]. In der Regel ist die Herabsetzung mit einem Anspruch zugunsten des Vorstandsmitglieds zu koppeln, bei Verbesserung der Gesellschaftsverhältnisse die Herabsetzung zurückzunehmen und ggf. auch die kumulierten Herabsetzungsbeträge jdfs. teilweise nachzuleisten[76].

19

Bereits verdiente Bezüge können anders als lediglich vorausgezahlte nicht herabgesetzt werden[77]. Die Herabsetzung (= Vertragsänderung) selbst erfolgt durch einseitige

20

---

65 *Hüffer*, § 87 AktG Rz. 9; *Mertens/Cahn* in KölnKomm. AktG, 3. Aufl., § 87 AktG Rz. 94; *Spindler* in MünchKomm. AktG, 3. Aufl., § 87 AktG Rz. 86 f.; *Fleischer* in Spindler/Stilz, § 87 AktG Rz. 31.
66 *Hohenstatt*, ZIP 2009, 1349, 1353.
67 Vgl. *Mertens/Cahn* in KölnKomm. AktG, 3. Aufl., § 87 AktG Rz. 95; *Weisner/Kölling*, NZG 2003, 465, 466.
68 Ebenso *Mertens/Cahn* in KölnKomm. AktG, 3. Aufl., § 87 AktG Rz. 95; vgl. auch BT-Drucks. 16/12278, S. 7.
69 *Mertens/Cahn* in KölnKomm. AktG, 3. Aufl., § 87 AktG Rz. 99.
70 Ebenso *Bauer/Arnold*, AG 2009, 717, 726 f.
71 *Fleischer* in Spindler/Stilz, § 87 AktG Rz. 35; *Mertens/Cahn* in KölnKomm. AktG, 3. Aufl., § 87 AktG Rz. 103; *Weisner/Kölling*, NZG 2003, 465, 466.
72 *Bauer/Arnold*, AG 2009, 717, 727.
73 *Hüffer*, § 87 AktG Rz. 9; *Spindler* in MünchKomm. AktG, 3. Aufl., § 87 AktG Rz. 98; *Mertens/Cahn* in KölnKomm. AktG, 3. Aufl., § 87 AktG Rz. 98; *Fleischer* in Spindler/Stilz, § 87 AktG Rz. 33; *Weisner/Kölling*, NZG 2003, 465, 467.
74 *Mertens/Cahn* in KölnKomm. AktG, 3. Aufl., § 87 AktG Rz. 98; *Bauer/Arnold*, AG 2009, 717, 727; zu § 87 Abs. 2 a.F. *Spindler* in MünchKomm. AktG, 3. Aufl., § 87 AktG Rz. 97; *Fleischer* in Spindler/Stilz, § 87 AktG Rz. 33; *Weisner/Kölling*, NZG 2003, 465, 467.
75 *Mertens/Cahn* in KölnKomm. AktG, 3. Aufl., § 87 AktG Rz. 97; *Fleischer* in Spindler/Stilz, § 87 AktG Rz. 33; *Kort* in Großkomm. AktG, 4. Aufl., § 87 AktG Rz. 292.
76 Zur Wiedereinräumung der ursprünglichen Vorstandsbezüge auch *Fleischer* in Spindler/Stilz, § 87 AktG Rz. 33; *Spindler* in MünchKomm. AktG, 3. Aufl., § 87 AktG Rz. 99; *Mertens/Cahn* in KölnKomm. AktG, 3. Aufl., § 87 AktG Rz. 104; *Kort* in Großkomm. AktG, 4. Aufl., § 87 AktG Rz. 325.
77 *Mertens/Cahn* in KölnKomm. AktG, 3. Aufl., § 87 AktG Rz. 102; *Spindler* in MünchKomm. AktG, 3. Aufl., § 87 AktG Rz. 96.

Erklärung (**Gestaltungsrecht** i.S. von § 315 Abs. 2 BGB), die der Aufsichtsrat für die AG abgibt. Das einseitige Herabsetzungsrecht kann weder durch die Satzung noch durch Vereinbarung mit dem Vorstandsmitglied ausgeschlossen werden[78]. Das Vorstandsmitglied kann hiergegen durch Leistungsklage gegen die Gesellschaft (vertreten durch den Aufsichtsrat, § 112) auf Weitergewährung bisheriger Bezüge vorgehen[79]. Für eine Feststellungsklage fehlt es in der Regel wegen der möglichen Leistungsklage am Feststellungsinteresse[80]. Bei **gerichtlicher Bestellung eines Vorstandsmitglieds** und Festsetzung der Vorstandsbezüge nach § 85 Abs. 3, ist das Gericht ausschließlich zuständig, die Bezüge auf Antrag des Aufsichtsrats durch Beschluss angemessen herabzusetzen (§ 87 Abs. 2 Satz 1); hiergegen ist entsprechend § 85 Abs. 3 Satz 3 die Beschwerde zulässig[81].

**3. Anstellungsvertrag und Kündigungsrecht des Vorstandsmitglieds**

21 Durch die Herabsetzungserklärung wird der **Inhalt des Anstellungsvertrags unmittelbar geändert**, der Bestand des Anstellungsvertrages hingegen nicht berührt (§ 87 Abs. 2 Satz 2). Als Korrelat zum einseitigen Herabsetzungsrecht der Gesellschaft hat das betroffene Vorstandsmitglied zum Schutz seiner Vermögensinteressen ein **Recht zur außerordentlichen Kündigung**, und zwar mit einer Frist von sechs Wochen zum Ende des nächsten Kalendervierteljahres (§ 87 Abs. 2 Satz 4). Bei nicht fristgerechter Ausübung seines Kündigungsrechts bleibt das Vorstandsmitglied an den Anstellungsvertrag mit den jetzt herabgesetzten Bezügen gebunden[82]. Hat er die Entscheidung des Aufsichtsrats gerichtlich angegriffen, so kann er sein Kündigungsrecht noch nach rechtskräftiger Feststellung der Zulässigkeit der Herabsetzung ausüben, sofern die Klage innerhalb der Kündigungsfrist erhoben worden ist[83]. Die Regelung in § 87 Abs. 2 Satz 4 schließt eine **fristlose Kündigung** durch das Vorstandsmitglied nach § 626 BGB nur insoweit aus, als auch die unberechtigte und grob unbillige Herabsetzung keinen wichtigen Grund i.S. von § 626 BGB bildet[84].

**4. Herabsetzung von Versorgungsbezügen**

22 Nach bisheriger Rechtslage konnten Versorgungsbezüge nur ausnahmsweise nach dem Grundsatz von Treu und Glauben (§ 242 BGB) herabgesetzt oder sogar ganz eingestellt werden[85]. Das VorstAG hat die Herabsetzungsmöglichkeit auf Versorgungsbezüge i.S. von § 87 Abs. 1 Satz 4 erstreckt, wobei in Anerkennung des Umstands,

---

78 *Spindler* in MünchKomm. AktG, 3. Aufl., § 87 AktG Rz. 89.
79 *Hüffer*, § 87 AktG Rz. 10; *Mertens/Cahn* in KölnKomm. AktG, 3. Aufl., § 87 AktG Rz. 99; *Spindler* in MünchKomm. AktG, 3. Aufl., § 87 AktG Rz. 100 (anders noch 2. Aufl. Rz. 21).
80 *Hüffer*, § 87 AktG Rz. 10; *Kort* in Großkomm. AktG, 4. Aufl., § 87 AktG Rz. 298 (anders Voraufl. Anm. 14); *Spindler* in MünchKomm. AktG, 3. Aufl., § 87 AktG Rz. 100 (anders noch 2. Aufl. Rz. 21); a.A. *Mertens/Cahn* in KölnKomm. AktG, 3. Aufl., § 87 AktG Rz. 99.
81 *Spindler* in MünchKomm. AktG, 3. Aufl., § 87 AktG Rz. 101.
82 *Hüffer*, § 87 AktG Rz. 11; *Spindler* in MünchKomm. AktG, 3. Aufl., § 87 AktG Rz. 102.
83 *Hüffer*, § 87 AktG Rz. 11; *Mertens/Cahn* in KölnKomm. AktG, 3. Aufl., § 87 AktG Rz. 20; *Spindler* in MünchKomm. AktG, 3. Aufl., § 87 AktG Rz. 102.
84 So auch *Spindler* in MünchKomm. AktG, 3. Aufl., § 87 AktG Rz. 103; *Baumbach/Hueck*, § 87 AktG Anm. 9; a.A. *Hüffer*, § 87 AktG Rz. 12; *Mertens/Cahn* in KölnKomm. AktG, 3. Aufl., § 87 AktG Rz. 109; *Fleischer* in Spindler/Stilz, § 87 AktG Rz. 36; *Thüsing* in Fleischer, Handbuch des Vorstandsrechts, § 6 Rz. 36.
85 Vgl. RG v. 30.4.1935 – II 291/34, RGZ 148, 81, 88 f.; BGH v. 19.9.1951 – II ZR 19/50, NJW 1952, 342; BGH v. 8.12.1960 – II ZR 107/59, WM 1961, 299, 300; BGH v. 14.5.1964 – II ZR 191/61, WM 1964, 675, 676; BGH v. 19.10.1978 – II ZR 42/77, WM 1979, 250, 251; BGH v. 11.2.1985 – II ZR 194/84, ZIP 1985, 760, 762; *Mertens/Cahn* in KölnKomm. AktG, 3. Aufl., § 87 AktG Rz. 105; *Spindler* in MünchKomm. AktG, 3. Aufl., § 87 AktG Rz. 107 ff.; *Fleischer* in Spindler/Stilz, § 87 AktG Rz. 37.

dass Versorgungsbezüge Entgelt für bereits erbrachte Leistungen sind, die Entscheidung über die Herabsetzung auf die ersten drei Jahre nach dem Ausscheiden (= Beendigung des Anstellungsverhältnisses) aus der Gesellschaft i.S. einer Ausschlussfrist beschränkt ist[86]. Darüber hinaus und unter Berücksichtigung der verfassungsrechtlichen Wertung aus Art. 14 GG sind hier die Verhältnismäßigkeit zu wahren und noch strengere Anforderungen als an die Herabsetzung von Gesamtbezügen i.S. von § 87 Abs. 1 Satz 1 zu stellen[87]. Bei Pensionsansprüchen sind die Kriterien der 3-Stufen-Theorie des Bundesarbeitsgerichts[88] heranzuziehen, d.h. es sind an erster Stelle zukünftig erdienbare Zuwächse, an zweiter Steller die erdiente Dynamik und erst an dritte Stelle erdiente Teilbeträge zu kürzen.

## IV. Insolvenz (§ 87 Abs. 3)

Die **Anstellungsverträge** mit den Vorstandsmitgliedern **enden nicht** kraft Gesetzes durch die Eröffnung des Insolvenzverfahrens über das Vermögen der Gesellschaft. Sowohl dem Insolvenzverwalter auch den Vorstandsmitgliedern steht allerdings das Recht zu, den Anstellungsvertrag dann unter Einhaltung der gesetzlichen Frist zu kündigen (§ 113 InsO), also in der Regel zum Ende eines Kalendervierteljahres unter Einhaltung einer Kündigungsfrist von sechs Wochen (§ 621 Nr. 4 BGB). Bei Kündigung durch den Insolvenzverwalter hat das Vorstandsmitglied als einfacher Insolvenzgläubiger einen Anspruch auf Ersatz des ihm durch die Aufhebung des Anstellungsvertrags entstandenen Schadens (§ 113 Abs. 2 InsO). Die Vorschrift des § 87 Abs. 3 begrenzt die Ersatzpflicht auf zwei Jahre nach Ablauf des Dienstverhältnisses. Für die Zeit nach Insolvenzeröffnung bildet der Vergütungsanspruch für bereits geleistete Tätigkeit eine Masseverbindlichkeit i.S. von § 55 Abs. 1 Nr. 2 InsO. Auf Versorgungsleistungen i.S. von § 87 Abs. 1 Satz 2 findet § 87 Abs. 3 keine Anwendung[89]. Versorgungsansprüche sind nach § 45 InsO nach ihrem Schätzungswert anzumelden und als einfache Insolvenzforderung i.S. von §§ 38, 87 InsO zu berücksichtigen (s. § 84 Rz. 34).

23

## V. Offenlegung der Vorstandsvergütungen

Das **VorstOG**[90] hat die AG verpflichtet, die Vorstandsvergütung individualisiert im Anhang bzw. im Konzernanhang offen zu legen. Weder die verbandsrechtliche Begründung (Transparenz führt zur generalpräventiven Dämpfung des Vergütungsniveaus[91]) noch das kapitalmarktrechtliche Argument eines erweiterten Anlegerschutzes durch Organpublizität[92] überzeugen vollständig, und die *individualisierte* Offenlegung könnte zu einer (unangemessenen) Nivellierung der Vorstandsgehälter auf hohem Niveau führen[93]. Verfassungsrechtlich lässt sich die Neuregelung allerdings mit

24

---

86 Vgl. *Bauer/Arnold*, AG 2009, 717, 728; *Hohenstatt*, ZIP 2009, 1349, 1353.
87 Zu verfassungsrechtlichen Zweifeln DAV Handelsrechtsausschuss, NZG 2009, 612, 614 (Rz. 19 f.).
88 BAG v. 11.12.2001 – 3 AZR 512/00, BAGE 100, 76; vgl. ferner *Hohenstatt*, ZIP 2009, 1349, 1353.
89 *Hüffer*, § 87 AktG Rz. 13; *Spindler* in MünchKomm. AktG, 3. Aufl., § 87 AktG Rz. 119.
90 Gesetz über die Offenlegung von Vorstandsvergütungen vom 3.8.2005, BGBl. I 2005, 2267, hierzu z.B. *Fleischer* in Spindler/Stilz, § 87 AktG Rz. 41 ff.; *Fleischer*, DB 2005, 1611 ff.; *Spindler*, NZG 2005, 689 ff.; *Thüsing*, ZIP 2005, 1389 ff.
91 Vgl. *Hoffmann-Becking*, ZHR 169 (2005), 155, 172 f.; *Thüsing* in Fleischer, Handbuch des Vorstandsrechts, § 6 Rz. 104.
92 Vgl. *Fleischer*, DB 2005, 1611, 1613.
93 So bereits *Seibt*, FTD v. 25.1.2005, S. 28; vgl. auch *Thüsing* in Fleischer, Handbuch des Vorstandsrechts, § 6 Rz. 106.

dem Gemeinwohlinteresse an der Funktionsfähigkeit des Kapitalmarktes (also für kapitalmarktnahe AG) rechtfertigen[94].

25 Im **Anhang bzw. Konzernanhang** sind bei börsennotierten AG zusätzlich zu den Gesamtbezügen sämtlicher Vorstandsmitglieder (mit Angaben zu aktienbasierten Vergütungen nach Anzahl und Zeitwert (IFRS 2)) die Bezüge jedes einzelnen Vorstandsmitglieds unter Namensnennung gesondert auszuweisen, und zwar aufgeteilt nach erfolgsabhängigen und erfolgsunabhängigen Komponenten sowie solchen mit langfristiger Anreizwirkung (§ 285 Satz 1 Nr. 9 lit. a Satz 5, § 314 Abs. 1 Nr. 6 Satz 5 HGB). Ferner sind individualisiert anzugeben etwaige Leistungen, die dem Vorstandsmitglied für die Beendigung seiner Tätigkeit zugesagt sind, Leistungen Dritter sowie sonstige Angaben, die der Jahresabschluss zu bestimmten Bezügen enthält (Sätze 6 bis 8; Ergänzungen durch VorstAG erfolgt). Die Hauptversammlung kann allerdings mit einer Mehrheit von 3/4 des vertretenen Grundkapitals für längstens fünf Jahre beschließen, dass der individualisierte Ausweis im Anhang bzw. Konzernanhang unterbleibt (§§ 289 Abs. 5, 314 Abs. 2 Satz 2 HGB). Bei *börsennotierten* Gesellschaften (vgl. § 3 Abs. 2) soll der Lagebericht bzw. Konzernlagebericht auch auf Grundzüge des Vergütungssystems für von der AG gewährte Gesamtbezüge eingehen[95]. Dabei steht der AG ein Ausweiswahlrecht zu, demzufolge sie die für den Anhang bzw. Konzernanhang vorgeschriebenen Angaben stattdessen bei Darstellung des Vergütungssystems im Lagebericht bzw. Konzernlagebericht machen kann (§ 289 Abs. 2 Nr. 5, § 315 Abs. 2 Nr. 4 HGB). Angaben über Gesamtbezüge dürfen nur bei nichtbörsennotierten Gesellschaften (vgl. § 3 Abs. 2) unterbleiben (§ 286 Abs. 4 HGB). Zum Auskunftsrecht der Aktionäre s. § 131 Rz. 48.

# § 88
# Wettbewerbsverbot

**(1) Die Vorstandsmitglieder dürfen ohne Einwilligung des Aufsichtsrats weder ein Handelsgewerbe betreiben noch im Geschäftszweig der Gesellschaft für eigene oder fremde Rechnung Geschäfte machen. Sie dürfen ohne Einwilligung auch nicht Mitglied des Vorstands oder Geschäftsführer oder persönlich haftender Gesellschafter einer anderen Handelsgesellschaft sein. Die Einwilligung des Aufsichtsrats kann nur für bestimmte Handelsgewerbe oder Handelsgesellschaften oder für bestimmte Arten von Geschäften erteilt werden.**

**(2) Verstößt ein Vorstandsmitglied gegen dieses Verbot, so kann die Gesellschaft Schadenersatz fordern. Sie kann statt dessen von dem Mitglied verlangen, dass es die für eigene Rechnung gemachten Geschäfte als für Rechnung der Gesellschaft eingegangen gelten lässt und die aus Geschäften für fremde Rechnung bezogene Vergütung herausgibt oder seinen Anspruch auf die Vergütung abtritt.**

**(3) Die Ansprüche der Gesellschaft verjähren in drei Monaten seit dem Zeitpunkt, in dem die übrigen Vorstandsmitglieder und die Aufsichtsratsmitglieder von der zum Schadensersatz verpflichtenden Handlung Kenntnis erlangen oder ohne grobe Fahrlässigkeit erlangen müssten. Sie verjähren ohne Rücksicht auf diese Kenntnis oder grob fahrlässige Unkenntnis in fünf Jahren von ihrer Entstehung an.**

---

94 *Hüffer*, § 87 AktG Rz. 14; *Fleischer*, DB 2005, 1611, 1614 f.; *Spindler*, NZG 2005, 689, 691 f.; *Thüsing*, ZIP 2005, 1389, 1395; zweifelnd *Menke/Porsch*, BB 2004, 2005, 133.
95 Zur Konturierung dieser Verpflichtung *Thüsing*, ZIP 2005, 1389, 1394.

I. Regelungsgegenstand und Normzweck .......... 1
II. Umfang der Tätigkeitsverbote (§ 88 Abs. 1) .......... 4
 1. Verbotsadressaten .......... 4
 2. Tätigkeitsverbote .......... 6
  a) Betrieb eines Handelsgewerbes (§ 88 Abs. 1 Satz 1, 1. Fall) .......... 6
  b) Geschäfte machen im Geschäftszweig der Gesellschaft (§ 88 Abs. 1 Satz 2, 2. Fall) .......... 7
  c) Geschäftsführungsorgan einer anderen Handelsgesellschaft (§ 88 Abs. 1 Satz 2) .......... 8
 3. Einwilligung des Aufsichtsrats .......... 9
III. Rechtsfolgen bei Zuwiderhandlung (§ 88 Abs. 2) .......... 11
 1. Unterlassungsanspruch .......... 11
 2. Schadensersatzanspruch .......... 12
 3. Eintrittsrecht .......... 13
 4. Sonstige Rechte .......... 14
IV. Verjährung (§ 88 Abs. 3) .......... 15
V. Vertragliche Ergänzungen .......... 16

**Literatur:** *Armbrüster*, Wettbewerbsverbote im Kapitalgesellschaftsrecht, ZIP 1997, 1269; *Böttcher/Kautzsch*, Vorstandsdoppelmandate im Personengesellschaftskonzern, NZG 2009, 819; *Fleischer*, Gelöste und ungelöste Probleme der gesellschaftsrechtlichen Geschäftschancenlehre, NZG 2003, 985; *Fleischer*, Wettbewerbs- und Betätigungsverbote für Vorstandsmitglieder im Aktienrecht, AG 2005, 336; *Freudenberg*, Das Nebentätigkeitsrecht der Vorstandsmitglieder nach § 88 AktG, 1989; *Hoffmann-Becking*, Nachvertragliche Wettbewerbsverbote für Vorstandsmitglieder und Geschäftsführer, in FS Quack, 1991, S. 273; *Jäger*, Das nachvertragliche Wettbewerbsverbot und die Karenzentschädigung für Organmitglieder juristischer Personen, DStR 1995, 724; *Kübler*, Erwerbschancen und Organpflichten, in FS Werner, 1984 S. 437; *Meyer*, Das „Eintrittsrecht" der Aktiengesellschaft gemäß § 88 Abs 2 Satz 2 AktG, AG 1988, 259; *Salfeld*, Wettbewerbsverbote im Gesellschaftsrecht, 1987; *Sina*, Zum nachträglichen Wettbewerbsverbot für Vorstandsmitglieder und Geschäftsführer, DB 1985, 902.

## I. Regelungsgegenstand und Normzweck

Die Vorschrift des § 88 verbietet Vorstandsmitgliedern grundsätzlich den Betrieb eines Handelsgewerbes, das Geschäftemachen im Geschäftszweig der AG sowie die Tätigkeit als Geschäftsführungsorgan einer anderen Handelsgesellschaft (Abs. 1) und sieht neben Unterlassungs- und Schadenersatzansprüchen bei der Verletzung der Tätigkeitsverbote zur finanziellen Kompensation auch ein Eintrittsrecht zugunsten der AG vor (Abs. 2). Sie verfolgt eine **doppelte Zielrichtung**, nämlich zum einen den **Schutz der AG vor Wettbewerbshandlungen** (wodurch gleichzeitig die allgemeinen Treuebindungen des Vorstandsmitglieds zur AG konkretisiert werden; s. § 84 Rz. 20) sowie zum anderen den **Schutz der AG vor einem anderweitigen Einsatz der Arbeitskraft des Vorstandsmitglieds**, der an sich seine volle Arbeitskraft der AG zu widmen hat[1]. Während bei dem Tätigkeitsverbot nach § 88 Abs. 1 Satz 1, 2. Fall der erste Schutzzweck im Vordergrund steht, ist dies bei den Tätigkeitsverboten nach § 88 Abs. 1 Satz 1, 1. Fall sowie § 88 Abs. 1 Satz 2 der zweite Schutzzweck, ohne dass allerdings der jeweils andere Schutzzweck in den drei Fällen nicht berührt wäre. 1

§ 88 geht über die gesetzlichen Wettbewerbsverbote für Handlungsgehilfen (§§ 60, 61 HGB) sowie für persönlich haftende Gesellschafter einer Personenhandelsgesellschaft (§§ 112, 113, 161 Abs. 2 HGB) oder KGaA (§ 284) hinaus, die nach herkömmlicher Auffassung ausschließlich der Treuepflicht widersprechende Wettbewerbsverstöße 2

---

1 Zum doppelten Schutzzweck *Hüffer*, § 88 AktG Rz. 1; *Spindler* in MünchKomm. AktG, 3. Aufl., § 88 AktG Rz. 1; *Fleischer* in Spindler/Stilz, § 88 AktG Rz. 1.

zu verhindern suchen². In der AG & Co. KG entfaltet § 88 keine drittschützende Wirkung zugunsten der Kommanditgesellschaft, d.h. die Vorstandsmitglieder unterliegen keinem Wettbewerbsverbot gegenüber der KG, und für die Übernahme eines Vorstandsdoppelmandats bei dem die Komplementär-AG beherrschenden und mit der Kommanditgesellschaft konkurrierenden Kommanditisten genügt die Einwilligung des Aufsichtsrats der AG³. Die terminologisch noch durch die Vorgängervorschrift des § 79 AktG 1937 geprägte Vorschrift ist **analogieoffen** und zum Schutz der AG auf solche Tätigkeiten eines Vorstandsmitglieds entsprechend anzuwenden, die in ihrer Eingriffsqualität und dem finanziellen Gefährdungspotential mit den gesetzlich normierten Tätigkeiten vergleichbar sind (hierzu Rz. 6 und 8). – Zur Frage des Wettbewerbsverbots des Mehrheitsaktionärs s. § 53a Rz. 56.

3   Die der Verbotsvorschrift des § 88 Abs. 1 (ggf. in entsprechender Anwendung) unterfallenden Tätigkeiten sind allerdings nicht schlechthin untersagt, sondern dürfen mit Einwilligung des Aufsichtsrats vorgenommen werden (Rz. 10 ff.). Diese Kompetenzzuordnung zugunsten des Aufsichtsrats ist konsequenter **Bestandteil seiner Personalkompetenz über den Vorstand**, und die Frage der Beschränkung der gesetzlichen Tätigkeitsverbote wird im Regelfall sachgegenständlich mit der Verhandlung des Anstellungsvertrags einhergehen; beim Abschluss des Anstellungsvertrags und der Festsetzung der Gesamtbezüge hat der Aufsichtsrat auch den Umfang der Betätigungsfreiheit des Vorstandsmitglieds nach §§ 116, 93 Abs. 1 Satz 1 zu berücksichtigen (§ 87 Rz. 2). Hiermit verträgt es sich nicht, dass bei der kapitalmarktnahen AG die Satzung Vorgaben für eine Erweiterung oder Einschränkung der gesetzlichen Tätigkeitsverbote machen kann⁴. Nur bei kapitalmarktfernen AG kann die Satzung – in gleicher Weise wie bei den Eignungsvoraussetzungen für Vorstandsmitglieder oder im Hinblick auf die Vergütungspolitik – generelle Richtlinien für den Umfang der Tätigkeitsverbote vorgeben, von denen der Aufsichtsrat aber nach Maßgabe von §§ 116, 93 Abs. 1 Satz 1 abweichen kann.

## II. Umfang der Tätigkeitsverbote (§ 88 Abs. 1)

### 1. Verbotsadressaten

4   Die Tätigkeitsverbote gelten für alle **amtierenden Vorstandsmitglieder einschließlich ihrer Stellvertreter** (§ 94), nicht dagegen für Aufsichtsratsmitglieder, und zwar auch nicht für nach § 105 Abs. 2 Satz 4 vorübergehend zu Stellvertretern von fehlenden oder verhinderten Vorstandsmitgliedern bestellte Mitglieder⁵. Die Tätigkeitsverbote gelten aufgrund gesetzlicher Anordnung in § 268 Abs. 3 (und in Ermangelung ab-

---

2 *Spindler* in MünchKomm. AktG, 3. Aufl., § 88 AktG Rz. 2; *Fleischer* in Spindler/Stilz, § 88 AktG Rz. 4; *Armbrüster*, ZIP 1997, 1269, 1270.
3 BGH v. 9.3.2009 – II ZR 170/07 – „Gruner + Jahr", BGHZ 180, 105; *Altmeppen*, ZIP 2008, 437 ff.; *Hellgardt*, ZIP 2007, 2248 ff.; abw. *Cahn*, Der Konzern 2007, 716, 717 ff. (Anwendung von § 112 HGB); a.A. *Hüffer*, § 88 AktG Rz. 4; *Kort* in Großkomm. AktG, 4. Aufl., § 88 AktG Rz. 47.
4 Sehr umstr. für Satzungsfreiheit: *Kort* in Großkomm. AktG, 4. Aufl., § 88 AktG Rz. 115; *Spindler* in MünchKomm. AktG, 3. Aufl., § 88 AktG Rz. 26; einschränkend (statutarische Richtlinienvorgaben für Aufsichtsrat zulässig) *Mertens/Cahn* in KölnKomm. AktG, 3. Aufl., § 88 AktG Rz. 8; *Armbrüster*, ZIP 1997, 1269, 1270; differenzierend (Einschränkung durch Satzung unzulässig, Ergänzung durch Satzung jedoch zulässig) *Freudenberg*, Nebentätigkeitsrecht der Vorstandsmitglieder, 1989, S. 143 f.
5 *Hüffer*, § 88 AktG Rz. 2; *Mertens/Cahn* in KölnKomm. AktG, 3. Aufl., § 88 AktG Rz. 6; *Spindler* in MünchKomm. AktG, 3. Aufl., § 88 AktG Rz. 7; *Fleischer* in Spindler/Stilz, § 88 AktG Rz. 7; *Armbrüster*, ZIP 1997, 1269, 1271.

weichender Regelungen im Anstellungsvertrag[6]) nicht für Abwickler, selbst wenn es die Vorstandsmitglieder sind[7]. Für Vorstandsmitglieder, die zugleich Alleinaktionär der AG sind, gilt § 88 AktG nur dann, wenn durch den Wettbewerb wesentliche Gläubigerinteressen betroffen sind[8].

Nach h.M. soll § 88 trotz Widerrufs der Bestellung noch gelten, wenn die AG die Vorstandsbezüge weiterzahlt[9]; für den Fall der Amtsniederlegung soll es für die (Weiter-)Geltung des § 88 darauf ankommen, ob diese berechtigt war[10]. Diese Lösungsvorschläge lassen das Trennungsprinzip zwischen Organverhältnis und Anstellungsverhältnis unberücksichtigt. Die Tätigkeitsverbote aus § 88 gelten unmittelbar nur solange, wie das Organverhältnis andauert (d.h. es endet also auch bei einer unberechtigten Amtsniederlegung). Allerdings gelten die in § 88 niedergelegten Tätigkeitsverbote als Ausprägung der Treuepflicht des Vorstandsmitglieds zur AG gleichzeitig auch als dienstvertragliche Pflicht (§ 84 Rz. 37), und zwar unabhängig von einer – in aller Regel allerdings auch bestehenden – ausdrücklichen Vertragsbestimmung[11].

## 2. Tätigkeitsverbote

### a) Betrieb eines Handelsgewerbes (§ 88 Abs. 1 Satz 1, 1. Fall)

Dem Tätigkeitsverbot unterliegt der Betrieb eines Handelsgewerbes (§§ 1 ff. HGB), unabhängig davon, ob dieses Handelsgewerbe im (potentiellen) Geschäftszweig der AG tätig ist oder ob hierdurch der AG ein Schaden entstehen kann[12]. Das Verbot gilt über den Gesetzeswortlaut hinaus auch für sonstige gewerbliche oder freiberufliche Tätigkeiten[13], da die Begrenzung auf den historischen Begriff des Handelsgewerbes der Schutzzielerreichung (Schutz vor anderweitigem Einsatz des Handelsmitglieds) nicht gerechtfertigt ist.

### b) Geschäfte machen im Geschäftszweig der Gesellschaft (§ 88 Abs. 1 Satz 2, 2. Fall)

Ferner ist den Vorstandsmitgliedern untersagt, „im Geschäftszweig der Gesellschaft für eigene oder fremde Rechnung Geschäfte [zu] machen". Ein „**Geschäftemachen**" ist jede auf Gewinnerzielung gerichtete Teilnahme am geschäftlichen Verkehr ein-

---

6 *Hüffer*, § 268 AktG Rz. 7; *Kraft* in KölnKomm. AktG, 2. Aufl., § 268 AktG Rz. 25.
7 *Hüffer*, § 268 AktG Rz. 7; *Mertens/Cahn* in KölnKomm. AktG, 3. Aufl., § 88 AktG Rz. 6; *Spindler* in MünchKomm. AktG, 3. Aufl., § 88 AktG Rz. 7; diff. *Fleischer* in Spindler/Stilz, § 88 AktG Rz. 7.
8 Ähnlich *Fleischer* in Spindler/Stilz, § 88 AktG Rz. 7; a.A. (kein Wettbewerbsverbot) *Armbrüster*, ZIP 1997, 1269, 1270; a.A. (Wettbewerbsverbot) *Mertens/Cahn* in KölnKomm. AktG, 3. Aufl., § 88 AktG Rz. 6.
9 So OLG Frankfurt v. 5.11.1999 – 10 U 257/98, AG 2000, 518, 519; *Mertens/Cahn* in KölnKomm. AktG, 3. Aufl., § 88 AktG Rz. 7; *Spindler* in MünchKomm. AktG, 3. Aufl., § 88 AktG Rz. 9; wohl auch *Kort* in Großkomm. AktG, 4. Aufl., § 88 AktG Rz. 57; a.A. *Hüffer*, § 88 AktG Rz. 2; *Fleischer* in Spindler/Stilz, § 88 AktG Rz. 10; *Thüsing* in Fleischer, Handbuch des Vorstandsrechts, § 4 Rz. 85.
10 *Hüffer*, § 88 AktG Rz. 2; *Spindler* in MünchKomm. AktG, 3. Aufl., § 88 AktG Rz. 9; *Fleischer*, AG 2005, 336, 341; a.A. *Mertens/Cahn* in KölnKomm. AktG, 3. Aufl., § 88 AktG Rz. 7; *Thüsing* in Fleischer, Handbuch des Vorstandsrechts, § 4 Rz. 86; *Armbrüster*, ZIP 1997, 1269, 1271.
11 Ähnlich *Thüsing* in Fleischer, Handbuch des Vorstandsrechts, § 4 Rz. 85; *Fleischer* in Spindler/Stilz, § 88 AktG Rz. 10; *Fleischer*, AG 2005, 336, 340.
12 *Mertens/Cahn* in KölnKomm. AktG, 3. Aufl., § 88 AktG Rz. 10; *Spindler* in MünchKomm. AktG, 3. Aufl., § 88 AktG Rz. 11; *Fleischer* in Spindler/Stilz, § 88 AktG Rz. 17.
13 So auch OLG Frankfurt v. 5.11.1999 – 10 U 257/98, AG 2000, 518, 519; *Mertens/Cahn* in KölnKomm. AktG, 3. Aufl., § 88 AktG Rz. 2; zurückhaltend *Fleischer* in Spindler/Stilz, § 88 AktG Rz. 18; a.A. *Hüffer*, § 88 AktG Rz. 3.

schließlich Vertretung und Vermittlung, die nicht nur der Befriedigung eigener privater Bedürfnisse (z.B. eigene Vermögensanlage) dienen[14]; unerheblich ist, ob der AG tatsächlich Konkurrenz und Schaden erwächst[15]. Ohne Belang ist es ferner, ob das Vorstandsmitglied selbst oder über eine Strohperson über einen Treuhänder handelt und ob das Geschäftemachen für eigene oder fremde Rechnung erfolgt, selbst dann, wenn die AG an dem vom Vorstandsmitglied vermittelten Geschäft beteiligt ist[16]. Die Geschäfte müssen aber in den **tatsächlichen Geschäftszweig der AG** fallen; der statutarische Unternehmensgegenstand ist nicht entscheidend[17]. Über den ausdrücklichen Wortlaut von § 88 Abs. 1 Satz 1, 2. Fall hinaus folgt aus der dem Vorstandsmitglied obliegenden Treuepflicht gegenüber der AG, dass jener **Geschäftschancen der AG** (*corporate opportunities*) weder wahrnehmen noch Dritten zuwenden darf. Die besondere Intensität der Treuebindung des Vorstandsmitglieds zur AG und deren Schutzbedürfnis spricht für eine analoge Anwendung der in § 88 Abs. 2 geregelten Rechtsfolgen (also insbesondere des Eintrittsrechts nach § 88 Abs. 2 Satz 2)[18].

**c) Geschäftsführungsorgan einer anderen Handelsgesellschaft (§ 88 Abs. 1 Satz 2)**

8   Vorstandsmitglieder dürfen auch nicht Mitglied des Vorstands, Geschäftsführer oder geschäftsführender Gesellschafter einer anderen Handelsgesellschaft (SE, AG, GmbH, KG, OHG oder PartG) sein. Nicht untersagt ist die Übernahme eines Aufsichtsratsamts bei einer anderen Gesellschaft[19]. Ebenso wenig untersagt ist einem Vorstandsmitglied die Beteiligung an einer Gesellschaft als stiller Gesellschafter oder als Kommanditist (auch mit Geschäftsführungsbefugnis[20]), als Aktionär, Kommanditaktionär oder GmbH-Gesellschafter.

**3. Einwilligung des Aufsichtsrats**

9   Die in § 88 Abs. 1 geregelten Tätigkeitsverbote sind nicht zwingender Natur, sondern sind durch Einwilligung (d.h. vorherige Zustimmung, § 183 BGB) verfügbar. Die Einwilligung bedarf einer **Beschlussfassung des Aufsichtsrats** (§ 108 Abs. 1) oder seines zuständigen Ausschusses (*arg. e* § 107 Abs. 3[21]) und kann nicht durch konkludentes Verhalten und insbesondere nicht durch widerspruchslose Duldung der verbotenen Tätigkeit erteilt werden[22]. Dies schließt allerdings nicht aus, dass die Auslegung ei-

---

14 Vgl. BGH v. 17.2.1997 – II ZR 278/95, NJW 1997, 2055, 2056; *Hüffer*, § 88 AktG Rz. 3; *Spindler* in MünchKomm. AktG, 3. Aufl., § 88 AktG Rz. 12; *Fleischer* in Spindler/Stilz, § 88 AktG Rz. 20; *Thüsing* in Fleischer, Handbuch des Vorstandsrechts, § 4 Rz. 89.
15 *Mertens/Cahn* in KölnKomm. AktG, 3. Aufl., § 88 AktG Rz. 10; *Spindler* in MünchKomm. AktG, 3. Aufl., § 88 AktG Rz. 12; *Fleischer* in Spindler/Stilz, § 88 AktG Rz. 20; *Thüsing* in Fleischer, Handbuch des Vorstandsrechts, § 4 Rz. 89.
16 Zum Letzteren OLG Köln v. 8.6.1999 – 22 U 269/98, AG 1999, 573, 574.
17 *Hüffer*, § 88 AktG Rz. 3; *Mertens/Cahn* in KölnKomm. AktG, 3. Aufl., § 88 AktG Rz. 13; *Spindler* in MünchKomm. AktG, 3. Aufl., § 88 AktG Rz. 14 f.; *Fleischer* in Spindler/Stilz, § 88 AktG Rz. 21; *Armbrüster*, ZIP 1997, 1269, 1270.
18 Hierfür (vorsichtig) auch *Hüffer*, § 88 AktG Rz. 3; *Spindler* in MünchKomm. AktG, 3. Aufl., § 88 AktG Rz. 12; *Thüsing* in Fleischer, Handbuch des Vorstandsrechts, § 4 Rz. 90; *Merkt*, ZHR 159 (1995), 446; *Fleischer*, AG 2005, 336, 338; *Kübler* in FS Werner, 1984, S. 437, 439.
19 *Hüffer*, § 88 AktG Rz. 4; *Mertens/Cahn* in KölnKomm. AktG, 3. Aufl., § 88 AktG Rz. 18; *Kort* in Großkomm. AktG, 4. Aufl., § 88 AktG Rz. 46; *Spindler* in MünchKomm. AktG, 3. Aufl., § 88 AktG Rz. 19; *Fleischer* in Spindler/Stilz, § 88 AktG Rz. 25; *Armbrüster*, ZIP 1997, 1269.
20 Zutreffend *Spindler* in MünchKomm. AktG, 3. Aufl., § 88 AktG Rz. 19; *Thüsing* in Fleischer, Handbuch des Vorstandsrechts, § 4 Rz. 91; a.A. *Hüffer*, § 88 AktG Rz. 4; *Armbrüster*, ZIP 1997, 1269, 1271.
21 *Hüffer*, § 88 AktG Rz. 5; *Spindler* in MünchKomm. AktG, 3. Aufl., § 88 AktG Rz. 23; *Fleischer* in Spindler/Stilz, § 88 AktG Rz. 27.
22 *Hüffer*, § 88 AktG Rz. 5; *Mertens/Cahn* in KölnKomm. AktG, 3. Aufl., § 88 AktG Rz. 16; *Kort* in Großkomm. AktG, 4. Aufl., § 88 AktG Rz. 56; *Spindler* in MünchKomm. AktG, 3. Aufl.,

nes Aufsichtsratsbeschlusses ergibt, dass hierin (z.B. Bestellung einer Person zum Vorstand in Kenntnis eines Handelsgewerbes) implizit auch eine Einwilligung i.S. von § 88 Abs. 1 liegt[23]. Die Erteilung einer **Blankoeinwilligung** ist nach § 80 Abs. 1 Satz 3 **unzulässig** und lässt das Tätigkeitsverbot nicht entfallen; auf einen guten Glauben in der Person des Vorstandsmitglieds kommt es nicht an. Eine Genehmigung i.S. von § 184 BGB ist im Hinblick auf bereits nach § 88 Abs. 2 entstandene Ansprüche bedeutungslos (*arg. e* § 93 Abs. 4 Satz 2)[24]; im Einzelfall kann aber eine Genehmigung vergangener Tätigkeiten als eine Einwilligung in gleichartige, zukünftige Tätigkeiten ausgelegt werden.

Bei der Entscheidung über die Einwilligung hat der Aufsichtsrat dem **Sorgfaltsmaßstab** der §§ 116, 93 Abs. 1 Satz 1 zu beachten; wegen der monetären Relevanz einer Einschränkung der gesetzlichen Tätigkeitsverbote (aus Sicht der AG) liegt es nahe, an diese Entscheidung ähnliche Kriterien wie bei der Angemessenheitsprüfung nach § 87 Abs. 1 (§ 87 Rz. 8 ff.) anzulegen. Insbesondere wird der Aufsichtsrat das vom Vorstand zu übernehmende Ressort und seine Funktion (z.B. Restrukturierungsberater übernimmt nur interimistisch Vorstandsamt), die Dauer und die Intensität der anderweitigen Tätigkeit (z.B. Einarbeiten eines Nachfolgers bei anderer Gesellschaft) oder sonstige (familiäre) Umstände in der Person des Vorstands (z.B. Übernahme einer Tätigkeit in einer Dritt-Familiengesellschaft zur Überwindung einer Notsituation) sowie das funktionale Kriterium der Optimierung des Leistungsanreizes (z.B. Einwilligung für anderweitige Tätigkeit zum Ausgleich unterdurchschnittlicher Vorstandsvergütung) berücksichtigen. 10

## III. Rechtsfolgen bei Zuwiderhandlung (§ 88 Abs. 2)

### 1. Unterlassungsanspruch

Die Tätigkeitsverbote des § 88 Abs. 1 begründen für das Vorstandsmitglied die **selbständige Unterlassungspflicht**, die vom gesetzlichen Verbot erfassten Tätigkeiten nicht auszuüben. Der AG steht ein entsprechender Anspruch auf Unterlassung zu, den sie, vertreten durch den Aufsichtsrat (§ 112), klageweise durchsetzen kann. Die auf Unterlassung künftiger Zuwiderhandlung gerichtete Klage ist bereits zulässig, wenn die Gefahr einer Übertretung unmittelbar bevorsteht (§ 259 ZPO); ein Verschulden ist für den Unterlassungsanspruch nicht erforderlich[25]. Die Zwangsvollstreckung aus dem Unterlassungsurteil erfolgt nach § 890 ZPO, bei Klage auf Abgabe einer Willenserklärung gilt § 894 ZPO. 11

### 2. Schadensersatzanspruch

Bei schuldhafter Verletzung eines in § 88 Abs. 1 geregelten Tätigkeitsverbots kann die Gesellschaft vom Vorstandsmitglied Ersatz des dadurch entstandenen Schadens (§§ 249 ff. BGB, einschließlich Ersatz des entgangenen Gewinns nach § 252 BGB) ver- 12

---

§ 88 AktG Rz. 23; *Fleischer* in Spindler/Stilz, § 88 AktG Rz. 27; *Armbrüster*, ZIP 1997, 1269, 1270.
23 Zutr. *Mertens/Cahn* in KölnKomm. AktG, 3. Aufl., § 88 AktG Rz. 16; *Spindler* in MünchKomm. AktG, 3. Aufl., § 88 AktG Rz. 23.
24 *Hüffer*, § 88 AktG Rz. 5; *Mertens/Cahn* in KölnKomm. AktG, 3. Aufl., § 88 AktG Rz. 17; *Kort* in Großkomm. AktG, 4. Aufl., § 88 AktG Rz. 55 (anders Vorauf. Anm. 5); *Spindler* in MünchKomm. AktG, 3. Aufl., § 88 AktG Rz. 25; *Fleischer* in Spindler/Stilz, § 88 AktG Rz. 26.
25 *Spindler* in MünchKomm. AktG, 3. Aufl., § 88 AktG Rz. 27; *Fleischer* in Spindler/Stilz, § 88 AktG Rz. 33.

langen (§ 88 Abs. 2 Satz 1)[26]. Das Vorstandsmitglied trifft entsprechend § 93 Abs. 2 Satz 2 die Beweislast für die schuldhafte Verletzung des Tätigkeitsverbots (= allgemeine Sorgfaltspflicht)[27]; die AG ist für den Nachweis des Schadens und seine Höhe in vollem Umfang beweispflichtig[28]. Zwischen diesem Schadensersatzanspruch und dem Eintrittsrecht (Rz. 13) besteht eine **elektive Konkurrenz**; die §§ 262–265 BGB und insbesondere § 263 Abs. 2 BGB (Bindung des Gläubigers an die Wahl) findet weder unmittelbar noch entsprechend Anwendung[29]. Vielmehr kann sich eine Bindung der AG nur aus Vertrauensgesichtspunkten ergeben, was voraussetzt, dass das Vorstandsmitglied sich berechtigterweise auf den Eintritt einer bestimmten Rechtsfolge in schutzwürdiger Weise eingerichtet hat[30]. In der Regel kann die AG daher vom ursprünglich geltend gemachten Schadenersatz auf die Geltendmachung des Eintrittsrechts übergehen[31].

### 3. Eintrittsrecht

13  Der AG steht statt Schadenersatz ein Eintrittsrecht, d.h. die Befugnis zu, den aus der verbotenen Tätigkeit des Vorstandsmitglieds erzielten Geschäftsgewinn an sich zu ziehen. Dieser ebenfalls verschuldensabhängige Anspruch[32] hat für die AG gegenüber der Geltendmachung von Schadenersatzansprüchen zum einen den Vorteil, dass diese keinen Schadensnachweis führen muss, und zum anderen, dass ihr die Vorteile aus einem Geschäft mit einem Dritten zugute kommen, der mit ihr dieses möglicherweise nicht geschlossen hätte[33]. Der AG steht das Eintrittsrecht auch im Hinblick auf den *Gewinn* aus einer verbotenen Organbeteiligung an einer anderen Handelsgesellschaft zu, sofern es sich nicht nur um die bloße Tätigkeitsvergütung handelt[34]. Die **Ausübung des Eintrittsrechts hat keine Außenwirkung**, das Vorstandsmitglied bleibt Vertragspartei, und die Gesellschaft wird dem Dritten gegenüber weder berechtigt noch verpflichtet[35]. Das Vorstandsmitglied ist zur Auskunftserteilung und Rechenschaftslegung (§ 666 BGB) sowie verpflichtet, die Ergebnisse des Ge-

---

26 Vgl. *Hüffer*, § 88 AktG Rz. 6; *Spindler* in MünchKomm. AktG, 3. Aufl., § 88 AktG Rz. 28; *Fleischer* in Spindler/Stilz, § 88 AktG Rz. 34.
27 Zutr. *Hüffer*, § 88 AktG Rz. 6; *Mertens/Cahn* in KölnKomm. AktG, 3. Aufl., § 88 AktG Rz. 19, 21; *Spindler* in MünchKomm. AktG, 3. Aufl., § 88 AktG Rz. 28.
28 *Hüffer*, § 88 AktG Rz. 6; *Mertens/Cahn* in KölnKomm. AktG, 3. Aufl., § 88 AktG Rz. 21; *Spindler* in MünchKomm. AktG, 3. Aufl., § 88 AktG Rz. 28.
29 Zutr. *Ulmer* in Großkomm. HGB, 4. Aufl., § 113 HGB Rz. 9 f.; *Hüffer*, § 88 AktG Rz. 6; *Mertens/Cahn* in KölnKomm. AktG, 3. Aufl., § 88 AktG Rz. 20; *Spindler* in MünchKomm. AktG, 3. Aufl., § 88 AktG Rz. 29.
30 Im Grundsatz ebenso *Ulmer* in Großkomm. HGB, 4. Aufl., § 113 HGB Rz. 11; *Hüffer*, § 88 AktG Rz. 6, *Spindler* in MünchKomm. AktG, 3. Aufl., § 88 AktG Rz. 29; *Thüsing* in Fleischer, Handbuch des Vorstandsrechts, § 4 Rz. 99.
31 Vgl. *Hüffer*, § 88 AktG Rz. 7; *Ulmer* in Großkomm. HGB, 4. Aufl., § 113 HGB Rz. 10; *Spindler* in MünchKomm. AktG, 3. Aufl., § 88 AktG Rz. 29; ähnlich *Mertens/Cahn* in KölnKomm. AktG, 3. Aufl., § 88 AktG Rz. 20.
32 *Ulmer* in Großkomm. HGB, 4. Aufl., § 113 HGB Rz. 17; *Spindler* in MünchKomm. AktG, 3. Aufl., § 88 AktG Rz. 30, krit. *Hüffer*, § 88 AktG Rz. 7; a.A. *Fleischer* in Spindler/Stilz, § 88 AktG Rz. 37.
33 Vgl. *Hüffer*, § 88 AktG Rz. 7; *Spindler* in MünchKomm. AktG, 3. Aufl., § 88 AktG Rz. 30.
34 Einschränkend auf Wettbewerbssachverhalte *Kort* in Großkomm. AktG, 4. Aufl., § 88 AktG Rz. 89; *Hüffer*, § 88 AktG Rz. 8; *Mertens/Cahn* in KölnKomm. AktG, 3. Aufl., § 88 AktG Rz. 22 ff.; *Thüsing* in Fleischer, Handbuch des Vorstandsrechts, § 4 Rz. 97; abl. *Spindler* in MünchKomm. AktG, 3. Aufl., § 88 AktG Rz. 35.
35 BGH v. 6.12.1962 – KZR 4/62, BGHZ 38, 306, 310 (zu §§ 112, 113 HGB); BGH v. 5.12.1983 – II ZR 242/82, BGHZ 89, 162, 171 (zu § 112 HGB); *Mertens/Cahn* in KölnKomm. AktG, 3. Aufl., § 88 AktG Rz. 25; *Kort* in Großkomm. AktG, 4. Aufl., § 88 AktG Rz. 79 ff.; *Spindler* in MünchKomm. AktG, 3. Aufl., § 88 AktG Rz. 32; *Fleischer* in Spindler/Stilz, § 88 AktG Rz. 38.

schäfts auf die AG zu übertragen, insbesondere den erzielten Gewinn an sie herauszugeben[36]. Die AG kann sich aber auch Rechte aus dem Vertrag abtreten lassen (§§ 667, 398 BGB) und die Erfüllung der Vertragspflichten mit der Wirkung übernehmen, dass dem Dritten auch ein Erfüllungsanspruch gegen die AG zusteht[37].

### 4. Sonstige Rechte

Der Verstoß gegen ein Tätigkeitsverbot nach § 88 Abs. 1 bildet in der Regel einen wichtigen Grund, der den Aufsichtsrat berechtigt, die Vorstandsbestellung zu widerrufen und den Anstellungsvertrag fristlos zu kündigen[38]. Weitere Rechte, z.B. Verwirkung einer Vertragsstrafe, können im Anstellungsvertrag geregelt sein.

## IV. Verjährung (§ 88 Abs. 3)

Für die Ansprüche der AG bei Verletzung der Tätigkeitsverbote enthält § 88 Abs. 3 die **Sonderregelung einer doppelten Verjährungsfrist**: Sobald sämtliche Vorstands- und Aufsichtsratsmitglieder von der Verletzung des Tätigkeitsverbots Kenntnis erlangt haben oder ohne grobe Fahrlässigkeit erlangt haben müssten, greift eine kurze Verjährung von drei Monaten ein (§ 88 Abs. 3 Satz 1), in jedem Fall aber von nach fünf Jahren seit ihrer Entstehung (d.h. mit Zuwiderhandlung des Vorstandsmitglieds) (§ 88 Abs. 3 Satz 2). Die Fristberechnung richtet sich nach §§ 187 ff. BGB, die Fristhemmung nach §§ 203 ff. BGB. Die Verjährungssonderregelung gilt nicht nur dem Wortlaut des § 88 Abs. 3 gemäß für den Schadenersatzanspruch und das Eintrittsrecht, sondern nach ihrem Zweck auch für andere Ansprüche (z.B. auf Unterlassung oder Vertragsstrafe)[39], nicht aber für deliktische Ansprüche der Gesellschaft (z.B. § 826 BGB), die nach §§ 195, 199 BGB verjähren[40]. Eine pflichtwidrige Einwilligung des Aufsichtsrats (ohne kollusives Verhalten mit betreffendem Vorstandsmitglied) schließt die kurze Verjährung nach § 88 Abs. 3 Satz 1 nicht aus, da die Pflichtwidrigkeit des Aufsichtsrats dem Vorstandsmitglied nicht zuzurechnen ist[41].

## V. Vertragliche Ergänzungen

Die in § 88 Abs. 1 niedergelegten Tätigkeitsverbote sind in erster Linie organschaftlicher Natur, haben aber gleichzeitig Leitbildcharakter für die dienstrechtlichen Verpflichtungen des Vorstandsmitglieds, auch wenn es im Anstellungsvertrag (was es aus Sicht der AG zu vermeiden gilt) an einer ausdrücklichen Regelung fehlt (s. § 84 Rz. 37, § 88 Rz. 5). Darüber hinaus kann der Anstellungsvertrag aber die ansonsten geltenden gesetzlichen Tätigkeitsverbote einschränken oder auch erweitern, und

---

36 BGH v. 6.12.1962 – KZR 4/62, BGHZ 38, 306, 310 f. (zu §§ 112, 113 HGB); BGH v. 5.12.1983 – II ZR 242/82, BGHZ 89, 162, 171 (zu § 112 HGB); *Hüffer*, § 88 AktG Rz. 7; *Mertens/Cahn* in KölnKomm. AktG, 3. Aufl., § 88 AktG Rz. 19 f.; *Spindler* in MünchKomm. AktG, 3. Aufl., § 88 AktG Rz. 32.
37 *Spindler* in MünchKomm. AktG, 3. Aufl., § 88 AktG Rz. 32.
38 *Kort* in Großkomm. AktG, 4. Aufl., § 88 AktG Rz. 188; *Spindler* in MünchKomm. AktG, 3. Aufl., § 88 AktG Rz. 37.
39 *Mertens/Cahn* in KölnKomm. AktG, 3. Aufl., § 88 AktG Rz. 29; *Spindler* in MünchKomm. AktG, 3. Aufl., § 88 AktG Rz. 42; *Fleischer* in Spindler/Stilz, § 88 AktG Rz. 41; vgl. auch RG v. 1.5.1906 – III 478/05, RGZ 63, 252, 254 (zu § 61 Abs. 2 HGB).
40 *Mertens/Cahn* in KölnKomm. AktG, 3. Aufl., § 88 AktG Rz. 29; a.A. BAG v. 11.4.2000 – 9 AZR 131/99, NJW 2001, 172, 173 (zu § 61 Abs. 2 HGB).
41 Zutr. *Spindler* in MünchKomm. AktG, 3. Aufl., § 88 AktG Rz. 44; *Kübler* in FS Werner, 1984, S. 437, 448; a.A. *Mertens/Cahn* in KölnKomm. AktG, 3. Aufl., § 88 AktG Rz. 29; offen *Hüffer*, § 88 AktG Rz. 9.

auch andere Rechtsfolgen (z.B. Vertragsstrafe) regeln. Ein **vertragliches Nebentätigkeitsverbot** (bzw. Einwilligungsvorbehalt) ist zulässig und verstößt nicht gegen § 138 BGB[42]. Zudem kann im Anstellungsvertrag ein **nachvertragliches Wettbewerbsverbot** verankert werden, für das die Beschränkungen der §§ 74 ff. HGB weder unmittelbar noch entsprechend gelten, da die Unternehmerfunktion der Vorstandsmitglieder ihre etwa gegebene Schutzbedürftigkeit überlagert[43]. Beschränkungen ergeben sich jedoch aus den Generalklauseln der § 1 GWB und § 138 BGB, die verlangen, dass das nachvertragliche Wettbewerbsverbot einem berechtigten Interesse der AG dient und sich in zeitlichen, sachlichen und räumlichen Grenzen hält, die seinem Schutzzweck entsprechen[44]. Für die Bestimmung der sachlichen Grenze ist eine enge Orientierung am Aufgabenbereich des betroffenen Vorstandsmitglieds geboten, bei den zeitlichen Grenzen ist in der Regel ein Verbot für die Dauer von zwei Jahren nicht zu beanstanden und für die räumlichen Grenzen ist auf den regionalen Schwerpunkt der Geschäftstätigkeit der AG abzustellen. Bei der Beurteilung der Angemessenheit der Belastung ist u.a. zu berücksichtigen, ob eine Karenzentschädigung bezahlt wird. Eine geltungserhaltende Reduktion eines die Grenze der Angemessenheit überschreitenden Wettbewerbsverbots findet – mit Ausnahme einer zeitlich übermäßigen Beschränkung – nicht statt[45]. Die Gesellschaft kann entsprechend § 75a HGB auf das nachvertragliche Wettbewerbsverbot mit der Folge verzichten, dass sie von der vereinbarten Zahlungspflicht frei wird[46]; eine Karenzentschädigung entsprechend § 75a HGB ist für einen bestimmten, nach Einzelfallumständen zu bemessenen Zeitraum zu zahlen, sofern die Verzichtserklärung erst nach der Kündigung getätigt wird. Die Regelung bedingter Wettbewerbsverbote, bei denen sich die Gesellschaft ohne Zusage einer Entschädigung die Entscheidung vorbehält, ob sie ein nachvertragliches Wettbewerbsverbot in Anspruch nehmen will, ist zulässig[47].

# § 89
# Kreditgewährung an Vorstandsmitglieder

**(1) Die Gesellschaft darf ihren Vorstandsmitgliedern Kredit nur auf Grund eines Beschlusses des Aufsichtsrats gewähren. Der Beschluss kann nur für bestimmte Kreditgeschäfte oder Arten von Kreditgeschäften und nicht für länger als drei Monate im Voraus gefasst werden. Er hat die Verzinsung und Rückzahlung des Kredits zu regeln. Der Gewährung eines Kredits steht die Gestattung einer Entnahme gleich, die über**

---

42 Brandbg. OLG v. 24.6.2008 – 6 U 104/07, AG 2009, 513, 515.
43 BGH v. 26.3.1984 – II ZR 229/83, BGHZ 91, 1, 3 ff. (zur GmbH); *Hüffer*, § 88 AktG Rz. 10; *Mertens/Cahn* in KölnKomm. AktG, 3. Aufl., § 88 AktG Rz. 33; *Spindler* in MünchKomm. AktG, 3. Aufl., § 88 AktG Rz. 46; *Fleischer* in Spindler/Stilz, § 88 AktG Rz. 42 ff.
44 BGH v. 26.3.1984 – II ZR 229/83, BGHZ 91, 1, 5 [zur GmbH]; OLG Celle v. 13.9.2000 – 9 U 110/00, NZG 2001, 131, 132; OLG Düsseldorf v. 15.8.1989 – 8 U 143/88, DB 1990, 1960; *Hüffer*, § 88 AktG Rz. 10; *Mertens/Cahn* in KölnKomm. AktG, 3. Aufl., § 88 AktG Rz. 34; *Spindler* in MünchKomm. AktG, 3. Aufl., § 88 AktG Rz. 46.
45 BGH v. 14.7.1997 – II ZR 238/96, NJW 1997, 3089, 3090; *Hüffer*, § 88 AktG Rz. 10; *Spindler* in MünchKomm. AktG, 3. Aufl., § 88 AktG Rz. 47.
46 BGH v. 17.2.1992 – II ZR 140/91, NJW 1992, 1892 f.; BGH v. 28.4.2008 – II ZR 11/07, NZG 2008, 664; *Spindler* in MünchKomm. AktG, 3. Aufl., § 88 AktG Rz. 52; *Fleischer* in Spindler/Stilz, § 88 AktG Rz. 48; a.A. *Mertens/Cahn* in KölnKomm. AktG, 3. Aufl., § 88 AktG Rz. 41 (unter Heranziehung von *pacta sunt servanda*).
47 Ebenso *Mertens/Cahn* in KölnKomm. AktG, 3. Aufl., § 88 AktG Rz. 42; *Fleischer* in Spindler/Stilz, § 88 AktG Rz. 48; *Kort* in Großkomm. AktG, 4. Aufl., § 88 AktG Rz. 176; zu Vertragsbeispielen *Bauer/Diller*, BB 1995, 1134, 1138 ff.

die dem Vorstandsmitglied zustehenden Bezüge hinausgeht, namentlich auch die Gestattung der Entnahme von Vorschüssen auf Bezüge. Dies gilt nicht für Kredite, die ein Monatsgehalt nicht übersteigen.

(2) Die Gesellschaft darf ihren Prokuristen und zum gesamten Geschäftsbetrieb ermächtigten Handlungsbevollmächtigten Kredit nur mit Einwilligung des Aufsichtsrats gewähren. Eine herrschende Gesellschaft darf Kredite an gesetzliche Vertreter, Prokuristen oder zum gesamten Geschäftsbetrieb ermächtigte Handlungsbevollmächtigte eines abhängigen Unternehmens nur mit Einwilligung ihres Aufsichtsrats, eine abhängige Gesellschaft darf Kredite an gesetzliche Vertreter, Prokuristen oder zum gesamten Geschäftsbetrieb ermächtigte Handlungsbevollmächtigte des herrschenden Unternehmens nur mit Einwilligung des Aufsichtsrats des herrschenden Unternehmens gewähren. Absatz 1 Satz 2 bis 5 gilt sinngemäß.

(3) Absatz 2 gilt auch für Kredite an den Ehegatten, Lebenspartner oder an ein minderjähriges Kind eines Vorstandsmitglieds, eines anderen gesetzlichen Vertreters, eines Prokuristen oder eines zum gesamten Geschäftsbetrieb ermächtigten Handlungsbevollmächtigten. Er gilt ferner für Kredite an einen Dritten, der für Rechnung dieser Personen oder für Rechnung eines Vorstandsmitglieds, eines anderen gesetzlichen Vertreters, eines Prokuristen oder eines zum gesamten Geschäftsbetrieb ermächtigten Handlungsbevollmächtigten handelt.

(4) Ist ein Vorstandsmitglied, ein Prokurist oder ein zum gesamten Geschäftsbetrieb ermächtigter Handlungsbevollmächtigter zugleich gesetzlicher Vertreter oder Mitglied des Aufsichtsrats einer anderen juristischen Person oder Gesellschafter einer Personenhandelsgesellschaft, so darf die Gesellschaft der juristischen Person oder der Personenhandelsgesellschaft Kredit nur mit Einwilligung des Aufsichtsrats gewähren; Absatz 1 Satz 2 und 3 gilt sinngemäß. Dies gilt nicht, wenn die juristische Person oder die Personenhandelsgesellschaft mit der Gesellschaft verbunden ist oder wenn der Kredit für die Bezahlung von Waren gewährt wird, welche die Gesellschaft der juristischen Person oder der Personenhandelsgesellschaft liefert.

(5) Wird entgegen den Absätzen 1 bis 4 Kredit gewährt, so ist der Kredit ohne Rücksicht auf entgegenstehende Vereinbarungen sofort zurückzugewähren, wenn nicht der Aufsichtsrat nachträglich zustimmt.

(6) Ist die Gesellschaft ein Kreditinstitut oder Finanzdienstleistungsinstitut, auf das § 15 des Gesetzes über das Kreditwesen anzuwenden ist, gelten anstelle der Absätze 1 bis 5 die Vorschriften des Gesetzes über das Kreditwesen.

I. Regelungsgegenstand und Normzweck . . . . . . . . . . . . . . . . . 1
II. Grundtatbestand: Kreditgewährung an Vorstandsmitglieder . . . . . . . . 4
  1. Kreditgewährung durch Gesellschaft . . . . . . . . . . . . . . . . . . . 4
  2. Vorstandsmitglied . . . . . . . . . . . . 6
  3. Zuständigkeit und Beschlussfassung des Aufsichtsrats . . . . . . . . . . . . 7
  4. Durchführung der Kreditgewährung . 8
III. Sondertatbestände . . . . . . . . . . . . . 9
  1. Kreditgewährung an Prokuristen und Generalhandlungsbevollmächtigte . . 10
  2. Kreditgewährung an Vertreter eines Konzernunternehmens . . . . . . . . . 11
  3. Kreditgewährung an Ehegatten, Lebenspartner und minderjährige Kinder . . . . . . . . . . . . . . . . . . . 12
  4. Kreditgewährung an mittelbare Stellvertreter . . . . . . . . . . . . . . . . 13
  5. Kreditgewährung an juristische Personen und Personengesellschaften bei personeller Verflechtung . . . . . . 14
IV. Rechtsfolgen . . . . . . . . . . . . . . . . . 15

**Literatur:** *Deilmann*, Kreditgewährung an Vorstands-Aktionäre, AG 2006, 62; *Fleischer*, Aktienrechtliche Zweifelsfragen der Kreditgewährung an Vorstandsmitglieder, WM 2004, 1057; *Kuhlmann*, Die Einwilligung des Aufsichtsrats bei Darlehen und Vorschüssen an Prokuristen einer Aktiengesellschaft, AG 2009, 109.

## I. Regelungsgegenstand und Normzweck

1 Die Vorschrift des § 89 regelt Gesellschaftskredite an Vorstandsmitglieder (und diesen wirtschaftlich nahe stehenden Personen) sowie bestimmte weitere Führungskräfte (Rz. 12) und ergänzt die Zuständigkeitszuweisung an den Aufsichtsrat (§ 112) durch das Erfordernis einer ausdrücklichen Beschlussfassung oder – bei Zuständigkeit des Vorstands für Kreditgewährung an sonstige Führungskräfte – führt ein Einwilligungserfordernis zugunsten des Aufsichtsrats ein. Die Norm trifft also – im Gegensatz zur Rechtslage im Vereinigten Königreich, Frankreich, Italien oder nach dem US-amerikanischen Sarbanes-Oxley-Act (der auch für deutsche Unternehmen mit einer Börsennotierung in den USA gilt)[1] – die Grundentscheidung, Kreditgewährungen an Vorstandsmitglieder nicht gänzlich zu untersagen, sondern **durch das Beschlusserfordernis gesteigerten Diskussions- und Transparenzanforderungen** zu unterwerfen[2]. Aus dem Beschlusserfordernis ergibt sich nämlich, dass keine konkludente Kreditgewährung, vor allem auch keine konkludente Zustimmung zu Entnahmen möglich ist, was bestimmten, sich **aus dem organschaftlichen Interessenkonflikt ergebenden Missbrauchsgefahren** (z.B. überhöhte Kreditaufnahmen, unangemessene Bedingungen der Kreditgewährung zu Lasten der AG) und auch dem bloßen **Verdacht einer verdeckten Selbstbegünstigung der Vorstandsmitglieder zum Nachteil der AG und ihrer** *Stakeholder* entgegenwirkt[3]. Dieses verbandsrechtlich normierte *Disclosure*-Konzept wird handelsbilanzrechtlich durch die Verpflichtung ergänzt, Vorstandskredite im Anhang auszuweisen (§ 285 Satz 1 Nr. 9c HGB). Dieses Regelungskonzept ist überzeugend und da Missstände nicht bekannt geworden sind, bedarf es keiner gesetzgeberischen Änderung[4]. Für Kredite an Aufsichtsratmitgliedern gilt mit § 115 eine Spezialregelung, die der des § 89 konzeptionell und inhaltlich entspricht. Im Gegensatz zu § 43a GmbHG (Kreditgewährung an GmbH-Geschäftsführer) unterliegen Vorstandskredite keinen besonderen Kapitalschutzvorschriften; § 89 kann auch kein unmittelbarer Zweck der Kapitalerhaltung beigelegt werden, wenngleich die Transparenzerfordernisse mittelbar auch gläubigerschützender Natur sind. Ziff. 3.9 DCGK stellt die Gesetzeslage simplifizierend dar, ohne dass dies für die Auslegung von § 89 oder für die Abgabe der Entsprechenserklärung nach § 161 von Bedeutung wäre[5].

2 Die Norm hat eine **sachgegenständliche Nähe** zu §§ 84 Abs. 1 Satz 5, 87 Abs. 1, 88 Abs. 1, da eine Kreditgewährung der AG an das Vorstandsmitglied (oder eine wirtschaftlich diesem nahe stehende Person) anstellungsvertragliche Relevanz haben kann; nicht selten werden die Konditionen einer Kreditgewährung auch im Anstellungsvertrag geregelt (z.B. bei einer Erstbestellung mit Dienstortwechsel). Die Kreditgewährung an Vorstandsmitglieder ist ein Teilaspekt der umfassenden, dem Auf-

---

1 Ausführlich *Fleischer*, WM 2004, 1057, 1058 ff.; *Fleischer* in Spindler/Stilz, § 89 AktG Rz. 5.
2 Vgl. auch Begr. RegE AktG 1965 zu § 89, zit. bei *Kropff*, Aktiengesetz, S. 113; *Fleischer* in Spindler/Stilz, § 89 AktG Rz. 1; *Kuhlmann*, AG 2009, 109, 110.
3 Vgl. BGH v. 27.5.1991 – II ZR 87/90, AG 1991, 398, 399; *Hüffer*, § 89 AktG Rz. 1; *Mertens/Cahn* in KölnKomm. AktG, 3. Aufl., § 89 AktG Rz. 2; *Spindler* in MünchKomm. AktG, 3. Aufl., § 89 AktG Rz. 2; *Fleischer*, WM 2004, 1057, 1063; *Fleischer* in Fleischer, Handbuch des Vorstandsrechts, § 9 Rz. 48 f.
4 Zutr. *Fleischer* in Fleischer, Handbuch des Vorstandsrechts, § 9 Rz. 51.
5 Vgl. *Seibt*, AG 2003, 465, 472; folgend *Hüffer*, § 89 AktG Rz. 3; *Fleischer* in Spindler/Stilz, § 89 AktG Rz. 3; *Fleischer*, WM 2004, 1057, 1064.

sichtsrat zugeordneten Personalkompetenz, die er nach dem Sorgfaltsmaßstab der §§ 116, 93 Abs. 1 Satz 1 und im Hinblick auf die monetäre Bedeutung der Kreditgewährung nach § 87 Abs. 1 ausüben muss (§ 87 Rz. 2). Hieraus ergibt sich auch, dass Satzungsbestimmungen mit Einzelvorgaben oder generelle Richtlinien für die Kreditgewährungen an Vorstandsmitglieder bei kapitalmarktnahen AG ausgeschlossen, bei kapitalmarktfernen AG nur im Hinblick auf generelle Richtlinien (z.B. Höchstbetrag der Gesamtkredite) zulässig sind[6].

Die Bestimmungen des § 89 finden keine Anwendung, wenn die kreditgewährende AG ein Kreditinstitut i.S. von § 1 Abs. 1, Abs. 2 KWG oder ein Finanzdienstleistungsinstitut i.S. von § 1 Abs. 1a, § 2 Abs. 6 KWG ist (§ 89 Abs. 6); es gelten dann §§ 15, 17 KWG, die in verschiedener Hinsicht über § 89 hinausgehen[7]. 3

## II. Grundtatbestand: Kreditgewährung an Vorstandsmitglieder

### 1. Kreditgewährung durch Gesellschaft

Dem Erfordernis eines Aufsichtsratsbeschlusses unterliegen „Kreditgewährungen" an Vorstandsmitglieder (Grundtatbestand, § 89 Abs. 1). Entsprechend dem Normzweck der Missbrauchsverhinderung durch Transparenz (Rz. 1) ist der **Beschlussgegenstand „Kredit" weit zu verstehen**[8] und umfasst neben Darlehen i.S. von §§ 488, 607 BGB und andere Kreditformen (z.B. Waren- und Effektenkredite) auch die Nichtgeltendmachung von Ersatzansprüchen, unübliche Stundungen (z.B. Fälligkeit der Mietzinszahlung für von der AG überlassenes Haus am Amtszeitende), die Bereitstellung von Sicherheiten bei der Kreditvergabe durch Dritte und die Gestattung sog. Entnahmen i.S. von § 89 Abs. 1 Satz 4, d.h. die vorfällige Inanspruchnahme von dem Vorstandsmitglied geschuldeter Leistung (z.B. Tantiemeansprüche)[9], nicht aber Entnahmen für künftige Auslagen (z.B. Reisekostenvorschuss)[10]. Während es bei Dienst- und Werkverträgen sowie Miet- und Pachtverträgen auf die Verkehrsüblichkeit ankommt, ist dies bei sonstigen Kreditformen ebenso wenig von Bedeutung wie der Umstand, ob die spezifischen Konditionen für die AG günstig sind (z.B. hohe Verzinsung). 4

Nicht dem Beschlusserfordernis unterliegen **sog. Kleinkredite**, die dann vorliegen, wenn die Kreditgewährung ein Monatsgehalt nicht übersteigt (§ 89 Abs. 1 Satz 5)[11]. Die gesetzliche Bezugsgröße „Monatsgehalt" ist nach dem Zwölftel der dem konkreten Vorstandsmitglied brutto (d.h. vor Steuern und Sozialversicherungsbeiträgen) zustehenden Jahresbezüge einschließlich monetär bewertbarer Nebenleistungen und garantierter, variabler Vergütungsbestandteile zu berechnen[12]. Für die Ermittlung der 5

---

6 Für Satzungsfreiheit allerdings *Mertens/Cahn* in KölnKomm. AktG, 3. Aufl., § 89 AktG Rz. 3; *Spindler* in MünchKomm. AktG, 3. Aufl., § 89 AktG Rz. 5; *Fleischer* in Fleischer, Handbuch des Vorstandsrechts, § 9 Rz. 51; zu Satzungsklauseln *Kropff* in Semler/v. Schenck, Arbeitshandbuch Aufsichtsratsmitglieder, § 8 Rz. 108.
7 Näher hierzu *Boos* in Boos/Fischer/Schulte-Mattler, 2. Aufl. 2004, § 15 KWG Rz. 6 ff.
8 *Hüffer*, § 89 AktG Rz. 2; *Mertens/Cahn* in KölnKomm. AktG, 3. Aufl., § 89 AktG Rz. 13; *Spindler* in MünchKomm. AktG, 3. Aufl., § 89 AktG Rz. 8; *Fleischer* in Spindler/Stilz, § 89 AktG Rz. 6.
9 *Hüffer*, § 89 AktG Rz. 2; *Mertens/Cahn* in KölnKomm. AktG, 3. Aufl., § 89 AktG Rz. 13; *Spindler* in MünchKomm. AktG, 3. Aufl., § 89 AktG Rz. 9 ff.
10 *Mertens/Cahn* in KölnKomm. AktG, 3. Aufl., § 89 AktG Rz. 13; *Spindler* in MünchKomm. AktG, 3. Aufl., § 89 AktG Rz. 16.
11 Ähnlich *Hüffer*, § 89 AktG Rz. 3; *Spindler* in MünchKomm. AktG, 3. Aufl., § 89 AktG Rz. 20; *Fleischer* in Spindler/Stilz, § 89 AktG Rz. 8; krit. *Mertens/Cahn* in KölnKomm. AktG, 3. Aufl., § 89 AktG Rz. 14 („unrealistisch niedrig").
12 *Hüffer*, § 89 AktG Rz. 3; *Mertens/Cahn* in KölnKomm. AktG, 3. Aufl., § 89 AktG Rz. 15; *Spindler* in MünchKomm. AktG, 3. Aufl., § 89 AktG Rz. 22.

Freigrenze sind sämtliche Kreditgewährungen an das konkrete Vorstandsmitglied – und zur Verhinderung von Umgehungsgestaltungen – auch solche an Angehörige und an mittelbare Stellvertreter i.S. von § 89 Abs. 3 einzubeziehen, während Kreditgewährungen nach § 89 Abs. 2 oder Abs. 4 gesondert zu betrachten sind[13].

5a Der Grundtatbestand des § 89 Abs. 1 erfasst nach seinem Wortlaut ausschließlich von der AG/KGaA vergebene Kredite („Gesellschaft"). Aus Umgehungsschutzgründen (Rz. 1) werden von § 89 auch Kreditgewährungen durch einen für Rechnung der AG handelnden Dritten sowie von abhängigen Unternehmen, die auf Veranlassung (§ 311) oder auf Weisung (§ 308) der herrschenden Gesellschaft handeln, erfasst[14].

### 2. Vorstandsmitglied

6 Der Grundtatbestand des § 89 Abs. 1 gilt für alle amtierenden (auch stellvertretenden) Vorstandsmitglieder, einschließlich der vom Aufsichtsrat vorübergehend zu Stellvertretern fehlender oder verhinderter Vorstandsmitglieder bestellten Aufsichtsratsmitglieder[15] sowie während der Abwicklung für Abwickler (*arg. e* § 268 Abs. 2)[16]. Für Kreditgewährungen an ausgeschiedene Vorstandsmitglieder gilt § 89 indes nicht. Über § 283 Nr. 5 gilt § 89 auch für persönlich haftende Gesellschafter einer KGaA, die nach § 288 Abs. 2 zusätzlichen Einschränkungen unterliegen.

### 3. Zuständigkeit und Beschlussfassung des Aufsichtsrats

7 Die Vertretungsbefugnis des Aufsichtsrats bei Kreditgewährungen an Vorstandsmitglieder folgt aus § 112. Das durch § 89 Abs. 1 Satz 1 ergänzte Beschlusserfordernis (§§ 107 Abs. 2, 108) führt dazu, dass eine konkludente Kreditgewährung (insbesondere durch Duldung einseitiger Maßnahmen der Vorstandsmitglieder) nicht möglich ist (Rz. 1). Für den Beschluss genügt die einfache Mehrheit der abgegebenen Stimmen (vgl. § 32 Abs. 1 Satz 3 BGB, § 29 Abs. 1 MitbestG); allerdings kann nach Maßgabe der allgemeinen Vorgaben (Rz. 2) die Satzung auch eine qualifizierte Stimmenmehrheit vorschreiben. Die Entscheidungsbefugnis kann auch einem Ausschuss übertragen werden (*arg. e* § 107 Abs. 3)[17]. Da Kredite an Vorstandsmitglieder nur „aufgrund" eines Beschlusses des Aufsichtsrats gewährt werden dürfen, muss dieser **bereits vor der Kreditgewährung gefasst** sein, indes nicht länger als drei Monate vor ihr (§ 89 Abs. 1 Satz 2)[18]. Allerdings ist eine nachträgliche Zustimmung zulässig (*arg. e* § 89 Abs. 5), die auf den Zeitpunkt der Kreditgewährung zurückwirkt und die Pflicht zur sofortigen Rückgewährung aufhebt. Auch kann das Einwilligungsverfahren im Aufsichtsrat durch einen alle drei Monate zu fassenden Vorratsbeschluss erleichtert werden, in dem die wesentlichen Darlehenskonditionen festgelegt werden müssen[19].

Der Aufsichtsratsbeschluss muss jedoch bestimmte **inhaltliche Mindesterfordernisse** aufweisen (Transparenzgedanke), insbesondere keine Blanko-Einwilligung sein, und eine unter Anlegung der §§ 116, 93 Abs. 1 Satz 1 sowie § 87 Abs. 1 sorgfaltspflichtge-

---

13 Mertens/Cahn in KölnKomm. AktG, 3. Aufl., § 89 AktG Rz. 14; *Spindler* in MünchKomm. AktG, 3. Aufl., § 89 AktG Rz. 23.
14 Ebenso Mertens/Cahn in KölnKomm. AktG, 3. Aufl., § 89 AktG Rz. 12.
15 Mertens/Cahn in KölnKomm. AktG, 3. Aufl., § 89 AktG Rz. 4; *Kort* in Großkomm. AktG, 4. Aufl., § 89 AktG Rz. 8 f.; *Spindler* in MünchKomm. AktG, 3. Aufl., § 89 AktG Rz. 24.
16 *Spindler* in MünchKomm. AktG, 3. Aufl., § 89 AktG Rz. 24.
17 BGH v. 27.5.1991 – II ZR 87/90, AG 1991, 398 f.; *Hüffer*, § 89 AktG Rz. 4; *Mertens/Cahn* in KölnKomm. AktG, 3. Aufl., § 89 AktG Rz. 17; *Spindler* in MünchKomm. AktG, 3. Aufl., § 89 AktG Rz. 36; *Fleischer* in Spindler/Stilz, § 89 AktG Rz. 12; *Kuhlmann*, AG 2009, 109, 110.
18 Vgl. zu der Frage, auf welchen Zeitpunkt abzustellen ist *Kuhlmann*, AG 2009, 109, 110 f.
19 Ausf. *Kuhlmann*, AG 2009, 109, 110 m.w.N.

mäße Entscheidung sein. Der Aufsichtsratsbeschluss muss das Kreditgeschäft nach Grund und Höhe genau festlegen ebenso wie die Verzinsung und die Rückzahlung (§ 89 Abs. 1 Satz 3, Abs. 2 Satz 3, Abs. 3 und Abs. 4 Satz 1 Halbsatz 2); für die Gesellschaft muss ein Kündigungsrecht vorgesehen sein. Der Verweis auf einen konkretisierten Entwurf eines Kreditvertrags ist ausreichend[20].

### 4. Durchführung der Kreditgewährung

Bei Kreditgeschäften mit Vorstandsmitgliedern (einschließlich von Kleinkrediten i.S. von § 89 Abs. 1 Satz 5) wird die Gesellschaft ausschließlich vom Aufsichtsrat vertreten (§ 112), allerdings liegt die **Durchführung der Aufsichtsratsentscheidung in der Hand des Vorstands**, der dazu auch keine Vollmacht des Aufsichtsrats benötigt[21]. Die Rückgewährung des Kredits an die AG kann das vertretungsbefugte Vorstandsmitglied selbst vornehmen (§ 181 BGB). Bedarf es einer Kündigung des Kreditgeschäfts, so erfolgt sie gegenüber dem Vorstandsmitglied durch den Aufsichtsrat (§ 112). In den Fällen des § 89 Abs. 2 bis Abs. 4 handelt der Vorstand als allgemeines Vertretungsorgan der AG (§ 78 Abs. 1).

## III. Sondertatbestände

Die Vorschriften in § 89 Abs. 2 bis Abs. 4 erweitern unter Umgehungsschutzgesichtspunkten (Rz. 1) den Kreis der Kreditempfänger und unterstellen solche Kreditgeschäfte einer zwingenden Mitwirkung des Aufsichtsrats (nämlich einer „Einwilligung des Aufsichtsrats", also einer vorherigen Zustimmung i.S. von § 183 BGB); die Geschäftsführungsbefugnis des Vorstands ist entsprechend eingeschränkt.

### 1. Kreditgewährung an Prokuristen und Generalhandlungsbevollmächtigte

In Abweichung zu § 80 Abs. 1 Satz 2 AktG 1937 werden jetzt von dem Einwilligungserfordernis zugunsten des Aufsichtsrats nicht sämtliche Kreditgeschäfte mit leitenden Angestellten erfasst, sondern nur solche mit **Prokuristen** (§§ 48 ff. HGB) und **Generalhandlungsbevollmächtigte** (§ 54 Abs. 1, 1. Fall HGB) (§ 89 Abs. 2 Satz 1). Eine analoge Anwendung von § 89 Abs. 2 Satz 1 auf einen erweiterten Kreis von Führungspersonen scheidet vor dem Hintergrund der Gesetzgebungsgeschichte grundsätzlich aus[22]; von diesem Analogieverbot ist allerdings für **Generalbevollmächtigte** eine Ausnahme zu machen[23].

### 2. Kreditgewährung an Vertreter eines Konzernunternehmens

Dem Einwilligungserfordernis zugunsten des Aufsichtsrats unterliegen auch Kreditgeschäfte, die eine herrschende Gesellschaft (AG, KGaA) an gesetzliche Vertreter, Prokuristen, Generalhandlungsbevollmächtigte oder Generalbevollmächtigte (Analogie; Rz. 12) eines abhängigen Unternehmens (gleich welcher Rechtsform) gewährt sowie solche, die eine abhängige Gesellschaft (AG, KGaA) an gesetzliche Vertreter, Prokuristen, Generalhandlungsbevollmächtigte oder Generalbevollmächtigte (Analogie; Rz. 12) des herrschenden Unternehmens (gleich welcher Rechtsform) gewährt. In bei-

---

20 *Hüffer*, § 89 AktG Rz. 4; *Mertens/Cahn* in KölnKomm. AktG, 3. Aufl., § 89 AktG Rz. 20; *Spindler* in MünchKomm. AktG, 3. Aufl., § 89 AktG Rz. 42.
21 Zutr. *Mertens/Cahn* in KölnKomm. AktG, 3. Aufl., § 89 AktG Rz. 17; *Spindler* in MünchKomm. AktG, 3. Aufl., § 89 AktG Rz. 45.
22 *Hüffer*, § 89 AktG Rz. 5; *Mertens/Cahn* in KölnKomm. AktG, 3. Aufl., § 89 AktG Rz. 5; *Spindler* in MünchKomm. AktG, 3. Aufl., § 89 AktG Rz. 25; vgl. auch Begr. RegE AktG 1965 zu § 89, zit. bei *Kropff*, Aktiengesetz, S. 115.
23 Zutr. *Spindler* in MünchKomm. AktG, 3. Aufl., § 89 AktG Rz. 25.

den Fällen ist die Zustimmung vom Aufsichtsrat der herrschenden Gesellschaft zu erteilen, fehlt dort ein Aufsichtsrat (z.B. wegen Rechtsform), so ist die Einwilligung durch das Organ zu geben, das anstelle des Aufsichtsrats die Geschäftsführung der Gesellschaft überwacht (z.B. GmbH: Gesellschafterversammlung, Personenhandelsgesellschaft: Gesellschafter)[24]. Einen Beschluss des Aufsichtsrats der abhängigen Gesellschaft ist nur erforderlich, wenn ein Vorstandsdoppelmandat (dann § 89 Abs. 1) oder sonstige Doppelfunktionen vorliegen (dann § 89 Abs. 2 Satz 1).

### 3. Kreditgewährung an Ehegatten, Lebenspartner und minderjährige Kinder

12  Die Vorschrift des § 89 Abs. 3 Satz 1 erstreckt die Geltung des § 89 Abs. 2 auf Kredite, die an Ehegatten, Lebenspartner (§ 1 LPartG) oder an minderjährige Kinder gewährt werden, wenn der andere Ehegatte, Lebenspartner oder der Vater bzw. die Mutter gesetzlicher Vertreter, Prokurist (§§ 48 ff. HGB), Generalhandlungsbevollmächtigter (§ 54 Abs. 1, 1. Fall HGB) oder Generalbevollmächtigter (Analogie; Rz. 10) ist, und zwar entweder der kreditgewährenden AG oder eines von ihr abhängigen oder eines sie beherrschenden Unternehmens. Von der Umgehungsvorschrift werden geschiedene Ehegatten oder vormalige Lebenspartner (§ 15 LPartG) nicht erfasst, demgegenüber aber nichteheliche Kinder und Adoptivkinder[25].

### 4. Kreditgewährung an mittelbare Stellvertreter

13  Ein Kreditgeschäft, bei dem der Kreditnehmer als mittelbarer Stellvertreter für den an sich unter § 89 Abs. 2 oder Abs. 3 Satz 1 fallenden Hintermann auftritt, unterfällt ebenfalls dem Einwilligungserfordernis zugunsten des Aufsichtsrats (§ 89 Abs. 3 Satz 2). Soweit der Dritte allerdings für eigene Rechnung handelt, ist § 89 nicht anwendbar.

### 5. Kreditgewährung an juristische Personen und Personengesellschaften bei personeller Verflechtung

14  Eine AG darf ohne Einwilligung des Aufsichtsrats einer juristischen Person oder Personengesellschaft keinen Kredit gewähren, wenn eines ihrer Vorstandsmitglieder, Prokuristen, Generalhandlungsbevollmächtigte oder Generalbevollmächtigte (Analogie; Rz. 12) zugleich gesetzlicher Vertreter oder Aufsichtsratsmitglied dieser anderen juristischen Person oder Gesellschafter der Personengesellschaft ist (§ 89 Abs. 4). Über den ausdrücklichen Wortlaut der Norm hinaus ist das Einwilligungserfordernis auch auf solche Fälle teleologisch (Rz. 1) zu erweitern, in denen ein Beiratsmitglied einer GmbH oder Personengesellschaft zugleich Vorstand der kreditgebenden AG ist, sofern der Beirat aufsichtsratsähnliche Funktionen wahrnimmt[26]. Für die Einwilligung des Aufsichtsrats der kreditgebenden AG gelten die Vorschriften des § 89 Abs. 1 Sätze 2 und 3 sinngemäß. Von dem Einwilligungserfordernis ausgenommen sind Kreditgewährungen an verbundene Unternehmen (§ 15) sowie die Kreditierung von Warenlieferungen (§ 89 Abs. 4 Satz 2), damit **Rechtsbeziehungen** nicht behindert werden, **die zum gewöhnlichen Geschäftsverkehr gehören**[27]. Der Ausnahmetatbestand

---

24 Mertens/Cahn in KölnKomm. AktG, 3. Aufl., § 89 AktG Rz. 6 f.; Spindler in MünchKomm. AktG, 3. Aufl., § 89 AktG Rz. 37.
25 Hüffer, § 89 AktG Rz. 6; Mertens/Cahn in KölnKomm. AktG, 3. Aufl., § 89 AktG Rz. 9; Spindler in MünchKomm. AktG, 3. Aufl., § 89 AktG Rz. 27.
26 Vgl. LG Bochum v. 27.6.1989 – 12 O 133/88 – „Krupp/Rheinform", ZIP 1989, 1557, 1563; Spindler in MünchKomm. AktG, 3. Aufl., § 89 AktG Rz. 30; vorsichtig auch Hüffer, § 89 AktG Rz. 7.
27 Begr. RegE AktG 1965 zu § 89, zit. bei Kropff, Aktiengesetz, S. 115.

des „Kredits für die Bezahlung von Waren" ist teleologisch eng auszulegen i.S. eines üblichen Lieferantenkredits[28].

## IV. Rechtsfolgen

Während ein Verstoß gegen § 112 bei Kreditgeschäften mit einem Vorstandsmitglied (§ 89 Abs. 1) dieses nichtig macht, führt eine Kreditgewährung unter Verletzung gegen § 89 Abs. 1 bis Abs. 4 **nicht zur Nichtigkeit** nach § 134 BGB[29]. Die Verbote des § 89 richten sich nur gegen die kreditgewährende Gesellschaft und nicht gegen die Kreditgewährung als solche. Überdies folgt aus der Verpflichtung zur sofortigen Rückgewähr (§ 89 Abs. 5), dass die Regelungen in § 89 Abs. 1 bis Abs. 4 keine Verbotsgesetze i.S. von § 134 BGB sind. Ein entgegen § 89 gewährter Kredit ist vom Kreditempfänger „ohne Rücksicht auf entgegenstehende Vereinbarungen sofort zurückzugewähren" (§ 89 Abs. 5), also ein Darlehen oder eine gestundete Forderung ist **unverzüglich** (§ 121 Abs. 1 Satz 1 BGB) und ohne Entreicherungseinwand **zurückzuzahlen**; bei einer Kreditgewährung durch Sicherheitsleistung erfolgt dies dadurch, dass der Kreditnehmer an den Dritten zahlt oder sonst wie für eine Freigabe der Sicherheiten sorgt[30]. Es handelt sich um einen vertraglichen Rückgewähranspruch, dessen sofortige Fälligkeit gesetzlich angeordnet ist[31] und für den auch die für den Kredit selbst bestellten Sicherungen haften[32]. Ein Aufrechnungsverbot ergibt sich aus § 89 Abs. 5 hingegen nicht[33]. – Bei Kreditgewährungen an Vorstandsmitglieder, die zugleich Aktionäre der Gesellschaft sind, findet § 57 in der Regel keine Anwendung, da dessen Regelungsbereich nur für Zuwendungen eröffnet ist, die gerade wegen der Aktionärseigenschaft (und nicht wegen der Vorstandseigenschaft) erfolgen[34]. 15

**Beschließt der Aufsichtsrat nachträglich die Kreditgewährung**, so entfällt der Anspruch auf sofortige Rückgewähr des Kredits (§ 89 Abs. 5, letzter Halbsatz), allerdings kann der Aufsichtsrat bei einer nach § 89 unzulässigen Kreditgewährung nicht nach § 177 Abs. 2 BGB aufgefordert werden, nachträglich seine Zustimmung zu erteilen[35]. Auch bei einer Genehmigung des Aufsichtsrats bleiben etwaige Ersatzansprüche nach § 93 Abs. 3 Nr. 8 wegen der Regelungen in § 93 Abs. 4 Sätze 2 und 3 bestehen[36]. 16

Bei Kreditgewährungen unter Verstoß gegen § 89 haftet der Aufsichtsrat nach § 116 und das krediterhaltende Vorstandsmitglied (oder der Vorstand, der den Kreditvertrag mit dem Dritten abschließt) nach § 93 Abs. 3 Nr. 8[37]. 17

---

28 LG Bochum v. 27.6.1989 – 12 O 133/88 – „Krupp/Rheinform", ZIP 1989, 1557, 1563; *Hüffer*, § 89 AktG Rz. 7; *Mertens/Cahn* in KölnKomm. AktG, 3. Aufl., § 89 AktG Rz. 11; *Spindler* in MünchKomm. AktG, 3. Aufl., § 89 AktG Rz. 33.
29 *Hüffer*, § 89 AktG Rz. 8; *Mertens/Cahn* in KölnKomm. AktG, 3. Aufl., § 89 AktG Rz. 22; *Kort* in Großkomm. AktG, 4. Aufl., § 89 AktG Rz. 133 f.; *Spindler* in MünchKomm. AktG, 3. Aufl., § 89 AktG Rz. 51; *Fleischer* in Spindler/Stilz, § 89 AktG Rz. 23; *Fleischer*, WM 2004, 1057, 1066; a.A. Schlegelberger/Quassowski, AktG 1937, § 80 AktG Anm. 15.
30 *Hüffer*, § 89 AktG Rz. 8; *Spindler* in MünchKomm. AktG, 3. Aufl., § 89 AktG Rz. 53.
31 *Hüffer*, § 89 AktG Rz. 8; *Mertens/Cahn* in KölnKomm. AktG, 3. Aufl., § 89 AktG Rz. 23; *Kort* in Großkomm. AktG, 4. Aufl., § 89 AktG Rz. 137; *Spindler* in MünchKomm. AktG, 3. Aufl., § 89 AktG Rz. 52.
32 *Hüffer*, § 89 AktG Rz. 8; *Spindler* in MünchKomm. AktG, 3. Aufl., § 89 AktG Rz. 52.
33 BGH v. 27.5.1991 – II ZR 87/90, AG 1991, 398, 399; *Hüffer*, § 89 AktG Rz. 8; *Spindler* in MünchKomm. AktG, 3. Aufl., § 89 AktG Rz. 53 a.E.
34 Zutr. *Mertens/Cahn* in KölnKomm. AktG, 3. Aufl., § 89 AktG Rz. 24; abw. (§ 57 lex specialis zu § 89) *Kort* in Großkomm. AktG, 4. Aufl., § 89 AktG Rz. 5; *Deilmann*, AG 2006, 62, 64 f.
35 *Spindler* in MünchKomm. AktG, 3. Aufl., § 89 AktG Rz. 56.
36 *Hüffer*, § 89 AktG Rz. 8; *Spindler* in MünchKomm. AktG, 3. Aufl., § 89 AktG Rz. 57; *Wiesner* in MünchHdb. AG, § 21 Rz. 96.
37 *Mertens/Cahn* in KölnKomm. AktG, 3. Aufl., § 89 AktG Rz. 25.

## § 90
## Berichte an den Aufsichtsrat

(1) Der Vorstand hat dem Aufsichtsrat zu berichten über
1. die beabsichtigte Geschäftspolitik und andere grundsätzliche Fragen der Unternehmensplanung (insbesondere die Finanz-, Investitions- und Personalplanung), wobei auf Abweichungen der tatsächlichen Entwicklung von früher berichteten Zielen unter Angabe von Gründen einzugehen ist;
2. die Rentabilität der Gesellschaft, insbesondere die Rentabilität des Eigenkapitals;
3. den Gang der Geschäfte, insbesondere den Umsatz, und die Lage der Gesellschaft;
4. Geschäfte, die für die Rentabilität oder Liquidität der Gesellschaft von erheblicher Bedeutung sein können.

Ist die Gesellschaft Mutterunternehmen (§ 290 Abs. 1, 2 des Handelsgesetzbuchs), so hat der Bericht auch auf Tochterunternehmen und auf Gemeinschaftsunternehmen (§ 310 Abs. 1 des Handelsgesetzbuchs) einzugehen. Außerdem ist dem Vorsitzenden des Aufsichtsrats aus sonstigen wichtigen Anlässen zu berichten; als wichtiger Anlass ist auch ein dem Vorstand bekanntgewordener geschäftlicher Vorgang bei einem verbundenen Unternehmen anzusehen, der auf die Lage der Gesellschaft von erheblichem Einfluss sein kann.

(2) Die Berichte nach Absatz 1 Satz 1 Nr. 1 bis 4 sind wie folgt zu erstatten:
1. die Berichte nach Nummer 1 mindestens einmal jährlich, wenn nicht Änderungen der Lage oder neue Fragen eine unverzügliche Berichterstattung gebieten;
2. die Berichte nach Nummer 2 in der Sitzung des Aufsichtsrats, in der über den Jahresabschluss verhandelt wird;
3. die Berichte nach Nummer 3 regelmäßig, mindestens vierteljährlich;
4. die Berichte nach Nummer 4 möglichst so rechtzeitig, dass der Aufsichtsrat vor Vornahme der Geschäfte Gelegenheit hat, zu ihnen Stellung zu nehmen.

(3) Der Aufsichtsrat kann vom Vorstand jederzeit einen Bericht verlangen über Angelegenheiten der Gesellschaft, über ihre rechtlichen und geschäftlichen Beziehungen zu verbundenen Unternehmen sowie über geschäftliche Vorgänge bei diesen Unternehmen, die auf die Lage der Gesellschaft von erheblichem Einfluss sein können. Auch ein einzelnes Mitglied kann einen Bericht, jedoch nur an den Aufsichtsrat, verlangen.

(4) Die Berichte haben den Grundsätzen einer gewissenhaften und getreuen Rechenschaft zu entsprechen. Sie sind möglichst rechtzeitig und, mit Ausnahme des Berichts nach Absatz 1 Satz 3, in der Regel in Textform zu erstatten.

(5) Jedes Aufsichtsratsmitglied hat das Recht, von den Berichten Kenntnis zu nehmen. Soweit die Berichte in Textform erstattet worden sind, sind sie auch jedem Aufsichtsratsmitglied auf Verlangen zu übermitteln, soweit der Aufsichtsrat nichts anderes beschlossen hat. Der Vorsitzende des Aufsichtsrats hat die Aufsichtsratsmitglieder über die Berichte nach Absatz 1 Satz 2 spätestens in der nächsten Aufsichtsratssitzung zu unterrichten.

## § 90

I. Einleitung .................. 1
II. Inhalt der gesetzlichen Regelung ... 6
1. Periodische Berichterstattung (§ 90 Abs. 1) ............... 6
   a) Bericht über Geschäftspolitik und Unternehmensplanung (§ 90 Abs. 1 Satz 1 Nr. 1) ....... 7
      aa) Berichtsinhalt ........... 8
      bb) Zeitpunkt und Häufigkeit der Berichterstattung ...... 15
   b) Rentabilitätsbericht (§ 90 Abs. 1 Satz 1 Nr. 2) ............... 16
      aa) Berichtsinhalt ........... 17
      bb) Zeitpunkt und Häufigkeit der Berichterstattung ...... 19
   c) Bericht über den Gang der Geschäfte (§ 90 Abs. 1 Satz 1 Nr. 3) .. 20
      aa) Berichtsinhalt ........... 21
      bb) Zeitpunkt und Häufigkeit der Berichterstattung ...... 24
   d) Bericht über Geschäfte von erheblicher Bedeutung (§ 90 Abs. 1 Satz 1 Nr. 4) ............... 25
      aa) Berichtsinhalt ........... 26
      bb) Zeitpunkt und Häufigkeit der Berichterstattung ...... 28
   e) Berichterstattung zu Tochter- und Gemeinschaftsunternehmen (§ 90 Abs. 1 Satz 2) .......... 31
2. Berichte aus sonstigen wichtigen Anlässen (§ 90 Abs. 1 Satz 3) ...... 33
3. Anforderungsberichte (§ 90 Abs. 3) .. 36
   a) Berichtsverlangen des Gesamtaufsichtsrates ............. 37
   b) Berichtsverlangen einzelner Aufsichtsratsmitglieder ......... 40
   c) Schranken der Information und Missbrauchskontrolle ......... 42
      aa) Ausnahmen von der Berichtspflicht ........... 43
         (1) Verletzung von (Straf-)Vorschriften ............... 44
         (2) Missbrauchsgefahr ....... 45
         (3) Schikaneverbot ......... 47
         (4) Fehlender Funktions- oder Gesellschaftsbezug ........ 48
         (5) Entscheidungskompetenz ... 49
      bb) Sonstige Handlungsmöglichkeiten bei vertraulichen Informationen ........... 50
4. Grundsätze ordnungsgemäßer Berichterstattung (§ 90 Abs. 4) ....... 51
   a) Gewissenhafte und getreue Rechenschaft ............... 52
   b) Zeitpunkt und Form der Berichte . 56
   c) Rechtsfolgen einer nicht ordnungsgemäßen Berichterstattung ..... 60
5. Information innerhalb des Aufsichtsrates (§ 90 Abs. 5) ......... 61
   a) Recht auf Kenntnisnahme und Übermittlung (§ 90 Abs. 5 Sätze 1 und 2) ............. 62
   b) Informationsrechte bei Sonderberichten (§ 90 Abs. 5 Satz 3) .... 67
6. Durchsetzung der Berichtspflichten . 68
7. Handlungen des Aufsichtsrates im Hinblick auf Berichte ........... 72

**Literatur:** *Ambrosius*, Der Berichtsanspruch des Aufsichtsrates nach § 90 III AktG – sein Umfang und seine Grenzen, DB 1979, 2165; *Elsing/Schmidt*, Individuelle Informationsrechte von Aufsichtsratsmitgliedern einer Aktiengesellschaft, BB 2002, 1705; *Feddersen*, Nochmals – Die Pflichten des Vorstands zur Unternehmensplanung, ZGR 1993, 114; *Fischer/Beckmann*, Inhalt und Qualität der Regelberichterstattung für die Mitglieder von Aufsichtsräten, DB 2009, 1661; *Götz*, Die Überwachung der Aktiengesellschaft im Lichte jüngerer Unternehmenskrisen, AG 1995, 337; *Götz*, Rechte und Pflichten des Aufsichtsrates nach dem Transparenz- und Publizitätsgesetz, NZG 2002, 599; *Hommelhoff/Mattheus*, Corporate Governance nach dem KonTraG, AG 1998, 249; *Ihrig/Wagner*, Die Reform geht weiter: Das Transparenz- und Publizitätsgesetz kommt, BB 2002, 789; *Kallmeyer*, Pflichten des Vorstandes der Aktiengesellschaft zur Unternehmensplanung, ZGR 1993, 104; *Knigge*, Änderungen des Aktienrechts durch das Transparenz- und Publizitätsgesetz, WM 2002, 1729; *Kropff*, Informationsbeschaffungspflichten des Aufsichtsrates, in FS Thomas Raiser, 2005, S. 225; *Kropff*, Zur Information des Aufsichtsrats über das interne Überwachungssystem, NZG 2003, 346; *Kropff*, Die Unternehmensplanung im Aufsichtsrat, NZG 1998, 613; *Leuering/Simon*, Das Einsichts- und Prüfungsrecht des Aufsichtsrats, NJW-Spezial 2007,123; *Leyens*, Information des Aufsichtsrats, Ökonomisch-funktionale Analyse und Rechtsvergleich zum englischen Board, 2006; *Lutter*, Der Aufsichtsrat im Konzern, AG 2006, 517; *Lutter*, Defizite für eine effiziente Aufsichtsratstätigkeit und gesetzliche Möglichkeiten der Verbesserung, ZHR 159 (1995), 287; *Lutter*, Unternehmensplanung und Aufsichtsrat, AG 1991, 249; *Lutter*, Bankenvertreter im Aufsichtsrat, ZHR 145 (1981), 224; *Lutter*, Information und Vertraulichkeit, 3. Aufl. 2006; *Lutter/Krieger*, Rechte und Pflichten des Aufsichtsrats, 5. Aufl. 2008; *Marsch-Barner*, Zur Information des Aufsichtsrates durch Mitarbeiter des Unternehmens, in FS Schwark, 2009, S. 219; *Paefgen*, Struktur und Aufsichtsratsverfassung der mitbestimmten Aktiengesellschaft, 1982; *S. H. Schneider*, Informationspflichten und Informationssystemeinrichtungspflichten im Aktienkonzern, 2006; *Theisen*, Information und Berichterstattung des Aufsichtsrates, 4. Aufl. 2007.

## I. Einleitung

1  Die Vorschrift wurde neu gefasst durch das **KonTraG** vom 27.4.1998 sowie durch das **TransPuG** vom 19.7.2002[1]. **Zweck** der Berichtspflichten gem. § 90 ist es zum einen, dem Aufsichtsrat zu ermöglichen, seinen Überwachungspflichten gem. § 111 nachzukommen; zum anderen sollen die Berichtspflichten verhindern, dass die Aufsichtsratsmitglieder sich gegenüber einer Inanspruchnahme auf Schadensersatz gem. §§ 116, 93 auf Unkenntnis berufen können.

2  Börsennotierte Gesellschaften haben sich zudem an Ziffer 3.4 des **DCGK** zu orientieren, die wie folgt lautet: *„Die ausreichende Informationsversorgung des Aufsichtsrats ist gemeinsame Aufgabe von Vorstand und Aufsichtsrat. Der Vorstand informiert den Aufsichtsrat regelmäßig, zeitnah und umfassend über alle für das Unternehmen relevanten Fragen der Planung, der Geschäftsentwicklung, der Risikolage und des Risikomanagements. Er geht auf Abweichungen des Geschäftsverlaufs von den aufgestellten Plänen und Zielen unter Angabe von Gründen ein. Der Aufsichtsrat soll die Informations- und Berichtpflichten des Vorstands näher festlegen. Berichte des Vorstands an den Aufsichtsrat sind in der Regel in Textform zu erstatten. Entscheidungsnotwenige Unterlagen, insbesondere der Jahresabschluss, der Konzernabschluss und der Prüfungsbericht, werden den Mitgliedern des Aufsichtsrats möglichst rechtzeitig vor der Sitzung zugeleitet"*. Abweichungen hiervon sind in der Entsprechenserklärung nach § 161 offen zu legen.

3  Nach allgemeiner Meinung stellt § 90 **keine abschließende Regelung** der Berichtspflichten dar. Der Vorstand ist vielmehr darüber hinaus stets dann berichtspflichtig, wenn er einen Aufsichtsratsbeschluss herbeiführen will oder muss (sogenannte **Vorlageberichte**)[2], insbesondere also in den Fällen des § 111 Abs. 4 Satz 2 (zustimmungspflichtige Geschäfte), des § 88 (Wettbewerbsverbot), des § 89 (Kreditgewährung an den Vorstand), der §§ 114, 115 (Abschluss von Verträgen mit Aufsichtsratsmitgliedern), des § 170 (Vorlage des Jahresabschlusses an den Aufsichtsrat), des § 203 Abs. 3 Satz 2 (Ausnutzung genehmigten Kapitals), des § 314 (Vorlage des Abhängigkeitsberichts) sowie des § 32 MitbestG (Ausübung von Beteiligungsrechten).

4  Die Berichtspflichten nach § 90 stellen nicht die einzige Informationsmöglichkeit des Aufsichtsrates dar. Weitere Informationsquellen sind der Prüfungsbericht des Abschlussprüfers gem. § 170 Abs. 3 sowie die **Einsichtnahme** in und Prüfung der Bücher, Schriften und Vermögensgegenstände der Gesellschaft gem. § 111 Abs. 2[3]. Dieses Einsichtnahmerecht steht, anders als das Recht zur Anforderung von Berichten nach § 90 Abs. 3 Satz 2, nur dem Gesamtaufsichtsrat zu[4] (der allerdings einzelne Mitglieder mit der Wahrnehmung beauftragen kann). Der Aufsichtsrat kann außerdem Sachverständige zur Klärung von Einzelfragen hinzuziehen (§ 109 Abs. 1 Satz 2)[5].

---

1 BGBl. I 2002, 786 bzw. BGBl. I 2002, 2681.
2 Zu den Einzelheiten *Lutter*, Information und Vertraulichkeit, Rz. 76 ff.
3 Vgl. *Spindler* in MünchKomm. AktG, 3. Aufl., § 90 AktG Rz. 43.
4 Vgl. OLG Stuttgart v. 30.5.2007 – 20 U 14/06, NZG 2007, 549 = AG 2007, 873; *Hüffer*, § 90 AktG Rz. 1.
5 *Spindler* in MünchKomm. AktG, 3. Aufl., § 90 AktG Rz. 43.

§ 90 ist zwingendes Recht. Die Berichtspflichten des Vorstandes können zwar durch **Satzung oder Geschäftsordnung** verschärft, nicht jedoch beschränkt oder aufgehoben werden[6].

## II. Inhalt der gesetzlichen Regelung

### 1. Periodische Berichterstattung (§ 90 Abs. 1)

§ 90 Abs. 1 Satz 1 Nr. 1 bis 4 sieht vor, dass der Vorstand bestimmte Berichte von sich aus periodisch abzugeben hat (so genannte **Regelberichte** oder **periodische Berichte**)[7].

#### a) Bericht über Geschäftspolitik und Unternehmensplanung (§ 90 Abs. 1 Satz 1 Nr. 1)

Gem. § 90 Abs. 1 Satz 1 Nr. 1 hat der Vorstand dem Aufsichtsrat über die beabsichtigte Geschäftspolitik und andere grundsätzliche Fragen der Unternehmensplanung (insbesondere die Finanz-, Investitions- und Personalplanung) zu berichten (wegen der jährlichen Berichtsperiode auch **Jahresbericht** genannt). Hiermit betont das Gesetz die zukunftsorientierte Überwachungsfunktion der Berichtspflicht[8].

**aa) Berichtsinhalt.** Unter **Unternehmensplanung** ist jedenfalls die kurzfristige (jährliche) Planung (auch **Budget** genannt) sowie die **Mehrjahresplanung** zu verstehen, die ihrerseits in Mittel- und Langfristplanung unterteilt werden kann[9]. Zum inhaltlichen Umfang der Planung führt das Gesetz als Beispielsfälle die **Finanz-, Investitions- und Personalplanung** an. Diese Aufzählung ist jedoch nicht abschließend. Je nach Größe, Branchenzugehörigkeit oder sonstiger Eigenart der Gesellschaft können vielmehr weitere Planungen erforderlich sein; die Gesetzesbegründung spricht insoweit exemplarisch von Produktions-, Absatz-, Beschaffungs-, Entwicklungs-, Kosten- und Ergebnisplänen[10].

Der Unterschied zwischen Unternehmensplanung und **Geschäftspolitik** ist unscharf und nicht eindeutig geklärt. Der Geschäftspolitik werden auch die Maßnahmen zugeordnet, die zu ihrer Umsetzung erforderlich sind[11]. Die Gesetzesbegründung zum AktG 1965 nannte insoweit in einer nicht abschließenden Aufzählung als Beispiele die Umstellung der Arbeitsmethoden oder des Herstellungsprogramms sowie die Änderung der Vertriebsformen[12].

Zu dem Bericht über Unternehmensplanung und Geschäftspolitik gehört zunächst eine Aussage über das unternehmerische **Gesamtkonzept**. Der Aufsichtsrat ist über die langfristigen, strategisch orientierten Vorstellungen des Vorstandes zu informieren[13]. Dabei ist insbesondere darzulegen, welche Marktstellung mit welchen Produkten auf welchen Märkten angestrebt wird, und wie diese erreicht werden soll, welche Investitionen und welche Maßnahmen im Hinblick auf Forschung und Entwicklung zur Erreichung der Ziele erforderlich sind, welche Kosten damit verbunden sind, wie diese Kosten zu finanzieren sind und welche Rentabilität im Falle der Zielerreichung erwartet werden darf[14]. Vor allem Vorhaben langfristiger oder grundsätzlicher Art

---

6 *Spindler* in MünchKomm. AktG, 3. Aufl., § 90 AktG Rz. 8.
7 Für eine empirische Betrachtung vgl. *Fischer/Beckmann*, DB 2009, 1661.
8 Begr. RegE, BT-Drucks. 13/9712, S. 15.
9 Begr. RegE, BT-Drucks. 13/9712, S. 15; *Hüffer*, § 90 AktG Rz. 4a.
10 Begr. RegE, BT-Drucks. 13/9712, S. 15; ebenso *Götz*, AG 1995, 337, 339.
11 *Spindler* in MünchKomm. AktG, 3. Aufl., § 90 AktG Rz. 18.
12 Begr. RegE bei *Kropff*, Aktiengesetz, S. 116.
13 *Semler/v. Schenck*, Arbeitshandbuch für Aufsichtsratsmitglieder, § 1 Rz. 113.
14 *Semler*, Leitung und Überwachung, Rz. 144; *Semler/v. Schenck*, Arbeitshandbuch für Aufsichtsratsmitglieder, § 1 Rz. 116; *Kort* in Großkomm. AktG, 4. Aufl., § 90 AktG Rz. 28 ff.

wie Entwicklungsvorhaben, Standortfragen, große Investitionen, Änderungen des Tätigkeitsbereiches, wesentliche Strukturänderungen und wesentliche Personalvorhaben sind zu berichten[15]. Des Weiteren sollte im Jahresbericht über die Einrichtung und Funktionsweise des Risikofrühwarnsystems gem. § 91 Abs. 2 berichtet werden[16].

11 Bei der Berichterstattung über die Kurzfristplanung sollte das Budget in **Berichtszeiträume** unterteilt werden; welche Unterteilung (z.B. Quartale) sinnvoll ist, hängt von dem jeweiligen Unternehmen ab[17]. Neben der Planung für das Gesamtunternehmen sind auch aufgeteilte Einzelplanungen für die verschiedenen **Sparten und Abteilungen** des Unternehmens in den Bericht aufzunehmen[18]. Die Berichterstattung muss **zeitlich lückenlos** erfolgen. Soweit der Sitzungsturnus des Aufsichtsrates dies erfordert, bezieht sich die Berichtpflicht daher nicht nur auf zukünftige, sondern auch auf abgelaufene Planungszeiträume[19].

12 Unstreitig besteht damit eine Berichtspflicht, soweit das Unternehmen über eine Unternehmensplanung verfügt. Dagegen wird in der Literatur nach wie vor ein Streit über die Frage geführt, ob sich aus § 90 gleichzeitig eine **Rechtspflicht des Vorstandes zur Planung** entnehmen lässt. Während die Frage wohl überwiegend bejaht[20] und teilweise verneint[21] wird, finden sich auch vermittelnde Ansichten, die eine Planungspflicht nur hinsichtlich des Budgets (Kurzfristplanung) bejahen, aber eine Pflicht des Vorstandes zur Erstellung sonstiger Planungen ablehnen[22]. Richtigerweise wird man eine Planungspflicht grundsätzlich bejahen müssen, da eine Berichtspflicht des Vorstandes über Planungen ins Leere liefe, wenn er nicht auch in gewissem Rahmen zur Planung verpflichtet wäre. Dies folgt auch aus der Regierungsbegründung zu der durch das KonTraG eingeführten Neufassung des § 90 Abs. 1 Satz 1 Nr. 1[23]. Damit ist allerdings nicht mehr gesagt, als was sich ohnehin aus der Sorgfaltspflicht des Vorstandes gem. § 93 Abs. 1 Satz 1 ergibt. § 90 konstituiert keine über § 93 hinausgehende, „objektivierte" Planungspflicht. Der Umfang der Planungspflicht des Vorstandes richtet sich daher nach den Maßstäben des § 93 einschließlich der in § 93 Abs. 1 Satz 2 geregelten *business judgement rule*; in diesem Rahmen kann sich daher, in Abhängigkeit von der Eigenart, Größe und Lage der Gesellschaft, auch eine Pflicht zur sonstigen Planung außerhalb der Budgetplanung ergeben[24]. Richtig ist jedenfalls die Feststellung der „vermittelnden" Ansicht, dass zumindest die Planungen für das nächste Jahr im Rahmen des Berichtes eingehender zu beziffern sind[25]. Auch die Län-

---

15 *Semler/v. Schenck*, Arbeitshandbuch für Aufsichtsratsmitglieder, § 1 Rz. 121.
16 *Lutter/Krieger*, Rechte und Pflichten des Aufsichtsrats, Rz. 203.
17 *Semler/v. Schenck*, Arbeitshandbuch für Aufsichtsratsmitglieder, § 1 Rz. 117.
18 *Lutter*, Information und Vertraulichkeit, Rz. 53.
19 *Hüffer*, § 90 AktG Rz. 4c; *Semler/v. Schenck*, Arbeitshandbuch für Aufsichtsratsmitglieder, § 1 Rz. 112.
20 *Lutter*, Information und Vertraulichkeit, Rz. 51 ff.; *Semler*, Leitung und Überwachung, Rz. 146; *Kort* in Großkomm. AktG, 4. Aufl., § 90 AktG Rz. 25; *Götz*, AG 1995, 337, 338f; *Lutter*, ZHR 159 (1995), 287, 291 f.; *Lutter*, AG 1991, 249, 250 f.; *Kropff*, NZG 1998, 613; *Feddersen*, ZGR 1993, 114 ff.
21 *Kallmeyer*, ZGR 1993, 104, 107 f.; skeptisch ferner *Mertens*, AG 1997, Sonderheft S. 70.
22 *Hüffer*, § 90 AktG Rz. 4, 4a; so wohl auch *DAV-Handelsrechtsausschuss*, ZIP 1997, 163, 164.
23 Begr. RegE zum KonTraG, BT-Drucks. 13/9712, S. 15; kritisch hierzu *DAV-Handelsrechtsausschuss*, ZIP 1997, 163, 164.
24 Ähnlich wohl *Spindler* in MünchKomm. AktG, 3. Aufl., § 90 AktG Rz. 18, der neben der Finanzplanung „je nach den Umständen des Unternehmens" auch z.B. eine tiefergehende Investitions- und Personalplanung oder sonstige Planungen für erforderlich hält; vgl. ferner *Lutter/Krieger*, Rechte und Pflichten des Aufsichtsrats, Rz. 199.
25 So auch *Semler*, Leitung und Überwachung, Rz. 145; *Lutter/Krieger*, Rechte und Pflichten des Aufsichtsrats, Rz. 200.

ge des zu beplanenden Zeitraums ist gesetzlich nicht festgeschrieben. Teilweise wird die Ansicht vertreten, es sei eine Mittelfristplanung von „4–5 Jahren" durchzuführen; ob darüber hinaus auch noch eine Langfrist-Planung erforderlich sei („ca. 10 Jahre"), sei von Fall zu Fall von Vorstand und Aufsichtsrat zu entscheiden[26]. Auch diese Frage ist im Einzelfall nach den Maßstäben des § 93 zu beantworten; eine generelle Rechtspflicht zu einer derartig langfristigen Aufstellung von Zahlenwerken über Zeiträume, die sich auch betriebswirtschaftlich in der Regel nicht mehr beherrschen lassen, ist abzulehnen. In vielen Fällen wird es möglich sein, auch für Langfristzeiträume einen Bericht zu erstatten, dessen Schwerpunkt auf der verbalen anstelle der durch Zahlen untermauerten Darstellung liegt; soweit dies möglich ist, ist ein solcher Bericht zu erstatten[27].

Des Weiteren ist streitig, ob die Berichtspflicht auch sämtliche einzelnen **Planrechnungen** erfasst, die der Planung zugrunde liegen. Teilweise wird dies in der Literatur verlangt[28]. Nach anderer Ansicht soll es dagegen generell ausreichen, wenn der Vorstand den Aufsichtsrat über die wesentlichen Ergebnisse der Planrechnungen informiert[29]. Der zuletzt genannten Ansicht ist zumindest im Hinblick auf die Mittel- und Langfristplanung zuzustimmen, da der Schwerpunkt bei diesen Berichten, wie vorstehend erläutert, ohnehin auf der verbalen anstelle der zahlenmäßigen Darstellung liegt. Hierfür spricht, dass der Gesetzeswortlaut in der durch das KonTraG geänderten Fassung des § 90 Abs. 1 Satz 1 Nr. 1 nur noch auf „grundsätzliche" Fragen der Unternehmensplanung abstellt und die Gesetzesbegründung ausdrücklich auf eine vom Aufsichtsrat zu erlassende „Informationsordnung" verweist[30]. Für das Budget, also die kurzfristige jährliche Planung, ist eine Offenlegung der relevanten Planrechnungen dagegen in der Regel nötig[31]. In der Praxis dürfte der Streit häufig ein Scheinproblem darstellen, da der Vorstand in jedem Fall die wesentlichen Ergebnisse zutreffend und vollständig zusammenfassen muss und der Aufsichtsrat jederzeit befugt ist, gem. § 90 Abs. 3 weitere Aufklärung zu verlangen. 13

**Follow-up Berichterstattung.** § 90 Abs. 1 Satz 1 Nr. 1 legt ausdrücklich fest, dass auf Abweichungen der tatsächlichen Entwicklung von früher berichteten Zielen unter Angabe von Gründen einzugehen ist. Diese durch das TransPuG eingefügte Klarstellung bringt einen wesentlichen Grundsatz jeder sorgfaltsgemäßen Berichterstattung zum Ausdruck: ein Bericht ist nur dann aussagekräftig, wenn er nicht nur die objektive Ist-Zahl, sondern auch eine **Abweichung zur Soll-Zahl** wiedergibt. Abweichungen sind allerdings nur insoweit zu berichten, als sie sich auf in früheren Vorstandsberichten formulierte Ziele beziehen, nicht dagegen, soweit sie von Zielen abweichen, die lediglich in sonstiger Weise kommuniziert worden sind (z.B. Betriebsversammlung, Interview, Pressemitteilung)[32]. 14

---

26 *Lutter*, Information und Vertraulichkeit, Rz. 49.
27 So auch *Lutter/Krieger*, Rechte und Pflichten des Aufsichtsrats, Rz. 201; *Leyens*, Information des Aufsichtsrats, S. 148; a.A. wohl *Semler/v. Schenck*, Arbeitshandbuch für Aufsichtsratsmitglieder, § 1 Rz. 116, der auch die mittelfristige Entwicklung des Unternehmens für „durchweg quantitativ fassbar" hält und daher meint, dass auch die Mehrjahresplanung (drei bis fünf Jahre) dem Aufsichtsrat schriftlich vorgelegt werden müsse.
28 *Lutter*, Information und Vertraulichkeit, Rz. 54 f.
29 *Hüffer*, § 90 AktG Rz. 4b; *Spindler* in MünchKomm. AktG, 3. Aufl., § 90 AktG Rz. 19; *Kort* in Großkomm. AktG, 4. Aufl., § 90 AktG Rz. 26.; *Fleischer* in Spindler/Stilz, § 90 AktG Rz. 21.
30 Begr. RegE, BT-Drucks. 13/9712, S. 15.
31 *Wiesner* in MünchHdb. AG, § 25 Rz. 16; *Mertens/Cahn* in KölnKomm. AktG, 3. Aufl., § 90 AktG Rz. 33; *Kropff*, NZG 1998, 613, 614; s. ferner *Hommelhoff/Mattheus*, AG 1998, 249, 253.
32 *Spindler* in MünchKomm. AktG, 3. Aufl., § 90 AktG Rz. 21; *Hüffer*, § 90 AktG Rz. 4 c.

15 **bb) Zeitpunkt und Häufigkeit der Berichterstattung.** Der Bericht über die Unternehmensplanung und Geschäftspolitik ist gem. § 90 Abs. 2 Nr. 1 mindestens einmal jährlich zu erstatten, wenn nicht Änderungen der Lage oder neue Fragen eine unverzügliche Berichterstattung gebieten. Im letztgenannten Falle handelt es sich der Sache nach um einen Sonderbericht aus wichtigem Anlass im Sinne des § 90 Abs. 1 Satz 3[33].

**b) Rentabilitätsbericht (§ 90 Abs. 1 Satz 1 Nr. 2)**

16 Gem. § 90 Abs. 1 Satz 1 Nr. 2 hat der Vorstand dem Aufsichtsrat ferner über die Rentabilität der Gesellschaft, insbesondere die Rentabilität (Verzinsung) des Eigenkapitals zu berichten.

17 **aa) Berichtsinhalt.** Unter Eigenkapital ist die Gesamtsumme der Beträge zu verstehen, die gem. § 266 Abs. 3 HGB unter A. auszuweisen sind. Die Eigenkapitalrentabilität allein ist jedoch nicht zwingend aussagekräftig. Dadurch, dass das Gesetz sie nur als Beispielsfall aufführt, wird klargestellt, dass daneben auch andere **Rentabilitätskennzahlen** an den Aufsichtsrat zu berichten sind, soweit dies erforderlich ist, um dem Aufsichtsrat aussagekräftige Informationen über die Ertragskraft des Unternehmens zu geben. Insbesondere wird regelmäßig die Angabe des Cash-flow, des Return on Investment (ROI) und der Rentabilität des Gesamtkapitals (Gesamtkapitalrendite), des Umsatzes (Umsatzrentabilität) sowie wesentlicher Investitionen erforderlich sein[34]. Daneben werden verbreitet Wertschöpfungsrechnungen sowie genauere Angaben über diejenigen Faktoren verlangt, die das Betriebsergebnis wesentlich beeinflusst haben[35]. Insbesondere bei börsennotierten Gesellschaften ist darüber hinaus der Gewinn je Aktie von Bedeutung[36]. Allerdings bleibt der Rentabilitätsbericht ein Bericht mit einem spezifischen Zweck (Information des Aufsichtsrates über die Ertragskraft der Gesellschaft), der nicht darüber hinaus auch die Aufgaben eines umfassenden Geschäftsberichtes wahrnehmen muss[37].

18 Die Rentabilitätszahlen sind stets für das Gesamtunternehmen vorzulegen[38]. Darüber hinaus ist es jedoch bei Unternehmen mit mehreren **Sparten** in der Regel unumgänglich, auch Rentabilitätszahlen für die einzelnen Sparten bzw. gegebenenfalls sogar einzelne Produkte der Gesellschaft zu ermitteln und über diese zu berichten. Nur so kann der Aufsichtsrat nachvollziehen, welche Unternehmensteile rentabel sind und welche Sparten Verluste bringen. Ein Vorstand verletzt seine Sorgfaltspflicht, wenn er den Aufsichtsrat nicht über negative Entwicklungen einzelner Sparten aufklärt und diese versucht, in den Gesamtzahlen durch Kompensation mit Erfolgssparten zu verschleiern[39]. Des Weiteren müssen auch im Rentabilitätsbericht „Ist"- mit

---

33 *Spindler* in MünchKomm. AktG, 3. Aufl., § 90 AktG Rz. 23.
34 *Hüffer*, § 90 AktG Rz. 5; *Kort* in Großkomm. AktG, 4. Aufl., § 90 AktG Rz. 48; *Wiesner* in MünchHdb. AG, § 25 Rz. 19; *Mertens/Cahn* in KölnKomm. AktG, 3. Aufl., § 90 AktG Rz. 36; *Spindler* in MünchKomm. AktG, 3. Aufl., § 90 AktG Rz. 25; *Lutter*, Information und Vertraulichkeit, Rz. 57; *Lutter/Krieger*, Rechte und Pflichten des Aufsichtsrats, Rz. 204; *Semler/v. Schenck*, Arbeitshandbuch für Aufsichtsratsmitglieder, § 1 Rz. 124 f.; *Fleischer* in Spindler/Stilz, § 90 AktG Rz. 25.
35 *Mertens/Cahn* in KölnKomm. AktG, 3. Aufl., § 90 AktG Rz. 36; *Kort* in Großkomm. AktG, 4. Aufl., § 90 AktG Rz. 50.
36 *Lutter/Krieger*, Rechte und Pflichten des Aufsichtsrats, Rz. 204; *Kort* in Großkomm. AktG, 4. Aufl., § 90 AktG Rz. 48.
37 *Spindler* in MünchKomm. AktG, 3. Aufl., § 90 AktG Rz. 25; *Mertens/Cahn* in KölnKomm. AktG, 3. Aufl., § 90 AktG Rz. 36.
38 *Semler/v. Schenck*, Arbeitshandbuch für Aufsichtsratsmitglieder, § 1 Rz. 126.
39 *Semler*, Leitung und Überwachung, Rz. 151.

„Soll"-Zahlen verglichen und Abweichungen begründet werden[40]. Auch wenn dies im Gesetz nicht ausdrücklich geregelt ist, ergibt sich aus dem Zweck der Berichtspflicht, dass sich der Rentabilitätsbericht nicht auf eine bloße Wiedergabe von Zahlen beschränken darf. Der Vorstand muss vielmehr darlegen, ob er die Rentabilitätskennziffern als angemessen betrachtet. Falls dies nicht der Fall ist, ist darzulegen, ob und welche Änderungen erforderlich sind, und welche Maßnahmen in diesem Zusammenhang ergriffen werden müssen[41].

**bb) Zeitpunkt und Häufigkeit der Berichterstattung.** Gem. § 90 Abs. 2 Nr. 2 ist der Rentabilitätsbericht in der Sitzung des Aufsichtsrates zu erstatten, in der über den Jahresabschluss verhandelt wird. Hierin kommt die Zielrichtung dieser Berichtspflicht zum Ausdruck, dem Aufsichtsrat durch Angaben zur Rentabilität die Entscheidungsfindung über die Billigung des Jahresabschlusses zu ermöglichen. Der Vorstand kann sich den in dieser Sitzung gem. § 171 an den Aufsichtsrat vorzulegenden Prüfungsbericht der Abschlussprüfer zu Eigen machen, soweit dieser Fragen der Rentabilität behandelt[42].

**c) Bericht über den Gang der Geschäfte (§ 90 Abs. 1 Satz 1 Nr. 3)**

Der Vorstand muss gem. § 90 Abs. 1 Satz 1 Nr. 3 des Weiteren Berichte über den Gang der Geschäfte, insbesondere den Umsatz und die Lage der Gesellschaft vorlegen (auch **Quartalsberichte** genannt, was aufgrund des Mindestcharakters der quartalsweisen Erstattung – dazu s. Rz. 24 – missverständlich ist).

**aa) Berichtsinhalt.** Unter **Gang der Geschäfte** ist die gesamte operative Tätigkeit der Gesellschaft zu verstehen. Wie § 90 Abs. 1 Satz 1 Nr. 3 ausdrücklich darstellt, sind insbesondere auch Angaben zum **Umsatz** erforderlich. Für den Inhalt des Quartalsberichtes gelten folgende wesentliche Grundsätze: (i) es ist eine Darstellung für das Unternehmen insgesamt erforderlich, daneben aber auch – abhängig von der Eigenart des Unternehmens – eine Aufgliederung nach einzelnen Sparten oder Produktbereichen (**segmentierte Berichterstattung**), sowie (ii) es ist sowohl über die absoluten Zahlen als auch über Vergleichszahlen zu berichten, wobei ein Vergleich in zweierlei Hinsicht erforderlich ist, nämlich zum einen gegenüber den Zahlen des Vorjahresvergleichszeitraumes (**Vorjahresvergleich**) und zum anderen gegenüber den Planzahlen (**Soll-Ist-Vergleich**)[43]. Letzteres gilt, obwohl in § 90 Abs. 1 Satz 1 Nr. 3, anders als in Nr. 1, keine ausdrückliche „Follow up"-Berichterstattung geregelt ist, denn es ist anerkannt, dass die durch das TransPuG in § 90 Abs. 1 Satz 1 Nr. 1 aufgenommene Pflicht zur Follow up-Berichterstattung nur klarstellenden Charakter hat. Auch ohne ausdrückliche Regelung ist eine Vergleichsberichterstattung zur sorgfaltsgemäßen Erfüllung der Berichtspflicht unabdingbar[44]. Abweichungen von den Planzahlen sind vom Vorstand zu **begründen**[45].

Besonders wesentliche, überraschende oder auffällige Daten sind zu erläutern. Des Weiteren sind dem Quartalsbericht, soweit vorhanden, in der Regel die verfügbaren **Zahlenwerke** – der letzte Quartalsabschluss bzw. der letzte vorliegende Monatsab-

---

40 *Lutter*, Information und Vertraulichkeit, Rz. 59.
41 *Semler/v. Schenck*, Arbeitshandbuch für Aufsichtsratsmitglieder, § 1 Rz. 128.
42 *Spindler* in MünchKomm. AktG, 3. Aufl., § 90 AktG Rz. 26.
43 *Lutter*, Information und Vertraulichkeit, Rz. 36 ff.; *Kort* in Großkomm. AktG, 4. Aufl., § 90 AktG Rz. 55; *Wiesner* in MünchHdb. AG, § 25 Rz. 20; *Semler*, Leitung und Überwachung, Rz. 153; *Semler/v. Schenck*, Arbeitshandbuch für Aufsichtsratsmitglieder, § 1 Rz. 107 f.; *Lutter/Krieger*, Rechte und Pflichten des Aufsichtsrats, Rz. 194.
44 *Hüffer*, § 90 AktG Rz. 6.
45 *Hüffer*, § 90 AktG Rz. 6; *Götz*, NZG 2002, 599, 600; *Lutter/Krieger*, Rechte und Pflichten des Aufsichtsrats, Rz. 197.

schluss, nach teilweise vertretener Ansicht jedenfalls bei produzierenden Unternehmen auch Daten zum Auftragseingang und Auftragsbestand einschließlich Vorjahresvergleich und Soll-Ist-Vergleich[46] – beizufügen. Es kann sich daher anbieten, die Termine der **Aufsichtsratssitzungen** so zu legen, dass der jeweilige Quartalsabschluss zum vergangenen Quartal im Zeitpunkt der Aufsichtsratssitzung bereits vorliegt[47]. Für die Erstellung der Quartalsabschlüsse wird man im Allgemeinen ca. drei bis sechs Wochen veranschlagen können; bei nicht unwesentlicher Überschreitung dieser Frist läuft der Vorstand Gefahr, seine Berichtspflicht zu verletzen, denn sorgfaltsgemäße Berichterstattung bedeutet auch Berichterstattung innerhalb angemessener Zeit[48]. Allerdings sind auch Fälle denkbar, in denen das Interesse an einer zügigen Berichterstattung überwiegt. In einem solchen Fall muss nicht mit dem Bericht auf den Zwischenabschluss gewartet werden; vielmehr kann auch bereits vor Fertigstellung des Zwischenabschlusses unter Verwendung der wesentlichen Kennzahlen berichtet und der Zwischenabschluss dem Aufsichtsrat nachträglich vorgelegt werden[49]. Auch die Zahlenwerke sind für den Bericht sachgerecht (z.B. nach Sparten, Produkten oder Märkten) zu **gliedern**[50]. Der Bericht wird sich in der Regel nicht auf die bloße Vorlage von Zahlen beschränken können, sondern muss darüber hinaus **verbale Erläuterungen** enthalten[51].

23 Die gegenwärtige Situation der Gesellschaft ist nicht nur darzustellen, sondern auch zu begründen[52]. Dabei ist auch auf äußere Faktoren wie Entwicklungen auf den Märkten, Verhalten von Wettbewerbern, wesentliche Währungsschwankungen, Veränderungen der Nachfrage, der Weltwirtschaft oder der Kaufkraft einzugehen[53]. Darzustellen sind im Bericht die finanzielle Situation und die **Ertragslage** der Gesellschaft, die Marktlage, die Auftragslage[54], die Entwicklung der Belegschaft und der Investitionen sowie besondere Risiken und Chancen[55]. Ein besonderer Schwerpunkt des Berichts hat auf der **Liquidität** der Gesellschaft zu liegen; insoweit ist die Berichterstattung regelmäßig um Hinweise zu noch offenen Kreditlinien, einen Periodenvergleich sowie um eine Erläuterung der Finanzierung zu ergänzen[56]. Ferner hat der Bericht Zahlen zur Ergebnisrechnung zu enthalten[57]. Schließlich ist über Besonderheiten des Geschäftsverlaufs zu berichten; hierzu gehören etwa Arbeitskämpfe, der Gewinn oder Verlust wichtiger Märkte oder wichtiger Kunden, Rechtsstreitigkeiten und behördliche Verfahren oder die Kündigung von Schlüsselmitarbeitern[58]. Im Einzelnen hängen der Umfang und die Art der Berichterstattung von der Branche, Größe und Eigenart des jeweiligen Unternehmens ab. Den Erfordernissen des jährlichen Geschäftsberichts muss der Bericht nicht entsprechen[59].

---

46 *Wiesner* in MünchHdb. AG, § 25 Rz. 20.
47 *Lutter/Krieger*, Rechte und Pflichten des Aufsichtsrats, Rz. 193.
48 *Semler/v. Schenck*, Arbeitshandbuch für Aufsichtsratsmitglieder, § 1 Rz. 110.
49 *Semler*, Leitung und Überwachung, Rz. 154; *Semler/v. Schenck*, Arbeitshandbuch für Aufsichtsratsmitglieder, § 1 Rz. 106.
50 *Spindler* in MünchKomm. AktG, 3. Aufl., § 90 AktG Rz. 27.
51 *Semler*, Leitung und Überwachung, Rz. 154; *Semler/v. Schenck*, Arbeitshandbuch für Aufsichtsratsmitglieder, § 1 Rz. 108f.
52 *Spindler* in MünchKomm. AktG, 3. Aufl., § 90 AktG Rz. 27.
53 *Semler/v. Schenck*, Arbeitshandbuch für Aufsichtsratsmitglieder, § 1 Rz. 104.
54 *Lutter*, Information und Vertraulichkeit, Rz. 42.
55 *Spindler* in MünchKomm. AktG, 3. Aufl., § 90 AktG Rz. 27; *Semler*, Leitung und Überwachung, Rz. 153.
56 *Lutter/Krieger*, Rechte und Pflichten des Aufsichtsrats, Rz. 196; *Lutter*, Information und Vertraulichkeit, Rz. 41.
57 *Semler*, Leitung und Überwachung, Rz. 153.
58 *Lutter*, Information und Vertraulichkeit, Rz. 43; *Spindler* in MünchKomm. AktG, 3. Aufl., § 90 AktG Rz. 27; *Fleischer* in Spindler/Stilz, § 90 AktG Rz. 27.
59 *Spindler* in MünchKomm. AktG, 3. Aufl., § 90 AktG Rz. 27.

**bb) Zeitpunkt und Häufigkeit der Berichterstattung.** § 90 Abs. 2 Nr. 3 legt fest, dass die Berichte zum Gang der Geschäfte „regelmäßig, mindestens vierteljährlich" zu erstatten sind. Damit wird Bezug auf die Sitzungsfrequenz des Aufsichtsrates genommen, der gem. § 110 Abs. 3 Satz 1 grundsätzlich zwei Sitzungen im Kalenderhalbjahr abhalten muss (nur bei nicht börsennotierten Gesellschaften kann der Aufsichtsrat gem. § 110 Abs. 3 Satz 2 beschließen, dass nur eine Sitzung im Kalenderhalbjahr abzuhalten ist). Sinn und Zweck dieser Berichte ist allerdings, dass der Aufsichtsrat laufend über die Lage der Gesellschaft im Bilde ist. Daraus und aus dem Gesetzeswortlaut ist zu schließen, dass die Berichte, soweit erforderlich, auch **häufiger** als alle drei Monate erstattet werden müssen, und zwar ohne dass der Aufsichtsrat dies ausdrücklich verlangen muss. Dies kann insbesondere bei Gesellschaften bedeutsam werden, deren Geschäft erheblichen monatlichen Schwankungen unterliegt[60]. Falls Berichte in kürzerem Abstand notwendig sind, der Vorstand diese jedoch nicht erstattet, ist es Sache des Aufsichtsrates, durch den Erlass einer entsprechenden „**Informationsordnung**" sicherzustellen, dass der Vorstand seinen Berichtspflichten nachkommt[61] (näher hierzu s. Rz. 73). Auch kann es sachgerecht sein, in einer solchen Informationsordnung den Umfang und Inhalt der Berichte nach § 90 Abs. 1 Satz 1 Nr. 3 zu „staffeln", so dass z.B. der Bericht über das erste Quartal kürzer, der Halbjahresbericht dafür ausführlicher zu fassen ist[62]. Der Bericht über das vierte Quartal kann in der Regel mit der Jahresübersicht verbunden werden. 24

**d) Bericht über Geschäfte von erheblicher Bedeutung (§ 90 Abs. 1 Satz 1 Nr. 4)**

Gem. § 90 Abs. 1 Satz 1 Nr. 4 hat der Vorstand dem Aufsichtsrat über Geschäfte zu berichten, die für die Rentabilität oder Liquidität der Gesellschaft von erheblicher Bedeutung sein können. 25

**aa) Berichtsinhalt.** Die Regierungsbegründung zum AktG 1965 nennt als Beispiele für Fälle, über die zu berichten ist, den Erwerb oder die Veräußerung eines Betriebs oder Betriebsteils oder einer Beteiligung, die Gründung und Schließung einer Zweigniederlassung sowie die Aufnahme eines größeren Auftrags[63]. Als weitere Beispiele werden in der Literatur etwa der Abschluss langfristiger (Liefer-)geschäfte, die Übernahme größerer Aufträge, das Tätigen größerer Investitionen, die Veräußerung oder der Erwerb von Unternehmen oder Betrieben, die Expansion in neue Geschäftsfelder, Märkte oder Beteiligungen sowie die Gründung von Niederlassungen genannt[64]. Des Weiteren ist über Geschäfte, die den satzungsmäßigen Unternehmensgegenstand der Gesellschaft überschreiten, unter Hinweis auf den Satzungsverstoß zu berichten[65]. Diese Aufzählung ist nicht abschließend. Umgekehrt löst nicht jeder der genannten Fälle stets zwingend eine Berichtspflicht aus. Ob das Geschäft von erheblicher Bedeutung ist, ist vielmehr im Wege einer **Einzelfallbetrachtung** zu klären und hängt von der Größe, Branchenzugehörigkeit und Situation der Gesellschaft einerseits sowie von der Art, dem Ausmaß und dem Risiko des Geschäfts andererseits ab[66]. Über- 26

---

60 *Semler/v. Schenck*, Arbeitshandbuch für Aufsichtsratsmitglieder, § 1 Rz. 103.
61 Grundlegend *Lutter*, Information und Vertraulichkeit, Rz. 100; *Semler*, Leitung und Überwachung, Rz. 152; vgl. zur Erläuterungspflicht des Vorstands gegenüber dem Aufsichtsrat *Semler/v. Schenck*, Arbeitshandbuch für Aufsichtsratsmitglieder, § 1 Rz. 128.
62 *Semler*, Leitung und Überwachung, Rz. 153.
63 Begr. RegE bei *Kropff*, Aktiengesetz, S. 117.
64 *Lutter*, Information und Vertraulichkeit, Rz. 61; *Spindler* in MünchKomm. AktG, 3. Aufl., § 90 AktG Rz. 28; *Semler/v. Schenck*, Arbeitshandbuch für Aufsichtsratsmitglieder, § 1 Rz. 136.
65 *Semler/v. Schenck*, Arbeitshandbuch für Aufsichtsratsmitglieder, § 1 Rz. 140.
66 Begr. RegE bei *Kropff*, Aktiengesetz, S. 117; *Spindler* in MünchKomm. AktG, 3. Aufl., § 90 AktG Rz. 28; *Semler/v. Schenck*, Arbeitshandbuch für Aufsichtsratsmitglieder, § 1 Rz. 135.

dies ist von Bedeutung, welche Art oder welchen Umfang von Geschäften die Gesellschaft ansonsten üblicherweise durchführt. Was für eine Gesellschaft Tagesgeschäft ist, kann bei einer anderen Gesellschaft berichtspflichtig sein[67]. Der Vorstand hat dem Aufsichtsrat bereits dann über ein Geschäft zu berichten, wenn eine erhebliche Bedeutung **potentiell möglich** ist, wofür eine vernünftige kaufmännische Prognose (§ 93 Abs. 1 Satz 2) maßgebend ist[68]. Die Berichtspflicht ist nicht auf Geschäfte beschränkt, die gem. § 111 Abs. 4 Satz 2 der Zustimmung des Aufsichtsrates bedürfen[69]. Eine Berichtspflicht besteht außerdem, wie schon die Beispiele des Auftragseingangs oder der Betriebsveräußerung zeigen, nicht nur hinsichtlich negativer, sondern auch hinsichtlich **positiver** Auswirkungen auf die Rentabilität oder Liquidität[70]. Es ist nicht nur über die Folgen zu berichten, die ein Gelingen des Geschäfts auf die Rentabilität und Liquidität der Gesellschaft hat, sondern auch über die Folgen eines etwaigen Misslingens[71]. Sofern ein Prüfungsbericht des Abschlussprüfers nach § 170 Abs. 1 die relevanten Rentabilitätsfragen abdeckt, wird man dem Vorstand gestatten können, auf diesen Bericht Bezug zu nehmen[72]. Ob ein Geschäft berichtspflichtig ist oder nicht, ist vom Vorstand nach **pflichtgemäßem Ermessen** zu beurteilen; im Schadensfall ist der Vorstand für die Vertretbarkeit seiner Entscheidung beweispflichtig[73].

27 Hält der Aufsichtsrat seinerseits das Geschäft, das den Gegenstand des Berichts bildet, nicht für bedeutungsvoll genug, kann er eine **Befassung ablehnen**. Sollte hieraus ein Schaden entstehen, ist der Aufsichtsrat allerdings zum Nachweis verpflichtet, dass er bei der Ablehnung der Befassung mit der erforderlichen Sorgfalt gehandelt hat[74].

28 **bb) Zeitpunkt und Häufigkeit der Berichterstattung.** Der Bericht über bedeutende Geschäfte ist gem. § 90 Abs. 2 Nr. 4 möglichst so rechtzeitig zu erstatten, dass der Aufsichtsrat vor der Vornahme der Geschäfte Gelegenheit hat, zu ihnen Stellung zu nehmen. Es ist also keine turnusmäßige, sondern **fallweise** Berichterstattung erforderlich.

29 Wie sich aus der Formulierung „möglichst" ergibt, können sich Situationen ergeben, in denen im Interesse der Gesellschaft mit dem Abschluss des Geschäfts nicht gewartet werden kann. In einem solchen Fall kann es ausnahmsweise gerechtfertigt sein, das Geschäft **sofort abzuschließen**. Nach herrschender und zutreffender Ansicht hat der Vorstand dann allerdings vor Abschluss des Geschäfts zumindest, sofern dies noch möglich ist, den **Aufsichtsratsvorsitzenden** zu unterrichten, der die Notwendigkeit einer Sondersitzung des Gesamtaufsichtsrates zu prüfen hat[75]. Dem Gesamtaufsichtsrat ist unverzüglich nachträglich über den Vorgang zu berichten[76]. Auch wenn das Unterlassen der Information des Aufsichtsrates an sich aufgrund einer Eilsituation gerechtfertigt ist, kann der Vorstand dadurch gegen seine Berichtspflichten ver-

---

67 *Semler/v. Schenck*, Arbeitshandbuch für Aufsichtsratsmitglieder, § 1 Rz. 135.
68 *Lutter*, Information und Vertraulichkeit, Rz. 61; *Hüffer*, § 90 AktG Rz. 7.
69 *Hüffer*, § 90 AktG Rz. 10.
70 *Mertens/Cahn* in KölnKomm. AktG, 3. Aufl., § 90 AktG Rz. 39.
71 *Semler/v. Schenck*, Arbeitshandbuch für Aufsichtsratsmitglieder, § 1 Rz. 138.
72 *Spindler* in MünchKomm. AktG, 3. Aufl., § 90 AktG Rz. 28.
73 *Semler/v. Schenck*, Arbeitshandbuch für Aufsichtsratsmitglieder, § 1 Rz. 137.
74 *Semler/v. Schenck*, Arbeitshandbuch für Aufsichtsratsmitglieder, § 1 Rz. 145.
75 *Hüffer*, § 90 AktG Rz. 10; *Mertens/Cahn* in KölnKomm. AktG, 3. Aufl., § 90 AktG Rz. 38; *Kort* in Großkomm. AktG, 4. Aufl., § 90 AktG Rz. 84; *Semler/v. Schenck*, Arbeitshandbuch für Aufsichtsratsmitglieder, § 1 Rz. 143.
76 *Lutter*, Information und Vertraulichkeit, Rz. 63; *Hüffer*, § 90 AktG Rz. 10; *Kort* in Großkomm. AktG, 4. Aufl., § 90 AktG Rz. 84.

stoßen haben, dass er nicht schon früher über die Thematik berichtet und daher den Eintritt der Eilsituation zu vertreten hat[77].

Insbesondere bei dem Bericht über bedeutende Geschäfte kann sich die Frage der **Vertraulichkeit** der in dem Bericht enthaltenen Informationen stellen. In solchen Fällen ist es denkbar, zunächst eine Aufsichtsratssitzung ohne Angabe einer Tagesordnung einzuberufen[78]; zu weiteren Handlungsmöglichkeiten vgl. Rz. 50.

**e) Berichterstattung zu Tochter- und Gemeinschaftsunternehmen (§ 90 Abs. 1 Satz 2)**

§ 90 Abs. 1 Satz 2 legt in seiner durch das **TransPuG** geänderten Fassung fest, dass sämtliche Berichte gem. § 90 Abs. 1 Satz 1 Nr. 1 bis Nr. 4 (periodische Berichte) sich auch auf Tochterunternehmen (§ 290 Abs. 1, 2 HGB) und Gemeinschaftsunternehmen (§ 310 Abs. 1 HGB) zu erstrecken haben. Die Gesetzesbegründung zum TransPuG stellt klar, dass dies unabhängig davon gilt, ob im Einzelfall ein Konzernabschluss aufzustellen ist oder ob dies – wegen Inanspruchnahme einer gesetzlichen Befreiung – nicht der Fall ist[79]. Des Weiteren weist die Gesetzesbegründung darauf hin, dass der Vorstand seiner Pflicht zur Regelberichterstattung nicht schon dann genügt, wenn er den Aufsichtsrat lediglich über solche Vorgänge bei verbundenen Unternehmen in Kenntnis setzt, die ihm ohne eigenes Zutun bekannt geworden sind. Nach den Vorstellungen des Gesetzgebers ist der Vorstand vielmehr verpflichtet, sich die für die Berichterstattung notwendigen Informationen von sich aus im Rahmen des nach den gesetzlichen Bestimmungen Zulässigen, ihm faktisch Möglichen und konkret Zumutbaren zu beschaffen[80]. Was dies bedeutet, entscheidet sich im Einzelfall anhand der Beziehung, in der die Obergesellschaft zu der Beteiligungsgesellschaft steht. Über eingegliederte Gesellschaften hat der Vorstand der Obergesellschaft demnach so zu berichten, als handele es sich um die Obergesellschaft selbst[81]. Ein ähnlich hohes Berichtsniveau gilt für Gesellschaften im Vertragskonzern, da die Obergesellschaft hier das wirtschaftliche Risiko der abhängigen Gesellschaft trägt und regelmäßig in der Lage ist, sich umfassend über die Verhältnisse der abhängigen Gesellschaft zu informieren[82]. Außerhalb des Vertragskonzerns sind die Leitungs- und Informationsrechte der Muttergesellschaft zwar weniger stark ausgeprägt. Es gilt jedoch auch hier der Grundsatz, dass der Vorstand der Muttergesellschaft gem. § 76 verpflichtet ist, den von der Muttergesellschaft gehaltenen Beteiligungsbesitz sorgfältig zu betreuen. Aus dieser Pflicht folgt, dass der Vorstand der Muttergesellschaft auch im faktischen Konzern und bei einfachen Abhängigkeitsverhältnissen verpflichtet ist, von seinen rechtlichen und faktischen Informationsrechten Gebrauch zu machen. Dies schließt die Ausübung von Weisungsrechten (insbesondere bei Tochtergesellschaften in der Rechtsform der GmbH oder der Personengesellschaft) oder sonstigen Einflussrechten bis hin zur tatsächlichen oder angedrohten Abberufung der Geschäftsführer ein. Über die derart gewonnenen Informationen ist nach den Regeln des § 90 zu berichten[83].

---

77 *Spindler* in MünchKomm. AktG, 3. Aufl., § 90 AktG Rz. 29.
78 *Semler/v. Schenck*, Arbeitshandbuch für Aufsichtsratsmitglieder, § 1 Rz. 144.
79 BT-Drucks. 14/8769, S. 14.
80 BT-Drucks. 14/8769, S. 14.
81 *Lutter*, Information und Vertraulichkeit, Rz. 162 f.
82 *Lutter*, Information und Vertraulichkeit, Rz. 164.
83 Zum für die Erfüllung der Berichtspflicht erforderlichen Informationsfluss zwischen Mutter- und Tochtergesellschaft vgl. etwa *Lutter*, Information und Vertraulichkeit, Rz. 177 ff.; *Lutter/Krieger*, Rechte und Pflichten des Aufsichtsrats, Rz. 232 ff.; *Semler*, Leitung und Überwachung, Rz. 269 ff., 402 ff.; *S. H. Schneider*, Informationspflichten, S. 144 ff.; *Theisen*, Information und Berichterstattung des Aufsichtsrates, S. 31 f.; *Pentz*, ZIP 2007, 2298 ff.; zurückhaltend *Kort* in Großkomm. AktG, 4. Aufl., § 90 AktG Rz. 72 ff.

32 Nach teilweise vertretener Ansicht soll sich die periodische Berichtspflicht nur auf solche Angelegenheiten bei Tochter- oder Gemeinschaftsunternehmen beziehen, die für berichtspflichtige Angelegenheiten der Gesellschaft selbst von **wesentlicher Bedeutung** sein können[84]. Jedoch enthält § 90 Abs. 1 Satz 2, anders als § 90 Abs. 1 Satz 3, keine ausdrückliche Beschränkung auf Vorgänge bei verbundenen Unternehmen, die einen „erheblichen Einfluss" auf die Lage der Gesellschaft haben können[85]. Auch zur alten Rechtslage vor dem TransPuG, in der das Gesetz eine Berichtspflicht über Vorgänge bei verbundenen Unternehmen nur bei erheblichem Einfluss auf die Lage der Gesellschaft verlangte, wurde bereits erkannt, dass zumindest bei Konzerngesellschaften, die unter der einheitlichen Leitung der Muttergesellschaft stehen, eine umfassende Berichterstattung wie im Einheitsunternehmen erforderlich sei[86].

**2. Berichte aus sonstigen wichtigen Anlässen (§ 90 Abs. 1 Satz 3)**

33 § 90 Abs. 1 Satz 3 legt fest, dass der Vorstand dem Vorsitzenden des Aufsichtsrates auch aus sonstigen wichtigen Anlässen zu berichten hat (so genannter **Sonderbericht**). Hierbei handelt es sich typischerweise um **exogene**, also von außen an die Gesellschaft herangetragene, und **potentiell negative Ereignisse**. Beispiele sind etwa wesentliche Rechtsstreitigkeiten oder behördliche Verfahren bzw. Auflagen, erhebliche Betriebsstörungen, tatsächliche oder drohende Arbeitskämpfe, wesentliche Steuernachforderungen oder sonstige Forderungen, die gegen die Gesellschaft erhoben werden, Gefährdung größerer Außenstände oder Auftragsverhältnisse (z.B. wegen Insolvenz eines Großkunden), Liquiditätsprobleme, wesentliche Verluste, Unfälle oder sonstige Umstände, die die Lage der Gesellschaft erheblich verändern[87]. Der Verlust der Hälfte des Grundkapitals (§ 92 Abs. 1) sowie die drohende Zahlungsfähigkeit oder Überschuldung (§ 92 Abs. 2) stellen regelmäßig Berichtsanlässe dar[88]. Des Weiteren kann über schwerwiegenden Streit im Vorstand zu berichten sein[89]. Auch über Angelegenheiten, die Gegenstand eines Regelberichtes sein können, ist bei entsprechender Bedeutung gegebenenfalls im Wege eines Sonderberichtes zu berichten[90]. Insbesondere können sich Überschneidungen zu dem Bericht über für die Rentabilität oder Liquidität bedeutsame Geschäfte (Bericht nach § 90 Abs. 1 Satz 1 Nr. 4) ergeben. Hier ist zwar grundsätzlich der Bericht nach § 90 Abs. 1 Satz 1 Nr. 4 vorrangig. Falls der Vorstand jedoch nicht mehr rechtzeitig zur Berichterstattung an den Gesamtaufsichtsrat gem. § 90 Abs. 1 Satz 1 Nr. 4 in der Lage ist, folgt aus § 90 Abs. 1 Satz 3 die Pflicht des Vorstandes, wenigstens noch den Aufsichtsratsvorsitzenden zu informieren, soweit dies möglich ist[91]. Als wichtiger Anlass gilt gem. § 90 Abs. 1 Satz 3 HS 2 ausdrücklich auch ein dem Vorstand bekannt gewordener geschäftlicher Vorgang bei einem **verbundenen Unternehmen**, der auf die Lage der Gesellschaft von erheblichem Einfluss sein kann.

---

84 *Hüffer*, § 90 AktG Rz. 7a; *Kort* in Großkomm. AktG, 4. Aufl., § 90 AktG Rz. 65; *Mertens/Cahn* in KölnKomm. AktG, 3. Aufl., § 90 AktG Rz. 41.
85 Vgl. auch *Spindler* in MünchKomm. AktG, 3. Aufl., § 90 AktG Rz. 34.
86 *Wiesner* in MünchHdb. AG, 2. Aufl. 1999, § 25 Rz. 24.
87 Begr. RegE bei *Kropff*, Aktiengesetz, S. 117; *Lutter*, Information und Vertraulichkeit, Rz. 67; *Hüffer*, § 90 AktG Rz. 8; *Spindler* in MünchKomm. AktG, 3. Aufl., § 90 AktG Rz. 30; *Mertens/Cahn* in KölnKomm. AktG, 3. Aufl., § 90 AktG Rz. 45; *Kort* in Großkomm. AktG, 4. Aufl., § 90 AktG Rz. 67; *Lutter/Krieger*, Rechte und Pflichten des Aufsichtsrats, Rz. 209; *Fleischer* in Spindler/Stilz, § 90 AktG Rz. 31.
88 *Lutter*, Information und Vertraulichkeit, Rz. 71 f.
89 *Wiesner* in MünchHdb. AG, § 25 Rz. 22; *Mertens/Cahn* in KölnKomm. AktG, 3. Aufl., § 90 AktG Rz. 45.
90 *Spindler* in MünchKomm. AktG, 3. Aufl., § 90 AktG Rz. 30.
91 *Mertens/Cahn* in KölnKomm. AktG, 3. Aufl., § 90 AktG Rz. 46.

Anders als bei den Regelberichten ist Empfänger des Sonderberichtes nicht der Aufsichtsrat als Gesamtorgan, sondern lediglich der **Vorsitzende des Aufsichtsrates**; dies folgt aus der Eilfunktion des Sonderberichtes. Ist der Aufsichtsratsvorsitzende verhindert, so ist gem. § 107 Abs. 1 Satz 3 sein Stellvertreter zu unterrichten[92]. Alternativ kann der Vorstand, sofern dies nach der Lage des Falles geboten erscheint, gem. § 110 Abs. 1 die unverzügliche Einberufung einer Aufsichtsratssitzung verlangen[93]. Es ist Sache des Aufsichtsratsvorsitzenden bzw. im Verhinderungsfall seines Stellvertreters, darüber zu entscheiden, wie und zu welchem Zeitpunkt der Gesamtaufsichtsrat über den Inhalt des Sonderberichtes zu informieren ist, insbesondere: ob der Bericht sofort zu verteilen und/oder eine außerordentliche Sitzung des Aufsichtsrates einzuberufen ist[94]. Dabei hat er allerdings § 90 Abs. 5 Satz 3 zu beachten, nach dem die Mitglieder des Aufsichtsrates spätestens in der nächsten Aufsichtsratssitzung über den gem. § 90 Abs. 1 Satz 3 erstatteten Bericht zu informieren sind. Der Aufsichtsratsvorsitzende erhält hierdurch eine größere Flexibilität als bei sonstigen Berichten, die den Aufsichtsratsmitgliedern unverzüglich weiterzuleiten sind. Hierdurch ermöglicht das Gesetz es dem Aufsichtsratsvorsitzenden, dem in diesen Fällen bestehenden erhöhten Vertraulichkeitsbedürfnis der Gesellschaft Rechnung zu tragen[95]. Das Ermessen des Aufsichtsratsvorsitzenden kann allerdings – im Sinne einer Pflicht zur unverzüglichen Weiterleitung an den Gesamtaufsichtsrat – eingeschränkt sein, falls es sich der Sache nach um einen Bericht nach § 90 Abs. 1 Satz 1 Nr. 4 handelt (Geschäfte mit Bedeutung für Rentabilität oder Liquidität)[96].

34

Sonderberichte aus wichtigem Anlass sind unverzüglich, d.h. ohne schuldhaftes Zögern, zu erstatten[97]. Ob ein wichtiger Anlass vorliegt, der dem Aufsichtsratsvorsitzenden im Wege des Sonderberichts unterbreitet werden muss, hat der Vorstand nach **pflichtgemäßem Ermessen** zu entscheiden. Grundsätzlich ist eine einstimmige Entscheidung erforderlich. Kommt eine solche nicht zustande, muss der Bericht zwar unterbleiben; das einzelne Vorstandsmitglied ist aber berechtigt und ggf. verpflichtet, den Aufsichtsrat über das Bestehen eines Dissenses zu informieren, der hierauf mit dem Verlangen nach einem Anforderungsbericht im Sinne des § 90 Abs. 3 reagieren kann[98].

35

### 3. Anforderungsberichte (§ 90 Abs. 3)

Gem. § 90 Abs. 3 Satz 1 kann der Aufsichtsrat jederzeit vom Vorstand einen Bericht über die Angelegenheiten der Gesellschaft, ihre rechtlichen und geschäftlichen Beziehungen zu verbundenen Unternehmen sowie über geschäftliche Vorgänge bei verbundenen Unternehmen verlangen, die auf die Lage der Gesellschaft von erheblichem Einfluss sein können (so genannte **Anforderungsberichte**). Gem. § 90 Abs. 3 Satz 2 kann auch ein einzelnes Aufsichtsratsmitglied einen solchen Bericht, allerdings nur an den Gesamtaufsichtsrat, verlangen. Die Vorschrift findet ihren Grund in der Überwachungsfunktion des Aufsichtsrates, für deren Erfüllung jedes Aufsichtsratsmitglied auf ein umfassendes, eigenständiges Informationsrecht angewiesen ist. Hieraus folgt zugleich eine Pflicht der einzelnen Aufsichtsratsmitglieder, in ausreichendem Umfang von ihrem Recht auf Anforderung von Berichten Gebrauch zu ma-

36

---

92 *Spindler* in MünchKomm. AktG, 3. Aufl., § 90 AktG Rz. 31; *Mertens/Cahn* in KölnKomm. AktG, 3. Aufl., § 90 AktG Rz. 45.
93 *Spindler* in MünchKomm. AktG, 3. Aufl., § 90 AktG Rz. 23.
94 *Hüffer*, § 90 AktG Rz. 8; *Wiesner* in MünchHdb. AG, § 25 Rz. 23.
95 *Mertens/Cahn* in KölnKomm. AktG, 3. Aufl., § 90 AktG Rz. 45.
96 *Mertens/Cahn* in KölnKomm. AktG, 3. Aufl., § 90 AktG Rz. 46.
97 *Spindler* in MünchKomm. AktG, 3. Aufl., § 90 AktG Rz. 30.
98 *Spindler* in MünchKomm. AktG, 3. Aufl., § 90 AktG Rz. 7; *Lutter*, Information und Vertraulichkeit, Rz. 222.

chen. Versäumen sie dies schuldhaft, können sie sich der Gesellschaft gegenüber schadensersatzpflichtig machen[99].

### a) Berichtsverlangen des Gesamtaufsichtsrates

37 Zuständig für das Berichtsverlangen ist gem. § 90 Abs. 3 Satz 1 zunächst der Gesamtaufsichtsrat. Hierfür bedarf es eines Aufsichtsratsbeschlusses gem. § 108, der mit **einfacher Mehrheit** gefasst werden kann[100]. Für die Begründung der Berichtspflicht reicht es aus, wenn die Anforderung auch nur bei einem Vorstandsmitglied zugeht (§ 78 Abs. 2 Satz 2 analog)[101]. Der Begriff der „Angelegenheiten der Gesellschaft" ist **weit zu verstehen** und beschränkt sich nicht auf die weiteren in § 90 Abs. 3 Satz 1 aufgezählten Punkte[102]. Aufgrund dieses weiten Umfangs potentieller Anforderungsverlangen ist der Aufsichtsrat andererseits aber auch verpflichtet, den gewünschten Berichtsgegenstand in ausreichendem Maße zu **präzisieren**[103]. Das Anforderungsrecht ist nicht auf Vorgänge von erheblicher Bedeutung beschränkt[104]. Der Vorstand ist bei Zugang einer Anforderung verpflichtet, den angeforderten Bericht zu erstatten und kann sich – außer in Missbrauchsfällen (dazu s. Rz. 45 ff.) – nicht darauf berufen, dass die angeforderten Informationen zur Beurteilung der Lage der Gesellschaft nicht erforderlich seien[105]. Von einem Bericht kann lediglich dann abgesehen werden, wenn die angeforderten Informationen bereits in einem früheren Regelbericht oder in sonstiger Weise ausreichend berichtet worden sind und sich seither keine wesentlichen Änderungen ergeben haben, oder wenn der Vorstand ohnehin beabsichtigt, in einem unmittelbar bevorstehenden Bericht über sie zu berichten[106]. Der Aufsichtsrat hat nach § 90 Abs. 3 das Recht, sich **jederzeit** zu informieren. Innerhalb welcher **Zeitspanne** der Vorstand die Anfrage zu beantworten hat, ist im Gesetz nicht geregelt; dies wird von den Umständen des Einzelfalles, insbesondere dem Gegenstand der Anfrage, der Wichtigkeit und Dringlichkeit der Angelegenheit sowie den anderen zu erledigenden Aufgaben des Vorstandes abhängen[107]. Bietet ein abgegebener Bericht dem Aufsichtsrat keine hinreichenden Informationen, kann der Aufsichtsrat **ergänzende Berichterstattung** verlangen[108].

38 Wie § 90 Abs. 3 Satz 1 ausdrücklich hervorhebt, muss der Vorstand im Rahmen von Anforderungsberichten, anders als in den Regelberichten, grundsätzlich nicht über sämtliche Angelegenheiten der mit der Gesellschaft **verbundenen Unternehmen** berichten, sondern nur über (1) die rechtlichen und geschäftlichen Beziehungen der Gesellschaft zu verbundenen Unternehmen sowie (2) über geschäftliche Vorgänge bei

---

99 *Spindler* in MünchKomm. AktG, 3. Aufl., § 90 AktG Rz. 36; *Kort* in Großkomm. AktG, 4. Aufl., § 90 AktG Rz. 103.
100 *Hüffer*, § 90 AktG Rz. 11; *Semler/v. Schenck*, Arbeitshandbuch für Aufsichtsratsmitglieder, § 1 Rz. 151.
101 *Spindler* in MünchKomm. AktG, 3. Aufl., § 90 AktG Rz. 37; *Hüffer*, § 90 AktG Rz. 11.
102 *Spindler* in MünchKomm. AktG, 3. Aufl., § 90 AktG Rz. 33, der darauf hinweist, dass die Berichtspflicht sich z.B. auch auf organisatorische Vorgänge innerhalb der Gesellschaft erstreckt.
103 OLG Köln v. 9.5.1986 – 19 U 193/85, AG 1987, 24 f.; LG Bonn v. 16.10.1986 – 10 O 166/85, AG 1987, 24 f.; *Spindler* in MünchKomm. AktG, 3. Aufl., § 90 AktG Rz. 33; *Semler/v. Schenck*, Arbeitshandbuch für Aufsichtsratsmitglieder, § 1 Rz. 153.
104 *Spindler* in MünchKomm. AktG, 3. Aufl., § 90 AktG Rz. 33 entgegen *Ambrosius*, DB 1979, 2165 ff.
105 *Semler/v. Schenck*, Arbeitshandbuch für Aufsichtsratsmitglieder, § 1 Rz. 151.
106 *Semler/v. Schenck*, Arbeitshandbuch für Aufsichtsratsmitglieder, § 1 Rz. 152, der allerdings meint, dass dies nur dann gelte, wenn der anstehende Bericht längstens innerhalb einer Woche zirkuliert wird.
107 *Spindler* in MünchKomm. AktG, 3. Aufl., § 90 AktG Rz. 35.
108 *Spindler* in MünchKomm. AktG, 3. Aufl., § 90 AktG Rz. 50.

verbundenen Unternehmen, die auf die eigene Lage der Gesellschaft von erheblichem Einfluss sein können.

Der Aufsichtsrat hat – außerhalb des Rahmens des § 111 Abs. 2 – grundsätzlich kein Recht, sich am Vorstand vorbei unmittelbar im Unternehmen, etwa bei den **Angestellten**[109], bei **Geschäftspartnern**[110] oder über ein EDV-Managementinformationssystem, zu informieren. Der Aufsichtsrat ist vielmehr gehalten, sich zunächst an den Vorstand zu wenden und alles zu unterlassen, was der Autorität des Vorstandes schaden könnte. Etwas anderes kommt nur dann in Betracht, wenn ein dringender Verdacht besteht, dass der Vorstand erhebliche Pflichtverletzungen begeht oder trotz Aufforderung nicht zutreffend oder vollständig berichtet[111]. Die neuerdings zunehmend vertretene gegenteilige Auffassung[112] überzeugt nicht. Anderenfalls wäre nicht nur zu befürchten, dass der Aufsichtsrat die Autorität des Vorstandes im Unternehmen untergräbt und die beiden Organe gegen- statt miteinander arbeiten. Vielmehr sähen sich die Aufsichtsratsmitglieder zudem unwägbaren Haftungsrisiken ausgesetzt, da dem Informationsrecht stets auch eine Informationspflicht entspricht und der Aufsichtsrat den Vorwurf, eine Gefahr hätte durch noch weitergehende Nachfrage bei den Angestellten unterer Ebenen abgewendet werden können, oft nur schwerlich entkräften können wird[113]. Der Aufsichtsrat kann allerdings beim Vorstand anregen, dass bestimmte Wissensträger, z.B. die Leiter bestimmter Unternehmensbereiche, zur Erörterung zwischen dem Vorstand und dem Aufsichtsrat zugezogen werden[114].

### b) Berichtsverlangen einzelner Aufsichtsratsmitglieder

Daneben kann gem. § 90 Abs. 3 Satz 2 auch jedes einzelne Aufsichtsratsmitglied im gleichen Umfang Vorstandsberichte über die in § 90 Abs. 3 Satz 1 beschriebenen Gegenstände verlangen; die nach früherem Recht geltende Einschränkung, nach der im Falle der Ablehnung des Berichts durch den Vorstand die Unterstützung eines zweiten Aufsichtsratsmitgliedes erforderlich war, ist durch das TransPuG aufgehoben worden. Kehrseite der durch das TransPuG eingeführten Stärkung des einzelnen Aufsichtsratsmitgliedes ist seine erhöhte Verantwortung: gegenüber einem Schadensersatzverlangen kann sich das Aufsichtsratsmitglied nicht darauf berufen, es sei nicht in der Lage gewesen, sich hinreichend über die Angelegenheiten der Gesellschaft zu informieren[115]. Auch das Aufsichtsratsmitglied hat sein Berichtsverlangen hinreichend zu präzisieren. Da jedes einzelne Aufsichtsratsmitglied berechtigt ist, einen Bericht anzufordern, steht dieses Recht erst recht jedem Aufsichtsratsausschuss zu[116].

---

109 Eingehend zu einer notwendigen Differenzierung hinsichtlich der Zielrichtung des Auskunftsverlangens vgl. *Lutter/Krieger*, Rechte und Pflichten des Aufsichtsrats, Rz. 246 ff.; für eine Differenzierung wohl auch *Spindler* in MünchKomm. AktG, 3. Aufl., § 90 AktG Rz. 38 a.E. Zum Thema der Information durch Mitarbeiter insgesamt vgl. *Marsch-Barner* in FS Schwark, 2009, S. 219 ff.
110 OLG Zweibrücken v. 28.5.1990 – 3 W 93/80, DB 1990, 1401.
111 *Lutter*, Information und Vertraulichkeit, Rz. 310 ff.; *Hüffer*, § 90 AktG Rz. 11; *Kort* in Großkomm. AktG, 4. Aufl., § 90 AktG Rz. 94 ff.; *Spindler* in MünchKomm. AktG, 3. Aufl., § 90 AktG Rz. 38; *Mertens/Cahn* in KölnKomm. AktG, 3. Aufl., § 90 AktG Rz. 52; *Semler/v. Schenck*, Arbeitshandbuch für Aufsichtsratsmitglieder, § 1 Rz. 97; *Fleischer* in Spindler/Stilz, § 90 AktG Rz. 43.
112 *Kropff*, NZG 2003, 346, 348 f.; *Kropff* in FS Raiser, 2005, S. 225, 242 f.; umfassend *Leyens*, Information des Aufsichtsrats, S. 182 ff.
113 *Lutter*, AG 2006, 517, 521.
114 *Lutter*, Information und Vertraulichkeit, Rz. 316.
115 *Spindler* in MünchKomm. AktG, 3. Aufl., § 90 AktG Rz. 39.
116 *Lutter/Krieger*, Rechte und Pflichten des Aufsichtsrats, Rz. 213.

41 Der Anspruch des einzelnen Aufsichtsratsmitgliedes auf Berichterstattung durch den Vorstand ist allerdings insoweit eingeschränkt, als das Aufsichtsratsmitglied lediglich Erstattung des Berichtes **an den Gesamtaufsichtsrat** – zu Händen des Aufsichtsratsvorsitzenden – verlangen kann. Hieraus folgt, dass der Berichtsanspruch des einzelnen Aufsichtsratsmitglieds erlischt, soweit der Vorstand über die Angelegenheit, über die das Aufsichtsratsmitglied einen Bericht verlangt, bereits an den Gesamtaufsichtsrat berichtet hat[117]. Das Mitglied muss dann vielmehr gem. § 90 Abs. 5 Aufklärung vom Gesamtaufsichtsrat verlangen[118]. Daraus, dass der Vorstand nicht verpflichtet ist, an das einzelne Aufsichtsratsmitglied zu berichten, folgt allerdings nicht zwingend, dass er hierzu nicht berechtigt wäre. Der Vorstand hat vielmehr über eine Weitergabe an das Aufsichtsratsmitglied nach seinem pflichtgemäßem Ermessen zu entscheiden, wobei er insbesondere den Inhalt der begehrten Information berücksichtigen muss[119].

### c) Schranken der Information und Missbrauchskontrolle

42 Das durch das TransPuG eingeführte Recht des einzelnen Aufsichtsratsmitgliedes, einen Anforderungsbericht zu verlangen, bringt, wie auch der Gesetzgeber erkannt hat[120], ein gewisses Missbrauchsrisiko mit sich. Gleichwohl gilt der Grundsatz, dass der Vorstand dem Aufsichtsrat einen Bericht nicht aus Vertraulichkeitsgründen verweigern darf[121]. Dieser Grundsatz beruht darauf, dass die Mitglieder des Aufsichtsrates ihrerseits gem. § 116 einer **Verschwiegenheitspflicht** unterliegen, deren Verletzung mit Schadensersatzhaftung sowie gemäß dem durch das TransPuG noch verschärften § 404 mit einer Strafdrohung sanktioniert wird. Das gesetzliche Berichtssystem beruht damit auf der Annahme, dass der Vorstand dem Aufsichtsrat bedenkenlos auch vertrauliche Informationen offen legen kann. Dies gilt in gleichem Maße für die **Arbeitnehmervertreter** im Aufsichtsrat[122].

43 **aa) Ausnahmen von der Berichtspflicht.** Dieser Grundsatz kann allerdings nicht völlig schrankenlos gelten. Ausnahmen von der Berichtspflicht des Vorstandes kommen vielmehr in folgenden Fällen in Betracht:

44 **(1) Verletzung von (Straf-)Vorschriften.** Der Vorstand ist von der Berichtspflicht befreit, sofern er durch die Berichterstattung gesetzliche Vorschriften verletzen oder sich strafbar machen würde; hierbei dürfte es sich allerdings um einen seltenen Ausnahmefall handeln[123]. Die Weitergabe von Insiderinformationen durch den Vorstand an den Aufsichtsrat ist nicht unbefugt im Sinne des § 14 Abs. 1 Nr. 2 WpHG und stellt daher keinen Verstoß gegen das Verbot von Insidergeschäften dar.

45 **(2) Missbrauchsgefahr.** Praktisch bedeutsamer ist der Fall, dass der Vorstand Grund zu der Annahme hat, dass der Aufsichtsrat oder einzelne Aufsichtsratsmitglieder ihr Informationsrecht missbrauchen werden. Hiervon darf der Vorstand zumindest dann ausgehen, wenn **konkrete Anhaltspunkte** dafür bestehen, dass ein Aufsichtsratsmitglied die Information unter Verstoß gegen seine Vertraulichkeitspflicht zu Lasten

---

117 BayObLG v. 25.4.1968 – 2 Z 56/67, AG 1968, 329, 330.
118 *Spindler* in MünchKomm. AktG, 3. Aufl., § 90 AktG Rz. 41; *Wiesner* in MünchHdb. AG, § 25 Rz. 31.
119 *Spindler* in MünchKomm. AktG, 3. Aufl., § 90 AktG Rz. 42.
120 BT-Drucks. 14/8769, S. 14.
121 H.M.: *Lutter*, Information und Vertraulichkeit, Rz. 130; *Spindler* in MünchKomm. AktG, 3. Aufl., § 90 AktG Rz. 53 f.; *Hüffer*, § 90 AktG Rz. 3; *Wiesner* in MünchHdb. AG, § 25 Rz. 37 f.; *Kort* in Großkomm. AktG, 4. Aufl., § 90 AktG Rz. 108 f.
122 *Spindler* in MünchKomm. AktG, 3. Aufl., § 90 AktG Rz. 54.
123 *Spindler* in MünchKomm. AktG, 3. Aufl., § 90 AktG Rz. 53 nennt die Mitteilung von Staatsgeheimnissen gem. § 93 StGB; daneben könnte noch an § 203 StGB gedacht werden.

von Gesellschaftsinteressen nutzen wird. Dies kann etwa dann der Fall sein, wenn ein Aufsichtsratsmitglied **Eigeninteressen** verfolgt, insbesondere an einem **Wettbewerber** der Gesellschaft beteiligt ist, diesen vertritt oder für ihn (als Organ oder anderweitig) tätig ist und konkret zu befürchten ist, dass es die eingeforderten Informationen an den Wettbewerber weitergeben wird[124]. Ähnlich kann es sich verhalten, wenn das Aufsichtsratsmitglied einen Gesellschafter repräsentiert, hinsichtlich dessen Anhaltspunkte dafür bestehen, dass er gesellschaftsschädliche Ziele verfolgt, und zu befürchten steht, dass das Aufsichtsratsmitglied dem Gesellschafter hierfür förderliche Informationen weitergeben wird[125]. Bei Informationsverlangen, die nur von einzelnen Aufsichtsratsmitgliedern gestellt werden, ist dem Vorstand im Regelfall eine größere Skepsis gestattet als bei Informationsverlangen, die vom Gesamtaufsichtsrat mitgetragen werden[126]. Umgekehrt kann es allerdings dem Vorstand nicht zum Vorwurf gemacht werden, wenn er dem Aufsichtsrat Informationen offen legt, die für die Tätigkeit des Aufsichtsrates relevant sind, obwohl er weiß, dass einzelne Aufsichtsratsmitglieder ein Eigeninteresse an der missbräuchlichen Verwendung dieser Informationen haben könnten[127]. Denn grundsätzlich darf sich der Vorstand – soweit nicht offensichtlich ist, dass es zu einem Missbrauch kommen wird – auf die Verschwiegenheit des Aufsichtsrates verlassen.

Teilweise wird in der Literatur über derartige Missbrauchsfälle hinaus ein weitergehendes Recht des Vorstandes bejaht, Informationsverlangen des Aufsichtsrates auch dann abzulehnen, wenn objektiv erhebliche und für die Öffentlichkeit oder das Unternehmen wesentliche Belange die möglichst sichere Geheimhaltung verlangen und wenn die Kontrollmöglichkeiten des Aufsichtsrates nicht stärker beschränkt werden, als dies im Hinblick auf das Geheimhaltungsinteresse erforderlich ist[128]. Dieser Ansicht ist grundsätzlich – für Ausnahmefälle – zuzustimmen, da sie es über eklatante Missbrauchsfälle hinaus ermöglicht, das Interesse des Aufsichtsrates an der Ausübung seiner Überwachungsfunktion und die Bedeutung der zurückgehaltenen Information zueinander in Relation zu setzen. So ist etwa der Fall denkbar, dass der Aufsichtsrat die Angabe **technischer Geheimnisse** oder sonstigen schutzwürdigen Knowhows der Gesellschaft verlangt, deren Geheimhaltung für die Gesellschaft von großer Bedeutung ist, deren Einzelheiten der Aufsichtsrat aber für die Beurteilung der Geschäftsführung des Vorstandes überhaupt nicht benötigt (anders jedoch, wenn gerade die Details der technischen Verfahren relevant sind, z.B. für das Treffen einer sachgerechten Personalentscheidung bei der Wahl des Technikvorstandes oder um die Zukunftstauglichkeit der genutzten Technik sicherzustellen)[129]. Der Vorstand hat dem

46

---

[124] *Lutter*, Information und Vertraulichkeit, Rz. 136 ff.; *Wiesner* in MünchHdb. AG, § 25 Rz. 37 f.; *Hüffer*, § 90 AktG Rz. 12a; *Mertens/Cahn* in KölnKomm. AktG, 3. Aufl., § 90 AktG Rz. 16 f.; *Kort* in Großkomm. AktG, 4. Aufl., § 90 AktG Rz. 110 ff.; s. zur Thematik ferner generell *Lutter*, ZHR 145 (1981), 224, 234 ff., 250 f.; LG Dortmund v. 10.8.1984, Die Mitbestimmung 1984, 410, 411 (dort im Ergebnis verneint); vgl. ferner zur GmbH OLG Karlsruhe v. 11.12.1984, OLGZ 1985, 41, 44 und OLG Stuttgart v. 8.2.1983, OLGZ 1983, 184, 187 f.; *Mertens*, AG 1980, 67, 74 meint, dass ein konkretes Missbrauchsrisiko jedenfalls dann stets anzunehmen sei, wenn das Aufsichtsratsmitglied selbst als Konkurrent betroffen sei.
[125] Die Gesetzesbegründung führt insoweit ausdrücklich den Fall an, dass ein Aufsichtsratsmitglied von einem mit den anderen Gesellschaftern zerstrittenen Familienstamm entsandt worden ist und daher die Gefahr des Ausplauderns von Interna besteht; BT-Drucks. 14/8769, S. 14.
[126] *Spindler* in MünchKomm. AktG, 3. Aufl., § 90 AktG Rz. 56; *Kort* in Großkomm. AktG, 4. Aufl., § 90 AktG Rz. 113.
[127] *Mertens/Cahn* in KölnKomm. AktG, 3. Aufl., § 90 AktG Rz. 14.
[128] *Wiesner* in MünchHdb. AG, § 25 Rz. 38; *Lutter*, Information und Vertraulichkeit, Rz. 122.
[129] *Lutter*, Information und Vertraulichkeit, Rz. 123; *Mertens/Cahn* in KölnKomm. AktG, 3. Aufl., § 90 AktG Rz. 9.

47 **(3) Schikaneverbot.** Das Recht des Aufsichtsrates zur Anforderung von Berichten wird ferner durch das allgemeine Schikaneverbot beschränkt[130]. Dieses kann tangiert sein, wenn der Aufsichtsrat Berichtsverlangen zur Unzeit[131] oder in überzogenem Umfang stellt, deren Erkenntnisgewinn gering ist und die zu einer unnötigen Behinderung der Geschäftsführung des Vorstandes führen[132]. Als überzogen ist ein Berichtsverlangen beispielsweise dann anzusehen, wenn Berichte zu Gegenständen angefordert werden, über die erst vor kurzem berichtet wurde, ohne dass vernünftigerweise eine Änderung gegenüber dem früheren Bericht zu erwarten ist; anderes gilt jedoch auch hier, wenn aufgrund der Situation der Gesellschaft gerade eine engmaschige Berichterstattung erforderlich ist[133].

48 **(4) Fehlender Funktions- oder Gesellschaftsbezug.** Von den vorstehend geschilderten Fällen abgesehen, unterliegt das Recht der Aufsichtsratsmitglieder zur Anforderung von Berichten grundsätzlich keinen Schranken. Lediglich bei offensichtlich fehlendem Bezug zur Gesellschaft und ihren verbundenen Unternehmen oder zur Funktion des Aufsichtsrates – der vom Vorstand nachzuweisen ist – kann der Vorstand die Information verweigern[134]. Einen Anspruch des Aufsichtsrates auf Überlassung der **Protokolle von Vorstandssitzungen** wird man wohl nur im Ausnahmefall bejahen können[135].

49 **(5) Entscheidungskompetenz.** Die Entscheidung, ob einer der vorstehend geschilderten Fälle vorliegt, liegt im pflichtgemäßen Ermessen des Vorstandes[136]. Die Gesetzesbegründung zum TransPuG lässt zwar offen, ob die Entscheidung stattdessen – wie in der Literatur teilweise vertreten – der Aufsichtsratsmehrheit oder dem Aufsichtsratsvorsitzenden anheim zu stellen sei[137]. Dies ist jedoch abzulehnen, da ansonsten der Aufsichtsrat über ein missbräuchliches Verhalten seiner eigenen Mitglieder zu entscheiden hätte und zudem – entgegen der Intention der durch das TransPuG eingefügten Änderungen – das Individualrecht des einzelnen Aufsichtsratsmitgliedes doch wieder der Entscheidung des Gesamtaufsichtsrates anheim gestellt wäre. Die Entscheidung des Vorstandes einschließlich behaupteter Missbrauchsfälle ist in vollem Umfang gerichtlich nachprüfbar (dazu s. im Einzelnen Rz. 70)[138].

50 **bb) Sonstige Handlungsmöglichkeiten bei vertraulichen Informationen.** Soweit keiner der vorstehend geschilderten Fälle einschlägig ist, der Vorstand aber gleichwohl unter Vertraulichkeitsgesichtspunkten Bedenken gegen die Berichterstattung hat,

---

130 *Wiesner* in MünchHdb. AG, § 25 Rz. 37; *Spindler* in MünchKomm. AktG, 3. Aufl., § 90 AktG Rz. 55.
131 *Spindler* in MünchKomm. AktG, 3. Aufl., § 90 AktG Rz. 35.
132 Vgl. *Mertens/Cahn* in KölnKomm. AktG, 3. Aufl., § 90 AktG Rz. 8 – keine laufende tägliche oder wöchentliche Berichterstattung über den Gang der Geschäfte im Einzelnen; *Lutter/Krieger*, Rechte und Pflichten des Aufsichtsrats, Rz. 207.
133 *Lutter*, Information und Vertraulichkeit, Rz. 123; *Spindler* in MünchKomm. AktG, 3. Aufl., § 90 AktG Rz. 35.
134 *Spindler* in MünchKomm. AktG, 3. Aufl., § 90 AktG Rz. 51; *Wiesner* in MünchHdb. AG, § 25 Rz. 37 f.; *Semler/v. Schenck*, Arbeitshandbuch für Aufsichtsratsmitglieder, § 1 Rz. 151; *Elsing/Schmidt*, BB 2002, 1705, 1707.
135 *Semler/v. Schenck*, Arbeitshandbuch für Aufsichtsratsmitglieder, § 1 Rz. 149.
136 *Spindler* in MünchKomm. AktG, 3. Aufl., § 90 AktG Rz. 40; *Hüffer*, § 90 AktG Rz. 12a.
137 BT-Drucks. 14/8769, S. 14; für Zuständigkeit des Aufsichtsrates bzw. Aufsichtsratsvorsitzenden *Lutter*, Information und Vertraulichkeit, Rz. 134 f.; *Mertens/Cahn* in KölnKomm. AktG, 3. Aufl., § 90 AktG Rz. 17 sowie *Kort* in Großkomm. AktG, 4. Aufl., § 90 AktG Rz. 110 ff.
138 *Spindler* in MünchKomm. AktG, 3. Aufl., § 90 AktG Rz. 40.

kann dem Geheimhaltungserfordernis durch folgende Maßnahmen Rechnung getragen werden: (1) der Vorstand kann von seiner nach § 90 Abs. 4 Satz 2 bestehenden Möglichkeit Gebrauch machen, den Bericht ausnahmsweise nicht schriftlich, sondern nur **mündlich** zu erstatten (dazu s. Rz. 58), sowie (2) bei schriftlichen Berichten kann die Aufsichtsratsmehrheit gem. § 90 Abs. 5 Satz 2 beschließen, den schriftlichen Bericht **nicht an jedes Aufsichtsratsmitglied** zu übermitteln; das in § 90 Abs. 5 Satz 1 geregelte Recht jedes Aufsichtsratsmitglieds auf „Kenntnisnahme" von dem Bericht kann hierdurch allerdings nicht ausgeschlossen werden (s. hierzu näher Rz. 62 ff.). Im Rahmen eines solchen Beschlusses kann der Aufsichtsrat beispielsweise auch beschließen, den Bericht nur bestimmten Aufsichtsratsmitgliedern nicht weiterzuleiten, zum Beispiel weil diese aus eigensüchtigen oder persönlichen Zwecken (etwa als Wettbewerber) handeln und die Weitergabe oder gesellschaftsschädliche Ausnutzung der Information konkret zu befürchten ist[139].

### 4. Grundsätze ordnungsgemäßer Berichterstattung (§ 90 Abs. 4)

§ 90 Abs. 4 Satz 1 legt fest, dass die Berichte den Grundsätzen einer gewissenhaften und getreuen Rechenschaft zu entsprechen haben. Gem. § 90 Abs. 4 Satz 2 sind die Berichte „möglichst rechtzeitig" und „in der Regel in Textform" zu erstatten; das Textformerfordernis gilt nicht für den Bericht nach § 90 Abs. 1 Satz 3 (Sonderbericht aus sonstigem wichtigem Anlass). 51

#### a) Gewissenhafte und getreue Rechenschaft

Der im Gesetz nicht näher definierte Begriff der „gewissenhaften und getreuen Rechenschaft" orientiert sich an den Maßstäben des sorgfältigen Geschäftsleiters und dem **Sorgfaltsbegriff des § 93 Abs. 1 Satz 1**. Bei der Interpretation dieses Begriffs ist insbesondere dem Sinn und Zweck der Berichtspflicht Rechnung zu tragen, d.h. der Aufsichtsrat muss in die Lage versetzt werden, seiner Überwachungsaufgabe nachzukommen und zu beurteilen, ob das von § 91 Abs. 2 geforderte Risikoüberwachungssystem sachgerecht gehandhabt wird[140]. Daraus ergibt sich, dass der Bericht **vollständig und zutreffend** sowie **übersichtlich und klar gegliedert**[141] sein, den erforderlichen Detaillierungsgrad aufweisen und einen **Vergleich** der aktuellen Zahlen mit den Vorjahreswerten sowie dem Budget enthalten muss[142]. Zur ordnungsgemäßen Berichterstattung gehört auch, dass Tatsachen und Wertungen klar zu trennen sind[143]. Die Verwendung von Schaubildern, Tabellen und graphischen Darstellungen wird zwar empfohlen[144]; sie sollte jedoch den verbalen Erläuterungscharakter des Berichts nicht in den Hintergrund drängen. 52

Als Akt der Geschäftsführung muss der Bericht vom Vorstand gem. § 77 Abs. 1 Satz 1 grundsätzlich **einstimmig** verabschiedet werden. Kommt kein einstimmiger Bericht zustande, sind die unterschiedlichen im Vorstand vertretenen Auffassungen in dem Bericht darzulegen[145]. Geschieht dies nicht, etwa weil die Mehrheit im Vorstand 53

---

139 *Spindler* in MünchKomm. AktG, 3. Aufl., § 90 AktG Rz. 40; *Knigge*, WM 2002, 1730, 1732; *Elsing/Schmidt*, BB 2002, 1705, 1707.
140 *Semler/v. Schenck*, Arbeitshandbuch für Aufsichtsratsmitglieder, § 1 Rz. 114.
141 *Spindler* in MünchKomm. AktG, 3. Aufl., § 90 AktG Rz. 49; *Wiesner* in MünchHdb. AG, § 25 Rz. 33 ff.
142 *Lutter*, Information und Vertraulichkeit, Rz. 36 ff.; *Wiesner* in MünchHdb. AG, § 25 Rz. 30.
143 *Hüffer*, § 90 AktG Rz. 13; *Spindler* in MünchKomm. AktG, 3. Aufl., § 90 AktG Rz. 49.
144 *Wiesner* in MünchHdb. AG, § 25 Rz. 34.
145 *Wiesner* in MünchHdb. AG, § 25 Rz. 32, nach dessen Ansicht der Aufsichtsrat zusätzlich darauf hinzuweisen ist, dass eine Einigung nicht zustandegekommen ist; *Spindler* in MünchKomm. AktG, 3. Aufl., § 90 AktG Rz. 7 (allerdings wohl a.A. für Sonderberichte); *Lutter*, Information und Vertraulichkeit, Rz. 219 ff. sowie mit Differenzierungen Rz. 225 ff.; enger

davon absieht, die Minderheitsmeinung im Bericht darzustellen, ist das überstimmte Vorstandsmitglied berechtigt und verpflichtet, den Aufsichtsrat – bzw. gem. § 90 Abs. 1 Satz 3 den Vorsitzenden des Aufsichtsrates – über seine Ansicht zu informieren[146].

54 Teilweise wird in der Literatur hervorgehoben, dass der Vorstand sich gegenüber dem Aufsichtsrat keiner Handlungen bezichtigen müsse, die zu einer Schadensersatzpflicht oder Strafbarkeit des Vorstandes führen[147]. Ein solches „**Selbstbezichtigungsverbot**" kann allerdings nur im Hinblick auf die Wertung gelten, ob die betreffende Handlung tatsächlich strafbar war bzw. eine zu einer Schadensersatzpflicht führende Pflichtverletzung darstellte. Die der potentiellen Strafbarkeit bzw. Schadensersatzpflicht zugrunde liegenden Fakten dürfen dagegen nicht zurückgehalten werden, da anderenfalls die Überwachungsfunktion des Aufsichtsrates gerade im Hinblick auf derartige, besonders wesentliche Vorgänge beeinträchtigt wäre[148].

55 Schuldner der Berichtspflicht ist der Vorstand als Kollegialorgan; da der Vorstand als solcher nicht rechtsfähig ist, ist jedes einzelne Vorstandsmitglied verpflichtet, an der Erfüllung der Berichtspflicht mitzuwirken[149]. Diese Pflicht kann grundsätzlich dadurch erfüllt werden, dass das Vorstandsmitglied den **Gesamtvorstand** über alle berichtsrelevanten Fragen unterrichtet, die sein Ressort betreffen, und darauf achtet, dass der Aufsichtsrat entsprechend informiert wird. Falls dies jedoch nicht gelingt, ist das Vorstandsmitglied berechtigt und verpflichtet, den Aufsichtsrat selbst **unmittelbar zu unterrichten**[150].

**b) Zeitpunkt und Form der Berichte**

56 **Rechtzeitigkeit** bedeutet bei Berichten, die eine Aufsichtsratssitzung vorbereiten, dass die Berichte vor der Sitzung zu übermitteln sind, und zwar so zeitig, dass die Aufsichtsratsmitglieder noch die Möglichkeit haben, sie zu lesen[151]. Je umfangreicher die Unterlagen sind und je länger sie bereits vor der Sitzung feststehen, desto früher sollten sie auch übermittelt werden. Berichte, die nicht der Vorbereitung einer Sitzung dienen, sollten so frühzeitig übermittelt werden, dass der Aufsichtsrat noch in der Lage ist zu reagieren[152]. Dies bedeutet, dass der Vorstand mit der Maßnahme, die Gegenstand des Berichtes ist, grundsätzlich zu warten hat, bis der Aufsichtsrat Stellung nehmen konnte. Anderes gilt jedoch, falls gerade ein solches Zuwarten den Interessen der Gesellschaft schaden und daher eine Pflichtverletzung des Vorstandes darstellen würde[153].

57 Das **Textformerfordernis** wird gem. § 126b BGB auch durch Übermittlung per E-Mail gewahrt[154]. **Sonderberichte** gem. § 90 Abs. 1 Satz 3 sind generell vom Textformerfor-

---

*Mertens/Cahn* in KölnKomm. AktG, 3. Aufl., § 90 AktG Rz. 28, nach denen nicht jede abweichende Meinung eines überstimmten Vorstandsmitglieds dem Aufsichtsrat offen zu legen ist.

146 *Wiesner* in MünchHdb. AG, § 25 Rz. 32; *Lutter*, Information und Vertraulichkeit, Rz. 219 ff.; *Spindler* in MünchKomm. AktG, 3. Aufl., § 90 AktG Rz. 7.
147 *Mertens/Cahn* in KölnKomm. AktG, 3. Aufl., § 90 AktG Rz. 28.
148 So sind wohl auch *Mertens/Cahn* in KölnKomm. AktG, 3. Aufl., § 90 AktG Rz. 28 a.E. zu verstehen.
149 BGH v. 8.12.1977 – II ZR 219/75, AG 1978, 162; *Spindler* in MünchKomm. AktG, 3. Aufl., § 90 AktG Rz. 6; *Hüffer*, § 90 AktG Rz. 1.
150 *Spindler* in MünchKomm. AktG, 3. Aufl., § 90 AktG Rz. 6.
151 BT-Drucks. 14/8769, S. 15.
152 BT-Drucks. 14/8769, S. 15.
153 *Hüffer*, § 90 AktG Rz. 13b; kritisch dagegen DAV Handelsrechtsausschuss, NZG 2002, 115, 116 und *Ihrig/Wagner*, BB 2002, 789, 793.
154 *Hüffer*, § 90 AktG Rz. 13.

dernis ausgenommen; hier geht das Gesetz davon aus, dass es ausreicht, wenn der Aufsichtsratsvorsitzende die übrigen Aufsichtsratsmitglieder gem. § 90 Abs. 5 Satz 3 spätestens in der nächsten Aufsichtsratssitzung unterrichtet[155]. Allerdings wird es auch bei Sonderberichten häufig möglich und sinnvoll sein, den Bericht auch in Textform vorzulegen oder zumindest nachzureichen[156]; hierüber hat der Vorstand nach pflichtgemäßem Ermessen zu entscheiden.

Da das Gesetz sowohl die Rechtzeitigkeit als auch die Textform der Berichte lediglich als Regelerfordernis bezeichnet, sind von beiden Erfordernissen auch **Ausnahmen** denkbar, etwa aus Gründen der besonderen **Eilbedürftigkeit** oder des gesteigerten **Geheimhaltungsbedürfnisses**[157]. Die Gesetzesbegründung führt hierzu aus, dass unbedingt vermieden werden solle, dass die Unternehmensführung durch gesetzliche Bürokratisierung behindert und in ihrer Reaktionsgeschwindigkeit beeinträchtigt wird[158]. Die Vorschrift erlaubt **flexibles und abgestuftes Verhalten**, wie etwa eine getrennte Übermittlung von Bericht und Anlagen, einen mündlichen Vorabbericht unter Nachreichung des schriftlichen Berichtes, die Ankündigung mündlicher Berichterstattung in einer Sitzung oder die mündliche Ergänzung schriftlich unterbreiteter Unterlagen in einer Sitzung[159]. Hieraus folgt allerdings umgekehrt gleichzeitig, dass der Vorstand die Erstattung eines mündlichen Berichtes nicht unter Verweis auf das Formerfordernis ablehnen darf.

58

Soweit **Geschäftsordnungen** oder eine vom Aufsichtsrat erlassene „Informationsordnung" Regelungen über die Übermittlung der Berichte enthalten, sind diese zu beachten[160].

59

### c) Rechtsfolgen einer nicht ordnungsgemäßen Berichterstattung

Der Aufsichtsrat hat eine eigenständige Pflicht zu prüfen, ob der Vorstand seiner Pflicht zur sorgfaltsgemäßen Berichterstattung nach § 90 ordnungsgemäß und gewissenhaft nachkommt. Sofern dies nicht der Fall ist, liegt hierin ein schwerer **Pflichtverstoß**, der den Aufsichtsrat berechtigt, die betreffenden Vorstandsmitglieder jedenfalls nach Abmahnung, in schweren Fällen auch ohne Abmahnung aus wichtigem Grund gem. § 84 Abs. 3 **abzuberufen** und ihren Anstellungsvertrag zu kündigen[161]. Unter den Voraussetzungen des § 93 Abs. 2 sind die betreffenden Vorstandsmitglieder für den der Gesellschaft entstandenen **Schaden** haftbar[162]. Auch kann sich eine schwere Pflichtverletzung auf getroffene Pensionszusagen auswirken[163]. Schließlich kann eine unrichtige oder unvollständige Berichterstattung unter den Voraussetzungen des § 400 Abs. 1 Nr. 1 oder Nr. 2 **strafbar** sein. Im Rahmen sämtlicher vorgenannter Verfahren unterliegt die sorgfaltsgemäße Erstellung der Berichte der vollen gerichtlichen Überprüfung[164].

60

---

155 BT-Drucks. 14/8769, S. 15.
156 *Spindler* in MünchKomm. AktG, 3. Aufl., § 90 AktG Rz. 12.
157 *Hüffer*, § 90 AktG Rz. 13; *Fleischer* in Spindler/Stilz, § 90 AktG Rz. 49 a.E.; kritisch hierzu *Theisen*, Information und Berichterstattung des Aufsichtsrates, S. 34.
158 BT-Drucks. 14/8769, S. 15.
159 *Hüffer*, § 90 AktG Rz. 13, 13a.
160 *Hüffer*, § 90 AktG Rz. 13a.
161 *Spindler* in MünchKomm. AktG, 3. Aufl., § 90 AktG Rz. 48, 63; *Hüffer*, § 90 AktG Rz. 15; *Lutter*, Information und Vertraulichkeit, Rz. 242; *Wiesner* in MünchHdb. AG, § 25 Rz. 39; *Semler/v. Schenck*, Arbeitshandbuch für Aufsichtsratsmitglieder, § 1 Rz. 96.
162 *Lutter*, Information und Vertraulichkeit, Rz. 247.
163 BGH v. 17.4.1967, BGHZ 47, 341, 352; *Spindler* in MünchKomm. AktG, 3. Aufl., § 90 AktG Rz. 48.
164 *Hüffer*, § 90 AktG Rz. 13.

## 5. Information innerhalb des Aufsichtsrates (§ 90 Abs. 5)

61 § 90 Abs. 5 regelt den Informationsfluss innerhalb des Aufsichtsrates. Die Vorschrift ist erforderlich, da der Vorstand die Berichte gem. § 90 grundsätzlich zu Händen des **Aufsichtsratsvorsitzenden** zu erstatten hat, sofern dieser den Vorstand nicht gebeten hat, die Berichte unmittelbar allen Aufsichtsratsmitgliedern zuzuleiten[165]. Gem. § 90 Abs. 5 Satz 1 hat jedes Aufsichtsratsmitglied das Recht, von den Berichten Kenntnis zu nehmen. Soweit die Berichte in Textform erstattet worden sind, sind sie gem. § 90 Abs. 5 Satz 2 auch jedem Aufsichtsratsmitglied auf Verlangen zu übermitteln, soweit der Aufsichtsrat nichts anderes beschlossen hat. § 90 Abs. 5 Satz 3 legt fest, dass der Vorsitzende des Aufsichtsrates die anderen Aufsichtsratsmitglieder spätestens in der nächsten Aufsichtsratssitzung über Sonderberichte aus wichtigem Anlass zu unterrichten hat.

### a) Recht auf Kenntnisnahme und Übermittlung (§ 90 Abs. 5 Sätze 1 und 2)

62 Das Recht zur **Kenntnisnahme** gem. § 90 Abs. 5 Satz 1 bedeutet, dass jedes Aufsichtsratsmitglied das Recht hat, schriftliche Berichte zu lesen und mündliche Berichte zu hören[166]. Von diesem Recht zur bloßen „Kenntnisnahme" zu trennen ist die Frage, ob jedes Aufsichtsratsmitglied auch die **Übermittlung** in Textform erstatteter Berichte verlangen kann. Diese Frage ist in § 90 Abs. 5 Satz 2 geregelt. Der wesentliche Unterschied zwischen „Kenntnisnahme" und „Übermittlung" besteht darin, dass das Recht auf Kenntnisnahme auch ohne Aushändigung des Berichts – etwa im Wege der Auslegung des Berichts in den Räumen der Gesellschaft und Gestattung der Einsichtnahme[167] – erfüllt werden kann, während Übermittlung bedeutet, dass das Aufsichtsratsmitglied eine (elektronische) Kopie des Berichts in Händen hält.

63 Der Unterschied zwischen Kenntnisnahme und Übermittlung kann insbesondere bei geheimhaltungsbedürftigen Informationen von Bedeutung werden. § 90 Abs. 5 Satz 2 sieht vor, dass der **Gesamtaufsichtsrat** durch Mehrheitsentscheidung beschließen kann, den Bericht – trotz entsprechenden Verlangens – nicht jedem Aufsichtsratsmitglied zu übermitteln. Hierdurch kann bei vertraulichen Berichten das Risiko einer unbefugten Weitergabe oder eines unbefugten Drittzugriffs – insbesondere im Falle der mangelnden Zuverlässigkeit der von einem Aufsichtsratsmitglied eingesetzten Übertragungsmittel, z.B. bei Fehlen einer Verschlüsselungssoftware[168] – reduziert werden. § 90 Abs. 5 Satz 2 ermöglicht auch **flexible Gestaltungen**; so kann etwa beschlossen werden, dass ein Bericht nur den Mitgliedern bestimmter Ausschüsse ausgehändigt oder den Aufsichtsratsmitgliedern nur für eine bestimmte Zeit überlassen werden soll[169]. Die Weiterleitungsregeln können für den Einzelfall und/oder in genereller Form, z.B. in einer Geschäftsordnung, festgelegt werden[170]. Ein besonderer Grund für den Beschluss ist in der Regel nicht erforderlich. Anderes gilt, wenn der Bericht nur einzelnen Aufsichtsratsmitgliedern oder -gruppen (z.B. den Arbeitnehmervertretern) vorenthalten werden soll[171]. Aufgrund des Grundsatzes der Gleichbe-

---

165 *Lutter*, Information und Vertraulichkeit, Rz. 185 ff. (mit dem Hinweis, dass *mündliche* Berichte nur an den Gesamtaufsichtsrat erstattet werden können); *Hüffer*, § 90 AktG Rz. 14; *Lutter/Krieger*, Rechte und Pflichten des Aufsichtsrats, Rz. 222.
166 *Hüffer*, § 90 AktG Rz. 14.
167 *Spindler* in MünchKomm. AktG, 3. Aufl., § 90 AktG Rz. 45; *Fleischer* in Spindler/Stilz, § 90 AktG Rz. 59.
168 *Spindler* in MünchKomm. AktG, 3. Aufl., § 90 AktG Rz. 45.
169 *Lutter*, Information und Vertraulichkeit, Rz. 200, 202 ff.; *Wiesner* in MünchHdb. AG, § 25 Rz. 29.
170 *Lutter*, Information und Vertraulichkeit, Rz. 196 ff.
171 *Lutter*, Information und Vertraulichkeit, Rz. 200; *Kort* in Großkomm. AktG, 4. Aufl., § 90 AktG Rz. 154.

handlung der Aufsichtsratsmitglieder ist dies nur zulässig, soweit in der Person der betroffenen Aufsichtsratsmitglieder konkrete Anhaltspunkte für einen drohenden Missbrauch der Information vorliegen (dazu s. Rz. 45 ff.). Teilweise wird in der Literatur die Ansicht vertreten, dass der Aufsichtsrat im Hinblick auf Berichte gem. § 90 Abs. 1 Satz 1 Nr. 3 (Quartalsberichte) in der Regel an der Fassung eines Beschlusses gehindert sei, durch den von der Aushändigung der Berichte Abstand genommen wird, da bei diesen Berichten jedem Aufsichtsratsmitglied die Möglichkeit gegeben werden müsse, sich in Ruhe anhand der Unterlagen auf die entsprechende Sitzung vorzubereiten[172]. Auch hier wird es jedoch letztlich auf die Umstände des Einzelfalles ankommen. Hat der Aufsichtsratsvorsitzende einen Bericht entgegen § 90 Abs. 5 Satz 2 pflichtwidrig einem Aufsichtsratsmitglied übermittelt, haben die anderen Aufsichtsratsmitglieder nicht allein deswegen schon einen Anspruch auf Übermittlung (keine Gleichheit im Unrecht)[173]. Für die Übermittlung im Sinne des § 90 Abs. 5 Satz 2 ist die Übersendung per email ausreichend[174].

Das Recht der einzelnen Aufsichtsratsmitglieder auf **Kenntnisnahme** von dem Bericht gem. § 90 Abs. 5 Satz 1 (insbesondere das Recht auf Einsichtnahme in den Bericht) kann dagegen auch durch Beschluss des Gesamtaufsichtsrates **nicht ausgeschlossen werden**. Anderes muss auch insoweit – unter erhöhten Voraussetzungen – in Missbrauchsfällen gelten; hier darf das Recht dem Unrecht nicht zum Erfolg verhelfen[175]. 64

Das Recht der Aufsichtsratsmitglieder auf Kenntnisnahme von den Berichten darf auch nicht dadurch ausgeschlossen werden, dass die betreffenden Angelegenheiten bzw. die Entgegennahme von Berichten auf **Ausschüsse** übertragen werden. Werden Ausschüsse eingerichtet, so bleiben vielmehr auch die den Ausschüssen nicht angehörenden Aufsichtsratsmitglieder berechtigt, von den Berichten Kenntnis zu nehmen[176]. Dies gilt auch dann, wenn der Aufsichtsrat Ausschüsse eingerichtet hat, die auf dem Gebiet der nach § 90 zu erstattenden Berichte die Entscheidungen des Vorstandes vorbereiten sollen[177]. Eine Ausnahme ist nur hinsichtlich der **Vorlageberichte** anzuerkennen, die nicht nach § 90, sondern aus anderen Gründen zu erstatten sind (dazu vgl. Rz. 3). Soweit hier die Entscheidung einem Ausschuss übertragen wurde, berichtet der Vorstand nur an den Ausschuss. Sofern der Aufsichtsratsvorsitzende von seinem nach § 109 Abs. 2 bestehenden Recht Gebrauch macht, die nicht dem Ausschuss angehörenden Aufsichtsratsmitglieder von der Teilnahme an der Ausschusssitzung auszuschließen, haben sie auch keinen Anspruch auf Einsicht in die Berichte oder Sitzungsprotokolle des Ausschusses. Sie können sich die betreffenden Informationen in diesem Fall auch nicht über die Anforderung eines Berichtes nach § 90 Abs. 3 Satz 2 verschaffen[178]. 65

---

172 *Semler/v. Schenck*, Arbeitshandbuch für Aufsichtsratsmitglieder, § 1 Rz. 111.
173 *Kort* in Großkomm. AktG, 4. Aufl., § 90 AktG Rz. 155; *Lutter*, Information und Vertraulichkeit, Rz. 207 f.
174 Vgl. BT-Drucks. 14/8769, S. 16.
175 *Mertens/Cahn* in KölnKomm. AktG, 3. Aufl., § 90 AktG Rz. 17.
176 *Mertens/Cahn* in KölnKomm. AktG, 3. Aufl., § 90 AktG Rz. 25; *Spindler* in MünchKomm. AktG, 3. Aufl., § 90 AktG Rz. 44.
177 *Paefgen*, Struktur und Aufsichtsratsverfassung, S. 347; weitergehend – Kenntnisnahmerecht bei vorbereitenden Ausschüssen ausschließbar – *Mertens/Cahn* in KölnKomm. AktG, 3. Aufl., § 90 AktG Rz. 26 m.w.N.
178 *Mertens/Cahn* in KölnKomm. AktG, 3. Aufl., § 90 AktG Rz. 26; *Hüffer*, § 90 AktG Rz. 14; *Mertens*, AG 1980, 67, 73; *Paefgen*, Struktur und Aufsichtsratsverfassung, S. 347 f.; weitergehend (auch für Berichte nach § 90) wohl LG Düsseldorf v. 8.3.1988 – 36 O 138/87, AG 1988, 386, 387 (Delegation der Zuständigkeit für Berichte nach § 90 auf Personalausschuss) und *Wiesner* in MünchHdb. AG, § 25 Rz. 30.

66 Das Recht des einzelnen Aufsichtsratsmitgliedes auf Kenntnisnahme bzw. Unterrichtung ist ein **höchstpersönliches Recht**. Das Aufsichtsratsmitglied hat daher keinen Anspruch auf Zuziehung eines Bevollmächtigten oder eines Sachverständigen (keine Geltung des § 109 Abs. 3)[179].

### b) Informationsrechte bei Sonderberichten (§ 90 Abs. 5 Satz 3)

67 Sonderberichte aus wichtigem Anlass im Sinne des § 90 Abs. 1 Satz 3 müssen gem. § 90 Abs. 4 Satz 2 nicht in Textform erstattet werden. Legt der Vorstand sie gleichwohl in **Textform** vor, besteht kein Unterschied zu sonstigen Berichten, so dass § 90 Abs. 5 Sätze 1 und 2 uneingeschränkt gelten (dazu siehe vorstehend Rz. 62 ff.)[180]. Nur für den Fall, dass ein Sonderbericht gem. § 90 Abs. 1 Satz 3 tatsächlich **nicht in Textform** erstattet wird, sieht § 90 Abs. 5 Satz 3 vor, dass der Aufsichtsratsvorsitzende die Aufsichtsratsmitglieder „spätestens" in der nächsten Aufsichtsratssitzung zu informieren hat (der Verweis der Vorschrift auf § 90 Abs. 1 Satz 2 – anstelle Satz 3 – ist ein Redaktionsversehen und berücksichtigt nicht die Einfügung des neuen § 90 Abs. 1 Satz 2 durch das TransPuG). Die Formulierung „spätestens" zeigt, dass der Aufsichtsratsvorsitzende, abhängig von den Umständen des Einzelfalles, auch zu einer früheren Information berechtigt ist und dazu auch gehalten sein kann. Es kommt eine Bandbreite von Reaktionsmöglichkeiten in Betracht, die auch die Anforderung eines schriftlichen Berichtes vom Vorstand sowie die unverzügliche mündliche oder schriftliche Information der anderen Aufsichtsratsmitglieder einschließt[181]. Der Aufsichtsratsvorsitzende hat hierüber nach seinem pflichtgemäßen Ermessen zu entscheiden[182].

### 6. Durchsetzung der Berichtspflichten

68 **Ordnungsstrafe.** Verletzen Vorstandsmitglieder ihre Berichtspflichten, hat das Registergericht sie (nicht: den Gesamtvorstand) gem. § 407 Abs. 1 im Verfahren nach §§ 388 ff. FamFG zur Erfüllung ihrer Pflichten anzuhalten. Das Registergericht wird von Amts wegen tätig; Aufsichtsratsmitglieder und sonstige Dritte können jedoch sein Einschreiten anregen. Sobald das Registergericht (Rechtspfleger, § 3 Abs. 1 Nr. 2 lit. d RPflG) glaubhaft von einem Verstoß gegen die Berichtspflicht (d.h. zu späte, unzutreffende oder unvollständige Berichterstattung) Kenntnis erhält, hat es gem. § 388 Abs. 1 FamFG die Vorstandsmitglieder unter Androhung einer Ordnungsstrafe von maximal 5.000 Euro dazu aufzufordern, ihrer Berichtspflicht innerhalb einer bestimmten Frist nachzukommen oder die Unterlassung im Wege des Einspruchs zu rechtfertigen. Gegen den Beschluss, durch den die Ordnungsstrafe festgesetzt oder der Einspruch verworfen wird, findet die Beschwerde gem. § 391 FamFG statt; gegen die Entscheidung des Beschwerdegerichts ist gem. § 70 FamFG die Rechtsbeschwerde eröffnet.

69 **Abberufung.** Ein weiteres faktisches Mittel der Durchsetzung besteht darin, dass der Aufsichtsrat Vorstandsmitglieder, die erheblich gegen ihre Berichtspflichten verstoßen, abberufen kann (dazu s. Rz. 60).

70 **Klageweise Durchsetzung durch Gesamtaufsichtsrat.** Nach herrschender Ansicht kann die Berichtspflicht des Weiteren im Klagewege durchgesetzt werden. Aktivlegitimiert ist die Aktiengesellschaft, die gem. § 112 durch den Aufsichtsrat vertreten

---

179 *Spindler* in MünchKomm. AktG, 3. Aufl., § 90 AktG Rz. 47.
180 *Hüffer*, § 90 AktG Rz. 14; *Fleischer* in Spindler/Stilz, § 90 AktG Rz. 61; anderer Ansicht wohl *Spindler* in MünchKomm. AktG, 3. Aufl., § 90 AktG Rz. 46.
181 *Wiesner* in MünchHdb. AG, § 25 Rz. 35.
182 *Spindler* in MünchKomm. AktG, 3. Aufl., § 90 AktG Rz. 46.

wird. Die Klage ist nach herrschender Auffassung gegen die Mitglieder des Vorstandes als notwendige Streitgenossen zu richten[183].

**Klageweise Durchsetzung durch einzelne Aufsichtsratsmitglieder.** Lehnt der Vorstand eine Berichterstattung ab, die von einem einzelnen Aufsichtsratsmitglied nach § 90 Abs. 3 Satz 2 verlangt worden war, kann das Aufsichtsratsmitglied Klage auf Berichterstattung gegen die Gesellschaft erheben[184]. Verweigert der Aufsichtsratsvorsitzende dem einzelnen Aufsichtsratsmitglied die Kenntnisnahme bzw. Unterrichtung gem. § 90 Abs. 5, so kann das Aufsichtsratsmitglied im Klagewege gegen die durch den Vorstand vertretene Gesellschaft vorgehen[185]. Das Verfahren nach § 407 Abs. 1 steht ihm dagegen insoweit nicht zu Gebote[186].

### 7. Handlungen des Aufsichtsrates im Hinblick auf Berichte

Das Gesetz regelt nicht, welche Verhaltenspflichten der Aufsichtsrat im Hinblick auf die ihm vorgelegten Berichte erfüllen muss. Aus der Beratungs- und Überwachungsfunktion des Aufsichtsrates folgt allerdings, dass er zu den Berichten **Stellung nehmen** und sie mit dem Vorstand **erörtern** muss[187]. Bei Zweifeln an der Rechtmäßigkeit oder Zweckmäßigkeit der Geschäftsführung hat der Aufsichtsrat die Pflicht, Berichte anzufordern. Gegen eine verspätete oder unzureichende Erstattung der Berichte hat der Aufsichtsrat einzuschreiten[188]. Er ist verpflichtet, sich jederzeit ein genaues Bild von der wirtschaftlichen Situation der Gesellschaft zu verschaffen und insbesondere in einer Krisensituation alle ihm nach §§ 90 Abs. 3, 111 Abs. 2 AktG zur Verfügung stehenden Erkenntnisquellen auszuschöpfen[189].

Wie die Regierungsbegründung zum KonTraG sowie Ziffer 3.4 DCGK ausführen, kann es sinnvoll und geboten sein, dass der Aufsichtsrat eine **Informationsordnung** – eine besondere Form der Geschäftsordnung – erlässt, die die Berichtpflicht im Einzelnen regelt[190]. Durch eine derartige Geschäftsordnung kann die Berichterstattungspflicht verschärft werden; z.B. kann angeordnet werden, dass die Berichte häufiger zu erstatten sind als nach den gesetzlichen Mindestfristen vorgesehen, es können weitere Anlässe für die Erstattung von Berichten angeordnet werden oder es kann dem Vorstand aufgegeben werden, dass Berichte in der Regel eine bestimmte Anzahl von Tagen vor der Aufsichtsratssitzung vorzuliegen haben. Zu weitgehende Erschwernisse in der Geschäftsordnung (z.B. Schriftformerfordernis stets auch für Sonderberichte gem. § 90 Abs. 1 Satz 3) sind allerdings im Interesse des Unternehmens an effizienter

---

183 LG Dortmund v. 10.8.1984, Die Mitbestimmung 1984, 410; *Hüffer*, § 90 AktG Rz. 15; *Spindler* in MünchKomm. AktG, 3. Aufl., § 90 AktG Rz. 59; *Wiesner* in MünchHdb. AG, § 25 Rz. 39; a.A. (Aufsichtsrat aktivlegitimiert) *Lutter*, Information und Vertraulichkeit, Rz. 230 ff.; *Fleischer* in Spindler/Stilz, § 90 AktG Rz. 69 f.
184 *Spindler* in MünchKomm. AktG, 3. Aufl., § 90 AktG Rz. 61; *Mertens/Cahn* in KölnKomm. AktG, 3. Aufl., § 90 AktG Rz. 66; vgl. ferner BGH v. 28.11.1988 – II ZR 57/88, BGHZ 106, 54, 62 = AG 1989, 89; a.A. *Lutter*, Information und Vertraulichkeit, Rz. 237 (Klage gegen den Vorstand).
185 *Spindler* in MünchKomm. AktG, 3. Aufl., § 90 AktG Rz. 61 f.; vgl. ferner BGH v. 28.11.1988 – II ZR 57/88, BGHZ 106, 54, 62 = AG 1989, 89; a.A. *Lutter*, Information und Vertraulichkeit, Rz. 237 (Klage gegen den Aufsichtsrat).
186 *Spindler* in MünchKomm. AktG, 3. Aufl., § 90 AktG Rz. 58.
187 *Hüffer*, § 90 AktG Rz. 4d; *Spindler* in MünchKomm. AktG, 3. Aufl., § 90 AktG Rz. 24; *Leyens*, Information des Aufsichtsrats, S. 154.
188 *Mertens/Cahn* in KölnKomm. AktG, 3. Aufl., § 90 AktG Rz. 6.
189 BGH v. 16.3.2009 – II ZR 280/07, NZG 2009, 550 = AG 2009, 404 unter Verweis auf MPS-Entscheidung des BGH v. 1.12.2008 – II ZR 102/07, ZIP 2009, 70, Rz. 14.
190 BT-Drucks. 13/9712, S. 15; grundlegend *Lutter*, Information und Vertraulichkeit, Rz. 100; vgl. ferner *Semler/v. Schenck*, Arbeitshandbuch für Aufsichtsratsmitglieder, § 1 Rz. 93; *Kropff* in FS Raiser, 2005, S. 225, 244 f.

Berichterstattung als unzulässig anzusehen[191]. Die Informationsordnung kann auch technische Einzelheiten, wie etwa die verbindliche Nutzung eines EDV-Verschlüsselungsprogramms, festlegen[192]. Alternativ können die vorgenannten Regelungen auch in die Satzung aufgenommen werden, was sich allerdings im Interesse der notwendigen Flexibilität meist nicht empfehlen wird.

# § 91
## Organisation; Buchführung

**(1) Der Vorstand hat dafür zu sorgen, dass die erforderlichen Handelsbücher geführt werden.**

**(2) Der Vorstand hat geeignete Maßnahmen zu treffen, insbesondere ein Überwachungssystem einzurichten, damit den Fortbestand der Gesellschaft gefährdende Entwicklungen früh erkannt werden.**

| | |
|---|---|
| I. Gegenstand und Zweck der Regelungen . . . . . . . . . . . . . . . . 1 | a) Entwicklungen . . . . . . . . . . . . . 8 |
| II. Buchführungspflicht (§ 91 Abs. 1) . . 3 | b) Bestandsgefährdung . . . . . . . . . 9 |
| 1. Adressat der Buchführungspflicht . . 3 | c) Konzernweites Früherkennungssystem? . . . . . . . . . . . . . . . . . . . 10 |
| 2. Delegation . . . . . . . . . . . . . . . . . 4 | d) Früherkennung . . . . . . . . . . . . 11 |
| 3. Beginn und Umfang der Buchführungspflicht . . . . . . . . . . . . . . . 5 | e) Geeignete Maßnahmen . . . . . . . 12 |
| III. Früherkennung bestandsgefährdender Entwicklungen (§ 91 Abs. 2) . . . . . . 6 | 3. Insbesondere Überwachungssystem . 13 |
| 1. Regelungsgehalt . . . . . . . . . . . . . 6 | 4. Aufsichtsrat und Prüfungsausschuss . 16 |
| 2. Geeignete Maßnahmen zur Früherkennung bestandsgefährdender Entwicklungen . . . . . . . . . . . . . 7 | 5. Bericht zum Risikomanagement im Lagebericht . . . . . . . . . . . . . . . . 17 |
| | 6. Abschlussprüfung . . . . . . . . . . . . 18 |
| | IV. Rechtsfolgen von Verstößen gegen § 91 . . . . . . . . . . . . . . . . . . . . . 19 |

**Literatur:** *Bihr/Kalinowsky*, Risikofrüherkennungssystem bei nicht börsennotierten Aktiengesellschaften – Haftungsfalle für Vorstand, Aufsichtsrat und Wirtschaftsprüfer, DStR 2008, 620, 621; *Blasche*, Die Mindestanforderungen an ein Risikofrüherkennungs- und Überwachungssystem nach § 91 Abs. 2 AktG, CCZ 2009, 62; *Brebeck/Herrmann*, Zur Forderung des KonTraG-Entwurfs nach einem Frühwarnsystem und zu den Konsequenzen für die Jahres- und Konzernabschlussprüfung, WPg 1997, 381, 387 ff.; *Bürkle*, Auswirkungen der Unternehmensaufsicht nach dem KWG auf organisatorische Pflichten von Versicherungsunternehmen, WM 2005, 1496, 1497 f.; *Burwitz*, Das Bilanzrechtsmodernisierungsgesetz, NZG 2008, 694; *Canaris*, Schutzgesetze – Verkehrspflichten – Schutzpflichten, in FS Karl Larenz 1983, S. 27; *Dreher*, Das Risikomanagement nach § 64a VAG und Solvency II, VersR 2008, 998; *Dreher*, Die Vorstandsverantwortung im Geflecht von Risikomanagement, Compliance und interner Revision, in FS Hüffer, 2010, S. 161; *Dreher/Schaaf*, Versicherungsunternehmensrecht und Risikomanagement, WM 2008, 1765; *Ernst/Seidler*, Der Regierungsentwurf eines Gesetzes zur Modernisierung des Bilanzrechts, ZGR 2008, 631; *Gernoth*, Die Überwachungspflichten des Aufsichtsrats im Hinblick auf das Risi-

---

191 *Wiesner* in MünchHdb. AG, § 25 Rz. 36; a.A. möglicherweise *Spindler* in MünchKomm. AktG, 3. Aufl., § 90 AktG Rz. 14, der ein Schriftformerfordernis für „alle Berichte" für zulässig hält.
192 *Spindler* in MünchKomm. AktG, 3. Aufl., § 90 AktG Rz. 45. Nach *Spindler* in MünchKomm. AktG, 3. Aufl., § 90 AktG Rz. 13 gebietet es sogar die Pflicht des Vorstandes und Aufsichtsrates, sämtliche Möglichkeiten der Verschlüsselung auszunutzen.

ko-Management und die daraus resultierenden Haftungsfolgen für den Aufsichtsrat, DStR 2001, 299; *Götz*, Das Risikofrüherkennungssystem des § 91 II AktG in rechtlicher Sicht, NJW-Sonderheft 2001, S. 21; *Hoffmann-Becking*, Zur rechtlichen Organisation der Zusammenarbeit im Vorstand der AG, ZGR 1998, 497; *Hommelhoff/Mattheus*, Risikomanagement im Konzern – ein Problemaufriss, BFuP 2000, 217; *Hommelhoff/Mattheus*, Corporate Governance nach dem KonTraG, AG 1998, 249; *Hommelhoff/Mattheus*, Risikomanagementsystem im Entwurf des BilMoG als Funktionselement der Corporate Governance, BB 2007, 2787; *Hüffer*, Corporate Governance. Früherkennung nach § 91 Abs. 2 AktG – Neue Pflichten des Vorstands zum Risikomanagement?, in FS Hans-Diether Imhoff, 1998, S. 91; *Kiethe*, Das Recht des Aktionärs auf Auskunft über riskante Geschäfte (Risikovorsorge), NZG 2003, 401; *Kromschröder/Lück*, Grundsätze risikoorientierter Unternehmensüberwachung, DB 1998, 1573; *Lange/Wall*, Risikomanagement nach dem KonTraG, 2001; *Lück*, Managementrisiken im Risikomanagementsystem, DB 2000, 1473; *Pahlke*, Risikomanagement nach KonTraG – Überwachungspflichten und Haftungsrisiken für den Aufsichtsrat, NJW 2002, 1680; *Preußner/Becker*, Ausgestaltung von Risikomanagementsystemen durch die Geschäftsleitung, NZG 2002, 846; *Preußner/Zimmermann*, Risikomanagement als Gesamtaufgabe des Vorstandes, AG 2002, 657; *Säcker*, Derivative Finanzierungsinstrumente zwischen Aufsichtsrecht und Gesellschaftsrecht, in FS Röhricht, 2005, S. 497; *Säcker*, Gesellschaftsrechtliche Grenzen spekulativer Finanztermingeschäfte – Überlegungen aus Anlass der Garantieerklärung der Bundesregierung für die Hypo Real Estate-Group, NJW 2008, 3313; *Schmidbauer*, Risikomanagement im Kontext wertorientierter Unternehmensführung, DB 2000, 153; *Seibert*, Die Entstehung des § 91 Abs. 2 AktG im KonTraG – „Risikomanagement" oder „Frühwarnsystem"?, in FS Gerold Bezzenberger, 2000, S. 427; *Spindler*, Compliance in der multinationalen Bankengruppe, WM 2008, 905; *Spindler*, Von der Früherkennung von Risiken zum umfassenden Risikomanagement – zum Wandel des § 91 AktG unter europäischem Einfluss, in FS Hüffer, 2010, S. 985; *E. Vetter*, Aktienrechtliche Probleme der D&O-Versicherung, AG 2000, 453; *Wolf*, Potenziale derzeitiger Risikomanagementsysteme, DStR 2002, 1729.

## I. Gegenstand und Zweck der Regelungen

§ 91 konkretisiert zentrale Einzelaspekte, die sich aus der allgemeinen Leitungspflicht des Vorstandes gem. § 76 ergeben[1], nämlich die **Buchführungspflicht** (§ 91 Abs. 1) und die Pflicht zum Treffen von Maßnahmen zur **Früherkennung** von Entwicklungen, die den Fortbestand der Gesellschaft gefährden (§ 91 Abs. 2). § 91 Abs. 2 wurde durch Art. 1 Nr. 9 des **KonTraG** vom 27.4.1998[2] als Reaktion auf die Unternehmenskrisen der neunziger Jahre eingeführt.

Für börsennotierte Gesellschaften gilt zusätzlich Ziffer 4.1.4 des **Deutschen Corporate Governance Kodex**, nach dem der Vorstand „für ein angemessenes Risikomanagement und Risikocontrolling im Unternehmen" zu sorgen hat. Abweichungen hiervon sind in der Entsprechenserklärung nach § 161 offen zu legen. Für **Kreditinstitute** sind die Sonderregelungen des § 25a Abs. 1 KWG zu beachten.

## II. Buchführungspflicht (§ 91 Abs. 1)

### 1. Adressat der Buchführungspflicht

Die AG unterliegt als Formkaufmann (§ 3 Abs. 1 AktG, § 6 Abs. 1 HGB) der Buchführungspflicht des § 238 HGB. Auch ohne gesetzliche Regelung wäre der Vorstand daher verpflichtet, diese Buchführungspflicht im Namen der AG zu erfüllen. Die Bedeutung des § 91 Abs. 1 liegt daher darin, dass er die **Gesamtverantwortung** aller Vorstandsmitglieder für die sorgfaltsgemäße Buchführung herausstellt[3]. Auch die **stellvertretenden Vorstandsmitglieder** (§ 94) tragen diese Verantwortung uneinge-

---

[1] Dazu vgl. Gesetzesbegründung zum KonTraG, BT-Drucks. 13/9712, S. 15.
[2] BGBl. I 1998, 786.
[3] *Spindler* in MünchKomm. AktG, 3. Aufl., § 91 AktG Rz. 2; *Hüffer*, § 91 AktG Rz. 2; *Kort* in Großkomm. AktG, 4. Aufl., § 91 AktG Rz. 11.

schränkt. Der Vorstand kann zwar grundsätzlich im Rahmen seiner **ressortmäßigen Geschäftsverteilung** ein Vorstandsmitglied mit den Aufgaben gem. § 91 Abs. 1 betrauen. In diesem Fall stehen die anderen Vorstandsmitglieder jedoch in einer **Überwachungsverantwortung**[4]. Angesichts der besonderen Bedeutung der Buchführungspflicht ist diese Überwachungsverantwortung als stärker anzusehen als bei sonstigen Aufgaben, die auf ein einzelnes Vorstandsmitglied delegiert worden sind[5]. Die anderen Vorstandsmitglieder müssen zwar nicht notwendigerweise regelmäßige Kontrollmaßnahmen durchführen. Sie sind jedoch verpflichtet einzuschreiten, wenn Anhaltspunkte dafür vorliegen, dass das mit der Rechnungslegung betraute Vorstandsmitglied seine Aufgabe unzureichend erfüllt[6]. Dies kann auch bedeuten, dass sie ihre Bedenken im Gesamtvorstand vortragen und gegebenenfalls dem Aufsichtsrat Bericht erstatten müssen[7].

## 2. Delegation

4  Die Mitglieder des Vorstandes sind nicht verpflichtet, die Buchführung selbst auszuführen. Die technische Durchführung kann vielmehr, was in der Praxis der Regelfall ist, **delegiert** werden, und zwar sowohl auf Angestellte der Gesellschaft als auch auf externe Dritte. Im Falle der (internen wie externen) Delegation trifft den Vorstand jedoch eine Pflicht zur sorgfältigen **Auswahl und Überwachung** der mit der Buchführung betrauten Personen sowie eine Pflicht zur sachgerechten und effizienten **Organisation**[8]. Die Überwachungspflicht bedeutet insbesondere, dass der Vorstand sich in regelmäßigen Abständen davon überzeugen muss, dass die Buchführung ordnungsgemäß ist, und etwaige Mängel umgehend beseitigen muss[9].

## 3. Beginn und Umfang der Buchführungspflicht

5  Die Buchführungspflicht beginnt mit dem ersten buchungspflichtigen Geschäftsvorfall nach Abschluss des Gesellschaftsvertrages, unabhängig davon, ob die Gesellschaft bereits im Handelsregister eingetragen ist (**Vor-AG**)[10]. Die inhaltlichen Anforderungen an die Buchführung richten sich nach den §§ 238 ff., 264 ff. HGB[11], die ergänzend auf die Grundsätze ordnungsgemäßer Buchführung verweisen. Bei Kreditinstituten und Finanzdienstleistungsinstituten sind zusätzlich die §§ 340–340o HGB zu beachten. Die Pflicht zur sorgfältigen Buchführung gem. § 91 Abs. 1 umfasst auch die Pflicht sämtlicher Vorstandsmitglieder einschließlich stellvertretender Mitglieder zur **Unterzeichnung** des Jahresabschlusses gem. § 245 Satz 1 HGB[12]. Des Weiteren gehört zur ordentlichen Buchführung auch die Erfüllung der **Aufbewahrungs-**

---

[4] LG Berlin v. 3.7.2002 – 2 O 358/01, AG 2002, 682, 684; *Spindler* in MünchKomm. AktG, 3. Aufl., § 91 AktG Rz. 2; *Hüffer*, § 91 AktG Rz. 3; *Kort* in Großkomm. AktG, 4. Aufl., § 91 AktG Rz. 12; *Adler/Düring/Schmaltz*, § 91 AktG Rz. 12; *Preußner/Zimmermann*, AG 2002, 657, 661.
[5] *Spindler* in MünchKomm. AktG, 3. Aufl., § 91 AktG Rz. 2; *Mertens/Cahn* in KölnKomm. AktG, 3. Aufl., § 91 AktG Rz. 6.
[6] *Mertens/Cahn* in KölnKomm. AktG, 3. Aufl., § 91 AktG Rz. 6.
[7] *Hüffer*, § 91 AktG Rz. 3.
[8] *Hüffer*, § 91 AktG Rz. 3; *Kort* in Großkomm. AktG, 4. Aufl., § 91 AktG Rz. 13; *Adler/Düring/Schmaltz*, § 91 AktG Rz. 10.
[9] *Adler/Düring/Schmaltz*, § 91 AktG Rz. 10; *Kort* in Großkomm. AktG, 4. Aufl., § 91 AktG Rz. 13 ff.; vgl. etwa LAG Rheinland/Pfalz v. 7.3.2008 – 9 Sa 652/07, zur Haftung des Vorstands wegen Organisationsverschuldens im Falle bedingt vorsätzlicher Falschbuchungen durch Angestellte.
[10] *Kort* in Großkomm. AktG, 4. Aufl., § 91 AktG Rz. 5.
[11] *Kort* in Großkomm. AktG, 4. Aufl., § 91 AktG Rz. 6.
[12] *Hüffer*, § 91 AktG Rz. 3; *Mertens/Cahn* in KölnKomm. AktG, 3. Aufl., § 91 AktG Rz. 7.

**pflichten** gem. §§ 257 ff. HGB[13]. Die meisten in § 257 Abs. 1 HGB genannten Unterlagen sind für die Dauer von zehn Jahren aufzubewahren mit Ausnahme der Handelsbriefe, für die eine sechsjährige Aufbewahrungsdauer gilt. Nach Maßgabe des § 257 Abs. 3 HGB ist mit Ausnahme der Eröffnungsbilanzen und Abschlüsse auch eine elektronische Aufbewahrung möglich. Die Buchführungspflicht ist auch während der **Abwicklung** sowie in der Insolvenz der Gesellschaft vom Abwickler bzw. Insolvenzverwalter zu erfüllen.

## III. Früherkennung bestandsgefährdender Entwicklungen (§ 91 Abs. 2)

### 1. Regelungsgehalt

Der 1998 durch das KonTraG neu eingefügte § 91 Abs. 2 soll die Verantwortung des Vorstandes für bestandsgefährdende Entwicklungen betonen. Bei börsennotierten Aktiengesellschaften ist § 91 Abs. 2 im Zusammenspiel mit § 317 Abs. 4 HGB zu lesen, nach dem der Abschlussprüfer im Rahmen der Prüfung beurteilen muss, ob der Vorstand die ihm nach § 91 Abs. 2 obliegenden Maßnahmen in einer geeigneten Form getroffen hat und ob das danach einzurichtende Überwachungssystem seine Aufgaben erfüllen kann[14]. Wie im Rahmen des § 91 Abs. 1 ist auch hier der **Vorstand in seiner Gesamtheit** – einschließlich stellvertretender Vorstandsmitglieder und über die Grenzen der Ressortzuständigkeiten hinweg – für die Erfüllung der ihm durch § 91 Abs. 2 übertragenen Aufgaben verantwortlich[15]. Für **Kreditinstitute** sind auch hier die Sonderregelungen des § 25a Abs. 1 KWG zu beachten[16], für Versicherungen gelten §§ 55c und 64a VAG[17]. 6

### 2. Geeignete Maßnahmen zur Früherkennung bestandsgefährdender Entwicklungen

Der Vorstand muss geeignete Maßnahmen ergreifen, um den Fortbestand der Gesellschaft gefährdende Entwicklungen früh zu erkennen. 7

#### a) Entwicklungen

Unter Entwicklungen sind **unternehmensbezogene nachteilige Veränderungen und Prozesse** zu verstehen[18]. Um Entwicklungen erfassen zu können, muss der Vorstand auch den Ist-Zustand erfassen, Risikopotentiale erkennen und analysieren und eine Prognose abgeben[19]. Hierzu gehört im Regelfall eine Dokumentation der risikorelevanten Geschäftsvorfälle und ein hierauf bezogenes Berichtssystem. 8

#### b) Bestandsgefährdung

§ 91 Abs. 2 erfasst nur solche Entwicklungen, die den Bestand der Gesellschaft gefährden. Die Regierungsbegründung zum KonTraG gibt als Beispiele risikobehaftete Geschäfte, Unrichtigkeiten der Rechnungslegung und Verstöße gegen gesetzliche 9

---

13 *Mertens/Cahn* in KölnKomm. AktG, 3. Aufl., § 91 AktG Rz. 8; *Kort* in Großkomm. AktG, 4. Aufl., § 91 AktG Rz. 8; dazu näher *Hüffer* in Großkomm. HGB, 4. Aufl., §§ 257 ff. HGB.
14 Dazu IdW PS 340, WPg 1999, 658.
15 BT-Drucks. 13/9712, S. 15; LG Berlin v. 3.7.2002 – 2 O 358/01, AG 2002, 682; *Hüffer*, § 91 AktG Rz. 4; *Zimmer/Sonneborn* in Lange/Wall, Risikomanagement nach dem KonTraG, § 1 Rz. 160 ff.; *Preußner/Zimmermann*, AG 2002, 657, 661.
16 Zur Bedeutung des § 91 Abs. 2 bei Schäden aus der Eingehung von Kreditengagements s. OLG Frankfurt a.M. v. 12.12.2007 – 17 U 111/07, AG 2008, 453.
17 Hierzu s. etwa *Dreher*, VersR 2008, 998; *Dreher/Schaaf*, WM 2008, 1765 ff.
18 *Spindler* in MünchKomm. AktG, 3. Aufl., § 91 AktG Rz. 20; *Kort* in Großkomm. AktG, 4. Aufl., § 91 AktG Rz. 30; *Hüffer*, § 91 AktG Rz. 6.
19 *Spindler* in MünchKomm. AktG, 3. Aufl., § 91 AktG Rz. 20.

Vorschriften an, die sich auf die Vermögens-, Finanz- und Ertragslage der Gesellschaft oder des Konzerns wesentlich auswirken[20]. Insbesondere Derivat- und Termingeschäfte werden vom Gesetzgeber als potentiell bestandsgefährdend angesehen[21]. Aber auch sonstige potentiell nachteilige Veränderungen sind erfasst, auch wenn sie, wie etwa Veränderungen der Marktbedingungen oder des Käuferverhaltens, von außen an das Unternehmen herangetragen werden[22]. Über den **Grad der Erheblichkeit**, den die Vorgänge erreichen müssen, herrscht Uneinigkeit. Nach teilweise vertretener Auffassung reicht es aus, wenn wesentliche Veränderungen der Vermögens-, Finanz- oder Ertragslage drohen, die für die Darstellungsanforderungen des § 264 Abs. 2 HGB relevant sind[23] oder wenn die dauerhafte Rentabilität der Gesellschaft gefährdet wird[24]. Richtig erscheint indes nach Gesetzeswortlaut und -zweck die Gegenmeinung, nach der nur solche Risiken erfasst sind, die ein Insolvenzrisiko begründen oder wesentlich steigern[25]. Allerdings wird nur selten ein einziger Vorgang bereits ein Insolvenzrisiko begründen. Der Vorstand muss daher sicherstellen, dass sämtliche Vorgänge frühzeitig erkannt werden, die – auch in ihrer Kumulierung – potentiell bestandsgefährdend sein können[26]. Dies bedeutet gleichzeitig, dass nicht nur solche Vorgänge erfasst werden müssen, die bereits akut den Fortbestand der Gesellschaft gefährden. Die Pflichten des § 91 Abs. 2 greifen vielmehr bereits dann ein, wenn eine gefährliche Entwicklung mit einer gewissen Wahrscheinlichkeit zu einer Existenzgefährdung führt[27].

### c) Konzernweites Früherkennungssystem?

10  Nicht abschließend geklärt ist die Reichweite des Früherkennungssystems im **Konzern**. Nach der **Regierungsbegründung** zu § 91 Abs. 2 liegt eine bestandsgefährdende Entwicklung auch im Falle einer wesentlichen Auswirkung auf die Vermögens-, Finanz- oder Ertragslage des Konzerns vor. Die Überwachungs- und Organisationspflicht des Vorstandes eines Mutterunternehmens im Sinne des § 290 HGB ist nach der Regierungsbegründung „im Rahmen der bestehenden gesellschaftsrechtlichen Möglichkeiten" konzernweit zu verstehen, „sofern von Tochtergesellschaften den Fortbestand der Gesellschaft gefährdende Entwicklungen ausgehen können"[28]. Diese konzerndimensionale Erstreckung der Überwachungspflicht wird in der Literatur unterschiedlich interpretiert. Nach teilweise vertretener Ansicht ist der Vorstand des Mutterunternehmens verpflichtet, ein **konzernweites Überwachungssystem** einzurichten[29], andere sprechen davon, es müssten **auf der Ebene der Muttergesellschaft** solche Entwicklungen erfasst werden, die bei einer Konsolidierung gem. § 297 Abs. 3 HGB im Rahmen der Konzernbilanz relevant wären, d.h. die sich unter Zugrundelegung einer Fiktion eines Einheitsunternehmens auf die Vermögens-, Finanz- und Ertragslage auswirken[30]. Richtigerweise kann es auch im Konzern nur darum gehen, Entwicklungen zu erfassen, die **für die Gesellschaft** bestandsgefährdend sind, d.h. ein

---

20 BT-Drucks. 13/9712, S. 15.
21 BT-Drucks. 13/9712, S. 15.
22 *Spindler* in MünchKomm. AktG, 3. Aufl., § 91 AktG Rz. 20.
23 *Hüffer*, § 91 AktG Rz. 6.
24 *Hüffer* in FS Imhoff, 1998, S. 91, 100; *Zimmer/Sonneborn* in Lange/Wall, Risikomanagement nach dem KonTraG, § 1 Rz. 182.
25 *Spindler* in MünchKomm. AktG, 3. Aufl., § 91 AktG Rz. 21; *Götz*, NJW-Sonderheft 2001, S. 21, 22; *Seibert* in FS Bezzenberger, 2000, S. 427, 437; *Fleischer* in Spindler/Stilz, § 91 AktG Rz. 32.
26 *Götz*, NJW-Sonderheft 2001, S. 21, 22.
27 *Kort* in Großkomm. AktG, 4. Aufl., § 91 AktG Rz. 35.
28 BT-Drucks. 13/9712, S. 15.
29 *Hommelhoff/Mattheus*, BFuP 2000, 217, 222 ff.
30 *Spindler* in MünchKomm. AktG, 3. Aufl., § 91 AktG Rz. 41 f.; *Hüffer*, § 91 AktG Rz. 6.

Insolvenzrisiko begründen oder wesentlich steigern[31]. Diese sind allerdings auch dann zu erfassen, wenn sie von Tochtergesellschaften herrühren. Dazu bedarf es organisatorischer Vorkehrungen, die sicherstellen, dass solche Risiken konzernweit identifiziert werden und die Gesellschaft die entsprechenden Informationen erhält. Dass den Durchsetzungsmöglichkeiten des Vorstands bei bloßer Abhängigkeit und im faktischen Konzern Grenzen gezogen sein mögen, steht dem nicht entgegen[32]; vielmehr hat er seine jeweils bestehenden rechtlichen und tatsächlichen Einflussmöglichkeiten nach besten Kräften zu nutzen[33]. Im Vertragskonzern sowie bei eingegliederten Gesellschaften dürfte die Einführung derartiger Informationssysteme aufgrund des Weisungsrechts der – für die Verbindlichkeiten der Tochtergesellschaft haftenden – herrschenden Gesellschaft sogar ohne weiteres möglich und folglich nach pflichtgemäßem Ermessen des Vorstandes der herrschenden Gesellschaften auch regelmäßig geboten sein[34]. Hingegen folgt aus § 91 Abs. 2 keine Pflicht des Vorstands der Obergesellschaft, dafür zu sorgen, dass konzernweit Maßnahmen ergriffen werden, um Bestandsgefährdungen **der einzelnen Konzerngesellschaften** frühzeitig zu erkennen[35]. Inwieweit sich der Vorstand hierum zu kümmern hat, ist eine Frage seiner aus §§ 76, 93 entspringenden Pflicht zur sorgfältigen Verwaltung seines Beteiligungsbesitzes; vgl. dazu oben § 76 Rz. 16 und § 93 Rz. 9.

**d) Früherkennung**

Der Vorstand muss Maßnahmen treffen, die zur Früherkennung der bestandsgefährdenden Entwicklungen geeignet sind. Früh bedeutet in diesem Zusammenhang, dass sie so frühzeitig bekannt werden müssen, dass der Vorstand einer Bestandsgefährdung noch durch Gegenmaßnahmen entgegenwirken kann[36]. 11

**e) Geeignete Maßnahmen**

Die vom Vorstand getroffenen Maßnahmen sind dann als geeignet anzusehen, wenn nach der Erfahrung eines ordentlichen und sorgfältigen Geschäftsleiters davon ausgegangen werden kann, dass der Vorstand die erforderlichen Informationen rechtzeitig erhält[37]. Was dies im Einzelnen bedeutet, hängt von den jeweiligen Besonderheiten des betroffenen Unternehmens, insbesondere seiner Größe, Struktur, Lage und Branchenzugehörigkeit sowie seinem Kapitalmarktzugang ab und kann daher nur im **Einzelfall** unter Beachtung des unternehmerischen **Ermessensspielraums** des Vorstands entschieden werden[38]. Das IDW spricht in seinem Prüfungsstandard insbesondere von der Untersuchung sämtlicher betrieblicher Prozesse und Funktionsbereiche auf Risiken („**Risikoinventur**"), der Schaffung und Fortentwicklung eines angemessenen Risikobewusstseins aller Mitarbeiter sowie der Einrichtung eines Systems der Be- 12

---

31 Vgl. dazu oben Rz. 8.
32 Insoweit zweifelnd *Hüffer*, § 91 AktG Rz. 6.
33 In diesem Sinne wohl auch die Regierungsbegründung, BT-Drucks. 13/9712, S. 15.
34 Einzelheiten vgl. *Lutter*, Information und Vertraulichkeit, Rz. 162 ff.
35 A.A. der IDW-Prüfungsstandard IdW PS 340, WPg 1999, 658, 662 unter (36), der davon ausgeht, dass auch Bestandsgefährdungen zu erfassen sind, die sich nur auf der Ebene der Tochtergesellschaft auswirken; für den Vertragskonzern a.A. auch *Hommelhoff/Mattheus*, BFuP 2000, 217, 225.
36 BT-Drucks. 13/9712, S. 15; *Spindler* in MünchKomm. AktG, 3. Aufl., § 91 AktG Rz. 23; *Kort* in Großkomm. AktG, 4. Aufl., § 91 AktG Rz. 44; *Hüffer*, § 91 AktG Rz. 7.
37 *Hüffer*, § 91 AktG Rz. 7; *Kort* in Großkomm. AktG, 4. Aufl., § 91 AktG Rz. 46.
38 BT-Drucks. 13/9712, S. 15; *Spindler* in MünchKomm. AktG, 3. Aufl., § 91 AktG Rz. 24; *Kort* in Großkomm. AktG, 4. Aufl., § 91 AktG Rz. 47; *Hüffer*, § 91 AktG Rz. 7; *Zimmer/Sonneborn* in Lange/Wall, Risikomanagement nach dem KonTraG, § 1 Rz. 158; *Hommelhoff/Mattheus*, AG 1998, 249, 251.

richterstattung über unbewältigte Risiken[39]. Die Pflicht des Vorstandes, auf die durch das Frühwarnsystem gemeldeten Risiken zu reagieren, ist dagegen nicht in § 91 Abs. 2, sondern in §§ 76, 93 geregelt.

### 3. Insbesondere Überwachungssystem

13 § 91 Abs. 2 bezeichnet die Einrichtung eines „Überwachungssystems" als besonderen Beispielsfall der geeigneten Maßnahme. Nach dem Wortlaut der Regelung scheint der Zweck des Überwachungssystems daher in der Erkennung bestandsgefährdender Entwicklungen zu bestehen. Dies ist jedoch irreführend. Aus der Entstehungsgeschichte der Norm[40] wird deutlich, dass § 91 Abs. 2 nicht die bestandsgefährdenden Entwicklungen, sondern die Einhaltung der eingeleiteten Maßnahmen zur Früherkennung kontrollieren sollte[41]. Insbesondere soll das Überwachungssystem folglich sicherstellen, dass eine **interne Revision** und ein sachgerechtes **Controlling** eingerichtet sind und dass diese ihre jeweiligen Erkenntnisse zeitnah an den Vorstand weiter vermitteln[42]. Den Anforderungen des § 91 Abs. 2 kann und muss mithin dadurch Rechnung getragen werden, dass klare Zuständigkeiten begründet sowie engmaschige Berichts- und Dokumentationspflichten eingeführt werden[43]. Innenrevision und Controlling können entweder zentral oder dezentral bei den einzelnen Fachabteilungen des Unternehmens eingerichtet werden[44].

14 Entgegen einer in Teilen der Literatur, namentlich in der Betriebswirtschaftslehre und in der Prüfungspraxis, vertretenen Auffassung[45] folgt aus § 91 Abs. 2 **keine Pflicht zur Einrichtung eines allumfassenden Risikomanagements**[46]. Wie sich aus

---

39 IDW PS 340 unter (7) ff.
40 § 93 Abs. 1 Satz 3 des Referentenentwurfs zum KonTraG, abgedruckt in ZIP 1996, 2129, lautete: „Dazu gehört auch die Einrichtung eines Überwachungssystems mit der Aufgabe, *die Einhaltung der nach Satz 2 zu treffenden Maßnahmen* zu überwachen."
41 Ebenso *Spindler* in MünchKomm. AktG, 3. Aufl., § 91 AktG Rz. 25; *Hüffer*, § 91 AktG Rz. 8; *Zimmer/Sonneborn* in Lange/Wall, Risikomanagement nach dem KonTraG, § 1 Rz. 187; a.A. *Götz*, NJW-Sonderheft 2001, S. 21; *Kiethe*, NZG 2003, 401, 402. Zum Risikoüberwachungssystem für Derivate vgl. *Säcker* in FS Röhricht, S. 497, 505 f.; *Säcker*, NJW 2008, 3313, 3315.
42 *Spindler* in MünchKomm. AktG, 3. Aufl., § 91 AktG Rz. 25; *Hüffer*, § 91 AktG Rz. 8.
43 *Spindler* in MünchKomm. AktG, 3. Aufl., § 91 AktG Rz. 25; *Hüffer*, § 91 AktG Rz. 8; *Fleischer* in Spindler/Stilz, § 91 AktG Rz. 35; die *Pflicht* zur Dokumentation betonend und bei Verstoß die Anfechtbarkeit des Entlastungsbeschlusses bejahend LG München I v. 5.4.2007 – 5 HK O 15964/06, NZG 2008, 319 f.; dazu *Bihr/Kalinowsky*, DStR 2008, 620, 622 f. Nach Ansicht des OLG Celle v. 28.5.2008 – 9 U 184/07, AG 2008, 711 stellt die Nichtdurchführung eines Risikomanagementverfahrens über eine Darlehensgewährung keine Pflichtverletzung dar, wenn dem Vorstand alle dabei ermittelbaren Informationen bekannt sind und er zur alleinigen Entscheidung über den Vertragsschluss befugt ist.
44 *Spindler* in MünchKomm. AktG, 3. Aufl., § 91 AktG Rz. 28; *Uwe H. Schneider*, ZIP 2003, 645, 649.
45 *Preußner/Becker*, NZG 2002, 846, 847; *Preußner/Zimmermann*, AG 2002, 658, 659; *Wolf*, DStR 2002, 1729 ff.; *Lück*, DB 2000, 1473; *Schmidbauer*, DB 2000, 153; *Brebeck/Herrmann*, WPg 1997, 381, 387 ff.; *Kromschröder/Lück*, DB 1998, 1573; *Gernoth*, DStR 2001, 299 ff.; *Hommelhoff/Mattheus*, BB 2007, 2787, 2788 mit dem Argument einer richtlinienkonformen Auslegung; ähnlich *Spindler*, WM 2008, 905, 907; *Spindler* in FS Hüffer, S. 985, 992.
46 So auch die wohl h.M. des Aktienrechts: *Spindler* in MünchKomm. AktG, 3. Aufl., § 91 AktG Rz. 27; *Hüffer*, § 91 AktG Rz. 9; *Kort* in Großkomm. AktG, 4. Aufl., § 91 AktG Rz. 50 ff.; *Hüffer* in FS Imhoff, 1998, S. 91, 95; *Zimmer/Sonneborn* in Lange/Wall, Risikomanagement nach dem KonTraG, § 1 Rz. 158, 176; *Pahlke*, NJW 2002, 1680, 1681 ff.; vgl. ferner *Hoffmann-Becking*, ZGR 1998, 497, 513; *Seibert* in FS Bezzenberger, 2000, S. 427 ff.; *Götz*, NJW-Sonderheft 2001, S. 21 sowie *Hommelhoff/Mattheus*, AG 1998, 249, 251; *Fleischer* in Spindler/Stilz, § 91 AktG Rz. 35; *Bihr/Kalinowsky*, DStR 2008, 620, 621; *Blasche*, CCZ 2009, 62, 63 ff., der auf IDW PS 340 abstellt; OLG Celle v. 28.5.2008 – 9 U 184/07, AG 2008, 711; *Dreher* in FS Hüffer, S. 161, 162 ff.

der Gesetzesbegründung ergibt[47], hielt der Gesetzgeber die Einrichtung eines funktionierenden Systems zur Früherkennung bestandsgefährdender Entwicklungen für eine Selbstverständlichkeit, die für jeden sorgfaltsbewusst handelnden Vorstand bereits aus § 76 folgt. Mit § 91 Abs. 2 sollten daher nicht im Detail konkretisierte Handlungspflichten des Vorstandes eingeführt werden, sondern es sollten lediglich die im Gesetz bereits angelegten Verantwortlichkeiten des Vorstandes präzisiert und hervorgehoben werden. Die konkrete Ausgestaltung des Überwachungssystems, die ohnehin von der jeweiligen Situation, Größe und Branchenzugehörigkeit der einzelnen Gesellschaft abhängig ist, lässt sich daher nicht unmittelbar dem Gesetz entnehmen, sondern ist dem **Leitungsermessen** des Vorstandes im Einzelfall überlassen. Weder folgt aus der Einrichtung eines „allumfassenden" Systems eine automatische Enthaftung des Vorstandes, noch kann aus dem Fehlen eines solchen Systems stets auf eine Sorgfaltspflichtverletzung des Vorstandes geschlossen werden[48]. Zu weit geht es daher auch, wenn in der Literatur aus § 91 Abs. 2 die Notwendigkeit einer bestimmten konkreten Ablauforganisation des Risikomanagements, z.B. eine Risikoermittlung im Wege der „formularmäßigen Erfassung", gefolgert wird[49]. Auch eine Pflicht zum Abschluss einer D&O-Versicherung folgt aus § 91 Abs. 2 nicht[50].

Für Kreditinstitute sind darüber hinaus die weitergehenden Regelungen des § 25a KWG zu beachten. Nach teilweise vertretener Auffassung sollen die Grundsätze des **§ 25a KWG** zur Konkretisierung der nach § 91 Abs. 2 bestehenden Handlungspflichten herangezogen werden[51]. Eine solche Erstreckung der für Kreditinstitute geltenden Sonderregelungen auf sämtliche Aktiengesellschaften erscheint jedoch überzogen[52].

15

**4. Aufsichtsrat und Prüfungsausschuss**

Der durch das BilMoG eingefügte § 107 Abs. 3 Satz 2 sieht vor, dass der Aufsichtsrat einen Prüfungsausschuss einrichten kann, der sich – unter anderem – mit der Überwachung des Rechnungslegungsprozesses, der Wirksamkeit des internen Kontrollsystems sowie des Risikomanagementsystems befasst (vgl. dazu unten § 107 Rz. 33). Die Vorschrift enthält keine Verpflichtung zur Einrichtung eines umfassenden internen Risikomanagementsystems[53]. Auch ist der Aufsichtsrat nicht verpflichtet, einen Prüfungsausschuss einzurichten (vgl. allerdings Ziffer 5.3.2 DCGK) oder diesem sämtliche in § 107 Abs. 3 Satz 2 genannten Aufgaben zu übertragen. Allerdings hat dann der Gesamtaufsichtsrat diese Aufgaben selbst wahrzunehmen; insofern stellt die Neuregelung in § 107 Abs. 3 Satz 2 eine Konkretisierung der Überwachungspflichten im Sinne des § 111 dar. Die sorgfältige Ausführung der Überwachungsaufgabe setzt voraus, dass der Aufsichtsrat den Vorstand zur Einführung stringenter Kontrollsysteme und Informationsabläufe veranlasst.

16

---

47 BT-Drucks. 13/9712, S. 15.
48 *Spindler* in MünchKomm. AktG, 3. Aufl., § 91 AktG Rz. 27.
49 So etwa *Preußner/Becker*, NZG 2002, 846, 848 ff.; dagegen zu Recht *Spindler* in MünchKomm. AktG, 3. Aufl., § 91 AktG Rz. 28 und *Hüffer*, § 91 AktG Rz. 9.
50 *Kort* in Großkomm. AktG, 4. Aufl., § 91 AktG Rz. 77 f.; a.A. *E. Vetter*, AG 2000, 453, 454 f.
51 VG Frankfurt v. 8.7.2004 – 1 E 7363/03 (1), WM 2004, 2157, 2160; *Preußner*, AG 2002, 657, 660; Uwe H. Schneider/Sven H. Schneider, ZIP 2007, 2061,2064.
52 Ebenso *Hüffer*, § 91 AktG Rz. 8; *Bürkle*, WM 2005, 1496, 1497 f.; *Bihr/Kalinowsky*, DStR 2008, 620, 623; *Blasche*, CCZ 2009, 62, 64; OLG Celle v. 28.5.2008 – 9 U 184/07, AG 2008, 711.
53 *Ernst/Seidler*, ZGR 2008, 631, 633.

## 5. Bericht zum Risikomanagement im Lagebericht

17  Gem. § 289 Abs. 2 Nr. 2 lit. a HGB soll der Lagebericht auf die Risikomanagementziele und -methoden der Gesellschaft einschließlich ihrer Methoden zur Absicherung aller wichtigen Arten von Transaktionen eingehen, die im Rahmen der Bilanzierung von Sicherungsgeschäften erfasst werden.

Zusätzlich zu dieser Publizitätspflicht, die für alle lageberichtspflichtigen Gesellschaften gilt, wurde durch das BilMoG mit §§ 289 Abs. 5, 315 Abs. 2 Nr. 5 HGB eine neue Publizitätspflicht für kapitalmarktorientierte Gesellschaften im Sinne des neuen § 264d HGB eingeführt. Danach haben diese Gesellschaften die wesentlichen Merkmale des internen Kontroll- und des Risikomanagementsystems im Hinblick auf den Rechnungslegungsprozess im Lagebericht zu beschreiben. Diese Formulierung ist erheblich weiter als § 91 Abs. 2 und scheint vorauszusetzen, dass kapitalmarktorientierte Gesellschaften (entgegen oben Rz. 14) über ein umfassendes Risikomanagementsystem verfügen. So ist die Vorschrift indes nicht zu verstehen. Gefordert ist nicht eine bestimmte Ausgestaltung eines internen Kontroll- und Risikomanagementsystems, sondern die Beschreibung des Vorhandenen[54]. Damit ist insbesondere eine Beschreibung des Rechnungslegungsprozesses und der Organisations- und Überwachungsstrukturen gemeint, durch die eine korrekte Buchführung und Bilanzierung sichergestellt werden soll[55]. Durch diese Offenlegungspflicht wird faktisch allerdings der Druck wachsen, ein entsprechendes Risikomanagementsystem einzurichten.

## 6. Abschlussprüfung

18  Gem. §§ 317 Abs. 4, 321 Abs. 4 HGB ist bei einer börsennotierten Aktiengesellschaft im Rahmen der Prüfung zu beurteilen, ob der Vorstand die ihm nach § 91 Abs. 2 obliegenden Maßnahmen in einer geeigneten Form getroffen hat und ob das danach einzurichtende Überwachungssystem seine Aufgaben erfüllen kann. Die Gesetzesbegründung zum KonTraG führte aus, dass der Abschlussprüfer lediglich zu einem Urteil darüber gelangen solle, ob die erforderlichen Maßnahmen getroffen und zweckentsprechend sind sowie wirksam ausgeführt werden und das Überwachungssystem während des gesamten zu prüfenden Zeitraums bestanden hat[56]. Nicht von der Prüfung erfasst ist dagegen die Frage, ob der Vorstand das bestmögliche Überwachungssystem gewählt hat. Ebenso wenig sind die Reaktionen des Vorstandes auf erfasste und kommunizierte Risiken Gegenstand der Prüfung[57].

Der durch das **BilMoG** geänderte § 171 Abs. 1 Satz 2 sieht nunmehr vor, dass bei prüfungspflichtigen Gesellschaften der Abschlussprüfer in der Verhandlung des Aufsichtsrates bzw. des Prüfungsausschusses über den Jahres- oder Konzernabschluss unter anderem über „wesentliche Schwächen des internen Kontroll- und des Risikomanagementsystems bezogen auf den Rechnungslegungsprozess" zu berichten hat. Ein derartiger Bericht setzt voraus, dass zuvor eine entsprechende Prüfung des Systems auf Tauglichkeit stattgefunden hat[58].

---

54 Begr. RegE zur Ergänzung des § 289 HGB, BR-Drucks. 344/08, S. 166.
55 *Burwitz*, NZG 2008, 694, 699.
56 BT-Drucks. 13/9712, S. 27.
57 So auch IDW PS 340 unter (6); *Spindler* in MünchKomm. AktG, 3. Aufl., § 91 AktG Rz. 29.
58 Stellungnahme Nr. 38/08 des DAV zum Regierungsentwurf des BilMoG, Rz. 37, abrufbar unter www.anwaltverein.de.

## IV. Rechtsfolgen von Verstößen gegen § 91

Verstoßen Vorstandsmitglieder gegen die Pflicht zur sorgfältigen Buchführung, kann dies zu ihrer **Abberufung** und zur Kündigung ihres Anstellungsvertrages führen. Des Weiteren können die Vorstandsmitglieder bei Verletzung ihrer Buchführungspflichten gem. § 283 Abs. 1, Abs. 2 Nr. 5–7 StGB (Bankrott), § 283a StGB (besonders schwerer Fall des Bankrotts) oder § 283b Abs. 1 Nr. 1–3 StGB (Verletzung der Buchführungspflicht) **strafbar** sein[59]. Insbesondere ist zu beachten, dass § 283b StGB keinen Vermögensverfall der Gesellschaft voraussetzt und gem. § 283b Abs. 2 StGB bereits Fahrlässigkeit zur Strafbarkeit führt.

19

Vorstandsmitglieder, die ihre Buchführungspflichten verletzt haben, haften gegenüber der Gesellschaft gem. § 93 Abs. 2 Satz 1 gesamtschuldnerisch für einen hieraus entstehenden **Schaden**[60]. Gem. § 93 Abs. 2 Satz 2 tragen sie die **Beweislast** dafür, dass sie die Sorgfalt eines ordentlichen und gewissenhaften Geschäftsleiters angewandt haben. Dritte, z.B. Gläubiger der Gesellschaft, können die Vorstandsmitglieder jedoch richtiger Ansicht nach nicht gem. **§ 823 Abs. 2 BGB** i.V.m. § 91 AktG oder i.V.m. § 283 Abs. 1, Abs. 2 Nr. 5–7 StGB, § 283b Abs. 1 Nr. 1–3 StGB auf Schadensersatz in Anspruch nehmen. Ein solcher Anspruch – der sich in jedem Falle nur auf einen „Quotenschaden" beziehen könnte[61] – scheitert daran, dass es sich bei § 91 und den anderen vorgenannten Vorschriften nicht um Schutzgesetze im Sinne des § 823 Abs. 2 BGB handelt[62].

20

# § 92
# Vorstandspflichten bei Verlust, Überschuldung oder Zahlungsunfähigkeit

**(1) Ergibt sich bei Aufstellung der Jahresbilanz oder einer Zwischenbilanz oder ist bei pflichtmäßigem Ermessen anzunehmen, dass ein Verlust in Höhe der Hälfte des Grundkapitals besteht, so hat der Vorstand unverzüglich die Hauptversammlung einzuberufen und ihr dies anzuzeigen.**

**(2) Nachdem die Zahlungsunfähigkeit der Gesellschaft eingetreten ist oder sich ihre Überschuldung ergeben hat, darf der Vorstand keine Zahlungen leisten. Dies gilt nicht von Zahlungen, die auch nach diesem Zeitpunkt mit der Sorgfalt eines ordentlichen und gewissenhaften Geschäftsleiters vereinbar sind. Die gleiche Verpflichtung**

---

59 *Mertens/Cahn* in KölnKomm. AktG, 3. Aufl., § 91 AktG Rz. 12.
60 *Adler/Düring/Schmaltz*, § 91 AktG Rz. 16; für § 91 Abs. 2 LG Berlin v. 3.7.2002 – 2 O 358/01, AG 2002, 682, 683 f. Nach BGH v. 8.7.1985 – II ZR 198/84, DB 1985, 2291, 2292 (zur GmbH) haftet der für die Buchführung zuständige Geschäftsführer für unaufgeklärte, sich aus der Buchführung ergebende Fehlbestände.
61 *Canaris* in FS Larenz, 1983, S. 27, 73.
62 BGH v. 10.7.1964, WM 1964, 1163 (für die handelsrechtlichen Bilanzierungsvorschriften); *Hüffer*, § 91 AktG Rz. 3; *Spindler* in MünchKomm. AktG, 3. Aufl., § 91 AktG Rz. 12; *Kort* in Großkomm. AktG, 4. Aufl., § 91 AktG Rz. 80 ff.; *Adler/Düring/Schmaltz*, § 91 AktG Rz. 17; *Hüffer* in Großkomm. HGB, 4. Aufl., § 238 HGB Rz. 23; für die GmbH BGH v. 13.4.1994 – II ZR 16/93, BGHZ 125, 366, 378 f. (allerdings offen gelassen für §§ 283, 283b StGB, soweit ein Dritter im Vertrauen auf die Bücher zu Vermögensdispositionen veranlasst wird); OLG Düsseldorf v. 3.12.1993 – 22 U 122/93, NJW-RR 1994, 424, 425 (für § 283 StGB offen gelassen, aber an Schutzgesetzeigenschaft zweifelnd); Schutzgesetzqualität für §§ 283 Abs. 1 Nr. 5–7, 283b StGB bejahend *Mertens/Cahn* in KölnKomm. AktG, 3. Aufl., § 91 AktG Rz. 11; *Fleischer* in Spindler/Stilz, § 91 AktG Rz. 28; *Canaris* in FS Larenz, 1983, S. 27, 73.

trifft den Vorstand für Zahlungen an Aktionäre, soweit diese zur Zahlungsunfähigkeit der Gesellschaft führen mussten, es sei denn, dies war auch bei Beachtung der in § 93 Abs. 1 Satz 1 bezeichneten Sorgfalt erkennbar.

| | |
|---|---|
| I. Allgemeines ................ 1 | 2. Beginn des Zahlungsverbotes ...... 15 |
| II. Pflichten bei Verlust in Höhe der Hälfte des Grundkapitals (§ 92 Abs. 1) ... 3 | 3. Ausnahme .................. 16 |
| | 4. Rechtsfolgen bei Verstoß ......... 17 |
| 1. Verlust in Höhe der Hälfte des Grundkapitals ............. 3 | IV. Verbot der Zahlung an Aktionäre (§ 92 Abs. 2 Satz 3) ............. 18 |
| 2. Feststellung des Verlustes ........ 4 | 1. Allgemeines ................ 18 |
| 3. Pflichten des Vorstandes ......... 7 | 2. Anwendungsbereich ........... 19 |
| 4. Rechtsfolgen bei Pflichtverletzung .. 12 | 3. Zahlungsverbot .............. 21 |
| 5. Pflichten Dritter .............. 13 | 4. Schadensersatz und Entlastungsmöglichkeit ................ 25 |
| III. Zahlungsverbot bei Zahlungsunfähigkeit und Überschuldung (§ 92 Abs. 2 Satz 1) ............. 14 | 5. Zahlungen der AG an das herrschende Unternehmen im Vertragskonzern 27 |
| 1. Grundsatz ................. 14 | |

**Literatur:** *Altmeppen,* Anmerkung zur Entscheidung des BGH vom 8.1.2001, ZIP 2001, 240; *Altmeppen,* Die rätselhafte Haftung von Gesellschaftern für insolvenzbegründende „Zahlungen" an Gesellschafter, in FS Hüffer, 2010, S. 1; *Bauer,* Haftungsdilemma des Geschäftsführers/Vorstandes bei Eintritt der Insolvenz der GmbH/AG – Vorenthalten von Arbeitnehmeranteilen zur Sozialversicherung oder verbotene Zahlung?, ZInsO 2004, 645; *Bork,* Zum Beginn des Zahlungsverbots gem. § 92 II 1 AktG, NZG 2009, 775; *Cahn,* Das Zahlungsverbot nach § 92 Abs. 2 Satz 3 AktG – aktien- und konzernrechtliche Aspekte des neuen Liquiditätsschutzes, Der Konzern 2009, 7; *Groß,* Deliktische Außenhaftung des GmbH-Geschäftsführers, ZGR 1998, 551; *Kalss/Adensamer/Oelkers,* Die Rechtspflichten der Geschäftsleiter in der Krise der Gesellschaft sowie damit verbundene Rechtsfolgen im Rechtsvergleich, in Lutter, Das Kapital der Aktiengesellschaft in Europa, ZGR Sonderheft 17, 2006, S. 134; *Knebel/Schmidt,* Gestaltungen zur Eigenkapital-Optimierung vor dem Hintergrund der Finanzkrise, BB 2009, 430; *Liebs,* Die Nichtbeachtung des Zahlungsverbots in der Krise des Unternehmens – zur Haftung der Geschäftsleitung und des Aufsichtsrats, in FS Fritz Rittner, 1991, S. 369; *Mertens,* Anwendbarkeit von § 92 Abs. 1 AktG im Vergleichsverfahren?, AG 1983, 173; *H.-F. Müller,* Die steuerrechtliche Haftung des GmbH-Geschäftsführers in der Krise, GmbHR 2003, 389; *W. Müller,* Der Verlust der Hälfte des Grund- oder Stammkapitals, ZGR 1985, 191; *K. Schmidt,* Übermäßige Geschäftsführerrisiken aus § 64 Abs. 2 GmbHG, § 130a Abs. 3 HGB?, ZIP 2005, 2177; *Schulze-Osterloh,* Zahlungen nach Eintritt der Insolvenzreife (§ 64 Abs. 2 GmbHG; §§ 92 Abs. 3, 93 Abs. 3 Nr. 6 AktG), in FS Gerold Bezzenberger, 2000, S. 415; *Sitzenfrei,* Entscheidungsanmerkung, BB 2005, 1906; *Thümmel,* Aufgaben und Haftungsrisiken des Managements in der Krise des Unternehmens, BB 2002, 1105; *Veit/Grünberg,* Wesen und Funktion der obligatorischen Verlustanzeige, DB 2006, 2644.

## I. Allgemeines

1   § 92 enthält verschiedene Handlungspflichten des Vorstandes für den Fall des Vermögensverfalls der Gesellschaft, nämlich die Pflicht zur Verlustanzeige und Einberufung der Hauptversammlung bei Verlust des hälftigen Grundkapitals (§ 92 Abs. 1) sowie das Verbot von Zahlungen, die entweder nach Eintritt der Zahlungsunfähigkeit oder der Überschuldung geleistet werden oder die an Aktionäre geleistet werden und zur Zahlungsunfähigkeit führen (§ 92 Abs. 2). Die früher in § 92 Abs. 2 a.F. geregelte Pflicht zur Insolvenzantragstellung findet sich jetzt in § 15a InsO (vgl. unten Anh. § 92). Zweck des **§ 92 Abs. 1** ist, die Hauptversammlung über den kritischen Zustand der Gesellschaft zu informieren und die Aktionäre handlungsfähig zu machen, d.h.

sie in die Lage zu versetzen, Beschlüsse zu fassen, durch die diese kritische Lage möglicherweise abgewendet werden kann. Dagegen bezweckt § 92 Abs. 1 nicht die Information der Öffentlichkeit; die mit der Einberufung der Hauptversammlung einhergehende Publizität ist vielmehr allenfalls eine Nebenfolge[1]. Dies zeigt sich schon daran, dass im Falle des § 121 Abs. 4 die Einberufung auch durch eingeschriebenen Brief vorgenommen werden kann und die Interessen der Öffentlichkeit (bei börsennotierten Gesellschaften) effizienter durch § 15 WpHG gewahrt werden. Die Pflichten gem. **§ 92 Abs. 2** dienen dagegen dem öffentlichen Interesse, insbesondere dem Interesse der Gesellschaftsgläubiger[2].

Umstritten ist, ob die Regelungen des § 92 Abs. 2 (früher § 92 Abs. 3) bei **Kredit- und Versicherungsunternehmen** durch die Sonderregelungen der § 46b KWG, § 88 VAG verdrängt werden[3]. Für eine solche Verdrängung spricht, dass die genannten Sonderregelungen ein in sich schlüssiges, ausdifferenziertes Regel-/Ausnahmesystem für die Zulässigkeit von Zahlungen in der Krise eines Kreditinstitutes enthalten, die dessen Besonderheiten Rechnung tragen[4]. Außerdem soll der Vorstand nur dann wegen verbotener Zahlungen gem. § 93 Abs. 3 Nr. 6 schadensersatzpflichtig sein, wenn ihn die Insolvenzantragspflicht trifft[5]. Bei Kreditinstituten und Versicherungsunternehmen ist jedoch nicht der Vorstand, sondern die BaFin für die Stellung des Insolvenzantrags zuständig. 2

## II. Pflichten bei Verlust in Höhe der Hälfte des Grundkapitals (§ 92 Abs. 1)

### 1. Verlust in Höhe der Hälfte des Grundkapitals

Durch die Regelung wird Art. 17 der Zweiten Gesellschaftsrechtlichen Richtlinie Rechnung getragen, nach dem bei „schweren Verlusten" – spätestens erreicht beim Verlust der Hälfte des gezeichneten Kapitals – die Hauptversammlung einberufen werden muss, um zu prüfen, ob die Gesellschaft aufzulösen ist oder andere Maßnahmen zu ergreifen sind[6]. Der Vorstand ist gem. § 92 Abs. 1 zur Einberufung der Hauptversammlung und zur Abgabe einer Verlustanzeige verpflichtet, wenn ein „Verlust in Höhe der Hälfte des Grundkapitals" eingetreten ist. Bei der Ermittlung der Hälfte des Grundkapitals ist auf das satzungsmäßige, nicht auf das eingezahlte Grundkapital abzustellen[7]. Für die Pflichten gem. § 92 Abs. 1 ist ausschließlich der Eintritt eines Verlustes in der dort genannten Höhe relevant; nicht von Bedeutung ist dagegen, ob die Gesellschaft zahlungsunfähig oder überschuldet ist[8]. Nach einer vereinzelt vertretenen Auffassung ist unter „Verlust" der Jahresfehlbetrag im Sinne des § 266 Abs. 3 lit. A HGB zu verstehen. Nach dieser Ansicht besteht die Verlustanzeigepflicht daher bereits dann, wenn die Gesellschaft einen einmaligen Jahresfehlbetrag in Höhe des hälftigen Grundkapitals erwirtschaftet[9]. Ob dieser Verlust das Gesellschaftsvermögen insgesamt auf die Hälfte des Grundkapitals reduziert, ist nach dieser Auffassung irrelevant. Insbesondere spielt es daher nach dieser Ansicht keine Rol- 3

---
1 BGH v. 9.7.1979, NJW 1979, 1829, 1831; *Hüffer*, § 92 AktG Rz. 1.
2 *Hüffer*, § 92 AktG Rz. 1.
3 Dagegen *Habersack* in Großkomm. AktG, 4. Aufl., § 92 AktG Rz. 11.
4 Ebenso *Schmidt-Hern* in Beck'sches Handbuch der AG, § 17 Rz. 58 sowie *Wiesner* in MünchHdb. AG, § 25 Rz. 52f.
5 BGH v. 6.4.1995 – IX ZR 61/94, BGHZ 129, 236, 258 = AG 1995, 379; *Hüffer*, § 93 AktG Rz. 23.
6 Richtlinie 77/91/EWG, ABl. Nr. L 26 v. 31.1.1977, S. 1; vgl. hierzu rechtsvergleichend *Kalss/Adensamer/Oelkers* in Lutter, Das Kapital der Aktiengesellschaft in Europa, S. 134.
7 *Spindler* in MünchKomm. AktG, 3. Aufl., § 92 AktG Rz. 8.
8 *Spindler* in MünchKomm. AktG, 3. Aufl., § 92 AktG Rz. 8.
9 *Habersack* in Großkomm. AktG, 4. Aufl., § 92 AktG Rz. 13 ff.

le, ob Rücklagen vorhanden sind, die eine hälftige Aufzehrung des Grundkapitals durch den Verlust verhindern. Dem hält die **herrschende Meinung** zu Recht entgegen, dass die Pflicht zur Information der Hauptversammlung, insbesondere die damit regelmäßig einhergehende Publizität, nicht von der Struktur des Eigenkapitals (d.h. Bildung von Rücklagen oder Bildung neuen Grundkapitals, etwa durch Kapitalerhöhung aus Gesellschaftsmitteln) abhängen sollte und § 92 Abs. 1 den Begriff des „Verlustes" und gerade nicht den Rechtsbegriff des „Jahresfehlbetrages" verwendet. § 92 Abs. 1 greift daher nach zutreffender herrschender Auffassung nur dann ein, wenn Verluste eingetreten sind, die das **Gesellschaftsvermögen auf die Hälfte des Grundkapitals vermindern**, unabhängig davon, ob es sich um einen Einzelverlust oder um die Kumulation fortschreitender Verluste handelt[10]. Unter Gesellschaftsvermögen ist dabei die Summe aus Kapitalrücklage, gesetzlicher Rücklage, satzungsmäßigen Rücklagen, anderen Gewinnrücklagen, Bilanzgewinn (einschließlich Gewinnvortrag) sowie Eigenkapitalanteil in den Sonderposten mit Rücklageanteil abzüglich des Bilanzverlustes (Verlust und Verlustvortrag) zu verstehen[11]. Rücklagen für eigene Anteile sind dagegen nicht zur Berechnung des Gesellschaftsvermögens heranzuziehen, da ihre Aufgabe es ist, den (zweifelhaften) Wert eigener Anteile zu kompensieren[12]. Eigenkapitalersetzende Aktionärsdarlehen oder Darlehen mit Rangrücktritt sind so lange als Fremdkapital zu behandeln, wie der jeweilige Gläubiger keinen endgültigen Forderungsverzicht ausgesprochen hat[13].

### 2. Feststellung des Verlustes

4   Gem. § 92 Abs. 1 muss sich der Verlust bei der Aufstellung der Jahresbilanz oder einer Zwischenbilanz ergeben oder bei pflichtgemäßem Ermessen anzunehmen sein. Dadurch, dass § 92 Abs. 1 auch auf das **„pflichtgemäße Ermessen"** des Vorstandes verweist, wird klargestellt, dass die Anzeigepflicht nicht nur dann besteht, wenn die Krisensituation anlässlich der Aufstellung einer Jahres- oder Zwischenbilanz offenbar wird. Der Vorstand ist vielmehr verpflichtet, laufend darauf zu achten, ob ein Verlust in anzeigepflichtiger Höhe eintritt, und ist, soweit Anhaltspunkte für eine derartige Gefahrensituation bestehen, nach sorgfaltsgemäßem Ermessen verpflichtet, eine Zwischenbilanz aufzustellen[14]. Wie der Verlust festzustellen ist, legt das Gesetz nicht ausdrücklich fest; aus der Bezugnahme des § 92 Abs. 1 auf die „Jahresbilanz" ergibt sich jedoch, dass der Verlust relevant ist, der sich bei der Aufstellung einer Gewinnermittlungsbilanz ergeben würde, die nach den für die **Jahresbilanz geltenden Vorschriften**, insbesondere unter Einhaltung der Bewertungsgrundsätze der §§ 252 ff. HGB, aufgestellt worden ist[15].

5   Im Rahmen der Feststellung des Verlustes werden insbesondere die Fragen diskutiert, ob zur Deckung von Verlusten stille Reserven aufgelöst werden dürfen und ob die Be-

---

10 BGH v. 9.10.1958, WM 1958, 1416, 1417; OLG Köln v. 5.5.1977 – 14 U 46/76, AG 1978, 17, 22; *Hüffer*, § 92 AktG Rz. 2; *Spindler* in MünchKomm. AktG, 3. Aufl., § 92 AktG Rz. 9; *Wiesner* in MünchHdb. AG, § 25 Rz. 55 ff.; *W. Müller*, ZGR 1985, 191, 206 f.; *Knebel/Schmidt*, BB 2009, 430.
11 WP-Handbuch 2006, Band I, V. 4; *W. Müller*, ZGR 1985, 191, 207, 213.
12 *Haas* in Baumbach/Hueck, § 84 GmbHG Rz. 11 (zur GmbH); für die AG wohl auch *Spindler* in MünchKomm. AktG, 3. Aufl., § 92 AktG Rz. 9; a.A. *Mertens/Cahn* in KölnKomm. AktG, 3. Aufl., § 92 AktG Rz. 9; *W. Müller*, ZGR 1985, 191, 207.
13 *Wiesner* in MünchHdb. AG, § 25 Rz. 56; WP-Handbuch 2006, Band I, V. 9; *W. Müller*, ZGR 1985, 191, 197 ff., 207 f.
14 BGH v. 20.2.1995 – II ZR 9/94, ZIP 1995, 560 ff. (zur GmbH); *Spindler* in MünchKomm. AktG, 3. Aufl., § 92 AktG Rz. 11 a.E.; *Wiesner* in MünchHdb. AG, § 25 Rz. 55.
15 *Hüffer*, § 92 AktG Rz. 3; *Spindler* in MünchKomm. AktG, 3. Aufl., § 92 AktG Rz. 9; *Habersack* in Großkomm. AktG, 4. Aufl., § 92 AktG Rz. 18; *Wiesner* in MünchHdb. AG, § 25 Rz. 56; WP-Handbuch 2006, Band I, V 5 f.; *W. Müller*, ZGR 1985, 191, 204 ff.

wertung zu going concern-Werten im Sinne des § 252 Abs. 1 Nr. 2 HGB zu erfolgen hat. Auch für **stille Reserven** gilt, dass die Regeln über den Jahresabschluss eingehalten werden müssen; stille Reserven dürfen daher nur insoweit aufgelöst werden, als sie auch im Jahresabschluss aufgelöst werden dürften (insbesondere: Zuschreibungen nach § 280 HGB, d.h. Wertaufholung nach Abschreibungen gem. § 253 Abs. 2 Satz 3 oder Abs. 3 HGB oder nach steuerrechtlichen Abschreibungen gem. §§ 254, 279 Abs. 2 HGB)[16]. Allerdings wird in der Literatur zutreffend darauf hingewiesen, dass stille Reserven im Konzern durch die Übertragung der betroffenen Vermögensgegenstände an verbundene Unternehmen aufgelöst werden können, da im Rahmen des § 92 Abs. 1 die Einzelbilanz und nicht der Konzernabschluss relevant ist[17]. Für die Frage, ob die Vermögensgegenstände der Gesellschaft zu **going concern-Werten** zu bewerten sind, ist zunächst der Grundsatz des § 252 Abs. 1 Nr. 2 HGB relevant, nach dem bei der Bewertung von der Fortführung der Unternehmenstätigkeit auszugehen ist, d.h. Fortführungswerte (**Buchwerte**) anzusetzen sind. Sofern allerdings für die Gesellschaft eine **negative Fortbestehensprognose** besteht, kann dieser Grundsatz im Hinblick auf den Informationszweck der Verlustanzeigepflicht nicht mehr durchgehalten werden. In diesem Falle sind daher anstelle der Buchwerte die **Liquidationswerte** anzusetzen[18]. Ergibt die Fortbestehensprognose keine eindeutige Aussage, wird man dem Vorstand ein Entscheidungsermessen zwischen Fortführungs- und Liquidationswerten einräumen müssen[19]. Dem wird vereinzelt in der Literatur nur für den Fall gefolgt, dass der in § 252 Abs. 1 Nr. 2 HGB geregelte Ausnahmefall gegeben ist, der Zugrundelegung von Fortführungswerten also „tatsächliche oder rechtliche Gegebenheiten entgegenstehen"[20]. Ob dies tatsächlich ein materieller Unterschied zu dem von der herrschenden Ansicht vertretenen Ansatz ist, sei dahingestellt. Wenn für die Gesellschaft eine negative Fortbestehensprognose besteht, dürfte dies in der Regel eine tatsächliche oder rechtliche Gegebenheit darstellen, die dem Ansatz von Fortführungswerten im Sinne des § 252 Abs. 1 Nr. 2 HGB entgegensteht.

Keine ausdrückliche Behandlung hat bislang die Frage erhalten, ob eine Pflicht zur Information der Hauptversammlung auch dann besteht, wenn der Verlust der Hälfte des Grundkapitals nur **vorübergehend** eingetreten ist und spätestens im Zeitpunkt des Stattfindens der Hauptversammlung bereits wieder (etwa durch einen dort beschlossenen Kapitaleinschuss[21]) beseitigt wird. Unter Berücksichtigung des Gesetzeszweckes ist eine solche fortdauernde Informationspflicht zu verneinen. 6

### 3. Pflichten des Vorstandes

Sind die Voraussetzungen des § 92 Abs. 1 erfüllt, so hat der Vorstand unverzüglich die Hauptversammlung einzuberufen und ihr dies anzuzeigen. Des Weiteren hat der 7

---

16 WP-Handbuch 2006, Band I, V 7; *Hüffer*, § 92 AktG Rz. 4; auch *Spindler* in MünchKomm. AktG, 3. Aufl., § 92 AktG Rz. 10 (anders – Auflösung sämtlicher stiller Reserven – aber offenbar *Spindler* in MünchKomm. AktG, 3. Aufl., § 92 AktG Rz. 9); grundsätzlich auch *Habersack* in Großkomm. AktG, 4. Aufl., § 92 AktG Rz. 18 (anders jedoch – keine Auflösung – für steuerrechtliche Abschreibungen nach §§ 254, 279 Abs. 2 HGB); *Mertens/Cahn* in KölnKomm. AktG, 3. Aufl., § 92 AktG Rz. 9; für die Berücksichtigung sämtlicher stiller Reserven dagegen offenbar BGH v. 9.10.1958, WM 1958, 1416, 1417; unklar insoweit OLG Köln v. 5.5.1977 – 14 U 46/76, AG 1978, 17, 22.
17 *Hüffer*, § 92 AktG Rz. 4; *Spindler* in MünchKomm. AktG, 3. Aufl., § 92 AktG Rz. 10; *Fleischer* in Spindler/Stilz, § 92 AktG Rz. 8.
18 *Hüffer*, § 92 AktG Rz. 4; *Spindler* in MünchKomm. AktG, 3. Aufl., § 92 AktG Rz. 10; *Mertens/Cahn* in KölnKomm. AktG, 3. Aufl., § 92 AktG Rz. 10; *W. Müller*, ZGR 1985, 191, 209 f.; *Fleischer* in Spindler/Stilz, § 92 AktG Rz. 8.
19 *Wiesner* in MünchHdb. AG, § 25 Rz. 56; *W. Müller*, ZGR 1985, 191, 203.
20 *Habersack* in Großkomm. AktG, 4. Aufl., § 92 AktG Rz. 18.
21 Hierzu s. etwa *Knebel/Schmidt*, BB 2009, 430, 431.

Vorstand den **Aufsichtsratsvorsitzenden** gem. § 90 Abs. 1 Satz 3 von dem Verlust der Hälfte des Grundkapitals zu unterrichten, da es sich um einen wichtigen Anlass im Sinne dieser Vorschrift handelt[22]. Bei **börsennotierten Aktiengesellschaften** ist der Verlust der Hälfte des Grundkapitals regelmäßig gem. § 15 WpHG bekannt zu machen[23].

8 Unverzüglich meint „ohne schuldhaftes Zögern" im Sinne des § 121 BGB[24]. Auch der Termin der Hauptversammlung ist so zu legen, dass keine unnötige Verzögerung eintritt[25]. Bei der Einberufung der Hauptversammlung sind die §§ 121 ff. zu beachten. Daraus folgt insbesondere, dass der Vorstand die Verlustanzeige klar und eindeutig gem. § 124 Abs. 1 **als Tagesordnungspunkt bekannt machen** muss[26]. Unterbleibt dies, so wird der Vorstand seinen Pflichten aus § 92 Abs. 1 nur gerecht, indem er eine erneute Einberufung mit ordnungsgemäßer Verlustanzeige vornimmt, die dann allerdings nicht mehr „unverzüglich" ist. Die Verlustanzeige muss jedoch nicht der einzige Tagesordnungspunkt der Hauptversammlung sein. Insbesondere hat der Vorstand, sofern er wünscht, dass die Hauptversammlung bereits über Maßnahmen zur Beseitigung des Verlustes entscheidet, auch diese Maßnahmen gesondert als Punkt der Tagesordnung festzusetzen. Verbreitet wird auf den Umstand hingewiesen, dass die Hauptversammlung gem. § 124 Abs. 4 keine Beschlüsse fassen könne, wenn aus der Tagesordnung nicht klar hervorgeht, dass Verlustanzeige gem. § 92 Abs. 1 erstattet wird[27]. Die Bedeutung dieser Aussage erscheint allerdings unklar. Über die Verlustanzeige als solche braucht die Hauptversammlung nicht Beschluss zu fassen. Sofern zusätzlich bestimmte Sanierungsmaßnahmen, z.B. Kapitalmaßnahmen, zur Abstimmung gestellt werden, handelt es sich um gesonderte Tagesordnungspunkte, über die die Hauptversammlung – unabhängig vom Vorliegen einer ordnungsgemäßen Verlustanzeige – Beschluss fassen kann, sofern sie nur ihrerseits ordnungsgemäß bekannt gemacht worden sind. Aktionärsminderheiten können im Rahmen des § 122 Abs. 2 verlangen, dass andere als die von der Verwaltung vorgeschlagenen Gegenmaßnahmen (einschließlich der Bestellung von Sonderprüfern gem. §§ 142 ff. sowie der Geltendmachung von Schadensersatzansprüchen gem. §§ 147 f.) zur Tagesordnung bekannt gemacht werden. Versäumen es die Minderheitsaktionäre allerdings, ein Minderheitsverlangen nach § 122 Abs. 2 zu stellen, können sich Bekanntmachungsfehler der Verwaltungsorgane im Hinblick auf die Verlustanzeige auf die Antragsmöglichkeiten der Minderheitsaktionäre auswirken. So kann etwa der Antrag auf Bestellung von Sonderprüfern gem. § 124 Abs. 4 Satz 2 auch ohne vorherige Ergänzung der Tagesordnung in der Hauptversammlung gestellt werden, wenn er sich auf Gegenstände der Tagesordnung bezieht[28]. Sollte der Tagesordnungspunkt Verlustanzeige nicht ordnungsgemäß bekannt gemacht worden sein und auch, wie bei einer außerordentlichen Hauptversammlung üblich, die Entlastung der Verwaltungsmitglieder nicht auf der Tagesordnung stehen, kann daher die Bestellung von Sonderprüfern in der Hauptversammlung nicht beantragt werden.

---

22 *Wiesner* in MünchHdb. AG, § 25 Rz. 57.
23 *Reuter*, BB 2003, 1797, 1802; *Hirte*, ZInsO 2006, 1289, 1292.
24 *Hüffer*, § 92 AktG Rz. 5; *Spindler* in MünchKomm. AktG, 3. Aufl., § 92 AktG Rz. 11; a.A. *Habersack* in Großkomm. AktG, 4. Aufl., § 92 AktG Rz. 20 („so bald wie möglich").
25 *Hüffer*, § 92 AktG Rz. 5; *Spindler* in MünchKomm. AktG, 3. Aufl., § 92 AktG Rz. 11.
26 Nach *Wiesner* in MünchHdb. AG, § 25 Rz. 58 reicht etwa ein nicht näher erläuterter Hinweis auf einen „Bericht nach § 92 Abs. 1 AktG" nicht aus.
27 *Hüffer*, § 92 AktG Rz. 5; *Spindler* in MünchKomm. AktG, 3. Aufl., § 92 AktG Rz. 12, 14; *Habersack* in Großkomm. AktG, 4. Aufl., § 92 AktG Rz. 22.
28 OLG Brandenburg v. 6.6.2001 – 7 U 145/00, AG 2003, 328, 329; *Schröer* in MünchKomm. AktG, 2. Aufl., § 142 AktG Rz. 33; *Hüffer*, § 142 AktG Rz. 9; *Bezzenberger* in Großkomm. AktG, 4. Aufl., § 142 AktG Rz. 26.

Fraglich ist, ob der Vorstand berechtigt ist, die Einberufung der Hauptversammlung und die Verlustanzeige hinauszuzögern, falls er meint, den anzeigepflichtigen Verlust kurzfristig anderweitig, z.B. durch **Sanierungsverhandlungen**, wieder beseitigen zu können. Ausgangspunkt dieser Frage ist § 121 BGB. So ist es etwa denkbar, dass bei hinreichend konkreten und erfolgversprechenden Sanierungsverhandlungen ein kurzfristiges Hinauszögern der Einberufung und Verlustanzeige kein schuldhaftes Zögern darstellt. Aufgrund der Informationsfunktion der Anzeigepflicht kommen derartige Ausnahmen jedoch nur in engem Umfang und nur für einen kurzen Zeitraum in Betracht[29]. Auch sollte der Vorstand – in überschaubarem Umfang – das Recht haben, unter Hinzuziehung von Beratern sinnvolle Gegenmaßnahmen zu prüfen, die der Hauptversammlung zugleich mit der Verlustanzeige zur Entscheidung vorgelegt werden können. Hier kann es im Einzelfall im Gesellschaftsinteresse liegen, eine kurzzeitige **Verzögerung der Einberufung und Verlustanzeige** in Kauf zu nehmen, wenn dies den Vorstand in die Lage versetzt, der Hauptversammlung nicht nur die bloße Verlustanzeige vorzulegen, sondern sie bereits über konkrete Sanierungsmaßnahmen beschließen zu lassen. Mit der für die Gesellschaft schädlichen Publizität der Einberufung kann eine Verzögerung dagegen, entgegen einer in Teilen der Literatur vertretenen Auffassung[30], nicht begründet werden, da § 92 Abs. 1 diese Publizität zugunsten der Information der Aktionäre gerade bewusst in Kauf nimmt[31]. 9

In der **Insolvenz** der Gesellschaft ist nach Stellung des Insolvenzantrages die Einberufung der Hauptversammlung nach § 92 Abs. 1 nicht mehr erforderlich, da der Informationszweck der Vorschrift in diesem Fall bereits durch den Insolvenzantrag erfüllt wird und die Hauptversammlung ohnedies keine Entscheidungen über Gegenmaßnahmen mehr treffen kann[32]. Ob die Pflichten des § 92 Abs. 1 auch in der **Abwicklung** der Gesellschaft zu befolgen sind, wird unterschiedlich beurteilt. Während die Frage teilweise verneint wird[33], gehen andere unter Hinweis auf § 268 Abs. 2 Satz 1 davon aus, dass § 92 Abs. 1 auch im Abwicklungsstadium zu beachten ist[34]. Hier wird es darauf ankommen, ob die Abwicklung der Gesellschaft tatsächlich nur noch auf die Verwertung des Gesellschaftsvermögens und Einstellung des Geschäftsbetriebes ausgerichtet ist. In diesem Fall wird einer Verlustanzeige keine große Bedeutung mehr zukommen, zumal die Hauptversammlung ohnedies keine Gegenmaßnahmen mehr beschließen wird. Solange dagegen der Geschäftsbetrieb in der Abwicklung noch weitergeführt wird, sollte § 92 Abs. 1 anwendbar bleiben[35]. 10

Fraglich ist, ob die Aktionäre, etwa in einer Ein-Mann-Aktiengesellschaft, auf die Erfüllung der Pflichten aus § 92 Abs. 1 verzichten können. Dies ist zu bejahen. Wie eingangs (Rz. 1) dargestellt, ist Schutzzweck des § 92 Abs. 1 nicht die Information der Öffentlichkeit, sondern nur die der Hauptversammlung. Dieser Schutzzweck ist gewahrt, wenn der Aktionär in Kenntnis des Verlustes auf die Erfüllung der Vorstands- 11

---

29 *Hüffer*, § 92 AktG Rz. 5; *Spindler* in MünchKomm. AktG, 3. Aufl., § 92 AktG Rz. 12; *Habersack* in Großkomm. AktG, 4. Aufl., § 92 AktG Rz. 23, der die Dreiwochenfrist des § 92 Abs. 2 als „Maximalfrist" nennt; hiermit dürfte er sich jedoch bereits am oberen Ende der Skala bewegen, die keinesfalls für jeden Einzelfall herangezogen werden kann.
30 *Mertens/Cahn* in KölnKomm. AktG, 3. Aufl., § 92 AktG Rz. 14 unter Hinweis auf § 34 StGB (Notstand); *Mertens*, AG 1983, 173, 176; *W. Müller*, ZGR 1985, 194 f.
31 *Spindler* in MünchKomm. AktG, 3. Aufl., § 92 AktG Rz. 12; in diesem Sinne wohl auch *Hüffer*, § 92 AktG Rz. 5.
32 H.M.: *Hüffer*, § 92 AktG Rz. 5; *Mertens/Cahn* in KölnKomm. AktG, 3. Aufl., § 92 AktG Rz. 15; *Spindler* in MünchKomm. AktG, 3. Aufl., § 92 AktG Rz. 6.
33 *Spindler* in MünchKomm. AktG, 3. Aufl., § 92 AktG Rz. 6; *Mertens/Cahn* in KölnKomm. AktG, 3. Aufl., § 92 AktG Rz. 15; *Wiesner* in MünchHdb. AG, § 25 Rz. 51.
34 *Hüffer*, § 92 AktG Rz. 5.
35 So auch *Habersack* in Großkomm. AktG, 4. Aufl., § 92 AktG Rz. 6; *Fleischer* in Spindler/Stilz, § 92 AktG Rz. 11.

pflichten aus § 92 Abs. 1 verzichtet. Dem entspricht auch die Meinungslage zur Parallelregelung in § 49 Abs. 3 GmbHG[36].

### 4. Rechtsfolgen bei Pflichtverletzung

12  Verletzen die Vorstandsmitglieder schuldhaft ihre Pflichten aus § 92 Abs. 1, sind sie der Gesellschaft gem. § 93 Abs. 2 zum **Schadensersatz** verpflichtet, wobei allerdings ein kausaler Schaden der Gesellschaft nur in den wenigsten Fällen nachweisbar sein dürfte. § 92 Abs. 1 stellt aufgrund seines Schutzzwecks (Information der Aktionäre) kein **Schutzgesetz** im Sinne des § 823 Abs. 2 BGB zugunsten der Gesellschaftsgläubiger dar[37]. Ob die Vorschrift als Schutzgesetz zugunsten der Aktionäre anzusehen ist, ist dagegen umstritten. Entgegen der vielfach vertretenen bejahenden Ansicht[38] kann auch insoweit kein Schutzgesetzcharakter angenommen werden, da § 92 Abs. 1 die Aktionäre lediglich als Teil des Gesellschaftswohls durch Gewährung von Informationsrechten und Handlungsmöglichkeiten schützt. Es wäre daher überzogen, der Vorschrift einen individuellen Vermögensschutz zugunsten der einzelnen Aktionäre beizumessen[39]. In jedem Fall wäre zu berücksichtigen, dass die Aktionäre auch nach der Gegenansicht analog §§ 117 Abs. 1 Satz 2, 317 Abs. 1 Satz 2 nur in Ausnahmefällen den Ersatz eines Eigenschadens, nicht jedoch den Ersatz eines bloßen, auf der Schädigung der Gesellschaft beruhenden, „Reflexschadens" verlangen könnten. Bei börsennotierten Gesellschaften ist allerdings zu beachten, dass Aktionäre nach Maßgabe des § 37b WpHG Schadensersatz verlangen können, sofern der Vorstand seine Publizitätspflicht gem. § 15 WpHG verletzt hat. Gem. § 401 Abs. 1 Nr. 1, Abs. 2 stellt die vorsätzliche oder fahrlässige Verletzung der Pflichten aus § 92 Abs. 1 eine **Straftat** dar.

### 5. Pflichten Dritter

13  **Pflichtenträger** des § 92 Abs. 1 sind die **Vorstandsmitglieder** (einschließlich stellvertretender und fehlerhaft bestellter Vorstandsmitglieder). Sonstige Dritte sind nicht verpflichtet, die Pflichten des § 92 Abs. 1 einzuhalten. Dies gilt auch für die Mitglieder des Aufsichtsrates. Diese können jedoch aufgrund ihrer Aufsichtspflicht gem. § 111 verpflichtet sein, den Vorstand zur Erfüllung seiner Pflichten anzuhalten und notfalls unzuverlässig erscheinende Vorstandsmitglieder abzuberufen[40]. Des Weiteren hat der Aufsichtsrat gem. § 111 Abs. 3 selbst eine Hauptversammlung einzuberufen, wenn „das Wohl der Gesellschaft es erfordert". Dies dürfte regelmäßig der Fall sein, wenn die Voraussetzungen des § 92 Abs. 1 vorliegen und der Vorstand seiner Einberufungspflicht nicht nachkommt. Verstoßen die Mitglieder des Aufsichtsrates gegen diese Pflichten, können sie ihrerseits gegenüber der Gesellschaft schadensersatzpflichtig werden (§§ 116, 93 Abs. 2)[41].

---

36 *Koppensteiner* in Rowedder/Schmidt-Leithoff, § 49 GmbHG Rz. 12; *Römermann* in Michalski, § 49 GmbHG Rz. 127; *Roth* in Roth/Altmeppen, § 49 GmbHG Rz. 17; *K. Schmidt/Seibt* in Scholz, § 49 GmbHG Rz. 18, 33; *Zöllner* in Baumbach/Hueck, § 49 GmbHG Rz. 21.
37 H.M.: BGH v. 9.7.1979, NJW 1979, 1829, 1831; *Spindler* in MünchKomm. AktG, 3. Aufl., § 92 AktG Rz. 18; *Habersack* in Großkomm. AktG, 4. Aufl., § 92 AktG Rz. 26; *Hüffer*, § 92 AktG Rz. 15; *Mertens/Cahn* in KölnKomm. AktG, 3. Aufl., § 92 AktG Rz. 21.
38 *Spindler* in MünchKomm. AktG, 3. Aufl., § 92 AktG Rz. 17; *Habersack* in Großkomm. AktG, 4. Aufl., § 92 AktG Rz. 26; *Fleischer* in Spindler/Stilz, § 92 AktG Rz. 17.
39 *Hüffer*, § 92 AktG Rz. 15; *Mertens/Cahn* in KölnKomm. AktG, 3. Aufl., § 92 AktG Rz. 21.
40 Ausdrücklich BGH v. 16.3.2009 – II ZR 280/07, NZG 2009, 550 = AG 2009, 404.
41 BGH v. 16.3.2009 – II ZR 280/07, NZG 2009, 550; *Spindler* in MünchKomm. AktG, 3. Aufl., § 92 AktG Rz. 18; *Habersack* in Großkomm. AktG, 4. Aufl., § 92 AktG Rz. 29.

## III. Zahlungsverbot bei Zahlungsunfähigkeit und Überschuldung (§ 92 Abs. 2 Satz 1)

### 1. Grundsatz

Nach Eintritt der Zahlungsunfähigkeit oder Überschuldung der Gesellschaft darf der Vorstand gem. § 92 Abs. 2 Satz 1 grundsätzlich keine Zahlungen mehr leisten. Zweck der Vorschrift ist, die Schmälerung der Insolvenzmasse zu verhindern. Eine Ausnahme von diesem Verbot gilt allerdings gem. § 93 Abs. 2 Satz 2, sofern die Zahlung mit der Sorgfalt eines ordentlichen und gewissenhaften Geschäftsleiters vereinbar ist (vgl. unten Rz. 16). Streitig ist, ob von dem Verbot des § 92 Abs. 2 nur Geldzahlungen oder auch alle **sonstigen Leistungen** erfasst werden. Mit der im GmbH-Recht entwickelten und nunmehr auch im Aktienrecht überwiegenden Auffassung ist aufgrund des Schutzzwecks der Vorschrift von einem weiten Verständnis des Zahlungsbegriffs auszugehen, von dem sämtliche die Masse schmälernde Leistungen erfasst werden, die zugunsten einzelner Gläubiger erfolgen[42]. Erfasst ist damit auch die – wirtschaftlich mit einer Zahlung an die Gläubigerbank gleichbedeutende – Einreichung von Kundenschecks auf ein debitorisches Gesellschaftskonto[43] sowie die Leistung sonstiger Gegenstände aus dem Gesellschaftsvermögen, wie etwa die Lieferung von Waren, die Erbringung von Dienstleistungen oder die Gewährung von Sicherheiten[44]. Auch Leistungen Dritter, die zur Tilgung von Verbindlichkeiten der Gesellschaft gegenüber bestimmten Gläubigern bestimmt sind, dürfen von der Gesellschaft nicht an diesen Gläubiger ausgezahlt werden, sondern fallen in die Masse[45]. Des Weiteren ist streitig, ob gem. § 92 Abs. 2 Satz 1 auch die **Begründung von Verbindlichkeiten** zu Lasten der Gesellschaft verboten ist[46]. Mit der wohl überwiegenden Auffassung ist dies zu verneinen, da die Begründung einer Verbindlichkeit noch nicht zu einem Abfluss aus der Masse führt[47]. Aus diesem Grund sind auch liquiditätsrelevante Gegenleistungen haftungsmindernd zu berücksichtigen, wobei ausreichen soll, dass sich der erforderliche Liquiditätszufluss erst aus dem Geschäftsgang und nicht unmittelbar aus der Gegenleistung selbst ergibt[48]. Die Kreditgewährung an einen Aktionär ist somit nicht

14

---

[42] *Habersack* in Großkomm. AktG, 4. Aufl., § 92 AktG Rz. 93; *Spindler* in MünchKomm. AktG, 3. Aufl., § 92 AktG Rz. 59; *Hüffer*, § 92 AktG Rz. 14; *Schulze-Osterloh* in FS Bezzenberger, 2000, S. 415, 416 ff., 426; zum umfassenden Leistungsbegriff bei der GmbH BGH v. 29.11.1999 – II ZR 273/98, BGHZ 143, 184, 186 ff.; OLG Jena v. 11.12.2001 – 8 U 741/01, NZG 2002, 1116, 1117; OLG Oldenburg v. 10.3.2004 – 1 W 2/04, ZIP 2004, 1315, 1316; der h.M. nun beitretend *Mertens/Cahn* in KölnKomm. AktG, 3. Aufl., § 92 AktG Rz. 25; a.A. – nur Geldzahlungen erfasst – noch RGZ 159, 211, 234; *Mertens* in KölnKomm. AktG, 2. Aufl., § 92 AktG Rz. 56; *Liebs* in FS Rittner, 1991, S. 369 Fn. 2.
[43] BGH v. 29.11.1999 – II ZR 273/98, BGHZ 143, 184, 186 ff. (zur GmbH); BGH v. 11.9.2000 – II ZR 370/99, NZG 2000, 1222, 1223; *Niesert/Hohler*, NZI 2009, 345, 349; *Meyer*, BB 2008, 1742, 1745; *Knof*, DStR 2007, 1536, 1537.
[44] *Habersack* in Großkomm. AktG, 4. Aufl., § 92 AktG Rz. 93.
[45] BGH v. 31.3.2003 – II ZR 150/02, ZIP 2003, 1005, 1006; *Spindler* in MünchKomm. AktG, 3. Aufl., § 92 AktG Rz. 66.
[46] Dafür *Altmeppen* in Roth/Altmeppen, § 64 GmbHG Rz. 80; *Altmeppen*, ZIP 2001, 2201, 2206 ff.; *Wilhelm*, ZIP 1993, 1833, 1836.
[47] *Hüffer*, § 92 AktG Rz. 14a; *Habersack* in Großkomm. AktG, 4. Aufl., § 92 AktG Rz. 93; *Spindler* in MünchKomm. AktG, 3. Aufl., § 92 AktG Rz. 60; *Mertens/Cahn* in KölnKomm. AktG, 3. Aufl., § 92 AktG Rz. 25; *Schulze-Osterloh* in FS Bezzenberger, 2000, S. 415, 416 ff., 426; ebenso für die GmbH BGH v. 30.3.1998 – II ZR 146/96, BGHZ 138, 211, 216 f.; *Niesert/Hohler*, NZI 2009, 345, 349; *Meyer*, BB 2008, 1742, 1746; *Knof*, DStR 2007, 1536, 1537.
[48] BGH v. 18.3.1974 – II ZR 2/72, NJW 1974, 1088, 1089; *Niesert/Hohler*, NZI 2009, 345, 349; *Greulich/Rau*, NZG 2008, 284, 287; *Meyer*, BB 2008, 1742, 1746.

haftungsauslösend, wenn aufgrund der wirtschaftlichen Situation des Aktionärs ein vollwertiger Rückgriffsanspruch besteht[49].

**2. Beginn des Zahlungsverbotes**

15 Uneinheitlich wird die Frage beantwortet, ab welchem Zeitpunkt das Zahlungsverbot des § 92 Abs. 2 eingreift. Teilweise wird die Auffassung vertreten, dass § 92 Abs. 2 erst ab dem Eintritt der Insolvenzantragspflicht, also nach Ablauf der Frist des § 15a Abs. 1 Satz 1 InsO anwendbar sei, da erst damit das Stadium der Auflösung der Gesellschaft endgültig eingeleitet werde und es dem Vorstand bei sofortiger Geltung des Zahlungsverbotes kaum möglich sei, die Zeit bis zum Eintritt der Insolvenzantragspflicht zur Abwendung der Krise zu nutzen[50]. Dies widerspricht allerdings dem Gesetzeswortlaut sowie dem vorstehend skizzierten umfassenden Verständnis des Zahlungsverbotes. Sanierungsbemühungen können auch über den Ausnahmetatbestand des § 92 Abs. 2 Satz 2 erfasst werden (dazu näher Rz. 16)[51]. Richtigerweise gilt das Zahlungsverbot daher bereits ab dem Eintritt der Insolvenzreife[52]. Eine parallele Diskussion wird über die erforderlichen **subjektiven Voraussetzungen** geführt. Die Ansicht, die für die Entstehung des Zahlungsverbotes objektiv auf die Insolvenzantragspflicht abstellt, hält in subjektiver Hinsicht die positive Kenntnis bzw. böswillige Unkenntnis des Vorstandes von der Insolvenzreife für erforderlich[53]. Nach der hier vertretenen herrschenden Gegenmeinung genügt hingegen bereits die Erkennbarkeit des Eintritts der Insolvenzreife[54].

**3. Ausnahme**

16 Eine Ausnahme vom Zahlungsverbot gilt gem. § 92 Abs. 2 Satz 2 für Zahlungen, die auch nach Eintritt der Insolvenzreife mit der Sorgfalt eines ordentlichen und gewissenhaften Geschäftsleiters vereinbar sind. Dabei handelt es sich insbesondere um Zahlungen, denen eine werthaltige Gegenleistung gegenübersteht und die daher masseneutral sind, sowie um Leistungen, die innerhalb der Frist des § 15a Abs. 1 Satz 1 InsO im Hinblick auf hinreichend erfolgversprechende Sanierungsversuche oder zur Vermeidung einer unwirtschaftlichen vorzeitigen Betriebsstilllegung oder -reduzierung erbracht werden, einschließlich insbesondere notwendiger Fixkosten wie Miete, Wasser und Strom sowie Arbeitnehmerlöhnen[55]. Soweit die vorgenannten Voraussetzungen vorliegen, insbesondere im Falle hinreichend erfolgversprechender Sanierungsversuche, wird man auch die Zahlung von marktüblichem Entgelt an etwaige mit den Sanierungsversuchen befassten Berater der Gesellschaft unter § 92 Abs. 2

---

49 *Niesert/Hohler*, NZI 2009, 345, 349; *K. Schmidt*, GmbHR 2008, 453.
50 OLG Düsseldorf v. 20.6.1985 – 6 U 78/84, AG 1985, 276, 279; *Mertens/Cahn* in KölnKomm. AktG, 3. Aufl., § 92 AktG Rz. 27.
51 So auch *Bork*, NZG 2009, 775, 776.
52 So jetzt auch BGH v. 16.3.2009 – II ZR 280/07, NZG 2009, 550 = AG 2009, 404 (offen gelassen noch in BGH v. 29.11.1999 – II ZR 273/98, BGHZ 143, 184, 188 f.); zustimmend *Bork*, NZG 2009, 775, 776; ebenso *Hüffer*, § 92 AktG Rz. 14a; *Habersack* in Großkomm. AktG, 4. Aufl., § 92 AktG Rz. 93; *Reuter*, BB 2003, 1797, 1803; *Spindler* in MünchKomm. AktG, 3. Aufl., § 92 AktG Rz. 61; *Fleischer* in Spindler/Stilz, § 92 AktG Rz. 59.
53 OLG Düsseldorf v. 20.6.1985 – 6 U 78/84, AG 1985, 276, 279; OLG Frankfurt v. 18.8.2004 – 23 U 170/03, NZG 2004, 1157, 1160 = AG 2005, 91; *Mertens/Cahn* in KölnKomm. AktG, 3. Aufl., § 92 AktG Rz. 31.
54 Ebenso *Hüffer*, § 92 AktG Rz. 14a; *Fleischer* in Spindler/Stilz, § 92 AktG Rz. 60; nunmehr auch *Spindler* in MünchKomm. AktG, 3. Aufl., § 92 AktG Rz. 62.
55 *Hüffer*, § 92 AktG Rz. 14b; *Habersack* in Großkomm. AktG, 4. Aufl., § 92 AktG Rz. 95; *Spindler* in MünchKomm. AktG, 3. Aufl., § 92 AktG Rz. 64; *Reuter*, BB 2003, 1797, 1803; OLG Celle v. 23.12.2003 – 9 U 176/03, ZIP 2004, 1210 f.; *Liebs* in FS Rittner, 1991, S. 369, 374 ff.

Satz 2 fassen müssen. Anderenfalls wäre es für die Gesellschaft in einer Krisensituation praktisch überhaupt nicht mehr möglich, die von ihr oftmals gerade in dieser Lage besonders dringend benötigte[56] wirtschaftliche oder rechtliche Beratung zu erlangen. Ob die Ausnahme des § 92 Abs. 2 Satz 2 auch für die Zahlung von Arbeitnehmerbeiträgen zur Sozialversicherung gilt, war lange Zeit streitig, ist aber nach der neuesten Rechtsprechung des BGH im Hinblick auf die Strafandrohung des § 266a StGB zu bejahen[57]. Ferner wird die Frage, ob der Vorstand zur Begleichung von Steuerschulden an das Finanzamt berechtigt ist, uneinheitlich beurteilt. Während die finanzgerichtliche Rechtsprechung die Ansicht vertritt, dass die Verpflichtung zur Zahlung von Steuern dem Zahlungsverbot vorgeht[58], sind nach Ansicht der gesellschaftsrechtlichen Rechtsprechung auch derartige Zahlungen nach Eintritt der Insolvenzreife unzulässig[59].

### 4. Rechtsfolgen bei Verstoß

Im Falle eines Verstoßes gegen das Zahlungsverbot hat die Gesellschaft gegen die Mitglieder des Vorstandes gem. § 93 Abs. 3 Nr. 6 einen **Schadensersatzanspruch**. Der Ersatzanspruch kann gem. § 93 Abs. 5 auch von den Gläubigern der Gesellschaft geltend gemacht werden, und zwar gem. § 93 Abs. 5 Satz 2 selbst dann, wenn die Vorstandsmitglieder nicht die Sorgfalt eines ordentlichen und gewissenhaften Geschäftsleiters gröblich verletzt haben. Des Weiteren stellt § 92 Abs. 2 Satz 1 ein **Schutzgesetz** zugunsten der Gesellschaftsgläubiger dar[60]. Zu einer extensiven, durch die Interessen der Gesellschaft nicht vollumfänglich gerechtfertigten[61] Haftung des Geschäftsführers führt die sehr weitgehende Rechtsprechung des BGH, der nicht auf den Betrag der tatsächlich eingetretenen Masseschmälerung, sondern allein auf den nach Eintritt der Insolvenzreife abgeflossenen Betrag abstellt. Der Betrag, den der Gläubiger ohnehin aus der Insolvenzquote erhalten hätte, wird daher nach Ansicht des BGH nicht etwa von dem Betrag, den der Vorstand als Schadensersatz schuldet, abgezogen. Vielmehr soll den Vorstandsmitgliedern im Urteil die Verfolgung dieses Betrages gegen den Insolvenzverwalter vorbehalten werden; etwaige Ansprüche der Masse gegen Dritte sind Zug um Zug gegen Leistung des Schadensersatzes an die Vorstandsmitglieder abzutreten[62].

17

---

56 Vgl. hierzu *Thümmel*, BB 2002, 1105.
57 BGH v. 15.5.2007 – II ZR 48/06, NJW 2007, 218 ff. = AG 2007, 548; ebenso schon zuvor *Spindler* in MünchKomm. AktG, 3. Aufl., § 92 AktG Rz. 65; *Groß*, ZGR 1998, 551, 560; *Reuter*, BB 2003, 1797, 1803; vgl. ferner (zur GmbH) BFH v. 23.9.2008 – VII R 27/07, ZIP 2009, 122; anders noch die frühere Rechtsprechung, BGH v. 8.1.2001 – II ZR 88/99, BGHZ 146, 264, 274 f. = AG 2001, 303 sowie BGH v. 18.4.2005 – II ZR 61/03, BB 2005, 1905.
58 BFH/NV 1994, 142, 144; BFH/NV 1999, 745; BFH v. 26.7.1988 – VI R 83/87, ZIP 1989, 519 (entsprechende Kürzung der Löhne zwecks Zahlung der Einkommensteuer erforderlich); BFH v. 1.8.2000 – VII R 110/99, GmbHR 2000, 1215, 1216 (Einkommensteuer als „treuhänderisch verwaltetes Fremdgeld", das vorrangig vor allen anderen Verbindlichkeiten zu zahlen sei); dazu vgl. *Weber/Brügel*, DB 2004, 1923, 1924; *Thümmel*, BB 2002, 1105, 1107 f. sowie *H.-F. Müller*, GmbHR 2003, 389, 390 ff.
59 BGH v. 8.1.2001 – II ZR 88/99, BGHZ 146, 264, 274 ff. = AG 2001, 303 (bezogen allerdings wohl nur auf die Umsatzsteuer, nicht auf die Einkommensteuer); BGH v. 31.3.2003 – II ZR 150/02, ZIP 2003, 1005 f.
60 BGH v. 9.7.1979 – II ZR 118/77, BGHZ 75, 96, 107; *Spindler* in MünchKomm. AktG, 3. Aufl., § 92 AktG Rz. 68; *Mertens/Cahn* in KölnKomm. AktG, 3. Aufl., § 92 AktG Rz. 37.
61 Zur Kritik vgl. *K. Schmidt*, ZHR 168 (2004), 637, 643; *K. Schmidt*, ZIP 2005, 2177 f.
62 BGH v. 8.1.2001 – II ZR 88/99, BGHZ 146, 264, 278 f. = AG 2001, 303; BGH v. 18.12.1995 – II ZR 277/94, BGHZ 131, 325, 328 ff.; BGH v. 31.3.2003 – II ZR 150/02, NJW 2003, 2316; OLG Jena v. 11.12.2001 – 8 U 741/01, NZG 2002, 1116, 1117; *Spindler* in MünchKomm. AktG, 3. Aufl., § 92 AktG Rz. 67; *Altmeppen*, ZIP 2001, 240, 242.

## IV. Verbot der Zahlung an Aktionäre (§ 92 Abs. 2 Satz 3)

### 1. Allgemeines

18 Durch das Gesetz zur Modernisierung des GmbH-Rechts und zur Bekämpfung von Missbräuchen (**MoMiG**) vom 23.10.2008[63] wurde mit § 92 Abs. 2 Satz 3 n.F. die so genannte Insolvenzverursachungshaftung eingeführt. Die Regelung soll das Kapitalschutzsystem der AG erweitern und Lücken im Bereich des Schutzes der Gesellschaftsgläubiger vor Vermögensverschiebungen zwischen Gesellschaft und Aktionären schließen, die trotz des allgemeinen Verbots der Einlagenrückgewähr gem. § 57 auch im Aktienrecht befürchtet wurden[64]. Ausweislich der Regierungsbegründung greift die Insolvenzverursachungshaftung die von der Rechtsprechung entwickelte Existenzvernichtungshaftung[65] auf, ohne diese jedoch verdrängen zu wollen[66]. Während die Haftungsandrohung der **Existenzvernichtungshaftung** in erster Linie an die Gesellschafterstellung anknüpfte, nimmt § 92 Abs. 2 Satz 3 i.V.m. § 93 Abs. 3 Nr. 6 n.F. den **Vorstand als Haftungsadressaten** in den Blick. Zudem wahrt sie im Hinblick auf den ebenfalls durch das MoMiG eingefügten, gleich lautenden § 64 Satz 3 GmbHG[67] den weitgehenden Gleichlauf zwischen dem Recht der AG und der GmbH.

### 2. Anwendungsbereich

19 Gem. § 92 Abs. 2 Satz 3 darf der Vorstand keine Zahlungen an Aktionäre leisten, soweit diese zur Zahlungsunfähigkeit der Gesellschaft führen mussten. Erfolgt dennoch eine Zahlung unter Verstoß gegen das Zahlungsverbot, ist der Vorstand gem. § 93 Abs. 3 Nr. 6 zum Ersatz der Zahlungen verpflichtet. Vor dem Hintergrund des gesetzgeberischen Ziels, einen möglichst umfangreichen Gläubigerschutz zu statuieren, ist der Begriff der **Zahlungen** wie bei § 92 Abs. 2 Satz 1 (vgl. Rz. 14) in einem weiten Sinne zu verstehen und nicht auf Geldleistungen zu reduzieren[68]. Umfasst sind insbesondere auch Sicherheitsleistungen der Gesellschaft für Verbindlichkeiten eines Aktionärs, wenn bei ihrer Bestellung die Inanspruchnahme wahrscheinlich ist und soweit kein liquidierbarer Rückgriffanspruch in gleicher Höhe besteht[69].

20 Auch in seinem **persönlichen Anwendungsbereich** ist § 92 Abs. 2 Satz 3 erweiternd auszulegen. Bei schutzzweckorientierter Auslegung ist es in Hinblick auf einen effektiven Gläubigerschutz geboten, nicht nur Zahlungen an Aktionäre, sondern auch an Dritte zu erfassen, die mit diesen in wirtschaftlicher oder rechtlicher Hinsicht eng verbunden sind[70]. Dies kann insbesondere bei Leistungen der Tochtergesellschaft

---

63 BGBl. I 2008, 2026.
64 Hingegen hält *Altmeppen* § 92 Abs. 2 Satz 3 (wie auch den parallelen § 64 Satz 3 GmbHG) in FS Hüffer, S. 1, 14 für „vollständig überflüssig".
65 BGH v. 16.7.2007 – II ZR 3/04 – „Trihotel", AG 2007, 657, bestätigt durch BGH v. 7.1.2008, DStR 2008, 886.
66 Begr. RegE MoMiG, BT-Drucks. 16/6140, S. 46; *Niesert/Hohler*, NZI 2009, 345, 348; *Meyer*, BB 2008, 1742, 1745; *K. Schmidt*, GmbHR 2007, 1, 6; *Römermann*, GmbHR 2006, 673, 680.
67 Zu dessen Zielsetzung vgl. *Kleindieck* in Lutter/Hommelhoff, § 64 GmbHG Rz. 20 ff.
68 Begr. RegE MoMiG, BT-Drucks. 16/6140, S. 46; *Cahn*, Der Konzern 2009, 7, 8; *Niesert/Hohler*, NZI 2009, 345, 349, *Meyer*, BB 2008, 1742, 1745; *Greulich/Rau*, NZG 2008, 284, 287; *Knof*, DStR 2007, 1536, 1537.
69 *Mertens/Cahn* in KölnKomm. AktG, 3. Aufl., § 92 AktG Rz. 41; *Niesert/Hohler*, NZI 2009, 345, 349; *Meyer*, BB 2008, 1742, 1746; *Knof*, DStR 2007, 1536, 1538; *Greulich/Bunnemann*, NZG 2006, 681, 684; *Kleindiek* in Lutter/Hommelhoff, § 64 GmbHG Rz. 24.
70 *Mertens/Cahn* in KölnKomm. AktG, 3. Aufl., § 92 AktG Rz. 50; für § 64 Satz 3 GmbHG *Niesert/Hohler*, NZI 2009, 345, 349; *Knof*, DStR 2007, 1536, 1538; *Haas* in Baumbach/Hueck, § 64 GmbHG Rz. 101.

im Unternehmensverbund relevant sein, die nicht an die Muttergesellschaft, sondern an eine Schwestergesellschaft erbracht werden[71]. Umgekehrt erfasst der Tatbestand nicht nur Zahlungen durch den Vorstand, sondern auch Zahlungen durch Dritte, die ihm zurechenbar sind[72].

### 3. Zahlungsverbot

§ 92 Abs. 2 Satz 3 erfasst nur solche Zahlungen, die zur **Zahlungsunfähigkeit** der Gesellschaft führen mussten. Die Vorschrift knüpft damit noch vor dem Stadium der Zahlungsunfähigkeit der Gesellschaft an und verlagert den Zeitpunkt des Eingreifens der Zahlungssperre nach vorne; der Eintritt der Zahlungsunfähigkeit soll gerade verhindert werden[73]. Zahlungsunfähigkeit ist abzugrenzen von der bloßen Zahlungsstockung und liegt nach der Rechtsprechung des BGH[74] bei einer mindestens dreiwöchigen Liquiditätsunterdeckung vor, wobei ganz geringfügige Liquiditätslücken außer Betracht bleiben. Beträgt die Liquiditätslücke weniger als 10 % der fälligen Gesamtverbindlichkeiten, liegt noch keine Zahlungsunfähigkeit vor, es sei denn, es ist absehbar, dass die Liquiditätslücke demnächst mehr als 10 % erreichen wird (s. Anh. § 92 Rz. 4).

21

Zwischen der Zahlung und dem Eintritt der Zahlungsunfähigkeit muss ein **Kausalzusammenhang** bestehen. Ebenso wie der Begriff der Zahlungsunfähigkeit wirft auch die Kausalität erhebliche Auslegungsprobleme auf. Während der Referentenentwurf noch vorsah, dass nur solche Zahlungen tatbestandsmäßig sind, durch die die „Zahlungsunfähigkeit der Gesellschaft herbeigeführt wird", werden nunmehr strengere Anforderungen an die Kausalität zu stellen sein, um eine uferlose Weite des Tatbestands zu vermeiden. Die Regierungsbegründung spricht sich für ein restriktives Kausalitätsverständnis aus. Zahlungen, die in irgendeiner Weise kausal für eine – möglicherweise erst mit erheblichen zeitlichen Abstand eintretende – Zahlungsunfähigkeit der Gesellschaft geworden sind, genügen nicht. Vielmehr muss die Zahlung ohne Hinzutreten weiterer Kausalbeiträge zur Zahlungsunfähigkeit der Gesellschaft führen[75]. Angesichts der Tatsache, dass es sich bei Unternehmenszusammenbrüchen regelmäßig um multikausale Vorgänge handelt[76], lässt aber auch nicht bereits jeder hinzutretende Kausalbeitrag die Kausalität entfallen. Im Zeitpunkt der Zahlung muss also nicht bereits Zahlungsunfähigkeit eintreten; es reicht, wenn sich der Eintritt der Zahlungunfähigkeit in diesem Zeitpunkt unter normalem Verlauf der Dinge klar abzeichnet[77]. Außergewöhnliche Ereignisse, die die Zahlungsfähigkeit hätten erhalten können, mit denen man aber im Moment der Auszahlung nicht rechnen konnte, bleiben außer Betracht[78]. Kausalität ist damit im Sinne einer **adäquaten Kausalität** zu verstehen[79]. An der Kausalität fehlt es, wenn der Gesellschaft durch eine

22

---

[71] *Knof*, DStR 2007, 1536, 1538.
[72] *Knof*, DStR 2007, 1536, 1538; *Mertens/Cahn* in KölnKomm. AktG, 3. Aufl., § 92 AktG Rz. 49.
[73] *Knof*, DStR 2007, 1536, 1539; *Mertens/Cahn* in KölnKomm. AktG, 3. Aufl., § 92 AktG Rz. 38; *Hüffer*, § 92 AktG Rz. 14c.
[74] BGH v. 24.5.2005 – IX ZR 123/04, BGHZ 163, 134; BGH v. 20.11.2001 – IX ZR 48/01, BGHZ 149, 178; BGH v. 12.10.2006 – IX ZR 228/03, ZIP 2006, 2222, 2224.
[75] Begr. RegE MoMiG, BT-Drucks. 16/6140, S. 46.
[76] *Greulich/Rau*, NZG 2008, 284, 288; *Böcker/Poertzgen*, WM 2007, 1203, 1203; *Bruns*, WM 2003, 815, 820.
[77] Begr. RegE MoMiG, BT-Drucks. 16/6140, S. 47.
[78] Begr. RegE MoMiG, BT-Drucks. 16/6140, S. 47.
[79] *Hüffer*, § 92 AktG Rz. 14c („innerer Zusammenhang" zwischen Zahlung und späterer Zahlungsunfähigkeit).

Gegenleistung des Aktionärs im Ergebnis in gleichem Maße wieder liquide Vermögenswerte zugeführt werden[80].

23 Anhand welcher Kriterien eine rechtssichere Handhabung des Kausalitätserfordernisses erreicht werden kann, wird unterschiedlich beurteilt. Nach teilweise vertretener Auffassung soll der Kausalzusammenhang zu bejahen sein, wenn die Zahlung zum Eintritt von Überschuldung (§ 19 InsO), drohender Zahlungsunfähigkeit (§ 18 InsO) und Zahlungsunfähigkeit (§ 17 InsO) geführt hat[81]. Dies ist letztlich nicht überzeugend, da sich der Gesetzgeber gerade nicht dazu entschieden hat, schon Zahlungen zu sanktionieren, die zur drohenden Zahlungsunfähigkeit führen[82]. Andere orientieren sich an der Rechtsprechung des BGH zu § 17 InsO. Bei durch die Zahlung ausgelösten Liquiditätslücken von unter 10 % liege demnach keine Zahlung i.S. des § 92 Abs. 2 Satz 3 vor[83]; bei Liquiditätslücken jenseits dieser Grenze soll der Kausalzusammenhang im Regelfall zu bejahen sein. Teilweise wird eine wertende Betrachtung angestellt, die auf die Kriterien der zeitlichen Nähe der Zahlung zum Eintritt der Zahlungsunfähigkeit, der Gewichtigkeit der Zahlung sowie der überwiegenden Wahrscheinlichkeit abstellt[84]. Der Kausalzusammenhang sei zu bejahen, wenn die Zahlung die Funktion der Gesellschaft als Haftungsträger nachhaltig beeinträchtige und eine Weichenstellung ins Aus bedeute[85].

24 Auf den Gesichtspunkt der **überwiegenden Wahrscheinlichkeit** abzustellen ist überzeugend, da ein solches Konzept den Zweck der Norm, die Insolvenzwahrscheinlichkeit durch Verhinderung des Abflusses von Liquidität zu reduzieren, akzentuiert. Ist der Eintritt der Zahlungsunfähigkeit durch Ausführung der Zahlung überwiegend wahrscheinlich, hat der Vorstand die Zahlung zu unterlassen[86]. Der Vorstand hat insoweit vor Ausführung der Zahlung eine Prognose hinsichtlich der Zahlungsfähigkeit zu treffen. Er muss sich also ein Bild von der Liquidität der Gesellschaft im Zeitpunkt der Zahlung und von den unter dem normalen Verlauf der Dinge zu erwartenden Einnahmen und Ausgaben in der Zukunft machen[87]. Dabei wird man dem Vorstand die Erleichterungen der *business judgement rule* zubilligen müssen[88]. Dieses Vorstandsermessen nach Maßgabe der *business judgment rule* weist deutliche Parallelen zu dem aus dem US-amerikanischen Rechtssystem bekannten Solvenztest[89] auf, was auch die Regierungsbegründung zum MoMiG hervorhebt[90]. Im Schrifttum wird überwiegend den flexibleren Solvenztests der Vorzug gegenüber star-

---

80 Begr. RegE MoMiG, BT-Drucks. 16/6140, S. 46.
81 *Hölzle*, GmbHR 2007, 729, 731.
82 So auch *Greulich/Rau*, NZG 2008, 284, 288.
83 *Böcker/Poertzgen*, WM 2007, 1203, 1207 f.; kritisch *Greulich/Rau*, NZG 2008, 284, 288.
84 So *Niesert/Hohler*, NZI 2009, 345, 350; *Greulich/Rau*, NZG 2008, 284, 288; *Knof*, DStR 2007, 1536, 1540.
85 *Greulich/Rau*, NZG 2008, 284, 288.
86 So auch *Knof*, DStR 2007, 1536, 1540; *Haas* in Baumbach/Hueck, § 64 GmbHG Rz. 104; *Kleindiek* in Lutter/Hommelhoff, § 64 GmbHG Rz. 28; noch mehr als überwiegende Wahrscheinlichkeit, z.B. Gewissheit des Eintritts der Zahlungsunfähigkeit zu verlangen (so *Mertens/Cahn* in KölnKomm. AktG, 3. Aufl., § 92 AktG Rz. 52), liefe wohl dem Gesetzeszweck zuwider, eröffnete es doch dem Vorstand allzuleichte Verteidigungsmöglichkeiten.
87 *Meyer*, BB 2008, 1742, 1746; *Knof*, DStR 2007, 1536, 1540.
88 So auch *Meyer*, BB 2008, 1742, 1746.
89 Vgl. *Pellens/Jödicke/Richard*, DB 2005, 1393, 1395 ff.; *Weller*, DStR 2007, 116, 117 m.w.N. und einem Vergleich von Solvenztest und Existenzvernichtungshaftung.
90 Begr. RegE MoMiG vom 4.5.2007, S. 106; für einen Solvenztest als Alternative zu den Kapitalerhaltungsregeln hatte sich bereits die Hochrangige Gruppe von Experten auf dem Gebiet des Gesellschaftsrechts ausgesprochen, Bericht über moderne gesellschaftsrechtliche Rahmenbedingungen in Europa, vom 4.11.2002, S. 94, abrufbar unter www.ec.europa.eu/internal_market/company/docs/modern/report_de.pdf.

ren Auszahlungsverboten gegeben[91]. Zudem wird es – auch in Hinblick auf eine mögliche Exkulpation – sinnvoll sein, die Prognoseentscheidung ebenso wie die finanzielle Situation der Gesellschaft vor der Vornahme entsprechender Zahlungen in nachprüfbarer Weise zu dokumentieren.

### 4. Schadensersatz und Entlastungsmöglichkeit

Leistet der Vorstand unter Missachtung der Zahlungssperre des § 92 Abs. 2 Satz 3 eine Zahlung an einen Aktionär und kann er sich nicht nach § 92 Abs. 2 Satz 3 Halbsatz 2 exkulpieren, schuldet er der Gesellschaft gem. § 93 Abs. 2, Abs. 3 Nr. 6 Schadensersatz. Zu ersetzen sind neben den ausgezahlten Beträgen sämtliche Einbußen, die die Gesellschaft infolge tatsächlich eingetretener Zahlungsunfähigkeit erlitten hat[92]. 25

Dem Vorstand steht jedoch ein Entlastungsnachweis offen, wenn die Tatsache, dass die Zahlung zur Zahlungsunfähigkeit der Gesellschaft führen musste, auch bei Beachtung der Sorgfalt eines ordentlichen und gewissenhaften Geschäftsleiters nicht erkennbar war. Beweisbelastet ist insoweit der Vorstand[93]. Abzustellen ist auf den Zeitpunkt der Vornahme der Zahlung. In Betracht kommt eine Entlastung namentlich in Fällen, in denen nicht erkennbare äußere Einflüsse die Insolvenz auslösen[94]. 26

### 5. Zahlungen der AG an das herrschende Unternehmen im Vertragskonzern

Fraglich könnte sein, wie sich im Vertragskonzern § 92 Abs. 2 Satz 3 zu dem ebenfalls durch das MoMiG eingefügten § 57 Abs. 1 Satz 3 verhält, nach dem eine Haftung wegen Einlagenrückgewähr ausscheidet, wenn die Leistung an den Aktionär bei Bestehen eines Beherrschungs- oder Gewinnabführungsvertrages erfolgt. Richtigerweise kann sich der Vorstand der abhängigen AG bei einer insolvenzauslösenden Zahlung im Sinne des § 92 Abs. 2 Satz 3 nicht durch Verweis auf § 57 Abs. 1 Satz 3 exkulpieren[95]. Denn auch für den Vertragskonzern ist anerkannt, dass das Weisungsrecht gem. § 308 sich nicht auf existenzvernichtende Eingriffe erstreckt[96]. Des Weiteren weist die Gesetzesbegründung zum MoMiG – für die GmbH – ausdrücklich darauf hin, dass die Weisungsgebundenheit dort endet, wo der Geschäftsführer mit der Befolgung der Weisung einen Verstoß gegen gesetzliche Pflichten beginge[97]. 27

---

91 *Pellens/Jödicke/Richard*, DB 2005, 1393, 1401; *Marx*, Der Solvenztest als Alternative zur Kapitalerhaltung in der Aktiengesellschaft, 2006, S. 53 ff.; *Spindler*, AG 2006, 677, 688; *Spindler* in MünchKomm. AktG, 3. Aufl., § 92 AktG Rz. 70; *Triebel/Otte*, ZIP 2006, 311, 313; zur Neuregelung und zum Solvenztest *Greulich/Bunnemann*, NZG 2006, 681, 683, 685.
92 *Mertens/Cahn* in KölnKomm. AktG, 3. Aufl., § 92 AktG Rz. 57; *Hüffer*, § 92 AktG Rz. 21.
93 *Mertens/Cahn* in KölnKomm. AktG, 3. Aufl., § 92 AktG Rz. 56.
94 *Knapp*, DStR 2008, 2371, 2373; *Knof*, DStR 2007, 1580, 1584.
95 Ebenso *Mertens/Cahn* in KölnKomm. AktG, 3. Aufl., § 92 AktG Rz. 66.
96 *Hüffer*, § 308 AktG Rz. 19 m.w.N.
97 Begr. RegE MoMiG, BT-Drucks. 16/6140, S. 47.

## Anhang zu § 92
## Kommentierung des § 15a InsO

### § 15a InsO
### Antragspflicht bei juristischen Personen und Gesellschaften ohne Rechtspersönlichkeit

(1) Wird eine juristische Person zahlungsunfähig oder überschuldet, haben die Mitglieder des Vertretungsorgans oder die Abwickler ohne schuldhaftes Zögern, spätestens aber drei Wochen nach Eintritt der Zahlungsunfähigkeit oder Überschuldung, einen Insolvenzantrag zu stellen. Das Gleiche gilt für die organschaftlichen Vertreter der zur Vertretung der Gesellschaft ermächtigten Gesellschafter oder die Abwickler bei einer Gesellschaft ohne Rechtspersönlichkeit, bei der kein persönlich haftender Gesellschafter eine natürliche Person ist; dies gilt nicht, wenn zu den persönlich haftenden Gesellschaftern eine andere Gesellschaft gehört, bei der eine persönlich haftender Gesellschafter eine natürliche Person ist.

(2) Bei einer Gesellschaft im Sinne des Absatzes 1 Satz 2 gilt Absatz 1 sinngemäß, wenn die organschaftlichen Vertreter der zur Vertretung der Gesellschaft ermächtigten Gesellschafter ihrerseits Gesellschaften sind, bei denen kein Gesellschafter eine natürliche Person ist, oder sich die Verbindung von Gesellschaften in dieser Art fortsetzt.

(3) Im Fall der Führungslosigkeit einer Gesellschaft mit beschränkter Haftung ist auch jeder Gesellschafter, im Fall der Führungslosigkeit einer Aktiengesellschaft oder einer Genossenschaft ist auch jedes Mitglied des Aufsichtsrats zur Stellung des Antrags verpflichtet, es sei denn, diese Person hat von der Zahlungsunfähigkeit und der Überschuldung oder der Führungslosigkeit keine Kenntnis.

(4) Mit Freiheitsstrafe bis zu drei Jahren oder mit Geldstrafe wird bestraft, wer entgegen Absatz 1 Satz 1, auch in Verbindung mit Satz 2 oder Absatz 2 oder Absatz 3, einen Insolvenzantrag nicht, nicht richtig oder nicht rechtzeitig stellt.

(5) Handelt der Täter in den Fällen des Absatzes 4 fahrlässig, ist die Strafe Freiheitsstrafe bis zu einem Jahr oder Geldstrafe.

| | |
|---|---|
| I. Allgemeines ................ 1 | b) Zweistufiger Überschuldungsbegriff (Rechtslage vom 18.10.2008 bis 31.12.2013) .............. 9 |
| II. Pflicht zur Beantragung der Eröffnung des Insolvenzverfahrens ......... 3 | c) Überschuldungsbilanz ........ 10 |
| 1. Zahlungsunfähigkeit ........... 4 | 3. Drohende Zahlungsunfähigkeit .... 11 |
| 2. Überschuldung .............. 5 | 4. Pflichten des Vorstandes ......... 12 |
| a) Einstufiger Überschuldungsbegriff (Rechtslage bis 17.10.2008 und ab 1.1.2014) ................ 6 | 5. Rechtsfolgen bei Pflichtverletzung .. 14 |

Literatur: *Altmeppen*, Kapitalersatz und Rangrücktritt unter Geltung der InsO, ZHR 164 (2000), 349; *Bayer/Lieder*, Ersatz des Vertrauensschadens wegen Insolvenzverschleppung und Haftung des Teilnehmers, WM 2006, 1; *Bayer/Schmidt*, Die Insolvenzantragspflicht der Geschäftsführung nach §§ 92 Abs. 2 AktG, 64 Abs. 1 GmbHG, AG 2005, 644; *Crezelius*, Überschuldung und Bilanzierung, in FS Röhricht, 2005, S. 787; *Fromm*, Der Überschuldungsstatus im Insolvenzrecht, ZInsO 2004, 943; *Fromm*, Die Überschuldungsprüfung im Insolvenzrecht, GmbHR 2004, 940;

*Grub/Streit*, Börsenzulassung und Insolvenz, BB 2004, 1397; *Hirte*, Ad-hoc-Publizität und Krise der Gesellschaft, ZInsO 2006, 1289; *Holzer*, Die Änderung des Überschuldungsbegriffs durch das Finanzmarktstabilisierungsgesetz, ZIP 2008, 2108; *Hüffer*, Bewertungsprobleme in der Überschuldungsbilanz, in FS Herbert Wiedemann, 2002, S. 1047; *Hüttemann*, Überschuldung, Überschuldungsstatus und Unternehmensbewertung, in FS K. Schmidt, 2009, S. 761; *Knolle/Tetzlaff*, Zahlungsunfähigkeit und Zahlungsstockung, ZInsO 2005, 897; *H.-P. Müller/Haas*, Bilanzierungsprobleme bei der Erstellung eines Überschuldungsstatus nach § 19 Abs. 2 InsO, in Kölner Schrift zur Insolvenzordnung, 2. Aufl. 2000, S. 1799; *Reuter*, „Krisenrecht" im Vorfeld der Insolvenz – das Beispiel der börsennotierten AG, BB 2003, 1797; *K. Schmidt*, Verbotene Zahlungen in der Krise von Handelsgesellschaften und die daraus resultierenden Ersatzpflichten, ZHR 168 (2004), 637; *Weber*, Börsennotierte Gesellschaften in der Insolvenz, ZGR 2001, 422; *Weber/Brügel*, Die Haftung des Managements in der Unternehmenskrise: Insolvenz, Kapitalerhaltung und existenzvernichtender Eingriff, DB 2004, 1923.

## I. Allgemeines

Mit Inkrafttreten des MoMiG am 23.10.2008 wurde die Insolvenzantragspflicht (§ 92 Abs. 2 a.F., § 64 Abs. 1 GmbHG a.F.) einheitlich für alle juristischen Personen und solche Gesellschaften, bei denen kein persönlich haftender Gesellschafter eine natürliche Person ist, in § 15a InsO geregelt. Durch die rechtsformübergreifende Regelung wollte der Gesetzgeber zum einen die bislang spezialgesetzlich geregelten Antragspflichten in einer einheitlichen insolvenzrechtlichen Vorschrift zusammenfassen, zum anderen aber auch Auslandsgesellschaften mit inländischem Verwaltungssitz, wie beispielsweise die englische Limited, erfassen[1]. Abgesehen von der Änderung hinsichtlich des persönlichen Anwendungsbereichs der Norm sind inhaltlich mit der Verlagerung in die Insolvenzordnung keine Änderungen im Vergleich zur alten Rechtslage verbunden. Nach der Übergangsregelung des Art. 103d EGInsO ist die Neuregelung in der Fassung des MoMiG anwendbar, soweit es um Insolvenzverfahren geht, die nach dem Stichtag (1.11.2008) eröffnet wurden. 1

Bei **Kredit- und Versicherungsunternehmen** werden die Regelungen des § 15a Abs. 1 InsO durch die Sonderregelungen der § 46b KWG, § 88 VAG verdrängt[2]. Danach ist die (drohende) Zahlungsunfähigkeit bzw. Überschuldung der Gesellschaft unverzüglich der Aufsichtsbehörde bzw. der Bundesanstalt für Finanzdienstleistungsaufsicht anzuzeigen. Nur die letzteren sind berechtigt, Antrag auf Eröffnung des Insolvenzverfahrens zu stellen. 2

## II. Pflicht zur Beantragung der Eröffnung des Insolvenzverfahrens

Wenn die Gesellschaft zahlungsunfähig oder überschuldet ist, sind die Mitglieder des Vorstands gem. § 15a Abs. 1 Satz 1 InsO verpflichtet, ohne schuldhaftes Zögern, spätestens jedoch drei Wochen nach Eintritt der Zahlungsunfähigkeit oder Überschuldung, einen Insolvenzantrag zu stellen. Den Antrag kann **jedes Vorstandsmitglied** stellen. Kommt der Gesamtvorstand seiner Aufgabe nicht nach, ist jedes einzelne Vorstandsmitglied zur Abwendung zivil- und strafrechtlicher Haftung verpflichtet, den Antrag selbst zu stellen[3]. Diese Pflicht erlischt mit der Abberufung des Vorstandsmitglieds[4]. Bei **börsennotierten Aktiengesellschaften** ist die Einreichung des 3

---

1 Begr. RegE MoMiG, BT-Drucks. 16/6140, S. 55.
2 *Wehr* in HambKomm. InsO, 3. Aufl., § 15a InsO Rz. 5 (dort nur für § 46b KWG; für § 88 VAG gilt aber nichts anderes).
3 *Spindler* in MünchKomm. AktG, 3. Aufl., § 92 AktG Rz. 43.
4 *Spindler* in MünchKomm. AktG, 3. Aufl., § 92 AktG Rz. 43; *Mertens/Cahn* in KölnKomm. AktG, 3. Aufl., Anh. § 92 AktG Rz. 26.

Insolvenzantrags grundsätzlich gem. § 15 WpHG bekannt zu machen[5]. Die Frage, ob auch bereits der Eintritt eines Insolvenzgrundes der ad hoc-Publizität unterliegt, stellt den Vorstand regelmäßig vor größte Schwierigkeiten. Macht der Vorstand den Eintritt des Insolvenzgrundes zu spät bekannt, riskiert er die Rechtsfolgen der §§ 37b, 39 WpHG. Andererseits wird die öffentliche Bekanntmachung, dass ein Insolvenzgrund vorliegt, in vielen Fällen das Ende der Gesellschaft erst recht beschleunigen und etwaige sorgfaltsgemäße Sanierungsbemühungen des Vorstandes während der Dreiwochenfrist des § 15a Abs. 1 Satz 1 InsO von vornherein vereiteln. Dieses Dilemma wird man nur dadurch lösen können, dass man zwar grundsätzlich von einer Pflicht zur Bekanntmachung des Insolvenzgrundes ausgeht, jedoch die Möglichkeit einer Befreiung von der Bekanntmachungspflicht gem. § 15 Abs. 3 WpHG bejaht, solange der Vorstand während der Dreiwochenfrist wegen hinreichend konkreter Sanierungsbemühungen noch von der Pflicht zur Einreichung eines Insolvenzantrags befreit ist[6].

**1. Zahlungsunfähigkeit**

4   Zahlungsunfähigkeit liegt gem. § 17 Abs. 2 Satz 1 InsO vor, wenn die Gesellschaft nicht in der Lage ist, ihre fälligen Zahlungspflichten zu erfüllen. Die Unfähigkeit der Gesellschaft, sonstige Pflichten zu erfüllen, ist *per se* kein Insolvenzgrund[7]. Gem. § 17 Abs. 2 Satz 2 InsO ist Zahlungsunfähigkeit in der Regel anzunehmen, wenn die Gesellschaft ihre Zahlungen eingestellt hat. Eine solche **Zahlungseinstellung** liegt vor, wenn die Gesellschaft ihre fälligen Verbindlichkeiten im Großen und Ganzen nicht mehr erfüllt[8]. Da eine Zahlungseinstellung vergleichsweise einfach anhand äußerlich erkennbarer Umstände festgestellt werden kann, ist sinnvollerweise zunächst zu prüfen, ob eine Zahlungseinstellung vorliegt. Die durch die Zahlungseinstellung begründete Vermutung der Zahlungsunfähigkeit ist widerlegbar[9]; allerdings wird eine solche Widerlegung faktisch nur in seltenen Fällen in Betracht kommen[10]. Sofern sich keine Zahlungseinstellung feststellen lässt, ist zu prüfen, ob aus anderen Gründen **Zahlungsunfähigkeit** vorliegt. Nach dem einschlägigen IDW-Prüfungsstandard hat diese Prüfung auf der Grundlage eines Finanzstatus sowie eines darauf aufbauenden Finanzplans zu erfolgen. Zahlungsunfähigkeit liegt vor, wenn der Finanzplan zeigt, dass die Gesellschaft dauerhaft – nach Ansicht des IDW über einen Monat hinaus – außerstande ist, ihre fälligen, auf Geldzahlung gerichteten Verbindlichkeiten zu erfüllen (so genannte **Zeitpunkt-Illiquidität**)[11]. Nach Ansicht des BGH führt dabei eine Liquiditätslücke von weniger als 10 % der fälligen Zahlungspflichten in der Regel nicht zur Zahlungsunfähigkeit, es sei denn, dass bereits absehbar ist, dass

---

5  *Reuter*, BB 2003, 1797, 1804.
6  Ebenso *Hirte*, ZInsO 2006, 1289, 1292; *Weber*, ZGR 2001, 422, 442; strenger *Grub/Streit*, BB 2004, 1397, 1399.
7  *Weber/Brügel*, DB 2004, 1923.
8  *Hüffer*, § 92 AktG Rz. 8; *Spindler* in MünchKomm. AktG, 3. Aufl., § 92 AktG Rz. 20; BGH v. 1.8.1984 – IX ZR 34/83, NJW 1984, 1953; BayObLG v. 14.4.1987 – RReg. 4 St 34/87, BB 1988, 1840; IDW PS 800, WPg 1999, 250, 251.
9  BT-Drucks. 12/2443, S. 114; IDW PS 800, WPg 1999, 250, 251.
10 *Kirchhof* in Heidelberger Komm. InsO, 5. Aufl., § 17 InsO Rz. 46 führt als Beispiel die Fälle an, dass der Schuldner sich über seine Zahlungsfähigkeit irrte, diese vortäuschte oder dem Schuldner allein der Zahlungswille fehlte. *Eilenberger* in MünchKomm. InsO, 2. Aufl., § 17 InsO Rz. 28 und *J.-S. Schröder* in HambKomm. InsO, 3. Aufl., § 17 InsO Rz. 30 nennen den Fall, dass der Schuldner die Zahlung sämtlicher fälliger Verbindlichkeiten wieder aufnimmt; hierbei scheint es sich jedoch eher um eine Beendigung der Zahlungseinstellung als um eine Widerlegung derselben zu handeln.
11 *Hüffer*, § 92 AktG Rz. 8; *Spindler* in MünchKomm. AktG, 3. Aufl., § 92 AktG Rz. 20; *Habersack* in Großkomm. AktG, 4. Aufl., § 92 AktG Rz. 29; IDW PS 800, WPg 1999, 250, 251.

die 10 %-Schwelle demnächst überschritten wird[12]. Eine nicht dauerhafte, sondern nur vorübergehende **Zahlungsstockung** (z.B. Einstellung einiger Zahlungen, wobei erkennbar ist, dass demnächst neue Liquidität beschafft werden kann) ist dagegen noch kein Insolvenzgrund[13]. Die Abgrenzung zwischen bloßer Zahlungsstockung und Zahlungsunfähigkeit kann im Einzelfall schwierig sein; der BGH hat die Abgrenzung erleichtert, indem er entschieden hat, dass eine bloße Zahlungsstockung dann anzunehmen ist, wenn der Schuldner eine Liquiditätslücke innerhalb von drei Wochen schließen kann[14].

## 2. Überschuldung

Gem. § 19 Abs. 2 Satz 1 InsO i.d.F. vom 1.1.2001 war allein die rechnerische Überschuldung maßgebend, ohne dass es auf eine positive Fortführungsprognose ankam („einstufiger Überschuldungsbegriff")[15]. Vor dem Hintergrund der durch die Finanzmarktkrise verursachten massiven Wertverluste, insbesondere bei Aktien und Immobilien, wurde der Begriff der Überschuldung durch das Finanzmarktstabilisierungsgesetz vom 17.10.2008[16] zumindest vorübergehend um das Element einer positiven Fortführungsprognose ergänzt („zweistufiger Überschuldungsbegriff"). Überschuldung liegt danach gem. § 19 Abs. 2 Satz 1 InsO seit dem 18.10.2008 vor, wenn das Vermögen der Gesellschaft die bestehenden Verbindlichkeiten nicht mehr deckt, *es sei denn, die Fortführung des Unternehmens ist nach den Umständen überwiegend wahrscheinlich*. Damit soll das ökonomisch unbefriedigende Ergebnis vermieden werden, dass auch Unternehmen, bei denen die überwiegende Wahrscheinlichkeit besteht, dass sie weiter erfolgreich am Markt operieren können, zwingend ein Insolvenzverfahren zu durchlaufen haben[17]. Jedoch soll die derzeitige besondere Situation auf den Finanzmärkten nur eine vorübergehende Rückkehr zum zweistufigen Überschuldungsbegriff rechtfertigen. Ab dem 1.1.2011 sollte daher wieder die alte Rechtslage und damit der einstufige Überschuldungsbegriff gelten (Art. 6 Abs. 3, Art. 7 Abs. 2 FMStG). Durch das Gesetz zur Erleichterung der Sanierung von Unternehmen vom 24.9.2009[18] hat der Gesetzgeber den Anwendungszeitraum des erleichterten Überschuldungsbegriffs des FMStG bis zum Ablauf des 31.12.2013 verlängert. Inzwischen wurde auch das Redaktionsversehen, welches mit Rückkehr zur alten Rechtslage die Einfügung der Regelung zu kapitalersetzenden Gesellschafterdarlehen in § 19 Abs. 2 Satz 2 InsO durch das MoMiG unbeachtet gelassen hatte, durch das Finanzmarktstabilisierungsergänzungsgesetz vom 7.4.2009[19] korrigiert (Art. 4 FMStErgG).

### a) Einstufiger Überschuldungsbegriff (Rechtslage bis 17.10.2008 und ab 1.1.2014)

Nach dem einstufigen Überschuldungsbegriff, der bis zum 17.10.2008 und ab dem 1.1.2014 maßgebend ist, kommt es allein auf die rechnerische Überschuldung an[20].

---

12 BGH v. 24.5.2005 – IX ZR 123/04, ZInsO 2005, 807; zum früheren Meinungsstreit vgl. *Weber/Brügel*, DB 2004, 1923.
13 *Spindler* in MünchKomm. AktG, 3. Aufl., § 92 AktG Rz. 21; *Hüffer*, § 92 AktG Rz. 8; *Mertens/Cahn* in KölnKomm. AktG, 3. Aufl., Anh. § 92 AktG Rz. 8.
14 BGH v. 24.5.2005 – IX ZR 123/04, ZInsO 2005, 807; dazu *Knolle/Tetzlaff*, ZInsO 2005, 897 sowie zum früheren Meinungsstreit *Weber/Brügel*, DB 2004, 1923.
15 Für eine knappe Darstellung der Entwicklung des Überschuldungsbegriffs vgl. *Holzer*, ZIP 2008, 2108.
16 FMStG, BGBl. I 2008, 1982.
17 Begr. RegE FMStG, BT-Drucks. 16/10600, S. 12 f.
18 BGBl. I 2009, 3151.
19 BGBl. I 2009, 725.
20 BT-Drucks. 12/7302, S. 157, *Spindler* in MünchKomm. AktG, 3. Aufl., § 92 AktG Rz. 24, *Hüffer*, § 92 AktG Rz. 10a.

Diese liegt nach § 19 Abs. 2 Satz 1 InsO i.d.F. vom 1.1.2001 vor, wenn das Vermögen des Schuldners die bestehenden Verbindlichkeiten nicht mehr deckt, wenn also bei Aufstellung einer Überschuldungsbilanz die Aktiva die Passiva nicht mehr erreichen. Überschuldung kann daher nicht mehr schon wegen des Vorliegens einer positiven Fortführungsprognose verneint werden. Die Fortführungsprognose ist aber auf andere Weise, nämlich bei der Bewertung des Vermögens der Gesellschaft, zu berücksichtigen[21].

7   Insoweit ist § 19 Abs. 2 Satz 2 InsO anzuwenden, nach dem bei der Bewertung die **Fortführungswerte** zugrundezulegen sind, soweit nach den Umständen die Fortführung des Unternehmens überwiegend wahrscheinlich ist. Sofern dies nicht der Fall ist, sind dagegen **Liquidationswerte** anzusetzen[22]. Der Vorstand muss daher zunächst eine Fortführungsprognose anstellen und je nach Ergebnis mit Fortführungs- bzw. Liquidationswerten bilanzieren[23]. Von einer positiven Fortführungsprognose kann dann ausgegangen werden, wenn auf der Grundlage einer ordnungsgemäßen Finanzplanung eine Fortführung des Geschäftsbetriebs für einen Zeitraum von ein bis zwei Jahren überwiegend wahrscheinlich ist[24]. Das Ergebnis der Fortführungsprognose kann somit entscheidend für den Wertansatz, ihre Richtigkeit oder Fehlerhaftigkeit folglich ein Einfallstor für eine etwaige Haftung des Vorstandes sein.

8   Dem Vorstand ist daher zu raten, frühzeitig sowie – soweit erforderlich – unter Einschaltung fachkundiger Berater die Fortführungsprognose aus einem aussagefähigen Unternehmenskonzept und einem nach ordnungsgemäßen betriebswirtschaftlichen Grundsätzen aufgestellten Ertrags- und Finanzplan abzuleiten[25]. Soweit Verluste einer Gesellschaft durch vollwertige Ausgleichsansprüche gedeckt sind, liegt keine Überschuldung vor[26].

**b) Zweistufiger Überschuldungsbegriff (Rechtslage vom 18.10.2008 bis 31.12.2013)**

9   Nach dem zweistufigen Überschuldungsbegriff stehen rechnerische Überschuldung und Fortführungsprognose gleichberechtigt nebeneinander[27]. Insolvenzreife besteht danach, sofern eine rechnerische Überschuldung einerseits sowie eine negative Fortbestehensprognose andererseits gegeben ist. Das Fehlen eines der beiden Tatbestandsmerkmale schließt die Insolvenzantragspflicht wegen Übeschuldung aus. Dies bedeutet aber nicht, dass ein Geschäftsleiter auf die Aufstellung eines Überschuldungsstatus verzichten kann, sofern er nur die Fortführung des Unternehmens für überwiegend wahrscheinlich hält[28]. Denn die überwiegende Wahrscheinlichkeit der

---

21 Dazu eingehend *Hüttemann* in FS K. Schmidt, S. 761, 764 ff.
22 *Spindler* in MünchKomm. AktG, 3. Aufl., § 92 AktG Rz. 24, 29; *Hüffer*, § 92 AktG Rz. 12.
23 *Hüffer*, § 92 AktG Rz. 12; *Mertens/Cahn* in KölnKomm. AktG, 3. Aufl., Anh. § 92 AktG Rz. 13; OLG Naumburg v. 20.8.2003 – 5 U 67/03, GmbHR 2004, 361 f.; vgl. umfassend *Fromm*, GmbHR 2004, 940, 943 ff.; *Fromm*, ZInsO 2004, 943 ff.; *Crezelius* in FS Röhricht, 2005, S. 787 ff.; *Hüffer* in FS Wiedemann, 2002, S. 1047 ff.; WP-Handbuch 2006, Band I, V Rz. 11 ff. sowie H.-P. *Müller/Haas* in Kölner Schrift zur InsO, S. 1799, 1802 f.
24 BGH v. 13.7.1992 – II ZR 269/91 – „Seastar", BGHZ 119, 201, 214 f.; OLG Naumburg v. 20.8.2003 – 5 U 67/03, GmbHR 2004, 361, 362; *Hüffer*, § 92 AktG Rz. 12.
25 *Weber/Brügel*, DB 2004, 1923, 1924.
26 OLG Hamburg v. 30.10.1999 – 11 U 18/97, NZG 2000, 606, 607; *Spindler* in MünchKomm. AktG, 3. Aufl., § 92 AktG Rz. 28; *Crezelius* in FS Röhricht, 2005, S. 787, 802.
27 Begr. RegE FMStG, BT-Drucks. 16/10600, S. 12 f.; *Altmeppen* in Roth/Altmeppen, Vorb. § 64 GmbHG Rz. 29.
28 *Altmeppen* in Roth/Altmeppen, Vorb. § 64 GmbHG Rz. 30; a.A. *Hüffer*, § 92 AktG Rz. 13: solange positive Fortführungsprognose gerechtfertigt, dürfe Vorstand auf Prüfung der rechnerischen Überschuldung verzichten; so wohl auch *Mertens/Cahn* in KölnKomm. AktG, 3. Aufl., Anh. § 92 AktG Rz. 19.

Fortführung ist anhand objektiv nachprüfbarer Kriterien zu ermitteln[29]. Bei restriktiver Auslegung des Tatbestandsmerkmals kann ohne eine genaue Kontrolle der Überschuldung daher keine Aussage über die Fortführung des Unternehmens getroffen werden. Eine günstige Fortführungsprognose erfordert daher neben einem Fortführungwillen des Schuldners bzw. seiner Organe auch die objektiv aus einem aussagekräftigen Unternehmenskonzept (dokumentierte Ertrgags- und Finanzplanung) herzuleitende Überlebensfähigkeit[30]. Überschuldung liegt daher trotz rechnerischer Überschuldung nicht vor, wenn die Finanzkraft der Gesellschaft mittelfristig[31] zur Fortführung des Unternehmens ausreicht[32], also davon auszugehen ist, dass das Unternehmen mittelfristig Überschüsse erzielen wird, aus denen die gegenwärtigen und künftigen Verbindlichkeiten gedeckt werden können[33]. Um Klarheit über die finanzielle Lage der Gesellschaft zu erhalten, muss der Geschäftsleiter bei Anzeichen für eine finanzielle Krise unverzüglich einen Überschuldungsstatus erstellen. Die Darlegungs- und Beweislast für die positive Fortführungsprognose trägt der Geschäftsleiter[34]. Die Darlegung der rechnerischen Überschuldung obliegt hingegen den Gläubigern[35].

### c) Überschuldungsbilanz

Bei der **Überschuldungsbilanz** handelt es sich um eine Sonderbilanz, die nicht aus der Jahresbilanz entwickelt werden kann[36]; es gelten vielmehr besondere Regeln[37]. Auf der **Aktivseite** dürfen **stille Reserven** (anders als im Rahmen des § 92 Abs. 1) durch Neubewertung aufgelöst werden[38]. In Abweichung von § 248 Abs. 2 HGB sind nicht entgeltlich erworbene **immaterielle Vermögensgegenstände** (einschließlich des Firmenwertes) grundsätzlich aktivierungsfähig, sofern Aussichten bestehen, einen entsprechenden Wert durch Veräußerung des Unternehmens(teils) tatsächlich zu rea-

10

---

29 Für eine restriktive Auslegung auch *Altmeppen* in Roth/Altmeppen, Vorb. § 64 GmbHG Rz. 30.
30 BGH v. 9.10.2006 – II ZR 303/05, ZIP 2006, 2171 Rz. 3; *Altmeppen* in Roth/Altmeppen, Vorb. § 64 GmbHG Rz. 37.
31 Streitig ist, wie weit die mittelfristige Ertrags- und Finanzplanung reichen muss. Die h.M. stellt insoweit auf das laufende und das folgende Geschäftsjahr ab. Vgl. statt vieler nur: *Schröder* in HambKomm. InsO, 3. Aufl. 2009, § 19 InsO Rz. 18.
32 Begr. RegE FMStG, BT-Drucks. 16/10600, S. 12 f.; *Schröder* in HambKomm. InsO, 3. Aufl., § 19 InsO Rz. 6.
33 KG v. 1.11.2005 – 7 U 49/05, ZInsO 2006, 437, 438; OLG Naumburg v. 20.8.2003 – 5 U 67/03, ZInsO 2004, 512, 513; *Schröder* in HambKomm. InsO, 3. Aufl., § 19 InsO Rz. 14.
34 BGH v. 9.10.2006 – II ZR 303/05, ZIP 2006, 2171, Rz. 3; *Spindler* in MünchKomm. AktG, 3. Aufl., § 92 AktG Rz. 42; *Fleischer* in Spindler/Stilz, § 92 AktG Rz. 41; *Altmeppen* in Roth/Altmeppen, Vorb. § 64 GmbHG Rz. 37.
35 BGH v. 6.6.1994 – II ZR 292/91, BGHZ 126, 181, 200; BGH v. 7.3.2005 – II ZR 138/03, NZG 2005, 482; OLG Koblenz v. 27.2.2003 – 5 U 917/02, ZIP 2003, 571, 572; OLG Hamm v. 8.12.1992 – 7 U 37/92, GmbHR 1993, 585, 586; *Fleischer* in Spindler/Stilz, § 92 AktG Rz. 41.
36 BGH v. 2.4.2001 – II ZR 261/99, WM 2001, 959, 960 (allenfalls indizielle Bedeutung); *Hüffer*, § 92 AktG Rz. 11; *Spindler* in MünchKomm. AktG, 3. Aufl., § 92 AktG Rz. 26; *Habersack* in Großkomm. AktG, 4. Aufl., § 92 AktG Rz. 46; a.A. *Mertens/Cahn* in KölnKomm. AktG, 3. Aufl., Anh. § 92 AktG Rz. 15; zur Überschuldungsbilanz im Einzelnen *H.-P. Müller/Haas* in Kölner Schrift zur InsO, S. 1799, 1802 ff.; *Crezelius* in FS Röhricht, 2005, S. 787 ff. sowie *Hüffer* in FS Wiedemann, 2002, S. 1047 ff.
37 *Hüttemann* in FS K. Schmidt, S. 761, 769 f.
38 BGH v. 13.7.1992 – II ZR 269/91, BGHZ 119, 201, 214; BGH v. 20.3.1995 – II ZR 205/94 – „Girmes", BGHZ 129, 136, 154 = AG 1995, 368; BGH v. 2.4.2001 – II ZR 261/99, WM 2001, 959, 960; *Spindler* in MünchKomm. AktG, 3. Aufl., § 92 AktG Rz. 27; *Hüffer*, § 92 AktG Rz. 11; *Weber/Brügel*, DB 2004, 1923; im Einzelnen *Hüffer* in FS Wiedemann, 2002, S. 1047, 1057 ff.

lisieren[39]. Eigene Aktien der Gesellschaft sind im Falle der positiven Fortführungsprognose, nicht jedoch bei Ansatz von Liquidationswerten, ansatzfähig[40]. Auf der **Passivseite** sind nur die Verbindlichkeiten[41] auszuweisen, nicht jedoch Grundkapital, Gewinnvortrag, Jahresüberschuss, Rücklagen oder der Rücklageanteil der Sonderposten mit Rücklageanteil. Vor den Gesetzesänderungen durch das MoMiG waren **kapitalersetzende Gesellschafterdarlehen** und sonstige Verbindlichkeiten gegenüber Aktionären (einschließlich Dividenden) zu passivieren, solange kein Rangrücktritt vorlag[42]. Im neuen § 39 Abs. 1 Nr. 5 InsO wurde das Wort „kapitalersetzend" gestrichen, womit nunmehr Forderungen auf Rückgewähr von Aktionärsdarlehen oder aus diesen wirtschaftlich entsprechenden Rechtshandlungen stets nachrangig sind. Nachdem zunächst ein gänzliches Abstandnehmen von der Passivierungspflicht entsprechender Forderungen erwogen wurde[43], verlangt der neue § 19 Abs. 2 Satz 2 InsO unverändert eine Passivierung, falls nicht ein Rangrücktritt nach § 39 Abs. 2 InsO vereinbart wurde.

### 3. Drohende Zahlungsunfähigkeit

11  Drohende Zahlungsunfähigkeit liegt gem. § 18 Abs. 2 InsO vor, wenn die Gesellschaft voraussichtlich nicht in der Lage sein wird, ihre bestehenden Zahlungspflichten im Zeitpunkt der Fälligkeit zu erfüllen (so genannte „**Zeitraum-Illiquidität**"). Anders als bei der Zahlungsunfähigkeit werden also nicht die bereits fälligen, sondern die im Betrachtungszeitpunkt noch nicht fälligen Verbindlichkeiten betrachtet. Im Falle drohender Zahlungsunfähigkeit im Sinne des § 18 Abs. 2 InsO ist der Vorstand nicht gem. § 15a Abs. 1 Satz 1 InsO verpflichtet, sondern nur gem. § 18 Abs. 1 InsO **berechtigt**, die Eröffnung des Insolvenzverfahrens zu beantragen. Gem. § 18 Abs. 3 InsO kann ein solcher Antrag allerdings nicht von einzelnen Vorstandsmitgliedern, sondern nur von Vorstandsmitgliedern in vertretungsberechtigter Anzahl gestellt werden.

### 4. Pflichten des Vorstandes

12  Im Falle der Zahlungsunfähigkeit oder Überschuldung hat der Vorstand den Insolvenzantrag ohne schuldhaftes Zögern, spätestens aber drei Wochen nach Eintritt der Zahlungsunfähigkeit oder Überschuldung, zu stellen. Die Dreiwochenfrist stellt daher eine **Maximalfrist** dar, die nur ausgeschöpft werden darf, solange das Hinauszögern des Antrages, etwa wegen hinreichend aussichtsreicher Sanierungsversuche, nicht pflichtwidrig ist[44]. Umgekehrt ist der Vorstand aber berechtigt und sogar verpflichtet, innerhalb der Dreiwochenfrist aussichtsreiche Sanierungschancen gewissenhaft zu prüfen und wahrzunehmen[45]. Hieraus ergibt sich nicht selten ein Haftungsdilemma des Vorstandes, der beide Haftungsgefahren sensibel gegeneinander

---

39 BGH v. 13.7.1992 – II ZR 269/91, BGHZ 119, 201, 214; OLG Celle v. 5.12.2001 – 9 U 204/01, NZG 2002, 730; OLG Frankfurt v. 25.10.2000 – 17 U 63/99, NZG 2001, 173 f.; *Hüffer*, § 92 AktG Rz. 11; *Spindler* in MünchKomm. AktG, 3. Aufl., § 92 AktG Rz. 27; *Habersack* in Großkomm. AktG, 4. Aufl., § 92 AktG Rz. 47.
40 *Spindler* in MünchKomm. AktG, 3. Aufl., § 92 AktG Rz. 27; *Habersack* in Großkomm. AktG, 4. Aufl., § 92 AktG Rz. 47; a.A. *Crezelius* in FS Röhricht, 2005, S. 787, 797 m.w.N.
41 Zu Pensionsverbindlichkeiten s. näher *Spindler* in MünchKomm. AktG, 3. Aufl., § 92 AktG Rz. 28 m.w.N.
42 BGH v. 8.1.2001 – II ZR 88/99, BGHZ 146, 264, 271 = AG 2001, 303; *Hüffer*, 8. Aufl., § 92 AktG Rz. 11 m.w.N.
43 RegE BT-Drucks. 16/6140, S. 56.
44 BGH v. 9.7.1979 – II ZR 118/77 – „Herstatt", BGHZ 75, 96, 108; *Hüffer*, § 92 AktG Rz. 13.
45 So ausdrücklich BGH v. 9.7.1979 – II ZR 118/77, BGHZ 75, 96, 108.

abzuwägen hat[46]. Antragstellung nach Ablauf der Dreiwochenfrist ist stets pflichtwidrig, auch wenn die Verzögerung der Antragstellung ihren Grund in ernsthaften Sanierungsbemühungen findet[47]. Nach älterer Rechtsprechung des BGH und Teilen der Literatur kommt es für die **Ingangsetzung** der Frist auf den Zeitpunkt an, in dem der Vorstand die Zahlungsunfähigkeit oder Überschuldung kennt oder böswillig nicht kennt[48]. Nach in der neueren Literatur überwiegend vertretener Auffassung beginnt die Frist dagegen im Zeitpunkt der **Erkennbarkeit** der dem Insolvenzgrund zugrunde liegenden Tatsachen, wobei der Vorstand den – jedenfalls im Falle der Zahlungsunfähigkeit kaum möglichen – Beweis für das Fehlen der Erkennbarkeit zu erbringen hat[49]. Dieser Ansicht hat sich der BGH mittlerweile für die GmbH angeschlossen[50], so dass seine frühere Rechtsprechung überholt sein dürfte[51]. Liegen daher Anzeichen für eine Krise vor oder lassen die tatsächlichen Verhältnisse eine Überschuldung wahrscheinlich werden, handelt der Vorstand pflichtwidrig, wenn er keine Überschuldungsbilanz aufstellt[52]. Der Vorstand ist demgemäß gehalten, die wirtschaftliche Situation der Gesellschaft **fortlaufend** zu überprüfen[53]. Auf den Rat sachverständiger Personen, die der Vorstand zur Beurteilung der Insolvenzreife heranzieht, darf der Vorstand sich verlassen[54].

Die Pflicht zur Stellung eines Insolvenzantrags richtet sich zwar – außer im Fall der Führungslosigkeit gem. § 15a Abs. 3 InsO – an die Mitglieder des Vorstands. Der **Aufsichtsrat** ist jedoch verpflichtet, sich ein genaues Bild von der wirtschaftlichen Situation der Gesellschaft zu verschaffen und insbesondere in einer Krisensituation alle ihm nach §§ 90 Abs. 3, 111 Abs. 2 zur Verfügung stehenden Erkenntnisquellen auszuschöpfen. Stellt er dabei fest, dass die Gesellschaft insolvenzreif ist, hat er darauf hinzuwirken, dass der Vorstand rechtzeitig einen Insolvenzantrag stellt[55]. 13

## 5. Rechtsfolgen bei Pflichtverletzung

Gem. § 15a Abs. 4 InsO macht sich **strafbar**, wer entgegen § 15a Abs. 1 Satz 1 InsO einen Insolvenzantrag nicht, nicht richtig oder nicht rechtzeitig stellt. Gem. § 15a Abs. 5 InsO ist die Tat auch bei Fahrlässigkeit strafbar. Vorstandsmitglieder, die ihre Pflichten aus § 15a InsO verletzen, sind ferner gegenüber der Gesellschaft gem. § 93 Abs. 2 **schadensersatzpflichtig** (wobei der Nachweis eines Schadens der Gesellschaft sich schwierig gestalten kann). Ein Schutzgesetz i.S. des § 823 Abs. 2 BGB zugunsten der Aktionäre stellt § 15a InsO auch dann nicht dar, wenn die Aktionäre ihre Aktien erst nach Beginn der Insolvenzantragspflicht erworben haben[56]. Bei börsennotierten 14

---

46 *Weber/Brügel*, DB 2004, 1923, 1924; BGH v. 9.7.1979 – II ZR 118/77, BGHZ 75, 96, 108 f.
47 BGH v. 9.7.1979 – II ZR 118/77, BGHZ 75, 96, 108; *Spindler* in MünchKomm. AktG, 3. Aufl., § 92 AktG Rz. 40.
48 BGH v. 9.7.1979 – II ZR 118/77, BGHZ 75, 96, 110 f. (zur KGaA); ebenso *Mertens/Cahn* in KölnKomm. AktG, 3. Aufl., Anh. § 92 AktG Rz. 21.
49 *Hüffer*, § 92 AktG Rz. 9; *Spindler* in MünchKomm. AktG, 3. Aufl., § 92 AktG Rz. 39; *Habersack* in Großkomm. AktG, 4. Aufl., § 92 AktG Rz. 62.
50 BGH v. 29.11.1999 – II ZR 273/98, BGHZ 143, 184, 185 f.; vgl. zur Entwicklung im Einzelnen *Bayer/Schmidt*, AG 2005, 644 ff.
51 *Hüffer*, § 92 AktG Rz. 9; a.A. dagegen OLG Koblenz v. 5.11.2004 – 5 U 875/04, AG 2005, 446, 448.
52 *Hüffer*, § 92 AktG Rz. 13; *Spindler* in MünchKomm. AktG, 3. Aufl., § 92 AktG Rz. 41; *Weber/Brügel*, DB 2004, 1923, 1924.
53 Vgl. BGH v. 6.6.1994 – II ZR 292/91, BGHZ 126, 181, 199; BGH v. 20.2.1995 – II ZR 9/94, NJW-RR 1995, 669 f. (jeweils für die GmbH).
54 BGH v. 14.5.2007 – II ZR 48/06, NJW 2007, 2118, 2120.
55 BGH v. 16.3.2009 – II ZR 280/07, NZG 2009, 550.
56 *Hüffer*, § 92 AktG Rz. 16; a.A. wohl *Mertens/Cahn* in KölnKomm. AktG, 3. Aufl., Anh. § 92 AktG Rz. 36; wie hier – zum früheren § 92 Abs. 2 – BGH v. 11.11.1985 – II ZR 109/84, BGHZ

Gesellschaften sind die Aktionäre allerdings nach Maßgabe des § 37b WpHG geschützt, sofern der Vorstand im Zusammenhang mit der Insolvenz seine Publizitätspflicht gem. § 15 WpHG (dazu Rz. 3) verletzt hat. Zum früheren § 92 Abs. 2 war jedoch anerkannt, dass die Vorschrift als **Schutzgesetz** zugunsten der Gesellschaftsgläubiger anzusehen war[57]. Gleiches gilt für die Nachfolgevorschrift § 15a InsO[58]. Insoweit ist nach so genannten Alt- und Neugläubigern zu differenzieren. **Altgläubiger**, also solche Gläubiger, die bei Eintritt der Insolvenzantragspflicht bereits Gläubiger waren, können nur Ersatz des so genannten **Quotenschadens** verlangen, d.h. der Differenz zwischen der von ihnen erlangten Insolvenzquote und derjenigen Quote, die sie erhalten hätten, wenn der Vorstand den Insolvenzantrag rechtzeitig eingereicht hätte. **Neugläubiger**, d.h. Gläubiger, deren Forderungen erst nach Beginn der Insolvenzantragspflicht entstanden sind, können dagegen ihren gesamten Vertrauensschaden (unter Ausschluss negativen Interesses) gegen die Mitglieder des Vorstandes der Gesellschaft geltend machen[59]. Bei Vertragspartnern von **Dauerschuldverhältnissen** ist danach abzugrenzen, inwieweit sie ihre Leistung vor bzw. nach Insolvenzreife erbracht haben[60]. Gläubiger, deren Vertragsverhältnis vor Insolvenzreife abgeschlossen wurde, sind ausnahmsweise als Neugläubiger zu behandeln, soweit sie ihre Leistung erst nach Insolvenzreife erbracht haben, da sie in Unkenntnis der Insolvenzreife unter Verzicht auf ihr Recht aus § 321 BGB in Vorleistung getreten sind[61]. Streitig und noch nicht abschließend geklärt ist, ob die volle Haftung gegenüber Neugläubigern auch für **nichtvertragliche, insbesondere deliktische Neugläubiger** gelten soll. Dies würde zu umfangreichen Ansprüchen Dritter – etwa auch der Finanzämter sowie der Sozialversicherungsträger – führen. Die extensive Haftung erscheint hier unpassend, da beim Fehlen einer Vertragsbeziehung nicht damit argumentiert werden kann, der Gläubiger habe sich in gutem Glauben auf eine Rechtsbeziehung mit der insolvenzreifen Gesellschaft eingelassen[62].

---

96, 231, 236 f. = AG 1986, 76 (zur Parallelproblematik bei § 826 BGB); *Habersack* in Großkomm. AktG, 4. Aufl., § 92 AktG Rz. 71; *Spindler* in MünchKomm. AktG, 3. Aufl., § 92 AktG Rz. 46.
57 BGH v. 16.12.1958 – VI ZR 245/57, BGHZ 29, 100, 103; BGH v. 3.2.1987 – VI ZR 268/85, BGHZ 100, 19, 21; BGH v. 6.6.1994 – II ZR 292/91, BGHZ 126, 181, 190 (jeweils zur GmbH); BGH v. 9.7.1979 – II ZR 118/77, BGHZ 75, 96, 106 (zur KGaA); OLG Köln v. 19.12.2000 – 22 U 144/00, NZG 2001, 411; für die AG *Spindler* in MünchKomm. AktG, 3. Aufl., § 92 AktG Rz. 45; *Mertens* in KölnKomm. AktG, 2. Aufl., § 92 AktG Rz. 50 ff.; *Habersack* in Großkomm. AktG, 4. Aufl., § 92 AktG Rz. 71.
58 *Mertens/Cahn* in KölnKomm. AktG, 3. Aufl., Anh. § 92 AktG Rz. 36; *Altmeppen* in Roth/Altmeppen, Vorb. § 64 GmbHG Rz. 122; kritisch weiterhin *Hüffer*, § 92 AktG Rz. 16.
59 BGH v. 6.6.1994 – II ZR 292/91, BGHZ 126, 181, 197 ff.; BGH v. 30.3.1998 – II ZR 146/96, BGHZ 138, 211, 215; *Spindler* in MünchKomm. AktG, 3. Aufl., § 92 AktG Rz. 49; *Mertens/Cahn* in KölnKomm. AktG, 3. Aufl., Anh. § 92 AktG Rz. 39 ff.; kritisch gegenüber dieser Bevorzugung der Neugläubiger *Hüffer*, § 92 AktG Rz. 19; vgl. im Einzelnen *K. Schmidt*, ZHR 168 (2004), 638 ff.; *Bayer/Lieder*, WM 2006, 1.
60 LAG Hessen v. 11.8.2000 – 2 Sa 1114/99, MDR 2001, 350, 351 für Arbeitsverhältnisse; *Spindler* in MünchKomm. AktG, 3. Aufl., § 92 AktG Rz. 49.
61 OLG Celle v. 5.12.2001 – 9 U 204/01, NZG 2002, 730, 732; *Spindler* in MünchKomm. AktG, 3. Aufl., § 92 AktG Rz. 37.
62 Gegen volle Haftung gegenüber nichtvertraglichen Gläubigern daher *Hüffer*, § 92 AktG Rz. 19; in diese Richtung auch BGH v. 25.7.2005 – II ZR 390/03, NZG 2005, 886 (für echtes Delikt) mit dem Argument, Schutzzweck der Insolvenzantragspflicht sei nicht, den Gläubiger vor kriminellen, nach Insolvenzreife begangenen Handlungen zu schützen. Die Konsequenzen dieser Entscheidung für die anderen genannten nichtvertraglichen Gläubigergruppen bleiben abzuwarten. Für volle Haftung auch gegenüber Deliktsgläubigern dagegen *Spindler* in MünchKomm. AktG, 3. Aufl., § 92 AktG Rz. 50 f.; *Habersack* in Großkomm. AktG, 4. Aufl., § 92 AktG Rz. 80; *Fleischer* in Spindler/Stilz, § 92 AktG Rz. 45.

## § 93
## Sorgfaltspflicht und Verantwortlichkeit der Vorstandsmitglieder

(1) Die Vorstandsmitglieder haben bei ihrer Geschäftsführung die Sorgfalt eines ordentlichen und gewissenhaften Geschäftsleiters anzuwenden. Eine Pflichtverletzung liegt nicht vor, wenn das Vorstandsmitglied bei einer unternehmerischen Entscheidung vernünftigerweise annehmen durfte, auf der Grundlage angemessener Information zum Wohle der Gesellschaft zu handeln. Über vertrauliche Angaben und Geheimnisse der Gesellschaft, namentlich Betriebs- oder Geschäftsgeheimnisse, die den Vorstandsmitgliedern durch ihre Tätigkeit im Vorstand bekannt geworden sind, haben sie Stillschweigen zu bewahren. Die Pflicht des Satzes 3 gilt nicht gegenüber einer nach § 342b des Handelsgesetzbuchs anerkannten Prüfstelle im Rahmen einer von dieser durchgeführten Prüfung.

(2) Vorstandsmitglieder, die ihre Pflichten verletzen, sind der Gesellschaft zum Ersatz des daraus entstehenden Schadens als Gesamtschuldner verpflichtet. Ist streitig, ob sie die Sorgfalt eines ordentlichen und gewissenhaften Geschäftsleiters angewandt haben, so trifft sie die Beweislast. Schließt die Gesellschaft eine Versicherung zur Absicherung eines Vorstandsmitglieds gegen Risiken aus dessen beruflicher Tätigkeit für die Gesellschaft ab, ist ein Selbstbehalt von mindestens 10 Prozent des Schadens bis mindestens zur Höhe des Eineinhalbfachen der festen jährlichen Vergütung des Vorstandsmitglieds vorzusehen.

(3) Die Vorstandsmitglieder sind namentlich zum Ersatz verpflichtet, wenn entgegen diesem Gesetz

1. Einlagen an die Aktionäre zurückgewährt werden,
2. den Aktionären Zinsen oder Gewinnanteile gezahlt werden,
3. eigene Aktien der Gesellschaft oder einer anderen Gesellschaft gezeichnet, erworben, als Pfand genommen oder eingezogen werden,
4. Aktien vor der vollen Leistung des Ausgabebetrags ausgegeben werden,
5. Gesellschaftsvermögen verteilt wird,
6. Zahlungen entgegen § 92 Abs. 2 geleistet werden,
7. Vergütungen an Aufsichtsratsmitglieder gewährt werden,
8. Kredit gewährt wird,
9. bei der bedingten Kapitalerhöhung außerhalb des festgesetzten Zwecks oder vor der vollen Leistung des Gegenwerts Bezugsaktien ausgegeben werden.

(4) Der Gesellschaft gegenüber tritt die Ersatzpflicht nicht ein, wenn die Handlung auf einem gesetzmäßigen Beschluss der Hauptversammlung beruht. Dadurch, dass der Aufsichtsrat die Handlung gebilligt hat, wird die Ersatzpflicht nicht ausgeschlossen. Die Gesellschaft kann erst drei Jahre nach der Entstehung des Anspruchs und nur dann auf Ersatzansprüche verzichten oder sich über sie vergleichen, wenn die Hauptversammlung zustimmt und nicht eine Minderheit, deren Anteile zusammen den zehnten Teil des Grundkapitals erreichen, zur Niederschrift Widerspruch erhebt. Die zeitliche Beschränkung gilt nicht, wenn der Ersatzpflichtige zahlungsunfähig ist und sich zur Abwendung des Insolvenzverfahrens mit seinen Gläubigern vergleicht oder wenn die Ersatzpflicht in einem Insolvenzplan geregelt wird.

(5) Der Ersatzanspruch der Gesellschaft kann auch von den Gläubigern der Gesellschaft geltend gemacht werden, soweit sie von dieser keine Befriedigung erlangen können. Dies gilt jedoch in anderen Fällen als denen des Absatzes 3 nur dann, wenn die Vorstandsmitglieder die Sorgfalt eines ordentlichen und gewissenhaften Ge-

schäftsleiters gröblich verletzt haben; Absatz 2 Satz 2 gilt sinngemäß. Den Gläubigern gegenüber wird die Ersatzpflicht weder durch einen Verzicht oder Vergleich der Gesellschaft noch dadurch aufgehoben, dass die Handlung auf einem Beschluss der Hauptversammlung beruht. Ist über das Vermögen der Gesellschaft das Insolvenzverfahren eröffnet, so übt während dessen Dauer der Insolvenzverwalter oder der Sachverwalter das Recht der Gläubiger gegen die Vorstandsmitglieder aus.

(6) Die Ansprüche aus diesen Vorschriften verjähren in fünf Jahren.

| | |
|---|---|
| I. Allgemeines .................. 1 | 4. D&O-Versicherung (§ 93 Abs. 2 Satz 3) ................... 37 |
| II. Sorgfalts-, Treue- und Verschwiegenheitspflichten (§ 93 Abs. 1) ....... 5 | IV. Sondertatbestände (§ 93 Abs. 3) .... 44 |
| 1. Sorgfaltspflichten ............ 5 | V. Haftungsausschluss, Verzicht und Vergleich (§ 93 Abs. 4) .......... 46 |
| 2. Business Judgment Rule (§ 93 Abs. 1 Satz 2) .................... 10 | 1. Haftungsausschluss durch Hauptversammlungsbeschluss ......... 46 |
| 3. Treuepflichten .............. 16 | 2. Verzicht und Vergleich ........ 51 |
| 4. Verschwiegenheitspflicht (§ 93 Abs. 1 Satz 3) .................... 17 | VI. Anspruchsverfolgung durch Gesellschaftsgläubiger (§ 93 Abs. 5) ..... 55 |
| III. Schadensersatzpflicht (§ 93 Abs. 2) .. 25 | VII. Verjährung ................. 61 |
| 1. Ersatzanspruch ............. 25 | VIII. Haftung gegenüber Aktionären und Dritten ................... 62 |
| a) Allgemeines .............. 25 | |
| b) Pflichtverletzung .......... 26 | 1. Ersatzpflicht gegenüber Aktionären . 62 |
| c) Verschulden ............. 29 | 2. Ersatzpflicht gegenüber Dritten .... 66 |
| d) Schaden und Kausalität ...... 30 | |
| 2. Darlegungs- und Beweislast ..... 31 | |
| 3. Verfolgung des Ersatzanspruchs ... 35 | |

**Literatur:** *Abeltshauser*, Leitungshaftung im Kapitalgesellschaftsrecht: Zu den Sorgfalts- und Loyalitätspflichten von Unternehmensleitern im deutschen und US-amerikanischen Kapitalgesellschaftsrecht, 1998; *Altmeppen*, Cash Pooling und Kapitalerhaltung im faktischen Konzern, NZG 2010, 401; *Bachmann*, Der „Deutsche Corporate Governance Kodex": Rechtswirkungen und Haftungsrisiken, WM 2002, 2137; *Balthasar/Hamelmann*, Finanzkrise und Vorstandshaftung nach § 93 Abs. 2 AktG: Grenzen der Justiziabilität unternehmerischer Entscheidungen, WM 2010, 589; *Banerjea*, Due Diligence beim Erwerb von Aktien über die Börse, ZIP 2003, 1730; *Baums*, Haftung wegen Falschinformation des Sekundärmarktes, ZHR 167 (2003), 139; *Bayer*, Legalitätspflicht der Unternehmensleitung, nützliche Gesetzesverstöße und Regress bei verhängten Sanktionen, in FS K. Schmidt, 2009, S. 85; *Berens/Brauner/Strauch* (Hrsg.), Due Diligence bei Unternehmensakquisitionen, 5. Aufl. 2008; *Berg/Stöcker*, Anwendungs- und Haftungsfragen zum deutschen Corporate Governance Kodex, WM 2002, 1569; *Brandes*, Ersatz von Gesellschafts- und Gesellschafterschaden, in FS Fleck, 1988, S. 13; *Böttcher*, Bankvorstandshaftung im Rahmen der Sub-Prime Krise, NZG 2009, 1047; *Dauner-Lieb/Tettinger*, Vorstandshaftung, D&O-Versicherung, Selbstbehalt, ZIP 2009, 1555; *Dreher*, Der Abschluss von D&O-Versicherungen und die aktienrechtliche Zuständigkeitsordnung, ZHR 165 (2001), 293; *Empt*, Vorstandshaftung und Finanzmarktkrise, KSzW 2010, 107; *Ettinger/Grützediek*, Haftungsrisiken im Zusammenhang mit der Abgabe der Corporate Governance Entsprechenserklärung gemäß § 161 AktG, AG 2003, 353; *Fischer*, Haftung und Abberufung von Bankvorständen, DStR 2007, 1083; *Fleck*, Zur Beweislast für pflichtwidriges Organhandeln, GmbHR 1997, 237; *Fleischer*, Die Business Judgment-Rule" im Spiegel von Rechtsvergleichung und Rechtsökonomie, in FS Wiedemann, 2002, S. 827; *Fleischer*, Konkurrenzangebote und Due Diligence, ZIP 2002, 651; *Fleischer*, Vorstandsverantwortlichkeit und Fehlverhalten von Unternehmensangehörigen – Von der Einzelüberwachung zur Errichtung einer Compliance Organisation, AG 2003, 291; *Fleischer*, Zum Grundsatz der Gesamtverantwortung im Aktienrecht, NZG 2003, 449; *Fleischer*, Zur aktienrechtlichen Verantwortlichkeit faktischer Organe, AG 2004, 517; *Fleischer*, Die „Business Judgment Rule": Vom Richterrecht zur Kodifizierung, ZIP 2004, 685; *Fleischer*, Aktienrechtliche Loyalitätspflicht und „nützliche" Pflichtverletzung von Vorstandsmitgliedern, ZIP 2005, 141; *Fleischer*, Aktuelle Entwicklungen der Managerhaftung, NJW 2009, 2337; *Fleischer*, Kompetenzüberschreitungen von Geschäftsleitern im Personen- und Kapitalgesellschaftsrecht. Schaden – rechtmäßiges Alternativverhalten – Vorteilsausgleichung, DStR 2009, 1204; *Fleischer*, Haftung des herrschenden Unternehmens im faktischen Konzern und unternehmerisches Ermessen (§§ 317 II, 93 I AktG) – das UMTS-Urteil des BGH, NZG 2008, 371; *Fleischer*, Kartellrechtsverstöße und Vorstandsrecht, BB 2008, 1070; *Fleischer*, Rechtsrat und Organwalterhaftung im Gesellschafts- und Kapitalmarktrecht, in FS Hüffer, 2010, S. 187; *Fleischer*, Vorstandshaftung und Vertrauen auf anwaltlichen Rat, NZG 2010, 121; *Fleischer/Kalss*, Kapitalmarktrechtliche Schadensersatzhaftung und Kurseinbrüche an der Börse, AG 2002, 329; *Foerste*, Nochmals – Persönliche Haftung der Unternehmensleitung – Die zweite Spur der Produkthaftung?, VersR 2002, 1; *Froesch*, Managerhaftung – Risikominimierung durch Delegation?, DB 2009, 722; *Fuchs/Dühn*, Deliktische Schadenshaftung für falsche Ad-hoc-Mitteilungen, BKR 2002, 1063; *Glöckner/Müller/Tautphaeus*, Rückgriffshaftung von Organmitgliedern bei Kartellrechtsverstößen, AG 2001, 233; *Golling*, Sorgfaltspflicht und Verantwortlichkeit der Vorstandsmitglieder für ihre Geschäftsführung innerhalb der nicht konzerngebundenen Aktiengesellschaft, 1969; *Goette*, Zur Verteilung der Darlegungs- und Beweislast der objektiven Pflichtwidrigkeit bei der Organhaftung, ZGR 1995, 648; *Götz*, Die Pflicht des Aufsichtsrats zur Haftbarmachung von Vorstandsmitgliedern, NJW 1997, 3257; *Groß*, Deliktische Außenhaftung des GmbH-Geschäftsführers, ZGR 1998, 551; *Grundei/v. Werder*, Die Angemessenheit der Informationsgrundlage als Anwendungsvoraussetzung der Business Judgment Rule, AG 2005, 825; *Grunewald*, Die Haftung von Organmitgliedern nach Deliktsrecht, ZHR 157 (1993), 451; *Habersack*, Die Freistellung des Organwalters von seiner Haftung gegenüber der Gesellschaft, in FS Ulmer, 2003, S. 151; *Habersack*, Gesteigerte Überwachungspflichten des Leiters eines „sachnahen" Vorstandsressorts?, WM 2005, 2360; *Habersack/Schürnbrand*, Die Rechtsnatur der Haftung aus §§ 93 Abs. 3 AktG, 43 Abs. 3 GmbHG, WM 2005, 957; *Habscheid*, Prozessuale Probleme hinsichtlich der „Geltendmachung von Gläubigerrechten" durch den Konkursverwalter beim Konkurs einer Aktiengesellschaft, § 93 Abs. 5 AktG, in FS F. Weber, 1975, S. 197; *Haertlein*, Vorstandshaftung wegen (Nicht-)Ausführung eines Gewinnverwendungsbeschlusses mit Dividendenausschüttung, ZHR 168 (2004), 437; *Harzenetter*, Der Selbstbehalt in der D&O-Versicherung nach dem VorstAG und der Neufassung des Deutschen Corporate Governance Kodex (DCGK), DStR 2010, 653; *Hasselbach/Seibel*, Die Freistellung von Vorstandsmitgliedern und leitenden Angestellten von der Haftung für Kartellrechtsverstöße, AG 2008, 770; *Heermann*, Unternehmerisches Ermessen, Organhaftung und Beweislastverteilung, ZIP 1998, 761; *Heimbach/Boll*, Führungsaufgabe und persönliche Haftung der Vorstandsmitglieder und des Vorstandsvorsitzenden im ressortaufgeteilten Vorstand einer AG, VersR 2001, 801; *Holzborn/Foelsch*, Schadensersatzpflichten von AG und Management bei Anlegerverlusten, NJW 2003, 932; *Hopt*, Die Haftung von Vorstand und Aufsichtsrat – zugleich ein Beitrag zur Corporate Governance-Debatte, in FS Mestmäcker, 1996, S. 909; *Horn*, Die Haftung des Vorstands der AG nach § 93 AktG und die Pflichten des Aufsichtsrats, ZIP 1997, 1129; *Horn*, Zur Haftung der AG und ihre Organmitglieder für unrichtige oder unterlassene Ad-hoc-Informationen, in FS Ulmer, 2003, S. 817; *Ihlas*, Organhaftung und Haftpflichtversicherung, 1997; *Ihrig*, Reformtatbestand des § 93 AktG, WM 2004, 2098; *Khanian*, Finanzkrise und Organhaftung. Am Beispiel von Mortgage Backed Securitis (MBS), KSzW 2010, 127; *Kiethe*, Vorstandshaftung aufgrund fehlerhafter Due Diligence beim Unternehmenskauf, NZG 1999, 976; *Kiethe*, Falsche Erklärung nach § 161 AktG – Haftungsverschärfung für Vorstand und Aufsichtsrat?, NZG 2003, 559; *Kiethe*, Persönliche Haftung von Organen der AG und der GmbH – Risikovermeidung durch D&O-Versicherung?, BB 2003, 537; *Kindler*, Unternehmerisches Ermessen und Pflichtenbindung, ZHR 162 (1998), 101; *Kleindiek*, Deliktshaftung und juristische Personen, 1997; *Koch*, Einführung eines obligatorischen Selbstbehalts in der D&O-Versicherung durch das VorstAG, AG 2009, 637; *Koch*, Keine Ermessensspielräume bei der Entscheidung über die Inanspruchnahme von Vorstandsmitgliedern, AG 2009, 93; *Kock/Dinkel*, Die zivilrechtliche Haftung von Vorständen für unternehmerische Entscheidungen, NZG 2004, 441; *Körber*, Geschäftsleitung der Zielgesellschaft und Due Diligence bei Paketerwerb und Unternehmenskauf, NZG 2002, 263; *Krause*, Ad-hoc-Publizität und haftungsrechtlicher Anlegerschutz, ZGR 2002, 799; *Krieger*, Zur (Innen-)Haftung von Vorstand und Geschäftsführung, in RWS-Forum Gesellschaftsrecht 1995, S. 149; *Krause*, Managerhaftung und Strategien zur Haftungsvermeidung, BB 2009, 1370; *Krieger*, Zahlungen der Aktiengesellschaften im Strafverfahren gegen Vorstandsmitglieder, in FS Bezzenberger, 2000, S. 211; *Krieger/Uwe H. Schneider* (Hrsg.), Handbuch Managerhaftung, 2. Aufl. 2010; *Lange*, Praxisfragen der D&O-Versicherung, DStR 2002, 1326, 1674; *Linker/Zinger*, Rechte und Pflichten der Organe einer Aktiengesellschaft bei der Weitergabe vertraulicher Informationen, NZG 2002, 497; *Lohse*, Unternehmerisches Ermessen 2005; *Lutter*, Zur persönlichen Haftung des Geschäftsführers aus deliktischen Schäden im Unternehmen, ZHR 157 (1993), 464; *Lutter*, Due Diligence des Erwerbers beim Kauf einer Beteiligung, ZIP 1997, 613; *Lutter*, Haftung und Haftungsfreiräume des GmbH-Geschäftsführers – Zehn Gebote an den Geschäftsführer, GmbHR 2000, 301; *Lutter*, Die Erklärung zum Corporate Governance Kodex gemäß § 161 AktG, ZHR 166 (2002), 523; *Lutter*, Kodex guter Unternehmensführung und Vertrauenshaftung, in FS Druey, 2002, S. 463; *Lutter*, Deutscher Corporate Governance Kodex und die Erklärungen nach § 161 AktG, in FS Huber, 2006, S. 871; *Lutter*, Die Business Judgment Rule und ihre praktische Anwendung, ZIP 2007, 841; *Lutter*, Bankenkrise und Organhaftung, ZIP 2009, 197; *Maier-Reimer/Webering*, Ad-hoc-Publizität und Schadensersatzhaftung, WM 2002, 1857; *Medicus*, Die interne Geschäftsverteilung und die Außenhaftung von GmbH-Geschäftsführern, GmbHR 1998, 9; *Medicus*, Deliktische Außenhaftung der Vorstandsmitglieder und Geschäftsführer, ZGR 1998, 570; *Medicus*, Die Außenhaftung des Führungspersonals juristischer Personen im Zusammenhang mit Produktmängeln, GmbHR 2002, 809; *Meier-Greve*, Vorstandshaftung wegen mangelhafter Corporate Compliance, BB 2009, 2555; *Mertens*, Bedarf der Abschluss der D&O-Versicherung durch die AG der Zustimmung der Hauptversammlung?, AG 2000, 474; *Mertens*, Die gesetzlichen Einschränkungen der Disposition über Ersatzansprüche der Gesellschaft durch Verzicht und Vergleich in der aktien- und konzernrechtlichen Organhaftung, in FS Fleck, 1988, S. 209; *Mertens*, Der Vorstand darf zahlen, AG 2000, 157; *Möllers/Leisch*, Haftung von Vorständen gegenüber Anlegern wegen fehlerhaften Ad-hoc-Meldungen nach § 826 BGB, WM 2001, 1648; *Motthoff*, Rechtliche Fragestellungen im Zusammenhang mit dem Abschluss einer Director's & Office's-Versicherung, NJW 2003, 1350; *G. Müller*, Gesellschafts- und Gesellschafterschaden, in FS Kellermann, 1991, S. 317; *Mutter*, Unternehmerische Entscheidungen und Haftung des Aufsichtsrats der Aktiengesellschaft, 1994; *Oltmanns*, Geschäftsleiterhaftung und unternehmerisches Ermessen, 2001; *Paefgen*, Unternehmerische Entscheidungen und Rechtsbindungen, 2002; *Paefgen*, Dogmatische Grundlagen, Anwendungsbereich und Formulierung einer Business Judgment Rule im künftigen UMAG, AG 2004, 245; *Paefgen*, Die Darlegungs- und Beweislast bei der Business Judgment Rule, NZG 2009, 891; *Paefgen*, Die Inanspruchnahme pflichtvergessener Vorstandsmitglieder als unternehmerische Ermessensentscheidung des Aufsichtsrats, AG 2008, 761, 763; *Peltzer*, Ansprüche der Gläubiger einer AG gegen Vorstands- und Aufsichtsratsmitglieder nach § 93 Abs. 5, 116 AktG im Falle eines gerichtlichen Vergleichs der AG, AG 1976, 100; *Peters*, Informationsrechte und Geheimhaltungspflichten im Rahmen einer Due Diligence und daraus resultierende Haftungsrisiken, 2002; *Poltmanns*, Geschäftsleiterhaftung und unternehmerisches Ermessen – die Business Judgment Rule im deutschen und im amerikanischen Recht, 2001; *Redeke*, Zu den Voraussetzungen unternehmerischer Ermessensentscheidungen, NZG 2009, 496; *Rodewald/Siems*, Haftung für die frohe Botschaft – Rechtsfolgen falscher Ad-hoc-Mitteilungen, BB 2001, 2437; *Rohles*, Die Vermögensschaden-Haftpflichtversicherung von Organen juristischer Personen (D&O-Versicherung), ZfV 2001, 267; *Roschmann/Frey*, Geheimhaltungsverpflichtungen der Vorstandsmitglieder von Aktiengesellschaften bei Unternehmenskäufen, AG 1996, 449; *M. Roth*, Unternehmerisches Ermessen und Haftung des Vorstands, 2001; *M. Roth*, Das unternehmerische Ermessen des Vorstands, BB 2004, 1066; *Roziyn*, Geheimhaltungspflichten und Kapitalschutz beim Abschluss von M&A-Dienstleistungsverträgen, NZG 2001, 494; *Säcker*, Derivative Finanzierungsinstrumente zwischen Aufsichtsrecht und Gesellschaftsrecht, in FS Röhricht, 2005, S. 497; *Säcker*, Gesellschaftsrechtliche Grenzen spekulativer Finanztermingeschäfte – Überlegungen aus Anlass der Garantieerklärung der Bundesregierung für die Hypo Real Estate-Group, NJW 2008, 3313; *Schäfer*, Die Binnenhaftung von Vorstand und Aufsichtsrat nach der Renovierung durch das UMAG, ZIP 2005, 1253; *Schaefer/Missling*, Haftung von Vorstand und Aufsichtsrat, NZG 1998, 441; *Schäfer/Zeller*, Finanzkrise, Risikomodelle und Organhaftung, BB 2009, 1706; *K. Schmidt*, Verbotene Zahlungen in der Krise von Handelsgesellschaften und die daraus resultierenden Ersatzpflichten, ZHR 168 (2004), 637; *Uwe H. Schneider*, Haftungsmilderung für Vorstand und Geschäftsführer bei fehlerhafter Unternehmensleitung?, in FS Werner, 1984, S. 795; *Uwe H. Schneider*, Compliance als Aufgabe der Unternehmensleitung, ZIP 2003, 645; *Uwe H. Schneider/Sven H. Schneider*, Vorstandshaftung im Konzern, AG 2005, 57; *Schroeder*, Darf der Vorstand der Aktiengesellschaft dem Aktienkäufer eine Due Diligence gestatten, DB 1997, 2161; *Schüppen/Sauna*, D&O-Versicherungen: Gute und schlechte Nachrichten, ZIP 2002, 550; *Semler*, Entscheidungen und Ermessen im Aktienrecht, in FS Ulmer, 2003, S. 627; *Sieg*, Tendenzen und Entwicklungen der Managerhaftung in Deutschland, DB 2002, 1759; *Spindler*, Compliance in der multinationalen Bankengruppe, WM 2008, 905; *Spindler*, Sonderprüfung und Pflichten eines Bankvorstands in der Finanzmarktkrise – Anmerkung zu OLG Düsseldorf, Beschl. v. 9.12.2009 – 6 W 45/09, NZG 2010, 281; *v. Stebut*, Geheimnisschutz und Verschwiegenheitspflicht im Aktienrecht, 1972; *Stodolkowitz*, Gerichtliche Durchsetzung von Organpflichten in der Aktiengesellschaft, ZHR 154 (1990), 1; *Stoffels*, Grenzen der Informationsweitergabe durch den Vorstand einer Aktiengesellschaft im Rahmen einer „Due Diligence", ZHR 165 (2001), 362; *Thole*, Managerhaftung für Gesetzesverstöße – Die Legalitätspflicht des Vorstands gegenüber seiner Aktiengesellschaft, ZHR 173 (2009), 504; *Thümmel*, Persönliche Haftung von Managern und Aufsichtsräten, 4. Aufl. 2008; *Thümmel*, Organhaftung nach dem Referentenentwurf des Gesetzes zur Unternehmensintegrität und Modernisierung des Anfechtungsrechts (UMAG) – Neue Risiken für Manager?, DB 2004, 471; *Treeck*, Die Offenbarung von Unternehmensgeheimnissen durch den Vorstand einer Aktiengesellschaft im Rahmen einer Due Diligence, in FS Fickentscher, 1998, S. 434; *Ulmer*, Haftungsfreistellung bis zur Grenze grober Fahrlässigkeit bei unternehmerischen Fehlentscheidungen von Vorstand und Aufsichtsrat?, DB 2004, 859; *Ulmer*, Der deutsche Corporate Governance Kodex – ein neues Regulierungsinstrument für börsennotierte Aktiengesellschaften, ZHR 166 (2002), 150; *E. Vetter*, Aktienrechtliche Probleme der D&O-Versicherung, AG 2000, 453; *Wellhöfer/Peltzer/Müller*, Die Haftung von Vorstand Aufsichtsrat Wirtschaftsprüfer, 2008; *Weiss/Buchner*, Wird das UMAG die Haftung und die Inanspruchnahme der Unternehmensleitung verändern?, WM 2005, 162; *v. Werder*, Wirtschaftskrise und persönliche Managementverantwortung: Sanktionsmechanismen aus betriebswirtschaftlicher Sicht, ZIP 2009, 500; *H. Westermann*, Die Verantwortung des Vorstands der Aktiengesellschaft, in FS Fits, 1963, S. 251; *Wilhelmi*, Upstream-Darlehen nach dem MoMiG – Zugleich Besprechung des Urteils des BGH vom 1.12.2008 (MPS), WM 2009, 1979; *Ziemons*, Die Weitergabe von Unternehmensinterna an Dritte durch den Vorstand einer Aktiengesellschaft, AG 1999, 429; *Zimmermann*, Vereinbarungen über die Erledigung von Ersatzansprüchen gegen Vorstandsmitglieder von Aktiengesellschaften, in FS Duden, 1977, S. 773; *Zimmermann*, Aktienrechtliche Grenzen der Freistellung des Vorstands von kartellrechtlichen Bußgeldern, DB 2008, 687, 688.

## I. Allgemeines

§ 93 regelt die Sorgfaltspflicht und die Haftung der Vorstandsmitglieder gegenüber der Gesellschaft; kraft Verweisung in § 116 gilt die Vorschrift für die **Mitglieder des Aufsichtsrats** entsprechend. Die Regelung hat Vorgänger in § 84 AktG 1937 und § 241 HGB[1]. Ihre wesentliche Änderung seit Inkrafttreten des AktG 1965 war die Einführung der Business Judgment Rule in Abs. 1 Satz 2 durch das UMAG[2]. 1

§ 93 gilt für die **Vorstandsmitglieder** der Gesellschaft, einschließlich etwa gerichtlich bestellter Vorstandsmitglieder (§ 85) und vorübergehend in den Vorstand entsandter Aufsichtsratsmitglieder (§ 105 Abs. 2)[3]. Die Haftung beginnt mit dem Vorstandsamt[4]; auf den Abschluss des Anstellungsvertrages kommt es nicht an. Die Haftung endet mit wirksamer Beendigung des Vorstandsamtes, sei es durch Zeitablauf, Aufhebung, Abberufung oder Amtsniederlegung[5]. Die Vorschrift erfasst auch fehlerhaft bestellte Vorstandsmitglieder, sofern diese ihr Amt ausüben[6], und wohl auch faktische Organmitglieder, die ohne einen zugrunde liegenden Bestellungsakt wie ein Vorstandsmitglied für die Gesellschaft handeln[7]. Wurde die Bestellung des Vorstandsmitglieds umgekehrt fehlerhaft widerrufen, scheidet eine Haftung aus, da das Vorstandsmitglied nicht davon ausgehen musste, an die organschaftlichen Pflichten gebunden zu sein[8]. 2

---

1 Dazu näher *Hopt* in Großkomm. AktG, 4. Aufl. 1999, § 93 AktG Rz. 1 ff.
2 Gesetz zur Unternehmensintegrität und zur Modernisierung des Aktienrechts vom 22.9.2005, BGBl. I 2005, 2802.
3 *Hopt* in Großkomm. AktG, 4. Aufl. 1999, § 93 AktG Rz. 28.
4 *Spindler* in MünchKomm. AktG, 3. Aufl., § 93 AktG Rz. 11 f.; *Hopt* in Großkomm. AktG, 4. Aufl. 1999, § 93 AktG Rz. 33 ff.
5 *Spindler* in MünchKomm. AktG, 3. Aufl., § 93 AktG Rz. 13; *Hopt* in Großkomm. AktG, 4. Aufl. 1999, § 93 AktG Rz. 38 ff.; *Hüffer*, § 93 AktG Rz. 12.
6 *Spindler* in MünchKomm. AktG, 3. Aufl., § 93 AktG Rz. 14; *Hopt* in Großkomm. AktG, 4. Aufl. 1999, § 93 AktG Rz. 34; *Hüffer*, § 93 AktG Rz. 12.
7 Streitig, wie hier *Spindler* in MünchKomm. AktG, 3. Aufl., § 93 AktG Rz. 17; *Hopt* in Großkomm. AktG, 4. Aufl. 1999, § 93 AktG Rz. 49 ff.; *Fleischer* in Spindler/Stilz, § 93 AktG Rz. 175 f.; a.A. *Hüffer*, § 93 AktG Rz. 12; *Mertens/Cahn* in KölnKomm. AktG, 3. Aufl. 2009, § 93 AktG Rz. 43; *Wiesner* in MünchHdb. AG, § 26 Rz. 3.
8 *Spindler* in MünchKomm. AktG, 3. Aufl., § 93 AktG Rz. 16; *Hopt* in Großkomm. AktG, 4. Aufl. 1999, § 93 AktG Rz. 48.

3 § 93 ist seinem ganzen Inhalt nach **zwingender Natur**. Abweichungen sind weder durch Satzungsregelung noch durch Aufsichtsratsbeschluss oder Anstellungsvertrag möglich, insbesondere können die strengen Sorgfaltsanforderungen und die Haftung für leichteste Fahrlässigkeit nicht zugunsten des Vorstandsmitglieds gemildert werden[9]. Ebenso wenig ist eine Verschärfung der Sorgfaltsanforderungen und der Haftung möglich[10]. Rechtspolitisch ist allerdings zu erwägen, eine Haftungsmilderung durch die Satzung de lege ferenda zuzulassen[11].

4 § 93 gilt grundsätzlich auch im **Konzern**. Die Haftung des **Vorstands der abhängigen Gesellschaft** für nachteilige Veranlassungen seitens des herrschenden Unternehmens ist jedoch zum Teil in Sondervorschriften geregelt (§§ 310, 318, 323 Abs. 1 Satz 2 und 3). Bei § 93 verbleibt es insoweit für nachteilige Maßnahmen, die nicht vom herrschenden Unternehmen veranlasst sind und für Fälle, in denen der Vorstand der abhängigen Gesellschaft nachteiligen Veranlassungen folgt, ohne den erforderlichen Nachteilsausgleich sichergestellt zu haben. Vgl. dazu näher unten § 311 Rz. 120, § 318 Rz. 14 ff. Für die Haftung des **Vorstands des herrschenden Unternehmens** gegenüber der eigenen Gesellschaft bleibt es bei den Regelungen des § 93; daneben treten Sonderregelungen über die Haftung gegenüber der abhängigen Gesellschaft in §§ 309, 317, 323 Abs. 1 Satz 2 und 3.

## II. Sorgfalts-, Treue- und Verschwiegenheitspflichten (§ 93 Abs. 1)

### 1. Sorgfaltspflichten

5 § 93 Abs. 1 beschreibt die Verhaltenspflichten der Vorstandsmitglieder. Die Vorschrift hat damit nach überwiegender Meinung eine Doppelfunktion, indem sie einerseits generalklauselartig die objektiven **Verhaltenspflichten** des Vorstands formuliert und andererseits den **Verschuldensmaßstab** für die Haftung nach § 93 Abs. 2 setzt[12]. Andere leiten die Pflicht zur sorgfältigen Unternehmensleitung aus § 76 Abs. 1 ab und sehen § 93 Abs. 1 Satz 1 als bloßen Verschuldensmaßstab[13]. Die Pflicht zu sorgfältiger Unternehmensführung ist in einer Reihe von Einzelvorschriften konkretisiert (z.B. §§ 76 Abs. 1 80, 81, 83, 88, 90, 91, 92 usw.). Im Übrigen gilt der Maßstab des ordentlichen und gewissenhaften Geschäftsleiters, d.h. der Vorstand muss den Anforderungen genügen, die an einen Geschäftsleiter zu stellen sind, der nicht eigenes Vermögen, sondern wie ein **Treuhänder** fremde Vermögensinteressen verwaltet[14]. Maßstab ist ein Vergleichsunternehmen der konkreten Art[15], also einer vergleichbaren Tätigkeit, Größe und wirtschaftlichen Lage. Maßgeblich für die Sorg-

---

9 *Spindler* in MünchKomm. AktG, 3. Aufl., § 93 AktG Rz. 10; *Hopt* in Großkomm. AktG, 4. Aufl. 1999, § 93 AktG Rz. 23 ff.; *Hüffer*, § 93 AktG Rz. 1; *Fleischer*, ZHR 168 (2004), 673, 675.
10 BGH v. 5.6.1975 – II ZR 156/73, BGHZ 64, 325, 326 (für Aufsichtsrat); *Spindler* in MünchKomm. AktG, 3. Aufl., § 93 AktG Rz. 27; *Hopt* in Großkomm. AktG, 4. Aufl. 1999, § 93 AktG Rz. 26; *Hüffer*, § 93 AktG Rz. 1; *Fleischer* in Spindler/Stilz, § 93 AktG Rz. 5.
11 *Hopt* in Großkomm. AktG, 4. Aufl. 1999, § 93 AktG Rz. 24; *Hirte* in Lutter/Wiedemann (Hrsg.), Gestaltungsfreiheit im Gesellschaftsrecht in Europa, ZGR-Sonderheft 13, 1998, S. 60, 96; *Krieger* in Krieger/Uwe H. Schneider, Handbuch Managerhaftung, § 3 Rz. 46.
12 *Spindler* in MünchKomm. AktG, 3. Aufl., § 93 AktG Rz. 20.
13 *Hüffer*, § 93 AktG Rz. 3a; *Hüffer* in FS Raiser, 2005, S. 163, 165 ff.
14 BGH v. 20.2.1995 – II ZR 143/93, BGHZ 129, 30, 34 = AG 1995, 274 (GmbH-Geschäftsführer); OLG Düsseldorf v. 28.11.1996 – 6 U 11/95, AG 1997, 231, 235; OLG Hamm v. 10.5.1995 – 8 U 59/94, AG 1995, 512, 514; *Spindler* in MünchKomm. AktG, 3. Aufl., § 93 AktG Rz. 24; *Hüffer*, § 93 AktG Rz. 4; *Mertens/Cahn* in KölnKomm. AktG, 3. Aufl., § 93 AktG Rz. 10.
15 *Hüffer*, § 93 AktG Rz. 4.

faltspflichten des Vorstands ist die Lage im Zeitpunkt seiner Entscheidung (**ex ante-Betrachtung**)[16].

Das Sorgfaltserfordernis betrifft zunächst die **Rechtmäßigkeit** der Geschäftsführung, das heißt die Einhaltung der von dem Unternehmen zu beachtenden Rechtsnormen in ihrer ganzen Breite[17]. Nach Ziffer 4.1.3 DCGK hat der Vorstand für die Einhaltung der gesetzlichen Bestimmungen zu sorgen und auf deren Beachtung durch die Konzernunternehmen hinzuwirken. Dem kann nicht entgegengehalten werden, der Rechtsbruch nutze dem Unternehmen, erhöhe etwa dessen Gewinne[18]. Das betrifft die Vorschriften des Aktiengesetzes, der Satzung und der Vorstandsgeschäftsordnung – namentlich die Einhaltung der Zustimmungsvorbehalte des Aufsichtsrats (§ 111 Abs. 4 Satz 2)[19] – aber auch ganz allgemein Fragen des Wettbewerbsrechts[20], Steuerrechts[21], Umweltrechts[22] usw. Zu den Sorgfaltspflichten des Vorstands in diesem Zusammenhang gehört es insbesondere sicherzustellen, dass geeignete **Compliance-Systeme** in der Gesellschaft und ihren Konzernunternehmen eingerichtet werden[23]. Dies ist zwar im Aktienrecht nicht ausdrücklich normiert, ergibt sich aber richtigerweise aus § 93[24]. Dazu gehört ein entsprechender „tone from the top", eine regelmäßige Kontrolle der Wirksamkeit der Systeme und eine angemessene Reaktion auf Verstöße (von Nachschulungen bis zu arbeitsrechtlichen Konsequenzen). In dem viel beachteten Haftungsfall bei der Siemens AG lag der Kern des Vorwurfs, der den auf Schadensersatz in Anspruch genommenen ehemaligen Vorstandsmitgliedern gemacht wurde, gerade darin, Hinweisen auf eine bestehende Korruptionspraxis im Konzern nicht in ausreichender Form nachgegangen zu sein[25]. Explizite Einzelregelungen finden sich darüber hinaus in § 25a KWG für Finanzinstitute, in § 33 Abs. 1 Satz 1 Nr. 1 WpHG für Wertpapierdienstleistungsunternehmen sowie branchenunabhängig in § 130 OWiG, nach dem der Unternehmensinhaber ordnungswidrig handelt, wenn er schuldhaft die Aufsichtsmaßnahmen unterlässt, die zur Abwendung von Rechtsverstößen im Unternehmen erforderlich sind. Soweit das Handeln der Gesellschaft mit ausländischem Recht in Zusammenhang steht, ist auch dieses zu berücksichti-

6

---

16 BGH v. 1.12.2008 – II ZR 102/07 – „MPS", BGHZ 179, 71; BGH v. 3.3.2008 – II ZR 124/06 – „UMTS", BGHZ 175, 365; *Hüffer*, § 93 AktG Rz. 4g.
17 Näher *Lutter/Krieger*, Rechte und Pflichten des Aufsichtsrats, Rz. 72; *Fischer*, DStR 2007, 1083, 1086. Zur Haftung von Vorstandsmitgliedern bei Aufgabendelegation *Froesch*, DB 2009, 722.
18 *Fleischer*, NJW 2009, 2337, 2338.
19 Vgl. hierzu OLG Koblenz v. 24.9.2007 – 12 U 1437/04, sowie zur GmbH BGH v. 21.7.2008 – II ZR 39/07, NZG 2008, 783.
20 Vgl. hierzu näher *Kellenter* in Krieger/Uwe H. Schneider, Handbuch Managerhaftung, § 23; *Fleischer*, BB 2008, 1070; *Hasselbach/Seibel*, AG 2008, 770.
21 Vgl. hierzu näher *Prinz/Hick* in Krieger/Uwe H. Schneider, Handbuch Managerhaftung, § 32.
22 Vgl. hierzu näher *Uwer* in Krieger/Uwe H. Schneider, Handbuch Managerhaftung, § 34.
23 Vgl. hierzu näher *Kremer/Klahold* in Krieger/Uwe H. Schneider, Handbuch Managerhaftung, § 21 sowie *Gebauer/Kleinert* in Krieger/Uwe H. Schneider, Handbuch Managerhaftung, § 20; umfassend auch *Spindler*, WM 2008, 905, sowie speziell in Hinblick auf Haftungsfragen *Meier-Greve*, BB 2009, 2555.
24 So auch *Fleischer*, CCZ 2008, 1, 5; *Gebauer* in Hauschka (Hrsg.), Corporate Compliance, 2. Aufl. 2010, § 36 Rz. 12; *Uwe H. Schneider/Sven H. Schneider*, ZIP 2007, 2061, 2062; einschränkend *Hauschka* in Hauschka (Hrsg.), Corporate Compliance, 2. Aufl. 2010, § 1 Rz. 23; *Fleischer*, AG 2003, 292, 300; vermittelnd (Pflicht zur Einrichtung einer Compliance-Organisation bei besonderer Gefahrenlage, gehäuften Verstößen sowie bei großen und dezentral geführten Unternehmen) *Bürkle* in Hauschka (Hrsg.), Corporate Compliance, 2. Aufl. 2010, § 8 Rz. 15.
25 Vgl. hierzu nur den Bericht von Vorstand und Aufsichtsrat zu TOP 12 und 13 der Siemens-Hauptversammlung 2010, veröffentlicht im elektronischen Bundesanzeiger am 08. Dezember 2009.

gen[26]. Ein Verstoß gegen den DCGK stellt dagegen nicht bereits per se einen Sorgfaltspflichtverstoß dar[27].

7 Zu den Sorgfaltsanforderungen gehört weiter die **Ordnungsmäßigkeit** der Geschäftsführung[28]. Dabei geht es um die sachgerechte Leitung und Überwachung des Geschehens im Unternehmen und der Unternehmensgruppe und die Schaffung der hierfür notwendigen Instrumentarien. Dazu gehört vor allem eine sachgerechte Konzernorganisation und die Einrichtung eines betriebswirtschaftlichen Erkenntnissen und Erfahrungen genügenden Controlling-Systems mit einer entsprechenden Unternehmensplanung, einem zweckmäßigen System der Berichterstattung an den Vorstand und einer entsprechenden Kontrolle. Hierzu gehört auch die Schaffung des durch § 91 Abs. 2 vorgeschriebenen Systems zur Früherkennung von den Fortbestand der Gesellschaft gefährdenden Entwicklungen, ebenso wie die Sorge für ein „angemessenes Risikomanagement und Risikocontrolling im Unternehmen" gem. Ziffer 4.1.4 DCGK[29].

8 Schließlich geht es um die **Wirtschaftlichkeit** der Geschäftsführung und die **Zweckmäßigkeit** der Leitungsentscheidungen[30]. Der Vorstand verwaltet fremdes Vermögen. Er darf Vermögenswerte der Gesellschaft nicht verschwenden[31], muss Ansprüche der Gesellschaft beitreiben, soweit nicht überwiegende Interessen der Gesellschaft entgegenstehen[32], darf in der Regel keine Kredite ohne ausreichende Prüfung der Kreditwürdigkeit[33] oder die Einräumung angemessener, erforderlicher Sicherheiten, sofern solche branchenüblich sind, gewähren[34], darf das Geld der Gesellschaft nicht in ein Schneeballsystem investieren[35], usw. Auch bei der Gewährung von Darlehen innerhalb des Konzerns (etwa im Rahmen von sog. „**up-stream-Darlehen**" oder Cash Pooling Systemen) sind Sorgfaltspflichten zu beachten, beispielsweise im Hinblick auf Überprüfung der Werthaltigkeit des Rückzahlungsanspruchs sowohl bei Gewährung des Darlehens als auch – durch Einrichtung eines Informationssystems zur frühzeitigen Erkennung von Bonitätsverschlechterungen – in der Folgezeit[36]; die vertragliche

---

26 *Spindler* in MünchKomm. AktG, 3. Aufl., § 93 AktG Rz. 21; *Mertens/Cahn* in KölnKomm. AktG, 3. Aufl., § 93 AktG Rz. 73 ff.
27 Vgl. im Einzelnen *Spindler* in MünchKomm. AktG, 3. Aufl., § 93 AktG Rz. 30 ff.; wie hier *Hüffer*, § 161 AktG Rz. 27; andere möchten den Empfehlungen zumindest Konkretisierungsfunktion beimessen (vgl. *Lutter* in KölnKomm. AktG, 3. Aufl., § 161 AktG Rz. 81 m.w.N.).
28 Näher *Lutter/Krieger*, Rechte und Pflichten des Aufsichtsrats, Rz. 74 ff.
29 Näher zur Pflichtverletzung wegen „unverantwortlicher Organisationsstruktur" *M. Roth*, Unternehmerisches Ermessen und Haftung des Vorstands, S. 112 ff.
30 Näher *Lutter/Krieger*, Rechte und Pflichten des Aufsichtsrats, Rz. 83 f.
31 Vgl. etwa BGH v. 9.12.1996 – II ZR 240/95, NJW 1997, 741 (Abschluss eines nutzlosen Beratungsvertrages).
32 Näher BGH v. 1.3.1982 – II ZR 189/80, WM 1982, 532; KG v. 5.5.1959 – 2 U 150/59, GmbHR 1959, 257; *Hopt* in Großkomm. AktG, 4. Aufl. 1999, § 93 AktG Rz. 112.
33 BGH v. 16.2.1981 – II ZR 49/80, WM 1981, 440, 441.
34 BGH v. 3.12.2001 – II ZR 308/99, NZG 2002, 195; BGH v. 21.3.2005 – II ZR 54/03, ZIP 2005, 981, 982; BGH v. 8.1.2007 – II ZR 304/04, NZG 2007, 231; BGH v. 3.11.2008 – II ZR 236/07, NZG 2009, 117 mit Anm. *Geschwandtner*, BB 2009, 465; KG v. 22.3.2005 – 14 U 248/03 – „Bankgesellschaft Berlin", AG 2005, 1866; OLG Frankfurt a.M. v. 12.12.2007 – 17 U 111/07 – „Gontard & Metallbank", AG 2008, 453; LG Frankfurt a.M. v. 25.1.2006 – 3/9 O 143/04, BKR 2006, 174; OLG Koblenz v. 24.9.2007 – 12 U 1437/04, NZG 2008, 280 ff.; OLG Celle v. 28.5.2008 – 9 U 184/07, AG 2008, 711; OLG Düsseldorf v. 28.11.1996 – 6 U 11/95, AG 1997, 231, 234f; OLG München v. 16.7.1997 – 7 U 4603/96, ZIP 1998, 23, 25.
35 OLG Düsseldorf v. 28.11.1996 – 6 U 11/95 – „ARAG/Haferkorn", ZIP 1997, 27 = AG 1997, 231.
36 Zuletzt grundlegend BGH v. 1.12.2008 – II ZR 102/07 – „MPS", BGHZ 179, 71, unter teilweiser Rücknahme des früheren sog. „Novemberurteils" BGHZ 157, 72; zustimmend *Bayer*,

Festsetzung entsprechender Informations- und Berichtspflichten ist anzuraten. Die Gewährung von **Spenden** für gemeinnützige Zwecke ist zulässig, sofern ihr Umfang angemessen ist und die Entscheidung des Vorstands nicht an persönlichen Vorlieben, sondern am Unternehmensinteresse orientiert ist[37]. Auf die Frage, ob sich die Spende auch für das Unternehmen „lohnt", sollte es dabei nicht ankommen[38].

Im **Konzern** erweitern sich die Sorgfaltspflichten des Vorstands des herrschenden Unternehmens. Zu seinen Leitungspflichten gehört auch die Konzernleitung[39]. Die Sorgfaltspflichten des Vorstands des abhängigen Unternehmens bleiben hingegen auf das eigene Unternehmen beschränkt; konzernweite Sorgfaltspflichten auf der Ebene der beherrschten Gesellschaft sind nicht anzuerkennen[40].

### 2. Business Judgment Rule (§ 93 Abs. 1 Satz 2)

Nach § 93 Abs. 1 Satz 2 liegt eine Pflichtverletzung nicht vor, wenn das Vorstandsmitglied bei einer unternehmerischen Entscheidung vernünftigerweise annehmen durfte, auf der Grundlage angemessener Informationen zum Wohle der Gesellschaft zu handeln. Die Tatbestandsvoraussetzungen dieser Business Judgment Rule sind[41]:

– Unternehmerische Entscheidung,
– Wohl der Gesellschaft,
– kein übergroßes Risiko,
– auf der Basis angemessener Informationen,

Nach überwiegender Meinung außerdem:

– frei von Interessenkonflikten.

Die Regelung wurde durch das UMAG eingefügt und hat im Wesentlichen **deklaratorische Bedeutung**[42]. In der Rechtsprechung des Bundesgerichtshofs war schon zuvor anerkannt, dass Vorstandsmitglieder einen weiten unternehmerischen Handlungsspielraum besitzen, ohne den unternehmerische Tätigkeit nicht möglich ist, und dass eine Haftung wegen pflichtwidrigen Vorstandshandelns nur bei schlechthin unvertretbaren Entscheidungen in Frage kommen kann[43]. Diese bisherige Rechtspre-

---

LMK 2009, 275577, und wohl auch *Wilhelmi*, WM 2009, 1917, 1919 f.; vgl. ferner *Altmeppen*, NZG 2010, 401, 405.
37 BGH v. 6.12.2001 – 1 StR 215/01, BGHSt 47, 187, 195 f. = AG 2002, 347; *Fleischer*, AG 2001, 171, 177 f.; *Spindler* in MünchKomm. AktG, 3. Aufl., § 93 AktG Rz. 61; *Hopt* in Großkomm. AktG, 4. Aufl. 1999, § 93 AktG Rz. 120.
38 *Spindler* in MünchKomm. AktG, 3. Aufl., § 93 AktG Rz. 61; *Fleischer*, AG 2001, 171, 174; im Grundsatz anders die verfehlte Mannesmann-Entscheidung BGH v. 21.12.2005 – 3 StR 470/04, ZIP 2006, 72 = AG 2006, 110, wonach Leistungen, auf die der Empfänger keinen Anspruch hat, unabhängig von ihrer Motivation eine treuwidrige Verschwendung von Gesellschaftsvermögen sein sollen, wenn mit der Leistung nicht ein Vorteil für die Gesellschaft verbunden ist.
39 OLG Düsseldorf v. 28.11.1996 – 6 U 11/95, AG 1997, 231/235; *Hopt* in Großkomm. AktG, 4. Aufl. 1999, § 93 AktG Rz. 14; *Koppensteiner* in KölnKomm. AktG, 3. Aufl., Vorb. § 291 AktG Rz. 71; *Sven H. Schneider* in Krieger/Uwe H. Schneider, Handbuch Managerhaftung, § 8 Rz. 16 ff.; *Uwe H. Schneider/Sven H. Schneider*, AG 2005, 57, 58 ff.; *Lutter*, AG 2006, 517, 518 ff.
40 *Sven H. Schneider* in Krieger/Uwe H. Schneider, Handbuch Managerhaftung, § 8 Rz. 82 ff.; *Uwe H. Schneider/Sven H. Schneider*, AG 2005, 57, 65.
41 Nach *Lutter*, ZIP 2007, 841, 843 ff.
42 Begr. RegE UMAG BR-Drucks. 3/05, S. 18; vgl. auch *Hüffer*, § 93 AktG Rz. 4a; *Kropff* in FS Raiser, 2005, S. 225, 226 f.
43 BGH v. 21.4.1997 – II ZR 175/95 – „ARAG/Garmenbeck", BGHZ 135, 244, 253 = AG 1997, 377; BGH v. 3.12.2001 – II ZR 308/99, NZG 2002, 195, 196; grundlegend nach Inkrafttreten des neuen § 93 Abs. 1 Satz 2 BGH v. 3.3.2008 – II ZR 124/06 – „UMTS", BGHZ 175, 365 =

chung kann für die Konkretisierung von § 93 Abs. 1 Satz 2 auch weiter herangezogen werden[44].

11 Unter den Voraussetzungen des § 93 Abs. 1 Satz 2 liegt **keine Pflichtverletzung** vor. Es fehlt also nicht erst am Verschulden, sondern schon an der Pflichtverletzung, und es handelt sich nicht bloß um eine Beweislastregelung, sondern um eine materiellrechtliche Norm. Man mag darin eine unwiderlegbare Vermutung sehen[45] oder eine Tatbestandskonkretisierung zu § 93 Abs. 1 Satz 1. Entscheidend ist, dass, wer den Anforderungen des § 93 Abs. 1 Satz 2 genügt, objektiv pflichtgemäß handelt[46]. Damit scheidet eine Haftung nach § 93 Abs. 2 ebenso aus wie ein Widerruf der Vorstandsbestellung aus wichtigem Grund gem. § 84 Abs. 3[47]. Sind die Voraussetzungen nach § 93 Abs. 1 Satz 2 nicht erfüllt, folgt daraus nicht umgekehrt, dass das Vorstandsmitglied seine Pflichten verletzt hätte. Vielmehr ist auch dann pflichtgemäßes Handeln nach § 93 Abs. 1 Satz 1 möglich, das jedoch im Einzelnen vom Gericht festzustellen und nach näherer Maßgabe von § 93 Abs. 2 Satz 2 vom Vorstandsmitglied darzulegen und zu beweisen ist[48].

12 Die Business Judgment Rule will das unternehmerische Ermessen der Vorstandsmitglieder schützen. Sie greift daher nur bei **unternehmerischen Entscheidungen** ein, d.h. bei Entscheidungen, die nach unternehmerischen Zweckmäßigkeitsgesichtspunkten zu treffen sind und bei denen der Vorstand frei ist, sich so oder anders zu verhalten[49]. Nicht von der Business Judgment Rule erfasst sind daher die sog. Pflichtaufgaben des Vorstands (z.B. §§ 83, 90, 91, 92 Abs. 1 und 2, 124 Abs. 3, 131, 161, 170 Abs. 1 AktG, § 34 Abs. 1 AO u.a.)[50]. Darüber hinaus muss sich die Maßnahme innerhalb der durch die Gesetze, die Satzung, den Anstellungsvertrag und die Geschäftsordnung gezogenen Grenzen halten[51]; dazu gehört auch die Einhaltung des satzungsmäßigen Unternehmensgegenstandes[52]. Bei diesen Pflichten gibt es kein Ermessen. Auch nützliche Gesetzesverletzungen sind nicht anders zu beurteilen[53]. Hingegen wird die Verletzung von Vertragspflichten gegenüber Dritten als eine unternehmerische Entscheidung i.S. der Business Judgment Rule angesehen[54].

13 Erforderlich ist weiter, dass das Vorstandsmitglied vernünftigerweise annehmen durfte, auf der Grundlage **angemessener Informationen** zum Wohle der Gesellschaft zu handeln. Der Vorstand muss die für eine sachgerechte Entscheidungsfindung nötigen Informationen einholen. Erforderlich sind die Informationen, die ein ordentlicher Geschäftsleiter in der Situation des Vorstands im Zeitpunkt der Entscheidung herange-

---

NZG 2008, 389; dazu *Fleischer*, NZG 2008, 371; vgl. auch *Hopt* in Großkomm. AktG, 4. Aufl. 1999, § 93 AktG Rz. 81; *Spindler* in MünchKomm. AktG, 3. Aufl., § 93 AktG Rz. 51 ff.; *Kindler*, ZHR 162 (1998), 101, 103 ff.; *Henze*, NJW 1998, 3309, 3311.
44 *Hüffer*, § 93 AktG Rz. 4b; *Weiss/Buchner*, WM 2005, 162, 163; *Roth*, BB 2004, 1066, 1068.
45 *Hüffer*, § 93 AktG Rz. 4d.
46 *Lutter*, ZIP 2007, 841, 843.
47 *Hüffer*, § 93 AktG Rz. 4c; *Fleischer*, ZIP 2004, 685, 688; *Ihrig*, WM 2004, 2098, 2102; *Hoor*, DStR 2004, 2104, 2106 f.
48 *Hüffer*, § 93 AktG Rz. 4c.
49 *Lutter*, ZIP 2007, 841, 843.
50 *Hüffer*, § 93 AktG Rz. 4 f.; *Lutter*, ZIP 2007, 841, 843.
51 Begr. RegE UMAG BR-Drucks. 3/05, S. 18; *Hopt/Roth* in Großkomm. AktG, 4. Aufl. 2006, § 93 Abs. 1 Satz 2, 4 AktG n.F. Rz. 22; *Hüffer*, § 93 AktG Rz. 4f; *Lutter*, ZIP 2007, 841, 843; *Schäfer*, ZIP 2005, 1253, 1255 f.; *Fleischer*, ZIP 2004, 685, 690.
52 *Hüffer*, § 93 AktG Rz. 4f; *Schäfer*, ZIP 2005, 1253, 1256; *Ihrig*, WM 2004, 2098, 2103.
53 *Lutter*, ZIP 2007, 841, 843 f.; *Bayer* in FS K. Schmidt, S. 85, 90 f.; *Fleischer* in Spindler/Stilz, § 93 AktG Rz. 32; *Fleischer*, NJW 2009, 2337, 2338 und ausführlich *Thole*, ZHR 173 (2009), 505.
54 *Hopt* in Großkomm. AktG, 4. Aufl. 1999, § 93 AktG Rz. 100; *Lutter*, ZIP 2007, 841, 843.

zogen hätte[55]. Dazu müssen nicht sämtliche denkbaren Erkenntnisquellen ausgeschöpft werden, sondern ausreichend ist eine in der konkreten Entscheidungssituation unter Berücksichtigung des Faktors Zeit und Abwägung der Kosten und Nutzen weiterer Informationsgewinnung „angemessene" Tatsachenbasis[56]. Zum **Wohle der Gesellschaft** handelt der Vorstand, wenn Entscheidungsmaßstab das Unternehmensinteresse an der Erhaltung des Bestandes, der Förderung der nachhaltigen Rentabilität und der Steigerung des nachhaltigen Unternehmenswertes ist; vgl. dazu näher oben § 76 Rz. 7 ff. Teilweise wird die Auffassung vertreten, nicht dem Wohle der Gesellschaft dienlich und deshalb dem Privileg der Business Judgment Rule entzogen seien Entscheidungen, mit denen ein **übergroßes Risiko** verbunden ist[57]. Hieran ist richtig, dass Entscheidungen, die zu einer Existenzgefährdung der Gesellschaft führen können, im Einzelfall „unvertretbar" und daher auch unter Geltung der – nicht von vornherein ausgeschlossenen – Business Judgement Rule sorgfaltswidrig sein können. Allerdings können nicht alle Risiken, die im Verwirklichungsfall zur Existenzgefährdung führen können, *per se* als „übergroß" in diesem Sinne bezeichnet werden. Dies gilt insbesondere auch dann, wenn das Eingehen von Risiken, wie etwa bei Banken oder Versicherungen, gerade zum Unternehmensgegenstand gehört[58]. Anderenfalls könnte der Unternehmensgegenstand aus Sorge vor dem Eintritt der Risiken (z.B. Kreditausfälle) nicht verwirklicht werden[59]. Auch ist es denkbar, dass ein Unternehmen hochspezialisiert ist oder seine Zukunftsfähigkeit nur durch eine Maßnahme sichern kann, die im Falle eines Fehlschlags existentielle Risiken mit sich bringt (z.B. Technologiewechsel). Es wird daher vielmehr im Einzelfall darauf ankommen, ob die Eingehung des Risikos aus der auch insoweit maßgeblichen ex ante-Betrachtung noch vertretbar erscheint, wie hoch die Risikoeintrittswahrscheinlichkeit ist und ob die Risiken auf der Grundlage sorgfaltsgemäßer und branchenüblicher Absicherungen eingegangen wurden[60].

Entscheidend ist nicht, ob die Entscheidung tatsächlich auf der Basis angemessener Informationen erfolgte und dem Wohle der Gesellschaft diente, sondern es reicht, dass der Vorstand dies **vernünftigerweise annehmen** durfte. Entscheidend ist auch insoweit, ob die Beurteilung des Vorstands im Zeitpunkt der Entscheidungsfindung aus der Sicht eines ordentlichen Geschäftsleiters vertretbar („vernünftigerweise") erscheint. Dem Vorstand steht also schon bei Auswahl und Gewichtung der Informationen ein deutlicher Spielraum zu[61]. Grobe Fahrlässigkeit, wie sie im Referentent-

14

---

55 Ähnlich *Hüffer*, § 93 AktG Rz. 4g.
56 Vgl. Begr. RegE UMAG, BR-Drucks. 3/05, S. 20 f.; *Spindler* in MünchKomm. AktG, 3. Aufl., § 93 AktG Rz. 47; *Hüffer*, § 93 AktG Rz. 4g; *Lutter*, ZIP 2007, 841, 844 f.; *Grundei/v. Werder*, AG 2005, 825/829 ff.; weiter und entgegen der bewussten gesetzgeberischen Entscheidung *Goette*, ZGR 2008, 436, 448 sowie offenbar (zur GmbH) BGH v. 14.7.2008 – II ZR 202/07, NJW 2008, 3361; bereits wieder zurückhaltender möglicherweise BGH v. 3.11.2008 – II ZR 236/07, NZG 2009, 117; kritisch gegenüber dem BGH zu Recht *Fleischer*, NJW 2009, 2337, 2339 und *Redeke*, NZG 2009, 496.
57 BGH v. 21.4.1997 – II ZR 175/95 – „ARAG/Garmenbeck", BGHZ 135, 244/253 = AG 1997, 377; *Lutter*, ZIP 2007, 841, 845 („Hazard-Entscheidungen") sowie nunmehr *Lutter*, ZIP 2009, 197; großzügiger *M. Roth*, Unternehmerisches Ermessen und Haftung des Vorstands, S. 110 f.
58 Vgl. zu diesem Gesichtspunkt auch *Khanian*, KSzW 2010, 127, 130.
59 Vgl. auch *Schäfer/Zeller*, BB 2009, 1706, 1708; *v. Randow*, ZGR 1996, 594, 605 ff. m.w.N.; *Kiethe*, WM 2003, 861, 865; *Kiethe*, BKR 2005, 177, 180.
60 Vgl. etwa *Hopt* in Großkomm. AktG, 4. Aufl. 1999, § 93 AktG Rz. 82 mit dem Beispiel, dass das bestandsgefährdende Risiko der Gesellschaft die Chance eröffnet, am Markt zu verbleiben, statt aufgeben zu müssen; ferner *Balthasar/Hamelmann*, WM 2010, 589, 590 f.; *Spindler*, WM 2010, 281, 284; *Redeke*, ZIP 2010, 159 ff. für „abstrakte" Bestandsgefährdungen.
61 Vgl. Begr. RegE UMAG, BR-Drucks. 3/05, S. 21; *Lutter*, ZIP 2007, 841, 844 f.

wurf des UMAG zunächst erwogen wurde[62], ist hingegen nicht erforderlich, um das Eingreifen der Business Judgment Rule auszuschließen.

15 Nach verbreiteter Ansicht soll die Business Judgment Rule – angelsächsischem Vorbild folgend – nur zum Zuge kommen, wenn das Vorstandsmitglied sich bei der Entscheidungsfindung nicht in einem **Interessenwiderstreit** befand[63]. Das ist problematisch und jedenfalls nicht mit dem Erfordernis zu begründen, dass das Vorstandsmitglied gutgläubig zum Wohle der Gesellschaft handeln muss[64]. Gutgläubig zum Wohle der Gesellschaft kann auch derjenige handeln, der sich in einem Interessenkonflikt befindet, die widerstreitenden Interessen bei der Entscheidung jedoch ausblendet. Es wäre auch verfehlt, dem Vorstandsmitglied in einer solchen Situation den unternehmerischen Ermessensspielraum zu versagen, denn dann müsste im Haftungsprozess ein mit dieser Aufgabe überfordertes Gericht anstelle des dafür zuständigen Vorstands entscheiden, welches die unternehmerisch „richtige" Entscheidung gewesen wäre. Allerdings ist der Interessenkonflikt in die Prüfung mit einzubeziehen und zu fragen, ob das Vorstandsmitglied bei der Entscheidung trotz des bestehenden Interessenkonflikts annehmen durfte, im besten Interesse der Gesellschaft zu handeln. Im Ergebnis wollen allerdings auch diejenigen, die die Freiheit von Interessenkonflikten als ungeschriebenes Tatbestandsmerkmal ansehen, das kaufmännische Ermessen der Vorstandsmitglieder im Konfliktsfall nicht gänzlich beseitigen, sondern nur eine strengere gerichtliche Prüfung der Frage erreichen, ob die Entscheidung sorgfältig vorbereitet und inhaltlich vertretbar war[65].

Im Zusammenhang mit der **Finanzmarktkrise** wurde teilweise die Ansicht vertreten, dass die Tätigung bestimmter Geschäfte, wie beispielsweise Investments in Asset Backed Securities oder derivative Finanzierungsinstrumente, oder der Rückgriff auf Informationen von Ratingagenturen *per se* sorgfaltswidrig sei[66]. Dem ist in dieser Allgemeinheit nicht zu folgen. Vielmehr sind auch hier die Grundsätze der Business Judgment Rule sowie des Prinzips der ex ante-Betrachtung streng zu beachten[67]. Beim Rückgriff auf Informationen von Ratingagenturen wird es wie auch sonst beim Rückgriff auf Ratschläge Dritter im Einzelfall darauf ankommen, welche weiteren Informationen zur Verfügung standen und ob die Aussagen der Ratingagenturen in der Branche anerkannt waren und ihre Heranziehung branchenüblich war[68].

### 3. Treuepflichten

16 Vorstandsmitglieder trifft gegenüber der Gesellschaft eine Treuepflicht, die ihre Grundlage in der Organstellung hat[69]. Eine gesetzliche Ausprägung ist das Wettbewerbsverbot des § 88. Darüber hinaus geht es allgemein um die Pflicht, der Gesell-

---

62 Vgl. § 93 Abs. 1 Satz 2 des Referentenentwurfs zum UMAG, NZG 2004, Sonderbeilage 4, 5; dazu kritisch DAV-Handelsrechtsausschuss, NZG 2004, 555, 556; *Schäfer*, ZIP 2005, 1253, 1258; *Ulmer*, DB 2004, 859, 862 f.; *Ihrig*, WM 2004, 2098, 2106.
63 Vgl. nur Begr. RegE UMAG BR-Drucks. 3/05, S. 20; *Lutter*, ZIP 2007, 841, 844; *Fleischer*, ZIP 2004, 685, 690 f.; anscheinend auch *Hüffer*, § 93 AktG Rz. 4g; *Lutter* in FS Priester, 2007, S. 417, 423.
64 So aber Begr. RegE UMAG BR-Drucks. 3/05, S. 20; auch *Lutter*, ZIP 2007, 841, 844, man könne in dieser Situation nicht davon ausgehen, dass das Vorstandsmitglied nur zum Wohle der Gesellschaft handele; zurückhaltend *Hüffer*, § 93 AktG Rz. 4g.
65 Besonders deutlich *Lutter*, ZIP 2007, 841, 845 f.
66 Zu Derivaten vgl. *Säcker* in FS Röhricht, S. 497, 506; *Säcker*, NJW 2008, 3313; vgl. ferner zu der Thematik *Lutter*, BB 2009, 786 ff. sowie *Lutter*, ZIP 2009, 197 ff.
67 Vgl. zutreffend *Balthasar/Hamelmann*, WM 2010, 589, 591 ff.; *Empt*, KSzW 2010, 107, 111 f.
68 Vgl. *Balthasar/Hamelmann*, WM 2010, 589, 592; enger *Spindler*, WM 2010, 281, 284.
69 BGH v. 28.4.1954 – II ZR 211/53, BGHZ 13, 188, 192; BGH v. 26.3.1956 – II ZR 57/55, BGHZ 20, 239, 246; BGH v. 9.11.1967 – II ZR 64/67, BGHZ 49, 30, 31; *Spindler* in MünchKomm. AktG, 3. Aufl., § 76 AktG Rz. 14; *Hopt* in Großkomm. AktG, 4. Aufl. 1999, § 93 AktG

schaft loyal zu dienen[70] und das Interesse der Gesellschaft zu wahren. Das Vorstandsmitglied darf die Organstellung nicht für die Verfolgung persönlicher Interessen missbrauchen[71]. Daraus folgt insbesondere die Verpflichtung, Geschäftschancen der Gesellschaft für diese zu nutzen und das korrespondierende Verbot, solche Geschäftschancen selbst auszubeuten oder nahe stehenden Dritten zu überlassen[72]. Bei eigenen Geschäften mit der Gesellschaft, insbesondere bei der Aushandlung der Anstellungsbedingungen, brauchen Vorstandsmitglieder ihre eigenen Interessen jedoch nicht zurückzustellen[73]. Außerhalb der Aushandlung des Anstellungsvertrages sind Vorstandsmitglieder jedoch auch bei Eigengeschäften mit der Gesellschaft gehalten, das Interesse der Gesellschaft zu wahren und keine Geschäfte abzuschließen, die nicht auch einem Drittvergleich standhalten[74].

**4. Verschwiegenheitspflicht (§ 93 Abs. 1 Satz 3)**

Vorstandsmitglieder haben über vertrauliche Angaben und Geheimnisse der Gesellschaft, namentlich Betriebs- oder Geschäftsgeheimnisse, die ihnen durch ihre Tätigkeit im Vorstand bekannt geworden sind, Stillschweigen zu bewahren (§ 93 Abs. 1 Satz 3). Die Verschwiegenheitspflicht trifft **alle Vorstandsmitglieder**, auch gerichtlich bestellte (§ 104 Abs. 2) und in den Vorstand entsandte Aufsichtsratsmitglieder (§ 105 Abs. 2). Sie dauert nach Beendigung der Amtszeit fort[75]. Sie ist **gesetzlich zwingend** und kann durch die Satzung, die Geschäftsordnung des Vorstands oder den Anstellungsvertrag weder eingeschränkt werden[76], noch ist eine Erweiterung möglich[77]. 17

**Geheimnisse** der Gesellschaft sind alle Tatsachen, die nicht offenkundig, sondern nur einem begrenzten Personenkreis bekannt sind, die nach dem – geäußerten oder mutmaßlichen – Willen der Gesellschaft geheim gehalten werden sollen und hinsichtlich derer ein berechtigtes wirtschaftliches Interesse an der Geheimhaltung besteht[78]. Betriebs- und Geschäftsgeheimnisse sind Beispiele hierfür, wobei unter Betriebsgeheimnisse technische Informationen (Herstellungsverfahren, Rezepturen, Forschungsvorhaben usw.) und unter Geschäftsgeheimnisse kaufmännische Informationen (Kundenstamm, Marketingstrategie, Kreditverträge, Unternehmensplanung, usw.) fallen. 18

---

Rz. 144; *Mertens/Cahn* in KölnKomm. AktG, 3. Aufl., § 93 AktG Rz. 95 ff.; *Hüffer*, § 84 AktG Rz. 9; *Fleischer*, WM 2003, 1045, 1046.
70 *Mertens/Cahn* in KölnKomm. AktG, 3. Aufl., § 93 AktG Rz. 96; *Hopt* in Großkomm. AktG, 4. Aufl. 1999, § 93 AktG Rz. 45; *Kübler* in FS Werner, 1984, S. 437, 438.
71 Näher *Mertens/Cahn* in KölnKomm. AktG, 3. Aufl., § 93 AktG Rz. 99 ff.; *Hopt* in Großkomm. AktG, 4. Aufl. 1999, § 93 AktG Rz. 176 ff.
72 BGH v. 21.2.1983 – II ZR 183/82, WM 1983, 498; BGH v. 23.9.1985 – II ZR 246/84, WM 1985, 1443; *Mertens/Cahn* in KölnKomm. AktG, 3. Aufl., § 93 AktG Rz. 105; *Hopt* in Großkomm. AktG, 4. Aufl. 1999, § 93 AktG Rz. 166 ff.
73 BGH v. 26.10.1964 – II ZR 127/62, WM 1964, 1320 f.; RGZ 148, 357, 361; *Hopt* in Großkomm. AktG, 4. Aufl. 1999, § 93 AktG Rz. 155.
74 *Hopt* in Großkomm. AktG, 4. Aufl. 1999, § 93 AktG Rz. 159; *Mertens/Cahn* in KölnKomm. AktG, 3. Aufl., § 93 AktG Rz. 107.
75 Begr. RegE AktG, *Kropff*, Aktiengesetz, S. 123; *Spindler* in MünchKomm. AktG, 3. Aufl., § 93 AktG Rz. 115; *Hüffer*, § 93 AktG Rz. 7.
76 Insoweit allg. Meinung, z.B. *Spindler* in MünchKomm. AktG, 3. Aufl., § 93 AktG Rz. 125.
77 BGH v. 5.6.1975 – II ZR 156/73, BGHZ 64, 325, 327; *Spindler* in MünchKomm. AktG, 3. Aufl., § 93 AktG Rz. 125; *Mertens/Cahn* in KölnKomm. AktG, 3. Aufl., § 93 AktG Rz. 8; *Kittner*, ZHR 136 (1972), 249; *Hopt* in Großkomm. AktG, 4. Aufl. 1999, § 93 AktG Rz. 199.
78 BGH v. 5.6.1975 – II ZR 156/73, BGHZ 64, 325, 329; *Spindler* in MünchKomm. AktG, 3. Aufl., § 93 AktG Rz. 100; *Hüffer*, § 93 AktG Rz. 7; *Lutter*, Information und Vertraulichkeit, Rz. 410 ff.

19  **Vertrauliche Angelegenheiten** sind alle Informationen, hinsichtlich deren ein Interesse der Gesellschaft daran besteht, dass sie nicht weitergegeben werden. Das kann auch bei Informationen der Fall sein, die an sich offenkundig und deshalb kein Geheimnis (mehr) sind[79]. Eine Kennzeichnung der Angabe als „vertraulich" ist nicht erforderlich[80]. Ein Interesse der Gesellschaft an vertraulicher Behandlung kann sich auch aus einem entsprechenden Interesse Dritter (z.B. Kunden- oder Lieferanteninformation) ergeben, sofern die Gesellschaft – etwa zum Schutze ihrer Kunden- und Lieferantenbeziehungen – ein eigenes Interesse an der vertraulichen Behandlung der Information hat[81].

20  Geschützt sind Geheimnisse und vertrauliche Angaben, sofern diese den Vorstandsmitgliedern **durch ihre Vorstandstätigkeit** bekannt geworden sind. Dabei ist nicht erforderlich, dass die Angelegenheit im Vorstand behandelt wurde, sondern es genügt, dass die Vorstandsmitgliedschaft für die Informationserteilung ursächlich war[82]. Aus der allgemeinen Treuepflicht kann allerdings eine weitergehende Verpflichtung folgen, auch privat erlangte Informationen vertraulich zu behandeln, soweit das Interesse der Gesellschaft dies verlangt[83].

21  Die Verschwiegenheit ist grundsätzlich **gegenüber jedermann** zu wahren, auch gegenüber Aktionären, Arbeitnehmern, dem Betriebsrat und anderen Organen der Betriebsverfassung[84]. Hingegen gibt es keine Verschwiegenheitspflicht der Vorstandsmitglieder untereinander[85] und keine Verschwiegenheitspflicht gegenüber dem Aufsichtsrat[86]. Darüber hinaus bestehen verschiedene **Ausnahmen**. Insbesondere besteht im Konzern keine Verschwiegenheitspflicht gegenüber dem konzernleitenden Unternehmen, allerdings unterfällt die Informationserteilung den §§ 311 ff., d.h. sie kann zum Nachteilsausgleich verpflichten und in den Abhängigkeitsbericht aufzunehmen sein[87]. Keine Verschwiegenheitsverpflichtung besteht auch gegenüber den Abschlussprüfern (§ 320 Abs. 2 HGB) und gegenüber der Prüfstelle für Rechnungslegung i.S. von § 342b HGB. Letzteres wird in § 93 Abs. 1 Satz 4 ausdrücklich geregelt. Die Regelung ist trotz § 342b Abs. 4 HGB sinnvoll um klarzustellen, dass Unternehmen an einer Prüfung durch die Prüfstelle freiwillig mitwirken und sich damit den Informationspflichten des § 342b Abs. 4 HGB unterwerfen können. Weitere gesetzliche Durchbrechungen der Verschwiegenheitsverpflichtung finden sich in den kapitalmarktrechtlichen Vorschriften über die ad-hoc Publizität (§ 15 WpHG) und die Abgabe von Beteiligungsmitteilungen (§§ 21 ff. WpHG). Daneben besteht eine Vielzahl behördlicher Auskunftsrechte aufgrund spezieller Vorschriften des öffentlichen Rechts[88].

---

[79] Allgemeine Meinung, vgl. etwa *Spindler* in MünchKomm. AktG, 3. Aufl., § 93 AktG Rz. 103; *Hopt* in Großkomm. AktG, 4. Aufl. 1999, § 93 AktG Rz. 196; *Hüffer*, § 93 AktG Rz. 7; *Lutter*, Information und Vertraulichkeit, Rz. 453.

[80] Begr. RegE AktG, abgedruckt bei *Kropff*, Aktiengesetz, S. 122 f.; *Spindler* in MünchKomm. AktG, 3. Aufl., § 93 AktG Rz. 103; *Hüffer*, § 93 AktG Rz. 7.

[81] *Spindler* in MünchKomm. AktG, 3. Aufl., § 93 AktG Rz. 103; *Lutter*, Information und Vertraulichkeit, Rz. 417, 490, 502 ff.; *v. Stebut*, Geheimnisschutz, S. 65.

[82] *Spindler* in MünchKomm. AktG, 3. Aufl., § 93 AktG Rz. 105.

[83] *Hopt* in Großkomm. AktG, 4. Aufl. 1999, § 93 AktG Rz. 198.

[84] *Spindler* in MünchKomm. AktG, 3. Aufl., § 93 AktG Rz. 107 f.; *Hüffer*, § 93 AktG Rz. 8; *Lutter*, Information und Vertraulichkeit, Rz. 465 ff.

[85] *Hüffer*, § 93 AktG Rz. 8; *Lutter*, Information und Vertraulichkeit, Rz. 463.

[86] BGH v. 26.3.1956 – II ZR 57/55, BGHZ 20, 239, 246; BGH v. 6.3.1997 – II ZB 4/96, BGHZ 135, 48, 56; *Hüffer*, § 93 AktG Rz. 8; *Lutter*, Information und Vertraulichkeit, Rz. 463.

[87] Ganz h.M., z.B. *Krieger* in MünchHdb. AG, § 69 Rz. 26; *Lutter*, Information und Vertraulichkeit, Rz. 178, 480; *J. Semler*, Leitung und Überwachung der Aktiengesellschaft, Rz. 290 ff., 300 ff.; zu eng *Spindler* in MünchKomm. AktG, 3. Aufl., § 93 AktG Rz. 108.

[88] Vgl. etwa *Hüffer*, § 93 AktG Rz. 8a.

Geheimnisse und vertrauliche Angaben können offen gelegt werden, wenn ein entsprechendes **Offenlegungsinteresse der Gesellschaft** besteht, welches das Geheimhaltungsinteresse überwiegt. Das wird häufig bei der Beauftragung von Beratern der Fall sein[89], wobei solche, die nicht schon von Berufs wegen zur Verschwiegenheit verpflichtet sind, vertraglich zur Verschwiegenheit verpflichtet werden müssen[90]. Die Offenlegung geheimer oder vertraulicher Informationen zur Ermöglichung einer **Due Diligence-Prüfung** ist zulässig, sofern die Gesellschaft ein eigenes, ihr Geheimhaltungsinteresse überwiegendes Interesse an dem Zustandekommen des Erwerbsgeschäfts hat; das Verfahren ist so auszugestalten, dass das Geheimhaltungsinteresse der Gesellschaft möglichst weitgehend geschützt wird (Abschluss von Vertraulichkeitsvereinbarungen; Offenlegung besonders vertraulicher Informationen erst bei fortbestehendem Erwerbsinteresse in einem späteren Verfahrensstadium usw.)[91]. Die Entscheidung über die Offenlegung von Informationen zum Zwecke einer Due Diligence ist wegen ihrer Bedeutung dem Gesamtvorstand vorbehalten[92]; die Informationserteilung an Berater und die Offenlegung weniger wichtiger Einzelinformationen können auch einzelne Vorstandsmitglieder im Rahmen ihrer Ressortzuständigkeit entscheiden[93]. In Ausnahmefällen können Vorstandsmitglieder vertrauliche Informationen offen legen, soweit dies für die **eigene Rechtsverteidigung** – etwa zur Verteidigung gegen Schadensersatzansprüche oder gegen eine vorzeitige Abberufung aus wichtigem Grund – erforderlich ist[94]. 22

Im **Zivilprozess** können Vorstandsmitglieder ihre Vernehmung als Partei im Hinblick auf ihre Verschwiegenheitspflicht ablehnen (§ 446 ZPO)[95]; ausgeschiedene Vorstandsmitglieder haben im Zivilprozess ein Zeugnisverweigerungsrecht, soweit Geheimnisse oder vertrauliche Angaben der Gesellschaft betroffen sind (§§ 383 Abs. 1 Nr. 6, 384 Nr. 3 ZPO)[96]. 23

Eine **Verletzung der Verschwiegenheitspflicht** kann einen wichtigen Grund zur Abberufung des Vorstandsmitglieds (§ 84 Abs. 3 Satz 1) und zur Kündigung seines Anstellungsvertrages (§ 626 BGB) darstellen. Entsteht der Gesellschaft aus dem Geheimnisbruch ein Schaden, ist das Vorstandsmitglied ersatzpflichtig (§ 93 Abs. 2). Eine unzulässige Offenbarung von Geheimnissen der Gesellschaft ist darüber hinaus strafbar (§ 404). Daneben kann bei börsennotierten Aktiengesellschaften eine Strafbarkeit we- 24

---

89 *Spindler* in MünchKomm. AktG, 3. Aufl., § 93 AktG Rz. 109; *Hüffer*, § 93 AktG Rz. 8; *Mertens/Cahn* in KölnKomm. AktG, 3. Aufl., § 93 AktG Rz. 120.
90 Vgl. nur *Lutter*, Information und Vertraulichkeit, Rz. 553 f. zu Beratern von Aufsichtsratsmitgliedern.
91 Vgl. im Einzelnen *Spindler* in MünchKomm. AktG, 3. Aufl., § 93 AktG Rz. 120; *Hüffer*, § 93 AktG Rz. 8; *Hopt* in Großkomm. AktG, 4. Aufl. 1999, § 93 AktG Rz. 213; *Hemeling*, ZHR 169 (2005), 274, 276 ff.; *Banerjea*, ZIP 2003, 1730 f.; *K. J. Müller*, NJW 2002, 3552, 3554; *Körber*, NZG 2002, 263, 269; *Ziemons*, AG 1999, 492; enger *Lutter*, ZIP 1997, 613, 617 f., der ein „ungewöhnliches und überragendes" Eigeninteresse der Gesellschaft verlangt; unzutreffend *Krömker*, NZG 2003, 418, der sich für eine Offenlegungsverpflichtung des Vorstands ausspricht.
92 So im Ergebnis *Spindler* in MünchKomm. AktG, 3. Aufl., § 93 AktG Rz. 124; *K. J. Müller*, NJW 2000, 3452, 3453; *Ziemons*, AG 1999, 492, 494; *Roschmann/Frey*, AG 1996, 449, 452.
93 *Spindler* in MünchKomm. AktG, 3. Aufl., § 93 AktG Rz. 124; *v. Stebut*, Geheimnisschutz, S. 109.
94 *Spindler* in MünchKomm. AktG, 3. Aufl., § 93 AktG Rz. 116; *Mertens/Cahn* in KölnKomm. AktG, 3. Aufl., § 93 AktG Rz. 121; *Hüffer*, § 93 AktG Rz. 8.
95 OLG Koblenz v. 5.3.1987 – 6 W 38/87, WM 1987, 480/481 = AG 1987,184; *Hüffer*, § 93 AktG Rz. 9; *Wiesner* in MünchHdb. AG, § 25 Rz. 44.
96 OLG Koblenz v. 5.3.1987 – 6 W 38/87, WM 1987, 480/481 = AG 1987, 184; *Hüffer*, § 93 AktG Rz. 9; *Wiesner* in MünchHdb. AG, § 25 Rz. 44.

gen unzulässiger Offenbarung einer Insidertatsache in Betracht kommen (§ 38 Abs. 1 Nr. 2 i.V.m. § 14 Abs. 1 Nr. 2 WpHG).

## III. Schadensersatzpflicht (§ 93 Abs. 2)

### 1. Ersatzanspruch

#### a) Allgemeines

25 Vorstandsmitglieder, die ihre Pflichten verletzen, sind gem. § 93 Abs. 2 zum Ersatz des daraus entstehenden Schadens verpflichtet. Haben mehrere Vorstandsmitglieder ihre Pflichten verletzt, haften sie als **Gesamtschuldner** nach §§ 421 ff. BGB. Die Gesellschaft kann also jedes Vorstandsmitglied auf den Ersatz des gesamten von ihm mitursächlich herbeigeführten Schadens in Anspruch nehmen, ohne dass es auf den Grad der Verantwortlichkeit ankäme. Im **Innenverhältnis** mehrerer Vorstandsmitglieder können unterschiedliche Verantwortlichkeiten allerdings zu unterschiedlichen Haftungsbeiträgen führen[97]. Dabei kommt es auf die Schwere der individuellen Pflichtverletzung und den Grad des individuellen Verschuldens an. Das ressortzuständige Vorstandsmitglied kann stärker heranzuziehen sein als andere Vorstandsmitglieder, die nicht unmittelbar zuständig waren[98]. Der Vorstandsvorsitzende haftet unter Umständen stärker als einfache Vorstandsmitglieder[99]. Zur **Geltendmachung des Ersatzanspruchs**, insbesondere zur Pflicht des Aufsichtsrats zur Anspruchsverfolgung vgl. unten Rz. 35.

#### b) Pflichtverletzung

26 Die Haftung setzt eine Pflichtverletzung voraus. Dazu gehören in erster Linie die Sorgfalts-, Treue- und Verschwiegenheitspflichten des § 93 Abs. 1, daneben aber auch etwa weitergehende Pflichten aus dem Anstellungsvertrag[100].

27 Soweit das Prinzip der Gesamtgeschäftsführung gilt, sind bei einer Verletzung der Sorgfaltspflicht grundsätzlich alle Vorstandsmitglieder betroffen; Unterschiede sind allenfalls aufgrund unterschiedlicher Informationsstände im Rahmen der Business Judgment Rule des § 93 Abs. 1 Satz 2 denkbar. Besteht, wie üblich, eine **Geschäftsverteilung**, ist zu unterscheiden zwischen Leitung (§ 76 Abs. 1) und Geschäftsführung (§ 77 Abs. 1): Für die Leitungsaufgaben ist stets der Gesamtvorstand zuständig, einzelne Vorstandsmitglieder oder nachgeordnete Mitarbeiter können mit der Vorbereitung beauftragt werden, eine Delegaton ist jedoch ausgeschlossen[101]. Bei Pflichtverletzungen im Bereich dieser Leitungsaufgaben kann sich ein Vorstandsmitglied daher nicht mit dem Hinweis entlasten, ihn habe für die Angelegenheit keine Zuständigkeit getroffen. Zu diesen Leitungsaufgaben gehören grundsätzliche Festlegungen der Unternehmenspolitik, die Besetzung von Führungspositionen, geschäftliche Maßnahmen von außergewöhnlicher Bedeutung sowie die Einrichtung der den be-

---

97 *Hüffer*, § 93 AktG Rz. 18; *Spindler* in MünchKomm. AktG, 3. Aufl., § 93 AktG Rz. 127; *Mertens/Cahn* in KölnKomm. AktG, 3. Aufl., § 93 AktG Rz. 50; *Hopt* in Großkomm. AktG, 4. Aufl. 1999, § 93 AktG Rz. 300 ff.
98 *Mertens/Cahn* in KölnKomm. AktG, 3. Aufl., § 93 AktG Rz. 50; *Hopt* in Großkomm. AktG, 4. Aufl. 1999, § 93 AktG Rz. 301.
99 *Hopt* in Großkomm. AktG, 4. Aufl. 1999, § 93 AktG Rz. 301.
100 *Mertens/Cahn* in KölnKomm. AktG, 3. Aufl., § 93 AktG Rz. 4, 124; *Hüffer*, § 93 AktG Rz. 13; *Hopt* in Großkomm. AktG, 4. Aufl. 1999, § 93 AktG Rz. 227 f.; *Wiesner* in MünchHdb. AG, § 26 Rz. 5.
101 Vgl. etwa *Fleischer* in Spindler/Stilz, § 76 AktG Rz. 8 f.; *Spindler* in MünchKomm. AktG, 3. Aufl., § 76 AktG Rz. 19; *Krieger* in Krieger/Uwe H. Schneider, Handbuch Managerhaftung, § 3 Rz. 19.

triebswirtschaftlichen Anforderungen genügenden Führungsinstrumente wie Planung, Steuerung, Organisation und Controlling. Hierzu zählen auch die Einrichtung eines angemessenen Risikomanagements und einer funktionsfähigen Compliance-Organisation[102]. Ferner gehören zu den nicht delegationsfähigen Leitungsaufgaben solche Aufgaben, die kraft gesetzlicher Anordnung zwingend vom Gesamtvorstand zu erledigen sind, wie die Vorbereitung und Ausführung von Hauptversammlungsbeschlüssen (§ 83), die Berichterstattung an den Aufsichtsrat (§ 90) usw[103]. Außerhalb des Bereichs der Leitungsaufgaben werden die nicht ressortzuständigen Vorstandsmitglieder durch eine Geschäftsverteilung von ihrer Verantwortung für die gesamte Geschäftsführung ebenfalls nicht vollständig befreit[104], da der Grundsatz der Gesamtverantwortung des Vorstandes weiterhin gilt. Jedoch liegt die Geschäftsführungsverpflichtung in erster Linie bei dem jeweils ressortzuständigen Vorstandsmitglied, während sich die Pflichten der übrigen Vorstandsmitglieder auf eine allgemeine Aufsicht über die Ressortgeschäftsführung der Kollegen beschränken (vgl. oben § 77 Rz. 16 ff.). Für Fehler bei der Ressortgeschäftsführung haften die nicht ressortzuständigen Vorstandsmitglieder daher nur dann, wenn sie ihre Aufsichtspflicht verletzen. Dabei können sie sich grundsätzlich auf den Vertrauensgrundsatz berufen. Die Aufsichtspflicht ist aber dann verletzt, wenn Anhaltspunkte für Pflichtverletzungen des zuständigen Vorstandsmitglieds bestehen und diesen nicht nachgegangen wird[105]. Solange Anhaltspunkte für Pflichtverletzungen fehlen und sich die übrigen Vorstandsmitglieder in angemessener Form über die Ressortgeschäftsführung haben unterrichten lassen, trifft diese nicht der Vorwurf der Pflichtverletzung und damit auch keine Haftung[106]. Welche Anforderungen an die Überwachungstätigkeit der nicht ressortzuständigen Vorstandsmitglieder zu stellen sind, ist eine Frage des Einzelfalls. Insoweit sind Größe und Gegenstand des Unternehmens ebenso zu beachten wie die Bedeutung der Geschäfte, Art der übertragenen Aufgaben sowie die Risikoträchtigkeit eines Produkts[107]. In Krisensituationen, bei sich häufenden Fehlentwicklungen in einem Ressort sowie bei Aufgaben, die prinzipiell dem Gesamtorgan spezialgesetzlich zugewiesen oder besonders strafbewehrt sind, werden zudem strengere Anforderungen an die Überwachungspflicht zu stellen sein[108]. Der Überwachungspflicht des ressortfremden Vorstandsmitglieds entspricht ein Informationsanspruch gegenüber den

---

102 Näher *Fleischer* in Spindler/Stilz, § 76 AktG Rz. 16 ff.; *Spindler* in MünchKomm. AktG, 3. Aufl., § 76 AktG Rz. 17.
103 Vgl. im Einzelnen die Aufstellung bei *Fleischer* in Spindler/Stilz, § 76 AktG Rz. 19; *Spindler* in MünchKomm. AktG, 3. Aufl., § 76 AktG Rz. 16; *Schiessl*, ZGR 1992, 64, 67 f.
104 BGH v. 8.7.1985 – II ZR 198/84, NJW 1986, 54, 55; BGH v. 26.6.1995 – II ZR 109/94, NJW 1995, 2850, 2851; BGH v. 15.10.1996 – VI ZR 319/95, BGHZ 133, 370, 377 f.; *Spindler* in MünchKomm. AktG, 3. Aufl., § 93 AktG Rz. 132; *Mertens/Cahn* in KölnKomm. AktG, 3. Aufl., § 93 AktG Rz. 92; *Hüffer*, § 93 AktG Rz. 13a.
105 Vgl. auch BGH v. 15.10.1996 – VI ZR 319/95, BGHZ 133, 370/378 f. = AG 1997, 37; OLG Hamburg v. 18.2.2000 – 11 U 213/98, AG 2001, 141, 144; OLG Köln v. 31.8.2000 – 18 U 42/00, AG 2001, 363, 364; OLG Köln v. 26.8.1999 – 1 U 43/99, AG 2000, 281, 284; *Spindler* in MünchKomm. AktG, 3. Aufl., § 93 AktG Rz. 132; *Mertens/Cahn* in KölnKomm. AktG, 3. Aufl., § 93 AktG Rz. 92; *Hüffer*, § 93 AktG Rz. 13a.
106 Unrichtig VG Frankfurt v. 8.7.2004 – 1E 7363/03 [1], WM 2004, 2157/2161, wo die Haftung auf die Inhaber sachnaher Vorstandsressorts ausgedehnt wird; ablehnend demgegenüber auch *Hüffer*, § 93 AktG Rz. 13a; *Habersack*, WM 2005, 2360, 2363 f.; *Wolf*, VersR 2005, 1042.
107 *Spindler* in MünchKomm. AktG, 3. Aufl., § 93 AktG Rz. 135.
108 *Spindler* in MünchKomm. AktG, 3. Aufl., § 93 AktG Rz. 135, 139 ff. Dies wird insbesondere für die Abführung von Sozialversicherungsbeiträgen sowie von Abgaben und Steuern vertreten. In Krisensituationen folgt aber bereits aus der Insolvenzantragspflicht des gesamten Vorstandes dessen gesteigerte Überwachungspflicht in Hinblick auf Finanzressorts, Controlling, interne Revision und das interne Risikomanagementsystem.

anderen Vorstandsmitgliedern[109]. Es sind daher organisatorische Voraussetzungen zu schaffen, die die jederzeitige Verfügbarkeit von wirtschaftlichen und finanziellen Informationen und Daten für alle Geschäftsleitungsmitglieder gewährleisten[110]. Hierbei ist dem Vorstand ein breites Ermessen zuzubilligen[111].

28 Entsprechende Grundsätze gelten bei anderen Formen der Arbeitsteilung im Vorstand, insbesondere bei der Einrichtung spezieller **Vorstandsausschüsse** für bestimmte Geschäftsführungsangelegenheiten[112]. Überdies trifft auch den **Vorstandsvorsitzenden** (nicht jedoch den Vorstandssprecher) entsprechend seiner gesteigerten Verpflichtung zur vorstandsinternen Koordination und Überwachung[113] eine erhöhte Überwachungsverpflichtung und damit auch ein erhöhtes Haftungsrisiko[114]. Dem erhöhten Haftungsrisiko des Vorstandsvorsitzenden entspricht aber keine weitere Lockerung der Verantwortlichkeit der übrigen Vorstandsmitglieder. Diese können sich insbesondere nicht mit Hinweis darauf exkulpieren, eine Weisung des Vorstandsvorsitzenden ausgeführt zu haben.

Besonderheiten gelten bei Mehrheitsbeschlüssen. Wird ein Vorstandsmitglied bei einem die Pflichten des § 93 verletzenden Beschluss überstimmt, entfällt hierdurch nicht die Verantwortlichkeit des Vorstandsmitglieds. Die allgemeine Sorgfaltspflicht gebietet es, zumutbare Schritte einzuleiten, um die Ausführung des Beschlusses zu verhindern[115]. Insofern darf man aber keine überzogenen Anforderungen an das Vorstandsmitglied stellen. Denn die Verschwiegenheitspflicht verbietet es, Gesellschaftsinterna an Außenstehende weiterzugeben. Zunächst ist das Vorstandsmitglied daher gehalten, eine Klärung im Vorstand herbeizuführen; bleibt dies ergebnislos, ist der Aufsichtsrat zu informieren, der im Rahmen seiner Kompetenzen eingreifen kann (z.B. § 84 Abs. 3)[116].

### c) Verschulden

29 Die Schadensersatzpflicht setzt Verschulden voraus, d.h. eine vorsätzliche oder fahrlässige Verletzung der geschuldeten Sorgfalt eines ordentlichen und gewissenhaften Geschäftsleiters; diese wird allerdings im Rahmen von § 93 Abs. 2 Satz 2 vermutet (vgl. unten Rz. 31). Es handelt es sich um einen **typisierten Sorgfaltsmaßstab**, das Vorstandsmitglied kann sich also nicht mit dem Einwand entlasten, ihm hätten die nötigen Fähigkeiten gefehlt[117]. In Angelegenheiten, für die das eigene Fachwissen nicht ausreicht, ist entsprechender Rat einzuholen[118]; ist der Berater ordentlich aus-

---

109 *Spindler* in MünchKomm. AktG, 3. Aufl., § 93 AktG Rz. 143; *Fleischer* in Spindler/Stilz, § 77 Rz. 48.
110 *Spindler* in MünchKomm. AktG, 3. Aufl., § 93 AktG Rz. 143.
111 *Spindler* in MünchKomm. AktG, 3. Aufl., § 93 AktG Rz. 143; *Hoffmann-Becking*, ZGR 1998, 497, 513; *Fleischer*, NZG 2003, 449, 454.
112 *Spindler* in MünchKomm. AktG, 3. Aufl., § 93 AktG Rz. 148.
113 *Spindler* in MünchKomm. AktG, 3. Aufl., § 84 AktG Rz. 102; *Lutter/Krieger*, Rechte und Pflichten des Aufsichtsrats, Rz. 457; *Wiesner* in MünchHdb. AG, § 24 Rz. 3 f.; *Bezzenberger*, ZGR 1996, 661, 662.
114 *Spindler* in MünchKomm. AktG, 3. Aufl., § 93 AktG Rz. 145; *Fonk* in Semler/v. Schenck, Arbeitshandbuch Aufsichtsratsmitglieder, § 9 Rz. 58; *Bezzenberger*, ZGR 1996, 661, 673; a.A. *v. Hein*, ZHR 166 (2002), 464, 487 ff.
115 *Spindler* in MünchKomm. AktG, 3. Aufl., § 93 AktG Rz. 149 ff.; *Mertens/Cahn* in Köln-Komm. AktG, 3. Aufl., § 77 AktG Rz. 50.
116 So auch *Spindler* in MünchKomm. AktG, 3. Aufl., § 93 AktG Rz. 150.
117 BGH v. 28.10.1971 – II ZR 49/70, WM 1971, 1548, 1549; *Spindler* in MünchKomm. AktG, 3. Aufl., § 93 AktG Rz. 158; *Hüffer*, § 93 AktG Rz. 14; *Wiesner* in MünchHdb. AG, § 26 Rz. 9.
118 BGH v. 21.2.1983 – II ZR 183/82, WM 1983, 438; *Spindler* in MünchKomm. AktG, 3. Aufl., § 93 AktG Rz. 159.; *Wiesner* in MünchHdb. AG, § 26 Rz. 9.

gewählt und sein Rat einer Plausibilitätsprüfung unterzogen, hat das Vorstandsmitglied seine Pflichten erfüllt und haftet mangels Pflichtwidrigkeit auch dann nicht, wenn sich der Rat als fehlerhaft erweist[119]. Die arbeitsrechtlichen Grundsätze über die Haftung bei betrieblichen Tätigkeiten[120] finden auf Vorstandsmitglieder keine Anwendung[121]. Die Haftung setzt **eigenes Verschulden** voraus. Eine Zurechnung des Verschuldens von anderen Vorstandsmitgliedern oder Mitarbeitern der Gesellschaft über § 278 BGB findet nicht statt, ebenso wenig greift § 831 BGB ein[122].

**d) Schaden und Kausalität**

Die Ersatzpflicht setzt voraus, dass die Pflichtverletzung des Vorstandsmitglieds einen **Schaden** der Gesellschaft verursacht hat. Für die Ermittlung des Schadens sind grundsätzlich §§ 249 ff. BGB anwendbar[123]. Im Allgemeinen ist also eine Minderung des Wertes des Gesellschaftsvermögens gegenüber der Vermögenslage, die ohne das pflichtwidrige Handeln bestünde, erforderlich. Anders muss jedoch bei kompetenzwidrigen Geschäftsführungsmaßnahmen, etwa beim Erwerb von Vermögensgegenständen ohne die erforderliche Zustimmung des Aufsichtsrats, entschieden werden; in solchen Fällen haben die verantwortlichen Vorstandsmitglieder die Gesellschaft so zu stellen, wie sie ohne die pflichtwidrige Maßnahme stehen würde, auch wenn eine Minderung des Vermögenswertes nicht eingetreten ist (Beispiel: Erwerb einer werthaltigen Beteiligung ohne die erforderliche Zustimmung des Aufsichtsrats)[124]. Besondere praktische Bedeutung hat die Frage, ob und inwieweit **Bußgelder** einen ersatzpflichtigen Schaden darstellen können, die der Gesellschaft etwa wegen eines Kartellverstoßes (§ 81 GWB) oder wegen einer Verletzung der Aufsichtspflicht im Unternehmen (§ 130 OWiG) auferlegt werden; die ganz herrschende Meinung sieht Bußgelder uneingeschränkt als ersatzfähigen Schaden an[125]. Soweit der Gesellschaft durch die Pflichtverletzung Vermögensvorteile entstehen und diese nicht durch Geldbußen abgeschöpft werden, sind die Grundsätze über die **Vorteilsausgleichung** anwendbar, d.h. der erzielte Vorteil mindert den ersatzpflichten Schaden[126]. Die Pflichtwidrigkeit muss den Schaden **adäquat kausal** herbeigeführt haben[127]. Die Haf-

---

119 BGH v. 14.5.2007 – II ZR 48/06, NZG 2007, 545, 547; zuletzt OLG Stuttgart v. 25.11.2009 – 20 U 5/09, NZG 2010, 141, 143 (nicht rechtskräftig); *Hopt* in Großkomm. AktG, 4. Aufl. 1999, § 93 AktG Rz. 255 Fn. 873; *Wiesner* in MünchHdb. AG, § 26 Rz. 9; zu den Voraussetzungen des berechtigten Vertrauens im Einzelnen vgl. *Fleischer* in FS Hüffer, S. 187; *Fleischer*, NZG 2010, 121.
120 Überblick bei *Weidenkaff* in Palandt, § 611 BGB Rz. 156 ff.
121 BGH v. 27.2.1975 – II ZR 112/72, WM 1975, 467, 469 (Genossenschaft); *Mertens/Cahn* in KölnKomm. AktG, 3. Aufl., § 93 AktG Rz. 37; *Hüffer*, § 93 AktG Rz. 14; *Wiesner* in MünchHdb. AG, § 26 Rz. 10.
122 *Spindler* in MünchKomm. AktG, 3. Aufl., § 93 AktG Rz. 161; *Mertens/Cahn* in KölnKomm. AktG, 3. Aufl., § 93 AktG Rz. 49; *Hüffer*, § 93 AktG Rz. 14; *Wiesner* in MünchHdb. AG, § 26 Rz. 10.
123 OLG Düsseldorf v. 28.11.1996 – 6 U 11/95, AG 1997, 231, 237; *Spindler* in MünchKomm. AktG, 3. Aufl., § 93 AktG Rz. 154; *Hopt* in Großkomm. AktG, 4. Aufl. 1999, § 93 AktG Rz. 261; *Hüffer*, § 93 AktG Rz. 15; differenzierend: *Mertens/Cahn* in KölnKomm. AktG, 3. Aufl., § 93 AktG Rz. 59.
124 OLG München v. 17.9.1999 – 23 U 1514/99, NZG 2000, 741.
125 Vgl. zu dieser Problematik näher *Krieger* in Krieger/Uwe H. Schneider, Handbuch Managerhaftung, § 3 Rz. 39; *Wilsing* in Krieger/Uwe H. Schneider, Handbuch Managerhaftung, § 27.
126 *Fleischer* in Spindler/Stilz, § 93 AktG Rz. 34; *Wilsing* in Krieger/Uwe H. Schneider, Handbuch Managerhaftung, § 27 Rz. 35 ff.; *Marsch-Barner*, ZHR 173 (2009), 723, 729; *Zimmermann*, WM 2008, 433, 439; a.A. *Säcker*, WuW 2009, 362, 368; zurückhaltend auch *Thole*, ZHR 173 (2009), 504, 526 ff.
127 *Hopt* in Großkomm. AktG, 4. Aufl. 1999, § 93 AktG Rz. 266; *Spindler* in MünchKomm. AktG, 3. Aufl., § 93 AktG Rz. 156; *Hüffer*, § 93 AktG Rz. 15.

tung entfällt, wenn der Schaden auch bei rechtmäßigem Verhalten eingetreten wäre; beweispflichtig hierfür ist das Vorstandsmitglied[128]. Bei der Verletzung von Kompetenz-, Organisations- oder Verfahrensregeln ist der Einwand rechtmäßigen Alternativverhaltens nach verbreiteter Ansicht ausgeschlossen, weil sonst der Schutzzweck dieser Regeln unterlaufen würde[129]; danach kann beispielsweise gegenüber einer Haftung für eine ohne die erforderliche Aufsichtsratszustimmung vorgenommene Geschäftsführungsmaßnahme nicht eingewandt werden, bei ordnungsgemäßer Einschaltung des Aufsichtsrats hätte dieser zugestimmt. Dies entspricht der älteren höchstrichterlichen Rechtsprechung[130], während in neueren Entscheidungen betont wird, dass nicht jeder Kompetenzverstoß automatisch zu einem Schadensersatzanspruch führt[131], dem Geschäftsleiter also die Möglichkeit gegeben werden soll, den Beweis zu führen, dass der Kompetenzverstoß für den Schadenseintritt nicht kausal war[132]. Die Feststellung der Kausalität erweist sich bei Kollektiventscheidungen häufig als problematisch, da jeder Entscheidungsträger einwenden könnte, die gleiche Entscheidung wäre auch ohne seine Zustimmung getroffen worden. Dadurch entfiele schon die Kausalität i.S. der Äquivalenztheorie. Soweit in solchen Fällen nicht ohnehin eine eigene Pflichtverletzung wegen unterlassenen Verhinderungsversuchs in Betracht kommt, kann in manchen Fällen ggf. an die analoge Anwendung des § 830 Abs. 1 Satz 2 BGB gedacht werden[133].

### 2. Darlegungs- und Beweislast

31 Ist streitig, ob die Vorstandsmitglieder die Sorgfalt eines ordentlichen und gewissenhaften Geschäftsleiters angewandt haben, so trifft sie die Darlegungs- und Beweislast (§ 93 Abs. 2 Satz 2). Diese **Beweislastumkehr** betrifft sowohl die Pflichtwidrigkeit als auch das Verschulden. Das Vorstandsmitglied muss zu seiner Entlastung also darlegen und ggf. beweisen, dass die ihm vorgeworfene Verhaltensweise entweder nicht pflichtwidrig oder aber nicht schuldhaft war[134]. Die Gesellschaft muss hingegen darlegen und beweisen, dass und in welcher Höhe ihr ein Schaden entstanden ist und dass dieser Schaden auf einer bestimmten Handlung oder Unterlassung ihrer Vorstandsmitglieder beruht. Überdies hat die Gesellschaft Anhaltspunkte darzulegen, dass das dem Vorstandsmitglied angelastete Verhalten möglicherweise pflichtwidrig

---

128 *Spindler* in MünchKomm. AktG, 3. Aufl., § 93 AktG Rz. 156; *Hopt* in Großkomm. AktG, 4. Aufl. 1999, § 93 AktG Rz. 268; *Mertens/Cahn* in KölnKomm. AktG, 3. Aufl., § 93 AktG Rz. 55; *Wiesner* in MünchHdb. AG, § 26 Rz. 8.
129 *Spindler* in MünchKomm. AktG, 3. Aufl., § 93 AktG Rz. 156; *Hopt* in Großkomm. AktG, 4. Aufl. 1999, § 93 AktG Rz. 267; *Wiesner* in MünchHdb. AG, § 26 Rz. 8.
130 Vgl. BGH v. 25.2.1991 – II ZR 76/90, NJW 1991, 1681, 1682 sowie v. 25.3.1991 – II ZR 188/99, BGHZ 114, 127, 135 = NJW 1991, 1830.
131 BGH v. 21.7.2008 – II ZR 39/07, NZG 2008, 783 (3. Leitsatz); BGH v. 10.12.2007 – II ZR 289/06, NZG 2008, 316 = DStR 2008, 1601 mit Anm. *Goette*; vgl. auch BGH v. 11.12.2006 – II ZR 166/05, NZG 2007, 185.
132 Vgl. auch *Fleischer*, DStR 2009, 1204, 1207 f.
133 *Spindler* in MünchKomm. AktG, 3. Aufl., § 93 AktG Rz. 157; näher hierzu *Spindler* in Bamberger/Roth, § 830 BGB Rz. 16 ff.; *Fleischer*, BB 2004, 2645, 2647; zum Strafrecht vgl. BGHSt 37, 107 – Lederspray; BGHSt 40, 218, 236 f. sowie *Lenckner/Cramer* in Schönke/Schröder, Vorbem. §§ 13 ff. StGB Rz. 83.
134 BGH v. 4.11.2002 – II ZR 224/00, ZIP 2002, 2314, 2315 f. (GmbH); OLG Hamm v. 10.5.1995 – 8 U 59/94, AG 1995, 512, 513; *Spindler* in MünchKomm. AktG, 3. Aufl., § 93 AktG Rz. 163; *Hopt* in Großkomm. AktG, 4. Aufl. 1999, § 93 AktG Rz. 285; *Mertens/Cahn* in KölnKomm. AktG, 3. Aufl., § 93 AktG Rz. 140; *Hüffer*, § 93 AktG Rz. 16; wohl auch *Wiesner* in MünchHdb. AG, § 26 Rz. 11; a.A. etwa *Lutter*, ZIP 2007, 841, 846, die Gesellschaft müsse nur darlegen, dass in bestimmter Weise gehandelt worden sei und dies kausal zu einem Schaden geführt habe.

sein kann[135]. Dem Vorstandsmitglied obliegt dann die Darlegungs- und Beweislast, dass das ihm vorgeworfene Verhalten nicht pflichtwidrig oder nicht schuldhaft gewesen sei; und will das Vorstandsmitglied sich darauf berufen, dass der Schaden auch bei rechtmäßigem Verhalten eingetreten wäre, hat es auch dies darzulegen und zu beweisen[136]. Damit fallen auch die Voraussetzungen für das Eingreifen der **Business Judgment Rule** des § 93 Abs. 1 Satz 2 unter die Darlegungs- und Beweislast der Vorstandsmitglieder[137]; diese haben also insbesondere darzutun, auf welche Informationen sie die Entscheidung gestützt haben, sowie die Umstände, aus denen sich ergeben soll, dass vernünftigerweise angenommen werden durfte, auf der Grundlage angemessener Informationen zum Wohle der Gesellschaft zu handeln[138]. Aus diesem Grunde empfiehlt sich die **Dokumentation** der sorgfältigen Entscheidungsvorbereitung[139].

Zugunsten der Gesellschaft ist die Beweisführung dafür, dass ein eingetretener Schaden kausal auf ein Verhalten der Vorstandsmitglieder zurückgeht, erleichtert, wenn der Schaden typischerweise auf pflichtwidrigem Verhalten des Vorstands beruht. In diesen Fällen kann eine **tatsächliche Vermutung** dafür eingreifen, dass ein möglicherweise pflichtwidriges Verhalten des Vorstands schadensursächlich war[140]. Das in diesem Zusammenhang viel zitierte Beispiel des Kassen- oder Lagerfehlbestandes[141] trifft aber allenfalls auf sehr kleine Gesellschaften zu. 32

Zum Teil wird dafür plädiert, die Beweislastumkehr bei sozialen Aufwendungen, beispielsweise Spenden, der Gesellschaft nicht eingreifen zu lassen[142]. Tatsächlich besteht im Bereich der Sozialaufwendungen ein weites unternehmerisches Ermessen, und es ist nicht einzusehen, warum die Vorstandsmitglieder nicht auch in diesem Bereich sollten darlegen und beweisen müssen, dass sie den Anforderungen der Business Judgment Rule entsprochen haben[143]. 33

Die Beweislastumkehr trifft auch **ausgeschiedene Vorstandsmitglieder**. Dass sie keinen uneingeschränkten Zugang zu den Informationen und Unterlagen der Gesellschaft mehr besitzen, rechtfertigt keine Einschränkung der Beweislastumkehr[144]. Vielmehr ist ausgeschiedenen Vorstandsmitgliedern unabhängig von § 810 BGB ein **Anspruch auf Einsicht in die Unterlagen** der Gesellschaft zuzubilligen, soweit sie diese für ihre Rechtsverteidigung benötigen[145]. Solange die Gesellschaft die Einsicht 34

---

135 BGH v. 4.11.2002 – II ZR 224/00, BGHZ 152, 280, 284; ausführlich *Goette*, ZGR 1995, 648, 671 ff.; *Fleischer* in Fleischer, Handbuch des Vorstandsrechts, § 11 Rz. 70; *Wiesner* in MünchHdb. AG, § 26 Rz. 11.
136 BGH v. 4.11.2002 – II ZR 224/00, BGHZ 152, 280, 284; OLG Hamm v. 10.5.1995 – 8 U 59/94, AG 1995, 512, 513; *Spindler* in MünchKomm. AktG, 3. Aufl., § 93 AktG Rz. 163; *Hopt* in Großkomm. AktG, 4. Aufl. 1999, § 93 AktG Rz. 285; *Hüffer*, § 93 AktG Rz. 16; *Wiesner* in MünchHdb. AG, § 26 Rz. 12.
137 A.A. *Paefgen*, NZG 2009, 891.
138 *Lutter*, ZIP 2007, 841, 846.
139 *Lutter*, ZIP 2007, 841, 846.
140 BGH v. 14.7.1980 – II ZR 161/79, WM 1980, 1119; *Spindler* in MünchKomm. AktG, 3. Aufl., § 93 AktG Rz. 168; *Hopt* in Großkomm. AktG, 4. Aufl. 1999, § 93 AktG Rz. 284; *Hüffer*, § 93 AktG Rz. 17; *Goette*, ZGR 1995, 648, 663.
141 BGH v. 14.7.1980 – II ZR 161/79, WM 1980, 1119; *Spindler* in MünchKomm. AktG, 3. Aufl., § 93 AktG Rz. 168; *Hopt* in Großkomm. AktG, 4. Aufl. 1999, § 93 AktG Rz. 284; *Hüffer*, § 93 AktG Rz. 17; *Goette*, ZGR 1995, 648, 663.
142 So namentlich *Hüffer*, § 93 AktG Rz. 17; *Spindler* in MünchKomm. AktG, 3. Aufl., § 93 AktG Rz. 168.
143 So auch *Fleischer* in Spindler/Stilz, § 93 AktG Rz. 210.
144 So aber *Hüffer*, § 93 AktG Rz. 17.
145 BGH v. 4.11.2002 – II ZR 224/00, BGHZ 152, 280, 285 = AG 2003, 381; *Spindler* in MünchKomm. AktG, 3. Aufl., § 93 AktG Rz. 170; *Mertens/Cahn* in KölnKomm. AktG, 3. Aufl., § 93 AktG Rz. 147; *Wiesner* in MünchHdb. AG, § 26 Rz. 12; *Lutter*, ZIP 2007, 841, 846.

verweigert, kann sie sich entsprechend den Regeln über die Beweisvereitelung auf die Beweislastumkehr nicht berufen[146]. Das Informationsrecht beschränkt sich auf Informationen, die für die Frage relevant sein können, ob die Sorgfalt eines ordentlichen und gewissenhaften Geschäftsleiters eingehalten wurde; es umfasst nicht Fragen, die ohnehin von der Gesellschaft darzulegen und zu beweisen sind, insbesondere Fragen des Schadens. Weiterhin ist das Recht auf solche Informationen und Unterlagen zu beschränken, die für die Beurteilung des Pflichtenvorwurfs unmittelbar relevant sind; Einsicht in interne Untersuchungsprotokolle, Protokolle über von der Gesellschaft durchgeführte Befragungen von Mitarbeitern oder von der Gesellschaft eingeholte Gutachten zur Frage der Organhaftung kann nicht beansprucht werden. Als Voraussetzung des Einsichtsrechts wird man überdies verlangen müssen, dass das Vorstandsmitglied nachvollziehbar darlegt, warum es glaubt, aus den von ihm anforderten Unterlagen zu seiner Rechtsverteidigung geeignete Informationen gewinnen zu können.

### 3. Verfolgung des Ersatzanspruchs

35 Die Geltendmachung des Ersatzanspruchs gegen Vorstandsmitglieder ist Sache des **Aufsichtsrats** (§ 112); etwas anderes gilt, wenn ein besonderer Vertreter nach § 147 Abs. 2 bestellt ist[147]. Der Aufsichtsrat hat bei Vorliegen entsprechender Anhaltspunkte den Sachverhalt festzustellen und die Erfolgsaussichten einer Anspruchsverfolgung in tatsächlicher und rechtlicher Hinsicht zu prüfen. Stehen der Gesellschaft voraussichtlich durchsetzbare Schadensersatzansprüche zu, ist der Aufsichtsrat **in aller Regel verpflichtet**, diese Ansprüche zu verfolgen[148]. Das bedeutet nicht, dass in jedem Fall Klage erhoben werden müsste, sondern der Aufsichtsrat kann auch Vergleichsgespräche aufnehmen und, führen diese zu einem angemessenen Ergebnis, eine etwaige Klageerhebung zurückstellen, bis die Dreijahresfrist des § 93 Abs. 4 Satz 3 abgelaufen ist und die Hauptversammlung Gelegenheit hatte, über die Zustimmung zu dem Vergleich zu entscheiden. Allerdings ist der Aufsichtsrat in einem solchen Fall verpflichtet, den Ersatzanspruch in der Zwischenzeit zu sichern. Dazu gehört zumindest eine Verjährungsverzichtserklärung, wenn Verjährung droht, es können aber auch weitergehende anspruchsichernde Maßnahmen nötig sein, wie insbesondere die Ausübung von Zurückbehaltungsrechten gegenüber offenen Zahlungsansprüchen des Vorstandsmitglieds[149]. Ein **Absehen von der Anspruchsverfolgung** aus eigener Entscheidung des Aufsichtsrats ist ausnahmsweise zulässig, wenn gewichtige Gründe des Unternehmenswohls entgegenstehen. Dabei können im Einzelfall Gesichtspunkte wie negative Auswirkungen auf Geschäftstätigkeit und Ansehen der Gesellschaft in der Öffentlichkeit, Behinderung der Vorstandsarbeit, Beeinträchtigung des Betriebsklimas u.ä. eine Rolle spielen, während andere Gesichtspunkte als solche des Unternehmensinteresses (z.B. Verdienste des Vorstandsmitglieds, soziale Konsequenzen der Anspruchsverfolgung) grundsätzlich keine Rolle spielen dürfen[150]. In Einzelfällen kann auch von Bedeutung sein, dass die Kooperation des betroffenen Vorstandsmitglieds bei der Sachverhaltsaufklärung und der Verteidigung der Gesell-

---

146 Ebenso wohl *Spindler* in MünchKomm. AktG, 3. Aufl., § 93 AktG Rz. 170; *Fleischer* in Spindler/Stilz, § 93 AktG Rz. 211; *Hopt/M. Roth* in Großkomm. AktG, 4. Aufl. 2006, § 93 Abs. 1 S. 1, 4 AktG n.F. Rz. 69.
147 *Hüffer*, § 147 AktG Rz. 6; *Bezzenberger* in Großkomm. AktG, 4. Aufl., § 147 AktG Rz. 52.
148 BGH v. 21.4.1997 – II ZR 175/95 – „ARAG/Garmenbeck", BGHZ 135, 244/251 ff. = AG 1997, 377.
149 Vgl. dazu näher *Krieger* in Krieger/Uwe H. Schneider, Handbuch Managerhaftung, § 3 Rz. 48.
150 BGH v. 21.4.1997 – II ZR 175/95 – „ARAG/Garmenbeck", BGHZ 135, 244/254 ff. = AG 1997, 377.

schaft gegen Drittansprüche gesichert werden soll[151]. Streitig ist, ob dem Aufsichtsrat bei dieser Entscheidung ein Beurteilungs- und Ermessensspielraum nach den Grundsätzen der Business Judgement Rule zusteht[152]. Im Ergebnis spricht viel für einen Beurteilungsspielraum des Aufsichtsrats[153].

Zur Anspruchsverfolgung durch die Hauptversammlung oder eine Aktionärsminderheit vgl. §§ 147 ff. Die **Aktionäre** haben darüber hinaus in Sonderfällen die Möglichkeit, ein pflichtwidriges Verhalten des Vorstands zum Gegenstand einer allgemeinen Feststellungsklage (§ 256 ZPO) zu machen; Voraussetzung dafür ist allerdings, dass der Vorstand mit dem ihm zur Last gelegten Verhalten in das Mitgliedschaftsrecht der Aktionäre eingreift[154]. 36

### 4. D&O-Versicherung (§ 93 Abs. 2 Satz 3)

Der durch das Gesetz zur Angemessenheit der Vorstandsvergütung (VorstAG) neu eingefügte § 93 Abs. 2 Satz 3 sieht vor, dass die Gesellschaft, wenn sie eine Versicherung zur Absicherung eines Vorstandsmitglieds gegen Risiken aus dessen beruflicher Tätigkeit für die Gesellschaft abschließt, einen Selbstbehalt vereinbaren muss, der mindestens 10 % des Schadens bis mindestens zur Höhe des Eineinhalbfachen der Jahresfestvergütung des Vorstandsmitglieds betragen muss. Nach der Gesetzesbegründung zum VorstAG[155] ist davon auszugehen, dass das Gesetz sich nur auf D&O-Versicherungen und nicht auf sonstige Versicherungen zur Absicherung gegen berufliche Risiken bezieht. 37

Die **Zulässigkeit** solcher Versicherungen steht außer Zweifel. Insbesondere stehen sie nicht in Widerspruch zu § 93 Abs. 4[156]. Allerdings wird verschiedentlich befürchtet, dass der Abschluss einer D&O-Versicherung die Präventivwirkung der Haftungsdrohung verwässere[157]. Ziffer 3.8 Abs. 2 des Deutschen Corporate Governance Kodex empfahl aus diesem Grund schon in seiner ersten Fassung vom 26.2.2002, bei Abschluss einer D&O-Versicherung einen angemessenen Selbstbehalt zu vereinbaren. Eine entsprechende gesetzliche Pflicht wurde aber erst vor dem Hintergrund der weltweiten Finanzmarktkrise durch das VorstAG eingeführt. 38

Die – in ihrem Wortlaut unklar gefasste – Regelung ist dahin zu verstehen, dass die Gesellschaft einen Selbstbehalt mit zwei Mindestschwellen vereinbaren muss. Das Vorstandsmitglied muss danach mindestens 10 % jedes (Einzel-)Schadens tragen; die jährliche Gesamthaftung des Vorstandsmitglieds aus dem Selbstbehalt kann jedoch 39

---

151 *Hasselbach/Seibel*, AG 2008, 770, 776 ff.; enger *Zimmermann*, DB 2008, 687, 688.
152 Ablehnend *Spindler* in Spindler/Stilz, § 116 AktG Rz. 47; *Koch*, AG 2009, 93; bejahend *Paefgen*, AG 2008, 761, 763; *Mertens* in FS K. Schmidt, S. 1183, 1193 f.; *Mertens/Cahn* in KölnKomm. AktG, 3. Aufl., § 93 AktG Rz. 20; für zumindest beschränktes Ermessen *Habersack* in MünchKomm AktG, 3. Aufl., § 111 AktG Rz. 35, 38; vgl. ferner *Hüffer*, § 111 AktG Rz. 4a, b.
153 Vgl. auch die Kommentierung bei § 112 Rz. [12].
154 BGH v. 10.10.2005 – II ZR 90/03 – „Mangusta/Commerzbank II", ZIP 2005, 2207, 2209 f.; näher dazu *Lutter*, JZ 2007, 371; *Busch*, NZG 2006, 81, 85 f.; *Reichert/Senger*, Der Konzern 2006, 338, 345 ff., 351; *Waclawik*, ZIP 2006, 397, 403 f.; *Wilsing*, ZGR 2006, 722, 736 ff.
155 Ausschussbericht BT-Drucks. 16/13433, S. 1 li. Spalte.
156 *Hopt* in Großkomm. AktG, 4. Aufl. 1999, § 93 AktG Rz. 519; *Mertens/Cahn* in KölnKomm. AktG, 3. Aufl., § 84 AktG Rz. 244; *Hüffer*, § 84 AktG Rz. 16; *Wiesner* in MünchHdb. AG, § 26 Rz. 45; *Lutter/Krieger*, Rechte und Pflichten des Aufsichtsrats, Rz. 1025.
157 Vgl. insbesondere *Hopt* in Großkomm. AktG, 4. Aufl. 1999, § 93 AktG Rz. 519; *Pammler*, Die gesellschaftsfinanzierte D&O-Versicherung im Spannungsfeld des Aktienrechts, 2006, S. 47 ff.; *Baums*, Bericht der Regierungskommission Corporate Governance, 2001, Rz. 75; *Kästner*, AG 2000, 113/122; a.A. *Henssler* in RWS-Forum Gesellschaftsrecht, 2001, S. 131, 141 f.; *Wiesner* in MünchHdb. AG, § 26 Rz. 45.

auf einen Betrag beschränkt werden, der mindestens das Eineinhalbfache der jährlichen festen Vergütung des Vorstandsmitglieds betragen muss. Ausweislich der Gesetzesbegründung kommt es hierfür auf die Festvergütung desjenigen Jahres an, in dem der Pflichtverstoß begangen wurde[158]. Da § 93 Abs. 2 Satz 3 nur Mindestschwellen festlegt, kann die Gesellschaft auch einen höheren Selbstbehalt vereinbaren. Dabei wird sie aber beachten müssen, dass ein hoher Selbstbehalt auch zum Nachteil der Gesellschaft sein kann. Denn in Höhe des Selbstbehaltes hat die Gesellschaft nicht die leistungsfähige D&O-Versicherung, sondern nur das in der Regel weit weniger solvente Vorstandsmitglied als Schuldner. Allerdings kann sich die Gesellschaft auch gegen das Insolvenzrisiko des Vorstandsmitglieds in Höhe des Selbstbehalts durch Abschluss einer Eigenschadenversicherung absichern[159]. Richtigerweise ist ferner davon auszugehen, dass das Vorstandsmitglied nicht daran gehindert ist, den Selbstbehalt selbst zu versichern[160]; § 93 Abs. 2 Satz 3 verbietet lediglich den Abschluss einer entsprechenden Versicherung *durch die Gesellschaft*. Eine vom Vorstandsmitglied abgeschlossene Versicherung des Selbstbehalts muss so ausgestaltet sein, dass das Vorstandsmitglied die Prämie in voller Höhe selbst trägt und diese nicht – auch nicht mittelbar – von der Gesellschaft wirtschaftlich mitfinanziert wird.

40 Für den zeitlichen Geltungsbereich des § 93 Abs. 2 Satz 3 ist die **Übergangsvorschrift** in § 23 Abs. 1 EGAktG zu beachten. Danach gilt § 93 Abs. 2 Satz 3 für sämtliche Versicherungsverträge, die ab dem 5.8.2009 (Datum des Inkrafttretens des VorstAG) geschlossen wurden. Für zu diesem Zeitpunkt bereits bestehende Versicherungsverträge gilt eine Übergangsfrist: für diese (Alt-)Verträge ist § 93 Abs. 2 Satz 3 erst ab dem 1.7.2010 anzuwenden. Eine Ausnahme gilt allerdings, soweit die Gesellschaft gegenüber dem Vorstand aus einer vor dem 5.8.2009 geschlossenen Vereinbarung zur Gewährung einer Versicherung „ohne Selbstbehalt im Sinne des § 93 Abs. 2 Satz 3" verpflichtet ist. Solche bestehenden vertraglichen Verpflichtungen dürfen erfüllt werden. Letzteres gilt bis zum Ablauf des mit dem Vorstandsmitglied geschlossenen Vertrages, maximal also noch für fünf Jahre seit Inkrafttreten des VorstAG. Von der Ausnahmeregelung dürften nach Wortlaut und Zielrichtung (Ermöglichung der Erfüllung bestehender Verpflichtungen) nicht nur Vereinbarungen erfasst sein, durch die dem Vorstandsmitglied eine D&O-Versicherung gänzlich ohne Selbstbehalt zugesagt wird. Erfasst sind vielmehr auch solche Vereinbarungen, die einen Selbstbehalt vorsehen, der jedoch den Anforderungen des neuen § 93 Abs. 2 Satz 3 nicht genügt.

41 Die Regelung wirft eine Reihe von **Praxisproblemen** auf. Eine wichtige Frage ist etwa, ob der obligatorische Selbstbehalt auch die von D&O-Versicherungen regelmäßig erfassten Rechtsverteidigungskosten erfasst. Dies ist zu verneinen[161]. Denn Rechtsverteidigungskosten entstehen dem Vorstandsmitglied auch dann, wenn es – im Ergebnis – unbegründet in Anspruch genommen wird. Ferner stellt sich die Frage, ob § 93 Abs. 2 Satz 3 auch für solche Pflichtverletzungen gelten soll, die vor dem Inkrafttreten des VorstAG begangen wurden. Dies erscheint unter dem Gesichtspunkt des Schutzes berechtigten Vertrauens nicht angebracht. Fraglich ist schließlich die Behandlung sog. Konzernpolicen, also der Fälle, in denen die Versicherungspolice nicht von der Gesellschaft abgeschlossen wird, in deren Vorstand das betroffene Vorstandsmitglied tätig ist, sondern in denen Versicherungsnehmer für den gesamten Konzern

---

158 Ausschussbericht BT-Drucks. 16/13433, S. 1 li. Spalte.
159 *Koch*, AG 2009, 637, 646.
160 So auch *Mertens/Cahn* in KölnKomm. AktG, 3. Aufl., § 93 AktG Rz. 248; *Hoffmann-Becking/Krieger*, NZG 2009, Beilage zu Heft 26, Tz. 56; *Harzenetter*, DStR 2010, 653, 658; *Dauner-Lieb/Tettinger*, ZIP 2009, 1555, 1557.
161 Ebenso *Koch*, AG 2009, 637, 644.

die Konzernmutter ist. Der Wortlaut des § 93 Abs. 2 Satz 3 spricht zwar recht deutlich nur von „der Gesellschaft". Dem Sinn und Zweck des VorstAG nach liegt es allerdings nahe, dass auch solche Fälle erfasst werden sollten[162].

Falls ein Versicherungsvertrag keinen den Anforderungen des § 93 Abs. 2 Satz 3 genügenden Selbstbehalt enthält, stellt dies gegebenenfalls eine Pflichtverletzung der zuständigen Organe der Gesellschaft dar. Die Unwirksamkeit des Versicherungsvertrages hat dies dagegen nicht zur Folge[163]. Insbesondere ist § 93 Abs. 2 Satz 3 kein Verbotsgesetz im Sinne des § 134 BGB[164]. Das ergibt sich schon aus dem Sinn und Zweck der Vorschrift. Denn die Regelung soll die Interessen der Gesellschaft schützen. Die Unwirksamkeit des Versicherungsvertrages würde den Interessen der Gesellschaft aber diametral zuwiderlaufen. Der Versicherungsvertrag schützt nicht nur das Vorstandsmitglied, sondern auch und gerade die Gesellschaft, die im Falle eines Schadens auf einen solventen Schuldner angewiesen ist.

42

Schwierig zu beantworten und entsprechend umstritten ist die Frage, ob der **Abschluss einer D&O-Versicherung** als (Sach-)Vergütung i.S. von § 87 anzusehen ist und dementsprechend vom Aufsichtsrat bewilligt werden muss. Mittlerweile hat sich weitgehend die Auffassung durchgesetzt, dass die D&O-Versicherung keinen Vergütungscharakter habe, sondern in erster Linie den Vermögensinteressen der Gesellschaft diene[165]. Dieser Sicht hat sich auch die Finanzverwaltung angeschlossen, die die Beiträge zur D&O-Versicherung nicht als lohn- und einkommensteuerpflichtige Einkünfte ansieht, sofern gewisse Voraussetzungen erfüllt sind[166]. In der Konsequenz liegt es, die Zuständigkeit für den Versicherungsabschluss dem Vorstand und nicht dem Aufsichtsrat zuzuordnen[167]. Der Vorstand ist jedoch wegen seines offensichtlichen Interessenkonflikts gut beraten, den Versicherungsabschluss mit dem Aufsichtsrat abzustimmen, und der Aufsichtsrat sollte hierfür die Schaffung eines Zustimmungsvorbehalts nach § 111 Abs. 4 Satz 2 erwägen. Durch eine unangemessen günstige Ausgestaltung der Versicherung können Vorstand und Aufsichtsrat ihre Pflichten verletzen.

43

## IV. Sondertatbestände (§ 93 Abs. 3)

§ 93 Abs. 3 führt eine Reihe von Sondertatbeständen auf, in denen die Vorstandsmitglieder ersatzpflichtig sind. Es geht um Fälle, in denen Mittel der Gesellschaft in gesetzwidriger Weise verwendet (Nr. 1 bis 3, 5 bis 9) oder Aktien vor der vollen Leistung des Ausgabebetrages ausgegeben werden (Nr. 4). Auch in diesen Fällen setzt die

44

---

162 *Koch*, AG 2009, 637, 640.
163 Ebenso *Mertens/Cahn* in KölnKomm. AktG, 3. Aufl., § 93 AktG Rz. 249.
164 *Dauner-Lieb/Tettinger*, ZIP 2009, 1555, 1556 f.; eingeschränkt a.A. (Kürzung der Leistung des Versicherers um den gesetzlich festgelegten Mindestselbstbehalt durch § 134 BGB) *Koch*, AG 2009, 637, 639.
165 *Wiesner* in MünchHdb. AG, § 26 Rz. 46; *Fleischer* in Fleischer, Handbuch des Vorstandsrechts, § 12 Rz. 12; *Notthoff*, NJW 2003, 1351, 1354; *Dreher*, ZHR 165 (2001), 293, 304; *Mertens*, AG 2000, 447, 451; a.A. *Spindler* in MünchKomm. AktG, 3. Aufl., § 87 AktG Rz. 15; *Hüffer*, § 84 AktG Rz. 16.
166 Näher BMF v. 24.1.2002, AG 2002, 287; Erlass des Finanzministeriums Niedersachsen v. 25.1.2002, DStR 2002, 678; *Notthoff*, NJW 2003, 1350, 1354 f.; *Küppers/Dettmeier/Koch*, DStR 2002, 199.
167 Ebenso *Wiesner* in MünchHdb. AG, § 26 Rz. 46; *Fleischer* in Fleischer, Handbuch des Vorstandsrechts, § 12 Rz. 12; *Dreher*, ZHR 165 (2001), 293, 321; *Langer*, ZIP 2001, 1524, 1528; *E. Vetter*, AG 2000, 453, 457; a.A. *Hüffer*, § 84 AktG Rz. 16; *Pammler*, Die gesellschaftsfinanzierte D&O-Versicherung im Spannungsfeld des Aktienrechts, 2006, S. 167 ff.; wohl auch *Ulmer*, ZHR 171 (2007), 119, 122 ff.

Schadensersatzpflicht voraus, dass der Gesellschaft ein Schaden zugefügt wurde und das Vorstandsmitglied schuldhaft gehandelt hat. Es handelt sich also um einen echten Schadensersatzanspruch, nicht um einen verschuldensunabhängigen Folgenbeseitigungsanspruch[168]. Im Gegensatz zu § 93 Abs. 2 wird in den Fällen des § 93 Abs. 3 der **Schaden der Gesellschaft vermutet**, so dass das Vorstandsmitglied auch darlegungs- und beweispflichtig dafür ist, dass der Gesellschaft ein Schaden nicht entstanden ist[169]. Für den Nachweis reicht es nicht, dass die Gesellschaft einen Anspruch auf Rückzahlung oder Einlageleistung besitzt[170], sondern der Schaden entfällt erst, wenn der Gesellschaft der in Rede stehende Vermögenswert tatsächlich zugeflossen ist[171]. Darüber hinaus erleichtert § 93 Abs. 5 Satz 2 in den Fällen des § 93 Abs. 3 die Geltendmachung des Ersatzanspruchs durch Gläubiger der Gesellschaft; vgl. dazu unten Rz. 57.

45  Nr. 1: Gesetzwidrige **Einlagenrückgewähr** an Aktionäre. Darunter fallen (offene oder verdeckte) Verstöße gegen § 57 Abs. 1 ebenso wie eine Verletzung des Zahlungsverbots aus § 230[172].

Nr. 2: Gesetzwidrige Zahlung von **Zinsen oder Gewinnanteilen** an Aktionäre. Betroffen sind Verstöße gegen §§ 57 Abs. 2 und 3, 58 Abs. 4, 60 233[173].

Nr. 3: Gesetzwidrige(r) Zeichnung, Erwerb, Inpfandnahme oder Einziehung **eigener Aktien** der Gesellschaft oder einer anderen Gesellschaft. Erfasst sind also Verstöße gegen §§ 56, 71 ff. und 237 ff.[174].

Nr. 4: Gesetzwidrige **Ausgabe von Aktien** vor der vollen Leistung des Ausgabebetrages. Gemeint sind Verstöße gegen § 10 Abs. 2, also Fälle, in denen Aktien vor der vollen Leistung des Ausgabebetrages als Inhaberaktien ausgegeben werden; der Schaden besteht in der Differenz zwischen der tatsächlichen Einlageleistung und dem vollen Ausgabebetrag[175]. Unter die Vorschrift soll auch die Leistung einer nach § 27 Abs. 2 unzulässigen Sacheinlage fallen[176].

Nr. 5: Gesetzwidrige **Verteilung von Gesellschaftsvermögen**. Damit sind namentlich Verstöße gegen §§ 57 Abs. 3, 225 Abs. 2, 230, 233, 237 Abs. 2, 271 und 272 gemeint[177]. Zum Teil sind diese Fälle bereits durch Nr. 1 und Nr. 2 erfasst[178].

---

168 RGZ 159, 211/230; LG Bochum v. 27.6.1989 – 12 U 133/88, ZIP 1989, 1557, 1559; *Spindler* in MünchKomm. AktG, 3. Aufl., § 93 AktG Rz. 192; *Mertens/Cahn* in KölnKomm. AktG, 3. Aufl., § 93 AktG Rz. 125; *Hüffer*, § 93 AktG Rz. 22; *Wiesner* in MünchHdb. AG, § 26 Rz. 19; *Fleischer*, ZIP 2005, 141, 151; a.A. *Habersack/Schürnbrand*, WM 2005, 957, 960 f.
169 RGZ 159, 211, 230; *Hopt* in Großkomm. AktG, 4. Aufl. 1999, § 93 AktG Rz. 235; *Spindler* in MünchKomm. AktG, 3. Aufl., § 93 AktG Rz. 193; *Hüffer*, § 93 AktG Rz. 22; *Wiesner* in MünchHdb. AG, § 26 Rz. 19.
170 *Mertens/Cahn* in KölnKomm. AktG, 3. Aufl., § 93 AktG Rz. 134; *Hüffer*, § 93 AktG Rz. 22.
171 *Spindler* in MünchKomm. AktG, 3. Aufl., § 93 AktG Rz. 193; *Hüffer*, § 93 AktG Rz. 22.
172 OLG Hamm v. 10.5.1995 – 8 U 59/94, ZIP 1995, 1263 ff. = AG 1995, 512; *Spindler* in MünchKomm. AktG, 3. Aufl., § 93 AktG Rz. 195; *Hopt* in Großkomm. AktG, 4. Aufl. 1999, § 93 AktG Rz. 243; *Hüffer*, § 93 AktG Rz. 23; *Wiesner* in MünchHdb. AG, § 26 Rz. 20.
173 *Spindler* in MünchKomm. AktG, 3. Aufl., § 93 AktG Rz. 196; *Hüffer*, § 93 AktG Rz. 23; *Wiesner* in MünchHdb. AG, § 26 Rz. 20.
174 *Spindler* in MünchKomm. AktG, 3. Aufl., § 93 AktG Rz. 197; *Hüffer*, § 93 AktG Rz. 23; *Wiesner* in MünchHdb. AG, § 26 Rz. 20.
175 *Hopt* in Großkomm. AktG, 4. Aufl. 1999, § 93 AktG Rz. 246; *Wiesner* in MünchHdb. AG, § 26 Rz. 20.
176 BGH v. 18.2.2008 – II ZR 132/06, BGHZ 175, 265; *Spindler* in MünchKomm. AktG, 3. Aufl., § 93 AktG Rz. 128; *Hopt* in Großkomm. AktG, 4. Aufl. 1999, § 93 AktG Rz. 246.
177 *Spindler* in MünchKomm. AktG, 3. Aufl., § 93 AktG Rz. 199; *Hüffer*, § 93 AktG Rz. 23; *Wiesner* in MünchHdb. AG, § 26 Rz. 20.
178 *Hopt* in Großkomm. AktG, 4. Aufl. 1999, § 93 AktG Rz. 247; *Wiesner* in MünchHdb. AG, § 26 Rz. 20.

**Nr. 6:** Gesetzwidrige Zahlungen nach Eintritt der **Zahlungsunfähigkeit oder Überschuldung.** Darunter fallen die nach § 92 Abs. 2 unzulässigen Zahlungen[179]. Zum Umfang der Schadensersatzpflicht, die sich auf den vollen Nominalbetrag des abgeflossenen Betrages erstrecken soll, ohne den ersparten Quotenanspruch des Gläubigers zu berücksichtigen, vgl. oben § 92 Rz. 17. Die Vorschrift wurde durch das MoMiG an den geänderten § 92 angepasst.

**Nr. 7:** Gesetzwidrige **Vergütungsleistungen an Aufsichtsratsmitglieder.** Darunter fallen sämtliche Verstöße gegen §§ 113, 114[180], namentlich die Leistungen aufgrund nicht genehmigter oder nicht genehmigungsfähiger Beratungsverträge mit Aufsichtsratsmitgliedern[181].

**Nr. 8:** Gesetzwidrige **Kreditgewährung.** Gemeint sind unzulässige Kreditgewährungen an Vorstandsmitglieder, leitende Angestellte und Aufsichtsratsmitglieder, also Verstöße gegen §§ 89, 115[182].

**Nr. 9:** Ausgabe von Bezugsaktien bei der **bedingten Kapitalerhöhung** außerhalb des festgesetzten Zwecks vor der vollen Leistung des Gegenwerts. Dabei geht es um Verstöße gegen § 199[183].

Zu den Einzelheiten vgl. jeweils die Kommentierungen zu den genannten Vorschriften.

## V. Haftungsausschluss, Verzicht und Vergleich (§ 93 Abs. 4)

### 1. Haftungsausschluss durch Hauptversammlungsbeschluss

Der Gesellschaft gegenüber tritt die Schadensersatzpflicht nicht ein, wenn die schädigende Handlung auf einem gesetzmäßigen Beschluss der Hauptversammlung beruht (§ 93 Abs. 4 Satz 1). Der Grund für diese Regelung liegt darin, dass der Vorstand zur Ausführung gesetzmäßiger Hauptversammlungsbeschlüsse verpflichtet ist (§ 83 Abs. 2)[184]. Zum Fortbestand der Haftung gegenüber den Gläubigern (§ 93 Abs. 5 Satz 3) vgl. unten Rz. 58. Auf dem Beschluss der Hauptversammlung muss die schädigende Handlung des Vorstands beruhen. Deshalb reicht eine bloß **nachträgliche Billigung** durch Beschluss der Hauptversammlung nicht[185], wobei keine Nachträglichkeit vorliegt, wenn der Vorstand die schädigende Maßnahme von vornherein unter den Vorbehalt der Fassung eines zustimmenden Beschlusses der Hauptversammlung gestellt hatte.

46

---

179 *Spindler* in MünchKomm. AktG, 3. Aufl., § 93 AktG Rz. 200; *Hüffer*, § 93 AktG Rz. 23; *Wiesner* in MünchHdb. AG, § 26 Rz. 20; vgl. hierzu auch OLG Koblenz v. 31.3.2008 – 6 U 472/07, ZIP 2008, 2367 (das gleichzeitig feststellt, dass die nach Insolvenzreife eingetretene Erhöhung der bilanziellen Überschuldung der Gesellschaft für sich noch keine Ersatzpflicht nach § 93 Abs. 3 Nr. 6 auslöst).
180 *Spindler* in MünchKomm. AktG, 3. Aufl., § 93 AktG Rz. 201; *Hüffer*, § 93 AktG Rz. 23; *Wiesner* in MünchHdb. AG, § 26 Rz. 20.
181 Dazu zuletzt BGH v. 20.11.2006 – II ZR 279/05, ZIP 2007, 22 = AG 2007, 80; BGH v. 3.7.2006 – II ZR 151/04, ZIP 2006, 1529 = AG 2006, 667; OLG Hamburg v. 17.1.2007 – 11 U 48/06, ZIP 2007, 814 = AG 2007, 404.
182 *Hopt* in Großkomm. AktG, 4. Aufl. 1999, § 93 AktG Rz. 250; *Hüffer*, § 93 AktG Rz. 23; *Wiesner* in MünchHdb. AG, § 26 Rz. 20.
183 *Spindler* in MünchKomm. AktG, 3. Aufl., § 93 AktG Rz. 203; *Hüffer*, § 93 AktG Rz. 23; *Wiesner* in MünchHdb. AG, § 26 Rz. 20.
184 *Spindler* in MünchKomm. AktG, 3. Aufl., § 93 AktG Rz. 206 f.; *Hopt* in Großkomm. AktG, 4. Aufl. 1999, § 93 AktG Rz. 306; *Wiesner* in MünchHdb. AG, § 26 Rz. 14.
185 *Spindler* in MünchKomm. AktG, 3. Aufl., § 93 AktG Rz. 213; *Hopt* in Großkomm. AktG, 4. Aufl. 1999, § 93 AktG Rz. 314 f.; *Hüffer*, § 93 AktG Rz. 25; *Wiesner* in MünchHdb. AG, § 26 Rz. 14.

47 Erforderlich ist ein förmlicher Hauptversammlungsbeschluss. Informelle Erklärungen von Aktionären, auch des Alleinaktionärs, genügen nicht[186]. Zum Teil wird angenommen, das Vorstandsmitglied könne in diesem Fall einer Inanspruchnahme durch die Gesellschaft den Einwand der unzulässigen Rechtsausübung entgegensetzen[187]. Dieser Auffassung ist nicht zu folgen[188]. Allerdings wird die Vorstandshaftung in solchen Situationen vielfach nur unter den weiteren Voraussetzungen des § 318 in Betracht kommen[189] oder eine gesamtschuldnerische Mithaftung des Aktionärs aus § 117 bestehen (vgl. dazu § 117 Rz. 14 ff.).

48 Es muss sich um einen **gesetzmäßigen** Beschluss handeln. Der Beschluss darf also weder nichtig noch anfechtbar sein. Wird ein anfechtbarer Beschluss innerhalb der Anfechtungsfrist nicht angefochten, entlastet auch er[190]. Etwas anderes gilt jedoch, sofern das Vorstandsmitglied es pflichtwidrig unterlassen hat, den Beschluss selbst anzufechten (§ 245 Nr. 5) oder auf eine Anfechtung durch den Vorstand (§ 245 Nr. 4) hinzuwirken. Eine Verpflichtung zur Anfechtung besteht allerdings nicht allein deshalb, weil ein Anfechtungsgrund vorhanden ist, sondern nur, wenn zusätzlich erkennbar ist, dass die Ausführung des Beschlusses zu einer Schädigung der Gesellschaft führt[191]. Ist ein Beschluss nichtig, entlastet auch er, sofern die Nichtigkeit nach § 242 nicht mehr geltend gemacht werden kann[192]. Hat es der Vorstand jedoch pflichtwidrig unterlassen, rechtzeitig im Wege der Nichtigkeitsklage gegen den Beschluss vorzugehen, kommt eine Haftung in Betracht[193].

49 Selbst ein gesetzmäßiger Hauptversammlungsbeschluss entlastet nicht, wenn der Vorstand ihn **pflichtwidrig** – insbesondere durch unrichtige oder unvollständige Informationen der Hauptversammlung – **herbeigeführt** hat[194]. Gleiches kann gelten, wenn sich für die Beschlussfassung der Hauptversammlung maßgebliche **Umstände wesentlich verändert** haben; in diesem Fall muss der Vorstand die Ausführung des Beschlusses zurückstellen und die Hauptversammlung erneut mit der Angelegenheit befassen[195].

50 Ein gesetzmäßiger Beschluss der Hauptversammlung setzt eine entsprechende **Zuständigkeit der Hauptversammlung** voraus. Dazu genügt es in Geschäftsführungsangelegenheiten, dass der Vorstand die Sache gem. § 119 Abs. 2 der Hauptversammlung

---

186 *Hüffer*, § 93 AktG Rz. 24; *Wiesner* in MünchHdb. AG, § 76 Rz. 14.
187 *Spindler* in MünchKomm. AktG, 3. Aufl., § 93 AktG Rz. 219; *Mertens/Cahn* in KölnKomm. AktG, 3. Aufl., § 93 AktG Rz. 150; *Wiesner* in MünchHdb. AG, § 26 Rz. 17; *Fleischer* in Fleischer, Handbuch des Vorstandsrechts, § 11 Rz. 85.
188 Überzeugend *Hopt* in Großkomm AktG, 4. Aufl. 1999, § 93 AktG Rz. 315.
189 Zur Modifikation von § 93 durch § 318 vgl. unten § 318 Rz. 14 ff.
190 *Spindler* in MünchKomm. AktG, 3. Aufl., § 93 AktG Rz. 208; *Hopt* in Großkomm. AktG, 4. Aufl. 1999, § 93 AktG Rz. 322 f.; *Hüffer*, § 93 AktG Rz. 25; *Wiesner* in MünchHdb. AG, § 26 Rz. 15; *Haertlein*, ZHR 186 (2004), 437, 441.
191 *Spindler* in MünchKomm. AktG, 3. Aufl., § 93 AktG Rz. 208; *Hüffer*, § 93 AktG Rz. 26; *Hopt* in Großkomm. AktG, 4. Aufl. 1999, § 93 AktG Rz. 322; *Wiesner* in MünchHdb. AG, § 26 Rz. 15; *Fleischer*, BB 2005, 2025, 2030.
192 BGH v. 6.10.1960 – II ZR 150/58, BGHZ 33, 175, 178 f.; *Hopt* in Großkomm. AktG, 4. Aufl. 1999, § 93 AktG Rz. 317 ff.; *Hüffer*, § 93 AktG Rz. 25; *Wiesner* in MünchHdb. AG, § 26 Rz. 15; *Spindler* in MünchKomm. AktG, 3. Aufl., § 93 AktG Rz. 206; a.A. *Mertens/Cahn* in KölnKomm. AktG, 3. Aufl., § 93 AktG Rz. 155.
193 *Spindler* in MünchKomm. AktG, 3. Aufl., § 93 AktG Rz. 209; *Fleischer* in Spindler/Stilz, § 93 AktG Rz. 230; *Hüffer*, § 242 AktG Rz. 7; a.A. *Casper*, Die Heilung nichtiger Beschlüsse, S. 188 f.
194 *Spindler* in MünchKomm. AktG, 3. Aufl., § 93 AktG Rz. 214; *Hopt* in Großkomm. AktG, 4. Aufl. 1999, § 93 AktG Rz. 26; *Wiesner* in MünchHdb. AG, § 26 Rz. 16.
195 *Spindler* in MünchKomm. AktG, 3. Aufl., § 93 AktG Rz. 215; *Hopt* in Großkomm. AktG, 4. Aufl. 1999, § 93 AktG Rz. 327 ff.; *Wiesner* in MünchHdb. AG, § 26 Rz. 16.

zur Entscheidung vorlegt[196]. Gleichwohl wird es sich allenfalls in Ausnahmefällen empfehlen, die Hauptversammlung zum Zwecke des Haftungsausschlusses einzuschalten[197], denn zum einen hilft bei schwierigen Geschäftsführungsentscheidungen die Business Judgment Rule und zum anderen entlastet auch ein HV-Beschluss nur, wenn der Vorstand die Hauptversammlung über die entscheidungsrelevanten Umstände richtig und vollständig informiert[198]. Beschlüsse, die die Hauptversammlung außerhalb ihrer Zuständigkeit fasst, entlasten nicht[199].

**2. Verzicht und Vergleich**

Sowohl ein Verzicht der Gesellschaft auf Ersatzansprüche als auch ein Vergleich über solche ist nur unter den engen Voraussetzungen von § 93 Abs. 4 Satz 3 und 4 zulässig. Davon erfasst sind der Erlassvertrag (§ 397 Abs. 1 BGB), das negative Schuldanerkenntnis (§ 397 Abs. 2 BGB) und der gerichtliche sowie außergerichtliche Vergleich (§ 779 BGB), einschließlich des Prozessvergleichs (§§ 794 Abs. 1 Nr. 1, 1053 ZPO) und des Anwaltsvergleichs (§§ 796a ff. ZPO)[200]. Von der Vorschrift wird damit auch die übliche Ausgleichsklausel in Aufhebungs- und Abfindungsvereinbarungen erfasst, wonach alle Ansprüche der Gesellschaft gegen das Vorstandsmitglied oder alle gegenseitigen Ansprüche abgegolten sein sollen[201]; ob die Vereinbarung im Übrigen wirksam ist, entscheidet sich nach § 139 BGB[202]. Ebenfalls erfasst sind Rechtshandlungen, die einem Verzicht oder Vergleich **wirtschaftlich gleichkommen**, z.B. ein Klageverzicht der Gesellschaft (§ 306 ZPO) oder ein Anerkenntnis der Gesellschaft gegenüber einer negativen Feststellungsklage des Vorstandsmitglieds (§ 307 ZPO)[203]; ob man etwas anderes annehmen kann, wenn der streitgegenständliche Schadensersatzanspruch offensichtlich nicht besteht[204], ist zweifelhaft. Von der Vorschrift erfasst wird auch die **Stundung** eines Ersatzanspruchs[205]. Verfügungen sonstiger Art, insbesondere eine **Abtretung** des Ersatzanspruchs oder eine **Aufrechnung** mit ihm werden von der Regelung nicht erfasst[206], es sei denn, sie dienten der Umgehung von § 93 Abs. 4 Satz 3[207]. Der Gesellschaft muss bei solchen Verfügungen überdies eine voll-

---

196 *Spindler* in MünchKomm. AktG, 3. Aufl., § 93 AktG Rz. 211; *Hopt* in Großkomm. AktG, 4. Aufl. 1999, § 93 AktG Rz. 308; *Hüffer*, § 93 AktG Rz. 25; *Wiesner* in MünchHdb. AG, § 26 Rz. 14; *Fleischer*, BB 2005, 2025, 2028.
197 Tendenziell anders anscheinend *Fleischer*, BB 2005, 2025, 2028; *Liebscher*, ZGR 2005, 1, 7.
198 BGH v. 15.1.2001 – II ZR 124/99, BGHZ 146, 288, 294 = AG 2001, 261; OLG Dresden v. 23.4.2003 – 18 U 1976/02, AG 2003, 433, 434; OLG Frankfurt v. 23.3.1999 – 5 U 193/97, AG 1999, 378, 380; *Hüffer*, § 119 AktG Rz. 13.
199 *Spindler* in MünchKomm. AktG, 3. Aufl., § 93 AktG Rz. 211; *Hüffer*, § 93 AktG Rz. 25.
200 *Spindler* in MünchKomm. AktG, 3. Aufl., § 93 AktG Rz. 230; *Hopt* in Großkomm. AktG, 4. Aufl. 1999, § 93 AktG Rz. 376; *Hüffer*, § 93 AktG Rz. 28; für den Prozessvergleich einschränkend *Mertens* in FS Fleck, 1988, S. 209, 214.
201 *Spindler* in MünchKomm. AktG, 3. Aufl., § 93 AktG Rz. 231; *Hopt* in Großkomm. AktG, 4. Aufl. 1999, § 93 AktG Rz. 374; *Mertens/Cahn* in KölnKomm. AktG, 3. Aufl., § 93 AktG Rz. 171; *Hüffer*, § 93 AktG Rz. 28.
202 *Hüffer*, § 93 AktG Rz. 28.
203 *Hopt* in Großkomm. AktG, 4. Aufl. 1999, § 93 AktG Rz. 376; *Spindler* in MünchKomm. AktG, 3. Aufl., § 93 AktG Rz. 230.
204 So *Spindler* in MünchKomm. AktG, 3. Aufl., § 93 AktG Rz. 230; *Mertens/Cahn* in KölnKomm. AktG, 3. Aufl., § 93 AktG Rz. 173; offen *Hopt* in Großkomm. AktG, 4. Aufl. 1999, § 93 AktG Rz. 376.
205 *Spindler* in MünchKomm. AktG, 3. Aufl., § 93 AktG Rz. 231; *Hopt* in Großkomm. AktG, 4. Aufl. 1999, § 93 AktG Rz. 375.
206 *Spindler* in MünchKomm. AktG, 3. Aufl., § 93 AktG Rz. 233; *Hopt* in Großkomm. AktG, 4. Aufl. 1999, § 93 AktG Rz. 377; *Wiesner* in MünchHdb. AG, § 26 Rz. 18.
207 *Spindler* in MünchKomm. AktG, 3. Aufl., § 93 AktG Rz. 233; *Hopt* in Großkomm. AktG, 4. Aufl. 1999, § 93 AktG Rz. 377; ausführlich: *Mertens/Cahn* in KölnKomm. AktG, 3. Aufl., § 93 AktG Rz. 172.

wertige Gegenleistung zufließen; geschieht das nicht, ist die Verfügung zwar wirksam, es können jedoch Schadensersatzansprüche gegen die handelnden Organmitglieder entstehen[208]. Nicht erfasst werden Freistellungszusagen, durch die sich ein Dritter verpflichtet, Vorstandsmitglieder von Haftungsansprüchen der Gesellschaft freizustellen[209]; die Gesellschaft selbst kann jedoch das Vorstandsmitglied von derlei Ansprüchen nicht freistellen[210]. Das Verzichtsverbot nach § 93 Abs. 4 Satz 3 gilt auch in der **Insolvenz der Gesellschaft**. Hingegen muss der Verwalter berechtigt sein, einen angemessenen Vergleich auch vor Ablauf der Dreijahresfrist und ohne Zustimmung der Hauptversammlung abzuschließen[211].

52 Verzichte, Vergleiche und andere Rechtshandlungen, die von § 93 Abs. 4 Satz 3 erfasst werden, können erst drei Jahre nach Entstehung des Anspruchs vorgenommen werden. Die **Dreijahresfrist** soll verhindern, dass ein Verzicht oder Vergleich vereinbart wird, bevor das Schadensausmaß hinreichend überschaubar ist[212]. Sie ist rechtspolitisch problematisch, weil die vergleichsweise Regelung von Ersatzansprüchen vielfach auch schon vor Fristablauf im Interesse sowohl der Gesellschaft als auch der betroffenen Organmitglieder liegt. Die Frist schließt es jedoch nicht aus, schon vor ihrem Ablauf Vergleichsgespräche zu führen und sich in unverbindlicher Form auf den Inhalt eines später abzuschließenden und der Hauptversammlung vorzulegenden Vergleichs zu verständigen. Die Frist berechnet sich nach §§ 187, 188 BGB. Sie beginnt, sobald der Anspruch entstanden ist und durch (Leistungs- oder Feststellungs-)Klage geltend gemacht werden kann. Dazu muss ein Schaden eingetreten sein, auch wenn er sich noch nicht beziffern lässt und/oder in seiner Entwicklung noch nicht abgeschlossen ist[213]. Auch der Abschluss eines Schiedsvergleichs vor Ablauf der Dreijahresfrist ist unzulässig[214].

53 Die Dreijahresfrist gilt nicht, wenn die Voraussetzungen des § 93 Abs. 4 Satz 4 erfüllt sind. Das ist der Fall, wenn der **Ersatzpflichtige zahlungsunfähig** ist und sich zur Abwendung des Insolvenzverfahrens mit seinen Gläubigern vergleicht oder wenn die Ersatzpflicht in einem Insolvenzplan geregelt wird. Als Vergleich zur Abwendung des Insolvenzverfahrens genügt ein außergerichtlicher Vergleich, selbst wenn dieser nur mit einem einzigen Gläubiger geschlossen wird[215]. Es reicht auch ein Vergleich, der die Einstellung des Insolvenzverfahrens (§§ 213 ff. InsO) bezweckt[216]. Die weiteren Voraussetzungen für den Vergleichsschluss zwischen Gesellschaft und Vorstandsmitglied, d.h. die Zustimmung der Hauptversammlung und der fehlende Widerspruch einer qualifizierten Minderheit (vgl. unten Rz. 54) gelten demgegenüber auch bei Vergleichen mit zahlungsunfähigen Vorstandsmitgliedern.

54 Der Verzicht oder Vergleich zwischen Gesellschaft und Vorstandsmitglied bedarf neben dem Ablauf der Dreijahresfrist der **Zustimmung der Hauptversammlung**. Für

---

208 *Spindler* in MünchKomm. AktG, 3. Aufl., § 93 AktG Rz. 233; *Hopt* in Großkomm. AktG, 4. Aufl. 1999, § 93 AktG Rz. 377; *Cahn*, Vergleichsverbote im Gesellschaftsrecht, 1996, S. 132.
209 *Spindler* in MünchKomm. AktG, 3. Aufl., § 93 AktG Rz. 232; *Hopt* in Großkomm. AktG, 4. Aufl. 1999, § 93 AktG Rz. 378; *Wiesner* in MünchHdb. AG, § 26 Rz. 18.
210 Zu den Möglichkeiten einer schlichten Nichtgeltendmachung des Schadensersatzanspruchs vgl. *Hasselbach/Seibel*, AG 2008, 770, 772 ff.
211 Näher *K. Schmidt*, KTS 2001, 373, 379 f.
212 *Spindler* in MünchKomm. AktG, 3. Aufl., § 93 AktG Rz. 221; *Hüffer*, § 93 AktG Rz. 28.
213 *Spindler* in MünchKomm. AktG, 3. Aufl., § 93 AktG Rz. 221; *Hopt* in Großkomm. AktG, 4. Aufl. 1999, § 93 AktG Rz. 368 i.V.m. 433; *Hüffer*, § 93 AktG Rz. 28.
214 *Spindler* in MünchKomm. AktG, 3. Aufl., § 93 AktG Rz. 221.
215 *Spindler* in MünchKomm. AktG, 3. Aufl., § 93 AktG Rz. 226; *Hüffer*, § 93 AktG Rz. 30; *Hopt* in Großkomm. AktG, 4. Aufl. 1999, § 93 AktG Rz. 387.
216 *Spindler* in MünchKomm. AktG, 3. Aufl., § 93 AktG Rz. 226; *Hüffer*, § 93 AktG Rz. 30.

den Beschluss genügt die einfache Mehrheit (§ 133)[217]. Die von der Beschlussfassung betroffenen Vorstandsmitglieder sind vom Stimmrecht ausgeschlossen (§ 136 Abs. 1 Satz 1 BGB). Trotz Zustimmung der Hauptversammlung bleibt der Verzicht oder Vergleich wirkungslos, wenn eine Aktionärsminderheit, deren Anteile zusammen **10 %** des Grundkapitals erreichen, **Widerspruch zur Niederschrift** erhebt. Die 10 %-Quote berechnet sich nach dem Anteil am Grundkapital, nicht nach dem Stimmrechtsanteil; auch stimmrechtslose Vorzugsaktien zählen also mit. Der Widerspruch muss zur Niederschrift (§ 130) erklärt werden; dass bei der Abstimmung 10 % Gegenstimmen erreicht werden, genügt nicht[218]. Die Regelung hatte ursprünglich den Zweck zu verhindern, dass die Hauptversammlung das frühere Minderheitsrecht auf Geltendmachung von Ersatzansprüchen aus § 147 a.F. unterlaufen konnte[219]. Nachdem dieses Minderheitsrecht abgeschafft ist, wäre rechtspolitisch auch die Aufhebung des Widerspruchsrechts der Minderheit nahe liegend.

## VI. Anspruchsverfolgung durch Gesellschaftsgläubiger (§ 93 Abs. 5)

Der Ersatzanspruch der Gesellschaft kann nach Maßgabe von § 93 Abs. 5 auch von den Gläubigern der Gesellschaft geltend gemacht werden, soweit sie von dieser keine Befriedigung verlangen können. Die Gläubiger können danach **Zahlung an sich** selbst beanspruchen, nicht etwa nur an die Gesellschaft. Dogmatisch handelt es sich dabei um einen eigenen Anspruch des Gläubigers, nicht um eine Verfolgung des Anspruchs der Gesellschaft im Wege der Prozessstandschaft[220]. 55

Das Verfolgungsrecht setzt zunächst voraus, dass es sich um einen **Gläubiger der Gesellschaft** handelt; ob ein solcher Anspruch des Gläubigers besteht, ist ggf. als Vorfrage im Prozess des Gläubigers gegen das Vorstandsmitglied zu entscheiden. Das Verfolgungsrecht besteht nur insoweit, wie der Gläubiger von der Gesellschaft für seine Forderung **keine Befriedigung** erlangen kann. Das ist der Fall, wenn die Gesellschaft nicht in der Lage ist, die fällige Forderung des Gläubigers zu befriedigen; erfolglose Vollstreckungsversuche sind nicht erforderlich[221]. 56

Darüber hinaus kommt es auf die **Art des Ersatzanspruchs** der Gesellschaft gegen ihr Vorstandsmitglied an. Beruht der Ersatzanspruch auf einem der in Abs. 3 genannten Tatbestände, genügt es für das Verfolgungsrecht des Gläubigers, dass dieser von der Gesellschaft keine Befriedigung erlangen kann. Beruht der Ersatzanspruch hingegen auf anderen Sachverhalten als denen des § 93 Abs. 3, besteht das Verfolgungsrecht nur dann, wenn das Vorstandsmitglied die Sorgfalt eines ordentlichen und gewissenhaften Geschäftsleiters **gröblich verletzt** hat (§ 93 Abs. 5 Satz 2); einfache Fahrlässigkeit des Vorstandsmitglieds genügt also nicht, sondern es bedarf einer grob fahrlässigen oder vorsätzlichen Pflichtverletzung[222]. Die Darlegungs- und Beweislast dafür, dass nur einfache Fahrlässigkeit vorgelegen habe, trifft das Vorstandsmitglied (§ 93 Abs. 5 Satz 2 Halbsatz 2 i.V.m. Abs. 2 Satz 2). 57

---

217 *Spindler* in MünchKomm. AktG, 3. Aufl., § 93 AktG Rz. 222; *Hüffer*, § 93 AktG Rz. 29.
218 *Spindler* in MünchKomm. AktG, 3. Aufl., § 93 AktG Rz. 223; *Hopt* in Großkomm. AktG, 4. Aufl. 1999, § 93 AktG Rz. 364.
219 *Hopt* in Großkomm. AktG, 4. Aufl. 1999, § 93 AktG Rz. 362; *Hüffer*, § 93 AktG Rz. 29.
220 So die heute herrschende Meinung, z.B. *Spindler* in MünchKomm. AktG, 3. Aufl., § 93 AktG Rz. 234; *Mertens/Cahn* in KölnKomm. AktG, 3. Aufl., § 93 AktG Rz. 180 ff.; *Hüffer*, § 93 AktG Rz. 32; *Wiesner* in MünchHdb. AG, § 26 Rz. 25.
221 *Spindler* in MünchKomm. AktG, 3. Aufl., § 93 AktG Rz. 238; *Hüffer*, § 93 AktG Rz. 33; *Wiesner* in MünchHdb. AG, § 26 Rz. 26.
222 *Spindler* in MünchKomm. AktG, 3. Aufl., § 93 AktG Rz. 236; *Hüffer*, § 93 AktG Rz. 33; *Wiesner* in MünchHdb. AG, § 26 Rz. 26.

58 Die Ersatzpflicht gegenüber den Gläubigern soll nicht dadurch entfallen, dass die schadensstiftende Handlung auf einem **rechtmäßigen Beschluss der Hauptversammlung** beruht (§ 93 Abs. 5 Satz 3). Tatsächlich entfällt in diesen Fällen jedoch in aller Regel bereits die Pflichtwidrigkeit des Vorstandshandelns (vgl. oben Rz. 46), so dass von vornherein ein Schadensersatzanspruch nicht entsteht. Das müssen sich auch die Gläubiger entgegenhalten lassen[223]. Des Weiteren wird die Ersatzpflicht gegenüber den Gläubigern nicht durch einen **Verzicht oder Vergleich** der Gesellschaft aufgehoben (§ 93 Abs. 5 Satz 3). Das gilt jedoch nicht, sondern der Vergleich zwischen der Gesellschaft und dem Vorstandsmitglied wirkt auch gegenüber den Gläubigern, sofern der Vergleich unter den Voraussetzungen des § 93 Abs. 4 Satz 4 geschlossen wurde, das heißt wenn das Vorstandsmitglied zahlungsunfähig war und sich zur Abwendung des Insolvenzverfahrens mit seinen Gläubigern verglichen hat oder wenn die Ersatzpflicht in einem Insolvenzplan geregelt wurde (vgl. oben Rz. 56); die Regelung des § 93 Abs. 4 Satz 4 ist also auch gegenüber den Gläubigern der Gesellschaft entsprechend anzuwenden[224].

59 Der Anspruch des Gläubigers ist im eigenen Namen geltend zu machen und richtet sich auf **Zahlung an den Gläubiger**, nicht an die Gesellschaft[225]. Das Vorstandsmitglied kann gleichzeitig durch die Gesellschaft und/oder mehrere Gläubiger in Anspruch genommen werden. Die Einrede der Rechtshängigkeit (§ 261 Abs. 3 Nr. 1 ZPO) steht dem nicht entgegen[226]. Eine Zahlung des Vorstandsmitglieds an die Gesellschaft hat befreiende Wirkung auch gegenüber den Gläubigern; ebenso befreit die Leistung an einen Gläubiger auch gegenüber der Gesellschaft und den anderen Gläubigern, vorausgesetzt, die Zahlung erfolgt an einen Gläubiger, der die Leistung von dem Vorstandsmitglied verlangt hatte[227]. Durch Pfändung und Überweisung des Ersatzanspruchs der Gesellschaft kann ein Gläubiger die **befreiende Leistung an die Gesellschaft** verhindern, nicht aber die befreiende Leistung an einen anderen Gläubiger[228]. Praktisch empfiehlt es sich daher für einen Gläubiger, sofort zu vollstrecken, wenn er einen vorläufig vollstreckbaren Titel besitzt[229].

60 Ist über das Vermögen der Gesellschaft das **Insolvenzverfahren** eröffnet, wird das Verfolgungsrecht der Gläubiger durch den Insolvenzverwalter, im Falle der Eigenverwaltung durch den Sachwalter, ausgeübt (§ 93 Abs. 5 Satz 4). Die Gläubiger können den Ersatzanspruch also nicht mehr verfolgen, eine etwa erhobene Klage ist unbegründet[230], eine bereits anhängige Klage wird analog § 240 ZPO unterbrochen[231]. Der Insolvenzverwalter kann den Anspruch freigeben und damit eine Rechtsverfolgung durch die Gläubiger wieder eröffnen[232]. Verfolgt der Insolvenzverwalter den An-

---

223 *Spindler* in MünchKomm. AktG, 3. Aufl., § 93 AktG Rz. 247.
224 Umstritten, wie hier *Spindler* in MünchKomm. AktG, 3. Aufl., § 93 AktG Rz. 243; *Hopt* in Großkomm. AktG, 4. Aufl. 1999, § 93 AktG Rz. 390; *Mertens/Cahn* in KölnKomm. AktG, 3. Aufl., § 93 AktG Rz. 185.
225 Allgemeine Meinung, vgl. etwa *Spindler* in MünchKomm. AktG, 3. Aufl., § 93 AktG Rz. 239; *Hüffer*, § 93 AktG Rz. 34; *Wiesner* in MünchHdb. AG, § 26 Rz. 27.
226 *Spindler* in MünchKomm. AktG, 3. Aufl., § 93 AktG Rz. 244; *Hüffer*, § 93 AktG Rz. 34; *Wiesner* in MünchHdb. AG, § 26 Rz. 27.
227 *Spindler* in MünchKomm. AktG, 3. Aufl., § 93 AktG Rz. 240; *Hüffer*, § 93 AktG Rz. 34; *Wiesner* in MünchHdb. AG, § 26 Rz. 27.
228 *Hüffer*, § 93 AktG Rz. 34; *Spindler* in MünchKomm. AktG, 3. Aufl., § 93 AktG Rz. 240.
229 *Wiesner* in MünchHdb. AG, § 26 Rz. 27.
230 RGZ 74, 428, 429; *Spindler* in MünchKomm. AktG, 3. Aufl., § 93 AktG Rz. 250; *Hopt* in Großkomm. AktG, 4. Aufl. 1999, § 93 AktG Rz. 422; *Hüffer*, § 93 AktG Rz. 35.
231 *Hüffer*, § 93 AktG Rz. 35.
232 *Spindler* in MünchKomm. AktG, 3. Aufl., § 93 AktG Rz. 250; *Wiesner* in MünchHdb. AG, § 26 Rz. 28.

spruch, hat er die gleiche Stellung wie die Gläubiger, d.h. ein Verzicht oder Vergleich der Gesellschaft auf den Ersatzanspruch sind ihm gegenüber wirkungslos (§ 93 Abs. 5 Satz 3), und er selbst kann sich ohne die Einschränkungen nach § 93 Abs. 4 Satz 3, also ohne die Notwendigkeit eines zustimmenden Hauptversammlungsbeschlusses, über die Ansprüche vergleichen[233]. Im Falle der Eigenverwaltung werden die Rechte der Gläubiger durch den Sachwalter ausgeübt; § 93 Abs. 5 Satz 4 weicht insoweit von § 274 InsO ab[234].

## VII. Verjährung

Die Ansprüche aus § 93 verjähren in fünf Jahren (§ 93 Abs. 6), wobei derzeit eine Verlängerung auf zehn Jahre erwogen wird[235]. Die Frist beginnt unabhängig von der Kenntniserlangung mit der Entstehung des Anspruchs (§ 200 BGB)[236]. Dazu muss der Schaden entstanden sein, auch wenn er sich noch nicht beziffern lässt oder in seiner Entwicklung noch nicht abgeschlossen ist[237]. Es genügt, wenn er durch Feststellungsklage geltend gemacht werden kann[238]. Die Verjährungsfrist kann nicht durch Satzung oder Vertrag verlängert oder verkürzt werden[239]; für die Fristberechnung gelten §§ 187 Abs. 1, 188 Abs. 2 BGB. Die Hemmung richtet sich nach §§ 203 ff. BGB. Auf eine Hemmung können sich auch Gläubiger berufen, die den Ersatzanspruch nach § 93 Abs. 4 geltend machen[240]: die Hemmung des Anspruchs durch einen Gläubiger wirkt hingegen nur für diesen und im Falle von § 93 Abs. 5 Satz 4 für den Insolvenzverwalter oder den Sachwalter, jedoch nicht für die Gesellschaft und die anderen Gläubiger[241]. Besteht neben dem Ersatzanspruch aus § 93 ein konkurrierender Anspruch aus unerlaubter Handlung, so verjährt dieser selbständig nach §§ 195, 199 Abs. 1 Nr. 2 BGB binnen drei Jahren seit dem Ende des Jahres, in das Anspruchsentstehung und Kenntnis oder grob fahrlässige Unkenntnis vom Anspruch fallen[242].

61

---

233 RGZ 74, 428, 430; *Spindler* in MünchKomm. AktG, 3. Aufl., § 93 AktG Rz. 251; *Hüffer*, § 93 AktG Rz. 35; *Wiesner* in MünchHdb. AG, § 26 Rz. 28.
234 *Spindler* in MünchKomm. AktG, 3. Aufl., § 93 AktG Rz. 251; *Hüffer*, § 93 AktG Rz. 35.
235 Regierungsentwurf eines Gesetzes zur Restrukturierung und geordneten Abwicklung von Kreditinstituten, zur Errichtung eines Restrukturierungsfonds für Kreditinstitute und zur Verlängerung der Verjährungsfrist der aktienrechtlichen Organhaftung (Restrukturierungsgesetz), http://www.bmj.bund.de/files/-/4674/RegE_Restrukturierungsgesetz.pdf
236 Begr. RegE zu § 93 Abs. 6 AktG, BT-Drucks. 15/3653, S. 12; *Wiesner* in MünchHdb. AG, § 26 Rz. 21; *Hüffer*, § 93 AktG Rz. 37; *Arnold* in Marsch-Barner/Schäfer, Handbuch börsennotierte AG, 2. Aufl., § 22 Rz. 66; *Schmitt-Rolfes/Bergwitz*, NZG 2006, 535, 536; *Spindler* in MünchKomm. AktG, 3. Aufl., § 93 AktG Rz. 255; a.A. *Fleischer* in Fleischer, Handbuch des Vorstandsrechts, § 11 Rz. 121.
237 BGH v. 28.10.1993 – IX ZR 21/93, BGHZ 124, 27, 29 f. = AG 1994, 81; BGH v. 23.3.1987 – II ZR 190/86, BGHZ 100, 228, 231 = AG 1987, 245; *Hüffer*, § 94 AktG Rz. 37; *Wiesner* in MünchHdb. AG, § 26 Rz. 21.
238 BGH v. 21.2.2005 – II ZR 112/03, ZIP 2005, 852/853; BGH v. 23.3.1987 – II ZR 1990/86, ZIP 1987, 776/777 = AG 1987, 245; *Wiesner* in MünchHdb. AG, § 26 Rz. 21; *Arnold* in Marsch-Barner/Schäfer, Handbuch börsennotierte AG, 2. Aufl., § 22 Rz. 66.
239 *Spindler* in MünchKomm. AktG, 3. Aufl., § 93 AktG Rz. 254; *Wiesner* in MünchHdb. AG, § 26 Rz. 21; *Fleischer* in Fleischer, Handbuch des Vorstandsrechts, § 11 Rz. 120.
240 *Spindler* in MünchKomm. AktG, 3. Aufl., § 93 AktG Rz. 258; *Mertens/Cahn* in KölnKomm. AktG, 3. Aufl., § 93 AktG Rz. 205; *Hüffer*, § 93 AktG Rz. 37.
241 *Spindler* in MünchKomm. AktG, 3. Aufl., § 93 AktG Rz. 258; *Mertens/Cahn* in KölnKomm. AktG, 3. Aufl., § 93 AktG Rz. 205 f.; *Hopt* in Großkomm. AktG, 4. Aufl., § 93 AktG Rz. 448; zweifelnd *Hüffer*, § 93 AktG Rz. 37.
242 *Spindler* in MünchKomm. AktG, 3. Aufl., § 93 AktG Rz. 259; *Wiesner* in MünchHdb. AG, § 26 Rz. 22.

## VIII. Haftung gegenüber Aktionären und Dritten

### 1. Ersatzpflicht gegenüber Aktionären

62 § 93 begründet Schadenersatzansprüche der Gesellschaft. Aktionäre können daraus keine Rechte herleiten. § 93 ist kein Schutzgesetz zu ihren Gunsten i.S.v. § 823 Abs. 2 BGB[243]. Ebenso wenig hat der Vorstands-Anstellungsvertrag Schutzwirkungen zu Gunsten von Aktionären[244]. Eigene Ersatzansprüche von Aktionären kommen ausnahmsweise nach Maßgabe von § 117 Abs. 2 Satz 1, Abs. 1 Satz 2 in Betracht (dazu unten § 117 Rz. 23). Daneben können Aktionäre den Ersatzanspruch der Gesellschaft aus § 93 geltend machen, wenn sie dazu im Klagezulassungsverfahren nach § 148 ermächtigt werden (dazu unten § 148).

63 Ebenfalls ausgeschlossen sind deliktische Schadensersatzansprüche aus **§ 823 Abs. 1 BGB** wegen eines **Eingriffs in die Mitgliedschaft**. Das ist unbestritten, soweit es um allgemein sorgfaltswidrige Geschäftsführungsmaßnahmen des Vorstands geht[245], wird aber zum Teil anders gesehen, wenn konkrete mitgliedschaftliche Rechte verletzt werden, wie bei Durchführung von Geschäftsführungsmaßnahmen unter Verletzung einer ungeschriebenen Zustimmungskompetenz der Hauptversammlung, bei Ausnutzung eines genehmigten Kapitals mit Bezugsrechtausschluss ohne das Vorliegen der hierfür erforderlichen Voraussetzungen, einem Verstoß gegen die Gleichbehandlungspflicht durch verdeckte Gewinnausschüttungen u.ä[246]. Die überwiegende Meinung schließt auch in solchen Fällen eine Haftung aus § 823 Abs. 1 BGB mit Recht aus[247]. Entscheidend für diese Auffassung spricht der Gedanke des Vorrangs des aktienrechtlichen Rechtsschutzsystems, welches Direktansprüche von Aktionären gegen die Organe nur in eng begrenzten Ausnahmefällen vorsieht (z.B. §§ 117 Abs. 2, 309 Abs. 4, 317 Abs. 4, 318 Abs. 4)[248].

64 Denkbar ist eine Haftung nach **§ 823 Abs. 2 BGB** wegen **Verletzung eines Schutzgesetzes**. Hierzu gehören vor allem die Strafvorschriften wegen falscher Angaben und unrichtiger Darstellungen in §§ 399 und 400[249]; vgl. dazu näher unten bei §§ 399, 400. Hingegen wird man § 266 StGB im Verhältnis des Vorstands zu den Aktionären nicht als Schutzgesetz qualifizieren können. Denn die Vermögensbetreuungspflicht

---

243 LG Bonn v. 15.5.2001 – 11 O 181/00, AG 2001, 484, 486; LG Düsseldorf v. 7.7.1989 – 32 O 39/89, AG 1991, 70/71; *Spindler* in MünchKomm. AktG, 3. Aufl., § 93 AktG Rz. 274; *Hüffer*, § 93 AktG Rz. 19; *Wiesner* in MünchHdb. AG, § 26 Rz. 29; *Altmeppen* in Krieger/Uwe H. Schneider, Handbuch Managerhaftung, § 7 Rz. 4.
244 BGH v. 14.11.1994 – II ZR 160/93, NJW 1995, 1353 (GmbH); *Altmeppen* in Krieger/Uwe H. Schneider, Handbuch Managerhaftung, § 7 Rz. 4 m.w.N.
245 Vgl. insoweit nur *Hopt* in Großkomm. AktG, 4. Aufl. 1999, § 93 AktG Rz. 471; *Semler* in MünchKomm. AktG, 2. Aufl., § 116 AktG Rz. 705; *Wiesner* in MünchHdb. AG, § 26 Rz. 30; *Altmeppen* in Krieger/Uwe H. Schneider, Handbuch Managerhaftung, § 3 Rz. 25 ff.
246 Vgl. *Mertens/Cahn* in KölnKomm. AktG, 3. Aufl., § 93 AktG Rz. 210; *Altmeppen* in Krieger/Uwe H. Schneider, Handbuch Managerhaftung, § 3 Rz. 27 f.
247 Vgl. nur *Spindler* in MünchKomm. AktG, 3. Aufl., § 93 AktG Rz. 267 f.; *Hopt* in Großkomm. AktG, 4. Aufl. 1999, § 93 AktG Rz. 473; *Spindler* in Fleischer, Handbuch des Vorstandsrechts, § 13 Rz. 38; *Wiesner* in MünchHdb. AG, § 26 Rz. 30; *Habersack* in MünchKomm. AktG, 3. Aufl., § 116 AktG Rz. 78; *Reuter* in MünchKomm. BGB, 5. Aufl., § 38 BGB Rz. 19 f.
248 Vgl. *Spindler* in MünchKomm. AktG, 3. Aufl., § 93 AktG Rz. 271; *Reuter* in MünchKomm. BGB, 5. Aufl., § 38 BGB Rz. 19 f.; *Wiesner* in MünchHdb. AG, § 26 Rz. 30; *Spindler* in Fleischer, Handbuch des Vorstandsrechts, § 13 Rz. 38; *Zöllner*, ZGR 1998, 392, 430. Vgl. auch *Hopt* in Großkomm. AktG, 4. Aufl. 1999, § 93 AktG Rz. 473 mit anderer Begründung.
249 BGH v. 26.9.2005 – II ZR 380/03, WM 2005, 2095, 2096; BGH v. 19.7.2004 – II ZR 218/03 – „Infomatec", BGHZ 160, 134, 140 f. = AG 2004, 543; BGH v. 17.9.2001 – II ZR 178/99 – „Bremer Vulkan", BGHZ 149, 10, 20 = AG 2002, 43; *Spindler* in MünchKomm. AktG, 3. Aufl., § 93 AktG Rz. 274; *Wiesner* in MünchHdb. AG, § 26 Rz. 31.

besteht gerade gegenüber der AG und somit nur mittelbar gegenüber den Aktionären[250]. Eine Ausweitung der Treubindung auf die Aktionäre würde die Trennung von Gesellschafter und Gesellschaft und damit die rechtliche Zuordnung des Vermögens missachten[251]. § 93 ist kein Schutzgesetz zugunsten der Aktionäre (vgl. oben Rz. 62). Gleiches gilt nach umstrittener Auffassung auch für die Verpflichtung aus § 92 Abs. 1, bei einem Verlust in Höhe der Hälfte des Grundkapitals unverzüglich eine Hauptversammlung einzuberufen und ihr dies anzuzeigen (vgl. § 92 Rz. 3 ff.). Ebenfalls kein Schutzgesetz zu Gunsten der Aktionäre (wohl aber zugunsten der Gläubiger; vgl. unten Rz. 66) ist die Vorschrift über die Insolvenzantragspflicht in § 92 Abs. 2[252]. Nach **§ 826 BGB** haftet der Vorstand bei vorsätzlich sittenwidriger Schädigung von Aktionären. Dazu zählt der Fall der Verleitung zum Aktienerwerb durch bewusst **unrichtige Ad hoc-Mitteilung**[253].

Soweit einem Aktionär ein Schadensersatzanspruch zusteht, richtet sich dieser nicht in jedem Fall auf Zahlung an den Aktionär. Hat er nur einen mittelbaren Schaden aufgrund einer unmittelbaren Schädigung der Gesellschaft erlitten, richtet sich sein Anspruch grundsätzlich nur auf **Schadensersatzleistung an die Gesellschaft**[254]. Ersatzleistung an sich selbst kann der Aktionär verlangen, soweit er einen über den mittelbaren Schaden, der ihm durch Schädigung der Gesellschaft entstanden ist, hinausgehenden Schaden erlitten hat[255]. 65

**2. Ersatzpflicht gegenüber Dritten**

Dritte haben – mit Ausnahme des Verfolgungsrechts von Gläubigern nach § 93 Abs. 5 – gegenüber Vorstandsmitgliedern keine Ersatzansprüche aus § 93[256]. In Ausnahmefällen können **vertragliche und vertragsähnliche Haftungstatbestände** in Betracht kommen[257], namentlich eine Haftung aus culpa in contrahendo wegen Inanspruchnahme eines auf die Person des Vorstandsmitglieds bezogenen Vertrauens (§§ 280 Abs. 1, 311 Abs. 3 Satz 2 BGB)[258] oder wegen eines besonderen wirtschaftlichen Eigeninteresses des Vorstandsmitglieds[259]. Nach **§ 823 Abs. 2 BGB** haften Vor- 66

---

250 *Spindler* in MünchKomm. AktG, 3. Aufl., § 93 AktG Rz. 276; *Hopt* in Großkomm. AktG, 4. Aufl. 1999, § 93 AktG Rz. 476.
251 Ebenso *Spindler* in MünchKomm. AktG, 3. Aufl., § 93 AktG Rz. 276.
252 BGH v. 11.11.1985 – II ZR 109/84, BGHZ 96, 231, 236 f. = AG 1986, 76; *Habersack* in Großkomm. AktG, 4. Aufl., § 92 AktG Rz. 71; *Spindler* in MünchKomm. AktG, 3. Aufl., § 92 AktG Rz. 45 f.; *Hüffer*, § 92 AktG Rz. 16.
253 BGH v. 26.6.2006 – II ZR 153/05 – „Comroad", ZIP 2007, 326 = AG 2007, 169; BGH v. 19.7.2004 – II ZR 218/03, BGHZ 160, 134, 144 = AG 2004, 543; BGH v. 19.7.2004 – II ZR 402/02, BGHZ 160, 149, 151 ff. = AG 2004, 546; *Hüffer*, § 93 AktG Rz. 19; *Wiesner* in MünchHdb. AG, § 26 Rz. 31; vgl. ferner im Einzelnen *Spindler* in MünchKomm. AktG, 3. Aufl., § 93 AktG Rz. 288 ff.
254 BGH v. 20.3.1995 – II ZR 205/94 – „Girmes", BGHZ 129, 136, 165 f. = AG 1995, 368; BGH v. 21.10.2002 – II ZR 118/02, NZG 2003, 85; *Hüffer*, § 93 AktG Rz. 19; *Spindler* in MünchKomm. AktG, 3. Aufl., § 93 AktG Rz. 283; *Wiesner* in MünchHdb. AG, § 26 Rz. 32.
255 BGH v. 20.3.1995 – II ZR 205/94 – „Girmes", BGHZ 129, 136, 166 = AG 1995, 368.
256 KG v. 20.7.2001 – 9 U 1912/00, AG 2003, 324, 325; *Hüffer*, § 93 AktG Rz. 20; *Altmeppen* in Krieger/Uwe H. Schneider, Handbuch Managerhaftung, § 7 Rz. 4.
257 Näher dazu *Altmeppen* in Krieger/Uwe H. Schneider, Handbuch Managerhaftung, § 7 Rz. 5 ff.
258 Vgl. dazu etwa BGH v. 4.5.2004 – XI ZR 40/03, BGHZ 159, 94, 102; sehr weitgehend (c.i.c.-Eigenhaftung von Vorstandsmitgliedern wegen Präsentation zwecks Einwerben von Investoren für eine Kapitalerhöhung). BGH v. 2.6.2008 – II ZR 210/06, BGHZ 177, 25; *Hüffer*, § 93 AktG Rz. 21; *Altmeppen* in Krieger/Uwe H. Schneider, Handbuch Managerhaftung, § 7 Rz. 19 ff.
259 Vgl. dazu BGH v. 6.6.1994 – II ZR 292/91, BGHZ 126, 181, 183 ff.; *Bayer/Lieder*, WM 2006, 1; *Altmeppen* in Krieger/Uwe H. Schneider, Handbuch Managerhaftung, § 7 Rz. 25 f.; *Hüffer*, § 93 AktG Rz. 21.

standsmitglieder bei Verletzung von Schutzgesetzen. Das kann insbesondere bei **Verletzung der Insolvenzantragspflicht** nach § 15a Abs. 1 Satz 1 InsO in Betracht kommen, die ein Schutzgesetz zugunsten der Gläubiger darstellt[260]. Die Haftung setzt voraus, dass die Vorstandsmitglieder die Insolvenzantragspflicht wegen Zahlungsunfähigkeit oder Überschuldung verletzen, wobei einfache Fahrlässigkeit genügt[261]. Der Inhalt des Ersatzanspruchs ist davon abhängig, ob es sich um Alt- oder Neugläubiger handelt. Altgläubigern gegenüber haftet das Vorstandsmitglied auf den sogenannten Quotenschaden, d.h. den Schaden, der sich aus einer Verschlechterung der Insolvenzquote durch eine weitere Masseschmälerung nach Entstehung der Insolvenzantragspflicht ergibt[262]. Demgegenüber können Neugläubiger, deren Forderungen nach Entstehung der Insolvenzantragspflicht begründet wurden, als Ersatz den gesamten über ihre Insolvenzquote hinausgehenden Vertrauensschaden beanspruchen[263].

67 Am unübersichtlichsten ist die Haftung der Vorstandsmitglieder für die **Verletzung von Organisationspflichten**. Nach der Rechtsprechung des VI. Zivilsenats des BGH können Vorstandsmitglieder gegenüber Dritten eine Garantenstellung für eine ordnungsgemäße Organisation der Gesellschaft haben mit der Folge, dass sie bei Verletzung absolut geschützter Rechte Dritter aufgrund unzureichender Organisationsmaßnahmen nach **§ 823 Abs. 1 BGB** haften[264]. In der Literatur wird diese Tendenz, Mitgliedern des Geschäftsführungsorgans eine persönliche Produkthaftung aufzuerlegen, überwiegend kritisch gesehen und für eine Haftung allein der Gesellschaft plädiert[265]; tatsächlich sprechen jedoch gute Gründe dafür, dem nach der internen Ressortverteilung verantwortlichen Vorstandsmitglied bei der Verletzung absolut geschützter Rechtsgüter Dritter durch fehlerhafte Organisationsmaßnahmen eine entsprechende deliktische Außenhaftung aufzuerlegen[266]. Gem. § 823 Abs. 2 BGB, § 266a StGB haften die Vorstandsmitglieder bei Nichtabführung von Sozialabgaben[267]. § 69 AO begründet eine persönliche Haftung der Vorstandsmitglieder für Steuerausfälle, die aufgrund vorsätzlicher oder grob fahrlässiger Verletzung steuerlicher Pflichten entstehen[268].

---

260 BGH v. 6.6.1994 – II ZR 292/91, BGHZ 126, 181, 190; BGH v. 9.7.1979 – II ZR 118/77 – „Herstatt", BGHZ 75, 96, 106; *Habersack* in Großkomm. AktG, 4. Aufl., § 92 AktG Rz. 71; *Spindler* in MünchKomm. AktG, 3. Aufl., § 92 Rz. 45; *Hüffer*, § 92 AktG Rz. 16.
261 BGH v. 9.7.1979 – II ZR 118/77 – „Herstatt", BGHZ 75, 96, 111; *Habersack* in Großkomm. AktG, 4. Aufl., § 92 AktG Rz. 76; *Wiesner* in MünchHdb. AG, § 26 Rz. 36.
262 BGH v. 16.12.1958 – VI ZR 245/57, BGHZ 29, 100, 103 f.; BGH v. 6.6.1994 – II ZR 292/91, BGHZ 126, 181, 190; *Habersack* in Großkomm. AktG, 4. Aufl., § 92 AktG Rz. 77 f.; *Hüffer*, § 92 AktG Rz. 17.
263 BGH v. 6.6.1994 – II ZR 292/91, BGHZ 126, 181, 192 ff.; BGH v. 25.7.2005 – II ZR 390/03, BGHZ 164, 50, 60; *Habersack* in Großkomm. AktG, 4. Aufl., § 92 AktG Rz. 79; *Wiesner* in MünchHdb. AG, § 26 Rz. 36; kritisch *Hüffer*, § 92 Rz. 19.
264 BGH v. 5.12.1989 – VI ZR 335/88 – „Baustoff", BGHZ 109, 297, 302 ff.; noch weitergehend BGHSt 37, 106 – Ledersspray, wo sogar erwogen wird, aus gesellschaftsrechtlichen Organisationspflichten eine strafrechtliche Garantenstellung abzuleiten; zurückhaltender demgegenüber BGH v. 13.4.1994 – II ZR 16/93, BGHZ 125, 366, 375 f.
265 Vgl. etwa *Spindler* in MünchKomm. AktG, 3. Aufl., § 93 AktG Rz. 287; *Hopt* in Großkomm. AktG, 4. Aufl. 1999, § 93 AktG Rz. 504; *Wiesner* in MünchHdb. AG, § 26 Rz. 40.
266 Vgl. etwa *Wagner* in MünchKomm. BGB, 5. Aufl., § 823 BGB Rz. 399 f.; *Hager* in Staudinger, § 823 BGB Rz. 68; *Uwe H. Schneider* in Scholz, § 43 GmbHG Rz. 324, 327; eingehend *Altmeppen* in Krieger/Uwe H. Schneider, Handbuch Managerhaftung, § 7 Rz. 43 ff.
267 BGH v. 21.1.1997 – VI ZR 338/95, BGHZ 134, 304, 307; BGH v. 18.11.1997 – VI ZR 11/97, ZIP 1998, 31, 32; BGH v. 25.9.2006 – II ZR 108/05, WM 2006, 2134; eingehend *Spindler* in MünchKomm. AktG, 3. Aufl., § 93 AktG Rz. 291 ff.
268 Näher *Wiesner* in MünchHdb. AG, § 26 Rz. 38; *Arnold* in Marsch-Barner/Schäfer, Handbuch börsennotierte AG, § 22 Rz. 84 ff.

## § 94
## Stellvertreter von Vorstandsmitgliedern

**Die Vorschriften für die Vorstandsmitglieder gelten auch für ihre Stellvertreter.**

Literatur: *Schlaus*, Das stellvertretende Vorstandsmitglied, DB 1971, 1653.

Gem. § 94 gelten für stellvertretende Vorstandsmitglieder die gleichen Vorschriften wie für ordentliche. Das stellvertretende Vorstandsmitglied ist nicht nur im Vertretungsfall Vorstandsmitglied, sondern es ist ein Vorstandsmitglied wie jedes andere mit **gleichen Rechten und Pflichten**[1]. Die Bezeichnung als Stellvertreter hat keine rechtliche Bedeutung, sondern erschöpft sich in der bloßen Titulierung[2]. Die Praxis verwendet die Bezeichnung als stellvertretendes Vorstandsmitglied häufig für eine gewisse Bewährungszeit erstmals in den Vorstand berufener Personen. Ob ein Vorstandsmitglied als ordentliches oder als stellvertretendes bestellt wird, entscheidet der Aufsichtsrat **nach pflichtgemäßem Ermessen**. Die Satzung kann die Bestellung von Vorstandsmitgliedern als nur stellvertretenden Mitgliedern weder ausschließen noch anordnen[3].

Für die **Bestellung und Anstellung**, den Widerruf der Bestellung und die Kündigung des Anstellungsvertrages gilt das Gleiche wie für ordentliche Mitglieder des Vorstands (vgl. oben § 84); auch die gesetzliche **Vertretungsbefugnis** und die zwingenden **Geschäftsführungsrechte** und -pflichten eines stellvertretenden Vorstandsmitglieds sind die gleichen wie die eines ordentlichen (vgl. oben §§ 77, 78)[4]. Nur in den Grenzen zwingenden Rechts kann die rechtliche Stellung stellvertretender Vorstandsmitglieder von der Gesellschaft besonders ausgestaltet werden. Möglich ist es etwa, ihre Geschäftsführungsbefugnis einzuschränken, ihnen ein kleineres Ressort zuzuweisen oder die Leitung eines bestimmten Ressorts lediglich für Vertretungsfälle zu übertragen[5]. Die Vertretungsmacht ist nicht beschränkbar (§ 82 Abs. 1). Auch stellvertretende Vorstandsmitglieder sind nach § 81 zum **Handelsregister** anzumelden und nach § 80 auf allen **Geschäftsbriefen** anzugeben. Auf den Geschäftsbriefen kann auf die Stellvertretereigenschaft hingewiesen werden[6], im Handelsregister ist die Eigenschaft als Stellvertreter hingegen nicht eintragungsfähig[7].

Für die **Ernennung** eines bisher stellvertretenden **zum ordentlichen Vorstandsmitglied** gelten die gleichen Regeln wie für eine Neubestellung. Sie steht also allein dem Gesamtaufsichtsrat zu und kann nicht einem Ausschuss übertragen werden[8]. Für ei-

---

1 *Hüffer*, § 94 AktG Rz. 1; *Spindler* in MünchKomm. AktG, 3. Aufl., § 94 AktG Rz. 1; *Habersack* in Großkomm. AktG, 4. Aufl., § 94 AktG Rz. 4; *Wiesner* in MünchHdb. AG, § 24 Rz. 22.
2 *Lutter/Krieger*, Rechte und Pflichten des Aufsichtsrats, Rz. 471; *Wiesner* in MünchHdb. AG, § 24 Rz. 23.
3 *Habersack* in Großkomm. AktG, 4. Aufl., § 94 AktG Rz. 12.
4 *Hüffer*, § 94 AktG Rz. 2f; *Habersack* in Großkomm. AktG, 4. Aufl., § 94 AktG Rz. 5; *Spindler* in MünchKomm. AktG, 3. Aufl., § 94 AktG Rz. 4 ff.
5 *Hüffer*, § 94 AktG Rz. 3; *Wiesner* in MünchHdb. AG, § 24 Rz. 23; *Lutter/Krieger*, Rechte und Pflichten des Aufsichtsrats, Rz. 471.
6 *Wiesner* in MünchHdb. AG, § 24 Rz. 25.
7 BGH v. 10.11.1997 – II ZB 6/97, ZIP 1998, 152, 153 = AG 1998, 137; *Hüffer*, § 94 AktG Rz. 3; *Spindler* in MünchKomm. AktG, 3. Aufl., § 94 AktG Rz. 9; *Habersack* in Großkomm. AktG, 4. Aufl., § 94 AktG Rz. 15; *Mertens/Cahn* in KölnKomm. AktG, 3. Aufl., § 94 AktG Rz. 6; a.A. noch OLG Düsseldorf v. 28.2.1969 – 3 W 39/69, NJW 1969, 1259.
8 *Habersack* in Großkomm. AktG, 4. Aufl. 1999, § 94 AktG Rz. 13; *Spindler* in MünchKomm. AktG, 3. Aufl., § 94 AktG Rz. 9; *Wiesner* in MünchHdb. AG, § 24 Rz. 26; *Lutter/Krieger*,

ne – wohl nur theoretisch vorstellbare – Herabstufung eines ordentlichen Vorstandsmitglieds zum Stellvertreter gilt das erst recht[9].

4 In **mitbestimmten Gesellschaften** ist umstritten, ob die Ernennung eines bisher stellvertretenden zum ordentlichen Vorstandsmitglied den besonderen Regeln des § 31 Abs. 2 bis 4 MitbestG unterliegt; die besseren Gründe sprechen dafür, dies zu verneinen[10]. Auch der Arbeitsdirektor kann als stellvertretendes Vorstandsmitglied berufen werden, solange dies aufgrund sachlicher Kriterien geschieht und nicht diskriminierenden Charakter hat[11].

## Zweiter Abschnitt. Aufsichtsrat

## § 95
## Zahl der Aufsichtsratsmitglieder

Der Aufsichtsrat besteht aus drei Mitgliedern. Die Satzung kann eine bestimmte höhere Zahl festsetzen. Die Zahl muss durch drei teilbar sein. Die Höchstzahl der Aufsichtsratsmitglieder beträgt bei Gesellschaften mit einem Grundkapital

bis zu 1 500 000 Euro neun,

von mehr als 1 500 000 Euro fünfzehn,

von mehr als 10 000 000 Euro einundzwanzig.

Durch die vorstehenden Vorschriften werden hiervon abweichende Vorschriften des Gesetzes über die Mitbestimmung der Arbeitnehmer vom 4. Mai 1976 (Bundesgesetzbl. I S. 1153), des Montan-Mitbestimmungsgesetzes und des Gesetzes zur Ergänzung des Gesetzes über die Mitbestimmung der Arbeitnehmer in den Aufsichtsräten und Vorständen der Unternehmen des Bergbaus und der Eisen und Stahl erzeugenden Industrie vom 7. August 1956 (Bundesgesetzbl. I S. 707) – Mitbestimmungsergänzungsgesetz – nicht berührt.

| | |
|---|---|
| I. Regelungsgegenstand und Regelungszweck . . . . . . . . . . . . . . . . . . . . 1 | 2. Satzungsmäßige Festsetzung . . . . . . 4 |
| II. Der Aufsichtsrat als notwendiges Organ der AG . . . . . . . . . . . . . . . . 2 | 3. Gesetzliche Höchstzahl . . . . . . . . . 6 |
| III. Besetzung des Aufsichtsrats . . . . . 3 | 4. Änderungen der Mitgliederzahl . . . . 8 |
| 1. Gesetzliche Mindestzahl . . . . . . . . 3 | a) Erhöhung der Mitgliederzahl . . . . 9 |
| | b) Verringerung der Mitgliederzahl . . 11 |
| | aa) Gesellschaft ohne Arbeitnehmerbeteiligung . . . . . . . . . . 11 |

---

Rechte und Pflichten des Aufsichtsrats, Rz. 472; a.A. *Mertens/Cahn* in KölnKomm. AktG, 3. Aufl., § 94 AktG Rz. 7.

9 *Wiesner* in MünchHdb. AG, § 24 Rz. 26; *Lutter/Krieger*, Rechte und Pflichten des Aufsichtsrats, Rz. 472.

10 *Spindler* in MünchKomm. AktG, 3. Aufl., § 94 AktG Rz. 12; *Habersack* in Großkomm. AktG, 4. Aufl., § 94 AktG Rz. 13; *Mertens/Cahn* in KölnKomm. AktG, 3. Aufl., § 94 AktG Rz. 7; *Hüffer*, § 94 AktG Rz. 4; a.A. *Wiesner* in MünchHdb. AG, § 24 Rz. 26; *Ulmer/Habersack* in Ulmer/Habersack/Henssler, Mitbestimmungsrecht, § 31 MitbestG Rz. 6.

11 *Hüffer*, § 94 AktG Rz. 4; *Spindler* in MünchKomm. AktG, 3. Aufl., § 94 AktG Rz. 13; *Habersack* in Großkomm. AktG, 4. Aufl., § 94 AktG Rz. 14; *Mertens/Cahn* in KölnKomm. AktG, 3. Aufl., § 94 AktG Rz. 9; *Wiesner* in MünchHdb. AG, § 24 Rz. 27.

bb) Gesellschaft mit Arbeitnehmerbeteiligung .......... 13
IV. Rechtsfolgen von Verstößen ...... 15
1. Gesetzesverstoß .............. 15
2. Satzungsverstoß .............. 17

**Literatur:** *Altmeppen*, Die Einflussrechte der Gemeindeorgane in einer kommunalen GmbH, NJW 2003, 2561; *Baums*, Cromme Corporate Governance Report, 2003; *Baums/Lutter*, Verhandlungen sind kein trojanisches Pferd, Der Aufsichtsrat 2009, 153; *Eidenmüller/Engert/Hornuf*, Die Societas Europaea – Empirische Bestandsaufnahme und Entwicklungslinien einer neuen Rechtsform, AG 2008, 721; *Gerum*, Das deutsche Corporate Governance-System – Eine empirische Untersuchung, 2007; *Geßler*, Variable Aufsichtsräte?, DB 1953, 440; *Göz*, Statusverfahren bei Änderungen in der Zusammensetzung des Aufsichtsrats, ZIP 1998, 1523; *Herold*, Der Grundsatz der Dreiteilbarkeit bei der Zahl der Aufsichtsratsmitglieder, NJW 1953, 1809; *Hommelhoff*, Die OECD-Principles on Corporate Governance – ihre Chancen und Risiken aus dem Blickwinkel der deutschen corporate governance-Bewegung, ZGR 2001, 238; *Hopt*, Kontrolle und Transparenz im Unternehmensbereich, in Freundesgabe Kübler, 1997, S. 435; *Jürgens/Lippert*, Kommunikation und Wissen im Aufsichtsrat, 2005; *Kort*, Corporate Governance-Fragen der Größe und Zusammensetzung des Aufsichtsrats bei AG, GmbH und SE, AG 2008, 137; *Köstler*, Das trojanische Pferd der verhandelten Mitbestimmung, Der Aufsichtsrat 2009, 137; *Kübler*, Aufsichtsratsmitbestimmung im Gegenwind der Globalisierung, in FS Döser, 1999, S. 237; *Kuhn*, Enden alle Aufsichtsratsmandate nach Maßgabe des § 12 EGAktG?, NJW 1965, 2186; *Lange*, Der Beirat als Element der Corporate Governance in Familienunternehmen, GmbHR 2006, 897; *Lutter*, Professionalisierung des Aufsichtsrats, DB 2009, 775; *Lutter*, Vergleichende Corporate Governance – Die deutsche Sicht, ZGR 2001, 224; *Lutter*, Defizite für eine effiziente Aufsichtsratstätigkeit und gesetzliche Möglichkeiten der Verbesserung, ZHR 159 (1995), 287; *Lutter*, Professionalisierung der Aufsichtsräte, NJW 1995, 1133; *Neunmann/Böhme*, Die Haftung des Beirats in der Publikumsgesellschaft, DB 2007, 844; *Oetker*, Der Anwendungsbereich des Statusverfahrens nach den §§ 97 ff. AktG, ZHR 149 (1985), 575; *Schmitt/Seydel/Koehler*, Verkleinerung des Aufsichtsrates nach dem Betriebsverfassungsgesetz, BB 1953, 474; *Spieker*, Sind „Riesen-Aufsichtsräte" zulässig?, DB 1963, 821; *Spindler/Kepper*, Funktionen, rechtliche Rahmenbedingungen und Gestaltungsmöglichkeiten des GmbH-Beirats – Teil I, DStR 2005, 1738; *Stein*, Rechtsschutz gegen gesetzwidrige Satzungsnormen bei Kapitalgesellschaften, ZGR 1994, 472; *Theisen/Linn/Schäll*, Die Berichterstattung des Aufsichtsrats im Wandel – Eine empirische Analyse der Aufsichtsratsberichte 2005 im Vergleich zu 1984–1994, DB 2007, 2493; *Voormann*, Der Beirat im Gesellschaftsrecht, 2. Aufl. 1990; *Werner*, Sind „Riesen-Aufsichtsräte" zulässig?, DB 1963, 1563; *Weber-Rey*, Änderungen des Deutschen Corporate Governance Kodex 2009, WM 2009, 2255; *Winter*, Die Verantwortlichkeit des Aufsichtsrats für „Corporate Compliance", in FS Hüffer, 2010, S. 1103; *Zimmermann*, Zur höchstzulässigen Zahl von Aufsichtsratssitzen, BB 1963, 284.

## I. Regelungsgegenstand und Regelungszweck

§ 95 regelt die **zahlenmäßige Besetzung des Aufsichtsrats.** Um zu verhindern, dass die Hauptversammlung wegen eines ihr unerwünschten Aufsichtsratsmitglieds bzw. eines Kandidaten der Arbeitnehmerseite den Aufsichtsrat ohne Satzungsänderung verkleinert, stellt § 95 Satz 1, 2 das Erfordernis auf, die Anzahl der Mitglieder in der Satzung zu bestimmen, sofern der Aufsichtsrat mehr als drei Mitglieder haben soll. Die durch § 95 Satz 3 eingeführten Höchstzahlen bezwecken demgegenüber die Sicherung einer sachgemäßen Wahrnehmung der Aufgaben durch den Aufsichtsrat[1]. Ob mit diesen Höchstzahlen tatsächlich die **Effizienz der Aufsichtsratsarbeit** gewährleistet wird, ist allerdings fraglich[2]. Es wird seit langem darüber diskutiert, inwieweit ein zu großes Gremium die Effektivität der Arbeit beeinträchtigt und zu Defiziten

1

---

[1] Vgl. zu den Normzwecken *Kropff*, Aktiengesetz, S. 125; *Mertens* in KölnKomm. AktG, 2. Aufl., § 95 AktG Rz. 7; *Spindler* in Spindler/Stilz, § 95 AktG Rz. 2.
[2] Dafür *Spieker*, DB 1963, 821, 823; dagegen *Werner*, DB 1963, 1563; kritisch auch *Semler* in MünchKomm. AktG, 2. Aufl., § 95 AktG Rz. 24.

im Bereich der Corporate Governance beiträgt[3]. Niederschlag im Gesetz haben diese Bedenken bisher nicht gefunden. Die Regierungskommission Corporate Governance hatte sich mit dem Für und Wider einer Verkleinerung des Aufsichtsrats zur Steigerung der Effizienz auseinander gesetzt, sprach jedoch keine Empfehlung aus[4]. In den Deutschen Corporate Governance Kodex wurde ebenfalls keine Empfehlung aufgenommen.

## II. Der Aufsichtsrat als notwendiges Organ der AG

2  Der Aufsichtsrat ist ein **zwingend notwendiges Organ** jeder AG[5]. Seine Aufgabe besteht darin, die durch das Auseinanderfallen von Eigentum und Management auftretenden Konflikte jedenfalls teilweise zu kompensieren und damit zu einer funktionierenden Gewaltenteilung im Unternehmen beizutragen (Gedanke der **Corporate Governance**)[6]. Dabei verfügt der Aufsichtsrat nach der ursprünglichen Konzeption des AktG von 1965 nur sehr eingeschränkt über die sachlichen, zeitlichen und personellen Ressourcen[7], um dieser Aufgabe gerecht zu werden; dies gilt jedenfalls, soweit es um die Überwachung eines großen und komplexen Unternehmens geht. Der Gesetzgeber hat daher in einer ganzen Reihe von Reformen[8] das Recht geändert, um die Rahmenbedingungen für die Tätigkeit der Aufsichtsräte zu verbessern und die Mitglieder zu einer effektiven Arbeit anzuhalten[9]. Durch diese Gesetzesänderungen und den Einfluss des Corporate Governance Kodex, nicht zuletzt aber auch durch die real gewordene Gefahr einer Haftung für die unzureichende Wahrnehmung der Aufgaben (s. dazu § 116 Rz. 35), hat sich das Bild des Aufsichtsrats in den vergangen Jahren erheblich gewandelt. Galt die Mitgliedschaft früher als ein nebenbei zu erledigendes Ehrenamt, erfordern die heutigen Aufgaben und Befugnisse des Gremiums eine in zunehmendem Maße professionelle Aufgabenwahrnehmung[10]. Das gilt gerade bei den großen, börsennotierten und in starkem Maße konzernverbundenen Aktiengesellschaften[11]. Diese Zielrichtung und die zentrale Bedeutung des Aufsichtsrats für die Corporate Governance müssen bei der Auslegung der einzelnen Vorschriften beachtet werden.

---

3 Dazu etwa *Hommelhoff*, ZGR 2001, 238, 251 f.; *Hopt* in Freundesgabe Kübler, S. 435, 437 f.; *Lutter*, ZGR 2001, 224, 236; *Kübler* in FS Döser, S. 237, 245 f. jeweils m.w.N.
4 *Baums*, Bericht Regierungskommission, S. 92 f.
5 *Hüffer*, § 95 AktG Rz. 1; *Habersack* in MünchKomm. AktG, 3. Aufl., § 95 AktG Rz. 1; *Spindler* in Spindler/Stilz, § 95 AktG Rz. 4; *Lutter/Krieger*, Aufsichtsrat, Rz. 7; *Bürgers/Israel* in Bürgers/Körber, § 95 AktG Rz. 2.
6 Vgl. *Lutter/Krieger*, Aufsichtsrat, Rz. 51 ff., 55 ff.
7 Zur Konzeption vgl. *Lutter* in Bayer/Habersack, Aktienrecht im Wandel, 2007, Band 2, S. 389 ff. Wie hier auch *M. Winter* in FS Hüffer, S. 1103, 1126; anklingend *Lutter*, ZHR 159 (1995), 287, 295 f.
8 Eine Zusammenschau findet sich u.a. bei *Lutter/Krieger*, Aufsichtsrat, Rz. 51 ff.
9 *Mertens* in KölnKomm. AktG, 2. Aufl., § 95 AktG Rz. 7.
10 *Lutter*, DB 2009, 775 f.; *Lutter*, NJW 1995, 1133 ff.; *Weber-Rey*, WM 2009, 2255, 2261 f.; vgl. zu Größe und Zusammensetzung des Aufsichtsrats in diesem Zusammenhang: *Kort*, AG 2008, 137, passim.
11 Zu warnen ist davor, die gesteigerten Anforderungen, die in der Literatur vielfach mit Hinblick auf Großunternehmen entworfen werden, unbesehen auch für die kleine AG zu übernehmen. Dies gilt erst recht dort, wo das Recht des Aufsichtsrats kraft Verweisung (§ 52 GmbHG) oder nur analog Anwendung findet, z.B. auf Beiräte (vgl. *Lange*, GmbHR 2006, 897 ff.; *Neunmann/Böhme*, DB 2007, 844 ff.; *Spindler/Kepper*, DStR 2005, 1738 ff., 1775 ff.; *Altmeppen* in Roth/Altmeppen, § 52 GmbHG Rz. 61 ff. m.w.N.) oder auf kommunale Eigenbetriebe (zu diesen *Altmeppen*, NJW 2003, 2561 ff.).

Jede AG muss einen[12] Aufsichtsrat haben, der auch als solcher zu bezeichnen ist[13]. Er kann weder durch Satzung noch durch Hauptversammlungsbeschluss abgeschafft werden[14]. Die Bildung mehrerer Aufsichtsräte mit unterschiedlichen Aufgabengebieten ist unzulässig. Nicht ausgeschlossen ist hingegen die Errichtung von Beiräten[15]. Auf den Bestand der Gesellschaft ist es ohne Einfluss, wenn der Aufsichtsrat zeitweise nicht funktionsfähig ist.

## III. Besetzung des Aufsichtsrats

### 1. Gesetzliche Mindestzahl

Gemäß der gesetzlichen Grundregel des § 95 Satz 1 besteht der Aufsichtsrat aus **mindestens drei Mitgliedern**[16]. Da die Beschlussfähigkeit des Aufsichtsrats gem. § 108 Abs. 2 Satz 3 die Anwesenheit von drei Mitgliedern voraussetzt und somit bereits die Abwesenheit eines Mitglieds des dreiköpfigen Aufsichtsrats zur Beschlussunfähigkeit führt[17], empfiehlt sich die Festsetzung der nächsthöheren zulässigen Zahl von sechs Mitgliedern.   3

### 2. Satzungsmäßige Festsetzung

In der Satzung kann eine **bestimmte höhere Zahl** an Aufsichtsratsmitgliedern festgelegt werden, § 95 Satz 2. Die Bestimmung einer niedrigeren Zahl ist ebenso unzulässig[18] wie die Festsetzung variabler Mitgliederzahlen[19], möglich ist aber eine Anknüpfung an das Grundkapital, da dieses bestimmbar ist[20]. Zulässig ist ferner eine Satzungsregelung, nach der sich der Aufsichtsrat aus der jeweils höchstzulässigen Zahl an Aufsichtsratsmitgliedern der dazugehörigen Kapitalgruppe (§ 95 Satz 4) zusammensetzen soll[21].   4

Die satzungsmäßig festgelegte Zahl muss **durch drei teilbar** sein, § 95 Satz 3[22]. Der Grundsatz der Dreiteilbarkeit findet sowohl bei mitbestimmungsfreien als auch bei   5

---

12 *Mertens* in KölnKomm. AktG, 2. Aufl., § 95 AktG Rz. 7; *Habersack* in MünchKomm. AktG, 3. Aufl., § 95 AktG Rz. 5.
13 Vgl. KG, JW 1932, 2620 mit Anm. *Pinner*; *Hüffer*, § 95 AktG Rz. 1.
14 RGZ 48, 40, 42; *Habersack* in MünchKomm. AktG, 3. Aufl., § 95 AktG Rz. 5.
15 *Hopt/Roth* in Großkomm. AktG, 4. Aufl., § 95 AktG Rz. 37, 40 ff.; *Voormann*, Der Beirat im Gesellschaftsrecht, 2. Aufl. 1990; *Habersack* in MünchKomm. AktG, 3. Aufl., § 95 AktG Rz. 6; *Spindler* in Spindler/Stilz, § 95 AktG Rz. 4.
16 Dazu LG Karlsruhe v. 5.5.1993 – O 177/92 KfH III, AG 1994, 87 = DB 1993, 1352.
17 Unterliegt ein Mitglied hingegen einem Stimmverbot, bietet die Teilnahme an der Sitzung mit Stimmenthaltung in der Abstimmung die Lösung, so BGH v. 2.4.2007 – II ZR 325/05, AG 2007, 484; s. dazu eingehend § 102 Rz. 13.
18 *Habersack* in MünchKomm. AktG, 3. Aufl., § 95 AktG Rz. 9; *Bürgers/Israel* in Bürgers/Körber, § 95 AktG Rz. 5.
19 *Hopt/Roth* in Großkomm. AktG, 4. Aufl., § 95 AktG Rz. 60; *Hüffer*, § 95 AktG Rz. 3; *Habersack* in MünchKomm. AktG, 3. Aufl., § 95 AktG Rz. 9; *Bürgers/Israel* in Bürgers/Körber, § 95 AktG Rz. 5; *Kropff*, Aktiengesetz, S. 125; der Streit um die Zulässigkeit variabler Mitgliederzahlen (vgl. LG Darmstadt v. 11.3.1953 – 6T 3/53, BB 1953, 320; LG Frankfurt v. 6.3.1953 – 3/1T 1/53, DB 1953, 333; krit. *Geßler*, BB 1953, 440 f.) hat sich mit Inkrafttreten des AktG 1965 erledigt.
20 *Spindler* in Spindler/Stilz, § 95 AktG Rz. 13; *Hopt/Roth* in Großkomm. AktG, 4. Aufl., § 95 AktG Rz. 60.
21 *Hopt/Roth* in Großkomm. AktG, 4. Aufl., § 95 AktG Rz. 60; *Bürgers/Israel* in Bürgers/Körber, § 95 AktG Rz. 6; vgl. *Habersack* in MünchKomm. AktG, 3. Aufl., § 95 AktG Rz. 11; *Hüffer*, § 95 AktG Rz. 5.
22 *Hüffer*, § 95 AktG Rz. 3; *Habersack* in MünchKomm. AktG, 3. Aufl., § 95 AktG Rz. 11; *Mertens* in KölnKomm. AktG, 2. Aufl., § 95 AktG Rz. 7; *Herold*, NJW 1953, 1809 ff.

Gesellschaften im Geltungsbereich des Drittelbeteiligungsgesetzes Anwendung[23]. Ein Aufsichtsrat kann folglich nur aus drei, sechs, neun, zwölf, fünfzehn, achtzehn oder einundzwanzig Mitgliedern bestehen. Eine Ausnahme bildet die Mitbestimmung nach § 7 MitbestG, der eine paritätische Besetzung festschreibt, also eine gerade Anzahl an Aufsichtsratsmitgliedern erfordert.

### 3. Gesetzliche Höchstzahl

6 Die Möglichkeit satzungsmäßiger Festlegung der Aufsichtsratsmitgliederzahl erfährt durch die in § 95 Satz 4 bestimmten, am Grundkapital der Gesellschaft orientierten Höchstzahlen eine weitere Einschränkung. Als **Grundkapital** gilt nur das satzungsmäßig festgelegte Kapital, ohne dass es auf den eingezahlten Betrag ankommt[24]. Bei der Berechnung der **Mitgliederzahl** werden Ehrenvorsitzende und Ehrenmitglieder nicht und Ersatzmitglieder nur dann berücksichtigt, wenn sie ihr Amt angetreten haben (§ 102 Abs. 3 Satz 2)[25].

7 Die in § 95 Satz 4 normierten Höchstzahlen gelten nur für die mitbestimmungsfreie bzw. die dem Drittelbeteiligungsgesetz unterfallende AG. Abweichende **mitbestimmungsrechtliche Regelungen** bleiben davon unberührt, § 95 Satz 5[26]. Bei Gesellschaften, die dem MitbestG unterliegen, bemisst sich die Anzahl der Aufsichtsratsmitglieder gem. § 7 MitbestG nach der Anzahl der Arbeitnehmer des Unternehmens, also nicht nach dem Grundkapital. Wird der Aufsichtsrat nach dem MitbestErgG oder dem MontanmitbestG gebildet, darf der Aufsichtsrat höchstens aus 21 Mitgliedern bestehen (§ 5 Abs. 1 MitbestErgG, § 9 MontanMitbestG)[27]. Innerhalb dieser gesetzlichen Vorgaben ist die Größe des Aufsichtsrats eine Frage der organisatorischen **Zweckmäßigkeit**. Eine betriebswirtschaftlich optimale Gremiengröße lässt sich dabei nicht ermitteln[28]. Dennoch ist zu beachten, dass zu große Gremien aller Erfahrung nach weniger effektiv arbeiten[29]. Ein Indiz für die Richtigkeit dieser These ist auch der Umstand, dass die Rechtsform der SE häufig deshalb gewählt wird, weil sie gegenüber der AG eine Verkleinerung der Aufsichtsräte ermöglicht[30]. Soweit daher Satzungsautonomie besteht, sollte darauf geachtet werden, die Zahl nicht zu hoch

---

23 *Habersack* in MünchKomm. AktG, 3. Aufl., § 95 AktG Rz. 11; *Kropff*, Aktiengesetz, S. 125; zur Ausnahme bei Gesellschaften, deren Unternehmensgegenstand der Betrieb deutsch-schweizerischer Grenzkraftwerke ist, vgl. BGBl. II 1957, 262.
24 *Hopt/Roth* in Großkomm. AktG, 4. Aufl., § 95 AktG Rz. 64; *Hüffer*, § 95 AktG Rz. 4; *Habersack* in MünchKomm. AktG, 3. Aufl., § 95 AktG Rz. 13; *Spindler* in Spindler/Stilz, § 95 AktG Rz. 7.
25 *Hopt/Roth* in Großkomm. AktG, 4. Aufl., § 95 AktG Rz. 65; *Habersack* in MünchKomm. AktG, 3. Aufl., § 95 AktG Rz. 14; *Spindler* in Spindler/Stilz, § 95 AktG Rz. 6; *Hüffer*, § 95 AktG Rz. 4; *Bürgers/Israel* in Bürgers/Körber, § 95 AktG Rz. 3.
26 Aufgrund der Spezialität der mitbestimmungsrechtlichen Vorschriften hat § 95 Satz 5 lediglich klarstellenden Charakter, vgl. *Hopt/Roth* in Großkomm. AktG, 4. Aufl., § 95 AktG Rz. 66; *Habersack* in MünchKomm. AktG, 3. Aufl., § 95 AktG Rz. 11, 15; *Hüffer*, § 95 AktG Rz. 6.
27 Vgl. *Habersack* in MünchKomm. AktG, 3. Aufl., § 95 AktG Rz. 15; *Spindler* in Spindler/Stilz, § 95 AktG Rz. 10.
28 Zum Streit: *Hommelhoff*, ZGR 2001, 238, 251; *Baums* in Cromme Corporate Governance Report 2003, 58 ff.; für die Beteiligung vieler Arbeitnehmer ist *Gerum*, Das deutsche Corporate Governance-System – Eine empirische Untersuchung, 2007, S. 206; gegen die Größe als Kriterium ist *Kort*, AG 2008, 137, 140; für die Maßgeblichkeit der Qualität der Diskussion *Jürgens/Lippert*, Kommunikation und Wissen im Aufsichtsrat, 2005, S. 60 ff.; weitere empirische Erhebungen bei *Theisen/Linn/Schäll*, DB 2007, 2493, 2498.
29 *Lutter*, ZHR 159 (1995), 287, 302.
30 Arbeitskreis „Unternehmerische Mitbestimmung", ZIP 2009, 885, 886; *Eidenmüller/Engert/Hornuf*, AG 2008, 721, 728.

festzusetzen[31]. Bei den mitbestimmten Gesellschaften ist die Einräumung von mehr Satzungsautonomie in dieser Frage rechtspolitisch dringend geboten[32].

**4. Änderungen der Mitgliederzahl**

Änderungen der Mitgliederzahl bzw. Höchstzahlen können unmittelbar durch Satzungsänderungen und mittelbar durch Veränderungen des Grundkapitals herbeigeführt werden. 8

**a) Erhöhung der Mitgliederzahl**

Die Hauptversammlung kann die Zahl der Aufsichtsratsmitglieder durch **Hauptversammlungsbeschluss** in den von § 95 Satz 2, 3 gezogenen Grenzen erhöhen. Werden die neuen Aufsichtsratsmitglieder im Zusammenhang mit dem Änderungsbeschluss zugewählt, beginnt ihre Amtszeit erst mit der Eintragung des Änderungsbeschlusses im Handelsregister, § 181 Abs. 3[33]. 9

Gelangt die Gesellschaft infolge einer **Kapitalerhöhung** in eine höhere Kapitalgruppe, so kann die Hauptversammlung – ohne hierzu gezwungen zu sein – die Zahl der satzungsmäßigen Aufsichtsratsmitglieder durch Beschluss im Rahmen der von § 95 Satz 3 vorgegebenen Grenzen erhöhen[34]. 10

**b) Verringerung der Mitgliederzahl**

**aa) Gesellschaft ohne Arbeitnehmerbeteiligung.** Wird in der mitbestimmungsfreien Gesellschaft durch **Satzungsänderung** eine Verringerung der Aufsichtsratsposten herbeigeführt, hat dies keine Auswirkungen auf die Amtsinhaberschaft der amtierenden Aufsichtsratsmitglieder[35]. Die überzähligen Mitglieder können jedoch von der Hauptversammlung abberufen werden, ohne dass es dafür eines besonderen Grundes bedürfte[36]. 11

Durch eine **Kapitalherabsetzung** kann die Gesellschaft in eine niedrigere Kapitalgruppe des § 95 Satz 4 gelangen. Die Satzungsbestimmung zur Mitgliederzahl kann in diesem Fall unrichtig werden, so dass sie durch Hauptversammlungsbeschluss an die neue gesetzliche Höchstzahl angepasst werden muss. Die Aufsichtsratsmitglieder bleiben bis zur nächsten ordentlichen Wahl im Amt, wenn sie nicht zuvor abberufen 12

---

31 *Böckli* in Hommelhoff/Hopt/v. Werder, Handbuch Corporate Governance, 2. Aufl., S. 234, empfiehlt, die Zahl 10 nicht zu überschreiten.
32 Zutr. Arbeitskreis „Unternehmerische Mitbestimmung", ZIP 2009, 885 f.; *Baums/Lutter*, Der Aufsichtsrat 2009, 153; strikt ablehnend aus gewerkschaftlicher Sicht *Köstler*, Der Aufsichtsrat 2009, 135.
33 *Habersack* in MünchKomm. AktG, 3. Aufl., § 95 AktG Rz. 17; vgl. dazu KG, KGJ 28 A 216; *Mertens* in KölnKomm. AktG, 2. Aufl., § 95 AktG Rz. 25.
34 Näher *Habersack* in MünchKomm. AktG, 3. Aufl., § 95 AktG Rz. 17; *Hüffer*, § 95 AktG Rz. 5; *Mertens* in KölnKomm. AktG, 2. Aufl., § 95 AktG Rz. 23.
35 *Hopt/Roth* in Großkomm. AktG, 4. Aufl., § 95 AktG Rz. 96; *Habersack* in MünchKomm. AktG, 3. Aufl., § 95 AktG Rz. 18; *Hüffer*, § 95 AktG Rz. 5; *Bürgers/Israel* in Bürgers/Körber, § 95 AktG Rz. 8.
36 So die h.M., vgl. OLG Hamburg v. 26.8.1988 – 11 W 53/88, AG 1989, 64; *Hüffer*, § 95 AktG Rz. 5; *Mertens* in KölnKomm. AktG, 2. Aufl., § 95 AktG Rz. 27; a.A. v. *Godin/Wilhelmi*, § 95 AktG Anm. 4, *Meyer-Landrut* in Großkomm. AktG, 3. Aufl., § 95 AktG Anm. 4: Erlöschen der Ämter aller Aufsichtsratsmitglieder mit Beendigung der nächsten Hauptversammlung; *Oetker*, ZHR 149 (1985), 575, 586: Anwendung des Statusverfahrens gem. §§ 97 ff.; *Habersack* in MünchKomm. AktG, 3. Aufl., § 95 AktG Rz. 18; krit. dazu noch *Semler* in MünchKomm. AktG, 2. Aufl., § 95 AktG Rz. 41.

werden[37]. Die Durchführung eines Statusverfahrens (§ 97) scheitert daran, dass kein Wechsel des Mitbestimmungsstatus stattgefunden hat[38].

13 **bb) Gesellschaft mit Arbeitnehmerbeteiligung.** Die durch eine **Satzungsänderung** herbeigeführte Verringerung der Mitgliederzahl wirkt sich nach zutreffender Ansicht erst nach Ablauf der Amtsperiode der Aufsichtsratsmitglieder aus. Sämtliche Aufsichtsratsmitglieder bleiben bis dahin im Amt[39]; das Statusverfahren ist unanwendbar[40]. Da die Vertreter der Arbeitnehmerseite im Aufsichtsrat gegen eine vorzeitige Abberufung abgesichert sind, würde eine Mandatsbeendigung vor Ablauf der Amtszeit für die Vertreter der Anteilseignerseite eine nicht gerechtfertigte Ungleichbehandlung darstellen.

14 Gelangt die Gesellschaft durch eine **Kapitalherabsetzung** in eine niedrigere Kapitalgruppe, so ist das Statusverfahren gem. §§ 97 ff. durchzuführen[41]. Bis zum Abschluss dieses Verfahrens bleiben die Aufsichtsratsmitglieder im Amt.

## IV. Rechtsfolgen von Verstößen

### 1. Gesetzesverstoß

15 **Satzungsbestimmungen**, die gegen den Grundsatz der Dreiteilbarkeit (§ 95 Satz 3) oder die gesetzlich zulässige Höchstzahl (§ 95 Satz 4) verstoßen, sind **nichtig** (§ 134 BGB)[42]. Anstelle der nichtigen Satzungsbestimmung tritt das Gesetzesrecht (Regelgröße des Aufsichtsrats mit drei Mitgliedern)[43]. Gesetzesrecht gilt auch dann, wenn die Satzung überhaupt keine bestimmte Mitgliederzahl festsetzt (§ 95 Satz 2).

---

37 *Hopt/Roth* in Großkomm. AktG, 4. Aufl., § 95 AktG Rz. 100; *Hüffer*, § 95 AktG Rz. 5; a.A. *Oetker*, ZHR 149 (1985), 575, 580 ff.
38 *Habersack* in MünchKomm. AktG, 3. Aufl., § 95 AktG Rz. 18; *Bürgers/Israel* in Bürgers/Körber, § 95 AktG Rz. 8; *Hüffer*, § 95 AktG Rz. 5; a.A. BAG v. 3.10.1989 – 1 ABR 12/88, AG 1990, 361; für eine analoge Anwendung der §§ 97 ff. *Oetker*, ZHR 149 (1985), 575, 584 f.
39 OLG Dresden v. 18.2.1997 – 14 W 1396/96, ZIP 1997, 589, 590 f.; OLG Hamburg v. 26.8.1988 – 11 W 53/88, WM 1988, 1487, 1489 f.; *Hopt/Roth* in Großkomm. AktG, 4. Aufl., § 95 AktG Rz. 96; *Hüffer*, § 95 AktG Rz. 5; *Mertens* in KölnKomm. AktG, 2. Aufl., § 95 AktG Rz. 26; *Habersack* in MünchKomm. AktG, 3. Aufl., § 95 AktG Rz. 19 m.w.N.; a.A. *v. Godin/Wilhelmi*, § 95 AktG Anm. 4; *Meyer-Landrut* in Großkomm. AktG, 3. Aufl., § 95 AktG Anm. 4; *Kuhn*, NJW 1965, 2186, 2187: Amtsbeendigung nach nächster Hauptversammlung; a.A. *Nikisch*, Arbeitsrecht III, 2. Aufl. 1966, S. 612; *Schmitt/Seydel/Koehler*, BB 1953, 474 f.: automatisches Ausscheiden der Aufsichtsratsmitglieder mit der geringsten Stimmenzahl.
40 *Hopt/Roth* in Großkomm. AktG, 4. Aufl., § 95 AktG Rz. 97; *Habersack* in MünchKomm. AktG, 3. Aufl., § 95 AktG Rz. 19; *Bürgers/Israel* in Bürgers/Körber, § 95 AktG Rz. 8; *Hüffer*, § 95 AktG Rz. 5; a.A. BAG v. 3.10.1989 – 1 ABR 12/88, AG 1990, 361, 362; *Oetker*, ZHR 149 (1985), 575, 577; *Göz*, ZIP 1998, 1523, 1525.
41 *Hopt/Roth* in Großkomm. AktG, 4. Aufl., § 95 AktG Rz. 100; *Hüffer*, § 95 AktG Rz. 5; *Mertens* in KölnKomm. AktG, 2. Aufl., § 95 AktG Rz. 25; *Bürgers/Israel* in Bürgers/Körber, § 95 AktG Rz. 9; a.A. *Habersack* in MünchKomm. AktG, 3. Aufl., § 95 AktG Rz. 18.
42 *Hüffer*, § 95 AktG Rz. 7; *Habersack* in MünchKomm. AktG, 3. Aufl., § 95 AktG Rz. 22; *Bürgers/Israel* in Bürgers/Körber, § 95 AktG Rz. 11; *Spindler* in Spindler/Stilz, § 95 AktG Rz. 23; dies gilt nach h.M. unabhängig von der Anfechtbarkeit des satzungsändernden Beschlusses, vgl. *Mertens* in KölnKomm. AktG, 2. Aufl., § 95 AktG Rz. 16; *Habersack* in MünchKomm. AktG, 3. Aufl., § 95 AktG Rz. 23, 25; a.A. *Stein*, ZGR 1994, 472, 488: Heilung der gesetzeswidrigen Satzungsbestimmung.
43 *Spindler* in Spindler/Stilz, § 95 AktG Rz. 23; *Habersack* in MünchKomm. AktG, 3. Aufl., § 95 AktG Rz. 22; a.A. für Verstoß gegen Höchstzahl: *Mertens* in KölnKomm. AktG, 2. Aufl., § 95 AktG Rz. 16; *Geßler* in G/H/E/K, § 95 AktG Rz. 21: Beschränkung der Aufsichtsratsmitglieder auf Höchstzahl.

Wählt die **Hauptversammlung** mehr als drei Aufsichtsratsmitglieder, obwohl keine satzungsmäßige Bestimmung zur Größe des Aufsichtsrats getroffen wurde, ist der Wahlbeschluss wegen des Verstoßes gegen § 95 Satz 1 **anfechtbar** (§§ 243 Abs. 1, 251)[44]. Nichtig ist die Wahl hingegen nach § 250 Abs. 1 Nr. 3, wenn mehr Aufsichtsratsmitglieder gewählt werden, als nach § 95 Satz 4 höchstens zulässig sind[45].

16

### 2. Satzungsverstoß

Ein Hauptversammlungsbeschluss, durch den mehr Aufsichtsratsmitglieder gewählt werden, als nach der Satzung zulässig sind, ist gem. § 243 Abs. 1 wegen Satzungsverstoßes **anfechtbar**[46]. Eine Nichtigkeit scheidet aus, weil diese Rechtsfolge gem. § 250 Abs. 1 Nr. 3 nur bei Überschreitung der *gesetzlichen* Höchstzahlen eintritt.

17

# § 96
# Zusammensetzung des Aufsichtsrats

(1) Der Aufsichtsrat setzt sich zusammen

bei Gesellschaften, für die das Mitbestimmungsgesetz gilt, aus Aufsichtsratsmitgliedern der Aktionäre und der Arbeitnehmer,

bei Gesellschaften, für die das Montan-Mitbestimmungsgesetz gilt, aus Aufsichtsratsmitgliedern der Aktionäre und der Arbeitnehmer und aus weiteren Mitgliedern,

bei Gesellschaften, für die die §§ 5 bis 13 des Mitbestimmungsergänzungsgesetzes gelten, aus Aufsichtsratsmitgliedern der Aktionäre und der Arbeitnehmer und aus einem weiteren Mitglied,

bei Gesellschaften, für die das Drittelbeteiligungsgesetz gilt, aus Aufsichtsratsmitgliedern der Aktionäre und der Arbeitnehmer,

bei Gesellschaften, für die das Gesetz über die Mitbestimmung der Arbeitnehmer bei einer grenzüberschreitenden Verschmelzung gilt, aus Aufsichtsratsmitgliedern der Aktionäre und der Arbeitnehmer,

bei den übrigen Gesellschaften nur aus Aufsichtsratsmitgliedern der Aktionäre.

(2) Nach anderen als den zuletzt angewandten gesetzlichen Vorschriften kann der Aufsichtsrat nur zusammengesetzt werden, wenn nach § 97 oder nach § 98 die in der Bekanntmachung des Vorstands oder in der gerichtlichen Entscheidung angegebenen gesetzlichen Vorschriften anzuwenden sind.

| | |
|---|---|
| I. Regelungsgegenstand und Regelungszweck . . . . . . . . . . . . . . . 1 | II. Aufsichtsratssysteme . . . . . . . . . . . 2 <br> 1. Mitbestimmungsgesetz . . . . . . . . . 3 |

---

44 *Habersack* in MünchKomm. AktG, 3. Aufl., § 95 AktG Rz. 23; *Hopt/Roth* in Großkomm. AktG, 4. Aufl., § 95 AktG Rz. 77 f.; *Bürgers/Israel* in Bürgers/Körber, § 95 AktG Rz. 11; *Spindler* in Spindler/Stilz, § 95 AktG Rz. 24.
45 *Habersack* in MünchKomm. AktG, 3. Aufl., § 95 AktG Rz. 25; *Spindler* in Spindler/Stilz, § 95 AktG Rz. 24; *Hüffer*, § 95 AktG Rz. 7.
46 RG, HHR 1935 Nr. 1607; RG, LZ 1931, Sp. 448, 451; *Hopt/Roth* in Großkomm. AktG, 4. Aufl., § 95 AktG Rz. 81; *Spindler* in Spindler/Stilz, § 95 AktG Rz. 24 f.; *Mertens* in KölnKomm. AktG, 2. Aufl., § 95 AktG Rz. 25; *Habersack* in MünchKomm. AktG, 3. Aufl., § 95 AktG Rz. 26.

| | |
|---|---|
| 2. Montan-Mitbestimmungsgesetz ... 8 | 6. Mitbestimmungsfreie Gesellschaften 21 |
| 3. Montan-Mitbestimmungs-ergänzungsgesetz ... 11 | **III. Modifikationen des Mitbestimmungssystems** ... 23 |
| 4. Drittelbeteiligungsgesetz ... 14 | **IV. Abweichungen von der bisherigen Zusammensetzung des Aufsichtsrats (§ 96 Abs. 2)** ... 28 |
| 5. Mitbestimmung bei grenzüberschreitender Verschmelzung ... 17 | |

**Literatur:** *Beuthien*, Mitbestimmungsvereinbarungen nach geltendem und künftigem Recht, ZHR 148 (1984), 95; *Fabricius*, Erweiterung der Arbeitnehmer-Beteiligung im Aufsichtsrat einer Aktiengesellschaft gemäß § 76 BetrVG 1952 auf rechtsgeschäftlicher Grundlage, in FS Hilger und Stumpf, 1983, S. 155; *Götze/Winzer/Arnold*, Unternehmerische Mitbestimmung – Gestaltungsoptionen und Vermeidungsstrategien, ZIP 2009, 245; *Habersack*, Die Konzernmitbestimmung nach § 5 MitbestG und § 2 DrittelbG, AG 2007, 641; *Habersack*, Grundsatzfragen der Mitbestimmung in SE und SCE sowie bei grenzüberschreitender Verschmelzung, ZHR 171 (2007), 613; *Habersack*, Schranken der Mitbestimmungsautonomie in der SE, AG 2006, 345; *Hanau*, Sicherung unternehmerischer Mitbestimmung, insbesondere durch Vereinbarung, ZGR 2001, 75; *Hellwig/Behme*, Gemeinschaftsrechtliche Probleme der deutschen Unternehmensmitbestimmung, AG 2009, 261; *Hommelhoff*, Vereinbarte Mitbestimmung, ZHR 148 (1984), 118; *Huke/Prinz*, Das Drittelbeteiligungsgesetz löst das Betriebsverfassungsgesetz 1952 ab, BB 2004, 2633; *Ihrig/Schlitt*, Vereinbarungen über eine freiwillige Einführung oder Erweiterung der Mitbestimmung, NZG 1999, 333; *Konzen*, Paritätische Mitbestimmung im Montanbereich, AG 1983, 289; *Kort*, Corporate Governance – Fragen der Größe und Zusammensetzung des Aufsichtsrats bei AG, GmbH und SE, AG 2008, 137; *Kowalski/Schmidt*, Das aktienrechtliche Statusverfahren nach §§ 96 Abs. 2, 97 ff. AktG – (k)ein Fallstrick im Gesellschaftsrecht, DB 2009, 551; *Krause/Janko*, Grenzüberschreitende Verschmelzungen und Arbeitnehmermitbestimmung, BB 2007, 2194; *Lutter*, Der Anwendungsbereich des Mitbestimmungsgesetzes, ZGR 1977, 195; *Melot de Beauregard*, Das Zweite Gesetz zur Vereinfachung der Wahl der Arbeitnehmervertreter in den Aufsichtsrat, DB 2004, 1430; *Meier*, Probleme der freiwilligen zahlenmäßigen Erweiterung eines mitbestimmten Aufsichtsrats nach dem MitbestG 1976, NZG 2000, 190; *Müller-Bonanni/Müntefering*, Arbeitnehmerbeteiligung bei SE-Gründung und grenzüberschreitender Verschmelzung im Vergleich, BB 2009, 1699; *Nagel*, Die Richtlinie zur grenzüberschreitenden Verschmelzung, NZG 2006, 97; *Oetker*, Unternehmensmitbestimmung in der SE kraft Vereinbarung, ZIP 2006, 1113; *Raiser*, Privatautonome Mitbestimmungsregelungen, BB 1977, 1461; *Schmiedel*, Arbeitnehmervertreter im Aufsichtsrat durch Aktionärsbeschluss?, JZ 1973, 343; *Seibt*, Drittelbeteiligungsgesetz und Fortsetzung der Reform des Unternehmensmitbestimmungsrechts – Analyse des Zweiten Gesetzes zur Vereinfachung der Wahl der Arbeitnehmer in den Aufsichtsrat, NZA 2004, 767; *Seibt*, Privatautonome Mitbestimmungsvereinbarungen – Rechtliche Grundlagen und Praxishinweise, AG 2005, 413; *Stück*, Aktuelle Rechtsfragen der Aufsichtsratswahl nach dem MitbestG, DB 2004, 2582; *Teichmann*, Mitbestimmung und grenzüberschreitende Verschmelzung, Der Konzern 2007, 89; *Wahlers*, Statusbegründende Mitbestimmungserweiterung bei der Aktiengesellschaft durch Stimmbindungsvertrag mit dem Mehrheitsaktionär, ZIP 2008, 1897; *Windbichler*, Die Rolle von Amtsträgern der Betriebsverfassung im Aufsichtsrat, in FS Schwark, 2009, S. 805; *Wißmann*, Betriebsräte und Mitbestimmung im Aufsichtsrat, in FS Kreutz, 2010, S. 513.

## I. Regelungsgegenstand und Regelungszweck

1 § 96 regelt die Zusammensetzung des Aufsichtsrats. Dazu verweist § 96 **Abs. 1** auf Vorschriften in mitbestimmungsrechtlichen Spezialgesetzen, wodurch eine textliche Übernahme in das AktG entbehrlich wird („Verzahnung des Aktienrechts mit den Vorschriften der Arbeitnehmerbeteiligung im Aufsichtsrat"). Die unbestimmte Fassung soll sicherstellen, dass Entwicklungen im Mitbestimmungsrecht ohne Gesetzesänderungen Rechnung getragen werden kann[1]. Die in § 96 **Abs. 2** verankerte Kon-

---

[1] *Hopt/Roth* in Großkomm. AktG, 4. Aufl., § 96 AktG Rz. 4; *Hüffer*, § 96 AktG Rz. 1; *Geßler* in G/H/E/K, § 96 AktG Rz. 2; *Spindler* in Spindler/Stilz, § 96 AktG Rz. 1; *Bürgers/Israel* in Bürgers/Körber, § 96 AktG Rz. 1.

tinuitätsregel bezweckt, dem Aufsichtsrat bei Zweifeln über die zutreffende Zusammensetzung des Aufsichtsrats eine sichere Rechtsgrundlage zu geben und damit die Arbeitsfähigkeit des Organs zu gewährleisten[2].

## II. Aufsichtsratssysteme

§ 96 Abs. 1 zählt **die sechs möglichen Aufsichtsratssysteme** auf. Der Aufsichtsrat kann nach dem Mitbestimmungsgesetz, dem Montanmitbestimmungsgesetz, dem Montanmitbestimmungs-Ergänzungsgesetz, dem Drittelbeteiligungsgesetz, dem Gesetz über die Mitbestimmung der Arbeitnehmer bei einer grenzüberschreitenden Verschmelzung sowie ohne Arbeitnehmerbeteiligung gebildet werden. Die aktienrechtliche Grundform des mitbestimmungsfreien Aufsichtsrats wurde durch die vorrangigen mitbestimmungsrechtlichen Regelungen weitgehend in den Hintergrund gedrängt[3, 4]. 2

### 1. Mitbestimmungsgesetz

a) Das MitbestG findet gem. § 1 Abs. 1 MitbestG Anwendung, wenn das in der Rechtsform einer AG oder KGaA organisierte Unternehmen **in der Regel mehr als 2.000 Arbeitnehmer beschäftigt** und die Mitbestimmungsvoraussetzungen nach den spezielleren MontanMitbestG (vgl. unten Rz. 8) und MitbestErgG (vgl. unten Rz. 11) nicht erfüllt sind. Der Arbeitnehmerbegriff ist in § 3 Abs. 1 MitbestG i.V.m. § 5 BetrVG geregelt. Für das Überschreiten des maßgeblichen Schwellenwertes ist der tatsächliche Personenbestand über einen längeren Zeitraum maßgeblich, so dass saisonbedingte Schwankungen außer Betracht bleiben[5]. Im Konzern werden dem herrschenden Unternehmen die Arbeitnehmer der Konzernunternehmer nach Maßgabe des § 5 MitbestG zugerechnet[6]. 3

b) Der unter dem MitbestG gebildete Aufsichtsrat ist **paritätisch zu besetzen**. Das verfassungsrechtliche gebotene leichte Übergewicht der Anteilseignerseite[7] wird dadurch hergestellt, dass die Aktionäre gem. § 27 Abs. 2 das Letztentscheidungsrecht über die Person des Aufsichtsratvorsitzenden innehaben und diesem durch § 29 Abs. 2 MitbestG ein Zweitstimmrecht eingeräumt wird, wenn bei einer Beschlussfassung Stimmengleichheit eingetreten ist. Bei der Bestellung und Abberufung des Vorstands gilt dies freilich nicht sofort (vgl. § 31 Abs. 2 bis 5 MitbestG), sondern erst nach Stellungnahme des Vermittlungsausschusses (§ 27 Abs. 3 MitbestG) kann ein zweiter (§ 31 Abs. 3 MitbestG) und ggf. ein dritter Wahlgang (§ 31 Abs. 4 MitbestG) erfolgen. Erst im dritten Wahlgang besteht das Zweitstimmrecht des Vorsitzenden. 4

Die Anzahl der Aufsichtsratsmitglieder richtet sich nach den **in der Gesellschaft bzw. den Konzernunternehmen beschäftigten Arbeitnehmern**, § 7 Abs. 1 Satz 1 MitbestG. Danach sind bei nicht mehr als 10.000 Arbeitnehmern 12 Aufsichtsratsmitglieder, bei nicht mehr als 20.000 Arbeitnehmern 16 Aufsichtsratsmitglieder und bei 5

---

2 *Kropff*, Aktiengesetz, S. 126; *Hüffer*, § 96 AktG Rz. 1.
3 *Hüffer*, § 96 AktG Rz. 2; *Spindler* in Spindler/Stilz, § 96 AktG Rz. 4.
4 Im Folgenden werden die vom jeweiligen Mitbestimmungssystem erfassten Gesellschaften, ihre Zusammensetzung sowie die Wahl der Mitglieder im Überblick dargestellt.
5 Vgl. *Spindler* in Spindler/Stilz, § 96 AktG Rz. 5.
6 *Spindler* in Spindler/Stilz, § 96 AktG Rz. 7; *Habersack* in MünchKomm. AktG, 3. Aufl., § 96 AktG Rz. 5; zu grenzüberschreitenden Sachverhalten vgl. *Habersack*, AG 2007, 641, 644 ff.
7 Zur verfassungsrechtlichen Problematik des MitbestG vgl. BVerfG v. 1.3.1979 – 1 BvR 532, 533/77, 419/78, 1 BvL 21/78, BVerfGE 50, 290 = NJW 1979, 699; zur Verfassungsgemäßheit von Unterschriftenquoren bei Arbeitnehmervertreterwahlen vgl. BVerfG v. 12.10.2004 – 1 BvR 2130/98, BVerfGE 111, 289.

mehr als 20.000 Arbeitnehmern 20 Aufsichtsratsmitglieder zu bestellen. Die Mitgliederzahl kann nach Maßgabe des § 7 Abs. 1 Satz 2 MitbestG **durch Satzung erhöht**, aber nicht herabgesetzt werden. Für Gesellschaften mit nicht mehr als 10.000 Arbeitnehmern besteht die Möglichkeit, einen Aufsichtsrat mit 16 oder 20 Mitgliedern einzurichten, bei Gesellschaften mit nicht mehr als 20.000 Arbeitnehmern kann der Aufsichtsrat 20 Mitglieder umfassen. Die Vorschrift ist erheblicher rechtspolitischer Kritik ausgesetzt, da ein derart großes Gremium nur schwerlich in eine so intensive Diskussion mit dem Vorstand eintreten kann, wie es unter den Gesichtspunkten guter Corporate Governance erforderlich wäre[8].

6  c) **Vertreter der Arbeitnehmer** sind zum einen unternehmensangehörige Belegschaftsvertreter, zum anderen Gewerkschaftsvertreter. Unter den Aufsichtsratsmitgliedern müssen sich mindestens zwei Vertreter der Gewerkschaften, bei Aufsichtsräten mit 20 Mitgliedern drei Gewerkschaftsvertreter befinden, § 7 Abs. 2 MitbestG. Die Arbeitnehmervertreter werden in Unternehmen mit bis zu 8.000 Arbeitnehmern durch die Arbeitnehmer in unmittelbarer Wahl gewählt, sofern diese nicht eine Wahl durch Delegierte beschließen, § 9 Abs. 2 MitbestG. Sind in dem Unternehmen mehr als 8.000 Arbeitnehmer beschäftigt, erfolgt die Wahl durch Delegierte, wenn keine unmittelbare Wahl beschlossen wird, § 9 Abs. 1 MitbestG[9].

7  Die **Vertreter der Anteilseigner** werden gem. § 101 Abs. 1 von der Hauptversammlung bestellt oder aufgrund eines satzungsmäßig eingeräumten Rechts durch einzelne Aktionäre – höchstens zu einem Drittel (§ 8 Abs. 2 MitbestG, § 101 Abs. 2 AktG) – entsandt.

**2. Montan-Mitbestimmungsgesetz**

8  **a)** Der Aufsichtsrat ist gem. § 1 Abs. 1 Satz 1 MontanMitbestG nach den Vorschriften des Montan-Mitbestimmungsgesetzes zusammenzusetzen, wenn das Unternehmen einen **bestimmten Betriebszweck** erfüllt (Förderung oder Verarbeitung von Steinkohle, Braunkohle oder Eisenerz), es in einem bestimmten Umfang der Eisen und Stahl erzeugenden Industrie angehört[10] oder das Unternehmen von solchen Unternehmen abhängig ist.

9  **b)** Auch der unter dem MontanMitbestG zu bildende Aufsichtsrat ist **paritätisch zu besetzen**. Er **besteht aus 11 Mitgliedern**, nämlich aus 4 Vertretern sowohl der Anteilseigner- als auch der Arbeitnehmerseite zuzüglich eines weiteren Mitgliedes sowie einem weiteren („neutralen") 11. Mitglied, § 4 Abs. 1 MontanMitbestG. Die Satzung kann bei Gesellschaften mit einem Grundkapital von mehr als 10 Mio. Euro bestimmen, dass der Aufsichtsrat aus 15 Mitgliedern besteht, bei Gesellschaften mit einem Grundkapital von mehr als 25 Mio. Euro aus 21 Mitgliedern, § 9 Abs. 1, 2 MontanMitbestG.

---

8 Vgl. *Hommelhoff*, ZGR 2001, 238, 251 f.; *Hopt* in Freundesgabe Kübler, S. 435, 437 f.; *Lutter*, ZGR 2001, 224, 236; *Schwalbach*, AG 2004, 186, 187; *Kort*, AG 2008, 137; zu Vermeidungsstrategien der Mitbestimmung: *Götze/Winzer/Arnold*, ZIP 2009, 245; rechtspolitische Vorschläge zur Verkleinerung des Gremiums macht der Arbeitskreis „Unternehmerische Mitbestimmung", ZIP 2009, 885 ff.

9 *Spindler* in Spindler/Stilz, § 96 AktG Rz. 9; *Habersack* in MünchKomm. AktG, 3. Aufl., § 96 AktG Rz. 7.

10 *Habersack* in MünchKomm. AktG, 3. Aufl., § 96 AktG Rz. 9; *Hüffer*, § 96 AktG Rz. 6; *Spindler* in Spindler/Stilz, § 96 AktG Rz. 10; *Bürgers/Israel* in Bürgers/Körber, § 96 AktG Rz. 3; maßgebend ist nicht die namentliche Nennung im Gesetz Nr. 27 der Alliierten Hohen Kommission vom 16.5.1950, sondern das Vorliegen der sachlichen Merkmale, vgl. BGH v. 28.2.1983 – II ZB 10/82, BGHZ 87, 52, 54 ff. = AG 1983, 311; a.A. noch OLG Karlsruhe v. 7.7.1976 – 1 W 73/375, OLGZ 1977, 19.

**c)** Die **Vertreter der Anteilseigner und der Arbeitnehmer** werden **von der Hauptversammlung** gewählt, §§ 5, 6 MontanMitbestG. Hinsichtlich der Arbeitnehmervertreter ist die Hauptversammlung an die Vorschläge des Betriebsrats gebunden, § 6 Abs. 6 MontanMitbestG, § 101 Abs. 1 Satz 2 AktG. Das „neutrale" 11. Mitglied wird durch die Hauptversammlung auf Vorschlag der übrigen Aufsichtsratsmitglieder gewählt, § 8 Abs. 1 MontanMitbestG. Kann sich der Aufsichtsrat nicht auf eine Person einigen oder scheitert der Vorschlag in der Hauptversammlung, ist nach § 8 Abs. 2 MontanMitbestG ein Vermittlungsausschuss zu bilden, der der Hauptversammlung Wahlvorschläge unterbreitet (vgl. zum weiteren Verfahren § 8 Abs. 3 MontanMitbestG).

### 3. Montan-Mitbestimmungsergänzungsgesetz

**a)** Das MontanMitbestErgG[11] erklärt in §§ 1, 3 das System der Montanmitbestimmung für solche Konzernspitzenunternehmen für anwendbar, die selbst nicht die Voraussetzungen des MontanMitbestG erfüllen, aber einen Konzern führen, der durch Unternehmen der Montanindustrie geprägt ist. Dazu müssen diese Unternehmen insgesamt ein Fünftel des Konzernumsatzes erzielen oder mehr als ein Fünftel der Arbeitnehmer[12] des Konzerns beschäftigen, § 3 Abs. 2 MontanMitbestErgG.

**b)** Der im Regelfall fünfzehnköpfige Aufsichtsrat wird **paritätisch** mit Vertretern der Anteilseigner und Arbeitnehmer sowie einem „neutralen" Mitglied besetzt, § 5 Abs. 1 MontanMitbestErgG. Durch Satzung kann bei einem Grundkapital von mehr als 25 Mio. Euro bestimmt werden, dass der Aufsichtsrat aus 21 Mitgliedern bestehen soll, § 5 Abs. 1 Satz 3 MontanMitbestErgG.

**c)** Die **Vertreter der Anteilseigner** werden von der **Hauptversammlung** gewählt, § 5 Abs. 2 MontanMitbestErgG, § 5 MontanMitbestG, § 101 Abs. 1 Satz 1 AktG. Die Wahl der **Arbeitnehmervertreter** erfolgt gem. § 7 Abs. 1 MontanMitbestErgG in Konzernen mit mehr als 8.000 Arbeitnehmern durch **Delegierte**, sofern die Arbeitnehmer nicht eine unmittelbare Wahl beschließend. In Konzernen mit bis zu 8.000 Arbeitnehmern erfolgt eine **unmittelbare Wahl**, falls keine Wahl durch Delegierte beschlossen wurde, § 7 Abs. 2 MontanMitbestErgG.

### 4. Drittelbeteiligungsgesetz

**a)** Das Gesetz über die Drittelbeteiligung der Arbeitnehmer im Aufsichtsrat (DrittelbG) trat am **1.7.2004** in Kraft[13] und ersetzte die Mitbestimmung nach dem BetrVG 1952, ohne wesentliche Änderungen herbeizuführen. Ziel des Gesetzgebers war es, durch eine redaktionelle Neufassung der bisherigen unübersichtlichen Regelungen eine **Vereinfachung und Straffung des Wahlverfahrens** zu erreichen[14].

---

11 Gesetz zur Ergänzung der Mitbestimmung der Arbeitnehmer in den Unternehmen der Montanindustrie vom 7.8.1956.
12 *Habersack* in MünchKomm. AktG, 3. Aufl., § 96 AktG Rz. 14; *Spindler* in Spindler/Stilz, § 96 AktG Rz. 13; *Hüffer*, § 96 AktG Rz. 8; die frühere Regelung, die auf die Beschäftigung von mehr als 2.000 Arbeitnehmern abstellte, wurde vom BVerfG für verfassungswidrig erklärt, da sie keinen ausreichenden Montanbezug erkennen ließ, vgl. BVerfG v. 2.3.1999 – 1 BvL 2/91 – „Mannesmann", BVerfGE 99, 367 = NJW 1999, 1535 = AG 1999, 220. Der Gesetzgeber reagierte daraufhin mit einer Änderung des § 3 Abs. 2 MontanMitbestErgG durch Art. 2 Nr. 2b des Zweiten Gesetzes zur Vereinfachung der Wahl der Arbeitnehmer in den Aufsichtsrat (BGBl. I 2004, 974). Vgl. dazu *Huke/Prinz*, BB 2004, 2633; *Melot de Beaugeard*, DB 2004, 1430; *Stück*, DB 2004, 2582.
13 Art. 6 Abs. 2 des Zweiten Gesetzes zur Vereinfachung der Wahl der Arbeitnehmer in den Aufsichtsrat, BGBl. I 2004, 974.
14 RegE zum Zweiten Gesetz zur Vereinfachung der Wahl der Arbeitnehmer in den Aufsichtsrat, BR-Drucks. 10/04, S. 18 f.

15 **b)** Das DrittelbG erfasst Gesellschaften mit nicht mehr als 2.000 Arbeitnehmern, die nicht der Montanmitbestimmung unterliegen und keine Tendenzunternehmen sind, § 1 Abs. 2 DrittelbG. Die Gesellschaft muss **im Regelfall mehr als 500 Arbeitnehmer** beschäftigen, § 1 Abs. 1 Nr. 1 Satz 1 DrittelbG[15]. Der Anwendungsbereich des Gesetzes ist jedoch (in Fortführung der vor 1994 geltenden Rechtslage) auch bei Beschäftigung von weniger als 500 Arbeitnehmern eröffnet, wenn die Gesellschaft vor dem 10.8.1994 eingetragen worden ist und keine Familiengesellschaft[16] ist, § 1 Abs. 1 Nr. 1 Satz 2 DrittelbG.

16 **c)** Der Aufsichtsrat einer dem DrittelbG unterliegenden Gesellschaft muss **zu einem Drittel aus Vertretern der Arbeitnehmer** bestehen, § 4 Abs. 1 DrittelbG. Im Übrigen gilt § 95[17]. Die **Wahl der Arbeitnehmervertreter** erfolgt durch die volljährigen Arbeitnehmer des Unternehmens, § 5 Abs. 2 DrittelbG (vgl. § 18 MitbestG). Die **Vertreter der Anteilseigner** sind durch die Hauptversammlung zu bestellen, § 101 Abs. 1 Satz 1.

### 5. Mitbestimmung bei grenzüberschreitender Verschmelzung

17 **a)** Das am 29.12.2006 in Kraft getretene Gesetz über die Mitbestimmung der Arbeitnehmer bei einer grenzüberschreitenden Verschmelzung (MgVG)[18] befasst sich mit den mitbestimmungsrechtlichen Aspekten einer grenzüberschreitenden Verschmelzung von Kapitalgesellschaften, die durch das Zweite Gesetz zur Änderung des Umwandlungsgesetzes[19] in §§ 122a ff. UmwG ausdrücklich geregelt wurde. Das Gesetz ist gem. § 3 Abs. 1 Satz 1 MgVG auf diejenige **Gesellschaft mit Sitz im Inland** anwendbar, die **aus einer grenzüberschreitenden Verschmelzung** innerhalb der EU bzw. des EWR **hervorgegangen** ist. Unabhängig vom Sitz der Gesellschaft gilt es nach § 3 Abs. 1 Satz 2 MgVG auch für die im Inland beschäftigten Arbeitnehmer der durch die Verschmelzung neu entstandenen Gesellschaft sowie für inländische, beteiligte Gesellschaften (§ 2 Abs. 2 MgVG), betroffene Tochtergesellschaften und betroffene Betriebe (§ 2 Abs. 4 MgVG)[20].

18 **b)** Die Regelungen über die Mitbestimmung der Arbeitnehmer finden gem. § 5 MgVG in drei Situationen Anwendung[21]. Das MgVG ist erstens dann einschlägig, wenn mindestens eine der beteiligten Gesellschaften in den sechs Monaten vor der Veröffentlichung des Verschmelzungsplans (§ 122d UmwG) durchschnittlich mehr als 500 Arbeitnehmer beschäftigte und in dieser Gesellschaft ein Mitbestimmungssystem i.S. des § 2 Abs. 7 MgVG bestand (Nr. 1). Es ist außerdem anwendbar, wenn das für die aus einer grenzüberschreitenden Verschmelzung hervorgehende Gesellschaft maßgebende innerstaatliche Recht nicht mindestens den gleichen Umfang an Mitbe-

---

15 *Spindler* in Spindler/Stilz, § 96 AktG Rz. 16; *Habersack* in MünchKomm. AktG, 3. Aufl., § 96 AktG Rz. 17 f.; *Hüffer*, § 96 AktG Rz. 10.
16 Als Familiengesellschaft definiert das Gesetz solche AG, deren Aktionär eine einzelne natürliche Person ist oder deren Aktionäre untereinander i.S. von § 16 Abs. 1 Nr. 2–8, Abs. 2 AO verwandt oder verschwägert sind.
17 Vgl. *Hoffmann-Becking* in MünchHdb. AG, § 28 Rz. 10.
18 Gesetz über die Mitbestimmung der Arbeitnehmer bei einer grenzüberschreitenden Verschmelzung (MgVG) vom 21.12.2006, BGBl. I 2006, 3332; vgl. dazu *Krause/Janko*, BB 2007, 2194; *Müller-Bonanni/Müntefering*, BB 2009, 1699.
19 Zweites Gesetz zur Änderung des Umwandlungsgesetzes vom 19.4.2007, BGBl. I 2007, 542.
20 Vgl. dazu *Habersack* in MünchKomm. AktG, 3. Aufl., § 96 AktG Rz. 23; *Spindler* in Spindler/Stilz, § 96 AktG Rz. 19a; *Bürgers/Israel* in Bürgers/Körber, § 96 AktG Rz. 7; *Nagel*, NZG 2006, 97 f.
21 Soweit § 5 MgVG Anwendung findet, ist die unmittelbare Anwendung des MitbestG, DrittelbG sowie des Montanmitbestimmungsrechts ausgeschlossen, vgl. *Habersack* in MünchKomm. AktG, 3. Aufl., § 96 AktG Rz. 24; *Habersack*, ZHR 171 (2007), 613, 619 ff.

stimmung der Arbeitnehmer vorsieht, wie er in den jeweiligen an der Verschmelzung beteiligten Gesellschaften bestand (Nr. 2). Schließlich muss das MgVG dann herangezogen werden, wenn das für die aus einer grenzüberschreitenden Verschmelzung hervorgehende Gesellschaft maßgebende innerstaatliche Recht für Arbeitnehmer in Betrieben dieser Gesellschaft, die sich in anderen Mitgliedstaaten befinden, nicht den gleichen Anspruch auf Ausübung von Mitbestimmung vorsieht, wie sie den Arbeitnehmern in demjenigen Mitgliedstaat gewährt werden, in dem die aus der grenzüberschreitenden Verschmelzung hervorgehende Gesellschaft ihren Sitz hat (Nr. 3). Dies ist vor allem bedeutsam für das Recht der Arbeitnehmer, an den Wahlen der Arbeitnehmervertreter im Aufsichts- oder Leitungsgremium teilzunehmen[22].

c) Die Mitbestimmung soll **in erster Linie im Wege freier Verhandlungen** zwischen den Unternehmen und einem besonderen Verhandlungsgremium der Arbeitnehmerseite vereinbart werden (vgl. zur Zusammensetzung § 7 MgVG)[23]. Dadurch soll eine maßgeschneiderte Mitbestimmungsstruktur geschaffen werden, die im Interesse des Unternehmens und seiner Arbeitnehmer liegt[24]. Erst wenn die Verhandlungen zu keinem Ergebnis führen, greift die unter d) dargestellte gesetzliche Auffangregelung. Insbesondere richten sich die **Anzahl** der von den Arbeitnehmern zu wählenden Mitglieder des Aufsichts- oder Verwaltungsorgans und das Wahlverfahren nach der Mitbestimmungsvereinbarung, § 22 Abs. 1 MgVG. Die Vereinbarung kann auch Regelungen über die **Gesamtgröße des Gremiums** enthalten; § 23 Abs. 5 steht dem nicht entgegen[25]. 19

d) Eine **Mitbestimmung kraft Gesetzes** (§§ 23 ff. MgVG) kommt demgegenüber in Betracht, wenn zwischen den Parteien keine Vereinbarung über die Mitbestimmung zustande gekommen ist oder sie die Geltung dieser Regelungen vereinbaren, sowie dann, wenn die Leitungsorgane der an der Verschmelzung beteiligten Gesellschaften entscheiden, diese Regelungen ohne vorhergehende Verhandlung ab der Eintragung der Verschmelzung anzuwenden (§ 23 Abs. 1 Satz 1 MgVG). Für die Fälle, dass sich die Parteien nicht auf ein Mitbestimmungssystem einigen konnten bzw. die Leitungsorgane eine Anwendung der Regeln über die Mitbestimmung kraft Gesetzes beschließen, stellt § 23 Abs. 1 Satz 2 MgVG bestimmte Mindestanforderungen an das bis dato bestehende Mitbestimmungssystem auf. Der **Anteil der auf die Arbeitnehmervertreter fallenden Sitze** im Aufsichts- bzw. Verwaltungsorgan bemisst sich **nach dem höchsten Anteil an Arbeitnehmervertretern**, der in den Organen der beteiligten Gesellschaften bestanden hat (§ 23 Abs. 1 Satz 2 MgVG). Die Sitzverteilung erfolgt dabei unter Berücksichtigung der Arbeitnehmerzahlen in den einzelnen Mitgliedstaaten (§ 25 Abs. 1 Satz 1 MgVG)[26]. Welche konkreten Arbeitnehmervertreter die zustehenden Sitze im Aufsichts- oder Verwaltungsorgan einnehmen, regeln die Mitgliedstaaten in eigener Kompetenz. Nur wenn in einem Mitgliedstaat eine derartige Regelung fehlt, übernimmt das besondere Verhandlungsgremium diese Aufgabe (§ 25 Abs. 2 MgVG). Die **inländischen Vertreter** im Aufsichts- oder Verwaltungsorgan wer- 20

---

22 RegE eines Gesetzes zur Umsetzung der Regelungen über die Mitbestimmung der Arbeitnehmer bei einer Verschmelzung von Kapitalgesellschaften aus verschiedenen Mitgliedstaaten, BR-Drucks. 540/06, S. 35.
23 Ausführlich dazu *Teichmann*, Der Konzern 2007, 89, 91 ff.; vgl. *Habersack* in MünchKomm. AktG, 3. Aufl., § 96 AktG Rz. 24; *Spindler* in Spindler/Stilz, § 96 AktG Rz. 19b.
24 Vgl. RegE eines Gesetzes zur Umsetzung der Regelungen über die Mitbestimmung der Arbeitnehmer bei einer Verschmelzung von Kapitalgesellschaften aus verschiedenen Mitgliedstaaten, BR-Drucks. 540/06, S. 36.
25 Zutr. *Teichmann*, Der Konzern 2007, 89, 94 f.; vgl. zur Parallelproblematik bei der SE auch *Habersack*, AG 2006, 345, 351 ff. einerseits, *Oetker*, ZIP 2006, 1113, 1116 andererseits.
26 *Spindler* in Spindler/Stilz, § 96 AktG Rz. 19b; *Bürgers/Israel* in Bürgers/Körber, § 96 AktG Rz. 7.

den von einem **Wahlgremium** der Arbeitnehmervertretungen bestimmt (§ 25 Abs. 3 Satz 1 MgVG).

### 6. Mitbestimmungsfreie Gesellschaften

21 **a)** Sind die Voraussetzungen keines der vorgenannten Mitbestimmungsmodelle erfüllt, so ist die Gesellschaft mitbestimmungsfrei. Von einer Mitbestimmung der Arbeitnehmer **ausgenommen** sind damit:
- Gesellschaften, die 500 oder weniger Arbeitnehmer beschäftigen[27] und die entweder nach dem 10.8.1994[28] eingetragen worden sind („Kleine AG")[29];
- Gesellschaften, die 500 oder weniger Arbeitnehmer beschäftigen und deren Aktionär eine einzelne natürliche Person ist oder deren Aktionäre untereinander i.S. von § 15 Abs. 1 Nr. 2–8, Abs. 2 AO verwandt oder verschwägert sind (Familiengesellschaft);
- Unternehmen, die unmittelbar und überwiegend politischen, koalitionspolitischen, konfessionellen, karitativen, erzieherischen, wissenschaftlichen oder künstlerischen Bestimmungen oder Zwecken der Berichterstattung oder Meinungsäußerung dienen (Tendenzunternehmen);
- Arbeitnehmerlose Gesellschaften[30].

22 **b)** Sämtliche Mitglieder des Aufsichtsrats werden vorbehaltlich bestehender Entsenderechte gem. § 101 Abs. 1 Satz 1 von der Hauptversammlung gewählt. Die Zahl der Aufsichtsratsmitglieder bestimmt sich nach § 95.

## III. Modifikationen des Mitbestimmungssystems

23 In Rechtsprechung und Literatur ist die Frage noch weitgehend ungeklärt, ob und in welchen Grenzen Modifikationen des Systems der Arbeitnehmermitbestimmung vorgenommen werden können[31]. In Betracht kommen insoweit die „freiwillige Zuwahl" von Vertretern der Arbeitnehmerseite durch die Anteilseigner und statutarische Festlegungen zur Mitbestimmung sowie Mitbestimmungsvereinbarungen. Im Einzelnen gilt Folgendes:

24 **a)** Die **freiwillige Zuwahl von Vertretern der Arbeitnehmerseite** durch die Hauptversammlung ist stets **möglich**. Ausschlaggebend ist insoweit, dass die von der Hauptversammlung nach § 101 Abs. 1 bestellten Aufsichtsratsmitglieder stets als „Anteilseignervertreter" anzusehen sind und gerade nicht als „Arbeitnehmervertreter" im Sinne des Mitbestimmungsrechts. Weder § 101 noch die einschlägigen mitbestimmungsrechtlichen Vorschriften enthalten Vorgaben über die Zusammensetzung der Anteilseignervertreter. Das Gesetz räumt der Hauptversammlung somit eine Wahlfreiheit ein, dergemäß auch Arbeitnehmer der Gesellschaft, Gewerkschaftsvertreter oder sonstige dem Lager der Arbeitnehmerschaft angehörende oder nahe stehende Personen zu Aufsichtsräten bestellt werden können. „Arbeitnehmervertreter" im mitbestimmungsrechtlichen Sinne sind daher nur diejenigen Aufsichtsratsmitglie-

---

27 Abweichend *Habersack* in MünchKomm. AktG, 3. Aufl., § 96 AktG Rz. 25 (weniger als 501 Arbeitnehmer).
28 Das Datum markiert das Inkrafttreten des Gesetzes für kleine Aktiengesellschaften und zur Deregulierung des Aktienrechts vom 2.8.1994, BGBl. I 1994, 1961.
29 Die Eintragung im Zuge einer Umwandlung genügt, vgl. *Hüffer*, § 96 AktG Rz. 12; *Lutter*, AG 1994, 429, 445.
30 Vgl. dazu *Hoffmann-Becking* in MünchHdb. AG, § 28 Rz. 5 ff.
31 *Hüffer*, § 96 AktG Rz. 11b; restriktiv *Habersack* in MünchKomm. AktG, 3. Aufl., § 96 AktG Rz. 26 ff.; moderater *Spindler* in Spindler/Stilz, § 96 AktG Rz. 20 ff., 24.

der, die nach Maßgabe des Mitbestimmungsrechts von der Arbeitnehmerschaft bestimmt wurden. Dass durch die freiwillige Zuwahl von Vertretern der Arbeitnehmerseite deren Gewicht im Aufsichtsrat faktisch gestärkt wird, rechtfertigt nicht die Beschränkung der Wahlfreiheit der Hauptversammlung[32]. Dies gilt unabhängig davon, ob der Aufsichtsrat nach dem DrittelbG **drittelparitätisch**[33] oder nach dem MitbestG bzw. dem Montanmitbestimmungsrecht **paritätisch** besetzt ist. Zwar führt in letztgenanntem Fall die freiwillige Zuwahl zu einer (faktischen) Überparität der Arbeitnehmerseite, doch auch das ist von der Wahlfreiheit der Anteilseigner gedeckt[34]. Die freiwillig gewählten zusätzlichen Arbeitnehmer sind als Vertreter der Anteilseigner anzusehen. Jedoch liegt in der Zuwahl von Arbeitnehmern über das Maß der Parität hinaus eine Abkehr von der erwerbswirtschaftliche Zwecksetzung des Unternehmens und damit eine Zweckänderung i.S. des § 33 BGB[35], auch wenn die Hauptversammlung ihre Entscheidung später durch Abberufung nach § 103 Abs. 1 mit qualifizierter Mehrheit wieder rückgängig machen kann. Mit dem Übergang der Aufsichtsratsmehrheit kann von dem Unternehmen nicht mehr erwartet werden, dass es nach erwerbswirtschaftlichen Grundsätzen geführt wird. Eine solche Veränderung muss kein Aktionär ohne seine Zustimmung hinnehmen[36].

**Zulässig** ist auch die **Absicherung der freien Zuwahl durch Stimmbindungsverträge**[37]. Lediglich die allgemein für Stimmbindungsvereinbarungen gezogenen Grenzen sind zu beachten (§§ 136 Abs. 2, 405 Abs. 3 Satz 6, 7 AktG, §§ 138, 242 BGB)[38]. Derartige Stimmbindungsverträge begründen keinen Verstoß gegen das aus § 101 Abs. 1 Satz 2 folgende Verbot einer Bindung an Wahlvorschläge[39]. Denn das Verbot bezieht

25

---

32 Dies betonen zutreffend *Hopt/Roth* in Großkomm. AktG, 4. Aufl., § 96 AktG Rz. 26; in diesem Sinne auch OLG Hamm v. 31.3.2008 – 8 U 222/07, BB 2008, 1136 = AG 2008, 552.
33 Für drittelparitätisch besetzte Aufsichtsräte ebenso BGH v. 3.7.1975 – II ZR 35/73, AG 1975, 242, 244; *Hopt/Roth* in Großkomm. AktG, 4. Aufl., § 96 AktG Rz. 26; *Spindler* in Spindler/Stilz, § 96 AktG Rz. 22; *Mertens* in KölnKomm. AktG, 2. Aufl., § 96 AktG Rz. 15; *Habersack* in MünchKomm. AktG, 3. Aufl., § 96 AktG Rz. 31; *Hoffmann-Becking* in MünchHdb. AG, § 28 Rz. 42; *Hommelhoff*, ZHR 148 (1984), 118, 136 ff.; *Ihrig/Schlitt*, NZG 1999, 333, 334; *Raiser*, ZGR 1976, 105, 107; *Seibt*, AG 2005, 413, 415; a.A. *Hüffer*, § 251 AktG Rz. 2; *Schmiedel*, JZ 1973, 343, 344 ff.
34 Dies betonen *Hopt/Roth* in Großkomm. AktG, 4. Aufl., § 96 AktG Rz. 26; in diesem Sinne auch OLG Hamm v. 31.3.2008 – 8 U 222/07, BB 2008, 1136 = AG 2008, 552.
35 Wie hier *Ulmer/Habersack/Henssler*, Mitbestimmungsrecht, 2. Aufl. 2006, § 1 MitbestG Rz. 25; *Lutter*, ZGR 1977, 195, 203, a.A. jedoch *Spindler* in Spindler/Stilz, § 96 AktG Rz. 22; *Hanau*, ZGR 2001, 73, 91; *Henssler*, ZfA 2000, 241, 261; *Kraft* in Gemeinschaftskommentar zum BetrVG, 6. Aufl. 1997, vor § 76 BetrVG 1952 Rz. 14; *Wissmann* in MünchHdb. Arbeitsrecht, 2. Aufl. 2000, § 375 Rz. 22; *Willemsen/Hohenstatt/Schweibert/Seibt*, Umstrukturierung und Übertragung von Unternehmen, Teil F Rz. 14.
36 Wie hier *Ulmer/Habersack/Henssler*, Mitbestimmungsrecht, 2. Aufl. 2006, § 1 MitbestG Rz. 25; *Lutter*, ZGR 1977, 195, 203; a.A. jedoch *Hanau*, ZGR 2001, 73, 91; *Henssler*, ZfA 2000, 241, 261; *Kraft* in Gemeinschaftskommentar zum BetrVG, 6. Aufl. 1997, vor § 76 BetrVG 1952 Rz. 14; *Wissmann* in MünchHdb. Arbeitsrecht, 2. Aufl. 2000, § 375 Rz. 22; *Willemsen/Hohenstatt/Schweibert/Seibt*, Umstrukturierung und Übertragung von Unternehmen, Teil F Rz. 14; auch ohne Einstimmigkeitserfordernis: *Spindler* in Spindler/Stilz, § 96 AktG Rz. 22; ähnlich OLG Hamm v. 31.3.2008 – 8 U 222/07, BB 2008, 1136 = AG 2008, 552.
37 *Hopt/Roth* in Großkomm. AktG, 4. Aufl. 2006, § 96 AktG Rz. 31; *Ulmer/Habersack/Henssler*, Mitbestimmungsrecht, 2. Aufl. 2006, § 1 MitbestG Rz. 21; *Biedenkopf/Säcker*, ZfA 1971, 211, 264; *Fabricius* in FS Hilger/Stumpf, S. 157, 160, 167; *Hanau*, ZGR 2001, 73, 91; *Seibt*, AG 2005, 413, 415; a.A. *Mertens* in KölnKomm. AktG, 2. Aufl., § 96 AktG Rz. 18; *Hommelhoff*, ZHR 148 (1984), 118, 140; *Spindler* in Spindler/Stilz, § 96 AktG Rz. 23; differenzierend *Habersack* in MünchKomm. AktG, 3. Aufl., § 96 AktG Rz. 31, 27; restriktiver *Semler* in MünchKomm. AktG, 2. Aufl., § 96 AktG Rz. 69.
38 Vgl. *Hopt/Roth* in Großkomm. AktG, 4. Aufl., § 96 AktG Rz. 33 f.; *Habersack* in MünchKomm. AktG, 3. Aufl., § 96 AktG Rz. 27.
39 So aber *Geßler* in G/H/E/K, § 96 AktG Anm. 45.

sich nur auf die Hauptversammlung bindende Vorschläge. Die Freiheit der Aktionäre zur Selbstbindung wird davon nicht berührt.

26   b) Eine **Erweiterung der Mitbestimmung durch Satzungsbestimmungen** ist hingegen mit der ganz überwiegenden Literaturmeinung als **unzulässig** anzusehen[40]. Da § 96 Abs. 1 die mitbestimmungsrechtlichen Vorschriften mit dem Aktienrecht „verzahnt" und das Mitbestimmungsrecht auf diese Weise in das aktienrechtliche Regelungsprogramm aufgenommen wird[41], verstößt eine satzungsmäßige Mitbestimmungserweiterung gegen den zwingenden Grundsatz der Satzungsstrenge (§ 23 Abs. 5). Die Satzung kann auch keine Entsendungsrechte zugunsten der Gewerkschaften oder des Betriebsrats vorsehen[42].

27   c) Hinsichtlich der Zulässigkeit sog. **Mitbestimmungsvereinbarungen**[43] muss danach unterschieden werden, ob diese das bestehende Mitbestimmungssystem erweitern wollen oder lediglich der Lösung zweifelhafter Sach- und Rechtsfragen dienen. **Mitbestimmungserweiternde Vereinbarungen** steht nach ganz herrschender Meinung dem Grundsatz der Satzungsstrenge (§ 23 Abs. 5) entgegen. Sie sind ausnahmslos **unzulässig**[44]. Auch sog. **Rationalisierungs- oder Anpassungsvereinbarungen** haben keinen Bestand[45]. Sonstige Vereinbarungen können jedoch zulässig sein, soweit konkretisierungsbedürftige Normen lediglich ausgefüllt werden[46].

## IV. Abweichungen von der bisherigen Zusammensetzung des Aufsichtsrats (§ 96 Abs. 2)

28   Der Aufsichtsrat bleibt gem. § 96 Abs. 2 bei einer Änderung der seiner Zusammensetzung zugrunde liegenden Tatsachen solange nach den bis dahin geltenden Vorschriften zusammengesetzt, bis ein Statusverfahren (§§ 97 ff.) zum Abschluss gebracht wurde (**Kontinuitätsgrundsatz**)[47]. Eine Änderung der Aufsichtsratszusammensetzung kann deshalb nur im Wege der Bekanntmachung des Vorstands (§ 97) oder durch gerichtliche Entscheidung (§ 98) herbeigeführt werden. Die Einigkeit aller Beteiligten über die geänderten gesetzlichen Grundlagen macht das Statusverfahren

---

40   *Hopt/Roth* in Großkomm. AktG, 4. Aufl., § 96 AktG Rz. 22; *Hüffer*, § 96 AktG Rz. 3; *Mertens* in KölnKomm. AktG, 2. Aufl., § 96 AktG Rz. 14; *Habersack* in MünchKomm. AktG, 3. Aufl., § 96 AktG Rz. 27; *Hommelhoff*, ZHR 148 (1984), 118, 133 ff.; *Hensche*, AuR 1971, 33, 34; *Ihrig/Schlitt*, NZG 1999, 333, 334; *Mertens*, AG 1982, 141, 147; a.A. zu § 76 BetrVG 1952 *Fabricius* in FS Hilger/Strumpf, S. 155, 158; *Zachert*, AuR 1985, 201, 208 f.
41   Vgl. *Hopt/Roth* in Großkomm. AktG, 4. Aufl., § 96 AktG Rz. 22.
42   *Hopt/Roth* in Großkomm. AktG, 4. Aufl., § 96 AktG Rz. 22; *Habersack* in MünchKomm. AktG, 3. Aufl., § 96 AktG Rz. 27; *Ihrig/Schlitt*, NZG 1999, 333, 334; *Hoffmann/Lehmann/Weinmann*, Mitbestimmungsgesetz, 1. Aufl. 1978, § 7 MitbestG Rz. 43.
43   Dazu *Beuthien*, ZHR 148 (1984), 95, 114.
44   *Ulmer/Habersack/Henssler*, Mitbestimmungsrecht, 2. Aufl. 2006, Einl. Rz. 48, § 1 MitbestG Rz. 20; *Hüffer*, § 96 AktG Rz. 3; *Konzen*, AG 1983, 289, 302 f.; *Habersack* in MünchKomm. AktG, 3. Aufl., § 96 AktG Rz. 28; *Hommelhoff*, ZHR 148 (1984), 118, 134.
45   *Hüffer*, § 96 AktG Rz. 3; *Habersack* in MünchKomm. AktG, 3. Aufl., § 96 AktG Rz. 28; zustimmend, soweit qualitative Veränderungen des gesetzlich geltenden Mitbestimmungsrechts bewirkt werden, *Spindler* in Spindler/Stilz, § 96 AktG Rz. 24; ablehnend *Raiser*, BB 1977, 1461, 1466 f.
46   Ähnlich *Spindler* in Spindler/Stilz, § 96 AktG Rz. 24 f.; *Hopt/Roth* in Großkomm. AktG, 4. Aufl., § 96 AktG Rz. 46 f. nennen als Beispiele Abreden zur Feststellung, wie weit Konzernleitungsmacht delegiert werden, zur Feststellung des Tendenzcharakters eines Unternehmens, zur Qualifizierung und Abgrenzung der leitenden Angestellten von den Arbeitnehmern und zur Auslegung der Wahlordnung.
47   Vgl. aber §§ 30 Abs. 3 Satz 2, 31 Abs. 3, 4 für den ersten Vorstand.

nicht entbehrlich (sog. **Status quo-Prinzip**)[48]. Werden Aufsichtsratsmitglieder entgegen der Kontinuitätsregel bestellt, so ist der Hauptversammlungsbeschluss gem. § 250 Abs. 1 Nr. 1 nichtig.

## § 97
## Bekanntmachung über die Zusammensetzung des Aufsichtsrats

(1) Ist der Vorstand der Ansicht, dass der Aufsichtsrat nicht nach den für ihn maßgebenden gesetzlichen Vorschriften zusammengesetzt ist, so hat er dies unverzüglich in den Gesellschaftsblättern und gleichzeitig durch Aushang in sämtlichen Betrieben der Gesellschaft und ihrer Konzernunternehmen bekanntzumachen. In der Bekanntmachung sind die nach Ansicht des Vorstands maßgebenden gesetzlichen Vorschriften anzugeben. Es ist darauf hinzuweisen, dass der Aufsichtsrat nach diesen Vorschriften zusammengesetzt wird, wenn nicht Antragsberechtigte nach § 98 Abs. 2 innerhalb eines Monats nach der Bekanntmachung im elektronischen Bundesanzeiger das nach § 98 Abs. 1 zuständige Gericht anrufen.

(2) Wird das nach § 98 Abs. 1 zuständige Gericht nicht innerhalb eines Monats nach der Bekanntmachung im elektronischen Bundesanzeiger angerufen, so ist der neue Aufsichtsrat nach den in der Bekanntmachung des Vorstands angegebenen gesetzlichen Vorschriften zusammenzusetzen. Die Bestimmungen der Satzung über die Zusammensetzung des Aufsichtsrats, über die Zahl der Aufsichtsratsmitglieder sowie über die Wahl, Abberufung und Entsendung von Aufsichtsratsmitgliedern treten mit der Beendigung der ersten Hauptversammlung, die nach Ablauf der Anrufungsfrist einberufen wird, spätestens sechs Monate nach Ablauf dieser Frist insoweit außer Kraft, als sie den nunmehr anzuwendenden gesetzlichen Vorschriften widersprechen. Mit demselben Zeitpunkt erlischt das Amt der bisherigen Aufsichtsratsmitglieder. Eine Hauptversammlung, die innerhalb der Frist von sechs Monaten stattfindet, kann an Stelle der außer Kraft tretenden Satzungsbestimmungen mit einfacher Stimmenmehrheit neue Satzungsbestimmungen beschließen.

(3) Solange ein gerichtliches Verfahren nach §§ 98, 99 anhängig ist, kann eine Bekanntmachung über die Zusammensetzung des Aufsichtsrats nicht erfolgen.

| | | | |
|---|---|---|---|
| I. Allgemeines | 1 | 2. Modalitäten der Bekanntmachung | 11 |
| 1. Regelungsgegenstand und Regelungszweck | 1 | 3. Wirksamkeit der Bekanntmachung | 13 |
| 2. Anwendungsbereich des Statusverfahrens | 4 | III. Wirkungen der Bekanntmachung | 14 |
| | | 1. Unangefochtene Bekanntmachung | 14 |
| II. Bekanntmachung des Vorstands | 8 | 2. Angefochtene Bekanntmachung | 17 |
| 1. Bekanntmachungspflicht | 8 | | |

**Literatur:** *v. Falkenhausen*, Das Verfahren der freiwilligen Gerichtsbarkeit im Aktienrecht, AG 1967, 309; *Göz*, Statusverfahren bei Änderung der Zusammensetzung des Aufsichtsrats, ZIP 1998, 1523; *Joost*, Die Bildung des Aufsichtsrats beim Formwechsel einer Personenhandelsgesell-

---

[48] *Hopt/Roth* in Großkomm. AktG, 4. Aufl., § 96 AktG Rz. 54; *Hüffer*, § 96 AktG Rz. 13; *Habersack* in MünchKomm. AktG, 3. Aufl., § 96 AktG Rz. 32; *Spindler* in Spindler/Stilz, § 96 AktG Rz. 26.

schaft in eine Kapitalgesellschaft, in FS Claussen, 1997, S. 187; *Martens*, Das aktienrechtliche Statusverfahren und der Grundsatz der Amtskontinuität, DB 1978, 1065; *Oetker*, Das Recht der Unternehmensmitbestimmung im Spiegel der neuen Rechtsprechung, ZGR 2000, 19; *Oetker*, Der Anwendungsberich des Statusverfahrens nach den §§ 97 ff. AktG, ZHR 149 (1985), 575; *Rosendahl*, Unternehmensumgliederungen und ihre Auswirkungen auf die Arbeitnehmervertreter im Aufsichtsrat, AG 1985, 325; *M. Roth*, Zur Antragsrücknahme im aktienrechtlichen Statusverfahren, EWiR 2008, 257; *Schnitker/Grau*, Aufsichtsratsneuwahlen und Ersatzbestellung von Aufsichtsratsmitgliedern im Wechsel des Mitbestimmungsmodells, NZG 2007, 486; *Staake*, Der unabhängige Finanzexperte im Aufsichtsrat – Zur Besetzungsregel des neuen § 100 Abs. 5, ZIP 2010, 1013; *Wulff/Buchner*, Sicherung der Amtskontinuität des mitbestimmten Aufsichtsrats bei Verschmelzung und Formwechsel, ZIP 2007, 314.

## I. Allgemeines

### 1. Regelungsgegenstand und Regelungszweck

1 Die §§ 97–99 regeln das sog. **Status- oder Überleitungsverfahren.** Dieses dient dem Zweck, bei Zweifeln über die Zusammensetzung des Aufsichtsrats für Rechtssicherheit zu sorgen, indem in einem geordneten Verfahren eine Überleitung zum neu zusammengesetzten Aufsichtsrat durchgeführt wird[1]. Das Statusverfahren verläuft in zwei Schritten[2].

2 In einem **ersten Schritt** wird geklärt, nach welchen gesetzlichen Vorschriften der Aufsichtsrat nunmehr zusammenzusetzen ist. Dazu erfolgt entweder eine Bekanntmachung durch den Vorstand gem. § 97 Abs. 1 oder die Beantragung einer gerichtlichen Entscheidung gem. § 98. Die Entscheidung, ob der Weg der Bekanntmachung oder der gerichtlichen Entscheidung gewählt wird, liegt im **Ermessen des Vorstands**[3]. Jedoch sollte der Vorstand den außergerichtlichen Weg der Bekanntmachung wählen, wenn er nicht mit einem Widerspruch seitens eines Antragsberechtigten (§ 98 Abs. 2) rechnet[4]. Sind die für die Zusammensetzung maßgebenden Vorschriften hingegen streitig oder unklar, so sollte eine Entscheidung unmittelbar im gerichtlichen Verfahren nach § 98 gesucht werden[5].

3 In dem darauf folgenden **zweiten Schritt** wird die Zusammensetzung des Aufsichtsrats verändert. Bis dahin bleibt die bisherige Zusammensetzung des Aufsichtsrats bestehen.

### 2. Anwendungsbereich des Statusverfahrens

4 **a)** Das Statusverfahren ist außer bei **Aktiengesellschaften** auch bei der **KGaA** (§ 278 Abs. 3), bei **Gesellschaften mit beschränkter Haftung** (§ 27 EGAktG, § 1 Abs. 1 Nr. 3 Satz 2 DrittelbG), bei eingetragenen **Erwerbs- und Wirtschaftsgenossenschaften** (§ 1 Abs. 1 Nr. 5 Satz 2 DrittelbG) und bei **Versicherungsvereinen auf Gegenseitigkeit**

---

[1] *Hopt/Roth/Peddinghaus* in Großkomm. AktG, 4. Aufl., § 97 AktG Rz. 3 f.; *Hüffer*, § 97 AktG Rz. 1; *Habersack* in MünchKomm. AktG, 3. Aufl., § 97 AktG Rz. 1; *Spindler* in Spindler/Stilz, § 97 AktG Rz. 1.
[2] Vgl. *Rittner*, DB 1969, 2165, 1268; *Hoffmann-Becking* in MünchHdb. AG, § 28 Rz. 51; *Hüffer*, § 97 AktG Rz. 1; *Spindler* in Spindler/Stilz, § 97 AktG Rz. 1; *Bürgers/Israel* in Bürgers/Körber, § 97 AktG Rz. 1.
[3] Vgl. *Kropff*, Aktiengesetz, S. 127; *v. Falkenhausen*, AG 1967, 309, 311 f.; *Bürgers/Israel* in Bürgers/Körber, § 97 AktG Rz. 2.
[4] Für einen Ausschluss des gerichtlichen Verfahrens in diesem Fall: *Habersack* in MünchKomm. AktG, 3. Aufl., § 97 AktG Rz. 15, 16.
[5] *Mertens* in KölnKomm. AktG, 2. Aufl., §§ 97–99 AktG Rz. 3.

(§ 35 Abs. 3 VAG) anwendbar. Vgl. außerdem §§ 6 Abs. 2, 37 MitbestG, § 3 Abs. 2 MontanMitbestG und § 3 Abs. 2 MitbestErgG.

**b)** Die Vorschriften über das Statusverfahrens gelten direkt nur für einen **Wechsel der** **bislang angewandten gesetzlichen Vorschriften** über die Zusammensetzung des Aufsichtsrates, insbesondere also die Wechsel des Aufsichtsratssystems sowie Veränderungen relevanter Schwellenzahlen innerhalb eines Aufsichtsratssystems[6]. Im Rahmen der erstmaligen Zusammensetzung des Aufsichtsrats sind sie nach § 31 Abs. 3 Satz 2 nur dann sinngemäß anzuwenden, wenn im Wege der Sachgründung ein Unternehmen oder Unternehmensteil eingebracht wird[7].

Teilweise wird eine zumindest **analoge Anwendung der §§ 97 ff.** für den Fall befürwortet, dass die Hauptversammlung durch Satzungsänderung die Zahl der Aufsichtsratsmitglieder erhöht oder auf die gesetzlich gebotene Mindestzahl herabsetzt[8]. Dem ist nicht zu folgen[9]. Das mit dem Statusverfahren verfolgte Ziel der Rechtssicherheit wird bereits durch § 181 Abs. 3 erreicht.

**c)** Entsprechend anwendbar sind die §§ 97 ff. hingegen zur Feststellung und Behebung von Verstößen gegen die § 100 Abs. 5[10]. Danach muss der Aufsichtsrat kapitalmarktorientierter Aktiengesellschaften (vgl. § 264d HGB) mit mindestens einem unabhängigen Aufsichtsratsmitglied, das zugleich über Sachverstand in Fragen der Rechnungslegung und/oder Abschlussprüfung verfügt, besetzt sein. Die durch das BilMoG neu eingefügte Vorschrift statuiert – trotz ihrer insoweit missglückten systematischen Stellung – keine persönlichen Voraussetzungen für einzelne Aufsichtsratsmitglieder, sondern eine organbezogene Besetzungsregel (s. dazu § 100 Rz. 42, 60), die nicht zur Disposition des Aufsichtsrats steht. Aus diesem Grunde steht sie systematisch den Vorschriften über die Zusammensetzung des Aufsichtsrats aus Arbeitnehmer- und Arbeitgebervertretern nahe. Daher bedarf es auch eines objektiven Beanstandungsverfahrens[11], vermittels dessen der Vorstand, aber auch einzelne Aufsichtsratsmitglieder und Aktionäre[12] auf eine gesetzeskonforme Besetzung des Aufsichtsrats hinwirken können. Diese Lösung belastet die Gesellschaft zudem weniger als eine Klärung im Wege der Anfechtung des Wahlbeschlusses, die zu einer Unsicherheit bezüglich der Gültigkeit der Wahl führt und (jedenfalls nach der bisher dazu überwiegend vertretenen Ansicht, vgl. § 100 Rz. 60 ff.) auf die Gültigkeit der vom Gremium gefassten Beschlüsse durchschlagen kann.

---

6 So die h.M., OLG Düsseldorf v. 20.6.1978 – 19 W 3/78, DB 1978, 1358; *Hoffmann-Becking* in MünchHdb. AG, § 28 Rz. 53 f.; *Hüffer*, § 97 AktG Rz. 3; *Oetker*, ZHR 149 (1985), 575, 577 ff.; *Spindler* in Spindler/Stilz, § 97 AktG Rz. 6, 8; vgl. auch *Habersack* in MünchKomm. AktG, 3. Aufl., § 97 AktG Rz. 4; a.A. *Göz*, ZIP 1998, 1523, 1525 f.; *Rosendahl*, AG 1985, 325, 326 f.
7 Vgl. dazu *Habersack* in MünchKomm. AktG, 3. Aufl., § 97 AktG Rz. 6. Wegen § 30 Abs. 2 muss bei einer Bargründung keine Bekanntmachung erfolgen.
8 Vgl. BAG v. 3.10.1989 – 1 ABR 12/88, AG 1990, 361, 362; *Geßler* in G/H/E/K, § 97 AktG Rz. 31; *Oetker*, ZHR 149 (1985), 575, 584; *Oetker*, ZGR 2000, 19, 21 f.
9 *Hopt/Roth/Peddinghaus* in Großkomm. AktG, 4. Aufl., § 97 AktG Rz. 11; *Hüffer*, § 97 AktG Rz. 3; *Spindler* in Spindler/Stilz, § 97 AktG Rz. 8; *Habersack* in MünchKomm. AktG, 3. Aufl., § 97 AktG Rz. 14.
10 Vgl. *Staake*, ZIP 2010, 1013, 1018 ff.
11 Zu weiteren Rechtsfolgen und Rechtsschutzmöglichkeiten s. *Staake*, ZIP 2010, 1013, 1018 ff. sowie die Ausführungen bei § 100 Rz. 60 ff.
12 Demgegenüber spielen mitbestimmungsrechtliche Aspekte in diesem Zusammenhang keine Rolle, so dass die in § 98 Abs. 2 Satz Nr. 4–10 genannten Antragsberechtigten von der Analogie auszunehmen sind.

## II. Bekanntmachung des Vorstands

### 1. Bekanntmachungspflicht

8 § 97 Abs. 1 Satz 1 verpflichtet den Vorstand zur unverzüglichen Bekanntmachung, wenn nach seiner Ansicht der Aufsichtsrat nicht nach den für ihn maßgebenden gesetzlichen Bestimmungen zusammengesetzt ist. Die Bekanntmachungspflicht entsteht bereits dann, wenn der Eintritt einer Veränderung, die ein anderes Aufsichtsratsmodell erfordern wird, mit an Sicherheit grenzender Wahrscheinlichkeit absehbar ist[13]. Sie besteht gem. **§ 97 Abs. 3** aber nicht, solange die Zusammensetzung des Aufsichtsrats in einem gerichtlichen Verfahren geklärt wird (**Bekanntmachungssperre**)[14].

9 Zwingend erforderlich[15] ist ein **Beschluss des Gesamtvorstands**, der einstimmig bzw. mit der in der Satzung oder Geschäftsordnung vorgesehenen Mehrheit zu fassen ist[16]. Die Bekanntmachungspflicht ist eine **Geschäftsführungsmaßnahme**. Deshalb können weder Hauptversammlung noch Aufsichtsrat dem Vorstand Weisungen erteilen; eine Übertragung der Entscheidung auf die Hauptversammlung (§ 119 Abs. 2) ist unzulässig.

10 Bei einer **Verletzung der Bekanntmachungspflicht** macht sich der Vorstand der Gesellschaft gegenüber schadensersatzpflichtig, § 93 Abs. 2. Mangels berechenbaren Schadens kann dieser Anspruch praktisch jedoch nicht geltend gemacht werden[17]. Die Pflicht, für einen den gesetzlichen Vorgaben entsprechenden Aufsichtsrat zu sorgen, stellt kein Schutzgesetz i.S. des § 823 Abs. 2 dar[18]. Dritten und Aktionären stehen ebenfalls keine Ansprüche auf Schadensersatz zu.

### 2. Modalitäten der Bekanntmachung

11 Die Bekanntmachung muss **unverzüglich**, d.h. ohne schuldhaftes Zögern (§ 121 BGB), erfolgen. Eine vorherige Abstimmung mit dem Aufsichtsrat ist aber zulässig[19]. Auch in der Einholung eines Rechtsgutachtens oder in der Konsultation der nach § 98 Abs. 2 Antragsberechtigten liegt kein schuldhaftes Zögern[20]. Die Bekanntmachung muss in den **Gesellschaftsblättern**, also jedenfalls im elektronischen Bundesanzeiger sowie in sonstigen von der Satzung bestimmten Medien (bspw. Website der Gesellschaft) (§ 25), veröffentlicht sowie in allen inländischen Betrieben der Gesellschaft und deren inländischen Konzernunternehmen ausgehängt werden. Auf diese

---

13 *Hopt/Roth/Peddinghaus* in Großkomm. AktG, 4. Aufl., § 97 AktG Rz. 27; *Hoffmann-Becking* in MünchHdb. AG, § 28 Rz. 50.
14 Zur Frage, ob nach rechtskräftiger Entscheidung eine abweichende Bekanntmachung erfolgen kann, s. unten Rz. 17.
15 Die Entscheidung des Gesamtvorstands kann weder durch Satzung noch durch Geschäftsordnung für entbehrlich erklärt werden, *Habersack* in MünchKomm. AktG, 3. Aufl., § 97 AktG Rz. 17; *Hopt/Roth/Peddinghaus* in Großkomm. AktG, 4. Aufl., § 97 AktG Rz. 32.
16 *Hopt/Roth/Peddinghaus* in Großkomm. AktG, 4. Aufl., § 97 AktG Rz. 32; *Hüffer*, § 97 AktG Rz. 2; *Mertens* in KölnKomm. AktG, 2. Aufl., §§ 97–99 AktG Rz. 9; *Spindler* in Spindler/Stilz, § 97 AktG Rz. 4; *Habersack* in MünchKomm. AktG, 3. Aufl., § 97 AktG Rz. 18.
17 *Habersack* in MünchKomm. AktG, 3. Aufl., § 98 AktG Rz. 28; *Spindler* in Spindler/Stilz, § 97 AktG Rz. 37.
18 *Mertens* in KölnKomm. AktG, 2. Aufl., §§ 97–99 AktG Rz. 8; *Spindler* in Spindler/Stilz, § 97 AktG Rz. 37; *Hopt/Roth/Peddinghaus* in Großkomm. AktG, 4. Aufl., § 97 AktG Rz. 54; *Habersack* in MünchKomm. AktG, 3. Aufl., § 97 AktG Rz. 28.
19 *Hüffer*, § 97 AktG Rz. 4; *Hoffmann-Becking* in MünchHdb. AG, § 28 Rz. 59.
20 *Hopt/Roth/Peddinghaus* in Großkomm. AktG, 4. Aufl., § 97 AktG Rz. 43; *Habersack* in MünchKomm. AktG, 3. Aufl., § 97 AktG Rz. 20; *Hüffer*, § 97 AktG Rz. 4.

Weise wird verhindert, dass Aktionäre, Arbeitnehmer und deren Organisationen (§ 98 Abs. 2 Nr. 3–10) bei der Änderung übergangen werden[21].

Die Bekanntmachung muss **drei Feststellungen** enthalten: **(1)** die Feststellung, dass der Aufsichtsrat nach Ansicht des Vorstands nicht nach den maßgebenden gesetzlichen Vorschriften zusammengesetzt ist (§ 97 Abs. 1 Satz 1), **(2)** die Feststellung, welche gesetzlichen Vorschriften nach Ansicht des Vorstands maßgebend sein sollen (§ 97 Abs. 1 Satz 2) und **(3)** den Hinweis, dass sich der Aufsichtsrat nach den angegebenen Vorschriften zusammensetzen wird, wenn kein Antragsberechtigter innerhalb eines Monats[22] nach Bekanntmachung im Bundesanzeiger das zuständige Gericht[23] anruft (§ 97 Abs. 1 Satz 3)[24].

12

### 3. Wirksamkeit der Bekanntmachung

Die herrschende Meinung knüpft den Eintritt der in § 97 Abs. 2 angeordneten Rechtsfolgen allein an die **Bekanntmachung im Bundesanzeiger**. Eine Veröffentlichung in anderen Gesellschaftsblättern und der Aushang in den Betrieben der Gesellschaft stellt keine Wirksamkeitsvoraussetzung dar[25]. Dafür sprechen neben dem Gesetzeswortlaut die Schwierigkeiten, die sich andernfalls bei der Berechnung der Anrufungsfrist ergeben würden[26]. Ein Widerruf der Bekanntmachung ist bis zum Ablauf der Frist des § 97 Abs. 2 möglich[27].

13

## III. Wirkungen der Bekanntmachung

### 1. Unangefochtene Bekanntmachung

Wird die Bekanntmachung nicht angefochten, so ist gem. **§ 97 Abs. 2 Satz 1** der **neue Aufsichtsrat** nach den in der Bekanntmachung angegebenen Vorschriften **zusammenzusetzen**. Eine davon abweichende Zusammensetzung ist nicht zulässig[28]. Soll der neue Aufsichtsrat erstmalig unter Arbeitnehmerbeteiligung gebildet werden oder ist ein gegenüber der bisherigen Zusammensetzung abweichendes Beteiligungsmodell vorgesehen, hat der Vorstand unverzüglich das Wahlverfahren einzuleiten[29]. Die er-

14

---

21 *Kropff*, Aktiengesetz, S. 127; vgl. *Habersack* in MünchKomm. AktG, 3. Aufl., § 97 AktG Rz. 21; *Bürgers/Israel* in Bürgers/Körber, § 97 AktG Rz. 5.
22 Nicht erforderlich ist die Nennung des für den Ablauf der Frist maßgeblichen Tags, *Habersack* in MünchKomm. AktG, 3. Aufl., § 97 AktG Rz. 24; *Hopt/Roth/Peddinghaus* in Großkomm. AktG, 4. Aufl., § 97 AktG Rz. 42.
23 Das im konkreten Fall zuständige Gericht und der Tag des Fristablaufs müssen nicht benannt werden, *Habersack* in MünchKomm. AktG, 3. Aufl., § 97 AktG Rz. 27; *Hopt/Roth/Peddinghaus* in Großkomm. AktG, 4. Aufl., § 97 AktG Rz. 41; *Mertens* in KölnKomm. AktG, 2. Aufl., §§ 97–99 AktG Rz. 10.
24 Dazu *Hüffer*, § 97 AktG Rz. 4; *Mertens* in KölnKomm. AktG, 2. Aufl., §§ 97–99 AktG Rz. 10; *Habersack* in MünchKomm. AktG, 3. Aufl., § 97 AktG Rz. 24; *Bürgers/Israel* in Bürgers/Körber, § 97 AktG Rz. 6.
25 *Mertens* in KölnKomm. AktG, 2. Aufl., §§ 97–99 AktG Rz. 15; *Habersack* in MünchKomm. AktG, 3. Aufl., § 97 AktG Rz. 25; *Hopt/Roth/Peddinghaus* in Großkomm. AktG, 4. Aufl., § 97 AktG Rz. 49; *Spindler* in Spindler/Stilz, § 97 AktG Rz. 23, Fn. 59.
26 *Habersack* in MünchKomm. AktG, 3. Aufl., § 97 AktG Rz. 25.
27 *Hopt/Roth/Peddinghaus* in Großkomm. AktG, 4. Aufl., § 97 AktG Rz. 48; *Bürgers/Israel* in Bürgers/Körber, § 97 AktG Rz. 6; *Habersack* in MünchKomm. AktG, 3. Aufl., § 97 AktG Rz. 27.
28 *Hüffer*, § 97 AktG Rz. 5; *Habersack* in MünchKomm. AktG, 3. Aufl., § 97 AktG Rz. 29; *Spindler* in Spindler/Stilz, § 97 AktG Rz. 25.
29 So die h.M., vgl. *Hopt/Roth/Peddinghaus* in Großkomm. AktG, 4. Aufl., § 97 AktG Rz. 57; *Mertens* in KölnKomm. AktG, 2. Aufl., §§ 97–99 AktG Rz. 25; *Hoffmann-Becking* in MünchHdb. AG, § 28 Rz. 59; *Habersack* in MünchKomm. AktG, 3. Aufl., § 97 AktG Rz. 31;

forderlichen Schritte können bis zur Beendigung der ersten nach Ablauf der Anrufungsfrist einberufenen Hauptversammlung, spätestens aber bis 6 Monate nach Fristablauf (§ 97 Abs. 2 Satz 2), vorgenommen werden.

15 Enthält die Satzung **Bestimmungen zur Form der Zusammensetzung des Aufsichtsrats**, die der neuen Zusammensetzung widersprechen, so **treten** diese **außer Kraft**, **§ 97 Abs. 2 Satz 2.** Der Zeitpunkt des Außerkrafttretens bestimmt sich danach, ob innerhalb der Frist des § 97 Abs. 2 Satz 2 eine Hauptversammlung stattfindet oder nicht: Sollte das der Fall sein, treten die Satzungsbestimmungen mit der Beendigung der Hauptversammlung außer Kraft; andernfalls erfolgt das Außerkrafttreten nach Ablauf der sechsmonatigen Anrufungsfrist. Wird in der Hauptversammlung kein Beschluss zur neuen Zusammensetzung des Aufsichtsrats gefasst[30] oder findet keine Hauptversammlung statt, tritt an die Stelle der Satzungsbestimmungen das Gesetz.

16 Die Ämter der **bisherigen Aufsichtsratsmitglieder** bleiben bestehen, bis die erste Hauptversammlung beendet ist bzw. 6 Monate seit Ablauf der Anrufungsfrist verstrichen sind, **§ 97 Abs. 2 Satz 3.** Wird in der Hauptversammlung kein neuer Aufsichtsrat gewählt oder findet innerhalb der sechsmonatigen Frist keine Hauptversammlung statt, so ist die Gesellschaft aufsichtsratslos[31]. Sollte vor Fristablauf die Bestellung eines einzelnen Aufsichtsratsmitglieds erforderlich werden, so sind dafür nach dem Willen des Gesetzgebers die bisher angewandten gesetzlichen Vorschriften maßgebend[32]. Muss hingegen der gesamte Aufsichtsrat vor Ablauf der Einberufungsfrist neu gewählt werden, sind der Wahl die neuen gesetzlichen Vorschriften zugrunde zu legen, um eine Wiederholung der Wahl nach Fristablauf zu verhindern[33].

**2. Angefochtene Bekanntmachung**

17 Wird innerhalb der Frist Antrag auf gerichtliche Entscheidung gestellt, so tritt diese an die Stelle der Bekanntmachung des Vorstands[34]. Die **Bekanntmachung wird unwirksam** und hat keinerlei Rechtsfolgen[35]. Der Aufsichtsrat bleibt bis zur rechtskräf-

---

*Spindler* in Spindler/Stilz, § 97 AktG Rz. 28; a.A. *Säcker*, Die Wahlordnungen zum MitbestG, Rz. 40: Einleitung durch Arbeitnehmer.
30 § 97 Abs. 2 Satz 4. Die Hauptversammlung ist befugt, in Abweichung zu § 179 Abs. 2 mit einfacher Mehrheit eine Satzungsbestimmung neuen Inhalts zu beschließen, wobei auch Änderungen vorgenommen werden dürfen, die nicht lediglich eine Anpassung an die neuen gesetzlichen Vorschriften darstellen, vgl. *Hopt/Roth/Peddinghaus* in Großkomm. AktG, 4. Aufl., § 97 AktG Rz. 65; *Habersack* in MünchKomm. AktG, 3. Aufl., § 97 AktG Rz. 35; *Spindler* in Spindler/Stilz, § 97 AktG Rz. 32.
31 *Spindler* in Spindler/Stilz, § 97 AktG Rz. 30; *Hüffer*, § 97 AktG Rz. 5; *Hopt/Roth/Peddinghaus* in Großkomm. AktG, 4. Aufl., § 97 AktG Rz. 61.
32 *Kropff*, Aktiengesetz, S. 128; *Hopt/Roth/Peddinghaus* in Großkomm. AktG, 4. Aufl., § 97 AktG Rz. 62; *Spindler* in Spindler/Stilz, § 97 AktG Rz. 31; *Habersack* in MünchKomm. AktG, 3. Aufl., § 97 AktG Rz. 32; a.A. *Mertens* in KölnKomm. AktG, 2. Aufl., §§ 97–99 AktG Rz. 23: neue Vorschriften maßgebend.
33 *Semler* in MünchKomm. AktG, 2. Aufl., § 97 AktG Rz. 69; *Habersack* in MünchKomm. AktG, 3. Aufl., § 97 AktG Rz. 32; *Hopt/Roth/Peddinghaus* in Großkomm. AktG, 4. Aufl., § 97 AktG Rz. 63; *Mertens* in KölnKomm. AktG, 2. Aufl., §§ 97–99 AktG Rz. 23; auch *Schnitker/Grau*, NZG 2007, 486, 487 ff.; a.A. *Spindler* in Spindler/Stilz, § 97 AktG Rz. 31.
34 Dies gilt auch, wenn ein örtlich unzuständiges Gericht angerufen wird, *Hopt/Roth/Peddinghaus* in Großkomm. AktG, 4. Aufl., § 97 AktG Rz. 70; *Spindler* in Spindler/Stilz, § 97 AktG Rz. 33, 27; *Hüffer*, § 97 AktG Rz. 6: Rechtsgedanke des § 7 FGG (jetzt: § 2 Abs. 3 FamFG) i.V.m. § 99 Abs. 1; a.A. *v. Falkenhausen*, AG 1967, 309, 314. Auch ein Formerfordernis besteht nicht, *Habersack* in MünchKomm. AktG, 3. Aufl., § 97 AktG Rz. 36; *Mertens* in KölnKomm. AktG, 2. Aufl., §§ 97–99 AktG Rz. 21; *Spindler* in Spindler/Stilz, § 97 AktG Rz. 33; *Hopt/Roth/Peddinghaus* in Großkomm. AktG, 4. Aufl., § 97 AktG Rz. 71.
35 *Habersack* in MünchKomm. AktG, 3. Aufl., § 97 AktG Rz. 36; *Spindler* in Spindler/Stilz, § 97 AktG Rz. 33; *Hüffer*, § 97 AktG Rz. 6; LG Nürnberg-Fürth v. 23.6.1971 – 4 AR 8/69, AG

tigen Entscheidung nach den bisher maßgeblichen Vorschriften zusammengesetzt[36]. Kommt es im gerichtlichen Verfahren etwa infolge Antragsrücknahme (s. dazu § 99 Rz. 3) zu keiner Entscheidung, kann der Aufsichtsrat nicht mehr entsprechend der Bekanntmachung des Vorstands zusammengesetzt werden[37]. Vielmehr muss im Interesse der Rechtssicherheit ein neues Bekanntmachungsverfahren eingeleitet werden.

Umstritten ist, ob nach einer rechtskräftigen Entscheidung im gerichtlichen Verfahren der Vorstand eine abweichende Bekanntmachung wirksam erlassen kann. Dies ist aus Gründen der Rechtssicherheit zu bejahen, und zwar unabhängig davon, ob neue Tatsachen vorliegen[38]. Wird allerdings auf die Bekanntmachung hin erneut ein Verfahren nach §§ 98, 99 eingeleitet, so sind alle Tatsachen, die in einem früheren Verfahren vorgebracht wurden oder hätten vorgebracht werden können, präkludiert[39]. 18

## § 98
## Gerichtliche Entscheidung über die Zusammensetzung des Aufsichtsrats

**(1)** Ist streitig oder ungewiss, nach welchen gesetzlichen Vorschriften der Aufsichtsrat zusammenzusetzen ist, so entscheidet darüber auf Antrag ausschließlich das Landgericht, in dessen Bezirk die Gesellschaft ihren Sitz hat.

**(2)** Antragsberechtigt sind
1. der Vorstand,
2. jedes Aufsichtsratsmitglied,
3. jeder Aktionär,
4. der Gesamtbetriebsrat der Gesellschaft oder, wenn in der Gesellschaft nur ein Betriebsrat besteht, der Betriebsrat,
5. der Gesamt- oder Unternehmenssprecherausschuss der Gesellschaft oder, wenn in der Gesellschaft nur ein Sprecherausschuss besteht, der Sprecherausschuss,
6. der Gesamtbetriebsrat eines anderen Unternehmens, dessen Arbeitnehmer nach den gesetzlichen Vorschriften, deren Anwendung streitig oder ungewiss ist, selbst oder durch Delegierte an der Wahl von Aufsichtsratsmitgliedern der Gesellschaft

---

1972, 21; unzutreffend LG Dortmund v. 25.10.2007 – 18 O 55/07, mit abl. Anmerkung von *M. Roth*, EWiR 2008, 257.
36 LG Nürnberg-Fürth v. 23.6.1971 – 4 AR 8/69, AG 1972, 21; *Hüffer*, § 97 AktG Rz. 6; *Habersack* in MünchKomm. AktG, 3. Aufl., § 97 AktG Rz. 36; *Spindler* in Spindler/Stilz, § 97 AktG Rz. 34.
37 *Hopt/Roth/Peddinghaus* in Großkomm. AktG, 4. Aufl., § 97 AktG Rz. 72; *Hüffer*, § 96 AktG Rz. 6; *Baumbach/Hueck*, § 97 AktG Anm. 7; *Habersack* in MünchKomm. AktG, 3. Aufl., § 97 AktG Rz. 36 f.; a.A. *Semler* in MünchKomm. AktG, 2. Aufl., § 97 AktG Rz. 80.
38 Ebenso *Ulmer/Habersack/Henssler*, Mitbestimmungsrecht, 2. Aufl. 2006, § 6 MitbestG Rz. 25; *Mertens* in KölnKomm. AktG, 2. Aufl., §§ 97–99 AktG Rz. 18; *Habersack* in MünchKomm. AktG, 3. Aufl., § 97 AktG Rz. 39; *Hopt/Roth/Peddinghaus* in Großkomm. AktG, 4. Aufl., § 97 AktG Rz. 54; *Hüffer*, § 97 AktG Rz. 7; dagegen *Geßler* in G/H/E/K, § 97 AktG Rz. 35; *Semler* in MünchKomm. AktG, 2. Aufl., § 97 AktG Rz. 84; wohl auch *Spindler* in Spindler/Stilz, § 97 AktG Rz. 36.
39 *Ulmer/Habersack/Henssler*, Mitbestimmungsrecht, 2. Aufl. 2006, § 6 MitbestG Rz. 25; *Mertens* in KölnKomm. AktG, 2. Aufl., §§ 97–99 AktG Rz. 18; *Habersack* in MünchKomm. AktG, 3. Aufl., § 97 AktG Rz. 39; *Hopt/Roth/Peddinghaus* in Großkomm. AktG, 4. Aufl., § 97 AktG Rz. 54.

teilnehmen, oder, wenn in dem anderen Unternehmen nur ein Betriebsrat besteht, der Betriebsrat,

7. der Gesamt- oder Unternehmenssprecherausschuss eines anderen Unternehmens, dessen Arbeitnehmer nach den gesetzlichen Vorschriften, deren Anwendung streitig oder ungewiss ist, selbst oder durch Delegierte an der Wahl von Aufsichtsratsmitgliedern der Gesellschaft teilnehmen, oder, wenn in dem anderen Unternehmen nur ein Sprecherausschuss besteht, der Sprecherausschuss,

8. mindestens ein Zehntel oder einhundert der Arbeitnehmer, die nach den gesetzlichen Vorschriften, deren Anwendung streitig oder ungewiss ist, selbst oder durch Delegierte an der Wahl von Aufsichtsratsmitgliedern der Gesellschaft teilnehmen,

9. Spitzenorganisationen der Gewerkschaften, die nach den gesetzlichen Vorschriften, deren Anwendung streitig oder ungewiss ist, ein Vorschlagsrecht hätten,

10. Gewerkschaften, die nach den gesetzlichen Vorschriften, deren Anwendung streitig oder ungewiss ist, ein Vorschlagsrecht hätten.

Ist die Anwendung des Mitbestimmungsgesetzes oder die Anwendung von Vorschriften des Mitbestimmungsgesetzes streitig oder ungewiss, so sind außer den nach Satz 1 Antragsberechtigten auch je ein Zehntel der wahlberechtigten in § 3 Abs. 1 Nr. 1 des Mitbestimmungsgesetzes bezeichneten Arbeitnehmer oder der wahlberechtigten leitenden Angestellten im Sinne des Mitbestimmungsgesetzes antragsberechtigt.

(3) Die Absätze 1 und 2 gelten sinngemäß, wenn streitig ist, ob der Abschlussprüfer das nach § 3 oder § 16 des Mitbestimmungsergänzungsgesetzes maßgebliche Umsatzverhältnis richtig ermittelt hat.

(4) Entspricht die Zusammensetzung des Aufsichtsrats nicht der gerichtlichen Entscheidung, so ist der neue Aufsichtsrat nach den in der Entscheidung angegebenen gesetzlichen Vorschriften zusammenzusetzen. § 97 Abs. 2 gilt sinngemäß mit der Maßgabe, dass die Frist von sechs Monaten mit dem Eintritt der Rechtskraft beginnt.

| | | | |
|---|---|---|---|
| I. Regelungsgegenstand und Regelungszweck | 1 | III. Streit über Umsatzverhältnis (§ 98 Abs. 3) | 16 |
| II. Gerichtliche Entscheidung | 2 | IV. Rechtsfolgen der Verfahrenseinleitung | 17 |
| 1. Zuständigkeit | 2 | V. Rechtsfolgen der gerichtlichen Entscheidung | 18 |
| 2. Antragsgrundsatz und Antragsberechtigung | 4 | | |

**Literatur:** S. bei § 97.

## I. Regelungsgegenstand und Regelungszweck

1 § 98 regelt die Zuständigkeit und die Antragsberechtigung für das gerichtliche Verfahren, in dem über die Zusammensetzung des Aufsichtsrats entschieden wird. Nach dem Willen des Gesetzgebers soll durch die Norm eine Zuständigkeitszersplitterung zwischen ordentlicher Gerichtsbarkeit und Arbeitsgerichtsbarkeit vermieden, der Gefahr sich widersprechender Entscheidung vorgebeugt sowie eine schnelle Ent-

scheidung gewährleistet werden[1]. Die Norm ist Fortsetzung des in § 96 Abs. 2 verankerten Kontinuitätsgrundsatzes[2] und wurde zuletzt durch das FGG-RG[3] geändert.

## II. Gerichtliche Entscheidung

### 1. Zuständigkeit

Das Gericht, in dessen Bezirk die Gesellschaft ihren **Sitz** hat, ist **örtlich ausschließlich** zuständig. Hat die Gesellschaft ausnahmsweise[4] einen Doppelsitz, ist jedes der beiden Sitzgerichte zuständig[5]. Nach § 2 Abs. 1 FamFG hat in diesen Fällen das zuerst angerufene Gericht die Vorgriffszuständigkeit[6]; dies gilt selbst dann, wenn in nachfolgenden Verfahren ein anderer Antragsteller agiert. **Sachlich ausschließlich** zuständig ist das **Landgericht.** Deshalb kann die Frage nach den für die Zusammensetzung des Aufsichtsrats maßgebenden gesetzlichen Vorschriften in keinem anderen Verfahren, für dessen Entscheidung dies erheblich ist, entschieden werden[7]. Sollte die richtige Zusammensetzung des Aufsichtsrats eine Vorfrage in einem anderen Verfahren sein, so ist der Aufsichtsrat dort nach den bisherigen Vorschriften als ordnungsgemäß zusammengesetzt anzusehen (§ 96 Abs. 2), bis eine Entscheidung nach § 98 ergangen ist[8]. Ein Aussetzen des Verfahrens kommt nicht in Betracht. Funktional zuständig ist die Kammer für Handelssachen, wenn eine solche nicht gebildet wurde, die Zivilkammer. Diese bereits im RegE AktG 1965 vorgesehene Zuständigkeitsregelung wurde damals noch unter Hinweis auf die für das Statusverfahren nicht erforderlichen kaufmännischen Kenntnisse abgelehnt[9]. Erst 2005 wurde die vorrangige Zuständigkeit der Kammern für Handelssachen durch das Gesetz zur Unternehmensintegrität und Modernisierung des Anfechtungsrechts (UMAG)[10] in § 98 Abs. 1 Satz 1 Halbsatz 2 a.F. eingeführt, um eine Bündelung aktienrechtlicher Streitigkeiten bei diesen zu erreichen (vgl. auch §§ 142 Abs. 5 Satz 3, 148 Abs. 2 Satz 2, 246 Abs. 3 Satz 2, 315 Satz 4)[11]. Das FGG-RG hat hieran in der Sache nichts geändert, die Regelung jedoch aus dem AktG herausgelöst und in die §§ 71 Abs. 2, 95 Abs. 2 GVG verlagert.

Zur Sicherung einer einheitlichen Rechtsprechung kann die Landesregierung gem. **§ 71 Abs. 4 GVG** (vormals § 98 Abs. 1 Satz 2) durch Rechtsverordnung eine **Zustän-**

---

1 *Kropff*, Aktiengesetz, S. 129; *Hüffer*, § 98 AktG Rz. 1; *Habersack* in MünchKomm. AktG, 3. Aufl., § 98 AktG Rz. 1; *Spindler* in Spindler/Stilz, § 98 AktG Rz. 1.
2 *Hopt/Roth/Peddinghaus* in Großkomm. AktG, 4. Aufl., § 98 AktG Rz. 3; *Hüffer*, § 98 AktG Rz. 4; vgl. BAG v. 31.1.1969 – 1 ABR 10/68, NJW 1969, 1267.
3 Gesetz zur Reform des Verfahrens in Familiensachen und in den Angelegenheiten der freiwilligen Gerichtsbarkeit (FGG-Reformgesetz) vom 17.12.2008, BGBl. I 2008, 2586; vgl. zu den Neuerungen etwa *Jänig/Leißring*, ZIP 2010, 110 ff.
4 Zu den Voraussetzungen s. § 5 Rz. 9 ff.; *Heider* in MünchKomm. AktG, 3. Aufl., § 5 AktG Rz. 42 ff.
5 *Hopt/Roth/Peddinghaus* in Großkomm. AktG, 4. Aufl., § 98 AktG Rz. 20; *Hüffer*, § 98 AktG Rz. 2; *Habersack* in MünchKomm. AktG, 3. Aufl., § 98 AktG Rz. 7; *Bürgers/Israel* in Bürgers/Körber, § 98 AktG Rz. 2.
6 *Habersack* in MünchKomm. AktG, 3. Aufl., § 98 AktG Rz. 7; *Spindler* in Spindler/Stilz, § 98 AktG Rz. 4; vgl. zur Vorgriffszuständigkeit KG v. 4.6.1991 – 1 W 5/91, RPfleger 1991, 510, 511.
7 *Hopt/Roth/Peddinghaus* in Großkomm. AktG, 4. Aufl., § 98 AktG Rz. 13; *v. Godin/Wilhelmi*, § 98 AktG Anm. 5; *Habersack* in MünchKomm. AktG, 3. Aufl., § 98 AktG Rz. 10.
8 OLG Frankfurt a.M. v. 23.4.1985 – 5 U 149/84, AG 1985, 220; *Hopt/Roth/Peddinghaus* in Großkomm. AktG, 4. Aufl., § 98 AktG Rz. 14; *Habersack* in MünchKomm. AktG, 3. Aufl., § 98 AktG Rz. 11; *Kropff*, Aktiengesetz, S. 129.
9 *Kropff*, Aktiengesetz, S. 130.
10 UMAG vom 22.9.2005, BGBl. I 2005, 2802.
11 Begr. RegE BT-Drucks. 15/5092, S. 12.

digkeitskonzentration herbeiführen. Davon ist in folgenden Bundesländern Gebrauch gemacht worden: Baden-Württemberg[12] (LG Mannheim und LG Stuttgart), Bayern[13] (LG München I und LG Nürnberg-Fürth), Hessen[14] (LG Frankfurt a.M.), Niedersachsen[15] (LG Hannover), Nordrhein-Westfalen[16] (LG Dortmund, LG Düsseldorf, LG Köln) und Sachsen[17] (LG Leipzig).

### 2. Antragsgrundsatz und Antragsberechtigung

4   Das gerichtliche Verfahren kann nur durch **Antrag** eingeleitet werden. Dieser kann auch **formlos**, § 25 FamFG, insbesondere zu Protokoll der Geschäftsstelle des zuständigen Landgerichts oder eines jeden Amtsgerichts gestellt werden. Eine Übermittlung durch Telefax, Telegramm oder Telekopie ist weiterhin zulässig[18]. Die Antragstellung durch einen Rechtsanwalt ist nicht erforderlich. Selbst ein nicht protokollierter Antrag ist ausreichend, wenn die Identität des Antragstellers festgestellt werden kann[19]. Der Antrag muss das Antragsziel erkennen lassen, d.h. auf Änderung der Zusammensetzung des Aufsichtsrats gerichtet sein[20]. Er ist nur dann innerhalb einer **einmonatigen Frist** zu stellen, wenn ihm eine Bekanntmachung des Vorstands vorausgegangen ist, § 97 Abs. 1 Satz 3. Im Übrigen ist die Antragstellung an keine Frist gebunden.

5   Hinsichtlich der in **§ 98 Abs. 2** abschließend[21] geregelten Antragsberechtigung sind zwei Gruppen von Antragsberechtigten zu unterscheiden. Die in Nr. 1–5 benannten können das gerichtliche Verfahren einleiten, ohne dass weitere Voraussetzungen erfüllt sein müssten. Demgegenüber wird den in Nr. 6–10 aufgezählten Antragsberechtigten die Antragsbefugnis aufgrund ihrer bloß mittelbaren Beteiligung nur zugebilligt, wenn diese ein rechtliches Interesse an der Klärung des Streits haben. Bei der Geltendmachung eines Verstoßes gegen die Besetzungsregel des § 100 Abs. 5 beschränkt sich die Antragsberechtigung auf die in Nr. 1–3 Genannten (s. § 97 Rz. 7).

6   **a) Nr. 1:** Der Antrag des **Vorstands** setzt als Geschäftsführungsmaßnahme einen Beschluss voraus[22]. Das Gericht kann einen Nachweis über den Vorstandsbeschluss fordern[23]. Die Antragstellung muss durch eine zur Vertretung befugte Zahl von Vorstandsmitgliedern erfolgen. Im Gegensatz zu den sonstigen Antragsberechtigten besteht eine Pflicht des Vorstands, für eine ordnungsgemäße Organisation des Aufsichtsrats zu sorgen (vgl. oben § 97 Rz. 8). Deshalb ist er **zur Antragstellung verpflich-**

---

12  VO vom 20.11.1998, GBl. 680.
13  VO vom 16.11.2004, GVBl. 471.
14  VO vom 10.5.1977, GVBl. I 183.
15  VO vom 22.1.1998, GVBl. 66, 68.
16  VO vom 31.5.2005, GV NRW, 625.
17  VO vom 10.12.2004, GVBl. 582, 584.
18  Zur alten Rechtslage: *Bassenge/Roth*, 9. Aufl., § 11 FGG Rz. 7; *Sternal* in Keidel/Kuntze/Winkler, § 25 FamFG Rz. 4 ff.; *Spindler* in Spindler/Stilz, § 98 AktG Rz. 6.
19  *Mertens* in KölnKomm. AktG, 2. Aufl., §§ 97–99 AktG Rz. 29; *Habersack* in MünchKomm. AktG, 3. Aufl., § 98 AktG Rz. 3; *Sternal* in Keidel/Kuntze/Winkler, § 25 FamFG Rz. 13.
20  *Hopt/Roth/Peddinghaus* in Großkomm. AktG, 4. Aufl., § 98 AktG Rz. 5; *Habersack* in MünchKomm. AktG, 3. Aufl., § 98 AktG Rz. 4; *Spindler* in Spindler/Stilz, § 98 AktG Rz. 6; BGH v. 22.5.1995 – II ZB 2/95, NJW-RR 1995, 1183 f.; *Hopt/Roth/Peddinghaus* in Großkomm. AktG, 4. Aufl., § 98 AktG Rz. 8.
21  *Hopt/Roth/Peddinghaus* in Großkomm. AktG, 4. Aufl., § 98 AktG Rz. 22; *Bürgers/Israel* in Bürgers/Körber, § 98 AktG Rz. 4; undeutlich *Habersack* in MünchKomm. AktG, 3. Aufl., § 98 AktG Rz. 12; *Hüffer*, § 98 AktG Rz. 3.
22  *Habersack* in MünchKomm. AktG, 3. Aufl., § 98 AktG Rz. 13; *Spindler* in Spindler/Stilz, § 98 AktG Rz. 9; *Hüffer*, § 98 AktG Rz. 4; *Bürgers/Israel* in Bürgers/Körber, § 98 AktG Rz. 4.
23  *Hopt/Roth/Peddinghaus* in Großkomm. AktG, 4. Aufl., § 98 AktG Rz. 23; *Habersack* in MünchKomm. AktG, 3. Aufl., § 98 AktG Rz. 13; *Geßler* in G/H/E/K, § 98 AktG Rz. 14.

tet, wenn eine Bekanntmachung nach § 97 mit an Sicherheit grenzender Wahrscheinlichkeit angefochten werden würde.

**b) Nr. 2:** Jedes **Aufsichtsratsmitglied** ist zur Antragstellung berechtigt, ohne dass ein Beschluss des Aufsichtsrats erforderlich wäre. Eine Pflicht zur Antragstellung besteht bei Aufsichtsratsmitgliedern hingegen nicht[24]. Der Antrag kann auch von einem gerichtlich bestellten Aufsichtsratsmitglied (§ 104) gestellt werden. Noch nicht in den Aufsichtsrat berufene Ersatzmitglieder sind nicht antragsbefugt. 7

**c) Nr. 3:** Das Antragsrecht steht jedem **Aktionär** zu. Das Recht des Aktionärs, die Wahl von Aufsichtsratsmitgliedern anzufechten (§ 251), wird davon nicht berührt[25]. Der Nachweis der Aktionärsstellung wird durch Vorlage der Aktienurkunde oder einer Hinterlegungs- oder Depotbescheinigung erbracht. 8

**d) Nr. 4:** Das Antragsrecht des **Gesamtbetriebsrats bzw. des Betriebsrats**, das ihm als „Wahrer der Belange der Arbeitnehmer" zukommt, besteht unabhängig davon, wie der Aufsichtsrat der Gesellschaft gegenwärtig zusammengesetzt ist oder wie er nach Ansicht des Betriebsrats zusammengesetzt sein müsste[26]. 9

**e) Nr. 5:** Die Antragsberechtigung der **Sprecherausschüsse**, die „Wahrer der Belange der leitenden Angestellten" sind, wurde 2002 durch das Gesetz zur Vereinfachung der Wahl der Arbeitnehmervertreter in den Aufsichtsrat[27] eingefügt. Sie bezweckt die Gleichstellung der leitenden Angestellten mit anderen Arbeitnehmern[28]. Antragsberechtigt ist – soweit vorhanden – entweder der Gesamt-/Unternehmenssprecherausschuss (§§ 16, 20 SprAuG), oder der nach § 1 SprAuG gebildete Sprecherausschuss[29]. 10

**f) Nr. 6:** Der **Gesamtbetriebsrat bzw. Betriebsrat von Konzernunternehmen** ist bei der Organisation des Aufsichtsrats der herrschenden Gesellschaft antragsberechtigt, wenn dessen Arbeitnehmer nach den streitigen Vorschriften an Wahl von Aufsichtsratsmitgliedern der Gesellschaft teilnehmen (vgl. § 2 DrittelbG, § 5 MitbestG, § 1 Abs. 4 MontanMitbestG, § 1 MitbestErG). Dem Einzelbetriebsrat fehlt die Antragsbefugnis, wenn im Konzern ein Gesamtbetriebsrat besteht[30]. 11

**g) Nr. 7:** Der **Gesamt- oder Unternehmenssprecherausschuss von Konzernunternehmen** ist ebenfalls nur dann antragsberechtigt, wenn die Arbeitnehmer dieses Unternehmens nach den gesetzlichen Vorschriften, deren Anwendung streitig oder ungewiss ist, selbst oder durch Delegierte an der Wahl von Aufsichtsratsmitgliedern der Gesellschaft teilnehmen. Dem Unternehmenssprecherausschuss steht keine Antragsbefugnis zu, wenn im Konzern ein Gesamtsprecherausschuss gebildet wurde[31]. 12

---

24 *Mertens* in KölnKomm. AktG, 2. Aufl., §§ 97–99 AktG Rz. 31; *Habersack* in MünchKomm. AktG, 3. Aufl., § 98 AktG Rz. 14; a.A. *Spindler* in Spindler/Stilz, § 98 AktG Rz. 10; *Hopt/Roth/Peddinghaus* in Großkomm. AktG, 4. Aufl., § 98 AktG Rz. 39; *v. Godin/Wilhelmi*, § 98 AktG Anm. 2.
25 *Habersack* in MünchKomm. AktG, 3. Aufl., § 98 AktG Rz. 15; *Hüffer*, § 98 AktG Rz. 4.
26 *Kropff*, Aktiengesetz, S. 130; *Habersack* in MünchKomm. AktG, 3. Aufl., § 98 AktG Rz. 16.
27 BGBl. I 2002, 1130.
28 Begr. RegE BT-Drucks. 14/8214, S. 12.
29 *Habersack* in MünchKomm. AktG, 3. Aufl., § 98 AktG Rz. 17; *Spindler* in Spindler/Stilz, § 98 AktG Rz. 11.
30 *Spindler* in Spindler/Stilz, § 98 AktG Rz. 12; *Hopt/Roth/Peddingshaus* in Großkomm. AktG, 4. Aufl., § 98 AktG Rz. 30; *Mertens* in KölnKomm. AktG, 2. Aufl., §§ 97–99 AktG Rz. 36; vgl. auch OLG Frankfurt a.M. v. 10.11.1986 – 20 W 27/86, WM 1978, 237, 238; a.A. *Habersack* in MünchKomm. AktG, 3. Aufl., § 98 AktG Rz. 18.
31 *Semler* in MünchKomm. AktG, 2. Aufl., § 98 AktG Rz. 42; vgl. vorherige Fn.; a.A. *Habersack* in MünchKomm. AktG, 3. Aufl., § 98 AktG Rz. 18.

13 h) **Nr. 8:** Das gerichtliche Verfahren kann von **100 bzw. 1/10 der Arbeitnehmer** eingeleitet werden, die nach den streitigen Gesetzesvorschriften an der Wahl von Aufsichtsratsmitgliedern der Gesellschaft teilnehmen würden.

14 i) **Nr. 9:** Die **Spitzenorganisationen der Gewerkschaften** sind nur antragsbefugt, wenn ihnen nach den streitigen Gesetzesvorschriften ein Vorschlagsrecht zustehen würde. Die Bedeutung der Antragsbefugnis der gewerkschaftlichen Spitzenorganisationen ist umstritten. Teilweise wird vertreten, dass weder das MitbestG noch das MitbestErgG oder das MontanmitbestG in ihren aktuell gültigen Fassungen ein Vorschlagsrecht enthalten, weshalb die Vorschrift heute ohne Anwendungsbereich und damit gegenstandslos ist[32]. Die Gegenansicht hält das gegenüber dem Betriebsrat bestehende mittelbare Vorschlagsrecht (§ 6 Abs. 3 MontanMitbestG) für ausreichend[33].

15 j) **Nr. 10:** Den **Gewerkschaften** (nicht aber ihren Spitzenorganisationen[34]) steht nach §§ 16 Abs. 2, 7 Abs. 2, Abs. 4 MitbestG sowie § 10d Abs. 2 MitbestErgG ein Vorschlagsrecht zu.

### III. Streit über Umsatzverhältnis (§ 98 Abs. 3)

16 Das für die Anwendbarkeit des MitbestErgG maßgebliche Umsatzverhältnis (§§ 3, 16 MitbestErgG) wird jährlich vom Abschlussprüfer des herrschenden Unternehmens ermittelt, § 4 Abs. 1 Satz 1 MitbestErgG. Werden dessen Feststellungen in Zweifel gezogen, eröffnet § 98 Abs. 3 die Möglichkeit der Überprüfung unter den in § 98 Abs. 1, 2 festgelegten Voraussetzungen. Erforderlich ist in jedem Fall, dass über die **Richtigkeit der Feststellungen des Abschlussprüfers Streit besteht** und die **Zusammensetzung des Aufsichtsrats von dieser Streitfrage abhängig** ist[35]. Der Antrag ist nicht fristgebunden. Das Gericht kann den Bericht des Abschlussprüfers in vollem Umfang prüfen, d.h. auch hinsichtlich der tatsächlichen Feststellungen[36].

### IV. Rechtsfolgen der Verfahrenseinleitung

17 Nach der Einleitung des gerichtlichen Verfahrens nach § 98 ist es dem Vorstand nicht gestattet, eine Bekanntmachung über die Zusammensetzung des Aufsichtsrats zu erlassen, **§ 97 Abs. 3**. Eine vor dem gerichtlichen Verfahren erlassene Bekanntmachung verliert ihre rechtliche Bedeutung[37]. Die Zusammensetzung des Aufsichtsrats bleibt

---

32 *Semler* in MünchKomm. AktG, 2. Aufl., § 104 AktG Rz. 47 f.; *Semler* in MünchKomm. AktG, 2. Aufl., § 98 AktG Rz. 44; *Hoffmann-Becking* in MünchHdb. AG, § 28 Rz. 60.
33 *Hopt/Roth/Peddinghaus* in Großkomm. AktG, 4. Aufl., § 98 AktG Rz. 33; *Mertens* in KölnKomm. AktG, 2. Aufl., §§ 97–99 AktG Rz. 38; *Habersack* in MünchKomm. AktG, 3. Aufl., § 98 AktG Rz. 21; *Spindler* in Spindler/Stilz, § 98 AktG Rz. 12.
34 *Semler* in MünchKomm. AktG, 2. Aufl., § 98 AktG Rz. 48; ohne Differenzierung nun *Habersack* in MünchKomm. AktG, 3. Aufl., § 98 AktG Rz. 22.
35 Nur dann besteht das für das gerichtliche Verfahren erforderliche Rechtsschutzbedürfnis, *Kropff*, Aktiengesetz, S. 131; *Hopt/Roth/Peddinghaus* in Großkomm. AktG, 4. Aufl., § 98 AktG Rz. 43; *Hüffer*, § 98 AktG Rz. 5; *Habersack* in MünchKomm. AktG, 3. Aufl., § 98 AktG Rz. 24; *Spindler* in Spindler/Stilz, § 98 AktG Rz. 13; *Bürgers/Israel* in Bürgers/Körber, § 98 AktG Rz. 5.
36 *Kropff*, Aktiengesetz, S. 131; *Hopt/Roth/Peddinghaus* in Großkomm. AktG, 4. Aufl., § 98 AktG Rz. 45; *Habersack* in MünchKomm. AktG, 3. Aufl., § 98 AktG Rz. 25; enger *Spindler* in Spindler/Stilz, § 98 AktG Rz. 13 (Prüfung allein der tatsächlichen Feststellungen und der Berechnung).
37 *Hopt/Roth/Peddinghaus* in Großkomm. AktG, 4. Aufl., § 98 AktG Rz. 47; *Habersack* in MünchKomm. AktG, 3. Aufl., § 98 AktG Rz. 6.

hingegen unverändert[38]. Während des Verfahrens ist der Aufsichtsrat nach den bisher geltenden Vorschriften zu ergänzen bzw. neu zu bestellen[39].

### V. Rechtsfolgen der gerichtlichen Entscheidung

Das **Gericht** kann in seiner gerichtlichen Entscheidung feststellen, dass der Aufsichtsrat zutreffend zusammengesetzt ist (unten Rz. 19) oder dass er nach anderen gesetzlichen Vorschriften als bisher zusammengesetzt werden muss (unten Rz. 20)[40]. Der Vorstand hat die Entscheidung in beiden Fällen zum Handelsregister einzureichen, § 99 Abs. 5 Satz 3.

18

a) Stellt das Gericht fest, dass die **Zusammensetzung des Aufsichtsrats zutreffend** ist, ändert dies an der Zusammensetzung nichts. Die Aufsichtsratsmitglieder bleiben bis zum Ende ihrer Amtszeit im Amt.

19

b) Stellt das Gericht demgegenüber fest, dass der **Aufsichtsrat nicht zutreffend zusammengesetzt** ist, so ist der Aufsichtsrat nach den in der Entscheidung angegebenen gesetzlichen Vorschriften zu bilden, **§ 98 Abs. 4 Satz 1**. Es ist eine Hauptversammlung einzuberufen, die den neuen Aufsichtsrat wählt. Geschieht dies nicht binnen 6 Monaten nach Rechtskraft der gerichtlichen Entscheidung, so treten entgegenstehende Satzungsbestimmungen außer Kraft, §§ 98 Abs. 4 Satz 1, 97 Abs. 2 Satz 2. Zugleich erlöschen die Ämter der bisherigen Aufsichtsratsmitglieder, § 97 Abs. 2 Satz 3.

20

# § 99
# Verfahren

(1) Auf das Verfahren ist das Gesetz über das Verfahren in Familiensachen und in den Angelegenheiten der freiwilligen Gerichtsbarkeit anzuwenden, soweit in den Absätzen 2 bis 5 nichts anderes bestimmt ist.

(2) Das Landgericht hat den Antrag in den Gesellschaftsblättern bekanntzumachen. Der Vorstand und jedes Aufsichtsratsmitglied sowie die nach § 98 Abs. 2 antragsberechtigten Betriebsräte, Sprecherausschüsse, Spitzenorganisationen und Gewerkschaften sind zu hören.

(3) Das Landgericht entscheidet durch einen mit Gründen versehenen Beschluss. Gegen die Entscheidung des Landgerichts findet die Beschwerde statt. Sie kann nur auf eine Verletzung des Rechts gestützt werden; § 72 Abs. 1 Satz 2 und § 74 Abs. 2 und 3 des Gesetzes über das Verfahren in Familiensachen und in den Angelegenheiten der freiwilligen Gerichtsbarkeit sowie § 547 der Zivilprozessordnung gelten sinngemäß. Die Beschwerde kann nur durch die Einreichung einer von einem Rechtsanwalt unterzeichneten Beschwerdeschrift eingelegt werden. Die Landesregierung kann durch Rechtsverordnung die Entscheidung über die Beschwerde für die Bezirke mehrerer Oberlandesgerichte einem der Oberlandesgerichte oder dem Obersten Landesgericht

---

38 OLG Düsseldorf v. 10.10.1995 – 19 W 5/95 AktE, AG 1996, 87 f.; *Habersack* in MünchKomm. AktG, 3. Aufl., § 98 AktG Rz. 6; *Kropff*, Aktiengesetz, S. 126; *Hoffmann-Becking* in MünchHdb. AG, § 28 Rz. 50; *Spindler* in Spindler/Stilz, § 98 AktG Rz. 1.
39 *Kropff*, Aktiengesetz, S. 126, 130; *Hopt/Roth/Peddinghaus* in Großkomm. AktG, 4. Aufl., § 98 AktG Rz. 47; *Habersack* in MünchKomm. AktG, 3. Aufl., § 98 AktG Rz. 6.
40 *Kropff*, Aktiengesetz, S. 131.

übertragen, wenn dies der Sicherung einer einheitlichen Rechtsprechung dient. Die Landesregierung kann die Ermächtigung auf die Landesjustizverwaltung übertragen.

(4) Das Gericht hat seine Entscheidung dem Antragsteller und der Gesellschaft zuzustellen. Es hat sie ferner ohne Gründe in den Gesellschaftsblättern bekanntzumachen. Die Beschwerde steht jedem nach § 98 Abs. 2 Antragsberechtigten zu. Die Beschwerdefrist beginnt mit der Bekanntmachung der Entscheidung im elektronischen Bundesanzeiger, für den Antragsteller und die Gesellschaft jedoch nicht vor der Zustellung der Entscheidung.

(5) Die Entscheidung wird erst mit der Rechtskraft wirksam. Sie wirkt für und gegen alle. Der Vorstand hat die rechtskräftige Entscheidung unverzüglich zum Handelsregister einzureichen.

(6) Für die Kosten des Verfahrens gilt die Kostenordnung. Für das Verfahren des ersten Rechtszugs wird das Vierfache der vollen Gebühr erhoben. Für das Verfahren über ein Rechtsmittel wird die gleiche Gebühr erhoben; dies gilt auch dann, wenn das Rechtsmittel Erfolg hat. Wird der Antrag oder das Rechtsmittel zurückgenommen, bevor es zu einer Entscheidung kommt, so ermäßigt sich die Gebühr auf die Hälfte. Der Geschäftswert ist von Amts wegen festzusetzen. Er bestimmt sich nach § 30 Abs. 2 der Kostenordnung mit der Maßgabe, dass der Wert regelmäßig auf 50 000 Euro anzunehmen ist. Schuldner der Kosten ist die Gesellschaft. Die Kosten können jedoch ganz oder zum Teil dem Antragsteller auferlegt werden, wenn dies der Billigkeit entspricht. Kosten der Beteiligten werden nicht erstattet.

| | | | |
|---|---|---|---|
| I. Regelungsgegenstand und Regelungszweck | 1 | IV. Entscheidung und Rechtsmittel (§ 99 Abs. 3) | 6 |
| II. Anwendbarkeit des FamFG | 2 | V. Wirksamkeit und Wirkung der gerichtlichen Entscheidung | 10 |
| III. Bekanntmachungs- und Anhörungspflicht (§ 99 Abs. 2) | 4 | VI. Kosten des Verfahrens | 13 |

**Literatur:** *v. Falkenhausen*, Das Verfahren der freiwilligen Gerichtsbarkeit im Aktienrecht, AG 1967, 309; *Jänig/Leißring*, FamFG – Neues Verfahrensrecht für Streitigkeiten in AG und GmbH, ZIP 2010, 110; *Kollhosser*, Probleme konkurrierender aktienrechtlicher Gerichtsverfahren, AG 1977, 117; *Lindacher*, Zur Antragsrücknahme im Streitverfahren der Freiwilligen Gerichtsbarkeit, Rpfleger 1965, 41; *Lindacher*, Verfahrensgrundsätze in der Freiwilligen Gerichtsbarkeit, JuS 1978, 577.

## I. Regelungsgegenstand und Regelungszweck

1 § 99 regelt das gerichtliche Verfahren zur Entscheidung über die Zusammensetzung des Aufsichtsrats. Der Bestimmung kommt **weitreichende Bedeutung** zu. Die meisten Verfahrensvorschriften gelten auch für die gerichtlichen Verfahren über die Bestellung der Mitglieder des ersten Aufsichtsrats (§ 30 Abs. 3 Satz 2), die Bestellung des Aufsichtsrats bei Sachgründungen (§ 31 Abs. 3 Satz 2), die Ersatzbestellung von Aufsichtsratsmitgliedern (§ 104), das Auskunftsrecht des Aktionärs (§ 132 Abs. 3), die abschließenden Feststellungen der Sonderprüfer wegen unzulässiger Unterbewertung (§ 260 Abs. 3) sowie die Angemessenheit von Ausgleichszahlungen und Abfindungen bei Beherrschungs- und Gewinnabführungsverträgen (§ 306 Abs. 2).

## II. Anwendbarkeit des FamFG

§ 99 Abs. 1 erklärt das Gesetz über das Verfahren in Familiensachen und in den Angelegenheiten der freiwilligen Gerichtsbarkeit (FamFG)[1] für den Fall anwendbar, dass § 99 Abs. 2–6 keine Sonderregelung enthalten (**Subsidiarität des FamFG**). Der Gesetzgeber ließ sich dabei von der Vorstellung leiten, dass die Regeln des Verfahrens der freiwilligen Gerichtsbarkeit der Eigenart des Streits besser entsprechen würden[2]. Es gilt der **Amtsermittlungsgrundsatz** (§ 26 FamFG): Das Gericht hat von Amts wegen die maßgebenden Verhältnisse aufzuklären und die ihm erforderlich erscheinenden Beweise aufzunehmen. Der Entscheidung dürfen auch Tatsachen zugrunde gelegt werden, die die Beteiligten nicht vorgetragen haben. Eine Entscheidung durch Anerkenntnis- oder Versäumnisurteil ist ausgeschlossen[3]. Anwaltszwang besteht nicht[4].

2

Im Gegensatz zu anderen Verfahren der freiwilligen Gerichtsbarkeit gilt für das Verfahren der **Dispositionsgrundsatz**, da eine gerichtliche Entscheidung nur auf Antrag (§ 98 Abs. 1 Satz 1) erfolgen kann. Die **Rücknahme des Antrags** ist bis zur Rechtskraft der Entscheidung möglich[5]. Ob die Wirksamkeit der Antragsrücknahme die Einwilligung des Antragsgegners analog § 269 Abs. 1 ZPO erfordert, war bislang umstritten[6]. Die Frage wird nunmehr von § 22 Abs. 1 FamFG geregelt. Danach kann ein Antrag bis zur Rechtskraft der Endentscheidung zurückgenommen werden, wobei die Rücknahme nur nach Erlass der Endentscheidung der Zustimmung der übrigen Beteiligten bedarf. Dies führt auch für das Statusverfahren gem. §§ 98, 99 nicht zu unbilligen Ergebnissen; die Gefahr, dass der Antragsteller seinen Antrag jederzeit wiederholen könnte, ist im Regelfall aufgrund des Ablaufs der Antragsfrist gering.

3

## III. Bekanntmachungs- und Anhörungspflicht (§ 99 Abs. 2)

Das Landgericht (zur Zuständigkeit s. im Einzelnen § 98 Rz. 2 f.) muss den Antrag in den Gesellschaftsblättern (jedenfalls dem elektronischen Bundesanzeiger, § 25) bekannt machen, **§ 99 Abs. 2 Satz 1**. Aufgrund der Bekanntmachung kann jeder, der an der Zusammensetzung des Aufsichtsrats ein rechtliches Interesse hat, entscheiden, ob er sich an dem Verfahren beteiligen und seine Ansicht dem Gericht mitteilen

4

---

1 Mit Wirkung zum 1.1.2009 hat das FamFG das Gesetz über die Angelegenheiten der freiwilligen Gerichtsbarkeit (FGG) ersetzt; zu den Neuerungen etwa *Jänig/Leißring*, ZIP 2010, 110 ff.
2 *Kropff*, Aktiengesetz, S. 133.
3 *Kropff*, Aktiengesetz, S. 133; *Habersack* in MünchKomm. AktG, 3. Aufl., § 99 AktG Rz. 12.
4 OLG Düsseldorf v. 2.8.1994 – 19 W 1/93 AktE, AG 1995, 85, 86; *Hüffer*, § 99 AktG Rz. 3; *Habersack* in MünchKomm. AktG, 3. Aufl., § 99 AktG Rz. 11; *Spindler* in Spindler/Stilz, § 99 AktG Rz. 8.
5 OLG Düsseldorf v. 22.8.1979 – 3 W 202/79, NJW 1980, 349; *Hüffer*, § 99 AktG Rz. 4; *Habersack* in MünchKomm. AktG, 3. Aufl., § 99 AktG Rz. 9; *Spindler* in Spindler/Stilz, § 99 AktG Rz. 6; *Bürgers/Israel* in Bürgers/Körber, § 99 AktG Rz. 2; *Hüffer*, § 99 AktG Rz. 4; eine bereits ergangene Entscheidung wird mit der Rücknahme wirkungslos, vgl. schon *v. Falkenhausen*, AG 1967, 309, 314 f.
6 Dagegen BayObLG v. 16.5.1973 – 2 Z 15/73 und 17/73, BayObLGZ 1973, 106, 108 ff. (zu § 306); OLG Frankfurt/M. v. 8.4.2009 – 20 W 106/09, AG 2009, 701; *Hopt/Roth/Peddinghaus* in Großkomm. AktG, 4. Aufl., § 99 AktG Rz. 12; *Hüffer*, § 99 AktG Rz. 4; *Mertens* in KölnKomm. AktG, 2. Aufl., §§ 97–99 AktG Rz. 42; *v. Falkenhausen*, AG 1967, 309, 314; *Breuer/Fraune* in Heidel, § 99 AktG Rz. 3; *Bürgers/Israel* in Bürgers/Körber, § 99 AktG Rz. 2; für die Notwendigkeit einer Einwilligung (jedenfalls nach Einlassung zur Sache) hingegen LG Düsseldorf v. 22.8.1979 – 3 W 202/79, NJW 1980, 349; LG Dortmund v. 25.10.2007 – 18 O 55/07, mit abl. Anmerkung von *M. Roth*, EWiR 2008, 257; *Lindacher*, RPfleger 1965, 41, 42; *Lindacher*, JuS 1978, 577, 579; *Schmidt* in Keidel/Kuntze/Winkler, § 12 FGG Rz. 40; *Habersack* in MünchKomm. AktG, 3. Aufl., § 99 AktG Rz. 9.

will[7]. Angesichts dieser **Informationsfunktion** ist die Bekanntmachung nicht von weiteren Voraussetzungen, die im Gesetzeswortlaut keine Stütze finden, abhängig zu machen[8]. Der Antrag muss lediglich darauf gerichtet sein, dass über die gesetzliche Zusammensetzung des Aufsichtsrats oder über das maßgebliche Umsatzverhältnis (§ 98 Abs. 3) entschieden wird[9]. Die Bekanntmachung hat nach zutreffender Ansicht auch dann zu erfolgen, wenn die Antragsberechtigung nicht vorliegt oder nicht nachgewiesen wurde[10].

5 Dem Vorstand, jedem Mitglied des Aufsichtsrats und den nach § 98 Abs. 2 antragsberechtigten Betriebsräten, Sprecherausschüssen, Spitzenorganisationen und Gewerkschaften steht ein **Recht auf Anhörung** zu, § 99 Abs. 2 Satz 2. Die Vorschrift ist **nicht abschließend**; nach zutreffender h.M. ist allen, die ein rechtliches Interesse an der gerichtlichen Entscheidung haben (Beteiligte im materiellen Sinne), ein Anhörungsrecht einzuräumen[11]. Den Anhörungsberechtigten ist Gelegenheit zur Äußerung zu geben; für ihre Beiladung hat das Gericht hingegen nicht zu sorgen. Für die Gelegenheit zur Äußerung genügt die Bekanntmachung nach § 99 Abs. 1 Satz 1 zumindest dann, wenn sie auch zur Stellungnahme auffordert und dafür eine angemessene Frist setzt[12].

### IV. Entscheidung und Rechtsmittel (§ 99 Abs. 3)

6 Das Gericht entscheidet gem. § 99 Abs. 3 Satz 1 durch einen mit Gründen versehenen **Beschluss** (vgl. § 38 FamFG). Gegen die Entscheidung ist die **Beschwerde** zulässig, § 99 Abs. 3 Satz 2. Zur Einlegung der Beschwerde ist nach § 99 Abs. 4 Satz 3 jeder Antragsberechtigte i.S. des § 98 Abs. 2 befugt, unabhängig davon, ob er im erstinstanzlichen Verfahren beteiligt war. Sie ist nach § 64 Abs. 1 FamFG beim Landgericht einzureichen. Die Beschwerdefrist beträgt seit Inkrafttreten des FamFG nicht mehr zwei Wochen (so noch § 22 Abs. 1 FGG), sondern gem. § 63 Abs. 1 FamFG **einen Monat**. Die Frist beginnt mit der Bekanntmachung der Entscheidung im elektronischen Bundesanzeiger, für den Antragsteller und die Gesellschaft mit der Zustellung der Entscheidung, falls diese später als die Veröffentlichung im elektronischen Bundesanzeiger erfolgt, § 99 Abs. 4 Satz 4. Die Beschwerdeschrift muss gem. § 99 Abs. 3 Satz 4 von einem Anwalt unterzeichnet sein, im Übrigen besteht für das

---

7 *Kropff*, Aktiengesetz, S. 133; *Habersack* in MünchKomm. AktG, 3. Aufl., § 99 AktG Rz. 13; *Spindler* in Spindler/Stilz, § 99 AktG Rz. 9.
8 *Hüffer*, § 99 AktG Rz. 5; *Geßler* in G/H/E/K, § 99 AktG Rz. 6; *Spindler* in Spindler/Stilz, § 99 AktG Rz. 9; *Habersack* in MünchKomm. AktG, 3. Aufl., § 99 AktG Rz. 13; a.A. *Hopt/Roth/Peddinghaus* in Großkomm. AktG, 4. Aufl., § 99 AktG Rz. 15; *Mertens* in KölnKomm. AktG, 2. Aufl., §§ 97–99 AktG Rz. 43: keine Bekanntmachungspflicht bei evident unzulässigen Anträgen.
9 *Hüffer*, § 99 AktG Rz. 5; *Spindler* in Spindler/Stilz, § 99 AktG Rz. 7; *Habersack* in MünchKomm. AktG, 3. Aufl., § 99 AktG Rz. 13.
10 *Hopt/Roth/Peddinghaus* in Großkomm. AktG, 4. Aufl., § 99 AktG Rz. 16; *Bürgers/Israel* in Bürgers/Körber, § 99 AktG Rz. 3; *Habersack* in MünchKomm. AktG, 3. Aufl., § 99 AktG Rz. 13; a.A. *Mertens* in KölnKomm. AktG, 2. Aufl., §§ 97–99 AktG Rz. 43; *Meyer-Landrut* in Großkomm. AktG, 3. Aufl., § 99 AktG Anm. 2; *v. Godin/Wilhelmi*, § 99 AktG Anm. 2: schlüssige Darlegung der Antragsberechtigung erforderlich.
11 OLG Düsseldorf v. 17.2.1971 – 19 W 3/71, AG 1971, 122 f.; *Hüffer*, § 99 AktG Rz. 6; *Bürgers/Israel* in Bürgers/Körber, § 99 AktG Rz. 3; *Habersack* in MünchKomm. AktG, 3. Aufl., § 99 AktG Rz. 14; *Hopt/Roth/Peddinghaus* in Großkomm. AktG, 4. Aufl., § 99 AktG Rz. 19 f.; *Spindler* in Spindler/Stilz, § 99 AktG Rz. 10; *Mertens* in KölnKomm. AktG, 2. Aufl., §§ 97–99 AktG Rz. 44; a.A. *Kollhosser*, AG 1977, 117, 128 f.
12 LG Mannheim v. 19.10.2001 – 7 AktE 1/01, AG 2003, 51, 52; *Habersack* in MünchKomm. AktG, 3. Aufl., § 99 AktG Rz. 15; *Hüffer*, § 99 AktG Rz. 6; *Mertens* in KölnKomm. AktG, 2. Aufl., §§ 97–99 AktG Rz. 44; *Spindler* in Spindler/Stilz, § 99 AktG Rz. 10.

Verfahren **kein Anwaltszwang**[13]. Gem. § 66 FamFG ist die Anschlussbeschwerde auch dann zulässig, wenn der betreffende Beteiligte zuvor auf die Beschwerde verzichtet hat (s. dazu § 67 FamFG) oder die Beschwerefrist verstrichen ist[14].

Als **Beschwerdegericht** entscheidet nach § 119 Abs. 1 Nr. 2 GVG das **Oberlandesgericht**. Wie für die Ausgangsinstanz (§ 71 Abs. 4 GVG, vgl. dazu § 98 Rz. 3) kann die Landesregierung auch für die Beschwerdeinstanz durch Rechtsverordnung eine **Zuständigkeitskonzentration** herbeiführen, § 99 Abs. 3 Satz 5[15]. 7

Die Beschwerde kann gem. § 99 Abs. 3 Satz 3 **nur auf eine Verletzung des Rechts gestützt** werden. Der vom Landgericht festgestellte Sachverhalt wird nur insoweit überprüft, als die Feststellung auf Gesetzesverletzungen beruht; klarstellend wird auf § 547 ZPO verwiesen. Diese Beschränkung auf Rechtsverletzungen ist nach Ansicht des Gesetzgebers gerechtfertigt, weil die Tatsachen mehr oder weniger unstreitig sein werden und es sich hauptsächlich um die rechtliche Beurteilung handeln wird[16]. Durch die in § 99 Abs. 3 Satz 2 Halbsatz 2 angeordnete sinngemäße Anwendung der 72 Abs. 1 Satz 2 und § 74 Abs. 2 und 3 FamFG (sowie des § 547 ZPO) wird dabei sichergestellt, dass in der Beschwerdeinstanz nur solches Parteivorbringen Berücksichtigung finden kann, das bereits im Tatbestand der angegriffenen Entscheidung enthalten ist[17]. 8

Bislang bestand gem. § 99 Abs. 3 Satz 6 AktG i.V.m. § 28 Abs. 2, 3 FGG eine **Vorlagepflicht an den BGH**, wenn das OLG bei der Auslegung einer für seine Entscheidung maßgeblichen Vorschrift von der Entscheidung eines anderen OLG oder des BGH abweichen wollte (Divergenzvorlage). Diese Pflicht besteht nicht mehr. Nunmehr kann das OLG als Beschwerdegericht gem. § 70 Abs. 1 FamFG die **Rechtsbeschwerde** zum BGH (§ 133 GVG) zulassen[18]. Nach § 70 Abs. 2 FamFG hat die Zulassung zu erfolgen, wenn die Rechtssache grundsätzliche Bedeutung hat oder die Fortbildung des Rechts oder die Sicherung einer einheitlichen Rechtsprechung erforderlich ist. Die Rechtsbeschwerde ist innerhalb eines Monats ab Bekanntgabe der Beschwerdeentscheidung beim OLG einzulegen. Für Einzelheiten zu Form und Verfahren s. die §§ 71 ff. FamFG. 9

## V. Wirksamkeit und Wirkung der gerichtlichen Entscheidung

Die Entscheidung des Gerichts wird **mit Eintritt der Rechtskraft wirksam**, § 99 Abs. 5 Satz 1. Die Ausgangsentscheidung des Landgerichts wird mit Ablauf der einmonatigen Frist des § 63 Abs. 1 FamFG rechtskräftig. Soweit nicht ausnahmsweise die Rechtsbeschwerde zum BGH zugelassen wurde, tritt bei Beschwerdeentschei- 10

---

13 Str., wie hier *Hopt/Roth/Peddinghaus* in Großkomm. AktG, 4. Aufl., § 99 AktG Rz. 29; *Hoffmann/Lehmann/Weinmann*, § 5 MitbestG Rz. 25; *Meyer-Landrut* in Großkomm. AktG, 3. Aufl., § 99 AktG Anm. 5; *Semler* in MünchKomm. AktG, 2. Aufl., § 99 AktG Rz. 41; a.A. *Hüffer*, § 99 AktG Rz. 7; *v. Godin/Wilhelmi*, § 99 AktG Anm. 5.
14 Für die Zulässigkeit der Anschlussbeschwerde im Spruchverfahren zuvor bereits OLG Hamburg v. 31.7.2001 – 11 W 29/94, AG 2002, 406, 407.
15 Vgl. für Rheinland-Pfalz (OLG Zweibrücken): VO vom 22.11.1985, GVBl. 267; Bayern (OLG München) VO vom 16.11.2004, GVBl. I 471; Nordrhein-Westfalen (OLG Düsseldorf) VO vom 31.5.2005, GV NRW 2005, 625; sowie oben § 98 Rz. 3.
16 *Kropff*, Aktiengesetz, S. 133 noch für das FGG.
17 *Habersack* in MünchKomm. AktG, 3. Aufl., § 99 AktG Rz. 21 noch zur alten Rechtslage; wenn die Tatsachen unstreitig sind und schützenswerte Belange der Gegenpartei der Verwertung nicht entgegenstehen, ist die Berücksichtigung neuer Tatsachen in der Beschwerdeinstanz ausnahmsweise zulässig, vgl. OLG Düsseldorf v. 29.4.1999 – 19 W 3/90 – „Mannesmann", AG 2000, 45 (ebenfalls noch zur alten Rechtslage, die aber wohl fortbestehen wird).
18 Vgl. Begr. RegE FGG-RG, BT-Drucks. 16/6308, S. 353.

dungen des OLG die Rechtskraft bereits mit dem Erlass ein[19]. Auf die Zustellung oder Veröffentlichung in den Gesellschaftsblättern kommt es in diesem Fall nicht an. Für die Wiederaufnahme des Verfahrens gelten die §§ 578 ff. ZPO gem. § 48 Abs. 2 FamFG entsprechend[20].

11 Die gerichtliche Entscheidung **wirkt für und gegen alle**, § 99 Abs. 5 Satz 2. Damit binden sie nicht nur die Beteiligten des Verfahrens, sondern auch jedes Gericht und jede Verwaltungsbehörde. Wird ein Aufsichtsrat nicht nach den Vorschriften gewählt, die in einem Verfahren nach §§ 98, 99 für maßgebend erklärt wurden, und wird deshalb Klage auf Feststellung der Nichtigkeit erhoben, so ist das Gericht, welches über die Nichtigkeit entscheidet, an die im Statusverfahren ergangene Entscheidung gebunden[21].

12 Umstritten ist, ob die rechtskräftige Entscheidung einen **erneuten Antrag an das Gericht** oder eine Bekanntmachung des Vorstands ausschließt, wenn keine Änderung in den tatsächlichen Verhältnissen eingetreten ist. Die Befürworter einer Antragssperre[22] weisen darauf hin, dass aufgrund des Urteils nicht mehr streitig oder ungewiss sei, ob der Aufsichtsrat richtig zusammengesetzt ist und damit die Voraussetzungen der §§ 97, 98 nicht erfüllt seien. Die zutreffende Gegenansicht[23] lässt hingegen einen erneuten gerichtlichen Antrag bzw. eine erneute Bekanntmachung zu. Allerdings können im neuen Verfahren keine Tatsachen vorgebracht werden, die bereits im früheren Verfahren vorgebracht wurden oder hätten vorgebracht werden können.

## VI. Kosten des Verfahrens

13 Da die Feststellung der ordnungsgemäßen Zusammensetzung des Aufsichtsrats in erster Linie im Interesse der **Gesellschaft** liegt[24], ist diese gem. § 99 Abs. 6 Satz 7 **Kostenschuldnerin.** Allerdings können die Kosten ganz oder zum Teil dem Antragsteller auferlegt werden, wenn dies der Billigkeit entspricht, der Antrag also offensichtlich unzulässig oder unbegründet ist[25], § 99 Abs. 6 Satz 8. Dies gilt allerdings nicht für Vorstandsmitglieder, da diese den Antrag nicht in eigenem Namen, sondern im Namen der Gesellschaft stellen[26]. Die **Kosten der Beteiligten** werden nicht erstattet, § 99 Abs. 6 Satz 9.

---

19 *Habersack* in MünchKomm. AktG, 3. Aufl., § 99 AktG Rz. 24; noch zur alten Rechtslage: *Hopt/Roth/Peddinghaus* in Großkomm. AktG, 4. Aufl., § 99 AktG Rz. 34; *Semler* in MünchKomm. AktG, 2. Aufl., § 99 AktG Rz. 49; *Mertens* in KölnKomm. AktG, 2. Aufl., §§ 97–99 AktG Rz. 48.
20 So bereits zur alten Rechtslage BGH v. 8.5.2006 – II ZB 10/05, ZIP 2006, 1316 m.w.N.
21 *Kropff*, Aktiengesetz, S. 133; *Habersack* in MünchKomm. AktG, 3. Aufl., § 99 AktG Rz. 25; *Spindler* in Spindler/Stilz, § 99 AktG Rz. 18; vgl. auch *Bürgers/Israel* in Bürgers/Körber, § 99 AktG Rz. 6; *Hüffer*, § 99 AktG Rz. 11.
22 *Semler* in MünchKomm. AktG, 2. Aufl., § 99 AktG Rz. 51; *Meyer-Landrut* in Großkomm. AktG, 3. Aufl., § 98 AktG Anm. 1: gerichtliches Verfahren ausgeschlossen.
23 *Hüffer*, § 99 AktG Rz. 9; *Mertens* in KölnKomm. AktG, 2. Aufl., §§ 97–99 AktG Rz. 18; *Ulmer/Habersack/Henssler*, Mitbestimmungsrecht, 2. Aufl. 2006, § 6 MitbestG Rz. 25; *Baumbach/Hueck*, §§ 97–99 AktG Anm. 8; *Habersack* in MünchKomm. AktG, 3. Aufl., § 99 AktG Rz. 25.
24 So die Begründung im RegE bei *Kropff*, Aktiengesetz, S. 134; auch *Habersack* in MünchKomm. AktG, 3. Aufl., § 99 AktG Rz. 27; *Spindler* in Spindler/Stilz, § 99 AktG Rz. 22; *Hüffer*, § 99 AktG Rz. 12; *Bürgers/Israel* in Bürgers/Körber, § 99 AktG Rz. 7.
25 *Kropff*, Aktiengesetz, S. 134; *Mertens* in KölnKomm. AktG, 2. Aufl., §§ 97–99 AktG Rz. 51; *Bürgers/Israel* in Bürgers/Körber, § 99 AktG Rz. 7; *Hüffer*, § 99 AktG Rz. 12; *Habersack* in MünchKomm. AktG, 3. Aufl., § 99 AktG Rz. 27; vgl. auch *Spindler* in Spindler/Stilz, § 99 AktG Rz. 22.
26 *Mertens* in KölnKomm. AktG, 2. Aufl., §§ 97–99 AktG Rz. 51.

Für das Verfahren des ersten Rechtszugs wird das Vierfache der vollen **Gebühr** erhoben; Gleiches gilt für ein Rechtsmittelverfahren unabhängig vom Erfolg des Rechtsmittels. Bei Rücknahme des Antrags bzw. Rechtsmittels vermindert sich die Gebühr um die Hälfte. Der regelmäßige **Geschäftswert** beträgt 50.000 Euro, § 99 Abs. 6 Satz 6; er kann nach Lage des Falles niedriger oder höher festgesetzt werden, darf jedoch einen Betrag von 500.000 Euro nicht überschreiten, § 30 Abs. 2 Satz 2 KostO. Für den Kostenvorschuss gilt § 8 KostO[27]. 14

# § 100
# Persönliche Voraussetzungen für Aufsichtsratsmitglieder

(1) Mitglied des Aufsichtsrats kann nur eine natürliche, unbeschränkt geschäftsfähige Person sein. Ein Betreuter, der bei der Besorgung seiner Vermögensangelegenheiten ganz oder teilweise einem Einwilligungsvorbehalt (§ 1903 des Bürgerlichen Gesetzbuchs) unterliegt, kann nicht Mitglied des Aufsichtsrats sein.

(2) Mitglied des Aufsichtsrats kann nicht sein, wer
1. bereits in zehn Handelsgesellschaften, die gesetzlich einen Aufsichtsrat zu bilden haben, Aufsichtsratsmitglied ist,
2. gesetzlicher Vertreter eines von der Gesellschaft abhängigen Unternehmens ist,
3. gesetzlicher Vertreter einer anderen Kapitalgesellschaft ist, deren Aufsichtsrat ein Vorstandsmitglied der Gesellschaft angehört, oder
4. in den letzten zwei Jahren Vorstandsmitglied derselben börsennotierten Gesellschaft war, es sei denn, seine Wahl erfolgt auf Vorschlag von Aktionären, die mehr als 25 Prozent der Stimmrechte an der Gesellschaft halten.

Auf die Höchstzahl nach Satz 1 Nr. 1 sind bis zu fünf Aufsichtsratssitze nicht anzurechnen, die ein gesetzlicher Vertreter (beim Einzelkaufmann der Inhaber) des herrschenden Unternehmens eines Konzerns in zum Konzern gehörenden Handelsgesellschaften, die gesetzlich einen Aufsichtsrat zu bilden haben, inne hat. Auf die Höchstzahl nach Satz 1 Nr. 1 sind Aufsichtsratsämter im Sinne der Nummer 1 doppelt anzurechnen, für die das Mitglied zum Vorsitzenden gewählt worden ist.

(3) Die anderen persönlichen Voraussetzungen der Aufsichtsratsmitglieder der Arbeitnehmer sowie der weiteren Mitglieder bestimmen sich nach dem Mitbestimmungsgesetz, dem Montan-Mitbestimmungsgesetz, dem Mitbestimmungsergänzungsgesetz, dem Drittelbeteiligungsgesetz und dem Gesetz über die Mitbestimmung der Arbeitnehmer bei einer grenzüberschreitenden Verschmelzung.

(4) Die Satzung kann persönliche Voraussetzungen nur für Aufsichtsratsmitglieder fordern, die von der Hauptversammlung ohne Bindung an Wahlvorschläge gewählt oder auf Grund der Satzung in den Aufsichtsrat entsandt werden.

(5) Bei Gesellschaften im Sinn des § 264d des Handelsgesetzbuchs muss mindestens ein unabhängiges Mitglied des Aufsichtsrats über Sachverstand auf den Gebieten Rechnungslegung oder Abschlussprüfung verfügen.

---

27 Der frühere § 99 Abs. 6 Satz 7, der hinsichtlich der Gerichtskosten eine Befreiung von der Vorschusspflicht vorsah, ist durch Art. 6 Nr. 2 UmwBerG 1994 gestrichen worden, vgl. dazu BT-Drucks. 12/6699, S. 170, 177.

## § 100

| | | | |
|---|---|---|---|
| I. Regelungsinhalt und Regelungszweck | 1 | VII. Rechtsfolgen bei Fehlen persönlicher Voraussetzungen | 37 |
| II. Persönliche Voraussetzungen | 2 | 1. Verstoß bei Amtsantritt | 37 |
| III. Hinderungsgründe (§ 100 Abs. 2) | 4 | 2. Verstoß nach Amtsantritt | 39 |
| 1. Höchstzahl von Aufsichtsratsmandaten (§ 100 Abs. 2 Satz 1 Nr. 1) | 4 | VIII. Unabhängiger Finanzexperte (§ 100 Abs. 5) | 40 |
| 2. Keine Aufsichtsratsmitgliedschaft entgegen dem Organisationsgefälle (§ 100 Abs. 2 Satz 1 Nr. 2) | 9 | 1. Allgemeines | 40 |
| | | a) Europarechtlicher Hintergrund und Umsetzung durch das BilMoG | 40 |
| 3. Verbot der Überkreuzverflechtung (§ 100 Abs. 2 Satz 1 Nr. 3) | 10 | b) Dogmatische Verortung | 42 |
| | | c) Anwendungsbereich | 43 |
| 4. Wechsel vom Vorstand in den Aufsichtsrat (§ 100 Abs. 2 Satz 1 Nr. 4) | 13 | 2. Unabhängigkeit | 45 |
| a) Grundsatz: Cooling-Off-Periode | 13 | a) Notwendigkeit einer Typisierung | 45 |
| b) Ausnahme: Aktionärsvorschlag | 16 | b) Empfehlungen der EU-Kommission | 47 |
| c) Anwendungsbereich | 22 | c) Beeinträchtigung der Funktionserfüllung | 48 |
| IV. Sonstige Voraussetzungen und Hinderungsgründe | 24 | d) Aktionäre, entsandte Aufsichtsräte, langjährige Mitglieder | 50 |
| 1. Geschriebene Voraussetzungen und Hinderungsgründe | 24 | e) Arbeitnehmervertreter | 51 |
| 2. Ungeschriebene Voraussetzungen und Hinderungsgründe | 27 | f) Geschäftspartner, Verträge mit Aufsichtsratsmitgliedern | 52 |
| a) Interessenkonflikte | 27 | g) Umgehungsfälle | 53 |
| b) Unabhängigkeit | 29 | 3. Sachverstand auf dem Gebiet der Rechnungslegung oder Abschlussprüfung | 54 |
| c) Sachkunde | 30 | a) Alternativität | 54 |
| 3. Pflichten bei der Auswahl von Aufsichtsratsmitgliedern | 31 | b) Berufs- und tätigkeitsbezogene Typisierung | 55 |
| 4. Weitere Maßnahmen zur Sicherung der Fachkompetenz | 34 | 4. Selbsteinschätzung des Aufsichtsrats und Transparenz | 58 |
| V. Persönliche Voraussetzungen für Aufsichtsratsmitglieder der Arbeitnehmer sowie weitere Mitglieder (§ 100 Abs. 3) | 35 | 5. Rechtsfolgen bei Verstößen | 60 |
| | | a) Konsequenzen aus der Organbezogenheit der Besetzungsregel | 60 |
| VI. Satzungsmäßige Regelung der Voraussetzungen (§ 100 Abs. 4) | 36 | b) Anfechtbarkeit des Wahlbeschlusses | 62 |
| | | c) Statusverfahren | 64 |

**Literatur:** *Altmeppen,* Der Prüfungsausschuss – Arbeitsteilung im Aufsichtsrat, ZGR 2004, 390; *Baumanns,* Rechtsfolgen einer Interessenkollision bei AG-Vorstandsmitgliedern, 2004; *Baums,* Der Aufsichtsrat – Aufgaben und Reformfragen, ZIP 1995, 11; *Baums,* Stellungnahme zur Aktienrechtsreform 1997, AG-Sonderheft 1997, 26; *Bea/Scheurer,* Die Kontrollfunktion des Aufsichtsrats, DB 1994, 2145; *Bender,* Fortbildung des Aktienrechts – Verbesserung der Funktionsfähigkeit der Gesellschaftsorgane notwendig, DB 1994, 1965; *Bernhardt,* Aufsichtsrat – die schönste Nebensache der Welt?, ZHR 159 (1995), 310; *Berrar,* Zur Reform des AR nach den Vorschlägen der Regierungskommission „Corporate Governance", NZG 2001, 1113; *Bihr/Blättchen,* Aufsichtsräte in der Kritik: Ziele und Grenzen einer ordnungsgemäßen Aufsichtsratstätigkeit – Ein Plädoyer für den Profi-Aufsichtsrat, BB 2007, 1285; *Block,* Neue Regelungen zur Corporate Governance gemäß Sarbanes-Oxley Act, BKR 2003, 774; *Bürgers/Schilha,* Die Unabhängigkeit des Vertreters des Mutterunternehmens im Aufsichtsrat der Tochtergesellschaft, AG 2010, 221; *v. Caemmerer,* Aufsichtsrat und Auslandsverbindungen, in FS Geßler, 1971, S. 81; *Claussen/Bröcker,* Corporate-Governance-Grundsätze in Deutschland – nützliche Orientierungshilfe oder regulatorisches Übermaß?, AG 2000, 481; *Decher,* Loyalitätskonflikte des Repräsentanten der öffentlichen Hand im Aufsichtsrat, ZIP 1990, 277; *Diekmann/Bidmon,* Das „unabhängige" Aufsichtsratsmitglied nach dem BilMoG – insbesondere als Vertreter des Hauptaktionärs, NZG 2009, 1087; *Döring/ Grau,* Anwendbarkeit der Änderungen durch das VorstAG auf die paritätisch mitbestimmte

GmbH, DB 2009, 2139; *Druey,* Unabhängigkeit als Gebot des allgemeinen Unternehmensrechts, in FS Doralt, 2004, S. 151; *Drygala,* Der Finanzexperte im Aufsichtsrat aus Plausibilitätsprüfer?, Der Aufsichtsrat 2010, 101; *Eggers/Reiß/Schichold,* Der Sachverstand des Financial Expert – Praxisfragen nach BilMoG, Der Aufsichtsrat 2009, 157; *Ehlers/Nohlen,* Unabhängiger Finanzexperte und Prüfungsausschuss nach dem Bilanzrechtsmodernisierungsgesetz, in GS Gruson, 2008, S. 107; *v. Falkenhausen/Kocher,* Wie wird der unabhängige Finanzexperte in den Aufsichtrsrat gewählt? – Praktische Fragen der Umsetzung des BilMoG, ZIP 2009, 1601; *Feddersen,* Neue gesetzliche Anforderungen an den Aufsichtsrat, AG 2000, 385; *Fleischer,* Das Gesetz zur Angemessenheit der Vorstandsvergütung (VorstAG), NZG 2009, 801; *Fleischer,* Behavioral Law and Economics im Gesellschafts- und Kapitalmarktrecht – ein Werkstattbericht, in FS Immenga, 2004, S. 575; *Frühauf,* Geschäftsleitung in der Unternehmenspraxis, ZGR 1998, 407; *Geßler,* Mitbestimmung im mehrstufigen Konzern, BB 1977, 1313; *Gruber,* Der unabhängige Finanzexperte im Aufsichtsrat nach dem Referentenentwurf des Bilanzmodernisierungsgesetzes, NZG 2008, 12; *Habersack,* Aufsichtsrat und Prüfungsausschuss nach dem BilMoG, AG 2008, 98; *Habersack,* Der Aufsichtsrat im Visier der Kommission, ZHR 168 (2004), 373; *Hau/Steinbrecher/Thum,* Finanzmarktkompetenz dringend gesucht, Der Aufsichtsrat 2009, 72; *Hecker,* Die aktuellen Änderungen des Deutschen Corporate Governance Kodex im Überblick, BB 2009, 1654; *Hoffmann/Becking,* Wider die Entmachtung der Räte, ZHR 170 (2006), 2; *Hoffmann-Becking/Krieger,* Leitfaden zur Anwendung des Gesetzes zur Angemessenheit der Vorstandsvergütung (VorstAG), NZG Beilage 2009, 1; *Hohenstatt,* Das Gesetz zur Angemessenheit der Vorstandsvergütung, ZIP 2009, 1349; *v. Hoyningen-Huene,* Der Konzern im Konzern, ZGR 1978, 515; *Hüffer,* Die Unabhängigkeit von Aufsichtsratsmitgliedern nach Ziffer 5.4.2 DCGK, ZIP 2006, 637; *Jakob,* Interne Rotation bei der Abschlussprüfung: Reichweite des Ausschlusstatbestands mit Blick auf freiwillige Abschlussprüfungen, BB 2005, 2455; *Jaspers,* Voraussetzungen und Rechtsfolgen der Unabhängigkeit eines Aufsichtsratsmitgliedes nach dem BilMoG, AG 2009, 607; *Kort,* Corporate Governance – Fragen der Größe und Zusammensetzung des Aufsichtsrats bei AG, GmbH und SE, AG 2008, 137; *Krieger,* Der Wechsel vom Vorstand in den Aufsichtsrat, in FS Hüffer, 2010, S. 521; *Kropff,* Der unabhängige Finanzexperte in der Gesellschafterverfassung, in FS K. Schmidt, 2009, S. 1023; *Lange,* Der Wechsel aus dem Vorstand in den Aufsichtsrat, NZG 2004, 265; *Langenbucher,* Wettbewerbsverbote, Unabhängigkeit und die Stellung des Aufsichtsratsmitglieds, ZGR 2007, 571; *Lieder,* Der Aufsichtsrat im Wandel der Zeit, 2006; *Lieder,* Das unabhängige Aufsichtsratsmitglied, NZG 2005, 569; *Lutter,* Defizite für eine effiziente Aufsichtsratätigkeit und gesetzliche Möglichkeiten der Verbesserung, ZHR 159 (1995), 287; *Lutter,* Bankenvertreter im Aufsichtsrat, ZHR 145 (1981), 224; *Lutter,* Auswahlpflichten und Auswahlverschulden bei der Wahl von Aufsichtsratsmitgliedern, ZIP 2003, 417; *Lutter,* Professionalisierung des Aufsichtsrats, DB 2009, 775; *Lutter,* Die Empfehlungen der Kommission vom 14.12.2004 und vom 15.2.2005 und ihre Umsetzung in Deutschland, EuZW 2009, 799; *Meder,* Die Mitwirkung des Vorstands am Kandidatenauswahlverfahren für Aufsichtsratswahlen, DStR 2008, 1242; *Mickel/Fleischmann,* Die Höchstmandatszahl für Aufsichtsräte – Einberechnung des ausländischen Mandats, NZG 2010, 54; *Möllers/Christ,* Selbstprüfungsverbot und die zweijährige Cooling-Off-Periode beim Wechsel eines Vorstandsmitglieds in den Aufsichtsrat nach dem VorstAG, ZIP 2009, 2278; *Peltzer,* Trial and Error – Anmerkungen zu den Bemühungen des Gesetzgebers, die Arbeit des Aufsichtsrates zu verbessern, NZG 2009, 1041; *Preußner,* Risikomanagement und Compliance in der aktienrechtlichen Verantwortung des Aufsichtsrats unter Berücksichtigung des Gesetzes zur Modernisierung des Bilanzrechts (BilMoG), NZG 2008, 574; *Raiser,* Empfehlen sich gesetzliche Regelungen zur Einschränkung des Einflusses der Kreditinstitute auf Aktiengesellschaften?, NJW 1996, 2257; *Rode,* Der Wechsel eines Vorstandsmitglieds in den Aufsichtsrat – eine gute Corporate Governance?, BB 2006, 341; *Roth/Wörle,* Die Unabhängigkeit des Aufsichtsrats – Recht und Wirklichkeit, ZGR 2004, 565; *Schäfer,* Der Prüfungsausschuss – Arbeitsteilung im Aufsichtsrat, ZGR 2004, 416; *Schiessl,* Deutsche Corporate Governance post Enron, AG 2002, 593; *Uwe H. Schneider,* Der Aufsichtsrat des abhängigen Unternehmens in Konzern, in FS Raiser, 2005, S. 341; *Schürnbrand,* Organschaft im Recht der privaten Verbände, 2007; *Schütze,* Die Berücksichtigung ausländischer Aufsichtsratsmandate im Rahmen von § 100 Abs. 1 Nr. 1 Aktiengesetz, AG 1967, 44; *Seele,* Rahmenbedingungen für das Verhalten von Aufsichtsratsmitgliedern deutscher börsennotierter Unternehmen, 2007; *Seibert,* Das VorstAG – Regelungen zur Angemessenheit der Vorstandsvergütung und zum Aufsichtsrat, WM 2009, 1489; *Semler,* Rechtsvorgabe und Realität der Organzusammenarbeit in der Aktiengesellschaft, in FS Lutter, 2000, S. 721; *Spies/Wieduwilt/Friedrichs,* Diversity als Herausforderung für Aufsichtsräte, Der Aufsichtsrat 2008, 138; *Staake,* Der unabhängige Finanzexperte im Aufsichtsrat, ZIP 2010, 1013; *Sünner,* Auswahlpflichten und Auswahlverschulden bei der Wahl von Aufsichtsratsmitgliedern, ZIP 2003, 834; *Sünner,* Die Wahl von ausscheidenden Vorstandsmitgliedern in den Aufsichtsrat, AG 2010, 111;

*Theisen*, Ein guter Geist im Aufsichtsrat – Der Financial Expert, Der Aufsichtsrat 2009, 81; *Tödtmann/Schauer*, Der Corporate Governance Kodex zieht scharf, ZIP 2009, 995; *E. Vetter*, Update des Deutschen Corporate Governance Kodex, BB 2005, 1689; *E. Vetter*, Der Deutsche Corporate Governance Kodex nur ein zahnloser Tiger?, NZG 2008, 121; *Warncke*, Prüfungsausschuss und Corporate Governance, 2005; *v. Werder/Wieczorek*, Anforderungen an Aufsichtsratsmitglieder und ihre Nominierung, DB 2007, 297; *Widmann*, Das Fehlen des Finanzexperten nach dem BilMoG – Worst-Case-Szenario für den Aufsichtsrat?, BB 2009, 2602; *Wiedemann*, Organverantwortung in der Aktiengesellschaft – Doppel- und Mehrfachorgane, ZIP 1997, 1565; *Wirth*, Anforderungsprofil und Inkompatibilitäten für Aufsichtsratsmitglieder, ZGR 2005, 327; *Zöllner*, Aktienrechtsreform in Permanenz – Was wird aus den Rechten des Aktionärs?, AG 1994, 336.

## I. Regelungsinhalt und Regelungszweck

1 § 100 Abs. 1–3 regeln ebenso wie § 105 die Voraussetzungen, die zur Übernahme eines Aufsichtsratsmandates zwingend erfüllt sein müssen. Dadurch soll eine **effektive Überwachung des Vorstands durch den Aufsichtsrat** gewährleistet werden[1]. In den Hintergrund tritt demgegenüber der Zweck, die als wirtschaftspolitisch unerwünscht empfundene Konzentration einer Vielzahl von Aufsichtsratsmandaten in einer Hand zu verhindern[2]. Der Katalog der Hinderungsgründe wurde zuletzt durch das VorstAG um eine Cooling-Off-Periode für den Wechsel vom Vorstand in den Aufsichtsrat ergänzt (Abs. 2 Satz 1 Nr. 4, s. dazu unten Rz. 13 ff.). Durch § 100 Abs. 4 wird die Möglichkeit beschränkt, in der Satzung persönliche Voraussetzungen für Aufsichtsratsmitglieder zu verankern. Um die Mitbestimmungsrechte der Arbeitnehmer nicht einzuschränken, kann die Satzung nur an die Anteilseignervertreter im Aufsichtsrat besondere Anforderungen stellen. Der im Zuge des BilMoG[3] neu eingefügte Abs. 5 statuiert für kapitalmarktorientierte Aktiengesellschaften im Sinne des § 264d HGB – trotz der insoweit verfehlten systematischen Stellung[4] – keine persönlichen Voraussetzungen, sondern eine objektive Besetzungsregel.

## II. Persönliche Voraussetzungen

2 Mitglied des Aufsichtsrats kann nach § 100 Abs. 1 Satz 1 nur eine **natürliche Person** sein. Juristische Personen können ebenso wenig wie Handelsgesellschaften, Vereine, Anstalten, Körperschaften und Stiftungen in den Aufsichtsrat gewählt werden, weil die Überwachungspflicht die persönliche Tätigkeit einer verantwortlichen Person voraussetzt[5]. Allerdings können deren Vorstandsmitglieder und Geschäftsführer das Amt ausüben.

3 Aufsichtsratsmitglied kann zudem nur eine **unbeschränkt geschäftsfähige Person (§ 2 BGB)** sein. Diese Einschränkung ist gerechtfertigt, weil die mit der Ausübung eines Aufsichtsratsmandats verbundenen Pflichten so bedeutsam sind, dass sie nicht von einem Minderjährigen ausgeübt werden können[6]. Eine Ermächtigung des gesetz-

---

1 *Hopt/Roth* in Großkomm. AktG, 4. Aufl., § 100 AktG Rz. 10; *Hüffer*, § 100 AktG Rz. 1; *Habersack* in MünchKomm. AktG, 3. Aufl., § 100 AktG Rz. 1; *Spindler* in Spindler/Stilz, § 100 AktG Rz. 1.
2 Vgl. dazu *Kropff*, Aktiengesetz, S. 136.
3 Gesetz zur Modernisierung des Bilanzrechts (Bilanzrechtsmodernisierungsgesetz – BilMoG) vom 25.5.2009, BGBl. I 2009, 1102.
4 Kritisch dazu *Staake*, ZIP 2010, 1013, 1018 f.
5 *Hopt/Roth* in Großkomm. AktG, 4. Aufl., § 100 AktG Rz. 36; *Kropff*, Aktiengesetz, S. 135; *Bürgers/Israel* in Bürgers/Körber, § 100 AktG Rz. 2; *Habersack* in MünchKomm. AktG, 3. Aufl., § 100 AktG Rz. 8; *Spindler* in Spindler/Stilz, § 100 AktG Rz. 8.
6 So die Begründung des RegE bei *Kropff*, Aktiengesetz, S. 135; *Spindler* in Spindler/Stilz, § 100 AktG Rz. 9; *Habersack* in MünchKomm. AktG, 3. Aufl., § 100 AktG Rz. 9.

lichen Vertreters nach §§ 112, 113 BGB genügt nicht[7]. Nach § 100 Abs. 1 Satz 2 kann Aufsichtsratsmitglied auch nicht sein, wer bei der Besorgung seiner Vermögensangelegenheiten ganz oder teilweise einem Einwilligungsvorbehalt (§ 1903 BGB) unterliegt[8].

## III. Hinderungsgründe (§ 100 Abs. 2)

### 1. Höchstzahl von Aufsichtsratsmandaten (§ 100 Abs. 2 Satz 1 Nr. 1)

Die zulässige Höchstzahl von Aufsichtsratsmandaten wird vom Gesetz auf **zehn** festgelegt; für Banken und Versicherungen gilt eine geringere Höchstzahl von 5 Mandaten (§ 36 Abs. 3 Satz 6 KWG, § 7a Abs. 4 Satz 3 VAG). Dadurch soll eine übermäßige Ämterhäufung verhindert werden, die eine sachgerechte Erfüllung der mit dem Mandat verbundenen Pflichten einschränken würde[9]. Maßgeblich ist der **Zeitpunkt des Amtsantritts** (§ 250 Abs. 1 Nr. 4 analog)[10]. Eine Absenkung der zulässigen Mandatshöchstzahl zur Effektivierung der Aufsichtsratsarbeit wurde in der Vergangenheit intensiv diskutiert[11]. Der Gesetzgeber ist entsprechenden Forderungen jedoch nicht gefolgt, weil die Vielgestaltigkeit der Verhältnisse eine pauschale Regelung verbiete[12]. Ziff. 5.4.5 des DCGK i.d.F. vom 18.6.2009 empfiehlt, dass das Vorstandsmitglied einer börsennotierten Gesellschaft insgesamt nicht mehr als drei Aufsichtsratsmandate in konzernexternen börsennotierten Gesellschaften wahrnehmen soll. 4

Anzurechnen sind nur Aufsichtsratsmandate in **Handelsgesellschaften, die zur Bildung eines Aufsichtsrats durch Gesetz verpflichtet** sind. Unberücksichtigt bleiben damit Mandate in Unternehmen, die keine Handelsgesellschaften sind (Genossenschaften, Stiftungen, Versicherungsvereine auf Gegenseitigkeit)[13]. Berücksichtigungsfähig sind dagegen Aufsichtsratsposten in Aktiengesellschaften, Kommanditgesellschaften auf Aktien, Europäischen Gesellschaften mit Verwaltungssitz in Deutschland und Gesellschaften mit beschränkter Haftung, die nach DrittelbG, MitbestG, Montan-MitbestG oder MitbestErgG einen Aufsichtsrat bilden müssen. Freiwillig gebildete Aufsichtsräte bleiben außer Betracht[14]. 5

Umstritten ist die Anrechnung von Mandaten, die in **Aufsichtsgremien ausländischer Gesellschaften** wahrgenommen werden. In dieser Frage deutet sich ein Meinungsumschwung an. Die früher ganz herrschende Meinung lehnte eine Anrechnung solcher Mandate ab[15] und begründete dies mit der Entstehungsgeschichte, der ratio 6

---

7 OLG Hamm v. 13.4.1992 – 15 W 25/92, DB 1992, 1401 zu § 6 GmbHG; *Mertens* in KölnKomm. AktG, 2. Aufl., § 100 AktG Rz. 5; *Habersack* in MünchKomm. AktG, 3. Aufl., § 100 AktG Rz. 9; *Spindler* in Spindler/Stilz, § 100 AktG Rz. 9.
8 Eingefügt durch das Betreuungsgesetz vom 12.9.1990, BGBl. I 1990, 2002.
9 *Hopt/Roth* in Großkomm. AktG, 4. Aufl., § 100 AktG Rz. 32; *Spindler* in Spindler/Stilz, § 100 AktG Rz. 10; *v. Caemmerer* in FS Geßler, 1971, S. 81, 84; *Kropff*, Aktiengesetz, S. 136.
10 *Hüffer*, § 100 AktG Rz. 3; *Habersack* in MünchKomm. AktG, 3. Aufl., § 100 AktG Rz. 14, 42.
11 *Baums*, AG-Sonderheft 1997, 26 f.; *Lutter*, ZHR 159 (1995), 287, 302; *Raiser*, NJW 1996, 2257, 2259 f.; *Bender*, DB 1994, 1965; *Bea/Scheurer*, DB 1994, 2145, 2148.
12 Vgl. RegE KonTraG, BT-Drucks. 13/9712, S. 15.
13 *Kropff*, Aktiengesetz, S. 135; *Bürgers/Israel* in Bürgers/Körber, § 100 AktG Rz. 3; *Spindler* in Spindler/Stilz, § 100 AktG Rz. 11; *Habersack* in MünchKomm. AktG, 3. Aufl., § 100 AktG Rz. 15.
14 *Hopt/Roth* in Großkomm. AktG, 4. Aufl., § 100 AktG Rz. 34; *Hüffer*, § 100 AktG Rz. 3; *Habersack* in MünchKomm. AktG, 3. Aufl., § 100 AktG Rz. 15; *Spindler* in Spindler/Stilz, § 100 AktG Rz. 12; *Kropff*, Aktiengesetz, S. 135.
15 *Hüffer*, § 100 AktG Rz. 3; *Mertens* in KölnKomm. AktG, 2. Aufl., § 100 AktG Rz. 17; *Semler* in MünchKomm. AktG, 2. Aufl., § 100 AktG Rz. 25 („Sinn dieser Ausnahme bleibt dunkel"); *Hoffmann-Becking* in MünchHdb. AG, § 30 Rz. 6; *v. Caemmerer* in FS Geßler, S. 81, 83 ff.

legis der Norm sowie den Qualifikationsproblemen, die bei einer Einbeziehung ausländischer Mandate entstünden. Demgegenüber will eine deutlich im Vordringen begriffene Ansicht in der Literatur auch Mandate in ausländischen Gesellschaften berücksichtigen[16]. Diese Ansicht trifft zu, denn Sinn und Zweck der Einschränkung lassen eine unterschiedliche Behandlung von in- und ausländischen Gesellschaften nicht als geboten erscheinen. Wenn es darum geht, einer zu oberflächlichen Wahrnehmung des einzelnen Mandats infolge einer Vielzahl von Mandaten vorzubeugen, tritt diese Gefahr auch ein, wenn Mandate in ausländischen Gesellschaften wahrgenommen werden[17]. Zudem ist infolge der Rechtsprechung des EuGH zur Niederlassungsfreiheit im Gesellschaftsrecht[18] auch weiterhin verstärkt mit dem Auftreten von Gesellschaften ausländischer Rechtsform mit Sitz im Inland zu rechnen. Von daher überzeugt es nicht, wenn ein Sitz im Aufsichtsrat der *Lufthansa AG* anzurechnen wäre, ein Sitz als outside director im Board der *Air Berlin Plc* jedoch nicht, obwohl die Arbeitsbelastung des Mitglieds sich nicht unterscheiden dürfte. Die Differenzierung zwischen in- und ausländischen Mandaten verliert daher zunehmend an Berechtigung. Die Norm wird dann auch auf ausländische Staatsangehörige anzuwenden sein, die bereits eine entsprechende Menge an Mandaten in ausländischen Gesellschaften innehaben und jetzt zusätzlich Aufsichtsratsmitglied einer deutschen Gesellschaft werden wollen. Die darin liegende Beschränkung der Berufsausübungsfreiheit dürfte jedoch auch europarechtlich gerechtfertigt sein, da das Regelungsziel einer guten Corporate Governance auch europarechtlich anerkannt[19] und mit milderen Mitteln nicht zu erreichen ist.

7 Der Hinderungsgrund der höchstzulässigen Mandatszahl erfährt eine Einschränkung durch das **Konzernprivileg des § 100 Abs. 2 Satz 2.** Auf die Höchstzahl sind **bis zu fünf Aufsichtsratsmandate nicht anzurechnen**, die ein gesetzlicher Vertreter (Vorstand, Geschäftsführer, nicht aber Aufsichtsrat[20]) des herrschenden Unternehmens eines Konzerns (§ 18[21]) in zum Konzern gehörenden Handelsgesellschaften mit gesetzlich vorgeschriebenem Aufsichtsrat innehat. Ist das herrschende Unternehmen ein Einzelkaufmann, so tritt an die Stelle des gesetzlichen Vertreters der Inhaber. Das Konzernprivileg ist gerechtfertigt, weil die Wahrnehmung von Aufsichtsratsmandaten im Konzern zur typischen Vorstandstätigkeit gehört und es lediglich ein Reflex der Unternehmensstruktur ist, also der Frage, ob Unternehmensbereiche als unselbständige Abteilungen oder als Tochtergesellschaften vom Vorstand überwacht wer-

---

16 So jetzt *Hopt/Roth* in Großkomm. AktG, 4. Aufl., § 100 AktG Rz. 36 ff.; *Habersack* in MünchKomm. AktG, 3. Aufl., § 100 AktG Rz. 16; *Spindler* in Spindler/Stilz, § 100 AktG Rz. 13; *Mickel/Fleischmann*, NZG 2010, 54; *Schütze*, AG 1967, 342, 343; *Großfeld* in Staudinger, IntGesR Rz. 588: bei Vergleichbarkeit der Stellung.
17 Vgl. *Hopt/Roth* in Großkomm. AktG, 4. Aufl., § 100 AktG Rz. 39; *Spindler* in Spindler/Stilz, § 100 AktG Rz. 13.
18 EuGH v. 9.3.1999 – Rs. C-212/97 – „Centros", Slg. 1999, I-01459 = ZIP 1999, 438 = AG 1999, 226; EuGH v. 5.11.2002 – Rs. C-208/00 – „Überseering", Slg. 2002, I-09919 = ZIP 2002, 2037 = AG 2003, 37; EuGH v. 30.9.2003 – Rs. C-167/01 – „Inspire Art", Slg. 2003, I-10155 = ZIP 2003, 1885 = AG 2003, 680.
19 Vgl. Mitteilung der Kommission an den Rat und das Europäische Parlament – Modernisierung des Gesellschaftsrechts und Verbesserung der Corporate Governance in der Europäischen Union – Aktionsplan, KOM (2003) 284.
20 *Hüffer*, § 100 AktG Rz. 4; *Habersack* in MünchKomm. AktG, 3. Aufl., § 100 AktG Rz. 19; *Spindler* in Spindler/Stilz, § 100 AktG Rz. 17; *Hopt/Roth* in Großkomm. AktG, 4. Aufl., § 100 AktG Rz. 42.
21 Bloße Abhängigkeit i.S. des § 17 genügt nicht, *Hopt/Roth* in Großkomm. AktG, 4. Aufl., § 100 AktG Rz. 43; *Spindler* in Spindler/Stilz, § 100 AktG Rz. 16; *Habersack* in MünchKomm. AktG, 3. Aufl., § 100 AktG Rz. 20.

den[22]. Im **mehrstufigen Konzern** gilt das Konzernprivileg zutreffenderweise nur für gesetzliche Vertreter des an der Spitze stehenden Konzernunternehmens[23], da nur dieses herrschendes Unternehmen i.S. der Vorschrift ist[24].

**Vorsitzmandate** sind gem. § 100 Abs. 2 Satz 3 **doppelt anzurechnen.** Die durch das KonTraG[25] eingefügte Bestimmung trägt dem zeitlichen Mehraufwand des Aufsichtsratsvorsitzenden Rechnung und will durch die Aufwertung des Amtes einen Beitrag zur Professionalisierung der Tätigkeit des Vorsitzenden leisten[26]. Anrechnungsfrei bleiben die als Aufsichtsratsvorsitzender wahrgenommenen Ämter in Konzernunternehmen[27]; das Konzernprivileg des § 100 Abs. 2 Satz 2 bleibt unberührt. Der stellvertretende Aufsichtsratsvorsitzende ist selbst dann nicht von der Vorschrift betroffen, wenn er den Vorsitzenden vertritt[28].  8

### 2. Keine Aufsichtsratsmitgliedschaft entgegen dem Organisationsgefälle (§ 100 Abs. 2 Satz 1 Nr. 2)

Der **gesetzliche Vertreter eines von der Gesellschaft abhängigen Unternehmens** kann nicht zugleich Mitglied im Aufsichtsrat der Gesellschaft sein[29]. Eine solche Mitgliedschaft widerspräche dem natürlichen Organisationsgefälle im Konzern[30]. Gesetzliche Vertreter sind Vorstandsmitglieder und Geschäftsführer des abhängigen Unternehmens; das Verbot gilt nicht für leitende Angestellte[31]. Sinn und Zweck der Einschränkung sprechen dafür, auch die gesetzlichen Vertreter abhängiger Unternehmen im Ausland einzubeziehen[32].  9

---

22 RegE KonTraG, BT-Drucks. 13/9712, S. 16; *Habersack* in MünchKomm. AktG, 3. Aufl., § 100 AktG Rz. 18; *Spindler* in Spindler/Stilz, § 100 AktG Rz. 15.
23 *Hopt/Roth* in Großkomm. AktG, 4. Aufl., § 100 AktG Rz. 44; *Hüffer*, § 100 AktG Rz. 4; *Krieger* in MünchHdb. AG, § 68 Rz. 76; *Geßler*, BB 1977, 1313, 1316; *v. Hoyningen-Huene*, ZGR 1978, 515, 532 f.; *Habersack* in MünchKomm. AktG, 3. Aufl., § 100 AktG Rz. 20; a.A. *Spindler* in Spindler/Stilz, § 100 AktG Rz. 18; *Semler* in MünchKomm. AktG, 2. Aufl., § 100 AktG Rz. 29; *Mertens* in KölnKomm. AktG, 2. Aufl., § 100 AktG Rz. 18; *Hoffmann-Becking* in MünchHdb. AG, § 30 Rz. 8.
24 Ein „Konzern im Konzern" ist mit der h.M. nicht anzuerkennen, vgl. *Bayer* in MünchKomm. AktG, 3. Aufl., § 18 AktG Rz. 42; *Hüffer*, § 18 AktG Rz. 14 m.w.N.; *Emmerich/Habersack*, Konzernrecht, § 4 III 2 (S. 54 f.); *Habersack* in MünchKomm. AktG, 3. Aufl., § 100 AktG Rz. 20.
25 Gesetz zur Kontrolle und Transparenz im Unternehmensbereich vom 27.4.1998, BGBl. I 1998, 786.
26 RegE KonTraG, BT-Drucks. 13/9712, S. 16; *Habersack* in MünchKomm. AktG, 3. Aufl., § 100 AktG Rz. 21; *Spindler* in Spindler/Stilz, § 100 AktG Rz. 20; *Hopt/Roth* in Großkomm. AktG, 4. Aufl., § 100 AktG Rz. 45; *Feddersen*, AG 2000, 386.
27 *Hopt/Roth* in Großkomm. AktG, 4. Aufl., § 100 AktG Rz. 45; *Hoffmann-Becking* in MünchHdb. AG, § 30 Rz. 9; *Hüffer*, § 100 AktG Rz. 4a; *Habersack* in MünchKomm. AktG, 3. Aufl., § 100 AktG Rz. 22; *Spindler* in Spindler/Stilz, § 100 AktG Rz. 20; *Hüffer*, § 100 AktG Rz. 4a.
28 Dazu ausf. *Hopt/Roth* in Großkomm. AktG, 4. Aufl., § 100 AktG Rz. 46; anders noch der RefE KonTraG, abgedruckt in ZIP 1996, 2129 ff., 2193 ff.; *Habersack* in MünchKomm. AktG, 3. Aufl., § 100 AktG Rz. 22.
29 Der umgekehrte Fall des gesetzlichen Vertreters des herrschenden Unternehmens im Aufsichtsrat eines abhängigen Unternehmens ist zulässig und wird durch die Konzernklausel (§ 100 Abs. 2 Satz 2) begünstigt.
30 *Kropff*, Aktiengesetz, S. 136; *Uwe H. Schneider* in FS Raiser, 2005, S. 341, 344 ff.
31 *Hüffer*, § 100 AktG Rz. 5; *Habersack* in MünchKomm. AktG, 3. Aufl., § 100 AktG Rz. 25; *Spindler* in Spindler/Stilz, § 100 AktG Rz. 22.
32 Hier ganz h.M., vgl. *Hopt/Roth* in Großkomm. AktG, 4. Aufl., § 100 AktG Rz. 54; *Hüffer*, § 100 AktG Rz. 5; *Habersack* in MünchKomm. AktG, 3. Aufl., § 100 AktG Rz. 25; *Mertens* in KölnKomm. AktG, 2. Aufl., § 100 AktG Rz. 19; *Hoffmann-Becking* in MünchHdb. AG, § 30 Rz. 10; *v. Caemmerer* iin FS Geßler, S. 81, 87 ff.; *Spindler* in Spindler/Stilz, § 100 AktG Rz. 22.

### 3. Verbot der Überkreuzverflechtung (§ 100 Abs. 2 Satz 1 Nr. 3)

10 Aufsichtsratsmitglied kann nicht werden, wer gesetzlicher Vertreter in einer anderen Gesellschaft ist, in deren Aufsichtsrat ein Vorstandsmitglied der AG ein Mandat wahrnimmt. Das Verbot der Überkreuzverflechtung will eine **unabhängige und unparteiische Überwachung der Geschäftsführung** gewährleisten: Der Überwachende soll nicht in einer anderen Gesellschaft der Überwachung durch den Überwachten unterliegen[33]. Außerdem soll der Konzentration wirtschaftlicher Macht in den Händen weniger Personen entgegengewirkt werden[34].

11 Das Verbot der Überkreuzverflechtung gilt nach herrschender Lehre **nicht im Verhältnis der AG zu einem ausländischen Unternehmen**[35]. Das vermag nicht zu überzeugen, soweit vorrangig auf den heute in den Hintergrund getretenen wirtschafts- und gesellschaftspolitischen Zweck der Vorschrift abgestellt wird. Bedeutsamer dürfte sein, dass eine unabhängige Überwachung der Geschäftsleitung auch durch eine Verflechtung mit einem ausländischen Unternehmen gefährdet wird. Demgegenüber sollte man die Qualifikationsschwierigkeiten in der Frage, wer bei einem ausländischen Unternehmen als Vorstand und wer als Aufsichtsrat anzusehen ist[36], nicht überbewerten. Trotz der dadurch entstehenden gewissen Rechtsunsicherheit sind ausländische Unternehmen in den Anwendungsbereich von § 100 Abs. 2 Satz 1 Nr. 3 einzubeziehen[37]. Freilich kann das (dann bei Auslandsgesellschaften differenzierungslose) Tätigkeitsverbot nur bei Inlandsgesellschaften Verbotswirkung entfalten, da die Rechtsfolgenseite nicht mehr von der Souveränität des Gesetzgebers gedeckt ist[38].

12 In **Gesellschaften mit fakultativ gebildetem Aufsichtsrat** gilt das Verbot der Überkreuzverflechtung nicht, weil § 52 Abs. 1 GmbHG das Verbot der Überkreuzverflechtung nicht auf den fakultativen Aufsichtsrat der GmbH anwendet. Das sagt aber nichts darüber aus, ob die Mitgliedschaft des GmbH-Geschäftsführers im Aufsichtsrat der AG in dieser Lage zulässig ist. Die Frage ist zu verneinen, da die sachliche Gefahr einer nicht unvoreingenommenen Amtsausübung in der AG gleichwohl besteht[39].

---

33 *Kropff*, Aktiengesetz, S. 136; *Hüffer*, § 100 AktG Rz. 6; *Mertens* in KölnKomm. AktG, 2. Aufl., § 100 AktG Rz. 21; *Habersack* in MünchKomm. AktG, 3. Aufl., § 100 AktG Rz. 27; *Spindler* in Spindler/Stilz, § 100 AktG Rz. 23; *Bürgers/Israel* in Bürgers/Körber, § 100 AktG Rz. 6.
34 *Kropff*, Aktiengesetz, S. 136; *Habersack* in MünchKomm. AktG, 3. Aufl., § 100 AktG Rz. 27.
35 *V. Caemmerer* in FS Geßler, S. 89 ff.; *Mertens* in KölnKomm. AktG, 2. Aufl., § 100 AktG Rz. 23; im Grundsatz auch *Semler* in MünchKomm. AktG, 2. Aufl., § 100 AktG Rz. 43; a.A. *Habersack* in MünchKomm. AktG, 3. Aufl., § 100 AktG Rz. 28; *Hopt/Roth* in Großkomm. AktG, 4. Aufl., § 100 AktG Rz. 62; *Spindler* in Spindler/Stilz, § 100 AktG Rz. 26.
36 Dazu *Mertens* in KölnKomm. AktG, 2. Aufl., § 100 AktG Rz. 23; differenzierend: *Habersack* in MünchKomm. AktG, 3. Aufl., § 100 AktG Rz. 29; gegen die rein formale Entscheidung, sondern für eine materielle Betrachtung: *Spindler* in Spindler/Stilz, § 100 AktG Rz. 26.
37 So auch *Hopt/Roth* in Großkomm. AktG, 4. Aufl., § 100 AktG Rz. 62; *K. Schmidt* in Großkomm. AktG, 4. Aufl., § 250 AktG Rz. 24; *Grasmann*, System des internationalen Gesellschaftsrechts, 1970, Rz. 1040, 1044; *Habersack* in MünchKomm. AktG, 3. Aufl., § 100 AktG Rz. 28; mit Einschränkungen (wenn in gleicher Weise die Gefahr der gegenseitigen Einflussnahme besteht): *Spindler* in Spindler/Stilz, § 100 AktG Rz. 26.
38 Ähnl. *Spindler* in Spindler/Stilz, § 100 AktG Rz. 26 a.E.
39 *Habersack* in MünchKomm. AktG, 3. Aufl., § 100 AktG Rz. 31; *Hoffmann-Becking* in MünchHdb. AG, § 30 Rz. 11; *Mertens* in KölnKomm. AktG, 2. Aufl., § 100 AktG Rz. 22; *Zöllner* in KölnKomm. AktG, 2. Aufl., § 250 AktG Rz. 36; *Semler* in MünchKomm. AktG, 2. Aufl., § 100 AktG Rz. 39 f.; a.A. *Hopt/Roth* in Großkomm. AktG, 4. Aufl., § 100 AktG Rz. 63; *Hüffer*, § 100 AktG Rz. 7; *Bürgers/Israel* in Bürgers/Körber, § 100 AktG Rz. 6; vgl. mit Argumenten *Spindler* in Spindler/Stilz, § 100 AktG Rz. 25.

## 4. Wechsel vom Vorstand in den Aufsichtsrat (§ 100 Abs. 2 Satz 1 Nr. 4)

### a) Grundsatz: Cooling-Off-Periode

Im Zuge des VorstAG[40] wurde für börsennotierte Aktiengesellschaften (vgl. § 3 Abs. 2) eine sog. **Cooling-Off-Periode** eingefügt, durch die Vorstandsmitglieder nach Beendigung ihres Amtes für eine **zweijährige Karenzzeit** grundsätzlich nicht Mitglieder des Aufsichtsrats derselben Gesellschaft werden können. Damit geht das Gesetz über die Empfehlung des DCGK hinaus. Dessen Ziff. 5.4.2 Satz 3 enthielt bereits bisher und enthält auch weiterhin[41] die Empfehlung, dass dem Aufsichtsrat nicht mehr als zwei ehemalige Mitglieder des Vorstands angehören sollen. Bei Banken und Versicherungen dürfen dem Aufsichtsrat von Gesetzes wegen (§ 36 Abs. 3 Satz 5 KWG, § 7a Abs. 4 Satz 3 VAG) maximal zwei ehemalige Vorstandsmitglieder angehören.

13

Der unmittelbare Wechsel vom Vorstand in den Aufsichtsrat war zwar bisher gängige Praxis, unter Corporate-Governance-Gesichtspunkten jedoch durchaus **problematisch**[42]. Aufgabe des Aufsichtsrates ist die Überwachung des Vorstands, wozu insbesondere die retrospektive Kontrolle der Vorstandstätigkeit zählt. Der Ämterwechsel kann daher zu Interessenkonflikten führen, da das ehemalige Vorstandsmitglied nunmehr als Kontrolleur in eigener Sache auftreten müsste. Insoweit besteht zumindest die Gefahr, dass die Tätigkeit des neu zusammengesetzten Vorstands behindert, etwaige Fehlentscheidung aus der Vergangenheit nicht korrigiert und Missstände nicht ausgeräumt werden[43]. Zudem besteht die Gefahr, den Nachfolger in der unternehmerischen Entfaltung zu behindern, wenn der Wechsel auf die besonders einflussreiche Position des **Aufsichtsratsvorsitzenden** erfolgt.

14

Allerdings können für die Zulässigkeit des unmittelbaren Wechsels vom Vorstand in den Aufsichtsrat durchaus vernünftige unternehmerische Gründe sprechen. Nicht zu Unrecht wurde namentlich seitens der Unternehmenspraxis immer wieder darauf hingewiesen, dass das **Know-how** eines ehemaligen Vorstandsmitglieds durch die Übernahme eines Aufsichtsratsmandats dem Unternehmen erhalten bleibe und dass durch den Ämterwechsel sowohl die Arbeit des Aufsichtsrats als auch die des neu zusammengesetzten Vorstands verbessert werden könne[44]. Jüngere empirische Studien belegen zudem die besondere Nützlichkeit von unternehmensspezifischen Fachkenntnissen für die Aufgabenerfüllung des Aufsichtsrats[45]. Die Beurteilung des Wechsels vom Vorstand in den Aufsichtsrat fällt daher durchaus ambivalent aus, jedenfalls soweit es um die Mitgliedschaft als solche und nicht um die Position des Vorsitzenden geht.

15

### b) Ausnahme: Aktionärsvorschlag

Der Gesetzgeber hat sich durch die Einfügung einer Cooling-Off-Periode vordergründig der skeptischen Auffassung angeschlossen, die die mit dem Ämterwechsel verbundenen Risiken betont, diese Entscheidung jedoch zugleich wieder relativiert, in-

16

---

40 Gesetz zur Angemessenheit der Vorstandsvergütung vom 31.7.2009, BGBl. I 2009, 2509.
41 Die Empfehlung ist wegen der in § 100 Abs. 2 Satz 1 Nr. 4 a.E. enthaltenen Ausnahmeregelung auch nicht gegenstandslos geworden.
42 Vgl. dazu *Lieder*, Der Aufsichtsrat im Wandel der Zeit, S. 714 ff. mit zahlreichen Nachweisen.
43 Stellungnahme des Rechtsausschusses zum VorstAG, BT-Drucks. 16/13433, S. 11; *Hohenstatt*, ZIP 2009, 1349, 1355; zuvor bereits *Lieder*, NZG 2005, 569, 572 f.; *Lieder*, Der Aufsichtsrat im Wandel der Zeit, S. 718 f.; *Roth/Wörle*, ZGR 2004, 565, 586; *Schiessl*, AG 2002, 593, 598.
44 Vgl. etwa *Claussen/Bröcker*, AG 2000, 481, 490; *Frühauf*, ZGR 1998, 407, 417; *Schäfer*, ZGR 2004, 416, 417 f.; *Sünner*, AG 2010, 111 ff.
45 S. *Hau/Steinbrecher/Thum*, Der Aufsichtsrat 2009, 72.

dem keine absolute Wechselsperre statuiert wurde. Vielmehr ist der unmittelbare Wechsel vom Vorstand in den Aufsichtsrat **weiterhin möglich**, wenn die Wahl zum Aufsichtsrat **auf Vorschlag von Aktionären** erfolgt, die **mehr als 25 Prozent der Stimmrechte** der Gesellschaft halten (§ 100 Abs. 2 Satz 1 Nr. 4 a.E.). Das Quorum soll nach der Intention des Gesetzgebers die faktische Kooptation des Aufsichtsrats durch den Vorstand verhindern[46]. Das Erreichen des Quorum spreche dafür, dass ein systematisches Kontrolldefizit nicht bestehe und die Entscheidung über den unmittelbaren Ämterwechsel weiterhin der Hauptversammlung überlassen werden könne. Die Hauptversammlung entscheidet über die Bestellung weiterhin mit einfacher Mehrheit.

17 **aa)** Ausweislich des Gesetzeswortlauts gilt die Ausnahme vom Hinderungsgrund nur bei der Wahl zum Aufsichtsrat, womit die **Bestellung durch die Hauptversammlung** gem. § 101 Abs. 1 gemeint ist. Sie gilt nicht für die Arbeitnehmervertreter, da diese nicht von den Aktionären vorgeschlagen werden.

18 **bb)** Hinsichtlich der 25-Prozent-Schwelle enthält das Gesetz keine weiteren Vorgaben. Der entsprechende Wahlvorschlag kann daher auch von mehreren Aktionären gestellt werden, die **zusammen mehr als 25 Prozent** der Stimmrechte inne haben. Auf die Höhe der Einzelanteile kommt es dabei nicht an. Auch ist das Motiv der vorschlagenden Aktionäre ohne Relevanz[47]. Maßgebend ist allein, dass das Vorschlagsquorum erreicht wird. Die Quote berechnet sich nach der Gesamtzahl der Stimmrechte an der Gesellschaft. Bei der Gesamtzahl sind auch die Stimmrechte mit zu berücksichtigen, die gegenwärtig nicht ausgeübt werden können (etwa wegen § 71b, § 28 WpHG, § 59 WpÜG)[48].

19 **cc)** Unklarheiten bestehen hinsichtlich des **Zeitpunkts**, in dem der Aktionärsvorschlag vorliegen muss. Nach Auffassung des Gesetzgebers empfiehlt es sich, dass der Vorschlag frühzeitig dem Aufsichtsrat zugeleitet wird, damit dieser ihn bei seinen Wahlvorschlägen an die Hauptversammlung (vgl. § 124 Abs. 3 Satz 1) berücksichtigen kann. In diesem Fall kann sich der Aufsichtsrat dem Vorschlag der Aktionäre anschließen oder andere Kandidaten benennen. Der Aufsichtsrat ist nicht gehindert, von sich aus eine Person vorzuschlagen, die sich noch in der Cooling-Off-Periode befindet, da die Voraussetzungen der Wählbarkeit erst bei Übernahme des Amtes gegeben sein müssen (arg. § 250 Abs. 1 Nr. 4) und das Wählbarkeitshindernis dadurch überwunden werden kann, dass sich in der Hauptversammlung 25 % der Aktionäre für den Vorgeschlagenen aussprechen[49]. Möglich ist es auch, dass der Aufsichtsrat Alternativvorschläge für den Fall macht, dass der eigentlich vorgeschlagene Kandidat in der Hauptversammlung nicht die Unterstützung von 25 % der Aktionäre erhält. Der Aktionärsvorschlag kann allerdings auch unabhängig vom Wahlvorschlag des Aufsichtsrats der Hauptversammlung unterbreitet werden. Er kann nach § 127 auch noch in der Hauptversammlung selbst gestellt werden. Die Fristen des § 126 schränken nur die Mitteilungspflicht, nicht aber die Antragsberechtigung als solche ein[50]. Erfolgt ein Aktionärsantrag in der Hauptversammlung oder hat der Aufsichtsrat die Wahl einer in der Cooling- Off-Periode befindlichen Person vorgeschlagen, so ist vor dem eigentlichen Wahlakt durch den Versammlungsleiter festzustellen, ob der Wahlvorschlag von 25 % der Aktionäre unterstützt wird. Die Verfahrensweise ist ähnlich

---

46 Stellungnahme des Rechtsausschusses zum VorstAG, BT-Drucks. 16/13433, S. 11.
47 Die diesbezüglichen Ausführungen in der Gesetzesbegründung sind insoweit ausschließlich rechtspolitischer Natur; vgl. Stellungnahme des Rechtsausschusses zum VorstAG, BT-Drucks. 16/13433, S. 11.
48 *Hoffmann-Becking/Krieger*, NZG-Beilage, 2009, 1, 8.
49 Zutr. *Krieger* in FS Hüffer, S. 521, 530 f.
50 *Hoffmann-Becking/Krieger*, NZG-Beilage, 2009, 1, 8.

wie bei einem Antrag auf Einzelentlastung nach § 120 Abs. 1 Satz 2[51]. In einem derart formgerechten festgestellten Minderheitenverlangen liegt auch keine „kurze Abfrage", die nach der Ansicht des Entwurfverfassers zum VorstAG nicht ausreichend sein soll[52].

**dd)** Die Möglichkeit, die Cooling-Off-Periode durch ein qualifiziertes Minderheitenverlangen zu überwinden, gilt entsprechend für die **gerichtliche Bestellung** von Aufsichtsratsmitgliedern nach § 104. Auch hier ist die Bestellung zulässig, wenn der Antrag von mehr als 25 % der Aktionäre gestellt oder unterstützt wird[53]. Das Gericht ist freilich an den Vorschlag nicht gebunden, vgl. § 104 Rz. 25. Im Wege des Erst-Recht-Schlusses ist diese Möglichkeit auf das **Entsendungsrecht** nach § 101 Abs. 2 zu erstrecken, denn wenn schon eine qualifizierte Minderheit der Aktionäre die Möglichkeit hat, die Cooling-Off-Periode zu durchbrechen, muss diese Möglichkeit erst recht demjenigen zustehen, der das Recht hat, in dieser Frage allein zu entscheiden. Auch in diesem Fall besteht zudem das vom Gesetzgeber befürchtete Kontrolldefizit auf Seiten der Aktionäre[54] gerade nicht. 20

**ee)** Im Fall der Durchbrechung der Karenzzeit durch das qualifizierte Minderheitenverlangen ist die gewählte Person rechtlich nicht gehindert, im Aufsichtsrat auch die Position des **Vorsitzenden** und/oder den Vorsitz im Prüfungsausschuss zu übernehmen. Der DCGK verlangt für den ersten Fall eine besondere Begründung (Ziff. 5.4.4.) und regt an, kein ehemaliges Vorstandsmitglied zum Vorsitzenden des Prüfungsausschusses zu bestellen (Ziff. 5.3.2). In diesen beiden Punkten liegt die eigentliche Problematik des Wechsels vom Vorstand in den Aufsichtsrat. Nur die Innehabung einer dieser beiden Schlüsselpositionen begründet die Gefahr, dass das ehemalige Vorstandsmitglied dem neuen Vorstand keinen Raum zur Entfaltung lässt und die Aufdeckung eigener Fehlleistungen der Vergangenheit behindert[55], während der Informationsnutzen für die Gesellschaft überwiegt, wenn der ehemalige Vorstand dem Aufsichtsrat als einfaches Mitglied angehört[56]. An dieser Problematik geht das Vorst-AG gänzlich vorbei, da es nur die Mitgliedschaft im Aufsichtsrat als solche anspricht und dem Betreffenden alle Tore öffnet, sofern er nur das Quorum erreicht. 21

#### c) Anwendungsbereich

Der Hinderungsgrund gilt ausschließlich für **börsennotierte Aktiengesellschaften**, da nach Auffassung des Gesetzgebers nur hier ein „systematisches Kontrolldefizit durch die Eigentümergesamtheit" bestehe[57]. Auch eine Ausdehnung des Anwendungsbereichs auf sonstige kapitalmarktorientiere Kapitalgesellschaften i.S. des § 264d HGB scheidet mangels planwidriger Regelungslücke aus. 22

Die Vorschrift gilt ferner nur beim Wechsel vom Vorstand in den Aufsichtsrat und **nicht** auch für den **umgekehrten** Fall. Aufsichtsräte können auch weiterhin nach Maßgabe des § 105 in den Vorstand wechseln, ohne dass eine Karenzzeit zu beachten wäre. 23

---

51 *Krieger* in FS Hüffer, S. 521, 528 f.
52 *Seibert*, WM 2009, 1489, 1492 f.
53 *Krieger* in FS Hüffer, S. 521, 529.
54 Stellungnahme des Rechtsausschusses zum VorstAG, BT-Drucks. 16/13433, S. 11.
55 Krit. auch *Hoffmann-Becking*, ZHR 170 (2006), 2 ff.; *Habersack* in MünchKomm. AktG, 3. Aufl., § 105 AktG Rz. 8.
56 Vgl. zu Vor- und Nachteilen eines solchen Wechsels *Rode*, BB 2006, 341 ff.; *Lange*, NZG 2004, 265, 266 f.; kritisch zu unklaren Regelung des DCGK *E. Vetter*, BB 2005, 1689, 1692.
57 So die Stellungnahme des Rechtsausschusses zum VorstAG, BT-Drucks. 16/13433, S. 11.

## IV. Sonstige Voraussetzungen und Hinderungsgründe

### 1. Geschriebene Voraussetzungen und Hinderungsgründe

24 Zum Mitglied im Aufsichtsrat einer Kapitalanlagegesellschaft kann nur bestellt werden, wer mit seiner Persönlichkeit und Sachkunde die Interessen der Anleger wahren kann, **§ 6 Abs. 3 Satz 1 InvG**. Besondere Voraussetzungen der Sachkunde enthalten auch das KWG und das VAG für Banken und Versicherungen (vgl. § 36 KWG, §§ 5 Abs. 5 Nr. 9, 7a Abs. 4 VAG). Diese Anforderungen wurden in Reaktion auf die Finanzkrise verschärft[58]; zusätzlich hat die BaFin die Möglichkeit bekommen, von der Gesellschaft die Abberufung von Aufsichtsratsmitgliedern zu verlangen, die den Anforderungen nicht entsprechen, und, wenn die Gesellschaft dem nicht nachkommt, selbst einen Abberufungsantrag nach § 103 zu stellen.

25 Vorstandsmitglieder, dauernde Stellvertreter von Vorstandsmitgliedern, Prokuristen oder zum gesamten Geschäftsbetrieb ermächtigte Handlungsbevollmächtigte der Gesellschaft können nicht zugleich Aufsichtsratsmitglieder sein, **§ 105 Abs. 1**.

26 Gem. **Art. 55 Abs. 2 GG** darf der Bundespräsident nicht dem Aufsichtsrat eines auf Erwerb gerichteten Unternehmens angehören. Der Bundeskanzler und die Bundesminister dürfen ohne Zustimmung des Bundestages kein Mandat im Aufsichtsrat eines auf Erwerb gerichteten Unternehmens wahrnehmen, **Art. 66 GG**[59]. Über eine Erstreckung dieses Verbots auf kürzlich ausgeschiedene politische Amtsträger ist nachzudenken. Beamte bedürfen für die Tätigkeit im Aufsichtsrat eine Nebentätigkeitsgenehmigung ihres Diensthernn (**§ 65 Abs. 4 BBG** bei Bundesbeamten), Notare die Genehmigung der Aufsichtsbehörde (**§ 8 Abs. 3 BNotO**). Der Abschlussprüfer darf nicht Mitglied des Aufsichtsrats der zu prüfenden Gesellschaft sein, **§ 319 Abs. 2 Nr. 2 HGB**.

### 2. Ungeschriebene Voraussetzungen und Hinderungsgründe

#### a) Interessenkonflikte

27 Problematisch ist die Wahrnehmung des Aufsichtsratsmandats durch Mitglieder, die für ein **Konkurrenzunternehmen** tätig sind oder in deren Person andere **Interessenkonflikte** bestehen[60]. Unstreitig ist, dass solche Konflikte nichts an der Pflicht zur ordnungsgemäßen Amtsausübung ändern, weshalb das Mitglied verpflichtet ist, sich in konkreten Konfliktlagen entsprechend zu verhalten, z.B. also sich des Stimmrechts zu enthalten oder der Sitzung fernzubleiben. Ein Fehlverhalten aufgrund von Interessenkonflikten kann zudem auch zu einer nachträglichen Haftung nach § 116 führen, wenn dem Unternehmen dadurch ein Schaden entsteht. Weniger sicher ist, ob derartige Mitglieder schon präventiv vom Aufsichtsrat ferngehalten werden müssen. Dem steht entgegen, dass nach dem Gesetz ein Interessenkonflikt oder eine

---

58 Gesetz zur Stärkung der Finanzmarkt- und Versicherungsaufsicht vom 29.7.2009, BGBl. I 2009, 2305; vgl. dazu *Dreher*, ZGR 2010, 496, 508 ff.
59 Zu Inkompatibilitätsvorschriften in den Landesverfassungen vgl. *Hopt/Roth* in Großkomm. AktG, 4. Aufl., § 100 AktG Rz. 67; *Habersack* in MünchKomm. AktG, 3. Aufl., § 100 AktG Rz. 35; *Spindler* in Spindler/Stilz, § 100 AktG Rz. 28.
60 Vgl. zum Meinungsstand OLG Schleswig v. 26.4.2004 – 2 W 46/04, AG 2004, 453, 454 f.; *Hopt/Roth* in Großkomm. AktG, 4. Aufl., § 100 AktG Rz. 78 ff.; *Hüffer*, § 100 AktG Rz. 2; *Mertens* in KölnKomm. AktG, 2. Aufl., § 100 AktG Rz. 11; *Semler* in MünchKomm. AktG, 2. Aufl., § 100 AktG Rz. 169; *Habersack* in MünchKomm. AktG, 3. Aufl., § 100 AktG Rz. 51 ff.; *Bürgers/Israel* in Bürgers/Körber, § 100 AktG Rz. 7; *Spindler* in Spindler/Stilz, § 100 AktG Rz. 29 ff.; *Hoffmann-Becking* in MünchHdb. AG, § 30 Rz. 3; zur Reformdiskussion *Baums*, ZIP 1995, 11, 17; *Lutter*, ZHR 159 (1995), 287, 302; *Raiser*, NJW 1996, 2257, 2260; *Wiedemann*, ZIP 1997, 1565, 1568.

Wettbewerbslage keinen ausdrücklichen Hinderungsgrund darstellt. Der Gesetzgeber hat beim Erlass des KonTraG in Kenntnis der Diskussion auf die Normierung eines solchen Hinderungsgrundes zunächst verzichtet und sich auf die Einführung einer Offenlegungspflicht (§ 125 Abs. 1 Satz 3) beschränkt[61]. Ziff. 5.4.1 des DCGK i.d.F. vom 18.6.2009 empfiehlt, bei den Vorschlägen zur Wahl von Aufsichtsratsmitgliedern auch potentielle Interessenkonflikte zu berücksichtigen. Aufsichtsratsmitglieder sollen zudem keine Organfunktion oder Beratungsaufgaben bei wesentlichen Wettbewerbern des Unternehmens ausüben, Ziff. 5.4.2 des DCGK i.d.F. vom 18.6.2009.

Damit kommt ein **generelles Verbot** der Mitgliedschaft bei Interessenkonflikten **nicht** in Betracht. Sinnwidrig wäre es aber, ein Mitglied zum Aufsichtsrat zu bestellen, bei dem der Interessenkonflikt so **massiv** auftritt, dass das Mitglied fortgesetzt zur Stimmenthaltung oder zum Fernbleiben von der Sitzung verpflichtet wäre. Ist eine derartige Entwicklung bei der Bestellung bereits absehbar, ist das präventive Verbot überzeugender. Bei Mitgliedern, die einem Unternehmen angehören, das dauernd in einem zentralen Tätigkeitsbereich zu der Gesellschaft in Wettbewerb steht[62], in deren Aufsichtsrat der Betreffende jetzt gewählt werden soll, ist eine solche Lage zu vermuten. Die Vermutung kann aber entkräftet werden, wenn besondere Umstände vorliegen, z.B. die Konkurrenzlage demnächst enden wird oder ausnahmsweise wenig intensiv ist (Holdinggesellschaft ohne operative Tätigkeit)[63]. Rechtsfolge eines Verstoßes bei Beginn der Amtszeit ist die Nichtigkeit der Bestellung (näher unten Rz. 37). Zu Fragen der Haftung vgl. unten § 116 Rz. 35 ff. 28

### b) Unabhängigkeit

Auch die **Unabhängigkeit der Aufsichtsratsmitglieder**[64] wird vom Gesetz nicht gefordert. Etwas anderes folgt auch nicht aus § 100 Abs. 5, der lediglich das Vorhandensein eines unabhängigen Aufsichtsratsmitglieds fordert (dazu unten Rz. 40 ff.). Deshalb kann auch ein ehemaliger Vorstandsvorsitzender zum Aufsichtsrat bestellt werden[65], soweit nicht der Hinderungsgrund des § 100 Abs. 2 Satz 1 Nr. 4 eingreift. Die Diskussion um die Unabhängigkeit von Aufsichtsratsmitgliedern ist noch immer im Gange. Besondere Impulse erfährt die Debatte dabei durch europäische Entwicklungen (Bericht der High Level Group, Aktionsplan der Europäischen Kommission[66], Empfehlung der Kommission zu den Aufgaben von nicht geschäftsführenden Direktoren/ Aufsichtsratsmitgliedern börsennotierter Gesellschaften sowie zu den Ausschüssen des Verwaltungs-/Aufsichtsrats[67]). **Ziff. 5.4.2 des DCGK** i.d.F. vom 18.6.2009 empfiehlt, dass dem Aufsichtsrat eine nach seiner Einschätzung ausreichende Anzahl unabhängiger Mitglieder angehören soll, um eine unabhängige Beratung und Überwachung des Vorstands durch den Aufsichtsrat zu ermöglichen. Nach dem Kodex ist ein Aufsichtsratsmitglied als unabhängig anzusehen, wenn es in keiner geschäftli- 29

---

61 Vgl. RegE KonTraG, BT-Drucks. 13/9712, S. 17.
62 Weitergehend *Lutter/Krieger*, Aufsichtsrat, Rz. 894 ff., 926 ff., 918 ff. (bei Übernahmen), die in einem solchen Fall stets Amtsunfähigkeit annehmen.
63 I.E. zutreffend deshalb OLG Schleswig v. 26.4.2004 – 2 W 46/04, AG 2004, 453, 454 f.
64 Dazu *Roth/Wörle*, ZGR 2004, 565 ff.; *Druey* in FS Doralt, S. 151 ff.; *Hüffer*, ZIP 2006, 637; *Habersack* in MünchKomm. AktG, 3. Aufl., § 100 AktG Rz. 54 ff.; *Jaspers*, AG 2009, 607 ff.; *Tödtmann/Schauer*, ZIP 2009, 995 ff.
65 Vgl. LG München I v. 9.6.2006 – 5 HKO 10154/04, DB 2005, 1617, 1619 f. = ZIP 2005, 1555; a.A. nur *Lange*, NZG 2004, 265, 268 f.: analoge Anwendung der § 105 Abs. 1, § 319 Abs. 3 Nr. 2 HGB.
66 Mitteilung der Kommission an den Rat und das Europäische Parlament – Modernisierung des Gesellschaftsrechts und Verbesserung der Corporate Governance in der Europäischen Union – Aktionsplan, KOM (2003) 284.
67 Empfehlung der Kommission 2005/162/EG vom 15.2.2005, ABl. EU Nr. L 52 v. 25.2.2005, S. 51.

chen oder persönlichen Beziehung zu der Gesellschaft oder deren Vorstand steht, die einen Interessenkonflikt begründet. Dem Aufsichtsrat sollen nicht mehr als zwei ehemalige Mitglieder des Vorstands angehören. Mit Hinblick auf die Offenheit der Diskussion und die Schwierigkeit, für eine fehlende Unabhängigkeit Kriterien zu formulieren, die im Voraus handhabbar sind, ist gegenwärtig ein Bestellungshindernis wegen fehlender Unabhängigkeit nicht anzuerkennen[68]. Das gilt umso mehr, als es weniger um die Unabhängigkeit jedes einzelnen Mitglieds, sondern um die ausgewogene Besetzung des Gesamtgremiums geht.

### c) Sachkunde

30 Fachkompetenz wird vom Gesetz ebenfalls nicht ausdrücklich gefordert, ist aber natürlich für die sachgerechte Wahrnehmung des Mandats unabdingbar[69]. Das Mitglied muss in der Lage sein, die allgemeinen Aufgaben zu erfüllen, ohne dabei auf ständige Beratung durch Externe angewiesen zu sein[70]. Dies betrifft insbesondere auch den Bereich der Rechnungslegung. Insofern darf man aus § 100 Abs. 5 n.F. nicht den Schluss ziehen, das gewöhnliche Aufsichtsratsmitglied müsse über keine Kenntnisse auf dem Gebiet der Rechnungslegung verfügen. Richtig ist vielmehr, dass § 100 Abs. 5 bei einem Mitglied Spezialwissen verlangt, während die anderen zumindest ein Grundverständnis in diesen Fragen aufweisen müssen[71]. Eine präventive Kontrolle bei der Bestellung muss aber ausscheiden, weil sich Fragen der persönlichen fachlichen Kompetenz nur sehr schwer an abstakt nachprüfbaren Kriterien festmachen lassen. Daher ist hier zunächst auf das Eigeninteresse der Beteiligten an einer sachkundigen Besetzung zu vertrauen. In Extremfällen kann eine nachgelagerte Korrektur durch Haftung erfolgen, die zugleich präventive Abschreckungswirkung entfaltet.

### 3. Pflichten bei der Auswahl von Aufsichtsratsmitgliedern

31 Der Aufsichtsrat hat eine hohe Verantwortung beim Vorschlag an die Hauptversammlung zur **Nachbesetzung freiwerdender Aufsichtsratsmandate**, jedenfalls soweit es um Gesellschaften ohne Großaktionär geht. Da bei diesen Gesellschaften die Hauptversammlung (schon mangels Kommunikationsmöglichkeit unter den Aktionären) nur schwer zur Formulierung eigener Kandidatenvorschläge fähig ist und solche Vorschläge zudem nur selten zum Erfolg führen[72], kommt dem Vorschlag des Aufsichtsrats erhöhte Bedeutung zu[73]. Dementsprechend wird zunehmend als best practice empfohlen, zunächst ein **Anforderungsprofil** zu formulieren[74], aus dem sich

---

68 *Habersack* in MünchKomm. AktG, 3. Aufl., § 100 AktG Rz. 58 m.w.N.; *Hopt/Roth* in Großkomm. AktG, 4. Aufl., § 100 AktG Rz. 73 ff.; *Spindler* in Spindler/Stilz, § 100 AktG Rz. 30 f.; *Hüffer*, § 103 AktG Rz. 13b; RG v. 12.10.1940 – II 33/40, RGZ 165, 68, 82; BGH v. 21.2.1963 – II ZR 76/62, BGHZ 39, 116, 123; *Wirth*, ZGR 2005, 327, 343 ff.; a.A. *Lutter*, ZHR 145 (1981), 224, 236 ff.; *Lutter*, ZHR 159 (1995), 287, 302; *Lutter/Krieger*, Aufsichtsrat, Rz. 927; *Berrar*, NZG 2001, 1113, 1117 f.; *Decher*, ZIP 1990, 277, 287.
69 *Drygala*, Der Aufsichtsrat 2010, 101, 102.
70 BGH v. 15.11.1982 – II ZR 27/82, BGHZ 85, 293, 296 = AG 1983, 133; *Lutter*, Information und Vertraulichkeit, S. 131 ff.; vgl. Ziff. 5.4.1 des DCKG i.d.F. vom 18.6.2009 sowie *Lutter/Krieger*, Aufsichtsrat, Rz. 24 ff.
71 *Drygala*, Der Aufsichtsrat 2010, 101, 102.
72 *Meder*, DStR 2008, 1242; *Roth/Wörle*, ZGR 2004, 565, 577; *Semler* in FS Lutter, 2000, S. 721, 725. Zur Ausnahme bei der Infineon AG FAZ v. 12.2.2010, S. 22.
73 Zutr. *Lutter*, ZIP 2003, 417 ff.
74 Arbeitskreis Externe und Interne Überwachung der Unternehmung der Schmalenbach-Gesellschaft für Betriebswirtschaft e.V. (AKEIÜ), DB 2006, 1625; *Meder*, DStR 2008, 1242; *Lutter*, ZIP 2003, 417 ff.; vgl. auch *Wirth*, ZGR 2005, 327; weitergehend aber *Lutter* in Hommelhoff/Hopt/v. Werder, Hdb. Corporate Governance, 2. Aufl. 2009, S. 321, 327: Anforderungsprofil als Rechtspflicht.

die fachlichen Anforderungen an den Kandidaten ergeben. In jedem Fall ist neben den fachlichen Qualifikationen des einzelnen Kandidaten auch die Gesamtzusammensetzung des Gremiums zu beachten. Die gestiegenen Anforderungen an den Aufsichtsrat schließen es aus, dass jedes Mitglied in jedem Bereich gleich kompetent ist. Die Gesamtbesetzung sollte daher so vorgenommen werden, dass die Mitglieder sich in ihren Spezialkenntnissen nach Möglichkeit ergänzen[75].

Neben diesen fachlichen Aspekten sind bei dem Besetzungsvorschlag weiche Faktoren zu berücksichtigen. Wichtig sind neben den Fachqualifikationen auch **Schlüsselqualifikationen** wie Problemlösungsfähigkeit und Veränderungskompetenz[76]. Eine zu homogene Besetzung kann dazu führen, dass sich ein Gruppenverhalten mit einer Leitfigur herausbildet, was für die offene Diskussion im Gremium schädlich ist[77]. Ebenso macht es für den Aufsichtsrat keinen Sinn, Kandidaten vorzuschlagen, die mit dem Vorstand aus menschlichen und persönlichen Gründen nicht erfolgreich zusammenarbeiten werden können[78]. Schließlich ist die Empfehlung des DCGK zur Diversity im Aufsichtsrat[79] und zur angemessenen Berücksichtigung von Frauen[80] zu berücksichtigen. Aus diesen Gründen kann die Frage der bestmöglichen Aufsichtsratsbesetzung und des geeigneten Wahlvorschlags nicht allein auf betriebswirtschaftliche Kriterien verengt werden[81]. Zudem wäre eine Rechtspflicht, sich nicht mir der zweitbesten Lösung zufrieden zu geben[82], nicht justitiabel. Einer zu starken Verrechtlichung der Frage steht entgegen, dass es sich ebenso wie bei der Vorstandsbesetzung um eine Personalentscheidung handelt, bei der das entscheidende Gremium im hohen Maße eines unternehmerischen Ermessensspielraums bedarf. Das schließt es nicht aus, Anforderungen an die Entscheidungsvorbereitung als Voraussetzung für die Berufung auf Business Judgment zu stellen, wozu die Formulierung eines Anforderungsprofils sicherlich gehört. Jedoch ist dabei nicht die bestmögliche, sondern nur eine angemessene Vorbereitung zu fordern[83]. Aus diesem Grunde ist auch die Einschaltung externer Personalberater in dieser Frage nicht Rechtspflicht[84], sondern Frage der betriebswirtschaftlichen Zweckmäßigkeit[85].

32

Eine **Beteiligung des Vorstands am Auswahlprozess** ist vom Gesetz erkennbar nicht gewollt. Vielmehr lässt § 124 Abs. 3 Satz 1 deutlich erkennen, dass allein der Aufsichtsrat zuständig sein soll[86]. Dem entspricht die gegenwärtige Auswahlpraxis nicht, diese ist vielmehr von einer starken inhaltlichen Einflussnahme des Vorstands

33

---

75 Zutr. *Lutter*, DB 2009, 775, 778 f.; *Lutter* in Hommelhoff/Hopt/v. Werder, Hdb. Corporate Governance, 2. Aufl. 2009, S. 321, 327.
76 *V. Werder* in Hommelhoff/Hopt/v. Werder, Hdb. Corporate Governance, 2. Aufl. 2009, S. 331, 336 f.
77 Zutr. *Peltzer*, NZG 2009, 1042; *Seele*, S. 181 f.
78 Dies spricht dafür, de lege ferenda eine begrenzte Mitwirkung des Vorstands an der Kandidatenvorauswahl zuzulassen, so auch *Meder*, DStR 2008, 1242.
79 Ziff. 5.1.2 DCGK und dazu *Spies/Wieduwilt/Friedrichs*, Der Aufsichtsrat 2008, 138 f.; *Kocher*, BB 2010, 264 ff.
80 *Schladenbach/Stefanopoulou*, BB 2010, 1042; *Redenius-Hövermann*, ZIP 2010, 660.
81 In diese Richtung aber die Besetzungsliste von *Lutter*, DB 2009, 775, 778; nur ansatzweise berücksichtigt bei *v. Werder/Wieczorek*, DB 2007, 297, 28 ff. (in Thesen 2.2 und 2.6).
82 So aber *Lutter* in Hommelhoff/Hopt/v. Werder, Hdb. Corporate Governance, 2. Aufl. 2009, S. 321, 327.
83 *Mertens/Cahn* in KölnKomm. AktG, 3. Aufl., § 93 AktG Rz. 33 m.w.N.
84 So aber *Lutter* in Hommelhoff/Hopt/v. Werder, Hdb. Corporate Governance, 2. Aufl. 2009, S. 321, 327.
85 *Mertens/Cahn* in KölnKomm. AktG, 3. Aufl., § 93 AktG Rz. 34; *Spindler* in MünchKomm. AktG, 3. Aufl., § 93 AktG Rz. 48; *Hüffer*, § 93 AktG Rz. 4g; *Fleischer* in Spindler/Stilz, § 93 AktG Rz. 69.
86 So bereits *Kropff*, Aktiengesetz, S. 174; in der Bewertung übereinstimmend *Roth/Wörle*, ZGR 2004, 565, 578; *Lutter*, ZHR 159 (1995), 287, 301; *Peltzer*, Deutsche Corporate Gover-

geprägt[87]. De lege ferenda wäre es erwägenswert, diesen Konflikt zwischen Recht und Wirklichkeit durch eine Legalisierung des Vorstandseinflusses, verbunden mit einer stärkeren Berichtspflichten gegenüber der Hauptversammlung, aufzulösen[88]. Bis dahin sind allerdings Wahlvorschläge, die materiell nicht vom Aufsichtsrat, sondern vom Vorstand ausgehen, rechtswidrig und, sofern Relevanz gegeben ist, wegen Verstoßes gegen § 124 Abs. 1 Satz 1 auch anfechtbar[89]. Zudem können Mitglieder, die auf Initiative des Vorstands der Hauptversammlung vorgeschlagen wurden, nicht als „unabhängig" i.S. des § 100 Abs. 5 gelten.

### 4. Weitere Maßnahmen zur Sicherung der Fachkompetenz

34   Guter unternehmerischer Praxis eines professionellen Aufsichtsrats entspricht es zudem, dass sich die Aufsichtsratsmitglieder regelmäßig weiterbilden[90], dass neue Mitglieder Hilfe bei der Einarbeitung in das Mandat erhalten[91] und dass der Aufsichtsrat seine eigene Arbeit evaluiert bzw. evaluieren lässt[92]. Rechtspflicht oder auch nur Voraussetzung einer haftungsfreien Mandatswahrnehmung sind diese Verhaltensweisen allerdings (jedenfalls bisher) nicht[93].

## V. Persönliche Voraussetzungen für Aufsichtsratsmitglieder der Arbeitnehmer sowie weitere Mitglieder (§ 100 Abs. 3)

35   Alle Aufsichtsratsmitglieder unterliegen den Anforderungen des § 100 Abs. 1, 2. Darüber hinaus stellt § 100 Abs. 3 klar, dass die Vertreter der Arbeitnehmer im Aufsichtsrat zusätzlich noch besondere Wählbarkeitsvoraussetzungen erfüllen müssen, die sich aus mitbestimmungsrechtlichen Vorschriften ergeben (§ 7 Abs. 2, 3, 4 MitbestG, §§ 4 Abs. 2, 6 Abs. 1 MontanMitbestG, §§ 5, 6 MitbestErgG, § 4 Abs. 2, 3 DrittelbG). Die besonderen Voraussetzungen des § 100 Abs. 3 sind abschließend und können nicht durch Satzung erweitert oder eingeschränkt werden (vgl. § 100 Abs. 4)[94].

## VI. Satzungsmäßige Regelung der Voraussetzungen (§ 100 Abs. 4)

36   In der Satzung können **nur für die Vertreter der Anteilseigner** im Aufsichtsrat besondere persönliche Voraussetzungen aufgestellt werden. An die aufgrund eines Entsendungsrechts (§ 101 Abs. 2) eines Aktionärs berufenen Mitglieder können dabei uneingeschränkt weitere Anforderungen gestellt werden, weil es der Satzung freisteht, überhaupt ein Entsendungsrecht einzuräumen[95]. Anderes gilt für die von der Haupt-

---

nance, S. 105; vgl. zur ähnlichen Lage hinsichtlich der Auswahl des Wirtschaftsprüfers auch BGH v. 25.11.2002 – II ZR 49/01, BGHZ 153, 32.
87  *Roth/Wörle*, ZGR 2004, 565, 577 f.; *Meder*, DStR 2008, 1242, 1243, jeweils m.w.N. zur rechtstatsächlichen Lage.
88  Überzeugend *Meder*, DStR 2008, 1242 ff.
89  BGH v. 25.11.2002 – II ZR 49/01, BGHZ 153, 32.
90  *Lutter*, DB 2009, 775, 779; i.d.S. auch *Semler* in FS K. Schmidt, S. 1489, 1499, 1501 f.; *Kropff* in FS K. Schmidt, S. 1023, 1025 f.
91  Vgl. *Semler* in FS K. Schmidt, S. 1489, 1501.
92  Vgl. für das Evaluierungserfordernis *Lutter*, DB 2009, 775, 779; *v. Werder/Wieczorek*, DB 2007, 297 ff.; zust. *Bihr/Blättchen*, BB 2007, 1285, 1289 f.
93  *Lutter*, DB 2009, 775, 779.
94  So schon die frühere Rspr., vgl. BGH v. 21.2.1963 – II ZR 76/62, BGHZ 39, 116, 122 = NJW 1963, 905; *Habersack* in MünchKomm. AktG, 3. Aufl., § 100 AktG Rz. 36 f.; *Spindler* in Spindler/Stilz, § 100 AktG Rz. 34 f.; *Hüffer*, § 100 AktG Rz. 8.
95  *Hopt/Roth* in Großkomm. AktG, 4. Aufl., § 100 AktG Rz. 102; *Habersack* in MünchKomm. AktG, 3. Aufl., § 100 AktG Rz. 40; *Spindler* in Spindler/Stilz, § 100 AktG Rz. 28; *Hüffer*, § 100 AktG Rz. 9.

versammlung gewählten Aufsichtsratsmitglieder. Bei diesen darf die Wahlfreiheit der Hauptversammlung (§ 119 Abs. 1 Nr. 1) nicht unbillig beschränkt werden. Unzulässig sind deshalb alle Satzungsbestimmungen, durch die der Kreis der wählbaren Personen derart begrenzt wird, dass eine freie Wahl nicht mehr möglich ist[96] (Begrenzung auf bestimmte Personen, auf Inhaber von Aktien mit bestimmten Nummern oder bestimmter Gattungen, auf Angehörige einer bestimmten Familie[97]). Als besondere Voraussetzungen können etwa Aktionärseigenschaft, Vorstrafenfreiheit, besondere fachliche Qualifikationen satzungsmäßig bestimmt werden. Das Verlangen nach einer deutschen Staatsbürgerschaft dürfte wegen Art. 56 AEUV, der auch im Privatrechtsverkehr mittelbare Wirkung entfaltet, unzulässig sein[98]. Hingegen betrifft das Allgemeine Gleichbehandlungsgesetz nur Benachteiligungen wegen der „ethnischen Herkunft" und erfasst daher das reine Abstellen auf die Staatsangehörigkeit nicht[99]. Auch kann die Satzung eine niedrigere Höchstzahl zulässiger Aufsichtsratsmandate und eine zeitliche Beschränkung der Aufsichtsratstätigkeit vorsehen[100].

## VII. Rechtsfolgen bei Fehlen persönlicher Voraussetzungen

### 1. Verstoß bei Amtsantritt

Maßgeblicher Zeitpunkt für das Vorliegen der persönlichen Voraussetzungen ist der **Amtsantritt**[101], so dass Hindernisse noch nach der Wahl behoben werden können, z.B. durch Amtsniederlegung in einer anderen Gesellschaft, wenn die Mitgliedschaft dort der Amtsübernahme entgegensteht. Fehlt der in den Aufsichtsrat gewählten Person zu Beginn ihrer Amtszeit eine der in § 100 Abs. 1, 2 niedergelegten **gesetzlichen Voraussetzungen**, so ist die Wahl gem. § 250 Abs. 1 Nr. 4 nichtig[102]. Da es sich insoweit in aller Regel um einen evidenten Bestellungsmangel handelt, gelangen die Grundsätze des fehlerhaften Organs (s. dazu § 101 Rz. 35 ff.) in diesem Zusammenhang nicht zur Anwendung[103].

37

---

96 RG v. 11.6.1931 – II 398/29, RGZ 133, 90, 93; KG, KGJ 32 A 136, 139.
97 Str., wie hier *Hopt/Roth* in Großkomm. AktG, 4. Aufl., § 100 AktG Rz. 105; *Mertens* in KölnKomm. AktG, 2. Aufl., § 100 AktG Rz. 28; *Habersack* in MünchKomm. AktG, 3. Aufl., § 100 AktG Rz. 41; *Spindler* in Spindler/Stilz, § 100 AktG Rz. 37; *Hüffer*, § 100 AktG Rz. 9; a.A. *Röhricht* in Großkomm. AktG, 4. Aufl., § 23 AktG Rz. 190; *Lutter/Krieger*, Aufsichtsrat, § 1 Rz. 24; auf den Einzelfall abstellend: *Bürgers/Israel* in Bürgers/Körber, § 100 AktG Rz. 10.
98 A.A., allerdings ohne Auseinandersetzung mit der europarechtlichen Problematik, die ganz h.M., etwa *Hüffer*, § 100 AktG Rz. 9; *Geßler* in G/H/E/K, § 100 AktG Rz. 45 f.; *Semler* in MünchKomm. AktG, 2. Aufl., § 100 AktG Rz. 64; *Habersack* in MünchKomm. AktG, 3. Aufl., § 100 AktG Rz. 41; *Mertens* in KölnKomm. AktG, 2. Aufl., § 100 AktG Rz. 28; *Spindler* in Spindler/Stilz, § 100 AktG Rz. 37.
99 BT- Drucks. 16/1780, S. 31.
100 Vgl. *Hopt/Roth* in Großkomm. AktG, 4. Aufl., § 100 AktG Rz. 104; *Hoffmann-Becking* in MünchHdb. AG, § 30 Rz. 12a; *Habersack* in MünchKomm. AktG, 3. Aufl., § 100 AktG Rz. 41: zwei Amtszeiten.
101 *Hopt/Roth* in Großkomm. AktG, 4. Aufl., § 100 AktG Rz. 108; *Hüffer*, § 100 AktG Rz. 14; *Mertens* in KölnKomm. AktG, 2. Aufl., § 100 AktG Rz. 29; *Spindler* in Spindler/Stilz, § 100 AktG Rz. 33, 46; *Habersack* in MünchKomm. AktG, 3. Aufl., § 100 AktG Rz. 42; *Bürgers/Israel* in Bürgers/Körber, § 100 AktG Rz. 12.
102 *Spindler* in Spindler/Stilz, § 100 AktG Rz. 33, 46; *Habersack* in MünchKomm. AktG, 3. Aufl., § 100 AktG Rz. 42. Zu den bei den Arbeitnehmervertretern geltenden Besonderheiten vgl. unten § 250 Rz. 8.
103 Ebenso *Schürnbrand*, Organschaft im Recht der privaten Verbände, S. 290; *Habersack* in MünchKomm. AktG, 3. Aufl., § 101 AktG Rz. 70.

38 Lediglich anfechtbar (§ 251 Abs. 1) ist die Wahl, wenn die gewählte Person die **in der Satzung bestimmten Voraussetzungen** (§ 100 Abs. 4) nicht erfüllt[104]. Wird die Wahl innerhalb der Monatsfrist (§§ 251 Abs. 3, 246 Abs. 1) nicht angefochten, so ist und bleibt der Gewählte Mitglied des Aufsichtsrats. Der Hauptversammlung steht jedoch die Möglichkeit der Abberufung (§ 103 Abs. 3) offen[105].

### 2. Verstoß nach Amtsantritt

39 Der nachträgliche Wegfall einer der **gesetzlichen Voraussetzungen** hat das sofortige Erlöschen des Aufsichtsratsmandats zur Folge; eine ausdrückliche Amtsniederlegung ist nicht erforderlich[106]. Ein Verstoß gegen § 100 Abs. 2 Satz 1 Nr. 1 (Überschreitung der Höchstzahl) kommt allerdings grundsätzlich nicht mehr in Betracht, da § 250 Abs. 1 Nr. 4 für diesen Fall die Nichtigkeit der späteren Wahl anordnet. Entsteht nach Amtsantritt eine Überkreuzverflechtung (§ 100 Abs. 2 Satz 1 Nr. 3), erlischt nur das Mandat desjenigen, in dessen Person das zur Vollendung der Überkreuzverflechtung erforderliche Tatbestandsmerkmal besteht[107]. Anders ist der nachträgliche Verstoß gegen **satzungsmäßige Voraussetzungen** zu beurteilen. In diesem Fall erlischt das Aufsichtsratsmandat nicht automatisch. Eine Anfechtungsklage kommt nicht in Betracht. Vielmehr steht der Hauptversammlung ein Abberufungsrecht nach § 103 Abs. 1 zu[108]. Auch die Möglichkeit einer gerichtlichen Abberufung nach § 103 Abs. 3 ist eröffnet, wenn ein wichtiger Grund vorliegt[109]. Das ist zu bejahen, wenn es sich nach der Satzung um eine Dauervoraussetzung handeln soll[110].

## VIII. Unabhängiger Finanzexperte (§ 100 Abs. 5)

### 1. Allgemeines

#### a) Europarechtlicher Hintergrund und Umsetzung durch das BilMoG

40 Der durch das BilMoG neu eingeführte § 100 Abs. 5 schreibt vor, dass bei kapitalmarktorientierten Aktiengesellschaften im Sinne des § 264d HGB „mindestens ein unabhängiges Mitglied des Aufsichtsrats über **Sachverstand auf den Gebieten Rechnungslegung oder Abschlussprüfung** verfügen" muss. Die Vorschrift geht zurück auf

---

104 Auch hier sollte richtiger Ansicht nach der Zeitpunkt des Amtsantritts maßgeblich sein, vgl. *Hopt/Roth* in Großkomm. AktG, 4. Aufl., § 100 AktG Rz. 117; *Habersack* in MünchKomm. AktG, 3. Aufl., § 100 AktG Rz. 42; abw. *Spindler* in Spindler/Stilz, § 100 AktG Rz. 46 f.
105 *Hopt/Roth* in Großkomm. AktG, 4. Aufl., § 100 AktG Rz. 118; *Habersack* in MünchKomm. AktG, 3. Aufl., § 100 AktG Rz. 44.
106 *Hopt/Roth* in Großkomm. AktG, 4. Aufl., § 100 AktG Rz. 119; *Hüffer*, § 100 AktG Rz. 14; *Mertens* in KölnKomm. AktG, 2. Aufl., § 100 AktG Rz. 32; *Spindler* in Spindler/Stilz, § 100 AktG Rz. 48; *Bürgers/Israel* in Bürgers/Körber, § 100 AktG Rz. 12; *Habersack* in MünchKomm. AktG, 3. Aufl., § 100 AktG Rz. 47 ff.
107 Näher *Hopt/Roth* in Großkomm. AktG, 4. Aufl., § 100 AktG Rz. 123; *Habersack* in MünchKomm. AktG, 3. Aufl., § 100 AktG Rz. 48.
108 *Hopt/Roth* in Großkomm. AktG, 4. Aufl., § 100 AktG Rz. 129; *Hüffer*, § 100 AktG Rz. 14; *Mertens* in KölnKomm. AktG, 2. Aufl., § 100 AktG Rz. 34; *Habersack* in MünchKomm. AktG, 3. Aufl., § 100 AktG Rz. 50; *Bürgers/Israel* in Bürgers/Körber, § 100 AktG Rz. 12.
109 *Habersack* in MünchKomm. AktG, 3. Aufl., § 100 AktG Rz. 50, 72; *Mertens* in KölnKomm. AktG, 2. Aufl., § 100 AktG Rz. 34; *Spindler* in Spindler/Stilz, § 100 AktG Rz. 49.
110 *Mertens* in KölnKomm. AktG, 2. Aufl., § 100 AktG Rz. 34; *Bürgers/Israel* in Bürgers/Körber, § 100 AktG Rz. 12; *Hüffer*, § 100 AktG Rz. 11; für jede satzungswidrige Mitgliedschaft und damit strenger in den Folgen: *Habersack* in MünchKomm. AktG, 3. Aufl., § 100 AktG Rz. 50; ebenso *Spindler* in Spindler/Stilz, § 100 AktG Rz. 49.

Art. 41 der EU-Abschlussprüferrichtlinie[111], der für Unternehmen von öffentlichem Interesse die Bildung eines Prüfungsausschusses (Audit Committee; s. zum Ganzen auch § 107 Rz. 56 ff.) im Grundsatz vorschreibt (Art. 41 Abs. 1 Unterabs. 1 Satz). Gem. Art. 2 Nr. 13 der Richtlinie zählen zu den „Unternehmen von öffentlichem Interesse" neben Kreditinstituten und Versicherungsunternehmen alle Unternehmen, dessen übertragbare Wertpapiere zum Handel auf einem geregelten Markt zugelassen sind, näher dazu Rz. 43. Nach § 41 Abs. 1 Unterabs. 1 Satz 3 der Richtlinie muss mindestens ein Mitglied des Prüfungsausschusses unabhängig sein und über Sachverstand in Rechnungslegung und/oder Abschlussprüfung verfügen.

Art. 41 Abs. 5 der Richtlinie gestattet es den Mitgliedstaaten, vom zwingenden Erfordernis eines **Prüfungsausschusses abzusehen**, wenn die betreffenden Gesellschaften über ein Gremium verfügen, das die einem Prüfungsausschuss obliegenden Aufgaben[112] erfüllt und nach Maßgabe der einzelstaatlichen Vorschriften gebildet worden ist. Gremium in diesem Sinne ist insbesondere der Aufsichtsrat deutscher Aktiengesellschaften. Der deutsche Gesetzgeber hat von dieser opt-out-Möglichkeit Gebrauch gemacht und die Bildung eines Prüfungsausschusses nicht zwingend vorgeschrieben (vgl. § 107 Abs. 3 Satz 2: „kann"). Dem Erfordernis des Art. 41 Abs. 1 Unterabs. 1 Satz 3 wurde dabei durch die Einfügung der §§ 100 Abs. 5, 107 Abs. 4 Rechnung getragen: Der Aufsichtsrat als solcher muss mindestens einen unabhängigen Finanzexperten aufweisen. Wird ein Prüfungsausschuss gebildet, so muss auch hierin ein Mitglied unabhängig und sachverständig sein. Die Regierungsbegründung[113] spricht insoweit davon, dass „regelmäßig Personalunion" zwischen dem Aufsichtsratsmitglied im Sinn des § 100 Abs. 5 und dem Mitglied des Prüfungsausschusses im Sinn des § 107 Abs. 4 i.V.m. § 100 Abs. 5 bestehen dürfte. Dies ist, wenngleich nicht falsch, so doch unglücklich formuliert: Da jedes Mitglied des Prüfungsausschusses zugleich Mitglied des Aufsichtsrats ist, stellt sich die Frage nach einer Aufspaltung insoweit nicht. Zutreffenderweise dürfte mit der Aussage auch etwas anderes gemeint sein, nämlich dass die entsprechend qualifizierten Mitglieder des Aufsichtsrats typischerweise in den Prüfungsausschuss gewählt werden.

**b) Dogmatische Verortung**

§ 100 Abs. 5 statuiert eine **objektive Besetzungsregel**, die Anforderungen zwar an die Zusammensetzung des Gremiums, nicht aber konkret an einzelne seiner Mitglieder stellt. Aufsichtsratsmitglied kann auch weiterhin jeder sein, der die Voraussetzungen des § 100 Abs. 1 erfüllt und für den keine Bestellungshindernisse bestehen. § 100 Abs. 5 ist somit nicht mandats-, sondern organbezogen[114]. Die Vorschrift stellt zur Verbesserung der Überwachungsqualität qualifizierte Anforderungen an die Besetzung des Aufsichtsrats, ohne diese Anforderungen mit einem bestimmten Mandat zu verknüpfen. Demgemäß können Anzahl und Identität der unabhängigen und sachverständigen Mitglieder auch variieren. Einerseits kann der Finanzexperte nachträglich den Status der Unabhängigkeit verlieren, andererseits ein unabhängiges Mitglied sich den notwendigen Sachverstand aber auch nachträglich aneignen.

---

111 Richtlinie 2006/43/EG des Europäischen Parlaments und des Rates vom 17.05.2006 über Abschlussprüfung von Jahresabschlüssen und konsolidierten Abschlüssen, zur Änderung der Richtlinien 78/660/EWG und 83/349/EWG des Rates und zur Aufhebung der Richtlinie 84/253/EWG des Rates, ABl. EG Nr. L 157 v. 17.5.2006, S. 87.
112 Vgl. § 41 Abs. 2 der Richtlinie, dazu eingehend § 107 Rz. 56 ff.
113 Begr. RegE, BT-Drucks. 16/10067, S. 103.
114 *Staake*, ZIP 2010, 1013, 1018.

c) Anwendungsbereich

43 Der Anwendunsgbereich des § 100 Abs. 5 ist beschränkt auf **kapitalmarktorientierte Gesellschaften**. Gem. § 264d HGB ist eine Kapitalgesellschaft kapitalmarktorientiert, wenn sie einen organisierten Markt im Sinne des § 2 Abs. 5 WpHG durch von ihr ausgegebene Wertpapiere im Sinne des § 2 Abs. 1 Satz 1 WpHG in Anspruch nimmt oder die Zulassung solcher Wertpapiere zum Handel an einem organisierten Markt beantragt hat. Anders als bei § 3 Abs. 2 („börsennotierte AG") ist mithin die Börsennotierung der Aktien nicht zwingend erforderlich. Da Unternehmensanleihen oder Genussscheine auch von Unternehmen an den Kapitalmarkt gebracht werden können, die keine Aktiengesellschaft sind, kann die Vorschrift auch Unternehmen anderer Rechtsform (insbesondere die GmbH) betreffen[115]. Über Art. 9 Abs. 1 lit. c SE-VO gilt § 100 Abs. 5 auch für die dualistische verfasste SE. Vergleichbare Neuerungen enthalten für die monistisch verfasste SE die §§ 27 Abs. 1 Satz 4, 34 Abs. 4 Satz 4 und § 5 SEAG, für die Genossenschaft die §§ 36 Abs. 4, 38 Abs. 1a GenG und für die Europäische Genossenschaft (SCE) der § 19 Abs. 1 Satz 3, Abs. 4 SCEG.

44 Für den Aufsichtsrat einer **GmbH** finden die §§ 100 Abs. 5, 107 Abs. 3 und 4 gem. § 52 Abs. 1 GmbHG Anwendung. Für den **obligatorischen Aufsichtsrat** der kapitalmarktorientierten mitbestimmten GmbH sind diese Regelungen unabdingbar (vgl. § 25 Abs. 1 Nr. 2 MitbestG, § 3 Abs. 2 MontanMitbestG, § 1 Abs. 1 Nr. 3 DrittelbG); dieser unterliegt mithin denselben strengen Anforderungen wie der Aufsichtsrat einer AG. Für eine GmbH mit **fakultativem Aufsichtsrat** können gem. § 52 Abs. 1 a.E. GmbHG einzelne aktienrechtliche Vorschriften gesellschaftsvertraglich zwar abbedungen werden, doch eröffnet die Abbedingung der §§ 100 Abs. 5, 107 Abs. 3 und 4 den Anwendungsbereich des § 324 HGB. Entsprechendes gilt für die kapitalmarktaktive **GmbH ohne Aufsichtsrat**. Gem. § 324 HGB sind kapitalmarktorientierte Gesellschaften im Sinne von § 264d HGB, die keinen Aufsichts- oder Verwaltungsrat haben, der die Voraussetzungen des § 100 Abs. 5 erfüllen muss, verpflichtet, einen Prüfungsausschuss einzurichten, der die in § 107 Abs. 3 Satz 2 beschriebenen Aufgaben wahrzunehmen hat. Bei diesem Prüfungsausschuss handelt es sich nicht um einen Ausschuss im Sinne von § 107 Abs. 3, sondern um ein selbständiges Organ der Gesellschaft.

2. Unabhängigkeit

a) Notwendigkeit einer Typisierung

45 § 100 Abs. 5 verlangt die **Unabhängigkeit mindestens eines Finanzexperten**. Dabei handelt es sich um einen unbestimmten und mithin konkretisierungsbedürftigen Rechtsbegriff. Anhaltspunkte hierfür liefert die Gesetzesbegründung, nach der das Kriterium der Unabhängigkeit bewirken soll, „dass jenseits des formalen Kriteriums des § 105 Abs. 1 AktG im konkreten Fall möglicherweise bestehende Risiken für die Unabhängigkeit bei der Besetzung angesprochen und geklärt werden". Durch eine „unmittelbare oder mittelbare geschäftliche, finanzielle oder persönliche Beziehung des Aufsichtsratsmitglieds zur Geschäftsführung" könne die Besorgnis der Befangenheit begründet werden. Ähnlich formuliert der DCGK in Ziff. 5.4.2 Satz 2, dass ein Aufsichtsratsmitglied als unabhängig anzusehen sei, wenn es in keiner geschäftlichen oder persönlichen Beziehung zu der Gesellschaft oder deren Vorstand stehe, die einen Interessenkonflikt begründet.

46 Die Aufgabe, Entscheidungskriterien für oder wider das Vorliegen der Unabhängigkeit zu formulieren, wird durch die Vielfältigkeit der praktischen Erscheinungsfor-

---

115 Zur Anwendbarkeit außerhalb des AktG näher *Habersack*, AG 2008, 98 ff.

men der möglichen „Abhängigkeiten" erschwert. Daher ist eine Typisierung unverzichtbar. Notwendig ist somit eine **verobjektivierende Betrachtung** bestimmter Konstellationen[116]. Maßgeblich kann dabei nicht sein, ob das jeweilige Aufsichtsratsmitglied nachweislich aufgrund bestehender Beziehungen zu Vorstand, Gesellschaft oder Aktionären tatsächlich befangen ist. Es genügt vielmehr, dass in der Öffentlichkeit der entsprechende Eindruck entsteht[117].

### b) Empfehlungen der EU-Kommission

Bei der erforderlichen Typisierung kann und soll ausweislich der Gesetzesbegründung[118] auf die „Empfehlung der Europäischen Kommission vom 15.2.2005 zu den Aufgaben von nicht geschäftsführenden Direktoren oder Aufsichtsratsmitgliedern börsennotierter Gesellschaften sowie zu den Ausschüssen des Verwaltungs-/Aufsichtsrats"[119] zurückgegriffen werden. Nach **Nr. 13.1** der Kommissionsempfehlung gilt ein Mitglied der Unternehmensleitung als unabhängig, wenn es in keiner geschäftlichen, familiären oder sonstigen Beziehung zu der Gesellschaft, ihrem Mehrheitsaktionär oder deren Geschäftsführung steht, die einen Interessenkonflikt begründet, der sein Urteilsvermögen beeinflussen könnte. Im **Anhang II** sind zudem Leitlinien für das „Profil der unabhängigen nicht geschäftsführenden Direktoren bzw. Aufsichtsratsmitglieder" aufgestellt. Dort wird zunächst darauf hingewiesen, dass die Umstände, die zur Charakterisierung der Unabhängigkeit relevant erscheinen, von Mitgliedstaat zu Mitgliedstaat und von Gesellschaft zu Gesellschaft bis zu einem gewissen Grad variieren könnten[120]. Dennoch benennt die Kommission im Folgenden Konstellationen, deren Vorliegen „zumindest sorgfältig geprüft" werden sollte. Danach ist die Unabhängigkeit typischerweise nicht gegeben, wenn das betreffende Aufsichtsratsmitglied

47

– zugleich geschäftsführendes Verwaltungsrats- bzw. Vorstandsmitglied der Gesellschaft oder einer verbundenen Gesellschaft ist oder in den vergangenen fünf Jahren ein solches Amt ausgeübt hat;
– in der Gesellschaft als Arbeitnehmer beschäftigt ist oder in den vergangenen drei Jahren beschäftigt war, es sei denn der Arbeitnehmer gehört nicht zu den Führungskräften der Gesellschaft und ist im Rahmen eines gesetzlich anerkannten Systems der Arbeitnehmervertretung, das einen angemessenen Schutz vor missbräuchlicher Entlassung und sonstiger ungerechter Behandlung bietet, in den Verwaltungs-/Aufsichtsrat gewählt worden;
– von der Gesellschaft oder einer verbundenen Gesellschaft eine zusätzliche Vergütung in bedeutendem Umfang erhält oder erhalten hat;
– Anteilseigner mit einer Kontrollbeteiligung ist oder einen solchen vertritt;
– zu der Gesellschaft oder einer verbundenen Gesellschaft ein Geschäftsverhältnis in bedeutendem Umfang unterhält oder im letzten Jahr unterhalten hat, und zwar weder direkt noch als Partner, Anteilseigner, Direktor oder als leitender Angestellter eines Unternehmens oder einer Organisation, das/die ein solches Geschäftsverhältnis zu der Gesellschaft unterhält;

---

116 Vgl. *Staake*, ZIP 2010, 1013, 1016.
117 *Staake*, ZIP 2010, 1013, 1016.
118 Vgl. Begr. RegE, BT-Drucks. 16/10067, S. 102; ferner bereits Erwägungsgrund 24 der Abschlussprüferrichtlinie.
119 2005/162/EG, ABl. EG Nr. L 52 v. 15.2.2005, S. 51.
120 Dazu auch *Lutter*, EuZW 2009, 799, 803 f.

– Partner oder Angestellter des derzeitigen oder früheren externen Abschlussprüfers der Gesellschaft oder einer verbundenen Gesellschaft ist oder in den letzten drei Jahren war;
– geschäftsführender Direktor bzw. Vorstandsmitglied in einer anderen Gesellschaft ist, in der ein Vorstandsmitglied der Gesellschaft seinerseits ein nicht geschäftsführender Direktor bzw. Aufsichtsratsmitglied ist (Überkreuzverflechtung);
– bereits länger als drei Amtszeiten Mitglied des Aufsichtsrats gewesen ist;
– ein enger Familienangehöriger eines Vorstandsmitglieds oder von Personen ist, die die vorstehend aufgeführten Kriterien erfüllt.

### c) Beeinträchtigung der Funktionserfüllung

48 Die aufgeführten Kriterien sind lediglich **Indikatoren**, die Abhängigkeit des betreffenden Mitglieds nahe legen[121]. Daher sind durchaus Fallgestaltungen möglich, in denen ein Aufsichtsratsmitglied zwar ein oder mehrere der Kriterien erfüllt, aber dennoch nicht die Besorgnis der Befangenheit besteht. Umgekehrt können auch Aufsichtsratsmitglieder als nicht unabhängig angesehen werden, obwohl der Umstand, der die Besorgnis mangelnder Unabhängigkeit begründet, nicht auf der obigen Liste steht.

49 Vor allem wird man den Begriff der Unabhängigkeit speziell im Hinblick auf die Position des Finanzexperten zu entwickeln haben. Schädlich sind neben allgemein anerkannten Gründen vor allem solche Befangenheitsgründe, die den Verdacht einer unzureichenden Aufgabenerfüllung gerade bei der Überwachung der Rechnungslegung und des Risikomanagements begründen. Da es vornehmlich um eine überwachende Tätigkeit geht und gerade **Wirtschaftsprüfer** die besondere Sachkompetenz, die § 100 Abs. 5 erfordert, in hohem Maße mitbringen, kann man sich auch vorsichtig an solchen Befangenheitsgründen orientieren, die für Wirtschaftsprüfer von Gesetzes wegen anerkannt sind (§§ 319, 319a HGB). Solche Bedenken bestehen vor allem in Bezug auf **ehemalige Finanzvorstände** der Gesellschaft. Sie müssten das System überwachen, das sie selbst eingerichtet haben (arg. § 319 Abs. 3 Nr. 3 HGB). Das gilt auch dann, wenn die betreffende Person sich nicht mehr in der Cooling-Off-Periode befindet oder wenn sie das Besetzungshindernis des § 100 Abs. 2 Nr. 4 durch das qualifizierte Minderheitenverlangen überwunden hat. Gleiches gilt für andere aktive oder ehemalige Mitarbeiter der Gesellschaft, die unterhalb der Vorstandsebene in **leitender Position** in den Bereichen Rechnungslegung, interne Revision und Controllig tätig sind oder tätig waren[122]. Schwerwiegende Bedenken bestehen auch in Bezug auf Aufsichtsratsmitglieder, an deren **Nominierung** (§ 124 Abs. 3 Satz 1) entgegen den Intentionen des Gesetzes der Vorstand entscheidend mitgewirkt hat[123]. Gerade im Hinblick auf den Finanzexperten ist das bedenklich, weil so der Vorstand die Möglichkeit bekommt, bei zu kritischer Wahrnehmung des Amtes dem Finanzexperten die Wiederbestellung in den Aufsichtsrat zu verwehren. Demgegenüber ist der **Aufsichtsratsvorsitzende** nicht gehindert, auch das Amt des Finanzexperten zu übernehmen. Das mag unter dem Gesichtspunkt der Machtfülle oder der Arbeitsbelastung nicht empfehlenswert sein[124] (abratend deshalb Ziff. 5.2 Abs. 2 DCGK), aber eine fehlende Un-

---

121 Anhang II Nr. 1 der Kommissionsempfehlung; Begr. RegE, BT-Drucks. 16/10067, S. 102; *Gruber*, NZG 2008, 12, 13; *Lutter*, EuZW 2009, 799, 804; *Staake*, ZIP 2010, 1013, 1015 f.
122 Zutr. *Maushake*, Audit Committees, S. 349.
123 Näher zur Problematik *Kropff*, Aktiengesetz, S. 174; *Roth/Wörle*, ZGR 2004, 565, 578; *Lutter*, ZHR 159 (1995), 287, 301; *Meder*, DStR 2008, 1242, 1243.
124 So auch *Ringleb* in Ringleb/Kremer/Lutter/v. Werder, DCGK, Rz. 995; *Kort*, AG 2008, 137, 144; *Altmeppen*, ZGR 2004, 390, 405.

abhängigkeit gerade im Hinblick auf die Funktion als Finanzexperte kann daraus nicht abgeleitet werden[125].

### d) Aktionäre, entsandte Aufsichtsräte, langjährige Mitglieder

Aufsichtsratsmitgliedern ist die Unabhängigkeit nicht allein aufgrund einer zugleich bestehenden **Aktionärsstellung** abzusprechen[126]. Gleiches muss auch für die kraft statutarischer Befugnis (§ 101 Abs. 2) **entsandten Aufsichtsratsmitglieder** gelten. Ausweislich der Kommissionsempfehlung (Rz. 47, vierter Spiegelstrich) begründet erst eine **Kontrollbeteiligung** typischerweise die Besorgnis der Befangenheit. Diese Empfehlung ist für das deutsche Aktienrecht nicht zu übernehmen, da sie den Wertungen des **Konzernrechts** widerspricht, das dem herrschenden Unternehmen eine „Durchbesetzung" der Arbeitgeberbank mit seinen Vertretern erlaubt und die daraus resultierenden Gefahren auf andere Weise, nämlich über die Ausgleichssysteme der §§ 311 ff. einerseits und der §§ 302 ff. andererseits bewältigt[127]. Bei einer im Sinne der §§ 15 ff. abhängigen Gesellschaft kann daher auch ein Vertreter des Kontrollaktionärs als Finanzexperte fungieren. Zielführend ist die Kommissionsempfehlung hingegen im Hinblick auf die **langjährigen Mitglieder**. Hinter ihr steht die Befürchtung einer zu großen Nähe zum Unternehmen, die das Mitglied „betriebsblind" machen oder es veranlassen könnte, an früher getroffenen Entscheidungen auch dann festzuhalten, wenn sie sich als problematisch erwiesen haben[128]. Ergänzend kann man dafür den Grundsatz der Prüferrotation aus § 319a Abs. 1 Nr. 4 HGB heranziehen, der auf denselben Überlegungen beruht[129].

50

### e) Arbeitnehmervertreter

Ebenfalls ausgenommen von der Abhängigkeitsvermutung sind gemäß der Kommissionsempfehlung die im Rahmen der unternehmerischen Mitbestimmung in den Aufsichtsrat gewählten **Arbeitnehmervertreter** (Rz. 47, zweiter Spiegelstrich). Dem ist zu folgen. Der Gefahr einer Druckausübung durch den Vorstand ist durch die arbeitsrechtlichen Benachteiligungsverbote hinreichend vorgebeugt. Es verbleibt die Gefahr, dass sich die Arbeitnehmervertreter im Aufsichtsrat weniger als Vertreter des Unternehmensinteresses, denn als Repräsentanten der Arbeitnehmer verstehen und sich daraus Interessenkonflikte ergeben können, indem etwa die Überwachung bei Themen, die Mitarbeiterbelange nicht berühren, nicht intensiv ausgeübt wird oder dass die Besorgnis einer Beeinträchtigung von Arbeitsplätzen die Arbeitnehmer-

51

---

125 So auch *Maushake*, Audit Committee, S. 329 f.
126 So auch *Habersack*, AG 2008, 98, 105; *Kropff* in FS K. Schmidt, S. 1023, 1026 f.; *Staake*, ZIP 2010, 1013, 1016; s. ferner *Lieder*, NZG 2005, 569, 571.
127 Wie hier *v. Werder/Wieczorek*, DB 2007, 297, 301; *Warncke*, Prüfungsausschuss und Corporate Governance, 2005, S. 137; *Schiessl*, AG 2002, 593, 598; *Langenbucher*, ZGR 2007, 571, 594 ff.; *Bürgers/Schilha*, AG 2010, 221, 229; vgl. auch LG Hannover v. 12.3.2009 – 21 T 2/09, AG 2009, 341; *Habersack*, AG 2008, 98, 105; *Lutter*, EuZW 2009, 799, 803; a.A. *Ehlers/Nohlen* in GS Gruson, S. 107, 116.
128 Ein derartiges Verhalten ist für Kapitalanleger durch Untersuchungen zur Behavioral Finance u.a. im Zusammenhang mit „Overconfidential Bias" bzw. als „Home Bias" nachgewiesen, vgl. *Graham/Harvey/Huang*, Investor Competence, Trading Frequency, and Home Bias, http://ssrn.com/abstract=620801; *Graham/Harvey/Huang*, Investor Competence, Trading Frequency, and Home Bias, http://ssrn.com/abstract=745819; *Karlsson/Norden*, Home Sweet Home: Home Bias and International Diversification Among Individual Investors, http://ssrn.com/abstract=981220; es wird inzwischen auch für die Organmitglieder von Gesellschaften diskutiert, vgl. *Boot/Macey*, 89 Cornell L. Rev. (2004), 356, 369; *Fleischer* in FS Immenga, S. 575 ff.; für Finanzmärkte vgl. *Hirshleifer*, Psychological Bias as a Driver of Financial Regulation, http://ssrn.com/abstract=1018820.
129 Näher dazu *Jakob*, BB 2005, 2455.

vertreter zur Zurückhaltung bei der Kontrolltätigkeit veranlassen könnte[130]. Diese Gefahren sind jedoch der Arbeitnehmerbeteiligung in Aufsichtsräten immanent und werden vom Gesetz hingenommen. Arbeitnehmervertreter scheiden daher nicht per se als unabhängige Finanzexperten im Sinne des § 100 Abs. 5 aus[131], wohl aber sind solche Mitarbeiter nicht unabhängig, die selbst maßgeblich an der Einrichtung der zu überwachenden Systeme mitgewirkt haben (arg. § 319 Abs. 3 Satz 1 Nr. 3 HGB). Anderen Mitarbeitern des Unternehmens, die in diesen Bereichen nicht oder nur in untergeordneter Stellung tätig waren, dürfte jedoch häufig die erforderliche besondere Fachkenntnis fehlen.

#### f) Geschäftspartner, Verträge mit Aufsichtsratsmitgliedern

52  Hinsichtlich der **Geschäftspartner der Gesellschaft** stellt die EU-Empfehlung auf den Umfang der Geschäftsbeziehung ab, ohne den Begriff des bedeutenden Umfangs näher zu erläutern. Abstrakte Regeln werden sich dazu auch schwer aufstellen lassen, ohne sich zu sehr im Detail zu verlieren. Als Anhaltspunkt für **Lieferanten und Abnehmer** kann immerhin die 15 %-Grenze in § 319a Abs. 1 Nr. 1 HGB dienen, so dass ein Lieferant sicher nicht mehr unabhängig wäre, wenn er mehr als 15 % seines Umsatzes mit dem Mandatsunternehmen tätigt, umgekehrt ein Abnehmer dann nicht, wenn er 15 % seines Einkaufs mit dem Mandatsunternehmen tätigt. Auch **Bankenvertreter** unterliegen denselben Regeln, so dass nicht die Tätigkeit für eine Bank, sondern der Umfang der Geschäftsbeziehung zwischen der AG und der Bank über die Unabhängigkeit entscheiden. Vertreter der „Hausbank", mit der die AG den Großteil ihrer Bankgeschäfte abwickelt, wären danach auf jeden Fall nicht unabhängig. Vertreter von **Konkurrenzunternehmen** kommen im Hinblick auf die bei ihnen ohnehin bestehenden Probleme in Bezug auf Interessenkonflikte, die bereits ihre generelle Eignung als Aufsichtsratsmitglied als zweifelhaft erscheinen lassen (s. oben Rz. 27), als unabhängiger Finanzexperte von vornherein nicht in Betracht. **Beraterverträge** mit Aufsichtsratsmitgliedern führen unabhängig von der Frage, ob der Aufsichtsrat nach § 114 zugestimmt hat, dann zur fehlenden Unabhängigkeit, wenn über Themengebiete beraten wurde, die der Prüfungsausschuss zu überwachen hat[132]. Darüber hinaus sprechen die besseren Gründe dafür, auch sonstige Beraterverträge als schädlich anzusehen, wenn die Vergütung über die vom BGH zu § 114 definierte Bagatellgrenze[133] hinausgeht. Die **Aufsichtsratsvergütung** selbst steht der Unabhängigkeit allenfalls dann entgegen, wenn sie die Grenzen des Angemessenen nach § 113 Abs. 1 Satz 3 überschreitet[134].

#### g) Umgehungsfälle

53  Hinsichtlich des Umgehungsschutzes nennt die Empfehlung nahe Angehörige des Vorstands oder Personen, die ihrerseits nicht als unabhängig anzusehen sind, also z.B. Angehörige eines bedeutenden Geschäftspartners. Diese Regelung ist bei weitem nicht abschließend, zu denken wäre hier an Fälle, in denen ein Beratervertrag mit ei-

---

130 Vgl. *Bernhardt*, ZHR 159 (1995), 310, 316 f.; *Habersack*, ZHR 168 (2004), 373, 377; *Kropff* in FS K.Schmidt, S. 1023, 1032; *Zöllner*, AG 1994, 336, 338.
131 A.A *Staake*, ZIP 2010, 1013, 1016.
132 Dies ergibt sich schon aus dem Erst-Recht-Schluss des Verbots der Überkreuz-Verflechtung, vgl. dazu *Diekmann/Bidmon*, NZG 2009, 1087 ff.; *Kremer* in Ringleb/Kremer/Lutter/v. Werder, DCKG, Rz. 1035.
133 *Habersack* in MünchKomm. AktG, 3. Aufl., § 100 AktG Rz. 22 ff. m.w.N.
134 Vgl. *Gruber*, NZG 2008, 12, 13; *Diekmann/Bidmon*, NZG 2009, 1087, 1088 jeweils unter Berufung auf die Kommissionsempfehlung (Empfehlung der Kommission vom 15.2.2005, ABl. EG Nr. L 52 v. 15.2.2005, S. 51) sowie schon *Heussen*, NJW 2001, 708, 710.

ner Gesellschaft besteht, an der das Aufsichtsratsmitglied beteiligt ist[135] oder in denen ein Dritter für Rechnung des Aufsichtsratsmitglieds handelt[136]. Auch insofern kommt es auf die Umstände des Einzelfalls an.

### 3. Sachverstand auf dem Gebiet der Rechnungslegung oder Abschlussprüfung

#### a) Alternativität

§ 100 Abs. 5 verlangt, dass zumindest ein unabhängigs Aufsichtsratsmitglied über Sachverstand auf dem Gebiet der **Rechnungslegung oder der Abschlussprüfung** verfügt. Diese Alternativität ist im Schrifttum zwar kritisiert worden[137], steht allerdings in Einklang mit den europarechtlichen Vorgaben (vgl. Art. 41 Abs. 1 der Richtlinie) und ist als gesetzgeberische Entscheidung zu akzeptieren[138].

54

#### b) Berufs- und tätigkeitsbezogene Typisierung

Nach der **Gesetzesbegründung**[139] setzt ein entsprechender Sachverstand voraus, dass das betreffende Mitglied des Aufsichtsrats beruflich mit Rechnungslegung und/oder Abschlussprüfung befasst ist oder war. Dies sei jedenfalls bei Angehörigen der steuerberatenden oder wirtschaftsprüfenden Berufe der Fall, ebenso bei einer speziellen beruflichen Ausbildung. Ferner könne eine hinreichende Sachkunde etwa auch angenommen werden für Finanzvorstände, fachkundige Angestellte aus den Bereichen Rechnungswesen und Controlling, Analysten sowie langjährige Mitglieder in Prüfungsausschüssen oder Betriebsräten, die sich diese Fähigkeit im Zuge ihrer Tätigkeit durch Weiterbildung angeeignet haben[140].

55

Ähnliche Kriterien hat die U.S. Securities and Exchange Commission (SEC) nach Maßgabe von Art. 407 des **Sarbanes-Oxley Acts** (SOA) für den hiernach erforderlichen *Audit Committee Financial Expert* aufgestellt[141]. Auch diese Regeln stellen maßgeblich auf den Sachverstand im Hinblick auf Rechnungslegung oder Prüfung sowie in Bezug auf die Funktionsweisen von Audit Committees ab.

**Maßgebliche Indikatoren** für das Vorhandensein von Finanzsachverstand sind somit **Berufsbildung und -ausübung, praktischer Bezug zu Finanzfragen sowie entsprechende Weiterbildung** – und zwar in abgestuftem Ausmaß: Je größer der berufliche Bezug zu Fragen der Rechnungslegung und/oder Abschlussprüfung ist, desto mehr spricht für das Vorhandensein der gesetzlich geforderten Finanzkompetenz. Anzustellen ist aber stets eine Einzelfallbetrachtung. Hat etwa ein ehemaliger Finanzvorstand die ihm seinerzeit obliegenden Aufgaben nicht pflichtgemäß wahrgenommen, weil ihm die erforderlichen Kenntnisse gefehlt haben, so ist die Vermutung, er habe einen berufsadäquaten Sachverstand, widerlegt[142].

56

---

135 Vgl. BGH v. 2.4.2007 – II ZR 325/05, ZIP 2007, 1056 ff.; BGH v. 20.11.2006 – II ZR 279/05, BGHZ 170, 60; BGH v. 3.7.2006 – II ZR 151/04, BGHZ 168, 188; OLG Düsseldorf v. 20.5.2008 – I-23 U 128/07; OLG Hamburg v. 17.1.2007 – 11 U 48/06, ZIP 2007, 814.
136 Zu sonstigen Verflechtungen vgl. *Semler*, NZG 2007, 881. Zum Handeln für Rechnung als Zurechnungstatbestand *Thümmel*, Anm. zu BGH v. 20.11.2006 – II ZR 279/05, BB 2007, 230, 233 f. sowie die vorgenannte Rechtsprechung m.w.N.
137 *Habersack*, AG 2008, 98, 103 f.
138 So auch *Staake*, ZIP 2010, 1013, 1015.
139 Begr. RegE, BT-Drucks. 16/10067, S. 102.
140 So auch LG München v. 5.11.2009 – 5 HKO 15312/09, AG 2010, 339; OLG München v. 28.4.2010 – 23 U 5517/09, ZIP 2010, 1082.
141 Final Rule v. 23.1.2003, Release No. 33-8177 (http://www.sec.gov/rules/final/33-8177.htm); Correction v. 26.3.2003, Release No. 33-8177A, (http://www.sec.gov/rules/final/33-8177a.htm); näher dazu *Block*, BKR 2003, 774, 782.
142 *Staake*, ZIP 2010, 1013, 1015; vgl. auch *Drygala*, Der Aufsichtsrat 2010, 101, 102.

57 Inhaltlich müssen Kenntnisse vorhanden sein, die es dem Finanzexperten ermöglichen, mit dem Finanzvorstand der Gesellschaft und den Leitern der Fachabteilungen (interne Revision, Controlling, Compliance etc.) auf Augenhöhe zu verhandeln[143]. Aus den Aufgaben des Experten (§ 107 Rz. 56 ff.) ergibt sich die Notwendigkeit, dass er selbst in der Lage sein muss, die nach § 107 Abs. 3 zu überwachenden Systeme eigenständig zu beurteilen und gegebenenfalls Alternativlösungen und Verbesserungsmöglichkeiten aufzuzeigen. Es reicht nicht aus, wenn er lediglich in der Lage ist, die vom Vorstand erhaltenen Informationen passiv zu verarbeiten[144].

#### 4. Selbsteinschätzung des Aufsichtsrats und Transparenz

58 Ausweislich der Gesetzesbegründung soll der Katalog der Kommissionsempfehlung es „zunächst dem Aufsichtsrat ermöglichen, zu klären, was unter Unabhängigkeit zu verstehen ist"[145]. Dies ist zumindest missverständlich. Zwar kommt der Selbsteinschätzung des Aufsichtsrats, ob den Anforderungen des § 100 Abs. 5 Genüge getan ist, eine besondere Bedeutung zu. So muss der Aufsichtsrat insbesondere bei dem obligatorischen Wahlvorschlag an die Hauptversammlung die Besetzungsregel berücksichtigen[146]. Auch nach erfolgter Bestellung ist der Aufsichtsrat zur stetigen Selbstkontrolle verpflichtet[147]. Jedoch ändert das Erfordernis einer Selbsteinschätzung durch den Aufsichtsrat nichts daran, dass § 100 Abs. 5 eine Besetzungsregel statuiert, die nicht zur Disposition der Gesellschaft und ihrer Organe steht. Unabhängigkeit und Sachverstand sind zwar unbestimmte Rechtsbegriffe, eröffnen dem Aufsichtsrat aber **keine Einschätzungsprärogative**. Die Selbsteinschätzung durch den Aufsichtsrat ist daher nicht verbindlich.

59 Die Empfehlung der EU-Kommission sieht unter Abschnitt III Nr. 13.3 eine jährliche Veröffentlichung der Selbsteinschätzung vor. Der Aufsichtsrat ist daher gehalten, offen zu legen, ob eines seiner Mitglieder und ggf. welches (bzw. bei mehreren: welche) die Kriterien des § 100 Abs. 5 erfüllt. Mangels anderweitiger Bestimmung durch den nationalen Gesetzgeber sollte diese Pflicht zur Offenlegung in dem neu geschaffenen § 289a Abs. 2 Nr. 3 HGB verortet und die **begründete Stellungnahme** des Aufsichtsrats **im Rahmen der „Erklärung zur Unternehmensführung"** verlangt werden[148]. Hingegen ist eine Aufnahme der Frage, wie die Position des Finanzexperten besetzt werden soll, in den Wahlvorschlag an die Hauptversammlung (§ 124 Abs. 3 Satz 1) nicht erforderlich[149].

#### 5. Rechtsfolgen bei Verstößen

#### a) Konsequenzen aus der Organbezogenheit der Besetzungsregel

60 Weder § 100 Abs. 5 noch Art. 41 der Abschlussprüferrichtlinie enthalten eine Regelung über die Sanktionierung von Verstößen gegen die zwingende Besetzungsregel. Daher ist insoweit auf die allgemeinen aktienrechtlichen Instrumentarien zurückzugreifen. Dabei ist zu berücksichtigen, dass § 100 Abs. 5 organ- und gerade nicht man-

---

143 Zutr. *Habersack*, AG 2008, 98, 103.
144 Zu eng OLG München v. 28.4.2010 – 23 U 5517/09, ZIP 2010, 1082 mit abl. Anm. *Drygala*, Der Aufsichtsrat 2010, 104, 105.
145 Begr. RegE, BT-Drucks. 16/10067, S. 102, vgl. auch *Lanfermann/Röhricht*, BB 2009, 887, 888.
146 Vgl. *Habersack* in MünchKomm. AktG, 3. Aufl., § 101 AktG Rz. 17 f.; s. ferner Ziff. 5.4.1 DCGK.
147 *Staake*, ZIP 2010, 1013, 1017.
148 *Gruber*, NZG 2008, 12, 14; *Jaspers*, AG 2009, 607, 612; *Staake*, ZIP 2010, 1013, 1017; *Widmann*, BB 2009, 2602, 2605.
149 A.A., aber ohne Basis im Gesetz, *Theisen*, Der Aufsichtsrat 2009, 81.

datsbezogen ist. Das Nichtvorliegen der von § 100 Abs. 5 geforderten Eigenschaften in der Person eines bestimmten Aufsichtsratsmitglieds stellt daher weder ein Bestellungshindernis dar, noch führt es zum Erlöschen des Mandats. Insbesondere ist die Wahl nicht nichtig[150]. Deshalb besteht auch keine Pflicht, in einem Wahlvorschlag an die Hauptversammlung nach § 124 Abs. 3 Satz 1 anzugeben, ob die vorgeschlagene Person (bzw. bei mehreren Kandidaten, wer von ihnen) die Funktion des unabhängigen Finanzexperten ausfüllen soll[151]. Dies gilt insbesondere auch dann, wenn das betreffende Mitglied vor seiner Bestellung intern gerade dazu ausersehen wurde, als unabhängiger Finanzexperte zu fungieren, um der Besetzungsregel zu genügen[152]. Auch eine bedingte Bestellung scheidet insoweit aus. Die Stellung der einzelnen Aufsichtsratsmitglieder wird durch einen Verstoß gegen § 100 Abs. 5 somit grundsätzlich nicht berührt. Demgemäß beeinträchtigt ein Besetzungsfehler insoweit auch nicht die Wirksamkeit der vom Aufsichtsrat gefassten Beschlüsse[153].

Aus den genannten Gründen scheidet eine **Abberufung aus wichtigem Grund** (§ 103 Abs. 3) aus[154]. In Betracht kommen aber die **Abberufung durch die Hauptversammlung** gem. § 103 Abs. 1 und die anschließende Neuwahl. Alternativ kann der Besetzungsmangel durch gerichtliche Bestellung (§ 104 Abs. 2) eines den Anforderungen des § 100 Abs. 5 genügenden Mitglieds behoben werden, sofern der Aufsichtsrat dauerhaft unterbesetzt ist, was praktisch durch eine Amtsniederlegung herbeigeführt werden kann. 61

**b) Anfechtbarkeit des Wahlbeschlusses**

Entgegen einer verbreiteten Auffassung[155] kann der Wahlbeschluss der Hauptversammlung **nicht** mit der Begründung angefochten werden, dem neu zusammengesetzten Aufsichtsratsmitglied gehöre kein die Kriterien des § 100 Abs. 5 erfüllendes Mitglied an[156]. Da kein Mitglied für sich gesehen die Voraussetzungen des § 100 Abs. 5 erfüllen muss, es sich vielmehr um eine Besetzungsregel betreffend den Aufsichtsrat als solchen handelt, ist die Wahl jedes einzelnen Mitglieds für sich genommen einwandfrei. Es fehlt insoweit an der erforderlichen Verknüpfung von Rechtsverstoß und Bestellungsakt. Zudem würde angesichts der Offenheit der Kriterien des § 100 Abs. 5 die Zulassung der Anfechtungsklage zahlreiche Gesellschaften mit einer erheblichen Ungewissheit über die wirksame Besetzung des Gremiums und die Wirksamkeit der gefassten Beschlüsse belasten[157]. 62

Da der Ausschluss der Anfechtungsklage nach gegenwärtigem Meinungsstand nicht gesichert ist und eine Anfechtung von Aufsichtsratswahlen in zunehmendem Maße auch auf andere Rechtsverstöße gestützt werden kann[158], verbleibt das Problem, wie 63

---
150 LG München v. 26.2.2010 – 5 HKO 14083/09, NZG 2010, 621 = Der Konzern 2010, 183.
151 A.A. *Theisen*, Der Aufsichtsrat 2009, 81.
152 *Staake*, ZIP 2010, 1013, 1019.
153 A.A. *Eggers/Reiß/Schichold*, Der Aufsichtsrat 2009, 157, 158 f.
154 *Gruber*, NZG 2008, 12, 14; *Staake*, ZIP 2010, 1013, 1019; a.A. *Kropff* in FS K. Schmidt, S. 1023, 1034; *Jaspers*, AG 2009, 607, 614.
155 *Habersack*, AG 2008, 98, 102; *Staake*, ZIP 2010, 1013, 1020; *Jaspers*, AG 2009, 607, 612 f.; *Eggers/Reiß/Schichold*, Der Aufsichtsrat 2009, 157; *Widmann*, BB 2009, 2602, 2603; *Diekmann/Bidmon*, NZG 2009, 1087, 1091; *v. Falkhausen/Kocher*, ZIP 2009, 1601 ff.
156 Ebenso *Kropff* in FS K. Schmidt, S. 1023, 1033; differenzierend *Ehlers/Nohlen* in GS Gruson, S. 107, 117 f.
157 Insofern ohne jedes Problembewusstsein die weitgehende Beschlussnichtigkeit und die Beschlussunfähigkeit des Aufsichtsrats bejahend *Eggers/Reiß/Schichold*, Der Aufsichtsrat 2009, 157, 158 f.
158 Dazu kritisch *E. Vetter*, NZG 2008, 121. So erwägt der BGH (v. 21.9.2009 – II ZR 174/08, DStR 2009, 2207) ein „Durchschlagen" der unrichtigen Angabe nach § 161 auch auf die Auf-

der Ungewissheit über die zutreffende Organbesetzung und die Wirksamkeit der Aufsichtsratsbeschlüsse während der Zeit bis zur rechtskräftigen Entscheidung über die Anfechtungsklage zu begegnen ist[159]. Denn würde eine erfolgreiche Anfechtungsklage wegen § 252 dazu führen, dass ein oder mehrere Aufsichtsratsmitglieder auch für die Vergangenheit als nicht bestellt anzusehen wären, so könnten zwischenzeitlich gefasste Aufsichtsratsbeschlüsse rückwirkend rechtswidrig und damit nichtig werden. Dies hätte für die Praxis gravierende Folgen[160], da die Beschlüsse des Aufsichtsrats ihrerseits oftmals Voraussetzung für andere Rechtsakte sind (Bsp.: Billigung des Jahresabschlusses für dessen Feststellung (§ 172) und die darauf beruhende Gewinnverwendung gem. § 174)[161]. Daher ist insoweit auf die **„Lehre vom fehlerhaften Organ"** zurückzugreifen und das fehlerhaft bestellte Aufsichtsratsmitglied ist bis zum tatsächlichen Erlöschen des Mandats wie ein wirksam bestelltes Mitglied zu behandeln[162] (s. insoweit die Ausführungen bei § 101 Rz. 35). Die Einschränkung, dass die Lehre vom fehlerhaften Organ nicht eingreift, wenn von Seiten der Gesellschaft vorsätzlich gegen das Gesetz verstoßen wurde oder die Unzulässigkeit der Bestellung offensichtlich war (vgl. § 101 Rz. 37), wird hier, anders als bei Fällen, in denen das Vorliegen eines gesetzlichen Bestellungshindernisses (§ 101 Abs. 1, 2, s. Rz. 4 ff.) in Rede steht, nur selten eingreifen, denn angesichts der wertungsoffenen Kriterien der Unabhängigkeit und des Sachverstandes wird die Unzulässigkeit der Bestellung kaum jemals offenkundig sein.

### c) Statusverfahren

64 Da es sich bei § 100 Abs. 5 um eine objektive Besetzungsregel handelt, bestehen **Parallelen** zu den mitbestimmungsrechtlichen Besetzungsregeln nach dem MitbestG, dem Montan-MitbestG und dem DrittelbG (vgl. § 96). Für diese sehen die §§ 97–99 das Statusverfahren zur Feststellung und Behebung von Fehlbesetzungen des Aufsichtsrats vor. Diese Vorschriften lassen sich, mit geringfügigen Modifikationen (s. § 97 Rz. 7), auch für § 100 Abs. 5 fruchtbar machen[163]. Auch besteht insoweit eine planwidrige Regelungslücke, die es auszufüllen gilt, da anderenfalls die effektive Durchsetzung der zwingenden und zudem europarechtlich vorgegebenen Besetzungsregel nicht gewährleistet ist. Dies gilt auch, wenn man die Anfechtungsklage gegen die Wahlbeschlüsse der Hauptversammlung zuließe, da auch insoweit nur ein Teilbereich möglicher Verstöße abgedeckt wäre. Das Statusverfahren ermöglicht es Vorstand und Aufsichtsrat, aber auch einzelnen Organmitgliedern und Aktionären (§ 98 Abs. 2 Nr. 1–3 analog) **jederzeit** und **ohne weitere Vorbedingungen** die Gesetzeskonformität der Aufsichtsratsbesetzung überprüfen und etwaige Verstöße allgemeinverbindlich (vgl. § 99 Abs. 5 Satz 2) feststellen zu lassen. Für Einzelheiten kann auf die Kommentierung der §§ 97–99 verwiesen werden.

---

sichtsratswahl. Ein weiterer Angreifpunkt wäre, neben den „üblicherweise" gerügten formalen Mängeln die unzulässige Beeinflussung des Nominierungsaktes (§ 124 Abs. 3 Satz 1) durch den Vorstand, vgl. dazu *Meder*, DStR 2008, 1242.

159 Die „Praktikerlösung", nach der das betroffene Mitglied zunächst zurücktritt und anschließend vom Gericht nach § 104 neu bestellt wird (vgl. § 104 Rz. 16 f.), setzt Kooperation aller Beteiligten voraus und ist zudem dogmatisch unbefriedigend.
160 A.A. *Widmann*, BB 2009, 2602, 2603.
161 Vgl. *Staake*, ZIP 2010, 1013, 1020.
162 *Staake*, ZIP 2010, 1013, 1020.
163 Eingehend dazu *Staake*, ZIP 2010, 1013, 1021 f.

## § 101
## Bestellung der Aufsichtsratsmitglieder

(1) Die Mitglieder des Aufsichtsrats werden von der Hauptversammlung gewählt, soweit sie nicht in den Aufsichtsrat zu entsenden oder als Aufsichtsratsmitglieder der Arbeitnehmer nach dem Mitbestimmungsgesetz, dem Mitbestimmungsergänzungsgesetz, dem Drittelbeteiligungsgesetz oder dem Gesetz über die Mitbestimmung der Arbeitnehmer bei einer grenzüberschreitenden Verschmelzung zu wählen sind. An Wahlvorschläge ist die Hauptversammlung nur gemäß §§ 6 und 8 des Montan-Mitbestimmungsgesetzes gebunden.

(2) Ein Recht, Mitglieder in den Aufsichtsrat zu entsenden, kann nur durch die Satzung und nur für bestimmte Aktionäre oder für die jeweiligen Inhaber bestimmter Aktien begründet werden. Inhabern bestimmter Aktien kann das Entsendungsrecht nur eingeräumt werden, wenn die Aktien auf Namen lauten und ihre Übertragung an die Zustimmung der Gesellschaft gebunden ist. Die Aktien der Entsendungsberechtigten gelten nicht als eine besondere Gattung. Die Entsendungsrechte können insgesamt höchstens für ein Drittel der sich aus dem Gesetz oder der Satzung ergebenden Zahl der Aufsichtsratsmitglieder der Aktionäre eingeräumt werden.

(3) Stellvertreter von Aufsichtsratsmitgliedern können nicht bestellt werden. Jedoch kann für jedes Aufsichtsratsmitglied mit Ausnahme des weiteren Mitglieds, das nach dem Montan-Mitbestimmungsgesetz oder dem Mitbestimmungsergänzungsgesetz auf Vorschlag der übrigen Aufsichtsratsmitglieder gewählt wird, ein Ersatzmitglied bestellt werden, das Mitglied des Aufsichtsrats wird, wenn das Aufsichtsratsmitglied vor Ablauf seiner Amtszeit wegfällt. Das Ersatzmitglied kann nur gleichzeitig mit dem Aufsichtsratsmitglied bestellt werden. Auf seine Bestellung sowie die Nichtigkeit und Anfechtung seiner Bestellung sind die für das Aufsichtsratsmitglied geltenden Vorschriften anzuwenden.

| | |
|---|---|
| I. Regelungsinhalt und Regelungszweck 1 | 3. Höchstzahl der entsandten Mitglieder 20 |
| II. Anstellungsverhältnis des Aufsichtsratsmitglieds ............... 2 | 4. Stellung des Entsandten in der Gesellschaft ................ 22 |
| III. Bestellung von Aufsichtsratsmitgliedern durch die Hauptversammlung (§ 101 Abs. 1) ............... 3 | 5. Rechtsverhältnis zwischen Entsendungsberechtigtem und Entsandtem . 25 |
| 1. Zuständigkeit der Hauptversammlung ................ 3 | 6. Rechtsverhältnis zwischen Entsendungsberechtigtem und Gesellschaft . 26 |
| 2. Grundsatz der Wahlfreiheit ....... 4 | V. Stellvertreter und Ersatzmitglieder (§ 101 Abs. 3) ............... 28 |
| 3. Wahlvereinbarungen .......... 5 | VI. Rechtsfolgen einer nichtigen oder anfechtbaren Bestellung ........ 32 |
| 4. Wahlverfahren ............. 8 | 1. Nichtigkeit und Anfechtbarkeit der Bestellung ................ 32 |
| 5. Annahme der Wahl .......... 12 | 2. Lehre vom fehlerhaften Organ ..... 35 |
| IV. Bestellung von Aufsichtsratsmitgliedern durch Entsendung (§ 101 Abs. 2) 13 | 3. Besonderheiten bei Arbeitnehmervertretern ................ 38 |
| 1. Allgemeines ............... 13 | |
| 2. Ausgestaltung des Entsendungsrechts 15 | |

Literatur: *Austmann*, Globalwahl zum Aufsichtsrat, in FS Sandrock, 1995, S. 277; *Barz*, Listenwahl zum Aufsichtsrat, in FS Hengeler, 1972, S. 14; *Beuthien/Gätsch*, Einfluss Dritter auf die Organbesetzung und Geschäftsführung bei Vereinen, Kapitalgesellschaften und Genossenschaften, ZHR 157 (1993), 483; *Bollweg*, Die Wahl des Aufsichtsrats in der Hauptversammlung der Aktiengesellschaft, 1997; *Bommert*, Probleme bei der Gestaltung der Rechtsstellung von Ersatzmitgliedern der Aktionärvertreter im Aufsichtsrat, AG 1986, 315; *Bub*, Die Blockabstimmung in der Aktionärshauptversammlung und in der Wohnungseigentümerversammlung, in FS Derleder, 2005, S. 221; *v. Gleichenstein*, Können Ersatzmitglieder nur „gleichzeitig" mit den ordentlichen Aufsichtsratsmitgliedern gewählt werden?, AG 1970, 1; *Gündel*, Interessenwahrnehmung bei der Besetzung des Aufsichtsrats, 2003; *Habersack*, Grenzen der Mehrheitsherrschaft in Stimmrechtskonsortien, ZHR 164 (2000), 1; *Happ*, Zur Wirksamkeit von Rechtshandlungen eines fehlerhaft bestellten Aufsichtsrates, in FS Hüffer, 2010, S. 293; *Heinsius*, Zur Bestellung von Ersatzmitgliedern für den Aufsichtsrat durch die Hauptversammlung – Suspendierung der Ersatzmitgliedschaft während der Amtszeit im Aufsichtsrat?, ZGR 1982, 232; *Lehmann*, Zur Wahl von Ersatzmitgliedern zum Aufsichtsrat, DB 1983, 485; *Lieder*, Staatliche Sonderrechte in Aktiengesellschaften, ZHR 172 (2008), 306; *Lippert*, Die Globalwahl zum Aufsichtsrat im Lichte der Rechtsprechung des BGH zur Blockwahl in politischen Parteien, AG 1976, 239; *Marsch-Barner*, Zur Anfechtung der Wahl von Aufsichtsratsmitgliedern, in FS K. Schmidt, 2009, S. 1109; *Möslein*, Inhaltskontrolle aktienrechtlicher Entsendungsrechte: Europäische Anforderungen und Ausgestaltung im deutschen Aktienrecht, AG 2007, 770; *Mutter*, Plädoyer für die Listenwahl von Aufsichtsräten, AG 2004, 305; *Natzel*, Die Bestellung von Aufsichtsratsmitgliedern, insbesondere von Arbeitnehmervertretern, AG 1959, 93; *Natzel*, Das Rechtsverhältnis zwischen Aufsichtsrat und Gesellschaft unter besonderer Berücksichtigung des Mitbestimmungsrechts (Teil 1), DB 1959, 171; *Natzel*, Das Rechtsverhältnis zwischen Aufsichtsrat und Gesellschaft unter besonderer Berücksichtigung des Mitbestimmungsrechts (Teil 2), DB 1959, 201; *Natzel*, Die Vergütung der Aufsichtsratsmitglieder (Teil 1), DB 1965, 1388; *Natzel*, Die Vergütung der Aufsichtsratsmitglieder (Teil 2), DB 1965, 1429; *Neumann/Ogorek*, Das aktienrechtliche Entsenderecht auf dem Prüfstand der Kapitalverkehrsfreiheit, NZG 2008, 892; *Noack*, Gesellschaftervereinbarungen bei Kapitalgesellschaften, 1994; *Quack*, Zur „Globalwahl" von Aufsichtsratsmitgliedern der Anteilseigner, in FS Rowedder, 1994, S. 387; *Roussos*, Ziele und Grenzen bei der Bestellung von Ersatzmitgliedern des Aufsichtsrats, AG 1987, 239; *Schilling*, Die Rechtsstellung des Aufsichtsratsmitglieds in unternehmensrechtlicher Sicht, in FS R. Fischer, 1979, S. 679; *Seeling/Zwickel*, Das Entsenderecht in den Aufsichtsrat einer Aktiengesellschaft als „Ewigkeitsrecht", BB 2008, 622; *Szalai*, Die Treuepflicht als Schranke des aktienrechtlichen Anfechtungsrechts, DStR 2008, 358; *Ulmer*, Zur Haftung der abordnenden Körperschaft nach § 31 BGB für Sorgfaltsverstöße des von ihr benannten Aufsichtsratsmitglieds, in FS Stimpel, 1985, S. 705; *Zöllner*, Die Konzentration der Abstimmungsvorgänge auf großen Hauptversammlungen, ZGR 1974, 1; *Zöllner*, Zu Schranken und Wirkung von Stimmbindungsverträgen, insbesondere bei der GmbH, ZHR 155 (1991), 168.

## I. Regelungsinhalt und Regelungszweck

1 § 101 regelt die Bestellung der Mitglieder des Aufsichtsrats und gibt dafür 3 verschiedene Möglichkeiten der Bestellung vor: die Wahl durch die Aktionäre, die Wahl durch Arbeitnehmer und die Entsendung. Die Norm bezweckt eine **Verzahnung von Aktien- und Mitbestimmungsrecht**[1]. Durch die Einräumung von Entsendungsrechten (§ 101 Abs. 2) soll es bestimmten Aktionären ermöglicht werden, sich dauerhaft einen maßgeblichen Einfluss auf die Unternehmensführung zu sichern. § 101 Abs. 3 verbietet die Bestellung von Stellvertretern für Aufsichtsratsmitglieder, da hierfür wegen § 108 Abs. 3 kein praktisches Bedürfnis besteht, und beseitigt damit die rechtlichen Schwierigkeiten, die mit einer Bestellung stellvertretender Aufsichtsratsmitglieder verbunden wären[2].

## II. Anstellungsverhältnis des Aufsichtsratsmitglieds

2 Durch die Bestellung zum Aufsichtsratsmitglied und die Annahme des Amtes entsteht nach ganz herrschender Meinung zwischen dem Aufsichtsratsmitglied und der

---

1 *Hopt/Roth* in Großkomm. AktG, 4. Aufl., § 101 AktG Rz. 6; *Hüffer*, § 101 AktG Rz. 1; *Habersack* in MünchKomm. AktG, 3. Aufl., § 101 AktG Rz. 2.
2 *Kropff*, Aktiengesetz, S. 139.

Gesellschaft ein korporationsrechtliches Verhältnis³. Der Inhalt dieses gesetzlichen Schuldverhältnisses wird durch das Gesetz, die Satzung und die Festsetzungen der Hauptversammlung bestimmt. Ein vertragliches Anstellungsverhältnis besteht hingegen entgegen der früher überwiegend vertretenen Ansicht⁴ nicht, da eine den §§ 84 und 112 entsprechende Regelung fehlt und der Vergütungsanspruch der Entscheidung der Satzung oder der Hauptversammlung zugewiesen ist⁵.

### III. Bestellung von Aufsichtsratsmitgliedern durch die Hauptversammlung (§ 101 Abs. 1)

#### 1. Zuständigkeit der Hauptversammlung

Die Aufsichtsratsmitglieder werden gem. **§ 101 Abs. 1 Satz 1** von der Hauptversammlung gewählt, soweit sie nicht in den Aufsichtsrat zu entsenden sind (§ 100 Abs. 2) oder als Arbeitnehmervertreter nach dem MitbestG, dem MitbestErgG, dem DrittelbG oder dem MgVG zu wählen sind. Die Zuständigkeit der Hauptversammlung umfasst damit die Wahl der Aktionärsvertreter, des neutralen („weiteren") Mitglieds nach MontanMitbestG und MitbestErgG und der Arbeitnehmervertreter nach MontanMitbestG. Zu den Voraussetzungen der Arbeitnehmerbeteiligung im Aufsichtsrat vgl. oben § 96 Rz. 2 ff. Die Mitglieder des ersten Aufsichtsrats werden hingegen vollständig von den Gründern bestellt, § 30 Abs. 1.

3

#### 2. Grundsatz der Wahlfreiheit

Die Hauptversammlung ist an **Wahlvorschläge** grundsätzlich nicht gebunden, § 100 Abs. 1 Satz 2⁶. Ihr ist freigestellt, ob sie den Wahlvorschlägen des Aufsichtsrats (§ 124 Abs. 3) bzw. der Aktionäre (§ 127) folgt oder nicht. Der Aktionär kann bei der Aufsichtsratswahl seine eigenen Interessen verfolgen; Interessen von Minderheiten müssen nicht beachtet werden⁷. Die gesellschaftsrechtliche Treuepflicht ist erst verletzt, wenn das Wahlrecht zur Verfolgung gesellschaftsfremder Sondervorteile genutzt wird⁸. Eine **Einschränkung** der Wahlfreiheit **durch Satzungsbestimmungen** ist **unzulässig**⁹. Die Satzung darf die an die zu wählenden Personen zu stellenden Vorausset-

4

---

3 Vgl. *Hopt/Roth* in Großkomm. AktG, 4. Aufl., § 101 AktG Rz. 91; *Hüffer*, § 101 AktG Rz. 2; *Mertens* in KölnKomm. AktG, 2. Aufl., § 101 AktG Rz. 5; *Habersack* in MünchKomm. AktG, 3. Aufl., § 101 AktG Rz. 67; *Spindler* in Spindler/Stilz, § 101 AktG Rz. 7.
4 RGZ 123, 351, 354; RGZ 146, 145, 152; RGZ 152, 273, 278; so auch *Baumbach/Hueck*, § 101 AktG Anm. 7; *Meyer-Landrut* in Großkomm. AktG, 3. Aufl., § 101 AktG Anm. 5, 17; *v. Godin/Wilhelmi*, § 101 AktG Anm. 1; aus der neueren Literatur *Mertens* in KölnKomm. AktG, 2. Aufl., § 101 AktG Rz. 5, 52: schuldrechtliches Anstellungsverhältnis, das mit Bestellung und Annahme entstehe, dessen Inhalt aber durch Gesetz und Satzung festgelegt sei; in der Begr. anders *Hüffer*, § 101 AktG Rz. 2: Rechtsverhältnis mit korporations- und schuldrechtlichem Inhalt (Doppelnatur).
5 Wie hier *Spindler* in Spindler/Stilz, § 101 AktG Rz. 8; *Habersack* in MünchKomm. AktG, 3. Aufl., § 101 AktG Rz. 67; *Bürgers/Israel* in Bürgers/Körber, § 101 AktG Rz. 2.
6 Vgl. *Hopt/Roth* in Großkomm. AktG, 4. Aufl., § 101 AktG Rz. 20; *Habersack* in MünchKomm. AktG, 3. Aufl., § 101 AktG Rz. 8 f.; *Mertens* in KölnKomm. AktG, 2. Aufl., § 101 AktG Rz. 17; *Spindler* in Spindler/Stilz, § 101 AktG Rz. 15 f.; *Hüffer*, § 101 AktG Rz. 4; *Bürgers/Israel* in Bürgers/Körber, § 101 AktG Rz. 4.
7 *Hopt/Roth* in Großkomm. AktG, 4. Aufl., § 101 AktG Rz. 23; *Spindler* in Spindler/Stilz, § 101 AktG Rz. 15; *Hüffer*, § 101 AktG Rz. 4; vgl. *Kropff*, Aktiengesetz, S. 138.
8 *Habersack* in MünchKomm. AktG, 3. Aufl., § 101 AktG Rz. 13; *Mertens* in KölnKomm. AktG, 2. Aufl., § 101 AktG Rz. 18; *Spindler* in Spindler/Stilz, § 101 AktG Rz. 16; vgl. zur Treuepflicht des Aktionärs auch *Szalai*, DStR 2008, 358 ff. allgemein sowie *Spindler* in Spindler/Stilz, § 101 AktG Rz. 23 im Speziellen.
9 *Hopt/Roth* in Großkomm. AktG, 4. Aufl., § 101 AktG Rz. 21; *Habersack* in MünchKomm. AktG, 3. Aufl., § 101 AktG Rz. 10 f.; *Spindler* in Spindler/Stilz, § 101 AktG Rz. 18; *Mertens* in

zungen nicht derart eng fassen, dass sie einem Entsendungsrecht nahe kommen[10]. Auch ein bindendes Vorschlagsrecht wäre unzulässig[11]. Gleiches gilt für eine Satzungsbestimmung, nach der Aufsichtsratsmitglieder von einem Dritten bestellt werden können, sofern die Hauptversammlung zustimmt[12]. **Ausnahmen** vom Grundsatz der Wahlfreiheit ergeben sich aus **§§ 6, 8 MontanMitbestG** und **§ 36 Abs. 4 SEBG**[13] (für die SE).

### 3. Wahlvereinbarungen

5 Aus dem Grundsatz der Wahlfreiheit folgt, dass sich die Gesellschaft nicht wirksam zur Wahl bestimmter Personen in den Aufsichtsrat verpflichten kann[14]. Ein entsprechender Vertrag wäre nichtig (§ 101 Abs. 1 Satz 1 AktG, § 134 BGB). Aus einem Verstoß können daher weder Schadensersatzansprüche noch Ansprüche auf Vertragsstrafe hergeleitet werden.

6 Im Grundsatz zulässig und in der Praxis verbreitet sind hingegen **Wahlvereinbarungen unter Aktionären bzw. von Aktionären und Dritten**[15]. Der Grundsatz der Wahlfreiheit steht diesen sog. Konsortial- oder Poolverträgen nicht entgegen[16]. Sie können durch die Satzung nicht verboten werden, aber auch nicht Inhalt der Satzung sein[17]. Die Zulässigkeit von Wahlvereinbarungen wird jedoch von §§ 136 Abs. 2, 405 Nr. 6, 7 sowie vom Grundsatz von Treu und Glauben (§ 242 BGB) eingeschränkt. Der Aktionär kann sich vertraglich nicht verpflichten, nach Weisung der Gesellschaft, des Vorstands, des Aufsichtsrats oder eines abhängigen Unternehmens das Stimmrecht auszuüben, **§ 136 Abs. 2 Satz 1**. Nichtig ist auch ein Vertrag, durch den sich der Aktionär verpflichtet, für die jeweiligen Vorschläge des Vorstandes oder des Aufsichtsrats zu stimmen, **§ 136 Abs. 2**[18]. Der Aktionär darf auch keine besonderen Vorteile

---

KölnKomm. AktG, 2. Aufl., § 101 AktG Rz. 17; *Hoffmann-Becking* in MünchHdb. AG, § 30 Rz. 12a.
10 *Hoffmann-Becking* in MünchHdb. AG, § 30 Rz. 12a.
11 *Hopt/Roth* in Großkomm. AktG, 4. Aufl., § 101 AktG Rz. 21; *Habersack* in MünchKomm. AktG, 3. Aufl., § 101 AktG Rz. 11; *Spindler* in Spindler/Stilz, § 101 AktG Rz. 18.
12 BayObLG, OLGZ 1921, 233, 234 = JW 1921, 580 (Genossenschaft); die Zustimmung der Hauptversammlung stellt in diesem Fall keine Wahl dar, vgl. *Hopt/Roth* in Großkomm. AktG, 4. Aufl., § 101 AktG Rz. 21; *Habersack* in MünchKomm. AktG, 3. Aufl., § 101 AktG Rz. 11; a.A. *Gündel*, Interessenwahrnehmung bei der Besetzung des Aufsichtsrats, S. 165 ff.
13 *Habersack* in MünchKomm. AktG, 3. Aufl., § 101 AktG Rz. 9; *Spindler* in Spindler/Stilz, § 101 AktG Rz. 20; zur SE weiter *Oetker* in Lutter/Hommelhoff, SE-Kommentar, § 36 SEBG Rz. 14.
14 *Hopt/Roth* in Großkomm. AktG, 4. Aufl., § 101 AktG Rz. 25; *Mertens* in KölnKomm. AktG, 2. Aufl., § 101 AktG Rz. 22; *Habersack* in MünchKomm. AktG, 3. Aufl., § 101 AktG Rz. 12.
15 RGZ 112, 273, 277; RGZ 119, 386, 389 f.; RGZ 133, 90, 94 ff.; *Hopt/Roth* in Großkomm. AktG, 4. Aufl., § 101 AktG Rz. 26; *Semler* in MünchKomm. AktG, 2. Aufl., § 101 AktG Rz. 22; *Mertens* in KölnKomm. AktG, 2. Aufl., § 101 AktG Rz. 19; *Noack*, Gesellschaftervereinbarungen bei Kapitalgesellschaften, S. 278; *Spindler* in Spindler/Stilz, § 101 AktG Rz. 22; *Zöllner*, ZHR 155 (1991), 168, 181 f.; a.A. für Wahlvereinbarungen mit Dritten *Hüffer*, § 133 AktG Rz. 27; *K. Schmidt* in Scholz, § 47 GmbHG Rz. 42; *Flume*, Die juristische Person, 1983, S. 242; *Habersack* in MünchKomm. AktG, 3. Aufl., § 101 AktG Rz. 13 f.; *Hüffer*, § 133 AktG Rz. 27; *Habersack*, ZHR 164 (2000), 1, 11 f.
16 RGZ 133, 90, 95; *Hopt/Roth* in Großkomm. AktG, 4. Aufl., § 101 AktG Rz. 26; *Spindler* in Spindler/Stilz, § 101 AktG Rz. 22; *Bürgers/Israel* in Bürgers/Körber, § 101 AktG Rz. 9.
17 *Hopt/Roth* in Großkomm. AktG, 4. Aufl., § 101 AktG Rz. 27; *Mertens* in KölnKomm. AktG, 2. Aufl., § 101 AktG Rz. 23.
18 Die Wirksamkeit der Stimmabgabe unter Verstoß gegen § 136 Abs. 2 ist str., vgl. OLG Nürnberg v. 17.1.1996 – 12 U 2801/95, AG 1996, 228, 229; *Schroer* in MünchKomm. AktG, 2. Aufl., § 136 AktG Rz. 82; *Hüffer*, § 136 AktG Rz. 29; *Zöllner* in KölnKomm. AktG, 1. Aufl., § 136 AktG Rz. 108 (Stimmabgabe gültig); a.A. *v. Godin/Wilhelmi*, § 136 AktG Anm. 108; *Rodemann*, Stimmbindungsvereinbarungen, 1998, S. 101 ff. m.w.N.

als Gegenleistung dafür fordern, sich versprechen lassen oder annehmen, dass er bei der Abstimmung nicht oder in einem bestimmten Sinn stimmt (§ 405 Abs. 3 Nr. 6). Eine derartige Abrede wäre nichtig (§ 134 BGB). Darüber hinaus brauchen Wahlabreden nur im Rahmen von **Treu und Glauben** befolgt zu werden[19]. So kann etwa eine Bindung für eine bestimmte Wahl entfallen, wenn der Verpflichtete gegen die Person des Vorgeschlagenen triftige sachliche Gründe anführen kann, die eine sachgemäße Wahrnehmung der mit dem Aufsichtsratsamt verbundenen Pflichten nicht gewährleistet erscheinen lassen[20]. Auch die **gesellschaftsrechtliche Treuepflicht** begrenzt die Zulässigkeit von Wahlvereinbarungen, so dass eine Verpflichtung zur Abstimmung gegen das Gesellschaftsinteresse nichtig ist[21].

Die Stimmabgabe unter Verletzung der mit der Wahlabrede übernommenen Verpflichtung ist wirksam[22]. Der Aktionär macht sich jedoch schadensersatzpflichtig, wenn er die Pflicht schuldhaft verletzt hat[23]. Ein Schaden dürfte regelmäßig schwer nachweisbar sein. Der Erfüllungsanspruch aus einer Wahlvereinbarung ist nach h.M. klagbar und vollstreckbar (§ 894 ZPO)[24].

**4. Wahlverfahren**

Die Aktionärsvertreter im Aufsichtsrat werden durch **Beschluss der Hauptversammlung** gewählt, § 119 Abs. 1 Nr. 1. Darüber hinaus enthält das Gesetz keine speziellen Regelungen zum Wahlverfahren des Aufsichtsrats. Die von der Hauptversammlung zu wählenden Aufsichtsratsmitglieder können jedenfalls durch **Einzelwahl** gewählt werden, bei der die Aktionäre in gesonderten Wahlgängen über die zu besetzenden Aufsichtsratssitze abstimmen[25]. In Anbetracht des mit der Einzelwahl verbundenen enormen Zeitaufwands findet sie praktisch nur bei Ersatzwahlen statt[26].

Eine Straffung des Wahlverfahrens kann durch Zusammenfassung mehrerer Einzelwahlen in einem Abstimmungsvorgang im Rahmen einer **Blockwahl (Simultanwahl)** erreicht werden[27]. Bei dieser erfolgt die Abstimmung durch Ankreuzen der einzelnen auf dem Stimmzettel vermerkten Kandidaten. Anstelle des Ankreuzens der Kandidaten ist auch die Wahl aller nicht ausgestrichenen Kandidaten möglich[28]. Gewählt

---

19 RGZ 133, 90, 95 f.; *Hopt/Roth* in Großkomm. AktG, 4. Aufl., § 101 AktG Rz. 30; *Mertens* in KölnKomm. AktG, 2. Aufl., § 101 AktG Rz. 21; *Spindler* in Spindler/Stilz, § 101 AktG Rz. 22 f.; *Habersack* in MünchKomm. AktG, 3. Aufl., § 101 AktG Rz. 13.
20 RGZ 133, 90, 96.
21 *Mertens* in KölnKomm. AktG, 2. Aufl., § 101 AktG Rz. 21; *Hüffer*, § 133 AktG Rz. 28.
22 RGZ 119, 386, 388 f.; *Hopt/Roth* in Großkomm. AktG, 4. Aufl., § 101 AktG Rz. 35.
23 RGZ 119, 386, 389; *Spindler* in Spindler/Stilz, § 101 AktG Rz. 26.
24 BGH v. 29.5.1967 – II ZR 105/66, BGHZ 48, 163, 169 ff. = WM 1967, 925; *Odersky* in FS Lutter, S. 557, 561; *Zöllner*, ZHR 155 (1991), 168, 185; a.A. RGZ 165, 68, 78; RGZ 119, 386, 389; RGZ 160, 262; *R. Fischer*, GmbHR 1953, 65, 69; gegen Vollstreckung von Stimmbindungsverträgen gegenüber Dritten auch *Hüffer*, § 133 AktG Rz. 27.
25 *Hopt/Roth* in Großkomm. AktG, 4. Aufl., § 101 AktG Rz. 42; *Bollweg*, Die Wahl des Aufsichtsrats in der Hauptversammlung der Aktiengesellschaft, S. 180 ff., 269 ff.; *Spindler* in Spindler/Stilz, § 101 AktG Rz. 29; *Hüffer*, § 101 AktG Rz. 6; *Habersack* in MünchKomm. AktG, 3. Aufl., § 101 AktG Rz. 19.
26 Vgl. aber Ziff. 5.4.3 Satz 1 des DCGK i.d.F. vom 18.6.2009: „Wahlen zum Aufsichtsrat sollen als Einzelwahl durchgeführt werden."
27 *Mertens* in KölnKomm. AktG, 2. Aufl., § 101 AktG Rz. 16; *Habersack* in MünchKomm. AktG, 3. Aufl., § 101 AktG Rz. 20 ff.; *Spindler* in Spindler/Stilz, § 101 AktG Rz. 31; *Hüffer*, § 101 AktG Rz. 6.
28 *Hopt/Roth* in Großkomm. AktG, 4. Aufl., § 101 AktG Rz. 43 unter Bezugnahme auf BVerfG, NJW 1994, 922, 926 (politische Parteien).

sind die Kandidaten mit der höchsten Stimmenzahl, ohne dass die Maßgeblichkeit der relativen Mehrheit in der Satzung festgeschrieben sein müsste[29].

10 Auch eine **Listenwahl (Globalwahl)**, bei der die Liste der Wahlvorschläge nur insgesamt angenommen oder abgelehnt werden kann, wird überwiegend als zulässig erachtet[30]. Ihre grundsätzliche Zulässigkeit ergibt sich aus dem Umstand, dass das Gesetz kein spezielles Verfahren für die Wahl der Aufsichtsratsmitglieder vorschreibt. Zwar spricht § 101 von der Wahl der „Mitglieder des Aufsichtsrats"[31], doch kann daraus nicht auf das Erfordernis einer Einzelabstimmung geschlossen werden. Das wird durch einen Vergleich mit § 120 Abs. 1 deutlich[32]: Über die Entlastung der „Mitglieder des Aufsichtsrats" (Satz 1) beschließt die Hauptversammlung, wobei eine Einzelentlastung nur auf Verlangen der Hauptversammlung oder einer Minderheit stattfindet (Satz 2). Ob eine Listenwahl durchgeführt wird, liegt im Ermessen des Leiters der Hauptversammlung[33]. Stets erforderlich ist aber ein **Hinweis des Versammlungsleiters vor der Abstimmung**, dass durch die (mehrheitliche) Ablehnung der Beschlussvorlage eine Einzelabstimmung herbeigeführt werden kann[34]. Den Aktionären muss also deutlich gemacht worden sein, dass sie ihren Widerstand gegen den Wahlmodus nur durch Ablehnung der Liste insgesamt zum Ausdruck bringen können[35].

11 Die Listenwahl kann auch dann durchgeführt werden, wenn einzelne Aktionäre einen **Antrag auf Einzelwahl** gestellt haben[36]. Ein Vorrang der Einzelwahl besteht selbst dann nicht, wenn man sie als gesetzlichen Regelfall[37] ansieht (arg. ex § 120 Abs. 1). Die Gegenansicht[38] vermag deshalb nicht zu überzeugen. Der widerspre-

---

29 *Hopt/Roth* in Großkomm. AktG, 4. Aufl., § 101 AktG Rz. 43; a.A. *Werner*, AG 1972, 137, 139.
30 LG Dortmund v. 26.9.1966 – 10 O 191/66, AG 1968, 390, 391; LG Hamburg v. 11.1.1968 – 28 O 211/67, DB 1968, 302; *Hüffer*, § 101 AktG Rz. 6; *Mertens* in KölnKomm. AktG, 2. Aufl., § 101 AktG Rz. 16; *Habersack* in MünchKomm. AktG, 3. Aufl., § 101 AktG Rz. 20; *Spindler* in Spindler/Stilz, § 101 AktG Rz. 33; *Hoffmann-Becking* in MünchHdb. AG, § 39 Rz. 81; *E. Vetter* in Marsch-Barner/Schäfer, Hdb. börsennotierte AG, 2. Aufl. 2009, § 25 Rz. 24; *Bollweg*, Die Wahl des Aufsichtsrats in der Hauptversammlung der Aktiengesellschaft, S. 186 ff., 297 ff.; *Lutter* in FS Odersky, S. 845, 847, 853; *Mutter*, AG 2004, 305 f.; *Roth/Wörle*, ZGR 2004, 565, 576; im Grundsatz auch LG München I v. 15.4.2004 – 5 HK O 10813/03, AG 2004, 330, 331; a.A. *Meyer-Landrut* in Großkomm. AktG, 3. Aufl., § 101 AktG Anm. 4; *Geßler* in G/H/E/K, § 101 AktG Rz. 31; *Lippert*, AG 1976, 239, 240 f.
31 Dies betonen *Meyer-Landrut* in Großkomm. AktG, 3. Aufl., § 101 AktG Anm. 4; *Geßler* in G/H/E/K, § 101 AktG Rz. 31.
32 Zustimmend nun BGH v. 16.2.2009 – II ZR 185/07, BB 2009, 796, 799 = AG 2009, 285.
33 *Hopt/Roth* in Großkomm. AktG, 4. Aufl., § 101 AktG Rz. 51; i. Erg. auch *Spindler* in Spindler/Stilz, § 101 AktG Rz. 24; *Habersack* in MünchKomm. AktG, 3. Aufl., § 101 AktG Rz. 22.
34 BGH v. 21.7.2003 – II ZR 109/02, BGHZ 156, 38, 41 = NJW 2003, 3412, 3413 = AG 2003, 625; eine Belehrung empfiehlt *Hoffmann-Becking* in MünchHdb. AG, § 30 Rz. 19; *Habersack* in MünchKomm. AktG, 3. Aufl., § 101 AktG Rz. 23 f.
35 KG v. 17.1.2002 – 2 U 7288/00, AG 2003, 99, 100; *Hüffer*, § 101 AktG Rz. 6; *Spindler* in Spindler/Stilz, § 101 AktG Rz. 34; *Habersack* in MünchKomm. AktG, 3. Aufl., § 101 AktG Rz. 20, 22.
36 *Hopt/Roth* in Großkomm. AktG, 4. Aufl., § 101 AktG Rz. 53 ff. (mit Einschränkungen); *Hüffer*, § 101 AktG Rz. 6; *Mertens* in KölnKomm. AktG, 2. Aufl., § 101 AktG Rz. 16; *Hoffmann-Becking* in MünchHdb. AG, § 30 Rz. 20; *E. Vetter* in Marsch-Barner/Schäfer, Hdb. börsennotierte AG, 2. Aufl. 2009, § 25 Rz. 24; *Habersack* in MünchKomm. AktG, 3. Aufl., § 101 AktG Rz. 23; BGH v. 16.2.2009 – II ZR 185/07, BGHZ 180, 9 = AG 2009, 285.
37 So *Lutter* in FS Odersky, S. 845, 847; a.A. *Habersack* in MünchKomm. AktG, 3. Aufl., § 101 AktG Rz. 23.
38 LG München I v. 15.4.2004 – 5 HK O 10813/03, AG 2004, 330, 331; *Fuhrmann*, ZIP 2004, 2081, 2085; *Roth/Wörle*, ZGR 2004, 565, 576; *Bub* in FS Derleder, S. 221, 230 f.

chende Aktionär hat keinen Anspruch darauf, dass zunächst über das Wahlverfahren abgestimmt wird[39].

**5. Annahme der Wahl**

Da die Rechtsstellung als Aufsichtsratsmitglied dem Gewählten Pflichten auferlegt, muss die **Wahl** von ihm **angenommen** werden[40]. Bis dahin ist die Bestellung schwebend unwirksam; erst durch die Annahme wird sie endgültig wirksam. Eine Verpflichtung zur Annahme besteht nicht. Die Annahme der Wahl kann in der Hauptversammlung gegenüber dem Wahlorgan sowie gegenüber der Gesellschaft, vertreten durch den Vorstand, erfolgen[41]. Wird die Annahme gegenüber dem Aufsichtsratsvorsitzenden erklärt, so wird die Bestellung erst nach Weiterleitung und Zugang beim Vorstand wirksam[42]. Die Wahl kann außer durch Erklärung auch durch konkludentes Verhalten (Aufnahme der Tätigkeit) angenommen werden. Eine Ausgestaltung der Annahmemodalitäten durch **Satzungsregelung** ist möglich[43]. Zweckmäßig erscheint dabei die Einführung einer Annahmefrist. Wurde in der Satzung keine Frist zur Annahme festgelegt, so kann der Vorstand dem Gewählten eine Frist setzen[44]. Dem auf der Hauptversammlung anwesenden Gewählten muss eine **angemessene Bedenkzeit** eingeräumt werden, eine sofortige Annahme ist also nicht erforderlich[45]. §§ 147 ff. BGB sind nicht analog anwendbar.

12

## IV. Bestellung von Aufsichtsratsmitgliedern durch Entsendung (§ 101 Abs. 2)

**1. Allgemeines**

Nach **§ 101 Abs. 2 Satz 1** kann bestimmten Aktionären bzw. Inhabern bestimmter Aktien durch die Satzung ein Entsendungsrecht für Mitglieder des Aufsichtsrats ein-

13

---

39 *Hüffer*, § 101 AktG Rz. 6; *Hopt/Roth* in Großkomm. AktG, 4. Aufl., § 101 AktG Rz. 53 (einschränkend aber Rz. 55 f.); *Mertens* in KölnKomm. AktG, 2. Aufl., § 101 AktG Rz. 16; a.A. *Ramm*, NJW 1991, 2753, 2755; *Spindler* in Spindler/Stilz, § 101 AktG Rz. 34 (Hauptversammlung muss die Durchführung der Einzelwahl durch gesonderten Beschluss ablehnen).
40 BGH v. 17.4.1967 – II ZR 157/64, BGHZ 47, 341, 347 = AG 1967, 233, 235 (BetrVG 1952); *Hüffer*, § 101 AktG Rz. 7; *Mertens* in KölnKomm. AktG, 2. Aufl., § 101 AktG Rz. 26; *Habersack* in MünchKomm. AktG, 3. Aufl., § 101 AktG Rz. 61; *Hüffer*, § 101 AktG Rz. 7; *Spindler* in Spindler/Stilz, § 101 AktG Rz. 9; *Natzel*, DB 1965, 1429, 1433; *Bürgers/Israel* in Bürgers/Körber, § 101 AktG Rz. 7.
41 *Hopt/Roth* in Großkomm. AktG, 4. Aufl., § 101 AktG Rz. 83; *Mertens* in KölnKomm. AktG, 2. Aufl., § 101 AktG Rz. 27; *Habersack* in MünchKomm. AktG, 3. Aufl., § 101 AktG Rz. 62; *Spindler* in Spindler/Stilz, § 101 AktG Rz. 9.
42 *Hopt/Roth* in Großkomm. AktG, 4. Aufl., § 101 AktG Rz. 83; *Hüffer*, § 101 AktG Rz. 7; *Habersack* in MünchKomm. AktG, 3. Aufl., § 101 AktG Rz. 62; *Hoffmann-Becking* in MünchHdb. AG, § 30 Rz. 22; a.A. *Meyer-Landrut* in Großkomm. AktG, 3. Aufl., § 101 AktG Anm. 5; *Baumbach/Hueck*, § 101 AktG Anm. 7; *v. Godin/Wilhelmi*, § 101 AktG Anm. 2: Vertretungsbefugnis auch des Vorstands, da innergesellschaftliche Angelegenheit.
43 *Hopt/Roth* in Großkomm. AktG, 4. Aufl., § 101 AktG Rz. 83; *Mertens* in KölnKomm. AktG, 2. Aufl., § 101 AktG Rz. 28; *Habersack* in MünchKomm. AktG, 3. Aufl., § 101 AktG Rz. 63; *Spindler* in Spindler/Stilz, § 101 AktG Rz. 10.
44 *Mertens* in KölnKomm. AktG, 2. Aufl., § 101 AktG Rz. 29; *Habersack* in MünchKomm. AktG, 3. Aufl., § 101 AktG Rz. 63; *Spindler* in Spindler/Stilz, § 101 AktG Rz. 10; *Hoffmann-Becking* in MünchHdb. AG, § 30 Rz. 22 hält den Vorstand zur Fristsetzung verpflichtet.
45 *Hopt/Roth* in Großkomm. AktG, 4. Aufl., § 101 AktG Rz. 85; *Semler* in MünchKomm. AktG, 2. Aufl., § 101 AktG Rz. 140, 145; *Habersack* in MünchKomm. AktG, 3. Aufl., § 101 AktG Rz. 63 („angemessen").

geräumt werden[46]. Das Entsendungsrecht ist ein **Sonderrecht i.S. des § 35 BGB**, so dass seine Aufhebung oder Einschränkung nur mit Zustimmung des Entsendungsberechtigten und nur durch Satzungsänderung möglich ist[47]. Ein Verzicht des Berechtigten genügt nicht. Begünstigte des Entsendungsrechts können nur Aktionäre sein, nicht aber Mitglieder des Vorstands oder Aufsichtsrats, die selbst nicht Aktionäre sind. Das Entsendungsrecht kann in den durch die Verfassung der AG gezogenen Grenzen durch die Satzung eingeschränkt und von zusätzlichen Voraussetzungen abhängig gemacht werden[48]. Zulässig sind die Anbindung des Entsendungsrechts an die Zustimmung von Hauptversammlung und Aufsichtsrat (nicht aber des Vorstands oder eines Dritten[49]), die Einführung eines bestimmten Mindestaktienbesitzes des Entsendungsberechtigten oder die Regelung, dass das Entsendungsrecht während der Mitgliedschaft des Entsendungsberechtigten in Vorstand und Aufsichtsrat ruht[50]. Die Satzung darf hingegen nicht vorsehen, dass das Entsendungsrecht einem Aktionär nur dann zusteht, wenn er zugleich Aufsichtsrats- oder Vorstandsmitglied ist. Die nachträgliche Einführung eines Entsendungsrechts ist zulässig und auch kein Verstoß gegen § 53a, da das Gesetz die Ungleichbehandlung ausdrücklich zulässt[51]. Bei der Entscheidung über die Satzungsänderung hat der Begünstigte Stimmrecht, § 136 Abs. 1 findet keine analoge Anwendung[52].

14 § 101 Abs. 2 Satz 1 ist in seiner heutigen Fassung[53] sowohl mit dem Eigentumsgrundrecht der übrigen Aktionäre (Art. 14 GG)[54] als auch mit der europarechtlichen Kapitalverkehrsfreiheit (Art. 63 AEUV = ex-Art. § 56 Abs. 1 EGV)[55] vereinbar. Die europarechtliche Zulässigkeit wurde inzident auch vom EuGH in seiner Entscheidung zum VW-Gesetz[56] bestätigt. Darin sah der EuGH zwar u.a. in § 4 Abs. 1 des VW-Gesetzes in der damaligen Fassung einen Verstoß gegen die in vormals in ex-Art. 56 Abs. 1 EGV und nunmehr in Art. 63 AEUV verbürgte Kapitalverkehrsfreiheit. Diese Regelung ermögliche es dem Bund und dem Land Niedersachsen – mithin Trägern hoheitlicher Gewalt[57] – jeweils zwei Aufsichtsratsmitglieder, insgesamt also vier Personen in den Aufsichtsrat der Volkswagen AG zu entsenden. Hierin soll nach Auffassung des EuGH eine ungerechtfertigte „Abweichung vom allgemeinen Gesell-

---

46 Das früher in § 7 MitbestErgG a. F. verankerte Entsendungsrecht der Gewerkschaften ist durch Gesetz vom 21.5.1981 (BGBl. I 1981, 441 ff.) entfallen.
47 *Mertens* in KölnKomm. AktG, 2. Aufl., § 101 AktG Rz. 62; *Bürgers/Israel* in Bürgers/Körber, § 101 AktG Rz. 12, *Habersack* in MünchKomm. AktG, 3. Aufl., § 101 AktG Rz. 31; *Spindler* in Spindler/Stilz, § 101 AktG Rz. 48; *Hüffer*, § 101 AktG Rz. 8; für entsprechende Anwendung des 35 BGB *Hopt/Roth* in Großkomm. AktG, 4. Aufl., § 101 AktG Rz. 108.
48 *Mertens* in KölnKomm. AktG, 2. Aufl., § 101 AktG Rz. 46; *Habersack* in MünchKomm. AktG, 3. Aufl., § 101 AktG Rz. 31, 58; *Spindler* in Spindler/Stilz, § 101 AktG Rz. 47 ff.; *Bürgers/Israel* in Bürgers/Körber, § 101 AktG Rz. 14 f.
49 So aber *v. Godin/Wilhelmi*, § 101 AktG Anm. 3.
50 *Hopt/Roth* in Großkomm. AktG, 4. Aufl., § 101 AktG Rz. 125; *Mertens* in KölnKomm. AktG, 2. Aufl., § 101 AktG Rz. 26.
51 *Bungeroth* in MünchKomm. AktG, 3. Aufl., § 53a AktG Rz. 23; *Henze/Notz* in Großkomm. AktG, 4. Aufl., § 53a AktG Rz. 89.
52 OLG Hamm v. 31.3.2008 – 8 U 222/07, ZIP 2008, 1530, 1532 = AG 2008, 552.
53 § 101 Abs. 2 Satz 5, der die früheren Regelungen des VW-Gesetzes für vorrangig erklärte, wurde im Zuge der Neufassung des VW-Gesetzes (Gesetz vom 8.12.2008, BGBl. I 2008, 2369) aufgehoben.
54 Vgl. dazu OLG Hamm v. 31.3.2008 – 8 U 222/07, ZIP 2008, 1530 = AG 2008, 552.
55 BGH v. 8.6.2009 – II ZR 111/08, ZIP 2009, 1566 = AG 2009, 694; OLG Hamm v. 31.3.2008 – 8 U 222/07, ZIP 2008, 1530 = AG 2008, 552; *Neumann/Ogorek*, NZG 2008, 892 ff.; *Seeling/Zwickel*, BB 2008, 622, 623; a.A. jedenfalls für mitbestimmte Aktiengesellschaften *Möslein*, AG 2007, 770.
56 EuGH v. 23.10.2007 – C-122/05, BB 2007, 2423, 242; dazu *Lieder*, ZHR 172 (2008), 306, 324.
57 Zu staatlichen Sonderrechten allgemein *Lieder*, ZHR 172 (2008), 306 ff. und insbes. 322 ff. zu Entsendungsrechten.

schaftsrecht" zu sehen sein. Allerdings hat sich der EuGH gerade nicht gegen die Zulässigkeit der Entsendung als solche ausgesprochen, sondern die Abweichung von § 101 Abs. 2 Satz 4 betreffend die zulässige Höchstzahl entsandter Aufsichtsratsmitglieder (dazu sogleich unter Rz. 20) als ungerechtfertigten Verstoß gegen die Kapitalverkehrsfreiheit angesehen. Nicht auszuschließen ist, dass für Entsendungsrechte zu Gunsten staatlicher oder kommunaler Aktionäre strengere Regeln gelten[58].

### 2. Ausgestaltung des Entsendungsrechts

Das Entsendungsrecht kommt in zwei Erscheinungsformen vor: als persönliches Entsendungsrecht und als inhabergebundenes Entsendungsrecht. 15

a) Beim **persönlichen bzw. aktionärsbezogenen Entsendungsrecht (§ 101 Abs. 2 Satz 1 1. Alt.)** wird der Begünstigte in der Satzung namentlich genannt. Der Genannte muss Aktionär der Gesellschaft sein. Das Entsendungsrecht erlischt, wenn er sämtliche Aktien der Gesellschaft veräußert. Durch einen anschließenden Neuerwerb von Aktien lebt es nicht wieder auf[59]. Eine abweichende Regelung in der Satzung ist möglich. Das persönliche Entsendungsrecht ist als höchstpersönliches Recht **unvererblich**. Es erlischt mit dem Tode des Berechtigten, allerdings kann die Satzung die Vererblichkeit des Rechts vorsehen oder den Übergang auf einen anderen Aktionär anordnen[60]. Ist das Entsendungsrecht einer juristischen Person eingeräumt worden, so wird es durch eine Änderung der Rechtsform der juristischen Person nicht berührt. 16

b) Ein Entsendungsrecht kann auch dem Inhaber bestimmter Aktien eingeräumt werden (**inhaberbezogenes bzw. aktienbezogenes Entsendungsrecht**, § 101 Abs. 2 Satz 1 2. Alt.). Entsendungsrecht und Aktie bilden dann eine Einheit[61]. Das inhaberbezogene Entsendungsrecht kommt nur für **vinkulierte Namensaktien** in Betracht, § 101 Abs. 2 Satz 2, da sich Inhaberaktien nicht hinreichend genau individualisieren lassen. Dadurch soll zugleich der rein spekulative Aktienbesitz von der Einflussnahme mittels Entsendungsrecht ausgeschlossen werden[62]. Die Satzung muss die Aktien nach Gattung, Nummer und ggf. Serie genau kennzeichnen. Im Übrigen gelten die §§ 68, 69. Das Inhaberentsendungsrecht erlischt mit der Aufhebung oder Einziehung der betreffenden Aktien sowie durch Umwandlung der vinkulierten Namensaktien in Inhaberaktien[63]. In diesem Fall sowie bei der Streichung einer Satzungsklausel, auf der das Entsendungsrecht beruht, muss der Entsendungsberechtigte der Maßnahme zustimmen[64]. 17

c) Das Entsendungsrecht kann auch einer **Personenmehrheit** oder einer **Gruppe von Aktionären** eingeräumt werden. Sollte eine Aktie mehreren Berechtigten zustehen, 18

---

58 Vgl. zu dieser Differenzierung *Bayer/J. Schmidt*, BB 2008, 454, 460; *Lieder*, ZHR 172 (2008), 306, 324; OLG Hamm v. 31.3.2008 – 8 U 222/07, ZIP 2008, 1530, 1533 = AG 2008, 552.
59 *Hopt/Roth* in Großkomm. AktG, 4. Aufl., § 101 AktG Rz. 113; *Mertens* in KölnKomm. AktG, 2. Aufl., § 101 AktG Rz. 44; *Habersack* in MünchKomm. AktG, 3. Aufl., § 101 AktG Rz. 36; *Spindler* in Spindler/Stilz, § 101 AktG Rz. 54.
60 *Hopt/Roth* in Großkomm. AktG, 4. Aufl., § 101 AktG Rz. 111; *Habersack* in MünchKomm. AktG, 3. Aufl., § 101 AktG Rz. 37; *Spindler* in Spindler/Stilz, § 101 AktG Rz. 55; a.A. *v. Godin/Wilhelmi*, § 103 AktG Anm. 3: im Zweifel vererblich.
61 *Hüffer*, § 101 AktG Rz. 8; *Habersack* in MünchKomm. AktG, 3. Aufl., § 101 AktG Rz. 39; ähnl. *Bürgers/Israel* in Bürgers/Körber, § 101 AktG Rz. 12.
62 Amtl. Begr. zu § 88 AktG 1937, abgedruckt bei *Klausing*, Gesetz über Aktiengesellschaften und Kommanditgesellschaften auf Aktien (Aktien-Gesetz) nebst Einführungsgesetz u. „Amtlicher Begründung", 1937, S. 76.
63 *Hopt/Roth* in Großkomm. AktG, 4. Aufl., § 101 AktG Rz. 117; *Habersack* in MünchKomm. AktG, 3. Aufl., § 101 AktG Rz. 41.
64 Ausführlich zur Aufhebung des Entsendungsrechts *Seeling/Zwickel*, BB 2008, 622, 626 ff.

dann können die Rechte aus der Aktie und damit auch das inhaberbezogene Entsendungsrecht nur durch einen gemeinschaftlichen Vertreter ausgeübt werden, § 69 Abs. 1. Steht das Entsendungsrecht mehreren Aktionären zu, können die Einzelheiten seiner Ausübung in der Satzung geregelt werden (z.B. Einstimmigkeitserfordernis, gemeinsame schriftliche Entsendungserklärung)[65]. Für die Aktionärsgruppe gelten die Vorschriften der Bruchteilsgemeinschaft (§§ 741 ff. BGB); damit findet das Mehrheitsprinzip (§ 745 BGB) Anwendung[66].

19 **d)** Gem. **§ 101 Abs. 2 Satz 3** gelten die Aktien der Entsendungsberechtigten **nicht als eine besondere Gattung** i.S. des § 11. Diese Anordnung hat zur Folge, dass es bei Satzungsänderungen keiner gesonderten Abstimmung der Aktionäre mit inhaberbezogenen Entsendungsrechten bedarf (vgl. §§ 179 Abs. 3, 182 Abs. 2, 222 Abs. 2).

### 3. Höchstzahl der entsandten Mitglieder

20 **a)** Entsendungsrechte können gem. **§ 101 Abs. 2 Satz 4** insgesamt **höchstens für ein Drittel** der sich aus Gesetz oder Satzung ergebenden Zahl der Aufsichtsratsmitglieder der Aktionäre eingeräumt werden. Die Beschränkung auf ein Drittel der Zahl der Aktionärsvertreter hat zur Folge, dass sich kein Einzelaktionär und auch keine Gruppe von Aktionären allein durch das Entsendungsrecht die Herrschaft in der Aktiengesellschaft sichern kann[67]. Maßgeblich ist allein die sich aus Gesetz oder Satzung ergebende Gesamtzahl, auf die tatsächlich vorhandenen Aktionärsvertreter im Aufsichtsrat kommt es hingegen nicht an. Ohne Belang ist auch, ob es sich um eine mitbestimmte Gesellschaft handelt[68]. Bei Verstößen gegen die gesetzlich vorgeschriebene Höchstzahl ist zu differenzieren, ob der Verstoß bereits bei Gründung vorhanden war oder erst später eintrat. Wird die Höchstzahl bereits bei der Gründung der Gesellschaft überschritten, so sind sämtliche Bestimmungen, die Entsendungsrechte einräumen, nichtig. Eine geltungserhaltende Reduktion auf das gesetzlich zulässige Maß findet nur statt, wenn alle Entsendungsrechte ein und demselben Inhaber zustehen[69]. Tritt der Verstoß erst nach Gründung durch die Einräumung weiterer Entsendungsrechte ein, so sind nur die neuen Satzungsbestimmungen nichtig[70].

21 **b)** Die gesetzlich **zulässige Höchstzahl an Entsendungsrechten** kann auch dadurch **überschritten** werden, dass die satzungsmäßige Zahl an Aufsichtsratsmitgliedern herabgesetzt oder eine Kapitalherabsetzung durchgeführt wird. Im erstgenannten Fall ist der Hauptversammlungsbeschluss nach einhelliger Meinung nur wirksam, wenn der Entsendungsberechtigte der Herabsetzung der Mitgliederzahl zugestimmt hat[71]. Umstritten ist hingegen, ob es der Zustimmung des Entsendungsberechtigten auch bei einer Überschreitung der Höchstgrenze infolge einer Kapitalherabsetzung bedarf.

---

65 *Hopt/Roth* in Großkomm. AktG, 4. Aufl., § 101 AktG Rz. 119.
66 *Mertens* in KölnKomm. AktG, 2. Aufl., § 101 AktG Rz. 45; *Habersack* in MünchKomm. AktG, 3. Aufl., § 101 AktG Rz. 35, 40; *Spindler* in Spindler/Stilz, § 101 AktG Rz. 58; a.A. *Meyer-Landrut* in Großkomm. AktG, 3. Aufl., § 101 AktG Anm. 14: Einstimmigkeit.
67 *Hopt/Roth* in Großkomm. AktG, 4. Aufl. § 101 AktG Rz. 130; *Habersack* in MünchKomm. AktG, 3. Aufl., § 101 AktG Rz. , 35, 40, 53; *Hoffmann-Becking* in MünchHdb. AG, § 30 Rz. 24; *Spindler* in Spindler/Stilz, § 101 AktG Rz. 62; *Hüffer*, § 101 AktG Rz. 9.
68 OLG Hamm v. 31.3.2008 – 8 U 222/07, ZIP 2008, 1530, 1532 = AG 2008, 552.
69 *Hopt/Roth* in Großkomm. AktG, 4. Aufl., § 101 AktG Rz. 131; *Mertens* in KölnKomm. AktG, 2. Aufl., § 101 AktG Rz. 48; *Habersack* in MünchKomm. AktG, 3. Aufl., § 101 AktG Rz. 55; *Spindler* in Spindler/Stilz, § 101 AktG Rz. 63.
70 *Mertens* in KölnKomm. AktG, 2. Aufl., § 101 AktG Rz. 48; *Spindler* in Spindler/Stilz, § 101 AktG Rz. 63; *Hopt/Roth* in Großkomm. AktG, 4. Aufl., § 101 AktG Rz. 131.
71 *Hopt/Roth* in Großkomm. AktG, 4. Aufl., § 101 AktG Rz. 134; *Mertens* in KölnKomm. AktG, 2. Aufl., § 101 AktG Rz. 49; *Habersack* in MünchKomm. AktG, 3. Aufl., § 101 AktG Rz. 57; *Spindler* in Spindler/Stilz, § 101 AktG Rz. 64 f.

Das Meinungsspektrum ist dabei breit gefächert: Zum Teil wird wie bei satzungsändernden Beschlüssen, durch die die Zahl der Aufsichtsratsmitglieder herabgesetzt wird, eine Zustimmung der Entsendungsberechtigten gefordert[72], andere halten die Zustimmung für entbehrlich[73], wieder andere wollen nach dem Zweck der Kapitalherabsetzung differenzieren und verzichten auf die Zustimmung, wenn die Kapitalherabsetzung dem Ausgleich von Wertminderungen oder der Verlustdeckung dient[74]. Zutreffenderweise ist die Zustimmung der Entsendungsberechtigten unabhängig vom Zweck der Kapitalherabsetzung erforderlich. Eine Zustimmungspflicht der Entsendungsberechtigten ergibt sich aber aus der Treuepflicht, wenn die Kapitalherabsetzung in dieser Form wirtschaftlich erforderlich und geboten sowie für den Betroffenen nicht mit einer Vermehrung seiner Leistungspflichten verbunden ist[75].

### 4. Stellung des Entsandten in der Gesellschaft

Die Entsendung erfolgt durch eine (formlose) Erklärung des Entsendungsberechtigten gegenüber der Gesellschaft, vertreten durch den Vorstand[76]. Zum Mitglied des Aufsichtsrats wird der Entsandte erst mit Annahme des Amtes. Sie kann nur gegenüber dem Vorstand erklärt werden[77]. Die gegenüber dem Aufsichtsrat abgegebene Annahmeerklärung wird nach Weiterleitung erst mit Zugang beim Vorstand wirksam. Aus Gründen der Rechtsklarheit genügt eine Annahme gegenüber dem Entsendungsberechtigten nicht[78].

Mit dem Amtsantritt entsteht zwischen der Gesellschaft und dem Entsandten ein **korporationsrechtliches Rechtsverhältnis**, das dem der übrigen Aufsichtsratsmitglieder entspricht[79]. Das entsandte Aufsichtsratsmitglied ist den von der Hauptversammlung bestellten Aufsichtsratsmitgliedern weitgehend gleichgestellt (Ausnahme: jederzeitige Abberufungsmöglichkeit, § 103 Abs. 2). Insbesondere darf dem entsandten Aufsichtsratsmitglied nicht allein aufgrund des besonderen Bestellungsaktes eine andere Vergütung gewährt werden als den gewählten Aufsichtsratsmitglie-

---

72 *Meyer-Landrut* in Großkomm. AktG, 3. Aufl., § 101 AktG Anm. 13; *Spindler* in Spindler/Stilz, § 101 AktG Rz. 64 (aber Satzungsdispositivität).
73 *v. Godin/Wilhelmi*, § 101 AktG Anm. 3; *Mertens* in KölnKomm. AktG, 2. Aufl., § 101 AktG Rz. 49; *Habersack* in MünchKomm. AktG, 3. Aufl., § 101 AktG Rz. 57.
74 *Geßler* in G/H/E/K, § 101 AktG Rz. 82; ähnlich *Semler* in MünchKomm. AktG, 2. Aufl., § 101 AktG Rz. 118, der darauf abstellt, ob die Kapitalherabsetzung wirtschaftlich notwendigen Maßnahmen dient.
75 Ähnlich *Hopt/Roth* in Großkomm. AktG, 4. Aufl., § 101 AktG Rz. 135.
76 *Hopt/Roth* in Großkomm. AktG, 4. Aufl., § 101 AktG Rz. 136; *Habersack* in MünchKomm. AktG, 3. Aufl., § 101 AktG Rz. 44; *Spindler* in Spindler/Stilz, § 101 AktG Rz. 67; *Hüffer*, § 101 AktG Rz. 10; *Bürgers/Israel* in Bürgers/Körber, § 101 AktG Rz. 10; *Mertens* in KölnKomm. AktG, 2. Aufl., § 101 AktG Rz. 52; nach *v. Godin/Wilhelmi*, § 101 AktG Anm. 3; *Meyer-Landrut* in Großkomm. AktG, 3. Aufl., § 101 AktG Anm. 17 genügt auch Erklärung gegenüber dem Aufsichtsratsvorsitzenden.
77 *Hopt/Roth* in Großkomm. AktG, 4. Aufl., § 101 AktG Rz. 139; *Habersack* in MünchKomm. AktG, 3. Aufl., § 101 AktG Rz. 44; *Spindler* in Spindler/Stilz, § 101 AktG Rz. 67; *Hüffer*, § 101 AktG Rz. 10; *Bürgers/Israel* in Bürgers/Körber, § 101 AktG Rz. 10; ähnlich *Hüffer*, § 101 AktG Rz. 7; a.A. *Meyer-Landrut* in Großkomm. AktG, 3. Aufl., § 101 AktG Anm. 17; *v. Godin/Wilhelmi*, § 101 AktG Anm. 3: Annahme auch gegenüber dem Aufsichtsrat.
78 *Hopt/Roth* in Großkomm. AktG, 4. Aufl., § 101 AktG Rz. 139; *Spindler* in Spindler/Stilz, § 101 AktG Rz. 72; *Hüffer*, § 101 AktG Rz. 7, 10; *Habersack* in MünchKomm. AktG, 3. Aufl., § 101 AktG Rz. 62; a.A. *Natzel*, AG 1959, 93, 99.
79 *Hopt/Roth* in Großkomm. AktG, 4. Aufl., § 101 AktG Rz. 141; *Habersack* in MünchKomm. AktG, 3. Aufl., § 101 AktG Rz. 67; *Spindler* in Spindler/Stilz, § 101 AktG Rz. 8; *Bürgers/Israel* in Bürgers/Körber, § 101 AktG Rz. 2; *Schilling* in FS R. Fischer, S. 679, 690 f.; *Natzel*, DB 1959, 171 ff.; *Natzel*, DB 1959, 201, 207.

dern[80]. **Gewählte und entsandte Aufsichtsratsmitglieder haben die gleichen Rechte und Pflichten.** Wie die von der Hauptversammlung bestellten Aufsichtsratsmitglieder ist auch das entsandte Mitglied dem **Gesellschaftsinteresse** verpflichtet[81]. Kollidieren die Interessen des Entsendungsberechtigten und das Gesellschaftsinteresse, so hat der Entsandte dem Gesellschaftsinteresse dem Vorrang einzuräumen. An Weisungen des Entsendungsberechtigten, die dem Gesellschaftsinteresse widersprechen, ist das entsandte Aufsichtsratsmitglied nicht gebunden[82]. Für die Bestimmung, was im Interesse der Gesellschaft liegt, ist dem Entsandten ein weiter Beurteilungsspielraum eingeräumt.

24 Der Entsendungsberechtigte legt die **Amtsdauer** des entsandten Aufsichtsratsmitglieds fest. Die Höchstfrist des § 102 gilt auch hier[83]. Die Satzung kann die Amtszeit verkürzen. Eine erneute Entsendung nach Ablauf der Amtszeit ist möglich. Allerdings kann sich der Entsendungsberechtigte gegenüber dem Entsandten nicht vertraglich zur Wiederbestellung verpflichten[84]. Der Übergang des Entsendungsrechts auf einen neuen Inhaber hat nicht zur Folge, dass der Entsandte sein Aufsichtsratsmandat verliert.

**5. Rechtsverhältnis zwischen Entsendungsberechtigtem und Entsandtem**

25 Das Rechtsverhältnis zwischen Entsendungsberechtigtem und Entsandtem ist **regelmäßig** als **Geschäftsbesorgungsvertrag** oder als **Auftrag** zu qualifizieren, wenn der Entsendungsberechtigte keine öffentlich-rechtliche Körperschaft ist[85]. Jedoch ist aufgrund der besonderen Rechtsstellung des Aufsichtsratsmitglieds der Inhalt dieses Vertrages gegenüber dem gesetzlichen Normalmodell erheblich modifiziert. Vor allem besteht das Weisungsrecht des Auftraggebers nur in beschränktem Umfang (vgl. oben Rz. 23). Die Satzung kann die sich aus dem Rechtsverhältnis zwischen Entsendungsberechtigtem und Entsandtem ergebenden Rechte und Pflichten näher ausgestalten (z.B. gänzlicher Ausschluss des Weisungsrechts und der Auskunftsansprüche des Entsendungsberechtigten, Ausschluss des Vergütungsanspruchs des Entsandten gegen den Entsendungsberechtigten). Der Entsandte ist auch (entgegen den Regeln des BGB) dem Entsendungsberechtigten gegenüber **zur Verschwiegenheit verpflich-**

---

80 *Hopt/Roth* in Großkomm. AktG, 4. Aufl., § 101 AktG Rz. 142; *Habersack* in MünchKomm. AktG, 3. Aufl., § 101 AktG Rz. 50; *Mertens* in KölnKomm. AktG, 2. Aufl., § 101 AktG Rz. 54; *Natzel*, DB 1965, 1388, 1429; *Spindler* in Spindler/Stilz, § 101 AktG Rz. 73; *Hüffer*, § 101 AktG Rz. 10.
81 BGH v. 29.1.1962 – II ZR 1/61, BGHZ 36, 296, 306 = WM 1962, 236, 238; RG, JW 1932, 2279, 2290; RGZ 165, 68, 79; OLG Hamburg v. 23.1.1990 – 11 W 92/89, AG 1990, 218, 219; *Hopt/Roth* in Großkomm. AktG, 4. Aufl., § 101 AktG Rz. 146 f.; *Mertens* in KölnKomm. AktG, 2. Aufl., § 101 AktG Rz. 55; *Habersack* in MünchKomm. AktG, 3. Aufl., § 101 AktG Rz. 51; *Spindler* in Spindler/Stilz, § 101 AktG Rz. 75, 77; *Bürgers/Israel* in Bürgers/Körber, § 101 AktG Rz. 13; *Hüffer*, § 101 AktG Rz. 10.
82 Das gilt auch für Aufsichtsratsmitglieder, die von öffentlichen Körperschaften in den Aufsichtsrat entsandt worden sind, *Mertens* in KölnKomm. AktG, 2. Aufl., § 101 AktG Rz. 55; *Säcker*, Behördenvertreter im Aufsichtsrat, in FS Rebmann, S. 781, 783 ff.; *Decher*, ZIP 1990, 227, 279 f.; *Habersack* in MünchKomm. AktG, 3. Aufl., § 101 AktG Rz. 51; *Hüffer*, § 101 AktG Rz. 10; *Spindler* in Spindler/Stilz, § 101 AktG Rz. 77.
83 *Hopt/Roth* in Großkomm. AktG, 4. Aufl., § 101 AktG Rz. 153; *Mertens* in KölnKomm. AktG, 2. Aufl., § 101 AktG Rz. 57; *Habersack* in MünchKomm. AktG, 3. Aufl., § 101 AktG Rz. 66.
84 *Mertens* in KölnKomm. AktG, 2. Aufl., § 101 AktG Rz. 57; *Habersack* in MünchKomm. AktG, 3. Aufl., § 101 AktG Rz. 66.
85 *Hopt/Roth* in Großkomm. AktG, 4. Aufl., § 101 AktG Rz. 155; *Mertens* in KölnKomm. AktG, 2. Aufl., § 101 AktG Rz. 58; *Semler* in MünchKomm. AktG, 2. Aufl., § 101 AktG Rz. 98; *Habersack* in MünchKomm. AktG, 3. Aufl., § 101 AktG Rz. 46 (ohne Differenzierung).

tet⁸⁶. Davon macht § 394 Satz 1 eine Ausnahme für Aufsichtsratsmitglieder, die auf Veranlassung einer Gebietskörperschaft in den Aufsichtsrat gewählt oder entsandt worden sind. Sie unterliegen hinsichtlich der Berichte, die sie der Gebietskörperschaft zu erstatten haben, keiner Verschwiegenheitspflicht. Unzulässig ist aber die Weitergabe von vertraulichen Informationen sowie Geschäfts- und Betriebsgeheimnissen, die für die Berichterstattung bedeutungslos sind[87]. Eine generelle Herausgabepflicht für Akten, die der Entsandte über seine Tätigkeit angelegt hat, besteht nicht[88]. Stets ist zu prüfen, ob sich aus dem zwischen Entsendungsberechtigtem und Entsandtem bestehenden Vertragsverhältnis eine Herausgabepflicht ergibt und mit der Herausgabe keine Verletzung der Verschwiegenheitspflicht verbunden ist[89].

### 6. Rechtsverhältnis zwischen Entsendungsberechtigtem und Gesellschaft

Zwischen Entsendungsberechtigtem und Gesellschaft besteht **kein Vertragsverhältnis**[90]. Teilweise wird aber aus der Pflicht des Entsendungsberechtigten, die das Entsendungsrecht betreffenden Regelungen der Satzung zu respektieren und keine offenbar ungeeignete Person zu entsenden, eine „vertragsähnliche Vertrauensbeziehung" hergeleitet[91]. Diese Lösung ist aufgrund eines besonderen gesetzlichen Schuldverhältnisses verzichtbar, da ein Entsendungsrecht nur Aktionären zusteht und sich die entsprechenden Pflichten bereits aus der Treuepflicht als Aktionär folgern lassen[92]. Nach überwiegender Meinung kann der Entsendungsberechtigte bei der Einräumung des Entsendungsrechts durch eine vertragliche Abrede die Haftung für Pflichtverletzungen des Entsandten übernehmen[93]. Wurde keine Haftungsübernahme vereinbart, werden dem Entsendungsberechtigten Pflichtverletzungen weder über § 278 BGB noch über § 31 BGB zugerechnet[94]. Auch § 831 BGB ist nicht anwendbar, weil der Entsandte nicht Verrichtungsgehilfe des Entsendungsberechtigten ist.

26

---

86 *Hopt/Roth* in Großkomm. AktG, 4. Aufl., § 101 AktG Rz. 158; *Mertens* in KölnKomm. AktG, 2. Aufl., § 101 AktG Rz. 60; *v. Stebut*, Geheimnisschutz und Verschwiegenheitspflicht im Aktienrecht, S. 132 ff.
87 *Mertens* in KölnKomm. AktG, 2. Aufl., § 101 AktG Rz. 60; ohne diese Einschränkung aber *Habersack* in MünchKomm. AktG, 3. Aufl., § 101 AktG Rz. 47 m.w.N.
88 So aber RGZ 105, 392, 395.
89 *Hopt/Roth* in Großkomm. AktG, 4. Aufl., § 101 AktG Rz. 159; *Mertens* in KölnKomm. AktG, 2. Aufl., § 101 AktG Rz. 60; *Habersack* in MünchKomm. AktG, 3. Aufl., § 101 AktG Rz. 47.
90 BGH v. 29.1.1962 – II ZR 1/61, BGHZ 36, 296, 306 = WM 1962, 236, 238; *Hopt/Roth* in Großkomm. AktG, 4. Aufl., § 101 AktG Rz. 162; *Habersack* in MünchKomm. AktG, 3. Aufl., § 101 AktG Rz. 48; *Spindler* in Spindler/Stilz, § 101 AktG Rz. 71; *Mertens* in KölnKomm. AktG, 2. Aufl., § 101 AktG Rz. 63.
91 *Mertens* in KölnKomm. AktG, 2. Aufl., § 101 AktG Rz. 63; *Semler* in MünchKomm. AktG, 2. Aufl., § 101 AktG Rz. 105; dagegen aber: *Habersack* in MünchKomm. AktG, 3. Aufl., § 101 AktG Rz. 48.
92 *Hopt/Roth* in Großkomm. AktG, 4. Aufl., § 101 AktG Rz. 162; *Habersack* in MünchKomm. AktG, 3. Aufl., § 101 AktG Rz. 48.
93 *Hopt/Roth* in Großkomm. AktG, 4. Aufl., § 101 AktG Rz. 163; *Semler* in MünchKomm. AktG, 2. Aufl., § 101 AktG Rz. 104; a.A. *Mertens* in KölnKomm. AktG, 2. Aufl., § 101 AktG Rz. 65.
94 BGH v. 29.1.1962 – II ZR 1/61, BGHZ 36, 296, 306 = WM 1962, 236, 238; *Hopt/Roth* in Großkomm. AktG, 4. Aufl., § 101 AktG Rz. 164; *Mertens* in KölnKomm. AktG, 2. Aufl., § 101 AktG Rz. 64; *Semler* in MünchKomm. AktG, 2. Aufl., § 101 AktG Rz. 107; *Habersack* in MünchKomm. AktG, 3. Aufl., § 101 AktG Rz. 49; *Spindler* in Spindler/Stilz, § 101 AktG Rz. 71; a.A. *Mestmäcker*, Verwaltung, Konzerngewalt und Rechte der Aktionäre, 1958, S. 263; *Ulmer* in FS Stimpel, S. 705 ff.

27 Den Entsendungsberechtigten trifft **keine Pflicht zur Entsendung**[95]. Übt er sein Entsendungsrecht nicht aus, so bleibt der Aufsichtsratssitz frei. Das Besetzungsrecht fällt nicht an die Hauptversammlung zurück. Ein Ersatzwahlrecht der Hauptversammlung ist nur anzuerkennen, wenn der Entsendungsberechtigte ausdrücklich auf die Ausübung seines Rechts verzichtet hat[96]. Die Satzung kann eine Entsendungspflicht vorsehen[97].

### V. Stellvertreter und Ersatzmitglieder (§ 101 Abs. 3)

28 In Abkehr von der vor Erlass des AktG 1965 herrschenden Meinung[98] erklärt **§ 101 Abs. 3 Satz 1** die Bestellung von **Stellvertretern** von Aufsichtsratsmitgliedern für unzulässig. Für die Bestellung von Stellvertretern besteht im Hinblick auf § 108 Abs. 3, der bei Verhinderung eines Aufsichtsratsmitglieds die Einschaltung eines Stimmboten ermöglicht, kein Bedürfnis mehr[99].

29 Gem. **§ 101 Abs. 3 Satz 2** ist aber die Bestellung von **Ersatzmitgliedern** für Aufsichtsratsmitglieder mit Ausnahme des nach dem MitbestG bzw. MitbestErgG vorgesehenen sog. weiteren (neutralen) Mitglieds möglich. Ersatzmitglieder können deshalb sowohl für die Aufsichtsratsmitglieder der Anteilseignerseite als auch für die der Arbeitnehmerseite bestellt werden (vgl. § 17 MitbestG, § 7 DrittelbG). Anders als ein Stellvertreter wird das Ersatzmitglied nicht für das oder neben dem ordentlichen Aufsichtsratsmitglied tätig; erforderlich ist vielmehr, dass das ordentliche Aufsichtsratsmitglied aus dem Amt geschieden ist[100]. Ersatzmitglieder sind nicht zwingend zu bestellen. Ihre Bestellung liegt im Ermessen des jeweiligen Wahlorgans bzw. Entsendungsberechtigten[101]. Die Satzung kann die Bestellung von Ersatzmitgliedern weder anordnen noch ausschließen[102].

30 Die **Bestellung des Ersatzmitglieds** richtet sich gem. **§ 101 Abs. 3 Satz 4** nach den gleichen Regeln wie die Bestellung des jeweiligen ordentlichen Aufsichtsratsmit-

---

95 *Hopt/Roth* in Großkomm. AktG, 4. Aufl., § 101 AktG Rz. 167; *Mertens* in KölnKomm. AktG, 2. Aufl., § 101 AktG Rz. 66; *Spindler* in Spindler/Stilz, § 101 AktG Rz. 69; *Habersack* in MünchKomm. AktG, 3. Aufl., § 101 AktG Rz. 44; *Hoffmann-Becking* in MünchHdb. AG, § 30 Rz. 25; *Hüffer*, § 101 AktG Rz. 10.
96 *Hopt/Roth* in Großkomm. AktG, 4. Aufl., § 101 AktG Rz. 168; *Baumbach/Hueck*, § 101 AktG Anm. 12; *Mertens* in KölnKomm. AktG, 2. Aufl., § 101 AktG Rz. 66; *Semler* in MünchKomm. AktG, 2. Aufl., § 101 AktG Rz. 68.
97 *Mertens* in KölnKomm. AktG, 2. Aufl., § 101 AktG Rz. 66; *Baumbach/Hueck*, § 101 AktG Anm. 12; *Habersack* in MünchKomm. AktG, 3. Aufl., § 101 AktG Rz. 44, 60; *Hoffmann-Becking* in MünchHdb. AG, § 30 Rz. 22; *Spindler* in Spindler/Stilz, § 101 AktG Rz. 69; *Hüffer*, § 101 AktG Rz. 10.
98 Ausf. *Kohler*, NJW 1955, 205 ff.
99 *Kropff*, Aktiengesetz, S. 139; *Habersack* in MünchKomm. AktG, 3. Aufl., § 101 AktG Rz. 74.
100 *Hopt/Roth* in Großkomm. AktG, 4. Aufl., § 101 AktG Rz. 177; *Hüffer*, § 101 AktG Rz. 11; *Spindler* in Spindler/Stilz, § 101 AktG Rz. 81; *Habersack* in MünchKomm. AktG, 3. Aufl., § 101 AktG Rz. 75.
101 *Hopt/Roth* in Großkomm. AktG, 4. Aufl., § 101 AktG Rz. 179; *Habersack* in MünchKomm. AktG, 3. Aufl., § 101 AktG Rz. 76; *Kropff*, Aktiengesetz, S. 140; *Mertens* in KölnKomm. AktG, 2. Aufl., § 101 AktG Rz. 70; *Hüffer*, § 101 AktG Rz. 11; *Bürgers/Israel* in Bürgers/Körber, § 101 AktG Rz. 16; *Spindler* in Spindler/Stilz, § 101 AktG Rz. 82; *Lutter/Krieger*, Aufsichtsrat, Rz. 1030.
102 *Mertens* in KölnKomm. AktG, 2. Aufl., § 101 AktG Rz. 71; *Hüffer*, § 101 AktG Rz. 11; *Spindler* in Spindler/Stilz, § 101 AktG Rz. 82; *Lutter/Krieger*, Aufsichtsrat, Rz. 1030; *Habersack* in MünchKomm. AktG, 3. Aufl., § 101 AktG Rz. 75; *Kropff*, Aktiengesetz, S. 140.

glieds. Auch der Entsendungsberechtigte kann ein Ersatzmitglied bestellen[103]. Gem. **§ 101 Abs. 3 Satz 3** muss das Ersatzmitglied gleichzeitig, d.h. im Rahmen der gleichen Hauptversammlung[104], mit dem Aufsichtsratsmitglied bestellt werden. Eine nachträgliche Bestellung ist nicht zulässig. Werden Zeit und Kosten für eine nachträgliche Wahl aufgewandt, so soll an die Stelle des ausgeschiedenen Aufsichtsratsmitglieds gleich ein ordentliches Mitglied und kein Ersatzmitglied gewählt werden[105]. Bei Wegfall eines ursprünglich gleichzeitig gewählten Ersatzmitglieds kann ebenfalls nur ein ordentliches Aufsichtsratsmitglied gewählt werden. Die nachträgliche Wahl eines weiteren Ersatzmitglieds ist unzulässig[106]. Die Wahl eines neuen Aufsichtsratsmitglieds bewirkt nicht, dass das Ersatzmitglied des zuvor weggefallenen Aufsichtsratsmitglieds automatisch zum Ersatzmitglied dieses neu bestellten Mitglieds wird[107]. Für ein Aufsichtsratsmitglied können **mehrere Ersatzmitglieder** bestellt werden, wenn die Reihenfolge ihres Eintretens bei der Bestellung eindeutig bestimmt wird[108]. Auch kann ein Ersatzmitglied für mehrere Mitglieder des Aufsichtsrats bestellt werden, sofern sie derselben Gruppe angehören[109]. Es handelt sich dabei um eine Bündelung rechtlich voneinander unabhängiger Ämter, weshalb durch das Nachrücken eines Ersatzmitglieds in den Aufsichtsrat die Ersatzmitgliedschaft bezüglich der anderen Aufsichtsratsmitglieder nicht „verbraucht" wird. Nach dem Ausscheiden des Ersatzmitglieds aus dem Aufsichtsrat steht dieses erneut als Ersatzmann für die anderen Aufsichtsratsmitglieder zur Verfügung[110].

Die **Amtszeit des Ersatzmitglieds** beginnt mit seiner Bestellung. Vor Eintritt des Ersatzfalls gehört das Ersatzmitglied nicht zum Aufsichtsrat und hat daher weder die Rechte noch die Pflichten eines regulären Mitglieds des Aufsichtsrats[111]. Die Bestellung wird erst mit der Annahmeerklärung des Ersatzmitglieds wirksam. Die Amts- 31

---

103 *Mertens* in KölnKomm. AktG, 2. Aufl., § 101 AktG Rz. 73; *Hüffer*, § 101 AktG Rz. 12; *Habersack* in MünchKomm. AktG, 3. Aufl., § 101 AktG Rz. 77; *Spindler* in Spindler/Stilz, § 101 AktG Rz. 83.
104 LG Heidelberg v. 26.2.1985 – O 147/84 KfH I, AG 1986, 81, 83; *Hopt/Roth* in Großkomm. AktG, 4. Aufl., § 101 AktG Rz. 186; *Spindler* in Spindler/Stilz, § 101 AktG Rz. 84; *Habersack* in MünchKomm. AktG, 3. Aufl., § 101 AktG Rz. 78; *Bürgers/Israel* in Bürgers/Körber, § 101 AktG Rz. 17.
105 *Kropff*, Aktiengesetz, S. 140; *Spindler* in Spindler/Stilz, § 101 AktG Rz. 84; *Habersack* in MünchKomm. AktG, 3. Aufl., § 101 AktG Rz. 78.
106 H.M., LG Heidelberg v. 26.2.1985 – O 147/84 KfH I, AG 1986, 81, 83; *Hopt/Roth* in Großkomm. AktG, 4. Aufl., § 101 AktG Rz. 187; *Baumbach/Hueck*, § 101 AktG Anm. 17; *Habersack* in MünchKomm. AktG, 3. Aufl., § 101 AktG Rz. 78; *Spindler* in Spindler/Stilz, § 101 AktG Rz. 84; *Damm*, AG 1977, 44, 47; *Heinsius*, ZGR 1982, 232, 237; a.A. *Semler* in MünchKomm. AktG, 2. Aufl., § 101 AktG Rz. 193; *Bürgers/Israel* in Bürgers/Körber, § 101 AktG Rz. 17; *v. Gleichenstein*, AG 1970, 1.
107 *Habersack* in MünchKomm. AktG, 3. Aufl., § 101 AktG Rz. 79; *Hopt/Roth* in Großkomm. AktG, 4. Aufl., § 101 AktG Rz. 188; *Bürgers/Israel* in Bürgers/Körber, § 101 AktG Rz. 17.
108 *Hopt/Roth* in Großkomm. AktG, 4. Aufl., § 101 AktG Rz. 182; *Habersack* in MünchKomm. AktG, 3. Aufl., § 101 AktG Rz. 83; *Bürgers/Israel* in Bürgers/Körber, § 101 AktG Rz. 17; *Spindler* in Spindler/Stilz, § 101 AktG Rz. 99; *Hüffer*, § 101 AktG Rz. 15; *Lutter/Krieger*, Aufsichtsrat, Rz. 1031; a.A. *v. Godin/Wilhelmi*, § 101 AktG Anm. 5; *Roussos*, AG 1987, 239, 240 f.
109 BGH v. 15.12.1986 – II ZR 18/86, BGHZ 99, 211 = NJW 1987, 902 = AG 1987, 152; OLG Karlsruhe v. 10.12.1985 – 8 U 107/85, AG 1986, 168, 169; *Hopt/Roth* in Großkomm. AktG, 4. Aufl., § 101 AktG Rz. 183; *Mertens* in KölnKomm. AktG, 2. Aufl., § 101 AktG Rz. 72; *Hüffer*, § 101 AktG Rz. 14; *Habersack* in MünchKomm. AktG, 3. Aufl., § 101 AktG Rz. 81 f.; *Spindler* in Spindler/Stilz, § 101 AktG Rz. 97 f.
110 BGH v. 15.12.1986 – II ZR 18/86, BGHZ 99, 211, 220 = AG 1987, 152; *Hoffmann-Becking* in MünchHdb. AG, § 30 Rz. 31; *Lehmann*, DB 1983, 485, 486 f.; *Spindler* in Spindler/Stilz, § 101 AktG Rz. 100; *Habersack* in MünchKomm. AktG, 3. Aufl., § 101 AktG Rz. 82, 92.
111 *Mertens* in KölnKomm. AktG, 2. Aufl., § 101 AktG Rz. 78; *Spindler* in Spindler/Stilz, § 101 AktG Rz. 100 (92); *Habersack* in MünchKomm. AktG, 3. Aufl., § 101 AktG Rz. 85.

zeit des Ersatzmitglieds endet mit Ablauf der Amtszeit desjenigen Aufsichtsratsmitglieds, für das es bestellt wurde[112]. Zur Abberufung von Ersatzmitgliedern vgl. unten § 103 Rz. 23.

## VI. Rechtsfolgen einer nichtigen oder anfechtbaren Bestellung

### 1. Nichtigkeit und Anfechtbarkeit der Bestellung

32 Die Nichtigkeit der Wahl von Aufsichtsratsmitgliedern richtet sich nach § 250 (vgl. dazu im Einzelnen § 250 Rz. 1 ff.). Nach **§ 251 Abs. 1** kann die Wahl eines Aufsichtsratsmitglieds durch die Hauptversammlung wegen der Verletzung des Gesetzes oder der Satzung angefochten werden[113]. Das der Anfechtungsklage stattgebende Urteil erklärt die Bestellung für nichtig (§ 252), und zwar nach zutreffender Auffassung mit ex tunc-Wirkung[114]. Sowohl das Vorliegen eines Nichtigkeitsgrundes als auch eine erfolgreiche Anfechtung führen bei strikter Anwendung des Gesetzes mithin dazu, dass die Bestellung zum Aufsichtsrat als nicht erfolgt anzusehen wäre.

33 Dementsprechend verneint die traditionelle und hier noch in der Vorauflage vorbehaltlos vertretene Auffassung jegliche Berechtigung des unwirksam bestellten Aufsichtsratsmitglieds zur Vornahme organschaftlicher Handlungen. Hiernach wären alle dennoch ausgeführten Amtshandlungen **nichtig**, insbesondere auch die Stimmabgabe im Rahmen der Beschlussfassung des Aufsichtsrats. Zwar führt auch nach dieser Auffassung allein die Teilnahme eines unwirksam bestellten Aufsichtsratsmitglieds an der Beschlussfassung nicht zur Nichtigkeit des Aufsichtsratsbeschlusses[115]. Vielmehr soll die Teilnahme unschädlich sein, wenn feststeht, dass der gefasste Beschluss nicht auf der Stimmabgabe dieses Mitglieds beruhte[116]. Jedoch werden durch diese Einschränkungen die Folgen einer unwirksamen Bestellung nur partiell abgemildert. Insbesondere wenn die Bestellung mehrerer oder gar aller Mitglieder sich im Nachhinein als fehlerhaft herausstellt, sind die gefassten Beschlüsse durch diese Konstruktion nicht zu retten, wenn das Fehlen der Stimmen der unwirksam bestellten Mitglieder zum Entfallen der Beschlussfähigkeit des Aufsichtsrats oder zum Nichterreichen der erforderlichen Stimmmehrheit führt. In diesen Fällen wären die gefassten Beschlüsse von vornherein als rechtsfehlerhaft und damit als unwirksam anzusehen. Angesichts des Umstandes, dass namentlich Nichtigkeitsfeststellungs- und Anfechtungsklagen erst nach Jahren zur rechtskräftigen Entscheidung gelangen, sind die dargestellten Folgen unkalkulierbar. Dies gilt nicht zuletzt deswegen, weil die Beschlüsse des Aufsichtsrats ihrerseits Voraussetzung für andere Rechtsakte sind – etwa die Billigung des Jahresabschlusses für dessen Feststellung (§ 172 AktG) und

---

112 *Mertens* in KölnKomm. AktG, 2. Aufl., § 101 AktG Rz. 81; *Habersack* in MünchKomm. AktG, 3. Aufl., § 101 AktG Rz. 88; *Spindler* in Spindler/Stilz, § 101 AktG Rz. 92; *Bürgers/Israel* in Bürgers/Körber, § 101 AktG Rz. 18 f.; *Hüffer*, § 101 AktG Rz. 13a.

113 Zur Anfechtung wegen Verletzung des DCGK und § 161 vgl. einerseits OLG München v. 6.8.2008 – 7 U 5628/07, AG 2009, 294; andererseits LG München v. 22.11.2007 – 5 HKO 10614/07, AG 2008, 90; *Hüffer*, § 161 AktG Rz. 31.

114 *Hüffer*, § 252 AktG Rz. 8; *K. Schmidt* in Großkomm. AktG, 4. Aufl., § 252 AktG Rz. 12; *Marsch-Barner* in FS K. Schmidt, S. 1109, 1117 f.; a.A. *Mertens* in KölnKomm. AktG, 2. Aufl., § 101 AktG Rz. 97 (ex nunc).

115 BGH v. 17.4.1967 – II ZR 157/6447, BGHZ 47, 341, 345 f. = NJW 1967, 1711; *Hopt/Roth* in Großkomm. AktG, 4. Aufl., § 101 AktG Rz. 222; *Hüffer*, § 101 AktG Rz. 17; *Habersack* in MünchKomm. AktG, 3. Aufl., § 101 AktG Rz. 69 f.; *Spindler* in Spindler/Stilz, § 101 AktG Rz. 109; *Marsch-Barner* in FS K. Schmidt, S. 1109, 1123; a.A. noch BGH v. 24.2.1954 – ZR 63/53, BGHZ 12, 327, 330 f.

116 Vgl. BGH v. 17.4.1967 – II ZR 157/6447, BGHZ 47, 341, 346 = NJW 1967, 1711; *Spindler* in Spindler/Stilz, § 101 AktG Rz. 109.

die darauf beruhende Gewinnverteilung (§ 174 AktG); die Bestellung des Vorstands für dessen geschäftsleitende Tätigkeit usw.

Allerdings soll ein unwirksam bestelltes Aufsichtsratsmitglied **zur ordnungsgemäßen Wahrnehmung des (vermeintlichen) Mandats verpflichtet** sein[117] und nach Maßgabe der §§ 116, 93 haften[118], sofern es trotz nichtiger oder wirksam angefochtener Bestellung im Aufsichtsrat tätig wird. Auch könne das fehlerhaft bestellte Aufsichtsratsmitglied einen Anspruch auf Vergütung nach Maßgabe des § 113 haben[119]. Im Außenverhältnis finden zusätzlich die Vorschriften des § 15 HGB und die allgemeinen Rechtsscheinsgrundsätze Anwendung[120].   34

## 2. Lehre vom fehlerhaften Organ

Darüber hinausgehend will die „Lehre vom fehlerhaften Organ" auch das unwirksam bestellte Aufsichtsratsmitglied bis zur **tatsächlichen** Beendigung des Mandats wie ein wirksam bestelltes Mitglied behandeln[121]. Diese Lehre stellt eine konsequente Weiterentwicklung der Lehre von der fehlerhaften Gesellschaft dar. Nach modernem Verständnis beschränkt sich der Anwendungsbereich der hierzu richterrechtlich entwickelten Grundsätze[122] nicht mehr nur auf die Errichtung von Personengesellschaften. Es handelt sich vielmehr um ein allgemeines Institut des Verbandsrechts, das auf alle Strukturänderungen anzuwenden ist[123]. Aufgrund des Dauercharakters der Organtätigkeit erscheint es nunmehr geboten, diese Grundsätze auf die fehlerhafte Organbestellung auszudehnen und hinsichtlich der Wirksamkeit des Organhandelns grundsätzlich auf die Annahme und Ausübung des Mandats abzustellen.   35

Das auf Grundlage des angefochtenen Wahlbeschlusses bestellte Aufsichtsratsmitglied ist daher bis zur Beendigung des Mandats einem fehlerfrei bestellten Aufsichtsratsmitglied gleichzustellen. Dies gilt nicht nur während der Anhängigkeit einer Anfechtungsklage, sondern auch bis zur Rechtskraft eines Urteils, durch das das Vorliegen eines Nichtigkeitsgrundes festgestellt wird. Da das fehlerhaft bestellte Aufsichtsratsmitglied nicht nur hinsichtlich der Organpflichten (insbes. §§ 116, 93, s. schon oben Rz. 34), sondern auch in Ansehung organschaftlicher Rechte einem wirksam bestellten Mitglied gleichzustellen ist, nimmt es an Beschlussfassungen des Aufsichtsrats nicht wie ein Dritter teil[124]; seine Stimmabgabe wird vielmehr wie die eines wirksam bestellten Mitglieds behandelt.   36

Die „Lehre vom fehlerhaften Organ" knüpft an einen durch die Bestellung und die Aufnahme der Organtätigkeit erzeugten (abstrakten) Rechtsschein an, um Rechtssicherheit im Hinblick auf die Wirksamkeit von Rechtshandlungen des Organs und   37

---

117 RG v. 9.10.1936 – II 43/36, RGZ 152, 273, 279; *Mertens* in KölnKomm. AktG, 2. Aufl., § 101 AktG Rz. 93; *Hüffer*, § 101 AktG Rz. 17; *Spindler* in Spindler/Stilz, § 101 AktG Rz. 107.
118 *Spindler* in Spindler/Stilz, § 101 AktG Rz. 107; *Habersack* in MünchKomm. AktG, 3. Aufl., § 101 AktG Rz. 70; a.A. *Stein*, Das faktische Organ, S. 149 ff., 183 ff.
119 BGH v 3.7.2006 – II ZR 151/04, ZIP 2006, 1529, 1532; *Mertens* in KölnKomm. AktG, 2. Aufl., § 101 AktG Rz. 93.
120 *Habersack* in MünchKomm. AktG, 3. Aufl., § 101 AktG Rz. 70.
121 *Schürnbrand*, Organschaft im Recht der privaten Verbände, 2007, S. 286 ff.; *Habersack* in MünchKomm. AktG, 3. Aufl., § 101 AktG Rz. 70 f.; *Hopt/Roth* in Großkomm. AktG, 4. Aufl., § 101 AktG Rz. 228; *Happ* in FS Hüffer, S. 293, 305 ff.
122 Dazu *K. Schmidt*, Gesellschaftsrecht, § 6, S. 136 ff.; *Schäfer*, Die Lehre vom fehlerhaften Verband, 2002, S. 137 ff.
123 Vgl. dazu *Schäfer*, Die Lehre vom fehlerhaften Verband, 2002, S. 289 ff.; für fehlerhafte Unternehmensverträge grundlegend BGH v. 14.12.1987 – II ZR 170/87, BGHZ 103, 1, 4 f.= NJW 1988, 1326; s. hierzu die Nachweise bei *Schäfer*, a.a.O., S. 455 f.
124 *Habersack* in MünchKomm. AktG, 3. Aufl., § 101 AktG Rz. 70.

seiner Mitglieder zu gewährleisten. Dem liegt der Gedanke zugrunde, dass Rechtsverstöße, die zur Unwirksamkeit der Bestellung führen, nicht immer klar und unstreitig vorliegen. **Kein Raum** ist für die „Lehre vom fehlerhaften Organ" daher in den Fällen, in denen der Rechtsverstoß ohne Weiteres festgestellt werden kann. Hierzu zählen insbesondere Verstöße gegen § 100 Abs. 1 und 2 sowie § 105, nicht hingegen Verstöße gegen § 100 Abs. 5. Im Übrigen kommt es auf die **Evidenz des Rechtsverstoßes** an. Dabei taugt die gesetzliche Unterscheidung zwischen Nichtigkeitsgründen (§§ 241, 250) einerseits und sonstigen Rechtsverletzungen (§§ 245, 251) andererseits nicht als hinreichendes Abgrenzungskriterium, da nicht jeder ipso iure zur Nichtigkeit des Hauptversammlungsbeschlusses führende Rechtsverstoß auch evident ist[125].

### 3. Besonderheiten bei Arbeitnehmervertretern

38 Für die Bestellung von Arbeitnehmervertretern bestimmen die § 22 MitbestG, § 11 DrittelbG und § 10k Abs. 1 MitbestErgG, dass die Wahl eines Aufsichtsratsmitglieds oder eines Ersatzmitglieds der Arbeitnehmer beim Arbeitsgericht angefochten werden kann, wenn gegen wesentliche Vorschriften über das Wahlrecht, die Wählbarkeit oder das Wahlverfahren (vgl. insbes. §§ 4–18 MitbestG, §§ 4–7 DrittelbG) verstoßen worden und eine Berichtigung nicht erfolgt ist, es sei denn, dass durch den Verstoß das Wahlergebnis nicht geändert oder beeinflusst werden konnte[126]. § 21 MitbestG regelt die Anfechtung einer vorgelagerten Delegiertenwahl, wobei diesbezügliche Fehler nicht auf die Wahl zum Aufsichtsrat durchschlagen[127]. Die Rechtsfolgen richten sich auch hier nach den oben Rz. 35–37 dargestellten Grundsätzen der Lehre vom fehlerhaften Organ, so dass insbesondere bei einem relevanten Verstoß gegen die mitbestimmungsrechtlichen Wahlvorschriften das fehlerhaft gewählte Mitglied bis zur Feststellung des Verstoßes wie ein wirksam gewähltes Mitglied behandelt wird. Der BGH gelangt insoweit zu identischen Ergebnissen, indem er die Ungültigerklärung der Wahl nur für die Zukunft wirken lassen will[128].

39 Zudem sind die Nichtigkeitsgründe des § 250 auf die Wahl von Arbeitnehmervertretern entsprechend anwendbar. Nichtig ist die Wahl insbesondere dann, wenn der Arbeitnehmervertreter die aktienrechtlichen (insbes. § 100 Abs. 1 und 2 sowie § 105) oder die besonderen mitbestimmungsrechtlichen (§ 7 Abs. 3 MitbestG, § 4 Abs. 2 und 3 DrittelbG, § 8 BetrVG) Bestellungsvoraussetzungen nicht erfüllt[129].

---

125 Vgl. LG Frankfurt a.M. v. 26.8.2008 – 3–5 O 339/07 – „Leica", AG 2008, 751 betreffend die Nichtigkeit eines Hauptversammlungsbeschlusses wegen unrichtiger Angaben zur Form der Stimmrechtsvollmacht.
126 Für Einzelheiten s. *Gach* in MünchKomm. AktG, 3. Aufl., § 22 MitbestG Rz. 3 ff.; *Henssler* in Ulmer/Habersack/Henssler, Mitbestimmungsrecht, § 22 MitbestG Rz. 10 ff.; *Oetker* in Erfurter Kommentar zum Arbeitsrecht, 10. Aufl. 2010, § 11 DrittelbG Rz. 2 ff.; *Spindler* in Spindler/Stilz, § 101 AktG Rz. 106.
127 *Gach* in MünchKomm. AktG, 3. Aufl., § 21 MitbestG Rz. 3; *Oetker* in Großkomm. AktG, 4. Aufl., § 22 MitbestG Rz. 6; *Henssler* in Ulmer/Habersack/Henssler, Mitbestimmungsrecht, § 22 MitbestG Rz. 2; *Spindler* in Spindler/Stilz, § 101 AktG Rz. 106.
128 BGH v. 17.4.1967 – II ZR 157/64, BGHZ 47, 341, 348; so auch *Henssler* in Ulmer/Habersack/Henssler, Mitbestimmungsrecht, § 22 MitbestG Rz. 18 und § 11 DrittelbG Rz. 7 f. Aus diesem Grund hält *Habersack* in MünchKomm. AktG, 3. Aufl., § 101 AktG Rz. 70 die Heranziehung der Lehre vom fehlerhaften Organ insoweit für verzichtbar.
129 Vgl. *Spindler* in Spindler/Stilz, § 101 AktG Rz. 106.

## § 102
## Amtszeit der Aufsichtsratsmitglieder

**(1) Aufsichtsratsmitglieder können nicht für längere Zeit als bis zur Beendigung der Hauptversammlung bestellt werden, die über die Entlastung für das vierte Geschäftsjahr nach dem Beginn der Amtszeit beschließt. Das Geschäftsjahr, in dem die Amtszeit beginnt, wird nicht mitgerechnet.**

**(2) Das Amt des Ersatzmitglieds erlischt spätestens mit Ablauf der Amtszeit des weggefallenen Aufsichtsratsmitglieds.**

| | | | |
|---|---|---|---|
| I. Regelungsinhalt und Regelungszweck | 1 | V. Amtszeit der Arbeitnehmervertreter | 11 |
| II. Höchstdauer der Amtszeit | 3 | VI. Wiederbestellung | 12 |
| III. Beginn und Ende der Amtszeit | 5 | VII. Amtszeit der Ersatzmitglieder | 14 |
| IV. Abweichende Regelungen | 7 | | |

**Literatur:** *Arnold/Bauer*, AGG-Probleme bei vertretungsberechtigten Organmitgliedern, ZIP 2008, 993; *Bauer/Arnold*, Organbesetzung und Allgemeines Gleichbehandlungsgesetz – kein neues Betätigungsfeld für „Berufsaktionäre", AG 2007, 807; *Eßer/Baluch*, Bedeutung des Allgemeinen Gleichbehandlungsgesetzes für Organmitglieder, NZG 2007, 321; *Horstmeier*, Geschäftsführer und Vorstände als „Beschäftigte" – Diskriminierungsschutz für Organe nach dem Allgemeinen Gleichbehandlungsgesetz, GmbHR 2007, 125; *Krause*, Auswirkungen des Allgemeinen Gleichbehandlungsgesetzes auf die Organbesetzung, AG 2007, 392; *Lutter*, Anwendbarkeit der Altersbestimmungen des AGG auf Organpersonen, BB 2007, 725; *Lutter*, Professionalisierung des Aufsichtsrats, DB 2009, 775; *Säcker*, Aufsichtsratsausschüsse nach dem Mitbestimmungsgesetz 1976, 1979.

## I. Regelungsinhalt und Regelungszweck

§ 102 **Abs. 1** regelt die Höchstdauer für die Bestellung zum Aufsichtsratsmitglied. Damit wird gewährleistet, dass die Hauptversammlung regelmäßig über die Zusammensetzung des Aufsichtsrats neu entscheiden kann, ohne über den Weg der Abberufung (§ 103) gehen zu müssen. § 102 **Abs. 2** verknüpft die Amtszeit des Ersatzmitglieds mit der Amtszeit des weggefallenen Aufsichtsratsmitglieds und stellt damit ebenfalls eine regelmäßige Wahl der Aufsichtsratsmitglieder sicher[1]. 1

Die Höchstdauer des § 102 Abs. 1 gilt nicht für den **ersten Aufsichtsrat.** Dessen Mitglieder können gem. **§ 30 Abs. 3 Satz 1** nicht für eine längere Zeit als bis zur Beendigung der Hauptversammlung bestellt werden, die über das erste Voll- oder Rumpfgeschäftsjahr beschließt[2]. 2

---

[1] *Hopt/Roth/Peddinghaus* in Großkomm. AktG, 4. Aufl., § 102 AktG Rz. 3; *Habersack* in MünchKomm. AktG, 3. Aufl., § 102 AktG Rz. 1; *Hüffer*, § 102 AktG Rz. 1.
[2] *Bürgers/Israel* in Bürgers/Körber, § 102 AktG Rz. 1; *Hüffer*, § 102 AktG Rz. 1; *Spindler* in Spindler/Stilz, § 102 AktG Rz. 3; *Habersack* in MünchKomm. AktG, 3. Aufl., § 102 AktG Rz. 3. Zu den Besonderheiten bei Sachgründung (§ 31 Abs. 3) vgl. oben § 31 Rz. 16 ff.

## II. Höchstdauer der Amtszeit

3 Aufsichtsratsmitglieder können nach der **zwingenden Regelung**[3] des § 102 Abs. 1 Satz 1 längstens bis zur Beendigung der Hauptversammlung bestellt werden, die über die Entlastung für das vierte Geschäftsjahr nach dem Beginn der Amtszeit beschließt. Dabei wird gem. § 102 Abs. 1 Satz 2 das Geschäftsjahr, in dem die Amtszeit begonnen hat, nicht mitgerechnet. Wird der Aufsichtsrat beispielsweise am 13.6.2009 bestellt, so umfasst seine Amtszeit den Rest des Jahres 2009, die vier Jahre 2010 bis 2013 sowie den Zeitraum bis zur Hauptversammlung im Jahre 2014, die über die Entlastung für das Jahr 2013 beschließt oder beschließen müsste. Insgesamt ergibt sich auf diese Weise höchstzulässig eine Amtszeit von ca. 5 Jahren[4], wobei die genaue Dauer von der Terminierung der Hauptversammlung abhängt.

4 Die **Höchstdauer betrifft nur das jeweilige Aufsichtsratsmitglied**, nicht aber das Organ Aufsichtsrat im Ganzen. Die Amtszeiten der Einzelmitglieder sind deshalb voneinander unabhängig[5], wenngleich in der Praxis typischerweise gleiche Amtszeiten festgelegt werden. Ungleich lange Amtszeiten erschweren es dem Übernehmer einer Aktienmehrheit, die Kontrolle über das Unternehmen umzusetzen, da nie der gesamte Aufsichtsrat zur Wiederwahl ansteht. Der Ablauf einer Wahlperiode berührt die Geschäftsordnung des Aufsichtsrats nicht[6].

## III. Beginn und Ende der Amtszeit

5 Die Amtszeit des Aufsichtsratsmitglieds **beginnt** vorbehaltlich abweichender Regelungen durch Satzung oder Hauptversammlungsbeschluss nach der Bestellung (Wahl, Entsendung, gerichtliche Bestellung) mit der **Annahme** durch den Gewählten[7]. Ein Zusammenfallen von Bestellung und Annahme ist möglich, wenn sie bereits vorher erklärt wurde.

6 Die Amtszeit **endet** mit Beendigung der Hauptversammlung durch bloßen Zeitablauf, wenn durch Satzung oder Hauptversammlungsbeschluss keine abweichende Bestimmung getroffen wurde. Nach dem Ende der Amtszeit scheidet das Aufsichtsratsmitglied kraft Gesetzes aus dem Amt[8]. Es darf nicht weiter amtieren, bis ein neues

---

3 Vgl. *Habersack* in MünchKomm. AktG, 3. Aufl., § 102 AktG Rz. 2; unterhalb der zulässigen Höchstdauer sind Abweichungen durch Satzungsregelung oder Hauptversammlungsbeschluss zulässig, vgl. unten Rz. 7.
4 Vgl. *Habersack* in MünchKomm. AktG, 3. Aufl., § 102 AktG Rz. 7; *Spindler* in Spindler/Stilz, § 102 AktG Rz. 7; *Bürgers/Israel* in Bürgers/Körber, § 102 AktG Rz. 1 f.; *Hüffer*, § 102 AktG Rz. 2.
5 OLG Frankfurt v. 19.11.1985 – 5 U 30/85, WM 1986, 1437, 1438; *Hopt/Roth/Peddinghaus* in Großkomm. AktG, 4. Aufl., § 102 AktG Rz. 25 ff.; *Hüffer*, § 102 AktG Rz. 2; *Habersack* in MünchKomm. AktG, 3. Aufl., § 102 AktG Rz. 1, 9; *Spindler* in Spindler/Stilz, § 102 AktG Rz. 5; *Bürgers/Israel* in Bürgers/Körber, § 102 AktG Rz. 1.
6 *Hopt/Roth/Peddinghaus* in Großkomm. AktG, 4. Aufl., § 102 AktG Rz. 25; *Semler* in MünchKomm. AktG, 2. Aufl., § 102 AktG Rz. 1; *Mertens* in KölnKomm. AktG, 2. Aufl., § 102 AktG Rz. 6; *Hoffmann-Becking* in MünchHdb. AG, § 30 Rz. 44; a.A. *Säcker*, Aufsichtsratsausschüsse nach dem Mitbestimmungsgesetz 1976, 1979, S. 39 f.: in sinngemäßer Anwendung der GOBT Geltung nur für Dauer einer Amtsperiode.
7 LG München v. 26.2.2010 – 5 HKO 14083/09, NZG 2010, 621; *Hopt/Roth/Peddinghaus* in Großkomm. AktG, 4. Aufl., § 102 AktG Rz. 30; zur Amtsannahme vgl. oben § 101 Rz. 12; *Habersack* in MünchKomm. AktG, 3. Aufl., § 102 AktG Rz. 16; *Hüffer*, § 102 AktG Rz. 3, § 101 AktG Rz. 7 m.w.N.
8 RGZ 73, 234, 237; *Habersack* in MünchKomm. AktG, 3. Aufl., § 102 AktG Rz. 17; *Mertens* in KölnKomm. AktG, 2. Aufl., § 102 AktG Rz. 13; *Spindler* in Spindler/Stilz, § 102 AktG Rz. 9.

Aufsichtsratsmitglied bestellt ist[9]. Unerheblich ist, ob der in der Hauptversammlung gefasste Entlastungsbeschluss die Entlastung erteilt oder verweigert. Wird in der Hauptversammlung überhaupt **kein Entlastungsbeschluss gefasst**, so endet die Zugehörigkeit zum Aufsichtsrat zutreffender Ansicht nach spätestens in dem Zeitpunkt, in dem die Hauptversammlung über die Entlastung für das vierte Geschäftsjahr nach Amtsantritt hätte beschließen müssen[10]. Die Gegenansicht, die eine Verlängerung der Amtszeit bis zur tatsächlichen Fassung des Entlastungsbeschlusses befürwortet, kann sich zwar auf den Wortlaut des § 102 Abs. 1 Satz 1 („beschließt") stützen[11]. Für die überwiegende Meinung spricht aber, dass der Entlastungsbeschluss heute keinen Verzicht auf Schadensersatzansprüche mehr darstellt (§ 120 Abs. 2 Satz 2) und damit die nach früherer Regelung (§§ 243 Abs. 3, 263 Abs. 1 HGB a.F.) gegebene Verknüpfung zwischen dem Ende der Amtszeit und der Wirkung der Entlastung (Verzicht auf Ersatzansprüche) ihren Sinn verloren hat.

## IV. Abweichende Regelungen

Durch die **Satzung** kann die Amtszeit abweichend geregelt werden, solange die zwingende Höchstfrist aus § 102 Abs. 1 Satz 1 gewahrt bleibt. Zulässig ist es deshalb, für Vertreter der Anteilseigner eine **kürzere Amtszeit** zu bestimmen[12]. Dabei empfiehlt es sich, die Amtszeit so festzulegen, dass diese nicht vor einer ordentlichen Hauptversammlung endet[13]. Zu beachten ist auch, dass neu bestellte Aufsichtsratsmitglieder stets eine Einarbeitungsphase benötigen[14], so dass zu kurze Amtszeiten kontraproduktiv sind. Ebenfalls zulässig ist die Festlegung **unterschiedlich langer Amtszeiten** für gewählte und entsandte Aufsichtsratsmitglieder[15]. Mangels eines sachlichen Differenzierungskriteriums verbietet sich eine unterschiedliche Ausgestaltung hingegen bei Anteilseignervertretern und Arbeitnehmervertretern[16]. 7

Eine Modifikation der Amtszeit kann auch durch die **Hauptversammlung** im Wahlbeschluss vorgenommen werden, sofern die in der Satzung vorgesehenen Modifikationen der Amtszeit dem nicht entgegenstehen. Wurde ein Verstoß gegen Satzungs- 8

---

9 RGZ 73, 234, 237.
10 BGH v. 24.6.2002 – II ZR 296/01, NJW-RR 2002, 1461 = AG 2002, 676; *Hopt/Roth/Peddinghaus* in Großkomm. AktG, 4. Aufl., § 102 AktG Rz. 12; *Habersack* in MünchKomm. AktG, 3. Aufl., § 102 AktG Rz. 18; *Spindler* in Spindler/Stilz, § 102 AktG Rz. 8; *Hüffer*, § 102 AktG Rz. 9; *Bürgers/Israel* in Bürgers/Körber, § 102 AktG Rz. 3.
11 AG Essen v. 4.6.1969 – HRB 400, MDR 1970, 336; *Baumbach/Hueck*, § 102 AktG Anm. 3; *Meyer-Landrut* in Großkomm. AktG, 3. Aufl., § 102 AktG Anm. 1; *Henn*, Handbuch des Aktienrechts, 6. Aufl., Rz. 643; *Hoffmann-Becking* in MünchHdb. AG, § 30 Rz. 40.
12 Vgl. BGH v. 15.12.1986 – II ZR 18/86, BGHZ 99, 211, 215 = NJW 1987, 902, 903 = AG 1987, 152; OLG Frankfurt v. 19.11.1985 – 5 U 30/85, NJW-RR 1987, 158 = WM 1986, 1437 = AG 1987, 159; *Mertens* in KölnKomm. AktG, 2. Aufl., § 102 AktG Rz. 6; *Hüffer*, § 102 AktG Rz. 4; *Habersack* in MünchKomm. AktG, 3. Aufl., § 102 AktG Rz. 8, 11; *Bürgers/Israel* in Bürgers/Körber, § 102 AktG Rz. 4; *Spindler* in Spindler/Stilz, § 102 AktG Rz. 10.
13 *Hopt/Roth/Peddinghaus* in Großkomm. AktG, 4. Aufl., § 102 AktG Rz. 15; vgl. auch *Habersack* in MünchKomm. AktG, 3. Aufl., § 102 AktG Rz. 8.
14 *Lutter*, DB 2009, 775, 779.
15 Vgl. BGH v. 15.12.1986 – II ZR 18/86, BGHZ 99, 211, 215 = NJW 1987, 902, 903 = AG 1987, 152; OLG Frankfurt v. 19.11.1985 – 5 U 30/85, NJW-RR 1987, 158 = WM 1986, 1437 = AG 1987, 159; *Habersack* in MünchKomm. AktG, 3. Aufl., § 102 AktG Rz. 9; *Spindler* in Spindler/Stilz, § 102 AktG Rz. 11; *Hüffer*, § 102 AktG Rz. 4.
16 *Hüffer*, § 102 AktG Rz. 4; *Habersack* in MünchKomm. AktG, 3. Aufl., § 102 AktG Rz. 9; *Spindler* in Spindler/Stilz, § 102 AktG Rz. 14; *Lutter/Krieger*, Aufsichtsrat, Rz. 28; *Mertens* in KölnKomm. AktG, 2. Aufl., § 102 AktG Rz. 6.

bestimmungen nicht nach § 251 angefochten, so gilt das von der Hauptversammlung Beschlossene[17].

9 Die Amtszeit des entsandten Aufsichtsratsmitglieds kann vom **Entsendungsberechtigten** innerhalb der von § 102 Abs. 1 gezogenen Grenze frei bestimmt werden[18]. Aufgrund der jederzeit eröffneten Abberufungsmöglichkeit nach § 103 Abs. 2 sind die Amtszeit betreffende Satzungsregelungen für den Entsendungsberechtigten unverbindlich[19].

10 Bei der satzungsmäßigen Festlegung von **Altersgrenzen** für die Mitgliedschaft im Aufsichtsrat sind die Vorgaben des AGG hinsichtlich einer möglichen Altersdiskriminierung zu beachten[20]. Altersgrenzen, die auf das gesetzliche Renteneintrittsalter oder noch höher festgelegt sind, begegnen unter diesem Aspekt allerdings keinen Bedenken[21], auch eine maßvolle Absenkung (etwa auf das 60. Lebensjahr) dürfte noch als vertretbar angesehen werden[22].

## V. Amtszeit der Arbeitnehmervertreter

11 Auch für die Vertreter der Arbeitnehmer im Aufsichtsrat gelten **§ 102** und die **Regelungen der Satzung**[23]. Eine Verkürzung ihrer Amtszeit kann von der Hauptversammlung nicht beschlossen werden[24].

## VI. Wiederbestellung

12 Die Wiederbestellung von Aufsichtsratsmitgliedern ist **grundsätzlich zulässig**[25]. Umstritten ist aber, ob eine Wiederbestellung **auch schon vor Beendigung der laufenden Amtszeit** zulässig ist. Das wird zum Teil mit der Begründung verneint, dass andernfalls die gesetzlich festgelegte Höchstdauer der Amtszeit unterlaufen würde und der Hauptversammlung ihr freies Besetzungsrecht genommen werde[26]. Zutreffender An-

---

17 OLG Frankfurt v. 19.11.1985 – 5 U 30/85, AG 1987, 159; *Hopt/Roth/Peddinghaus* in Großkomm. AktG, 4. Aufl., § 102 AktG Rz. 19.
18 *Hopt/Roth/Peddinghaus* in Großkomm. AktG, 4. Aufl., § 102 AktG Rz. 21; *Hüffer*, § 102 AktG Rz. 4; *Habersack* in MünchKomm. AktG, 3. Aufl., § 102 AktG Rz. 14; *Mertens* in KölnKomm. AktG, 2. Aufl., § 102 AktG Rz. 9; *Bürgers/Israel* in Bürgers/Körber, § 102 AktG Rz. 4.
19 *Mertens* in KölnKomm. AktG, 2. Aufl., § 102 AktG Rz. 9; *Hoffmann-Becking* in MünchHdb. AG, § 30 Rz. 47, *Bürgers/Israel* in Bürgers/Körber, § 102 AktG Rz. 4; *Habersack* in MünchKomm. AktG, 3. Aufl., § 102 AktG Rz. 14; *Spindler* in Spindler/Stilz, § 102 AktG Rz. 11.
20 *Lutter*, BB 2007, 725, 726 f.; *Eßer/Baluch*, NZG 2007, 321; zur Anwendbarkeit des AGG auf die Organbesetzung und die Folgen vgl. *Krause*, AG 2007, 392 ff.; *Bauer/Arnold*, AG 2007, 807 ff.; *Horstmeier*, GmbHR 2007, 125 ff.; *Arnold/Bauer*, ZIP 2008, 993.
21 Laut Erwägungsgrund 14 der Richtlinie 2000/78/EG vom 27.11.2000, ABl. Nr. L 303 v. 2.12.2000, S. 16, soll die Kompetenz der Einzelstaaten zur Festsetzung der Ruhestandseintrittsgrenzen nicht beeinträchtigt werden.
22 Ebenso *Lutter*, BB 2007, 725, 727.
23 Vgl. § 15 Abs. 1 MitbestG, § 10c Abs. 1 MitbestErgG, § 5 Abs. 1 DrittelbG; für Unternehmen mit Montanmitbestimmung folgt dies aus der Zuständigkeit der Hauptversammlung für die Wahl der Arbeitnehmervertreter, §§ 5, 6 MontanMitbestG.
24 *Mertens* in KölnKomm. AktG, 2. Aufl., § 102 AktG Rz. 8; *Habersack* in MünchKomm. AktG, 3. Aufl., § 102 AktG Rz. 12; *Hopt/Roth/Peddinghaus* in Großkomm. AktG, 4. Aufl., § 102 AktG Rz. 62; *Spindler* in Spindler/Stilz, § 102 AktG Rz. 13 f.; *Hoffmann-Becking* in MünchHdb. AG, § 30 Rz. 45.
25 Allg. Meinung, vgl. *Hopt/Roth/Peddinghaus* in Großkomm. AktG, 4. Aufl., § 102 AktG Rz. 42; *Hüffer*, § 102 AktG Rz. 6.
26 Vgl. *Habersack* in MünchKomm. AktG, 3. Aufl., § 102 AktG Rz. 20; *Spindler* in Spindler/Stilz, § 102 AktG Rz. 18; *Hüffer*, § 102 AktG Rz. 6; *Bürgers/Israel* in Bürgers/Körber, § 102

sicht nach kann eine Wiederbestellung auch schon vor Ablauf der ursprünglichen Amtszeit erfolgen, wenn der Rest der laufenden Amtszeit in die Berechnung der gesetzlichen Höchstdauer einbezogen wird[27].

Gesetzlich nicht begrenzt ist die Anzahl der Wiederbestellungen, so dass ggf. auch sehr langfristige Mitgliedschaften im Aufsichtsrat möglich sind. Allerdings kann eine langjährige Mitgliedschaft unter dem Gesichtspunkt der Unabhängigkeit Bedenken hervorrufen, die inzwischen für den Finanzexperten nach § 100 Abs. 5 gesetzlich gefordert wird (näher dazu § 100 Rz. 40 ff.). 13

### VII. Amtszeit der Ersatzmitglieder

Ersatzmitglieder (§ 101 Abs. 3 Satz 2) treten nur für die Dauer des weggefallenen Mitglieds an dessen Stelle, **§ 102 Abs. 2**. Abweichende Satzungsregelungen sind zulässig. So kann etwa bestimmt werden, dass bei Wegfall eines amtierenden Mitglieds des Aufsichtsrats auf der nächsten Hauptversammlung eine Nachwahl stattzufinden hat und das Mandat des Ersatzmitglieds erst mit dem Ende dieser Hauptversammlung enden soll[28]. 14

## § 103
## Abberufung der Aufsichtsratsmitglieder

**(1) Aufsichtsratsmitglieder, die von der Hauptversammlung ohne Bindung an einen Wahlvorschlag gewählt worden sind, können von ihr vor Ablauf der Amtszeit abberufen werden. Der Beschluss bedarf einer Mehrheit, die mindestens drei Viertel der abgegebenen Stimmen umfasst. Die Satzung kann eine andere Mehrheit und weitere Erfordernisse bestimmen.**

**(2) Ein Aufsichtsratsmitglied, das auf Grund der Satzung in den Aufsichtsrat entsandt ist, kann von dem Entsendungsberechtigten jederzeit abberufen und durch ein anderes ersetzt werden. Sind die in der Satzung bestimmten Voraussetzungen des Entsendungsrechts weggefallen, so kann die Hauptversammlung das entsandte Mitglied mit einfacher Stimmenmehrheit abberufen.**

**(3) Das Gericht hat auf Antrag des Aufsichtsrats ein Aufsichtsratsmitglied abzuberufen, wenn in dessen Person ein wichtiger Grund vorliegt. Der Aufsichtsrat beschließt über die Antragstellung mit einfacher Mehrheit. Ist das Aufsichtsratsmitglied auf Grund der Satzung in den Aufsichtsrat entsandt worden, so können auch Aktionäre, deren Anteile zusammen den zehnten Teil des Grundkapitals oder den anteiligen Be-**

---

AktG Rz. 5; früher bereits *Schlegelberger/Quassowski*, AktG, 3. Aufl., § 87 AktG 1937 Anm. 17; *Teichmann/Koehler*, AktG, 3. Aufl., § 87 AktG 1937 Anm. 2 unter Anlehnung an RGZ 129, 180, 183 f.; RGZ 166, 175, 187.

27 *Hopt/Roth/Peddinghaus* in Großkomm. AktG, 4. Aufl., § 102 AktG Rz. 44 f.; *Hüffer*, § 102 AktG Rz. 6; *Habersack* in MünchKomm. AktG, 3. Aufl., § 102 AktG Rz. 20; *Spindler* in Spindler/Stilz, § 102 AktG Rz. 18; *Bürgers/Israel* in Bürgers/Körber, § 102 AktG Rz. 5; *Mertens* in KölnKomm. AktG, 2. Aufl., § 102 AktG Rz. 17; so auch *Zöllner* in Baumbach/Hueck, § 52 GmbHG Rz. 106.

28 *Mertens* in KölnKomm. AktG, 2. Aufl., § 102 AktG Rz. 18; *Bürgers/Israel* in Bürgers/Körber, § 102 AktG Rz. 6; *Spindler* in Spindler/Stilz, § 102 AktG Rz. 19; *Habersack* in MünchKomm. AktG, 3. Aufl., § 102 AktG Rz. 19.

trag von einer Million Euro erreichen, den Antrag stellen. Gegen die Entscheidung ist die Beschwerde zulässig.

(4) Für die Abberufung der Aufsichtsratsmitglieder, die weder von der Hauptversammlung ohne Bindung an einen Wahlvorschlag gewählt worden sind noch auf Grund der Satzung in den Aufsichtsrat entsandt sind, gelten außer Absatz 3 das Mitbestimmungsgesetz, das Montan-Mitbestimmungsgesetz, das Mitbestimmungsergänzungsgesetz, das Drittelbeteiligungsgesetz, das SE-Beteiligungsgesetz und das Gesetz über die Mitbestimmung der Arbeitnehmer bei einer grenzüberschreitenden Verschmelzung.

(5) Für die Abberufung eines Ersatzmitglieds gelten die Vorschriften über die Abberufung des Aufsichtsratsmitglieds, für das es bestellt ist.

| | |
|---|---|
| I. Regelungsinhalt und Regelungszweck ... 1 | 1. Abberufung auf Antrag des Aufsichtsrats ............... 12 |
| II. Abberufung von der Hauptversammlung bestimmter Aufsichtsratsmitglieder (§ 103 Abs. 1) ........... 2 | 2. Abberufung auf Antrag von Aktionären ................ 18 |
| 1. Anwendungsbereich ........... 2 | 3. Besonderheiten bei Banken und Versicherungen ............. 19 |
| 2. Voraussetzungen .............. 3 | 4. Gerichtliches Verfahren ......... 20 |
| 3. Rechtswirkungen ............. 6 | V. Abberufung von Arbeitnehmervertretern im Aufsichtsrat (§ 103 Abs. 4) .. 22 |
| III. Abberufung entsandter Aufsichtsratsmitglieder (§ 103 Abs. 2) ...... 8 | VI. Ersatzmitglieder (§ 103 Abs. 5) ..... 23 |
| 1. Abberufungsrecht des Entsenders ... 8 | VII. Sonstige Formen der Amtsbeendigung ................... 24 |
| 2. Abberufungsrecht der Hauptversammlung ................ 11 | |
| IV. Abberufung aus wichtigem Grund durch das Gericht (§ 103 Abs. 3) .... 12 | |

**Literatur:** *Bähr*, Stärkung der Finanzmakt- und Versicherungsaufsicht wirkt übereilt, VW 2009, 1401; *Beuthien/Gätsch*, Einfluss Dritter auf die Organbesetzung und Geschäftsführung bei Vereinen, Kapitalgesellschaften und Genossenschaften, ZHR 157 (1993), 483; *Deckert*, Inkompatibilitäten und Interessenkonflikte, DZWir 1996, 406; *Derleder*, Der Regress bei gesamtschuldnerischer Haftung juristischer Personen und ihrer Organe und seine Auswirkungen auf die Organtätigkeit – Praxisfolgen des Kirch-Urteils, BB 2006, 949; *Dreher*, Interessenkonflikte bei Aufsichtsratsmitgliedern von Aktiengesellschaften, JZ 1990, 896; *Hasse*, Auswirkungen des Gesetzes zur Stärkung der Finanzmarkt- und Versicherungsaufsicht auf die Corporate Governance von Versicherungsunternehmen, VersR 2010, 18; *Heinsius*, Die Amtszeit des Aufsichtsrats mitbestimmter Gesellschaften mit beschränkter Haftung und mitbestimmter Aktiengesellschaften bei formwechselnder Umwandlung, in FS Stimpel, 1985, S. 571; *Heller*, Richten in eigener Sache – Stimmrechtsausschluss bei der Abberufung von Aufsichtsratsmitgliedern?, NZG 2009, 1170; *Himmelreich/Hingst/Krawinkel*, Neue rechtliche Rahmenbedingungen für die Kontrollorgane von Banken und Sparkassen, WM 2009, 2016; *Hoffmann-Becking*, Amtszeit und Vergütung des Aufsichtsrats nach formwechselnder Umwandlung einer GmbH in eine AG, AG 1980, 269; *Hoffmann/Kirchhoff*, Zur Abberufung von Aufsichtsratsmitgliedern durch das Gericht nach § 103 Abs. 3 Satz 1 AktG, in FS Beusch, 1993, S. 377; *Köstler*, Amtsende des Aufsichtsrats nach formwechselnder Umwandlung einer GmbH in eine Aktiengesellschaft?, BB 1993, 81; *Kübler*, Aufsichtsratsmandate in konkurrierenden Unternehmen, in FS Claussen, 1997, S. 239; *Leo*, Die Rechte der AG gegen pflichtwidrig handelnde Aufsichtsratsmitglieder, AG 1957, 265; *Link*, Die Amtsniederlegung durch Gesellschaftsorgane, 2003; *Lutter*, Die Unwirksamkeit von Mehrfachmandaten in den Aufsichtsräten von Konkurrenzunternehmen, in FS Beusch, 1993, S. 509; *Lutter*, Defizite für eine effiziente Aufsichtsratstätigkeit und gesetzliche Möglichkeiten der Verbesserung, ZHR 159 (1995), 287; *Martinek*, Wettbewerbliche Interessenkonflikte von AG-Aufsichtsräten im Lichte der Corporate Governance-Diskussion, WRP 2008, 51; *Mertens*, Aufsichtsratsmandat und Arbeitskampf, AG 1977, 306; *Möllers*, Interessenkonflikte von Vertretern des

Bieters bei Übernahme eines Aufsichtsratsmandats der Zielgesellschaft, ZIP 2006, 1615; *Natzel*, Die Beendigung des Aufsichtsratsamtes durch Widerruf oder Abberufung, DB 1964, 1143 und 1180; *Notthoff*, Muster der Niederlegungserklärung eines Aufsichtsratsmandats, WiB 1997, 848; *Priester*, Stimmverbot beim dreiköpfigen Aufsichtsrat, AG 2007, 190; *Reichert/Schlitt*, Konkurrenzverbot für Aufsichtsratsmitglieder, AG 1995, 241; *Säcker*, Aktuelle Probleme der Verschwiegenheitspflicht der Aufsichtsratsmitglieder, NJW 1986, 803; *Uwe H. Schneider/Nietsch*, Die Abberufung von Aufsichtsratsmitgliedern, in FS Westermann, 2008, S. 1447; *Schwintowski*, Gesellschaftsrechtliche Bindungen für entsandte Aufsichtsratsmitglieder in öffentlichen Unternehmen, NJW 1995, 1316; *Singhof*, Die Amtsniederlegung durch das Aufsichtsratsmitglied einer Aktiengesellschaft, WM 1998, 318; *Stadler/Berner*, Die gerichtliche Abberufung von Aufsichtsratsmitgliedern im dreiköpfigen Aufsichtsrat – ein bisher ungelöstes Problem, NZG 2003, 49; *Theisen*, Die Rechtsprechung zum Mitbestimmungsgesetz 1976 – eine dritte Zwischenbilanz, AG 1993, 49; *Ulmer*, Die Anpassung von AG-Satzungen an das Mitbestimmungsgesetz – eine Zwischenbilanz, ZHR 141 (1977), 501; *Ulmer*, Aufsichtsratsmandat und Interessenkollision, NJW 1980, 1603; *Wardenbach*, Niederlegung des Aufsichtsratsmandats bei Interessenkollisionen, AG 1999, 74; *Wicke*, Zu den Anforderungen an eine Hauptversammlungsniederschrift bei der Abwahl eines Aufsichtsratsmitglieds nach §§ 103 Abs. 1 S. 2, 130 Abs. 1 S. 2 AktG, DNotZ 2008, 791; *Zimmermann*, Vertrauensentzug durch die Hauptversammlung und Stimmrechtsausübung, in FS Rowedder, 1994, S. 593; *Zöllner*, Amtsverlust und Amtskontinuität des Aufsichtsrats bei formwechselnder Umwandlung, DB 1973, 2077.

## I. Regelungsinhalt und Regelungszweck

§ 103 fasst die Möglichkeiten einer Abberufung von Aufsichtsratsmitgliedern zusammen, ohne sie abschließend zu regeln, und überwindet damit die unübersichtliche frühere Rechtslage[1]. Der Norm liegt der Gedanke zugrunde, dass auch Aufsichtsratsmitglieder nicht gegen den Willen des Bestellungsorgans für die Dauer der gesamten Amtszeit im Amt bleiben dürfen, sondern unter bestimmten Voraussetzungen abberufen werden können[2].

## II. Abberufung von der Hauptversammlung bestimmter Aufsichtsratsmitglieder (§ 103 Abs. 1)

### 1. Anwendungsbereich

Die Abberufungsmöglichkeit nach § 103 Abs. 1 ist nur bei solchen Aufsichtsratsmitgliedern eröffnet, die von der Hauptversammlung bestellt worden sind. Erfasst sind damit zum einen die **von der Hauptversammlung gewählten Aufsichtsratsmitglieder.** Zum anderen ist Abs. 1 auf das nach dem MontanMitbestG bzw. MitbestErgG gewählte **neutrale Mitglied** (§ 4 Abs. 1 Satz 2 lit. c MontanMitbestG, § 5 Abs. 1 Satz 2 lit. c MitbestErgG) anwendbar, wenn die Wahlvorschläge des Vermittlungsausschusses gescheitert sind (§ 8 Abs. 3 Satz 7 MontanMitbestG, § 5 Abs. 3 MitbestErgG). Auch die Mitglieder des ersten Aufsichtsrats (§ 30) können nach Maßgabe des § 103 Abs. 1 abberufen werden[3].

---

1 *Kropff*, Aktiengesetz, S. 142; *Hüffer*, § 103 AktG Rz. 1; vgl. dazu *Spindler* in Spindler/Stilz, § 103 AktG Rz. 2 ff.; *Habersack* in MünchKomm. AktG, 3. Aufl., § 103 AktG Rz. 6 f.
2 So schon § 12 der Allgemeinen Begründung zum Entwurf eines Gesetzes, betreffend die KGaA und die AG (1884), abgedruckt in *Schubert/Hommelhoff*, Hundert Jahre modernes Aktienrecht, 1985, S. 407, 459; *Habersack* in MünchKomm. AktG, 3. Aufl., § 103 AktG Rz. 2 f.
3 *Hopt/Roth* in Großkomm. AktG, 4. Aufl., § 103 AktG Rz. 8; *Hüffer*, § 103 AktG Rz. 2; *Semler* in MünchKomm. AktG, 2. Aufl., § 103 AktG Rz. 1.

## 2. Voraussetzungen

3 Für die Abberufung der von der Hauptversammlung bestimmten Aufsichtsratsmitglieder stellt das Gesetz **keine sachlichen Anforderungen** auf. Ausreichend ist bereits der Vertrauensentzug durch die Hauptversammlung, der durch einen ausdrücklichen **Abberufungsbeschluss** ausgesprochen wird. Die Verweigerung der Entlastung enthält einen solchen Beschluss nicht[4]. Der Abberufungsbeschluss muss zwingend von der Hauptversammlung gefasst werden; eine Delegation auf ein anderes Organ der Gesellschaft oder einen Dritten ist ebenso unzulässig wie die Verknüpfung mit der Zustimmung anderer[5]. Erfolgt die Abberufung dennoch durch ein anderes Organ oder einen Dritten, so kommt eine Genehmigung durch die Hauptversammlung nicht in Betracht. Ein Genehmigungsbeschluss wird in diesem Fall regelmäßig als Abberufungsbeschluss zu verstehen sein[6].

4 Der Beschluss erfordert die **Mehrheit von mindestens drei Vierteln der abgegebenen Stimmen**, § 103 Abs. 1 Satz 2. Die Norm erschwert es dem Erwerber einer einfachen Mehrheit an der Gesellschaft erheblich, den bisherigen Aufsichtsrat abzulösen und das Organ mit Personen seines Vertrauens neu zu besetzen. Vollständige Kontrolle über die AG lässt sich hier, sofern die Satzung nicht eine geringere Mehrheit für ausreichend erklärt, nur mit der qualifizierten Mehrheit gewinnen. Insofern bestehen die gleichen Hürden wie beim Abschluss eines Beherrschungsvertrages oder der Verschmelzung der Ziel- auf die Erwerbergesellschaft[7]. Ist das abzuberufende Mitglied zugleich Aktionär, so besteht **kein Stimmverbot**[8]. Der Beschluss muss unzweideutig die Beendigung der Amtsstellung aussprechen, er muss jedoch nicht ausdrücklich den Begriff „Abberufung" verwenden[9]. Da die Abberufung nach § 103 Abs. 1 nicht vom Vorliegen eines sachlichen Grundes abhängig ist, ist die Angabe von Gründen im Abberufungsbeschluss nicht erforderlich. Es findet auch keine materielle Beschlusskontrolle statt[10].

5 Gem. § 103 Abs. 1 Satz 3 können **abweichende Satzungsregelungen** beschlossen werden, die auch für die bereits amtierenden Aufsichtsratsmitglieder gelten[11]. Die Satzung kann das Mehrheitserfordernis verschärfen oder abmildern und dabei auf Stimmen- oder Kapitalmehrheit abstellen. Da das Gesetz ausdrücklich von einer „anderen Mehrheit" spricht, kann in der Satzung nicht verankert werden, dass die Abberufung

---

4 *Hüffer*, § 103 AktG Rz. 3; *Habersack* in MünchKomm. AktG, 3. Aufl., § 103 AktG Rz. 11; *Spindler* in Spindler/Stilz, § 103 AktG Rz. 8; *Bürgers/Israel* in Bürgers/Körber, § 103 AktG Rz. 3.
5 *Habersack* in MünchKomm. AktG, 3. Aufl., § 103 AktG Rz. 10; *Spindler* in Spindler/Stilz, § 103 AktG Rz. 7; *Hopt/Roth* in Großkomm. AktG, 4. Aufl., § 103 AktG Rz. 11; *Mertens* in KölnKomm. AktG, 2. Aufl., § 103 AktG Rz. 17; *Semler* in MünchKomm. AktG, 2. Aufl., § 103 AktG Rz. 13 f.; *Notthoff*, WiB 1997, 848; a.A. *Beuthien/Gätsch*, ZHR 157 (1993), 483, 503.
6 *Hopt/Roth* in Großkomm. AktG, 4. Aufl., § 103 AktG Rz. 11; *Hüffer*, § 103 AktG Rz. 3; *Mertens* in KölnKomm. AktG, 2. Aufl., § 103 AktG Rz. 17; *Leo*, AG 1967, 266; *Habersack* in MünchKomm. AktG, 3. Aufl., § 103 AktG Rz. 10; *Spindler* in Spindler/Stilz, § 103 AktG Rz. 7.
7 Näher dazu *Lutter/Drygala* in KölnKomm. AktG, 3. Aufl., § 71a AktG Rz. 38, 44 ff.
8 RG Recht 1913 Nr. 245; *Hüffer*, § 103 AktG Rz. 4; *Mertens* in KölnKomm. AktG, 2. Aufl., § 103 AktG Rz. 9; *Spindler* in Spindler/Stilz, § 103 AktG Rz. 10; *Zimmermann* in FS Rowedder, S. 593, 604; *Habersack* in MünchKomm. AktG, 3. Aufl., § 103 AktG Rz. 13.
9 *Hopt/Roth* in Großkomm. AktG, 4. Aufl., § 103 AktG Rz. 12; *Habersack* in MünchKomm. AktG, 3. Aufl., § 103 AktG Rz. 11; *Spindler* in Spindler/Stilz, § 103 AktG Rz. 8; *Bürgers/Israel* in Bürgers/Körber, § 103 AktG Rz. 3.
10 *Hüffer*, § 103 AktG Rz. 3; *Habersack* in MünchKomm. AktG, 3. Aufl., § 103 AktG Rz. 12.
11 *Habersack* in MünchKomm. AktG, 3. Aufl., § 103 AktG Rz. 14; *Spindler* in Spindler/Stilz, § 103 AktG Rz. 11; ähnl. *Bürgers/Israel* in Bürgers/Körber, § 103 AktG Rz. 5; *Hüffer*, § 103 AktG Rz. 4.

auch durch eine Minderheit erfolgen kann[12]. Im Interesse der Rechtssicherheit muss für alle Abberufungsgründe das gleiche Mehrheitserfordernis gelten[13]. Der Grundsatz der Gleichwertigkeit aller Aufsichtsratsmitglieder verbietet die Einführung unterschiedlicher Abberufungsvoraussetzungen[14]. Ferner kann die Satzung auch weitere Erfordernisse bestimmen. Hiermit sind jedoch nur weitere formelle Anforderungen gemeint, hingegen können keine materiellen Kriterien zur Voraussetzung gemacht werden[15]. Inhaltlich darf die freie Abberufung nicht eingeschränkt werden.

### 3. Rechtswirkungen

Der Abberufungsbeschluss allein führt nicht zum Erlöschen des Mandats des betroffenen Aufsichtsratsmitglieds. Die Abberufung muss als **empfangsbedürftige Willenserklärung** dem Aufsichtsratsmitglied zugehen[16]. Ist das betroffene Aufsichtsratsmitglied bei der Beschlussfassung anwesend, reicht bereits die Feststellung des Beschlussergebnisses. Bei Abwesenheit des Mitglieds muss ihm der Beschluss mitgeteilt werden. Die Mitteilung kann sowohl vom Vorstand als auch vom Aufsichtsratsvorsitzenden sowie von durch die Hauptversammlung bestimmten Dritten bewirkt werden[17]. 6

Die wirksame Abberufung **beendet das Aufsichtsratsmandat** und führt zum Erlöschen aller damit verbundenen Rechte und Pflichten (Ausnahme: Verschwiegenheitspflicht, §§ 116, 93 Abs. 1 Satz 2)[18]. Der Anspruch auf Vergütung entfällt[19]. 7

---

12 *Hopt/Roth* in Großkomm. AktG, 4. Aufl., § 103 AktG Rz. 23; *Mertens* in KölnKomm. AktG, 2. Aufl., § 103 AktG Rz. 14; *Habersack* in MünchKomm. AktG, 3. Aufl., § 103 AktG Rz. 15; *Spindler* in Spindler/Stilz, § 103 AktG Rz. 11.
13 *Hopt/Roth* in Großkomm. AktG, 4. Aufl., § 103 AktG Rz. 24; *Hüffer*, § 103 AktG Rz. 4; *Mertens* in KölnKomm. AktG, 2. Aufl., § 103 AktG Rz. 15; *Habersack* in MünchKomm. AktG, 3. Aufl., § 103 AktG Rz. 16; *Bürgers/Israel* in Bürgers/Körber, § 103 AktG Rz. 5; *Hoffmann-Becking* in MünchHdb. AG, § 30 Rz. 54; *Hüffer*, § 103 AktG Rz. 4; a.A. *Spindler* in Spindler/Stilz, § 103 AktG Rz. 13.
14 BGH v. 15.12.1986 – II ZR 18/86, BGHZ 99, 211, 215 f. = NJW 1987, 902, 903 = AG 1987, 152; BGH v. 14.11.1988 – II ZR 82/88, NJW 1989, 904, 905 = ZIP 1989, 163, 164 = AG 1989, 87; *Habersack* in MünchKomm. AktG, 3. Aufl., § 103 AktG Rz. 16; a.A. *Spindler* in Spindler/Stilz, § 103 AktG Rz. 12; *Hüffer*, § 103 AktG Rz. 4.
15 *Hopt/Roth* in Großkomm. AktG, 4. Aufl., § 103 AktG Rz. 27 m.w.N.; *Habersack* in MünchKomm. AktG, 3. Aufl., § 103 AktG Rz. 18; *Mertens* in KölnKomm. AktG, 2. Aufl., § 103 AktG Rz. 16; a.A. *Uwe H. Schneider/Nietsch* in FS Westermann, S. 1447, 1453 f.
16 *Hopt/Roth* in Großkomm. AktG, 4. Aufl., § 103 AktG Rz. 17; *Hüffer*, § 103 AktG Rz. 5; *Habersack* in MünchKomm. AktG, 3. Aufl., § 103 AktG Rz. 19; *Spindler* in Spindler/Stilz, § 103 AktG Rz. 15; *Mertens* in KölnKomm. AktG, 2. Aufl., § 103 AktG Rz. 10; a.A. *Natzel*, DB 1964, 1180, 1181.
17 *Hopt/Roth* in Großkomm. AktG, 4. Aufl., § 103 AktG Rz. 17; *Mertens* in KölnKomm. AktG, 2. Aufl., § 103 AktG Rz. 10; *Hoffmann-Becking* in MünchHdb. AG, § 30 Rz. 55; a.A. *Hüffer*, § 103 AktG Rz. 5; *Bürgers/Israel* in Bürgers/Körber, § 103 AktG Rz. 3; *Butzke* in Obermüller/Werner/Winden/Butzke, Die Hauptversammlung der Aktiengesellschaft, Rz. J 83; *E. Vetter* in Marsch-Barner/Schäfer, Hdb. börsennotierte AG, 2. Aufl. 2009, § 25 Rz. 57.
18 H.M., vgl. *Hopt/Roth* in Großkomm. AktG, 4. Aufl., § 103 AktG Rz. 18; *Hüffer*, § 103 AktG Rz. 6; *Habersack* in MünchKomm. AktG, 3. Aufl., § 103 AktG Rz. 20, 22; a.A. *Semler* in MünchKomm. AktG, 2. Aufl., § 103 AktG Rz. 36; *Spindler* in Spindler/Stilz, § 103 AktG Rz. 16; Amtsverlust erst bei Unanfechtbarkeit der Abberufung.
19 RGZ 68, 223, 225 ff.; OLG Celle, OLGR 16, 93; *Hüffer*, § 103 AktG Rz. 6; *Habersack* in MünchKomm. AktG, 3. Aufl., § 103 AktG Rz. 21; *Hüffer*, § 103 AktG Rz. 6; *Spindler* in Spindler/Stilz, § 103 AktG Rz. 16; zum früheren Streit *Natzel*, DB 1964, 1143, 1145.

### III. Abberufung entsandter Aufsichtsratsmitglieder (§ 103 Abs. 2)

#### 1. Abberufungsrecht des Entsenders

8 Der Entsendungsberechtigte kann das Aufsichtsratsmitglied, das aufgrund der Satzung in den Aufsichtsrat entsandt ist, jederzeit abberufen, § 103 Abs. 2 Satz 1. Eine Abberufung kann auch dann erfolgen, wenn das Aufsichtsratsmitglied nicht sogleich durch ein anderes ersetzt wird[20]. Dies gilt selbst dann, wenn der Aufsichtsrat durch die Abberufung beschlussunfähig wird. Hat der Entsendungsberechtigte sich selbst entsandt, so kann er sein Amt jederzeit niederlegen. Das Abberufungsrecht ist **an keine sachlichen Kriterien geknüpft;** der tatsächliche Entzug des Vertrauens genügt[21].

9 Das Recht zur vorzeitigen Abberufung eines entsandten Aufsichtsratsmitglieds **kann nicht** durch Vereinbarung mit der Gesellschaft oder Verzicht **eingeschränkt werden**[22]. Keinen Bedenken begegnen aber Abreden mit dem Entsandten, ihn nicht vorzeitig abzuberufen. Sie beschränken sein Abberufungsrecht nicht. Die Verletzung der Vereinbarung macht den Entsendungsberechtigten schadensersatzpflichtig. Eine Naturalrestitution durch Wiedereinsetzung als Aufsichtsratsmitglied scheidet jedoch aus[23].

10 Die **Abberufung eines entsandten Aufsichtsratsmitglieds** kann nur bei Vorliegen eines wichtigen Grundes über § 103 Abs. 3 von der Gesellschaft erzwungen werden[24]. Eine Klage der Gesellschaft gegen den Entsendungsberechtigten auf Abgabe einer Abberufungserklärung ist hingegen unzulässig. Der Entsendungsberechtigte macht sich schadensersatzpflichtig, wenn er ein von ihm entsandtes Aufsichtsratsmitglied nicht abberuft, obwohl dessen Amtsfortführung für die Gesellschaft unzumutbar ist[25].

#### 2. Abberufungsrecht der Hauptversammlung

11 Die Hauptversammlung darf ein in den Aufsichtsrat entsandtes Mitglied nur abberufen, wenn die satzungsmäßig bestimmten **Voraussetzungen des Entsenderechts weggefallen** sind oder das **Entsenderecht ruht**[26]. Als Fälle des Wegfalls der in der Satzung genannten Voraussetzungen werden genannt: der Tod des Entsendungsberechtigten, der Wechsel der Staatsangehörigkeit bei entsprechender Verknüpfung, der Wegfall der

---

20 *Mertens* in KölnKomm. AktG, 2. Aufl., § 103 AktG Rz. 19; *Hoffmann-Becking* in MünchHdb. AG, § 30 Rz. 56; *Habersack* in MünchKomm. AktG, 3. Aufl., § 103 AktG Rz. 23; *Bürgers/Israel* in Bürgers/Körber, § 103 AktG Rz. 6.
21 *Habersack* in MünchKomm. AktG, 3. Aufl., § 103 AktG Rz. 23; *Hüffer*, § 103 AktG Rz. 7; *Bürgers/Israel* in Bürgers/Körber, § 103 AktG Rz. 6; *Spindler* in Spindler/Stilz, § 103 AktG Rz. 18; *Hopt/Roth* in Großkomm. AktG, 4. Aufl., § 103 AktG Rz. 29; vgl. aber OVG Münster v. 12.2.1990 – 15 B 35/90, DVBl. 1990, 834, 835 = NVwZ 1990, 791; *Schwintowski*, NJW 1995, 1316, 1320 zu entsandten Aufsichtsratsmitgliedern in öffentlichen Unternehmen.
22 *Hopt/Roth* in Großkomm. AktG, 4. Aufl., § 103 AktG Rz. 33; *Habersack* in MünchKomm. AktG, 3. Aufl., § 103 AktG Rz. 24; *Spindler* in Spindler/Stilz, § 103 AktG Rz. 20; *Hüffer*, § 103 AktG Rz. 7.
23 *Hopt/Roth* in Großkomm. AktG, 4. Aufl., § 103 AktG Rz. 38; *Mertens* in KölnKomm. AktG, 2. Aufl., § 103 AktG Rz. 21; *Hüffer*, § 103 AktG Rz. 7; *Spindler* in Spindler/Stilz, § 103 AktG Rz. 20.
24 *Habersack* in MünchKomm. AktG, 3. Aufl., § 103 AktG Rz. 26.
25 *Hopt/Roth* in Großkomm. AktG, 4. Aufl., § 103 AktG Rz. 39; *Mertens* in KölnKomm. AktG, 2. Aufl., § 103 AktG Rz. 23; *Hoffmann-Becking* in MünchHdb. AG, § 30 Rz. 56; *Habersack* in MünchKomm. AktG, 3. Aufl., § 103 AktG Rz. 26; *Mertens* in KölnKomm. AktG, 2. Aufl., § 103 AktG Rz. 23; *Bürgers/Israel* in Bürgers/Körber, § 103 AktG Rz. 6.
26 *Hopt/Roth* in Großkomm. AktG, 4. Aufl., § 103 AktG Rz. 40; *Mertens* in KölnKomm. AktG, 2. Aufl., § 103 AktG Rz. 24; *Habersack* in MünchKomm. AktG, 3. Aufl., § 103 AktG Rz. 29; *Bürgers/Israel* in Bürgers/Körber, § 103 AktG Rz. 7; *Hüffer*, § 103 AktG Rz. 8.

Aktionärseigenschaft bei inhabergebundenem Entsenderecht[27]. Die Abberufung erfordert einen Hauptversammlungsbeschluss, der mit einfacher Stimmenmehrheit gefasst werden muss. Das Mehrheitserfordernis kann nicht modifiziert werden (§ 23 Abs. 5 Satz 1)[28]. Es besteht **keine Pflicht der Hauptversammlung**, ein entsandtes Mitglied bei Wegfall der satzungsmäßig bestimmten Voraussetzungen abzuberufen. Ihr ist bei der Entscheidung über die Abberufung ein gerichtlich nicht überprüfbares Ermessen eingeräumt[29]. Die Abberufung wird erst mit der Bekanntgabe an das entsandte Aufsichtsratsmitglied wirksam, die nicht zwingend vom Entsendeberechtigten vorzunehmen ist. Die Satzung kann **weitergehende Abberufungsmöglichkeiten** vorsehen[30]. Insbesondere kann der Hauptversammlung ein jederzeitiges Recht zur Abberufung eingeräumt werden.

## IV. Abberufung aus wichtigem Grund durch das Gericht (§ 103 Abs. 3)

### 1. Abberufung auf Antrag des Aufsichtsrats

§ 103 Abs. 3 eröffnet die Möglichkeit, sowohl von der Hauptversammlung gewählte als auch entsandte Aufsichtsratsmitglieder bei Vorliegen eines wichtigen Grundes auf Antrag des Aufsichtsrats abzuberufen. Das Verfahren der gerichtlichen Abberufung ist gegenüber den Abberufungsmöglichkeiten der Abs. 1 und 2 **nicht subsidiär**. Weder ist eine vorherige Befassung des ordentlichen Abberufungsorgans erforderlich, noch hindert die Ablehnung der Abberufung durch das ordentliche Abberufungsorgan den Aufsichtsrat, die Einleitung eines gerichtlichen Abberufungsverfahrens zu beschließen[31].

12

**Antragsberechtigt** ist der **Aufsichtsrat als Gesamtorgan;** eine Delegation an einen Ausschuss ist angesichts der Bedeutung der Entscheidung nicht möglich[32]. Der Vorstand hat kein Antragsrecht[33]. Der Antrag erfordert nach der zwingenden[34] Regelung des § 103 Abs. 3 Satz 2 einen mit einfacher Mehrheit der abgegebenen Stimmen gefassten Beschluss. Das betroffene Aufsichtsratsmitglied unterliegt zutreffender Ansicht nach einem **Stimmverbot** (Richten in eigener Sache)[35]. Das hat zu Diskussionen

13

---

27 *Hopt/Roth* in Großkomm. AktG, 4. Aufl., § 103 AktG Rz. 41; *Habersack* in MünchKomm. AktG, 3. Aufl., § 103 AktG Rz. 30; *Spindler* in Spindler/Stilz, § 103 AktG Rz. 23.
28 *Hopt/Roth* in Großkomm. AktG, 4. Aufl., § 103 AktG Rz. 42; *Semler* in MünchKomm. AktG, 2. Aufl., § 103 AktG Rz. 31; *Habersack* in MünchKomm. AktG, 3. Aufl., § 103 AktG Rz. 32; *Spindler* in Spindler/Stilz, § 103 AktG Rz. 24; a.A. *Mertens* in KölnKomm. AktG, 2. Aufl., § 103 AktG Rz. 25.
29 *Hopt/Roth* in Großkomm. AktG, 4. Aufl., § 103 AktG Rz. 43; *Mertens* in KölnKomm. AktG, 2. Aufl., § 103 AktG Rz. 24.
30 *Mertens* in KölnKomm. AktG, 2. Aufl., § 103 AktG Rz. , 25, 34; *Habersack* in MünchKomm. AktG, 3. Aufl., § 103 AktG Rz. 32; *Hopt/Roth* in Großkomm. AktG, 4. Aufl., § 103 AktG Rz. 44; *Spindler* in Spindler/Stilz, § 103 AktG Rz. 23; *Bürgers/Israel* in Bürgers/Körber, § 103 AktG Rz. 7; *Hoffmann-Becking* in MünchHdb. AG, § 30 Rz. 57.
31 *Spindler* in Spindler/Stilz, § 103 AktG Rz. 27; *Habersack* in MünchKomm. AktG, 3. Aufl., § 103 AktG Rz. 33; *Hopt/Roth* in Großkomm. AktG, 4. Aufl., § 103 AktG Rz. 46; *Mertens* in KölnKomm. AktG, 2. Aufl., § 103 AktG Rz. 27; *Eckardt*, NJW 1976, 1010, 1012.
32 *Hopt/Roth* in Großkomm. AktG, 4. Aufl., § 103 AktG Rz. 47 f.; *Mertens* in KölnKomm. AktG, 2. Aufl., § 103 AktG Rz. 28; *Bürgers/Israel* in Bürgers/Körber, § 103 AktG Rz. 9; *Habersack* in MünchKomm. AktG, 3. Aufl., § 103 AktG Rz. 38.
33 *Mertens* in KölnKomm. AktG, 2. Aufl., § 103 AktG Rz. 28; *Hoffmann-Becking* in MünchHdb. AG, § 30 Rz. 56; *Hüffer*, § 103 AktG Rz. 12; *Bürgers/Israel* in Bürgers/Körber, § 103 AktG Rz. 9; *Spindler* in Spindler/Stilz, § 103 AktG Rz. 31.
34 *Mertens* in KölnKomm. AktG, 2. Aufl., § 103 AktG Rz. 28; *Semler* in MünchKomm. AktG, 2. Aufl., § 103 AktG Rz. 52; *Habersack* in MünchKomm. AktG, 3. Aufl., § 103 AktG Rz. 34; *Hoffmann-Becking* in MünchHdb. AG, § 30 Rz. 58.
35 BayObLG v. 28.3.2003 – 3 Z BR 199/02, AG 2003, 427; *Hopt/Roth* in Großkomm. AktG, 4. Aufl., § 103 AktG Rz. 49; *Hüffer*, § 103 AktG Rz. 12; *Mertens* in KölnKomm. AktG,

über die Zulässigkeit einer gerichtlichen Abberufung im **dreiköpfigen Aufsichtsrat** geführt, weil § 108 Abs. 2 Satz 3 die Beschlussfähigkeit des Aufsichtsrats an die Teilnahme von mindestens drei Aufsichtsratsmitgliedern knüpft. Insoweit hat sich der BGH der Auffassung angeschlossen, dass das betroffene Aufsichtsratsmitglied zur Teilnahme an der Abstimmung sowie zur Stimmenthaltung verpflichtet ist[36]. Begründet wird das damit, dass eine Teilnahme an der Sitzung im Sinne des § 108 Abs. 2 Satz 3 auch vorliegt, wenn sich das Mitglied der Stimme enthält[37]. Dementsprechend kann sich das Mitglied nicht auf das Fehlen eines wirksamen Aufsichtsratsbeschlusses berufen, wenn es seiner Teilnahme- und Abstimmungspflicht nicht nachkommt[38]. Damit ist ein entsprechender Beschluss auch im dreiköpfigen Aufsichtsrat möglich.

14 Das Gericht gibt dem Antrag des Aufsichtsrats nur statt, wenn in der Person des abzuberufenden Aufsichtsratsmitglieds ein **wichtiger Grund** vorliegt. Die Personenbezogenheit des wichtigen Grundes ist gegeben, wenn er sich jedenfalls überwiegend auf die Person des betroffenen Aufsichtsratsmitglieds zurückführen lässt[39]. Ein krass **gesellschaftswidriges Verhalten ist nicht erforderlich**[40], vielmehr gelten die allgemeinen Regeln für die Beendigung eines Rechtsverhältnisses aus wichtigem Grund. Ein wichtiger Grund ist folglich gegeben, wenn der Gesellschaft ein **Festhalten an dem Aufsichtsratsmitglied** bis zur regulären Beendigung des Mandatsverhältnisses **unzumutbar** ist[41]. Ein Verschulden ist nicht erforderlich; es spielt jedoch bei der Beurteilung des objektiven Pflichtverstoßes eine erhebliche Rolle[42].

---

2. Aufl., § 103 AktG Rz. 29; *Semler* in MünchKomm. AktG, 2. Aufl., § 103 AktG Rz. 54; *Spindler* in Spindler/Stilz, § 103 AktG Rz. 29; *Habersack* in MünchKomm. AktG, 3. Aufl., § 103 AktG Rz. 35; *Deckert*, DZWir 1996, 406, 409; *Säcker*, NJW 1986, 803, 810; *Ulmer*, NJW 1980, 1603, 1605; *Dreher*, JZ 1990, 896, 901; *Habersack*, AG 1977, 306, 318; a.A. *Meyer-Landrut* in Großkomm. AktG, 3. Aufl., § 103 AktG Anm. 7; *Hoffmann-Becking* in MünchHdb. AG, § 30 Rz. 56; *Hoffmann/Lehmann/Weinmann*, § 6 MitbestG Rz. 366; *Hoffmann/Kirchhoff* in FS Beusch, S. 377, 380.

36 BGH v. 2.4.2007 – II ZR 325/05, AG 2007, 484; *Hopt/Roth* in Großkomm. AktG, 4. Aufl., § 108 AktG Rz. 63; *Mertens* in KölnKomm. AktG, 2. Aufl., § 108 AktG Rz. 57; *Priester*, AG 2007, 190.

37 BGH v. 2.4.2007 – II ZR 325/05, AG 2007, 484, 485; a.A. BayObLG v. 28.3.2003 – 3 Z BR 199/02, AG 2003, 427; *Habersack* in MünchKomm. AktG, 3. Aufl., § 103 AktG Rz. 35, § 104 AktG Rz. 13.

38 *Hopt/Roth* in Großkomm. AktG, 4. Aufl., § 103 AktG Rz. 50; *Semler* in MünchKomm. AktG, 2. Aufl., § 103 AktG Rz. 55, § 108 AktG Rz. 159; *Stadler/Berner*, NZG 2003, 49, 52 f.; *Spindler* in Spindler/Stilz, § 103 AktG Rz. 29.

39 *Mertens* in KölnKomm. AktG, 2. Aufl., § 103 AktG Rz. 35; ähnl. *Habersack* in MünchKomm. AktG, 3. Aufl., § 103 AktG Rz. 39; *Spindler* in Spindler/Stilz, § 103 AktG Rz. 32; *Hüffer*, § 103 AktG Rz. 10; *Bürgers/Israel* in Bürgers/Körber, § 103 AktG Rz. 12.

40 Ähnl. *Habersack* in MünchKomm. AktG, 3. Aufl., § 103 AktG Rz. 40; *Spindler* in Spindler/Stilz, § 103 AktG Rz. 32. So aber noch BGH v. 21.2.1963 – II ZR 76/62, BGHZ 39, 116, 123 = NJW 1963, 905, 906 (zu AktG 1937); AG München v. 2.5.1985 – HRB 2212, ZIP 1985, 1139, 1141 = AG 1986, 170; *Leo*, AG 1963, 234 ff., 267 ff.; *Schwintowski*, NJW 1995, 1316, 1320 f.

41 OLG Hamburg v. 23.1.1990 – 11 W 92/89, AG 1990, 218, 219; OLG Zweibrücken v. 28.5.1990 – 3 W 93/90, WM 1990, 1388 = AG 1991, 70; OLG Frankfurt a.M. v. 1.10.2007 – 20 W 141/07, AG 2008, 456; LG Frankfurt a.M. v. 14.10.1986 – 3/11 T 29/85, AG 1987, 160; AG Pirmasens v. 9.2.1990 – HRB 2467, WM 1990, 1387, 1388; *Hüffer*, § 103 AktG Rz. 10; *Hopt/Roth* in Großkomm. AktG, 4. Aufl., § 103 AktG Rz. 57; *Mertens* in KölnKomm. AktG, 2. Aufl., § 103 AktG Rz. 32; *Hoffmann-Becking* in MünchHdb. AG, § 30 Rz. 59; *Lutter/Krieger*, Aufsichtsrat, Rz. 933; *Habersack* in MünchKomm. AktG, 3. Aufl., § 103 AktG Rz. 39, 42; *Spindler* in Spindler/Stilz, § 103 AktG Rz. 32.

42 *Hopt/Roth* in Großkomm. AktG, 4. Aufl., § 103 AktG Rz. 53; *Mertens* in KölnKomm. AktG, 2. Aufl., § 103 AktG Rz. 35; *Habersack* in MünchKomm. AktG, 3. Aufl., § 103 AktG Rz. 40; *Hopt/Roth* in Großkomm. AktG, 4. Aufl., § 103 AktG Rz. 53; *Bürgers/Israel* in Bürgers/Körber, § 103 AktG Rz. 11.

Als **wichtige Gründe**, die eine gerichtliche Abberufung eines Aufsichtsratsmitglieds rechtfertigen, werden angesehen: 15

– Kontaktaufnahme des Aufsichtsratsmitglieds zu Geschäftspartnern der Gesellschaft und Erörterung sachlicher Einzelheiten der Geschäftsbeziehung ohne Kenntnis des Vorstands[43]; 16
– schwere und ehrenrührige Vorwürfe gegenüber dem Aufsichtsratsvorsitzenden, die die loyale Zusammenarbeit im Aufsichtsrat stören[44];
– Verletzung von Insiderverboten[45];
– heimliche schriftliche Stellungnahme des Aufsichtsratsmitglieds gegenüber dem Bundeskartellamt zu einem Fusionsvorhaben der Gesellschaft[46];
– übermäßige Inanspruchnahme von Auskunfts- und Prüfungsrechten[47], insbesondere die Anmaßung von Kontrollbefugnissen als Einzelperson[48];
– Verrat von Betriebsgeheimnissen und Verletzung der Verschwiegenheitspflicht[49];
– tief greifender, andauernder und unlösbarer politisch begründeter Interessenkonflikt (Bsp.: Aufsichtsratsmitglied versucht durch seine Funktion in der Aufsichtsbehörde die Änderung des Unternehmensgegenstands auf politischem Wege zu erreichen)[50].

Kontrovers diskutiert wird das Vorliegen eines wichtigen Grundes beim **Tätigwerden eines Aufsichtsratsmitglieds für ein Konkurrenzunternehmen.** Teile der Literatur nehmen auch in diesem Fall einen wichtigen Grund an[51]. Nach hier vertretener Ansicht fällt in einem Fall, in dem das Mitglied durch ein sehr ausgeprägtes Konkurrenzverhältnis das Mandat nicht mehr sachgerecht wahrnehmen kann, das Aufsichtsratsmandat automatisch weg, ohne dass es einer Abberufung oder einer Amtsniederlegung bedürfte (vgl. oben § 100 Rz. 27). Dann ist eine Abberufung entbehrlich. Bei einer weniger dichten Konkurrenzlage liegt hingegen allein aufgrund der abstrakten Befürchtung einer Interessenkollision noch kein wichtiger Grund vor. Im KonTraG wurde bewusst darauf verzichtet, die Tätigkeit für ein Konkurrenzunternehmen generell als Hinderungsgrund i.S. des § 100 Abs. 2 zu normieren[52]. Die Tätigkeit für einen Wettbewerber eröffnet deshalb nur dann die Möglichkeit der Abberufung 17

---

43 OLG Zweibrücken v. 28.5.1990 – 3 W 93/90, WM 1990, 1388 m. Anm. *Peterhoff* = AG 1991, 70; *Bürgers/Israel* in Bürgers/Körber, § 103 AktG Rz. 12.
44 *Semler* in MünchKomm. AktG, 2. Aufl., § 103 AktG Rz. 72 unter Bezugnahme auf LG Köln v. 14.3.1988 – 91 T 1/87 (unveröffentlicht); *Hoffmann/Kirchhoff* in FS Beusch, S. 377, 385; *Bürgers/Israel* in Bürgers/Körber, § 103 AktG Rz. 12.
45 *Semler* in MünchKomm. AktG, 2. Aufl., § 103 AktG Rz. 65.
46 LG Frankfurt a.M. v. 14.10.1986 – 3/11 T 29/85, AG 1987, 160; *Habersack* in MünchKomm. AktG, 3. Aufl., § 103 AktG Rz. 41; *Bürgers/Israel* in Bürgers/Körber, § 103 AktG Rz. 12.
47 *Semler* in MünchKomm. AktG, 2. Aufl., § 103 AktG Anm. 65; *Baumbach/Hueck*, § 103 AktG Anm. 8; a.A. *Lutter/Krieger*, Aufsichtsrat, Rz. 933.
48 OLG Frankfurt a.M. v. 1.10.2007 – 20 W 141/07, AG 2008, 456.
49 OLG Stuttgart v. 7.11.2006 – 8 W 388/06, AG 2007, 218; *Habersack* in MünchKomm. AktG, 3. Aufl., § 103 AktG Rz. 41; *Lutter/Krieger*, Aufsichtsrat, Rz. 933; *Spindler* in Spindler/Stilz, § 103 AktG Rz. 33.
50 LG Hamburg v. 15.9.1989 – 64 T 9/89, WM 1989, 1934; OLG Hamburg v. 23.1.1990 – 11 W 92/89, AG 1990, 218; *Hüffer*, § 103 AktG Rz. 12; *Spindler* in Spindler/Stilz, § 103 AktG Rz. 35.
51 *Lutter*, ZHR 159 (1995), 287, 303; *Lutter/Krieger*, Aufsichtsrat, Rz. 21 f.; *Mülbert* in Feddersen/Hommelhoff/Schneider (Hrsg.), Corporate Governance, 1996, S. 99, 121; *Reichert/Schlitt*, AG 1995, 241, 244 ff.
52 OLG Schleswig v. 26.4.2004 – 2 W 46/04, NZG 2004, 669, 670 m. krit. Anm. *Lutter/Kirschbaum* = ZIP 2005, 103 = AG 2004, 453; RegE KonTraG, BT-Drucks. 13/9712, S. 17; vgl. schon oben § 100 Rz. 16.

aus wichtigem Grund, wenn ein **konkreter Verdacht** vorliegt, dass sich das Aufsichtsratsmitglied bei seiner Amtsführung nicht allein von den Interessen der Gesellschaft leiten lassen wird[53]. Auch das **Verschweigen der Tätigkeit für ein konkurrierendes Unternehmen** stellt einen wichtigen Grund dar[54]. Gleiches ist für das Verschweigen von anderen wesentlichen Interessenkonflikten anzunehmen, denn die Treupflicht gebietet es dem Aufsichtsratsmitglied, bestehende Interessenkonflikte ungefragt offen zu legen[55]. Dagegen reichen freundschaftliche oder verwandtschaftliche Beziehungen zwischen einem Aufsichtsratsmitglied und dem Leiter eines Wettbewerbers nicht aus, es sei denn, dass Verletzungen der Verschwiegenheitspflicht oder ein dem Gesellschaftsinteresse zuwiderlaufendes Verhalten konkret zu befürchten sind[56].

### 2. Abberufung auf Antrag von Aktionären

18 Aufsichtsratsmitglieder, die auf Grund der Satzung in den Aufsichtsrat entsandt worden sind, können auch durch einen Antrag von Aktionären, deren Anteile zusammen den **zehnten Teil des Grundkapitals oder den anteiligen Betrag von 1 Mio. Euro** erreichen, bei Vorliegen eines wichtigen Grundes vom Gericht abberufen werden, § 103 Abs. 3 Satz 3. Der anteilige Betrag ergibt sich aus der Teilung des Grundkapitals durch die Anzahl der Aktien[57]. Die kapitalmäßigen Voraussetzungen müssen bis zum Abschluss des Verfahrens gegeben sein und sind vom Gericht in jeder Lage des Verfahrens von Amts wegen zu überprüfen[58]. Bis zum Abschluss des Verfahrens kann sich jeder Aktionär dem Antrag anschließen[59]. Hat der Aufsichtsrat bereits ein gerichtliches Verfahren nach § 103 Abs. 3 Satz 1 eingeleitet, kommt ein durch die Aktionäre eingeleitetes Parallelverfahren nicht in Betracht. Die Aktionäre können sich aber durch einen Antrag am Verfahren des Aufsichtsrats beteiligen[60].

### 3. Besonderheiten bei Banken und Versicherungen

19 In Reaktion auf die Finanzkrise hat die BaFin durch das Gesetz zur Stärkung der Finanzmarkt- und Versicherungsaufsicht[61] die Befugnis bekommen, die Abberufung von Aufsichtsratsmitgliedern zu verlangen, wenn diese nicht zuverlässig sind oder nicht die erforderliche Sachkunde besitzen. Gleiches gilt, wenn das Aufsichtsratsmitglied wesentliche Verstöße gegen die Grundsätze einer ordnungsgemäßen Geschäftsführung im Unternehmen infolge einer Vernachlässigung der Überwachungs-

---

53 *Hopt/Roth* in Großkomm. AktG, 4. Aufl., § 103 AktG Rz. 59; vgl. auch *Mertens* in KölnKomm. AktG, 2. Aufl., § 103 AktG Rz. 34; *Hüffer*, § 103 AktG Rz. 13b; *Spindler* in Spindler/Stilz, § 103 AktG Rz. 35.
54 *Hopt/Roth* in Großkomm. AktG, 4. Aufl., § 103 AktG Rz. 59; *Semler* in MünchKomm. AktG, 2. Aufl., § 103 AktG Rz. 71; *Spindler* in Spindler/Stilz, § 103 AktG Rz. 35; *Kübler* in FS Claussen, S. 239, 248 f.
55 Vgl. *Martinek*, WRP 2008, 51, 63; zur Offenlegungspflicht auch *Derleder*, BB 2006, 949, 954; (bei Aufsichtsratsmandaten in Zielgesellschaften) *Möllers*, ZIP 2006, 1615 ff.
56 Vgl. auch Ziff. 5.5.3 Satz 2 des DCGK i.d.F. 18.6.2009, der bei wesentlichen und nicht nur vorübergehenden Interessenkonflikten in der Person eines Aufsichtsratsmitglieds die Beendigung des Mandats empfiehlt.
57 *Hopt/Roth* in Großkomm. AktG, 4. Aufl., § 103 AktG Rz. 68; *Hüffer*, § 103 AktG Rz. 12; *Spindler* in Spindler/Stilz, § 103 AktG Rz. 27.
58 *Hopt/Roth* in Großkomm. AktG, 4. Aufl., § 103 AktG Rz. 68; *Habersack* in MünchKomm. AktG, 3. Aufl., § 103 AktG Rz. 43.
59 *Mertens* in KölnKomm. AktG, 2. Aufl., § 103 AktG Rz. 46; *Habersack* in MünchKomm. AktG, 3. Aufl., § 103 AktG Rz. 44.
60 *Hopt/Roth* in Großkomm. AktG, 4. Aufl., § 103 AktG Rz. 69; *Mertens* in KölnKomm. AktG, 2. Aufl., § 103 AktG Rz. 48.
61 Gesetz zur Stärkung der Finanzmarkt- und der Versicherungsaufsicht (FMVAStärkG) vom 29.7.2009, BGBl. I 2009, 2305.

pflicht nicht entdeckt hat oder in Kenntnis solcher Verstöße nicht alles Erforderliche zu ihrer Beseitigung getan hat (§ 36 Abs. 3 KWG, § 7a VAG). In diesem Fall kann die Aufsichtsbehörde von der Gesellschaft verlangen, dass sie selbst einen Abberufungsantrag stellt. Kommt die Gesellschaft dem nicht nach, kann die Aufsichtsbehörde den Antrag bei Gericht selbst stellen[62]. Inhaltlich ist der Antrag ohne Weiteres begründet, wenn die von den Aufsichtsgesetzen genannten Voraussetzungen vorliegen. Das Vorliegen eines wichtigen Grundes wird hier vom Gesetz fingiert.

### 4. Gerichtliches Verfahren

Zuständig für die Abberufung ist das **Amtsgericht am Sitz der Gesellschaft** als Gericht der freiwilligen Gerichtsbarkeit (§ 14 AktG i.V.m. § 23a Abs. 2 Nr. 4 GVG, § 375 Nr. 3 FamFG). Verfahrensbeteiligte sind der Antragsteller (Aufsichtsrat bzw. Aktionäre) und das Aufsichtsratsmitglied, dessen Abberufung beantragt wird, nicht aber der Vorstand und die Gesellschaft[63]. Soll ein entsandtes Aufsichtsratsmitglied auf Antrag einer Aktionärsminderheit abberufen werden, so ist in diesem Verfahren auch der Aufsichtsrat beteiligt[64]. Der Richter (§ 17 Nr. 2a RPflG) entscheidet durch Beschluss, der mit der Bekanntgabe an das betroffene Aufsichtsratsmitglied wirksam wird (§§ 40 ff. FamFG). 20

Gegen die Entscheidung ist gem. § 103 Abs. 3 Satz 4 die **Beschwerde** zum Oberlandesgericht zulässig (§ 58 FamFG i.V.m. § 119 Abs. 1 Nr. 1b GVG). Sie hat keine aufschiebende Wirkung[65]; dies war bislang in § 24 Abs. 1 FGG geregelt und folgt nunmehr mittelbar aus § 64 Abs. 3 FamFG. Deshalb verliert der Betroffene nicht erst bei Eintritt der Rechtskraft, sondern bereits mit der Bekanntgabe der Entscheidung sein Aufsichtsratsmandat. Er kann es jedoch durch eine in Rechtskraft erwachsende stattgebende Beschwerdeentscheidung wiedererlangen, wenn nicht die Gesellschaft zwischenzeitlich ein neues Aufsichtsratsmitglied bestellt. Die Beschwerde wäre dann unzulässig und Erledigung der Hauptsache eingetreten[66]. Gem. § 64 Abs. 3 FamFG kann das Beschwerdegericht jedoch im Wege der einstweiligen Anordnung die Vollziehung des erstinstanzlichen Beschlusses aussetzen. Gegen diese Entscheidung des Beschwerdegerichts ist die **Rechtsbeschwerde** gem. §§ 70 ff. FamFG statthaft, wenn sie vom Beschwerdegericht zugelassen wurde. 21

## V. Abberufung von Arbeitnehmervertretern im Aufsichtsrat (§ 103 Abs. 4)

Die für die Arbeitnehmerseite im Aufsichtsrat sitzenden Mitglieder können nach Maßgabe der einschlägigen mitbestimmungsrechtlichen Vorschriften abberufen werden (§ 23 MitbestG, § 10m MitbestErgG, § 12 DrittelbG, § 11 Abs. 2 Montan-MitbestG, § 37 Abs. 1 SEBG, § 26 Abs. 1 MgVG). Daneben kommt, wie § 103 Abs. 4 AktG ausdrücklich klarstellt, eine gerichtliche Abberufung nach § 103 Abs. 3 in Be- 22

---

[62] Näher auch zum Verfahren *Himmelreich/Hingst/Krawinkel*, WM 2009, 2016 ff.; zu Auswirkungen des Gesetzes zur Stärkung der Finanzmarkt- und Versicherungsaufsicht auf die Corporate Governance s. *Hasse*, VersR 2010, 18; *Bähr*, VW 2009, 1401.
[63] *Hopt/Roth* in Großkomm. AktG, 4. Aufl., § 103 AktG Rz. 73; *Habersack* in MünchKomm. AktG, 3. Aufl., § 103 AktG Rz. 44.
[64] *Hopt/Roth* in Großkomm. AktG, 4. Aufl., § 103 AktG Rz. 73; *Mertens* in KölnKomm. AktG, 2. Aufl., § 103 AktG Rz. 48; *Habersack* in MünchKomm. AktG, 3. Aufl., § 103 AktG Rz. 44.
[65] Vgl. *Habersack* in MünchKomm. AktG, 3. Aufl., § 103 AktG Rz. 46; *Hüffer*, § 103 AktG Rz. 13; ferner *Jänig/Leißring*, ZIP 2010, 110, 117 f.
[66] OLG Köln v. 12.10.1988 – 2 Wx 27/88, AG 1989, 205, 206 f.; *Hopt/Roth* in Großkomm. AktG, 4. Aufl., § 103 AktG Rz. 76; *Mertens* in KölnKomm. AktG, 2. Aufl., § 103 AktG Rz. 42; *Theisen*, AG 1993, 49, 53; *Habersack* in MünchKomm. AktG, 3. Aufl., § 103 AktG Rz. 47 ff.

tracht. Ein erfolgloser gerichtlicher Antrag entfaltet **keine Präklusionswirkung**[67]. Auch im umgekehrten Fall ist noch das gerichtliche Verfahren nach § 103 Abs. 3 eröffnet, wenn eine Abberufung nach mitbestimmungsrechtlichen Vorschriften gescheitert ist.

## VI. Ersatzmitglieder (§ 103 Abs. 5)

23 Ersatzmitglieder des Aufsichtsrats (§ 101 Abs. 3 Satz 2) können **schon vor ihrem Nachrücken** in den Aufsichtsrat abberufen werden. Nach § 103 Abs. 5 gelten dafür die Vorschriften über die Abberufung des Aufsichtsratsmitglieds, für das das Ersatzmitglied bestellt ist. Damit wird nicht nur auf das Abberufungsrecht der Hauptversammlung (§ 103 Abs. 1) und des Entsendungsberechtigten (§ 103 Abs. 2) verwiesen, sondern auch auf die besonderen mitbestimmungsrechtlichen Vorschriften (§ 103 Abs. 4). Auch eine Abberufung aus wichtigem Grund (§ 103 Abs. 3) ist möglich. Ab dem Zeitpunkt des Nachrückens des Ersatzmitglieds gelten § 103 Abs. 1–4 unmittelbar.

## VII. Sonstige Formen der Amtsbeendigung

24 Der **Tod** des Aufsichtsratsmitglieds führt wegen des höchstpersönlichen Charakters des Mandats zur Beendigung des Aufsichtsratsamtes. Ebenso endet das Amt bei einer erfolgreichen **Anfechtungsklage gegen den Wahlbeschluss** (§ 251) und beim **Eintritt der in § 100 Abs. 1, 2 normierten Hinderungsgründe** (vgl. schon oben § 100 Rz. 24). Auch die **Vollbeendigung** der Gesellschaft, nicht aber schon die Beantragung oder Eröffnung des Insolvenzverfahrens oder die Auflösung[68], führt zum Verlust des Aufsichtsratsmandats[69]. Gleiches gilt für die **Verschmelzung** und nach h.M. grundsätzlich auch für den Formwechsel[70]. Im letzteren Fall ist § 203 Satz 1 UmwG zu beachten: Bei einem **Formwechsel** bleiben die Aufsichtsratsmitglieder für den Rest ihrer Amtszeit als Mitglieder des Aufsichtsrats des neuen Rechtsträgers im Amt, wenn der Aufsichtsrat bei dem neuen Rechtsträger in gleicher Weise wie bei dem formwechselnden Rechtsträger gebildet und zusammengesetzt wird.

25 Den praktisch wichtigen Fall einer gesetzlich nicht geregelten Amtsbeendigung stellt die **Amtsniederlegung** dar[71]. Sie wird mittlerweile von der ganz herrschenden Meinung als zulässig angesehen; ein wichtiger Grund muss nicht vorliegen[72]. Allerdings darf die Niederlegung des Amtes nicht zur Unzeit erfolgen (so etwa in der Krise der

---

[67] *Mertens* in KölnKomm. AktG, 2. Aufl., § 103 AktG Rz. 49; *Habersack* in MünchKomm. AktG, 3. Aufl., § 103 AktG Rz. 53; *Spindler* in Spindler/Stilz, § 103 AktG Rz. 54.
[68] BGH v. 10.3.1960 – II ZR 56/59, BGHZ 32, 114, 117 = NJW 1960, 1006; *Habersack* in MünchKomm. AktG, 3. Aufl., § 103 AktG Rz. 57; *Hüffer*, § 103 AktG Rz. 16; *Spindler* in Spindler/Stilz, § 103 AktG Rz. 61.
[69] *Habersack* in MünchKomm. AktG, 3. Aufl., § 103 AktG Rz. 57; *Spindler* in Spindler/Stilz, § 103 AktG Rz. 61; *Hüffer*, § 103 AktG Rz. 16.
[70] *Hüffer*, § 103 AktG Rz. 16; *Spindler* in Spindler/Stilz, § 103 AktG Rz. 61; *Hoffmann-Becking*, AG 1980, 269 f.; *Zöllner*, DB 1973, 2077, 2078; *Habersack* in MünchKomm. AktG, 3. Aufl., § 103 AktG Rz. 58; a.A. *Heinsius* in FS Stimpel, S. 571, 575 ff.; *Köstler*, BB 1993, 81 f. (für GmbH mit obligatorischem Aufsichtsrat).
[71] Dazu allgemein *Link*, Die Amtsniederlegung durch Gesellschaftsorgane; *Singhof*, AG 1998, 318; *Wardenbach*, AG 1999, 74; *Habersack* in MünchKomm. AktG, 3. Aufl., § 103 AktG Rz. 59; *Spindler* in Spindler/Stilz, § 103 AktG Rz. 58.
[72] *Hopt/Roth* in Großkomm. AktG, 4. Aufl., § 103 AktG Rz. 83; *Mertens* in KölnKomm. AktG, 2. Aufl., § 103 AktG Rz. 56; *Habersack* in MünchKomm. AktG, 3. Aufl., § 59 AktG Rz. 107; *Hüffer*, § 103 AktG Rz. 17; *Lutter/Krieger*, Aufsichtsrat, Rz. 31; a.A. *Baumbach/Hueck*, § 102 AktG Anm. 4; *v. Godin/Wilhelmi*, § 103 AktG Anm. 10; *Ulmer*, ZHR 141 (1977), 501:

Gesellschaft, wenn die Mitarbeit des Aufsichtsratsmitglieds nicht verzichtbar ist). Eine Amtsniederlegung ist rechtsmissbräuchlich und nichtig, wenn sie dem Ziel dient, die Gesellschaft nach außen handlungsunfähig zu machen[73]. Die Amtsniederlegung ist eine empfangsbedürftige Willenserklärung, die keiner Form und Begründung bedarf[74]. Sie kann gegenüber dem Vorstand, dem Aufsichtsratsvorsitzenden und der Hauptversammlung abgegeben werden. In den beiden letztgenannten Fällen wird die Niederlegung jedoch erst wirksam, wenn die Erklärung dem Vorstand als gegenüber dem Aufsichtsrat vertretungsberechtigtem Organ zugegangen ist[75]. Die Satzung kann besondere Voraussetzungen, Formen und Fristen für die Amtsniederlegung vorsehen (Schriftform, Kündigungsfrist). Ein völliger Ausschluss ist hingegen ebenso unzulässig wie die Beschränkung des Rechts zur Amtsniederlegung bei Vorliegen eines wichtigen Grundes[76].

## § 104
## Bestellung durch das Gericht

(1) Gehört dem Aufsichtsrat die zur Beschlussfähigkeit nötige Zahl von Mitgliedern nicht an, so hat ihn das Gericht auf Antrag des Vorstands, eines Aufsichtsratsmitglieds oder eines Aktionärs auf diese Zahl zu ergänzen. Der Vorstand ist verpflichtet, den Antrag unverzüglich zu stellen, es sei denn, dass die rechtzeitige Ergänzung vor der nächsten Aufsichtsratssitzung zu erwarten ist. Hat der Aufsichtsrat auch aus Aufsichtsratsmitgliedern der Arbeitnehmer zu bestehen, so können auch den Antrag stellen

1. der Gesamtbetriebsrat der Gesellschaft oder, wenn in der Gesellschaft nur ein Betriebsrat besteht, der Betriebsrat sowie, wenn die Gesellschaft herrschendes Unternehmen eines Konzerns ist, der Konzernbetriebsrat,

2. der Gesamt- oder Unternehmenssprecherausschuss der Gesellschaft oder, wenn in der Gesellschaft nur ein Sprecherausschuss besteht, der Sprecherausschuss sowie, wenn die Gesellschaft herrschendes Unternehmen eines Konzerns ist, der Konzernsprecherausschuss,

3. der Gesamtbetriebsrat eines anderen Unternehmens, dessen Arbeitnehmer selbst oder durch Delegierte an der Wahl teilnehmen, oder, wenn in dem anderen Unternehmen nur ein Betriebsrat besteht, der Betriebsrat,

---

entsprechende Anwendung von § 626 BGB; weitere Nachweise zu älteren Auffassungen finden sich bei *Hopt/Roth* in Großkomm. AktG, 4. Aufl., § 103 AktG Rz. 86.
73 Dieser für Vorstände und GmbH-Geschäftsführer entwickelte Grundsatz (vgl. *Kleindiek* in Lutter/Hommelhoff, § 38 GmbHG Rz. 40 ff.) muss auch für den Aufsichtsrat gelten, soweit er die Gesellschaft vertritt; *Habersack* in MünchKomm. AktG, 3. Aufl., § 103 AktG Rz. 60; *Hopt/Roth* in Großkomm. AktG, 4. Aufl., § 103 AktG Rz. 86 f.
74 *Hopt/Roth* in Großkomm. AktG, 4. Aufl., § 103 AktG Rz. 88; *Habersack* in MünchKomm. AktG, 3. Aufl., § 103 AktG Rz. 61; *Hüffer*, § 103 AktG Rz. 17.
75 *Hopt/Roth* in Großkomm. AktG, 4. Aufl., § 103 AktG Rz. 89; *Mertens* in KölnKomm. AktG, 2. Aufl., § 103 AktG Rz. 58; *Spindler* in Spindler/Stilz, § 103 AktG Rz. 60; *Habersack* in MünchKomm. AktG, 3. Aufl., § 103 AktG Rz. 61; *Hüffer*, § 103 AktG Rz. 17; a.A. KGJ 29 A 98, 100 (nur ggü. Vorstand).
76 *Hopt/Roth* in Großkomm. AktG, 4. Aufl., § 103 AktG Rz. 90; *Mertens* in KölnKomm. AktG, 2. Aufl., § 103 AktG Rz. 57; *Habersack* in MünchKomm. AktG, 3. Aufl., § 103 AktG Rz. 62; *Spindler* in Spindler/Stilz, § 103 AktG Rz. 59.

4. der Gesamt- oder Unternehmenssprecherausschuss eines anderen Unternehmens, dessen Arbeitnehmer selbst oder durch Delegierte an der Wahl teilnehmen, oder, wenn in dem anderen Unternehmen nur ein Sprecherausschuss besteht, der Sprecherausschuss,

5. mindestens ein Zehntel oder einhundert der Arbeitnehmer, die selbst oder durch Delegierte an der Wahl teilnehmen,

6. Spitzenorganisationen der Gewerkschaften, die das Recht haben, Aufsichtsratsmitglieder der Arbeitnehmer vorzuschlagen,

7. Gewerkschaften, die das Recht haben, Aufsichtsratsmitglieder der Arbeitnehmer vorzuschlagen.

Hat der Aufsichtsrat nach dem Mitbestimmungsgesetz auch aus Aufsichtsratsmitgliedern der Arbeitnehmer zu bestehen, so sind außer den nach Satz 3 Antragsberechtigten auch je ein Zehntel der wahlberechtigten in § 3 Abs. 1 Nr. 1 des Mitbestimmungsgesetzes bezeichneten Arbeitnehmer oder der wahlberechtigten leitenden Angestellten im Sinne des Mitbestimmungsgesetzes antragsberechtigt. Gegen die Entscheidung ist die Beschwerde zulässig.

(2) Gehören dem Aufsichtsrat länger als drei Monate weniger Mitglieder als die durch Gesetz oder Satzung festgesetzte Zahl an, so hat ihn das Gericht auf Antrag auf diese Zahl zu ergänzen. In dringenden Fällen hat das Gericht auf Antrag den Aufsichtsrat auch vor Ablauf der Frist zu ergänzen. Das Antragsrecht bestimmt sich nach Absatz 1. Gegen die Entscheidung ist die Beschwerde zulässig.

(3) Absatz 2 ist auf einen Aufsichtsrat, in dem die Arbeitnehmer ein Mitbestimmungsrecht nach dem Mitbestimmungsgesetz, dem Montan-Mitbestimmungsgesetz oder dem Mitbestimmungsergänzungsgesetz haben, mit der Maßgabe anzuwenden,

1. dass das Gericht den Aufsichtsrat hinsichtlich des weiteren Mitglieds, das nach dem Montan-Mitbestimmungsgesetz oder dem Mitbestimmungsergänzungsgesetz auf Vorschlag der übrigen Aufsichtsratsmitglieder gewählt wird, nicht ergänzen kann,

2. dass es stets ein dringender Fall ist, wenn dem Aufsichtsrat, abgesehen von dem in Nummer 1 genannten weiteren Mitglied, nicht alle Mitglieder angehören, aus denen er nach Gesetz oder Satzung zu bestehen hat.

(4) Hat der Aufsichtsrat auch aus Aufsichtsratsmitgliedern der Arbeitnehmer zu bestehen, so hat das Gericht ihn so zu ergänzen, dass das für seine Zusammensetzung maßgebende zahlenmäßige Verhältnis hergestellt wird. Wenn der Aufsichtsrat zur Herstellung seiner Beschlussfähigkeit ergänzt wird, gilt dies nur, soweit die zur Beschlussfähigkeit nötige Zahl der Aufsichtsratsmitglieder die Wahrung dieses Verhältnisses möglich macht. Ist ein Aufsichtsratsmitglied zu ersetzen, das nach Gesetz oder Satzung in persönlicher Hinsicht besonderen Voraussetzungen entsprechen muss, so muss auch das vom Gericht bestellte Aufsichtsratsmitglied diesen Voraussetzungen entsprechen. Ist ein Aufsichtsratsmitglied zu ersetzen, bei dessen Wahl eine Spitzenorganisation der Gewerkschaften, eine Gewerkschaft oder die Betriebsräte ein Vorschlagsrecht hätten, so soll das Gericht Vorschläge dieser Stellen berücksichtigen, soweit nicht überwiegende Belange der Gesellschaft oder der Allgemeinheit der Bestellung des Vorgeschlagenen entgegenstehen; das Gleiche gilt, wenn das Aufsichtsratsmitglied durch Delegierte zu wählen wäre, für gemeinsame Vorschläge der Betriebsräte der Unternehmen, in denen Delegierte zu wählen sind.

(5) Das Amt des gerichtlich bestellten Aufsichtsratsmitglieds erlischt in jedem Fall, sobald der Mangel behoben ist.

**(6)** Das gerichtlich bestellte Aufsichtsratsmitglied hat Anspruch auf Ersatz angemessener barer Auslagen und, wenn den Aufsichtsratsmitgliedern der Gesellschaft eine Vergütung gewährt wird, auf Vergütung für seine Tätigkeit. Auf Antrag des Aufsichtsratsmitglieds setzt das Gericht die Auslagen und die Vergütung fest. Gegen die Entscheidung ist die Beschwerde zulässig; die Rechtsbeschwerde ist ausgeschlossen. Aus der rechtskräftigen Entscheidung findet die Zwangsvollstreckung nach der Zivilprozessordnung statt.

| | |
|---|---|
| I. Allgemeines . . . . . . . . . . . . . . . . . . . 1 | 1. Berücksichtigung der Gruppenverhältnisse (§ 104 Abs. 4 Satz 1, 2) . . . . 21 |
| II. Ergänzung des beschlussunfähigen Aufsichtsrats (§ 104 Abs. 1) . . . . . . . 2 | 2. Berücksichtigung besonderer persönlicher Voraussetzungen (§ 104 Abs. 4 Satz 3) . . . . . . . . . . . . 22 |
| 1. Beschlussunfähigkeit des Aufsichtsrats . . . . . . . . . . . . . . . . . 2 | 3. Vorschlagsrechte bei der Wahl von Arbeitnehmervertretern (§ 104 Abs. 4 Satz 4) . . . . . . . . . . . . . . . 23 |
| 2. Antragsrecht und -pflicht des Vorstands . . . . . . . . . . . . . . . . . . . 4 | V. Rechtsstellung des gerichtlich bestellten Aufsichtsratsmitglieds . . . . 24 |
| 3. Sonstige Antragsberechtigte . . . . . . 6 | |
| 4. Gerichtliches Verfahren . . . . . . . . . 8 | VI. Amtsdauer des gerichtlich bestellten Aufsichtsratsmitglieds . . . . . . . . . 25 |
| III. Ergänzung des unvollständigen Aufsichtsrats (§ 104 Abs. 2, 3) . . . . . 14 | 1. Automatisches Erlöschen (§ 104 Abs. 5) . . . . . . . . . . . . . . . . 25 |
| 1. Allgemeines . . . . . . . . . . . . . . . . . 14 | |
| 2. Dringender Fall . . . . . . . . . . . . . . . 18 | 2. Gerichtliche Abberufung . . . . . . . . 28 |
| 3. Besonderheiten in paritätisch mitbestimmten Gesellschaften (§ 104 Abs. 3) . . . . . . . . . . . . . . . . 19 | VII. Auslagenersatz und Vergütung (§ 104 Abs. 6) . . . . . . . . . . . . . . . . 30 |
| IV. Einschränkungen der gerichtlichen Auswahlfreiheit (§ 104 Abs. 4) . . . . . 20 | |

**Literatur:** *Auffahrt*, Die Neuregelung der Beschlussfähigkeit des Aufsichtsrats, NJW 1957, 1702; *Brenner*, Die vorläufige gerichtliche Bestellung von Mitgliedern des gesetzlichen Vertretungsorgans bei eingetragenen Vereinen, Kapitalgesellschaften und Genossenschaften, 1995; *Happ*, Zur Wirksamkeit von Rechtshandlungen eines fehlerhaft bestellten Aufsichtsrats, in FS Hüffer, 2010, S. 293; *Jäger*, Beschränkung des Auswahlermessens durch § 104 Abs. 4 S. 4 AktG, NZG 1998, 71; *Krauel/Fackler*, Die Ersetzung eines dauerhaft verhinderten Aufsichtsratsmitglieds, AG 2009, 686; *Marsch-Barner*, Zur Anfechtung der Wahl von Aufsichtsratsmitgliedern, in FS K. Schmidt, 2009, S. 1109; *Natzel*, Die Bestellung von Aufsichtsratsmitgliedern, insbesondere von Arbeitnehmervertretern, AG 1959, 93; *Niewiarra/Servatius*, Die gerichtliche Ersatzbestellung im Aufsichtsrat, in FS Johannes Semler, 1993, S. 217; *Obermüller*, Das vom Gericht bestellte Aufsichtsratsmitglied, DB 1971, 2049; *Schmatz*, Bestellung von Aufsichtsratsmitgliedern durch das Gericht, WM 1955, 642; *Schnitker/Timon*, Aufsichtsratsneuwahlen und Ersatzbestellung von Aufsichtsratsmitgliedern im Wechsel des Mitbestimmungsmodells, NZG 2007, 486; *Szalai/Marz*, Die Haftung des Aufsichtsrats – Überlegungen zur kollegialorganschaftlichen Haftung de lege lata und de lege ferenda, DStR 2010, 809; *E. Vetter/van Laak*, Die angefochtene Aufsichtsratswahl, ZIP 2008, 1806; *v. Wietzlow/Gemmecke*, Corporate Governance und die Praxis der gerichtlichen Bestellung von Aufsichtsräten – ein Problem?, AG-Report 2003, 302.

## I. Allgemeines

§ 104 regelt die Voraussetzungen, unter denen ein Aufsichtsratsmitglied vom Gericht bestellt werden kann, sowie das gerichtliche Verfahren bei der Bestellung. Er soll vor 1 allem die **Funktionsfähigkeit des Aufsichtsrats sicherstellen**[1], daneben aber auch die **Gruppenparität im Aufsichtsrat wahren** (§ 104 Abs. 3 Nr. 2)[2].

## II. Ergänzung des beschlussunfähigen Aufsichtsrats (§ 104 Abs. 1)

### 1. Beschlussunfähigkeit des Aufsichtsrats

2  Das Gericht hat den Aufsichtsrat auf Antrag zu ergänzen, wenn ihm die zur Beschlussfähigkeit erforderliche Zahl von Mitgliedern nicht angehört. Die Beschlussfähigkeit richtet sich in Aufsichtsräten ohne Arbeitnehmerbeteiligung nach **§ 108 Abs. 2**. Fehlt eine Regelung in der Satzung, so ist der Aufsichtsrat nur beschlussfähig, wenn mindestens die Hälfte, jedenfalls aber drei seiner Mitglieder bei der Beschlussfassung anwesend sind, **§ 108 Abs. 2 Satz 2, 3**. Bei Aufsichtsräten mit Arbeitnehmerbeteiligung bestimmt sich die Beschlussfähigkeit nach **§ 28 MitbestG, § 10 Montan-MitbestG, § 11 MitbestErgG**.

3  Das Ergänzungsverfahren nach § 104 Abs. 1 kommt auch bei einer **dauerhaften Verhinderung eines Aufsichtsratsmitglieds** zur Anwendung[3], die allerdings erst dann vorliegt, wenn das Aufsichtsratsmitglied auch an der schriftlichen Stimmabgabe (§ 108 Abs. 3) gehindert ist. Für eine Gleichsetzung von Nichtvorhandensein und Verhinderung spricht trotz des Gesetzeswortlauts und der Schwierigkeiten bei der Feststellung des Zeitpunktes der Amtsbeendigung der Sinn und Zweck der Norm, einen handlungsfähigen Aufsichtsrat zu erhalten. Deshalb muss eine Ergänzung auch dann möglich sein, wenn durch die Bestellung eines Aufsichtsratsmitglieds zum Vorstand (§ 105 Abs. 2) Beschlussunfähigkeit des Aufsichtsrats eintritt[4].

### 2. Antragsrecht und -pflicht des Vorstands

4  Das Gericht wird nur auf Antrag tätig. Antragsberechtigt ist zum einen gem. § 104 Abs. 1 Satz 2 der **Vorstand**. Ihn trifft eine **Antragspflicht**, deren Verletzung zum Schadensersatz verpflichtet (§ 93) und ggf. einen wichtigen Grund zur Abberufung nach § 84 Abs. 3 darstellt[5]. Der Vorstand handelt in eigenem Namen, nicht im Namen der Gesellschaft. Ein im Namen der Gesellschaft gestellter Antrag kann aber in einen Antrag des Vorstands umgedeutet werden[6]. Der Antrag ist unverzüglich, d.h. ohne schuldhaftes Zögern (§ 121 Abs. 1 Satz 1 BGB) zu stellen; die Überlegungsfrist beginnt mit dem Eintritt der Beschlussunfähigkeit. Von der Antragstellung darf nur ab-

---

1 BGH v. 24.6.2002 – II ZR 296/01, NJW-RR 2002, 1461, 1462 = AG 2002, 676, 677; OLG Hamm v. 20.1.2000 – 15 W 46/00, AG 2000, 476, 477 (zur GmbH); OLG Hamm v. 23.2.2000 – 15 W 46/00, AG 2001, 145, 146; *Mertens* in KölnKomm. AktG, 2. Aufl., § 104 AktG Rz. 3; *Habersack* in MünchKomm. AktG, 3. Aufl., § 104 AktG Rz. 1; *Hüffer*, § 104 AktG Rz. 1; *Bürgers/Israel* in Bürgers/Körber, § 104 AktG Rz. 1.
2 *Hopt/Roth* in Großkomm. AktG, 4. Aufl., § 104 AktG Rz. 9; *Hüffer*, § 104 AktG Rz. 4; *Habersack* in MünchKomm. AktG, 3. Aufl., § 104 AktG Rz. 1.
3 *Hopt/Roth* in Großkomm. AktG, 4. Aufl., § 104 AktG Rz. 18; *Habersack* in MünchKomm. AktG, 3. Aufl., § 104 AktG Rz. 12 f.; *Spindler* in Spindler/Stilz, § 104 AktG Rz. 11; *Mertens* in KölnKomm. AktG, 2. Aufl., § 104 AktG Rz. 4; *Hüffer*, § 104 AktG Rz. 3.
4 *Hopt/Roth* in Großkomm. AktG, 4. Aufl., § 104 AktG Rz. 22; *Mertens* in KölnKomm. AktG, 2. Aufl., § 104 AktG Rz. 4; *Habersack* in MünchKomm. AktG, 3. Aufl., § 104 AktG Rz. 13; *Spindler* in Spindler/Stilz, § 104 AktG Rz. 11; a.A. *Hoffmann-Becking* in MünchHdb. AG, § 30 Rz. 35.
5 *Hopt/Roth* in Großkomm. AktG, 4. Aufl., § 104 AktG Rz. 32; *Habersack* in MünchKomm. AktG, 3. Aufl., § 104 AktG Rz. 14 ff.; *Spindler* in Spindler/Stilz, § 104 AktG Rz. 13 ff.
6 Vgl. KG v. 15.8.1966 – 1 W 1870/66, OLGZ 1966, 596, 598; *Hopt/Roth* in Großkomm. AktG, 4. Aufl., § 104 AktG Rz. 29; *Hüffer*, § 104 AktG Rz. 3; *Habersack* in MünchKomm. AktG, 3. Aufl., § 104 AktG Rz. 16; *Mertens* in KölnKomm. AktG, 2. Aufl., § 104 AktG Rz. 7.

gesehen werden, wenn eine rechtzeitige Ergänzung des Aufsichtsrats vor der nächsten Aufsichtsratssitzung zu erwarten ist, § 104 Abs. 1 Satz 2 Halbsatz 2. Zur Antragstellung muss der Vorstand in vertretungsberechtigter Zahl handeln (§ 78). Bei unechter Gesamtvertretung kann der Antrag auch von einem Vorstandsmitglied gemeinsam mit einem Prokuristen gestellt werden[7].

Ziff. 5.4.3 Satz 2 des DCGK i.d.F. vom 18.6.2009 empfiehlt die **Befristung des Antrags** **bis zur nächsten Hauptversammlung.** Damit soll der verbreiteten Praxis entgegengewirkt werden, Mitglieder des Aufsichtsrats dauerhaft gerichtlich zu bestellen und zugleich die Bestellungskompetenz der Hauptversammlung betont werden[8]. 5

### 3. Sonstige Antragsberechtigte

Daneben ist auch **jedes Aufsichtsratsmitglied** und **jeder Aktionär** zur Antragstellung berechtigt. Obwohl das Gesetz das Aufsichtsratsmitglied nicht zur Antragstellung verpflichtet, folgt aus der allgemeinen Sorgfaltspflicht (§§ 116, 93) eine Pflicht zur Stellung oder Veranlassung des Antrags, wenn das Mitglied die Beschlussunfähigkeit kennt[9]. Das Antragsrecht des Aktionärs ist nicht an eine bestimmte Mindestbeteiligung geknüpft und verdichtet sich nur ausnahmsweise zu einer Antragspflicht[10]. 6

Bei **mitbestimmten Gesellschaften** ist der Kreis der Antragsberechtigten um die in § 104 Abs. 1 Satz 3 Nr. 1–7, Satz 4 Genannten erweitert. Das Antragsrecht gilt dabei sowohl bei der gerichtlichen Bestellung eines Arbeitnehmervertreters als auch bei der eines Vertreters der Anteilseigner[11]. 7

### 4. Gerichtliches Verfahren

**a)** Zuständig ist das Amtsgericht (Registergericht) am Sitz der Gesellschaft, das durch einen zu begründenden Beschluss im Verfahren der freiwilligen Gerichtsbarkeit entscheidet (§ 23a Abs. 2 Nr. 4 GVG i.V.m. §§ 375 Nr. 3, 376 FamFG). 8

**b)** Das Gericht ist in seiner **Auswahl** des zu ergänzenden Aufsichtsratsmitglieds **grundsätzlich frei.** Es hat nach **pflichtgemäßem Ermessen** zu entscheiden und ist **nicht an Vorschläge des Antragstellers gebunden** (vgl. aber zu den sich aus § 104 Abs. 4 ergebenden Beschränkungen unten Rz. 20)[12]. Das auszuwählende Mitglied 9

---

7 *Hüffer*, § 104 AktG Rz. 3; *Spindler* in Spindler/Stilz, § 104 AktG Rz. 14; *Habersack* in MünchKomm. AktG, 3. Aufl., § 104 AktG Rz. 16; *Mertens* in KölnKomm. AktG, 2. Aufl., § 104 AktG Rz. 7; *Schmatz*, WM 1955, 642, 645.
8 *Hopt/Roth* in Großkomm. AktG, 4. Aufl., § 104 AktG Rz. 13, 129; *v. Wietzlow/Gemmecke*, AG-Report 2003, 302 f.
9 *Habersack* in MünchKomm. AktG, 3. Aufl., § 104 AktG Rz. 18; *Mertens* in KölnKomm. AktG, 2. Aufl., § 104 AktG Rz. 9; *Hopt/Roth* in Großkomm. AktG, 4. Aufl., § 104 AktG Rz. 33; *Spindler* in Spindler/Stilz, § 104 AktG Rz. 17.
10 *Habersack* in MünchKomm. AktG, 3. Aufl., § 104 AktG Rz. 18; *Hopt/Roth* in Großkomm. AktG, 4. Aufl., § 104 AktG Rz. 34 befürworten eine aus der Treuepflicht abgeleitete Pflicht des Großaktionärs zur Antragstellung, wenn Vorstand und Aufsichtsrat vollständig weggefallen sind.
11 *Hopt/Roth* in Großkomm. AktG, 4. Aufl., § 104 AktG Rz. 35; *Habersack* in MünchKomm. AktG, 3. Aufl., § 104 AktG Rz. 19 f.; *Bürgers/Israel* in Bürgers/Körber, § 104 AktG Rz. 4; *Hüffer*, § 104 AktG Rz. 4; *Spindler* in Spindler/Stilz, § 104 AktG Rz. 19 f.; *Auffahrt*, NJW 1957, 1702, 1703.
12 OLG Schleswig v. 26.4.2004 – 2 W 46/04, AG 2004, 453, 454; BayObLG v. 20.8.1997 – 3 Z BR 193/97, NJW-RR 1998, 330 = AG 1998, 36; LG Wuppertal v. 22.8.1978 – 11 T 5/78, BB 1978, 1380; OLG München v. 2.7.2009 – 31 Wx 24/09, AG 2009, 745, 746; *Hüffer*, § 104 AktG Rz. 5; *Hopt/Roth* in Großkomm. AktG, 4. Aufl., § 104 AktG Rz. 83.; *Bürgers/Israel* in Bürgers/Körber, § 104 AktG Rz. 6; *Spindler* in Spindler/Stilz, § 104 AktG Rz. 21; *Habersack* in MünchKomm. AktG, 3. Aufl., § 104 AktG Rz. 31.

muss zunächst über die für das Amt erforderlichen Kenntnisse und Erfahrungen verfügen[13]; zudem darf kein Hinderungsgrund im Sinne von §§ 100 Abs. 2 Satz 2 Nr. 1–3 und 105 vorliegen. Darüber hinaus hat sich das Gericht bei der Ausübung des Ermessens am **Unternehmensinteresse** zu orientieren. Dies gilt insbesondere dann, wenn mehrere fachlich und persönlich geeignete Kandidaten zur Verfügung stehen bzw. wenn mehrere antragsberechtigte Personen unterschiedliche Vorschläge für die Ersatzbesetzung eingereicht haben. Insoweit kommt der Einschätzung durch die Organe der Gesellschaft und deren Mitglieder keine präjudizielle Bedeutung zu. Auch die Tatsache, dass ein zur Auswahl stehender Kandidat in der Vergangenheit bei der Wahl zum Aufsichtsrat in der Hauptversammlung nicht die erforderliche Merhheit erhalten hat, steht einer späteren gerichtlichen Bestellung nicht per se entgegen[14]. Der Umstand, dass ein Kandidat zugleich Vorstand oder leitender Angestellter eines im Wettbewerb stehenden Unternehmens ist, hindert nicht von vornherein die gerichtliche Bestellung. Etwas anderes gilt aber, wenn eine **Konkurrenzsituation** besteht, die den wesentlichen Kernbereich des Unternehmens betrifft und zu einer dauerhaften schwerwiegenden Pflichtenkollision bei der Ausübung des Amtes als Aufsichtsrat führen würde[15]. Aber auch wenn diese Schwelle nicht erreicht ist, darf das Gericht die **Gefahr eines Interessenkonflikts**, mag sich diese auch noch nicht konkretisiert haben, bei seiner Auswahlentscheidung berücksichtigen.

10 **c)** Der gerichtliche Beschluss wird gem. § 40 FamFG mit **Bekanntgabe** an die Beteiligten wirksam. Die Bekanntgabe erfolgt dabei im Wege der **Zustellung** des Beschlusses. Die Zustellung hat an jeden Antragsteller (vgl. § 7 Abs. 1 FamFG) zu erfolgen. Gibt das Gericht einem Antrag statt, so muss der Beschluss außerdem der Gesellschaft und der vom Gericht bestellten Person[16] zugestellt werden. Die Bestellung wird allerdings erst mit der Annahme des Amtes durch den Betroffenen wirksam. Hat der Betroffene sein Einverständnis schon vorab erklärt, so wird er mit Bekanntgabe des Beschlusses Mitglied des Aufsichtsrats[17]. Nicht erforderlich ist die Zustellung an sonstige Antragsberechtigte und Aktionäre[18]. Für diese beginnt die Rechtsmittelfrist mit der Bekanntmachung gem. § 106[19].

11 **d)** Gegen die Entscheidung des Amtsgerichts ist die **Beschwerde** statthaft. Beschwerdegericht ist das OLG (§ 119 Abs. 1 Nr. 1a GVG). Bei der Beschwerdeinstanz handelt es sich um eine Tatsacheninstanz, in der der Amtsermittlungsgrundsatz (§ 26 FamFG) gilt. Das Beschwerdegericht ist daher nicht auf die Überprüfung von Ermessensfehler beschränkt[20]. Die **Beschwerdeberechtigung** richtet sich nach § 59 FamFG. Danach ist wie folgt zu unterscheiden: Wird ein **Antrag** auf gerichtliche Bestellung **zurückgewiesen**, ist nur der Antragsteller beschwerdeberechtigt (§ 59 Abs. 2

---

13 OLG Schleswig v. 26.4.2004 – 2 W 46/04, BB 2004, 1187; AG Hannover v. 7.1.2010 – NZS HRB 6580.
14 So zutreffend jüngst AG Hannover v. 7.1.2010 – NZS HRB 6580.
15 OLG Schleswig v. 26.4.2004 – 2 W 46/04, BB 2004, 1187; LG Hannover v. 12.3.2009 – 21 T 2/09, AG 2009, 341.
16 Ebenso *Hopt/Roth* in Großkomm. AktG, 4. Aufl., § 104 AktG Rz. 90; *Habersack* in MünchKomm. AktG, 3. Aufl., § 104 AktG Rz. 39; *Mertens* in KölnKomm. AktG, 2. Aufl., § 104 AktG Rz. 20; *v. Godin/Wilhelmi*, § 104 AktG Anm. 5; *Spindler* in Spindler/Stilz, § 104 AktG Rz. 23; a.A. *Natzel*, AG 1959, 93, 99.
17 LG München I v. 9.6.2005 – 5 HKO 10154/04, DB 2005, 1617; *Habersack* in MünchKomm. AktG, 3. Aufl., § 104 AktG Rz. 39.
18 LG München I v. 9.6.2005 – 5 HKO 10154/04, DB 2005, 1617; *Habersack* in MünchKomm. AktG, 3. Aufl., § 104 AktG Rz. 39; vgl. auch BGH v. 16.6.1952 – IV ZR 131/51, BGHZ 6, 232, 235 f., wonach die Zustellung an Gesellschafter und Abwesenheitspfleger von Vorstandsmitgliedern bei einer Bestellung nach § 29 BGB entbehrlich sind.
19 *Habersack* in MünchKomm. AktG, 3. Aufl., § 104 AktG Rz. 39.
20 *Habersack* in MünchKomm. AktG, 3. Aufl., § 104 AktG Rz. 40.

FamFG)²¹. Wird einem **Antrag entsprochen**, so kommt es für die Beschwerdeberechtigung maßgeblich auf das Vorliegen einer Rechtsbeeinträchtigung an (§ 59 Abs. 1 FamFG), so dass jeder Antragsbefugte als beschwerdeberechtigt anzusehen ist, sofern nicht ein von ihm Vorgeschlagener vom Gericht in den Aufsichtsrat berufen wird²².

Gegen die Entscheidung des Beschwerdegerichts ist die **Rechtsbeschwerde** (§ 70 FamFG) statthaft, wenn das Beschwerdegericht sie zugelassen hat. Nach § 70 Abs. 2 FamFG hat die Zulassung zu erfolgen, wenn die Rechtssache grundsätzliche Bedeutung hat oder die Fortbildung des Rechts oder die Sicherung einer einheitlichen Rechtsprechung erforderlich ist. Die Rechtsbeschwerde ist innerhalb eines Monats ab Bekanntgabe der Beschwerdeentscheidung beim OLG einzulegen. Für Einzelheiten zu Form und Verfahren s. die §§ 71 ff. FamFG. 12

e) § 104 trifft keine Aussagen darüber, wer die **Kosten des Verfahrens** trägt. Eine entsprechende Anwendung der Kostenvorschrift des Statusverfahrens (§ 99 Abs. 6 Satz 7) wird überwiegend abgelehnt²³. War der Antragsteller jedoch gegenüber der Gesellschaft zur Antragstellung verpflichtet, kann er von ihr Auslagenersatz verlangen²⁴. 13

## III. Ergänzung des unvollständigen Aufsichtsrats (§ 104 Abs. 2, 3)

### 1. Allgemeines

§ 100 Abs. 2 ermöglicht die Ergänzung eines Aufsichtsrats bis zur vollständigen Besetzung, wobei auch ein beschlussfähiger Aufsichtsrat in diesem Verfahren ergänzt werden kann. Auch hierfür ist ein Antrag erforderlich. Antragsberechtigte sind wie bei der Ergänzung des beschlussunfähigen Aufsichtsrats der Vorstand, jedes Aufsichtsratsmitglied und jeder Aktionär sowie bei mitbestimmten Gesellschaften die Interessenvertretungen der Arbeitnehmer, § 100 Abs. 2 Satz 3. Eine **Antragspflicht besteht nicht**²⁵. Um dem eigentlich zuständigen Bestellungsorgan (Hauptversammlung, Entsendungsberechtigte, Arbeitnehmer) Gelegenheit zur eigenständigen Ergänzung zu geben, kann ein Antrag auf gerichtliche Ergänzung **erst nach Ablauf von drei Monaten** gestellt werden. Die Frist beginnt gem. § 187 Abs. 1 BGB mit dem auf den Abberufungsbeschluss, die Amtsniederlegung oder den Tod des Aufsichtsratsmitglieds folgenden Tag²⁶. 14

---

21 *Hopt/Roth* in Großkomm. AktG, 4. Aufl., § 104 AktG Rz. 94.
22 OLG Dresden v. 30.9.1997 – 15 W 1236/97, AG 1998, 427; BayObLG v. 3.2.1987 – BReg 3 Z 162/86, AG 1987, 210; *Hopt/Roth* in Großkomm. AktG, 4. Aufl., § 104 AktG Rz. 95; *Mertens* in KölnKomm. AktG, 2. Aufl., § 104 AktG Rz. 21; *Habersack* in MünchKomm. AktG, 3. Aufl., § 104 AktG Rz. 41; *Spindler* in Spindler/Stilz, § 104 AktG Rz. 26; a.A. *Semler* in MünchKomm. AktG, 2. Aufl., § 104 AktG Rz. 113; *Hüffer*, § 104 AktG Rz. 5.
23 OLG Düsseldorf v. 1.2.1994 – 10 W 1/94, AG 1994, 424; *Hüffer*, § 104 AktG Rz. 5; *Spindler* in Spindler/Stilz, § 104 AktG Rz. 25; *Habersack* in MünchKomm. AktG, 3. Aufl., § 104 AktG Rz. 44; *Hoffmann-Becking* in MünchHdb. AG, § 30 Rz. 36; a.A. *Mertens* in KölnKomm. AktG, 2. Aufl., § 104 AktG Rz. 23: Kostentragungspflicht der Gesellschaft.
24 *Hopt/Roth* in Großkomm. AktG, 4. Aufl., § 104 AktG Rz. 105; vgl. auch *Spindler* in Spindler/Stilz, § 104 AktG Rz. 25, der auf das Handeln im Gesellschaftsinteresse abstellen will; zum Kostenersatz bei Klage im Gesellschaftsinteresse: *Szalai/Marz*, DStR 2010, 809, 814.
25 BayObLG v. 29.3.2000 – 3 Z BR 11/00, AG 2001, 50; *Hopt/Roth* in Großkomm. AktG, 4. Aufl., § 104 AktG Rz. 54; *Habersack* in MünchKomm. AktG, 3. Aufl., § 104 AktG Rz. 24, 30; *Hoffmann-Becking* in MünchHdb. AG, § 30 Rz. 36.
26 *Hopt/Roth* in Großkomm. AktG, 4. Aufl., § 104 AktG Rz. 53; *Habersack* in MünchKomm. AktG, 3. Aufl., § 104 AktG Rz. 25; a.A. v. *Godin/Wilhelmi*, § 104 AktG Anm. 3: Fristbeginn mit dem Tag des Wegfalls.

15 Nach überwiegender Ansicht kann auch der **Aufsichtsratsvorsitzende** gerichtlich bestellt werden, wenn sich unter den vorhandenen Mitgliedern keine geeignete Person findet[27].

16 Der Aufsichtsrat ist nicht unvollständig, wenn die **Wahl von Aufsichtsratsmitgliedern angefochten** wurde und über die Anfechtungsklage noch nicht entschieden ist, da das von der Anfechtung betroffene Mitglied dem Gremium zunächst angehört. Auch rechtfertigt die Unsicherheit darüber, ob das bzw. die von der Anfechtung betroffenen Organmitglieder wirksam im Amt sind, keine analoge Anwendung des § 104[28]. Zur Behebung der für die Gesellschaft schwer erträglichen Unsicherheit über die zutreffende Besetzung des Organs ist vielmehr die Lehre von der fehlerhaften Gesellschaft auf das Organverhältnis anzuwenden (näher dazu § 101 Rz. 35).

17 Praktisch lässt sich das Problem auch durch **Amtsniederlegung** lösen. Das von der Anfechtung betroffene Mitglied ist rechtlich nicht daran gehindert, sein Amt niederzulegen, wenn es der Meinung ist, unter den Voraussetzungen einer rechtlich unsicheren Organmitgliedschaft keine vernünftige Arbeit leisten zu können. Durch die Amtsniederlegung wird dann der Weg für eine Ersatzbestellung frei, wobei auch das zurückgetretene Mitglied durch das Gericht bestellt werden kann[29], denn die Unsicherheit, die Anlass für den Rücktritt war, wird gerade durch die gerichtliche Ersatzbestellung behoben.

**2. Dringender Fall**

18 Ausnahmsweise kann das Gericht den Aufsichtsrat auf Antrag auch schon vor Ablauf der Dreimonatsfrist ergänzen, wenn ein **dringender Fall** gegeben ist, § 100 Abs. 2 Satz 2. Ein dringender Fall liegt jedenfalls dann vor, wenn bei einer Gesellschaft im Anwendungsbereich des MitbestG, des MontanMitbestG oder des MitbestErgG der Aufsichtsrat nicht vollständig besetzt ist, § 100 Abs. 3 Nr. 2 (**Störung der gesetzlichen Parität**). Ist die unvollständige Besetzung auf das Fehlen des „weiteren" Mitglieds zurückzuführen, so stellt das keinen dringenden Fall dar. Daneben ist ein dringender Fall anzunehmen, wenn der Aufsichtsrat in einer bevorstehenden Sitzung Entscheidungen zu treffen hat, die **erhebliche Bedeutung für die Zukunft des Unternehmens haben und von wesentlicher Bedeutung für den Bestand oder die Struktur der Gesellschaft sind**[30]. Dringende Fälle sind z.B. Umwandlungen, krisenhafte Zuspitzungen[31] oder Übernahmeversuche. Die Beschlussunfähigkeit allein stellt angesichts der separaten Regelung in § 104 Abs. 1 noch keinen dringenden Grund dar. Ebenso reicht es nicht aus, dass die Beschlussfähigkeit bei Verhinderung eines weiteren Aufsichtsratsmitglieds nicht mehr gewährleistet ist[32].

---

27 *Habersack* in MünchKomm. AktG, 3. Aufl., § 104 AktG Rz. 27; *Mertens* in KölnKomm. AktG, 2. Aufl., § 104 AktG Rz. 3; a.A. *Niewiarra/Servatius* in FS Semler, S. 217, 225 f.; *Bürgers/Israel* in Bürgers/Körber, § 104 AktG Rz. 3; differenzierend *Lutter/Krieger*, Aufsichtsrat, Rz. 656, 671.
28 *E. Vetter/van Laak*, ZIP 2008, 1806 ff.; *Stadler/Berner*, AG 2004, 27 ff.; OLG Köln v. 29.3.2007 – 2 Wx 4/07, AG 2007, 822.
29 *Happ* in FS Hüffer, S. 293, 302 f.; *Marsch-Barner* in FS K. Schmidt, S. 1109, 1122.
30 *Habersack* in MünchKomm. AktG, 3. Aufl., § 104 AktG Rz. 27; *Spindler* in Spindler/Stilz, § 104 AktG Rz. 30; *Bürgers/Israel* in Bürgers/Körber, § 104 AktG Rz. 3; *Hüffer*, § 104 AktG Rz. 7; *Mertens* in KölnKomm. AktG, 2. Aufl., § 104 AktG Rz. 13.
31 Dazu AG Detmold v. 11.11.1981 – 17 HRB 0013, AG 1983, 24, 25; *Hüffer*, § 104 AktG Rz. 7; *Habersack* in MünchKomm. AktG, 3. Aufl., § 104 AktG Rz. 27.
32 LG Wuppertal v. 24.6.1969, AG 1970, 174, 175; AG Wuppertal v. 23.11.1970 – HRB 2057, DB 1971, 764; *Hopt/Roth* in Großkomm. AktG, 4. Aufl., § 104 AktG Rz. 57; *Habersack* in MünchKomm. AktG, 3. Aufl., § 104 AktG Rz. 26.

## 3. Besonderheiten in paritätisch mitbestimmten Gesellschaften (§ 104 Abs. 3)

Für Gesellschaften im Anwendungsbereich des MitbestG, des MontanMitbestG und des MitbestErgG gelten nach § 103 Abs. 3 zwei Besonderheiten. Eine gerichtliche Ergänzung des weiteren („neutralen") Mitglieds (§§ 4 Abs. 1 Satz 2 lit. c, 8 MontanMitbestG, § 5 Abs. 1 Satz 2 lit. c, Abs. 3 MitbestErgG) ist nicht möglich (**Nr. 1**), weil das Gericht ihm nicht die erforderliche Vertrauensbasis verschaffen kann[33]. Außerdem stellt die unvollständige Besetzung des Aufsichtsrats bei paritätisch mitbestimmten Gesellschaften stets einen dringenden Fall dar, der eine gerichtliche Aufsichtsratsergänzung schon vor Ablauf der Dreimonatsfrist ermöglicht (**Nr. 2**). 19

## IV. Einschränkungen der gerichtlichen Auswahlfreiheit (§ 104 Abs. 4)

Das die Ergänzung vornehmende Gericht ist bei der Auswahl des Aufsichtsratsmitglieds nicht an die Vorschläge des Antragstellers gebunden, sondern hat nach pflichtgemäßem Ermessen zu entscheiden (vgl. schon oben Rz. 9). Seine Auswahlfreiheit unterliegt jedoch den folgenden Einschränkungen: 20

### 1. Berücksichtigung der Gruppenverhältnisse (§ 104 Abs. 4 Satz 1, 2)

Soll das Gericht einen unvollständig zusammengesetzten Aufsichtsrat (§ 104 Abs. 2, 3) mit Arbeitnehmerbeteiligung ergänzen, so hat es darauf zu achten, dass das **zahlenmäßige Verhältnis wieder hergestellt** wird, § 104 Abs. 4 Satz 1[34]. Je nachdem, ob ein Vertreter der Aktionäre oder der Arbeitnehmer fehlt, ist ein solcher zu bestellen. Bei der gerichtlichen Ergänzung eines beschlussunfähigen Aufsichtsrats (§ 104 Abs. 1) muss das zahlenmäßige Verhältnis nur bis zur Wiederherstellung der Beschlussfähigkeit beachtet werden, § 104 Abs. 4 Satz 2. Damit ist der Fall gemeint, dass mehrere Aufsichtsratsmitglieder fehlen, zur Wiedererlangung der Beschlussfähigkeit aber bereits die gerichtliche Ergänzung eines Aufsichtsratsmitglieds genügt. Nach der gesetzlichen Regelung geht also die Herstellung der Beschlussfähigkeit vor, wenn zugleich eine Unterbesetzung gegeben ist[35]. Das gerichtlich bestellte Mitglied soll nach zutreffender Ansicht der bisher benachteiligten Gruppe angehören[36]. Entspricht die Zusammensetzung der gesetzlichen Gruppenparität, sollte eine möglichst neutrale Person bestellt werden[37]. 21

### 2. Berücksichtigung besonderer persönlicher Voraussetzungen (§ 104 Abs. 4 Satz 3)

Sowohl bei der Ergänzung eines beschlussunfähigen als auch bei der Ergänzung eines unvollständig besetzten Aufsichtsrats muss das Gericht darauf achten, dass das zu ergänzende Aufsichtsratsmitglied den besonderen persönlichen Anforderungen ent- 22

---

33 *Hüffer*, § 104 AktG Rz. 8; *Bürgers/Israel* in Bürgers/Körber, § 104 AktG Rz. 10; *Spindler* in Spindler/Stilz, § 104 AktG Rz. 32; *Habersack* in MünchKomm. AktG, 3. Aufl., § 104 AktG Rz. 28.
34 BayObLG v. 20.8.1997 – 3 Z BR 193/97, NJW-RR 1998, 330 = ZIP 1997, 1883, 1884 = AG 1998, 36; *Hüffer*, § 104 AktG Rz. 9; *Habersack* in MünchKomm. AktG, 3. Aufl., § 104 AktG Rz. 31; *Spindler* in Spindler/Stilz, § 104 AktG Rz. 38.
35 *Habersack* in MünchKomm. AktG, 3. Aufl., § 104 AktG Rz. 32; *Mertens* in KölnKomm. AktG, 2. Aufl., § 104 AktG Rz. 15; *Spindler* in Spindler/Stilz, § 104 AktG Rz. 38.
36 *Hopt/Roth* in Großkomm. AktG, 4. Aufl., § 104 AktG Rz. 67; *Spindler* in Spindler/Stilz, § 104 AktG Rz. 38; *Habersack* in MünchKomm. AktG, 3. Aufl., § 104 AktG Rz. 32; *Mertens* in KölnKomm. AktG, 2. Aufl., § 104 AktG Rz. 15; a.A. *Baumbach/Hueck*, § 104 AktG Anm. 13.
37 *Hopt/Roth* in Großkomm. AktG, 4. Aufl., § 104 AktG Rz. 67; *Baumbach/Hueck*, § 104 AktG Anm. 13; *Habersack* in MünchKomm. AktG, 3. Aufl., § 104 AktG Rz. 32; *Spindler* in Spindler/Stilz, § 104 AktG Rz. 38.

spricht, die sich aus Gesetz und Satzung ergeben. Neben den allgemeinen gesetzlichen Anforderungen (§§ 100, 105) sind hierbei vor allem die in **mitbestimmungsrechtlichen Regelungen** enthaltenen besonderen Voraussetzungen für Arbeitnehmervertreter von Bedeutung (vgl. §§ 7 Abs. 2, 15 MitbestG, § 6 MontanMitbestG, § 6 MitbestErgG, § 4 Abs. 2–4 DrittelbG). Zur Zulässigkeit von Satzungsbestimmungen, die besondere persönliche Voraussetzungen für Aufsichtsratsmitglieder aufstellen vgl. oben § 100 Rz. 36.

### 3. Vorschlagsrechte bei der Wahl von Arbeitnehmervertretern (§ 104 Abs. 4 Satz 4)

23 Das Gesetz schränkt die Auswahlfreiheit des Gerichts auch dann ein, wenn ein Aufsichtsratsmitglied zu ersetzen ist, bei dessen Wahl eine Spitzenorganisation der Gewerkschaft, eine Gewerkschaft oder die Betriebsräte ein Vorschlagsrecht hätten[38]. Das Gericht hat nach pflichtgemäßem Ermessen die Vorschläge dieser Arbeitnehmervertreter zu berücksichtigen, soweit nicht **überwiegende Belange der Gesellschaft oder der Allgemeinheit** der Bestellung der Vorgeschlagenen entgegenstehen. Als Belange der Allgemeinheit sind sowohl wirtschaftliche als auch politische Aspekte zu berücksichtigen (vorgeschlagene Person ist nicht qualifiziert genug oder steht nicht auf dem Boden des Grundgesetzes)[39]. Haben mehrere Vorschlagsberechtigte unterschiedliche Vorschläge unterbreitet, bestimmt das Gericht einen Kandidaten nach seinem Ermessen[40]. Dabei sollte sich die Entscheidung des Gerichts daran orientieren, welche Person vom zuständigen Gremium voraussichtlich bestellt worden wäre[41].

## V. Rechtsstellung des gerichtlich bestellten Aufsichtsratsmitglieds

24 Das gerichtlich bestellte Aufsichtsratsmitglied wird vollwertiges Mitglied des Aufsichtsrats. Ihm obliegen die **gleichen Rechte und Pflichten** wie den übrigen Aufsichtsratsmitgliedern[42]. Die Satzung darf keine abweichenden Bestimmungen enthalten. Unzulässig wäre demnach eine Klausel, wonach gerichtlich bestellte Aufsichtsratsmitglieder nicht in Aufsichtsratsausschüssen mitarbeiten dürfen.

## VI. Amtsdauer des gerichtlich bestellten Aufsichtsratsmitglieds

### 1. Automatisches Erlöschen (§ 104 Abs. 5)

25 Das Amt des gerichtlich bestellten Aufsichtsratsmitglieds erlischt **kraft Gesetzes** mit der **Behebung des Mangels**, d.h. sobald der Aufsichtsrat beschlussfähig (§ 104

---

38 Keine Einschränkung besteht hingegen beim Vorschlagsrecht der regulären Arbeitnehmer und leitenden Angestellten gem. § 15 Abs. 2 Nr. 2 MitbestG, vgl. *Hopt/Roth* in Großkomm. AktG, 4. Aufl., § 104 AktG Rz. 73; *Habersack* in MünchKomm. AktG, 3. Aufl., § 104 AktG Rz. 34.
39 *Semler* in MünchKomm. AktG, 2. Aufl., § 104 AktG Rz. 94; *Spindler* in Spindler/Stilz, § 104 AktG Rz. 39; *Geßler* in G/H/E/K, § 104 AktG Rz. 40; vgl. auch *Habersack* in MünchKomm. AktG, 3. Aufl., § 104 AktG Rz. 36.
40 BayObLG v. 14.12.2004 – 3Z BR 134/04, AG 2005, 350, 351; BayObLG v. 20.8.1997 – 3Z BR 193/97, NJW-RR 1998, 330 = ZIP 1997, 1883, 1884 = AG 1998, 36; *Hüffer*, § 104 AktG Rz. 11; *Habersack* in MünchKomm. AktG, 3. Aufl., § 104 AktG Rz. 35; *Spindler* in Spindler/Stilz, § 104 AktG Rz. 40; *Hoffmann-Becking* in MünchHdb. AG, § 30 Rz. 37.
41 *Hopt/Roth* in Großkomm. AktG, 4. Aufl., § 104 AktG Rz. 78; *Habersack* in MünchKomm. AktG, 3. Aufl., § 104 AktG Rz. 35; *Spindler* in Spindler/Stilz, § 104 AktG Rz. 40.
42 *Hopt/Roth* in Großkomm. AktG, 4. Aufl., § 104 AktG Rz. 120; *Bürgers/Israel* in Bürgers/Körber, § 104 AktG Rz. 11; *Habersack* in MünchKomm. AktG, 3. Aufl., § 104 AktG Rz. 53.

Abs. 1) oder nicht mehr unterbesetzt (§ 104 Abs. 2) ist. Erforderlich ist die Wahl des fehlenden Aufsichtsratsmitglieds durch die Hauptversammlung oder die Arbeitnehmer bzw. die Entsendung durch den Entsendungsberechtigten und die Annahme der Wahl[43]; die gerichtliche Bestellung eines Ersatzmitglieds schränkt das Bestellungsrecht der Wahl- und Entsendungsberechtigten nicht ein. Der Mangel ist auch dann behoben, wenn die Bestellung des neuen Mitglieds anfechtbar ist[44]. Wird der Wahlbeschluss angefochten, so soll der Mangel nach den Vorstellungen des Gesetzgebers nicht behoben sein, wenn die Anfechtungsklage offensichtlich begründet ist[45]. Dem ist nicht zu folgen. Vielmehr ist die Bestellung in allen Fällen bis zur Rechtskraft der Nichtigerklärung als wirksam anzusehen[46]. Hat die Anfechtungsklage gegen den Wahlbeschluss Erfolg, dann lebt die gerichtliche Ersatzbestellung nicht wieder auf. Es ist dann ein erneuter Antrag auf gerichtliche Ergänzung erforderlich[47].

Das Erlöschen des Aufsichtsratsamtes ist bei den aufgrund eines Antrags gem. **§ 104 Abs. 1** bestellten Mitgliedern an die **Wiedererlangung der Beschlussfähigkeit** geknüpft. Um zu verhindern, dass durch das Ausscheiden des gerichtlich ergänzten Mitglieds eine Unterbesetzung (Fall des § 104 Abs. 2 Satz 1) entsteht, kann der Antrag auf gerichtliche Ergänzung auch mit der Maßgabe gestellt werden, dass das vom Gericht bestellte Mitglied trotz der Wiederherstellung der Beschlussfähigkeit im Amt verbleiben soll, wenn die Voraussetzungen des § 104 Abs. 2 Satz 1 gegeben sind[48]. Dieser Antrag kann auch noch nach der gerichtlichen Ergänzung gestellt werden[49].

26

Die in § 102 Abs. 1 festgelegte **Höchstdauer der Amtszeit** gilt auch für gerichtlich bestellte Aufsichtsratsmitglieder[50]. Dass dadurch u.U. der Zustand wiederhergestellt wird, der durch die gerichtliche Ergänzung behoben werden sollte, spielt keine Rolle. Es verbleibt dann aber die Möglichkeit, auf Antrag erneut eine gerichtliche Ergänzung herbeiführen zu lassen.

27

## 2. Gerichtliche Abberufung

**a)** Das Gericht kann ein von ihm bestelltes Aufsichtsratsmitglied **jederzeit abberufen**, ohne dass ein entsprechender Antrag gestellt worden ist. Das für das fehlende Aufsichtsratsmitglied zuständige Wahl- oder Entsendungsorgan hat hingegen keine

28

---

43 OLG München v. 12.7.2006 – 31 Wx 47/06, AG 2006, 590 = ZIP 2006, 1770; *Habersack* in MünchKomm. AktG, 3. Aufl., § 104 AktG Rz. 47; *Bürgers/Israel* in Bürgers/Körber, § 104 AktG Rz. 12.
44 OLG Frankfurt a.M. v. 14.10.1986 – 3/11 T 29/85, NJW-RR 1987, 505 = AG 1987, 160; *Hopt/Roth* in Großkomm. AktG, 4. Aufl., § 104 AktG Rz. 107; *Mertens* in KölnKomm. AktG, 2. Aufl., § 104 AktG Rz. 25; *Habersack* in MünchKomm. AktG, 3. Aufl., § 104 AktG Rz. 47; *Spindler* in Spindler/Stilz, § 104 AktG Rz. 44.
45 *Kropff*, Aktiengesetz, S. 144.
46 BayObLG v. 9.7.2004 – 3 Z BR 099/04, AG 2005, 352, 353 = ZIP 2004, 2190, 2191; *Hüffer*, § 104 AktG Rz. 13; *Hopt/Roth* in Großkomm. AktG, 4. Aufl., § 104 AktG Rz. 107; *Spindler* in Spindler/Stilz, § 104 AktG Rz. 44; *Habersack* in MünchKomm. AktG, 3. Aufl., § 104 AktG Rz. 47; *Bürgers/Israel* in Bürgers/Körber, § 104 AktG Rz. 12.
47 *Hopt/Roth* in Großkomm. AktG, 4. Aufl., § 104 AktG Rz. 107; *Habersack* in MünchKomm. AktG, 3. Aufl., § 104 AktG Rz. 47.
48 *Hopt/Roth* in Großkomm. AktG, 4. Aufl., § 104 AktG Rz. 108; *Mertens* in KölnKomm. AktG, 2. Aufl., § 104 AktG Rz. 26; *Spindler* in Spindler/Stilz, § 104 AktG Rz. 42.
49 *Mertens* in KölnKomm. AktG, 2. Aufl., § 104 AktG Rz. 26.
50 *Hopt/Roth* in Großkomm. AktG, 4. Aufl., § 104 AktG Rz. 111; *Habersack* in MünchKomm. AktG, 3. Aufl., § 104 AktG Rz. 51; *Spindler* in Spindler/Stilz, § 104 AktG Rz. 46; *Hüffer*, § 104 AktG Rz. 13; offen gelassen von OLG Hamburg v. 6.11.2002 – 11 W 91/01, AG 2003, 643, 644.

Abberufungskompetenz[51]. Die Abberufung bedarf eines **wichtigen Grundes**[52], der etwa beim Wegfall der bei der Bestellung zu berücksichtigenden persönlichen Voraussetzungen gegeben ist. Ein wichtiger Grund ist auch anzunehmen, wenn mehrere Aufsichtsratsmitglieder gerichtlich ergänzt wurden und eine geringere Zahl von Mitgliedern von den zuständigen Bestellungsorganen neu bestellt wurde, ohne dass bestimmt worden wäre, in welcher Reihenfolge die gerichtlich bestellten Mitglieder bei Behebung des Mangels ausscheiden müssen[53].

29 b) Ob eine gerichtliche Abberufung auch im Falle der **dauerhaften Verhinderung eines Aufsichtsratsmitglieds** möglich ist, ist umstritten. Die überwiegende Meinung hält eine Abberufung für entbehrlich, da das Amt des gerichtlich bestellten Aufsichtsratsmitglieds mit der Wiedererlangung der Amtsfähigkeit des verhinderten Mitglieds erlösche[54]. Dies führt zu Problemen bei der genauen Bestimmung des Zeitpunktes, in dem die Verhinderung weggefallen ist. Diesen Schwierigkeiten geht *Mertens* aus dem Weg, indem er ein Erlöschen des Amtes des ergänzten Mitglieds erst mit der gerichtlichen Abberufung annimmt[55].

### VII. Auslagenersatz und Vergütung (§ 104 Abs. 6)

30 Das vom Gericht bestellte Aufsichtsratsmitglied hat gegen die Gesellschaft einen Anspruch auf **Ersatz angemessener barer Auslagen** (z.B. Reisekosten). Darüber hinaus hat es einen Anspruch gegen die Gesellschaft auf Vergütung, wenn den übrigen Aufsichtsratsmitgliedern eine Vergütung gewährt wird. Die Höhe der Vergütung richtet sich nach der Vergütung der übrigen Aufsichtsratsmitglieder[56]; auf diese Weise wird eine Schlechter-, aber auch eine Besserstellung des gerichtlich bestellten Mitglieds vermieden.

31 Auf Antrag des Aufsichtsratsmitglieds können Auslagen und Vergütung vom **Registergericht** verbindlich festgelegt werden, § 104 Abs. 6 Satz 2. Ein Anlass für eine gerichtliche Festsetzung besteht nach Ansicht des Gesetzgebers erst, wenn die Gesellschaft sich weigert, dem vom Gericht bestellten Aufsichtsratsmitglied eine angemessene Vergütung zu zahlen[57]. Daraus folgt die überwiegende Meinung, dass dem gerichtlichen Festsetzungsverfahren ein **erfolgloser Einigungsversuch** mit der Gesellschaft **vorangegangen** sein muss[58].

---

51 *Hopt/Roth* in Großkomm. AktG, 4. Aufl., § 104 AktG Rz. 113; *Habersack* in MünchKomm. AktG, 3. Aufl., § 104 AktG Rz. 52; *Spindler* in Spindler/Stilz, § 104 AktG Rz. 47.
52 *Hopt/Roth* in Großkomm. AktG, 4. Aufl., § 104 AktG Rz. 114; *Semler* in MünchKomm. AktG, 2. Aufl., § 104 AktG Rz. 133; *Hoffmann-Becking* in MünchHdb. AG, § 30 Rz. 38; *E. Vetter*, DB 2005, 875; *Spindler* in Spindler/Stilz, § 104 AktG Rz. 47; *Bürgers/Israel* in Bürgers/Körber, § 104 AktG Rz. 12; *Hüffer*, § 104 AktG Rz. 12; a.A. AG Berlin-Charlottenburg v. 5.11.2004 – 97 HRB 93752, AG 2005, 133 f.; *Mertens* in KölnKomm. AktG, 2. Aufl., § 104 AktG Rz. 29; *Habersack* in MünchKomm. AktG, 3. Aufl., § 104 AktG Rz. 46, 52.
53 *Hopt/Roth* in Großkomm. AktG, 4. Aufl., § 104 AktG Rz. 115; *Mertens* in KölnKomm. AktG, 2. Aufl., § 104 AktG Rz. 28; *Habersack* in MünchKomm. AktG, 3. Aufl., § 104 AktG Rz. 52; abweichend *Spindler* in Spindler/Stilz, § 104 AktG Rz. 45.
54 *Hopt/Roth* in Großkomm. AktG, 4. Aufl., § 104 AktG Rz. 116; *Baumbach/Hueck*, § 104 AktG Anm. 17; i.E. auch *Semler* in MünchKomm. AktG, 2. Aufl., § 104 AktG Rz. 119; wohl auch *Krauel/Fackler*, AG 2009, 686, 690.
55 *Mertens* in KölnKomm. AktG, 2. Aufl., § 104 AktG Rz. 27.
56 *Hopt/Roth* in Großkomm. AktG, 4. Aufl., § 104 AktG Rz. 124; *Habersack* in MünchKomm. AktG, 3. Aufl., § 104 AktG Rz. 53; *Spindler* in Spindler/Stilz, § 104 AktG Rz. 51; *Bürgers/Israel* in Bürgers/Körber, § 104 AktG Rz. 14; *Hüffer*, § 104 AktG Rz. 14.
57 *Kropff*, Aktiengesetz, S. 145.
58 *Habersack* in MünchKomm. AktG, 3. Aufl., § 104 AktG Rz. 56; *Bürgers/Israel* in Bürgers/Körber, § 104 AktG Rz. 15; *Spindler* in Spindler/Stilz, § 104 AktG Rz. 52; *Baumbach/Hueck*,

Gegen die Entscheidung des Gerichts ist die **Beschwerde** statthaft, § 104 Abs. 6 Satz 3 (i.V.m. § 58 FamFG). Die Rechtsbeschwerde (§ 70 FamFG) ist durch § 104 Abs. 6 Satz 4 ausgeschlossen. Der rechtskräftige Beschluss über die Höhe der Vergütung ist ein Vollstreckungstitel, § 104 Abs. 6 Satz 5 (Ergänzung zu § 794 ZPO).

# § 105
# Unvereinbarkeit der Zugehörigkeit zum Vorstand und zum Aufsichtsrat

(1) Ein Aufsichtsratsmitglied kann nicht zugleich Vorstandsmitglied, dauernd Stellvertreter von Vorstandsmitgliedern, Prokurist oder zum gesamten Geschäftsbetrieb ermächtigter Handlungsbevollmächtigter der Gesellschaft sein.

(2) Nur für einen im Voraus begrenzten Zeitraum, höchstens für ein Jahr, kann der Aufsichtsrat einzelne seiner Mitglieder zu Stellvertretern von fehlenden oder verhinderten Vorstandsmitgliedern bestellen. Eine wiederholte Bestellung oder Verlängerung der Amtszeit ist zulässig, wenn dadurch die Amtszeit insgesamt ein Jahr nicht übersteigt. Während ihrer Amtszeit als Stellvertreter von Vorstandsmitgliedern können die Aufsichtsratsmitglieder keine Tätigkeit als Aufsichtsratsmitglied ausüben. Das Wettbewerbsverbot des § 88 gilt für sie nicht.

| | | | |
|---|---|---|---|
| I. Regelungsinhalt und Regelungszweck | 1 | III. Rechtsfolgen von Verstößen gegen § 105 Abs. 1 | 9 |
| II. Unvereinbarkeit der Aufsichtsratstätigkeit mit bestimmten Leitungsfunktionen (§ 105 Abs. 1) | 3 | IV. Aufsichtsratsmitglied als Vertreter eines Vorstandsmitglieds (§ 105 Abs. 2) | 13 |
| 1. Unvereinbarkeit mit der Tätigkeit als Vorstandsmitglied | 4 | 1. Fehlendes oder verhindertes Vorstandsmitglied | 14 |
| 2. Unvereinbarkeit mit der Tätigkeit als Prokurist | 6 | 2. Bestellung | 16 |
| | | 3. Handelsregistereintragung | 19 |
| 3. Unvereinbarkeit mit der Tätigkeit als Handlungsbevollmächtigter | 8 | 4. Rechtsstellung des Stellvertreters | 20 |

**Literatur:** *Brox*, Leitende Angestellte als Aufsichtsratsmitglieder des Unternehmens, in FS G. Ficker, 1967, S. 95; *Deckert*, Inkompatibilitäten und Interessenkonflikte – Zur Pflichtenstellung des Aufsichtsratsmitglieds, DZWir 1996, 406; *Haberkorn*, Können Leitende Angestellte in den Aufsichtsrat gewählt werden?, AG 1964, 231; *Heidbüchel*, Das Aufsichtsratsmitglied als Vorstandsvertreter – Voraussetzungen und Risiken der Bestellung eines „Interimsvorstands", WM 2004, 1317; *Hübner*, Zur Zulässigkeit der Generalvollmacht bei Kapitalgesellschaften, ZHR 143 (1979), 1; *Hüffer*, Die Unabhängigkeit von Aufsichtsratsmitgliedern nach Ziffer 5.4.2 DCGK, ZIP 2006, 637; *Kahler*, Die Rechtsfolgen von Verstößen gegen § 105 AktG, BB 1983, 1382; *Lange*, Der Wechsel aus dem Vorstand in den Aufsichtsrat, NZG 2004, 265; *Martinek*, Wettbewerbliche Interessenkonflikte von AG-Aufsichtsräten im Lichte der Corporate Governance-Diskussion, WRP 2008, 51; *Reichert/Schlitt*, Konkurrenzverbot für Aufsichtsratsmitglieder, AG 1995, 241; *Rode*, Der Wechsel eines Vorstandsmitglieds in den Aufsichtsrat – eine gute Corporate Governance?, BB 2006, 341; *Uwe H. Schneider*, Wettbewerbsverbot für Aufsichtsratsmitglieder einer Aktiengesellschaft? 12 Thesen zu einer rechtspolitischen Diskussion, BB 1995, 365; *Werner*, Der Aufsichtsrat im neuen Aktienrecht, Bank-Betrieb 1965, 278; *Wirth*, Anforderungsprofil und Inkom-

---

§ 104 AktG Anm. 20; *v. Godin/Wilhelmi*, § 104 AktG Anm. 9; a.A. *Hopt/Roth* in Großkomm. AktG, 4. Aufl., § 104 AktG Rz. 126.

patibilitäten für Aufsichtsratsmitglieder, ZGR 2005, 327; *Wittmann*, Zum Erfordernis eines Bankenführerscheins für Aufsichtsräte, DB 2007, 2579.

## I. Regelungsinhalt und Regelungszweck

1 § 105 **Abs. 1** ordnet die Unvereinbarkeit des Aufsichtsratsamtes mit der Mitgliedschaft im Vorstand und bestimmten Leitungspositionen im Unternehmen an. Durch die damit in personeller Hinsicht herbeigeführte **Funktionstrennung von Vorstand und Aufsichtsrat** wird die das deutsche Aktienrecht prägende Vorstellung der Unvereinbarkeit von Geschäftsführung und Überwachung abgesichert (vgl. außerdem § 114 Abs. 4 Satz 1)[1].

2 Im Ausnahmefall soll unter den Voraussetzungen des § 105 **Abs. 2** ein Mitglied des Aufsichtsrats für einen begrenzten Zeitraum zum **Stellvertreter** eines fehlenden oder verhinderten Vorstandsmitglieds bestellt werden können. Die im Falle des endgültigen Ausscheidens eines Vorstandsmitglieds bestehende Lücke im Vorstand kann auf diese Weise geschlossen werden, ohne dass der Aufsichtsrat überstürzt ein neues Vorstandsmitglied wählen müsste[2]. § 105 ist zwingend; die Satzung kann die Bestellung von Aufsichtsratsmitgliedern zu Stellvertretern von Mitgliedern des Vorstands aber ausschließen[3].

## II. Unvereinbarkeit der Aufsichtsratstätigkeit mit bestimmten Leitungsfunktionen (§ 105 Abs. 1)

3 Aufsichtsratsmitglied kann nicht sein, wer zugleich Vorstandsmitglied, Prokurist oder Generalhandlungsbevollmächtigter desselben Unternehmens ist. Diese Aufzählung ist abschließend. Eine Erweiterung auf sonstige Leitungsposition im Unternehmen ist ausgeschlossen[4].

### 1. Unvereinbarkeit mit der Tätigkeit als Vorstandsmitglied

4 Das Aufsichtsratsmitglied darf weder bei Amtsantritt noch zu einem späteren Zeitpunkt zugleich Vorstandsmitglied oder dauernder Stellvertreter eines Vorstandsmitglieds sein[5]. Auch die Tätigkeit als Abwickler der Gesellschaft (§§ 268 Abs. 2, 269 Abs. 1) ist mit der Aufsichtsratstätigkeit unvereinbar[6]. Zur Vermeidung von Umgehungen erfasst die Norm nicht nur den Fall der Bestellung eines Aufsichtsratsmitglieds zum Vorstand, sondern auch den umgekehrten Fall der Bestellung eines Vor-

---

1 *Hopt/Roth* in Großkomm. AktG, 4. Aufl., § 105 AktG Rz. 6; *Habersack* in MünchKomm. AktG, 3. Aufl., § 105 AktG Rz. 1; vgl. *Spindler* in Spindler/Stilz, § 105 AktG Rz. 1; *Bürgers/Israel* in Bürgers/Körber, § 105 AktG Rz. 1.
2 *Kropff*, Aktiengesetz, S. 146; *Habersack* in MünchKomm. AktG, 3. Aufl., § 105 AktG Rz. 2.
3 *Hopt/Roth* in Großkomm. AktG, 4. Aufl., § 105 AktG Rz. 12; *Mertens* in KölnKomm. AktG, 2. Aufl., § 105 AktG Rz. 3; a.A. *Habersack* in MünchKomm. AktG, 3. Aufl., § 105 AktG Rz. 3; *Spindler* in Spindler/Stilz, § 105 AktG Rz. 3.
4 *Hopt/Roth* in Großkomm. AktG, 4. Aufl., § 105 AktG Rz. 41 ff.; *Mertens* in KölnKomm. AktG, 2. Aufl., § 105 AktG Rz. 13; *Habersack* in MünchKomm. AktG, 3. Aufl., § 105 AktG Rz. 15; *Spindler* in Spindler/Stilz, § 105 AktG Rz. 14; vgl. auch *Kropff*, Aktiengesetz, S. 146.
5 *Hopt/Roth* in Großkomm. AktG, 4. Aufl., § 105 AktG Rz. 23; *Hüffer*, § 105 AktG Rz. 6; *Bürgers/Israel* in Bürgers/Körber, § 105 AktG Rz. 4; *Habersack* in MünchKomm. AktG, 3. Aufl., § 105 AktG Rz. 9, 18.
6 *Hüffer*, § 105 AktG Rz. 2; *Habersack* in MünchKomm. AktG, 3. Aufl., § 105 AktG Rz. 9; *Spindler* in Spindler/Stilz, § 105 AktG Rz. 6.

standsmitglieds zum Aufsichtsrat[7]. Zulässig ist der Wechsel vom Vorstand in den Aufsichtsrat und umgekehrt erst **nach Beendigung der bislang ausgeübten Tätigkeit**. Die Wahl in den Vorstand bzw. Aufsichtsrat stellt einen wichtigen Grund dar, der zur Niederlegung des Aufsichtsrats- bzw. Vorstandsmandats (dazu § 103 Rz. 25) berechtigt. Die Übernahme eines Vorstandsamtes ist i.d.R. als konkludente Niederlegung des Aufsichtsratsamtes zu werten[8]. Allerdings ist unter Corporate-Governance-Gesichtspunkten der Wechsel vom Vorstand in den Aufsichtsrat nicht unproblematisch. Diesbezüglich enthält § 100 Abs. 2 Satz 1 Nr. 4 nunmehr eine ausdrückliche Regelung (s. insoweit die Ausführungen bei § 100 Rz. 13).

§ 105 schließt **Doppelmandate** nicht grundsätzlich aus. Ein Aufsichtsratsmitglied kann daher durchaus dem Vorstand einer anderen Gesellschaft angehören, und zwar selbst dann, wenn es sich um einen Wettbewerber handelt[9]. Im Konzern ist allerdings das Verbot des § 100 Abs. 2 Satz 1 Nr. 2 zu beachten. Ebenfalls nicht vom Anwendungsbereich des § 105 erfasst sind Vorstandsdoppelmandate und sog. „group executive committees", denen neben Vorstandsmitgliedern leitende Angestellte der Konzernspitze oder Vorstandsmitglieder abhängiger Gesellschaften angehören[10]. 5

### 2. Unvereinbarkeit mit der Tätigkeit als Prokurist

Eine Doppeltätigkeit als Prokurist und Aufsichtsratsmitglied einer Gesellschaft ist ebenfalls unzulässig. Das Verbot betrifft natürliche Personen, denen durch ausdrückliche Erklärung Prokura (§ 48 HGB) erteilt wurde (Einzelprokura, Gesamtprokura, Filialprokura) sowie Titularprokuristen[11]. 6

Eine Ausnahme gilt nach **§ 6 Abs. 2 Satz 1 Halbsatz 2 MitbestG** für solche Unternehmen, die in den Anwendungsbereich des MitbestG fallen. Bei diesen kann ein Prokurist Arbeitnehmervertreter im Aufsichtsrat werden, wenn er dem Vorstand nicht unmittelbar unterstellt ist und nicht zur Ausübung der Prokura für den gesamten Geschäftsbereich ermächtigt ist. Eine unmittelbare Unterstellung liegt nicht vor, wenn der Prokurist in der Unternehmenshierarchie nicht direkt unter dem Vorstand angesiedelt ist, sondern zunächst einen anderen Vorgesetzten hat[12]. An der Ermächtigung zur Ausübung der Prokura für den gesamten Geschäftsbereich fehlt es, wenn die Vollmacht im Innenverhältnis beschränkt ist[13]. 7

---

7 BGH v. 3.7.1975 – II ZR 35/73, NJW 1975, 1657, 1658 = AG 1975, 242, 244; *Hopt/Roth* in Großkomm. AktG, 4. Aufl., § 105 AktG Rz. 23; *Hüffer*, § 105 AktG Rz. 2; *Mertens* in KölnKomm. AktG, 2. Aufl., § 105 AktG Rz. 5; *Habersack* in MünchKomm. AktG, 3. Aufl., § 105 AktG Rz. 9; *Bürgers/Israel* in Bürgers/Körber, § 105 AktG Rz. 6.
8 *Hopt/Roth* in Großkomm. AktG, 4. Aufl., § 105 AktG Rz. 22; *Hüffer*, § 105 AktG Rz. 6; *Mertens* in KölnKomm. AktG, 2. Aufl., § 105 AktG Rz. 8; *Habersack* in MünchKomm. AktG, 3. Aufl., § 105 AktG Rz. 20; *Spindler* in Spindler/Stilz, § 105 AktG Rz. 17.
9 Diese Abweichung von Ziff. 5.4.2 Satz 4 DCGK wäre allerdings nach § 161 offen zu legen, vgl. auch *Habersack* in MünchKomm. AktG, 3. Aufl., § 105 AktG Rz. 10.
10 Dazu *Habersack* in MünchKomm. AktG, 3. Aufl., § 105 AktG Rz. 10.
11 *Hopt/Roth* in Großkomm. AktG, 4. Aufl., § 105 AktG Rz. 31; *Hüffer*, § 105 AktG Rz. 3; *Habersack* in MünchKomm. AktG, 3. Aufl., § 105 AktG Rz. 13; *Bürgers/Israel* in Bürgers/Körber, § 105 AktG Rz. 3; *Spindler* in Spindler/Stilz, § 105 AktG Rz. 8; *Brox* in FS Ficker, S. 95, 108.
12 *Semler* in MünchKomm. AktG, 2. Aufl., § 105 AktG Rz. 38; *Hüffer*, § 105 AktG Rz. 3; *Habersack* in MünchKomm. AktG, 3. Aufl., § 105 AktG Rz. 16 (mit analoger Anwendung auf Generalhandlungsbevollmächtigte); *Bürgers/Israel* in Bürgers/Körber, § 105 AktG Rz. 3.
13 *Hopt/Roth* in Großkomm. AktG, 4. Aufl., § 105 AktG Rz. 35; *Oetker* in Großkomm. AktG, 4. Aufl., § 6 MitbestG Rz. 15; *Semler* in MünchKomm. AktG, 2. Aufl., § 105 AktG Rz. 41; *Spindler* in Spindler/Stilz, § 105 AktG Rz. 9; *Bürgers/Israel* in Bürgers/Körber, § 105 AktG Rz. 5.

### 3. Unvereinbarkeit mit der Tätigkeit als Handlungsbevollmächtigter

8  Mitglied des Aufsichtsrats kann nicht sein, wer zum gesamten Geschäftsbetrieb ermächtigter Handlungsbevollmächtigter der Gesellschaft ist. Vom Aufsichtsrat ausgeschlossen ist damit der **Generalhandlungsbevollmächtigte** i.S. des § 54 Abs. 1 Alt. 1 HGB. Art- und Einzelhandlungsbevollmächtigte (§ 54 Abs. 1 Alt. 2, 3 HGB) können hingegen Aufsichtsratsmitglieder sein. Die Handlungsvollmacht muss nach h.M. ausdrücklich erteilt worden sein[14]. Im Interesse der Rechtsklarheit ist es unerheblich, ob die Vollmacht im Innenverhältnis beschränkt wurde[15]. Obwohl **§ 6 Abs. 2 Satz 1 Halbsatz 2 MitbestG** keine Erleichterungen für die Wählbarkeit von Generalhandlungsbevollmächtigten vorsieht, muss dieser zur Vermeidung von Widersprüchen entsprechend herangezogen werden[16].

## III. Rechtsfolgen von Verstößen gegen § 105 Abs. 1

9  Zwischen dem Aufsichtsratsmandat und den von § 105 Abs. 1 angesprochenen Leitungspositionen besteht kein Stufenverhältnis in dem Sinne, dass das Mandat im Aufsichtsrat immer den Vorzug erhält. Vielmehr gilt der **Grundsatz der Priorität**: Das bestehende Rechtsverhältnis schließt die Eingehung des späteren aus[17].

10  Wird ein Aufsichtsratsmitglied zum Vorstand bestellt oder wird ihm Prokura oder Handlungsvollmacht erteilt, so ist danach zu differenzieren, ob die **Ämterhäufung gewollt** war **oder nicht**. War sie beabsichtigt, so ist die Bestellung zum Vorstand bzw. die Erteilung der Vollmacht wegen des Verstoßes gegen § 105 Abs. 1 nichtig, § 134 BGB. Andernfalls ist sie bis zur Mandatsniederlegung schwebend unwirksam[18].

11  Im umgekehrten Fall der Bestellung eines Vorstandsmitglieds, eines Prokuristen oder eines Handlungsbevollmächtigten zum Aufsichtsratsmitglied findet § 105 ebenfalls Anwendung (vgl. schon oben Rz. 4 ff.). Die oben vorgenommene Differenzierung zwischen gewollter und ungewollter Ämterkumulation gilt auch hier. Prokurist und Handlungsbevollmächtigter können bei ungewollter Ämterhäufung ihre Vollmacht durch Erklärung gegenüber der Gesellschaft „niederlegen"[19].

12  Tritt ein in den Vorstand bestelltes Aufsichtsratsmitglied unter Verstoß gegen § 105 Abs. 1 für die Gesellschaft auf, wird der Rechtsverkehr nach § 15 Abs. 3 HGB bzw.

---

14 *Mertens* in KölnKomm. AktG, 2. Aufl., § 105 AktG Rz. 11; *Semler* in MünchKomm. AktG, 2. Aufl., § 105 AktG Rz. 34; kritisch *Hopt/Roth* in Großkomm. AktG, 4. Aufl., § 105 AktG Rz. 32; vgl. *Spindler* in Spindler/Stilz, § 105 AktG Rz. 12.
15 *Hopt/Roth* in Großkomm. AktG, 4. Aufl., § 105 AktG Rz. 32; *Mertens* in KölnKomm. AktG, 2. Aufl., § 105 AktG Rz. 11; *Hüffer*, § 105 AktG Rz. 4; *Habersack* in MünchKomm. AktG, 3. Aufl., § 105 AktG Rz. 14; *Spindler* in Spindler/Stilz, § 105 AktG Rz. 12; a.A. *Werner*, Bank-Betrieb 1965, 278, 285.
16 *Hopt/Roth* in Großkomm. AktG, 4. Aufl., § 105 AktG Rz. 36; *Mertens* in KölnKomm. AktG, 2. Aufl., § 105 AktG Rz. 11; *Habersack* in MünchKomm. AktG, 3. Aufl., § 105 AktG Rz. 16; *Spindler* in Spindler/Stilz, § 105 AktG Rz. 13; *Hüffer*, § 105 AktG Rz. 4; *Ulmer/Habersack* in Ulmer/Habersack/Henssler, Mitbestimmungsrecht, § 6 MitbestG Rz. 46.
17 *Mertens* in KölnKomm. AktG, 2. Aufl., § 105 AktG Rz. 5; *Habersack* in MünchKomm. AktG, 3. Aufl., § 105 AktG Rz. 18; *Hüffer*, § 105 AktG Rz. 6; *Spindler* in Spindler/Stilz, § 105 AktG Rz. 16 f.; *Brox* in FS Ficker, S. 95, 119.
18 *Brox* in FS Ficker, S. 95, 119; *Hüffer*, § 105 AktG Rz. 6; *Bürgers/Israel* in Bürgers/Körber, § 105 AktG Rz. 4; *Mertens* in KölnKomm. AktG, 2. Aufl., § 105 AktG Rz. 6; *Hopt/Roth* in Großkomm. AktG, 4. Aufl., § 105 AktG Rz. 39; *Spindler* in Spindler/Stilz, § 105 AktG Rz. 18; *Habersack* in MünchKomm. AktG, 3. Aufl., § 105 AktG Rz. 20.
19 *Hopt/Roth* in Großkomm. AktG, 4. Aufl., § 105 AktG Rz. 40; *Brox*, NJW 1967, 801, 804; *Hüffer*, § 105 AktG Rz. 6; *Spindler* in Spindler/Stilz, § 105 AktG Rz. 18 (aber mit Zweifeln, ob Niederlegung für Prokuristen möglich ist).

nach allgemeinen Rechtsscheinsgrundsätzen geschützt[20]. Demgegenüber findet die Lehre vom fehlerhaften Organ wegen der Evidenz des Rechtsverstoßes **keine** Anwendung (s. §101 Rz. 37).

## IV. Aufsichtsratsmitglied als Vertreter eines Vorstandsmitglieds (§ 105 Abs. 2)

Das Aufsichtsratsmitglied kann nach Maßgabe des § 105 Abs. 2 zum Stellvertreter eines Mitglieds des Vorstands bestellt werden. Die Bestellung setzt voraus, dass das zu vertretende Vorstandsmitglied fehlt oder behindert ist sowie die Dauer der Bestellung im Voraus festgelegt ist, wobei die Höchstdauer ein Jahr beträgt. 13

### 1. Fehlendes oder verhindertes Vorstandsmitglied

Ein Vorstandsmitglied **fehlt**, wenn Vorstandsmitglieder in der satzungsmäßig vorgeschriebenen Zahl nicht vorhanden sind[21]; stellvertretende Vorstandsmitglieder sind mitzurechnen[22]. Es fehlt auch dann, wenn eine Höchstzahl von Vorstandsmitgliedern bestimmt und nicht ausgeschöpft ist[23]. Eine Verhinderung des Vorstandsmitglieds liegt vor, wenn es durch Krankheit, Abwesenheit oder aus sonstigen Gründen an der Amtsausübung gehindert ist[24]. Nicht ausreichend ist die Verhinderung bei der Vornahme einzelner Geschäfte. Unbeachtlich ist, dass für das verhinderte Vorstandsmitglied nach der Geschäftsordnung ein Stellvertreter vorhanden ist[25]. 14

Das Vorstandsmitglied muss nicht bereits tatsächlich fehlen oder in der Amtsausübung verhindert sein. Vielmehr reicht es aus, dass das Fehlen oder die Verhinderung **sicher bevorsteht**[26]. Die bloße Möglichkeit genügt hingegen nicht. 15

### 2. Bestellung

Die Bestellung des Vertreters erfolgt durch **Beschluss des Aufsichtsrats** (§ 108). Ein Stimmverbot für den zu wählenden Vertreter besteht dabei nicht[27]. Erforderlich sind 16

---

20 H.M., vgl. *Hopt/Roth* in Großkomm. AktG, 4. Aufl., § 105 AktG Rz. 28 f.; *Habersack* in MünchKomm. AktG, 3. Aufl., § 105 AktG Rz. 21; *Spindler* in Spindler/Stilz, § 105 AktG Rz. 2; *Mertens* in KölnKomm. AktG, 2. Aufl., § 105 AktG Rz. 9; a.A. *Kahler*, BB 1983, 1382, 1383.
21 KG Recht 1927, Nr. 57; *Hopt/Roth* in Großkomm. AktG, 4. Aufl., § 105 AktG Rz. 50; *Mertens* in KölnKomm. AktG, 2. Aufl., § 105 AktG Rz. 18; *Habersack* in MünchKomm. AktG, 3. Aufl., § 105 AktG Rz. 24; *Bürgers/Israel* in Bürgers/Körber, § 105 AktG Rz. 7; *Spindler* in Spindler/Stilz, § 105 AktG Rz. 23; *Hüffer*, § 105 AktG Rz. 7.
22 *Mertens* in KölnKomm. AktG, 2. Aufl., § 105 AktG Rz. 18; *Habersack* in MünchKomm. AktG, 3. Aufl., § 105 AktG Rz. 23; *Hüffer*, § 105 AktG Rz. 7; a.A. *Spindler* in Spindler/Stilz, § 105 AktG Rz. 25.
23 *Hüffer*, § 105 AktG Rz. 7; *Wiesner* in MünchHdb. AG, § 24 Rz. 28; a.A. *Heidbüchel*, WM 2004, 1317, 1318.
24 *Hopt/Roth* in Großkomm. AktG, 4. Aufl., § 105 AktG Rz. 51; *Spindler* in Spindler/Stilz, § 105 AktG Rz. 24; *Hüffer*, § 105 AktG Rz. 7; *Habersack* in MünchKomm. AktG, 3. Aufl., § 105 AktG Rz. 25; a.A. *Götz*, ZIP 2002, 1745, 1747: Krankheit und längere Abwesenheit nicht ausreichend.
25 *Hopt/Roth* in Großkomm. AktG, 4. Aufl., § 105 AktG Rz. 51; *Hüffer*, § 105 AktG Rz. 7; *Mertens* in KölnKomm. AktG, 2. Aufl., § 105 AktG Rz. 19; a.A. *Geßler* in G/H/E/K, § 105 AktG Rz. 26; *Spindler* in Spindler/Stilz, § 105 AktG Rz. 25.
26 *Hopt/Roth* in Großkomm. AktG, 4. Aufl., § 105 AktG Rz. 48; *Mertens* in KölnKomm. AktG, 2. Aufl., § 105 AktG Rz. 21; *Spindler* in Spindler/Stilz, § 105 AktG Rz. 26; a.A. noch KGJ 15, 30, 31.
27 *Semler* in MünchKomm. AktG, 2. Aufl., § 105 AktG Rz. 60; *Mertens* in KölnKomm. AktG, 2. Aufl., § 105 AktG Rz. 16; *Spindler* in Spindler/Stilz, § 105 AktG Rz. 30; *Bürgers/Israel* in

zudem die Bekanntmachung des Beschlusses sowie die Amtsannahme des Bestellten[28]. Die Bestellung kann zutreffender Ansicht nach **nicht auf einen Ausschuss übertragen** werden[29]. Zwar wird § 105 Abs. 2 bei der Aufzählung der Delegationsverbote in § 107 Abs. 3 Satz 2 nicht erwähnt. Da aber schon die Bestellung einer Person zum Vorstandsmitglied nicht einem Aufsichtsratsausschuss überantwortet werden kann[30], und die Bestellung eines Aufsichtsratsmitglieds zum Stellvertreter eines Vorstandsmitglieds in unternehmenspolitischer Hinsicht ähnlich bedeutsam ist, ist von einem Delegationsverbot auszugehen.

17 Die **Dauer der Bestellung** als Stellvertreter muss bereits **im Zeitpunkt der Bestellung konkret festgelegt** sein. Eine Bestellung „für die Dauer der Behinderung" oder „des Fehlens" genügt dem Bestimmtheitserfordernis nicht[31]. Die höchstzulässige Bestellungsdauer beträgt ein Jahr. Diese Höchstgrenze bezieht sich aber nur auf ein und denselben Fall der Verhinderung oder des Fehlens[32]. Ein Vorstandsmitglied kann sich von mehreren Aufsichtsratsmitgliedern insgesamt für länger als ein Jahr vertreten lassen. Nach § 105 Abs. 2 Satz 2 ist eine wiederholte Bestellung oder Verlängerung der Amtszeit zulässig, wenn dadurch die Amtszeit insgesamt ein Jahr nicht übersteigt.

18 Die Bestellung eines Aufsichtsratsmitglieds zum Stellvertreter eines Mitglieds des Vorstands wird nicht dadurch gehindert, dass sie zur **Beschlussunfähigkeit des Aufsichtsrats** führt[33]. Die Beschlussunfähigkeit kann durch gerichtliche Bestellung eines Aufsichtsratsmitglieds (§ 104 Abs. 1) behoben werden. Das gerichtlich bestellte Mitglied scheidet kraft Gesetzes wieder aus dem Aufsichtsrat aus, wenn der Vertretungsfall beendet und der Aufsichtsrat damit wieder vollzählig ist (vgl. § 104 Abs. 5).

### 3. Handelsregistereintragung

19 Die Bestellung ist zur Eintragung ins Handelsregister anzumelden, § 181 Abs. 1. Dabei ist auch die Dauer der Bestellung einzutragen[34].

---

Bürgers/Körber, § 105 AktG Rz. 9; a.A. *Hopt/Roth* in Großkomm. AktG, 4. Aufl., § 105 AktG Rz. 56; *Habersack* in MünchKomm. AktG, 3. Aufl., § 105 AktG Rz. 28.
28 *Hopt/Roth* in Großkomm. AktG, 4. Aufl., § 105 AktG Rz. 56; *Hüffer*, § 105 AktG Rz. 8; *Bürgers/Israel* in Bürgers/Körber, § 105 AktG Rz. 9.
29 So auch *Hopt/Roth* in Großkomm. AktG, 4. Aufl., § 105 AktG Rz. 56; *Habersack* in MünchKomm. AktG, 3. Aufl., § 105 AktG Rz. 28; *Spindler* in Spindler/Stilz, § 105 AktG Rz. 31; *Bürgers/Israel* in Bürgers/Körber, § 105 AktG Rz. 9; *Lutter/Krieger*, Aufsichtsrat, Rz. 454; *Krieger*, Personalentscheidungen des Aufsichtsrates, 1981, S. 231; a.A. *Hüffer*, § 105 AktG Rz. 9; *Mertens* in KölnKomm. AktG, 2. Aufl., § 105 AktG Rz. 16; *Wiesner* in MünchHdb. AG, § 24 Rz. 30.
30 *Hüffer*, § 84 AktG Rz. 5; *Mertens* in KölnKomm. AktG, 2. Aufl., § 84 AktG Rz. 8; *Spindler* in MünchKomm. AktG, 3. Aufl., § 84 AktG Rz. 16; ähnl. *Habersack* in MünchKomm. AktG, 3. Aufl., § 105 AktG Rz. 28.
31 *Hopt/Roth* in Großkomm. AktG, 4. Aufl., § 105 AktG Rz. 57; *Habersack* in MünchKomm. AktG, 3. Aufl., § 105 AktG Rz. 29; *Spindler* in Spindler/Stilz, § 105 AktG Rz. 28.
32 *Hopt/Roth* in Großkomm. AktG, 4. Aufl., § 105 AktG Rz. 58; *Habersack* in MünchKomm. AktG, 3. Aufl., § 105 AktG Rz. 31; deutlicher *Spindler* in Spindler/Stilz, § 105 AktG Rz. 28; *Wiesner* in MünchHdb. AG, § 24 Rz. 29; *Lutter/Krieger*, Aufsichtsrat, Rz. 453.
33 KG, JW 1930, 1414; *Hopt/Roth* in Großkomm. AktG, 4. Aufl., § 105 AktG Rz. 55; *Mertens* in KölnKomm. AktG, 2. Aufl., § 105 AktG Rz. 24; *Semler* in MünchKomm. AktG, 2. Aufl., § 105 AktG Rz. 66; a.A. *Geßler* in G/H/E/K, § 105 AktG Rz. 36.
34 *Hopt/Roth* in Großkomm. AktG, 4. Aufl., § 105 AktG Rz. 62; *Semler* in MünchKomm. AktG, 2. Aufl., § 105 AktG Rz. 82; *Hüffer*, § 105 AktG Rz. 10; *Heidbüchel*, WM 2004, 1317, 1320; *Wiesner* in MünchHdb. AG, § 24 Rz. 33; *Breuer/Fraune* in Heidel, § 105 AktG Rz. 17; a.A. *Mertens* in KölnKomm. AktG, 2. Aufl., § 105 AktG Rz. 26; *Baumbach/Hueck*, § 105 AktG Anm. 6; *Meyer-Landrut* in Großkomm. AktG, 3. Aufl., § 105 AktG Anm. 11; *Habersack* in

### 4. Rechtsstellung des Stellvertreters

Das zum Vertreter bestellte Aufsichtsratsmitglied **rückt** mit der Bestellung **in die** 20
**Rechtsstellung** des von ihm vertretenen Vorstandsmitglieds **ein**. Ist der fehlende oder
verhinderte Vertretene nur stellvertretendes Vorstandsmitglied gewesen, so wird das
Aufsichtsratsmitglied ebenfalls nur stellvertretendes Mitglied[35]. Für die Geschäftsführungs- und Vertretungsbefugnis sind die Befugnisse des fehlenden oder verhinderten Vorstandsmitglieds maßgeblich[36]. Das in den Vorstand aufgerückte Aufsichtsratsmitglied hat alle Rechte und Pflichten eines Vorstandsmitglieds. Vom Wettbewerbsverbot für Vorstandsmitglieder ist das Aufsichtsratsmitglied jedoch ausgenommen, § 105 Abs. 2 Satz 4. Dies gilt nach herrschender Meinung allerdings nicht für eine Wettbewerbstätigkeit, die erst mit Amtsantritt als stellvertretendes Vorstandsmitglied aufgenommen wird[37].

Die **Mitgliedschaft des in den Vorstand entsandten Aufsichtsratsmitglieds** im Aufsichtsrat bleibt trotz der Bestellung bestehen. Er muss seine Amtsgeschäfte als Aufsichtsratsmitglied jedoch ruhen lassen, § 105 Abs. 2 Satz 3. Eine dennoch erfolgte Stimmabgabe im Aufsichtsrat ist nichtig[38]. 21

# § 106
# Bekanntmachung der Änderungen im Aufsichtsrat

Der Vorstand hat bei jeder Änderung in den Personen der Aufsichtsratsmitglieder unverzüglich eine Liste der Mitglieder des Aufsichtsrats, aus welcher Name, Vorname, ausgeübter Beruf und Wohnort der Mitglieder ersichtlich ist, zum Handelsregister einzureichen; das Gericht hat nach § 10 des Handelsgesetzbuchs einen Hinweis darauf bekannt zu machen, dass die Liste zum Handelsregister eingereicht worden ist.

| | | | |
|---|---|---|---|
| I. Allgemeines | 1 | III. Hinweisbekanntmachung des Registergerichts | 5 |
| II. Pflicht zur Einreichung einer Liste | 2 | IV. Wirkung der Bekanntmachung | 6 |

**Literatur:** *Meyding/Bödeker*, Gesetzentwurf über elektronische Handelsregister und Genossenschaftsregister sowie das Unternehmensregister (EHUG-E) – Willkommen im Online-Zeitalter!, BB 2006, 1009; *Noack*, Änderungen der Unternehmenspublizität des Handelsregisters durch das

---

MünchKomm. AktG, 3. Aufl., § 105 AktG Rz. 33; *Spindler* in Spindler/Stilz, § 105 AktG Rz. 38.
35 *Mertens* in KölnKomm. AktG, 2. Aufl., § 105 AktG Rz. 27; *Habersack* in MünchKomm. AktG, 3. Aufl., § 105 AktG Rz. 34; *Frels*, VersR 1963, 899.
36 So *Hopt/Roth* in Großkomm. AktG, 4. Aufl., § 105 AktG Rz. 67; *Hüffer*, § 105 AktG Rz. 10; *Wiesner* in MünchHdb. AG, § 24 Rz. 32; a.A. *Semler* in MünchKomm. AktG, 2. Aufl., § 105 AktG Rz. 64; *Habersack* in MünchKomm. AktG, 3. Aufl., § 105 AktG Rz. 34; *Spindler* in Spindler/Stilz, § 105 AktG Rz. 35: Bestellungsbeschluss maßgeblich.
37 *Hopt/Roth* in Großkomm. AktG, 4. Aufl., § 105 AktG Rz. 68; *Mertens* in KölnKomm. AktG, 2. Aufl., § 105 AktG Rz. 28; *Semler* in MünchKomm. AktG, 2. Aufl., § 105 AktG Rz. 88; *Spindler* in Spindler/Stilz, § 105 AktG Rz. 37; *Bürgers* in Bürgers/Körber, § 105 AktG Rz. 11; abw. *Habersack* in MünchKomm. AktG, 3. Aufl., § 105 AktG Rz. 34 (nämlich mit Lösung über Treuepflichten, statt an Zeitpunkte anzuknüpfen).
38 *Hopt/Roth* in Großkomm. AktG, 4. Aufl., § 105 AktG Rz. 61; *Habersack* in MünchKomm. AktG, 3. Aufl., § 105 AktG Rz. 35; *Kropff*, Aktiengesetz, S. 146.

EHUG 2007, NZG 2006, 801; *Noack*, Neue Publizitätspflichten und Publizitätsmedien für Unternehmen – eine Bestandsaufnahme nach EHUG und TUG, WM 2007, 377.

## I. Allgemeines

1 § 106 ermöglicht, dass alle Interessierten jederzeit die Zusammensetzung des Aufsichtsrats feststellen können. Die Norm bezweckt die **Publizität von personellen Veränderungen im Aufsichtsrat**[1]. Die geltende Fassung des § 106 geht auf das Gesetz über elektronische Handelsregister und Genossenschaftsregister sowie das Unternehmensregister (EHUG) zurück[2]. Es ersetzte die als unbefriedigend empfundene frühere Regelung, nach der der Vorstand jeden Wechsel der Aufsichtsratsmitglieder unverzüglich in den Gesellschaftsblättern bekannt zu machen und die Bekanntmachung zum Handelsregister einzureichen hatte. Sie führte dazu, dass die aktuelle Zusammensetzung des Aufsichtsrats aus den einzelnen Meldungen „zusammengepuzzelt" werden musste, was mit zunehmender Aufsichtsratsgröße mit erheblichen Schwierigkeiten verbunden war[3]. Die nun vorgesehene Beschränkung auf eine Hinweisbekanntmachung des Registergerichts nach § 10 HGB soll die Unternehmen von Bürokratieaufwand entlasten und berücksichtigt, dass die Liste der Aufsichtsratsmitglieder ohne weiteres im elektronischen Handelsregister einsehbar ist[4].

## II. Pflicht zur Einreichung einer Liste

2 Der Vorstand muss bei jeder Änderung der Zusammensetzung des Aufsichtsrats unverzüglich (§ 121 BGB) eine Liste der Aufsichtsratsmitglieder zum Handelsregister einreichen. Die Pflicht besteht ohne Rücksicht darauf, ob das die Änderung der personellen Zusammensetzung auslösende Aufsichtsratsmitglied gewählt, entsandt oder gerichtlich bestellt wurde. Sie greift auch dann ein, wenn ein Mitglied ausscheidet, ohne dass ein Nachfolger feststeht[5].

3 Die einzureichende Liste muss neben dem **Namen** und **Vornamen** auch den ausgeübten **Beruf** und **Wohnort** jedes Mitglieds enthalten. Eine sachliche Änderung gegenüber der früheren Rechtslage ist damit nicht verbunden, da die ganz h.M. auch im Rahmen des § 106 a.F. in Anlehnung an §§ 40 Nr. 4 a.F., 124 Abs. 3 Satz 3 Angaben zu Beruf und Wohnort verlangte[6]. Auch beim Ausscheiden eines Mitglieds muss die Liste nunmehr den Beruf und den Wohnort aller Mitglieder nennen. Die Wahl des

---

1 *Kropff*, Aktiengesetz, S. 147; *Hüffer*, § 102 AktG Rz. 1; *Mertens* in KölnKomm. AktG, 2. Aufl., § 106 AktG Rz. 2; *Habersack* in MünchKomm. AktG, 3. Aufl., § 106 AktG Rz. 1; *Spindler* in Spindler/Stilz, § 106 AktG Rz. 1.
2 Gesetz über elektronische Handelsregister und Genossenschaftsregister sowie das Unternehmensregister (EHUG) vom 10.11.2006, BGBl. I 2006, 2553, dazu Liebscher/Scharff, NJW 2006, 3745; *Meyding/Bödeker*, BB 2006, 1009.
3 Vgl. *Noack*, WM 2007, S. 377.
4 Beschlussempfehlung und Bericht des Rechtsausschusses, BT-Drucks. 16/2781, S. 173; s. auch BR-Drucks. 942/1/05, S. 30 f. sowie *Bürgers/Israel* in Bürgers/Körber, § 106 AktG Rz. 3; *Habersack* in MünchKomm. AktG, 3. Aufl., § 106 AktG Rz. 2.
5 *Hopt/Roth* in Großkomm. AktG, 4. Aufl., § 106 AktG Rz. 7; *Habersack* in MünchKomm. AktG, 3. Aufl., § 106 AktG Rz. 6; *Hüffer*, § 106 AktG Rz. 2; *Bürgers/Israel* in Bürgers/Körber, § 106 AktG Rz. 2; *Spindler* in Spindler/Stilz, § 106 AktG Rz. 5.
6 *Hopt/Roth* in Großkomm. AktG, 4. Aufl., § 106 AktG Rz. 12; *Mertens* in KölnKomm. AktG, 2. Aufl., § 106 AktG Rz. 4; *Hoffmann-Becking* in MünchHdb. AG, § 30 Rz. 62; *Bürgers/Israel* in Bürgers/Körber, § 106 AktG Rz. 2; *Spindler* in Spindler/Stilz, § 106 AktG Rz. 7; *Habersack* in MünchKomm. AktG, 3. Aufl., § 106 AktG Rz. 9.

Aufsichtsratsvorsitzenden und seines Stellvertreters löst die Pflicht zur Einreichung nicht aus.

Die Einreichungspflicht trifft den Vorstand als Gesamtorgan. Der Vorstand muss bei der Einreichung durch Vorstandsmitglieder in vertretungsberechtigter Zahl handeln. Die Erfüllung der Einreichungspflicht kann nicht nach § 407, wohl aber nach § 14 HGB erzwungen werden durch Festsetzung eines Zwangsgeldes. Diese erfolgt gegen die Mitglieder des Vorstands persönlich[7]. 4

### III. Hinweisbekanntmachung des Registergerichts

Nach Einreichung der Liste hat das Gericht eine Hinweisbekanntmachung i.S. des § 10 HGB vorzunehmen, aus der sich ergibt, dass die Liste zum Handelsregister eingereicht worden ist[8]. 5

### IV. Wirkung der Bekanntmachung

Einreichung und Hinweisbekanntmachung ziehen **keine Rechtsfolgen** nach sich[9]. Die rechtliche Stellung der ausgeschiedenen oder eingetretenen Aufsichtsratsmitglieder wird von ihnen nicht berührt. Mangels Eintragung im Handelsregister wird der Rechtsverkehr nicht durch Publizitätswirkungen des § 15 HGB geschützt. 6

## § 107
## Innere Ordnung des Aufsichtsrats

(1) Der Aufsichtsrat hat nach näherer Bestimmung der Satzung aus seiner Mitte einen Vorsitzenden und mindestens einen Stellvertreter zu wählen. Der Vorstand hat zum Handelsregister anzumelden, wer gewählt ist. Der Stellvertreter hat nur dann die Rechte und Pflichten des Vorsitzenden, wenn dieser behindert ist.

(2) Über die Sitzungen des Aufsichtsrats ist eine Niederschrift anzufertigen, die der Vorsitzende zu unterzeichnen hat. In der Niederschrift sind der Ort und der Tag der Sitzung, die Teilnehmer, die Gegenstände der Tagesordnung, der wesentliche Inhalt der Verhandlungen und die Beschlüsse des Aufsichtsrats anzugeben. Ein Verstoß gegen Satz 1 oder Satz 2 macht einen Beschluß nicht unwirksam. Jedem Mitglied des Aufsichtsrats ist auf Verlangen eine Abschrift der Sitzungsniederschrift auszuhändigen.

(3) Der Aufsichtsrat kann aus seiner Mitte einen oder mehrere Ausschüsse bestellen, namentlich, um seine Verhandlungen und Beschlüsse vorzubereiten oder die Ausführung seiner Beschlüsse zu überwachen. Er kann insbesondere einen Prüfungsausschuss bestellen, der sich mit der Überwachung des Rechnungslegungsprozesses, der Wirksamkeit des internen Kontrollsystems, des Risikomanagementsystems und des

---

7 *Habersack* in MünchKomm. AktG, 3. Aufl., § 106 AktG Rz. 14; *Spindler* in Spindler/Stilz, § 106 AktG Rz. 10; *Bürgers/Israel* in Bürgers/Körber, § 106 AktG Rz. 2.
8 *Bürgers/Israel* in Bürgers/Körber, § 106 AktG Rz. 3; *Spindler* in Spindler/Stilz, § 106 AktG Rz. 11; *Habersack* in MünchKomm. AktG, 3. Aufl., § 106 AktG Rz. 12; *Hüffer*, § 106 AktG Rz. 3.
9 So schon zur früheren Rechtslage *Hopt/Roth* in Großkomm. AktG, 4. Aufl., § 106 AktG Rz. 22; *Mertens* in KölnKomm. AktG, 2. Aufl., § 106 AktG Rz. 9; *Habersack* in MünchKomm. AktG, 3. Aufl., § 106 AktG Rz. 13; *Bürgers/Israel* in Bürgers/Körber, § 106 AktG Rz. 2.

internen Revisionssystems sowie der Abschlussprüfung, hier insbesondere der Unabhängigkeit des Abschlussprüfers und der vom Abschlussprüfer zusätzlich erbrachten Leistungen, befasst. Die Aufgaben nach Absatz 1 Satz 1, § 59 Abs. 3, § 77 Abs. 2 Satz 1, § 84 Abs. 1 Satz 1 und 3, Abs. 2 und Abs. 3 Satz 1, § 87 Abs. 1 und Abs. 2 Satz 1 und 2, § 111 Abs. 3, §§ 171, 314 Abs. 2 und 3 sowie Beschlüsse, dass bestimmte Arten von Geschäften nur mit Zustimmung des Aufsichtsrats vorgenommen werden dürfen, können einem Ausschuss nicht an Stelle des Aufsichtsrats zur Beschlussfassung überwiesen werden. Dem Aufsichtsrat ist regelmäßig über die Arbeit der Ausschüsse zu berichten.

(4) Richtet der Aufsichtsrat einer Gesellschaft im Sinn des § 264d des Handelsgesetzbuchs einen Prüfungsausschuss im Sinn des Absatzes 3 Satz 2 ein, so muss mindestens ein Mitglied die Voraussetzungen des § 100 Abs. 5 erfüllen.

| | |
|---|---|
| I. Allgemeines | 1 |
| II. **Aufsichtsratsvorsitzender und Stellvertreter (§ 107 Abs. 1)** | 4 |
| 1. Notwendige Funktionsträger | 4 |
| 2. Bestellung | 7 |
| a) Wahl durch den Aufsichtsrat | 7 |
| aa) Rechtslage nach dem AktG | 8 |
| bb) Besonderheiten nach dem MitbestG | 11 |
| b) Gerichtliche Bestellung | 13 |
| 3. Anmeldung zum Handelsregister; Angabe auf Geschäftsbriefen | 14 |
| 4. Amtszeit | 16 |
| a) Dauer der Bestellung | 16 |
| b) Widerruf der Bestellung; Amtsniederlegung | 17 |
| 5. Aufgaben und Befugnisse des Aufsichtsratsvorsitzenden | 19 |
| a) Verfahrensleitung und -koordination | 19 |
| b) Repräsentation des Aufsichtsrats | 21 |
| 6. Rechtsstellung der Stellvertreter | 24 |
| 7. Ehrenvorsitzende, Ehrenmitglieder | 27 |
| III. **Sitzungsniederschriften (§ 107 Abs. 2)** | 28 |
| 1. Protokollpflicht | 28 |
| 2. Erteilung von Abschriften | 32 |
| IV. **Ausschüsse des Aufsichtsrats (§ 107 Abs. 3)** | 33 |
| 1. Bedeutung und Zulässigkeit | 33 |
| a) Der Grundsatz der Delegationsautonomie | 33 |
| b) Grenzen der Delegationsautonomie | 38 |
| 2. Bildung von Ausschüssen | 41 |
| 3. Besetzung | 42 |
| a) Aktienrechtliche Vorgaben | 42 |
| b) Mitbestimmungsrechtliche Besonderheiten | 45 |
| 4. Innere Ordnung | 48 |
| 5. Information | 51 |
| a) Informationsansprüche des Ausschusses | 51 |
| b) Berichtspflichten gegenüber dem Plenum | 53 |
| V. **Insbesondere: Prüfungsausschuss (§ 107 Abs. 3 Satz 2)** | 54 |
| 1. Europarechtlicher Hintergrund | 54 |
| 2. Aufgaben | 56 |
| a) Allgemeines | 56 |
| b) Überwachung des Rechnungslegungsprozesses | 60 |
| c) Überwachung der Wirksamkeit des internen Kontrollsystems, Risikomanagementsystems und internen Revisionssystems | 61 |
| d) Überwachung der Abschlussprüfung | 65 |
| 3. Überwachungsstandards | 67 |
| a) Systemerrichtungspflicht | 67 |
| b) Pflicht zur Systemüberwachung | 71 |
| aa) Allgemeines | 71 |
| bb) Informationspflicht und Informationsobliegenheit | 72 |
| cc) Systembewertung | 74 |
| dd) Überwachung als Daueraufgabe | 75 |
| ee) Besonderheiten im Konzern | 76 |
| ff) Reaktionsmöglichkeiten bei Defiziten | 78 |
| 4. Besetzung | 79 |
| a) Aktienrechtliche Vorgaben (§ 107 Abs. 4) | 79 |
| b) DCGK | 81 |
| VI. **Geschäftsordnung** | 82 |

Innere Ordnung des Aufsichtsrats § 107

**Literatur:** *Altmeppen*, Der Prüfungsausschuss – Arbeitsteilung im Aufsichtsrat, ZGR 2004, 390; *Baums*, Der Aufsichtsrat – Aufgaben und Reformfragen, ZIP 1995, 11; *Bosse*, TransPuG: Änderungen zu den Berichtspflichten des Vorstands und zur Aufsichtsratstätigkeit, DB 2002, 1592; *Dreher*, Die Vorstandsverantwortung im Geflecht von Risikomanagement, Compliance und interner Revision, in FS Hüffer, 2010, S. 161; *Dörner/Horvath/Kagermann*, Praxis des Risikomanagements, 2000; *Dose*, Zivilrechtliche Haftung und Aufgabendelegation auf Ausschüsse im Aufsichtsrat der AG, ZGR 1973, 300; *Dreher*, Ausstrahlungen des Aufsichtsrechts auf das Aktienrecht, ZGR 2010, 496; *Erchinger/Melcher*, Regressprozess gegen den Steuerberater, DB 2008, 56; *Fleischer*, Behavioral Law and Economics im Gesellschafts- und Kapitalmarktrecht – ein Werkstattbericht, in FS Immenga, 2004, S. 575; *Fleischer*, Corporate Compliance im aktienrechtlichen Unternehmensverbund, CCZ 2008, 1; *Füss*, Die interne Revision, 2005; *Geitner*, Offene Fragen im Mitbestimmungsgesetz, AG 1976, 210; *Hauschka* (Hrsg.), Corporate Compliance, 2. Aufl. 2010; *Hennerkes/Schiffer*, Ehrenvorsitzender oder Ehrenmitglied eines Aufsichtsrats – Ernennung und Kompetenzen, DB 1992, 875; *Hommelhoff*, Die Geschäftsordnungsautonomie des Aufsichtsrats – Fragen zur Gestaltungsmacht des Satzungsgebers, BFuP 1977, 507; *Hommelhoff/Mattheus*, Risikomanagementsystem im Entwurf des BilMoG als Funktionselement der Corporate Governance, BB 2007, 2787; *Hommelhoff/Mattheus*, Corporate Governance nach dem KonTraG, AG 1998, 249; *J. Hüffer/Uwe H. Schneider*, Juristen an die Compliance-Front!, ZIP 2010, 55; *Immenga*, Compliance als Rechtspflicht nach Aktienrecht und Sarbanes Oxley-Act, in FS Schwark, 2009, S. 199; *Jüngst*, Der „Ehrenvorsitzende" in der Aktiengesellschaft, BB 1984, 1583; *Koch*, Compliance-Pflichten im Unternehmensverbund?, WM 2009, 1013; *Kort*, Risikomanagement nach dem Bilanzrechtsmodernisierungsgesetz, ZGR 2010, 440; *Kort*, Corporate Governance-Fragen der Größe und Zusammensetzung des Aufsichtsrats bei AG, GmbH und SE, AG 2008, 137; *Krieger*, Zum Aufsichtsratspräsidium, ZGR 1985, 338; *Kropff*, Der unabhängige Finanzexperte in der Gesellschaftsverfassung, in FS K. Schmidt, 2009, S. 1023; *Kropff*, Zur Information des Aufsichtsrats über das interne Überwachungssystem, NZG 2003, 346; *Lanfermann/Röhricht*, Pflichten des Prüfungsausschusses nach dem BilMoG, BB 2009, 887; *Leuering/Rubel*, Aufsichtsrat und Prüfungsausschuss nach dem BilMoG, NJW-Spezial 2008, 559; *Lück*, Elemente eines Risiko-Managementsystems, DB 1998, 8; *Lück*, Managementrisiken im Risikomanagementsystem, DB 2000, 1473; *Luther*, Die innere Organisation des Aufsichtsrats, ZGR 1977, 306; *Luther/Rosga*, Praktische Fragen und Probleme der Rechtsstellung des Aufsichtsratsvorsitzenden und seines Stellvertreters einer AG oder GmbH, in FS Meilicke, 1985, S. 80; *Lutter*, Professionalisierung des Aufsichtsrats, DB 2009, 775; *Lutter*, Ehrenämter im Aktien- und GmbH-Recht, ZIP 1984, 645; *Martens*, Mitbestimmungsrechtliche Bausteine in der Rechtsprechung des Bundesgerichtshofs, ZGR 1983, 237; *Maushake*, Audit Committees, 2009; *Mertens*, Aufsichtsratsausschüsse, Mitbestimmung und Methodenlehre, AG 1981, 113; *Meyer-Landrut*, Wahl, Nachwahl und Abwahl des Aufsichtsratsvorsitzenden und seines Stellvertreters nach dem MitbestG 1976, DB 1978, 443; *Möllers*, Professionalisierung des Aufsichtsrates, ZIP 1995, 1725; *Nagel*, Zusammensetzung mitbestimmter Aufsichtsratsausschüsse und Unternehmensinteresse, DB 1982, 2677; *Nonnenmacher/Pohle/v. Werder*, Aktuelle Anforderungen an Prüfungsausschüsse, DB 2009, 1447; *Paefgen*, Aufsichtsratsverfassung, 1982; *Peltzer*, Trail and Error – Anmerkung zu den Bemühungen des Gesetzgebers, die Arbeit des Aufsichtsrates zu verbessern, ZGR 2009, 1041; *Peus*, Der Aufsichtsratsvorsitzende. Seine Rechtsstellung nach dem Aktiengesetz und dem Mitbestimmungsgesetz, 1983; *Peus*, Besitz an Aufsichtsratsprotokollen und deren Beschlagnahme, ZGR 1987, 545; *Potthoff/Trescher*, Das Aufsichtsratsmitglied, 2003; *Preußner*, Risikomanagement und Compliance in der aktienrechtlichen Verantwortung des Aufsichtsrats unter Berücksichtigung des Gesetzes zur Modernisierung des Bilanzrechts (BilMoG), NZG 2008, 574; *Preußner/Becker*, Ausgestaltung von Risikomanagementsystemen durch die Geschäftsleitung, NZG 2002, 846; *Raiser*, Personalausschuss des Aufsichtsrats – Zum Ausschluss von Arbeitnehmervertretern aus Aufsichtsratsausschüssen, DZWir 1993, 510; *Ranzinger/Blies*, Audit Committees im internationalen Kontext, AG 2001, 455; *Rellermeyer*, Aufsichtsratsausschüsse, 1986; *Rittner*, Vakanzen im Ausschuss nach § 27 Abs. 3 MitbestG, in FS Fischer, 1979, S. 627; *Säcker*, Die Geschäftsordnung für den Aufsichtsrat eines mitbestimmten Unternehmens, DB 1977, 2031; *Schäfer/Zeller*, Finanzkrise, Risikomodelle und Organhaftung, BB 2009, 1706; *Schaub*, Die innere Organisation des Aufsichtsrats, ZGR 1977, 293; *Schlitt*, Der aktive Aufsichtsratsvorsitzende, DB 2005, 2007; *Uwe H. Schneider*, Compliance im Konzern, NZG 2009, 1321; *Uwe H. Schneider*, Compliance als Aufgabe der Unternehmensleitung, ZIP 2003, 645; *Uwe H. Schneider/Sven H. Schneider*, Konzern-Compliance als Aufgabe der Konzernleitung, ZIP 2007, 2061; *Uwe H. Schneider/Sven H. Schneider*, Vorstandshaftung im Konzern, AG 2005, 57; *Seele*, Rahmenbedingungen für das Verhalten von Aufsichtsratsmitgliedern deutscher börsennotierter Unternehmen, Diss. Heidelberg 2007; *Johannes Semler*, Ausschüsse des Aufsichtsrats, AG 1988, 60; *Servatius*, Ordnungsgemäße Vorstandskontrolle und vorbereitende Personalauswahl durch den Aufsichtsratsvorsitzenden, AG 1995, 223; *Siebel*, Der

Ehrenvorsitzende – Anmerkungen zum Thema Theorie und Praxis im Gesellschaftsrecht, in FS Peltzer, 2001, S. 519; *Sihler*, Unternehmensüberwachung – Erfahrungen eines Aufsichtsratsvorsitzenden, WPg Sonderheft 2001, 11; *Spindler*, Compliance in der multinationalen Bankengruppe, WM 2008, 905; *Staake*, Der unabhängige Finanzexperte im Aufsichtsrat, ZIP 2010, 1013; *Wagner/Wittgens*, Corporate Governance als dauernde Reformanstrengung: Der Entwurf des Gesetzes zur Angemessenheit der Vorstandsvergütung, BB 2009, 906; *Westermann*, Bestellung und Funktion „weiterer" Stellvertreter des Aufsichtsratsvorsitzenden in mitbestimmten Gesellschaften, in FS Fischer, 1979, S. 835; *M. Winter*, Die Verantwortlichkeit des Aufsichtsrats für „Corporate Compliance", in FS Hüffer, 2010, S. 1103; *Wohlmannstetter*, Risikomanagement nach dem BilMoG, ZGR 2010, 472; *Wolf*, Zur Anforderung eines internen Kontroll- und Risikomanagementsystems im Hinblick auf den (Konzern-) Rechnungslegungsprozess gemäß BilMoG, DStR 2009, 920; *Wolf*, Potenziale derzeitige Risikomanagementsysteme, DStR 2002, 1729; *Zöllner*, Die Besetzung von Aufsichtsratsausschüssen nach dem MitbestG 1976, in FS Zeuner, 1994, S. 161.

## I. Allgemeines

1 § 107 regelt die innere Ordnung des Aufsichtsrats **mit zwingender Wirkung**, aber **nicht abschließend**[1]. Die Vorschrift ordnet die Schaffung besonderer Funktionsträger an (**Abs. 1**: Vorsitzender und Stellvertreter; **Abs. 3**: Ausschüsse), wodurch die Effektivität der Aufsichtsratsarbeit sichergestellt werden soll. Im Zuge der Umsetzung von Art. 41 der EU-Abschlussprüferrichtlinie[2] wurden durch das BilMoG[3] in Abs. 3 ein neuer Satz 2 sowie Abs. 4 eingefügt, die Aufgaben und Besetzung von (fakultativen) Prüfungsausschüssen regeln. Durch das VorstAG[4] wurde zudem der Katalog der nicht auf einen Ausschuss übertragbaren Aufgaben um die Festsetzung und Herabsetzung der Vorstandsvergütung (§ 87 Abs. 1 und 2) erweitert. **Abs. 2** statuiert die Pflicht zur Protokollierung der Sitzungen und dient lediglich Beweiszwecken[5]. Weitere Regelungen zur Ordnung des Verfahrensablaufs finden sich in den §§ 108 bis 110 (Beschlussfassung, Teilnahme an Sitzungen, Einberufung des Aufsichtsrats) und § 171 Abs. 1 Satz 2 (Teilnahme- und Berichtspflicht des Abschlussprüfers). Für die dem MitbestG unterfallenden Gesellschaften gelten diese Vorschriften nur, sofern sich aus den §§ 27 bis 29, 31, 32 MitbestG nichts anderes ergibt.

2 Die **Satzung** kann und soll weitere Festlegungen treffen[6], auch in der mitbestimmten AG[7]. Ferner darf sich der Aufsichtsrat auch ohne satzungsmäßige Grundlage eine **Geschäftsordnung** geben und in dieser seine Organisation regeln[8]. Dabei ist er aber an zwingendes Gesetzesrecht und die Satzungsregelungen gebunden[9].

---

1 Vgl. nur *Hopt/Roth* in Großkomm. AktG, 4. Aufl., § 107 AktG Rz. 3.
2 Richtlinie 2006/43/EG des Europäischen Parlaments und des Rates vom 17.5.2006 über Abschlussprüfung von Jahresabschlüssen und konsolidierten Abschlüssen, zur Änderung der Richtlinien 78/660/EWG und 83/349/EWG des Rates und zur Aufhebung der Richtlinie 84/253/EWG des Rates, ABl. EG Nr. L 157 v. 9.6.2006, S. 87.
3 Gesetz zur Modernisierung des Bilanzrechts (Bilanzrechtsmodernisierungsgesetz – BilMoG) vom 25.5.2009, BGBl. I 2009, 1102.
4 Gesetz zur Angemessenheit der Vorstandsvergütung (VorstAG) vom 31.7.2009, BGBl. I 2009, 2509.
5 *Hopt/Roth* in Großkomm. AktG, 4. Aufl., § 116 AktG Rz. 5.
6 Vgl. *Lutter/Krieger*, Aufsichtsrat, Rz. 652; *Hüffer*, § 107 AktG Rz. 2; *Hopt/Roth* in Großkomm. AktG, 4. Aufl., § 107 AktG Rz. 6; *Mertens* in KölnKomm. AktG, 2. Aufl., § 107 AktG Rz. 4; *Habersack* in MünchKomm. AktG, 3. Aufl., § 107 AktG Rz. 1.
7 Vgl. BVerfG v. 1.3.1979 – 1 BvR 532/77, BVerfGE 50, 290, 324 = NJW 1979, 59; BGH v. 25.2.1982 – II ZR 102/81, BGHZ 83, 144, 148 = AG 1982, 221; BGH v. 25.2.1982 – II ZR 123/81, BGHZ 83, 106, 111 = WM 1982, 359 = AG 1982, 218.
8 Ausführlich zu Fragen der Geschäftsordnung *Hopt/Roth* in Großkomm. AktG, 4. Aufl., § 107 AktG Rz. 202 ff.
9 BGH v. 5.6.1975 – II ZR 156/73, BGHZ 64, 325, 328 = NJW 1975, 1412; *Lutter/Krieger*, Aufsichtsrat, Rz. 653; *Spindler* in Spindler/Stilz, § 107 AktG Rz. 4.

Zur Arbeitsweise des Aufsichtsrats enthält der **DCGK** ergänzende Bestimmungen in Ziff. 5.2, Ziff. 5.3, Ziff. 5.4.6, Ziff. 5.5.2 und 5.5.3 sowie Ziff. 5.6, die aber, soweit sie nicht gesetzliche Vorgaben wiederholen, lediglich empfehlenden Charakter haben. Für die in Ziff. 5.6 empfohlene **Effizienzprüfung** fehlt es an formellen und inhaltlichen Vorgaben, so dass der Aufsichtsrat selbst darüber befinden kann, in welcher Form die Selbstevaluierung durchgeführt werden soll. Dies kann mit oder ohne Hilfe externer Dritter geschehen. Überprüft werden soll in erster Linie die Effizienz des Gesamtorgans, nicht die jedes einzelnen Mitglieds. Jedoch kann sich die Qualität der individuellen Aufgabenbewältigung auch auf die Arbeit des Gesamtorgans auswirken[10]. 3

## II. Aufsichtsratsvorsitzender und Stellvertreter (§ 107 Abs. 1)

### 1. Notwendige Funktionsträger

Gem. § 107 Abs. 1 muss der Aufsichtsrat aus seiner Mitte einen Vorsitzenden und mindestens einen Stellvertreter wählen. Bei diesen handelt es sich um zwingend erforderliche Funktionsträger, **nicht** aber um **Organe der AG**[11]. Vorsitzender und Stellvertreter sind trotz ihrer hervorgehobenen Stellung lediglich Mitglieder des Organs Aufsichtsrat. Neben den organisatorischen Aufgaben ist es die wichtigste Funktion des Aufsichtsratsvorsitzenden, Kontaktperson und Informationsmittler im Verhältnis zum Vorstand zu sein[12]. Ferner ist der Aufsichtsratsvorsitzende typischerweise stärker als die anderen Mitglieder des Gremiums mit dem Geschäft des Mandatsunternehmens vertraut[13]. 4

Noch wenig beachtet sind die **weichen Faktoren**, die im Sinne einer „Behavioral Corporate Governance"[14] die Arbeit des Aufsichtsrats beeinflussen[15]. Es wird immer wieder berichtet, dass Aufsichtsräte, die durchgängig mit hoch qualifizierten Persönlichkeiten besetzt sind, als Organ nicht oder schlecht funktionieren[16]. Zu beachten ist insoweit, dass Aufsichtsräte anfällig für Gruppeneffekte sind, die die erfolgreiche Arbeit ebenso hemmen können wie schlechte Information oder geringer Fachverstand der Mitglieder. Bedeutung hat das einmal für die Auswahl der vorzuschlagenden Kandidaten (§ 100 Rz. 31), aber auch für die Arbeit des Vorsitzenden. Er muss für eine angemessene Diskussionskultur im Aufsichtsrat sorgen und darf die Dominanz bestimmter Meinungsblöcke oder eines Meinungsführers nicht zulassen[17] und auch selbst diese Rolle nicht übernehmen. Weiterhin muss er dafür sorgen, dass die Diskussion sich nicht in Details verliert, sondern sich auf die wesentlichen strategischen Fragen konzentriert[18]. Und schließlich muss er darauf hinwirken, dass über die zahlreichen rechtlich bedingten Anforderungen der unternehmerische Aspekt der Aufsichtsarbeit nicht in den Hintergrund gerät[19]. 5

---

10 Zutreffend *Hüffer*, § 107 AktG Rz. 2a.
11 *Lutter/Krieger*, Aufsichtsrat, Rz. 675; *Hopt/Roth* in Großkomm. AktG, 4. Aufl., § 107 AktG Rz. 63; *Mertens* in KölnKomm. AktG, 2. Aufl., § 107 AktG Rz. 33; *Bürgers/Israel* in Bürgers/Körber, § 107 AktG Rz. 2; a.A. *Peus*, Der Aufsichtsratsvorsitzende, 1983, S. 213.
12 *Kremer* in Ringleb/Kremer/Lutter/v. Werder, DCGK, Rz. 970; *Kort*, AG 2008, 137, 144.
13 *Potthoff/Trescher*, Das Aufsichtsratsmitglied, Rz. 1025.
14 Weiterführend *Boot/Macey*, 89 Cornell L. Rev. (2004), 356, 369; *Fleischer* in FS Immenga, S. 575 ff.
15 Zu Recht kritisch dazu *Sihler*, WPg Sonderband 2001, 11, 13; *Peltzer*, NZG 2009, 1041 f. Ausführlich dazu *Seele*, S. 175 ff.
16 *Seele*, S. 175; *Schilling*, Corporate Governance – Form oder Inhalt?, FAZ vom 27.5.2002, S. 25.
17 Dazu *Peltzer*, ZGR 2009, 1041, 1042.
18 *Sihler*, WPg Sonderheft 2001, 11, 13.
19 *Semler*, DAI Heft 37, 2007, S. 20.

6 Der Aufsichtsrat kann nur einen Vorsitzenden, darf aber **mehrere Stellvertreter** haben. Die Satzung kann die Wahl mehrerer Stellvertreter vorschreiben, aber auch die Zahl der Stellvertreter begrenzen[20] (s. auch Rz. 24 ff.).

## 2. Bestellung

### a) Wahl durch den Aufsichtsrat

7 Das Wahlverfahren kann in der **Satzung** festgeschrieben werden, subsidiär gelten die allgemeinen **Regeln über die Beschlussfassung des Aufsichtsrats**. Für Gesellschaften, die dem **MitbestG** unterliegen, ist in § 27 MitbestG ein besonderes Wahlverfahren angeordnet. Dieses soll sicherstellen, dass das Amt des Vorsitzender *und* seines Stellvertreters nicht gegen den Willen der Arbeitnehmervertreter allein mit Vertretern der Anteilseigner besetzt werden kann.

8 **aa) Rechtslage nach dem AktG. Wählbar** ist jedes Mitglied des Aufsichtsrats. Die Satzung kann den Kreis der passiv Wahlberechtigten weder auf Nichtmitglieder ausweiten noch durch die Aufstellung persönlicher Kriterien einschränken[21]. Unzulässig sind insbesondere auch statutarische Bestimmungen, wonach die Ämter nur von Mitgliedern einer bestimmten Gruppe von Aufsichtsratmitgliedern ausgeübt werden dürfen.

9 Das **aktive Wahlrecht** steht dem Aufsichtsrat in seiner Gesamtheit zu; die Wahl kann nicht auf andere Organe oder Dritte übertragen oder von deren Zustimmung abhängig gemacht werden[22]. Stimmberechtigt ist jedes Aufsichtsratsmitglied, auch die Kandidaten selbst[23]. Mehrstimmrechte sind unzulässig.

10 Sofern die Satzung nichts anderes bestimmt, ist gewählt, wer die **absolute Mehrheit** der Stimmen auf sich vereinigt. Die Satzung kann aber auch die relative Mehrheit ausreichen lassen[24] oder eine höhere als die absolute Mehrheit verlangen[25]. Stimmgleichheit genügt nicht[26]; dem bisherigen Vorsitzenden steht bei seiner Wiederwahl in keinem Fall ein Stichentscheid zu[27]. Die Wahl kann in geheimer Abstimmung erfolgen[28] (vgl. § 108 Rz. 18 f.). Die Bestellung wird erst mit Annahme der Wahl wirksam.

---

20 S. nur *Lutter/Krieger*, Aufsichtsrat, Rz. 657.
21 *Lutter/Krieger*, Aufsichtsrat, Rz. 658; *Hoffmann-Becking* in MünchHdb. AG, § 31 Rz. 9; *Hüffer*, § 107 AktG Rz. 3; *Hopt/Roth* in Großkomm. AktG, 4. Aufl., § 107 AktG Rz. 26 f.; *Mertens* in KölnKomm. AktG, 2. Aufl., § 107 AktG Rz. 11; *Habersack* in MünchKomm. AktG, 3. Aufl., § 107 AktG Rz. 19; *Bürgers/Israel* in Bürgers/Körber, § 107 AktG Rz. 3.
22 *Lutter/Krieger*, Aufsichtsrat, Rz. 656; *Mertens* in KölnKomm. AktG, 2. Aufl., § 107 AktG Rz. 9.
23 *Lutter/Krieger*, Aufsichtsrat, Rz. 660; *Hoffmann-Becking* in MünchHdb. AG, § 31 Rz. 9; *Hüffer*, § 107 AktG Rz. 3; *Hopt/Roth* in Großkomm. AktG, 4. Aufl., § 107 AktG Rz. 31; *Mertens* in KölnKomm. AktG, 2. Aufl., § 107 AktG Rz. 9; *Spindler* in Spindler/Stilz, § 107 AktG Rz. 18.
24 *Lutter/Krieger*, Aufsichtsrat, Rz. 660; *Hüffer*, § 107 AktG Rz. 3; *Hopt/Roth* in Großkomm. AktG, 4. Aufl., § 107 AktG Rz. 32; *Mertens* in KölnKomm. AktG, 2. Aufl., § 107 AktG Rz. 10; *Habersack* in MünchKomm. AktG, 3. Aufl., § 107 AktG Rz. 22.
25 *Lutter/Krieger*, Aufsichtsrat, Rz. 660; *Hüffer*, § 107 AktG Rz. 3; *Hopt/Roth* in Großkomm. AktG, 4. Aufl., § 107 AktG Rz. 32; *Habersack* in MünchKomm. AktG, 3. Aufl., § 107 AktG Rz. 22; *Bürgers/Israel* in Bürgers/Körber, § 107 AktG Rz. 4; a.A. *Mertens* in KölnKomm. AktG, 2. Aufl., § 107 AktG Rz. 9.
26 Für die Zulässigkeit eines Losentscheids bei Stimmgleichheit *Hopt/Roth* in Großkomm. AktG, 4. Aufl., § 107 AktG Rz. 33; *Mertens* in KölnKomm. AktG, 2. Aufl., § 107 AktG Rz. 14.
27 A.A. *Habersack* in MünchKomm. AktG, 3. Aufl., § 107 AktG Rz. 21.
28 *Habersack* in MünchKomm. AktG, 3. Aufl., § 107 AktG Rz. 22; a.A. *Mertens* in KölnKomm. AktG, 2. Aufl., § 107 AktG Rz. 9.

**bb) Besonderheiten nach dem MitbestG.** Das Drittelbeteiligungsgesetz sieht keine 11
Besonderheiten gegenüber dem AktG vor. Für mitbestimmte Gesellschaften, die dem
MitbestG unterliegen, sieht § 27 MitbestG vor, dass der Vorsitzende und sein erster
Stellvertreter in einem **ersten Wahlgang** der Mehrheit von 2/3 der Stimmen der gesetzlichen
Sollstärke des Aufsichtsrats bedürfen (§ 27 Abs. 1 MitbestG). Über beide
Ämter kann gleichzeitig oder getrennt abgestimmt werden. Wird in einer oder beiden
Abstimmungen nicht die notwendige Mehrheit erzielt, so wählen in einem **zweiten
Wahlgang** die Anteilseignervertreter den Vorsitzenden und die Arbeitnehmervertreter
den Stellvertreter unabhängig voneinander. Hier reicht die absolute Mehrheit der jeweils
abgegeben Stimmen aus (§ 27 Abs. 2 MitbestG); analog § 28 MitbestG sind beide
Gruppen nur beschlussfähig, wenn mindestens die Hälfte der Mitglieder, aus denen
sie gesetzlich bestehen müssen, an der Wahl teilnimmt[29]. Der zweite Wahlgang
muss sich nicht unmittelbar an den ersten anschließen. Vielmehr kann mit Zustimmung
aller Aufsichtsratsmitglieder der erste Wahlgang beliebig oft wiederholt werden[30].

Die Wahl **weiterer Stellvertreter** ist zulässig[31]; für sie gilt jedoch nicht § 27 MitbestG, 12
sondern das allgemeine Verfahren des § 29 MitbestG[32].

**b) Gerichtliche Bestellung**

Der Aufsichtsrat ist gesetzlich zur Wahl eines Vorsitzenden und eines Stellvertreters 13
verpflichtet, kann aber nicht zum Tätigwerden gerichtlich gezwungen werden. Für
den Fall, dass eine Wahl nicht zustande kommt, etwa weil sich die Mitglieder nicht
auf einen Kandidaten einigen können, die erforderliche Mehrheit nicht erreicht wird
oder der Aufsichtsrat absichtlich untätig bleibt, kann die Satzung die Zuständigkeit
nicht auf die Hauptversammlung übertragen[33]. Allerdings kommt **analog § 104 Abs. 2**
eine **gerichtliche Ersatzbestellung** in Betracht[34]; dies gilt für die mitbestimmte und
nicht mitbestimmte AG gleichermaßen[35]. Das Selbstbestimmungsrecht des Aufsichtsrats
wird dadurch nicht über Gebühr eingeschränkt. Zum Verfahren s. § 104
Rz. 8 ff.

**3. Anmeldung zum Handelsregister; Angabe auf Geschäftsbriefen**

Gem. § 107 Abs. 1 Satz 2 sind der Vorsitzende und seine Stellvertreter zum Handels- 14
register anzumelden. Diese Mitteilung, die durch den Vorstand in vertretungsberechtigter
Zahl zu erfolgen hat, dient lediglich der **Information des Registergerichts**; eine
Eintragung oder Veröffentlichung erfolgt nicht. Mitzuteilen sind Name und Anschrift.
Es genügt Schriftform; das Verlangen der öffentlichen Beglaubigung ist un-

---

29 So auch *Lutter/Krieger*, Aufsichtsrat, Rz. 668; *Spindler* in Spindler/Stilz, § 107 AktG Rz. 24.
30 *Lutter/Krieger*, Aufsichtsrat, Rz. 668; *Hoffmann-Becking* in MünchHdb. AG, § 31 Rz. 27; *Hopt/Roth* in Großkomm. AktG, 4. Aufl., § 107 AktG Rz. 36; *Mertens* in KölnKomm. AktG, 2. Aufl., § 107 AktG Rz. 27.
31 BGH v. 25.2.1982 – II ZR 123/81, BGHZ 83, 106 = WM 1982, 359 = AG 1982, 218; dazu *Paefgen*, Aufsichtsratsverfassung, 1982, S. 286 ff.
32 OLG Hamburg v. 23.7.1982 – 11 U 179/80, AG 1983, 21, 22; *Lutter/Krieger*, Aufsichtsrat, Rz. 670 m.w.N.
33 H.M.; *Hüffer*, § 107 AktG Rz. 3b; *Hopt/Roth* in Großkomm. AktG, 4. Aufl., § 107 AktG Rz. 20; *Mertens* in KölnKomm. AktG, 2. Aufl., § 107 AktG Rz. 18; *Habersack* in MünchKomm. AktG, 3. Aufl., § 107 AktG Rz. 24; a.A. KG, DR 1941, 502.
34 Wie hier *Rittner* in FS Fischer, 1979, S. 627, 632; *Hüffer*, § 107 AktG Rz. 3b; *Mertens* in KölnKomm. AktG, 2. Aufl., § 107 AktG Rz. 18; *Habersack* in MünchKomm. AktG, 3. Aufl., § 107 AktG Rz. 25; a.A. *Hoffmann-Becking* in MünchHdb. AG, § 31 Rz. 8; *Geßler* in G/H/E/K, § 107 AktG Rz. 8; *v. Godin/Wilhelmi*, § 107 AktG Anm. 2.
35 *Spindler* in Spindler/Stilz, § 107 AktG Rz. 26 f.; *Lutter/Krieger*, Aufsichtsrat, Rz. 656, 671.

zulässig³⁶. Über § 14 HGB i.V.m. § 407 Abs. 1 Satz 1 StGB kann der Vorstand zur Anmeldung veranlasst werden, nicht aber dazu, den Aufsichtsrat überhaupt erst zur Wahl zu drängen³⁷.

15 Nur der Aufsichtsratsvorsitzende ist zudem auf den **Geschäftsbriefen** der AG anzugeben (§ 80). Zu den Geschäftsbriefen zählen auch Telefaxe und E-Mails³⁸.

### 4. Amtszeit

#### a) Dauer der Bestellung

16 Soweit Satzung, Geschäftsordnung oder Wahlbeschluss nicht ein anderes bestimmen, erfolgt die Bestellung für den **Zeitraum**, für den der Betreffende **in den Aufsichtsrat gewählt** wurde. Mit der Wiederwahl zum Aufsichtsratsmitglied geht nicht automatisch die Wiederwahl zum Vorsitzenden bzw. Stellvertreter einher³⁹; allerdings ist die Verlängerung der Amtsdauer auch über die laufende Wahlperiode hinaus für den Fall der Wiederwahl möglich⁴⁰. Mit dem **Ausscheiden** aus dem Aufsichtsrat erlischt zwingend auch die Bestellung⁴¹. Sonstige Veränderungen in der Zusammensetzung des Aufsichtsrats berühren die Amtsdauer vorbehaltlich einer abweichenden Bestimmung nicht⁴². In der mitbestimmten AG müssen sich die Amtszeiten von Vorsitzendem und (erstem) Stellvertreter decken⁴³. In allen anderen Gesellschaften können sie auch für unterschiedlich lange Amtszeiten bestellt werden, sofern die Satzung dies nicht verbietet⁴⁴.

#### b) Widerruf der Bestellung; Amtsniederlegung

17 Die Bestellung kann grds. jederzeit **durch Beschluss widerrufen** werden⁴⁵. Dies erklärt sich aus der besonderen Vertrauensstellung, die der Vorsitzende bzw. seine Stellvertreter einnehmen. Satzung oder Geschäftsordnung können besondere Voraussetzungen aufstellen, insbesondere das Vorliegen eines wichtigen Grundes. Der Abberufungsbeschluss bedarf grundsätzlich derselben Mehrheit wie die Wahl. Die Abberufung aus wichtigem Grund muss allerdings stets mit einfacher Mehrheit möglich

---

36 KG, JW 1938, 2281; *Lutter/Krieger*, Aufsichtsrat, Rz. 661; *Hüffer*, § 107 AktG Rz. 8; *Hopt/Roth* in Großkomm. AktG, 4. Aufl., § 107 AktG Rz. 42; *Mertens* in KölnKomm. AktG, 2. Aufl., § 107 AktG Rz. 21; *Habersack* in MünchKomm. AktG, 3. Aufl., § 107 AktG Rz. 37; a.A. LG Frankfurt/M., JW 1938, 1397.
37 *Hüffer*, § 107 AktG Rz. 8; *Hopt/Roth* in Großkomm. AktG, 4. Aufl., § 107 AktG Rz. 44; *Mertens* in KölnKomm. AktG, 2. Aufl., § 107 AktG Rz. 20; *Habersack* in MünchKomm. AktG, 3. Aufl., § 107 AktG Rz. 37; *Spindler* in Spindler/Stilz, § 107 AktG Rz. 59.
38 *Hopt/Roth* in Großkomm. AktG, 4. Aufl., § 107 AktG Rz. 45.
39 *Lutter/Krieger*, Aufsichtsrat, Rz. 662; *Hüffer*, § 107 AktG Rz. 4; *Mertens* in KölnKomm. AktG, 2. Aufl., § 107 AktG Rz. 27; *Habersack* in MünchKomm. AktG, 3. Aufl., § 107 AktG Rz. 28.
40 *Lutter/Krieger*, Aufsichtsrat, Rz. 662.
41 *Spindler* in Spindler/Stilz, § 107 AktG Rz. 29 m.w.N.
42 *Hopt/Roth* in Großkomm. AktG, 4. Aufl., § 107 AktG Rz. 46; *Habersack* in MünchKomm. AktG, 3. Aufl., § 107 AktG Rz. 28.
43 *Spindler* in Spindler/Stilz, § 107 AktG Rz. 31; *Lutter/Krieger*, Aufsichtsrat, Rz. 672; *Hoffmann-Becking* in MünchHdb. AG, § 31 Rz. 31; *Oetker* in Großkomm. AktG, 4. Aufl., § 27 MitbestG Rz. 16.
44 *Bürgers/Israel* in Bürgers/Körber, § 107 AktG Rz. 6.
45 *Lutter/Krieger*, Aufsichtsrat, Rz. 664; *Hüffer*, § 107 AktG Rz. 4; *Hopt/Roth* in Großkomm. AktG, 4. Aufl., § 107 AktG Rz. 53; *Mertens* in KölnKomm. AktG, 2. Aufl., § 107 AktG Rz. 28; *Habersack* in MünchKomm. AktG, 3. Aufl., § 107 AktG Rz. 30. Zur Abberufung im mitbestimmten Aufsichtsrat eingehend *Oetker* in Großkomm. AktG, 4. Aufl., § 27 MitbestG Rz. 11 ff.

sein[46]. Bei der Beschlussfassung ist der bisherige Amtsträger stimmberechtigt, es sei denn, die Abberufung soll aus wichtigem Grund erfolgen[47].

Vorsitzender bzw. Stellvertreter können ihr **Amt** jederzeit ohne wichtigen Grund und unter Beibehaltung ihres Aufsichtsratsmandats **niederlegen**[48]. Es gelten insofern die unter § 103 Rz. 25 entwickelten Grundsätze. Die Erklärung hat gegenüber dem Aufsichtsrat zu erfolgen; der Vorstand muss allerdings eine fälschlicherweise an ihn gerichtete Erklärung an diesen weiterleiten[49]. Erfolgt die Amtsniederlegung zur Unzeit, bleibt diese wirksam, allerdings kann sich der bisherige Amtsinhaber schadensersatzpflichtig machen[50].

### 5. Aufgaben und Befugnisse des Aufsichtsratsvorsitzenden

#### a) Verfahrensleitung und -koordination

Der Vorsitzende hat die Tätigkeit des Aufsichtsrats zu koordinieren und zu leiten. Er hat **alle Befugnisse, die dem Vorsitzenden eines Kollegiums üblicherweise zustehen**: Er muss die Sitzungen vorbereiten, einberufen (dazu § 110 Rz. 3 ff.) und leiten[51], die Arbeit der Ausschüsse koordinieren, die aufsichtsratsinterne Kommunikation sicherstellen und über Rechtsfragen entscheiden, die sich im Zusammenhang mit den vom Aufsichtsrat zu treffenden Entscheidungen stellen[52]. Gegenüber den anderen Aufsichtsratsmitgliedern steht ihm allerdings **kein Weisungsrecht** zu[53]; er kann aber im Rahmen der Sitzungsleitung Mitgliedern das Wort entziehen oder diesen die Teilnahme gänzlich versagen, wenn dies für den ordnungsgemäßen Ablauf der Sitzung erforderlich ist[54]. Seine verfahrensleitenden Befugnisse stehen im Übrigen unter dem Vorbehalt, dass der Aufsichtsrat nicht eine andere Vorgehensweise beschließt[55].

In der mitbestimmten Gesellschaft nach dem MitbestG ist der Aufsichtsratsvorsitzende kraft Gesetzes **Mitglied im Vermittlungsausschuss** (§ 27 Abs. 3 MitbestG). Ihm steht bei Stimmgleichheit das Zweitstimmrecht gem. §§ 29 Abs. 2, 31 Abs. 4 MitbestG zu.

---

46 *Lutter/Krieger*, Aufsichtsrat, Rz. 664; *Hoffmann-Becking* in MünchHdb. AG, § 31 Rz. 16; *Hüffer*, § 107 AktG Rz. 4; *Mertens* in KölnKomm. AktG, 2. Aufl., § 107 AktG Rz. 28; *Habersack* in MünchKomm. AktG, 3. Aufl., § 107 AktG Rz. 31; *Bürgers/Israel* in Bürgers/Körber, § 107 AktG Rz. 7; *Spindler* in Spindler/Stilz, § 107 AktG Rz. 35.
47 *Lutter/Krieger*, Aufsichtsrat, Rz. 664; *Hopt/Roth* in Großkomm. AktG, 4. Aufl., § 107 AktG Rz. 54; *Habersack* in MünchKomm. AktG, 3. Aufl., § 107 AktG Rz. 31.
48 *Lutter/Krieger*, Aufsichtsrat, Rz. 665; *Hopt/Roth* in Großkomm. AktG, 4. Aufl., § 107 AktG Rz. 51; *Habersack* in MünchKomm. AktG, 3. Aufl., § 107 AktG Rz. 34; *Spindler* in Spindler/Stilz, § 107 AktG Rz. 37.
49 So auch *Lutter/Krieger*, Aufsichtsrat, Rz. 665; *Hopt/Roth* in Großkomm. AktG, 4. Aufl., § 107 AktG Rz. 51; *Mertens* in KölnKomm. AktG, 2. Aufl., § 107 AktG Rz. 32; *Habersack* in MünchKomm. AktG, 3. Aufl., § 107 AktG Rz. 34.
50 *Hopt/Roth* in Großkomm. AktG, 4. Aufl., § 107 AktG Rz. 52; *Habersack* in MünchKomm. AktG, 3. Aufl., § 107 AktG Rz. 34; *Bürgers/Israel* in Bürgers/Körber, § 107 AktG Rz. 7.
51 Dazu *Hopt/Roth* in Großkomm. AktG, 4. Aufl., § 107 AktG Rz. 98 ff.; *Peus*, Der Aufsichtsratsvorsitzende, S. 24 ff.
52 *Mertens* in KölnKomm. AktG, 2. Aufl., § 107 AktG Rz. 37; *Spindler* in Spindler/Stilz, § 107 AktG Rz. 49.
53 Zur Möglichkeit des Ausschlusses von Sitzungen s. *Habersack* in MünchKomm. AktG, 3. Aufl., § 107 AktG Rz. 56 m.w.N.
54 *Peus*, Der Aufsichtsratsvorsitzende, S. 108.
55 Dazu eingehend *Peus*, Der Aufsichtsratsvorsitzende, 1983, S. 79 ff.; ferner *Mertens* in KölnKomm. AktG, 2. Aufl., § 107 AktG Rz. 36; *Hopt/Roth* in Großkomm. AktG, 4. Aufl., § 107 AktG Rz. 93; *Habersack* in MünchKomm. AktG, 3. Aufl., § 107 AktG Rz. 56.

### b) Repräsentation des Aufsichtsrats

21 Ein zweiter wichtiger Aufgabenkomplex ist die Repräsentation des Aufsichtsrats gegenüber anderen Organen und der Öffentlichkeit. Der Vorsitzende ist der wichtigste **Ansprechpartner und Berater des Vorstandes**[56] (vgl. auch Ziff. 5.2 DCKG). Er muss dafür sorgen, dass der Aufsichtsrat seiner Überwachungsaufgabe überhaupt nachkommen kann und die notwendigen Informationen erhält. Zu diesem Zwecke empfängt er die Vorstandsberichte und leitet sie an die Aufsichtsratsmitglieder weiter (§ 90 Abs. 1 Satz 3, Abs. 5 Satz 3). In der Hauptversammlung erläutert er den Bericht des Aufsichtrats (§ 176 Abs. 1 Satz 2). Typischerweise bestimmt die Satzung ihn auch zum Leiter der Hauptversammlung.

22 Der Vorsitzende ist kraft Amtes **Erklärungsvertreter** des Aufsichtsrats. Er verkündet die Beschlüsse nach außen, sofern nicht ein anderes Mitglied dazu ermächtigt wird. Er kann die zur Erfüllung seiner Leitungsfunktion erforderlichen Hilfsgeschäfte (z.B. Vereinbarung einer Kostenerstattung für zur Sitzung geladene Sachverständige) abschließen[57]. Zugleich ist er empfangszuständig für dem Aufsichtsrat gegenüber abzugebende Willenserklärungen[58]. Hingegen ist er nicht organschaftlicher Vertreter gegenüber dem Vorstand oder Dritten in den Fällen des § 112[59]; hier bedarf es einer gesonderten Ermächtigung durch den Aufsichtsrat, die aber auch konkludent erfolgen kann[60] (dazu § 112 Rz. 14).

23 In zahlreichen Fällen ist der Vorsitzende zur Vertretung der Gesellschaft bei der **Abgabe handelsregisterrechtlicher Erklärungen** bestimmt (z.B. §§ 184 Abs. 1, 188 Abs. 1, 195 Abs. 1, 207 Abs. 2, 223, 229 Abs. 3, 237 Abs. 2).

### 6. Rechtsstellung der Stellvertreter

24 Ist der Vorsitzende zur rechtzeitigen Ausübung seiner Dienstgeschäfte nicht in der Lage, so werden dessen Aufgaben und Befugnisse von einem Stellvertreter wahrgenommen. Ob ein **Vertretungsfall** vorliegt, bestimmt sich bei einer nur vorübergehenden Verhinderung des Vorsitzenden danach, ob die betreffende Angelegenheit Aufschub duldet oder nicht. Keine Verhinderung liegt vor, wenn der Vorsitzende sein Amt zwar ausüben könnte, aber dies nicht will[61]. Eine freiwillige Aufgabendelegation auf einen Stellvertreter scheidet somit aus.

---

56 *Krieger*, ZGR 1985, 338, 340 ff.; *Peus*, Der Aufsichtsratsvorsitzende, S. 162 f.; *Lutter/Krieger*, Aufsichtsrat, Rz. 678; *Hüffer*, § 107 AktG Rz. 5; *Hopt/Roth* in Großkomm. AktG, 4. Aufl., § 107 AktG Rz. 68; *Mertens* in KölnKomm. AktG, 2. Aufl., § 107 AktG Rz. 33; *Habersack* in MünchKomm. AktG, 3. Aufl., § 107 AktG Rz. 45, 57.
57 *Lutter/Krieger*, Aufsichtsrat, Rz. 680; *Hopt/Roth* in Großkomm. AktG, 4. Aufl., § 107 AktG Rz. 116; *Mertens* in KölnKomm. AktG, 2. Aufl., § 107 AktG Rz. 48; *Habersack* in MünchKomm. AktG, 3. Aufl., § 107 AktG Rz. 58; *Bürgers/Israel* in Bürgers/Körber, § 107 AktG Rz. 8.
58 *Hoffmann-Becking* in MünchHdb. AG, § 31 Rz. 97; *Hopt/Roth* in Großkomm. AktG, 4. Aufl., § 107 AktG Rz. 118.
59 BGH v. 6.4.1964 – II ZR 75/62, BGHZ 41, 282, 285 = NJW 1964, 1367; OLG Stuttgart v. 20.3.1992 – 2 U 115/90, BB 1992, 1669 = AG 1993, 85; BGH v. 17.3.2008 – II ZR 239/06, AG 2008, 894 (zur Genossenschaft); *Lutter/Krieger*, Aufsichtsrat, Rz. 681; *Mertens* in KölnKomm. AktG, 2. Aufl., § 107 AktG Rz. 47; *Hopt/Roth* in Großkomm. AktG, 4. Aufl., § 107 AktG Rz. 111; *Habersack* in MünchKomm. AktG, 3. Aufl., § 107 AktG Rz. 58 f.
60 *Mertens* in KölnKomm. AktG, 2. Aufl., § 107 AktG Rz. 47; *Spindler* in Spindler/Stilz, § 107 AktG Rz. 41.
61 H.M.; *Lutter/Krieger*, Aufsichtsrat, Rz. 684; *Hoffmann-Becking* in MünchHdb. AG, § 31 Rz. 23; *Hüffer*, § 107 AktG Rz. 7; *Hopt/Roth* in Großkomm. AktG, 4. Aufl., § 107 AktG Rz. 155; *Mertens* in KölnKomm. AktG, 2. Aufl., § 107 AktG Rz. 107; *Habersack* in MünchKomm. AktG, 3. Aufl., § 107 AktG Rz. 70; a.A. *Spindler* in Spindler/Stilz, § 107 AktG Rz. 55; *Geßler* in G/H/E/K, § 107 AktG Rz. 23.

Bei **mehreren Stellvertretern** bestimmt sich die Reihenfolge nach Satzung oder Geschäftsordnung. Fehlt eine entsprechende Regelung, so muss der Aufsichtsrat ad hoc über die Frage der Vertretung beschließen[62]; das Einberufungsrecht steht in diesen Fällen jedem Stellvertreter zu. 25

Bei **mitbestimmten Gesellschaften** ist der nach dem besonderen Verfahren des § 27 MitbestG gewählte Stellvertreter stets erster Stellvertreter[63]. Auch er ist Mitglied des Vermittlungsausschusses (§ 27 Abs. 3 MitbestG); ein Zweitstimmrecht steht ihm indes nicht zu (§ 31 Abs. 4 Satz 3 MitbestG). 26

### 7. Ehrenvorsitzende, Ehrenmitglieder

Der Ehrenvorsitz (auch Ehrenmitgliedschaft) ist **lediglich ein Titel**, der von Hauptversammlung oder Aufsichtsrat auch ohne entsprechende Satzungsregelung verliehen werden kann[64]. Besondere Rechte und Pflichten knüpfen sich daran nicht. Ein korporationsrechtliches Verhältnis zur AG besteht nicht. Der Ehrenvorsitzende ist nicht Mitglied des Aufsichtsrats und also nur nach Maßgabe des § 109 Abs. 1 zur Teilnahme an Sitzungen berechtigt[65]. Auch stehen ihm besondere Informationsrechte nicht zu; ihm gegenüber gilt die Verschwiegenheitspflicht gem. § 93 Abs. 1 Satz 2[66]. Mangels entgegenstehender gesetzlicher Vorgaben kann der Ehrenvorsitzende zum Leiter der Hauptversammlung bestimmt werden. 27

## III. Sitzungsniederschriften (§ 107 Abs. 2)

### 1. Protokollpflicht

Gem. **§ 107 Abs. 2 Satz 1** sind die Sitzungen des Aufsichtsrats bzw. seiner Ausschüsse[67] zu protokollieren. Die Niederschrift ist vom Vorsitzenden zu unterzeichnen. Bei Beschlussfassung ohne Sitzung (vgl. § 108 Abs. 4) fehlt eine entsprechende Regelung, doch ist § 107 Abs. 1 für diese Fälle analog anzuwenden[68]. Die Niederschrift dient 28

---

62 So auch *Mertens* in KölnKomm. AktG, 2. Aufl., § 107 AktG Rz. 65; *Habersack* in MünchKomm. AktG, 3. Aufl., § 107 AktG Rz. 69, 27; ähnlich *Hopt/Roth* in Großkomm. AktG, 4. Aufl., § 107 AktG Rz. 166; *Bürgers/Israel* in Bürgers/Körber, § 107 AktG Rz. 10; a.A. *Lutter/Krieger*, Aufsichtsrat, Rz. 684; *Hüffer*, § 107 AktG Rz. 7 (Rangfolge nach dem Lebensalter); *Hoffmann-Becking* in MünchHdb. AG, § 31 Rz. 17 (gemeinsame Ausübung durch alle Stellvertreter).
63 *Habersack* in MünchKomm. AktG, 3. Aufl., § 107 AktG Rz. 69.
64 So auch *Siebel* in FS Peltzer, S. 519, 528; *Hoffmann-Becking* in MünchHdb. AG, § 31 Rz. 25; *Hüffer*, § 107 AktG Rz. 9; *Hopt/Roth* in Großkomm. AktG, 4. Aufl., § 107 AktG Rz. 168; *Mertens* in KölnKomm. AktG, 2. Aufl., § 107 AktG Rz. 70; *Habersack* in MünchKomm. AktG, 3. Aufl., § 107 AktG Rz. 73; a.A. *Hennerkes/Schiffer*, DB 1992, 875; *Lutter*, ZIP 1984, 645, 648; *Semler* in MünchKomm. AktG, 2. Aufl., § 107 AktG Rz. 82, die die Zuständigkeit des Aufsichtsrats nur bei Vorliegen einer entsprechenden Satzungsregelung zulassen wollen.
65 *Spindler* in Spindler/Stilz, § 107 AktG Rz. 60.
66 *Lutter*, ZIP 1984, 645, 652 f.; *Hoffmann-Becking* in MünchHdb. AG, § 31 Rz. 25; *Hüffer*, § 107 AktG Rz. 9; *Habersack* in MünchKomm. AktG, 3. Aufl., § 107 AktG Rz. 71; weniger streng *Jüngst*, BB 1984, 1583, 1585; *Hopt/Roth* in Großkomm. AktG, 4. Aufl., § 107 AktG Rz. 170.
67 *Hüffer*, § 107 AktG Rz. 12; *Habersack* in MünchKomm. AktG, 3. Aufl., § 107 AktG Rz. 75; *Mertens* in KölnKomm. AktG, 2. Aufl., § 107 AktG Rz. 71.
68 OLG Düsseldorf v. 17.11.2003 – 15 U 225/02, AG 2004, 321, 323; *Lutter/Krieger*, Aufsichtsrat, Rz. 706, 726; *Hoffmann-Becking* in MünchHdb. AG, § 31 Rz. 105; *Hopt/Roth* in Großkomm. AktG, 4. Aufl., § 107 AktG Rz. 174; *Mertens* in KölnKomm. AktG, 2. Aufl., § 107 AktG Rz. 84; *Semler* in MünchKomm. AktG, 2. Aufl., § 107 AktG Rz. 213; a.A. *Habersack* in MünchKomm. AktG, 3. Aufl., § 107 AktG Rz. 75; *Hoffmann/Preu*, Aufsichtsrat, Rz. 427; *Ulmer/Habersack* in Ulmer/Habersack/Henssler, Mitbestimmungsrecht, § 25 MitbestG Rz. 23.

ausschließlich **Beweiszwecken**. Sie hat keine konstitutive Wirkung; die Unvollständigkeit, Fehlerhaftigkeit oder das Fehlen der Niederschrift hat keinen Einfluss auf die Wirksamkeit der gefassten Beschlüsse (§ 107 Abs. 2 Satz 3)[69].

29 Der Vorsitzende muss die Niederschrift nicht selbst erstellen. Er kann sich dafür eines **Protokollführers** bedienen. Gehört dieser weder Vorstand noch Aufsichtsrat an, kann er nur tätig werden, wenn kein Aufsichtsratsmitglied widerspricht[70]. Bei Meinungsverschiedenheiten über den Inhalt des Protokolls entscheidet der Vorsitzende, der allein die Richtigkeit zu verantworten hat.

30 Die Niederschrift muss den in **§ 107 Abs. 2 Satz 2** genannten **Mindestinhalt** haben: Neben Ort und Tag der Sitzung, ihren Teilnehmern und den Gegenständen der Tagesordnung sind auch der wesentliche Verhandlungsinhalt[71] sowie die gefassten Beschlüsse (mit Abstimmungsart und -ergebnis[72]) anzugeben. Die vollständige Wiedergabe des Beratungsablaufs ist nicht nötig; auch besteht kein Anspruch der Mitglieder auf die wörtliche Aufnahme ihrer Erklärungen[73]. Allerdings kann jedes Mitglied verlangen, dass sein Widerspruch gegen einen Beschluss protokolliert wird[74].

31 Eine förmliche Genehmigung der Niederschrift ist nicht erforderlich. Ein **unrichtiges Protokoll** kann der Vorsitzende von sich aus oder auf den Widerspruch von Mitgliedern hin korrigieren[75].

### 2. Erteilung von Abschriften

32 Jedes Mitglied hat **Anspruch** auf Erteilung einer Abschrift des Sitzungsprotokolls (§ 107 Abs. 2 Satz 4); dieser kann weder durch die Satzung noch die Geschäftsordnung ausgeschlossen oder eingeschränkt werden[76]. Der Anspruch gilt aber nur für jene Sitzungen, die während der Mitgliedschaft im Aufsichtsrat abgehalten wurden. Für frühere Sitzungen verbleibt es beim allgemeinen Einsichtsrecht[77] (s. auch § 109 Rz. 7). Notfalls kann der Anspruch gerichtlich gegen die vom Vorstand vertretene Gesellschaft durchgesetzt werden[78]. Dieser ist die Abschriftserteilung auch möglich, da

---

69 *Hüffer*, § 107 AktG Rz. 13; *Hopt/Roth* in Großkomm. AktG, 4. Aufl., § 107 AktG Rz. 190; *Habersack* in MünchKomm. AktG, 3. Aufl., § 107 AktG Rz. 74.
70 Wie hier *Hüffer*, § 107 AktG Rz. 12; *Mertens* in KölnKomm. AktG, 2. Aufl., § 107 AktG Rz. 74; *Habersack* in MünchKomm. AktG, 3. Aufl., § 107 AktG Rz. 76; *Bürgers/Israel* in Bürgers/Körber, § 107 AktG Rz. 14; a.A. *Peus*, Der Aufsichtsratsvorsitzende, 1983, S. 132; *Lutter/Krieger*, Aufsichtsrat, Rz. 709; *Hoffmann-Becking* in MünchHdb. AG, § 31 Rz. 51; *Hopt/Roth* in Großkomm. AktG, 4. Aufl., § 107 AktG Rz. 175.
71 Dazu *Hoffmann-Becking* in MünchHdb. AG, § 31 Rz. 100; *Spindler* in Spindler/Stilz, § 107 AktG Rz. 66.
72 Dazu *Habersack* in MünchKomm. AktG, 3. Aufl., § 107 AktG Rz. 81.
73 Insoweit zutreffend *Lutter/Krieger*, Aufsichtsrat, Rz. 707; a.A. OLG München v. 29.10.1980 – 7 U 2481/80, ZIP 1981, 293, 295; *Mertens* in KölnKomm. AktG, 2. Aufl., § 107 AktG Rz. 73; *Bürgers/Israel* in Bürgers/Körber, § 107 AktG Rz. 15.
74 *Hopt/Roth* in Großkomm. AktG, 4. Aufl., § 107 AktG Rz. 185; *Mertens* in KölnKomm. AktG, 2. Aufl., § 107 AktG Rz. 72; *Habersack* in MünchKomm. AktG, 3. Aufl., § 107 AktG Rz. 80; *Lutter/Krieger*, Aufsichtsrat, Rz. 708.
75 OLG München v. 29.10.1980 – 7 U 2481/80, ZIP 1981, 293, 294; *Hopt/Roth* in Großkomm. AktG, 4. Aufl., § 107 AktG Rz. 188; *Mertens* in KölnKomm. AktG, 2. Aufl., § 107 AktG Rz. 77.
76 *Spindler* in Spindler/Stilz, AktG, § 107 AktG Rz. 72 f.
77 *Lutter/Krieger*, Aufsichtsrat, Rz. 711; *Hopt/Roth* in Großkomm. AktG, 4. Aufl., § 107 AktG Rz. 194; *Mertens* in KölnKomm. AktG, 2. Aufl., § 107 AktG Rz. 81.
78 *Hüffer*, § 107 AktG Rz. 14; *Hopt/Roth* in Großkomm. AktG, 4. Aufl., § 107 AktG Rz. 195; *Habersack* in MünchKomm. AktG, 3. Aufl., § 107 AktG Rz. 88; *Spindler* in Spindler/Stilz, § 107 AktG Rz. 74; a.A. *Peus*, ZGR 1987, 545, 546 ff. (Klage gegen den Aufsichtsratsvorsitzenden).

sie den Besitz an den Niederschriften, vermittelt über den Aufsichtsratsvorsitzenden als Besitzorgan, innehat[79].

## IV. Ausschüsse des Aufsichtsrats (§ 107 Abs. 3)

### 1. Bedeutung und Zulässigkeit

#### a) Der Grundsatz der Delegationsautonomie

Der Aufsichtsrat kann einen oder mehrere Ausschüsse mit der Wahrnehmung bestimmter Aufgaben betrauen (§ 107 Abs. 3 Satz 1)[80]. Zwar zwingt das Gesetz nicht explizit dazu; allerdings besteht eine **Pflicht des Aufsichtsrats zu sachgerechter Organisation** seiner Tätigkeit, welche jedenfalls in größeren Aufsichtsräten regelmäßig zur Ausschussbildung zwingen wird[81]. In der Praxis am häufigsten anzutreffen sind Personalausschüsse und Aufsichtsratspräsidien, ferner auch Ausschüsse für besondere Sachgebiete wie Finanzen, Investitionen, Kreditvergabe etc[82]. Eine zunehmende Bedeutung erlangt die Bildung von Prüfungsausschüssen (§ 107 Abs. 3 Satz 2, näher unten Rz. 54 ff.) und Nominierungsausschüssen zur Vorbereitung der Aufsichtsratswahlen (vgl. Ziff. 5.3.3 DCGK)[83]. 33

Zwingend vorgesehen ist für Gesellschaften, die dem MitbestG und dem Montan-MitbestG unterfallen, die **Bildung eines Vermittlungsausschusses** (§ 27 Abs. 3 MitbestG). Dessen gesetzlich zugewiesene Aufgabe ist die Unterbreitung von Personalvorschlägen, wenn bei der Bestellung oder Abberufung von Vorstandsmitgliedern im ersten Wahlgang die qualifizierte Mehrheit nicht erreicht wird. Wird er mit zusätzlichen Kompetenzen ausgestattet, so ist er insoweit nur normaler Ausschuss[84]. 34

Im Hinblick auf die gestiegenen Anforderungen des Aufsichtsrats wird empfohlen **weitere Ausschüsse** einzurichten[85]. Genannt werden insbesondere Risiko- und Finanzausschüsse[86]. Insofern ist aber zu beachten, dass die Ausschussbildung auch negative Folgen hat. Insbesondere kann die Ausschussbildung zu einer Schwächung des Gesamtgremiums führen, weil die zu beratenden Fragen durch die Vorberatung im Ausschuss bereits in eine bestimmte Richtung gelenkt sind und den dem Ausschuss nicht angehörenden Mitgliedern der Einblick in die Zusammenhänge und die Information über mögliche Alternativen fehlt[87]. Genau aus diesem Grund hat der Gesetzgeber jetzt die Frage der **Vorstandsvergütung** (§ 87 Abs. 1 und 2) der endgültigen Erledigung durch Ausschüsse entzogen und der Beschlussfassung durch den Gesamtauf- 35

---

79 Ebenso *Hüffer*, § 107 AktG Rz. 14.
80 Zu den Vorteilen der Ausschussbildung s. etwa *Hopt/Roth* in Großkomm. AktG, 4. Aufl., § 107 AktG Rz. 229 m.w.N.; vgl. zur Organisationsautonomie *Beuthien*, NZG 2010, 333.
81 Ebenso *Krieger*, ZGR 1985, 338, 361 f.; *Lutter/Krieger*, Aufsichtsrat, Rz. 743; *Spindler* in Spindler/Stilz, § 107 AktG Rz. 81. Zur Reformdiskussion s. *Hopt/Roth* in Großkomm. AktG, 4. Aufl., § 107 AktG Rz. 230.
82 Vgl. die ausführlichen Darstellungen bei *Hopt/Roth* in Großkomm. AktG, 4. Aufl., § 107 AktG Rz. 298 ff.; *Siebel* in Semler/v. Schenck, Arbeitshandbuch Aufsichtsratsmitglieder, § 6 Rz. 133 ff.
83 Näher *Meder*, ZIP 2007, 1538; *van Kann/Eigler*, DStR 2007, 1730; *v. Werder/Wieczorek*, DB 2007, 297.
84 *Lutter/Krieger*, Aufsichtsrat, Rz. 739.
85 *Hommelhoff/Mattheus*, AG 1998, 249, 254 f.; *Lutter*, DB 2009, 775, 777.
86 *Lutter*, DB 2009, 775, 777.
87 *Baums*, Bericht der Regierungskommission Corporate Governance, 2001, Rz. 56; zu den gruppendynamischen Prozessen, die diesen Effekt noch verstärken, vgl. *Seele*, S. 203 f.: Ausschuss als „Gruppe in der Gruppe".

sichtsrat vorbehalten[88]. Aus demselben Grund sollte von der Möglichkeit, dass der Abschlussprüfer nur an den Sitzungen des Prüfungsausschusses, nicht aber an der Bilanzsitzung des Aufsichtsratsplenums teilnimmt (was § 171 Abs. 1 Satz 1 zulässt), kein Gebrauch gemacht werden[89]. Eine verstärkte Ausschussbildung ist daher nicht ohne Weiteres Ausdruck professioneller Corporate Governance. Vielmehr sind bei der Entscheidung über die Errichtung weiterer Ausschüsse und über deren Befugnisse die Vor- und Nachteile der Ausschussbildung für die Arbeit im Gesamtgremium gegeneinander abzuwägen.

36 Ausschüsse können unterschiedliche **Aufgaben und Funktionen** haben[90]: § 107 Abs. 3 Satz 1 nennt exemplarisch die Vorbereitung von Verhandlungen und Beschlüssen des Aufsichtsrats (vorbereitende Ausschüsse) sowie die Überwachung der Ausführung seiner Beschlüsse (überwachende Ausschüsse). Zudem können Ausschüssen bestimmte Aufgaben zur Beschlussfassung anstelle des Gesamtaufsichtsrats zugewiesen werden (entscheidende oder erledigende Ausschüsse).

37 Ein Ausschuss kann sich selbst eine Geschäftsordnung geben[91] sowie **Unterausschüsse** bilden, nicht jedoch Befugnisse auf diesen delegieren[92].

### b) Grenzen der Delegationsautonomie

38 Allerdings sind der Möglichkeit der Aufgabendelegation Grenzen gesetzt. Die in **§ 107 Abs. 3 Satz 3** benannten Aufgaben dürfen nicht an Ausschüsse übertragen werden: die Wahl des Aufsichtsratsvorsitzenden und seiner Stellvertreter (§ 107 Abs. 1) sowie ihre Abberufung[93]; die Zustimmung zu Abschlagszahlungen gem. § 59 Abs. 3; die Festsetzung einer Geschäftsordnung für den Vorstand, sofern statutarisch dem Aufsichtsrat zugewiesen (§ 77 Abs. 2); die Bestellung und Abberufung der Mitglieder und des Vorsitzenden des Vorstandes (§ 84 Abs. 1 bis 3); die Festsetzung und Herabsetzung der Vorstandsbezüge (§ 87 Abs. 1 und Abs. 2)[94]; die Einberufung der Hauptversammlung gem. § 111 Abs. 3; die Prüfung des Jahresabschlusses (§ 171) und des Konzernberichts (§ 314). Ferner dürfen Beschlüsse, dass bestimmte Geschäfte nur mit Zustimmung des Aufsichtsrats vom Vorstand getätigt werden dürfen, nur vom Gesamtaufsichtsrat gefasst werden. Nicht in § 107 Abs. 3 Satz 2 genannt ist § 105 Abs. 2 betreffend die Vertretung von Vorstandsmitgliedern durch Mitglieder des Aufsichtsrats.

39 Darüber hinaus kann nur das Plenum über die **Organisation und Arbeitsweise des Aufsichtsrats** entscheiden; der Erlass der Geschäftsordnung sowie die Entscheidung über Bildung, Auflösung und Besetzung von Ausschüssen obliegt mithin ausschließlich dem Gesamtaufsichtsrat[95]. Selbstverständlich können einem Ausschuss auch

---

88 Begr. RegE VorstAG, BT-Drucks. 16/12278, S. 7; näher dazu *Wagner/Wittgens*, BB 2009, 906 ff.; *Sailer-Coceani* in VGR, Gesellschaftsrecht in der Diskussion 2009, 2010, S. 141, 142 f.
89 Ablehnend auch *Probst/Theisen*, Der Aufsichtsrat 2009, 66, 67.
90 Vgl. dazu *Hopt/Roth* in Großkomm. AktG, 4. Aufl., § 107 AktG Rz. 231 ff.; ferner *Hoffmann-Becking* in MünchHdb. AG, § 32 Rz. 2; *Mertens* in KölnKomm. AktG, 2. Aufl., § 107 AktG 99; *Habersack* in MünchKomm. AktG, 3. Aufl., § 107 AktG Rz. 101 ff.
91 Dazu *Hopt/Roth* in Großkomm. AktG, 4. Aufl., § 107 AktG Rz. 411; *Spindler* in Spindler/Stilz, § 107 AktG Rz. 102.
92 *Hoffmann-Becking* in MünchHdb. AG, § 32 Rz. 3; *Hopt/Roth* in Großkomm. AktG, 4. Aufl., § 107 AktG Rz. 397.
93 *Hüffer*, § 107 AktG Rz. 18; *Hopt/Roth* in Großkomm. AktG, 4. Aufl., § 107 AktG Rz. 377; *Habersack* in MünchKomm. AktG, 3. Aufl., § 107 AktG Rz. 132.
94 Ein etwaiger Personalausschuss hat insoweit nur noch vorbereitende Funktion; vgl. Begr. RegE VorstAG, BT-Drucks. 16/12278, S. 6; s. auch Ziff. 4.2.2 DCGK i.d.F. vom 18.6.2009.
95 *Lutter/Krieger*, Aufsichtsrat, Rz. 752; *Hoffmann-Becking* in MünchHdb. AG, § 32 Rz. 3; *Hopt/Roth* in Großkomm. AktG, 4. Aufl., § 107 AktG Rz. 397; *Mertens* in KölnKomm. AktG,

nicht mehr Befugnisse und Aufgaben übertragen werden, als dem Aufsichtsrat in seiner Gesamtheit zustehen. Ein genereller Plenarvorbehalt für besonders gewichtige Entscheidungen besteht indes nicht[96]. Der Gesamtaufsichtsrat kann aber jederzeit die delegierten Befugnisse durch Beschluss wieder an sich ziehen[97].

Die Einsetzung von Ausschüssen dient der Entlastung des Plenums, darf aber nicht dazu führen, dass dieses sich seiner **Letztverantwortung** entzieht. So obliegt die Pflicht zur Überwachung des Vorstandes dem Gesamtaufsichtsrat und kann nicht gänzlich auf einen Ausschuss übertragen werden[98]; dies gilt namentlich für die Prüfung der Vorstandsberichte nach § 90[99]. Möglich ist hingegen die Übertragung einzelner Überwachungsaufgaben. Ferner darf die vorbereitende Tätigkeit eines Ausschusses nicht so weit gehen, dass der Gesamtaufsichtsrat in seiner Entscheidungsfindung präjudiziert wird[100]; diesem müssen insbesondere sämtliche entscheidungserheblichen Informationen zur Verfügung gestellt werden[101]. 40

## 2. Bildung von Ausschüssen

Über die Einsetzung von Ausschüssen entscheidet **allein** der Aufsichtsrat. Satzungsregeln, die die Bildung von Ausschüssen vorschreiben, verbieten oder einschränken sind unzulässig[102]. Der Aufsichtsrat kann die Ausschüsse entweder **durch die Geschäftsordnung** oder **durch Beschluss** einsetzen. Die Geschäftsordnung (nicht die Satzung[103]) kann für Einsetzungsbeschlüsse eine qualifizierte Mehrheit fordern; ohne entsprechende Regelung genügt die einfache Mehrheit. Für die Bildung des obligatorischen Vermittlungsausschusses bedarf es keines Beschlusses[104]. 41

---

2. Aufl., § 107 AktG Rz. 153 ff.; *Habersack* in MünchKomm. AktG, 3. Aufl., § 107 AktG Rz. 92 ff.
96 *Lutter/Krieger*, Aufsichtsrat, Rz. 746; *Hopt/Roth* in Großkomm. AktG, 4. Aufl., § 107 AktG Rz. 399; *Mertens* in KölnKomm. AktG, 2. Aufl., § 107 AktG Rz. 151 ff.; *Habersack* in MünchKomm. AktG, 3. Aufl., § 107 AktG Rz. 94, 100; a.A. *Dose*, ZGR 1973, 300, 312 f.
97 OLG Hamburg v. 29.9.1995 – 11 U 20/95, AG 1996, 84, 85; *Lutter/Krieger*, Aufsichtsrat, Rz. 750; *Hoffmann-Becking* in MünchHdb. AG, § 32 Rz. 4; *Hüffer*, § 107 AktG Rz. 18; *Habersack* in MünchKomm. AktG, 3. Aufl., § 107 AktG Rz. 94; *Spindler* in Spindler/Stilz, § 107 AktG Rz. 86; a.A. *Rellermeyer*, Aufsichtsratsausschüsse, S. 82 ff.
98 Begr. RegE bei *Kropff*, Aktiengesetz, S. 149 f.; *Lutter/Krieger*, Aufsichtsrat, Rz. 748; *Hoffmann-Becking* in MünchHdb. AG, § 32 Rz. 3; *Hopt/Roth* in Großkomm. AktG, 4. Aufl., § 107 AktG Rz. 370, 400; *Mertens* in KölnKomm. AktG, 2. Aufl., § 107 AktG Rz. 130; *Habersack* in MünchKomm. AktG, 3. Aufl., § 107 AktG Rz. 133; s. auch OLG Hamburg v. 29.9.1995 – 11 U 20/95, AG 1996, 84; *Bürgers/Israel* in Bürgers/Körber, § 107 AktG Rz. 22.
99 *Hopt/Roth* in Großkomm. AktG, 4. Aufl., § 107 AktG Rz. 370.
100 Vgl. BGH v. 10.3.1960 – II ZR 56/59, BGHZ 32, 114, 122 = NJW 1960, 1006; BGH v. 24.11.1980 – II ZR 182/79, BGHZ 79, 38, 40 ff. = NJW 1981, 757 = AG 1981, 73; *Hüffer*, § 107 AktG Rz. 18.
101 *Lutter/Krieger*, Aufsichtsrat, Rz. 749; *Rellermeyer*, Aufsichtsratsausschüsse, S. 54 f.
102 BGH v. 25.2.1982 – II ZR 123/81, BGHZ 83, 106, 115 = NJW 1982, 1525 = AG 1982, 218; BGH v. 17.5.1993 – II ZR 89/92, BGHZ 122, 342, 355 = NJW 1993, 2307 = AG 1993, 464; *Lutter/Krieger*, Aufsichtsrat, Rz. 752; *Hüffer*, § 107 AktG Rz. 16; *Mertens* in KölnKomm. AktG, 2. Aufl., § 107 AktG Rz. 90; *Habersack* in MünchKomm. AktG, 3. Aufl., § 107 AktG Rz. 95 ff.
103 *Lutter/Krieger*, Aufsichtsrat, Rz. 753; *Hoffmann-Becking* in MünchHdb. AG, § 32 Rz. 16; *Hopt/Roth* in Großkomm. AktG, 4. Aufl., § 107 AktG Rz. 264; *Mertens* in KölnKomm. AktG, 2. Aufl., § 107 AktG Rz. 91; *Habersack* in MünchKomm. AktG, 3. Aufl., § 107 AktG Rz. 95, 117; a.A. *Hoffmann/Preu*, Aufsichtsrat, Rz. 154.
104 *Habersack* in MünchKomm. AktG, 3. Aufl., § 107 AktG Rz. 112.

## 3. Besetzung

### a) Aktienrechtliche Vorgaben

42 Über die **Zusammensetzung** der Ausschüsse bestimmt der Aufsichtsrat autonom. Ausschüsse können nur mit Aufsichtsratsmitgliedern besetzt werden. Für die **Auswahl** gilt das Einigungsprinzip; sie erfolgt mithin durch Beschluss (einfache Mehrheit) und wird erst mit Annahme des Amtes durch das Mitglied wirksam. Jedem Aufsichtsratsmitglied steht das passive Wahlrecht, nicht aber ein Anspruch auf Wahl in einen Ausschuss zu.

43 Das Gesetz schreibt eine **Mindestzahl** an Ausschussmitgliedern nicht vor. Einigkeit besteht aber darüber, dass es keinen Ein-Personen-Ausschuss geben kann[105]; ferner darüber, dass wegen § 108 Abs. 2 Satz 3 mit Beschlusskompetenz ausgestattete Ausschüsse aus mindestens drei Personen bestehen müssen[106]. Alle anderen, namentlich vorbereitende Ausschüsse müssen lediglich aus zwei Personen bestehen[107]. Vorbereitende Tätigkeiten können auch auf eine Einzelperson übertragen werden; nur handelt es sich dann nicht um einen Ausschuss.

44 Für die **Amtszeit** der Ausschussmitglieder kann auf die Ausführungen unter Rz. 16 verwiesen werden, die entsprechend gelten. Die Ausschüsse können einen **Vorsitzenden** und Stellvertreter haben, notwendig ist dies aber nicht (zum Zweitstimmrecht s. unten Rz. 50).

### b) Mitbestimmungsrechtliche Besonderheiten

45 Dem für nach dem MitbestG mitbestimmte Gesellschaften vorgesehenen **Vermittlungsausschuss** gehören zwingend der Aufsichtsratsvorsitzende und sein (erster) Stellvertreter sowie jeweils ein Vertreter der Arbeitgeber- und der Arbeitnehmerseiten.

46 Für die **übrigen Ausschüsse** gilt Folgendes: Bei einem nach dem **Drittelbeteiligungsgesetz** zu einem Drittel mitbestimmten Aufsichtsrat haben die Arbeitnehmervertreter keinen Anspruch darauf, an jedem Ausschuss beteiligt zu werden[108]. Es gilt das Gebot der sach- und relationsgerechten Besetzung der Ausschüsse. Arbeitnehmervertreter sollen regelmäßig in diejenigen Ausschüsse hineingewählt werden, die sich mit Arbeitnehmerfragen und Sozialpolitik beschäftigen[109]. Die Nichtberücksichti-

---

105 *Lutter/Krieger*, Aufsichtsrat, Rz. 755; *Hoffmann-Becking* in MünchHdb. AG, § 32 Rz. 18; *Hüffer*, § 107 AktG Rz. 17; *Hopt/Roth* in Großkomm. AktG, 4. Aufl., § 107 AktG Rz. 268; *Mertens* in KölnKomm. AktG, 2. Aufl., § 107 AktG Rz. 103.
106 BGH v. 23.10.1975 – II ZR 90/73, BGHZ 65, 190, 192 f. = WM 1975, 1237; *Lutter/Krieger*, Aufsichtsrat, Rz. 755; *Hoffmann-Becking* in MünchHdb. AG, § 32 Rz. 18; *Hüffer*, § 107 AktG Rz. 17; *Hopt/Roth* in Großkomm. AktG, 4. Aufl., § 107 AktG Rz. 271; *Mertens* in KölnKomm. AktG, 2. Aufl., § 107 AktG 103, 118; *Habersack* in MünchKomm. AktG, 3. Aufl., § 107 AktG Rz. 123; a.A. *Schäfer*, BB 1966, 229, 232; *Werner*, AG 1976, 45 f.; *Geßler* in G/E/H/K, § 107 AktG Rz. 68.
107 *Hoffmann-Becking* in MünchHdb. AG, § 32 Rz. 18; *Hüffer*, § 107 AktG Rz. 17; *Mertens* in KölnKomm. AktG, 2. Aufl., § 107 AktG Rz. 102; *Habersack* in MünchKomm. AktG, 3. Aufl., § 107 AktG Rz. 123; a.A. *Semler* in MünchKomm. AktG, 2. Aufl., § 107 AktG Rz. 297; *Nagel*, DB 1982, 2677, 2678.
108 *Lutter/Krieger*, Aufsichtsrat, Rz. 759; *Hoffmann-Becking* in MünchHdb. AG, § 32 Rz. 21; *Hopt/Roth* in Großkomm. AktG, 4. Aufl., § 107 AktG Rz. 278; *Mertens* in KölnKomm. AktG, 2. Aufl., § 107 AktG Rz. 108 ff.; *Spindler* in Spindler/Stilz, § 107 AktG Rz. 92; vgl. auch *Zöllner* in FS Zeuner, S. 161, 182 ff.
109 *Lutter/Krieger*, Aufsichtsrat, Rz. 759; *Hopt/Roth* in Großkomm. AktG, 4. Aufl., § 107 AktG Rz. 278; *Mertens* in KölnKomm. AktG, 2. Aufl., § 107 AktG Rz. 110; *Spindler* in Spindler/Stilz, § 107 AktG Rz. 91.

gung von Arbeitnehmervertretern in bestimmten Ausschüssen kann im Einzelfall eine unzulässige Diskriminierung darstellen; allerdings besteht keine dementsprechende Vermutungswirkung. Eine Nichtberücksichtigung bei sämtlichen Ausschüssen dürfte stets als diskriminierend anzusehen sein.

Bei einem nach dem **MitbestG 1976** paritätisch zu besetzenden Aufsichtsrat ist es nur ausnahmsweise bei Vorliegen einer besonderen sachlichen Rechtfertigung zulässig, einen Ausschuss nur mit Anteilseignervertretern zu besetzen[110]. Die Frage stellt sich vor allem im Hinblick auf den Prüfungsausschuss, bei dem die Mitgliedschaft besondere Sachkunde im Bereich des Rechnungswesens und der Prüfung voraussetzt. Sofern kein Arbeitnehmervertreter im Aufsichtsrat über diese besonderen Kenntnisse verfügt, kann der Prüfungsausschuss durchgängig mit Vertretern der Anteilseignerseite besetzt werden[111]. Ein Anspruch der Arbeitnehmervertreter auf paritätische Besetzung aller Ausschüsse besteht darüber hinaus nicht[112]. Generell gilt aber auch hier, dass Arbeitnehmervertreter bei der Besetzung der Ausschüsse nicht diskriminiert werden dürfen. 47

### 4. Innere Ordnung

Hat der Ausschuss einen Vorsitzenden, so obliegt diesem die **Einberufung von Ausschusssitzungen**; anderenfalls sind sämtliche Ausschussmitglieder dazu berechtigt. § 110 AktG ist entsprechend anwendbar. Der Aufsichtsratsvorsitzende ist nicht kraft Amtes zur Einberufung befugt[113]. 48

Die **Beschlussfassung** erfolgt nach den für den Gesamtaufsichtsrat geltenden Regeln; insoweit wird auf die Kommentierung zu § 108 verwiesen. Beschlussfähigkeit besteht nur bei Anwesenheit von mindestens drei Ausschussmitgliedern[114]. Das Recht zur Teilnahme an Ausschusssitzungen bestimmt sich nach § 109 (s. dort). 49

Dem **Ausschussvorsitzenden** stehen die üblichen sitzungsleitenden Befugnisse zu[115]. In mitbestimmten Gesellschaften hat er jedoch nicht das Zweitstimmrecht gem. §§ 29 Abs. 2, 31 Abs. 4 MitbestG; allerdings kann ihm in allen Gesellschaften durch Satzung, Geschäftsordnung oder Einsetzungsbeschluss ein Recht zum Stichentscheid bei Stimmgleichheit eingeräumt werden[116]. 50

---

110 BGH v. 25.2.1982 – II ZR 102/81, BGHZ 83, 144, 146 f. = NJW 1982, 1528 = AG 1982, 218; BGH v. 17.5.1993 – II ZR 89/92, BGHZ 122, 342, 355 ff. = NJW 1993, 2307 = AG 1993, 464; OLG München v. 27.1.1995 – 23 U 4282/94, AG 1995, 466, 467; *Lutter/Krieger*, Aufsichtsrat, Rz. 758; *Hoffmann-Becking* in MünchHdb. AG, § 32 Rz. 22; *Hopt/Roth* in Großkomm. AktG, 4. Aufl., § 107 AktG Rz. 282; *Mertens* in KölnKomm. AktG, 2. Aufl., § 107 AktG Rz. 112; *Bürgers/Israel* in Bürgers/Körber, § 107 AktG Rz. 24.
111 Vgl. *Hopt/Roth* in Großkomm. AktG, 4. Aufl., § 107 AktG Rz. 281; *Habersack* in MünchKomm. AktG, 3. Aufl., § 107 AktG Rz. 127 f.
112 H.M.; s. etwa BGH v. 17.5.1993 – II ZR 89/92, BGHZ 122, 342, 355 ff. = NJW 1993, 2307 = AG 1993, 464; OLG München v. 27.1.1995 – 23 U 4282/94, AG 1995, 466, 467; *Hoffmann-Becking* in MünchHdb. AG, § 32 Rz. 20; *Hüffer*, § 107 AktG Rz. 21; *Hopt/Roth* in Großkomm. AktG, 4. Aufl., § 107 AktG Rz. 280; a.A. etwa *Geitner*, AG 1976, 210, 211 f.
113 *Rellermeyer*, Aufsichtsratsausschüsse, S. 165; *Lutter/Krieger*, Aufsichtsrat, Rz. 764; *Hoffmann-Becking* in MünchHdb. AG, § 32 Rz. 27; a.A. *Hopt/Roth* in Großkomm. AktG, 4. Aufl., § 107 AktG Rz. 420; *Mertens* in KölnKomm. AktG, 2. Aufl., § 107 AktG Rz. 115; *Habersack* in MünchKomm. AktG, 3. Aufl., § 107 AktG Rz. 149; differenzierend *Spindler* in Spindler/Stilz, § 107 AktG Rz. 103.
114 Stellvertretend für alle *Lutter/Krieger*, Aufsichtsrat, Rz. 767.
115 *Hopt/Roth* in Großkomm. AktG, 4. Aufl., § 107 AktG Rz. 416; *Spindler* in Spindler/Stilz, § 107 AktG Rz. 103.
116 *Lutter/Krieger*, Aufsichtsrat, Rz. 768; *Hoffmann-Becking* in MünchHdb. AG, § 32 Rz. 31; *Hüffer*, § 107 AktG Rz. 22; *Hopt/Roth* in Großkomm. AktG, 4. Aufl., § 107 AktG Rz. 427;

## 5. Information

### a) Informationsansprüche des Ausschusses

51 Ausschüsse sind zur Erledigung der Ihnen übertragenen Aufgaben auf die **Information durch den Vorstand** angewiesen. § 90 Abs. 3 ist entsprechend anzuwenden[117]; der Vorstand muss auf Verlangen über die Angelegenheiten aus dem Kompetenzbereich des Ausschusses diesem berichten. Will der Vorstand aus eigener Initiative dem zuständigen Ausschuss Bericht erstatten, so kann er entweder in der Ausschusssitzung mündlich vortragen oder einen schriftlichen Bericht an den Aufsichtsratsvorsitzenden leiten, der die interne Weiterleitung besorgt[118].

52 Hingegen steht den Ausschüssen das **Einsichts- und Prüfungsrecht** aus § 111 Abs. 2 nur bei Vorliegen einer besonderen Ermächtigung durch den Gesamtaufsichtsrat zu[119].

### b) Berichtspflichten gegenüber dem Plenum

53 Gem. § 107 Abs. 3 Satz 3 ist dem Gesamtaufsichtsrat über die Ausschussarbeit regelmäßig zu berichten. Die Vorschrift soll gewährleisten, dass der Aufsichtsrat seiner Pflicht zur allgemeinen Überwachung der Geschäftsleitung nachkommen kann. Zugleich sollen dadurch die aus der Aufgabendelegation resultierenden **Informationsdefizite des Plenums ausgeglichen** werden[120]. Eine besondere Form der Berichterstattung ist nicht vorgesehen. Für die Praxis empfiehlt es sich, Berichte der Ausschüsse bei ordentlichen Aufsichtsratssitzungen stets auf die Tagesordnung zu setzen[121]. Hinsichtlich des Berichtumfangs ist zu differenzieren: Vorbereitende Ausschüsse müssen den Gesamtaufsichtsrat mit sämtlichen entscheidungsrelevanten Informationen versorgen; bei erledigenden Ausschüssen genügt eine Zusammenfassung der wesentlichen Entscheidungen. Darüber hinaus kann aber das Plenum jederzeit durch Beschluss eine umfassende Information verlangen[122].

## V. Insbesondere: Prüfungsausschuss (§ 107 Abs. 3 Satz 2)

### 1. Europarechtlicher Hintergrund

54 In Ziff. 5.3.2 Satz 1 empfiehlt der Deutsche Corporate Governance Kodex (**DCGK**) die Bildung eines Prüfungsausschusses (sog. Audit Committe), der sich insbesondere mit Fragen der Rechnungslegung, des Risikomanagements und der Compliance, der erforderlichen Unabhängigkeit des Abschlussprüfers, der Erteilung des Prüfungsauf-

---

*Mertens* in KölnKomm. AktG, 2. Aufl., § 107 AktG Rz. 120 ff.; gegen eine Satzungskompetenz *Martens*, ZGR 1983, 237, 250 ff.; *Geitner*, AG 1982, 212, 215 f.
117 *Hopt/Roth* in Großkomm. AktG, 4. Aufl., § 107 AktG Rz. 433; *Mertens* in KölnKomm. AktG, 2. Aufl., § 107 AktG Rz. 123; *Spindler* in Spindler/Stilz, § 107 AktG Rz. 112.
118 Ebenso *Lutter/Krieger*, Aufsichtsrat, Rz. 772; *Hopt/Roth* in Großkomm. AktG, 4. Aufl., § 107 AktG Rz. 434; *Mertens* in KölnKomm. AktG, 2. Aufl., § 107 AktG Rz. 124; a.A. *Rellermeyer*, Aufsichtsratsausschüsse, S. 188 ff.; *Semler* in MünchKomm. AktG, 2. Aufl., § 107 AktG Rz. 363 (Bericht an den Ausschuss, Abschrift an Aufsichtsratsvorsitzenden).
119 *Lutter/Krieger*, Aufsichtsrat, Rz. 773; *Mertens* in KölnKomm. AktG, 2. Aufl., § 107 AktG Rz. 123.
120 Begr. RegE TransPuG, BT-Drucks. 14/8769, S. 16.
121 Ebenso *Hüffer*, § 107 AktG Rz. 22a.
122 *Mertens*, AG 1980, 67, 73; *Rellermeyer*, Aufsichtsratsausschüsse, S. 204 ff.; *Lutter/Krieger*, Aufsichtsrat, Rz. 778; *Hoffmann-Becking* in MünchHdb. AG, § 32 Rz. 23; *Hopt/Roth* in Großkomm. AktG, 4. Aufl., § 107 AktG Rz. 440; *Mertens* in KölnKomm. AktG, 2. Aufl., § 107 AktG Rz. 128; *Habersack* in MünchKomm. AktG, 3. Aufl., § 107 AktG Rz. 155 f.

trags an den Abschlussprüfer, der Bestimmung von Prüfungsschwerpunkten und der Honorarvereinbarung befassen soll.

Das Vorhandensein eines Prüfungsausschusses gehörte bislang schon in zahlreichen Aktiengesellschaften zum Standard guter Corporate Governance[123]. Nunmehr wird der Prüfungsausschuss in § 107 Abs. 3 und 4 ausdrücklich genannt. Diese – gegenüber anderen möglichen Ausschüssen – hervorgehobene Behandlung durch den Gesetzgeber geht zurück auf **Art. 41 der EU-Abschlussprüferrichtlinie**[124], der die Bildung eines Prüfungsausschusses für „Unternehmen von öffentlichem Interesse" (s. dazu § 100 Rz. 40) grundsätzlich vorschreibt (§ 107 Abs. 1 Satz 1). Gem. Art. 41 Abs. 2 der Richtlinie soll der Prüfungsausschuss den Rechnungslegungsprozess, die Wirksamkeit des internen Kontroll-, Revisions- und Risikomanagementsystems und die Abschlussprüfung überwachen und die Unabhängigkeit des Abschlussprüfers oder der Prüfungsgesellschaft prüfen. Darüber hinaus soll sich nach Art. 41 Abs. 3 der Richtlinie der Vorschlag des Verwaltungs- oder Aufsichtsorgans für die Bestellung des Abschlussprüfers oder einer Prüfgesellschaft auf eine Empfehlung des Prüfungsausschusses stützen. Zudem sollen der Abschlussprüfer oder die Prüfgesellschaft dem Prüfungsausschuss über die wichtigsten bei der Abschlussprüfung gewonnenen Erkenntnisse berichten, wozu insbesondere die „wesentlichen Schwächen bei der internen Kontrolle des Rechnungslegungsprozesses" zählen (Art. 41 Abs. 4 der Richtlinie).

55

Bei der aktienrechtlichen Umsetzung (für die GmbH s. § 100 Rz. 44; für andere Kapitalgesellschaften s. § 100 Rz. 43) der europarechtlichen Vorgaben durch das **BilMoG**[125] hat der Gesetzgeber von der Opt-out-Möglichkeit des Art. 41 Abs. 5 der Richtlinie Gebrauch gemacht und darauf verzichtet, das Vorhandensein eines Prüfungsausschusses zwingend vorzuschreiben (s. dazu bereits § 100 Rz. 41). Nach § 107 Abs. 3 Satz 2 *kann* der Aufsichtsrat „einen Prüfungsausschuss bestellen, der sich mit der Überwachung des Rechnungslegungsprozesses, der Wirksamkeit des internen Kontrollsystems, des internen Risikomanagements und des internen Revisionssystems sowie der Abschlussprüfung, hier insbesondere der Unabhängigkeit des Abschlussprüfers und der vom Abschlussprüfer zusätzlich erbrachten Leistungen, befasst" (sog. **fakultativer Prüfungsausschuss**).

## 2. Aufgaben

### a) Allgemeines

Dem Prüfungsausschuss obliegt gem. § 107 Abs. 3 Satz 2 der **Überwachung** des Rechnungslegungsprozesses, der Wirksamkeit des internen Kontrollsystems (IKS), des Risikomanagementsystems (RMS) und des internen Revisionssystems sowie der Abschlussprüfung, hier insbesondere der Unabhängigkeit des Abschlussprüfers und der vom Abschlussprüfer zusätzlich erbrachten Leistungen. Der Aufgabenkanon geht zurück auf Art. 41 Abs. 3 der Abschlussprüferrichtlinie.

56

---

123 Rechtstatsächliche Nachweise bei *Ehlers/Nohlen* in GS Gruson, S. 107, 113 ff.
124 Richtlinie 2006/43/EG des Europäischen Parlaments und des Rates vom 17.5.2006 über Abschlussprüfung von Jahresabschlüssen und konsolidierten Abschlüssen, zur Änderung der Richtlinien 78/660/EWG und 83/349/EWG des Rates und zur Aufhebung der Richtlinie 84/253/EWG des Rates, ABl. EG Nr. L 157 v. 9.6.2006, S. 87.
125 Gesetz zur Modernisierung des Bilanzrechts (Bilanzrechtsmodernisierungsgesetz – BilMoG) vom 25.5.2009, BGBl. I 2009, 1102.

57 Wird ein Prüfungsausschuss nicht gebildet[126], obliegen diese Aufgaben dem **Aufsichtsrat als Gremium**[127]. Dies wird zwar nicht ausdrücklich im Gesetz erwähnt, ergibt sich aber zwingend aus der entsprechenden europarechtlichen Anweisung in Art. 41 Abs. 5 der Richtlinie. Daher sind die genannten Aufgaben nunmehr zugleich in § 111 Abs. 1 hineinzulesen[128]. Richtet der Aufsichtsrat einen Prüfungsausschuss ein[129], so ist er nicht verpflichtet, das genannte Spektrum an Aufgaben in vollem Umfang auf den Prüfungsausschuss zu übertragen. Die Übertragung von speziellen Teilaufgabenbereichen ist möglich. Die übrigen Aufgaben hat der Aufsichtsrat dann natürlich weiterhin selbst wahrzunehmen[130].

58 In umgekehrter Richtung kommt die Übertragung weiterer, in § 107 Abs. 3 Satz 2 nicht ausdrücklich genannter Aufgaben in Betracht. Zu nennen ist insbesondere die Überwachung des **Compliance**-Systems, das der Überwachung der Einhaltung von Rechtsvorschriften im Unternehmen dient (vgl. § 111 Rz. 9)[131]. Die Abschlussprüferrichtlinie geht, anders als der DCGK, auf diese Funktion nicht besonders ein. Da Compliance-Systeme üblicherweise entweder als eigene Abteilung organisiert oder in die Rechtsabteilung eingegliedert werden[132], sind sie auch nicht ohne Weiteres von den in § 107 Abs. 3 Satz 2 definierten Aufgabengebieten erfasst. Wegen ihrer sachlichen Nähe zu Aufgaben der internen Revision ist die Übertragung der Thematik auf den Prüfungsausschuss aber möglich und auch sinnvoll.

59 Die in § 107 Abs. 3 Satz 2 bezeichneten **Aufgabenbereiche sind nicht fest umrissen**. Während § 107 Abs. 3 Satz 2 anscheinend von einer Trennung der drei Teilbereiche IKS, RMS und interne Revision ausgeht, wird das RMS in den § 25a KWG und § 64a VAG[133] als System von „Strategien [und] Verfahren zur Ermittlung und Sicherstellung der Risikotragfähigkeit sowie [der] Einrichtung interner Kontrollverfahren mit einem internen Kontrollsystem und einer internen Revision" verstanden und mithin als Oberbegriff verwendet. Die Gesetzesbegründung zum BilMoG wiederum sieht das IKS und das RMS als nebeneinander stehende Systeme an, ordnet aber die interne Revision dem IKS unter[134]. Zudem soll sich das IKS nach herkömmlicher Auffassung auch auf Fragen der Rechnungslegung erstrecken (s. unten Rz. 62). Dem Gesetzgeber ging es augenscheinlich bei der Formulierung des § 107 Abs. 3 Satz 2 nicht um eine eindeutige Abgrenzung der Bereiche, sondern um ein möglichst **engmaschiges Netz von Informations- und Überwachungssystemen**. Dabei hat er **Überschneidungen** der verschiedenen Systeme und Aufgabenbereiche in Kauf genommen[135].

---

126 Aufgrund der Organisationsautonomie des Aufsichtsrats kann die Satzung die Bildung eines Prüfungsausschusses nicht vorsehen; vgl. BGH v. 25.2.1982 – II ZR 123/81, BGHZ 83, 106, 114 ff.
127 So auch Begr. RegE, BT-Drucks. 16/10067, S. 102; *Lanfermann/Röhricht*, BB 2009, 887; *Kort*, ZGR 2010, 440, 449; *Staake*, ZIP 2010, 1013, 1014.
128 Vgl. auch *Kropff* in FS K Schmidt, S. 1023, 1024; *Staake*, ZIP 2010, 1013, 1014.
129 Vornehmliche Funktion der Ausschussbildung ist die Verbesserung der Effizienz der Überwachung durch eine Verkleinerung des befassten Gremiums; vgl. dazu *Erchinger,/Melcher*, DB 2008, 56 ff.; *Preußner*, NZG 2008, 574.
130 Begr. RegE, BT-Drucks. 16/10067, S. 102.
131 Näher dazu *J. Hüffer/Uwe H. Schneider*, ZIP 2010, 55; *Uwe H. Schneider*, ZIP 2003, 645; *Immenga* in FS Schwark, S. 199, 206.
132 *Kremer/Klahold* in Krieger/Uwe H. Schneider, Hdb. Managerhaftung, 2. Aufl. 2010, § 21 Rz. 22 f.
133 Vgl. näher dazu *Dreher*, ZGR 2010, 496, 529 f.
134 Begr. RegE, BT-Drucks. 16/10067, S. 102; ebenso *Dreher* in FS Hüffer, S. 161, 167 f.
135 Ähnlich auch *Wohlmannstetter*, ZGR 2010, 472, 475.

## b) Überwachung des Rechnungslegungsprozesses

Zur Überwachung des Rechnungslegungsprozesses gehört namentlich die Überprüfung der Grundsätze der Rechnungslegung, des Rechnungslegungsverfahrens sowie der Maßnahmen zur Sicherung der Wirksamkeit der Rechnungslegung. Dies geht über die Prüfung von Jahresabschluss und Konzernabschluss (§ 171 Abs. 1) und deren Billigung (§ 172) weit hinaus[136]. 60

## c) Überwachung der Wirksamkeit des internen Kontrollsystems, Risikomanagementsystems und internen Revisionssystems

Der Aufgaben- und Anwendungsbereich von IKS, RMS und internen Revesionssystem ist gesetzlich nicht klar umrissen; Überschneidungen sind daher möglich und wohl auch unvermeidbar (s. oben Rz. 59). 61

(1) Das **IKS** betrifft Grundsätze, Verfahren und Maßnahmen zur Umsetzung von Managemententscheidungen[137]. Im Vordergrund stehen dabei die Kontrolle der Effektivität und Effizienz der Geschäftstätigkeit des Unternehmens sowie die Ordnungsmäßigkeit der internen und externen Rechnungslegung[138]. 62

(2) Das **RMS** dient der Erkennung und Steuerung sowie Kommunikation von Risiken im Unternehmen[139]. Der Vorstand ist gem. § 91 Abs. 2 zur Einrichtung eines Risikofrüherkennungssystems verpflichtet, dass einen Teilbereich des allgemeinen RMS abbildet. Dieses ist auf die Früherkennung bestandsgefährdender Negativveränderungen[140] gerichtet und damit ebenso wie ein RMS prozessorientiert[141], aber inhaltlich weniger weitreichend. 63

(3) Die **interne Revision** dient der Überprüfung der Wirksamkeit der eingerichteten Überwachungsmaßnahmen durch den Vorstand[142], beschränkt sich also nicht auf den Bereich der Risikofrüherkennung[143]. Von der Prüfung umfasst sind Risikokontroll-, Risikosteuerungs- und die Risikoüberwachungstätigkeit. Insbesondere prüft die interne Revision, ob die tatsächlichen Abläufe dem eingerichteten Risikomanagementsystem entsprechen[144]. Darüber hinaus berührt die interne Revision auch die Überwachung der Compliance-Organisation[145]. 64

## d) Überwachung der Abschlussprüfung

Die Überwachung der Abschlussprüfung umfasst zunächst die Prüfung ihrer Qualität von der Auswahl des Prüfers bis zur Beendigung des Auftrags. Vor Bestellung des Prüfers sind daher Evaluationen und Bewertungen der bisherigen Prüfungsleistungen einzuholen[146]. Bezugspunkte sind die fachliche Kompetenz der Prüfer, die Durchfüh- 65

---

136 *Lanfermann/Röhricht*, BB 2009, 887, 889.
137 So auch die Prüfungsstandards des Instituts für Wirtschaftsprüfer – IDW PS 261, s. WPg 2006, 1433 ff. und WPg Supplement 4/2009, 1 ff.
138 *Lanfermann/Röhricht*, BB 2009, 887, 889.
139 *Lanfermann/Röhricht*, BB 2009, 887, 889; *Nonnenmacher/Pohle/v. Werder*, DB 2007, 2412, 2414.
140 Umfassender *Nonnenmacher/Pohle/v. Werder*, DB 2009, 1447, 1451.
141 *Fleischer* in Spindler/Stilz, § 91 AktG Rz. 31; *Dreher* in FS Hüffer, S. 161, 163 m.w.N.
142 *Lanfermann/Röhricht*, BB 2009, 887, 889.
143 *Füss*, Die interne Revision, S. 66 ff.; *Obermayr* in Hauschka, Corporate Compliance, 2. Aufl. 2010, § 17 S. 433 ff.
144 *Dreher* in FS Hüffer, S. 161, 175.
145 *Füss*, Die interne Revision, S. 284.
146 *Nonnenmacher/Pohle/v. Werder*, DB 2009, 1447, 1450.

rung der Prüfung hinsichtlich Planung, Kontrolle und Qualitätssicherung sowie die Berichterstattung.

66 Zur Überwachung der Abschlussprüfung gehört darüber hinaus die Prüfung der Unabhängigkeit des Abschlussprüfers. Hier ist zu kontrollieren, ob die einschlägigen Abschlussprüferleitlinien eingehalten werden und die Unabhängigkeitserklärung nach § 321 Abs. 4a HGB abgegeben wurde. Ziff. 7.2.1 DCGK gibt darüber hinaus Empfehlungen zur Vermeidung von Interessenkonflikten. Ebenso sind die vom Abschlussprüfer zusätzlich erbrachten Leistungen zu überwachen (§ 171 Abs. 1 Satz 3). Das Ergebnis dieser Prüfung ist maßgeblich für die Empfehlung zum Wahlvorschlag für die (Wieder-)Bestellung des Abschlussprüfers nach § 124 Abs. 3 Satz 2[147].

### 3. Überwachungsstandards

#### a) Systemerrichtungspflicht

67 Eine Systemerrichtungspflicht lässt sich aus § 107 Abs. 3 Satz 2 nicht für alle genannten Bereiche entnehmen. Gesetzlich vorgeschrieben ist neben der Rechnungslegung und der Abschlussprüfung (sofern nicht § 316 Abs. 1 HGB eingreift), nur die Existenz eines Frühwarnsystems, mit dessen Hilfe existenzbedrohende Entwicklungen früh erkannt werden sollen (§ 91 Abs. 2). Dieses System ist mit dem in § 107 Abs. 3 Satz 2 genannten Risikomanagementsystem nicht identisch, sondern bleibt von seinen Aufgaben und seinem Umfang her dahinter zurück[148]. Im Hinblick auf die in § 107 Abs. 3 Satz 2 genannten Bereiche des RMS, des IKS und der internen Revision fordert die Norm zwar die Überwachung, ordnet aber das Vorhandensein der Systeme nicht zwingend an[149]. Das ist für das RMS zwar nicht völlig unstreitig, hier bejaht ein Teil der Literatur eine Errichtungspflicht[150]. Aber die Begr. zum BilMoG hat noch einmal klargestellt, dass diese Auffassung den Intentionen des Gesetzgebers nicht entspricht[151]. Danach zwingt die Erwähnung des RMS in § 107 Abs. 3 Satz 2 nicht in jedem Fall zur Errichtung eines umfassenden und formalisierten RMS, sofern nur die angemessene Information des Vorstands von den wesentlichen unternehmensrelevanten Vorgängen anderweitig sichergestellt ist[152].

68 Mittelbar besteht allerdings erheblicher Druck, die von § 107 Abs. 3 Satz 2 genannten Überwachungssysteme auch tatsächlich einzurichten. Für **kapitalmarktorientierte Gesellschaften** folgt dies aus der Erläuterungspflicht nach § 289 Abs. 5 HGB, wonach die wesentlichen Merkmale des IKS und des RMS zu erläutern sind, allerdings nur bezogen auf den Rechnungslegungsprozess. Zwar kann die danach erforderliche Angabe auch lauten, dass solche Systeme nicht vorhanden seien[153], doch aus § 289 Abs. 5 HGB kann für kapitalmarktorientierte Gesellschaften durchaus gefolgert werden, dass der Gesetzgeber das Vorhandensein der dort genannten Systeme als Regelfall ansieht, weil eine kapitalmarktorientierte Gesellschaft auf eine systematische

---

147 *Nonnenmacher/Pohle/v. Werder*, DB 2009, 1447, 1450.
148 *Hüffer*, § 91 AktG Rz. 9; *Preußner*, NZG 2008, 574, 575; *Nonnenmacher/Pohle/v. Werder*, DB 2009, 1447, 1451.
149 Ebenso OLG Celle v. 28.5.2008 – 9 U 184/07, WM 2008, 1745; *Dreher* in FS Hüffer, S. 161, 162; a.A. VG Frankfurt a.M. v. 8.7.2004 – 1 E 7363/03 (I), NVwZ 2004, 2157; weiter auch *Hommelhoff/Mattheus*, BB 2007, 2787, 2788; *Spindler*, WM 2008, 905, 906; *Spindler* in FS Hüffer, S. 985, 991 f.; *Dreher*, ZGR 2010, 496, 536.
150 *Lück*, DB 1998, 8 f.; *Lück*, DB 2000, 1473; *Wolf*, DStR 2002, 1729.
151 Begr. RegE BilMoG, BT-Drucks. 16/10067, S. 102 f.
152 Vgl. OLG Frankfurt a.M. v. 12.12.2007 – 17 U 111/07, AG 2008, 453; *Preußner*, NZG 2008, 574, 575; *Kort*, ZGR 2010, 440, 451 f., 460 ff.
153 Begr. RegE BilMoG, BT-Drucks. 16/10067, S. 76.

Risikoerfassung und Bewertung angewiesen ist[154]. Der Verzicht darauf wird dann zur begründungsbedürftigen Ausnahme und kommt nur noch in Betracht, wenn das Geschäftsmodell der Gesellschaft trotz ihrer Kapitalmarktorientierung besonders übersichtlich oder risikoarm ist. In diesem Fall muss nach § 289 Abs. 5 HGB der Verzicht auf ein IKS und/oder RMS angegeben und dargestellt werden, wie anstelle dessen verfahren wird.

Weiterer mittelbarer Druck ergibt sich aus der **Haftungsrechtsprechung** des BGH. Dieser hat in der MPS-Entscheidung bereits in Bezug auf größere Einzelrisiken (hier: Zahlungsausfall bei umfangreichem Darlehen an die Muttergesellschaft) die Errichtung eines auf das spezielle Risiko bezogenen, geeigneten **Informations- oder Frühwarnsystems** gefordert, mit dem das Risiko des Zahlungsausfalls frühzeitig erkannt werden kann[155]. Diese Einschätzung wird in der Entscheidung nicht mit § 91 Abs. 2 in Verbindung gebracht und gilt daher auch dann, wenn es sich nicht um ein existenzbedrohendes Risiko handelt. Dem Aufsichtsrat weist der BGH dabei die Aufgabe zu, den Vorstand zur Errichtung erforderlicher Informationssysteme anzuhalten und deren hinreichende Funktionsfähigkeit zu überwachen[156]. Wenn diese Pflicht aber schon für größere Einzelrisiken im Unternehmen besteht, dann ist sie erst recht für Systeme anzuerkennen, die, wie das interne Kontrollsystem, das Risikomanagement oder die Compliance-Organisation, dazu dienen, Risiken im Unternehmen global zu steuern und zu begrenzen. Auch diese Rechtsprechung legt es dem Gesamtaufsichtsrat oder dem Prüfungsausschuss nahe, im Rahmen der Beratungsaufgabe mit dem Vorstand zu erörtern, inwieweit die Gesellschaft über das gesetzliche Minimum hinaus risikobegrenzende Systeme benötigt, sofern diese nicht ohnehin schon im Unternehmen vorhanden sind. Das gilt neben den drei in § 107 Abs. 3 Satz 2 genannten Systemen auch für die Frage, ob das Unternehmen eine besondere Compliance-Organisation benötigt und wo diese im Unternehmen organisatorisch anzusiedeln ist[157]. 69

Speziell für die Frage der Errichtung eines **Compliance-Systems** ergibt sich eine mittelbare Pflicht des Unternehmens zur Systemerrichtung zwar nicht aus § 107 Abs. 3, da die Frage dort nicht angesprochen ist. Der Errichtungsdruck folgt aber zum einen aus der Pflicht des Vorstands zur Sicherstellung der Legalität der Unternehmensführung[158], zum anderen aber auch aus den Organisationspflichten des § 130 OWiG. Danach muss der Leiter eines Betriebes oder Unternehmens die erforderlichen Aufsichtsmaßnahmen ergreifen, um zu verhindern, dass in dem Betrieb oder Unternehmen Verstöße gegen Pflichten begangen werden, die den Inhaber treffen und die mit Geldbuße oder Strafe bedroht sind. Das trifft insbesondere auf Kartellverstöße oder Korruptionsdelikte ohne Weiteres zu[159]. Aus der Norm werden inzwischen umfangreiche Pflichten des Vorstands zur präventiven Überwachung der Legalität im Unter- 70

---

154 Zu dieser Überlegung *Hommelhoff/Mattheus*, BB 2007, 2787, 2788; *Wohlmannstetter*, ZGR 2010, 472, 476 f.; ablehnend *Dreher* in FS Hüffer, 2010, S. 161, 164 f.
155 BGH v. 1.12.2008 – II ZR 102/07, BGHZ 179, 71 = AG 2009, 81, Rz. 14.
156 BGH v. 1.12.2008 – II ZR 102/07, BGHZ 179, 71 = AG 2009, 81, Rz. 20 f.
157 In Betracht kommen die Einrichtung einer eigenen Compliance-Abteilung oder die organisatorische Anbindung an die Rechtsabteilung. Näher *Kremer/Klahold* in Krieger/Uwe H. Schneider, Hdb. Managerhaftung, 2. Aufl. 2010, § 21 Rz. 22 f.
158 *Liese*, BB-Special 2008, Nr. 5, 17, 20; *Meyer-Greve*, BB 2009, 2555 f.; *Wellhöfer/Peltzer/Müller*, Haftung von Vorstand, Aufsichtsrat, Wirtschaftsprüfer, 2008, § 4 Rz. 111; *Spindler* in MünchKomm. AktG, 3. Aufl., § 91 AktG Rz. 19; *Bürgers/Israel* in Bürgers/Körber, § 93 AktG Rz. 5; einschränkend *Dreher*, ZGR 2010, 496, 520.
159 *Dreher*, WuW 2009, 133 ff.; *Fleischer*, BB 2008, 1070; *Pampel*, BB 2007, 1636, 1637 f. (zum Kartellrecht); *Hetzer*, EWS 2008, 73, 78; *Hauschka/Greeve*, BB 2007, 165, 166 (zu Korruptionsdelikten).

nehmen hergeleitet[160]. Der Verzicht auf eine besondere Compliance-Organisation erweist sich daher nur dann als vertretbar, wenn das Unternehmen nach seiner Größe und seinem Geschäftsgegenstand so risikoarm ist, dass mit der Begehung wesentlicher Rechtsverstöße aus dem Unternehmen heraus nicht gerechnet werden muss[161]. Eine Risikobestandsaufnahme und die Einhaltung vernünftiger kaufmännischer Vorsichtsmaßnahmen (Dokumentation von Zahlungsvorgängen, Vier-Augen-Prinzip, hinreichende Kontrolle der Mitarbeiter) ist jedoch wohl für alle Unternehmen Mindeststandard[162].

#### b) Pflicht zur Systemüberwachung

71 **aa) Allgemeines.** Die ausdrückliche Normierung der Überwachungspflichten in § 107 Abs. 3 Satz 2 hat zu einer Verdeutlichung der Pflichten des Aufsichtsrats und des von ihm eingesetzten Prüfungsausschusses beigetragen. Diese haben sich zunehmend zu einer **Pflicht zur Systemüberwachung** verdichtet[163]. Das gilt unabhängig davon, ob es sich, wie bei der Rechnungslegung und dem Frühwarnsystem um gesetzlich ausdrücklich vorgeschriebene Systeme handelt, oder aber um solche, die, wie das RMS oder die Compliance-Organisation, nicht gesetzlich vorgeschrieben, aber aus Gründen betriebswirtschaftlicher Zweckmäßigkeit und/oder aus Gründen der Haftungsvermeidung gleichwohl im Unternehmen vorhanden sind. Dabei enthält das Gesetz nur für die Rechnungslegung detaillierte Vorgaben zur Ausgestaltung des Systems. Ansonsten muss die **konkrete Ausgestaltung** der Überwachungssysteme, insbesondere des RMS, vom Vorstand vorgenommen werden. Dies ist eine unternehmerische Entscheidung, die von der Lage, Größe und Geschäftstätigkeit des Unternehmens abhängt[164]. Zwar werden in der betriebswirtschaftlichen Literatur eine Vielzahl von Modellen entwickelt[165], doch besteht gerade keine Rechtspflicht zur Einführung eines bestimmten RMS oder einer bestimmten Compliance-Organisation. Ebenso wie bei der Frage der Unternehmensbewertung[166] wäre es verfehlt, eine bestimmte betriebswirtschaftliche Methodik zur Rechtspflicht zu erklären oder auch nur aus Gründen der Haftungsvermeidung nahe zu legen[167].

72 **bb) Informationspflicht und Informationsobliegenheit.** Im Rahmen seiner Überwachungsaufgabe hat sich der Prüfungsausschuss zunächst über die existierenden Systeme zu informieren. Die notwendige **Information des Prüfungsausschusses** wird durch die Regelberichte des Vorstands (§ 90 Abs. 1 und 2 AktG)[168], vom Prüfungsausschuss anzufordernde Sonderberichte (§ 90 Abs. 3) sowie die Einsichtnahme in Bücher und Schriften der Gesellschaft (§ 111 Abs. 2 Satz 1 AktG), die den Datenbestand zur internen Revision enthalten[169], sichergestellt. Letzteres setzt voraus, dass die Interne Re-

---

160 Vgl. *Bock*, ZIS 2009, 68 ff.; *Brenner*, VR 2009, 157, 160 ff.; *Maschmann*, AuA 2009, 72, 73 f.; *Liese*, BB-Special 2008, Nr. 5, 17 ff.; *B. Schmidt*, BB 2009, 1295, 1299; *Bergmoser/Theusinger/Gushurst*, BB Special 2008, Nr. 5, 1 ff.
161 So auch *Fleischer*, BB 2008, 1070, 1072; *Hauschka/Greeve*, BB 2007, 165, 167.
162 *Hauschka/Greeve*, BB 2007, 165, 167.
163 So auch *Mattheus* in Hommelhoff/Hopt/v. Werder, Hdb. Corporate Governance, 2. Aufl. 2009, S. 563, 572; *M. Winter* in FS Hüffer, S. 1103, 1119 f.; *Kort*, ZGR 2010, 440, 467.
164 Vgl. Begr. RegE BilMoG, BT-Drucks. 16/10067, S. 102; *Spindler* in FS Hüffer, S. 985, 993 f.
165 Vgl. *Dörner/Horvath/Kagermann*, Praxis des Risikomanagements, 2000.
166 Bei der Ermittlung des Unternehmenswerts ist allgemein anerkannt, dass jede Methode gewählt werden kann, die geeignet ist, den Unternehmenswert verlässlich zu ermitteln; vgl. *Lutter/Drygala* in Lutter, § 5 UmwG Rz. 18 ff.
167 So aber *Schäfer/Zeller*, BB 2009, 1706.
168 Vgl. *Kropff*, NZG 2003, 346, 347.
169 Vgl. *Hüffer*, § 111 AktG Rz. 11; *Habersack* in MünchKomm. AktG, 3. Aufl., § 111 AktG Rz. 63.

vision wirksam ist. Für eine ordnungsgemäße Überwachung durch den Prüfungsausschuss ist daher notwendig, dass dieser direkte Kontakt zu den Mitarbeitern der Internen Revision hat[170]. Dieser ist durch eine Teilnahme an den Sitzungen des Ausschusses mit Bezug zu festgelegten Tagesordnungspunkten sicherzustellen. Hierdurch wird die sachgerechte Informationsversorgung gewahrt, die sonst im Vergleich zum monistischen System zurückfiele. Zudem kommt auch dem Abschlussprüfer eine wichtige Informationsfunktion zu. Für Einzelheiten wird auf die Kommentierung zu §§ 109 und 111 verwiesen.

Gem. § 171 Abs. 1 Satz 2 hat zudem der Abschlussprüfer an den Verhandlungen des Aufsichtsrats oder des Prüfungsausschusses, die die Vorlagen des Jahresabschluss bzw. Konzernjahresabschlusses betreffen, teilzunehmen und über die wesentlichen Ergebnisse seiner Prüfung zu berichten. Hierzu zählen insbesondere wesentliche Schwächen des internen Kontroll- und des Risikomanagementsystems bezogen auf den Rechnungslegungsprozess.

73

cc) **Systembewertung.** Der Prüfungsausschuss hat gem. § 107 Abs. 3 Satz 2 die „Wirksamkeit" der Überwachungssysteme zu kontrollieren. Er muss daher die erhaltenen Informationen **sachgerecht bewerten**. Dies bedeutet nicht, dass er von vornherein zu einer umfassenden Prüfung der Ergebnisse der bezeichneten Systeme verpflichtet ist[171]. Die Wirksamkeitsprüfung zielt vielmehr zunächst auf eine Prognose darüber ab, ob das jeweils angewandte Verfahren eine hinreichende Risikoerkennung ermöglicht. Es bedarf mithin der Prüfung der Ausgestaltung und Funktionsfähigkeit der angewandten Systeme[172]. Bestehen hingegen Anhaltspunkte für Mängel der zu überwachenden Systeme, so muss der Prüfungsausschuss diesen nachgehen und gegebenenfalls auch einzelne Ergebnisse eingehend untersuchen. In diesem Zusammenhang ist insbesondere zu beachten, dass nach der Rechtsprechung sich die Informationsmöglichkeit der §§ 90 Abs. 3, 111 Abs. 1 zu einer Informationspflicht verdichtet, wenn Anlass zu der Annahme besteht, dass Fehlentwicklungen im Unternehmen vorliegen (vgl. bei § 111 Rz. 33; § 116 Rz. 19). Diese Pflichtenlage wird man auf den Fall übertragen können, dass Anhaltspunkte gegen eine Wirksamkeit der Überwachungssysteme bestehen und für den Aufsichtsrat erkennbar sind. Solche Anhaltspunkte müssen sich nicht aus dem überwachten System heraus ergeben, sondern können auch von außen an den Prüfungsausschuss herangetragen werden (näher § 111 Rz. 42).

74

dd) **Überwachung als Daueraufgabe.** Die Überwachung der Rechnungslegung, der Abschlussprüfung und der Überwachungssysteme ist für den Prüfungsausschuss **Daueraufgabe**. Mit der Entscheidung über die einmalige Errichtung und Ausgestaltung ist es nicht getan. Vielmehr muss der Prüfungsausschuss die Rechnungslegung, die Abschlussprüfung und die Überwachungssysteme regelmäßig einer **Überprüfung** unterziehen, und zwar zum einen darauf, ob das betreffende System als solches angemessen funktioniert, wozu ein turnusmäßiger Bericht des Vorstands über die Erfolge und Schwächen erforderlich wird[173]. Ferner müssen Probleme, die sich trotz der Existenz des Systems ergeben haben (z.B. aufgetretene Fehler im Bereich der Rechnungslegung oder aufgetretene Compliance-Verstöße trotz bestehender Compliance-Organisation, aber auch öffentlich bekannt gewordene Probleme gleicher Art bei anderen Unternehmen) zum Anlass genommen werden, die Wirksamkeit des Systems und Verbes-

75

---

170 Einschränkend, *Spindler* in FS Hüffer, S. 985, 998.
171 Anders für die Prüfung der Internen Revision, *Lanfermann/Röhricht*, BB 2009, 887, 890.
172 So grundsätzlich auch *Lanfermann/Röhricht*, BB 2009, 887, 890.
173 *Lutter* in FS Hüffer, S. 617, 619; *M. Winter* in FS Hüffer, S. 1103, 1121.

serungsmöglichkeiten im Prüfungsausschuss zu erörtern[174]. Zum anderen muss das angewendete System auch ohne Vorliegen besonderer Anlässe in gewissen Zeitabständen darauf überprüft werden, ob es aktuellen Anforderungen noch entspricht oder ob ein Aktualisierungsbedarf besteht[175]. Hingegen ist der Aufsichtsrat nicht verpflichtet, von sich aus Alternativmodelle zu entwickeln[176] und ohne besonderen Anlass die Wirksamkeit anhand von Stichproben zu überprüfen.

76 **ee) Besonderheiten im Konzern.** Im Konzern stellt sich die Frage, ob bestimmte risikobegrenzende Systeme, insbesondere das RMS und die Compliance-Organisation, auch auf die **Untergesellschaften zu erstrecken** sind. Dies erscheint aus Gründen einer einheitlichen Handhabung und einer frühzeitigen Erkennung von Risiken zunächst sinnvoll. Allerdings richtet sich die Reichweite der Systeme nach den Befugnissen der Obergesellschaft. Zwar ist die Idee eines umfassenden und vor allem einheitlichen Konzern-RMS[177] oder einer Konzern-Compliance[178] wirtschaftlich durchaus nachvollziehbar, doch stößt sie an rechtliche Schranken. Die Errichtung eines einheitlichen Systems, also insbesondere die Verwendung einheitlicher Informationsstandards kann der Vorstand der Obergesellschaft in den abhängigen Gesellschaften nur bedingt durchsetzen[179]. Während die für die abhängige GmbH und die konzernvertraglich verbundene AG ein Weisungsrecht besteht, kann etwa der Vorstand einer faktisch abhängigen Tochter-AG nicht angewiesen werden, den Konzernstandards in Sachen Risikomanagement oder Compliance zu folgen[180]. Zwar ist der Vorstand nicht durch die §§ 311, 317 gehindert, gerade das vom Vorstand der Obergesellschaft vorgeschlagene Compliance-System zu errichten und über die Ergebnisse nach oben zu berichten, da dies für die Tochter-AG (jedenfalls regelmäßig) nicht nachteilig ist. Allerdings ist er hierzu auch nicht verpflichtet. Zudem kann der Vorstand der Obergesellschaft auch nach Errichtung eines bestimmten Systems in den Untergesellschaften auf die gesammelten Informationen nur zugreifen, wenn deren Geschäftsleiter zur Weitergabe der Informationen (etwa aufgrund einer entsprechenden Weisung) verpflichtet sind oder sie freiwillig erteilen. Anzuerkennen ist aber eine Pflicht der Geschäftleitung des herrschenden Unternehmens, auf eine konzernweite Durchsetzung der erforderlichen Organisationsmaßnahmen hinzuwirken, soweit dies rechtlich möglich ist[181]. Häufig werden die Geschäftsleiter der abhängigen Gesellschaften einem solchem auf Freiwilligkeit basierenden System auch zustimmen.

77 Im Wesentlichen noch ungeklärt ist die Frage, wie zu verfahren ist, wenn das **öffentliche Recht bzw. das Strafrecht** die sich aus dem Konzernrecht des faktischen Konzern ergebenden Grenzen nicht respektiert. Das ist gegenwärtig einmal bei § 130 OWiG der Fall, wo der Begriff des Unternehmens z.T. konzernübergreifend verstan-

---

174 Begr. RegE BilMoG, BT-Drucks. 16/10067, S. 102 f.; *Lanfermann/Röhricht*, BB 2009, 887, 890.
175 *Leuering/Rubel*, NJW-Spezial 2008, 559, 560; *Lanfermann/Röhricht*, BB 2009, 887, 889; *Preußner*, NZG 2008, 574, 575.
176 *Patzina* in Patzina/Bank/Schimmer/Simon-Widmann, Haftung von Unternehmensorganen, 2010, Kap. 7, Rn. 18; *Kuss*, WPg 2009, 326 ff.
177 Für ein umfassendes konzernweites Früherkennungssystem bereits *Kleindiek* in Hommelhoff/Hopt/v. Werder, Hdb. Corporate Governance, 2. Aufl. 2009, S. 804 f.; Uwe H. *Schneider/Sven H. Schneider*, AG 2005, 57, 58; *Preußner/Becker*, NZG 2002, 846, 847.
178 Uwe H. *Schneider*, NZG 2009, 1321; *Koch*, WM 2009, 1013; *Fleischer*, CCZ 2008, 1 ff.; Uwe H. *Schneider/Sven H. Schneider*, ZIP 2007, 2061.
179 So auch *Fleischer* in Spindler/Stilz, § 91 AktG Rz. 40; *Fleischer*, CCZ 2008, 1, 6.
180 Wie hier auch *Fleischer*, CCZ 2008, 1, 4.
181 *Fleischer*, CCZ 2008, 1, 6; *Bürkle* in Hauschka, Corporate Compliance, 2. Aufl. 2010, § 8 S. 141 ff., 159; *Dreher*, ZWeR 2004, 75, 102.

den und deshalb vom Konzernvorstand erwartet wird, dass er seine Überwachung auch auf die Tochtergesellschaften als Teil seines „Unternehmens" erstreckt[182]. Im Bereich des öffentlichen Rechts erstrecken § 25a KWG, § 33 Abs. 1 Satz 2 WpHG und § 15 GWG Überwachungspflichten in den Konzern hinein[183]. Ferner hat sich speziell im europäischen Kartellrecht ein eigener, funktionaler Unternehmensbegriff herausgebildet, der auf die Grenzen des deutschen Konzernrechts keine Rücksicht nimmt[184]. Dann stellt sich, soweit eine auf freiwilliger Mitwirkung der Tochtergesellschaft basierende Lösung nicht möglich ist, die Frage, wie der Konzerngeschäftsleiter seinen Pflichten nachkommen soll. Soweit es dabei um Normkonflikte innerhalb des nationalen Rechts geht, muss der Konflikt unter den beteiligten Gerichten geklärt und eine einheitliche Lösung gefunden werden, wie dies im Hinblick auf den Konflikt zwischen § 64 GmbHG, § 92 AktG einerseits und § 266a StGB andererseits erfolgt ist[185]. Es kann auf Dauer nicht sein, dass das Ordnungswidrigkeitenrecht etwas gebietet, was das Konzernrecht ausdrücklich verbietet. Da es im Kern um eine zivilrechtliche Materie geht, spricht insoweit alles dafür, der zivilrechtlichen Beurteilung den Vorrang einzuräumen, was insbesondere gegen eine ausufernde Interpretation des § 130 OWIG spricht[186]. Lässt sich dies nicht erreichen, müsste allerdings, wie dies auch im Hinblick auf die Abführung von Sozialabgaben der Fall war[187], das zivilrechtliche Verbot zurücktreten und sichergestellt werden, dass die Beteiligten ihre nach dem Ordnungswidrigkeitenrecht oder sonstigen öffentlichen Recht bestehenden Verpflichtungen auch ohne Verstoß gegen das Zivilrecht erfüllen können. Dann ist dem Vorstand der Obergesellschaft entgegen der Kompetenzordnung der §§ 76, 311 ein außerordentliches Auskunfts- und Weisungsrecht gegen die Untergesellschaft einzuräumen, das so weit reicht, wie es erforderlich ist, um den Anforderungen des öffentlichen Rechts zu entsprechen[188]. Wo sich Organisationspflichten, die mit den Schranken des deutschen Konzernrechts kollidieren, aus dem höherrangigen Europarecht ergeben, kommt von vornherein nur diese Lösung in Betracht.

**ff) Reaktionsmöglichkeiten bei Defiziten.** Erkennt der Prüfungsausschuss, dass eines der benannten Systeme unzureichend ist, so muss er dies, ggf. nach weiteren Prüfungsmaßnahmen, **dem Gesamtaufsichtsrat mitteilen**[189]. Der Aufsichtsrat kann Verbesserungsmöglichkeiten mit dem Vorstand erörtern und ggf. nach § 111 Abs. 4 Satz 2 Veränderungen bestehender Systeme seiner Zustimmung unterstellen. Eine Möglichkeit, aktiv seine eigenen Vorstellungen zu einer Verbesserung anstelle derer des Vorstands durchzusetzen, hat er jedoch nicht[190]. Im Extremfall kann es wegen

78

---

182 Vgl. die Nachweise bei *Koch*, AG 2009, 564; *Koch*, WM 2009, 1013, 1017; *Dannecker/Biermann* in Immenga/Mestmäcker, 4. Aufl., vor § 81 GWB Rz. 127 ff.
183 *Fleischer*, CCZ 2008, 1, 4; *Uwe H. Schneider/Sven H. Schneider*, ZIP 2007, 2061, 2063.
184 Dazu eingehend *Soltesz/Steinle/Bielesz*, EuZW 2003, 202 ff.; *Koch*, ZHR 171 (2007), 554, 556 ff.
185 BGH v. 14.5.2007 – II ZR 48/06, ZIP 2007, 1274; näher dazu auch *Tiedke/Peterek*, GmbHR 2008, 617 ff.; *Ransiek/Hüls*, ZGR 2009, 157, 172 ff.
186 Zutr. *Koch*, ZHR 171 (2007), 554, 572 f.; insoweit zurückhaltend auch BGH WuW/E 1871, 1876 (Transportbeton).
187 Vgl. zur Auflösung der Konfliktlage BGH v. 14.5.2007 – II ZR 48/06, ZIP 2007, 1274.
188 Dafür *Uwe H. Schneider/Sven H. Schneider*, ZIP 2007, 2061, 2064 f.; enger *Fleischer*, CCZ 2008, 1, 6.
189 *Spindler* in FS Hüffer, S. 985, 997.
190 Vgl. Begr. RegE BilMoG, BR-Drucks. 344/08, S. 227; *Wolf*, DStR 2009, 920, 921. In dieser Beschränkung liegt eine gewisse Schwäche des dualistischen Systems. Im monistischen System könnte ein Board, das mehrheitlich aus unabhängigen Direktoren besteht, die gewünschte Veränderung gegen die Stimmen der Inside-Directors durchsetzen.

unterschiedlicher Vorstellungen in dieser Frage zur Abberufung der verantwortlichen Vorstandsmitglieder kommen.

### 4. Besetzung

#### a) Aktienrechtliche Vorgaben (§ 107 Abs. 4)

79 Der fakultative Prüfungsausschuss nach § 107 Abs. 3 ist kein eigenständiges Organ der Aktiengesellschaft, sondern ein Ausschuss aus der Mitte des Aufsichtsrats. Der Prüfungsausschuss kann daher **ausschließlich mit Aufsichtsratsmitgliedern** besetzt werden. Gem. **§ 107 Abs. 4** muss mindestens ein Ausschussmitglied die Kriterien des § 100 Abs. 5 erfüllen. Der Prüfungsausschuss kapitalmarktorientierter Gesellschaften muss daher mit mindestens einem unabhängigen Finanzexperten (dazu § 100 Rz. 40) besetzt sein. Allerdings schreibt § 107 Abs. 4 nicht vor, dass jedes unabhängige und sachverständige Aufsichtsratsmitglied auch Mitglied in einem gebildeten Prüfungsausschuss ist. Es muss lediglich gewährleistet sein, dass jeder von § 107 Abs. 3 Satz 2 erfasste Ausschuss mit mindestens einem gem. § 100 Abs. 5 qualifizierten Mitglied besetzt ist. Bildet ein Aufsichtsrat mehrere Ausschüsse, die jeweils Teilbereiche der in § 107 Abs. 3 Satz 2 aufgeführten Aufgaben wahrnehmen, so verlangt § 107 Abs. 4 nicht, dass bei Vorhandensein mehrerer unabhängiger Finanzexperten einer von ihnen Mitglied in allen aufgabenrelevanten Ausschüssen ist. Es muss lediglich gewährleistet sein, dass jeder von § 107 Abs. 3 Satz 2 erfasste Ausschuss mit mindestens einem gem. § 100 Abs. 5 qualifizierten Mitglied besetzt ist.

80 Keine besondere rechtliche Regelung besteht in der Frage, inwieweit der Vorstand an den Sitzungen des Prüfungsausschusses teilnehmen kann und soll[191]. Insofern gelten daher dieselben Regeln wie für das Gesamtgremium (vgl. § 109 Rz. 5 f.), die die Frage der Selbstorganisation des Gremiums überlassen und einer regelmäßigen Teilnahme des Vorstands oder einzelner fachnaher Vorstandsmitglieder nicht entgegenstehen. Dies entspricht Untersuchungen zufolge auch der bisher üblichen Verfahrensweise in der Praxis[192]. Eine Regelung der Frage im DCGK wäre empfehlenswert, da angesichts der ausgeprägten Kontrollaufgabe des Prüfungsausschusses die regelmäßige Teilnahme der zu kontrollierenden Personen als bedenklich erscheint[193].

#### b) DCGK

81 Für börsennotierter Aktiengesellschaften, die ihrerseits nur eine Teilmenge der kapitalmarktorientierten Kapitalgesellschaften im Sinne von § 100 Abs. 5 i.V.m. § 264d HGB darstellen, empfiehlt Ziff. 5.3.2 Satz 2 DGCK (i.d.F. vom 18.6.2009) weitergehend, dass der Vorsitzende des Prüfungsausschusses über besondere Kenntnisse und Erfahrungen in der Anwendung von Rechnungslegungsgrundsätzen und internen Kontrollverfahren verfügt. Es sollte kein ehemaliges Vorstandsmitglied (Ziff. 5.3.2 Satz 3) mit dem Aufsichtsratsvorsitzenden identisch sein (Ziff. 5.2 Abs. 2 Satz 2); hierbei handelt es sich jedoch nicht um eine Empfehlung, sondern nur um Anregungen[194].

---

191 Auch der DCGK (Ziff. 3.6) spricht die Frage nur im Hinblick auf das Plenum, nicht für die Ausschüsse an.
192 *Probst/Theisen*, Der Aufsichtsrat 2009, 66, 68. Im Audit Committee amerikanischer Prägung ist hingegen die Sitzungsteilnahme der executive officers nicht zulässig, vgl. *Maushake*, Audit Committees, S. 65 f.
193 Dazu auch *v. Werder* in Ringleb/Kremer/Lutter/v. Werder, DCGK, Ziff. 3.6, Rz. 410, 412.
194 Zu diesem Unterschied s. die Präambel des DCGK und die Darstellung bei § 161.

## VI. Geschäftsordnung

Der Aufsichtsrat kann sich durch Beschlussfassung mit einfacher Mehrheit[195] eine Geschäftsordnung geben, um seine **interne Organisation** zu regeln[196]. Der DCGK empfiehlt dies in Ziff. 5.1.3. In der Geschäftsordnung lassen sich insbesondere Fragen zur Sitzungsorganisation[197], zur Wahl des Aufsichtsratsvorsitzenden und dessen Stellvertreters und zur Aufgabendelegation an die Ausschüsse[198] vorab klären. 82

Zulässiger Regelungsgegenstand von Geschäftsordnungen sind darüber hinaus die **individuellen Pflichten bei Beendigung des Mandats**. Beachtenswert ist in diesem Zusammenhang insbesondere, dass der BGH eine Regelung für zulässig erachtet hat, nach der die Aufsichtsratsmitglieder nach Ausscheiden zur Rückgabe sämtlicher ihn zur Verfügung gestellter Geschäftsunterlagen, einschließlich Kopien und Duplikaten, verpflichtet sein sollten[199]. Diese Rückgabepflicht ergebe sich bereits aus §§ 666, 667 BGB, da das Mandat Geschäftsbesorgungscharakter habe[200]. Zudem habe die Gesellschaft ein Interesse daran, dass die Gesellschaftsunterlagen nicht in falsche Hände geraten. Dabei hat der BGH nicht verkannt, dass der Inhalt der Unterlagen für das ausgeschiedene Mitglied in Einzelfällen durchaus noch Bedeutung haben kann, insbesondere wenn die Gesellschaft Schadensersatzansprüche nach §§ 116, 93 geltend macht. Insofern sei das Mitglied jedoch hinreichend geschützt, da es in diesen Fällen Einsichtnahme in die Unterlagen verlangen kann. Ob sich dieser Rechtsbehelf gerade in der Insolvenz der Gesellschaft als ausreichend erweist, muss abgewartet werden. 83

Der Aufsichtsrat ist nicht an die Geschäftsordnung gebunden, sondern kann durch Mehrheitsentscheidung von dieser abweichen[201], es sei denn, die Geschäftsordnungsbestimmungen werden durch die Satzung zulässigerweise vorgegeben[202]. Die Geschäftsordnung kann durch Beschluss mit einfacher Mehrheit auch ganz aufgehoben oder geändert werden[203]. Qualifizierte Mehrheiten dafür können weder in der Satzung noch durch den Aufsichtsrat selbst eingeführt werden[204]. 84

# § 108
# Beschlussfassung des Aufsichtsrats

**(1) Der Aufsichtsrat entscheidet durch Beschluss.**

**(2) Die Beschlussfähigkeit des Aufsichtsrats kann, soweit sie nicht gesetzlich geregelt ist, durch die Satzung bestimmt werden. Ist sie weder gesetzlich noch durch die Satzung geregelt, so ist der Aufsichtsrat nur beschlussfähig, wenn mindestens die Hälfte**

---

195 *Hüffer* § 107 AktG Rz. 23; *Habersack* in MünchKomm. AktG, 3. Aufl., § 107 AktG Rz. 163.
196 Vgl. *Lutter/Krieger*, Aufsichtsrat, Rz. 653; *Raiser/Veil*, Recht der Kapitalgesellschaften, § 15 Rz. 63.
197 Vgl. *Habersack* in MünchKomm. AktG, 3. Aufl., § 107 AktG Rz. 165.
198 *Spindler* in Spindler/Stilz, § 107 AktG Rz. 94.
199 BGH v. 7.7.2008 – II ZR 71/07, AG 2008, 743.
200 *Hopt/Roth* in Großkomm. AktG, 4. Aufl., § 101 AktG Rz. 92.
201 *Spindler* in Spindler/Stilz, § 107 AktG Rz. 15; *Habersack* in MünchKomm. AktG, 3. Aufl., § 107 AktG Rz. 166; *Mertens* in KölnKomm. AktG, 2. Aufl., § 107 AktG Rz. 171.
202 *Lutter/Krieger*, Aufsichtsrat, Rz. 653.
203 *Hopt/Roth* in Großkomm. AktG, 4. Aufl., § 107 AktG Rz. 214.
204 *Mertens* in KölnKomm. AktG, 2. Aufl., § 107 AktG Rz. 166; *Habersack* in MünchKomm. AktG, 3. Aufl., § 107 AktG Rz. 163.

der Mitglieder, aus denen er nach Gesetz oder Satzung insgesamt zu bestehen hat, an der Beschlussfassung teilnimmt. In jedem Fall müssen mindestens drei Mitglieder an der Beschlussfassung teilnehmen. Der Beschlussfähigkeit steht nicht entgegen, dass dem Aufsichtsrat weniger Mitglieder als die durch Gesetz oder Satzung festgesetzte Zahl angehören, auch wenn das für seine Zusammensetzung maßgebende zahlenmäßige Verhältnis nicht gewahrt ist.

(3) Abwesende Aufsichtsratsmitglieder können dadurch an der Beschlussfassung des Aufsichtsrats und seiner Ausschüsse teilnehmen, dass sie schriftliche Stimmabgaben überreichen lassen. Die schriftlichen Stimmabgaben können durch andere Aufsichtsratsmitglieder überreicht werden. Sie können auch durch Personen, die nicht dem Aufsichtsrat angehören, übergeben werden, wenn diese nach § 109 Abs. 3 zur Teilnahme an der Sitzung berechtigt sind.

(4) Schriftliche, fernmündliche oder andere vergleichbare Formen der Beschlussfassung des Aufsichtsrats und seiner Ausschüsse sind vorbehaltlich einer näheren Regelung durch die Satzung oder eine Geschäftsordnung des Aufsichtsrats nur zulässig, wenn kein Mitglied diesem Verfahren widerspricht.

| | |
|---|---|
| I. Allgemeines . . . . . . . . . . . . . . . . . . 1 | d) Beschlussfassung ohne Sitzung (§ 108 Abs. 4) . . . . . . . . . . . . . . . 24 |
| II. Entscheidung durch Beschluss (§ 108 Abs. 1) . . . . . . . . . . . . . . . . 2 | e) Gemischte Beschlussfassung . . . . 26 |
| 1. Begriffbestimmung . . . . . . . . . . . . 2 | 5. Mehrheitserfordernisse . . . . . . . . . . 28 |
| 2. Das Gebot ausdrücklicher Beschlussfassung . . . . . . . . . . . . . . 4 | a) Grundsatz: einfache Mehrheit . . . 28 |
| | b) Abweichung durch Satzungsregelung . . . . . . . . . . . . . . . . . . . 29 |
| III. Beschlussfassung . . . . . . . . . . . . . 6 | c) Abweichung durch Gesetz . . . . . . 32 |
| 1. Antragserfordernis . . . . . . . . . . . . . 7 | IV. Fehlerhafte Aufsichtsratsbeschlüsse . 33 |
| 2. Beschlussfähigkeit (§ 108 Abs. 2) . . . 8 | 1. Begriffsbestimmung . . . . . . . . . . . . 33 |
| a) Rechtslage nach dem AktG . . . . . 8 | 2. Rechtsfolgen . . . . . . . . . . . . . . . . . 34 |
| b) Mitbestimmungsrechtliche Besonderheiten . . . . . . . . . . . . . . 13 | a) Verstöße gegen Ordnungsvorschriften: Gültigkeit . . . . . . . . . . 35 |
| 3. Stimmrecht und Stimmverbote . . . . 14 | b) Schwerwiegende Mängel: uneingeschränkte Nichtigkeit . . . . . . . . 36 |
| 4. Abstimmungsverfahren . . . . . . . . . 17 | c) Minderschwere Mängel: eingeschränkte Nichtigkeit statt Anfechtbarkeit . . . . . . . . . . . . . . 39 |
| a) Grundsatz: offene Abstimmung in Präsenzsitzung . . . . . . . . . . . . 17 | |
| b) Geheime Abstimmung . . . . . . . . 18 | |
| c) Schriftliche Stimmabgabe (§ 108 Abs. 3) . . . . . . . . . . . . . . 20 | |

**Literatur:** *Axhausen*, Anfechtbarkeit aktienrechtlicher Aufsichtsratsbeschlüsse, 1986; *Baums*, Der fehlerhafte Aufsichtsratsbeschluss, ZGR 1983, 300; *Bernhardt*, Aufsichtsrat – die schönste Nebensache der Welt?, ZHR 159 (1995), 310; *Eggers/Reiß/Schichold*, Der Sachverstand des Financial Expert – Praxisfragen nach BilMoG, Der Aufsichtsrat 2009, 157; *Goedecke*, NaStraG: Erster Schritt zur Öffnung des Aktienrechts für moderne Kommunikationstechniken, BB 2001, 369; *Götz*, Rechtsfolgen fehlerhafter Aufsichtsratsbeschlüsse, in FS Lüke, 1997, S. 167; *Habersack*, Aktienrecht und Internet, ZHR 165 (2001), 172; *Happ*, Namensaktiengesetz – NaStraG oder: Der Einzug der Informationstechnologie in das Aktienrecht, WM 2000, 1795; *Heinsius*, Satzungsvorschriften über die Beschlussfähigkeit des Aufsichtsrats nach dem Mitbestimmungsgesetz, AG 1977, 281; *Hommelhoff*, Der aktienrechtliche Organstreit, ZHR 143 (1979), 288; *Hoffmann-Becking*, Schriftliche Beschlussfassung des Aufsichtsrats und schriftliche Stimmabgabe abwesender Aufsichtsratsmitglieder, in Liber amicorum Happ, 2006, S. 81; *Hüffer*, Beschlussmängel im Aktienrecht und im Recht der GmbH – eine Bestandsaufnahme unter Berücksichtigung der Beschlüsse von Leitungs- und Überwachungsorganen, ZGR 2001, 833; *Jürgenmeyer*, Satzungsklauseln über qualifizierte Beschlussmehrheiten im Aufsichtsrat der Aktiengesellschaft, ZGR 2007, 112; *Kindl*, Analoge Anwendung der §§ 241 AktG auf aktienrechtliche Beschlüsse?, AG 1993, 153; *Kindl*, Beschlussfassung des Aufsichtsrats und neue Medien – Zur Änderung des § 108 Abs. 4 AktG, ZHR 166 (2002), 335; *Kollhosser*, Wann ist eine geheime Abstimmung im Aufsichtsrat einer Aktiengesellschaft zulässig?, in FS Hadding, 2004, S. 501; *Lemke* Der fehlerhafte Aufsichtsratsbeschluss, 1994; *Lutter*, Der Stimmbote, in FS Duden, 1977, S. 269; *Meilicke*, Fehlerhafte Aufsichtsratsbeschlüsse, in FS Walter Schmidt, 1959, S. 71; *Mertens*, Stimmabgabe abwesender Aufsichtsratsmitglieder nach § 108 Abs. 3 AktG, AG 1977, 210; *Noack*, Namensaktie und Aktienregister: Einsatz für Investor Relations und Produktmarketing, DB 2001, 27; *Paefgen*, Dogmatische Grundlagen, Anwendungsbereich und Formulierung einer Business Judgment Rule im künftigen UMAG, AG 2004, 245; *Peus*, Geheime Abstimmung im Aufsichtsrat und Stimmabgabe des Vorsitzenden, DStR 1996, 1656; *Preusche*, Nochmals: Zur Zulässigkeit ergänzender Satzungsbestimmungen für die Beschlussfähigkeit des Aufsichtsrats mitbestimmter Aktiengesellschaften, AG 1980, 125; *Priester*, Stimmverbot beim dreiköpfigen Aufsichtsrat, AG 2007, 190; *Radtke*, Fehlerhafte Aufsichtsratsbeschlüsse, BB 1960, 1045; *Raiser*, Satzungsvorschriften über Beschlussfähigkeit und Vertagung eines mitbestimmten Aufsichtsrats, NJW 1980, 209; *Riegger*, Die schriftliche Stimmabgabe, BB 1980, 130; *Säcker*, Zur Beschlussfähigkeit des mitbestimmten Aufsichtsrats, JZ 1980, 82; *Scheffler*, Der Aufsichtsrat – nützlich oder überflüssig?, ZGR 1993, 63; *Uwe H. Schneider*, Geheime Abstimmung im Aufsichtsrat, in FS Robert Fischer, 1979, S. 727; *Uwe H. Schneider*, Stimmverbote in GmbH-Konzernen, ZHR 150 (1986), 609; *Stadler*, Das Ende des dreiköpfigen Aufsichtsrats?, AG 2004, 27; *Torwegge*, Treue- und Sorgfaltspflichten im englischen und deutschen Gesellschaftsrecht, 2008; *Ulmer*, Paritätische Arbeitnehmermitbestimmung im Aufsichtsrat von Großunternehmen – noch zeitgemäß?, ZHR 166 (2002), 271; *Ulmer*, Stimmrechtsbeschränkungen für Aufsichtsratsmitglieder bei eigener Kandidatur zum Vorstand, NJW 1982, 2288; *Ulmer*, Geheime Abstimmungen im Aufsichtsrat von Aktiengesellschaften? AG 1982, 300; *E. Vetter*, Gruppenvorbesprechung im Aufsichtsrat –Ausdruck einer Good Corporate Governance?, in FS Hüffer, 2010, S. 1017; *Wilhelm*, Selbstwahl eines Aufsichtsratsmitglieds in den Vorstand, NJW 1983, 912.

# I. Allgemeines

§ 108 enthält verschiedene Bestimmungen über die Beschlussfassung des Aufsichtsrats: **Abs. 1** stellt klar, dass Entscheidungen nur durch expliziten Beschluss getroffen werden können; **Abs. 2** enthält klarstellende Regelungen zur Frage der Beschlussfähigkeit des Organs; **Abs. 3** erklärt die schriftliche Stimmabgabe und die Einschaltung eines nicht dem Aufsichtsrat angehörenden Stimmboten nach Maßgabe des § 109 Abs. 3 für zulässig; schließlich eröffnet der durch das Art. 7 Nr. 1 NaStraG im Jahr 2001 eingeführte **Abs. 4** die Möglichkeit, Beschlüsse auch ohne Präsenzsitzung unter Einsatz moderner Kommunikationsmittel zu treffen. § 108 Abs. 1, Abs. 2 Satz 2 und 3 und Abs. 3 sind zwingendes Recht. Im Übrigen besteht ein weitreichender Gestaltungsspielraum für Satzung und Geschäftsordnung[1]. 1

# II. Entscheidung durch Beschluss (§ 108 Abs. 1)

## 1. Begriffbestimmung

Der Aufsichtsrat entscheidet durch Beschluss (§ 108 Abs. 1). Der Begriff „Entscheidung" ist dabei ein normativer: Erfasst werden sämtliche Fälle, in denen ein **Organwille gebildet** wird[2]. Darunter fallen alle Erklärungen und Stellungnahmen des Auf- 2

---

1 *Hopt/Roth* in Großkomm. AktG, 4. Aufl., § 108 AktG Rz. 5.
2 *Hüffer*, § 108 AktG Rz. 2; *Hopt/Roth* in Großkomm. AktG, 4. Aufl., § 108 AktG Rz. 15; *Habersack* in MünchKomm. AktG, 3. Aufl., § 108 AktG Rz. 8; *Jürgenmeyer*, ZGR 2007, 112, 114; *Spindler* in Spindler/Stilz, § 108 AktG Rz. 5.

sichtsrats, die kraft Gesetzes oder Satzung Rechtswirkungen entfalten[3], namentlich die Abgabe von Willenserklärungen für die Gesellschaft (vgl. § 112) oder sonstiger Erklärungen, die dem Aufgabenbereich des Aufsichtsrats zugewiesen sind (vgl. etwa §§ 59 Abs. 3; 84; 88 Abs. 1; 89 Abs. 2 und 5; 111 Abs. 4; 171). Auch über einen von einem Aufsichtsratmitglied gestellten Antrag ist durch Beschluss zu entscheiden[4]. Rein tatsächliche Äußerungen von Aufsichtsratsmitgliedern gegenüber dem Vorstand (Stellungnahmen zu Berichten, Anregungen, Kritik) sind hingegen keine Entscheidung im Sinne des § 108 Abs. 1[5]; insofern wird auch kein hinreichender Vertrauenstatbestand geschaffen, auf den sich die Mitglieder des Vorstandes berufen könnten[6].

3 Der Organwille wird durch Abstimmung über einen Antrag gebildet, deren Ergebnis der Beschluss ist. Er ist ein **mehrseitiges, nicht vertragliches Rechtsgeschäft eigener Art**[7]. Dies gilt auch für Beschlüsse, die nicht die Begründung von Rechten und Pflichten der Gesellschaft gegenüber Aktionären oder Dritten zum Gegenstand haben[8].

### 2. Das Gebot ausdrücklicher Beschlussfassung

4 Der Aufsichtsrat muss seine Beschlüsse ausdrücklich fassen[9]; dies gilt sowohl für das **Plenum** als auch für die **Ausschüsse**. Eine stillschweigende oder konkludente Übereinkunft der Mitglieder genügt nicht. Erforderlich ist stets die Abstimmung über einen Beschlussantrag sowie die Beschlussfähigkeit des Gremiums[10]. Allerdings sind ausdrücklich gefasste Beschlüsse durchaus der Auslegung zugänglich[11], so dass die Begleitumstände oder die dem Beschluss zugrunde liegenden Erwägungen des

---

3 *Hüffer*, § 108 AktG Rz. 2; *Hopt/Roth* in Großkomm. AktG, 4. Aufl., § 108 AktG Rz. 15; *Mertens* in KölnKomm. AktG, 2. Aufl., § 108 AktG Rz. 7 f.; *Spindler* in Spindler/Stilz, § 108 AktG Rz. 5.
4 *Hopt/Roth* in Großkomm. AktG, 4. Aufl., § 108 AktG Rz. 15; *Mertens* in KölnKomm. AktG, 2. Aufl., § 108 AktG Rz. 9; *Habersack* in MünchKomm. AktG, 3. Aufl., § 108 AktG Rz. 9; *Bürgers/Israel* in Bürgers/Körber, § 108 AktG Rz. 2.
5 *Hopt/Roth* in Großkomm. AktG, 4. Aufl., § 108 AktG Rz. 18; *Mertens* in KölnKomm. AktG, 2. Aufl., § 108 AktG Rz. 11; *Habersack* in MünchKomm. AktG, 3. Aufl., § 108 AktG Rz. 10; *Spindler* in Spindler/Stilz, § 108 AktG Rz. 7.
6 *Mertens* in KölnKomm. AktG, 2. Aufl., § 108 AktG Rz. 14; einschränkend *Habersack* in MünchKomm. AktG, 3. Aufl., § 108 AktG Rz. 10.
7 *Hüffer*, § 108 AktG Rz. 3; *Hopt/Roth* in Großkomm. AktG, 4. Aufl., § 108 AktG Rz. 12; *Mertens* in KölnKomm. AktG, 2. Aufl., § 108 AktG Rz. 6; *Habersack* in MünchKomm. AktG, 3. Aufl., § 108 AktG Rz. 11; *Spindler* in Spindler/Stilz, § 108 AktG Rz. 8; a.A. noch BGH v. 22.9.1969 – II ZR 144/68, BGHZ 52, 316, 318 (Sozialakt).
8 Offen gelassen von BGH v. 15.11.1993 – II ZR 235/92, BGHZ 124, 111, 122 f. = NJW 1994, 520 = AG 1994, 124; wie hier *Hopt/Roth* in Großkomm. AktG, 4. Aufl., § 108 AktG Rz. 12; *Mertens* in KölnKomm. AktG, 2. Aufl., § 108 AktG Rz. 6.
9 Vgl. Begr. RegE bei *Kropff*, Aktiengesetz, S. 151 sowie die Nachweise bei *Hopt/Roth* in Großkomm. AktG, 4. Aufl., § 108 AktG Rz. 20 in Fn. 60; *Spindler* in Spindler/Stilz, § 108 AktG Rz. 9.
10 BGH v. 11.7.1953 – II ZR 126/52, BGHZ 10, 187, 194; BGH v. 6.4.1964 – II ZR 75/62, BGHZ 41, 282, 286 = NJW 1964, 1367; BGH v. 19.12.1988 – II ZR 74/88, NJW 1989, 1928, 1929 = AG 1989, 129; *Baums*, ZGR 1983, 300, 334 ff.; *Lutter/Krieger*, Aufsichtsrat, Rz. 714; *Hoffmann-Becking* in MünchHdb. AG, § 31 Rz. 61; *Hüffer*, § 108 AktG Rz. 4; *Mertens* in KölnKomm. AktG, 2. Aufl., § 108 AktG Rz. 12; *Habersack* in MünchKomm. AktG, 3. Aufl., § 108 AktG Rz. 34 ff.
11 BGH v. 19.12.1988 – II ZR 74/88, NJW 1989, 1928, 1929 = AG 1989, 129; *Lutter/Krieger*, Aufsichtsrat, Rz. 712; *Mertens* in KölnKomm. AktG, 2. Aufl., § 108 AktG Rz. 13; *Habersack* in MünchKomm. AktG, 3. Aufl., § 108 AktG Rz. 13; *Spindler* in Spindler/Stilz, § 108 AktG Rz. 11.

Aufsichtsrats im Einzelfall die Berücksichtigung des konkludenten Erklärungsgehalts erfordern können[12]. Hierbei ist allerdings Zurückhaltung geboten[13].

Die Vorbereitung des Beschlusses durch **Vorbesprechungen** ist insbesondere in mitbestimmten Gesellschaften verbreitet[14]. Sie dient dazu, mögliche Konflikte zwischen Anteilseigner- und Arbeitnehmerseite bereits im Vorfeld auszuräumen und es dem Vorstand zu ersparen, vor den Augen seiner Mitarbeiter kritischen Fragen ausgesetzt zu sein[15]: Ziff. 3.6 des DCGK regt die Durchführung solcher Vorbesprechungen als Element guter Corporate Governance an[16]. Tatsächlich sind diese Vorbesprechungen nicht unproblematisch. Neben dem Umstand, dass sie die Fraktionsbildung im Aufsichtsrat fördern, führen sie dazu, dass eine offene Aussprache im eigentlichen Beschlussgremium oft unterbleibt und die Vorschläge des Vorstands rasch positiv entschieden („abgenickt") werden[17]. Ein übelwollender Vorstand kann die getrennten Vorbesprechungen zudem dazu ausnutzen, um die beiden Bänke durch eine unterschiedliche Informationsversorgung im Wege des „divede et impera" zu beeinflussen, um die Zustimmung des Gesamtgremiums sicherzustellen[18]. Die Vorbesprechungen sind daher eher ein durch die Mitbestimmung hervorgerufener Notbehelf als wirklicher Ausdruck guter Corporate Governance[19]. Rechtlich unzulässig sind sie freilich nicht, zumal man es den Mitgliedern schwerlich verbieten kann, sich auch außerhalb der Sitzungen zu treffen und die Gesellschaft betreffende Fragen zu erörtern. Nicht mitbestimmte Gesellschaften sollten aber auf Vorbesprechungen verzichten; hier ist die Aufsichtsratssitzung selbst der richtige Platz zur Erörterung. In den mitbestimmten Gesellschaften gilt es, die schädlichen Auswirkungen der Vorbesprechungspraxis gering zu halten. Das kann zum einen dadurch geschehen, dass der Aufsichtsratsvorsitzende auf eine gute Diskussionskultur im Gremium hinwirkt und zum anderen dadurch, dass in den Vorbesprechungen Protokolle geführt werden, die jeweils für die bei der Vorbesprechung nicht anwesenden Mitglieder des Gesamtgremiums (d.h. für „die anderen Bank") zugänglich sind[20].

### III. Beschlussfassung

§ 108 Abs. 1 besagt nur, dass für Entscheidungen des Aufsichtsrats ein Beschluss erforderlich ist, nicht aber, wie die Beschlussfassung zu geschehen hat. Insoweit ist auf die weiteren Absätze der Vorschrift und, sofern sie nicht abschließend sind, auf die ergänzenden Bestimmungen in Satzung und Geschäftsordnung zurückzugreifen.

---

12 Vgl. BGH v. 19.12.1988 – II ZR 74/88, NJW 1989, 1928, 1929 = AG 1989, 129; BGH v. 27.5.1991 – II ZR 87/90, WM 1991, 1258; *Baums*, ZGR 1983, 600, 337; *Lutter/Krieger*, Aufsichtsrat, Rz. 712; *Hopt/Roth* in Großkomm. AktG, 4. Aufl., § 108 AktG Rz. 22; *Mertens* in KölnKomm. AktG, 2. Aufl., § 108 AktG Rz. 13; *Habersack* in MünchKomm. AktG, 3. Aufl., § 108 AktG Rz. 13.
13 Ebenso *Hüffer*, § 108 AktG Rz. 4; *Mertens* in KölnKomm. AktG, 2. Aufl., § 108 AktG Rz. 13; *Habersack* in MünchKomm. AktG, 3. Aufl., § 108 AktG Rz. 13.
14 *Hopt/Roth* in Großkomm. AktG, 4. Aufl., § 110 AktG Rz. 78; *E. Vetter* in FS Hüffer, S. 1017 f.
15 *E. Vetter* in FS Hüffer, S. 1017, 1018, 1020; *Scheffler*, ZGR 1993, 63, 72.
16 Näher *Ringleb* in Ringleb/Kremer/Lutter/v. Werder, DCGK, Rz. 403 ff.
17 Vgl. die Kritik von *Scheffler*, ZGR 1993, 63, 72; *Bernhardt*, ZHR 159 (1995), 310, 312; *Ulmer*, ZHR 166 (2002), 271, 275; *E. Vetter* in Marsch-Barner/Schäfer, Hdb. börsennotierte AG, 2. Aufl. 2009, § 27 Rz. 37.
18 *Theisen*, Information und Berichterstattung des Aufsichtsrats, S. 68; *E. Vetter* in FS Hüffer, 1017, 1022; *Lieder*, Der Aufsichtsrat im Wandel der Zeit, S. 663.
19 Wie hier *Lieder*, S. 663; *E. Vetter* in FS Hüffer, S. 1017, 1022.
20 *E. Vetter* in FS Hüffer, S. 1017, 1022.

Schließlich können die allgemeinen vereinsrechtlichen Vorschriften (§ 28 i.V.m. §§ 32, 34 BGB) zur Anwendung gelangen[21].

### 1. Antragserfordernis

7 Einem Beschluss muss immer ein Beschlussantrag vorausgehen, über den abgestimmt wird[22]. Jedes Aufsichtsratsmitglied ist berechtigt, zu einem Gegenstand der Tagesordnung einen solchen Antrag zu stellen. Über nicht angekündigte Gegenstände kann abgestimmt werden, sofern nicht ein anwesendes Mitglied widerspricht; abwesenden Mitgliedern muss dann aber die Möglichkeit zur nachträglichen schriftlichen Stimmabgabe (vgl. Rz. 11, 20 f.) gegeben werden[23]. Der Aufsichtsratsvorsitzende muss zulässige Anträge[24] zur Abstimmung stellen. Durch Beschluss kann der Aufsichtsrat die Entscheidung über bestimmte Beschlussanträge vertagen; dieses Recht steht dem Vorsitzenden nicht zu[25].

### 2. Beschlussfähigkeit (§ 108 Abs. 2)

#### a) Rechtslage nach dem AktG

8 Wirksame Beschlüsse können nur gefasst werden, wenn der Aufsichtsrat beschlussfähig ist. Gem. § 108 Abs. 2 Satz 1 kann die **Satzung** die Voraussetzungen der Beschlussfähigkeit regeln, soweit eine gesetzliche Regelung nicht besteht. Unzulässig sind allerdings Satzungsregelungen, die mit dem Gebot der Gleichbehandlung der Aufsichtsratsmitglieder unvereinbar sind oder durch die die Funktionsfähigkeit des Aufsichtsrats eingeschränkt wird. So darf die Satzung beispielsweise nicht die Teilnahme aller Aufsichtsratsmitglieder fordern[26]. Ferner kann die Satzung die Beschlussfähigkeit nicht von der Teilnahme eines bestimmten Mitglieds (auch nicht des Vorsitzenden oder des unabhängigen Finanzexperte nach § 100 Abs. 5[27]) abhängig machen[28]. Im Übrigen besteht ein weiter Gestaltungsspielraum.

9 Zu beachten ist allerdings § 108 Abs. 2 Satz 3, der die Teilnahme von **mindestens drei Mitgliedern** als Untergrenze zwingend vorschreibt. Aus diesem Grund ist von der Bildung dreiköpfiger Aufsichtsräte abzuraten, da bei Verhinderung eines Mitglieds der

---

21 *Lutter/Krieger*, Aufsichtsrat, Rz. 713, 728; *Hopt/Roth* in Großkomm. AktG, 4. Aufl., § 108 AktG Rz. 24; *Mertens* in KölnKomm. AktG, 2. Aufl., § 108 AktG Rz. 15; a.A. *Baums*, ZGR 1983, 300, 305.
22 *Hüffer*, § 108 AktG Rz. 6; *Hopt/Roth* in Großkomm. AktG, 4. Aufl., § 108 AktG Rz. 25; *Spindler* in Spindler/Stilz, § 108 AktG Rz. 15.
23 *Lutter/Krieger*, Aufsichtsrat, Rz. 721.
24 Dazu *Mertens* in KölnKomm. AktG, 2. Aufl., § 108 AktG Rz. 17; *Habersack* in MünchKomm. AktG, 3. Aufl., § 108 AktG Rz. 17.
25 *Lutter/Krieger*, Aufsichtsrat, Rz. 722; zur Zulässigkeit von statutarischen Vertagungsklauseln vgl. *Paefgen*, Struktur und Aufsichtsratsverfassung, 1982, S. 190 ff.; *Mertens* in KölnKomm. AktG, 2. Aufl., § 108 AktG Rz. 66 f.; *Habersack* in MünchKomm. AktG, 3. Aufl., § 108 AktG Rz. 41; *Spindler* in Spindler/Stilz, § 108 AktG Rz. 17.
26 Ebenso *Mertens* in KölnKomm. AktG, 2. Aufl., § 108 AktG Rz. 63; *Spindler* in Spindler/Stilz, § 108 AktG Rz. 42; a.A. *Hoffmann-Becking* in MünchHdb. AG, § 31 Rz. 45; *Hüffer*, § 108 AktG Rz. 10.
27 Insofern a.A. *Eggers/Reiß/Schichold*, Der Aufsichtsrat 2009, 157, 159.
28 Ebenso BGH v. 25.2.1982 – II ZR 145/80, BGHZ 83, 151, 156 = NJW 1982, 1530 = AG 1982, 223; OLG Karlsruhe v. 20.6.1980 – 15 U 171/79, NJW 1980, 2137, 2139; *Lutter/Krieger*, Aufsichtsrat, Rz. 718; *Hopt/Roth* in Großkomm. AktG, 4. Aufl., § 108 AktG Rz. 75; *Mertens* in KölnKomm. AktG, 2. Aufl., § 108 AktG Rz. 63; *Habersack* in MünchKomm. AktG, 3. Aufl., § 108 AktG Rz. 38; a.A. LG Mannheim v. 23.7.1979 – 12 O 16/79, NJW 1980, 236.

Aufsichtsrat nicht beschlussfähig ist. Hingegen führt nach Auffassung des BGH[29] der **Ausschluss des Stimmrechts** bei einem der drei Aufsichtsratsmitglieder im Einzelfall nicht zur Beschlussunfähigkeit des Organs, sondern nur dazu, dass das betreffende Aufsichtsratsmitglied sich bei der Abstimmung der Stimme zu enthalten hat (s. § 103 Rz.13). Dies reicht für eine Teilnahme an der Abstimmung aus, so dass das Gremium beschlussfähig bleibt.

**Fehlt** es an einer gesetzlichen oder statutarischen Regelung, greift § 108 Abs. 2 Satz 2 ein: Der Aufsichtsrat ist nur beschlussfähig, wenn mindestens die Hälfte der Mitglieder, aus denen er nach Gesetz oder Satzung bestehen muss (Sollstärke), an der Beschlussfassung teilnimmt.

**Teilnahme** bedeutet dabei nicht nur Abgabe einer Ja- oder Nein-Stimme, sondern auch Stimmenthaltung[30]; die bloße Anwesenheit genügt hingegen nicht[31]. Auch abwesende Mitglieder können durch schriftliche Stimmabgabe i.S. von § 108 Abs. 3 an der Beschlussfassung teilnehmen[32]. Unterliegt ein Mitglied einem Stimmverbot, so darf es bei der Feststellung der Beschlussfähigkeit nach Auffassung des BGH aber berücksichtigt werden[33] (s. oben Rz. 9); dem ist aus Praktikabilitätsgründen zu folgen.

Ohne Auswirkung auf die Beschlussfähigkeit bleibt die **fehlerhafte Besetzung** des Aufsichtsrats (§ 108 Abs. 2 Satz 4). Dies gilt auch, wenn die mitbestimmungsrechtlich vorgesehene Parität nicht verwirklicht ist[34]. Da es sich bei § 100 Abs. 5 richtiger Auffassung nach ebenfalls um eine Besetzungsregel handelt, gilt das auch, wenn entgegen der Vorschrift dem Aufsichtsrat kein **unabhängiger Finanzexperte** angehört[35]. Auch eine Regel, wonach der Beschluss nach § 172 Satz 1 über die Feststellung des Jahresabschlusses nicht in Abwesenheit des Finanzexperten gefasst werden könne, ist dem Gesetz nicht zu entnehmen[36].

**b) Mitbestimmungsrechtliche Besonderheiten**

Gem. **§ 28 Abs. 1 MitbestG** ist der Aufsichtsrat *nur* beschlussfähig, wenn **mindestens die Hälfte** seiner gesetzlich vorgesehenen Mitglieder an der Beschlussfassung teilnimmt. Eine entsprechende Regelung findet sich in den **§ 10 MontanMitbestG** und **§ 11 MitbestErgG** (jedoch ohne das Wort „nur"). Klar ist, dass damit die Satzung keine geringeren Anforderungen an die Beschlussfähigkeit stellen kann. Umstritten ist

---

29 BGH v. 2.4.2007 – II ZR 325/05, AG 2007, 484; *Priester*, AG 2007, 190; a.A. BayObLG v. 28.3.2003 – 3 Z BR 199/02, AG 2003, 427; OLG Frankfurt v. 21.9.2005 – 1 U 14/05, AG 2005, 925.
30 OLG Karlsruhe v. 20.6.1980 – 15 U 171/79, NJW 1980, 2137; *Hüffer*, § 108 AktG Rz. 10; *Hopt/Roth* in Großkomm. AktG, 4. Aufl., § 108 AktG Rz. 84; *Habersack* in MünchKomm. AktG, 3. Aufl., § 108 AktG Rz. 44. Eine gegenteilige Satzungsregelung wäre unzulässig; vgl. *Mertens* in KölnKomm. AktG, 2. Aufl., § 108 AktG Rz. 64; s. auch *Ulmer*, ZHR 141 (1977), 450, 504.
31 Vgl. statt aller *Mertens* in KölnKomm. AktG, 2. Aufl., § 108 AktG Rz. 57 m.w.N.; *Spindler* in Spindler/Stilz, § 108 AktG Rz. 36.
32 *Hoffmann-Becking* in MünchHdb. AG, § 31 Rz. 56.
33 BGH v. 2.4.2007 – II ZR 325/05, AG 2007, 484; so auch *Priester*, AG 2007, 190; *Mertens* in KölnKomm. AktG, 2. Aufl., § 108 AktG Rz. 57; *Semler* in MünchKomm. AktG, 2. Aufl., § 108 AktG Rz. 144; *Spindler* in Spindler/Stilz, § 108 AktG Rz. 33; *Bürgers/Israel* in Bürgers/Körber, § 108 AktG Rz. 12; a.A. BayObLG v. 28.3.2003 – 3 Z BR 199/02, BayObLGZ 2003, 89, 92 ff.; *Hüffer*, § 108 AktG Rz. 11; *Habersack* in MünchKomm. AktG, 3. Aufl., § 108 AktG Rz. 33, 44.
34 *Hüffer*, § 108 AktG Rz. 11; *Hopt/Roth* in Großkomm. AktG, 4. Aufl., § 108 AktG Rz. 86; *Mertens* in KölnKomm. AktG, 2. Aufl., § 108 AktG Rz. 58, 63; *Spindler* in Spindler/Stilz, § 108 AktG Rz. 40.
35 A.A. *Eggers/Reiß/Schichold*, Der Aufsichtsrat 2009, 157, 158.
36 Auch insoweit viel zu weitgehend *Eggers/Reiß/Schichold*, Der Aufsichtsrat 2009, 157, 159.

hingegen, ob statutarische Abweichungen „nach oben" zulässig sind. Dies wird man bejahen müssen, solange die unter Rz. 8 dargelegten Grundsätze (Gleichbehandlung, Funktionsfähigkeit) beachtet werden[37]; insbesondere darf die entsprechende Regelung nicht auf eine faktische Überparität der Anteilseignerseite[38] hinauslaufen[39].

### 3. Stimmrecht und Stimmverbote

14 Stimmberechtigt ist grundsätzlich jedes Aufsichtsratsmitglied. Einen allgemeinen Stimmrechtsausschluss für Fälle der Interessenkollision gibt es für den Aufsichtsrat nicht[40]; Jedoch gebietet es die organschaftliche Treupflicht jedem Mitglied, das Gremium von sich aus auf Umstände hinzuweisen, die einen Interessenkonflikt begründen können. Dies ist insbesondere erforderlich, damit die Gesellschaft nach § 161 erklären kann, inwieweit der Empfehlung in Ziff. 5.5.3 DCGK entsprochen wurde[41].

15 § 136 ist nicht anwendbar. **Analog § 34 BGB** unterliegt ein Mitglied aber immer dann einem Stimmverbot, wenn über den Abschluss eines Rechtsgeschäfts (im Sinne eines Verkehrsgeschäftes) mit ihm oder über die Einleitung oder Erledigung eines Rechtsstreits zwischen der Gesellschaft und ihm abgestimmt wird[42]. Dazu zählt auch die Beschlussfassung über einen Antrag auf gerichtliche Abberufung des betroffenen Mitglieds[43]. Stimmberechtigt bleibt das Mitglied hingegen bei der inneren Entscheidungsfindung des Organs ohne Sanktionscharakter gegen das betreffende Mitglied, weshalb Stimmrecht bei der eigenen Wahl zum Vorstandsmitglied[44] oder in eine besondere Funktion innerhalb Aufsichtsrats (z.B. zum Aufsichtsratsvorsitzenden, s.

---

37 Wie hier OLG Hamburg v. 4.4.1984 – 2 W 25/80, BB 1984, 1763; LG Frankfurt v. 3.10.1978 – 3/11 T 32/78, NJW 1978, 2398; LG Hamburg v. 29.6.1079 – 64 T 3/79, NJW 1980, 235; LG Mannheim v. 23.7.1979 – 12 O 16/79, NJW 1980, 236; *Heinsius*, AG 1977, 282 f.; *Preusche*, AG 1980, 126 f.; *Lutter/Krieger*, Aufsichtsrat, Rz. 716; *Hoffmann-Becking* in MünchHdb. AG, § 31 Rz. 59; *Spindler* in Spindler/Stilz, § 108 AktG Rz. 43; *Mertens* in KölnKomm. AktG, 2. Aufl., Anh. § 117, § 28 MitbestG Rz. 3; *Semler* in MünchKomm. AktG, 2. Aufl., § 108 AktG Rz. 63; a.A. OLG Karlsruhe v. 20.6.1980 – 15 U 176/79, NJW 1980, 2139; *Ulmer/Habersack* in Ulmer/Habersack/Henssler, Mitbestimmungsrecht, § 28 MitbestG Rz. 4; *Hüffer*, § 108 AktG Rz. 13; *Hopt/Roth* in Großkomm. AktG, 4. Aufl., § 108 AktG Rz. 72; *Oetker* in Großkomm. AktG, 4. Aufl., § 28 MitbestG Rz. 8; einschränkend *Habersack* in MünchKomm. AktG, 3. Aufl., § 108 AktG Rz. 40; offen gelassen von BGH v. 25.2.1982 – II ZR 145/80, BGHZ 83, 151, 153 f. = AG 1983, 332.
38 Bsp. für eine unzulässige Satzungsbestimmung: „Der Aufsichtsrat ist nur beschlussfähig, wenn mindestens die Hälfte der Teilnehmer Vertreter der Anteilseigner sind.".
39 Vgl. BGH v. 25.2.1982 – II ZR 145/80, BGHZ 83, 151, 154 f. = AG 1983, 332.
40 *Lutter/Krieger*, Aufsichtsrat, Rz. 728; *Hüffer*, § 108 AktG Rz. 9; *Mertens* in KölnKomm. AktG, 2. Aufl., § 108 AktG Rz. 49; *Habersack* in MünchKomm. AktG, 3. Aufl., § 108 AktG Rz. 29; *Spindler* in Spindler/Stilz, § 108 AktG Rz. 26; *Bürgers/Israel* in Bürgers/Körber, § 108 AktG Rz. 11; *Paefgen*, AG 2004, 245, 253; a.A. *Meyer-Landrut* in Großkomm. AktG, 3. Aufl., § 108 AktG Anm. 5.
41 Vgl. zu den sonst drohenden Anfechtungsrisiken BGH v. 24.1.2006 – XI ZR 384/03 – „Kirch/Deutsche Bank", BGHZ 166, 84 ff.; wie hier auch *Lutter* in FS Canaris, S. 245, 252 f.; *Paefgen*, AG 2004, 245, 253.
42 BayObLG v. 28.3.2003 – 3 Z BR 199/02, BayObLGZ 2003, 89, 92; *Meilicke* in FS Walter Schmidt, S. 71, 85 ff.; *Ulmer*, NJW 1982, 2288, 2289; *Lutter/Krieger*, Aufsichtsrat, Rz. 728; *Hoffmann-Becking* in MünchHdb. AG, § 31 Rz. 66; *Hüffer*, § 108 AktG Rz. 9; *Hopt/Roth* in Großkomm. AktG, 4. Aufl., § 108 AktG Rz. 54; *Mertens* in KölnKomm. AktG, 2. Aufl., § 108 AktG Rz. 49; *Habersack* in MünchKomm. AktG, 3. Aufl., § 108 AktG Rz. 29.
43 Zum Verbot des „Richtens in eigener Sache" *Hopt/Roth* in Großkomm. AktG, 4. Aufl., § 108 AktG Rz. 55.
44 *Wilhelm*, NJW 1983, 912, 915; *Lutter/Krieger*, Aufsichtsrat, Rz. 728; *Mertens* in KölnKomm. AktG, 2. Aufl., § 108 AktG Rz. 49; *Habersack* in MünchKomm. AktG, 3. Aufl., § 108 AktG Rz. 32; *Bürgers/Israel* in Bürgers/Körber, § 108 AktG Rz. 11; a.A. *Spindler* in Spindler/Stilz, § 108 AktG Rz. 30; *Ulmer*, NJW 1982, 2288, 2293; *Hüffer*, § 108 AktG Rz. 9; *Hopt/Roth* in Großkomm. AktG, 4. Aufl., § 108 AktG Rz. 56.

§ 107 Rz. 4 ff.) besteht[45]. Ob im konkreten Fall ein Stimmverbot eingreift, entscheidet der Aufsichtsratsvorsitzende[46].

Unterliegt ein Mitglied einem Stimmverbot analog § 34 BGB, kann es ohne Verstoß gegen die grundsätzliche Teilnahmepflicht (vgl. § 109 Rz. 4) auch der Beratung über den Beschlussgegenstand fernbleiben. Macht das Mitglied davon keinen Gebrauch, so entscheidet das Gesamtgremium durch Beschluss, ob das betroffene Mitglied von der Beratung über den fraglichen Beschlussgegenstand auszuschließen ist oder ob die übrigen Mitglieder meinen, dass die Teilnahme des befangenen Mitglieds an der Sitzung vertretbar erscheint, weil sie Kenntnis von dem vorliegenden Interessenkonflikt haben und die Diskussionsbeiträge des befangenen Mitglieds im Lichte dieser Kenntnis würdigen können[47]. Zu haftungsrechtlichen Konsequenzen einer Teilnahme des befangenen Mitglieds vgl. § 116 Rz. 15.

### 4. Abstimmungsverfahren

#### a) Grundsatz: offene Abstimmung in Präsenzsitzung

Sofern nicht ein anderes bestimmt ist (s. Rz. 8 f.), werden Beschlüsse **in offener Abstimmung** in der Aufsichtsratssitzung gefasst.

#### b) Geheime Abstimmung

Bei der Beschlussfassung ist eine geheime Abstimmung **zulässig**[48]. Die von der Gegenmeinung[49] angeführten Argumente überzeugen nicht. Insbesondere steht die geheime Abstimmung der Verfolgung von Ersatzansprüchen (§§ 116, 93) nicht entgegen, da für die sorgfältige Erfüllung der Aufsichtsratspflichten auch jene Mitglieder einzustehen haben, die bei der Abstimmung überstimmt worden sind, sich enthalten oder nicht teilgenommen haben (s. dazu § 116 Rz. 35). Allenfalls bei der Frage nach Regressansprüchen eines auf Schadensersatz in Anspruch genommen Mitglieds kann der Inhalt der abgegebenen Stimme von Bedeutung sein. Jedoch bleibt es auch bei geheimen Abstimmungen den Mitgliedern unbenommen, ihr Stimmverhalten offen zulegen; dies bietet einen hinreichenden Schutz[50].

**Ob geheim abgestimmt wird**, bestimmt der Aufsichtsratsvorsitzende als Sitzungsleiter nach pflichtgemäßem Ermessen[51]. Maßgeblich für die Ermessensausübung ist das Unternehmensinteresse. Allerdings kann auch der Aufsichtsrat durch mehrheitlichen Beschluss eine offene oder geheime Abstimmung festlegen. Über die Verfah-

---

45 Vgl. *Lutter/Krieger*, Aufsichtsrat, Rz. 728; *Hoffmann-Becking* in MünchHdb. AG, § 31 Rz. 66; *Hüffer*, § 108 AktG Rz. 9; *Mertens* in KölnKomm. AktG, 2. Aufl., § 108 AktG Rz. 50; *Habersack* in MünchKomm. AktG, 3. Aufl., § 108 AktG Rz. 32; *Spindler* in Spindler/Stilz, § 108 AktG Rz. 30.
46 *Habersack* in MünchKomm. AktG, 3. Aufl., § 108 AktG Rz. 33; *Bürgers/Israel* in Bürgers/Körber, § 108 AktG Rz. 12.
47 Dafür *Torwegge*, Treue- und Sorgfaltspflichten im englischen und deutschen Gesellschaftsrecht, S. 95 ff. mit beachtenswerten Hinweisen zur Verfahrensweise nach englischem Recht.
48 So auch *Meier*, DStR 1996, 385, 386; *Kollhosser* in FS Hadding, S. 501 ff.; *Uwe H. Schneider* in FS Rob. Fischer, S. 727, 734 ff.; *Ulmer*, AG 1982, 300, 301 ff.; *Peus*, Der Aufsichtsratsvorsitzende, 1983, S. 120 ff.; *Lutter/Krieger*, Aufsichtsrat, Rz. 720; *Hüffer*, § 108 AktG Rz. 5; *Hopt/Roth* in Großkomm. AktG, 4. Aufl., § 108 AktG Rz. 42; *Habersack* in MünchKomm. AktG, 3. Aufl., § 108 AktG Rz. 18.
49 *Mertens* in KölnKomm. AktG, 2. Aufl., § 108 AktG Rz. 38 m.w.N.; *Spindler* in Spindler/Stilz, § 108 AktG Rz. 18 ff.
50 Ebenso *Ulmer*, AG 1982, 300, 302; *Bürgers/Israel* in Bürgers/Körber, § 108 AktG Rz. 9.
51 *Hoffmann/Preu*, Aufsichtsrat, Rz. 424; *Hopt/Roth* in Großkomm. AktG, 4. Aufl., § 108 AktG Rz. 43; *Spindler* in Spindler/Stilz, § 108 AktG Rz. 17.

rensweise ist abzustimmen, wenn ein Mitglied dies verlangt. Die gelegentlich vertretene Auffassung, dass auch eine Minderheit[52] oder gar nur ein einzelnes Mitglied[53] die geheime Abstimmung erzwingen können, findet keine hinreichende Stütze im Gesetz[54]. Hat der Aufsichtsratsvorsitzende das Recht zum Stichentscheid (s. Rz. 29), so muss er zu dessen Ausübung sein Stimmverhalten offen legen.

### c) Schriftliche Stimmabgabe (§ 108 Abs. 3)

20 An Beschlussfassung des Aufsichtsrats und seiner Ausschüsse können Mitglieder auch dadurch teilnehmen, dass sie ihre **Stimme schriftlich abgeben** und in der Sitzung **durch einen Stimmboten überreichen** lassen (§ 108 Abs. 3); dies gilt auch für den Aufsichtsratsvorsitzenden und dessen Stellvertreter[55]. Zielsetzung der Regelung ist es, auch abwesenden Mitgliedern die Teilhabe an der organinternen Willensbildung zu ermöglichen. Der Stimmbote ist verpflichtet, die schriftliche Stimmabgabe dem Sitzungsleiter zu überreichen; ein Unterlassen führt jedoch nicht zur Unwirksamkeit des gefassten Beschlusses[56].

21 Durch das Schriftlichkeitserfordernis soll sichergestellt werden, dass allein das Mitglied selbst über Abgabe und Inhalt seiner Erklärung entscheidet. § 126 Abs. 1 BGB setzt die **eigenhändige Namensunterschrift** voraus. Das schließt eine Stimmabgabe per Telegramm, Telex oder E-Mail, aber auch per Telefax aus[57]. In diesen Fällen könnte die Authentizität der Stimmabgabe nicht hinreichend sicher festgestellt werden. Für ein restriktives Verständnis des § 108 Abs. 3 im Sinne eines „Notbehelfs" spricht auch, dass § 109 Abs. 3 für die Ermächtigung von Nichtmitgliedern zur Teilnahme an Sitzungen die Textform (§ 126b) genügen lässt, der Gesetzgeber diese Erleichterung für § 108 Abs. 3 hingegen nicht vorgesehen hat[58]. Möglich ist allerdings eine gemischte Beschlussfassung bei der ein Teil der Stimmen schriftlich, fernmündlich oder in vergleichbarer Form abgegeben wird, sofern kein Mitglied widerspricht (vgl. unten Rz. 26 f.).

22 Die schriftliche Stimmabgabe muss sich **auf einen konkreten Beschlussantrag beziehen**[59]. Bei einer inhaltlichen Änderung des Beschlussgegenstandes entfällt die Möglichkeit der Stimmabgabe. Hierfür spricht auch, dass § 109 Abs. 3 für die Ermächtigung von Nichtmitgliedern zur Teilnahme an Sitzungen die Textform (§ 126b) genü-

---

52 Hierfür *Ulmer*, AG 1982, 300, 305; *Hüffer*, § 108 AktG Rz. 5a; die das Verlangen von zwei Mitglieder analog §§ 90 Abs. 3 Satz 2, 110 Abs. 2 für ausreichend erachten; außerdem *Habersack* in MünchKomm. AktG, 3. Aufl., § 108 AktG Rz. 19.
53 Hierfür *Uwe H. Schneider* in FS Rob. Fischer, S. 727, 745; *Peus*, DStR 1996, 1656 f.; *Peus*, Der Aufsichtsratsvorsitzende, 1983, S. 125.
54 So auch *Kollhosser* in FS Hadding, S. 501, 508 ff.; *Lutter/Krieger*, Aufsichtsrat, Rz. 720; *Mertens* in KölnKomm. AktG, 2. Aufl., § 108 AktG Rz. 38; *Semler* in MünchKomm. AktG, 2. Aufl., § 108 AktG Rz. 160; ferner *Hopt/Roth* in Großkomm. AktG, 4. Aufl., § 108 AktG Rz. 43, die aber eine entsprechende Satzungsregelung für zulässig erachten.
55 Begr. RegE bei *Kropff*, Aktiengesetz, S. 152; *Hopt/Roth* in Großkomm. AktG, 4. Aufl., § 108 AktG Rz. 99; *Mertens* in KölnKomm. AktG, 2. Aufl., § 108 AktG Rz. 21; *Spindler* in Spindler/Stilz, § 108 AktG Rz. 50.
56 *Habersack* in MünchKomm. AktG, 3. Aufl., § 108 AktG Rz. 58.
57 Wie hier noch *Hoffmann-Becking* in MünchHdb. AG, § 31 Rz. 79; a.A. *Mertens* in KölnKomm. AktG, 2. Aufl., § 108 AktG Rz. 20; differenzierend *Lutter/Krieger*, Aufsichtsrat, Rz. 723, die eine Stimmabgabe per Telefax genügen lassen wollen, wenn das Original unterzeichnet ist; so jetzt auch *Hoffmann-Becking* in Liber amicorum Happ, S. 81, 88 f.
58 Ebenso *Hüffer*, § 108 AktG Rz. 15; *Habersack* in MünchKomm. AktG, 3. Aufl., § 108 AktG Rz. 50.
59 *Spindler* in Spindler/Stilz, § 108 AktG Rz. 52; *Lutter/Krieger*, Aufsichtsrat, Rz. 725; *Hoffmann-Becking* in MünchHdb. AG, § 31 Rz. 84.

gen lässt, der Gesetzgeber eine Erleichterung im Rahmen des § 108 Abs. 3 gerade nicht vorgesehen hat[60].

**Stimmbote** kann stets ein anderes Aufsichtsratsmitglied sein (§ 108 Abs. 3 Satz 2), andere Personen nur, wenn die Satzung ihre Teilnahme zulässt (§ 108 Abs. 3 Satz 3 i.V.m. § 109 Abs. 3). Der Stimmbote ist lediglich befugt, die Erklärung des verhinderten Mitglieds zu überreichen. Ihm darf keinerlei eigener Entscheidungsspielraum eingeräumt werden; anderenfalls würde das geltende Vertretungsverbot missachtet werden. Solange dem Stimmboten kein Entscheidungsermessen verbleibt und er nach exakten Weisungen handelt, ist die Stimmabgabe in Form einer nachträglich auszufüllenden Blanketterklärung zulässig[61]. 23

### d) Beschlussfassung ohne Sitzung (§ 108 Abs. 4)

**Ohne Abhaltung einer Präsenzsitzung** kann der Aufsichtsrat in schriftlicher, fernmündlicher oder vergleichbaren Formen (Stimmabgabe per Telefax oder Telegramm, Telefon- oder Videokonferenz[62]) entscheiden, sofern kein Mitglied diesem Verfahren widerspricht (§ 108 Abs. 4). Satzung oder Geschäftsordnung können einerseits das Widerspruchsrecht einschränken oder modifizieren, andererseits aber auch die Beschlussfassung ohne Sitzung an besondere Voraussetzungen knüpfen oder gänzlich ausschließen[63]. 24

Der Vorsitzende muss jedem Mitglied den **Beschlussantrag mitteilen** und einen angemessen Zeitraum zur Stimmabgabe einräumen[64]. Nach Fristablauf erfolgende Stimmabgabe oder Widersprüche gegen die Art der Beschlussfassung sind unbeachtlich[65]. Nichtäußerung bedeutet Nichtteilnahme, was bei der Feststellung der Beschlussfähigkeit zu berücksichtigen ist[66]. Hingegen ist eine Stimmenthaltung als Teilnahme zu werten (s. Rz. 11). 25

---

60 Ebenso *Hüffer*, § 108 AktG Rz. 15.
61 Wie hier *Lutter* in FS Duden, S. 269, 276; *Lutter/Krieger*, Aufsichtsrat, Rz. 724; *Hoffmann-Becking* in MünchHdb. AG, § 31 Rz. 85; *Hopt/Roth* in Großkomm. AktG, 4. Aufl., § 108 AktG Rz. 112; *Mertens* in KölnKomm. AktG, 2. Aufl., § 108 AktG Rz. 27; a.A. *Hüffer*, § 108 AktG Rz. 14; *Habersack* in MünchKomm. AktG, 3. Aufl., § 108 AktG Rz. 56; *Spindler* in Spindler/Stilz, § 108 AktG Rz. 54; *Ulmer/Habersack* in Ulmer/Habersack/Henssler, Mitbestimmungsrecht, § 25 MitbestG Rz. 33.
62 Für eine Einordnung der Videokonferenz als Form der Präsenzsitzung mit der Folge, dass mangels Anwendbarkeit des § 108 Abs. 4 ein einzelnes Mitglied kein Widerspruchsrecht gegen diese Art der Sitzung hat, *Kindl*, ZHR 166 (2002), 335, 344; *Noack* in FS Druey, S. 869, 873; *Hopt/Roth* in Großkomm. AktG, 3. Aufl., § 108 AktG Rz. 117; *Habersack* in MünchKomm. AktG, 3. Aufl., § 108 AktG Rz. 16; *Spindler* in Spindler/Stilz, § 108 AktG Rz. 58; anders *Hoffmann-Becking* in Liber amicorum Happ, S. 81, 86 f., der zwar eine Präsenzsitzung annimmt, aber zugleich § 108 Abs. 4 anwenden will.
63 *Kindl*, ZHR 166 (2002), 335, 342 f.; *Lutter/Krieger*, Aufsichtsrat, Rz. 726; *Hoffmann-Becking* in MünchHdb. AG, § 31 Rz. 92; *Hüffer*, § 108 AktG Rz. 16; *Mertens* in KölnKomm. AktG, 2. Aufl., § 108 AktG Rz. 30; *Spindler* in Spindler/Stilz, § 108 AktG Rz. 59; *Bürgers/Israel* in Bürgers/Körber, § 108 AktG Rz. 16.
64 Dazu *Lutter/Krieger*, Aufsichtsrat, Rz. 726.
65 Wie hier *Lutter/Krieger*, Aufsichtsrat, Rz. 726; a.A. für den verspäteten Widerspruch *Hoffmann-Becking* in Liber amicorum Happ, S. 81, 83; *Hoffmann-Becking* in MünchHdb. AG, § 31 Rz. 91; *Hopt/Roth* in Großkomm. AktG, 4. Aufl., § 108 AktG Rz. 120; *Mertens* in KölnKomm. AktG, 2. Aufl., § 108 AktG Rz. 33; *Habersack* in MünchKomm. AktG, 3. Aufl., § 108 AktG Rz. 64; *Bürgers/Israel* in Bürgers/Körber, § 108 AktG Rz. 15.
66 *Lutter/Krieger*, Aufsichtsrat, Rz. 726; *Mertens* in KölnKomm. AktG, 2. Aufl., § 108 AktG Rz. 32.

### e) Gemischte Beschlussfassung

26 Das Gesetz unterscheidet zwischen der Beschlussfassung innerhalb und außerhalb einer Sitzung; die Anwendungsbereiche der Abs. 3 und 4 sind somit strikt voneinander zu trennen. Grundsätzlich ist es zur Sitzungsteilnahme verhinderten Mitgliedern nicht möglich, nachträglich ihre Stimme abzugeben; § 108 Abs. 3 eröffnet lediglich die Möglichkeit einer schriftlichen Stimmabgabe, die in der Sitzung überreicht werden muss. Allerdings besteht ein **praktisches Bedürfnis**, abwesenden Mitgliedern die Beteiligung an der Beschlussfassung zu ermöglichen, etwa um die Beschlussfähigkeit oder eine angemessene Repräsentation verschiedener Gruppen zu gewährleisten, wenn eine Vertagung nicht möglich oder opportun ist. Die schriftliche Stimmabgabe trägt diesem Bedürfnis nur unzureichend Rechnung, da das abwesende Mitglied nicht auf in der Sitzung gewonnene Erkenntnisse zurückgreifen oder auf eine Abänderung des Beschlussgegenstandes reagieren kann. Deshalb ist, obgleich gesetzlich nicht vorgesehen, eine gemischte Beschlussfassung für **zulässig** zu erachten, sofern kein Mitglied widerspricht[67]. Satzung und Geschäftsordnung können modifizierende Regelungen treffen, die gemischte Beschlussfassung aber auch gänzlich verbieten. In jedem Falle empfiehlt sich eine klarstellende Regelung[68].

27 Der Aufsichtsrat kann also bestimmen, dass die anwesenden Mitglieder in der Sitzung und die abwesenden Mitglieder **nachträglich abstimmen**[69]. Fernern können abwesende Mitglieder auch **telefonisch oder mittels Videoübertragung an einer Präsenzsitzung teilnehmen** und auf diesem Wege an der Beschlussfassung teilnehmen[70].

### 5. Mehrheitserfordernisse

#### a) Grundsatz: einfache Mehrheit

28 Grundsätzlich entscheidet die Mehrheit der abgegebenen Stimmen (einfache Mehrheit)[71]. Ein positiver Beschluss liegt demnach immer dann vor, wenn die Anzahl der gültigen Ja-Stimmen die Anzahl der gültigen Nein-Stimmen übersteigt; Stimmgleichheit genügt nicht. Stimmenthaltungen bleiben außer Betracht. Jede Stimme hat das gleiche Gewicht.

#### b) Abweichung durch Satzungsregelung

29 Die Satzung (nicht die Geschäftsordnung) kann für dem Aufsichtsrat gesetzlich zwingend zugewiesene Aufgaben keine höhere als die einfache Mehrheit verlangen. Eine **qualifizierte Mehrheit** kommt mithin allein für satzungsmäßig erforderliche Beschlüsse in Betracht[72]. In allen Fällen kann die Satzung aber dem Aufsichtsratsvorsit-

---

67 *Lutter/Krieger*, Aufsichtsrat, Rz. 727; *Hoffmann-Becking* in MünchHdb. AG, § 31 Rz. 88; *Mertens* in KölnKomm. AktG, 2. Aufl., § 108 AktG Rz. 19; *Habersack* in MünchKomm. AktG, 3. Aufl., § 108 AktG Rz. 70.
68 So auch *Lutter/Krieger*, Aufsichtsrat, Rz. 727; *Hopt/Roth* in Großkomm. AktG, 4. Aufl., § 108 AktG Rz. 130; zweifelnd *Hüffer*, § 108 AktG Rz. 16.
69 *Hopt/Roth* in Großkomm. AktG, 4. Aufl., § 108 AktG Rz. 129; *Mertens* in KölnKomm. AktG, 2. Aufl., § 108 AktG Rz. 31; restriktiver *Semler* in MünchKomm. AktG, 2. Aufl., § 108 AktG Rz. 143, der einen einstimmigen Beschluss fordert.
70 *Lutter/Krieger*, Aufsichtsrat, Rz. 727. Für die Einordnung der Videokonferenz als Präsenzsitzung *Kindl*, ZHR 166 (2002), 335, 344; *Noack* in FS Druey, S. 869, 873; *Hopt/Roth* in Großkomm. AktG, 4. Aufl., § 108 AktG Rz. 117; *Habersack* in MünchKomm. AktG, 3. Aufl., § 108 AktG Rz. 16; *Spindler* in Spindler/Stilz, § 108 AktG Rz. 58; s. dazu oben Rz. 24.
71 Allg. Meinung; vgl. nur *Hüffer*, § 108 AktG Rz. 6; *Mertens* in KölnKomm. AktG, 2. Aufl., § 108 AktG Rz. 41; *Habersack* in MünchKomm. AktG, 3. Aufl., § 108 AktG Rz. 20; *Spindler* in Spindler/Stilz, § 108 AktG Rz. 21; *Bürgers/Israel* in Bürgers/Körber, § 108 AktG Rz. 10.
72 *Spindler* in Spindler/Stilz, § 108 AktG Rz. 22; a.A. *Jürgenmeyer*, ZGR 2007, 112, 122 ff.

zenden ein Stichentscheidsrecht einräumen und insofern den Grundsatz der gleichen Stimmgewichtung dispensieren (vgl. § 107 Rz. 50). Die Einräumung eines Vetorechts ist hingegen nicht möglich[73].

Überwiegend wird eine Satzungsregelung für zulässig erachtet, die bestimmt, dass **Stimmenthaltungen** stets **als „Nein"** gewertet werden müssen[74]. Dem ist nicht zu folgen[75]. Insbesondere setzt sich die h.M. in Widerspruch zu dem soeben (Rz. 25) beschriebenen Grundsatz, dass für alle gesetzlichen Aufgaben statutarisch keine qualifizierte Mehrheit vorgeschrieben werden kann. Die „Mehrheit der anwesenden Mitglieder" ist eine Verschärfung gegenüber der „Mehrheit der abgegebenen Stimmen", mithin eine qualifizierte Mehrheit. Darüber hinaus besteht kein Anlass, der bewusst neutralen Stellungnahme eines Mitglieds einen anderen Inhalt beizumessen. 30

Für die Fälle einer gescheiterten Abstimmung kann die Satzung dem Aufsichtsrat eine **nochmalige Abstimmung** nicht vorschreiben. Auch eine Bestimmung, wonach eine etwaige weitere Abstimmung zwingend in einer neuen Sitzung oder umgekehrt unverzüglich stattzufinden hat, ist unzulässig[76]. 31

### c) Abweichung durch Gesetz

Die Mehrheit der abgegeben Stimmen ist auch bei **mitbestimmten Gesellschaften** der Regelfall (§ 29 Abs. 1 MitbestG). Allerdings finden sich zahlreiche besondere Mehrheitserfordernisse (vgl. etwa § 124 Abs. 3 Satz 4 AktG; §§ 27, 31, 32, 37 MitbestG; § 13 MontanMitbestG; § 15 MitbestErgG)[77]. Diese mitbestimmungsrechtlichen Mehrheitsregeln sind zwingendes Recht; weder durch Satzung noch durch Geschäftsordnung kann von ihnen abgewichen werden[78]. 32

## IV. Fehlerhafte Aufsichtsratsbeschlüsse

### 1. Begriffsbestimmung

Ein Aufsichtsratsbeschluss ist immer dann fehlerhaft, wenn im Beschlussverfahren Mängel aufgetreten sind oder der Beschlussinhalt gegen Gesetz oder Satzung verstößt[79]. Vom **fehlerhaften Beschluss** ist der **Nichtbeschluss** zu unterscheiden: Aufsichtsratsbeschlüsse kann nur ein rechtmäßig installierter Aufsichtsrat fassen; die Beschlüsse anderer Gremien, die sich Aufsichtsratskompetenzen anmaßen, sind keine Aufsichtsratsbeschlüsse. Nach *Hüffer* soll es an einem Beschluss auch immer dann fehlen, wenn die erforderliche Mehrheit nicht erreicht wurde, der Vorsitzende aber fälschlicherweise ein positives Beschlussergebnis festgestellt hat[80]. Dem ist 33

---

73 *Lutter/Krieger*, Aufsichtsrat, Rz. 730; *Hüffer*, § 108 AktG Rz. 8; *Bürgers/Israel* in Bürgers/Körber, § 108 AktG Rz. 10.
74 *Lutter/Krieger*, Aufsichtsrat, Rz. 730; *Mertens* in KölnKomm. AktG, 2. Aufl., § 108 AktG Rz. 444; weitergehend noch *Habersack* in MünchKomm. AktG, 3. Aufl., § 108 AktG Rz. 25, der auch eine Bestimmung für zulässig erachtet, wonach Stimmenthaltungen als „Ja" zählen.
75 Zweifelnd auch *Hüffer*, § 108 AktG Rz. 8.
76 Wie hier *Lutter/Krieger*, Aufsichtsrat, Rz. 733; *Hoffmann-Becking* in MünchHdb. AG, § 31 Rz. 78.
77 Einzelheiten bei *Hoffmann-Becking* in MünchHdb. AG, § 31 Rz. 67 ff.; *Habersack* in Münch-Komm. AktG, 3. Aufl., § 108 AktG Rz. 23.
78 *Lutter/Krieger*, Aufsichtsrat, Rz. 731.
79 Vgl. nur *Hüffer*, § 108 AktG Rz. 17; *Spindler* in Spindler/Stilz, § 108 AktG Rz. 64.
80 *Hüffer*, § 108 AktG Rz. 17 f.

nicht zu folgen[81]; ein Beschluss liegt vielmehr immer dann vor, wenn ein Versammlungsleiter einen solchen festgestellt hat. Das Verkünden eines Beschlusses trotz Nichterreichen der erforderlichen Mehrheit stellt jedoch einen schweren Verfahrensfehler dar (dazu sogleich Rz. 37).

## 2. Rechtsfolgen

34 Eine generelle gesetzliche Regelung, welche über das rechtliche Schicksal fehlerhafter Beschlüsse Auskunft gibt, findet sich nicht. Früher wurden fehlerhafte Aufsichtsratsbeschlüsse deshalb generell als nichtig angesehen mit der Folge, dass jeder Betroffene sich auf den Mangel ohne zeitliche Begrenzung berufen konnte. Nach heute einhelliger Auffassung sind **Differenzierungen nach Art und Schwere des Mangels** erforderlich. Im Einzelnen ist aber vieles strittig[82].

### a) Verstöße gegen Ordnungsvorschriften: Gültigkeit

35 Einigkeit besteht darüber, dass Verstöße gegen bloße Ordnungsvorschriften die Wirksamkeit des Beschlusses nicht beeinträchtigen[83]. Hierunter fallen etwa die Teilnahme Dritter an Aufsichtsratssitzungen entgegen § 109 oder die fehlende Protokollierung (vgl. § 107 Abs. 2 Satz 3).

### b) Schwerwiegende Mängel: uneingeschränkte Nichtigkeit

36 Weiterhin besteht Einigkeit darüber, dass besonders **schwerwiegende Mängel** zur uneingeschränkten Nichtigkeit des Beschlusses führen. Ein schwerwiegender Mangel liegt insbesondere dann vor, wenn der Inhalt des Beschlusses gegen **zwingende** gesetzliche oder statutarische Vorgaben verstößt (**Inhaltsmängel**)[84]. Zu denken ist hier etwa an die Bestellung eines den Anforderungen des § 76 Abs. 3 nicht genügenden Vorstandsmitgliedes, Entscheidungen, bei denen der Aufsichtsrat sein ihm eingeräumtes Ermessen überschreitet oder die nicht in seinen Kompetenzbereich fallen etc. Vorschlägen, die Nichtigkeit von Inhaltsmängeln bei besonders gelagerten Einzelfällen einzuschränken[85], ist jedenfalls mit Vorsicht zu begegnen[86].

37 Ein schwerwiegender Mangel ist zudem bei einem Verstoß gegen **unverzichtbare** Verfahrensvorschriften gegeben (**Verfahrensmängel**). Zu denken ist hier zuförderst an fehlende Beschlussfähigkeit, Beschlussfassung nach § 108 Abs. 4 trotz Widerspruch eines Mitglieds, Nichtladung oder unzulässigen Ausschluss einzelner Mitglieder[87], ferner in Fällen, in denen ein positives Beschlussergebnis festgestellt wird, obwohl die erforderliche Mehrheit nicht erreicht wurde[88] (s. bereits oben Rz. 33).

---

81 Ebenso *Hoffmann-Becking* in MünchHdb. AG, § 31 Rz. 110; *Mertens* in KölnKomm. AktG, 2. Aufl., § 108 AktG Rz. 69, 73; *Habersack* in MünchKomm. AktG, 3. Aufl., § 108 AktG Rz. 76.
82 Vgl. die Darstellung bei *Hopt/Roth* in Großkomm. AktG, 4. Aufl., § 108 AktG Rz. 131 ff.
83 *Lutter/Krieger*, Aufsichtsrat, Rz. 737; *Hoffmann-Becking* in MünchHdb. AG, § 31 Rz. 109 f.; *Hopt/Roth* in Großkomm. AktG, 4. Aufl., § 108 AktG Rz. 147 f.; *Spindler* in Spindler/Stilz, § 108 AktG Rz. 68.
84 *Lutter/Krieger*, Aufsichtsrat, Rz. 735; *Hopt/Roth* in Großkomm. AktG, 4. Aufl., § 108 AktG Rz. 137; *Mertens* in KölnKomm. AktG, 2. Aufl., § 108 AktG Rz. 84; *Spindler* in Spindler/Stilz, § 108 AktG Rz. 70.
85 Vgl. *Mertens* in KölnKomm. AktG, 2. Aufl., § 108 AktG Rz. 84.
86 Weniger skeptisch *Lutter/Krieger*, Aufsichtsrat, Rz. 735.
87 *Hoffmann-Becking* in MünchHdb. AG, § 31 Rz. 109; a.A. *Axhausen*, Anfechtbarkeit aktienrechtlicher Aufsichtsratsbeschlüsse, 1986, S. 190 ff.; *Baums*, ZGR 1983, 300, 309 ff.; *Lutter/Krieger*, Aufsichtsrat, Rz. 736; *Mertens* in KölnKomm. AktG, 2. Aufl., § 108 AktG Rz. 83.
88 Dazu *Habersack* in MünchKomm. AktG, 3. Aufl., § 108 AktG Rz. 76; *Spindler* in Spindler/Stilz, § 108 AktG Rz. 69; *Bürgers/Israel* in Bürgers/Körber, § 108 AktG Rz. 17.

Auf die **uneingeschränkte Nichtigkeit** eines Beschlusses kann sich jeder Betroffene ohne zeitliche Begrenzung und formlos berufen. Bei Vorliegen eines entsprechenden Feststellungsinteresses (immer bei Mitgliedern von Aufsichtsrat[89] und Vorstand[90] gegeben) kann darüber hinaus Nichtigkeitsfeststellungsklage erhoben werden.

### c) Minderschwere Mängel: eingeschränkte Nichtigkeit statt Anfechtbarkeit

Umstritten ist hingegen die Behandlung der **minderschweren Mängel**. Hierzu sind insbesondere Verstöße gegen **verzichtbare** oder heilbare Verfahrensregeln zu rechnen, etwa Einberufungsmängel. Ein Teil der Rechtsprechung und des Schrifttums will in diesen Fällen die Anfechtungsregeln der §§ 243 ff. analog heranziehen[91]. Dagegen hat der BGH[92] zu Recht eingewandt, dass wegen der Struktur und des Aufgabenbereiches des Aufsichtsrats eine Heranziehung der Regeln für Hauptversammlungsbeschlüsse sachlich nicht angemessen sei, zumal damit kein Gewinn an Rechtssicherheit einhergehe. Nach vorzugswürdiger Auffassung führen somit auch minderschwere Mängel zur Nichtigkeit des Beschlusses[93].

Allerdings besteht in diesen Fällen das Bedürfnis, die scharfen Nichtigkeitsfolgen abzumildern. Der BGH bedient sich hierfür des Rechtsinstituts der **Verwirkung**. Minderschwere Mängel sollen demnach nicht auf unbeschränkte Zeit geltend gemacht werden können. Man kann insoweit von einer **eingeschränkten Nichtigkeit** sprechen[94], die gegenüber dem Aufsichtsratsvorsitzenden oder durch Erhebung einer Nichtigkeitsfeststellungsklage[95] innerhalb einer angemessenen Frist geltend zu machen ist. Da eine eingeschränkte Nichtigkeit nur bei Verzichtbarkeit oder Heilbarkeit des Mangels in Betracht kommt, ist das Rechtsschutzbedürfnis in diesen Fällen in aller Regel nur bei Mitgliedern des Aufsichtsrats gegeben; sobald andere Organe oder Dritte betroffen sind, ist stets von einem schwerwiegenden Mangel und damit uneingeschränkter Nichtigkeit auszugehen.

---

89 BGH v. 21.4.1997 – II ZR 175/95 – „ARAG/Garmenbeck", BGHZ 35, 244, 248 = WM 1997, 970 = AG 1997, 377; *Lutter/Krieger*, Aufsichtsrat, Rz. 738; *Hopt/Roth* in Großkomm. AktG, 4. Aufl., § 108 AktG Rz. 174.

90 *Lutter/Krieger*, Aufsichtsrat, Rz. 738; *Hopt/Roth* in Großkomm. AktG, 4. Aufl., § 108 AktG Rz. 174; *Mertens* in KölnKomm. AktG, 2. Aufl., § 108 AktG Rz. 89.

91 OLG Hamburg v. 6.3.1992 – 11 U 134/91, AG 1992, 197 f.; *Axhausen*, Anfechtbarkeit aktienrechtlicher Aufsichtsratsbeschlüsse, 1986, S. 157 ff.; *Lemke*, Der fehlerhafte Aufsichtsratsbeschluss, 1994, S. 94 ff.; *Baums*, ZGR 1983, 300, 308 ff.; im Ansatz ähnlich auch *Mertens* in KölnKomm. AktG, 2. Aufl., § 108 AktG Rz. 82 ff. Für ein von den §§ 243 ff. losgelöstes, formloses Anfechtungsrecht der Aufsichtsratsmitglieder *Götz* in FS Lüke, S. 167, 180 ff.

92 BGH v. 17.5.1993 – II ZR 89/92 – „Hamburg-Mannheimer", BGHZ 122, 342, 346 ff. = NJW 1993, 2307 = AG 1993, 464; BGH v. 15.11.1993 – II ZR 235/92, BGHZ 124, 111, 115 = NJW 1994, 520 = AG 1994, 124; BGH v. 21.4.1997 – II ZR 175/95 – „ARAG/Garmenbeck", BGHZ 35, 244, 247 = WM 1997, 970 = AG 1997, 377.

93 So auch OLG Frankfurt v. 4.2.2003 – 5 U 63/01, AG 2003, 276; *Hüffer*, § 108 AktG Rz. 19; *Hopt/Roth* in Großkomm. AktG, 4. Aufl., § 108 AktG Rz. 139 f.

94 Ebenso *Lutter/Krieger*, Aufsichtsrat, Rz. 738; *Habersack* in MünchKomm. AktG, 3. Aufl., § 108 AktG Rz. 82; *Spindler* in Spindler/Stilz, § 108 AktG Rz. 78.

95 So auch *Spindler* in Spindler/Stilz, § 108 AktG Rz. 73 f.

# § 109
# Teilnahme an Sitzungen des Aufsichtsrats und seiner Ausschüsse

(1) An den Sitzungen des Aufsichtsrats und seiner Ausschüsse sollen Personen, die weder dem Aufsichtsrat noch dem Vorstand angehören, nicht teilnehmen. Sachverständige und Auskunftspersonen können zur Beratung über einzelne Gegenstände zugezogen werden.

(2) Aufsichtsratsmitglieder, die dem Ausschuss nicht angehören, können an den Ausschusssitzungen teilnehmen, wenn der Vorsitzende des Aufsichtsrats nichts anderes bestimmt.

(3) Die Satzung kann zulassen, dass an den Sitzungen des Aufsichtsrats und seiner Ausschüsse Personen, die dem Aufsichtsrat nicht angehören, an Stelle von verhinderten Aufsichtsratsmitgliedern teilnehmen können, wenn diese sie hierzu in Textform ermächtigt haben.

(4) Abweichende gesetzliche Vorschriften bleiben unberührt.

| | |
|---|---|
| I. Allgemeines ................. 1 | III. Teilnahme von Aufsichtsratsmitgliedern an Ausschusssitzungen (§ 109 Abs. 2) ............... 16 |
| II. Teilnahme an Sitzungen des Aufsichtsrats (§ 109 Abs. 1) ........ 3 | |
| 1. Aufsichtsratsmitglieder ......... 3 | IV. Teilnahme für verhinderte Mitglieder (§ 109 Abs. 3) ............... 18 |
| 2. Vorstandsmitglieder ........... 5 | V. Abweichende Vorschriften (§ 109 Abs. 4) ............... 20 |
| 3. Dritte ..................... 7 | |
| a) Grundsatz: kein Teilnahmerecht . 7 | |
| b) Ausnahme: Sachverständige, Auskunfts- und Hilfspersonen ...... 8 | |

**Literatur:** *Dreher*, Direktkontakte des Aufsichtsrats in der Aktiengesellschaft zu dem Vorstand nachgeordneten Mitarbeitern, in FS Ulmer, 2003, S. 87; *Fleischer*, Aufsichtsratsverantwortlichkeit für die Vorstandsvergütung und Unabhängigkeit der Vergütungsberater, BB 2010, 67; *Fleischer*, Vertrauen von Geschäftsleitern und Aufsichtsratsmitgliedern auf Informationen Dritter, ZIP 2009, 1397; *Hommelhoff*, Die Autarkie des Aufsichtsrats, ZGR 1983, 551; *Janberg/Oesterlink*, Gäste im Aufsichtsrat, AG 1960, 240; *Kindl*, Die Teilnahme an der Aufsichtsratssitzung, 1993; *Kindl*, Die Teilnahme an der Aufsichtsratssitzung, 1993; *Korte*, Die Information des Aufsichtsrats durch die Mitarbeiter, 2009; *Lutter*, Der Aufsichtsrat im Konzern, AG 2006, 517; *Kropff*, Informationspflichten des Aufsichtsrats, in FS Raiser, 2005, S. 225; *Roth*, Möglichkeiten vorstandsunabhängiger Information des Aufsichtsrats, AG 2004, 1; *Schiessl*, Fairness Opinions im Übernahme- und Gesellschaftsrecht. Zugleich ein Beitrag zur Organverantwortung in der AG, ZGR 2003, 814; *Uwe H. Schneider*, Die Teilnahme von Vorstandsmitgliedern an Aufsichtsratssitzungen, ZIP 2002, 872; *E. Vetter*, Die Teilnahme des Vorstands an den Sitzungen des Aufsichtsrats und die Corporate Governance, VersR 2002, 951.

## I. Allgemeines

1 § 109 enthält **keine umfassende Regelung** über die Teilnahme an Aufsichtsratssitzungen, sondern befasst sich lediglich mit der Frage, unter welchen Voraussetzungen eine weder dem Aufsichtsrat noch dem Vorstand angehörende Person an Sitzungen des Aufsichtsrats und seiner Ausschüsse teilnehmen kann (**Abs. 1 und 3**). Ferner regelt **Abs. 2** die Teilnahme von Aufsichtsratsmitgliedern an Sitzungen von Ausschüssen, denen sie nicht selbst angehören. Abs. 3 eröffnet dem Satzungsgeber einen begrenzten Gestaltungsspielraum; im Übrigen ist § 109 vorbehaltlich besonderer ge-

setzlicher Vorschriften (**Abs. 4**) abschließend und zwingendes Recht. Die Ausgestaltung als Soll-Vorschrift dient lediglich dazu, bei Verstößen die Wirksamkeit gefasster Beschlüsse (s. § 108 Rz. 33 ff.) zu gewährleisten.

Die Norm soll verhindern, dass nicht dem Aufsichtsrat oder dem Vorstand angehörende Personen ständig an Aufsichtsratssitzungen teilnehmen und so eine vergleichbare Stellung erhalten, ohne hierfür eine entsprechende Verantwortung zu tragen[1]. Insbesondere wird dadurch eine **klare Abgrenzung** zwischen Aufsichtsrat einerseits und Beiräten oder ähnlichen Gremien andererseits vollzogen[2]. Ferner dient die Vorschrift dem Schutz der Vertraulichkeit im Aufsichtsrat[3].

## II. Teilnahme an Sitzungen des Aufsichtsrats (§ 109 Abs. 1)

### 1. Aufsichtsratsmitglieder

Aufsichtsratsmitglieder sind kraft Amtes **zur Teilnahme** an den Sitzungen des Aufsichtsrats und derjenigen Ausschüsse, denen sie angehören, **berechtigt und verpflichtet**[4]. Das ergibt sich nicht unmittelbar aus § 109 Abs. 1, sondern wird von diesem vorausgesetzt.

Im Grundsatz ist das **Teilnahmerecht unentziehbar**. Allerdings kann einem Aufsichtsratsmitglied **im Einzelfall** die Ausübung dieses Rechts vom Sitzungsleiter **untersagt** werden. Dabei sind zwei Konstellationen zu unterscheiden: Eine Einschränkung des Teilnahmerechts ist zum einen als ultima ratio zulässig, wenn nur durch den Ausschluss des Mitglieds von der Sitzung ein ordnungsgemäßer und störungsfreier Sitzungsverlauf gewährleistet werden kann; in diesen Fällen handelt es sich um eine Maßnahme der Sitzungsleitung, über die der Vorsitzende entscheidet[5]. Zum anderen kann der Aufsichtsrat als Organ (nicht der Sitzungsleiter) durch Beschluss das Teilnahmerecht bei einer gravierenden Gefährdung der Gesellschaftsinteressen entziehen, etwa wenn Geheimnisverrat durch das Mitglied aufgrund konkreter Tatsachen dringend zu befürchten ist[6]. Ist ein Mitglied analog § 34 BGB von der Stimmabgabe ausgeschlossen, so entscheidet das Gremium durch Beschluss, ob es auch von der Beratung über den betroffenen Abstimmungsgegenstand auszuschließen ist (näher dazu § 108 Rz. 16).

---

1 Dazu *Habersack* in MünchKomm. AktG, 3. Aufl., § 109 AktG Rz. 2; *Spindler* in Spindler/Stilz, § 109 AktG Rz. 1; kritisch im Hinblick auf die angestrebte Professionalisierung der Aufsichtsratsarbeit *Hopt/Roth* in Großkomm. AktG, 4. Aufl., § 109 AktG Rz. 2.
2 *Hopt/Roth* in Großkomm. AktG, 4. Aufl., § 109 AktG Rz. 5; *Spindler* in Spindler/Stilz, § 109 AktG Rz. 1.
3 *Lutter*, Information und Vertraulichkeit im Aufsichtsrat, Rz. 559; *Hopt/Roth* in Großkomm. AktG, 4. Aufl., § 109 AktG Rz. 6; *Mertens* in KölnKomm. AktG, 2. Aufl., § 109 AktG Rz. 6.
4 Allg. Meinung; vgl. *Behr*, AG 1984, 281, 282; *Lutter/Krieger*, Aufsichtsrat, Rz. 699; *Hüffer*, § 109 AktG Rz. 2; *Hopt/Roth* in Großkomm. AktG, 4. Aufl., § 109 AktG Rz. 16; *Mertens* in KölnKomm. AktG, 2. Aufl., § 109 AktG Rz. 7; *Habersack* in MünchKomm. AktG, 3. Aufl., § 109 AktG Rz. 7; *Spindler* in Spindler/Stilz, § 109 AktG Rz. 5; *Bürgers/Israel* in Bürgers/Körber, § 109 AktG Rz. 2.
5 *Lutter/Krieger*, Aufsichtsrat, Rz. 702; *Hüffer*, § 109 AktG Rz. 2; *Hopt/Roth* in Großkomm. AktG, 4. Aufl., § 109 AktG Rz. 25 f.; *Mertens* in KölnKomm. AktG, 2. Aufl., § 109 AktG Rz. 8; *Habersack* in MünchKomm. AktG, 3. Aufl., § 109 AktG Rz. 9; *Spindler* in Spindler/Stilz, § 109 AktG Rz. 10.
6 *Lutter/Krieger*, Aufsichtsrat, Rz. 702; *Hüffer*, § 109 AktG Rz. 2; *Hopt/Roth* in Großkomm. AktG, 4. Aufl., § 109 AktG Rz. 17 ff.; *Mertens* in KölnKomm. AktG, 2. Aufl., § 109 AktG Rz. 8; *Habersack* in MünchKomm. AktG, 3. Aufl., § 109 AktG Rz. 9 f.; *Spindler* in Spindler/Stilz, § 109 AktG Rz. 9 f.

## 2. Vorstandsmitglieder

5 Mitglieder des Vorstands sind nicht kraft Gesetzes zur Teilnahme an Aufsichtsratssitzungen berechtigt[7]. Sie unterliegen aber auch **nicht dem Teilnahmeverbot** des § 109 Abs. 1. Die Satzung kann dem Vorstand ein Teilnahmerecht nur unter dem Vorbehalt einräumen, dass der Aufsichtsrat im Einzelfall die Teilnahme untersagen kann[8].

6 Auf Verlangen des Aufsichtsrats ist der Vorstand zur Teilnahme verpflichtet[9]. In der **Praxis** ist die Teilnahme des Vorstands die Regel. Der DCGK sieht in Ziff. 5.6 vor, dass der Aufsichtsrat bei Bedarf ohne den Vorstand tagt, geht also ersichtlich davon aus, dass in der Mehrzahl der Fälle eine Teilnahme sachgerechter ist.

## 3. Dritte

### a) Grundsatz: kein Teilnahmerecht

7 Personen, die weder dem Aufsichtsrat noch dem Vorstand angehören, dürfen grundsätzlich nicht an den Sitzungen teilnehmen, § 109 Abs. 1 Satz 1. Dritter in diesem Sinne sind also auch Großaktionäre, Ehrenvorsitzende und Ehrenmitglieder des Aufsichtsrats[10] (s. § 107 Rz. 27), ferner ehemalige und künftige Aufsichtsratsmitglieder[11].

### b) Ausnahme: Sachverständige, Auskunfts- und Hilfspersonen

8 § 109 Abs. 1 Satz 2 lässt die Teilnahme Dritter ausnahmsweise dann zu, wenn sie als Sachverständige oder Auskunftspersonen zur **Beratung über einzelne Gegenstände** zugezogen werden sollen. Die Vorschrift gewährt mithin kein eigenes Teilnahmerecht, sondern ermöglicht es dem Aufsichtsrat sich bei Bedarf sachkundigen Rat einzuholen. Eine Hinzuziehung Dritter ist dabei nur insofern zulässig, als sie auch tatsächlich bei der Beratung einzelner Tagesordnungspunkte mit ihrem Sachverstand beitragen oder Auskunft geben können, nicht aber als ständige Berater[12].

9 **aa) Sachverständiger** kann jeder sein, der eine besondere Sachkunde bezüglich des Beratungsgegenstandes hat[13]. Hierzu zählt auch der Abschlussprüfer, der auf Verlangen des Aufsichtsrats zur Teilnahme an der Bilanzsitzung verpflichtet ist (§ 171 Abs. 1

---

7 *Hoffmann-Becking* in MünchHdb. AG, § 31 Rz. 49; *Hopt/Roth* in Großkomm. AktG, 4. Aufl., § 109 AktG Rz. 27; *Mertens* in KölnKomm. AktG, 2. Aufl., § 109 AktG Rz. 9; *Habersack* in MünchKomm. AktG, 3. Aufl., § 109 AktG Rz. 11; *Spindler* in Spindler/Stilz, § 109 AktG Rz. 13.
8 *Lutter/Krieger*, Aufsichtsrat, Rz. 701; *Hüffer*, § 109 AktG Rz. 3; *Hopt/Roth* in Großkomm. AktG, 4. Aufl., § 109 AktG Rz. 28; *Habersack* in MünchKomm. AktG, 3. Aufl., § 109 AktG Rz. 14; kritisch *Spindler* in Spindler/Stilz, § 109 AktG Rz. 17.
9 *Lutter/Krieger*, Aufsichtsrat, Rz. 701; *Hoffmann-Becking* in MünchHdb. AG, § 31 Rz. 49; *Hüffer*, § 109 AktG Rz. 3; *Hopt/Roth* in Großkomm. AktG, 4. Aufl., § 109 AktG Rz. 31; *Mertens* in KölnKomm. AktG, 2. Aufl., § 109 AktG Rz. 11; *Habersack* in MünchKomm. AktG, 3. Aufl., § 109 AktG Rz. 12; *Spindler* in Spindler/Stilz, § 109 AktG Rz. 14.
10 Vgl. nur *Hüffer*, § 109 AktG Rz. 4.
11 *Kindl*, Die Teilnahme an Aufsichtsrats, 1993, S. 48; *Lutter/Krieger*, Aufsichtsrat, Rz. 702; *Hopt/Roth* in Großkomm. AktG, 4. Aufl., § 109 AktG Rz. 12; *Mertens* in KölnKomm. AktG, 2. Aufl., § 109 AktG Rz. 15; *Spindler* in Spindler/Stilz, § 109 AktG Rz. 12; a.A. *Janberg/Osthoff*, AG 1960, 240, 243.
12 *Lutter/Krieger*, Aufsichtsrat, Rz. 702; *Hüffer*, § 109 AktG Rz. 5; *Hopt/Roth* in Großkomm. AktG, 4. Aufl., § 109 AktG Rz. 41; *Mertens* in KölnKomm. AktG, 2. Aufl., § 109 AktG Rz. 16; *Habersack* in MünchKomm. AktG, 3. Aufl., § 109 AktG Rz. 16; *Spindler* in Spindler/Stilz, § 109 AktG Rz. 19 f.; vgl. auch Ziff. 5.4.1 DCGK.
13 *Hüffer*, § 109 AktG Rz. 5; *Bürgers/Israel* in Bürgers/Körber, § 109 AktG Rz. 4.

Satz 2). Ehemalige Aufsichtsratsmitglieder können insbesondere dann als Sachverständige herangezogen werden, wenn es um Vorgänge innerhalb ihrer Amtszeit geht[14]. Ansonsten kommen traditionell als Sachverständige Rechts- und Steuerexperten in Betracht[15]; ferner war von jeher die Einschaltung von Personalberatern im Hinblick auf die Besetzung von Vorstandsposten nicht ungebräuchlich. Wegen der zunehmenden rechtlichen Anforderungen an die Vorbereitung der unternehmerischen Entscheidung[16] ist jedoch die Tendez zu beobachten, wichtige Geschäftsabschlüsse in Bezug auf Leistung und Gegenleistung durch Fairness Opinions[17] abzusichern und in der haftungsträchtigen Frage einer möglicherweise zu hoch oder falsch festgesetzten Vorstandsvergütung (§§ 87, 116) Vergütungsberater einzuschalten[18]. Inwieweit dadurch tatsächlich eine Abschirmung gegen Haftungsrisiken möglich ist, erscheint unsicher[19]. Eine Pflicht zur Inanspruchnahme externer Beratung besteht nur dann, wenn die Frage mit dem im Aufsichtsrat insgesamt vorhandenen Sachverstand nicht fachgerecht beantwortet werden kann[20].

**bb)** Über § 109 lässt sich in den Fällen, in denen der besondere Sachverstand gerade bei Mitarbeitern des Unternehmens vorhanden ist, ein direkter Kontakt des Aufsichtsrats zu diesen Mitarbeitern herstellen. Derartige Kontakte sind bereits in vielen Unternehmen üblich und rechtlich auch ganz unproblematisch, soweit der Vorstand damit einverstanden ist[21]. Der **Direktkontakt zu leitenden Mitarbeitern** verbessert die Informationsversorgung des Aufsichtsrats und gibt ihm die Möglichkeit, sich aus erster Hand zu informieren. Zudem ist der Kontakt zu leitenden Angestellten eine Möglichkeit, potentielle Vorstandskandidaten zu identifizieren, wobei es aber nicht Voraussetzung des Direktkontakts ist, dass der Aufsichtsrat diese Absicht verfolgt[22]. Ausreichend ist, dass der Mitarbeiter der Gesellschaft über besonderes Sachwissen verfügt und seine Anhörung nach Ansicht des Aufsichtsrats sachdienlich ist[23]; eine besondere Neutralität und Objektivität sind hier (wie auch sonst bei der Vorschrift) nicht erforderlich[24].

10

Eine Einvernahme eines Mitarbeiters als Sachverständiger nach § 109 setzt voraus, dass die Befragung in der Sitzung des Aufsichtsrats oder eines Ausschusses erfolgt. Sie muss zudem einen Bezug zur Tagesordnung aufweisen. Damit ist eine Befragung von Mitarbeitern an deren Arbeitsplatz oder zu Gegenständen, die nicht Angelegen-

---

14 *Hüffer*, § 109 AktG Rz. 5.
15 Vgl. zum Compliance-Beauftragten i.S. des § 33 Abs. 1 Satz 2 Nr. 5 WpHG *Dreher*, ZGR 2010, 496, 514 ff.
16 S. BGH v. 14.7.2008 – II ZR 202/07, ZIP 2008, 1675 zu § 43 Abs. 2 GmbHG.
17 S. dazu *Schiessl*, ZGR 2003, 814 ff.
18 Zu den damit verbundenen Auswirkungen auf die Haftungslage *Fleischer*, BB 2010, 67; *Fleischer*, ZIP 2009, 1397.
19 Vgl. *Mertens/Cahn* in KölnKomm. AktG, 3. Aufl., § 93 AktG Rz. 34 und unten bei § 116 Rz. 51 ff.
20 *Spindler* in Spindler/Stilz, § 109 AktG Rz. 19; *Hommelhoff*, ZGR 1983, 551, 559 ff.; a.A. *Hopt/Roth* in Großkomm. AktG, 4. Aufl., § 109 AktG Rz. 54.
21 Sie sind dann Ausfluss einer zulässigen und erwünschten Kooperation zwischen Vorstand und Aufsichtsrat, vgl. *Mertens* in KölnKomm. AktG, 2. Aufl., § 111 AktG Rz. 21; BGH v. 25.3.1991 – II ZR 188/89, BGHZ 114, 127, 130; *Roth*, AG 2004, 1, 10 sowie Ziff. 3.1. DCGK und dazu *v. Werder* in Ringleb/Kremer/Lutter/v. Werder, DCGK, Rz. 351.
22 Diesen Aspekt betont *Dreher* in FS Ulmer, S. 87, 99 ff., der die Berechtigung des Aufsichtsrats zu Direktkontakten daher aus der Personalkompetenz (§ 84) herleiten will. Dieser Ansatz ist aber zu eng; der Direktkontakt sollte vielmehr auch dann zulässig sein, wenn der AR mit der Maßnahme gerade keine personalpolitischen Absichten verfolgt, sondern gerade auf das Sachwissen des Mitarbeiters zugreifen will. Dafür ist § 109 der bessere Ansatz.
23 Vgl. *Hüffer*, § 109 AktG Rz. 5; *Breuer/Fraune* in Heidel, § 109 AktG Rz. 6 f. sowie oben bei Rz. 8.
24 Zu eng *Dreher* in FS Ulmer, S. 87, 95 f.; wie hier *Kropff* in FS Raiser, S. 225, 242.

heit des Aufsichtsrats sind, nicht zulässig, ebenso die Einholung von Auskünften bei Geschäftspartnern der AG[25].

11 Umstritten ist, ob die Einvernahme eines Mitarbeiters als Sachverständiger auch **ohne Einwilligung des Vorstands** und in dessen Abwesenheit zulässig ist. Dagegen wird geltend gemacht, dass dies die Personalverantwortung des Vorstands untergrabe und mit der Trennung von Geschäftsführung und Überwachung im dualistischen System nicht vereinbar sei[26]. Eine vermittelnde Meinung will den Direktkontakt zulassen, wenn der Verdacht besteht, dass die Berichterstattung nach § 90 unvollständig oder unrichtig ist[27]. Beiden einschränkenden Auffassungen kann nicht mehr gefolgt werden, nachdem durch das BilMoG die Pflicht des Gesamtaufsichtsrats bzw. eines von ihm eingesetzten Prüfungsausschusses zur Überwachung des Risikomanagements, der internen Kontrollsysteme und der Finanzberichterstattung eingeführt wurde. Diese Pflichten lassen sich sinnvoll nicht erfüllen, ohne direkten Zugriff auf die Personen zu haben, die im Unternehmen die fraglichen Ressorts unmittelbar verantworten, also z.B. den Leiter des Rechnungswesens und der internen Revision. Zudem wäre nach der engeren Auffassung das dualistische System der Corporate Governance in einem permanenten Informationsnachteil gegenüber dem monistischen System, in dem der Leiter der internen Revision und auch des Rechnungswesens regelmäßig direkt an das audit committee berichten[28]. Damit würde Art. 41 der EU-Abschlussprüferrichtlinie[29], auf der die Regelung zum Prüfungsausschuss beruht, in den Mitgliedstaaten mit dualistischem System anders und schwächer umgesetzt als in den Staaten, die dem monistischen Modell folgen.

12 Hinzu kommt, dass sich zunehmend der Gedanke einer Selbstinformationspflicht des Aufsichtsrats durchsetzt; der BGH nennt insoweit die Pflicht zur Information als gleichrangig und in einem Atemzug mit der Überwachungs- und Beratungspflicht[30]. Ferner setzt auch die Berufung auf die Business Judgment Rule (s. dazu § 116 Rz. 11 ff.) eine hinreichende Information voraus[31]. Auch unter diesem Gesichtspunkt ist es dem Aufsichtsrat nicht zumutbar, auf die Nutzung der Informationsquelle zu verzichten. Gleichzeitig müssen die an sich nicht unberechtigten rechtssystematischen Bedenken gegenüber der Verbesserung der Informationsversorgung zurücktreten[32]. Der Aufsichtsrat hat jedoch bei seinen Direktkontakten mit den Mitarbeitern

---

25 Zutr. OLG Zweibrücken v. 28.5.1990 – 3 W 93/90, AG 1991, 70; *Langenbucher*, Aktien- und Kapitalmarktrecht, § 5 Rz. 57.
26 *Lutter*, Information und Vertraulichkeit, Rz. 309 ff.; *Lutter*, AG 2006, 517, 521; etwas offener *Lutter* in FS Hüffer, S. 617, 619 f. im Hinblick auf Compliance; *Hoerdemann*, ZRP 1997, 44, 45; *Lieder*, Aufsichtsrat, S. 791; *Oetker* in Hommelhoff/Hopt/v. Werder, Hdb. Corporate Governance, 2. Aufl., S. 292.
27 *Hüffer*, § 90 AktG Rz. 11; *Mertens/Cahn* in KölnKomm. AktG, 3. Aufl., § 90 AktG Rz. 52; *Hoffmann-Becking* in MünchHdb. AG, § 29 Rz. 24; *Steinbeck*, Überwachungspflicht und Einwirkungsmöglichkeiten des Aufsichtsrats in der AG, S. 136; *Semler*, Leitung und Überwachung, Rz. 174; *Korte*, Die Information des Aufsichtsrats durch die Mitarbeiter, 2009, S. 167 f. sowie hier 1. Aufl.
28 Näher *Roth*, AG 2004, 1, 3. f.; *Scheffler*, ZGR 2003, 237; *Korte*, Die Information des Aufsichtsrats durch die Mitarbeiter, 2009, S. 106; *Maushake*, Audit Committees, S. 152 ff.
29 Richtlinie 2006/43/EG des Europäischen Parlaments und des Rates vom 17.5.2006 über Abschlussprüfung von Jahresabschlüssen und konsolidierten Abschlüssen, zur Änderung der Richtlinien 78/660/EWG und 83/349/EWG des Rates und zur Aufhebung der Richtlinie 84/253/EWG des Rates, ABl. EG Nr. L 157 v. 17.5.2006, S. 87.
30 BGH v. 16.3.2009 – II ZR 280/07, ZIP 2009, 860, Rz. 15.
31 Darauf abstellend *Kropff* in FS Raiser, S. 225, 231 ff.
32 Wie hier auch *Roth*, AG 2004, 1, 12; *Hopt/Roth* in Großkomm. AktG, 4. Aufl., § 111 AktG Rz. 258 f.; *Kropff* in FS Raiser, S. 242; *Kropff*, NZG 2003, 346, 348 f.; *Langenbucher/Blaum*, DB 1994, 2197, 2205; *Forster*, AG 1995, 1, 6.

strikt zu beachten, dass es um Informationen geht und ihm ein Direktionsrecht gegenüber dem Mitarbeiter nicht zusteht. Aus den Berichten der Mitarbeiter zu ziehende Konsequenzen sollten daher nicht direkt mit dem Mitarbeiter, sondern mit dem Vorstand, jedenfalls aber in dessen Beisein, erörtert werden.

Ist die Beauftragung eines Sachverständigen zur sachgerechten Wahrnehmung der Aufsichtsratsaufgaben erforderlich, so obliegt die **Auswahl** und die **Beauftragung** externer Sachverständiger dem Aufsichtsrat. Das schließt als Annexkompetenz die Befugnis ein, mit dem Sachverständigen eine Vergütung für seine Tätigkeit zu vereinbaren. Der Aufsichtsrat vertritt dabei die Gesellschaft gegenüber dem Sachverständigen (näher dazu bei § 112 Rz. 15). 13

Obgleich im Gesetz nicht ausdrücklich erwähnt, ist auch die Hinzuziehung von **Hilfspersonen des Gremiums** zulässig[33]. Hierzu zählen insbesondere Protokollführer, Sekretärinnen und Dolmetscher. Nicht zulässig ist hingegen die Teilnahme von **Hilfspersonen des Mitglieds**, also Sachverständige oder Assistenten, die das Mitglied zur Erleichterung seiner Arbeit eingeschaltet hat. Unabhängig von der Frage, ob die Beauftragung solchen persönlichen Hilfspersonals überhaupt zulässig ist[34], darf es jedenfalls nicht in die Sitzung mitgebracht werden[35]. 14

Aufsichtsratsintern entscheidet über die **Zuziehung** grundsätzlich der Vorsitzende als Sitzungsleiter; allerdings muss er sich einem abweichenden Beschluss des Plenums beugen (s. dazu § 107 Rz. 19). 15

### III. Teilnahme von Aufsichtsratsmitgliedern an Ausschusssitzungen (§ 109 Abs. 2)

Gehören Aufsichtsratsmitglieder einem Ausschuss an, so sind sie zur Teilnahme an dessen Sitzungen ebenfalls berechtigt und verpflichtet. Die übrigen Aufsichtsratsmitglieder sind zur Teilnahme berechtigt, sofern nicht der Vorsitzende des Aufsichtsrats (nicht: des Ausschusses!) ein anderes bestimmt, § 109 Abs. 2. Vom **Teilnahmerecht** umfasst ist die Möglichkeit der **Einsichtnahme** in die Sitzungsunterlagen und -protokolle, soweit sie Grundlage der jeweiligen Sitzung sind. Das Nichtmitglied darf sich an der Diskussion in der Ausschusssitzung beteiligen[36]; allerdings kann er weder Anträge stellen noch bei der Beschlussfassung mitstimmen. 16

Spricht der Aufsichtsratsvorsitzende ein **Teilnahmeverbot** aus, entfällt auch das Recht auf Einsicht in die Sitzungsunterlagen und Protokolle. Das Teilnahmeverbot kann sich auf einzelne Ausschusssitzungen beschränken, aber auch auf alle Sitzungen eines Ausschusses erstrecken. Hingegen ist ein generelles Teilnahmeverbot für sämtliche Ausschüsse unzulässig[37]. Der Aufsichtsratsvorsitzende entscheidet nach pflichtgemäßem Ermessen; insbesondere dürfen einzelne Mitglieder oder Mitglieder- 17

---

33 Vgl. nur *Hopt/Roth* in Großkomm. AktG, 4. Aufl., § 109 AktG Rz. 45.
34 Dazu *Hopt/Roth* in Großkomm. AktG, 4. Aufl., § 109 AktG Rz. 44; *Kindl*, Die Teilnahme an der Aufsichtsratssitzung, 1993, S. 47 f.; *Lutter*, Information und Vertraulichkeit, S. 176 f.
35 *Hopt/Roth* in Großkomm. AktG, 4. Aufl., § 109 AktG Rz. 44 Fn. 176 für „irgendwelche Assistenten"; differenzierend *Habersack* in MünchKomm. AktG, 3. Aufl., § 109 AktG Rz. 21.
36 *Lutter/Krieger*, Aufsichtsrat, Rz. 765; *Habersack* in MünchKomm. AktG, 3. Aufl., § 109 AktG Rz. 22; *Spindler* in Spindler/Stilz, § 109 AktG Rz. 28.
37 *Lutter/Krieger*, Aufsichtsrat, Rz. 766; *Hüffer*, § 109 AktG Rz. 6; *Mertens* in KölnKomm. AktG, 2. Aufl., § 109 AktG Rz. 2; *Habersack* in MünchKomm. AktG, 3. Aufl., § 109 AktG Rz. 28; *Spindler* in Spindler/Stilz, § 109 AktG Rz. 30.

gruppen nicht diskriminiert werden[38]. Statutarische Beschränkungen des Teilnahmerechts sind unzulässig[39].

### IV. Teilnahme für verhinderte Mitglieder (§ 109 Abs. 3)

18 Die Satzung kann zulassen, dass anstelle eines verhinderten Aufsichtsratsmitglieds eine Person an Sitzungen des Aufsichtsrats und seiner Ausschüsse teilnehmen kann, die nicht dem Aufsichtsrat angehört, § 109 Abs. 3. Zwingend erforderlich ist dabei stets, dass das verhinderte Mitglied den Dritten in Textform (§ 126b BGB), also schriftlich, per E-Mail oder Fax ermächtigt hat. Die **Ermächtigung** kann nur für eine konkrete Sitzung erteilt werden, nicht generell. Fehlt eine entsprechende Satzungsregelung, ist eine Teilnahme *anstelle* des verhinderten Mitglieds unzulässig[40]; die Teilnahme ist dann nur nach Maßgabe des § 109 Abs. 1 möglich.

19 Der gem. § 109 Abs. 3 Ermächtigte ist nicht Vertreter des Mitglieds; insbesondere steht ihm weder ein Rederecht zu, noch ist er berechtigt, eigene Anträge zu stellen und selbst an Abstimmungen teilzunehmen. Er kann lediglich als **Bote** auftreten und formulierte Erklärungen und Anträge sowie eine schriftliche Stimmabgabe (§ 108 Abs. 3) überbringen[41].

### V. Abweichende Vorschriften (§ 109 Abs. 4)

20 § 109 ist ausweislich seines Abs. 4 insofern nicht abschließend, als gesetzliche Vorschriften die Teilnahme Dritter an Sitzungen des Aufsichtsrats und seiner Ausschüsse zulassen. Eine Reihe **aufsichtsrechtlicher Sonderbestimmungen** ordnen ein Teilnahmerecht für Vertreter der Aufsichtsbehörden ausdrücklich an (vgl. § 44 Abs. 4 KWG; § 5 InvG; § 3 PfandBG; § 83 Abs. 1 Nr. 5 VAG). Zur Sonderregelung in § 171 Abs. 1 Satz 2 für den Abschlussprüfer s. bereits Rz. 9.

# § 110
# Einberufung des Aufsichtsrats

**(1)** Jedes Aufsichtsratsmitglied oder der Vorstand kann unter Angabe des Zwecks und der Gründe verlangen, dass der Vorsitzende des Aufsichtsrats unverzüglich den Aufsichtsrat einberuft. Die Sitzung muss binnen zwei Wochen nach der Einberufung stattfinden.

**(2)** Wird dem Verlangen nicht entsprochen, so kann das Aufsichtsratsmitglied oder der Vorstand unter Mitteilung des Sachverhalts und der Angabe einer Tagesordnung selbst den Aufsichtsrat einberufen.

---

38 *Koppensteiner* in KölnKomm. AktG, 3. Aufl., Vorb. § 291 AktG Rz. 78.
39 *Hopt/Roth* in Großkomm. AktG, 4. Aufl., § 109 AktG Rz. 75; *Mertens* in KölnKomm. AktG, 2. Aufl., § 109 AktG Rz. 23; *Habersack* in MünchKomm. AktG, 3. Aufl., § 109 AktG Rz. 32; *Spindler* in Spindler/Stilz, § 109 AktG Rz. 40.
40 *Kindl*, Die Teilnahme an der Aufsichtsratssitzung, 1993, S. 25; *Hüffer*, § 109 AktG Rz. 7; *Habersack* in MünchKomm. AktG, 3. Aufl., § 109 AktG Rz. 87; *Spindler* in Spindler/Stilz, § 109 AktG Rz. 44.
41 *Lutter/Krieger*, Aufsichtsrat, Rz. 700; *Hüffer*, § 109 AktG Rz. 7; *Hopt/Roth* in Großkomm. AktG, 4. Aufl., § 109 AktG Rz. 87; *Mertens* in KölnKomm. AktG, 2. Aufl., § 109 AktG Rz. 29; *Habersack* in MünchKomm. AktG, 3. Aufl., § 109 AktG Rz. 34; *Spindler* in Spindler/Stilz, § 109 AktG Rz. 42; *Bürgers/Israel* in Bürgers/Körber, § 109 AktG Rz. 7; a.A. *v. Godin/Wilhelmi*, § 109 AktG Anm. 6.

(3) Der Aufsichtsrat muss zwei Sitzungen im Kalenderhalbjahr abhalten. In nichtbörsennotierten Gesellschaften kann der Aufsichtsrat beschließen, dass eine Sitzung im Kalenderhalbjahr abzuhalten ist.

| | |
|---|---|
| I. Allgemeines . . . . . . . . . . . . . . . . . 1 | a) Form . . . . . . . . . . . . . . . . . . . . 8 |
| II. Einberufung durch den Aufsichtsratsvorsitzenden (§ 110 Abs. 1) . . . . . . . 3 | b) Frist . . . . . . . . . . . . . . . . . . . . . 9 |
| | c) Inhaltliche Anforderungen . . . . . . 10 |
| 1. Zuständigkeit . . . . . . . . . . . . . . . 3 | 4. Einberufungsmängel . . . . . . . . . . . 12 |
| 2. Anlässe für die Einberufung . . . . . . 4 | III. Selbsteinberufung (§ 110 Abs. 2) . . . . 13 |
| a) Einberufungsverlangen eines Aufsichtsratsmitglieds oder des Vorstands . . . . . . . . . . . . . . . . . . . 4 | IV. Mindestturnus (§ 110 Abs. 3) . . . . . . 17 |
| | 1. Anzahl der Sitzungen . . . . . . . . . . 17 |
| b) Einberufung durch Vorsitzenden . 7 | 2. Form der Sitzungen . . . . . . . . . . . 19 |
| 3. Modalitäten der Einberufung . . . . . 8 | 3. Sanktionen . . . . . . . . . . . . . . . . . 21 |

**Literatur:** *Götz*, Rechte und Pflichten des Aufsichtsrats nach dem Transparenz- und Publizitätsgesetz, NZG 2002, 599; *Neuling*, Präsenzpflicht in der Bilanzsitzung des Aufsichtsrats, AG 2002, 610; *Noack*, Moderne Kommunikationsformen vor den Toren des Unternehmensrechts, ZGR 1998, 592; *Noack*, Gesellschaftsrecht und Informationstechnik, in FS Druey, 2002, S. 869; *Schiessl*, Deutsche Corporate Governance post Enron, AG 2002, 593; *Wagner*, Aufsichtsratssitzung in Form der Videokonferenz – Gegenwärtiger Stand und mögliche Änderungen durch das Transparenz- und Publizitätsgesetz, NZG 2002, 57.

## I. Allgemeines

§ 110 regelt, wenngleich nicht abschließend[1], die Einberufung des Aufsichtsrats. **Abs. 1** gewährt jedem Aufsichtsratsmitglied sowie dem Vorstand das Recht, die Einberufung vom Aufsichtsratsvorsitzenden zu verlangen. Für den Fall, dass dieser dem Einberufungsverlangen nicht nachkommt, ermöglicht **Abs. 2** die Selbstvornahme. Der in **Abs. 3** festgelegte Mindestturnus soll sicherstellen, dass der Aufsichtsrat seiner Kontrollfunktion gegenüber dem Vorstand regelmäßig nachkommt, und in mitbestimmten Gesellschaften verhindern, dass die Mitbestimmung der Arbeitnehmer durch schlichtes Nichtzusammentreffen des Aufsichtsrats ausgehöhlt wird.

Die Vorschrift ist teils dispositiv, teils zwingend. Durch **Satzungsregelung** kann die Einberufung erleichtert, nicht aber erschwert werden[2]. Auch die Festlegung einer dichteren als der in Abs. 3 vorgesehenen Sitzungsfolge ist zulässig[3].

## II. Einberufung durch den Aufsichtsratsvorsitzenden (§ 110 Abs. 1)

### 1. Zuständigkeit

Die Einberufung von Sitzungen erfolgt als verfahrensleitende Anordnung grundsätzlich durch den Aufsichtsratsvorsitzenden, im Falle der Verhinderung durch seinen Stellvertreter (vgl. § 107 Rz. 24 ff.). Sind beide Ämter nicht besetzt, ist jedes Auf-

---

1 Vgl. nur *Hopt/Roth* in Großkomm. AktG, 4. Aufl., § 110 AktG Rz. 1.
2 *Hüffer*, § 110 AktG Rz. 1.
3 *Hopt/Roth* in Großkomm. AktG, 4. Aufl., § 110 AktG Rz. 66; *Habersack* in MünchKomm. AktG, 3. Aufl., § 110 AktG Rz. 41.

sichtsratsmitglied oder der Vorstand zur Einberufung berechtigt (§ 100 Abs. 2 analog)[4].

### 2. Anlässe für die Einberufung

#### a) Einberufungsverlangen eines Aufsichtsratsmitglieds oder des Vorstands

4  Gem. § 110 Abs. 1 Satz 1 kann zum einen **jedes Aufsichtsratsmitglied einzeln**, zum anderen der **Vorstand als Organ** die Einberufung des Aufsichtsrats verlangen. Es genügt nicht, wenn Vorstandsmitglieder in vertretungsberechtigter Zahl handeln, ohne dass ein entsprechender Organwille gebildet wurde[5]. Das Verlangen kann formlos an den Aufsichtsratsvorsitzenden gerichtet werden. Anzugeben sind immer **Zweck und Gründe** der Einberufung, also die Gegenstände, über die in der Sitzung beraten oder beschlossen werden soll, sowie die Gründe, warum die Sitzung zu diesem Zeitpunkt überhaupt stattfinden soll[6].

5  Der Aufsichtsratsvorsitzende muss den Aufsichtsrat **unverzüglich** einberufen[7], die Sitzung sodann innerhalb von zwei Wochen stattfinden (§ 110 Abs. 1 Satz 2). Er kann die Einberufung verweigern, wenn das Verlangen missbräuchlich ist, also insbesondere dann, wenn kein vernünftiger Grund für die Einberufung erkennbar ist oder ein gesetzeswidriger Zweck verfolgt wird[8]. Missbrauch liegt indes nicht schon dann vor, wenn die Erfolgschancen des begehrten Antrags gering sind oder der Vorsitzende das Begehren für unbegründet hält[9]. Verweigert der Vorsitzende zu Unrecht die Einberufung, gelangt § 110 Abs. 2 zur Anwendung (dazu Rz. 13).

6  Dem Einberufungsverlangen wird nicht schon dadurch Rechnung getragen, dass eine **Beschlussfassung ohne Sitzung** (§ 108 Abs. 4) eingeleitet wird, es sei denn, der die Einberufung Verlangende ist damit einverstanden[10].

#### b) Einberufung durch Vorsitzenden

7  Der Aufsichtsratsvorsitzende kann den Aufsichtsrat auch aus eigener Initiative einberufen. Er ist sogar dazu **verpflichtet**, wenn das Gesellschaftsinteresse eine Zusammenkunft des Aufsichtsrats gebietet[11].

### 3. Modalitäten der Einberufung

#### a) Form

8  Die Einberufung ist nicht Willenserklärung, sondern Verfahrenshandlung. Gesetzliche Anforderungen an ihre Form bestehen nicht, d.h. sie kann grundsätzlich auch mündlich, telefonisch etc. erfolgen. Satzung oder Geschäftsordnung können aber vor-

---

4  *Lutter/Krieger*, Aufsichtsrat, Rz. 690; *Hopt/Roth* in Großkomm. AktG, 4. Aufl., § 110 AktG Rz. 13; *Hüffer*, § 110 AktG Rz. 2; *Habersack* in MünchKomm. AktG, 3. Aufl., § 110 AktG Rz. 10; *Spindler* in Spindler/Stilz, § 110 AktG Rz. 7.
5  *Hüffer*, § 110 AktG Rz. 6; *Hopt/Roth* in Großkomm. AktG, 4. Aufl., § 110 AktG Rz. 32.
6  *Hüffer*, § 110 AktG Rz. 6; *Habersack* in MünchKomm. AktG, 3. Aufl., § 110 AktG Rz. 27; *Spindler* in Spindler/Stilz, § 110 AktG Rz. 9.
7  *Hopt/Roth* in Großkomm. AktG, 4. Aufl., § 110 AktG Rz. 37.
8  Vgl. *Hopt/Roth* in Großkomm. AktG, 4. Aufl., § 110 AktG Rz. 35; *Habersack* in MünchKomm. AktG, 3. Aufl., § 110 AktG Rz. 32; *Spindler* in Spindler/Stilz, § 110 AktG Rz. 12.
9  *Hüffer*, § 110 AktG Rz. 7.
10  *Semler* in MünchKomm. AktG, 2. Aufl., § 110 AktG Rz. 61; abweichend *Spindler* in Spindler/Stilz, § 110 AktG Rz. 11, der den Widerspruch des Antragenden verlangt.
11  *Lutter/Krieger*, Aufsichtsrat, Rz. 693; *Hopt/Roth* in Großkomm. AktG, 4. Aufl., § 110 AktG Rz. 12, 40; *Mertens* in KölnKomm. AktG, 2. Aufl., § 110 AktG Rz. 24.

sehen, dass die Einberufung schriftlich oder sogar per Einschreiben zu erfolgen hat. Bei schriftlicher Einberufung genügt es, wenn die Einladung korrekt versendet wird; Zugang im Sinne des § 130 BGB ist nicht erforderlich[12].

**b) Frist**

Bezüglich der Einberufungsfrist enthält § 110 Abs. 1 Satz 2 lediglich die Vorgabe, dass die Sitzung **innerhalb von zwei Wochen** nach der Einberufung erfolgen muss. Dies gilt jedoch **nur** für die Fälle, in denen die Einberufung auf Verlangen eines Aufsichtsratsmitglieds oder des Vorstands erfolgt. Wird der Aufsichtsratsvorsitzende von sich aus tätig, kann die Frist auch länger bemessen sein[13]. In jedem Falle muss die Frist so bemessen sein, dass den Aufsichtsratsmitgliedern nach den Umständen des Einzelfalls eine **angemessene** Zeit bis zum anberaumten Termin bleibt[14]. Im Regelfall dürfte eine Woche genügen[15]. Unterlagen, die zu einer sachgerechten Vorbereitung erforderlich sind, sind rechtzeitig vor der Sitzung zu übermitteln. Die Satzung kann, soweit nicht § 110 Abs. 1 Satz 2 entgegensteht, Regelungen zur Einberufungsfrist treffen, insbesondere auch eine Mindestfrist festschreiben.

9

**c) Inhaltliche Anforderungen**

Aus der Einberufung muss erkennbar sein, wer für welche Aktiengesellschaft den Aufsichtsrat einberuft; daneben selbstverständlich Zeit und Ort der Sitzung[16]. Weiterhin ist zugleich oder in engem zeitlichem Zusammenhang[17] mit der Einberufung die **Tagesordnung bekannt zu geben**[18], die zuvor vom Aufsichtsratsvorsitzenden festgesetzt worden ist. Nachträgliche Ergänzungen oder Änderungen der Tagesordnung sind möglich, sofern die Einberufungsfrist gewahrt bleibt. Der Aufsichtsratsvorsitzende muss auf das zu begründende Verlangen von Aufsichtsratsmitgliedern oder Vorstand Ergänzungen der Tagesordnung vornehmen; kommt er dem nicht nach, so kann analog § 110 Abs. 2 die Ergänzung durch Mitteilung an die Aufsichtsratsmitglieder selbst vorgenommen werden[19].

10

Die Mitteilung **konkreter Beschlussanträge** ist von Gesetzes wegen nicht erforderlich. Allerdings gebietet es die Amtspflicht des Vorsitzenden, die Aufsichtsratsmit-

11

---

12 *Lutter/Krieger*, Aufsichtsrat, Rz. 690; *Hopt/Roth* in Großkomm. AktG, 4. Aufl., § 110 AktG Rz. 17; *Hüffer*, § 110 AktG Rz. 3. Dies entspricht den Grundsätzen zur Gesellschafterversammlung bei der GmbH, vgl. BGH v. 30.3.1987 – II ZR 180/86, BGHZ 100, 264, 267 = NJW 1987, 2580.
13 So auch *Hüffer*, § 110 AktG Rz. 3; *Habersack* in MünchKomm. AktG, 3. Aufl., § 110 AktG Rz. 16.
14 *Lutter/Krieger*, Aufsichtsrat, Rz. 690.
15 So auch *Hopt/Roth* in Großkomm. AktG, 4. Aufl., § 110 AktG Rz. 18; *Habersack* in MünchKomm. AktG, 3. Aufl., § 110 AktG Rz. 16.
16 *Hopt/Roth* in Großkomm. AktG, 4. Aufl., § 110 AktG Rz. 16; *Hüffer*, § 110 AktG Rz. 4; *Spindler* in Spindler/Stilz, § 110 AktG Rz. 18; weitergehend noch *Semler* in MünchKomm. AktG, 2. Aufl., § 110 AktG Rz. 39.
17 Zum Auseinanderfallen von Einberufung und Mitteilung der Tagesordnung vgl. *Hopt/Roth* in Großkomm. AktG, 4. Aufl., § 110 AktG Rz. 22.
18 *Lutter/Krieger*, Aufsichtsrat, Rz. 691; *Hoffmann-Becking* in MünchHdb. AG, § 31 Rz. 39 f.; *Mertens* in KölnKomm. AktG, 2. Aufl., § 110 AktG Rz. 4; *Habersack* in MünchKomm. AktG, 3. Aufl., § 110 AktG Rz. 18; a.A. *Hüffer*, § 110 AktG Rz. 4, der die Angabe der Beschlussgegenstände anstatt einer förmlichen Tagesordnung für ausreichend erachtet; so auch *Spindler* in Spindler/Stilz, § 110 AktG Rz. 19.
19 *Lutter/Krieger*, Aufsichtsrat, Rz. 691; *Hoffmann-Becking* in MünchHdb. AG, § 31 Rz. 42; *Hüffer*, § 110 AktG Rz. 4; *Mertens* in KölnKomm. AktG, 2. Aufl., § 110 AktG Rz. 4.

glieder möglichst frühzeitig über vorliegende Anträge in Kenntnis zu setzen; ein Verstoß führt aber nicht zur Fehlerhaftigkeit der nachfolgenden Beschlussfassung[20].

**4. Einberufungsmängel**

12 Einberufungsmängel führen **grundsätzlich** zur **Nichtigkeit** der in der Sitzung gefassten Beschlüsse, sofern nicht trotz der Mängel alle Aufsichtsratsmitglieder erschienen sind[21]. Dies gilt etwa, wenn die Angabe von Zeit und Ort der Sitzung fehlen, die Tagesordnung nicht oder nicht rechtzeitig mitgeteilt wurde[22] oder die Einberufungsfrist zu knapp bemessen war. Im Einzelfall kann allerdings aber nach den Grundsätzen der Verwirkung das Berufen auf die Nichtigkeit des Beschlusses ausgeschlossen sein. Für Einzelheiten siehe die Ausführungen bei § 108 Rz. 34 ff.

## III. Selbsteinberufung (§ 110 Abs. 2)

13 Wird dem Einberufungsverlangen i.S. von § 110 Abs. 1 nicht entsprochen, so kann gem. § 110 Abs. 2 die Einberufung im Wege der Selbsthilfe durch das Aufsichtsratsmitglied oder den Vorstand vorgenommen werden. Anstelle der Selbsteinberufung kommt die gerichtliche Geltendmachung des Einberufungsverlangens nicht in Betracht[23]. **Berechtigt** zur Selbsteinberufung ist allerdings nur das Aufsichtsratsmitglied, das zuvor selbst die Einberufung erfolglos verlangt hat; Entsprechendes gilt für den Vorstand. Antragssteller und Einberufender müssen also identisch sein. Seit der Neufassung der Vorschrift durch das TransPuG[24] 2002 kann auch ein einzelnes Aufsichtsratsmitglied (zuvor: mind. 2) das Selbsthilferecht ausüben. Der Vorstand kann ebenso wie bei § 110 Abs. 1 nur als Organ tätig werden[25].

14 Voraussetzung des Selbsthilferechts ist ein **vergebliches** Einberufungsverlangen. Ein solches liegt vor, wenn der Vorsitzende die Einberufung gänzlich unterlassen hat oder eine Sitzung zwar stattgefunden hat, die beantragten Gegenstände aber nicht behandelt wurden[26].

15 Der Selbsthilfeberechtigte muss vielmehr den Aufsichtsrat **unverzüglich** einberufen[27]. § 110 Abs. 1 Satz 2 ist weder direkt noch entsprechend anwendbar; die Sitzung muss also nicht zwingend innerhalb von zwei Wochen nach Einberufung stattfinden. Bei der Selbsthilfe müssen allerdings die unter Rz. 3–11 dargelegten Anforderungen

---

20 *Lutter/Krieger*, Aufsichtsrat, Rz. 692; *Hoffmann-Becking* in MünchHdb. AG, § 31 Rz. 41; *Mertens* in KölnKomm. AktG, 2. Aufl., § 110 AktG Rz. 4; *Habersack* in MünchKomm. AktG, 3. Aufl., § 110 AktG Rz. 18 ff.
21 Im Einzelnen ist vieles umstritten; im Ausgangspunkt wie hier *Hopt/Roth* in Großkomm. AktG, 4. Aufl., § 110 AktG Rz. 24; *Hüffer*, § 110 AktG Rz. 5; a.A. *Geßler* in G/E/H/K, § 110 AktG Rz. 8, der Form- und Fristerfordernisse im Zweifel als bloße Ordnungsvorschriften betrachtet, deren Missachtung die Wirksamkeit gefasster Beschlüsse nicht berührt.
22 Weniger streng offenbar *Hüffer*, § 110 AktG Rz. 5.
23 *Hopt/Roth* in Großkomm. AktG, 4. Aufl., § 110 AktG Rz. 33.
24 Art. 1 Nr. 8 TransPuG vom 19.7.2002 (BGBl. I 2002, 2681).
25 *Habersack* in MünchKomm. AktG, 3. Aufl., § 110 AktG Rz. 34; *Spindler* in Spindler/Stilz, § 110 AktG Rz. 36; *Bürgers/Israel* in Bürgers/Körber, § 110 AktG Rz. 8.
26 BGH v. 28.1.1985 – II ZR 79/84, WM 1985, 567 = AG 1985, 188; *Hüffer*, § 110 AktG Rz. 9.
27 *Lutter/Krieger*, Aufsichtsrat, Rz. 696; *Hoffmann-Becking* in MünchHdb. AG, § 31 Rz. 44; *Hopt/Roth* in Großkomm. AktG, 4. Aufl., § 110 AktG Rz. 45; *Mertens* in KölnKomm. AktG, 2. Aufl., § 110 AktG Rz. 19; *Habersack* in MünchKomm. AktG, 3. Aufl., § 110 AktG Rz. 36; a.A. *Spindler* in Spindler/Stilz, § 110 AktG Rz. 41 (innerhalb einer Frist von zwei Wochen).

gewahrt werden; insbesondere muss eine Tagesordnung bekannt gegeben werden. Zusätzlich ist der Grund für die Selbsteinberufung mitzuteilen[28].

Die **Kosten** der Sitzung trägt in jedem Fall die Gesellschaft. Stellt sich die Selbsteinberufung allerdings nachträglich als unberechtigt heraus, kann dieser u.U. ein Schadensersatzanspruch gegen den Einberufenden zustehen (§§ 116, 93)[29]. Es besteht für die Mitglieder des Aufsichtsrats nicht nur ein Recht zur Selbsteinberufung, sondern auch eine entsprechende **Pflicht**, wenn eine Schädigung der Gesellschaft droht[30]. 16

## IV. Mindestturnus (§ 110 Abs. 3)

### 1. Anzahl der Sitzungen

Gem. § 110 Abs. 3 Satz 1 muss der Aufsichtsrat **zwei Sitzungen im Kalenderhalbjahr**, also insgesamt vier pro Jahr abhalten. Die Vorschrift wurde auf Anregung der Corporate Governance Kommission[31] durch das TransPuG[32] 2002 neu gefasst und soll die Kontrolltätigkeit des Aufsichtsrats weiter effektivieren[33]. Die Satzung kann mehr, nicht aber weniger Sitzungen fordern (s. Rz. 2). 17

Die Regelung ist für **börsennotierte** Gesellschaften im Sinne des § 3 Abs. 2 zwingend. Bei **nicht börsennotierten** Gesellschaften kann der Aufsichtsrat beschließen, dass nur eine Sitzung im Kalenderhalbjahr abzuhalten ist. Die Erleichterung soll dem Bedürfnis nach flexiblen Gestaltungsmöglichkeiten bei nicht börsennotierten Gesellschaften Rechnung tragen[34]. Die Entscheidung hierüber obliegt nicht dem Aufsichtsratsvorsitzenden, sondern dem Plenum, das mit einfacher Mehrheit entscheidet. Ungeachtet dessen besteht auch bei einem entsprechenden Beschluss die Pflicht des Aufsichtsratsvorsitzenden fort, den Aufsichtsrat immer dann einzuberufen, wenn das Gesellschaftsinteresse eine Zusammenkunft gebietet[35]. 18

### 2. Form der Sitzungen

Der Wortlaut des § 110 Abs. 3 erfuhr durch das TransPuG eine Änderung: Der Aufsichtsrat muss nun nicht mehr zu einer Mindestanzahl an Sitzungen *zusammentreten*, sondern diese Sitzungen *abhalten*. Ausweislich der Gesetzmaterialen[36] sollte damit klargestellt werden, dass eine **physische Zusammenkunft** aller Aufsichtsratsmitglieder nicht zwingend erforderlich ist, um dem Mindestturnus des § 110 Abs. 1 Rechnung zu tragen. Daraus wird zum Teil gefolgert, dass eine Präsenzsitzung gänzlich entbehrlich wird[37]. Nach anderer Auffassung soll nur in begründeten Ausnahmefällen die Pflichtsitzung in Form einer (reinen) **Telefon- oder Videokonferenz** abgehalten werden[38]. Beidem ist nicht zu folgen. 19

---

28 *Hüffer*, § 110 AktG Rz. 9; *Spindler* in Spindler/Stilz, § 110 AktG Rz. 40.
29 *Hüffer*, § 110 AktG Rz. 9; *Habersack* in MünchKomm. AktG, 3. Aufl., § 110 AktG Rz. 40.
30 *Hopt/Roth* in Großkomm. AktG, 4. Aufl., § 110 AktG Rz. 47.
31 *Baums*, Bericht Regierungskommission, S. 57.
32 Art. 1 Nr. 8 TransPuG vom 19.7.2002 (BGBl. I 2002, 2681).
33 Begr. RegE, BT-Drucks. 14/8769, S. 16.
34 Begr. RegE, BT-Drucks. 14/8769, S. 16.
35 Vgl. auch *Hopt/Roth* in Großkomm. AktG, 4. Aufl., § 110 AktG Rz. 65.
36 Begr. RegE, BT-Drucks. 14/8769, S. 17.
37 *Spindler* in Spindler/Stilz, § 110 AktG Rz. 48; *Götz*, NZG 2002, 602.
38 *Schiessl*, AG 2002, 593, 599; *Lutter/Krieger*, Aufsichtsrat, Rz. 689; *Hüffer*, § 110 AktG Rz. 11; *Semler* in MünchKomm. AktG, 2. Aufl., § 110 AktG Rz. 113. Nur die Zulässigkeit der Videokonferenz bejahen *Wagner*, NZG 2002, 57, 59 ff.; *Hopt/Roth* in Großkomm. AktG, 4. Aufl., § 110 AktG Rz. 70.

20 Das Gesetz unterscheidet nämlich in § 108 zwischen der **Beschlussfassung innerhalb und außerhalb einer Sitzung**. Reine Telefon- oder Videokonferenzen fallen dabei unter § 108 Abs. 4, sind also nicht Sitzung im Sinne der Norm[39] (vgl. § 108 Rz. 24). Demgemäß spricht der Wortlaut des § 110 Abs. 3 entgegen der überwiegenden Auffassung gerade nicht für die Verzichtbarkeit einer physischen Zusammenkunft der Aufsichtsratsmitglieder. § 108 Abs. 4 ist zugeschnitten auf die Fälle, in denen über einzelne Fragen ein Aufsichtsratsbeschluss herbeigeführt werden soll, eine Zusammenkunft aller Mitglieder aber unpraktikabel ist oder keine Vorteile verspricht. Demgegenüber sollen die „Pflichtsitzungen" des § 110 Abs. 3 eine umfassende Ausübung der Kontrolltätigkeit des Aufsichtsrats gewährleisten. Hier sollen also nicht nur punktuelle Beschlussgegenstände erörtert, sondern sämtliche aktuellen die Aufsichtsratstätigkeit betreffenden Fragen angesprochen und diskutiert werden. Reine Telefon- oder Videokonferenzen können dem nicht hinreichend Rechnung tragen. Dies gilt in besonderem Maße, wenn der Aufsichtsrat zu seiner Bilanzsitzung zusammenkommt oder die Hauptversammlung vorbereitet werden soll. Mithin gebietet auch der Sinn und Zweck der Regelung, dass der Aufsichtsrat wenigstens zweimal im Halbjahr zu einer **Präsenzsitzung** zusammentritt[40]. Allerdings können einzelne Mitglieder via Telefon- oder Videoübertragung an der Sitzung teilnehmen, sofern kein Mitglied widerspricht (vgl. § 108 Rz. 26).

**3. Sanktionen**

21 Wird der gesetzlich oder statutarisch festgelegte **Mindestturnus unterschritten**, verletzt der Aufsichtsratsvorsitzende seine Pflicht, für eine gesetzesmäßige Sitzungsanzahl Sorge zu tragen. In diesen Fällen sind zudem die Aufsichtsratsmitglieder gehalten, nach § 110 Abs. 1 und 2 eine Einberufung herbeizuführen; bleiben sie untätig, so kann auch dies eine Sorgfaltspflichtverletzung darstellen[41]. Den Vorstand trifft eine entsprechende Pflicht hingegen nicht.

# § 111
# Aufgaben und Rechte des Aufsichtsrats

(1) Der Aufsichtsrat hat die Geschäftsführung zu überwachen.

(2) Der Aufsichtsrat kann die Bücher und Schriften der Gesellschaft sowie die Vermögensgegenstände, namentlich die Gesellschaftskasse und die Bestände an Wertpapieren und Waren, einsehen und prüfen. Er kann damit auch einzelne Mitglieder oder für bestimmte Aufgaben besondere Sachverständige beauftragen. Er erteilt dem Abschlussprüfer den Prüfungsauftrag für den Jahres- und den Konzernabschluss gemäß § 290 des Handelsgesetzbuchs.

(3) Der Aufsichtsrat hat eine Hauptversammlung einzuberufen, wenn das Wohl der Gesellschaft es fordert. Für den Beschluss genügt die einfache Mehrheit.

(4) Maßnahmen der Geschäftsführung können dem Aufsichtsrat nicht übertragen werden. Die Satzung oder der Aufsichtsrat hat jedoch zu bestimmen, dass bestimmte

---

39 A.A. *Noack* in FS Druey, 2002, S. 869, 873.
40 Demgegenüber soll nach *Habersack* in MünchKomm. AktG, 3. Aufl., § 110 AktG Rz. 45, *eine* Präsenzsitzung pro Halbjahr genügen.
41 *Habersack* in MünchKomm. AktG, 3. Aufl., § 110 AktG Rz. 43; *Spindler* in Spindler/Stilz, § 110 AktG Rz. 51.

Arten von Geschäften nur mit seiner Zustimmung vorgenommen werden dürfen. Verweigert der Aufsichtsrat seine Zustimmung, so kann der Vorstand verlangen, dass die Hauptversammlung über die Zustimmung beschließt. Der Beschluss, durch den die Hauptversammlung zustimmt, bedarf einer Mehrheit, die mindestens drei Viertel der abgegebenen Stimmen umfasst. Die Satzung kann weder eine andere Mehrheit noch weitere Erfordernisse bestimmen.

(5) Die Aufsichtsratsmitglieder können ihre Aufgaben nicht durch andere wahrnehmen lassen.

| | |
|---|---|
| I. Allgemeines ................ 1 | a) Funktion des Abschlussprüfers ... 36 |
| II. Die Überwachung der Geschäftsleitung (§ 111 Abs. 1) ............ 4 | b) Vertragsschluss ............. 37 |
| 1. Der Aufsichtsrat als Kontroll- und Beratungsorgan .............. 4 | 4. Direktkontakte zu Mitarbeitern des Unternehmens ............. 41 |
| 2. Überwachungspflicht des Gesamt-Aufsichtsrats und Pflicht zur Selbstinformation ............ 6 | 5. Whistleblower-Systeme ........ 42 |
| | IV. Einberufung der Hauptversammlung (§ 111 Abs. 3) ................ 43 |
| a) Informationspflicht ......... 7 | 1. Anwendungsbereich .......... 43 |
| b) Pflicht zur Systemüberwachung .. 9 | 2. Zuständigkeit, Verfahren, Kosten ... 45 |
| 3. Überwachungsgegenstand ....... 11 | V. Zustimmungsvorbehalte (§ 111 Abs. 4) ................ 47 |
| 4. Inhalt und Wahrnehmung der Überwachungspflicht ........... 14 | 1. Grundlagen ................ 47 |
| a) Vergangenheitsbezogene Kontrolle 14 | 2. Festsetzung von Zustimmungsvorbehalten ................ 50 |
| b) Zukunftsorientierte Beratung ... 18 | |
| 5. Überwachungsmaßstab ........ 20 | 3. Inhaltliche Ausgestaltung ........ 52 |
| 6. Überwachungsdichte .......... 22 | a) Kein gesetzlicher Zustimmungskatalog .................. 52 |
| 7. Überwachung im Konzern ....... 28 | b) Zustimmungserfordernisse für „bestimmte Arten von Geschäften" .. 55 |
| a) In der herrschenden Gesellschaft . 28 | |
| b) In der abhängigen Gesellschaft ... 30 | 4. Erteilung der Zustimmung ....... 58 |
| III. Vorstandsunabhängige Information des Aufsichtsrats (§ 111 Abs. 2) .... 32 | a) Entscheidung des Aufsichtsrats .. 58 |
| | b) Ersetzung durch Hauptversammlungsbeschluss ............. 59 |
| 1. Einsichts- und Prüfungsrechte des Aufsichtsrats ............... 32 | c) Keine Außenwirkung des § 111 Abs. 4 ............... 61 |
| 2. Erteilung von Einsichts- und Prüfungsaufträgen an einzelne Aufsichtsratsmitglieder oder Sachverständige . 34 | 5. Zustimmungsvorbehalte im Konzern 62 |
| | VI. Höchstpersönliche Mandatswahrnehmung (§ 111 Abs. 5) .......... 65 |
| 3. Erteilung des Prüfungsauftrags gem. § 290 HGB an Abschlussprüfer .... 36 | |

**Literatur:** *Albach*, Strategische Unternehmensplanung und Aufsichtsrat, ZGR 1997, 32; *Altmeppen*, Der Prüfungsausschuss – Arbeitsteilung im Aufsichtsrat, ZGR 2004, 390; *Altmeppen*, Grenzen der Zustimmungsvorbehalte des Aufsichtsrats und die Folgen ihrer Verletzung durch den Vorstand, in FS K. Schmidt, 2009, S. 23; *Baltzer*, Krisenerkennung durch den Aufsichtsrat, 1983; *Bea/Scheurer*, Die Kontrollfunktion des Aufsichtsrats, DB 1994, 2145; *Beckmann*, Die Informationsversorgung von Mitgliedern des Aufsichtsrats börsennotierter Aktiengesellschaften, 2009; *Berrar*, Die zustimmungspflichtigen Geschäfte nach § 111 Abs. 4 AktG im Lichte der Corporate Governance-Diskussion, DB 2001, 2181; *Bezzenberger/Keul*, Die Aufgaben und Sorgfaltspflichten von Aufsichtsratsmitgliedern – Eine Übersicht –, in FS Schwark, 2009, S. 121; *Biener*, Die Überwachung der Geschäftsführung durch den Aufsichtsrat, BFuP 1977, 489; *Bischof/Oser*, Zweifelsfragen zur Teilnahmepflicht des Abschlussprüfers an der Bilanzsitzung des Aufsichtsrats, WPg 1998, 539; *Bork*, Materiell-rechtliche und prozessrechtliche Probleme des Organstreits zwischen Vorstand und Aufsichtsrat einer Aktiengesellschaft, ZGR 1989, 1; *Bosch/Werner/Lange*, Unternehmerischer Handlungsspielraum des Vorstandes zwischen zivilrechtlicher Verantwortung und

## § 111

strafrechtlicher Sanktion, JZ 2009, 225; *Boujong*, Rechtliche Mindestanforderungen an eine ordnungsgemäße Vorstandskontrolle und -beratung, AG 1995, 203; *Brandi*, Ermittlungspflicht des Aufsichtsrates über die wirtschaftliche Situation des Unternehmens „am Vorstand vorbei"?, ZIP 2000, 173; *Bremeiner/Mülder/Schilling*, Praxis der Aufsichtsratstätigkeit in Deutschland. Chancen zur Professionalisierung, 1994; *Claussen*, Wie ändert das KonTraG das Aktiengesetz?, DB 1998, 177; *Claussen/Korth*, Anforderungen an ein Risikomanagementsystem aus der Sicht des Aufsichtsrats, in FS Lutter, 2000, S. 327; *Claussen/J. Semler*, Abgestufte Überwachungspflicht des Aufsichtsrats?, AG 1984, 20; *Clemm*, Der Abschlussprüfer als Krisenwarner und der Aufsichtsrat, in FS Havermann, 1995, S. 83; *Clemm/Dürrschmidt*, Gedanken zur Schadensersatzpflicht von Vorstands- und Aufsichtsratsmitgliedern der Aktiengesellschaft für verlustverursachende Fehlentscheidungen, in FS Welf Müller, 2001, S. 67; *Dietrich*, Der neue § 111 Abs. 4 Satz 2 AktG, DStR 2003, 1577; *Dörner*, Ändert das KonTraG die Anforderungen an den Abschlussprüfer?, DB 1998, 1; *Dreher*, Direktkontakte des Aufsichtsrats in der Aktiengesellschaft zu dem Vorstand nachgeordneten Mitarbeitern, in FS Ulmer, 2003, S. 87; *Dreher*, Die Vorstandsverantwortung im Geflecht von Risikomanagement, Compliance und interner Revision, in FS Hüffer, 2010, S. 161; *Dreher*, Das Ermessen des Aufsichtsrats, ZHR 158, 614; *Dreist*, Die Überwachungsfunktion des Aufsichtsrats bei Aktiengesellschaften – Probleme und Reformüberlegungen aus betriebswirtschaftlicher Sicht, 1980; *Duden*, Überwachung: Wen oder Was?, in FS Rob. Fischer, 1979, S 95; *Emde*, Das Sonderwissen des Aufsichtsratsmitglieds und die Pflicht zur Informationsweitergabe, DB 1999, 1486; *Endres*, Organisation der Unternehmensleitung aus der Sicht der Praxis, ZHR 163 (1999), 441; *Escher-Weingart*, Die gewandelte Rolle des Wirtschaftsprüfers als Partner des Aufsichtsrats nach den Vorschriften des KonTraG, NZG 1999, 909; *Feddersen*, Nochmals – Die Pflichten des Vorstands zur Unternehmensplanung, ZGR 1993, 114; *Fischer/Beckmann*, Die Informationsversorgung der Mitglieder des Aufsichtsrats, 2007; *Fleischer*, Der Einfluss der Societas Europaea auf die Dogmatik des deutschen Gesellschaftsrechts, AcP 204 (2004), 502; *Fleischer*, Die „Business Judgment Rule" im Spiegel von Rechtsvergleichung und Rechtsökonomie, in FS Wiedemann, 2002, S. 827; *Fonk*, Zustimmungsvorbehalte des AG-Aufsichtsrats, ZGR 2006, 841; *Forster*, Fragen der Prüfung des Jahresabschlusses durch den Aufsichtsrat, in FS Kropff, 1997, S. 72; *Forster*, Zum Zusammenspiel von Aufsichtsrat und Abschlussprüfer nach dem KonTraG, AG 1999, 193; *Forster*, Abschlussprüfung nach dem Regierungsentwurf des KonTraG, WPg 1998, 41; *Goerdeler*, Das Audit Committee in den USA, ZGR 1987, 219; *Götz*, Zustimmungsvorbehalte des Aufsichtsrates der Aktiengesellschaft, ZGR 1990, 633; *Götz*, Leitungssorgfalt und Leitungskontrolle der Aktiengesellschaft hinsichtlich abhängiger Unternehmen, ZGR 1995, 524; *Habersack*, Die Teilhabe des Aufsichtsrats an der Leitungsaufgabe des Vorstands gemäß § 111 Abs. 4 S. 2 AktG, dargestellt am Beispiel der Unternehmensplanung, in FS Hüffer, 2010, S. 259; *Henze*, Prüfungs- und Kontrollaufgaben des Aufsichtsrates in der Aktiengesellschaft, NJW 1998, 3309; *Henze*, Leitungsverantwortung des Vorstands – Überwachungspflicht des Aufsichtsrats, BB 2000, 209; *Hoffmann-Becking*, Der Aufsichtsrat im Konzern, ZHR 159 (1995), 325; *Hofmann*, Intensität und Effizienz der Überwachung der Führungskräfte von Kapitalgesellschaften, DB 1990, 2333; *Hölters*, Die zustimmungspflichtigen Geschäftsführungsmaßnahmen im Spannungsfeld zwischen Satzungs- und Aufsichtsratsautonomie, BB 1978, 640; *Hommelhoff*, Zur Anteils- und Beteiligungsüberwachung im Aufsichtsrat, in FS Stimpel, 1985, S. 603; *Hommelhoff*, Grundsätze ordnungsgemäßer Kontrolle der Beteiligungsverwaltung des Konzernvorstands durch den Konzernaufsichtsrat, AG 1995, 225; *Hommelhoff*, Vernetzte Aufsichtsratsüberwachung im Konzern? – eine Problemskizze, ZGR 1996, 144; *Hommelhoff*, Der aktienrechtliche Organstreit, ZHR 143 (1979), 288; *Hommelhoff*, Die neue Position des Abschlussprüfers im Kraftfeld der aktienrechtlichen Organisationsverfassung (Teil I), BB 1998, 2567; *Hommelhoff/Mattheus*, Corporate Governance nach dem KonTraG, AG 1998, 249; *Hopt*, Das System der Unternehmensüberwachung in Deutschland, ein Bericht über die Fachtagung 2000 des Instituts der Wirtschaftsprüfer in Deutschland e.V., 2001, S. 27; *Hüffer*, Die leistungsbezogene Verantwortung des Aufsichtsrats, NZG 2007, 47; *Jaeger/Trölitzsch*, Unternehmerisches Ermessen des Aufsichtsrats bei der Geltendmachung von Schadensersatzansprüchen gegenüber Vorstandsmitgliedern, ZIP 1995, 1157; *Jäger*, Die Beratung des Vorstands als Teil der Überwachungsaufgabe des Aufsichtsrats, DStR 1996, 671; *Kersting*, Auswirkungen des Sarbanes-Oxley-Gesetzes in Deutschland – Können deutsche Unternehmen das Gesetz befolgen?, ZIP 2003, 233; *Kort*, Die Klagebefugnis der Arbeitnehmervertreter im Aufsichtsrat der AG, AG 1987, 193; *Kort*, Haftung des Aufsichtsrats wegen Verletzung von Kontrollpflichten, EWiR 1999, 1145; *Korte*, Die Information des Aufsichtsrats durch die Mitarbeiter, 2009; *Köstler/Schmidt*, Interessenvertretung und Information – Zum Verhältnis von Information und Vertraulichkeit im Aufsichtsrat, BB 1981, 88; *Kropff*, Die Unternehmensplanung im Aufsichtsrat, NZG 1998, 613; *Kropff*, Der Abschlussprüfer in der Bilanzsitzung des Aufsichtsrats, in FS Welf Müller, 2001, S. 481; *Kropff*, Der unabhängige Finanzexperte in der Gesellschaftsverfassung, in FS K. Schmidt, 2009, S. 1023; *Lanfermann/Röhricht*,

Pflichten des Prüfungsausschusses nach dem BilMoG, BB 2009, 887; *Lange*, Zustimmungsvorbehaltspflicht und Kataloghaftung des Aufsichtsrats nach neuem Recht, DStR 2003, 376; *Lenz*, Zustimmungsvorbehalte im Konzern, AG 1997, 448; *Lenz/Ostrowski*, Kontrolle und Transparenz im Unternehmensbereich durch die Institution Abschlussprüfung, BB 1997, 1523; *Leuering/Rubel*, Aufsichtsrat und Prüfungsausschuss nach dem BilMoG, NJW-Spezial 2008, 559; *Leyens*, Deutscher Aufsichtsrat und U.S.-Board: ein- oder zweistufiges Verwaltungssystem?, RabelsZ 67 (2003), 57; *Löbbe*, Unternehmenskontrolle im Konzern, 2003; *Lutter*, Zur Wirkung von Zustimmungsvorbehalten nach § 111 Abs. 4 Satz 2 AktG auf nahe stehende Gesellschaften, in FS Robert Fischer, 1979, S. 419; *Lutter*, Organzuständigkeiten im Konzern, in FS Stimpel, 1985, S. 825; *Lutter*, Unternehmensplanung und Aufsichtsrat, AG 1991, 249; *Lutter*, Grundsätze ordnungsmäßiger Aufsichtsratstätigkeit, DB 1995, 1925; *Lutter*, Defizite für eine effiziente Aufsichtsratstätigkeit und gesetzliche Möglichkeiten der Verbesserung, ZHR 159 (1995), 287; *Lutter*, Der Aufsichtsrat: Kontrolleur oder Mit-Unternehmer?, in FS Albach, 2001, S. 226; *Lutter*, Die Kontrolle der gesellschaftsrechtlichen Organe: Corporate Governance – ein internationales Thema, Jura 2002, 83; *Lutter*, Der Wirtschaftsprüfer als Element der Corporate Governance, 2002; *Lutter*, Der Aufsichtsrat im Konzern, AG 2006, 517; *Lutter*, Der Aufsichtsrat: Konstruktionsfehler, Inkompetenz seiner Mitglieder oder normales Risiko?, AG 1994, 176; *Lutter*, Bankenkrise und Organhaftung, ZIP 2009, 197; *Lutter*, Zum unternehmerischen Ermessen des Aufsichtsrats, ZIP 1995, 441; *Lutter*, Aufsichtsrat und Sicherung der Legalität im Unternehmen, in FS Hüffer, 2010, S. 617; *Lutter*, Die kleine Aktiengesellschaft – ein Angebot an die Praxis, in FS Vieregge, 1995, S. 603; *Lutter/Drygala*, Die besondere sachverständige Beratung des Aufsichtsrats durch seine Mitglieder, in FS Ulmer, 2003, S. 380; *Lutter/Grossmann*, Zur Teilnahme des Aufsichtsrats an Sitzungen des Vorstands einer Aktiengesellschaft, AG 1976, 203; *Lutter/Kremer*, Die Beratung der Gesellschaft durch Aufsichtsratsmitglieder, ZGR 1992, 87; *Marsch-Barner*, Zur Information des Aufsichtsrates durch Mitarbeiter des Unternehmens, in FS Schwark, 2009, S. 219; *Maushake*, Audit Committees, 2009; *Mertens*, Organstreit in der Aktiengesellschaft?, ZHR 154 (1990), 24; *Neuling*, Die Teilnahmepflicht des Abschlussprüfers an Bilanzsitzungen des Aufsichtsrats im Aktienrecht, BB 2003, 166; *Nolte*, Aufsichtsrats-Information: Bring- oder Holschuld?, Der Aufsichtsrat 2006, 7; *Nonnenmacher/Pohle/v. Werder*, Aktuelle Anforderungen an Prüfungsausschüsse, DB 2007, 2412; *Pollanz*, Offene Fragen der Prüfung von Risikomanagementsystemen nach KonTraG, DB 2001, 1317; *Potthoff*, Ein Kodex für den Aufsichtsrat!, DB 1995, 163; *Preußner*, Risikomanagement und Compliance in der aktienrechtlichen Verantwortung des Aufsichtsrats unter Berücksichtigung des Gesetzes zur Modernisierung des Bilanzrechts (BilMoG), NZG 2008, 574; *Raiser*, Organklagen zwischen Aufsichtsrat und Vorstand, AG 1989, 185; *v. Rechenberg*, Zustimmungsvorbehalte des Aufsichtsrats für die Unternehmensplanung, BB 1990, 1356; *v. Rosen*, Fehlentwicklungen bei Compliance und Risikomanagement – Zugleich eine Anmerkung zum Regierungsentwurf des BilMoG, AG 2008, 537; *Roth*, Möglichkeiten vorstandsunabhängiger Information des Aufsichtsrats, AG 2004, 1; *Rowedder*, Die Rechte des Aufsichtsrates in der beherrschten Gesellschaft, in FS Duden, 1977, S. 501; *Säcker/Rehm*, Grenzen der Mitwirkung des Aufsichtsrats an unternehmerischen Entscheidungen in der Aktiengesellschaft, DB 2008, 2814; *Scheffler*, Der Aufsichtsrat – nützlich oder überflüssig, ZGR 1993, 63; *Scheffler*, Zum Rollenverständnis der Aufsichtsräte, DB 2000, 433; *Scheffler*, Die Berichterstattung des Abschlussprüfers aus der Sicht des Aufsichtsrates, WPg 2002, 1289; *Scheffler*, Die Überwachungsaufgabe des Aufsichtsrats im Konzern, DB 1994, 793; *Schiessl*, Deutsche Corporate Governance post Enron, AG 2002, 593; *Schiessl*, Leitungs- und Kontrollstrukturen im internationalen Wettbewerb, ZHR 167 (2003), 235; *Schilling*, Die Überwachungsaufgabe des Aufsichtsrats, AG 1981, 341; *Schön*, Einzelfragen des Bilanzrechts, des Rechts der Aktiengesellschaften und des Konzernrechts, JZ 1994, 684; *Sieg*, Arbeitnehmer im Banne von Compliance-Programmen – zwischen Zivilcourage und Denunziantentum, in FS Buchner, 2009, S. 859; *M. Schmidt*, Konzernsteuerung über Aufsichtsräte – Ein Beitrag zum Recht der Konzernleitung, in FS Imhoff, 1998, S. 67; *K. Schmidt*, „Insichprozesse" durch Leistungsklagen in der Aktiengesellschaft?, ZZP 92 (1979), 212; *Uwe H. Schneider*, Der Aufsichtsrat des herrschenden Unternehmens im Konzern, in FS Hadding, 2004, S. 621; *Uwe H. Schneider*, Das Informationsrecht des Aufsichtsratsmitglieds einer Holding AG, in FS Kropff, 1997, S. 271; *Johannes Semler*, Die Unternehmensplanung in der Aktiengesellschaft, ZGR 1983, 1; *Semler*, Aufgaben und Funktionen des aktienrechtlichen Aufsichtsrats in der Unternehmenskrise, AG 1983, 141; *Semler*, Abgestufte Überwachungspflicht des Aufsichtsrats?, AG 1984, 21; *Semler*, Rechtsfragen der divisionalen Organisationsstruktur in der unabhängigen Aktiengesellschaft, in FS Döllerer, 1988, S. 571; *Semler*, Leitung und Überwachung der Aktiengesellschaft, 2. Aufl. 1996; *Semler*, Rechtsvorgabe und Realität der Organzusammenarbeit in der Aktiengesellschaft, in FS Lutter, 2000, S. 721; *Semler*, Grundsätze ordnungsmäßiger Überwachung?, in FS Peltzer, 2001, S. 489; *Spindler*, Von der Früherkennung von Risiken zum umfassenden Risikomanagement – zum Wandel des § 91 AktG unter europäischem Einfluss, in FS Hüffer, 2010, S. 985;

*Staake*, Der unabhängige Finanzexperte im Aufsichtsrat, ZIP 2010, 1013; *Steinbeck*, Überwachungspflicht des Aufsichtsrats, 1992; *Steinmann/Klaus*, Zur Rolle des Aufsichtsrates als Kontrollorgan, AG 1987, 29; *Theisen*, Die Überwachung der Unternehmensführung, 1987; *Theisen*, Überwachungsfunktion und -aufgabe des Aufsichtsrats und seiner einzelnen Mitglieder, DB 1989, 311; *Theisen*, Grundsätze ordnungsgemäßer Kontrolle und Beratung der Geschäftsführung durch den Aufsichtsrat, AG 1995, 193; *Theisen*, Information und Berichtersattung des Aufsichtsrats, 4. Aufl. 2007; *Theisen*, Vergabe und Konkretisierung des WP-Prüfungsauftrags durch den Aufsichtsrat, DB 1999, 341; *Wardenbach*, Anforderungen an den Aufsichtsrat in der Krise, KSzW 2010, 114; *Weber-Rey*, Whistleblowing zwischen Corporate Governance und Better Regulation, AG 2006, 406; *v. Werder*, Grundsätze ordnungsmäßiger Unternehmensleitung in der Arbeit des Aufsichtsrats, DB 1999, 2221; *Werner*, Ausgewählte Fragen zum Aktienrecht, AG 1990, 1; *Westermann*, Zum Umfang der Kontrollpflichten des Aufsichtsrats und zur Haftung von Aufsichtsratsmitgliedern bei Verletzung von Kontrollpflichten, ZIP 2000, 25; *Ziemons*, Erteilung des Prüfungsauftrages an den Abschlussprüfer einer Aktiengesellschaft durch einen Aufsichtsratsausschuss?, DB 2000, 77.

## I. Allgemeines

1 § 111 regelt wesentliche Aufgaben und Rechte des Aufsichtsrats. Zugleich charakterisiert die Vorschrift die **innergesellschaftliche Stellung des Aufsichtsrats** in Abgrenzung zu Vorstand (Abs. 1 und 4) und Hauptversammlung (Abs. 3). Vornehmlichste Aufgabe des Aufsichtsrats ist gem. **Abs. 1** die Überwachung der Geschäftsleitung, wobei Überwachung sowohl vergangenheitsbezogene Kontrolle als auch zukunftsorientierte Beratung umfasst (dazu Rz. 9 ff.). Zu diesem Zwecke gewährt **Abs. 2** dem Aufsichtsrat eine Reihe von Informationsrechten sowie die Möglichkeit, sich dabei sachverständiger Hilfe zu bedienen. In Übereinstimmung mit § 76 Abs. 1, wonach der Vorstand die Geschäfte der Gesellschaft in eigener Verantwortung leitet, verbietet **Abs. 4** grundsätzlich die Übertragung der Geschäftsführungsbefugnis auf den Aufsichtsrat. Allerdings müssen[1] (vgl. den Wortlaut der Norm: „hat [...] zu bestimmen") die Satzung oder der Aufsichtsrat bestimmen, dass der Vorstand bestimmte Geschäfte nur mit seiner Zustimmung vornehmen darf. Ein negatives Votum des Aufsichtsrats kann der Vorstand allerdings durch einen mit qualifizierter Mehrheit gefassten Hauptversammlungsbeschluss überwinden; eine praktische Bedeutung hat diese Möglichkeit indes nicht[2]. **Abs. 3** statuiert das Recht und die Pflicht, eine Hauptversammlung einzuberufen, wenn das Gesellschaftswohl dies erfordert. Schließlich bestimmt **Abs. 5**, dass die Aufsichtsratsmitglieder ihre Aufgaben höchstpersönlich zu erledigen haben.

2 Die Vorschrift ist **nicht abschließend**. Vielmehr finden sich im AktG **zahlreiche weitere Aufgaben- und Befugniszuweisungen** an den Aufsichtsrat. Zu nennen sind insbesondere: die Bestellung und Abberufung des Vorstands und ggf. des Vorstandsvorsitzenden (§ 84); die Vertretung der Gesellschaft gegenüber den Mitgliedern des Vorstands (§ 112); die Anforderung und Entgegennahme von Vorstandsberichten (§ 90); die Prüfung von Jahresabschluss, Lagebericht und Gewinnverwendungsvorschlag (§ 171) sowie die Mitwirkung bei der Feststellung des Jahresabschlusses (§ 172); ggf. sprachliche Abänderung der Satzung (§ 179 Abs. 1 Satz 2); die Festlegung der Konditionen beim genehmigten Kapital (§ 204 Abs. 1 Satz 2); die Prüfung des Abhängigkeitsberichts (§ 314 Abs. 1); die Ausübung von Beteiligungsrechten in mitbestimmten Gesellschaften (§ 32 MitbestG).

---

[1] Vgl. den Wortlaut der Norm: „hat [...] zu bestimmen"; eingefügt durch Art. 1 Nr. 9 TransPuG vom 19.7.2002 (BGBl. I 2002, 2681).
[2] Ebenso *Habersack* in MünchKomm. AktG, 3. Aufl., § 111 AktG Rz. 130.

Die von § 111 getroffenen Regelungen sind **zwingendes Recht**. Lediglich bei der Festlegung der Zustimmungserfordernisse gem. § 111 Abs. 4 haben der Satzungsgeber und der Aufsichtsrat einen eigenen Gestaltungsspielraum.

## II. Die Überwachung der Geschäftsleitung (§ 111 Abs. 1)

### 1. Der Aufsichtsrat als Kontroll- und Beratungsorgan

Wesentliche Aussage des § 111 Abs. 1 und 4 ist, dass Leitungs- und Überwachungskompetenz in der Aktiengesellschaft verschiedenen Organen zugewiesen sind: Der Vorstand leitet die Gesellschaft unter eigener Verantwortung (§ 76 Abs. 1), der Aufsichtsrat überwacht eben diese Geschäftsleitung; gemeinsam bilden beide Organe die Verwaltung der Gesellschaft. Traditionell wurde der Aufsichtsrat in erster Linie als **Kontrollorgan** betrachtet, der retrospektiv die Tätigkeit der Geschäftsleitung überprüfen sollte. Im Fokus der Überwachungstätigkeit stand vor allem Vergangenes, nämlich die geschäftsleitenden Maßnahmen und Entscheidungen, über die der Vorstand vor dem Aufsichtsrat Rechenschaft abzulegen hat[3]. Diese vergangenheitsbezogene Überwachung stellt auch heute noch einen Schwerpunkt der Aufsichtsratstätigkeit dar, doch hat sich nach modernem Verständnis der Aufgabenkreis und damit auch die Funktion des Aufsichtsrats erweitert. Eine gute Corporate Governance erfordert nicht lediglich einer der Vorstandstätigkeit nachgelagerte Kontrolle derselben, sondern auch die zukunftsorientierte Beratung des Vorstands. Nur so ist es dem Aufsichtsrat möglich, frühzeitig Anregungen zu geben, Bedenken zu äußern und Fehlentwicklungen vorzubeugen.

Der Aufsichtsrat ist damit nicht mehr nur Kontroll- sondern auch **mitunternehmerisches Organ** der Gesellschaft, das aktiv in die Unternehmensplanung miteinbezogen wird[4], wodurch sich das dualistische System aus Vorstand und Aufsichtsrat dem monistischen Board-System im Sinne eines Konvergenzprozesses annähert[5]. Die gesetzlich vorgeschriebene Eigenverantwortlichkeit des Vorstands wird teilweise durch eine Pflicht zur Vorab-Konsultation in wesentlichen Fragen des Gesellschaftslebens überlagert. Eine besondere Rolle nimmt dabei der Aufsichtsratsvorsitzende ein, dessen Aufgaben sich nicht auf die interne Organisation der Aufsichtsratstätigkeit beschränkt, sondern der zugleich als **Schnittstelle** zwischen Vorstand und Aufsichtsrat fungiert.

### 2. Überwachungspflicht des Gesamt-Aufsichtsrats und Pflicht zur Selbstinformation

Zur Überwachung der Geschäftsleitung ist der Gesamt-Aufsichtsrat **verpflichtet**. Bedient er sich zulässigerweise der Hilfe von Ausschüssen, einzelner Mitglieder oder sachverständiger Dritter, ändert dies nichts an der Gesamtverantwortung des Aufsichtsrats und den damit verbundenen Haftungsrisiken für seine Mitglieder[6] (§ 116).

---

3 Vgl. nur *Hopt/Roth* in Großkomm. AktG, 4. Aufl., § 111 AktG Rz. 52 ff.
4 *Lutter*, ZHR 159 (1995), 287, 290 ff.; *Lutter/Kremer*, ZGR 1992, 87, 88 ff.; *Lutter/Krieger*, Aufsichtsrat, Rz. 57 ff.; *Hopt/Roth* in Großkomm. AktG, 4. Aufl., § 111 AktG Rz. 61 ff.; *Hüffer*, § 111 AktG Rz. 5; *Habersack* in MünchKomm. AktG, 3. Aufl., § 111 AktG Rz. 13; vgl. auch BGH v. 25.3.1991 – II ZR 188/89, BGHZ 114, 127, 130 = NJW 1991, 1830 = AG 1991, 312; BGH v. 21.4.1997 – II ZR 175/95 – „ARAG/Garmenbeck", BGHZ 135, 244, 255 = WM 1997, 970 = AG 1997, 377.
5 *Böckli*, Schweizer Aktienrecht, § 13 Rz. 903 ff.; *Fleischer*, AcP 204, 2004, 502, 527; *Hommelhoff/Mattheus*, AG 1998, 249, 251; *Leyens*, RabelsZ 67 (2003), 57, 96 f.; *Lutter*, AG 1994, 176; *Lieder*, Aufsichtsrat, S. 643 m.w.N.
6 Ausführlich zu den individuellen Pflichten der Aufsichtsratsmitglieder *Hopt/Roth* in Großkomm. AktG, 4. Aufl., § 111 AktG Rz. 114 ff.

Insbesondere muss der Aufsichtsrat die Arbeit in den Ausschüssen sowie die Tätigkeit einzelner Mitglieder und Dritter überwachen und prüfen[7].

### a) Informationspflicht

7  Eine sinnvolle Überwachung der Geschäftsleitung ist nicht möglich ohne hinreichende **Informationen**[8]. Dafür sieht das Gesetz primär die Vorstandsberichte nach § 90 Abs. 1 und 2 vor. Daher ist der Vorstand für eine hinlängliche Informationsversorgung des Aufsichtsrats verantwortlich. Daraus darf freilich nicht der Schluss gezogen werden, dass nur das überwacht werden müsse, was auch berichtet worden sei[9]. Der Aufsichtsrat ist zum einen verpflichtet, die Regelberichte nach § 90 Abs. 1 und 2 daraufhin zu überprüfen, ob sie seinem Informationsbedürfnis genügen oder ob Erweiterungen nötig sind[10]. Zu prüfen ist auch, ob die Regelberichterstattung rechtzeitig erfolgt[11]. Daneben stehen dem Aufsichtsrat die Möglichkeiten zur Verfügung, zusätzliche Berichte anzufordern (§ 90 Abs. 3) und Einsicht in die Bücher und Schriften der Gesellschaft zu nehmen (§ 111 Abs. 2). Von diesen Möglichkeiten wird in der Praxis empirischen Untersuchungen zufolge bisher relativ zurückhaltend Gebrauch gemacht, wobei Zusatzberichte nach § 90 Abs. 3 immerhin noch öfter verwendet werden, als der Aufsichtsrat Einsicht in Bücher und Schriften der Gesellschaft nimmt[12]. Der zurückhaltende Gebrauch der dem Aufsichtsrat selbst zustehenden Informationsrechte ist problematisch, denn das Gebrauchmachen von diesen Rechten ist dem Aufsichtsrat nicht freigestellt. Vielmehr betrachtet die Rechtsprechung die eingeräumten Kompetenzen als Pflichtrechte[13], von denen Gebrauch zu machen ist, wenn hinreichender Anlass besteht[14]. Solche Anlässe können sich aus dem Inhalt der Regelberichte, den mündlichen Erörterungen in der Sitzung[15], Hinweisen des Wirtschaftsprüfers[16], Aussagen des Lageberichts[17], aber auch aus öffentlich bekannten Tatsachen[18] oder privaten Hinweisen von dritter Seite[19] ergeben. Daneben ist die hinreichende Information Voraussetzung dafür, sich auf die Haftungserleichterung bei unternehmerischen Entscheidungen berufen zu können[20]. Von daher sollte auch der Aufsichtsrat selbst ein Interesse an seiner eigenen Information haben.

---

7 RG v. 4.10.1918 – II 498/17, RGZ 93, 338, 340; *Hüffer*, § 111 AktG Rz. 9; s. auch *Lutter/Krieger*, Aufsichtsrat, Rz. 751, 998 ff.
8 *Lutter*, Information und Vertraulichkeit, Rz. 1 ff.; *Hommelhoff/Mattheus*, AG 1998, 249, 253; *Marsch-Barner* in FS Schwark, S. 219; *Säcker/Rehm*, DB 2008, 2814, 2815.
9 Zutr. *Theisen*, Information und Berichterstattung des Aufsichtsrats, S. 23.
10 *Lutter*, Information und Vertraulichkeit, Rz. 96; solche Zusatzinformationen könnten sich z.B. auf die von § 90 Abs. 1 nicht gedeckten Bereiche der Branchen- und Umweltentwicklung beziehen, vgl. *Beckmann*, Der Aufsichtsrat 2009, 3.
11 *Beckmann*, Der Aufsichtsrat 2009, 3; *Bezzenberger/Keul* in FS Schwark, S. 121, 130 f.
12 *Fischer/Beckmann*, Die Informationsversorgung der Mitglieder des Aufsichtsrats, S. 81 ff.
13 So auch *Lutter*, Information und Vertraulichkeit, Rz. 383; *Lutter/Krieger*, Aufsichtsrat, Rz. 191; *Theisen*, Information und Berichterstattung des Aufsichtsrats, S. 23 f.
14 BGH v. 16.3.2009 – II ZR 280/07, ZIP 2009, 860 = AG 2009, 404, Rz. 15.
15 BGH v. 16.3.2009 – II ZR 280/07, ZIP 2009, 860 = AG 2009, 404, Rz. 15: Die schlechte finanzielle Lage war in der Sitzung erörtert worden. Das gab Anlass, die Frage der Insolvenzantragspflicht näher zu prüfen.
16 Vgl. die erweiterte Hinweispflicht des Wirtschaftsprüfers nach Ziff. 7.2.3 DCGK.
17 *Lutter*, ZIP 2009, 197 ff. zur Finanzkrise: Hinweise im Lagebericht auf Größe des Risikos hätten den Aufsichtsrat zur Nachfrage veranlassen müssen.
18 So können öffentlich bekannt gewordene Compliance-Verstöße bei Wettbewerbern ein Anlass sein, die eigene Compliance-Organisation zu überprüfen.
19 Dazu LG Bielefeld v. 16.11.1999 – 15 O 91/98, ZIP 2000, 20 ff. m. Anm. *Westermann*, S. 25 ff.
20 BGH v. 14.7.2008 – II ZR 202/07, ZIP 2008, 1675; *Mertens/Cahn* in KölnKomm. AktG, 3. Aufl., § 93 AktG Rz. 32 f.; *Fleischer* in Spinder/Stilz, § 93 AktG Rz. 69; *Bosch/Werner/Lange*, JZ 2009, 225, 231.

Die hinreichende Information des Aufsichtsrats ist daher **gemeinsame Aufgabe** von Vorstand und Aufsichtsrat (so auch Ziff. 3.4 DCGK), wobei der Vorstand schwerpunktmäßig für die regelmäßige Information, der Aufsichtsrat für deren sachgerechte Ergänzung verantwortlich ist[21]. Die Terminologie von „Bringschuld und Holschuld[22]" meint in der Sache dasselbe, suggeriert aber mehr ein Gegeneinander als ein Miteinander und ist zudem juristisch ungenau, da es nicht um den Leistungsort, sondern um das pflichtige Organ geht. Sowohl die regelmäßige Berichterstattung als auch die Informationsergänzung sind für die Organe Daueraufgabe[23], deren Vernachlässigung zu Schadensersatzansprüchen führen kann, jedenfalls aber die Berufung auf unternehmerische Entscheidungsfreiheit (§§ 116, 93 Abs. 1 Satz 2) insoweit gefährdet, als es an einer ordnungsgemäßen Entscheidungsvorbereitung fehlt.

8

### b) Pflicht zur Systemüberwachung

Der Aufsichtsrat ist verpflichtet, zu überwachen, ob gesetzlich vorgeschriebene **Überwachungssysteme** im Unternehmen eingerichtet sind und ob sie angemessen funktionieren. Das ist am deutlichsten bei der Rechnungslegung, der Abschlussprüfung und beim gesetzlich vorgeschriebenen Frühwarnsystem (§ 91 Abs. 2) erkennbar. In Bezug auf diese Aufgaben ist der Aufsichtsrat zwar nicht selbst verpflichtet, das System einzurichten und zu organisieren, dies ist vielmehr Aufgabe des Vorstands[24]. Der Aufsichtsrat muss sich aber vom Vorstand über § 90 hinaus über Einrichtung und Arbeitsweise der Systeme informieren lassen, wobei in Bezug auf die Rechnungslegung und das Frühwarnsystem der Wirtschaftprüfer als zusätzliche Informationsquelle zur Verfügung steht[25]. Ferner muss der Aufsichtsrat den Rechnungslegungsprozess und das Frühwarnsystem regelmäßig daraufhin überprüfen, ob die vom Vorstand getroffenen Maßnahmen ausreichen. Gleiches gilt für die nicht gesetzlich vorgeschriebenen, aber in § 107 Abs. 3 Satz 2 als Überwachungsgegenstand besonders hervorgehobenen Bereiche des Controlling, der internen Revision und des Risikomanagements sowie Fragen der Compliance[26]. Auch mit diesen Systemen muss sich der Aufsichtsrat befassen, er muss die grundsätzliche Eignung und die praktische Wirkung der Systeme einer eigenen Bewertung unterziehen und schließlich fortlaufend prüfen, ob Veränderungen erforderlich sind[27]. Eigene Stichproben sind hingegen nur bei begründetem Anlass erforderlich[28].

9

Der Aufsichtsrat kann diese Pflichten ganz oder teilweise auf den Prüfungsausschuss (§ 107 Abs. 3 Satz 2) übertragen. Allerdings hat der deutsche Gesetzgeber bei der Umsetzung von **Art. 41 der EU-Abschlussprüferrichtlinie**[29], davon abgesehen, die Errichtung eines Prüfungsausschusses generell oder wenigstens für alle kapitalmarktorientierten Unternehmen zwingend vorzuschreiben. Die Pflichtenlage des Aufsichtsrats bleibt von der Entscheidung für oder gegen einen Prüfungsausschuss aber unberührt.

10

---

21 Wie hier auch *Peltzer*, Deutsche Corporate Governance, Rz. 46.
22 Dafür *Theisen*, Information und Berichterstattung des Aufsichtsrats, S. 23 f. und ständig.
23 Zu Unrecht a.A. *Nolte*, Der Aufsichtsrat 2006, 8.
24 *Spindler* in MünchKomm. AktG, 3. Aufl., § 91 AktG Rz. 15 ff.; *Dreher* in FS Hüffer, S. 161, 162 ff.; *Spindler* in FS Hüffer, S. 985, 988 ff.
25 Vgl. *Euler/Müller* in Spindler/Stilz, § 171 AktG Rz. 26 ff.
26 *Lanfermann/Röhricht*, BB 2009, 887, 888; *v. Rosen*, AG 2008, 537.
27 Vgl. *Leuering/Rubel*, NJW-Spezial 2008, 559, 560; *Lanfermann/Röhricht*, BB 2009, 887, 889; *Preußner*, NZG 2008, 574, 575.
28 *Habersack* in MünchKomm. AktG, 3. Aufl., § 111 AktG Rz. 47.
29 Richtlinie 2006/43/EG des Europäischen Parlaments und des Rates v. 17.5.2006 über Abschlussprüfung von Jahresabschlüssen und konsolidierten Abschlüssen, zur Änderung der Richtlinien 78/660/EWG und 83/349/EWG des Rates und zur Aufhebung der Richtlinie 84/253/EWG des Rates, ABl. EG Nr. L 157 v. 9.6.2006, S. 87.

Insofern sind die bei § 107 Abs. 3 Satz 2 normierten Aufgaben des Prüfungsausschusses in § 111 Abs. 1 hineinzulesen, wenn kein Prüfungsausschuss gebildet wird oder diesem nur Teile der in § 107 Abs. 3 Satz 2 genannten Aufgaben übertragen werden[30].

### 3. Überwachungsgegenstand

11 Anders als die Vorgängernorm § 246 HGB in der bis 1937 geltenden Fassung verlangt § 111 Abs. 1 nicht die Überwachung der Geschäftsführung in sämtlichen Zweigen der Verwaltung. Gegenstand der Überwachung sind vielmehr die **Leitungsmaßnahmen** in der Gesellschaft. Diese obliegen dem Vorstand (§ 76 Abs. 1); mithin ist dessen Tätigkeit Bezugspunkt für die Kontrolltätigkeit des Aufsichtsrats[31].

12 Zur **Konkretisierung** der Kontrollaufgaben kann **§ 90 Abs. 1** herangezogen werden[32]. Gegenstand der Prüfung durch den Aufsichtsrat ist alles, was ihm nach dieser Vorschrift zu berichten ist. Dazu zählen zunächst die vom Vorstand beabsichtigte Geschäftspolitik sowie sonstige grundsätzliche Fragen der Unternehmenspolitik, vornehmlich Fragen der Finanz-, Investitions- und Personalplanung (§ 90 Abs. 1 Nr. 1), aber auch alle weiteren Führungsentscheidungen, die die wirtschaftliche Entwicklung der Gesellschaft mittel- oder langfristig beeinflussen können. Ferner erstreckt sich die Überwachungsaufgabe des Aufsichtsrats auf die gegenwärtige Lage der Gesellschaft, also deren Rentabilität, ihre aktuelle finanzielle Situation, den Gang der Geschäfte etc. (§ 90 Abs. 1 Nr. 2). Einzelne Geschäfte sind hingegen nur dann zu prüfen, wenn sie von wesentlicher Bedeutung für die Gesellschaft, namentlich deren Liquidität oder Rentabilität sein können (§ 90 Abs. 1 Nr. 3).

13 Maßgeblich ist stets, dass nicht jedes Detail der Vorstandstätigkeit der Kontrolle des Aufsichtsrats unterliegt, sondern nur die für die bisherige und zukünftige Entwicklung des Unternehmens maßgeblichen Maßnahmen[33]. Die **Erledigung des laufenden Tagesgeschäfts** ist demgemäß allein vom Vorstand zu verantworten. Aufgabe des Aufsichtsrats ist es lediglich zu prüfen, ob der Vorstand für eine hinreichende Koordination und Kontrolle der unternehmensinternen Entscheidungsprozesse Sorge trägt und **nachgeordnete Entscheidungsträger** sorgfältig auswählt und überwacht[34]. Die Überwachung leitender Angestellter obliegt im Grundsatz allein dem Vorstand. Überträgt dieser jedoch einem Angestellten wesentliche Leitungsaufgaben, wie dies etwa bei Geschäftsbereichsleitern im Rahmen einer Spartenorganisation der Fall sein kann, so erstreckt sich der Überwachungsauftrag des Aufsichtsrats auch auf die vom leitenden Angestellten getroffenen Führungsentscheidungen oder von ihm initiierte Einzelmaßnahmen i.S. von § 90 Abs. 1 Nr. 3[35]. Der Wortlaut des § 111 Abs. 1 lässt

---

30 Begr. RegE BilMoG, BT-Drucks. 16/10067, S. 102; *Lanfermann/Röhricht*, BB 2009, 887; *Kropff* in FS K. Schmidt, 2009, S. 1023, 1024; *Staake*, ZIP 2010, 1013.
31 Zur in diesem Zusammenhang nicht weiterführenden Unterscheidung zwischen Funktions- und Organkontrolle s. *Semler*, Leitung und Überwachung der Aktiengesellschaft, Rz. 112; ferner *Lutter/Krieger*, Aufsichtsrat, Rz. 63 mit Fn. 1; *Hüffer*, § 114 AktG Rz. 2; *Mertens* in Köln-Komm. AktG, 2. Aufl., § 77 AktG Rz. 3; für die GmbH auch *Uwe H. Schneider* in Scholz, § 52 GmbHG Rz. 87.
32 *Lutter/Krieger*, Aufsichtsrat, Rz. 64; *Hoffmann-Becking* in MünchHdb. AG, § 29 Rz. 23; *Hopt/Roth* in Großkomm. AktG, 4. Aufl., § 111 AktG Rz. 162 ff.; *Hüffer*, § 111 AktG Rz. 3; *Mertens* in KölnKomm. AktG, 2. Aufl., § 111 AktG Rz. 14, 29; *Habersack* in MünchKomm. AktG, 3. Aufl., § 111 AktG Rz. 22; *Spindler* in Spindler/Stilz, § 111 AktG Rz. 13.
33 *Lutter/Krieger*, Aufsichtsrat, Rz. 65; *Spindler* in Spindler/Stilz, § 111 AktG Rz. 8.
34 So auch *Lutter/Krieger*, Aufsichtsrat, Rz. 67 f.
35 Ebenso *Hopt/Roth* in Großkomm. AktG, 4. Aufl., § 111 AktG Rz. 252; *Hüffer*, § 111 AktG Rz. 3; *Ulmer/Habersack* in Ulmer/Habersack/Henssler, Mitbestimmungsrecht, § 25 MitbestG Rz. 50; *Mertens* in KölnKomm. AktG, 2. Aufl., § 111 AktG Rz. 21; ähnlich *Uwe H. Schneider* in Scholz, § 52 GmbHG Rz. 90; *Biener*, BFuP 1977, 489, 491; *Geßler* in G/H/E/K,

dies ohne Weiteres zu und der Normzweck gebietet es, auch bei der Delegation gewichtiger Entscheidungen die Kontrolle durch den Aufsichtsrat zuzulassen. Der Einwand der Gegenauffassung, der Vorstand könnte sich durch die Kontrolle des Aufsichtsrats „von unten" entpflichtet fühlen[36], überzeugt nicht. Selbstverständlich muss der Vorstand auch in diesen Fällen die Tätigkeit der Angestellten überwachen; ein Unterlassen führt ggf. zu Schadensersatzansprüchen gem. § 93.

### 4. Inhalt und Wahrnehmung der Überwachungspflicht

#### a) Vergangenheitsbezogene Kontrolle

Im Rahmen der retrospektiven Kontrolle der Geschäftsleitung kommt der **Prüfung des Jahresabschlusses und des Lageberichts** (§ 171 Abs. 1) ein besonderes Gewicht zu. Diese liefern konkretes Zahlenmaterial, anhand dessen die Arbeit des Vorstands in den vergangenen zwölf Monaten beurteilt werden kann. Gibt die Prüfung Anlass zur Beanstandung, so ist der Aufsichtsrat verpflichtet, der Hauptversammlung darüber zu berichten (§ 171 Abs. 2 Satz 1). Gegebenenfalls muss er sich weigern, den Jahresabschluss zu billigen (§§ 171 Abs. 2 Satz 4, 172). 14

Ferner ist der Aufsichtsrat verpflichtet, die **Berichte des Vorstands** (§ 90) zu prüfen und zu erörtern. Genügen die Vorstandsberichte dem Aufsichtsrat nicht, um sich ein Bild von der Lage der Gesellschaft zu machen oder bleiben einzelne Punkte unklar, muss er Erläuterungen oder weitere Informationen verlangen oder selbst in die Bücher und Unterlagen der Gesellschaft Einblick nehmen. Bei schwierigen Sachverhalten muss er sich gegebenenfalls sachverständiger Hilfe bedienen. Kommt der Vorstand seiner Berichtspflicht nicht von selbst nach, ist der Aufsichtsrat verpflichtet, die Berichterstattung vom Vorstand zu verlangen. Die entsprechenden Befugnisse werden dem Aufsichtsrat von Gesetzes wegen eingeräumt (vgl. §§ 90 Abs. 3; 111 Abs. 2 und unten Rz. 25 ff.). 15

Der Aufsichtsrat muss generell gegen rechtswidrige Maßnahmen des Vorstands einschreiten, wenn diese ihm bekannt werden[37]. Er kann dazu auch im Wege eines **Interorganstreits** gerichtlich die Beseitigung oder Unterlassung rechtswidriger Zustände oder Maßnahmen vom Vorstand verlangen[38]. Nicht anzuerkennen ist demgegenüber die Möglichkeit einer actio pro socio einzelner Aufsichtsratsmitglieder für den Gesamtaufsichtsrat oder die Gesellschaft[39]; erforderlich ist vielmehr stets ein Beschluss des Gesamt-Aufsichtsrats, der als Organ gegen den Vorstand vorgehen kann. 16

Der Aufsichtsrat ist ferner verpflichtet **Schadensersatzansprüche der Gesellschaft gegen den Vorstand** zu prüfen. Kommt er dabei zu dem Ergebnis, dass Eratzansprüche bestehen, muss er diese grundsätzlich geltend machen, notfalls auf dem Klageweg; anderenfalls macht er sich selbst schadensersatzpflichtig (§§ 116, 93)[40]. Zu berück- 17

---

§ 111 AktG Rz. 15; a.A. *Semler*, Leitung und Überwachung der Aktiengesellschaft, S. 23, 68; *Semler* in FS Döllerer, 1988, S. 571, 588; *Lutter/Krieger*, Aufsichtsrat, Rz. 69.

36 So *Lutter/Krieger*, Aufsichtsrat, Rz. 69.

37 *Semler*, Leitung und Überwachung, Rz. 197 ff., 217; *Hüffer*, § 114 AktG Rz. 4; *Mertens* in KölnKomm. AktG, 2. Aufl., § 111 AktG Rz. 31; *Spindler* in Spindler/Stilz, § 111 AktG Rz. 9.

38 Wie hier *Hommelhoff*, ZHR 143 (1979), 288, 290 ff.; *K. Schmidt*, ZZP 92 (1979), 212, 214 ff.; *Lutter*, Information und Vertraulichkeit, S. 80 f.; a.A. *Werner*, AG 1990, 1, 16; *Hüffer*, § 111 AktG Rz. 4; *Mertens* in KölnKomm. AktG, 2. Aufl., § 111 AktG Rz. 37; ausdrücklich offen lassend BGH v. 28.11.1988 – II ZR 57/88 – „Opel", BGHZ 106, 54, 66 = ZIP 1989, 23 = AG 1989,89.

39 Insofern zutreffend *Mertens* in KölnKomm. AktG, 2. Aufl., § 111 AktG Rz. 37.

40 Vgl. BGH v. 21.4.1997 – II ZR 175/95 – „ARAG/Garmenbeck", BGHZ 135, 244 ff. = WM 1997, 970 = AG 1997, 377; *Fleischer* in FS Wiedemann, 2002, S. 827 ff.; *Henze*, BB 2000, 209, 215 f.; *Jaeger/Trölitzsch*, ZIP 1995, 1157; *Lutter*, ZIP 1995, 441; *Schiessl*, AG 2002, 593, 602;

sichtigen ist jedoch das Bestehen von Beurteilungsspielräumen, da nur die Verfolgung aussichtsreicher Ansprüche, nicht aber eine Rechtsdurchsetzung um jeden Preis, verlangt werden kann (näher § 116 Rz. 9 f.).

#### b) Zukunftsorientierte Beratung

18 Der Aufsichtsrat soll nach modernem Verständnis nicht nur Kontrolleur des Vorstands für die Vergangenheit, sondern Mitgestalter der Zukunft des Unternehmens sein[41]. Ein rein reaktives Vorgehen trägt dem nicht hinreichend Rechnung. Der Aufsichtsrat soll vielmehr als **Gesprächspartner und Ratgeber des Vorstands** auftreten[42]. Die Beratungsfunktion des Aufsichtsrats ist bereits im Gesetz angelegt. So dient etwa die Berichtspflicht des Vorstands (§ 90) dazu, den Aufsichtsrat frühzeitig über wesentliche Entwicklungen in Kenntnis zu setzen, damit dieser Stellung dazu nehmen kann. Die Beratung des Vorstands in zentralen Fragen der Unternehmensführung ist nicht nur Recht, sondern auch Pflicht des Aufsichtsrats.

19 Beratung ist die **präventive Kontrolle** des Vorstands[43]. Dies gilt es bei der Frage nach Umfang und Grenzen der Beratungspflicht zu berücksichtigen. Anders als die retrospektive Kontrolle bezieht sich die Beratung nicht auf feststehende historische Vorgänge, die vom Aufsichtsrat auf ihre Vertretbarkeit hin zu prüfen sind. Beratung zielt auf zukünftige Entwicklungen ab. Der Aufsichtsrat muss mithin erörtern, ob die Planungen und Vorschläge des Vorstandes plausibel sind oder ob ein anderes Vorgehen vielleicht erfolgversprechender sein könnte[44]. Allerdings sind dem auch **Grenzen** gesetzt: Weder kann vom Aufsichtsrat verlangt werden, dass er sich so intensiv mit der Zukunftsplanung beschäftigt wie der Vorstand, noch darf die Planungshoheit des Vorstands beeinträchtigt werden. Die endgültige Entscheidung muss stets dem Vorstand überlassen sein[45].

#### 5. Überwachungsmaßstab

20 Der Aufsichtsrat muss die **Rechtmäßigkeit** der Geschäftsleitung überwachen. Der Aufsichtsrat muss sich folglich einmischen, wenn das Verhalten des Vorstands nicht im Einklang steht mit den Vorgaben des AktG oder der Satzung der Gesellschaft, aber auch sonstigen Normen, die an die Wirtschaftsunternehmen und ihre Handlungsträger gerichtet sind[46]. Eine Berufung auf die ökonomische Effizienz des Rechtsbruchs, d.h. darauf, dass der dadurch erlangte Vorteil groß und die Gefahr der Aufdeckung gering ist, ist ausgeschlossen.

21 Darüber hinaus sind auch die Ordnungs- und Zweckmäßigkeit der Geschäftsleitung Maßstab der Überwachungstätigkeit[47]. Das Kriterium der **Ordnungsmäßigkeit** be-

---

*Hopt/Roth* in Großkomm. AktG, 4. Aufl., § 111 AktG Rz. 353 ff.; *Hüffer*, § 93 AktG Rz. 13a; *Spindler* in MünchKomm. AktG, 3. Aufl., § 93 AktG Rz. 172; *Habersack* in MünchKomm. AktG, 3. Aufl., § 116 AktG Rz. 71; *Spindler* in Spindler/Stilz, § 111 AktG Rz. 27.
41 *Lutter/Krieger*, Aufsichtsrat, Rz. 94.
42 *Mertens* in KölnKomm. AktG, 2. Aufl., § 111 AktG Rz. 34.
43 BGH v. 25.3.1991 – II ZR 188/89, BGHZ 114, 127, 130 = NJW 1991, 1830 = AG 1991, 312; *Hüffer*, § 111 AktG Rz. 5; ähnlich *Hopt/Roth* in Großkomm. AktG, 4. Aufl., § 111 AktG Rz. 288; *Mertens* in KölnKomm. AktG, 2. Aufl., § 111 AktG Rz. 34.
44 *Lutter/Krieger*, Aufsichtsrat, Rz. 94.
45 *Lutter/Krieger*, Aufsichtsrat, Rz. 94; *Mertens* in KölnKomm. AktG, 2. Aufl., § 111 AktG Rz. 4.
46 *Lutter/Krieger*, Aufsichtsrat, Rz. 72; *Hopt/Roth* in Großkomm. AktG, 4. Aufl., § 111 AktG Rz. 303; *Spindler* in Spindler/Stilz, § 111 AktG Rz. 14 f.
47 BGH v. 25.3.1991 – II ZR 188/89, BGHZ 114, 127, 129 f. = NJW 1991, 1830 = AG 1991, 312; *Lutter/Krieger*, Aufsichtsrat, Rz. 71, 74 ff.; *Hüffer*, § 111 AktG Rz. 6; *Hopt/Roth* in Großkomm. AktG, 4. Aufl., § 111 AktG Rz. 306; *Mertens* in KölnKomm. AktG, 2. Aufl., § 111

zieht sich auf die Organisation des Unternehmens. Der Vorstand muss namentlich dafür Sorge tragen, dass die unternehmensinternen Entscheidungsstrukturen in Ansehung von Größe und Struktur des von der Gesellschaft allein oder im Konzernverbund betriebenen Unternehmens betriebswirtschaftlichen Standards genügen. Zudem ist der Vorstand jedenfalls verpflichtet zur kurz- und mittelfristigen Planung[48], zur Sicherstellung eines effektiven Rechnungs- und Berichtswesens und zu einer angemessenen Personalplanung. Auch muss er soziale und ökologische Aspekte hinreichend berücksichtigen[49]. All dies unterliegt der Kontrolle durch den Aufsichtsrat. Daneben kommt dem Kriterium der **Zweckmäßigkeit** nur insoweit eine eigenständige Bedeutung zu, als es die Wirtschaftlichkeit der Geschäftsleitung betrifft[50]. Der Vorstand muss die Liquidität und Ertragskraft der Gesellschaft und ihre Überlebensfähigkeit im Wettbewerb dauerhaft sicherstellen[51].

### 6. Überwachungsdichte

Die Intensität der Überwachung ist abhängig von der wirtschaftlichen Lage, in der sich die Gesellschaft befindet[52]; dieser Gedanke hat sich im Anschluss an Überlegungen von *Semler*[53] wohl weitgehend durchgesetzt. Dabei wird für den Normalfall der wirtschaftlich erfolgreichen Gesellschaft dem Aufsichtsrat geraten, sich bei seiner Überwachungstätigkeit auf die Prüfung und Erörterung der Vorstandsberichte sowie des Jahresabschlusses zu beschränken, wobei gegebenenfalls zusätzlich angeforderte Informationen und ergänzende Berichte hinzukommen können. Man spricht insoweit von einer „**begleitenden Überwachung**"[54], bei der aktive Eingriffe erst dann erforderlich werden, wenn sich Maßnahmen des Vorstands als unvertretbar herausstellen. Begründet wird das damit, das der Aufsichtsrat das Überwachungs-, nicht aber das Leitungsorgan der Gesellschaft sei, weshalb er stets dem Vorstand seine Sicht der Dinge darstellen könne, es allerdings allein Sache des Vorstands sei, ob und wieweit er dem folgen wolle[55].

22

Gegen diese Lösung ist von Anfang an der Einwand erhoben worden, dass sie zu einer **Verkürzung der Pflichten** des Aufsichtsrats in der Normallage führt, wobei darauf hingewiesen wurde, dass Unternehmenskrisen ihre Ursache häufig in Führungsfehlern der Vergangenheit habe, die der Aufsichtsrat möglicherweise deshalb übersehen habe, weil er angesichts der nur „begleitenden" Überwachung nicht genau genug hingesehen habe[56]. Diese Befürchtungen haben sich in den letzten Jahren spektakulär bewahrheitet. Sowohl die in den vergangegen Jahren bekannt gewordenen schwerwiegenden Compliance-Verstöße im Bereich der unternehmensnützlichen Korrup-

23

---

AktG Rz. 11; *Habersack* in MünchKomm. AktG, 3. Aufl., § 111 AktG Rz. 42; *Spindler* in Spindler/Stilz, § 111 AktG Rz. 14, 19, 21.
48 Dazu *Lutter/Krieger*, Aufsichtsrat, Rz. 75 f.; zur Notwendigkeit langfristiger Planungen in bestimmten Branchen *Lutter*, AG 1991, 249, 252 ff.
49 *Lutter/Krieger*, Aufsichtsrat, Rz. 79; *Henn*, Aktienrecht, Rz. 612; a.A. *Hüffer*, § 111 AktG Rz. 6.
50 In diesem Sinne *Lutter/Krieger*, Aufsichtsrat, Rz. 83 f.; *Hüffer*, § 111 AktG Rz. 6; wohl auch *Hopt/Roth* in Großkomm. AktG, 4. Aufl., § 111 AktG Rz. 308.
51 Instruktiv dazu *Semler*, Leitung und Überwachung der Aktiengesellschaft, Rz. 191; *Spindler* in Spindler/Stilz, § 111 AktG Rz. 16 ff.
52 *Lutter/Krieger*, Aufsichtsrat, Rz. 86 ff.; *Semler*, Leitung und Überwachung der Aktiengesellschaft, Rz. 231 ff.; *Hopt/Roth* in Großkomm. AktG, 4. Aufl., § 111 AktG Rz. 317; *Hüffer*, § 111 AktG Rz. 7.
53 *Semler*, AG 1983, 141; *Semler*, Leitung und Überwachung der Aktiengesellschaft, Rz. 231 ff.
54 *Semler*, Leitung und Überwachung der Aktiengesellschaft, Rz. 232.
55 Vgl. *Mertens* in KölnKomm. AktG, 2. Aufl., § 111 AktG Rz. 35.
56 Wie immer weitsichtig *C. P. Claussen/Semler*, AG 1984, 20 f.; diese Kritik aufgreifend und weiterentwickeln *Wardenbach*, KSzW 2010, 114, 115 f.

tion und die Verstöße gegen das Kartellverbot[57] haben sich bei Unternehmen ereignet, die ertragreich waren und sich im Sinne *Semlers* in einer Situation befanden, die nur eine begleitende Überwachung erforderte. Gleiches gilt von den Banken, die Opfer der Finanzkrise waren: Viele von ihnen waren in den Jahren 2000–2008 geradezu auf dramatische Weise erfolgreich[58], nur dass dieser Erfolg eben Produkt des eingegangenen übermäßigen Risikos war. Diese Beispiele erhellen, dass gerade die Überwachung der risikobegrenzenden Systeme der Gesellschaft (Rechnungslegung, Compliance, Frühwarnsystem und Risikomanagement) keine Reduktion der Überwachungsdichte in guten Zeiten verträgt, weil diese dazu führen kann, dass gefährliche Fehlentwicklungen eben nicht „früh erkannt werden" (§ 91 Abs. 2). Ferner kann kein Zweifel daran bestehen, dass auch bei guter Ertragslage diejenigen Projekte sorgfältig zu überwachen und zu beraten sind, die in die Zukunft weisen[59], also z.B. Großinvestitionen, Fusionsvorhaben und andere, potentiell unter § 111 Abs. 4 Satz 2 fallende strategische Beschlüsse. Gerade dort, wo der Aufsichtsrat einen Zustimmungsvorbehalt festgelegt hat, verträgt die Entscheidung hierüber und ihre informative Vorbereitung keine Abstufung nach Ertrags- und Kassenlage. Nur im Übrigen, also soweit es um das erfolgreich bestehende Geschäftsmodell der Gesellschaft und das Tagesgeschäft geht, ist der Aufsichtsrat gut beraten, dieses nicht ohne Grund in Frage zu stellen und den Vorstand nicht an einer erfolgreichen Tätigkeit zu hindern. Allein darin liegt der berechtigte Kern der Lehre von der begleitenden Überwachung, aber diese Einschränkung ergibt sich schon zwanglos aus den beschränkten Kompetenzen des Aufsichtsrats in Fragen der täglichen Geschäftsführung nach § 111 Abs. 4 Satz 1.

24 Richtig ist an der Lehre von der abgestuften Überwachungspflicht jedoch, dass sich die Pflichten des Aufsichtsrats erhöhen, wenn sich die Lage der Gesellschaft verschlechtert. In einem Stadium, in dem sich eine **negative Entwicklung** der wirtschaftlichen Lage bereits abzeichnet, müssen sich Kontrolldichte und Beratungsaufwand erhöhen. Dies kann auch dann der Fall sein, wenn die Rentabilität des Unternehmens oder sein Wachstum hinter den Erwartungen zurück bleibt oder die Gesellschaft im Vergleich zu Wettbewerbern schlechter abschneidet. Der Aufsichtsrat muss dann gemeinsam mit dem Vorstand alternative Strategien erörtern, die auf eine Verbesserung der wirtschaftlichen Lage abzielen, und ggf. auf deren Umsetzung hinwirken.

25 **In der Krise** schließlich erhöhen sich Kontrolldichte und Beratungsaufwand nochmals[60]. Die „begleitende Überwachung" schlägt dann endgültig in eine „unterstützende Überwachung" um. Zwar muss auch in Krisenzeiten die Geschäftsleitung weiterhin dem Vorstand überantwortet bleiben[61]. Doch ist der Aufsichtsrat gefordert, durch die vermehrte Anforderung von Berichten und die Einsetzung von Sachverständigen die Ursachen der Krise zu erforschen und Lösungsmöglichkeiten zu suchen. Der Aufsichtsrat ist in der Unternehmenskrise verpflichtet, auf die rechtzeitige Stellung eines **Insolvenzantrages** (§ 15a InsO) hinzuwirken, wenn ihm die Tatsachen be-

---

57 Zu den Sachverhalten *Kremer/Klahold* in Krieger/Uwe H. Schneider, Hdb. Managerhaftung, 2. Aufl. 2010, § 21 Rz. 4 ff.
58 Zur Kurs- und Wertentwicklung vor der Krise *Bebchuk/Fried*, Paying for Long-Term Performance (12/2009), Harvard Law and Economics Discussion Paper No. 658, http://ssrn.com/abstract=1535355; *Bebchuk/Cohen/Spamann*, The Wages of Failure: Executive Compensation at Bear Stearns and Lehman 2000–2008 (11/2009), Harvard Law and Economics Discussion Paper No. 657, http://ssrn.com/abstract=1513522.
59 Zutr. *C. P. Claussen*, AG 1984, 20, 21; *Wardenbach*, KSzW 2010, 114, 116.
60 Vgl. *Scheffler*, DB 2000, 433, 435; *Wardenbach*, KSzW 2010, 114, 117 f.; *Lutter/Krieger*, Aufsichtsrat, Rz. 87; *Hüffer*, § 111 AktG Rz. 7; *Hopt/Roth* in Großkomm. AktG, 4. Aufl., § 111 AktG Rz. 318 f.; *Habersack* in MünchKomm. AktG, 3. Aufl., § 111 AktG Rz. 46.
61 *Hopt/Roth* in Großkomm. AktG, 4. Aufl., § 109 AktG Rz. 319.

kannt sind, aus denen sich die Zahlungsunfähigkeit und/oder Überschuldung ergibt[62]. Gleichzeitig muss er dafür sorgen, dass nur noch Zahlungen geleistet werden, die mit § 92 Abs. 2 vereinbar sind[63]. Hierzu kann er vom Zustimmungsvorbehalt nach § 111 Abs. 4 Satz 2 Gebrauch machen. Er ist ferner schon im Vorfeld der Insolvenz verpflichtet, mit dem Vorstand die Frage der Insolvenzantragspflicht zu erörtern und ggf. weitere Informationen anzufordern, wenn Indizien auf eine mögliche Antragspflicht hindeuten[64]. Vor derartigen Indizien darf er nicht die Augen verschließen. Dies ist vielmehr ein typischer Fall, in dem die Pflicht des Aufsichtsrats zur Selbstinformation es gebietet, von sich aus ergänzende Informationen einzuholen. Dabei muss der Aufsichtsrat die nach §§ 90 Abs. 3, 111 Abs. 2 zur Verfügung stehenden Möglichkeiten auch ausschöpfen[65], dies wohl freilich nur insoweit, als es angesichts der zur Verfügung stehenden Zeit objektiv möglich und verhältnismäßig ist[66].

Gerade in der Krise kommt der Stellung des Aufsichtsrats als mitunternehmerisches Organ also eine besondere Bedeutung zu. Insbesondere muss er in geeigneter Weise von seiner Personalkompetenz Gebrauch machen, also für einen Vorstand sorgen, der als Krisenmanager geeignet ist[67]. Dies kann durch bloße Veränderung der vorstandsinternen Geschäftsverteilung erfolgen, aber auch durch Abberufung und Neubestellung. Als wichtiger Abberufungsgrund kommt namentlich die Unfähigkeit, die Geschäfte in der Krise ordnungsgemäß zu leiten, in Betracht (§ 84 Abs. 3 Satz 2)[68]. Gegebenenfalls muss der Aufsichtsrat selbst eines seiner Mitglied gem. § 105 Abs. 2 in den Vorstand delegieren. Stets muss er vom Vorstand ein Sanierungskonzept einfordern und dieses im Regelfall unter Hinzuziehung sachverständiger Hilfe auf seine Schlüssigkeit und Zweckmäßigkeit prüfen[69]. 26

**Zusammenfassend** lässt sich konstatieren, dass der Aufsichtsrat bereits in wirtschaftlich guten Zeiten das notwendige Maß an Selbstinformation sowie Prüfungs- und Beratungsaufwand nicht unterschreiten darf. Darüber hinaus gibt eine rückläufige bzw. krisenhafte Entwicklung Anlass, die Überwachungsintensität noch einmal zu erhöhen, wobei eine klare Grenzziehung zwischen der einen und der anderen Lage weder erforderlich noch möglich ist. Je schlechter aber die wirtschaftliche Lage ist, desto wichtiger ist es, dass der Aufsichtsrat seine gesetzliche Überwachungsfunktion erfüllt. 27

### 7. Überwachung im Konzern

#### a) In der herrschenden Gesellschaft

Im Konzernverbund erweitert sich die Überwachungsaufgabe des Aufsichtsrats. Gegenstand der Überwachung ist nämlich die **gesamte Leitungstätigkeit** des Vorstands, also **auch die Konzernleitung**[70]. Demgemäß ist der Konzernabschluss einschließlich 28

---

62 BGH v. 16.3.2009 – II ZR 280/07, ZIP 2009, 860 = AG 2009, 404.
63 BGH v. 16.3.2009 – II ZR 280/07, ZIP 2009, 860 = AG 2009, 404, Rz. 15.
64 BGH v. 16.3.2009 – II ZR 280/07, ZIP 2009, 860 = AG 2009, 404, Rz. 15.
65 BGH v. 16.3.2009 – II ZR 280/07, ZIP 2009, 860 = AG 2009, 404, Rz. 15.
66 Insofern gilt die gleiche Einschränkung wie bei der Informationsobliegenheit im Rahmen des § 93 Abs. 1 Satz 2, vgl. dazu *Spindler* in MünchKomm. AktG, 3. Aufl., § 93 AktG Rz. 47 ff. und unten § 116 Rz. 11.
67 *Lutter/Krieger*, Aufsichtsrat, Rz. 89.
68 *Lutter/Krieger*, Aufsichtsrat, Rz. 90; *Hopt/Roth* in Großkomm. AktG, 4. Aufl., § 111 AktG Rz. 318.
69 *Lutter/Krieger*, Aufsichtsrat, Rz. 91.
70 Vgl. *Hopt/Roth* in Großkomm. AktG, 4. Aufl., § 111 AktG Rz. 369 ff.; ferner *Uwe H. Schneider* in FS Hadding, S. 621, 624 ff.

des Konzernlageberichts dem Aufsichtsrat der Obergesellschaft zur Prüfung vorzulegen (§§ 171, 337); ferner bezieht sich die Berichtspflicht des Vorstands auch auf Tochter- und Gemeinschaftsunternehmen (§ 90 Abs. 1 Satz 2).

29 Die **Intensität der Überwachungspflicht** hängt dabei nicht nur von der wirtschaftlichen Lage des Unternehmens (s. Rz. 25), sondern auch von den Einwirkungsmöglichkeiten des Vorstands der Obergesellschaft und damit der **Art der Konzernierung** ab[71]. Da bei eingegliederten oder durch Beherrschungs- und Gewinnabführungsvertrag verbundenen Gesellschaften der Vorstand umfassend auf deren Geschäftstätigkeit Einfluss nehmen kann und zugleich die Folgen des unternehmerischen Handelns die Obergesellschaft treffen, ist eine intensive Überwachung durch den Aufsichtsrat erforderlich, die sich von der Überwachung einer Betriebsabteilung der eigenen Gesellschaft nicht unterscheidet[72]. Im faktischen Konzern hingegen ist der Einfluss des Vorstands der Obergesellschaft beschränkt, so dass spiegelbildlich auch die Überwachungspflicht des Aufsichtsrats ein geringeres Ausmaß erreicht. Der Aufsichtsrat hat die Rechtmäßigkeit[73], Ordnungsgemäßheit[74] und wirtschaftliche Zweckmäßigkeit[75] der Konzerngeschäftsführung zu überwachen. Insbesondere muss er prüfen, ob der Vorstand die Vorschriften des Konzernrechts einhält, für eine zweckmäßige Konzernorganisation sorgt und ein konzernweit funktionierendes Kontroll- und Informationssystem einrichtet[76]. Zur Konzern-Compliance vgl. bei § 107 Rz. 76 f.

**b) In der abhängigen Gesellschaft**

30 Der Überwachungsauftrag des Aufsichtsrats einer abhängigen Gesellschaft ändert sich im Grundsatz gegenüber einer unabhängigen Gesellschaft nicht; auch hier muss der Aufsichtsrat die Leitungsmaßnahmen seines Vorstands überwachen. Dabei ist er dem Gesellschafts-, nicht dem Konzerninteresse verpflichtet[77]. Hinzu kommen jedoch weitere **konzernspezifische Überwachungspflichten**. So muss der Aufsichtsrat insbesondere prüfen, ob das herrschende Unternehmen die konzernrechtlichen Grenzen zulässiger Einflussnahme einhält[78].

31 In der **faktisch abhängigen Gesellschaft** muss der Aufsichtsrat den Abhängigkeitsbericht des Vorstands prüfen und der Hauptversammlung darüber Bericht erstatten (§ 314). Zudem hat er auf die Geltendmachung von Schadensersatzansprüchen gem. § 317 hinzuwirken. In der **vertraglich beherrschten Gesellschaft** hingegen ist der Vorstand grundsätzlich verpflichtet, den Weisungen der Obergesellschaft zu folgen (§ 308). Weisungen, die die Existenz der Untergesellschaft gefährden oder die offensichtlich nicht Konzernbelangen dienen, muss und darf nicht Folge geleistet werden.

---

71 *Hopt/Roth* in Großkomm. AktG, 4. Aufl., § 111 AktG Rz. 372.
72 Zutreffend *Lutter/Krieger*, Aufsichtsrat, Rz. 136; *v. Schenck* in Semler/v. Schenck, Arbeitshandbuch Aufsichtsratsmitglieder, 3. Aufl. 2009, § 7 Rz. 66; *Hopt/Roth* in Großkomm. AktG, 4. Aufl., § 111 AktG Rz. 372.
73 *Semler*, Leitung und Überwachung der Aktiengesellschaft, Rz. 317 ff.; *Lutter/Krieger*, Aufsichtsrat, Rz. 138 ff.; *Krieger* in MünchHdb. AG, § 69 Rz. 31; *Hopt/Roth* in Großkomm. AktG, 4. Aufl., § 111 AktG Rz. 373.
74 Dazu *Semler*, Leitung und Überwachung der Aktiengesellschaft, Rz. 324 ff.; *Lutter/Krieger*, Aufsichtsrat, Rz. 141 f.
75 Dazu *Lutter/Krieger*, Aufsichtsrat, Rz. 143 ff.
76 *Uwe H. Schneider* in FS Hadding, S. 621, 627.
77 Dies gilt auch für Vorstandsmitglieder der Obergesellschaft, die zugleich Mitglieder im Aufsichtsrat der Untergesellschaft sind; vgl. *Scheffler*, DB 1994, 793, 799; *Hoffmann-Becking*, ZHR 159 (1995), 325, 344; *Lutter/Krieger*, Aufsichtsrat, Rz. 156.
78 *Mertens* in KölnKomm. AktG, 2. Aufl., § 111 AktG Rz. 24.

Der Aufsichtsrat muss mithin überwachen, ob der Vorstand der Untergesellschaft diese Grenzen der Weisungsgebundenheit beachtet[79].

## III. Vorstandsunabhängige Information des Aufsichtsrats (§ 111 Abs. 2)

### 1. Einsichts- und Prüfungsrechte des Aufsichtsrats

Zum Zwecke der Überwachung der Geschäftsleitung kann der Aufsichtsrat gem. § 111 Abs. 2 die Bücher und Schriften der Gesellschaft sowie deren Vermögensgegenstände einsehen und prüfen. Die Aufzählung der Aktiva (Kasse, Wertpapiere, Waren) ist nicht abschließend. Das Einsichts- und Prüfungsrecht **ergänzt die Berichtspflicht** des Vorstands (§ 90) und gibt dem Aufsichtsrat die Möglichkeit, die Berichte des Vorstands zu prüfen und sich gegen dessen Willen Informationen zu verschaffen. Dies ist insbesondere bei Pflichtverletzungen des Vorstands von Bedeutung. Das Einsichts- und Prüfungsrecht bezieht sich nur auf die Unterlagen und Vermögensgegenstände der eigenen Gesellschaft und erstreckt sich nicht auf abhängige Gesellschaften[80].

32

Das Einsichts- und Prüfungsrecht steht dem Aufsichtsrat als Organ zu, nicht hingegen einzelnen Mitgliedern[81]. Die Rechte aus § 111 Abs. 2 Satz 1 sind **nicht nachrangig** zu § 90, sie dürfen grundsätzlich jederzeit ausgeübt werden[82]. Sie müssen ausgeübt werden, wenn sich ernstzunehmende Anhaltspunkte für Gesetzesverstöße (z.B. Unrichtigkeit der Rechnungslegung[83], Zweckentfremdung von Mitteln durch den Vorstand[84]) oder gravierende wirtschaftliche Fehlentwicklungen (insbesondere Verdacht der Insolvenzreife[85] oder Eingehung umfangreicher und besonders riskanter Geschäfte[86]) ergeben. Soweit dazu geltend gemacht wird, eine Einsichtnahme in Bücher und Schriften solle nur als ultima ratio erfolgen, weil sie mit einer Misstrauensäußerung gegenüber dem Vorstand verbunden sei und zur Verunsicherung der Belegschaft und zur Rufschädigung in der Öffentlichkeit führen könne[87], steht dies mit der aktuellen Rechsprechung nicht in Einklang. Der BGH nennt §§ 90 Abs. 3 und 111 Abs. 2 gleichrangig nebeneinander und verlangt jedenfalls in der Unternehmenskrise die Ausschöpfung der Erkenntnismöglichkeiten[88]. Angesichts dessen erscheint es fraglich, ob die Inanspruchnahme des Rechts aus § 111 Abs. 2 Satz 1 überhaupt als Ausdruck von Misstrauen gewertet werden sollte und nicht vielmehr der zunehmend aktiven Rolle des Aufsichtsrats bei der Informationsbeschaffung entspricht[89]. Deshalb hat der Aufsichtsrat den Nutzen und Schaden der Maßnahme im Sinne ei-

33

---

79 *Hommelhoff*, ZGR 1996, 144, 147; *Lutter/Krieger*, Aufsichtsrat, Rz. 157; *Potthoff/Trescher*, Das Aufsichtsratsmitglied, S. 100; *Hopt/Roth* in Großkomm. AktG, 4. Aufl., § 111 AktG Rz. 381; *Mertens* in KölnKomm. AktG, 2. Aufl., § 111 AktG Rz. 24.
80 *Lutter/Krieger*, Aufsichtsrat, Rz. 244; *Hüffer*, § 111 AktG Rz. 11. *Hopt/Roth* in Großkomm. AktG, 4. Aufl., § 111 AktG Rz. 435. Die Regierungskommission Corporate Governance empfahl die Erstreckung auf Tochtergesellschaften, vgl. *Baums*, Bericht Regierungskommission, Rz. 22.
81 OLG Stuttgart v. 30.5.2007 – 20 U 14/06, AG 2007, 873, 877; *Hüffer*, § 111 AktG Rz. 11; *Hoffmann-Becking* in MünchHdb. AG, § 29 Rz. 34.
82 *Lutter/Krieger*, Aufsichtsrat, Rz. 243; vgl. auch *Lutter*, Information und Vertraulichkeit, S. 107 f.
83 LG Bielefeld v. 16.11.1999 – 15 O 91/98 – „Balsam", ZIP 2000, 20.
84 BGH v. 11.12.2006 – II ZR 243/05, ZIP 2007, 224 zur GmbH.
85 BGH v. 16.3.2009 – II ZR 280/07, ZIP 2009, 860 = AG 2009, 404.
86 BGH v. 1.12.2008 – II ZR 102/07 – „MPS", ZIP 2009, 70 = AG 2009, 81.
87 *Lutter/Krieger*, Aufsichtsrat, Rz. 243; *Lutter*, Information und Vertraulichkeit, Rz. 174.
88 BGH v. 16.3.2009 – II ZR 280/07, ZIP 2009, 860 = AG 2009, 404, Rz. 15.
89 Dafür *Fischer/Beckmann*, Der Aufsichtsrat 2008, 174, 176; *Roth*, AG 2004, 1,7; *Hopt/Roth* in Großkomm. AktG, 4. Aufl., § 111 AktG Rz. 410.

nes allgemeinen Ermessens gegeneinander abzuwägen[90]. Dabei muss, ähnlich wie auch bei der Inanspruchnahme des Vorstands auf Schadensersatz[91], der Aspekt der Öffentlichkeitswirkung zurückstehen, wenn ernstzunehmende Hinweise auf Gesetzesverstöße oder erhebliche wirtschaftliche Fehlentwicklungen vorliegen. Es bleibt dann nur die Abwägung, ob die Anforderung eines Sonderberichts nach § 90 Abs. 3 nicht das mildere Mittel ist, was aber ausscheiden dürfte, wenn ein mögliches Fehlverhalten des Vorstands selbst in Rede steht. Praktisch wird von der Möglichkeit zur Einsicht in Bücher und Schriften gegenwärtig jedenfalls in börsennotierten Aktiengesellschaften überhaupt kein Gebrauch gemacht[92].

### 2. Erteilung von Einsichts- und Prüfungsaufträgen an einzelne Aufsichtsratsmitglieder oder Sachverständige

34 Die Wahrnehmung des Einsichts- und Prüfungsrechts durch den Gesamt-Aufsichtsrat ist in der Regel nicht nur unzweckmäßig, sondern kann sogar dem Unternehmensinteresse zuwiderlaufen[93]. Deshalb ermöglicht § 111 Abs. 2 Satz 2 die Beauftragung **einzelner Aufsichtsratsmitglieder**; auch die Einsetzung eines Ausschusses ist zulässig[94].

35 Zudem erlaubt die Vorschrift im Zusammenhang mit der Einsicht in die Bücher und Schriften der Gesellschaft die Einschaltung sachverständiger Dritte „für bestimmte Aufgaben". **Sachverständige** können mithin nicht mit der umfassenden Prüfung der Geschäftsleitung beauftragt werden, vielmehr muss der Prüfungsauftrag sich auf konkrete Fragen beziehen[95]. Dadurch soll verhindert werden, dass der Aufsichtsrat sich zu weiten Teilen seines Prüfungsauftrages durch Delegation an Dritte entledigt. Der Aufsichtsrat kann den Prüfungsauftrag selbst erteilen; erforderlich ist hierfür ein Beschluss des Plenums[96]. Der Vergütungsanspruch richtet sich gegen die Gesellschaft.

### 3. Erteilung des Prüfungsauftrags gem. § 290 HGB an Abschlussprüfer

#### a) Funktion des Abschlussprüfers

36 Eine Sonderstellung bei der Überwachung der Geschäftsleitung nimmt der Abschlussprüfer ein. Der Abschlussprüfer ist selbst nicht Organ der Gesellschaft, erfüllt aber zwei wichtige Funktionen: Er ist zum einen **Gehilfe des Aufsichtsrats** und unterstützt diesen bei der Prüfung und Feststellung des Jahres- und Konzernabschlusses (§§ 171, 172); zum anderen ist er **Garant für Anleger und Öffentlichkeit**, dass die seiner Prüfung unterliegende Rechnungslegung den gesetzlichen Anforderungen entspricht[97]. (Für Einzelheiten s. die Ausführungen bei § 171.)

#### b) Vertragsschluss

37 Die Bestellung des Abschlussprüfers erfolgt durch die Hauptversammlung (§ 318 Abs. 1 Satz 1 HGB, § 119 Abs. 1 Nr. 4 AktG); dieser obliegt mithin die personelle

---

90 Dafür *Hüffer*, § 111 AktG Rz. 11.
91 BGH v. 21.4.1997 – II ZR 175/95 – „ARAG/Garmenbeck", BGHZ 135, 244, 252 ff.
92 *Beckmann*, Informationsversorgung, 2009, S. 250 f.
93 *Lutter/Krieger*, Aufsichtsrat, Rz. 241.
94 *Lutter/Krieger*, Aufsichtsrat, Rz. 241; *Hüffer*, § 111 AktG Rz. 11; *Hopt/Roth* in Großkomm. AktG, 4. Aufl., § 111 AktG Rz. 419; *Spindler* in Spindler/Stilz, § 111 AktG Rz. 46.
95 Vgl. BGH v. 15.11.1982 – II ZR 27/82 – „Hertie", BGHZ 85, 293, 296 = NJW 1983, 991 = AG 1983, 133; *Bürgers/Israel* in Bürgers/Körber, § 111 AktG Rz. 14.
96 *Hopt/Roth* in Großkomm. AktG, 4. Aufl., § 111 AktG Rz. 426; *Habersack* in MünchKomm. AktG, 3. Aufl., § 111 AktG Rz. 74; *Spindler* in Spindler/Stilz, § 111 AktG Rz. 49.
97 *Lutter/Krieger*, Aufsichtsrat, Rz. 172; *Hopt/Roth* in Großkomm. AktG, 4. Aufl., § 111 AktG Rz. 439; vgl. auch BR-Drucks. 872/97, S. 41.

Auswahl. Daneben muss mit dem Abschlussprüfer ein **Geschäftsbesorgungsvertrag mit werkvertraglichem Charakter**[98] geschlossen werden. Hierfür ist seit Einfügung des § 111 Abs. 2 Satz 3 durch das KonTraG[99] im Jahre 1998 der Aufsichtsrat zuständig. Er entscheidet über die Vergütung des Abschlussprüfers; eine Vereinbarung ist mangels Gebührenordnung und Üblichkeit unerlässlich[100]. Zudem kann und soll der Aufsichtsrat im Rahmen des gesetzlichen Prüfungsumfangs (Prüfung des Jahres- und Konzernabschlusses, ggf. auch des Risikomanagements durch den Vorstand) Schwerpunkte festlegen, die zweckmäßigerweise jährlich wechseln[101], sowie weitere Prüfungspunkte bestimmen[102].

Die **Abschlusskompetenz** liegt ausschließlich beim Gesamt-Aufsichtsrat. Dieser kann den Aufsichtsratsvorsitzenden oder einen Ausschuss beauftragen, vorbereitende Maßnahmen zu treffen, insbesondere Verhandlungen mit dem Abschlussprüfer zu führen. Die abschließende Entscheidung muss aber vom Plenum getroffen werden. Eine Übertragung auf einen beschließenden Ausschuss ist unzulässig[103]. Zwar erwähnt § 107 Abs. 3 Satz 2 den § 111 Abs. 2 Satz 3 nicht. Jedoch ist die Beauftragung des Abschlussprüfers ein wesentliches Instrument, mittels dessen der Aufsichtsrat seiner Überwachungsaufgabe nachkommen soll; und diese ist gem. § 107 Abs. 3 Satz 2 nicht übertragbar. Für die Ausführung des Beschlusses gelten die allgemeinen Vorschriften. Mithin kann der Aufsichtsrat den Aufsichtsratsvorsitzenden oder ein anderes Mitglied als Erklärungsvertreter einsetzen (vgl. § 112 Rz. 14). 38

Der Aufsichtsrat kann mit dem Abschlussprüfer im Rahmen des Vertrages **Prüfungsschwerpunkte** vereinbaren. Inwieweit dies erforderlich und sinnvoll ist, entscheidet der Aufsichtrat im Rahmen seines pflichtgemäßen Ermessens[104]. Üblich und auch von DCGK empfohlen (Ziff. 7.2.3. DCGK) ist die Vereinbarung einer erweiterten Berichtspflicht des Prüfers im Hinblick auf Umstände, die außerhalb der Rechnungslegung liegen, dem Prüfer aber gleichwohl im Zusammenhang mit der Prüfung aufgefallen sind, und die einen Bezug zur Überwachungsaufgabe des Aufsichtsrats haben[105]. Nicht möglich ist nach § 111 Abs. 2 Satz 3 die Erteilung von Prüfaufträgen, die gänzlich außerhalb der Rechnungslegung liegen[106]. Unzulässig ist daher nach 39

---

98 BGH v. 28.10.1993 – IX ZR 21/93, BGHZ 124, 27, 30 = NJW 1994, 323 = AG 1994, 81; *Lutter/Krieger*, Aufsichtsrat, Rz. 173; *Hopt/Roth* in Großkomm. AktG, 4. Aufl., § 111 AktG Rz. 453; *Hopt/Merkt* in Baumbach/Hopt, § 318 HGB Rz. 3.
99 Art. 1 Nr. 12 des Gesetzes zur Kontrolle und Transparenz im Unternehmensbereich (KonTraG) vom 27.4.1998 (BGBl. I 1998, 786).
100 *Hüffer*, § 111 AktG Rz. 12 d.
101 Begr. RegE, BR-Drucks. 872/97, S. 41.; *Lutter/Krieger*, Aufsichtsrat, Rz. 173.
102 Dazu *Lutter/Krieger*, Aufsichtsrat, Rz. 185 f.; *Hüffer*, § 111 AktG Rz. 12d.
103 Vgl. Begr. RegE, BR-Drucks. 872/97, S. 41; wie hier *Hommelhoff*, BB 1998, 2567, 2570; *Theisen*, DB 1999, 341, 345; *Ziemons*, DB 2000, 77, 79; *Lutter/Krieger*, Aufsichtsrat, Rz. 174; a.A. *Altmeppen*, ZGR 2004, 390, 405 f.; *Kersting*, ZIP 2003, 233, 239; *Hüffer*, § 111 AktG Rz. 12c; *Hopt/Roth* in Großkomm. AktG, 4. Aufl., § 111 AktG Rz. 487; *Habersack* in MünchKomm. AktG, 3. Aufl., § 111 AktG Rz. 82, 86; *Spindler* in Spindler/Stilz, § 111 AktG Rz. 54; *Bürgers/Israel* in Bürgers/Körber, § 111 AktG Rz. 16.
104 Wie hier *Spindler* in Spindler/Stilz, § 111 AktG Rz. 56; *Hüffer*, § 111 AktG Rz. 12d; weitergehend *Theisen*, DB 1999, 341, 344; *Hopt/Roth* in Großkomm. AktG, 4. Aufl., § 111 AktG Rz. 467 f.
105 Dazu *Escher-Weingart*, NZG 1999, 909, 912; *Scheffler* WPg 2002, 1289, 1290 f.; *Kremer* in Ringleb/Kremer/Lutter/v. Werder, DCGK, Rz. 1369.
106 *Mattheus* in Hommelhoff/Hopt/v. Werder, Hdb. Corporate Governance, 2. Aufl. 2010, S. 589 f.; etwas offener *Hopt/Roth* in Großkomm. AktG, 4. Aufl., § 111 AktG Rz. 467: Bei Verdacht auf Unregelmäßigkeiten zulässig.

§ 111 Abs. 2 Satz 3 ein Auftrag an den Wirtschaftsprüfer, im Rahmen der Abschlussprüfung auch die Funktionsfähigkeit der Compliance-Organisation zu prüfen[107]. Allenfalls kann der Wirtschaftsprüfer in dieser Frage als allgemeiner Sachverständiger nach § 111 Abs. 2 Satz 2 beauftragt werden.

40 Der Aufsichtsrat darf sich der **Sachkompetenz des Vorstands** bei den Verhandlungen mit dem Abschlussprüfer bedienen[108]. Dabei muss er allerdings darauf achten, dass die Garantiefunktion des Abschlussprüfers (Rz. 36) nicht durch eine unsachgemäße Einflussnahme des Vorstands beeinträchtigt wird[109].

**4. Direktkontakte zu Mitarbeitern des Unternehmens**

41 Eine direkte **Befragung von Mitarbeitern** des Unternehmens ist vom AktG 1965 ursprünglich nicht vorgesehen; vielmehr wurde die Berichterstattung nach § 90 als ausreichend angesehen. Jedoch liegt in der Tatsache, dass der Aufsichtsrat nach § 90 seine Informationen gerade von den Personen erhält, die zu überwachen sind, eine entscheidende Schwachstelle des dualistischen Systems aus Vorstand und Aufsichtsrat[110]. Trotz weiterhin bestehender systematischer Bedenken, dass die Trennung in Geschäftsleitung einerseits und Überwachung andererseits durch die Zulassung von Direktkontakten aufgeweicht werden könnte[111], ist daher die Zulässigkeit solcher Kontakte auch ohne Einverständnis des Vorstands zu bejahen[112]. Ferner ist nicht Voraussetzung, dass der Aufsichtsrat eine konkrete Unzulänglichkeit des Berichtssystems nach § 90 darlegt[113]. Rechtliche Basis für die Direktkontakte ist die Befragung des Mitarbeiters als Sachverständiger, § 109 Abs. 1 Satz 2, Einzelheiten s. § 109 Rz. 11 f.

**5. Whistleblower-Systeme**

42 Als **Whistleblower** bezeichnet man Personen, die als Informationsinsider bei Rechtsverstößen oder sonstigen ernsthaften Fehlentwicklungen im Unternehmen einen „warnenden Pfiff" dadurch ertönen lassen, dass sie unter Übergehung der unternehmensinternen Hierarchie Informationen an eine mit Überwachungsaufgaben betraute geeignete Stelle im Unternehmen weitergeben[114]. Die systematische Förderung solchen Verhaltens durch Einrichtung anonymer Beschwerdestellen und durch Schutz des Informanten vor Benachteiligung ist im amerikanischen Recht vorge-

---

107 So aber *Lutter* in FS Hüffer, S. 617, 622 f.
108 So auch Begr. RegE, BR-Drucks. 872/97, S. 41; *Lutter/Krieger*, Aufsichtsrat, Rz. 175; *Hüffer*, § 111 AktG Rz. 12d; a.A. *Spindler* in Spindler/Stilz, § 111 AktG Rz. 56; *Hommelhoff*, BB 1998, 2567, 2570; *Lenz/Ostrowski*, BB 1997, 1523, 1524; wohl auch *Hopt/Roth* in Großkomm. AktG, 4. Aufl., § 111 AktG Rz. 474; kritisch ferner *Dörner*, DB 1998, 1, 5; *Forster*, WPg 1998, 41, 42 f.
109 *Lutter/Krieger*, Aufsichtsrat, Rz. 175.
110 *Endres*, ZHR 163, 1999, 441, 455 f.; *Schiessl*, ZHR 167, 2003, 235, 241 f.; *Fleischer*, AcP 204, 2004, 502, 526 f.; *Lieder*, S. 638 f.; vgl. auch die empirischen Nachweise zur Informationsversorgung bei *Theisen*, Information und Berichterstattung, S. 95 ff.; *Beckmann*, Die Informationsversorgung von Mitgliedern des Aufsichtsrats börsennotierter Aktiengesellschaften, 2009, S. 91 ff.
111 Vgl. *Lutter*, Information und Vertraulichkeit, Rz. 309.
112 Wie hier *Nonnenmacher/Pohle/v. Werder*, DB 2007, 2412, 2415; zur Zulässigkeit im Aufsichtsrecht vgl. *Dreher*, ZGR 2010, 496, 514 ff.
113 Enger *Semler*, Leitung und Überwachung der Aktiengesellschaft, Rz. 174 und Vorauflage, § 109 Rz. 10.
114 Sog. internes Whistleblowing, vgl. *Weber-Rey*, AG 2006, 406 f.; Korte, Die Information des Aufsichtsrats durch die Mitarbeiter, 2009, S. 120 f. Außer Betracht bleibt hier das externe Whistleblowing durch direkte Information von Behörden.

sehen¹¹⁵ und verbreitet sich zunehmend nach Europa¹¹⁶. Dabei besteht ein enger Zusammenhang zur Compliance, da es regelmäßig um die Aufdeckung compliancerelevanter Sachverhalte geht. Eine Rechtspflicht zur Einführung von Whistleblower-Systemen besteht nicht, vielmehr ist dafür der Vorstand im Rahmen seines Organisationsermessens verantwortlich. Ist ein Whistleblower-System eingerichtet, so trifft den Aufsichtsrat allerdings insoweit eine Überwachungspflicht wie in Bezug auf die Compliance-Organisation¹¹⁷. Im Rahmen eines Whistleblower-Systems kann der Aufsichtsrat oder der Prüfungsausschuss¹¹⁸ selbst als Anlaufstelle für anonyme Beschwerden fungieren, ist aber nicht verpflichtet, diese Aufgabe zu übernehmen¹¹⁹. In der Praxis fungieren zumeist speziell beauftragte Ombudsmänner oder Rechtsanwaltskanzleien als Anlaufstelle für Whistleblower¹²⁰.

## IV. Einberufung der Hauptversammlung (§ 111 Abs. 3)

### 1. Anwendungsbereich

Gem. § 121 Abs. 2 Satz 1 obliegt die Einberufung der Hauptversammlung grundsätzlich dem Vorstand. § 111 Abs. 3 bestimmt allerdings, dass der Aufsichtsrat die Einberufung vorzunehmen hat, d.h. dazu berechtigt und verpflichtet ist, wenn das **Wohl der Gesellschaft** dies erfordert. Das Einberufungsrecht ist Ausfluss der Überwachungspflicht¹²¹. Der Aufsichtsrat kann auf diese Weise Beschlüsse der Hauptversammlung initiieren, sofern der Kompetenzbereich der Hauptversammlung eröffnet ist (§ 119 Abs. 1) und eine Befassung der Hauptversammlung aus Gründen des Gesellschaftsinteresses geboten ist¹²². Insbesondere kann der Hauptversammlung so Gelegenheit gegeben werden, dem Vorstand das Vertrauen zu entziehen und so eine Abberufung aus wichtigem Grund zu ermöglichen (§ 84 Abs. 3)¹²³.

43

Umstritten ist, ob der Aufsichtsrat die Hauptversammlung auch zum Zwecke der **Erörterung von Geschäftsführungsfragen** einberufen darf. Gelegentlich wird dies unter Hinweis auf die fehlende Beschlusskompetenz der Hauptversammlung (§ 119 Abs. 2)¹²⁴ verneint¹²⁵. Dem ist nicht zu folgen. Zwar kann die Hauptversammlung selbst Geschäftsführungsmaßnahmen nicht beschließen, doch kann sie Maßnahmen

44

---

115 Durch den SOA, Section 806.
116 Zum diesbezüglichen Meinungswandel (weg von einer Bewertung als Denunziantentum und hin zu einer Bewertung als Chance für das Unternehmen) vgl. *Korte*, Die Information des Aufsichtsrats durch die Mitarbeiter, 2009, S. 131 f.
117 Vgl. oben Rz. 39.
118 Zu entsprechenden Funktionen des audit committees nach amerikanischem Recht *Maushake*, Audit Committees, S. 158 f.
119 *Hopt/Roth* in Großkomm. AktG, 4. Aufl., § 111 AktG Rz. 508; *Roth*, AG 2004, 8; *Leyens*, Information des Aufsichtsrats, S. 201; enger *Korte*, Die Information des Aufsichtsrats durch die Mitarbeiter, S. 136, ablehnend *Lutter*, Information und Vertraulichkeit, Rz. 319; *Hüffer*, § 90 AktG Rz. 11.
120 Vgl. *Fritz* in Maschmann (Hrsg.), Corporate Compliance und Arbeitsrecht, 2009, S. 111 ff.; *Sieg* in FS Buchner, S. 859 ff.
121 *Hopt/Roth* in Großkomm. AktG, 4. Aufl., § 111 AktG Rz. 543; *Habersack* in MünchKomm. AktG, 3. Aufl., § 111 AktG Rz. 89.
122 *Hüffer*, § 111 AktG Rz. 13; *Spindler* in Spindler/Stilz, § 111 AktG Rz. 61.
123 *Lutter/Krieger*, Aufsichtsrat, Rz. 123; *Hüffer*, § 111 AktG Rz. 13; *Spindler* in Spindler/Stilz, § 111 AktG Rz. 61.
124 Nach Auffassung des BGH kann in Ausnahmefällen eine Hauptversammlungszuständig auch für Geschäftsführungsmaßnahmen in Betracht kommen, vgl. BGH v. 25.2.1982 – II ZR 174/80 – „Holzmüller", BGHZ 83, 122 = NJW 1982, 1703; BGH v. 26.4.2004 – II ZR 155/02 – „Gelatine I", BGHZ 159, 30 = NJW 2004, 1860.
125 *Hüffer*, § 111 AktG Rz. 14; *Habersack* in MünchKomm. AktG, 3. Aufl., § 111 AktG Rz. 90; *Spindler* in Spindler/Stilz, § 111 AktG Rz. 61.

des Vorstands zum Anlass nehmen, diesem das Vertrauen zu entziehen. Die Erörterung gewichtiger Geschäftsführungsfragen ermöglicht es, der scharfen Sanktion des Vertrauensentzuges vorzubeugen. Dadurch wird in die Kompetenz des Vorstands zur alleinverantwortlichen Geschäftsleitung nicht eingegriffen, da die Stellungnahme der Hauptversammlung für den Vorstand unverbindlich ist[126].

**2. Zuständigkeit, Verfahren, Kosten**

45 Zuständig zur Einberufung ist der **Aufsichtsrat als Organ**, nicht einzelne Mitglieder[127]. Er entscheidet durch Beschluss mit einfacher Mehrheit (§ 111 Abs. 3 Satz 2); Satzung und Geschäftsordnung können eine qualifizierte Mehrheit nicht vorschreiben. Die Delegation auf einen Ausschuss ist unzulässig (§ 107 Abs. 3 Satz 2).

46 Das **Einberufungsverfahren** richtet sich nach den §§ 121 Abs. 3 und 4, 123 ff. Die Kosten trägt die Gesellschaft. Liegen die Voraussetzungen des § 111 Abs. 3 nicht vor, so kommt eine Schadensersatzpflicht der Aufsichtsratsmitglieder gem. §§ 116, 93 in Betracht[128].

## V. Zustimmungsvorbehalte (§ 111 Abs. 4)

### 1. Grundlagen

47 Dem Aufsichtsrat können **Maßnahmen der Geschäftsführung** nicht übertragen werden (§ 111 Abs. 4 Satz 1). Weder kann ihm die Satzung entsprechende Kompetenzen zuweisen, noch kann der Aufsichtsrat sie selbst begründen. Allerdings kann – und soll – für bestimmte Arten von Geschäften festgelegt werden, dass der Vorstand die Zustimmung des Aufsichtsrats einholen muss (§ 111 Abs. 4 Satz 2). Zustimmungsvorbehalte können in der Satzung verankert oder durch den Aufsichtsrat selbst statuiert werden. Durch das so begründete Vetorecht des Aufsichtsrats kann dieser Einfluss auf die geschäftsleitende Tätigkeit des Vorstands nehmen, und zwar im Sinne einer **präventiven Kontrolle**.

48 **Zustimmungsvorbehalte** im Sinne von § 111 Abs. 4 Satz 2 sind nicht nur eine gesetzlich vorgesehene Möglichkeit, von der Satzungsgeber oder Aufsichtsrat Gebrauch machen können, sondern **zwingend erforderlich** (s. auch Rz. 47). Im Zuge des TransPuG hat der Gesetzgeber 2002 die bis dahin bestehende Ermessensvorschrift durch eine entsprechende Pflicht („hat [...] zu bestimmen") ersetzt, um den Aufsichtsrat bei wesentlichen Entscheidungen an der Willensbildung zu beteiligen[129].

49 Eine Sonderregelung enthält **§ 32 MitbestG**, wonach der Vorstand einer mitbestimmten Gesellschaft die dort genannten Beteiligungsrechte in Bezug auf Tochtergesellschaften, die ebenfalls dem MitbestG unterliegen, nur aufgrund eines mit der Mehrheit der Stimmen der Anteilseignervertreter gefassten Aufsichtsratbeschlusses ausüben kann. Die Vorschrift ist lex specialis zu § 111 Abs. 4, so dass die Stimmen der

---

126 *Steinbeck*, Überwachungspflicht des Aufsichtsrats, S. 167 f.; *Biener*, BFuP 1977, 489; *Lutter/Krieger*, Aufsichtsrat, Rz. 123; *Semler* in MünchKomm. AktG, 2. Aufl., § 111 AktG Rz. 354 f.; a.A. *Hüffer*, § 111 AktG Rz. 14; zweifelnd auch *Hopt/Roth* in Großkomm. AktG, 4. Aufl., § 111 AktG Rz. 546.
127 *Habersack* in MünchKomm. AktG, 3. Aufl., § 111 AktG Rz. 92.
128 *Hüffer*, § 111 AktG Rz. 15; *Habersack* in MünchKomm. AktG, 3. Aufl., § 111 AktG Rz. 95; *Spindler* in Spindler/Stilz, § 111 AktG Rz. 64; a.A. *Semler* in MünchKomm. AktG, 2. Aufl., § 111 AktG Rz. 365.
129 Begr. RegE, BT-Drucks. 14/8769, S. 17. Skeptisch im Hinblick auf den Nutzen der Neuerung die Stellungnahme des DAV-Handelsrechtsausschusses, NZG 2002, 115, 117; *Hüffer*, § 111 AktG Rz. 17.

Arbeitnehmervertreter auch dann ohne Bedeutung sind, wenn die in Rede stehende Maßnahme von § 111 Abs. 4 Satz 2 erfasst wäre[130].

### 2. Festsetzung von Zustimmungsvorbehalten

Zustimmungserfordernisse können in der **Satzung** oder durch den **Aufsichtsrat** festgesetzt werden. Der Aufsichtsrat kann Zustimmungsvorbehalte bereits in der Geschäftsordnung oder durch gesonderten Beschluss festsetzen; auch ein Ad-hoc-Beschluss ist zulässig[131]. Die Übertragung an einen Ausschuss ist unzulässig (§ 107 Abs. 3 Satz 2). Die Festsetzung ist dem Vorstand bekannt zu geben.

50

Die Zuständigkeiten von Satzungsgeber und Aufsichtsrat stehen in einem **Konkurrenzverhältnis**. Enthält die Satzung einen Katalog zustimmungspflichtiger Geschäfte, so ist der Aufsichtsrat daran gebunden; er kann statutarische Zustimmungsvorbehalte nicht abschaffen. Auch darf der Aufsichtsrat sie nicht dadurch leer laufen lassen, dass er dem Vorstand gegenüber seine generelle Zustimmung zu dessen Maßnahmen erklärt[132]. Hingegen kann die Satzung die Kompetenz des Aufsichtsrats, selbst zusätzliche Zustimmungserfordernisse festzusetzen, weder einschränken noch gänzlich untersagen. Enthält die Satzung keine Zustimmungserfordernisse, muss der Aufsichtsrat selbst einen Katalog aufstellen, da § 111 Abs. 4 Satz 2 diesem zwingend vorschreibt (s. Rz. 48 ff.).

51

### 3. Inhaltliche Ausgestaltung

#### a) Kein gesetzlicher Zustimmungskatalog

Der Gesetzgeber hat zwar die Festsetzung von Zustimmungserfordernissen zwingend vorgeschrieben, zugleich aber darauf verzichtet, konkrete inhaltliche Vorgaben im Sinne eines Grundkatalogs zustimmungspflichtiger Geschäfte zu geben[133]. Es steht somit im **Ermessen** von Satzungsgeber und Aufsichtsrat, über die inhaltliche Ausgestaltung und den Umfang der Zustimmungserfordernisse zu entscheiden.

52

Allerdings folgt aus dem Regelungszweck des § 111 Abs. 4 Satz 2, dass der aufzustellende Katalog eine präventive Überwachung des Vorstands ermöglichen muss. Dementsprechend verlangt **Ziff. 3.3 DCGK**, dass Zustimmungsvorbehalte für Geschäfte von grundlegender Bedeutung festgelegt werden, namentlich für Entscheidungen oder Maßnahmen, die die Vermögens-, Finanz- oder Ertragslage des Unternehmens grundlegend verändern. **Umfang und Ausgestaltung** des Zustimmungskatalogs müssen gewährleisten, dass der Aufsichtsrat seiner Überwachungsaufgabe (§ 111 Abs. 1) sachgerecht nachkommen kann. Aus diesen Grundanforderungen lassen sich Musterkataloge[134] entwickeln, die jedoch der Anpassung an die Verhältnisse des jeweiligen Unternehmens bedürfen. Der Zustimmungskatalog ist zudem nicht statisch, sondern muss vom Aufsichtsrat immer dann angepasst oder erweitert werden, wenn er seine gesetzliche Funktion nicht mehr in hinreichendem Maße erfüllen kann.

53

---

130 *Hüffer*, § 111 AktG Rz. 16; *Ulmer/Habersack* in Ulmer/Habersack/Henssler, Mitbestimmungsrecht, § 32 MitbestG Rz. 20; *Hopt/Roth* in Großkomm. AktG, 4. Aufl., § 111 AktG Rz. 646; *Spindler* in Spindler/Stilz, § 111 AktG Rz. 81.
131 BGH v. 15.11.1993 – II ZR 235/92, BGHZ 124, 111, 127 = NJW 1994, 520 = AG 1994, 124; *Lutter/Krieger*, Aufsichtsrat, Rz. 108; *Hopt/Roth* in Großkomm. AktG, 4. Aufl., § 111 AktG Rz. 594; *Habersack* in MünchKomm. AktG, 3. Aufl., § 111 AktG Rz. 102; *Spindler* in Spindler/Stilz, § 111 AktG Rz. 71.
132 *Lutter/Krieger*, Aufsichtsrat, Rz. 117; *Hüffer*, § 111 AktG Rz. 17a; *Hopt/Roth* in Großkomm. AktG, 4. Aufl., § 111 AktG Rz. 663; *Mertens* in KölnKomm. AktG, 2. Aufl., § 111 AktG Rz. 83; *Habersack* in MünchKomm. AktG, 3. Aufl., § 111 AktG Rz. 103.
133 Vgl. *Lutter/Krieger*, Aufsichtsrat, Rz. 104; *Spindler* in Spindler/Stilz, § 111 AktG Rz. 74.
134 Z.B. *Lutter/Krieger*, Aufsichtsrat, Rz. 109.

54 Im Einzelfall kann sich das **Ermessen des Aufsichtsrats auf Null reduzieren**, so dass bestimmte Zustimmungserfordernisse statuiert werden müssen. Das soll nach Auffassung des BGH[135] dann der Fall sein, wenn eine gesetzeswidrige Maßnahme des Vorstands nur durch Statuierung eines Zustimmungsvorbehalts verhindert werden kann. Dem ist zuzustimmen[136].

**b) Zustimmungserfordernisse für „bestimmte Arten von Geschäften"**

55 Die Zustimmungsvorbehalte müssen sich gem. § 111 Abs. 4 Satz 2 auf bestimmte Arten von Geschäften beziehen. Eine Generalklausel, wonach etwa „alle wichtigen Geschäfte" der Zustimmung des Aufsichtsrats bedürfen, reicht nicht aus[137]. Die erfassten Geschäfte müssen nach allgemeinen Merkmalen bestimmt sein, so dass der Vorstand aus den Klauseln ersehen kann, in welchen Fällen er die Zustimmung des Aufsichtsrats einholen muss (Bestimmtheitsgrundsatz)[138]. In Ausnahmefällen kann ein Zustimmungsvorbehalt auch für **Einzelgeschäfte** festgesetzt werden[139].

56 **Geschäfte** im Sinne der Vorschrift sind Maßnahmen und Entscheidungen des Vorstands. Erfasst werden Rechtsgeschäfte, aber auch unternehmensinterne Leitungsmaßnahmen und Maßnahmen der Unternehmensplanung[140]. Zustimmungsvorbehalte können allerdings nur für bedeutsame Maßnahmen und Entscheidungen angeordnet werden[141], da sich die Überwachungsaufgabe des Aufsichtsrats nur auf Leitungsmaßnahmen bezieht (s. Rz. 4 ff., 15).

57 **Zustimmungsvorbehalte** begründen ein Vetorecht des Aufsichtsrats. Dieser soll bestimmte Maßnahmen oder Entscheidungen des Vorstands verhindern können. Dem Aufsichtsrat kann aber nicht die Geschäftsleitungskompetenz anstelle des Vorstands

---

135 BGH v. 15.11.1993 – II ZR 235/92, BGHZ 124, 111, 127 = NJW 1994, 520 = AG 1994, 124.
136 Ebenso *Lutter/Krieger*, Aufsichtsrat, Rz. 106; *Hüffer*, § 111 AktG Rz. 17; *Hopt/Roth* in Großkomm. AktG, 4. Aufl., § 111 AktG Rz. 595 ff.; *Mertens* in KölnKomm. AktG, 2. Aufl., § 112 AktG Rz. 79; *Spindler* in Spindler/Stilz, § 111 AktG Rz. 71; vgl. ferner *Boujong*, AG 1995, 203, 206; *Dreher*, ZHR 158 (1994), 614, 634 f.; *Götz*, ZGR 1990, 633, 39; *Schön*, JZ 1994, 684, 685.
137 *Lutter/Krieger*, Aufsichtsrat, Rz. 109; *Hüffer*, § 111 AktG Rz. 18; *Hopt/Roth* in Großkomm. AktG, 4. Aufl., § 111 AktG Rz. 643; *Mertens* in KölnKomm. AktG, 2. Aufl., § 112 AktG Rz. 67; *Habersack* in MünchKomm. AktG, 3. Aufl., § 111 AktG Rz. 106; *Spindler* in Spindler/Stilz, § 111 AktG Rz. 69.
138 Beispiele für Zustimmungsvorbehalte bei *Lutter/Krieger*, Aufsichtsrat, Rz. 109; *Hopt/Roth* in Großkomm. AktG, 4. Aufl., § 111 AktG Rz. 629 und 652 ff.; *Spindler* in Spindler/Stilz, § 111 AktG Rz. 69; vgl. auch *Kropff* in Semler/v. Schenck, Arbeitshandbuch Aufsichtsratsmitglieder, § 8 Rz. 28.
139 BGH v. 15.11.1993 – II ZR 235/92, BGHZ 124, 111, 127 = NJW 1994, 520 = AG 1994, 124; OLG Stuttgart v. 27.2.1979 – 12 U 171/77, WM 1979, 1296, 1300; *Götz*, ZGR 1990, 633, 642 f.; *Lutter* in FS Vieregge, 1995, S. 603, 612; *Lutter/Krieger*, Aufsichtsrat, Rz. 110; *Hoffmann-Becking* in MünchHdb. AG, § 29 Rz. 43; *Hüffer*, § 111 AktG Rz. 18; *Hopt/Roth* in Großkomm. AktG, 4. Aufl., § 111 AktG Rz. 650; *Spindler* in Spindler/Stilz, § 111 AktG Rz. 69; a.A. *Hoffmann/Preu*, Der Aufsichtsrat, Rz. 304.
140 Umstritten ist, ob eine Mehrjahresplanung von der Zustimmung des Aufsichtsrats abhängig gemacht werden kann; bejahend *Lutter*, AG 1991, 249, 254; *Lutter/Krieger*, Aufsichtsrat, Rz. 113; *Hopt/Roth* in Großkomm. AktG, 4. Aufl., § 111 AktG Rz. 652 f.; verneinend *Hüffer*, § 111 AktG Rz. 18; *Mertens* in KölnKomm. AktG, 2. Aufl., § 111 AktG Rz. 68; *Spindler* in Spindler/Stilz, § 111 AktG Rz. 70; *Altmeppen* in FS K. Schmidt, 2009, S. 23, 30. In der Praxis hat sich die bejahende Auffassung durchgesetzt, vgl. *Habersack* in FS Hüffer, S. 259, 270 f. mit empirischen Nachweisen.
141 *Lutter/Krieger*, Aufsichtsrat, Rz. 112; *Hoffmann-Becking* in MünchHdb. AG, § 29 Rz. 43; *Hopt/Roth* in Großkomm. AktG, 4. Aufl., § 111 AktG Rz. 641; *Mertens* in KölnKomm. AktG, 2. Aufl., § 111 AktG Rz. 66; *Bürgers/Israel* in Bürgers/Körber, § 111 AktG Rz. 23.

zugewiesen werden (s. Rz. 47), und zwar auch nicht mittelbar dadurch, dass ein **Unterlassen** des Vorstands zum Gegenstand eines Zustimmungsvorbehalts gemacht wird[142].

### 4. Erteilung der Zustimmung

#### a) Entscheidung des Aufsichtsrats

Über die Erteilung der Zustimmung entscheidet der Aufsichtsrat durch Beschluss. Die Übertragung auf einen Ausschuss ist zulässig, da § 107 Abs. 3 Satz 2 nur die Einführung von Zustimmungsvorbehalten betrifft. Erforderlich ist stets die **vorherige Zustimmung** (Einwilligung, § 183 BGB) des Aufsichtsrats. Das ergibt sich zwar nicht aus dem Wortlaut des § 111 Abs. 4 Satz 1, der lediglich von „Zustimmung" spricht; der Zustimmungsbegriff der §§ 182 ff. BGB umfasst sowohl die Einwilligung als auch die nachträgliche Genehmigung. Indes folgt dies aus der Zielsetzung der Norm, eine präventive Kontrolle des Vorstandshandelns zu ermöglichen. Solange die Einwilligung nicht erteilt ist, darf ein zustimmungspflichtiges Geschäft nicht vorgenommen werden. Das gilt auch bei eilbedürftigen Geschäften[143]. In diesen Fällen ist der Aufsichtsratsvorsitzende aber gehalten, einen Beschluss des Aufsichtsrats zügig herbeizuführen[144]. 58

#### b) Ersetzung durch Hauptversammlungsbeschluss

Verweigert der Aufsichtsrat die Zustimmung, kann der Vorstand (nicht: der Aufsichtsrat)[145] die **Zustimmungskompetenz auf die Hauptversammlung übertragen** (§ 111 Abs. 4 Satz 3). Stimmt diese mit einer qualifizierten Mehrheit von drei Vierteln der abgegebenen Stimmen zu, so darf der Vorstand die zustimmungspflichtige Maßnahme durchführen (§ 111 Abs. 4 Satz 4). Der Hauptversammlungsbeschluss ersetzt dann die Zustimmung durch den Aufsichtsrat. Die Satzung kann weder eine andere als die gesetzlich vorgesehene Mehrheit noch weitere Erfordernisse festlegen (§ 111 Abs. 4 Satz 5). 59

**Praktisch** ist die durch § 111 Abs. 4 Satz 3 dem Vorstand eingeräumte Möglichkeit, ein ablehnendes Votum des Aufsichtsrats durch Anrufung der Hauptversammlung zu überwinden, **ohne jegliche Bedeutung**[146]. 60

#### c) Keine Außenwirkung des § 111 Abs. 4

Ohne Zustimmung des Aufsichtsrats bzw. ohne mit qualifizierter Mehrheit gefassten Hauptversammlungsbeschluss darf der Vorstand das zustimmungspflichtige Geschäft nicht tätigen. Verstöße gegen § 111 Abs. 4 entfalten jedoch keine Außenwirkung. Insbesondere wird die **Vertretungsmacht des Vorstands nicht eingeschränkt** 61

---

142 *Dietrich*, DStR 2003, 1577 ff.; *Fonk*, ZGR 2006, 841, 852; *Hüffer*, § 111 AktG Rz. 17; *Hopt/Roth* in Großkomm. AktG, 4. Aufl., § 111 AktG Rz. 647; *Spindler* in Spindler/Stilz, § 111 AktG Rz. 72; a.A. *Lange*, DStR 2003, 376, 377.
143 *Götz*, ZGR 1990, 633, 643; *Lutter/Krieger*, Aufsichtsrat, Rz. 115; *Hüffer*, § 111 AktG Rz. 19; *Habersack* in MünchKomm. AktG, 3. Aufl., § 111 AktG Rz. 124; differenzierend *Spindler* in Spindler/Stilz, § 111 AktG Rz. 80; a.A. *Hoffmann-Becking* in MünchHdb. AG, § 29 Rz. 46; *Mertens* in KölnKomm. AktG, 2. Aufl., § 111 AktG Rz. 65; *Semler* in MünchKomm. AktG, 2. Aufl., § 111 AktG Rz. 438; *Bürgers/Israel* in Bürgers/Körber, § 111 AktG Rz. 25.
144 Eine Eilzuständigkeit des Aufsichtsratspräsidiums wird angenommen von *Hopt/Roth* in Großkomm. AktG, 4. Aufl., § 111 AktG Rz. 683.
145 *Hopt/Roth* in Großkomm. AktG, 4. Aufl., § 111 AktG Rz. 720.
146 Dazu *Habersack* in MünchKomm. AktG, 3. Aufl., § 111 AktG Rz. 130; *Spindler* in Spindler/Stilz, § 111 AktG Rz. 78.

(vgl. §§ 78, 82 Abs. 1). Der eigenmächtig handelnde Vorstand kann sich allerdings schadensersatzpflichtig machen (§ 93).

### 5. Zustimmungsvorbehalte im Konzern

62 Als präventives Kontrollinstrument spielen Zustimmungsvorbehalte auch im Konzernverbund eine besondere Rolle[147]. Anknüpfungspunkt für das Zustimmungserfordernis ist dabei immer das Handeln des eigenen Vorstands. Es geht mithin um die Frage, ob **Maßnahmen des Vorstands der Obergesellschaft, die sich auf Untergesellschaften beziehen**, von der Zustimmung des Aufsichtsrats der Obergesellschaft abhängig gemacht werden können. Dies ist zu bejahen; schließlich handelt es sich dabei zumindest auch um Geschäftsführung für die Obergesellschaft. Voraussetzung ist allerdings, dass die Maßnahme von hinreichendem Gewicht für die Konzernführung ist, also nicht lediglich zum Tagesgeschäft zu zählen ist[148].

63 Von der Frage der Zulässigkeit konzernbezogener Zustimmungsvorbehalte zu trennen ist die Frage, ob ein **Konzernbezug gewollt** ist. Dies ist unproblematisch, wenn die Zustimmungserfordernisse konzerndimensional formuliert sind. Jedoch sind sie das in den meisten Fällen nicht, so dass durch Auslegung zu ermitteln ist, ob die neutral formulierten Zustimmungsvorbehalte auch für Maßnahmen auf Ebene der Untergesellschaften gelten sollen. Entscheidend ist dabei, ob das auf Konzernunterebene getätigte Geschäft vergleichbare Auswirkungen auf die Obergesellschaft haben kann wie die ausdrücklich dem Zustimmungsvorbehalt unterworfenen Maßnahmen[149]. Oder anders formuliert: Wäre die Tochtergesellschaft lediglich ein unselbständiger Betriebsteil der Obergesellschaft und würde eine diesen Teil betreffende Maßnahme dem Zustimmungsvorbehalt unterfallen, dann trifft dies auch für die Maßnahme in der rechtlich selbständigen Untergesellschaft zu[150]. Diese Auslegungsgrundsätze gelten gleichermaßen bei statutarischen und durch den Aufsichtsrat selbst festgesetzten Zustimmungsvorbehalten[151].

64 Folge konzerndimensionaler Zustimmungsvorbehalte ist, dass der Vorstand der Obergesellschaft die Zustimmung seines Aufsichtsrats einzuholen hat, sofern eine Maßnahme in der Untergesellschaft von seiner Mitwirkung abhängt. Im **Vertrags- und Eingliederungskonzern** kann der Vorstand der Obergesellschaft anweisen, dass eine Maßnahme solange zu unterlassen ist, bis der Aufsichtsrat der Obergesellschaft zugestimmt hat. Bei **faktischen Beherrschungsverhältnissen** ist die Schaffung eines Anknüpfungspunktes für die Zustimmungspflicht schwieriger, da der Vorstand keine Weisungsbefugnis hat. Hier ist der Vorstand jedenfalls verpflichtet, im Aufsichtsrat der Untergesellschaft, sofern einige seiner Mitglieder diesem angehören, darauf hinzuwirken, dass ein Zustimmungsvorbehalt zugunsten dieses Aufsichtsrats festge-

---

147 Dazu *Fonk*, ZGR 2006, 841, 852 ff.; *Löbbe*, Unternehmenskontrolle im Konzern, S. 302 ff.
148 *Lutter/Krieger*, Aufsichtsrat, Rz. 149.
149 *Götz*, ZGR 1990, 633, 655; *Lenz*, AG 1997, 448, 452; *Hoffmann-Becking*, ZHR 159 (1995), 325, 339 ff.; *Hoffmann-Becking* in MünchHdb. AG, § 29 Rz. 45; *Lutter/Krieger*, Aufsichtsrat, Rz. 150; *Potthoff/Trescher*, Das Aufsichtsratsmitglied, S. 277; *Hüffer*, § 111 AktG Rz. 21; *Hopt/Roth* in Großkomm. AktG, 4. Aufl., § 111 AktG Rz. 687; *Mertens* in KölnKomm. AktG, 2. Aufl., § 111 AktG Rz. 77 f.; *Habersack* in MünchKomm. AktG, 3. Aufl., § 111 AktG Rz. 119; vgl. auch *Uwe H. Schneider* in FS Hadding, S. 621, 631.
150 *Lutter/Krieger*, Aufsichtsrat, Rz. 150; *Hopt/Roth* in Großkomm. AktG, 4. Aufl., § 111 AktG Rz. 688; *Mertens* in KölnKomm. AktG, 2. Aufl., § 111 AktG Rz. 77; *Habersack* in Münch-Komm. AktG, 3. Aufl., § 111 AktG Rz. 119.
151 Ebenso *Hopt/Roth* in Großkomm. AktG, 4. Aufl., § 111 AktG Rz. 690; a.A. *Hüffer*, § 111 AktG Rz. 21; *Mertens* in KölnKomm. AktG, 2. Aufl., § 111 AktG Rz. 78.

setzt wird[152]. Darüber hinaus ist eine Einflussnahme nicht generell ausgeschlossen, wegen der Ausgleichspflicht des § 311 jedoch erschwert[153].

### VI. Höchstpersönliche Mandatswahrnehmung (§ 111 Abs. 5)

§ 111 Abs. 5 bestimmt, dass Aufsichtsratsmitglieder ihren Amtspflichten nicht durch Dritte nachkommen können. Das Mandat ist **höchstpersönlich** auszuüben. Eine Stellvertretung im Amt ist ausgeschlossen[154]. Das Gesetz sieht in § 101 Abs. 3 lediglich die Möglichkeit vor, ein Ersatzmitglied zu bestellen (vgl. dazu die Ausführungen unter § 101 Rz. 28). Die Pflicht zur höchstpersönlichen Mandatswahrnehmung gilt für die Überwachungsaufgabe des Aufsichtsrats; insbesondere wird ein Aufsichtsratsmitglied durch die Einschaltung von Beratern von seiner individuellen Überwachungspflicht nicht befreit[155]. 65

Zulässig ist hingegen die Einschaltung von Stimmboten (§ 108 Abs. 3, s. § 108 Rz. 1). Dritte können für ein verhindertes Mitglied an Sitzungen des Aufsichtsrats teilnehmen, sofern die Satzung dies zulässt (§ 109 Abs. 3, s. § 109 Rz. 18). Auch die Einschaltung von **Hilfspersonen, die das Mitglied** bei seiner Tätigkeit als Aufsichtsrat **unterstützen**, ist selbstverständlich zulässig[156]. Zum Ersatz von diesbezüglich anfallenden Kosten s. § 113 Rz. 21. 66

# § 112
# Vertretung der Gesellschaft gegenüber Vorstandsmitgliedern

**Vorstandsmitgliedern gegenüber vertritt der Aufsichtsrat die Gesellschaft gerichtlich und außergerichtlich. § 78 Abs. 2 Satz 2 gilt entsprechend.**

| | |
|---|---|
| I. Allgemeines ................ 1 | III. Der Gesamtaufsichtsrat als organschaftlicher Vertreter .......... 12 |
| II. Vertretung gegenüber Vorstandsmitgliedern ................ 5 | 1. Willensbildung .............. 13 |
| 1. Amtierende Vorstandsmitglieder ... 5 | 2. Aktivvertretung ............. 14 |
| 2. Geschäfte im Vorfeld der Bestellung . 7 | 3. Passivvertretung ............ 17 |
| 3. Ausgeschiedene Vorstandsmitglieder 8 | IV. Vertretungsmängel ............ 18 |
| 4. Die Beteiligung Dritter .......... 9 | 1. Materiell-rechtliche Folgen ....... 18 |
| a) Vertretungsfälle ............. 9 | 2. Prozessuale Folgen ............ 20 |
| b) Nahe Stehende Personen ...... 10 | |
| c) Wirtschaftliche Identität ....... 11 | |

---

[152] Ebenso *Lutter/Krieger*, Aufsichtsrat, Rz. 151.
[153] *M. Schmidt* in FS Imhoff, 1998, S. 67, 83; *Hüffer*, § 111 AktG Rz. 22.
[154] *Hoffmann-Becking* in MünchHdb. AG, § 33 Rz. 2; *Hopt/Roth* in Großkomm. AktG, 4. Aufl., § 111 AktG Rz. 743; *Habersack* in MünchKomm. AktG, 3. Aufl., § 111 AktG Rz. 132; *Spindler* in Spindler/Stilz, § 111 AktG Rz. 82; *Bürgers/Israel* in Bürgers/Körber, § 111 AktG Rz. 29.
[155] BGH v. 15.11.1982 – II ZR 27/82, BGHZ 85, 293 = WM 1983, 9 = AG 1983, 133; *Habersack* in MünchKomm. AktG, 3. Aufl., § 111 AktG Rz. 134.
[156] *Lutter/Krieger*, DB 1995, 257, 259; *Hüffer*, § 111 AktG Rz. 23; *Hopt/Roth* in Großkomm. AktG, 4. Aufl., § 111 AktG Rz. 755; *Mertens* in KölnKomm. AktG, 2. Aufl., § 111 AktG Rz. 93; *Habersack* in MünchKomm. AktG, 3. Aufl., § 111 AktG Rz. 134; *Spindler* in Spindler/Stilz, § 111 AktG Rz. 84; *Bürgers/Israel* in Bürgers/Körber, § 111 AktG Rz. 29.

**Literatur:** *Behr/Kindl*, Zur Vertretung der Aktiengesellschaft gegenüber ehemaligen Vorstandsmitgliedern, DStR 1999, 119; *Brandner*, Zur gerichtlichen Vertretung der Gesellschaft gegenüber ausgeschiedenen Vorstandsmitgliedern/Geschäftsführern, in FS Quack, 1991, S. 201; *Deilmann/Otte*, D&O-Versicherung – Wer entscheidet über die Höhe des Selbstbehalts? AG 2010, 323; *Ekkenga*, Insichgeschäfte geschäftsführender Organe im Aktien- und GmbH-Recht unter besonderer Berücksichtigung der Einmann-Gesellschaft, AG 1985, 40; *Fischer*, Vertretung einer Aktiengesellschaft durch den Aufsichtsrat, ZNotP 2002, 297; *Fischer*, Zusammenwirken von § 112 AktG und § 181 BGB im deutschen Aktienrecht, in GS Gruson, 2008, S. 150; *Hager*, Die Vertretung Aktiengesellschaft im Prozess mit ihren früheren Vorstandsmitgliedern, NJW 1992, 352; *Lim*, Die Vertretungsmacht des Aufsichtsrats einer Aktiengesellschaft, 1986; *Meilicke*, Abberufung und Kündigung eines Vorstandsmitglieds: Richtige Klageerhebung bei Unklarheiten über den richtigen Beklagtenvertreter, DB 1987, 1723; *Nägele/Böhm*, Praxisrelevante Probleme der Vertretung nach § 112 AktG, BB 2005, 2197; *Pusch*, Vollmachtsnachweis bei Abberufung und Kündigung von Vorstandsmitgliedern, RdA 2005, 170; *Rupietta*, Die Vertretung der Aktiengesellschaft gegenüber dem Vorstand, NZG 2007, 801; *Schmits*, Die Vertretung der Aktiengesellschaft gegenüber ausgeschiedenen Vorstandsmitgliedern, AG 1992, 149; *Stein*, Die Grenzen vollmachtloser Vertretung der Gesellschaft gegenüber Vorstandsmitgliedern und Geschäftsführern, AG 1999, 28; *Steiner*, Die Vertretung der „kleinen" Aktiengesellschaft durch den Aufsichtsrat, BB 1998, 1910; *Werner*, Vertretung der Aktiengesellschaft gegenüber Vorstandsmitgliedern, ZGR 1989, 369.

## I. Allgemeines

1  § 112 ist lex specialis zu § 78. Die Norm bestimmt, dass nicht der Vorstand, sondern der Aufsichtsrat die Gesellschaft gegenüber Vorstandsmitgliedern gerichtlich und außergerichtlich vertritt. Dadurch soll eine **unbefangene Wahrnehmung der Gesellschaftsinteressen** bei Rechtsgeschäften und Rechtsstreitigkeiten mit Mitgliedern des Leitungsorgans gewährleistet werden[1]. Bereits die abstrakte Möglichkeit der Unbefangenheit des Vorstands in Angelegenheiten seiner Mitglieder rechtfertigt die Zuweisung der organschaftlichen Vertretung und in diesen Fällen an den Aufsichtsrat. Weder bedarf es einer konkreten Gefährdung von Gesellschaftsinteressen noch vermag der Nachweis, dass eine Befangenheit in concreto nicht vorliegt, die Zuständigkeit des Vorstands zu begründen[2].

2  Der Wortlaut der Vorschrift ist zu eng: Dem Aufsichtsrat soll nämlich nicht lediglich die Vertretung, sondern **auch die Geschäftsführung** zugewiesen werden; d.h. er soll nicht nur formal die betreffenden Geschäfte abschließen, sondern auch inhaltlich darüber entscheiden. Auch bei § 112 sind Geschäftsführung und Vertretung rechtlich voneinander zu trennen[3]. Es ist nicht möglich, einzuwenden, der Vorstand sei nicht „Dritter" eines Rechtsgeschäfts und als Insider bei einer Kompetenzüberschreitung des Aufsichtsrats nicht schutzwürdig. Dagegen spricht, dass auch § 82, anders als § 126 Abs. 2 HGB, § 37 Abs. 2, keine Ausnahme für kooperationsrechtliche Geschäft enthält[4]. Zudem kann auch der Vorstand nicht unbedingt wissen und beurteilen, ob und in wieweit der Aufsichtsrat im Verhältnis der Gesellschaft möglicherweise seine

---

1 BGH v. 8.2.1988 – II ZR 159/87, BGHZ 103, 213, 216 = NJW 1988, 1384 = AG 1988, 168; BGH v. 20.6.1995 – II ZR 122/94, BGHZ 130, 108, 111 f. = NJW 1995, 2559; BGH v. 13.2.1989 – II ZR 209/88, NJW 1989, 2055, 2056 = AG 1989, 247; OLG Düsseldorf v. 28.11.1996 – 6 U 11/95, AG 1997, 231, 234; *Werner*, ZGR 1989, 369, 381; *Hüffer*, § 112 AktG Rz. 1; *Hopt/Roth* in Großkomm. AktG, 4. Aufl., § 112 AktG Rz. 4; *Mertens* in KölnKomm. AktG, 2. Aufl., § 112 AktG Rz. 2; *Habersack* in MünchKomm. AktG, 3. Aufl., § 112 AktG Rz. 1; anders *Kleindiek*, WuB II A § 112 AktG 1.88 (nur Annexkompetenz); kritisch zur h.M. auch *Behr/Kindl*, DStR 1999, 119, 123.
2 Vgl. *Goette*, DStR 1997, 1174, 1175; *Hopt/Roth* in Großkomm. AktG, 4. Aufl., § 112 AktG Rz. 8.
3 A.A. *Fleischer*, DStR 2005, 1318, 1322; *Fleischer* in Spindler/Stilz, § 87 AktG Rz. 29.
4 *Hüffer*, § 82 AktG Rz. 3, allg. M.

Befugnisse überschritten hat. Das gilt insbesondere im Hinblick auf die Vereinbarung der Vergütung nach § 87 Abs. 1.

§ 112 ist zwingendes Recht[5], aber nicht die einzige Regelung, die den Aufsichtsrat mit Vertretungsmacht ausstattet. In weiteren gesetzlich festgelegten Fällen ist der Aufsichtsrat allein (vgl. § 111 Abs. 2 Satz 2 und 3) oder gemeinsam mit dem Vorstand (vgl. §§ 246 Abs. 2 Satz 2, 249 Abs. 1 Satz 1) zur **Vertretung der Gesellschaft gegenüber Dritten** berechtigt. Insbesondere ist der Aufsichtsrat berechtigt, Geschäfte, die im Zusammenhang mit seiner Überwachungstätigkeit stehen, selbst abzuschließen. Zur Hinzuziehung von Sachverständigen und Auskunftspersonen zu Sitzungen s. bereits § 109 Rz. 8 ff. 3

Die Vorschrift wird ihrerseits **verdrängt** durch § 147 Abs. 2 Satz 2[6]. Ist mithin ein besonderer Vertreter für die Geltendmachung von Ersatzansprüchen bestellt worden, so obliegt ausschließlich diesem die Vertretung der Gesellschaft. 4

## II. Vertretung gegenüber Vorstandsmitgliedern

### 1. Amtierende Vorstandsmitglieder

Dem Aufsichtsrat ist die ausschließliche Vertretungskompetenz für Rechtshandlungen gegenüber Vorstandsmitgliedern zugewiesen. Gemeint sind damit zunächst alle **amtierenden** Vorstandsmitglieder[7]. Die Wirksamkeit der Bestellung ist nicht Voraussetzung für die Anwendbarkeit des § 112, da auch in diesen Fällen Zweifel an der Unbefangenheit des Vorstands bestehen[8]. 5

Der **sachliche Umfang** der Vertretungsmacht erstreckt sich in diesen Fällen auf Rechtsgeschäfte im Zusammenhang mit der Bestellung (Anstellungsverträge, Pensionsverträge, Nebenabreden etc.), gesellschaftsrechtliche Geschäfte (Zustimmung zur Übertragung vinkulierter Namensaktien an Vorstandsmitglieder, § 68 Abs. 2 Satz 2), aber auch auf die Geschäfte des täglichen Lebens, ferner auf sämtliche gerichtlichen und außergerichtlichen Rechtsstreitigkeiten. Der Abschluss einer D&O-Versicherung fällt hingegen in die allgemeine Zuständigkeit des Vorstands[9]. 6

### 2. Geschäfte im Vorfeld der Bestellung

Der Aufsichtsrat ist ferner zuständig für Rechtsgeschäfte im Vorfeld der Bestellung zum Vorstandsmitglied, also für alle Rechtshandlungen, die **im Zusammenhang mit dem Abschluss des Anstellungsvertrages** erforderlich werden (Reisekostenerstattung, Spesenersatz etc.). Eine nachfolgende Bestellung ist nicht Voraussetzung für die Vertretungsmacht des Aufsichtsrats[10]. 7

---

5 *Hüffer*, § 112 AktG Rz. 1; *Mertens* in KölnKomm. AktG, 2. Aufl., § 112 AktG Rz. 4; *Habersack* in MünchKomm. AktG, 3. Aufl., § 112 AktG Rz. 3; *Spindler* in Spindler/Stilz, § 112 AktG Rz. 2; *Bürgers/Israel* in Bürgers/Körber, § 112 AktG Rz. 1.
6 *Hüffer*, § 112 AktG Rz. 1; *Spindler* in Spindler/Stilz, § 112 AktG Rz. 4.
7 Zur Vertretung gegenüber Liquidatoren BGH v. 2.3.2009 – II ZA 9/08, AG 2009, 502.
8 *Lutter/Krieger*, Aufsichtsrat, Rz. 434; *Hüffer*, § 112 AktG Rz. 2; *Hopt/Roth* in Großkomm. AktG, 4. Aufl., § 112 AktG Rz. 40; *Mertens* in KölnKomm. AktG, 2. Aufl., § 112 AktG Rz. 12; *Habersack* in MünchKomm. AktG, 3. Aufl., § 112 AktG Rz. 10; *Spindler* in Spindler/Stilz, § 112 AktG Rz. 6.
9 Abweichend hinsichtlich der Vereinbarung eines Selbstbehalts *Deilmann/Otte*, AG 2010, 323.
10 *Hopt/Roth* in Großkomm. AktG, 4. Aufl., § 112 AktG Rz. 20; *Habersack* in MünchKomm. AktG, 3. Aufl., § 112 AktG Rz. 11; *Spindler* in Spindler/Stilz, § 112 AktG Rz. 6; a.A. *Mertens* in KölnKomm. AktG, 2. Aufl., § 112 AktG Rz. 9.

### 3. Ausgeschiedene Vorstandsmitglieder

8  Nach überwiegender Auffassung[11] greift § 112 auch bei Rechtshandlungen gegenüber ausgeschiedenen Vorstandsmitgliedern ein, sofern das Rechtsgeschäft bzw. die Rechtsstreitigkeit in einem **Zusammenhang mit der vormaligen Tätigkeit für die Gesellschaft** steht[12]. Dem ist zu folgen, da auch in diesen Fällen eine gewisse Solidarität der amtierenden Vorstandsmitglieder gegenüber früheren Kollegen vermutet werden kann. Demgemäß werden Streitigkeiten über die Bestellung oder den Widerruf der Bestellung sowie etwaige Kündigungsschutzklagen[13] von § 112 erfasst. Ferner ist der Aufsichtsrat zuständig, wenn es um die Geltendmachung von Schadensersatzansprüchen der Gesellschaft gegen ausgeschiedene Vorstandsmitglieder oder um den Abschluss von Beraterverträgen mit diesen geht. Alltags- oder sonstige Geschäfte, die mit der früheren Vorstandstätigkeit in keinem unmittelbaren Zusammenhang stehen, unterfallen hingegen nicht § 112[14].

### 4. Die Beteiligung Dritter

#### a) Vertretungsfälle

9  Lässt sich ein Vorstandsmitglied durch einen Dritten vertreten, so ändert dies nichts an der Anwendbarkeit des § 112, da die Rechtswirkungen den Vertretenen treffen. Im umgekehrten Fall, dass ein Vorstandsmitglied einen Dritten vertritt, verbleibt es hingegen bei der allgemeinen Zuständigkeit des Vorstands (§ 78); hierbei ist aber § 181 BGB zu beachten[15].

#### b) Nahe Stehende Personen

10  Über den Wortlaut des § 112 hinaus erstreckt sich die Vertretungskompetenz des Aufsichtsrats auch auf Rechtsgeschäfte und Rechtsstreitigkeiten mit dem Vorstandsmitglied nahe stehenden Personen, sofern diese ihre **Grundlage in der Vorstandstätigkeit** haben[16], da die abstrakte Gefahr von Interessenkollisionen auch hier besteht. Dies wird namentlich relevant bei Streitigkeiten um Ansprüche aus einem mit dem Vorstandsmitglied geschlossenen Versorgungsvertrag zugunsten von dessen Familienangehörigen[17].

---

11 BGH v. 20.6.1995 – II ZR 122/94, BGHZ 130, 108, 111 f. = NJW 1995, 2559; BGH v. 14.1.1997 – KZR 41/95, NJW 1997, 2324; BGH v. 21.6.1999 – II ZR 27/98, NJW 1999, 3263; BGH v. 16.2.2009 – II ZR 282/207, AG 2009, 327; BAG v. 4.7.2001 – 2 AZR 142/00, BB 2002, 692; *Lutter/Krieger*, Aufsichtsrat, Rz. 436; *Hüffer*, § 112 AktG Rz. 2; *Hopt/Roth* in Großkomm. AktG, 4. Aufl., § 112 AktG Rz. 25 ff.; *Mertens* in KölnKomm. AktG, 2. Aufl., § 112 AktG Rz. 10; *Habersack* in MünchKomm. AktG, 3. Aufl., § 112 AktG Rz. 12; *Spindler* in Spindler/Stilz, § 112 AktG Rz. 10; vgl. auch BGH v. 8.2.1988 – II ZR 159/87, BGHZ 103, 213 = AG 1988, 168; BGH v. 13.2.1989 – II ZR 209/88, NJW 1989, 2055 = AG 1989, 247; a.A. noch BGH v. 28.4.1954 – II ZR 211/53, BGHZ 13, 188, 191; BGH v. 4.6.1964 – II ZR 11/62, BGHZ 41, 223, 227 = WM 1964, 541; *Behr/Kindl*, DStR 1999, 119, 122 ff.; *Geßler* in G/H/E/K, § 112 AktG Rz. 9.
12 Vgl. dazu *Hopt/Roth* in Großkomm. AktG, 4. Aufl., § 112 AktG Rz. 28 ff. m.w.N.
13 BAG v. 4.7.2001 – 2 AZR 142/00, BB 2002, 692; LAG Köln v. 30.11.1999 – 13 Sa 917/99, NZA 2000, 833, 834; *Hüffer*, § 112 AktG Rz. 2; *Habersack* in MünchKomm. AktG, 3. Aufl., § 112 AktG Rz. 13; *Spindler* in Spindler/Stilz, § 112 AktG Rz. 11 f.
14 *Habersack* in MünchKomm. AktG, 3. Aufl., § 112 AktG Rz. 15.
15 *Semler* in MünchKomm. AktG, 2. Aufl., § 112 AktG Rz. 35.
16 Ebenso BGH v. 16.10.2006 – II ZR 7/05, ZIP 2006, 2213, 2214; LG München v. 18.7.1995 – 28 O 24527/94, AG 1996, 38; *Hüffer*, § 112 AktG Rz. 2; *Hopt/Roth* in Großkomm. AktG, 4. Aufl., § 112 AktG Rz. 38; *Mertens* in KölnKomm. AktG, 2. Aufl., § 112 AktG Rz. 11; *Habersack* in MünchKomm. AktG, 3. Aufl., § 112 AktG Rz. 16; *Spindler* in Spindler/Stilz, § 112 AktG Rz. 17; *Bürgers/Israel* in Bürgers/Körber, § 112 AktG Rz. 2.
17 BGH v. 16.10.2006 – II ZR 7/05, ZIP 2006, 2213; *Hüffer*, § 112 AktG Rz. 2.

## c) Wirtschaftliche Identität

Sonstige Geschäfte mit Dritten unterfallen grundsätzlich nicht dem Anwendungsbereich des § 112, selbst wenn dadurch **mittelbar** Vorstandsmitglieder betroffen sind. So verbleibt es für Rechtsgeschäfte und Rechtsstreitigkeiten mit einer anderen Gesellschaft, an der ein Vorstandsmitglied maßgeblich beteiligt ist, grundsätzlich bei der allgemeinen Zuständigkeit des Vorstands[18]. Etwas anderes gilt nur in Fällen, in denen der Dritte mit dem Vorstandsmitglied **wirtschaftlich identisch** ist[19]. Dies ist insbesondere dann anzunehmen, wenn es sich bei dem Dritten um eine Ein-Personen-Gesellschaft des Vorstandsmitgliedes handelt[20]. Im Übrigen ist bei der Annahme wirtschaftlicher Identität Zurückhaltung geboten[21].

## III. Der Gesamtaufsichtsrat als organschaftlicher Vertreter

Im sachlichen Anwendungsbereich des § 112 ist der Aufsichtsrat organschaftlicher Vertreter der Gesellschaft. Die Vorschrift trifft unterdessen keine Aussage darüber, wie von der so begründeten Vertretungsmacht Gebrauch zu machen ist. Bei der Frage nach dem „Wie" der Vertretung muss folglich auf **allgemeine Rechtsgrundsätze** zurückgegriffen werden. Zu unterscheiden ist dabei zunächst zwischen der Willensbildung und der Ausübung der Vertretungsmacht, bei letzterer sodann zwischen Aktiv- und Passivvertretung der Gesellschaft.

### 1. Willensbildung

Ob und wie von der durch § 112 dem Aufsichtsrat eingeräumten Vertretungsbefugnis Gebrauch gemacht wird, muss grundsätzlich der **Aufsichtsrat durch Beschluss** entscheiden[22]. Sofern der Aufsichtsrat einen erledigenden **Ausschuss** einsetzen kann (vgl. § 107 Rz. 35), darf er die Entscheidung an diesen übertragen. Eine Ermächtigung einzelner Aufsichtsratsmitglieder, des Vorstands oder Dritter, den Aufsichtsrat bei der Willensbildung zu vertreten, ist hingegen grundsätzlich unzulässig (zu Ausnahmen s. sogleich Rz. 14).

### 2. Aktivvertretung

Die Ausübung der Vertretungsbefugnis kann stets durch sämtliche Aufsichtsratsmitglieder gemeinsam erfolgen. Dies ist allerdings nicht praktikabel, so dass die **Bevollmächtigung** einzelner Aufsichtsratsmitglieder, namentlich des Aufsichtsratsvorsitzenden, zulässig sein muss[23]; in diesen Fällen handeln der oder die Bevollmächtigten allerdings nicht als organschaftliche Vertreter der Gesellschaft oder des Aufsichts-

---

18 *Hopt/Roth* in Großkomm. AktG, 4. Aufl., § 112 AktG Rz. 42; a.A. *Rupietta*, NZG 2007, 801, 802 ff.
19 Grundsätzlich ablehnend OLG München v. 9.2.2009 – 21 U 4853/08, GWR 2009, 11; *Fischer*, ZNotP 2002, 297, 303.
20 LG Koblenz v. 28.9.2001 – 3 HO 127/85, ZNotP 2002, 322; *Werner*, ZGR 1989, 369, 372 f.; *Mertens* in KölnKomm. AktG, 2. Aufl., § 112 AktG Rz. 14; *Habersack* in MünchKomm. AktG, 3. Aufl., § 112 AktG Rz. 9; *Spindler* in Spindler/Stilz, § 112 AktG Rz. 8; wohl ablehnend *Hopt/Roth* in Großkomm. AktG, 4. Aufl., § 112 AktG Rz. 43.
21 Großzügiger *Fischer* in GS Gruson, S. 150, 156 ff.
22 *Hüffer*, § 112 AktG Rz. 4; *Wiesner* in MünchHdb. AG, § 23 Rz. 7; *Mertens* in KölnKomm. AktG, 2. Aufl., § 112 AktG Rz. 22, 29; *Habersack* in MünchKomm. AktG, 3. Aufl., § 112 AktG Rz. 20; *Spindler* in Spindler/Stilz, § 112 AktG Rz. 26.
23 Ebenso *Hopt/Roth* in Großkomm. AktG, 4. Aufl., § 112 AktG Rz. 82; *Habersack* in MünchKomm. AktG, 3. Aufl., § 112 AktG Rz. 20, 26; *Spindler* in Spindler/Stilz, § 112 AktG Rz. 27, 31.

rats[24]. Im Rahmen der Aktivvertretung der Gesellschaft kann sich das Plenum mithin einzelner Mitglieder als **Erklärungsvertreter** bedienen. Dies kann im Beschluss selbst, aber auch generell durch eine Regelung in der Geschäftsordnung geschehen; eine entsprechende Satzungsregelung widerspräche hingegen dem Selbstorganisationsrecht des Aufsichtsrats und wäre unzulässig[25]. Fehlt es an einer ausdrücklichen Erklärung des Aufsichtsrats, wer in Ausführung eines Beschlusses im Sinne von Rz. 13 tätig werden soll, so kann davon ausgegangen werden, dass der Aufsichtsratsvorsitzende konkludent ermächtigt wurde, die erforderlichen Rechtshandlungen vorzunehmen[26]. Darüber kommt die Einschaltung des Dritten und sogar des Vorstands als **Erklärungsboten** (nicht: Erklärungsvertreter!) in Betracht[27].

15 Bisweilen wird darüber hinaus vertreten, dass einzelne Aufsichtsratsmitglieder (nicht Dritte oder der Vorstand) auch als **Abschlussvertreter** mit eigenem, aber eng begrenztem Entscheidungsspielraum bei Verhandlungen mit Dritten herangezogen werden können[28]. Praktisch relevant sind hier namentlich der Abschluss von Anstellungsverträgen mit Vorstandsmitgliedern oder der Beauftragung von Sachverständigen. In diesen und ähnlichen Fällen besteht in der Tat das praktische Bedürfnis dafür, das bevollmächtigte Mitglied (zumeist der Aufsichtsratsvorsitzende) mit einem Mindestmaß an eigenem Verhandlungsspielraum auszustatten. Sofern die wesentlichen Entscheidungen dabei vom Plenum vorgegeben werden, der Ermessensspielraum des Bevollmächtigten eindeutig und eng begrenzt bleibt und für eine umfassende Information des Aufsichtsrats gesorgt wird, bestehen keine durchgreifenden Bedenken gegen die Zulässigkeit dieser Art der Bevollmächtigung[29].

16 Wird der Gesamtaufsichtsrat tätig, so bedarf es keines besonderen **Nachweises der Vertretungsmacht**. Bei Einschaltung eines Aufsichtsratsmitgliedes als Bevollmächtigten genügt die Vorlage des Sitzungsprotokolls bzw. der Geschäftsordnung. Auch eine von allen Aufsichtsratsmitgliedern unterzeichnete Vollmachtsurkunde genügt[30]. Der Nachweis der Aufsichtsratszugehörigkeit einzelner Mitglieder kann dadurch erbracht werden, dass die Niederschrift des Wahlbeschlusses der Hauptversammlung vorgelegt wird. Bei börsennotierten Gesellschaften muss dieser gem. § 130 Abs. 1 i.V.m. § 101 Abs. 1 ohnehin notariell beurkundet sein. Liegt eine notariell beurkundete Niederschrift nicht vor (vgl. § 130 Abs. 1 Satz 3), so muss die beglaubigte Unterschrift des Versammlungsleiters unter dem Sitzungsprotokoll genügen[31].

---

24 *Semler* in MünchKomm. AktG, 2. Aufl., § 112 AktG Rz. 50; *Spindler* in Spindler/Stilz, § 112 AktG Rz. 30.
25 *Semler* in MünchKomm. AktG, 2. Aufl., § 112 AktG Rz. 68; v. *Godin/Wilhelmi*, § 112 AktG Anm. 2; a.A. *Lutter/Krieger*, Aufsichtsrat, Rz. 681; *Hoffmann-Becking* in MünchHdb. AG, § 31 Rz. 95; *Mertens* in KölnKomm. AktG, 2. Aufl., § 112 AktG Rz. 31; *Habersack* in MünchKomm. AktG, 3. Aufl., § 112 AktG Rz. 20; ferner auch Begr. RegE bei *Kropff*, Aktiengesetz, S. 156.
26 *Mertens* in KölnKomm. AktG, 2. Aufl., § 112 AktG Rz. 47; *Habersack* in MünchKomm. AktG, 3. Aufl., § 112 AktG Rz. 20; *Spindler* in Spindler/Stilz, § 112 AktG Rz. 31; zurückhaltender *Hopt/Roth* in Großkomm. AktG, 4. Aufl., § 112 AktG Rz. 89.
27 OLG Hamburg v. 16.5.1986 – 11 U 238/85, AG 1986, 259, 260; *Hopt/Roth* in Großkomm. AktG, 4. Aufl., § 112 AktG Rz. 93; *Mertens* in KölnKomm. AktG, 2. Aufl., § 112 AktG Rz. 30; *Habersack* in MünchKomm. AktG, 3. Aufl., § 112 AktG Rz. 27.
28 *Fonk* in Semler/v. Schenck, Arbeitshandbuch Aufsichtsratsmitglieder, § 9 Rz. 83; *Semler* in MünchKomm. AktG, 2. Aufl., § 112 AktG Rz. 56 f.
29 Enger *Habersack* in MünchKomm. AktG, 3. Aufl., § 112 AktG Rz. 23; *Spindler* in Spindler/Stilz, § 112 AktG Rz. 32.
30 *Hopt/Roth* in Großkomm. AktG, 4. Aufl., § 112 AktG Rz. 100; *Habersack* in MünchKomm. AktG, 3. Aufl., § 112 AktG Rz. 29; *Spindler* in Spindler/Stilz, § 112 AktG Rz. 42; *Bürgers/Israel* in Bürgers/Körber, § 112 AktG Rz. 8.
31 *Steiner*, BB 1998, 1910, 1911; *Hüffer*, § 112 AktG Rz. 6; *Habersack* in MünchKomm. AktG, 3. Aufl., § 112 Rz. 30.

## 3. Passivvertretung

Der in § 78 Abs. 2 Satz 2 enthaltene Rechtsgedanke bezüglich der Passivvertretung beim mehrköpfigen Vorstand ist verallgemeinerungsfähig: Der Umstand, dass das Vertretungsorgan aus mehreren Personen besteht, soll dem Gegenüber nicht zum Nachteil gereichen. Dem hat der Gesetzgeber im Zuge des MoMiG[32] durch die Einführung des **§ 112 Satz 2** nunmehr ausdrücklich Rechnung getragen. Ist in den Fällen des § 112 eine Willenserklärung gegenüber der Gesellschaft abzugeben, so genügt mithin die **Abgabe gegenüber einem Aufsichtsratsmitglied**. Entsprechendes gilt für geschäftsähnliche Handlungen.

## IV. Vertretungsmängel

### 1. Materiell-rechtliche Folgen

Die Auswirkungen eines Verstoßes gegen § 112 sind in Rechtsprechung und wissenschaftlichem Schrifttum umstritten. Nach der vormals herrschenden Auffassung führen Vertretungsmängel bei Geschäften mit Vorstandsmitgliedern zur **Nichtigkeit** der Geschäfte nach § 134 BGB[33]. Begründet wird dies mit dem Hinweis auf den zwingenden Charakter des § 112 und der aktienrechtlichen Kompetenzordnung. Ein Aufsichtsrat, der sich mit durch den Vorstand abgeschlossenem Rechtsgeschäft konfrontiert sehe, sei in seiner Entscheidung nicht mehr frei. Konsequenz dieser Auffassung ist, dass der Aufsichtsrat auch ein ihm für die AG günstig erscheinendes Geschäft nicht nachträglich genehmigen kann – erforderlich ist vielmehr stets ein Neuabschluss. Dies veranlasst die im Vordringen befindliche Gegenansicht zu der Annahme, dass das Rechtsgeschäft in analoger Anwendung der §§ 177 ff. BGB **schwebend unwirksam** ist[34].

Richtigerweise gebietet der Normzweck des § 112 eine **differenzierende Betrachtung**[35]: Bei Geschäften mit Vorstandsmitgliedern soll wegen der Besorgnis der Befangenheit allein der Aufsichtsrat für die Gesellschaft tätig und der Geschäftserfolg so dem Einflussbereich des Vorstands entzogen werden; in diesen Fällen ist die Nichtigkeit die geeignete Sanktion, insbesondere bedarf der Vertragspartner nicht des durch § 179 BGB vermittelten Schutzes. Wird hingegen ein Aufsichtsratsmitglied, namentlich der Vorsitzende, für den Aufsichtsrat als vollmachtloser Vertreter tätig, so spricht nichts dagegen, diesem die Möglichkeit zu eröffnen, dem Geschäft durch Genehmigung zur Wirksamkeit zu verhelfen[36].

---

32 Art. 5 Nr. 13 des Gesetzes zur Modernisierung des GmbH-Rechts und zur Bekämpfung von Missbräuchen (MoMiG) vom 23.10.2008 (BGBl. I 2008, 2026).
33 OLG Hamburg v. 16.5.1986 – 11 U 238/85, AG 1986, 259, 260; OLG Stuttgart v. 20.3.1992 – 2 U 115/90, AG 1993, 85, 86; OLG Frankfurt a.M. v. 20.3.2008 – 12 U 40/07, juris; *Ekkenga*, AG 1985, 40, 41 f.; *Semler* in FS Rowedder, 1994, S. 441, 455 f.; *Stein*, AG 1999, 28, 39 ff.; wohl auch *Semler* in MünchKomm. AktG, 2. Aufl., § 112 AktG Rz. 70 ff.
34 OLG Celle v. 25.2.2002 – 4 U 176/01, AG 2003, 433; OLG München v. 18.10.2007 – 23 U 5786/06, AG 2008, 423; *Werner*, ZGR 1989, 369, 392 ff.; *Lutter/Krieger*, Aufsichtsrat, Rz. 433; *Habersack* in MünchKomm. AktG, 3. Aufl., § 112 AktG Rz. 31 f.; *Spindler* in Spindler/Stilz, § 112 AktG Rz. 43 f.; offen gelassen von BGH v. 7.7.1993 – VIII ZR 2/92, AG 1994, 35.
35 Wie hier *Hüffer*, § 112 AktG Rz. 7; *Hopt/Roth* in Großkomm. AktG, 4. Aufl., § 112 AktG Rz. 108; *Mertens* in KölnKomm. AktG, 2. Aufl., § 112 AktG Rz. 5; *Fischer* in GS Gruson, S. 150, 161 f.
36 So auch OLG Karlsruhe v. 13.10.1995 – 10 U 51/95, AG 1996, 224, 225 f.; differenzierend *Spindler* in Spindler/Stilz, § 112 AktG Rz. 45.

## 2. Prozessuale Folgen

20 Für die Vertretung der Gesellschaft im Prozess gilt, dass Vertretungsmängel zur **Unzulässigkeit der Klage** führen und zwar unabhängig davon, ob die Gesellschaft Klägerin oder Beklagte ist[37]. Dies gilt auch in der Berufungs- und Revisionsinstanz[38]. Der Aufsichtsrat kann aber den Vertretungsmangel durch Übernahme der Prozessführung und ausdrückliche oder konkludente Genehmigung der bisherigen Rechtshandlungen heilen[39]. Dies wird er in aller Regel aber nur tun, wenn die Gesellschaft als Klägerin auftritt. Klagt ein Vorstandsmitglied gegen die Gesellschaft vertreten durch den Vorstand, so wird der Aufsichtsrat hingegen keine Veranlassung haben, die Zulässigkeit der Klage herbeizuführen. Ist ein richterlicher Hinweis gem. § 139 Abs. 3 ZPO unterblieben, ist die Streitsache an das erstinstanzliche Gericht zurückzuverweisen[40].

# § 113
# Vergütung der Aufsichtsratsmitglieder

(1) Den Aufsichtsratsmitgliedern kann für ihre Tätigkeit eine Vergütung gewährt werden. Sie kann in der Satzung festgesetzt oder von der Hauptversammlung bewilligt werden. Sie soll in einem angemessenen Verhältnis zu den Aufgaben der Aufsichtsratsmitglieder und zur Lage der Gesellschaft stehen. Ist die Vergütung in der Satzung festgesetzt, so kann die Hauptversammlung eine Satzungsänderung, durch welche die Vergütung herabgesetzt wird, mit einfacher Stimmenmehrheit beschließen.

(2) Den Mitgliedern des ersten Aufsichtsrats kann nur die Hauptversammlung eine Vergütung für ihre Tätigkeit bewilligen. Der Beschluss kann erst in der Hauptversammlung gefasst werden, die über die Entlastung der Mitglieder des ersten Aufsichtsrats beschließt.

(3) Wird den Aufsichtsratsmitgliedern ein Anteil am Jahresgewinn der Gesellschaft gewährt, so berechnet sich der Anteil nach dem Bilanzgewinn, vermindert um einen Betrag von mindestens vier vom Hundert der auf den geringsten Ausgabebetrag der Aktien geleisteten Einlagen. Entgegenstehende Festsetzungen sind nichtig.

---

37 *Hüffer*, § 112 AktG Rz. 8; *Wiesner* in MünchHdb. AG, § 23 Rz. 8; *Habersack* in MünchKomm. AktG, 3. Aufl., § 112 AktG Rz. 33; *Spindler* in Spindler/Stilz, § 112 AktG Rz. 46.
38 BGH v. 20.6.1995 – II ZR 122/94, BGHZ 130, 108, 111 f. = NJW 1995, 2559; BGH v. 9.10.1986 – II ZR 284/85, NJW 1987, 254 = AG 1987, 19; BGH v. 5.3.1990 – II ZR 86/89, AG 1990, 359; BGH v. 22.4.1991 – II ZR 151/90, AG 1991, 269; *Hüffer*, § 112 AktG Rz. 8; *Hopt/Roth* in Großkomm. AktG, 4. Aufl., § 112 AktG Rz. 12; *Mertens* in KölnKomm. AktG, 2. Aufl., § 112 AktG Rz. 7; *Habersack* in MünchKomm. AktG, 3. Aufl., § 112 AktG Rz. 33.
39 BGH v. 9.10.1986 – II ZR 284/85, NJW 1987, 254 = AG 1987, 19; BGH v. 13.2.1989 – II ZR 209/88, NJW 1989, 2055 f.; BGH v. 21.6.1999 – II ZR 27/98, NJW 1999, 3263 f.; BGH v. 16.2.2009 – II ZR 28/207, AG 2009, 327; BAG v. 4.7.2001 – 2 AZR 142/00, NZG 2002, 392, 394; *Brandner* in FS Quack, 1997, S. 201, 202; *Wiesner* in MünchHdb. AG, § 23 Rz. 8; *Hüffer*, § 112 AktG Rz. 8; *Hopt/Roth* in Großkomm. AktG, 4. Aufl., § 112 AktG Rz. 115; *Mertens* in KölnKomm. AktG, 2. Aufl., § 112 AktG Rz. 7; *Habersack* in MünchKomm. AktG, 3. Aufl., § 112 AktG Rz. 34; *Spindler* in Spindler/Stilz, § 112 AktG Rz. 46.
40 BGH v. 13.4.1992 – II ZR 105/91, AG 1992, 265, 266; *Hager*, NJW 1992, 352, 354; *Mertens* in KölnKomm. AktG, 2. Aufl., § 112 AktG Rz. 7; *Semler* in MünchKomm. AktG, 2. Aufl., § 112 AktG Rz. 85; *Spindler* in Spindler/Stilz, § 112 AktG Rz. 46; enger *Habersack* in MünchKomm. AktG, 3. Aufl., § 112 AktG Rz. 33.

## § 113 Vergütung der Aufsichtsratsmitglieder

| | |
|---|---|
| **I. Allgemeines** . . . . . . . . . . . . . . . . . 1 | **III. Erster Aufsichtsrat (§ 113 Abs. 2)** . . . 23 |
| **II. Vergütung der Aufsichtsratstätigkeit (§ 113 Abs. 1)** . . . . . . . . . . . . . . . 6 | **IV. Variable Aufsichtsratsvergütung** . . . 24 |
| 1. Grundlagen . . . . . . . . . . . . . . . . 6 | 1. Zielsetzung . . . . . . . . . . . . . . . . . 24 |
| a) Rechtsgrund der Vergütung . . . . . 6 | 2. Beteiligung am Jahresgewinn (§ 113 Abs. 3) . . . . . . . . . . . . . . . 25 |
| b) Festsetzung in der Satzung . . . . . 7 | 3. Sonstige Formen variabler Vergütung 28 |
| c) Bewilligung durch Hauptversammlung . . . . . . . . . . . . . . . . . . . 10 | a) Aktienoptionen, Wandel- und Optionsanleihen . . . . . . . . . . . . . . 29 |
| d) Vergütungsbestandteile . . . . . . . 11 | b) Börsenkursbezogene Tantiemen . . 31 |
| e) Gleichbehandlungsgebot . . . . . . . 14 | c) Zulässige Gestaltungsformen . . . . 32 |
| f) Angemessenheit . . . . . . . . . . . . 15 | **V. Steuerrechtliche Behandlung** . . . . . . 33 |
| 2. Herabsetzung . . . . . . . . . . . . . . . . 20 | |
| 3. Auslagenersatz . . . . . . . . . . . . . . . 21 | |

**Literatur:** *Baums*, Aktienoptionen für Vorstandsmitglieder, in FS Claussen, 1997, S. 3; *Berrar*, Zur Reform des Aufsichtsrats nach den Vorschlägen der Regierungskommission „Corporate Governance", NZG 2001, 1113; *Dreher*, Der Abschluss von D&O Versicherungen und die aktienrechtliche Zuständigkeitsordnung, ZHR 165 (2001), 293; *Robert Fischer*, Sondervergütungen an Aufsichtsratsmitglieder, BB 1967, 859; *Christian Fischer*, Zur Bedienung aktienbasierter Vergütungsmodelle für Aufsichtsräte mit zurückerworbenen Aktien, ZIP 2003, 282; *Gehling*, Erfolgsorientierte Vergütung des Aufsichtsrats, ZIP 2005, 549; *Fonk*, Auslagenersatz für Aufsichtsratsmitglieder, NZG 2009, 761; *Geßler*, Zur Begrenzung der Aufsichtsratsvergütungen – ein Diskussionsvorschlag, DB 1978, 63; *Haarmann*, Gleichheit aller Aufsichtsräte, eine sinnvolle Fiktion? Möglichkeiten der differenzierten Vergütung von Aufsichtsräten, in FS Hüffer, 2010, S. 243; *Hoffmann-Becking*, Gestaltungsmöglichkeiten bei Anreizsystemen, NZG 1999, 797; *Hoffmann-Becking*, Rechtliche Anmerkungen zur Vorstands- und Aufsichtsratsvergütung, ZHR 169 (2005), 155; *Hüffer*, Aktienbezugsrechte als Bestandteil der Vergütung von Vorstandsmitgliedern und Mitarbeitern, ZHR 161 (1997), 214; *Krieger*, Gewinnabhängige Aufsichtsratsvergütung, in FS Röhricht, 2005, S. 349; *Lutter*, Zur Zulässigkeit der Vergütung des Aufsichtsrats in Aktien der Gesellschaft, in FS Hadding, 2004, S. 561; *Lutter*, Aktienrechtliche Aspekte der angemessenen Vorstandsvergütung, ZIP 2006, 733; *Mäger*, Vergütung des Aufsichtsrats – welchen Spielraum gibt das Aktienrecht?, BB 1999, 1389; *Marsch-Burner*, Aktuelle Rechtsfragen zur Vergütung von Vorstands- und Aufsichtsratsmitgliedern einer AG, in FS Röhricht, 2005, S. 401; *Mertens*, Bedarf der Abschluss einer D&O Versicherung durch die AG der Zustimmung der HV?, AG 2000, 447; *Mutter*, Zur Anpassung der Vergütung von Aufsichtsräten an den Deutschen Corporate Governance Kodex, ZIP 2002, 1230; *Meyer/Ludwig*, Aktienoptionen für Aufsichtsräte ade?, ZIP 2004, 940; *Seele*, Rahmenbedingungen für das Verhalten von Aufsichtsratsmitgliedern deutscher börsennotierter Unternehmen, 2007; *Johannes Semler*, Leistungs- und erfolgsbezogene Vergütungen, in FS Budde, 1995, S. 599; *Richter*, Aktienoptionen für den Aufsichtsrat?, BB 2004, 949; *Theisen*, Zusammensetzung und Struktur der Vergütung für den Aufsichtsrat nach dem KontraG, DB 1999, 165; *E. Vetter*, Stillschweigender Grundsatzbeschluss der Hauptversammlung zur Bewilligung der Aufsichtsratsvergütung?, BB 1989, 442; *E. Vetter*, Aktienrechtliche Probleme der D&O Versicherung, AG 2000, 453; *E. Vetter*, Stock Options für Aufsichtsräte – ein Widerspruch?, AG 2004, 234; *v. Schenck*, Verträge mit Beratungsunternehmen, denen ein Aufsichtsratsmitglied des beratenen Unternehmens angehört, DStR 2007, 395; *Thüsing/Veil*, Die Kosten des Aufsichtsrats im aktienrechtlichen Vergütungsregime, AG 2008, 359; *Wellkamp*, Rechtliche Zulässigkeit einer aktienkursorientierten Vergütung von Aufsichtsräten, WM 2001, 489; *Weiss*, Aktienoptionen für Führungskräfte, 1999; *Weiss*, Aktienoptionsprogramme nach dem KonTraG, WM 1999, 353; *Werner*, Die Beratung der Aktiengesellschaft durch Mitglieder ihres Aufsichtsrats, DB 2006, 935; *Wettich*, (Teil-)Verzicht eines Aufsichtsratsmitglieds auf die ihm zustehende Aufsichtsratsvergütung, NZG 2009, 852; *Zimmer*, Die Ausgabe von Optionsrechten an Mitglieder des Aufsichtsrats und externe Berater, DB 1999, 999.

## I. Allgemeines

1 **§ 113 Abs. 1 Satz 1** stellt zunächst klar, dass Aufsichtsratsmitgliedern für ihre Tätigkeit eine Vergütung gewährt werden kann[1]. Zugleich soll die Vorschrift aber auch sicherstellen, dass der Aufsichtsrat seiner Kontrollfunktion gegenüber dem Vorstand unbefangen nachkommen kann, weshalb diesem die Zuständigkeit für die Festsetzung der Vergütung entzogen ist. Der Vorstand soll ebenso wenig über die Vergütung seines Überwachungsorgans entscheiden wie dieses selbst. Demgemäß setzt **Abs. 1 Satz 2** entweder eine statutarische Regelung über die Aufsichtsratsvergütung oder einen bewilligenden Beschluss der Hauptversammlung voraus. Gem. **Abs. 1 Satz 4** darf die Hauptversammlung den in der Satzung vorgesehenen Betrag mit einfacher Mehrheit herabsetzen. In Abweichung zu § 179 Abs. 2 genügt hierfür die einfache Stimmmehrheit. Darüber hinaus muss nach **Abs. 1 Satz 3** die Vergütung stets angemessen sein; die Vorschrift korrespondiert insofern mit § 87 Abs. 1.

2 **Abs. 2** weist die Entscheidung über die Vergütung des ersten Aufsichtsrats allein der Hauptversammlung zu; diese kann die Vergütung zudem erst nachträglich bewilligen. Ziel der Regelung ist es, den Einfluss der Gründer auf die Aufsichtsratsvergütung zu beschränken[2].

3 Die erfolgsabhängige, d.h. am Jahresgewinn der Gesellschaft orientierte Vergütung des Aufsichtsrats ist teilweise in **Abs. 3** geregelt; festgelegt ist nur, wie diese Form der Vergütung zu berechnen ist. Während die Vorschrift ihre letzte Änderung im Zuge des StückAG 1998 erfuhr, wurde der insoweit für den Vorstand geltende § 86 durch das TransPuG 2002 ersatzlos gestrichen.

4 Die Vorschrift ist **zwingendes Recht**; zu Besonderheiten bei § 113 Abs. 3 s. die Ausführungen unter Rz. 25 ff. Wird Aufsichtsratsmitgliedern entgegen den gesetzlichen Vorschriften eine Vergütung gewährt, ist diese nach Bereicherungsrecht (§§ 812 ff. BGB) rückabzuwickeln. Ferner haften die Mitglieder von Vorstand und Aufsichtsrat gem. §§ 93 Abs. 3 Nr. 7; 116 der Gesellschaft gegenüber auf Schadensersatz[3]. Ein Aufsichtsratsmitglied kann auf seine Vergütung ganz oder zum Teil verzichten. Es handelt sich dabei rechtsdogmatisch um einen Erlassvertrag gem. § 397 Abs. 1 BGB; die Verzichtserklärung bedarf daher der Annahme durch die Gesellschaft, die insoweit vom Vorstand – und nicht von der Hauptversammlung – vertreten wird[4].

5 Gem. § 285 Nr. 9 lit. a HGB ist im Anhang zum Jahresabschluss die **Höhe der Gesamtbezüge** aller Aufsichtsratsmitglieder auszuweisen.

## II. Vergütung der Aufsichtsratstätigkeit (§ 113 Abs. 1)

### 1. Grundlagen

#### a) Rechtsgrund der Vergütung

6 Rechtsgrund für den Vergütungsanspruch ist nicht § 113 Abs. 1. Dieser setzt vielmehr die **Zulässigkeit** eines Entgelts in Satz 1 voraus und benennt in Satz 2 die Voraussetzungen: Ein Anspruch besteht nur, wenn und soweit die Satzung eine Vergütung festsetzt oder die Hauptversammlung sie bewilligt. Da neben der korporationsrechtlichen Bestellung kein zusätzliches vertragliches Anstellungsverhältnis besteht

---

1 *Hüffer*, § 113 AktG Rz. 1.
2 *Hüffer*, § 113 AktG Rz. 8.
3 *Hopt/Roth* in Großkomm. AktG, 4. Aufl., § 113 AktG Rz. 112; *Habersack* in MünchKomm. AktG, 3. Aufl., § 113 AktG Rz. 50; *Spindler* in Spindler/Stilz, § 113 AktG Rz. 61.
4 Vgl. *Hoffmann-Becking* in MünchHdb. AG, § 33 Rz. 22; *Wettich*, NZG 2009, 852 ff.

(s. dazu auch § 101 Rz. 2), liefert das Amtsverhältnis selbst in Verbindung mit der entsprechenden Satzungsregelung bzw. dem Hauptversammlungsbeschluss den Rechtsgrund der Vergütung[5].

### b) Festsetzung in der Satzung

Die Vergütung kann bereits in der Satzung festgelegt werden (**§ 113 Abs. 1 Satz 2**); es handelt sich dann um einen indifferenten, also gleichermaßen formellen wie materiellen Satzungsbestandteil[6]. Dies ist von Bedeutung für die Frage, mit welcher Mehrheit eine statutarische Bestimmung, wonach eine Vergütung zu gewähren ist, abgeändert werden kann. Für die Herabsetzung der Vergütung enthält **§ 113 Abs. 1 Satz 4** eine Sonderregelung (s. Rz. 20); hierfür genügt die einfache Stimmmehrheit. Soll die Vergütung hingegen gänzlich entfallen, so bedarf es zuvor eines satzungsändernden Beschlusses mit der in § 179 Abs. 2 vorgesehenen Dreiviertelmehrheit. 7

Eine hinreichende Grundlage für die Aufsichtsratsvergütung bilden jedoch nur Satzungsregelungen, die die Höhe der Vergütung bestimmen; eine schlichte Regelung, dass die Aufsichtsratstätigkeit vergütet werden soll, genügt nicht. 8

Ausreichend soll hingegen die **Benennung eines Gesamtbetrages** sein, der sodann nach gleichen Anteilen unter den Aufsichtsratsmitgliedern zu verteilen ist[7]. Das überzeugt nur bedingt: Da sich die Angemessenheit der Vergütung nach dem Aufgaben- und Funktionsumfang der einzelnen Mitglieder zu bemessen hat (vgl. unten Rz. 15), ist eine gleiche Vergütung für alle Aufsichtsratsmitglieder regelmäßig nicht geboten. Eine Anwendung des § 420 BGB würde also in Widerstreit zu § 113 Abs. 1 Satz 3 treten. Bisweilen wird deshalb zusätzlich eine Bestimmung gefordert, die die Verteilung der Gesamtvergütung in das billige Ermessen des Aufsichtsrats legt[8]. Zwar bestehen auch hiergegen Bedenken, da der Aufsichtsrat letztendlich selbst über seine Vergütung mitentscheidet, doch wiegen diese die praktischen Vorzüge nicht auf. Zusammenfassend lässt sich somit konstatieren, dass die Angabe eines Gesamtbetrages in der Satzung genügt, wenn zugleich dem Aufsichtsrat die Möglichkeit eingeräumt wird, für eine angemessene Verteilung zu sorgen[9]. 9

### c) Bewilligung durch Hauptversammlung

Gem. **§ 113 Abs. 1 Satz 2** kommt auch eine Bewilligung der Aufsichtsratsvergütung durch Beschluss der Hauptversammlung in Betracht. Hierbei gelten dieselben Grundsätze wie bei der statutarischen Festsetzung. Insbesondere müssen die Höhe der Vergütung bestimmt und bei Festlegung eines Gesamtbetrages dem Aufsichtsratsvorsitzenden die Verteilungskompetenz übertragen werden. Der bewilligende Hauptver- 10

---

5 *Lutter/Krieger*, Aufsichtsrat, Rz. 842; *Hoffmann-Becking* in MünchHdb. AG, § 33 Rz. 10; *Hüffer*, § 113 AktG Rz. 2; *Hopt/Roth* in Großkomm. AktG, 4. Aufl., § 113 AktG Rz. 16; *Mertens* in KölnKomm. AktG, 2. Aufl., § 113 AktG Rz. 8; *Habersack* in MünchKomm. AktG, 3. Aufl., § 113 AktG Rz. 27; *Spindler* in Spindler/Stilz, § 113 AktG Rz. 6.
6 Wie hier *Röhricht* in Großkomm. AktG, 4. Aufl., § 23 AktG Rz. 25; anders *Habersack* in MünchKomm. AktG, 3. Aufl., § 113 AktG Rz. 28; *Spindler* in Spindler/Stilz, § 113 AktG Rz. 22; *Bürgers/Israel* in Bürgers/Körber, § 113 AktG Rz. 16; widersprüchlich *Hüffer*, § 113 AktG Rz. 3 einerseits, § 23 AktG Rz. 5 andererseits.
7 RG v. 22.2.1911 – I 580/09, RGZ 75, 308; *Hopt/Roth* in Großkomm. AktG, 4. Aufl., § 113 AktG Rz. 91; *Habersack* in MünchKomm. AktG, 3. Aufl., § 113 AktG Rz. 29; *Spindler* in Spindler/Stilz, § 113 AktG Rz. 23.
8 *Wellkamp*, WM 2001, 489, 492; *Habersack* in MünchKomm. AktG, 3. Aufl., § 113 AktG Rz. 30.
9 So wohl auch *Hüffer*, § 113 AktG Rz. 3; *Mertens* in KölnKomm. AktG, 2. Aufl., § 113 AktG Rz. 30; a.A. *Spindler* in Spindler/Stilz, § 113 AktG Rz. 23.

sammlungsbeschluss gilt, sofern nichts anderes bestimmt ist, bis die Hauptversammlung einen abweichenden Beschluss fasst[10].

**d) Vergütungsbestandteile**

11 Vergütung im Sinne des § 113 sind zunächst die festen oder variablen Entgelte, die die Aufsichtsratsmitglieder als **Gegenleistung** für ihre Tätigkeit für die Gesellschaft erhalten, ferner sog. Sitzungsgelder, Aufwandsentschädigungen und Sachleistungen.

12 Umstritten ist, ob der Abschluss einer **D&O-Versicherung** eine solche Nebenleistung darstellt. Dagegen wird eingewandt, dass es Zweck einer solchen Versicherung sei, der Gesellschaft einen solventen Schuldner zu verschaffen, falls sich Mitglieder von Vorstand und Aufsichtsrat schadensersatzpflichtig machen. Die Zahlung der Versicherungsprämien sei gerade nicht Gegenleistung für die Mandatsübernahme, sondern Bestandteil der „dienstlichen Fürsorge"[11]. Zudem diene sie mittelbar dem Unternehmensinteresse dadurch, dass sich die Attraktivität des Mandats erhöhe[12]. Die wohl überwiegende Auffassung[13] bejaht dennoch das Vorliegen einer Sachvergütung, da auf Kosten der Gesellschaft Versicherungsschutz bereitgestellt wird. Dem ist zu folgen. Durch eine D&O-Versicherung verbessert sich die vermögensrechtliche Position der Organmitglieder, zumal der Versicherungsschutz auch die Abwehr unbegründeter Schadensersatzansprüche regelmäßig umfasst[14]. § 289 Nr. 9 lit. a HGB zählt dementsprechend Versicherungsentgelte auch zu den Gesamtbezügen der Aufsichtsratsmitglieder. Der Abschluss einer D&O-Versicherung auf Kosten der Gesellschaft ist mithin Vergütung im Sinne des § 113 und erfordert eine entsprechende Satzungsregelung bzw. einen bewilligenden Hauptversammlungsbeschluss. Dies gilt unabhängig davon, ob und in welcher Höhe ein Selbstbehalt[15] vereinbart wird[16].

13 Auch **Sondervergütungen für Sonderleistungen** einzelner Aufsichtsratsmitglieder im Rahmen der Überwachungstätigkeit (Beispiel: Prüfungsaufträge nach § 111 Abs. 2 Satz 2) dürfen ohne statutarische Regelung oder bewilligenden Hauptversammlungsbeschluss nicht vergütet werden[17].

---

10 *Hoffmann-Becking* in MünchHdb. AG, § 33 Rz. 18; *Hüffer*, § 113 AktG Rz. 3; *Hopt/Roth* in Großkomm. AktG, 4. Aufl., § 113 AktG Rz. 89; *Mertens* in KölnKomm. AktG, 2. Aufl., § 113 AktG Rz. 26; a.A. *E. Vetter*, BB 1989, 442, 443.
11 *Lange*, ZIP 2001, 1524, 1526; *Mertens*, AG 2000, 447, 449; *E. Vetter*, AG 2000, 456, 457.
12 *Mertens*, AG 2000, 447, 452; *Dreher*, ZHR 165 (2001), 293, 322; *Semler* in MünchKomm. AktG, 2. Aufl., § 113 AktG Rz. 82.
13 *Feddersen*, AG 2000, 385, 394; *Kästner*, AG 2000, 113, 118; *Wiesner* in MünchHdb. AG, § 21 Rz. 29; *Hüffer*, § 113 AktG Rz. 2a; a.A. *Semler/Wagner* in Semler/v. Schenck, Arbeitshandbuch Aufsichtsratsmitglieder, § 10 Rz. 48; *Habersack* in MünchKomm. AktG, 3. Aufl., § 113 AktG Rz. 13; differenzierend *Spindler* in Spindler/Stilz, § 113 AktG Rz. 15 ff.
14 *Doralt/Doralt* in Semler/v. Schenck, Arbeitshandbuch Aufsichtsratsmitglieder, § 13 Rz. 217.
15 Der DCGK schlägt in Ziff. 3.8 Abs. 2 Satz 2 einen angemessenen Selbstbehalt vor.
16 Wie hier *Hüffer*, § 113 AktG Rz. 2; *Lutter/Krieger*, Aufsichtsrat, Rz. 1026; abweichend *Hopt/Roth* in Großkomm. AktG, 4. Aufl., § 113 AktG Rz. 50 ff.; die danach differenzieren wollen, ob ein angemessener Selbstbehalt vereinbart wurde; vgl. auch Erlass des Finanzministeriums Niedersachsen vom 25.1.2001, DStR 2002, 678.
17 BGH v. 25.3.1991 – II ZR 188/89, BGHZ 114, 127, 133 = NJW 1991, 1830; BGH v. 4.7.1994 – II ZR 197/93, BGHZ 126, 340, 344 = NJW 1994, 2484; *Rob. Fischer*, BB 1967, 859; *Mertens* in FS Steindorff, 1990, S. 173, 177 ff.; *Peltzer* in FS Zimmerer, 1997, S. 377, 381; *Hüffer*, § 113 AktG Rz. 5; *Hopt/Roth* in Großkomm. AktG, 4. Aufl., § 113 AktG Rz. 102 f.; *Mertens* in KölnKomm. AktG, 2. Aufl., § 113 AktG Rz. 5.

### e) Gleichbehandlungsgebot

Aufsichtsratsmitglieder sind sowohl bei der Frage, ob eine Vergütung gewährt wird, als auch in Ansehung der Art und Höhe der Vergütung gleich zu behandeln[18]. Differenzierungen aus sachlichen Gründen, insbesondere in Ansehung der Funktion und Aufgaben, sind zulässig und geboten. Namentlich der Aufsichtsratsvorsitzende nimmt dabei eine exponierte Stellung ein. Seine Funktion als erster Ansprechpartner des Vorstands, Sitzungsleiter und Verantwortlicher für die Organisation der Aufsichtsratsarbeit rechtfertigt (und erfordert regelmäßig) eine höhere Vergütung im Vergleich zu den übrigen Mitgliedern. Unzulässig ist demgegenüber die unterschiedliche Behandlung von Anteilseignervertretern und Arbeitnehmervertretern ohne weitere sachliche Kriterien. Der „Marktwert" eines Aufsichtsratsmitglieds ist kein hinreichender Grund für eine höhere Vergütung[19], zudem ist er kein Kriterium, das der Satzungsgeber oder die Hauptversammlung bei der Festsetzung der Vergütung sachgerecht beurteilen könnte. Auch die Aufsichtsräte selbst lehnen bei empirischen Untersuchungen ein derartiges Vergütungssystem ganz überwiegend mit dem Argument ab, dass es die Homogenität des Gremiums untergrabe[20].

14

### f) Angemessenheit

Nach § 113 Abs. 1 Satz 3 soll die Vergütung in einem **angemessenen Verhältnis** zu den Aufgaben der Aufsichtsratsmitglieder und der Lage der Gesellschaft stehen. Ziel der Vorschrift ist es, überhöhte Aufsichtsratsvergütungen zu verhindern. Wann eine Vergütung angemessen ist, ist stets eine Frage des Einzelfalls. Auch hier gilt: Dem Aufsichtsratsvorsitzenden und (gegebenenfalls in abgeschwächter Form) auch seinem Stellvertreter sollte im Regelfall eine höhere Vergütung gewährt werden als den übrigen Mitgliedern[21]; vorgeschlagen wird insofern der drei- oder gar vierfache Betrag, mitunter auch eine Angleichung an die Vergütung des Vorstands.

15

In der Praxis ist die Angemessenheit der Aufsichtsratsvergütung selten problematisch; im Gegenteil: die Vergütung ist **eher zu niedrig**[22]. Die Bestrebungen, die corporate governance der Aktiengesellschaften durch eine Intensivierung der Kontrolltätigkeit des Aufsichtsrats zu verbessern, wird oftmals eine Erhöhung der Vergütung erforderlich machen[23].

16

Eine **unangemessen hohe Vergütung** führt nicht ohne weiteres zur Nichtigkeit der Satzungsregelung bzw. des Hauptversammlungsbeschlusses[24], da § 113 Abs. 1 Satz 3 lediglich eine Sollvorschrift ist. Es gelten insofern die allgemeinen zivilrechtlichen Schranken, insbesondere jene des § 138 BGB. Liegt keine sittenwidrige Vergütung vor, so ist eine Rückforderung nach Bereicherungsrecht ausgeschlossen. Die Verletzung einer Sorgfaltspflicht seitens der Aufsichtsratsmitglieder kann darin nicht gese-

17

---

18 S. nur *Hopt/Roth* in Großkomm. AktG, 4. Aufl., § 113 AktG Rz. 67 ff.
19 *Säcker*, NJW 1989, 1521, 1525; *Lutter/Krieger*, Aufsichtsrat, Rz. 843; *Mertens* in KölnKomm. AktG, 2. Aufl., § 113 AktG Rz. 9; *Habersack* in MünchKomm. AktG, 3. Aufl., § 113 AktG Rz. 39; *Spindler* in Spindler/Stilz, § 113 AktG Rz. 30; a.A. *Haarmann* in FS Hüffer, S. 243, 247 ff.
20 *Probst/Theisen*, Der Aufsichtsrat 2009, 154 ff. m.w.N.
21 Vgl. Ziff. 5.4.6 Abs. 1 Satz 2 DCGK; ferner *Hüffer*, § 113 AktG Rz. 4; *Habersack* in MünchKomm. AktG, 3. Aufl., § 113 AktG Rz. 39; *Spindler* in Spindler/Stilz, § 113 AktG Rz. 32 ff.
22 *Hüffer*, § 113 AktG Rz. 4; *Semler* in MünchKomm. AktG, 2. Aufl., § 113 AktG Rz. 34 und Fn. 75.
23 S. auch *Hopt/Roth* in Großkomm. AktG, 4. Aufl., § 113 AktG Rz. 57.
24 *Lutter*, AG 1979, 88; *Hopt/Roth* in Großkomm. AktG, 4. Aufl., § 113 AktG Rz. 61; *Mertens* in KölnKomm. AktG, 2. Aufl., § 113 AktG Rz. 32; *Habersack* in MünchKomm. AktG, 3. Aufl., § 113 AktG Rz. 42; *Spindler* in Spindler/Stilz, § 113 AktG Rz. 28.

hen werden[25], da in Vergütungsfragen keine Pflicht besteht, die Interessen der Gesellschaft zu wahren, sondern jedes Organmitglied seine eigenen wirtschaftlichen Interessen verfolgen darf. Allerdings ist ein Hauptversammlungsbeschluss, der eine unangemessene Vergütung bewilligt, wegen Gesetzesverletzung anfechtbar.

18 Davon zu unterscheiden ist der Fall, dass sich eine im Ursprung angemessene Vergütungsregelung **im Nachhinein** dahin auswirkt, dass eine unangemessen hohe Vergütung zu zahlen ist. Das kann vor allem der Fall sein, wenn bei variablen Vergütungssystemen aufgrund unvorhersehbarer Faktoren Vergütungsbeträge zustande kommen, an die die Parteien in dieser Höhe nicht gedacht hatten. In diesem Fall kann – ähnlich wie bei abfindungsbeschränkenden Klauseln in Gesellschaftsverträgen[26] – eine Störung der Geschäftsgrundlage (§ 313 BGB) vorliegen. Die Vergütung ist dann auf das angemessene Maß herabzusetzen.

19 Gegen eine **unangemessen niedrige Vergütung** können die Mitglieder des Aufsichtsrats nicht vorgehen, da es bereits an der gesetzlichen Pflicht der Gesellschaft fehlt, die Aufsichtsratstätigkeit überhaupt zu vergüten.

## 2. Herabsetzung

20 Trifft die Satzung eine Bestimmung über die Vergütung der Aufsichtsratstätigkeit, so ist die Hauptversammlung nicht daran gebunden. Vielmehr genügt ein mit **einfacher Stimmenmehrheit** gefasster Beschluss, um die statutarisch festgeschriebene Aufsichtsratsvergütung herabzusetzen (§ 113 Abs. 1 Satz 4). Eine Verschärfung des Mehrheitserfordernisses ist unzulässig[27]. Da es sich ausweislich des Wortlauts der Vorschrift auch hier um eine (im Vergleich zu § 179 erleichterte) **Satzungsänderung** handelt, bedarf es zu deren Wirksamkeit der Eintragung im Handelsregister (§ 181 Abs. 3)[28]. Der Herabsetzungsbeschluss kann nicht rückwirkend gefasst werden. Änderungen im laufenden Geschäftsjahr sind möglich, allerdings nur ex nunc; Gesamtbezüge sind mithin nur anteilig herabzusetzen[29]. Die Herabsetzung kann einen wichtigen Grund zur Niederlegung des Amtes als Aufsichtsratsmitglied darstellen[30]. Zur Frage des Ausschlusses der Vergütung siehe oben Rz. 7.

## 3. Auslagenersatz

21 **Keine Vergütung** im Sinne der Vorschrift ist der Ersatz von Auslagen, sofern diese notwendig und angemessen waren[31]. Insofern bedarf es weder einer Satzungsregelung noch eines Bewilligungsbeschlusses durch die Hauptversammlung[32]. Auslagen sind insbesondere Fahrt-, Unterkunfts-, Verpflegungs-, Telefon-, Porto und vergleichbare

---

25 A.A. *Semler* in MünchKomm. AktG, 2. Aufl., § 113 AktG Rz. 38; für den Vorstand auch *Lutter*, ZIP 2006, 733, 735; *Martens*, ZHR 169 (2005), 124, 136; *Ziemons* in FS U. Huber, 2006, S. 1043 ff.
26 Vgl. BGH v. 20.9.1993 – II ZR 104/92, BGHZ 123, 281 = NJW 1993, 3193.
27 *Habersack* in MünchKomm. AktG, 3. Aufl., § 113 AktG Rz. 33; *Spindler* in Spindler/Stilz, § 113 AktG Rz. 35.
28 *Hüffer*, § 113 AktG Rz. 6; *Habersack* in MünchKomm. AktG, 3. Aufl., § 113 AktG Rz. 34; *Spindler* in Spindler/Stilz, § 113 AktG Rz. 36.
29 Für gewinnabhängige Vergütung ähnlich *Hopt/Roth* in Großkomm. AktG, 4. Aufl., § 113 AktG Rz. 96.
30 *Semler* in MünchKomm. AktG, 2. Aufl., § 113 AktG Rz. 154; *Spindler* in Spindler/Stilz, § 113 AktG Rz. 37; *Bürgers/Israel* in Bürgers/Körber, § 113 AktG Rz. 19.
31 Vgl. *Fonk*, NZG 2009, 761 ff.
32 Vgl. *Thüsing/Veil*, AG 2008, 359, 365 ff., die zutreffend die Dienstbezogenheit und Angemessenheit der Aufwendungen als hinreichende aktienrechtliche Schranke hervorheben.

Kosten³³. Kosten für Personal sind hingegen nur ausnahmsweise auslagefähig³⁴, etwa wenn im Einzelfall eine Schreibkraft oder ein Übersetzer benötigt wird; ständige Berater oder Assistenten fallen indes nicht darunter. Die Kosten für die Unterhaltung eines Sekretariats sind nicht auslagefähig; allerdings kann auf Kosten der Gesellschaft ein Sekretariat des Aufsichtsrats eingerichtet werden, das unter Leitung des Vorsitzenden steht und das alle Mitglieder nutzen können³⁵. Sitzungsgelder sind nicht Auslage, sondern Vergütung (s. Rz. 11). Schulungs- und Fortbildungskosten sind nur dann als Auslage anzuerkennen, wenn es um den Erwerb erforderlicher Spezialkenntnisse geht³⁶.

Ein **pauschalisierter** Auslagenersatz ist zulässig³⁷. Allerdings muss klar zwischen Auslagenersatz und Vergütungsbestandteilen getrennt werden; insbesondere darf die Auslagenpauschale nicht eine verdeckte Vergütung darstellen. 22

## III. Erster Aufsichtsrat (§ 113 Abs. 2)

Gem. § 113 Abs. 2 wird der von den Gründern bestellte Aufsichtsrat (sog. erster Aufsichtsrat) zunächst ohne Anspruch auf Vergütung tätig. Die **Hauptversammlung** kann allerdings eine Vergütung bewilligen, jedoch erst dann, wenn über die Entlastung der Mitglieder des ersten Aufsichtsrats zu beschließen ist. Da die Entlastung am Ende der Amtszeit erfolgt (§ 30 Abs. 1), ist die Entscheidung über die Vergütung zeitlich der Aufsichtsratstätigkeit zwingend nachgelagert. Vorher gefasste Bewilligungsbeschlüsse sind nichtig³⁸. Dadurch soll der Einfluss der Gründer auf die Vergütung des ersten Aufsichtsrats abgeschwächt werden; § 113 Abs. 2 dient mithin auch dem Schutz vor Schwindelgründungen. Konsequenterweise genügt eine statutarische Festsetzung in diesen Fällen nicht. § 26 bleibt indes unberührt. 23

## IV. Variable Aufsichtsratsvergütung

### 1. Zielsetzung

Das praktische **Bedürfnis** daran, den Aufsichtsrat durch eine variable Vergütung am unternehmerischen Erfolg partizipieren zu lassen, wird überwiegend damit begründet, dass ein Interessengleichlauf zwischen Aktionären und Organen der Gesellschaft im Sinne eines gemeinsamen Interesses am wirtschaftlichen Erfolg herbeigeführt werden soll. Beschränkt wird die Anreizwirkung bei den Arbeitnehmervertretern und den Vertretern von Körperschaften des öffentlichen Rechts dadurch, dass sie die Vergütung bis auf einen geringen Rest abführen müssen³⁹. Bei den übrigen Anteilseignervertretern ist die Anreizwirkung relativ gering, da sie das Mandat im Nebenamt ausüben und die aus der Haupttätigkeit bezogene Vergütung den weit überwiegenden Teil der Gesamteinnahmen ausmacht. Empirische Studien zeigen zudem, 24

---

33 Vgl. nur *Lutter/Krieger*, Aufsichtsrat, Rz. 845; *Hopt/Roth* in Großkomm. AktG, 4. Aufl., § 110 AktG Rz. 19; zur Frage des angemessenen Lebensstandards *Semler* in FS Claussen, 1997, S. 381, 386 f.
34 Wie hier *Hüffer*, § 113 AktG Rz. 2a; großzügiger *Mertens* in KölnKomm. AktG, 2. Aufl., § 113 AktG Rz. 10.
35 *Lutter/Krieger*, Aufsichtsrat, Rz. 845 mit Fn. 5.
36 *Lutter/Krieger*, Aufsichtsrat, Rz. 846; *Potthoff/Trescher*, Das Aufsichtsratsmitglied, S. 178.
37 *Lutter/Krieger*, Aufsichtsrat, Rz. 847; *Hüffer*, § 113 AktG Rz. 2a.
38 *Mertens* in KölnKomm. AktG, 2. Aufl., § 113 AktG Rz. 27; *Habersack* in MünchKomm. AktG, 3. Aufl., § 113 AktG Rz. 54; *Spindler* in Spindler/Stilz, § 113 AktG Rz. 56.
39 *Habersack* in MünchKomm. AktG, 3. Aufl., § 113 AktG Rz. 5, 46; *Haarmann* in FS Hüffer, S. 243, 249.

dass die maßgebliche Motivation für die Übernahme eines Aufsichtsratsmandats nicht in monetären Aspekten besteht[40]. Der DCGK empfiehlt in Ziff. 5.4.6 Abs. 2 gleichwohl, eine erfolgsabhängige Aufsichtsratsvergütung festzusetzen, wobei langfristigen Erfolgsparametern eine besondere Bedeutung zugemessen wird. Die Anreizwirkung variabler Vergütungsmodelle ist grundsätzlich nicht zu beanstanden (zu Einschränkungen s. Rz. 32), jedoch ist angesichts der Schwierigkeiten bei der Festsetzung geeigneter Parameter und der begrenzten Wirkung der variablen Vergütung auch die Entscheidung für eine feste Vergütung gut begründbar.

### 2. Beteiligung am Jahresgewinn (§ 113 Abs. 3)

25 § 113 Abs. 3 setzt die Zulässigkeit einer am **Gewinn** der Gesellschaft orientierten Vergütung der Aufsichtsratsmitglieder voraus, ohne einen Anspruch darauf selbst zu gewähren (vgl. Rz. 3). Die Vergütung kann danach ganz oder zum Teil aus einem Anteil am Jahresgewinn bestehen. Sehen Satzung oder Hauptversammlungsbeschluss dies vor, so ist das in § 113 Abs. 3 Satz 1 vorgesehene **Berechnungsverfahren** anzuwenden[41]:

26 In einem **ersten Schritt** ist der Bilanzgewinn festzustellen, also der durch Gewinnvortrag und Entnahmen aus Gewinnrücklagen erhöhte sowie durch Verlustvortrag oder Einstellung in Gewinnrücklagen verminderte Jahresüberschuss (vgl. § 158 Abs. 1 Satz 1 Nr. 5) vor Abzug des Gewinnanteils[42]. In einem **zweiten Schritt** ist der Bilanzgewinn um mindestens 4 % der auf den geringsten Ausgabebetrag geleisteten Einlage zu kürzen. Maßgebend für die Berechnung ist entweder der Nennbetrag der Aktien oder der Anteil am Grundkapital der Gesellschaft (§ 8 Abs. 1 und 2). Ein eventuelles Aufgeld (Agio) bleibt unberücksichtigt. Die Satzung kann einen höheren Abzug vorschreiben.

27 Entgegenstehende Festsetzungen sind nichtig (**§ 113 Abs. 3 Satz 2**). Dies bedeutet nicht, dass eine der gesetzlichen Reglung zuwider laufende Festsetzung dazu führt, dass überhaupt keine Gewinnbeteiligung zu zahlen ist; vielmehr greift in diesen Fällen das in § 113 Abs. 3 Satz 1 vorgesehene Berechnungsverfahren ein. Zudem sollen nur Abweichungen zugunsten der Aufsichtsratsmitglieder untersagt werden[43].

### 3. Sonstige Formen variabler Vergütung

28 Die **praktische Bedeutung** der in § 113 Abs. 3 geregelten Vergütungsform ist **gering**. Größere Relevanz haben demgegenüber variable Vergütungen, die an andere Parameter anknüpfen. Dies ist grundsätzlich zulässig, da § 113 Abs. 3 keine abschließende Regelung enthält, sondern lediglich das Berechnungsverfahren für die Bestimmung des Jahresüberschusses vorschreibt[44]. So ist etwa die Anknüpfung an die Höhe der ausgeschütteten Dividende oder an ein Vorsteuerergebnis möglich[45]. Auch eine An-

---

40 *Towers Perrin Germany*, Corporate Goverance Report 2005, http://www.towersperrin.com/tp/getwebcachedoc?webc=HRS/DEU/2005/200502/Corporate_Gov_2005.pdf, S. 5 ff.; *Lorsch/McIver*, Pawns or Potentates: The Reality of America's Corporate Boards, 1989, S. 26 ff.; vgl. auch *Seele*, Rahmenbedingungen für das Verhalten von Aufsichtsratsmitgliedern deutscher börsennotierter Unternehmen, 2007, S. 42, 173 f.
41 Ausführlich dazu *Habersack* in MünchKomm. AktG, 3. Aufl., § 113 AktG Rz. 58 ff.
42 *Hüffer*, § 113 AktG Rz. 9.
43 *Hopt/Roth* in Großkomm. AktG, 4. Aufl., § 113 AktG Rz. 125; *Habersack* in MünchKomm. AktG, 3. Aufl., § 113 AktG Rz. 61.
44 A.A. offenbar *Krieger* in FS Röhricht, S. 349, 363.
45 *Semler* in MünchKomm. AktG, 2. Aufl., § 113 AktG Rz. 64; a.A. *Krieger* in FS Röhricht, S. 349, 359; wohl auch *Spindler* in Spindler/Stilz, § 113 AktG Rz. 55.

bindung an die Entwicklung im Konzern ist denkbar. Unzulässig sind hingegen aktienkursorientierte Tantiemen, da sie die wirtschaftlichen Folgen von Aktienoptionen und Wandelanleihen nachbilden, für die es ihrerseits an einer rechtlichen Grundlage fehlt (s. sogleich Rz. 29).

### a) Aktienoptionen, Wandel- und Optionsanleihen

Entgegen der verbreiteten Auffassung stellt die Gewährung von **Aktienoptionen** keine zulässige Vergütungsform dar. § 192 Abs. 2 Nr. 3 beschränkt den Kreis der Bezugsberechtigten für Aktien aus einer bedingten Kapitalerhöhung auf Arbeitnehmer und Mitglieder des Geschäftsführungsorgans. Gleiches gilt für die Verwendung eigener Aktien zur Bedienung von Aktienoptionen, da § 71 Abs. 1 Nr. 8 Satz 5 auf § 193 Abs. 2 Nr. 4 verweist, der wiederum auf § 192 Abs. 2 Nr. 3 Bezug nimmt. Der Aufsichtsrat ist kein Geschäftsführungs-, sondern **Kontrollorgan** der Gesellschaft. Es fehlt mithin bereits an der rechtlichen Grundlage, Aktienoptionen von Aufsichtsratsmitgliedern zu bedienen[46]. 29

Dem von der Gegenauffassung[47] vorgebrachten Argument, dass aus der Zulässigkeit der Begebung von **Wandel- oder Optionsanleihen** nach § 221 an Aufsichtsratsmitglieder die Möglichkeit der Teilhabe an Aktienoptionsprogrammen an diese Personengruppe folgen müsse, ist mittlerweile die Grundlage entzogen. Gem. § 221 Abs. 4 ist § 193 Abs. 2 Nr. 4 nunmehr entsprechend anzuwenden, womit Aufsichtsratsmitglieder auch hier nicht zum Kreis der Bezugsberechtigten zählen[48]. Die Gewährung von Aktienoptionen an **Mitglieder des Prüfungsausschusses** wird auch von denjenigen kritisch gesehen, die dieser Möglichkeit ansonsten aufgeschlossener gegenüberstehen[49]. Bei diesem Personenkreis wäre eine Verhaltenssteuerung, die auf eine Erhöhung des Börsenkurses gerichtet ist, unmittelbar kontraproduktiv. 30

### b) Börsenkursbezogene Tantiemen

Noch nicht beantwortet ist damit aber die Frage, ob **schuldrechtliche Gestaltungsformen**, die den Aufsichtsratsmitgliedern eine am Börsenkurs orientierte Vergütung gewähren (*phantom stocks* und *stock appreciation rights*), zulässig sind. Das Problem der Bedienung von Ansprüchen stellt sich in diesen Fällen nicht, da nicht die Übertragung von Anteilen geschuldet ist, sondern lediglich ein vergleichbarer wirtschaftlicher Erfolg herbeigeführt werden soll. Insofern wird in die Bezugsrechte der Aktionäre nicht eingegriffen. Dennoch wird man diese Art der Vergütung als **unzulässig** ansehen müssen[50]. Dies ergibt sich aus der besonderen Funktion des Aufsichtsrats als Kontrollorgan. Bei einer am Börsenkurs orientierten Vergütung besteht die Gefahr, dass der Aufsichtsrat seiner Überwachungsaufgabe nicht mehr in hinreichendem Maße nachkommt und Unregelmäßigkeiten bei der Unternehmensleitung aus Sorge vor einem Absinken des Aktienkurses verschwiegen werden. Damit würde ein 31

---

46 Ebenso BGH v. 16.2.2004 – II ZR 316/02, BGHZ 158, 122 = NJW 2004, 1109 = AG 2004, 265.
47 *Hoff*, WM 2003, 910, 911; *Lutter* in FS Hadding, S. 561, 567.
48 *Habersack*, ZGR 2004, 721, 729; *Spindler* in Spindler/Stilz, § 113 AktG Rz. 51; a.A. *Gehling*, ZIP 2005, 549, 557; *Hoffmann-Becking*, ZHR 169 (2005), 155, 180; *Hopt/Roth* in Großkomm. AktG, 4. Aufl., § 113 AktG Rz. 43 ff.
49 *Hopt/Roth* in Großkomm. AktG, 4. Aufl., § 113 AktG Rz. 37; *Warncke*, Prüfungsausschuss und Corporate Governance, 2005, S. 203.
50 Ebenso BGH v. 16.2.2004 – II ZR 316/02, BGHZ 158, 122, 126 = NJW 2004, 1109 = AG 2004, 265; *Habersack*, ZGR 2004, 721, 731 f.; *Meyer/Ludwig*, ZIP 2004, 940, 945 f.; a.A. *Baums* in FS Claussen, 1997, S. 1, 6; *Feddersen*, ZHR 161 (1997), 269, 273 f.; *Hoffmann-Becking*, NZG 1999, 797, 800; *Paefgen*, WM 2004, 1169, 1173 ff.; *Hopt/Roth* in Großkomm. AktG, 4. Aufl., § 113 AktG Rz. 47; *Semler* in MünchKomm. AktG, 2. Aufl., § 113 AktG Rz. 62 f.; *Spindler* in Spindler/Stilz, § 113 AktG Rz. 53 f.

Fehlanreiz gesetzt, das langfristige Interesse an einem Erfolg des Unternehmens hinter das Ziel eines kurzfristig hoch bleibenden Börsenkurses zurückzustellen. Bedenklich ist zudem, dass die Anreizsysteme für den Vorstand in der Regel auch am Börsenkurs orientiert sind, so dass für beide Organe dieselben Erfolgsparameter mit ihren Anreizwirkungen gelten[51].

### c) Zulässige Gestaltungsformen

32  Möglich ist hingegen die Anknüpfung an die Höhe der ausgeschütteten Dividende oder an ein Vorsteuerergebnis[52]. Auch eine Anbindung an die Entwicklung im Konzern ist denkbar. Zu bedenken ist allerdings, dass an einzelne Parameter anknüpfende Tantiemen mitunter auch Anreizwirkungen erzeugen, die dem Unternehmensinteresse zuwiderlaufen. Zudem besteht die Gefahr sog. *windfall profits*, bei denen die variable Vergütung sich aus Gründen erhöht, die mit der Arbeit des Aufsichtsrats nichts zu tun haben können. Dies sind jedoch beides Fragen, die die Aktionäre bei der Festsetzung der Vergütung in Satzung oder Hauptversammlungsbeschluss im Rahmen ihres unternehmerischen Ermessens beurteilen und gegen die Vorteile der variablen Vergütung abwägen müssen. Die damit verbundenen Probleme sind nicht so groß, dass man die Gestaltung als mit der Funktion des Aufsichtsrats unvereinbar ansehen müsste. Jenseits dieser Grenze besteht aber kein Schutz der Aktionärsminderheit gegen wirtschaftlich unvernünftige Entscheidungen der Mehrheit. In kritischen Fällen kann sich die Einführung einer Obergrenze der variablen Vergütung (Cap) empfehlen. Bei nicht vorhersehbar hohen Tantiemen kann zudem Störung der Geschäftsgrundlage vorliegen (s. Rz. 18).

## V. Steuerrechtliche Behandlung

33  Die Vergütung für die Tätigkeit als Aufsichtsratsmitglied ist gem. § 18 Abs. 1 Nr. 3 EStG **einkommensteuerpflichtig**[53]. Zudem unterliegt die Aufsichtsratsvergütung der Umsatzsteuer gem. § 2 Abs. 1 Satz 1 i.V.m. § 1 Abs. 1 Nr. 1 UStG, da es sich um eine Einnahme aus unternehmerischer Tätigkeit handelt. Nach zutreffender Auffassung ist die Gesellschaft auch ohne entsprechende Satzungsregelung verpflichtet, die Vergütung zuzüglich der Umsatzsteuer zu gewähren, da sie diese ihrerseits als Vorsteuer verrechnen kann.

34  Für die Gesellschaft ist die Aufsichtsratsvergütung **als Betriebsausgabe absetzbar**, allerdings gem. § 10 Nr. 4 KStG **nur zur Hälfte**. Dadurch soll unangemessen hohen Aufsichtsratsvergütungen entgegen gewirkt werden. Dies ist rechtspolitisch bedenklich[54], wird aber von der Rechtsprechung als verfassungsgemäß akzeptiert[55]. Erstatte-

---

51 Ebenso *Fuchs*, WM 2004, 2233, 2239; *Habersack*, ZGR 2004, 721, 733; *Hopt/Roth* in Großkomm. AktG, 4. Aufl., § 113 AktG Rz. 37.
52 *Habersack* in MünchKomm. AktG, 3. Aufl., § 113 AktG Rz. 62.
53 *Peltzer* in FS Zimmerer, 1997, S. 377, 392; *Potthoff/Trescher*, Das Aufsichtsratsmitglied, S. 178; *Hüffer*, § 113 AktG Rz. 7; *Hopt/Roth* in Großkomm. AktG, 4. Aufl., § 113 AktG Rz. 133; *Mertens* in KölnKomm. AktG, 2. Aufl., § 113 AktG Rz. 39; *Semler* in MünchKomm. AktG, 2. Aufl., § 113 AktG Rz. 169; *Spindler* in Spindler/Stilz, § 113 AktG Rz. 67.
54 Vgl. *Götz*, AG 1995, 337, 351; *Hoffmann-Becking* in FS Havermann, 1995, S. 229, 245 f.; *Lutter*, ZHR 159 (1995), 287, 303 f.; *Hüffer*, § 113 AktG Rz. 7; *Hopt/Roth* in Großkomm. AktG, 4. Aufl., § 113 AktG Rz. 131; *Mertens* in KölnKomm. AktG, 2. Aufl., § 113 AktG Rz. 39; *Semler* in MünchKomm. AktG, 2. Aufl., § 113 AktG Rz. 176; *Spindler* in Spindler/Stilz, § 113 AktG Rz. 66; vgl. auch die Empfehlung der Regierungskommission Corporate Governance, die Beschränkung zu streichen (*Baums*, Bericht Regierungskommission, Rz. 65).
55 BVerfG v. 7.11.1972 – 1 BvR 338/68, BVerfGE 34, 103 = WM 1973, 162; BFH v. 11.3.1981 – I R 8/77, BFHE 133, 193, 194 = BB 1981, 1319.

te Auslagen sind hingegen voll abzugsfähig[56], selbst wenn der Auslagenersatz in pauschalierter Form gewährt wird.

## § 114
## Verträge mit Aufsichtsratsmitgliedern

(1) Verpflichtet sich ein Aufsichtsratsmitglied außerhalb seiner Tätigkeit im Aufsichtsrat durch einen Dienstvertrag, durch den ein Arbeitsverhältnis nicht begründet wird, oder durch einen Werkvertrag gegenüber der Gesellschaft zu einer Tätigkeit höherer Art, so hängt die Wirksamkeit des Vertrags von der Zustimmung des Aufsichtsrats ab.

(2) Gewährt die Gesellschaft auf Grund eines solchen Vertrags dem Aufsichtsratsmitglied eine Vergütung, ohne dass der Aufsichtsrat dem Vertrag zugestimmt hat, so hat das Aufsichtsratsmitglied die Vergütung zurückzugewähren, es sei denn, dass der Aufsichtsrat den Vertrag genehmigt. Ein Anspruch des Aufsichtsratsmitglieds gegen die Gesellschaft auf Herausgabe der durch die geleistete Tätigkeit erlangten Bereicherung bleibt unberührt; der Anspruch kann jedoch nicht gegen den Rückgewähranspruch aufgerechnet werden.

| | | | |
|---|---|---|---|
| I. Allgemeines | 1 | 5. Verträge mit Tochtergesellschaften des Aufsichtsratsmitglieds | 15 |
| II. Zustimmungspflichtige Rechtsgeschäfte (§ 114 Abs. 1) | 5 | III. Zustimmung des Aufsichtsrats | 17 |
| 1. Dienst- oder Werkverträge, insbesondere: Beraterverträge | 5 | IV. Rechtsfolgen bei fehlender Zustimmung (§ 114 Abs. 3) | 20 |
| 2. „Außerhalb seiner Tätigkeit im Aufsichtsrat" | 8 | 1. Aktienrechtlicher Rückgewähranspruch der Gesellschaft | 20 |
| 3. Altverträge | 12 | 2. Gegenansprüche des Aufsichtsratsmitglieds | 21 |
| 4. Verträge mit Tochtergesellschaften | 13 | | |

**Literatur:** *Benecke*, Beratungsvereinbarungen mit Aufsichtsratsmitgliedern, WM 2007, 717; *Bosse*, Rechtliche Anforderungen an Verträge mit Aufsichtsratsmitgliedern und die Zustimmung des Aufsichtsrats nach § 114 AktG, NZG 2007, 172; *Brandner*, Der Hausanwalt einer AG als Mitglied des Aufsichtsrats, in FS Geiß, 2000, S. 231; *Deckert*, Beratungsverträge mit Aufsichtsratsmitgliedern, WiB 1997, 561; *Heussen*, Interessenkonflikte zwischen Amt und Mandat bei Aufsichtsräten, NJW 2001, 708; *Drygala*, Zu Beraterverträgen mit Gesellschaften, an denen Aufsichtsratsmitglieder beteiligt sind, EWiR 2007, 99; *C. Jaeger*, Beraterverträge mit Aufsichtsratsmitgliedern, ZIP 1994, 1759; *Krummel/Küttner*, Dienst- und Werkverträge mit Aufsichtsratsmitgliedern nach § 114 AktG, DB 1996, 193; *Lutter/Drygala*, Die besondere sachverständige Beratung des Aufsichtsrats durch seine Mitglieder, in FS Ulmer, 2003, S. 381; *Lutter/Kremer*, Die Beratung der Gesellschaft durch Aufsichtsratsmitglieder, ZGR 1992, 87; *Mertens*, Beratungsverträge mit Aufsichtsratsmitgliedern, in FS Steindorff, 1990, S. 173; *Hans-Friedrich Müller*, Aufsichtsratsmandat und anwaltliche Tätigkeit, NZG 2002, 797; *Peltzer*, Beratungsverträge der Gesellschaft mit Aufsichtsratsmitgliedern, ZIP 2007, 305; *W. Oppenhoff*, Zum Kreis der von § 114 AktG Betroffenen, in FS Barz, 1974, S. 283; *Schlaus*, Verträge mit Aufsichtsratsmitgliedern gemäß § 114 AktG, AG 1968, 376; *E. Vetter*, Beratungsverträge mit Aufsichtsratsmitgliedern, AG 2006, 173; *v. Schenck*, Verträge mit Beratungsunternehmen, denen ein Aufsichtsratsmitglied des beratenen Unternehmens angehört, DStR 2007, 395; *Staake*, Zu Ansprüchen des Aufsichtsratsmit-

---

[56] *Hopt/Roth* in Großkomm. AktG, 4. Aufl., § 113 AktG Rz. 132; *Semler* in MünchKomm. AktG, 2. Aufl., § 113 AktG Rz. 175.

glieds für erbrachte Beratungsleistungen, EWiR 2009, 629; *Tophoven*, Sind Rahmen-Beratungsvereinbarungen mit Aufsichtsratsmitgliedern (doch) noch zu retten?, BB 2007, 2413; *Wissmann/Ost*, Im Blickpunkt: Der Beratungsvertrag mit der Sozietät eines Aufsichtsratsmitglieds, BB 1998, 1957.

## I. Allgemeines

1 § 114 bestimmt, dass bestimmte Rechtsgeschäfte zwischen Gesellschaft und Aufsichtsratsmitgliedern nur mit Zustimmung des Aufsichtsrats wirksam werden. Die Überschrift ist allerdings zu weit gefasst: Nicht sämtliche Verträge, sondern nur die in **Abs. 1** bezeichneten Dienst- und Werkverträge sind zustimmungspflichtig. Hauptanwendungsbereich der Vorschrift sind Beraterverträge. **Abs. 2** gewährt der Gesellschaft einen aktienrechtlichen Rückgewähranspruch, wenn eine Vergütung geleistet wurde, obwohl der Vertrag mangels Zustimmung nicht wirksam zustande gekommen ist. Gegen diesen kann das Aufsichtsratsmitglied nicht mit einem Anspruch wegen ungerechtfertigter Bereicherung aufrechnen.

2 **Ziel der Regelung** ist es, eine unsachgemäße Beeinflussung der Aufsichtsratsmitglieder durch den Vorstand zu verhindern[1]. Der Vorstand soll nicht ohne Wissen und Wollen des Aufsichtsrats dessen Mitglieder durch den Abschluss von Beratungs- und ähnlichen Verträgen honorieren können[2]. Dadurch soll zugleich die persönliche Unabhängigkeit von Aufsichtsratsmitgliedern gegenüber dem Vorstand gestärkt[3], ferner aber auch der Gewährung überhöhter oder gar unbegründeter Vergütungen vorgebeugt werden[4].

3 Die Vorschrift steht in engem **Zusammenhang mit § 113**[5]: Sie dient zum einen dazu, Umgehungen der Vergütungsregeln des § 113 zu erschweren; zum anderen ist im Anwendungsbereich des § 113 von vornherein kein Raum für Vergütungsleistungen im Sinne von § 114 (dazu Rz. 8 ff.).

4 § 114 ist **zwingendes Recht**[6]. Verstöße können eine Schadensersatzpflicht der Vorstandsmitglieder (§ 93 Abs. 3 Nr. 7) und des betroffenen Aufsichtsratsmitglieds (§ 116) begründen.

## II. Zustimmungspflichtige Rechtsgeschäfte (§ 114 Abs. 1)

### 1. Dienst- oder Werkverträge, insbesondere: Beraterverträge

5 § 114 Abs. 1 beschränkt den sachlichen Anwendungsbereich des Zustimmungserfordernisses auf **Dienstverträge** und solche **Werkverträge**, in denen sich das Aufsichtsratsmitglied zu einer **Tätigkeit höherer Art** verpflichtet. Erfasst werden auch Geschäftsbesorgungsverträge im Sinne von § 675 BGB. Höherer Art ist eine Tätigkeit

---

1 Vgl. Ausschussbericht bei *Kropff*, Aktiengesetz, S. 158; *Hüffer*, § 114 AktG Rz. 1; *Hopt/Roth* in Großkomm. AktG, 4. Aufl., § 114 AktG Rz. 4; *Spindler* in Spindler/Stilz, § 114 AktG Rz. 1; *Bürgers/Israel* in Bürgers/Körber, § 114 AktG Rz. 1.
2 *Hüffer*, § 114 AktG Rz. 1.
3 *Hellwig*, ZIP 1999, 2117, 2125; *Lutter/Kremer*, ZGR 1992, 87, 92; *Hopt/Roth* in Großkomm. AktG, 4. Aufl., § 114 AktG Rz. 5.
4 BGH v. 4.7.1994 – II ZR 197/93, BGHZ 126, 340, 347 = NJW 1994, 2484 = AG 1994, 508; *Beater*, ZHR 157 (1993), 420, 426; *Hopt/Roth* in Großkomm. AktG, 4. Aufl., § 114 AktG Rz. 4; *Spindler* in Spindler/Stilz, § 114 AktG Rz. 1.
5 Dazu *Lutter/Drygala* in FS Ulmer, 2003, S. 381 ff.; *Hopt/Roth* in Großkomm. AktG, 4. Aufl., § 114 AktG Rz. 5; *Mertens* in KölnKomm. AktG, 2. Aufl., § 114 AktG Rz. 2; kritisch *Spindler* in Spindler/Stilz, § 114 AktG Rz. 2.
6 *Hopt/Roth* in Großkomm. AktG, 4. Aufl., § 114 AktG Rz. 6.

dann, wenn sie über das normale Maß hinaus gehende Kenntnisse oder Fertigkeiten erfordert und somit eine besondere Vertrauensstellung begründet wird. Da Sonderverträge mit Aufsichtsratsmitgliedern in der Regel Beratungsleistungen auf ökonomischen, juristischen oder technischem Gebiet zum Gegenstand haben, ist diese Einschränkung praktisch nicht von Relevanz[7].

**Nicht** der Zustimmung bedürfen ausweislich des Wortlauts der Vorschrift **Arbeitsverträge**, so dass für Arbeitnehmerverträge die Vorschrift nur einschlägig ist, wenn neben dem Arbeits- ein weiteres Rechtsverhältnis begründet werden soll[8]. 6

Die Norm findet entsprechende Anwendung, wenn der **Auftrag** an das Aufsichtsratsmitglied nicht vom Vorstand, sondern **vom Aufsichtsrat selbst erteilt** wird, weil der Aufsichtsrat besondere sachkundige Beratung benötigt. Eine freie Möglichkeit der Beauftragung[9] kann ebenso wenig überzeugen wie ein generelles Verbot dieser Möglichkeit der Beauftragung[10]. Vielmehr ist die Anwendung der Kriterien, die zur Beauftragung durch den Vorstand entwickelt wurden, die sachgerechte Lösung[11]. 7

### 2. „Außerhalb seiner Tätigkeit im Aufsichtsrat"

§ 114 Abs. 1 erfasst nur Verträge, die das Aufsichtsratsmitglied zu einer Tätigkeit verpflichten, die nicht schon zu seiner Aufsichtsratstätigkeit zählen; für Letztere ist allein § 113 maßgeblich. Aus einer **Gesamtbetrachtung der §§ 113, 114** ergibt sich somit, dass Verträge, deren Gegenstand außerhalb der Organpflichten liegt, unter Beachtung der förmlichen Voraussetzungen des § 114 Abs. 1 wirksam geschlossen werden können, dass aber andererseits Verträge, deren Gegenstand mit der Organpflicht identisch ist, selbst mit Zustimmung des Aufsichtsrats nicht wirksam geschlossen werden können. Sie sind vielmehr als eine verdeckte, im Widerspruch zu § 113 gewährte Vergütung unwirksam, selbst wenn insoweit ein Zustimmungsbeschluss nach § 114 besteht. Aufsichtsratsmitgliedern darf weder mit noch ohne Zustimmung des Aufsichtsrats eine Zusatzvergütung für Dienste gewährt werden, die bereits aus der Organstellung heraus geschuldet sind, es sei denn, sie ist durch Satzungsregelung oder Hauptversammlungsbeschluss legitimiert[12]. 8

Notwendig ist somit eine **Abgrenzung** zwischen Tätigkeiten, die zu den gesetzlichen Aufgaben des Aufsichtsrats zählen, und solchen, die darüber hinausgehen. Die Anwendung des § 114 Abs. 1 auf Beratungsverträge mit Aufsichtsratsmitgliedern ist besonders problematisch, weil die Beratung des Vorstands ein Teil der gesetzlichen Aufgaben des Aufsichtsrats ist (s. § 111 Rz. 4). Als eine so verstandene Pflicht ist die Beratungsaufgabe des Aufsichtsrats heute fast allgemein anerkannt, und zwar auch als individuelle Pflicht des einzelnen Mitglieds[13]. Zugleich ist es nicht möglich, den 9

---

7 Ebenso *Beater*, ZHR 157 (1993), 420, 427; *Schlaus*, AG 1968, 376; *Hüffer*, § 114 AktG Rz. 3; *Hopt/Roth* in Großkomm. AktG, 4. Aufl., § 114 AktG Rz. 10.
8 *Hüffer*, § 114 AktG Rz. 3; *Hopt/Roth* in Großkomm. AktG, 4. Aufl., § 114 AktG Rz. 11; *Spindler* in Spindler/Stilz, § 114 AktG Rz. 12.
9 Dafür *Lehmann*, BB 1966, 1758; *Geßler* in G/H/E/K, § 114 AktG Rz. 19 f.
10 Dafür *Bernhardt*, DB 1967, 863, 865; *Rob. Fischer*, BB 1967, 862; besonders deutlich *Mertens* in FS Steindorff, 1990, S. 184: „Selbstbedienung der Aufsichtsratsmitglieder in gegenseitigem Einvernehmen".
11 Näher *Lutter/Drygala* in FS Ulmer, 2003, S. 381, 390 ff.
12 *Mertens* in FS Steindorff, 1990, S. 183 f.; *Rob. Fischer*, BB 1967, 859, 862; *Hüffer*, § 114 AktG Rz. 4; *Spindler* in Spindler/Stilz, § 114 AktG Rz. 15.
13 Vgl. BGH v. 25.3.1991 – II ZR 188/89, BGHZ 114, 127, 130 = NJW 1991, 1830 = AG 1991, 312; BGH v. 4.7.1994 – II ZR 197/93, BGHZ 126, 340, 344 = NJW 1994, 2484 = AG 1994, 508; OLG Köln v. 25.7.1994 – 19 U 289/93, AG 1995, 90, 91; KG v. 25.9.1995 – 2 U 6753/94, AG 1997, 42, 43; LG Stuttgart v. 27.5.1998 – 27 O 7/98, ZIP 1998, 1275, 1278 sowie die Ausführungen unter § 111 Rz. 13 f.

Umfang dieser Beratungspflicht nach zeitlichen oder umfangmäßigen Kriterien zu bestimmen. Klar ist aber auch, dass nicht sämtliche Beratungsleistungen, nach denen in einem Unternehmen Bedarf entstehen kann, von Aufsichtsratsmitgliedern erbracht werden müssten, sofern sie zufällig die entsprechende Fachkunde mitbringen. Die erforderliche Abgrenzung muss daher an der **Art der Tätigkeit** einerseits und den **Kompetenzgrenzen des Aufsichtsrats** andererseits erfolgen: Wo der Aufsichtsrat nicht mehr zu Überwachung und Beratung zuständig ist, endet auch die Beratungspflicht des einzelnen Mitglieds[14].

10 **Ähnlich** grenzt auch der **BGH** ab, wenn er verlangt, dass der Vertrag „Fragen eines besonderen Fachgebiets" betreffen müsste, weil in diesem Fall die Befassung mit solchen speziellen Materien nicht Aufgabe eines Aufsichtsratsmitglieds sei[15]. Von daher besteht Raum für eine Zustimmung nach § 114 Abs. 1, wenn der Vertrag entweder von vornherein Fragen des Tagesgeschäfts betrifft, denn auf diese bezieht sich die Beratungstätigkeit des Aufsichtsrats nicht (arg. § 90), oder er zwar Gegenstände betrifft, die im Grundsatz der Überwachung unterliegen, die aber aufgrund der erforderlichen Beratungstiefe Teil des Tagesgeschäfts sind, mit dem sich der Aufsichtsrat nicht befassen muss[16]. Der Kreis originärer Organtätigkeit ist dabei allerdings **nicht zu eng** zu ziehen. Der BGH hat jüngst klargestellt, dass sich die Beratungspflicht des Aufsichtsrats durchaus auch auf schwierige steuerrechtliche und betriebswirtschaftliche Fragestellungen erstrecken kann[17]. Zum Gegenstand der Organtätigkeit können daher auch die – ggf. konzerndimensionale – „mitwirkende Beratung" am Jahresabschluss sowie die Beratung des Vorstands beim Abschluss von Unternehmens- und Beteiligungskaufverträgen oder bei Fragen im Zusammenhang mit staatlichen Investitionszuschüssen gehören. Dabei wird von den Aufsichtsratsmitgliedern nicht nur ein Mindestmaß an fachlichen Kenntnissen verlangt; vielmehr sind auch etwaige Spezialkenntnisse einzusetzen, ohne dass dies gesondert zu vergüten wäre.

11 **Zusammenfassend** lässt sich formulieren: § 114 Abs. 1 untersagt Beratungsverträge in Bereichen, die unternehmerische Führungsfunktionen und Führungsentscheidungen betreffen, weil die diesbezügliche Beratung Teil der originären Aufsichtsratsaufgabe ist[18], und erlaubt Beratungsverträge dort, wo sie ganz oder wesentlich das Tagesgeschäft der Gesellschaft betreffen. Der BGH verlangt darüber hinaus, dass dem Aufsichtsrat offen gelegt und erkennbar gemacht werden muss, dass es sich bei der vom Aufsichtsratsmitglied übernommenen Verpflichtung um eine „außerhalb der Aufsichtsratstätigkeit" liegende Tätigkeit handelt. Lässt der Vertrag eine eindeutige Zuordnung nicht zu, so ist im Zweifel ebenfalls Unwirksamkeit wegen Verstoßes gegen § 113 Abs. 1 anzunehmen[19]. Diese Einschränkung macht die Vorschrift in wesentli-

---

14 OLG Köln v. 25.7.1994 – 19 U 289/93, AG 1995, 90, 91; *Lutter/Kremer*, ZGR 1992, 87, 95 f.; *Lutter/Drygala* in FS Ulmer, 2003, S. 381, 389; *Mertens* in KölnKomm. AktG, 2. Aufl., § 114 AktG Rz. 6; *Spindler* in Spindler/Stilz, § 114 AktG Rz. 16; *Bürgers/Israel* in Bürgers/Körber, § 114 AktG Rz. 3.
15 BGH v. 25.3.1991 – II ZR 188/89, BGHZ 114, 127, 132 = NJW 1991, 1830; BGH v. 2.4.2007 – II ZR 325/05, ZIP 2007, 1056; ähnlich auch *Potthoff/Trescher*, Aufsichtsratsmitglied, S. 253.
16 Vgl. bereits *Lutter/Drygala* in FS Ulmer, 2003, S. 381, 389 f.; ferner *Lutter/Kremer*, ZGR 1992, 87, 96; *Jaeger*, ZIP 1994, 1759, 1760; *Hopt/Roth* in Großkomm. AktG, 4. Aufl., § 114 AktG Rz. 21; *Mertens* in KölnKomm. AktG, 2. Aufl., § 114 AktG Rz. 6; *Spindler* in Spindler/Stilz, § 114 AktG Rz. 16 f.
17 BGH v. 27.4.2009 – II ZR 160/08, ZIP 2009, 1661 = AG 2009, 661; dazu *Staake*, EWiR 2009, 629 f.
18 *Boujong*, AG 1995, 202, 204 f.; *Goette*, DStR 1994, 1390; ähnlich auch BGH v. 4.7.1994 – II ZR 197/93, BGHZ 126, 340, 344 = NJW 1994, 2484 = AG 1994, 508: „übergeordnete Fragen der Unternehmenspolitik".
19 BGH v. 4.7.1994 – II ZR 197/93, BGHZ 126, 340, 344 f. = NJW 1994, 2484 = AG 1994, 508; BGH v. 2.4.2007 – II ZR 325/05, ZIP 2007, 1056; *Lutter/Kremer*, ZGR 1992, 87, 96.

chen Teilen für die Praxis unbrauchbar, da sich häufig erst im Nachhinein feststellen lässt, ob sämtliche Aspekte der entfalteten Tätigkeit außerhalb der Aufsichtsratspflichten lagen. Diese Rechtsprechung erscheint auch überzogen, da ein faktisches Verbot von Beratungsverträgen neben der Aufsichtsratstätigkeit vom Gesetz ersichtlich nicht gewollt war. Gerade wenn auch Verträge mit Beratungsgesellschaften, an denen das Aufsichtsratsmitglied beteiligt ist, in den Anwendungsbereich des § 114 miteinbezogen werden (s. Rz. 15 f.), muss ein praktikabler Weg gefunden werden, solche Verträge auch wirksam schließen zu können. Hierfür kommt insbesondere die nachträgliche Genehmigung in Betracht (s. Rz. 19).

### 3. Altverträge

Das Zustimmungserfordernis gem. § 114 Abs. 1 greift unproblematisch bei Verträgen mit **amtierenden Aufsichtsratsmitgliedern** ein. Umstritten ist hingegen die Behandlung von Altverträgen, die vor Amtsbeginn abgeschlossen wurden. Nach früher herrschender Auffassung sollten diese ohne weiteres wirksam bleiben[20]. Der BGH hat allerdings bei Verträgen, die auf die Erbringung einer bereits kraft Organstellung geschuldeten Tätigkeit gerichtet sind und somit unter § 113 fallen, für die Dauer des Mandats die Wirksamkeit zu Recht verneint[21]. Nichts anderes kann für Verträge im Sinne von § 114 gelten. Nur so kann dem Normzweck, die Unabhängigkeit der Aufsichtsratsmitglieder gegenüber dem Vorstand zu gewährleisten, hinreichend Rechnung getragen werden. Anders als Verträge, die eine Erbringung von bereits kraft Organstellung geschuldeter Leistungen betreffen, sind die Verträge im Sinne von § 114 nicht zwingend unwirksam. Vielmehr kann der Aufsichtsrat seine Zustimmung erteilen und so die Wirksamkeit herbeiführen; verweigert er sie, verliert der Vertrag für die Dauer des Aufsichtsratsmandats seine Wirkung[22].

### 4. Verträge mit Tochtergesellschaften

Umstritten ist, ob die Zustimmung des Aufsichtsrats auch dann erforderlich ist, wenn das Mitglied einen **Vertrag mit einer konzernverbundenen Gesellschaft** abschließt, aber nicht selbst nur Mitglied im Mutter-Aufsichtsrat ist. Ein Teil der Literatur verneint das Erfordernis einer Zustimmung des Mutter-Aufsichtsrats generell. Begründet wird dies vor allem mit dem Wortlaut des § 114 Abs. 1, der – im Gegensatz zu § 115 Abs. 1 Satz 2 – eine besondere Regelung der Konzernproblematik nicht enthält. Daraus wird gefolgert, dass hier, anders als bei § 115 Abs. 1 Satz 2, eine konzernweite Anwendung der Norm vom Gesetzgeber nicht gewollt war[23]. Ein anderer Teil der Literatur äußert sich differenzierend: Eine Zustimmung des Mutter-Aufsichtsrats nach § 114 Abs. 1 soll danach erforderlich sein, wenn es sich bei dem Gegenstand des

---

20 *Fleck* in FS Heinsius, 1991, S. 89, 98; *Schlaus*, AG 1968, 376, 378; *Geßler* in G/H/E/K, § 114 AktG Rz. 3.
21 BGH v. 25.3.1991 – II ZR 188/89, BGHZ 114, 127, 133 f. = NJW 1991, 1830 = AG 1991, 312; vgl. auch BGH v. 2.7.1998 – IX ZR 63/97, AG 1998, 583, 584; ebenso *Mertens* in FS Steindorff, 1990, S. 173, 182 f.; *Lutter/Kremer*, ZGR 1992, 86 ff.; *Hopt/Roth* in Großkomm. AktG, 4. Aufl., § 114 AktG Rz. 31.
22 Ebenso BGH v. 4.7.1994 – II ZR 197/93, BGHZ 126, 340, 348 = NJW 1994, 2484; *Lutter/Kremer*, ZGR 1992, 86 ff.; *Hoffmann-Becking* in MünchHdb. AG, § 33 Rz. 34; *Hüffer*, § 114 AktG Rz. 2; *Hopt/Roth* in Großkomm. AktG, 4. Aufl., § 114 AktG Rz. 31 ff.; *Mertens* in KölnKomm. AktG, 2. Aufl., § 114 AktG Rz. 9; *Habersack* in MünchKomm. AktG, 3. Aufl., § 114 AktG Rz. 11; *Spindler* in Spindler/Stilz, § 114 AktG Rz. 6; a.A. *Semler* in MünchKomm. AktG, 2. Aufl., § 114 AktG Rz. 35 ff. (kein Bedürfnis für Ruhen des Vertrages).
23 So *Schlaus*, AG 1986, 376, 377; *Mertens* in FS Steindorff, 1990, S. 173, 186; *Hüffer*, § 114 AktG Rz. 2; *Geßler* in G/H/E/K, § 114 AktG Rz. 4; *Meyer-Landrut* in Großkomm. AktG, 3. Aufl., § 114 AktG Anm. 3.

Beratungsvertrages mit der Tochter um eine Angelegenheit handelt, die in den Zuständigkeitsbereich des Mutter-Aufsichtsrats fällt, oder wenn wiederum eine Umgehungsabsicht besteht, d.h. die Sache in die Tochter verlagert wurde, um die ansonsten nötige Zustimmung im Mutter-Aufsichtsrat zu vermeiden[24].

14 **Zutreffenderweise** sollte man hingegen § 114 Abs. 1 auch ohne Berücksichtigung solcher zusätzlicher Kriterien bereits dann anwenden, wenn ein Aufsichtsratsmitglied der Muttergesellschaft mit einem abhängigen Unternehmen im Sinne der §§ 15 ff. einen Beratervertrag schließt[25]. In einem Konzernverhältnis ist es nie auszuschließen, dass der Vorstand der Muttergesellschaft auf das abhängige Unternehmen Einfluss ausübt und so den Abschluss eines Beratungsvertrages veranlasst, der in der Muttergesellschaft wegen § 114 Abs. 1 nicht oder nicht ohne Zustimmung des Aufsichtsrats hätte abgeschlossen werden können. Diese abstrakte Gefahr reicht aus, um zu einer Anwendung der §§ 113, 114 auch im Konzern zu gelangen, auch wenn die Überwachung der einzelnen Tochtergesellschaft im konkreten Fall keine Aufgabe des Mutter-Aufsichtsrats ist[26]. Demgegenüber ist es von geringerem Gewicht, dass § 114, anders als die eine ähnliche Problematik betreffenden §§ 115 und 89, eine ausdrückliche Regelung der Konzernproblematik nicht enthält[27]. Hierfür besteht bei den §§ 113, 114 kein Anlass, weil die Überwachungs- und Beratungspflicht des Aufsichtsrats per se konzerndimensional ist. Das gilt für die Frage der Überwachung der Vorstandstätigkeit ebenso wie für die Frage, inwieweit der Vorstand dem Aufsichtsrat gegenüber informations- und berichtspflichtig ist[28]. Aus diesem Grunde ist eine **konzerndimensionale Anwendung der §§ 113, 114** auch ohne ausdrückliche gesetzliche Regelung in den Vorschriften über den Aufsichtsrat bereits mit angelegt. Denn es wäre widersprüchlich, wenn man zwar einerseits die Befugnisse des Aufsichtsrats konzerndimensional versteht, aber andererseits bei den Vorschriften, die eine sachgemäße Ausübung der Befugnisse sichern sollen, bei einer auf das einzelne Unternehmen bezogenen Betrachtung stehen bleibt und die damit verbundenen Gefahren in Kauf nimmt.

### 5. Verträge mit Tochtergesellschaften des Aufsichtsratsmitglieds

15 § 114 geht von einem Vertragsschluss mit dem Aufsichtsratsmitglied persönlich aus. **Zurechnungsfragen** stellen sich daher in den Fällen, in denen eine Gesellschaft beauftragt wird, deren Gesellschafter oder Geschäftsführer das Aufsichtsratsmitglied ist. Unmittelbar einschlägig ist § 114 bereits dann, wenn das Aufsichtsratsmitglied auch Vertragspartner geworden ist. Dies kann bei Freiberufler-Sozietäten auch dann der Fall sein, wenn die Beratungstätigkeit nicht vom Mitglied persönlich vorgenommen wird[29]. In den übrigen Fällen kommt eine Anwendung des § 114 nur in Betracht,

---

24 So *Hoffmann-Becking* in MünchHdb. AG, § 33 Rz. 40; *Kropff* in Semler/v. Schenck, Arbeitshandbuch Aufsichtsratsmitglieder, § 8 Rz. 148; ähnlich auch *Hopt/Roth* in Großkomm. AktG, 4. Aufl., § 114 AktG Rz. 40; restriktiver *Mertens* in KölnKomm. AktG, 2. Aufl., § 114 AktG Rz. 8.
25 Ebenso *Lutter/Kremer*, ZGR 1992, 87, 103 ff.; *Rellermeyer*, ZGR 1993, 77, 87 f.; *Krummel/Küttner*, DB 1996, 193, 195; *Oppenhoff* in FS Barz, 1974, S. 283, 289; *Deckert*, WiB 1997, 561, 565; *Spindler* in Spindler/Stilz, § 114 AktG Rz. 7.
26 So schon *Lutter/Kremer*, ZGR 1992, 87, 104 f.; *Oppenhoff* in FS Barz, 1974, S. 283, 288 f.
27 Darauf maßgeblich abstellend die Vertreter der Gegenmeinung, vgl. *Hoffmann-Becking* in MünchHdb. AG, § 33 Rz. 40; *Mertens* in KölnKomm. AktG, 2. Aufl., § 114 AktG Rz. 8 jeweils m.w.N.
28 Vgl. *Uwe H. Schneider* in FS Kropff, 1997, S. 271, 279; *Martens*, ZHR 159 (1995), 567, 576; *Hommelhoff*, ZGR 1996, 144; restriktiver *Hoffmann-Becking*, ZHR 159 (1995), 325, 331; *Hüffer*, § 111 AktG Rz. 10.
29 *Lutter/Drygala* in FS Ulmer, 2003, S. 381, 383 f.; vgl. *Spindler* in Spindler/Stilz, § 114 AktG Rz. 10.

wenn der Vertragsschluss mit der Gesellschaft dem Aufsichtsratsmitglied zurechenbar ist. Dies richtet sich zunächst nach den anerkannten Kriterien des Zurechnungsdurchgriffs[30], der im Wesentlichen konzernrechtlichen Regeln folgt und darauf abstellt, ob das Aufsichtsratsmitglied beherrschend an der vertragsschließenden Gesellschaft beteiligt ist[31].

Darüber hinaus soll nach Auffassung des BGH eine Zurechnung auch dann erfolgen, wenn der **finanzielle Vorteil**, den das Aufsichtsratsmitglied **mittelbar** erlangt, genug ist, um die unabhängige Wahrnehmung des Mandats zu gefährden[32]. Dabei ist eine abstrakte Betrachtungsweise anzustellen. Damit wird allerdings die Frage der Zurechnung davon abhängig gemacht, wie viel von dem an die Beratungsgesellschaft gezahlten Geld mittelbar bei dem Aufsichtsratsmitglied ankommt, was wiederum zum einen von der Rentabilität dieses Unternehmens und zum anderen von der Gewinnverteilungsregel abhängt, die in dem Beratungsunternehmen gilt[33]. Sofern danach mehr als geringfügige Beträge auf das Aufsichtsratsmitglied entfallen (der BGH stellt hier vor allem auf den Vergleich mit der Aufsichtsratsvergütung ab[34]), bedarf der Vertrag der Zustimmung nach § 114. Eine Zurechnung müsste danach konsequenterweise ausscheiden, wenn das Beratungsunternehmen an dem Vertrag keinen Gewinn gemacht hat. Diese Methode der Zurechnung hat den Nachteil, dass sie extrem einzelfallabhängig ist, und zudem, gerade wenn nach Aufwand abgerechnet wird, bei Abschluss des Vertrages noch keine sichere Prognose ermöglicht, was das betreffende Mitglied an dem Vertrag verdient. Damit wird man vorsichtshalber empfehlen müssen, in allen Fällen dieser Art vorsorglich die Zustimmung des Aufsichtsrats einzuholen. Umso wichtiger ist es dann aber, der Praxis auch einen Weg zu weisen, wie ein wirksamer Beschluss des Aufsichtsrats bei noch offenem Tätigkeitsumfang und offener Vergütungshöhe gefasst werden kann. Die Anforderungen an diesen Beschluss sollten daher insgesamt gelockert oder aber zumindest die Möglichkeit eingeräumt werden, den Aufsichtsrat vorab nur über Eckpunkte des Vertrages und den ungefähren Vergütungsrahmen zu informieren und den konkreten Beschluss über die Vergütung dann nachträglich in Form der Genehmigung vorzunehmen[35] (s. Rz. 19).

## III. Zustimmung des Aufsichtsrats

Die Zustimmung des Aufsichtsrats kann als **Einwilligung** (§ 183 BGB) oder **Genehmigung** (§ 184 BGB) erteilt werden. Der Aufsichtsrat entscheidet durch Beschluss. Die Übertragung an einen Ausschuss ist zulässig. Sowohl der vertragsschließende Vorstand als auch das betroffene Aufsichtsratsmitglied sind verpflichtet, die Zustimmung einzuholen. Billigt der Aufsichtsrat den Vertrag nicht, so verbietet der Regelungszweck der Vorschrift eine Anwendung der § 311 Abs. 2 i.V.m. § 280 BGB.

Der Aufsichtsrat muss über den wesentlichen Vertragsinhalt **informiert** sein (s. auch Rz. 2), insbesondere über Art und Umfang der seitens des Aufsichtsratsmitglieds versprochenen Tätigkeit sowie die Höhe der Vergütung. Es genügt, wenn auf eine amtli-

---

30 Vgl. *Raiser/Veil*, Kapitalgesellschaften, § 29 Rz. 5 ff.
31 So auch *Hopt/Roth* in Großkomm. AktG, 4. Aufl., § 114 AktG Rz. 42; für den eindeutigen Fall, in dem das Aufsichtsratsmitglied alleiniger Gesellschafter und Geschäftsführer der Beratungsgesellschaft ist, vgl. jüngst BGH v. 3.7.2006 – II ZR 151/04 – „IFA", ZIP 2006, 1529.
32 BGH v. 20.11.2006 – II ZR 279/05, ZIP 2007, 22; BGH v. 2.4.2007 – II ZR 325/05, ZIP 2007, 1056; dazu *Drygala*, EWiR 2007, 99 f.; vgl. ferner *v. Schenck*, DStR 2007, 395, 397; *Spindler* in Spindler/Stilz, § 114 AktG Rz. 9.
33 *Müller*, NZG 2002, 797, 798 f.
34 BGH v. 20.11.2006 – II ZR 279/05, ZIP 2007, 22.
35 *Wissmann/Ost*, BB 1998, 1957, 1958; *Lutter/Drygala* in FS Ulmer, 2003, S. 381, 395 f.; *Drygala*, EWiR 2007, 99, 100.

che Gebührenordnung Bezug genommen wird, nicht aber, wenn auf übliche Stundensätze oder Honorare verwiesen wird, ohne diese zu beziffern[36].

19 Durch die Genehmigungsmöglichkeit kann auch ein ursprünglich **zu unbestimmter Vertragsinhalt** (vgl. oben Rz. 11) nachträglich noch wirksam werden[37]. Es ist insbesondere zulässig, dass das Mitglied zunächst die Tätigkeit aufgrund eines Rahmenvertrages übernimmt und der Aufsichtsrat später die Vergütung in Kenntnis vom Gegenstand der Tätigkeit und der konkret erbrachten Leistung genehmigt. Der Normzweck, keine Tätigkeit zu vergüten, die schon mit der Aufsichtsratsvergütung abgegolten ist, lässt sich auch mit einer nachgelagerten Entscheidung erreichen. Und da sich die Vergütungsfähigkeit im Nachhinein leichter beurteilen lässt als vorab in abstrakter Form, ist auf diese Weise auch mehr Rechtssicherheit bei Beschlüssen nach § 114 gewährleistet.

## IV. Rechtsfolgen bei fehlender Zustimmung (§ 114 Abs. 3)

### 1. Aktienrechtlicher Rückgewähranspruch der Gesellschaft

20 Bei fehlender Zustimmung des Aufsichtsrats hat das Mitglied eine empfangene Vergütung zurückzugewähren (§ 114 Abs. 2 Satz 1). Der Anspruch der Gesellschaft unterliegt nicht den bereicherungsrechtlichen Einschränkungen; weder schadet die Kenntnis des Vorstandes von der Nichtschuld (§ 814 BGB) noch kann der Einwand der Entreicherung (§ 818 Abs. 3 BGB) erhoben werden. Der Rückgewähranspruch wird sofort fällig[38].

### 2. Gegenansprüche des Aufsichtsratsmitglieds

21 Dem Aufsichtsratsmitglied können allenfalls Ansprüche aus ungerechtfertigter Bereicherung (§§ 812 ff. BGB) gegen die Gesellschaft zustehen und zwar in Form eines Wertersatzanspruchs (§ 818 Abs. 2 BGB). Eine Bereicherung ist aber nur dann gegeben, wenn die Gesellschaft ohne die Tätigkeit des Aufsichtsratsmitglieds einen Dritten gegen Entgelt hätte beauftragen müssen; nur dann hat sie im Sinne des § 818 Abs. 2 BGB Aufwendungen erspart. Liegt die Leistung des Mitglieds im Bereich der Aufgaben, die schon kraft Amtes geschuldet sind, so scheidet ein Bereicherungsanspruch aus[39], auch ein Anspruch aus Geschäftsführung ohne Auftrag kommt insoweit nicht in Betracht[40]. Liegen die rechtsgrundlos geleisteten Dienste außerhalb des Aufgabenkreises als Aufsichtsratsmitglied, so kann die Ersatzfähigkeit aus Bereicherungsrecht jedoch nicht mit dem Argument verneint werden, die Leistungen seien für die AG nicht erforderlich gewesen[41]. Eine solche Berücksichtigung der besonderen Verhältnisse des betroffenen Unternehmens lässt § 818 Abs. 2 BGB nicht zu; hier

---

36 Ebenso LG Stuttgart v. 27.5.1998 – 27 O 7/98, ZIP 1998, 1275, 1279; *Schlaus*, AG 1968, 376, 378; *Hoffmann-Becking* in MünchHdb. AG, § 33 Rz. 42; *Hüffer*, § 114 AktG Rz. 6; *Spindler* in Spindler/Stilz, § 114 AktG Rz. 21.
37 *Wissmann/Ost*, BB 1998, 1957, 1958; *Lutter/Drygala* in FS Ulmer, 2003, S. 381, 383 f.; *Drygala*, EWiR 2007, 67; *Benecke*, WM 2007, 717, 719; *Bosse*, NZG 2007, 172, 174; *Tophoven*, BB 2007, 2413, 2416 f.; ablehnend OLG Frankfurt a.M. v. 21.9.2005 – 1 U 14/05, AG 2005, 925; *Spindler* in Spindler/Stilz, § 114 AktG Rz. 21; skeptisch hinsichtlich der praktischen Relevanz *Peltzer*, ZIP 2007, 305, 308 f. Der BGH hat diese Frage bislang noch nicht beantwortet.
38 Ausschussbericht bei *Kropff*, Aktiengesetz, S. 159; *Hüffer*, § 114 AktG Rz. 7.
39 BGH v. 27.4.2009 – II ZR 160/08, ZIP 2009, 1661 = AG 2009, 661; zustimmend *Staake*, EWiR 2009, 629 f.
40 BGH v. 27.4.2009 – II ZR 160/08, ZIP 2009, 1661 = AG 2009, 661.
41 Insofern zu weitgehend BGH v. 27.4.2009 – II ZR 160/08, ZIP 2009, 1661 = AG 2009, 661.

kommt es nur darauf an, ob die Leistung objektiv und bei abstrakter Betrachtung werthaltig war[42].

Neben die bereicherungsrechtlichen Einschränkungen (wichtig insbesondere: § 814 BGB) tritt das **Aufrechnungsverbot** gem. § 114 Abs. 2 Satz 2: Das Aufsichtsratsmitglied kann den Rückgewähranspruch der Gesellschaft nicht durch Aufrechnung mit dem eigenen Bereicherungsanspruch erfüllen.

22

## § 115
## Kreditgewährung an Aufsichtsratsmitglieder

(1) Die Gesellschaft darf ihren Aufsichtsratsmitgliedern Kredit nur mit Einwilligung des Aufsichtsrats gewähren. Eine herrschende Gesellschaft darf Kredite an Aufsichtsratsmitglieder eines abhängigen Unternehmens nur mit Einwilligung ihres Aufsichtsrats, eine abhängige Gesellschaft darf Kredite an Aufsichtsratsmitglieder des herrschenden Unternehmens nur mit Einwilligung des Aufsichtsrats des herrschenden Unternehmens gewähren. Die Einwilligung kann nur für bestimmte Kreditgeschäfte oder Arten von Kreditgeschäften und nicht für länger als drei Monate im Voraus erteilt werden. Der Beschluss über die Einwilligung hat die Verzinsung und Rückzahlung des Kredits zu regeln. Betreibt das Aufsichtsratsmitglied ein Handelsgewerbe als Einzelkaufmann, so ist die Einwilligung nicht erforderlich, wenn der Kredit für die Bezahlung von Waren gewährt wird, welche die Gesellschaft seinem Handelsgeschäft liefert.

(2) Absatz 1 gilt auch für Kredite an den Ehegatten, Lebenspartner oder an ein minderjähriges Kind eines Aufsichtsratsmitglieds und für Kredite an einen Dritten, der für Rechnung dieser Personen oder für Rechnung eines Aufsichtsratsmitglieds handelt.

(3) Ist ein Aufsichtsratsmitglied zugleich gesetzlicher Vertreter einer anderen juristischen Person oder Gesellschafter einer Personenhandelsgesellschaft, so darf die Gesellschaft der juristischen Person oder der Personenhandelsgesellschaft Kredit nur mit Einwilligung des Aufsichtsrats gewähren; Absatz 1 Satz 3 und 4 gilt sinngemäß. Dies gilt nicht, wenn die juristische Person oder die Personenhandelsgesellschaft mit der Gesellschaft verbunden ist oder wenn der Kredit für die Bezahlung von Waren gewährt wird, welche die Gesellschaft der juristischen Person oder der Personenhandelsgesellschaft liefert.

(4) Wird entgegen den Absätzen 1 bis 3 Kredit gewährt, so ist der Kredit ohne Rücksicht auf entgegenstehende Vereinbarungen sofort zurückzugewähren, wenn nicht der Aufsichtsrat nachträglich zustimmt.

(5) Ist die Gesellschaft ein Kreditinstitut oder Finanzdienstleistungsinstitut, auf das § 15 des Gesetzes über das Kreditwesen anzuwenden ist, gelten anstelle der Absätze 1 bis 4 die Vorschriften des Gesetzes über das Kreditwesen.

---

[42] *Sprau* in Palandt, § 818 BGB Rz. 19; vgl. auch BGH v. 24.11.1981 – X ZR 7/80, BGHZ 82, 299; NJW 1982, 1154.

| I. Allgemeines . . . . . . . . . . . . . . . . . 1 | 3. Einwilligung des Aufsichtsrats . . . . 8 |
|---|---|
| II. Einwilligungserfordernis (§ 115 Abs. 1) . . . . . . . . . . . . . . . 3 | 4. Konzernrechtliche Verflechtungen . . 9 |
| 1. Kreditgewährung . . . . . . . . . . . . . . 3 | III. Rechtsfolgen bei fehlender Zustimmung . . . . . . . . . . . . . . . . 10 |
| 2. Kreditnehmer . . . . . . . . . . . . . . . . 5 | |

**Literatur:** *Dreher,* Interessenkonflikte bei Aufsichtsratsmitgliedern von Aktiengesellschaften, JZ 1990, 896; *Heinsius,* Zur Auslegung des Begriffs „Kredit" in § 89 Abs. 4 und § 115 Abs. 3 AktG 1965, Bank-Betrieb 1966, 290; *Uwe H. Schneider,* Kredite der GmbH an ihre Geschäftsführer, GmbHR 1982, 197.

## I. Allgemeines

1 § 115 regelt die Kreditgewährung an Aufsichtsratsmitglieder und ist damit Parallelnorm zu dem inhaltlich weitgehend übereinstimmenden § 89. **Abs. 1** knüpft die Zulässigkeit von Krediten an die Einwilligung des Aufsichtsrats. **Abs. 2** erweitert den persönlichen Anwendungsbereich auf nahe stehende Personen, **Abs. 3** auf Gesellschaften, die durch das Aufsichtsratsmitglied gesetzlich vertreten werden. **Abs. 4** statuiert bei Verstößen einen aktienrechtlichen Rückgewähranspruch der Gesellschaft. Schließlich sind gem. **Abs. 5** die Vorschriften des KWG lex specialis zu § 115.

2 Zielsetzung der Vorschrift ist es nicht, Kredite an Aufsichtsratsmitglieder zu verhindern. Vielmehr soll lediglich Missbräuchen, namentlich der **unangemessenen Beeinflussung** der Mitglieder des Kontrollorgans durch großzügige Kreditvergabe vorgebeugt werden[1]. Zugleich werden die Kreditbeziehungen zwischen der Gesellschaft und ihren Aufsichtsratsmitgliedern transparent[2]. Dazu trägt auch § 289 Nr. 9c HGB bei, wonach die Kredite im Anhang zum Jahresabschluss auszuweisen sind.

## II. Einwilligungserfordernis (§ 115 Abs. 1)

### 1. Kreditgewährung

3 Der **Kreditbegriff** ist **weit** auszulegen[3]. Erfasst werden neben Darlehen auch unübliche Stundungen, die Bereitstellung von Sicherungsmitteln bei Kreditierung durch Dritte. Anders als § 89 Abs. 1 Satz 4 erlaubt § 115 nicht Entnahmen, also die vorzeitige Inanspruchnahme geschuldeter Leistungen, durch das Aufsichtsratsmitglied selbst. Auch eine Ausnahme für Kleinkredite (vgl. § 89 Abs. 1 Satz 5) gibt es für den Aufsichtsrat nicht.

4 § 115 Abs. 1 Satz 5 nimmt Kredite für die Bezahlung von Waren (sog. **Warenkredite**) vom Einwilligungserfordernis aus, sofern die Waren für das einzelkaufmännisch betriebene Handelsgewerbe eines Aufsichtsratsmitglieds geliefert werden. Ziel der Regelung ist es, Erschwernisse des Geschäftsverkehrs zwischen der Gesellschaft und einem Abnehmer, der zugleich Aufsichtsratsmitglied ist, zu vermeiden[4]. Die bislang

---

[1] Begr. RegE, *Kropff,* Aktiengesetz, S. 160; *Hüffer,* § 115 AktG Rz. 1; *Hopt/Roth* in Großkomm. AktG, 4. Aufl., § 115 AktG Rz. 2; *Habersack* in MünchKomm. AktG, 3. Aufl., § 115 AktG Rz. 2.
[2] *Habersack* in MünchKomm. AktG, 3. Aufl., § 115 AktG Rz. 2; *Spindler* in Spindler/Stilz, § 115 AktG Rz. 1.
[3] *Hopt/Roth* in Großkomm. AktG, 4. Aufl., § 115 AktG Rz. 18.
[4] Begr. RegE, *Kropff,* Aktiengesetz, S. 160; *Hüffer,* § 115 AktG Rz. 2; *Hopt/Roth* in Großkomm. AktG, 4. Aufl., § 115 AktG Rz. 20; *Mertens* in KölnKomm. AktG, 2. Aufl., § 115 AktG Rz. 2; *Spindler* in Spindler/Stilz, § 115 AktG Rz. 8.

herrschende Meinung verneint unter Berufung auf die Regierungsbegründung[5] eine Anwendung der Ausnahmeregelung auf die kreditweise Bereitstellung von **Dienstleistungen**[6]. Die seinerzeit bewusst vorgenommene Beschränkung ist jedoch durch die gewachsene Bedeutung von Dienstleistungen im Wirtschaftsverkehr historisch überholt und für die heutige Rechtsanwendung deshalb nicht mehr maßgeblich. Die Norm sollte daher auf die Erbringung von Dienstleistungen auf Kredit analog angewendet werden.

## 2. Kreditnehmer

Die Vorschrift erfasst im Ausgangspunkt Kredite, die Aufsichtsratsmitgliedern persönlich gewährt werden. Der persönliche Anwendungsbereich wird allerdings durch § 115 Abs. 2 und 3 erweitert. Dadurch sollen zum einen **Umgehungen verhindert** und zum anderen Konstellationen erfasst werden, in denen gleichfalls die unter Rz. 2 beschriebenen Gefahren drohen.

§ 115 Abs. 2 erstreckt die Geltung des Einwilligungserfordernisses auf Kredite, die die Gesellschaft dem Ehegatten, Lebenspartner[7] oder einem minderjährigen Kind eines Aufsichtratsmitglieds gewährt. Kredite an geschiedene Ehegatten oder Lebenspartner nach Aufhebung der Lebenspartnerschaft werden ebenso wenig erfasst wie Kredite an sonstige Verwandte. Demgegenüber gilt § 115 Abs. 1 auch für Kredite an einen **mittelbaren Stellvertreter**, der gleichsam als Strohmann für Rechnung eines Aufsichtsratsmitglieds oder der eingangs erwähnten Familienmitglieder handelt. Die Ausnahme für Warenkredite gilt auch in den Fällen des § 115 Abs. 2.

**Kredite an Gesellschaften** unterliegen nach Maßgabe des § 115 Abs. 3 dem Einwilligungserfordernis. Der Aufsichtsrat muss zustimmen zu Krediten an juristische Personen, wenn ein Aufsichtsratsmitglied zugleich deren gesetzlicher Vertreter ist, sowie zu Krediten an Personenhandelsgesellschaften, an denen das Aufsichtsratsmitglied als Gesellschafter beteiligt ist. Dadurch sollen nicht nur Umgehungen des § 115 Abs. 1, sondern auch eine Kreditgewährung zu unangemessenen Konditionen verhindert werden. Die Einwilligung ist gem. § 115 Abs. 1 Satz 2 nicht erforderlich, wenn es sich um eine verbundene Gesellschaft im Sinne der §§ 15 ff. oder um einen Waren- bzw. Dienstleistungskredit (s. Rz. 4) handelt.

## 3. Einwilligung des Aufsichtsrats

Der Aufsichtsrat muss seine Zustimmung zu der Kreditvergabe **vorab** erteilen[8] (s. aber auch Rz. 10). Erforderlich ist ein ausdrücklicher Beschluss (§§ 107, 108)[9]. Die Übertragung auf einen Ausschuss ist möglich. Eine Blanko-Einwilligung genügt ausweislich des § 115 Abs. 1 Satz 3 nicht; die Einwilligung muss sich vielmehr auf bestimmte Kreditgeschäfte oder Arten von Kreditgeschäften beziehen. Auch darf sie für höchstens drei Monate im Voraus erteilt werden. Im Beschluss müssen die Verzinsung des Kredits und die Modalitäten seiner Rückzahlung festgelegt sein (§ 115

---

5 *Kropff*, Aktiengesetz, S. 160.
6 Gegen eine Analogie *Hopt/Roth* in Großkomm. AktG, 4. Aufl., § 115 AktG Rz. 21; *Semler* in MünchKomm. AktG, 2. Aufl., § 115 AktG Rz. 15; *Spindler* in Spindler/Stilz, § 115 AktG Rz. 8.
7 Eingefügt durch Art. 3 § 28 des Gesetzes zur Beendigung der Diskriminierung gleichgeschlechtlicher Gemeinschaften: Lebenspartnerschaften vom 16.2.2001, BGBl. I 2001, 266.
8 *Hopt/Roth* in Großkomm. AktG, 4. Aufl., § 115 AktG Rz. 25; *Habersack* in MünchKomm. AktG, 3. Aufl., § 115 AktG Rz. 16; *Spindler* in Spindler/Stilz, § 115 AktG Rz. 13; *Bürgers/Israel* in Bürgers/Körber, § 115 AktG Rz. 4.
9 *Hopt/Roth* in Großkomm. AktG, 4. Aufl., § 115 AktG Rz. 25; *Spindler* in Spindler/Stilz, § 115 AktG Rz. 13.

Abs. 1 Satz 4), anderenfalls ist die erteilte Einwilligung unwirksam[10]. Das betroffene Mitglied ist analog § 34 BGB nicht stimmberechtigt[11].

#### 4. Konzernrechtliche Verflechtungen

9 § 115 Abs. 1 Satz 2 bestimmt, dass bei Kreditgewährung an Aufsichtsratsmitglieder von konzernverbundenen Gesellschaften **stets der Aufsichtsrat der herrschenden Gesellschaft** seine Einwilligung erteilen muss. Dieser muss sowohl zustimmen, wenn die herrschende Gesellschaft Kredite an Mitglieder des Aufsichtsrats von abhängigen Gesellschaften gewähren will, als auch im umgekehrten Fall der Kreditvergabe von unten nach oben.

### III. Rechtsfolgen bei fehlender Zustimmung

10 Ein Verstoß gegen § 115 Abs. 1 bis 3 führt **nicht** zur **Unwirksamkeit** des Kreditgeschäfts[12]; die Vorschrift ist kein Verbotsgesetz im Sinne von § 134 BGB. Allerdings ist gem. § 115 Abs. 4 der gewährte Kredit unabhängig von einer abweichenden Vereinbarung sofort zurückzugewähren, sofern nicht der Aufsichtsrat nachträglich der Kreditgewährung zustimmt. Die nachträgliche Zustimmung (Genehmigung, § 184 BGB) durch den Aufsichtsrat heilt nicht den Verstoß gegen das Einwilligungserfordernis, sondern lässt lediglich die Pflicht zur sofortigen Rückgewähr entfallen. Etwaige Schadensersatzansprüche gegen den Vorstand (§ 93 Abs. 3 Nr. 8) und das betroffene Aufsichtsratsmitglied (§ 116) bleiben unberührt.

11 Die Rückgewähr richtet sich nach der Art des Kredits: Darlehen sind zurückzuzahlen; gestundete Leistungen sind zu erbringen; bei der Kreditgewährung durch Sicherheitsleistung muss der Kreditnehmer den besicherten Anspruch des Dritten erfüllen oder auf andere Weise für eine Freigabe der Sicherheit sorgen. § 115 Abs. 4 begründet nach zutreffender Auffassung **keinen eigenständigen Rückgewähranspruch**, sondern verlagert lediglich die Fälligkeit des vertraglichen Anspruchs vor[13], so dass der Gesellschaft etwaige Sicherheiten zugute kommen.

## § 116
## Sorgfaltspflicht und Verantwortlichkeit der Aufsichtsratsmitglieder

**Für die Sorgfaltspflicht und Verantwortlichkeit der Aufsichtsratsmitglieder gilt § 93 mit Ausnahme des Absatzes 2 Satz 3 über die Sorgfaltspflicht und Verantwortlichkeit der Vorstandsmitglieder sinngemäß. Die Aufsichtsratsmitglieder sind insbesondere zur Verschwiegenheit über erhaltene vertrauliche Berichte und vertrauliche Beratungen verpflichtet. Sie sind namentlich zum Ersatz verpflichtet, wenn sie eine unangemessene Vergütung festsetzen (§ 87 Absatz 1).**

---

10 *Semler* in MünchKomm. AktG, 2. Aufl., § 115 AktG Rz. 33; *Spindler* in Spindler/Stilz, § 115 AktG Rz. 13.
11 *Hopt/Roth* in Großkomm. AktG, 4. Aufl., § 115 AktG Rz. 27; *Mertens* in KölnKomm. AktG, 2. Aufl., § 115 AktG Rz. 5; *Habersack* in MünchKomm. AktG, 3. Aufl., § 115 AktG Rz. 17; *Spindler* in Spindler/Stilz, § 115 AktG Rz. 13.
12 *Hopt/Roth* in Großkomm. AktG, 4. Aufl., § 115 AktG Rz. 32; *Habersack* in MünchKomm. AktG, 3. Aufl., § 115 AktG Rz. 19; *Spindler* in Spindler/Stilz, § 115 AktG Rz. 14.
13 Vgl. zur Parallelnorm § 89 etwa *Hüffer*, § 89 AktG Rz. 8.

| | |
|---|---|
| **I. Allgemeines** .................. 1 | **III. Haftung der Aufsichtsratsmitglieder** |
| **II. Pflichten der Aufsichtsratsmitglieder** 3 | **(§§ 116 Satz 1, 93 Abs. 2 bis 6)** ..... 35 |
| 1. Sorgfältige Wahrnehmung der Organfunktionen .............. 3 | 1. Voraussetzung: verschuldete Pflichtverletzung ................. 35 |
| a) Organverantwortung und individuelle Sorgfaltspflicht ........ 3 | a) Allgemeiner Haftungsmaßstab ... 36 |
| b) Überwachungspflicht und Aufgabendelegation .............. 5 | b) Spezialkenntnisse und Übernahme besonderer Funktionen ..... 37 |
| c) Mindeststandards sorgfältiger Mandatswahrnehmung ........ 7 | c) (Nicht-)Vorhandensein eines unabhängigen Finanzexperten (§ 100 Abs. 5) ............... 38 |
| d) Einzelne Mitwirkungspflichten .. 8 | |
| e) Behandlung von Beurteilungsspielräumen ................ 9 | d) Entlastung durch Einschaltung sonstiger Experten ........... 40 |
| f) Unternehmerische Entscheidung . 11 | 2. Kausalität ................. 41 |
| g) Zu leistender Arbeitseinsatz .... 17 | 3. Beweislastumkehr ............ 42 |
| h) Pflicht zur Systemüberwachung .. 18 | 4. Haftungsausschluss und -einschränkungen ............ 43 |
| 2. Treupflicht .................. 20 | |
| 3. Verschwiegenheitspflicht ........ 23 | 5. Verjährung ................. 44 |
| a) Grundlagen ................ 23 | 6. Durchsetzung ............... 45 |
| b) Einzelheiten ................ 29 | 7. Versicherbarkeit ............. 48 |
| c) Verschwiegenheitspflicht im Konzern ................... 31 | 8. Außenhaftung des Aufsichtsrats .... 50 |
| | **IV. Insbesondere: Haftung bei unangemessener Vorstandsvergütung** |
| d) Grenzen der Verschwiegenheitspflicht ................... 32 | **(§ 116 Satz 3)** ................. 51 |

**Literatur:** *Bäcker*, Weisungsfreiheit und Verschwiegenheitspflicht kommunal geprägter Aufsichtsräte, in FS Schwark, 2009, S. 101; *Bayer*, Legalitätspflicht der Unternehmensleitung, nützliche Gesetzesverstöße und Regress bei verhängten Sanktionen, in FS K. Schmidt, 2009, S. 85; *Claussen*, Über die Vertraulichkeit im Aufsichtsrat, AG 1981, 57; *Claussen/Semler*, Abgestufte Überwachungspflicht des Aufsichtsrats?, AG 1984, 20; *Clemm/Dürrschmidt*, Gedanken zur Schadensersatzpflicht von Vorstands- und Aufsichtsratsmitgliedern der Aktiengesellschaft für verlustverursachende Fehlentscheidung, in FS Müller, 2001, S. 67; *Dreher*, Nochmals: Das unternehmerische Ermessen des Aufsichtsrats, ZIP 1995, 628; *Dreher*, Die Qualifikation der Aufsichtsratsmitglieder, in FS Boujong, 1996, S. 71; *Dreher*, Die selbstbeteiligungslose D&O-Versicherung in der Aktiengesellschaft, AG 2008, 429; *Drygala*, Die Pflicht des Managements zur Vermeidung existenzgefährdender Risiken, in FS Hopt, 2010, S. 541; *Drygala*, Deal Protection in Verschmelzungs- und Unternehmenskaufverträgen – eine amerikanische Vertragsgestaltung auf dem Weg ins deutsche Recht, WM 2004, 1413; *Edenfeld/Neufang*, Die Haftung der Arbeitnehmervertreter im Aufsichtsrat, AG 1999, 49; *Christian Fischer*, Die persönliche Haftung, ein wirksames Mittel zur Verbesserung der Kontrolltätigkeit des Aufsichtsrats bei kapitalmarktorientierten Unternehmen?, Der Konzern 2005, 67; *Fleck*, Eigengeschäfte eines Aufsichtsratsmitglieds, in FS Heinsius, 1991, S. 89; *Fleischer*, Rechtsrat und Organwalterhaftung im Gesellschafts- und Kapitalmarktrecht, in FS Hüffer, 2010, S. 187; *Fleischer*, Vertrauen von Geschäftsleitern und Aufsichtsratsmitgliedern auf Informationen Dritter, ZIP 2009, 1397; *Fleischer*, Das Mannesmann-Urteil des Bundesgerichtshofs: Eine aktienrechtliche Nachlese, DB 2006, 542; *Fleischer*, Kartellrechtsverstöße und Vorstandsrecht, BB 2008, 107; *Fleischer*, Aktuelle Entwicklungen der Managerhaftung, NJW 2009, 2337; *Fonk*, Auslagenersatz für Aufsichtsratsmitglieder, NZG 2009, 761; *Gebh/Heckelmann*, Haftungsfreistellung von Vorständen, ZRP 2005, 145; *Goette*, Gesellschaftsrechtliche Grundfragen im Spiegel der Rechtsprechung, ZGR 2008, 436; *Goette*, Zur Verteilung der Darlegungs- und Beweislast der objektiven Pflichtwidrigkeit bei der Organhaftung, ZGR 1995, 645; *Habersack*, Zur Zulässigkeit einer am Aktienkurs der Obergesellschaft orientierten variablen Vergütung für Vorstandsmitglieder einer abhängigen Gesellschaft, ZGR 2008, 634; *Heyll*, Die Anwendung von Arbeitsrecht auf Organmitglieder, 1994; *Hoffmann/Preu*, Der Aufsichtsrat, 1999; *Götz Hueck*, Zur Verschwiegenheitspflicht der Arbeitnehmervertreter im Aufsichtsrat, RdA 1975, 35; *Hüffer*, Die leitungsbezogene Verantwortung des Aufsichtsrats, NZG 2007, 47; *Ihrig*, Reformbedarf beim Haftungstatbestand des § 93 AktG, WM 2004, 2098; *Kiethe*, Die zivil- und strafrechtliche Haftung von Aufsichtsräten für Geschäftsrisiken, WM 2005, 2122; *Kiethe*, Die zivil- und strafrechtliche Haftung von Vorstandsmitgliedern einer Sparkasse für riskante Kreditgeschäfte, BKR 2005, 177; *Kittner,* Unternehmensverfassung und Information – Die Schweigepflicht von Aufsichtsratsmitgliedern, ZHR 136 (1972), 208; *Kittner/Köstler/Zachert,* Aufsichtsratspraxis, 2003; *Kock/Dinkel,* Die zivilrechtliche Haftung von Vorständen für unternehmerische Entscheidungen, NZG 2004, 441; *Krieger,* Aktionärsklage zur Kontrolle des Vorstands- und Aufsichtsratshandelns, ZHR 163 (1999), 343; *Lutter,* Interessenkonflikte und Business Judgment Rule, in FS Canaris, Bd. II, 2007, S. 245; *Lutter,* Rolle und Recht. Überlegungen zur Einwirkung von Rollenkonflikten auf die Rechtsordnung, in FS Coing, 1982, S. 565; *Lutter,* Auswahlpflichten und Auswahlverschulden bei der Wahl von Aufsichtsratsmitgliedern, ZIP 2003, 417; *Lutter,* Bankenkrise und Organhaftung, ZIP 2009, 197; *Lutter,* Die Business Judgment Rule und ihre praktische Anwendung, ZIP 2007, 841; *Lutter,* Bankenvertreter im Aufsichtsrat, ZHR 145 (1981), 224; *Lutter,* Information und Vertraulichkeit im Aufsichtsrat, 2006; *Merkt,* Unternehmensleitung und Interessenkollision, ZHR 159 (1995), 423; *Mertens,* Schadensersatzhaftung des Aufsichtsrats bei Nichtbeachtung der Regeln des ARAG-Urteils über die Inanspruchnahme von Vorstandsmitgliedern?, in FS K. Schmidt, 2009, S. 1183; *Mertens,* Zur Verschwiegenheitspflicht der Aufsichtsratsmitglieder, Anmerkung zum Urteil des BGH zur Geschäftsordnung des Aufsichtsrats der Bayer AG, AG 1997, 235; *Mertens,* Beratungsverträge mit Aufsichtsratsmitgliedern, in FS Steindorff, 1990, S. 173; *Meyer-Landrut,* Die Verschwiegenheitspflicht amtierender und ausgeschiedener Vorstands- und Aufsichtsratsmitglieder der Aktiengesellschaft, AG 1964, 325; *Möllers,* Interessenkonflikte von Vertretern des Bieters bei Übernahme eines Aufsichtsratsmandates der Zielgesellschaft, ZIP 2006, 1615; *Nirk,* Zur Justiziabilität unternehmerischer Entscheidungen des Aufsichtsrats, in FS Boujong, 1996, S. 393; *Oltmanns,* Geschäftsleiterhaftung und unternehmerisches Ermessen, 2001; *Paal,* Die persönliche Haftung – ein wirksames Mittel zur Verbesserung der Kontrolltätigkeit des Aufsichtsrats bei kapitalmarktorientierten Unternehmen?, DStR 2005, 382 und 426; *Paefgen,* Die Inanspruchnahme pflichtvergessener Vorstandsmitglieder als unternehmerische Ermessensentscheidung des Aufsichtsrats, AG 2008, 761; *Pahlke,* Risikomanagement nach KonTraG – Überwachungspflichten und Haftungsrisiken für den Aufsichtsrat, NJW 2002, 1680; *Peltzer,* Haftungsgeneigte Personalentscheidungen des Aufsichtsrats, in FS Semler, 1993, S. 261; *Peltzer,* Verschärfung der Haftung von Vorstand und Aufsichtsrat und dadurch entstehende Zielkonflikte, in FS Hadding, 2004, S. 593; *Potthoff/Trescher,* Das Aufsichtsratsmitglied, 1999; *Radke,* Treuepflicht der Arbeitnehmervertreter im Aufsichtsrat bei Streik, NJW 1956, 1581; *Raisch,* Zum Begriff und zur Bedeutung des Unternehmensinteresses als Verhaltensmaxime von Vorstands- und Aufsichtsratsmitgliedern, in FS Hefermehl, 1976, S. 347; *Reichert/Weller,* Haftung von Kontrollorganen, ZRP 2002, 50; *Rittner,* Die Verschwiegenheitspflicht der Aufsichtsratsmitglieder nach BGHZ 64, 325, in FS Hefermehl, 1976, S. 365; *Markus Roth,* Das unternehmerische Ermessen des Vorstands, BB 2004, 1066; *Markus Roth,* Unternehmerisches Ermessen und Haftung des Vorstands, 2001; *Saage,* Die Haftung des Aufsichtsrats für wirtschaftliche Fehlentscheidungen des Vorstandes nach dem Aktiengesetz, DB 1973, 115; *Säcker,* Aktuelle Probleme der Verschwiegenheitspflicht der Aufsichtsratsmitglieder, NJW 1986, 803; *Sailer-Coceani,* Aktuelle Fragen der Managervergütung, in VGR, Gesellschaftsrecht in der Diskussion 2009, 2010, S. 141; *Schaefer/Missling,* Haftung von Vorstand und Aufsichtsrat, NZG 1998, 441; *Carsten Schäfer,* Die Binnenhaftung von Vorstand und Aufsichtsrat nach der Renovierung durch das UMAG, ZIP 2005, 1253; *Schmidt-Aßmann/Ulmer,* Die Berichterstattung von Aufsichtsratsmitgliedern einer Gebietskörperschaft nach § 394 AktG, BB Beilage 13/1988, S. 1; *Schmidt-Leithoff,* Die Verantwortung der Unternehmensleitung, 1989; *Uwe H. Schneider,* Die Weitergabe von Insiderinformationen im Konzern, in FS Wiedemann, 2002, S. 1255; *Schwark,* Zum Haftungsmaßstab der Aufsichtsratsmitglieder einer AG, in FS Werner, 1984, S. 841; *Schwintowski,* Verschwiegenheitspflicht für politisch legitimierte Mitglieder des Aufsichtsrats, NJW 1990, 1009; *Seibert,* Die Entstehung des § 91 Abs. 2 AktG im KonTraG – „Risikomanagement" oder „Frühwarnsystem"?, in FS Bezzenberger, 2000, S. 427; *Johannes Semler,* Aufgaben und Funktionen des aktienrechtlichen Aufsichtsrats in der Unternehmenskrise, AG 1983, 141; *Semler,* Abgestufte Überwachungspflicht des Aufsichtsrats?, AG 1984, 20; *Semler,* Entscheidungen und Ermessen im Aktienrecht, in FS Ulmer, 2002, S. 627; *Semler,* Leitung und Überwachung der Aktiengesellschaft, 1996; *Sina,* Zur Berichtspflicht des Vorstandes gegenüber dem Aufsichtsrat bei drohender Verletzung der Verschwiegenheitspflicht durch einzelne Aufsichtsratsmitglieder, NJW 1990, 1016; *Strasser,* Die Treuepflicht der Aufsichtsratsmitglieder der Aktiengesellschaft, 1998; *Szalai/Marz,* Die Haftung des Aufsichtsrates – Überlegungen zur kollegialorganschaftlichen Haftung de lege lata und de lege ferenda, DStR 2010, 809; *Thümmel,* Persönliche Haftung von Managern und Aufsichtsräten, 1998; *Thümmel,* Organhaftung nach dem Referentenentwurf des Gesetzes zur Unternehmensintegrität und Modernisierung des Anfechtungsrechts (UMAG) – Neue Risiken für Manager?, DB 2004, 471; *Trescher,* Aufsichtsratshaftung zwischen Norm und Wirklichkeit, DB 1995, 661; *Ulmer,* Aufsichtsratsmandat und Interessenkollision, NJW 1980, 1603; *Ulmer,* Zur Haftung der abordnenden Körperschaft nach § 31 BGB für Sorgfaltsverstöße des von ihr benannten Aufsichtsratsmitglieds, in FS Stimpel, 1985, S. 705; *Ulmer*, Haftungsfreistellung bis zur Grenze grober Fahrlässigkeit bei unternehmerischen Fehlentscheidungen von Vorstand und Aufsichtsrat?, DB 2004, 859; *E. Vetter*, Die Verantwortung und die Haftung des überstimmten Aufsichtsratsmitglieds, DB 2004, 2623; *Wellkamp*, Die Gesellschafterklage im Spannungsfeld von Unternehmensführung und Mitgliedsrechten, DZWir 1994, 221; *Werner*, Aufsichtsratstätigkeit von Bankvertretern, ZHR 145 (1981), 252; *Wiedemann*, Zu den Treuepflichten im Gesellschaftsrecht, in FS Heinsius, 1991, S. 949; *Wiese*, Verantwortlichkeit des Aufsichtsrats – Aktuelle Entwicklungen im Bereich der Corporate Governance, DB 2000, 1901; *M. Winter*, Die Verantwortlichkeit des Aufsichtsrats für „Corporate Compliance", in FS Hüffer, 2010, S. 1103; *Wirth*, Anforderungsprofil und Inkompatibilitäten für Aufsichtsratsmitglieder, ZGR 2005, 327; *Zieglmeier*, Die Systematik der Haftung von Aufsichtsratsmitgliedern gegenüber der Gesellschaft, ZGR 2007, 145; *Zöllner*, Die sog. Gesellschafterklagen im Kapitalgesellschaftsrecht, ZGR 1988, 392.

## I. Allgemeines

§ 116 betrifft die Sorgfaltspflicht der Aufsichtsratsmitglieder und ihre Haftung bei Sorgfaltspflichtverletzungen. Die Norm erschließt sich nur im **Zusammenspiel mit § 93**, der **sinngemäß** anzuwenden ist (**Satz 1**). Die Regeln über Sorgfalt (§ 93 Abs. 1) und Verantwortlichkeit des Vorstands (§ 93 Abs. 2 bis 6) sind im Ausgangspunkt anwendbar, müssen aber in Ansehung der anders gelagerten Stellung und Funktion des Aufsichtsrats und seiner Mitglieder modifiziert werden. Zu berücksichtigen ist insbesondere, dass die Wahrnehmung des Aufsichtsratsmandats in aller Regel Nebentätigkeit ist[1] und sich inhaltlich von der Tätigkeit eines Vorstands unterscheidet[2]. Aufsichtsratsmitglieder müssen demgemäß ihr Mandat mit der Sorgfalt eines ordentlichen Aufsichtsratsmitglieds ausüben, anderenfalls haften sie der Gesellschaft nach den Regeln des § 93 Abs. 2 bis 6 auf Schadensersatz. Der durch das TransPuG 1998 eingefügte[3] **Satz 2** der Vorschrift hat nur klarstellenden Charakter[4]; die Pflicht zur Verschwiegenheit ergibt sich bereits aus dem Verweis auf § 93 Abs. 1. Gleiches gilt für Satz 3, der durch das VorstAG[5] 2008 eingefügt wurde.

1

Die §§ 116, 93 regeln die Haftung der Aufsichtsratsmitglieder nicht abschließend. Das Gesetz enthält **weitere Haftungsvorschriften**, deren praktische Bedeutung allerdings gering ist[6]: § 117 Abs. 1 und 2 bei vorsätzlich schädigender Einflussnahme auf die Gesellschaft; §§ 310 Abs. 1, 318 Abs. 2 bei konzernrechtlich unzulässiger Einflussnahme auf abhängige Unternehmen.

2

## II. Pflichten der Aufsichtsratsmitglieder

### 1. Sorgfältige Wahrnehmung der Organfunktionen

#### a) Organverantwortung und individuelle Sorgfaltspflicht

Zur Überwachung der Geschäftsleitung ist der Gesamt-Aufsichtsrat berechtigt und verpflichtet; er ist Träger der organschaftlichen Funktionen[7]. Den einzelnen Mitglie-

3

---

1 *Hopt/Roth* in Großkomm. AktG, 4. Aufl., § 116 AktG Rz. 39; *Spindler* in Spindler/Stilz, § 116 AktG Rz. 39; *Bürgers/Israel* in Bürgers/Körber, § 116 AktG Rz. 1.
2 Richtig LG Düsseldorf v. 30.4.2009 – 7 O 134/08, juris.
3 Gesetz zur weiteren Reform des Aktien- und Bilanzrechts, zu Transparenz und Publizität (TransPuG) vom 19.7.2002, BGBl. I 2002, 2681.
4 *Hüffer*, § 116 AktG Rz. 1.
5 Gesetz zur Angemessenheit der Vorstandsvergütung (VorstAG) vom 31.7.2009, BGBl. I 2009, 2509.
6 *Lutter/Krieger*, Aufsichtsrat, Rz. 983.
7 *Hopt/Roth* in Großkomm. AktG, 4. Aufl., § 116 AktG Rz. 31; *Mertens* in KölnKomm. AktG, 2. Aufl., § 116 AktG Rz. 5; *Spindler* in Spindler/Stilz, § 116 AktG Rz. 7.

dern stehen gegenüber dem Vorstand grundsätzlich **keine eigenen Amtsbefugnisse** zu (Ausnahme: § 90 Abs. 3 Satz 2). Die Überwachungspflicht ist mithin eine kollektive, keine individuelle. Alle Mitglieder sind aber verpflichtet, durch **Mitarbeit im Aufsichtsrat** an der Erfüllung der Überwachungsaufgabe mitzuwirken. Dies ist der Anknüpfungspunkt für die individuelle Pflichtverletzung, die die Norm voraussetzt. Haftungsadressaten sind nur die Aufsichtsratsmitglieder persönlich, eine Haftung des Organs selbst scheidet mangels Rechtssubjektivität aus[8]. Daher muss auch das Verschulden für jedes Organmitglied separat festgestellt werden; eine wechselseitige Zurechnung ist nicht möglich.

Gem. §§ 116, 93 Abs. 1 haben die Organmitglieder bei der Erfüllung ihrer Aufgabe die **Sorgfalt eines ordentlichen und gewissenhaften Aufsichtsratsmitglieds** anzuwenden. Insbesondere muss jedes Mitglied gegebenenfalls darauf hinwirken, dass der Aufsichtsrat seiner Überwachungsfunktion hinreichend gerecht wird. Insofern kann man durchaus von einer **Gesamtverantwortung** der Aufsichtsratsmitglieder sprechen: Zwar setzt die Haftung einzelner Mitglieder die Verletzung einer individuellen Pflicht voraus, doch kann diese Pflichtverletzung gerade darin bestehen, dass nicht genügend auf eine ordnungsgemäße Erfüllung der Organpflichten hingewirkt wird.

4 Bei der Bestimmung der gebotenen Sorgfalt sind die Regeln der Ermessensfreiheit bei unternehmerischen Entscheidungen zu berücksichtigen. Diese vom BGH bereits 1997[9] aufgestellte Regel ist inzwischen in § 93 Abs. 1 Satz 2 kodifiziert und gilt kraft der Verweisung des § 116 unzweifelhaft auch für den Aufsichtsrat.

### b) Überwachungspflicht und Aufgabendelegation

5 Zu bedenken ist allerdings, dass der Aufsichtsrat seine Überwachungspflicht auch arbeitsteilig erfüllen kann. Eine Befassung aller Mitglieder mit sämtlichen Einzelfragen ist weder geboten noch möglich, da die Tätigkeit als Aufsichtsrat regelmäßig nur ein Nebenamt ist. Das Zusammenspiel von Organverantwortung und individueller Pflicht zur sorgfältigen Amtsführung wird besonders deutlich bei der Frage, wie sich die Delegation von Aufgaben an einen **Ausschuss** auf die Pflichten- und Haftungslage der übrigen Aufsichtsratsmitglieder auswirkt. Zu unterscheiden ist dabei, ob ein Ausschuss nur vorbereitend tätig wird oder anstelle des Plenums selbst entscheidet.

6 Bei **vorbereitenden Ausschüssen** verbleibt die Letztverantwortung ohnehin beim Gesamtaufsichtsrat. Die Mitglieder dürfen sich bei ihrer Meinungsbildung zwar auf die Vorarbeiten des Ausschusses stützen, müssen diese aber sorgfältig auf ihre Plausibilität überprüfen[10]. Bei **erledigenden Ausschüssen** ist die Beurteilung komplizierter. Hier ist der Gesamt-Aufsichtsrat verpflichtet die Tätigkeit des Ausschusses zu überwachen, insbesondere sich regelmäßig darüber berichten zu lassen[11]. Darüber hinaus sind die nicht im Ausschuss vertretenen Mitglieder zum Eingreifen verpflichtet, wenn Zweifel an der Ordnungsgemäßheit der Ausschussarbeit aufkommen. Dann muss entweder der Aufsichtsratsvorsitzende eingeschaltet oder auf Rückdelegation an das Plenum hingewirkt werden[12].

---

8 A.A. nur *Szalai/Marz*, DStR 2010, 811.
9 BGH v. 21.4.1997 – II ZR 175/95, BGHZ 135, 244 = NJW 1997, 1926 = ZIP 1997, 883.
10 *Lutter/Krieger*, Aufsichtsrat, Rz. 999.
11 *Lutter/Krieger*, Aufsichtsrat, Rz. 1000; *Mertens* in KölnKomm. AktG, 2. Aufl., § 112 AktG Rz. 10; *Bürgers/Israel* in Bürgers/Körber, § 116 AktG Rz. 7.
12 Ebenso *Lutter/Krieger*, Aufsichtsrat, Rz. 1000.

## c) Mindeststandards sorgfältiger Mandatswahrnehmung

Das Gesetz fordert von den Aufsichtsratsmitgliedern keine besondere berufliche Sachkunde oder sonstige fachliche Qualifikation. Allerdings ist eine sachgerechte Mitwirkung an der Aufsichtsratsarbeit nur möglich, wenn die Mitglieder in der Lage sind, die **wesentlichen wirtschaftlichen Zusammenhänge und Geschäftsvorfälle ohne fremde Hilfe** zu erfassen und zu beurteilen[13]. Nur wer fähig ist, sich aufgrund der Vorstandsberichte, des Geschäftsgangs und des Prüfberichts des Abschlussprüfers überhaupt ein Bild von der wirtschaftlichen Lage der Gesellschaft zu machen, kann beurteilen, ob die Geschäftsführung und Berichterstattung des Vorstands den gesetzlichen Anforderungen genügt und ob der Aufsichtsrat effektiv organisiert ist[14]. Diese Grundvoraussetzungen muss jedes Aufsichtsratsmitglied erfüllen; anderenfalls liegt bereits in der Übernahme des Mandats ein Sorgfaltsverstoß in Gestalt des Übernahmeverschuldens.

7

## d) Einzelne Mitwirkungspflichten

Jedes Aufsichtsratsmitglied ist zur sorgfältigen Wahrnehmung seines Mandats verpflichtet. Die Sorgfaltspflicht hat somit den Charakter einer **Generalklausel**, die durch Herausarbeitung konkreter objektiver Verhaltenspflichten zu präzisieren ist. Bestandteil der umfassenden Sorgfaltspflicht sind demnach unter anderem[15]:

8

- die Pflicht zur Mitarbeit im Plenum und gegebenenfalls in Ausschüssen, insbesondere durch Teilnahme an Diskussionen und Beschlussfassungen;
- die Pflicht, auf eine gesetzeskonforme und effektive Organisation und Arbeitsweise des Aufsichtsrats hinzuwirken, namentlich durch Verlangen der Einberufung (§ 110 Abs. 1) oder Selbsteinberufung des Aufsichtsrats (§ 110 Abs. 2);
- die Pflicht zur Information durch Erörterung und Prüfung der Vorstandsberichte;
- die Pflicht, gegebenenfalls weitere Berichte anzufordern (§ 90 Abs. 3 Satz 2) oder auf die Ausübung der Rechte aus § 111 Abs. 2 hinzuwirken;
- die Pflicht, auf die Existenz und Wirkung des gesetzlich vorgeschriebenen internen Kontrollsystems zu achten (§ 91 Abs. 2)[16];
- die Pflicht, sich zu allen relevanten Entscheidungen ein persönliches Urteil zu bilden, namentlich über die Eignung des Vorstands, die Qualität der Geschäftsleitung, Rechtmäßigkeit des Jahresabschlusses;
- die Pflicht, bei Anhaltspunkten für Pflichtwidrigkeiten des Vorstands eine Befassung des Aufsichtsrats herbeizuführen.

## e) Behandlung von Beurteilungsspielräumen

Diese **Pflichten** ergeben sich **direkt oder indirekt aus dem Gesetz**; sie sind daher keine unternehmerischen Entscheidungen und unterliegen nicht dem kontrollfreien Ermessensbereich des Mitglieds. Das schließt freilich nicht aus, dass das Gesetz oder die ungeschriebene Regel, die das Handeln des Organmitglieds bestimmt, wiederum wertungsbedürftige Elemente enthält. Beispiele sind die „effektive" Organisation des Aufsichtsrats oder die Pflicht, auf einen Insolvenzantrag hinzuwirken, wenn „Über-

9

---

13 BGH v. 15.11.1982 – II ZR 27/82 – „Hertie", BGHZ 85, 293, 295 = NJW 1983, 991 = AG 1983, 133.
14 *Schwark* in FS Werner, 1984, S. 841, 844 ff.; *Mertens* in KölnKomm. AktG, 2. Aufl., § 112 Rz. 7; *Spindler* in Spindler/Stilz, § 116 AktG Rz. 14.
15 Vgl. auch *Hopt/Roth* in Großkomm. AktG, 4. Aufl., § 116 AktG Rz. 115 ff.
16 *Pahlke*, NJW 2002, 1680 ff.; *Habersack* in MünchKomm. AktG, 3. Aufl., § 111 AktG Rz. 20.

schuldung" vorliegt[17], was nach § 19 InsO gegenwärtiger Fassung wiederum von der „Fortführungsprognose" abhängt. Auf diese Fragen gibt es mehr als eine vertretbare Antwort. Bei gebundenen Entscheidungen, die wiederum von wertungsausfüllungsbedürftigen Tatbeständen abhängen, haben die Aufsichtsratsmitglieder daher zwar kein unternehmerisches Ermessen i.S. des § 93 Abs. 2, aber es bestehen **Beurteilungsspielräume**[18]. Diese können sich aus einer bisher nicht hinreichend geklärten Rechtslage[19] oder aus der Unsicherheit auf der Sachverhaltsebene, vor allem bei Prognoseentscheidungen[20], ergeben. Bei der sachgerechten Ausfüllung solcher Beurteilungsspielräume kommt es ebenso wie bei § 93 Abs. 2 darauf an, dass sie auf gesicherter Informationsgrundlage getroffen werden. So kann sich auf einen Beurteilungsspielraum bei unsicherer Rechtslage nur berufen, wer den Meinungsstand sorgfältig ermittelt und ggf. rechtlichen Rat eingeholt hat[21]. Ebenso müssen bei Prognoseentscheidungen, z.B. zur Fortführungsprognose, die Tatsachengrundlagen, auf denen die Prognoseentscheidung beruht, sorgfältig ermittelt werden. Was das Entscheidungsergebnis angeht, so lässt sich aus dem Bestehen eines konkretisierungsbedürftigen Rechtsbegriffs freilich nicht generell schließen, dass eine gerichtliche Kontrolle des Endergebnisses nicht stattfinden und der sich ergebende Beurteilungsspielraum mithin unüberprüfbar sein soll[22]. Jedoch handelt selbst dann, wenn sich die Entscheidung im Nachhinein als falsch herausstellt, das entscheidende Organmitglied jedenfalls nicht schuldhaft, wenn es sein Handeln in nachvollziehbarer Weise am Gesetzeszweck ausrichtet[23].

10 Überträgt man diese Grundsätze auf die Behandlung von **Schadensersatzansprüchen gegen Vorstandsmitglieder**, so ergibt sich zum einen, dass es sich in der Tat um eine gebundene Entscheidung handelt, da es keinem Organ der Gesellschaft zusteht, aussichtsreiche Ansprüche nicht geltend zu machen, bis sie verjähren[24]. Zugleich ergibt sich ein Beurteilungsspielraum, da die soeben aufgestellte Regel kein Prozessieren um jeden Preis gebietet, sondern sich auf aussichtsreiche Ansprüche beschränkt[25]. Daher hat der Aufsichtsrat zu prüfen, ob der Anspruch prozessual durchsetzbar und das Vorstandsmitglied für den Schadensersatz wirtschaftlich leistungsfähig ist[26]. Ferner ist ein abwägungsfähiger Gesichtspunkt, inwieweit der Prozess für die Gesellschaft auch Nachteile hätte, z.B. durch die entstehende Öffentlichkeitswirkung[27]. Die Verdienste des Vorstands in der Vergangenheit sind hingegen kein abwägungsfähiges Kriterium, da sie bereits mit der regulären Vergütung abgegolten sind und eine nachträgliche Vergünstigung, auch in Gestalt des stillschweigenden Verzichts auf Ansprüche, nach den Grundsätzen des Mannesmann-Urteils[28] problematisch wäre.

---

17 Zu dieser Pflicht BGH v. 16.3.2009 – II ZR 280/07, ZIP 2009, 860 = AG 2009, 404.
18 Für die Insolvenzantragspflicht in Bezug auf den Geschäftsführer anerkannt durch BGH v. 6.6.1994 – II ZR 292/91, BGHZ 126, 181, 199 = ZIP 1994, 1103.
19 Dazu *Fleischer* in FS Hüffer, S. 187 ff.
20 *Mertens/Cahn* in KölnKomm. AktG, 3. Aufl., § 93 AktG Rz. 17; *Habersack* in MünchKomm. AktG, 3. Aufl., § 116 AktG Rz. 40; *Semler* in FS Ulmer, S. 627, 631 ff.
21 *Fleischer* in Spindler/Stilz, § 93 AktG Rz. 29; *Fleischer* in FS Hüffer, S. 187, 189.
22 Zur Parallelproblematik im öffentlichen Recht *Jestaedt* in Erichsen, Allg. VerwR, 13. Aufl. § 10, Rz. 33.
23 Wie hier *Bayer* in FS K. Schmidt, S. 85, 92; für fehlende Pflichtwidrigkeit *Fleischer*, BB 2008, 1070, 1071.
24 Zutr. BGH v. 21.7.1994 – II ZR 175/95, BGHZ 135, 244, 256.
25 BGH v. 21.7.1994 – II ZR 175/95, BGHZ 135, 244, 253 f.
26 BGH v. 21.7.1994 – II ZR 175/95, BGHZ 135, 244, 252 ff.; *Habersack* in MünchKomm. AktG, 3. Aufl., § 116 AktG Rz. 42.
27 BGH v. 21.7.1994 – II ZR 175/95, BGHZ 135, 244, 255.
28 BGH v. 21.12.2005 – 3 StR 470/04, BGHSt 50, 331; vgl. auch BGH v. 17.3.2008 – II ZR 239/06, DB 2008, 1314, 1315 zur Genossenschaft.

In die Abwägung mit einzustellen ist nach dem Gesetzeszweck auch die generalpräventive Funktion der Norm, die darin besteht, Vorstände zum ordnungsgemäßen Verhalten zu veranlassen[29]. Dieser Zweck kann nicht erreicht werden, wenn bei den verbleibenden Organmitgliedern, aber auch in der Öffentlichkeit, der Eindruck entsteht, dass die Haftung tatsächlich nicht durchgesetzt wird[30]. Hat der Aufsichtsrat diese Aspekte beurteilt und gegeneinander abgewogen, so schließt das nicht aus, dass ein Gericht später zu einer anderen Überzeugung kommt. Die Organmitglieder handeln jedoch nicht schuldhaft, solange ihre Abwägungsentscheidung rational begründet und am Gesetzeszweck orientiert („vertretbar") war.

### f) Unternehmerische Entscheidung

Bei unternehmerischen Entscheidungen des Aufsichtsrats gilt § 93 Abs. 1 Satz 2[31]. Die Entscheidung ist daher nur dann unsorgfältig, wenn das Mitglied nicht annehmen durfte, auf der Grundlage angemessener Information und zum Wohle der Gesellschaft zu handeln. Dabei gilt in der Frage der konkreten **Informationsbedürfnisse** im Hinblick auf den fraglichen Beschluss wiederum ein Beurteilungsspielraum, wie sich aus der Gesetzesformulierung („angemessene Information", „annehmen durfte") deutlich ergibt[32]. Die jüngste Entscheidung des BGH, wonach der Aufsichtsrat jedenfalls bei einer krisenhaften Entwicklung des Unternehmens alle verfügbaren Informationsquellen ausschöpfen müsse[33], ist daher contra legem entwickelt[34] und überzeugt auch rechtsvergleichend nicht, da die amerikanische Rechtsprechung, die die Business Judgement Rule eingeführt hat, die Informationsobliegenheit als vom Ermessen des Aufsichtsrats erfasst ansieht[35]. Der deutsche Gesetzgeber hat § 93 Abs. 1 Satz 2 in Anlehnung an diese Rechtslage konzipiert, weshalb der Wortlaut des Gesetzes auch nicht als verunglückt beiseite geschoben werden kann[36]. Der Rechtsprechung ist insoweit also nicht zu folgen.

11

Der Aufsichtsrat muss daher die Frage der konkret erforderlichen Entscheidungsvorbereitung jeweils im Rahmen seines Beurteilungsspielraums sachgerecht würdigen. Dabei spielt die zur Verfügung stehende Zeit ebenso eine Rolle wie die wirtschaftliche Bedeutung der Angelegenheit. Ein Sorgfaltsverstoß kann aber dann vorliegen, wenn die Anforderungen an eine sachgerechte Vorbereitung evident unterschritten wurden, z.B. wenn ein größeres Fusionsvorhaben ohne vorherige Versendung von Unterlagen an die Mitglieder nach zehnminütiger Diskussion gebilligt wird[37], wenn der Aufsichtsrat erhebliche Investitionen gänzlich ohne Information über den Verwen-

12

---

29 Zur Präventionsfunktion der Haftungsvorschriften *Mertens/Cahn* in KölnKomm. AktG, 3. Aufl., § 93 AktG Rz. 6.
30 Insofern unterscheidet sich der Anspruch gegen ein Organmitglied inhaltlich erheblich von einem Anspruch gegen einen Kunden, das übersieht *Mertens* in FS K. Schmidt, S. 1183, 1193 f.
31 Ausführlich *Hopt/Roth* in Großkomm. AktG, 4. Aufl., § 116 AktG Rz. 72 ff.; vgl. *Spindler* in Spindler/Stilz, § 116 AktG Rz. 37 ff.
32 Das übersehen *Hopt/Roth* in Großkomm. AktG, 4. Aufl., § 116 AktG Rz. 131; wie hier *Spindler* in Spindler/Stilz, § 116 AktG Rz. 37; *Ihrig*, WM 2004, 2098, 2105 f.; *Thümmel*, DB 2004, 471, 472; *Ulmer*, DB 2004, 859, 860 f.
33 BGH v. 14.7.2008 – II ZR 202/07, NJW 2008, 3361; so auch *Goette*, ZGR 2008, 436, 448; *Altmeppen* in Roth/Altmeppen, § 43 GmbHG Rz. 9.
34 Wie hier auch *Fleischer*, NJW 2009, 2337, 2339.
35 Näher *Drygala*, WM 2004, 1413, 1418.
36 So aber *Goette*, ZGR 2008, 436, 448.
37 So zum amerikanischen Recht Smith v. van Gerkom, 488 A.2d, 858, 873 und 887 f. (Del. 1985); näher dazu *Drygala*, WM 2004, 1413, 1415 mit Fn. 19 sowie WM 2004, 1457, 1459; ähnlich zur Pflicht, juristischen Rat einzuholen, OGH v. 31.5.1977 – 5 Ob 306/76, AG 1983, 81 f.

dungszweck oder die damit verfolgten Ziele billigt[38], oder wenn der Aufsichtsrat erkennbaren Hinweisen auf ein erhebliches Fehlverhalten der Geschäftsleitung nicht nachgeht[39].

13 **Nicht zum Wohle der Gesellschaft** ist die Entscheidung dann, wenn sie erkennbar unvertretbar ist, also auch unter Berücksichtigung des unternehmerischen Ermessens die Grenzen verantwortlicher Unternehmensführung überschreitet[40]. Beispiele sind die Kreditgewährung an erkennbar kreditunwürdige Personen[41], Vorschlag eines erkennbar ungeeigneten Kandidaten als zu wählendes Aufsichtsratsmitglied gegenüber der Hauptversammlung[42] oder Weggabe von Gesellschaftsvermögen ohne erkennbaren Vorteil[43]. Nicht hierher gehört die Billigung von Geschäften, denen ein Risiko innewohnt, das im Falle seiner Verwirklichung zur Insolvenz der Gesellschaft führt[44]. Diese Frage der Risikoüberspannung kann nicht absolut, sondern nur unter Berücksichtigung von Eintrittswahscheinlichkeiten und entgegenstehenden Gewinnmöglichkeiten entschieden werden[45].

14 Keine Voraussetzung des Handelns zum Wohle der Gesellschaft ist es bei Aufsichtsratsmitgliedern, dass das betreffende Mitglied im Hinblick auf die betreffende Frage frei von **Interessenkonflikten** ist[46]. Interessenkonflikte sind bei Aufsichtsratsmandaten häufig, werden aber gleichwohl nicht als Ausschlussgrund für die Mitgliedschaft angesehen. Keine Lösung ist es daher auch, die betroffenen Mitglieder mit der ständigen Gefahr einer verschärften Haftung zu bedrohen[47]. Insofern zu unterscheiden sind die Voraussetzungen der Ausübung unternehmerischen Ermessen zwischen Vorstand und Aufsichtsrat. Bei Aufsichtsratsmitgliedern ist ein Ausschluss des § 93 Abs. 1 Satz 2 erst dann anzunehmen, wenn gegen die Treupflicht verstoßen wird[48]. Das ist in Bezug auf Interessenkonflikte dann der Fall, wenn das betroffene Mitglied den Konflikt nicht offen legt[49]. Folglich führt nicht der Interessenkonflikt, sondern erst der nicht offen gelegte Interessenkonflikt zum grundsätzlichen Verlust des Privilegs der Business Judgement Rule.

15 Fraglich ist auch, ob ein Interessenkonflikt in der Person des einen Mitglieds die anderen Mitglieder in dem Sinne infiziert, dass sich auch diese nicht mehr auf das Haf-

---

38 BGH v. 11.12.2006 – II ZR 243/05, ZIP 2007, 224.
39 BGH v. 11.12.2006 – II ZR 243/05, ZIP 2007, 224.
40 BGH v. 21.4.1997 – II ZR 175/95 – „ARAG/Garmenbeck", BGHZ 135, 244, 253 ff. = NJW 1997, 1926 ff. = AG 1997, 377.
41 Dazu *Kiethe*, BKR 2005, 177.
42 *Lutter*, ZIP 2003, 417 ff.; *Hopt/Roth* in Großkomm. AktG, 4. Aufl., § 116 AktG Rz. 155; *Semler* in MünchKomm. AktG, 2. Aufl., § 116 AktG Rz. 126.
43 Vgl. *Hopt/Roth* in Großkomm. AktG, 4. Aufl., § 116 AktG Rz. 166.
44 A.A. *Mertens/Cahn* in KölnKomm. AktG, 3. Aufl., § 93 AktG Rz. 86 f.; *Fleischer* in Spindler/Stilz, § 93 AktG Rz. 75; *Kock/Dinkel*, NZG 2004, 441, 443; oben *Krieger/Sailer-Coceani*, § 93 AktG Rz. 13; *Lutter*, ZIP 2009, 197, 199; *Lutter*, ZIP 2007, 841, 845; unter Begrenzung auf „unverantwortliches" Handeln auch BGH v. 21.7.1994 – II ZR 175/95, BGHZ 135, 244, 253 f.
45 *Drygala* in FS Hopt, S. 541, zurückhaltend auch *Hopt* in Großkomm. AktG, 4. Aufl., § 93 AktG Rz. 82; *Seibert* in FS Bezzenberger, S. 427, 431; *Roth*, Unternehmerisches Ermessen und Haftung des Vorstands, 2001, S. 110 f.; *Oltmanns*, Geschäftsleiterhaftung und unternehmerisches Ermessen, 2000, S. 247 f.
46 *Spindler* in Spindler/Stilz, § 116 AktG Rz. 38 unter Berufung auf Begr. RegE, BT-Drucks. 15/5092, S. 11; a.A. aber *Gebh/Heckelmann*, ZRP 2005, 145, 147; *Schäfer*, ZIP 2005, 1253, 1257.
47 So aber *Lutter* in FS Canaris, S. 245, 249 ff.
48 *Hopt/Roth* in Großkomm. AktG, 4. Aufl., § 116 AktG Rz. 91; *Habersack* in MünchKomm. AktG, 3. Aufl., § 116 AktG Rz. 43.
49 *Hopt/Roth* in Großkomm. AktG, 4. Aufl., § 116 AktG Rz. 91; *Spindler* in Spindler/Stilz, § 116 AktG Rz. 38 sowie oben bei § 100 Rz. 27.

tungsprivileg berufen können⁵⁰. Dem kann nach dem eben Gesagten für den **offen gelegten Interessenkonflikt** nicht zugestimmt werden. Hier obliegt es vielmehr der Organisationsautonomie des Aufsichtsrats, ob er die Beratung nach der Offenlegung in An- oder Abwesenheit des befangenen Mitglieds fortsetzt (näher dazu bei § 100 Rz. 27 f.). Bei verdeckten Interessenkonflikten kann sich das befangene Mitglied wegen des Verstoßes gegen die Treupflicht nicht auf die §§ 116, 93 Abs. 1 Satz 2 berufen. Der Fehler wird für die anderen Mitglieder jedoch erst dann relevant, wenn die Mehrheit im Gremium in dieser Weise betroffen war,- anderenfalls wird der Fehler für das Abstimmungsergebnis nicht kausal⁵¹.

Ist ein **Beschlussgegenstand** nach Meinung eines Aufsichtsratsmitglieds **unvertretbar**, also auch nicht mit dem Gedanken des unternehmerischen Ermessens zu rechtfertigen, so darf sich das Mitglied nicht der Stimme enthalten, sondern muss mit „Nein" stimmen⁵². Darüber hinaus muss das überstimmte Mitglied wenigstens versuchen, die übrigen Mitglieder von der Unvertretbarkeit des Beschlusses zu überzeugen⁵³. Eine Pflicht, die Durchführung eines für rechtswidrig erachteten Aufsichtsratsbeschlusses durch Klageerhebung zu unterbinden, besteht indes nicht⁵⁴. 16

### g) Zu leistender Arbeitseinsatz

Die Aufsichtsratsmitglieder schulden nicht den vollen Einsatz ihrer Arbeitskraft (Nebenamt). Der geschuldete Aufwand richtet sich nach **Art und Größe des Unternehmens**, aber auch nach der **wirtschaftlichen Lage** der Gesellschaft. Bereits im Normalfall darf dabei aber ein Mindestmaß nicht unterschritten werden, vor allem soweit es um die Überwachung der in § 107 Abs. 3 Satz 2 geregelten Systeme geht⁵⁵. Die Übernahme von Sonderaufgaben (§ 111 Abs. 2) ist nur im Rahmen des Zumutbaren geschuldet⁵⁶. In Krisenzeiten intensiviert sich die Überwachungspflicht des Aufsichtsrats (dazu § 111 Rz. 25) und damit auch die Mitwirkungspflicht der einzelnen Mitglieder. Stets gilt jedoch, dass solche Aufgaben nicht übernommen werden müssen, die typischerweise externen Fachleuten (Rechtsanwälten, Wirtschafts- oder Steuerberatern, Wissenschaftlern etc.) überlassen werden, selbst wenn das Mitglied die entsprechenden Kenntnisse hat⁵⁷. Vom Aufsichtsratsvorsitzenden ist generell ein höherer Arbeitseinsatz zu erwarten als von den übrigen Mitgliedern⁵⁸. 17

---

50 Dafür *Lutter* in FS Canaris, S. 245, 249 ff. für den Fall der weiteren Sitzungsteilnahme.
51 Wie hier *Paefgen*, AG 2008, 761, 768, mit Hinweisen zum amerikanischen Recht.
52 *Lutter/Krieger*, Aufsichtsrat, Rz. 994; *Spindler* in Spindler/Stilz, § 116 AktG Rz. 34.
53 *Hopt/Roth* in Großkomm. AktG, 4. Aufl., § 116 AktG Rz. 17; *Mertens* in KölnKomm. AktG, 2. Aufl., § 116 AktG Rz. 58; *Habersack* in MünchKomm. AktG, 3. Aufl., § 116 AktG Rz. 38; *Spindler* in Spindler/Stilz, § 116 AktG Rz. 34.
54 So im Grundsatz auch *Lutter/Krieger*, Aufsichtsrat, Rz. 996; *Mertens* in KölnKomm. AktG, 2. Aufl., § 116 AktG Rz. 58; a.A. *Szalai/Marz*, DStR 2010, 813; vgl. auch *Habersack* in MünchKomm. AktG, 3. Aufl., § 116 AktG Rz. 38.
55 Wie hier *Claussen/Semler*, AG 1984, 20 f., großzügiger die herrschende Lehre von der „begleitenden Überwachung", s. *Semler*, AG 1983, 141; *Semler*, Leitung und Überwachung, 2. Aufl., S. 232; *Mertens* in KölnKomm. AktG, 2. Aufl., § 116 AktG Rz. 18; *Spindler* in Spindler/Stilz, § 116 AktG Rz. 34. Näher dazu § 111 Rz. 9.
56 *Hopt/Roth* in Großkomm. AktG, 4. Aufl., § 116 AktG Rz. 63; *Mertens* in KölnKomm. AktG, 2. Aufl., § 116 AktG Rz. 19; *Habersack* in MünchKomm. AktG, 3. Aufl., § 116 AktG Rz. 36; *Spindler* in Spindler/Stilz, § 116 AktG Rz. 39.
57 Vgl. dazu *Spindler* in Spindler/Stilz, § 116 AktG Rz. 39; *Mertens* in FS Steindorff, S. 173, 180 ff.
58 *Semler*, AG 1983, 141, 144; *Mertens* in KölnKomm. AktG, 2. Aufl., § 116 AktG Rz. 21.

### h) Pflicht zur Systemüberwachung

18 Betrachtet man die bisherige Kasuistik, so sind neben (seltenen) Fällen, in denen die AG von ihren Aufsichtsratsmitgliedern durch aktives Tun geschädigt wurde[59], vor allem Fälle von **Reaktionsdefizit** zu verzeichnen: Verstoßen wurde gegen die Pflicht, auf Kompetenzüberschreitungen der Geschäftsführung angemessen zu reagieren[60], bei erkennbarer Unternehmenskrise den Aufsichtsrat einzuberufen, um Sanierungsmöglichkeiten zu erörtern[61], bei erkennbarer Insolvenzreife auf die Antragstellung hinzuwirken[62], Informationen über rechtswidriges Verhalten des Vorstands dem Gesamtgremium mitzuteilen[63], aussichtsreiche Schadensersatzansprüche gegen Vorstände tatsächlich geltend zu machen[64], bei der Zustimmung zu erkennbar bedenklichen Geschäften weitere Informationen einzuholen[65] oder auf Kompetenzüberschreitungen des Vorstands oder sonst rechtswidrige Maßnahmen mit Anordnung eines Zustimmungsvorbehalts zu reagieren[66]. Die Fälle lassen sich auf den gemeinsamen Nenner bringen, dass auf eine entweder positiv bekannte oder jedenfalls erkennbare Problemlage nicht energisch genug reagiert wurde.

19 Von dieser Rechtsprechungslinie ist der BGH ernstmals mit der **MPS-Entscheidung**[67] abgewichen. Hier bejaht er erstmals eine Pflicht, **ohne vorherigen Verdacht** auf eine Fehlentwicklung präventiv besondere Informations- und Sicherungsmaßnahmen zu ergreifen bzw. den Vorstand zu veranlassen, dieses zu tun. Das gilt betont auch dann, wenn die fragliche Handlung (hier: Darlehensgewährung an die Muttergesellschaft) sowohl rechtmäßig war als auch zu vollwertigen Gegenansprüchen der Gesellschaft führte. Auf der gleichen Entwicklungslinie liegt die Entscheidung des OLG Hamm vom Januar 2008, mit der eine Pflicht des Aufsichtsrats begründet wurde, beim Vertragsschluss mit dem Vorstand (§ 112) das Geschäft auf einen Verstoß gegen § 27 zu prüfen oder eine solche Prüfung präventiv durch einen Sachverständigen zu veranlassen[68]. Damit wird eine Entwicklung erkennbar, die dem Aufsichtsrat eine Pflicht auferlegt, nicht nur auf Fehlentwicklungen zu reagieren, sondern von sich aus aktive Maßnahmen zur Abwehr von Nachteilen und Schäden für die Gesellschaft zu ergreifen. Das gilt insbesondere für die **Systemprüfung** im Hinblick auf die in § 107 Abs. 3 Satz 2 geregelten Gegenstände[69]. Insgesamt wird der Aufsichtsrat zukünftig seine Pflichten zunehmend aktiver und professioneller wahrnehmen müssen.

### 2. Treupflicht

20 Jedes Aufsichtsratsmitglied trifft gegenüber der Gesellschaft eine aus der Amtsstellung fließende Treupflicht. Der Grad der gebotenen Rücksichtnahme auf die Interessen der Gesellschaft richtet sich danach, ob das Mitglied gerade in seiner Funktion als Aufsichtsrat handelt oder nicht. In allen Fällen folgt aus der Treupflicht das **Ver-**

---

59 BGH v. 21.12.1979 – II ZR 244/78, WM 1980, 162.
60 BGH v. 12.12.2006 – II ZR 243/05, AG 2007, 167.
61 LG München v. 31.5.2007 – 5HK O 11977/06, AG 2007, 827.
62 BGH v. 16.3.2009 – II ZR 280/07, ZIP 2009, 860; OLG Brandenburg v. 17.2.2009 – 6 U 102/07, ZIP 2009, 866.
63 LG Dortmund v. 1.8.2001 – 20 O 143/93, AG 2002, 97.
64 BGH v. 21.7.1994 – II ZR 175/95 – „ARAG", BGHZ 135, 244.
65 LG Stuttgart v. 29.10.1999 – 4 KfH O 80/98, DB 1999, 2463.
66 BGH v. 15.11.1993 – II ZR 235/92, BGHZ 124, 111, 127; LG Bielefeld v. 16.11.1999 – 15 O 91/98, ZIP 2000, 20, 25; vgl. zur Unterstützung sittenwidrigen Verhaltens auch OLG Düsseldorf v. 23.6.2008 – I-9 U 22/08, AG 2008, 666.
67 BGH v. 1.12.2008 – II ZR 102/07, BGHZ 179, 71 = AG 2009, 81.
68 OLG Hamm v. 14.1.2008 – 8 U 19/06, juris.
69 In der Bewertung wie hier *Mattheus* in Hommelhoff/Hopt/v. Werder, Hdb. Corporate Governance, 2. Aufl. 2009, S. 563, 572; *M. Winter* in FS Hüffer, S. 1103, 1119 f.

**bot**, das Aufsichtsratsamt zu benutzen, um im eigenen Interesse oder im Interesse eines anderen Unternehmens **nachteilig auf die Gesellschaft einzuwirken**[70], sofern nicht das Konzernrecht die Einflussnahme zulässt[71]. Ein treuwidriges Verhalten liegt mithin immer dann vor, wenn ein Aufsichtsratsmitglied andere Organmitglieder oder Arbeitnehmer der Gesellschaft zu einem pflichtwidrigen Verhalten veranlasst[72].

Handeln Mitglieder **in ihrer Funktion als Amtsträger**, so sind sie streng den Interessen der Gesellschaft verpflichtet. Kollidierende Interessen, an die die Mitglieder etwa aufgrund ihrer beruflichen Stellung oder vertraglicher Abreden gebunden sind, müssen hinter das Unternehmensinteresse zurücktreten[73]. Allerdings ist es den Mitgliedern gestattet, sich bei Vorliegen eines Interessenkonflikts der Stimme zu enthalten[74] oder sich der sonstigen Einflussnahme auf die betreffende Angelegenheit zu enthalten[75]. Bei nachhaltigen und weit reichenden Interessenkollisionen kann ausnahmsweise eine Pflicht zur Niederlegung des Mandats bestehen[76]. 21

**Außerhalb ihrer Organfunktion** sind die Mitglieder hingegen nicht gehindert, eigene oder fremde Interessen zu verfolgen, selbst wenn dadurch der Gesellschaft Nachteile entstehen könnten[77]. Sie unterliegen keinem Wettbewerbsverbot[78]. Ein Verbot, Geschäftschancen der Gesellschaft für sich oder Dritte auszunutzen, besteht nur, wenn der Zugriff auf die Geschäftschancen erst durch das Amt als Aufsichtsratsmitglied ermöglicht wurde[79]. Insidergeschäfte (s. Rz. 23) sind stets treuwidrig[80]. 22

---

70 Vgl. OLG München v. 12.3.2008 – 7 U 3543/07, AG 2008, 638; außerdem *Lutter/Krieger*, Aufsichtsrat, Rz. 1002; *Mertens* in KölnKomm. AktG, 2. Aufl., § 116 AktG Rz. 30; *Spindler* in Spindler/Stilz, § 116 AktG Rz. 59.
71 Zu dieser Einschränkung *Mertens* in KölnKomm. AktG, 2. Aufl., § 116 Rz. 30.
72 BGH v. 21.12.1979 – II ZR 244/78, NJW 1980, 1629 mit Anm. *Ulmer*, NJW 1980, 1603; *Fleck* in FS Heinsius, S. 89, 92 ff.; *Lutter*, ZHR 145 (1981), 224, 239 ff.; *Lutter/Krieger*, Aufsichtsrat, Rz. 1002; *Hopt/Roth* in Großkomm. AktG, 4. Aufl., § 116 AktG Rz. 184 ff.; *Mertens* in KölnKomm. AktG, 2. Aufl., § 116 AktG Rz. 31; *Habersack* in MünchKomm. AktG, 3. Aufl., § 116 AktG Rz. 46, 48.
73 Vgl. zur Vielschichtigkeit des Unternehmensinteresses in diesem Zusammenhang *Mertens* in KölnKomm. AktG, 2. Aufl., § 116 AktG Rz. 27 f.; *Spindler* in Spindler/Stilz, § 116 AktG Rz. 21 ff.
74 *Ulmer*, NJW 1980, 1603, 1605; *Lutter*, ZHR 145 (1981), 224, 247; *Lutter/Krieger*, Aufsichtsrat, Rz. 1003; *Hopt/Roth* in Großkomm. AktG, 4. Aufl., § 116 AktG Rz. 174; *Mertens* in KölnKomm. AktG, 2. Aufl., § 116 AktG Rz. 23; *Spindler* in Spindler/Stilz, § 116 AktG Rz. 34.
75 Dazu *Lutter/Krieger*, Aufsichtsrat, Rz. 1003; *Hopt/Roth* in Großkomm. AktG, 4. Aufl., § 116 AktG Rz. 174; *Mertens* in KölnKomm. AktG, 2. Aufl., § 116 AktG Rz. 23; *Spindler* in Spindler/Stilz, § 116 AktG Rz. 66 f.
76 *Lutter*, ZHR 145 (1981), 224, 246; *Mertens* in KölnKomm. AktG, 2. Aufl., § 116 AktG Rz. 32; *Spindler* in Spindler/Stilz, § 116 AktG Rz. 66; *Bürgers/Israel* in Bürgers/Körber, § 116 AktG Rz. 8; vgl. auch *Habersack* in MünchKomm. AktG, 3. Aufl., § 100 AktG Rz. 72 zur Pflicht der übrigen Mitglieder, die Abberufung zu betreiben; ferner für Übernahmesituationen *Möllers*, ZIP 2006, 1615, 1619 f.
77 *Merkt*, ZHR 159 (1995), 423, 432 ff.; *Ulmer*, NJW 1980, 1603, 1606 f.; *Werner*, ZHR 145 (1981), 252, 261 ff.; *Hopt/Roth* in Großkomm. AktG, 4. Aufl., § 116 AktG Rz. 178; *Mertens* in KölnKomm. AktG, 2. Aufl., § 116 AktG Rz. 29; *Spindler* in Spindler/Stilz, § 116 AktG Rz. 71; einschränkend *Habersack* in MünchKomm. AktG, 3. Aufl., § 116 AktG Rz. 47.
78 *Ulmer*, NJW 1980, 1603, 1606; *Fleck* in FS Heinsius, 1991, S. 89, 92; *Hopt/Roth* in Großkomm. AktG, 4. Aufl., § 116 AktG Rz. 193; *Mertens* in KölnKomm. AktG, 2. Aufl., § 116 AktG Rz. 29; *Habersack* in MünchKomm. AktG, 3. Aufl., § 116 AktG Rz. 48; *Spindler* in Spindler/Stilz, § 116 AktG Rz. 71.
79 *Fleck* in FS Heinsius, 1991, S. 89, 92; *Lutter/Krieger*, Aufsichtsrat, Rz. 1003; *Mertens* in KölnKomm. AktG, 2. Aufl., § 116 AktG Rz. 29.
80 *Hopt/Roth* in Großkomm. AktG, 4. Aufl., § 116 AktG Rz. 183; *Habersack* in MünchKomm. AktG, 3. Aufl., § 116 AktG Rz. 47.

## 3. Verschwiegenheitspflicht

### a) Grundlagen

23 Alle Aufsichtsratsmitglieder sind verpflichtet, **Geheimnisse und vertrauliche Angaben der Gesellschaft zu wahren**[81]. Das ergibt sich bereits aus § 116 Satz 1 i.V.m. § 93 Abs. 1: Die Aufsichtsratsmitglieder sind ebenso wie der Vorstand zur Geheimhaltung verpflichtet[82]; der nachträglich eingefügte § 116 Satz 2 schränkt die Verschwiegenheitspflicht nicht ein, sondern hat lediglich klarstellenden Charakter („insbesondere"). Die Pflicht trifft Anteilseignervertreter und Arbeitnehmervertreter in gleichem Maße[83]. Die Verschwiegenheitspflicht kann durch Satzung oder Geschäftsordnung weder abgeschwächt noch verschärft werden[84]. Möglich ist hingegen die Aufstellung von Richtlinien für den Umgang mit vertraulichen Informationen[85].

24 Die Verpflichtung zur Vertraulichkeit gilt für **Geheimnisse und vertrauliche Angaben** aus der Sphäre der Gesellschaft. § 116 Satz 2 nennt exemplarisch vertrauliche Berichte und vertrauliche Beratungen. Die Verschwiegenheitspflicht geht jedoch noch darüber hinaus und erstreckt sich auf sämtliche Informationen über die Gesellschaft, die in der Erwartung gegeben werden, dass sie vom Empfänger nur persönlich zur Kenntnis genommen werden und deren Weitergabe zu einem Schaden für die Gesellschaft führen kann[86]. Ob eine vertrauliche Tatsache vorliegt, bestimmt sich nach objektiven Kriterien. Ein besonderer Geheimhaltungswille des Vorstands ist nicht erforderlich[87]. Auch eine entsprechende Kennzeichnung – etwa durch den Vermerk „vertraulich" – ist nicht erforderlich, kann aber ein Indiz dafür sein, dass es sich tatsächlich um eine geheimhaltungsbedürftige Angelegenheit handelt[88]. Maßgeblich ist nur, ob für den Empfänger (also das Aufsichtsratsmitglied) der vertrauliche Charakter der Information erkennbar ist.

25 Der Vorstand kann **auf den Geheimnischarakter** einer bislang unbekannten Tatsache **verzichten**, indem er diese entweder selbst bekannt gibt oder Aufsichtsratsmitglieder bzw. Dritte ermächtigt, von ihr Gebrauch zu machen[89]. Er ist dabei jedoch seinerseits an die Pflicht zur Verschwiegenheit gebunden; die Veröffentlichung muss also unterbleiben, wenn ein Schaden für die Gesellschaft droht.

---

81 *Lutter/Krieger*, Aufsichtsrat, Rz. 254; *Mertens* in KölnKomm. AktG, 2. Aufl., § 116 AktG Rz. 35 f.; *Spindler* in Spindler/Stilz, § 116 AktG Rz. 82; vgl. zur Verschwiegenheitspflicht kommunaler Aufsichtsräte *Bäcker* in FS Schwark, S. 101, 115.
82 *Hopt/Roth* in Großkomm. AktG, 4. Aufl., § 116 AktG Rz. 216; *Habersack* in MünchKomm. AktG, 3. Aufl., § 116 AktG Rz. 49.
83 BAG v. 23.10.2008 – 2 ABR 59/07, AG 2009, 832 ff.; *Säcker*, NJW 1986, 803; *Lutter/Krieger*, Aufsichtsrat, Rz. 255 f.; *Hoffmann-Becking* in MünchHdb. AG, § 33 Rz. 52; *Hüffer*, § 116 AktG Rz. 7; *Hopt/Roth* in Großkomm. AktG, 4. Aufl., § 116 AktG Rz. 219 ff.; *Mertens* in KölnKomm. AktG, 2. Aufl., § 116 AktG Rz. 36; *Habersack* in MünchKomm. AktG, 3. Aufl., § 116 AktG Rz. 55; *Bürgers/Israel* in Bürgers/Körber, § 116 AktG Rz. 21; *Spindler* in Spindler/Stilz, § 116 AktG Rz. 82; a.A. *Kittner*, ZHR 136 (1972), 208, 218 f.; *Kittner/Köstler/Zachert*, Aufsichtsratspraxis, Rz. 496.
84 BGH v. 5.6.1975 – II ZR 156/73, BGHZ 64, 325 = NJW 1975, 1412; *Hüffer*, § 116 AktG Rz. 7.
85 BGH v. 5.6.1975 – II ZR 156/73, BGHZ 64, 325, 328 = NJW 1975, 1412; *Lutter*, Information und Vertraulichkeit, S. 267 ff.; *Hoffmann-Becking* in MünchHdb. AG, § 33 Rz. 52; *Hüffer*, § 116 AktG Rz. 7; 244; *Habersack* in MünchKomm. AktG, 3. Aufl., § 116 AktG Rz. 65; *Spindler* in Spindler/Stilz, § 116 AktG Rz. 96.
86 Vgl. *Lutter/Krieger*, Aufsichtsrat, Rz. 259; *Hopt/Roth* in Großkomm. AktG, 4. Aufl., § 116 AktG Rz. 226.
87 *Lutter/Krieger*, Aufsichtsrat, Rz. 262; *Hopt/Roth* in Großkomm. AktG, 4. Aufl., § 116 AktG Rz. 226; *Mertens* in KölnKomm. AktG, 2. Aufl., § 116 AktG Rz. 43; *Spindler* in Spindler/Stilz, § 116 AktG Rz. 89.
88 Kritisch dazu *Oetker* in Hdb. Corporate Governance, S. 277, 297.
89 *Lutter/Krieger*, Aufsichtsrat, Rz. 262; ähnlich *Spindler* in Spindler/Stilz, § 116 AktG Rz. 39.

Die **Verschwiegenheitspflicht erlischt**, wenn die Tatsache vom Vorstand öffentlich bekannt gemacht wurde oder er signalisiert, dass ein Geheimhaltungsinteresse nicht mehr besteht[90]. Hingegen führt das Ausscheiden aus dem Aufsichtsrat nicht zum Erlöschen der Verschwiegenheitspflicht[91]. Ehemalige Mitglieder sind aufgrund ihrer nachwirkenden Treupflicht zur Geheimhaltung verpflichtet und können im Zivilprozess die Aussage gem. § 383 Abs. 1 Nr. 6 ZPO verweigern. 26

Die Verschwiegenheitspflicht ist **strafbewehrt**, § 404. Das zur Geheimhaltung verpflichtete Aufsichtsratsmitglied kann vom Vorstand im Namen der Gesellschaft auf Unterlassung und gegebenenfalls auf Schadensersatz verklagt werden. Der Bruch der Vertraulichkeit kann unter Umständen auch einen wichtigen Abberufungsgrund (§ 103 Abs. 3) darstellen. 27

Die Verschwiegenheitspflicht wird bei börsennotierten Gesellschaften noch verschärft durch die **Insiderhandelsverbote** (§§ 12 ff. WpHG)[92]. Erhält ein Aufsichtsratsmitglied im Zusammenhang mit seiner Amtsausübung Kenntnis von Insidertatsachen[93], so unterliegen sie als Primärinsider (§ 13 Abs. 1 Satz 1 Nr. 1 WpHG) neben dem Verbot, die Information für sich auszunutzen, auch einem Weitergabe- und Empfehlungsverbot[94]. Die unbefugte Weitergabe[95] kursrelevanter Tatsachen ist nach § 38 WpHG strafbar. 28

**b) Einzelheiten**

Umfassend geschützt ist das **Beratungs- und Abstimmungsgeheimnis**. Für eine vertrauensvolle Aufsichtsratsarbeit ist es unerlässlich, dass Inhalt und Verlauf einer Beratung nicht nach außen getragen werden; § 116 Satz 2 hebt dies ausdrücklich hervor. Auf die Gefahr einer materiellen Schädigung der Gesellschaft kommt es in diesem Zusammenhang nicht an[96]. Auch die Stimmabgabe ist vertraulich zu behandeln[97]. Dies gilt nicht nur für das Abstimmungsergebnis und die Stimmabgabe anderer Aufsichtsratsmitglieder, sondern grundsätzlich auch für die eigene Stimmabgabe[98], es sei denn, die Kundgabe des eigenen Abstimmungsverhaltens ist im Einzelfall geboten, um Schaden von der Gesellschaft abzuwenden[99]. 29

Untersagt ist ferner die **Weitergabe von** unternehmerischen und finanziellen **Kenndaten** (Cashflow, Kostenstruktur, Umsatz in Relation zu bestimmten Kenngrößen etc.), Forschungsergebnissen und technischem Know-how sowie Investitions- und Produktplanungen, immer vorausgesetzt, dass bei Weitergabe der vertraulichen Informationen ein Schaden für die Gesellschaft zu befürchten ist. 30

---

90 *Lutter/Krieger*, Aufsichtsrat, Rz. 285.
91 OLG Koblenz v. 5.3.1987 – 6 W 38/87, WM 1987, 480; *Lutter/Krieger*, Aufsichtsrat, Rz. 285; *Hoffmann-Becking* in MünchHdb. AG, § 33 Rz. 45.
92 Vgl. *Lutter/Krieger*, Aufsichtsrat, Rz. 290 ff.; vgl. auch *Spindler* in Spindler/Stilz, § 116 AktG Rz. 94.
93 Zu Begriff und Voraussetzungen *Assmann* in Assmann/Uwe H. Schneider, § 13 WpHG Rz. 4 ff.
94 Allgemein dazu *Assmann* in Assmann/Uwe H. Schneider, § 14 WpHG Rz. 23 ff.
95 Zu den Schwierigkeiten der Unterscheidung zwischen befugter und unbefugter Weitergabe bei Aufsichtsratmitgliedern s. *Lutter/Krieger*, Aufsichtsrat, Rz. 296 ff.
96 *Hopt/Roth* in Großkomm. AktG, 4. Aufl., § 116 AktG Rz. 251.
97 *Lutter/Krieger*, Aufsichtsrat, Rz. 266; *Hopt/Roth* in Großkomm. AktG, 4. Aufl., § 116 AktG Rz. 252; *Spindler* in Spindler/Stilz, § 116 AktG Rz. 92.
98 *Lutter/Krieger*, Aufsichtsrat, Rz. 267; *Wiesner* in MünchHdb. AG, § 25 Rz. 44; *Hopt/Roth* in Großkomm. AktG, 4. Aufl., § 116 AktG Rz. 252; *Mertens* in KölnKomm. AktG, 2. Aufl., § 116 AktG Rz. 50; *Habersack* in MünchKomm. AktG, 3. Aufl., § 116 AktG Rz. 54; a.A. *Säcker*, NJW 1986, 803, 807; *Köstler/Kittner/Zachert*, Aufsichtsratspraxis, Rz. 555.
99 Dazu *Hoffmann/Preu*, Der Aufsichtsrat, Rz. 275 f.; *Potthoff/Trescher*, Das Aufsichtsratsmitglied, S. 168 f.

### c) Verschwiegenheitspflicht im Konzern

31 Im Unternehmensverbund besteht für die Mitglieder des Aufsichtsrats in der Untergesellschaft gegenüber der Obergesellschaft nur eine **beschränkte Verschwiegenheitspflicht**. Vorstandsmitglieder oder andere Angestellte der Obergesellschaft, die von dieser in den Aufsichtsrat einer Untergesellschaft entsendet wurden, dürfen vertrauliche Informationen nach oben weitergeben, soweit dies der einheitlichen Leitung des Konzerns dient. Dies gilt gleichermaßen im Vertragskonzern wie im faktischen Konzern[100]. Die Verschwiegenheitspflicht geht dann auf die Organe der Obergesellschaft und deren Mitglieder über[101]. Stehen die Informationen über die Untergesellschaft in keinem funktionellen Zusammenhang mit der von der herrschenden Gesellschaft angestrebten einheitlichen Leitungsmacht, so ist das entsendete Aufsichtsratmitglied nicht von seiner Pflicht zur Verschwiegenheit entbunden.

### d) Grenzen der Verschwiegenheitspflicht

32 Die Mitglieder des Aufsichtsrats sind weder **untereinander** noch gegenüber dem Vorstand zur Verschwiegenheit verpflichtet[102]. Etwas anderes kann gelten, wenn es um die Geltendmachung eines Anspruchs der Gesellschaft gegen den Vorstand oder eines seiner Mitglieder geht oder wenn ein Organmitglied von einer bestimmten Information auszuschließen ist[103].

33 **Von Gebietskörperschaften entsendete Mitglieder** sind gem. § 394 berechtigt, ihren Vorgesetzten zu berichten, und sind insofern von der Verschwiegenheitspflicht entbunden; diese geht aber auf den Vorgesetzten über (§ 395)[104].

34 Ist die **Einschaltung Dritter** im Rahmen der Überwachungstätigkeit des Aufsichtsrats zulässig und die Weitergabe vertraulicher Informationen in diesem Zusammenhang erforderlich, so sind die Aufsichtsratsmitglieder insoweit von der Verschwiegenheitspflicht entbunden; jedoch müssen sie den Dritten zur Vertraulichkeit verpflichten[105]. Gleiches gilt bei der Heranziehung von **Hilfspersonen**[106] (dazu § 111 Rz. 66).

## III. Haftung der Aufsichtsratsmitglieder (§§ 116 Satz 1, 93 Abs. 2 bis 6)

### 1. Voraussetzung: verschuldete Pflichtverletzung

35 Aufsichtsratsmitglieder haften gesamtschuldnerisch[107] für die schuldhafte Verletzung individueller Pflichten der Gesellschaft auf Ersatz des hieraus entstandenen

---

[100] *Lutter*, Information und Vertraulichkeit im Aufsichtsrat, S. 57 ff.; *Lutter/Krieger*, Aufsichtsrat, Rz. 281; *Mertens* in KölnKomm. AktG, 2. Aufl., § 116 AktG Rz. 39; a.A. *Spindler* in Spindler/Stilz, § 116 AktG Rz. 100 ff.; *Schmidt-Assmann/Ulmer*, BB 1988, Beil. Nr. 13, S. 4, die für beide Fälle eine Einschränkung der Vertraulichkeit ablehnen.
[101] *Lutter/Krieger*, Aufsichtsrat, Rz. 281; *Hoffmann-Becking* in MünchHdb. AG, § 33 Rz. 48.
[102] *Hopt/Roth* in Großkomm. AktG, 4. Aufl., § 116 AktG Rz. 254; *Mertens* in KölnKomm. AktG, 2. Aufl., § 116 AktG Rz. 53.
[103] *Hopt/Roth* in Großkomm. AktG, 4. Aufl., § 116 AktG Rz. 255, 257; *Mertens* in KölnKomm. AktG, 2. Aufl., § 116 AktG Rz. 53; *Habersack* in MünchKomm. AktG, 3. Aufl., § 116 AktG Rz. 56.
[104] Vgl. dazu *Zieglmeier*, ZGR 2007, 144, 159 ff.
[105] *Hopt/Roth* in Großkomm. AktG, 4. Aufl., § 116 AktG Rz. 268; *Mertens* in KölnKomm. AktG, 2. Aufl., § 116 AktG Rz. 54; *Bürgers/Israel* in Bürgers/Körber, § 116 AktG Rz. 21.
[106] *Hopt/Roth* in Großkomm. AktG, 4. Aufl., § 116 AktG Rz. 269; *Mertens* in KölnKomm. AktG, 2. Aufl., § 116 AktG Rz. 54.
[107] Vgl. *Hopt/Roth* in Großkomm. AktG, 4. Aufl., § 116 AktG Rz. 286; *Spindler* in Spindler/Stilz, § 116 AktG Rz. 112.

Schadens (§ 116 Satz 1 i.V.m. § 93 Abs. 2 Satz 1). Der Katalog des § 93 Abs. 3 gilt für Aufsichtsratsmitglieder entsprechend[108].

### a) Allgemeiner Haftungsmaßstab

Verschuldensmaßstab ist die Sorgfalt eines ordentlichen und gewissenhaften Aufsichtsratsmitglieds. Dem Begriff der Sorgfalt kommt mithin eine **Doppelfunktion** zu: Wer die erforderliche Sorgfalt nicht wahrt, handelt zugleich pflichtwidrig und schuldhaft[109]. Der Verschuldensmaßstab ist insofern objektiviert und gilt für alle Aufsichtsratsmitglieder gleichermaßen. Alle haben für diejenige Sorgfalt einzustehen, die von einem durchschnittlichen Aufsichtsratsmitglied erwartet werden kann[110]. Zu fragen ist mithin stets, ob die Pflichtverletzung für ein durchschnittliches Aufsichtsratsmitglied vermeidbar gewesen wäre. Persönliche Unwissenheit und Unfähigkeit exkulpieren nicht; Gleiches gilt für Zeitmangel[111]. 36

### b) Spezialkenntnisse und Übernahme besonderer Funktionen

Im Übrigen haften Aufsichtsratsmitglieder **nach ihren Fähigkeiten und Kenntnissen**. Insbesondere müssen sie besondere Kenntnisse und Fähigkeiten, die über diejenigen eines durchschnittlichen Aufsichtsratsmitglieds hinausgehen, im Rahmen des zumutbaren Arbeitseinsatzes auch einsetzen[112]. Üben Mitglieder einen Beruf aus, müssen sie auch ihr Aufsichtsratsmandat mit der berufstypischen Sorgfalt wahrnehmen[113]. Für **besondere Funktionen**, etwa den Aufsichtsratsvorsitz oder die Mitgliedschaft in einem Ausschuss, sind besondere Kenntnisse und Fähigkeiten erforderlich. Die Mitglieder, die diese Funktionen übernehmen, unterliegen strengeren Sorgfaltsanforderungen[114]. 37

### c) (Nicht-)Vorhandensein eines unabhängigen Finanzexperten (§ 100 Abs. 5)

Ein Aufsichtsratsmitglied muss mithin seinen **besonderen Sachverstand in Rechnungslegung und/oder Abschlussprüfung** bei der Aufgabenerfüllung stets einsetzen. Dies gilt unabhängig davon, ob dem Aufsichtsrat ein unabhängiger Finanzexperte gem. § 100 Abs. 5 angehören muss und ob das betreffende Mitglied dazu ausersehen wurde, diese Funktion zu erfüllen. Da eine Finanzexpertise ohnehin einzusetzen ist, führt § 100 Abs. 5 nicht zu einer Haftungsverschärfung für das besonders sachver- 38

---

108 BGH v. 18.2.2008 – II ZR 132/06, Ag 2008, 383; *Hüffer*, § 116 AktG Rz. 8; *Hopt/Roth* in Großkomm. AktG, 4. Aufl., § 116 AktG Rz. 292 ff.; *Spindler* in Spindler/Stilz, § 116 AktG Rz. 119.
109 *Lutter/Krieger*, Aufsichtsrat, Rz. 1005; *Hüffer*, § 116 AktG Rz. 2 mit § 93 AktG Rz. 3 f.; ähnlich auch *Spindler* in Spindler/Stilz, § 116 AktG Rz. 110.
110 BGH v. 15.11.1982 – II ZR 27/82 – „Hertie", BGHZ 85, 293, 295 = NJW 1983, 99; *Lutter/Krieger*, Aufsichtsrat, Rz. 86; *Hüffer*, § 111 AktG Rz. 2; *Hopt/Roth* in Großkomm. AktG, 4. Aufl., § 116 AktG Rz. 43.
111 *Lutter/Krieger*, Aufsichtsrat, Rz. 1006; *Hopt/Roth* in Großkomm. AktG, 4. Aufl., § 116 AktG Rz. 115.
112 LG Hamburg v. 16.12.1980 – 8 O 229/79, ZIP 1981, 194, 197; *Dreher* in FS Boujong, 1996, S. 71; *Lutter/Krieger*, Aufsichtsrat, Rz. 1008; *Mertens* in KölnKomm. AktG, 2. Aufl., § 111 AktG Rz. 57; *Habersack* in MünchKomm. AktG, 3. Aufl., § 116 AktG Rz. 28; *Spindler* in Spindler/Stilz, § 116 AktG Rz. 17; a.A. *Schwark* in FS Werner, 1984, S. 841, 850 ff.; *K. Schmidt*, GesR, § 28 III 1d; *Hüffer*, § 116 AktG Rz. 3, differenzierend *Hopt/Roth* in Großkomm. AktG, 4. Aufl., § 116 AktG Rz. 47 ff.; einschränkend auch *Bürgers/Israel* in Bürgers/Körber, § 116 AktG Rz. 5.
113 *Mertens* in KölnKomm. AktG, 2. Aufl., § 111 AktG Rz. 57; auf ausschließlich beruflich erlangte Kenntnisse beschränkend *Spindler* in Spindler/Stilz, § 116 AktG Rz. 17.
114 *Dreher* in FS Boujong, 1996, S. 71; *Schwark* in FS Werner, 1984, S. 841, 848; *Lutter/Krieger*, Aufsichtsrat, Rz. 1008; *Hüffer*, § 116 AktG Rz. 3.

ständige Mitglied. Geriert sich hingegen ein Mitglied als Finanzexperte, ohne die erforderlichen Kenntnisse tatsächlich aufzuweisen, so muss sich das betreffende Mitglied auch haftungsrechtlich so behandeln lassen, als habe es die geforderten Kenntnisse. Die Haftungsverschärfung folgt in diesen Fällen nicht schon aus dem Umstand, dass das Mitglied die Kriterien des § 100 Abs. 5 nicht erfüllt, da es sich um eine organ- und gerade nicht um eine mandatsbezogene Besetzungsregel handelt (dazu § 100 Rz. 60). Haftungsverschärfend wirkt vielmehr die ausdrückliche oder konkludente Anmaßung des entsprechenden Sachverstands. Demgemäß muss ein Mitglied, das vermeintlich die von § 100 Abs. 5 geforderte Qualifikation aufweist und daher vom Aufsichtsrat als Finanzexperte angesehen wird (zur Selbsteinschätzung des Aufsichtsrats s. § 100 Rz. 58), diese Fehlvorstellung korrigieren. Insoweit ist das nichtqualifizierte Mitglied haftungsrechtlich nicht anders zu behandeln als ein Mitglied, das den Vorsitz im Aufsichtsrat übernimmt, ohne den gesteigerten Anforderungen an diese Funktion gerecht werden zu können.

39 Das vermeintliche oder tatsächliche Vorhandensein eines unabhängigen Finanzexperten wirkt sich auf den Haftungsmaßstab der übrigen Aufsichtsratsmitglieder nicht aus. Jedes Aufsichtsratsmitglied muss unabhängig von der Qualifikation, den Kenntnissen und Fähigkeiten der anderen Mitglieder die in Rz. 7 dargelegten Mindestanforderungen erfüllen. Zudem darf die Auffassung eines anderen Mitglieds nicht kritiklos übernommen werden, auch wenn dieses über besondere Kenntnisse verfügt.

**d) Entlastung durch Einschaltung sonstiger Experten**

40 Mit Hinblick auf die zunehmende Aktualität der Organhaftung wächst die Tendenz der Aufsichtsräte, sich durch **Hinzuziehung von Sachverständigen** zu entlasten. Das betrifft die Einholung von fairness options bei M&A-Transaktionen, die Einschaltung von Rechtsberatern bei Verhandlungen mit dem Vorstand[115] und zunehmend auch (wegen der Neueinführung von § 116 Satz 3) von **Vergütungsberatern**[116]. Die Einschaltung solcher unabhängiger Experten kann für den Aufsichtsrat unter Haftungsaspekten entlastend wirken[117]. Allerings muss ausgeschlossen sein, dass eine Haftungsentlastung durch Gefälligkeitsstellungnahmen bewirkt wird. Entlastend wirkt daher nicht die formale Einschaltung eines Experten, sondern nur die Qualität der eingeholten Beratung. Diese ist nur dann ausreichend, wenn der Experte tatsächlich unabhängig und in dem fraglichen Fachgebiet kompetent ist und dem Experten der zu beurteilende Sachverhalt vollständig und richtig mitgeteilt wird. Erforderlich ist ferner, dass das vom Experten gefundene Ergebnis durch den Aufsichtsrat oder einen Ausschuss noch einmal einer Plausibilitätskontrolle unterzogen worden ist[118]. Dies ist Ausdruck der Letztverantwortung des Gremiums, die auch durch die Beauftragung von Sachverständigen nicht aufgehoben wird.

**2. Kausalität**

41 Erforderlich ist die **Kausalität** der Pflichtverletzung für den entstandenen Schaden. Dieser bestimmt sich nach der Adäquanztheorie. Inwieweit eine Berufung auf recht-

---

115 Zum Verbotsirrtum der Aufsichtsratsmitglieder der Mannesmann AG aufgrund eines Rechtsgutachtens, das die aktienrechtliche Zulässigkeit der gezahlten Anerkennungsprämien bejahte, s. LG Düsseldorf v. 22.07.2004 – XIV 5/03, ZIP 2004, 2044, 2055; BGH v. 21.12.2005 – 3 StR 470/04, BGHSt 50, 331.
116 Ausführlich *Fleischer*, BB 2010, 67 ff.
117 So auch BGH v. 14.5.2007 – II ZR 48/06, NJW 2007, 2118; BGH v. 16.7.2007 – II ZR 226/06, DStR 2007, 1641, jeweils zur Insolvenzantragspflicht des Geschäftsführers.
118 Zusammenfassend *Fleischer*, ZIP 2009, 1397, 1402; *Fleischer*, NJW 2009, 2337, 2339.

mäßiges Alternativverhalten, also darauf, dass der Schaden auch bei ordnungsgemäßer Pflichterfüllung eingetreten wäre, möglich ist, kann nicht allgemein beurteilt werden. Generell ist der Einwand zulässig. Etwas anderes gilt bei Vorschriften, bei denen das Gesetz sicherstellen will, das sie um ihrer selbst willen beachtet werden[119]. Bei einem Verstoß gegen reine Kompetenzregeln hat der BGH den Einwand freilich zugelassen[120]. Man wird differenzieren müssen: Bei einem Verstoß gegen wesentliche Organisations- und Verfahrensvorschriften ist dieser Einwand ausgeschlossen, da sonst die Beachtung der betreffenden Normen nicht gesichert werden kann. Darunter fallen insbesondere die Fälle nicht hinreichend intensiver Ausübung der Befugnisse (oben Rz. 7 f.). Anders kann es bei reinen formalen Organisationspflichtverstößen aussehen sowie bei Verstößen gegen die Pflicht zur hinreichenden Entscheidungsvorbereitung. Hier impliziert der Verstoß nicht ohne Weiteres, dass bei Beachtung des Organisationsrechts oder besserer Entscheidungsvorbereitung der Schaden vermieden worden wäre.

### 3. Beweislastumkehr

Gem. §§ 116 Satz 1, 93 Abs. 2 Satz 2 müssen die Aufsichtsratsmitglieder nachweisen, dass sie die erforderliche Sorgfalt angewandt haben. Diese gesetzliche Beweislastumkehr bezieht sich nicht lediglich auf das Verschulden, sondern **auch** auf die **Pflichtverletzung**[121]. Allerdings löst nicht bereits der bloße Eintritt eines Schadens die Beweislastumkehr aus; vielmehr muss die Gesellschaft darlegen, dass ein eingetretener Schaden auf einem – möglicherweise – pflichtwidrigen Verhalten der Aufsichtsratsmitglieder beruht[122].

42

### 4. Haftungsausschluss und -einschränkungen

Eine Haftung tritt nicht ein, wenn das pflichtwidrige Verhalten auf einem gesetzmäßigen Beschluss der Hauptversammlung beruht (§ 93 Abs. 4 Satz 1). Haftungsbeschränkende Satzungsklauseln oder Vereinbarungen sind unwirksam[123]. Die Gesellschaft kann auf entstandene Ersatzansprüche nur verzichten oder sich über sie vergleichen, wenn drei Jahre seit Entstehen des Anspruchs vergangen sind, die Hauptversammlung zustimmt und nicht eine Aktionärsminderheit von 10 % des Grundkapitals hiergegen Widerspruch einlegt (§ 93 Abs. 4 Satz 3). Verzicht und Vergleich wirken nicht zulasten von Gläubigern der Gesellschaft (§ 93 Abs. 5 Satz 3). Für Einzelheiten s. die Kommentierung zu § 93.

43

### 5. Verjährung

Für die Frage der Verjährung von Ansprüchen aus § 116[124] gilt § 93 Abs. 6 entsprechend. Danach beträgt die Verjährungsfrist fünf Jahre. Sie beginnt mit der Entstehung des Anspruchs, wozu der Eintritt des Schadens gehört, auch wenn dieser in seiner

44

---

119 *Hopt/Roth* in Großkomm. AktG, 4. Aufl., § 116 AktG Rz. 283.
120 BGH v. 11.12.2006 – II ZR 166/05, NJW 2007, 917; BGH v. 21.7.2008 – II ZR 39/07, NZG 2008, 783.
121 *Lutter/Krieger*, Aufsichtsrat, Rz. 1009; *Wiesner* in MünchHdb. AG, § 26 Rz. 11; *Hüffer*, § 116 AktG Rz. 8; *Spindler* in Spindler/Stilz, § 116 AktG Rz. 113. Kritisch zur lex lata unter Verweis auf das US-amerikanische Recht *Hopt/Roth* in Großkomm. AktG, 4. Aufl., § 116 AktG Rz. 289 ff.
122 *Goette*, ZGR 1995, 645 ff.; *Lutter/Krieger*, Aufsichtsrat, Rz. 1009.
123 *Lutter/Krieger*, Aufsichtsrat, Rz. 1012; *Hüffer*, § 116 AktG Rz. 8; *Hopt/Roth* in Großkomm. AktG, 4. Aufl., § 116 AktG Rz. 299; *Habersack* in MünchKomm. AktG, 3. Aufl., § 116 AktG Rz. 4; *Spindler* in Spindler/Stilz, § 116 AktG Rz. 157.
124 Ansprüche aus Delikt oder unerlaubter Handlung verjähren nach eigenen Regeln; vgl. *Spindler* in Spindler/Stilz, § 116 AktG Rz. 152 f.

Entwicklung noch nicht abgeschlossen sein muss[125]. Im Falle der Unterlassung beginnt die Verjährung mit dem Zeitpunkt, in dem die fragliche Handlung spätestens hätte vorgenommen werden müssen, sowie mit der Entstehung eines darauf beruhenden Schadens[126]. Da es sich nicht um eine regelmäßige Verjährung i.S. der §§ 195, 199 BGB handelt, kommt es auf die Kenntnis des Berechtigten vom Bestehen des Anspruchs nicht an[127]. Unzulässig ist es, in der mangelnden Aufdeckung des eigenen Fehlverhaltens einen erneuten Verstoß gegen § 116 oder die Treupflicht zu sehen, mit der Folge, dass dadurch eine neue Verjährungsfrist in Lauf gesetzt wird[128]. Allerdings kann aktives Verbergen oder Manipulieren von anspruchsbegründenden Tatsachen dazu führen, dass dem so Handelnden die Berufung auf die Verjährung nach Treu und Glauben zu versagen ist[129].

### 6. Durchsetzung

45 Die Geltendmachung von Ersatzansprüchen gegen Aufsichtsratsmitglieder ist zuvörderst **Aufgabe des Vorstands** (§ 78). Ebenso wie der Aufsichtsrat verpflichtet ist, Ansprüche gegen den Vorstand namens der Gesellschaft notfalls einzuklagen[130] (dazu § 112 Rz. 6, 20), besteht im umgekehrten Fall eine Handlungspflicht des Vorstands.

46 Wird der Vorstand nicht tätig, können die **Hauptversammlung** durch Mehrheitsbeschluss oder eine **Aktionärsminderheit** von 10 % des Grundkapitals vom Vorstand die Geltendmachung verlangen (§ 147 Abs. 1). Alternativ können besondere Vertreter für die Anspruchsverfolgung durch die Hauptversammlung oder auf Antrag einer Aktionärsminderheit durch Gericht bestellt werden (§ 147 Abs. 2 und 3). Seit Inkrafttreten des UMAG können Aktionäre, die zusammen 1 % des Grundkapitals oder Anteile im Nennwert von 100.000 Euro halten, in einem besonderen Klagezulassungsverfahren beantragen, die Ersatzansprüche im eigenen Namen geltend machen zu können (§ 148). Für Einzelheiten siehe die Kommentierung zu den §§ 147, 148.

47 Ein Anspruchsverfolgungsrecht **einzelner Aktionäre** ist nicht anzuerkennen[131]. **Gesellschaftsgläubiger** können Ansprüche der Gesellschaft nur geltend machen, wenn von der Gesellschaft selbst keine Befriedigung zu erlangen ist und zudem ein Sondertatbestand des § 93 Abs. 3 erfüllt ist oder ein gröblicher Sorgfaltsverstoß vorliegt (§ 93 Abs. 5).

### 7. Versicherbarkeit

48 Praktisch üblich ist der Abschluss von sog. **D&O-Versicherungen** zugunsten der Organmitglieder[132]. Diese sind aktienrechtlich zulässig, selbst wenn kein angemessener Selbstbehalt vereinbart wird. Dies ergibt sich nunmehr auch aus einem Umkehr-

---

125 *Spindler* in Spindler/Stilz, § 116 AktG Rz. 152 f. m.w.N.
126 *Mertens/Cahn* in KölnKomm. AktG, 3. Aufl., § 93 AktG Rz. 203; *Hopt* in Großkomm. AktG, 4. Aufl., § 93 AktG Rz. 444; *Spindler* in MünchKomm. AktG, 3. Aufl., § 93 AktG Rz. 257.
127 *Mertens/Cahn* in KölnKomm. AktG, 3. Aufl., § 93 AktG Rz. 200; *Spindler* in Spindler/Stilz, § 116 AktG Rz. 154; *Schmitt-Rolfes/Bergwitz*, NZG 2006, 535 f.; inzwischen wohl einhellige Meinung.
128 *Mertens/Cahn* in KölnKomm. AktG, 3. Aufl., § 93 AktG Rz. 201; *Hopt* in Großkomm. AktG, 4. Aufl., § 93 AktG Rz. 440; *Spindler* in Spindler/Stilz, § 116 AktG Rz. 155.
129 RGZ 133, 33, 39; *Spindler* in Spindler/Stilz, § 116 AktG Rz. 155 m.w.N.
130 Vgl. BGH v. 21.4.1997 – II ZR 175/95 – „ARAG/Garmenbeck", BGHZ 135, 244, 251 ff. = WM 1997, 970 = AG 1997, 377.
131 *Krieger*, ZHR 163 (1999), 343, 344; *Zöllner*, ZGR 1988, 392, 408; *Lutter/Krieger*, Aufsichtsrat, Rz. 1016; *Wiesner* in MünchHdb. AG, § 26 Rz. 24; *Spindler* in Spindler/Stilz, § 116 AktG Rz. 184 f.; a.A. *Wellkamp*, DZWir 1994, 221, 223 f.
132 Dazu *Dreher*, AG 2008, 429 ff. (vor Inkrafttreten des VorstAG).

schluss zu § 93 Abs. 2 Satz 3, der 2009 durch das VorstAG eingefügt worden ist und der für Vorstandsmitglieder einen Selbstbehalt von mindestens 10 % des Schadens bis mindestens zur Höhe des Eineinhalbfachen der festen jährlichen Vergütung des Vorstandsmitglieds vorschreibt. § 116 Satz 1 nimmt diese Regelung ausdrücklich von der Verweisung aus. Hieraus folgt, dass der Gesetzgeber einen Selbstbehalt für Aufsichtsratsmitglieder nicht für notwendig erachtet hat. Der DCGK empfiehlt jedoch in Ziff. 3.8 Abs. 3 die Vereinbarung eines den Vorgaben des § 93 Abs. 2 Satz 3 genügenden Selbstbehalts auch für Aufsichtsratsmitglieder.

Werden die Versicherungsprämien von der Gesellschaft gezahlt, was regelmäßig der Fall ist, so handelt es sich insoweit um eine Vergütung im Sinne von § 113 (Näheres § 113 Rz. 12). 49

### 8. Außenhaftung des Aufsichtsrats

Im AktG geregelt ist nur eine Innenhaftung des Aufsichtsrats. Eine Außenhaftung kann sich aus deliktischer Grundlage ergeben, wobei der Aufsichtsrat als Binnenorgan weniger als unmittelbarer Deliktstäter, sondern vielmehr als Gehilfe des Vorstands bei von diesem begangenen deliktischen Handlungen (§ 830 BGB) in Betracht kommt. Dabei genügt eine Verletzung der Überwachungspflicht freilich nicht, da diese nur der AG geschuldet ist. Auch sind die Aufsichtsratsmitglieder keine Garanten für das Unterbleiben deliktischer Handlungen des Vorstands[133]. Eine Außenhaftung kann sich aber ergeben, wenn eine vorsätzliche Beihilfehandlung vorliegt, etwa wenn der Vorstand Anlagebetrug begeht und der Aufsichtsrat in Kenntnis der maßgeblichen Umstände einer dazu erforderlichen Kapitalerhöhung zustimmt[134]. Noch weitergehend kann auch psychische Beihilfe durch Untätigkeit in Kenntnis der fraglichen Tatsache genügen[135]. Die bisher entschiedenen Fälle betrafen sämtlich § 826 BGB, aber eine Ausdehnung dieser Haftung auf Fälle der Schutzgesetzverletzung (z.B. nach GWB) erscheint möglich und nahe liegend. Hinsichtlich des Teilnehmervorsatzes reicht auch bedingter Vorsatz aus. 50

## IV. Insbesondere: Haftung bei unangemessener Vorstandsvergütung (§ 116 Satz 3)

Der durch das VorstAG neu eingeführte § 116 Satz 3 hat keinen über die allgemeine Haftungsregelung der § 116 Abs. 1 i.V.m. § 93 Abs. 2 hinausgehenden Regelungsgehalt. § 87 umschreibt den Pflichtenkatalog des Aufsichtsrats bei der **Festsetzung der Vorstandsbezüge**. Insbesondere soll der Aufsichtsrat Sorge dafür tragen, dass die Gesamtbezüge in einem angemessenen Verhältnis zu den Aufgaben und Leistungen des Vorstandsmitglieds sowie zur Lage der Gesellschaft stehen und die übliche Vergütung nicht ohne besondere Gründe übersteigen. Die Festsetzung einer unangemessenen Vergütung führt als Pflichtverletzung zur Haftung bereits nach den allgemeinen Gründsätzen[136]. Demgemäß hat § 116 Satz 3 lediglich **klarstellende Bedeutung**. Von der zunächst angedachten Einführung eines Mindestschadensersatzes wurde im Laufe des Gesetzgebungsverfahrens Abstand genommen[137]. Die gesetzliche Festlegung ei- 51

---

133 Zutr. LG Düsseldorf v. 31.10.2008, 15 O 114/08, juris.
134 OLG Düsseldorf v. 7.7.2008 – II ZR 26/07, NZG 2008, 713.
135 OLG Karlsruhe v. 4.9.2008 – 4 U 26/06, AG 2008, 900.
136 So auch die Begr. RegE, BT-Drucks. 16/12278, S. 8; s. ferner *Sailer-Coceani* in VGR, Gesellschaftsrecht in der Diskussion 2009, S. 141, 144 ff.
137 Vgl. Begründung der Beschlussempfehlung des Rechtsausschusses, BT-Drucks. 16/13433, S. 17.

nes Mindestschadens hätte eine Art „Strafschaden" dargestellt, der dem allgemeinen Schadensersatzrecht fremd ist[138].

52 Grundlage für die **Schadensberechnung** bildet somit **§ 249 Abs. 1 BGB**. Nach der anzustellenden Differenzhypothese ist somit der Zustand herzustellen, der bei pflichtgemäßen Handeln bestanden hätte. Der Ersatzanspruch ist somit auf den Differenzbetrag zwischen der festgesetzten, aber unangemessenen Vergütung und der angemessenen Vergütung gerichtet. Indes ist eine **Berechnung der konkreten Schadenshöhe schwierig**, wenn nicht gar ausgeschlossen. § 87 Abs. 1 enthält zahlreiche unbestimmte Rechtsbegriffe, die eine Wertung und Würdigung des jeweiligen Einzelfalles erfordern. Erschwerend kommt hinzu, dass bei der Bestimmung dessen, was angemessen im Sinne der Vorschrift ist, unterschiedliche Aspekte (Aufgaben und Leistungen des Vorstandsmitglieds, Lage der Gesellschaft, Üblichkeit) gegeneinander abzuwägen sind. Für Näheres wird insoweit auf die Kommentierung zu § 87 verwiesen. In diesem Zusammenhang genügt die Feststellung, dass es die jeweils einzig und allein angemessene Vergütung nicht gibt. Vielmehr trägt die Festsetzung der Vorstandsvergütung die wesentlichen Züge einer unternehmerischen Entscheidung. Dem Aufsichtsrat kommt dabei zwangsläufig ein **Beurteilungsspielraum** zu, so dass stets eine gewisse Bandbreite angemessener Vergütung besteht. Hinzu kommt, dass nur nach dem Wortlaut des § 87 Abs. 1 der Aufsichtsrat die Vergütung „festsetzt", diese tatsächlich aber Ergebnis eines Verhandlungsprozesses ist. Praktisch dürfte die Regelung daher auf eine **Evidenzkontrolle** hinauslaufen, in deren Rahmen zu fragen ist, ob der Aufsichtsrat aufgrund einer hinreichenden Informationsgrundlage zu einem vernüftigen Ergebnis gekommen ist. Nur wenn die ausgehandelten Bezüge offenkundig den Anforderungen des § 87 nicht genügen, stellt sich in einem zweiten Schritt die Frage danach, was in concreto noch als Obergrenze einer angemessenen Vergütung hätte angesehen werden können. In einem gerichtlichen Verfahren hilft insoweit § 287 ZPO, der eine **Schadensschätzung** zulässt. Dies entbindet zwar das Gericht nicht davon, Feststellungen zu den in § 87 Abs. 1 genannten Kriterien zu machen, lässt aber sodann eine gewisse Pauschalisierung zu.

53 Eine Pflichtverletzung des Aufsichtsrats liegt im Übrigen nicht nur dann vor, wenn die Gesamtbezüge sich der Höhe nach als unangemessen darstellen (**quantitative Unangemessenheit**). Vielmehr kann auch die Ausgestaltung einzelner Vergütungskomponenten unangemessen sein (**qualitative Unangemessenheit**). Dies folgt bereits unmittelbar aus § 87 Abs. 1 Satz 2 und 3, wonach bei börsennotierten Gesellschaften die Vergütungsstruktur auf eine nachhaltige Unternehmensentwicklung auszurichten ist, variable Vergütungsbestandteile eine mehrjährige Bemessungsgrundlage haben sollen und eine Begrenzungsmöglichkeit (sog. *caps*) für außerordentliche Erträge vorgesehen werden sollen. Vergütungen, die diesen Grundsätzen nicht entsprechen, sind schon aus diesem Grunde rechtswidrig, ohne dass es auf die Höhe der Zahlung ankäme. Gleiches gilt von den häufig anzutreffenden und bisher von der herrschenden Meinung gebilligten Fällen, in denen die Vergütung des Vorstands maßgeblich von der Gewinn- oder Kursentwicklung eines anderen Unternehmens abhängig gemacht wird[139], oder die für Drittanstellung[140], bei der der Dritte die Vergütung komplett übernimmt. In diesen Fällen kann die Vergütung von vornherein nicht auf die

---

138 Vgl. Stellungnahme des Handelsrechtsausschusses des DAV zum VorstAG, Nr. 32/2009, S. 11; ferner sodann die Begründung der Beschlussempfehlung des Rechtsausschusses, BT-Drucks. 16/13433, S. 17.
139 Dazu OLG München v. 7.5.2008 – 7 U 5618/07, ZIP 2008, 1237; BGH v. 9.11.2009 – II ZR 154/08, ZIP 2009, 2436; für Zulässigkeit der Gestaltung unter dem Gesichtspunkt des § 317 die ganz herrschende Meinung, so *Habersack*, NZG 2008, 634 f.
140 Dazu *Heyll*, Die Anwendung von Arbeitsrecht auf Organmitglieder, 1994, § 29.

nachhaltige Entwicklung des Unternehmens ausgerichtet sein, das der Vorstand leitet. Insoweit besteht bei der Schadensermittlung aber die zusätzliche Schwierigkeit, dass von den qualitativen Vorgaben des § 87 Abs. 1 Satz 2 und 3 abweichende Gestaltungen nicht zwingend zu einer höheren Gesamtvergütung geführt haben müssen, als dies eine gesetzeskonforme Vergütungsstruktur getan hätte.

Leichter zu beurteilen sind demgegenüber die Fälle, in denen sich einzelne Vergütungsbestandteile konkret bezifferbar realisiert haben. Zu denken ist insoweit etwa an die Vereinbarung von **Abfindungszahlungen** für den Fall der vorzeitigen Abberufung[141]. Rechtswidrig sind dabei Vertragsgestaltungen, die eine Abfindung auch dann gewähren, wenn die Abberufung aus wichtigem Grund erfolgt[142]. Weiterhin stellt sich die Frage, ob derartige Vereinbarungen eine **Anrechnung** derjenigen Verdienste vorsehen muss, die das (dann ehemalige) Vorstandsmitglied nach erfolgter Abberufung aufgrund des Einsatzes seiner Arbeitskraft anderweitig erzielt oder hätte erzielen können. Dies wird man unter Heranziehung des Rechtsgedankens des § 615 Satz 2 BGB bejahen müssen[143]. Abfindungsvereinbarungen ohne Anrechnungsklausel sind somit zwar weiterhin wirksam[144], doch verstößt der Aufsichtsrat hierdurch gegen seine Pflichten aus § 87 Abs. 1 mit der Folge, dass der nicht zur Anrechnung gelangte Betrag als ersatzfähiger Schaden anzusehen ist.

54

## Dritter Abschnitt. Benutzung des Einflusses auf die Gesellschaft

## § 117
## Schadenersatzpflicht

**(1)** Wer vorsätzlich unter Benutzung seines Einflusses auf die Gesellschaft ein Mitglied des Vorstands oder des Aufsichtsrats, einen Prokuristen oder einen Handlungsbevollmächtigten dazu bestimmt, zum Schaden der Gesellschaft oder ihrer Aktionäre zu handeln, ist der Gesellschaft zum Ersatz des ihr daraus entstehenden Schadens verpflichtet. Er ist auch den Aktionären zum Ersatz des ihnen daraus entstehenden Schadens verpflichtet, soweit sie, abgesehen von einem Schaden, der ihnen durch Schädigung der Gesellschaft zugefügt worden ist, geschädigt worden sind.

**(2)** Neben ihm haften als Gesamtschuldner die Mitglieder des Vorstands und des Aufsichtsrats, wenn sie unter Verletzung ihrer Pflichten gehandelt haben. Ist streitig, ob sie die Sorgfalt eines ordentlichen und gewissenhaften Geschäftsleiters angewandt haben, so trifft sie die Beweislast. Der Gesellschaft und auch den Aktionären gegenüber tritt die Ersatzpflicht der Mitglieder des Vorstands und des Aufsichtsrats nicht ein, wenn die Handlung auf einem gesetzmäßigen Beschluss der Hauptversammlung

---

141 Ausführlich hierzu *Mertens/Cahn* in KölnKomm. AktG, 3. Aufl., § 87 AktG Rz. 83 ff.
142 BGH v. 17.3.2008 – II ZR 239/06, DB 2008, 1314, 1315 (zur Genossenschaft).
143 Zutreffend *Mertens/Cahn* in KölnKomm. AktG, 3. Aufl., § 87 AktG Rz. 83; vgl. auch *Köstler/Zachert/Müller*, Aufsichtsratspraxis, 9. Aufl. 2009, Rz. 657.
144 Zu bezweifeln wäre dies auf der Basis der Annahme, der Aufsichtsrat handele bei einer Überschreitung der Grenzen des § 87 ohne Vertretungsmacht, dafür *Fleischer*, DStR 2005, 1297 ff.; *Fleischer* in Spindler/Stilz, § 87 AktG Rz. 29 f.; demgegenüber verneint die überwiegende Meinung die Wirksamkeit der Abrede nur unter den Voraussetzungen des Missbrauchs der Vertretungsmacht, so Martens, ZHR 169 (2005), 124, 135 f.; *Peltzer* in FS Lutter, 2000, S. 574, 579; *Schwark* in FS Raiser, 2005, S. 377, 394.

beruht. Dadurch, dass der Aufsichtsrat die Handlung gebilligt hat, wird die Ersatzpflicht nicht ausgeschlossen.

(3) Neben ihm haftet ferner als Gesamtschuldner, wer durch die schädigende Handlung einen Vorteil erlangt hat, sofern er die Beeinflussung vorsätzlich veranlasst hat.

(4) Für die Aufhebung der Ersatzpflicht gegenüber der Gesellschaft gilt sinngemäß § 93 Abs. 4 Satz 3 und 4.

(5) Der Ersatzanspruch der Gesellschaft kann auch von den Gläubigern der Gesellschaft geltend gemacht werden, soweit sie von dieser keine Befriedigung erlangen können. Den Gläubigern gegenüber wird die Ersatzpflicht weder durch einen Verzicht oder Vergleich der Gesellschaft noch dadurch aufgehoben, dass die Handlung auf einem Beschluss der Hauptversammlung beruht. Ist über das Vermögen der Gesellschaft das Insolvenzverfahren eröffnet, so übt während dessen Dauer der Insolvenzverwalter oder der Sachwalter das Recht der Gläubiger aus.

(6) Die Ansprüche aus diesen Vorschriften verjähren in fünf Jahren.

(7) Diese Vorschriften gelten nicht, wenn das Mitglied des Vorstands oder des Aufsichtsrats, der Prokurist oder der Handlungsbevollmächtigte durch Ausübung
1. der Leitungsmacht auf Grund eines Beherrschungsvertrags oder
2. der Leitungsmacht einer Hauptgesellschaft (§ 319), in die die Gesellschaft eingegliedert ist,

zu der schädigenden Handlung bestimmt worden ist.

| | |
|---|---|
| **I. Gegenstand, Zweck und Entstehungsgeschichte der Norm** ........... 1 | 2. Haftung des veranlassenden Nutznießers (§ 117 Abs. 3) ........... 17 |
| **II. Haftung des schädigenden Einflussnehmers (§ 117 Abs. 1 Satz 1)** ..... 6 | 3. Gesamtschuldnerischer Innenausgleich ................... 19 |
| 1. Haftungstatbestand ........... 6 | **IV. Ersatzansprüche** ............... 20 |
| a) Einfluss auf die Gesellschaft .... 6 | 1. Anspruch der Gesellschaft und seine Geltendmachung .............. 20 |
| b) Bestimmen von Organmitgliedern oder leitenden Mitarbeitern der Gesellschaft ............... 7 | 2. Eigener Ersatzanspruch der Aktionäre (§ 117 Abs. 1 Satz 2) ........... 23 |
| c) Handeln der bestimmten Personen zum Schaden der Gesellschaft oder ihrer Aktionäre ............. 8 | **V. Modalitäten der Haftung** ........ 27 |
| | 1. Verzicht und Vergleich .......... 27 |
| 2. Rechtswidrigkeit ............. 9 | 2. Verjährung (§ 117 Abs. 6) ........ 28 |
| 3. Vorsatz .................. 11 | **VI. Ausnahmen von der Haftung (§ 117 Abs. 7)** ............... 29 |
| 4. Beweislast ................ 13 | |
| **III. Mithaftungen** ................ 14 | **VII. Verhältnis zu anderen Haftungstatbeständen** ................. 32 |
| 1. Haftung der beeinflussten Organmitglieder der Gesellschaft (§ 117 Abs. 2) ............... 14 | |

**Literatur:** *Altmeppen*, Zur Vermögensbindung in der faktisch abhängigen AG, ZIP 1996, 693; *Bergmann*, Über den Missbrauch gesellschaftlicher Machtstellungen (§§ 101, 197 Abs. 2 AktG), ZHR 105 (1938), 1; *Beuthien*, Art und Grenzen der aktienrechtlichen Haftung herrschender Unternehmen für Leitungsmachtmissbrauch, DB 1969, 1781; *Brandes*, Ersatz von Gesellschafts- und Gesellschafterschaden, in FS Fleck, 1988, S. 13; *Brüggemeier*, Die Einflussnahme auf die Verwaltung einer Aktiengesellschaft, AG 1988, 93; *Kau/Kukat*, Haftung von Vorstands- und Aufsichtsratsmitgliedern bei Pflichtverletzungen nach dem Aktiengesetz, BB 2000, 1045; *Kort*, Die Haftung des Einflussnehmers auf Kapitalgesellschaften in ausländischen Rechtsordnungen – Vorbild für ein neues Verständnis von § 117 AktG?, AG 2005, 453; *Lutter,* Die zivilrechtliche Haftung in der Unternehmensgruppe, ZGR 1982, 244; *Meilicke/Heidel,* Berücksichtigung von Schadensersatzansprüchen gem. §§ 117, 317 AktG bei der Bestimmung der angemessenen Abfindung für ausscheidende Aktionäre, AG 1989, 117; *Mertens,* Schadensfragen im Kapitalgesellschaftsrecht, in FS H. Lange, 1992, S. 561; *Möhring,* Zur Systematik der §§ 311, 317 AktG, in FS Schilling, 1973, S. 253; *G. Müller,* Gesellschafts- und Gesellschafterschaden, in FS Kellermann, 1991, S. 317; *Karsten Schmidt,* Verfolgungspflichten, Verfolgungsrechte und Aktionärsklagen: Ist die Quadratur des Zirkels näher gerückt?, NZG 2005, 796; *Semler,* Zur aktienrechtlichen Haftung der Organmitglieder einer Aktiengesellschaft, AG 2005, 321; *Spindler,* Haftung und Aktionärsklage nach dem neuen UMAG, NZG 2005, 865; *Thaeter/Guski,* Shareholder Activism: Gesellschaftsrechtliche Schranken aktiven Aktionärsverhaltens, AG 2007, 301; *Timm,* Übersehene Risiken bei der Privatisierung und Betriebsveräußerung durch die Treuhandanstalt, in FS Semler, 1993, S. 611; *Voigt,* Haftung aus Einfluss auf die Aktiengesellschaft (§§ 117, 309, 317 AktG), 2004.

## I. Gegenstand, Zweck und Entstehungsgeschichte der Norm

Die Vorschrift betrifft die Ausübung von Einfluss auf Organmitglieder oder leitende Angestellte der Gesellschaft zu deren Schaden oder zum Schaden der Aktionäre[1]. Geschützt wird mit ihr die **Autonomie der Willensbildung** in der sich selbst verwaltenden Gesellschaft vor kompetenzwidriger Einflussnahme; denn in der Beeinflussung von Repräsentanten der Gesellschaft, die durch ihre Vertrauensstellung zur Wahrung der Gesellschaftsinteressen verpflichtet sind, liegt ein erheblicher Verstoß gegen die Rechtsordnung. Zugleich geht es um den **Schutz des Gesellschaftsvermögens** (und damit auch der Gläubiger) durch Schadensausgleich und um den **Schutz der Aktionäre** für den Fall, dass der sie treffende Schaden nicht über das Gesellschaftsvermögen ausgeglichen werden kann[2].

Nach Wortlaut und Entstehungsgeschichte sieht § 117 in der Einflussnahme auf die Repräsentanten der Gesellschaft zu gesellschaftsschädlichen Zwecken eine zum Schadenersatz verpflichtende unerlaubte Handlung; es handelt sich also um einen **besonderen deliktsrechtlichen Tatbestand**[3], was eine Teilnehmerhaftung nach § 830 BGB ermöglicht und § 840, aber auch § 393 BGB anwendbar macht. Wenn die schädigende Einflussnahme von Aktionären ausgeht, so liegt auch der Gedanke der mitgliedschaftlichen Treupflicht[4] und ihrer Verletzung nahe[5]; indes wurde diese vom

---

1 Zu vergleichbaren Vorschriften in ausländischen Rechtsordnungen *Kort,* AG 2005, 453, 454 ff.; *Kort* in Großkomm. AktG, 4. Aufl., § 117 AktG Rz. 271 ff.; speziell zur Rechtslage in Österreich *Kalss* in MünchKomm. AktG, 3. Aufl., § 117 AktG Rz. 94 ff.
2 *Spindler* in MünchKomm. AktG, 3. Aufl., § 117 AktG Rz. 1 f.; *Mertens* in KölnKomm. AktG, 2. Aufl., § 117 AktG Rz. 11; *Schall* in Spindler/Stilz, § 117 AktG Rz. 5 f.; *Brüggemeier,* AG 1988, 93, 96; *Timm,* WM 1991, 481, 487; *Timm* in FS Semler, S. 611, 621; *Kort* in Großkomm. AktG, 4. Aufl., § 117 AktG Rz. 5 ff.; *Kort,* AG 2005, 453 f.; ausführlich *Voigt,* Haftung aus Einfluss, S. 37 ff., für den es in § 117 Abs. 1 maßgeblich um eine Inhaltskontrolle der fremdbestimmt getroffenen unternehmerischen Entscheidungen geht.
3 *Allg. M.; Spindler* in MünchKomm. AktG, 3. Aufl., § 117 AktG Rz. 4; *Mertens* in KölnKomm. AktG, 2. Aufl., § 117 AktG Rz. 9; *Hüffer,* § 117 AktG Rz. 2; *Bürgers/Israel* in Bürgers/Körber, § 117 AktG Rz. 1; *Schall* in Spindler/Stilz, § 117 AktG Rz. 4; *Raiser/Veil,* Kapitalgesellschaften, § 11 Rz. 58; *Kort,* AG 2005, 453 f.; BGH v. 22.6.1992 – II ZR 178/90, NJW 1992, 3167, 3172 = AG 1993, 28, 32; BGH v. 20.3.1995 – II ZR 205/94, BGHZ 129, 136, 160 = AG 1995, 368, 374; eingehend zur Entstehungsgeschichte *Voigt,* Haftung aus Einfluss, S. 5 ff.; *Kort* in Großkomm. AktG, 4. Aufl., § 117 AktG Rz. 20 ff.; *Spindler* in MünchKomm AktG, 3. Aufl., § 117 AktG Rz. 7 ff.
4 Zur gesellschaftsrechtlichen Treupflicht zwischen Aktionären grundlegend BGH v. 1.2.1988 – II ZR 75/87, BGHZ 103, 184, 194 f. = AG 1988, 135, 138.
5 *Hüffer,* § 117 AktG Rz. 2; *Henze* in FS Kellermann, S. 141, 148; aus der Rechtsprechung BGH v. 22.6.1992 – II ZR 178/90, NJW 1992, 3167, 3172 = AG 1993, 28, 31 f.; BGH v. 20.3.1995 – II ZR 205/94, BGHZ 129, 136, 160 = AG 1995, 368, 374; a.A. *Voigt,* Haftung aus Einfluss, S. 80 f.

## § 117

Gesetzgeber wohl nicht als ausreichende Grundlage angesehen, zumal im Rahmen des § 117 auch Nichtaktionäre als Einflussnehmer nach Abs. 1 oder als veranlassende Nutznießer nach Abs. 3 ersatzpflichtig sein können[6].

3 Die Vorschrift, eingefügt durch das AktG 1965, **entspricht § 101 AktG 1937**[7], allerdings **mit einigen Änderungen und Klarstellungen**. So wurden als mögliche Adressaten der Einflussnahme auch Prokuristen und Handlungsbevollmächtigte aufgenommen; sie seien, so die Begründung, durch ihre besondere Vertrauensstellung zur Wahrung der Gesellschaftsinteressen verpflichtet, ihre Beeinflussung zu gesellschaftsschädlichen Handlungen angesichts ihrer Vertretungsmacht ähnlich gefährlich wie diejenige der Organmitglieder; sie verfügten über besonders große Vermögenswerte und könnten von den Aktionären nur beschränkt überwacht werden[8]. Außerdem hat man auf das subjektive Erfordernis, dass die Beeinflussung zu dem Zweck erfolgte, für sich oder einen anderen gesellschaftsfremde Sondervorteile zu erlangen, verzichtet; dies geschah mit dem Hinweis, der Haftungstatbestand würde anderenfalls unangemessen eingeengt[9]. In § 117 Abs. 1 Satz 2 wurde klargestellt, dass der Einflussnehmer auch den Aktionären gegenüber ersatzpflichtig ist, wenn der ihnen zugefügte Schaden über den Schaden hinausgeht, der ihnen durch die Schädigung der Gesellschaft selbst zugefügt worden ist[10].

4 **Nicht übernommen** wurde **§ 101 Abs. 3 AktG 1937**, nach dem die Ersatzpflicht entfiel, sofern der Einfluss zur Erlangung eines Vorteils benutzt wurde, der schutzwürdigen Belangen diente. Diese für Einflussnahmen in Ausübung von Konzernleitungsmacht bedeutsame, umstrittene Regelung erübrigte sich angesichts der Kodifizierung des Konzernrechts durch das AktG 1965[11]. § 117 hat damit bei Einflussnahmen herrschender Unternehmen nur einen schmalen Anwendungsbereich (dazu Rz. 34). Klarstellend sind die in § 117 Abs. 7 enthaltenen Ausnahmen für die Ausübung der Leitungsmacht kraft Beherrschungsvertrages oder Eingliederung; die für die Bestimmung durch Stimmrechtsausübung geltende Ausnahme (§ 117 Abs. 7 Nr. 1 a. F.) ist durch das UMAG vom 22.9.2005[12] weggefallen.

5 Auf die Ersatzansprüche der Gesellschaft aus § 117 bezieht sich die **Neuregelung der Organinnenhaftung**, zu der es im Zuge des UMAG gekommen ist. Danach können Aktionäre, deren Anteile zusammen den einhundertsten Teil des Grundkapitals oder einen anteiligen Betrag von 100.000 Euro erreichen, nach Durchlaufen des neu geschaffenen **Klagezulassungsverfahrens** (§ 148)[13] die Ersatzansprüche der Gesellschaft

---

6 *Kort* in Großkomm. AktG, 4. Aufl., § 117 AktG Rz. 48 f.; *Mertens* in KölnKomm. AktG, 2. Aufl., § 117 AktG Rz. 10; ausführlich *Spindler* in MünchKomm. AktG, 3. Aufl., § 117 AktG Rz. 4, jeweils m.w.N.
7 Zu § 101 AktG 1937 *Bergmann*, ZHR 105 (1938), 1 ff.
8 Begr. RegE AktG 1965, abgedr. bei *Kropff*, Aktiengesetz, S. 162.
9 Begr. RegE AktG 1965, abgedr. bei *Kropff*, Aktiengesetz, S. 162; vgl. auch *Brüggemeier*, AG 1988, 93, 96.
10 Hierin sah der Gesetzgeber des AktG 1965 im Verhältnis zu der insofern nicht eindeutigen Fassung des § 101 Abs. 1 AktG 1937 eine bloße Klarstellung (Begr. RegE AktG 1965, abgedr. bei *Kropff*, Aktiengesetz, S. 163); dazu *Kort* in Großkomm. AktG, 4. Aufl., § 117 AktG Rz. 178; ausführlich – in § 117 Abs. 1 Satz 2 allerdings eine wirkliche Rechtsänderung erkennend – *Meilicke/Heidel*, AG 1989, 117, 118 ff.
11 Begr. RegE AktG 1965, abgedr. bei *Kropff*, Aktiengesetz, S. 163; vgl. dazu auch *Spindler* in MünchKomm. AktG, 3. Aufl., § 117 AktG Rz. 8; *Mertens* in KölnKomm. AktG, 2. Aufl., § 117 AktG Rz. 7 und 9.
12 BGBl. I 2005, 2802.
13 Zu diesem vgl. nur *Raiser/Veil*, Kapitalgesellschaften, § 11 Rz. 44; *K. Schmidt*, NZG 2005, 796 ff.; *Spindler*, NZG 2005, 865, 866 ff.; *Koch*, ZGR 2006, 769, 770 ff.

pro socio geltend machen[14]. Die sog. business judgement rule, deren Kodifizierung in § 93 Abs. 1 Satz 2 mit der Verschärfung des Verfolgungsrechts der Aktionärsminderheit korreliert, erstreckt sich hingegen nicht auf den Einflussnehmer nach § 117 Abs. 1 Satz 1; sie ist als Bestimmung des Pflichtenmaßstabs der Mitglieder von Vorstand und Aufsichtsrat (§ 116 Satz 1) indes für die Auslegung von § 117 Abs. 2 Satz 1 (Mithaftung der beeinflussten Organmitglieder) von Bedeutung[15].

## II. Haftung des schädigenden Einflussnehmers (§ 117 Abs. 1 Satz 1)

### 1. Haftungstatbestand

#### a) Einfluss auf die Gesellschaft

Erste Voraussetzung einer Ersatzpflicht nach § 117 Abs. 1 Satz 1 ist, dass jemand – gleichgültig, ob natürliche oder juristische Person (des privaten oder des öffentlichen Rechts), und unabhängig von der eigenen Unternehmenseigenschaft – seinen Einfluss auf die Gesellschaft zum Schaden der Gesellschaft ausübt. Dabei genügt jeder Einfluss, der nach **Art und Intensität** geeignet ist, Repräsentanten der Gesellschaft zu einem schädigenden Handeln zu bestimmen[16]. Worauf dieser Einfluss beruht, ist unerheblich; er muss insbesondere nicht gesellschaftsrechtlich, namentlich durch Mehrheitsbeteiligung oder Sperrminorität, vermittelt sein[17]. Vielmehr kann der Einfluss auch auf einer tatsächlichen oder vertraglichen Machtstellung, etwa als Kreditgeber, als Gläubiger, als Lieferant oder auch als Verband (Gewerkschaft, Unternehmerverband)[18], aber ebenso auf politischen Möglichkeiten (Bürgermeister, Landrat) oder auch auf persönlichen Beziehungen zum betreffenden Repräsentanten (Bekanntschaft, Verwandtschaft) beruhen[19]. Denkbar ist schließlich der Einfluss, den jemand als Organmitglied der Gesellschaft selbst oder als Mitglied einer Arbeitnehmervertretung (Betriebsrat) auf einen (anderen) Repräsentanten der Gesellschaft ausübt[20]. 6

Einflussnahme seitens einer juristischen Person geschieht durch deren Organe. Dabei erfolgt die **Zurechnung** des Handelns der Organwalter zur juristischen Person über §§ 31, 89 BGB, ohne dass der Organwalter von persönlicher Haftung befreit würde; umgekehrt hängt von letzterer aber auch nicht die Haftung der juristischen Person ab[21]. Denkbar ist auch ein Organisationsverschulden. Zugerechnet wird in jedem Fall 6a

---

14 *Vgl. Kort* in Großkomm. AktG, 4. Aufl., § 117 AktG Rz. 170, der meint, das neue Instrument des § 148 könnte zu einer häufigeren Geltendmachung von Ansprüchen aus § 117 führen.
15 *Kort* in Großkomm. AktG, 4. Aufl., § 117 AktG Rz. 203 ff. und 210.
16 *Mertens* in KölnKomm. AktG, 2. Aufl., § 117 AktG Rz. 12; *Bürgers/Israel* in Bürgers/Körber, § 117 AktG Rz. 2; vgl. auch *Brüggemeier*, AG 1988, 93, 95; hingegen stets eine rechtliche Sonderverbindung zwischen Einflussnehmer und Gesellschaft verlangend *Voigt*, Haftung aus Einfluss, S. 221 ff.
17 Dies ist anders bei Abhängigkeit i.S. des § 17 (*Hüffer*, § 117 AktG Rz. 3; *Spindler* in MünchKomm. AktG, 3. Aufl., § 117 AktG Rz. 16). – Speziell zur Einflussnahme durch Minderheitsaktionäre entgegen § 117 Abs. 1 *Thaeter/Guski*, AG 2007, 301, 304 f.
18 *Walchner* in Heidel, § 117 AktG Rz. 6; *Kort* in Großkomm. AktG, 4. Aufl., § 117 AktG Rz. 100 und 114.
19 *Schall* in Spindler/Stilz, § 117 AktG Rz. 15; *Spindler* in MünchKomm. AktG, 3. Aufl., § 117 AktG Rz. 20; *Mertens* in KölnKomm. AktG, 2. Aufl., § 117 AktG Rz. 12; *Kort* in Großkomm. AktG, 4. Aufl., § 117 AktG Rz. 114 und 123 ff.; *Wiesner* in MünchHdb. AG, § 27 Rz. 2; betreffend persönliche Beziehungen a.A. *v. Godin/Wilhelmi*, § 117 AktG Anm. 3.
20 *Mertens* in KölnKomm. AktG, 2. Aufl., § 117 AktG Rz. 13; *Hüffer*, § 117 AktG Rz. 3; *Bürgers/Israel* in Bürgers/Körber, § 117 AktG Rz. 2; *Spindler* in MünchKomm. AktG, 3. Aufl., § 117 AktG Rz. 18; *Kort* in Großkomm. AktG, 4. Aufl., § 117 AktG Rz. 120 ff.
21 *Kort* in Großkomm. AktG, 4. Aufl., § 117 AktG Rz. 128; *Spindler* in MünchKomm. AktG, 3. Aufl., § 117 AktG Rz. 12; *Schall* in Spindler/Stilz, § 117 AktG Rz. 14; *Brüggemeier*, AG 1988, 93, 95.

und d.h. auch dann, wenn der Organwalter der beeinflussenden juristischen Person zugleich dem Vorstand oder Aufsichtsrat der beeinflussten Gesellschaft angehört[22].

### b) Bestimmen von Organmitgliedern oder leitenden Mitarbeitern der Gesellschaft

7  Weitere Voraussetzung einer Ersatzpflicht ist, dass der Einfluss auf die Gesellschaft dazu benutzt wird, ein (amtierendes) Mitglied des Vorstands oder des Aufsichtsrats, einen Prokuristen (§§ 48 ff. HGB) oder einen Handlungsbevollmächtigten (§§ 54 f. HGB) zu einem Handeln zu bestimmen. Erforderlich, aber auch ausreichend ist (jedenfalls Mit-)**Ursächlichkeit** der – sei es auch mittelbaren – Einflussnahme für das Handeln des betreffenden Repräsentanten[23]. Ein missbräuchliches oder anstößiges Verhalten des Einflussnehmenden wird ebenso wenig vorausgesetzt wie das Verfolgen eines gesellschaftsfremden Sondervorteils; dies ergibt sich daraus, dass § 117 Abs. 1 Satz 1 den Begriff „Benutzung" (statt „Ausnutzung", wie noch in § 101 AktG 1937) verwendet[24].

### c) Handeln der bestimmten Personen zum Schaden der Gesellschaft oder ihrer Aktionäre

8  Das Handeln des betreffenden Repräsentanten muss kausal zu einem (Vermögens-)Schaden der Gesellschaft oder ihrer Aktionäre – d. h. mindestens eines Aktionärs – führen[25]. Schaden ist, wie im allgemeinen Zivilrecht, jede **Minderung des Vermögens**; er kann sich auch als Folge des Unterlassens einer vorteilhaften, von dem Repräsentanten pflichtgemäß vorzunehmenden Maßnahme (entgangener Gewinn) ergeben[26]. An einem Schaden der Gesellschaft fehlt es, wenn sie Aktien aus ihrem Bestand abgibt und diese zu einem höheren Preis weiterveräußert werden, wie er von der AG selbst nicht zu erzielen war, weil er den Aufschlag für eine Mehrheitsbeteiligung enthält[27]. – Zum ersatzfähigen Schaden der Aktionäre der Gesellschaft in Rz. 23 f.

## 2. Rechtswidrigkeit

9  Angesichts des deliktsrechtlichen Charakters der Vorschrift setzt die Ersatzpflicht auch ohne ausdrückliche Anordnung im Gesetz voraus, dass die schädigende **Einflussnahme rechtswidrig** war[28].

---

22 A.A. noch BGH v. 29.1.1962 – II ZR 1/61, BGHZ 36, 296, 309 ff.; offen gelassen in BGH v. 26.3.1984 – II ZR 171/83, BGHZ 90, 381, 398 = AG 1984, 181, 185; a.A. auch *Kort* in Großkomm. AktG, 4. Aufl., § 117 AktG Rz. 129 ff.; wie hier hingegen *Mertens* in KölnKomm. AktG, 2. Aufl., § 117 AktG Rz. 14; *Schall* in Spindler/Stilz, § 117 AktG Rz. 14; *Spindler* in MünchKomm AktG, 3. Aufl., § 117 AktG Rz. 13, jeweils m.w.N.
23 *Hüffer*, § 117 AktG Rz. 4; *Spindler* in MünchKomm. AktG, 3. Aufl., § 117 AktG Rz. 26; *Kort* in Großkomm. AktG, 4. Aufl., § 117 AktG Rz. 144 ff.; *Wiesner* in MünchHdb AG, § 27 Rz. 3; *Voigt*, Haftung aus Einfluss, S. 236 f.
24 Begr. RegE AktG 1965, abgedr. bei *Kropff*, Aktiengesetz, S. 162; *Mertens* in KölnKomm. AktG, 2. Aufl., § 117 AktG Rz. 3 und 15; *Schall* in Spindler/Stilz, § 117 AktG Rz. 16; *Kort* in Großkomm. AktG, 4. Aufl., § 117 AktG Rz. 148; *Timm* in FS Semler, S. 611, 622.
25 *Brüggemeier*, AG 1988, 93, 96; *Spindler* in MünchKomm. AktG, 3. Aufl., § 117 AktG Rz. 27; *Kort* in Großkomm. AktG, 4. Aufl., § 117 AktG Rz. 147.
26 *Hüffer*, § 117 AktG Rz. 5; *Schall* in Spindler/Stilz, § 117 AktG Rz. 18; *Kort* in Großkomm. AktG, 4. Aufl., § 117 AktG Rz. 139; *Spindler* in MünchKomm. AktG, 3. Aufl., § 117 AktG Rz. 27.
27 OLG Düsseldorf v. 16.10.1990 – 19 W 9/88, AG 1991, 106, 109; *Mertens* in KölnKomm. AktG, 2. Aufl., § 117 AktG Rz. 19; *Kort* in Großkomm. AktG, 4. Aufl., § 117 AktG Rz. 143.
28 Allg.M.; *Mertens* in KölnKomm. AktG, 2. Aufl., § 117 AktG Rz. 22; *Hüffer*, § 117 AktG Rz. 6; *Schall* in Spindler/Stilz, § 117 AktG Rz. 21; *Walchner* in Heidel, § 117 AktG Rz. 9; *Spindler* in MünchKomm. AktG, 3. Aufl., § 117 AktG Rz. 31; *Kort* in Großkomm. AktG,

**Umstritten** ist hingegen, **ob die Rechtswidrigkeit** entsprechend den allgemeinen Grundsätzen des Deliktsrechts bei Erfüllung des Haftungstatbestandes (Rz. 6 bis 8) **indiziert ist**[29], ob die Einflussnahme nur dann rechtswidrig ist, wenn sie auf ein objektiv pflichtwidriges Verhalten des beeinflussten Repräsentanten zielt[30], oder ob die Rechtswidrigkeit jeweils unabhängig von der Pflichtwidrigkeit des Handelns des Repräsentanten positiv festgestellt werden muss[31]. § 117 Abs. 1 enthält einen abstrakten, nicht auf den Schutz näher bestimmter Rechtsgüter oder Rechte formulierten Haftungstatbestand[32]; dies, aber auch die Existenz des eigenständigen Haftungstatbestands des § 117 Abs. 2 (in dem es um die Mithaftung der pflichtwidrig handelnden Organmitglieder geht; dazu Rz. 14 ff.), zeigt, dass es richtig ist, die **positive Feststellung der Rechtswidrigkeit** der schädigenden Einflussnahme **im Einzelfall zu verlangen**, während es auf die Pflichtwidrigkeit des Handelns (wie auch auf das Verschulden) des beeinflussten Repräsentanten nicht ankommt.

### 3. Vorsatz

Die Ersatzpflicht setzt vorsätzliches Handeln voraus; selbst grobe Fahrlässigkeit genügt nicht. Der Vorsatz, der nur ein bedingter zu sein braucht[33], muss sich auf **alle Merkmale des Haftungstatbestandes** (Rz. 6 bis 8) beziehen[34]. Was den Schaden angeht, reicht es aus, dass der Einflussnehmende sich der generellen Eignung der erwirkten Maßnahme zur Schädigung der Gesellschaft oder ihrer Aktionäre bewusst ist und sie dennoch will; Art und Höhe des Schadens muss der Vorsatz nicht umfassen[35]. Am Vorsatz fehlt es etwa dann, wenn der Betreffende einen Insolvenzantrag verhindert, weil er die Sanierung ernsthaft für möglich hält[36].

Ob der beeinflusste **Repräsentant** der Gesellschaft schuldhaft gehandelt hat, ist unerheblich[37].

---

4. Aufl., § 117 AktG Rz. 149; ausführlich *Brüggemeier*, AG 1988, 93, 96 f.; konsequent eine eigene Sorgfalts- bzw. Treuepflichtverletzung verlangend *Voigt*, Haftung aus Einfluss, S. 238 ff.
29 *Timm* in FS Semler, S. 611, 626; *Voigt*, Haftung aus Einfluss, S. 72 ff., 81 ff.
30 *Spindler* in MünchKomm. AktG, 3. Aufl., § 117 AktG Rz. 32 ff.; *Kort* in Großkomm. AktG, 4. Aufl., § 117 AktG Rz. 149 ff.
31 *Hüffer*, § 117 AktG Rz. 6; *Mertens* in KölnKomm. AktG, 2. Aufl., § 117 AktG Rz. 11 und 22; *Wiesner* in MünchHdb. AG, § 27 Rz. 5; *Brüggemeier*, AG 1988, 93, 97; für Feststellung der Rechtswidrigkeit im Wege der Interessenabwägung auch *Schall* in Spindler/Stilz, § 117 AktG Rz. 24; *Bürgers/Israel* in Bürgers/Körber, § 117 AktG Rz. 4.
32 Dies zum Teil im Gegensatz zu § 823 Abs. 1 BGB: Dort wird die Rechtswidrigkeit von der Tatbestandsmäßigkeit indes nur insoweit indiziert, als es um die Verletzung der in der Vorschrift genannten Rechtsgüter und Rechte durch positives Tun geht, während bezüglich der sog. offenen Tatbestände (namentlich Eingriff in den eingerichteten und ausgeübten Gewerbebetrieb und Verletzung des allgemeinen Persönlichkeitsrechts) sowie dann, wenn die Verletzungshandlung in einem Unterlassen besteht, die Rechtswidrigkeit besonders festgestellt werden muss; vgl. nur *Sprau* in Palandt, § 823 BGB Rz. 24 ff.
33 Begr. RegE AktG 1965, abgedr. bei *Kropff*, Aktiengesetz, S. 162.
34 Konsequent verlangen *Spindler* in MünchKomm. AktG, 3. Aufl., § 117 AktG Rz. 40, und *Kort* in Großkomm. AktG, 4. Aufl., § 117 AktG Rz. 160, das Bewusstsein, dass das Verhalten des beeinflussten Repräsentanten objektiv pflichtwidrig ist.
35 *Voigt*, Haftung aus Einfluss, S. 246; *Hüffer*, § 117 AktG Rz. 7; *Bürgers/Israel* in Bürgers/Körber, § 117 AktG Rz. 4; *Spindler* in MünchKomm. AktG, 3. Aufl., § 117 AktG Rz. 42; *Schall* in Spindler/Stilz, § 117 AktG Rz. 25; *Mertens* in KölnKomm. AktG, 2. Aufl., § 117 AktG Rz. 23; *Kort* in Großkomm. AktG, 4. Aufl., § 117 AktG Rz. 156 ff.; *Timm* in FS Semler, S. 611, 626 f.
36 BGH v. 12.7.1982 – II ZR 175/81, NJW 1982, 2823, 2827 = AG 1982, 278, 282; *Walchner* in Heidel, § 117 AktG Rz. 10.
37 *Spindler* in MünchKomm. AktG, 3. Aufl., § 117 AktG Rz. 40; *Kort* in Großkomm. AktG, 4. Aufl., § 117 AktG Rz. 160 a. E.; *Wiesner* in MünchHdb AG, § 27 Rz. 6.

### 4. Beweislast

13 Der **Gläubiger** muss die anspruchsbegründenden Tatsachen einschließlich des Vorsatzes beweisen; dies folgt daraus, dass § 117 Abs. 1, anders als Abs. 2 Satz 2 der Vorschrift (dazu Rz. 14) und als § 93 Abs. 2 Satz 2, eine Beweislastumkehr zu Lasten des Einflussnehmenden nicht vorsieht[38]. Abzulehnen sind auch Beweiserleichterungen etwa wegen Tatsachennähe oder typischen Ablaufs[39] oder aber wegen unverschuldeter Beweisnot[40]; ebenso wenig ist bei nachteiliger Veranlassung[41] oder bei Schäden, die aus dem Umgang der Gesellschaft mit Unternehmen folgen, die in ihrer Verwaltung vertreten sind[42], Schädigungsvorsatz generell zu vermuten. Vielmehr kann es **lediglich im Einzelfall** gerechtfertigt sein, angesichts eines Schadens der Gesellschaft und eines entsprechenden Vorteils des Einflussinhabers eine vorsätzliche schädigende **Einflussnahme** tatsächlich **zu vermuten**[43].

## III. Mithaftungen

### 1. Haftung der beeinflussten Organmitglieder der Gesellschaft (§ 117 Abs. 2)

14 Als **Gesamtschuldner** (§§ 421 ff. BGB) neben dem schädigenden Einflussnehmer sind nach § 117 Abs. 2 Satz 1 auch die **Mitglieder des Vorstands und des Aufsichtsrats** der betreffenden Gesellschaft ersatzpflichtig, wenn sie pflichtwidrig gehandelt haben. Sie müssen für **jedes Verschulden** einstehen, nicht nur für Vorsatz. Die **Beweislastumkehr** des § 117 Abs. 2 Satz 2, die nach richtiger Ansicht gleichermaßen für die Pflichtwidrigkeit wie für das Verschulden gilt[44], entspricht § 93 Abs. 2 Satz 2 (zu dieser Norm § 93 Rz. 31)[45]. § 117 Abs. 2 Satz 3 und 4, nach denen ein gesetzmäßiger (d. h. weder nichtiger noch anfechtbarer) Beschluss der Hauptversammlung, nicht aber die Billigung seitens des Aufsichtsrats die Ersatzpflicht ausschließt, ist § 93 Abs. 4 Satz 1 und 2 nachgebildet (dazu § 93 Rz. 48 ff.).

15 Die Mithaftung trifft nur **diejenigen Mitglieder** von Vorstand oder Aufsichtsrats, **auf deren Handlungen der schädigende Einfluss genommen wurde**[46]; andere Organmitglieder, die es pflichtwidrig unterlassen haben, den betreffenden Schaden zu verhin-

---

38 Allg. M.; statt vieler *Mertens* in KölnKomm. AktG, 2. Aufl., § 117 AktG Rz. 24; *Hüffer*, § 117 AktG Rz. 7 a.E.; *Bürgers/Israel* in Bürgers/Körber, § 117 AktG Rz. 4; *Kort* in Großkomm. AktG, 4. Aufl., § 117 AktG Rz. 161; *Spindler* in MünchKomm. AktG, 3. Aufl., § 117 AktG Rz. 43.
39 So *Hüffer*, § 117 AktG Rz. 7 a.E.; für Umkehr der Beweislast bezüglich der (von ihm verlangten) Sorgfalts- bzw. Treupflichtverletzung des Einflussnehmers *Voigt*, Haftung aus Einfluss, S. 247 f.
40 Dafür *Walchner* in Heidel, § 117 AktG Rz. 11.
41 *Wälde*, DB 1972, 2289 Fn. 9; für Konzernverhältnisse *Kronstein*, BB 1967, 637, 640.
42 *Mestmäcker*, Verwaltung, Konzerngewalt und Rechte der Aktionäre, 1958, S. 252 f. (zu § 101 AktG 1937).
43 *Spindler* in MünchKomm. AktG, 3. Aufl., § 117 AktG Rz. 43; *Kort* in Großkomm. AktG, 4. Aufl., § 117 AktG Rz. 162; *Mertens* in KölnKomm. AktG, 2. Aufl., § 117 AktG Rz. 24.
44 So für § 93 Abs. 2 Satz 2 mit Recht *Krieger/Sailer-Coceani*, oben § 93 AktG Rz. 31; *Hüffer*, § 93 AktG Rz. 16 m.w.N., auch zur gegenteiligen Ansicht (Beweislastumkehr nur für Verschulden); *Fleischer* in Fleischer, Handbuch des Vorstandsrechts, § 11 Rz. 71; ausführlich *Hopt* in Großkomm. AktG, 4. Aufl., § 93 AktG Rz. 276 ff.; außerdem BGH v. 4.11.2002 – II ZR 224/00, BGHZ 152, 280, 284 f. = AG 2003, 381 f.
45 § 93 Abs. 1 Satz 2, die sog. business judgement rule, bedeutet keine von § 93 Abs. 2 Satz 2 abweichende Beweislastregel; so mit Recht *Kort* in Großkomm. AktG, 4. Aufl., § 117 AktG Rz. 210.
46 A. A. *Walchner* in Heidel, § 117 AktG Rz. 14; wie hier hingegen *Voigt*, Haftung aus Einfluss, S. 249 f.; *Spindler* in MünchKomm. AktG, 3. Aufl., § 117 AktG Rz. 58; *Kort* in Großkomm. AktG, 4. Aufl., § 117 AktG Rz. 191.

dern, müssen der Gesellschaft freilich nach Maßgabe der §§ 93, 116 einstehen. § 117 Abs. 2 unterfällt hingegen auch dasjenige Organmitglied, das der Gesellschaft zugleich z. B. als Großaktionär oder Geschäftspartner gegenübersteht und sie in Wahrnehmung seiner Sonderinteressen unter Verletzung seiner Organpflichten schädigt; zwar fehlt es an einem Einflussnehmer nach § 117 Abs. 1, der Unrechtsgehalt des Handelns ist aber keineswegs geringer[47]. Für beeinflusste Prokuristen und Handlungsbevollmächtigte gilt die Mithaftung nach § 117 Abs. 2 nicht; ihnen wird aber gegenüber der Gesellschaft regelmäßig eine Verletzung vertraglicher Pflichten zur Last fallen[48].

Von praktischer Bedeutung ist § 117 Abs. 2 im Wesentlichen mit Blick auf die Ersatzpflicht der Organmitglieder gegenüber den Aktionären, falls diese einen nach § 117 Abs. 1 Satz 2 ersatzfähigen Schaden (dazu Rz. 23 f.) erleiden[49]. Eine Mithaftung der Gesellschaft selbst aus § 31 BGB ist dann nicht gegeben[50], und auch eine Freistellung der Organmitglieder von der Haftung nach § 117 Abs. 2 scheidet aus[51].  16

**2. Haftung des veranlassenden Nutznießers (§ 117 Abs. 3)**

Als **Gesamtschuldner** (§§ 421 ff. BGB) neben dem schädigenden Einflussnehmer – und ggf. neben dem nach § 117 Abs. 2 mithaftenden Organmitglied – ist nach § 117 Abs. 3 auch ersatzpflichtig, wer durch die schädigende Handlung irgendeinen **Vorteil erlangt** und die Beeinflussung **vorsätzlich veranlasst** hat[52]. Dabei ist Veranlassung weniger als Anstiftung (die angesichts des deliktsrechtlichen Charakters des § 117 bereits von dessen Abs. 1 erfasst wird, § 830 Abs. 2 BGB), zugleich aber mehr als bloße Duldung[53]. Es ist daher erforderlich, aber auch ausreichend, dass der Betreffende die Einflussnahme auf einen Repräsentanten der Gesellschaft vorsätzlich herbeiführt; hinsichtlich der Rechtswidrigkeit der schädigenden Einflussnahme und hinsichtlich der Schadensfolgen genügt hingegen Fahrlässigkeit[54]. Auf die Vorteilserlangung braucht sich der Vorsatz nicht zu beziehen[55].  17

---

47 So mit Recht *Spindler* in MünchKomm. AktG, 3. Aufl., § 117 AktG Rz. 58, der zugleich auf die regelmäßig eintreffende Mithaftung auch nach § 117 Abs. 3 (dazu sogleich in Rz. 17 f.) hinweist; ebenso *Mertens* in KölnKomm. AktG, 2. Aufl., § 117 AktG Rz. 15.
48 *Voigt*, Haftung aus Einfluss, S. 251; *Spindler* in MünchKomm. AktG, 3. Aufl., § 117 AktG Rz. 60.
49 *Hüffer*, § 117 AktG Rz. 10; *Kort* in Großkomm. AktG, 4. Aufl., § 117 AktG Rz. 194. – Zur Möglichkeit der Aktionäre einer Zielgesellschaft (einer Gesellschaft also, deren Aktien Gegenstand eines öffentlichen Erwerbsangebots sind), die Mitglieder von Vorstand und Aufsichtsrat wegen Verletzung des § 27 WpÜG (Pflicht zur Stellungnahme zu dem Angebot) in Anspruch zu nehmen, ausführlich *Krause/Pötzsch* in Assmann/Pötzsch/Uwe H. Schneider, § 27 WpÜG Rz. 146 ff. und 159 m.w.N.
50 *Mertens* in KölnKomm. AktG, 2. Aufl., § 117 AktG Rz. 21, in Abgrenzung zu BGH v. 12.3.1990 – II ZR 179/89, BGHZ 110, 323 (Haftung des Vereins für Eingriff des Vorstands in das Mitgliedschaftsrecht eines Vereinsmitglieds); offen gelassen in BGH v. 26.3.1984 – II ZR 171/83, BGHZ 90, 381, 398 = AG 1984, 181, 185.
51 *Kort* in Großkomm. AktG, 4. Aufl., § 117 AktG Rz. 195 f.
52 Prägnant *Kort* in Großkomm. AktG, 4. Aufl., § 117 AktG Rz. 214: Es muss eine Konstellation von mindestens drei Personen bestehen.
53 *Baumbach/Hueck*, § 117 AktG Anm. 15; zutreffend der Hinweis von *Mertens* in KölnKomm. AktG, 2. Aufl., § 117 AktG Rz. 28, und *Kort* in Großkomm. AktG, 4. Aufl., § 117 AktG Rz. 217, eine Privilegierung des Anstifters (wie auch des mittelbaren Täters) insofern, dass sie nur bei Erlangung eines Vorteils ersatzpflichtig seien, könne nicht angenommen werden.
54 Allg. M.; vgl. nur *Spindler* in MünchKomm. AktG, 3. Aufl., § 117 AktG Rz. 63 (der indes – konsequent – auch bezüglich der Pflichtwidrigkeit des Handelns des beeinflussten Repräsentanten Fahrlässigkeit verlangt); *Hüffer*, § 117 AktG Rz. 11; *Walchner* in Heidel, § 117 AktG Rz. 15; besonders ausführlich *Mertens* in KölnKomm. AktG, 2. Aufl., § 117 AktG Rz. 28.
55 *Bürgers/Israel* in Bürgers/Körber, § 117 AktG Rz. 7; *Mertens* in KölnKomm. AktG, 2. Aufl., § 117 AktG Rz. 28 a.E.; *Kort* in Großkomm. AktG, 4. Aufl., § 117 AktG Rz. 221.

18    Nach § 117 Abs. 3 ist **z. B. eine Bank** neben einem Großaktionär ersatzpflichtig, wenn sie diesen veranlasst, den Vorstand der Gesellschaft zur Abgabe einer Mithaftungserklärung der Gesellschaft für die Verbindlichkeiten zu bestimmen, die eine Schwestergesellschaft oder der Großaktionär selbst gegenüber der Bank hat[56].

### 3. Gesamtschuldnerischer Innenausgleich

19    Die beeinflussten Organmitglieder haften im Verhältnis zu den veranlassenden Nutznießern ebenso wie beide im Verhältnis zum Einflussnehmer als Gesamtschuldner. Nichts anderes gilt aber auch für das Verhältnis der Haftung mehrerer Organmitglieder oder Nutznießer untereinander[57]. Legt man das von *Ehmann*[58] herausgearbeitete System der Gesamtschuldtypen zugrunde, so handelt es sich um eine **Schutzzweckgesamtschuld**: Denn es geht um mehrere Schuldverhältnisse, die dem Ersatz desselben Schadens dienen und durch ihren gemeinsamen Schutzzweck zu einer Gesamtschuld verbunden sind[59]. In einem solchen Fall bestimmt sich die Aufteilung im Innenverhältnis (§ 426 BGB) vorrangig nach dem Maß der Tatbeiträge und sodann des Verschuldens der Beteiligten, die zusammen den Schaden (schuldhaft) verursacht haben[60]; dies ergibt sich analog § 254 BGB[61]. Über den gesamtschuldnerischen Innenausgleich kann damit jeweils nur nach den Umständen des Einzelfalls befunden werden.

## IV. Ersatzansprüche

### 1. Anspruch der Gesellschaft und seine Geltendmachung

20    Die **Gesellschaft** kann nach § 117 Abs. 1 den Ersatz des ihr aus der schädigenden Einflussnahme entstehenden Schadens verlangen. Dabei wird sie, soweit der Ersatzanspruch (auch) gegen den Vorstand gerichtet ist, vom Aufsichtsrat (§ 112), ansonsten vom Vorstand (§ 78 Abs. 1) vertreten[62]. Richtet sich der Anspruch der Gesellschaft sowohl gegen Vorstands- als auch gegen Aufsichtsratsmitglieder, so müsste im Namen der Gesellschaft also zugleich der Vorstand gegen letztere und der Aufsichtsrat gegen erstere vorgehen; dies dokumentiert die geringe praktische Bedeutung des § 117[63].

21    Bleibt der Vorstand bzw. der Aufsichtsrat untätig, so kann er nach Maßgabe des § 147 zur Geltendmachung des Ersatzanspruchs der Gesellschaft gezwungen werden[64]. Voraussetzung ist ein Mehrheitsbeschluss der **Hauptversammlung**; letztere und auf Antrag einer Aktionärsminderheit, die zusammen mindestens 10 % der Aktien oder einen anteiligen Betrag von 1 Mio. Euro besitzt, auch das zuständige Gericht kann für die Geltendmachung des Anspruchs besondere Vertreter bestellen. Im eigenen Namen können **Aktionäre**, deren Anteile zusammen den einhundertsten Teil des

---

56 Bsp. bei *Spindler* in MünchKomm. AktG, 3. Aufl., § 117 AktG Rz. 63 a.E.
57 Vgl. *Kort* in Großkomm. AktG, 4. Aufl., § 117 AktG Rz. 212.
58 *Ehmann*, Die Gesamtschuld, 1972, S. 193 ff.; *Ehmann* in Erman, Vor § 420 BGB Rz. 12 ff., § 421 BGB Rz. 3 ff.
59 Vgl. *Ehmann*, Die Gesamtschuld, 1972, S. 214 ff.; *Ehmann* in Erman, § 421 BGB Rz. 5 ff.
60 Vorausgesetzt freilich, dass das Gesetz nicht etwas anordnet, wie dies etwa in § 840 Abs. 2 und 3 BGB geschieht.
61 *Ehmann* in Erman, § 426 BGB Rz. 53 ff.
62 *Voigt*, Haftung aus Einfluss, S. 254 m.w.N.; a.A. *Baumbach/Hueck*, § 117 AktG Anm. 14, die § 85 AktG, § 57 ZPO (gerichtliche Bestellung eines Vertreters) anwenden wollen.
63 So pointiert mit Recht *Mertens* in KölnKomm. AktG, 2. Aufl., § 117 AktG Rz. 39.
64 *Hüffer*, § 117 AktG Rz. 8; *Bürgers/Israel* in Bürgers/Körber, § 117 AktG Rz. 5; *Schall* in Spindler/Stilz, § 117 AktG Rz. 31.

Grundkapitals oder einen anteiligen Betrag von 100.000 Euro erreichen, die Ersatzansprüche der Gesellschaft **pro socio** geltend machen[65], wenn sie das im Zuge des UMAG vom 22.9.2005[66] eingeführte, in § 148 geregelte sog. Klagezulassungsverfahren durchlaufen haben[67].

Den Ersatzanspruch der Gesellschaft können nach § 117 Abs. 5 die **Gläubiger** geltend machen, soweit sie von der Gesellschaft keine Befriedigung erlangen können. Damit wird die Rechtsposition der Gläubiger im Vergleich zu den allgemeinen Regeln der Rechtsverfolgung (§§ 829, 835 ZPO) gestärkt[68]. Sie haben freilich keinen eigenen Ersatzanspruch, sondern nur das Recht, den Anspruch der Gesellschaft zu verfolgen, und zwar gegenüber den gleichen Ersatzpflichtigen wie die Gesellschaft selbst[69]. In der **Insolvenz** übt der Insolvenzverwalter oder (bei Eigenverwaltung, §§ 270 ff. InsO) der Sachwalter das Recht der Gläubiger aus (§ 117 Abs. 5 Satz 3); eine von Gläubigerseite dennoch erhobene Klage wäre unzulässig. § 117 Abs. 5 entspricht § 93 Abs. 5 (dazu § 93 Rz. 57 ff.); indes setzt eine Geltendmachung durch die Gläubiger, anders als in § 93 Abs. 5 Satz 2, nicht voraus, dass den Organmitgliedern ein Verstoß gegen § 93 Abs. 3 oder eine gröbliche Pflichtverletzung zur Last fällt. Den Gläubigern gegenüber wird die Ersatzpflicht weder durch einen Verzicht oder Vergleich der Gesellschaft noch dadurch aufgehoben, dass die Handlung auf einem Beschluss der Hauptversammlung beruht (§ 117 Abs. 5 Satz 2); das Verfolgungsrecht der Gläubiger besteht damit unabhängig vom Anspruch der Gesellschaft. 22

**2. Eigener Ersatzanspruch der Aktionäre (§ 117 Abs. 1 Satz 2)**

Den Aktionären steht nach § 117 Abs. 1 Satz 2 ein eigener Ersatzanspruch zu, allerdings nur mit Blick auf solche Schäden, die ihnen nicht durch Schädigung der Gesellschaft selbst zugefügt worden sind. Eine Ersatzberechtigung besteht also **nicht**, soweit es um einen der Gesellschaft zugefügten Schaden geht, der auf den Aktionär infolge Wertminderung seiner Aktien durchschlägt[70], bei ihm folglich als **bloßer Reflex- oder mittelbarer Schaden** eintritt[71]. Damit will der Gesetzgeber verhindern, dass 23

---

[65] Dies ist die einzige Möglichkeit zur Geltendmachung von Schadenersatzansprüchen der Gesellschaft durch Aktionäre im Zusammenhang mit § 117 Abs. 1 Satz 1; namentlich die bis zum Inkrafttreten des UMAG befürwortete entsprechende Anwendung konzernrechtlicher Normen scheidet nunmehr aus (so mit Recht *Kort* in Großkomm. AktG, 4. Aufl., § 117 AktG Rz. 168 m.w.N.; a.A. *Wiesner* in MünchHdb. AG, § 27 Rz. 12.
[66] BGBl. I 2005, 2802.
[67] Wie hier *Schall* in Spindler/Stilz, § 117 AktG Rz. 31.
[68] Es handelt sich nicht um einen Fall gesetzlicher Prozessstandschaft, sondern um eine materiell-rechtliche Anspruchsvervielfältigung sui generis, wie sich insbesondere aus § 117 Abs. 5 Satz 2 ergibt; so mit Recht *Kort* in Großkomm. AktG, 4. Aufl., § 117 AktG Rz. 229; ebenso für § 93 Abs. 5 *Krieger/Sailer-Coceani*, oben § 93 AktG Rz. 55; *Hüffer*, § 93 AktG Rz. 31 f., jeweils m.w.N.
[69] *Spindler* in MünchKomm. AktG, 3. Aufl., § 117 AktG Rz. 46; *Kort* in Großkomm. AktG, 4. Aufl., § 117 AktG Rz. 230; *Voigt*, Haftung aus Einfluss, S. 255.
[70] Ist damit ein Kursverlust infolge Schädigung der Gesellschaft als Reflexschaden nicht ersatzfähig, so gilt anderes für den Fall, dass der Aktionär infolge des (auf irreführenden Verlautbarungen des Vorstands beruhenden) Kursverfalls seine Anteile überstürzt veräußert und ihm dadurch ein zusätzlicher Schaden entsteht (BGH v. 22.6.1992 – II ZR 178/90, NJW 1992, 3167, 3171 f. = AG 1993, 28, 32; *Spindler* in MünchKomm. AktG, 3. Aufl., § 117 AktG Rz. 54; *Kort* in Großkomm. AktG, 4. Aufl., § 117 AktG Rz. 184).
[71] Allg. M.; aus der Rechtsprechung BGH v. 4.3.1985 – II ZR 271/83, BGHZ 94, 55, 58 f. = AG 1985, 217 f.; BGH v. 11.7.1988 – II ZR 243/87, BGHZ 105, 121, 130 f. = AG 1988, 331, 333; BGH v. 22.6.1992 – II ZR 178/90, NJW 1992, 3167, 3171 = AG 1993, 28, 32; aus dem Schrifttum *Voigt*, Haftung aus Einfluss, S. 243 ff.; *Hüffer*, § 117 AktG Rz. 9; *Schall* in Spindler/Stilz, § 117 AktG Rz. 20; *Bürgers/Israel* in Bürgers/Körber, § 117 AktG Rz. 3; *Mertens* in KölnKomm. AktG, 2. Aufl., § 117 AktG Rz. 20 und 38; *Spindler* in MünchKomm. AktG, 3. Aufl.,

der Aktionär der Gesellschaft zuvorkommt und ihr dadurch ggf. die Durchsetzung ihres Ersatzanspruchs erschwert[72]. Zudem entspricht es den Grundsätzen der Kapitalerhaltung und der Zweckbindung des Gesellschaftsvermögens, dass ein Schaden der Gesellschaft, der sich für die Aktionäre als bloßer Reflexschaden darstellt, durch Ersatzleistung in das Gesellschaftsvermögen kompensiert wird[73].

24 Positiv gewendet können die Aktionäre alle Schäden ersetzt verlangen, die nicht über die Wertminderung ihrer Aktien vermittelt werden. Man mag in diesem Sinne von **unmittelbaren Schäden** sprechen[74]. Eine Beeinträchtigung von Vermögensinteressen des Aktionärs, die weder gesellschafts- noch mitgliedschaftsbezogen sind, sondern auf seiner Eigenschaft z. B. als Lieferant oder Abnehmer fußen, genügt freilich nicht[75]. Hingegen reicht es aus, wenn ein innerer Zusammenhang mit der Aktionärsstellung gegeben ist. So entsteht ein ersatzfähiger Schaden etwa im Falle eines Überbrückungsdarlehens, das ein Aktionär der Gesellschaft zu deren Sanierung gewährt, das aber infolge einer auf der Einflussnahme des Aufsichtsrats gegenüber dem Vorstand beruhenden Insolvenz der Gesellschaft nicht zurückbezahlt wird[76].

25 Maßgeblich für die Ersatzberechtigung ist die **Aktionärseigenschaft** zu dem Zeitpunkt, in dem die für den Schaden ursächliche Einflussnahme stattfand[77]. Wer erst später Aktionär geworden ist, hat keinen Anspruch, mag seine Schädigung auch im adäquaten Zusammenhang mit der Einflussnahme stehen[78].

26 In der **Insolvenz** der Gesellschaft kann der Aktionär lediglich Leistung an die Insolvenzmasse beanspruchen, es sei denn, der geltend gemachte Betrag wird zur vorrangigen Befriedigung der Gläubiger nicht mehr benötigt[79].

---

§ 117 AktG Rz. 52; *Kort* in Großkomm. AktG, 4. Aufl., § 117 AktG Rz. 173 ff.; *Meilicke/Heidel*, AG 1989, 117, 118 ff.; zur Abgrenzung von Gesellschafts- und Gesellschafterschaden ausführlich *Brandes* in FS Fleck, S. 13 ff.; *G. Müller* in FS Kellermann, S. 317, 329 ff.; *Mertens* in FS H. Lange, S. 561, 569 ff.

72 Begr. RegE AktG 1965, abgedr. bei *Kropff*, Aktiengesetz, S. 162.
73 BGH v. 11.7.1988 – II ZR 243/87, BGHZ 105, 121, 132 = AG 1988, 331, 333; BGH v. 20.3.1995 – II ZR 205/94, BGHZ 129, 136, 165 f. = AG 1995, 368, 376.
74 So Begr. RegE AktG 1965, abgedr. bei *Kropff*, Aktiengesetz, S. 163; *Voigt*, Haftung aus Einfluss, S. 243; *Kort* in Großkomm. AktG, 4. Aufl., § 117 AktG Rz. 177 a.E.; *Spindler* in MünchKomm. AktG, 3. Aufl., § 117 AktG Rz. 53; *Walchner* in Heidel, § 117 AktG Rz. 13; auch BGH v. 22.6.1992 – II ZR 178/90, NJW 1992, 3167, 3171 = AG 1993, 28, 32; OLG Düsseldorf v. 25.6.1981 – 6 U 79/80, ZIP 1981, 847, 851; OLG Düsseldorf v. 14.7.1981 – 6 U 259/80, AG 1982, 20, 24.
75 BGH v. 22.6.1992 – II ZR 178/90, NJW 1992, 3167, 3172 = AG 1993, 28, 32; *v. Godin/Wilhelmi*, § 117 AktG Anm. 5; *Voigt*, Haftung aus Einfluss, S. 245; *Mertens* in KölnKomm. AktG, 2. Aufl., § 117 AktG Rz. 20; *Spindler* in MünchKomm. AktG, 3. Aufl., § 117 AktG Rz. 55; *Kort* in Großkomm. AktG, 4. Aufl., § 117 AktG Rz. 179.
76 So der BGH v. 4.3.1985 – II ZR 271/83, BGHZ 94, 55 = AG 1985, 217 zugrunde liegende Fall, in dem der Vorsitzende des Aufsichtsrats den Vorstand dazu bestimmt hatte, ungerechtfertigte Zahlungen zu leisten und Forderungen nicht zu verfolgen.
77 BGH v. 4.3.1985 – II ZR 271/83, BGHZ 94, 55, 58 f. = AG 1985, 217; OLG Düsseldorf v. 25.6.1981 – 6 U 79/80, ZIP 1981, 847, 851; OLG Düsseldorf v. 14.7.1981 – 6 U 259/80, AG 1982, 20, 24; *Spindler* in MünchKomm. AktG, 3. Aufl., § 117 AktG Rz. 53 und 55; *Voigt*, Haftung aus Einfluss, S. 245.
78 *Kort* in Großkomm. AktG, 4. Aufl., § 117 AktG Rz. 172; *Wiesner* in MünchHdb AG, § 27 Rz. 13; a. A. *Mertens* in KölnKomm. AktG, 2. Aufl., § 117 AktG Rz. 20.
79 BGH v. 20.3.1995 – II ZR 205/94, BGHZ 129, 136, 166 = AG 1995, 368, 374; *Spindler* in MünchKomm. AktG, 3. Aufl., § 117 AktG Rz. 52; *Kau/Kukat*, BB 2000, 1045, 1047.

## V. Modalitäten der Haftung

### 1. Verzicht und Vergleich

Für die Aufhebung der Ersatzpflicht gegenüber der Gesellschaft (nicht gegenüber den Aktionären) verweist § 117 Abs. 4 auf § 93 Abs. 4 Satz 3 und 4 (dazu § 93 Rz. 53 ff.). Die Gesellschaft kann damit erst drei Jahre nach Anspruchsentstehung und nur dann auf Ersatzansprüche verzichten oder sich über sie vergleichen, wenn die Hauptversammlung zustimmt und nicht eine Aktionärsminderheit Widerspruch erhebt; Ausnahmen bestehen nur bei Zahlungsunfähigkeit des Ersatzpflichtigen.

27

### 2. Verjährung (§ 117 Abs. 6)

Die Ersatzansprüche verjähren **in fünf Jahren**[80]. Die Frist beginnt mit der Entstehung des Anspruchs, § 200 Satz 1 BGB; sie wird nach §§ 187 Abs. 1, 188 Abs. 2 BGB berechnet. Eine Hemmung der Verjährung nach Maßgabe der §§ 203 ff. BGB durch die Gesellschaft wirkt auch für das Verfolgungsrecht der Gläubiger, nicht aber umgekehrt[81]. Hat der Schuldner die Geltendmachung von Ansprüchen arglistig verhindert, so kann er sich nicht auf Verjährung berufen[82].

28

## VI. Ausnahmen von der Haftung (§ 117 Abs. 7)

Die Ersatzpflichten treten **in zwei Fällen** nicht ein (§ 117 Abs. 7 Nr. 1 und 2). Die für die Bestimmung durch Stimmrechtsausübung geltende Sonderregelung (Nr. 1 a. F.) hat man hingegen im Zuge des UMAG vom 22.9.2005[83] aufgehoben. Hintergrund ist die Einschätzung, das generelle Haftungsprivileg für Großaktionäre, um das es im Kern ging, sei nicht angemessen[84]; das ist grundsätzlich berechtigt, führt allerdings auch dazu, dass (bei Vorliegen eines faktischen Konzerns) das herrschende Unternehmen nicht privilegiert wird, was angesichts der §§ 311 ff. nicht überzeugt[85].

29

Unverändert treten die Ersatzpflichten dann nicht ein, wenn der Repräsentant der Gesellschaft durch **Ausübung der Leitungsmacht kraft Beherrschungsvertrags oder Eingliederung** zu der schädigenden Handlung bestimmt, also eine nachteilige Weisung erteilt worden ist, wie es § 308 Abs. 1 Satz 2 bzw. § 323 Abs. 1 zulässt. Erfasst wird indes **nur die rechtmäßige Ausübung** von Leitungsmacht[86]. Die Regelung des § 117 Abs. 7 Nr. 1 und Nr. 2 steht vor dem Hintergrund, dass die schädigende Ein-

30

---

[80] Dies gleicht der Regelung des § 93 Abs. 6, steht aber in interessantem Gegensatz zu den deliktischen Ansprüchen nach §§ 823 ff. BGB und zu Ansprüchen aus Verletzung der gesellschaftsrechtlichen Treupflicht, wie sie regelmäßig neben Ansprüchen aus § 117 bestehen: Sie unterliegen grundsätzlich der Regelverjährung von drei Jahren nach §§ 195, 199 BGB und keinesfalls § 117 Abs. 6; vgl. *Kort* in Großkomm. AktG, 4. Aufl., § 117 AktG Rz. 235 f.

[81] So für die parallele Vorschrift des § 93 Abs. 6 *Krieger/Sailer-Coceani*, oben § 93 Rz. 61; *Spindler* in MünchKomm. AktG, 3. Aufl., § 93 AktG Rz. 258, jeweils m.w.N.; gegenüber dem letztgenannten Fall zweifelnd *Hüffer*, § 93 AktG Rz. 37 a.E.

[82] *Walchner* in Heidel, § 117 AktG Rz. 17 m.w.N.

[83] BGBl. I 2005, 2802.

[84] Begr. RegE UMAG, BR-Drucks. 3/05, S. 22; zuvor bereits *Baums*, Bericht Regierungskommission, Rz. 164.

[85] So mit Recht *Hüffer*, § 117 AktG Rz. 13; a.A. *Voigt*, Haftung aus Einfluss, S. 104 f.; zum Verhältnis des § 117 zu §§ 311, 317, 318 in Rz. 34.

[86] *Mertens* in KölnKomm. AktG, 2. Aufl., § 117 AktG Rz. 35; *Spindler* in MünchKomm. AktG, 3. Aufl., § 117 AktG Rz. 69; *Kort* in Großkomm. AktG, 4. Aufl., § 117 AktG Rz. 250 und 252 f.; *Emmerich* in Emmerich/Habersack, Aktien- und GmbH-Konzernrecht, § 309 AktG Rz. 53; zu den Konkurrenzen im Falle rechtswidriger Ausübung von Leitungsmacht in Rz. 34.

flussnahme in den bezeichneten Fällen durch die Sondervorschriften des Konzernrechts kompensiert wird (§§ 300 ff. einerseits, §§ 322, 324 andererseits).

31   Besteht ein mehrstufiger Konzern, so greift § 117 Abs. 7 Nr. 1 im Falle einer Einwirkung der Mutter- auf die Enkelgesellschaft nur ein, wenn zwischen Tochter- und Enkelgesellschaft oder zwischen Mutter- und Enkelgesellschaft ein Beherrschungsvertrag besteht; ein solcher zwischen Mutter- und Tochtergesellschaft genügt hingegen nicht[87].

### VII. Verhältnis zu anderen Haftungstatbeständen

32   § 117 ist **kein Schutzgesetz** i. S. des § 823 Abs. 2 BGB[88]. Anwendbar ist aber § 826 BGB: Die Bestimmung des Repräsentanten einer Gesellschaft zu schädlichem Handeln i. S. des § 117 Abs. 1 kann zugleich eine vorsätzliche sittenwidrige Schädigung sein[89]. Ebenso kann, wenn die schädigende Einflussnahme von Aktionären ausgeht, zugleich eine Treupflichtverletzung vorliegen; angesichts der Geltung der in § 117 zum Ausdruck kommenden Wertungen des Gesetzgebers auch für **Ansprüche aus Treupflichtverletzung** können diese neben § 117 freilich nur insoweit Bedeutung haben, als Abs. 7 die Haftung aus § 117 ausschließt[90].

33   Sind **Organmitglieder** der Gesellschaft dieser gegenüber nach § 117 Abs. 2 ersatzpflichtig (oben Rz. 14 ff.), so kann diese **Ersatzpflicht neben** derjenigen aus **§§ 93, 116** stehen[91]. Zur daher schmalen praktischen Bedeutung des § 117 Abs. 2 oben Rz. 16.

34   Bei Vorliegen eines Vertragskonzerns sind **§ 117 und §§ 309, 310 nebeneinander anwendbar**, wenn die Leitungsmacht unrechtmäßig ausgeübt wird[92]; allerdings ist § 310 im Verhältnis zu § 117 Abs. 2 die speziellere Norm[93]. Im Falle eines faktischen Konzerns ist **§ 311 in seinem Anwendungsbereich lex specialis** gegenüber § 117, und zwar angesichts der in § 311 Abs. 2 vorgesehenen Möglichkeit des herrschenden Un-

---

87  *Spindler* in MünchKomm. AktG, 3. Aufl., § 117 AktG Rz. 68; *Kort* in Großkomm. AktG, 4. Aufl., § 117 AktG Rz. 251; *Mertens* in KölnKomm. AktG, 2. Aufl., § 117 AktG Rz. 36; letzteres ist str. (a.A. als hier *Kronstein*, BB 1967, 637, 638 ff.; *Kronstein* in FS Geßler, S. 219, 221).
88  Allg. M.; *Mertens* in KölnKomm. AktG, 2. Aufl., § 117 AktG Rz. 48; *Spindler* in Münch-Komm. AktG, 3. Aufl., § 117 AktG Rz. 87; *Voigt*, Haftung aus Einfluss, S. 264; *Bürgers/Israel* in Bürgers/Körber, § 117 AktG Rz. 1; *Schall* in Spindler/Stilz, § 117 AktG Rz. 12.
89  Begr. RegE AktG 1965, abgedr. bei *Kropff*, Aktiengesetz, S. 164; außerdem *Spindler* in MünchKomm. AktG, 3. Aufl., § 117 AktG Rz. 88; *Kort* in Großkomm. AktG, 4. Aufl., § 117 AktG Rz. 257 f.; *Voigt*, Haftung aus Einfluss, S. 215 f. und 264, allesamt zugleich mit dem Hinweis auf das unterschiedliche Verjährungsregime (dazu Fn. 80); Nebeneinander von § 117 AktG und § 826 BGB bejahen auch *Brüggemeier*, AG 1988, 93, 101; *Hüffer*, § 117 AktG Rz. 14; *Bürgers/Israel* in Bürgers/Körber, § 117 AktG Rz. 6; *Mertens* in KölnKomm. AktG, 2. Aufl., § 117 AktG Rz. 47; *Wiesner* in MünchHdb. AG, § 27 Rz. 15.
90  Ausführlich *Spindler* in MünchKomm. AktG, 3. Aufl., § 117 AktG Rz. 6 und 71 ff.
91  *Kort* in Großkomm. AktG, 4. Aufl., § 117 AktG Rz. 189 f.; *Hüffer*, § 117 AktG Rz. 10; *Bürgers/Israel* in Bürgers/Körber, § 117 AktG Rz. 6; *Spindler* in MünchKomm. AktG, 3. Aufl., § 117 AktG Rz. 58.
92  *Hüffer*, § 117 AktG Rz. 14 und § 309 AktG Rz. 1 a.E.; *Mertens* in KölnKomm. AktG, 2. Aufl., § 117 AktG Rz. 35 und 45; *Koppensteiner* in KölnKomm. AktG, 3. Aufl., § 309 AktG Rz. 61; *Spindler* in MünchKomm. AktG, 3. Aufl., § 117 AktG Rz. 69 und 89; *Kort* in Großkomm. AktG, 4. Aufl., § 117 AktG Rz. 259; *Schall* in Spindler/Stilz, § 117 AktG Rz. 9; *Emmerich* in Emmerich/Habersack, Konzernrecht, § 23 Rz. 75; *Emmerich* in Emmerich/Habersack, Aktien- und GmbH-Konzernrecht, § 309 AktG Rz. 53; zur Unanwendbarkeit des § 117 im Falle rechtmäßiger Ausübung der Leitungsmacht Rz. 30.
93  *Koppensteiner* in KölnKomm. AktG, 3. Aufl., § 310 AktG Rz. 10; *Hüffer*, § 310 AktG Rz. 1 a.E.; *Kort* in Großkomm. AktG, 4. Aufl., § 117 AktG Rz. 261; *Spindler* in MünchKomm. AktG, 3. Aufl., § 117 AktG Rz. 89; *Altmeppen* in MünchKomm. AktG, 3. Aufl., § 310 AktG Rz. 40; a.A. *Schall* in Spindler/Stilz, § 117 AktG Rz. 9.

ternehmens, die Nachteilszufügung während des Geschäftsjahres angemessen auszugleichen[94]. Erfolgt kein solcher Ausgleich, so ist neben §§ 317, 318 auch § 117 anwendbar[95]; letzterem kommt in einem solchen Fall freilich nur für die Haftung von Angestellten des Unternehmens sowie für die Mithaftung des Nutznießers nach § 117 Abs. 3 Bedeutung zu[96].

## Vierter Abschnitt. Hauptversammlung

### Erster Unterabschnitt. Rechte der Hauptversammlung

## § 118
## Allgemeines

(1) Die Aktionäre üben ihre Rechte in den Angelegenheiten der Gesellschaft in der Hauptversammlung aus, soweit das Gesetz nichts anderes bestimmt. Die Satzung kann vorsehen oder den Vorstand dazu ermächtigen vorzusehen, dass die Aktionäre an der Hauptversammlung auch ohne Anwesenheit an deren Ort und ohne einen Bevollmächtigten teilnehmen und sämtliche oder einzelne ihrer Rechte ganz oder teilweise im Wege elektronischer Kommunikation ausüben können.

(2) Die Satzung kann vorsehen oder den Vorstand dazu ermächtigen vorzusehen, dass Aktionäre ihre Stimmen, auch ohne an der Versammlung teilzunehmen, schriftlich oder im Wege elektronischer Kommunikation abgeben dürfen (Briefwahl).

(3) Die Mitglieder des Vorstands und des Aufsichtsrats sollen an der Hauptversammlung teilnehmen. Die Satzung kann jedoch bestimmte Fälle vorsehen, in denen die Teilnahme von Mitgliedern des Aufsichtsrats im Wege der Bild- und Tonübertragung erfolgen darf.

---

94 *Beuthien*, DB 1969, 1781, 1784; *Brüggemeier*, AG 1988, 93, 101 f.; *Hüffer*, § 117 AktG Rz. 1 und 14 sowie § 311 Rz. 50; *Bürgers/Israel* in Bürgers/Körber, § 117 AktG Rz. 8; *Kort* in Großkomm. AktG, 4. Aufl., § 117 AktG Rz. 262; *Mertens* in KölnKomm. AktG, 2. Aufl., § 117 AktG Rz. 46; *Koppensteiner* in KölnKomm. AktG, 3. Aufl., § 311 AktG Rz. 164; *Habersack* in Emmerich/Habersack, Konzernrecht, § 24 Rz. 28; *Habersack* in Emmerich/Habersack, Aktien- und GmbH-Konzernrecht, § 311 AktG Rz. 88; *Möhring* in FS Schilling, S. 253, 265; *Baumbach/Hueck*, § 311 AktG Anm. 6.
95 *Hüffer*, § 117 AktG Rz. 14 und § 317 AktG Rz. 17 a.E.; *Bürgers/Israel* in Bürgers/Körber, § 117 AktG Rz. 8; *Schall* in Spindler/Stilz, § 117 AktG Rz. 10; *Spindler* in MünchKomm. AktG, 3. Aufl., § 117 AktG Rz. 90 ff.; *Mertens* in KölnKomm. AktG, 2. Aufl., § 117 AktG Rz. 46; *Koppensteiner* in KölnKomm. AktG, 3. Aufl., § 317 AktG Rz. 52; *Kort* in Großkomm. AktG, 4. Aufl., § 117 AktG Rz. 263; *Habersack* in Emmerich/Habersack, Konzernrecht, § 24 Rz. 29; *Habersack* in Emmerich/Habersack, Aktien- und GmbH-Konzernrecht, § 311 AktG Rz. 88; *Altmeppen*, ZIP 1996, 693, 695; *Beuthien*, DB 1969, 1781, 1784; a.A. *Lutter*, ZGR 1982, 244, 259 f.; *Brüggemeier*, AG 1988, 93, 101 f., die §§ 317, 318 als leges speciales ansehen.
96 *Spindler* in MünchKomm. AktG, 3. Aufl., § 117 AktG Rz. 92 a.E.; *Altmeppen* in MünchKomm. AktG, 3. Aufl., § 317 AktG Rz. 119; *Kort* in Großkomm. AktG, 4. Aufl., § 117 AktG Rz. 266 f.; *Habersack* in Emmerich/Habersack, Konzernrecht, § 24 Rz. 29; *Habersack* in Emmerich/Habersack, Aktien- und GmbH-Konzernrecht, § 311 AktG Rz. 88.

**(4)** Die Satzung oder die Geschäftsordnung gemäß § 129 Abs. 1 kann vorsehen oder den Vorstand oder den Versammlungsleiter dazu ermächtigen vorzusehen, die Bild- und Tonübertragung der Versammlung zuzulassen.

| | |
|---|---|
| **I. Grundlagen** ................ 1 | b) Teilnahmeberechtigung ....... 27 |
| 1. Regelungsgegenstand und Normzweck ................ 1 | aa) Aktionäre ............. 27 |
| | bb) Dritte ............... 28 |
| 2. Entstehungsgeschichte ......... 5 | c) Beschränkung des Teilnahmerechts .................. 33 |
| 3. Die Hauptversammlung ........ 6 | d) Verletzungen des Teilnahmerechts; Rechtsfolgen ......... 34 |
| a) Dualismus der Hauptversammlungsbegriffe .............. 6 | e) Keine Teilnahmepflicht ....... 35 |
| b) Erscheinungsformen ........ 7 | 3. Teilnahmerecht und -pflicht der Verwaltung ................ 36 |
| aa) Ordentliche und außerordentliche Hauptversammlung ... 7 | a) Grundlagen ............. 36 |
| bb) Vollversammlung ........ 8 | b) Organmitglieder .......... 37 |
| cc) Präsenz- versus virtueller Hauptversammlung ....... 9 | c) Inhalt des Teilnahmerechts .... 38 |
| c) Das Organ Hauptversammlung .. 10 | d) Höchstpersönliches Recht und Pflicht ................ 39 |
| aa) Das Kompetenzgefüge des Aktiengesetzes .......... 10 | e) Rechtsfolgen ............. 41 |
| bb) Willensbildungsorgan ..... 12 | 4. Gemeinsamkeiten der Teilnahmerechte .................. 43 |
| cc) Vertretungsorgan ........ 13 | 5. Teilnahme Dritter ........... 44 |
| **II. Die Ausübung der Aktionärsrechte (§ 118 Abs. 1)** ................ 14 | **IV. Virtuelle Hauptversammlung und Teilnahmerecht (§ 118 Abs. 1 Satz 2, Abs. 2)** ..................... 47 |
| 1. Aktionärsrechte in Gesellschaftsangelegenheiten ............. 14 | 1. Überblick ................ 47 |
| 2. Versammlungsgebundene Aktionärsrechte ............. 15 | 2. Anwendungsbereich ........... 49 |
| 3. Nicht versammlungsgebundene Aktionärsrechte ............. 18 | 3. Optionale virtuelle Hauptversammlung ................ 50 |
| 4. Abweichende Satzungsbestimmungen ............... 21 | 4. Satzungsregelung und Ermächtigung des Vorstands ............. 51 |
| 5. Rechtsfolgen eines Verstoßes ..... 23 | 5. Elektronische Kommunikation .... 54 |
| **III. Die Teilnahme an der Hauptversammlung (§ 118 Abs. 3)** ........ 24 | 6. Die Stimmrechtsausübung: Briefwahl und Online-„Briefwahl" (§ 118 Abs. 2) ............. 55 |
| 1. Allgemeines ............... 24 | 7. Widerspruch und Anfechtung ..... 58 |
| 2. Das Teilnahmerecht der Aktionäre .. 25 | **V. Übertragung in Bild und Ton (§ 118 Abs. 4)** ................ 60 |
| a) Grundlagen ............. 25 | |

**Literatur:** *Bachmann,* Strengthening Shareholders Rights, ERA-Forum 2005, 352; *Becker,* Verwaltungskontrolle durch Gesellschafterrechte, 1997; *Beuthien,* Zur Theorie der Stellvertretung im Gesellschaftsrecht, in FS Zöllner, 1998, Band I, S. 87; *Bezzenberger,* Die Geschäftsordnung der Hauptversammlung, ZGR 1998, 352; *Dauner-Lieb,* Aktuelle Vorschläge zur Präsenzsteigerung in der Hauptversammlung, WM 2007, 9; *Fuhrmann,* Die Generalversammlung der Aktiengesellschaft und die Gewerkenversammlung nach preußischem Recht, eine vergleichende Darstellung, 1929; *Großfeld/Spennemann,* Die Teilnahmeberechtigung mehrerer gesetzlicher Vertreter von Gesellschaften in Mitgliederversammlungen von Kapitalgesellschaften und Genossenschaften, AG 1979, 128; *Habersack,* Aktienrecht und Internet, ZHR 165 (2001), 172; *Heckelmann,* Hauptversammlung und Internet, 2006; *Henn,* Die Wahrung der Interessen der Aktionäre innerhalb und außerhalb der Hauptversammlung, BB 1982, 1185; *Hennerkes/Kögel,* Eine Geschäftsordnung für die Hauptversammlung, DB 1999, 81; *Hopt,* Änderungen von Anleihebedingungen – Schuldverschreibungsgesetz, § 796 BGB und AGBG –, in FS Steindorff, 1990, S. 341; *Horn,* Die Virtualisierung von Unternehmen als Rechtsproblem, 2005; *Horwitz,* Das Recht der Generalversammlungen der Aktiengesellschaften und Kommanditgesellschaften auf Aktien, 1913; *Hüffer*, Die Gesellschafterversammlung – Organ der GmbH oder bloßes Beschlussverfahren?, in FS 100 Jahre GmbH-Gesetz, 1992, S. 521; *Hüther*, Aktionärsbeteiligung und Internet, 2002; *Hüther*, Aktionärsbeteiligung via Internet, MMR 2000, 521; *Kersting*, Das Auskunftsrecht des Aktionärs bei elektronischer Teilnahme an der Hauptversammlung (§§ 118, 131 AktG), NZG 2010, 130; *Klerx/ Penzlin*, Schuldverschreibungsgesetz von 1899 – Ein Jahrhundertfund?, BB 2004, 791; *Krause/Jenderek*, Rechtsprobleme einer fremdsprachigen deutschen Hauptversammlung, NZG 2007, 246; *Lutter*, Die entschlusssschwache Hauptversammlung, in FS Quack, 1991, S. 301; *Lutter/Leinekugel*, Der Ermächtigungsbeschluss der Hauptversammlung zu grundlegenden Strukturmaßnahmen – zulässige Kompetenzübertragung oder unzulässige Selbstentmachtung?, ZIP 1998, 805; *Martens*, Leitfaden für die Leitung der Hauptversammlung einer Aktiengesellschaft, 3. Aufl. 2003; *Max*, Die Leitung der Hauptversammlung, AG 1991, 77; *Mimberg*, Schranken der Vorbereitung und Durchführung der Hauptversammlung im Internet – die Rechtslage nach dem Inkrafttreten von NaStraG, Formvorschriften-AnpassungsG und TransPuG –, ZGR 2003, 21; *Noack*, Die Aktionärsrechte-Richtlinie, in FS Westermann, 2008, S. 1203; *Noack*, ARUG: Das nächste Stück der Aktienrechtsreform in Permanenz, NZG 2008, 441; *Noack*, Briefwahl und Online-Teilnahme an der Hauptversammlung – der neue § 118 AktG, WM 2009, 2289; *Quack*, Das Rederecht des Aktionärs in der Hauptversammlung – Eine Selbstverständlichkeit?, in FS Brandner, 1996, S. 113; *Riegger*, Hauptversammlung und Internet, ZHR 165 (2001), 204; *Roth*, Die (Ohn-)Macht der Hauptversammlung, ZIP 2003, 369; *Schaaf*, Die Geschäftsordnung der AG-Hauptversammlung – eine praktische Notwendigkeit?, ZIP 1999, 1339; *Uwe H. Schneider/Burgard*, Maßnahmen zur Verbesserung der Präsenz auf der Hauptversammlung einer Aktiengesellschaft, in FS Beusch, 1993, S. 783; *Siepelt*, Das Rederecht des Aktionärs und dessen Beschränkung, AG 1995, 254; *Spindler*, Internet und Corporate Governance – Ein neuer virtueller (T)Raum?, ZGR 2000, 420; *Spindler*, Stimmrecht und Teilnahme an der Hauptversammlung – Entwicklungen und Perspektiven in der EU und in Deutschland –, in VGR, Gesellschaftsrecht in der Diskussion 2005, 2006, S. 77; *Stützle/Walgenbach*, Leitung der Hauptversammlung und Mitspracherechte der Aktionäre in Fragen der Versammlungsleitung, ZHR 155 (1991), 516; *E. Vetter*, Die Teilnahme ehemaliger Vorstandsmitglieder an der Hauptversammlung, AG 1991, 171; *von Rechenberg*, Die Hauptversammlung als oberstes Organ der Aktiengesellschaft, 1986; *Wilsing/von der Linden*, Hauptversammlungsleitung durch den Unternehmensfremden, ZIP 2009, 641; *Zetzsche* (Hrsg.), Die virtuelle Hauptversammlung, 2002; *Zöllner*, Das Teilnahmerecht der Aufsichtsratsmitglieder an Beschlussfassungen der Gesellschafter bei der mitbestimmten GmbH, in FS Fischer, 1979, S. 905.

## I. Grundlagen

### 1. Regelungsgegenstand und Normzweck

Die Norm regelt höchst unterschiedliche Gegenstände: Während **Abs. 1** die Ausübung der Mitgliedschaftsrechte der Aktionäre auf die Hauptversammlung konzentriert und diese als Organ der Aktiengesellschaft konstituiert (Rz. 10), legt **Abs. 3** trotz der Formulierung als Soll-Vorschrift eine Teilnahmepflicht der Mitglieder von Vorstand und Aufsichtsrat (dazu Rz. 38) mit engen Lockerungsmöglichkeiten in § 118 Abs. 3 Satz 2 fest. Schließlich bestimmt **Abs. 4**, dass die Hauptversammlung unter gewissen Voraussetzungen in Ton und Bild übertragen werden kann. Abs. 1 und Abs. 2 eröffnen im weiten Rahmen die Möglichkeit der mediengestützten Hauptversammlung, insbesondere der **Internet-Hauptversammlung**, und wenden sich damit von dem ehemaligen Modell der Präsenzversammlung ab.

Hinsichtlich der Mitgliedschaftsrechte der Aktionäre enthält **Abs. 1** nur wenig grundlegende Feststellungen durch die Konzentration auf die Hauptversammlung als Ort der Rechtsausübung, wie z.B. für die Ausübung des Stimmrechts oder das Verlangen der Geltendmachung von Ersatzansprüchen nach § 147 Abs. 1 Satz 1[1]. Die Ausübung sonstiger Mitgliedschaftsrechte wird von § 118 Abs. 1 nicht erfasst, da hierfür

---

1 *Mülbert* in Großkomm. AktG, 4. Aufl., § 118 AktG Rz. 6; *Kubis* in MünchKomm. AktG, 2. Aufl., § 118 AktG Rz. 31; enger hingegen noch *Zöllner* in KölnKomm. AktG, 1. Aufl., § 118 AktG Rz. 3.

bereits spezialgesetzliche Regelungen, der Regelungszusammenhang oder die Eigenart des betroffenen Rechts eine Beschränkung auf die Hauptversammlung zur Folge haben bzw. auch außerhalb der Hauptversammlung geltend gemacht werden können[2]. Im Vordergrund von § 118 Abs. 1 steht daher die **Mediatisierung des Einflusses der Aktionäre**: Nur bei Zuständigkeit der Hauptversammlung können die Aktionäre ihre Rechte ausüben und Beschlüsse in der Hauptversammlung fassen[3]. Hinzu treten die durch die Umsetzung der EU-Aktionärsrechterichtlinie[4] eröffneten Satzungsspielräume zur Einführung einer mediengestützten Hauptversammlung, in der sämtliche Mitgliedschaftsrechte ausgeübt werden können.

3 Die in **Abs. 3** festgelegte **Anwesenheitspflicht** der Verwaltungsmitglieder dient der Verbesserung der Kommunikation zwischen Verwaltung und Aktionären: Zum einen erfahren die Verwaltungsmitglieder so unmittelbar den Willen der Aktionäre und können diesen entsprechend berücksichtigen, zum anderen wird das Auskunftsrecht der Aktionäre nach § 131 aufgewertet, da auch die intern zuständigen Verwaltungsmitglieder zur Beantwortung zur Verfügung stehen[5].

4 Die in **Abs. 4** eingeräumte Möglichkeit, per Satzungs- oder Geschäftsordnungsregelung das Hauptversammlungsgeschehen per Ton und/oder Bild zu übertragen, zielt auf die gesetzliche Fixierung eines zulässigen Rahmens zum Einsatz neuer Medien ab[6], die inzwischen auch breitflächig durch den **Abs. 1** und **Abs. 2** entsprechenden Satzungsregelungen ermöglicht werden.

## 2. Entstehungsgeschichte

5 Bereits Art. 224 Abs. 1 ADHGB in der Fassung vom 11.6.1870 bestimmte, dass die Rechte, welche den Aktionären in den Angelegenheiten der Gesellschaft zustehen, von der Gesamtheit der Aktionäre in der **Generalversammlung** auszuüben waren. Durch die Novelle von 1884 wurde die Begrifflichkeit der „Gesamtheit der Aktionäre" gestrichen[7], wobei die Gründe hierfür wohl in dem Bestreben einer allgemeinen Aufwertung der Generalversammlung sowie in den Schwierigkeiten des ROHG bei der Anwendung des Begriffs „Gesamtheit der Aktionäre" zu suchen sind[8]. Das AktG 1937 änderte in § 102 den Begriff der Generalversammlung in denjenigen der **Hauptversammlung**, materiell wurden die Rechte der Hauptversammlung zugunsten der Stärkung der Stellung des Vorstands um die Zuständigkeit in Geschäftsführungsfragen beschnitten[9]. Damit wurde die früher bestehende Hierarchie zwischen den Organen und die Stellung der ehemaligen Generalversammlung als oberstes Organ[10] beseitigt[11]; gleichzeitig wurde klargestellt, dass das Organ die General- bzw. Hauptversammlung selbst und nicht die Gesamtheit der Aktionäre ist[12]. § 102 Abs. 2 AktG

---

2 *Mülbert* in Großkomm. AktG, 4. Aufl., § 118 AktG Rz. 6; *Kubis* in MünchKomm. AktG, 2. Aufl., § 118 AktG Rz. 31.
3 *Hüffer*, § 118 AktG Rz. 1.
4 Richtlinie des Europäischen Parlaments und des Rates über die Ausübung bestimmter Rechte von Aktionären in börsennotierten Gesellschaften, ABl. EU Nr. L 184 v. 14.7.2007, S. 17.
5 Ebenso *Mülbert* in Großkomm. AktG, 4. Aufl., § 118 AktG Rz. 9.
6 S. dazu BT-Drucks. 14/8769, S. 19 f.
7 *Mülbert* in Großkomm. AktG, 4. Aufl., § 118 AktG Rz. 1; *Hüffer*, § 118 AktG Rz. 2.
8 Dazu *Hüffer* in FS 100 Jahre GmbH-Gesetz, 1992, S. 521, 527 m.w.N.
9 *Lutter* in FS Quack, 1991, S. 301, 312; *Klausing*, Aktiengesetz, 1937, S. 88.
10 RG v. 19.3.1910 – I 149/09, RGZ 73, 234, 236; RG v. 16.9.1927 – II 21/27, RGZ 118, 67, 69; *Horrwitz*, Das Recht der Generalversammlungen der Aktiengesellschaften und Kommanditgesellschaften auf Aktien, 1913, S. 10 ff., 12 ff.; *Staub*, HGB, 8. Aufl., 1906, § 250 Anm. 7.
11 *Schlegelberger/Quassowski*, § 103 AktG 1937 Anm. 1.
12 So allerdings noch Art. 224 ADHGB bis 1884, dazu *Hüffer* in FS 100 Jahre GmbHG, 1992, S. 521, 526 ff.; zur Organqualität der Generalversammlung s. *Fuhrmann*, Die Generalversammlung der AG und die Gewerkenversammlung nach preußischem Recht, S. 27.

1937 räumte ferner Vorstand und Aufsichtsrat das Recht zur Teilnahme an der Hauptversammlung ein, auch wenn sie selbst nicht Aktionäre waren[13]. Die Aktienrechtsreform von 1965 wandelte das Recht zur Teilnahme in eine Pflicht in Form der noch immer gültigen **Sollbestimmung** um, da die Teilnahme nach pflichtgemäßem Ermessen der Verwaltungsmitglieder nicht angemessen erschien[14]. Weitere Änderungen hat § 118 durch das **TransPuG**[15] erfahren, das nicht nur die physische Präsenzpflicht der Aufsichtsratsmitglieder lockerte, sondern auch die Übertragung der Hauptversammlung in Ton und Bild bei entsprechender Bestimmung in der Satzung oder Geschäftsordnung zuließ, was durchaus einen ersten Schritt hin zu einer elektronischen Hauptversammlung darstellte[16]. Durch das **ARUG**[17] wurde in Reaktion auf die EU-Aktionärsrechterichtlinie[18] endgültig der Weg zur elektronischen Hauptversammlung geebnet, indem nunmehr die Satzung unmittelbar vorsehen oder den Vorstand dazu ermächtigen kann, die Ausübung sämtlicher Aktionärsrechte auch ohne Präsenz zu ermöglichen, ohne den Umweg über einen Bevollmächtigten.

### 3. Die Hauptversammlung

#### a) Dualismus der Hauptversammlungsbegriffe

Das AktG verwendet den **Hauptversammlungsbegriff**, der nicht näher definiert ist, im Wesentlichen auf **zwei unterschiedliche Weisen**[19]. Auf der einen Seite wird die Hauptversammlung als das verbandliche Mitgliederorgan verstanden, durch das die Aktionäre willensbildend tätig werden und u.U. nach außen handeln können[20]. Hierzu zählen § 119[21], aber auch alle vom beispielhaften Katalog des § 119 nicht erfassten Zuständigkeiten (s. § 119 Rz. 26 ff.). Auf der anderen Seite wird mit dem Begriff der Hauptversammlung das organisationsrechtliche Element der tatsächlichen Versammlung der Aktionäre, um ihre Mitgliedschaftsrechte auszuüben, in den Vordergrund gerückt[22], insbesondere bei den Einberufungsvorschriften der §§ 121 ff. Beide Begriffe sind im Ergebnis eng miteinander verwoben, ist doch die tatsächliche Versammlung Grundvoraussetzung für die Willensbildung der Hauptversammlung[23]. Definitionsversuche, die die Hauptversammlung für die §§ 118–147 einheitlich als eine solche Versammlung der Aktionäre begreifen, die unter Beachtung der §§ 121 ff. einberufen und gem. §§ 129 f., 133 ff. durchgeführt wird[24], übergehen die aufgezeigten Funktionen und haben im Ergebnis aufgrund der Normen zur Nichtigkeit gem.

6

---

13 Dazu *Ritter*, § 102 AktG 1937 Erl. 3 m.w.N.; *Brodmann*, Aktienrecht, S. 245; *Teichmann/Köhler*, § 102 AktG 1937 Erl. 3; s. auch *Hüffer*, § 118 AktG Rz. 1; *Mülbert* in Großkomm. AktG, 4. Aufl., § 118 AktG Rz. 2.
14 Begr. RegE, *Kropff*, Aktiengesetz, S. 164.
15 Gesetz zur weiteren Reform des Aktien- und Bilanzrechts, zu Transparenz und Publizität vom 19.7.2002, BGBl. I 2002, 2681.
16 S. BT-Drucks. 14/8769, S. 19 f.
17 Gesetz zur Umsetzung der Aktionärsrechterichtlinie vom 30.7.2009, BGBl. I 2009, 2479.
18 Richtlinie des Europäischen Parlaments und des Rates über die Ausübung bestimmter Rechte von Aktionären in börsennotierten Gesellschaften, ABl. EU Nr. L 184 v. 14.7.2007, S. 17.
19 *Ritter*, § 102 AktG 1937, Erl. 2b; *Mülbert* in Großkomm. AktG, 4. Aufl., vor §§ 118–147 AktG Rz. 8 ff.; *Kubis* in MünchKomm. AktG, 2. Aufl., § 118 AktG Rz. 1.
20 *Mülbert* in Großkomm. AktG, 4. Aufl., vor §§ 118–147 AktG Rz. 9, 15; *Kubis* in Münch-Komm. AktG, 2. Aufl., § 118 AktG Rz. 1.
21 Zu Recht insofern *Mülbert* in Großkomm. AktG, 4. Aufl., § 119 AktG Rz. 4.
22 *Mülbert* in Großkomm. AktG, 4. Aufl., vor §§ 118–147 AktG Rz. 10 ff., 13; *Kubis* in Münch-Komm. AktG, 2. Aufl., § 118 AktG Rz. 1.
23 Darauf weist insbesondere *Mülbert* in Großkomm. AktG, 4. Aufl., vor §§ 118–147 AktG Rz. 11 hin.
24 *Hüffer*, § 118 AktG Rz. 5; *Zöllner* in KölnKomm. AktG, 1. Aufl., § 118 AktG Rz. 12.

§§ 241 f. und deren Bezug zur Beschlussfassung wenig Bedeutung[25]. Schließlich ist § 121 Abs. 6 mit einer formalen Beschreibung der Hauptversammlung schwer vereinbar, der im Falle einer Vollversammlung (dazu Rz. 8) auf die Beachtung der Einberufungsvorschriften explizit verzichtet[26].

**b) Erscheinungsformen**

7   **aa) Ordentliche und außerordentliche Hauptversammlung.** Die **ordentliche** Hauptversammlung wird vom Gesetz in der amtlichen Überschrift zu §§ 175, 176 erwähnt. Demgemäß zeichnet sich die ordentliche Hauptversammlung durch ihre den sog. **Regularien** (Vorlage des festgestellten Jahresabschlusses und des Lageberichts, Verwendung des Bilanzgewinns, Entlastung der Verwaltung, etc.) gewidmete Tagesordnung aus[27]. In allen anderen Fällen handelt es sich um eine **außerordentliche Hauptversammlung**, etwa bei der nach § 92 Abs. 1 einberufenen Hauptversammlung[28]. Die wichtigsten Vorschriften gelten indes für beide Arten gleichermaßen (§§ 121 ff., 129 f., 133 ff.)[29]; insbesondere drohen bei Nichteinhaltung der Anforderungen an die ordentliche Hauptversammlung mit Ausnahme etwaiger Zwangsgelder gem. § 407 keine Konsequenzen.

8   **bb) Vollversammlung.** Sind alle Aktionäre in der Hauptversammlung i.S. der §§ 118–147 erschienen oder zumindest vertreten, liegt eine **Vollversammlung bzw. Universalversammlung** vor, was vor allem für die Frage bedeutsam ist, ob die **Privilegierung nach § 121 Abs. 6** eingreifen kann, wonach Verstöße gegen die §§ 121–128 sanktionslos bleiben, solange kein Aktionär der Beschlussfassung widerspricht[30]. Im Übrigen gelten die §§ 118–147 ebenso wie bei anderen Hauptversammlungen, insbesondere an § 118 Abs. 2 ändert die Anwesenheit sämtlicher Aktionäre nichts[31].

9   **cc) Präsenz- versus virtuelle Hauptversammlung.** Während das AktG ursprünglich vom Modell der reinen Präsenzhauptversammlung ausging, vollzog sich mit der zunehmenden Verbreitung der neuen Medien ein Paradigmenwandel, der mit dem ARUG und den neuen § 118 Abs. 1 Satz 2, Abs. 2 seinen vorläufigen Höhepunkt gefunden hat. Nunmehr ist zwar nach wie vor die Präsenzhauptversammlung „als die Basis gedacht, an der Aktionäre online zugeschaltet sein können". Doch schließt der Gesetzgeber keineswegs aus, dass sämtliche Aktionäre nur noch online teilnehmen, mithin die eigentliche Präsenzhauptversammlung im Sinne physischer Anwesenheit entfällt[32].

---

25  Ebenso *Mülbert* in Großkomm. AktG, 4. Aufl., vor §§ 118–147 AktG Rz. 14; *Kubis* in MünchKomm. AktG, 2. Aufl., § 118 AktG Rz. 1.
26  *Mülbert* in Großkomm. AktG, 4. Aufl., vor §§ 118–147 AktG Rz. 14.
27  *Mülbert* in Großkomm. AktG, 4. Aufl., vor §§ 118–147 AktG Rz. 16; *Kubis* in MünchKomm. AktG, 2. Aufl., § 118 AktG Rz. 2; *Hüffer*, § 175 AktG Rz. 1.
28  *Hüffer*, § 118 AktG Rz. 5; *Kubis* in MünchKomm. AktG, 2. Aufl., § 118 AktG Rz. 2; *Mülbert* in Großkomm. AktG, 4. Aufl., vor §§ 118–147 AktG Rz. 16; *Pluta* in Heidel, § 118 AktG Rz. 35.
29  Ebenso *Hüffer*, § 118 AktG Rz. 5; s. auch *Kubis* in MünchKomm. AktG, 2. Aufl., § 118 AktG Rz. 2; *Pluta* in Heidel, § 118 AktG Rz. 31.
30  Dazu *Kubis* in MünchKomm. AktG, 2. Aufl., § 118 AktG Rz. 3, § 121 AktG Rz. 62 ff.; *Hüffer*, § 121 AktG Rz. 20 f.
31  *Mülbert* in Großkomm. AktG, 4. Aufl., vor §§ 118–147 AktG Rz. 17; *Kubis* in MünchKomm. AktG, 2. Aufl., § 118 AktG Rz. 3.
32  Begr. RegE BT-Drucks. 16/11642, S. 26.

## c) Das Organ Hauptversammlung

**aa) Das Kompetenzgefüge des Aktiengesetzes.** Die **Organqualität** der Hauptversammlung als das dritte Organ neben Vorstand und Aufsichtsrat ist unzweifelhaft[33]. Sie ist jedoch nicht (mehr) das oberste Organ der Gesellschaft (näher dazu § 119 Rz. 3). Die Hauptversammlung als funktionelles Gebilde ist überdies ein notwendiges Organ, welches bei der Gründung einer jeden Aktiengesellschaft einzurichten ist[34] und mit Feststellung der Satzung gem. § 23 Abs. 1 Satz 1 entsteht. Die Hauptversammlung als Organ ist überdies aufgrund der Norm des § 23 Abs. 5 **satzungsfest**; sie kann nicht durch ein anderes Gremium mit organschaftlichen Entscheidungsbefugnissen ersetzt werden[35]. Zusätzlichen Gremien bzw. anderen Organen können nicht Funktionen, Rechte oder Pflichten der Hauptversammlung, sondern lediglich informatorische oder beratende Aufgaben übertragen werden[36]. Denkbar, aber wenig praktikabel sind Satzungsklauseln, die Beschlüsse von der Zustimmung sämtlicher, d.h. auch der nicht erschienenen Aktionäre abhängig machen[37]. Gleiches gilt für ein Einstimmigkeitserfordernis in der Satzung oder einer satzungsmäßigen Voraussetzung, die die Beschlussfähigkeit der Hauptversammlung vom Erscheinen aller Aktionäre abhängig macht[38].

10

Die Tatsache, dass die Hauptversammlung nur gelegentlich zusammentritt, führt nicht dazu, dass sie kein **ständiges Organ** der Gesellschaft wäre[39]. Zwar kann die Hauptversammlung aufgrund ihrer organisationsrechtlichen Besonderheiten nur durch die jeweilige konkrete Mitgliederversammlung tätig werden, jedoch besteht die Hauptversammlung funktional als Organ zu jeder Zeit[40]. Praktische Bedeutung hat diese Frage indes kaum[41].

11

**bb) Willensbildungsorgan.** In Abgrenzung zum Leitungsorgan Vorstand (§ 76 Rz. 3 ff.) und Überwachungsorgan Aufsichtsrat (§ 111 Rz. 4 ff.) ist die Hauptversammlung das **interne Willensbildungsorgan** der Gesellschaft und anders als die Verwaltung kein Handlungsorgan[42]. Daran ändern auch die in § 119 Abs. 1 niedergelegten positiven und die in § 119 Abs. 2 geregelten negativen Kompetenzzuweisungen ebenso wenig etwas wie die ungeschriebenen Hauptversammlungszuständigkeiten nach der „Holz-

12

---

33 *Kubis* in MünchKomm. AktG, 2. Aufl., § 118 AktG Rz. 8; *Zöllner* in KölnKomm. AktG, 1. Aufl., § 118 AktG Rz. 4; *Hüffer*, § 118 AktG Rz. 2; *Mülbert* in Großkomm. AktG, 4. Aufl., vor §§ 118–147 AktG Rz. 19; *Beuthien* in FS Zöllner, Bd. I, 1998, S. 87, 98; *v. Rechenberg*, Die Hauptversammlung als oberstes Organ, 1986, S. 27 ff.
34 *Mülbert* in Großkomm. AktG, 4. Aufl., vor §§ 118–147 AktG Rz. 24; *Kubis* in MünchKomm. AktG, 2. Aufl., § 118 AktG Rz. 8.
35 *Mülbert* in Großkomm. AktG, 4. Aufl., vor §§ 118–147 AktG Rz. 26; *Kubis* in MünchKomm. AktG, 2. Aufl., § 118 AktG Rz. 9; *Zöllner* in KölnKomm. AktG, 1. Aufl., § 118 AktG Rz. 5.
36 Ganz h.M.; s. nur *Kubis* in MünchKomm. AktG, 2. Aufl., § 118 AktG Rz. 12; *Zöllner* in KölnKomm. AktG, 1. Aufl., § 118 AktG Rz. 5; *Mülbert* in Großkomm. AktG, 4. Aufl., vor §§ 118–147 AktG Rz. 26, 28; *Lutter/Leinekugel*, ZIP 1998, 805, 807 ff.; *Uwe H. Schneider/Burgard* in FS Beusch, 1993, S. 783, 800.
37 *Zöllner* in KölnKomm. AktG, 1. Aufl., § 118 AktG Rz. 4; *Mülbert* in Großkomm. AktG, 4. Aufl., vor §§ 118–147 AktG Rz. 27; *Kubis* in MünchKomm. AktG, 2. Aufl., § 118 AktG Rz. 13.
38 Zur Zulässigkeit einer Einstimmigkeitsklausel s. *Zöllner* in KölnKomm. AktG, 1. Aufl., § 133 AktG Rz. 87; *Hüffer*, § 133 AktG Rz. 15; zum Präsenzerfordernis *Wiedemann* in Großkomm. AktG, 4. Aufl., § 179 AktG Rz. 120.
39 So aber *Hüffer*, § 118 AktG Rz. 5; *F.-J. Semler* in MünchHdb. AG, § 34 Rz. 7.
40 Ebenso *Mülbert* in Großkomm. AktG, 4. Aufl., vor §§ 118–147 AktG Rz. 25; *Kubis* in MünchKomm. AktG, 2. Aufl., § 118 AktG Rz. 11.
41 Explizit: *F.-J. Semler* in MünchHdb. AG, § 34 Rz. 7.
42 *Hüffer*, § 118 AktG Rz. 3; *Reger* in Bürgers/Körber, § 118 AktG Rz. 1.

müller"- und „Gelatine"-Rechtsprechung⁴³, da die entsprechenden Beschlüsse nur Wirkung im Innenverhältnis entfalten⁴⁴. Die Hauptversammlung bildet für ihren Zuständigkeitsbereich den Willen der Gesellschaft **kraft organschaftlicher Zurechnung in Beschlussform**⁴⁵. Die Zurechnung des Willens wird insbesondere in § 246 Abs. 2 Satz 1 deutlich, da die Anfechtungsklage aufgrund Nichtigkeit von Hauptversammlungsbeschlüssen gegen die Gesellschaft zu richten ist.

13 **cc) Vertretungsorgan.** Der Hauptversammlung kommt grundsätzlich keine Vertretungsbefugnis zu, die allein gem. § 78 dem Vorstand zugewiesen ist, in Ausnahmefällen gem. § 112 dem Aufsichtsrat. Die **mangelnde Vertretungsbefugnis im Außenverhältnis** gilt auch für all diejenigen Maßnahmen, die intern der Zustimmung der Hauptversammlung bedürfen⁴⁶, mit der einzigen Ausnahme nach § 142 bei der Bestellung eines Sonderprüfers. **Verbandsintern** kommen die §§ 78, 112 hingegen nicht zum Tragen, so dass die Hauptversammlung hier organschaftliche Vertretungsmacht genießt, insbesondere für die Bestellung und Abberufung der Aufsichtsratsmitglieder und die Entlastung der Organmitglieder. Die Vertretungsmacht besteht selbst dann nicht, wenn die Gesellschaft weder Vorstand noch Aufsichtsrat vorweisen kann, da die Hauptversammlung nicht zum „Notvertreter" der Gesellschaft wird⁴⁷.

## II. Die Ausübung der Aktionärsrechte (§ 118 Abs. 1)

### 1. Aktionärsrechte in Gesellschaftsangelegenheiten

14 Die Ausübung der Aktionärsrechte in der Hauptversammlung setzt als tatsächliche Zusammenkunft der Aktionäre zwangsläufig deren Teilnahmerecht voraus, das sowohl den Zugang zur Hauptversammlung als auch die dortige Rechteausübung enthält. Nach seinem Wortlaut beschränkt § 118 Abs. 1 die Aktionäre in der Hauptversammlung darauf, Rechte in den Angelegenheiten der Gesellschaft auszuüben. Damit wird eine Eingrenzung auf alle aus der **Mitgliedschaft resultierenden Rechte** im Unterschied zu Gläubigerrechten, wie beispielsweise Rechte aus irgendwie gearteten Leistungsbeziehungen, bezweckt⁴⁸. Überdies fallen Rechte, die zwar ihren Ursprung in der Mitgliedschaft haben, nicht unter § 118 Abs. 1, wenn es ihnen an der Versammlungsbezogenheit mangelt⁴⁹. Dies ist namentlich bei Schadensersatzansprüchen aufgrund der Verletzung des Mitgliedschaftsrechts oder aber bei Gewinn- und Kapitalbezugsrechten anzunehmen⁵⁰. Ebenfalls nicht in den Bereich der Aktionärsrechte in Gesellschaftsangelegenheiten, jedoch nicht wegen fehlender Versamm-

---

43 „Holzmüller": BGH v. 25.2.1982 – II ZR 174/80, BGHZ 83, 122 = AG 1982, 158; darauf rekurrierend „Gelatine": BGH v. 26.4.2004 – II ZR 154/02, ZIP 2004, 1001 = WM 2004, 1085.
44 *Kubis* in MünchKomm. AktG, 2. Aufl., § 118 AktG Rz. 9; s. auch *Mülbert* in Großkomm. AktG, 4. Aufl., vor §§ 118–147 AktG Rz. 21.
45 *Hüffer* in FS 100 Jahre GmbH-Gesetz, 1992, S. 521, 529; *Hüffer*, § 118 AktG Rz. 3; *Mülbert* in Großkomm. AktG, 4. Aufl., vor §§ 118–147 AktG Rz. 19; *Kubis* in MünchKomm. AktG, 2. Aufl., § 118 AktG Rz. 9; RG v. 25.4.1906 – I 614/05, RGZ 63, 203, 208.
46 Statt vieler: *Kubis* in MünchKomm. AktG, 2. Aufl., § 119 AktG Rz. 19.
47 *Kubis* in MünchKomm. AktG, 2. Aufl., § 119 AktG Rz. 19; *Mülbert* in Großkomm. AktG, 4. Aufl., vor §§ 118–147 AktG Rz. 21.
48 *Hüffer*, § 118 AktG Rz. 6; *Kubis* in MünchKomm. AktG, 2. Aufl., § 118 AktG Rz. 33; *Mülbert* in Großkomm. AktG, 4. Aufl., § 118 AktG Rz. 11 ff.; enger hingegen *Becker*, Verwaltungskontrolle durch Gesellschafterrechte, 1997, S. 600, wonach § 118 keine Individualrechte erfasse, sondern ausschließlich Kollektivrechte wie das Stimmrecht; zu den wichtigsten Rechten innerhalb der Hauptversammlung s. *Henn*, BB 1982, 1185, 1186 ff.
49 *Kubis* in MünchKomm. AktG, 2. Aufl., § 118 AktG Rz. 33; wohl auch *Mülbert* in Großkomm. AktG, 4. Aufl., § 118 AktG Rz. 12.
50 Zu Recht *Kubis* in MünchKomm. AktG, 2. Aufl., § 119 AktG Rz. 33; im Ergebnis ebenso *Mülbert* in Großkomm. AktG, 4. Aufl., § 118 AktG Rz. 12.

lungsbezogenheit, sondern bereits mangels möglicher Ableitung aus der Mitgliedschaft, fallen Schuldverschreibungen (einschließlich der von § 221 erfassten Wandel- und Optionsanleihen) und Genussscheine[51]. Trotz des Zwittercharakters solcher Titel haben deren Gläubiger kein Recht zur Teilnahme an der Hauptversammlung, solange sie nicht Aktionär geworden sind. Teilnahmeberechtigt sind **alle Aktionäre**, gleich ob sie Inhaber von Stammaktien oder von stimmrechtslosen Vorzugsaktien sind, da auch diese in einer mitgliedschaftlichen Beziehung zur Gesellschaft stehen[52].

## 2. Versammlungsgebundene Aktionärsrechte

§ 118 Abs. 1 erfasst all diejenigen Rechte, die an die Versammlung gebunden sind, insbesondere wenn das Gesetz wie in § 131 Abs. 1, § 137, § 147 Abs. 1 Satz 1 ihre Ausübung in der Hauptversammlung vorsieht oder es in der Natur der Sache wie beim Teilnahme- oder auch Rederecht liegt, dass die Rechte nur in der Hauptversammlung ausgeübt werden können. Für alle sonstigen mitgliedschaftlichen Befugnisse legt § 118 fest, dass sie in der Hauptversammlung auszuüben sind[53], sofern keine ausdrücklichen gesetzlichen Bestimmungen oder die Eigenart des Rechts seiner Ausübung in der Hauptversammlung entgegenstehen[54]. Dies umfasst beispielsweise die Entscheidung über das Recht auf Auskunft gem. § 132 Abs. 1 oder auch Anfechtungs- und Nichtigkeitsklagen, die nicht vor der Hauptversammlung, sondern vor Gericht geltend zu machen sind[55]. Als Grundsatz kann festgehalten werden, dass **Verwaltungsrechte** im Unterschied zu den Vermögensrechten **stets versammlungsgebunden sind**[56]. Daran ändert auch die Einführung einer mediengestützten Hauptversammlung nichts (s. dazu Rz. 47 ff.).

15

**Im Einzelnen** gehören zu den versammlungsgebundenen Aktionärsrechten: Das Teilnahmerecht als wichtigstes und als Ausfluss der Mitgliedschaft allgemein anerkanntes[57] Aktionärsrecht (Rz. 24 ff.), das Stimmrecht (§§ 12, 133 ff.), das Recht, Widerspruch zur Niederschrift gegen Hauptversammlungsbeschlüsse zu erklären (§ 245 Nr. 1), weiterhin das Auskunftsrecht (§ 131)[58] oder der Beschluss zur Geltendmachung von Ersatzansprüchen nach § 147 Abs. 1 Satz 1, überdies spezielle, an eine qualifizierte Minderheit anknüpfende Rechte, etwa das Recht, Widerspruch gegen Beschlüsse der Hauptversammlung zu erklären, die einen Verzicht oder Vergleich bezüglich eines Ersatzanspruchs beinhalten (§§ 93 Abs. 4 Satz 3, 116, 302 Abs. 3 Satz 3, 309 Abs. 3 Satz 1, 310 Abs. 4, 317 Abs. 4, 318 Abs. 4, 323 Abs. 1 Satz 2) oder Widerspruch gegen die Wahl des Abschlussprüfers zu erklären (§ 318 Abs. 3 Satz 2 HGB)[59].

16

---

51 Ebenso *Kubis* in MünchKomm. AktG, 2. Aufl., § 119 AktG Rz. 33; *Mülbert* in Großkomm. AktG, 4. Aufl., § 118 AktG Rz. 13; *Hüffer*, § 118 AktG Rz. 6.
52 S. *Mülbert* in Großkomm. AktG, 4. Aufl., § 118 AktG Rz. 11.
53 *Kubis* in MünchKomm. AktG, 2. Aufl., § 118 AktG Rz. 34; *Mülbert* in Großkomm. AktG, 4. Aufl., § 118 AktG Rz. 15.
54 S. bereits *Zöllner* in KölnKomm. AktG, 1. Aufl., § 118 AktG Rz. 3.
55 S. nur *Kubis* in MünchKomm. AktG, 2. Aufl., § 118 AktG Rz. 34, 46; zur Anfechtung und Geltendmachung der Nichtigkeit *Henn*, BB 1982, 1185, 1190 f.; zu den nicht versammlungsgebundenen Rechten sogleich Rz. 18 ff.
56 S. auch *Hüffer*, § 118 AktG Rz. 7; *Kubis* in MünchKomm. AktG, 2. Aufl., § 118 AktG Rz. 34.
57 *Mülbert* in Großkomm. AktG, 4. Aufl., § 118 AktG Rz. 47; *Kubis* in MünchKomm. AktG, 2. Aufl., § 118 AktG Rz. 37; *Hennerkes/Kögel*, DB 1999, 81, 84; ähnlich zur GmbH BGH v. 17.10.1988 – II ZR 18/88, GmbHR 1989, 120, 121.
58 S. dazu *Henn*, BB 1982, 1185, 1188; *Than* in FS Peltzer, 2001, S. 577, 583.
59 Zu den einzelnen Rechten s. *Mülbert* in Großkomm. AktG, 4. Aufl., § 118 AktG Rz. 16; *Hüffer*, § 118 AktG Rz. 7; ausführlich *Kubis* in MünchKomm. AktG, 2. Aufl., § 118 AktG Rz. 37 ff.; Einzelheiten auch bei *Henn*, BB 1982, 1185, 1186 ff.

Sollte die Ausübung dieser Rechte versagt worden sein, hat dies aufgrund der Regelung des § 241 nicht die Nichtigkeit, sondern nur die Anfechtbarkeit der betroffenen Beschlüsse zur Folge (dazu § 241 Rz. 25; § 243 Rz. 1).

17 Eine **höchstpersönliche Rechtsausübung** durch einen in der Hauptversammlung anwesenden Aktionär ist nicht erforderlich; vielmehr gestatten §§ 129 Abs. 3, 134 Abs. 3, 135 Abs. 1 Satz 1 die Einschaltung eines Legitimationsaktionärs oder eines Vertreters in der Hauptversammlung. Ein **Bote** kann hingegen nicht eingesetzt werden, da dieser nur eine fremde Willenserklärung des Aktionärs überbringt, mithin die Ausübung des Rechts bereits außerhalb der Hauptversammlung stattgefunden hat[60].

### 3. Nicht versammlungsgebundene Aktionärsrechte

18 Als nicht versammlungsgebundene Aktionärsrechte sind all diejenigen anzuerkennen, bei denen eine ausdrückliche gesetzliche Bestimmung oder die Eigenart des Rechts seiner Ausübung in der Hauptversammlung per se entgegenstehen. Anders als die versammlungsgebundenen Rechte, die ausschließlich mitgliedschaftliche Verwaltungsrechte beinhalten können, umfassen die nicht versammlungsgebundenen Aktionärsrechte in erster Linie **alle Vermögensrechte, darüber hinaus aber auch einzelne Verwaltungs- und Hilfsrechte**[61]. Eine generelle Abgrenzung der versammlungsungebundenen Rechte kann nur in negativer Weise erfolgen, indem dieser Kategorie alle Rechte unterfallen, die nicht die nötige Versammlungsgebundenheit vorweisen können. Hierzu gehören unter anderem zahlreiche **Kontroll- und Informationsrechte**, wozu bei den **Individualrechten** insbesondere die Anfechtungsbefugnis gem. § 245 zählt, auch wenn nach § 245 Nr. 1 der Widerspruch zur Niederschrift erforderlich ist, mithin teilweise versammlungsgebunden ist[62]. Dem Kreis der nicht versammlungsgebundenen Rechte sind ferner die Erhebung der Nichtigkeitsklage gem. § 249 Abs. 1, die Klage auf Nichtigerklärung gem. § 275 Abs. 1 sowie das Recht auf Einleitung eines Statusverfahrens gem. § 98 Abs. 2 Nr. 3 zuzuordnen, ferner Ansprüche auf Sondermitteilung (§ 125 Abs. 2, 4), das Recht auf Bekanntmachung von Gegenanträgen und Wahlvorschlägen (§§ 126, 127), das Recht auf Einsichtnahme (§§ 175 Abs. 2 Satz 1, 293f Abs. 1, 295 Abs. 2 Satz 3), das Recht auf Erteilung von Abschriften (§§ 175 Abs. 2 Satz 2, 293f Abs. 2) sowie das Recht auf Sonderprüfung im faktischen Konzern (§ 315). Auch die **unechten Individualrechte bzw. Minderheitenrechte** sind überwiegend nicht an die Ausübung in der Hauptversammlung gebunden[63]. Sie umfassen u.a. das Recht auf Einberufung der Hauptversammlung und auf Bekanntgabe zur Tagesordnung (§ 122 Abs. 1, 2), das Recht auf Sonderprüfung inkl. Hilfsrechte (§§ 142 Abs. 2, 4, 258 Abs. 2), das Anfechtungsrecht hinsichtlich des Beschlusses über die Bilanzgewinnverwendung (§ 254), das Recht auf gerichtliche Entscheidung bei unzulässiger Unterbewertung (§ 260) sowie die Rechte auf Austausch des Abschlussprüfers (§ 318 Abs. 3 HGB). Schließlich ist auch das Recht des Aktionärs, die

---

60 *Kubis* in MünchKomm. AktG, 2. Aufl., § 118 AktG Rz. 35; *Mülbert* in Großkomm. AktG, 4. Aufl., § 118 AktG Rz. 17; ebenso, allerdings mit dem Fokus auf der Stimmrechtsausübung *Hüffer*, § 134 AktG Rz. 33; *Zöllner* in KölnKomm. AktG, 1. Aufl., § 134 AktG Rz. 70.
61 *Kubis* in MünchKomm. AktG, 2. Aufl., § 118 AktG Rz. 46; *Hüffer*, § 118 AktG Rz. 8; *Zöllner* in KölnKomm. AktG, 1. Aufl., § 118 AktG Rz. 13; *Mülbert* in Großkomm. AktG, 4. Aufl., § 118 AktG Rz. 19 ff.
62 S. dazu *Mülbert* in Großkomm. AktG, 4. Aufl., § 118 AktG Rz. 20.
63 *Mülbert* in Großkomm. AktG, 4. Aufl., § 118 AktG Rz. 20; *Kubis* in MünchKomm. AktG, 2. Aufl., § 118 AktG Rz. 48; zur Begrifflichkeit s. *Mülbert* in Großkomm. AktG, 4. Aufl., vor §§ 118–147 AktG Rz. 237.

für die AG geführten Grundbücher nach § 12 GBO einzusehen[64], nicht an die Versammlung gebunden[65].

In der **Satzung statuierte Sonderrechte** zugunsten Einzelner oder einer Gruppe von Aktionären sind nicht zwingend an die Versammlung gebunden, da ansonsten Aktionäre, die ihre Zustimmung erteilen, mithin auf den Schutz durch das Sonderrecht verzichten wollen, in jedem Fall zur Teilnahme an der Hauptversammlung gezwungen wären[66]. Solche Sonderrechte sind etwa das satzungsmäßige Recht zur Entsendung von Aufsichtsratsmitgliedern (§ 101 Abs. 2), eine nötige Zustimmung bei der Vinkulierung von Namensaktien und Zwischenscheinen (§§ 68 Abs. 2, 180 Abs. 2) oder bei einem Formwechsel einer Aktiengesellschaft in eine Personengesellschaft (§ 233 UmwG).  19

Beispielhaft für **Vermögensrechte** als versammlungsungebundene Aktionärsrechte sind das Gewinnbezugsrecht nach Wirksamwerden des Dividendenverwendungsbeschlusses nach § 174 oder das Bezugsrecht auf neue Aktien im Anschluss an einen wirksamen Kapitalerhöhungsbeschluss gem. § 186.  20

#### 4. Abweichende Satzungsbestimmungen

§ 118 Abs. 1 ist hinsichtlich der Stimmrechtsausübung und der Beschlussfassung in der Hauptversammlung der **Disposition des Satzungsgebers entzogen**[67], so dass die Versammlungsgebundenheit nicht aufgehoben werden kann. Dagegen kann die Satzung weitere Rechte einräumen, die bereits aufgrund ihrer Eigenart außerhalb der Hauptversammlung ausgeübt werden können[68], etwa für Sonderrechte wie das satzungsmäßige Recht zur Entsendung von Aufsichtsratsmitgliedern[69], aber auch eher ungewöhnliche Rechte, etwa zur Betriebsbesichtigung des Aktionärs. Ob die Ausübung von versammlungsungebundenen Rechten qua Satzung in die Hauptversammlung verlagert werden kann, hängt insbesondere vom zwingenden Charakter der Norm, aus der das jeweilige Recht resultiert, ab[70].  21

Darüber hinaus eröffnet § 118 Abs. 1 Satz 2 jetzt der Satzung die Einführung einer Hauptversammlung ohne physische Präsenz der Aktionäre (oder deren Bevollmächtigten), wobei auch der Vorstand durch die Satzung dazu ermächtigt werden kann, solche Regelungen zu treffen.  22

#### 5. Rechtsfolgen eines Verstoßes

Ein **Verstoß gegen § 118 Abs. 1** durch Ausübung versammlungsgebundener Rechte außerhalb der Hauptversammlung führt zur Unbeachtlichkeit derartiger Handlungen, da die Ausübung dieser Rechte in der Hauptversammlung zu deren Tatbestand  23

---

64 LG Kempten v. 6.6.1988 – 4 T 1046/88, AG 1990, 364; ablehnend *Pluta* in Heidel, § 118 AktG Rz. 26.
65 S. auch *Hüffer*, § 118 AktG Rz. 8.
66 *Zöllner* in KölnKomm. AktG, 1. Aufl., § 118 AktG Rz. 8; *Mülbert* in Großkomm. AktG, 4. Aufl., § 118 AktG Rz. 22; im Grundsatz ebenso *Kubis* in MünchKomm. AktG, 2. Aufl., § 118 AktG Rz. 50, der jedoch darauf hinweist, dass die tatsächliche Rechtsausübung innerhalb oder außerhalb der Hauptversammlung abhängig vom Einzelfall ist.
67 *Mülbert* in Großkomm. AktG, 4. Aufl., § 118 AktG Rz. 23; *Kubis* in MünchKomm. AktG, 2. Aufl., § 118 AktG Rz. 51.
68 *Mülbert* in Großkomm. AktG, 4. Aufl., § 118 AktG Rz. 23.
69 S. bereits Rz. 19; ebenso *Mülbert* in Großkomm. AktG, 4. Aufl., § 118 AktG Rz. 23.
70 *Kubis* in MünchKomm. AktG, 2. Aufl., § 118 AktG Rz. 51.

gehört[71], insbesondere außerhalb der Hauptversammlung ausgeübte Stimmrechte; sie dürfen bei der Ermittlung des Beschlussergebnisses nicht berücksichtigt werden.

## III. Die Teilnahme an der Hauptversammlung (§ 118 Abs. 3)

### 1. Allgemeines

24 Teilnahmerechte und -pflichten an der Hauptversammlung haben im Aktiengesetz **keine umfassende Regelung** erfahren. Weder finden sich Normen, in denen den Aktionären explizit ein Recht auf Teilnahme zugestanden wird, noch ist die Teilnahme Dritter geregelt worden[72]. Nur für die Mitglieder des Vorstands und des Aufsichtsrats legt § 118 Abs. 3 deren Teilnahme fest, jedoch ohne nähere inhaltliche Bestimmung dieses Rechts. Ein Versuch einer allgemeingültigen Umschreibung des Teilnahmerechts würde angesichts der divergierenden Ausgestaltung des Teilnahmerechts und/ oder der -pflicht in Abhängigkeit vom jeweiligen Hauptversammlungsteilnehmer auf erhebliche Probleme stoßen[73]. So besteht z.B. für die einzelnen Aktionäre ein umfassendes Teilnahmerecht (s. Rz. 25), aber keine Pflicht (s. Rz. 35); während hingegen die aktuellen Verwaltungsmitglieder neben der Berechtigung zur Teilnahme auch eine ebensolche Pflicht trifft (s. Rz. 36 ff.). Zur Teilnahmeberechtigung/-pflicht des Hauptversammlungsleiters Rz. 44; des Abschlussprüfers Rz. 44; des Notars Rz. 45; aufsichtsbehördlicher Vertreter Rz. 45; Medienvertreter Rz. 46.

### 2. Das Teilnahmerecht der Aktionäre

#### a) Grundlagen

25 Das Teilnahmerecht der Aktionäre wird vom Gesetz nicht ausdrücklich benannt, allerdings als **selbstverständlich vorausgesetzt**. Es leitet sich aus dem Mitgliedschaftsrecht ab[74]. Inhaltlich umfasst es zunächst das Recht auf physische und nunmehr auch „elektronische" Präsenz in der Hauptversammlung, weiterhin das Rederecht, das Recht zur Stellung von Beschlussanträgen sowie das Recht zur Einsichtnahme in das Teilnehmerverzeichnis[75]. Gleichzeitig steht damit dem Aktionär ein Recht auf Zugang zur Hauptversammlung zu, welches die Auffindbarkeit des Versammlungsraumes und insbesondere für gehbehinderte Menschen die tatsächliche Möglichkeit des Zugangs umfasst, ebenso wie ein Recht auf Anwesenheit[76]. Ebenso steht dem Aktionär bei elektronischen Hauptversammlungen das Recht auf Zugang zu, das den freien Zugang zu entsprechenden von der Gesellschaft für die Hauptversammlung betriebenen Portalen und ggf. auch internen Netzen umfasst. Das Rederecht umfasst zunächst das Recht, sich zu den Gegenständen der Tagesordnung zu äußern, darüber hinaus auch das Recht, tatsächlich von der Hauptversammlung angehört zu werden[77]. **Verhandlungssprache** auf der Hauptversammlung einer deutschen Aktienge-

---

71 *Mülbert* in Großkomm. AktG, 4. Aufl., § 118 AktG Rz. 18; *Kubis* in MünchKomm. AktG, 2. Aufl., § 118 AktG Rz. 36; *Hüffer*, § 118 AktG Rz. 7; *Zöllner* in KölnKomm. AktG, 1. Aufl., § 118 AktG Rz. 8.
72 *Hüffer*, § 118 AktG Rz. 9; *Kubis* in MünchKomm. AktG, 2. Aufl., § 118 AktG Rz. 52.
73 Ebenso *Mülbert* in Großkomm. AktG, 4. Aufl., § 118 AktG Rz. 24.
74 Allg.M., *Hüffer*, § 118 AktG Rz. 9; *Mülbert* in Großkomm. AktG, 4. Aufl., § 118 AktG Rz. 47; *Kubis* in MünchKomm. AktG, 2. Aufl., § 118 AktG Rz. 52; *Zöllner* in KölnKomm. AktG, 1. Aufl., § 118 AktG Rz. 20.
75 *Kubis* in MünchKomm. AktG, 2. Aufl., § 118 AktG Rz. 37; *Hüffer*, § 118 AktG Rz. 9; *Siepelt*, AG 1995, 254, 255.
76 Treffend *Kubis* in MünchKomm. AktG, 2. Aufl., § 118 AktG Rz. 53.
77 *Kubis* in MünchKomm. AktG, 2. Aufl., § 118 AktG Rz. 53; *Zöllner* in KölnKomm. AktG, 1. Aufl., § 118 AktG Rz. 18; *Hüffer*, § 118 AktG Rz. 9; *Quack* in FS Brandner, 1996, S. 113, 113 ff.; ausführlich *Krause*, NZG 2007, 246; *Kubis* in MünchKomm. AktG, 2. Aufl., § 118

sellschaft ist grundsätzlich deutsch. Von diesem Grundsatz kann jedoch abgewichen werden, sofern sich alle Versammlungsteilnehmer auf eine andere Sprache einigen; ein Mehrheitsbeschluss hierüber genügt nicht, da sonst Aktionäre, die der fremden Sprache (selbst bei Englisch) nicht mächtig sind, nicht ihre Rechte ausüben könnten. Auch entsprechende Satzungsbestimmungen sind unzulässig.

Gegenüber dem Teilnahmerecht ist das **Stimmrecht** selbständig[78]. Nicht jedem Aktionär, der zur Hauptversammlung teilnahmeberechtigt ist, steht auch ein Stimmrecht zu, etwa bei stimmrechtslosen Vorzugsaktien[79]. 26

**b) Teilnahmeberechtigung**

**aa) Aktionäre. Teilnahmeberechtigt ist jeder Aktionär**, auch die Inhaber stimmrechtsloser Vorzugsaktien (§ 140 Abs. 1[80]), die Inhaber nicht voll eingezahlter Aktien (§ 134 Abs. 2), aber auch die vom Stimmrecht gem. § 136 ausgeschlossenen Aktionäre[81]. Anderes hat nur dann zu gelten, wenn das Gesetz wie in den §§ 20 Abs. 7, 21 Abs. 4 Satz 1, 71b oder § 328 Abs. 1 Satz 1 die Ausübung der Rechte aus der Aktie insgesamt untersagt. 27

**bb) Dritte.** Das Teilnahmerecht des Aktionärs ist **nicht höchstpersönlicher Natur**, sondern kann auch durch eine natürliche oder juristische Person (zur Vertretung durch die Organmitglieder der AG selbst s. § 134 Rz. 62)[82] als Vertreter ausgeübt werden[83]. So setzt § 134 Abs. 3 Satz 1 für die Ausübung des Stimmrechts durch einen Bevollmächtigten dessen Teilnahme voraus. Die Vollmachtserteilung hat in Ermangelung anderweitiger Satzungsbestimmungen analog § 134 Abs. 3 Satz 2 zumindest in Textform zu erfolgen (näher dazu § 134 Rz. 42)[84]. 28

Uneinheitlich wird die Frage beantwortet, ob dem Aktionär die **Bevollmächtigung verschiedener Personen** gestattet ist. Teilweise wird die Einschaltung mehrerer Personen, sei es als Einzel- oder Gesamtvertreter, per se für unzulässig gehalten, da sich das Teilnahmerecht aus dem Mitgliedschaftsrecht ableite, welches zwar wiederum seinen Ursprung in der Aktie hat, dennoch nur einer Person ungeachtet der Anzahl der Aktien zugeordnet sei[85]. Dem ist jedoch zu widersprechen[86], denn das Teilnahmerecht ist kein auf die Person des Aktionärs bezogenes einheitliches Recht[87]. Bedenken hinsichtlich eines Missbrauchs des Rederechts aufgrund der Aufteilung des 29

---

AktG Rz. 56. Zum Teilnahmerecht eines GmbH-Gesellschafters, der als Geschäftsführer entlassen werden soll, s. BGH, NJW 1971, 2225.
78 Ganz h.M., statt vieler *Kubis* in MünchKomm. AktG, 2. Aufl., § 118 AktG Rz. 37; zur GmbH BGH, NJW 1971, 2225.
79 *Zöllner* in FS Fischer, 1979, S. 905, 906; *Mülbert* in Großkomm. AktG, 4. Aufl., § 118 AktG Rz. 26; *Zöllner* in KölnKomm. AktG, 1. Aufl., § 118 AktG Rz. 18.
80 S. bereits Normtext von § 140 Abs. 1: „Die Vorzugsaktien ohne Stimmrecht gewähren mit Ausnahme des Stimmrechts die jedem Aktionär aus der Aktie zustehenden Rechte."
81 *Hüffer*, § 118 AktG Rz. 12; *Mülbert* in Großkomm. AktG, 4. Aufl., § 118 AktG Rz. 48; *Zöllner* in KölnKomm. AktG, 1. Aufl., § 118 AktG Rz. 18.
82 *Kubis* in MünchKomm. AktG, 2. Aufl., § 118 AktG Rz. 65; *F.-J. Semler* in MünchHdb. AG, § 36 Rz. 12.
83 Statt vieler: *Hüffer*, § 118 AktG Rz. 14; *Kubis* in MünchKomm. AktG, 2. Aufl., § 118 AktG Rz. 65.
84 *Kubis* in MünchKomm. AktG, 2. Aufl., § 118 AktG Rz. 65; näher zur Vollmachtserteilung *Götze*, NZG 2010, 93.
85 *Kubis* in MünchKomm. AktG, 2. Aufl., § 118 AktG Rz. 65; *Hüffer*, § 134 AktG Rz. 27.
86 *Mülbert* in Großkomm. AktG, 4. Aufl., § 118 AktG Rz. 53; s. auch *F.-J. Semler* in MünchHdb. AG, § 36 Rz. 13; *Großmann/Spennemann*, AG 1979, 128, 131; *Martens*, Leitfaden für die Hauptversammlung, S. 34.
87 Ebenso *Mülbert* in Großkomm. AktG, 4. Aufl., § 118 AktG Rz. 53.

Teilnahmerechts kann durch Addition von Anzahl und Dauer der Beiträge begegnet werden. Für die Aufspaltung des Teilnahmerechts auf verschiedene Vertreter spricht überdies die praktische Überlegung, dass ein Aktionär im Depot verschiedener Banken Aktien von ein und derselben Gesellschaft hat, so dass ohne Splitting lediglich eine Bank ihren Kunden vertreten könnte. Die Richtlinie des europäischen Parlaments und des Rates über die Ausübung bestimmter Rechte von Aktionären in börsennotierten Gesellschaften[88] stellt aus diesem Grund in Art. 10 Abs. 2 Satz 3 klar, dass Aktionäre zumindest einen Stimmrechtsvertreter je Depot einschalten können[89].

30 Neben dem gewillkürten Stellvertreter kann auch **gesetzlichen oder organschaftlichen Vertretern** ein Teilnahmerecht zustehen. Zu den organschaftlichen Vertretern gehören insbesondere die Vertreter juristischer Personen und teilrechtsfähiger Gesamthandgemeinschaften. Den wichtigsten Fall der gesetzlichen Vertretung stellt die Vertretung des Minderjährigen durch seine Eltern gem. § 1629 BGB dar. In dieser Konstellation gilt § 69 Abs. 1 nicht, da auch weiterhin nur der Minderjährige der Berechtigte ist. Das Teilnahmerecht steht somit beiden gesetzlichen Vertretern zu, für die Ausübung des Stimmrechts ist überdies gleichförmiges Abstimmungsverhalten notwendig, da ansonsten die Stimmabgabe wegen Perplexität nichtig wäre (s. § 134 Rz. 59)[90].

31 Auch der **Treuhänder**, der zum Rechtsinhaber an der Aktie wird und damit den Treugeber als Teilnahmeberechtigten ablöst, hat ein Teilnahmerecht[91]. Eine vermögensrechtliche Belastung durch Pfändung hat hingegen keine Auswirkungen auf das Teilnahmerecht[92]. Hinsichtlich des Nießbrauchs folgt das Teilnahmerecht dem Stimmrecht, so dass die dortigen Leitlinien maßgeblich sind (s. § 134 Rz. 8)[93].

32 Einem **besonderen Vertreter zur Geltendmachung von Ersatzansprüchen (§ 147 Abs. 2)**, der in einer früheren Hauptversammlung bestellt wurde, steht ein Recht zur Teilnahme in dieser Eigenschaft zur Beantwortung von Fragen von Aktionären zu seiner Tätigkeit sowie zur Berichterstattung über seine Tätigkeit nicht zu, wenn diese Tätigkeit kein eigenständiger Gegenstand der Tagesordnung ist (s. § 147 Rz. 28)[94].

c) Beschränkung des Teilnahmerechts

33 Das Teilnahmerecht der Aktionäre sieht sich in der Realität einer Vielzahl von **indirekten Beschränkungen** gegenüber. Grundsätzlich zulässig sind Zugangskontrollen, Identitätsprüfungen oder auch Gepäckkontrollen, auch dann, wenn keine konkrete Gefahr im polizeirechtlichen Sinne vorliegt[95]. Eine unzulässige Beschränkung ist

---

88 ABl. EU Nr. L 184 v. 14.7.2007, S. 17.
89 Zu den Regelungen für Kreditinstitute und geschäftsmäßig handelnde Stimmrechtsvertreter, die die Aktien mehrerer Klienten in einem Sammeldepot verwahren, vgl. § 135 Rz. 69.
90 *F.-J. Semler* in MünchHdb. AG, § 36 Rz. 15 f.; *Kubis* in MünchKomm. AktG, 2. Aufl., § 118 AktG Rz. 66; *Großmann/Spennemann*, AG 1979, 128, 129 f.; zum Aspekt des Teilnahmerechts *Mülbert* in Großkomm. AktG, 4. Aufl., § 118 AktG Rz. 56.
91 *Mülbert* in Großkomm. AktG, 4. Aufl., § 118 AktG Rz. 50; *Hüffer*, § 118 AktG Rz. 15.
92 *Zöllner* in KölnKomm. AktG, 1. Aufl., § 118 AktG Rz. 20; *F.-J. Semler* in MünchHdb. AG, § 36 Rz. 11; *Hüffer*, § 118 AktG Rz. 15; *Mülbert* in Großkomm. AktG, 4. Aufl., § 118 AktG Rz. 50; *Kubis* in MünchKomm. AktG, 2. Aufl., § 118 AktG Rz. 61.
93 *Mülbert* in Großkomm. AktG, 4. Aufl., § 118 AktG Rz. 50; s. bereits *Zöllner* in KölnKomm. AktG, 1. Aufl., § 118 AktG Rz. 20; § 134 AktG Rz. 15; im Ergebnis ebenso *F.-J. Semler* in MünchHdb. AG, § 36 Rz. 11.
94 LG München I v. 28.7.2008 – 5 HK O 12504/08, ZIP 2008, 1588, 1589 = AG 2008, 794; näher dazu § 147 Rz. 28 sowie *Mock*, AG 2008, 839, 842 ff.
95 *Kubis* in MünchKomm. AktG, 2. Aufl., § 118 AktG Rz. 54; AG München v. 14.12.1994 – 263 C 23327/94, AG 1995, 335; *Martens*, Leitfaden für die Hauptversammlung, S. 41 f.; *Max*, AG 1991, 77, 81; näher zu Gepäckkontrollen *Reger* in Bürgers/Körber, § 118 AktG Rz. 6.

hingegen anzunehmen, wenn die Kontrollen derart exzessive Ausmaße annehmen, dass dem Aktionär diese nicht zuzumuten sind oder er aufgrund der Kontrollen wesentliche Teile der Hauptversammlung versäumen würde[96]. Weiterhin ist die Zutrittsverweigerung für notwendige Begleiter, beispielsweise bei behinderten Menschen, als Verletzung des Teilnahmerechts anzusehen[97]. Im Rahmen einer elektronischen Teilnahme an der Hauptversammlung sind nach Art. 8 Abs. 2 der EU-Richtlinie nur solche Maßnahmen zulässig, die zur Identitätsfeststellung erforderlich und angemessen sind oder der Sicherheit der elektronischen Abstimmung dienen. Die deutsche Regelung in § 118 Abs. 1, 2 trifft hierzu keine unmittelbaren Regelungen – entsprechende Satzungsregelungen sind jedoch zulässig und dringend zu empfehlen, s. auch Rz. 51. Zu **direkten Beschränkungen** s. Rz. 43.

### d) Verletzungen des Teilnahmerechts; Rechtsfolgen

Sollte ein bestehendes Teilnahmerecht verletzt werden, stellt dies einen **Anfechtung**sgrund im Sinne von § 243 Abs. 1 dar. Überdies kann die Teilnahme auch mit Hilfe einer **Leistungsklage** bzw. einstweiligen Verfügung gegen die Gesellschaft durchgesetzt werden[98]. Umstritten ist die Zulässigkeit einer **Feststellungsklage** gem. § 256 ZPO: Zum Teil wird „je nach Härte der Auseinandersetzung" das Rechtsschutzinteresse bejaht[99], andere verweisen zu Recht jedoch darauf, dass der Aktionär für zurückliegende Teilnahmerechtsverletzungen Anfechtungsklage und zur Durchsetzung künftiger Teilnahmerechte die Leistungsklage erheben kann[100]. Denkbar sind überdies **Schadensersatzansprüche** gegen die Gesellschaft bei Verletzung des Mitgliedschaftsrechts bei entsprechendem Verschulden[101]. Allerdings stehen dem in der Regel sowohl der schwierige Schadensnachweis und überdies das Unterlassen einer schadensmindernden Anfechtungsklage[102] entgegen.

34

### e) Keine Teilnahmepflicht

Für **Aktionäre besteht keine Teilnahmepflicht**, außer der Aktionär hat mit einem Dritten einen Stimmbindungsvertrag abgeschlossen[103]. Angesichts der stetig sinkenden Präsenzquote der Aktionäre in Hauptversammlungen[104] ist in Deutschland zwar nicht die Einführung einer Teilnahmepflicht in der Diskussion, dafür aber eine Sonderzahlung bzw. Prämie für die Hauptversammlungsteilnahme und für die Abstimmung (**attendance fee**)[105]. Eine derartige Sonderprämie würde jedoch schon aus

35

---

96 *Kubis* in MünchKomm. AktG, 2. Aufl., § 118 AktG Rz. 54.
97 *Martens*, Leitfaden für die Hauptversammlung, S. 72.
98 *Mülbert* in Großkomm. AktG, 4. Aufl., § 118 AktG Rz. 62; *Zöllner* in KölnKomm. AktG, 1. Aufl., § 118 AktG Rz. 21; *Zöllner* in FS Fischer, 1979, S. 905, 908 f.; ebenso bereits *Baumbach/Hueck*, § 118 AktG Anm. 11.
99 So *Mülbert* in Großkomm. AktG, 4. Aufl., § 118 AktG Rz. 62; *Hüffer*, § 118 AktG Rz. 12.
100 *Kubis* in MünchKomm. AktG, 2. Aufl., § 118 AktG Rz. 72.
101 Dazu bereits *Zöllner* in KölnKomm. AktG, 1. Aufl., § 118 AktG Rz. 21.
102 *Kubis* in MünchKomm. AktG, 2. Aufl., § 118 AktG Rz. 73; *Mülbert* in Großkomm. AktG, 4. Aufl., § 118 AktG Rz. 63.
103 *Zöllner* in KölnKomm. AktG, 1. Aufl., § 118 AktG Rz. 22; *Kubis* in MünchKomm. AktG, 2. Aufl., § 118 AktG Rz. 74; im Detail zu Stimmbindungsverträgen s. *Schröer* in MünchKomm. AktG, 2. Aufl., § 136 AktG Rz. 56 ff.
104 En detail dazu *Spindler* in VGR, Gesellschaftsrecht in der Diskussion 2005, S. 77, 78 m.w.N.
105 Ausführlich *Spindler* in VGR, Gesellschaftsrecht in der Diskussion 2005, S. 77, 99 ff.; *Dauner-Lieb*, WM 2007, 7, 10 f.; s. auch *Klühs*, ZIP 2006, 107; *Reger* in Bürgers/Körber, § 118 AktG Rz. 7; zum Ganzen auch *Wangemann*, Finanzielle Anreize zur Steigerung der Hauptversammlungspräsenz, 2008.

rechtsökonomischer Sicht wenig Sinn machen, da sie die grundlegenden Entscheidungen der Aktionäre verzerrt[106].

### 3. Teilnahmerecht und -pflicht der Verwaltung

#### a) Grundlagen

36  Anders als es der Wortlaut des § 118 Abs. 3 Satz 1 („sollen") zum Ausdruck bringt, wird damit zweierlei geregelt: Zum einen kommt den Verwaltungsmitgliedern ein Teilnahmerecht zu, zum anderen besteht aber seit den Änderungen durch die Aktienrechtsreform 1965 eine Teilnahmepflicht, da im Hinblick auf die Bedeutung der Hauptversammlung eine Teilnahme im pflichtgemäßen Ermessen unzureichend erschien[107]. Das Teilnahmerecht kann nicht durch die **Satzung** abbedungen oder modifiziert werden[108]. Auch in sonstiger Weise kann das Teilnahmerecht nicht entzogen werden[109]. Die Teilnahmepflicht kann dagegen für Aufsichtsratsmitglieder in den Fällen des § 118 Abs. 3 Satz 2 durch die Satzung modifiziert werden (dazu Rz. 40).

#### b) Organmitglieder

37  § 118 Abs. 3 erfasst lediglich die am Tag der Hauptversammlung im Amt befindlichen Verwaltungsmitglieder, auch stellvertretende Vorstandsmitglieder[110], mithin **nicht ausgeschiedene Mitglieder** von Vorstand oder Aufsichtsrat[111]. Ausgeschiedene Organmitglieder trifft nur dann eine Pflicht zur Teilnahme als Nachwirkung des Organ- und des Anstellungsverhältnisses, wenn sich die Hauptversammlung mit Geschehnissen aus einer früheren Amtszeit beschäftigen muss, zu deren Klärung das damalige Verwaltungsmitglied beitragen kann[112]. Ebenso haben alle **Aufsichtsratsmitglieder** teilzunehmen, unabhängig vom Rechtsgrund ihrer Bestellung, ob Anteilseigner-, Arbeitnehmervertreter oder entsandte Aufsichtsratsmitglieder[113]. Trotz der Änderung gegenüber § 102 Abs. 2 AktG 1937 wollte der Gesetzgeber des AktG 1965 nicht den von § 118 Abs. 3 erfassten Personenkreis verändern[114], so dass es nicht auf die Aktionärseigenschaft für das Recht (und die Pflicht) der Organmitglieder zur Teilnahme an der Hauptversammlung ankommt.

#### c) Inhalt des Teilnahmerechts

38  Inhaltlich ist das **Teilnahmerecht** der Verwaltungsmitglieder zu demjenigen der Aktionäre (Rz. 25) weitestgehend identisch, mit folgenden **Besonderheiten**: Das Rederecht wird durch die anstellungsvertragliche Treuepflicht der Vorstandsmitglieder sowie die organschaftliche Verschwiegenheitspflicht eingeschränkt[115]. Weiterhin steht dem Verwaltungsmitglied kein eigenes Beschlussantragsrecht zu Gegenständen der

---

106 Näher dazu *Spindler* in VGR, Gesellschaftsrecht in der Diskussion 2005, S. 77, 99 ff. m.w.N.
107 Begr. RegE, *Kropff*, Aktiengesetz, S. 164.
108 *Kubis* in MünchKomm. AktG, 2. Aufl., § 118 AktG Rz. 80.
109 *Hüffer*, § 118 AktG Rz. 10.
110 *Hüffer*, § 118 AktG Rz. 10; *Kubis* in MünchKomm. AktG, 2. Aufl., § 118 AktG Rz. 75.
111 *Mülbert* in Großkomm. AktG, 4. Aufl., § 118 AktG Rz. 34, 41; *Kubis* in MünchKomm. AktG, 2. Aufl., § 118 AktG Rz. 75; *Hüffer*, § 118 AktG Rz. 10; *F.-J. Semler* in MünchHdb. AG, § 36 Rz. 4; *E. Vetter*, AG 1991, 171, 171.
112 S. *Mülbert* in Großkomm. AktG, 4. Aufl., § 118 AktG Rz. 41; *Hüffer*, § 118 AktG Rz. 10; *E. Vetter*, AG 1991, 171, 172.
113 *Mülbert* in Großkomm. AktG, 4. Aufl., § 118 AktG Rz. 34; *Hüffer*, § 118 AktG Rz. 10.
114 Begr. RegE, *Kropff*, Aktiengesetz, S. 164.
115 *Mülbert* in Großkomm. AktG, 4. Aufl., § 118 AktG Rz. 36; *Kubis* in MünchKomm. AktG, 2. Aufl., § 118 AktG Rz. 76.

Tagesordnung zu, da dieses Recht nur dem Vorstand und Aufsichtsrat gem. § 124 Abs. 3 als Organ zukommt, bei einem Individualrecht hingegen die organinterne Vorabstimmung konterkariert würde[116].

**d) Höchstpersönliches Recht und Pflicht**

Das Teilnahmerecht bzw. die Pflicht gilt für die Verwaltungsmitglieder höchstpersönlich, eine Stellvertretung ist nicht möglich. Die Reichweite der Teilnahmepflicht ist daher von der **Funktion der Teilnahmepflicht** abhängig, indem das Organ Vorstand in die Lage versetzt werden soll, den Auskunftspflichten gerecht zu werden[117]. Neben der physischen Präsenz ist daher die Zurverfügungstellung aller relevanten Informationen über die Gesellschaft an das auskunftsgebende Organ Vorstand als maßgebliche Pflicht anzunehmen. Die Teilnahmepflicht kann demgemäß auch nur bei wichtigen Hinderungsgründen wie beispielsweise Krankheit entfallen[118]. 39

Für **Aufsichtsratsmitglieder** besteht im Gegensatz zu Vorstandsmitgliedern ein weiterer Kreis von Hinderungsgründen, insbesondere wenn diese aus der hauptberuflichen Tätigkeit resultieren[119]. Darüber hinaus kann die Satzung gem. § 118 Abs. 3 Satz 2 die **Präsenzpflicht** in abstrakt bestimmten Fällen lockern[120]. Der Gesetzgeber hatte dabei insbesondere Aufsichtsratsmitglieder mit Wohnsitz im Ausland im Blick[121], da hier oftmals der Aufwand für die physische Anwesenheit verglichen mit ihrer Rolle in keinem angemessenen Verhältnis steht[122]. Zwar wird dem entgegengehalten, dass derjenige, der sich nicht zur Teilnahme an der Hauptversammlung in der Lage sieht, per se nicht Mitglied eines Aufsichtsrates werden sollte[123]. Allerdings hätte dies eine pauschale Verengung des Kreises möglicher Aufsichtsratsmitglieder zur Folge; insbesondere die bereits erwähnte, vorgesehene Öffnung bzw. Erleichterung der Ausübung des Aufsichtsratsmandats durch Personen mit Wohnsitz außerhalb Deutschlands würde unterbunden[124]. Auf jeden Fall bedarf es aber einer kumulativen Übertragung in Bild und Ton, die zudem beidseitig bzw. interaktiv sein muss[125]. Das örtlich abwesende Aufsichtsratsmitglied muss also in die Lage versetzt werden, seinen Rechten und Pflichten nachzukommen[126]. 40

**e) Rechtsfolgen**

Eine **Verletzung des Teilnahmerechts** kann die Anfechtung nach § 245 Nr. 4 für den Vorstand und § 245 Nr. 5 bei Erfüllung der zusätzlichen Voraussetzungen für alle Verwaltungsmitglieder begründen. Die für eine Anfechtung nötige Verletzungshandlung 41

---

116 Wiederum *Mülbert* in Großkomm. AktG, 4. Aufl., § 118 AktG Rz. 36; *Zöllner* in FS Fischer, 1979, S. 905, 907; a.A. *Obermüller*, DB 1962, 827, 830.
117 Überzeugend *Mülbert* in Großkomm. AktG, 4. Aufl., § 118 AktG Rz. 29.
118 *F.-J. Semler* in MünchHdb. AG, § 36 Rz. 4 (Terminüberschneidungen); *Kubis* in Münch-Komm. AktG, 2. Aufl., § 118 AktG Rz. 57; anders hingegen *Mülbert* in Großkomm. AktG, 4. Aufl., § 118 AktG Rz. 29, der lediglich die Vorwerfbarkeit des Pflichtenverstoßes beseitigen will.
119 So zu Recht *Kubis* in MünchKomm. AktG, 2. Aufl., § 118 AktG Rz. 57.
120 Begr. RegE BT-Drucks. 14/8769, S. 19.
121 S. Begr. RegE BT-Drucks. 14/8769, S. 19; dazu *Noack*, NZG 2003, 241, 246.
122 *Kubis* in MünchKomm. AktG, 2. Aufl., § 118 AktG Rz. 80; *Ihrig*, BB 2002, 789, 795; *Noack*, DB 2002, 620, 624; abl. hingegen DAV-Stellungnahme, NZG 2002, 115, 117.
123 *Hüffer*, § 118 AktG Rz. 10a; ebenso DAV-Stellungnahme, NZG 2002, 115, 117; jedenfalls im Ergebnis bei einem Zeitaufwand für An- und Abreise unterhalb von fünf Stunden ebenso *Mutter*, AG 2003, R 34.
124 Zu diesem Ziel Begr. RegE BT-Drucks. 14/8769, S. 19 f.
125 Begr. RegE BT-Drucks. 14/8769, S. 19.
126 *Kubis* in MünchKomm. AktG, 2. Aufl., § 118 AktG Rz. 80.

liegt jedoch nicht in der Unterlassung der gesonderten Mitteilung an den Vorstand, da dieser gem. § 121 Abs. 2 Satz 1 primär die Aufgabe der Einberufung zukommt[127]. Allenfalls die Benachrichtigung der Aufsichtsratsmitglieder könnte man für erforderlich halten[128], allerdings wird auch hier die förmliche Einberufung nach § 121 auszureichen haben[129]. Auch wird die Kausalität der Verletzungshandlung für die Beschlussfassung zweifelhaft sein, da sie bedingt, dass das jeweilige Organ durch die Abwesenheit seines Mitglieds die organschaftlichen Aufgaben nicht zu erfüllen vermochte[130]. Neben der Beschlussanfechtung kommt für das Verwaltungsmitglied bei unberechtigter Verweigerung des Teilnahmerechts die Niederlegung des Amts aus wichtigem Grund in Betracht[131]. Der Durchsetzung des Teilnahmerechts des einzelnen Verwaltungsmitglieds durch eine Leistungsklage stehen ebenso wie bei sonstigen Eigenrechten keine Bedenken entgegen.

42  Die **Verletzung der Teilnahmepflicht** hat keine Auswirkungen auf die in der Hauptversammlung gefassten Beschlüsse, zumal es sich um eine Soll-Vorschrift handelt[132]. Jedoch kann das Fehlen eines Vorstandsmitglieds die Beeinträchtigung des Auskunftsrechts nach sich ziehen und somit mittelbar den Weg zur Beschlussanfechtung freimachen. Weiterhin ist bei Fernbleiben in der Hauptversammlung eine Abberufung aus wichtigem Grund, bei schuldhaftem Handeln ein Schadensersatzanspruch der Gesellschaft gegen ihr Verwaltungsmitglied denkbar[133].

### 4. Gemeinsamkeiten der Teilnahmerechte

43  Teilnahmerechte bestehen gegenüber der Gesellschaft, nicht gegenüber der Gesamtheit der Aktionäre[134]. Gemeinsam ist dem gesetzlichen Teilnahmerecht, insbesondere der Verwaltungsmitglieder, und dem mitgliedschaftlichen Teilnahmerecht die grundsätzliche **Unentziehbarkeit dieser Rechtsstellung**[135]. Allerdings stehen beide Arten von Teilnahmerechten unter dem **Vorbehalt des Rechtsmissbrauchs**; Maßnahmen des Versammlungsleiters bzw. der angerufenen Hauptversammlung zur Aufrechterhaltung der notwendigen Ordnung in der Hauptversammlung stellen keine unzulässige Beeinträchtigung besagten Rechtes dar[136]. Denkbar ist, dem Teilnahmeberechtigten das Wort zu entziehen oder nötigenfalls auch weitergehende Maßnah-

---

127 S. auch *Kubis* in MünchKomm. AktG, 2. Aufl., § 118 AktG Rz. 78; anders hingegen *Zöllner* in FS Fischer, 1979, S. 905, 910 mit Fn. 20; *Werner* in Großkomm. AktG, 4. Aufl., § 121 AktG Rz. 67.
128 Von einer weitergehenden Pflicht zur Benachrichtigung von Vorstand und Aufsichtsrat ausgehend *Mülbert* in Großkomm. AktG, 4. Aufl., § 118 AktG Rz. 38 mit Fn. 60; *Werner* in Großkomm. AktG, 4. Aufl., § 121 AktG Rz. 67; *Zöllner* in FS Fischer, 1979, S. 905, 910 mit Fn. 20; *Zöllner* in KölnKomm. AktG, 1. Aufl., § 118 AktG Rz. 54.
129 *Kubis* in MünchKomm. AktG, 2. Aufl., § 118 AktG Rz. 78.
130 Überzeugend *Kubis* in MünchKomm. AktG, 2. Aufl., § 118 AktG Rz. 78.
131 *Mülbert* in Großkomm. AktG, 4. Aufl., § 118 AktG Rz. 38; *Kubis* in MünchKomm. AktG, 2. Aufl., § 118 AktG Rz. 78.
132 Begr. RegE zum TransPuG BT-Drucks. 14/8769, S. 19; LG Krefeld v. 20.8.2008 – 11 O 14/08, AG 2008, 754, Rz. 61; *Hüffer*, § 118 AktG Rz. 10; ebenso bereits *Zöllner* in FS Fischer, 1979, S. 905, 909; *Zöllner* in KölnKomm. AktG, 1. Aufl., § 118 AktG Rz. 24.
133 Statt vieler *Hüffer*, § 118 AktG Rz. 10.
134 Ebenso *Mülbert* in Großkomm. AktG, 4. Aufl., § 118 AktG Rz. 26; *Kubis* in MünchKomm. AktG, 2. Aufl., § 118 AktG Rz. 52; *Zöllner* in FS Fischer, 1979, S. 905, 908.
135 *Quack* in FS Brandner, 1996, S. 113, 113; *Mülbert* in Großkomm. AktG, 4. Aufl., § 118 AktG Rz. 28; *Hüffer*, § 118 AktG Rz. 10, 13; *Zöllner* in KölnKomm. AktG, 1. Aufl., § 118 AktG Rz. 19; zur GmbH BGH v. 17.10.1988 – II ZR 18/88, WM 1989, 63, 64.
136 Wiederum *Mülbert* in Großkomm. AktG, 4. Aufl., § 118 AktG Rz. 27; *Hüffer*, § 118 AktG Rz. 13; *Zöllner* in KölnKomm. AktG, 1. Aufl., § 118 AktG Rz. 19; *Max*, AG 1991, 77, 80.

Allgemeines § 118

men wie einen Saalverweis auszusprechen[137]. Das Stimmrecht des Verwiesenen entfällt damit nicht, er kann einen Dritten zur Ausübung bevollmächtigen[138]. Diese Maßnahmen können auch Verwaltungsmitglieder treffen, wenn sie den Ablauf der Hauptversammlung – was theoretisch ist – derart stören, dass die notwendige Ordnung nicht mehr gewährleistet ist[139]. Der Ausschluss der gesetzlich zur Teilnahme Verpflichteten unterliegt denselben Voraussetzungen wie bei den Aktionären, da in beiden Fällen der Ausschluss lediglich als **ultima ratio**[140] auszusprechen sein wird.

### 5. Teilnahme Dritter

Der **Versammlungsleiter** hat ebenfalls Teilnahmerecht und -pflicht inne. Bei Personalunion mit dem Aufsichtsratsvorsitzenden ist dies eine Selbstverständlichkeit. Allenfalls bei Bestellung des Versammlungsleiters durch das Gericht gem. § 122 Abs. 3 Satz 2 kann einem originären Recht, welches inhaltlich neben dem Recht auf Zugang und Anwesenheit und dem Rederecht auch das Recht zur Stellung von Verfahrensanträgen umfasst, Bedeutung zukommen[141]. Kein eigenes Teilnahmerecht und somit auch keine entsprechende Pflicht steht außer bei der Prüfung des Jahresabschlusses gem. § 176 Abs. 2 Satz 1[142] dem **Abschlussprüfer** zu, da ihm in der Hauptversammlung keine Funktionen obliegen[143] – auch wenn dies praktisch sinnvoll ist[144]. 44

Trotz der grundsätzlichen Notwendigkeit notarieller Beurkundung der Beschlüsse der Hauptversammlung hat der **Notar** kein auf aktienrechtlichen Normen beruhendes Teilnahmerecht oder -pflicht, vielmehr wird er ausschließlich auf der Grundlage des Geschäftsbesorgungsvertrages tätig[145]. Teilnahmerechte **aufsichtsbehördlicher Vertreter** ergeben sich aus den jeweiligen Regelungen, etwa § 44 Abs. 5 KWG oder i.V.m. § 3 Abs. 1 BausparkG sowie § 83 Abs. 1 Nr. 5 VAG, die auch ein Anwesenheits- und Rederecht begründen. Strittig ist, ob die aufsichtsbehördlichen Vertreter überdies ein Beschlussantragsrecht inne haben. Während dies teilweise ohne nähere Begründung abgelehnt wird[146], wird man aus dem explizit eingeräumten Recht, die Ankündigung von Gegenständen zur Beschlussfassung in der Hauptversammlung zu verlangen (§ 44 Abs. 5 Satz 1 KWG), den Schluss ziehen können, dass ihnen quasi als milderes Mittel ein Antragsrecht in der Hauptversammlung zusteht[147]. 45

Anderen als den bislang aufgeführten Personen kommt kein Teilnahmerecht zu, insbesondere nicht für **Medienvertreter**, die ebenso wie sonstige Gästen eine **gesonderte Zulassung** benötigen. Diese kann qua Satzung vorgenommen werden oder aufgrund einer Satzungsermächtigung an den Versammlungsleiter delegiert werden. Weiterhin 46

---

137 S. BGH v. 11.11.1965 – II ZR 122/63, BGHZ 44, 245, 251 ff. = NJW 1966, 43; OLG Bremen v. 10.4.2007 – 2 U 113/06, AG 2007, 550; *Zöllner* in KölnKomm. AktG, 1. Aufl., § 118 AktG Rz. 19; *Siepelt*, AG 1995, 254, 259 f.
138 *Reger* in Bürgers/Körber, § 118 AktG Rz. 7; *Fischer* in J. Semler/Volhard, Arbeitshandbuch HV, § 11 Rz. 188; *F.-J. Semler* in MünchHdb. AG, § 36 Rz. 49.
139 *Mülbert* in Großkomm. AktG, 4. Aufl., § 118 AktG Rz. 27.
140 Ebenso *Siepelt*, AG 1995, 254, 259 f.
141 *Kubis* in MünchKomm. AktG, 2. Aufl., § 118 AktG Rz. 82; *Mülbert* in Großkomm. AktG, 4. Aufl., § 118 AktG Rz. 72; *Zöllner* in KölnKomm. AktG, 1. Aufl., § 118 AktG Rz. 47.
142 S. nur *Obermüller*, NJW 1969, 265.
143 *Hüffer*, § 118 AktG Rz. 11; *Kubis* in MünchKomm. AktG, 2. Aufl., § 118 AktG Rz. 81; *Martens*, Leitfaden für die Hauptversammlung, S. 33; *Zöllner* in KölnKomm. AktG, 1. Aufl., § 118 AktG Rz. 26; a.A. nur *F.-J. Semler* in MünchHdb. AG, § 36 Rz. 5.
144 *Hüffer*, § 118 AktG Rz. 11; ähnlich *Kubis* in MünchKomm. AktG, 2. Aufl., § 118 AktG Rz. 81: „umfangreiches Exklusivwissen".
145 *Kubis* in MünchKomm. AktG, 2. Aufl., § 118 AktG Rz. 83.
146 *Kubis* in MünchKomm. AktG, 2. Aufl., § 118 AktG Rz. 86 mit Fn. 234; ebenso *F.-J. Semler* in MünchHdb. AG, § 36 Rz. 25.
147 Ebenso *Mülbert* in Großkomm. AktG, 4. Aufl., § 118 AktG Rz. 69.

ist es möglich, mittels einer Regelung in der Geschäftsordnung die Teilnahme zuzulassen[148]. Bei Fehlen derartiger Regelungen liegt die Entscheidung darüber beim Versammlungsleiter nach freiem Ermessen[149]. Die Grenzen dieses Ermessensspielraums sind – wie bei allen Maßnahmen des Hauptversammlungsleiters[150] – funktional zu bestimmen, d.h. sie ergeben sich aus der ihm obliegenden Aufgabe, für eine sachgemäße Erledigung der Geschäfte der Hauptversammlung zu sorgen. Allerdings muss er bei der Frage der Zulassung von Aktionärsbegleitern insbesondere den Gleichbehandlungsgrundsatz nach § 53a wahren. Die Entscheidungskriterien für die erfolgte Gestattung hat der Versammlungsleiter auf Nachfrage zu offenbaren[151]. Er kann auch nach seinem Ermessen die Zulassungsfrage an die Hauptversammlung delegieren[152]. Überdies kann die Hauptversammlung bei Widerspruch eines Aktionärs gegen die Entscheidung des Versammlungsleiters dessen Entscheid über Zulassung oder Nichtzulassung eines nicht teilnahmeberechtigten Dritten durch Mehrheitsbeschluss überspielen[153]. Als Folge der Zulassung steht den betreffenden Personen lediglich ein Anwesenheitsrecht zu. Entscheidungen des Versammlungsleiters können auch in dieser Hinsicht durch die Hauptversammlung überstimmt werden. Unberührt bleibt hingegen die dem Versammlungsleiter zustehende Ordnungsgewalt bei Störungen der Hauptversammlung[154]. Da auf Seiten der Dritten keine irgendwie gearteten Rechte bezüglich der Teilnahme bestehen, kann die Nichtzulassung nicht auf gerichtlichem Weg angegriffen werden. Durch die Gestattung der Anwesenheit während der Hauptversammlung ändert sich die Rechtsposition des Dritten in keiner Weise, insbesondere entsteht auf diesem Wege kein Rede-, Antrags-, Auskunfts- oder Recht auf Einsichtnahme in das Teilnehmerverzeichnis[155].

## IV. Virtuelle Hauptversammlung und Teilnahmerecht (§ 118 Abs. 1 Satz 2, Abs. 2)

### 1. Überblick

47 Eng verknüpft mit Fragen der Vertretung und der Teilnahme ist der Themenkomplex der **Internetnutzung** zu Zwecken der Durchführung der Hauptversammlung. An der Realisierbarkeit einer **virtuellen Hauptversammlung** dürften bei dem heutigen Stand

---

148 *Bezzenberger*, ZGR 1998, 352, 364; *Kubis* in MünchKomm. AktG, 2. Aufl., § 118 AktG Rz. 88; *Mülbert* in Großkomm. AktG, 4. Aufl., § 118 AktG Rz. 78; a.A. *Schaaf*, ZIP 1999, 1339, 1340.
149 *Obermüller*, NJW 1969, 265; *Mülbert* in Großkomm. AktG, 4. Aufl., § 118 AktG Rz. 75; *Kubis* in MünchKomm. AktG, 2. Aufl., § 118 AktG Rz. 89.
150 BGH v. 11.11.1965 – II ZR 122/63, BGHZ 44, 245, 248; LG Stuttgart v. 27.4.1997 – 7 KfH O 122/93 – „Daimler-Benz AG", AG 1994, 425; *Kubis* in MünchKomm. AktG, 2. Aufl., § 119 AktG Rz. 112; *Hüffer*, § 129 AktG Rz. 19; *Mülbert* in Großkomm. AktG, 4. Aufl., Vor §§ 118–147 AktG Rz. 87.
151 *Kubis* in MünchKomm. AktG, 2. Aufl., § 118 AktG Rz. 89; für eine Offenbarungspflicht ohne Nachfrage sogar *Zöllner* in KölnKomm. AktG, 1. Aufl., § 119 AktG Rz. 76.
152 Unstr., statt vieler *Mülbert* in Großkomm. AktG, 4. Aufl., § 118 AktG Rz. 75.
153 H.M., *Kubis* in MünchKomm. AktG, 2. Aufl., § 118 AktG Rz. 90; *F.-J. Semler* in MünchHdb. AG, § 36 Rz. 26; *Zöllner* in KölnKomm. AktG, 1. Aufl., § 119 AktG Rz. 76 f.; *Obermüller*, NJW 1969, 265; *Stützle/Walgenbach*, ZHR 155 (1991), 516, 526; a.A. *Bezzenberger*, ZGR 1998, 352, 360; *Mülbert* in Großkomm. AktG, 4. Aufl., § 118 AktG Rz. 75.
154 *Stützle/Walgenbach*, ZHR 155 (1991), 516, 527; *Kubis* in MünchKomm. AktG, 2. Aufl., § 118 AktG Rz. 92.
155 So auch *Kubis* in MünchKomm. AktG, 2. Aufl., § 118 AktG Rz. 92; *Zöllner* in KölnKomm. AktG, 1. Aufl., § 118 AktG Rz. 29; *Martens*, Leitfaden für die Hauptversammlung, S. 35; *Hüffer*, § 118 AktG Rz. 16.

der Technik keine ernsthaften Zweifel bestehen[156], jedoch hatte der deutsche Gesetzgeber am Grundsatz der Präsenz-Hauptversammlung bis zum ARUG nichts geändert[157]. Eine Änderung war jedoch aufgrund der EU-Richtlinie zu den Aktionärsrechten erforderlich, die in Art. 8 die Mitgliedstaaten dazu verpflichtet, „den Gesellschaften (zu gestatten), ihren Aktionären jede Form der Teilnahme an der Hauptversammlung auf elektronischem Wege anzubieten, insbesondere eine oder alle der nachstehend aufgeführten Formen der Teilnahme: a) eine Direktübertragung der Hauptversammlung; b) eine Zweiweg-Direktverbindung, die dem Aktionär die Möglichkeit gibt, sich von einem entfernten Ort aus an die Hauptversammlung zu wenden; c) ein Verfahren, das die Ausübung des Stimmrechts vor oder während der Hauptversammlung ermöglicht, ohne dass ein Vertreter ernannt werden muss, der bei der Hauptversammlung persönlich anwesend ist". Bei Einsatz derartiger elektronischer Mittel dürfen nach Art. 8 Abs. 2 keine Beschränkungen auferlegt werden, sofern sie nicht zur Feststellung der Identität der Aktionäre und zur Gewährleistung der Sicherheit der elektronischen Kommunikation erforderlich und angemessen sind[158]. Der im deutschen Recht lange Zeit beibehaltene Grundsatz der Präsenz-Hauptversammlung, der aus § 118 Abs. 1 („... *in* der Hauptversammlung ...") und § 121 Abs. 3 Satz 1 („*Ort* der Hauptversammlung") abgeleitet wurde, konnte demnach nicht mehr uneingeschränkt beibehalten werden. Allerdings strebt die EU-Richtlinie nicht die Festlegung auf ein Modell hinsichtlich der elektronischen Teilnahme und Ausübung des Stimmrechts an, sondern will das Recht der Gemeinschaft lediglich für weitere Möglichkeiten öffnen[159].

Das ARUG hat diese Vorgaben durch eine Abkehr von dem Modell der Präsenzversammlung vollzogen, indem der Satzung entweder direkt oder als Ermächtigung für den Vorstand die Möglichkeit gegeben wird, sämtliche Mitgliedschaftsrechte der Aktionäre auch außerhalb einer physischen Präsenz durchzuführen. Sowohl Rede- als auch Fragerecht können jetzt bei einer entsprechenden Satzungsklausel bzw. Festlegung durch den Vorstand (dazu § 131 Rz. 108 ff.) ebenso wie das Stimmrecht außerhalb des Ortes der physischen Hauptversammlung ausgeübt werden. 48

---

156 Statt vieler *Kubis* in MünchKomm. AktG, 2. Aufl., § 118 AktG Rz. 23; ausführlich zur virtuellen Hauptversammlung *Than* in FS Peltzer, 2001, S. 577, 577 ff.; *Hasselbach/Schumacher*, ZGR 2000, 258, 260 ff.; *Hüther*, Aktionärsbeteiligung und Internet, S. 260, 288 ff.; *Riegger*, ZHR 165 (2001), 204, 216; *Noack*, NZG 2004, 297, 301; *Noack*, NZG 2003, 241, 245 ff.; *Muthers/Ulbrich*, WM 2005, 215 ff.; die Beiträge in *Zetzsche* (Hrsg.), Die virtuelle Hauptversammlung, 2002; *Zetzle*, BKR 2003, 736, 737; zur Verzahnung von Internet und Corporate Governance *Spindler*, ZGR 2000, 420, 440 ff.; zur technischen Entwicklung s. *Heckelmann*, Hauptversammlung und Internet, S. 100 ff.; s. auch *Claussen*, AG 2001, 161, 163 ff., der sich überdies für die virtuelle Hauptversammlung als präsenzsteigernde Maßnahme ausspricht; für die Einbindung neuer Medien in den Ablauf der Hauptversammlung s. *Hüther*, Aktionärsbeteiligung und Internet, S. 255 ff.
157 S. noch *Roth*, ZIP 2003, 369, 375; *Habersack*, ZHR 165 (2001), 172, 180 f.; *Riegger*, ZHR 165 (2001), 204, 208 f.; *Noack*, NZG 2001, 1057, 1057; *Claussen*, AG 2001, 161, 168; *Horn*, Die Virtualisierung von Unternehmen als Rechtsproblem, S. 95 f.; *Heckelmann*, Hauptversammlung und Internet, S. 117; *Hüther*, Aktionärsbeteiligung und Internet, S. 280 f.; für den verstärkten Einsatz neuer Medien plädierend bereits *Noack*, BB 1998, 2533.
158 Richtlinie des Europäischen Parlaments und des Rates über die Ausübung bestimmter Rechte von Aktionären in börsennotierten Gesellschaften, ABl. EU Nr. L 184 v. 14.7.2007, S. 17; s. dazu *Spindler* in VGR, Gesellschaftsrecht in der Diskussion 2005, S. 77, 92; *Noack* in FS Westermann, 2008, S. 1203 ff.; zu den vorhergehenden Vorschlägen *Noack*, ZIP 2005, 325, 331; *Grundmann/Winkler*, ZIP 2006, 1421; *Noack*, NZG 2006, 321; *Ratschow*, DStR 2007, 1402; *Siems*, EBOR 2005, 539; *Zetzsche*, NZG 2007, 686.
159 S. Art. 8 und Art. 12 Richtlinie des Europäischen Parlaments und des Rates über die Ausübung bestimmter Rechte von Aktionären in börsennotierten Gesellschaften, ABl. EU Nr. L 184 v. 14.7.2007, S. 17; zu den Vorschlägen der Kommission *Spindler* in VGR, Gesellschaftsrecht in der Diskussion 2005, S. 77, 92 ff.; *Noack*, ZIP 2005, 325.

## 2. Anwendungsbereich

49 Die Öffnung für die Satzung gilt für **alle Formen der AG**, auch für die nicht-börsennotierte; die Richtlinie entfaltet hier keine Sperrwirkung.

## 3. Optionale virtuelle Hauptversammlung

50 § 118 Abs. 1 Satz 2, Abs. 2 zwingt die AG aber auch **nicht zur Einführung einer virtuellen Hauptversammlung**, sondern überlässt es dem Satzungsgeber, deren Verwendung vorzusehen. Auch europarechtlich besteht kein Zwang für die AG, die elektronische Ausübung der Rechte zu ermöglichen. Art. 8 Abs. 1 der Richtlinie spricht lediglich davon, dass die Mitgliedstaaten den Gesellschaften gestatten, den Aktionären diese Form der Teilnahme anzubieten[160]. Die Hauptversammlung kann aber auch **gänzlich ohne Anwesenheit von Aktionären** stattfinden[161]; in diesem Fall bedarf es allerdings nach wie vor eines „Ortes", der dann aber durch den Sitz der Gesellschaft definiert werden kann und an dem sich die Geschäftsleitung und der Notar einfinden müssen, um die „Online"-Hauptversammlung durchführen zu können[162].

## 4. Satzungsregelung und Ermächtigung des Vorstands

51 Die Satzung kann die Vorgaben selbst treffen oder den Vorstand dazu ermächtigen, § 118 Abs. 1 Satz 2, Abs. 2. Der Vorstand darf daher bei einer entsprechenden Ermächtigung auch über das „Ob", nicht nur über das „Wie" entscheiden[163]. Denkbar und zulässig sind aber auch Zwischenformen, indem die Satzung grundlegende Vorgaben trifft, die übrigen Verfahrensfragen aber dem Vorstand überlässt[164]. Auf jeden Fall bedarf es aber einer **ausdrücklichen Ermächtigung des Vorstands**, da es um Verfahrensfragen der Teilnahme und der Abstimmung geht, die im Prinzip in die Zuständigkeit des Organs Hauptversammlung fallen.

52 Wird der Vorstand ermächtigt, muss dieser im Rahmen seiner Sorgfaltspflicht die technischen Möglichkeiten der Gesellschaft[165] gegenüber den Vorteilen für die Aktionäre abwägen. Eine ausschließliche virtuelle Hauptversammlung wird dann nicht in Betracht kommen, wenn dem Vorstand bekannt ist, dass eine nicht unerhebliche Zahl von Aktionären keine Möglichkeit hat, technisch an einer solchen Hauptversammlung teilzunehmen.

53 Vor allem § 118 Abs. 1 Satz 2 ermöglicht es dem Satzungsgeber (ebenso wie einem ermächtigten Vorstand) **zwischen einzelnen Rechten der Teilnahme zu differenzieren**, was vor allem zur Verhinderung missbräuchlicher Frage- und Rederechte sinnvoll sein kann, aber auch Fragen der Gleichbehandlung aufwirft (näher dazu § 131 Rz. 105).

## 5. Elektronische Kommunikation

54 Das Gesetz verlangt in § 118 Abs. 1 Satz 2 nicht eine **bestimmte Form der elektronischen Kommunikation**; auf den ersten Blick könnten nach dem Wortlaut neben Bild- und Tonübertragungen auch nur Internetdialoge zur Stimmrechtsausübung zu-

---

[160] *Noack*, NZG 2008, 441, 444.
[161] Deutlich Begr. RegE BT-Drucks. 16/11642, S. 26.
[162] *Sauter*, ZIP 2008, 1706, 1709; so wohl auch *Grobecker*, NZG 2010, 165, 168.
[163] Zweifelnd aber *Paschos/Goslar*, AG 2008, 605, 610, allerdings zum RefE. Für die Praxis wird eine solche Ermächtigung empfohlen, *Drinhausen/Keinath*, BB 2009, 2322, 2324.
[164] Begr. RegE BT-Drucks. 16/11642, S. 26.
[165] Begr. RegE BT-Drucks. 16/11642, S. 27.

lässig sein[166]. Eine Beschränkung auf eine solche, noch nicht einmal in Echtzeit übertragene Kommunikation, die auch nicht die allseitige Mitteilung und Wahrnehmung ermöglicht, geht jedoch am Zweck des Gesetzes, einen Ersatz für die Präsenz-Hauptversammlung zu bieten, vorbei und gerät in die Nähe eines Umlaufbeschlusses. Zumindest die direkte Verbindung auch mit anderen Aktionären muss möglich sein, indem diese Beiträge eines redenden oder fragenden Aktionärs wahrnehmen können.

### 6. Die Stimmrechtsausübung: Briefwahl und Online-„Briefwahl" (§ 118 Abs. 2)

Das Gesetz gestattet zudem in § 118 Abs. 2 die **„Briefwahl"**, die aber als Stimmabgabe nach wie vor auf die Hauptversammlung bezogen ist; ein Umlaufverfahren sieht das Gesetz nicht vor[167]. Diese Briefwahl (auch die Stimmabgabe via Bildschirmdialog oder Onlineweisungserteilung an einen Stimmrechtsvertreter) ist streng von der Stimmabgabe durch einen online zugeschalteten (§ 118 Abs. 1 Satz 2) Aktionär zu unterscheiden; dieser ist „Präsenz"-Aktionär, der Briefwähler dagegen nicht[168]. Allerdings ist die Unterscheidung in der Praxis ohne zusätzliche Maßnahmen nicht einfach durchzuführen[169]; maßgeblich muss hier eine technisch umzusetzende Anmeldung als „Online"-Aktionär (mit Frage- und Rederecht) oder „nur" per elektronischer Wahl, ansonsten passiv teilnehmender Aktionär sein. 55

Trotz der irreführenden Wortwahl meint der Gesetzgeber damit keineswegs die Einhaltung der **Schriftform**, wie schon aus dem Wortlaut „schriftlich oder im Wege elektronischer Kommunikation" deutlich wird. Auch verlangt das Gesetz nicht das elektronische Äquivalent zur Schriftform (qualifiziert digitale Signatur, §§ 126 Abs. 1, Abs. 3, 126a BGB); vielmehr genügt auch die Textform nach § 126b BGB[170]. Als Stimmabgabe gilt auch die Verwendung eines von der AG auf einem **Internetportal** bereit gestellten Formulars[171]. Die **Identifikation** des Wählers muss sichergestellt sein, bei schriftlichen Wahlen durch eine Stimmkarte, bei elektronischen Wahlen durch entsprechende Legitimationsmedien, z.B. Kennungen; eine qualifizierte digitale Signatur nach § 126a BGB ist nach dem erklärten Willen des Gesetzgebers nicht erforderlich[172]. Der **Zeitraum für die Stimmabgabe** beginnt frühestens mit der Einberufung der Hauptversammlung und endet spätestens mit der Abstimmung selbst[173]. Auch wenn sich die tatsächlichen Grundlagen für die Stimmabgabe geändert haben, bleibt die Stimmabgabe bis zu einem Widerruf oder einer Anfechtung nach wie vor wirksam[174]. Ein **Widerruf** ist bis zur Abstimmung möglich, da auch für sonstige Stimmabgaben der Zugang beim Versammlungsleiter entscheidend ist (§ 133 Rz. 17); aber auch wenn der Versammlungsleiter schon vor der Abstimmung Kenntnis von den brieflich abgegebenen Stimmen haben sollte, ist der Widerruf noch 56

---

166 So *Noack*, WM 2009, 2289, 2293, wobei allerdings unklar bleibt, wie weit *Noack* gehen will; *Drinhausen/Keinath*, BB 2008, 1238, 1240.
167 *Noack*, WM 2009, 2289.
168 Begr. RegE BT-Drucks. 16/11462, S. 27.
169 *Horn*, ZIP 2008, 1548, 1564 f.
170 Begr. RegE BT-Drucks. 16/11462, S. 27 wohl auch *Noack*, NZG 2008, 441, 445 – allerdings gibt die EU-Richtlinie zu den Aktionärsrechten hier nichts vor.
171 *Noack*, NZG 2008, 441, 445; für die Annahme, dass ein Internetformular der Textform entspricht ebenfalls *Einsele* in MünchKomm. BGB, 5. Aufl., § 126b BGB Rz. 4; a.A. wegen mangelnder erfolgter Perpetuierung KG v. 18.7.2006 – 5 W 156/06, NJW 2006, 3215, 3216; OLG Hamburg v. 24.8.2006 – 3 U 103/06, NJW-RR 2007, 839, 840; *Ellenberger* in Palandt, § 126b BGB Rz. 3; offen gelassen vom BGH v. 16.7.2009 – III ZR 299/08, NJW 2009, 3227, 3228, der sich allerdings dafür ausspricht, dass die reine Möglichkeit einer Perpetuierung ausreicht.
172 Gegenäußerung BReg. BT-Drucks. 16/11462, S. 57; dagegen noch Stellungnahme Bundesrat BT-Drucks. 16/11462, S. 49; s. auch *Noack*, WM 2009, 2289, 2290.
173 *Noack*, WM 2009, 2289, 2291.
174 *Noack*, WM 2009, 2289, 2292.

möglich, um eine Gleichbehandlung mit den physisch anwesenden Aktionären zu erreichen[175]. Der Briefwähler kann nicht von der Teilnahme an der Versammlung ausgeschlossen werden; jedoch wird seine Stimmabgabe als Widerruf der vorherigen Wahl gelten müssen[176].

57 Für die Abstimmung per Brief, aber auch per elektronischen Brief oder Mitteilung können **Satzung** oder bei entsprechender Ermächtigung auch der Vorstand Verfahrensfragen regeln, etwa die Stelle, an die die Stimmabgabe zu richten ist, ob ein bestimmtes Formular zu benützen ist[177], die Frist, bis zu der abgestimmt werden kann, ebenso den Widerruf[178]. Die Satzung bzw. der Vorstand können dabei entgegen dem Wortlaut kumulativ die Brief- und die elektronische Wahl vorsehen, aber auch allein eine bestimmte Form vorschreiben. Die Satzung kann dem Vorstand auch völlig die Wahl überlassen, ob überhaupt eine „Briefwahl" durchgeführt wird[179]. In diesem Fall muss der Vorstand für jede Hauptversammlung erneut die entsprechenden Entscheidungen treffen; eine Übung oder Selbstbindung besteht hier nicht[180]. Ohne solche Ermächtigung kann der Vorstand allerdings nicht selbst diese Wahlformen vorsehen.

### 7. Widerspruch und Anfechtung

58 Da die elektronische Teilnahme des Aktionärs der physischen völlig gleichgestellt wird, muss sich dies auch in der Befugnis des Aktionärs zur **Erklärung des (Online-) Widerspruchs** gem. § 245 Nr. 1 AktG niederschlagen, den man nicht für lediglich elektronisch anwesende Aktionäre ausschließen kann[181]. Der Brief- oder elektronische Wähler (außerhalb der eigentlichen Hauptversammlungszeit) dagegen ist nicht zum Widerspruch berechtigt, da er kein in der Hauptversammlung erschienener Aktionär ist[182]. Zu Recht wird aber auch darauf hingewiesen, dass die Briefwahl Auswirkungen auf die Frage der **Kausalität** von Verfahrensverstössen haben kann, etwa bei ungenügenden Auskünften[183].

59 **Besondere Anfechtungsgründe** können sich vor allem aus technischen Störungen ergeben, die die Teilnahme des Aktionärs entweder völlig oder auch nur zeitweise unmöglich machen. Dabei ist die Gesellschaft nur verantwortlich für eine funktionierende IT-Infrastruktur bis zur Schnittstelle zu IT-Systemen bzw. dem Internet; welche Medien der Aktionär schließlich wählt, um teilzunehmen, ist nicht von der Gesellschaft zu verantworten, wohl aber, dass die eigenen Systeme nicht während des Ablaufs der Hauptversammlung zusammenbrechen. Nach § 243 Abs. 3 Nr. 1 führen allerdings nur vorsätzliche oder grob fahrlässig hervorgerufene Störungen zur Anfechtbarkeit, wobei die Beweislast beim Anfechtungskläger liegt. Die Satzung kann allerdings einen schärferen Verschuldensmaßstab bestimmen[184]. Erforderlich ist wiederum die Kausalität der fehlenden Stimmen für das Beschlussergebnis[185].

---

175 Wie hier *Horn*, ZIP 2008, 1558, 1565.
176 Weitergehender noch *Noack*, WM 2009, 2289, 2292: schon Teilnahme an sich ist Widerruf.
177 *Noack*, WM 2009, 2289, 2290 – ohne solche Regelungen genügt auch die einfache E-Mail.
178 *Noack*, NZG 2008, 441, 445.
179 Zutr. *Noack*, WM 2009, 2289, 2290.
180 *Noack*, WM 2009, 2289, 2290.
181 Begr. RegE BT-Drucks. 16/11642, S. 27.
182 *Noack*, NZG 2008, 441, 445; *Noack*, WM 2009, 2289, 2291.
183 *Noack*, NZG 2008, 441, 445.
184 Hierfür plädierend mit Formulierungsvorschlag *Schüppen/Tretter*, ZIP 2009, 493, 495.
185 Zutr. *Noack*, WM 2009, 2289, 2292.

## V. Übertragung in Bild und Ton (§ 118 Abs. 4)

Mit der Einführung des jetzigen § 118 Abs. 4 (früher Abs. 3) durch das TransPuG wurde bezüglich der Übertragung der Hauptversammlung in Bild und Ton ein **Regelungsspielraum für die Satzung bzw. die Geschäftsordnung** nach § 129 Abs. 1 eingeführt[186]. Namentlich kann die Übertragung in Medien wie dem Internet, Spartenfernsehen, Firmen-TV etc. zugelassen werden. Damit relativiert die Vorschrift den Grundsatz der Hauptversammlung als nicht-öffentliche Versammlung erheblich und entzieht dem Versammlungsleiter und der Hauptversammlung zudem zum Teil zugunsten einer allgemeingültigen Regelung die Entscheidungsbefugnis über die Zulassung von Medienberichterstattungen[187]. Maßgeblicher Beweggrund des Gesetzgebers zur Verabschiedung dieser Norm war die bezweckte Klarstellung, dass Aktionäre der Aufzeichnung ihres Beitrages in Rede oder Frage bei einer entsprechenden Regelung in Satzung oder Geschäftsordnung nicht widersprechen können[188]. Anderenfalls käme es zu einer Ausblendung dieser Beiträge, so dass bei den anschließenden Abstimmungen die zugeschalteten Aktionäre – die durch Vertreter ihre Stimme ausüben können –[189] nicht über denselben Informationsstand verfügen wie die physisch anwesenden Aktionäre[190].

60

Satzung und Geschäftsordnung sind nicht nur **frei in der Wahl des Mediums**, auch kann eine Beschränkung nur auf Aktionäre durch Ausgabe diesbezüglicher Zugangsdaten oder eine ausschließliche Übertragung in Bild oder Ton vorgesehen werden. Dementsprechend ist auch die Einschränkung des Übertragungsumfangs möglich, was jedoch im Ergebnis zu denselben Problemen wie ein Widerspruchsrecht von Aktionären hinsichtlich der Übertragung ihrer Redebeiträge führt. Überdies kann per Satzung oder Geschäftsordnung die Entscheidung an die Verwaltung delegiert werden, für jeden Einzelfall die Reichweite der Öffnung der Versammlung für Außenstehende zu bestimmen[191].

61

**Verfassungsrechtliche Bedenken** gegen die Regelung greifen nicht durch: Weder § 118 Abs. 4 noch eine hierauf gestützte, die Entscheidung der vollständigen öffentlichen Übertragung an den Aufsichtsratsvorsitzenden delegierende Satzungsregelung stehen im Widerspruch zu dem grundrechtlich geschützten Eigentumsrecht des Aktionärs aus Art. 14 GG, dessen allgemeinen Persönlichkeitsrecht oder dessen Recht auf informationelle Selbstbestimmung (Art. 2 Abs. 1 i.V.m. Art. 1 GG)[192]. Allerdings kann dies nicht damit gerechtfertigt werden, dass Hauptversammlungen noch nie private Veranstaltungen gewesen seien, da die Öffentlichkeit bisher durch die regelmäßig zugelassenen Presse- und Medienvertreter hergestellt sei[193]. Denn die Hauptversammlung bleibt auch bei Publikumsgesellschaften mit einem nahezu unüberschaubaren Kreis von Aktionären stets dem Binnenbereich der Gesellschaft zugeord-

62

---

186 Zu einem Formulierungsvorschlag einer solchen Regelung s. *Mutter*, AG 2003, R 34.
187 Zu Recht *Kubis* in MünchKomm. AktG, 2. Aufl., § 118 AktG Rz. 94; *Heckelmann*, Hauptversammlung und Internet, S. 183.
188 S. Begr. RegE BT-Drucks. 14/8769, S. 20 f.; dazu *Noack*, NZG 2003, 241, 245; *Heckelmann*, Hauptversammlung und Internet, S. 183; zuvor bereits grundlegend *Spindler*, ZGR 2000, 420, 433 ff.; s. auch *Hüther*, Aktionärsbeteiligung und Internet, S. 265 ff.
189 Zu diesem „Vertretermodell" s. *Noack*, NZG 2003, 241, 245.
190 Begr. RegE BT-Drucks. 14/8769, S. 20 f.
191 Begr. RegE BT-Drucks. 14/8769, S. 19; *Heckelmann*, Hauptversammlung und Internet, S. 182 m.w.N.
192 LG Frankfurt a.M. v. 7.1.2004 – 3-13 O 79/03, NZG 2005, 520; zu verfassungsrechtlichen Bedenken s. *Horn*, Die Virtualisierung von Unternehmen als Rechtsproblem, S. 92 ff.
193 So aber LG Frankfurt a.M. v. 7.1.2004 – 3-13 O 79/03, NZG 2005, 520, 521; krit. wie hier *Lenz*, EWiR 2005, 97, 98.

net und ist nicht per se eine öffentliche Veranstaltung[194]. Entscheidend ist vielmehr, dass eine mögliche „Prangerwirkung" durch die öffentliche Bild- und Tonübertragung des Redebeitrags durch den Umstand der von einer Mehrheit gewünschten Übertragung und der damit einhergehenden Vereinfachung der Ausübung von elementaren Mitgliedschaftsrechten aufgewogen wird. Verstärkend tritt hinzu, dass der einzelne Aktionär die mit geringem Aufwand verbundene Möglichkeit besitzt, seine Rechte (z.B. in Form von Redebeiträgen) in der Hauptversammlung durch einen Vertreter wahrnehmen zu lassen, ohne dass er selbst eine Offenbarung seiner Person zu befürchten hätte[195].

## § 119
## Rechte der Hauptversammlung

(1) Die Hauptversammlung beschließt in den im Gesetz und in der Satzung ausdrücklich bestimmten Fällen, namentlich über

1. die Bestellung der Mitglieder des Aufsichtsrats, soweit sie nicht in den Aufsichtsrat zu entsenden oder als Aufsichtsratsmitglieder der Arbeitnehmer nach dem Mitbestimmungsgesetz, dem Mitbestimmungsergänzungsgesetz, dem Drittelbeteiligungsgesetz oder dem Gesetz über die Mitbestimmung der Arbeitnehmer bei einer grenzüberschreitenden Verschmelzung zu wählen sind;
2. die Verwendung des Bilanzgewinns;
3. die Entlastung der Mitglieder des Vorstands und des Aufsichtsrats;
4. die Bestellung des Abschlussprüfers;
5. Satzungsänderungen;
6. Maßnahmen der Kapitalbeschaffung und der Kapitalherabsetzung;
7. die Bestellung von Prüfern zur Prüfung von Vorgängen bei der Gründung oder der Geschäftsführung;
8. die Auflösung der Gesellschaft.

(2) Über Fragen der Geschäftsführung kann die Hauptversammlung nur entscheiden, wenn der Vorstand es verlangt.

| | |
|---|---|
| I. Grundlagen ............... 1 | 3. Strukturmaßnahmen .......... 10 |
| 1. Regelungsgegenstand und Normzweck ............ 1 | 4. Sonderfälle ................. 12 |
| 2. Entstehungsgeschichte ......... 3 | IV. Hauptversammlungszuständigkeit in Fragen der Geschäftsführung (§ 119 Abs. 2) .............. 14 |
| II. Willensbildung in Beschlussform ... 4 | 1. Grundsätzliches ............. 14 |
| III. Ausdrückliche Zuständigkeit (§ 119 Abs. 1) ............... 7 | 2. Voraussetzungen der Zuständigkeit nach § 119 Abs. 2 ............ 15 |
| 1. Allgemeines ............... 7 | a) Verlangen des Vorstands ....... 15 |
| 2. Zuständigkeit bei regelmäßig wiederkehrenden Maßnahmen ......... 8 | b) Fragen der Geschäftsführung .... 18 |
| | c) Verfahrensfragen ........... 22 |

---

[194] S. *Hüffer*, § 118 AktG Rz. 16; *Zöllner* in KölnKomm. AktG, 1. Aufl., § 118 AktG Rz. 29; *Mülbert* in Großkomm. AktG, 4. Aufl., vor §§ 118–147 AktG Rz. 63 f.; *Stützle/Walgenbach*, ZHR 155 (1991), 516, 526.
[195] LG Frankfurt a.M. v. 7.1.2004 – 3-13 O 79/03, NZG 2005, 520, 521.

| | |
|---|---|
| d) Beschlusswirkung .......... 25 | ee) Gruppen- bzw. Konzern- |
| **V. Ungeschriebene Zuständigkeiten** | umbildung............. 35 |
| **der Hauptversammlung** ........ 26 | ff) Gruppen- bzw. Konzernleitung 36 |
| 1. Zuständigkeit aufgrund satzungs- | gg) IPO (Initial Public Offering) .. 37 |
| naher Strukturentscheidungen .... 26 | hh) Satzungsrechtliche Aspekte ... 38 |
| a) Herausbildung ungeschriebener | d) Beschlussgegenstand ......... 40 |
| Zuständigkeiten ............ 26 | e) Informationspflichten......... 41 |
| b) Stellungnahme ............. 29 | f) Mehrheitserfordernisse ........ 45 |
| c) Reichweite ungeschriebener | g) Auswirkungen auf die Vertre- |
| Zuständigkeiten ............ 30 | tungsmacht................ 46 |
| aa) Qualitative und quantitative | h) Prozessuales ............... 47 |
| Anforderungen .......... 30 | 2. Das Delisting ................ 48 |
| bb) Ausgliederung und | a) Der Begriff des Delistings ...... 48 |
| Umhängung ............ 32 | b) Aktienrechtlicher Schutz beim |
| cc) Beteiligungserwerb ........ 33 | echten Delisting ............ 49 |
| dd) Beteiligungsveräußerung .... 34 | c) Unechtes „kaltes" Delisting .... 55 |

**Literatur:** *Ekkenga,* Insichgeschäfte geschäftsführender Organe im Aktien- und GmbH-Recht unter besonderer Berücksichtigung der Einmann-Gesellschaft, AG 1985, 40; *Emmerich,* Konzernbildungskontrolle, AG 1991, 303; *Huber,* Die „geplant beschlusslose" Hauptversammlung, ZIP 1995, 1740; *Maesch,* Corporate Governance in der insolventen Aktiengesellschaft, 2005; *Martens,* Die Entscheidungsautonomie des Vorstands und die „Basisdemokratie" in der Aktiengesellschaft, ZHR 147 (1983), 377; *Pluskat,* Das kalte Delisting, BKR 2007, 54; *von Rechenberg,* Die Hauptversammlung als oberstes Organ der Aktiengesellschaft, 1986; *Rohde/Geschwandter,* Zur Beschränkbarkeit der Geschäftsführungsbefugnis des Vorstands einer Aktiengesellschaft – Beschluss der Hauptversammlung nach § 119 II AktG und die Pflicht zur Ausübung durch den Vorstand, NZG 2005, 996; *Uwe H. Schneider,* Die Personengesellschaft als herrschendes Unternehmen im Konzern, ZHR 143 (1979), 485; *Wahlers,* Konzernbildungskontrolle durch die Hauptversammlung der Obergesellschaft, 1995.

## I. Grundlagen

### 1. Regelungsgegenstand und Normzweck

Die Norm des § 119 betrifft die **Beschlusskompetenzen** der Hauptversammlung. Abs. 1 enthält zunächst eine positive Kompetenzzuweisung durch beispielhafte Nennung verschiedener Aufgaben der Hauptversammlung, gleichzeitig kommt darin in Zusammenschau mit Abs. 2 jedoch auch eine negative Kompetenzzuweisung zum Ausdruck. Demgemäß hat die Hauptversammlung nur in den gesetzlich oder per Satzung festgelegten Fällen eine Beschlusskompetenz, insbesondere nicht etwa bei Fragen der Geschäftsführung, außer der Vorstand ruft die Hauptversammlung an (arg. § 119 Abs. 2). § 119 ist im Zusammenhang mit § 76 und § 23 Abs. 5 als einer der **zentralen Bausteine im aktienrechtlichen Organisationsgefüge** zu sehen, der die Eigenständigkeit des Vorstands unterstreicht, indem die Hauptversammlung nicht mehr wie früher als oberstes Organ begriffen werden kann[1]. Zwar spielt die „(ent-) haftungsrechtliche Funktion" des § 119 zugunsten des Vorstands bei einem gesetzmäßigen Beschluss der Hauptversammlung gem. § 93 Abs. 4 Satz 1 eine gewichtige Rolle, doch prägt sie nicht den Normzweck[2]. 1

---

1 Zu Recht *von Rechenberg,* Die Hauptversammlung als oberstes Organ der Aktiengesellschaft, S. 165; ebenso *Hüffer,* § 119 AktG Rz. 1; *Zöllner* in KölnKomm. AktG, 1. Aufl., § 119 AktG Rz. 2; *Kubis* in MünchKomm. AktG, 2. Aufl., § 118 AktG Rz. 10, der dem Versuch der Einordnung als oberstes Organ keinen praktischen Wert beimisst.
2 *Kubis* in MünchKomm. AktG, 2. Aufl., § 119 AktG Rz. 1; *Mülbert* in Großkomm. AktG, 4. Aufl., § 119 AktG Rz. 8; *Wahlers,* Konzernbildungskontrolle durch die Hauptversammlung

2  § 119 Abs. 1, Abs. 2 ist auch **satzungsfest**. Die Satzung kann die in § 119 genannten Kompetenzen nicht anderen Organen zuweisen, einschränken oder aufheben[3]. Aber auch in vielen anderen Fällen sind die den Organen der AG zugewiesenen Kompetenzen satzungsfest (§ 23 Abs. 5).

### 2. Entstehungsgeschichte

3  Bis zum Aktiengesetz von 1937 hatte die Hauptversammlung auch eine Kompetenz in Fragen der Geschäftsführung inne (s. § 118 Rz. 5). Der in den heutigen § 119 eingeflossene **§ 103 AktG 1937** beschränkte die Kompetenz der Hauptversammlung erstmals auf „im Gesetz und in der Satzung ausdrücklich bestimmte Fälle". Damit wurde die Stellung der Hauptversammlung als oberstes Organ der Gesellschaft faktisch beseitigt und die Leitung der Gesellschaft in die Hände des Vorstands, die Überwachung in diejenigen des Aufsichtsrats gelegt[4]. Durch die Aktienrechtsreform von 1965 erfuhr die Norm ihre heutige Ausgestaltung unter Übernahme von § 103 AktG 1937 bei gleichzeitiger Erweiterung um die wichtigsten Aufgaben der Hauptversammlung in Anlehnung an Art. 698 des schweizerischen Obligationenrechts[5].

## II. Willensbildung in Beschlussform

4  Die Hauptversammlung als Willensbildungs- und in Ausnahmefällen Vertretungsorgan der Gesellschaft (dazu § 118 Rz. 12 f.) **bildet und äußert ihren Willen** hinsichtlich der zur Tagesordnung gehörenden Gesellschaftsangelegenheiten jeweils in **Beschlussform**. Die Vorbereitung und Durchführung der Hauptversammlung ist insbesondere auf dieses Ziel auszurichten, insbesondere nur als Forum für die Gesellschaftsangelegenheiten im Zuständigkeitsbereich der Hauptversammlung[6], nicht dagegen für Weltanschauungen oder politische Ansichten[7].

5  Das Gesetz **durchbricht** die vorgenannten Leitlinien der **Beschlussorientierung** in zwei Fällen: Gem. § 92 Abs. 1 darf die Hauptversammlung zu bloßen Informationszwecken einberufen werden, wenn der Verlust das hälftige Grundkapital erreicht hat. Weiterhin ist eine Hauptversammlung ohne Beschluss in Fällen der Entgegennahme des Jahresabschlusses gem. § 175 Abs. 1 zulässig, wenn in Ermangelung eines Bilanzgewinns kein Verwendungsbeschluss gefasst werden kann und die Entlastungsentscheidung vertagt worden ist[8]. Trotz der Beschlussorientierung kann in besonderen Ausnahmefällen auch eine beschlusslose Hauptversammlung einberufen werden, etwa wenn der Vorstand sich im Rahmen einer Sanierung oder einer bevorstehenden Übernahmesituation ein **Meinungsbild** einholen will, zumal sie ein „Minus" gegen-

---

der Obergesellschaft, S. 169; *Hüffer*, § 119 AktG Rz. 1; *Geßler* in FS Stimpel, 1985, S. 771, 774 ff.; a.A. *Martens*, ZHR 147 (1983), 377, 383 f.; *Hübner* in FS Stimpel, 1985, S. 795; *Jansen*, Konzernbildungskontrolle im faktischen GmbH-Konzern, 1993, S. 275; ähnlich *Joost*, ZHR 163 (1999), 164, 169.

3 *Hüffer*, § 119 AktG Rz. 10; *Kubis* in MünchKomm. AktG, 2. Aufl., § 119 AktG Rz. 17; *Pluta* in Heidel, § 119 AktG Rz. 12.

4 *Schlegelberger/Quassowski*, 1937, § 103 AktG 1937 Anm. 1; *Mülbert* in Großkomm. AktG, 4. Aufl., § 119 AktG Rz. 2; *Assmann* in Großkomm. AktG, 4. Aufl., Einl. Rz. 164.

5 Begr. RegE, *Kropff*, Aktiengesetz, S. 165.

6 *Kubis* in MünchKomm. AktG, 2. Aufl., § 119 AktG Rz. 3; *Mülbert* in Großkomm. AktG, 4. Aufl., vor §§ 118–147 AktG Rz. 29, 48; *Huber*, ZIP 1995, 1740, 1741; *Zöllner* in KölnKomm. AktG, 1. Aufl., § 119 AktG Rz. 4; *Quack*, AG 1985, 145, 148; *Trouet*, NJW 1986, 1302 ff.

7 Zu Recht *Hüffer*, § 119 AktG Rz. 2.

8 *Zöllner* in KölnKomm. AktG, 1. Aufl., § 119 AktG Rz. 10; *Kubis* in MünchKomm. AktG, 2. Aufl., § 119 AktG Rz. 5; *Hüffer*, § 119 AktG Rz. 4.

über der Befugnis des Vorstands nach § 119 Abs. 2 darstellt[9]. Auch wenn es sonst dem Vorstand ohne weiteres zuzumuten ist, im Rahmen von § 119 Abs. 2 konkrete Anträge zu formulieren und sich nicht auf ein vages Meinungsbild einzulassen[10], können diese besonderen Situationen es gebieten, dass der Vorstand eine ausführliche Diskussion mit den Aktionären führt. Allerdings dürfte der Streit kaum eine praktische Rolle spielen, da auch vorangegangene beschlusslose Hauptversammlungen in aller Regel in einen zeitlich späteren Beschluss münden werden[11] und lediglich als Annex zu der späteren Beschlussfassung begriffen werden können[12].

Der Beschluss der Hauptversammlung ist als ein mehrseitiges nicht-vertragliches **Rechtsgeschäft eigener Art** zu qualifizieren, welches sich aus den Stimmabgaben zu einem zuvor formulierten Antrag zusammensetzt[13]. Zur Wirksamkeit des Beschlusses ist neben dem Erreichen der gesetzlich oder qua Satzung festgelegten Mehrheit eine Niederschrift gem. § 130 unentbehrlich. Die Ausführung dieser Beschlüsse liegt in aller Regel nicht in den Händen der Hauptversammlung, sondern obliegt vielmehr dem Vorstand[14].

## III. Ausdrückliche Zuständigkeit (§ 119 Abs. 1)

### 1. Allgemeines

Der Katalog der in § 119 Abs. 1 aufgeführten Zuständigkeiten schafft **keine originären Rechte**, sondern ist lediglich eine beispielhafte Aufzählung von an anderen Stellen im Gesetz begründeten Zuständigkeiten („namentlich")[15]. Die wichtigere Funktion der Norm ist die bereits erwähnte negative Kompetenzabgrenzung (Rz. 1). Die Hauptversammlungskompetenzen können grob in **regelmäßig wiederkehrende Maßnahmen**, **Strukturmaßnahmen**[16] und **Sonderfälle** unterteilt werden[17]:

### 2. Zuständigkeit bei regelmäßig wiederkehrenden Maßnahmen

In § 119 Abs. 1 explizit aufgenommene Zuständigkeitsregelungen sind:
– die Bestellung der Mitglieder des Aufsichtsrats gem. § 101 Abs. 1[18], soweit sie nicht in den Aufsichtsrat zu entsenden (§ 101 Abs. 2) oder als Aufsichtsratsmitglie-

---

9 *Kubis* in MünchKomm. AktG, 2. Aufl., § 119 AktG Rz. 6; *Huber*, ZIP 1995, 1740, 1741 ff.; *F.-J. Semler* in MünchHdb. AG, § 35 Rz. 4; *Mülbert* in Großkomm. AktG, 4. Aufl., vor §§ 118–147 AktG Rz. 56; *Werner* in Großkomm. AktG, 4. Aufl., § 121 AktG Rz. 13.
10 *Hüffer*, § 119 AktG Rz. 4; ebenfalls ablehnend *Zöllner* in KölnKomm. AktG, 1. Aufl., § 119 AktG Rz. 8, § 121 Rz. 16.
11 Ebenso *Kubis* in MünchKomm. AktG, 2. Aufl., § 119 AktG Rz. 6; insoweit ähnlich, aber wohl enger, weil bereits bei Erstinformation einen Beschlussvorschlag mit Überlegungsfrist fordernd, *Hüffer*, § 119 AktG Rz. 4.
12 S. nur *Kubis* in MünchKomm. AktG, 2. Aufl., § 119 AktG Rz. 7.
13 *Kubis* in MünchKomm. AktG, 2. Aufl., § 119 AktG Rz. 4; *Hüffer*, § 119 AktG Rz. 3; *Mülbert* in Großkomm. AktG, 4. Aufl., vor §§ 118–147 AktG Rz. 30; *Zöllner* in KölnKomm. AktG, 1. Aufl., § 119 AktG Rz. 4; s. auch § 133 Rz. 2.
14 Ausnahmen können nur dort gelten, wo die Hauptversammlung als Vertretungsorgan handelt, s. § 118 Rz. 12.
15 Krit. daher wegen unnötiger Wiederholung *Zöllner* in KölnKomm. AktG, 1. Aufl., § 119 AktG Rz. 13.
16 Oftmals ist auch gleichbedeutend von einer Grundlagenzuständigkeit die Rede, s. nur *Grunewald*, AG 1990, 133, 133.
17 *Mülbert* in Großkomm. AktG, 4. Aufl., § 119 AktG Rz. 11; *Grunewald*, AG 1990, 133, 133; *Zöllner* in KölnKomm. AktG, 1. Aufl., § 119 AktG Rz. 14 ff.; *Wilhelm*, Kapitalgesellschaftsrecht, Rz. 1091.
18 Zur Bestellung im Falle der Insolvenz s. *Maesch*, Corporate Governance in der insolventen Aktiengesellschaft, S. 133, 212.

der der Arbeitnehmer nach den Mitbestimmungsgesetzen (§ 9 MitbestG, § 7 MitbestErgG, § 4 DrittelbG, § 24 Abs. 1, 2 MgVG) zu wählen sind (Nr. 1),
- die Verwendung des Bilanzgewinns gem. § 174 Abs. 1 Satz 1 (Nr. 2),
- die Entlastung der Mitglieder des Vorstands und des Aufsichtsrats gem. § 120 Abs. 1 (Nr. 3) sowie
- die Bestellung des Abschluss- und Konzernabschlussprüfers gem. § 318 Abs. 1 Satz 1 HGB bzw. § 318 Abs. 2 Satz 1 HGB mit Ausnahme von Versicherungsunternehmen aufgrund der Regelung des § 341k Abs. 2 Satz 1 HGB (Nr. 4).

9 Hierzu gehört systematisch auch die nicht in § 119 Abs. 1 genannte Kompetenz des § 286 Abs. 1, die die Feststellung des Jahresabschlusses einer KGaA betrifft.

**3. Strukturmaßnahmen**

10 Bei Strukturmaßnahmen beschränkt sich der **Katalog des § 119 Abs. 1** auf einige wenige Zuständigkeiten:
- Satzungsänderungen gem. § 179 (Nr. 5),
- Maßnahmen der Kapitalbeschaffung gem. §§ 182 Abs. 1 Satz 1, 192 Abs. 1, 202 Abs. 2 Satz 2, 207 Abs. 1, 221 Abs. 1 und der Kapitalherabsetzung gem. §§ 222 Abs. 1, 229 Abs. 1, 237 Abs. 2 (Nr. 6) und
- die Auflösung der Gesellschaft gem. § 262 Abs. 1 Nr. 2 (Nr. 8).

11 **Außerhalb dieses Kreises** legen das AktG und andere Gesetze eine Vielzahl von Zuständigkeiten der Hauptversammlung bei Strukturmaßnahmen fest. Von Relevanz sind insbesondere:
- die Ermächtigung zum Erwerb oder zur Veräußerung eigener Aktien gem. § 71 Abs. 1 Nr. 8,
- die vertraglich begründete Verpflichtung zur Übertragung des gesamten Vermögens gem. § 179a Abs. 1 Satz 1,
- die Fortsetzung der aufgelösten Gesellschaft gem. § 274 Abs. 1,
- Eingliederungsmaßnahmen gem. §§ 319, 320,
- der Squeeze-Out gem. §§ 327a ff.,
- die Zustimmung zu Verschmelzungen gem. §§ 65 Abs. 1, 73 UmwG,
- Formwechsel gem. § 193 Abs. 1 UmwG sowie
- Umwandlungsbeschlüsse gem. §§ 226 ff. UmwG.

**4. Sonderfälle**

12 Als Sonderfälle können all diejenigen Zuständigkeiten für die Hauptversammlung angesehen werden, die nicht als regelmäßig wiederkehrende Maßnahme oder Strukturmaßnahme zu qualifizieren sind. In § 119 Abs. 1 ist in dessen Nr. 7 lediglich die Zuständigkeit für die Bestellung von Sonderprüfern gem. §§ 142 ff. ausdrücklich genannt.

13 **Die wichtigsten nicht in § 119 Abs. 1 gesondert genannten Regelungen** zur Begründung einer Zuständigkeit der Hauptversammlung sind:
- der Verzicht oder Vergleich über Ersatzansprüche gegen Gründer und die Organmitglieder gem. §§ 50, 93 Abs. 4 (bzw. i.V.m. § 116),
- die Zustimmung zu Nachgründungsverträgen gem. § 52 Abs. 1,
- der Vertrauensentzug gegenüber dem Vorstand gem. § 84 Abs. 3 Satz 2,
- die Abberufung von Aufsichtsratsmitgliedern gem. § 103 Abs. 1,

- die Zustimmung zu Geschäften auf Verlangen des Vorstands nach zuvor verweigerter Aufsichtsratszustimmung gem. § 111 Abs. 4 Satz 3,
- die Festsetzung der Vergütung für die Tätigkeit im Aufsichtsrat gem. § 113 Abs. 1,
- die Verabschiedung einer Geschäftsordnung gem. § 129 Abs. 1,
- die Entscheidung über die Geltendmachung von Ersatzansprüchen gem. § 147 Abs. 1 Satz 1,
- die Bestellung von Abwicklern gem. § 265 Abs. 2 und deren spätere Abberufung gem. § 265 Abs. 5.

## IV. Hauptversammlungszuständigkeit in Fragen der Geschäftsführung (§ 119 Abs. 2)

### 1. Grundsätzliches

Das geltende Aktienrecht kennt für die Hauptversammlung **keine Zuständigkeiten in Geschäftsführungsangelegenheiten**. Diese wurde vielmehr ausdrücklich mit dem Aktiengesetz von 1937 abgeschafft (s. Rz. 3). Die Hauptversammlung kann sich auch nicht durch entsprechende Beschlussfassung für zuständig erklären; sie kann nur auf Verlangen des Vorstands gem. § 119 Abs. 2 über Geschäftsführungsfragen beschließen[19], was uneingeschränkt auch für die Einmann-Aktiengesellschaft Geltung beansprucht[20]. Dies hindert jedoch die Hauptversammlung nicht, Geschäftsführungsangelegenheiten zu diskutieren, vielmehr können diese mittelbar bei Tagesordnungspunkten wie der Entlastung der Verwaltungsmitglieder oder bei der Verwendung des Bilanzgewinns erörtert werden, da diese Beschlusspunkte sich naturgemäß mit Fragen der Geschäftsführung überschneiden oder gar (im Falle der Entlastung) decken können[21]. Zur Vertretungsbefugnis der Hauptversammlung s. § 118 Rz. 13.

14

### 2. Voraussetzungen der Zuständigkeit nach § 119 Abs. 2

#### a) Verlangen des Vorstands

Die **Befugnis zur Anrufung** der Hauptversammlung steht nach dem klaren Wortlaut des § 119 Abs. 2 ausschließlich dem Vorstand der AG zu. Die im Gesetzgebungsverfahren des AktG 1965 angedachte Einführung einer Anrufungsbefugnis zugunsten des Aufsichtsrats wurde letztlich verworfen, um das Machtgefüge der Aktiengesellschaft nicht zu verschieben und dem Aufsichtsrat nicht ein Übergewicht zu verleihen[22]. Der Aufsichtsrat kann sich nur gem. § 124 Abs. 3 Satz 1 zur Anrufungsentscheidung des Vorstands äußern. Allerdings kann dem Aufsichtsrat in analoger Anwendung des § 119 Abs. 2 für diejenigen Fälle eine Anrufungsbefugnis zugestanden werden, in denen es sich ausnahmsweise um Geschäftsführungsfragen handelt, die vom Aufsichtsrat wahrgenommen werden, etwa die Entscheidung über die Vergütung (§ 87)[23].

15

---

19 Unstr., s. nur *Hüffer*, § 119 AktG Rz. 11; *Mülbert* in Großkomm. AktG, 4. Aufl., § 119 AktG Rz. 38; *Kubis* in MünchKomm. AktG, 2. Aufl., § 119 AktG Rz. 18; *Zöllner* in KölnKomm. AktG, 1. Aufl., § 119 AktG Rz. 25.
20 *Kubis* in MünchKomm. AktG, 2. Aufl., § 119 AktG Rz. 18; *Hüffer*, § 119 AktG Rz. 11; *Zöllner* in KölnKomm. AktG, 1. Aufl., § 119 AktG Rz. 25.
21 Für die Zulässigkeit eines derartigen Vorgehens s. schon *Zöllner* in KölnKomm. AktG, 1. Aufl., § 119 AktG Rz. 26.
22 Zu diesen Erwägungen s. Begr. RegE *Kropff*, Aktiengesetz, S. 165; *Mülbert* in Großkomm. AktG, 4. Aufl., § 119 AktG Rz. 8.
23 Insoweit überzeugend *Schüppen*, ZIP 2010, 905, 909 f.

16  Die Anrufungsbefugnis steht dem Vorstand als **Kollegialorgan** zu, nicht dem einzelnen, ggf. ressortzuständigen Vorstandsmitglied[24]. Denn die Anrufung nach § 119 Abs. 2 ist selbst eine Geschäftsführungsmaßnahme i.S. von § 77[25], so dass der Vorstand mangels anderweitiger Satzungs- oder Geschäftsordnungsbestimmungen grundsätzlich einstimmig qua Beschluss entscheidet (ausführlich dazu s. § 77 Rz. 8). Die Übermittlung der getroffenen Entscheidung erfolgt indes durch das in der Satzung oder Geschäftsordnung vorgesehene Vorstandsmitglied, meist den Vorstandsvorsitzenden oder -sprecher oder dem ressortzuständigen Vorstandsmitglied[26].

17  Die Anrufung der Hauptversammlung gem. § 119 Abs. 2 steht im **freien Ermessen** des Vorstands[27], so dass grundsätzlich jede Geschäftsführungsmaßnahme der Hauptversammlung vorgelegt werden kann. Es existieren keine Bagatellgrenzen, die eine gewisse strategische, finanzielle oder sonstige Bedeutung des Vorlagegegenstandes für die Gesellschaft erfordern[28]. Sogar das alleinige Streben nach Haftungsfreistellung des Vorstands durch den Beschluss der Hauptversammlung kann der Vorlage nicht entgegenstehen[29]. Zwar handelt es sich bei der Anrufungsentscheidung selbst um eine Geschäftsführungsmaßnahme, doch fehlt es hier an einer unternehmerischen Entscheidung, so dass die Business Judgement Rule nach § 93 Abs. 1 Satz 2 nicht eingreift. Selbstverständlich darf der Vorstand seine Befugnis **nicht derartig missbrauchen**, dass eine vollständige Verlagerung der Geschäftsführungsbefugnisse auf die Hauptversammlung stattfände, etwa zugunsten eines Großaktionärs[30]. Gerade wenn mit der Anrufung dem Mehrheitsaktionär durch die Abstimmung ein gesellschaftsfremder Sondervorteil verschafft werden soll, mithin die Gleichbehandlung der Aktionäre verletzt wird, liegt kein Fall von § 119 Abs. 2 mehr vor[31]. Eine Einschränkung erfährt die Ermessensfreiheit überdies durch die in der Rechtsprechung herausgebildeten „Holzmüller"-Leitlinien (s. Rz. 26 ff.).

### b) Fragen der Geschäftsführung

18  Ausschließlich wegen Fragen der Geschäftsführung darf der Vorstand die Hauptversammlung anrufen. Im **Grundsatz** kann für die Definition der Geschäftsführung der im Personengesellschaftsrecht übliche Begriff[32] fruchtbar gemacht werden, der unter Geschäftsführung jede tatsächliche oder rechtsgeschäftliche Tätigkeit für die Gesellschaft versteht[33]. Doch kann dem Vorstand die Befugnis darüber hinaus nur zugebil-

---

24 *Mülbert* in Großkomm. AktG, 4. Aufl., § 119 AktG Rz. 45; *F.-J. Semler* in MünchHdb. AG, § 34 Rz. 16; *Hüffer*, § 119 AktG Rz. 13.
25 *Hüffer*, § 119 AktG Rz. 13; *Mülbert* in Großkomm. AktG, 4. Aufl., § 119 AktG Rz. 45.
26 Zu Recht weist hierauf *Kubis* in MünchKomm. AktG, 2. Aufl., § 119 AktG Rz. 21 hin.
27 BGH v. 25.2.1982 – II ZR 174/80, BGHZ 83, 122, 131 = AG 1982, 158; OLG Celle v. 7.3.2001 – 9 U 137/00, AG 2001, 357, 358; *Zöllner* in KölnKomm. AktG, 1. Aufl., § 119 AktG Rz. 36; *Hüffer*, § 119 AktG Rz. 13; *Henze* in FS Ulmer, 2003, S. 211, 217; begrifflich gegen die Annahme eines völlig freien Ermessens *Mülbert* in Großkomm. AktG, 4. Aufl., § 119 AktG Rz. 47, der jedoch inhaltlich keine abweichende Ausgestaltung des Ermessens im Vergleich zu den vorgenannten Autoren vornimmt.
28 *Kubis* in MünchKomm. AktG, 2. Aufl., § 119 AktG Rz. 22; *Mülbert* in Großkomm. AktG, 4. Aufl., § 119 AktG Rz. 47.
29 S. auch *Mülbert* in Großkomm. AktG, 4. Aufl., § 119 AktG Rz. 47.
30 *Henn*, Handbuch Aktienrecht, § 20 Rz. 691; *F.-J. Semler* in MünchHdb. AG, § 34 Rz. 9; *Mülbert* in Großkomm. AktG, 4. Aufl., § 119 AktG Rz. 47; *Kubis* in MünchKomm. AktG, 2. Aufl., § 119 AktG Rz. 22.
31 *Baumbach/Hueck*, § 119 AktG Anm. 9; *Kubis* in MünchKomm. AktG, 2. Aufl., § 119 AktG Rz. 22; *Mülbert* in Großkomm. AktG, 4. Aufl., § 119 AktG Rz. 47.
32 Dazu *Zöllner* in KölnKomm. AktG, 1. Aufl., § 119 AktG Rz. 28 m.w.N.
33 *Hüffer*, § 77 AktG Rz. 3, § 119 AktG Rz. 13; *Kubis* in MünchKomm. AktG, 2. Aufl., § 119 AktG Rz. 24; ähnlich *Zöllner* in KölnKomm. AktG, 1. Aufl., § 119 AktG Rz. 28.

ligt werden, wenn ihm die Geschäftsführungsrechte auch **originär** zustehen, mithin keinem anderen Gesellschaftsorgan zugewiesen sind[34].

Die Zuständigkeit des Vorstands wird durch einen **Zustimmungsvorbehalt zugunsten des Aufsichtsrats** gem. § 111 Abs. 4 Satz 2 überdies **nicht relativiert**[35], da § 114 Abs. 4 Satz 1 explizit die Übertragung von Maßnahmen der Geschäftsführung an den Aufsichtsrat verbietet. Auch ergibt sich aus § 111 Abs. 4 Satz 3, der bei verweigerter Zustimmung durch den Aufsichtsrat, dem Vorstand die Möglichkeit der Anrufung der Hauptversammlung zur Überspielung dieser Entscheidung ermöglicht, der Rückschluss, dass der Vorstand auch direkt die Hauptversammlung anrufen kann und nicht erst die verweigerte Zustimmung abwarten muss. 19

Der Vorstand kann von seinem Anrufungsrecht grundsätzlich auch dann Gebrauch machen, wenn es sich um bereits **abgeschlossene Geschäftsführungsmaßnahmen** handelt[36]. Voraussetzung ist allerdings, dass der Hauptversammlungsbeschluss weder auf eine gesonderte Entlastung für die abgeschlossene Einzelmaßnahme der Geschäftsführung im Sinne des § 120 abzielt[37], noch einen vorsorglichen Regressverzicht der Hauptversammlung gegenüber dem Vorstand bezweckt[38]. 20

In **Einzelfällen** kann sich die Qualifizierung als originäres Recht des Vorstands und damit einhergehend die Frage der Anrufungsbefugnis der Hauptversammlung nach § 119 Abs. 2 schwierig gestalten: So wird die Zustimmung zur Übertragung vinkulierter Namensaktien gem. § 68 Abs. 2 Satz 2 zu Recht nicht als ein solches Recht begriffen, da gem. § 68 Abs. 2 Satz 3 ausschließlich die Satzung die Zuständigkeit der Hauptversammlung begründen kann[39]. Umgekehrt besteht dagegen bei § 112 kein Anrufungsrecht des Vorstands[40], da es sich bei der Vertretung gegenüber den Vorstandsmitgliedern um eine ausschließlich dem Aufsichtsrat vorbehaltene Geschäftsführungsmaßnahme handelt, eine derartige Kompetenzverlagerung zu Lasten des Aufsichtsrats außerhalb von § 111 Abs. 4 dem Gesetz nicht entnommen werden kann, und schließlich die Gefahr des Selbstkontrahierens droht[41]. 21

### c) Verfahrensfragen

Das Verlangen auf Entscheidung über Fragen der Geschäftsführung muss der Hauptversammlung als **Beschlussantrag** vorgelegt werden. Anderenfalls wäre es der Haupt- 22

---

34 Treffend *Mülbert* in Großkomm. AktG, 4. Aufl., § 119 AktG Rz. 40; *Kubis* in MünchKomm. AktG, 2. Aufl., § 119 AktG Rz. 24; im Ergebnis ebenso *Zöllner* in KölnKomm. AktG, 1. Aufl., § 119 AktG Rz. 29.
35 S. nur *Kubis* in MünchKomm. AktG, 2. Aufl., § 119 AktG Rz. 24; *Mülbert* in Großkomm. AktG, 4. Aufl., § 119 AktG Rz. 41.
36 BGH v. 15.1.2001 – II ZR 124/99, BGHZ 146, 288, 292 f. = AG 2001, 261 f.; *Kubis* in MünchKomm. AktG, 2. Aufl., § 119 AktG Rz. 25.
37 *Mülbert* in Großkomm. AktG, 4. Aufl., § 119 AktG Rz. 42.
38 BGH v. 15.1.2001 – II ZR 124/99, BGHZ 146, 288, 292 f. = AG 2001, 261 f.; a.A. *Kubis* in MünchKomm. AktG, 2. Aufl., § 119 AktG Rz. 25, der dann den Vorstand im Falle eines abweichenden HV-Beschlusses offenbar rückwirkend für eine Pflichtverletzung nach §§ 93, 83 haften lassen will.
39 *Kubis* in MünchKomm. AktG, 2. Aufl., § 119 AktG Rz. 24 mit Fn. 49; *Hüffer*, § 119 AktG Rz. 13; a.A. *Mülbert* in Großkomm. AktG, 4. Aufl., § 119 AktG Rz. 40 mit Fn. 80.
40 So aber ohne nähere Begründung *Kubis* in MünchKomm. AktG, 2. Aufl., § 119 AktG Rz. 24; *Mülbert* in Großkomm. AktG, 4. Aufl., § 119 AktG Rz. 41 der die Vertretungsbefugnis des Aufsichtsrats mit Verweis auf § 111 Abs. 4 Satz 3 durch die Hauptversammlung nach § 119 Abs. 2 ersetzt.
41 *Zöllner* in KölnKomm. AktG, 1. Aufl., § 119 AktG Rz. 31, 35; dazu auch BGH v. 13. 6.1960 – II ZR 73/58, WM 1960, 803, 804; *Ekkenga*, AG 1985, 40, 41.

versammlung nicht möglich, eine Entscheidung zu treffen[42]. Kenntnis von der Anrufung und den Beschlussanträgen des Vorstands erhält sie durch Einberufung gem. § 121, da im Zusammenhang mit der Einberufung die Tagesordnung gem. § 121 Abs. 3 Satz 2 bekannt zu machen ist (s. § 121 Rz. 37). Rein informatorische Hauptversammlungen (dazu bereits Rz. 5) stellen keinen Fall des § 119 Abs. 2 dar, da sie nicht in einen echten Beschluss münden[43]. Im Falle eines Verlangens des Vorstands zur Entscheidung der Hauptversammlung muss dieser der Hauptversammlung all diejenigen Informationen zukommen lassen, die für eine **sachgerechte Willensbildung** notwendig sind[44]. Zur Vorlage eines Vertrages s. Rz. 42.

23 Grundsätzlich ist für Beschlüsse der Hauptversammlung im Falle des Verlangens des Vorstands die **einfache Stimmenmehrheit** gem. § 133 Abs. 1 (dazu § 133 Rz. 28) ausreichend, sofern die Satzung keine abweichenden Bestimmungen enthält[45]. Lediglich im Falle der Anrufung der Hauptversammlung bei Existenz eines Zustimmungsvorbehaltes zugunsten des Aufsichtsrats greift die in § 111 Abs. 4 Satz 4 geforderte Drei-Viertel-Mehrheit ein, da anderenfalls die verweigerte Zustimmung des Aufsichtsrats bei direkter Anrufung der Hauptversammlung unterlaufen werden könnte[46].

24 **Inhaltlich** ist die Hauptversammlung bezüglich der zu treffenden Entscheidung frei, so dass sie nicht nur mittels eines positiven oder negativen Beschlusses auf das Entscheidungsverlangen des Vorstands reagieren, sondern auch bloße Empfehlungen treffen kann[47].

### d) Beschlusswirkung

25 Trifft die Hauptversammlung eine Entscheidung und nicht nur eine bloße Empfehlung, so ist der Beschluss für den Vorstand **bindend**[48], außer er ist gesetzeswidrig oder sein Vollzug hätte zwangsläufig einen Gesetzesverstoß zur Folge[49]. Gleiches gilt für eine Entscheidung der Hauptversammlung, die der Vorstand nicht verlangt hat[50]. Ein rechtmäßiger Hauptversammlungsbeschluss führt zur Enthaftung des Vorstands gem. § 93 Abs. 4. Die Nichtbefolgung eines Beschlusses kann dagegen nicht nur zu Schadensersatzansprüchen der Gesellschaft gegen die einzelnen Vorstandsmitglieder führen, sondern stellt auch einen wichtigen Grund zur Abberufung gem. § 84 Abs. 3

---

42 *Hüffer*, § 119 AktG Rz. 14; *Mülbert* in Großkomm. AktG, 4. Aufl., § 119 AktG Rz. 49; s. auch *Kubis* in MünchKomm. AktG, 2. Aufl., § 119 AktG Rz. 23.
43 Zu Recht *Mülbert* in Großkomm. AktG, 4. Aufl., § 119 AktG Rz. 49; ebenso *Kubis* in MünchKomm. AktG, 2. Aufl., § 119 AktG Rz. 23; anders jedoch *Zöllner* in KölnKomm. AktG, 1. Aufl., § 119 AktG Rz. 37.
44 BGH v. 15.1.2001 – II ZR 124/99, BGHZ 146, 288 = AG 2001, 261; OLG München v. 26.4.1996 – 23 U 4586/96, AG 1996, 327; OLG Dresden v. 23.4.2003 – 18 U 1976/02, AG 2003, 433, 434; *Hüffer*, § 119 AktG Rz. 13.
45 Statt vieler *Kubis* in MünchKomm. AktG, 2. Aufl., § 119 AktG Rz. 26.
46 Ebenso *Kubis* in MünchKomm. AktG, 2. Aufl., § 119 AktG Rz. 26; *Mülbert* in Großkomm. AktG, 4. Aufl., § 119 AktG Rz. 53; *Hüffer*, § 119 AktG Rz. 14; *Henn*, Handbuch Aktienrecht, § 20 Rz. 693.
47 Ganz h.M.; s. nur *Kubis* in MünchKomm. AktG, 2. Aufl., § 119 AktG Rz. 26; *Hüffer*, § 119 AktG Rz. 15; *Zöllner* in KölnKomm. AktG, 1. Aufl., § 119 AktG Rz. 38; *F.-J. Semler* in MünchHdb. AG, § 34 Rz. 18; a.A. *Rohde/Geschwandtner*, NZG 2005, 996 ff., die auf die Kompetenz des Vorstands zur Leitung nach § 76 und seine Eigenverantwortung verweisen, aber verkennen, dass es hier gerade um eine freiwillige Vorlage des Vorstands an die Hauptversammlung geht.
48 Dazu bereits Begr. RegE, *Kropff*, Aktiengesetz, S. 165.
49 Statt vieler *Mülbert* in Großkomm. AktG, 4. Aufl., § 119 AktG Rz. 54.
50 *F.-J. Semler* in MünchHdb. AG, § 34 Rz. 14; *Kubis* in MünchKomm. AktG, 2. Aufl., § 119 AktG Rz. 27.

dar⁵¹. Der Beschluss entfaltet aber **keine Außenwirkung** nach § 93 Abs. 5 Satz 3 und führt auch nicht zu Änderungen der organschaftlichen Vertretungsbefugnis des Vorstands⁵². Allerdings kann der Vorstand im Außenverhältnis vertraglich die Zustimmung der Hauptversammlung zur Bedingung machen⁵³.

## V. Ungeschriebene Zuständigkeiten der Hauptversammlung

**Literatur:** *Adolff*, Zur Reichweite des verbandsrechtlichen Abwehranspruchs des Aktionärs gegen rechtswidriges Verwaltungshandeln, ZHR 169 (2005), 310; *Arnold*, Mitwirkungsbefugnisse der Aktionäre nach Gelatine und Macrotron, ZIP 2005, 1573; *Bayer*, Aktionärsklagen de lege lata und de lege ferenda, NJW 2000, 2609; *Bungert*, Festschreibung der ungeschriebenen „Holzmüller"-Hauptversammlungszuständigkeiten bei der Aktiengesellschaft, BB 2004, 1345; *Feldhaus*, Der Verkauf von Unternehmensteilen einer Aktiengesellschaft und die Notwendigkeit einer außerordentlichen Hauptversammlung, BB 2009, 562; *Fleischer*, Ungeschriebene Hauptversammlungszuständigkeiten im Aktienrecht: von „Holzmüller" zu „Gelatine", NJW 2004, 2335; *Fuhrmann*, „Gelatine" und die Holzmüller-Doktrin: Ende einer juristischen Irrfahrt?, AG 2004, 339; *Geßler*, Einberufung und ungeschriebene Hauptversammlungszuständigkeiten, in FS Stimpel 1985, S. 771; *Goette*, Ungeschriebene Mitwirkungsbefugnisse stehen der Hauptversammlung einer AG nur im Ausnahmefall zu, DStR 2004, 927; *Goette*, Organisation und Zuständigkeiten im Konzern, AG 2006, 522; *Götz*, Die Sicherung der Rechte der Aktionäre der Konzernobergesellschaft bei Konzernbildung und Konzernleitung, AG 1984, 85; *Götze*, „Gelatine" statt „Holzmüller" – Zur Reichweite ungeschriebener Mitwirkungsbefugnisse der Hauptversammlung, NZG 2004, 585; *Grün*, Informationspflichten des Vorstands bei „Holzmüller-Beschlüssen", 2007; *Grunewald*, Rückverlagerung von Entscheidungskompetenzen der Hauptversammlung auf den Vorstand, AG 1990, 133; *Habersack*, Die Aktionärsklage – Grundlagen, Grenzen und Anwendungsfälle, DStR 1998, 533; *Habersack*, Mitwirkungsrechte der Aktionäre nach Macrotron und Gelatine, AG 2005, 137; *Heinsius*, Organzuständigkeit bei Bildung, Erweiterung und Umorganisation des Konzerns, ZGR 1984, 383; *Henze*, Holzmüller vollendet das 21. Lebensjahr, in FS Ulmer, 2003, S. 211; *Hoffmann-Becking*, „Holzmüller", „Gelatine" und die Thesen von der Mediatisierung der Aktionärsrechte, ZHR 172 (2008), 231; *Hofmeister*, Veräußerung und Erwerb von Beteiligungen bei der Aktiengesellschaft: Denkbare Anwendungsfälle der Gelatine-Rechtsprechung?, NZG 2008, 47; *Hüffer*, Zur Holzmüller-Problematik: Reduktion des Vorstandsermessens oder Grundlagenkompetenz der Hauptversammlung, in FS Ulmer, 2003, S. 279; *Jerczynski*, Ungeschriebene Zuständigkeiten der Hauptversammlung in der Aktiengesellschaft, 2009; *Joost*, „Holzmüller 2000" vor dem Hintergrund des Umwandlungsgesetzes, ZHR 163 (1999), 164; *Kiesewetter/Spengler*, Hauptversammlungszuständigkeit bei Veräußerung und Erwerb von Gesellschaftsvermögen im Rahmen von M&A-Transaktionen, Der Konzern 2009, 541; *Koppensteiner*, „Holzmüller" auf dem Prüfstand des BGH, Der Konzern 2004, 381; *Kort*, Bekanntmachungs-, Berichts- und Informationspflichten bei „Holzmüller"-Beschlüssen der Mutter im Fall von Tochter-Kapitalerhöhungen zu Sanierungszwecken, ZIP 2002, 685; *Kort*, Neues zu „Holzmüller": Bekanntmachungspflichten bei wichtigen Verträgen, AG 2006, 272; *Liebscher*, Ungeschriebene Hauptversammlungszuständigkeiten im Lichte von Holzmüller, Macrotron und Gelatine, ZGR 2005, 1; *Lutter*, Die Rechte der Gesellschafter beim Abschluss fusionsähnlicher Unternehmensverbindungen, DB 1973, Beilage 21; *Lutter*, Organzuständigkeiten im Konzern, in FS Stimpel 1985, S. 825; *Lutter*, Gesellschaftsrecht und Kapitalmarkt, in FS Zöllner, Band I, 1998, S. 363; *Lutter/Drygala*, Rechtsfragen beim Gang an die Börse, in FS Raisch, 1995, S. 239; *Lutter/Leinekugel*, Der Ermächtigungsbeschluss der Hauptversammlung zu grundlegenden Strukturmaßnahmen – zulässige Kompetenzübertragung oder unzulässige Selbstentmachtung?, ZIP 1998, 805; *Lutter/Leinekugel*, Kompetenzen von Hauptversammlung und Gesellschafterversammlung beim Verkauf von Unternehmensteilen, ZIP 1998, 225; *Martens*, Die Entscheidungsautonomie des Vorstands und die „Basisdemokratie" in der Aktiengesellschaft, ZHR 147 (1983), 377; *Mecke*, Konzernstruktur und Aktionärsentscheid, 1992; *von Rechenberg*, Holzmüller – Auslaufmodell oder Grundpfeiler der Kompetenzverteilung in der AG?, in FS Bezzenberger, 2000, S. 359; *Rehbinder*,

---

51 Ausführlich *Kubis* in MünchKomm. AktG, 2. Aufl., § 119 AktG Rz. 29 f.; s. auch *F.-J. Semler* in MünchHdb. AG, § 34 Rz. 19.
52 S. BGH v. 13.6.1960 – II ZR 73/58, WM 1960, 803, 804 f.; *Mülbert* in Großkomm. AktG, 4. Aufl., § 119 AktG Rz. 58; *Hüffer*, § 119 AktG Rz. 12, 15.
53 *Hüffer*, § 119 AktG Rz. 15; ebenso bereits *Zöllner* in KölnKomm. AktG, 1. Aufl., § 119 AktG Rz. 42.

Zum konzernrechtlichen Schutz der Aktionäre einer Obergesellschaft, ZGR 1983, 92; *Reichert*, Mitwirkungsrechte und Rechtsschutz der Aktionäre nach Macrotron und Gelatine, AG 2005, 150; *Renner*, Holzmüller-Kompetenz der Hauptversammlung beim Erwerb einer Unternehmensbeteiligung?, NZG 2002, 1091; *Seiler/Singhof*, Zu den Rechtsfolgen bei Nichtbeachtung der Holzmüller-Grundsätze, Der Konzern 2003, 313; *J. Semler*, Einschränkung der Verwaltungsbefugnisse in einer Aktiengesellschaft, BB 1983, 1566; *Staake*, Ungeschriebene Hauptversammlungszuständigkeiten in börsennotierten und nicht börsennotierten Aktiengesellschaften, 2009; *Timm*, Hauptversammlungskompetenzen und Aktionärsrechte in der Konzernspitze, AG 1980, 172; *Trapp/Schick*, Die Rechtsstellung des Aktionärs der Obergesellschaft beim Börsengang von Tochtergesellschaften, AG 2001, 381; *Tröger*, Informationsrechte der Aktionäre bei Beteiligungsveräußerungen, ZHR 165 (2001), 593; *Ulmer*, Ungeschriebene Mitwirkungsbefugnisse der Hauptversammlung?, AG 1975, 15; *Veil*, Aktuelle Probleme im Ausgliederungsrecht, ZIP 1998, 361; *Wahlers*, Konzernumbildungskontrolle durch die Hauptversammlung der Obergesellschaft, 1994; *Weißhaupt*, Der „eigentliche" Holzmüller-Beschluss, NZG 1999, 804; *Weißhaupt*, Holzmüller-Informationspflichten nach den Erläuterungen des BGH in Sachen „Gelatine", AG 2004, 585; *Werner*, Zuständigkeitsverlagerung in der Aktiengesellschaft durch Richterrecht?, ZHR 147 (1983), 429; *H.P. Westermann*, Organzuständigkeit bei Bildung, Erweiterung und Umorganisation des Konzerns, ZGR 1984, 352; *Wollburg/Gehling*, Umgestaltung des Konzerns – Wer entscheidet über die Veräußerung von Beteiligungen einer Aktiengesellschaft, in FS Lieberknecht, 1997, S. 133; *Zeidler*, Die Hauptversammlung der Konzernmutter – ungeschriebene Zuständigkeiten und Information der Aktionäre, NZG 1998, 91; *Zimmermann/Pentz*, „Holzmüller" – Ansatzpunkt, Klagefristen, Klageantrag, in FS W. Müller, 2001, S. 151.

## 1. Zuständigkeit aufgrund satzungsnaher Strukturentscheidungen

### a) Herausbildung ungeschriebener Zuständigkeiten

26 Trotz der offenbar aus § 119 Abs. 1 resultierenden klaren Kompetenzabgrenzung zwischen Vorstand und Hauptversammlung wurden bereits früh auf der Grundlage verschiedener Einzel- und Gesamtanalogien ungeschriebene Hauptversammlungszuständigkeiten als **Ausnahmen** entwickelt[54], insbesondere bei der Ausgliederung wesentlicher Geschäftszweige auf eine Tochtergesellschaft[55] oder andere Konzernumstrukturierungen[56]. Derartige ungeschriebene Zuständigkeiten stehen im Spannungsfeld der vom AktG verfolgten, satzungsfesten Kompetenzzuweisung an die Organe und zahlreichen spezialgesetzlich festgelegten Kompetenzen, insbesondere im UmwG einerseits und dem Bedürfnis nach Minderheitenschutz für vom Gesetz nicht erfasste Strukturentscheidungen.

27 Vor diesem Hintergrund hat der BGH erstmalig in der sog. „**Holzmüller**"- bzw. „Seehafen"-Urteil derartige Zuständigkeiten der Hauptversammlung anerkannt[57]: Danach gibt es derart „**grundlegende Entscheidungen**, die durch die Außenvertretungsmacht des Vorstands, seine ... begrenzte Geschäftsführungsbefugnis wie auch durch den Wortlaut der Satzung formal noch gedeckt sind, gleichwohl aber **so tief in die Mitgliedsrechte** der Aktionäre und deren im Anteilseigentum verkörpertes Vermögensinteresse **eingreifen**, dass der Vorstand vernünftigerweise nicht annehmen kann, er dürfe sie in ausschließlich eigener Verantwortung treffen, ohne die Hauptversammlung zu beteiligen"[58]. Dogmatisch verankert der II. Zivilsenat die Zuständigkeit der Hauptversammlung damit im Eingriff in die Mitgliedsrechte der Aktionä-

---

54 S. bereits *Kropff* in FS Geßler, 1971, S. 111 ff.; *Lutter*, DB 1973, Beilage 21, S. 12 ff.; *Lutter* in FS Barz, 1974, S. 199; *Lutter* in FS Westermann, 1974, S. 347; *Ulmer*, AG 1975, 15; *Uwe H. Schneider*, ZHR 143 (1977), 485, 496 f.
55 *Kropff* in FS Geßler, 1971, S. 111 ff.; *Lutter*, DB 1973, Beilage 21, S. 12 ff.; *Timm*, Die Aktiengesellschaft als Konzernspitze, 1980, S. 130 ff.; 165 ff.
56 *Kubis* in MünchKomm. AktG, 2. Aufl., § 119 AktG Rz. 31.
57 BGH v. 25.2.1982 – II ZR 174/80, BGHZ 83, 122 = AG 1982, 158.
58 BGH v. 25.2.1982 – II ZR 174/80, BGHZ 83, 122, 131 = AG 1982, 158.

re, verbunden mit einer Pflicht des Vorstands zur Vorlage nach § 119 Abs. 2[59]. Dieser Ansatz stieß zunächst überwiegend auf Kritik[60], die jedoch zunehmend relativiert wurde[61], während die Instanzgerichte dem BGH mitunter frühzeitig folgten[62].

Präzisierungen hat die „Holzmüller"-Doktrin nach über 20 Jahren durch das sog. „**Gelatine**"-Urteil unter weitgehender Zustimmung im Schrifttum[63] erfahren, indem der BGH nunmehr von einer offenen Rechtsfortbildung spricht[64]. Neben der Klärung der dogmatischen Grundlage streicht der BGH den **Schutzzweck** der ungeschriebenen Zuständigkeiten der Hauptversammlung heraus, zum einen Schutz vor zwangsläufigen Mediatisierungen des Einflusses der Aktionäre durch Ausgliederungen auf nachgelagerte Beteiligungsgesellschaften, zum anderen der Schutz der Anteilseigner vor einer durch grundlegende Entscheidungen des Vorstands eintretenden nachhaltigen Schwächung ihrer Beteiligung[65]. Auch soll die Zuständigkeit der Hauptversammlung nicht zu Verschiebungen der uneingeschränkten Außenvertretungsmacht des Vorstands führen, sondern nur Auswirkungen im Innenverhältnis zeitigen[66]. Zudem klärte der Senat die qualitativen Voraussetzungen, insbesondere Schwellenwerte (Rz. 31), sowie anzuwendende Quoren für die Abstimmung (Rz. 45). 28

**b) Stellungnahme**

Der Ansatz einer **offenen Rechtsfortbildung** hat im Schrifttum zum Teil Kritik hervorgerufen, da methodisch der Rückgriff auf eine offene Rechtsfortbildung nicht notwendig, vorzugswürdiger hingegen eine **Teilanalogie** zu geltenden organisations- 29

---

59 BGH v. 25.2.1982 – II ZR 174/80, BGHZ 83, 122, 131 = AG 1982, 158; krit. zum Ansatz über § 119 Abs. 2: *Mülbert* in Großkomm. AktG, 4. Aufl., § 119 AktG Rz. 21; *K. Schmidt*, GesR, § 28 V 2b, S. 870 f.; *Henze* in FS Ulmer, 2003, S. 211, 218 ff.; *Joost*, ZHR 163 (1999), 164, 179 ff.; *Priester*, ZHR 163 (1999), 187, 195; *Martens*, ZHR 147 (1983), 377, 380 ff.; *Lutter* in FS Fleck, 1988, S. 169, 182 f.; *Weißhaupt*, NZG 1999, 804, 807; *H.P. Westermann* in FS Koppensteiner, 2001, S. 259, 270 f.; *Zimmermann/Pentz* in FS W. Müller, 2001, S. 151, 160 ff.
60 *J. Semler*, BB 1983, 1566, 1570 ff.; *Martens*, ZHR 147 (1983), 377, 404 ff.; *Werner*, ZHR 147 (1983), 429 ff.; *Sünner*, AG 1983, 169 ff.; *Beusch* in FS Werner, 1984, S. 1 ff.; *Westermann*, ZGR 1984, 352, 371 ff.; *Heinsius*, ZGR 1984, 383, 388 ff.: „Wüste der Rechtsunsicherheit"; *Götz*, AG 1984, 85, 90; *Werner*, AG 1990, 1, 16 f.; *Mülbert* in Großkomm. AktG, 4. Aufl., § 119 AktG Rz. 24.
61 *Lutter* in FS H. Westermann, 1974, S. 347 ff.; *Uwe H. Schneider* in FS Bärmann, 1975, S. 873, 881 ff.; *von Rechenberg* in FS Bezzenberger, 2000, S. 359; *Zimmermann/Pentz* in FS W. Müller, 2001, S. 151 ff.; *Emmerich*, AG 1991, 303, 307; *Joost*, ZHR 163 (1999), 164, 179 ff.; *Priester*, ZHR 163 (1999), 187, 194 ff.; *Weißhaupt*, NZG 1999, 804, 806; *Henze*, BB 2000, 209, 211 f.; *Böttcher/Blasche*, NZG 2006, 569, 572; *Hüffer*, § 119 AktG Rz. 18; *Kubis* in MünchKomm. AktG, 2. Aufl., § 119 AktG Rz. 39 ff.; *K. Schmidt*, GesR, § 28 V 2b, S. 870 f.; bereits früh der Linie des BGH zustimmend *Lutter* in FS Stimpel, 1985, S. 825 ff.; *Großfeld/Brondics*, JZ 1982, 589 ff.; *Rehbinder*, ZGR 1983, 92, 98 f.
62 OLG Köln v. 24.11.1992 – 22 U 72/92, ZIP 1993, 110, 113; LG Köln v. 3.2.1992 – 91 O 203/91, AG 1992, 238, 239; OLG München v. 10.11.1994 – 24 U 1036/93, AG 1995, 232, 233; LG Heidelberg v. 1.12.1998 – O 95/98 KfH I, AG 1999, 135, 137; LG Hannover v. 30.5.2000 – 26 O 79/98, DB 2000, 1607; OLG Celle v. 7.3.2001 – 9 U 137/00, AG 2001, 357, 358; OLG Karlsruhe v. 12.3.2002 – 8 U 295/00, DB 2002, 1094.
63 *Adolff*, ZHR 169 (2005), 310, 319; *Arnold*, ZIP 2005, 1573; *Fleischer*, NJW 2004, 2335, 2336; *Fuhrmann*, AG 2004, 339, 341; *Götze*, NZG 2004, 585, 588; *Liebscher*, ZGR 2005, 1, 2; *Reichert*, AG 2005, 150.
64 BGH v. 26.4.2004 – II ZR 155/02, BGHZ 159, 30, 43 = AG 2004, 384; dazu auch die weitere, in der Literatur oftmals als „Gelatine II" titulierte Entscheidung, BGH v. 26.4.2004 – II ZR 154/02, ZIP 2004, 1001.
65 BGH v. 26.4.2004 – II ZR 155/02, BGHZ 159, 30, 40 = AG 2004, 384.
66 Zu diesen Überlegungen s. ausführlich BGH v. 26.4.2004 – II ZR 155/02, BGHZ 159, 30, 42 f. = AG 2004, 384.

rechtlichen Normen der Aktiengesellschaft sei[67]. Zwar kann gerade bei einer Teilanalogie zu einzelnen oder mehreren normierten Hauptversammlungszuständigkeiten anders als es der BGH offensichtlich annimmt[68], auch die Konsequenz einer Nichtigkeit im Außenverhältnis vermieden werden[69]. Der Ansatz über einzelne Normen erlaubt es auch im Einzelfall, genauer festzustellen, ob der Gesetzgeber bestimmte Sachverhalte abschließend regeln wollte, etwa im Umwandlungsrecht. Dabei ist das Regel-Ausnahme-Verhältnis im Auge zu behalten, ebenso wie der über die Organzuständigkeit mediatisierte Aktionärsschutz, der es verbietet, allein auf eine individualrechtliche Beeinträchtigung des Mitgliedschaftsrechts abzustellen[70]. Der Aktionär kann letztlich nur die Zuständigkeit seines Organs geltend machen, nicht aber die Verletzung eigenständiger Rechte, auch wenn hinsichtlich des Rechtsschutzes der Weg über einen individuellen Anspruch gewählt wird[71]. Dem entspricht die vom BGH in den Vordergrund gerückte Zuständigkeit der Hauptversammlung bei „satzungsnahen" Entscheidungen[72]. Grundsätzlicher ist die Kritik an der Mediatisierungsthese der Rechtsprechung (und der Literatur): Teilweise wird, angesichts der Möglichkeit der Aktionäre, ihre Aktie am Kapitalmarkt für börsennotierte Gesellschaften zu veräußern, grundsätzlich die Notwendigkeit eines verbandsrechtlichen Schutzes negiert[73] – wobei indes die Funktion von Rechten als preisbildender Faktor auch auf Kapitalmärkten verkannt wird. Nicht ganz zu Unrecht wird zudem bemängelt, dass der Aktionär nur bei Kapitalerhöhungen und bei der Gewinnverwendung Beschneidungen seiner über die Hauptversammlung vermittelten Rechte hinnehmen müsse[74]. Doch bleibt es dabei, dass gerade in diesen Bereichen eine Gefährdung der Kompetenzen der Hauptversammlung nicht zu leugnen ist. Behält man diese Fragen im Auge, verliert jedoch die konkrete **dogmatische Einordnung** viel an Bedeutung.

**c) Reichweite ungeschriebener Zuständigkeiten**

30 **aa) Qualitative und quantitative Anforderungen.** Auch wenn der BGH die konkrete Reichweite der ungeschriebenen Zuständigkeit offen lässt[75], lassen sich der Rechtsprechung doch wichtige Anhaltspunkte entnehmen, wonach ungeschriebene Hauptversammlungszuständigkeiten „nur ausnahmsweise und in engen Grenzen" anzuerkennen sind[76]. Vor allem die vom Senat herausgestellte „Satzungsnähe"[77] beschränkt den **qualitativen Anwendungsbereich** der ungeschriebenen Zuständigkeiten **auf fundamentale Strukturentscheidungen**, vergleichbar den Entscheidungen über die Ausrichtung der Gesellschaft oder dem Abschluss von Unternehmensverträgen, Spaltungen oder Umwandlungen. Diesem Ansatz ist uneingeschränkt zuzustimmen,

---

67 *Fleischer*, NJW 2004, 2335, 2337; *Koppensteiner*, Der Konzern 2004, 381, 384 f.; methodische Kritik insbes. bei *Weißhaupt*, AG 2004, 585, 586.
68 BGH v. 26.4.2004 – II ZR 155/02, BGHZ 159, 30, 42 f. = AG 2004, 384.
69 Ähnlich *Fleischer*, NJW 2004, 2335, 2337; a.A. hingegen *Pentz*, BB 2005, 1397, 1403, da neben der Rechtsfolge auch der Tatbestand der Referenznormen nicht passend sei; dazu bereits *Zimmermann/Pentz* in FS W. Müller, 2001, S. 151, 163.
70 In diese Richtung wohl auch *Goette*, AG 2006, 522, 523 f.; dagegen *Liebscher*, ZGR 2005, 1, 20 ff.
71 Anders offenbar *Hüffer* in FS Ulmer, 2003, S. 279, 286 ff.; *Hüffer*, § 119 AktG Rz. 18 f.; dem teilweise folgend *Adolff*, ZHR 169 (2005), 310, 315 f.
72 BGH v. 26.4.2004 – II ZR 154/02, ZIP 2004, 1001.
73 So umfassend *Staake*, Ungeschriebene Hauptversammlungszuständigkeiten in börsennotierten und nicht börsennotierten Aktiengesellschaften, 2009, S. 197 ff.
74 *Hoffmann-Becking*, ZHR 172 (2008), 231, 235 ff.
75 BGH v. 26.4.2004 – II ZR 155/02, BGHZ 159, 30, 41 = AG 2004, 384.
76 BGH v. 26.4.2004 – II ZR 155/02, BGHZ 159, 30 = AG 2004, 384.
77 BGH v. 26.4.2004 – II ZR 155/02, BGHZ 159, 30, 44 f. = AG 2004, 384.

da sonst das Kompetenzverhältnis zwischen Vorstand und Hauptversammlung aufgeweicht würde. Die rein wirtschaftliche Bedeutung einer Maßnahme genügt nicht[78]; es bedarf immer der entsprechenden Auswirkungen auf die Struktur der Gesellschaft, wie etwa der Veränderung des Einflusses der Aktionäre in ihrem Organ (**Mediatisierungseffekt**)[79]. Zwar wird darüber hinaus etwa für Investitionen und Maßnahmen in soziale oder gemeinnützige Aktivitäten eine ungeschriebene Hauptversammlungszuständigkeit gefordert, sofern sich diese nicht unmittelbar in entsprechenden Gewinnen der AG niederschlagen[80]; doch fallen derartige Investitionen in die Geschäftsleitungskompetenz des Vorstands und sind durch das Unternehmensinteresse in der Regel gerechtfertigt, sofern sie nicht jeden Bezug zur Gesellschaft vermissen lassen und nicht verkehrsübliche Größenordnungen übersteigen[81].

In **quantitativer Hinsicht** liegt[82] die Eingriffsschwelle bei einer Größenordnung von ca. 75 % des Gesellschaftsvermögens (und nicht des Konzerns)[83], auch wenn noch nicht völlig geklärt ist, ob nur die Bilanzsumme, das Eigenkapital, Umsatz und Ergebnis vor Steuern für die Berechnung relevant sind[84]. In **zeitlicher Hinsicht** können zwar die Durchschnittswerte der letzten drei Jahre vor der Transaktion einen Anhaltspunkt bilden[85]; doch kommt es maßgeblich auf die Verhältnisse zum Transaktionszeitpunkt an, um die Auswirkungen des geplanten Geschäfts zu beurteilen[86]. Eine eindeutige rechnerische Zuordnung erscheint indes nicht maßgeblich, da letztlich auch die qualitative Bedeutung des Vorgangs entscheidend ist. Eine derart hohe Schwelle ist auch angebracht, da niedrigere Schwellenwerte zu einer Lähmung der Gesellschaft führen können[87]. Niedrigeren Schwellen, die mitunter bei lediglich 10 %[88], aber auch bei 50 %[89] verortet wurden, ist damit der Boden entzogen[90]; allerdings bleibt nochmals zu betonen, dass derartige Schwellenwerte **nur Indizwirkung**

31

---

78 So aber offenbar OLG Schleswig v. 8.12.2005 – 5 U 57/04, AG 2006, 120, 123; krit. zu Recht *Kort*, AG 2006, 272, 274.
79 OLG Stuttgart v. 13.7.2005 – 20 U 1/05, AG 2006, 693, 695; *Böttcher/Blasche*, NZG 2006, 569, 573; s. aber auch *Goette*, AG 2006, 522, 525: keine Festlegung auf ausschließlich Mediatisierungseffekte.
80 So *Mülbert*, AG 2009, 766, 774.
81 Näher dazu *Spindler* in MünchKomm. AktG, 3. Aufl., § 76 AktG Rz. 88.
82 Zu den genauen Zahlen im „Holzmüller"-Fall s. OLG Hamburg v. 5.9.1980 – 11 U 1/80, ZIP 1980, 1000, 1005 = DB 1981, 74; s. auch *Goette*, DStR 2004, 927, 928; *Fleischer*, NJW 2004, 2335, 2337.
83 LG München I v. 8.6.2006 – 5 HK O 5025/06, ZIP 2006, 2036, 2040; wohl auch BGH v. 26.4.2004 – II ZR 155/02 – „Gelatine", BGHZ 159, 30, 44 f. = AG 2004, 384; *Simon*, DStR 2004, 1482, 1485; *Hüffer*, § 119 AktG Rz. 18b; *Habersack* in Emmerich/Habersack, Aktien- und GmbH-Konzernrecht, vor § 311 AktG Rz. 46 m.w.N.; für Konzern dagegen: *Feldhaus*, BB 2009, 562, 567 f., ebenso *Kiesewetter/Spengler*, Der Konzern 2009, 451, 456 unter unzutreffender Berufung auf das Gelatine-Urteil, hier Rz. 55.
84 Dazu krit. *Bungert*, BB 2004, 1345, 1347; s. auch *Fuhrmann*, AG 2004, 339, 341; *Hoffmann* in Spindler/Stilz, § 119 AktG Rz. 34.
85 *Feldhaus*, BB 2009, 562, 568 f.
86 S. auch *Kiesewetter/Spengler*, Der Konzern 2009, 451, 456.
87 BGH v. 26.4.2004 – II ZR 155/02, BGHZ 159, 30, 44 = AG 2004, 384; ähnlich *Hüffer* in FS Ulmer, 2003, 279, 295 f.; *Hüffer*, § 119 AktG Rz. 18b.
88 *Geßler* in FS Stimpel, 1985, S. 771, 787; s. ferner LG Frankfurt v. 10.3.1993 – 3/14 O 25/92, AG 1993, 287, 288.
89 Namentlich *Wahlers*, Konzernbildungskontrolle durch die Hauptversammlung der Obergesellschaft, S. 217 ff.; *Kubis* in MünchKomm. AktG, 2. Aufl., § 119 AktG Rz. 47; *Groß*, AG 1994, 266, 272; *Veil*, ZIP 1998, 361, 369; *Reichert*, ZHR Beiheft 68 (1999), 25, 45; für eine Einzelfallbetrachtung *Wollburg/Gehling* in FS Lieberknecht, 1997, S. 133, 158 ff.; s. auch LG Düsseldorf v. 13.2.1997 – 31 O 133/96, AG 1999, 94, 95.
90 LG München I v. 28.8.2008 – 5 HK O 12861/07 ZIP 2008, 2124, Rz. 647 f.

im Rahmen einer erforderlichen Gesamtbetrachtung[91] haben und nicht sklavisch angewandt werden können. Auf jeden Fall fallen Funktionsausgliederungen mit weniger als 1 % des Gesamtgeschäfts nicht ins Gewicht[92].

32 **bb) Ausgliederung und Umhängung.** Für Ausgliederungen sind die zahlreichen **Spezialvorschriften** zu beachten, die teilweise klare Regelungen für bestimmte Sachverhalte enthalten[93]. Neben § 179a, der auch bei der Übertragung des nahezu ganzen Vermögens der Gesellschaft (s. dazu § 179a Rz. 8) eingreift, sind insbesondere umwandlungsrechtliche Vorschriften von Bedeutung. Über die §§ 123 Abs. 3, 125, 13, 65 UmwG werden die Fälle der Ausgliederung durch partielle Gesamtrechtsnachfolge[94] der Hauptversammlung überantwortet und dabei insbesondere an ein Mehrheitserfordernis von drei Viertel des vertretenen Kapitals gebunden[95]. Daher bleiben neben der Ausgliederung im Sinne des Holzmüller-Falles einerseits nur die Fälle der sog. „Umhängung" (einer Tochtergesellschaft unter eine andere Tochtergesellschaft mit der Konsequenz, dass die bisherige Tochtergesellschaft eine Enkelgesellschaft wird), andererseits die vom UmwG nicht erfassten Fälle einer Ausgliederung im Wege der Einzelrechtsnachfolge[96] für die ungeschriebene Zuständigkeit der Hauptversammlung.

33 **cc) Beteiligungserwerb.** Demgegenüber ist der Beteiligungserwerb nach wie vor ungeklärt: Während einige aufgrund der Ähnlichkeit zur Ausgliederung eine ungeschriebene Hauptversammlungszuständigkeit annehmen[97], lehnen andere dies ab, da es sich nur um eine Investitionsmaßnahme handele[98]. Indes tritt der entscheidende Mediatisierungseffekt für die Aktionärsrechte auch bei einem reinen Beteiligungserwerb ein, da auf diesem Wege der unmittelbare Zugriff auf dividendenfähige Gewinne entzogen wird[99]. Allein die Ermächtigung in der Satzung im Rahmen des Unternehmensgegenstandes genügt hierfür nicht, sofern es um unternehmerischen, die Struk-

---

91 Ähnlich *Goette*, AG 2006, 522, 526; *Habersack* in Emmerich/Habersack, Aktien- und GmbH-Konzernrecht, Vor § 311 AktG Rz. 47; *Kiesewetter/Spengler*, Der Konzern 2009, 451, 454.
92 OLG Frankfurt 6.4.2009 – 5 W 8/09, AG 2010, 39, Rz. 27.
93 S. *Kubis* in MünchKomm. AktG, 2. Aufl., § 119 AktG Rz. 61; *Habersack* in Emmerich/Habersack, Aktien- und GmbH-Konzernrecht, vor § 311 AktG Rz. 41.
94 Dazu LG Hamburg v. 21.1.1997 – 402 O 122/96, AG 1997, 238; *Kallmeyer* in Kallmeyer, § 123 UmwG Rz. 2; s. auch *von Rechenberg* in FS Bezzenberger, 2000, S. 359, 365 f.
95 Zur umwandlungsrechtlichen Ausgliederung statt vieler: *Kallmeyer* in Kallmeyer, § 123 UmwG Rz. 1 ff.
96 *Goette*, AG 2006, 522, 527; *Röhricht* in VGR, Gesellschaftsrecht in der Diskussion 2003, 2004, S. 1, 11; *Habersack* in Emmerich/Habersack, Aktien- und GmbH-Konzernrecht, Vor § 311 AktG Rz. 41; s. auch OLG Schleswig v. 8.12.2005 – 5 U 57/04, AG 2006, 120 (in concreto aber mangels wirtschaftlicher Bedeutung verfehlt).
97 LG Stuttgart v. 8.11.1991 – 2 KfH O 135/91, AG 1992, 236, 237 f.; *Habersack* in Emmerich/Habersack, Aktien- und GmbH-Konzernrecht, vor § 311 AktG Rz. 42; *Hirte*, Bezugsrechtsausschluss und Konzernbildung, S. 177 f.; *Knoll*, Die Übernahme von Kapitalgesellschaften, 1992, S. 157 f.; *Henze* in FS Ulmer, 2003, S. 211, 229 f.; *Geßler* in FS Stimpel, 1985, S. 771, 786 f.; *Lutter* in FS Stimpel, 1985, S. 825, 847 (unter Abkehr von *Lutter*, DB 1973, Beilage 21, S. 7); *Liebscher*, ZGR 2005, 1, 23 f.
98 OLG Frankfurt v. 21.6.2007 – 5 U 34/07, AG 2008, 862, 864; s. ferner OLG Frankfurt v. 6.4.2009 – 5 W 7/09, Rz. 23 (Anm. *Rothley*, GWR 2009, 113), sowie OLG Frankfurt v. 20.10.2009 – 5 U 22/09, Rz. 117, nrkr., Revision anhängig beim BGH unter Az. II ZR 275/09; LG Heidelberg v. 1.12.1998 – O 95/98 KfH I, AG 1999, 135, 137; *Krieger* in MünchHdb. AG, § 69 Rz. 10; *F.-J. Semler* in MünchHdb. AG, § 34 Rz. 39; *Kubis* in MünchKomm. AktG, 2. Aufl., § 119 AktG Rz. 67; *Reger* in Bürgers/Körber, § 119 AktG Rz. 17; *Renner*, NZG 2002, 1091, 1093.
99 *Habersack* in Emmerich/Habersack, Aktien- und GmbH-Konzernrecht, vor § 311 AktG Rz. 42; *Hofmeister*, NZG 2008, 47, 50 f.; so auch *Kubis* in MünchKomm. AktG, 2. Aufl., § 119 AktG Rz. 67, der jedoch eine ungeschriebene Hauptversammlungszuständigkeit

tur der Gesellschaft umgestaltenden Beteiligungserwerb geht[100]. Befürchtungen, dass auf diesem Wege eine „allgemeine Mittelverwendungskontrolle" durch die Hauptversammlung bei gleichzeitiger Aushöhlung der Leitungsbefugnis des Vorstands Einzug in das Aktienrecht hält[101], sind angesichts der sehr hohen Anforderungen für die ungeschriebenen Zuständigkeiten unbegründet[102]. Dies muss erst recht gelten, wenn durch den beabsichtigten Beteiligungserwerb einer Tochtergesellschaft die Muttergesellschaft konkret vorhersehbar derart in Schieflage gerät, dass sie staatliche Hilfe in Anspruch nehmen muss, die ihrerseits mit erheblichen Mitspracherechten des Staats, etwa in Gestalt von Sperrminoritäten bis hin zum unmittelbaren Einfluss auf die Geschäftspolitik des Vorstands ohne Mitwirkung der Hauptversammlung, führen kann (hier der SoFFin im Rahmen der Finanzmarktkrise). Der Beteiligungserwerb führt damit letztlich zu einer durchaus der Begründung eines Verlagskonzerns vergleichbaren Lage für die Aktionäre der erwerbenden Gesellschaft[103], so dass der Mediatisierungseffekt bzw. die strukturelle Veränderung der Aktionärsrechte eintritt. Allerdings kann dies nur für solche Fälle gelten, in denen nicht Gefahr im Verzug ist; andernfalls könnte der Vorstand nicht, wie etwa während der Finanzkrise, binnen weniger Tage handeln[104]. Die Zustimmung der Hauptversammlung muss dann indes nachträglich eingeholt werden.

**dd) Beteiligungsveräußerung.** Ungeklärt ist ferner die Behandlung der Veräußerung von Unternehmensteilen und Beteiligungen. Gegen ungeschriebene Hauptversammlungszuständigkeiten spricht auf den ersten Blick § 179a, der eine gesetzliche Hauptversammlungszuständigkeit nur bei Veräußerung des ganzen Vermögens einer Gesellschaft vorsieht (näher dazu § 179a Rz. 7 f.)[105]. Andere verweisen demgegenüber darauf, dass vollständige Veräußerungen schwerer in das Mitgliedschaftsrecht als Ausgliederungen eingreifen würden und daher erst recht die Hauptversammlung entscheiden müsse[106]. Entscheidend ist jedoch die **Mediatisierung** des Einflusses der Ak- 34

---

dennoch verneint; s. bereits *Heinsius*, ZGR 1984, 383, 402; a.A. *Bungert*, BB 2004, 1345, 1350; *Götze*, NZG 2004, 585, 588.
100 *Habersack* in Emmerich/Habersack, Aktien- und GmbH-Konzernrecht, vor § 311 AktG Rz. 42; *Habersack*, AG 2005, 137, 144; *Hofmeister*, NZG 2008, 47, 50 f.; a.A. *Krieger* in MünchHdb. AG, § 69 Rz. 8; *Joost*, ZHR 163 (1999), 164, 183, die indes verkennen, dass auch im Holzmüller-Fall der Vorstand zu entsprechenden Handlungen nach der Satzung ermächtigt war.
101 S. vor allem *Kubis* in MünchKomm. AktG, 2. Aufl., § 119 AktG Rz. 67; dazu bereits *Werner*, ZHR 147 (1983), 429, 447; *Groß*, AG 1994, 266, 273; *Renner*, NZG 2002, 1091, 1093.
102 Ebenso *Habersack* in Emmerich/Habersack, Aktien- und GmbH-Konzernrecht, vor § 311 AktG Rz. 42; s. auch *Götze*, NZG 2004, 585, 588; *Henze* in FS Ulmer, 2003, S. 211, 230; *Kiesewetter/Spengler*, Der Konzern 2009, 451, 455.
103 LG Frankfurt v. 15.12.2009 – 3-5 O 208/09 – „Commerzbank", ZIP 2010, 429, 431 f.; abl. *Gubitz/Nikoleyczik*, NZG 2010, 539, 541 ff.
104 Insoweit ist die Kritik von *Gubitz/Nikoleyczik*, NZG 2010, 539, 541 f. berechtigt.
105 *Habersack* in Emmerich/Habersack, Aktien- und GmbH-Konzernrecht, vor § 311 AktG Rz. 43; *Koppensteiner* in KölnKomm. AktG, 3. Aufl., vor § 291 AktG Rz. 93 ff.; *Reger* in Bürgers/Körber, § 119 AktG Rz. 16; *Habersack*, AG 2005, 137, 144 ff.; *Goette*, AG 2006, 522, 527; *Falkenhausen*, ZIP 2007, 24, 25; *Kiesewetter/Spengler*, Der Konzern 2009, 451, 453; s. schon *Werner*, ZHR 147 (1983), 429, 447.
106 OLG Stuttgart v. 14.5.2003 – 20 U 31/02, AG 2003, 527, 532; OLG Celle v. 7.3.2001 – 9 U 137/00, AG 2001, 357; OLG Karlsruhe v. 12.3.2002 – 8 U 295/00, AG 2003, 388, 389; OLG München v. 10.11.1994 – 24 U 1036/93, AG 1995, 232, 233; LG Hannover v. 15.5.2000 – 26 O 79/98, AG 2001, 150; *Kubis* in MünchKomm. AktG, 2. Aufl., § 119 AktG Rz. 63; *Hoffmann* in Spindler/Stilz, § 119 AktG Rz. 31; *Bungert*, BB 2004, 1345, 1350; *Henze* in FS Ulmer, 2003, S. 211, 231; *Reichert*, ZHR Beiheft 68 (1999), 26, 69 f.; *Krieger* in MünchHdb. AG, § 69 Rz. 10; *Lutter*, AG 2000, 349, 350; *Hommelhoff*, Die Konzernleitungspflicht, S. 447; *Timm*, Die Aktiengesellschaft als Konzernspitze, 1980, S. 138 ff.; *Hüffer*, § 119 AktG Rz. 18a.

tionäre (s. Rz. 28)[107]. Für die Veräußerung von Unternehmensteilen oder Beteiligungen fehlt es jedoch an einem solchen Mediatisierungseffekt, da der Wert der Anteile an einer anderen Gesellschaft durch Veräußerung wieder zurückgeholt und damit direkt der Kontrolle der Aktionäre unterstellt wird[108]. Auch wird der Bestand des Gesellschaftsvermögens lediglich verändert, aber nicht geschwächt[109].

35 **ee) Gruppen- bzw. Konzernumbildung.** Auch bei Umgestaltung bestehender Konzerne kann eine ungeschriebene Hauptversammlungszuständigkeit in Betracht kommen[110], insbesondere bei der sog. „Umhängung", bei der die Beteiligung an einer Tochtergesellschaft herausgelöst und in eine andere Gesellschaft des Konzerns eingebracht wird, so dass die bisherige Tochtergesellschaft zur Enkelgesellschaft wird (s. hierzu bereits Rz. 32)[111]. Durch eine solche Maßnahme wird der Mediatisierungseffekt noch verstärkt, da die dann neue Enkelgesellschaft den Aktionären der Obergesellschaft noch weiter „entrückt" wird[112]. Anders ist aber die Verringerung eines vorher 100 %igen Anteils einer Tochter- an einer Enkelgesellschaft zu beurteilen, da hier der bereits bestehende Mediatisierungseffekt nicht vertieft wird[113].

36 **ff) Gruppen- bzw. Konzernleitung.** Die Hauptversammlung der Obergesellschaft kann im Konzern bzw. in der Unternehmensgruppe je nach Einzelfall auch an **Maßnahmen der Unternehmensleitung in nachgeordneten Gesellschaften** zu beteiligen sein; die ausnahmsweise Zuständigkeit der Hauptversammlung kann sich danach grundsätzlich in alle Unternehmensteile eines Konzerns erstrecken[114]. Soweit der betreffende Unternehmensteil nämlich von „wesentlicher Bedeutung"[115] für die Gesamtgesellschaft ist, so muss die Hauptversammlung über alle – die Mitglieds- und Vermögensrechte der Aktionäre der Obergesellschaft wesentlich beeinträchtigenden – Strukturmaßnahmen entscheiden, die auch bei der Obergesellschaft selbst nicht vom Vorstand alleine entschieden werden dürften[116]. Offen ist bislang, **welche Maßnahmen** bei nachgeordneten Gesellschaften der Zustimmung der Hauptversammlung der Obergesellschaft unterworfen sind, wobei in jedem Falle solche Maßnahmen zustimmungsfrei sind, die auch auf Ebene der Obergesellschaft nicht von der Hauptver-

---

107 BGH v. 20.11.2006 – II ZR 226/05, ZIP 2007, 24, Nichtannahmebeschluss von OLG Stuttgart v. 13.7.2005, 20 U 1/05, ZIP 2005, 1415; *Goette*, AG 2006, 522, 527.
108 OLG Köln v. 15.1.2009 – 18 U 105/07, ZIP 2009, 1469, Rz. 113; *Goette*, AG 2006, 522, 527; *Habersack*, AG 2005, 137, 145; *Reichert*, AG 2005, 150, 155; *Habersack* in Emmerich/Habersack, Aktien- und GmbH-Konzernrecht, vor § 311 AktG Rz. 43; *Arnold*, ZIP 2005, 1573, 1576 f.; *Reichert*, AG 2005, 150, 155; *Kiesewetter/Spengler*, Der Konzern 2009, 451, 453 f.; *Hofmeister*, NZG 2008, 47, 50 ff.
109 *Habersack*, AG 2005, 137, 145.
110 *Habersack* in Emmerich/Habersack, Aktien- und GmbH-Konzernrecht, vor § 311 AktG Rz. 45; *Kubis* in MünchKomm. AktG, 2. Aufl., § 119 AktG Rz. 73; *Mülbert* in Großkomm. AktG, 4. Aufl., § 119 AktG Rz. 31; kritisch *Götze*, NZG 2004, 585, 589.
111 BGH v. 26.4.2004 – II ZR 155/02, BGHZ 159, 30, 40 = AG 2004, 384; ferner *Habersack* in Emmerich/Habersack, Aktien- und GmbH-Konzernrecht, vor § 311 AktG Rz. 45; *Bungert*, BB 2004, 1345, 1348.
112 Ausführlich – auch zu weiteren Beispielen – *Habersack* in Emmerich/Habersack, Aktien- und GmbH-Konzernrecht, vor § 311 AktG Rz. 45.
113 OLG Hamm v. 19.11.2007 – 8 U 216/07, AG 2008, 421, Rz. 34 ff.
114 BGH v. 25.2.1982 – II ZR 174/80, NJW 1982, 1703, 1707; *Kubis* in MünchKomm. AktG, 2. Aufl., § 119 AktG Rz. 68 ff.; *Habersack* in Emmerich/Habersack, Aktien- und GmbH-Konzernrecht, vor § 311 AktG Rz. 48; *Ebenroth*, AG 1988, 1, 3; *Rehbinder*, ZGR 1983, 93, 95; *Mecke*, Konzernbildung und Aktionärsentscheid, 1992, S. 178 ff.
115 Zu der notwendigen Einschränkung mittels der Voraussetzung der Notwendigkeit: *Kubis* in MünchKomm. AktG, 2. Aufl., § 119 AktG Rz. 75; *Habersack* in Emmerich/Habersack, Aktien- und GmbH-Konzernrecht, vor § 311 AktG Rz. 46.
116 *Kubis* in MünchKomm. AktG, 2. Aufl., § 119 AktG Rz. 75; *Habersack* in Emmerich/Habersack, Aktien- und GmbH-Konzernrecht, vor § 311 AktG Rz. 49.

sammlung entschieden werden müssen[117]. Ansonsten muss die Maßnahme bezogen auf das Gesellschaftsvermögen der Obergesellschaft entsprechendes Gewicht (in der Regel 80 %) besitzen, wobei Beteiligungen nicht prozentual abzusetzen sind (also nicht 51 % vom Wert einer Maßnahme), da sonst der Mediatisierungseffekt untergewichtet würde. Hat aber die Hauptversammlung der strukturändernden Maßnahme bereits zugestimmt, besteht kein Anlass mehr, sie darüber hinaus mit weiteren Maßnahmen in den Untergesellschaften zu befassen, da sie der Mediatisierung ihrer Rechte zugestimmt hat[118].

**gg) IPO (Initial Public Offering).** Auch der **Börsengang einer Aktiengesellschaft** stellt eine so schwerwiegende Strukturveränderung dar, dass er der Zustimmung der Hauptversammlung bedarf. Denn die AG verliert damit etliche Möglichkeiten der Gestaltung ihres Innenverhältnisses und unterliegt wesentlich strengeren Transparenz- und Publizitätsanforderungen[119]. Dagegen ist allein die Tatsache des Börsengangs einer (zuvor ausgegliederten) Tochtergesellschaft noch kein zustimmungsbedürftiger Vorgang[120].  37

**hh) Satzungsrechtliche Aspekte.** Hinsichtlich der Zuständigkeitsabgrenzung zwischen Vorstand und Hauptversammlung kommt es – vor allem beim Erwerb und bei der Veräußerung von Beteiligungen – entscheidend auch auf die **Regelungen der Satzung** an. Hält das Unternehmen eine Beteiligung, obwohl die Satzung dies nicht gestattet, so muss der Vorstand die Beteiligung veräußern, um die Satzungsverletzung zu beseitigen[121]. Soll eine Beteiligung auf Dauer veräußert werden, die einen selbständigen Teilbereich – also einen unternehmerischen Schwerpunkt[122] – des Unternehmensgegenstandes darstellt, so muss die Hauptversammlung ebenfalls zustimmen, weil mit der Veräußerung der Unternehmensgegenstand geändert wird und dies nur die Aktionäre auf der Hauptversammlung dürfen, wie unmittelbar aus § 179 Abs. 1 Satz 1 folgt; der Unternehmensgegenstand verpflichtet den Vorstand auch zur Ausfüllung des gesetzten Ziels (sog. **Unterschreiten des Unternehmensgegenstandes**)[123].  38

Soweit eine Beteiligung erworben wird, muss diese – auch wenn sie über einer Tochter- oder Enkelgesellschaft erworben wird – vom **satzungsmäßigen Unternehmensge-**  39

---

117 *Habersack* in Emmerich/Habersack, Aktien- und GmbH-Konzernrecht, vor § 311 AktG Rz. 49.
118 *Kiesewetter/Spengler*, Der Konzern 2009, 451, 454; *Arnold*, ZIP 2005, 1573, 1577.
119 *Mülbert* in Großkomm. AktG, 4. Aufl., § 119 AktG Rz. 30; *Lutter/Leinekugel*, ZIP 1998, 805, 806; *Vollmer/Grupp*, ZGR 1995, 459, 466; *Trapp/Schick*, AG 2001, 381, 382 f.; *Lutter* in FS Zöllner, Band I, 1998, S. 363, 380; *Lutter/Drygala* in FS Raisch, 1995, S. 239, 241; a.A. *Kubis* in MünchKomm. AktG, 2. Aufl., § 119 AktG Rz. 80; *Hopt* in FS Drobnig, 1998, S. 525, 536 f.; *Reichert*, AG 2005, 150, 157; zur Börsenführung von Tochtergesellschaften s. *Kubis* in MünchKomm. AktG, 2. Aufl., § 119 AktG Rz. 81 sowie *Baums/Vogel* in Lutter/Scheffler/Uwe H. Schneider, Handbuch Konzernfinanzierung, 1998, S. 247, 281.
120 LG München I v. 8.6.2006 – 5 HK O 5025/06, ZIP 2006, 2036, 2040; *Habersack*, WM 2001, 545, 546 f.; *Hüffer*, § 119 AktG Rz. 18c; krit. *Lutter*, AG 2000, 342, 343 ff. weil den Aktionären der Muttergesellschaft regelmäßig kein Bezugs- bzw. Vorerwerbsrecht eingeräumt wird.
121 *Kubis* in MünchKomm. AktG, 2. Aufl., § 119 AktG Rz. 62; OLG Stuttgart v. 13.7.2005 – 20 U 1/05, AG 2006, 693, 695 f.
122 *Lutter/Leinekugel*, ZIP 1998, 225, 227.
123 OLG Köln v. 15.1.2009 – 18 U 105/07, ZIP 2009, 1469, Rz. 101; OLG Stuttgart v. 13.7.2005 – 20 U 1/05, AG 2005, 693, 695 f.; OLG Hamburg v. 5.9.1980 – 11 U 1/80, JZ 1981, 231, 232 f.; *Hommelhoff*, Die Konzernleitungspflicht, 1982, S. 70; *Reichert*, AG 2005, 150, 156; *Kubis* in MünchKomm. AktG, 2. Aufl., § 119 AktG Rz. 62; *Zöllner* in KölnKomm. AktG, 2. Aufl., § 179 AktG Rz. 118; s. auch *Holzborn* in Spindler/Stilz, § 179 AktG Rz. 64; *Hüffer*, § 179 AktG Rz. 9a; *Stein* in MünchKomm. AktG, 2. Aufl., § 179 AktG Rz. 106; *Kiesewetter/Spengler*, Der Konzern 2009, 451, 457 ff.; *Feldhaus*, BB 2009, 562, 566.

genstand erfasst sein und die Satzung muss ferner den Beteiligungserwerb als solchen gestatten[124]. Ohne eine Ermächtigung in der Satzung – die aber der absolute Regelfall ist – darf der Vorstand keine Beteiligungen erwerben[125]. Wann zusätzlich ein Hauptversammlungsbeschluss notwendig ist, richtet sich nach den bereits entwickelten Grundsätzen[126].

### d) Beschlussgegenstand

40 Sofern die Zuständigkeit der Hauptversammlung gegeben ist, finden die üblichen Vorschriften über das Verfahren der Hauptversammlung Anwendung, etwa über die Beschlussfassung (dazu bereits oben Rz. 4 ff.). Der Vorstand darf der Hauptversammlung jedoch nicht nur **bereits geschlossene Verträge** bzw. deren Entwürfe im Falle der ungeschriebenen Kompetenz der Hauptversammlung vorlegen, vielmehr ist auch die Einholung der Ermächtigung zu einem **zukünftigen unternehmerischen Konzept** denkbar, soweit dieses Konzept in seinen Eckpunkten bereits hinreichend bestimmt und klar umrissen ist[127]. In letzterem Fall ist das Gesamtkonzept Gegenstand der Beschlussfassung[128], bei Verträgen hingegen ausschließlich dieser selbst[129]. Die nachträgliche Zustimmung zu bereits geschlossenen Verträgen heilt den zunächst bestehenden rechtswidrigen Eingriff und hindert Abwehr- und Beseitigungsansprüche, jedoch nicht Schadensersatzansprüche gegen den Vorstand[130]. Aufgrund der Vorschrift des § 124 Abs. 3 Satz 1 haben die Verwaltungsorgane der Hauptversammlung einen Beschlussvorschlag qua Bekanntmachung der Tagesordnung zu unterbreiten.

### e) Informationspflichten

41 Weitgehend offen ist nach wie vor die **informatorische Vorbereitung und Begleitung** eines aufgrund ungeschriebener Zuständigkeit herbeizuführenden Hauptversammlungsbeschlusses[131]. Indes können die von der Rechtsprechung in anderem Zusammenhang entwickelten Leitlinien herangezogen werden, insbesondere dass der Vorstand der Gesellschaft der Hauptversammlung alle Informationen zur **sachgerechten Willensbildung** zukommen lassen muss[132].

---

124 *Kubis* in MünchKomm. AktG, 2. Aufl., § 119 AktG Rz. 66; *Krieger* in MünchHdb. AG, § 69 Rz. 4.
125 *Wollburg/Gehling* in FS Lieberknecht, 1997, S. 133, 138 ff.; *Krieger* in MünchHdb. AG, § 69 Rz. 4.
126 S. im Überblick *Kubis* in MünchKomm. AktG, 2. Aufl., § 119 AktG Rz. 67.
127 *Kubis* in MünchKomm. AktG, 2. Aufl., § 119 AktG Rz. 49; *Habersack* in Emmerich/Habersack, Aktien- und GmbH-Konzernrecht, vor § 311 AktG Rz. 51; ebenso *Krieger* in MünchHdb. AG, § 69 Rz. 12; *Lutter/Leinekugel*, ZIP 1998, 805, 811 ff.; *Henze* in FS Ulmer, 2003, S. 211, 233 ff.; *Reichert*, AG 2005, 150, 159; s. auch LG Frankfurt v. 12.12.2000 – 3/5 O 149/99, DB 2001, 751, 752; zur nötigen Konkretisierung des Konzepts *Priester*, ZHR 163 (1999), 187, 198 f.; a.A. hingegen *Veil*, ZIP 1998, 361, 368; *Mülbert* in Großkomm. AktG, 4. Aufl., § 119 AktG Rz. 63 f., 67 f.; LG Stuttgart v. 8.11.1991 – 2 KfH O 135/91, WM 1992, 58, 61 f.
128 Ebenso *Kubis* in MünchKomm. AktG, 2. Aufl., § 119 AktG Rz. 49.
129 S. nur BGH v. 15.1.2001 – II ZR 124/99, BGHZ 146, 288, 291 f. = AG 2001, 261; OLG München v. 26.4.1996 – 23 U 4586/95, NJW-RR 1997, 544, 545.
130 Zu Abwehr- und Beseitigungsansprüchen s. BGH v. 25.2.1982 – II ZR 174/80, BGHZ 83, 122, 135 = AG 1982, 158; überdies auch zu Schadensersatzansprüchen *Habersack* in Emmerich/Habersack, Aktien- und GmbH-Konzernrecht, vor § 311 AktG Rz. 54; *Bayer*, NJW 2000, 2609, 2612.
131 Dies bedauernd *Fuhrmann*, AG 2004, 339, 341; eingehend dazu *Grün*, Informationspflichten des Vorstands bei „Holzmüller-Beschlüssen", 2007, S. 70 ff.
132 Treffend insoweit *Hüffer*, § 119 AktG Rz. 19.

So muss entsprechend **§ 124 Abs. 2 Satz 2** der wesentliche Inhalt eines Vertrages, der den Beschlussgegenstand darstellt, bekannt gemacht werden, jedenfalls für die Fälle, in denen der Vorstand die Hauptversammlung aus freiem Ermessen oder auf der Grundlage eines im Vertrag vorgesehenen Zustimmungserfordernisses anruft (dazu § 124 Rz. 41)[133]. Aber auch für die ungeschriebene Hauptversammlungszuständigkeit ist § 124 Abs. 2 Satz 2 analog heranzuziehen[134], da Zweck der Norm ist, den Aktionär auf die Inhalte der Hauptversammlung rechtzeitig und sachgerecht vorzubereiten[135]. Verträge, die der Hauptversammlung nach § 119 Abs. 2 vorgelegt werden, sind in entsprechender Anwendung des § 124 Abs. 2 Satz 2 bekannt zu machen, wenn sich das Zustimmungserfordernis auch bloß aufgrund eines vertraglich vereinbarten Vorbehalts der Zustimmung durch die Hauptversammlung ergibt[136]. Ebenso wie bei der gesetzlich vorgeschriebenen Zustimmung kann die Hauptversammlung in Fällen der freiwilligen Vorlage durch den Vorstand nämlich nur in Kenntnis der Tragweite ihrer Entscheidungen beschließen[137].

Offen ist ferner die Frage einer **Berichtspflicht des Vorstands** in Analogie zu aktien- und umwandlungsrechtlichen Normen, insbesondere §§ 186 Abs. 4, 293a AktG, §§ 127, 8, 63 UmwG[138]. Denn die Befassung der Hauptversammlung ändere nichts an dem Charakter der Sache als Geschäftsführungsmaßnahme, für die keine Berichtspflicht eingreife[139]. Überzeugender ist allerdings der Hinweis darauf, dass selbst Veräußerungen i.S. von § 179a keine Berichtspflichten nach sich ziehen (dazu § 179a Rz. 18 ff.), so dass für die weniger starken Eingriffe in „Holzmüller/Gelatine"-Fällen ebenfalls keine Berichtspflicht begründbar erscheint[140]. Gleiches gilt für Satzungs-

---

133 Dazu BGH v. 15.1.2001 – II ZR 124/99 – „Altana/Milupa", BGHZ 146, 288, 291 ff. = AG 2001, 261; OLG Schleswig v. 8.12.2005 – 5 U 57/04, AG 2006, 120, 123; im Ergebnis auch *Kort*, AG 2006, 272, 275.
134 OLG München v. 10.11.1994 – 24 U 1036/93, AG 1995, 232, 233; OLG Schleswig v. 8.12.2005 – 5 U 57/04, AG 2006, 120, 123; LG Frankfurt v. 12.12.2000 – 3/5 O 149/99, AG 2001, 431, 432 f.; *Lutter* in FS Fleck, 1988, S. 169, 176; *Henze* in FS Ulmer, 2003, S. 211, 234; *Weißhaupt*, AG 2004, 586, 588; *Hüffer*, § 119 AktG Rz. 19; *Kubis* in MünchKomm. AktG, 2. Aufl., § 119 AktG Rz. 50; *Habersack* in Emmerich/Habersack, Aktien- und GmbH-Konzernrecht, vor § 311 AktG Rz. 52; *Krieger* in MünchHdb. AG, § 69 Rz. 11; *Grün*, Informationspflichten des Vorstands bei „Holzmüller-Beschlüssen", 2007, S. 81 ff.
135 S. dazu Begr. RegE, *Kropff*, Aktiengesetz, S. 173 ff.; *Zöllner* in KölnKomm. AktG, 1. Aufl., § 124 AktG Rz. 2; *Hüffer*, § 124 AktG Rz. 1; *Kubis* in MünchKomm. AktG, 2. Aufl., § 124 AktG Rz. 1; *Tröger*, NZG 2002, 211 ff.
136 BGH v. 15.1.2001 – II ZR 124/99, BGHZ 146, 288, 294 = AG 2001, 261; OLG Schleswig v. 8.12.2005 – 5 U 57/04, AG 2006, 120, 123; *Hüffer*, § 124 AktG Rz. 10; *Kubis* in MünchKomm. AktG, 2. Aufl., § 124 AktG Rz. 34; *Werner* in Großkomm. AktG, 4. Aufl., § 124 AktG Rz. 49; *Kort*, AG 2006, 272, 273; zu weitgehend OLG München v. 26.4.1996 – 23 U 4586/96, AG 1996, 327, 328: unabhängig von Zustimmungserfordernisses des Aufsichtsrats Anwendung des § 124 Abs. 2 Satz 2, krit. dazu *Groß*, AG 1996, 111, 115; *Groß*, AG 1997, 97, 101; *Wilde*, ZGR 1998, 423, 446; generell abl. *Zöllner* in KölnKomm. AktG, 1. Aufl., § 124 AktG Rz. 25; *Schäfers*, Informationsrechte von Aktionären, 2007, S. 124 f.
137 BGH v. 15.1.2001 – II ZR 124/99, BGHZ 146, 288, 294 = AG 2001, 261; *Werner* in Großkomm. AktG, 4. Aufl., § 124 AktG Rz. 49; *Schäfers*, Informationsrechte von Aktionären, 2007, S. 148 ff.
138 Für eine derartige Berichtspflicht OLG Frankfurt v. 23.3.1999 – 5 U 193/97, AG 1999, 378, 379 f.; LG Frankfurt v. 29.7.1997 – 3/5 O 162/95, AG 1998, 45, 49; LG Karlsruhe v. 6.11.1997 – O 43/97 KfH I, AG 1998, 99, 101; *Lutter* in FS Fleck, 1988, S. 169, 176 ff.; *Groß*, AG 1996, 111, 116; *Lutter/Leinekugel*, ZIP 1998, 805, 814; *Bungert*, BB 2004, 1345, 1351; dagegen allerdings LG Hamburg v. 21.1.1997 – 402 O 122/96, AG 1997, 238; *Hüffer* in FS Ulmer, 2003, S. 279, 300; *Hüffer*, § 119 AktG Rz. 19; *Priester*, ZHR 163 (1999), 187, 201 f.
139 So *Hüffer*, § 119 AktG Rz. 19.
140 Dazu *Bungert*, NZG 1998, 367, 369; *Kort*, ZIP 2002, 685, 687 f.; *Weißhaupt*, AG 2004, 585, 589.

änderungen. Daher kann eine Berichtspflicht nicht nur auf die Intensität einer Maßnahme und ihrer Auswirkungen gestützt werden[141]. Richtigerweise wird man **differenzieren** müssen: Jedenfalls in den Fällen, in denen bereits ein Vertrag oder wenigstens ein Entwurf vorliegt, ist aufgrund des damit einhergehenden hohen **Konkretisierungsgrades** der angestrebten Maßnahme und des detaillierten Vertrages auf eine gesonderte Berichtspflicht des Vorstands zu verzichten. Sofern jedoch nur ein Konzept zur Abstimmung in der Hauptversammlung vorgelegt wird, muss die Hauptversammlung für eine sachgerechte Willensbildung alle notwendigen Informationen erhalten, so dass ein Vorstandsbericht in Analogie zu den genannten aktien- und umwandlungsrechtlichen Normen zu fordern ist[142], der auch auszulegen und auf Anforderung schriftlich zu übersenden ist[143].

44 Davon zu trennen ist schließlich die Frage, ob eine **Pflicht zur Auslegung von Verträgen** bzw. Vertragsentwürfen besteht. Dies wurde als Ergebnis einer Gesamtanalogie zu §§ 179a Abs. 2, 293f Abs. 1 Nr. 1, 293g Abs. 1 AktG, §§ 63 Abs. 1 Nr. 1, 64 Abs. 1 UmwG zum Teil bejaht[144], vom BGH jedoch explizit abgelehnt[145]. Zwar wird man nicht in jedem Fall eine Vertragsauslegung fordern können, allerdings wird zur Herstellung eines adäquaten Kenntnisstands der Hauptversammlung bei konkreten Verträgen oder Vertragsentwürfen die Notwendigkeit einer Auslegung kaum bezweifelt werden können[146]. Insoweit liegt auch kein Verstoß gegen den Grundsatz der Mündlichkeit vor, wenn sicher gestellt bleibt, dass allen an der Hauptversammlung teilnehmenden Aktionären die Möglichkeit der Einsichtnahme gegeben wird (s. § 131 Rz. 61). Die Zurückhaltung von für die Hauptversammlung nötigen Informationen kann auch mit etwaigen **Geheimhaltungsinteressen** grundsätzlich nicht gerechtfertigt werden, da bei Annahme einer ungeschriebenen Hauptversammlungszuständigkeit eine derart bedeutende Maßnahme in Rede steht, die vollumfänglich zur Kenntnis der Hauptversammlung als Basis für die spätere Abstimmung gelangen muss[147]. Eine Ausnahme wird man nicht bereits aufgrund einer vom Vorstand getroffenen Vertraulichkeitsabrede annehmen können, allenfalls die Betroffenheit des Geheimnisschutzes des Dritten vermag in diesem Bereich im Einzelfall Einschränkungen zu rechtfertigen[148]. Der Vertrag muss sowohl in der Originalsprachfassung als auch in

---

141 So aber *Groß*, AG 1996, 111, 116; *Lutter* in FS Fleck, 1988, S. 169, 176.
142 Ebenso *Kubis* in MünchKomm. AktG, 2. Aufl., § 119 AktG Rz. 51; *Weißhaupt*, AG 2004, 585, 589 f.; ähnlich *Götze*, NZG 2004, 585, 589; dazu auch bereits OLG München v. 14.2.2001 – 7 U 6019/99, AG 2001, 364, 366; *Kort*, ZIP 2002, 685, 687 f.
143 Dazu s. bereits LG Karlsruhe v. 6.11.1997 – O 34/97 KfH I, AG 1998, 99 ff.; *Groß*, AG 1996, 111, 116; *Lutter* in FS Fleck, 1988, S. 175 f.; *Henze* in FS Ulmer, 2003, S. 211, 232; *Lutter/Leinekugel*, ZIP 1998, 805, 814; *Schäfers*, Informationsrechte von Aktionären, 2007, S. 130 ff.
144 So noch OLG Frankfurt v. 23.3.1999 – 5 U 193/97, AG 1999, 378, 379 f.; *Grün*, Informationspflichten des Vorstands bei „Holzmüller-Beschlüssen", 2007, S. 105 ff.
145 BGH v. 15.1.2001 – II ZR 124/99, BGHZ 146, 288, 295 = AG 2001, 261.
146 OLG Schleswig v. 8.12.2005 – 5 U 57/04, AG 2006, 120, 124; *Kubis* in MünchKomm. AktG, 2. Aufl., § 119 AktG Rz. 51; *Krieger* in MünchHdb. AG, § 69 Rz. 14; *Schockenhoff*, NZG 2001, 921, 923 f.; *Reichert*, ZHR Beiheft 68 (1999), 26, 60 f.; zurückhaltender *Hüffer*, § 119 AktG Rz. 19: „nur unter besonderen Umständen des Einzelfalls"; anders *Kort*, AG 2006, 272, 275.
147 *Kubis* in MünchKomm. AktG, 2. Aufl., § 119 AktG Rz. 51; im Ergebnis ebenso *Weißhaupt*, AG 2004, 585, 591; *Schäfers*, Informationsrechte von Aktionären, 2007, S. 132; OLG München v. 26.4.1996 – 23 U 4586/96, AG 1996, 327 f.; jedenfalls im Falle der freiwilligen Vorlage an die Hauptversammlung nach § 119 Abs. 2 ebenso BGH v. 15.1.2001 – II ZR 124/99, BGHZ 146, 288, 297 = AG 2001, 261.
148 Ähnlich *Weißhaupt*, AG 2004, 585, 591; *Henze* in FS Ulmer, 2003, S. 211, 234; *Zeidler*, NZG 1998, 91, 93; *Groß*, AG 1996, 111, 116 f.; *Habersack* in Emmerich/Habersack, Aktien- und GmbH-Konzernrecht, vor § 311 AktG Rz. 52.

einer Übersetzung ausgelegt werden[149]. Ob zudem ein Einsichtnahmerecht der Aktionäre und daraus resultierende gesteigerte Informationspflichten wie etwa die Auslegung des Vertrages vor und während der Hauptversammlung bestehen, hängt vom Einzelfall ab[150]. Eine Einsichtnahme muss dann gewährt werden, wenn der Vorstand sich freiwillig durch Abstimmung über einen Vertrag des Einverständnisses der Hauptversammlung versichern will, ebenso wenn der Vertrag von vornherein unter der Bedingung der Zustimmung oder dem Vorbehalt der Genehmigung der Hauptversammlung abgeschlossen wurde[151]. Maßstab für diese gesteigerten Informationspflichten sind insoweit die Mitteilungspflichten, die für die von Gesetzes wegen zustimmungsbedürftigen Verträge gelten[152], nicht schon allein die Komplexität des betreffenden Vertragswerks[153].

### f) Mehrheitserfordernisse

Der Beschluss bedarf nach der Rechtsprechung aufgrund der Nähe zur Strukturmaßnahme bzw. Satzungsänderung einer **Drei-Viertel-Mehrheit des vertretenen Grundkapitals**[154]. Dem ist zuzustimmen, da gerade der strukturverändernde Charakter der Maßnahme im Vordergrund steht[155].

45

### g) Auswirkungen auf die Vertretungsmacht

Die Annahme einer ungeschriebenen Hauptversammlungszuständigkeit hat **keine Auswirkungen auf die grundsätzlich unbeschränkte und unbeschränkbare Vertretungsmacht** des Vorstands (dazu § 78 Rz. 7)[156]. Auch auf der Grundlage einer Analogie zu normierten Hauptversammlungszuständigkeiten ergibt sich kein anderes Ergebnis[157] (s. Rz. 29). Eine Ausnahme vom Grundsatz fortbestehender Vertretungsmacht gilt allerdings für die Fälle des Missbrauchs der Vertretungsmacht[158].

46

---

149 LG München v. 3.5.2001 – 5 HKO 23950/00, ZIP 2001, 1148, 1150, allerdings offen für Originalfassung; *Hüffer*, § 119 AktG Rz. 19 mit weiterem Hinweis auf OLG Dresden v. 23.4.2003 – 18 U 1976/02, AG 2003, 433, 435 für fremdsprachige Bewertungsgutachten.
150 BGH v. 15.1.2001 – II ZR 124/99, BGHZ 146, 288, 295 = AG 2001, 261; OLG Dresden v. 23.4.2003 – 18 U 1976/02, AG 2003, 433, 434; a.A. noch die Vorinstanz OLG Frankfurt v. 23.3.1999 – 5 U 193/97, AG 1999, 378, 380 = DB 1999, 1004 = NZG 1999, 887; OLG München v. 26.4.1996 – 23 U 4586/95, AG 1996, 327, 328.
151 BGH v. 15.1.2001 – II ZR 124/99, NJW 2001, 1277, 1278 f. = AG 2001, 261.
152 BGH v. 15.1.2001 – II ZR 124/99, BGHZ 146, 288, 295 = AG 2001, 261; OLG Dresden v. 23.4.2003 – 18 U 1976/02, AG 2003, 433, 434.
153 So aber OLG Schleswig v. 8.12.2005 – 5 U 57/04, AG 2006, 120, 123 f.
154 Zu diesen Erwägungen BGH v. 26.4.2004 – II ZR 155/02, BGHZ 159, 30, 45 f. = AG 2004, 384; *Kiesewetter/Spengler*, Der Konzern 2009, 451, 456; *Mecke*, Konzernstruktur und Aktionärsentscheid, 1992, S. 196; *Böttcher/Blasche*, NZG 2006, 569, 573.
155 *Hüffer*, § 119 AktG Rz. 20; zuvor bereits *Habersack* in Emmerich/Habersack, Aktien- und GmbH-Konzernrecht, Vor § 311 AktG Rz. 50; *Lutter* in FS Fleck, 1988, S. 169, 181 ff.; *Lutter/Leinekugel*, ZIP 1998, 225, 229 f.; *Zimmermann/Pentz* in FS W. Müller, 2001, S. 169, 181 ff.; anders noch OLG Karlsruhe v. 12.3.2002 – 8 U 295/00, AG 2003, 388, 389 f.; *Groß*, AG 1996, 111, 118; *Hüffer* in FS Ulmer, 2003, S. 279, 298; *H. P. Westermann*, ZGR 1984, 352, 362.
156 BGH v. 26.4.2004 – II ZR 155/02, BGHZ 159, 30, 42 = AG 2004, 384; zuvor statt vieler: *Kubis* in MünchKomm. AktG, 2. Aufl., § 119 AktG Rz. 59; *Altmeppen*, ZIP 2004, 999, 1000 f.; *Hübner* in FS Stimpel, 1985, S. 791; *Raiser/Veil*, Kapitalgesellschaften, § 16 Rz. 19; zweifelnd *Habersack* in Emmerich/Habersack, Aktien- und GmbH-Konzernrecht, vor § 311 AktG Rz. 53.
157 *Henze* in FS Ulmer, 2003, S. 211, 221; *Sünner*, AG 1983, 169, 170; *Groß*, AG 1994, 266, 267; *Joost*, ZHR 163 (1999), 164, 184 f.; *Priester*, ZHR 163 (1999), 187, 202.
158 S. dazu nur *Kubis* in MünchKomm. AktG, 2. Aufl., § 119 AktG Rz. 97; *Habersack* in Emmerich/Habersack, Aktien- und GmbH-Konzernrecht, vor § 311 AktG Rz. 53.

## h) Prozessuales

47 Jeder Aktionär, gleich wie hoch sein Aktienbesitz ist, kann bei Missachtung der Zuständigkeit der Hauptversammlung einen **Anspruch auf Unterlassung oder Rückabwicklung** geltend machen[159], zumindest ist eine Feststellungsklage möglich[160]. Der Anspruch auf Unterlassung ist auch per einstweiliger Verfügung durchsetzbar[161]. Klagegegner ist in jedem Fall die Gesellschaft, nicht der für sie handelnde Vorstand[162]. Aufgrund dessen, dass bei Missachtung der Hauptversammlungszuständigkeit keine Beschlussfassung stattfindet, soll die Monatsfrist des § 246 nicht per se Anwendung finden, sondern vielmehr lediglich als Orientierung dienen[163]. Sollten bei der aufgrund ungeschriebener Zuständigkeit eingeholten Zustimmung der Hauptversammlung Verfahrensfehler unterlaufen, eröffnet dies die Möglichkeit der **Anfechtungsklage**.

## 2. Das Delisting

**Literatur:** *Adolff/Tieves,* Über den rechten Umgang mit einem entschlusslosen Gesetzgeber: Die aktienrechtliche Lösung des BGH für den Rückzug von der Börse, BB 2003, 797; *Benecke,* Gesellschaftliche Voraussetzungen des Delisting, WM 2004, 1122; *Bürgers,* Aktienrechtlicher Schutz beim Delisting, NJW 2003, 1642; *Bungert,* Delisting und Hauptversammlung, BB 2000, 53; *Ekkenga,* Macrotron und das Grundrecht auf Aktieneigentum – der BGH als der bessere Gesetzgeber?, ZGR 2003, 878; *Eßers/Weisner,* Anforderungen des BGH an den Rückzug von der Börse – die Macrotron-Entscheidung, DStR 2003, 985; *Even/Vera,* Die Techniken des Going Private in Deutschland, DStR 2002, 1315; *Geyrhalter/Zirngibl,* Alles unklar beim formalen Delisting – eine Zwischenbilanz 18 Monate nach „Macrotron", DStR 2004, 1048; *Groß,* Rechtsprobleme des Delisting, ZHR 165 (2001), 141; *Grunewald,* Die Auswirkungen der Macrotron-Entscheidung auf das kalte Delisting, ZIP 2004, 542; *Hellwig/Bormann,* Die Abfindungsregeln beim Going Private – Der Gesetzgeber ist gefordert!, ZGR 2002, 465; *Henze,* Voraussetzungen und Folgen des Delisting, in FS Raiser, 2005, S. 145; *Kleindiek,* „Going Private" und Anlegerschutz, in FS Bezzenberger, 2000, S. 563; *Klöhn,* Zum Pflichtangebot und Spruchverfahren beim regulären Delisting, ZBB 2003, 208; *Krämer/Theiß,* Delisting nach der Macrotron-Entscheidung des BGH, AG 2003, 225; *Krolop,* Die Umsetzung von „Macrotron" im Spruchverfahren durch das BayObLG, NZG 2005, 546; *Land/Behnke,* Die praktische Durchführung eines Delisting nach der Macrotron-Entscheidung des BGH, DB 2003, 2531; *Maas,* Zwangsdelisting und Anlegerschutz, 2009; *Mülbert,* Rechtsprobleme des Delisting, ZHR 165 (2001), 104; *Picot,* Die Rechte der Aktionäre beim Delisting börsennotierter Gesellschaften, 2009; *Pluskat,* Going Private durch reguläres Delisting, WM 2002, 833; *Schlitt/Seiler,* Einstweiliger Rechtsschutz im Recht der börsennotierten Aktiengesellschaften, ZHR 166 (2002), 544; *K. Schmidt,* Macrotron oder – weitere Ausdifferenzierung des Aktionärsschutzes durch den BGH, NZG 2003, 601; *Schwark/Geiser,* Delisting, ZHR 161 (1997), 739; *Seibt/Wollenschläger,* Downlisting einer börsennotierten Gesellschaft ohne Abfindungsan-

---

159 *Kubis* in MünchKomm. AktG, 2. Aufl., § 119 AktG Rz. 98; *Krieger* in MünchHdb. AG, § 69 Rz. 15; *Timm,* AG 1980, 172, 179 f.; *Rehbinder,* ZGR 1983, 93, 103; s. auch BGH v. 25.2.1982 – II ZR 174/80, BGHZ 83, 122, 133 ff. = AG 1982, 158.
160 So für die Verletzung der Vorstandspflichten beim genehmigten Kapital BGH v. 10.10.2005 – II ZR 90/03 – „Mangusta II", BGHZ 164, 249 = AG 2006, 38; dazu *Drinkuth,* AG 2006, 142 ff.; *Lutter,* JZ 2007, 371 ff.; *Busch,* NZG 2006, 81 ff.; *Wilsing,* ZGR 2006, 722 ff., alle m.w.N.; näher *Raiser/Veil,* Kapitalgesellschaften, § 16 Rz. 158; bezogen auf Holzmüller-Fälle OLG Köln v. 15.1.2009 – 18 U 105/07 ZIP 2009,1469 Tz. 81 ff.
161 LG Duisburg v. 29.5.2002 – 21 O 106/02, NZG 2002, 643 f.; *Schlitt* in J. Semler/Stengel, Anh. § 173 UmwG Rz. 94; *Schlitt/Seiler,* ZHR 166 (2002), 544, 576.
162 BGH v. 25.2.1982 – II ZR 174/80, BGHZ 83, 122, 133 ff. = AG 1982, 158; BGH v. 23.6.1997 – II ZR 132/93, BGHZ 136, 133, 141 = AG 1997, 465; s. weiterhin *Habersack,* DStR 1998, 533 ff.; *Bayer,* NJW 2000, 2609, 2610 f.; *Seiler/Singhof,* Der Konzern 2003, 313, 315 ff.; *Hübner* in FS Stimpel, 1985, S. 791, 797.
163 S. nur BGH v. 25.2.1982 – II ZR 174/80, BGHZ 83, 122, 136 = AG 1982, 158: Verfristung jedenfalls nach 2 ½ Jahren; LG Koblenz v. 27.3.2001 – 1 HO 121/00, DB 2001, 1660 (20 Monate); *Zimmermann/Pentz* in FS W. Müller, 2001, S. 150, 171; *Kubis* in MünchKomm. AktG, 2. Aufl., § 119 AktG Rz. 98, der als Fristbeginn die Kenntnis des Aktionärs von der unautorisiert vorgenommenen Maßnahme herausstreicht.

gebot und Hauptversammlungsbeschluss, AG 2009, 807; *Steck*, „Going private" über das UmwG, AG 1998, 460; *Streit*, Delisting Light – Die Problematik der Vereinfachung des freiwilligen Rückzugs von der Frankfurter Wertpapierbörse, ZIP 2002, 1279; *Thomas*, Delisting und Aktienrecht, 2009; *Vollmer/Grupp*, Der Schutz der Aktionäre beim Börseneintritt und Börsenaustritt, ZGR 1995, 459; *De Vries*, Delisting, 2002; *Wirth/Arnold*, Anlegerschutz beim Delisting von Aktiengesellschaften, ZIP 2000, 111; *Zetzsche*, Reguläres Delisting und deutsches Gesellschaftsrecht, NZG 2000, 1065.

### a) Der Begriff des Delistings

Die zentrale Frage auch beim Delisting ist die nach der **Reichweite der autonomen Geschäftsführungsbefugnis des Vorstands**. Unter Delisting versteht man den Rückzug einer börsennotierten Aktiengesellschaft vom amtlichen bzw. geregelten Markt; dieser kann vollständig, d.h. von allen Börsenplätzen, sein oder teilweise, d.h. von einer oder einigen Börsenplätzen[164]. Dabei ist das sog. „echte" oder auch ordentliche Delisting der gesetzlich bestimmte Regelfall; nach § 39 Abs. 2 BörsG wird auf Antrag des Vorstands der Aktiengesellschaft ihre Börsenzulassung widerrufen[165]. Im Gegensatz dazu entfallen beim sog. „unechten" oder „kalten" Delisting durch Rechtsformwandel, Verschmelzung, Eingliederung o.ä. die Voraussetzungen für eine Notierung an der Börse, so dass die Aktien vom Markt genommen werden müssen[166]. 48

### b) Aktienrechtlicher Schutz beim echten Delisting

**§ 39 Abs. 2 Satz 2 BörsG** bestimmt im Hinblick auf den – vom Vorstand zu stellenden – Antrag auf Widerruf der Börsenzulassung, dass dieser nicht dem Schutz der Anleger widersprechen darf. Dieser Schutz ist auch in den einzelnen deutschen Börsenordnungen durch Veräußerungsfristen oder die Verpflichtung zu Kaufangeboten an die Anleger weiter ausgeformt[167]. Zwar wird teilweise vertreten, dass dem Aktionär die verwaltungsgerichtliche Anfechtung des Widerrufs mangels Klagebefugnis verwehrt sei, weil das für den Widerruf zuständige Börsenorgan den Anlegern in ihrer Gesamtheit und nicht dem Schutz Einzelner diene[168]. § 39 Abs. 2 Satz 2 BörsG weist jedoch eindeutig auf einen den einzelnen Anleger bezogenen Schutz hin[169]. Die Norm dient daher neben dem öffentlichen Interesse auch immer noch dem Individualinteresse des Anlegers, weswegen der börsenrechtliche Widerrufsbescheid als drittschützender Verwaltungsakt im Wege eines Verwaltungsgerichtsverfahren angegriffen werden 49

---

164 *Bungert*, BB 2000, 53, 53; *Eßers/Weisner*, DStR 2003, 985, 985; *Zetzsche*, NZG 2000, 1065, 1065.
165 *Kubis* in MünchKomm. AktG, 2. Aufl., § 119 AktG Rz. 82; *Hüffer*, § 119 AktG Rz. 21; *Eßers/Weisner*, DStR 2003, 985, 985; *Zetzsche*, NZG 2000, 1065, 1065; *Steck*, AG 1998, 460, 460 f.
166 *Kubis* in MünchKomm. AktG, 2. Aufl., § 119 AktG Rz. 82; *Hüffer*, § 119 AktG Rz. 21; *Eßers/Weisner*, DStR 2003, 985, 985; *Steck*, AG 1998, 460, 462 ff.; *Meyer-Landrut/Kiem*, WM 1997, 1361, 1366 f.; *Streit*, ZIP 2002, 1279, 1280 ff.; *Even/Vera*, DStR 2002, 1315, 1316 ff.; s. ferner Rz. 55.
167 *Groß*, Kapitalmarktrecht, § 39 BörsG Rz. 19; § 61 Abs. 1 Nr. 2, Abs. 2 S. 3 BörsO Frankfurter Wertpapierbörse; § 56 Abs. 4 BörsO Börse Düsseldorf; § 42 Abs. 2b) BörsO Börse Hamburg; § 43 Abs. 2b) BörsO Börse Hannover.
168 BT-Drucks. 936/01, S. 221 zu § 31 Abs. 5 BörsG a.F. Die entsprechende Regelung für die nunmehr zuständige Börsengeschäftsführung findet sich in § 15 Abs. 6 BörsG; noch in Bezug auf die Zulassungsstelle in § 31 Abs. 5 BörsG a.F. *Beck*, BKR 2002, 662, 666; *Land/Behnke*, DB 2003, 2531, 2534; *Renner/Schiffer*, DB 2002, 1990, 1991; schon ablehnend ggü. § 43 Abs. 4 BörsG i.d.F. vom 24.3.1998 wegen drohender Popularklage *Beck/Hedtmann*, BKR 2003, 190, 192.
169 *Gutte*, Das reguläre Delisting von Aktien, 2006, S. 81; a.A. *Groß*, Kapitalmarktrecht, § 39 BörsG Rz. 29: allein öffentliches Interesse, soweit es um ordnungsgemäßen Börsenhandel geht.

**§ 119**

kann[170]. Doch kann dieser **kapitalmarktrechtliche Schutz** nicht den Schutz der Aktionäre sicherstellen, da die börsenrechtlich determinierte Entscheidung nicht Fragen der gesellschaftsinternen Kompetenzordnung, der Abfindung und des Rechtsschutzes umfassen kann. Deshalb ist es heute weitgehend anerkannt, dass beim echten Delisting vielmehr auch zusätzliche **gesellschaftsrechtliche Voraussetzungen** erfüllt sein müssen[171]. Zu diesen aktienrechtlichen Voraussetzungen gehört der Beschluss der Hauptversammlung (Rz. 51) mit einfacher Stimmenmehrheit (Rz. 52) bei gleichzeitiger Abfindung und Festsetzung im Spruchverfahren (Rz. 53):

50 Weitgehend Einigkeit herrscht darüber, dass der Antrag auf Widerruf der Börsenzulassung und damit der Rückzug vom regulierten Markt im Innenverhältnis der **Zustimmung der Hauptversammlung** bedarf[172]. Die dogmatische Begründung ist allerdings nach wie vor umstritten: Während der BGH und weite Teile des Schrifttums beim Delisting einen – durch den Fungibilitätsverlust ausgelösten – Eingriff in Art. 14 Abs. 1 GG sehen, da mit dem Rückzug vom Börsenhandel die Verkehrsfähigkeit der Aktie empfindlich beeinträchtigt werde[173], betrachten andere dies als Anwendungsfall der ungeschriebenen Hauptversammlungszuständigkeiten[174]. Da das Delisting aber ähnlich in die Mitgliedschaftsrechte der Aktionäre eingreift wie der Abschluss eines Unternehmensvertrages oder andere Strukturveränderungen, liegt es näher, eine ungeschriebene Zuständigkeit nach den Grundsätzen der „Holzmüller"-Doktrin auf der Grundlage von Analogien zu den entsprechenden Normen anzunehmen. Allerdings bedarf es stets einer genauen Betrachtung des Einzelfalls, insbesondere beim

---

170 VG Frankfurt v. 2.11.2001 – 9 G 3103/01 (V), AG 2003, 218, 218 f.; *Streit*, ZIP 2002, 1279, 1281 ff.; *Kubis* in MünchKomm. AktG, 2. Aufl., § 119 AktG Rz. 83; *de Vries*, Delisting, 2002, S. 66 ff.; *Gutte*, Das reguläre Delisting von Aktien, 2006, S. 81 f.; *Heidelbach* in Schwark, § 38 BörsG Rz. 48; *Groß*, ZHR 165 (2001), 141, 158 f.; *Kruse*, BB 2000, 2271, 2273.

171 BGH v. 25.11.2002 – II ZR 133/01, BGHZ 153, 47, 53 = AG 2003, 273, 275 = ZIP 2003, 387, 390; OLG München v. 14.2.2001 – 7 U 6019/99, AG 2001, 364, 365; *Kubis* in MünchKomm. AktG, 2. Aufl., § 119 AktG Rz. 84 ff.; *Hüffer*, § 119 AktG Rz. 23; *Heidelbach* in Schwark, § 38 BörsG Rz. 33 ff.; *Zetzsche*, NZG 2000, 1065, 1066; *Mülbert*, ZHR 165 (2001), 104, 116 f.; *Kruse*, BB 2000, 2271, 2273; s. auch *Schwark/Geiser*, ZHR 161 (1997), 739, 752 ff.; anders *Wirth/Arnold*, ZIP 2000, 111, 113 f.; *Bungert*, BB 2000, 53, 55; *Bürgers*, NJW 2003, 1642, 1643; *Schiessl*, AG 1999, 442, 452.

172 BGH v. 25.11.2002 – II ZR 133/01, BGHZ 153, 47, 53 = AG 2003, 273, 275 = ZIP 2003, 387, 390; *Kubis* in MünchKomm. AktG, 2. Aufl., § 119 AktG Rz. 84; *Eßers/Weisner*, DStR 2003, 985, 990; *K. Schmidt*, NZG 2003, 601, 603; *Schwark/Geiser*, ZHR 161 (1997), 739, 761 f.; *Hellwig/Bormann*, ZGR 2002, 465, 473 ff.; *Geyrhalter/Zirngibl*, DStR 2004, 1048, 1050; *Krämer/Theiß*, AG 2003, 225, 228 ff.; im Ergebnis auch *Lutter/Leinekugel*, ZIP 1998, 805, 806; anders allerdings *Mülbert*, ZHR 165 (2001), 104, 129 ff.; *Bungert*, BB 2000, 53, 55 ff.; *Wirth/Arnold*, ZIP 2000, 111, 114 ff.; *Henze* in FS Ulmer, 2003, S. 211, 240 ff.; *Böttcher/Blasche*, NZG 2006, 569, 571; *Gutte*, Das reguläre Delisting, 2006, S. 176.

173 BGH v. 25.11.2002 – II ZR 133/01, BGHZ 153, 47, 55 = AG 2003, 273, 274 = ZIP 2003, 387, 389; *Kubis* in MünchKomm. AktG, 2. Aufl., § 119 AktG Rz. 84; *Zetzsche*, NZG 2000, 1065, 1066; *Streit*, ZIP 2002, 1279, 1287; *Wirth/Arnold*, ZIP 2000, 111, 115; *Mülbert*, ZHR 165 (2001), 104, 129; *Adolff/Tieves*, BB 2003, 797, 798; *Krämer/Theiß*, AG 2003, 225, 235 ff.; ausführlich *Thomas*, Delisting und Aktienrecht, 2009, S. 183 ff.; anders hingegen *Pluskat*, WM 2002, 833, 834 f.; *Bungert*, BB 2000, 53, 55; s. zum verfassungsrechtlichen Schutz auch BVerfG v. 27.4.1999 – 1 BvR 1613/94, DB 1999, 1693, 1693 ff.

174 *Hüffer*, § 119 AktG Rz. 24 auf der Grundlage eines Individualschutzverständnisses; *Hüffer* in FS Ulmer, 2003, S. 279, 294; *Benecke*, WM 2004, 1122, 1124 f.: Gesamtanalogie zu umwandlungsrechtlichen Normen, ebenso *Picot*, Die Rechte der Aktionäre beim Delisting, 2009, S. 61 ff.; *Staake*, Ungeschriebene Hauptversammlungszuständigkeiten in börsennotierten und nicht börsennotierten Aktiengesellschaften, 2009, S. 161 ff.; *Lutter/Leinekugel*, ZIP 1998, 805, 806; *Schwark/Geiser*, ZHR 161 (1997), 739, 761 ff.; *de Vries*, Delisting, 2002, S. 89 ff.; *Kleindiek* in FS Bezzenberger, 2000, S. 653, 655 ff.; explizit einen Holzmüller-Fall abl. BGH v. 25.11.2002 – II ZR 133/91, BGHZ 153, 47, 53 = AG 2003, 273, 274 = ZIP 2003, 387, 389; *Henze* in FS Ulmer, 2003, S. 211, 242; *Henze* in FS Raiser, 2005, S. 145, 150 ff.

sog. **Downlisting**, d.h. beim Wechsel vom regulierten Markt in den Freiverkehr: Zwar soll nach einem obiter dictum des BGH in der Macrotron-Entscheidung auch der Rückzug der Gesellschaft vom regulierten Markt aufgrund der gravierenden wirtschaftlichen Nachteile nicht durch eine Einbeziehung der Aktien in den Freiverkehr ausgeglichen werden[175]. Doch kommt es maßgeblich darauf an, wie sich die Verkehrsfähigkeit der Aktie im Freiverkehr gestaltet: So sehen etwa die Börsen inzwischen eigene Standards für den Handel im Freiverkehr vor, der zu einer weitgehenden Verkehrsfähigkeit führt. Zu Recht haben daher sowohl das OLG München als auch das KG das Downlisting bzw. den Wechsel in den (geregelten) Freiverkehr nicht als fundamentalen Eingriff in das Mitgliedschaftsrecht des Aktionärs bewertet, daher auch keine Zuständigkeit der Hauptversammlung angenommen[176]. Erst recht kann der Wechsel von einem Standard innerhalb des regulierten Marktes, etwa vom Prime zum General Standard der Frankfurter Wertpapierbörse, nicht in die Kompetenz der Hauptversammlung fallen (sog. **Downgrading**)[177]. Auch genügt es, dass die Aktie noch mindestens an einer Börse, zumindest an der Leitbörse Frankfurt, gehandelt wird[178].

Bei einem **Delisting von Vorzugsaktien** bedarf es neben des Hauptversammlungsbeschlusses und des Abfindungsangebotes nicht noch eines besonderen Beschlusses nach § 141 Abs. 3, da dieser nicht die Verkehrsfähigkeit der Aktien betrifft[179]. 51

Als **notwendige Beschlussmehrheit** hat der BGH in der „Macrotron-Entscheidung" die einfache Stimmenmehrheit ausreichen lassen[180]. Dies ist indes gerade im Hinblick auf andere vergleichbare Fälle der Strukturentscheidungen wenig konsequent und kaum mit Art. 14 Abs. 1 GG als dogmatischen Ansatz zu begründen. Setzt man die hohe Bedeutung der Fungibilität von Aktien anderen Fällen gleich, in denen die Aktionäre ähnlichen Gefahren für ihr Mitgliedschaftsrecht ausgesetzt werden (Unternehmensverträge), ist gerade für außenstehende Aktionäre eine qualifizierte Mehrheit analog zu §§ 293 Abs. 1 Satz 2, 319 Abs. 2 Satz 2 zu verlangen[181]. Kritisiert wird ferner, dass es für eine entsprechende Anwendung der gesetzlich geregelten Abfindungsvorschriften an vergleichbaren Tatbeständen fehle[182]. 52

---

175 BGH v. 25.11.2002 – II ZR 133/01, BGHZ 153, 47, 53 = AG 2003, 273, 274 = ZIP 2003, 387, 389.
176 Für die KGaA OLG München v. 21.5.2008 – 31 Wx 62/07, AG 2008, 674 = BB 2008, 1303, 1305 – Lindner II – m. zustimmender Anm. *Feldhaus*, BB 2008, 1307; KG v. 30.4.2009 – 2 W 119/08, ZIP 2009, 1116 = BB 2009, 1496, 1497 m. zustimmender Anm. *Dürr*, BB 2009, 1498; *Seibt/Wollenschläger*, AG 2009, 807, 814; a.A. offenbar LG Köln v. 24.7.2009 – 82 O 10/08, AG 2009, 835, 836.
177 *Seibt/Wollenschläger*, AG 2009, 807, 813; *Schlitt*, ZIP 2004, 533, 541; *Krämer/Theiß*, AG 2003, 225, 232; a.A. wohl *Heidel*, BB 2003, 548.
178 KG v. 30.4.2009 – 2 W 119/08, ZIP 2009, 1116 = BB 2009, 1496.
179 Zutr. OLG Celle v. 7.5.2008 – 9 U 165/07, AG 2008, 858 (n.rkr.), Rev. beim BGH II ZR 144/08.
180 BGH v. 25.11.2002 – II ZR 133/01, BGHZ 153, 47, 53 = AG 2003, 273, 274 = ZIP 2003, 387, 389; ebenso im Ergebnis *Hüffer*, § 119 AktG Rz. 24; *Adolff/Tieves*, BB 2003, 797, 800; *Schwark/Geiser*, ZHR 161 (1997), 739, 763; *Benecke*, WM 2004, 1122, 1125.
181 Im Ergebnis wie hier *Kubis* in MünchKomm. AktG, 2. Aufl., § 119 AktG Rz. 85; *K. Schmidt*, NZG 2003, 601, 603; *Zetzsche*, NZG 2000, 1065, 1066, 1070; *Kleindiek* in FS Bezzenberger, 2000, S. 653, 657 ff.; *Steck*, AG 1998, 460, 462; *Hellwig*, ZGR 1999, 781, 799; *Bürgers*, NJW 2003, 1642, 1643; noch strenger *Vollmer/Grupp*, ZGR 1995, 459, 474 f., die sogar eine Mehrheit von 90 % verlangen.
182 *Gutte*, Das reguläre Delisting von Aktien, 2006, S. 194 ff.; *Opitz*, Rechtliche Bewertung von Börsenrückzügen auf Antrag des Emittenten im Hinblick auf die Macrotron-Entscheidung des BGH, 2006, S. 169 ff.; *Both*, Delisting, 2006, S. 183 ff.; *de Vries*, Delisting, 2002, S. 114 ff.; *Ekkenga*, ZGR 2003, 878, 896 f.; *Klöhn*, ZBB 2003, 208, 218.

53 Den Minderheitsaktionären muss im Falle des Rückzugs von der Börse zusammen „im Paket" mit dem entsprechenden Beschluss der Hauptversammlung ein **Abfindungsangebot** gemacht werden[183]. Neben einer Anfechtungsklage steht dem Aktionär damit das Spruchverfahren offen[184], was auf eine Analogie zu § 34 i.V.m. §§ 29 Abs. 1 Satz 2, 212 i.V.m. § 207 UmwG gegründet werden kann[185] und dem hier vertretenen Ansatz der Nähe zu Strukturveränderungen entspricht. Hinsichtlich der Höhe der Abfindung steht den Minderheitsaktionären eine Entschädigung zum vollen Wert zu, d.h. der Kaufpreis muss dem Anteilswert entsprechen[186]. Die Untergrenze der Abfindung bildet dabei regelmäßig der Verkehrswert der Aktie in Form des Börsenpreises[187]. Das Angebot auf Kauf der Aktien kann im Rahmen der §§ 171 ff. von der Gesellschaft selbst oder auch vom Mehrheitsaktionär kommen[188]. Der Aktionär hat einen Anspruch auf eine solche Abfindung, sie ist nicht nur Bedingung für die Rechtmäßigkeit des Beschlusses[189]. Einer **sachlichen Rechtfertigung** – und damit einer Inhaltskontrolle – bedarf der zustimmende Hauptversammlungsbeschluss dann aufgrund der Abfindung nicht[190]. Das Abfindungsangebot bedarf keiner vorherigen Prüfung durch einen Abschlussprüfer. Ebenso wenig bedarf es eines besonderen Vorstandsberichts oder des Berichts des Mehrheitsaktionärs; erforderlich ist nur die nötige Information in der Hauptversammlung selbst[191].

54 Die Pflicht des Vorstands im Innenverhältnis die Zustimmung der Hauptversammlung zum Börsenrückzug einzuholen darf allerdings nicht die Tatsache überdecken, dass der **Vorstand nach außen unbeschränkt vertretungsberechtigt** ist, die Verfahrensherrschaft demnach inne hat und bei einer Antragsstellung ohne Beschluss der

---

183 BGH v. 25.11.2002 – II ZR 133/01, BGHZ 153, 47, 53 = AG 2003, 273, 275 = ZIP 2003, 387, 390; *Hüffer*, § 119 AktG Rz. 25; *Kubis* in MünchKomm. AktG, 2. Aufl., § 119 AktG Rz. 86, 88; *Hellwig/Bormann*, ZGR 2002, 465, 487 ff.; *Zetzsche*, NZG 2000, 1065, 1068 f.
184 BVerfG v. 8.9.1999 – 1 BvR 301/89, AG 2000, 40; *Hüffer*, § 119 AktG Rz. 23.
185 BGH v. 25.11.2002 – II ZR 133/01, BGHZ 153, 47, 53 = AG 2003, 273, 274; BayObLG v. 1.12.2004 – 3 Z BR 106/04, AG 2005, 288, 291 f.; *Hellwig/Bormann*, ZGR 2002, 465, 487 ff.; *Kleindiek* in FS Bezzenberger, 2000, S. 653, 665 f.; *Krämer/Theiß*, AG 2003, 225, 240; *Kruse*, WM 2003, 1843, 1845 ff.; *Land/Behnke*, DB 2003, 2531, 2533; *Hüffer*, § 119 AktG Rz. 25.
186 BGH v. 25.11.2002 – II ZR 133/01, BGHZ 153, 47, 53 = AG 2003, 273, 275 = ZIP 2003, 387, 390; näher zur Berechnung anhand des Börsenkurses OLG Stuttgart v. 18.12.2009 – 20 W 2/08, ZIP 2010, 274 = WM 2010, 654; *Hüffer*, § 119 AktG Rz. 25; *Kubis* in MünchKomm. AktG, 2. Aufl., § 119 AktG Rz. 88; *Streit*, ZIP 2002, 1279, 1288; *Zetzsche*, NZG 2000, 1065, 1067 f.; gegen eine volle Entschädigung *Heidelbach* in Schwark, § 38 BörsG Rz. 36.
187 BVerfG v. 27.4.1999 – 1 BvR 1613/94, BVerfGE 100, 289, 309 = AG 1999, 566; BGH v. 25.11.2002 – II ZR 133/01, BGHZ 153, 47, 53 = AG 2003, 273, 275 = ZIP 2003, 387, 390; BayObLG v. 28.7.2004 – 3 Z BR 087/04, AG 2005, 241, 242; *Hüffer*, § 119 AktG Rz. 25, der hier den „anteiligen Ertragswert" ansetzen möchte; *Henze* in FS Raiser, 2005, S. 145, 153 f.
188 BGH v. 25.11.2002 – II ZR 133/01, BGHZ 153, 47, 53 = AG 2003, 273, 275 = ZIP 2003, 387, 390; *Kubis* in MünchKomm. AktG, 2. Aufl., § 119 AktG Rz. 88; für eine Angebotspflicht des Mehrheitsaktionärs *Hüffer*, § 119 AktG Rz. 25.
189 *Hüffer*, § 119 AktG Rz. 25; anders *Krolop*, NZG 2005, 546 f.; *Heidelbach* in Schwark, § 38 BörsG Rz. 35; nach LG Hannover v. 29.8.2007 – 23 O 139/06, NZG 2008, 152 (n.rkr.) ist die Abfindung durch Prüfer auf Angemessenheit zu überprüfen, dieses ablehnend die Berufungsinstanz OLG Celle v. 7.5.2008 – 9 U 165/07, AG 2008, 858 (n.rkr.), Rev. beim BGH unter AZ II ZR 144/08; ebenso abl. *Kocher/Bedkowski*, NZG 2008, 135.
190 BGH v. 25.11.2002 – II ZR 133/01, BGHZ 153, 47, 53 = AG 2003, 273, 275 = ZIP 2003, 387, 390; *Hüffer*, § 119 AktG Rz. 24; *Kubis* in MünchKomm. AktG, 2. Aufl., § 119 AktG Rz. 86; *Zetzsche*, NZG 2000, 1065, 1067; *Hellwig*, ZGR 1999, 781, 800; *Vollmer/Grupp*, ZGR 1995, 459, 475; offen *Lutter* in FS Zöllner, Band I, 1998, S. 363, 381.
191 BGH v. 25.11.2002 – II ZR 133/01, BGHZ 153, 47, 59 Rz. 37 = AG 2003, 273, 275 = ZIP 2003, 387, 390; bestätigt in BGH v. 7.12.2009 – II ZR 239/08, ZIP 2010, 622, für Vorstandsberichtspflichten dagegen *Picot*, Die Rechte der Aktionäre beim Delisting, 2009, S. 106 ff.

Hauptversammlung „nur" pflichtwidrig Gebrauch von seiner Geschäftsführungsbefugnis macht[192].

### c) Unechtes „kaltes" Delisting

Beim unechten oder „kalten" Delisting entfällt die Börsenfähigkeit durch **Rechtsformwechsel, Verschmelzung, Eingliederung o.Ä.** In allen diesen Fällen bestehen eindeutige gesetzliche Regelungen – z.B. in §§ 179a Abs. 1, 320 Abs. 1 AktG, §§ 13, 65 UmwG –, die eine Zustimmung der Hauptversammlung ohnehin vorsehen[193]. Umstritten ist, ob bestehende Schutzlücken, z.b. bei Verschmelzung auf eine nicht-börsennotierte AG, durch analoge Anwendung von § 29 Abs. 1 Satz 2 UmwG geschlossen werden können[194]. Während nach früherer Auffassung es wegen §§ 29, 207 UmwG, § 38 Abs. 4 BörsG a.F. an einer planwidrigen Regelungslücke fehlen sollte[195], geht die h.M. zu Recht von einer Analogie mit Blick auf die ähnlich gelagerte Situation zwischen regulärem Delisting und Verschmelzung mit kaltem Delisting aus[196]. 55

## § 120
## Entlastung; Votum zum Vergütungssystem

**(1)** Die Hauptversammlung beschließt alljährlich in den ersten acht Monaten des Geschäftsjahrs über die Entlastung der Mitglieder des Vorstands und über die Entlastung der Mitglieder des Aufsichtsrats. Über die Entlastung eines einzelnen Mitglieds ist gesondert abzustimmen, wenn die Hauptversammlung es beschließt oder eine Minderheit es verlangt, deren Anteile zusammen den zehnten Teil des Grundkapitals oder den anteiligen Betrag von einer Millionen Euro erreichen.

**(2)** Durch die Entlastung billigt die Hauptversammlung die Verwaltung der Gesellschaft durch die Mitglieder des Vorstands und des Aufsichtsrats. Die Entlastung enthält keinen Verzicht auf Ersatzansprüche.

**(3)** Die Verhandlung über die Entlastung soll mit der Verhandlung über die Verwendung des Bilanzgewinns verbunden werden.

**(4)** Die Hauptversammlung der börsennotierten Gesellschaft kann über die Billigung des Systems zur Vergütung der Vorstandsmitglieder beschließen. Der Beschluss be-

---

192 OLG München v. 14.2.2001 – 7 U 6019/99, AG 2001, 364, 365; *Hüffer*, § 119 AktG Rz. 24; *Heidelbach* in Schwark, § 38 BörsG Rz. 33 ff.; *Eßers/Weisner*, DStR 2003, 985, 990.
193 *Kubis* in MünchKomm. AktG, 2. Aufl., § 119 AktG Rz. 89; *Hüffer*, § 119 AktG Rz. 26; *Heidelbach* in Schwark, § 38 BörsG Rz. 49; *Vollmer/Grupp*, ZGR 1995, 459, 474 ff.; *Steck*, AG 1998, 460, 462 ff.; *Meyer-Landrut/Kiem*, WM 1997, 1361, 1362 f.
194 Vert. *Pluskat*, BKR 2007, 54 ff.; *Simon/Burg*, Der Konzern 2009, 214, 215 ff.
195 *Seibt/Heiser*, ZHR 165 (2001), 466, 488; *Steck*, AG 1998, 460, 465; *Groß*, ZHR 165 (2001), 141, 161; *Krämer/Theiß*, AG 2003, 225, 240.
196 OLG Düsseldorf v. 7.3.2005 – I 19 W 1/04 AktE, AG 2005, 480; *Hüffer*, § 119 AktG Rz. 26; *Hoffmann* in Spindler/Stilz, § 119 AktG Rz. 45; *Kubis* in MünchKomm. AktG, 2. Aufl., § 119 AktG Rz. 89; *Grunewald*, ZIP 2004, 542, 544; *Adolff/Tieves*, BB 2003, 797, 805; *Even/Vera*, DStR 2002, 1315, 1318; *Seibt/Heiser*, ZHR 165 (2001), 466, 487; *Zetzsche*, NZG 2000, 1065 ff.; *Schlitt*, ZIP 2004, 533, 540; *Pluskat*, BKR 2007, 54, 56; zu einer ähnlichen Einschätzung gelangen *Adolff/Tieves*, BB 2003, 797, 805; *Göckeler* in Beck'sches Handbuch der AG, 2. Aufl. 2009, § 28, Rz. 59; *Süßmann*, BKR 2003, 257; offengelassen von OLG Stuttgart v. 8.3.2006 – 20 W 5/05, AG 2006, 420, 421; OLG Stuttgart v. 22.9.2009 – 20 W 20/06, AG 2010, 42, dagegen a.A. *Mülbert*, ZHR 165 (2001), 104, 137 f.

gründet weder Rechte noch Pflichten; insbesondere lässt er die Verpflichtungen des Aufsichtsrats nach § 87 unberührt. Der Beschluss ist nicht nach § 243 anfechtbar.

I. Grundlagen .................. 1
 1. Regelungsgegenstand und Normzweck ................. 1
 2. Entstehungsgeschichte .......... 6
 3. Dogmatische Einordnung; Begriffsklärung .............. 10
II. Der Entlastungsbeschluss der Hauptversammlung (§ 120 Abs. 1) ...... 13
 1. Die Zuständigkeit der Hauptversammlung ................ 13
 2. Frist ..................... 15
 3. Die Gesamtentlastung als Regelfall . 19
 4. Die Einzelentlastung ........... 23
  a) Allgemeines ............... 23
   aa) Durch Beschluss der Hauptversammlung .......... 24
   bb) Durch Minderheitenvotum .. 27
   cc) Durch den Versammlungsleiter ................ 28
  b) Bekanntgabe des Beschlusses an Organmitglieder? ............ 29
  c) Rechtsmissbrauch ........... 30

III. Rechtsfolgen der Entlastung (§ 120 Abs. 2) ................. 31
 1. Billigung des Verwaltungshandelns .. 31
  a) Rechtsnatur ............... 31
  b) Entlastungskriterien .......... 32
  c) Reichweite der Entlastung ...... 36
   aa) Persönlich ............... 36
   bb) Zeitlich ................ 37
   cc) Sachlich ................ 39
  d) Vertagung und Widerruf ....... 43
 2. Kein Verzicht auf Ersatzansprüche (§ 120 Abs. 2 Satz 2) ............ 45
 3. Auswirkungen auf die Stellung als Organmitglied ................. 46
 4. Rechtsschutz gegen Nichtentlastung  51
 5. Verfahrensvoraussetzungen einer Entlastung (§ 120 Abs. 3) ......... 52
IV. Fehlerhafte Entlastungsbeschlüsse .. 54
V. Der Beschluss über Vergütungssysteme („Say-on-Pay", § 120 Abs. 4) ... 56

**Literatur:** *Ahrens,* Vom Ende der Entlastungsklage des GmbH-Geschäftsführers und einem Neubeginn des BGH – Zugleich ein Beitrag zur negativen Feststellungsklage, ZGR 1987, 129; *Bachmann,* Die Einmann-AG, NZG 2001, 961; *Barner,* Die Entlastung als Institut des Verbandsrechts, 1990; *Buchner,* Die Entlastung des Geschäftsführers in der GmbH, GmbHR 1988, 9; *Fleischer,* Bestellungsdauer und Widerruf der Bestellung von Vorstandsmitgliedern im in- und ausländischen Aktienrecht, AG 2006, 429; *Grunewald,* Rückverlagerung von Entscheidungskompetenzen der Hauptversammlung auf den Vorstand, AG 1990, 133; *Henze,* Neuere Rechtsprechung zu Rechtsstellung und Aufgaben des Aufsichtsrats, BB 2005, 165; *Hoffmann,* Einzelentlastung, Gesamtentlastung und Stimmverbote im Aktienrecht, NZG 2010, 290; *Kubis,* Die Entlastung nach rechtswidrigem Organhandeln in der Aktiengesellschaft, NZG 2005, 791; *Kuhnt,* Geschäftsordnungsanträge und Geschäftsordnungsmaßnahmen bei Hauptversammlungen, in FS Lieberknecht, 1997, S. 45; *Lorenz,* Die richterliche Überprüfung unternehmerischer Entscheidungen des Vorstands bei Anfechtungsklagen gegen Entlastungsbeschlüsse, NZG 2009, 1138; *Lutter,* Blockabstimmungen im Aktien- und GmbH-Recht, in FS Odersky, 1996, S. 845; *Lutter,* Die entschlusssschwache Hauptversammlung, in FS Quack, 1991, S. 301; *Rümker,* Probleme der Entlastung im Bereich der öffentlich-rechtlichen Kreditinstitute, in FS Pleyer, 1986, S. 98; *K.Schmidt,* Entlastung, Entlastungsrecht und Entlastungsklage des Geschäftsführers einer GmbH – Versuch einer Neuorientierung, ZGR 1978, 425; *J. Semler,* Einzelentlastung und Stimmverbot, in FS Zöllner, Band I, 1998, S. 553; *Sethe,* Die aktienrechtliche Zulässigkeit der so genannten „Teilentlastung", ZIP 1996, 1321; *Stützle/Walgenbach,* Leitung der Hauptversammlung und Mitspracherechte der Aktionäre in Fragen der Versammlungsleitung, ZHR 155 (1991), 516; *Tellis,* Die Rechtsnatur der gesellschaftsrechtlichen Entlastung und die Entlastungsklage, 1988; *Volhard/Weber,* Entlastung, wie oft?, NZG 2003, 351; *Weitemeyer,* Die Entlastung im Aktienrecht – neueste Entwicklungen in Gesetzgebung und Rechtsprechung, ZGR 2005, 280.

**Spezialschrifttum zur Vergütungsentscheidung:** *Begemann/Laue,* Der neue § 120 Abs. 4 AktG – ein zahnloser Tiger, BB 2009, 2442; *Deilmann/Otte,* Erste Erfahrungen der Hauptversammlungspraxis, DB 2010, 595; *Döll,* Das Votum zum Vergütungssystem nach § 120 Abs. 4 AktG, WM 2010, 103; *Fleischer/Bedkowski,* „Say on Pay" im deutschen Aktienrecht: Das neue Vergütungsvotum der Hauptversammlung nach § 120 Abs. 4 AktG, AG 2009, 677; *Jaspers,* Mehr Demokratie wagen – die Rolle der Hauptversammlung bei der Festsetzung der Vergütung des Vorstands, ZPR 2010, 8; *Schüppen*, Vorstandsvergütung – (K)ein Thema für die Hauptversammlung, ZIP 2010, 905; *Teichmann*, Pay without performance? Vorstandsvergütung in Deutschland und Europa, GPR 2009, 235; *E.Vetter*, Der kraftlose Hauptversammlungsbeschluss über das Vorstandsvergütungssystem nach § 120 Abs. 4 AktG, ZIP 2009, 2136.

## I. Grundlagen

### 1. Regelungsgegenstand und Normzweck

§ 120 behandelt das **Verfahren der Entlastung der Verwaltungsmitglieder** – also der Mitglieder des Vorstands und des Aufsichtsrats – sowie deren Folgen. Dabei werden in Abs. 1 die Zuständigkeit der Hauptversammlung und Fragen der Abstimmungsweise geklärt, in Abs. 2 die Folgen eines Entlastungsbeschlusses[1], sowie in Abs. 3 weitere Anforderungen an das Verfahren der Entlastung festgelegt, indem der Entlastungsbeschluss mit anderen Verhandlungen verbunden wird und so dem Aktionär eine informierte Entscheidung ermöglicht wird[2]. 1

§ 120 verdeutlicht, dass die Organe der Verwaltung der Aktiengesellschaft (Vorstand und Aufsichtsrat) der Hauptversammlung und damit den Aktionären gegenüber regelmäßig **Rechenschaft ablegen** müssen[3]. Die Verwaltungsmitglieder müssen sich für die Verwendung und Entwicklung des Aktionärsvermögens rechtfertigen. Entgegen des in § 76 für den Vorstand und in § 111 für den Aufsichtsrat festgelegten Prinzips der Gesamtverantwortung ermöglicht es § 120 Abs. 1 hinsichtlich der Entlastung zwischen den einzelnen Mitgliedern beider Verwaltungsgremien zu differenzieren und getrennt über ihre Entlastung abzustimmen und damit **individuelles Fehlverhalten** zu sanktionieren[4]. 2

Neben der Rechenschaftsfunktion des Entlastungsbeschlusses tritt neuerdings der Beschluss der Hauptversammlung über das **Vergütungssystem** („**Say-on-Pay**"), der allerdings keinerlei rechtliche Bindungswirkung entfaltet, aber deutliche Signalwirkung für die Verwaltungsorgane entfalten kann. Neben den Publizitätswirkungen tritt wie bei der Entlastung die Rückbindung an den Aktionärswillen. 3

Über die juristisch beschränkte Bedeutung des § 120 hinaus kommt der Entlastung ebenso wie dem Beschluss über das Vergütungssystem – vor allem bei größeren, börsennotierten Gesellschaften – eine **erhebliche Außenwirkung** zu, so dass dieser Tagesordnungspunkt oftmals die Plattform für generelle Meinungskundgabe der Aktionäre bildet und in dessen Zusammenhang Verwaltungshandeln angegriffen werden kann, das die Schwelle zur Organhaftung nicht überwindet[5]. Die Achtmonatsfrist des § 120 Abs. 1 führt dazu, dass der Entlastungsbeschluss ein regelmäßiger **Bestandteil jeder ordentlichen Hauptversammlung** ist[6]. 4

---

1 *Kubis* in MünchKomm. AktG, 2. Aufl., § 120 AktG Rz. 1; *Hüffer*, § 120 AktG Rz. 1.
2 *Mülbert* in Großkomm. AktG, 4. Aufl., § 120 AktG Rz. 5; Begr. RegE, *Kropff*, Aktiengesetz, S. 167.
3 *Mülbert* in Großkomm. AktG, 4. Aufl., § 120 AktG Rz. 6.
4 Ähnlich auch *Mülbert* in Großkomm. AktG, 4. Aufl., § 120 AktG Rz. 8.
5 *Kubis* in MünchKomm. AktG, 2. Aufl., § 120 AktG Rz. 2; *Mülbert* in Großkomm. AktG, 4. Aufl., § 120 AktG Rz. 7; *Zöllner* in KölnKomm. AktG, 1. Aufl., § 120 AktG Rz. 24 f.; *F.-J. Semler* in MünchHdb. AG, § 34 Rz. 30; *Butzke* in Obermüller/Werner/Winden, Die Hauptversammlung der Aktiengesellschaft, Rz. I 4; *Volhard/Weber*, NZG 2003, 351, 351 die feststellen, dass unter dem Tagesordnungspunkt „Entlastung" fast alle Fragen zulässig sind.
6 Ausführlich hierzu *Mülbert* in Großkomm. AktG, 4. Aufl., § 120 AktG Rz. 9; *Kubis* in MünchKomm. AktG, 2. Aufl., § 120 AktG Rz. 1.

5  Die Regelung des § 120 ist abschließend i.S. von § 23 Abs. 5 Satz 2 und damit **zwingend**; sie kann nicht durch **Satzungsbestimmungen** modifiziert oder ergänzt werden[7]. Dies gilt auch für die Soll-Vorschrift des § 120 Abs. 3 Satz 1[8].

**2. Entstehungsgeschichte**

6  § 120 in der heutigen Fassung entspricht **weitgehend § 104 AktG 1937**[9], der jedoch nicht zwischen Einzel- und Gesamtentlastung differenzierte[10]. Der Begriff der Entlastung ist wesentlich älter und tauchte bereits in Art. 239 Abs. 2 ADHGB von 1870 auf, wonach Personen, die an der Geschäftsführung beteiligt waren, nicht bei der Rechnungslegung zur Entlastung des Vorstands mitwirken durften[11]. Erst 1897 wurde die Entlastung von Aufsichtsrat und Vorstand in § 260 HGB zu einem eigenständigen Tagesordnungspunkt der ordentlichen Hauptversammlung weiterentwickelt und als eigenständiges Rechtsinstitut ausgeformt, wobei der damalige § 260 HGB bereits starke Ähnlichkeit mit dem Wortlaut des späteren § 104 AktG 1937 hatte[12].

7  § 120 AktG 1965 enthält aber auch – neben sprachlichen Anpassungen – **inhaltliche Änderungen** gegenüber § 104 AktG 1937: Die zuvor fünfmonatige Frist in Abs. 1 Satz 1, die per Satzung auf höchstens 7 Monate ausgedehnt werden konnte, wurde in eine zwingende Achtmonatsfrist abgeändert[13]. Die zum alten § 104 AktG 1937 umstrittene Frage, ob neben einer Gesamtentlastung auch Einzelentlastungen zulässig sind, wurde durch die Einführung des neuen Satz 2 in Abs. 1 vom Gesetzgeber zugunsten der Einzelentlastung entschieden; ebenfalls wurde im neuen Abs. 2 klargestellt, dass die Entlastung keinen Verzicht auf Ersatzansprüche beinhaltet[14].

8  Später gab es weitere formale Änderungen, wie z.B. durch das Bilanzrichtliniengesetz (BiRiLiG) vom Dezember 1985[15], das Gesetz über die Zulassung von Stückaktien (StückAG) vom März 1998[16] und das Gesetz zur Einführung des Euro (EuroEG) vom Juni 1998[17], die aber allesamt am Charakter des § 120 nichts verändert haben[18], was schließlich auch für die Änderung durch das Zweite Gesetz zur Änderung des Umwandlungsgesetzes (2. UmwÄndG) vom April 2007[19] gilt.

9  Inhaltlich hat § 120 schließlich durch das ARUG[20] sowie das VorstAG[21] grundlegende Änderungen erfahren: § 120 Abs. 3 Satz 2 und 3 wurden durch das ARUG aufgeho-

---

7  *Hüffer*, § 120 AktG Rz. 1; *Zöllner* in KölnKomm. AktG, 1. Aufl., § 120 AktG Rz. 4, ausführlich *Mülbert* in Großkomm. AktG, 4. Aufl., § 120 AktG Rz. 124 f.
8  *Hüffer*, § 120 AktG Rz. 1; *Mülbert* in Großkomm. AktG, 4. Aufl., § 120 AktG Rz. 124.
9  Begr. RegE, *Kropff*, Aktiengesetz, S. 166.
10  *Klausing*, Aktiengesetz 1937, § 104 AktG, S. 89.
11  *Mülbert* in Großkomm. AktG, 4. Aufl., § 120 AktG Rz. 1.
12  *Mülbert* in Großkomm. AktG, 4. Aufl., § 120 AktG Rz. 1.
13  Begr. RegE, *Kropff*, Aktiengesetz, S. 166 f.; *Zöllner* in KölnKomm. AktG, 1. Aufl., § 120 AktG Rz. 1; *Mülbert* in Großkomm. AktG, 4. Aufl., § 120 AktG Rz. 2.
14  Begr. RegE, *Kropff*, Aktiengesetz, S. 166; Ausschussbericht, *Kropff*, Aktiengesetz, S. 167; *Zöllner* in KölnKomm. AktG, 1. Aufl., § 120 AktG Rz. 1; *Mülbert* in Großkomm. AktG, 4. Aufl., § 120 AktG Rz. 2.
15  BGBl. I 1985, 2355.
16  BGBl. I 1998, 590.
17  BGBl. I 1998, 1242.
18  Näher hierzu *Mülbert* in Großkomm. AktG, 4. Aufl., § 120 AktG Rz. 3; *Hüffer*, § 120 AktG Rz. 1 a.E.
19  BGBl. I 2007, 542.
20  Gesetz zur Umsetzung der Aktionärsrechterichtlinie (ARUG) vom 30.7.2009, BGBl. I 2009, 2479.
21  Gesetz zur Angemessenheit der Vorstandsvergütung (VorstAG) vom 31.7.2009, BGBl. I 2009, 2509.

ben, da die entsprechenden Bestimmungen bereits in §§ 175 f. enthalten seien[22]. Der Beschluss zu den Vergütungssystemen „Say-on-Pay" (Abs. 4) wurde als Reaktion auf die im Rahmen der Finanzmarktkrise als exzessiv empfundenen Vorstandsvergütungen eingefügt, allerdings erst im Laufe des parlamentarischen Verfahrens[23].

### 3. Dogmatische Einordnung; Begriffsklärung

Vor der Neufassung des Aktienrechts 1965 war streitig, welche rechtliche Bedeutung dem Entlastungsbeschluss zukommt[24]. Im Mittelpunkt der verbandsformübergreifenden Auseinandersetzung stand seit jeher die **Frage der Präklusionswirkung** der Entlastung und damit die Unsicherheit, inwieweit die Gesellschaft durch einen Entlastungsbeschluss Ersatzansprüche verliert[25]. Seitdem § 120 Abs. 2 Satz 2 allerdings ausdrücklich klarstellt, dass die Entlastung nicht zu einem Verzicht auf Ersatzansprüche führt (näher hierzu unter Rz. 45), ist diese alte Streitfrage für das heutige Aktienrecht – anders als für andere Verbandsformen und vor allem für das GmbH-Recht[26] – von keiner Bedeutung mehr[27].

10

Die rechtsdogmatische Einordnung der gesellschaftsrechtlichen Entlastung ist bis heute nicht gänzlich geklärt[28]. Richtigerweise wird man in der Entlastung ein **gesellschaftsrechtliches Institut sui generis** sehen müssen[29] und nicht etwa ein Erlassvertrag bzw. negatives Schuldanerkenntnis i.S. von § 397 BGB[30] oder gar eine Art Quittung[31], was unvereinbar damit wäre, dass sie nicht dazu führen darf, dass der Anspruch auf einen mangelfreien Jahresabschluss entfällt[32]. Ein negatives Schuldanerkenntnis kann in der Entlastung spätestens seit der Einführung von § 120 Abs. 2 Satz 2 ebenso wenig gesehen werden[33].

11

---

22 Begr. RegE BT-Drucks. 16/11642, S. 27.
23 Bericht Rechtsausschuss BT-Drucks. 16/13433, S. 12; noch nicht enthalten im FrakE, s. Begr. FrakE BT-Drucks. 16/12278.
24 Ausführlich *Schönle*, ZHR 126 (1964), 199, 200 ff.; *Tellis*, Die Rechtsnatur der gesellschaftsrechtlichen Entlastung, 1988, S. 42 ff.; *Weitemeyer*, ZGR 2005, 280, 285 ff. m.w.N.
25 *Mülbert* in Großkomm. AktG, 4. Aufl., § 120 AktG Rz. 12; *Hüffer*, § 120 AktG Rz. 3 ausführlich auch *Barner*, Die Entlastung als Institut des Verbandsrechts, 1990, S. 44 ff.
26 BGH v. 20.5.1985 – II ZR 165/84, NJW 1986, 129, 130; BGH v. 3.12.2001 – II ZR 308/99, NZG 2002, 195, 197 (für die Genossenschaft); OLG Köln v. 13.7.2000 – 18 U 37/100, NZG 2000, 1135, 1136; *Hüffer* in Ulmer, § 46 GmbHG Rz. 62 ff.; im Ergebnis wohl auch *Barner*, Die Entlastung als Institut des Verbandsrechts, 1990, S. 90 ff.
27 Ausführlich *Mülbert* in Großkomm. AktG, 4. Aufl., § 120 AktG Rz. 12; ferner *Hüffer*, § 120 AktG Rz. 3.
28 S. die Übersicht zum Meinungsstand bei *Tellis*, Die Rechtsnatur der gesellschaftsrechtlichen Entlastung, 1988, S. 42 ff.; *Weitemeyer*, ZGR 2005, 280, 287 ff.
29 So auch *Hüffer*, § 120 AktG Rz. 3; *Tellis*, Die Rechtsnatur der gesellschaftsrechtlichen Entlastung, 1988, S. 78 ff.; *Volhard/Weber*, NZG 2003, 351, 351; *K. Schmidt*, ZGR 1978, 425, 432 ff.; im Ergebnis auch *Mülbert* in Großkomm. AktG, 4. Aufl., § 120 AktG Rz. 18; wohl auch *Weitemeyer*, ZGR 2005, 280, 288 f.
30 So früher RG v. 2.2.1923 – II 147/22, RGZ 106, 258, 262; RG v. 19.11.1926 – II 403/25, RGZ 115, 246, 250; *Schönle*, ZHR 126 (1964), 199, 215 f.; *Schifferer*, Die Entlastung der Organe einer Aktiengesellschaft, 1924, S. 24.
31 So früher *Schlegelberger/Quassowski*, § 104 AktG Anm. 4; *Hoeniger*, DJZ 1922, S. 143, 143 ff.; dagegen etwa *Zöllner* in KölnKomm. AktG, 1. Aufl., § 120 AktG Rz. 22; *Schönle*, ZHR 126 (1964), 199, 208; *Tellis*, Die Rechtsnatur der gesellschaftsrechtlichen Entlastung, 1988, S. 68 ff.; *Barner*, Die Entlastung als Institut des Verbandsrechts, 1990, S. 66 ff.
32 *Mülbert* in Großkomm. AktG, 4. Aufl., § 120 AktG Rz. 13; *Zöllner* in KölnKomm. AktG, 1. Aufl., § 120 AktG Rz. 22; *Tellis*, Die Rechtsnatur der gesellschaftsrechtlichen Entlastung, 1988, S. 69 ff.; im Ergebnis auch *Barner*, Die Entlastung als Institut des Verbandsrechts, 1990, S. 66 ff.
33 *Mülbert* in Großkomm. AktG, 4. Aufl., § 120 AktG Rz. 16; *Zöllner* in KölnKomm. AktG, 1. Aufl., § 120 AktG Rz. 21; kritisch auch *Barner*, Die Entlastung als Institut des Verbandsrechts, 1990, S. 59 f.

12  Begrifflich umschreibt die Entlastung die **Billigung des Vorstands- und Aufsichtsratshandelns**[34]. Die Entlastung ist damit zum einen vergangenheitsbezogen[35] (s. auch unten Rz. 37) und umfasst regelmäßig das abgelaufene Geschäftsjahr[36], zum anderen ist sie auch ein Vertrauensvorschuss für deren künftige Tätigkeit[37]. Der Einwand, § 120 Abs. 2 spreche nur von Billigung und diese beziehe sich alleine auf die Vergangenheit[38], übersieht, dass eine Entlastung i.d.R. auch ein Vertrauensbeweis für die Zukunft ist, was auch im Gesetzgebungsverfahren bestätigt wurde[39].

## II. Der Entlastungsbeschluss der Hauptversammlung (§ 120 Abs. 1)

### 1. Die Zuständigkeit der Hauptversammlung

13  Gem. § 120 Abs. 1 Satz 1 ist die Hauptversammlung zuständig für die Entlastung der Verwaltungsmitglieder. Diese **Zuständigkeitszuweisung ist ausschließlich und zwingend**; eine wechselseitige Entlastung von Vorstand und Aufsichtsrat ist nicht statthaft[40]. Damit werden von der Hauptversammlung nicht nur die von ihr selbst gem. § 101 Abs. 1 gewählten Mitglieder des Aufsichtsrats entlastet, sondern auch die gem. § 101 Abs. 2 entsandten, die gerichtlich bestellten und die von der Arbeitnehmerseite gestellten Mitglieder[41].

14  Beim **Sonderfall der Einmann-AG** ist von der Hauptversammlung kein Entlastungsbeschluss zu fassen, soweit der Alleinaktionär über seine eigene Entlastung als Mitglied des Vorstands oder des Aufsichtsrats befinden müsste[42], da diese völlig sinnentleert und mit dem Stimmrechtsausschluss des § 136 Abs. 1 unvereinbar wäre[43]. Die anderen Vorstands- bzw. Aufsichtsratsmitglieder müssen dagegen selbstverständlich durch Einzelentlastung entlastet werden, um nicht das Stimmrechtsverbot des § 136 Abs. 1 zu unterlaufen, indem die Vorschrift entgegen ihrem Wortlaut eingeschränkt wird; ist der Alleinaktionär Vorstandsmitglied, muss er trotz des Stimmverbots den Aufsichtsrat entlasten können, da dessen Mitglieder andernfalls nie entlastet werden könnten[44].

---

34 *Hüffer*, § 120 AktG Rz. 2, 11; *Mülbert* in Großkomm. AktG, 4. Aufl., § 120 AktG Rz. 4.
35 BGH v. 15.12.1975 – II ZR 17/74, WM 1976, 204, 205 (für die GmbH); BGH v. 20.5.1985 – II ZR 165/84, NJW 1986, 129, 129.
36 LG Frankfurt v. 30.4.2004 – 3/9 O 107/03, 3-09 O 107/03, AG 2005, 51, 52; *Hüffer*, § 120 AktG Rz. 2.
37 RG v. 12.6.1941 – II 122/40, RGZ 167, 151, 166; BGH v. 10.2.1977 – II ZR 79/75, WM 1977, 361, 361 f.; OLG Düsseldorf v. 22.2.1996 – 6 U 20/95, AG 1996, 273, 274; *Mülbert* in Großkomm. AktG, 4. Aufl., § 120 AktG Rz. 23; *Tellis*, Die Rechtsnatur der gesellschaftsrechtlichen Entlastung, 1988, S. 88 f.; *Barner*, Die Entlastung als Institut des Verbandsrechts, 1990, S. 106 ff.; *Volhard/Weber*, NZG 2003, 351.
38 So *Buchner*, GmbHR 1988, 9, 13.
39 Begr. RegE, *Kropff*, Aktiengesetz, S. 167.
40 *Kubis* in MünchKomm. AktG, 2. Aufl., § 120 AktG Rz. 3; *Zöllner* in KölnKomm. AktG, 1. Aufl., § 120 AktG Rz. 11; *Hüffer*, § 120 AktG Rz. 5; *F.-J. Semler* in MünchHdb. AG, § 34 Rz. 21.
41 *Kubis* in MünchKomm. AktG, 2. Aufl., § 120 AktG Rz. 3; *Hüffer*, § 120 AktG Rz. 5; *F.-J. Semler* in MünchHdb. AG, § 34 Rz. 21; *Volhard/Weber*, NZG 2003, 351.
42 *Mülbert* in Großkomm. AktG, 4. Aufl., § 120 AktG Rz. 114; *Kubis* in MünchKomm. AktG, 2. Aufl., § 120 AktG Rz. 3; *Zöllner* in KölnKomm. AktG, 1. Aufl., § 120 AktG Rz. 33.
43 *Hüffer*, § 120 AktG Rz. 5, § 136 Rz. 5; *Kubis* in MünchKomm. AktG, 2. Aufl., § 120 AktG Rz. 3; *Mülbert* in Großkomm. AktG, 4. Aufl., § 120 AktG Rz. 114; *Zöllner* in KölnKomm. AktG, 1. Aufl., § 120 AktG Rz. 33; überholt aufgrund der Klärung in § 120 Abs. 2 Satz 2 RG v. 9.12.1927 – II 161/27, RGZ 119, 229, 230 zu § 260 Abs. 1 HGB.
44 Ausführlich *Mülbert* in Großkomm. AktG, 4. Aufl., § 120 AktG Rz. 114; ferner *Kubis* in MünchKomm. AktG, 2. Aufl., § 120 AktG Rz. 3; zu Stimmverboten in der Einmann-AG auch *Bachmann*, NZG 2001, 961, 968.

## 2. Frist

§ 120 Abs. 1 Satz 1 legt fest, dass die Hauptversammlung **innerhalb der ersten acht** **15** **Monate des laufenden Geschäftsjahres** über die Entlastung bzgl. des vergangenen Geschäftsjahres abstimmen muss. Diese Frist entspricht aufgrund der von § 120 Abs. 3 von Gesetzes wegen vorgesehenen Verknüpfung notwendigerweise derjenigen des § 175 Abs. 1 zur Einberufung der ordentlichen Hauptversammlung, der auch die Vorlage des Jahresabschlusses nebst Lagebericht und Bericht des Aufsichtsrates sowie des Gewinnverwendungsbeschluss umfasst[45]. Zusammen mit der Vorschrift des § 120 Abs. 3 führt dies mittelbar dazu, dass die Entlastung Tagesordnungspunkt einer jeden ordentlichen Hauptversammlung ist und eine faktische Verbindung zwischen Rechenschaftslegung, Gewinnverwendungsbeschluss und Entlastungsentscheidung besteht[46].

Die festgesetzte Frist wird gem. §§ 187 ff. BGB berechnet[47]. Die **Frist ist zudem zwin-** **16** **gend**, so dass die Achtmonatsfrist durch die Satzung weder verlängert noch verkürzt werden kann[48]. Die Gegenansicht[49], die auf den Zweck des Gesetzes verweist, eine möglichst frühe Abhaltung der Hauptversammlung zu gewährleisten, übersieht, dass ohne ausreichende Frist der Prüfungszeitraum der Abschlussprüfer derart eingeschränkt ist, dass die Gewähr für deren ordnungsgemäße Arbeit – zumindest bei größeren Gesellschaften – nicht mehr unbedingt gegeben ist[50]. Gerade das aber würde das Ziel, ordnungsgemäß Rechenschaft abzulegen, beeinträchtigen. Zugleich bestimmt § 120 Abs. 1 Satz 1, dass die Dauer der Entlastungsperiode **nicht über ein Jahr** hinaus ausgedehnt werden kann[51].

Die **Verletzung** der Achtmonatsfrist des § 120 Abs. 1 Satz 1 hat indes kaum nennens- **17** werte Konsequenzen; der einzelne Aktionär hat wenig Möglichkeiten, die Einhaltung der Frist zu erzwingen[52]. Zwar handelt es sich um eine Pflichtverletzung mit entsprechenden Schadensersatzfolgen der Verwaltungsratsmitglieder; doch wird gerade ein solcher Schaden in der Praxis kaum nachweisbar sein[53]. Eine solche Pflichtverletzung kann allerdings ein wichtiger Grund für die Abberufung eines Vorstandsmitglieds nach § 84 Abs. 3 Satz 1 oder eines Aufsichtsratsmitglieds nach § 103 Abs. 3 Satz 1 sein[54]. Außerdem laufen die Verwaltungsratsmitglieder Gefahr, aufgrund der Nichteinhaltung der Frist nicht entlastet zu werden[55]. Ein nach Überschreiten der

---

45 Mülbert in Großkomm. AktG, 4. Aufl., § 120 AktG Rz. 55; Hüffer, § 120 AktG Rz. 6.
46 Ausführlich Mülbert in Großkomm. AktG, 4. Aufl., § 120 AktG Rz. 9; ferner Kubis in MünchKomm. AktG, 2. Aufl., § 120 AktG Rz. 4; Zöllner in KölnKomm. AktG, 1. Aufl., § 120 AktG Rz. 2; Koch, AG 1969, 1 ff.
47 Kubis in MünchKomm. AktG, 2. Aufl., § 120 AktG Rz. 4; Mülbert in Großkomm. AktG, 4. Aufl., § 120 AktG Rz. 56.
48 Mülbert in Großkomm. AktG, 4. Aufl., § 120 AktG Rz. 125; Brönner in Großkomm. AktG, 4. Aufl., § 175 AktG Rz. 10; Werner, DB 1966, 929; Knur, DNotZ 1966, 324, 339; im Ergebnis auch Hüffer, § 120 AktG Rz. 6, § 175 AktG Rz. 4.
49 Zöllner in KölnKomm. AktG, 1. Aufl., § 120 AktG Rz. 6; F.-J. Semler in MünchHdb. AG, § 34 Rz. 51; Eckardt, NJW 1967, 369, 371.
50 So zu Recht Mülbert in Großkomm. AktG, 4. Aufl., § 120 AktG Rz. 125.
51 Mülbert in Großkomm. AktG, 4. Aufl., § 120 AktG Rz. 56.
52 Zöllner in KölnKomm. AktG, 1. Aufl., § 120 AktG Rz. 5; Kubis in MünchKomm. AktG, 2. Aufl., § 120 AktG Rz. 5; Mülbert in Großkomm. AktG, 4. Aufl., § 120 AktG Rz. 57 f.
53 Kubis in MünchKomm. AktG, 2. Aufl., § 120 AktG Rz. 5; Mülbert in Großkomm. AktG, 4. Aufl., § 120 AktG Rz. 57; Zöllner in KölnKomm. AktG, 1. Aufl., § 120 AktG Rz. 5.
54 Zöllner in KölnKomm. AktG, 1. Aufl., § 120 AktG Rz. 5 f.; Mülbert in Großkomm. AktG, 4. Aufl., § 120 AktG Rz. 57; Kubis in MünchKomm. AktG, 2. Aufl., § 120 AktG Rz. 5; Butzke in Obermüller/Werner/Winden, Die Hauptversammlung der Aktiengesellschaft, Rz. I 6.
55 Butzke in Obermüller/Werner/Winden, Die Hauptversammlung der Aktiengesellschaft, Rz. I 6.

Achtmonatsfrist dennoch gefasster Entlastungsbeschluss ist indes in vollem Umfang wirksam[56].

18 Dem einzelnen Aktionär bleibt das **Minderheitenrecht des § 122**, um die Einberufung der Hauptversammlung und eine entsprechende Beschlussfassung über die Entlastung zu erzwingen[57]. Das Registergericht kann nicht gem. § 407 Zwangsgelder gegen den Vorstand verhängen, da die Aufzählung in § 407 abschließend ist[58] und der Fall des § 120 nicht erwähnt wird[59]. Schließlich können auch einzelne Aktionäre keine Leistungsklage mit dem Ziel erheben, die Einberufung einer Hauptversammlung zu erzwingen[60].

### 3. Die Gesamtentlastung als Regelfall

19 Entsprechend dem Wortlaut des § 120 Abs. 1 ist die Gesamtentlastung des Vorstands bzw. des Aufsichtsrats der **gesetzlich vorgesehene Regelfall**[61]. Auch wenn das AktG keine Blockabstimmungen kennt, folgt daraus nicht, dass die Einzelabstimmung die Regel sei[62]. Zum einen sprechen Gründe der Verfahrensökonomie für eine Gesamtentlastung, da nicht immer über einzelne Verwaltungsratsmitglieder auch einzeln abgestimmt werden muss[63]. Zum anderen wird so dem Prinzip der Gesamtverantwortung von Vorstand bzw. Aufsichtsrat entsprochen[64].

20 Soweit die Satzung keine strengeren Anforderungen statuiert, beschließt die Hauptversammlung über die Entlastung mit **einfacher Mehrheit gem. § 133 Abs. 1**[65]. Findet ein Entlastungsantrag keine Mehrheit, liegt darin automatisch die Verweigerung der Entlastung[66]. Der Antrag kann aber auch auf Verweigerung der Entlastung oder auf Vertagung der Entscheidung lauten[67]. Über die Entlastung ist ausdrücklich abzustimmen; sie kann nicht etwa konkludent durch die ausnahmsweise Feststellung des Jahresabschlusses nach § 173 erfolgen[68].

---

56 *Mülbert* in Großkomm. AktG, 4. Aufl., § 120 AktG Rz. 57; *Kubis* in MünchKomm. AktG, 2. Aufl., § 120 AktG Rz. 5.
57 *Zöllner* in KölnKomm. AktG, 1. Aufl., § 120 AktG Rz. 5; *Mülbert* in Großkomm. AktG, 4. Aufl., § 120 AktG Rz. 58; *Kubis* in MünchKomm. AktG, 2. Aufl., § 120 AktG Rz. 5.
58 *Otto* in Großkomm. AktG, 4. Aufl., § 407 AktG Rz. 3; *Hüffer*, § 407 AktG Rz. 4.
59 *Kubis* in MünchKomm. AktG, 2. Aufl., § 120 AktG Rz. 5; *Zöllner* in KölnKomm. AktG, 1. Aufl., § 120 AktG Rz. 5; *Mülbert* in Großkomm. AktG, 4. Aufl., § 120 AktG Rz. 59; *Koch*, AG 1969, 1, 3.
60 *Kubis* in MünchKomm. AktG, 2. Aufl., § 120 AktG Rz. 5; *Mülbert* in Großkomm. AktG, 4. Aufl., § 120 AktG Rz. 59; *Koch*, AG 1969, 1.
61 OLG München v. 17.3.1995 – 23 U 5930/94, AG 1995, 381, 382; Begr. RegE und Ausschussbericht, *Kropff*, Aktiengesetz, S. 166 f.; *Butzke* in Obermüller/Werner/Winden, Die Hauptversammlung der Aktiengesellschaft, Rz. I 18.
62 So wohl *Lutter* in FS Odersky, 1996, S. 845, 847.
63 *Zöllner* in KölnKomm. AktG, 1. Aufl., § 120 AktG Rz. 14; *Kubis* in MünchKomm. AktG, 2. Aufl., § 120 AktG Rz. 7; der damalige Regierungsentwurf zum Aktienrecht 1965 hatte noch die Einzelentlastung als Regelfall vorgesehen, vgl. dazu Begr. RegE, *Kropff*, Aktiengesetz, S. 166.
64 *Kubis* in MünchKomm. AktG, 2. Aufl., § 120 AktG Rz. 7; *Butzke* in Obermüller/Werner/Winden, Die Hauptversammlung der Aktiengesellschaft, Rz. I 18.
65 *Hüffer*, § 120 AktG Rz. 7; *Kubis* in MünchKomm. AktG, 2. Aufl., § 120 AktG Rz. 6.
66 *Hoffmann* in Spindler/Stilz, § 120 AktG Rz. 6; *Hüffer*, § 120 AktG Rz. 7.
67 So auch *Kubis* in MünchKomm. AktG, 2. Aufl., § 120 AktG Rz. 6; *Zöllner* in KölnKomm. AktG, 1. Aufl., § 120 AktG Rz. 40; nicht überzeugend dagegen *Mülbert* in Großkomm. AktG, 4. Aufl., § 120 AktG Rz. 82.
68 RG v. 23.10.1925 – II 575/24, RGZ 112, 19, 26; *Mülbert* in Großkomm. AktG, 4. Aufl., § 120 AktG Rz. 81; *Kubis* in MünchKomm. AktG, 2. Aufl., § 120 AktG Rz. 6; *Hüffer*, § 120 AktG Rz. 7.

Vorstand und Aufsichtsrat können nicht zusammen entlastet werden, es bedarf vielmehr **zweier gesonderter Entlastungsbeschlüsse**[69]. Eine Globalentlastung der Verwaltung mittels eines einzigen Entlastungsbeschlusses wäre anfechtbar[70]. 21

Bei der Abstimmung sind alle Verwaltungsmitglieder – soweit sie zugleich Aktionäre sind – gem. § 136 von der Abstimmung ausgeschlossen, wenn es um ihre eigene Entlastung geht[71]. Bei der Einzelentlastung soll ein **Stimmrechtsverbot** nur für die Abstimmung über die eigene Entlastung gelten[72]. Indes muss auch hier jedes Organmitglied, das auch Aktionär ist, von der Abstimmung über die Entlastung anderer Organmitglieder, die ebenfalls Aktionäre sind, ausgeschlossen sein; denn nur so lässt sich wirksam verhindern, dass gemeinsam begangene Pflichtverletzungen bzw. gemeinsam bekannte Pflichtverletzungen durch gegenseitige Entlastung der Verwaltungsmitglieder verschleiert werden[73]. Der Gegenauffassung[74] ist zwar zuzugestehen, dass die Entlastung ausdrücklich keinen Anspruchsverzicht darstellt; doch hat die Entlastung davon abgesehen eine Außenwirkung, indem öffentlich Vorstand und Aufsichtsrat eine gute Geschäftsführung bescheinigt wird, so dass ein strenger Maßstab angelegt werden sollte. Die Entlastung der Aufsichtsratsmitglieder darf **nicht getrennt nach den Gruppen**, denen sie angehören – Anlegerseite, Arbeitnehmervertreter, erfolgen; dies widerspräche dem Prinzip der Gesamtverantwortung[75]. Aktionäre oder Aktionärsgruppen, die ein **Aufsichtsratsmitglied** in denselben Aufsichtsrat nach § 101 Abs. 2 **entsandt** haben, sind bei der Abstimmung über dessen Entlastung stimmberechtigt[76]. 22

---

69 *Mülbert* in Großkomm. AktG, 4. Aufl., § 120 AktG Rz. 97; *Zöllner* in KölnKomm. AktG, 1. Aufl., § 120 AktG Rz. 13; *Hüffer*, § 120 AktG Rz. 8; *F.-J. Semler* in MünchHdb. AG, § 34 Rz. 23; *Butzke* in Obermüller/Werner/Winden, Die Hauptversammlung der Aktiengesellschaft, Rz. I 18; anders früher *Schuler*, AG 1960, 1; zum Sonderfall der Einmann-AG s. *Mülbert* in Großkomm. AktG, 4. Aufl., § 120 AktG Rz. 97, 114.
70 *Zöllner* in KölnKomm. AktG, 1. Aufl., § 120 AktG Rz. 13; *Kubis* in MünchKomm. AktG, 2. Aufl., § 120 AktG Rz. 7.
71 BGH v. 12.6.1989 – II ZR 246/88, BGHZ 108, 21, 25 f.; *Mülbert* in Großkomm. AktG, 4. Aufl., § 120 AktG Rz. 111; *Zöllner* in KölnKomm. AktG, 1. Aufl., § 120 AktG Rz. 13; *Hüffer*, § 120 AktG Rz. 8; *Barner*, Die Entlastung als Institut des Verbandsrechts, 1990, S. 35.
72 OLG München v. 17.3.1995 – 23 U 5930/94, AG 1995, 381, 382; *Schröer* in MünchKomm. AktG, 2. Aufl., § 136 AktG Rz. 8; *J. Semler* in FS Zöllner, Band I, 1998, S. 553, 562; *Kuhnt* in FS Lieberknecht, 1997, S. 45, 64; ausführlich und abwägend *Barner*, Die Entlastung als Institut des Verbandsrechts, 1990, S. 35 ff.
73 BGH v. 21.9.2009 – II ZR 174/08, AG 2009, 824, Rz. 15; für die GmbH auch BGH v. 20.1.1986 – II ZR 73/85, BGHZ 97, 28, 33 ff.; *Hüffer*, § 120 AktG Rz. 10; *Schröer* in MünchKomm. AktG, 2. Aufl., § 136 AktG Rz. 8; *Grundmann* in Großkomm. AktG, 4. Aufl., § 136 AktG Rz. 32; weniger streng hingegen *Hüffer*, § 136 AktG Rz. 20; strenger noch *Zöllner* in KölnKomm. AktG, 1. Aufl., § 120 AktG Rz. 18, der sämtliche Verwaltungsmitglieder von allen Einzelabstimmungen ausschließen will, ähnlich *Mülbert* in Großkomm. AktG, 4. Aufl., § 120 AktG Rz. 112, dagegen BGH v. 21.9.2009 – II ZR 174/08, AG 2009, 824, Rz. 15; a.A. *Hoffmann* in Spindler/Stilz, § 120 AktG Rz. 20.
74 OLG München v. 17.3.1995 – 23 U 5930/94, WM 1995, 842, 843; *Barz* in Großkomm. AktG, 3. Aufl., § 120 AktG Rz. 19; *Kuhnt* in FS Lieberknecht, 1997, S. 45, 64; differenzierend *J. Semler* in FS Zöllner, Band I, 1998, S. 553, 562 f.
75 OLG Hamburg v. 18.11.1960 – 1 U 76/60, AG 1960, 333, 336; ähnlich *Zöllner* in KölnKomm. AktG, 1. Aufl., § 120 AktG Rz. 19; *Butzke* in Obermüller/Werner/Winden, Die Hauptversammlung der Aktiengesellschaft, Rz. I 28; *F.-J. Semler* in MünchHdb. AG, § 34 Rz. 24; zum alten § 104 AktG 1937 *Feuth*, NJW 1958, 11 f.
76 BGH v. 29.1.1962 – II ZR 1/61, BGHZ 36, 296, 306 ff.; *Zöllner* in KölnKomm. AktG, 1. Aufl., § 120 AktG Rz. 18; *Hüffer*, § 120 AktG Rz. 7; *Hengeler*, AG 1962, 87 ff.

## 4. Die Einzelentlastung

### a) Allgemeines

23  Die Gesamtentlastung aller Vorstands- bzw. Aufsichtsratsmitglieder ist nicht immer sachgerecht und es kann ein berechtigtes Interesse daran bestehen, einzelne Verwaltungsmitglieder zu entlasten, andere aber nicht – so z.B., wenn sich einige Organmitglieder **besonderer Verfehlungen** schuldig gemacht haben[77]. Für diese Fälle sieht das Gesetz in § 120 Abs. 1 Satz 2 eine Einzelentlastung vor, wenn entweder die Hauptversammlung dies zuvor – in einem Geschäftsordnungsbeschluss, der zur Tagesordnung ergeht – bestimmt hat[78] oder eine qualifizierte Minderheit gem. § 120 Abs. 1 Satz 2 Alt. 2 die Einzelentlastung verlangt.

24  **aa) Durch Beschluss der Hauptversammlung.** Der Beschluss der Hauptversammlung, im Wege der Einzelentlastung zu verfahren, **bedarf gem. § 133 Abs. 1 einer einfachen Mehrheit**, soweit die Satzung nicht strengere Anforderungen aufstellt[79]. Es kann sowohl beschlossen werden, dass eine Einzelentlastung sämtlicher Mitglieder des Vorstands und/oder des Aufsichtsrats stattfindet, als auch, dass über ein einzelnes oder einzelne Mitglieder dieser beiden Gremien gesondert abgestimmt wird[80]. **Unzulässig ist es, bei der Frage der Einzelentlastung nach Tätigkeitsbereichen** zu unterscheiden **oder nach Gruppenzugehörigkeit** im Falle des Aufsichtsrats[81].

25  **Antragsberechtigt** i.S. von § 120 Abs. 1 Satz 2 Alt. 1 ist jeder einzelne Aktionär und jedes Mitglied des Vorstands oder des Aufsichtsrats[82]. Anders als bei der späteren Entlastungsentscheidung selbst, gilt das **Stimmverbot** des § 136 Abs. 1 nicht, soweit die Verwaltungsmitglieder – die zugleich Aktionäre sind – mit darüber abstimmen, ob eine Einzelentlastung durchgeführt wird oder nicht, da es sich nur um eine Verfahrensfrage und nicht um eine Sachentscheidung handelt[83]. Zudem kann die Minderheit bei Erreichen des Quorums eigenständig eine solche getrennte Entlastung verlangen.

26  Beschließt die Hauptversammlung über das Einzelentlastungsverfahren und kommt dabei die nötige – in der Regel nach § 133 Abs. 1 einfache – Mehrheit nicht zustande, so kann dieses **nicht in ein Minderheitenvotum nach § 120 Abs. 1 Satz 2 Alt. 2 umgedeutet werden**, auch wenn die dafür erforderliche Stimmenzahl erreicht wurde[84]. Man kann nicht ohne weiteres annehmen, dass alle Aktionäre auch bei einem Minderheitenverlangen zugestimmt hätten[85]. Die Gegenauffassung[86], die es genügen lässt, dass das Quorum der einen oder der anderen Variante des § 120 Abs. 1 Satz 2 er-

---

77  Begr. RegE, *Kropff*, Aktiengesetz, S. 166; *Zöllner* in KölnKomm. AktG, 1. Aufl., § 120 AktG Rz. 14.
78  *Mülbert* in Großkomm. AktG, 4. Aufl., § 120 AktG Rz. 102; *F.-J. Semler* in MünchHdb. AG, § 34 Rz. 24.
79  *Kubis* in MünchKomm. AktG, 2. Aufl., § 120 AktG Rz. 8.
80  *Mülbert* in Großkomm. AktG, 4. Aufl., § 120 AktG Rz. 98; *Kubis* in MünchKomm. AktG, 2. Aufl., § 120 AktG Rz. 8; *Butzke* in Obermüller/Werner/Winden, Die Hauptversammlung der Aktiengesellschaft, Rz. I 27.
81  *Mülbert* in Großkomm. AktG, 4. Aufl., § 120 AktG Rz. 98; zum Letzteren s. bereits Rz. 22.
82  *Mülbert* in Großkomm. AktG, 4. Aufl., § 120 AktG Rz. 100; *F.-J. Semler* in MünchHdb. AG, § 34 Rz. 24.
83  OLG München v. 17.3.1995 – 23 U 5930/94, AG 1995, 381, 382; *Mülbert* in Großkomm. AktG, 4. Aufl., § 120 AktG Rz. 100; *Kubis* in MünchKomm. AktG, 2. Aufl., § 120 AktG Rz. 8; *Butzke* in Obermüller/Werner/Winden, Die Hauptversammlung der Aktiengesellschaft, Rz. I 21; *Kuhnt* in FS Lieberknecht, 1997, S. 45, 62.
84  *Hüffer*, § 120 AktG Rz. 9; *Zöllner* in KölnKomm. AktG, 1. Aufl., § 120 AktG Rz. 14; *Butzke* in Obermüller/Werner/Winden, Die Hauptversammlung der Aktiengesellschaft, Rz. I 25.
85  *Zöllner* in KölnKomm. AktG, 1. Aufl., § 120 AktG Rz. 14.
86  *Mülbert* in Großkomm. AktG, 4. Aufl., § 120 AktG Rz. 103, 105; *Kubis* in MünchKomm. AktG, 2. Aufl., § 120 AktG Rz. 9.

füllt wird, verwischt die Grenzen dieser beiden Möglichkeiten zur Herbeiführung einer gesonderten Entlastung und unterstellt jedem Aktionär, der dem Antrag nach § 120 Abs. 1 Satz 2 Alt. 1 zustimmt, auch für ein Minderheitenvotum zu sein.

**bb) Durch Minderheitenvotum.** Gem. § 120 Abs. 1 Satz 2 Alt. 2 muss eine Einzelentlastung auch dann stattfinden, **wenn es eine Minderheit verlangt**, die entweder zusammen über 10 % des – vom Handelsregister ausgewiesenen[87] – Grundkapitals verfügt oder deren Anteile mindestens eine Million Euro desselben ausmachen; bei Stückaktien wird dieser Wert berechnet, indem das gesamte Grundkapital durch die Anzahl der Aktien dividiert wird[88]. Das Minderheitenverlangen muss unter dem entsprechenden Tagesordnungspunkt **bis spätestens zur Abstimmung** beim Versammlungsleiter geltend gemacht werden[89]. Dabei muss der Antrag angeben, über welche Vorstands- bzw Aufsichtsratsmitglieder im Wege der Einzelentlastung abgestimmt werden soll[90]. Ob das nötige Quorum erreicht wurde, hat der Versammlungsleiter festzustellen, so dass es widersinnig wäre, von der Minderheit den Nachweis eines entsprechenden Quorums zu verlangen[91]. Das Verlangen ist nach § 130 Abs. 1 Satz 2 in die Niederschrift der Hauptversammlung aufzunehmen[92].

27

**cc) Durch den Versammlungsleiter.** Soweit weder ein Beschluss der Hauptversammlung nach § 120 Abs. 1 Satz 2 Alt. 1 noch eine Minderheitenverlangen nach § 120 Abs. 1 Satz 2 Alt. 2 vorliegt, kann **unter Umständen auch der Versammlungsleiter selbst** eine Einzelentlastung anordnen[93]. Schon die Begründung zum AktG 1965 zeigt, dass der Regelfall der Gesamtentlastung aus Gründen der Verfahrensvereinfachung festgelegt wurde, Bedenken gegen das Verfahren der Einzelentlastung jedoch nicht bestanden[94]. Auch aus der Systematik und dem Normzweck des § 120 Abs. 1 lässt sich kein Verbot dahingehend ableiten, dass alleine die Hauptversammlung mit Mehrheit bzw. eine entsprechende Minderheit eine Einzelentlastung erzwingen können soll. Demgemäß genießt der Versammlungsleiter kraft seiner Leitungsbefugnis einen eigenen Entscheidungsspielraum[95], zumal er eine zentrale Rolle in der Hauptversammlung spielt und Ordnungsgewalt ausübt[96]. Andererseits kann das Regel-/

28

---

87 *Kubis* in MünchKomm. AktG, 2. Aufl., § 120 AktG Rz. 10.
88 *Hüffer*, § 120 AktG Rz. 9; *Kubis* in MünchKomm. AktG, 2. Aufl., § 120 AktG Rz. 9.
89 *Kubis* in MünchKomm. AktG, 2. Aufl., § 120 AktG Rz. 11; *Mülbert* in Großkomm. AktG, 4. Aufl., § 120 AktG Rz. 103.
90 *Kubis* in MünchKomm. AktG, 2. Aufl., § 120 AktG Rz. 11.
91 So auch *Zöllner* in KölnKomm. AktG, 1. Aufl., § 120 AktG Rz. 14; *Kubis* in MünchKomm. AktG, 2. Aufl., § 120 AktG Rz. 11; *J. Semler* in FS Zöllner, Band I, 1998, S. 553, 555; anders hingegen *Butzke* in Obermüller/Werner/Winden, Die Hauptversammlung der Aktiengesellschaft, Rz. I 23; *Werner*, AG 1967, 103, 106.
92 *Hüffer*, § 120 AktG Rz. 9.
93 BGH v. 21.9.2009 – II ZR 174/08 – „Umschreibungsstopp", AG 2009, 824, Rz. 12 ff.; BGH v. 7.12.2009 – II ZR 63/08, ZIP 2009, 879, Rz. 10; KG v. 26.5.2008 – 23 U 88/07, NZG 2008, 788 = AG 2009, 118, Rz. 25; OLG München v. 23.1.2008 – 7 U 3668/07, AG 2008, 386, Rz. 60 f.; *Kubis* in MünchKomm. AktG, 2. Aufl., § 120 AktG Rz. 12; *Mülbert* in Großkomm. AktG, 4. Aufl., § 120 AktG Rz. 106; *Hüffer*, § 120 AktG Rz. 10; *Hoffmann*, NZG 2010, 290, 291; *Werner*, AG 1967, 103, 105 f.; gegen eine solche Befugnis des Versammlungsleiters *Stützle/Walgenbach*, ZHR 155 (1991), 516, 534.
94 Ausschussbericht, *Kropff*, Aktiengesetz, S. 167.
95 BGH v. 21.9.2009 – II ZR 174/08, AG 2009, 824, Rz. 12 ff.; KG v. 26.5.2008 – 23 U 88/07, NZG 2008, 788, Rz. 25; OLG München v. 23.1.2008 – 7 U 3668/07, AG 2008, 386, Rz. 60 f.; *Hüffer*, § 120 AktG Rz. 10; *Kubis* in MünchKomm. AktG, 2. Aufl., § 120 AktG Rz. 12; *Mülbert* in Großkomm. AktG, 4. Aufl., § 120 AktG Rz. 106; *Hüffer*, § 120 AktG Rz. 10; *Hoffmann* in Spindler/Stilz, § 120 AktG Rz. 15; *Pluta* in Heidel, § 120 AktG Rz. 21; *Reger* in Bürgers/Körber, § 120 AktG Rz. 8; ausführlich zu weiteren Einzelfragen *Mülbert* in Großkomm. AktG, 4. Aufl., § 120 AktG Rz. 106 f.
96 *Mülbert* in Großkomm. AktG, 4. Aufl., § 120 AktG Rz. 106.

Ausnahmeverhältnis von Gesamt- und Einzelentlastungsverfahren nicht umgekehrt werden[97]. Der Versammlungsleiter darf nicht willkürlich eine Einzelentlastung anordnen, außer etwa wenn Organmitglieder in unterschiedlicher Weise Verantwortung für einen Geschäftsvorgang getragen haben[98].

### b) Bekanntgabe des Beschlusses an Organmitglieder?

29 Da die Entlastung nach § 120 Abs. 2 keine unmittelbaren Rechtsfolgen herbeiführt, insbesondere keinen Verzicht auf mögliche Ersatzansprüche, bedarf es im Aktienrecht – anders als für die GmbH[99] – auch keiner besonderen rechtsgeschäftlichen Erklärung oder ihres Zugangs bei den Organmitgliedern[100].

### c) Rechtsmissbrauch

30 Ein **Antrag auf Einzelentlastung bedarf keinerlei besonderer Rechtfertigung**[101], auch nicht bei großen Publikumsgesellschaften; denn zum einen kann nicht allein nach dem Zeitaufwand differenziert werden, zum anderen würde eine solche Unterscheidung zu erheblichen Abgrenzungsschwierigkeiten führen[102]. Dennoch sind Fälle denkbar – etwa Einzelabstimmung aller Verwaltungsmitglieder aus reiner Schikane –, in denen der Antrag rechtsmissbräuchlich wäre und der Versammlungsleiter diesen abweisen kann[103].

## III. Rechtsfolgen der Entlastung (§ 120 Abs. 2)

### 1. Billigung des Verwaltungshandelns

#### a) Rechtsnatur

31 Mit der Entlastung **billigen die Aktionäre das Leitungshandeln** von Aufsichtsrat und Vorstand für die zurückliegende Entlastungsperiode und sprechen ihnen zugleich ihr Vertrauen im Hinblick auf die weitere Unternehmensführung aus[104]. Mögliche Pflichtverletzungen werden als nebensächlich bewertet und mit allen anderen Fakten

---

97 OLG München v. 17.3.1995 – 23 U 5930/94, AG 1995, 381, 382.
98 *Lutter* in FS Odersky, 1996, S. 845, 852 f.; *Dietz*, BB 2004, 452, 454; a.A. BGH v. 21.9.2009 – II ZR 174/08, AG 2009, 824, Rz. 14: kein sachlicher Grund wegen Verfahrensökonomie erforderlich; ebenso wohl die h.M.: KG v. 26.5.2008 – 23 U 88/07, NZG 2008, 788, Rz. 25; *Hüffer*, § 120 AktG Rz. 10; *Kubis* in MünchKomm. AktG, 2. Aufl., § 120 AktG Rz. 12; *Hoffmann* in Spindler/Stilz, § 120 AktG Rz. 15; *Reger* in Bürgers/Körber, § 120 AktG Rz. 8; *Mülbert* in Großkomm. AktG, 4. Aufl., § 120 AktG Rz. 106; *Hoffmann*, NZG 2010, 290, 291: „freies" Ermessen.
99 *Hüffer* in Ulmer, § 46 GmbHG Rz. 57 ff.; für Mitteilung an Geschäftsführer aber gegen den rechtsgeschäftlichen Charakter der Erklärung s. *Koppensteiner* in Rowedder/Schmidt-Leithoff, § 46 GmbHG Rz. 30; *K. Schmidt* in Scholz, § 46 GmbHG Rz. 91; *Hüffer* in Ulmer, § 46 GmbHG Rz. 64.
100 *Hüffer*, § 120 AktG Rz. 4; *K. Schmidt*, ZGR 1978, 425, 434; offen *Kubis* in MünchKomm. AktG, 2. Aufl., § 120 AktG Rz. 27; für Zugang jedenfalls *Schuler*, NJW 1960, 601, aber noch vor der Klärung durch das AktG 1965.
101 *Mülbert* in Großkomm. AktG, 4. Aufl., § 120 AktG Rz. 104; *Kubis* in MünchKomm. AktG, 2. Aufl., § 120 AktG Rz. 13; *Jäger*, WiB 1996, 457, 461.
102 Für eine solche Differenzierung *Zöllner* in KölnKomm. AktG, 1. Aufl., § 120 AktG Rz. 15.
103 *Kubis* in MünchKomm. AktG, 2. Aufl., § 120 AktG Rz. 13; *Mülbert* in Großkomm. AktG, 4. Aufl., § 120 AktG Rz. 104.
104 BGH v. 24.6.2002 – II ZR 296/01, AG 2002, 676, 677; BGH v. 20.5.1985 – II ZR 165/84, BGHZ 94, 324, 326 = AG 1986, 21; *Hüffer*, § 120 AktG Rz. 2, 12; *Zöllner* in KölnKomm. AktG, 1. Aufl., § 120 AktG Rz. 21; *Sethe*, ZIP 1996, 1321, 1322; *Butzke* in Obermüller/Werner/Winden, Die Hauptversammlung der Aktiengesellschaft, Rz. I 23; *Lutter*, NJW 1973, 113 f.

der Geschäftslage einer Gesamtbewertung unterzogen[105]. Der Entlastungsbeschluss ist sowohl als vergangenheitsbezogene Billigung als auch zukunftsbezogene Vertrauenserklärung zu werten[106], s. hierzu außerdem Rz. 12. Die **Rechtsnatur des Entlastungsbeschlusses** war im Aktienrecht bis zum AktG 1965 stark umstritten, siehe hierzu bereits Rz. 10 f.; doch wird seit der Klarstellung in § 120 Abs. 2 Satz 2 die Entlastung gemeinhin als gesellschaftsrechtliche Erklärung eigener Art bezeichnet[107], s. auch Rz. 11. Die Entlastung ist **in keinem Falle gleichzusetzen ist mit einem Verzicht auf mögliche Ersatzansprüche**[108].

**b) Entlastungskriterien**

Für die Entlastungsentscheidung ist umstritten, ob die **Einhaltung der Gesetze und der Satzungsvorschriften** eine **Voraussetzung für die Entlastung** ist[109]. So soll in der Entlastung zugleich eine Erklärung zu sehen sei, dass sich die entlasteten Gremien im Wesentlichen gesetzes- und satzungskonform verhalten haben[110], teilweise aber unter Zuerkennung eines breiten Ermessens[111]. Der Entlastungsbeschluss wäre demgemäß anfechtbar, wenn es doch zu einer Pflichtverletzung gekommen ist[112]. Die Gegenauffassung räumt der Hauptversammlung einen wesentlichen größeren Ermessensspielraum bei der Entlastung von Vorstand und Aufsichtsrat ein und betrachtet den Entlastungsbeschluss in erster Linie als Vertrauensbeweis; Gesetzes- oder Satzungsverstöße sind demnach im Rahmen einer Gesamtermessensentscheidung zu würdigen[113], was dazu führt, dass Entlastungsbeschlüsse auch dann nicht anfechtbar sind, wenn sich später herausstellen sollte, dass die Organmitglieder gegen die Satzung oder das Gesetz verstoßen haben[114]. 32

Richtigerweise ist danach zu differenzieren, ob es sich um eine schwerwiegende Verfehlung handelt[115]. Zwar können hierdurch erhebliche Abgrenzungsschwierigkeiten 33

---

105 *Tellis*, Die Rechtsnatur der gesellschaftsrechtlichen Entlastung, 1988, S. 88.
106 *Mülbert* in Großkomm. AktG, 4. Aufl., § 120 AktG Rz. 23 f.; OLG Düsseldorf v. 22.2.1996 – 6 U 20/95, AG 1996, 273, 274.
107 Ausführlich *Mülbert* in Großkomm. AktG, 4. Aufl., § 120 AktG Rz. 12 ff.; *Kubis* in MünchKomm. AktG, 2. Aufl., § 120 AktG Rz. 14; ferner *K. Schmidt*, ZGR 1978, 425, 432 ff.
108 Begr. RegE, *Kropff*, Aktiengesetz, S. 167; BGH v. 24.6.2002 – II ZR 296/01, AG 2002, 676, 677; OLG München v. 4.7.2001 – 7 U 5285/00, AG 2002, 294, 295; *Butzke* in Obermüller/Werner/Winden, Die Hauptversammlung der Aktiengesellschaft, Rz. I 2.
109 *Hüffer*, § 120 AktG Rz. 11 f.; *Kubis* in MünchKomm. AktG, 2. Aufl., § 120 AktG Rz. 15; *Volhard/Weber*, NZG 2003, 351.
110 BGH v. 25.11.2002 – II ZR 133/01, BGHZ 153, 47, 50 ff. = NJW 2003, 1032, 1034 = AG 2003, 273; BGH v. 18.10.2004 – II ZR 250/02, NZG 2005, 77, 78 = AG 2005, 87; OLG Karlsruhe v. 23.5.2000 – 8 U 233/99, AG 2001, 93, 94; OLG Frankfurt v. 7.11.2006 – 5 U 109/05, AG 2007, 401, 402 (n.rkr.), Rev. beim BGH unter AZ II ZR 269/06; *Hüffer*, § 120 AktG Rz. 12; *Henze*, BB 2005, 165, 168 f.; *Sethe*, ZIP 1996, 1321, 1323 f.; *Butzke* in Obermüller/Werner/Winden, Die Hauptversammlung der Aktiengesellschaft, Rz. I 2, 47.
111 So OLG München v. 15.11.2000 – 7 U 3916/00, AG 2001, 197, 198; OLG München v. 4.7.2001 – 7 U 5285/00, NZG 2002, 187 = AG 2002, 294; OLG München v. 10.4.2002 – 7 U 3919/01, AG 2003, 452, 453; *Volhard/Weber*, NZG 2003, 351 f.
112 *Zöllner* in KölnKomm. AktG, 1. Aufl., § 120 AktG Rz. 47; eine genauere Abgrenzung für erforderlich haltend *K. Schmidt*, NZG 2005, 601, 605; ebenso *Bürgers*, NZG 2003, 1642.
113 Vormals noch BGH v. 30.3.1967 – II ZR 245/63, WM 1967, 503, 508; OLG München v. 4.7.2001 – 7 U 5285/00, AG 2002, 294, 295; *Mülbert* in Großkomm. AktG, 4. Aufl., § 120 AktG Rz. 76; *Lutter*, NJW 1973, 113 f.; *Schuler*, NJW 1960, 601, 602.
114 *Kubis* in MünchKomm. AktG, 2. Aufl., § 120 AktG Rz. 15, 47; *Kubis*, NZG 2005, 791, 793 ff.; *Volhard/Weber*, NZG 2003, 351 f.; *Lutter*, NJW 1973, 113 f.
115 In diese Richtung auch BGH v. 25.11.2002 – II ZR 133/01, BGHZ 153, 47, Rz. 15: „eindeutig schwerwiegender Gesetzes- oder Satzungsverstoß"; OLG Hamburg v. 17.8.2001 – 11 U 60/01, NZG 2002, 244, 245 = AG 2003, 46; OLG Köln v. 9.7.2009 – 18 U 167/08, ZIP 2009, 1999; s. auch LG Frankfurt v. 30.4.2004 – 3/9 O 107/03, AG 2005, 51; *Henze*, BB 2005, 165,

und damit Rechtsunsicherheiten eintreten[116]. Auch ist nicht zu leugnen, dass die Entlastungsentscheidung weitgehend im **billigen Ermessen der Hauptversammlung**[117] steht, was sich schon aus der Gesetzgebungsgeschichte ergibt[118]. Schließlich ergeben sich mögliche Friktionen mit § 93 Abs. 4, der der Hauptversammlung einen Verzicht auf Schadensersatzansprüche ermöglicht, was schwer verständlich wäre, wenn sie bei Gesetzes- und Pflichtverstößen keine Entlastung erteilen dürfte[119]. Doch führt dies nicht dazu, dass jeglicher Gesetzes- oder Satzungsverstoß für den Entlastungsbeschluss irrelevant wäre; ansonsten müsste der klar und evident gegen Gesetzes- und Satzungsbestimmungen verstossende Beschluss, der ein entsprechendes Verhalten der Verwaltungsorgane billigt, bestehen bleiben, was den Wertungen aus § 243 Abs. 1 widerspräche[120]. Die Abgrenzungsprobleme bestehen auch in anderer Hinsicht, etwa im Rahmen von § 148, und können mit der dort zu entwickelnden Kasuistik zu einem konsistenten System der Überprüfung des Verhaltens der Organe entwickelt werden. Gerade die dort vorgesehenen Schranken, einschließlich der Quoren, sprechen dafür, das Kriterium der schwerwiegenden Verstöße äußerst restriktiv zu handhaben, da sonst die Anfechtung eines Entlastungsbeschlusses zur indirekten Vorbereitung von entsprechenden Klagen dienen könnte. Schließlich können nur solche Verstöße zu einer Anfechtung führen, die den Teilnehmern der Hauptversammlung bekannt oder aufgrund der ihnen zugänglichen Informationen zumindest erkennbar waren, zumal sich die gerichtliche Kontrolle auf den Beschluss der Hauptversammlung nur beziehen kann[121].

34 Zwar ist für die Aktionäre und damit für die Hauptversammlung entscheidend, ob das Unternehmen insgesamt unternehmerisch erfolgreich geführt wurde. Doch würde ein angefochtener Entlastungsbeschluss nicht bedeuten, dass die Aktionäre *für die Zukunft* den Organen kein gesetzmäßiges Verhalten zutrauen.

35 Trotz des Ermessens der Hauptversammlung im Hinblick auf Gesetzes- und Satzungsverstöße der Verwaltungsmitglieder, darf keine positive Entlastungsentscheidung ergehen, wenn gegen **Rechnungslegungs-, Rechenschafts- und/oder Auskunftspflichten** im Zusammenhang mit der Entlastungsentscheidung selbst verstoßen wurde[122].

**c) Reichweite der Entlastung**

36 **aa) Persönlich.** Soweit eine Gesamtentlastung erfolgt, sind hiervon **in persönlicher Hinsicht** alle zum Zeitpunkt des Beschlusses im Amt befindlichen Vorstands- bzw.

---

168 f. für Anfechtbarkeit bei erheblichen Pflichtverstößen; *F.-J. Semler* in MünchHdb. AG, § 34 Rz. 27.
116 Insoweit zutr. *Kubis* in MünchKomm. AktG, 2. Aufl., § 120 AktG Rz. 15; *Kubis*, NZG 2005, 791, 796; auch noch hier 1. Aufl. Rz. 31, deren Auffassung insoweit aufgegeben wird.
117 So auch *Kubis* in MünchKomm. AktG, 2. Aufl., § 120 AktG Rz. 15; *Kubis*, NZG 2005, 791, 796; im Ergebnis wohl auch *Mülbert* in Großkomm. AktG, 4. Aufl., § 120 AktG Rz. 75 f.
118 Begr. RegE, *Kropff*, Aktiengesetz, S. 167.
119 *Mülbert* in Großkomm. AktG, 4. Aufl., § 120 AktG Rz. 76.
120 BGH v. 25.11.2002 – II ZR 133/01, BGHZ 153, 47, Rz. 15, der zudem noch auf die Treuepflicht der Mehrheit verweist; zust. *Weitemeyer*, ZGR 2005, 280, 293 ff.
121 OLG Köln v. 9.7.2009 – 18 U 167/08, ZIP 2009, 1999, Rz. 22; OLG Frankfurt v. 16.5.2006 – 5 U 109/04, AG 2007, 329; OLG Frankfurt v. 18.12.2007 – 5 U 177/06, OLGR Frankfurt 2008, 769, Rz. 34 f.; *Lorenz*, NZG 2009, 1138, 1139; *Hoffmann* in Spindler/Stilz, § 120 AktG Rz. 50.
122 BGH v. 25.11.2002 – II ZR 133/01, NZG 2003, 280, 281 = AG 2003, 273; BGH v. 4.3.1974 – II ZR 89/72, BGHZ 62, 193, 194 f.; OLG Düsseldorf v. 19.11.1999 – 17 U 46/99, AG 2000, 365, 366 f.; OLG Hamburg v. 12.1.2001 – 11 U 162/00, AG 2001, 359, 363; *Mülbert* in Großkomm. AktG, 4. Aufl., § 120 AktG Rz. 119; *Kubis* in MünchKomm. AktG, 2. Aufl., § 120 AktG Rz. 16; *Zöllner* in KölnKomm. AktG, 1. Aufl., § 120 AktG Rz. 47; *F.-J. Semler* in MünchHdb. AG, § 34 Rz. 32.

Aufsichtsratsmitglieder erfasst – unabhängig davon, ob sie dieses Amt schon zu Beginn der Entlastungsperiode inne hatten oder erst später berufen wurden – sowie alle im Laufe der Entlastungsperiode ausgeschiedenen Verwaltungsmitglieder; bei der Einzelentlastung sind nur diejenigen Mitglieder von Vorstand und Aufsichtsrat entlastet, die auch ausdrücklich namentlich genannt sind[123].

**bb) Zeitlich.** In zeitlicher Hinsicht erfasst die Entlastungsperiode – bedingt durch die Regelung des § 120 Abs. 3 – das zurückliegende Geschäftsjahr[124]. Aber auch weiter **zurückliegende Entlastungsperioden** können Gegenstand des Tagesordnungspunktes und des zugehörigen Beschlusses werden, wenn die Entlastung bei früheren Beschlüssen vertagt oder verweigert wurde oder ein ergangener Entlastungsbeschluss erfolgreich angefochten worden ist[125]. Keine spätere Einbeziehung darf erfolgen, wenn die Entlastung für eine vergangene Periode ausdrücklich verweigert wurde, denn dann hat die Hauptversammlung eine endgültige und wirksame Entscheidung getroffen[126].

37

Die Entlastung für ein Geschäftsjahr darf in keinem Falle vor dessen Ablauf erteilt werden[127]. Dennoch kann der **Entlastungszeitraum auch kürzer** sein als ein Geschäftsjahr, wenn etwa der Vorstand oder Aufsichtsrat gänzlich neu besetzt wurde, Verwaltungsmitglieder während des Geschäftsjahres ein- oder austreten, das Unternehmen fusioniert oder umgewandelt bzw. eingegliedert wird[128]. Dann muss allerdings für diesen Zeitraum auch eine Rechnungslegung vorliegen[129].

38

**cc) Sachlich. In sachlicher Hinsicht** ist die Entlastung und damit die Billigung der Geschäftsführung stets vergangenheitsbezogen und stellt nie eine Billigung zukünftiger Geschäftstätigkeiten dar. Auch die gem. § 119 Abs. 2 vom Vorstand einholbare Zustimmung der Hauptversammlung zu bestimmten zukünftigen Geschäften ist von der Entlastung streng zu unterscheiden[130].

39

Strittig ist, ob sich die Entlastungsentscheidung auch auf **nachträglich bekannt gewordene Umstände**, die Auswirkungen auf die Entlastungsentscheidung gehabt hätten, erstreckt[131]. So sollen in sachlicher Hinsicht nur solche Umstände vom Beschluss erfasst werden können, die der Hauptversammlung bekannt waren[132]. Dagegen spricht jedoch, dass die Hauptversammlung jederzeit die erteilte Entlastung

40

---

123 *Kubis* in MünchKomm. AktG, 2. Aufl., § 120 AktG Rz. 17.
124 LG Frankfurt v. 30.4.2004 – 3/9 O 107/03, AG 2005, 51, 51 f.; *Mülbert* in Großkomm. AktG, 4. Aufl., § 120 AktG Rz. 94; *Zöllner* in KölnKomm. AktG, 1. Aufl., § 120 AktG Rz. 35; *Kubis* in MünchKomm. AktG, 2. Aufl., § 120 AktG Rz. 18.
125 *Zöllner* in KölnKomm. AktG, 1. Aufl., § 120 AktG Rz. 35; *Kubis* in MünchKomm. AktG, 2. Aufl., § 120 AktG Rz. 18; *F.-J. Semler* in MünchHdb. AG, § 34 Rz. 27; *Volhard/Weber*, NZG 2003, 351, 352 f.
126 *Mülbert* in Großkomm. AktG, 4. Aufl., § 120 AktG Rz. 95; *Kubis* in MünchKomm. AktG, 2. Aufl., § 120 AktG Rz. 18.
127 *Mülbert* in Großkomm. AktG, 4. Aufl., § 120 AktG Rz. 96; *Kubis* in MünchKomm. AktG, 2. Aufl., § 120 AktG Rz. 18.
128 *Zöllner* in KölnKomm. AktG, 1. Aufl., § 120 AktG Rz. 36; *Kubis* in MünchKomm. AktG, 2. Aufl., § 120 AktG Rz. 18.
129 *Mülbert* in Großkomm. AktG, 4. Aufl., § 120 AktG Rz. 96; *Zöllner* in KölnKomm. AktG, 1. Aufl., § 120 AktG Rz. 36; *Kubis* in MünchKomm. AktG, 2. Aufl., § 120 AktG Rz. 18.
130 BGH v. 15.12.1975 – II ZR 17/74, WM 1976, 204, 205; *Hüffer*, § 136 AktG Rz. 19; *Zöllner* in KölnKomm. AktG, 1. Aufl., § 120 AktG Rz. 34; *Mülbert* in Großkomm. AktG, 4. Aufl., § 120 AktG Rz. 26.
131 Für einen Überblick s. etwa *Mülbert* in Großkomm. AktG, 4. Aufl., § 120 AktG Rz. 83.
132 BGH v. 30.10.1958 – II ZR 253/56, WM 1958, 1503, 1505; OLG Frankfurt v. 7.11.2006 – 5 U 109/05, AG 2007, 401, 402 (n.rkr.), Rev. beim BGH unter AZ II ZR 269/06; *F.-J. Semler* in MünchHdb. AG, § 34 Rz. 28; *Baumbach/Hueck*, § 120 AktG Anm. 8.

widerrufen kann. Ferner steht wegen der Klarstellung in § 120 Abs. 2 Satz 2 nicht zu befürchten, dass die AG Ersatzansprüche verlieren könnte[133].

41 Nicht zulässig ist eine **Teilentlastung** unter Ausklammerung einzelner Vorgänge der Geschäftsführung, sofern diese nicht klar abgrenzbar sind und den Kernbereich der Amtsführung betreffen[134]. Nicht möglich ist etwa die Teilentlastung bezüglich der Festlegung der Vergütung, weil dies zum Kernbereich der Aufsichtsratstätigkeit gehört[135]. Ebenfalls nicht zulässig ist damit auch die Entlastung für Einzelmaßnahmen der Geschäftsführung[136]. Möglich ist dagegen die Teilentlastung für klar voneinander sachlich oder zeitlich abgrenzbare Teilbereiche der Amtsführung[137].

42 Die Entlastung der Verwaltungsmitglieder darf nicht unter eine **Bedingung oder einen Vorbehalt** gestellt werden; dies wäre mit Zweck der Entlastung, Klarheit und Rechtssicherheit durch die Hauptversammlung herzustellen, nicht vereinbar[138].

**d) Vertagung und Widerruf**

43 Die Hauptversammlung kann beschließen, die **Entlastung zu vertagen**, wenn z.B. eine Sonderprüfung für Vorgänge des vergangenen Geschäftsjahres beschlossen wurde; sie muss die Entlastung vertagen, wenn die Vorlagepflichten des § 120 Abs. 3 nicht erfüllt worden sind[139].

44 Die Hauptversammlung ist grundsätzlich frei, eine einmal von ihr erteilte Entlastung **mittels eines neuen Beschlusses zu widerrufen**[140]. Im Sinne eines berechtigen Vertrauensschutzes für die Mitglieder von Vorstand und Aufsichtsrat und zum Schutz gegen Willkürmaßnahmen wird man aber verlangen müssen, dass es neue entscheidungserhebliche Erkenntnisse und damit einen verständigen Anlass für einen solchen Widerruf gibt[141]. Im Sinne der Rechtssicherheit muss ein solcher Widerruf zudem schnellstmöglich erfolgen, d.h. auf der nächsten Hauptversammlung nach Gewinnung der neuen Erkenntnisse[142].

---

133 *Mülbert* in Großkomm. AktG, 4. Aufl., § 120 AktG Rz. 84, 93; *Kubis* in MünchKomm. AktG, 2. Aufl., § 120 AktG Rz. 20, 26; *Zöllner* in KölnKomm. AktG, 1. Aufl., § 120 AktG Rz. 38.
134 OLG Düsseldorf v. 22.2.1996 – 6 U 20/95, AG 1996, 273, 274; *Hüffer*, § 120 AktG Rz. 12; *F.-J. Semler* in MünchHdb. AG, § 34 Rz. 27; *Sethe*, ZIP 1996, 1321, 1324; *Butzke* in Obermüller/Werner/Winden, Die Hauptversammlung der Aktiengesellschaft, Rz. I 15.
135 Zutr. *Schüppen*, ZIP 2010, 905, 907, gegen *Döll*, WM 2010, 103, 105.
136 OLG Düsseldorf v. 22.2.1996 – 6 U 20/95, AG 1996, 273, 274; *Hüffer*, § 120 AktG Rz. 12; *Mülbert* in Großkomm. AktG, 4. Aufl., § 120 AktG Rz. 89; ausführlich *Sethe*, ZIP 1996, 1321, 1325; anders wohl OLG Stuttgart v. 1.12.1994 – 13 U 46/94, AG 1995, 233, 234.
137 *Sethe*, ZIP 2006, 1321, 1322 ff.; *Butzke* in Obermüller/Werner/Winden, Die Hauptversammlung der Aktiengesellschaft, Rz. I 14; *Hüffer*, § 120 AktG Rz. 12.
138 OLG Düsseldorf v. 22.2.1996 – 6 U 20/95, AG 1996, 273, 274; *Kubis* in MünchKomm. AktG, 2. Aufl., § 120 AktG Rz. 23; *Zöllner* in KölnKomm. AktG, 1. Aufl., § 120 AktG Rz. 20; *Mülbert* in Großkomm. AktG, 4. Aufl., § 120 AktG Rz. 88; *Sethe*, ZIP 1996, 1321, 1325; *Butzke* in Obermüller/Werner/Winden, Die Hauptversammlung der Aktiengesellschaft, Rz. I 15; anders *Koch*, AG 1969, 1, 5; *Lutter* in FS Quack, 1991, S. 301, 306; *Grunewald*, AG 1990, 133, 137.
139 *Mülbert* in Großkomm. AktG, 4. Aufl., § 120 AktG Rz. 92; *Kubis* in MünchKomm. AktG, 2. Aufl., § 120 AktG Rz. 25.
140 *Zöllner* in KölnKomm. AktG, 1. Aufl., § 120 AktG Rz. 39; *Kubis* in MünchKomm. AktG, 2. Aufl., § 120 AktG Rz. 26; *Lutter* in FS Quack, 1991, S. 301, 306.
141 *Mülbert* in Großkomm. AktG, 4. Aufl., § 120 AktG Rz. 93; *Zöllner* in KölnKomm. AktG, 1. Aufl., § 120 AktG Rz. 39; *Kubis* in MünchKomm. AktG, 2. Aufl., § 120 AktG Rz. 26; *Butzke* in Obermüller/Werner/Winden, Die Hauptversammlung der Aktiengesellschaft, Rz. I 40.
142 *Kubis* in MünchKomm. AktG, 2. Aufl., § 120 AktG Rz. 26.

## 2. Kein Verzicht auf Ersatzansprüche (§ 120 Abs. 2 Satz 2)

§ 120 Abs. 2 Satz 2 stellt unmissverständlich klar, dass die Entlastung in der Aktiengesellschaft – anders als z.B. bei der GmbH[143] – **keine Präklusionswirkung** hat und damit keinen Verzicht auf mögliche Ersatzansprüche darstellt[144]. Mit der Regelung in § 120 Abs. 2 Satz 2 wollte der Gesetzgeber die bis zur Neuregelung 1965 streitige Bedeutung des Entlastungsbeschlusses klarstellen[145], s. hierzu bereits Rz. 7. Soweit die Entlastung eines der letzten drei zurückliegenden Geschäftsjahre betrifft, kann bereits nach § 93 Abs. 4 Satz 3 nicht auf etwaige Ansprüche wirksam verzichtet werden[146]. § 120 Abs. 2 Satz 2 kommt aber dann eigenständige Bedeutung zu, wenn die zeitliche Sperrwirkung des § 93 Abs. 4 Satz 3 abgelaufen ist[147]. Des Weiteren verdeutlicht die Regelung, dass selbst ein einstimmiger Beschluss aller Aktionäre, der die Sperrfrist des § 93 Abs. 4 Satz 3 abkürzen könnte, nicht zu einem Verzicht führen kann[148]. Insbesondere stellt ein Entlastungsbeschluss keinen Hauptversammlungsbeschluss i.S. der §§ 93 Abs. 4 Satz 1, 116, 117 Abs. 2 dar[149].

45

## 3. Auswirkungen auf die Stellung als Organmitglied

**Unmittelbare Folgen** hat die Verweigerung der Entlastung für die Organsstellung der Mitglieder von Aufsichtsrat und Vorstand **nicht**, denn die Abberufung von Vorstandsmitgliedern gehört zum Kompetenzbereich des Aufsichtsrats und nicht zu dem der Hauptversammlung. Eine Abberufung der Aufsichtsratsmitglieder ist zwar gem. § 103 Abs. 1 durch die Hauptversammlung möglich, doch ist in einer Entlastungsverweigerung nicht zugleich ein entsprechender Antrag i.S. von § 103 Abs. 1 zu sehen[150].

46

Eine Entlastungsverweigerung kann auf Umständen beruhen, die zugleich einen **wichtigen Grund für einen Widerruf der Bestellung** nach § 84 Abs. 3 Satz 2 Variante 3 darstellen; doch stellt diese nicht automatisch einen Vertrauensentzug der Hauptversammlung dar. Denn während die Hauptversammlung im Hinblick auf die Entlastung eine freie Ermessensentscheidung trifft, muss der wichtige Grund objektiv vor-

47

---

143 BGH v. 20.5.1985 – II ZR 165/84, BGHZ 94, 324, 326 = NJW 1986, 129; BGH v. 21.4.1986 – II ZR 165/85, BGHZ 97, 382, 384 = NJW 1986, 2250; BGH v. 3.12.2001 – II ZR 308/99, NZG 2002, 195, 197; OLG Köln v. 13.7.2000 – 18 U 37/00, NZG 2000, 1135, 1136; *Rümker* in FS Pleyer, 1986, S. 98, 99; *K. Schmidt* in Scholz, § 46 GmbHG Rz. 93 ff.
144 OLG Düsseldorf v. 22.2.1996 – 6 U 20/95, AG 1996, 273, 274; OLG München v. 10.4.2002 – 7 U 3919/01, AG 2003, 452, 453; Begr. RegE, *Kropff*, Aktiengesetz, S. 167; *Hüffer*, § 120 AktG Rz. 13.
145 Begr. RegE, *Kropff*, Aktiengesetz, S. 167.
146 Begr. RegE, *Kropff*, Aktiengesetz, S. 167; *Kubis* in MünchKomm. AktG, 2. Aufl., § 120 AktG Rz. 28; *Zöllner* in KölnKomm. AktG, 1. Aufl., § 120 AktG Rz. 23; *F.-J. Semler* in MünchHdb. AG, § 34 Rz. 26.
147 *Zöllner* in KölnKomm. AktG, 1. Aufl., § 120 AktG Rz. 23; *Hüffer*, § 120 AktG Rz. 13; *Kubis* in MünchKomm. AktG, 2. Aufl., § 120 AktG Rz. 28; *Mülbert* in Großkomm. AktG, 4. Aufl., § 120 AktG Rz. 34.
148 OLG Düsseldorf v. 22.2.1996 – 6 U 20/95, AG 1996, 273, 274; OLG München v. 10.4.2002 – 7 U 3919/01, AG 2003, 452, 453; *Mülbert* in Großkomm. AktG, 4. Aufl., § 120 AktG Rz. 35; *Kubis* in MünchKomm. AktG, 2. Aufl., § 120 AktG Rz. 28; *Hüffer*, § 120 AktG Rz. 13; *Schönle*, ZHR 126 (1964), 199, 221 f.; *Brox*, BB 1960, 1226, 1227 f.
149 *Mülbert* in Großkomm. AktG, 4. Aufl., § 120 AktG Rz. 39; *Kubis* in MünchKomm. AktG, 2. Aufl., § 120 AktG Rz. 28.
150 *Hüffer*, § 120 AktG Rz. 16 f., § 103 AktG Rz. 3; *Zöllner* in KölnKomm. AktG, 1. Aufl., § 120 AktG Rz. 28; ausführlich *Kubis* in MünchKomm. AktG, 2. Aufl., § 120 AktG Rz. 28 ff.; ausführlich zu den Auswirkungen auf die Stellung als Organwalter/Angestellter des Unternehmensverbandes *Barner*, Die Entlastung als Institut des Verbandsrechts, 1990, S. 105 ff.

liegen; einen Beurteilungsspielraum hat der Aufsichtsrat nicht[151]. Soll das Vertrauen nach § 84 Abs. 3 Satz 2 entzogen werden, so muss das in der Beschlussformulierung eindeutig zum Ausdruck kommen[152].

48 Verweigert die Hauptversammlung einem Organmitglied die Entlastung, so kann er aus wichtigem Grund sein **Amt niederlegen bzw. seinen Anstellungsvertrag kündigen**[153]. Nach der Gegenauffassung[154] wäre dies nur möglich, wenn die Entlastung zu Unrecht verweigert wurde bzw. nicht einmal begründet wird. Indes verdeutlich eine verweigerte Entlastung – ob berechtigt oder nicht – ein fehlendes Vertrauensverhältnis zwischen Anteilseigner und Vorstandsmitglied, auch wenn die verweigerte Entlastung nicht per se den Vertrauensentzug nach § 84 Abs. 3 Satz 2 enthält. Kann die Hauptversammlung über die Entlastung nach freiem Ermessen entscheiden, muss umgekehrt auch dem Vorstandsmitglied ein gewisser Entscheidungsspielraum bei seiner Amtsniederlegung zustehen, wenn er das nötige Vertrauensverhältnis nicht mehr gewährleistet sieht; er muss dann aus wichtigem Grund kündigen und sein Amt niederlegen können[155]. Das Argument der Gegenauffassung, die Schuldigen dürften die Gesellschaft nicht einfach im Stich lassen[156], kann nicht durchgreifen, da die betreffenden Verwaltungsmitglieder der Gesellschaft im Hinblick auf gegen sie gerichtete Schadensersatzforderungen nicht verloren gehen und ihr Verbleib im Amt in aller Regel auch nicht im Interesse des Unternehmens liegt. Einleuchtender ist dagegen, dass die Hauptversammlung ein Verwaltungsmitglied, das es halten will, im Zweifel entlasten muss, um nicht Gefahr zu laufen, dass es sein Amt niederlegt[157]. Doch ist dies nicht zu viel verlangt, denn in der Entlastung liegt eben auch ein Vertrauensbeweis für die Zukunft; wird dieser nicht gewährt, muss es dem Verwaltungsmitglied offen stehen, eine hinreichende Vertrauensgrundlage zur Fortsetzung seiner Arbeit nicht mehr als gegeben anzusehen.

49 Eine Entlastung der **Vorstandsmitglieder** schließt eine **Abberufung aus wichtigem Grund gem. § 84 Abs. 3** nicht aus[158]. Der hierfür wichtige Grund ist alleine objektiv zu bestimmen. Zudem ist der Aufsichtsrat allein für die Abberufung bzw. Kündigung des Anstellungsvertrags zuständig und nicht an das Votum der Hauptversammlung gebunden[159].

---

151 *Fleischer*, AG 2006, 429, 442; *Spindler* in MünchKomm. AktG, 3. Aufl., § 84 AktG Rz. 115 ff.; *Kubis* in MünchKomm. AktG, 2. Aufl., § 120 AktG Rz. 35; *Zöllner* in KölnKomm. AktG, 1. Aufl., § 120 AktG Rz. 41; *Hüffer*, § 120 AktG Rz. 16; *Mülbert* in Großkomm. AktG, 4. Aufl., § 120 AktG Rz. 45; *F.-J. Semler* in MünchHdb. AG, § 34 Rz. 29.
152 *Hüffer*, § 120 AktG Rz. 16; *Zöllner* in KölnKomm. AktG, 1. Aufl., § 120 AktG Rz. 41; *Kubis* in MünchKomm. AktG, 2. Aufl., § 120 AktG Rz. 35.
153 *Kubis* in MünchKomm. AktG, 2. Aufl., § 120 AktG Rz. 35; *Spindler* in MünchKomm. AktG, 3. Aufl., § 84 AktG Rz. 187; ähnlich *Butzke* in Obermüller/Werner/Winden, Die Hauptversammlung der Aktiengesellschaft, Rz. I 44; ferner *K. Schmidt*, ZGR 1978, 425, 439 für die GmbH.
154 *Hüffer*, § 120 AktG Rz. 16, § 84 AktG Rz. 36; *Mülbert* in Großkomm. AktG, 4. Aufl., § 120 AktG Rz. 46; *Zöllner* in KölnKomm. AktG, 1. Aufl., § 120 AktG Rz. 44; *Neflin*, NJW 1959, 1666, 1667.
155 *Kubis* in MünchKomm. AktG, 2. Aufl., § 120 AktG Rz. 35; *Hüffer*, § 84 AktG Rz. 36.
156 So ausdrücklich *Zöllner* in KölnKomm. AktG, 1. Aufl., § 120 AktG Rz. 44.
157 So *Mülbert* in Großkomm. AktG, 4. Aufl., § 120 AktG Rz. 46.
158 *Mülbert* in Großkomm. AktG, 4. Aufl., § 120 AktG Rz. 41; *Kubis* in MünchKomm. AktG, 2. Aufl., § 120 AktG Rz. 29; *Zöllner* in KölnKomm. AktG, 1. Aufl., § 120 AktG Rz. 26, 28; anders aber *Schönle*, ZHR 126 (1964), 199.
159 *Spindler* in MünchKomm. AktG, 3. Aufl., § 84 AktG Rz. 105, 151; *Zöllner* in KölnKomm. AktG, 1. Aufl., § 120 AktG Rz. 28; *Kubis* in MünchKomm. AktG, 2. Aufl., § 120 AktG Rz. 29; *Mülbert* in Großkomm. AktG, 4. Aufl., § 120 AktG Rz. 41.

Die **Abberufung von Mitgliedern des Aufsichtsrats** bedarf gem. § 103 Abs. 1 ohnehin „nur" einer Drei-Viertel-Mehrheit und keines wichtigen Grundes; bei der gerichtlichen Abberufung nach § 103 Abs. 3 kann dagegen die Entlastungsentscheidung nicht den notwendigen objektiven Maßstab darstellen und den wichtigen Grund auch nicht beseitigen[160]. Auch wenn die Verweigerung der Entlastung mit einer Drei-Viertel-Mehrheit beschlossen wurde, liegt darin nicht konkludent die Abberufung der Aufsichtsratsmitglieder; vielmehr ist ein entsprechender Beschluss ausdrücklich erforderlich[161].

### 4. Rechtsschutz gegen Nichtentlastung

Eine **Entlastungsverweigerung** kann – zumal wenn sie unberechtigt ist – das Ansehen eines Vorstands- oder Aufsichtsratsmitglieds erheblich beschädigen, so dass ein Rechtsschutzinteresse im Hinblick auf die Erzwingung einer Entlastung besteht[162]. Indes fehlt es grundsätzlich an einem entsprechenden materiell-rechtlichen Entlastungsanspruch des Organmitglieds, der eine Entlastung per **Leistungsklage** erzwingen könnte[163]. Mit der Einführung des § 120 Abs. 2 Satz 2, der an die Entlastung keine unmittelbaren Rechtsfolgen mehr knüpft[164], fehlt es im Prinzip an einer rechtlich bindenden Außenwirkung des Entlastungsbeschlusses. Den Organmitgliedern bleibt damit nur die Möglichkeit, mittels einer **negativen Feststellungsklage** das Nichtbestehen bestimmter Ansprüche der Gesellschaft gegen sie gerichtlich feststellen zu lassen, wenn die verweigerte Entlastung zum Inhalt entsprechende Pflichtverletzungen hat; doch könnte auch aus einem obsiegenden Urteil keine Billigung der Geschäftsführung gelesen werden[165]. Unzulässig ist auch eine **Anfechtungsklage** gegen den die Entlastung verweigernden Beschluss der Hauptversammlung; § 245 Nr. 4 gewährt nur dem gesamten Vorstand als solchem ein Anfechtungsrecht, während dem einzelnen Vorstandsmitglied keinerlei Anfechtungsrecht diesbezüglich zusteht[166]. Für den Aufsichtsrat gibt es ohnehin nur die Klagemöglichkeit des § 245 Nr. 5[167].

### 5. Verfahrensvoraussetzungen einer Entlastung (§ 120 Abs. 3)

Gem. § 120 Abs. 3 Satz 1 soll der Entlastungsbeschluss mit demjenigen über die **Gewinnverwendung** nach § 174 verbunden werden. Die früher zwingend vorgesehene

---

160 *Kubis* in MünchKomm. AktG, 2. Aufl., § 120 AktG Rz. 31; *Zöllner* in KölnKomm. AktG, 1. Aufl., § 120 AktG Rz. 27; *Hüffer*, § 120 AktG Rz. 17; *Mülbert* in Großkomm. AktG, 4. Aufl., § 120 AktG Rz. 42.
161 *Spindler* in Spindler/Stilz, § 103 AktG Rz. 8; *Hüffer*, § 120 AktG Rz. 17, § 103 AktG Rz. 3 f.; *Mülbert* in Großkomm. AktG, 4. Aufl., § 120 AktG Rz. 47; *Zöllner* in KölnKomm. AktG, 1. Aufl., § 120 AktG Rz. 43.
162 So auch *Hüffer*, § 120 AktG Rz. 19; *Kubis* in MünchKomm. AktG, 2. Aufl., § 120 AktG Rz. 37; *Zöllner* in KölnKomm. AktG, 1. Aufl., § 120 AktG Rz. 45; *Butzke* in Obermüller/Werner/Winden, Die Hauptversammlung der Aktiengesellschaft, Rz. I 46; *Schuler*, AG 1960, 1, 3; für den GmbH-Geschäftsführer *Ahrens*, ZGR 1987, 129 ff.
163 BGH v. 20.5.1985 – II ZR 165/84, BGHZ 94, 324, 326 = AG 1986, 21; Begr. RegE, *Kropff*, Aktiengesetz, S. 167; *Zöllner* in KölnKomm. AktG, 1. Aufl., § 120 AktG Rz. 45; *Butzke* in Obermüller/Werner/Winden, Die Hauptversammlung der Aktiengesellschaft, Rz. I 46; *Weitemeyer*, ZGR 2005, 280, 304 f.; *Volhard/Weber*, NZG 2003, 351, 352; *Ahrens*, ZGR 1987, 129, 132; einschränkend *Mülbert* in Großkomm. AktG, 4. Aufl., § 120 AktG Rz. 49.
164 *Kubis* in MünchKomm. AktG, 2. Aufl., § 120 AktG Rz. 37; *Hüffer*, § 120 AktG Rz. 18, zur Rechtslage vor 1965 s. *Schuler*, NJW 1960, 601 ff.
165 *Weitemeyer*, ZGR 2005, 280, 304 ff.; ausführlich *Mülbert* in Großkomm. AktG, 4. Aufl., § 120 AktG Rz. 51 f.; *Kubis* in MünchKomm. AktG, 2. Aufl., § 120 AktG Rz. 39.
166 *Hüffer*, § 120 AktG Rz. 19, § 245 AktG Rz. 28; *Kubis* in MünchKomm. AktG, 2. Aufl., § 120 AktG Rz. 38; *F.-J. Semler* in MünchHdb. AG, § 34 Rz. 32; *Butzke* in Obermüller/Werner/Winden, Die Hauptversammlung der Aktiengesellschaft, Rz. I 46.
167 *Kubis* in MünchKomm. AktG, 2. Aufl., § 120 AktG Rz. 38.

**Rechenschaftslegung** gem. § 120 Abs. 3 Satz 2 a.F.[168] ist mit dem ARUG entfallen, da die entsprechenden Bestimmungen bereits in §§ 175 f. enthalten seien[169].

53 Gem. § 174 beschließt die Hauptversammlung über die Verwendung des Gewinns, wobei sie an den festgestellten Jahresabschluss gebunden ist[170]. Gemäß dem **Verbindungsgebot des § 120 Abs. 3** soll dieser Beschluss in der gleichen Hauptverhandlung gefasst werden, in der auch über die Entlastung abgestimmt wird[171]. Diese Verbindung dient der Zweckmäßigkeit, denn das Jahresergebnis ist sowohl für die Entlastung als auch für die Gewinnverwendung von Bedeutung und zugleich gibt es eine Übereinstimmung bei beiden Beschlüssen in der Frist und den der Hauptversammlung vorzulegenden Unterlagen[172]. Das hat umgekehrt zur Konsequenz, dass ein Verstoß gegen das Verbindungsgebot des § 120 Abs. 3 Satz 1 keinerlei Rechtsfolgen – etwa die Möglichkeit einer Anfechtung – nach sich zieht[173].

### IV. Fehlerhafte Entlastungsbeschlüsse

54 Wie für alle Beschlüsse der Hauptversammlung gelten auch für den Entlastungsbeschluss die **§§ 241 ff.**, so dass grundsätzlich Nichtigkeit und Anfechtbarkeit desselben denkbar sind[174]. Ein Entlastungsbeschluss wird **regelmäßig nicht nichtig** sein, denn abgesehen von den – seltenen – Fällen des § 241 Nr. 1 (fehlende Einberufung der Hauptversammlung) und § 241 Nr. 2 (fehlende Beurkundung), sind andere Nichtigkeitsgründe kaum denkbar[175].

55 Von größerer Bedeutung ist dagegen die Möglichkeit der **Anfechtbarkeit** des Entlastungsbeschlusses gem. § 243 Abs. 1 **wegen des Verstoßes gegen das Gesetz oder die Satzung**, wobei sowohl inhaltliche als auch verfahrensrechtliche Verstöße denkbar sind[176]. Es kann zu **Verfahrensfehlern** im Zusammenhang mit dem genauen Verfahren bei der Beschlussfassung kommen, wenn z.B. Vorstand und Aufsichtsrat nicht getrennt entlastet werden oder eine erfolgreich beantragte Einzelentlastung nicht durchgeführt wurde[177]. Eine Anfechtbarkeit wegen **Inhaltsfehlern** ist nur in engen Grenzen denkbar, da die Hauptversammlung im Rahmen eines freien Ermessens über die Entlastung entscheidet[178] (s. auch Rz. 33); in Betracht kommen hier vor al-

---

168 *Zöllner* in KölnKomm. AktG, 1. Aufl., § 120 AktG Rz. 7 f.; *Mülbert* in Großkomm. AktG, 4. Aufl., § 120 AktG Rz. 60.
169 Begr. RegE BT-Drucks. 16/11642, S. 27.
170 *Reichert* in Beck'sches Hdb. AG, § 5 Rz. 10 f.; *Hüffer*, § 120 AktG Rz. 2 f.
171 *Mülbert* in Großkomm. AktG, 4. Aufl., § 120 AktG Rz. 74; *Hüffer*, § 120 AktG Rz. 14; *Zöllner* in KölnKomm. AktG, 1. Aufl., § 120 AktG Rz. 8.
172 *Mülbert* in Großkomm. AktG, 4. Aufl., § 120 AktG Rz. 72; *Zöllner* in KölnKomm. AktG, 1. Aufl., § 120 AktG Rz. 8; *Kubis* in MünchKomm. AktG, 2. Aufl., § 120 AktG Rz. 40.
173 *Zöllner* in KölnKomm. AktG, 1. Aufl., § 120 AktG Rz. 8; *Hüffer*, § 120 AktG Rz. 14; *Kubis* in MünchKomm. AktG, 2. Aufl., § 120 AktG Rz. 40, 48; *Semler* in MünchHdb. AG, § 34 Rz. 32; *Schuler*, AG 1960, 1.
174 *Mülbert* in Großkomm. AktG, 4. Aufl., § 120 AktG Rz. 117; *Kubis* in MünchKomm. AktG, 2. Aufl., § 120 AktG Rz. 45 ff.; *Zöllner* in KölnKomm. AktG, 1. Aufl., § 120 AktG Rz. 47; *Volhard/Weber*, NZG 2003, 351, 352.
175 OLG München v. 15.11.2000 – 7 U 3916/00, AG 2001, 197, 198 f.; *Kubis* in MünchKomm. AktG, 2. Aufl., § 120 AktG Rz. 45; ausführlich zu nichtigen Entlastungen *Volhard/Weber*, NZG 2003, 351, 352 f.
176 *Zöllner* in KölnKomm. AktG, 1. Aufl., § 120 AktG Rz. 47; *Kubis* in MünchKomm. AktG, 2. Aufl., § 120 AktG Rz. 46; ausführlich *Mülbert* in Großkomm. AktG, 4. Aufl., § 120 AktG Rz. 117 ff.
177 Ausführlich hierzu *Kubis* in MünchKomm. AktG, 2. Aufl., § 120 AktG Rz. 49 und *Mülbert* in Großkomm. AktG, 4. Aufl., § 120 AktG Rz. 118.
178 Ausführlich wiederum *Kubis* in MünchKomm. AktG, 2. Aufl., § 120 AktG Rz. 47.

lem Verstöße gegen die Entsprechenserklärung nach § 161[179] oder andere schwerwiegende Gesetzesverstöße der Organmitglieder (s. oben Rz. 32)[180]. Die Beurteilung der unternehmerischen Entscheidungen des Vorstands unterliegen jedoch – entsprechend § 93 Abs. 1 Satz 2 – keinesfalls der Anfechtung.

## V. Der Beschluss über Vergütungssysteme ("Say-on-Pay", § 120 Abs. 4)

Der mit dem VorstAG eingeführte neue Abs. 4 soll den Aktionären ein Mittel an die Hand geben, das Vergütungssystem zu kontrollieren und dem Aufsichtsrat die generelle Zustimmung oder Ablehnung zu signalisieren, ohne damit jedoch rechtliche Bindungswirkungen auszulösen[181]. Damit soll nach dem Willen des Gesetzgebers auch den Empfehlungen der EU-Kommission Rechnung getragen werden, die in Ergänzung zum Vergütungsbericht eine Abstimmung der Aktionäre über die Vergütungspolitik vorsieht[182]. Zugleich lehnt sich § 120 Abs. 4 an die Empfehlungen Ziff. 4.2.3 und 4.2.5 des DCGK hinsichtlich des Vergütungsberichts des Aufsichtsratsvorsitzenden an, indem dieser Empfehlung zusätzlicher Nachdruck verliehen werden soll[183]. In **rechtsvergleichender Hinsicht** finden sich Vorläufer vor allem in UK[184]. Ob die Erwartungen allerdings auch tatsächlich erfüllt werden, erscheint angesichts widersprüchlicher vorläufiger empirischer Ergebnisse noch offen[185].

56

Der **Anwendungsbereich** ist beschränkt auf börsennotierte Aktiengesellschaften. Allerdings ist nicht recht ersichtlich, warum es nicht-börsennotierten Aktiengesellschaften verwehrt sein sollte, entsprechende Beschlüsse zu fassen, wenn die Satzung dies vorsieht. Dahingehend dürfte auch die Gesetzesbegründung zu verstehen sein, die für geschlossene Gesellschaften darauf verweist, dass es derartig differenzierter Regelungen dort nicht bedürfe[186]. Dann aber ist § 120 Abs. 4 für nicht-börsennotierte Gesellschaften auch nicht als abschließend zu verstehen, so dass der Satzung hier Spielraum eröffnet wird.

57

Der Beschluss ist nur auf **Verlangen von Aktionären** oder auf **Vorschlag der Verwaltung** zu fassen. Allerdings besteht nach dem ausdrücklichen Willen des Gesetzgebers keine Pflicht für den Vorstand, einen entsprechenden Tagesordnungspunkt aufzunehmen[187]. Allenfalls in Ausnahmesituationen kann eine Schrumpfung des Ermessens

58

---

179 BGH v. 21.9.2009 – II ZR 174/08 – "Umschreibungsstopp", AG 2009, 824, Rz. 16 ff.; BGH v. 16.2.2009 – II ZR 185/07 – "Kirch/Deutsche Bank", BGHZ 180, 9 = ZIP 2009, 460, Rz. 19; ferner BGH v. 7.12.2009 – II ZR 63/08, ZIP 2009, 879, Rz. 7; krit. dazu *Goslar/v. d. Linden*, NZG 2009, 1337 ff.
180 OLG Köln v. 9.7.2009 – 18 U 167/08, ZIP 2009, 1999, Rz. 21 unter Berufung auf BGH v. 25.11.2002 – II ZR 133/01, BGHZ 153, 47.
181 Bericht Rechtsausschuss BT-Drucks. 16/13433, S. 12.
182 Art. 3.1. Empfehlung der Kommission vom 14.12.2004 (2004/913/EG), ABl. Nr. L 385 v. 29.12.2004, S. 55; s. ferner Empfehlung der Kommission zur Ergänzung der Empfehlungen 2004/913/EG und 2005/162/EG zur Regelung der Vergütung von Mitgliedern der Unternehmensleitung börsennotierter Gesellschaften (2009/385/EG) endg. vom 30.4.2009, ABl. Nr. L 102 v. 15.5.2009, S. 28; dazu *Teichmann*, GPR 2009, 235, 236 f.
183 Bericht Rechtsausschuss BT-Drucks. 16/13433, S. 12.
184 Sec. 439 Companies Act (2006), *Rickford*, ECFR 2005, 63 ff.; aus deutscher Sicht dazu *Fleischer/Bedkowski*, AG 2009, 677 m.w.N.
185 Dazu *Fleischer/Bedkowski*, AG 2009, 677, 678 m.w.N.; s. auch die rechtspolitische Bewertung bei *Jaspers*, ZRP 2010, 8 ff.; eher Wirkung annehmend hingegen *Schüppen*, ZIP 2010, 905 ff.; offen *Deilmann/Otte*, DB 2010, 545, 548.
186 Bericht Rechtsausschuss BT-Drucks. 16/13433, S. 12; anders *Döll*, WM 2010, 103, 106, der ohne Not hier eine Sperrwirkung für nicht-börsennotierte Gesellschaften herausliest; ähnlich *E. Vetter*, ZIP 2009, 2136, 2140 f., der sogar Nichtigkeit annehmen will.
187 Bericht Rechtsausschuss BT-Drucks. 16/13433, S. 12.

des Vorstands nach § 121 Abs. 1 oder des Aufsichtsrats nach § 111 Abs. 3 Satz 1 in Betracht kommen, aus Gründen des Gesellschaftswohls den Vergütungsbeschluss vorzusehen, etwa wenn sich in der Öffentlichkeit heftige Kritik an der Vergütung von Organmitgliedern entzündet hat und die Gesellschaft schweren Schaden zu nehmen droht[188]. Auch wenn der Vorstand selbst von dem Vergütungssystem betroffen ist, hat er der Hauptversammlung einen Beschlussvorschlag zu unterbreiten, der natürlich das vom Aufsichtsrat erarbeitete System wiedergeben muss; eine Entpflichtung analog § 124 Abs. 3 Satz 1 greift nicht ein[189]. Seitens der **Aktionäre** genügt das Quorum nach § 122 Abs. 2, um den Tagesordnungspunkt zu beantragen. Ein (bekanntmachungsfreier) Antrag auf Erörterung des Vergütungssystems im Rahmen der Entlastung ist demgegenüber unzulässig[190]; dem steht nunmehr die ausdrückliche Regelung in § 120 Abs. 4 entgegen[191] – nur wenn schwerwiegende Gesetzesverfehlungen, zu denen auch § 87 Abs. 2 gehört, geltend gemacht werden, wird auch über das Vergütungssystem im Rahmen der Entlastung abzustimmen sein.

59 Der Beschluss kann auch nur einmalig gefasst werden, er muss **nicht regelmäßig** auf Hauptversammlungen behandelt werden[192]. Allerdings lässt der Wortlaut von § 120 Abs. 4 („kann ... beschließen") hier Spielraum für entsprechende Satzungsregelungen[193].

60 Der Beschluss bezieht sich auf das **Vergütungssystem**, nicht auf die einzelnen Vergütungen, was sich auch aus dem Vorbild des § 120 Abs. 4 für den Gesetzgeber, des Ziff. 4.2.3 DCGK ergibt[194]. Nur die allgemeinen und generellen Vorgaben, die nicht auf das einzelne Vorstandsmitglied bezogen sind, können daher Gegenstand des Beschlusses sein. Dazu zählen entsprechend § 87 die Struktur und Relation der fixen zu den variablen Bezügen, die Gewichtung der Vergütungsbestandteile sowie die entsprechenden Indizes, die zeitlichen Bemessungsgrundlagen, aber auch die Altersversorgung bis hin zu generell vorgesehenen Sondervergütungen einschließlich von Anerkennungsprämien oder Vergütungen bei change-of-control. Ferner gehören zum System die erwarteten Anreizwirkungen und Folgen für die nachhaltige Unternehmensentwicklung[195]. Auf den Vergütungsbericht muss im Beschlussgegenstand nicht Bezug genommen werden, es erscheint jedoch aus Transparenzgründen ratsam[196].

61 Auch steht nicht das Vergütungssystem **für die Zukunft** in Rede, sondern das bestehende Vergütungssystem, der Beschluss ist mithin auf die Vergangenheit bezogen, auch wenn er natürlich ähnlich wie Entlastung auch Auswirkungen auf die Zukunft hat[197]. Die Hauptversammlung darf jedoch nicht in laufende Vergütungsverhandlungen eingreifen, was nicht ausschließt, dass mit den Aktionären die Vergütungspolitik generell diskutiert wird[198].

62 Der Beschluss kann nur **einheitlich über das System als Ganzes** erfolgen, eine Aufspaltung in einzelne Elemente ist nicht möglich. Sonst würde die innere Verknüp-

---

188 *Fleischer/Bedkowski*, AG 2009, 677, 679 f.; ähnlich *Döll*, WM 2010, 103, 107.
189 *E.Vetter*, ZIP 2009, 2136, 2139.
190 *Fleischer/Bedkowski*, AG 2009, 677, 681.
191 Anders offenbar *Döll*, WM 2010, 103, 105 f.; *E.Vetter*, ZIP 2009, 2136, 2139 f.
192 Bericht Rechtsausschuss BT-Drucks. 16/13433, S. 12.
193 Zutr. *Döll*, WM 2010, 103, 107.
194 Allg.M., *E.Vetter*, ZIP 2009, 2136, 2138; *Fleischer/Bedkowski*, AG 2009, 677, 682.
195 *E.Vetter*, ZIP 2009, 2136, 2138; *Fleischer/Bedkowski*, AG 2009, 677, 682.
196 *Deilmann/Otte*, DB 2010, 545, 546.
197 *Deilmann/Otte*, DB 2010, 545, 546; *Fleischer/Bedkowski*, AG 2009, 677, 681 f.
198 *Fleischer/Bedkowski*, AG 2009, 677, 682; *Deilmann/Otte*, DB 2010, 545, 546.

fung der Vergütungselemente miteinander aufgehoben, so dass das System als Ganzes nicht mehr stimmig wäre (System kommunizierender Röhren)[199].

Die **Satzung** kann nicht selbst das Vergütungssystem festsetzen oder Vergütungsobergrenzen beschließen. § 87 ist gerade nach der Reform durch das VorstAG und der vorangegangenen intensiven Diskussion abschließend, indem allein dem Aufsichtsrat die Kompetenz zur Festlegung des Systems zugewiesen wird[200] – auch wenn rechtspolitisch eine Deregulierung durchaus möglich wäre[201]. Dies schließt indes nicht aus, dass der Aufsichtsrat analog zu § 119 Abs. 2 die Frage der Vergütung der Hauptversammlung vorlegt, da es sich um eine orginäre Geschäftsführungskompetenz des Aufsichtsrats handelt und nicht ersichtlich ist, warum nur dem Vorstand das Instrument der Vorlage offen stehen sollte[202]. Die Satzung kann zudem den Beschluss über das Vergütungssystem für die ordentliche Hauptversammlung vorsehen, da das Gesetz keine zwingenden Vorgaben für den Turnus der Beschlüsse enthält; sie kann aber den Beschluss nicht ausschließen[203]. Auch für die nicht-börsennotierte Gesellschaft kann die Satzung einen entsprechenden Beschluss vorsehen, auch wenn § 120 Abs. 4 nur für die börsennotierte Gesellschaft gilt; warum für die nicht-börsennotierte Gesellschaft zwingend kein Beschluss möglich sein sollte, ist nicht ersichtlich. Gerade hier kann aufgrund der typischerweise größeren Nähe der Aktionäre zu den Verwaltungsorganen der Satzung größerer Spielraum eingeräumt werden[204].

63

Eine **Berichtspflicht** über das Vergütungssystem sieht der Gesetzgeber für den Beschluss **nicht** vor – allenfalls über den Vergütungsbericht nach Ziff. 4.2.5 DCGK kann hier eine ausführlichere Information der Aktionäre erfolgen[205]. Dies schließt indes nicht aus, dass die Aktionäre von ihrem Fragerecht nach § 131 bezüglich des Tagesordnungspunktes Gebrauch machen, so dass aus praktischen Erwägungen den Organen von vornherein zu empfehlen ist, das Vergütungssystem zu erläutern. In der Regel werden sich entsprechende Angaben schon dem Bericht nach §§ 289 Abs. 2 Nr. 5, 315 Abs. 2 Nr. 4 HGB entnehmen lassen[206].

64

Nach dem ausdrücklichen Willen des Gesetzgebers[207] soll der Beschluss **keinerlei rechtliche Wirkungen** erzeugen, da der Öffentlichkeitsdruck genüge, wobei sich der Rechtsausschuss an § 120 Abs. 2 Satz 2 orientieren wollte. Anders als für den Entlastungsbeschluss stellt der Gesetzgeber hier auch in § 120 Abs. 4 Satz 3 klar, dass der Beschluss nicht anfechtbar ist, unabhängig davon, auf welchen Mängeln der Beschluss beruht, mithin auch verfahrensrechtliche Mängel[208]. Unberührt davon bleibt

65

---

199 Zutr. *Fleischer/Bedkowski*, AG 2009, 677, 683 mit Hinweis auf die britischen Erfahrungen; a.A. *Döll*, WM 2010, 103, 108; *E.Vetter*, ZIP 2009, 2136, 2139, der die Ausklammerung etwa der Altersversorgung für zulässig hält.
200 *E.Vetter*, ZIP 2009, 2136, 2143; *Fleischer/Bedkowski*, AG 2009, 677, 683; offen, für die Praxis aber abratend *Schüppen*, ZIP 2010, 905, 911; s. zur Rechtslage vor dem VorstAG *E.Vetter*, ZIP 2009, 1307 ff.
201 So zu Recht *Schüppen*, ZIP 2010, 905, 914.
202 *Schüppen*, ZIP 2010, 905, 909 f.; a.A. wohl *E.Vetter*, ZIP 2009, 2136, 2143; *Fleischer/Bedkowski*, AG 2009, 677, 683.
203 *Schüppen*, ZIP 2010, 905, 911.
204 Anders *Schüppen*, ZIP 2010, 905, 911.
205 *Deilmann/Otte*, DB 2010, 545, 546 f.; *Fleischer/Bedkowski*, AG 2009, 677, 682.
206 *E.Vetter*, ZIP 2009, 2136, 2140, s. aber auch *Döll*, WM 2010, 103, 108, der deswegen § 131 als regelmäßig ins Leere laufend sieht.
207 Bericht Rechtsausschuss BT-Drucks. 16/13433, S. 12.
208 Zutr. *E.Vetter*, ZIP 2009, 2136, 2140; *Fleischer/Bedkowski*, AG 2009, 677, 684; verfassungsrechtliche (aber nicht überzeugende) Zweifel bei *Döll*, WM 2010, 103, 108 f.

die Klage auf Feststellung der **Nichtigkeit**, z.B. nach § 241 Nr. 1, 2 AktG[209]. Angesichts der fehlenden rechtlichen Wirkungen kann man zwar mit Fug und Recht an der Beschlussqualität von § 120 Abs. 4 generell zweifeln[210]. Doch darf nicht verkannt werden, dass das Votum der Hauptversammlung jedenfalls mittelbar Auswirkungen auf die dem Aufsichtsrat abzuverlangende Prüfung und Erörterung der Vergütung hat, mithin sehr wohl mittelbar rechtliche Wirkungen haben kann[211], so dass zumindest Nichtigkeitsklagen denkbar sind, insbesondere wenn die Hauptversammlung ihre Kompetenz überschreitet und einzelne Vergütungen abstimmt[212].

66 Umgekehrt kann der Beschluss auch **keinerlei Haftungsentlastung** für den Aufsichtsrat (und Vorstand) bewirken[213]. Dies schließt nicht aus, dass der Aufsichtsrat im **Anstellungsvertrag** Vergütungszusagen oder -elemente an die Bedingung knüpft, dass die Hauptversammlung das System als Ganzes billigt[214]. Denn der Aufsichtsrat wird hierdurch nicht aus seiner eigenverantwortlichen Entscheidung entlassen und bleibt nach wie vor Herr über den Anstellungsvertrag. Auch entfaltet ein ablehnender Beschluss der Hauptversammlung zumindest mittelbar Wirkung, indem sich der Aufsichtsrat, der sich über die Bedenken der Hauptversammlung hinwegsetzen will, einen erhöhten Begründungsaufwand hat – und dies im Hinblick auf § 116 auch dokumentieren sollte.

## Zweiter Unterabschnitt. Einberufung der Hauptversammlung

## § 121
## Allgemeines

(1) Die Hauptversammlung ist in den durch Gesetz oder Satzung bestimmten Fällen sowie dann einzuberufen, wenn das Wohl der Gesellschaft es fordert.

(2) Die Hauptversammlung wird durch den Vorstand einberufen, der darüber mit einfacher Mehrheit beschließt. Personen, die in das Handelsregister als Vorstand eingetragen sind, gelten als befugt. Das auf Gesetz oder Satzung beruhende Recht anderer Personen, die Hauptversammlung einzuberufen, bleibt unberührt.

(3) Die Einberufung muss die Firma, den Sitz der Gesellschaft sowie Zeit und Ort der Hauptversammlung enthalten. Zudem ist die Tagesordnung anzugeben. Bei börsennotierten Gesellschaften hat der Vorstand oder, wenn der Aufsichtsrat die Versammlung einberuft, der Aufsichtsrat in der Einberufung ferner anzugeben:

1. die Voraussetzungen für die Teilnahme an der Versammlung und die Ausübung des Stimmrechts sowie gegebenenfalls den Nachweisstichtag nach § 123 Abs. 3 Satz 3 und dessen Bedeutung;

---

209 *Döll*, WM 2010, 103, 108 f.; *Fleischer/Bedkowski*, AG 2009, 677, 684; *E.Vetter*, ZIP 2009, 2136, 2140.
210 So *Begemann/Laue*, BB 2009, 2442, 2443 f.
211 *Döll*, WM 2010, 103, 108; *E.Vetter*, ZIP 2009, 2136, 2142; anders *Begemann/Laue*, BB 2009, 2442, 2443 f., die jegliche Wirkung und damit auch das Feststellungsinteresse verneinen.
212 *E.Vetter*, ZIP 2009, 2136, 2140.
213 Bericht Rechtsausschuss BT-Drucks. 16/13433, S. 12.
214 Unentschieden, aber zweifelnd *Fleischer/Bedkowski*, AG 2009, 677, 684.

2. das Verfahren für die Stimmabgabe
   a) durch einen Bevollmächtigten unter Hinweis auf die Formulare, die für die Erteilung einer Stimmrechtsvollmacht zu verwenden sind, und auf die Art und Weise, wie der Gesellschaft ein Nachweis über die Bestellung eines Bevollmächtigten elektronisch übermittelt werden kann sowie
   b) durch Briefwahl oder im Wege der elektronischen Kommunikation gemäß § 118 Abs. 1 Satz 2, soweit die Satzung eine entsprechende Form der Stimmrechtsausübung vorsieht;
3. die Rechte der Aktionäre nach § 122 Abs. 2, § 126 Abs. 1, den §§ 127, 131 Abs. 1; die Angaben können sich auf die Fristen für die Ausübung der Rechte beschränken, wenn in der Einberufung im Übrigen auf weitergehende Erläuterungen auf der Internetseite der Gesellschaft hingewiesen wird;
4. die Internetseite der Gesellschaft, über die die Informationen nach § 124a zugänglich sind.

(4) Die Einberufung ist in den Gesellschaftsblättern bekannt zu machen. Sind die Aktionäre der Gesellschaft namentlich bekannt, so kann die Hauptversammlung mit eingeschriebenem Brief einberufen werden, wenn die Satzung nichts anderes bestimmt; der Tag der Absendung gilt als Tag der Bekanntmachung. Die §§ 125 bis 127 gelten sinngemäß.

(4a) Bei börsennotierten Gesellschaften, die nicht ausschließlich Namensaktien ausgegeben haben und die Einberufung den Aktionären nicht unmittelbar nach Absatz 4 Satz 2 und 3 übersenden, ist die Einberufung spätestens zum Zeitpunkt der Bekanntmachung solchen Medien zur Veröffentlichung zuzuleiten, bei denen davon ausgegangen werden kann, dass sie die Information in der gesamten Europäischen Union verbreiten.

(5) Wenn die Satzung nichts anderes bestimmt, soll die Hauptversammlung am Sitz der Gesellschaft stattfinden. Sind die Aktien der Gesellschaft an einer deutschen Börse zum Handel im regulierten Markt zugelassen, so kann, wenn die Satzung nichts anderes bestimmt, die Hauptversammlung auch am Sitz der Börse stattfinden.

(6) Sind alle Aktionäre erschienen oder vertreten, kann die Hauptversammlung Beschlüsse ohne Einhaltung der Bestimmungen dieses Unterabschnitts fassen, soweit kein Aktionär der Beschlussfassung widerspricht.

(7) Bei Fristen und Terminen, die von der Versammlung zurückberechnet werden, ist der Tag der Versammlung nicht mitzurechnen. Eine Verlegung von einem Sonntag, einem Sonnabend oder einem Feiertag auf einen zeitlich vorausgehenden oder nachfolgenden Werktag kommt nicht in Betracht. Die §§ 187 bis 193 des Bürgerlichen Gesetzbuchs sind nicht entsprechend anzuwenden. Bei nichtbörsennotierten Gesellschaften kann die Satzung eine andere Berechnung der Frist bestimmen.

| | |
|---|---|
| **I. Überblick** . . . . . . . . . . . . . . . . 1 | a) Einberufung aufgrund ausdrücklicher gesetzlicher Anordnung . . . . 8 |
| 1. Allgemeines . . . . . . . . . . . . . . . 1 | b) Einberufung aufgrund Zuständigkeit der Hauptversammlung . . . . 10 |
| 2. Europarechtlicher Hintergrund . . . . 3 | |
| 3. Besondere Hauptversammlungen . . . 6 | c) Einberufung aus Gründen des Wohls der Gesellschaft . . . . . . . . 12 |
| a) Gesonderte Versammlungen . . . . 6 | |
| b) Hauptversammlung gem. § 16 WpÜG . . . . . . . . . . . . . 7 | 2. Satzungsmäßige Einberufungsgründe 15 |
| **II. Einberufungsgründe (§ 121 Abs. 1)** . . 8 | 3. Rechtsfolgen des Verstoßes gegen Einberufungspflichten . . . . . . . . . 17 |
| 1. Gesetzliche Einberufungsgründe . . . 8 | |

### III. Einberufungsberechtigte (§ 121 Abs. 2) .............. 18
1. Vorstand ................. 18
2. Aufsichtsrat .............. 21
3. Dritte .................... 22
4. Rechtsfolgen der Einberufung durch Unberechtigte .............. 24

### IV. Inhalt der Einberufung (§ 121 Abs. 3) .... 26
1. Überblick ................. 26
2. Firma und Sitz (§ 121 Abs. 3 Satz 1) . 27
3. Zeit der Hauptversammlung (§ 121 Abs. 3 Satz 1) ........... 30
4. Ort der Hauptversammlung (§ 121 Abs. 3 Satz 1) ........... 36
5. Tagesordnung (§ 121 Abs. 3 Satz 2) .. 37
   a) Von der Verwaltung vorgeschlagene Tagesordnung ........... 38
   b) Ergänzungsanträge ............ 41
6. Teilnahmebedingungen und Voraussetzungen der Stimmrechtsausübung (§ 121 Abs. 3 Satz 3 Nr. 1) ........ 42
   a) Differenzierung zwischen börsennotierten und nicht börsennotierten Gesellschaften ........ 42
   b) Börsennotierte Gesellschaften ... 44
      aa) Anmeldung und Legitimation 44
      bb) Nachweisstichtag und Umschreibungsstopp ......... 46
      cc) Folgen fehlerhafter Angaben . 50
   c) Nicht börsennotierte Gesellschaften ................. 51
7. Bevollmächtigung und Briefwahl (§ 121 Abs. 3 Satz 3 Nr. 2) ........ 55
   a) Bevollmächtigung ........... 55
   b) Briefwahl ................ 62
8. Angaben zu den Aktionärsrechten (§ 121 Abs. 3 Satz 3 Nr. 3) ........ 63
9. Hinweis auf Internetpublizität (§ 121 Abs. 3 Satz 3 Nr. 4) ........ 67
10. Sonstige Angaben ............ 68

### V. Modalitäten der Einberufung (§ 121 Abs. 4 und 4a) ............ 70
1. Bekanntmachung in den Gesellschaftsblättern (§ 121 Abs. 4 Satz 1) . 70
2. Einberufung mittels eingeschriebenen Briefs (§ 121 Abs. 4 Satz 2 und 3) .... 73
   a) Voraussetzungen ............ 73
   b) Alternative Formen der Einberufung ................. 77
3. Europaweite Verbreitung (§ 121 Abs. 4a) ................. 80

### VI. Ort der Hauptversammlung (§ 121 Abs. 5) ................. 83
1. Gesetzliche Regelung ........... 83
2. Regelungen in der Satzung ........ 86
3. Hauptversammlung im Ausland .... 87

### VII. Vollversammlung (§ 121 Abs. 6) .... 91
1. Voraussetzungen ............. 92
2. Rechtsfolgen ................. 94

### VIII. Rücknahme und Änderung der Einberufung ................. 96
1. Änderung der Einberufung ........ 96
2. Rücknahme der Einberufung ...... 97

### IX. Berechnung von Fristen und Terminen (§ 121 Abs. 7) ........ 101
1. Überblick .................. 101
2. Berechnungsmethode .......... 103
3. Behandlung von Sonn- und Feiertagen ................. 105
4. Börsennotierte und nicht börsennotierte Gesellschaften .......... 107
5. Übergangsregelung ............ 110

**Literatur:** von *Bar/Grothe*, Hauptversammlungen deutscher Aktiengesellschaften im Ausland, IPRax 1994, 269; *Baums*, Der Eintragungsstopp bei Namensaktien, in FS Hüffer, 2010, S. 15; *Behrends*, Einberufung der Hauptversammlung gem. § 121 Abs. 4 AktG (mittels eingeschriebenem Brief) trotz abweichender Satzungsbestimmung, NZG 2000, 578; *Biehler*, Multinationale Konzerne und die Abhaltung einer Hauptversammlung nach deutschem Recht im Ausland, NJW 2000, 1243; *Blanke*, Private Aktiengesellschaft und Deregulierung des Aktienrechts, BB 1994, 1505; *Bungert*, Hauptversammlungen deutscher Aktiengesellschaften und Auslandsbezug, AG 1995, 26; *Drinhausen/Keinath*, Auswirkungen des ARUG auf die künftige Hauptversammlungs-Praxis, BB 2009, 2322; *Florstedt*, Fristen und Termine im Recht der Hauptversammlung, ZIP 2010, 761; *Gehrlein*, Zur Nichtigkeit von Gesellschafterbeschlüssen wegen schwer wiegenden Mängeln der Ladung zu einer Gesellschafterversammlung, BB 2006, 852; *Goette*, Handlungsfähigkeit des unvorschriftsmäßig besetzten Vorstands, DStR 2002, 1314; *Götz*, Erteilung von Stimmrechtsvollmacht nach dem ARUG, NZG 2010, 93; *Grobecker*, Beachtenswertes zur Hauptversammlungssaison, NZG 2010, 165; *Happ/Freitag*, Die Mitternachtsstund' als Nichtigkeitsgrund?, AG 1998, 493; *Hoffmann-Becking*, Gesetz zur „kleinen AG" – unwesentliche Randkorrekturen oder grundlegende Reform?, ZIP 1995, 1; *Huber*, Die „geplant beschlusslose" Hauptversammlung, ZIP 1995,

1740; *Ihrig/Wagner*, Rechtsfragen bei der Vorbereitung von Hauptversammlungen börsennotierter Gesellschaften, in FS Spiegelberger, 2009, S. 722; *Linnerz*, Ort, Terminierung und Dauer der Hauptversammlung, NZG 2006, 208; *Ludwig*, Formanforderungen an die individuell erteilte Stimmrechtsvollmacht in der Aktiengesellschaft und in der GmbH, AG 2002, 433; *Noack*, ARUG: Das nächste Stück Aktienrechtsreform in Permanenz, NZG 2008, 441; *von Nussbaum*, Zu Nachweisstichtag (record date) und Eintragungssperre bei Namensaktien, NZG 2009, 456; *Rottnauer*, Konstituierung der HV durch einen „unterbesetzten Vorstand", NZG 2000, 414; *Schaub*, Folgen des Einberufungsmangels bei der Hauptversammlung einer AG, DStR 2000, 392; *Schiessl*, Hauptversammlungen deutscher Aktiengesellschaften im Ausland, DB 1992, 823; *Sigel/ Schäfer*, Die Hauptversammlung der Aktiengesellschaft aus notarieller Sicht, BB 2005, 2137.

## I. Überblick

### 1. Allgemeines

§ 121 bildet zusammen mit den §§ 122 bis 128 sowie den §§ 175, 293f, 327c und spezialgesetzlichen Regelungen, etwa § 63 UmwG oder § 16 WpÜG, den rechtlichen Rahmen für die **Einberufung und Vorbereitung der Hauptversammlung**. Bei Gesellschaften, deren Aktien zum Handel an einer deutschen Börse zugelassen sind, sind außerdem die §§ 30a bis 30g und 46 WpHG zu beachten. 1

§ 121 behandelt die **Grunderfordernisse ordnungsgemäßer Einberufung** und behandelt Einberufungsberechtigung (Abs. 2), Einberufungsgründe (Abs. 1), Inhalt der Einberufung (Abs. 3), Einberufungsmodalitäten (Abs. 4 und 4a) sowie Ort der Hauptversammlung (Abs. 5) und enthält in Abs. 6 Regelungen zum Verzicht auf in den §§ 121 ff. angeordnete Formalien. Abs. 7 enthält nunmehr die vor Inkrafttreten des ARUG in § 123 verortete und durch das ARUG grundlegend geänderte Regelung zur Fristberechnung. 2

### 2. Europarechtlicher Hintergrund

§ 121 ist maßgeblich durch **Art. 5 der Aktionärsrechterichtlinie**[1] vorgeprägt. Die Aktionärsrechterichtlinie gilt für Aktiengesellschaften, deren Aktien an einem organisierten Markt in der EU oder im EWR notiert sind, also auch für börsennotierte Gesellschaften im Sinne von § 3 Abs. 2. Für die in § 121 geregelten Sachverhalte sind Art. 5 Abs. 2 und 3 der Aktionärsrechterichtlinie relevant. 3

Die Umsetzung der Normsetzungsbefehle der Aktionärsrechterichtlinie in das AktG ist nicht immer gelungen. Daher ist an dieser Stelle – quasi vor die Klammer gezogen – kurz darzustellen, **wie mit nicht richtlinienkonformen Normen zu verfahren ist**. 4

Da die Umsetzungsfrist für die Aktionärsrechterichtlinie am 3.8.2009 abgelaufen ist, ist sie unmittelbar anwendbar. Es gibt zwar **keine horizontale Drittwirkung** der an die Mitgliedstaaten adressierten Richtlinien[2]. Aber der Befehl zur Umsetzung der Richtlinie richtet sich an alle staatlichen Stellen, also auch an die Gerichte[3]. Diese müssen das nationale Recht **richtlinienkonform auslegen**[4] und, wenn eine richtli- 5

---

1 Richtlinie 2007/36/EG, ABl. EG Nr. L 184 v. 14.7.2007, S. 17.
2 EuGH v. 26.2.1986 – 152/84 – „Marshall", Slg. 1986, 723; EuGH v. 14.7.1994 – C-91/92 – „Faccini Dori", Slg. 1994 I 3325; EuGH v. 5.10.2004 – C-397/01 – C-403/01 – „Pfeiffer u.a.", Slg. 2004 I 8835; EuGH v. 19.1.2010 – C-555/07 – „Kücükdeveci", ZIP 2010, 196; KG v. 27.8.2009 – 23 U 52/09, GWR 2009, 446; OLG Hamm v. 13.7.2009 – 8 W 22/09, AG 2009, 791.
3 EuGH v. 10.4.1984 – 14/83 – „von Colson und Kaman", Slg. 1984, 1891; EuGH v. 13.11.1990 – C-106/89 – „Marleasing", Slg. 1990 I 4135; EuGH v. 14.7.1994 – C-91/92 – „Faccini Dori", Slg. 1994 I 3325; EuGH v. 23.4.2009 – C-378/07 – C-380/07 – „Angelidaki u.a.", noch nicht in Slg.
4 EuGH v. 10.4.1984 – 14/83 – „von Colson und Kaman", Slg. 1984, 1891; EuGH v. 13.11.1990 – C-106/89 – „Marleasing", Slg. 1990 I 4135; EuGH v. 14.7.1994 – C-91/92 – „Faccini Dori", Slg.

nienkonforme Auslegung nicht möglich ist, unangewendet lassen[5]. Dem steht auch nicht das Verwerfungsmonopol des Bundesverfassungsgerichts[6] entgegen, vielmehr besteht die Pflicht zur **Nichtanwendung richtlinienwidriger Normen** unabhängig von einer Vorabentscheidung des EuGH oder einer Entscheidung des BVerfG[7]. Die Nichtanwendbarkeit einer richtlinienwidrigen Vorschrift kommt ihrer Nichtigkeit gleich. Daher spricht viel dafür, zur Füllung der durch die Nichtanwendbarkeit entstehenden Lücke auf die durch die richtlinienwidrige Vorschrift geänderte (richtlinienkonforme) Norm zurückzugreifen.

### 3. Besondere Hauptversammlungen

#### a) Gesonderte Versammlungen

6   Sind von Gesetzes wegen **Sonderbeschlüsse** zu fassen, kann (und in bestimmten Fällen: muss) dies in gesonderten Versammlungen erfolgen, § 138. Für deren Einberufung gelten die §§ 121 ff. entsprechend, § 138 Satz 2. Bei der Einberufung der gesonderten Versammlung ist darauf zu achten, dass diese inhaltlich und formal von der Einberufung der Hauptversammlung getrennt und aus sich selbst heraus verständlich ist[8].

#### b) Hauptversammlung gem. § 16 WpÜG

7   Wird in Zusammenhang mit einem **Wertpapiererwerbs- oder Übernahmeangebot** eine Hauptversammlung einberufen, enthält § 16 WpÜG Sonderregelungen in Hinblick auf den Ort der Hauptversammlung, Einberufungs- und Anmeldefristen sowie einige weitere Formalien.

## II. Einberufungsgründe (§ 121 Abs. 1)

### 1. Gesetzliche Einberufungsgründe

#### a) Einberufung aufgrund ausdrücklicher gesetzlicher Anordnung

8   Durch das Gesetz bestimmte Fälle der Einberufung einer Hauptversammlung sind zunächst diejenigen, in denen die Einberufung einer Hauptversammlung **vom AktG** oder anderen Normen ausdrücklich angeordnet wird: zwecks Erstattung einer Verlustanzeige (§ 92 Abs. 1), auf Verlangen einer Minderheit gem. § 122 Abs. 1, zwecks Vorlage des Jahresabschlusses (§ 175 Abs. 1 Satz 1) und des Berichts des Aufsichtsrats (§ 120 Abs. 3), zwecks Entlastung von Vorstand und Aufsichtsrat sowie Beschlussfas-

---

1994 I 3325; EuGH v. 5.10.2004 – C-397/01 – C-403/01 – „Pfeiffer u.a.", Slg. 2004 I 8835; EuGH v. 4.7.2006 – C-212/04 – „Andeler", ZIP 2006, 2141.

5   EuGH v. 21.5.1987 – 249/85 – „Albako", Slg. 1987, 2345, EuGH v 4.2.1988 – 157/86 – „Murphy", Slg. 1988, 673; EuGH v. 26.9.2000 – C-262/97 – „Engelbrecht", Slg. 2000 I 7321; EuGH v. 20.5.2003 – C-465/00, C-138/01 und C-139/01 – „Rechnungshof, Neukomm et al.", Slg. 2003 I 4989; EuGH v. 25.7.2008 – C-237/07 – „Janececk", Slg. 2008 I S. 6221; EuGH v. 19.1.2010 – C-555/07 – „Kücükdeveci", ZIP 2010, 196.

6   Richtlinienwidriges Recht ist verfassungswidrig, vgl. BVerfG v. 27.7.2004 – 1 BvR 1270/04, NVwZ 2004, 1346; BVerfG v. 9.1.2001 – 1 BvR 1036/99, ZIP 2001, 1267; BVerfG v. 12.5.1989 – 2 BvQ 3/89, EuR 1989, 270; BVerfG v. 9.7.1992 – 2 BvR 1096/92, NVwZ 1993, 883.

7   EuGH v. 19.1.2010 – C-555/07 – „Kücükdeveci", ZIP 2010, 196; BFH v. 23.11.2000 – V R 49/00, BFHE 193, 170; BFH v. 10.2.2005 – V R 76/03, BFHE 208, 507; BFH v. 17.7.2008 – X R 62/04, ZSteu 2008, R 915; *Ziemons*, DB 2008, 2635; *Kocher*, GPR 2007, 169; zu Unrecht ablehnend: *Hummel*, EuZW 2007, 268; *Gosch*, DStR 2007, 1895,1897.

8   *Volhard* in MünchKomm. AktG, 2. Aufl., § 138 AktG Rz. 24; *G. Bezzenberger* in Großkomm. AktG, 4. Aufl., § 138 AktG Rz. 23.

sung über die Verwendung des Bilanzgewinns (§ 120 Abs. 3) oder auf Verlangen des Großaktionärs (§ 327a Abs. 1)[9].

**Aufgrund spezialgesetzlicher Regelung** ist in den in § 44 Abs. 5 KWG, § 3 Abs. 1 BausparkG, § 3 PfandBG sowie § 83 Abs. 1 Satz 1 Nr. 6 VAG genannten Fällen eine Hauptversammlung auf Verlangen der BaFin oder der nach § 147 VAG zuständigen Landesbehörde einzuberufen[10].  9

### b) Einberufung aufgrund Zuständigkeit der Hauptversammlung

Daneben ordnet man den gesetzlichen Einberufungsgründen auch diejenigen Fälle zu, in denen die Hauptversammlung **von Gesetzes wegen** Beschluss zu fassen hat[11], z.B. die übrigen in § 119 Abs. 1 genannten Fälle[12], Zustimmung zu Vorgängen nach dem UmwG[13] oder zur Veräußerung des gesamten Gesellschaftsvermögens (§ 179a), sonstige Strukturmaßnahmen wie Zustimmung zu Unternehmensverträgen (§ 293)[14] oder zur Eingliederung (§§ 319 Abs. 1, 320 Abs. 1), Zustimmung zu bestimmten Maßnahmen nach der Holzmüller-Gelatine-Rechtsprechung[15] oder auch dann, wenn der Vorstand von seinem Vorlagerecht nach § 119 Abs. 2 Gebrauch macht[16].  10

Bedarf ein **Vertrag** kraft Gesetzes oder kraft Vereinbarung der Zustimmung der Hauptversammlung, so ergibt sich eine Pflicht des Vorstands zur Einberufung auch aus der vertraglichen Nebenpflicht der AG gegenüber dem Vertragspartner.  11

### c) Einberufung aus Gründen des Wohls der Gesellschaft

Zu den gesetzlichen Einberufungsgründen gehört auch die Einberufung einer Hauptversammlung, wenn es das Wohl der Gesellschaft erfordert[17]. Obgleich diesem Einberufungsgrund die **praktische Relevanz** häufig abgesprochen wird, ist er von nicht zu unterschätzender Bedeutung. Zum Wohle der Gesellschaft ist eine Hauptversammlung etwa dann erforderlich, wenn einzelne Aktionäre versuchen, auf die Geschäftsführung des Vorstands Einfluss zu nehmen oder wenn die Unternehmensstrategie geändert oder trotz Änderungsbedarf beibehalten werden soll[18], aber auch bei Dissens von Vorstand und Aufsichtsrat über die Unternehmenspolitik oder wesentliche Geschäftsführungsmaßnahmen. Letzteres hat seinen Niederschlag in § 111 Abs. 4 Satz 3 gefunden[19].  12

Nicht erforderlich ist, dass die Tagesordnung einer solchen Hauptversammlung Beschlussfassungen vorsieht[20]. Aus Gründen des Gesellschaftswohls kann eine Infor-  13

---

9 *Kubis* in MünchKomm. AktG, 2. Aufl., § 121 AktG Rz. 4.
10 *Hüffer*, § 121 AktG Rz. 3; *Werner* in Großkomm. AktG, 4. Aufl., § 121 AktG Rz. 9.
11 *Hüffer*, § 121 AktG Rz. 3.
12 *Kubis* in MünchKomm. AktG, 2. Aufl., § 121 AktG Rz. 5; *Werner* in Großkomm. AktG, 4. Aufl., § 121 AktG Rz. 9.
13 *Kubis* in MünchKomm. AktG, 2. Aufl., § 121 AktG Rz. 5; *Werner* in Großkomm. AktG, 4. Aufl., § 121 AktG Rz. 9.
14 *Kubis* in MünchKomm. AktG, 2. Aufl., § 121 AktG Rz. 5.
15 BGH v. 25.2.1982 – II ZR 174/80, BGHZ 83, 122 = AG 1982, 158; BGH v. 26.4.2004 – II ZR 155/02, BGHZ 159, 30 = AG 2004, 384; BGH v. 26.4.2004 – II ZR 154/02, ZIP 2004, 1001; BGH v. 20.11.2006 – II ZR 226/05, AG 2007, 203 zu OLG Stuttgart v. 13.7.2005 – 20 U 1/05, AG 2005, 694; *Kubis* in MünchKomm. AktG, 2. Aufl., § 121 AktG Rz. 5.
16 *Kubis* in MünchKomm. AktG, 2. Aufl., § 121 AktG Rz. 5.
17 Einzelfälle etwa bei *Zöllner* in KölnKomm. AktG, 1. Aufl., § 121 AktG Rz. 13.
18 *Zöllner* in KölnKomm. AktG, 1. Aufl., § 121 AktG Rz. 13.
19 *Butzke* in Obermüller/Werner/Winden, Die Hauptversammlung der Aktiengesellschaft, Rz. B 39.
20 A.A. *Hüffer*, § 121 AktG Rz. 5, § 119 Rz. 4; *Zöllner* in KölnKomm. AktG, 1. Aufl., § 121 AktG Rz. 16.

mation und Erörterung oder die Einholung eines Meinungsbilds der Hauptversammlung im Wege eines Sounding[21] (informelle Abstimmung) erforderlich, aber auch hinreichend sein[22]. **Beschlusslose Hauptversammlungen** sind dem Aktienrecht durchaus bekannt (so etwa bei Verlust des hälftigen Grundkapitals, § 92 Abs. 1, oder in Zusammenhang mit einem Angebot nach WpÜG, § 16 Abs. 3 und 4 WpÜG); daraus darf man indes nicht schließen, dass sie im Übrigen unzulässig sind. Der Vorstand beschneidet seine Leitungsautonomie nicht über Gebühr, wenn er in Sondersituationen eine Hauptversammlung einberuft, ohne diese um eine Beschlussfassung zu ersuchen; vielmehr ist es gerade Ausdruck der Leitungsautonomie, wenn er eine solche Hauptversammlung einberuft, um die Meinung der Aktionäre einzuholen.

14 Darüber hinaus kann sich dieses Recht zur Einberufung einer beschlusslosen Hauptversammlung dann **zur Pflicht verdichten**[23], wenn der Vorstand erwägt, dem Ansinnen einer Aktionärsgruppe Folge zu leisten und z.B. von einer geplanten Geschäftsführungsmaßnahme Abstand zu nehmen, und daher sämtlichen Aktionären (§ 53a) Gelegenheit geben sollte, ihre Vorstellungen zu diesem Projekt zu äußern. Ähnliches mag auch in Übernahmesituationen gelten, insbesondere dann, wenn Vorstand und Aufsichtsrat in Hinblick auf mögliche Abwehrmaßnahmen etc. unterschiedlicher Auffassung sind. Zur Einberufung der Hauptversammlung durch den Aufsichtsrat aus Gründen des Gesellschaftswohls vgl. § 111 Rz. 43 ff.

**2. Satzungsmäßige Einberufungsgründe**

15 Hier sind zu nennen **Satzungsregeln**, die die Zustimmung zur Übertragung vinkulierter Namensaktien von einem entsprechenden Beschluss der Hauptversammlung abhängig machen[24], die die Rechte aus § 122 Abs. 1 einer geringeren Minderheit (bis hinab zu einer Aktie) zuerkennen[25] oder die bestimmten Personen (etwa dem Aufsichtsratsvorsitzenden) ein Einberufungsrecht einräumen[26].

16 Zu beachten ist, dass auch insoweit der **Grundsatz der Satzungsstrenge** gilt. Daher sind Satzungsregeln, die das Kompetenzgefüge von Vorstand, Aufsichtsrat und Hauptversammlung aushebeln oder Kompetenzen vom Aufsichtsrat auf die Hauptversammlung verlagern sollen, unzulässig[27]. Das gilt etwa für ein satzungsmäßiges Erfordernis der Zustimmung zu Geschäften, die nicht von Gesetzes wegen oder nach den Rechtsprechungsregeln (Holzmüller-Gelatine-Rechtsprechung)[28] der Zustimmung der Hauptversammlung bedürfen[29], oder zur Festlegung der Schwerpunkte der Abschlussprüfung[30]. Entsprechendes gilt auch für Satzungsbestimmungen, die die Festlegung der

---

21 Dazu *Mülbert* in Großkomm. AktG, 4. Aufl., Vor §§ 118–147 AktG Rz. 57.
22 So zutreffend: *H. Huber*, ZIP 1995, 1740, 1743; *Kubis* in MünchKomm. AktG, 2. Aufl., § 121 AktG Rz. 8; *Werner* in Großkomm. AktG, 4. Aufl., § 121 AktG Rz. 13, 17; *Mülbert* in Großkomm. AktG, 4. Aufl., Vor §§ 118–147 AktG Rz. 56; einschränkend: *Reichert* in Semler/Volhard, Arbeitshandbuch Hauptversammlung, § 4 Rz. 17; *Butzke* in Obermüller/Werner/Winden, Die Hauptversammlung der Aktiengesellschaft, Rz. B 38.
23 Insoweit a.A. *Kubis* in MünchKomm. AktG, 2. Aufl., § 121 AktG Rz. 8 (keine Pflicht).
24 *Hüffer*, § 121 AktG Rz. 4; *Werner* in Großkomm. AktG, 4. Aufl., § 121 AktG Rz. 11.
25 *Kubis* in MünchKomm. AktG, 2. Aufl., § 121 AktG Rz. 6.
26 *Werner* in Großkomm. AktG, 4. Aufl., § 121 AktG Rz. 38.
27 *Kubis* in MünchKomm. AktG, 2. Aufl., § 121 AktG Rz. 6; *Butzke* in Obermüller/Werner/Winden, Die Hauptversammlung der Aktiengesellschaft, Rz. B 35.
28 BGH v. 25.2.1982 – II ZR 174/80, BGHZ 83, 122 = AG 1982, 158; BGH v. 26.4.2004 – II ZR 155/02, BGHZ 159, 30 = AG 2004, 384; BGH v. 26.4.2004 – II ZR 154/02, ZIP 2004, 1001; BGH v. 20.11.2006 – II ZR 226/05, AG 2007, 203 zu OLG Stuttgart v. 13.7.2005 – 20 U 1/05, AG 2005, 693.
29 *Zöllner* in KölnKomm. AktG, 1. Aufl., § 121 AktG Rz. 14.
30 *Werner* in Großkomm. AktG, 4. Aufl., § 121 AktG Rz. 12.

**Vergütungsstruktur**, der Vergütung oder des Vergütungsrahmens für den Vorstand in die Kompetenz der Hauptversammlung stellen wollen. Derartige Satzungsbestimmungen sind auf dem Boden des geltenden Aktienrechts schlicht unzulässig. Etwas anderes ergibt sich auch nicht aus § 120 Abs. 4. Dieser ermöglicht der Hauptversammlung lediglich die Billigung der Vergütungsstruktur des Vorstands, gibt ihr aber gerade keine Kompetenz, die Vergütungsstruktur positiv zu regeln.

### 3. Rechtsfolgen des Verstoßes gegen Einberufungspflichten

Die **unterlassene oder verspätete**[31] **Einberufung** einer Hauptversammlung, bezüglich derer eine Einberufungspflicht besteht, ist eine Pflichtverletzung im Sinne des § 93 und kann unter den dort genannten Voraussetzungen eine Pflicht zum Schadensersatz begründen[32]; zu denken ist auch ggf. an Schadensersatzansprüche der Aktionäre wegen verspäteter Dividendenzahlung. Bei verspäteter Einberufung der ordentlichen Hauptversammlung kann das Registergericht Zwangsgeld festsetzen, § 407 i.V.m. § 175. Beruft der Vorstand die Hauptversammlung trotz Einberufungspflicht nicht ein, liegt regelmäßig eine Situation im Sinne des § 111 Abs. 3 vor, die den Aufsichtsrat zur Einberufung verpflichtet[33]. Zu den Folgen der Nichterfüllung eines Minderheitsverlangens vgl. § 122 Rz. 46 ff.

## III. Einberufungsberechtigte (§ 121 Abs. 2)

### 1. Vorstand

Die Einberufung ist **Leitungs-**[34] **und Geschäftsführungsmaßnahme**, die dem Vorstand als Kollegialorgan obliegt[35]. Der Vorstand beschließt über die Einberufung durch Beschluss, der gemäß der zwingenden Regelung des § 121 Abs. 2 Satz 1 stets der einfachen Mehrheit der abgegebenen Stimmen bedarf[36].

Vorstand sind alle im Zeitpunkt der Beschlussfassung amtierenden Vorstandsmitglieder[37]. Im Zeitpunkt der Beschlussfassung muss der Vorstand **ordnungsgemäß besetzt** sein und es muss die nach Gesetz, Satzung oder Geschäftsordnung zur Beschlussfähigkeit erforderliche Anzahl von Vorstandsmitgliedern an der Beschlussfassung mitgewirkt haben. Gehören dem Vorstand weniger Personen an als nach Gesetz, Satzung oder Geschäftsordnung erforderlich ist, kann dieser die Hauptversammlung nicht wirksam einberufen[38]. Kann eine Ergänzung des Vorstands durch den Aufsichtsrat nicht oder nicht zeitnah erfolgen, ist in dringenden Fällen die gerichtliche Bestellung fehlender Vorstandsmitglieder möglich, § 85. Die ordnungsgemäße Besetzung des Vorstands muss auch noch im Zeitpunkt der Veröffentlichung der Einladungsbekanntmachung vorliegen[39].

---

31 Zur Rechtzeitigkeit der Einberufung vgl. die Kommentierungen bei den Vorschriften, aus denen sich eine Einberufungspflicht ergibt.
32 *Kubis* in MünchKomm. AktG, 2. Aufl., § 121 AktG Rz. 11; *Werner* in Großkomm. AktG, 4. Aufl., § 121 AktG Rz. 88.
33 *Werner* in Großkomm. AktG, 4. Aufl., § 121 AktG Rz. 34.
34 BGH v. 12.11.2001 – II ZR 225/99 – „Sachsenmilch", BGHZ 149, 158, 160 f.
35 *Kubis* in MünchKomm. AktG, 2. Aufl., § 121 AktG Rz. 13; *Werner* in Großkomm. AktG, 4. Aufl., § 121 AktG Rz. 25.
36 *Kubis* in MünchKomm. AktG, 2. Aufl., § 121 AktG Rz. 14; *Werner* in Großkomm. AktG, 4. Aufl., § 121 AktG Rz. 26.
37 *Werner* in Großkomm. AktG, 4. Aufl., § 121 AktG Rz. 27.
38 BGH v. 12.11.2001 – II ZR 225/99 – „Sachsenmilch", BGHZ 149, 158, 161; *Kubis* in MünchKomm. AktG, 2. Aufl., § 121 AktG Rz. 14; *Werner* in Großkomm. AktG, 4. Aufl., § 121 AktG Rz. 27.
39 *Kubis* in MünchKomm. AktG, 2. Aufl., § 121 AktG Rz. 18; a.A. *Hüffer*, § 76 AktG Rz. 23.

20 Im Interesse der Rechtssicherheit und der Rechtswirksamkeit der Einberufung[40] bestimmt § 121 Abs. 2 Satz 2, dass Personen, die nicht wirksam zum Vorstand bestellt oder abberufen sind oder deren Bestellungsperiode abgelaufen ist, die aber im Zeitpunkt der Bekanntmachung der Einberufung in den Gesellschaftsblättern als Mitglied des Vorstands im Handelsregister eingetragen sind, **als zur Einberufung befugt gelten**. Da unwirksam bestellte, aber im Handelsregister eingetragene Vorstände sowie Vorstände, die von ihrer Abberufung keine Kenntnis haben, relativ selten sind, hat die Vorschrift vor allem dann praktische Bedeutung, wenn die Organstellung eines oder mehrerer Vorstände in der Zeit zwischen Beschlussfassung des Vorstands und Veröffentlichung der Einladungsbekanntmachung beendet wurde. Aus dieser Fiktion ergibt sich aber weder ein Recht, noch eine Pflicht solcher Personen, an der Beschlussfassung mitzuwirken.

### 2. Aufsichtsrat

21 Der Aufsichtsrat ist im Fall des **§ 111 Abs. 3** zur Einberufung berechtigt, sowie in den Fällen, in denen ihm die Satzung darüber hinaus eine Einberufungskompetenz einräumt[41]. Der Aufsichtsrat beschließt über die Einberufung mit der einfachen Mehrheit der an der Beschlussfassung Mitwirkenden.

### 3. Dritte

22 **Einzelne Aktionäre** bzw. Aktionärsgruppen sind zur Einberufung berechtigt, wenn ihnen in der Satzung eine diesbezügliche Befugnis eingeräumt wurde[42]. Entsprechende Rechte können in der Satzung auch Mitgliedern des Aufsichtsrats oder dem Aufsichtsratsvorsitzenden sowie Dritten (z.B. Behörden oder Banken) eingeräumt werden[43].

23 Zur Einberufung sind des Weiteren der **Liquidator** (§ 268 Abs. 2 Satz 1) oder die gem. § 122 Abs. 3 gerichtlich ermächtigte **Aktionärsminderheit** berechtigt[44].

### 4. Rechtsfolgen der Einberufung durch Unberechtigte

24 Wird die Hauptversammlung durch Unberechtigte einberufen, sind die gefassten **Beschlüsse nichtig** gem. § 241 Nr. 1. Entsprechendes gilt, wenn der Vorstand nicht ordnungsgemäß besetzt war[45] bzw. nicht beschlussfähig war[46] oder den erforderlichen Beschluss nicht gefasst hat[47].

25 Eine **Heilung** durch Genehmigung des zur Einberufung Berechtigten ist nicht möglich[48]. Im Rahmen einer Vollversammlung kann jedoch auf die Einhaltung auch dieser Formalie verzichtet werden, § 121 Abs. 6.

---

40 Beachte § 241 Nr. 1: Verstoß gegen die Einberufungsvorschrift des § 121 Abs. 2 führt zur Nichtigkeit sämtlicher Beschlüsse der Hauptversammlung.
41 *Kubis* in MünchKomm. AktG, 2. Aufl., § 121 AktG Rz. 19 ff.; *Werner* in Großkomm. AktG, 4. Aufl., § 121 AktG Rz. 33–35.
42 *Kubis* in MünchKomm. AktG, 2. Aufl., § 121 AktG Rz. 24; *Werner* in Großkomm. AktG, 4. Aufl., § 121 AktG Rz. 38.
43 *Kubis* in MünchKomm. AktG, 2. Aufl., § 121 AktG Rz. 24; *Werner* in Großkomm. AktG, 4. Aufl., § 121 AktG Rz. 38.
44 *Kubis* in MünchKomm. AktG, 2. Aufl., § 121 AktG Rz. 23; *Werner* in Großkomm. AktG, 4. Aufl., § 121 AktG Rz. 36.
45 BGH v. 12.11.2001 – II ZR 225/99 – „Sachsenmilch", BGHZ 149, 158; a.A. *Rottnauer*, NZG 2000, 414, 417 f.
46 *Kubis* in MünchKomm. AktG, 2. Aufl., § 121 AktG Rz. 27, 28.
47 Vgl. dazu öOGH v. 19.12.2000 – 10 Ob 32/00d, AG 2002, 575.
48 *Kubis* in MünchKomm. AktG, 2. Aufl., § 121 AktG Rz. 29; differenzierend: *Werner* in Großkomm. AktG, 4. Aufl., § 121 AktG Rz. 81.

## IV. Inhalt der Einberufung (§ 121 Abs. 3)

### 1. Überblick

§ 121 Abs. 3 Satz 1 und 2 regeln nur den **Mindestinhalt** der Einberufung[49], nämlich Firma und Sitz der Gesellschaft, Ort und Zeit der Hauptversammlung sowie deren Tagesordnung. Weitere Vorgaben für den Inhalt der Einberufungsbekanntmachung bzw. der Einladung enthalten die §§ 124, 125 sowie z.B. § 327c. § 121 Abs. 3 Satz 3 stellt zusätzliche Erfordernisse auf, die jedoch nur für börsennotierte Gesellschaften gelten. 26

### 2. Firma und Sitz (§ 121 Abs. 3 Satz 1)

In der Einladung ist die **Firma der Gesellschaft** in der Form anzugeben, wie sie im Zeitpunkt der Einberufung im Handelsregister eingetragen ist. Ist eine Änderung der Firma beschlossen, aber die entsprechende Satzungsänderung noch nicht im Handelsregister eingetragen, ist die zukünftige Firmierung mit entsprechendem Hinweis zusätzlich anzugeben. Abkürzungen oder von der korrekten Firmierung abweichende im Geschäftsverkehr übliche schlagwortartige Kurzbezeichnungen der Firma sind unzureichend[50]. Abweichend hiervon ist eine Abkürzung des Rechtsformzusatzes zulässig[51]. 27

Der **Sitz der Gesellschaft** ist grundsätzlich in der Form anzugeben, wie er im Handelsregister eingetragen ist. Weicht die korrekte Bezeichnung der politischen Gemeinde, in der der Satzungssitz liegt, vom Handelsregister ab, ist es hinreichend, aber auch erforderlich, die von der Satzung abweichende Angabe in der Einberufung anzugeben. Ist eine Sitzverlegung eingeleitet, aber noch nicht im Handelsregister eingetragen, ist außerdem der zukünftige Sitz mit entsprechendem Zusatz anzugeben. Die Sitzangabe sollte in unmittelbarer räumlicher Nähe zur Firmenangabe erfolgen. Verfügt die Gesellschaft über mehrere Sitze, sind alle in der Einladung anzugeben[52]. 28

**Fehlen die Angaben** zu Firma und Sitz oder sind sie unzureichend, so sind die in der Hauptversammlung gefassten Beschlüsse nichtig[53]. Der Auffassung der Rechtsprechung[54], wonach im Einzelfall keine Nichtigkeit, sondern Anfechtbarkeit anzunehmen sei, sofern es sich um einen unbedeutenden Bagatellverstoß handelt, kann nicht gefolgt werden. Mit der Bedeutung der Sanktion „Nichtigkeit" ist es unvereinbar, wenn ihre Voraussetzungen von einer Einzelfallbetrachtung unter Ausnutzung von Beurteilungsspielräumen abhängig wären[55]. Etwas anderes mag nur dann gelten, wenn ein objektiv urteilender Dritter bei flüchtigem Lesen der Einladung trotz der fehlenden oder fehlerhaften Angabe keinerlei Zweifel an der Identität der Gesellschaft hat[56]. 29

---

49 *Werner* in Großkomm. AktG, 4. Aufl., § 121 AktG Rz. 64.
50 *Kubis* in MünchKomm. AktG, 2. Aufl., § 121 AktG Rz. 32.
51 *Kubis* in MünchKomm. AktG, 2. Aufl., § 121 AktG Rz. 32.
52 *Kubis* in MünchKomm. AktG, 2. Aufl., § 121 AktG Rz. 33; *Werner* in Großkomm. AktG, 4. Aufl., § 121 AktG Rz. 44.
53 *Zöllner* in KölnKomm. AktG, 1. Aufl., § 241 AktG Rz. 79; *Hüffer* in MünchKomm. AktG, 2. Aufl., § 241 AktG Rz. 11.
54 So z.B. OLG Düsseldorf v. 24.4.1997 – 6 U 20/96, ZIP 1997, 1153, 1159; LG Düsseldorf v. 15.9.1995 – 40 O 226/94, ZIP 1995, 1985.
55 So z.B. auch LG München I v. 8.4.1999 – 5 HKO 17311/98, ZIP 1999, 1213, 1214.
56 Vgl. *K. Schmidt* in Großkomm. AktG, 4. Aufl., § 241 AktG Rz. 46.

### 3. Zeit der Hauptversammlung (§ 121 Abs. 3 Satz 1)

30 § 121 Abs. 3 Satz 1 verlangt die Angabe der Zeit der Hauptversammlung. Gemeint ist die **Angabe des kalendermäßigen Datums** des Tages, an dem die Hauptversammlung stattfindet, **und der Uhrzeit**, zu der sie beginnt[57]. Nicht erforderlich ist die Angabe der voraussichtlichen Dauer der Hauptversammlung[58]. Wird eine Hauptversammlung auf zwei Tage einberufen, sollte jedoch zur Vermeidung der Anfechtbarkeit der gefassten Beschlüsse darauf hingewiesen werden, dass die Hauptversammlung am 2. Tag nur dann fortgesetzt wird, wenn sie nicht bereits am 1. Tag geschlossen wurde.

31 **Ergänzende Angaben**, etwa Benennung des Wochentages, sind zulässig. Wurde irrtümlich ein unzutreffender Wochentag genannt, so soll dies unschädlich sein[59]. Dem ist in der Allgemeinheit nicht zuzustimmen: Der durchschnittliche Aktionär kann nicht erkennen, ob nun der angegebene Wochentag oder das Datum fehlerhaft angegeben wurde. Deswegen Nichtigkeit der gefassten Beschlüsse anzunehmen, wäre angesichts dessen, dass das korrekte Datum angegeben ist und die Nichtigkeitsgründe restriktiv anzuwenden sind, falsch; richtige Rechtsfolge ist die Anfechtbarkeit der gefassten Beschlüsse.

32 Zum **Wochentag** der Hauptversammlung macht das Gesetz keine Vorgaben. Weitgehende Einigkeit besteht darüber, dass Sonntage und gesetzliche Feiertage am Sitz der Gesellschaft sowie am Versammlungsort als Versammlungstage ausscheiden[60]. Daran hat sich auch durch die Modifizierung der Fristberechnung nichts geändert[61]. Die Gegenauffassung übersieht, dass die nunmehr nicht mehr erfolgende Verschiebung des Fristendes auf einen vorhergehenden Arbeitstag nicht bedeutet, dass die Handlung effektiv an einem Sonn- oder Feiertag vorgenommen werden muss, sondern dass sie tatsächlich am letzten vorhergehenden Arbeitstag erfolgen wird. Bei Publikumsgesellschaften, deren Aktien im regulierten Markt oder im Freiverkehr gehandelt werden, dürften auch Samstage[62] sowie der 24. und 31. Dezember als Termin ausscheiden[63], da an diesen Tagen Kreditinstitute und Aktionärsvereinigungen regelmäßig nicht als Stimmrechtsvertreter zur Verfügung stehen und die Möglichkeiten der An- und Abreise mit öffentlichen Verkehrsmitteln beschränkt sind. Davon abgesehen, gibt es keine Restriktionen bezüglich des Versammlungstages.

33 Der **Beginn der Hauptversammlung** wird vom Einberufenden nach pflichtgemäßem Ermessen festgesetzt[64]. Unter Berücksichtigung der voraussichtlichen Dauer der Hauptversammlung, die in Ansehung des Umfangs der Tagesordnung sowie der Bedeutung der Beschlussgegenstände stark variieren kann, sollte der Beginn so festgelegt werden, dass den Aktionären An- und Abreise am gleichen Tag möglich sind[65]. Bei börsennotierten Aktiengesellschaften ist die Praxis dazu übergegangen, den Beginn der Hauptversammlung auf 10.00 oder 11.00 Uhr festzulegen.

---

57 *Kubis* in MünchKomm. AktG, 2. Aufl., § 121 AktG Rz. 34.
58 OLG Koblenz v. 26.4.2001 – 6 U 746/95, ZIP 2001, 1093; LG Mainz v. 14.4.2005 – 12 HK O 82/04, AG 2005, 894.
59 So z.B. *Kubis* in MünchKomm. AktG, 2. Aufl., § 121 AktG Rz. 34.
60 *Kubis* in MünchKomm. AktG, 2. Aufl., § 121 AktG Rz. 34; *Werner* in Großkomm. AktG, 4. Aufl., § 121 AktG Rz. 53; LG Darmstadt v. 25.11.1980 – 15 O 446/80, BB 1981, 72 (zur GmbH).
61 A.A. *Hüffer*, § 121 AktG Rz. 17.
62 A.A. *Kubis* in MünchKomm. AktG, 2. Aufl., § 121 AktG Rz. 35.
63 So auch: *Werner* in Großkomm. AktG, 4. Aufl., § 121 AktG Rz. 53; strenger *Butzke* in Obermüller/Werner/Winden, Die Hauptversammlung der Aktiengesellschaft, Rz. B 8, der diese Tage generell ausnimmt.
64 *Kubis* in MünchKomm. AktG, 2. Aufl., § 121 AktG Rz. 35.
65 *Kubis* in MünchKomm. AktG, 2. Aufl., § 121 AktG Rz. 35; *Werner* in Großkomm. AktG, 4. Aufl., § 121 AktG Rz. 55.

Bei der Terminierung der Hauptversammlung ist zu beachten, dass sie vor Ablauf des Tages, auf den sie einberufen wurde, beendet sein muss[66] und dass die **Versammlungsdauer** nicht überlang sein darf[67]. Von Überlänge spricht man, wenn ein Zeitraum von 12 bis 14 Stunden überschritten wurde[68] oder wenn bei einer am Folgetag fortgesetzten Hauptversammlung die Hauptversammlung am ersten Tag länger als 10 Stunden dauert. Ist damit zu rechnen, dass diese zeitlichen Grenzen überschritten werden, sollte die Hauptversammlung vorsorglich auf zwei Tage einberufen werden (dazu oben Rz. 30).

34

Dauert die Hauptversammlung über den in der Einberufung genannten Tag hinaus an, so sind **nach Mitternacht gefasste Beschlüsse** anfechtbar[69]. Wenn teilweise angenommen wird, die Beschlüsse seien stets wegen eines Einberufungsmangels nichtig[70], so ist dem nicht zuzustimmen: Wenn die an der Hauptversammlung teilnehmenden Aktionäre nichts gegen die Beschlussfassung zu später Stunde einzuwenden haben und auf eine Anfechtung der Beschlüsse verzichten, steht einer Wirksamkeit dieser Beschlüsse nichts entgegen.

35

**4. Ort der Hauptversammlung (§ 121 Abs. 3 Satz 1)**

Unter Ort der Hauptversammlung versteht § 121 Abs. 3 Satz 1 das **Versammlungslokal**, das in der Einladung mit postalisch korrekter Adresse (Postleitzahl, Ort, Straße und Hausnummer) anzugeben ist[71]. Ergänzend können noch geographische Angaben zum Ort gemacht (Pfalz, Rheinland etc.) oder der Name des Versammlungslokals (Rhein-Main-Halle, Jahrhunderthalle etc.) genannt werden. Sind in dem Gebäude mehrere Räume, sollte vorsorglich auch der Versammlungssaal (z.B. Weinbrennersaal oder Raum 125 im 1. OG) genannt werden; zur Anfechtbarkeit der in der Hauptversammlung gefassten Beschlüsse führt das Fehlen dieser Angabe aber nur dann, wenn der Weg von den Eingängen des Gebäudes zum Versammlungssaal am Tag der Hauptversammlung nicht eindeutig ausgeschildert ist[72].

36

**5. Tagesordnung (§ 121 Abs. 3 Satz 2)**

Die Bekanntmachung der Tagesordnung war bis zum Inkrafttreten des ARUG in § 124 Abs. 1 geregelt. Sie war nicht integraler Bestandteil der Einberufung, sondern musste nur zusammen mit der Einberufung publiziert werden[73]. Wie die Vorgängerregelung soll § 121 Abs. 3 Satz 2 im Zusammenspiel mit § 124 den Aktionären die sachgerechte **Vorbereitung** auf und die Wahrnehmung ihrer Rechte in der Hauptversammlung (Auskunftsrecht, Stimmrecht) ermöglichen[74]. Die Aktionäre sollen aber auch in die Lage versetzt werden, erstens zu entscheiden, ob sie selbst an der Haupt-

37

---

66 *Kubis* in MünchKomm. AktG, 2. Aufl., § 121 AktG Rz. 34, 35.
67 Zur Überlänge: *Max*, AG 1991, 77, 90; *Quack*, AG 1985, 145, 146 f.
68 *Kubis* in MünchKomm. AktG, 2. Aufl., § 121 AktG Rz. 35 m.w.N.
69 *Hüffer*, § 121 AktG Rz. 17; *Happ/A. Freitag*, AG 1998, 493, 495; OLG Koblenz v. 26.4.2001 – 6 U 746/95, ZIP 2001, 1093. A.A. *Reger* in Bürgers/Körber, § 121 AktG Rz. 28 (weder anfechtbar noch nichtig).
70 So: *Kubis* in MünchKomm. AktG, 2. Aufl., § 121 AktG Rz. 34; LG Mainz v. 14.4.2005 – 12 HK O 82/04, AG 2005, 894.
71 *Kubis* in MünchKomm. AktG, 2. Aufl., § 121 AktG Rz. 37; *Werner* in Großkomm. AktG, 4. Aufl., § 121 AktG Rz. 45.
72 Vgl. *Butzke* in Obermüller/Werner/Winden, Die Hauptversammlung der Aktiengesellschaft, Rz. B 69.
73 Dazu 1. Aufl. § 124 Rz. 8.
74 BGH v. 25.11.2002 – II ZR 49/01, BGHZ 153, 32, 36 = AG 2003, 319; *Zöllner* in KölnKomm. AktG, 1. Aufl., § 124 AktG Rz. 2; *Werner* in Großkomm. AktG, 4. Aufl., § 124 AktG Rz. 18.

versammlung teilnehmen oder sich durch Bevollmächtigte vertreten lassen wollen, und zweitens Weisungen an ihre Bevollmächtigten zu erteilen[75].

### a) Von der Verwaltung vorgeschlagene Tagesordnung

38 Tagesordnung im Sinne des § 124 Abs. 1 ist die in eine geordnete Reihenfolge gebrachte, kurz gefasste **Zusammenstellung** der Tagesordnungspunkte, also der **Verhandlungs- und Beschlussgegenstände** der Hauptversammlung[76].

39 **Tagesordnung im Rechtssinne** sind nicht nur die häufig schlagwortartig formulierten Überschriften zu den einzelnen Tagesordnungspunkten[77], sondern auch die Informationen, die im Verwaltungsvorschlag und ggf. gegebenen zusätzlichen Erläuterungen zum Hintergrund des Vorschlags enthalten sind[78]. Dazu auch bei § 124 Rz. 53 f., 57 ff.

40 **Detaillierungsgrad und Umfang der Bekanntmachung** werden durch den Zweck der Vorschrift (oben Rz. 37) determiniert. Bei Kapital- und sonstigen Strukturmaßnahmen sollten sich die aus Sicht eines verständigen Aktionärs wesentlichen Aspekte bereits aus der Überschrift des Tagesordnungspunktes ergeben. Z.B. bei Unternehmensverträgen: Parteien und Art des Unternehmensvertrages[79]; bei Kapitalerhöhungen: ordentliche Kapitalerhöhung oder Genehmigtes Kapital, Erhöhungsbetrag sowie Art der Einlagen und ggf. Bezugsrechtsausschluss[80]; bei Vorgängen nach dem UmwG: Art der Strukturmaßnahme und beteiligte Rechtsträger; bei Holzmüller-Gelatine-Beschlüssen[81]: Art der Maßnahme und betroffener Unternehmensteil[82].

### b) Ergänzungsanträge

41 Tagesordnungspunkte, die auf einem Ergänzungsantrag (§ 122 Abs. 2) beruhen, der der AG vor der Veröffentlichung der Einberufung zugegangen ist, sind in der Einberufung zu veröffentlichen. Maßgeblich ist hierbei nicht der Zeitpunkt der Publikation im elektronischen Bundesanzeiger, sondern 1 bis 2 Arbeitstage[83] vor dem Tag vor der Absendung der Einberufung an den elektronischen Bundesanzeiger, also im Regelfall ca. 1 Woche vor der Publikation. Wird **nach Einberufung der Hauptversammlung** (und Veröffentlichung der Tagesordnung) ein Minderheitsverlangen gem. § 122 Abs. 2 gestellt, so ist dieses unverzüglich bekannt zu machen, § 124 Abs. 1. Dazu näher § 124 Rz. 7 ff. und § 122 Rz. 44.

---

75 *Kubis* in MünchKomm. AktG, 2. Aufl., § 124 AktG Rz. 1.
76 *Kubis* in MünchKomm. AktG, 2. Aufl., § 124 AktG Rz. 3; *Werner* in Großkomm. AktG, 4. Aufl., § 124 AktG Rz. 14; *Zöllner* in KölnKomm. AktG, 1. Aufl., § 124 AktG Rz. 6.
77 So z.B. *Eckardt* in G/H/E/K, vor §§ 118 ff. AktG Rz. 53; *Hüffer*, § 124 AktG Rz. 5.
78 *Werner* in Großkomm. AktG, 4. Aufl., § 124 AktG Rz. 23; *Wienecke* in FS Schwark, 2009, S. 305, 318; enger: *Zöllner* in KölnKomm. AktG, 1. Aufl., § 124 AktG Rz. 18; *Kubis* in MünchKomm. AktG, 2. Aufl., § 124 AktG Rz. 5; *Butzke* in Obermüller/Werner/Winden, Die Hauptversammlung der Aktiengesellschaft, Rz. B 80 ff.; *Schlitt* in Semler/Volhard, Arbeitshandbuch Hauptversammlung, § 4 Rz. 138.
79 *Kubis* in MünchKomm. AktG, 2. Aufl., § 124 AktG Rz. 14.
80 *Kubis* in MünchKomm. AktG, 2. Aufl., § 124 AktG Rz. 12.
81 BGH v. 25.2.1982 – II ZR 174/80, BGHZ 83, 122 = AG 1982, 158; BGH v. 26.4.2004 – II ZR 155/02, BGHZ 159, 30 = AG 2004, 384; BGH v. 26.4.2004 – II ZR 154/02, ZIP 2004, 1001; BGH v. 20.11.2006 – II ZR 226/05, AG 2007, 203 zu OLG Stuttgart v. 13.7.2005 – 20 U 1/05, AG 2005, 693.
82 *Kubis* in MünchKomm. AktG, 2. Aufl., § 124 AktG Rz. 15.
83 Prüfungsfrist für den Vorstand, vgl. § 122 Rz. 44.

## 6. Teilnahmebedingungen und Voraussetzungen der Stimmrechtsausübung (§ 121 Abs. 3 Satz 3 Nr. 1)

### a) Differenzierung zwischen börsennotierten und nicht börsennotierten Gesellschaften

Eine der Neuerungen des ARUG besteht darin, dass die Bedingungen für die Teilnahme und die Ausübung des Stimmrechts **nur noch bei börsennotierten Gesellschaften** zum **Pflichtinhalt der Einberufung** gehören. Der Gesetzgeber des ARUG glaubte, darauf verzichten zu können, da diese Informationen gerade bei kleinen Aktiengesellschaften unnötig seien[84]. Diese Vermutung ist zu kurz gegriffen. Das Informationsbedürfnis der Aktionäre einer im Freiverkehr gehandelten AG ist nicht geringer als dasjenige der Aktionäre einer börsennotierten AG[85]. Außerdem stimmt die Gleichsetzung zwischen nicht börsennotierter AG und GmbH[86] nachdenklich. Schließlich ist zu berücksichtigen, dass nach neuem Recht Mängel bei der Angabe der Teilnahme- und Stimmrechtsausübungsvoraussetzungen nicht mehr zur Nichtigkeit, sondern nur noch zur Anfechtbarkeit der Beschlüsse führen, § 241. Die Wirkungen der „Entlastung" der Gesellschaften sind daher nicht proportional zum vom Gesetzgeber in Kauf genommenen Informationsdefizit der Aktionäre: Aktionäre nicht börsennotierter Gesellschaften müssen sich nunmehr die Satzung beschaffen und das Gesetz studieren, um sich über die Teilnahmebedingungen zu informieren. Ob dieser Rückschritt zur Gesetzeslage vor Inkrafttreten des AktG 1965 sinnvoll ist, ist zweifelhaft[87].

42

Nach dem Wortlaut des § 121 Abs. 3 Satz 3 sind die für börsennotierte Gesellschaften verlangten Zusatzangaben nur zu machen, wenn die Hauptversammlung vom Vorstand oder vom Aufsichtsrat einberufen wird. Die zur Information der Aktionäre erforderlichen Zusatzangaben wären demnach nicht zu machen, wenn die Hauptversammlung von einer Aktionärsminderheit aufgrund gerichtlicher Ermächtigung gem. § 122 Abs. 3 einberufen wird[88]. Diese Regelung ist **nicht richtlinienkonform**, da diese die Pflichten unabhängig davon, wer die Hauptversammlung einberuft, anordnet. Man wird die Regelung in § 121 Abs. 3 Satz 3 richtlinienkonform dahingehend auszulegen haben, dass auch die **gerichtlich ermächtige Aktionärsminderheit** jedenfalls die von § 121 Abs. 3 Satz 3 Nr. 1 bis 3 verlangten Angaben machen muss. Soweit Publizität über die Internetseite der Gesellschaft vorgeschrieben ist, ist zu erwägen, die Minderheit entweder von diesbezüglichen Pflichten zu befreien oder sie für verpflichtet zu erachten, auf eine eigene Internetseite hinzuweisen, über die die gesetzlich verlangten Angaben und Dokumente einsehbar sind.

43

### b) Börsennotierte Gesellschaften

**aa) Anmeldung und Legitimation.** Nach § 121 Abs. 3 Satz 2 Nr. 1 müssen in der Einberufung der Hauptversammlung einer börsennotierten Gesellschaft die Voraussetzungen für die Teilnahme an der Hauptversammlung und die Ausübung des Stimmrechts, z.B. Anmeldung und Legitimation nach § 123 angegeben werden. Die Satzungs- bzw. Gesetzesregelungen müssen **inhaltlich zutreffend und vollständig**

44

---

84 BT-Drucks. 16/11642, S. 28.
85 Vgl. dazu auch die Stellungnahme des Bundesrats, BT-Drucks. 16/11642, S. 50; *Paschos/Goslar*, AG 2009, 14, 15.
86 BT-Drucks. 16/11642, S. 28.
87 Vgl. auch die Kritik des *Handelsrechtsausschusses des DAV*, NZG 2009, 96, 97, und des Bundesrats BT-Drucks. 16/11642, S. 50; *Zetzsche*, Der Konzern 2009, 321, 322.
88 So folgerichtig *Drinhausen/Keinath*, BB 2010, 2322, 2323.

wiedergegeben werden[89]. Eine bloße Verweisung auf die Satzungsregelung ist unzulässig[90].

45 Regelmäßig enthalten Satzungen Regelungen betreffend die Voraussetzungen der Teilnahme und der Stimmrechtsausübung sowie die Legitimation der Aktionäre. Unabhängig davon, ob die Satzungsbestimmungen diesen Bereich umfassend regeln oder die gesetzliche Regelung nur punktuell ergänzen oder (soweit gesetzlich zulässig) modifizieren, müssen die gesetzlichen und satzungsmäßigen Teilnahme- und Stimmrechtsausübungsvoraussetzungen stets vollständig in der Einberufung mitgeteilt werden[91]. Soweit die Satzung keine Erfordernisse statuiert, etwa auf ein Anmeldeerfordernis verzichtet, muss keine diesbezügliche „Negativanzeige" gemacht werden[92].

46 **bb) Nachweisstichtag und Umschreibungsstopp.** In der Einberufung sind der für die Legitimation bei Inhaberaktien bedeutsame **Nachweisstichtag (Record Date) und dessen „Bedeutung"** anzugeben. Die Angabe der Bedeutung des Nachweisstichtages verlangt in richtlinienkonformer Auslegung nicht mehr und nicht weniger als den Hinweis, dass nur diejenigen Personen berechtigt sind, an der Hauptversammlung teilzunehmen und ihr Stimmrecht auszuüben, die am Nachweisstichtag Aktionäre sind[93]. Weitergehende Ausführungen, etwa zu den Folgen einer Veräußerung von Aktien zwischen Nachweisstichtag und Hauptversammlung sind nicht erforderlich und sollten auch in Hinblick auf die komplexe Rechtslage (§ 123 Rz. 36 ff.) unterbleiben.

47 Richtiger Auffassung nach ist bei Namensaktien auch der Tag des **Umschreibungsstopps**[94] im Aktienregister anzugeben[95]. Die Gegenauffassung[96] vermag nicht zu überzeugen. Zeitpunkt für die Legitimation durch Eintragung im Aktienregister ist nicht der Zeitpunkt der Anmeldung bzw. der Anmeldeschlusstag, sondern der Tag der Hauptversammlung. Der Anmeldeschlusstag ist kein Record Date für Namensaktien[97], dem Record Date vergleichbar ist vielmehr der Umschreibungsstopp[98] – auf diesen Tag wird der Aktionärsbestand „eingefroren". Vor diesem Hintergrund ist es für die Zwecke der Legitimation gegenüber der Gesellschaft schon erheblich, ob das Aktienregister bis zur Hauptversammlung oder nur bis zu einem davor liegenden Umschreibungsstopp fortgeschrieben wird. Veräußert ein Aktionär seine Aktien vor dem Umschreibungsstopp, ist er nicht mehr legitimiert, während er bei Veräußerung nach diesem Zeitpunkt gegenüber der Gesellschaft noch legitimiert ist, wenn auch materiell (im Verhältnis zum Erwerber) nicht mehr berechtigt ist. Vergleichbares gilt

---

89 LG München I v. 8.4.1999 – 5 HKO 17311/98, ZIP 1999, 1213 mit überzeugender Begründung; *Werner* in Großkomm. AktG, 4. Aufl., § 121 AktG Rz. 58; a.A. OLG Frankfurt v. 19.2.1991 – 5 U 5/86, AG 1991, 208; OLG München v. 12.11.1999 – 23 U 3319/99, AG 2000, 134.
90 OLG Stuttgart v. 3.12.2008 – 20 W 12/08, AG 2009, 204.
91 *Kubis* in MünchKomm. AktG, 2. Aufl. § 121 AktG Rz. 41.
92 So für den nicht vorhandenen Umschreibungsstopp OLG Köln v. 11.2.2009 – 18 W 11/09, AG 2009, 448; LG Köln v. 5.12.2008 – 82 O 91/08, AG 2009, 449.
93 Art. 5 Abs. 3 lit. c) der Aktionärsrechterichtlinie.
94 Zum Umschreibungsstopp näher § 123 Rz. 24 f.
95 Wie hier OLG Köln v. 11.2.2009 – 18 W 11/09, AG 2009, 448; LG Köln v. 5.12.2008 – 82 O 91/08, AG 2009, 449; *Grobecker*, NZG 2010, 165, 166; *Linnerz*, EWiR § 121 AktG 2/09, 257; oben *Bezzenberger*, § 67 Rz. 24. Offen gelassen von BGH v. 21.9.2009 – II ZR 174/08, BGHZ 182, 272 = AG 2009, 827; *Marsch-Barner* in FS Hüffer, 2010, S. 627, 638.
96 *Hüffer*, § 121 AktG Rz. 10; *Baums* in FS Hüffer, 2010, S. 15, 30 ff.; *v. Nussbaum*, NZG 2009, 456; *Quass*, AG 2009, 432, 436 ff.; *Seibert/Florstedt*, ZIP 2008, 2145, 2147 Fn. 21; Florstedt, ZIP 2010, 761, 764.
97 *Baums* in FS Hüffer, 2010, S. 15, 16 ff. A.A. OLG Stuttgart v. 3.12.2008 – 20 W 12/08, AG 2009, 204; *v. Nussbaum*, NZG 2009, 456.
98 KG v. 26.5.2008 – 23 U 88/07, AG 2009, 118; *Wicke*, Einführung in das Recht der Hauptversammlung, das Recht der Sacheinlagen und das Freigabeverfahren nach dem ARUG, S. 11.

auch für Hinzuerwerbe von Aktien durch einen angemeldeten Aktionär – in Hinblick auf nach dem Umschreibungsstopp erworbene Aktien fehlt es an der Legitimation[99]. Gerade bei dieser Fallgruppe manifestiert sich ein schützenswertes Interesse der Aktionäre an zutreffender Information.

Die Pflicht zur Angabe des Umschreibungsstopps in der Einberufung ergibt sich auch aus der **Aktionärsrechterichtlinie**. Zwar brauchen die Mitgliedstaaten nach deren Art. 7 Abs. 2 UAbs. 2 in Bezug auf Namensaktien einen Nachweisstichtag nicht einzuführen (dazu näher § 123 Rz. 25), wenn es aber einen Nachweisstichtag gibt, ist dieser in der Einberufung anzugeben, Art. 5 Abs. 3 lit. c). Ob hiermit nur gesetzlich vorgeschriebene oder auch gesetzlich zugelassene Nachweisstichtage gemeint sind, ist offen. Eine Auslegung der Richtlinie unter dem Aspekt des effet utile ergibt aber, dass sie auch die Angabe des Umschreibungsstopps als Nachweisstichtag für Namensaktien verlangt[100]. 48

Zusätzlich kann (nicht: muss) **bei vinkulierten Namensaktien** darauf hingewiesen werden, dass die Überprüfung des Vorliegens der satzungsmäßigen Umschreibungsvoraussetzungen zu Verzögerungen bei der Eintragung im Aktienregister führen kann, und daher die frühzeitige Stellung von Umschreibungsanträgen empfohlen wird[101]. 49

**cc) Folgen fehlerhafter Angaben.** Seit Inkrafttreten des ARUG führt die fehlerhafte oder fehlende Angabe der Bedingungen für die Teilnahme und die Ausübung des Stimmrechts nicht mehr zur **Nichtigkeit** der Beschlüsse, sondern nur noch zu deren **Anfechtbarkeit**, § 241 Nr. 1. Daher ist die frühere Kontroverse um die von der Rechtsprechung vertretene Auffassung[102], wonach kleinere Mängel nur zur Anfechtbarkeit[103], nicht aber zur Nichtigkeit führen sollen[104], nunmehr obsolet. 50

## c) Nicht börsennotierte Gesellschaften

Machen nicht börsennotierte Gesellschaften in der Einberufung (freiwillig) Angaben zu den Teilnahmebedingungen und den Voraussetzungen für die Ausübung des Stimmrechts, müssen die Satzungs- bzw. Gesetzesregelungen inhaltlich zutreffend und vollständig wiedergegeben werden[105], das gilt auch dann, wenn eine Satzungsbestimmung de facto nicht angewendet werden kann, z.B. Hinterlegung beim Notar, wenn keine effektiven Stücke ausgegeben sind[106] oder wenn die Satzungsregelung auf Namensaktien abgestimmt ist, für diese aber kein Aktienregister geführt wird[107]. Verstöße gegen das Vollständigkeits- und Richtigkeitsgebot führen zur Anfechtbarkeit der Beschlüsse. 51

Die **Satzung** nicht börsennotierter Gesellschaften kann vorschreiben, dass in der Einberufung die Voraussetzungen für Teilnahme und Stimmrechtsausübung angegeben 52

---

99 *Baums* in FS Hüffer, 2010, S. 15, 27.
100 *Wicke*, Einführung in das Recht der Hauptversammlung, das Recht der Sacheinlagen und das Freigabeverfahren nach dem ARUG, S. 11 f.
101 BGH v. 21.9.2009 – II ZR 174/08, BGHZ 182, 272 = AG 2009, 824; *Goette*, GWR 2009, 459.
102 LG Essen v. 16.12.1994 – 47 O 238/94, AG 1995, 191; OLG München v. 12.11.1999 – 23 U 3319/99, AG 2000, 134.
103 Noch weiter *Kubis* in MünchKomm. AktG, 2. Aufl., § 121 AktG Rz. 45: Bei Bagatellverstößen sind Beschlüsse uneingeschränkt wirksam.
104 Dazu 1. Aufl. Rz. 38.
105 LG München I v. 8.4.1999 – 5 HKO 17311/98, ZIP 1999, 1213 mit überzeugender Begründung; *Werner* in Großkomm. AktG, 4. Aufl., § 121 AktG Rz. 58; a.A. OLG Frankfurt v. 19.2.1991 – 5 U 5/86, AG 1991, 208; OLG München v. 12.11.1999 – 23 U 3319/99, AG 2000, 134.
106 A.A. *Kubis* in MünchKomm. AktG, 2. Aufl., § 121 AktG Rz. 41.
107 OLG Frankfurt v. 17.6.2008 – 5 U 27/07 (juris).

werden müssen. Eine derartige Regelung verstößt nicht gegen das in § 23 Abs. 5 verankerte Gebot der Satzungsstrenge und ist in Hinblick auf das Informationsbedürfnis der Aktionäre empfehlenswert.

53 Enthält die Satzung Regelungen, wonach die näheren Einzelheiten der Voraussetzungen der Teilnahme bzw. Stimmrechtsausübung in der Einladung bekannt gemacht werden, und enthält sie auch Regelungen in Hinblick auf die **Modalitäten der Vollmachtserteilung**, so müssen hierzu in der Einberufung Angaben gemacht werden. Die Modalitäten der Vollmachtserteilung gehören zu den Teilnahme- und Stimmrechtsausübungsbedingungen[108], da diese nicht nur die persönliche Teilnahme des Aktionärs an der Hauptversammlung, sondern auch die Wahrnehmung der Aktionärsrechte durch Bevollmächtigte umfassen.

54 Mit systematischen Überlegungen lässt sich die Gegenauffassung[109] nicht begründen: Der vielfach erwähnte Hinweis auf § 125 Abs. 1 Satz 4[110] geht fehl. Diese Regelung wurde im Zuge des KonTraG eingeführt, um den Aktionären vor Augen zu führen, dass es kein Vertretungsmonopol der Depotbanken gibt und sie auch andere Organisationen bevollmächtigen können[111]. Diese ordnungspolitisch motivierte Regelung (Abschaffung der auf dem Depotstimmrecht beruhenden Stimmrechtsmacht der Banken) kann daher nicht als Beleg dafür herangezogen werden, dass die Modalitäten der Bevollmächtigung nicht zu den Teilnahmebedingungen gehören. Auch aus dem Umstand, dass bis zum Inkrafttreten des ARUG die Stimmrechtsvollmacht ausschließlich in § 134 erwähnt wurde und dass die Bevollmächtigung nunmehr in § 121 Abs. 3 Satz 3 Nr. 2 gesondert angesprochen wird, kann nichts anderes hergeleitet werden. Die richtige Sichtweise wird auch durch Art. 5 Abs. 3 lit. b) der Aktionärsrechterichtlinie bestätigt: Die Bestellung von Vertretern ist ein Element („dazu gehören") des von den Aktionären einzuhaltenden Verfahrens, um an der Hauptversammlung teilnehmen und das Stimmrecht ausüben zu können. Sind die Ausführungen zur Bevollmächtigung fehlerhaft, ist der Beschluss anfechtbar. Bis zum Inkrafttreten des ARUG war der Beschluss nichtig, § 241 Nr. 1 a.F.

### 7. Bevollmächtigung und Briefwahl (§ 121 Abs. 3 Satz 3 Nr. 2)

#### a) Bevollmächtigung

55 Börsennotierte Gesellschaften müssen in der Einberufung die bei der Bevollmächtigung zu beachtenden Formalitäten angeben. Dazu gehört insbesondere die Angabe, dass **Vollmachten in Textform** erteilt werden müssen. Abweichende Regelungen in der Satzung und entsprechende Ermächtigungen des Einberufenden sind, auch soweit sie in Übereinstimmung mit § 134 Abs. 3 Satz 3 letzter Halbsatz Erleichterungen vorsehen, unwirksam[112] (Rz. 58).

---

108 OLG Frankfurt v. 15.7.2008 – 5 W 15/08, AG 2008, 745; OLG Frankfurt v. 19.6.2009 – 5 W 6/09, NZG 2009, 1183; OLG Frankfurt v. 24.6.2009 – 23 U 90/07, AG 2009, 542; LG Frankfurt v. 26.8.2008 – 3-5 O 339/07, AG 2008, 751; LG Frankfurt v. 28.10.2008 – 3-5 O 113/08, ZIP 2009, 1622; *Kubis* in MünchKomm. AktG, 2. Aufl., § 121 AktG Rz. 40 f.; *Werner* in Großkomm. AktG, 4. Aufl., § 121 AktG Rz. 59.
109 OLG Düsseldorf v. 19.12.2008 – I-17 W 63/08, AG 2009, 535; OLG München v. 3.9.2008 – 7 W 1432/08, AG 2008, 746; OLG München v. 12.11.2008 – 7 W 1775/08, AG 2009, 589; LG München v. 10.12.2009 – 5 HKO 13261/08, AG 2010, 173; LG München v. 30.7.2009 – 5 HKO 16915/08, AG 2010, 47; LG Berlin v. 11.3.2009 – 100 O 17/07, BB 2009, 1265; LG Hamburg v. 27.11.2008 – 420 O 72/08 (juris); *Hüffer*, § 121 AktG Rz. 10; *Ihrig/Wagner* in FS Spiegelberger, 2009, S. 722, 731 f.; *Wienecke/Pauly*, NZG 2008, 794, 795.
110 *Wilsing/Ogorek*, DB 2008, 2245, 2246; *Göhmann/von Oppen*, BB 2009, 513, 515; *Winter/Liewald*, EWiR § 121 AktG 1/09, 163.
111 BT-Drucks. 13/9712, S. 17 f.
112 *Herrler/Reymann*, DNotZ 2009, 815, 822; *Götze*, NZG 2010, 93.

**§ 121**

Auch bei der **Bevollmächtigung von Kreditinstituten** und anderen in § 135 genannten Personen und Institutionen gilt das Textformerfordernis. Man kann ohnehin daran zweifeln, ob dadurch, dass im Zuge des NaStraG in § 135 das Wort „schriftlich" gestrichen wurde, derartige Vollmachten formfrei gestellt werden konnten. Dies ergibt sich nämlich nur aus der Gesetzesbegründung[113], nicht aber aus dem Wortlaut und der Systematik[114]. Aber selbst wenn man mit der h.M. davon ausgeht, dass vor Inkrafttreten des ARUG Vollmachten an die in § 135 Genannten formfrei erteilt werden konnten und nur nachprüfbar festgehalten werden mussten, ist diese Regelung seit Ablauf der Umsetzungsfrist der Aktionärsrechterichtlinie richtlinienwidrig geworden[115] und daher unanwendbar. Daher gibt es nach neuem Recht keine abweichenden Modalitäten für die Bevollmächtigung von Kreditinstituten und die anderen in § 135 Genannten, die in der Einberufungsbekanntmachung darzustellen wären[116]. Höchst vorsorglich sollte man bis zur höchstrichterlichen Klärung in der Einberufung darauf hinweisen, dass § 135 unberührt bleibt. 56

Es ist fraglich, ob die Gesellschaft vorschreiben kann, dass für die Bevollmächtigung spezielle **Formulare** verwendet werden[117]. Dies legt der Gesetzeswortlaut („zu verwenden sind") nahe. Die Aktionärsrechterichtlinie ist in diesem Punkt nicht ganz eindeutig[118]. Die besseren Gründe, insbesondere die Zielsetzung der Richtlinie sprechen dafür, dass die Benutzung bestimmter Formulare nicht vorgeschrieben werden kann[119]. Die Stimmrechtsausübung soll erleichtert und nicht durch formale Vorgaben erschwert werden. Daher muss die Gesellschaft die zur Erteilung (und Widerruf) von Vollmachten erforderlichen Formulare bereitstellen und darauf in der Einberufung hinweisen, sie kann jedoch nicht die Benutzung bestimmter Formulare verbindlich vorschreiben und auf abweichenden Formularen erteilte Vollmachten zurückweisen[120]. 57

Da Vollmachten nach Art. 11 Abs. 2 der Aktionärsrechterichtlinie zwingend schriftlich[121] (d.h. mindestens in Textform) zu erteilen und der Gesellschaft zu übermitteln sind, ist die **Bereitstellung eines Bildschirmformulars für den sog. Internet-Dialog** nicht ausreichend[122], da diese Form elektronischer Kommunikation die an die Textform gestellten Anforderungen regelmäßig nicht erfüllt. Das gilt auch, wenn diese Kommunikationsform in der Satzung der Gesellschaft festgelegt ist. Die in § 134 Abs. 3 Satz 3 letzter Halbsatz für börsennotierte Gesellschaften vorgesehene Mög- 58

---

113 BT-Drucks. 14/4051, S. 51.
114 Zur Kritik an der Regelung beispielsweise OLG Düsseldorf v. 19.12.2008 – I-17 W 63/08, AG 2009, 535; LG München v. 30.12.2008 – 5 HKO 11661/08, AG 2009, 296.
115 So auch *Wicke*, Einführung in das Recht der Hauptversammlung, das Recht der Sacheinlagen und das Freigabeverfahren nach dem ARUG, S. 32.
116 A.A. *Grobecker*, NZG 2010, 165, 167.
117 Begr. RegE BT-Drucks. 16/11642, S. 49.
118 Art. 5 Abs. 3 lit. b) ii) legt nahe, dass die Gesellschaft vorgeben kann, bestimmte Formulare zu benutzen. Andererseits dürfen nach Art. 11 Abs. 2 Satz 2 Bevollmächtigung etc. jenseits des Schriftlichkeitserfordernisses nur solchen formalen Anforderungen unterworfen werden, die zur Identifikation von Aktionär und Bevollmächtigtem erforderlich und angemessen sind.
119 So auch *Götze*, NZG 2010, 93, 94 f.
120 So auch *Götze*, NZG 2010, 93, 94 f.
121 „... in jedem Fall schriftlich erfolgen müssen", englisch: „only in writing", französisch: „par ecrit". Die Richtlinie verzichtet darauf „schriftlich" zu definieren. Der diesbezügliche Änderungsvorschlag im Bericht des Rechtsausschusses des Europäischen Parlaments vom 2.2.2007 zum Kommissionsvorschlag 2005/0265 (COD) wurde nicht angenommen.
122 *Ellenberger* in Palandt, 70. Aufl. 2010, § 126b BGB Rz. 3; *Handelsrechtsausschuss des DAV*, NZG 2008, 534, 538. A.A. *Drinhausen/Keinath*, BB 2009, 64, 68; *Seibert/Florstedt*, ZIP 2008, 2145, 2146; wohl auch *Götze*, NZG 2010, 93, 94; vgl. auch § 134 Rz. 42.

lichkeit, in der Satzung (direkt oder im Wege einer Ermächtigung des Einberufenden) vom Textformerfordernis abzusehen[123], ist **richtlinienwidrig**[124], mit der Folge, dass diese gesetzliche Regelung nicht anwendbar ist, ohne dass es dazu einer förmlichen Verwerfung durch das BVerfG bedarf[125]. Die Öffnungsklausel in Art. 3 der Richtlinie berechtigt nicht, vom europäischen Schriftlichkeitserfordernis abzugehen, da die Aktionärsrechterichtlinie insoweit zwingende Mindeststandards vorsieht. Das wurde wohl auch noch im Referentenentwurf[126] gesehen, ist dann aber im weiteren Verlauf nicht mehr berücksichtigt worden.

59 Außerdem muss angegeben werden, auf welchem Weg der Gesellschaft der Nachweis über die Bevollmächtigung **elektronisch übermittelt** werden kann. Ausreichend aber auch erforderlich[127] ist die Angabe einer **E-Mail-Adresse**, an die die in Textform abgefasste Bevollmächtigung übermittelt werden kann. Die Übermittlung des Vollmachtsnachweises per E-Mail tritt neben andere zulässige Übermittlungsmöglichkeiten (z.B. per Postdienst oder Telefax oder Vorlage in der Hauptversammlung). Es ist daher nicht gestattet, den elektronischen Weg als einzige Möglichkeit für die Übermittlung des Bevollmächtigungsnachweises zu bestimmen[128].

60 Vom Gesetz nicht angesprochen ist die Frage, ob die Gesellschaft in der Einberufung auch **weitere Adressen**, an die der Nachweis der Bevollmächtigung übermittelt werden kann (postalische Anschrift, Postfach oder Telefax-Nummer), angeben muss und ob eine solche Angabe dazu führt, dass anderweitig adressierte Nachweise als nicht zugegangen gelten. Eine diesbezügliche Pflicht ist abzulehnen. Werden für die Übermittlung der Vollmachtsnachweise (freiwillig) Adressen angegeben, werden die Zugangsmöglichkeiten hierauf konzentriert (Rechtsgedanke der §§ 123 Abs. 2 Satz 2, 123 Abs. 3 Satz 3 und 126 Abs. 1 Satz 1), vgl. dazu auch § 134 Rz. 44.

61 Enthält die Satzung einer börsennotierten AG entsprechend der Rechtslage vor Inkrafttreten des ARUG noch die Bestimmung, dass Vollmachten der Schriftform bedürfen, so ist diese **Satzungsbestimmung unanwendbar**, da sie gegen zwingendes Recht verstößt[129] und es keine Übergangsregelung, wie etwa bei der Fristberechnung, gibt. In Hinblick auf die Form der Vollmachtserteilung ist allein die gesetzliche Regelung darzustellen[130]. Es bedarf auch nicht des Hinweises, dass die Satzungsbestimmung durch die gesetzliche Regelung verdrängt wird[131]. Die Unwirksamkeit einer Satzungsbestimmung aufgrund einer Gesetzesänderung unterscheidet sich grundlegend von den Fällen einer praktisch nicht durchführbaren Satzungsregelung[132] und einer von Anfang an gesetzwidrigen Satzungsbestimmung[133].

---

123 Nach dem Referentenentwurf war die Textform zwingend, vgl. *Wicke*, Einführung in das Recht der Hauptversammlung, das Recht der Sacheinlagen und das Freigabeverfahren nach dem ARUG, S. 353 f.
124 So zutreffend *Wicke* in FS Kanzleiter, 2010, S. 415, 427 f.; a.A. unten *Spindler*, § 134 Rz. 45.
125 Rz. 3 ff.
126 Abgedruckt bei *Wicke*, Einführung in das Recht der Hauptversammlung, das Recht der Sacheinlagen und das Freigabeverfahren nach dem ARUG, S. 355.
127 A.A. *von Nussbaum*, GWR 2009, 215.
128 A.A. *von Nussbaum*, GWR 2009, 215.
129 *Herrler/Reymann*, DNotZ 2009, 815, 822.
130 Etwas anderes ergibt sich auch nicht aus der Entscheidung des OLG Frankfurt v. 7.7.2009 – 5 U 152/08, NZG 2010, 185. So aber *Weber/Findeisen*, BB 2010, 711, 715 f.; *Drinhausen/Keinath*, BB 2010, 3, 5.
131 So aber *Grobecker*, NZG 2010, 165.
132 Dazu OLG Frankfurt v. 17.6.2008 – 5 U 27/07 (juris).
133 Dazu OLG Frankfurt v. 7.7.2009 – 5 U 152/08, NZG 2010, 185.

## b) Briefwahl

Enthält die Satzung eine Bestimmung, wonach die sog. Briefwahl zulässig ist oder der Vorstand ermächtigt ist, Briefwahl zuzulassen, müssen in der Einberufung **nähere Angaben zu dem Verfahren** gemacht werden. Dazu gehören insbesondere Informationen über die zu verwendenden Formulare, die Legitimation bzw. Identifikation sowie den Beginn und das Ende der Briefwahlperiode[134]. Entsprechendes gilt, wenn die Stimmabgabe im Wege der elektronischen Kommunikation zugelassen wird.

## 8. Angaben zu den Aktionärsrechten (§ 121 Abs. 3 Satz 3 Nr. 3)

Börsennotierte Gesellschaften müssen in der Einberufung die Angaben zu den Rechten der Aktionäre gem. § 122 Abs. 2 (Ergänzungsanträge), § 126 Abs. 1 (Gegenanträge), § 127 (Wahlvorschläge von Aktionären) und § 131 Abs. 1 (Auskunftsrecht) machen. Anzugeben sind in der Einberufung mindestens die **konkret berechneten Fristen** (also z.B. das Datum des letzten Tages, an dem ein Ergänzungsantrag gem. § 122 Abs. 2 zugehen muss) und die Adresse, bei der der Antrag eingehen muss. Darüber hinaus sind die einschlägigen Rechtsvorschriften zu nennen und der Regelungsgehalt der Vorschriften ist allgemeinverständlich darzustellen[135].

Auf die Erläuterung der Aktionärsrechte kann in der Einberufung verzichtet werden, wenn diese einen Hinweis darauf enthält, dass **ausführlichere Informationen** über diese Rechte auf der **Internetseite** der Gesellschaft abrufbar sind. Da § 243 Abs. 3 Nr. 2 insoweit keinen Anfechtungsausschluss für den Fall technischer Störungen vorsieht, sollte die Einberufung neben den stets erforderlichen Daten und Adressen auch eine Kurzwiedergabe der betreffenden Aktionärsrechte enthalten[136], um die Anfechtungsrisiken zu minimieren.

Die von der Gesellschaft geforderte Darstellung der Aktionärsrechte birgt in der Praxis **zahlreiche Stolpersteine**. Wie soll die Gesellschaft verfahren, wenn die betreffenden Bestimmungen unklar sind oder ihr Regelungsgehalt umstritten ist, wie etwa bei § 122? Wie soll sie mit fehlerhaften Verweisungen (etwa in § 127) umgehen? Die Begründung des Regierungsentwurfs ist wenig ergiebig. Dort heißt es nur, dass die Bestimmung keine rechtsberatenden Ausführungen erfordere[137]. Aus der Gegenäußerung der Bundesregierung zur Anregung des Bundesrats, auch Ausführungen zu den das Auskunftsrecht konkretisierenden weiteren Absätze des § 131 zu verlangen, lässt sich schließen, dass eine detaillierte Erläuterung der Aktionärsrechte nicht erforderlich ist. Ausreichend sei zum Beispiel der Hinweis, dass es ein Auskunftsrecht gebe, das von in der Hauptversammlung anwesenden Aktionären ausgeübt werden könne[138].

Zur **Erläuterung der Aktionärsrechte** ist es ausreichend, holzschnittartig den Inhalt der Vorschrift anzugeben und sodann den Gesetzeswortlaut einschließlich des Wortlauts der Normen, auf die verwiesen wird und deren Beachtung für die Ausübung des Rechts wesentlich ist, zu zitieren[139].

---

134 *Noack*, WM 2009, 2289, 2290.
135 BT-Drucks. 16/11642, S. 28.
136 Ähnlich *Grobecker*, NZG 2010, 165, 167.
137 BT-Drucks. 16/11642, S. 28.
138 BT-Drsuck. 16/11642, S. 58; *Wicke*, Einführung in das Recht der Hauptversammlung, das Recht der Sacheinlagen und das Freigabeverfahren nach dem ARUG, S. 13.
139 *Ch. Horn*, ZIP 2008, 1558.

### 9. Hinweis auf Internetpublizität (§ 121 Abs. 3 Satz 3 Nr. 4)

67 In der Einberufung ist auch die Internetseite zu nennen, über die die in § 124a genannten Informationen abrufbar sind. Es ist fraglich, ob in dieser Angabe auch der ausdrückliche Hinweis, dass dort die in § 124a genannten Informationen abrufbar sind, aufgenommen werden muss[140]. Ausreichend dürfte vielmehr die Angabe sein, dass unter dieser Adresse weitergehende Informationen zur Hauptversammlung abrufbar sind.

### 10. Sonstige Angaben

68 Anzugeben ist auch, wenn die Hauptversammlung aufgrund einer entsprechenden Satzungsregelung oder aufgrund einer Anordnung durch den in der Satzung ermächtigten Vorstand im Internet übertragen wird (**Bild- und Tonübertragung** im Sinne von § 118 Abs. 4) oder wenn eine sog. **online-Teilnahme** (§ 118 Abs. 1 Satz 2) ermöglicht wird.

69 Neben den weiteren von § 124 geforderten Inhalten **muss die Einberufung den Einberufenden erkennen lassen**[141]. Wird die Hauptversammlung wie üblich von Vorstand oder Aufsichtsrat einberufen, so genügt die Angabe dieses Organs[142]. Wird sie von einer Minderheit gem. § 122 Abs. 3 oder von einem gemäß Satzung einberufungsberechtigten Dritten einberufen, sind die Einberufenden namentlich zu nennen und die weiteren Angaben zu machen, die eine Überprüfung der Einberufungsberechtigung ermöglichen[143]. Fehlen entsprechende Angaben, sind etwaig gefasste Beschlüsse nichtig[144].

## V. Modalitäten der Einberufung (§ 121 Abs. 4 und 4a)

### 1. Bekanntmachung in den Gesellschaftsblättern (§ 121 Abs. 4 Satz 1)

70 Die Einberufung der Hauptversammlung ist grundsätzlich in den Gesellschaftsblättern bekannt zu machen. Das bedeutet, dass sie im **Elektronischen Bundesanzeiger** (§ 25 Satz 1) sowie ggf. weiteren in der Satzung als Gesellschaftsblatt bestimmten Medien zu veröffentlichen ist[145]. Wird die Einladung in mehreren Gesellschaftsblättern veröffentlicht, gilt nach h.M. die Veröffentlichung erst mit Erscheinen des zeitlich letzten Gesellschaftsblatts erfolgt[146]. Die h.M., die den Rechtsgedanken des § 10 Abs. 2 HGB a.F. entsprechend anwendet[147], dürfte nach Neufassung dieser Vorschrift überholt sein. Zutreffend dürfte sein, allein auf die Veröffentlichung im Elektronischen Bundesanzeiger abzustellen.

---

140 So etwa die Bundesregierung in ihrer Gegenäußerung, BT-Drucks. 16/11642, S. 58.
141 *Kubis* in MünchKomm. AktG, 2. Aufl., § 121 AktG Rz. 43; *Werner* in Großkomm. AktG, 4. Aufl., § 121 AktG Rz. 42.
142 *Kubis* in MünchKomm. AktG, 2. Aufl., § 121 AktG Rz. 43; *Werner* in Großkomm. AktG, 4. Aufl., § 121 AktG Rz. 43.
143 *Kubis* in MünchKomm. AktG, 2. Aufl., § 121 AktG Rz. 43; *Werner* in Großkomm. AktG, 4. Aufl., § 121 AktG Rz. 43.
144 *Kubis* in MünchKomm. AktG, 2. Aufl., § 121 AktG Rz. 43; *K. Schmidt* in Großkomm. AktG, 4. Aufl., § 241 AktG Rz. 47; a.A. *Werner* in Großkomm. AktG, 4. Aufl., § 121 AktG Rz. 43 und 85; *Zöllner* in KölnKomm. AktG, 1. Aufl., § 121 AktG Rz. 30.
145 *Kubis* in MünchKomm. AktG, 2. Aufl., § 121 AktG Rz. 30; *Werner* in Großkomm. AktG, 4. Aufl., § 121 AktG Rz. 63.
146 *Kubis* in MünchKomm. AktG, 2. Aufl., § 121 AktG Rz. 30; *Hüffer*, § 121 AktG Rz. 11; § 25 AktG Rz. 5a; *Zöllner* in KölnKomm. AktG, 1. Aufl., § 121 AktG Rz. 31; *Than* in FS Peltzer, 2001, S. 577, 580.
147 *Pentz* in MünchKomm. AktG, 3. Aufl., § 25 AktG Rz. 12; a.A. *Hüffer*, § 25 AktG Rz. 5a.

Von der Veröffentlichung in den Gesellschaftsblättern zu unterscheiden ist die Veröffentlichung der Einberufung in den **Börsenpflichtblättern** (bis zum 31.12.2010, § 46 Abs. 4 WpHG); hierbei handelt es sich um eine Zulassungsfolgepflicht, deren Erfüllung oder Nichterfüllung aktienrechtlich ohne Relevanz ist[148], vgl. § 30g WpHG. 71

Die Anforderungen an die Bekanntmachung können durch **Satzungsbestimmung** nicht verringert werden[149]. Möglich – aber nicht empfehlenswert – ist die satzungsmäßige Einführung zusätzlicher Anforderungen, etwa Veröffentlichung in weiteren Medien oder Benachrichtigung der Aktionäre per E-Mail[150], wobei für letzteres bei börsennotierten Gesellschaften neben einem Beschluss der Hauptversammlung die Einwilligung der Aktionäre erforderlich ist, § 30b Abs. 3 WpHG. 72

### 2. Einberufung mittels eingeschriebenen Briefs (§ 121 Abs. 4 Satz 2 und 3)

#### a) Voraussetzungen

Die Möglichkeit der Einberufung mittels eingeschriebenen Briefs oder anderer in der Satzung bestimmter Kommunikationsmittel besteht statt der stets zulässigen Veröffentlichung in den Gesellschaftsblättern[151] **nur** dann, **wenn die Aktionäre der Gesellschaft namentlich bekannt sind**[152]. 73

Hat die Gesellschaft nur **Namensaktien** ausgegeben und sind diese verbrieft, ist diese Voraussetzung grundsätzlich erfüllt: Die Namen der Aktionäre ergeben sich aus dem Aktienregister[153]; etwas anderes gilt aber dann, wenn das Aktienregister einen sog. freien Meldebestand aufweist, d.h. wenn der Altaktionär ausgetragen, sein Rechtsnachfolger aber (noch) nicht im Aktienregister eingetragen ist. 74

Es ist fraglich, ob der Gesellschaft außer dem Namen des Aktionärs auch dessen **aktuelle Adresse** bekannt sein muss. Angesichts dessen, dass die Zustellung der Einberufung möglich sein muss, ist diese Frage zu bejahen[154]. Damit ergibt sich aber das Problem, dass die der Gesellschaft bekannte Anschrift zwischenzeitlich unrichtig geworden sein kann. Da Aktionäre von Gesetzes wegen nicht verpflichtet sind, Adress- oder Namensänderungen mitzuteilen[155], geht ein Nichtzugang der Einberufung infolge einer der Gesellschaft nicht bekannten Adressänderung zu Lasten der Gesellschaft[156]. Es empfiehlt sich daher die Aufnahme einer Satzungsbestimmung, die die Zusendung der Einberufung an die der Gesellschaft letzte bekannte Adresse für ausreichend erklärt und den Aktionär verpflichtet, der Gesellschaft Änderungen der in das Aktienregister einzutragenden Daten unverzüglich mitzuteilen[157]. 75

---

148 *Kubis* in MünchKomm. AktG, 2. Aufl., § 121 AktG Rz. 30; *Werner* in Großkomm. AktG, 4. Aufl., § 121 AktG Rz. 51; *v. Falkenhausen*, BB 1966, 337, 338.
149 *Kubis* in MünchKomm. AktG, 2. Aufl., § 121 AktG Rz. 31; *Werner* in Großkomm. AktG, 4. Aufl., § 121 AktG Rz. 64; *Zöllner* in KölnKomm. AktG, 1. Aufl., § 121 AktG Rz. 32; *Behrends*, NZG 2000, 578, 580.
150 *Kubis* in MünchKomm. AktG, 2. Aufl., § 121 AktG Rz. 31; *Werner* in Großkomm. AktG, 4. Aufl., § 121 AktG Rz. 64.
151 *Hüffer*, § 121 AktG Rz. 11f.
152 *Kubis* in MünchKomm. AktG, 2. Aufl., § 121 AktG Rz. 47.
153 *Kubis* in MünchKomm. AktG, 2. Aufl., § 121 AktG Rz. 47; *Hüffer*, § 121 AktG Rz. 11c; *Lutter*, AG 1994, 429, 437 f.
154 *Kubis* in MünchKomm. AktG, 2. Aufl., § 121 AktG Rz. 47; *Than* in FS Peltzer, 2001, S. 577, 580.
155 *Hüffer*, § 67 Rz. 7 unter Verweis auf Begr. RegE BT-Drucks. 14/4051, S. 11.
156 *Hoffmann-Becking*, ZIP 1995, 1, 6; *Blanke*, BB 1994, 1505, 1508; a.A. *Lutter*, AG 1994, 429, 438; *Butzke* in Obermüller/Werner/Winden, Die Hauptversammlung der Aktiengesellschaft, Rz. B 53.
157 *Butzke* in Obermüller/Werner/Winden, Die Hauptversammlung der Aktiengesellschaft, Rz. B 54 Fn. 71.

76  **Bei Inhaberaktien und unverkörperten, nicht vinkulierten Namensaktien** hat der Vorstand regelmäßig keine zuverlässige Kenntnis über die Person der Aktionäre, da Aktienübertragungen der Gesellschaft nicht anzuzeigen sind. In Aktionärsvereinbarungen geregelte Informationspflichten bezüglich Übertragungen von Aktien und Adressänderungen helfen regelmäßig nicht weiter, da diese nur schuldrechtlicher Natur sind und die AG an ihnen regelmäßig nicht beteiligt ist[158]. Teilweise wird vorgeschlagen, entsprechende Anzeigepflichten in der Satzung festzuschreiben[159]. Angesichts dessen, dass das Gesetz für den Fall, dass die Gesellschaft Informationen über die Person ihrer Aktionäre wünscht, die (vinkulierte und) verkörperte Namensaktie zur Verfügung stellt, dürfte eine solche Satzungsregelung wegen Verstoßes gegen § 23 Abs. 5 unzulässig sein[160].

### b) Alternative Formen der Einberufung

77  Liegen die Voraussetzungen vor, kann die Gesellschaft die Hauptversammlung statt durch Bekanntmachung in den Gesellschaftsblättern auch durch eingeschrieben Brief einberufen. Die Satzung kann stattdessen auch vorsehen, **andere Mitteilungsinstrumente**, etwa E-Mail oder Telefax, zu nutzen[161]. Nicht zu empfehlen sind Instrumente, bei denen der Nachweis der Absendung schwierig ist, etwa normaler Brief, da der Tag der Absendung als Tag der Bekanntmachung gilt. Die Frage, ob die ausschließliche Publikation der Einberufung auf der Homepage der AG oder über einen elektronischen Informationsdienst nach geltendem Recht eine zulässige Satzungsregelung ist, ist zu verneinen.

78  § 121 Abs. 4 Satz 2 Halbsatz 2 stellt klar, dass als Tag der Bekanntmachung im Sinne des § 121 Abs. 4 Satz 1 der Tag der **Absendung** des eingeschriebenen Briefs (oder des satzungsmäßigen Surrogats) gilt und es diesbezüglich nicht auf einen Zugang beim Aktionär ankommt. Ein **Zugang** (und damit eine Kenntnisnahme) muss jedoch möglich sein – daher ist auf eine korrekte und zutreffende Adressierung zu achten.

79  § 121 Abs. 4 Satz 3 stellt in sprachlich wenig gelungener[162] und zwischenzeitlich überholter Form klar, dass auch im Fall der Einberufung mittels eingeschriebenen Briefs etc. die **§§ 125 bis 127** gelten. Da nach Inkrafttreten des ARUG sämtliche Fristen der §§ 125 ff. vom Tag der Hauptversammlung zurückgerechnet werden und keine einzige Frist mehr vom Tag der Einberufung aus berechnet wird, ist diese Regelung schlicht überflüssig. Der Inhalt der nach § 125 Abs. 1 bis 3 zu versendenden Mitteilungen wird bei Einberufung mittels eingeschriebenen Briefs etc. nicht modifiziert[163]; wäre dies der Fall, blieben als Inhalt dieser Mitteilung nur die Zusatzangaben nach § 125 Abs. 1 Satz 2 und 3 übrig. Davon zu unterscheiden ist die zu bejahende Frage, ob durch Versand der inhaltlich den Anforderungen des § 125 entsprechenden Einberufung mittels eingeschriebenen Briefs die Pflicht des § 125 Abs. 2 erfüllt wird.

---

158 *Hoffmann-Becking*, ZIP 1995, 1, 6; *Hüffer*, § 121 AktG Rz. 11d und 11e; a.A. *Reichert* in Semler/Volhard, Arbeitshandbuch Hauptversammlung, § 4 Rz. 119; *Lutter*, AG 1994, 429, 438.
159 Zum Meinungsstand: *Ek*, Praxisleitfaden für die Hauptversammlung, 2. Aufl. 2010, Rz. 117 ff.
160 So wohl auch *Hoffmann-Becking*, ZIP 1995, 1, 6.
161 *Hüffer*, § 121 AktG Rz. 11f; *Habersack*, ZHR 165 (2001), 172, 178.
162 Zu Recht kritisch auch: *Kubis* in MünchKomm. AktG, 2. Aufl., § 121 AktG Rz. 52.
163 So aber wohl *Hüffer*, § 121 AktG Rz. 11i; *Kubis* in MünchKomm. AktG, 2. Aufl., § 121 AktG Rz. 52.

## 3. Europaweite Verbreitung (§ 121 Abs. 4a)

Börsennotierte Gesellschaften müssen die Einberufung an Medien mit europaweiter Verbreitung zuleiten. Hierunter sind sog. **Push-Dienste** zu verstehen. Der elektronische Bundesanzeiger scheidet daher aus[164]. In Betracht kommen Medien, bei denen vernünftigerweise davon ausgegangen werden kann, dass sie die Informationen tatsächlich an die Öffentlichkeit in der gesamten Gemeinschaft weiterleiten. Es handelt sich bei diesen Medien um das sog. **Medienbündel**, das auch zur Verbreitung von Ad hoc Mitteilungen und anderen Kapitalmarktinformationen nach WpHG[165] benutzt wird. 80

Die Zuleitung der Einberufung an das Medienbündel muss spätestens zum Zeitpunkt der Bekanntmachung erfolgen. Verstöße gegen § 121 Abs. 4a führen nicht zur Anfechtbarkeit der Beschlüsse[166], § 243 Abs. 3 Nr. 2. 81

Die **Pflicht zur Zuleitung an das Medienbündel besteht nicht**, wenn die Gesellschaft ausschließlich Namensaktien ausgegeben hat und sie die Einberufung den Aktionären unmittelbar gem. § 121 Abs. 4 Satz 2 übersendet. Beide Voraussetzungen müssen kumulativ erfüllt sein[167]. Es ist fraglich, ob diese Ausnahmebestimmung die Ausnahmeregelung in § 5 Abs. 2 UAbs. 2 der Aktionärsrechterichtlinie korrekt umsetzt. Dieser setzt nämlich neben der Ermittelbarkeit der Namen und Anschriften der Aktionäre anhand eines aktuellen Aktienregisters (vgl. aber Rz. 74) voraus, dass die Gesellschaft gesetzlich verpflichtet ist, jedem Aktionär die Einberufung zu übersenden. Eine Pflicht zur Übersendung der Einberufung an die Aktionäre besteht in Deutschland nicht. Die Versendung nach § 121 Abs. 4 Satz 2 ist freiwillig. Die Pflicht aus § 125 Abs. 2 Satz 1 2. Alt. zur Übermittlung der Mitteilungen an die Aktionäre, die 14 Tage vor der Hauptversammlung im Aktienregister eingetragen sind, kann wegen des späten Versendungstermins nicht als Pflicht zur Übersendung der Einberufung im Sinne der Richtlinie, die spätestens am 21. Tag vor der Hauptversammlung erfolgen muss (§ 5 Abs. 1 der Aktionärsrechterichtlinie), angesehen werden. Daher konnte Deutschland von der Opt out Möglichkeit der Richtlinie keinen Gebrauch machen mit der Folge, dass § 121 Abs. 4a insoweit **richtlinienwidrig** und nicht anwendbar ist. 82

## VI. Ort der Hauptversammlung (§ 121 Abs. 5)

### 1. Gesetzliche Regelung

Vorbehaltlich erweiternder Regelungen in der Satzung findet die Hauptversammlung am **Sitz der Gesellschaft** statt. Die Vorschrift ist als „Soll-Vorschrift" gefasst. Gleichwohl sind Abweichungen nur in eng begründeten Ausnahmefällen (z.B. generelles Fehlen eines geeigneten Versammlungslokals[168]) zulässig[169]. Da die Gesellschaft bei der Terminierung ihrer Hauptversammlung (abgesehen von §§ 175 Abs. 1 Satz 2, 120 83

---

164 *Bosse*, NZG 2009, 807, 810. A.A. *Hüffer*, § 121 AktG Rz. 11j; *Noack*, NZG 2008, 441; *Drinhausen/Keinath*, BB 2009, 64; *Sauter*, ZIP 2008, 1706; *Paschos/Goslar*, AG 2009, 14, 16. Davon zu unterscheiden ist der vom Betreiber des elektronischen Bundesanzeigers angebotene Service, unter Einschaltung weiterer Dienstleister für eine europaweite Verbreitung zu sorgen.
165 Vgl. dazu § 3a WpAIV.
166 A.A. *Hüffer*, § 121 AktG Rz. 11j.
167 A.A. *Hüffer*, § 121 AktG Rz. 11j.
168 OLG Dresden v. 13.6.2001 – 13 U 2639/00, AG 2001, 489.
169 *Kubis* in MünchKomm. AktG, 2. Aufl., § 121 AktG Rz. 56; *Hüffer*, § 121 AktG Rz. 12; *Werner* in Großkomm. AktG, 4. Aufl., § 121 AktG Rz. 52; *Zöllner* in KölnKomm. AktG, 1. Aufl., § 121 AktG Rz. 35. Weiter BGH v. 28.1.1985 – II ZR 79/84, GmbHR 1985, 256; OLG Celle v. 21.5.1997 – 9 U 204/96 GmbHR 1997, 748 (für GmbH).

Abs. 1 Satz 1) frei ist, erscheint eine Abweichungsbefugnis in anderen Fällen nicht angebracht, zumal durch entsprechende Satzungsregelungen zum Versammlungsort Vorsorge getroffen werden kann. Im Übrigen ist auf § 16 Abs. 3 WpÜG hinzuweisen, wonach die gesetzlichen und satzungsmäßigen Regeln über den Ort der Hauptversammlung bei einer sog. Abwehr-Hauptversammlung nicht anwendbar sind[170].

84 Sitz der Gesellschaft ist der im Zeitpunkt der Einberufung im Handelsregister eingetragene Sitz, der das Gebiet der gesamten politischen Gemeinde umfasst. Zwischen Einberufung und Tag der Hauptversammlung wirksam gewordene **Sitzverlegungen** sind ohne Relevanz[171].

85 Sind die Aktien der Gesellschaft **zum regulierten Markt an einer deutschen Börse zugelassen**, kann die Hauptversammlung auch am Sitz dieser Börse stattfinden, sofern dies nicht in der Satzung ausgeschlossen wurde, § 121 Abs. 5 Satz 2. Diese Vorschrift findet keine analoge Anwendung, wenn die Aktien in den Freiverkehr einbezogen sind[172].

### 2. Regelungen in der Satzung

86 Die Satzung kann **in bestimmter oder bestimmbarer Weise** weitere Orte als Versammlungsorte festlegen. Dies kann durch Benennung konkreter politischer Gemeinden (A-Stadt, B-Dorf) oder durch Umschreibung (Sitz einer deutschen Wertpapierbörse, Stadt in Entfernung von x km vom Sitz, Stadt mit mehr als y Einwohnern) erfolgen[173]. Die Bestimmung muss so konkret gefasst sein, dass sie nicht darauf hinausläuft, dass der Einberufende den Ort nach freiem Ermessen bestimmen kann[174]. Unzulässig ist auch eine Bestimmung, wonach die Hauptversammlung jeweils den Ort der nächsten Hauptversammlung festlegt[175].

### 3. Hauptversammlung im Ausland

87 Während jeder in der Bundesrepublik Deutschland gelegene Ort (= politische Gemeinde) in der Satzung als Versammlungsort bestimmt werden kann, ist in Hinblick auf die Bestimmung ausländischer Gemeinden zu differenzieren[176]. **Maßgebliche Kriterien** sind die mögliche faktische Beeinträchtigung des Teilnahmerechts und die Möglichkeiten einer etwaig erforderlichen notariellen Beurkundung der Hauptversammlung[177].

88 Erachtet man eine **Beurkundung der Hauptversammlung** durch einen ausländischen Notar für unzulässig[178], kann eine Hauptversammlung nur dann im Ausland statt-

---

170 Dazu *Hüffer*, § 121 AktG Rz. 16a; *Uwe H. Schneider* in Assmann/Pötzsch/Uwe H. Schneider, § 16 WpÜG Rz. 68 f.
171 *Kubis* in MünchKomm. AktG, 2. Aufl., § 121 AktG Rz. 56.
172 *Kubis* in MünchKomm. AktG, 2. Aufl., § 121 AktG Rz. 57; *Werner* in Großkomm. AktG, 4. Aufl., § 121 AktG Rz. 52; *Zöllner* in KölnKomm. AktG, 1. Aufl., § 121 AktG Rz. 33.
173 *Kubis* in MünchKomm. AktG, 2. Aufl., § 121 AktG Rz. 58; *Hüffer*, § 121 AktG Rz. 13.
174 *Kubis* in MünchKomm. AktG, 2. Aufl., § 121 AktG Rz. 58; *Werner* in Großkomm. AktG, 4. Aufl., § 121 AktG Rz. 50.
175 *Kubis* in MünchKomm. AktG, 2. Aufl., § 121 AktG Rz. 58; BGH v. 8.11.1993 – II ZR 26/93, AG 1994, 177, 179.
176 A.A. die überwiegende Meinung, die im Sinne eines aut-aut die Satzungsbestimmung über den ausländischen Versammlungsort für uneingeschränkt zulässig, so etwa *Hüffer*, § 121 AktG Rz. 15, oder unzulässig hält, so etwa *Zöllner* in KölnKomm. AktG, 1. Aufl., § 121 AktG Rz. 34.
177 Ähnlich *Butzke* in Obermüller/Werner/Winden, Die Hauptversammlung der Aktiengesellschaft, Rz. B 14.
178 So: OLG Hamburg v. 7.5.1993 – 2 Wx 55/91, OLGZ 1994, 42, 43 f.; *Werner* in Großkomm. AktG, 4. Aufl., § 121 AktG Rz. 48 ff; *Zöllner* in KölnKomm. AktG, 1. Aufl., § 121 AktG Rz. 34.

finden, wenn die Gesellschaft nicht börsennotiert ist und nur Beschlüsse gefasst werden sollen, die von Gesetzes wegen weder einer fakultativen noch einer zwingenden ¾-Mehrheit bedürfen, vgl. § 130 Abs. 1 Satz 3. Hält man hingegen wie hier (§ 130 Rz. 44) die Auslandsbeurkundung grundsätzlich für zulässig[179], so kann unter diesem Aspekt jeder Ort im Ausland gewählt werden, an dem eine gleichwertige Beurkundung möglich ist[180]. Da aber viele Registergerichte gegenüber von ausländischen Notaren aufgenommenen notariellen Niederschriften immer noch zurückhaltend sind, sollten Hauptversammlungen mit eintragungspflichtigen Beschlüssen vorsorglich im Inland abgehalten werden[181].

Damit das Teilnahmerecht durch **Erschwerung bzw. Verlängerung der Anreise** zum Hauptversammlungsort nicht faktisch beeinträchtigt wird, sollten mögliche Orte im Ausland ausgehend vom Sitz der Gesellschaft (als gesetzlicher Regelort der Hauptversammlung) genauso leicht oder schwer erreichbar sein, wie ein beliebiger Ort im Inland[182]. Bei Gesellschaften mit geschlossenem (insbesondere ausländischem) Aktionärskreis kann alternativ als Maßstab auf eine für alle Aktionäre leichtere (oder mindestens gleichgute) Erreichbarkeit des ausländischen Versammlungsorts verglichen mit einem inländischen Versammlungsort abgestellt werden. 89

Wird ein nach dem Vorstehenden **unzulässiger Versammlungsort in der Satzung** festgelegt, ist der satzungsändernde Beschluss anfechtbar[183]. Wird der Beschluss nicht angefochten, muss der Registerrichter die Satzungsänderung eintragen[184]. Wird die Hauptversammlung an einem in der Satzung genannten ausländischen Ort abgehalten und wurde nach dem Vorstehenden das Teilnahmerecht der Aktionäre erschwert, sind die auf dieser Hauptversammlung gefassten Beschlüsse anfechtbar[185]. 90

## VII. Vollversammlung (§ 121 Abs. 6)

§ 121 Abs. 6 ermöglicht ein sanktionsloses Abweichen von den §§ 121 bis 128 für den Fall, dass eine sog. Vollversammlung vorliegt und sämtliche Aktionäre mit einer Beschlussfassung einverstanden sind. Diese Regelung ist insbesondere für Gesellschaften mit geschlossenem Aktionärskreis hilfreich. 91

### 1. Voraussetzungen

Es muss eine **Vollversammlung** vorliegen, d.h. es müssen alle Aktionäre, unabhängig davon, ob sie zur Ausübung des Stimmrechts berechtigt sind oder nicht, erschienen oder durch Bevollmächtigte vertreten sein[186]. Anders gewendet: Die Präsenz des gesamten Grundkapitals ist erforderlich. Nach Auffassung des BGH kann eine Vollversammlung auch vorliegen, wenn das Teilnahmerecht einzelner Aktionäre gem. §§ 20, 21, § 28 WpHG oder § 59 WpÜG ruht[187]. Dem ist zu widersprechen. Der Wort- 92

---

179 *Kubis* in MünchKomm. AktG, 2. Aufl., § 121 AktG Rz. 60; *Bungert*, AG 1995, 26, 27 ff.
180 Weiter OLG Düsseldorf v. 25.1.1989 – 3 Wx 21/89, GmbHR 1990, 169: Beachtung der Ortsform ist ausreichend (für GmbH), mehr als zweifelhaft.
181 So auch: *Kubis* in MünchKomm. AktG, 2. Aufl., § 121 AktG Rz. 60; *Hüffer*, § 121 AktG Rz. 16.
182 *Kubis* in MünchKomm. AktG, 2. Aufl., § 121 AktG Rz. 59.
183 *Kubis* in MünchKomm. AktG, 2. Aufl., § 121 AktG Rz. 61; *Bungert*, AG 1995, 26, 33.
184 *Bungert*, AG 1995, 26, 33; BayObLG v. 24.10.1958 – 2z 173/58, NJW 1959, 485, 486; a.A. OLG Hamburg v. 7.5.1993 – 2 Wx 55/91, AG 1993, 384.
185 *Kubis* in MünchKomm. AktG, 2. Aufl., § 121 AktG Rz. 61; BGH v. 8.11.1993 – II ZR 26/93, AG 1994, 177.
186 *Kubis* in MünchKomm. AktG, 2. Aufl., § 121 AktG Rz. 64; *Hüffer*, § 121 AktG Rz. 20.
187 BGH v. 20.4.2009 – II ZR 148/07, AG 2009, 534.

laut der Norm spricht von „allen" Aktionären und nicht nur von denjenigen, deren Teilnahmerecht nicht ruht. Zu berücksichtigen ist auch, dass die Regelung nur die vormalige Rechtsprechung kodifizieren wollte und ersichtlich von einer Präsenz von 100 % des Grundkapitals ausgeht[188].

93 Des Weiteren darf kein Aktionär (oder Aktionärsvertreter) der Beschlussfassung widersprochen haben. Der **Widerspruch** ist bis zur Feststellung des betreffenden Beschlusses durch den Versammlungsleiters möglich[189], das gilt auch dann, wenn zu Beginn der Hauptversammlung auf die Ausübung des Widerspruchs verzichtet wurde; der Aktionär muss die Möglichkeit haben, eine Beschlussfassung zu verhindern, wenn sich erst im Verlauf der Diskussion die Tragweite derselben erschließt, und einer sorgfältigen Vorbereitung, die bei Beachtung der Einberufungsformalitäten möglich gewesen wäre, bedurft hätte. Unter Umständen kann jedoch ein solcher später Widerspruch rechtsmissbräuchlich sein.

### 2. Rechtsfolgen

94 Liegen die Voraussetzungen vor, ist die vollständige oder teilweise **Nichtbeachtung der §§ 121 bis 128** sowie anderer aktienrechtlicher Bekanntmachungspflichten (etwa §§ 183 Abs. 1 Satz 2, 186 Abs. 4 Satz 1 und 203 Abs. 2 Satz 2)[190] **unbeachtlich**: Beschlüsse, die in dieser Hauptversammlung gefasst wurden, sind wegen Verletzung dieser Vorschriften weder nichtig noch anfechtbar[191].

95 **Nicht von den Wirkungen des § 121 Abs. 6 erfasst** sind andere im Vorfeld einer Hauptversammlung zu erfüllende Formalitäten, etwa die Erstattung, Auslage, Versendung sowie ggf. Bekanntmachung von Berichten, Verträgen oder Gutachten etc., die von anderen Vorschriften (z.B. § 63 UmwG, §§ 293f, 320 Abs. 4, 327c AktG) angeordnet werden; Verstöße gegen diese Regelungen bedürfen eines gesonderten Verzichts nach Maßgabe der jeweils einschlägigen Regeln[192].

## VIII. Rücknahme und Änderung der Einberufung

### 1. Änderung der Einberufung

96 Änderungen der Einberufung sind grundsätzlich wie eine **erneute Einberufung** der Hauptversammlung zu behandeln[193]. Eine **Ausnahme** gilt nur für die Verlegung des Versammlungslokals innerhalb eines Versammlungsortes (etwa aus Kapazitätsgründen, wenn sich mehr Aktionäre zur Hauptversammlung anmelden als vernünftigerweise zu erwarten waren, oder aus Sicherheitsgründen), wenn hierauf so frühzeitig und so deutlich wie möglich (auch noch am Versammlungstag) hingewiesen wurde[194]. Eine Verpflichtung der Gesellschaft für den Transfer von Aktionären vom ursprünglichen zum neuen Versammlungslokal zu sorgen, besteht nicht[195].

---

188 Begr. FraktionsE BT-Drucks. 12/6721, S. 9.
189 *Kubis* in MünchKomm. AktG, 2. Aufl., § 121 AktG Rz. 65.
190 *Hüffer*, § 121 AktG Rz. 23.
191 *Kubis* in MünchKomm. AktG, 2. Aufl., § 121 AktG Rz. 65; *Hüffer*, § 121 AktG Rz. 22, 23.
192 Differenzierend: *Kubis* in MünchKomm. AktG, 2. Aufl., § 121 AktG Rz. 67; *Hoffmann-Becking*, ZIP 1995, 1, 7; a.A. *Hüffer*, § 121 AktG Rz. 23.
193 *Kubis* in MünchKomm. AktG, 2. Aufl., § 121 AktG Rz. 71; *Hüffer*, § 121 AktG Rz. 18; *Werner* in Großkomm. AktG, 4. Aufl., § 121 AktG Rz. 71; *Zöllner* in KölnKomm. AktG, 1. Aufl., § 121 AktG Rz. 42.
194 *Butzke* in Obermüller/Werner/Winden, Die Hauptversammlung der Aktiengesellschaft, Rz. B 100; *Zöllner* in KölnKomm. AktG, 1. Aufl., § 121 AktG Rz. 37, 41.
195 So aber *Willamowski* in Spindler/Stilz, § 121 AktG Rz. 11.

## 2. Rücknahme der Einberufung

**Bis zum Beginn der Hauptversammlung** ist derjenige, der die Hauptversammlung zulässigerweise einberufen hat, zur Rücknahme der Einberufung berechtigt[196]. Dieses Recht erlischt mit förmlicher Eröffnung der Hauptversammlung. Danach ist nur noch eine Vertagung möglich, über die die Hauptversammlung mit einfacher Mehrheit beschließt[197]. 97

Für die Rücknahme der Einberufung ist eine bestimmte **Form** nicht vorgeschrieben[198]. Die Beachtung der Form des § 121 Abs. 4 Satz 1 oder 2 ist weder erforderlich noch ausreichend[199]. Vielmehr muss der in Anbetracht des Zeitpunkts der Rücknahme und der Aktionärsstruktur effektivste Weg der Information der Aktionäre gewählt werden[200]. 98

**Terminverlegung.** Wird die Hauptversammlung auf einen anderen Termin verlegt, sind sowohl die Formalien der Rücknahme der Einberufung als auch der Änderung der Einberufung zu beachten[201]. Ein geringfügig verspäteter Beginn (bis zu 30 Minuten) ist keine Terminverlegung. Im Einzelfall, so etwa bei Verkehrsbehinderungen, kann auch eine größere Verzögerung statthaft sein, wenn sie dazu dient, möglichst vielen Aktionären zu ermöglichen, an der Hauptversammlung ab deren Beginn teilzunehmen. 99

**Streichung von Tagesordnungspunkten.** So wie der Einberufende die Einberufung vor Eröffnung der Hauptversammlung vollständig zurücknehmen kann (Rz. 97), kann auch derjenige, der einen Punkt auf die Tagesordnung gesetzt hat (Vorstand und Aufsichtsrat bzw. Aktionärsminderheit gem. § 122 Abs. 2), diesen **vor Beginn der Hauptversammlung** von der Tagesordnung absetzen (lassen), arg. a majore ad minus. Da sich die Aktionäre auf die Behandlung des abgesetzten Tagesordnungspunktes vorbereitet haben, bedarf die Absetzung eines sachlichen Grundes. Sie ist beispielsweise zulässig, wenn sich das für den Beschluss maßgebliche Umfeld geändert hat, der Beschluss nicht mehr durchführbar erscheint oder maßgebliche Aktionäre ihre zuvor signalisierte Unterstützung des Verwaltungsvorschlags zurückziehen und dieser voraussichtlich nicht die erforderliche Mehrheit findet. Zur Publizität reichen eine Veröffentlichung im elektronischen Bundesanzeiger und ein entsprechender Hinweis auf der Internetseite der Gesellschaft. Von der Streichung im Vorfeld ist das Absetzen oder Vertagen von Tagesordnungspunkten in der Hauptversammlung zu unterscheiden. Dazu § 129 Rz. 47. 100

## IX. Berechnung von Fristen und Terminen (§ 121 Abs. 7)

### 1. Überblick

§ 121 Abs. 7 enthält seit Inkrafttreten des ARUG die für die Berechnung von Fristen in Zusammenhang mit der Hauptversammlung maßgebliche Regelung. Zuvor war die Fristberechnung in § 123 Abs. 4 a.F. verortet. Die alte Regelung, die erst durch das 101

---

196 RG v. 20.1.1941 – II 96/40, RGZ 166, 129, 133; *Kubis* in MünchKomm. AktG, 2. Aufl., § 121 AktG Rz. 69.
197 *Kubis* in MünchKomm. AktG, 2. Aufl., § 121 AktG Rz. 69.
198 *Hüffer*, § 121 AktG Rz. 18; *Werner* in Großkomm. AktG, 4. Aufl., § 121 AktG Rz. 70; *Kubis* in MünchKomm. AktG, 2. Aufl., § 121 AktG Rz. 70.
199 A.A. wohl *Willamowski* in Spindler/Stilz, § 121 AktG Rz. 11.
200 *Hüffer*, § 121 AktG Rz. 18; *Werner* in Großkomm. AktG, 4. Aufl., § 121 AktG Rz. 70; *Kubis* in MünchKomm. AktG, 2. Aufl., § 121 AktG Rz. 70; *Zöllner* in KölnKomm. AktG, 1. Aufl., § 121 AktG Rz. 40.
201 *Kubis* in MünchKomm. AktG, 2. Aufl., § 121 AktG Rz. 71.

UMAG eingeführt worden war, entsprach mit geringen Abweichungen der Fristenberechnung gem. BGB[202]. Die Hauptabweichung bestand darin, dass für den Fall, dass das Fristende auf einen Feiertag, Sonnabend oder Sonntag fiel, stets eine Verschiebung auf den nächstgelegenen Werktag erfolgte, und nicht nur dann, wenn am errechneten Fristende eine Handlung vorzunehmen oder ein Erfolg zu bewirken war (vgl. § 193 BGB). Dieses „Versehen" des Gesetzgebers hatte in der Folge dazu geführt, dass einige Instanzgerichte auch den Nachweisstichtag um einen Tag vorverlegten[203].

102  Die Neuregelung **unterscheidet zwischen Fristen und Terminen**. Der Begriff des Termins ist im Gesetz nicht definiert. Die Begründung des RegE versteht darunter „juristische Sekunden, die auf den Beginn des errechneten Tages, also 0 Uhr fallen". Dieses neuen Terminus hätte es nicht bedurft, der in der Gesetzessprache häufiger verwendete Begriff des Stichtags hätte auch gereicht. In Hinblick darauf, dass nach neuem Recht keine § 193 BGB entsprechende Verschiebung mehr erfolgt, ist aber auch die Differenzierung zwischen Fristen und Stichtagen überflüssig.

**2. Berechnungsmethode**

103  Sämtliche **Fristen sind in (Kalender-)Tagen zu rechnen**. Soweit einzelne Bestimmungen des AktG (etwa § 123 Abs. 2 und 3) Satzungsautonomie in Hinblick auf die Bestimmung der Fristlänge gewähren, sind vom gesetzlichen Leitbild abweichende Fristen in (Kalender-)Tagen und nicht in Bankarbeits-, Börsenhandels- oder Werktagen zu bemessen. Für die Fristberechnung sind die §§ 187 bis 193 BGB kraft ausdrücklicher gesetzlicher Anordnung nicht maßgeblich. Soweit die Fristen im Gesetz auf Tage (= Kalendertage) umgestellt wurden, bedarf es des Rückgriffs auf die im BGB enthaltenen Vorgaben für die **Berechnung von Wochen- oder Monatsfristen** nicht. Der Gesetzgeber hat aber übersehen, dass in anderen Teilen des AktG von der Hauptversammlung rückwärts zu rechnende Fristen gleichwohl in Monaten angegeben sind, so etwa in § 142 Abs. 2 Satz 2, auf den § 122 Abs. 1 Satz 3 verweist. Hier wird man wohl § 121 Abs. 7 Satz 3 reduzierend auslegen müssen, mit der Folge, dass in diesem Fall § 188 Abs. 2 und 3 BGB Anwendung findet. Dazu auch § 122 Rz. 10.

104  Der Tag der Hauptversammlung wird (wie nach altem Recht) nicht mitgerechnet. Zum **Fristende** trifft § 121 Abs. 7 keine Aussage. In den Einzelnormen ist jeweils geregelt, dass der Tag, an dem ein Erfolg bewirkt oder eine Handlung vorgenommen werden muss, nicht mitzurechnen ist. Auch das entspricht der vormaligen Rechtslage.

**3. Behandlung von Sonn- und Feiertagen**

105  Abweichend von der bisherigen Rechtslage bestimmt nun § 121 Abs. 7 Satz 2, dass eine **Verlegung eines Fristendes**, das auf einen Sonntag, Sonnabend oder Feiertag fällt, auf einen zeitlich vorausgehenden oder nachfolgenden Werktag, nicht in Betracht kommt. Nicht geregelt ist, was zu gelten hat, wenn ein Fristende auf einen Montag fällt und gemäß entsprechender Anordnung in der Einzelnorm, die betreffende Handlung oder Erfolgsbewirkung am vorausgehenden Tag zu erfolgen hat. Dieses Redaktionsversehen wird man dahingehend korrigieren können und müssen, dass auch insoweit **keine Verschiebung des Handlungs- bzw. Ereignistages** stattfindet.

106  Insgesamt ist die **Neuregelung fragwürdig**[204]. Das in der Begründung des RegE angeführte Argument, ein Feiertags- und Freizeitschutz sei nicht mehr zeitgemäß und

---

202 Dazu 1. Aufl. § 123 Rz. 33 f.
203 Z.B. LG Frankfurt v. 2.10.2007 – 3-5 O 196/07, NZG 2008, 112.
204 Zu Recht kritisch: *Paschos/Goslar*, AG 2009, 14, 15.

ausländischen Aktionären seien Recherchen zu deutschen Feiertagen nicht zuzumuten[205], geht ins Leere: Die zur Wahrnehmung der Aktionärsrechte maßgeblichen Termine und Fristen müssen unter Angabe des Datums in der Einberufung genannt werden – einer „Feiertags-Recherche" bedarf es daher nicht. (Und wer die Bank-Holidays des angloamerikanischen und fernöstlichen Rechtsraums kennt, vermag ob dieser Begründung ohnehin nur schmunzeln.) Der Aktionärsschutz wird aber verkürzt: Da die Intermediäre, auf deren Mitwirkung der Aktionär etwa zur Bewerkstelligung von Anmeldung und Übermittlung des Bestandsnachweises angewiesen ist, an „Feier- und Freizeittagen" nicht tätig sind, muss der Aktionär die von ihm verlangten Aktionen bereits am vorhergehenden Arbeitstag tätigen. Mit „Feiertagsschutz" und „Sonntagsruhe", wie es maliziös in der Begründung des RegE heißt[206], hat dies wenig zu tun. Entsprechendes gilt auch für die Gesellschaft: Sie muss die Einberufung früher veröffentlichen, wenn der errechnete Einberufungstag ein nicht mehr „geschützter" Tag ist, an dem der elektronische Bundesanzeiger nicht erscheint.

### 4. Börsennotierte und nicht börsennotierte Gesellschaften

Die neue Regelung ist **für alle börsennotierten Gesellschaften zwingend**. Enthält die Satzung noch Regeln zur Fristberechnung, die auf der alten Rechtslage beruhen oder diese (wie etwa die früheren Sonn- und Feiertagsregeln) deklaratorisch wiedergeben und damit der nunmehr geltenden Gesetzeslage nicht entsprechen, sind diese Satzungsbestimmungen unwirksam[207]. 107

**Nicht börsennotierte Gesellschaften** können in ihrer Satzung abweichende Regelungen zur Fristberechnung, etwa entsprechend §§ 187 ff. BGB treffen. Das hat zur Folge, dass bei nicht börsennotierten Gesellschaften die vor Inkrafttreten des ARUG geltenden Satzungsbestimmungen zur Fristberechnung nach wie vor wirksam sind. Lücken können jedoch nicht mehr durch Anwendung der §§ 187 bis 193 BGB geschlossen werden, da deren Geltung in § 121 Abs. 7 ausdrücklich ausgeschlossen ist. Daher sind auch diese Altsatzungen zu überarbeiten. 108

Wenn nicht börsennotierte Gesellschaften von der Möglichkeit einer abweichenden Satzungsregelung Gebrauch machen, wird auch wieder die alte Streitfrage relevant, ob die Einberufung am letzten Tag der 30-Tage-Frist erfolgen kann oder am davor liegenden Werktag. Es spricht viel dafür, dass **volle 30 Tage zwischen dem Tag der Einberufung und dem Tag der Hauptversammlung** liegen müssen[208]. Das bedeutet, da der elektronische Bundesanzeiger erst am Nachmittag des Veröffentlichungstages erscheint, dass die Veröffentlichung nicht am 30. Tag, sondern spätestens am 31. Tag vor dem Tag der Hauptversammlung erfolgen muss. 109

### 5. Übergangsregelung

§ 20 Abs. 3 EGAktG enthält eine **Übergangsregelung**, wonach Anmelde- und Nachweisfristen der Satzung, die nicht in (Kalender-)Tagen ausgedrückt sind, für die Berechnung der Fristen für die erste ordentliche Hauptversammlung wirksam bleiben und § 123 Abs. 4 a.F. Anwendung findet. Die Übergangsvorschrift kann also nur dann 110

---

205 BT-Drucks. 16/11642, S. 29.
206 BT-Drucks. 16/11642, S. 29.
207 *Florstedt*, ZIP 2010, 761, 766.
208 Wie hier: OLG Frankfurt v. 19.11.2007 – 5 U 86/06, AG 2008, 325; *Butzke*, WM 2005, 1981, 1985; *Repgen*, ZGR 2005, 121, 129; *Schütz*, NZG 2005, 5, 8; a.A. OLG Frankfurt v. 17.3.2009 – 5 U 9/08, AG 2010, 130; LG München v. 30.12.2008 – 5 HKO 11661/08, AG 2009, 296; *Hüffer*, 8. Aufl., § 123 AktG Rz. 14; *Wilsing*, DB 2005, 35, 39; *Mimberg*, ZIP 2006, 649, 650 f.; *Mimberg*, AG 2005, 716, 718; *Gantenberg*, DB 2005, 207, 209; *Gerber*, MittBayNot 2005, 203, 205; *Ihrig/Wagner* in FS Spiegelberger, 2009, S. 722, 723 f.

Anwendung finden, wenn die Anmeldung und Nachweisübermittlung betreffenden Fristen in Werk- oder Bankarbeitstagen ausgedrückt sind. Der Anwendungsbereich der Übergangsregelung ist nicht schon dann eröffnet, wenn die Satzung nur eine Verschiebung des Fristendes im Sinne von § 123 Abs. 4 a.F. vorsieht[209]. Dazu auch § 123 Rz. 45.

## § 122
## Einberufung auf Verlangen einer Minderheit

(1) Die Hauptversammlung ist einzuberufen, wenn Aktionäre, deren Anteile zusammen den zwanzigsten Teil des Grundkapitals erreichen, die Einberufung schriftlich unter Angabe des Zwecks und der Gründe verlangen; das Verlangen ist an den Vorstand zu richten. Die Satzung kann das Recht, die Einberufung der Hauptversammlung zu verlangen, an eine andere Form und an den Besitz eines geringeren Anteils am Grundkapital knüpfen. § 142 Abs. 2 Satz 2 gilt entsprechend.

(2) In gleicher Weise können Aktionäre, deren Anteile zusammen den zwanzigsten Teil des Grundkapitals oder den anteiligen Betrag von 500 000 Euro erreichen, verlangen, dass Gegenstände auf die Tagesordnung gesetzt und bekanntgemacht werden. Jedem neuen Gegenstand muss eine Begründung oder eine Beschlussvorlage beiliegen. Das Verlangen im Sinne des Satzes 1 muss der Gesellschaft mindestens 24 Tage, bei börsennotierten Gesellschaften mindestens 30 Tage vor der Versammlung zugehen; der Tag des Zugangs ist nicht mitzurechnen.

(3) Wird dem Verlangen nicht entsprochen, so kann das Gericht die Aktionäre, die das Verlangen gestellt haben, ermächtigen, die Hauptversammlung einzuberufen oder den Gegenstand bekanntzumachen. Zugleich kann das Gericht den Vorsitzenden der Versammlung bestimmen. Auf die Ermächtigung muss bei der Einberufung oder Bekanntmachung hingewiesen werden. Gegen die Entscheidung ist die Beschwerde zulässig.

(4) Die Gesellschaft trägt die Kosten der Hauptversammlung und im Fall des Absatzes 3 auch die Gerichtskosten, wenn das Gericht dem Antrag stattgegeben hat.

| | |
|---|---|
| I. Überblick | 1 |
| II. Verlangen auf Einberufung einer Hauptversammlung (§ 122 Abs. 1) | 7 |
| 1. Berechtigte | 7 |
| a) Quorum | 7 |
| b) Vorbesitzzeit und Haltefrist | 9 |
| aa) Vorbesitzzeitraum | 9 |
| bb) Haltefrist | 12 |
| cc) Satzungsdispositivität | 13 |
| 2. Formelle und materielle Anforderungen an das Einberufungsverlangen | 14 |
| a) Form und Adressat des Einberufungsverlangens | 14 |
| b) Inhaltliche Anforderungen | 16 |
| aa) Zweck | 17 |
| bb) Gründe des Einberufungsverlangens | 20 |
| c) Beizufügende Nachweise | 22 |
| 3. Rechtsfolgen | 24 |
| III. Ergänzung der Tagesordnung (§ 122 Abs. 2) | 27 |
| 1. Berechtigte | 28 |
| 2. Formelle und materielle Anforderungen an Ergänzungsanträge | 32 |
| a) Formelle Anforderungen | 32 |
| aa) Form | 32 |
| bb) Zeitpunkt | 34 |
| b) Inhaltliche Anforderungen | 39 |
| 3. Rechtsfolgen | 44 |

---

[209] *Florstedt*, ZIP 2010, 761, 766 f. A.A. *Weber/Findeisen*, BB 2010, 711, 713.

IV. Ermächtigung durch das Gericht
(§ 122 Abs. 3) .............. 46
   1. Gerichtliches Verfahren ........ 46
   2. Inhalt der gerichtlichen Entscheidung 49
   3. Einberufung durch Aktionäre ...... 52
V. Kosten (§ 122 Abs. 4) ........... 55

Literatur: *Bezzenberger/Bezzenberger*, Aktionärskonsortien zur Wahrung von Minderheitenrechten, in FS K. Schmidt, 2009, S. 105; *Halberkamp/Gierke*, Das Recht der Aktionäre auf Einberufung einer Hauptversammlung, NZG 2004, 494; *König/Römer*, Gerichtliche Ermächtigung von Aktionären zur Einberufung der Hauptversammlung, DStR 2003, 219; *Krieger*, Aktionärsklagen zur Kontrolle des Vorstands- und Aufsichtsratshandelns, ZHR 163 (1999), 343; *Lehmann*, Die gesetzlichen Minderheitenrechte in Aktiengesellschaften, AG 1983, 113; *Mertens*, Das Minderheitsrecht nach § 122 Abs. 2 AktG und seine Grenzen, AG 1997, 481; *Wagner*, Rechtsschutz- und Kostenfragen des Minderheitenschutzes bei der AG und beim bürgerlich-rechtlichen Verein, ZZP 105 (1992), 294; *Zimmer*, Das Gesetz zur Kontrolle und Transparenz im Unternehmensbereich, NJW 1998, 3521.

## I. Überblick

§ 122 Abs. 1 und 2 gewähren Aktionärsminderheiten das Recht, die Einberufung einer Hauptversammlung bzw. die Ergänzung der Tagesordnung einer ohnehin stattfindenden Hauptversammlung zu verlangen. **Abs. 3** behandelt das Verfahren der Durchsetzung dieser Rechte, falls der Vorstand dem Minderheitsverlangen nicht nachkommt und **Abs. 4** stellt klar, dass die Kosten der Hauptversammlung und ggf. des gerichtlichen Verfahrens von der Gesellschaft zu tragen sind.   **1**

Die Norm **dient unterschiedlichen Aspekten des Minderheitenschutzes**: Zum einen soll den Aktionären die Möglichkeit gegeben werden, eine Hauptversammlung herbeizuführen, wenn die einberufungsberechtigten Organe ihren Einberufungspflichten nicht nachkommen, zum anderen erhält eine Aktionärsminderheit so die Möglichkeit, die Voraussetzungen der gerichtlichen Bestellung von Sonderprüfern (§ 142 Abs. 2) herbeizuführen[1].   **2**

Die **Reform der Vorschrift durch das KonTraG**[2] **und das UMAG**[3] kann nicht als besonders gelungen betrachtet werden. Die Verweisung in § 122 Abs. 1 Satz 3 auf § 142 Abs. 2 Satz 2 wirft mehr offene Fragen auf, als sie beantwortet, und die Beibehaltung des Quorums in § 122 Abs. 2 zerstört den vormaligen (beabsichtigten[4]) Quorengleichklang von Ergänzungsantrag, Sonderprüfung (§ 142) und Geltendmachung von Schadensersatzansprüchen (§ 148).   **3**

§ 122 ist **zwingend**[5]. Die Satzung kann aber die erforderlichen Quoren herabsetzen und ggf. weitere Erleichterungen der Wahrnehmung der Rechte z.B. bzgl. der Form des Minderheitsverlangens vorsehen[6]. Für § 122 Abs. 1 folgt das aus dessen Satz 2.   **4**

**§ 62 Abs. 2 UmwG** sieht ein vergleichbares Minderheitsrecht der Aktionäre im Fall der Konzernverschmelzung (§ 62 Abs. 1 UmwG) vor. § 122 Abs. 3 und 4 finden analoge Anwendung[7]. Für gesonderte Versammlungen bzw. gesonderte Beschlüsse gilt § 138 Satz 3.   **5**

---

1 *Kubis* in MünchKomm. AktG, 2. Aufl., § 122 AktG Rz. 1.
2 BGBl. I 1998, 786.
3 BGBl. I 2005, 2802.
4 *Hüffer*, § 122 AktG Rz. 9; *Werner* in Großkomm. AktG, 4. Aufl., § 122 AktG Rz. 43.
5 *Willamowski* in Spindler/Stilz, § 122 AktG Rz. 1.
6 *Hüffer*, § 122 AktG Rz. 8; *Kubis* in MünchKomm. AktG, 2. Aufl., § 122 AktG Rz. 69.
7 *Butzke* in Obermüller/Werner/Winden, Die Hauptversammlung der Aktiengesellschaft, Rz. B 131.

6 Art. 6 der Aktionärsrechterichtlinie[8] sieht nur Minderheitsrechte bezüglich der Ergänzung der Tagesordnung vor. Ein Minderheitsverlangen auf Einberufung einer Hauptversammlung ist nur dann vorgeschrieben, wenn das Recht, Ergänzungsanträge zu stellen, auf die ordentliche Hauptversammlung beschränkt ist.

## II. Verlangen auf Einberufung einer Hauptversammlung (§ 122 Abs. 1)

### 1. Berechtigte

#### a) Quorum

7 Die Einberufung einer Hauptversammlung können Aktionäre, die einzeln oder gemeinsam mindestens 5 % der Aktien halten, verlangen. **Berechnungsgrundlage** ist das im Zeitpunkt des Einberufungsverlangens im Handelsregister eingetragene und ggf. um ausgegebene Bezugsaktien erhöhte bzw. um zum Zwecke der Kapitalherabsetzung eingezogene Aktien verminderte[9] Grundkapital[10]; eigene Aktien sind nicht abzusetzen[11], da eine Verweisung auf § 16 Abs. 2 Satz 2 und 3 bzw. eine § 320 Abs. 1 Satz 2 entsprechende Regelung fehlt. Aktien, aus denen die Rechte kraft gesetzlicher Anordnung ruhen (z.B. §§ 20 Abs. 7, 21 Abs. 4, 71d i.V.m. 71b AktG, § 28 WpHG, § 59 WpÜG), können bei der Ermittlung des 5 %-Quorums (anders als stimmrechtslose Vorzugsaktien[12]) nicht berücksichtigt werden, da zu den ruhenden Rechten auch das Recht aus § 122 gehört[13].

8 Verlangen nach § 122 Abs. 1 und Abs. 2 können auch von maßgeblich Beteiligten oder **von Großaktionären** gestellt werden[14]; auch das Squeeze out-Verlangen nach § 327a ist ein Verlangen im Sinne dieser Norm.

#### b) Vorbesitzzeit und Haltefrist

9 **aa) Vorbesitzzeitraum.** Nach § 122 Abs. 1 Satz 3 gilt § 142 Abs. 2 Satz 2 entsprechend. Nach dieser Vorschrift müssen die Aktionäre beim Antrag auf gerichtliche Sonderprüfung nachweisen, dass sie 3 Monate vor dem Tag der Hauptversammlung, die einen Antrag auf Sonderprüfung abgelehnt hat, Inhaber der das Quorum vermittelnden Aktien waren und die Aktien bis zur gerichtlichen Entscheidung über den Antrag halten werden. **Bezugspunkt für die Berechnung des Vorbesitzzeitraums** aber kann im Rahmen des § 122 nur der Antrag auf Einberufung einer Hauptversammlung sein[15]. Da dieser eine empfangsbedürftige Willenserklärung ist, kommt es auf deren Zugang (§ 130 BGB) beim Vorstand an[16]. Auf die einzuberufende Hauptversammlung abzustellen, deren Termin noch gar nicht feststeht, ist nicht sachgerecht[17].

---

8 Richtlinie 2007/36/EG, ABl. EG Nr. L 184 v. 14.7.2007, S. 17.
9 *Reichert* in Semler/Volhard, Arbeitshandbuch Hauptversammlung, § 4 Rz. 32.
10 *Kubis* in MünchKomm. AktG, 2. Aufl., § 122 AktG Rz. 6; *Hüffer*, § 122 AktG Rz. 3.
11 *Kubis* in MünchKomm. AktG, 2. Aufl., § 122 AktG Rz. 6; *Hüffer*, § 122 AktG Rz. 3; *Zöllner* in KölnKomm. AktG, 1. Aufl., § 122 AktG Rz. 10; *Kühn*, BB 1965, 1170.
12 *Zöllner* in KölnKomm. AktG, 1. Aufl., § 122 AktG Rz. 11; *Kühn*, BB 1965, 1170.
13 *Werner* in Großkomm. AktG, 4. Aufl., § 122 AktG Rz. 5; zweifelnd: *Butzke* in Obermüller/Werner/Winden, Die Hauptversammlung der Aktiengesellschaft, Rz. B 103.
14 *Hüffer*, § 122 AktG Rz. 2; OLG Hamm v. 11.7.2002 – 15 W 269/02, DStR 2003, 219; *Halberkamp/Gierke*, NZG 2004, 494, 495 f.
15 *Kubis* in MünchKomm. AktG, 2. Aufl., § 122 AktG Rz. 7; *Halberkamp/Gierke*, NZG 2004, 494, 495.
16 *Kubis* in MünchKomm. AktG, 2. Aufl., § 122 AktG Rz. 7; *Halberkamp/Gierke*, NZG 2004, 494, 495.
17 So aber: OLG Düsseldorf v. 16.1.2004 – I-3 Wx 290/03, FGPrax 2004, 87, 88.

Die **Berechnung des Vorbesitzzeitraums** ist durch das ARUG verkompliziert worden. Nach § 121 Abs. 7, der für sämtliche von der Hauptversammlung rückwärts zu rechnende Fristen und damit auch im Rahmen des § 142 gilt[18], sind die §§ 187 bis 193 BGB nicht anwendbar. Damit fehlt eine Regelung, wie die in Monaten bemessene Frist des § 142 zu berechnen ist. Zur Korrektur dieses „Redaktionsversehens" wird man trotz § 121 Abs. 7 Satz 3 auf § 188 Abs. 2 BGB zurückgreifen können. Alternativ könnte man zwar auch erwägen, die 3-Monatsfrist in eine 90-Tage-Frist umzudeuten, dann stünde man aber vor dem Problem entscheiden zu müssen, ob der für den Besitz maßgebliche Tag der 90. Tag oder der 91. Tag vor dem Bezugstag ist, da eine §§ 123 Abs. 1 Satz 2, 123 Abs. 2 Satz 4, 123 Abs. 3 Satz 5, 125 Abs. 1 Satz 2 oder 126 Abs. 1 Satz 2 entsprechende Regelung fehlt und es sich beim Vorbesitzzeitraum unzweifelhaft nicht um einen Termin im Sinne des § 121 Abs. 7 handelt.

10

Die das Quorum vermittelnden Aktien müssen während des gesamten Vorbesitzzeitraums gehalten werden, der Besitz einer geringeren Anzahl von Aktien ist nicht ausreichend.

11

**bb) Haltefrist.** Weitere Voraussetzung ist, dass diese Aktien bis zur Entscheidung des Vorstands über die Einberufung der Hauptversammlung[19] bzw. im Falle des § 122 Abs. 3 bis zur (letzten[20]) gerichtlichen Entscheidung[21] gehalten werden. Rechtspolitisch wünschenswert wäre, die Kostenfolge des § 122 Abs. 4 nur dann greifen zu lassen, wenn die das Quorum vermittelnden Aktien bis zum Ende der verlangten Hauptversammlung gehalten werden.

12

**cc) Satzungsdispositivität.** Die Satzung kann das Quorum herabsetzen und u.U. sogar jedem Aktionär das Recht gem. § 122 Abs. 1 gewähren, § 122 Abs. 1 Satz 2. Ungeklärt, aber letztlich zu bejahen ist die Frage, ob die Satzung auch **Erleichterungen in Hinblick auf Vorbesitz- und Halteerfordernis** vorsehen kann, etwa kürzere Zeiträume oder einen vollständigen Verzicht[22].

13

## 2. Formelle und materielle Anforderungen an das Einberufungsverlangen

### a) Form und Adressat des Einberufungsverlangens

Die antragsberechtigen Aktionäre müssen das Verlangen **schriftlich** (§ 126 BGB) stellen; Telefax ist nicht ausreichend[23]. Die Satzung kann eine schwächere Form (z.B. Textform) vorsehen, um Übermittlung auch per Telefax oder E-Mail zu ermöglichen. Stellen mehrere Aktionäre gemeinsam das Verlangen, ist es ausreichend, wenn dies in mehreren aufeinander Bezug nehmenden Urkunden erfolgt, so dass eindeutig erkennbar ist, dass diese Aktionäre gemeinsam handeln wollen[24]. Stellvertretung ist

14

---

18 *Höreth/Linnerz*, GWR 2010, 155.
19 *Halberkamp/Gierke*, NZG 2004, 494, 495; a.A. *Hüffer*, § 122 AktG Rz. 3a; *Butzke* in Obermüller/Werner/Winden, Die Hauptversammlung der Aktiengesellschaft, Rz. B 195; *Reichert* in Semler/Volhard, Arbeitshandbuch Hauptversammlung, § 4 Rz. 35; *Zöllner* in KölnKomm. AktG, 1. Aufl., § 122 AktG Rz. 16 (bis Stellung des Antrages); *Kubis* in MünchKomm. AktG, 2. Aufl., § 122 AktG Rz. 7 (bis Zugang des Antrags); *Werner* in Großkomm. AktG, 4. Aufl., § 122 AktG Rz. 10 (bis zur Hauptversammlung).
20 *Bezzenberger/Bezzenberger* in FS K. Schmidt, 2009, S. 105, 110.
21 OLG Düsseldorf v. 16.1.2004 – I-3 Wx 290/03, AG 2004, 211.
22 Wohl a.A. *Kubis* in MünchKomm. AktG, 2. Aufl., § 122 AktG Rz. 69.
23 *Reger* in Bürgers/Körber, § 122 AktG Rz. 6. A.A. *Kubis* in MünchKomm. AktG, 2. Aufl., § 122 AktG Rz. 12.
24 *Kubis* in MünchKomm. AktG, 2. Aufl., § 122 AktG Rz. 12; a.A. *Hüffer*, § 122 AktG Rz. 4; *Zöllner* in KölnKomm. AktG, 1. Aufl., § 122 AktG Rz. 14; *Reger* in Bürgers/Körber, § 122 AktG Rz. 6; *Halberkamp/Gierke*, NZG 2004, 494, 496.

nach allgemeinen Regeln zulässig[25]; **Vollmacht**, obgleich grundsätzlich formfrei (§ 167 Abs. 2 BGB, beachte aber auch § 174 BGB), bedarf der Schriftform[26], da nur so der erforderliche Nachweis des Anteilsbesitzes gegenüber dem Vorstand geführt werden kann.

15 **Adressat des Verlangens** ist die AG vertreten durch den Vorstand[27]; § 122 Abs. 1 Satz 1 Halbsatz 2 ist insofern (aus historischen Gründen) ungenau gefasst. Der Zugang des Verlangens richtet sich nach den allgemeinen Regeln. Wenn kein Vorstandsmitglied amtiert (nicht aber schon bei bloßer Handlungsunfähigkeit des Vorstands[28], § 78 Abs. 2 Satz 2), ist die Bestellung eines Notvorstands (§ 85) erforderlich, um den Zugang des Verlangens zu ermöglichen[29].

**b) Inhaltliche Anforderungen**

16 Es muss sich um ein Verlangen handeln, d.h. die Aktionäre müssen unzweideutig und unbedingt zum Ausdruck bringen, dass sie die Einberufung einer Hauptversammlung wünschen[30]. Des Weiteren müssen aus dem Verlangen der Zweck und die Gründe des Einberufungsverlangens hervorgehen[31].

17 **aa) Zweck.** Der Zweck der einzuberufenden Hauptversammlung ergibt sich aus den mitzuteilenden Gegenständen, mit denen sich die Hauptversammlung befassen soll[32]. Gegenstand einer auf Verlangen einer Minderheit einberufenen Hauptversammlung können grundsätzlich nur solche Angelegenheiten sein, die in die Kompetenz der Hauptversammlung fallen[33]. **Zulässige Zwecke** sind: (1) Gegenstände, über die die Hauptversammlung kraft gesetzlicher Zuweisung Beschluss zu fassen hat, (2) Vorlage des festgestellten Jahres- oder Konzernabschlusses[34] sowie (3) Verlust des hälftigen Grundkapitals[35]. Das Minderheitsverlangen trägt jedoch – abgesehen von den vorgenannten Fällen – nicht die Einberufung einer Hauptversammlung zu Tagesordnungspunkten, die von Gesetzes wegen keine Beschlussfassung erfordern[36] oder zu deren Entscheidung die Hauptversammlung überhaupt nicht oder ohne eine Vorlage des Vorstands nach § 119 Abs. 2 nicht berufen wäre[37]. Zu der letztgenannten

---

25 *Kubis* in MünchKomm. AktG, 2. Aufl., § 122 AktG Rz. 12; *Hüffer*, § 122 AktG Rz. 3, 4; *Halberkamp/Gierke*, NZG 2004, 494, 496.
26 *Hüffer*, § 122 AktG Rz. 3; *Zöllner* in KölnKomm. AktG, 1. Aufl., § 122 AktG Rz. 1b; *Reichert* in Semler/Volhard, Arbeitshandbuch Hauptversammlung, § 4 Rz. 37; zweifelnd *Butzke* in Obermüller/Werner/Winden, Die Hauptversammlung der Aktiengesellschaft, Rz. B 104.
27 *Kühn*, BB 1965, 1170.
28 *Baumbach/Hueck*, § 122 AktG Anm. 5; a.A. *Hüffer*, § 122 AktG Rz. 5; *Kubis* in MünchKomm. AktG, 2. Aufl., § 122 AktG Rz. 11; *Zöllner* in KölnKomm. AktG, 1. Aufl., § 122 AktG Rz. 13; *Werner* in Großkomm. AktG, 4. Aufl., § 122 AktG Rz. 20.
29 OLG Celle v. 11.7.1963 – 9 Wx 1/63, NJW 1964, 112; *Hüffer*, § 122 AktG Rz. 5.
30 *Hüffer*, § 122 AktG Rz. 4; *Kubis* in MünchKomm. AktG, 2. Aufl., § 122 AktG Rz. 13.
31 *Hüffer*, § 122 AktG Rz. 4; *Kubis* in MünchKomm. AktG, 2. Aufl., § 122 AktG Rz. 13.
32 *Halberkamp/Gierke*, NZG 2004, 494, 496; *Mertens*, AG 1997, 487; *Zöllner* in KölnKomm. AktG, 1. Aufl., § 122 AktG Rz. 15.
33 *Halberkamp/Gierke*, NZG 2004, 494, 497; *Zöllner* in KölnKomm. AktG, 1. Aufl., § 122 AktG Rz. 3; *Kühn*, BB 1965, 1170, 1171; *Kubis* in MünchKomm. AktG, 2. Aufl., § 122 AktG Rz. 15.
34 *Zöllner* in KölnKomm. AktG, 1. Aufl., § 122 AktG Rz. 3; *Kubis* in MünchKomm. AktG, 2. Aufl., § 122 AktG Rz. 16.
35 *Ek*, Praxisleitfaden für die Hauptversammlung, 2. Aufl. 2010, § 5 Rz. 53; *Kubis* in MünchKomm. AktG, 2. Aufl., § 122 AktG Rz. 16.
36 *Kubis* in MünchKomm. AktG, 2. Aufl., § 122 AktG Rz. 16; *Zöllner* in KölnKomm. AktG, 1. Aufl., § 122 AktG Rz. 3; a.A. für Tagesordnungspunkte, die in Zusammenhang mit Beschluss-Tagesordnungspunkten stehen: *Reichert* in Semler/Volhard, Arbeitshandbuch Hauptversammlung, § 4 Rz. 41.
37 *Zöllner* in KölnKomm. AktG, 1. Aufl., § 122 AktG Rz. 3; *Kubis* in MünchKomm. AktG, 2. Aufl., § 122 AktG Rz. 15; *Halberkamp/Gierke*, NZG 2004, 495, 497.

Kategorie gehören nicht Beschlüsse, die nach der Holzmüller-Gelatine-Rechtsprechung[38] erforderlich sind[39], derartige Beschlüsse können ohne weiteres Gegenstand eines Verlangens gem. § 122 sein.

Aus dem Einberufungsverlangen müssen die **Tagesordnung** und die Beschlüsse, die auf Antrag der Minderheit gefasst werden sollen, hervorgehen[40]. Soweit mit der Einberufung gem. § 124 oder anderweitiger gesetzlicher Anordnung weitere Angaben veröffentlicht oder Unterlagen bereitgehalten werden müssen, sind auch diese (jedenfalls auf Anforderung durch den Vorstand) zur Verfügung zu stellen. Die h.M., die **Beschlussvorschläge** für entbehrlich hält[41], überzeugt nicht[42]. Zwar ist zuzugeben, dass dadurch die Befassung der Hauptversammlung mit Angelegenheiten, die der Minderheit am Herzen liegen, erleichtert wird. Andererseits werden aber die Teilnahme- und Informationsrechte der übrigen Aktionäre verkürzt. Auch bei einer auf Verlangen der Minderheit einberufenen Hauptversammlung müssen die übrigen Aktionäre in den Stand versetzt werden, sich wie bei jeder anderen Hauptversammlung vorzubereiten und ggf. Vollmachten und Weisungen zur Stimmrechtsausübung zu erteilen. 18

**Dem Einberufungsverlangen braucht nicht entsprochen zu werden**, wenn der angestrebte Beschluss gesetz- oder satzungswidrig, d.h. anfechtbar[43] oder nichtig[44] wäre. Die Beschlussvorschläge müssen auch hinreichend konkret sein und müssen beispielsweise den Anforderungen des § 148 oder § 142 genügen, wenn auf Antrag der Aktionärsminderheit über die Geltendmachung von Schadensersatzansprüchen oder die Durchführung einer Sonderprüfung Beschluss gefasst werden soll[45]. Abgelehnt werden kann das Minderheitsverlangen auch, wenn – bei unveränderter Sachlage – in der vorhergehenden Hauptversammlung ein gleichartiger Beschlussvorschlag nicht die erforderliche Mehrheit gefunden hat[46] oder wenn mit der Behandlung der gewünschten Tagesordnungspunkte bis zur nächsten ordentlichen Hauptversammlung ohne weiteres zugewartet werden kann[47], etwa weil diese alsbald[48] stattfindet. Ande- 19

---

38 BGH v. 25.2.1982 – II ZR 174/80, BGHZ 83, 122 = AG 1982, 158; BGH v. 26.4.2004 – II ZR 155/02, BGHZ 159, 30 = AG 2004, 384; BGH v. 26.4.2004 – II ZR 154/02, BGHZ 159, 30; BGH v. 26.4.2004 – II ZR 154/02, ZIP 2004, 1001; BGH v. 20.11.2006 – II ZR 226/05, AG 2007, 203 zu OLG Stuttgart v. 13.7.2005 – 20 U 1/05, AG 2005, 693.
39 LG Duisburg v. 29.5.2002 – 21 O 106/02, NZG 2002, 643, 644; LG Düsseldorf v. 14.12.1999 – 10 O 495/99 Q, AG 2000, 233; OLG Frankfurt am Main v. 15.2.2005 – 20 W 1/05, AG 2005, 442; *Willamowski* in Spindler/Stilz, § 122 AktG Rz. 10; enger *Kubis* in MünchKomm. AktG, 2. Aufl., § 122 AktG Rz. 15; *Werner* in Großkomm. AktG, 4. Aufl., § 122 AktG Rz. 28.
40 *Kubis* in MünchKomm. AktG, 2. Aufl., § 122 AktG Rz. 13; *Hüffer*, § 122 AktG Rz. 4; OLG Köln v. 15.6.1959 – 8 W 61/59, WM 1959, 1402, 1403.
41 So z.B.: *Halberkamp/Gierke*, NZG 2004, 495, 496; *Werner* in Großkomm. AktG, 4. Aufl., § 122 AktG Rz. 16; abw. für Satzungsänderungen: *Butzke* in Obermüller/Werner/Winden, Die Hauptversammlung der Aktiengesellschaft, Rz. B 106; *Zöllner* in KölnKomm. AktG, 1. Aufl., § 122 AktG Rz. 15.
42 *Ritter*, 106 Anm 3b.
43 OLG Stuttgart v. 25.11.2008 – 8 W 370/08, AG 2009, 169; KG v. 3.12.2002 – 1 W 363/02, AG 2003, 500; *Kubis* in MünchKomm. AktG, 2. Aufl., § 122 AktG Rz. 17; *Werner* in Großkomm. AktG, 4. Aufl., § 122 AktG Rz. 25.
44 OLG Stuttgart v. 25.11.2008 – 8 W 370/08, AG 2009, 169; OLG Stuttgart v. 22.7.2006 – 8 W 271/06, NZG 2006, 790; BayObLG v. 2.8.1968 – 2 Z 54/68, AG 1968, 330, 331; *Kubis* in MünchKomm. AktG, 2. Aufl., § 122 AktG Rz. 17; *Werner* in Großkomm. AktG, 4. Aufl., § 122 AktG Rz. 25, 51; *Mertens*, AG 1997, 481, 487.
45 OLG Stuttgart v. 25.11.2008 – 8 W 370/08, AG 2009, 169; LG Stuttgart v. 6.8.2008 – 34 T 11/08, AG 2008, 757.
46 *Hüffer*, § 122 AktG Rz. 6; *Werner* in Großkomm. AktG, 4. Aufl., § 122 AktG Rz. 33; *Zöllner* in KölnKomm. AktG, 1. Aufl., § 122 AktG Rz. 4.
47 *Hüffer*, § 122 AktG Rz. 6; *Zöllner* in KölnKomm. AktG, 1. Aufl., § 122 AktG Rz. 4.
48 OLG Frankfurt v. 15.2.2005 – 20 W 1/05, AG 2005, 442, 443: 5 Monate.

re Aspekte tragen eine Zurückweisung des formal korrekten Einberufungsverlangens nicht[49], insbesondere kann ein Minderheitsverlangen nicht unter Hinweis auf die Mehrheitsverhältnisse in der einzuberufenden Hauptversammlung zurückgewiesen werden[50] oder weil aus Sicht des Vorstands ein Anlass für die Beschlussfassung nicht erkennbar ist[51].

20 **bb) Gründe des Einberufungsverlangens.** Im Einberufungsverlangen sind die Gründe, aus denen eine außerordentliche Hauptversammlung unverzüglich stattfinden muss und weswegen mit der Beschlussfassung nicht bis zur nächsten ordentlichen Hauptversammlung zugewartet werden kann, also die **Eilbedürftigkeit**, darzulegen[52].

21 Nach h.M. ist nicht zu begründen, weshalb die Hauptversammlung mit den genannten Beschlussgegenständen befasst oder wieso ein bestimmter Beschlussantrag gestellt werden soll[53]. Dem wird man in Hinblick auf Tagesordnungspunkte mit Beschlussfassung zustimmen können, nicht aber, sofern Gegenstand der von den Aktionären vorgeschlagenen Tagesordnung auch beschlusslose Tagesordnungspunkte sind. Die von der Aktionärsrechterichtlinie vorgezeichnete Regelung des § 122 Abs. 2, wonach beschlusslosen Ergänzungsverlangen eine Begründung beizufügen ist, hat Auswirkungen auf die vom Wortlaut gedeckte Auslegung des § 122 Abs. 1.

**c) Beizufügende Nachweise**

22 Dem Antrag sind Dokumente beizufügen, aus denen sich die **Aktionärseigenschaft** während der dreimonatigen **Vorbesitzzeit** und im Zeitpunkt der Antragstellung ergibt[54]. Bei verbrieften Namensaktien ist der Hinweis auf das Aktienregister genügend[55]. Bei in Streifband- oder Sammelverwahrung befindlichen (Inhaber-)Aktien ist eine entsprechende Bankbescheinigung ausreichend und erforderlich[56]. Bei unverkörperten Aktien oder privat verwahrten Aktienurkunden kann der Nachweis durch eine entsprechende eidesstattliche Versicherung vor einem Notar geführt werden[57]; weitere Nachweise (etwa Vorlage von Kauf- und Abtretungsverträgen) können nicht verlangt werden.

23 Des Weiteren ist nachzuweisen, dass die Antragsteller die Aktien **bis zur Vorstands- oder Gerichtsentscheidung** halten[58]. Bei depotverwahrten Aktien lässt sich dieser Nachweis dadurch führen, dass eine Erklärung der depotführenden Bank beigefügt wird, in der diese sich verpflichtet, die Gesellschaft zu benachrichtigen, wenn die für

---

49 Abw.: *Zöllner* in KölnKomm. AktG, 1. Aufl., § 122 AktG Rz. 4.
50 *Zöllner* in KölnKomm. AktG, 1. Aufl., § 122 AktG Rz. 4; *Kubis* in MünchKomm. AktG, 2. Aufl., § 122 AktG Rz. 26.
51 So aber *Butzke* in Obermüller/Werner/Winden, Die Hauptversammlung der Aktiengesellschaft, Rz. B 108; *Kubis* in MünchKomm. AktG, 2. Aufl., § 122 AktG Rz. 21.
52 *Kubis* in MünchKomm. AktG, 2. Aufl., § 122 AktG Rz. 13.
53 *Kubis* in MünchKomm. AktG, 2. Aufl., § 122 AktG Rz. 13; *Reger* in Bürgers/Körber, § 122 AktG Rz. 7; OLG Köln v. 15.6.1959 – 8 W 61/59, WM 1959, 1402, 1403; *Mertens*, AG 1997, 481, 485.
54 *Zöllner* in KölnKomm. AktG, 1. Aufl., § 122 AktG Rz. 16; *Werner* in Großkomm. AktG, 4. Aufl., § 122 AktG Rz. 11; *Horn*, AG 1969, 370, 372; a.A. *Kubis* in MünchKomm. AktG, 2. Aufl., § 122 AktG Rz. 9.
55 *Werner* in Großkomm. AktG, 4. Aufl., § 122 AktG Rz. 11; zum Sonderfall des zu Unrecht im Aktienregister gelöschten Aktionärs vgl. OLG Zweibrücken v. 3.12.1996 – 3 W 171/96, AG 1997, 140.
56 *Zöllner* in KölnKomm. AktG, 1. Aufl., § 122 AktG Rz. 16; *Hüffer*, § 122 AktG Rz. 3.
57 *Werner* in Großkomm. AktG, 4. Aufl., § 122 AktG Rz. 12; *Butzke* in Obermüller/Werner/Weiden, Die Hauptversammlung der Aktiengesellschaft, Rz. M 15.
58 Dazu Rz. 12.

das Quorum erforderliche Anzahl von Aktien auf einen anderen übertragen wird[59]. Für privat verwahrte Aktienurkunden kommt nur die Bescheinigung eines Notars oder einer anderen Hinterlegungsstelle über die bis zur maßgeblichen Entscheidung erfolgende Hinterlegung der Aktien in Betracht[60]. In Hinblick auf unverbriefte Aktien ist der Nachweis nicht zu führen. Hier wird man aber die Gesellschaft für berechtigt halten müssen, auf den relevanten Zeitpunkt einen erneuten Nachweis des Aktienbesitzes in Form einer eidesstattlichen Versicherung zu verlangen.

### 3. Rechtsfolgen

Entspricht das Einberufungsverlangen in formeller und materieller Hinsicht den gesetzlichen Anforderungen, hat der Vorstand einen entsprechenden Beschluss zu fassen und **unverzüglich** eine Hauptversammlung einzuberufen[61]. Falls demnächst ohnehin eine Hauptversammlung stattfinden soll, kann stattdessen die Tagesordnung dieser Hauptversammlung um die das Einberufungsverlangen tragenden Punkte ergänzt werden[62]. Dem Vorstand ist eine angemessene Frist zur Prüfung des Minderheitsverlangens und zur Vorbereitung der Einberufung, die 1 bis 2 Wochen nicht überschreiten sollte, zuzubilligen[63]. 24

Eine **Ergänzung der von der Minderheit vorgeschlagenen Tagesordnung** durch weitere Punkte ist zulässig[64]. Für Ergänzungen durch die Verwaltung gelten die allgemeinen Regeln, für solche durch Aktionäre gelten auch bei der auf Verlangen der Minderheit einberufenen Hauptversammlungen §§ 122 Abs. 2, 124 Abs. 1 Satz 2. 25

Offen ist, ob der Vorstand im Zuge der Vorbereitung der Hauptversammlung zur **Kooperation mit der Minderheit** verpflichtet ist. Dies betrifft insbesondere die Frage, ob er Berichte an die Hauptversammlung in Zusammenhang mit Strukturmaßnahmen erstellen muss. Diese Frage sollte pragmatisch beantwortet werden: Hat der Beschlussvorschlag der Minderheit keine Aussicht, die erforderliche Mehrheit zu finden, ist der Vorstand nicht verpflichtet, analog § 83 zur Vorbereitung der Beschlussfassung der Hauptversammlung Berichte etc. zu erstellen. Anders hingegen, wenn der Beschlussvorschlag der Minderheit voraussichtlich die erforderliche Mehrheit finden wird und es im Interesse der Gesellschaft liegt, die zur Beschlussfassung vorgesehene Maßnahme innerhalb kurzer Zeit durchzuführen: Hier wäre es übertriebene Förmelei und dem Gesellschaftsinteresse abträglich, die Minderheit darauf zu verweisen, zunächst einen Beschluss nach § 83 herbeizuführen, der den Vorstand zur Erstattung des betreffenden Berichts verpflichtet, um sodann auf einer weiteren (außerordentlichen) Hauptversammlung über die gewünschte Strukturmaßnahme zu beschließen[65]. 26

## III. Ergänzung der Tagesordnung (§ 122 Abs. 2)

Das Recht, eine Ergänzung der Tagesordnung einer ohnehin stattfindenden Hauptversammlung zu verlangen, stellt systematisch ein **Minus zu dem Einberufungsverlangen** gem. § 122 Abs. 1 dar. 27

---

59 *Hüffer*, § 142 AktG Rz. 24; BayObLG v. 15.9.2004 – 3 Z BR 145/04, BayObLGZ 2004, 260, 265 = AG 2005, 244; *Bezzenberger* in Großkomm. AktG, 4. Aufl., § 142 AktG Rz. 51.
60 A.A. *Kubis* in MünchKomm. AktG, 2. Aufl., § 122 AktG Rz. 33 m.w.N.
61 *Hüffer*, § 122 AktG Rz. 7; *Kubis* in MünchKomm. AktG, 2. Aufl., § 122 AktG Rz. 32, 36.
62 *Zöllner* in KölnKomm. AktG, 1. Aufl., § 122 AktG Rz. 18.
63 *Kubis* in MünchKomm. AktG, 2. Aufl., § 122 AktG Rz. 34; *Werner* in Großkomm. AktG, 4. Aufl., § 122 AktG Rz. 38; *Mertens*, AG 1997, 481, 486.
64 *Hüffer*, § 122 AktG Rz. 7; *Kubis* in MünchKomm. AktG, 2. Aufl., § 122 AktG Rz. 36.
65 A.A. *Werner* in Großkomm. AktG, 4. Aufl., § 122 AktG Rz. 31.

## 1. Berechtigte

28 Eine Ergänzung der Tagesordnung können Aktionäre, die **5 % des Grundkapitals** (dazu oben Rz. 7) oder die Aktien mit einem Nennwert oder anteiligen Betrag am Grundkapital von 500.000 Euro halten, verlangen.

29 Nach h.M. soll wegen der Verweisung von § 122 Abs. 2 auf Abs. 1, der wiederum auf § 142 Abs. 2 Satz 2 verweist, das **Erfordernis der dreimonatigen Vorbesitzzeit** und des Haltens der Aktien über den Zeitpunkt der Antragstellung hinaus auch für den Ergänzungsantrag gelten[66]. Diese Auffassung **war schon nach altem Recht unzutreffend.** Die Verweisung („in gleicher Weise") betrifft nach ihrem eindeutigen Wortlaut die Modalitäten der Antragstellung. Zwar wird in der Begründung des RegE zum KonTraG[67] ausgeführt, dass durch die Änderung des § 122 Abs. 1 sichergestellt werde, dass die Rechte nach § 122 Abs. 1 und 2 nicht von Aktionären geltend gemacht werden können, die ihre Aktien nur kurzfristig beschafft hätten. Dieser Satz kann aber nicht dazu führen, dass man in § 122 Abs. 2 einen Regelungsgehalt hineinliest, der im Wortlaut keine Stütze findet. Das Vorbesitzerfordernis ist keine Modalität, sondern eine Ausübungsvoraussetzung. In Hinblick auf das Quorum, das ebenfalls eine Ausübungsvoraussetzung ist, stellt aber § 122 Abs. 2 eigenständige Voraussetzungen auf. Daher sprechen auch systematische Erwägungen gegen eine Erstreckung des Vorbesitzerfordernisses auf den Ergänzungsantrag.

30 Nach Ablauf der Umsetzungsfrist für die Aktionärsrechterichtlinie ist das Vorbesitzerfordernis außerdem **richtlinienwidrig**. Nach Art. 6 Abs. 2 kann die Ausübung des Rechts auf Ergänzung der Tagesordnung an ein Quorum von höchstens 5 % des Grundkapitals geknüpft werden und nach Art. 6 Abs. 1 UAbs. 3 kann eine schriftliche Ausübung vorgesehen werden. Weitere Erschwernisse und Anforderungen dürfen die Mitgliedstaaten jedoch nicht vorsehen. Die Richtlinie gibt einen Höchst- und keinen Mindeststandard vor, da dies dem von der Richtlinie intendierten Level Playing Field für Aktionäre widerspricht.

31 Die **Satzung** kann die Voraussetzungen für die Rechtsausübung verringern (insbesondere Herabsetzung des Quorums)[68]. § 122 Abs. 2 enthält zwar keine § 122 Abs. 1 Satz 2 entsprechende Regelung, aber für eine gegenüber § 122 Abs. 1 eingeschränkte Satzungsautonomie ist kein Grund ersichtlich.

## 2. Formelle und materielle Anforderungen an Ergänzungsanträge

### a) Formelle Anforderungen

32 **aa) Form.** Aus der Verweisung auf § 122 Abs. 1 ergibt sich, dass Verlangen auf Ergänzung der Tagesordnung in **Schriftform** (§ 126 BGB) gestellt werden muss. Das war bis zum Ablauf der Umsetzungsfrist der Aktionärsrechterichtlinie auch zutreffend. Seither ist dieses Erfordernis **richtlinienwidrig**. Zwar spricht auch Art. 6 Abs. 1 UAbs. 3 davon, dass die Mitgliedstaaten vorsehen können, dass dieses Recht schriftlich ausgeübt werden müsse. Aus dem Klammerzusatz „Übermittlung durch Postdienste oder auf elektronischem Wege" sowie vor dem Hintergrund, dass das in der Richtlinie verwandte Wort „schriftlich" europarechtlich (und in gleicher Weise wie bei der Vollmacht) interpretiert werden muss, kann hierunter nur die Textform (§ 126b BGB) ver-

---

66 *Hüffer*, § 122 AktG Rz. 9; *Willamowski* in Spindler/Stilz, § 122 AktG Rz. 12; *Kubis* in MünchKomm. AktG, 2. Aufl., § 122 AktG Rz. 29. So auch noch 1. Aufl. Rz. 27. Zum neuen Recht ausdrücklich *T. Schroeder/Pussar*, BB 2010, 717, 718 ff.
67 BT-Drucks. 13/9712, S. 17.
68 *Hüffer*, § 122 AktG Rz. 8; *Willamowski* in Spindler/Stilz, § 122 AktG Rz. 12; zum Teil a.A. *Kubis* in MünchKomm. AktG, 2. Aufl., § 122 AktG Rz. 69.

standen werden, nicht aber die Schriftform des deutschen Rechts. Daher ist § 122 Abs. 2 richtlinienkonform dahin auszulegen, dass für das Ergänzungsverlangen **Textform erforderlich, aber auch genügend** ist.

In Hinblick auf die **beizufügenden Nachweise** kann im Grundsatz auf die Ausführungen zu Rz. 22 f. verwiesen werden. Dabei ist allerdings darauf hinzuweisen, dass Nachweise zum Vorbesitz- und Haltererfordernis nach der hier vertretenen Auffassung nicht erforderlich sind. Die Minderheit muss ihre Aktionärseigenschaft also nur für den Zeitpunkt der Antragstellung nachweisen. 33

**bb) Zeitpunkt.** Abweichend vom früheren Recht (Rz. 36) muss der Ergänzungsantrag seit Inkrafttreten des ARUG einer börsennotierten Gesellschaft spätestens am 31. Tag vor der Hauptversammlung und einer nicht börsennotierten Gesellschaft spätestens am 25. Tag vor der Hauptversammlung zugehen. Zwischen dem Tag, an dem der Ergänzungsantrag bei der Gesellschaft zugeht, und dem Tag der Hauptversammlung müssen volle 30 bzw. 24 Tage liegen. Sofern die Satzung einer börsennotierten AG weder ein Anmeldeerfordernis (§ 123 Abs. 2) noch eine Übermittlung von Bestandsnachweisen (§ 123 Abs. 3) vor dem Tag der Hauptversammlung vorsieht, muss das Einberufungsverlangen an dem Tag erfolgen, an dem die Einberufung veröffentlicht wird. Abgesehen von diesem wohl seltenen Fall wird der Zeitraum, in dem das Ergänzungsverlangen gestellt werden kann, im Vergleich zum früheren Recht verlängert. 34

Dadurch, dass § 122 Abs. 2 Satz 3 auf den **Zugang** abstellt, stellt sich die Frage, ob das Ergänzungsverlangen an dem betreffenden Tag bis zu dessen Ablauf bei der Gesellschaft eingehen kann[69] oder ob in Hinblick auf den „Zugang" die allgemeinen Regeln des BGB für den Zugang von Willenserklärungen gelten. Aus dem Sinn und Zweck der neuen Fristenregelungen wird man wohl schließen können, dass Ersteres richtig ist. Denn die letztgenannte Alternative hätte zur Folge, dass Zugangstag nicht ein Sonnabend, Sonn- oder Feiertag sein kann, sondern nur der davor liegende Arbeitstag, und dass auch sonst außerhalb der gewöhnlichen Geschäftsstunden kein Zugang erfolgen könnte. 35

Der Ergänzungsantrag kann – wie nach früherem Recht – auch schon **im Vorfeld der Einberufung** gestellt werden[70]. Nach früherem Recht musste ein Ergänzungsverlangen nach Einberufung der Hauptversammlung so rechtzeitig gestellt werden, dass – unter Einräumung einer 1 bis 2-tägigen Prüfungsfrist[71] für den Vorstand und der Vorlaufzeit der Veröffentlichung im elektronischen Bundesanzeiger und ggf. weiteren Gesellschaftsblättern – die Bekanntmachung innerhalb der 10-Tagesfrist des § 124 Abs. 1 Satz 2 a.F. erfolgen konnte[72]. 36

**Verfristete Ergänzungsverlangen** sind unbeachtlich. Sie können nicht als (äußerst) frühzeitig für die folgende Hauptversammlung gestellt betrachtet werden[73]. Die Hauptversammlung, auf die sie sich beziehen, bildet eine Zäsur, die einer solchen Umdeutung entgegen steht. 37

Für **Hauptversammlungen in Übernahmesituationen** sieht § 16 Abs. 4 WpÜG (anders als bei der Einberufungs- und Anmeldefrist) keine kürzere Frist vor, so dass die 30-Ta- 38

---

69 Dafür zu § 126 a.F. BGH v. 24.1.2000 – II ZR 268/98, BGHZ 143, 339 = AG 2000, 322.
70 KG v. 3.12.2002 – 1 W 363/02, NZG 2003, 441, 442; *Hüffer*, § 122 AktG Rz. 9; *Kubis* in MünchKomm. AktG, 2. Aufl., § 122 AktG Rz. 31; *Horn*, AG 1969, 370, 372.
71 A.A.: Frist maximal 1 Tag: *Kubis* in MünchKomm. AktG, 2. Aufl., § 122 AktG Rz. 34.
72 *Kubis* in MünchKomm. AktG, 2. Aufl., § 122 AktG Rz. 28.
73 *Mertens*, AG 1997, 481, 487, 490. A.A. KG v. 3.12.2002 – 1 W 363/02, AG 2003, 500; *Werner* in Großkomm. AktG, 4. Aufl., § 122 AktG Rz. 49; *Ek*, Praxisleitfaden für die Hauptversammlung, 2. Aufl. 2010, § 5 Rz. 157 m.w.N.

gesfrist des § 122 Abs. 2 zu einem Leerlaufen des in der Aktionärsrechterichtlinie verbürgten Rechts auf Ergänzung der Tagesordnung führt. Im Wege der **richtlinienkonformen Auslegung** muss man § 122 Abs. 2 Satz 3 Halbs. 1 Alt. 2 dahingehend auslegen, dass die Frist in Übereinstimmung mit der Einberufungsfrist 14 Tage beträgt.

### b) Inhaltliche Anforderungen

39 Nach überkommener Auffassung müssen als Folge der Verweisung in § 122 Abs. 2 Satz 1 auf Abs. 1 („in gleicher Weise") im Ergänzungsverlangen Zweck und Gründe genannt werden[74] und muss nach hier auch schon in der Vorauflage vertretener Auffassung[75] ein Beschlussantrag enthalten sein. Dies ist in dieser Allgemeinheit vor dem Hintergrund des neuen Satz 2 und dem diesem zugrunde liegenden Art. 6 Abs. 1 UAbs. 1 lit. a) der Aktionärsrechterichtlinie überholt. Im Einzelnen gilt Folgendes:

40 Die Tagesordnung kann sowohl um Tagesordnungspunkte, zu denen Beschlüsse gefasst werden sollen, ergänzt werden, als auch um **beschlusslose Tagesordnungspunkte**. Das ist eine wesentliche Neuerung gegenüber dem früheren Recht. Voraussetzung ist hierbei jedoch, dass der jeweilige Gegenstand in die **Kompetenz der Hauptversammlung** fällt. Es gilt also das oben Rz. 17, 19 Gesagte entsprechend. Insbesondere können beschlusslose Tagesordnungspunkte nur in den ausdrücklich vom Gesetz vorgesehenen Fällen (z.B. § 91 Abs. 2) auf Verlangen einer Minderheit in die Tagesordnung aufgenommen werden. Ausgeschlossen ist demnach, dass die Minderheit verlangen kann, unter einem von ihr eingebrachten Tagesordnungspunkt über die zukünftige Geschäftspolitik bzw. Strategie zu diskutieren. Anders gewendet: Die Kompetenzen der Hauptversammlung werden durch § 122 Abs. 2 nicht erweitert[76].

41 **Soll zu einem Tagesordnungspunkt ein Beschluss gefasst werden**, so muss ein Beschlussvorschlag beigefügt werden. Die formal durch das „oder" eröffnete Wahlmöglichkeit statt eines Beschlussvorschlags eine Begründung beizufügen, geht ins Leere. Zwar ist der Wortlaut der Richtlinie auch nicht wesentlich klarer, doch aus systematischen Erwägungen, insbesondere den Regelungen zu den Pflichten der Verwaltung aus Art. 5 Abs. 4 UAbs. 1 lit. d), sowie einer am effet utile orientierten Auslegung der Richtlinie ergibt sich, dass eine Beschlussvorlage stets erforderlich ist. Eine Begründung ist abweichend vom früheren Recht[77] nicht erforderlich. § 122 Abs. 2 Satz 2 ist insofern eindeutig („oder") und dürfte den Rückgriff auf die von § 122 Abs. 1 verlangte Begründung mittels der Verweisung „in gleicher Weise" sperren.

42 **Bei beschlusslosen Tagesordnungspunkten** ist eine Begründung im Sinne einer „*justification*" beizufügen. Gefordert ist also hier dasjenige, was nach altem Recht (und in § 122 Abs. 1) unter der Überschrift „Angabe von Zweck und Gründen" verlangt wird.

43 In beiden Fällen sind Ausführungen zur Dringlichkeit entbehrlich[78].

### 3. Rechtsfolgen

44 Liegen die Voraussetzungen vor, muss der **Ergänzungsantrag** gem. § 124 Abs. 1 bekannt gemacht und den Aktionärsmitteilungen nach § 125 beigefügt werden[79]. Dazu

---

74 *Hüffer*, § 122 AktG Rz. 9.
75 Rz. 29, 16.
76 *Ch. Horn*, ZIP 2008, 1558, 1561.
77 A.A. *Willamowski* in Spindler/Stilz, § 122 AktG Rz. 12.
78 *Hüffer*, § 122 AktG Rz. 9; *Butzke* in Obermüller/Werner/Winden, Die Hauptversammlung der Aktiengesellschaft, Rz. B 113.
79 *Kubis* in MünchKomm. AktG, 2. Aufl., § 122 AktG Rz. 37.

näher bei § 124 Rz. 7 ff., § 121 Rz. 41. Für die Prüfung der Rechtmäßigkeit ist dem Vorstand ein Zeitraum von 1 bis 2 Arbeitstagen[80] zuzubilligen. Die Pflicht zur Ergänzung der Tagesordnung besteht auch dann, wenn sich das Minderheitsverlangen kontradiktorisch zum Verwaltungsvorschlag verhält[81].

Der Ergänzungsantrag kann nicht unter Hinweis darauf, dass dadurch der für die Hauptversammlung vorgesehene zeitliche Rahmen verlassen würde, abgelehnt werden[82]. **Umfangreichen Ergänzungsverlangen** kann nur durch eine effiziente Versammlungsleitung begegnet werden, die den Ablauf der Hauptversammlung so strukturiert, dass jedenfalls die Abstimmungen über die Verwaltungsvorschläge gewährleistet werden können. 45

## IV. Ermächtigung durch das Gericht (§ 122 Abs. 3)

### 1. Gerichtliches Verfahren

Falls der Vorstand dem Einberufungs- oder dem Ergänzungsverlangen nicht nachkommt, können die Aktionäre, die das Einberufungs- bzw. Ergänzungsverlangen gestellt haben, beim Amtsgericht (§ 23 Abs. 1 und 2 Nr. 4 GVG i.V.m. § 375 FamFG) in dem das Landgericht des Gesellschaftssitzes seinen Sitz hat (§ 376 FamFG)[83] einen Antrag auf Ermächtigung zur Einberufung der Hauptversammlung bzw. zur Bekanntmachung der ergänzenden Beschlussgegenstände stellen. **Antragsberechtigt** sind außerdem nur Gesamtrechtsnachfolger[84] der Aktionäre, die das Verlangen nach § 122 Abs. 1 oder 2 gestellt haben. Die Antragsteller müssen während des gesamten gerichtlichen Verfahrens über die für das jeweilige Quorum erforderliche Anzahl von Aktien verfügen[85]. 46

Als Beteiligte i.S. von § 7 FamFG ist die Gesellschaft vertreten durch den Vorstand hinzuzuziehen[86]. Das Gericht entscheidet durch einen zu begründenden Beschluss, § 38 FamFG. Gegen die Entscheidung ist die Beschwerde zum Landgericht zulässig, § 122 Abs. 3 Satz 4 AktG, §§ 58 ff. FamFG. 47

Vor dem Hintergrund von Art. 6 Abs. 4 der Aktionärsrechterichtlinie, der die Publikation der ergänzten Tagesordnung vor dem Nachweisstichtag verlangt, wird § 122 Abs. 3 in Bezug auf Ergänzungsverlangen noch bedeutungsloser werden als bisher. Im Regelfall wird eine gerichtliche Entscheidung über ein vom Vorstand abgelehntes Ergänzungsverlangen allenfalls bei Gesellschaften, die Namensaktien ausgegeben haben, rechtzeitig zu erlangen sein, um die Frist des § 125 einzuhalten. Daher ist von 48

---

80 A.A. *Drinhausen/Keinath*, BB 2010, 3, 6: 3 bis 5 Tage; *von Nussbaum*, GWR 2009, 215: 2 bis 3 Tage.
81 A.A. *Kubis* in MünchKomm. AktG, 2. Aufl., § 122 AktG Rz. 37 mit Beispielen.
82 Wohl strenger: *Kubis* in MünchKomm. AktG, 2. Aufl., § 122 AktG Rz. 31; *Hüffer*, § 122 AktG Rz. 9: Bei umfänglicher Tagesordnung und nicht dargelegter Dringlichkeit kann Ergänzungsverlangen abgelehnt werden.
83 *Jänig/Leßring*, ZIP 2010, 110, 112 f.
84 OLG Düsseldorf v. 16.1.2004 – I – 3 Wx 290/03, AG 2004, 211, 212; *Hüffer*, § 122 AktG Rz. 10; *Bezzenberger/Bezzenberger* in FS K. Schmidt, 2009, S. 105, 111; a.A. *Kubis* in MünchKomm. AktG, 2. Aufl., § 122 AktG Rz. 41; *Zöllner* in KölnKomm. AktG, 1. Aufl., § 122 AktG Rz. 26; *Willamowski* in Spindler/Stilz, § 122 AktG Rz. 13; *Reichert* in Semler/Volhard, Arbeitshandbuch Hauptversammlung, § 4 Rz. 49 Fn. 158, die auch rechtsgeschäftliche Nachfolger zulassen.
85 OLG Düsseldorf v. 16.1.2004 – I-3 Wx 290/03, AG 2004, 211; *Bezzenberger/Bezzenberger* in FS K. Schmidt, 2009, S. 105, 111; a.A. *Kubis* in MünchKomm. AktG, 2. Aufl., § 122 AktG Rz. 41 m.w.N.: nur bei Antragstellung.
86 *Krafka*, in MünchKomm. ZPO, 3. Aufl., § 375 FamFG Rz. 34.

besonderer Bedeutung, dass die Gerichtsentscheidung auf Antrag der Minderheit auch im **Verfahren des einstweiligen Rechtsschutzes** (§§ 49 ff. FamFG) ergehen kann.

### 2. Inhalt der gerichtlichen Entscheidung

49 Ist das Verlangen nach § 122 Abs. 1 bzw. 2 formell und materiell korrekt, muss das Gericht dem Antrag stattgeben[87]. Abweichendes gilt nur dann, wenn der Antrag nicht unverzüglich gestellt wurde[88] oder das Ziel des Verlangens wegen Zeitablaufs nicht mehr erreichbar ist[89]. In einem solchen Fall kann ggf. einer **Abweisung des Antrags** durch Umstellung der Ermächtigung zur Einberufung der Hauptversammlung auf Ermächtigung zur Bekanntmachung einer Ergänzung der Tagesordnung begegnet werden, da § 122 Abs. 2 ein Minus zu § 122 Abs. 1 darstellt[90], vorausgesetzt, die Antragsteller verfügen über das nach § 122 Abs. 1 erforderliche Quorum.

50 Werden die Antragsteller zur Einberufung einer Hauptversammlung mit den beantragten Beschlussgegenständen ermächtigt, kann das Gericht für die Einberufung eine **Frist** setzen. Zu Ort und Zeit der Hauptversammlung sind keine Vorgaben zu machen[91].

51 Zugleich mit der Ermächtigung zur Einberufung bzw. Bekanntmachung oder auch zu einem späteren Zeitpunkt[92] kann (und bei Ermessensreduzierung: muss[93]) das Gericht von Amts wegen einen **Versammlungsleiter** bestimmen, wenn eine ordnungsgemäße und unparteiische Versammlungsleitung durch den satzungsmäßig berufenen Leiter nicht gewährleistet erscheint[94]. Diesbezügliche Anträge sind als Anregung zu behandeln[95]. Für den Fall, dass über einen Ergänzungsantrag entschieden wird, bezieht sich die Bestellung zum Versammlungsleiter nur auf die ergänzten Tagesordnungspunkte[96]. Die negativen Effekte einer dadurch bedingten „Patchwork – Hauptversammlungsleitung" sind bei der gerichtlichen Abwägung zu berücksichtigen. Ein vom Gericht bestimmter Versammlungsleiter kann in der Hauptversammlung nicht abgewählt werden[97].

### 3. Einberufung durch Aktionäre

52 Aufgrund der gerichtlichen Ermächtigung können **nur antragstellende Aktionäre** oder deren Gesamtrechtsnachfolger[98], die das erforderliche Quorum im Zeitpunkt

---

[87] OLG Köln v. 15.6.1959 – 8 W 61/59, WM 1959, 1402; *Kubis* in MünchKomm. AktG, 2. Aufl., § 122 AktG Rz. 39; *Zöllner* in KölnKomm. AktG, 1. Aufl., § 122 AktG Rz. 28.
[88] *Reichert* in Semler/Volhard, Arbeitshandbuch Hauptversammlung, § 4 Rz. 50.
[89] *Kubis* in MünchKomm. AktG, 2. Aufl., § 122 AktG Rz. 50.
[90] S. dazu: OLG Zweibrücken v. 3.12.1996 – 3 W 171/96, AG 1997, 140, 141; a.A. *Zöllner* in KölnKomm. AktG, 1. Aufl., § 122 AktG Rz. 29, der das Gericht hierzu auch ohne Antragsumstellung als berechtigt ansieht.
[91] *Kubis* in MünchKomm. AktG, 2. Aufl., § 122 AktG Rz. 54; *Werner* in Großkomm. AktG, 4. Aufl., § 122 AktG Rz. 61; *Zöllner* in KölnKomm. AktG, 1. Aufl., § 122 AktG Rz. 29.
[92] *Zöllner* in KölnKomm. AktG, 1. Aufl., § 122 AktG Rz. 33; *Kubis* in MünchKomm. AktG, 2. Aufl., § 122 AktG Rz. 56; *Werner* in Großkomm. AktG, 4. Aufl., § 122 AktG Rz. 61f; a.A. LG Marburg v. 18.5.2005 – 4 T 2/05, AG 2005, 742.
[93] *Kubis* in MünchKomm. AktG, 2. Aufl., § 122 AktG Rz. 54; OLG Zweibrücken v. 3.12.2002 – 3 W 171/96, AG 1997, 140, 141; AG Karlsruhe v. 9.5.2001 – AR 553/99, NZG 2001, 619; a.A. *Werner* in Großkomm. AktG, 4. Aufl., § 122 AktG Rz. 62.
[94] *Kubis* in MünchKomm. AktG, 2. Aufl., § 122 AktG Rz. 56; *Hüffer*, § 122 AktG Rz. 11.
[95] *Hüffer*, § 122 AktG Rz. 11.
[96] *Werner* in Großkomm. AktG, 4. Aufl., § 122 AktG Rz. 61; *Zöllner* in KölnKomm. AktG, 1. Aufl., § 122 AktG Rz. 32; a.A. *Kubis* in MünchKomm. AktG, 2. Aufl., § 122 AktG Rz. 56 und *Mertens*, AG 1997, 481, 480 (Leitung der Hauptversammlung in einer Hand).
[97] *Kubis* in MünchKomm. AktG, 2. Aufl., § 122 AktG Rz. 56.
[98] *Zöllner* in KölnKomm. AktG, 1. Aufl., § 122 AktG Rz. 36; *Werner* in Großkomm. AktG, 4. Aufl., § 122 AktG Rz. 68.

der Einberufung auf sich vereinigen⁹⁹, eine Hauptversammlung einberufen¹⁰⁰. Hierfür vom Gericht ggf. gesetzte Fristen sind zu beachten¹⁰¹.

In der **Bekanntmachung** der Einberufung bzw. Ergänzung der Tagesordnung ist darauf hinzuweisen, dass die einberufenden bzw. bekannt machenden Aktionäre gerichtlich ermächtigt wurden¹⁰². Hintergrund dieser Regelung ist, dass die Adressaten der Bekanntmachung in den Stand versetzt werden sollen, die Berechtigung des Einberufenden zu überprüfen. Dafür reicht im Regelfall der Hinweis „kraft gerichtlicher Ermächtigung"¹⁰³; der Angabe von Gericht, Aktenzeichen etc. bedarf es nur dann, wenn andernfalls die Überprüfung der Einberufungsberechtigung durch Nachfrage beim ermächtigenden Gericht erschwert wäre. 53

Die bekannt zu machende **Tagesordnung** muss sich im Rahmen der gerichtlichen Ermächtigung halten¹⁰⁴. Im Übrigen müssen die ermächtigten Aktionäre die allgemeinen für die Einberufung der Hauptversammlung geltenden Vorschriften beachten¹⁰⁵. Insbesondere sind auch **Beschlussvorschläge** zu unterbreiten¹⁰⁶, oben Rz. 18, 41 und bei beschlusslosen Tagesordnungspunkten die Begründung zu publizieren¹⁰⁷. Bei börsennotierten Gesellschaften sind die von § 121 Abs. 3 Satz 3 verlangten Angaben zu machen (§ 121 Rz. 43). Mängel der gerichtlichen Ermächtigung haben keine Auswirkungen auf die Wirksamkeit der in der Hauptversammlung gefassten Beschlüsse¹⁰⁸. 54

## V. Kosten (§ 122 Abs. 4)

§ 122 Abs. 4 ordnet an, dass die Kosten der Hauptversammlung, zu denen auch die Kosten der Einberufung¹⁰⁹ (z.B. Veröffentlichung im elektronischen Bundesanzeiger, Druck und Versand der Mitteilungen nach § 125) gehören, von der Gesellschaft zu tragen sind. Aktionäre, die aufgrund gerichtlicher Ermächtigung handeln, haben einen **Freistellungsanspruch** gegen die AG¹¹⁰. 55

Die Kostenregelung bzgl. des FGG-Verfahrens in § 122 Abs. 4 betrifft nur die **Gerichtskosten**¹¹¹. Vorbehaltlich einer abweichenden Entscheidung des Gerichts gem. § 81 FamFG tragen die antragstellenden Aktionäre ihre Anwaltskosten und sonstigen außergerichtlichen Kosten selbst¹¹². 56

---

99 A.A. *Kubis* in MünchKomm. AktG, 2. Aufl., § 122 AktG Rz. 59: 1 Aktie reicht.
100 *Zöllner* in KölnKomm. AktG, 1. Aufl., § 122 AktG Rz. 36.
101 *Zöllner* in KölnKomm. AktG, 1. Aufl., § 122 AktG Rz. 37.
102 *Kubis* in MünchKomm. AktG, 2. Aufl., § 122 AktG Rz. 61; *Hüffer*, § 122 AktG Rz. 12.
103 *Hüffer*, § 122 AktG Rz. 12; *Kubis* in MünchKomm. AktG, 2. Aufl., § 122 AktG Rz. 61; a.A. *Zöllner* in KölnKomm. AktG, 1. Aufl., § 122 AktG Rz. 41.
104 *Zöllner* in KölnKomm. AktG, 1. Aufl., § 122 AktG Rz. 42; *Butzke* in Obermüller/Werner/Winden, Die Hauptversammlung der Aktiengesellschaft, Rz. B 126.
105 *Hüffer*, § 122 AktG Rz. 12; *Kubis* in MünchKomm. AktG, 2. Aufl., § 122 AktG Rz. 62; *Werner* in Großkomm. AktG, 4. Aufl., § 122 AktG Rz. 70.
106 A.A. *Zöllner* in KölnKomm. AktG, 1. Aufl., § 122 AktG Rz. 43; *Butzke* in Obermüller/Werner/Winden, Die Hauptversammlung der Aktiengesellschaft, Rz. B 125.
107 A.A. *Ch. Horn*, ZIP 2008, 1558, 1562.
108 *Zöllner* in KölnKomm. AktG, 1. Aufl., § 122 AktG Rz. 47.
109 *Kubis* in MünchKomm. AktG, 2. Aufl., § 122 AktG Rz. 65; *Werner* in Großkomm. AktG, 4. Aufl., § 122 AktG Rz. 78; *Zöllner* in KölnKomm. AktG, 1. Aufl., § 122 AktG Rz. 49.
110 *Hüffer*, § 122 AktG Rz. 13; *Kubis* in MünchKomm. AktG, 2. Aufl., § 122 AktG Rz. 65.
111 *Kubis* in MünchKomm. AktG, 2. Aufl., § 122 AktG Rz. 67; *Werner* in Großkomm. AktG, 4. Aufl., § 122 AktG Rz. 80; *Zöllner* in KölnKomm. AktG, 1. Aufl., § 122 AktG Rz. 50.
112 *Kubis* in MünchKomm. AktG, 2. Aufl., § 122 AktG Rz. 68; *Hüffer*, § 122 AktG Rz. 14 *Zöllner* in KölnKomm. AktG, 1. Aufl., § 122 AktG Rz. 51.

## § 123
## Frist, Anmeldung zur Hauptversammlung, Nachweis

(1) Die Hauptversammlung ist mindestens dreißig Tage vor dem Tage der Versammlung einzuberufen. Der Tag der Einberufung ist nicht mitzurechnen.

(2) Die Satzung kann die Teilnahme an der Hauptversammlung oder die Ausübung des Stimmrechts davon abhängig machen, dass die Aktionäre sich vor der Versammlung anmelden. Die Anmeldung muss der Gesellschaft unter der in der Einberufung hierfür mitgeteilten Adresse mindestens sechs Tage vor der Versammlung zugehen. In der Satzung oder in der Einberufung auf Grund einer Ermächtigung durch die Satzung kann eine kürzere, in Tagen zu bemessende Frist vorgesehen werden. Der Tag des Zugangs ist nicht mitzurechnen. Die Mindestfrist des Absatzes 1 verlängert sich um die Tage der Anmeldefrist des Satzes 2.

(3) Bei Inhaberaktien kann die Satzung bestimmen, wie die Berechtigung zur Teilnahme an der Versammlung oder zur Ausübung des Stimmrechts nachzuweisen ist; Absatz 2 Satz 5 gilt in diesem Fall entsprechend. Bei börsennotierten Gesellschaften reicht ein in Textform erstellter besonderer Nachweis des Anteilsbesitzes durch das depotführende Institut aus. Der Nachweis hat sich bei börsennotierten Gesellschaften auf den Beginn des 21. Tages vor der Versammlung zu beziehen und muss der Gesellschaft unter der in der Einberufung hierfür mitgeteilten Adresse mindestens sechs Tage vor der Versammlung zugehen. In der Satzung oder in der Einberufung auf Grund einer Ermächtigung durch die Satzung kann eine kürzere, in Tagen zu bemessende Frist vorgesehen werden. Der Tag des Zugangs ist nicht mitzurechnen. Im Verhältnis zur Gesellschaft gilt für die Teilnahme an der Versammlung oder die Ausübung des Stimmrechts als Aktionär nur, wer den Nachweis erbracht hat.

| | |
|---|---|
| I. Überblick . . . . . . . . . . . . . . . . . 1 | 3. Inhaberaktien nicht-börsennotierter Gesellschaften . . . . . . . . . . . . . 27 |
| II. Einberufungsfrist . . . . . . . . . . . . 6 | 4. Inhaberaktien börsennotierter Gesellschaften . . . . . . . . . . . . . 29 |
| 1. Allgemeines . . . . . . . . . . . . . . . 6 | a) Regelung in der Satzung . . . . . . 29 |
| 2. Europarechtliche Vorgaben . . . . . . . 9 | b) Anforderungen an den Bestandsnachweis . . . . . . . . . . . . . 31 |
| III. Voraussetzungen der Teilnahme und der Stimmrechtsausübung . . . . 12 | c) Veräußerung von Aktien nach dem Record Date . . . . . . . . . 36 |
| 1. Anmeldung . . . . . . . . . . . . . . . 13 | aa) Rechte des Erwerbers . . . . . . 36 |
| a) Anmeldefrist . . . . . . . . . . . . . 14 | bb) Stellung des Veräußerers . . . . 37 |
| b) Inhalt der Anmeldung . . . . . . . 16 | d) Record Date und Übermittlung des Bestandsnachweises . . . . . 39 |
| c) Form und Übermittlung der Anmeldung . . . . . . . . . . . . . 17 | e) Fehlen von Satzungsbestimmungen . . . . . . . . . . . 41 |
| d) Zugang der Anmeldung . . . . . . 19 | 5. Auswirkungen besonderer Anforderungen an die Legitimation . . . . . 42 |
| e) Folgen des Anmeldeerfordernisses 20 | |
| IV. Legitimation . . . . . . . . . . . . . . 22 | V. Übergangsregelungen . . . . . . . . . 43 |
| 1. Allgemeines . . . . . . . . . . . . . . . 22 | 1. Anpassung an das UMAG . . . . . 43 |
| 2. Namensaktien . . . . . . . . . . . . . . 23 | 2. Anpassung an das ARUG . . . . . . 45 |
| a) Verbriefte Namensaktien . . . . . 23 | |
| b) Unverbriefte Namensaktien . . . . 26 | |

Literatur: *Baums*, Eintragungsstopp bei Namensaktien, in FS Hüffer, 2010, S. 15; *Butzke*, Hinterlegung, Record Date und Einberufungsfrist, WM 2005, 1981; *Diekmann/Leuering*, Der Referentenentwurf eines Gesetzes zur Unternehmensintegrität und Modernisierung des Anfechtungsrechts (UMAG), NZG 2004, 249; *Fleischer*, Das Gesetz zur Unternehmensintegrität und

Modernisierung des Anfechtungsrechts, NJW 2005, 3525; *Gantenberg*, Die Reform der Hauptversammlung durch den Regierungsentwurf eines Gesetzes zur Unternehmensintegrität und Modernisierung des Anfechtungsrechts – UMAG, DB 2005, 207; *Gätsch/Mimberg*, Der Legitimationsnachweis nach § 123 Abs. 3 AktG in der Fassung des UMAG bei börsennotierten Gesellschaften, AG 2006, 746; *Gerber*, Auswirkungen des UMAG auf die notarielle Praxis und die Satzungsgestaltung bei der Aktiengesellschaft, MittBayNot 2005, 203; *Göz/Holzborn*, Die Aktienrechtsreform durch das Gesetz für Unternehmensintegrität und Modernisierung des Anfechtungsrechts – UMAG, WM 2006, 157; *Heidinger/Blath*, Die Legitimation zur Teilnahme an der Hauptverhandlung nach Inkrafttreten des UMAG, DB 2006, 2275; *Holzborn/Bunnemann*, Änderungen im AktG durch den Regierungsentwurf für das UMAG, BKR 2005, 51; *Kiefner/Zetzsche*, Die Aktionärslegitimation durch Record Date Nachweis und die Übergangsvorschrift des § 16 EGAktG, ZIP 2006, 551; *Koch*, Das Gesetz zur Unternehmensintegrität und Modernisierung des Anfechtungsrechts (UMAG), ZGR 2006, 769; *Mülbert*, Die Aktie zwischen mitgliedschafts- und wertpapierrechtlichen Vorstellungen, in FS Nobbe, 2009, S. 691; *J. Schmidt*, § 123 Abs. 1 AktG i.d.F. des UMAG und § 61 Satz 1, 63 Abs. 1 UmwG – ein unbeabsichtigter Richtlinienverstoß, DB 2006, 375; *Seibert*, UMAG und Hauptversammlung – Der Regierungsentwurf eines Gesetzes zur Unternehmensintegrität und Modernisierung des Anfechtungsrechts (UMAG), WM 2005, 157; *Simon/Zetzsche*, Aktionärslegitimation und Satzungsgestaltung, NZG 2005, 369; *Spindler*, Die Reform der Hauptversammlung und der Anfechtungsklage durch das UMAG, NZG 2005, 825; *Wilsing*, Neuerungen des UMAG für die aktienrechtliche Beratungspraxis, ZIP 2004, 1082.

# I. Überblick

Der durch das UMAG[1] neu gefasste und durch das ARUG[2] vier Jahre später geänderte § 123 regelt die Frist für die Einberufung einer Hauptversammlung (Abs. 1), bestimmt in Abs. 2 den Rahmen, innerhalb dessen die Satzung die Voraussetzungen für Teilnahme und Stimmrechtsausübung regeln kann, während Abs. 3 die teilnahme- und stimmrechtsausübungsbezogene Legitimation der Inhaber von Inhaberaktien zum Gegenstand hat. Die früher in Abs. 4 geregelte Fristberechnung findet sich seit Inkrafttreten des ARUG in § 121 Abs. 7. 1

In Hinblick auf die **Legitimation** wird § 123 für Namensaktien ergänzt durch § 67. 2

Ob die Einführung des **Record Date**, das zwischenzeitlich auch in der Aktionärsrechterichtlinie verankert wurde und damit nicht mehr zur Disposition des deutschen Gesetzgebers steht, sich in der Praxis bewährt, ist angesichts der zahlreichen Probleme, die es für börsennotierte Inhaberaktien aufwirft (z.B. kein Teilnahme- und Stimmrecht und infolgedessen auch kein Anfechtungsrecht für Aktionäre, die ihre Aktien an einem der 21 Tage vor der Hauptversammlung erworben haben, und die daraus resultierende Durchbrechung des Abspaltungsverbots)[3] auch fast 5 Jahre nach dem Inkrafttreten der Neuregelung fraglich[4]. 3

Die Einführung des Record Date begünstigt ein sog. **Stimmrechts-Stripping**, indem durch gezielte Wertpapierleihe über das Record Date Stimmrechte gesammelt und in der nachfolgenden Hauptversammlung wohl auch ausgeübt werden können, ohne dass der gegenüber der Gesellschaft Legitimierte länger als ein oder zwei Tage investiert gewesen wäre. Es ist wahrscheinlich, dass diese in den USA zu beobachtende Strategie von Hedge Fonds auch in Deutschland Platz greifen wird. 4

Die **Aktionärsrechterichtlinie**[5], die für börsennotierte Aktiengesellschaften gilt, enthält in Art. 5 und 7 Bestimmungen, die den Regelungsbereich der Norm betreffen. 5

---

1 BGBl. I 2005, 2802.
2 BGBl. I 2009, 2479.
3 *Butzke*, WM 2005, 1981, 1982; *Seibert*, WM 2005, 157 f.
4 Äußerst kritisch auch *Heidinger/Blath*, DB 2006, 2275.
5 Richtlinie 2007/36/EG, ABl. EG Nr. L 184 v. 14.7.2007, S. 17.

## II. Einberufungsfrist

### 1. Allgemeines

6 § 123 Abs. 1 Satz 1 bestimmt, dass die Hauptversammlung **mindestens 30 Tage** vor dem Tag der Hauptversammlung einzuberufen ist. Im Zusammenspiel mit § 123 Abs. 1 Satz 2 und § 121 Abs. 7 Satz 1 hat das zur Folge, dass zwischen dem Tag der Bekanntmachung der Einberufung in den Gesellschaftsblättern und dem Tag der Hauptversammlung mindestens 30 Tage liegen müssen. Damit ist der vormalige Streit, ob die Einberufung spätestens am 31. oder am 30. Tag vor der Hauptversammlung erfolgen muss[6], nicht für nichtbörsennotierte Gesellschaften obsolet. § 123 Abs. 1 Satz 2 gilt nämlich anders als § 121 Abs. 7 unterschiedslos für börsennotierte und nicht börsennotierte Gesellschaften. Ist der elektronische Bundesanzeiger das einzige Gesellschaftsblatt, so ist die Einberufung am Tag der Publikation im elektronischen Bundesanzeiger erfolgt. Bei mehreren satzungsmäßigen Gesellschaftsblättern ist nach zweifelhafter h.M. der Erscheinungstag des letzten Gesellschaftsblatts maßgeblich[7]; das dürfte aber nach Streichung des § 10 Abs. 2 HGB a.F. durch das EHUG[8] überholt sein, vgl. § 121 Rz. 70.

7 Enthält die Satzung noch die der vormaligen Gesetzeslage entsprechende Bestimmung, wonach die Hauptversammlung 1 Monat vor dem Tag der Hauptversammlung einzuberufen ist, so ist im Interesse des Aktionärsschutzes grundsätzlich die längere Frist maßgeblich.

8 § 16 Abs. 4 WpÜG sieht für Hauptversammlungen in Übernahmesituationen eine **verkürzte Einberufungsfrist** von 14 Tagen vor.

### 2. Europarechtliche Vorgaben

9 Die Einberufungsfrist des § 121 Abs. 1 Satz 1[9] erfüllt die Vorgaben der Aktionärsrechterichtlinie, die eine Mindestfrist von 21 Tagen vorsieht. Auch die verkürzte Einberufungsfrist gem. § 16 Abs. 4 WpÜG ist richtlinienkonform, da die Richtlinie insoweit ebenfalls eine Ausnahmeregelung enthält.

10 Problematisch ist das **Verhältnis zur Verschmelzungsrichtlinie**[10] sowie zur **Spaltungsrichtlinie**[11]. Diese sehen in Art. 11 bzw. Art. 9 vor, dass die den Aktionären zugänglich zu machenden Unterlagen mindestens einen Monat vor der Hauptversammlung ausgelegt und auf Verlangen übersandt bzw. zum Abruf auf der Internetseite der Gesellschaft bereit gestellt werden. Die Regelungen des UmwG knüpfen den Beginn dieser Pflichten an die Einberufung. Da der 30-tägigen Einberufungsfrist nicht zwangsläufig eine Anmelde- oder Legitimationsfrist gem. § 123 Abs. 2 bzw. 3 vorgeschaltet ist, verstoßen die Regelungen in ihrer Gesamtheit gegen höherrangiges euro-

---

6 Dazu *Hüffer*, 8. Aufl., § 123 AktG Rz. 2. Vgl. LG München v. 30.12.2008 – 5 HKO 11661/08, AG 2009, 296; OLG Frankfurt v. 17.3.2009 – 5 U 9/08, AG 2010, 130.
7 *Hüffer*, § 123 AktG Rz. 2.
8 BGBl. I 2006, 2553.
9 Zu § 7 Abs. 1 Satz 1 FMStBG und dessen Vereinbarkeit mit der Aktionärsrechterichtlinie vgl. LG München v. 8.4.2010 – 5 HKO 12377/09, ZIP 2010, 779 sowie *Ziemons*, DB 2008, 2635; *Langenbucher*, ZGR 2010, 75.
10 Richtlinie 78/855/EWG vom 9.10.1978, ABl. EG Nr. L 295 v. 20.10.1978, S. 36, geändert durch Richtlinie 2006/99/EG vom 20.11.2006, ABl. EU Nr. L 363 v. 20.12.2006, S. 137, durch Richtlinie 2007/63/EG vom 13.11.2007, ABl. EU Nr. L 300 v. 17.11.2007, S. 47 sowie durch Richtlinie 2009/109/EG vom 16.9.2009, ABl. EU Nr. L 259 v. 2.10.2009, S. 14.
11 Richtlinie 82/891/EWG vom 17.12.1982, ABl. EG Nr. L 378 v. 31.12.1982, S. 47, geändert durch Richtlinie 2007/63/EG vom 13.11.2007, ABl. EU Nr. L 300 v. 17.11.2007, S. 47 sowie durch Richtlinie 2009/109/EG vom 16.9.2009, ABl. EU Nr. L 259 v. 2.10.2009, S. 14.

päisches Recht[12]. Nicht richtlinienkonformes Recht ist nach ständiger Rechtsprechung des EuGH richtlinienkonform auszulegen[13] und, wenn dies nicht möglich ist, nicht anzuwenden[14], ohne dass es dazu einer förmlichen Verwerfung durch das BVerfG bedarf[15], dazu auch § 121 Rz. 5.

Das UmwG enthält keine Fristen für die Einberufung der Hauptversammlung. Daher scheidet eine richtlinienkonforme Auslegung oder Nichtanwendung seiner Regelungen aus. Möglich bleibt daher in den relevanten Umwandlungsfällen nur die **partielle Nichtanwendung** des § 123 Abs. 1 Satz 1 in seiner jetzigen Fassung mit gleichzeitigem Rückgriff auf die in dieser Vorschrift vor Inkrafttreten des UMAG enthaltene Regelung, die die richtlinienkonforme Monatsfrist anordnete[16]. Alternativ erscheint auch eine **richtlinienkonforme Auslegung** dahingehend möglich, dass in den Umwandlungsfällen „dreißig Tage" als „einunddreißig Tage" zu lesen ist. Für Hauptversammlungen, bei denen über die Zustimmung zu einer Verschmelzung oder Spaltung Beschluss gefasst werden soll, bedeutet das, dass sie vorsorglich mit einer Frist von 31 Tagen einzuberufen sind.

## III. Voraussetzungen der Teilnahme und der Stimmrechtsausübung

Die Teilnahme an der Hauptversammlung steht grundsätzlich **jedem Aktionär** offen. Von Gesetzes wegen kann die Gesellschaft – vorbehaltlich einer § 123 Abs. 2 entsprechenden Satzungsbestimmung – außer der Legitimation (dazu Rz. 22 ff.) keine Anforderungen an einen teilnahmewilligen Aktionär stellen.

**1. Anmeldung**

Von Gesetzes wegen besteht kein Anmeldeerfordernis. Die Gesellschaft kann eine vorherige Anmeldung der Aktionäre nur verlangen, wenn dies in der Satzung festgelegt ist. Ein Anmeldeerfordernis kann sowohl für Inhaber- wie für Namensaktien statuiert werden[17]. Es ist zweifelhaft, ob der Inhaber von Namensaktien bereits im Zeitpunkt der Anmeldung im Aktienregister eingetragen sein muss, da dies dem Anmeldeschlusstag die Bedeutung eines Record Date beilegen würde[18], dazu auch Rz. 24 f., § 121 Rz. 46 ff.

**a) Anmeldefrist**

Die Satzung kann vorsehen, dass zur Teilnahme und Stimmrechtsausübung nur die Aktionäre berechtigt sind, die sich zur Hauptversammlung angemeldet haben. Sofern die Satzung keine kürzere Frist bestimmt, muss die Anmeldung der Gesellschaft **mindestens 6 Tage vor der Hauptversammlung** zugehen. Da der Zugangstag nicht

---

[12] *Reger* in Bürgers/Körber, § 123 AktG Rz. 3; *J. Schmidt*, DB 2006, 375 f.
[13] EuGH v. 13.11.1990 – RS C-106/89 – „Marleasing", Slg. 1990 I S. 4135; EuGH v. 16.12.1993 – RS C-334/92 – „Wagner Miret", Slg. 1993 I S. 6911; EuGH v. 14.7.1994 – RS C-91/92 – „Faccini Dori", Slg. 1994 I S. 3325; EuGH v. 23.10.2003 – RS C-408/01 – „Adidas", Slg. 2003 I S. 12537; EuGH v. 5.10.2004 – RS C-397/01 bis C-403/01 – „Pfeiffer et al.", Slg. I 2004 S. 8835; EuGH v. 4.7.2006 – RS C-212/04 – „Adeneler", Slg. 2006 I S. 6057.
[14] EuGH v. 21.5.1987 – RS 249/85 – „Albako", Slg. 1987 S. 2345, EuGH v 4.2.1988, – RS 157/86 – „Murphy", Slg. 1988 S. 673; EuGH v. 26.9.2000 – RS C-262/97 – „Engelbrecht", Slg. 2000 I S. 7321; EuGH v. 20.5.2003 – RS C-465/00, 138/01 und 139/01 – „Rechnungshof, Neukomm et al.", Slg. 2003 I S. 4989; EuGH v. 25.7.2008 – RS C-237/07 – „Janececk", Slg. 2008 I S. 6221.
[15] *Ziemons*, DB 2008, 2635 m.w.N.
[16] So im Ergebnis *Hüffer*, § 123 AktG Rz. 2.
[17] LG München v. 28.8.2008 – 5 HKO 12861/07, ZIP 2008, 2124.
[18] OLG Stuttgart v. 3.12.2008 – 20 W 12/08, AG 2009, 204.

mitzählt, bedeutet das, dass die Anmeldung spätestens am 7. Tag vor der Hauptversammlung bei der Gesellschaft eingehen muss. Die Satzung kann eine kürzere, aber keine längere Frist vorsehen. Die Satzung kann aber auch den Einberufenden ermächtigen, in der Einberufung eine kürzere Frist vorzusehen. Damit ist nunmehr gesetzlich geregelt, dass die Satzung den Vorstand ermächtigen kann, in der Einberufung eine kürzere Anmeldefrist zu bestimmen. Das war zuvor von Instanzgerichten[19] verneint worden.

15 Satzungsmäßige wie gesetzliche Anmeldefrist werden auf 4 Tage gekürzt, wenn die **Hauptversammlung in einer Übernahmesituation** (§ 16 Abs. 4 WpÜG) einberufen wird.

### b) Inhalt der Anmeldung

16 Die Frage, ob der Aktionär seine Teilnahme an der Hauptversammlung anmeldet oder ob er die ihm gehörenden Aktien, für die er legitimiert ist, zur Hauptversammlung anmeldet, ist wenig behandelt. Relevant wird sie in den Fällen, in denen der Aktionär (irrtümlich) eine geringere Aktienstückzahl bei der Anmeldung angibt, oder wenn er im Zeitraum zwischen Anmeldung bzw. dem letzten Tag der Anmeldefrist und dem Legitimationsstichtag (z.B. Umschreibungsstopp im Aktienregister) bzw. dem Tag der Hauptversammlung, wenn die Satzung keine Regelungen zur Legitimation enthält und es sich nicht um börsennotierte Inhaberaktien handelt. Richtigerweise ist von einer **Anmeldung des Aktionärs** auszugehen, der daher im Verhältnis zur Gesellschaft zur Ausübung der hauptversammlungsbezogenen Rechte mit den Aktien berechtigt ist, für die er legitimiert ist[20]. Wenn sich die Teilnahmeberechtigung etc. nur auf die bei der Anmeldung gehaltenen bzw. **in der Anmeldung angegebenen Aktien** beziehen soll, bedarf dies einer eindeutigen Grundlage in der Satzung[21]. Andernfalls würden die an die Zahl bzw. den Nennbetrag geknüpften Rechte (insbesondere das Stimmrecht) ohne Rechtsgrundlage eingeschränkt.

### c) Form und Übermittlung der Anmeldung

17 In Hinblick auf die Form der Anmeldung enthält § 123 Abs. 2 keine Regeln. Die Satzung kann hierzu Vorgaben machen und beispielsweise Textform (§ 126b BGB) oder auch Schriftform (§ 126 BGB) verlangen oder den Einberufenden ermächtigen, in der Satzung nähere Regelungen zur Anmeldung zu treffen. Macht die Satzung keine Vorgaben, kann die Anmeldung in jeder für Willenserklärungen möglichen Form, also auch konkludent (z.B. durch Übermittlung eines Legitimationsnachweises gem. § 123 Abs. 3), erfolgen[22].

18 Die Anmeldung muss **bei einer in der Einladung genannten Adresse** eingehen, anderweitiger Zugang ist nicht ausreichend[23]. Unter Adresse versteht das Gesetz neben der postalischen Anschrift auch den intern zuständigen Empfänger sowie dessen Kontaktdaten (Telefax-Nr., E-Mailadresse etc.). Die Gesellschaft kann durch Angabe beispielsweise nur einer E-Mail-Adresse die Übermittlungsformen nicht beschränken und ihnen Exklusivität einräumen. Stets muss auch eine postalische Adresse angege-

---

19 LG München v. 30.8.2007 – 5 HKO 2797/07, WM 2007, 2111; OLG München v. 26.3.2008 – 7 U 4782/07, AG 2008, 460. Ablehnend z.B. *Ihrig/Wagner* in FS Spiegelberger, 2009, S. 722, 729 f.
20 *Baums* in FS Hüffer, 2010, S. 15, 27.
21 *Baums* in FS Hüffer, 2010, S. 15, 26.
22 Weiter: *Simon/Zetzsche*, NZG 2005, 369, 372 f.; *Zetzsche*, Der Konzern 2007, 180, 186, die stets die Anmeldung durch Übermittlung des Bestandsnachweises genügen lassen wollen.
23 *Hüffer*, § 123 AktG Rz. 7.

ben werden, bei der die Anmeldung abgegeben werden kann[24]. Ausreichend ist die Angabe einer sog. c/o Anschrift bei einem Dienstleister[25]. Wird in der Einladung **keine Adresse benannt**, so liegt kein Mangel der Einberufung vor und der Aktionär genügt dem Anmeldeerfordernis, wenn er die Anmeldung an die Anschrift der Geschäftsleitung oder der Hauptverwaltung adressiert[26]. Ob kein Zugang erfolgt, wenn die Anmeldung in einem solchen Fall bei einer Zweigniederlassung, Niederlassung oder Betriebsstätte eingeht[27], ist zweifelhaft[28]; angesichts der Möglichkeit der Konzentration auf eine in der Einladung genannte Adresse dürfte dies auch nicht geboten sein.

### d) Zugang der Anmeldung

Die Anmeldung muss der Gesellschaft nach dem Wortlaut des Gesetzes am Tag vor Ablauf der Anmeldefrist zugehen. Wie beim Ergänzungsverlangen gem. § 122 Abs. 2 stellt sich auch hier die Frage, ob der Zugang im Sinne des § 123 Abs. 2 den gleichen Regeln folgt wie der Zugang im Sinne von § 130 BGB. Die Frage ist auch hier aus den gleichen Gründen (§ 122 Rz. 35) zu verneinen. Der „Zugang" erfolgt auch im Rahmen des § 123 fristgemäß, wenn die Anmeldung vor Ablauf des 7. Tages vor der Hauptversammlung bei der Gesellschaft eingeht. 19

### e) Folgen des Anmeldeerfordernisses

Ist nach der Satzung eine Anmeldung erforderlich, **verlängert sich die Mindesteinberufungsfrist** des § 123 Abs. 1 um die Tage der Anmeldefrist gem. § 123 Abs. 2 Satz 2. Durch Anmelde- oder Legitimationserfordernisse soll die Einberufungsfrist nicht verkürzt werden[29]. 20

Diese Regelung ist aufgrund der vom Gesetz verwendeten Verweisungstechnik problematisch. Da das Gesetz eine Verlängerung der Einberufungsfrist um die Anmeldefrist gem. § 123 Abs. 2 Satz 2, also die nicht durch Satzung oder aufgrund einer Ermächtigung in der Satzung verkürzte 6-Tagesfrist anordnet, kommt **eine dem Wortlaut verhaftete Auslegung** zu dem Ergebnis, dass im Falle eines Anmeldeerfordernisses die verlängerte Einberufungsfrist stets 36 Tage beträgt. Die gesetzliche Regelung beruht auf einem Redaktionsversehen. Die Sätze 2 und 3 bildeten ursprünglich einen einheitlichen Satz 2, der dann im Rechtsausschuss nach Vornahme der oben Rz. 14 erwähnten Ergänzung um die Möglichkeit einer Ermächtigung zur Fristverkürzung der besseren Lesbarkeit willen in zwei Sätze zerlegt wurde. Daher ist § 123 Abs. 2 Satz 5 zu lesen als „Die Mindestfrist des Absatzes 1 verlängert sich um die Tage der Anmeldefrist gemäß Satz 2 oder eine kürzere in der Satzung oder aufgrund einer Satzungsermächtigung in der Einberufung festgelegte Anmeldefrist." Mithin kommt es auf die tatsächliche Anmeldefrist an[30]. 21

---

24 A.A. OLG Frankfurt v. 20.10.2009 – 5 U 22/09 (juris): (Postfach ist ausreichend); *Ihrig/Wagner* in FS Spiegelberger, 2009, S. 722, 738.
25 OLG Frankfurt v. 20.10.2009 – 5 U 22/09 (juris); LG Berlin v. 11.3.2009 – 100 O 17/07, BB 2009, 1265.
26 *Hüffer*, § 123 AktG Rz. 7.
27 So für Gegenanträge: *Werner* in Großkomm. AktG, 4. Aufl., § 126 AktG Rz. 33; *Butzke* in Obermüller/Werner/Winden, Die Hauptversammlung der Aktiengesellschaft, Rz. B 155.
28 Ablehnend für Gegenanträge: *Kubis* in MünchKomm. AktG, 2. Aufl., § 126 AktG Rz. 18.
29 Begr. RegE, BT-Drucks. 15/5092, S. 13.
30 *Grobecker*, NZG 2010, 165, 166; *Höreth/Linnerz*, GWR 2010, 155.

## IV. Legitimation

### 1. Allgemeines

22 Derjenige, der an der Hauptversammlung teilnehmen und das Stimmrecht ausüben will, muss sich gegenüber der AG legitimieren.

### 2. Namensaktien

#### a) Verbriefte Namensaktien

23 Sind die von der AG ausgegebenen Namensaktien verbrieft, so ist derjenige, der **im Aktienregister als Aktionär eingetragen** ist, gegenüber der AG legitimiert; weitere Nachweise sind nicht erforderlich[31] und dürfen, jedenfalls für verbriefte Namensaktien, auch nicht verlangt werden[32]. **Weicht der Registerstand von der materiellen Rechtslage ab**, ist zwar der Eingetragene im Verhältnis zur Gesellschaft legitimiert, gleichwohl kann er eine Ordnungswidrigkeit gem. § 405 Abs. 3 Nr. 1 begehen, wenn er Teilnahme- und Stimmrecht aus diesen Aktien ohne Einwilligung oder Vollmacht des nicht eingetragenen Erwerbers ausübt[33].

24 Eine dem Record Date vergleichbare Wirkung kann durch Einführung eines sogenannten **Umschreibungsstopps des Aktienregisters** erzielt werden[34]; hierbei ist aber zu beachten, dass der Tag der Veränderungssperre höchstens sechs Tage vor dem Tag der Hauptversammlung liegen darf (Wertung des § 123 Abs. 2 Satz 2 und 4 bzw. § 123 Abs. 3 Satz 3 a.F.)[35]. Der Umschreibungsstopp bedarf einer **Regelung in der Satzung**, sei es, dass die Satzung den Tag des Umschreibungsstopps selbst festlegt, sei es, dass sie den Vorstand ermächtigt, einen Umschreibungsstopp festzusetzen[36]. Wegen des mit dem Umschreibungsstopp einhergehenden Ausschlusses der Legitimation gegenüber der Gesellschaft[37] bedarf es dazu einer mindestens satzungsmäßigen Grundlage. Jedenfalls kann es nicht dem Vorstand überlassen werden, mittels Festlegung eines Umschreibungsstopps den Kreis der teilnahmeberechtigten Aktionäre unautorisiert autonom zu bestimmen. Das zeigt sich auch – und gerade daran –, dass das Anmeldeerfordernis einer satzungsmäßigen Grundlage bedarf und der in seinen Wirkungen korrespondierende Nachweisstichtag bei börsennotierten Inhaberaktien eine ausdrückliche Regelung im Gesetz erfahren hat.

25 Dies ist auch aus europarechtlichen Gründen geboten. Nach Art. 7 Abs. 2 UAbs. 1 der **Aktionärsrechterichtlinie** sind die Mitgliedstaaten verpflichtet, für sämtliche börsennotierten Gesellschaften einen Nachweisstichtag festzulegen. Nach UAbs. 2 dieser Norm kann hiervon nur in Hinblick auf solche Gesellschaften abgesehen werden, die in der Lage sind, Namen und Anschriften ihrer Aktionäre aus einem am Tag der

---

31 *Hüffer*, § 123 AktG Rz. 9.
32 *Heidinger/Blath*, DB 2006, 2275.
33 *Otto* in Großkomm. AktG, 4. Aufl., § 405 AktG Rz. 64; *Schaal* in MünchKomm. AktG, 2. Aufl., § 405 AktG Rz. 78 je m.w.N. Vgl. auch *Quass*, AG 2009, 432, 435.
34 *Lutter/Drygala* in KölnKomm. AktG, 3. Aufl., § 67 AktG Rz. 104; *Baums* in FS Hüffer, 2010, S. 15, 25 Fn. 32. A.A. *von Nussbaum*, NZG 2009, 456, 457 f., der den Anmeldeschlusstag mit dem Record Date gleichsetzt.
35 *Hüffer*, § 68 AktG Rz. 20. A.A. *Merkt* in Großkomm. AktG, 4. Aufl., § 67 AktG Rz. 105: höchstens 48 Stunden vor der Hauptversammlung.
36 Offen gelassen BGH v. 21.9.2009 – II ZR 174/08, BGHZ 182, 272 = AG 2009, 824, die Satzung der Axel Springer AG sah seinerzeit einen Umschreibungsstopp vor, vgl. KG v. 26.5.2008 – 23 U 88/07, AG 2009, 118. A.A. *Baums* in FS Hüffer, 2010, S. 15, 28; *Grobecker*, NZG 2010, 165, 166; oben *Bezzenberger*, § 67 Rz. 24.
37 Darauf weist *Merkt* in Großkomm. AktG, 4. Aufl., § 67 AktG Rz. 104 f. deutlich hin.

Hauptversammlung aktuellen Aktionärsregister[38] ermitteln zu können. Ein tagesaktuelles Aktienregister ist aber im Falle eines Umschreibungsstopps nicht vorhanden. Zur korrekten Umsetzung der Richtlinie hätte es daher auch für Namensaktien der gesetzlichen Festlegung des Tages des Umschreibungsstopps als Nachweisstichtag für die Aktiengesellschaften bedurft, die ihr Aktienregister nicht bis zum Tag der Hauptversammlung fortschreiben. Dieses **Umsetzungsdefizit** sollte möglichst bald behoben werden. Im Zuge der Umsetzung des Richtlinienbefehls wird der Gesetzgeber dann auch vor der Aufgabe stehen, für Gesellschaften, die Namens- und Inhaberaktien ausgegeben haben, einen einheitlichen Nachweisstichtag festzulegen, Art. 7 Abs. 3 Aktionärsrechterichtlinie.

### b) Unverbriefte Namensaktien

Sind die Namensaktien **nicht verbrieft**, gibt es kein Aktienregister, das die Legitimationswirkung des § 67 Abs. 2 Satz 1 entfalten kann (§ 67 Rz. 13). Daher stellt sich angesichts dessen, dass § 123 Abs. 3 satzungsmäßige Regelungen nur für Inhaber- nicht aber für Namensaktien zulässt, die Frage, ob in der Satzung Regelungen in Hinblick auf die Legitimation zulässig sind. In Anbetracht der Satzungsstrenge (§ 23 Abs. 5) ist das zu verneinen[39]. Somit verbleibt es bei der entsprechenden Anwendung von § 410 BGB (Vorlage der Abtretungsurkunde), was dann aber darauf hinausläuft, dass die **Abtretung** unverbriefter Namensaktien **grundsätzlich schriftlich** erfolgen muss – andernfalls kann der Erwerber seine Teilnahmebefugnis nicht nachweisen. Vgl. dazu auch § 10 Rz. 23.

26

### 3. Inhaberaktien nicht-börsennotierter Gesellschaften

Ist die Gesellschaft nicht börsennotiert (§ 3 Abs. 2) und hat sie Inhaberaktien ausgegeben, **kann die Satzung relativ frei festlegen,** wie sich der teilnahmewillige Aktionär ihr gegenüber zu legitimieren hat[40]. Möglich ist etwa, die Hinterlegung der Aktien bei einem Notar oder einem Kreditinstitut bis zum Ende der Hauptversammlung[41] zu verlangen oder auch einen besonderen Nachweis des Anteilsbesitzes im Sinne von § 123 Abs. 3 Satz 2 und 3 (ggf. bezogen auf einen anderen, näher am Tag der Hauptversammlung liegenden Stichtag)[42]. Zu beachten ist nur, dass durch die Anforderungen an die Legitimation die Teilnahme nicht faktisch erschwert werden darf.

27

**Enthält die Satzung keine Regelung,** legitimieren sich Inhaber verbriefter Aktien durch Vorlage der Urkunde (oder einer Hinterlegungsbescheinigung)[43] und Inhaber unverbriefter Aktien durch Vorlage der auf den Zeichner der Aktien zurückführenden Abtretungserklärungen (§ 410 BGB analog)[44] oder einer Urkunde i.S. von § 403 BGB[45].

28

---

38 Das wird in der französischen und italienischen Fassung der Richtlinie deutlicher als in der deutschen.
39 *Butzke*, WM 2005, 1981, 1983.
40 *Hüffer*, § 123 AktG Rz. 10; *Butzke*, WM 2005, 1981, 1983.
41 LG München v. 28.8.2008 – 5 HKO 2522/08, AG 2008, 904; Begr. RegE, BT-Drucks. 15/5092, S. 28; *Gätsch/Mimberg*, AG 2006, 746, 749.
42 *Hüffer*, § 123 AktG Rz. 10.
43 *Hüffer*, § 123 AktG Rz. 5; *Kubis* in MünchKomm. AktG, 2. Aufl., § 123 AktG Rz. 12; *Zöllner* in KölnKomm. AktG, 1. Aufl., § 123 AktG Rz. 10.
44 *Hüffer*, § 123 AktG Rz. 3; *Zöllner* in KölnKomm. AktG, 1. Aufl., § 123 AktG Rz. 13.
45 A.A. *Hüffer*, § 123 AktG Rz. 3, der einen Bestandsnachweis im Sinne von § 123 Abs. 3 für ausreichend hält, dabei aber übersieht, dass zur Einbuchung in ein Depot eine Globalurkunde und damit eine Verbriefung erforderlich ist.

## 4. Inhaberaktien börsennotierter Gesellschaften

### a) Regelung in der Satzung

29 Bei Inhaberaktien, die zum regulierten Markt oder einem vergleichbaren Markt in einem EU- oder EWR-Staat zugelassen sind, ist der Gestaltungsspielraum für Satzungsregeln betreffend die Legitimation eingeschränkt: Die Satzung muss vorsehen, dass zur Legitimation ein **besonderer Nachweis des Anteilsbesitzes**, der sich auf den Beginn des 21. Tages vor der Hauptversammlung bezieht und durch das depotführende Institut ausgestellt wurde, ausreicht.

30 Daneben kann (und sollte) die Satzung dann, wenn die Gesellschaft neben oder statt Globalurkunden auch **Einzel- oder Sammelurkunden ausgegeben** hat, Regelungen vorsehen, wie sich Inhaber solcher Urkunden legitimieren können[46]. Würde die Satzung auch für effektive Stücke stets den Bestandsnachweis durch ein depotführendes Institut verlangen, müssten Aktionäre, die ihre Aktien privat verwahren, nur zu diesem Zweck ein Depot eröffnen, was eine Erschwernis der Teilnahme darstellen würde[47]. Von der Satzung eingeräumte alternative Legitimationsmöglichkeiten müssen sich ebenfalls auf den Beginn des 21. Tages vor der Hauptversammlung beziehen. § 16 Satz 2 EGAktG[48] ist in richtlinienkonformer Auslegung insoweit analog anzuwenden, da Art. 7 Abs. 2 und 3 der Aktionärsrechterichtlinie einen einheitlichen Nachweisstichtag verlangen. § 23 Abs. 5 steht derartigen Satzungsregeln nicht entgegen[49]. Das wäre nur dann der Fall, wenn Art. 7 Abs. 1 der Aktionärsrechterichtlinie auch die Möglichkeit einer alternativen Hinterlegung verbieten würde. Dem ist aber nicht so, da die Richtlinie nur die Hinterlegung als einzige Legitimationsmöglichkeit verbietet.

### b) Anforderungen an den Bestandsnachweis

31 **Aussteller** des Bestandsnachweises muss das depotführende Institut des Aktionärs sein. Das ist das in- oder ausländische Kredit-, Finanzdienstleistungs- oder Finanzinstitut[50], das als letztes Glied in der Verwahrkette Aktien für den Aktionär verwahrt[51]. Die Satzung kann keine weitergehenden Anforderungen an den Aussteller des Bestandsnachweises (etwa Sitz oder Niederlassung in einem EU- bzw. EWR-Mitgliedstaat) stellen, da der Wortlaut der Norm hierfür keinen Raum lässt[52].

32 Bestandsnachweise, die **vor dem Record Date ausgestellt** wurden, entfalten keine Legitimationswirkung[53].

33 Zum **Inhalt** des Bestandsnachweises macht das Gesetz keine Vorgaben. Ein auf das Record Date bezogener **Depotauszug reicht jedenfalls nicht** aus[54]. Vielmehr muss der Bestandsnachweis diejenigen Angaben enthalten, die für den Versand der Eintrittskarte und die Erstellung des Teilnehmerverzeichnisses erforderlich sind[55].

---

46 *Simon/Zetzsche*, NZG 2005, 369, 374; *Seibert*, WM 2005, 157; *Spindler*, NZG 2005, 825, 827.
47 Kritisch gegenüber derartigen Satzungsregeln: *Heidinger/Blath*, DB 2006, 2275, 2276.
48 Dazu Rz. 44.
49 A.A. *Mülbert* in FS Nobbe, 2009, S. 691, 704.
50 Vgl. die Aufzählung in der Begr. RegE BT Drucks. 15/5092, S. 13.
51 *Zetzsche*, Der Konzern 2007, 180, 183. A.A. *Mülbert* in FS Nobbe, 2009, S. 691, 706 f. m.w.N.
52 A.A. *Bungert* in VGR, Gesellschaftsrecht in der Diskussion 2004, 2005, S. 59 ff., 66; *Wilsing*, DB 2005, 35, 39.
53 *Kiefer/Zetzsche*, ZIP 2006, 551, 555.
54 *Gätsch/Mimberg*, AG 2006, 746, 747.
55 *Zetzsche*, Der Konzern 2007, 180, 184 f.

Bezüglich der **Form** gibt § 123 Abs. 3 Satz 2 vor, dass Textform (§ 126b BGB) erforderlich aber auch genügend ist. Die Satzung kann (und soll) insoweit nur noch Festlegungen zur Sprache (etwa Deutsch bzw. Deutsch oder Englisch)[56] machen[57]. Fehlen Satzungsvorgaben zur Sprache, dürften Bestandsnachweise in jeder Sprache (z.B. maltesisch oder estnisch) genügend sein[58]. 34

Offen ist, in welchem Umfang die Gesellschaft zur **Prüfung** der zugegangenen Bestandsnachweise berechtigt und verpflichtet ist und wie sie bei Zweifeln an der Richtigkeit bzw. Echtheit des Bestandsnachweises zu verfahren hat, insbesondere, ob sie weitere Nachweise verlangen[59] oder dem Aktionär die Teilnahme an der Hauptversammlung versagen kann[60]. Jedenfalls dürften Satzungsregeln, die die Behandlung von Zweifelsfällen betreffen, nicht empfehlenswert sein[61]. Zu beachten sind auch die diesbezüglichen Vorgaben der Aktionärsrechterichtlinie. Nach deren Art. 7 Abs. 4 dürfen an den Nachweis der Aktionärseigenschaft nur die zur Ermittlung der Identität des Aktionärs erforderlichen und angemessenen Anforderungen gestellt werden. 35

**c) Veräußerung von Aktien nach dem Record Date**

**aa) Rechte des Erwerbers.** Da sich der Bestandsnachweis auf den Beginn des 21. Tages vor der Hauptversammlung beziehen muss, hat dies zur Folge, dass Aktionäre, die ihre Aktien nach Ablauf des 22. Tages vor dem Tag der Hauptversammlung erworben haben, aus diesen Aktien weder das Teilnahmerecht, noch das Stimmrecht oder andere hauptversammlungs-[62] oder beschlussbezogene[63] Rechte in der Hauptversammlung bis zu deren Beendigung ausüben können. Mangels Teilnahmerecht an der Hauptversammlung können diese Erwerber auch nicht Widerspruch zur Niederschrift erklären und sind somit regelmäßig weder anfechtungsbefugt[64] noch abfindungsberechtigt bei Umwandlungsvorgängen, vgl. §§ 29, 207 UmwG. 36

**bb) Stellung des Veräußerers.** Im Verhältnis zur Gesellschaft ist allein der Veräußerer, der den Bestandsnachweis übermittelt hat, zur Teilnahme und Ausübung des Stimmrechts berechtigt, § 123 Abs. 3 Satz 4. In diesem Verhältnis begründet der Bestandsnachweis die unwiderlegliche Vermutung, dass der Betreffende Aktionär ist[65]. Im Verhältnis zum Erwerber ist der Veräußerer nicht zur Ausübung dieser Rechte berechtigt[66]. Dies ergibt sich aus der Begründung des RegE[67]. Wäre es anders, bestünde kein Bedürfnis für die dort angesprochene Vereinbarung zwischen den Parteien über die Ausübung des Stimmrechts durch den Veräußerer bzw. die Bevollmächtigung des Erwerbers, die im Übrigen in Hinblick auf den Kontrollerwerb mittels Acting in 37

---

56 Ein Zwang zur Zulassung von Bestandsnachweisen in englischer Sprache besteht nicht, a.A. wohl Begr. RegE, BT-Drucks. 15/5092, S. 13.
57 *Simon/Zetzsche*, NZG 2005, 369, 373.
58 A.A. *Bungert* in VGR, Gesellschaftsrecht in der Diskussion 2004, 2005, S. 59 ff., 65: nur deutsch.
59 So z.B. *Seibert*, WM 2005, 157.
60 Vgl. dazu *Gätsch/Mimberg*, AG 2006, 746, 748 f.; *Heidinger/Blath*, DB 2006, 2275, 2277.
61 So aber wohl *Simon/Zetzsche*, NZG 2005, 369, 373.
62 *Hüffer*, § 123 AktG Rz. 12; *Bungert* in VGR, Gesellschaftsrecht in der Diskussion 2004, 2005, S. 64; *Heidinger/Blath*, DB 2006, 2275, 2277.
63 A.A. wohl Notarverein in Notar 2004, 34, 37 unter Bezugnahme auf die Begründung des RegE, sowie *Zetzsche*, Der Konzern 2007, 180, 187.
64 A.A. wohl Notarverein in Notar 2004, 34, 37 unter Bezugnahme auf die Begründung des RegE UMAG, sowie *Zetzsche*, Der Konzern 2007, 180, 187.
65 OLG Frankfurt v. 21.7.2009 – 5 U 139/08, NZG 2009, 1068.
66 *Quass*, AG 2009, 432, 435. A.A. wohl *Hüffer*, § 123 AktG Rz. 12. Unklar OLG Frankfurt v. 7.7.2009 – 5 U 50/08 (juris).
67 Begr. RegE UMAG, BT-Drucks. 15/5092, S. 30.

Concert (§§ 29 f. WpÜG) übernahmerechtlich nicht unproblematisch ist. Damit dürfte der Veräußerer, der das Stimmrecht aus Aktien, die ihm nicht mehr gehören, ausübt, eine Ordnungswidrigkeit gem. § 405 Abs. 3 Nr. 1 begehen[68], es sei denn, man nähme eine konkludente Einwilligung des Erwerbers im Sinne dieser Norm an – was jedenfalls beim Erwerb über die Börse auf Schwierigkeiten stoßen würde. Zur vergleichbaren Rechtslage bei Namensaktien oben Rz. 16.

38 Die in der Begründung des RegE UMAG[69] jedenfalls für Paketverkäufe vorgeschlagene Lösung, der Veräußerer könne dem Erwerber **Stimmrechtsvollmacht** erteilen, trägt ebenso wenig zur Lösung des Rechtsproblems bei, wie eine „konkludente Pflicht" des Veräußerers, im Sinne des Erwerbers abzustimmen[70]. Die Vollmachtslösung versagt bei börslichen Verkäufen und ist bei Übernahmeangeboten nur eingeschränkt umsetzbar[71]. Wie bei Gesamtrechtsnachfolge zu verfahren ist, ist ungeklärt. Es spricht aber viel dafür, Gesamtrechtsnachfolger in gleicher Weise wie Einzelrechtsnachfolger zu behandeln[72].

### d) Record Date und Übermittlung des Bestandsnachweises

39 Das konkrete Datum des Nachweisstichtags muss in der Einladung genannt werden; die Umschreibung (Beginn des 21. Tages vor der Hauptversammlung) ist nicht ausreichend[73]. Auch bei auf 2 Tage einberufenen Hauptversammlungen gibt es nur einen einzigen Nachweisstichtag[74].

40 Fällt der 21. Tag auf einen Sonn- oder Feiertag oder einen Samstag, verschiebt sich der **Stichtag** (Record Date) nicht auf den nächstgelegenen Werktag. Das galt schon nach altem Recht[75] und wurde durch die Regelung in § 121 Abs. 7 Satz 2 und 3 nunmehr klargestellt. Die Begründung des RegE versteht den Nachweisstichtag als Termin im Sinne des § 121 Abs. 7[76]. Für den Zugang des Bestandsnachweises gelten die oben Rz. 14 und Rz. 16 gemachten Ausführungen entsprechend.

### e) Fehlen von Satzungsbestimmungen

41 Ungeklärt ist, ob und welche Legitimationsnachweise eine börsennotierte Gesellschaft verlangen kann, wenn die Satzung schweigt. Kann sie nach der Grundregel die Vorlage der **Aktienurkunde** oder eines ähnlich beweiskräftigen Dokuments, das die Aktieninhaberschaft am Tag der Hauptversammlung bestätigt, verlangen oder kann sie den **Bestandsnachweis** nach § 123 Abs. 3 Satz 2 und 3 auch ohne Satzungsbestimmung fordern oder muss sie auf jedwede Legitimation der Hauptversammlungsteilnehmer verzichten? Die besseren Gründe (und die Praxis in der Hauptversammlungs-

---

68 Wie hier: *Gätsch/Mimberg*, AG 2006, 746, 750 f.; und für Namensaktien oben *Bezzenberger*, § 67 Rz. 24; anders: Begr. RegE UMAG, BT-Drucks. 15/5092, S. 30; *Seibert*, WM 2005, 157, 158.
69 BT-Drucks. 15/5092, S. 14; so auch *Göz/Holzborn*, WM 2006, 157, 163.
70 So z.B. *Holzborn/Bunnemann*, BKR 2005, 51, 53.
71 Vgl. dazu das freiwillige Angebot der HEAT Beteiligungs III GmbH an die Aktionäre der Techem AG.
72 *Heidinger/Blath*, DB 2006, 2275, 2277 f.
73 *Zetzsche*, Der Konzern 2007, 251, 253.
74 BGH v. 7.12.2009 – II ZR 239/08, ZIP 2010, 622; OLG Stuttgart v. 15.10.2008 – 20 U 19/07, AG 2009, 124; *Goette*, DStR 2010, 609.
75 LG München v. 18.12.2008 – 5 HKO 11182/08, AG 2009, 213; *Simon/Zetzsche*, NZG 2005, 369, 373; *Zetzsche*, Der Konzern 2007, 180, 185 f.; missverständlich Begr. RegE, BT-Drucks. 15/5092, S. 14; a.A. LG Frankfurt v. 2.10.2007 – 3-5 O 196/07, NZG 2008, 112.
76 Vgl. dazu auch *Florstedt*, ZIP 2010, 761, 762.

saison 2006, in der bei der Mehrzahl der börsennotierten Gesellschaften noch entsprechende Satzungsregeln fehlten) sprechen dafür, dass sie den Bestandsnachweis nach § 123 Abs. 3 Satz 2 und 3 verlangen kann[77], worauf in der Einberufung hinzuweisen ist.

### 5. Auswirkungen besonderer Anforderungen an die Legitimation

Wie bei der Anmeldung (Rz. 20 ff.) verlängert sich die Mindesteinberufungsfrist des § 123 Abs. 1 um die Tage der Nachweisfrist. Ein Gleichklang von Nachweisfrist und Anmeldefrist ist nicht erforderlich. Weichen die beiden Fristen voneinander ab, verlängert sich die Mindesteinberufungsfrist um die Tage der längeren. 42

## V. Übergangsregelungen

### 1. Anpassung an das UMAG

Zu § 16 Satz 1 EGAktG, der eine unbefristete Übergangsregelung zu § 123 Abs. 2 und 3 i.d.F. des UMAG enthält, vgl. 1. Auflage Rz. 35 f. Die wesentlichen Zweifelsfragen wurden von der Rechtsprechung geklärt. Wenn die Satzung einer börsennotierten Gesellschaft als einzige Legitimationsmöglichkeit die Hinterlegung vorsieht, sind daneben die gesetzlichen Regeln (Bestandsnachweis als Legitimationsmittel) anzuwenden, sodass den Aktionären bis zur Änderung der Satzung entsprechend der neuen Gesetzesfassung beide Legitimationsmittel zur Verfügung gestellt werden müssen[78]. 43

Zwischenzeitlich ist auch geklärt, dass der in § 16 Satz 2 EGAktG fixierte Hinterlegungsstichtag (21. Tag vor der Hauptversammlung) nicht dazu führt, dass der Beginn der Einberufungsfrist um 22 Tage (statt der in der Satzung bestimmten höchstens sieben Tage) nach vorne verlagert wird[79]. 44

### 2. Anpassung an das ARUG

Zur Übergangsregelung in § 20 Abs. 3 EGAktG vgl. § 121 Rz. 110. Diese Übergangsregelung gilt nur bis zur ersten ordentlichen Hauptversammlung nach Inkrafttreten des ARUG (1.9.2009). Mit Ablauf dieser Hauptversammlung werden Satzungsbestimmungen börsennotierter Gesellschaften, die die Fristen des § 123 Abs. 2 und 3 nicht in (Kalender-)Tagen angeben, unwirksam. Eine Angabe der unwirksamen Satzungsbestimmung in der Einberufung ist nicht erforderlich[80]. 45

---

77 So auch: *Hüffer*, § 123 AktG Rz. 11.
78 OLG Frankfurt v. 17.3.2009 – 5 U 9/08, AG 2010, 130; OLG Frankfurt v. 10.6.2008 – 5 U 134/07, AG 2008, 896; OLG München v. 17.1.2008 – 7 U 2358/07, AG 2008, 508; OLG Stuttgart v. 15.10.2008 – 20 U 19/07, AG 2009, 124; *Hüffer*, § 123 AktG Rz. 11; *Goette*, DStR 2010, 609; *Butzke*, WM 2005, 1981, 1984.
79 *Kiefner/Zetzsche*, ZIP 2006, 551, 554; *Koch*, ZGR 2006, 769, 803; *Mimberg*, AG 2005, 716, 724. A.A. 1. Aufl. Rz. 36; *Butzke*, WM 2005, 1981, 1984.
80 Die Entscheidung des OLG Frankfurt v. 17.6.2008 – 5 U 27/07 (juris) ist nicht einschlägig, da sie den Fall einer wirksamen, aber in concreto nicht handhabbaren Satzungsbestimmung betrifft.

## § 124
## Bekanntmachung von Ergänzungsverlangen; Vorschläge zur Beschlussfassung

(1) Hat die Minderheit nach § 122 Abs. 2 verlangt, dass Gegenstände auf die Tagesordnung gesetzt werden, so sind diese entweder bereits mit der Einberufung oder andernfalls unverzüglich nach Zugang des Verlangens bekannt zu machen. § 121 Abs. 4 gilt sinngemäß; zudem gilt bei börsennotierten Gesellschaften § 121 Abs. 4a entsprechend. Bekanntmachung und Zuleitung haben dabei in gleicher Weise wie bei der Einberufung zu erfolgen.

(2) Steht die Wahl von Aufsichtsratsmitgliedern auf der Tagesordnung, so ist in der Bekanntmachung anzugeben, nach welchen gesetzlichen Vorschriften sich der Aufsichtsrat zusammensetzt, und ob die Hauptversammlung an Wahlvorschläge gebunden ist. Soll die Hauptversammlung über eine Satzungsänderung oder über einen Vertrag beschließen, der nur mit Zustimmung der Hauptversammlung wirksam wird, so ist auch der Wortlaut der vorgeschlagenen Satzungsänderung oder der wesentliche Inhalt des Vertrags bekanntzumachen.

(3) Zu jedem Gegenstand der Tagesordnung, über den die Hauptversammlung beschließen soll, haben der Vorstand und der Aufsichtsrat, zur Wahl von Aufsichtsratsmitgliedern und Prüfern nur der Aufsichtsrat, in der Bekanntmachung Vorschläge zur Beschlussfassung zu machen. Bei Gesellschaften im Sinn des § 264d des Handelsgesetzbuchs ist der Vorschlag des Aufsichtsrats zur Wahl des Abschlussprüfers auf die Empfehlung des Prüfungsausschusses zu stützen. Satz 1 findet keine Anwendung, wenn die Hauptversammlung bei der Wahl von Aufsichtsratsmitgliedern nach § 6 des Montan-Mitbestimmungsgesetzes an Wahlvorschläge gebunden ist, oder wenn der Gegenstand der Beschlussfassung auf Verlangen einer Minderheit auf die Tagesordnung gesetzt worden ist. Der Vorschlag zur Wahl von Aufsichtsratsmitgliedern oder Prüfern hat deren Namen, ausgeübten Beruf und Wohnort anzugeben. Hat der Aufsichtsrat auch aus Aufsichtsratsmitgliedern der Arbeitnehmer zu bestehen, so bedürfen Beschlüsse des Aufsichtsrats über Vorschläge zur Wahl von Aufsichtsratsmitgliedern nur der Mehrheit der Stimmen der Aufsichtsratsmitglieder der Aktionäre; § 8 des Montan-Mitbestimmungsgesetzes bleibt unberührt.

(4) Über Gegenstände der Tagesordnung, die nicht ordnungsgemäß bekanntgemacht sind, dürfen keine Beschlüsse gefasst werden. Zur Beschlussfassung über den in der Versammlung gestellten Antrag auf Einberufung einer Hauptversammlung, zu Anträgen, die zu Gegenständen der Tagesordnung gestellt werden, und zu Verhandlungen ohne Beschlussfassung bedarf es keiner Bekanntmachung.

| | |
|---|---|
| I. Überblick . . . . . . . . . . . . . . . . . 1 | 3. Entbehrlichkeit von Beschlussvorschlägen . . . . . . . . . . . . . . . 29 |
| II. Bekanntmachung von Ergänzungsverlangen (§ 124 Abs. 1) . . . . . . . . . 7 | 4. Inhalt des Beschlussvorschlags . . 33 |
| 1. Form der Bekanntmachung . . . . . . . 8 | a) Wahl von Aufsichtsratsmitgliedern 33 |
| 2. Inhalt der Bekanntmachung . . . . . . 12 | b) Wahl von Prüfern . . . . . . . . . . . 35 |
| 3. Zeitpunkt der Bekanntmachung . . . 15 | c) Sonstige Vorgaben . . . . . . . . . . . 36 |
| III. Beschlussvorschläge der Verwaltung (§ 124 Abs. 3) . . . . . . . . . . . . . . . . 16 | IV. Weitere Inhalte der Bekanntmachung (§ 124 Abs. 2) . . . . . . . . . . . . . . . . 37 |
| 1. Verfahren . . . . . . . . . . . . . . . . . . . 21 | 1. Wahlen zum Aufsichtsrat . . . . . . . 37 |
| 2. Vorschlagsverpflichtete . . . . . . . . . 25 | 2. Zustimmungsbedürftige Verträge . . . 41 |
| | 3. Satzungsänderungen . . . . . . . . . . . 47 |

4. Kapital- und Strukturmaßnahmen . . 48
V. **Bekanntmachung als Voraussetzung der Beschlussfassung (§ 124 Abs. 4)** . 52
1. Grundsatz . . . . . . . . . . . . . . . . 52
2. Bekanntmachungsfreie Beschlussfassungen . . . . . . . . . . . . . . . . . . 56
   a) Einberufung einer neuen Hauptversammlung . . . . . . . . . . . . . . 56
   b) Anträge im Rahmen der bekannt gemachten Tagesordnung . . . . . . 57
   c) Bindung der Verwaltung an ihre Beschlussvorschläge . . . . . . . . . . 63
   d) Sog. Anträge zur Geschäftsordnung 65
      aa) Kompetenz der Hauptversammlung . . . . . . . . . . . . . . . . 66
      bb) Abwahl des Versammlungsleiters . . . . . . . . . . . . . . . . 67
3. Bekanntmachungsfreie Verhandlungen . . . . . . . . . . . . . . . . . . . . . . 68
4. Folgen von Bekanntmachungsfehlern 70
   a) Kein Verbot der Beschlussfassung . 70
   b) Anfechtbarkeit des Beschlusses . . 71

**Literatur:** *Deilmann/Messerschmidt*, Vorlage von Verträgen an die Hauptversammlung, NZG 2004, 977; *Drinhausen/Keinath*, Auswirkungen des ARUG auf die künftige Hauptversammlungs-Praxis, BB 2009, 2322; *Drinkuth*, Formalisierte Informationsrechte bei Holzmüller-Beschlüssen?, AG 2001, 256; *Groß*, Abwahl des durch die Satzung bestimmten Leiters der Hauptversammlung? in Liber Amicorum Happ, 2006, S. 31; *Groß*, Vorbereitung und Durchführung von Hauptversammlungsbeschlüssen zu Erwerb oder Veräußerung von Unternehmensbeteiligungen, AG 1996, 111; *Kort*, Bekanntmachungs-, Berichts- und Informationspflichten bei „Holzmüller"-Beschlüssen der Mutter im Falle von Tochter-Kapitalerhöhungen zu Sanierungszwecken, ZIP 2002, 685; *Kort*, Neues zu „Holzmüller" – Bekanntmachungspflichten bei wichtigen Verträgen, AG 2006, 272; *Krieger*, Abwahl des satzungsmäßigen Versammlungsleiters?, AG 2006, 355; *Kuhnt*, Geschäftsordnungsanträge und Geschäftsordnungsmaßnahmen bei Hauptversammlungen, in FS Lieberknecht, 1997, S. 45; *Lutter*, Zur Vorbereitung und Durchführung von Grundlagenbeschlüssen in Aktiengesellschaften, in FS Fleck, 1988, S. 169; *Schäfer*, Beschlussanfechtbarkeit bei Beschlussvorschlägen durch einen unterbesetzten Vorstand, ZGR 2003, 147; *Schockenhoff*, Informationsrechte der HV bei Veräußerung eines Tochterunternehmens, NZG 2001, 921; *K.-St. Scholz*, Unzulässigkeit der Beschlussfassung der Hauptversammlung gemäß § 124 Abs. 4 AktG, AG 2008, 11; *Stützle/Walgenbach*, Leitung der Hauptversammlung und Mitspracherechte der Aktionäre in Fragen der Versammlungsleitung, ZHR 155 (1991), 516; *Tröger*, Informationsrechte der Aktionäre bei Beteiligungsveräußerungen, ZHR 165 (2001), 593; *Werner*, Bekanntmachung der Tagesordnung und bekanntmachungsfreie Anträge – ein Beitrag zur Auslegung des § 124 AktG, in FS Fleck, 1988, S. 401; *Wienecke*, Beschlussfassung der Hauptversammlung in Abweichung von Vorschlägen der Verwaltung, in FS Schwark, 2009, S. 305.

## I. Überblick

§ 124 soll den Aktionären die sachgerechte **Vorbereitung** auf und die Wahrnehmung ihrer Rechte in der Hauptversammlung (Auskunftsrecht, Stimmrecht) ermöglichen[1]. Die Aktionäre sollen aber auch in die Lage versetzt werden, erstens zu entscheiden, ob sie selbst an der Hauptversammlung teilnehmen oder sich durch Bevollmächtigte vertreten lassen wollen, und zweitens Weisungen an ihre Bevollmächtigten zu erteilen[2]. 1

Seit Inkrafttreten des ARUG ist die Tagesordnung Bestandteil der Einberufung. Abs. 1 behandelt seither nur noch die neu geregelte Bekanntmachung von Ergänzungsanträgen gem. § 122 Abs. 2. Um den Aktionären eine sachgerechte Wahrnehmung ihrer Rechte zu ermöglichen, müssen zu jedem auf Initiative der Verwaltung zu behandelnden Tagesordnungspunkt mit Beschlussfassung Beschlussvorschläge der 2

---

1 BGH v. 25.11.2002 – II ZR 49/01, BGHZ 153, 32, 36 = AG 2003, 319; *Hüffer*, § 124 AktG Rz. 1; *Zöllner* in KölnKomm. AktG, 1. Aufl., § 124 AktG Rz. 2; *Werner* in Großkomm. AktG, 4. Aufl., § 124 AktG Rz. 18.
2 *Kubis* in MünchKomm. AktG, 2. Aufl., § 124 AktG Rz. 1.

Verwaltung bekannt gemacht werden, Abs. 3. Schließlich sind in Hinblick auf die Wahl von Aufsichtsratsmitgliedern, die Vornahme von Satzungsänderungen und die Zustimmung zu Verträgen ergänzende Angaben zu machen, **Abs. 2 und Abs. 3 Satz 4**.

3 Zu beachten ist, dass diese Informationspflichten im Vorfeld der Hauptversammlung ergänzt werden durch Auslage- und Übersendungspflichten[3] (z.B. §§ 52 Abs. 2, 175 Abs. 2, 179a Abs. 2, 293f, 319 Abs. 3, 320 Abs. 4, 327c Abs. 3 AktG, §§ 63, 125 i.V.m. §§ 63, 230 Abs. 2 UmwG) sowie Bekanntmachungspflichten aufgrund gesonderter Anordnung (z.B. §§ 186 Abs. 4, 320 Abs. 2, 327c Abs. 1) und bei börsennotierten Gesellschaften durch eine weitreichende Internetpublizität (§ 124a).

4 **Abs. 4** der Norm sanktioniert Verstöße gegen die Bekanntmachungspflichten und schränkt die Beschlussgegenstände ein.

5 Die Bekanntmachungspflichten gem. § 124 können im Vorhinein weder durch **Satzungsregelung**, noch in sonstiger Weise abbedungen oder verringert werden[4]; möglich ist jedoch, sie zu erhöhen, etwa dergestalt, dass die Satzung (einer nicht börsennotierten Gesellschaft) bestimmt, auszulegende Unterlagen auch auf der Internetseite der Gesellschaft zu veröffentlichen[5].

6 Die **Aktionärsrechterichtlinie**[6], die für Aktiengesellschaften gilt, deren Aktien an einem geregelten Markt in der EU oder im EWR notiert sind, enthält in Art. 5 Bestimmungen, die den Regelungsbereich der Norm betreffen.

## II. Bekanntmachung von Ergänzungsverlangen (§ 124 Abs. 1)

7 Wird ein Ergänzungsverlangen vor Veröffentlichung der Einberufung gestellt, ist es bereits in der Einberufung bekannt zu machen. Dazu § 121 Rz. 41. Wird nach Einberufung der Hauptversammlung ein Minderheitsverlangen gem. § 122 Abs. 2 gestellt, so ist es **unverzüglich bekannt zu machen**.

### 1. Form der Bekanntmachung

8 § 124 Abs. 1 Satz 2 ordnet an, dass § 121 Abs. 4 sinngemäß und bei börsennotierten Gesellschaften außerdem § 121 Abs. 4a entsprechend gilt. Nach § 124 Abs. 1 Satz 3 haben Bekanntmachung und Zuleitung dabei in gleicher Weise wie bei der Einberufung zu erfolgen. § 124 Abs. 1 Satz 3 ist ebenso sinnentleert wie überflüssig. Nach der Begründung des RegE soll er der Umsetzung von Art. 6 Abs. 4 der Aktionärsrechterichtlinie dienen und bezieht sich auf die Art und Weise der Bekanntmachung nach § 121 Abs. 4 als auch auf die Zuleitungspflicht des § 121 Abs. 4a. Er wiederholt also nur, was für börsennotierte Gesellschaften nach § 124 Abs. 1 Satz 2 ohnehin gilt. Und die nicht börsennotierte Gesellschaft fragt sich, welche Zuleitungspflichten sie zu erfüllen haben mag. Im Einzelnen gilt Folgendes:

9 Jede Gesellschaft hat das Ergänzungsverlangen im elektronischen Bundesanzeiger (§ 121 Abs. 4 Satz 1) oder gem. § 121 Abs. 4 Satz 2 durch eingeschriebenen Brief oder ein in der Satzung festgelegtes Medium bekannt zu machen. Aus § 124 Abs. 1 Satz 3 könnte man nun herleiten, dass für die Bekanntmachung des Ergänzungsverlangens **das gleiche Publikationsmedium wie für die Einberufung** gewählt werden muss[7].

---

3 Zur Zulässigkeit der substituierenden Internetpublizität § 124a Rz. 24 ff.
4 *Kubis* in MünchKomm. AktG, 2. Aufl., § 124 AktG Rz. 78; *Zöllner* in KölnKomm. AktG, 1. Aufl., § 124 AktG Rz. 51; *Werner* in Großkomm. AktG, 4. Aufl., § 124 AktG Rz. 7.
5 So auch: *Kubis* in MünchKomm. AktG, 2. Aufl., § 124 AktG Rz. 18.
6 Richtlinie 2007/36/EG, ABl. EG Nr. L 184 v. 14.7.2007, S. 17.
7 So z.B. *Hüffer*, § 124 AktG Rz. 7.

Wer also die Hauptversammlung mittels eingeschriebenen Briefs einberufen hat, müsste demnach auch das Ergänzungsverlangen mittels eingeschriebenen Briefs den Aktionären bekannt machen. Diese Bedeutung kann § 124 Abs. 1 Satz 3 weder vom Wortlaut noch nach seiner Entstehungsgeschichte beigelegt werden. So wie ein Aktionär sich nicht darauf verlassen kann, dass die Einberufung mittels Briefs erfolgt, kann er sich auch nicht darauf verlassen, dass die Ergänzungsverlangen ihm auf diesem Wege zugestellt werden.

Börsennotierte Gesellschaften müssen das Ergänzungsverlangen außerdem gem. § 121 Abs. 4a dem sog. **Medienbündel** zuleiten (dazu § 121 Rz. 80 ff.). Nicht in § 124 Abs. 1 erwähnt sind die Pflicht zur unverzüglichen Einstellung des Ergänzungsverlangens in das Internet gem. § 124a Satz 2 und die Pflicht, das Ergänzungsverlangen in die nach § 125 mitgeteilte Tagesordnung zu integrieren. 10

Für **Hauptversammlungen in Übernahmesituationen** sieht § 16 Abs. 4 Satz 5 WpÜG vor, dass fristgerecht eingereichte Anträge von Aktionären allen Aktionären zugänglich und in Kurzfassung bekannt zu machen sind. Diese Vorschrift verstößt gegen Art. 6 der Aktionärsrechterichtlinie, die – anders als bei der Einberufungsfrist – keine Ausnahmen oder Erleichterungen vorsieht. Von der Veröffentlichung im elektronischen Bundesanzeiger (§ 121 Abs. 4), der Verbreitung über das Medienbündel (§ 121 Abs. 4a) und der Einstellung in die Internetseite (§ 124a) kann daher nicht abgewichen werden[8]. Vgl. dazu § 121 Rz. 5. 11

### 2. Inhalt der Bekanntmachung

Bekannt zu machen sind der Tagesordnungspunkt und der Beschlussvorschlag. Bei beschlusslosen Tagesordnungspunkten ist die Begründung zu veröffentlichen. Etwas anderes kann auch nicht daraus gefolgert werden, dass dem Minderheitsverlangen Begründung bzw. Beschlussvorschlag nach § 122 Abs. 2 „beiliegen" müssen[9]. Der Beschlussvorschlag bzw. die Begründung sind integraler Bestandteil des Minderheitsverlangens und ihre Publikation ist im Interesse der übrigen Aktionäre geboten. 12

Sind Gegenstand des Minderheitsverlangens **Beschlüsse, zu denen in der Einberufung besondere Angaben gemacht werden müssen** (z.B. nach § 124 Abs. 2 oder Abs. 3 Satz 4 oder bei Kapitalmaßnahmen mit Bezugsrechtsausschluss), sind auch diese Informationen zu publizieren. 13

Entspricht das Minderheitsverlangen formal nicht den gesetzlichen Anforderungen des § 124, muss der Vorstand es in die gehörige Form bringen[10]. Der Vorstand ist jedoch nicht berechtigt, von der Minderheit gewünschte Tagesordnungspunkte zusammenzufassen oder aufzusplitten. Demgegenüber können gleichartige Verlangen mehrerer Minderheiten zusammengefasst werden; der Rechtsgedanke des § 126 Abs. 3 dürfte insoweit auch Anwendung finden. Hierbei ist aber das Gebot der unverzüglichen Bekanntmachung (Rz. 15) zu beachten. 14

### 3. Zeitpunkt der Bekanntmachung

Fristgerecht eingegangene Minderheitsverlangen, die nicht in die Einberufung aufgenommen werden konnten, sind unverzüglich (§ 121 BGB) nach Zugang (dazu § 122 Rz. 35) bekannt zu machen. Dem Gebot der Unverzüglichkeit wird genügt, wenn der Vorstand den Ergänzungsantrag mit der gebotenen Sorgfalt und Schnelligkeit prüft. 15

---

8 A.A. *Hüffer*, § 124 AktG Rz. 5.
9 So aber *Ch. Horn*, ZIP 2008, 1558, 1562.
10 *Butzke* in Obermüller/Werner/Winden, Die Hauptversammlung der Aktiengesellschaft, Rz. B 117.

Diese Prüfungsfrist beträgt in normal gelagerten Fällen ein bis zwei Arbeitstage nach dem Tag des Zugangs[11]. Gehen mehrere Ergänzungsanträge zeitlich gestaffelt ein, gilt das Gebot der unverzüglichen Bekanntmachung für jeden von ihnen.

### III. Beschlussvorschläge der Verwaltung (§ 124 Abs. 3)

16 Grundsätzlich müssen Vorstand und Aufsichtsrat zu allen Tagesordnungspunkten, die eine Beschlussfassung beinhalten, einen Beschlussvorschlag unterbreiten, der „in der Bekanntmachung" zu veröffentlichen ist. Dass § 124 Abs. 3 Satz 1 als Ort des Verwaltungsvorschlags die Bekanntmachung und nicht die Einberufung bestimmt, beruht auf einer sprachlichen Ungenauigkeit. Selbstverständlich sind die Beschlussvorschläge Bestandteil der Einberufung[12], zumal das AktG Bekanntmachung nur noch als Vorgang und nicht als Dokument o.ä. versteht.

17 Der Beschlussvorschlag muss bereits die **Form eines Beschlussantrags** haben[13]. Möglich sind auch bedingte oder **Eventualvorschläge** für den Fall, dass ein anderer Beschlussantrag die erforderliche Mehrheit gefunden oder nicht gefunden hat oder dass eine bestimmte Sach- oder Rechtslage am Tag der Hauptversammlung eingetreten oder nicht eingetreten ist[14]. Die Annahme der h.M.[15], wonach auch **Alternativvorschläge** möglich sein sollen, ist zweifelhaft. Die Bedenken rühren aus der Funktion des § 124 Abs. 2 (Rz. 1). Darüber hinaus wird übersehen, dass dem von der Gesellschaft benannten Stimmrechtsvertreter Weisungen zu konkreten Beschlussvorschlägen erteilt werden müssen – dies ist aber bei Alternativvorschlägen, bei denen offen ist, welcher zur Abstimmung gestellt werden wird, nicht möglich. Außerdem erachten zahlreiche Vertreter der Gegenansicht von Aktionären als Gegenantrag eingebrachte Alternativanträge für unzulässig[16]. Diese Inkonsequenz lässt sich nicht damit begründen, dass der Vorschlag ja noch kein Antrag sei[17] – dies trifft auch auf den nach § 126 angekündigten Gegenantrag zu, der seine Relevanz erst dann entfaltet, wenn er in der Hauptversammlung gestellt wird[18].

18 Aus dem gleichen Grunde begegnet es Bedenken, wenn es für zulässig erachtet wird, dass die Verwaltung von den veröffentlichten Beschlussvorschlägen **abweichende Verwaltungsanträge** zur Abstimmung stellen lässt[19]. Dies wird man allenfalls dann für zulässig erachten dürfen, wenn nach der Veröffentlichung der Beschlussvorschläge neue Tatsachen entstanden oder bekannt geworden sind[20], die eine Abweichung rechtfertigen bzw. erforderlich machen. In allen anderen Fällen ist der Weg des Ge-

---

11 Abw. *Florstedt*, ZIP 2010, 761, 765; *Drinhausen/Keinath*, BB 2010, 3, 5 f. (3 bis 5 Kalendertage).
12 Vgl. Begr. RegE BT-Drucks. 16/11642, S. 30; *Drinhausen/Keinath*, BB 2009, 2322, 2324.
13 *Mertens*, AG 1997, 481, 485; *Hüffer*, § 124 AktG Rz. 12; *Kubis* in MünchKomm. AktG, 2. Aufl., § 124 AktG Rz. 50; *Schlitt* in Semler/Volhard, Arbeitshandbuch Hauptversammlung, § 4 Rz. 186.
14 *Kubis* in MünchKomm. AktG, 2. Aufl., § 124 AktG Rz. 51; *Hüffer*, § 124 AktG Rz. 12; *Werner* in Großkomm. AktG, 4. Aufl., § 124 AktG Rz. 76; *Zöllner* in KölnKomm. AktG, 1. Aufl., § 124 AktG Rz. 26.
15 *Kubis* in MünchKomm. AktG, 2. Aufl., § 124 AktG Rz. 51; *Hüffer*, § 124 AktG Rz. 12 je m.w.N.
16 So etwa *Hüffer*, § 126 AktG Rz. 7; *Kubis* in MünchKomm. AktG, 2. Aufl., § 126 AktG Rz. 11.
17 Vgl. *Hüffer*, § 124 AktG Rz. 12.
18 *Ek*, Praxisleitfaden für die Hauptversammlung, 2. Aufl., Rz. 180.
19 *Zöllner* in KölnKomm. AktG, 1. Aufl., § 124 AktG Rz. 26; *Schlitt* in Semler/Volhard, Arbeitshandbuch Hauptversammlung, § 4 Rz. 189; *Werner* in Großkomm. AktG, 4. Aufl., § 124 AktG Rz. 80.
20 *Hüffer*, § 124 AktG Rz. 12; *Kubis* in MünchKomm. AktG, 2. Aufl., § 124 AktG Rz. 59.

genantrags, der vor dem Verwaltungsantrag zur Abstimmung gestellt und der ggf. von der Verwaltung unterstützt wird, vorzuziehen (s. auch Rz. 63 f.).

Die Verwaltung ist **nicht verpflichtet**, in der Hauptversammlung einen vorgeschlagenen **Beschluss zur Abstimmung zu stellen**, sie kann ihn auch zurücknehmen und ersatzlos fallen lassen[21]. Dies ist insbesondere auch dann möglich, wenn sich im Verlauf der Hauptversammlung zeigt, dass der vorgeschlagene Beschluss nicht die erforderliche Mehrheit finden wird. Zur Bindung der Verwaltung an ihre Beschlussvorschläge auch bei Rz. 63 f.

Bei **Aufsichtsratswahlen** dürfen der Hauptversammlung vom Aufsichtsrat **nur so viele Kandidaten vorgeschlagen werden, wie Personen zu wählen** sind. Die Gegenansicht[22] übersieht, dass der Hauptversammlung durch Alternativvorschläge gar keine „echte Wahl" eröffnet werden kann. Enthält die Satzung keine (vom Normalfall abweichende) Bestimmung, wonach über alle vorgeschlagenen Kandidaten abgestimmt werden muss und diejenigen gewählt sind, die die meisten Ja-Stimmen auf sich vereinigen, bleibt es dabei, dass der Versammlungsleiter die Reihenfolge der Abstimmungen bestimmt und diejenigen gewählt sind, die als erste die einfache Stimmenmehrheit erreicht haben.

## 1. Verfahren

Vorstand wie Aufsichtsrat entscheiden über den Beschlussvorschlag jeweils durch Beschluss[23]. Der Aufsichtsrat kann diese Aufgabe grundsätzlich auch an einen **Ausschuss** delegieren, da die Beschlussvorschläge an die Hauptversammlung nicht unter dem Plenarvorbehalt des § 107 Abs. 3 Satz 2 stehen[24]. Ob das auch für den Beschlussvorschlag zur Wahl des Abschlussprüfers gilt, war schon nach altem Recht zweifelhaft. Diese Zweifel werden nun verstärkt durch § 124 Abs. 2 Satz 2, wonach der Aufsichtsrat seine Entscheidung auf die Empfehlung des Prüfungsausschusses stützen muss, was indiziert, dass der Ausschuss nicht selbst entscheiden, d.h. vorschlagen können soll[25].

Hat eines der beiden Organe keinen Beschluss gefasst oder leidet dieser an einem Mangel, liegt **kein ordnungsgemäßer Beschlussvorschlag** vor mit der Folge, dass die Beschlüsse der Hauptversammlung anfechtbar sind[26]. Fehlerhaft ist beispielsweise der Beschluss des Aufsichtsrats nicht schon dann, wenn der Aufsichtsrat auf einer unzureichenden Informationsgrundlage oder in sonst pflichtwidriger Weise über den Vorschlag an die Hauptversammlung beschlossen hat[27]. Zulässig ist auch, dass der Aufsichtsrat seinen Beschluss über den (unbedingten) Beschlussvorschlag an die Hauptversammlung unter eine Bedingung stellt[28], etwa dergestalt, dass der Be-

---

21 *Hüffer*, § 124 AktG Rz. 12; *Reger* in Bürgers/Körber, § 124 AktG Rz. 5; *Pluta* in Heidel, § 124 AktG Rz. 22; *K.-St. Scholz*, AG 2008, 11, 14.
22 *Hüffer*, § 124 AktG Rz. 16; *Werner* in Großkomm. AktG, 4. Aufl., § 124 AktG Rz. 77 f.
23 *Kubis* in MünchKomm. AktG, 2. Aufl., § 124 AktG Rz. 47, 48; LG Frankfurt am Main v. 9.3.2004 – 3-5 O 107/03, NZG 2004, 672, 673.
24 *Kubis* in MünchKomm. AktG, 2. Aufl., § 124 AktG Rz. 4; *Hüffer*, § 124 AktG Rz. 13 ff. Dagegen mit beachtlichen Gründen bezüglich des Vorschlags zur Wahl des Abschlussprüfers: *Hommelhoff*, BB 1998, 2567, 2570 und *Ziemons*, DB 2000, 77.
25 A.A. *Hüffer*, § 124 AktG Rz. 13b.
26 LG Frankfurt am Main v. 9.3.2004 – 3-5 O 107/03, NZG 2004, 672; *Kubis* in MünchKomm. AktG, 2. Aufl., § 124 AktG Rz. 67; BGH v. 12.11.2001 – II ZR 225/99, ZIP 2002, 172, 173; a.A. noch *Zöllner* in KölnKomm. AktG, 1. Aufl., § 124 AktG Rz. 49.
27 LG München v. 28.8.2008 – 5 HKO 12861/07, ZIP 2008, 2124.
28 LG München v. 28.8.2008 – 5 HKO 2522/08, AG 2008, 904.

23  Regelmäßig unterbreiten Vorstand und Aufsichtsrat einen gemeinsamen Vorschlag. Können sich die Organe nicht auf einen gemeinsamen Beschlussvorschlag (besser: übereinstimmende Beschlussvorschläge) einigen, ist es zulässig, aber auch erforderlich, dass jedes Organ einen eigenen Beschlussvorschlag macht[29]. **Überstimmte Organmitglieder** sind indes nicht berechtigt, einen abweichenden Beschlussvorschlag zu publizieren – sind sie gleichzeitig Aktionäre, steht ihnen frei (unter Wahrung der organschaftlichen Treupflicht), einen Gegenantrag gem. § 126 anzukündigen und in der Hauptversammlung zu stellen.

24  Für **Wahlvorschläge zum Aufsichtsrat mitbestimmter Gesellschaften** enthält § 124 Abs. 3 Satz 4 Sonderregeln. Danach bedarf der Beschluss über den Beschlussvorschlag an die Hauptversammlung nur der Mehrheit der von der Hauptversammlung gewählten Aufsichtsratsmitglieder, ausgenommen der Beschlussvorschlag bezüglich des weiteren Mitglieds nach § 4 Abs. 1 lit. c MontanMitbestG, für den § 8 MontanMitbestG besondere Mehrheits- und Verfahrenserfordernisse aufstellt[30].

### 2. Vorschlagsverpflichtete

25  Von Ausnahmen (dazu Rz. 29 ff.) abgesehen, müssen Vorstand und Aufsichtsrat stets einen Beschlussvorschlag unterbreiten[31].

26  Abweichend von der Grundregel ist gem. § 124 Abs. 3 Satz 1 Halbsatz 2 **nur der Aufsichtsrat** zur Unterbreitung eines Beschlussvorschlags berechtigt und verpflichtet, sofern es um die Wahl von Prüfern (Abschluss- und Konzernabschlussprüfer sowie Prüfern für die prüferische Durchsicht unterjähriger Finanzberichte nach §§ 37w Abs. 5, 37x Abs. 3 WpHG bzw. Sonderprüfer[32])[33] sowie um die Wahl von Aufsichtsratsmitgliedern geht. Wird gleichwohl ein Wahlvorschlag als Vorschlag von Vorstand und Aufsichtsrat bekannt gemacht, so ist der Beschluss der Hauptversammlung, mit dem der Vorgeschlagene gewählt wird, stets anfechtbar[34]; das gilt auch dann, wenn der Antrag in der Hauptversammlung nur vom Aufsichtsrat gestellt wird[35]. Das gilt auch für Bestätigungsbeschlüsse, die die Wahl von Aufsichtsratsmitgliedern oder Prüfern bzw. die Ablehnung einer Sonderprüfung betreffen[36]. Hintergrund dieser Regelung ist, dass der Vorstand in keiner Weise auf die Person dessen, der seine Geschäftsführung überwacht bzw. Rechnungslegung prüft, Einfluss nehmen soll[37]. Nimmt man dies ernst, so dürften Beschlussvorschlagsrecht wie -pflicht des Aufsichtsrats entfallen, wenn Gegenstand der **Sonderprüfung** auch Vorgänge sind, in die

---

29 *Kubis* in MünchKomm. AktG, 2. Aufl., § 124 AktG Rz. 45; vgl. auch OLG Dresden v. 23.6.1999 – 13 U 3288/98, AG 1999, 517, 518; *Zöllner* in KölnKomm. AktG, 1. Aufl., § 124 AktG Rz. 27; *Werner* in Großkomm. AktG, 4. Aufl., § 124 AktG Rz. 72.
30 *Kubis* in MünchKomm. AktG, 2. Aufl., § 124 AktG Rz. 48; *Hüffer*, § 124 AktG Rz. 17.
31 *Kubis* in MünchKomm. AktG, 2. Aufl., § 124 AktG Rz. 45; *Hüffer*, § 124 AktG Rz. 12; *Werner* in Großkomm. AktG, 4. Aufl., § 124 AktG Rz. 71.
32 OLG München v. 21.5.2003 – 7 U 5347/02, AG 2003, 645.
33 *Kubis* in MünchKomm. AktG, 2. Aufl., § 124 AktG Rz. 46; *Hüffer*, § 124 AktG Rz. 13.
34 BGH v. 25.11.2002 – II ZR 49/01, BGHZ 153, 32 = AG 2003, 319; OLG München v. 21.5.2003 – 7 U 5347/02, AG 2003, 645; *Hüffer*, § 124 AktG Rz. 13; *Werner* in Großkomm. AktG, 4. Aufl., § 124 AktG Rz. 73; *Lutter*, JZ 2003, 566; mit Einschränkungen: *Kubis* in MünchKomm. AktG, 2. Aufl., § 124 AktG Rz. 46.
35 BGH v. 25.11.2002 – II ZR 49/01, BGHZ 153, 32 = AG 2003, 319; *Hüffer*, § 124 AktG Rz. 12; a.A. wohl *Kubis* in MünchKomm. AktG, 2. Aufl., § 124 AktG Rz. 46.
36 A.A. wohl LG Köln v. 22.4.2009 – 91 O 59/07, AG 2009, 593.
37 *Werner* in Großkomm. AktG, 4. Aufl., § 124 AktG Rz. 73; *Schlitt* in Semler/Volhard, Arbeitshandbuch Hauptversammlung, § 4 Rz. 196.

der Aufsichtsrat oder einzelne seiner Mitglieder involviert sind; ein Stimmverbot der Betroffenen im Rahmen der Beschlussfassung des Aufsichtsrats über den Beschlussvorschlag dürfte nicht ausreichend sein[38].

Bei kapitalmarktorientierten Gesellschaften im Sinne des § 264d HGB, das sind neben börsennotierten Gesellschaften sämtliche Kapitalgesellschaften, deren Wertpapiere im Sinne von § 2 Abs. 1 WpHG (z.B. Aktien, Aktienzertifikate, Schuldverschreibungen, Genuss- oder Optionsscheine) an einem organisierten Markt im Sinne von § 2 Abs. 5 WpHG notiert werden oder zum Handel zugelassen sind, muss der Aufsichtsrat seinen Wahlvorschlag auf die **Beschlussempfehlung des Prüfungsausschusses** stützen. Bei Anwendung der Norm sind zwei Dinge zu beachten: Erstens ist der Aufsichtsrat nicht verpflichtet, einen Prüfungsausschuss einzurichten. Zweitens: Der Aufsichtsrat ist an die Empfehlung des Prüfungsausschusses nicht gebunden, sondern kann von ihr abweichen.

Im Übrigen ist die Vorschrift in § 124 nicht richtig verortet – sie gehört in den Kontext des § 107, besser noch des § 318 HGB. Art. 41 Abs. 3 der Abschlussprüferrichtlinie[39] betrifft alle kapitalmarktorientierten Gesellschaften, also auch GmbH (mit und ohne Aufsichtsrat). Hätte der Gesetzgeber einen anderen Ort für diese Regelung gefunden, wäre die Bilanzrichtlinie korrekt(er) umgesetzt worden. Es wäre aber auch klarer gewesen, dass Verstöße gegen die Vorschrift **nicht zur Anfechtbarkeit des Wahlbeschlusses der Hauptversammlung führen.**

### 3. Entbehrlichkeit von Beschlussvorschlägen

Die Pflicht zur Unterbreitung eines Beschlussvorschlags entfällt, wenn der Gegenstand der Beschlussfassung **auf Verlangen einer Minderheit** auf die Tagesordnung gesetzt wurde, § 124 Abs. 3 Satz 3 Alt. 2. Da auch das Verlangen des Hauptaktionärs gem. § 327a ein Minderheitsverlangen ist, entfällt eine Beschlussvorschlagspflicht auch in Hinblick auf den Squeeze out Beschluss[40].

**Ungeachtet dessen ist die Verwaltung berechtigt**, einen Beschlussvorschlag zu dem bzw. den von der Minderheit verlangten Tagesordnungspunkt(en) zu unterbreiten[41]; die Verwaltung mag sich dem Vorschlag der Minderheit anschließen oder aber davon abweichen. Unterbreitet die Verwaltung einen eigenen abweichenden Beschlussvorschlag, muss sich dieser – wie ein Gegenantrag im Sinne von § 126 – im Rahmen des auf Verlangen der Minderheit Bekanntgemachten bewegen.

Des Weiteren ist ein Vorschlag der Verwaltung entbehrlich, wenn die Hauptversammlung bei der **Wahl von Aufsichtsratsmitgliedern gem. § 6 MontanMitbestG** an Wahlvorschläge gebunden ist, § 124 Abs. 3 Satz 3 Alt. 1. Diese Ausnahmebestimmung ist nicht analog anwendbar bezüglich der Wahl des sog. neutralen Mitglieds des Aufsichtsrats gem. § 8 MontanMitbestG bzw. § 5 MitbestErgG[42].

Zur Ausnahme wegen Befangenheit oben Rz. 26.

---

38 So aber wohl *Zöllner* in KölnKomm. AktG, 1. Aufl., § 124 AktG Rz. 32.
39 Richtlinie 2006/43/EG, ABl. EU Nr. L 157 v. 9.6.2006, S. 87.
40 *Krieger*, BB 2002, 53, 59; *Angerer*, BKR 2002, 260, 265; a.A. *Hüffer*, § 327a AktG Rz. 8; *E. Vetter*, AG 2002, 176, 186.
41 *Kubis* in MünchKomm. AktG, 2. Aufl., § 124 AktG Rz. 44; *Hüffer*, § 124 AktG Rz. 15; *Zöllner* in KölnKomm. AktG, 1. Aufl., § 124 AktG Rz. 40; *v. Falkenhausen*, BB 1966, 337, 339.
42 *Kubis* in MünchKomm. AktG, 2. Aufl., § 124 AktG Rz. 49; *Hüffer*, § 124 AktG Rz. 14; *Werner* in Großkomm. AktG, 4. Aufl., § 124 AktG Rz. 79; *Zöllner* in KölnKomm. AktG, 1. Aufl., § 124 AktG Rz. 33.

## 4. Inhalt des Beschlussvorschlags

### a) Wahl von Aufsichtsratsmitgliedern

33 Der Vorschlag des Aufsichtsrats zur Wahl von Aufsichtsratsmitgliedern muss zu jedem vorgeschlagenen Kandidaten neben dessen (vollständigen) Namen auch Angaben zu dessen ausgeübten **Beruf** und **Wohnort** enthalten, § 124 Abs. 3 Satz 4. Unter ausgeübtem Beruf ist die **konkret ausgeübte Tätigkeit** (z.B. Leiter des Bereichs Finanzen der X AG) zu verstehen, und nicht die abstrakte Berufsbezeichnung (z.B. kaufmännischer Angestellter oder Diplomkaufmann)[43]. Nach zweifelhafter herrschender Auffassung soll auch das konkrete Unternehmen, in dem der Vorgeschlagene tätig ist, angegeben werden müssen[44]. Zur Beurteilung der Eignung des Kandidaten, insbesondere bezüglich der individuellen Belastung oder Interessenkonflikten[45], ist diese Angabe regelmäßig weder geeignet noch ausreichend[46]. Ungenaue Angaben führen im Regelfall mangels Relevanz nicht zur Anfechtbarkeit des Beschlusses[47].

34 Als **Wohnort** muss der tatsächliche Wohnort des Vorgeschlagenen, nicht jedoch seine Geschäftsadresse angegeben werden[48]. Sinnvollerweise werden auch bereits in der Einberufung die von § 125 Abs. 1 Satz 5 geforderten Angaben zu den Aufsichtsrats- und aufsichtsratsähnlichen Mandaten gemacht.

### b) Wahl von Prüfern

35 Entsprechende Angaben sind auch zum vorgeschlagenen **Abschlussprüfer bzw. Sonderprüfer** zu machen, wenn dieser eine natürliche Person ist; handelt es sich um eine Wirtschaftsprüfungsgesellschaft, sind deren Firma und Sitz bzw. Zweigniederlassung anzugeben[49].

### c) Sonstige Vorgaben

36 § 124 Abs. 3 enthält nur Vorgaben zum Inhalt der Wahlvorschläge bezüglich Aufsichtsrat und Prüfer. Zum Inhalt von Beschlussvorschlägen macht das Gesetz aber auch an anderer Stelle Vorgaben. So bestimmt etwa § 124 Abs. 2 Satz 2 Alt. 1, dass der Beschlussvorschlag zu **Satzungsänderungen** auch den Wortlaut der vorgeschlagenen Satzungsänderung enthalten muss. Im Übrigen befinden sich die Anforderungen an den Beschlussinhalt bei den jeweiligen Sachvorschriften im systematisch richtigen Kontext.

## IV. Weitere Inhalte der Bekanntmachung (§ 124 Abs. 2)

### 1. Wahlen zum Aufsichtsrat

37 Soll die Hauptversammlung über die Wahl von Mitgliedern des Aufsichtsrats beschließen, müssen in der Bekanntmachung die Vorschriften angegeben werden, nach

---

43 So jedenfalls die Begr. RegE BT-Drucks. 13/9712, S. 17; *Hüffer*, § 124 AktG Rz. 16.
44 So etwa *Kubis* in MünchKomm. AktG, 2. Aufl., § 124 AktG Rz. 57; *Schlitt* in Semler/Volhard, Arbeitshandbuch Hauptversammlung, § 4 Rz. 197; LG München v. 26.4.2007 – 5 HK O 12848/06, Der Konzern 2007, 448.
45 So etwa Begr. RegE KonTraG, BT-Drucks. 13/9712, 17; *Ihrig/Wagner* in FS Spiegelberger, 2009, S. 722, 734.
46 Vgl. dazu auch LG München v. 26.4.2007 – 5 HKO 12848/06, Der Konzern 2007, 448.
47 BGH v. 14.5.2007 – II ZR 182/06, DStR 2007, 1493; OLG Frankfurt v. 21.3.2006 – 10 U 17/05, AG 2007, 374. A.A. LG München v. 26.4.2007 – 5 HKO 12848/06, Der Konzern 2007, 448.
48 Kritisch: *Kubis* in MünchKomm. AktG, 2. Aufl., § 124 AktG Rz. 57, der aber übersieht, dass der Wohnort der Individualisierung dient.
49 *Kubis* in MünchKomm. AktG, 2. Aufl., § 124 AktG Rz. 57; *Hüffer*, § 124 AktG Rz. 16.

denen sich der Aufsichtsrat zusammensetzt, § 124 Abs. 2 Satz 1. Verlangt wird nur die **Angabe der gesetzlichen Vorschriften**, also der einschlägigen Bestimmungen des AktG, DrittelbetG bzw. MitbestG, MontanMitbestG oder MitbestErgG. Sinnvoll ist aber, darüber hinaus auch die einschlägige Satzungsbestimmung zu zitieren sowie auf etwaige Entsendungsrechte (§ 101 Abs. 2) hinzuweisen[50].

Anzugeben sind die im Zeitpunkt der Bekanntmachung maßgeblichen Vorschriften[51]. Ist ein **Statusverfahren** (§ 97) eingeleitet, aber noch nicht abgeschlossen, sollten auch die voraussichtlich zukünftig geltenden Vorschriften angegeben werden, jedenfalls dann, wenn dies Auswirkungen auf die Anzahl der von der Hauptversammlung zu wählenden Mitglieder des Aufsichtsrats hat. 38

Darüber hinaus ist stets anzugeben, ob die Hauptversammlung an Wahlvorschläge (nach dem MontanMitbestG) gebunden ist oder nicht. 39

Nicht in der Einberufung, wohl aber in den Mitteilungen nach § 125 müssen **Angaben zu den Mitgliedschaften der Vorgeschlagenen** in gesetzlich zu bildenden Aufsichtsräten und sollen Angaben zu Mitgliedschaften in einem gesetzlichen Aufsichtsrat vergleichbaren in- und ausländischen Kontrollgremien gemacht werden, sofern die Gesellschaft börsennotiert ist, dazu § 125 Rz. 13 ff. 40

## 2. Zustimmungsbedürftige Verträge

Wenn die Hauptversammlung über einen Vertrag beschließen soll, der nur mit ihrer Zustimmung wirksam werden soll, so ist der wesentliche Inhalt des Vertrags bekannt zu machen, § 124 Abs. 2 Satz 2 Alt. 1. Die Vorschrift **betrifft sämtliche Verträge**, die der Zustimmung der Hauptversammlung bedürfen, mag sich die Zustimmungsbedürftigkeit aus gesetzlicher Anordnung (z.B. bei Nachgründung und Unternehmensverträgen sowie bei Verträgen, die einen Verzicht auf Ersatzansprüche gegen Organmitglieder zum Gegenstand haben), den Grundsätzen der Holzmüller-Gelatine-Rechtsprechung[52] oder auch einem vertraglich vereinbarten Zustimmungs- oder Rücktrittsvorbehalt ergeben[53]. Nicht anders ist zu entscheiden, wenn der Vertrag nicht der Zustimmung der Hauptversammlung bedarf, der Vorstand die Hauptversammlung gleichwohl gem. § 119 Abs. 2 um Zustimmung ersucht[54]. Der Sinn und Zweck der Vorschrift, den Aktionären eine sachgerechte Entscheidung über die Zustimmung zu dem Vertragswerk zu ermöglichen, trifft auch hier zu[55]. 41

Zur Zustimmung vorgelegt werden kann sowohl ein bereits abgeschlossener Vertrag, als auch ein **Vertragsentwurf**. Die Bekanntmachungspflicht gilt in beiden Fällen[56]. Ob Divergenzen zwischen dem bekannt gemachten Vertragstext und dem letztlich zur Zustimmung vorgelegten Vertrag statthaft sind[57], beurteilt sich nach den glei- 42

---

50 *Kubis* in MünchKomm. AktG, 2. Aufl., § 124 AktG Rz. 25; a.A. für Entsendungsrechte: *v. Falkenhausen*, BB 1966, 337, 339 (Pflicht).
51 *Hüffer*, § 124 AktG Rz. 8.
52 BGH v. 25.2.1982 – II ZR 174/80, BGHZ 83, 122 = AG 1982, 158; BGH v. 26.4.2004 – II ZR 155/02, BGHZ 159, 30 = AG 2004, 384; BGH v. 26.4.2004 – II ZR 154/02, ZIP 2004, 1001; BGH v. 20.11.2006 – II ZR 226/05, AG 2007, 203 zu OLG Stuttgart v. 13.7.2005 – 20 U 1/05, AG 2005, 693.
53 *Kubis* in MünchKomm. AktG, 2. Aufl., § 124 AktG Rz. 34 m.w.N.; *Schockenhoff*, NZG 2001, 921.
54 OLG München v. 26.4.1996 – 23 U 4586/96, AG 1996, 327; *Hüffer*, § 124 AktG Rz. 10.
55 BGH v. 15.1.2001 – II ZR 124/99, AG 2001, 261, 262; *Kubis* in MünchKomm. AktG, 2. Aufl., § 124 AktG Rz. 34; *Hüffer*, § 124 AktG Rz. 10; *Werner* in Großkomm. AktG, 4. Aufl., § 124 AktG Rz. 49; a.A. *Zöllner* in KölnKomm. AktG, 1. Aufl., § 124 AktG Rz. 25.
56 *Kubis* in MünchKomm. AktG, 2. Aufl., § 124 AktG Rz. 35.
57 Dazu *Schlitt* in Semler/Volhard, Arbeitshandbuch Hauptversammlung, § 4 Rz. 175.

chen Kriterien wie die Frage, ob die Verwaltung von ihren bekannt gemachten Beschlussvorschlägen abweichen darf (Rz. 18, 63 f.). Der zur Zustimmung vorgelegte Vertragsentwurf ist materiell Bestandteil des Beschlussvorschlags.

43 Bekannt zu machen ist der wesentliche Inhalt des Vertrags. **Inhalt und Umfang der Bekanntmachung** bestimmen sich nach dem Sinn und Zweck der Norm – dem Aktionär die Entscheidung zu ermöglichen, ob er den Vertrag und etwaig dazu zu erstattende Berichte bei der Gesellschaft anfordert oder nicht, und ihm aber auch dann, wenn er den Vertrag selbst nicht studieren möchte, eine sachgerechte Ausübung des Stimmrechts zu ermöglichen[58]. Daraus, dass der Gesetzgeber diese Vorschrift auch nach gesetzlicher Fixierung der Auslage- und Übersendungspflichten (z.B. in § 293f Abs. 1 Nr. 1) beibehalten hat, wird deutlich, dass mit der Einberufung bereits ein Mindestmaß an Information über den wirtschaftlichen und rechtlichen Gehalt der betreffenden Maßnahme quasi als Bringschuld gegeben werden soll, ehe vertiefte Information (Vertrag und ggf. Berichte) vom Aktionär quasi als Holschuld angefordert werden kann.

44 **So sind jedenfalls zu nennen:** die Vertragsparteien, Haupt- und Nebenleistungspflichten[59], Gewährleistungen, Rücktritts- und Kündigungsrechte[60] sowie atypische oder für die Gesellschaft nachteilige Klauseln[61] (z.B. Wettbewerbsverbote, Vertragsstrafeversprechen). Zum wesentlichen Vertragsinhalt gehören auch die Wahl ausländischen Rechts und eine Schiedsklausel[62]. **Die Angaben müssen richtig und dürfen nicht irreführend sein**[63]; ggf. sind im Vertragswerk verstreute Regelungen bei der Wiedergabe des wesentlichen Inhalts sinnvoll zusammenzuführen, wenn sich dadurch ein besseres und klareres Verständnis des Vertragswerks ergibt.

45 Bei **Änderungsverträgen** ist im Zweifel auch der wesentliche Inhalt des zu ändernden Vertrags bekannt zu machen[64], damit der von § 124 Abs. 2 beabsichtigte Informationszweck erfüllt wird. Hiervon wird man bei Standardverträgen, z.B. Unternehmensverträgen mit Tochtergesellschaften absehen können[65], unabdingbar ist aber die Auslage und Übersendung bzw. Zugänglichmachung des zu ändernden Unternehmensvertrages. Entsprechendes gilt auch für komplexe Vertragswerke, von denen nur ein Teil der Zustimmung der Hauptversammlung bedarf[66].

46 Wenn die Gesellschaft nicht nur den wesentlichen Inhalt, sondern **den gesamten Vertrag bekannt macht**, erfüllt sie ihre Pflicht aus § 124[67]. Im Einzelfall mag es bei be-

---

58 OLG Schleswig v. 8.12.2005 – 5 U 57/04, AG 2006, 120; enger wohl *Ihrig/Wagner* in FS Spiegelberger, 2009, S. 722, 732.
59 LG Frankfurt v. 11.1.2005 – 3-5 O 106/04, ZIP 2005, 579; LG Nürnberg-Fürth v. 14.7.1994 – 1 HKO 1/94, AG 1995, 141; OLG München v. 28.1.2002 – 7 W 814/01, AG 2003, 163; *Kubis* in MünchKomm. AktG, 2. Aufl., § 124 AktG Rz. 36; *Ihrig/Wagner* in FS Spiegelberger, 2009, S. 722, 732.
60 *Kubis* in MünchKomm. AktG, 2. Aufl., § 124 AktG Rz. 36; *Werner* in Großkomm. AktG, 4. Aufl., § 124 AktG Rz. 51; *Ihrig/Wagner* in FS Spiegelberger, 2009, S. 722, 732.
61 *Kubis* in MünchKomm. AktG, 2. Aufl., § 124 AktG Rz. 36.
62 Zweifelnd: *Ihrig/Wagner* in FS Spiegelberger, 2009, S. 722, 732.
63 OLG München v. 8.8.2005 – 7 U 2143/05, DB 2005, 2568; *Hüffer*, § 124 AktG Rz. 10.
64 OLG Schleswig v. 8.12.2005 – 5 U 57/04, AG 2006, 120; *Hüffer*, § 124 AktG Rz. 11; *Kort*, AG 2006, 272, 276; *Ihrig/Wagner* in FS Spiegelberger, 2009, S. 722, 733.
65 BGH v. 15.6.1992 – II ZR 18/91, BGHZ 119, 1 = AG 1992, 450; *Ihrig/Wagner* in FS Spiegelberger, 2009, S. 722, 733.
66 BGH v. 16.11.1981 – II ZR 150/80, BGHZ 82, 188 = ZIP 1982, 172; LG München v. 31.1.2008 – 5 HKO 19782/06, ZIP 2008, 555. Ablehnend *Ihrig/Wagner* in FS Spiegelberger, 2009, S. 722, 733 f.
67 A.A. wohl *Kubis* in MünchKomm. AktG, 2. Aufl., § 124 AktG Rz. 37. Wie hier: *Ihrig/Wagner* in FS Spiegelberger, 2009, S. 722, 733.

sonders komplexen und intransparenten Verträgen erforderlich sein, weitergehende Erläuterungen zum Zusammenspiel der Regelungen zu geben[68] – der richtige Ort hierfür ist aber im Falle der vollständigen Wiedergabe des Vertragstextes nicht die Bekanntmachung, sondern der regelmäßig zu erstattende Vorstandsbericht[69].

### 3. Satzungsänderungen

Soll die Hauptversammlung über eine Satzungsänderung beschließen, so ist der **Wortlaut der der neuen Satzungsbestimmung** anzugeben. Wird nur ein Satz oder Wort geändert, ist es erforderlich, aber auch genügend, den betreffenden Satz wiederzugeben[70]. Nicht erforderlich ist in einem solchen Fall die Wiedergabe des gesamten Absatzes oder gar Paragraphen oder die zusätzliche Angabe des bisherigen Wortlauts[71] – jedenfalls dann, wenn die aktuelle Satzung auf der Internetseite der Gesellschaft veröffentlicht ist und der Aktionär darauf zugreifen kann. Ist die geänderte Passage nicht aus sich selbst heraus verständlich, mag im Übrigen die Wiedergabe der gesamten Bestimmung hilfreich sein[72]. 47

### 4. Kapital- und Strukturmaßnahmen

Der wesentliche Inhalt des vom Vorstand zu erstattenden Berichts zum **Bezugsrechtsausschluss** (§ 186 Abs. 4) ist analog § 124 Abs. 2 Satz 2 bekannt zu machen[73]. Ohne diese Veröffentlichung würde der Aktionär zum Bezugsrechtsausschluss mit der Einberufung zu wenig Informationen erhalten, um sachgerecht entscheiden zu können. 48

Wird der Hauptversammlung ein **Unternehmenskonzept** zur Zustimmung vorgelegt, ohne dass damit eine Vorlage von Verträgen bzw. Vertragsentwürfen verbunden ist, so hat der Vorstand dazu einen Bericht zu erstatten, dessen wesentlicher Inhalt ebenfalls analog § 124 Abs. 2 Satz 2 bekannt zu machen ist[74]. Nur auf diese Weise ist sichergestellt, dass die Aktionäre – mangels bekannt zu machenden wesentlichen Inhalts eines Vertrages – mit der Einberufung die erforderlichen Grundinformationen erhalten können. 49

Im Übrigen gilt: Sofern nicht gesetzlich explizit die Bekanntmachung (des wesentlichen Inhalts) von Berichten verlangt wird, müssen diese nicht mit der Einberufung veröffentlicht werden. 50

**Weitere Bekanntmachungspflichten** können sich kraft gesetzlicher Anordnung ergeben, z.B. für die Eckpunkte des Aktienoptionsprogramms aus § 193. 51

---

68 *Butzke* in Obermüller/Werner/Winden, Die Hauptversammlung der Aktiengesellschaft, Rz. B 94; *Schlitt* in Semler/Volhard, Arbeitshandbuch Hauptversammlung, § 4 Rz. 174.
69 *Ihrig/Wagner* in FS Spiegelberger, 2009, S. 722, 733. A.A. *Butzke* in Obermüller/Werner/Winden, Die Hauptversammlung der Aktiengesellschaft, Rz. B 94.
70 A.A. *Butzke* in Obermüller/Werner/Winden, Die Hauptversammlung der Aktiengesellschaft, Rz. B 90 (Angabe des geänderten Worts ist ausreichend).
71 KG v. 31.1.1996 – 23 U 3989/94, AG 1996, 421; *Werner* in Großkomm. AktG, 4. Aufl., § 124 AktG Rz. 35; *Kubis* in MünchKomm. AktG, 2. Aufl., § 124 AktG Rz. 30; *Butzke* in Obermüller/Werner/Winden, Die Hauptversammlung der Aktiengesellschaft, Rz. B 90; *Schlitt* in Semler/Volhard, Arbeitshandbuch Hauptversammlung, § 4 Rz. 160.
72 *Butzke* in Obermüller/Werner/Winden, Die Hauptversammlung der Aktiengesellschaft, Rz. B 90; *Schlitt* in Semler/Volhard, Arbeitshandbuch Hauptversammlung, § 4 Rz. 161.
73 BGH v. 9.11.1992 – II ZR 230/91, BGHZ 120, 141 = AG 1993, 134; LG Berlin v. 13.12.2004 – 101 O 124/04, DB 2005, 1320, 1321; *Kubis* in MünchKomm. AktG, 2. Aufl., § 124 AktG Rz. 39 m.w.N.; *Hüffer*, NJW 1979, 1065, 1070; *Quack*, ZGR 1983, 257, 263.
74 *Hüffer*, § 124 AktG Rz. 11; *Kubis* in MünchKomm. AktG, 2. Aufl., § 124 AktG Rz. 39; *Lutter* in FS Fleck, 1988, S. 169 ff., 176; *Quack*, ZGR 1983, 257, 263; a.A. OLG München v. 14.2.2001 – 7 U 6019/99, AG 2001, 364; *Marsch*, AG 1981, 211, 214.

## V. Bekanntmachung als Voraussetzung der Beschlussfassung (§ 124 Abs. 4)

### 1. Grundsatz

52 § 124 Abs. 4 Satz 1 bestimmt, dass über Gegenstände der Tagesordnung, die nicht ordnungsgemäß bekannt gemacht sind, keine Beschlüsse gefasst werden dürfen. Die **Reichweite der Vorschrift** erschließt sich, wenn man sie zusammen mit der 2. Alt. des Satz 2 liest, wonach es zur Beschlussfassung über Anträge, die zu Gegenständen der im Übrigen ordnungsgemäß bekannt gemachten Tagesordnung gestellt werden, keiner Bekanntmachung bedarf.

53 Damit kommt es entscheidend darauf an, wie weit der **Begriff des Gegenstandes der Tagesordnung** zu verstehen ist und wodurch er determiniert wird. Dies ist zweifelsohne die schlagwortartige Bezeichnung des Tagesordnungspunktes. Aber darüber hinaus wird die Tagesordnung durch den Beschlussvorschlag und eine ggf. gegebene Erläuterung desselben bestimmt (§ 121 Rz. 39). So etwa eröffnet die Tagesordnungspunktbezeichnung „Satzungsänderung" nicht die Möglichkeit, über jedwede Satzungsänderung zu beschließen[75], sondern nur über solche, die im unmittelbaren Kontext bzw. Regelungsbereich der in der Bekanntmachung vorgeschlagenen Satzungsänderung liegen (z.B. Bekanntmachung: Vergütung der Tätigkeit in Ausschüssen des Aufsichtsrats – zum Tagesordnungspunkt gehörender Bereich: Vergütung des Aufsichtsrats)[76].

54 Ob eine Einschränkung der zulässigen bekanntmachungsfreien Anträge, insbesondere der Gegenanträge, durch **eng formulierte Überschriften der Tagesordnungspunkte**, etwa „Beschlussfassung über xy gemäß dem nachfolgenden Beschlussvorschlag" zulässig ist[77], war schon nach altem Recht zweifelhaft. Unter Geltung der Aktionärsrechterichtlinie ist dies aber zu verneinen. Art. 6 Abs. 1 UAbs. 1 lit. b) räumt den Aktionären das Recht zur Einbringung von Beschlussvorlagen zu den Tagesordnungspunkten ein. Dieses Recht würde ausgehöhlt, wenn man die zulässigen Gegenanträge mit einer derart eng formulierten Tagesordnungspunktüberschrift auf die Korrektur von offenbaren Unrichtigkeiten[78] beschränken könnte.

55 Ob sich der zur Abstimmung gestellte Antrag bei wirtschaftlicher Betrachtung noch im Rahmen des bekannt gemachten Beschlussvorschlags bewegen muss, wird unterschiedlich beurteilt[79]. Richtigerweise wird man wohl keine wirtschaftliche Äquivalenz verlangen können. Darauf, ob der abweichende Antrag die Gesellschaft stärker belastet als der veröffentlichte Beschlussvorschlag, kommt es nicht an[80]. Entscheidend dürfte vielmehr sein, ob der nicht bekannt gemachte Antrag weniger oder gleich stark in die Rechte der Aktionäre eingreift. Hiervon wird man eine Ausnahme für den Gewinnverwendungsbeschluss machen müssen: die Hauptversammlung kann eine höhere Thesaurierung als im Beschlussvorschlag der Verwaltung vorgesehen ist beschließen.

---

75 A.A. wohl *Kubis* in MünchKomm. AktG, 2. Aufl., § 124 AktG Rz. 71.
76 Vgl. dazu OLG Celle v. 15.7.2002 – 9 U 65/91, AG 1993, 181.
77 Dafür z.B. *Pluta* in Heidel, § 124 AktG Rz. 25; *Hüffer*, § 124 AktG Rz. 9.
78 So z.B. OLG Celle v. 15.7.1992 – 9 U 65/91, AG 1993, 178; *Hüffer*, § 124 AktG Rz. 9.
79 Dafür z.B. *Kubis* in MünchKomm. AktG, 2. Aufl., § 124 AktG Rz. 74; *Werner* in Großkomm. AktG, 4. Aufl., § 124 AktG Rz. 93 ff.; dagegen *Wienecke* in FS Schwark, 2009, S. 305, 322; K.-St. *Scholz*, AG 2008, 11, 14.
80 So zu Unrecht OLG München v. 4.11.2009 – 7 A 2/09, AG 2010, 170.

## 2. Bekanntmachungsfreie Beschlussfassungen

### a) Einberufung einer neuen Hauptversammlung

Über den Antrag auf Einberufung einer neuen Hauptversammlung kann auch ohne vorherige Bekanntmachung abgestimmt werden, § 124 Abs. 4 Satz 2 Alt. 1. Hierunter fällt zum einen der **Vertagungsantrag**, zum anderen aber auch der Antrag auf Einberufung einer **Hauptversammlung mit anderer Tagesordnung**[81]. Der Einberufungsantrag kann mit einem Verlangen nach § 83 Abs. 1 verbunden werden, ohne dass dieses zuvor bekannt gemacht sein muss[82]. Der Schutz der übrigen Aktionäre ist zum einen dadurch gewährleistet, dass diese Hauptversammlung nach allgemeinen Regeln einberufen und vorbereitet werden muss[83], und zum anderen, dass der Vorstand nur vorbereitende Maßnahmen treffen kann (und darf) und eine Bindung der Gesellschaft nur mit Zustimmung der demnächstigen Hauptversammlung eintreten kann.

56

### b) Anträge im Rahmen der bekannt gemachten Tagesordnung

Im Rahmen der bekannt gemachten Tagesordnung kann auch über nicht zuvor bekannt gemachte Beschlussanträge abgestimmt werden. Zum Begriff der bekannt gemachten Tagesordnung § 121 Rz. 38 ff.

57

Zulässig sind zum einen **Gegenanträge**[84] (dazu § 126 Rz. 5 ff.), und zwar unabhängig davon, ob sie gem. § 126 angekündigt wurden oder nicht.

58

Zum anderen betrifft dies auch sog. **ergänzende Anträge**[85]. Unstreitig kann in Zusammenhang mit dem Tagesordnungspunkt Entlastung des Vorstands bzw. des Aufsichtsrats auch ein Antrag auf **Sonderprüfung** gestellt werden, der Vorgänge im Entlastungszeitraum betrifft[86]. Das Gleiche gilt auch für eine rechnungslegungsbezogene Sonderprüfung in Zusammenhang mit dem Tagesordnungspunkt Vorlage des Jahres- und Konzernabschlusses für das betreffende Geschäftsjahr[87]. In Zusammenhang mit der Wahl von Aufsichtsratsmitgliedern kann nicht über einen Antrag auf Sonderprüfung in Hinblick auf Vorgänge, an denen ein Kandidat als Vorstand beteiligt war, abgestimmt werden[88].

59

Richtigerweise ist auch ein Antrag auf **Entzug des Vertrauens gem. § 84 Abs. 3** in Zusammenhang mit dem Tagesordnungspunkt Entlastung des Vorstands zulässig[89], wenn der Vertrauensentzug auf Vorgänge im Entlastungszeitraum gründet. Der Unterschied zwischen Verweigerung der Entlastung (= Nichterweisung des Vertrauens und Missbilligung des Verwaltungshandelns) und Entzug des Vertrauens ist graduell. Ein Schutzbedürfnis der Aktionäre, das für die Unzulässigkeit eines solchen Antrags streiten würde, ist nicht erkennbar, da der Vertrauensentzug durch die Hauptver-

60

---

81 *Hüffer*, § 124 AktG Rz. 19; *Werner* in Großkomm. AktG, 4. Aufl., § 124 AktG Rz. 63.
82 *Werner* in Großkomm. AktG, 4. Aufl., § 124 AktG Rz. 63; *Kubis* in MünchKomm. AktG, 2. Aufl., § 124 AktG Rz. 70.
83 *Kubis* in MünchKomm. AktG, 2. Aufl., § 124 AktG Rz. 70.
84 *Kubis* in MünchKomm. AktG, 2. Aufl., § 124 AktG Rz. 72; *Werner* in Großkomm. AktG, 4. Aufl., § 124 AktG Rz. 86.
85 *Werner* in Großkomm. AktG, 4. Aufl., § 124 AktG Rz. 87; *Kubis* in MünchKomm. AktG, 2. Aufl., § 124 AktG Rz. 73.
86 OLG Köln v. 15.6.1959 – 8 W 61/59, AG 1960, 46, 48; *Kubis* in MünchKomm. AktG, 2. Aufl., § 124 AktG Rz. 73; *Werner* in Großkomm. AktG, 4. Aufl., § 124 AktG Rz. 87.
87 *Werner* in Großkomm. AktG, 4. Aufl., § 124 AktG Rz. 87.
88 LG Frankfurt v. 19.6.2008 – 3-05 O 158/07, NZG 2009, 149.
89 *Hüffer*, § 124 AktG Rz. 19; *Zöllner* in KölnKomm. AktG, 1. Aufl., § 124 AktG Rz. 15; *Reger* in Bürgers/Körber, § 124 AktG Rz. 26; *Willamowski* in Spindler/Stilz, § 124 AktG Rz. 18; a.A. LG München v. 28.7.2005 – 5 HK O 10485/04, AG 2005, 701; *Kubis* in MünchKomm. AktG, 2. Aufl., § 124 AktG Rz. 73; *Werner* in Großkomm. AktG, 4. Aufl., § 124 AktG Rz. 89.

sammlung nur dann zu personellen Konsequenzen führt, wenn der Entzug des Vertrauens nicht aus unsachlichen Gründen erfolgte und der Aufsichtsrat sein Ermessen, ob er den Vorstand aus wichtigem Grund abberuft, ausübt. Zu berücksichtigen ist auch, dass nach allgemeiner Ansicht über einen nicht bekannt gemachten Antrag auf Vertrauensentzug abgestimmt werden darf, wenn er in Zusammenhang mit dem Tagesordnungspunkt Vorlage eines Sonderprüfungsberichts steht[90].

61 Ist die Beschlussfassung über die **Gewinnverwendung** für ein bestimmtes Geschäftsjahr angekündigt worden, kann ein Bestätigungsbeschluss (§ 244) in Hinblick auf den Beschluss über die Gewinnverwendung des Vorjahres gefasst werden, ohne dass es hierzu der Ankündigung bedürfte. Als ergänzender Antrag dürfte auch die Wiederholung eines nichtigen Gewinnverwendungsbeschlusses zulässig sein. Das Interesse der Gesellschaft an einer ununterbrochenen Abfolge wirksamer Gewinnverwendungsbeschlüsse als Basis des aktuellen Gewinnverwendungsbeschlusses und der enge sachliche Zusammenhang zwischen der Gewinnverwendung im Vorjahr und der Höhe des zu verteilenden Bilanzgewinns gestatten die ankündigungsfreie Beschlussfassung über inhaltsgleiche Gewinnverwendungsbeschlüsse.

62 Über einen nicht bekannt gemachten Antrag auf **Geltendmachung von Schadensersatzansprüchen** (§ 147) kann nur in Zusammenhang mit dem Tagesordnungspunkt Vorlage eines Sonderprüfungsberichts abgestimmt werden[91].

### c) Bindung der Verwaltung an ihre Beschlussvorschläge

63 Eine andere Frage ist die, ob die Verwaltung von den bekannt gemachten Beschlussvorschlägen abweichende Beschlussanträge, die sich aber im Rahmen der bekannt gemachten Tagesordnung halten, stellen darf. Sofern die Abweichung auf **Änderungen der Sach- und Rechtslage** (wozu nicht die Opposition durch Aktionäre gehört[92]) zwischen Bekanntmachung und Antragstellung in der Hauptversammlung beruht, kann die Verwaltung abweichende, aber von der Tagesordnung gedeckte Anträge stellen[93]. Das Gleiche gilt, wenn der bekannt gemachte Vorschlag eine offensichtliche Unrichtigkeit im Sinne von § 44 Abs. 2 Satz 1 BeurkG aufweist, z.B. einen offensichtlichen Schreibfehler[94] (s. auch Rz. 54).

64 In anderen Fällen ist die Verwaltung an ihren Beschlussvorschlag gebunden, insbesondere auch dann, wenn Aktionäre ihren Unmut über die Beschlussvorschläge im Vorfeld der Hauptversammlung geäußert haben[95]. Sie kann sich jedoch einem von einem Aktionär gestellten **Gegenantrag anschließen**, der Versammlungsleiter kann zunächst diesen zur Abstimmung stellen und bei dessen Annahme über den Beschlussvorschlag der Verwaltung nicht mehr abstimmen lassen[96]. Zur Bindung der Verwaltung auch bei Rz. 18.

---

90 *Werner* in Großkomm. AktG, 4. Aufl., § 124 AktG Rz. 89; *Kubis* in MünchKomm. AktG, 2. Aufl., § 124 AktG Rz. 73.
91 *Werner* in Großkomm. AktG, 4. Aufl., § 124 AktG Rz. 88; *Kubis* in MünchKomm. AktG, 2. Aufl., § 124 AktG Rz. 73.
92 So aber *Wienecke* in FS Schwark, 2009, S. 305, 306.
93 *Kubis* in MünchKomm. AktG, 2. Aufl., § 124 AktG Rz. 59; *Hüffer*, § 124 AktG Rz. 12; weitergehend: *Werner* in Großkomm. AktG, 4. Aufl., § 124 AktG Rz. 80; *Pluta* in Heidel, § 124 AktG Rz. 22; *Wienecke* in FS Schwark, 2009, S. 305, 313; *K.-St. Scholz*, AG 2008, 11, 16.
94 LG Stuttgart v. 8.11.1991 – 2 KfH O 135/91, WM 1992, 58, 61; *Kubis* in MünchKomm. AktG, 2. Aufl., § 124 AktG Rz. 59.
95 *Kubis* in MünchKomm. AktG, 2. Aufl., § 124 AktG Rz. 59; *Hüffer*, § 124 AktG Rz. 12; a.A. *Butzke* in Obermüller/Werner/Winden, Die Hauptversammlung der Aktiengesellschaft, Rz. B 87.
96 Vgl. dazu OLG Hamm v. 28.2.2005 – 8 W 6/05, AG 2005, 361.

### d) Sog. Anträge zur Geschäftsordnung[97]

Nicht selten werden sog. Anträge zur Geschäftsordnung gestellt. Z.B. Antrag auf Abwahl des Versammlungsleiters, Antrag auf Absetzung eines Tagesordnungspunktes oder Vertagung der Beschlussfassung zu einem Tagesordnungspunkt auf die nächste ordentliche Hauptversammlung, Antrag auf Unterbrechung der Hauptversammlung, um ausgelegte Unterlagen zu studieren oder ungestört zu essen etc. 65

**aa) Kompetenz der Hauptversammlung.** Im Regelfall besitzt die Hauptversammlung keine Kompetenz, über solche Geschäftsordnungsanträge zu beschließen, da diese Entscheidung in die Kompetenz des Versammlungsleiters fällt[98]. In die Kompetenz der Hauptversammlung fällt demgegenüber z.b. die Entscheidung über die **Nichtbehandlung eines Tagesordnungspunktes** in dieser Hauptversammlung, sei es durch Vertagung, sei es durch Absetzung von der Tagesordnung[99]. Zur Absetzung von Tagesordnungspunkten im Vorfeld der Hauptversammlung § 121 Rz. 100. 66

**bb) Abwahl des Versammlungsleiters.** Problematisch ist indes, ob die Hauptversammlung über die **Abwahl des satzungsmäßig berufenen, also nicht von der Hauptversammlung gewählten, Versammlungsleiters** beschließen kann. Die besseren Gründe sprechen dagegen[100]: Ein solcher Beschluss wäre eine Satzungsdurchbrechung, die in dieser Hauptversammlung keine Wirkung entfalten könnte, da die hierfür geltenden Formalien (u.a. ordnungsgemäße Ankündigung) nicht beachtet werden könnten. Darüber hinaus besteht auch aus Gründen des Aktionärsschutzes kein praktisches Bedürfnis für eine solche Abwahl: Liegt der aus Sicht des antragstellenden Aktionärs der eine Abwahl rechtfertigende Grund tatsächlich vor (z.B. parteiische Verhandlungsführung, Ungleichbehandlung der Aktionäre, mehrfache unzulässige Beschränkung des Rede- und Fragerechts) sind die in der Hauptversammlung gefassten Beschlüsse anfechtbar[101]. Weder die Entscheidungen einiger Instanzgerichte[102] noch die h.M. in der Literatur[103], die eine Abwahl aus wichtigem Grund zulassen will, vermögen zu überzeugen. Selbst wenn man der h.M. folgt, führt eine unterlassene Abstimmung über den Antrag auf Abwahl des Versammlungsleiters nur zur Anfechtbarkeit der in der Hauptversammlung gefassten Beschlüsse[104]. 67

### 3. Bekanntmachungsfreie Verhandlungen

Wenn eine Angelegenheit nur verhandelt und kein Beschluss gefasst werden soll (z.B. Bericht oder Erörterung) (dazu auch § 121 Rz. 13 f.) ist grundsätzlich keine Bekannt- 68

---

97 Dazu ausführlich auch unten § 129 Rz. 47 ff.
98 Zu den einzelnen Aufgaben und Befugnissen des Versammlungsleiters: *Kubis* in MünchKomm. AktG, 2. Aufl., § 119 AktG Rz. 119 ff.
99 *Kubis* in MünchKomm. AktG, 2. Aufl., § 119 AktG Rz. 132 m.w.N.
100 Wie hier: *Mülbert* in Großkomm. AktG, 4. Aufl., vor §§ 118–147 AktG Rz. 83; *Ek*, Praxisleitfaden für die Hauptversammlung, 2. Aufl., Rz. 241; *Butzke* in Obermüller/Werner/Winden, Die Hauptversammlung der Aktiengesellschaft, Rz. D 14; *Krieger*, AG 2006, 355; *Groß* in Liber Amicorum Happ, 2006, S. 31 ff., 36 ff.
101 Vgl. dazu ausführlich: *Groß* in Liber Amicorum Happ, 2006, S. 31 ff., 41 ff.
102 LG Frankfurt am Main v. 11.1.2005 – 3-5 O 100/04, AG 2005, 892; LG Köln v. 6.7.2005 – 82 O 150/04, AG 2005, 696; LG Frankfurt v. 28.11.2006 – 3-5 O 93/06, NZG 2007, 155; OLG Frankfurt v. 8.2.2006 – 12 W 185/05, AG 2006, 249; OLG Bremen v. 13.11.2009 – 2 U 57/09, AG 2010, 256. Vgl. aber auch OLG Frankfurt v. 18.3.2008 – 5 U 171/06, AG 2008, 417.
103 *Kubis* in MünchKomm. AktG, 2. Aufl., § 119 AktG Rz. 108 ff.; *v. Falkenhausen/Kocher*, BB 2005, 1068; *Rose*, NZG 2007, 241; tendenziell auch: *Kuhnt* in FS Lieberknecht, 1997, S. 45, 58 ff.; *Butzke*, ZIP 2005, 1164.
104 OLG Bremen v. 13.11.2009 – 2 U 57/09, AG 2010, 256; a.A. LG Frankfurt am Main v. 11.1.2005 – 3-5 O 100/04, AG 2005, 892; LG Köln v. 6.7.2005 – 82 O 150/04, AG 2005, 696 (Nichtigkeit).

machung erforderlich, es sei denn, es handelt sich um die Vorlage des Jahres- und Konzernabschlusses (§ 175)[105], Vorlage des Sonderprüfungsberichts (§ 145 Abs. 6 Satz 5) oder Anzeige des hälftigen Verlusts des Grundkapitals (§ 92 Abs. 1)[106].

69 Abgesehen von den Fällen, dass ein beschlussloser Tagesordnungspunkt auf einem Minderheitenverlangen gem. § 122 Abs. 2 beruht oder vom Einberufenden auf die Tagesordnung gesetzt wurde, steht es im Ermessen des Versammlungsleiters, eine beschlusslose Diskussion zu einem Thema zuzulassen oder nicht. Das gilt unabhängig davon, ob die Diskussion vom Vorstand oder von Aktionären angeregt wird[107].

## 4. Folgen von Bekanntmachungsfehlern

### a) Kein Verbot der Beschlussfassung

70 Stellt der Versammlungsleiter fest, dass ein Bekanntmachungsfehler vorliegt, sei es, weil gegen die Formalien des § 124 Abs. 1 bis 3 verstoßen wurde, sei es, weil ein nicht von der Tagesordnung gedeckter Antrag zur Abstimmung gestellt werden soll, so muss er nach pflichtgemäßem Ermessen entscheiden, ob er über den an einem Bekanntmachungsfehler leidenden Antrag abstimmen lässt[108]. **Maßgebliche Parameter des Abwägungsprozesses** sind das Interesse der Gesellschaft an einer Beschlussfassung in dieser Hauptversammlung einerseits und die Wahrscheinlichkeit und Erfolgsaussichten einer Anfechtungsklage andererseits[109]. Weiterhin ist die gesetzgeberische Wertung des Freigabeverfahrens zu berücksichtigen, wonach zur Abwendung von Nachteilen für die Gesellschaft auch anfechtbare Beschlüsse Bestandskraft erhalten, wenn die die Anfechtbarkeit begründende Rechtsverletzung im Verhältnis zu den sonst eintretenden Nachteilen für Gesellschaft und Aktionäre weniger schwer wiegt, vgl. § 246a Abs. 2 Nr. 3.

### b) Anfechtbarkeit des Beschlusses

71 Verstöße gegen § 124 Abs. 1 bis 3 machen gleichwohl gefasste Beschlüsse anfechtbar (**Gesetzesverletzung im Sinne von § 243 Abs. 1**)[110], es sei denn, die Voraussetzungen des § 121 Abs. 6 (Vollversammlung) sind erfüllt[111]. Die Anfechtungsbefugnis von nicht in der Hauptversammlung erschienenen oder vertretenen Aktionären folgt aus § 245 Nr. 2 Alt. 3. In der Hauptversammlung anwesende Aktionäre sind zur Anfechtung befugt, wenn sie die Aktien schon vor Bekanntmachung der Tagesordnung erworben haben und gegen den betreffenden Beschluss Widerspruch zur Niederschrift erklärt haben, § 245 Nr. 1.

---

105 *Kubis* in MünchKomm. AktG, 2. Aufl., § 124 AktG Rz. 77; *F.-J. Semler* in MünchHdb. AG, § 35 Rz. 43; *Werner* in Großkomm. AktG, 4. Aufl., § 124 AktG Rz. 16.
106 *Kubis* in MünchKomm. AktG, 2. Aufl., § 124 AktG Rz. 77; a.A. *Zöllner* in KölnKomm. AktG, 1. Aufl., § 124 AktG Rz. 8.
107 A.A. wohl *Ch. Horn*, ZIP 2008, 1558, 1562.
108 *Kubis* in MünchKomm. AktG, 2. Aufl., § 124 AktG Rz. 61; *Werner* in Großkomm. AktG, 4. Aufl., § 124 AktG Rz. 101.
109 *Kubis* in MünchKomm. AktG, 2. Aufl., § 124 AktG Rz. 61; *Werner* in Großkomm. AktG, 4. Aufl., § 124 AktG Rz. 101.
110 Vgl. das Beispiel OLG Oldenburg v. 17.3.1994 – 1 U 46/91, AG 1994, 417.
111 Zur Ausnahme in Hinblick auf Verstöße gegen § 124 Abs. 3 Satz 2 Rz. 28.

## § 124a
## Veröffentlichungen auf der Internetseite der Gesellschaft

Bei börsennotierten Gesellschaften müssen alsbald nach der Einberufung der Hauptversammlung über die Internetseite der Gesellschaft zugänglich sein:
1. der Inhalt der Einberufung;
2. eine Erläuterung, wenn zu einem Gegenstand der Tagesordnung kein Beschluss gefasst werden soll;
3. die der Versammlung zugänglich zu machenden Unterlagen;
4. die Gesamtzahl der Aktien und der Stimmrechte im Zeitpunkt der Einberufung, einschließlich getrennter Angaben zur Gesamtzahl für jede Aktiengattung;
5. gegebenenfalls die Formulare, die bei Stimmabgabe durch Vertretung oder bei Stimmabgabe mittels Briefwahl zu verwenden sind, sofern diese Formulare den Aktionären nicht direkt übermittelt werden.

Ein nach Einberufung der Versammlung bei der Gesellschaft eingegangenes Verlangen von Aktionären im Sinne von § 122 Abs. 2 ist unverzüglich nach seinem Eingang bei der Gesellschaft in gleicher Weise zugänglich zu machen.

| | |
|---|---|
| I. Überblick .................... 1 | f) Ergänzungsanträge ............ 15 |
| II. Gegenstand der Internetpublizität .. 4 | 2. Ergänzende Regelungen ......... 16 |
| 1. Katalog des § 124a ............. 4 | a) Informationen zu Aktionärsrechten ..................... 16 |
| a) Inhalt der Einberufung ....... 4 | b) Gegenanträge ............... 17 |
| b) Erläuterungen zu beschlusslosen Tagesordnungspunkten ....... 5 | c) Pflichten nach WpHG ........ 18 |
| c) Zugänglich zu machende Unterlagen ...................... 7 | III. Beginn und Ende der Internetpublizität ..................... 19 |
| d) Gesamtzahl der Aktien und Stimmrechte ................ 8 | IV. Wirkung der Internetpublizität auf Auslegungs- und Versendungspflichten ................... 24 |
| e) Vollmachts- und Briefwahlformulare ................... 10 | V. Rechtsfolgen von Verstößen ...... 27 |
| aa) Vollmachtsformulare ...... 10 | |
| bb) Briefwahlformulare ....... 13 | |
| cc) Pflichten nach WpHG ..... 14 | |

**Literatur:** *Paschos/Goslar,* Der Regierungsentwurf des Gesetzes zur Umsetzung der Aktionärsrechterichtlinie (ARUG), AG 2009, 14.

## I. Überblick

Die Vorschrift bezweckt, den Aktionären den Zugang zu hauptversammlungsrelevanten Informationen und die Wahrnehmung des Stimmrechts zu erleichtern. 1

§ 124a wendet sich nur an **börsennotierte Gesellschaften** im Sinne von § 3 Abs. 2. Nach h.M. sind daher Gesellschaften, deren Aktien nur im Freiverkehr (z.B. open market an der Frankfurter Börse) gehandelt werden, nicht verpflichtet, die Internetpublizität gem. § 124a herzustellen. 2

3   Art. 5 Abs. 4 der **Aktionärsrechterichtlinie**[1] enthält die relevanten europarechtlichen Vorgaben. Der RefE ARUG[2] war nahezu vollständig richtlinienkonform, während die letztlich Gesetz gewordene Regelung diesbezüglich Defizite aufweist.

## II. Gegenstand der Internetpublizität

### 1. Katalog des § 124a

#### a) Inhalt der Einberufung

4   Der in das Internet einzustellende Inhalt der Einberufung bestimmt sich nach § 121 Abs. 3 und § 124 Abs. 3[3]. Die Angabe der Beschlussvorschläge ist nicht entbehrlich[4], sondern in richtlinienkonformer Auslegung geboten. Art. 5 Abs. 4 UAbs. 1 lit. d) verlangt die Einstellung der von der Verwaltung (und von Aktionären) eingebrachten Beschlussvorlagen in die Internetseite.

#### b) Erläuterungen zu beschlusslosen Tagesordnungspunkten

5   Enthält die Tagesordnung beschlusslose Punkte, wie etwa **Vorlage des Jahres- und Konzernabschlusses** sowie des Berichts des Aufsichtsrats (§§ 175 Abs. 1, 171 Abs. 2) oder die Verlustanzeige nach § 92 Abs. 1, muss eine diesbezügliche Erläuterung in die Internetseite eingestellt werden. Im Falle des Tagesordnungspunktes Vorlage von Jahres- und Konzernabschluss reicht ein Hinweis auf die gesetzliche Regelung, wonach die vom Aufsichtsrat gebilligten Abschlüsse der Hauptversammlung lediglich vorzulegen sind, die Vorlagen über die Internetseite abrufbar sind und in der Hauptversammlung vom Vorstand erläutert werden.

6   Im Falle der **Verlustanzeige** ist eine umfänglichere Darlegung erforderlich. Hier ist es verfehlt, nur anzugeben, dass von Gesetzes wegen zur Verlustanzeige kein Beschluss gefasst werden muss, da die Erläuterung der Information der Aktionäre dient. Im Regelfall wird die Darstellung der wirtschaftlichen Situation und des Sanierungskonzepts geboten sein. Letzteres dürfte auch dann nicht entbehrlich sein, wenn der Hauptversammlung zu anderen Tagesordnungspunkten Beschlussvorschläge zur Überwindung der Krise (z.B. vereinfachte Kapitalherabsetzung mit nachfolgender Barkapitalerhöhung) gemacht werden. Die Erläuterungspflicht darf aber nicht dazu führen, dass dem Gebot der Unverzüglichkeit des § 92 Abs. 1 nicht Folge geleistet wird.

#### c) Zugänglich zu machende Unterlagen

7   Zu den zugänglich zu machenden Unterlagen gehören **bei der ordentlichen Hauptversammlung** Jahres- und Konzernabschluss nebst Lageberichten, Gewinnverwendungsvorschlag des Vorstands und Bericht des Aufsichtsrats sowie die Erläuterungen des Vorstands zu den Angaben gem. §§ 289 Abs. 4 und 315 Abs. 4 HGB gem. § 176 Abs. 1. Je nachdem welche Punkte die Tagesordnung des Weiteren umfasst, müssen **Berichte des Vorstands** (z.B. Bericht zum Bezugsrechtsausschluss, Verschmelzungsbericht), zustimmungsbedürftige Verträge, Prüfungsberichte und Jahresabschlüsse der beteiligten Rechtsträger (z.B. bei Unternehmensverträgen oder Vorgängen nach dem Umwandlungsgesetz) in die Internetseite eingestellt werden.

---

[1] Richtlinie 2007/36/EG, ABl. EU Nr. L 184 v. 14.7.2007, S. 17.
[2] RefE ARUG, bei *Wicke*, Einführung in das Recht der Hauptversammlung, das Recht der Sacheinlagen und das Freigabeverfahren nach dem ARUG, S. 333 ff.
[3] BT-Drucks. 16/11642, S. 30.
[4] *Drinhausen/Keinath*, BB 2009, 2322, 2324; a.A. *Hüffer*, § 124a AktG Rz. 2.

### d) Gesamtzahl der Aktien und Stimmrechte

Gesetzlich gefordert ist auch die Angabe der Gesamtzahl der Aktien und der Stimmrechte. Wenn die Aktien der Gesellschaft unterschiedlichen Gattungen angehören, müssen diese Angaben zusätzlich auch in Bezug auf jede Aktiengattung gemacht werden[5]. **Ruhen Stimmrechte** aus Aktien gem. § 71b ggf. i.V.m. § 71d ist auch dies in der Einberufung anzugeben[6]. Ob ein bloßes Absetzen der Stimmen aus eigenen Aktien von der Gesamtzahl der Stimmen statthaft ist[7], ist zweifelhaft. Richtigerweise sollte die Zahl der ruhenden Stimmrechte separat angegeben werden. Wenn Stimmrechte gem. § 28 WpHG ruhen, ist ein entsprechender Hinweis nicht erforderlich. Die abweichende Behandlung beruht darauf, dass die Gesellschaft im Regelfall zu diesem Zeitpunkt keine zuverlässige Kenntnis von unterlassenen Stimmrechtsmitteilungen hat. 8

Die gesonderte Angabe auf der Internetseite ist auch dann erforderlich, wenn die entsprechenden Angaben bereits gem. § 30b Abs. 1 Nr. 1 WpHG in der Einberufung enthalten sind. Nicht vom Gesetz verlangt ist eine **Korrektur** dieser auf den Zeitpunkt der Veröffentlichung der Einberufungsbekanntmachung im elektronischen Bundesanzeiger zu machenden Angaben, wenn sich im Zeitraum zwischen Einberufung und Hauptversammlung die Aktien- bzw. Stimmenzahl etwa infolge von Kapitalmaßnahmen oder Hinzuerwerb oder Veräußerung eigener Aktien ändert. 9

### e) Vollmachts- und Briefwahlformulare

**aa) Vollmachtsformulare. Grundsatz.** In die Internetseite müssen Formulare eingestellt werden, die die Aktionäre benutzen können, um Dritte zu bevollmächtigen. **Diese Pflicht besteht auch dann, wenn die Benutzung dieser Formulare nicht verbindlich vorgegeben wird**[8], d.h. Aktionäre auch mittels anderer Dokumente Vollmachten erteilen können. Art. 5 Abs. 4 UAbs. 1 lit. c der Aktionärsrechterichtlinie ordnet die Internetpublizität der Vollmachtsformulare unabhängig davon an, ob sie ausschließlich zu benutzen sind oder nicht. 10

**Ausnahme bei direkter Übermittlung.** Die Pflicht zur Einstellung von Vollmachts- bzw. Briefwahlformularen besteht nicht, wenn die Formulare den Aktionären direkt übermittelt werden[9]. Dieses Erfordernis kann – wenn man nicht richtlinienkonform die Übermittlung bereits bei der Einberufung verlangt[10] – bei **Namensaktien** erfüllt werden, nicht aber bei **Inhaberaktien**. Die Übermittlungspflicht des § 128 ist nur an inländische Kreditinstitute und diesen nach § 125 Abs. 5 gleichgestellte Institute gerichtet, nicht aber an andere ausländische Banken und Finanzdienstleister[11]. Des Weiteren ist fraglich, ob die Übermittlungspflicht über die Mitteilungen gemäß § 125 hinaus weitere Dokumente betrifft. Der Versand des Vollmachtsformulars zusammen mit der Eintrittskarte genügt ebenfalls nicht, um den Ausnahmetatbestand zu erfüllen, da in diesem Fall das Vollmachtsformular nur den angemeldeten, nicht aber allen Aktionären übermittelt wird. 11

---

5 Zu Aktiengattungen und gattungsbegründenden Merkmalen § 11 Rz. 3 ff.
6 So für § 30b WpHG *Mülbert* in Assmann/Uwe H. Schneider, § 30b WpHG Rz. 6. A.A. Begr. RegE BT-Drucks. 16/11642, S. 30.
7 So wohl für § 30b WpHG *Mülbert* in Assmann/Uwe H. Schneider, § 30b WpHG Rz. 6.
8 So aber Begr. RegE BT-Drucks. 16/11642, S. 30; *Paschos/Goslar*, AG 2009, 14, 17.
9 Nahezu wortgleich Art. 5 Abs. 4 UAbs. 1 lit. e) Aktionärsrechterichtlinie.
10 So etwa zutreffend *Hüffer*, § 124a AktG Rz. 2 und der RefE ARUG, bei *Wicke*, Einführung in das Recht der Hauptversammlung, das Recht der Sacheinlagen und das Freigabeverfahren nach dem ARUG, S. 334. A.A. *Paschos/Goslar*, AG 2009, 14, 17; Handelsrechtsausschuss des DAV, NZG 2008, 534.
11 Das wird von *von Nussbaum*, GWR 2009, 215, übersehen.

12  **Keine weiteren Ausnahmen.** Im Übrigen ist darauf hinzuweisen, dass Deutschland von der in Art. 5 Abs. 4 UAbs. 2 eingeräumten Möglichkeit unter bestimmten Voraussetzungen von der Internetpublizität des Vollmachts- bzw. Briefwahlformulars abzusehen, nicht Gebrauch gemacht hat. Daher können die Gesellschaften nicht unter Hinweis darauf, dass die reibungslose Abwicklung der Hauptversammlung die Benutzung codierter Vollmachtsvordrucke erfordert, von der Einstellung von Vollmachtsformularen absehen.

13  **bb) Briefwahlformulare.** Bietet die Gesellschaft ihren Aktionären die Stimmabgabe per Briefwahl (§ 118 Rz. 55 ff.) an, ordnet § 124a Satz 1 Nr. 5 an, dass den Aktionären Formulare, mittels derer die Stimmabgabe im Wege der Briefwahl erfolgen kann, auf der Internetseite zur Verfügung gestellt werden. Verlangt wird nur die Zurverfügungstellung der zur schriftlichen Stimmabgabe im Vorfeld der Hauptversammlung erforderlichen Formulare. Das ergibt sich aus der Aktionärsrechterichtlinie, die anders als der deutsche Gesetzgeber in § 118 Abs. 2 zwischen der Stimmabgabe per Brief und der Stimmabgabe im Wege elektronischer Kommunikation differenziert[12] und die Briefwahl in Art. 12 gesondert regelt. Die Instrumente für die Stimmübermittlung mittels elektronischer Kommunikation (insbesondere Online-Dialog) müssen zwar (wenn die Gesellschaft von dieser Möglichkeit Gebrauch machen möchte) auch zur Verfügung gestellt werden, jedoch folgt dies nicht aus § 124a Satz 1 Nr. 5.

14  **cc) Pflichten nach WpHG.** Ergänzend ist darauf hinzuweisen, dass die börsennotierte Gesellschaft gem. § 30a Abs. 1 Nr. 5 WpHG verpflichtet ist, den Aktionären auf Verlangen oder zusammen mit der Einladung zur Hauptversammlung ein Vollmachtsformular zuzusenden.

### f) Ergänzungsanträge

15  Anträge auf Ergänzung der Tagesordnung, die nach Veröffentlichung der Einberufung zugegangen sind, sind gem. § 124a Satz 2 ebenfalls in die Internetseite einzustellen. Diese Pflicht besteht jedoch nur in Hinblick auf den inhaltlichen und formalen Anforderungen des § 122 Abs. 2 genügende Anträge[13]. Dazu auch bei § 122 Rz. 44 f.

## 2. Ergänzende Regelungen

### a) Informationen zu Aktionärsrechten

16  Wenn die diesbezüglichen Informationen nicht in die Einberufung integriert sind, müssen die Erläuterungen zu den Aktionärsrechten gem. §§ 122 Abs. 2, 126 Abs. 1, 127 und 131 Abs. 1 in die Internetseite eingestellt werden. Dazu näher § 121 Rz. 63 ff.

### b) Gegenanträge

17  Gem. § 126 Abs. 1 Satz 3 sind Gegenanträge über die Internetseite zugänglich zu machen. Dazu näher § 126 Rz. 18 ff.

### c) Pflichten nach WpHG

18  § 30a Abs. 1 Nr. 2 WpHG verpflichtet Emittenten, für die Bundesrepublik Deutschland Herkunftsland ist, u.a. alle Informationen, die die Inhaber der zugelassenen Aktien zur Ausübung ihrer Rechte benötigen, im Inland öffentlich zur Verfügung zu

---

12  Z.B. in den Erwägungsgründen 9 und 12 sowie in Art. 5 Abs. 3 lit. b (iii).
13  *Hüffer*, § 124a AktG Rz. 4.

stellen. Um dem zu genügen, reicht die Einstellung in die Internetseite aus[14]. In Zusammenhang mit der Hauptversammlung gehört zu den zur Rechtsausübung erforderlichen Informationen u.a. die Satzung[15]. Darüber hinaus gehören dazu aber auch – unbeschadet der Zusendungspflichten gem. § 30a Abs. 1 Nr. 4 – Vollmachtsformulare und Informationen über die bei der Bevollmächtigung der von der Gesellschaft benannten Stimmrechtsvertreter zu beachtenden Modalitäten, wenn die Gesellschaft diesen Service anbietet.

## III. Beginn und Ende der Internetpublizität

Die in § 124a Satz 1 genannten Informationen sind **„alsbald" nach Einberufung** der Hauptversammlung in die Internetseite einzustellen. Die vom Gesetzgeber mit der Verwendung des im materiellen Zivilrecht nahezu unbekannten „alsbald" intendierte Möglichkeit, die Internetpublizität nicht zeitgleich, sondern erst später herzustellen[16], läuft in der Praxis leer (Rz. 20) und ist im Übrigen richtlinienwidrig (Rz. 21). Die Internetpublizität ist daher zeitgleich mit der Einberufung herzustellen. 19

**Leerlaufen in der Praxis.** Zahlreiche der in § 124a genannten Informationen müssen aufgrund gesetzlicher Regelung ohnehin auf der Internetseite publiziert werden. Nach § 30b Abs. 1 Satz 1 Nr. 1 WpHG ist die Gesamtzahl der Aktien und Stimmrechte zum Zeitpunkt der Einberufung bereits in der Einberufung anzugeben. Daher können im Zeitraum zwischen der Übermittlung der Einberufung an den elektronischen Bundesanzeiger bis zum Tag nach deren Publikation ohnehin keine Änderungen erfolgen[17], so dass der einzig realistische Grund, aus dem eine zeitliche Verzögerung der Internetpublizität möglich wäre[18], nämlich Veränderungen der Aktien- und Stimmenzahl noch am Tag der Veröffentlichung der Einberufung, nie vorliegen wird. Die Gesellschaften können von der mit dem „alsbald" bezweckten verzögerten Internetpublizität ohnehin nur eingeschränkt Gebrauch machen: Die mit der Einberufung zeitgleiche Einstellung in die Internetseite ist erforderlich, wenn das Zugänglichmachen über die Internetseite die Auslage- und Übersendungspflichten der Gesellschaft substituieren soll, vgl. etwa §§ 52 Abs. 2 Satz 4, 175 Abs. 2 Satz 4, 179a Abs. 2 Satz 3, 293f Abs. 3, 319 Abs. 3 Satz 3 und 327c Abs. 5. Dazu auch Rz. 24 ff. 20

**Richtlinienwidrigkeit.** Die Aktionärsrechterichtlinie geht erkennbar von einem Gleichlauf der Einberufungsfrist und der Internetpublizität aus[19]. Sie gibt den Mitgliedstaaten in beiden Fällen die gleiche Mindestfrist vor. 21

**Ergänzungsanträge** sind **unverzüglich** nach ihrem Eingang bei der Gesellschaft in die Internetseite einzustellen, § 124a Satz 2. Dem Unverzüglichkeitsgebot ist Genüge getan, wenn die Publizität nach Prüfung der Ordnungsmäßigkeit des Ergänzungsverlangens erfolgt. Als angemessen wird man einen Prüfungszeitraum von bis zu zwei Arbeitstagen ansehen können, § 122 Rz. 44 und § 124 Rz. 15. 22

Zum **Ende der Internetpublizität** enthält das AktG keine Vorgaben. Nach Art. 5 Abs. 4 Aktionärsrechterichtlinie endet die Pflicht mit dem Tag der Versammlung[20]. 23

---

14 *Mülbert* in Assmann/Uwe H. Schneider, § 30a WpHG Rz. 16.
15 *Mülbert* in Assmann/Uwe H. Schneider, § 30a WpHG Rz. 15.
16 BT-Drucks. 16/11642, S. 30; vgl. dazu auch *Drinhausen/Keinath*, BB 2010, 3, 5.
17 *Mülbert* in Assmann/Uwe H. Schneider, § 30b WpHG Rz. 9.
18 „Betriebsinterne Abläufe und die erforderliche Technik" (Begr. RegE, BT-Drucks. 16/11642, S. 30) können wohl kaum zu einer Verzögerung führen.
19 A.A. wohl das *Deutsche Aktieninstitut* in seiner Stellungnahme vom 23.2.2009, S. 23.
20 „Including the day of the meeting" bzw. „inclusant le jour de l'assemblée".

Daher können die Informationen mit Beginn des auf die Hauptversammlung folgenden Tages von der Internetseite entfernt werden.

### IV. Wirkung der Internetpublizität auf Auslegungs- und Versendungspflichten

24 In zahlreichen Vorschriften (z.B. §§ 52 Abs. 2, 175 Abs. 2, 179a Abs. 2, 293f, 319 Abs. 3, 320 Abs. 4, 327c Abs. 3 AktG, §§ 63, 125 i.V.m. §§ 63, 230 Abs. 2 UmwG[21]) wird die Auslegung bestimmter Unterlagen am Sitz der Gesellschaft und ihr Versand auf Verlangen der Aktionäre geregelt. Diese Vorschriften sehen außerdem vor, dass Auslegung und Versand durch Internetpublizität ab der Einberufung substituiert werden können. Soweit es sich dabei um Berichte und sonstige der Hauptversammlung vorzulegende Unterlagen im Sinne von Art. 5 Abs. 4 lit. c) und d) der Aktionärsrechterichtlinie handelt, ist die **Substitutionsmöglichkeit richtlinienwidrig**. Das beruht darauf, dass Art. 5 Abs. 3 lit. d) in der Einberufungsbekanntmachung ausdrücklich Angabe verlangt, wo die in Abs. 4 lit. c) und d) genannten Unterlagen „erhältlich sind"[22], während Art. 5 Abs. 3 lit. e) die Angabe der Internetseite verlangt, über die sämtliche in Abs. 4 genannten Unterlagen „abrufbar"[23] sind.

25 Daraus, dass die Richtlinie zwischen „erhältlich sein" (lit. d) und „abrufbar sein" (lit. e) differenziert, und dass die Unterlagen, die erhältlich sein müssen, eine Teilmenge der auf der Internetseite abrufbaren Unterlagen darstellt, ist zu schließen, dass es nicht ausreichend ist, die Beschlussvorschläge und Vorlagen an die Hauptversammlung in die Internetseite einzustellen, sondern dass sie den Aktionären nach wie vor auf Wunsch zugesandt werden müssen[24].

26 Dies hat zur Folge, dass die durch das UMAG bzw. das ARUG neu eingeführten §§ 52 Abs. 2 Satz 4, 175 Abs. 2 Satz 4, 179a Abs. 2 Satz 3, 293f Abs. 3, 319 Abs. 3 Satz 3 und 327c Abs. 5 AktG sowie §§ 63 Abs. 4 und 230 Abs. 2 Satz 3 UmwG sowie § 175 Abs. 2 Satz 4 AktG jeweils unanwendbar sind. Es bleibt daher bei der jeweiligen Alt-Regelung. Vgl. dazu § 121 Rz. 5.

### V. Rechtsfolgen von Verstößen

27 Verstöße gegen § 124a **führen nicht zur Anfechtbarkeit** der in der Hauptversammlung gefassten Beschlüsse, § 243 Abs. 3 Nr. 2. Sie werden aber gem. § 405 Abs. 3a Nr. 2 als Ordnungswidrigkeit mit Bußgeld von bis zu 25.000 Euro geahndet.

28 Der Anfechtungsausschluss gem. § 243 Abs. 3 Nr. 2 betrifft nur Verstöße gegen § 124a. Wenn die Unterlagen, die nach § 124a Satz 1 Nr. 3 in die Internetseite einzustellen sind, auch aufgrund anderer Vorschriften in die Internetseite eingestellt werden können, um Auslage- und Übersendungspflichten zu substituieren (z.B. §§ 52 Abs. 2 Satz 4, 175 Abs. 2 Satz 4, 179a Abs. 2 Satz 3, 293f Abs. 3, 319 Abs. 3 Satz 3, 327c Abs. 5)[25], nicht während des gesamten relevanten Zeitraums über die Internet-

---

21 Die von *A. Arnold*, Der Konzern 2009, 88 geäußerten Bedenken in Hinblick auf die Konformität dieser Regelungen mit der Verschmelzungs- und der Spaltungsrichtlinie bestehen infolge der Änderung dieser Richtlinien nicht mehr.
22 „May be obtained" bzw. „possible d' obtenir" in der englischen bzw. französischen Fassung der Richtlinie.
23 „Will be made available" bzw. „seront disponibles".
24 A.A. *Ratschow*, DStR 2007, 1402, 1404.
25 Zur Richtlinienwidrigkeit dieser Regelungen Rz. 24 ff.

seite zugänglich sind, ist der Beschluss anfechtbar, wenn die Gesellschaft nicht die Einsichtnahme bei der Gesellschaft und die Übersendung auf Verlangen anbietet.

# § 125
# Mitteilungen für die Aktionäre und an Aufsichtsratsmitglieder

(1) Der Vorstand hat mindestens 21 Tage vor der Versammlung den Kreditinstituten und den Vereinigungen von Aktionären, die in der letzten Hauptversammlung Stimmrechte für Aktionäre ausgeübt oder die die Mitteilung verlangt haben, die Einberufung der Hauptversammlung mitzuteilen. Der Tag der Mitteilung ist nicht mitzurechnen. Ist die Tagesordnung nach § 122 Abs. 2 zu ändern, so ist bei börsennotierten Gesellschaften die geänderte Tagesordnung mitzuteilen. In der Mitteilung ist auf die Möglichkeiten der Ausübung des Stimmrechts durch einen Bevollmächtigten, auch durch eine Vereinigung von Aktionären, hinzuweisen. Bei börsennotierten Gesellschaften sind einem Vorschlag zur Wahl von Aufsichtsratsmitgliedern Angaben zu deren Mitgliedschaft in anderen gesetzlich zu bildenden Aufsichtsräten beizufügen; Angaben zu ihrer Mitgliedschaft in vergleichbaren in- und ausländischen Kontrollgremien von Wirtschaftsunternehmen sollen beigefügt werden.

(2) Die gleiche Mitteilung hat der Vorstand den Aktionären zu machen, die es verlangen oder zu Beginn des 14. Tages vor der Versammlung als Aktionär im Aktienregister der Gesellschaft eingetragen sind. Die Satzung kann die Übermittlung auf den Weg elektronischer Kommunikation beschränken.

(3) Jedes Aufsichtsratsmitglied kann verlangen, dass ihm der Vorstand die gleichen Mitteilungen übersendet.

(4) Jedem Aufsichtsratsmitglied und jedem Aktionär sind auf Verlangen die in der Hauptversammlung gefassten Beschlüsse mitzuteilen.

(5) Finanzdienstleistungsinstitute und die nach § 53 Abs. 1 Satz 1 oder § 53b Abs. 1 Satz 1 oder Abs. 7 des Gesetzes über das Kreditwesen tätigen Unternehmen sind den Kreditinstituten gleichgestellt.

| | |
|---|---|
| I. Überblick . . . . . . . . . . . . . . . . . 1 | a) Kreditinstitute, gleichgestellte Institute und Aktionärsvereinigungen (§ 125 Abs. 1 Satz 1 und Abs. 5) . . . 17 |
| II. Mitteilungspflichten im Vorfeld der Hauptversammlung (§ 125 Abs. 1 bis 3) . . . . . . . . . . . . 7 | b) Aktionäre (§ 125 Abs. 2) . . . . . . 21 |
| 1. Inhalt der Mitteilungen . . . . . . . . 7 | c) Mitglieder des Aufsichtsrats (§ 125 Abs. 3) . . . . . . . . . . . . . . . 24 |
| a) Regelmäßiger Inhalt . . . . . . . 7 | 3. Form der Mitteilung (§ 125 Abs. 1 Satz 1 und Abs. 2 Satz 2) . . . . . . . 25 |
| aa) Einberufung (§ 125 Abs. 1 Satz 1) . . . . . . . . . . . . . . . . . . 7 | a) Grundsatz (§ 125 Abs. 1 Satz 1) . . . 25 |
| bb) Ergänzungen der Tagesordnung (§ 125 Abs. 1 Satz 3) . . . . . . . 8 | b) Beschränkung auf Übermittlung im Wege elektronischer Kommunikation (§ 125 Abs. 2 Satz 2) . . . . . . . . 27 |
| cc) Hinweis auf alternative Stimmrechtsvertreter (§ 125 Abs. 1 Satz 4) . . . . . . 10 | 4. Frist . . . . . . . . . . . . . . . . . . . . . . 30 |
| b) Wahlen zum Aufsichtsrat in börsennotierten Gesellschaften (§ 125 Abs. 1 Satz 5) . . . . . . . . . . 13 | a) Übermittlung gem. § 125 Abs. 1 und 5 . . . . . . . . . . . . . . . . . . . 30 |
| | b) Übermittlung gem. § 125 Abs. 2 . . 33 |
| 2. Empfänger . . . . . . . . . . . . . . . . . 17 | III. Mitteilungen nach der Hauptversammlung (§ 125 Abs. 4) . . . . . . . . . 35 |

**§ 125**

**Literatur:** *Lommatzsch*, Vorbereitung der HV durch Mitteilungen und Weisungen nach §§ 125, 128 AktG n.F., NZG 2001, 1017; *Mülbert/Bux*, Dem Aufsichtsrat vergleichbare in- und ausländische Kontrollgremien von Wirtschaftsunternehmen (§ 125 Abs. 1 Satz 3 2. Halbs. AktG n.F.), WM 2000, 1665; *Reul*, Die Novelle des Aktiengesetzes durch das NaStraG, MittBayNot 2001, 156.

## I. Überblick

1 § 125 Abs. 1, 2 und 5 soll die **Information der Aktionäre** über bevorstehende Hauptversammlungen verbessern, da die Publikation von Einberufung und Tagesordnung im elektronischen Bundesanzeiger und ggf. in weiteren Gesellschaftsblättern nicht alle Aktionäre erreicht. Bei Namensaktien ist die Gesellschaft verpflichtet, den im Aktienregister eingetragenen Aktionären die Mitteilung zuzuleiten. In Bezug auf Inhaberaktien werden die Depotbanken, die gem. § 128 zur Weiterleitung an die Aktionäre verpflichtet sind, als Intermediäre eingeschaltet.

2 Wird die **Hauptversammlung in einer Übernahmesituation** mit verkürzter Einberufungsfrist einberufen, sind die Mitteilungen nach Abs. 1 und Abs. 2 Satz 1 Alt. 2 unverzüglich zu übermitteln. Wenn mit einem rechtzeitigen Eingang der Mitteilung beim Aktionär nicht gerechnet werden kann, kann auf die Übermittlung der Mitteilungen sogar ganz verzichtet werden, vgl. § 16 Abs. 4 WpÜG.

3 § 125 Abs. 2 bestimmt, dass Inhaber von Inhaberaktien auf Verlangen und im Aktienregister eingetragene Namensaktionäre die sog. 125er-Mitteilung ebenfalls erhalten. § 125 Abs. 3 gewährt den Mitgliedern des Aufsichtsrats das gleiche Recht.

4 **§ 125 Abs. 1 Satz 4 und 5** normiert, dass die 125er-Mitteilung über den Inhalt der Einberufungsbekanntmachung hinausgehende Informationen bezüglich der Vertretung in der Hauptversammlung und der zur Wahl in den Aufsichtsrat vorgeschlagenen Personen enthalten muss.

5 § 125 Abs. 4 gewährt Aktionären und Mitgliedern des Aufsichtsrats den Anspruch auf Mitteilung der in der Hauptversammlung gefassten Beschlüsse.

6 Die **Aktionärsrechterichtlinie**[1] sieht vor, dass sämtliche Abstimmungsergebnisse auf der Internetseite zu veröffentlichen sind. Dies wurde im deutschen Recht in § 130 Abs. 7 umgesetzt.

## II. Mitteilungspflichten im Vorfeld der Hauptversammlung (§ 125 Abs. 1 bis 3)

### 1. Inhalt der Mitteilungen

#### a) Regelmäßiger Inhalt

7 **aa) Einberufung (§ 125 Abs. 1 Satz 1).** Die Mitteilung muss den Text der in den Gesellschaftsblättern bekannt gemachten (oder gem. § 121 Abs. 4 Satz 2 versandten) **Einberufung (einschließlich Tagesordnung und Beschlussvorschlägen)** sowie etwaigen weiteren freiwillig gemachten Angaben) vollständig enthalten[2].

8 **bb) Ergänzungen der Tagesordnung (§ 125 Abs. 1 Satz 3). Börsennotierte Gesellschaften.** Wenn Ergänzungsverlangen gem. § 122 Abs. 2 gestellt wurden, sind bei börsen-

---

[1] Richtlinie 2007/36/EG, ABl. EU Nr. L 184 v. 14.7.2007, S. 17.
[2] *Hüffer*, § 125 AktG Rz. 3; *Kubis* in MünchKomm. AktG, 2. Aufl., § 125 AktG Rz. 9 f.; *Zöllner* in KölnKomm. AktG, 1. Aufl., §§ 125–127 AktG Rz. 7.

notierten Gesellschaften diese zusätzlichen Tagesordnungspunkte in die ursprüngliche Tagesordnung zu integrieren. Abweichend vom früheren Recht ist die **bloße Beifügung** der weiteren Tagesordnungspunkte (nebst Beschlussvorschlag und/oder Begründung) zum Einberufungstext **nicht statthaft**, arg. Wortlaut: „geänderte Tagesordnung". Diese Anforderung hat zur Folge, dass mit dem Druck der 125er-Mitteilungen bis zum Ablauf der Ergänzungsantragsfrist zugewartet werden muss.

**Nicht börsennotierte Gesellschaften.** Abweichend vom früheren Recht müssen Aktionäre nicht börsennotierter Gesellschaften über Erweiterungen der Tagesordnung nicht mehr im Rahmen des § 125 informiert werden. Hier ist nach dem Willen des Gesetzgebers die von § 124 Abs. 1 verlangte **unverzügliche Bekanntmachung in den Formen des § 121 Abs. 4 ausreichend.** Bei nicht börsennotierten Gesellschaften wird die gesetzlich vorgeschriebene Information der Aktionäre über Erweiterungen der Tagesordnung eingeschränkt. Insbesondere bei Gesellschaften mit größerem Aktionärskreis (z.B. solchen, die im Freiverkehr gehandelt werden) kommt die in der Begründung des RegE angesprochene „ohne größeren Aufwand" mögliche Information der Aktionäre mittels eingeschriebenen Briefs nicht in Betracht.

**cc) Hinweis auf alternative Stimmrechtsvertreter (§ 125 Abs. 1 Satz 4).** Darüber hinaus ist bei börsennotierten wie bei nicht börsennotierten Gesellschaften darauf hinzuweisen, dass die Ausübung des Stimmrechts durch einen Bevollmächtigten, auch durch eine Vereinigung von Aktionären, möglich ist. **Ein dem Gesetzeswortlaut entsprechender Hinweis ist ausreichend**[3]. Dieser Hinweis wird nicht dadurch obsolet, dass die Gesellschaft auf die Möglichkeit der Bevollmächtigung des von ihr benannten Stimmrechtsvertreters hinweist.

Hintergrund dieser im Zuge des KonTraG eingeführten Informationspflicht ist, dass der Gesetzgeber seinerzeit das sog. Depotstimmrecht der Banken schwächen wollte und den Aktionären vor Augen geführt werden sollte, dass sie statt ihrer Depotbank auch andere professionelle Stimmrechtsvertreter beauftragen können[4]. Abgesehen davon, dass ein solcher Hinweis **besser in § 121 als Inhalt der Einberufung** geregelt werden sollte, damit auch diejenigen Aktionäre informiert werden, die die Mitteilungen nach § 125 nicht über ihre Depotbanken gem. § 128 oder direkt von der Gesellschaft erhalten, stellt sich die Frage, ob eine solche Belehrung der Aktionäre überhaupt erforderlich ist und im Zuge der nun mit § 135 n.F. beabsichtigten Stärkung der Stimmrechtsvertretung durch Depotbanken noch eine rechtspolitische Legitimation hat.

Die früher in § 128 Abs. 2 Satz 8 a.F. normierte Pflicht der Namensaktien ausgebenden Gesellschaft, auf **personelle Verflechtungen mit Depotbanken** sowie deren Mitwirkung an Wertpapieremissionen und deren nach § 21 WpHG meldepflichtige Beteiligungen hinzuweisen, ist im Zuge des ARUG entfallen. Nunmehr sind die Depotbanken, die ihren Kunden die Stimmrechtsvertretung anbieten, gem. § 135 Abs. 2 Satz 4 und 5 verpflichtet, vergleichbare Angaben zu machen.

**b) Wahlen zum Aufsichtsrat in börsennotierten Gesellschaften (§ 125 Abs. 1 Satz 5)**

Sollen ein oder mehrere Mitglieder des Aufsichtsrats einer börsennotierten Gesellschaft (§ 3 Abs. 2) neu gewählt werden, so sind zu jedem Kandidaten **Angaben zur Mitgliedschaft in anderen gesetzlich zu bildenden Aufsichtsräten** zu machen, § 125 Abs. 1 Satz 5 Halbs. 1. Anzugeben sind also Mitgliedschaft, Vorsitz oder stellvertretender Vorsitz in Aufsichtsräten deutscher Aktiengesellschaften, KGaA bzw. SE mit

---

3 *Kubis* in MünchKomm. AktG, 2. Aufl., § 125 AktG Rz. 16.
4 Begr. RegE BT-Drucks. 13/9712, S. 17 f.

Sitz in Deutschland sowie nicht fakultativen Aufsichtsräten in GmbH, Genossenschaften bzw. SCE, Versicherungsvereinen auf Gegenseitigkeit und Anstalten des öffentlichen Rechts mit wirtschaftlicher Zwecksetzung (z.B. Sparkassen und Landesbanken)[5]. Fehlt diese Angabe, ist der Beschluss anfechtbar[6].

14 Darüber hinaus sollen auch **Angaben zur Mitgliedschaft in vergleichbaren in- und ausländischen Kontrollgremien** von Wirtschaftsunternehmen gemacht werden, § 125 Abs. 1 Satz 5 Halbs. 2. Die Vergleichbarkeit beurteilt sich nach der Funktion des Organs und der Aufgabe als Organmitglied[7]. Es muss sich dabei um Kontrollgremien von Wirtschaftsunternehmen handeln, d.h. insbesondere von Personen- oder Kapitalgesellschaften[8]; Mandate in Organisationen ohne wirtschaftliche Betätigung sind nicht anzugeben. Mitzuteilen sind z.B. Mitgliedschaften in fakultativen Aufsichtsräten, Beiräten, Gesellschafterausschüssen, die Mitgliedschaft im Verwaltungsrat einer in- oder ausländischen SE bzw. im Aufsichtsrat einer ausländischen SE, im Board of Directors ausländischer Gesellschaften aber auch im Kuratorium einer unternehmenstragenden Stiftung[9]. Da es sich um eine **Soll-Vorschrift** handelt, führen unterbliebene Angaben nicht zur Anfechtbarkeit des Beschlusses[10].

15 Der **Stichtag**, auf den sich die Angaben zu den anderweitigen Mandaten beziehen, ist anzugeben. Diese Angabe ist erforderlich, da der maßgebliche Zeitpunkt (Beschlussvorschlag des Aufsichtsrats[11], Veröffentlichung der Einberufung im elektronischen Bundesanzeiger oder Absendung der 125er-Mitteilung[12]) vom Gesetz nicht vorgegeben ist.

16 Die Vorschrift kommt insgesamt ihrem Anliegen, die personellen Verflechtungen und die **berufliche Beanspruchung von Kandidaten** für den Aufsichtsrat transparent zu machen[13], nur unvollkommen nach, da etwa Mitgliedschaften in Geschäftsführungsorganen, die nicht hauptsächliche berufliche Tätigkeit, d.h. ausgeübter Beruf sind, nicht offen gelegt werden müssen[14].

## 2. Empfänger

### a) Kreditinstitute, gleichgestellte Institute und Aktionärsvereinigungen (§ 125 Abs. 1 Satz 1 und Abs. 5)

17 Empfänger der Mitteilungen sind zunächst die Kreditinstitute im Sinne von § 1 Abs. 1 KWG, Finanzdienstleistungsinstitute im Sinne von § 1 Abs. 1a KWG sowie die nach § 53 Abs. 1 Satz 1 KWG tätigen Zweigstellen ausländischer Unternehmen oder die nach § 53b Abs. 1 Satz 1 oder Abs. 7 KWG tätigen Unternehmen mit Sitz im EWR, § 125 Abs. 5.

18 Des Weiteren sind die Mitteilungen an **Aktionärsvereinigungen** zu übermitteln, d.h. auf Dauer angelegten Personenzusammenschlüssen jeglicher Rechtsform, deren Hauptzweck die Wahrnehmung von Interessen ihrer Mitglieder und Dritter gegen-

---

5 Vgl. dazu auch *Ihrig/Wagner* in FS Spiegelberger, 2009, S. 722, 735 f.
6 *Kubis* in MünchKomm. AktG, 2. Aufl., § 125 AktG Rz. 45; *Hüffer*, § 125 AktG Rz. 10.
7 *Kubis* in MünchKomm. AktG, 2. Aufl., § 125 AktG Rz. 19.
8 Begr. RegE BT-Drucks. 13/9712, S. 17; *Hüffer*, § 125 AktG Rz. 4.
9 *Mülbert/Bux*, WM 2000, 1665, 1670 ff.
10 *Hüffer*, § 125 AktG Rz. 10; Begr. RegE BT-Drucks. 13/9712, S. 17.
11 So Begr. RegE BT-Drucks. 13/9712, S. 17.
12 So z.B. *Kubis* in MünchKomm. AktG, 2. Aufl., § 125 AktG Rz. 18.
13 *Kubis* in MünchKomm. AktG, 2. Aufl., § 125 AktG Rz. 17 m.w.N.
14 Umkehrschluss aus Begr. RegE BT-Drucks. 13/9712, S. 17.

über Aktiengesellschaften in organisierter Form darstellt[15]. Stimmbindungsverträge begründen keine Aktionärsvereinigung[16].

Die Mitteilungspflicht besteht nur dann, wenn das Institut oder die Aktionärsvereinigung **in der vorhergehenden Hauptversammlung Stimmrechte ausgeübt** hat oder es die Mitteilung vor der betreffenden Hauptversammlung verlangt hat. Die Gesellschaft ist verpflichtet, die Stimmrechtsausübung anhand des Teilnehmerverzeichnisses zu prüfen[17]; nach zweifelhafter (wenn auch am Wortlaut orientierter) h.M. soll die Vertretung stimmrechtsloser Vorzugsaktien die Übersendungspflicht nicht begründen[18]. 19

Das **Verlangen** kann in jeder Form[19] und muss nach h.M.[20] vor der betreffenden Hauptversammlung (kein Dauerauftrag) gestellt werden. Für diese historisch bedingte Auffassung findet sich im Wortlaut keine Stütze mehr: Beim insoweit seit der Änderung durch das UMAG[21] gleich lautenden Abs. 2 ist nahezu unstreitig ein Dauerauftrag möglich (Rz. 23). Um ihren Pflichten aus § 128 Abs. 1 nachzukommen, wird man depotführende Institute für verpflichtet erachten müssen, stets die Mitteilungen nach § 125 zu verlangen[22]; würde man dies anders sehen, liefe das Institut der 125er-Mitteilung bei Inhaberaktien weitestgehend leer und würde der Normzweck verfehlt, da die depotführenden Institute ihren Kunden immer seltener die Stimmrechtsvertretung anbieten. 20

**b) Aktionäre (§ 125 Abs. 2)**

**Inhaber von Namensaktien.** Die Gesellschaft muss den Inhabern von Namensaktien, die zu Beginn des 14. Tages vor der Hauptversammlung im Aktienregister eingetragen sind, die Mitteilung gem. § 125 Abs. 1 automatisch zuleiten. Für die Berechnung des Termins gilt § 121 Abs. 7. Erfolgt die Eintragung des Aktionärs im Aktienregister nach diesem Zeitpunkt, ist streitig, ob der Versand nur auf dessen Verlangen erfolgt, da der Stichtag einen Versendungsstopp bewirkt[23] oder ob der Versand an später eingetragene Aktionäre unverzüglich erfolgen muss[24]. Dazu auch Rz. 33. 21

**Inhaberaktien.** Die Pflicht zum Direktversand trifft die Gesellschaft gegenüber Inhabern von **Inhaberaktien** nur dann, wenn diese es verlangen. 22

Für **Form und Zeitpunkt des Verlangens** gilt das oben in Rz. 20 Gesagte entsprechend, wobei hier auch von der h.M. ein sog. Dauerauftrag für zulässig erachtet wird[25]. 23

---

15 *Kubis* in MünchKomm. AktG, 2. Aufl., § 125 AktG Rz. 7; *Hüffer*, § 125 AktG Rz. 2.
16 *Werner* in Großkomm. AktG, 4. Aufl., § 125 AktG Rz. 35; *Kubis* in MünchKomm. AktG, 2. Aufl., § 125 AktG Rz. 7; *Hüffer*, § 125 AktG Rz. 2.
17 *Kubis* in MünchKomm. AktG, 2. Aufl., § 125 AktG Rz. 5; *Werner* in Großkomm. AktG, 4. Aufl., § 125 AktG Rz. 38.
18 *Kubis* in MünchKomm. AktG, 2. Aufl., § 125 AktG Rz. 5; *Butzke* in Obermüller/Werner/Winden, Die Hauptversammlung der Aktiengesellschaft, Rz. B 135 (Fn. 214).
19 *Kubis* in MünchKomm. AktG, 2. Aufl., § 125 AktG Rz. 5; *Hüffer*, § 125 AktG Rz. 2.
20 *Hüffer*, § 125 AktG Rz. 2; *Kubis* in MünchKomm. AktG, 2. Aufl., § 125 AktG Rz. 5 m.w.N. auch zur Gegenansicht.
21 BGBl. I 2005, 2802.
22 *Hüffer*, § 125 AktG Rz. 2, § 128 AktG Rz. 6 m.w.N. auch zur Gegenansicht; *Zöllner* in KölnKomm. AktG, 1. Aufl., §§ 125–127 AktG Rz. 37.
23 *Hüffer*, § 125 AktG Rz. 6b; *Pluta* in Heidel, § 125 AktG Rz. 20.
24 *Kubis* in MünchKomm. AktG, 2. Aufl., § 125 AktG Rz. 31.
25 *Hüffer*, § 125 AktG Rz. 6a; *Pluta* in Heidel, § 125 AktG Rz. 19; Begr. RegE BT-Drucks. 15/5092, S. 15.

## c) Mitglieder des Aufsichtsrats (§ 125 Abs. 3)

24 Jedem Mitglied des Aufsichtsrats gewährt § 125 Abs. 3 das **Individualrecht**, die Übersendung der Mitteilung nach § 125 Abs. 1 zu verlangen. Das Verlangen kann einmalig für die gesamte Amtszeit gestellt werden (Dauerauftrag)[26].

### 3. Form der Mitteilung (§ 125 Abs. 1 Satz 1 und Abs. 2 Satz 2)

#### a) Grundsatz (§ 125 Abs. 1 Satz 1)

25 Die Mitteilung an **Kreditinstitute, gleichgestellte Institute und Aktionärsvereinigungen** kann durch Übersendung eines Schriftstücks (gedruckt, kopiert etc.) oder auch mittels elektronischer Kommunikation (E-Mail) erfolgen[27]. Entscheidend ist, dass die gewählte Übermittlungsform Zugang erwarten lässt und die Möglichkeit zur Weitergabe gem. § 128 eröffnet[28]. Ausreichend ist die Übermittlung eines Exemplars der Mitteilung an die in § 125 Abs. 1 und 5 genannten Institute und Vereinigungen[29]. Dazu näher § 128 Rz. 13 ff.

26 Für die Form der Mitteilung an **Aktionäre und Mitglieder des Aufsichtsrats** gilt das oben Rz. 25 Gesagte entsprechend[30]; beim Versand per E-Mail ist § 30b Abs. 2 WpHG zu beachten (dazu Rz. 29).

#### b) Beschränkung auf Übermittlung im Wege elektronischer Kommunikation (§ 125 Abs. 2 Satz 2)

27 Der durch das ARUG neu eingeführte § 125 Abs. 2 Satz 2 räumt Satzungsautonomie dahingehend ein, dass in der Satzung festgelegt werden kann, dass die Übermittlung der 125er-Mitteilung an die in § 125 Abs. 2 Satz 1 Genannten auf den Weg elektronischer Kommunikation, gemeint ist damit der Versand per E-Mail, beschränkt ist. Damit soll den Gesellschaften die Möglichkeit eröffnet werden, ganz auf den Druck und Versand von hardcopies der 125er-Mitteilungen zu verzichten. Eine entsprechende Regelung findet sich in § 128 Abs. 1 Satz 2 für die Weiterleitung durch Depotbanken.

28 Diese Regelung ist wenig sinnvoll, da der Papierversand bei Publikumsgesellschaften nie vollständig ausgeschlossen werden kann[31]. Wie die Begründung des RegE selbst konzediert, war die elektronische Übermittlung schon vor der Gesetzesänderung statthaft und ist nur möglich, **wenn die E-Mail-Adressen der Aktionäre bekannt sind**[32]. Eine Pflicht zur Angabe der E-Mail-Adresse kann auch bei Namensaktien nicht statuiert werden, zwar ist der Aktionär berechtigt, als Adresse im Sinne von § 67 Abs. 1 Satz 1 seine E-Mail-Adresse anzugeben[33], jedoch kann er hierzu nicht per Satzung verpflichtet werden. Verlangt ein Inhaberaktien haltender Aktionär die 125er-Mitteilung, ist der E-Mail-Versand ebenfalls nur möglich, wenn er hierzu seine E-Mail-Adresse angibt.

---

26 *Kubis* in MünchKomm. AktG, 2. Aufl., § 125 AktG Rz. 35; *Werner* in Großkomm. AktG, 4. Aufl., § 125 AktG Rz. 61; *Hüffer*, § 125 AktG Rz. 7; *Zöllner* in KölnKomm. AktG, 1. Aufl., §§ 125–127 AktG Rz. 43.
27 *Kubis* in MünchKomm. AktG, 2. Aufl., § 125 AktG Rz. 20.
28 *Hüffer*, § 125 AktG Rz. 5.
29 *Kubis* in MünchKomm. AktG, 2. Aufl., § 125 AktG Rz. 20; *Werner* in Großkomm. AktG, 4. Aufl., § 125 AktG Rz. 70; a.A. *D. Schmidt*, BB 1967, 818, 819.
30 *Hüffer*, § 125 AktG Rz. 6.
31 Darauf weisen u.a. *Paschos/Goslar*, AG 2009, 14, 17 und *Drinhausen/Keinath*, BB 2009, 2322, 2326 hin.
32 BT-Drucks. 16/11642, S. 31.
33 Begr. RegE NaStraG, BT-Drucks. 14/4051, S. 11.

Schließlich ist **bei allen börsennotierten Gesellschaften § 30b Abs. 3 Nr. 1 WpHG**[34] zu beachten. Danach ist eine Übermittlung von Informationen mit elektronischen Kommunikationsmitteln (also auch per E-Mail) nur zulässig, wenn u.a. ein diesbezüglicher Beschluss der Hauptversammlung vorliegt, der betreffende Aktionär zugestimmt hat und Vorkehrungen zu seiner sicheren Identifikation getroffen worden sind. Jedenfalls bei Inhaberaktien ist das letztgenannte Erfordernis kaum zu erfüllen[35].

### 4. Frist

#### a) Übermittlung gem. § 125 Abs. 1 und 5

Die Frist für die Übermittlung der Mitteilungen wurde durch das ARUG geändert. Während nach altem Recht die Mitteilung am 12. Tag nach der Bekanntmachung der Einberufung erfolgen musste[36], gilt nunmehr Folgendes: Die Mitteilungen müssen den Kreditinstituten, Aktionärsvereinigungen und den in § 125 Abs. 5 genannten Instituten spätestens am 22. Tag vor der Hauptversammlung zugeleitet werden, § 125 Abs. 1 Satz 1 und 2. Für die Fristwahrung ist auch nach der Änderung durch das ARUG die Absendung, nicht aber der Zugang beim Empfänger maßgeblich[37]. Der im Vergleich zur früheren Rechtslage nach hinten verschobene Versendungstermin soll den Kreditinstituten ermöglichen, die Mitteilung zusammen mit dem Bestandsnachweis gem. § 123 Abs. 3 an ihre Depotkunden zu versenden[38].

Wie nach altem Recht gilt auch heute, dass die Pflicht zur Übermittlung auch dann besteht, wenn das Verlangen so spät gestellt wurde, dass die **Frist des § 125 Abs. 1 nicht eingehalten** werden kann[39]. Die Mitteilung hat dann unverzüglich zu erfolgen.

Verspätete, d.h. nicht fristwahrend versandte, **oder unterlassene Mitteilungen** führen zur Anfechtbarkeit der in der Hauptversammlung gefassten Beschlüsse[40]. Die AG trägt aber weder das Risiko des Zugangs noch das der Weiterleitung.

#### b) Übermittlung gem. § 125 Abs. 2

Die Mitteilung auf Verlangen von (Inhaber-)Aktionären hat **unverzüglich** zu erfolgen, wobei die Übermittlung innerhalb der Frist des § 125 Abs. 1 stets ausreichend ist[41]. Der Versand an die im Aktienregister eingetragenen (Namens-)Aktionäre muss unverzüglich nach dem Stichtag erfolgen[42]. Ein Versand an Inhaber von Namensaktien, die am Stichtag noch nicht im Aktienregister eingetragen sind, erfolgt nach h.M. (Rz. 21) nur auf deren Verlangen, welches unverzüglich zu erfüllen ist.

**Verspäteter Versand an Inhaberaktionäre** führt nur dann zur Anfechtbarkeit, wenn dem Aktionär zwischen dem Zugang der Mitteilung und dem Tag der Hauptver-

---

34 Sofern eine börsennotierte AG nicht Deutschland als Herkunftsstaat gewählt hat, gelten die § 30b Abs. 3 WpHG entsprechenden Regelungen des Herkunftsstaats, die ebenfalls auf der Transparenzrichtlinie (Richtlinie 2004/109/EG, ABl. Nr. L 390 v. 31.12.2004, S. 38) beruhen.
35 *Mülbert* in Assmann/Uwe H. Schneider, § 30b WpHG Rz. 29.
36 Dazu 1. Auflage Rz. 19 f.
37 *Hüffer*, § 125 AktG Rz. 5a. Zur vormaligen Rechtslage wie hier: *Kubis* in MünchKomm. AktG, 2. Aufl., § 125 AktG Rz. 22 m.w.N.; a.A. *v. Falkenhausen*, AG 1966, 69, 75.
38 *Seibert/Florstedt*, ZIP 2008, 2145, 2147, 2149, die aber selbst in Fn. 33 darauf hinweisen, dass ein Versand von Bestandsnachweisen an Aktionäre de facto nicht erfolgt, sondern die Depotbank diese direkt an die Anmeldestelle übermittelt.
39 *Kubis* in MünchKomm. AktG, 2. Aufl., § 125 AktG Rz. 5; a.A. *Hüffer*, § 125 AktG Rz. 5a.
40 *Kubis* in MünchKomm. AktG, 2. Aufl., § 125 AktG Rz. 23.
41 *Kubis* in MünchKomm. AktG, 2. Aufl., § 125 AktG Rz. 34 m.w.N.
42 Ähnlich *Butzke* in Obermüller/Werner/Winden, Die Hauptversammlung der Aktiengesellschaft, Rz. B 140.

sammlung nicht ausreichend Zeit zur Vorbereitung bleibt[43]; wobei auch hier die Gesellschaft nicht das Risiko des Zugangs trägt. Anders hingegen, wenn es um den Versand an die im Aktienregister eingetragenen **Inhaber von Namensaktien** geht: Da der Versand nach § 125 Abs. 2 hier das Pendant zum Versand nach § 125 Abs. 1 für Inhaberaktien ist, muss ein verspäteter Versand an die im Zeitpunkt der Einberufung eingetragenen Aktionäre die gleichen Rechtsfolgen (Rz. 32) zeigen wie ein verspäteter Versand an Kreditinstitute nach § 125 Abs. 1.

### III. Mitteilungen nach der Hauptversammlung (§ 125 Abs. 4)

35 Jeder Aktionär und jedes Mitglied des Aufsichtsrats kann von der Gesellschaft verlangen, dass ihm die in der Hauptversammlung gefassten Beschlüsse mitgeteilt werden, § 125 Abs. 4.

36 Das **Verlangen** kann in jeder beliebigen Form gestellt werden[44]. Die Gesellschaft darf an die Legitimation der die Mitteilung verlangenden Aktionäre keine hohen Anforderungen stellen; die Behauptung Aktionär zu sein, ist ausreichend. Die bis 2001 geltenden Anforderungen an die Legitimation (z.B. Eintragung im Aktienregister) sind durch das NaStraG[45] bewusst abgeschafft worden.

37 **Mitzuteilen** sind die gefassten Beschlüsse, d.h. der **Beschlusstext**; das Ergebnis der Abstimmung ist nicht mitzuteilen[46]. Bei börsennotierten Gesellschaften sind die Abstimmungsergebnisse gem. § 130 Abs. 7 auf der Internetseite zu publizieren. Obgleich das Gesetz von „gefassten" Beschlüssen spricht, verlangt die h.M., dass auch abgelehnte Beschlussanträge mitgeteilt werden müssen[47]. Zweifelhaft ist angesichts des Wortlauts der Vorschrift, wenn keine Mitteilungspflicht in Hinblick auf Beschlüsse der Hauptversammlung zu sog. Geschäftsordnungsanträgen angenommen wird[48].

38 Die Mitteilungspflicht entfällt nicht dadurch, dass die Gesellschaft die Beschlüsse auf ihrer Internetseite zugänglich macht[49]. Die Mitteilungspflicht kann die Gesellschaft im Übrigen **in beliebiger Form** (Textform oder schriftlich, Übermittlung per Telefax oder E-Mail) erfüllen[50]; bei börsennotierten Gesellschaften ist bezüglich der E-Mail-Kommunikation mit Aktionären § 30b Abs. 3 Nr. 1 WpHG zu beachten (dazu Rz. 29). Die Mitteilung muss unverzüglich erfolgen[51], da nur so dem Sinn und Zweck der Vorschrift, dem Aktionär die Prüfung der Anfechtbarkeit der gefassten Beschlüsse zu ermöglichen[52], Genüge getan werden kann.

---

43 *Kubis* in MünchKomm. AktG, 2. Aufl., § 125 AktG Rz. 47.
44 *Kubis* in MünchKomm. AktG, 2. Aufl., § 125 AktG Rz. 39; *Hüffer*, § 125 AktG Rz. 8; *Werner* in Großkomm. AktG, 4. Aufl., § 125 AktG Rz. 83.
45 BGBl. I 2001, 123 ff.
46 *Kubis* in MünchKomm. AktG, 2. Aufl., § 125 AktG Rz. 40; *Werner* in Großkomm. AktG, 4. Aufl., § 125 AktG Rz. 81; *Zöllner* in KölnKomm. AktG, 1. Aufl., §§ 125–127 AktG Rz. 52.
47 *Kubis* in MünchKomm. AktG, 2. Aufl., § 125 AktG Rz. 40; *Werner* in Großkomm. AktG, 4. Aufl., § 125 AktG Rz. 81; *Zöllner* in KölnKomm. AktG, 1. Aufl., §§ 125–127 AktG Rz. 51.
48 So z.B. *Werner* in Großkomm. AktG, 4. Aufl., § 125 AktG Rz. 81; *Zöllner* in KölnKomm. AktG, 1. Aufl., §§ 125–127 AktG Rz. 51; a.A. *Kubis* in MünchKomm. AktG, 2. Aufl., § 125 AktG Rz. 40.
49 *Hüffer*, § 125 AktG Rz. 8.
50 *Kubis* in MünchKomm. AktG, 2. Aufl., § 125 AktG Rz. 33 m.w.N.
51 *Hüffer*, § 125 AktG Rz. 8.
52 *Kubis* in MünchKomm. AktG, 2. Aufl., § 125 AktG Rz. 42; *Hüffer*, § 125 AktG Rz. 8; *Zöllner* in KölnKomm. AktG, 1. Aufl., §§ 125–127 AktG Rz. 57; teilw. a.A. *Werner* in Großkomm. AktG, 4. Aufl., § 125 AktG Rz. 81.

## § 126
## Anträge von Aktionären

(1) Anträge von Aktionären einschließlich des Namens des Aktionärs, der Begründung und einer etwaigen Stellungnahme der Verwaltung sind den in § 125 Abs. 1 bis 3 genannten Berechtigten unter den dortigen Voraussetzungen zugänglich zu machen, wenn der Aktionär mindestens 14 Tage vor der Versammlung der Gesellschaft einen Gegenantrag gegen einen Vorschlag von Vorstand und Aufsichtsrat zu einem bestimmten Punkt der Tagesordnung mit Begründung an die in der Einberufung hierfür mitgeteilte Adresse übersandt hat. Der Tag des Zugangs ist nicht mitzurechnen. Bei börsennotierten Gesellschaften hat das Zugänglichmachen über die Internetseite der Gesellschaft zu erfolgen. § 125 Abs. 3 gilt entsprechend.

(2) Ein Gegenantrag und dessen Begründung brauchen nicht zugänglich gemacht zu werden,
1. soweit sich der Vorstand durch das Zugänglichmachen strafbar machen würde,
2. wenn der Gegenantrag zu einem gesetz- oder satzungswidrigen Beschluss der Hauptversammlung führen würde,
3. wenn die Begründung in wesentlichen Punkten offensichtlich falsche oder irreführende Angaben oder wenn sie Beleidigungen enthält,
4. wenn ein auf denselben Sachverhalt gestützter Gegenantrag des Aktionärs bereits zu einer Hauptversammlung der Gesellschaft nach § 125 zugänglich gemacht worden ist,
5. wenn derselbe Gegenantrag des Aktionärs mit wesentlich gleicher Begründung in den letzten fünf Jahren bereits zu mindestens zwei Hauptversammlungen der Gesellschaft nach § 125 zugänglich gemacht worden ist und in der Hauptversammlung weniger als der zwanzigste Teil des vertretenen Grundkapitals für ihn gestimmt hat,
6. wenn der Aktionär zu erkennen gibt, dass er an der Hauptversammlung nicht teilnehmen und sich nicht vertreten lassen wird, oder
7. wenn der Aktionär in den letzten zwei Jahren in zwei Hauptversammlungen einen von ihm mitgeteilten Gegenantrag nicht gestellt hat oder nicht hat stellen lassen.

Die Begründung braucht nicht zugänglich gemacht zu werden, wenn sie insgesamt mehr als 5 000 Zeichen beträgt.

(3) Stellen mehrere Aktionäre zu demselben Gegenstand der Beschlussfassung Gegenanträge, so kann der Vorstand die Gegenanträge und ihre Begründungen zusammenfassen.

| | |
|---|---|
| I. Überblick .................. 1 | b) Inhalt ................... 22 |
| II. Zugänglichmachen von Gegenanträgen (§ 126 Abs. 1) .......... 5 | c) Frist .................... 23 |
| 1. Gegenantrag ............... 5 | 3. Ausnahmen von der Pflicht zum Zugänglichmachen (§ 126 Abs. 2) ..... 25 |
| a) Begriff des Gegenantrags und Antragsberechtigung ........ 5 | a) Richtlinienkonformität der Regelung? ............... 26 |
| b) Begründung .............. 12 | b) Der Katalog des § 126 Abs. 2 Satz 1 29 |
| c) Form und Frist ............ 14 | III. Zusammenfassung mehrerer Gegenanträge (§ 126 Abs. 3) ....... 36 |
| 2. Zugänglichmachen ........... 18 | |
| a) Form ................... 19 | |

**Literatur:** *Gantenberg,* Die Reform der Hauptversammlung durch den Regierungsentwurf eines Gesetzes zur Unternehmensintegrität und Modernisierung des Anfechtungsrechts – UMAG, DB 2005, 207; *Grage,* Notarrelevante Regelungen des Transparenz- und Publizitätsgesetzes im Überblick, RNotZ 2002, 326; *Lehmann,* Die groben und die feinen Maschen des § 126 AktG, in FS Quack, 1991, S. 287; *Mutter,* Gegenanträge, was sind 5000 Zeichen?, ZIP 2002, 1759; *Noack,* Das neue Recht der Gegenanträge nach § 126 AktG, BB 2003, 1393; *Pentz,* Nochmals – Gegenanträge – was sind 5000 Zeichen?, ZIP 2003, 1925; *Sasse,* § 126 AktG – Rechtsunsicherheiten bei der Behandlung von Gegenanträgen, NZG 2004, 153; *Stehle,* Zur Behandlung von Gegenanträgen, die einen Verweis auf die Homepage des opponierenden Aktionärs enthalten, ZIP 2003, 980; *Sünner,* Die Einberufung der Hauptversammlung und die Zugänglichmachung von Gegenanträgen nach dem Entwurf des Transparenz- und Publizitätsgesetzes, AG 2002, 1.

## I. Überblick

1 § 126 Abs. 1 dient der möglichst frühzeitigen Information der Aktionäre über die beabsichtigte Opposition einzelner Aktionäre zu den Beschlussvorschlägen der Verwaltung[1]. Ergänzt wird die Vorschrift durch § 127, der Gegenanträge zur Wahl von Aufsichtsratsmitgliedern und Abschlussprüfern behandelt, und § 127a, der mit dem Aktionärsforum ein weiteres Instrument zum Zugänglichmachen von und Werbung für Gegenanträge bereitstellt. § 126 Abs. 2 soll gewährleisten, dass rechtsmissbräuchliche bzw. rechtswidrige Gegenanträge nicht zugänglich gemacht werden müssen.

2 Abs. 3 der Vorschrift gestattet das zusammenfassende Zugänglichmachen von Gegenanträgen zu identischen Beschlussgegenständen. Diese Vorschrift war aus Kostengründen sinnvoll, als angekündigte Gegenanträge noch zusammen mit den Mitteilungen nach § 125 versandt werden mussten[2]; nach der Neufassung des § 126 Abs. 1 durch das TransPuG ist die Norm an sich überflüssig.

3 Art. 6 Abs. 1 UAbs. 1 lit. b) der **Aktionärsrechterichtlinie**[3] sieht ein dem Gegenantragsrecht vergleichbares Individualrecht vor, dessen Publizität in Art. 5 Abs. 4 UAbs. 1 lit. d) geregelt ist.

4 Das Gegenantragsrecht kann auch noch in der Hauptversammlung ausgeübt werden. Die Frist des § 126 Abs. 1 ist nur für die Pflicht der Gesellschaft, den Gegenantrag zugänglich zu machen, relevant. Der Gesetzgeber hat damit nur teilweise von dem in Art. 6 Abs. 3 der Aktionärsrechterichtlinie eingeräumten Wahlrecht, für die Ausübung des Gegenantragsrechts einen Stichtag festzusetzen, Gebrauch gemacht. Von dem in Art. 6 Abs. 2 der Richtlinie eingeräumten Wahlrecht, die Ausübung des Gegenantragsrechts an ein Quorum von bis zu 5 % des Grundkapitals zu knüpfen, wurde kein Gebrauch gemacht.

## II. Zugänglichmachen von Gegenanträgen (§ 126 Abs. 1)

### 1. Gegenantrag

#### a) Begriff des Gegenantrags und Antragsberechtigung

5 Herkömmlicherweise wird unter Gegenantrag der artikulierte Wille, einem Verwaltungsvorschlag zu widersprechen, verstanden[4]. Damit wäre auch die bloße Ankündigung, gegen den bekannt gemachten Beschlussvorschlag der Verwaltung stimmen zu

---

1 *Hüffer,* § 126 AktG Rz. 1.
2 *Werner* in Großkomm. AktG, 4. Aufl., § 126 AktG Rz. 1.
3 Richtlinie 2007/36/EG, ABl. EG Nr. L 184 v. 14.7.2007, S. 17.
4 *Kubis* in MünchKomm. AktG, 2. Aufl., § 126 AktG Rz. 7.

wollen, ein Gegenantrag[5]. Dem ist nicht zu folgen[6]: Das Gesetz spricht ausdrücklich von Antrag, also einem Vorschlag, der zur Abstimmung durch die Hauptversammlung gestellt werden kann. Daher muss ein Gegenantrag **einen über die bloße Negierung des Verwaltungsvorschlags** hinausgehenden Inhalt haben[7]. Daraus folgt weiterhin, dass ein Gegenantrag so weit ausformuliert sein muss, dass er – jedenfalls nach leichter sprachlicher Überarbeitung – zur Abstimmung gestellt werden kann[8]; nicht hinreichend konkretisierte Gegenanträge sind also gar keine Gegenanträge im Rechtssinne (s. auch Rz. 31); der bloße Wille, die von der Verwaltung vorgeschlagene Beschlussfassung zu verhindern, reicht jedenfalls nicht. Das ergibt sich auch aus Art. 6 Abs. 1 UAbs. 1 lit. b) der Aktionärsrechterichtlinie, der expressis verbis von „Beschlussvorlagen" spricht.

Ein Gegenantrag liegt außerdem nur vor, wenn es sich um einen **Sachantrag** handelt. 6
Geschäftsordnungsanträge wie etwa Vertagung oder Absetzen eines Tagesordnungspunktes fallen nicht unter den Begriff des Gegenantrags[9].

Der Gegenantrag muss sich nach überkommener Auffassung **gegen einen Beschluss-** 7
**vorschlag der Verwaltung** wenden[10]. Unterbreiten Vorstand und/oder Aufsichtsrat keinen Beschlussvorschlag, etwa bei Minderheitsverlangen (dazu § 124 Rz. 29 f.), ist ein vom bekannt gemachten Beschlussvorschlag der Minderheit abweichender Beschlussvorschlag nach h.M. kein nach § 126 Abs. 1 zugänglich zu machender Gegenantrag[11]. Dies ist im Lichte der Aktionärsrechterichtlinie zweifelhaft. Nach deren Art. 6 Abs. 1 UAbs. 1 lit. b) haben Aktionäre das Recht, auch Beschlussvorlagen zu Punkten einzubringen, die ergänzend in die Tagesordnung aufgenommen wurden. Daher ist § 126 **richtlinienkonform** dahingehend auszulegen, dass Gegenanträge auch zu Beschlussvorschlägen **in Zusammenhang mit Ergänzungsanträgen** gem. § 122 Abs. 2 unterbreitet werden können.

Der **Gegenantrag** muss sich im Rahmen des durch die stichwortartige Bezeichnung 8
des Tagesordnungspunktes, den Beschlussvorschlag der Verwaltung und die sonstigen im Zusammenhang mit der Bekanntmachung der Tagesordnung gemachten Angaben konkretisierten Punktes der Tagesordnung halten[12].

Aus § 126 Abs. 1 berechtigt ist **jeder, der im Zeitpunkt der Ankündigung der Antrag-** 9
**stellung Aktionär (bzw. Legitimationsaktionär) ist**[13] und dessen Rechte aus den Aktien nicht ruhen (z.B. nach §§ 20 Abs. 7, 21 Abs. 4, 71b AktG, § 28 WpHG oder § 59 WpÜG)[14]. Die Aktionärsstellung ist innerhalb der Frist des § 126 Abs. 1 nachzuwei-

---

5 *Kubis* in MünchKomm. AktG, 2. Aufl., § 126 AktG Rz. 7.
6 *Hüffer*, § 126 AktG Rz. 2. Ähnlich *Werner* in Großkomm. AktG, 4. Aufl., § 126 AktG Rz. 16, anders aber Rz. 23.
7 A.A. BGH v. 24.1.2000 – II ZR 268/98, BGHZ 143, 339 = AG 2000, 322; *Zöllner* in KölnKomm. AktG, 1. Aufl., §§ 125–127 AktG Rz. 9; *Kubis* in MünchKomm. AktG, 2. Aufl., § 126 AktG Rz. 12; *Schlitt* in Semler/Volhard, Arbeitshandbuch Hauptversammlung, § 4 Rz. 285; *Butzke* in Obermüller/Werner/Winden, Die Hauptversammlung der Aktiengesellschaft, Rz. B 152.
8 A.A. *Kubis* in MünchKomm. AktG, 2. Aufl., § 126 AktG Rz. 7; *Werner* in Großkomm. AktG, 4. Aufl., § 126 AktG Rz. 28; *Butzke* in Obermüller/Werner/Winden, Die Hauptversammlung der Aktiengesellschaft, Rz. B 152.
9 So aber die h.M. vgl. *Hüffer*, § 126 AktG Rz. 2; *Pluta* in Heidel, § 126 AktG Rz. 16 je m.w.N.
10 *Kubis* in MünchKomm. AktG, 2. Aufl., § 126 AktG Rz. 10; OLG Frankfurt v. 7.6.1974 – 14 U 111/74, WM 1975, 336, 337; *Werner* in Großkomm. AktG, 4. Aufl., § 126 AktG Rz. 14.
11 *Kubis* in MünchKomm. AktG, 2. Aufl., § 126 AktG Rz. 9; *Werner* in Großkomm. AktG, 4. Aufl., § 126 AktG Rz. 12, 20.
12 *Werner* in Großkomm. AktG, 4. Aufl., § 126 AktG Rz. 12.
13 A.A. für dem Vorstand oder dem Aufsichtsrat angehörende Aktionäre: *Werner* in Großkomm. AktG, 4. Aufl., § 126 AktG Rz. 9.
14 *Werner* in Großkomm. AktG, 4. Aufl., § 126 AktG Rz. 4 ff.

sen, bei verbrieften Namensaktien genügt der Hinweis auf das Aktienregister[15]. Daraus, dass eine etwaige Anmeldefrist nach Ablauf der Gegenantragsfrist endet, kann man nicht schließen, dass die Gesellschaft vor diesem Zeitpunkt keinen Legitimationsnachweis vom Aktionär fordern kann und daher von der Aktionärsstellung des Aktionärs ausgehen müsse[16]. An den Nachweis der Aktionärsstellung dürfen nur keine zu hohen Anforderungen gestellt werden. Die Vorlage eines Depotauszugs sollte ausreichend sein.

10   Die h.M. verlangt darüber hinaus unter Berufung auf § 126 Abs. 2 Nr. 6, dass der Aktionär außerdem **zur Teilnahme an der Hauptversammlung berechtigt** sein muss[17]. Dem ist nicht zu folgen. § 126 Abs. 2 eröffnet der Gesellschaft die Möglichkeit, von einem Zugänglichmachen des angekündigten Gegenantrags eines nicht teilnahmeberechtigten oder teilnahmewilligen Aktionärs abzusehen, die Norm enthält jedoch kein Verbot des Zugänglichmachens von Anträgen solcher Aktionäre und betrifft daher nicht die Aktivlegitimation. Diese schon in der Vorauflage vertretene Auffassung ist nunmehr im Lichte der Aktionärsrechterichtlinie geboten. Das Gegenantragsrecht kann nur an die in Art. 6 genannten Voraussetzungen geknüpft werden.

11   **Stellvertretung** bei der Ankündigung des Gegenantrags ist nach allgemeinen Regeln zulässig[18]. Grundsätzlich ist die Person des Vertretenen offen zu legen. Abweichend davon können Kreditinstitute sowie die in § 135 Abs. 8 und 10 genannten Personen, Vereinigungen und Institute in entsprechender Anwendung von § 135 Abs. 5 Satz 2 den Gegenantrag auch ohne Offenlegung der Person des Vertretenen ankündigen (und in der Hauptversammlung stellen); für eine unterschiedliche Behandlung des Stimmrechts und des Antragsrechts sowie anderer hauptversammlungsgebundener (und nicht anfechtungsbezogener) Rechte ist kein Grund ersichtlich.

### b) Begründung

12   Der Gegenantrag ist in der gebotenen Kürze (§ 126 Abs. 2 Satz 2: 5.000 Zeichen, einschließlich Leerzeichen[19]) zu begründen[20]. Gefordert wird eine **eigenständige Argumentation**, die aus Sicht des Antragstellenden die Erforderlichkeit des Abweichens vom Verwaltungsvorschlag zugunsten seines Vorschlags verständlich macht[21]; sie muss nicht objektiv schlüssig, stichhaltig oder sachlich richtig sein[22]. Fehlt die Begründung, ist der Gegenantrag nach bislang h.M. nicht ordnungsgemäß[23].

13   Nach Inkrafttreten der Aktionärsrechterichtlinie ist sehr zweifelhaft, ob an dem Begründungserfordernis (jedenfalls für börsennotierte Gesellschaften) festgehalten werden kann. Die Richtlinie räumt das Gegenantragsrecht uneingeschränkt ein. Des Weiteren ist die Pflicht zum Zugänglichmachen des Gegenantrags auf der Internetseite der Gesellschaft (Art. 5 Abs. 4 UAbs. 1 lit. d) ebenfalls unabhängig davon, ob der Gegenantrag begründet wurde oder nicht. Daher ist § 126 Abs. 1 **richtlinienkonform**

---

15  *Kubis* in MünchKomm. AktG, 2. Aufl., § 126 AktG Rz. 6; *Lehmann* in FS Quack, 1991, S. 287 288.
16  So aber *Pluta* in Heidel, § 126 AktG Rz. 12 f.
17  *Kubis* in MünchKomm. AktG, 2. Aufl., § 126 AktG Rz. 5; *Werner* in Großkomm. AktG, 4. Aufl., § 126 AktG Rz. 5.
18  *Kubis* in MünchKomm. AktG, 2. Aufl., § 126 AktG Rz. 4.
19  Vgl. dazu *Mutter*, ZIP 2002, 1759; *Pentz*, ZIP 2003, 1925.
20  *Kubis* in MünchKomm. AktG, 2. Aufl., § 126 AktG Rz. 14.
21  *Hüffer*, § 126 AktG Rz. 3.
22  *Kubis* in MünchKomm. AktG, 2. Aufl., § 126 AktG Rz. 15; *Werner* in Großkomm. AktG, 4. Aufl., § 126 AktG Rz. 23; *Lehmann* in FS Quack, 1991, S. 287, 293.
23  *Kubis* in MünchKomm. AktG, 2. Aufl., § 126 AktG Rz. 14.

dahingehend auszulegen, dass eine Begründung nicht verlangt werden kann. Dazu § 121 Rz. 5. Zwar könnte man auch daran denken, § 126 für börsennotierte und nicht börsennotierte Gesellschaften unterschiedlich auszulegen, da die richtlinienkonforme Auslegung nur für börsennotierte Gesellschaften geboten ist. Eine derartige gespaltene Auslegung, für die sich im Wortlaut der Vorschrift kein Anhaltspunkt findet, würde aber mit dem Gebot der Rechtssicherheit kollidieren.

#### c) Form und Frist

Der Gegenantrag muss der Gesellschaft in einer Form übermittelt werden, dass sie in der Lage ist, ihn den Aktionären gem. § 126 Abs. 1 zugänglich zu machen[24]. Obgleich das Gesetz immer noch von „übersenden" spricht, was herkömmlich eine Übermittlung eines Schriftstücks bedeutet, kann ein Gegenantrag **auch elektronisch per E-Mail** angekündigt werden, denn auch diese wird – im Gegensatz zum Internet-Dialog – versendet. Vorauszusetzen ist dabei aber stets, dass die Gesellschaft hierfür eine Zugangsmöglichkeit (dazu Rz. 15 f.) geschaffen hat[25]. Die bloße Existenz (irgend-)einer E-Mail-Adresse reicht nicht[26]. Textform (§ 126b BGB) ist erforderlich, wie sich aus dem „übersandt" ergibt. Damit hat der Gesetzgeber von der in Art. 6 Abs. 1 UAbs. 3 der Aktionärsrechterichtlinie vorgesehenen Möglichkeit, „Schriftlichkeit" im Sinne der Richtlinie vorzusehen, Gebrauch gemacht hat. Es mag dahinstehen, ob der Internetdialog überhaupt dem Textformerfordernis genügt, jedenfalls wird dabei technisch nichts übersandt.

14

§ 126 Abs. 1 Satz 1 eröffnet der Gesellschaft die Möglichkeit, durch Angabe einer Adresse in der Einladung **die Zugangsmöglichkeiten** von Gegenanträgen **zu konzentrieren**. Adresse ist eine Anschrift, bei der Schriftstücke per Post oder Boten zugestellt werden können (Postfach reicht also nicht aus)[27], ggf. unter Hinzufügung einer empfangsberechtigten Abteilung oder Person[28]. Darüber hinaus können auch durch Angabe der entsprechenden Daten Zugangsmöglichkeiten per Telefax oder E-Mail[29] eröffnet werden[30]. Eine Beschränkung auf E-Mail als einzige Übermittlungsart ist unzulässig[31]. Die darin liegende Beschränkung der Rechte gem. § 126 dürfte mit der Aktionärsrechterichtlinie nicht vereinbar sein. Aktionäre, die nicht über einen E-Mail-Anschluss verfügen, könnten dann dieses Recht nicht oder nur unter erschwerten Bedingungen ausüben[32]. Außerdem ist von Seiten der Gesellschaft zu berücksichtigen, dass sie das Zugangsrisiko bei technischen Störungen in ihrem Bereich trägt. Eröffnet sie mehrere Zugangsmöglichkeiten, vermindert sie die daraus resultierenden Risiken.

15

---

24 *Hüffer*, § 126 AktG Rz. 4.
25 *Kubis* in MünchKomm. AktG, 2. Aufl., § 126 AktG Rz. 17; *Butzke* in Obermüller/Werner/Winden, Die Hauptversammlung der Aktiengesellschaft, Rz. B 154; *Sasse*, NZG 2004, 153, 155.
26 *Ihrig/Wagner* in FS Spiegelberger, 2009, S. 722, 737. A.A. *Hüffer*, § 126 AktG Rz. 4.
27 *Hüffer*, § 126 AktG Rz. 5; *Kubis* in MünchKomm. AktG, 2. Aufl., § 126 AktG Rz. 17. A.A. *Ihrig/Wagner* in FS Spiegelberger, 2009, S. 722, 737.
28 *Kubis* in MünchKomm. AktG, 2. Aufl., § 126 AktG Rz. 17.
29 A.A. *Schlitt* in Semler/Volhard, Arbeitshandbuch Hauptversammlung, § 4 Rz. 289.
30 *Hüffer*, § 126 AktG Rz. 4; *Kubis* in MünchKomm. AktG, 2. Aufl., § 126 AktG Rz. 17.
31 A.A. wohl *Hüffer*, § 126 AktG Rz. 5.
32 Zu Recht weisen *Ihrig/Wagner* in FS Spiegelberger, 2009, S. 722, 838 darauf hin, dass die Gesellschaft Aktionäre nicht ausschließlich auf eine Übermittlungsform verweisen darf, die nicht für jedermann zugänglich ist, ziehen dann aber in Hinblick auf E-Mail den unzutreffenden Schluss.

16 **Macht die Gesellschaft** von der Möglichkeit der Konzentration der Zugangsmöglichkeiten **keinen Gebrauch**, bleibt es bei der allgemeinen Regel[33], dass Zugang am Hauptsitz der Gesellschaft und allen (Zweig-)Niederlassungen[34] erfolgen kann.

17 Die Ankündigung des Gegenantrags ist **rechtzeitig**, wenn der Aktionär sie mindestens 14 Tage vor dem Tag der Hauptversammlung übersandt hat. Obgleich das Gesetz in § 126 Abs. 1 Satz 1 von „übersandt hat" spricht, ergibt sich aus § 126 Abs. 1 Satz 2, dass mit der früher h.M.[35] der Zugang innerhalb der 14-Tage-Frist erforderlich ist. Für die Fristberechnung gilt § 121 Abs. 7. Der Tag des Zugangs ist nicht mitzurechnen. Ein Gegenantrag muss daher spätestens um 24.00 Uhr des 15. Tages vor der Hauptversammlung eingehen[36]. Zur von § 130 BGB abweichenden Bedeutung des Zugangs im Rahmen der §§ 121 ff. vgl. § 122 Rz. 35.

### 2. Zugänglichmachen

18 Die Bekanntmachung von Gegenanträgen erfolgt im Wege des Zugänglichmachens. Über § 126 Abs. 1 Satz 4, der die entsprechende Geltung von § 125 Abs. 3 anordnet, wird den Mitgliedern des Aufsichtsrats ein Anspruch auf Übersendung von Gegenanträgen eingeräumt.

#### a) Form

19 Form- und fristgerecht eingegangene Gegenanträge sind den in §§ 125 Abs. 1 bis 3 genannten Empfängern (Kredit- und gleichgestellte Institute, Aktionärsvereinigungen, am Stichtag eingetragene Namensaktionäre, Inhaberaktionäre, soweit sie es verlangt haben, und Aufsichtsräte) zugänglich zu machen; über den Wortlaut hinaus sind auch die nach § 125 Abs. 5 den Kreditinstituten gleichgestellten Institutionen einzubeziehen.

20 Bei **börsennotierten Gesellschaften** im Sinne von § 3 Abs. 2 sind Gegenanträge zwingend durch Einstellen in die Internetseite[37] zugänglich zu machen. Diese Gesellschaften sind aber nicht gehindert, zusätzlich andere Publikationswege zu nutzen.

21 Bei **nicht börsennotierten Gesellschaften** kann das Zugänglichmachen durch Einstellen in die **Internetseite** der Gesellschaft[38] erfolgen, aber auch durch Veröffentlichung in den Gesellschaftsblättern[39]. Möglich ist auch die **individuelle Information** der Berechtigten mittels (eingeschriebenen) Briefs, Telefax oder E-Mail, wenn die Adressen der Berechtigten bekannt sind[40] und der Gleichbehandlungsgrundsatz gewahrt

---

33 *Kubis* in MünchKomm. AktG, 2. Aufl., § 126 AktG Rz. 17.
34 *Kubis* in MünchKomm. AktG, 2. Aufl., § 126 AktG Rz. 18; *Werner* in Großkomm. AktG, 4. Aufl., § 126 AktG Rz. 33; *Butzke* in Obermüller/Werner/Winden, Die Hauptversammlung der Aktiengesellschaft, Rz. B 155; *Lehmann* in FS Quack, 1991, S. 287 292; *Ek*, NZG 2002, 664, 665.
35 *Kubis* in MünchKomm. AktG, 2. Aufl., § 126 AktG Rz. 19, *Hüffer*, § 126 AktG Rz. 5.
36 BGH v. 24.1.2000 – II ZR 268/98, BGHZ 143, 339, 341 ff.; *Werner* in Großkomm. AktG, 4. Aufl., § 126 AktG Rz. 32; *Sasse*, NZG 2004, 153, 155; kritisch: *Hüffer*, § 126 AktG Rz. 5; a.A. *Kubis* in MünchKomm. AktG, 2. Aufl., § 126 AktG Rz. 19; *Schlitt* in Semler/Volhard, Arbeitshandbuch Hauptversammlung, § 4 Rz. 293: mit Ende der gewöhnlichen Geschäftszeiten.
37 Damit hat der Gesetzgeber die Zweifelsfrage, ob Internetpublizität als Instrument des Zugänglichmachens ausreichend ist (dazu *Pluta* in Heidel, § 126 AktG Rz. 28), für börsennotierte Gesellschaften geklärt.
38 *Kubis* in MünchKomm. AktG, 2. Aufl., § 126 AktG Rz. 21; *Sasse*, NZG 2004, 153, 156; Begr. RegE TransPuG, BT-Drucks. 14/8796, S. 20; *Habersack*, ZHR 155 (2001), 172, 175.
39 *Sasse*, NZG 2004, 153, 157.
40 *Sasse*, NZG 2004, 153, 157.

wird⁴¹. Zulässig, wenn auch (kosten-)aufwändig dürfte es auch sein, eine Übermittlung auf dem Weg der §§ 125, 128 vorzunehmen. Wird der Weg der Individualinformation gewählt, ist zu beachten, dass neben den Aktionären auch Kreditinstitute, nach § 125 Abs. 5 gleichgestellte Institute und Aktionärsvereinigungen informiert werden müssen. Um den Aktionären die Kenntnisnahme von Gegenanträgen zu erleichtern, muss in der Einberufung mitgeteilt werden, wie und wo das Zugänglichmachen erfolgt.

### b) Inhalt

Zugänglich zu machen ist der **Gegenantrag nebst Begründung**, soweit diese nicht mehr als 5.000 Zeichen incl. Leerzeichen enthält⁴². Ist die Begründung länger, kann die Gesellschaft vom Zugänglichmachen des überschießenden Teils der Begründung absehen⁴³; zu einer textlichen Straffung ist sie weder berechtigt⁴⁴ noch verpflichtet⁴⁵. Darüber hinaus kann sie zusammen mit dem angekündigten Gegenantrag und seiner Begründung eine Stellungnahme von Vorstand und/oder Aufsichtsrat zugänglich machen⁴⁶.

22

### c) Frist

Das Zugänglichmachen muss **unverzüglich** erfolgen⁴⁷. Dabei ist dem Vorstand eine angemessene **Frist zur Prüfung** der Ordnungsmäßigkeit im Sinne des Abs. 1 und der Veröffentlichungsbedürftigkeit im Sinne des § 126 Abs. 2 einzuräumen⁴⁸; unberücksichtigt muss jedoch die Zeit bleiben, die Vorstand und/oder Aufsichtsrat zur Erstellung ihrer (freiwilligen) Stellungnahme benötigen.

23

Dem in der Literatur vereinzelt vertretenen Ansatz, die Gesellschaft könne bis zum Ablauf der Gegenantragsfrist eingehende **Gegenanträge sammeln** und sie dann in ihrer Gesamtheit unverzüglich veröffentlichen⁴⁹, kann nicht gefolgt werden. Die Aktionärsrechterichtlinie verlangt die Herstellung der Internetpublizität „sobald wie möglich nach ihrem Eingang".

24

### 3. Ausnahmen von der Pflicht zum Zugänglichmachen (§ 126 Abs. 2)

§ 126 Abs. 2 Satz 1 enthält eine **abschließende**⁵⁰ **Aufzählung** der Umstände, unter denen ein Gegenantrag und seine Begründung nicht zugänglich gemacht werden

25

---

41 A.A. *Kubis* in MünchKomm. AktG, 2. Aufl., § 126 AktG Rz. 21.
42 *Kubis* in MünchKomm. AktG, 2. Aufl., § 126 AktG Rz. 34; *Mutter*, ZIP 2002, 1759; *Seibert*, AG 2006, 16, 21 Fn. 21; a.A. *Hüffer*, § 126 AktG Rz. 9 m.w.N.
43 A.A. *Hüffer*, § 126 AktG Rz. 7, 9; *Butzke* in Obermüller/Werner/Winden, Die Hauptversammlung der Aktiengesellschaft, Rz. B 163; *Kubis* in MünchKomm. AktG, 2. Aufl., § 126 AktG Rz. 34; *Schlitt* in Semler/Volhard, Arbeitshandbuch Hauptversammlung, § 4 Rz. 305; unentschieden: *Werner* in Großkomm. AktG, 4. Aufl., § 126 AktG Rz. 24, 89 einerseits und Rz. 92 andererseits.
44 A.A. *Schlitt* in Semler/Volhard, Arbeitshandbuch Hauptversammlung, § 4 Rz. 305.
45 *Kubis* in MünchKomm. AktG, 2. Aufl., § 126 AktG Rz. 34; *Hüffer*, § 126 AktG Rz. 9; a.A. *Butzke* in Obermüller/Werner/Winden, Die Hauptversammlung der Aktiengesellschaft, Rz. B 163 unter Berufung auf § 126 Abs. 3.
46 *Kubis* in MünchKomm. AktG, 2. Aufl., § 126 AktG Rz. 21.
47 Begr. RegE TransPuG, BT-Drucks. 14/8769, S. 20.
48 *Sasse*, NZG 2004, 153, 157.
49 *Ek*, Praxisleitfaden für die Hauptversammlung, 2. Aufl. 2010, Rz. 198 f.; *Pluta* in Heidel, § 126 AktG Rz. 30.
50 LG Frankfurt v. 20.1.1992 – 3/1 O 169/91, AG 1992, 235, 236; *Kubis* in MünchKomm. AktG, 2. Aufl., § 126 AktG Rz. 22; *Hüffer*, § 126 AktG Rz. 8.

müssen. Über das Zugänglichmachen entscheidet der Vorstand durch Beschluss[51]; Zustimmungsvorbehalte zugunsten des Aufsichtsrats sind unzulässig[52]. Wird ein veröffentlichungsfähiger Gegenantrag nicht veröffentlicht, ist der Beschluss der Hauptversammlung zum betreffenden Tagesordnungspunkt anfechtbar[53].

**a) Richtlinienkonformität der Regelung?**

26 Es ist zweifelhaft, ob § 126 Abs. 2 im Lichte der Aktionärsrechterichtlinie in seiner jetzigen Form Bestand haben kann. Die Richtlinie verpflichtet börsennotierte Gesellschaften dazu, Gegenanträge in ihre Internetseite einzustellen. Art. 5 Abs. 4 sieht insoweit keine Ausnahmen vor. Daher wird man § 126 Abs. 2 wie folgt **richtlinienkonform auslegen** müssen:

27 Soweit das Absehen von der Veröffentlichung sich nur auf die **Begründung** bezieht, kann § 126 Abs. 2 uneingeschränkt zur Anwendung kommen, da die Aktionärsrechterichtlinie sich nicht zur Veröffentlichung von Begründungen verhält.

28 In Hinblick auf die **Nichtveröffentlichung des Gegenantrags als solchen** können börsennotierte Gesellschaften nur dann von der Veröffentlichung absehen, wenn der Vorstand sich durch das Zugänglichmachen des Gegenantrags strafbar machen würde oder wenn der Gegenantrag zu einem gesetz- oder satzungswidrigen Beschluss der Hauptversammlung führen würde (§ 126 Abs. 2 Satz 1 Nr. 1 und 2). Dass derartige Anträge nicht zugänglich gemacht zu werden brauchen, ergibt sich aus allgemeinen Regeln, die auch im europäischen Recht verankert sind, insbesondere aus dem Legalitätsprinzip. Dazu auch § 121 Rz. 5.

**b) Der Katalog des § 126 Abs. 2 Satz 1**

29 Von der vollständigen Veröffentlichung des Gegenantrags und seiner Begründung kann abgesehen werden, wenn sich der Vorstand durch die Veröffentlichung als solche als Täter oder Teilnehmer strafbar machen würde (Nr. 1). In Betracht kommt etwa eine **Strafbarkeit** nach den §§ 185 ff. StGB[54] oder nach § 404[55]. Sofern der zur Strafbarkeit führende Inhalt von Gegenantrag bzw. Begründung eliminiert werden kann, ohne dass deren Sinn entstellt wird, muss ein Zugänglichmachen in der bereinigten Form erfolgen, arg. „soweit" in § 126 Abs. 2 Satz 1 Nr. 1[56].

30 Von größerer praktischer Bedeutung ist die Nr. 2 der Vorschrift, die eine Pflicht zum Zugänglichmachen dann verneint, wenn der Gegenantrag zu einem **gesetz- oder satzungswidrigen Beschluss** führen würde, dieser also anfechtbar[57] oder nichtig wäre. Zunächst muss die Erfüllung der allgemeinen formellen und materiellen Anforderungen an die Rechtmäßigkeit von Beschlüssen möglich erscheinen[58]. Darüber hinaus

---

51 *Kubis* in MünchKomm. AktG, 2. Aufl., § 126 AktG Rz. 22; *Werner* in Großkomm. AktG, 4. Aufl., § 126 AktG Rz. 30.
52 *Kubis* in MünchKomm. AktG, 2. Aufl., § 126 AktG Rz. 22; *Werner* in Großkomm. AktG, 4. Aufl., § 126 AktG Rz. 37.
53 *Kubis* in MünchKomm. AktG, 2. Aufl., § 126 AktG Rz. 38.
54 *Hüffer*, § 126 AktG Rz. 8.
55 *Kubis* in MünchKomm. AktG, 2. Aufl., § 126 AktG Rz. 23.
56 *Kubis* in MünchKomm. AktG, 2. Aufl., § 126 AktG Rz. 23; a.A. *Werner* in Großkomm. AktG, 4. Aufl., § 126 AktG Rz. 43.
57 Einschränkend *Butzke* in Obermüller/Werner/Winden, Die Hauptversammlung der Aktiengesellschaft, Rz. B 158 a.E.
58 *Kubis* in MünchKomm. AktG, 2. Aufl., § 126 AktG Rz. 24; strenger *Zöllner* in KölnKomm. AktG, 1. Aufl., §§ 125–127 AktG Rz. 15: nur bei eindeutigen Beschlussmängeln.

ist aber auch zu prüfen, ob sich der Gegenantrag im Rahmen der bekannt gemachten Tagesordnung im Sinne des § 124 Abs. 4 bewegt[59].

Nicht in diesen Zusammenhang gehört die **Frage der fehlenden Zuständigkeit der Hauptversammlung**[60]: Da sich ein Gegenantrag immer auf einen Beschlussvorschlag der Verwaltung beziehen muss, ist die Zuständigkeit der Hauptversammlung auch bei Geschäftsführungsangelegenheiten im Sinne des § 119 Abs. 2 gegeben – andernfalls läge kein Gegenantrag, sondern ein unzulässiger (und regelmäßig verfristeter) Ergänzungsantrag vor. Nach h.M. ist auch ein nicht hinreichend konkretisierter Gegenantrag nicht veröffentlichungsbedürftig[61]; nach hier vertretener Ansicht nimmt die mangelnde Konkretisierung diesem bereits die Qualität als Gegenantrag (s. Rz. 5). 31

Nach § 126 Abs. 2 Satz 1 Nr. 3 Alt. 1 und 2 brauchen der Gegenantrag und seine Begründung nicht zugänglich gemacht zu werden, wenn die Begründung (oder nach allg. M. auch der Gegenantrag selbst[62]) in wesentlichen Punkten **offensichtlich falsche oder irreführende Angaben** enthält. Ob dies der Fall ist, beurteilt sich aus der Sicht eines unbefangen urteilenden, mit den Detailverhältnissen nicht vertrauten Durchschnittsaktionärs[63]. Offensichtlich falsch oder irreführend müssen „Angaben" sein, also Tatsachen und Informationen, nicht jedoch Werturteile oder Bewertungen des Antragstellers[64]. Darüber hinaus muss sich die Unrichtigkeit bzw. Irreführung auf wesentliche Punkte beziehen; sofern nur weniger zentrale Punkte der Begründung fehlerhaft sind, entfällt die Veröffentlichungspflicht nicht[65]. 32

Entsprechendes gilt, wenn die Begründung (oder der Antrag selbst[66]) **Beleidigungen** enthält. Beleidigung ist dabei einerseits weit auszulegen und umfasst die Straftatbestände des gesamten 14. Abschnitts des StGB (§§ 185 ff. StGB), andererseits sind bloße sprachliche Entgleisungen regelmäßig noch keine Beleidigungen – die Strafbarkeitsschwelle muss klar überschritten sein[67]. 33

Die Veröffentlichungspflicht entfällt auch, wenn der Aktionär zu erkennen gibt, dass er an der Hauptversammlung **nicht teilnehmen** und sich auch **nicht vertreten** lassen wird, § 126 Abs. 1 Satz 1 Nr. 6. Dies ist zum einen der Fall, wenn der Aktionär gegenüber der Gesellschaft oder Dritten (andere Aktionäre, Medienvertreter etc.) unzweideutig erklärt, vom Teilnahmerecht keinen Gebrauch machen zu wollen[68]. Nach der hier vertretenen Auffassung entfällt die Veröffentlichungspflicht, nicht aber bereits die Aktivlegitimation, **wenn der Aktionär kein Teilnahmerecht besitzt**, weil er z.B. am Record Date nicht Aktionär ist. Ungeklärt, aber zu bejahen dürfte die Frage sein, ob die Pflicht zur Zugänglichmachung (ggf. rückwirkend) entfällt, wenn der Aktionär die satzungsmäßigen und gesetzlichen Teilnahme- und Legitimationsanforderungen (z.B. Anmeldung, Bestandsnachweis) nicht erfüllt. 34

---

59 *Hüffer*, § 126 AktG Rz. 8.
60 So aber die h.M. *Kubis* in MünchKomm. AktG, 2. Aufl., § 126 AktG Rz. 25, *Hüffer*, § 126 AktG Rz. 8.
61 So z.B. *Kubis* in MünchKomm. AktG, 2. Aufl., § 126 AktG Rz. 25.
62 *Kubis* in MünchKomm. AktG, 2. Aufl., § 126 AktG Rz. 27; *Werner* in Großkomm. AktG, 4. Aufl., § 126 AktG Rz. 54, 59.
63 OLG Stuttgart v. 1.12.1994 – 13 U 46/94, AG 1995, 236; OLG Düsseldorf v. 16.11.1967 – 6 U 280/66, AG 1968, 19, 20; *Kubis* in MünchKomm. AktG, 2. Aufl., § 126 AktG Rz. 28.
64 *Kubis* in MünchKomm. AktG, 2. Aufl., § 126 AktG Rz. 28.
65 *Werner* in Großkomm. AktG, 4. Aufl., § 126 AktG Rz. 57; *Hüffer*, § 126 AktG Rz. 8.
66 *Kubis* in MünchKomm. AktG, 2. Aufl., § 126 AktG Rz. 29.
67 So wohl auch: *Kubis* in MünchKomm. AktG, 2. Aufl., § 126 AktG Rz. 29.
68 *Kubis* in MünchKomm. AktG, 2. Aufl., § 126 AktG Rz. 33; *Werner* in Großkomm. AktG, 4. Aufl., § 126 AktG Rz. 83, der es genügen lässt, wenn der Aktionär keine ausdrückliche Erklärung abgibt, sondern eindeutig „zu erkennen" gibt, er werde nicht teilnehmen.

35  Schließlich gestatten § 126 Abs. 1 Satz 1 Nr. 4, 5 und 7 von der Zugänglichmachung **querulatorischer Gegenanträge** desselben Aktionärs abzusehen, die entweder auf identische Sachverhalte gestützt sind (Nr. 4) oder identische Anträge und Begründungen enthalten (Nr. 5) oder wenn der Aktionär in früheren Hauptversammlungen (auch anderer Gesellschaften)[69] zuvor angekündigte Gegenanträge nicht gestellt hat (Nr. 7)[70]. Dem Wortlaut nach entfällt die Veröffentlichungspflicht bei Nr. 4 und Nr. 5, wenn der betreffende Gegenantrag bei früheren Hauptversammlungen nach § 125 zugänglich gemacht wurde. Bei Änderung der Vorschrift durch das TransPuG hat der Gesetzgeber zwar das Wort „mitgeteilt" durch „zugänglich gemacht" ersetzt, dabei aber wohl übersehen, dass er selbst die Publizität der Gegenanträge nach § 125 gerade abgeschafft hatte. Daher entfällt eine Veröffentlichungspflicht bereits dann, wenn der Gegenantrag vormals nach § 126 Abs. 1 zugänglich gemacht wurde[71]. Ein früherer Versand nach § 125 ist nicht erforderlich.

### III. Zusammenfassung mehrerer Gegenanträge (§ 126 Abs. 3)

36  § 126 Abs. 3 gestattet dem Vorstand, Gegenanträge (und Begründungen) mehrerer Aktionäre zu demselben Gegenstand der Beschlussfassung zusammenzufassen. Soweit die Gegenanträge voneinander abweichen, sollte hiervon nur zurückhaltend Gebrauch gemacht werden. Aber auch bei identischen Gegenanträgen muss bei der **Zusammenführung der Begründungen** darauf geachtet werden, dass die Aussagekraft guter Begründungen nicht durch die Zusammenführung mit schwachen beeinträchtigt wird[72] und dass die Urheber der einzelnen Argumente erkennbar sind[73]. Schließlich führt die Zugänglichmachung von inhaltlich verfälschten Begründungen und/oder Gegenanträgen zur Anfechtbarkeit des betreffenden Beschlusses der Hauptversammlung[74].

37  Prima Facie verstößt § 126 Abs. 3 gegen die **Aktionärsrechterichtlinie**. Diese verpflichtet zur Veröffentlichung sämtlicher Beschlussvorlagen von Aktionären, ohne den Vorstand zu ihrer Zusammenfassung zu berechtigen. Daher ist § 126 Abs. 3 – jedenfalls bei börsennotierten Gesellschaften – soweit er zur Zusammenfassung der Gegenanträge berechtigt, richtlinienwidrig und nicht anwendbar. Dazu auch § 121 Rz. 5.

# § 127
# Wahlvorschläge von Aktionären

**Für den Vorschlag eines Aktionärs zur Wahl von Aufsichtsratsmitgliedern oder von Abschlussprüfern gilt § 126 sinngemäß. Der Wahlvorschlag braucht nicht begründet zu werden. Der Vorstand braucht den Wahlvorschlag auch dann nicht zugänglich zu**

---

69 *Kubis* in MünchKomm. AktG, 2. Aufl., § 126 AktG Rz. 33 m.w.N.
70 Dazu ausführlich *Werner* in Großkomm. AktG, 4. Aufl., § 126 AktG Rz. 65 ff., 84 ff.; *Butzke* in Obermüller/Werner/Winden, Die Hauptversammlung der Aktiengesellschaft, Rz. B 161; *Kubis* in MünchKomm. AktG, 2. Aufl., § 126 AktG Rz. 30 f., 33.
71 *Kubis* in MünchKomm. AktG, 2. Aufl., § 126 AktG Rz. 30.
72 *Kubis* in MünchKomm. AktG, 2. Aufl., § 126 AktG Rz. 37; *Werner* in Großkomm. AktG, 4. Aufl., § 126 AktG Rz. 94.
73 *Zöllner* in KölnKomm. AktG, 1. Aufl., §§ 125–127 AktG Rz. 27.
74 *Kubis* in MünchKomm. AktG, 2. Aufl., § 126 AktG Rz. 38.

machen, wenn der Vorschlag nicht die Angaben nach § 124 Abs. 3 Satz 3 und § 125 Abs. 1 Satz 5 enthält.

**Literatur:** S. bei § 126.

§ 127 behandelt Gegenanträge[1] zur **Wahl von Aufsichtsratsmitgliedern und Abschlussprüfern**. Ergänzt wird die Vorschrift durch § 137. 1

Grundsätzlich gilt auch für diese Anträge § 126. Abweichend davon ist der Wahlvorschlag eines Aktionärs jedoch auch dann wie ein Gegenantrag **zugänglich zu machen**, wenn er keine Begründung enthält. Satz 3 der Vorschrift bestimmt, dass der Aktionärsvorschlag außerdem dann nicht zugänglich gemacht werden muss, wenn er die Angaben nach § 124 Abs. 3 Satz 3 nicht enthält. Gemeint sind die Angaben gem. § 124 Abs. 3 Satz 4 (dazu § 124 Rz. 33 f.). Im Gesetzgebungsverfahren ist übersehen worden, dass § 124 Abs. 3 Satz 3 im Zuge des am 27.5.2009 in Kraft getretenen BilMoG durch Einfügung eines neuen Satz 2 zu Satz 4 wurde. Sofern die AG börsennotiert im Sinne von § 3 Abs. 2 ist und der Wahlvorschlag des Aktionärs die Angaben nach § 125 Abs. 1 Satz 5 (dazu § 125 Rz. 13 ff.) nicht enthält, braucht der Aktionärsvorschlag ebenfalls nicht veröffentlicht zu werden. 2

§ 127 findet analog Anwendung auf die **Wahl von Sonderprüfern**[2]. Ob für andere Wahlen (z.B. von Abwicklern) auch § 127 gilt[3] oder die Grundnorm des § 126 Anwendung findet, mit der Folge, dass der Aktionär eine Begründung geben muss, ist fraglich. 3

# § 127a
# Aktionärsforum

**(1)** Aktionäre oder Aktionärsvereinigungen können im Aktionärsforum des elektronischen Bundesanzeigers andere Aktionäre auffordern, gemeinsam oder in Vertretung einen Antrag oder ein Verlangen nach diesem Gesetz zu stellen oder in einer Hauptversammlung das Stimmrecht auszuüben.

**(2)** Die Aufforderung hat folgende Angaben zu enthalten:
1. den Namen und eine Anschrift des Aktionärs oder der Aktionärsvereinigung,
2. die Firma der Gesellschaft,
3. den Antrag, das Verlangen oder einen Vorschlag für die Ausübung des Stimmrechts zu einem Tagesordnungspunkt,
4. den Tag der betroffenen Hauptversammlung.

**(3)** Die Aufforderung kann auf eine Begründung auf der Internetseite des Auffordernden und dessen elektronische Adresse hinweisen.

**(4)** Die Gesellschaft kann im elektronischen Bundesanzeiger auf eine Stellungnahme zu der Aufforderung auf ihrer Internetseite hinweisen.

**(5)** Das Bundesministerium der Justiz wird ermächtigt, durch Rechtsverordnung die äußere Gestaltung des Aktionärsforums und weitere Einzelheiten insbesondere zu der Aufforderung, dem Hinweis, den Entgelten, zu Löschungsfristen, Löschungsanspruch, zu Missbrauchsfällen und zur Einsichtnahme zu regeln.

---

1 *Werner* in Großkomm. AktG, 4. Aufl., § 126 AktG Rz. 22.
2 *Kubis* in MünchKomm. AktG, 2. Aufl., § 127 AktG Rz. 3.
3 So *Kubis* in MünchKomm. AktG, 2. Aufl., § 127 AktG Rz. 3 m.w.N.

| I. Überblick | 1 | 1. Zulässige Gegenstände | 5 |
| II. Aktionärsforum | 4 | 2. Inhalt und Umfang | 9 |
| III. Gegenstand und Inhalt der Aufforderung | 5 | IV. Reaktionsmöglichkeiten der Gesellschaft | 12 |

**Literatur:** *Seibert*, Aktionärsforum und Aktionärsforumsverordnung nach § 127a AktG, AG 2006, 16; *Spindler*, Die Reform der Hauptversammlung und der Anfechtungsklage durch das UMAG, NZG 2005, 825.

## I. Überblick

1 Der durch das UMAG[1] eingeführte § 127a soll die **effiziente Wahrnehmung von Individual- und Minderheitsrechten** ermöglichen. Mit dem Aktionärsforum wollte der Gesetzgeber ein Medium schaffen, in dem zur Stellung von Anträgen oder Verlangen nach dem AktG, aber auch zur Ausübung des Stimmrechts in der Hauptversammlung aufgefordert werden soll, um die gesetzlich geforderten Quoren zu erreichen oder Gegen- oder Ergänzungsanträge mehrheitsfähig zu machen. Die Vorschrift wird ergänzt durch die aufgrund der Ermächtigung in Abs. 5 erlassene Aktionärsforumsverordnung (AktFoV) vom 22.11.2005[2].

2 Das Aktionärsforum fristet ein Schattendasein. Per 1.6.2010 sind dort Einträge zu nur 59 Gesellschaften zu finden. Die meisten Aufforderungen betreffen die Bevollmächtigung bzw. Stimmrechtsübertragung oder fordern auf, gegen Beschlussvorschläge der Verwaltung zu stimmen. Nur 18 Aufforderungen sind darauf gerichtet, die für Verlangen nach § 122 Abs. 1 oder 2, für Sonderprüfungen oder die Geltendmachung von Schadensersatzansprüchen bzw. die Anfechtung des Gewinnverwendungsbeschlusses erforderlichen Quoren zu sammeln.

3 Ungeklärt ist das Verhältnis der Norm zu den Vorschriften des WpHG und des WpÜG, die an das **acting in concert** anknüpfen[3]. Acting in concert im Sinne des § 22 Abs. 2 Satz 1 WpHG bzw. des § 30 Abs. 2 Satz 1 WpÜG ist abgestimmtes Verhalten aufgrund Vereinbarung oder in sonstiger Weise in Hinblick auf eine Zielgesellschaft, wobei Vereinbarungen über die Ausübung von Stimmrechten im Einzelfall ausgenommen sind. Die gemeinsame Antragstellung aufgrund eines Aufrufs im Aktionärsforum dürfte je nach Inhalt des Antrags ohne weiteres unter diese Definition fallen, aber auch das abgestimmte Stimmverhalten, sofern es mehrere Beschlüsse bzw. Tagesordnungspunkte betrifft[4]. Da die genannten kapitalmarktrechtlichen Vorschriften der Umsetzung von europäischen Richtlinien dienen, dürfte die lex posterior Regel nicht zur Klärung des Normkonflikts beitragen. Der lapidare Hinweis aus dem BMJ, das Aktionärsforum sei nur ein Kontakt-Medium, es bliebe den Betreffenden überlassen, was sie daraus machen würden[5], vermag das Problem jedenfalls ebenso wenig zu lösen oder zu entschärfen wie die Aussage der Begründung des RegE, dass die Vorschriften des WpHG bzw. WpÜG in eigener Verantwortung zu beachten seien[6].

---

1 BGBl. I 2005, 2802.
2 BGBl. I 2005, 3193; dazu *Seibert*, AG 2006, 16 ff.
3 Dazu *Reger* in Bürgers/Körber, § 127a AktG Rz. 5.
4 *Spindler*, NZG 2005, 825, 828; vgl. BGH v. 18.9.2006 – II ZR 137/05, BGHZ 169, 98 = AG 2006, 883; zum Ganzen *Uwe H. Schneider* in Assmann/Uwe H. Schneider, § 22 WpHG Rz. 161 ff.; *Uwe H. Schneider* in Assmann/Pötzsch/Uwe H. Schneider, § 30 WpÜG Rz. 100 ff.
5 So *Seibert*, WM 2005, 157, 159; *Seibert*, AG 2006, 16, 18.
6 Begr. RegE BT-Drucks. 15/5092, S. 16.

## II. Aktionärsforum

Das Aktionärsforum ist eine **Rubrik des elektronischen Bundesanzeigers**, die der Kommunikation der Aktionäre nach näherer Maßgabe des § 127a dient. Demzufolge können vom Aktionärsforum nur Aktionäre und Aktionärsvereinigungen (dazu § 125 Rz. 18) Gebrauch machen. Die Eigenschaft als Aktionär bzw. Aktionärsvereinigung ist gegenüber dem elektronischen Bundesanzeiger zu versichern, § 3 Abs. 2 AktFoV; nur bei begründeten Zweifeln kann der elektronische Bundesanzeiger Nachweise verlangen. 4

## III. Gegenstand und Inhalt der Aufforderung

### 1. Zulässige Gegenstände

Das Aktionärsforum kann **nur zu den in § 127a Abs. 1 genannten Zwecken** in Anspruch genommen werden, d.h. um andere Aktionäre aufzufordern, gemeinsam oder in Vertretung einen Antrag oder ein Verlangen nach dem AktG zu stellen oder in einer Hauptversammlung das Stimmrecht auszuüben. 5

Es muss sich um einen **Antrag oder ein Verlangen nach dem AktG** handeln, z.B. Einberufung einer Hauptversammlung (§ 122 Abs. 1), Ergänzungsantrag (§ 122 Abs. 2), Klagezulassungsverfahren (§ 148), gerichtliche Bestellung von Sonderprüfern (§ 142 Abs. 2), Antrag auf Austausch von Sonderprüfern (§ 142 Abs. 4) oder auf Bestellung von besonderen Vertretern bei Schadensersatzklagen (§ 147 Abs. 2), Antrag auf Einzelentlastung (§ 120 Abs. 1), Abstimmung über Wahlvorschläge von Aktionären (§ 137) etc. Ausgeschlossen wäre demnach die Nutzung des Aktionärsforums, um für ein Verlangen nach § 62 Abs. 2 UmwG (Hauptversammlung bei Mutter-Tochter-Verschmelzung) zu werben, es sei denn, man betrachtet auch dieses Verlangen (zutreffend) als Minderheitsverlangen im Sinne des § 122. 6

Gegenstand der Aufforderung kann auch die **Ausübung des Stimmrechts in einer Hauptversammlung** sein. Dabei muss, wie sich aus § 127a Abs. 2 Nr. 3 ergibt, ein konkreter Vorschlag für die Ausübung des Stimmrechts zu einem Tagesordnungspunkt gemacht werden. Es muss also aufgefordert werden, für oder gegen einen Vorschlag der Verwaltung oder einen konkreten Gegenantrag bzw. ggf. Ergänzungsantrag zu stimmen. 7

Wenig geglückt ist die Formulierung „**gemeinsam oder in Vertretung**". Wenn damit – was anzunehmen ist – gemeint ist, auch Stimmrechtsvollmachten bzw. Vollmachten in Bezug auf die beabsichtigten Maßnahmen einzuwerben, hätte man dies deutlicher sagen können. Im Übrigen ist der Zusatz „in Vertretung" überflüssig, da sich der auffordernde Aktionär nach allgemeinen Regeln vertreten lassen kann. 8

### 2. Inhalt und Umfang

Zur Formulierung des Gegenstands der Aufforderung stehen **maximal 500 Zeichen** (einschließlich Leerzeichen) Freitext zur Verfügung[7], § 3 Abs. 3 Satz 3 AktFoV. Ob das stets ausreicht, um einen Gegen- oder Ergänzungsantrag oder Sonderprüfungsantrag zu formulieren, erscheint jedenfalls bei komplexeren Vorgängen fraglich. Hier bleibt dann nur die Möglichkeit, dass der Auffordernde auf seine eigene Internetseite verweist. 9

---

[7] Begr. des BMJ zur AktFoV, abgedruckt bei *Seibert*, AG 2006, 16, 21.

10 Die Aufforderung muss Namen bzw. Firma, Postanschrift des Wohnsitzes oder Sitzes sowie die E-Mail-Adresse des Aktionärs bzw. der Aktionärsvereinigung enthalten, § 127a Abs. 2 Nr. 1 AktG i.V.m. § 3 Abs. 3 AktFoV. Anzugeben sind außerdem neben der Firma der betroffenen AG der Gegenstand der Aufforderung und ggf. der Tag der relevanten Hauptversammlung.

11 Die Aufforderung darf **keine Begründung** enthalten. Zulässig ist nur eine Verlinkung mit der Internetseite des Auffordernden, auf der die Begründung des Antrags etc. erfolgen kann[8].

### IV. Reaktionsmöglichkeiten der Gesellschaft

12 Die Gesellschaft kann im elektronischen Bundesanzeiger (genauer: im Aktionärsforum, § 127a Abs. 4 AktG i.V.m. § 4 Abs. 1 AktFoV) **per Link auf ihre Stellungnahme** zur Aufforderung, die zwingend auf ihrer Internetseite zu veröffentlichen ist, **hinweisen**.

13 Im Übrigen sind ihre **Handlungsmöglichkeiten stark eingeschränkt**: Eine § 126 Abs. 2 vergleichbare Regelung, die Verbreitung unzulässiger oder missbräuchlicher Aufforderungen im Aktionärsforum zu verhindern, besteht nicht. § 3 Abs. 5 AktFoV bietet nur unvollkommenen Schutz: Danach ist eine Aufforderung missbräuchlich, wenn sie offensichtlich nicht den Voraussetzungen von § 127a oder der AktFoV entspricht, wofür 4 Regelbeispiele genannt werden. Missbräuchliche Aufforderungen sind nach Befragung des Auffordernden (Aktionär oder Aktionärsvereinigung) vom elektronischen Bundesanzeiger zu löschen. Das bedeutet: Die Gesellschaft kann in einigen wenigen Fällen durch Hinweis an den elektronischen Bundesanzeiger eine Löschung der Aufforderung erreichen[9].

14 Ihr stehen jedoch – abgesehen vom **allgemeinen zivilrechtlichen Unterlassungsanspruch**[10] – keine Mittel zur Verfügung, gegen falsche, irreführende oder beleidigende Begründungen vorzugehen oder eine Aufforderung zur Unterstützung gesetzes- oder satzungswidriger Beschlussvorschläge zu untersagen etc. etc. AktG und AktFoV nehmen – so jedenfalls Äußerungen aus dem BMJ – eine gewisse Quote von Missbräuchen etc. in Kauf[11].

## § 128
## Übermittlung der Mitteilungen

**(1) Hat ein Kreditinstitut zu Beginn des 21. Tages vor der Versammlung für Aktionäre Inhaberaktien der Gesellschaft in Verwahrung oder wird es für Namensaktien, die ihm nicht gehören, im Aktienregister eingetragen, so hat es die Mitteilungen nach § 125 Abs. 1 unverzüglich an die Aktionäre zu übermitteln. Die Satzung der Gesellschaft kann die Übermittlung auf den Weg elektronischer Kommunikation beschränken; in diesem Fall ist das Kreditinstitut auch aus anderen Gründen nicht zu mehr verpflichtet.**

---

8 *Hüffer*, § 127a AktG Rz. 3.
9 *Seibert*, AG 2006, 16, 18.
10 Begr. RegE BT-Drucks. 15/5092, S. 16.
11 *Seibert*, AG 2006, 16, 18.

(2) Die Verpflichtung des Kreditinstituts zum Ersatz eines aus der Verletzung des Absatzes 1 entstehenden Schadens kann im Voraus weder ausgeschlossen noch beschränkt werden.

(3) Das Bundesministerium der Justiz wird ermächtigt, im Einvernehmen mit dem Bundesministerium für Wirtschaft und Technologie und dem Bundesministerium der Finanzen durch Rechtsverordnung vorzuschreiben, dass die Gesellschaft den Kreditinstituten die Aufwendungen für

1. die Übermittlung der Angaben gemäß § 67 Abs. 4 und
2. die Vervielfältigung der Mitteilungen und für ihre Übersendung an die Aktionäre

zu ersetzen hat. Es können Pauschbeträge festgesetzt werden. Die Rechtsverordnung bedarf nicht der Zustimmung des Bundesrates.

(4) § 125 Abs. 5 gilt entsprechend.

| | |
|---|---|
| I. Überblick .................. 1 | 2. Modalitäten der Weitergabe ....... 13 |
| II. Pflicht zur Übermittlung von Mitteilungen (§ 128 Abs. 1 und 4) ..... 3 | a) Grundsatz ................ 13 |
| | b) Regelung in der Satzung (§ 128 Abs. 1 Satz 2) .......... 14 |
| 1. Zur Übermittlung Verpflichtete .... 3 | |
| a) Kreditinstitute ............. 3 | III. Haftung bei Pflichtverletzung (§ 128 Abs. 2) ............... 17 |
| aa) Inhaberaktien .......... 5 | |
| bb) Namensaktien .......... 7 | IV. Kostenerstattung (§ 128 Abs. 3) .... 18 |
| b) Aktionärsvereinigungen ....... 10 | |
| c) Gleichgestellte ausländische Institute (§ 128 Abs. 4) ........ 12 | |

**Literatur:** *Burmeister*, Weitergabe-, Mitteilungspflichten und Stimmrechtsvollmacht für Kreditinstitute (§§ 128, 135 AktG), AG 1976, 262; *Hammen*, Zur Haftung bei der Stimmrechtsvertretung durch Kreditinstitute in der Hauptversammlung der Aktiengesellschaft, ZBB 1993, 239; *Seibert*, Die neue „Verordnung über den Ersatz von Aufwendungen der Kreditinstitute", ZIP 2003, 1270.

## I. Überblick

§ 128 Abs. 1 und 4 ergänzen § 125 Abs. 1, indem sie die Weiterleitung der sog. 125er-Mitteilungen an die Aktionäre und deren Modalitäten anordnen. **Abs. 2** der Vorschrift verhält sich zu den Schadensersatzpflichten und Abs. 3 enthält eine Verordnungsermächtigung bzgl. der Kostenerstattung durch die Gesellschaft. 1

Die **Aktionärsrechterichtlinie**[1] enthält keine diesbezüglichen Regelungen. 2

## II. Pflicht zur Übermittlung von Mitteilungen (§ 128 Abs. 1 und 4)

### 1. Zur Übermittlung Verpflichtete

#### a) Kreditinstitute

Kreditinstitute im Sinne von § 1 Abs. 1 KWG sind verpflichtet, Mitteilungen nach § 125 an ihre Depotkunden nach Maßgabe des § 128 Abs. 1 zu übermitteln. Aus § 128 Abs. 1 folgt aber nicht nur die Pflicht, die von der Gesellschaft erhaltenen Mit- 3

---

[1] Richtlinie 2007/36/EG, ABl. EU Nr. L 184 v. 14.7.2007, S. 17.

teilungen weiterzuleiten, sondern auch die **Pflicht, Mitteilungen nach § 125 Abs. 1 zu verlangen**[2], wenn Inhaberaktien spätestens zu Beginn des 21. Tages vor der Hauptversammlung in Verwahrung genommen worden sind oder das Institut statt des Aktionärs im Aktienregister eingetragen ist. Die Übermittlungspflicht besteht unabhängig davon, ob der Aktionär im In- oder Ausland ansässig ist[3]. Eine Beschaffungs- und Weitergabepflicht kann außerdem aus dem Depotverhältnis resultieren[4].

4   Die Übermittlungspflicht kann weder durch Individualabrede noch mittels AGB im Vorhinein abbedungen werden[5]. Die **zwingende Natur** dieser Pflicht folgt u.a. aus dem Verbot des vorgängigen Verzichts auf Ersatzansprüche (§ 128 Abs. 2) – wenn auf den Sekundäranspruch nicht im Vorhinein verzichtet werden kann, muss dies erst recht für den primären Weiterleitungsanspruch gelten[6].

5   **aa) Inhaberaktien.** Die Übermittlungspflicht trifft Kreditinstitute, die Inhaberaktien spätestens zu Beginn des 21. Tages vor dem Tag der Hauptversammlung in Verwahrung genommen haben. Für die Berechnung des Stichtags gilt § 121 Abs. 7. Die vom Gesetzgeber beabsichtigte Kongruenz des Kreises der an der Hauptversammlung teilnahmeberechtigten Aktionäre mit dem Kreis derjenigen, an die die Kreditinstitute Mitteilungen übermitteln müssen[7], besteht nur bei börsennotierten Gesellschaften, nicht jedoch bei ausschließlich im Freiverkehr (oder gar nicht) gehandelten Aktien: Sieht deren Satzung als Legitimationsinstrument zulässigerweise Hinterlegung bis zum 6. Tag vor der Hauptversammlung vor, so erhalten Aktionäre, die ihre Aktien nach dem Record Date, aber vor dem letzten Hinterlegungstag erworben haben, keine Mitteilung – es sei denn, eine Übermittlungspflicht ergibt sich unabhängig von § 128 auch aus dem Depotvertrag.

6   **In Verwahrung** hat ein Institut die Aktien auch genommen, wenn die Aktienurkunde(n) für das Kreditinstitut (Zwischenverwahrer i.S. von § 3 DepotG) bei einer Wertpapiersammelbank verwahrt werden[8].

7   **bb) Namensaktien.** Sind Namensaktien Gegenstand der Verwahrung, trifft das Kreditinstitut die Weiterleitungspflicht nur dann, wenn es **als Aktionär im Aktienregister eingetragen** ist. Fraglich ist, zu welchem **Zeitpunkt** es im Aktienregister eingetragen sein muss: Zu Beginn des 21. Tages vor der Hauptversammlung (in Anlehnung an § 123 Abs. 3 Satz 3 Halbsatz 1) oder 2 Wochen vor dem Tag der Hauptversammlung (in Anlehnung an § 125 Abs. 2 Alt. 2) oder am letzten Tag der Anmeldefrist (spätestens 6 Tage vor der Hauptversammlung, § 123 Abs. 2 Satz 3)? Systematisch spricht einiges für den letztgenannten Zeitpunkt – so würde sichergestellt, dass alle Inhaber teilnahmeberechtigter Aktien – wenn auch spät – informiert werden. Andererseits dient die Vorschrift nur der Flankierung des § 125 Abs. 2 Alt. 2: Aktionäre, die selbst im Aktienregister eingetragen sind, erhalten die 125er-Mitteilung, wenn sie spätestens 2 Wochen vor dem Tag der Hauptversammlung im Aktienregister eingetragen

---

2 *Zöllner* in KölnKomm. AktG, 1. Aufl., § 128 AktG Rz. 3; *Kubis* in MünchKomm. AktG, 2. Aufl., § 128 AktG Rz. 11; *Butzke* in Obermüller/Werner/Winden, Die Hauptversammlung der Aktiengesellschaft, Rz. B 143; *Burmeister*, AG 1976, 262, 264.
3 *Kubis* in MünchKomm. AktG, 2. Aufl., § 128 AktG Rz. 9.
4 *Kubis* in MünchKomm. AktG, 2. Aufl., § 128 AktG Rz. 10.
5 *Kubis* in MünchKomm. AktG, 2. Aufl., § 128 AktG Rz. 15, 47; *Hüffer*, § 128 AktG Rz. 5; a.A. *Werner* in Großkomm. AktG, 4. Aufl., § 128 AktG Rz. 20; *Butzke* in Obermüller/Werner/Winden, Die Hauptversammlung der Aktiengesellschaft, Rz. B 181; *Zöllner* in KölnKomm. AktG, 1. Aufl., § 128 AktG Rz. 8 je m.w.N.
6 *Kubis* in MünchKomm. AktG, 2. Aufl., § 128 AktG Rz. 15.
7 BT-Drucks. 15/5693 (UMAG), S. 17 li.Sp.
8 *Kubis* in MünchKomm. AktG, 2. Aufl., § 128 AktG Rz. 5.

sind; daher sollten Aktionäre, für die ein Institut im Aktienregister eingetragen ist, informationell nicht schlechter, aber auch nicht besser gestellt werden[9].

Die Weiterleitungspflicht besteht in Hinblick auf alle Aktien, die dem als Aktionär eingetragenen Institut nicht gehören, d.h. deren **wirtschaftlich Berechtigter ein Dritter** ist; auf das zugrunde liegende Rechtsverhältnis kommt es nicht an[10]. In Betracht kommen vor allem Eintragungen des Kreditinstituts als Legitimationsaktionär oder Treuhänder[11] oder als Platzhalter i.S. von § 67 Abs. 4 Satz 5. 8

Die **Bedeutung der Vorschrift** wird zunehmen, da der Gesetzgeber im Zuge des UMAG zur Vermeidung eines sog. freien Meldebestands in § 67 Abs. 4 Satz 5 die Pflicht des depotführenden Kreditinstituts festgeschrieben hat, sich auf Verlangen der Gesellschaft als Aktionär eintragen zu lassen[12]. Die Übermittlungspflicht wird durch Offenlegung des wirtschaftlich Berechtigten nach § 67 Abs. 4 Satz 2 und 3 nicht tangiert. 9

### b) Aktionärsvereinigungen

Seit Inkrafttreten des ARUG sind Aktionärsvereinigungen nicht mehr verpflichtet, die 125er-Mitteilungen an ihre Mitglieder auf deren Verlangen weiterzuleiten, wenn Mitglieder der betreffenden Aktionärsvereinigung auch Inhaberaktionäre der Gesellschaft sind oder wenn die Aktionärsvereinigung als Aktionär im Aktienregister eingetragen ist und die Aktien nicht ihr, sondern einem Mitglied gehören (§ 128 Abs. 5 a.F.). 10

Die Begründung für den Wegfall der Weitergabepflicht[13] überzeugt nicht: Es ist keineswegs so, dass sämtliche Aktien in Depots verwahrt werden und daher ohnehin eine Übermittlungspflicht der Kreditinstitute etc. besteht. 11

### c) Gleichgestellte ausländische Institute (§ 128 Abs. 4)

Finanzdienstleistungsinstitute im Sinne von § 1 Abs. 1a KWG sowie die nach § 53 Abs. 1 Satz 1 KWG tätigen Zweigstellen ausländischer Unternehmen oder die nach § 53b Abs. 1 Satz 1 oder Abs. 7 KWG tätigen Unternehmen mit Sitz im EWR sind den Kreditinstituten im Sinne des § 1 Abs. 1 KWG gleichgestellt, § 128 Abs. 4. **Andere ausländische Banken und Finanzdienstleister** trifft keine Weiterleitungspflicht nach § 128 Abs. 1[14] und auch keine entsprechende Obliegenheit[15]. 12

### 2. Modalitäten der Weitergabe

### a) Grundsatz

Die Übermittlungspflicht ist **unverzüglich**, jedenfalls aber so rechtzeitig zu erfüllen, dass auch im Ausland ansässige Aktionäre sich rechtzeitig zur Hauptversammlung anmelden und Stimmrechtsvollmachten erteilen können. Wie die Übermittlung zu erfolgen hat, bestimmt § 128 Abs. 1 nicht; demzufolge können die 125er-Mitteilungen **sowohl in verkörperter als auch in elektronischer Form** an die Aktionäre über- 13

---

9 *Hüffer*, § 128 AktG Rz. 2a.
10 *Hüffer*, § 128 AktG Rz. 2a.
11 *Hüffer*, § 128 AktG Rz. 2a.
12 Dazu *Uwe H. Schneider/Müller-von Pilchau*, AG 2007, 181, 185.
13 BT-Drucks. 16/11642, S. 32.
14 *Kubis* in MünchKomm. AktG, 2. Aufl., § 128 AktG Rz. 4.
15 So aber *Zöllner* in KölnKomm. AktG, 1. Aufl., § 128 AktG Rz. 4; *Hüffer*, § 128 AktG Rz. 3.

mittelt werden – erforderlich ist nur, dass Zugang beim Aktionär gewährleistet ist[16]. Das Institut kann nicht von der Gesellschaft verlangen, dass ihm eine ausreichende Zahl von Druckstücken der Mitteilung zur Verfügung gestellt wird[17]; vervielfältigt es die 125er-Mitteilungen selbst, hat es einen Kostenerstattungsanspruch gem. § 2 KredInstAufwV[18].

### b) Regelung in der Satzung (§ 128 Abs. 1 Satz 2)

14 § 128 Abs. 1 Satz 2 eröffnet Gesellschaften die Möglichkeit, **die Übermittlung auf den Weg elektronischer Kommunikation zu beschränken**. Voraussetzung ist eine diesbezügliche Regelung in der Satzung. Nach dem Willen des Gesetzgebers entfaltet eine solche Satzungsbestimmung auch im Verhältnis zwischen Kreditinstitut und Aktionär Wirkungen und soll daher auch die Rechte und Pflichten aus dem Depotvertrag modifizieren[19]. Die Neuregelung ist in der Lehre zu Recht auf Ablehnung gestoßen[20].

15 **Rechtliche Bedenken** gegen die Neuregelung ergeben sich aus Folgendem: An Aktionäre börsennotierter Gesellschaften ist eine Übermittlung der 125er-Mitteilungen nur zulässig, wenn die Voraussetzungen des § 30b Abs. 3 WpHG vorliegen. Das europarechtlich gewährte Recht des Aktionärs, sich der elektronischen Kommunikation zu verweigern (§ 30b Abs. 3 lit. d) WpHG, Art. 17 Abs. 3 Transparenzrichtlinie[21]) kann nicht durch eine deutsche Gesetzesbestimmung ausgehebelt werden[22]. Abgesehen davon ist es auch auf rein nationaler Ebene zweifelhaft, Aktionäre mittels Satzungsbestimmung faktisch zur Eröffnung eines E-Mail Accounts oder anderer Möglichkeiten des Empfangs elektronischer Mitteilungen zu zwingen. Schließlich ist es sehr zweifelhaft, ob durch eine Satzungsbestimmung in Verbindung mit § 128 Abs. 1 Satz 2 Halbsatz 2 in die vertragliche Regelung zwischen depotführendem Institut und Aktionär, die u.U. ausländischem Recht unterliegt, eingegriffen werden kann[23].

16 Neben diesen rechtlichen sprechen auch praktische Aspekte gegen die Neuregelung. Die Regelung setzt voraus, dass jeder Aktionär über eine E-Mail-Adresse oder ein elektronisches Postfach verfügt und dass das Kreditinstitut über die zur elektronischen Übermittlung erforderlichen Aktionärsdaten verfügt.

### III. Haftung bei Pflichtverletzung (§ 128 Abs. 2)

17 § 128 Abs. 2 besagt, dass aus einer Verletzung des § 128 Abs. 1 resultierende Schadensersatzpflichten im Voraus weder beschränkt noch ausgeschlossen werden können. Die Vorschrift ist ohne praktische Bedeutung[24]. Denkbar sind Ersatzansprüche gegen das depotführende Institut aus Verletzung des Depotvertrages (§ 280 BGB) sowie aus Delikt (§ 823 Abs. 2 BGB i.V.m. § 128 AktG)[25].

---

16 *Kubis* in MünchKomm. AktG, 2. Aufl., § 128 AktG Rz. 16; *Claussen*, AG 2001, 161, 168; teilw. abw. *Schlitt* in Semler/Volhard, Arbeitshandbuch Hauptversammlung, § 4 Rz. 255.
17 *Kubis* in MünchKomm. AktG, 2. Aufl., § 128 AktG Rz. 14.
18 BGBl. I 2003, 885.
19 BT-Drucks. 16/11642, S. 31.
20 *Hüffer*, § 128 AktG Rz. 5; *A. Arnold*, Der Konzern 2010, 88, 90.
21 Richtlinie 2004/109/EG, ABl. L 390 v. 31.12.2004, S. 38.
22 *Paschos/Goslar*, AG 2009, 14, 17; *Drinhausen/Keinath*, BB 2009, 2322, 2326.
23 *A. Arnold*, Der Konzern 2010, 88, 90; *Ch. Horn*, ZIP 2008, 1558, 1563.
24 *Kubis* in MünchKomm. AktG, 2. Aufl., § 128 AktG Rz. 46.
25 *Kubis* in MünchKomm. AktG, 2. Aufl., § 128 AktG Rz. 45.

## IV. Kostenerstattung (§ 128 Abs. 3)

Kreditinstitute und ihnen gleichgestellte Institute haben Anspruch auf Erstattung der ihnen durch die Vervielfältigung und den Versand der von ihnen gem. § 128 weiterzuleitenden und zu machenden Mitteilungen entstehenden Aufwendungen. § 128 Abs. 3 enthält eine diesbezügliche sowie den Aufwandsersatz gem. § 67 Abs. 4 betreffende Verordnungsermächtigung. Von dieser Verordnungsermächtigung hat der Verordnungsgeber teilweise durch die Verordnung über den Ersatz von Aufwendungen der Kreditinstitute vom 17.6.2003[26] Gebrauch gemacht. 18

# Dritter Unterabschnitt. Verhandlungsniederschrift. Auskunftsrecht

## § 129
## Geschäftsordnung; Verzeichnis der Teilnehmer

(1) Die Hauptversammlung kann sich mit einer Mehrheit, die mindestens drei Viertel des bei der Beschlussfassung vertretenen Grundkapitals umfasst, eine Geschäftsordnung mit Regeln für die Vorbereitung und Durchführung der Hauptversammlung geben. In der Hauptversammlung ist ein Verzeichnis der erschienenen oder vertretenen Aktionäre und der Vertreter von Aktionären mit Angabe ihres Namens und Wohnorts sowie bei Nennbetragsaktien des Betrags, bei Stückaktien der Zahl der von jedem vertretenen Aktien unter Angabe ihrer Gattung aufzustellen.

(2) Sind einem Kreditinstitut oder einer in § 135 Abs. 8 bezeichneten Person Vollmachten zur Ausübung des Stimmrechts erteilt worden und übt der Bevollmächtigte das Stimmrecht im Namen dessen, den es angeht, aus, so sind bei Nennbetragsaktien der Betrag, bei Stückaktien die Zahl und die Gattung der Aktien, für die ihm Vollmachten erteilt worden sind, zur Aufnahme in das Verzeichnis gesondert anzugeben. Die Namen der Aktionäre, welche Vollmachten erteilt haben, brauchen nicht angegeben zu werden.

(3) Wer von einem Aktionär ermächtigt ist, im eigenen Namen das Stimmrecht für Aktien auszuüben, die ihm nicht gehören, hat bei Nennbetragsaktien den Betrag, bei Stückaktien die Zahl und die Gattung dieser Aktien zur Aufnahme in das Verzeichnis gesondert anzugeben. Dies gilt auch für Namensaktien, als deren Aktionär der Ermächtigte im Aktienregister eingetragen ist.

(4) Das Verzeichnis ist vor der ersten Abstimmung allen Teilnehmern zugänglich zu machen. Jedem Aktionär ist auf Verlangen bis zu zwei Jahren nach der Hauptversammlung Einsicht in das Teilnehmerverzeichnis zu gewähren.

(5) § 125 Abs. 5 gilt entsprechend.

| | |
|---|---|
| I. Überblick . . . . . . . . . . . . . . . . . 1 | 2. Einführung und Geltung . . . . . . . . . 10 |
| II. Geschäftsordnung der Hauptversammlung (§ 129 Abs. 1 Satz 1) . . . . 4 | 3. Rechtsfolgen von Verstößen . . . . . . 13 |
| | III. Teilnehmerverzeichnis (§ 129 Abs. 1 Satz 2, Abs. 2 bis Abs. 5) . . . . . . . . . 15 |
| 1. Bedeutung und Inhalt . . . . . . . . . . . 4 | |

---

26 BGBl. I 2003, 885.

1. Pflicht zur Aufstellung des Teilnehmerverzeichnisses .......... 15
2. Form und Zeitpunkt der Aufstellung des Teilnehmerverzeichnisses ..... 18
3. Inhalt des Teilnehmerverzeichnisses 23
   a) Eigenbesitz (§ 129 Abs. 1 Satz 2) .. 25
   b) Vollmachtsbesitz (§ 129 Abs. 2 und 5) ..................... 26
   c) Fremdbesitz ............... 28
   d) Weitere Angaben ............ 29
4. Publizität des Teilnehmerverzeichnisses ................... 30
   a) In der Hauptversammlung ...... 30
   b) Nach der Hauptversammlung ... 32
IV. **Leitung der Hauptversammlung** .... 34
1. Leiter der Hauptversammlung ..... 36
   a) Bestimmung des Versammlungsleiters ................... 36
      aa) Bestimmung durch die Satzung ................ 37
      bb) Wahl durch die Hauptversammlung ............... 39
   b) Rechtliche Anforderungen an den Versammlungsleiter ....... 42
2. Befugnisse und Aufgaben des Versammlungsleiters ........... 44
   a) Leitung der Hauptversammlung .. 46
      aa) Grundsatz ............... 46
      bb) Einzelheiten ............. 50
   b) Ordnung der Hauptversammlung . 57
      aa) Generelle Ordnungsmaßnahmen ............... 59
      bb) Individuelle Ordnungsmaßnahmen ............... 62

**Literatur:** *Bachmann,* Die Geschäftsordnung der Hauptversammlung, AG 1999, 210; *G. Bezzenberger,* Die Geschäftsordnung der Hauptversammlung, ZGR 1998, 352; *Dietrich,* Voraussetzungen und Inhalte einer Geschäftsordnung der Hauptversammlung, NZG 1998, 921; *Hennerkes/Kögel,* Eine Geschäftsordnung für die Hauptversammlung, DB 1999, 81; *Kuhnt,* Geschäftsordnungsanträge und Geschäftsordnungsmaßnahmen bei Hauptversammlungen, in FS Lieberknecht, 1997, S. 45; *Max,* Die Leitung der Hauptversammlung, AG 1991, 77; *Reichert/Habarth,* Stimmrechtsvollmacht, Legitimationszession und Stimmrechtsausschlussvertrag in der AG, AG 2001, 447; *Riegger,* Hauptversammlung und Internet, ZHR 165 (2001), 204; *Schaaf,* Die Geschäftsordnung der AG-Hauptversammlung – eine praktische Notwendigkeit?, ZIP 1999, 1339; *Zimmer,* Das Gesetz zur Kontrolle und Transparenz im Unternehmensbereich, NJW 1998, 3521; *Wicke,* Die Leitung der Hauptversammlung einer Aktiengesellschaft, NZG 2008, 771; *Wilsing/von der Linden,* Hauptversammlungsleitung durch einen Unternehmensfremden, ZIP 2009, 641.

## I. Überblick

1 § 129 Abs. 1 Satz 1 enthält die **Ermächtigung zur Schaffung einer Geschäftsordnung für Vorbereitung und Durchführung einer Hauptversammlung**. Die Vorschrift ist ebenso irreführend wie überflüssig[1]: Irreführend ist sie, weil sie der Hauptversammlung einen Handlungs- und Gestaltungsspielraum in Geschäftsordnungsfragen vorgaukelt, den sie nicht hat – etwa in Hinblick auf die Vorbereitung der Hauptversammlung oder Eingriffe in die Kompetenz des Versammlungsleiters. Überflüssig ist sie, weil die Hauptversammlung sich auch ohne entsprechende gesetzliche Ermächtigung im verbleibenden, einer Regelung zugänglichen Bereich eine Geschäftsordnung geben kann[2].

2 Die übrigen Bestimmungen der Norm betreffen das **Teilnehmerverzeichnis**. Die Funktionen des Teilnehmerverzeichnisses sind vielfältig: (i) Angabe der Personen, die an der Hauptversammlung als Aktionär, Bevollmächtigter oder Fremdbesitzer teilgenommen haben[3], (ii) Grundlage für die Feststellung der Beschlussfähigkeit[4], (iii) Grundlage für die Feststellung der Präsenz bei Abstimmungen, insbesondere beim

---

1 Ebenfalls kritisch *Kubis* in MünchKomm. AktG, 2. Aufl., § 129 AktG Rz. 3 ff.
2 *G. Bezzenberger,* ZGR 1998, 352, 362 ff.; *Dietrich,* NZG 1998, 921, 922; *Hüffer,* § 129 AktG Rz. 1a.
3 So Begr. RegE bei *Kropff,* Aktiengesetz, S. 182.
4 *Hüffer,* § 129 AktG Rz. 1.

Subtraktionsverfahren[5], (iv) Grundlage für die Prüfung von Stimmrechtsausschlüssen[6], Stimmverboten etc. gem. §§ 20 Abs. 7, 21 Abs. 4, 71b, 136 AktG, § 28 WpHG und § 59 WpÜG, (v) Grundlage für die Prüfung, ob Anwesenden Rede- und Fragerecht zusteht (d.h. die Rechte aus den von ihnen vertretenen Aktien nicht ruhen oder sie Gast sind) sowie (vi) Grundlage für die Feststellung, welche Kreditinstitute bzw. Aktionärsvereinigungen in der letzten Hauptversammlung Stimmrechte ausgeübt haben und daher Empfänger der Mitteilungen gem. § 125 Abs. 1 Satz 1 sind[7].

Die **Aktionärsrechterichtlinie**[8] enthält keine diesbezüglichen Regelungen.

## II. Geschäftsordnung der Hauptversammlung (§ 129 Abs. 1 Satz 1)

### 1. Bedeutung und Inhalt

Die (geringe) rechtliche Bedeutung einer Geschäftsordnung erschließt sich, wenn man sieht, was überhaupt einer Regelung qua Geschäftsordnung zugänglich ist: Von zwingendem Gesetzesrecht kann die Geschäftsordnung nicht abweichen[9]. **Nur satzungsdispositive Bereiche**, d.h. Gegenstände, zu denen auch die Satzung vom Gesetz abweichende oder dieses ergänzende Regelungen treffen kann, können in der Geschäftsordnung geregelt werden, vorausgesetzt, das Gesetz ordnet nicht an, dass Abweichendes oder Ergänzendes (nur) in der Satzung geregelt werden kann[10]. Des Weiteren sind die **Ordnungs- und Leitungsbefugnisse des Versammlungsleiters** (dazu Rz. 44 ff.) zu respektieren, in die die Hauptversammlung weder qua Beschluss oder Satzung noch mittels Geschäftsordnung eingreifen kann[11]. Schließlich setzen die Individual- und Persönlichkeitsrechte der Aktionäre der Geschäftsordnung Grenzen[12].

Obgleich sie in der Regierungsbegründung zum KonTraG[13] genannt sind, sind demzufolge **einer Regelung in der Geschäftsordnung nicht zugänglich**: z.B. (1) Form und Art der Abstimmungen (schriftlich, elektronisch oder mündlich bzw. Additions- oder Subtraktionsverfahren) wegen § 134 Abs. 4[14], (2) Sicherheitskontrollen[15], (3) Reihenfolge der Redner[16], (4) Schließung der Rednerliste[17], (5) Ausübung der allg. Ordnungs- und Leitungsbefugnisse des Versammlungsleiters[18].

---

5 *Hüffer*, § 129 AktG Rz. 1.
6 *Hüffer*, § 129 AktG Rz. 1.
7 *Werner* in Großkomm. AktG, 4. Aufl., § 129 AktG Rz. 3.
8 Richtlinie 2007/36/EG, ABl. EU Nr. L 184 v. 14.7.2007, S. 17.
9 *Kubis* in MünchKomm. AktG, 2. Aufl., § 119 AktG Rz. 146, § 129 AktG Rz. 4.
10 *Kubis* in MünchKomm. AktG, 2. Aufl., § 119 AktG Rz. 146, § 129 AktG Rz. 4; *Hüffer*, § 129 AktG Rz. 1c; *Wicke* in Spindler/Stilz, § 129 AktG Rz. 4.
11 *Kubis* in MünchKomm. AktG, 2. Aufl., § 129 AktG Rz. 6; *Hüffer*, § 129 AktG Rz. 1c; *Wicke* in Spindler/Stilz, § 129 AktG Rz. 7; *J. Semler* in Semler/Volhard, Arbeitshandbuch Hauptversammlung, § 1 Rz. 266.
12 *Kubis* in MünchKomm. AktG, 2. Aufl., § 119 AktG Rz. 146, § 129 AktG Rz. 6; *Butzke* in Obermüller/Werner/Winden, Die Hauptversammlung der Aktiengesellschaft, Rz. D 94.
13 BT-Drucks. 13/9712, S. 19.
14 A.A. *Kubis* in MünchKomm. AktG, 2. Aufl., § 129 AktG Rz. 12 (bzgl. Form der Abstimmung); *Wicke* in Spindler/Stilz, § 129 AktG Rz. 10; *Volhard* in MünchKomm. AktG, 2. Aufl., § 134 AktG Rz. 80.
15 *Kubis* in MünchKomm. AktG, 2. Aufl., § 129 AktG Rz. 12; kritisch *Hüffer*, § 129 AktG Rz. 1c; *Dietrich*, NZG 1998, 921, 925.
16 *Kubis* in MünchKomm. AktG, 2. Aufl., § 129 AktG Rz. 12.
17 *Kubis* in MünchKomm. AktG, 2. Aufl., § 129 AktG Rz. 12.
18 *Kubis* in MünchKomm. AktG, 2. Aufl., § 129 AktG Rz. 12; *Bezzenberger*, ZGR 1998, 352, 364.

6 **Zulässige Inhalte** der Geschäftsordnung sind: (1) Bestimmen des Versammlungsleiters[19] (sofern nicht bereits in der Satzung erfolgt), (2) Übertragung der Hauptversammlung in Bild und Ton (§ 118 Abs. 4), (3) angemessene zeitliche Beschränkung des Frage- und Rederechts (§ 131 Abs. 2 Satz 2), (4) Gestattung der Anwesenheit nicht teilnahmeberechtigter Personen (z.B. Presse- und Medienvertreter, Berater von Aktionären)[20], (5) Zulässigkeit der Verweisung auf ordnungsgemäß publizierte Beschlussvorschläge, statt Verlesung der Beschlussanträge[21], (6) Vertagen oder Absetzen von Tagesordnungspunkten[22], (7) Vertagen der Hauptversammlung[23].

7 Ob eine Regelung dieser Sachverhalte in der Geschäftsordnung zweckmäßig ist, ist mehr als zweifelhaft. Die in Rz. 6 unter (1) und (2) genannten Materien werden regelmäßig sinnvollerweise in der Satzung geregelt. Regelt man die unter (4) bis (5) genannten Punkte in der Geschäftsordnung, nimmt man dem Versammlungsleiter die Möglichkeit, situationsangepasst zu reagieren, und bei den unter (6) und (7) genannten Regelungen ist nicht ersichtlich, wie die Bestimmung der Geschäftsordnung formuliert werden kann, um gegenüber einer Nicht-Regelung Vorteile zu bieten.

8 Auch wenn die **Beschränkung des Frage- und Rederechts** in der Geschäftsordnung (oder der Satzung) ermöglicht wird, kann hiervon nur unter den gleichen Voraussetzungen wie ohne diesbezügliche Regelung (also als ultima ratio) Gebrauch gemacht werden[24] – eine § 131 Abs. 2 Satz 2 entsprechende Regelung hilft also nicht weiter, schadet aber auch nicht.

9 **Ausdifferenzierte Bestimmungen** zur zeitlichen Begrenzung des Rede- und Fragerechts sind zwar zulässig[25], aber in der Praxis nicht zu empfehlen[26]. Der Versammlungsleiter muss auch im Falle einer derartigen Ermächtigung unter Beachtung des Verhältnismäßigkeits- und des Gleichbehandlungsgrundsatzes die das Rede- und Auskunftsrecht begrenzenden Anordnungen nach pflichtgemäßem Ermessen treffen – eine detaillierte Regelung wie im vom BGH entschiedenen Fall gibt also nicht die erwartete Rechtssicherheit für schematische Beschränkungen des Rede- und Fragerechts. Andererseits haben derartige Regelungen ermessensleitende Wirkungen und können striktere Anordnungen des Versammlungsleiters, die ohne Vorgaben in der Geschäftsordnung (oder der Satzung) zulässig wären, unzulässig machen. Im Übrigen ist nachdrücklich darauf hinzuweisen, dass die Angemessenheit der in Übereinstimmung mit der Geschäftsordnungs- bzw. Satzungsregelung angeordneten Beschränkungen des Rede- und Auskunftsrechts nicht durch eine entsprechende Geschäftsordnungs- bzw. Satzungsregelung fingiert werden kann[27]. Vgl. dazu auch § 131 Rz. 66 f.

---

19 *Kubis* in MünchKomm. AktG, 2. Aufl., § 129 AktG Rz. 12; *Schaaf*, ZIP 1999, 1339, 1340; *Dietrich*, NZG 1998, 921, 924; *Bezzenberger*, ZGR 1998, 352, 364.
20 *Kubis* in MünchKomm. AktG, 2. Aufl., § 118 AktG Rz. 88, § 129 AktG Rz. 12; *Riegger*, ZHR 165 (2001), 204, 211; a.A. *Schaaf*, ZIP 1999, 1339, 1340.
21 *Mülbert* in Großkomm. AktG, 4. Aufl., Vor §§ 118–147 AktG Rz. 185; *Schaaf*, ZIP 1999, 1339, 1340.
22 *Schaaf*, ZIP 1999, 1339, 1341; *Kubis* in MünchKomm. AktG, 2. Aufl., § 129 AktG Rz. 12; a.A. *G. Bezzenberger*, ZGR 1998, 352, 361.
23 *Schaaf*, ZIP 1999, 1339, 1341; *Kubis* in MünchKomm. AktG, 2. Aufl., § 129 AktG Rz. 12; a.A. *G. Bezzenberger*, ZGR 1998, 352, 361.
24 *Hüffer*, § 131 AktG Rz. 22b; *Herrler*, DNotZ 2010, 331, 335.
25 So für diesbezügliche Regelungen in der Satzung: BGH v. 8.2.2010 – II ZR 94/08, AG 2010, 292.
26 *Wilsing/von der Linden*, DB 2010, 1277; ähnlich *Kersting*, NZG 2010, 446; a.A. *Krause*, BB 2010, 852; *Nagel/Ziegenhahn*, WM 2010, 1005; *Wachter*, DB 2010, 829; *Jerczynski*, NJW 2010, 1566; *Herrler*, DNotZ 2010, 331.
27 So ausdrücklich BGH v. 8.2.2010 – II ZR 94/08, AG 2010, 292, der einer solche Regelung in wenig überzeugender Weise Appellfunktion beilegt. Überzeugend dagegen OLG Frankfurt v. 12.2.2008 – 5 U 8/07, AG 2008, 592.

## 2. Einführung und Geltung

Die Geschäftsordnung wird durch **Beschluss der Hauptversammlung**, der der einfachen Stimmenmehrheit und zwingend[28] (eine § 179 Abs. 2 Satz 2 entsprechende Regelung fehlt) einer Mehrheit von ¾ des bei Beschlussfassung vertretenen Grundkapitals bedarf, eingeführt. Der Beschluss bedarf vorheriger Bekanntmachung[29]. Analog § 124 Abs. 2 Satz 2 Alt. 1 ist die Bekanntmachung des Wortlauts der Geschäftsordnung, nicht nur ihres wesentlichen Inhalts erforderlich[30]. Dies folgt aus ihrer satzungsergänzenden bzw. satzungsvertretenden Funktion (arg. §§ 118 Abs. 3 und 131 Abs. 2 Satz 2) und kann nicht unter Hinweis auf den Umfang der dadurch erforderlichen Veröffentlichung verneint werden[31].  10

Für **Änderungen der Geschäftsordnung** gelten die obigen Ausführungen zu Vorbereitung und Durchführung der Hauptversammlung entsprechend[32]. Das gilt auch für sog. Durchbrechungen der Geschäftsordnung, d.h. ihr Außerkraftsetzen im Einzelfall[33].  11

Die Geschäftsordnung gilt bis sie durch Beschluss der Hauptversammlung, für den nach zweifelhafter h.M. die allgemeinen Regeln bzgl. Bekanntmachung und Mehrheit gelten, **aufgehoben** wird[34]. Überzeugender wäre, für den **actus contrarius** die gleichen Regeln wie für den Erlass, insbesondere also die qualifizierte Mehrheit des vertretenen Grundkapitals zu verlangen[35].  12

## 3. Rechtsfolgen von Verstößen

**Bestimmungen der Geschäftsordnung**, die gegen Gesetzes- oder Satzungsbestimmungen bzw. die ungeschriebenen originären Befugnisse des Versammlungsleiters verstoßen, sind nichtig (§ 241 Nr. 3)[36]. Die Wirksamkeit der Geschäftsordnung im Übrigen bestimmt sich nach § 139 BGB[37].  13

**Beschlüsse**, die unter Verstoß gegen zulässige Bestimmungen der Geschäftsordnung gefasst werden, sind gem. § 243 Abs. 1 anfechtbar[38], da die Geschäftsordnung auf einer gesetzlichen Bestimmung beruht und nach dem Willen des Gesetzgebers satzungsergänzende bzw. teilweise satzungsvertretende Funktion hat. Die Gegenauffas-  14

---

28 *Kubis* in MünchKomm. AktG, 2. Aufl., § 129 AktG Rz. 9; *Hüffer*, § 129 AktG Rz. 1d.
29 *Kubis* in MünchKomm. AktG, 2. Aufl., § 129 AktG Rz. 9; *Wicke* in Spindler/Stilz, § 129 AktG Rz. 11; *Hüffer*, § 129 AktG Rz. 1d.
30 *Marsch-Barner* in Dörner/Menold/Pfitzer/Oser, Reform des Aktienrechts, der Rechnungslegung und der Prüfung, 2. Aufl. 2003, S. 555 ff., 560; a.A. *Kubis* in MünchKomm. AktG, 2. Aufl., § 129 AktG Rz. 9; *Hüffer*, § 129 AktG Rz. 1d; *Wicke* in Spindler/Stilz, § 129 AktG Rz. 11; *Schaaf*, ZIP 1999, 1339, 1341; *J. Semler* in Semler/Volhard, Arbeitshandbuch Hauptversammlung, § 1 Rz. 267.
31 So aber *Hüffer*, § 129 AktG Rz. 1d.
32 *Kubis* in MünchKomm. AktG, 2. Aufl., § 129 AktG Rz. 10; *Wicke* in Spindler/Stilz, § 129 AktG Rz. 12; *Hüffer*, § 129 AktG Rz. 1e.
33 *Terbrack/Lohr* in Heidel, § 129 AktG Rz. 12; *Bachmann*, AG 1999, 210, 214; a.A. *Kubis* in MünchKomm. AktG, 2. Aufl., § 129 AktG Rz. 11; *Wicke* in Spindler/Stilz, § 129 AktG Rz. 13; *Hüffer*, § 129 AktG Rz. 1f; *Butzke* in Obermüller/Werner/Winden, Die Hauptversammlung der Aktiengesellschaft, Rz. D 98.
34 *Kubis* in MünchKomm. AktG, 2. Aufl., § 129 AktG Rz. 10; *Wicke* in Spindler/Stilz, § 129 AktG Rz. 12; *Hüffer*, § 129 AktG Rz. 1e.
35 So auch *Marsch-Barner* in Dörner/Menold/Pfitzer/Oser, Reform des Aktienrechts, der Rechnungslegung und der Prüfung, 2. Aufl. 2003, S. 555 ff., 561.
36 *Kubis* in MünchKomm. AktG, 2. Aufl., § 129 AktG Rz. 13.
37 *Kubis* in MünchKomm. AktG, 2. Aufl., § 129 AktG Rz. 13.
38 *Kubis* in MünchKomm. AktG, 2. Aufl., § 129 AktG Rz. 14; a.A. *Hüffer*, § 129 AktG Rz. 1g; *Wicke* in Spindler/Stilz, § 129 AktG Rz. 15.

sung, wonach der bloße Geschäftsordnungsverstoß keine Anfechtbarkeit begründen soll, weil die Hauptversammlung ihre Beschlüsse durch Erlass einer Geschäftsordnung keinem erhöhten Anfechtungsrisiko aussetzen möchte[39], vermag nicht zu überzeugen. Sie führt insbesondere dann zu Wertungswidersprüchen, wenn das Gesetz von einer Gleichwertigkeit der Regelungsorte Satzung und Geschäftsordnung ausgeht (§§ 118 Abs. 4, 131 Abs. 2 Satz 2).

### III. Teilnehmerverzeichnis (§ 129 Abs. 1 Satz 2, Abs. 2 bis Abs. 5)

#### 1. Pflicht zur Aufstellung des Teilnehmerverzeichnisses

15 Zur Aufstellung des Teilnehmerverzeichnisses ist die Gesellschaft verpflichtet. Für sie handelt auch hier **der Vorstand (und nicht der Versammlungsleiter)**[40]. Dem Versammlungsleiter obliegt lediglich die Kontrolle, ob das Teilnehmerverzeichnis entsprechend den gesetzlichen Vorgaben geführt wird[41]. Eine Pflicht des Versammlungsleiters zur Führung des Teilnehmerverzeichnisses kann weder daraus hergeleitet werden, dass er über die Teilnahme von Aktionären und Aktionärsvertretern an der Hauptversammlung entscheidet, noch daraus, dass das Teilnehmerverzeichnis die Grundlage für die Feststellung der Präsenz (relevant bei Subtraktionsverfahren und ggf. zur Feststellung der Beschlussfähigkeit bzw. der Vollversammlung) bildet. Entscheidung über das Teilnahmerecht und Präsenzfeststellung sind Sache des Versammlungsleiters und rechtsdogmatisch von der Frage des Teilnehmerverzeichnisses und seiner Aufstellung zu trennen.

16 Den **Notar** treffen in Zusammenhang mit dem Teilnehmerverzeichnis keine besonderen Pflichten. Er ist weder zu einer summarischen Rechtmäßigkeitsprüfung verpflichtet, noch zu Hinweisen an den Versammlungsleiter bei schwerwiegenden Mängeln[42].

17 Ein Teilnehmerverzeichnis ist **in jeder Hauptversammlung** zu führen, und zwar auch dann, wenn es sich um eine **Vollversammlung**[43] oder um die Hauptversammlung einer **Ein-Personen-AG**[44] handelt. Letzteres folgt u.a. daraus, dass das Aktienrecht eine einheitliche Mitgliedschaft bzgl. aller gehaltenen Anteile nicht kennt und es demzufolge nicht ausgeschlossen ist, dass der in der Hauptversammlung präsente Alleinaktionär nicht mit allen Aktien an der Hauptversammlung teilnimmt (relevant insbesondere in Treuhandfällen). Jedenfalls kann die Entbehrlichkeit des Teilnehmerverzeichnisses bei der Ein-Personen-AG nicht mit dem Inhalt der notariellen Niederschrift einer solchen Hauptversammlung begründet werden[45].

---

39 So insbesondere *Wicke* in Spindler/Stilz, § 129 AktG Rz. 15.
40 *Zöllner* in KölnKomm. AktG, 1. Aufl., § 129 AktG Rz. 22 f.; differenzierend: *Hüffer*, § 129 AktG Rz. 6; a.A. die h.M., vgl. nur *Kubis* in MünchKomm. AktG, 2. Aufl., § 129 AktG Rz. 16 m.w.N., der allerdings zu Recht die Begründung der h.M. in Frage stellt.
41 *Fischer* in Semler/Volhard, Arbeitshandbuch Hauptversammlung, § 11 Rz. 43, 45; weitergehend *Hüffer*, § 129 AktG Rz. 7; *Wicke* in Spindler/Stilz, § 129 AktG Rz. 21.
42 So aber *Wicke* in Spindler/Stilz, § 129 AktG Rz. 22; *Faßbender*, RNotZ 2009, 425, 436.
43 *Kubis* in MünchKomm. AktG, 2. Aufl., § 129 AktG Rz. 15; *Werner* in Großkomm. AktG, 4. Aufl., § 129 AktG Rz. 4; *Hüffer*, § 129 AktG Rz. 5.
44 A.A. *Kubis* in MünchKomm. AktG, 2. Aufl., § 129 AktG Rz. 15; *Hüffer*, § 129 AktG Rz. 5; *Werner* in Großkomm. AktG, 4. Aufl., § 129 AktG Rz. 4; *Fischer* in Semler/Volhard, Arbeitshandbuch Hauptversammlung, § 11 Rz. 38; zweifelnd: *Butzke* in Obermüller/Werner/Winden, Die Hauptversammlung der Aktiengesellschaft, Rz. C 64.
45 So aber *Werner* in Großkomm. AktG, 4. Aufl., § 129 AktG Rz. 4 und wohl auch *Zöllner* in KölnKomm. AktG, 1. Aufl., § 129 AktG Rz. 15.

## 2. Form und Zeitpunkt der Aufstellung des Teilnehmerverzeichnisses

Das Teilnehmerverzeichnis kann **in Papierform oder elektronisch** geführt werden[46]. Es muss nur sichergestellt sein, dass die gesetzlichen Anforderungen an seine Zugänglichmachung, Einsichtnahme und Aufbewahrung erfüllt werden[47]. Wird das Teilnehmerverzeichnis elektronisch geführt, dienen Ausdrucke nur Informationszwecken, sind aber nicht Teilnehmerverzeichnis im Rechtssinne.

18

Zum **Zeitpunkt der Aufstellung** des Teilnehmerverzeichnisses verhält sich das AktG nicht. Mittelbar lässt sich aus der Pflicht, das Teilnehmerverzeichnis vor der ersten Abstimmung zugänglich zu machen, jedenfalls schließen, dass es spätestens zu diesem Zeitpunkt aufgestellt sein muss[48]. Im Umkehrschluss kann aus § 129 Abs. 4 Satz 1 jedoch nicht geschlossen werden, dass davor keine Pflicht zur Aufstellung und Zugänglichmachung besteht. Vielmehr folgt aus den oben Rz. 2 genannten Funktionen des Teilnehmerverzeichnisses (insbesondere der Prüfung, ob Anwesenden das Rede- und Fragerecht zusteht), dass es möglichst frühzeitig, regelmäßig also zu Beginn der Aussprache, aufzustellen und zugänglich zu machen (dazu unten Rz. 30 f.) ist.

19

**Änderungen im Teilnehmerkreis** (Zu- und Abgänge sowie Wechsel der Person des Vertreters) sind in Nachträgen zum Teilnehmerverzeichnis festzuhalten bzw. bei elektronisch geführten Teilnehmerverzeichnissen entsprechend einzupflegen[49]. Ob und wann Nachträge zu erstellen sind, lässt sich nicht allgemeingültig sagen: Bei länger andauernden Hauptversammlungen und/oder größeren Änderungen in der Präsenz dürfte die Aktualisierung auch bereits vor Beginn der Abstimmungen erforderlich sein. In anderen Fällen dürfte es ausreichend, aber auch erforderlich sein, das Teilnehmerverzeichnis vor Beginn der ersten Abstimmung (sowie jeder nachfolgenden Abstimmung[50]) zu aktualisieren; bei Anwendung des Subtraktionsverfahrens ist zu beachten, dass Änderungen der Präsenz während der Abstimmungen zu ermitteln und mitzuteilen sind[51].

20

Das anfänglich erstellte Teilnehmerverzeichnis (auch als Erstpräsenz bezeichnet) bildet zusammen mit den Nachträgen ein **einheitliches Teilnehmerverzeichnis**. Das hat u.a. zur Folge, dass in den Nachträgen nur die Veränderungen festgehalten werden müssen.

21

Da das Teilnehmerverzeichnis jedenfalls vor Beginn der ersten Abstimmung fertig gestellt und ausgelegt sein muss, stellt sich die Frage, ob und wie die Zeit, die zu seiner Erstellung benötigt wird, überbrückt werden kann, wenn die **erste Abstimmung gleich zu Beginn der Hauptversammlung** stattfindet, etwa bei der Wahl des Versammlungsleiters (Rz. 39 ff.). Richtigerweise ist die Hauptversammlung von dem im Rahmen des Wahlvorgangs amtierenden Versammlungsleiter bis zur Erstellung des Teilnehmerverzeichnisses zu unterbrechen. Es kommt nicht in Betracht, in dieser Phase bereits mit den Erläuterungen des Jahres- und Konzernabschlusses durch den Vorstand zu beginnen[52].

22

---

46 *Kubis* in MünchKomm. AktG, 2. Aufl., § 129 AktG Rz. 21.
47 *Kubis* in MünchKomm. AktG, 2. Aufl., § 129 AktG Rz. 39.
48 *Kubis* in MünchKomm. AktG, 2. Aufl., § 129 AktG Rz. 18.
49 *Kubis* in MünchKomm. AktG, 2. Aufl., § 129 AktG Rz. 19; *Werner* in Großkomm. AktG, 4. Aufl., § 129 AktG Rz. 16 ff.; *Hüffer*, § 129 AktG Rz. 10.
50 *Wicke* in Spindler/Stilz, § 129 AktG Rz. 24.
51 *Kubis* in MünchKomm. AktG, 2. Aufl., § 129 AktG Rz. 20.
52 So aber *Ek*, Praxisleitfaden für die Hauptversammlung, 2. Aufl. 2010, Rz. 239.

### 3. Inhalt des Teilnehmerverzeichnisses

23 Das Teilnehmerverzeichnis muss die von § 129 Abs. 1 Satz 2, Abs. 2, 3 und 5 verlangten Angaben enthalten. Wird das Teilnehmerverzeichnis nicht ordnungsgemäß geführt, sind die in der Hauptversammlung gefassten Beschlüsse wegen Gesetzesverletzung anfechtbar[53]; die Gesellschaft hat jedoch die Möglichkeit, darzulegen und zu beweisen, dass der **Mangel des Teilnehmerverzeichnisses** für das Beschlussergebnis ohne Bedeutung war[54]. Relevanz soll nach zweifelhafter Auffassung auch bei fehlenden oder fehlerhaften Angaben zu Wohnort und Besitzart vorliegen[55].

24 Aufzuführen sind im Teilnehmerverzeichnis nur die Aktionäre bzw. Aktionärsvertreter, die an der Hauptversammlung teilnehmen. Aktionäre, die gem. § 118 Abs. 1 Satz 2 online zugeschaltet sind, nehmen an der Hauptversammlung teil und sind im Teilnehmerverzeichnis aufzuführen[56]. Aktionäre, die in Übereinstimmung mit § 118 Abs. 2 und der entsprechenden Satzungsbestimmung ihre Stimmen im Wege der **Briefwahl** abgeben, nehmen nicht an der Hauptversammlung teil und sind daher nicht im Teilnehmerverzeichnis aufzuführen[57].

#### a) Eigenbesitz (§ 129 Abs. 1 Satz 2)

25 In der Hauptversammlung erschienene Aktionäre sowie vertretene Aktionäre und deren gesetzliche oder gewillkürte Vertreter sind in das Teilnehmerverzeichnis aufzunehmen. Bei offener Unterbevollmächtigung reicht (neben den obligatorischen Angaben zum Aktionär) die Angabe des Unterbevollmächtigten; die Kette der Bevollmächtigungen muss nicht aus dem Teilnehmerverzeichnis ersichtlich sein[58]. **Anzugeben** sind jeweils Name (Vor-[59] und Nachname bzw. Firma) und Wohnort bzw. Sitz des Aktionärs und des Vertreters; bei ausländischem Wohnort bzw. Sitz ist die Angabe des betreffenden Staats hilfreich, aber nicht erforderlich[60]. Anzugeben sind ferner die Aktiengattung(en)[61] und der Gesamtnennbetrag bzw. die Gesamtzahl (bei Stückaktien) je Aktiengattung der in der Hauptversammlung vertretenen Aktien. Die vom Aktionär bzw. seinem **offenen Stellvertreter** vertretenen Aktien sind stets als Eigenbesitz zu kennzeichnen.

#### b) Vollmachtsbesitz (§ 129 Abs. 2 und 5)

26 Kreditinstitute im Sinne von § 1 Abs. 1 KWG, diesen gem. § 125 Abs. 5 gleichgestellte Institute (§ 125 Rz. 17) sowie Aktionärsvereinigungen und die übrigen in § 135 Abs. 8 genannten Personen (§ 135 Rz. 60 ff.) vertreten Aktionäre grundsätzlich im Wege der **verdeckten Stellvertretung** (Ausübung des Stimmrechts für den, den es angeht), § 135 Abs. 5 Satz 2. Offene Stellvertretung ist nach Änderung des § 135 Abs. 5

---

53 OLG Hamburg v. 19.5.1989 – 11 U 62/89, AG 1990, 394, 395; *Kubis* in MünchKomm. AktG, 2. Aufl., § 129 AktG Rz. 42; *Hüffer*, § 129 AktG Rz. 16.
54 OLG Hamburg v. 19.5.1989 – 11 U 62/89, AG 1990, 394, 395; *Kubis* in MünchKomm. AktG, 2. Aufl., § 129 AktG Rz. 42; *Hüffer*, § 129 AktG Rz. 16; LG Heidelberg v. 26.6.2001 – 11 O 175/00 KfH, AG 2002, 298, 299.
55 *Wicke* in Spindler/Stilz, § 129 AktG Rz. 36.
56 *Wicke* in FS Kanzleiter, 2010, S. 415, 419.
57 *Wicke* in FS Kanzleiter, 2010, S. 415, 423.
58 A.A. *Wicke* in Spindler/Stilz, § 129 AktG Rz. 26.
59 *Kubis* in MünchKomm. AktG, 2. Aufl., § 129 AktG Rz. 23; a.A. *Werner* in Großkomm. AktG, 4. Aufl., § 129 AktG Rz. 26; *Butzke* in Obermüller/Werner/Winden, Die Hauptversammlung der Aktiengesellschaft, Rz. C 57: nur bei Verwechslungsgefahr.
60 A.A. *Wicke* in Spindler/Stilz, § 129 AktG Rz. 26.
61 A.A. wenn nur Aktien einer Gattung angegeben wurden: *Fischer* in Semler/Volhard, Arbeitshandbuch Hauptversammlung, § 11 Rz. 47; *Kubis* in MünchKomm. AktG, 2. Aufl., § 129 AktG Rz. 27.

Satz 2 nur noch erforderlich, wenn dies in der Vollmacht vorgesehen wird. Für die Fälle der verdeckten Stellvertretung regelt § 129 Abs. 2, dass – abweichend von § 129 Abs. 1 – der Name des vertretenen Aktionärs im Teilnehmerverzeichnis nicht aufgeführt werden muss, sondern stattdessen das Kreditinstitut etc. anzugeben ist. Agiert das Kreditinstitut für mehrere Aktionäre als verdeckter Stellvertreter, so sind in Hinblick auf jeden Vollmachtgeber die entsprechenden Angaben zu den vertretenen Aktien zu machen[62]. Eine Zusammenfassung der vertretenen Aktien in einer Position ist nicht zulässig[63], arg. „gesondert anzugeben". Die derart vertretenen Aktien sind als Vollmachtsbesitz zu kennzeichnen[64]. Im Übrigen sind die von § 129 Abs. 1 verlangten Angaben zu machen.

Eine verdeckte Stellvertretung muss auch dem entsprechend bevollmächtigten **von der Gesellschaft benannten Stimmrechtsvertreter** möglich sein, da er den in § 135 Abs. 8 genannten Personen und Institutionen gleichzustellen ist[65]. **Andere Personen** dürfen Aktionäre nur als offene Stellvertreter vertreten oder als Legitimationsaktionäre an der Hauptversammlung teilnehmen[66]. 27

### c) Fremdbesitz

§ 129 Abs. 3 regelt die **Erfassung von Legitimationsaktionären**[67] im Teilnehmerverzeichnis. Legitimationsaktionäre sind keine Bevollmächtigten (§§ 164 ff. BGB), sondern zur Ausübung der Aktionärsrechte im eigenen Namen nach dem Vorbild des § 185 BGB Ermächtigte. Die Legitimationszession erfordert die Übertragung des Besitzes an den betreffenden Aktien auf den Legitimationsaktionär, damit dieser im Verhältnis zur AG als Vollrechtsinhaber auftreten kann[68]. Als Aktionär ist (nur) der Legitimationsaktionär anzugeben[69]; Kennzeichnung als Fremdbesitz ist erforderlich[70]. Ist eine Person Legitimationsaktionär für mehrere wirtschaftlich Berechtigte, können die vertretenen Aktien – wie bei der verdeckten Stellvertretung – nicht zu einer Position zusammengefasst werden[71], arg. „gesondert anzugeben". Im Übrigen sind die von § 129 Abs. 1 verlangten Angaben zu machen. 28

### d) Weitere Angaben

Üblich und zweckmäßig, wenn auch **nicht gesetzlich gefordert**, ist die Angabe der durch die vertretenen Aktien repräsentierten Stimmen[72]. Sofern die Einlagen auf die Aktien noch nicht vollständig geleistet wurden und dies Auswirkungen auf das Stimmrecht bzw. die Stimmkraft der Aktien hat (§ 134 Abs. 2), sind diesbezügliche 29

---

62 A.A. *Kubis* in MünchKomm. AktG, 2. Aufl., § 129 AktG Rz. 32; *Werner* in Großkomm. AktG, 4. Aufl., § 129 AktG Rz. 30.
63 A.A. *Wicke* in Spindler/Stilz, § 129 AktG Rz. 28.
64 *Kubis* in MünchKomm. AktG, 2. Aufl., § 129 AktG Rz. 32.
65 *Kubis* in MünchKomm. AktG, 2. Aufl., § 129 AktG Rz. 31.
66 *Wicke* in Spindler/Stilz, § 129 AktG Rz. 27.
67 Dazu ausführlich *Ziemons/Schluck-Amend* in Nirk/Ziemons/Binnewies, Hdb. AG, Rz. I 6.195 ff.
68 KG v. 10.12.2009 – 23 AktG 1/09, AG 2010, 166; *Volhard* in MünchKomm. AktG, 2. Aufl., § 134 AktG Rz. 65; *Holzborn* in Bürgers/Körber, § 134 AktG Rz. 26.
69 *Kubis* in MünchKomm. AktG, 2. Aufl., § 129 AktG Rz. 33; *Hüffer*, § 129 AktG Rz. 12.
70 *Kubis* in MünchKomm. AktG, 2. Aufl., § 129 AktG Rz. 34; a.A. *Werner* in Großkomm. AktG, 4. Aufl., § 129 AktG Rz. 31.
71 *Kubis* in MünchKomm. AktG, 2. Aufl., § 129 AktG Rz. 34; a.A. *Werner* in Großkomm. AktG, 4. Aufl., § 129 AktG Rz. 39.
72 *Kubis* in MünchKomm. AktG, 2. Aufl., § 129 AktG Rz. 29; *Hüffer*, § 129 AktG Rz. 4; *Werner* in Großkomm. AktG, 4. Aufl., § 129 AktG Rz. 39; *Zöllner* in KölnKomm. AktG, 1. Aufl., § 129 AktG Rz. 4.

Angaben empfehlenswert[73]. Unterbleiben die vorgenannten Angaben, kann das Teilnehmerverzeichnis nicht die Funktion einer Präsenzliste im Rahmen der Abstimmungen erfüllen[74].

### 4. Publizität des Teilnehmerverzeichnisses

#### a) In der Hauptversammlung

30 Das Teilnehmerverzeichnis muss allen Personen, die an der Hauptversammlung teilnehmen dürfen (Aktionäre, Aktionärsvertreter, Mitglieder von Vorstand und Aufsichtsrat, Versammlungsleiter, Notar und ggf. Abschlussprüfer)[75], nicht jedoch Gästen zugänglich gemacht werden[76]. Zugänglich machen bedeutet: **Jeder Einsichtsberechtigte muss angemessene Möglichkeit zur Kenntnisnahme haben**[77]. Daraus resultiert die Pflicht der Gesellschaft, eine im Verhältnis zur Zahl der Teilnehmer angemessene Anzahl von Exemplaren, sei es als Schriftstück, sei es als Bildschirm (beim elektronischen Teilnehmerverzeichnis), bereitzustellen[78].

31 Aus den oben (Rz. 2, 19) genannten Gründen muss die Auslage des papiergebundenen bzw. Freischaltung des elektronischen Teilnehmerverzeichnisses bereits **zu Beginn der Aussprache** erfolgen. Selbst wenn man der hier vertretenen Auffassung mit der h.M.[79] nicht folgt, muss das Teilnehmerverzeichnis so frühzeitig vor der ersten Abstimmung (über einen Geschäftsordnungs-[80] oder Sachantrag) zugänglich gemacht werden, dass interessierte Aktionäre von seinem Inhalt Kenntnis nehmen und sich ggf. zu Wort melden können[81]. Da es darum geht, nicht nur Stimmverbote und Stimmrechtsausschlüsse zu kontrollieren, sondern auch zu verifizieren, ob den Anwesenden das Rede- und Fragerecht zusteht, muss auch in einer Hauptversammlung, in der keine Beschlüsse gefasst werden, ein Teilnehmerverzeichnis erstellt und zugänglich gemacht werden[82]. Wird das Teilnehmerverzeichnis vor der Abstimmung nicht zugänglich gemacht, liegt ein zur Anfechtbarkeit führender Verfahrensfehler vor[83].

#### b) Nach der Hauptversammlung

32 Die Gesellschaft muss **jedem Aktionär**, der dies innerhalb von zwei Jahren nach der Hauptversammlung verlangt, Einsicht in das Teilnehmerverzeichnis gewähren (§ 129 Abs. 4 Satz 2). Aktionär im Sinne der Vorschrift sind zum einen diejenigen Aktionä-

---

[73] *Hüffer*, § 129 AktG Rz. 4.
[74] *Kubis* in MünchKomm. AktG, 2. Aufl., § 129 AktG Rz. 29; *Butzke* in Obermüller/Werner/Winden, Die Hauptversammlung der Aktiengesellschaft, Rz. C 60; a.A. *Werner* in Großkomm. AktG, 4. Aufl., § 129 AktG Rz. 39.
[75] *Kubis* in MünchKomm. AktG, 2. Aufl., § 129 AktG Rz. 35; *Hüffer*, § 129 AktG Rz. 13; *Werner* in Großkomm. AktG, 4. Aufl., § 129 AktG Rz. 48 ff.
[76] *Kubis* in MünchKomm. AktG, 2. Aufl., § 129 AktG Rz. 35; *Hüffer*, § 129 AktG Rz. 13; *Werner* in Großkomm. AktG, 4. Aufl., § 129 AktG Rz. 48 ff.; *Obermüller*, NJW 1969, 265; a.A. *v. Falkenhausen*, BB 1967, 337, 340.
[77] *Butzke* in Obermüller/Werner/Winden, Die Hauptversammlung der Aktiengesellschaft, Rz. C 70.
[78] *Kubis* in MünchKomm. AktG, 2. Aufl., § 129 AktG Rz. 39; *Hüffer*, § 129 AktG Rz. 13.
[79] *Werner* in Großkomm. AktG, 4. Aufl., § 129 AktG Rz. 44.
[80] A.A. *Zöllner* in KölnKomm. AktG, 1. Aufl., § 129 AktG Rz. 26.
[81] *Kubis* in MünchKomm. AktG, 2. Aufl., § 129 AktG Rz. 37; *Zöllner* in KölnKomm. AktG, 1. Aufl., § 129 AktG Rz. 26 f.; a.A. *Werner* in Großkomm. AktG, 4. Aufl., § 129 AktG Rz. 46; *Wicke* in Spindler/Stilz, § 129 AktG Rz. 32.
[82] *Kubis* in MünchKomm. AktG, 2. Aufl., § 129 AktG Rz. 15; *Werner* in Großkomm. AktG, 4. Aufl., § 129 AktG Rz. 6; *Wicke* in Spindler/Stilz, § 129 AktG Rz. 32.
[83] Einschränkend *Wicke* in Spindler/Stilz, § 129 AktG Rz. 36: Nur wenn trotz Nachfrage eines Aktionärs kein Zugänglichmachen erfolgt.

re, die im Teilnehmerverzeichnis aufgeführt sind (und zwar auch dann, wenn sie im Zeitpunkt des Verlangens nicht mehr Aktionär sind), und zum anderen diejenigen, die im Zeitpunkt des Verlangens (und der Einsichtnahme) Aktionär sind[84]. Erfüllungsort des Einsichtnahmeverlangens ist der Sitz der Gesellschaft[85]. Gegen Erstattung der Kosten können die einsichtberechtigten Aktionäre außerdem die **Übersendung einer Kopie bzw. eines Ausdrucks des Teilnehmerverzeichnisses** verlangen (§ 9 Abs. 2 Satz 1 HGB analog), da die Möglichkeit der Einsichtnahme bei der Gesellschaft die frühere Handelsregisterpublizität ersetzen soll und die durch das NaStraG eingeführte Regelung die Rechte der Aktionäre nicht verkürzen wollte[86].

In Anlehnung an die frühere Gesetzeslage wird das Teilnehmerverzeichnis nicht selten **der Niederschrift über die Hauptversammlung beigefügt** und mit dieser zum Handelsregister eingereicht. Gegen diese Praxis ist – jedenfalls bei nicht börsennotierten Gesellschaften – auch unter datenschutzrechtlichen Aspekten nichts einzuwenden. Diese Vorgehensweise entbindet die Gesellschaft jedoch nicht von ihrer Pflicht nach § 129 Abs. 4 Satz 2. Bei börsennotierten Gesellschaften sollte wegen § 30a Abs. 1 Nr. 3 WpHG von einer Beifügung des Teilnehmerverzeichnisses zur notariellen Niederschrift abgesehen werden. 33

## IV. Leitung der Hauptversammlung[87]

Die Durchführung der Hauptversammlung ist im AktG nur eklektisch geregelt. § 118 Abs. 4 betrifft die Übertragung der Hauptversammlung in Bild und Ton (dazu § 118 Rz. 60 ff.), § 118 Abs. 1 eröffnet die Möglichkeit der sog. Online-Teilnahme (dazu § 118 Rz. 47 ff.), § 129 Abs. 1 eröffnet formal die Möglichkeit einer Geschäftsordnung (dazu Rz. 1 und 4 ff.) und § 131 betrifft Aspekte des Auskunfts- und Rederechts der Aktionäre. §§ 133 bis 136 sowie § 118 Abs. 2 befassen sich mit Beschlussfassung und Ausübung des Stimmrechts in bzw. vor der Hauptversammlung. Darüber hinaus ordnen verschiedene Einzelnormen die Auslage bzw. das Zugänglichmachen von Unterlagen während der Hauptversammlung an, so etwa §§ 176 Abs. 1 Satz 1, 293g Abs. 1, 327d Satz 1, 319 Abs. 3 Satz 4 AktG, § 64 UmwG. 34

Zur **Person des Leiters der Hauptversammlung** sowie zu seinen Befugnissen gibt es keine ausdrückliche gesetzliche Regelung. 35

### 1. Leiter der Hauptversammlung

#### a) Bestimmung des Versammlungsleiters

Dass die Hauptversammlung einen Leiter oder Vorsitzenden hat, wird vom Gesetz vorausgesetzt, vgl. §§ 130 Abs. 2, 131 Abs. 2 Satz 2. Ohne Leiter kann eine (beschlussfassende) Hauptversammlung nicht stattfinden, da andernfalls die vom AktG geforderte Beschlussfeststellung nicht erfolgen kann[88]. Auch in der Ein-Personen-AG ist daher ein Versammlungsleiter erforderlich; das gilt insbesondere dann, wenn deren Satzung (wie üblich) die Leitung der Hauptversammlung durch den Versamm- 36

---

84 *Kubis* in MünchKomm. AktG, 2. Aufl., § 129 AktG Rz. 40; *Noack*, NZG 2001, 1057, 1063.
85 *Kubis* in MünchKomm. AktG, 2. Aufl., § 129 AktG Rz. 40.
86 *Kubis* in MünchKomm. AktG, 2. Aufl., § 129 AktG Rz. 40; *Hüffer*, § 129 AktG Rz. 14; *Kindler*, NJW 2001, 1678, 1686.
87 Dazu ausführlich *Ziemons* in Nirk/Ziemons/Binnewies, Handbuch Aktiengesellschaft, Rz. I 10.639 ff.; I 10.559 ff.
88 *Zöllner* in KölnKomm. AktG, 1. Aufl., § 119 Rz. 46; *Kubis* in MünchKomm. AktG, 2. Aufl., § 119 Rz. 100.

lungsleiter vorsieht[89]. Dazu, wie der Leiter bestimmt wird, verhält sich das AktG (abgesehen vom Sonderfall des § 122 Abs. 3 Satz 1) jedoch nicht. Wer Vorsitzender ist, **bedarf eindeutiger Bestimmung, sei es durch Satzung bzw. Geschäftsordnung, sei es durch förmlichen Beschluss der Hauptversammlung**; die widerspruchslose Übernahme des Vorsitzes durch einen Anwesenden[90] genügt in Ansehung der gesetzlichen Aufgaben des Vorsitzenden (insbesondere Beschlussfeststellung) nicht[91].

37 **aa) Bestimmung durch die Satzung.** Üblicherweise enthält die Satzung, manchmal auch eine etwaige Geschäftsordnung für die Hauptversammlung (dazu Rz. 6 f.), Regelungen zur Person des Vorsitzenden der Hauptversammlung[92]. Die Satzung ist dabei frei, ob sie diese Aufgabe dem Vorsitzenden des Aufsichtsrats (allgemein üblich) oder einer anderen Person zuweist; darüber hinaus können (und sollen) auch Regelungen bezüglich der Person des Vorsitzenden für den Fall der Verhinderung des primär von der Satzung Berufenen getroffen werden[93]. Zur (unzulässigen) Abwahl des satzungsmäßig berufenen Versammlungsleiters § 124 Rz. 67. Möglich ist auch, dass die Satzung die Bestimmung des Versammlungsleiters der Hauptversammlung überlässt und nur das Verfahren der Wahl regelt.

38 Bestimmt die Satzung den Aufsichtsratsvorsitzenden zum Versammlungsleiter, wird dadurch keine Aufgabe als Aufsichtsratsmitglied kreiert, sondern wird dem Aufsichtsratsvorsitzenden eine Funktion in Bezug auf das Organ Hauptversammlung zugewiesen[94]. Das hat zur Folge, dass im Falle seiner Verhinderung ohne besondere Satzungsregelung nicht automatisch der stellvertretende Aufsichtsratsvorsitzende tritt, § 107 Abs. 1 Satz 3 findet keine Anwendung[95]; anderes gilt für die privatschriftliche Niederschrift (dazu § 130 Rz. 35).

39 **bb) Wahl durch die Hauptversammlung.** Enthält die Satzung bzw. die Geschäftsordnung keinerlei Regelungen in Hinblick auf die Person des Versammlungsleiters bzw. dessen Wahl, so findet dessen **Wahl nach dem sog. parlamentarischen Verfahren** statt: Der älteste anwesende Aktionär oder Aktionärsvertreter übernimmt den Vorsitz und unter seiner Leitung wählt dann die Hauptversammlung ihren Vorsitzenden, wobei Wahlvorschläge von den anwesenden Aktionären gemacht werden[96]. Wenn statt dem parlamentarischen Verfahrens (oder einer Wahl unter Leitung des Aufsichtsratsvorsitzenden[97]) vorgeschlagen wird, der Versammlungsleiter solle unter dem Vorsitz des die Hauptversammlung Einberufenden gewählt werden[98], wird übersehen, dass die Einberufung durch ein Organ (regelmäßig: Vorstand; in den Fällen des § 111 Abs. 3: Aufsichtsrat; ggf. durch eine Aktionärsminderheit in den Fällen des § 122 Abs. 3) erfolgt und dieses nicht den Vorsitz in der Hauptversammlung übernehmen

---

89 LG Köln v. 28.2.2008 – 18 U 3/08, AG 2008, 458; *Faßbender*, RNotZ 2009, 425, 450.
90 So aber: *Zöllner* in KölnKomm. AktG, 1. Aufl., § 119 AktG Rz. 47.
91 *Kubis* in MünchKomm. AktG, 2. Aufl., § 119 AktG Rz. 107; *Mülbert* in Großkomm. AktG, 4. Aufl., Vor §§ 118–147 AktG Rz. 78.
92 *Hüffer*, § 129 AktG Rz. 18.
93 *Butzke* in Obermüller/Werner/Winden, Die Hauptversammlung der Aktiengesellschaft, Rz. D 8.
94 OLG Frankfurt v. 8.6.2009 – 23 W 3/09, AG 2009, 549; OLG München v. 29.2.2008 – 7 U 3037/07 (juris).
95 OLG München v. 29.2.2008 – 7 U 3037/07 (juris).
96 A.A. *Mülbert* in Großkomm. AktG, 4. Aufl., Vor §§ 118–147 AktG Rz. 78.
97 *J. Semler* in Semler/Volhard, Arbeitshandbuch Hauptversammlung, § 1 Rz. 207.
98 *Zöllner* in KölnKomm. AktG, 1. Aufl., § 119 Rz. 47; *Mülbert* in Großkomm. AktG, 4. Aufl., Vor §§ 118–147 AktG Rz. 78; *Wicke* in Spindler/Stilz, Anh. § 119 AktG Rz. 3; *Ek*, Praxisleitfaden für die Hauptversammlung, 2. Aufl. 2010, Rz. 238; *Butzke* in Obermüller/Werner/Winden, Die Hauptversammlung der Aktiengesellschaft, Rz. D 10.

kann. Nach welchen Regeln das Einberufungsorgan den Vorsitzenden für den Wahlvorgang bestimmt, wird dann auch folgerichtig offen gelassen.

Eine Wahl durch die Hauptversammlung erfolgt auch, wenn alle nach der Satzung zur Versammlungsleitung Berufenen verhindert oder nicht zur Versammlungsleitung bereit sind[99]. 40

Der von der Hauptversammlung gewählte Vorsitzende kann von der Hauptversammlung jederzeit **abgewählt** und durch eine andere von ihr gewählte Person ersetzt werden[100]. Zur Abwahl des satzungsmäßig bestimmten Versammlungsleiters, § 124 Rz. 67. Der satzungsmäßig berufene wie der von der Hauptversammlung gewählte Versammlungsleiter kann sein Amt jederzeit und ohne wichtigen Grund **niederlegen**[101]. Der Leiter der Hauptversammlung kann den Vorsitz **vorübergehend an seinen Verhinderungsvertreter abgeben**. Dies kommt insbesondere dann in Betracht, wenn er selbst Gegenstand der Beschlussfassung ist und er als Aktionär gem. §§ 136, 142 einem Stimmverbot unterläge oder er sich aus anderen Gründen in einem Interessenkonflikt befindet[102]. 41

### b) Rechtliche Anforderungen an den Versammlungsleiter

An die Person des Vorsitzenden sind aus rechtlicher Sicht – abgesehen davon, dass es sich um eine natürliche Person handeln muss[103] – keine besonderen Anforderungen zu stellen. Er muss **weder Mitglied des Aufsichtsrats noch Aktionär** sein[104]. Er muss nicht der deutschen Sprache mächtig sein[105]; Übersetzung der versammlungsleitenden Maßnahmen ist ausreichend[106], wenn die Hauptversammlung in deutscher Sprache durchgeführt wird. 42

Zum Leiter der Hauptversammlung können weder der die Hauptversammlung protokollierende Notar (arg. § 3 Abs. 1 Satz 1 Nr. 1 BeurkG) noch Mitglieder des Vorstands[107] berufen werden. 43

### 2. Befugnisse und Aufgaben des Versammlungsleiters

Die Befugnisse des Versammlungsleiters **leiten sich aus der Funktion der Hauptversammlung her**[108]: In angemessener Zeit soll die Tagesordnung sachgerecht erledigt werden, und zwar durch erschöpfende Beratung, an der sich alle Aktionäre beteiligen können, und abschließende Beschlussfassung[109]. Damit die Hauptversammlung die- 44

---

99 *Mülbert* in Großkomm. AktG, 4. Aufl., Vor §§ 118–147 AktG Rz. 77.
100 *Mülbert* in Großkomm. AktG, 4. Aufl., Vor §§ 118–147 AktG Rz. 82; *Butzke* in Obermüller/Werner/Winden, Die Hauptversammlung der Aktiengesellschaft, Rz. D 13.
101 *Mülbert* in Großkomm. AktG, 4. Aufl., Vor §§ 118–147 AktG Rz. 84; *Butzke* in Obermüller/Werner/Winden, Die Hauptversammlung der Aktiengesellschaft, Rz. D 15.
102 LG Frankfurt v. 19.6.2008 – 3-5 O 158/07, NZG 2009, 149.
103 *Butzke* in Obermüller/Werner/Winden, Die Hauptversammlung der Aktiengesellschaft, Rz. D 4.
104 *Mülbert* in Großkomm. AktG, 4. Aufl., Vor §§ 118–147 AktG Rz. 75, 77; *Wilsing/von der Linden*, ZIP 2009, 641, 646 f.
105 Zweifelnd: *Kubis* in MünchKomm. AktG, 2. Aufl., § 119 AktG Rz. 102.
106 *Hüffer*, § 129 AktG Rz. 18. Konsekutivübersetzung ist ausreichend; a.A. *Wicke* in Spindler/Stilz, Anh. § 119 AktG Rz. 2.
107 *Mülbert* in Großkomm. AktG, 4. Aufl., Vor §§ 118–147 AktG Rz. 75; *Hüffer*, § 129 AktG Rz. 18; *Butzke* in Obermüller/Werner/Winden, Die Hauptversammlung der Aktiengesellschaft, Rz. D 5; *Wilsing/von der Linden*, ZIP 2009, 641, 644 f. A.A. für eine Sondersituation: OLG Hamburg v. 19.5.1989 – 11 U 62/89, NJW 1989, 1120; vgl. auch *Wicke* in Spindler/Stilz, Anh. § 119 AktG Rz. 2.
108 *Mülbert* in Großkomm. AktG, 4. Aufl., Vor §§ 118–147 AktG Rz. 85.
109 *Mülbert* in Großkomm. AktG, 4. Aufl., Vor §§ 118–147 AktG Rz. 72.

sem Anspruch gerecht werden kann, müssen ihrem Vorsitzenden die entsprechenden Leitungs- und Ordnungsbefugnisse an die Hand gegeben werden. Ob er dadurch zum Organ der Gesellschaft wird[110], ist mehr als zweifelhaft.

45 Der Vorsitzende ist berechtigt (und ggf. verpflichtet), von seinen Ordnungs- und Leitungsbefugnissen Gebrauch zu machen, um für die **sach- und zeitgerechte Durchführung der Hauptversammlung** zu sorgen. Er muss dann aber jeweils darauf achten, im Verhältnis zwischen Vorstand und Aktionären Neutralität zu wahren sowie in Hinblick auf die Aktionäre den Gleichbehandlungsgrundsatz und insbesondere bezüglich Ordnungsmaßnahmen den Verhältnismäßigkeitsgrundsatz zu beachten[111].

**a) Leitung der Hauptversammlung**

46 **aa) Grundsatz.** Der Vorsitzende hat diejenigen Befugnisse in Bezug auf die Leitung der Hauptversammlung, die er benötigt. Er hat diese Aufgaben grundsätzlich selbst wahrzunehmen, kann sich aber Hilfspersonen und technischer Hilfsmittel (Eingangskontrolle, Durchführung der Abstimmungen etc.; auch zur Erstellung des Teilnehmerverzeichnisses, wenn man dies entgegen der hier vertretenen Auffassung (Rz. 15 zu seinen Aufgaben zählt) bedienen.

47 Soweit dem Versammlungsleiter Leitungsbefugnisse zustehen (unten Rz. 49 ff.), kann er sie nicht auf die Hauptversammlung delegieren[112]; falls er die Hauptversammlung gleichwohl mit Geschäftsordnungsfragen befasst, handelt es sich um informatorische Befragungen ohne Rechtsqualität[113]. Eine **Entscheidung der Hauptversammlung ist nur in folgenden Fällen zulässig**: Vertagung der Hauptversammlung sowie Vertagung oder Absetzung von Tagesordnungspunkten[114].

48 Die vielfach erwähnte **Wiederaufnahme bereits abgeschlossener Tagesordnungspunkte** betrifft regelmäßig die Frage, ob und unter welchen Voraussetzungen ein festgestellter Beschluss in der gleichen Hauptversammlung aufgehoben und ggf. eine nochmalige Abstimmung über einen abweichenden oder den gleichen Antrag herbeigeführt werden kann. Eine solche Vorgehensweise bedarf eines Beschlusses der Hauptversammlung und ist nur unter engen Voraussetzungen zulässig. Neben nach der Beschlussfeststellung neu bekannt werdenden Tatsachen[115] ist erforderlich, dass einer erneuten Behandlung und Abstimmung keine Interessen der Aktionäre entgegenstehen, insbesondere der Aktionäre, die die Hauptversammlung nach der Erstabstimmung verlassen haben.

49 Zu den **Leitungsmaßnahmen** des Versammlungsleiters[116] gehören: Prüfung und Feststellung der Ordnungsmäßigkeit der Einberufung (dazu § 121 Rz. 18 ff., 26 ff., § 124 Rz. 37 ff.), Definition der Präsenzzone, Prüfung des Teilnahmerechts der Aktionäre

---

110 So etwa *Mülbert* in Großkomm. AktG, 4. Aufl., Vor §§ 118–147 AktG Rz. 86.
111 *Mülbert* in Großkomm. AktG, 4. Aufl., Vor §§ 118–147 AktG Rz. 95; *Kubis* in MünchKomm. AktG, 2. Aufl., § 119 AktG Rz. 113; BGH v. 11.11.1965 – II ZR 122/63, BGHZ 44, 245; BVerfG v. 20.9.1999 – 1 BvR 636/95, AG 2000, 74.
112 *Marsch-Barner* in Marsch-Barner/Schäfer, Handbuch börsennotierte AG, § 33 Rz. 24.
113 So auch *Wicke* in Spindler/Stilz, Anh. § 119 AktG Rz. 5. A.A. *Zöllner* in KölnKomm. AktG, 1. Aufl., § 119 Rz. 92; zweifelnd *Butzke* in Obermüller/Werner/Winden, Die Hauptversammlung der Aktiengesellschaft, Rz. D 29; *Kubis* in MünchKomm. AktG, 2. Aufl., § 119 AktG Rz. 115; *F.-J. Semler* in MünchHdb. AG, § 36 Rz. 40.
114 *Zöllner* in KölnKomm. AktG, 1. Aufl., § 119 Rz. 65 f.; *Butzke* in Obermüller/Werner/Winden, Die Hauptversammlung der Aktiengesellschaft, Rz. D 82 ff., D 88. Teilw. a.A. *Fischer* in Semler/Volhard, Arbeitshandbuch Hauptversammlung, § 11 Rz. 103.
115 *Wicke* in Spindler/Stilz, Anh. § 119 AktG Rz. 5.
116 Vgl. dazu: *Mülbert* in Großkomm. AktG, 4. Aufl., Vor §§ 118–147 AktG Rz. 98 ff.

und Aktionärsvertreter, Aufruf der Tagesordnungspunkte, Prüfung von Stimmrechtsverlusten[117] sowie Stimmverboten und Entscheidung über die Wirksamkeit von Stimmabgaben, Ermittlung des Abstimmungsergebnisses, Worterteilung und andere diskussionsleitende, ggf. diskussionsstrukturierende Maßnahmen, Unterbrechung der Hauptversammlung etc.

**bb) Einzelheiten.** Der Versammlungsleiter ist verpflichtet, **Vorkehrungen zum Schutz der Versammlungsteilnehmer** zu treffen[118]. Je nach Lage der Dinge gehört dazu auch die Durchführung von Personen- bzw. Gepäckkontrollen. Dabei ist der Verhältnismäßigkeitsgrundsatz zu wahren. Insbesondere ist der Grundsatz des mildesten Mittels zu beachten, z.B. statt einer physischen Taschenkontrolle deren Durchleuchtung anzuordnen[119]. 50

Der Versammlungsleiter bestimmt die Art (Einzelbehandlung oder Generaldebatte) und **Reihenfolge der Behandlung der Tagesordnungspunkte**[120]. Weder Satzung noch Geschäftsordnung für die Hauptversammlung noch deren Beschlüsse können ihm diesbezüglich Modalitäten vorgeben[121]. Er kann auch frei bestimmen, in welcher Reihenfolge er die Wortmeldungen aufruft – solange dadurch nicht einzelne Aktionäre oder Aktionärsgruppen offensichtlich benachteiligt werden[122]. Unabhängig davon, ob der Vorstand Aktionärsfragen in unmittelbarem Anschluss an den Beitrag des jeweiligen Fragestellers oder en bloc beantwortet, muss der Versammlungsleiter den Aktionären stets Gelegenheit geben, weitere Fragen zu stellen, mögen sie der Vertiefung, Ergänzung oder auch nur dem Verständnis dienen[123]. 51

Der Vorsitzende bestimmt die **Reihenfolge der Abstimmungen**, also die Reihenfolge, in der über sog. Geschäftsordnungsanträge sowie die einzelnen Tagesordnungspunkte und die zugehörigen Beschlussanträge abgestimmt wird, wobei die Ausnahme des § 137 zu beachten ist. Soweit die Hauptversammlung überhaupt zur Entscheidung über Geschäftsordnungsanträge berufen ist (Rz. 47), ist über diese Anträge regelmäßig vor den Sachanträgen abzustimmen[124]; dies gilt insbesondere für Absetzungs- oder Vertagungsanträge[125]. Werden zu einem Tagesordnungspunkt mehrere Anträge (Gegenanträge) gestellt, so ist der Vorsitzende frei, welchen Antrag er als ersten zur Abstimmung stellt[126] – es gibt keine Regel, wonach über den „weitestgehenden" Antrag zuerst abzustimmen ist[127]. Leitlinie auch dieser Entscheidung ist die Sachdienlichkeit[128], sie wird vielfach gebieten, zuerst über den Antrag abstimmen zu lassen, der 52

---

117 Z.B. nach § 67 Abs. 2 Satz 2 und 3, dazu *Marsch-Barner* in FS Hüffer, 2010, S. 627.
118 *Wicke* in Spindler/Stilz, Anh. § 119 AktG Rz. 6.
119 OLG Frankfurt v. 16.2.2007 – 5 W 43/06, AG 2007, 357: kritisch dazu *Ek*, Praxisleitfaden für die Hauptversammlung, 2. Aufl. 2010, S. 256.
120 Einschränkend: *Kubis* in MünchKomm. AktG, 2. Aufl., § 119 AktG Rz. 128; *F.-J. Semler* in MünchHdb. AG, § 36 Rz. 43, § 39 Rz. 10.
121 *Mülbert* in Großkomm. AktG, 4. Aufl. Vor §§ 118–147 AktG Rz. 108 ff.; *Wicke* in Spindler/Stilz, Anh. § 119 AktG Rz. 7.
122 *Mülbert* in Großkomm. AktG, 4. Aufl., Vor §§ 118–147 AktG Rz. 110; *Kubis* in MünchKomm. AktG, 2. Aufl., § 119 AktG Rz. 135; *Butzke* in Obermüller/Werner/Winden, Die Hauptversammlung der Aktiengesellschaft, Rz. D 35.
123 *Mülbert* in Großkomm. AktG, 4. Aufl., Vor §§ 118–147 AktG Rz. 111.
124 *Wicke* in Spindler/Stilz, Anh. § 119 AktG Rz. 7.
125 A.A. *Ek*, Praxisleitfaden für die Hauptversammlung, 2. Aufl. 2010, Rz. 267.
126 OLG Stuttgart v. 3.12.2008 – 20 W 12/08, AG 2009, 204; *Butzke* in Obermüller/Werner/Winden, Die Hauptversammlung der Aktiengesellschaft, Rz. D 45.
127 OLG Stuttgart v. 3.12.2008 – 20 W 12/08, AG 2009, 204; *Kubis* in MünchKomm. AktG, 2. Aufl., § 119 AktG Rz. 144 m.w.N.
128 OLG Stuttgart v. 3.12.2008 – 20 W 12/08, AG 2009, 204; *Mülbert* in Großkomm. AktG, 4. Aufl., Vor §§ 118–147 AktG Rz. 119.

voraussichtlich die erforderliche Mehrheit finden wird[129]. Diese Kompetenz des Versammlungsleiters ist hauptversammlungsfest, d.h. die Hauptversammlung kann weder in der Geschäftsordnung noch durch Beschluss Einfluss auf die Reihenfolge der Abstimmungen nehmen[130].

53 Wird der Antrag auf **Einzelentlastung** (§ 120 Abs. 1 Satz 2) nicht von Aktionären, die das entsprechende Quorum auf sich vereinigen, gestellt, kann (nicht: muss) der Vorsitzende diese gleichwohl anordnen[131]. Der Versammlungsleiter kann auch ohne ein entsprechendes Verlangen von Aktionären die Einzelentlastung oder die Kombination von Einzelentlastung und Gesamtentlastung der übrigen Organmitglieder anordnen[132]. Stehen mehrere Personen zur **Wahl in den Aufsichtsrat** an, sollte hierüber nicht im Wege der Listenwahl, sondern stets (und nicht nur bei entsprechendem Aktionärsverlangen) im Wege der Einzelabstimmung beschlossen werden[133]. Dies entspricht auch der Empfehlung in Ziffer 5.4.3 des Deutschen Corporate Governance Kodex[134].

54 Soweit nicht die Satzung Regelungen zur **Form der Ausübung des Stimmrechts** i.S.v. § 134 Abs. 4 enthält, bestimmt der Versammlungsleiter Art und Form der Abstimmungen. Er entscheidet im Rahmen der Satzungsvorgaben darüber, ob z.B. mittels Handaufheben und Zuruf der Stimmenzahl, Stimmabschnitten oder -karten, elektronischer Hilfsmittel etc. abgestimmt wird. Schweigt die Satzung, kann die Hauptversammlung ihm keine Vorgaben machen[135]. Daraus, dass die Hauptversammlung die Kompetenz zur Schaffung einer entsprechenden Satzungs- bzw. Geschäftsordnungsbestimmung hat, kann nicht geschlossen werden, dass sie auch die Befugnis zu diesbezüglichen ad hoc Entscheidungen hat.

55 Unzulässig ist eine sog. **geheime Abstimmung**[136]. Die Gesellschaft muss – nicht zuletzt in Hinblick auf mögliche Anfechtungsklagen – stets in der Lage sein, nachzuweisen, wer für welchen Antrag wie viele Stimmen abgegeben hat; man wird allerdings eine verdeckte Abstimmung, bei der gegenüber den anderen Aktionären das Stimmverhalten nicht offen gelegt wird, stets für zulässig erachten müssen. Vgl. dazu auch § 134 Rz. 75 f.

56 Zur **Art der Ermittlung des Abstimmungsergebnisses**, also ob das Additions- oder Subtraktionsverfahren angewandt wird, kann die Satzung (und folgerichtig auch die Hauptversammlung) keine Vorgaben machen[137]. Zur Regelung in der Geschäftsordnung, vgl. oben Rz. 5; zu den Verfahren im Einzelnen § 133 Rz. 23 f.

---

129 OLG Stuttgart v. 3.12.2008 – 20 W 12/08, AG 2009, 204; *Butzke* in Obermüller/Werner/Winden, Die Hauptversammlung der Aktiengesellschaft, Rz. D 45.
130 A.A. *Hüffer*, § 129 AktG Rz. 19 m.w.N.
131 BGH v. 7.12.2009 – II ZR 63/08, ZIP 2010, 879; *Kubis* in MünchKomm. AktG, 2. Aufl., § 119 AktG Rz. 143; *Marsch-Barner* in Marsch-Barner/Schäfer, Handbuch börsennotierte AG, § 33 Rz. 83.
132 BGH v. 21.9.2009 – II ZR 174/08, BGHZ 182, 272 = AG 2009, 824.
133 Zur abweichenden Regelung in der Satzung vgl. BGH v. 16.2.2009 – II ZR 185/07, BGHZ 180, 9 = AG 2009, 285.
134 Fassung vom 26.5.2010.
135 A.A. unten *Spindler*, § 134 Rz. 72; *Hüffer*, § 134 AktG Rz. 34 f.; *Kubis* in MünchKomm. AktG, 2. Aufl., § 119 AktG Rz. 146 m.w.N.; wie hier: *Mülbert* in Großkomm. AktG, 4. Aufl., Vor §§ 118–147 AktG Rz. 123; *Fischer* in Semler/Volhard, Arbeitshandbuch Hauptversammlung, § 11 Rz. 193.
136 *Fischer* in Semler/Volhard, Arbeitshandbuch Hauptversammlung, § 11 Rz. 197; a.A. *Hüffer*, § 134 AktG Rz. 35; *Uwe H. Schneider* in FS Peltzer, 2001, S. 425 ff., 429 ff.
137 *Kubis* in MünchKomm. AktG, 2. Aufl., § 119 AktG Rz. 147; a.A. unten *Spindler*, § 133 Rz. 22.

## b) Ordnung der Hauptversammlung[138]

Bei den Ordnungsmaßnahmen ist zwischen generellen und individuellen Maßnahmen zu unterscheiden; für beide gelten gleichermaßen der **Verhältnismäßigkeits- und der Gleichbehandlungsgrundsatz**[139]. Der ordnungsgemäße Ablauf der Hauptversammlung ist Legitimationsgrundlage und Leitlinie für Ordnungsmaßnahmen wie auch Ausübungsschranke für Aktionärsrechte, insbesondere Rede- und Fragerecht[140].

In Bezug auf Ordnungsmaßnahmen hat die **Hauptversammlung keinerlei Befugnisse**[141] – allein der Leiter der Hauptversammlung entscheidet darüber, ob sie zu ergreifen sind oder nicht. Die vielfach erwogene informatorische Befragung der Hauptversammlung ist rechtlich irrelevant und praktisch kontraproduktiv, da dem störenden Aktionär in der regelmäßig stattfindenden Diskussion nochmals ein Forum gewährt wird.

**aa) Generelle Ordnungsmaßnahmen.** Ob und in welchem Umfang **generelle Redezeitbegrenzungen** zulässig sind, ist auch nach Einführung des § 131 Abs. 2 Satz 2 und ggf. darauf beruhender Satzungs- oder Geschäftsordnungsbestimmungen (dazu oben Rz. 7 ff.) sowie der BGH-Entscheidung „Redezeitbeschränkung"[142] anhand der Umstände des Einzelfalls (insbesondere zu erwartende Anzahl der Wortbeiträge) zu bestimmen[143]. Vor diesem Hintergrund sind Aussagen wie „länger als 15 Minuten sollte niemand reden"[144] zu relativieren. Im Rahmen des Erforderlichen können generelle Redezeitbegrenzungen nach entsprechender Ankündigung zu jedem Zeitpunkt der Hauptversammlung angeordnet und ggf. verkürzt werden[145]. Ist eine generelle Redezeitbegrenzung angeordnet worden, muss der Vorsitzende auch darauf achten, dass diese eingehalten und von keinem Aktionär überschritten wird[146].

Als weitere Ordnungsmaßnahmen genereller Natur sind der **Schluss der Rednerliste** und der **Schluss der Debatte** zu nennen. Von ihnen sollte nur Gebrauch gemacht werden, wenn die ordnungsgemäße Durchführung der Hauptversammlung am Tag, auf den sie einberufen wurde, andernfalls nicht gewährleistet wäre. Sie bedürfen stets der vorherigen Ankündigung[147], ggf. verbunden mit dem Hinweis, zu welchem Zeitpunkt die betreffende Maßnahme angeordnet werden wird.

---

138 Aus der Rechtsprechung: BGH v. 11.11.1965 – II ZR 122/63, BGHZ 44, 245; BVerfG v. 20.9.1999 – 1 BvR 636/95, AG 2000, 74 (je allgemein zu Ordnungsmaßnahmen); BGH v. 8.2.2010 – II ZR 94/08, AG 2010, 292 (Einschränkung des Rede- und Auskunftsrechts); LG Frankfurt v. 21.2.2006 – 3-5 O 71/05, AG 2007, 48 (Generelle Redezeitbegrenzung); OLG Frankfurt v. 8.2.2006 – 12 W 185/05, AG 2006, 249 (Generelle Redezeitbegrenzung); LG München v. 26.4.2007 – 5 HK O 12848/06, Der Konzern 2007, 448 (Schluss der Debatte); LG Köln v. 6.7.2005 – 82 O 150/04, AG 2005, 696 (Redezeitbegrenzung und Hausverbot); OLG Bremen v. 18.1.2007 – 2 U 113/06, NZG 2008, 468 (Hausverbot).
139 *Zöllner* in KölnKomm. AktG, 1. Aufl., § 119 AktG Rz. 91.
140 *Mülbert* in Großkomm. AktG, 4. Aufl., Vor §§ 118–147 AktG Rz. 150 f.
141 A.A. *Zöllner* in KölnKomm. AktG, 1. Aufl., § 119 AktG Rz. 92 ff. Zweifelnd: *Hüffer*, § 129 AktG Rz. 21 f.; *Butzke* in Obermüller/Werner/Winden, Die Hauptversammlung der Aktiengesellschaft, Rz. D 68.
142 BGH v. 8.2.2010 – II ZR 94/08, AG 2010, 292.
143 LG München v. 11.12.2008 – 5 HKO 15201/08, AG 2009, 382; *Mülbert* in Großkomm. AktG, 4. Aufl., Vor §§ 118–147 AktG Rz. 152 f.; *Fischer* in Semler/Volhard, Arbeitshandbuch Hauptversammlung, § 11 Rz. 139 f.
144 *Hüffer*, § 129 AktG Rz. 20; *Butzke* in Obermüller/Werner/Winden, Die Hauptversammlung der Aktiengesellschaft, Rz. D 61. Kritisch auch *Zöllner* in KölnKomm. AktG, 1. Aufl., § 119 Rz. 84.
145 OLG Frankfurt v. 8.6.2009 – 23 W 3/09, AG 2009, 549.
146 *Kubis* in MünchKomm. AktG, 2. Aufl., § 119 AktG Rz. 154.
147 *Butzke* in Obermüller/Werner/Winden, Die Hauptversammlung der Aktiengesellschaft, Rz. D 63.

61 Auch wenn keine § 131 Abs. 2 Satz 2 entsprechende Ermächtigung des Vorsitzenden geschaffen wurde, ist eine **generelle Begrenzung des Fragerechts** (z.B. 50 Fragen je Aktionär), unter engen Voraussetzungen (ultima ratio) möglich, dann aber auch zulässig, dazu unten § 131 Rz. 68.

62 **bb) Individuelle Ordnungsmaßnahmen.** Individuelle Ordnungsmaßnahmen gegen Aktionäre und Aktionärsvertreter sind zulässig, wenn ansonsten der geordnete Ablauf der Hauptversammlung nicht gewährleistet erscheint.

63 Hier sind in besonderem Maße der Verhältnismäßigkeitsgrundsatz und der des mildesten Mittels zu beachten. Vorherige **Abmahnung** bzw. Ermahnung sowie **Androhung** der Ordnungsmaßnahme sind regelmäßig erforderlich[148]. Innerhalb der in Betracht kommenden Ordnungsmaßnahmen sollte stets abgestuft vorgegangen werden (z.B. individuelle Redezeitbegrenzung oder Ermahnung zum Unterlassen von beleidigenden Äußerungen, Wortentzug, Entfernung vom Rednerpult, (vorübergehender) Verweis aus dem Versammlungssaal, Entfernung aus dem Versammlungssaal, Verweis aus der Präsenzzone etc.). Wird ein Aktionär aus dem Versammlungssaal gewiesen oder entfernt, ist ihm Möglichkeit zur Stimmabgabe und zur Einlegung des Widerspruchs gegen Beschlüsse zu geben, bei Verweis aus der Präsenzzone zur Vollmachts- und Weisungserteilung[149].

64 Bei allen individuellen Ordnungsmaßnahmen ist stets darauf zu achten, dass vergleichbares Fehlverhalten auch gleichartig geahndet wird – der **Gleichbehandlungsgrundsatz** gilt auch hier uneingeschränkt[150].

# § 130
# Niederschrift

**(1) Jeder Beschluss der Hauptversammlung ist durch eine über die Verhandlung notariell aufgenommene Niederschrift zu beurkunden. Gleiches gilt für jedes Verlangen einer Minderheit nach § 120 Abs. 1 Satz 2, § 137. Bei nichtbörsennotierten Gesellschaften reicht eine vom Vorsitzenden des Aufsichtsrats zu unterzeichnende Niederschrift aus, soweit keine Beschlüsse gefasst werden, für die das Gesetz eine Dreiviertel- oder größere Mehrheit bestimmt.**

**(2) In der Niederschrift sind der Ort und der Tag der Verhandlung, der Name des Notars sowie die Art und das Ergebnis der Abstimmung und die Feststellung des Vorsitzenden über die Beschlussfassung anzugeben. Bei börsennotierten Gesellschaften umfasst die Feststellung über die Beschlussfassung für jeden Beschluss auch**

**1. die Zahl der Aktien, für die gültige Stimmen abgegeben wurden,**

**2. den Anteil des durch die gültigen Stimmen vertretenen Grundkapitals,**

**3. die Zahl der für einen Beschluss abgegebenen Stimmen, Gegenstimmen und gegebenenfalls die Zahl der Enthaltungen.**

---

148 *Kubis* in MünchKomm. AktG, 2. Aufl., § 119 AktG Rz. 160 f.; *Fischer* in Semler/Volhard, Arbeitshandbuch Hauptversammlung, § 11 Rz. 133.
149 *Mülbert* in Großkomm. AktG, 4. Aufl., Vor §§ 118–147 AktG Rz. 165. In diesem Sinne wohl auch *Zöllner* in KölnKomm. AktG, 1. Aufl., § 119 AktG Rz. 90; abweichend *Ek*, Praxisleitfaden für die Hauptversammlung, 2. Aufl. 2010, Rz. 273.
150 A.A. *Butzke* in Obermüller/Werner/Winden, Die Hauptversammlung der Aktiengesellschaft, Rz. D 71.

Abweichend von Satz 2 kann der Versammlungsleiter die Feststellung über die Beschlussfassung für jeden Beschluss darauf beschränken, dass die erforderliche Mehrheit erreicht wurde, falls kein Aktionär eine umfassende Feststellung gemäß Satz 2 verlangt.

(3) Die Belege über die Einberufung der Versammlung sind der Niederschrift als Anlage beizufügen, wenn sie nicht unter Angabe ihres Inhalts in der Niederschrift aufgeführt sind.

(4) Die Niederschrift ist von dem Notar zu unterschreiben. Die Zuziehung von Zeugen ist nicht nötig.

(5) Unverzüglich nach der Versammlung hat der Vorstand eine öffentlich beglaubigte, im Falle des Absatzes 1 Satz 3 eine vom Vorsitzenden des Aufsichtsrats unterzeichnete Abschrift der Niederschrift und ihrer Anlagen zum Handelsregister einzureichen.

(6) Börsennotierte Gesellschaften müssen innerhalb von sieben Tagen nach der Versammlung die festgestellten Abstimmungsergebnisse einschließlich der Angaben nach Absatz 2 Satz 2 auf ihrer Internetseite veröffentlichen.

| | |
|---|---|
| I. Überblick . . . . . . . . . . . . . . . . . 1 | a) Mitwirkungsverbote . . . . . . . . . 39 |
| 1. Allgemeines . . . . . . . . . . . . . . . . 1 | b) Auslandsbeurkundung . . . . . . 44 |
| 2. Europarechtlicher Hintergrund . . . . 5 | c) Pflichten des Notars . . . . . . . . . . 45 |
| II. Inhalt der Niederschrift (§ 130 Abs. 1 Satz 1 und 2, Abs. 2) . . . . . . . . . . . 7 | IV. Erstellung der Niederschrift . . . . . . 48 |
| | 1. Zeitpunkt . . . . . . . . . . . . . . . . . 48 |
| 1. Vom AktG gebotener Mindestinhalt . 7 | 2. Formalien . . . . . . . . . . . . . . . . . 51 |
| a) Formalien . . . . . . . . . . . . . . . 7 | a) Sprache . . . . . . . . . . . . . . . . 51 |
| b) Beschlüsse der Hauptversammlung 10 | b) Unterzeichnung . . . . . . . . . . . 52 |
| aa) Grundsatz . . . . . . . . . . . . 10 | c) Berichtigungen . . . . . . . . . . . 53 |
| bb) Besonderheiten für börsennotierte Gesellschaften . . . . . 16 | V. Anlagen zur Niederschrift (§ 130 Abs. 3) . . . . . . . . . . . . . . . . 56 |
| c) Minderheitsverlangen, Widersprüche und sonstige Erklärungen . . . 23 | 1. Einberufungsbelege . . . . . . . . . . . 56 |
| | 2. Sonstige Anlagen . . . . . . . . . . . . . 59 |
| d) Folgen von Protokollmängeln . . . 25 | VI. Publizität der Niederschrift (§ 130 Abs. 5) . . . . . . . . . . . . . . . . 62 |
| 2. Beurkundungsrechtlich gebotene Inhalte . . . . . . . . . . . . . . . . . . . 27 | 1. Einreichung zum Handelsregister . . . 62 |
| 3. Fakultativer Inhalt des Protokolls . . 30 | 2. Abschriften . . . . . . . . . . . . . . . . 65 |
| III. Protokollführer . . . . . . . . . . . . . . 31 | VII. Wortprotokoll und andere Aufzeichnungen . . . . . . . . . . . . . 66 |
| 1. Notar (§ 130 Abs. 1 Satz 1) . . . . . . 31 | |
| 2. Vorsitzender des Aufsichtsrats (§ 130 Abs. 1 Satz 3) . . . . . . . . . . 35 | VIII. Publizität der Abstimmungsergebnisse (§ 130 Abs. 6) . . . . . . . . 69 |
| 3. Exkurs: Rechtsstellung des Notars . . 39 | |

**Literatur:** *Biehler*, Multinationale Konzerne und die Abhaltung einer Hauptversammlung nach deutschem Recht im Ausland, NJW 2000, 1243; *Eylmann*, Erneut – Hauptversammlungsprotokolle, ZNotP 2005, 458; *Eylmann*, Fragwürdige Praxis bei der Abfassung von Hauptversammlungsprotokollen, ZNotP 2005, 300; *Faßbender*, Die Hauptversammlung der Aktiengesellschaft aus notarieller Sicht, RNotZ 2009, 425; *Fleischhauer*, Zu den Pflichten des Notars im Zusammenhang mit der Protokollierung einer Hauptversammlung, RNotZ 2003, 333; *Goette*, Zu den Konsequenzen der fehlerhaften Beurkundung eines Hauptversammlungsbeschlusses, DStR 1994, 1470; *Grumann/Gillmann*, Aktienrechtliche Hauptversammlungsniederschriften und Auswirkungen von formalen Mängeln, NZG 2004, 839; *Krieger*, Unbeantwortete Aktionärsfragen im notariellen Hauptversammlungsprotokoll, in FS Priester, 2007, S. 387; *Krieger*, Berichtigung von

Hauptversammlungsprotokollen, NZG 2003, 366; *Krieger*, Muss der Hauptversammlungsnotar die Stimmauszählung überwachen?, ZIP 2002, 1597; *Maaß*, Welche Praxis bei der Abfassung von Hauptversammlungsprotokollen ist fragwürdig?, ZNotP 2005, 377; *Maaß*, Zur Beurteilung formaler „Mängel" von Hauptversammlungsprotokollen, ZNotP 2005, 50; *Noack*, Die privatschriftliche Niederschrift über die Hauptversammlung einer nicht börsennotierten Aktiengesellschaft – Inhalt und Fehlersanktionen, in Liber Amicorum Happ, 2006, S. 201; *Priester*, Aufgaben und Funktionen des Notars in der Hauptversammlung, DNotZ 2001, 661; *Priester*, Notar und Gesellschaftsrecht, DNotZ 2001, Sonderheft, S. 52; *Reul*, Die notarielle Beurkundung einer Hauptversammlung, AG 2002, 543; *Reul*, Die Novelle des Aktiengesetzes durch das NaStraG, MittBayNot 2001, 156; *Reul/Zetzsche*, Zwei Notare – eine Hauptversammlung, AG 2007, 561; *Schrick*, Nachträgliche Änderung eines privatschriftlichen Hauptversammlungsprotokolls der nicht börsennotierten Aktiengesellschaft, AG 2001, 645; *Schulte*, Die Niederschrift über die Verhandlung der Hauptversammlung einer Aktiengesellschaft, AG 1985, 33; *Sigel/Schäfer*, Die Hauptversammlung der Aktiengesellschaft aus notarieller Sicht, BB 2005, 2137; *R. Werner*, Das Beschlussfeststellungsrecht des Versammlungsleiters, GmbHR 2006, 127; *Wilhelmi*, Der Notar in der Hauptversammlung der Aktiengesellschaft, BB 1987, 1331.

## I. Überblick

### 1. Allgemeines

1 § 130 betrifft die **Niederschrift** über die Hauptversammlung **und deren Publizität**. Beschlüsse der Hauptversammlung und bestimmte Minderheitsverlangen sollen im Interesse der Transparenz für (zukünftige) Aktionäre und die Öffentlichkeit dokumentiert und durch Einreichung zum Handelsregister publiziert werden[1].

2 Grundsätzlich soll die Niederschrift von einem Notar aufgenommen werden. Bezweckt werden damit nach allg. Ansicht die **ordnungsgemäße Dokumentation der Willensbildung der Hauptversammlung und die Einhaltung der gesetzlichen Regularien** der Hauptversammlung[2]. § 130 ergänzt die Vorschriften des BeurkG, insbesondere die §§ 36 f. BeurkG; die Norm hat keine die allgemeinen Vorschriften zur Beurkundung verdrängende Wirkung[3]; aus § 59 BeurkG lässt sich nichts anderes herleiten.

3 **Bei nicht börsennotierten Gesellschaften** kann die Niederschrift auch vom Vorsitzenden des Aufsichtsrats aufgenommen werden, wenn in der Hauptversammlung keine Beschlüsse gefasst werden, für die gesetzlich fakultativ oder zwingend eine Mehrheit von mindestens ¾ des bei Beschlussfassung vertretenen Grundkapitals[4] erforderlich ist (§ 130 Abs. 1 Satz 3).

4 Wenn in der Hauptversammlung keine Beschlüsse gefasst oder Verlangen nach §§ 120 Abs. 1 Satz 2, 137 oder 131 Abs. 5 etc. gestellt wurden, ist die Anfertigung einer Niederschrift **nicht erforderlich**[5]. Gleichwohl empfiehlt sich stets die Aufnahme einer Niederschrift[6].

---

1 *Hüffer*, § 130 AktG Rz. 1.
2 *Kubis* in MünchKomm. AktG, 2. Aufl., § 130 AktG Rz. 1; *G. Bezzenberger* in FS Schippel, 1996, S. 361, 378.
3 *Limmer* in Limmer/Hertel/Frenz/Mayer, Würzburger Notarhandbuch, 2005, Rz. E 240; a.A. *Hüffer*, § 130 AktG Rz. 11.
4 *Kubis* in MünchKomm. AktG, 2. Aufl., § 130 AktG Rz. 24.
5 *Zöllner* in KölnKomm. AktG, 1. Aufl., § 130 AktG Rz. 17 m.w.N.
6 *Zöllner* in KölnKomm. AktG, 1. Aufl., § 130 AktG Rz. 17; *Werner* in Großkomm. AktG, 4. Aufl., § 130 AktG Rz. 14; *Faßbender*, RNotZ 2009, 425, 429.

## 2. Europarechtlicher Hintergrund

Art. 4 Abs. 2 i.V.m. Art. 6 der **12. gesellschaftsrechtlichen Richtlinie**[7] bestimmt, dass Beschlüsse des Gesellschafters einer Ein-Personen-Gesellschaft in eine Niederschrift aufzunehmen oder schriftlich abzufassen sind. 5

Die **Aktionärsrechterichtlinie**[8] macht in Art. 12 Vorgaben zum Inhalt des festzustellenden Abstimmungsergebnisses und zu dessen Publizität. 6

## II. Inhalt der Niederschrift (§ 130 Abs. 1 Satz 1 und 2, Abs. 2)

### 1. Vom AktG gebotener Mindestinhalt

#### a) Formalien

Gem. § 130 Abs. 2 muss die Niederschrift den **Namen** (Vor-[9] und Zuname) des Notars bzw. bei privatschriftlicher Niederschrift den Namen des Vorsitzenden des Aufsichtsrats[10] enthalten. 7

Anzugeben sind ferner **Ort und Tag der Verhandlung**, d.h. der Hauptversammlung. Erforderlich ist die Angabe der politischen Gemeinde nebst postalischer Anschrift des Versammlungslokals[11], um die Kongruenz der Einberufungsbekanntmachung mit den tatsächlichen Gegebenheiten überprüfen zu können[12]. Der Tag der Hauptversammlung ist kalendermäßig anzugeben[13]. Angabe des Beginns und des Endes der Hauptversammlung sind zweckmäßig, aber nicht zwingend erforderlich[14]. Erstreckt sich die Hauptversammlung über mehrere Tage ist auch dies anzugeben, insbesondere wann die Beschlüsse gefasst wurden[15]. 8

Aus § 130 Abs. 3 ergibt sich, dass auch die **Feststellungen des Vorsitzenden über die Einberufung** der Hauptversammlung in die Niederschrift aufzunehmen sind, und zwar auch dann, wenn die Einberufungsbelege der Niederschrift als Anlage beigefügt werden, da auch dies beurkundungstechnisch erfordert, dass im Text der Niederschrift auf den Inhalt der Anlage und damit der Einberufung Bezug genommen wird. 9

#### b) Beschlüsse der Hauptversammlung

**aa) Grundsatz.** Die **Art der Abstimmung** muss aus der Niederschrift hervorgehen. Anzugeben ist also, ob mündlich durch Zuruf, schriftlich durch Abgabe von Stimmabschnitten oder elektronisch etc. abgestimmt wurde[16]. Wenn für die Stimmabgabe durch von der Gesellschaft benannte Stimmrechtsvertreter abweichende Regeln gelten, muss dies in der Niederschrift angegeben werden[17]. Erforderlich ist auch die An- 10

---

7 12. Richtlinie 86/667/EWG, ABl. EG Nr. L 395 v. 30.12.1989, S. 40.
8 Richtlinie 2007/36/EG, ABl. EU Nr. L 184 v. 14.7.2007, S. 17.
9 Vgl. § 37 Abs. 1 Nr. 1 BeurkG wohl auch *Werner* in Großkomm. AktG, 4. Aufl., § 130 AktG Rz. 17; a.A. *Hüffer*, § 130 AktG Rz. 16 m.w.N.
10 *Wicke* in Spindler/Stilz, § 130 AktG Rz. 44 m.w.N.
11 A.A. *Hüffer*, § 130 AktG Rz. 15 m.w.N.
12 *Kubis* in MünchKomm. AktG, 2. Aufl., § 130 AktG Rz. 41.
13 *Kubis* in MünchKomm. AktG, 2. Aufl., § 130 AktG Rz. 42; *Hüffer*, § 130 AktG Rz. 15; *Zöllner* in KölnKomm. AktG, 1. Aufl., § 130 AktG Rz. 29.
14 *Werner* in Großkomm. AktG, 4. Aufl., § 130 AktG Rz. 16; *Hüffer*, § 130 AktG Rz. 15; a.A. für den Beginn: *Kubis* in MünchKomm. AktG, 2. Aufl., § 130 AktG Rz. 42.
15 *Kubis* in MünchKomm. AktG, 2. Aufl., § 130 AktG Rz. 42; *Hüffer*, § 130 AktG Rz. 15; *Schulte*, AG 1985, 33, 37; *Zöllner* in KölnKomm. AktG, 1. Aufl., § 130 AktG Rz. 29.
16 *Kubis* in MünchKomm. AktG, 2. Aufl., § 130 AktG Rz. 48; *Hüffer*, § 130 AktG Rz. 17; *Werner* in Großkomm. AktG, 4. Aufl., § 130 AktG Rz. 18; *Wicke* in Spindler/Stilz, § 130 AktG Rz. 45.
17 *Faßbender*, RNotZ 2009, 425, 442.

gabe, wie die Stimmenzahl der an der Abstimmung teilnehmenden Aktionäre ermittelt wurde (z.B. Barcode auf dem Stimmabschnitt oder Zuruf durch Aktionäre)[18]. Ferner ist anzugeben, ob das Abstimmungsergebnis im Subtraktionsverfahren oder im Additionsverfahren ermittelt wurde[19] und wie dies technisch durchgeführt wurde (händisch mit Hilfe von Stimmenzählern oder durch den Vorsitzenden oder mittels EDV-Anlage etc.)[20]. Festzuhalten ist auch, ob und welche Maßnahmen ergriffen wurden, um die Beachtung von Stimmverboten zu gewährleisten[21].

11 Nach § 130 Abs. 1 Satz 1 ist **jeder Beschluss der Hauptversammlung** zu beurkunden. Auf den Gegenstand des Beschlusses (Sach-, Wahl- oder Verfahrens- bzw. Geschäftsordnungsbeschluss) und die Art des Beschlusses (Beschluss der Hauptversammlung oder Sonderbeschluss) kommt es nicht an[22]. Nicht nur zustande gekommene Beschlüsse sind zu beurkunden, sondern auch abgelehnte Beschlussanträge[23]; insoweit ist die Vorschrift ungenau gefasst: „Beschluss der Hauptversammlung" ist zu lesen als „Beschlussfassung der Hauptversammlung". Zu protokollieren sind der Inhalt des Beschlusses (Beschlussantrag[24]), das Abstimmungsergebnis und die Feststellung des Vorsitzenden über die Beschlussfassung.

12 Die **Angabe des Abstimmungsergebnisses** umfasst die Zahl der Ja- und Neinstimmen[25] sowie – jedenfalls bei Anwendung des Subtraktionsverfahrens – die Zahl der Enthaltungen[26] und ggf. der ungültigen oder gesperrten[27] Stimmen; die Angabe der Kapitalanteile ist keinesfalls genügend[28]. Andererseits ist die zusätzliche Angabe der Kapitalanteile stets erforderlich, wenn vom Gesetz eine Mehrheit des bei Beschlussfassung vertretenen Grundkapitals verlangt wird und das Stimmgewicht aller Aktien nicht proportional zum Kapitalanteil der Aktien ist[29]. Wurde nach Aktiengattungen abgestimmt, müssen die getrennt verkündeten Abstimmungsergebnisse stets auch getrennt protokolliert werden[30]; dies ist die Folge dessen, dass es sich um eine Tatsachenbeurkundung handelt und andernfalls der Inhalt der Niederschrift (ein Abstimmungsergebnis) nicht mit dem Wahrgenommenen (mehrere Ergebnisse) übereinstimmen würde. Auf die Angaben zum Abstimmungsergebnis (und zu Art und Weise der Abstimmung) kann auch bei der Ein-Personengesellschaft oder bei Anwesenheit nur

---

18 *Kubis* in MünchKomm. AktG, 2. Aufl., § 130 AktG Rz. 51; *Faßbender*, RNotZ 2009, 425, 443; a.A. *Wicke* in Spindler/Stilz, § 130 AktG Rz. 46.
19 *Werner* in Großkomm. AktG, 4. Aufl., § 130 AktG Rz. 19; *Faßbender*, RNotZ 2009, 425, 442; a.A. *Wicke* in Spindler/Stilz, § 130 AktG Rz. 46.
20 *Kubis* in MünchKomm. AktG, 2. Aufl., § 130 AktG Rz. 49; *Hüffer*, § 130 AktG Rz. 17; *Werner* in Großkomm. AktG, 4. Aufl., § 130 AktG Rz. 19; *Faßbender*, RNotZ 2009, 425, 442; a.A. *Wicke* in Spindler/Stilz, § 130 AktG Rz. 46.
21 *Kubis* in MünchKomm. AktG, 2. Aufl., § 130 AktG Rz. 50; *Hüffer*, § 130 AktG Rz. 18; *Werner* in Großkomm. AktG, 4. Aufl., § 130 AktG Rz. 18.
22 *Kubis* in MünchKomm. AktG, 2. Aufl., § 130 AktG Rz. 4; *Zöllner* in KölnKomm. AktG, 1. Aufl., § 130 AktG Rz. 6 ff.
23 *Kubis* in MünchKomm. AktG, 2. Aufl., § 130 AktG Rz. 4; *Hüffer*, § 130 AktG Rz. 2; *Werner* in Großkomm. AktG, 4. Aufl., § 130 AktG Rz. 18.
24 *Zöllner* in KölnKomm. AktG, 1. Aufl., § 130 AktG Rz. 38.
25 *Hüffer*, § 130 AktG Rz. 19; *Wicke* in Spindler/Stilz, § 130 AktG Rz. 48; *Casper* in FS Hüffer, 2010, S. 111, 114.
26 *Kubis* in MünchKomm. AktG, 2. Aufl., § 130 AktG Rz. 54; *Hüffer*, § 130 AktG Rz. 19; *Wicke* in Spindler/Stilz, § 130 AktG Rz. 48; *Preuß* in Armbrüster/Preuß/Renner, BeurkG, 5. Aufl. 2009, § 37 Rz. 14.
27 *Zöllner* in KölnKomm. AktG, 1. Aufl., § 130 AktG Rz. 34.
28 BGH v. 4.7.1994 – II ZR 114/93, AG 1994, 466 f.; *Wicke* in Spindler/Stilz, § 130 AktG Rz. 50.
29 *Wicke* in Spindler/Stilz, § 130 AktG Rz. 50.
30 A.A. *Zöllner* in KölnKomm. AktG, 1. Aufl., § 130 AktG Rz. 36; *Werner* in Großkomm. AktG, 4. Aufl., § 130 AktG Rz. 24; *Hüffer*, § 130 AktG Rz. 20 m.w.N.

eines einzigen Aktionärs nicht verzichtet werden³¹. Das folgt u.a. daraus, dass das Aktienrecht eine einheitliche Mitgliedschaft bzgl. aller gehaltenen Anteile nicht kennt und es demzufolge nicht ausgeschlossen ist, dass der in der Hauptversammlung präsente Alleinaktionär nicht aus allen Aktien einheitlich abstimmt (relevant insbesondere in Treuhandfällen mit mehreren Treugebern).

Darüber hinaus ist **die aus dem Abstimmungsergebnis gezogene rechtliche Folgerung**, ob der zur Abstimmung gestellte Beschlussantrag angenommen oder abgelehnt wurde, in die Niederschrift aufzunehmen³². Regelmäßig nimmt der Notar nur die verlautbarten Feststellungen des Vorsitzenden in das Protokoll auf; für den Fall, dass die eigene Wahrnehmung des Notars davon abweicht (z.B. Rechenfehler oder Nichtberücksichtigung von Stimmverboten durch den Vorsitzenden) sind diese eigenen Wahrnehmungen zusätzlich in die Niederschrift aufzunehmen³³.

13

Die Feststellung des Vorsitzenden über die Beschlussfassung (besser: über das Ergebnis der Beschlussfassung³⁴) muss stets ausdrücklich erfolgen³⁵ und auch so protokolliert werden³⁶. Ihre Bedeutung liegt darin, dass die **förmliche Feststellung zusammen mit der Niederschrift konstitutiv für den Beschluss** ist³⁷ – einerseits: ohne Feststellung kein Beschluss, und andererseits: Beschluss auch ohne erforderliche Mehrheit, wenn positive Feststellung erfolgt ist³⁸. Demzufolge reicht es nicht, wenn der Vorsitzende nur das Abstimmungsergebnis verkündet, ohne festzustellen, dass (oder dass nicht) ein Beschluss mit bestimmtem Inhalt gefasst wurde bzw. der zur Abstimmung gestellte Beschlussantrag angenommen oder abgelehnt wurde³⁹. Im Rahmen der Feststellung braucht der **Beschlussinhalt nicht verlesen** zu werden, ausreichend ist die Bezugnahme auf den in der Einberufung enthaltenen bzw. zur Abstimmung gestellten Beschlussantrag; im letztgenannten Fall muss der Wortlaut des Beschlussantrags im Protokoll wiedergegeben werden, sofern nicht die Antragstellung unter Bezugnahme auf den in der Einberufung publizierten Beschlussvorschlag erfolgte. Jedenfalls muss der Wortlaut des Beschlusses anhand des Protokolls und seiner Anlagen eindeutig bestimmbar sein⁴⁰.

14

Die förmliche Beschlussfeststellung ist auch dann nicht entbehrlich, wenn ein Beschluss einstimmig gefasst wurde (z.B. bei **Ein-Personengesellschaft**)⁴¹; für eine teleologische Reduktion ist kein Raum. Erfolgt die Feststellung der Beschlüsse nicht

15

---

31 A.A. *Wicke* in Spindler/Stilz, § 130 AktG Rz. 5; *Faßbender*, RNotZ 2009, 425, 450.
32 *Kubis* in MünchKomm. AktG, 2. Aufl., § 130 AktG Rz. 57; *Hüffer*, § 130 AktG Rz. 21.
33 *Kubis* in MünchKomm. AktG, 2. Aufl., § 130 AktG Rz. 57; *Hüffer*, § 130 AktG Rz. 19, 21; *Zöllner* in KölnKomm. AktG, 1. Aufl., § 130 AktG Rz. 37; *Preuß* in Armbrüster/Preuß/Renner, BeurkG, 5. Aufl. 2009, § 37 Rz. 22 ff. m.w.N.
34 *Zöllner* in KölnKomm. AktG, 1. Aufl., § 130 AktG Rz. 39.
35 *Kubis* in MünchKomm. AktG, 2. Aufl., § 130 AktG Rz. 58; *Hüffer*, § 130 AktG Rz. 23.
36 *Kubis* in MünchKomm. AktG, 2. Aufl., § 130 AktG Rz. 60.
37 *Kubis* in MünchKomm. AktG, 2. Aufl., § 130 AktG Rz. 59; *Hüffer*, § 130 AktG Rz. 22; a.A. für Verfahrensbeschlüsse: *Wicke* in Spindler/Stilz, § 130 AktG Rz. 5 Fn. 15. Vgl. dazu auch *Casper* in FS Hüffer, 2010, S. 111, 115 f.
38 *Hüffer*, § 130 AktG Rz. 22; *Zöllner* in KölnKomm. AktG, 1. Aufl., § 130 AktG Rz. 39.
39 Vgl. BayObLG v. 16.11.1972 – BReg 2 Z 64/72, NJW 1973, 250; *Kubis* in MünchKomm. AktG, 2. Aufl., § 130 AktG Rz. 58; *Hüffer*, § 130 AktG Rz. 22; *Wicke* in Spindler/Stilz, § 130 AktG Rz. 52; *Zöllner* in KölnKomm. AktG, 1. Aufl., § 130 AktG Rz. 39.
40 LG München v. 10.12.2009 – 5 HKO 13261/08, AG 2010, 173; LG Frankfurt v. 26.8.2008 – 3-5 O 339/07, AG 2008, 751. Ähnlich OLG Düsseldorf v. 15.12.2008 – 6 W 24/08, AG 2009, 538. A.A. *Wagner*, ZIP 2008, 1726, 1728; *Strohlmeier/Mock*, BB 2008, 2143, 2144.
41 So aber z.B. *Wicke* in Spindler/Stilz, § 130 AktG Rz. 52 m.w.N.; *Wicke*, DNotZ 2008, 789, 793. Vgl. auch OLG Köln v. 28.2.2008 – 18 U 3/08, AG 2008, 458.

durch den nach der Satzung berufenen Versammlungsleiter[42] (beispielsweise einen **Scheinaufsichtsratsvorsitzenden**, sind die Beschlüsse wegen Satzungsverstoßes anfechtbar[43].

16 **bb) Besonderheiten für börsennotierte Gesellschaften.** Über diese für alle Aktiengesellschaften geltenden Regeln hinaus schreibt nunmehr § 130 Abs. 2 Satz 2 für börsennotierte Gesellschaften einige zusätzliche Angaben zur Beschlussfeststellung vor. Diese Regelung soll Art. 14 der Aktionärsrechterichtlinie umsetzen. Die Vorschrift ist insgesamt misslungen, dazu näher Rz. 17 ff.

17 Nach § 130 Abs. 2 Satz 1 muss bei der Beschlussfeststellung die **Zahl der Aktien, für die gültige Stimmen abgegeben wurden** (Nr. 1), angegeben werden. Verlangt wird (in Übereinstimmung mit der Richtlinienvorgabe) die Angabe der Aktien, nicht die Gesamtzahl der gültigen Stimmen[44]. Des Weiteren muss der **Anteil des durch die gültigen Stimmen vertretenen Grundkapitals** (Nr. 2) angegeben werden. Bezugsgröße der von Nr. 2 verlangten Angabe ist das satzungsmäßige, nicht das zum Zeitpunkt der Beschlussfassung (laut Teilnehmerverzeichnis) vertretene Grundkapital[45]. Das ergibt sich klar und eindeutig aus dem Wortlaut der Richtlinie[46]. Für die gebotene richtlinienkonforme Auslegung dieser Vorschrift ist unerheblich, dass das Aktiengesetz in Hinblick auf die bei einigen Beschlüssen erforderliche Kapitalmehrheit auf das bei Beschlussfassung vertretene Grundkapital abstellt.

18 § 130 Abs. 2 Satz 2 Nr. 3 verlangt die Angabe der **Zahl der Ja- und Neinstimmen** sowie ggf. die Angabe der **Zahl der Enthaltungen**. In Übereinstimmung mit der Aktionärsrechterichtlinie ist die Zahl der Enthaltungen nur anzugeben, wenn das Abstimmungsergebnis im Subtraktionsverfahren (Rz. 12) ermittelt wird[47]. § 130 Abs. 2 Satz 2 setzt die Vorgaben der Richtlinie nicht vollständig um. Anders als von Art. 14 Abs. 1 UAbs. 1 gefordert, braucht die Gesamtzahl der abgegebenen gültigen Stimmen nicht angegeben zu werden. Auf die noch im Referentenentwurf[48] enthaltene diesbezügliche Vorgabe wurde im Regierungsentwurf mit der Begründung verzichtet, dass sich diese Angabe durch Addition der Ja- und Nein-Stimmen errechnen lasse[49].

19 Zum anderen ist die in § 130 Abs. 2 Satz 3 vorgesehene Ausnahme, wonach ein **Verzicht auf die detaillierten Angaben gem. § 130 Abs. 2 Satz 2** möglich ist, wenn kein Aktionär die ausführliche Feststellung des Abstimmungsergebnisses mit den Angaben nach § 130 Abs. 2 Satz 2 verlangt, verfehlt. Die Angaben zum zahlenmäßigen Abstimmungsergebnis sind ohnehin schon nach der allgemeinen, für alle Gesellschaften geltenden Regelung in § 130 Abs. 2 Satz 1 erforderlich (Rz. 12)[50]. Hiervon eine Ausnahme für börsennotierte Gesellschaften zu machen, ist auch vor dem Hintergrund, dass ein diesbezügliches Wahlrecht der Mitgliedstaaten nach Art. 14 Abs. 1 UAbs. 2 besteht, unzweckmäßig und nicht vom Telos der Richtlinie gedeckt. Das in

---

42 Zur Notwendigkeit eines Versammlungsleiters auch in der Ein-Personen-AG: *Faßbender*, RNotZ 2009, 425, 450 sowie § 129 Rz. 36.
43 *A. Heller*, AG 2008, 493, 494; *Wicke*, DNotZ 2008, 789, 794.
44 So aber *Hüffer*, § 130 AktG Rz. 23a.
45 A.A. *Deilmann/Otte*, BB 2010, 722; wie hier *Merkner/Gustmann*, NZG 2010, 568; *K.-St. Scholz/Wenzel*, AG 2010, 443.
46 „den Anteil des durch diese Stimmen vertretenen Grundkapitals", „la proportion du capital social représentée par ces votes" bzw. „the proportion of the share capital represented by those votes".
47 *Hüffer*, § 130 AktG Rz. 23a.
48 Abgedruckt bei *Wicke*, Einführung in das Recht der Hauptversammlung, das Recht der Sacheinlagen und das Freigabeverfahren nach dem ARUG, S. 349.
49 BT-Drucks. 16/11642, S. 32.
50 So auch Begr. RegE BT-Drucks. 16/11642, S. 32; *Leitzen*, ZIP 2010, 1065.

der Richtlinie vorgesehene Mitgliedstaatenwahlrecht beruht darauf, dass in einigen Mitgliedstaaten eine Abstimmung durch Zählen der Ja- und Nein-Stimmen nicht die Regel ist und nur auf Verlangen von Aktionären erfolgen muss[51]. Diesen Staaten sollte ermöglicht werden, die bisherige Praxis beizubehalten.

Die Intention des Rechtsausschusses, das Verlesen längerer Zahlenkolonnen zu vermeiden[52], ist zwar löblich. Eine wesentliche Vereinfachung wird durch § 130 Abs. 2 Satz 3 aber nicht erzielt: Der Inhalt der notariellen Niederschrift wird durch die vereinfachte Beschlussfeststellung nicht verändert[53], dazu auch Rz. 19: Das Abstimmungsergebnis nach § 130 Abs. 2 Satz 1 ist unverändert zu protokollieren, daher müssen jedenfalls **die von § 130 Abs. 2 Satz 1 verlangten Angaben** (Rz. 12) **zur Wahrnehmung des Notars gebracht** werden. Zu diesem Zweck wird die Einblendung der vom Versammlungsleiter autorisierten detaillierten Angaben auf einer Leinwand oder die Übergabe eines Ausdrucks bzw. Einsichtnahme in einen Bildschirm mit dem detaillierten Abstimmungsergebnis an den Notar vorgeschlagen[54]. Aber ob dies ausreicht, die nicht mündlich festgestellten Details des Abstimmungsergebnisses am öffentlichen Glauben der notariellen Urkunde teilhaben zu lassen, ist fraglich. 20

Offen ist, **bis zu welchem Zeitpunkt Aktionäre eine umfassende Feststellung des Beschlussergebnisses verlangen können**. Es spricht viel dafür, dass ein solches Verlangen auch noch nach Abschluss der Feststellung durch den Versammlungsleiter, dass die erforderliche Mehrheit erreicht (oder nicht erreicht) wurde, gestellt werden kann[55]. 21

Entgegen der Auffassung des Rechtsausschusses[56] kann im Fall des § 130 Abs. 2 Satz 3 nicht auf die **Aufnahme der von § 130 Abs. 2 Satz 1 und 2 geforderten Details in die notarielle Niederschrift** verzichtet werden. Dazu hätte es einer ausdrücklichen Änderung von § 130 Abs. 2 Satz 1 bedurft[57]. Zu den beurkundungsrechtlichen Voraussetzungen der Aufnahme in die notarielle Niederschrift Rz. 20. In diesem Zusammenhang ist darauf hinzuweisen, dass Verstöße gegen § 130 Abs. 2 Satz 1 nach wie vor zur Nichtigkeit der Beschlüsse führen, § 241 Nr. 2. 22

### c) Minderheitsverlangen, Widersprüche und sonstige Erklärungen

In die Niederschrift aufzunehmen sind gem. § 130 Abs. 1 Satz 2 ferner **Minderheitsverlangen** nach § 120 Abs. 1 Satz 2 (Verlangen auf Einzelentlastung) und § 137 (Verlangen auf vorgängige Abstimmung über Wahlvorschlag von Aktionären). In das Protokoll sind nicht nur das betreffende Verlangen, sondern auch die Namen der Aktionäre bzw. die Nummern der Stimmkarten und der von ihnen repräsentierte Aktienbesitz aufzunehmen[58]. 23

---

51 So etwa in Großbritannien, vgl. Section 320 Companies Act 2006.
52 BT-Drucks. 16/13098, S. 39.
53 *N.N.*, DNotI-Report 2010, 61, 63 f.; *Leitzen*, ZIP 2010, 1065, 1066 f. Vgl. dazu *Wicke*, Einführung in das Recht der Hauptversammlung, das Recht der Sacheinlagen und das Freigabeverfahren nach dem ARUG, S. 30. A.A. *Bosse*, NZG 2009, 807, 810.
54 *Deilmann/Otte*, BB 2010, 722, 724; *N.N.*, DNotI-Report 2010, 61, 64; *Leitzen*, ZIP 2010, 1065, 1068.
55 So wohl *Grobecker*, NZG 2010, 165, 169. A.A. *Wicke*, Einführung in das Recht der Hauptversammlung, das Recht der Sacheinlagen und das Freigabeverfahren nach dem ARUG, S. 30: Bis zur Feststellung durch den Versammlungsleiter. Zweifelnd: *Bosse*, NZG 2009, 807, 810. A.A. *Reul*, ZNotP 2010, 44, 47.
56 BT-Drucks. 16/13098, S. 39. So wohl auch *Herrler/Reymann*, DNotZ 2009, 815, 823.
57 *Leitzen*, ZIP 2010, 1065, 1066 f.
58 *Kubis* in MünchKomm. AktG, 2. Aufl., § 130 AktG Rz. 5; *Faßbender*, RNotZ 2009, 425, 441; teilw. a.A. *Werner* in Großkomm. AktG, 4. Aufl., § 130 AktG Rz. 38: Name nicht erforderlich.

24  **Darüber hinaus sind aktienrechtlich folgende Erklärungen in die Niederschrift aufzunehmen**: bei Auskunftsverweigerung auf Verlangen des Fragestellers die nicht beantwortete Frage und der Auskunftsverweigerungsgrund (§ 131 Abs. 5)[59]; Widersprüche von Aktionärsminderheiten gegen Verzicht auf Ersatz- oder Ausgleichsansprüche (§§ 50 Satz 1, 93 Abs. 4 Satz 3, 116, 302 Abs. 3 Satz 3, 309 Abs. 3 Satz 1, 310 Abs. 4, 317 Abs. 4, 318 Abs. 4 und 323 Abs. 1 Satz 2); Widerspruch einer Aktionärsminderheit gegen die Wahl des Abschlussprüfers (§ 318 Abs. 3 Satz 2 HGB); Widerspruch als Voraussetzung für die Geltendmachung von Abfindungsansprüchen (§§ 29 Abs. 1, 125, 207 Abs. 1 UmwG) sowie Widerspruch von Aktionären gegen gefasste Beschlüsse (§ 245 Nr. 1). Bei KGaA ist außerdem die Zustimmung der persönlich haftenden Gesellschafter zu eintragungspflichtigen Beschlüssen in der Niederschrift oder einem Anhang dazu zu beurkunden, § 285 Abs. 3 Satz 2.

### d) Folgen von Protokollmängeln

25  **Weist das Protokoll nicht den Mindestinhalt gem. § 130 Abs. 1 und 2 Satz 1 auf**, sind die Beschlüsse gem. § 241 Nr. 2 nichtig. Nicht oder nicht gehörig protokollierte Minderheitsverlangen oder Widersprüche sind wirksam, sofern die Betroffenen anderweitig den Nachweis führen können, dass sie diese Erklärung abgegeben haben[60]. Diesbezügliche Protokollmängel führen nicht zur Nichtigkeit[61].

26  **Mittelbare Folge der inhaltlichen Vorgaben an den Inhalt der Niederschrift ist**, dass die Hauptversammlung auch dann, wenn es sich um eine Ein-Personen-AG handelt – anders als die Gesellschafterversammlung einer GmbH – nicht ausschließlich nach den §§ 6 ff. BeurkG als Willenserklärungen der erschienenen Aktionäre und Aktionärsvertreter beurkundet werden kann[62]. Anderes gilt hingegen für Zustimmungs- oder Verzichtserklärungen (etwa nach den Vorschriften des UmwG) von Aktionären, die notariell zu beurkunden sind: Sie sind stets als Willenserklärungen nach den §§ 6 ff. BeurkG zu beurkunden[63].

## 2. Beurkundungsrechtlich gebotene Inhalte

27  Der Notar ist verpflichtet, im Rahmen seines Gestaltungsermessens[64] in der Niederschrift alle wesentlichen Umstände des Sachverhalts (= Hauptversammlung) zu schildern, den der ihn Beauftragende (= Gesellschaft) beurkundet wissen möchte[65] und die er in Hinblick auf die mit der Niederschrift intendierte Beweiswirkung des § 415 ZPO für erforderlich hält[66]. Daraus wird zutreffenderweise abgeleitet, dass der Notar über die von § 130 vorgeschriebenen Punkte hinaus verpflichtet ist, **alle sonstigen Vorgänge zu protokollieren, die für die Wirksamkeit der protokollierten Be-

---

59 Dazu ausführlich *Krieger* in FS Priester, 2007, S. 387 ff. Vgl. auch LG Hannover v. 19.8.2009 – 23 O 90/09, AG 2009, 914.
60 Vgl. OLG Brandenburg v. 6.6.2001 – 7 U 145/00, NZG 2002, 476, 477; *Kubis* in MünchKomm. AktG, 2. Aufl., § 130 AktG Rz. 77–79; *Wicke* in Spindler/Stilz, § 130 AktG Rz. 10.
61 BGH v. 16.2.2009 – II ZR 185/07, BGHZ 180, 9 = AG 2009, 285.
62 A.A. *Wicke* in Spindler/Stilz, § 130 AktG Rz. 5 m.w.N. und wohl auch *Werner* in Großkomm. AktG, 4. Aufl., § 130 AktG Rz. 28 m.w.N., demgegenüber aber § 130 AktG Rz. 77.
63 *Wicke* in Spindler/Stilz, § 130 AktG Rz. 11. Vgl. dazu auch *Werner* in Großkomm. AktG, 4. Aufl., § 130 AktG Rz. 79; *Butzke* in Obermüller/Werner/Winden, Die Hauptversammlung der Aktiengesellschaft, Rz. B 13.
64 *Limmer* in Eylmann/Vaassen, BNotO, BeurkG, 2. Aufl. 2004, § 37 Rz. 3.
65 *Lerch*, BeurkG, 3. Aufl. 2006, § 37 Rz. 2.
66 *Limmer* in Eylmann/Vaassen, BNotO, BeurkG, 2. Aufl. 2004, § 37 Rz. 6; *Wicke* in Spindler/Stilz, § 130 AktG Rz. 14.

schlüsse erheblich sind[67]. Zu nennen sind beispielsweise: Person des Vorsitzenden[68], Ordnungsmaßnahmen, die der Versammlungsleiter angeordnet hat (z.B. allgemeine oder individuelle Begrenzung der Redezeit, Beschränkung des Fragerechts, Wortentzug, Saalverweis, Ausschluss von der Hauptversammlung, Zutrittsverweigerung etc.)[69]; Feststellungen des Versammlungsleiters zu Vorlagen und Berichten an die Hauptversammlung[70]; als unzulässig zurückgewiesene Sachanträge von Aktionären[71]; nicht zur Abstimmung gestellte Gegenanträge, und zwar auch dann, wenn sie dadurch obsolet geworden sind, dass der Antrag der Verwaltung oder ein anderer Gegenantrag angenommen wurde; Feststellungen des Versammlungsleiters zur Ordnungsmäßigkeit der Einberufung (soweit nicht Pflichtinhalt der Niederschrift, Rz. 9) oder zur Vollversammlung (einschließlich des Verzichts auf Einwendungen gegen Beschlussfassungen); Hinweise[72] auf und Verstöße[73] gegen Stimmverbote etc.

Über die aktienrechtlich geforderten Inhalte (Rz. 7 ff.) hinaus können weder Vorstand noch Aufsichtsrat oder Versammlungsleiter noch Aktionäre verlangen, dass Vorgänge der Hauptversammlung in die Niederschrift aufgenommen werden. Der **Notar entscheidet insoweit nach pflichtgemäßem Ermessen, was er in das Protokoll aufnimmt**[74]. 28

Die vorgenannten Inhalte sollten auch in einem **privatschriftlichen Protokoll** enthalten sein[75]. Der Gesetzgeber wollte mit der Möglichkeit des Verzichts auf notarielle Beurkundung von Standardbeschlüssen (Gewinnverwendung, Entlastung, Bestellung des Abschlussprüfers) nicht die inhaltlichen Anforderungen an die Niederschrift herabsetzen, sondern nur die nicht börsennotierten Gesellschaften von Kosten entlasten[76]. 29

### 3. Fakultativer Inhalt des Protokolls

Üblicherweise werden die anwesenden Mitglieder des Vorstands und des Aufsichtsrats zu Beginn der Niederschrift aufgezählt[77]. Anfang und Ende der Hauptversammlung sowie Unterbrechungen sind zweckmäßigerweise in der Niederschrift zu vermerken[78]. 30

---

67 OLG Düsseldorf v. 28.3.2003 – 16 U 79/02, AG 2003, 510, 513; *Kubis* in MünchKomm. AktG, 2. Aufl., § 130 AktG Rz. 61; *Schulte*, AG 1985, 33, 39; *Zöllner* in KölnKomm. AktG, 1. Aufl., § 130 AktG Rz. 45.
68 A.A. (nur sinnvoll) *Zöllner* in KölnKomm. AktG, 1. Aufl., § 130 AktG Rz. 49; *Kubis* in MünchKomm. AktG, 2. Aufl., § 130 AktG Rz. 44; *Werner* in Großkomm. AktG, 4. Aufl., § 130 AktG Rz. 43; *Wicke* in Spindler/Stilz, § 130 AktG Rz. 14 je m.w.N.
69 *Wicke* in Spindler/Stilz, § 130 AktG Rz. 13.
70 Indifferent *Wicke* in Spindler/Stilz, § 130 AktG Rz. 13 f.
71 *Wicke* in Spindler/Stilz, § 130 AktG Rz. 13.
72 *Wicke* in Spindler/Stilz, § 130 AktG Rz. 13; *Faßbender*, RNotZ 2009, 425, 443.
73 Weitergehend: *Zöllner* in KölnKomm. AktG, 1. Aufl., § 130 AktG Rz. 47: auch inwieweit Stimmverbote beachtet wurden.
74 OLG Stuttgart v. 3.12.2008 – 20 W 12/08, AG 2009, 204; *Kubis* in MünchKomm. AktG, 2. Aufl., § 130 AktG Rz. 62; *Hüffer*, § 130 AktG Rz. 5 f.
75 *Butzke* in Obermüller/Werner/Winden, Die Hauptversammlung der Aktiengesellschaft, Rz. N 24; a.A.: *Kubis* in MünchKomm. AktG, 2. Aufl., § 130 AktG Rz. 8; *Wicke* in Spindler/Stilz, § 130 AktG Rz. 13.
76 Begr. RegE BT-Drucks. 12/6721, S. 9.
77 *Kubis* in MünchKomm. AktG, 2. Aufl., § 130 AktG Rz. 45; *Werner* in Großkomm. AktG, 4. Aufl., § 130 AktG Rz. 43; *Schulte*, AG 1985, 33, 37.
78 *Kubis* in MünchKomm. AktG, 2. Aufl., § 130 AktG Rz. 62; *Wilhelmi*, BB 1987, 1331, 1335.

## III. Protokollführer

### 1. Notar (§ 130 Abs. 1 Satz 1)

31 Grundsätzlich ist die **Niederschrift** von einem Notar aufzunehmen. Dieser wird von der Gesellschaft, vertreten durch den Vorstand, beauftragt[79]. Die Hauptversammlung hat auf die Person des Notars keinen Einfluss. Nimmt der Notar die Beurkundung außerhalb seines Amtsbezirks vor, hat dies gem. § 2 BeurkG auf die Wirksamkeit der Urkunde keinen Einfluss[80]. Zur Auslandsbeurkundung Rz. 44.

32 Das notarielle Protokoll ist **öffentliche Urkunde im Sinne von § 415 ZPO**[81], während die privatschriftliche Niederschrift der freien richterlichen Beweiswürdigung gem. § 286 ZPO unterliegt[82].

33 Wegen der konstitutiven Bedeutung der notariellen Niederschrift für die in der Hauptversammlung gefassten Beschlüsse (Rz. 14) wird in zahlreichen Fällen ein weiterer Notar (**Zweitnotar**) hinzugezogen, der das notarielle Protokoll erstellen soll, wenn der Erstnotar vor Fertigstellung der Niederschrift (Rz. 50) ausfällt[83]. Das ist zulässig. Voraussetzung ist allerdings, dass der Zweitnotar mit der Anfertigung des Protokolls auflösend bedingt beauftragt wird. Auflösende Bedingung ist die Fertigstellung der Niederschrift durch den Erstnotar[84]. Nur so kann verhindert werden, dass zwei (sich möglicherweise widersprechende) Protokolle einer Hauptversammlung existieren[85]. Statthaft soll demgegenüber die sukzessive oder chronologische Beurkundung durch mehrere Notare sein[86].

34 Beurkundungsrechtlich ist die Hinzuziehung eines weiteren Notars als **Hilfsperson des Erstnotars zur Aufnahme von Widersprüchen und unbeantworteten Fragen** nicht unproblematisch. Dies wird man nur unter der Voraussetzung für zulässig erachten können, dass der als Hilfsperson agierende Notar hierüber eine eigene Urkunde aufstellt, die der Erstnotar unter Hinweis darauf, dass die darin beurkundeten Tatsachen nicht auf seiner eigenen Wahrnehmung beruhen, als Anlage zu seiner Niederschrift nimmt[87]. Da die Protokollierung von Widersprüchen und unbeantworteten Fragen jedoch nur beweissichernde Funktion hat, führt eine abweichende Vorgehensweise weder zur Anfechtbarkeit noch zur Nichtigkeit der Beschlüsse[88].

---

79 *Kubis* in MünchKomm. AktG, 2. Aufl., § 130 AktG Rz. 13; *Hüffer*, § 130 AktG Rz. 7.
80 *Kubis* in MünchKomm. AktG, 2. Aufl., § 130 AktG Rz. 10; *Hüffer*, § 130 AktG Rz. 8; *Wilhelmi*, BB 1987, 1331.
81 BGH v. 8.11.1993 – II ZR 26/93, AG 1994, 177, 178; *Kubis* in MünchKomm. AktG, 2. Aufl., § 130 AktG Rz. 1; *Krieger*, NZG 2003, 366.
82 *Kubis* in MünchKomm. AktG, 2. Aufl., § 130 AktG Rz. 1.
83 Zu weiteren Varianten der Beteiligung mehrerer Notare vgl. *Faßbender*, RNotZ 2009, 425, 451 ff.
84 *Reul/Zetzsche*, AG 2007, 561, 570; *Faßbender*, RNotZ 2009, 425, 452 f.
85 *Faßbender*, RNotZ 2009, 425, 452. Zu Unrecht unkritisch gegenüber diesem Punkt: *Reul/Zetzsche*, AG 2007, 561, 569 f. Vgl. auch BGH v. 16.2.2009 – II ZR 185/07, BGHZ 180, 9 = AG 2009, 285: Kein Verbot der Mehrfachbeurkundung.
86 *Faßbender*, RNotZ 2009, 425, 452; *Reul/Zetzsche*, AG 2007, 561, 569 f.
87 A.A. *Faßbender*, RNotZ 2009, 425, 452 und wohl auch *Reul/Zetzsche*, AG 2007, 561, die dies nur für die in § 241 Nr. 2 genannten Tatsachen fordern. Vgl. auch OLG Frankfurt v. 6.4.2009 – 5 W 7/09, GWR 2009, 113.
88 OLG Frankfurt v. 20.10.2009 – 5 U 22/09 (juris); OLG Frankfurt v. 6.4.2009 – 5 W 7/09, GWR 2009, 113; LG München v. 28.8.2008 – 5 HKO 12861/07, ZIP 2008, 2124; LG Berlin v. 11.3.2009 – 100 O 17/07, BB 2209, 1265.

## 2. Vorsitzender des Aufsichtsrats (§ 130 Abs. 1 Satz 3)

**Ausnahmsweise** kann die Niederschrift auch durch den Vorsitzenden des Aufsichts- 35
rats vorgenommen werden, wenn die Aktien der Gesellschaft nicht börsennotiert im
Sinne des § 3 Abs. 2 sind und nur Beschlüsse gefasst werden, die von Gesetzes wegen
weder fakultativ noch zwingend mindestens einer ¾-Mehrheit des bei Beschlussfassung vertretenen Grundkapitals[89] bedürfen, § 130 Abs. 1 Satz 3[90]. Zu diesen Beschlüssen gehören auch solche, die nach der Holzmüller-Gelatine-Rechtsprechung
des BGH[91] gefasst werden[92]. Die streitige Frage, ob eine privatschriftliche Niederschrift auch dann ausgeschlossen ist, wenn der Beschluss einer qualifizierten Mehrheit der Stimmen bedarf (z.B. §§ 111 Abs. 4 Satz 4 oder 103 Abs. 1 Satz 2)[93], ist zu bejahen[94]. Ist der Vorsitzende des Aufsichtsrats verhindert, kann die Niederschrift auch
vom stellvertretenden Vorsitzenden des Aufsichtsrats aufgenommen werden, § 107
Abs. 1 Satz 3[95].

**Ist der Versammlungsleiter nicht der (stellvertretende) Vorsitzende des Aufsichtsrats**, 36
steht dem Versammlungsleiter diese Befugnis nicht zu[96]. Vielmehr ist auch in einem
solchen Fall die Niederschrift vom Vorsitzenden des Aufsichtsrats oder im Falle von
dessen Verhinderung von seinem Stellvertreter anzufertigen; sind sie nicht anwesend, scheidet eine privatschriftliche Niederschrift aus. Da dem Gesetzgeber die Tatsache bekannt war, dass Versammlungsleiter auch Dritte sein können, er die Befugnis zur Erstellung eines privatschriftlichen Protokolls gleichwohl nur dem Vorsitzenden des Aufsichtsrats und nicht dem Versammlungsleiter zuerkannt hat, ist eine
analoge Anwendung der Vorschrift auf dritte Versammlungsleiter nicht statthaft. Außerdem ist zu berücksichtigen, dass die Niederschrift für die Wirksamkeit der Beschlüsse von besonderer Bedeutung ist (Rz. 14), – daher ist ihre Anfertigung durch eine eindeutig identifizierbare und besonders legitimierte Person erforderlich.

Muss auch nur ein einziger Beschluss der Hauptversammlung notariell protokolliert 37
werden, hat dies zur Folge, dass ein privatschriftliches Protokoll bzgl. nicht notariell
protokollierungsbedürftiger Beschlüsse unzulässig ist (sog. **Grundsatz der Unteilbarkeit des Hauptversammlungsprotokolls**)[97].

---

89 *Kubis* in MünchKomm. AktG, 2. Aufl., § 130 AktG Rz. 24 m.w.N. unter Hinweis auf den unklaren Gesetzeswortlaut.
90 Zur Hinweispflicht des mit der Beurkundung einer solchen Hauptversammlung beauftragten
Notars OLG Düsseldorf v. 6.12.2001 – 10 W 108/01, RNotZ 2002, 60; *Faßbender*, RNotZ
2009, 425, 428.
91 BGH v. 25.2.1982 – II ZR 174/80, BGHZ 83, 122 = ZIP 1982, 568; BGH v. 26.4.2004 – II ZR
155/02, BGHZ 159, 30 = AG 2004, 384; BGH v. 20.11.2006 – II ZR 226/05, AG 2007, 203.
92 *Flick*, NJOZ 2009, 4485, 4488; *Faßbender*, RNotZ 2009, 425, 428.
93 Vgl. dazu *Wicke* in Spindler/Stilz, § 130 AktG Rz. 38.
94 OLG Köln v. 28.2.2008 – 18 U 3/08, AG 2008, 458.
95 Zur fehlerhaften Bestellung vgl. *A. Heller*, AG 2008, 493.
96 *Mülbert* in Großkomm. AktG, 4. Aufl., Vor §§ 118–147 AktG Rz. 173; *A. Heller*, AG 2008,
493, 495; zweifelnd *Butzke* in Obermüller/Werner/Winden, Die Hauptversammlung der Aktiengesellschaft, Rz. N 18 Fn. 39; a.A. *Hüffer*, § 130 AktG Rz. 14e; *Kubis* in MünchKomm.
AktG, 2. Aufl., § 130 AktG Rz. 30; *Wicke* in Spindler/Stilz, § 130 AktG Rz. 41; *Ek*, Praxisleitfaden für die Hauptversammlung, 2. Aufl. 2010, Rz. 377; *Flick*, NJOZ 2009, 4485, 4491.
97 *Kubis* in MünchKomm. AktG, 2. Aufl., § 130 AktG Rz. 27; *Hüffer*, § 130 AktG Rz. 14c; *Wicke*
in Spindler/Stilz, § 130 AktG Rz. 40; *Flick*, NJOZ 2009, 4485, 4490; *Faßbender*, RNotZ 2009,
425, 429; zweifelnd: *Butzke* in Obermüller/Werner/Winden, Die Hauptversammlung der Aktiengesellschaft, Rz. N 20; a.A. *Blanke*, BB 1995, 681, 682; *Lutter*, AG 1994, 429, 440; *Reul/
Zetzsche*, AG 2007, 561, 666.

38  Die Erleichterungen des § 130 Abs. 1 Satz 3 gelten auch für **SE mit Sitz in Deutschland**[98].

### 3. Exkurs: Rechtsstellung des Notars

#### a) Mitwirkungsverbote

39  Der Notar ist gehindert, die Niederschrift aufzunehmen, wenn einer der **Ausschließungsgründe des § 3 BeurkG** vorliegt. Da die notarielle Niederschrift im Regelfall (zu Ausnahmen Rz. 26) keine Beurkundung von Willenserklärungen enthält, sondern nur die Wahrnehmungen des Notars wiedergibt (Tatsachenbeurkundung i.S. von §§ 36 f. BeurkG), finden die §§ 6 und 7 BeurkG regelmäßig keine Anwendung[99], d.h. Verstöße gegen das Mitwirkungsverbot haben keine Auswirkungen auf die Wirksamkeit der Beurkundung.

40  Der Notar darf die Niederschrift u.a. nicht anfertigen, wenn er oder einer seiner Sozien oder Scheinsozien (Person, mit der sich der Notar zur gemeinsamen Berufsausübung verbunden hat oder mit der er gemeinsame Geschäftsräume hat) Mitglied des Vorstands der AG ist, § 3 Abs. 1 Nr. 6 BeurkG. Entsprechendes soll auch gelten, wenn der Notar oder einer der Vorgenannten **Mitglied des Aufsichtsrats** der Gesellschaft ist[100]. Dem ist aber in Hinblick auf § 3 Abs. 3 Nr. 1 BeurkG nicht zuzustimmen; dadurch, dass der Aufsichtsrat die Gesellschaft in den Fällen des § 112 auch vertritt, wird er nicht zum Vertretungsorgan der AG[101]. Ein Mitwirkungsverbot besteht ferner, wenn der Notar an der Gesellschaft mehr als 5 % der Stimmrechte oder Aktien mit einem anteiligen Betrag am Grundkapital bzw. Nennwert von mehr als 2500,00 Euro hält, § 3 Abs. 1 Nr. 9 BeurkG, nicht aber bereits dann, wenn diese Schwelle nicht überschritten ist und Aktien des Notars oder eines seiner (Schein-)Sozien in der Hauptversammlung vertreten werden[102].

41  **Tätigkeit in derselben Angelegenheit im Sinne des § 3 Abs. 1 Nr. 7 BeurkG** liegt jedenfalls dann vor, wenn anwaltlich ein Vorgang beraten wurde, zu dem die Hauptversammlung ihre Zustimmung erteilen soll; jedenfalls bei Publikumsgesellschaften wird die Vorbefassung nicht im Auftrag aller am zu beurkundenden Vorgang beteiligten Personen (d.h. auch aller Aktionäre) ausgeübt worden sein. Darüber hinaus ist zu erwägen, ein Mitwirkungsverbot des Notars auch dann anzunehmen, wenn die anwaltliche beratende Tätigkeit sich auf für die Entlastung von Vorstand bzw. Aufsichtsrat wesentliche Vorgänge bezieht.

42  Ob **über den Wortlaut des § 3 Abs. 1 BeurkG hinaus** auch dann ein Mitwirkungsverbot besteht, wenn nicht der Notar, sondern einer seiner Sozien oder Scheinsozien eine Beteiligung im Sinne des § 3 Abs. 1 Nr. 9 BeurkG hält[103], oder wenn einer der in § 3 Abs. 1 Nr. 1 bis 3 BeurkG genannten nahen Angehörigen Mitglied des Vorstands ist[104] oder Beteiligungen an der AG hält[105], dürfte zu verneinen sein. Davon zu unterscheiden ist die Frage, ob in solchen Konstellationen die Beurkundung durch den No-

---

98  Vgl. dazu *Spindler* in Lutter/Hommelhoff, SE, Art. 53 SE-VO Rz. 30 m.w.N.; a.A. *Wicke* in Spindler/Stilz, § 130 AktG Rz. 37.
99  *Kubis* in MünchKomm. AktG, 2. Aufl., § 130 AktG Rz. 12.
100  *Hüffer*, § 130 AktG Rz. 9; *Zöllner* in KölnKomm. AktG, 1. Aufl., § 130 AktG Rz. 55; *Wicke* in Spindler/Stilz, § 130 AktG Rz. 20.
101  So aber in *Zöllner* in KölnKomm. AktG, 1. Aufl., § 130 AktG Rz. 55; *Werner* in Großkomm. AktG, 4. Aufl., § 130 AktG Rz. 82.
102  A.A. *Wicke* in Spindler/Stilz, § 130 AktG Rz. 19; *Faßbender*, RNotZ 2009, 425, 433 m.w.N.
103  So z.B. *Kubis* in MünchKomm. AktG, 2. Aufl., § 130 AktG Rz. 11.
104  Wie hier *Kubis* in MünchKomm. AktG, 2. Aufl., § 130 AktG Rz. 11.
105  So z.B. *Kubis* in MünchKomm. AktG, 2. Aufl., § 130 AktG Rz. 11.

tar (freiwillig) unterbleiben sollte, um dem Eindruck der Befangenheit vorzubeugen. Ein gesetzliches Mitwirkungsverbot dann anzunehmen, wenn die nahe stehende Person eine größere Beteiligung hält oder von dem Beschluss stärker betroffen ist als andere Organmitglieder oder Aktionäre[106], ist mangels einer für die Analogie erforderlichen Lücke abzulehnen.

Ein **Verstoß gegen die Mitwirkungsverbote** berührt weder die Wirksamkeit der Beurkundung noch die Wirksamkeit der Beschlüsse[107]. 43

### b) Auslandsbeurkundung

Findet die Hauptversammlung im Ausland statt, stellt sich die Frage, wie den Erfordernissen des § 130 Abs. 1 Satz 1 genügt werden kann (dazu auch § 121 Rz. 88). Rechtlich unproblematisch ist die Beurkundung durch **Konsularbeamte** im Ausland gem. §§ 10 ff. KonsularG. Zulässig dürfte auch die Beurkundung durch **ausländische Notare sein, wenn die Beurkundung gleichwertig ist**[108]. Jedoch ist zu berücksichtigen, dass Registergerichte die Eintragung von im Ausland beurkundeten Grundlagenbeschlüssen teilweise ablehnen und auch die stattgehabte Eintragung im Handelsregister die etwaige Nichtigkeit des Beschlusses infolge fehlender Beurkundung erst drei Jahre nach der Handelsregistereintragung heilt (§ 242)[109]. 44

### c) Pflichten des Notars

§ 17 BeurkG, der dem Notar bei der Beurkundung von Willenserklärungen umfassende Prüfungs-, Belehrungs- und Einwirkungspflichten auferlegt, gilt hier nicht[110]. Gleichwohl obliegen ihm aufgrund seiner Stellung als Träger eines öffentlichen Amts und als Organ der Rechtpflege **gewisse Prüfungs- und Hinweispflichten in Hinblick auf einen ordnungsgemäßen Ablauf der Hauptversammlung**[111]. Umfang und Reichweite der Notarpflichten hängen von den Umständen des Einzelfalls (anwaltliche Beratung bzw. Erfahrung der Gesellschaft) ab. Auf schwerwiegende evidente Verstöße gegen Gesetz und Satzung sind Gesellschaft bzw. Versammlungsleiter jedoch stets hinzuweisen und ist ein entsprechender Vermerk in die Niederschrift aufzunehmen[112]. 45

**Beispielsweise** bezieht sich nach h.M. die Prüfungs- und Hinweispflicht auf die ordnungsgemäße Bekanntmachung von Einberufung, Tagesordnung und Beschlussvorschlägen (§§ 121, 123 und 124), Ordnungsgemäßheit von Zugangskontrolle und Teilnehmerverzeichnis, Beachtung von Stimmverboten, Verständlichkeit der Erläuterung des Abstimmungsverfahrens, ordnungsgemäße Durchführung der Abstimmungen (Stimmabgabe, jedoch keine Pflicht, die Ermittlung des Abstimmungsergebnisses zu überwachen[113]) oder Feststellung der Beschlüsse. Die **Anforderungen an die Prüfungspflicht** sind aber nicht zu überspannen. Vermieden werden soll nur, dass der Notar 46

---

106 So z.B. *Wicke* in Spindler/Stilz, § 130 AktG Rz. 19.
107 *Hüffer*, § 130 AktG Rz. 10.
108 *Kubis* in MünchKomm. AktG, 2. Aufl., § 130 AktG Rz. 9; *Butzke* in Obermüller/Werner/Winden, Die Hauptversammlung der Aktiengesellschaft, Rz. N 14. A.A. wohl *Wicke* in Spindler/Stilz, § 130 AktG Rz. 18.
109 Zur Auslandsbeurkundung ausführlich *Ziemons* in Nirk/Ziemons/Binnewies, Hdb. AG, Rz. I 2.56 ff.
110 *Hüffer*, § 130 AktG Rz. 12.
111 *Hüffer*, § 130 AktG Rz. 12.
112 *Winkler*, BeurkG, 16. Aufl. 2008, Vor § 36 Rz. 14.
113 BGH v. 16.2.2009 – II ZR 185/07, BGHZ 180, 9 = AG 2009, 285; OLG Düsseldorf v. 28.3.2003 – 16 U 79/02, NZG 2003, 816.

"gleichsam mit geschlossenen Augen beurkundet"[114] und nicht darauf achtet, dass die Hauptversammlung in gesetzmäßigen Bahnen verläuft[115]. Der Notar muss ferner darauf hinwirken, dass den Aktionären Gelegenheit gegeben wird, nicht beantwortete Fragen gem. § 131 Abs. 5 oder Widersprüche gegen festgestellte Beschlüsse protokollieren zu lassen[116].

47 Ob der Notar über § 4 BeurkG hinaus berechtigt ist, **die Beurkundung anfechtbarer**[117] **oder nichtiger**[118] **Beschlüsse zu verweigern**, ist umstritten[119], dürfte aber in beiden Alternativen zu verneinen sein[120]; arg. §§ 249, 242. Der Notar ist jedoch berechtigt[121] (und bei evidenten Gesetzes- oder Satzungsverstößen: verpflichtet), seine Bedenken gegen die Wirksamkeit des Beschlusses in der Niederschrift festzuhalten.

## IV. Erstellung der Niederschrift

### 1. Zeitpunkt

48 Die Niederschrift kann vor Beginn der Hauptversammlung vorbereitet werden, um dem Protokollanten die Arbeit zu erleichtern. Sie ist nach allgemeiner Auffassung **in der Hauptversammlung** anzufertigen[122]. Dabei sind die Wahrnehmungen des Protokollierenden schriftlich (auch in Kurzschrift) festzuhalten[123]. Der Protokollierende kann sich während der Hauptversammlung auch Hilfspersonen (Stenograph, sonstige Mitarbeiter etc.) bedienen[124]. Als Gedächtnisstütze kann der Notar außerdem technische Hilfsmittel, z.B. sein Diktiergerät, nutzen.

49 Die Niederschrift muss nicht in unmittelbarem Anschluss an die Hauptversammlung oder gar in der Hauptversammlung fertig gestellt werden[125]. Dies kann **auch im Nachgang zur Versammlung** erfolgen, muss jedoch so rechtzeitig sein, dass der Vorstand seiner Pflicht zur unverzüglichen Einreichung der Niederschrift zum Handelsregister gem. § 130 Abs. 5 (Rz. 63) nachkommen kann.

50 Die Niederschrift ist mit Unterzeichnung durch den Notar bzw. im Falle des § 130 Abs. 1 Satz 3 den Vorsitzenden des Aufsichtsrats fertig gestellt. Zu beachten ist dabei, dass nur **die vom Notar autorisierte Endfassung** eine wirksame Niederschrift ist. Die regelmäßig nach Beendigung der Hauptversammlung unterzeichnete „Rohfassung"

---

114 *Zöllner* in KölnKomm. AktG, 1. Aufl., § 130 AktG Rz. 64; zu weitgehend daher die Pflichten, die z.B. bei *Kubis* in MünchKomm. AktG, 2. Aufl., § 130 AktG Rz. 32 ff.; *Wicke* in Spindler/Stilz, § 130 AktG Rz. 29 ff. oder *Faßbender*, RNotZ 2009, 425, 435 f. genannt sind.
115 *Werner* in Großkomm. AktG, 4. Aufl., § 130 AktG Rz. 96 f.
116 Zutreffend *Kubis* in MünchKomm. AktG, 2. Aufl., § 130 AktG Rz. 36; *Faßbender*, RNotZ 2009, 425,437.
117 So wohl *Zöllner* in KölnKomm. AktG, 1. Aufl., § 130 AktG Rz. 15 f.; a.A. *Hüffer*, § 130 AktG Rz. 13; *Kubis* in MünchKomm. AktG, 2. Aufl., § 130 AktG Rz. 37; *Werner* in Großkomm. AktG, 4. Aufl., § 130 AktG Rz. 94.
118 So z.B. *Preuß* in Armbrüster/Preuß/Renner, BeurkG, 5. Aufl. 2009, § 37 Rz. 33; *Hüffer*, § 130 AktG Rz. 13; *Kubis* in MünchKomm. AktG, 2. Aufl., § 130 AktG Rz. 37; *Werner* in Großkomm. AktG, 4. Aufl., § 130 AktG Rz. 90; *Wicke* in Spindler/Stilz, § 130 AktG Rz. 22; differenzierend: *Faßbender*, RNotZ 2009, 425,431.
119 Vgl. dazu auch *Zöllner* in KölnKomm. AktG, 1. Aufl., § 130 AktG Rz. 11 ff.
120 *Butzke* in Obermüller/Werner/Winden, Die Hauptversammlung der Aktiengesellschaft, Rz. N 12.
121 *Kubis* in MünchKomm. AktG, 2. Aufl., § 130 AktG Rz. 37; *Butzke* in Obermüller/Werner/Winden, Die Hauptversammlung der Aktiengesellschaft, Rz. N 12.
122 *Kubis* in MünchKomm. AktG, 2. Aufl., § 130 AktG Rz. 16 m.w.N.
123 *Kubis* in MünchKomm. AktG, 2. Aufl., § 130 AktG Rz. 16.
124 *Kubis* in MünchKomm. AktG, 2. Aufl., § 130 AktG Rz. 17.
125 BGH v. 16.2.2009 – II ZR 185/07, BGHZ 180, 9 = AG 2009, 285.

des Protokolls ist nach der BGH-Rechtsprechung[126] nur ein Entwurf. Da die Beurkundung der Feststellungen des Versammlungsleiters konstitutiv für Hauptversammlungsbeschlüsse ist (Rz. 14), bedeutet das, dass vor der Autorisierung der Niederschrift durch den Notar die in der Hauptversammlung gefassten Beschlüsse (noch) nicht wirksam sind. Diese „Nebenwirkung" der BGH-Rechtsprechung gilt es im Auge zu behalten, wenn Beschlüsse unmittelbar nach Beendigung der Hauptversammlung durchgeführt werden, wie etwa die Auszahlung der Dividende[127].

## 2. Formalien

### a) Sprache

Die Niederschrift **soll in deutscher Sprache** erfolgen; sie kann aber auch in einer Fremdsprache angefertigt werden, wenn die Hauptversammlung in dieser abgehalten wird und der Protokollant ihrer mächtig ist[128]; einer Zustimmung aller Aktionäre bedarf es nicht[129], jedoch darf kein Aktionär der Niederschrift in fremder Sprache widersprechen[130]. Zum Zwecke der bloßen Einreichung der Niederschrift zum Handelsregister braucht keine Übersetzung angefertigt zu werden[131]; die Notwendigkeit einer **Übersetzung** besteht nur insoweit, als Beschlüsse der Hauptversammlung zur Eintragung angemeldet werden. Aus der Öffentlichkeit des Handelsregisters i.V.m. § 184 GVG folgt jedenfalls nicht, dass zum Handelsregister einzureichende Unterlagen stets in deutscher Sprache abgefasst sein müssen[132]; die Rechtsprechung zur Übersetzungsbedürftigkeit der Satzung ist wegen deren Eintragungsbedürftigkeit und ihrer größeren Bedeutung für die Information des Rechtsverkehrs nicht auf das bloß zum Handelsregister eingereichte und nicht zur Anlage einer Anmeldung gemachte Protokoll übertragbar. Aus § 11 HGB i.d.F. des EHUG ergibt sich nichts anderes. 51

### b) Unterzeichnung

Die Niederschrift ist vom Notar bzw. im Fall des § 130 Abs. 1 Satz 3 vom Vorsitzenden des Aufsichtsrats eigenhändig zu unterzeichnen. In räumlicher Nähe zur Unterschrift sollte zusätzlich die **Amts- bzw. Funktionsbezeichnung** (Notar bzw. Vorsitzender des Aufsichtsrats) angebracht werden[133]. § 130 Abs. 4, der die Unterzeichnung durch den Notar bei gleichzeitiger Entbehrlichkeit der Zuziehung von Zeugen anordnet, ist überflüssig: Die Pflicht zur Unterzeichnung ergibt sich für den Notar bereits aus § 37 Abs. 3 i.V.m. § 13 Abs. 3 BeurkG. In der notariellen Urkunde muss nur das Datum der Hauptversammlung, nicht aber der Tag der Fertigstellung der Niederschrift angegeben werden[134]. 52

---

126 BGH v. 16.2.2009 – II ZR 185/07, BGHZ 180, 9 = AG 2009, 285; *Brambring* in FS Lüer, 2008, S. 161, 163.
127 Vgl. dazu *Ludwig*, ZNotP 2008, 345, 350 ff.
128 *Hüffer*, § 130 AktG Rz. 11; *Werner* in Großkomm. AktG, 4. Aufl., § 130 AktG Rz. 47; *Wicke* in Spindler/Stilz, § 130 AktG Rz. 24; a.A. *Zöllner* in KölnKomm. AktG, 1. Aufl., § 130 AktG Rz. 77.
129 A.A. *Kubis* in MünchKomm. AktG, 2. Aufl., § 130 AktG Rz. 18; *Butzke* in Obermüller/Werner/Winden, Die Hauptversammlung der Aktiengesellschaft, Rz. N 21; *Faßbender*, RNotZ 2009, 425, 454 je m.w.N.
130 *Preuß* in Armbrüster/Preuß/Renner, BeurkG, 5. Aufl. 2009, § 37 Rz. 10.
131 A.A. *Werner* in Großkomm. AktG, 4. Aufl., § 130 AktG Rz. 47; *Wicke* in Spindler/Stilz, § 130 AktG Rz. 24; *Butzke* in Obermüller/Werner/Winden, Die Hauptversammlung der Aktiengesellschaft, Rz. N 21, je m.w.N.
132 So aber *Kubis* in MünchKomm. AktG, 2. Aufl., § 130 AktG Rz. 18.
133 *Kubis* in MünchKomm. AktG, 2. Aufl., § 130 AktG Rz. 19.
134 BGH v. 16.2.2009 – II ZR 185/07, BGHZ 180, 9 = AG 2009, 285.

### c) Berichtigungen

53 **Bis zur Unterzeichnung** können vom Protokollanten uneingeschränkt Ergänzungen und Berichtigungen vorgenommen werden[135].

54 Nach Unterzeichnung aber **vor Erteilung von Ausfertigungen und Abschriften** (bzw. im Falle des privatschriftlichen Protokolls: vor Übergabe an die Gesellschaft) gilt das Gleiche[136]: Im Interesse der Richtigkeit der Niederschrift müssen Berichtigungen und Ergänzungen gestattet sein, zumal die Rechtssicherheit hierunter nicht leidet, da die Niederschrift den Herrschaftsbereich des Protokollanten (Notar, Aufsichtsratsvorsitzender) noch nicht verlassen hat. Diese Sichtweise wurde vom BGH[137] bestätigt.

55 **Nach Erteilung von Ausfertigungen, Abschriften etc.** sollen nach zweifelhafter h. M.[138] in der aktienrechtlichen Literatur nur noch Änderungen in Hinblick auf offenbare Unrichtigkeiten im Sinne des § 44a Abs. 2 Satz 1 und 2 BeurkG zulässig sein[139]. Richtig dürfte indes sein, auch die Korrektur solcher nicht offenbarer Unrichtigkeiten der Niederschrift, die mit den eigenen Wahrnehmungen des Notars nicht übereinstimmen, im Wege der **ergänzenden Niederschrift nach § 44a Abs. 2 Satz 3 BeurkG** zuzulassen[140]. Der Zustimmung des Versammlungsleiters oder der in der Hauptversammlung anwesenden Aktionäre bedarf es dazu nicht[141], da diese nicht Beteiligte der Urkunde sind – der einzige Urkundsbeteiligte ist der Notar. Rechtssicherheit und Rechtsverkehr haben ein größeres Interesse an richtigen Urkunden, mag auch nach deren Berichtigung die ein- oder andere unrichtig gewordene Ausfertigung oder Abschrift in der Welt sein, als daran, dass unrichtige Urkunden weiter existieren. Im Übrigen: Erfolgt die Berichtigung nach Erteilung von Ausfertigungen oder Abschriften, muss der Notar den Empfängern der Ausfertigungen etc. eine berichtigte Ausfertigung zur Verfügung stellen; man wird ihn auch für verpflichtet ansehen, die berichtigte Niederschrift zum Handelsregister einzureichen, damit der Rechtsschein der ursprünglich zum Handelsregister eingereichten Urkunde zerstört wird. Schließlich ist zu erwägen, die Möglichkeit der Berichtigung zeitlich einzuschränken, etwa dahingehend, dass eine Berichtigung von inhaltlichen Fehlern nur solange möglich ist, als keine Eintragungen im Handelsregister aufgrund des zu berichtigenden Beschlusses erfolgt sind.

---

135 *Zöllner* in KölnKomm. AktG, 1. Aufl., § 130 AktG Rz. 78; *Kubis* in MünchKomm. AktG, 2. Aufl., § 130 AktG Rz. 20 je m.w.N.
136 OLG Frankfurt v. 24.6.2009 – 23 U 90/07, AG 2009, 542; *Zöllner* in KölnKomm. AktG, 1. Aufl., § 130 AktG Rz. 78; *Kubis* in MünchKomm. AktG, 2. Aufl., § 130 AktG Rz. 20; *Wicke* in Spindler/Stilz, § 130 AktG Rz. 25; *Lerch*, BeurkG, 3. Aufl. 2006, § 37 Rz. 7; *Preuß* in Armbrüster/Preuß/Renner, BeurkG, 5. Aufl. 2009, § 37 Rz. 28 f.
137 BGH v. 16.2.2009 – II ZR 185/07, BGHZ 180, 9 = AG 2009, 285.
138 *Hüffer*, § 130 AktG Rz. 11a; *Kubis* in MünchKomm. AktG, 2. Aufl., § 130 AktG Rz. 20; *Werner* in Großkomm. AktG, 4. Aufl., § 130 AktG Rz. 56; *Butzke* in Obermüller/Werner/Winden, Die Hauptversammlung der Aktiengesellschaft, Rz. N 23; a.A. *Krieger*, NZG 2003, 366, 368 ff.
139 Strenger: *Zöllner* in KölnKomm. AktG, 1. Aufl., § 130 AktG Rz. 78.
140 *Wicke* in Spindler/Stilz, § 130 AktG Rz. 26; *Winkler*, BeurkG, 16. Aufl. 2008, § 36 Rz. 8 ff.; *Preuß* in Armbrüster/Preuß/Renner, BeurkG, 5. Aufl. 2009, § 37 Rz. 29. Vgl. dazu auch *Brambring* in FS Lüer, 2008, S. 161, 169 ff.
141 So aber z.B. *Hüffer*, § 130 AktG Rz. 11a; *Butzke* in Obermüller/Werner/Winden, Die Hauptversammlung der Aktiengesellschaft, Rz. N 23; wie hier *Wicke* in Spindler/Stilz, § 130 AktG Rz. 26.

## V. Anlagen zur Niederschrift (§ 130 Abs. 3)

### 1. Einberufungsbelege

Gem. § 130 Abs. 3 sind die Belege über die Einberufung der Niederschrift beizufügen, es sei denn, sie sind unter Angabe ihres Inhalts in der Niederschrift aufgeführt. Belege über die Einberufung sind der **Ausdruck aus dem elektronischen Bundesanzeiger**[142] sowie Belegexemplare der etwaigen weiteren Gesellschaftsblätter. Bei Nutzung alternativer Einberufungsmittel im Sinne von § 121 Abs. 4 Satz 2 sind außerdem das Einberufungsschreiben sowie Einlieferungsscheine bzw. Sendeberichte etc. beizufügen[143]. 56

Nach allgemeiner Ansicht müssen die Einberufungsbelege **im Original** beigefügt werden[144]. Dem kann in dieser Allgemeinheit nicht gefolgt werden: Solange die Einberufung im gedruckten Bundesanzeiger (und ggf. weiteren Gesellschaftsblättern) veröffentlicht wurde, hatte dies seine Berechtigung – es gab Originalbelegexemplare. Mit Einführung des elektronischen Bundesanzeigers als Pflichtpublikationsorgan und Zulassung des eingeschriebenen Briefs bzw. bei entsprechender Satzungsbestimmung elektronischer Medien (z.B. E-Mail) gibt es keine Originalbelegexemplare mehr, sondern allenfalls Ausdrucke der Veröffentlichung bzw. Kopien der versandten Briefe[145]. Bei Nutzung alternativer Einberufungsmittel im Sinne von § 121 Abs. 4 Satz 2 sind außerdem Einlieferungsscheine bzw. Sendeberichte etc. beizufügen[146]. 57

Im Falle einer **Vollversammlung** kann auf die Beifügung der Einberufungsbelege verzichtet werden[147], wenn auf die Einhaltung der §§ 121 bis 128 im Sinne von § 121 Abs. 6 verzichtet wurde und dies aus dem Protokoll ersichtlich ist[148]. 58

### 2. Sonstige Anlagen

**Aufgrund besonderer gesetzlicher Anordnung** sind der Niederschrift zwingend Nachgründungsverträge (§ 52 Abs. 2 Satz 6), Verträge gem. § 179a (§ 179a Abs. 2 Satz 5) und Unternehmensverträge (§ 293g Abs. 2 Satz 2) sowie Verschmelzungs- oder Spaltungsverträge (§§ 13 Abs. 3 Satz 2 bzw. 124 UmwG) und Verträge zur Vermögensübertragung (§§ 176 Abs. 1 i.V.m. 13 Abs. 3 Satz 2 UmwG) bzw. jeweils deren Entwürfe beizufügen. In diesen Fällen kann nach zutreffender Ansicht auf die Beifügung der Verträge verzichtet werden, wenn diese notariell beurkundet wurden und die Verträge in der Niederschrift durch Angabe des Notars und der Urkundsnummer bezeichnet werden[149]. 59

Darüber hinaus können der Niederschrift weitere Dokumente als Anlage beigefügt werden, z.B. Jahres- und Konzernabschluss nebst Lageberichten[150] und Bericht des Aufsichtsrats, Berichte des Vorstands[151] zum Bezugsrechtsausschluss, zu Unterneh- 60

---

142 *Kubis* in MünchKomm. AktG, 2. Aufl., § 130 AktG Rz. 63.
143 *Wicke* in Spindler/Stilz, § 130 AktG Rz. 53; *Faßbender*, RNotZ 2009, 425, 447.
144 *Hüffer*, § 130 AktG Rz. 24 m.w.N.
145 Ähnlich *Wicke* in Spindler/Stilz, § 130 AktG Rz. 53.
146 *Wicke* in Spindler/Stilz, § 130 AktG Rz. 53.
147 *Hüffer*, § 130 AktG Rz. 24.
148 *Zöllner* in KölnKomm. AktG, 1. Aufl., § 130 AktG Rz. 98; *Kubis* in MünchKomm. AktG, 2. Aufl., § 130 AktG Rz. 63.
149 *Wicke* in Spindler/Stilz, § 130 AktG Rz. 55.
150 A.A. *Hüffer*, § 130 AktG Rz. 25; *Kubis* in MünchKomm. AktG, 2. Aufl., § 130 AktG Rz. 64 je m.w.N. Aus der (vormaligen) Handelsregisterpublizität des Abschlusses kann für diese Ansicht nichts hergeleitet werden.
151 *Hüffer*, § 130 AktG Rz. 24.

mensverträgen oder Vorgängen nach dem UmwG, Teilnehmerverzeichnisse (dazu § 129 Rz. 33).

61 Schließlich können der Niederschrift auch **Anlagen, die die Niederschrift des Notars teilweise ersetzen**, beigefügt werden. Dies betrifft etwa als unbeantwortet zu Protokoll gegebene Fragen oder die Sprechzettel des Vorsitzenden betreffend Abstimmungsergebnisse und Beschlussfeststellung. Sie können in analoger Anwendung von §§ 9 Abs. 1 Satz 2, 37 Abs. 1 Satz 2 und 3 BeurkG beigefügt und so zum Inhalt der Niederschrift werden, z.B. „Der Aktionär A rügte die in Anlage 1 wiedergegebenen Fragen als unbeantwortet".

## VI. Publizität der Niederschrift (§ 130 Abs. 5)

### 1. Einreichung zum Handelsregister

62 Die **vollständige Niederschrift** (d.h. einschließlich sämtlicher Anlagen[152]) ist durch den Vorstand (handelnd in vertretungsberechtigter Zahl) unverzüglich nach der Hauptversammlung zum Handelsregister einzureichen. Einzureichen ist eine öffentlich beglaubigte Abschrift oder Ausfertigung der notariellen Niederschrift bzw. eine Kopie (Abschrift) des privatschriftlichen Protokolls, deren Übereinstimmung mit dem Original entweder in notariell beglaubigter Form[153] oder durch (nochmalige) Unterschrift des Vorsitzenden des Aufsichtsrats bestätigt wurde[154]. Die Einreichung hat gem. § 12 Abs. 2 HGB in elektronischer Form zu erfolgen.

63 Das Gesetz stellt **keine Frist** für die Einreichung zum Handelsregister auf. Jedoch sollte die Niederschrift so frühzeitig eingereicht werden, dass ein Aktionär die Möglichkeit hat, vor Ablauf der Anfechtungsfrist des § 246 Abs. 1 vom Handelsregister einen Ausdruck bzw. eine Abschrift der Niederschrift gem. § 9 Abs. 4 HGB zu erhalten, die beurkundeten Beschlüsse auf ihre Anfechtbarkeit zu prüfen und ggf. Klage zu erheben[155]. Vor diesem Hintergrund ist das „unverzüglich" ggf. enger als in § 121 BGB zu sehen.

64 Erfolgt die Einreichung der Niederschrift nicht unverzüglich, führt dies nicht zur Anfechtbarkeit der in der Hauptversammlung gefassten Beschlüsse – dieser Verfahrensfehler kann das Mitgliedschafts- und Mitwirkungsrecht des Aktionärs nicht verletzen und ist daher irrelevant[156].

### 2. Abschriften

65 Aktionäre haben gegenüber der Gesellschaft **keinen Anspruch auf Kopien** des Hauptversammlungsprotokolls – die Gesellschaft kann sie auf § 9 Abs. 4 HGB verweisen. Es besteht auch **kein Anspruch auf Einsichtnahme** gem. § 810 BGB[157], da die Niederschrift weder im Interesse des Aktionärs aufgenommen wurde, noch die anspruchsbegründenden Inhalte des § 810 BGB aufweist. Sagt die Gesellschaft einzelnen Aktio-

---

152 A.A. *Werner* in Großkomm. AktG, 4. Aufl., § 130 AktG Rz. 60 für nicht gesetzlich geforderte Anlagen.
153 A.A. *Hüffer*, § 130 AktG Rz. 27a.
154 *Hüffer*, § 130 AktG Rz. 27a.
155 Strenger: *Reul/Zetzsche*, AG 2007, 561, 567, die auf die 2-Wochenfrist des § 132 Abs. 2 Satz 2 abstellen.
156 OLG Frankfurt v. 18.3.2008 – 5 U 171/06, AG 2008, 417; LG München v. 28.8.2008 – 5 HKO 12861/07, ZIP 2008, 2124; LG Frankfurt v. 19.6.2008 – 3-5 O 158/07, NZG 2009, 149.
157 A.A. wohl *Zöllner* in KölnKomm. AktG, 1. Aufl., § 130 AktG Rz. 89; *Kubis* in Münch-Komm. AktG, 2. Aufl., § 130 AktG Rz. 68 m.w.N. Wie hier i.E. für Wortprotokoll: *Werner* in Großkomm. AktG, 4. Aufl., § 130 AktG Rz. 121.

nären die Übersendung einer Kopie der Niederschrift (ggf. gegen Kostenerstattung) zu, muss sie den Gleichbehandlungsgrundsatz beachten.

## VII. Wortprotokoll und andere Aufzeichnungen

Die Gesellschaft kann ein **stenographisches Protokoll** der Hauptversammlung (Wortprotokoll) anfertigen. Eine Zustimmung der Aktionäre oder derjenigen, die Wortbeiträge leisten, ist hierzu nicht erforderlich[158]. Aktionäre haben nur **Anspruch auf Erteilung von Auszügen** des Wortprotokolls, die ihre Fragen und Redebeiträge sowie die sich darauf beziehenden Antworten und Stellungnahmen der Verwaltung enthalten, nicht jedoch auf das vollständige Wortprotokoll[159]. Dies führte dazu, dass sich die Aktionäre die Fragen und Beiträge aller Aktionäre zu Eigen machten, um ein vollständiges Wortprotokoll zu erhalten[160]. Die Gesellschaft hat Anspruch auf Erstattung der Kopier- und Versandkosten[161]. 66

Entsprechendes gilt auch für **Bild- und Tonaufzeichnungen** der Hauptversammlung. Hier ist jedoch zu beachten, dass derartige Aufzeichnungen nach Auffassung des BGH[162] nur zulässig sind, wenn die Aktionäre, die einen Redebeitrag leisten, der Aufzeichnung nicht widersprechen. Anderes gilt indessen, wenn die Satzung oder die Geschäftsordnung der Hauptversammlung eine § 118 Abs. 4 entsprechende Ton- und Bildübertragungsklausel enthält – in diesen Fällen ist den Aktionären die Berufung auf ihr Persönlichkeitsrecht zum Zwecke der Unterbindung der Aufzeichnung untersagt[163]. 67

**Aktionäre** können uneingeschränkt **schriftliche (auch stenographische) Aufzeichnungen** der Hauptversammlung anfertigen. Der Versammlungsleiter darf die Anfertigung einer stenographischen Mitschrift nicht untersagen[164]. 68

## VIII. Publizität der Abstimmungsergebnisse (§ 130 Abs. 6)

**Börsennotierte Aktiengesellschaften** müssen nach § 130 Abs. 6 innerhalb von 7 Tagen nach der Versammlung die festgestellten Abstimmungsergebnisse einschließlich der Detailangaben nach § 130 Abs. 2 Satz 2 auf ihrer Internetseite veröffentlichen. Nach dem Wortlaut der Vorschrift ist nur die Angabe der Abstimmungsergebnisse zu publizieren, nicht aber der Wortlaut der gefassten Beschlüsse. Sinn und Zweck der Vorschrift, die bei der Hauptversammlung nicht anwesenden Aktionäre über die gefassten Beschlüsse zu informieren[165], legen jedoch nahe, dass auch der **Wortlaut des Beschlusses** (ggf. durch Verweisung auf den im elektronischen Bundesanzeiger veröffentlichten Beschlussvorschlag) publiziert werden muss. Ratsam ist dies ohnehin, um Mitteilungsverlangen nach § 125 Abs. 4 auf ein Mindestmaß zu verringern. 69

§ 131 Abs. 6 geht über die **Vorgaben der Aktionärsrechterichtlinie** hinaus. Deren Art. 14 Abs. 2 verlangt nur die Angabe der nach Abs. 1 festgestellten Beschlussergeb- 70

---

158 *Kubis* in MünchKomm. AktG, 2. Aufl., § 130 AktG Rz. 89.
159 BGH v. 19.9.1994 – II ZR 248/92, NJW 1994, 3094; *Hüffer*, § 130 AktG Rz. 33.
160 Kritisch: *Kubis* in MünchKomm. AktG, 2. Aufl., § 130 AktG Rz. 93; *Butzke* in Obermüller/Werner/Winden, Die Hauptversammlung der Aktiengesellschaft, Rz. N 47; a.A. *Wicke* in Spindler/Stilz, § 130 AktG Rz. 66.
161 *Hüffer*, § 130 AktG Rz. 33; *Kubis* in MünchKomm. AktG, 2. Aufl., § 130 AktG Rz. 94.
162 BGH v. 19.9.1994 – II ZR 248/92, NJW 1994, 3094.
163 *Kubis* in MünchKomm. AktG, 2. Aufl., § 130 AktG Rz. 89.
164 BGH v. 19.9.1994 – II ZR 248/92, BGHZ 127, 107 = AG 1994, 559; LG München v. 16.8.2007 – 5 HKO 17682/06, EWiR 2008, 33.
165 Vgl. Begr. EU-Kommission zum Richtlinienvorschlag, KOM (2005) 685 endg., S. 9.

nisse. Sofern von der Möglichkeit der vereinfachten Beschlussfeststellung nach Art. 14 Abs. 1 UAbs. 1 der Richtlinie (d.h. § 131 Abs. 2 Satz 3) Gebrauch gemacht wurde, ist nach der Richtlinie nur erforderlich, dass für jeden Beschluss veröffentlicht wird, dass die erforderliche Mehrheit erreicht wurde bzw. nicht erreicht wurde. Da die Richtlinie insoweit nur einen Mindeststandard vorsieht, ist dies aber unschädlich.

71 Das Erfordernis der detaillierten Angabe der Abstimmungsergebnisse nach § 130 Abs. 6 hat aber zur Folge, dass auch die für die Detailangaben nach § 130 Abs. 2 Satz 2 erforderlichen Feststellungen in der Hauptversammlung getroffen werden müssen[166].

## § 131
## Auskunftsrecht des Aktionärs

(1) Jedem Aktionär ist auf Verlangen in der Hauptversammlung vom Vorstand Auskunft über Angelegenheiten der Gesellschaft zu geben, soweit sie zur sachgemäßen Beurteilung des Gegenstands der Tagesordnung erforderlich ist. Die Auskunftspflicht erstreckt sich auch auf die rechtlichen und geschäftlichen Beziehungen der Gesellschaft zu einem verbundenen Unternehmen. Macht eine Gesellschaft von den Erleichterungen nach § 266 Abs. 1 Satz 2, § 276 oder § 288 des Handelsgesetzbuchs Gebrauch, so kann jeder Aktionär verlangen, dass ihm in der Hauptversammlung über den Jahresabschluss der Jahresabschluss in der Form vorgelegt wird, die er ohne Anwendung dieser Vorschriften hätte. Die Auskunftspflicht des Vorstands eines Mutterunternehmens (§ 290 Abs. 1, 2 des Handelsgesetzbuchs) in der Hauptversammlung, der der Konzernabschluss und der Konzernlagebericht vorgelegt werden, erstreckt sich auch auf die Lage des Konzerns und der in den Konzernabschluss einbezogenen Unternehmen.

(2) Die Auskunft hat den Grundsätzen einer gewissenhaften und getreuen Rechenschaft zu entsprechen. Die Satzung oder die Geschäftsordnung gemäß § 129 kann den Versammlungsleiter ermächtigen, das Frage- und Rederecht des Aktionärs zeitlich angemessen zu beschränken, und Näheres dazu bestimmen.

(3) Der Vorstand darf die Auskunft verweigern,
1. soweit die Erteilung der Auskunft nach vernünftiger kaufmännischer Beurteilung geeignet ist, der Gesellschaft oder einem verbundenen Unternehmen einen nicht unerheblichen Nachteil zuzufügen;
2. soweit sie sich auf steuerliche Wertansätze oder die Höhe einzelner Steuern bezieht;
3. über den Unterschied zwischen dem Wert, mit dem Gegenstände in der Jahresbilanz angesetzt worden sind, und einem höheren Wert dieser Gegenstände, es sei denn, dass die Hauptversammlung den Jahresabschluss feststellt;
4. über die Bilanzierungs- und Bewertungsmethoden, soweit die Angabe dieser Methoden im Anhang ausreicht, um ein den tatsächlichen Verhältnissen entsprechendes Bild der Vermögens-, Finanz- und Ertragslage der Gesellschaft im Sinne des § 264 Abs. 2 des Handelsgesetzbuchs zu vermitteln; dies gilt nicht, wenn die Hauptversammlung den Jahresabschluss feststellt;

---

166 *Hüffer*, § 130 AktG Rz. 29a.

5. soweit sich der Vorstand durch die Erteilung der Auskunft strafbar machen würde;
6. soweit bei einem Kreditinstitut oder Finanzdienstleistungsinstitut Angaben über angewandte Bilanzierungs- und Bewertungsmethoden sowie vorgenommene Verrechnungen im Jahresabschluss, Lagebericht, Konzernabschluss oder Konzernlagebericht nicht gemacht zu werden brauchen;
7. soweit die Auskunft auf der Internetseite der Gesellschaft über mindestens sieben Tage vor Beginn und in der Hauptversammlung durchgängig zugänglich ist.

Aus anderen Gründen darf die Auskunft nicht verweigert werden.

(4) Ist einem Aktionär wegen seiner Eigenschaft als Aktionär eine Auskunft außerhalb der Hauptversammlung gegeben worden, so ist sie jedem anderen Aktionär auf dessen Verlangen in der Hauptversammlung zu geben, auch wenn sie zur sachgemäßen Beurteilung des Gegenstands der Tagesordnung nicht erforderlich ist. Der Vorstand darf die Auskunft nicht nach Absatz 3 Satz 1 Nr. 1 bis 4 verweigern. Sätze 1 und 2 gelten nicht, wenn ein Tochterunternehmen (§ 290 Abs. 1, 2 des Handelsgesetzbuchs), ein Gemeinschaftsunternehmen (§ 310 Abs. 1 des Handelsgesetzbuchs) oder ein assoziiertes Unternehmen (§ 311 Abs. 1 des Handelsgesetzbuchs) die Auskunft einem Mutterunternehmen (§ 290 Abs. 1, 2 des Handelsgesetzbuchs) zum Zwecke der Einbeziehung der Gesellschaft in den Konzernabschluss des Mutterunternehmens erteilt und die Auskunft für diesen Zweck benötigt wird.

(5) Wird einem Aktionär eine Auskunft verweigert, so kann er verlangen, dass seine Frage und der Grund, aus dem die Auskunft verweigert worden ist, in die Niederschrift über die Verhandlung aufgenommen werden.

| | |
|---|---|
| I. Grundlagen . . . . . . . . . . . . . . . . . . 1 | b) Grundsätze für die Beurteilung . . . 30 |
| 1. Regelungszweck . . . . . . . . . . . . . . 1 | c) Darlegungslast für die Erforderlichkeit . . . . . . . . . . . . . . . . . . . . 34 |
| 2. Entstehungsgeschichte . . . . . . . . . . 2 | |
| 3. Rechtsnatur; Allgemeiner Rechenschaftsanspruch . . . . . . . . . . . . . 4 | d) Quantitative Grenzen für Auskunftsbegehren durch die Beurteilungserheblichkeit . . . . . . . . . 35 |
| 4. Regelungen in Satzung oder Geschäftsordnung . . . . . . . . . . . . . 8 | 3. Verbundene Unternehmen (§ 131 Abs. 1 Satz 2, 4) . . . . . . . . . 37 |
| 5. Praktische Bedeutung . . . . . . . . . . 11 | a) Allgemeines . . . . . . . . . . . . . . . . 37 |
| 6. Verhältnis zu anderen Publizitäts- und Informationspflichten . . . . . . . 12 | b) Begriff des verbundenen Unternehmens . . . . . . . . . . . . . . . . . 39 |
| II. Voraussetzungen des Auskunftsrechts (§ 131 Abs. 1 Satz 1) . . . . . . . 13 | c) Rechtliche und geschäftliche Beziehungen . . . . . . . . . . . . . . . 40 |
| 1. Gläubiger des Auskunftsanspruchs . 13 | d) Angelegenheiten verbundener Unternehmen als Angelegenheiten der Gesellschaft . . . . . . . . . . . . 41 |
| a) Aktionär i.S. von § 131 Abs. 1 Satz 1 . . . . . . . . . . . . . . . . . . . . 13 | |
| b) Rechtsausübung durch Dritte . . . 15 | e) Lage des Konzerns und konsolidierter Unternehmen (§ 131 Abs. 1 Satz 4) . . . . . . . . . . . . . . . 42 |
| 2. Schuldner des Auskunftsanspruchs . 16 | |
| 3. Auskunftsverlangen . . . . . . . . . . . 20 | 4. Vorlage des vollständigen Jahresabschlusses (§ 131 Abs. 1 Satz 3) . . . . . 43 |
| III. Gegenstand und Umfang des Auskunftsrechts (§ 131 Abs. 1 Satz 1, 2, 4) . . . . . . . . . . . . . . . . . . 28 | 5. Einzelfragen zur Erforderlichkeit der Auskunft . . . . . . . . . . . . . . . . 44 |
| 1. Angelegenheiten der Gesellschaft (§ 131 Abs. 1 Satz 1) . . . . . . . . . . . 28 | a) Jahresabschluss . . . . . . . . . . . . . 45 |
| | b) Gewinnverwendung . . . . . . . . . 47 |
| 2. Erforderlichkeit zur sachgemäßen Beurteilung von Gegenständen der Tagesordnung . . . . . . . . . . . . . . . 29 | c) Entlastung der Mitglieder des Vorstands und des Aufsichtsrats; Vorstandsbezüge . . . . . . . . . . . . 48 |
| a) Regelungszweck . . . . . . . . . . . . 29 | d) Wahl des Abschlussprüfers . . . . . 55 |
| | e) Wahl des Aufsichtsrats . . . . . . . . 56 |

f) Minderheitsbeteiligungen ..... 57
**IV. Auskunftserteilung in der Hauptversammlung** ............ 59
1. Allgemeines ............... 59
2. Zeitpunkt und Form der Auskunftserteilung .................. 60
   a) Zeitpunkt der Auskunftserteilung 60
   b) Grundsatz der Mündlichkeit .... 61
   c) Vereinbarungen über die nachträgliche schriftliche Auskunftserteilung ................. 62
3. Grundsätze gewissenhafter und getreuer Rechenschaft (§ 131 Abs. 2 Satz 1) ................... 63
4. Pflicht des Vorstands zu angemessener Vorbereitung .............. 64
   a) Grundsatz ............... 64
   b) Grenzen ................ 65
**V. Beschränkung des Frage- und Rederechts (§ 131 Abs. 2 Satz 2)** ...... 66
**VI. Auskunftsverweigerungsgründe (§ 131 Abs. 3)** ................ 70
1. Allgemeines ............... 70
2. Auskunftsverweigerungsgründe im Einzelnen ................ 74
   a) Nachteilszufügung (§ 131 Abs. 3 Satz 1 Nr. 1) .............. 74
   b) Steuerliche Wertansätze und Höhe der Steuern (§ 131 Abs. 3 Satz 1 Nr. 2) ................. 78
   c) Stille Reserven (§ 131 Abs. 3 Satz 1 Nr. 3) .............. 80
   d) Bilanzierungs- und Bewertungsmethoden (§ 131 Abs. 3 Satz 1 Nr. 4) . 81
   e) Strafbarkeit der Auskunftserteilung (§ 131 Abs. 3 Satz 1 Nr. 5) ... 82
   f) Kredit- und Finanzdienstleistungsinstitut (§ 131 Abs. 3 Satz 1 Nr. 6) . 86
   g) Anderweitige Bekanntmachung oder Beantwortung (§ 131 Abs. 3 Satz 1 Nr. 7) ............ 88

**VII. Weitere Schranken des Auskunftsrechts (Treuepflicht und Rechtsmissbrauch)** ............... 91
1. Allgemeines ............... 91
2. Fallgruppen ................ 92
   a) Grob eigennützige, illoyale Rechtsausübung ........... 92
   b) Übermäßige Rechtsausübung .... 93
   c) Widersprüchliche Rechtsausübung 94
**VIII. Erweiterte Auskunftspflicht (§ 131 Abs. 4)** ............. 95
1. Allgemeines ............... 95
2. Voraussetzungen ............ 96
   a) Auskunftserteilung durch die Gesellschaft außerhalb der Hauptversammlung ............ 96
   b) Auskunftserteilung an einen Aktionär wegen seiner Eigenschaft als Aktionär ........... 97
      aa) Allgemeines ........... 97
      bb) Verbundene Unternehmen ... 99
   c) Auskunftsverlangen in der Hauptversammlung ............ 103
3. Rechtsfolgen ............... 104
**IX. Aufnahme in die Niederschrift (§ 131 Abs. 5)** ............. 107
**X. Besonderheiten der elektronischen Hauptversammlung (§ 118 Abs. 1 Satz 2)** .................. 108
1. Fragerecht ................ 109
2. Rederecht ................ 113
3. Rechtsfolgen .............. 114
**XI. Rechtsfolgen der Verletzung des Auskunftsrechts** ............ 115
1. Anfechtungsklage ............ 116
2. Schadensersatzpflicht .......... 117
3. Sonderprüfung und Strafbarkeit .... 118

**Literatur:** *Bachmann,* Kapitalmarktpublizität und informationelle Gleichbehandlung, in FS Schwark, 2009, S. 331; *Barz,* Das Auskunftsrecht nach §§ 131, 132 AktG in der Rechtsprechung, in FS Möhring, 1975, S. 153; *Benner-Heinacher,* Kollidiert die Auskunftspflicht des Vorstands mit dem Insidergesetz?, DB 1995, 765; *Casper,* Informationsrechte der Aktionäre, in Bayer/Habersack, Aktienrecht im Wandel, Bd. II, 2007, S. 546; *Decher,* Information im Konzern und Auskunftsrecht der Aktionäre gem. § 131 Abs. 4 AktG, ZHR 158 (1994), 473; *Druey,* Die Pflicht zur Halbwahrheit, in FS K. Schmidt, 2009, S. 249; *Duden,* Gleichbehandlung bei Auskünften an Aktionäre, in FS von Caemmerer, 1978, S. 499; *Ebenroth/Koos,* Die Verfassungsmäßigkeit des Auskunftsverweigerungsrechts gem. § 131 Abs. 3 AktG bei Aktionärsanfragen bezüglich stiller Reserven, BB 1995 Beil. 8, S. 1; *Ebenroth/Wilken,* Zum Auskunftsrecht des Aktionärs im Konzern, BB 1993, 1818; *Ebenroth,* Das Auskunftsrecht des Aktionärs und seine Durchsetzung im Prozess unter besonderer Berücksichtigung des Rechts der verbundenen Unternehmen, 1970; *Franken/Heinsius,* Das Spannungsverhältnis der allgemeinen Publizität zum Auskunftsrecht des Aktionärs, in FS Budde, 1995, S. 213; *Geißler,* Der aktienrechtliche Auskunftsanspruch im Grenzbereich des Missbrauchs, NZG 2001, 559; *Grage,* Das Auskunftsrecht des Aktionärs unter besonderer Berücksichtigung von Minderheitsbeteiligungen als Gegenstand aktienrechtlicher Auskunftsbegehren, 1999; *Groß*, Informations- und Auskunftsrecht des Aktionärs, AG 1997, 97; *Großfeld/Möhlenkamp*, Zum Auskunftsrecht des Aktionärs – Eine Besprechung des „Allianz"-Beschlusses des Kammergerichts vom 30.6.1994, ZIP 1994, 1267 und 1425; *Grüner*, Zeitliche Einschränkung des Rede- und Fragerechts auf Hauptversammlungen, NZG 2000, 770; *Habersack/Verse*, Zum Auskunftsrecht des Aktionärs im faktischen Konzern, AG 2003, 300; *Hefermehl*, Umfang und Grenzen des Auskunftsrechts des Aktionärs in der Hauptversammlung, in FS Duden, 1977, S. 109; *Hellwig*, Der Auskunftsanspruch des Aktionärs nach unrichtiger Auskunftserteilung, in FS Budde, 1995, S. 265; *Hoffmann-Becking*, Das erweiterte Auskunftsrecht des Aktionärs nach § 131 Abs. 4 AktG, in FS Rowedder, 1994, S. 155; *Hommelhoff*, Anlegerinformation im Aktien-, Bilanz- und Kapitalmarktrecht, ZGR 2000, 748; *Hüffer*, Minderheitsbeteiligungen als Gegenstand aktienrechtlicher Auskunftsbegehren, ZIP 1996, 401; *Jerczynski*, Beschränkungen des Frage- und Rederechts der Aktionäre in der Hauptversammlung, NJW 2010, 1566; *Joussen*, Auskunftspflicht des Vorstands nach § 131 AktG und Insiderrecht, DB 1994, 2485; *Joussen*, Der Auskunftsanspruch des Aktionärs, Versuch einer Neuorientierung, AG 2000, 241; *Kamprad*, Informations- und Auskunftspflicht über die steuerliche Tarifbelastung und Rücklagen im Jahresabschluss der AG?, AG 1991, 396; *Karehnke*, Zum Auskunftsrecht des Aktionärs, AG 1968, 280; *Kersting*, Die aktienrechtliche Beschlussanfechtung wegen unrichtiger, unvollständiger oder verweigerter Erteilung von Informationen, ZGR 2007, 319; *Kersting*, Ausweitung des Fragerechts für die Aktionäre, ZIP 2009, 2317; *Kersting*, Das Auskunftsrecht des Aktionärs bei elektronischer Teilnahme an der Hauptversammlung (§§ 118, 131 AktG), NZG 2010, 130; *Kersting*, Eine Niederlage für Berufskläger? – Zur Zulässigkeit inhaltlicher Beschränkungen des Frage- und Rederechts der Aktionäre gem. § 131 II 2 AktG, NZG 2010, 446; *Kiethe*, Das Recht des Aktionärs auf Auskunft über riskante Geschäfte (Risikovorsorge), NZG 2003, 401; *Kocher*, Einschränkungen des Anspruchs auf gleiche Information für alle Aktionäre – Keine Angst vor § 131 Abs. 4 AktG?, Der Konzern 2008, 611; *Kocher/Lönner*, Das Auskunftsrecht in der Hauptversammlung nach der Aktionärsrechtlinie, AG 2010, 153; *Kort*, Das Informationsrecht des Gesellschafters der Konzernobergesellschaft, ZGR 1987, 46; *Krieger*, Auskunftsanspruch der Aktionäre hinsichtlich der an der anderen AG gehaltenen Anteile, DStR 1994, 177; *Krömker*, Der Anspruch des Paketaktionärs auf Informationsbeschaffung zum Zwecke der Due Diligence, NZG 2003, 418; *Kubis*, Die „formunwirksame" schriftliche Auskunftserteilung nach § 131 AktG, in FS Kropff, 1997, S. 171; *Lack*, Rechtsfragen des individuellen Auskunftsrechts des Aktionärs nach dem Gesetz zur Unternehmensintegrität und Modernisierung des Anfechtungsrechts, 2009; *Lommer*, Das Auskunftsrecht des Aktionärs in Deutschland und die Informationsrechte der Gesellschafter der US-amerikanischen Public Business Corporation, 2005; *Luther*, Überlegungen zur Handhabung von Auskunftsrecht und Auskunftspflicht in Hauptversammlungen von Publikums-Aktiengesellschaften, in FS Möhring, 1975, S. 221; *Lutter*, Fragerecht und Informationsanspruch des Aktionärs und GmbH-Gesellschafters im Konzern, AG 1985, 117; *Marsch-Barner*, Zum Auskunftsrecht des Aktionärs in der Hauptversammlung, zugleich Anmerkung zum Beschluss des OLG Frankfurt vom 22.7.1983, WM 1984, 41; *Meilicke*, Ist die Tarifbelastung des verwendbaren Eigenkapitals im Jahresabschluss der AG und gegenüber dem Aktionär offen zu legen?, BB 1991, 241; *Meilicke/Heidel*, Das Auskunftsrecht des Aktionärs in der Hauptversammlung, DStR 1992, 72 und 113; *Meyer-Landrut*, Der „Missbrauch" aktienrechtlicher Minderheits- oder Individualrechte, insbesondere des Auskunftsrechts, in FS Schilling, 1973, S. 235; *Nitschke/Bartsch*, Über Bedeutung und Umfang des Auskunftsrechts, insbesondere im Zusammenhang mit Entlastungsbeschlüssen, AG 1969, 95; *Pelzer*, Das Auskunftsrecht der Aktionäre in der europäischen Union, 2004; *Pentz*, Erweitertes Auskunftsrecht und faktische Unternehmensverbindungen, ZIP 2007, 2298; *Pöschke*, Auskunft ohne Grenzen? Die Bedeutung der Aktionärsrechterichtlinie für die Auslegung des § 131 Abs. 1 S. 1 AktG, ZIP 2010, 1221; *Quack*, Beschränkung der Redezeit und des Auskunftsrechts des Aktionärs, AG 1985, 145; *Reuter*, Das Auskunftsrecht des Aktionärs – neuere Rechtsprechung zu § 131 AktG, DB 1988, 2615; *Saenger*, Zum Auskunftsanspruch des Aktionärs über Minderheitsbeteiligungen, DB 1997, 145; *K. Schmidt*, Informationsrechte in Gesellschaften und Verbänden, 1984; *Uwe H. Schneider*, Der Auskunftsanspruch des Aktionärs im Konzern, in FS Lutter, 2000, S. 1193; *Uwe H. Schneider/Singhof*, Weitergabe von Insidertatsachen in der konzernfreien Aktiengesellschaft, insbesondere im Rahmen der Hauptversammlung und an einzelne Aktionäre – Ein Beitrag zum Verhältnis von Gesellschaftsrecht und Kapitalmarktrecht –, in FS Kraft, 1998, S. 585; *Seifert*, Das Auskunftsrecht des Aktionärs nach neuem Aktienrecht, insbesondere zur Auslegung von § 131 Abs. 4 AktG, AG 1967, 1; *Siegel/Bareis/Rückle/D. Schneider/Sigloch/Streim/Wagner*, Stille Reserven und aktienrechtliche Informationspflichten, ZIP 1999, 2077; *Simon*, Der „verschwundene" Aktionär, AG 1996, 540; *Spindler*, Die Reform der Hauptversammlung und der Anfechtungsklage durch das UMAG, NZG 2005, 825; *Spitze/Diekmann*, Verbundene Unternehmen als Gegenstand des Interesses von Aktionären, ZHR 158 (1994), 447; *Trescher*, Die Auskunftspflicht des Aufsichtsrats in der Hauptversammlung, DB 1990, 515; *Trouet*, Die Hauptversammlung – Organ der Aktiengesellschaft oder Forum der Aktionäre?, NJW 1986, 1302; *E. Vetter*, Auskünfte des Aufsichtsrats in der Hauptversammlung – Gedanken de lege ferenda, in FS Westermann, 2008, S. 1589; *Vossel*, Auskunftsrecht im Aktienkonzern, 1996; *Wachter*, Beschränkungen des Frage- und Rederechts von Aktionären, DB 2010, 892; *Wandt*, Die Auswirkungen des Vorstandsvergütungs-Offenlegungsgesetzes auf das Auskunftsrecht gemäß § 131 Abs. 1 Satz 1 AktG, DStR 2006, 1460; *Wilsing/v. d. Linden*, Statutarische Ermächtigungen des Hauptversammlungsleiters zur Beschränkung des Frage- und Rederechts, DB 2010, 1277; *Witt*, Das Informationsrecht des Aktionärs und seine Durchsetzung in den USA, Großbritannien und Frankreich, AG 2000, 257; *Wohlleben*, Informationsrechte des Gesellschafters, 1989; *Wüsthoff*, Der Auskunftsanspruch des Aktionärs nach § 131 AktG zwischen Insider-Verboten und Ad hoc-Publizität nach dem Wertpapierhandelsgesetz, 2000; *Zetzsche*, Aktionärsinformationen in der börsennotierten Aktiengesellschaft, 2006.

## I. Grundlagen

### 1. Regelungszweck

1   Der Auskunftsanspruch soll dem Aktionär den **sinnvollen Gebrauch seiner Mitgliedschaftsrechte ermöglichen**, indem – ergänzend zu den allgemeinen Publizitätsvorschriften[1] – ihm die hierfür wesentlichen Informationen zur Verfügung gestellt werden[2], insbesondere für die Ausübung des Stimmrechts[3], aber auch im Hinblick auf seinen Rechtsschutz (Anfechtungsklage § 245) oder auf sonstige Minderheitsrechte. Allerdings bedarf es stets eines inneren Zusammenhangs zur Hauptversammlung[4]. Dementsprechend umfasst das Auskunftsrecht auch Tagesordnungspunkte, über die eine Beschlussfassung nicht notwendig ist[5]. Ebenso steht das Auskunftsrecht auch Aktionären von stimmrechtslosen Aktien zu.

### 2. Entstehungsgeschichte

2   Das Auskunftsrecht als Individualrecht[6] des einzelnen Aktionärs wurde erstmals mit dem **AktG 1937** (§ 112) kodifiziert[7]. Zuvor musste der einzelne Aktionär zunächst stets einen auf Auskunftserteilung gerichteten Beschluss der Generalversammlung herbeiführen[8]. Die Konzeption des AktG 1937 wurde durch den Gesetzgeber des **AktG 1965** übernommen, jedoch mit wesentlichen Änderungen, etwa durch das einschränkende Merkmal der Erforderlichkeit zur sachgemäßen Beurteilung eines Tagesordnungspunkts (s. unten Rz. 29 ff.) sowie den abschließenden Katalog der Aus-

---

1 Zu diesen und vor allem deren Verhältnis zu § 131 s. unten Rz. 12.
2 Begr. RegE *Kropff*, Aktiengesetz, S. 184; BVerfG v. 20.9.1999 – 1 BvR 636/95 – „Daimler-Benz AG", AG 2000, 74; BayObLG v. 30.11.1995 – 3 Z BR 161/93 – „Allianz", AG 1996, 180, 181; *Hüffer*, § 131 AktG Rz. 1; *Kubis* in MünchKomm. AktG, 2. Aufl., § 131 AktG Rz. 1; *Decher* in Großkomm. AktG, 4. Aufl., § 131 AktG Rz. 5; *K. Schmidt*, Informationsrechte, S. 21.
3 *Hüffer*, § 131 AktG Rz. 1; *Kubis* in MünchKomm. AktG, 2. Aufl., § 131 AktG Rz. 1.
4 Dies zeigt bereits eine Zusammenschau von § 118 Abs. 1 und § 131 Abs. 1 Satz 1; ebenso OLG Karlsruhe v. 28.8.2002 – 7 U 137/01 – „MLP", AG 2003, 444, 446; ferner *Decher* in Großkomm. AktG, 4. Aufl., § 131 AktG Rz. 7; *Hüffer*, § 131 AktG Rz. 1.
5 OLG Karlsruhe v. 29.6.1989 – 11 W 57/89 – „Asea Brown Boveri AG", AG 1990, 82; *Hefermehl* in FS Duden, 1977, S. 109, 110; *Nitschke/Bartsch*, AG 1969, 95, 97; *Kubis* in MünchKomm. AktG, 2. Aufl., § 131 AktG Rz. 1; *Decher* in Großkomm. AktG, 4. Aufl., § 131 AktG Rz. 7.
6 Bereits in den Entwürfen zur Aktienrechtsnovelle von 1931 befand sich der Vorschlag einer individualrechtlichen Ausgestaltung des Auskunftsrechts, dieser wurde jedoch nicht umgesetzt; ausführlich *Spindler* in Bayer/Habersack, Aktienrecht im Wandel, Bd. I, 13. Kap. Rz. 113; *Ebenroth*, Auskunftsrecht, S. 8 f.
7 *Ebenroth*, Auskunftsrecht, S. 9; *Joussen*, AG 2000, 241; *Decher* in Großkomm. AktG, 4. Aufl., § 131 AktG Rz. 2; *Kersting* in KölnKomm. AktG, 3. Aufl., § 131 AktG Rz. 2.
8 RG v. 22.4.1913 – Rep. II 636/12, RGZ 82, 183, 186; s. auch RG v. 22.6.1922 – II 621/21, RGZ 105, 40, 44, 46; ausführlich dazu *Spindler* in Bayer/Habersack, Aktienrecht im Wandel, Bd. I, 13. Kap. Rz. 114; *Casper*, ebd., Bd. II, S. 546 Rn. 6 ff.

kunftsverweigerungsrechte in § 131 Abs. 3 (s. unten Rz. 70 ff.)[9]. Vor allem aber ist die Entscheidung über die Auskunftsverweigerung nunmehr gerichtlich voll überprüfbar (s. auch § 132 Rz. 20)[10]. § 131 hat in der Folge Änderungen durch das **Bilanzrichtliniengesetz**[11], das **Bankbilanzrichtliniengesetz**[12] und das **TransPuG**[13] erfahren, die aber im Wesentlichen der Klarstellung dienten[14]. Von größerer Bedeutung sind hingegen die Änderungen durch das **UMAG**[15] in Gestalt von § 131 Abs. 2 Satz 2 (s. unten Erl. bei Rz. 66 ff.) und § 131 Abs. 3 Satz 1 Nr. 7 (s. unten Rz. 88 ff.).

Die **europäische Richtlinie über Aktionärsrechte**[16] hat unmittelbar nicht zu größeren Änderungen für das Frage- und Auskunftsrecht in Deutschland geführt[17], wohl aber durch die nach § 118 Abs. 2 mögliche Differenzierung nach online zugeschalteten und physisch präsenten Aktionären, die Modifizierungen im Frage- und Auskunftsrecht erfordern (dazu Rz. 108). Zudem ist das Fragerecht und die Auskunftspflicht nunmehr europarechtlich fundiert.

### 3. Rechtsnatur; Allgemeiner Rechenschaftsanspruch

Als individuelles Informationsrecht[18] steht das Auskunftsrecht immer **nur dem einzelnen Aktionär** zu[19], nicht aber der gesamten Hauptversammlung[20] oder gar der Gesellschaft an sich. Die Hauptversammlung kann nicht die Gesellschaft von dem Auskunftsverlangen des Aktionärs durch Mehrheitsbeschluss entbinden[21]. Hiervon zu trennen ist der Umstand, dass das Auskunftsrecht aufgrund der erteilten Information auch anderen Aktionären bzw. der Hauptversammlung zugute kommt[22]. Das Aus-

---

9 Eingehend *Joussen*, AG 2000, 241, 247 f.; *Decher* in Großkomm. AktG, 4. Aufl., § 131 AktG Rz. 2; *Kersting* in KölnKomm. AktG, 3. Aufl., § 131 AktG Rz. 3.
10 Begr. RegE *Kropff*, Aktiengesetz, S. 189.
11 Gesetz vom 19.12.1985, BGBl. I 1985, 2355.
12 Gesetz vom 30.11.1990, BGBl. I 1990, 2570.
13 Gesetz zur weiteren Reform des Aktien- und Bilanzrechts, zu Transparenz und Publizität vom 19.7.2002, BGBl. I 2002, 2681.
14 So auch *Decher* in Großkomm. AktG, 4. Aufl., § 131 AktG Rz. 4.
15 Gesetz zur Unternehmensintegrität und Modernisierung des Anfechtungsrechts vom 22.9.2005 m.W. vom 1.11.2005, BGBl. I 2005, 2802; allgemein zu den Änderungen durch das UMAG *Spindler*, NZG 2005, 825 ff.; *Göz/Holzborn*, WM 2006, 157 ff.
16 S. dazu die Richtlinie 2007/36/EG des Europäischen Parlaments und des Rates über die Ausübung bestimmter Rechte von Aktionären in börsennotierten Gesellschaften, ABl. Nr. L 184 v. 14.7.2007, S. 17; zum Vorschlag der Richtlinie näher *Spindler* in VGR, Gesellschaftsrecht in der Diskussion 2005, 2006, S. 31, 37, 46 f.; *Noack*, NZG 2006, 321; *Grundmann/Winkler*, ZIP 2006, 1421; *Wand/Tillmann*, AG 2006, 443; *J. Schmidt*, BB 2006, 1641; *Kersting* in KölnKomm. AktG, 3. Aufl., § 131 AktG Rz. 78 ff.; zu den ersten Konsultationen bzgl. des Richtlinienvorschlags *Noack* in VGR, Gesellschaftsrecht in der Diskussion 2005, 2006, S. 37.
17 So auch *Noack*, NZG 2006, 321, 323; *J. Schmidt*, BB 2006, 1641, 1643; *Ratschow*, DStR 2007, 1402 ff.
18 Zu dieser Terminologie und der Abgrenzung zu kollektiven Informationsrechten grundlegend *K. Schmidt*, Informationsrechte, S. 15 ff.; Übersicht über die kollektiven Informationsrechte bei *Butzke* in Obermüller/Werner/Winden, Die Hauptversammlung der Aktiengesellschaft, Rz. G 3 ff.
19 Ebenso *Hüffer*, § 131 AktG Rz. 2; *Kubis* in MünchKomm. AktG, 2. Aufl., § 131 AktG Rz. 3; *Kersting* in KölnKomm. AktG, 3. Aufl., § 131 AktG Rz. 6, 8, 76; *Decher* in Großkomm. AktG, 4. Aufl., § 131 AktG Rz. 6; *F.-J. Semler* in MünchHdb. AG, § 37 Rz. 3; *Butzke* in Obermüller/Werner/Winden, Die Hauptversammlung der Aktiengesellschaft, Rz. G 24; *K. Schmidt*, Informationsrechte, S. 21; *Ebenroth*, Auskunftsrecht, S. 8 f.; *Wohlleben*, Informationsrechte, S. 48 f.
20 In diese Richtung wohl aber *Barz*, BB 1957, 1253 ff.
21 *F.-J. Semler* in MünchHdb. AG, § 37 Rz. 3; *Kubis* in MünchKomm. AktG, 2. Aufl., § 131 AktG Rz. 3.
22 Ebenso *Kubis* in MünchKomm. AktG, 2. Aufl., § 131 AktG Rz. 3.

kunftsrecht kann nach § 131 Abs. 1 Satz 1 grundsätzlich nur in der Hauptversammlung geltend gemacht werden (Ausnahme § 132 Abs. 4; dazu § 132 Rz. 34).

5 Das Auskunftsrecht kann als Teil des Mitgliedschaftsrechts bzw. **Mitverwaltungsrechts**[23] nicht ohne die Aktie übertragen werden[24] und bleibt auch bei einem Nießbrauch an der Aktie allein bei dem Aktionär[25]. Neben diesem aus der Mitgliedschaft folgenden Anspruch aus § 131 besteht **kein aus Auftragsrecht (§ 666 BGB) oder auftragsähnlich (§ 27 Abs. 3 BGB) abzuleitender Auskunftsanspruch** des einzelnen Aktionärs gegen Vorstand oder Aufsichtsrat, da diese nicht im Interesse des einzelnen Aktionärs tätig werden[26].

6 Das Auskunftsrecht des § 131 dient vorrangig den **eigenen mitgliedschaftlichen Interessen des Aktionärs**[27]. Der Aktionär braucht sich in den Grenzen seiner Treuepflicht bei der Geltendmachung seines Auskunftsanspruchs nicht an Gesellschaftsinteressen zu orientieren[28]. Die Verbandsinteressen hinsichtlich der Geheimhaltung von Informationen begrenzen indes den Anspruch[29], wofür die Gesellschaft selbst beweispflichtig ist.

7 Eine **Ausdehnung** von § 131, wie sie teilweise in Rechtsprechung[30] und Literatur[31] aus der über Art. 14 GG geschützten Rechtsposition des Aktionärs in Richtung eines **allgemeinen Rechenschaftsanspruchs** abgeleitet wird, ist abzulehnen[32]. Zwar ist richtig, dass das Anteilseigentum von Art. 14 GG geschützt wird, damit auch das Recht eines Aktionärs, Informationen über seine AG zu erhalten[33]; doch gestaltet § 131 das

---

23 Ausführlich *K. Schmidt*, Informationsrechte, S. 21 ff.; *Hüffer*, § 131 AktG Rz. 2; *F.-J. Semler* in MünchHdb. AG, § 37 Rz. 2; abweichende Einordnung bei *Kubis* in MünchKomm. AktG, 2. Aufl., § 131 AktG Rz. 2: wegen unzutreffender Annahme (s. unten bei Rz. 7) einer Kontrollfunktion des § 131 bezgl. des vom Aktionär investierten Kapitals folgerichtig zugleich auch den Vermögensrechten zuzuordnen.
24 Allgemeine Auffassung, s. nur *Hüffer*, § 131 AktG Rz. 2; *Kubis* in MünchKomm. AktG, 2. Aufl., § 131 AktG Rz. 2.
25 Wie hier *K. Schmidt*, Informationsrechte, S. 24 f.; *F.-J. Semler* in MünchHdb. AG, § 37 Rz. 2; *Teichmann*, ZGR 1972, 1, 13; a.A. *Finger*, DB 1977, 1038 f.; *Kersting* in KölnKomm. AktG, 3. Aufl., § 131 AktG Rz. 63.
26 BGH v. 30.3.1967 – II ZR 245/63, NJW 1967, 1462 f.; *Hüffer*, § 131 AktG Rz. 2; *Hüffer*, ZIP 1996, 401, 404; so auch schon RG v. 22.4.1913 – II 636/12, RGZ 82, 182, 186.
27 LG München I v. 16.4.1986 – 7 HKO 8835/85, AG 1987, 185, 186; *Kubis* in MünchKomm. AktG, 2. Aufl., § 131 AktG Rz. 4; *Hüffer*, § 131 AktG Rz. 2; ausführlich *K. Schmidt*, Informationsrechte, S. 24; anders *Wohlleben*, Informationsrechte, S. 32 f.: Informationsrecht dient auch dem Interessen der Gesellschaft.
28 Insgesamt im Sinne des Vorstehenden *K. Schmidt*, Informationsrechte, S. 24; *Kubis* in MünchKomm. AktG, 2. Aufl., § 131 AktG Rz. 4; *Kersting* in KölnKomm. AktG, 3. Aufl., § 131 AktG Rz. 21 ff.
29 Z.B. Auskunftsverweigerungsgründe nach § 131 Abs. 3 (Näheres hierzu s. unten bei Rz. 70 ff.) oder darüber hinaus die allgemeine mitgliedschaftliche Treuepflicht (hierzu s. unten Rz. 91 ff.).
30 BGH v. 29.11.1982 – II ZR 88/81, BGHZ 86, 1, 19 [obiter dictum]; KG v. 24.8.1995 – 2 W 1255/95 – „Allianz", ZIP 1995, 1585, 1587; BayObLG v. 30.11.1995 – 3 Z BR 161/93 – „Allianz", AG 1996, 180, 181.
31 *Kubis* in MünchKomm. AktG, 2. Aufl., § 131 AktG Rz. 1; *F.-J. Semler* in MünchHdb. AG, § 37 Rz. 2; *Meilicke/Heidel*, DStR 1992, 72; so auch bereits *Ebenroth*, Auskunftsrecht, S. 4, 11.
32 Wie hier *Decher* in Großkomm. AktG, 4. Aufl., § 131 AktG Rz. 10 ff. (ausführlich); *Hüffer*, § 131 AktG Rz. 2; *Kersting* in KölnKomm. AktG, 3. Aufl., § 131 AktG Rz. 9 ff.; *Hüffer*, ZIP 1996, 401, 403 ff.; *Groß*, AG 1997, 97, 100; *Ebenroth/Wilken*, BB 1993, 1818, 1820; *Spitze/Diekmann*, ZHR 158 (1994), 447, 459.
33 BVerfG v. 20.9.1999 – 1 BVR 636/95 – „Wenger/Daimler-Benz", ZIP 1999, 1798, 1799; BVerfG v. 20.9.1999 – 1 BvR 168/93, NJW 2000, 129; *Decher* in Großkomm. AktG, 4. Aufl., § 131 AktG Rz. 5.

Anteilseigentum aus[34]. Zudem widerspräche ein generelles Auskunftsrecht der Kompetenzordnung der AG, nach der die Kontrolle über den Vorstand und dessen Geschäftsführungsmaßnahmen dem Aufsichtsrat zugewiesen ist[35]. § 131 kann auch **nicht allein** im Lichte des **Schutzes der Aktionäre als Kapitalanleger** interpretiert werden[36], da die Information auch der Ausübung der Mitverwaltungsrechte dient. Zudem gilt das Auskunftsrecht nicht nur für die börsennotierte AG.

**4. Regelungen in Satzung oder Geschäftsordnung**

§ 131 ist **zwingendes Recht**[37] und auch **abschließend**[38]. Demgemäß kann die Satzung weder eine Erweiterung noch eine Einschränkung des Auskunftsrechts vorsehen[39]. Auch eine nach § 129 beschlossene **Geschäftsordnung** der Hauptversammlung ist im Hinblick auf Regelungen des Auskunftsanspruchs in dieser Weise eingeschränkt[40]. Eine normierte Ausnahme vom obigen Grundsatz bildet für die Modalitäten der Rechtsausübung der durch das UMAG[41] eingeführte **§ 131 Abs. 2 Satz 2** (Rz. 66 f.), wobei aber auch hier die Rechtsausübung nicht erschwert werden darf. Aus diesem Grund ist z.B. die Zulassung oder Anordnung eines Schriftformerfordernisses in der Satzung für die Ausübung des Auskunftsrechts unzulässig[42].

8

Ein **Spielraum für den Satzungsgeber** besteht bei der Begründung von Auskunftsrechten außerhalb von § 131[43], jedoch darf auch hier durch die jeweilige Regelung die Ausübung der Mitgliedschaftsrechte nicht erschwert werden oder die einzelnen Aktionäre (§ 53a) ungleich behandelt werden[44]. Darüber hinaus sind derartige Regelun-

9

---

34 So aber KG v. 24.8.1995 – 2 W 1255/95 – „Allianz", ZIP 1995, 1585, 1587 unter Hinweis auf BVerfG v. 1.3.1979 – 1 BvR 532, 533/77, 419/78 und 1 BvL 21/78, BVerfGE 50, 290, 342 f.; wie hier *Hüffer*, ZIP 1996, 401, 403 (ausführlich).
35 So auch *Groß*, AG 1997, 97, 98 ff., 100; *Hüffer*, ZIP 1996, 401, 405; ebenso *Decher* in Großkomm. AktG, 4. Aufl., § 131 AktG Rz. 12; *Groß*, AG 1997, 97, 100; *Saenger*, DB 1997, 145, 148; dagegen *Kubis* in MünchKomm. AktG, 2. Aufl., § 131 AktG Rz. 1.
36 Insgesamt ebenso *Decher* in Großkomm. AktG, 4. Aufl., § 131 AktG Rz. 16; *Kersting* in KölnKomm. AktG, 3. Aufl., § 131 AktG Rz. 15 ff.; *Hüffer*, § 131 AktG Rz. 2; *Hüffer*, ZIP 1996, 401, 408; *Ebenroth/Wilken*, BB 1993, 1818, 1820; *Seibt* in VGR, Gesellschaftsrecht in der Diskussion 2000, 2001, S. 37, 43 ff.
37 Zu den Möglichkeiten für Regelungen in Bezug auf das Auskunftsrecht in Satzung oder Geschäftsordnung s. Rz. 66 ff.
38 *Hüffer*, § 131 AktG Rz. 1; *Decher* in Großkomm. AktG, 4. Aufl., § 131 AktG Rz. 18; *Kersting* in KölnKomm. AktG, 3. Aufl., § 131 AktG Rz. 57; *Franken/Heinsius* in FS Budde, 1995, S. 213, 218; abweichend *F.-J. Semler* in MünchHdb. AG, § 37 Rz. 1: neben § 131 durch Satzung begründetes Auskunftsrecht des Aktionärs außerhalb der Hauptversammlung zulässig.
39 LG Heidelberg v. 7.8.1996 – II KfH O 4/96 – „Scheidemandel AG", AG 1996, 523; *F.-J. Semler* in MünchHdb. AG, § 37 Rz. 1; *K. Schmidt*, Informationsrechte, S. 50 f.; *Decher* in Großkomm. AktG, 4. Aufl., § 131 AktG Rz. 18; *Hüffer*, § 131 AktG Rz. 1, 2a; *Kersting* in KölnKomm. AktG, 3. Aufl., § 131 AktG Rz. 57; *Butzke* in Obermüller/Werner/Winden, Die Hauptversammlung der Aktiengesellschaft, Rz. G 8; *Franken/Heinsius* in FS Budde, 1995, S. 213, 218; *Kubis* in MünchKomm. AktG, 2. Aufl., § 131 AktG Rz. 158 ff.; abweichend *Hirte* in Lutter/Wiedemann, Gestaltungsfreiheit im Gesellschaftsrecht, 1998, S. 61, 86: Erweiterung von Minderheitenrechten durch die Satzung möglich, ebenso *Heidel* in Heidel, § 131 AktG Rz. 4.
40 *Decher* in Großkomm. AktG, 4. Aufl., § 131 AktG Rz. 19; *Hüffer*, § 131 AktG Rz. 2a.
41 Gesetz zur Unternehmensintegrität und Modernisierung des Anfechtungsrechts (UMAG) vom 22.9.2005 m.W. vom 1.11.2005, BGBl. I 2005, 2802.
42 *Dietrich*, NZG 1998, 921, 925; *Meilicke/Heidel*, DStR 1992, 72, 73; *Kubis* in MünchKomm. AktG, 2. Aufl., § 131 AktG Rz. 160; *Kersting* in KölnKomm. AktG, 3. Aufl., § 131 AktG Rz. 59, 473; *Hüffer*, § 131 AktG Rz. 2a; a.A. *Luther* in FS Möhring, 1975, S. 221, 223.
43 Z.B. die Information von Aktionären durch Rundschreiben, „Aktionärsbriefe" etc., s. hierzu auch *F.-J. Semler* in MünchHdb. AG, § 37 Rz. 1.
44 Ebenso *Butzke* in Obermüller/Werner/Winden, Die Hauptversammlung der Aktiengesellschaft, Rz. G 8; ausführlich *Kubis* in MünchKomm. AktG, 2. Aufl., § 131 AktG Rz. 160 ff.; *Kersting* in KölnKomm. AktG, 3. Aufl., § 131 AktG Rz. 60.

gen an den allgemeinen Normen, vor allem am Verschwiegenheitsgebot des § 93 Abs. 1 Satz 3 zu messen, insbesondere für den Fall, dass durch die Satzung Informationsrechte für Nichtaktionäre begründet werden sollen[45].

10 Besonderen Spielraum räumt das Gesetz nunmehr für die **elektronische Teilnahme an der Hauptversammlung** ein, dazu näher Rz. 108 ff.

### 5. Praktische Bedeutung

11 Dem Auskunftsrecht der Aktionäre kommt in der derzeitigen Praxis, vor allem bei börsennotierten Aktiengesellschaften eine äußerst große Bedeutung zu[46], allerdings vor dem Hintergrund missbräuchlicher Ausübung zur Schaffung von Anfechtungsrisiken, z.B. zur Provokation von Informationsmängeln[47]. Der zeitliche Umfang von Hauptversammlungen liegt deutlich über der Vorstellung des Gesetzgebers von 4–6 Stunden[48]. Die Auswirkungen der Änderungen durch das UMAG bleiben abzuwarten[49]; an weiteren rechtspolitischen Vorschlägen mangelt es nicht, etwa zur Eindämmung von missbräuchlichen Beschlussanfechtungsklagen[50], zur Einführung eines Aktienaufsichtsbehörde oder einer Vorankündigungspflicht bei Überschreiten einer bestimmten Fragenanzahl[51].

### 6. Verhältnis zu anderen Publizitäts- und Informationspflichten

12 Spezielle Informationsrechte[52] sind genauso wie das Auskunftsrecht des § 131 als individuelle Informationsrechte einzuordnen (s. oben Rz. 4), die dieses aber weder verdrängen noch einschränken[53]. Die **allgemeinen handelsrechtlichen Publizitätspflichten**[54] verschaffen zwar auch dem einzelnen Aktionär Informationen, doch sind sie öffentlich-rechtlicher Natur[55]. **Inhaltlich** bestimmen sie aber den **Mindestumfang** der

---

45 *Kubis* in MünchKomm. AktG, 2. Aufl., § 131 AktG Rz. 161.
46 Ebenso *Kubis* in MünchKomm. AktG, 2. Aufl., § 131 AktG Rz. 7; *Decher* in Großkomm. AktG, 4. Aufl., § 131 AktG Rz. 49.
47 *Joussen*, AG 2000, 241, 248; *Krieger*, ZHR 163 (1999), 343, 358; *Decher* in Großkomm. AktG, 4. Aufl., § 131 AktG Rz. 52.
48 So Begr. RegE BT-Drucks. 15/5092, S. 17; nun auch der Deutsche Corporate Governance Kodex in Ziff. 2.2.4.
49 Z.B. die Beschränkungsmöglichkeit nach § 131 Abs. 2 Satz 2 (vgl. Rz. 66 ff.) oder die Möglichkeit, Informationen vorab auf der Internetseite des Unternehmens zu veröffentlichen, § 131 Abs. 3 Satz 1 Nr. 7 (vgl. Rz. 88 ff.); in diese Richtung wohl auch *Hüffer*, § 131 AktG Rz. 2a.
50 Z.B. Erhöhung der Streitwertangabe in § 247 Abs. 1, dazu *Hirte* in FS Bezzenberger, 2000, S. 133, 141; *Schiessl* in VGR, Gesellschaftsrecht in der Diskussion 1999, 2000, S. 57, 78; kritisch hingegen *Baums*, Gutachten F zum 63. DJT, 2000, S. 91 oder Mindestquoren zur Erhebung der Anfechtungsklage, *Schiessl* in VGR, Gesellschaftsrecht in der Diskussion 1999, 2000, S. 57, 72 ff.; ausführlich dazu auch § 245 Rz. 38.
51 So *Baums* (Hrsg.), Bericht Regierungskommission, 2001, Rz. 106; *Witt*, AG 2000, 257, 267; ähnlich wohl auch *Zöllner*, AG 2000, 145, 153, überblicksartig, auch zu weiteren Vorschlägen, *Joussen*, AG 2000, 241, 253 ff. m.w.N.
52 Wie z.B. bei Beschlüssen über bzw. im Zusammenhang mit Unternehmensverbindungen bzw. Verschmelzungen, § 293g Abs. 3 AktG, § 319 Abs. 3 Satz 4 AktG; § 326 AktG; § 64 Abs. 2 UmwG.
53 OLG Hamburg v. 24.2.1994 – 11 W 6/94, AG 1994, 420; OLG Düsseldorf v. 5.11.1987 – 19 W 6/87 – „RWE", AG 1988, 53 f.; *Spitze/Diekmann*, ZHR 158 (1994), 447, 450 f.; *Kubis* in MünchKomm. AktG, 2. Aufl., § 131 AktG Rz. 8; *Decher* in Großkomm. AktG, 4. Aufl., § 131 AktG Rz. 35, 38; anders, im Zusammenhang mit einer Verschmelzung LG Berlin v. 26.2.1997 – 99 O 178/96 – „Aqua Butzke-Werke AG", AG 1997, 335, 336.
54 §§ 325 ff. HGB und die registerrechtlichen Publizitätspflichten.
55 Ebenso *Kubis* in MünchKomm. AktG, 2. Aufl., § 131 AktG Rz. 6.

an den Aktionär zu erteilenden Informationen[56], insbesondere für die Erforderlichkeit der Auskunft (Rz. 30 f.). Die **Berichts- und Informationspflichten des Vorstands** gegenüber der Hauptversammlung als Organ[57] sind rein kollektive Informationsrechte[58] und stehen unabhängig neben dem Recht nach § 131[59], wobei dem Auskunftsanspruch eine ergänzende Funktion zukommt[60]. Die Erfüllung der Berichtspflicht in der Hauptversammlung kann im Einzelfall zum Wegfall der Erforderlichkeit einer Auskunft führen[61]. Die **Ad-hoc-Publizität** gem. § 15 WpHG und die Offenlegungspflichten über Beteiligungen nach § 21 WpHG bezwecken die Informationsvermittlung für das Anlegerpublikum[62]. **Inhaltlich** bilden die kapitalmarktrechtlichen Informationspflichten wiederum den **Mindestumfang** der über § 131 zu erwartenden Informationen[63].

## II. Voraussetzungen des Auskunftsrechts (§ 131 Abs. 1 Satz 1)

### 1. Gläubiger des Auskunftsanspruchs

#### a) Aktionär i.S. von § 131 Abs. 1 Satz 1

Die Anspruchsberechtigung ist an das kumulative Vorliegen von **Aktionärseigenschaft unabhängig von der Höhe der Beteiligung**[64] und **Teilnahmeberechtigung an der Hauptversammlung** geknüpft. Die Hauptversammlung selbst hat kein Auskunftsrecht weder neben noch anstelle des Aktionärs[65], auch nicht durch Mehrheitsbe- 13

---

56 Wie hier *Kubis* in MünchKomm. AktG, 2. Aufl., § 131 AktG Rz. 6 (ausführlich); *Decher* in Großkomm. AktG, 4. Aufl., § 131 AktG Rz. 36.
57 Z.B. Mitteilungspflichten im Rahmen der Einberufung der Hauptversammlung (§ 121; § 124 Abs. 1 Satz 1, § 124 Abs. 2; § 124 Abs. 3 Satz 1); Berichte an die Hauptversammlung im Zusammenhang mit Strukturmaßnahmen (§ 293a AktG; § 319 Abs. 3 Satz 1 AktG; § 8 UmwG; § 127 UmwG; § 192 UmwG), über Gründe eines Bezugsrechtsausschlusses (§ 186 Abs. 4 Satz 2); Vorlage des Jahresabschlusses (§ 175 Abs. 2 AktG; § 176 Abs. 1); weitere Beispiele s. bei *Butzke* in Obermüller/Werner/Winden, Die Hauptversammlung der Aktiengesellschaft, Rz. G 3; *Decher* in Großkomm. AktG, 4. Aufl., § 131 AktG Rz. 23 ff.
58 So auch *Kubis* in MünchKomm. AktG, 2. Aufl., § 131 AktG Rz. 7; *Kersting* in KölnKomm. AktG, 3. Aufl., § 131 AktG Rz. 26.
59 *Decher* in Großkomm. AktG, 4. Aufl., § 131 AktG Rz. 38; *Wilde*, ZGR 1998, 423, 443.
60 Begr. RegE *Kropff*, Aktiengesetz, S. 184; *Kubis* in MünchKomm. AktG, 2. Aufl., § 131 AktG Rz. 7; *Decher* in Großkomm. AktG, 4. Aufl., § 131 AktG Rz. 38.
61 OLG Düsseldorf v. 17.7.1991 – 19 W 2/91 – „Deutsche Depeschendienst AG (ddp)", AG 1992, 34, 36 (zum Jahresabschluss); *Decher* in Großkomm. AktG, 4. Aufl., § 131 AktG Rz. 40; *Kersting* in KölnKomm. AktG, 3. Aufl., § 131 AktG Rz. 29; *Groß*, AG 1996, 111, 118; *Zöllner*, AG 2000, 145, 153.
62 *Assmann* in Assmann/Uwe H. Schneider, § 15 WpHG Rz. 2.
63 KG v. 24.8.1995 –2 W 1255/95 – „Allianz", ZIP 1995, 1585, 1590; KG v. 30.6.1994 – 2 W 4531 und 4642/93 – „Allianz AG Holding", AG 1994, 469; KG v. 26.8.1993 – 2 W 6111/92 – „Siemens AG", AG 1994, 83; *Großfeld/Möhlenkamp*, ZIP 1994, 1425, 1427; *Wenger*, ZIP 1993, 1622; *Decher* in Großkomm. AktG, 4. Aufl., § 131 AktG Rz. 43; ausführlich *Merkt*, Unternehmenspublizität, S. 259 ff.; einschränkend *Kersting* in KölnKomm. AktG, 3. Aufl., § 131 AktG Rz. 42 ff.; a.A. LG Frankfurt a.M. v. 16.9.1994 – 3/3 O 83/92, WM 1994, 1931, 1932; *Hüffer*, ZIP 1996, 401, 409; *Ebenroth/Wilken*, BB 1993, 1818, 1820.
64 Allgemeine Ansicht, s. nur Begr. RegE *Kropff*, Aktiengesetz, S. 185; BGH, v. 15.6.1992 – II ZR 18/91, BGHZ 119, 1, 17; BayObLG v. 5.8.1974 – 2 Z 73/73, NJW 1974, 2094 (zu § 293 Abs. 4 a.F. = § 293g Abs. 3 n.F.); *Kubis* in MünchKomm. AktG, 2. Aufl., § 131 AktG Rz. 9; *Kersting* in KölnKomm. AktG, 3. Aufl., § 131 AktG Rz. 61; *Meilicke/Heidel*, DStR 1992, 72, 73; anders, mit fragwürdiger Differenzierung nach der Höhe der Beteiligungen in Bezug auf die Auskunftsdichte, LG Berlin v. 17.1.1990 – 98 AktE 10/89 – „Springer/Kirch", AG 1991, 34, 35.
65 Allgemeine Ansicht, s. nur *Decher* in Großkomm. AktG, 4. Aufl., § 131 AktG Rz. 89; *Kubis* in MünchKomm. AktG, 2. Aufl., § 131 AktG Rz. 14; *Kersting* in KölnKomm. AktG, 3. Aufl., § 131 AktG Rz. 68; *Ebenroth*, Auskunftsrecht, S. 16.

schluss[66]. Nicht erforderlich ist, dass der jeweilige Aktionär stimmberechtigt ist[67]; auch Inhabern stimmrechtsloser Aktien (§§ 139 ff.) oder Aktionären, die aufgrund einer noch nicht vollständig erbrachten Einlageleistung nach § 134 Abs. 2 kein Stimmrecht besitzen, oder den nach § 136 von der konkreten Beschlussfassung ausgeschlossenen Aktionären steht das Auskunftsrecht zu[68]. Zum Nießbrauch s. oben Rz. 5. Die Auskunftsberechtigung steht auch demjenigen zu, der über § 67 Abs. 2 wegen seiner Eintragung im Aktienregister der Gesellschaft gegenüber **als Aktionär gilt**, unabhängig von seiner materiell-rechtlichen Berechtigung[69]. Bestehen in anderen Fällen Zweifel an der tatsächlichen Rechtsinhaberschaft, ist die materiell-rechtliche Rechtslage für die Auskunftsberechtigung entscheidend, wobei der Versammlungsleiter dies zu untersuchen und zu entscheiden hat[70]. Erfüllt ein Aktionär nicht die Anforderungen der Satzung für die Teilnahme an der Hauptversammlung[71] oder ruht seine Mitgliedschaft insgesamt[72], besteht für ihn auch kein Auskunftsrecht. Ein Erwerber, der nach dem Record Date Anteile erwirbt, hat, im Gegensatz zu dem Veräußerer, der nach § 123 Abs. 3 Satz 6 neben dem Teilnahmerecht auch das Auskunftsrecht behält, ebenfalls kein Auskunftsrecht[73].

14 Dem nur zur Teilnahme an der Hauptversammlung Berechtigten, der jedoch nicht zugleich Aktionär der Gesellschaft ist[74], steht kein Auskunftsrecht zu[75], etwa **Aufsichtsbehörden** (vor allem im Kredit- und Versicherungswesen), denen aber ein Auskunftsrecht aus öffentlich-rechtlichen Normen (z.B. § 44 Abs. 1 KWG) zusteht[76].

**b) Rechtsausübung durch Dritte**

15 Das Auskunftsrecht ist nicht höchstpersönlicher Natur und kann deshalb von Dritten für den Aktionär wahrgenommen werden, also auch von (offenen oder verdeckten) **Stellvertretern** oder **Legitimationsaktionären**[77]. Regelmäßig umfasst die in diesem Zusammenhang erteilte Vollmacht auch Auskunftsersuche zu Gegenständen der Tagesordnung, über die kein Beschluss zu fassen ist[78].

---

66 *Kubis* in MünchKomm. AktG, 2. Aufl., § 131 AktG Rz. 15; *Kersting* in KölnKomm. AktG, 3. Aufl., § 131 AktG Rz. 68; *Ebenroth*, Auskunftsrecht, S. 16.
67 Das Auskunftsrecht dient zwar vor allem der Stimmrechtsausübung, jedoch aber nicht ausschließlich, s. Rz. 1.
68 Ausführlich *Ebenroth*, Auskunftsrecht, S. 9 ff.; *Decher* in Großkomm. AktG, 4. Aufl., § 131 AktG Rz. 85; *Hüffer*, § 131 AktG Rz. 3; *Kersting* in KölnKomm. AktG, 3. Aufl., § 131 AktG Rz. 61; *Kubis* in MünchKomm. AktG, 2. Aufl., § 131 AktG Rz. 9; *F.-J. Semler* in MünchHdb. AG, § 37 Rz. 9; *Meilicke/Heidel*, DStR 1992, 72, 73.
69 Ebenso *Decher* in Großkomm. AktG, 4. Aufl., § 131 AktG Rz. 85; *Kubis* in MünchKomm. AktG, 2. Aufl., § 131 AktG Rz. 10.
70 *Kubis* in MünchKomm. AktG, 2. Aufl., § 131 AktG Rz. 10.
71 Z.B. Nachweis der Aktieninhaberschaft, § 123 Abs. 3, oder Anmeldung, § 123 Abs. 2.
72 *Ebenroth*, Auskunftsrecht, S. 12; *Decher* in Großkomm. AktG, 4. Aufl., § 131 AktG Rz. 86; *Butzke* in Obermüller/Werner/Winden, Die Hauptversammlung der Aktiengesellschaft, Rz. G 11.
73 *Reger* in Bürgers/Körber, § 131 AktG Rz. 4.
74 Dies gilt sowohl für Hauptversammlungsgäste und Vertreter der Presse als auch für Vorstands- und Aufsichtsratsmitglieder in ihrer Funktion bei der Hauptversammlung.
75 Ebenso *Hüffer*, § 131 AktG Rz. 3; *Kubis* in MünchKomm. AktG, 2. Aufl., § 131 AktG Rz. 11.
76 *Ebenroth*, Auskunftsrecht, S. 13; *Hüffer*, § 131 AktG Rz. 3; *Decher* in Großkomm. AktG, 4. Aufl., § 131 AktG Rz. 88; *Kubis* in MünchKomm. AktG, 2. Aufl., § 131 AktG Rz. 11.
77 *Meilicke/Heidel*, DStR 1992, 72, 73; *Hüffer*, § 131 AktG Rz. 4; *Kubis* in MünchKomm. AktG, 2. Aufl., § 131 AktG Rz. 12; *F.-J. Semler* in MünchHdb. AG, § 37 Rz. 2; *Kersting* in KölnKomm. AktG, 3. Aufl., § 131 AktG Rz. 64 f.
78 LG Köln v. 2.4.1990 – 91 O 132/89 – „ddp", AG 1991, 38; *Meilicke/Heidel*, DStR 1992, 72, 73; *Kubis* in MünchKomm. AktG, 2. Aufl., § 131 AktG Rz. 12; *Kersting* in KölnKomm. AktG, 3. Aufl., § 131 AktG Rz. 66; *Decher* in Großkomm. AktG, 4. Aufl., § 131 AktG Rz. 87.

## 2. Schuldner des Auskunftsanspruchs

Nach dem Wortlaut von § 131 Abs. 1 Satz 1 hat zwar der Vorstand dem Aktionär Auskunft zu geben. Doch ist **allein die Gesellschaft selbst** auskunftsverpflichtet, für die der Vorstand in alleiniger Zuständigkeit als Organ tätig wird[79]. Die Pflicht trifft nur den zum Zeitpunkt der Hauptversammlung **amtierenden Vorstand**, der aber auch Auskünfte für ehemalige Vorstandsmitglieder geben kann, insbesondere für Ereignisse, die in deren Amtszeit fielen[80]. Die Beauftragung von sachkundigen Dritten wie z.B. Mitarbeiter, Aufsichtsratsmitglieder, Hauptversammlungsleiter, Abschlussprüfer etc. ist grundsätzlich möglich[81]. Eine Äußerung von einem nicht vorher beauftragten Dritten ist nur dann als Auskunft des Vorstands anzusehen, wenn sich dieser die Aussage im Nachhinein erkennbar zu Eigen macht[82].

16

Die Entscheidung über die Auskunftserteilung/-verweigerung hat als **Geschäftsführungsmaßnahme gem. § 77 Abs. 1 Satz 1** grundsätzlich einstimmig zu ergehen, sofern die Satzung oder Geschäftsordnung des Vorstands nicht nach § 77 Abs. 1 Satz 2 eine abweichende Regelung enthält[83]. In der Praxis geschieht die Auskunftserteilung in der Regel durch den Vorstandsvorsitzenden oder den jeweiligen Ressortverantwortlichen des Vorstands ohne vorherige ausdrückliche Beschlussfassung. Bleiben die Ausführungen unwidersprochen durch die anderen Vorstandsmitglieder, so ist hierin eine konkludente einvernehmliche Beschlussfassung durch den Gesamtvorstand zu sehen[84].

17

**Der Aufsichtsrat** ist im Rahmen des § 131 nicht auskunftsverpflichtet, auch wenn Fragen direkt an ein Aufsichtsratsmitglied gerichtet sind[85]. Dem Hinweis auf eine mögliche Annexkompetenz zu den Berichtspflichten des Aufsichtsrats nach § 171

18

---

79 Begr. RegE *Kropff*, Aktiengesetz, S. 185; *Hüffer*, § 131 AktG Rz. 5; *Decher* in Großkomm. AktG, 4. Aufl., § 131 AktG Rz. 90; *Kubis* in MünchKomm. AktG, 2. Aufl., § 131 AktG Rz. 16; *Kersting* in KölnKomm. AktG, 3. Aufl., § 131 AktG Rz. 70 f.; *Butzke* in Obermüller/Werner/Winden, Die Hauptversammlung der Aktiengesellschaft, Rz. G 25; zumindest missverständlich *Meilicke/Heidel*, DStR 1992, 72, 74.
80 Ebenso *Ebenroth*, Auskunftsrecht, S. 18; *Kubis* in MünchKomm. AktG, 2. Aufl., § 131 AktG Rz. 17; *Decher* in Großkomm. AktG, 4. Aufl., § 131 AktG Rz. 90; *Kersting* in KölnKomm. AktG, 3. Aufl., § 131 AktG Rz. 71.
81 *Decher* in Großkomm. AktG, 4. Aufl., § 131 AktG Rz. 90; *Kubis* in MünchKomm. AktG, 2. Aufl., § 131 AktG Rz. 19; s. zur Leitung der Hauptversammlung durch einen Unternehmensfremden *Wilsing/von der Linden*, ZIP 2009, 641.
82 OLG Düsseldorf v. 5.11.1987 – 19 W 6/87 – „RWE", AG 1988, 53 (zur Auskunftsverweigerung durch den Aufsichtsratsvorsitzenden); *Groß*, AG 1997, 97, 99; *Meilicke/Heidel*, DStR 1992, 72, 74; *Hüffer*, § 131 AktG Rz. 6; *Kubis* in MünchKomm. AktG, 2. Aufl., § 131 AktG Rz. 19; *Kersting* in KölnKomm. AktG, 3. Aufl., § 131 AktG Rz. 72.
83 *Decher* in Großkomm. AktG, 4. Aufl., § 131 AktG Rz. 90; *Hüffer*, § 131 AktG Rz. 7; *Kersting* in KölnKomm. AktG, 3. Aufl., § 131 AktG Rz. 74 f.; abweichend, aber noch zu § 70 AktG 1937, BGH v. 23.11.1961 – II ZR 4/60, BGHZ 36, 121, 127.
84 Ebenso *Decher* in Großkomm. AktG, 4. Aufl., § 131 AktG Rz. 90; *Kubis* in MünchKomm. AktG, 2. Aufl., § 131 AktG Rz. 17; *Kersting* in KölnKomm. AktG, 3. Aufl., § 131 AktG Rz. 75.
85 BVerfG v. 20.9.1999 – 1 BvR 636/95 – „Daimler-Benz AG", AG 2000, 74, 75 (mit zust. Anm. *Bork*, EWIR § 131 AktG 3/99, 1035 f.); OLG Stuttgart v. 15.2.1995 – 3 U 118/94 – „Wenger/Daimler-Benz", AG 1995, 234, 236; *Hüffer*, § 131 AktG Rz. 6; *Decher* in Großkomm. AktG, 4. Aufl., § 131 AktG Rz. 91; *Kubis* in MünchKomm. AktG, 2. Aufl., § 131 AktG Rz. 20; *Kersting* in KölnKomm. AktG, 3. Aufl., § 131 AktG Rz. 72; a.A. *Trescher*, DB 1990, 515 f.; *Steiner*, Hauptversammlung, S. 87; *Butzke* in Obermüller/Werner/Winden, Die Hauptversammlung der Aktiengesellschaft, Rz. G 27 f. (Einbeziehung des Aufsichtsratsvorsitzenden durch erweiternde Auslegung von § 131, zumindest aber Erweiterung von § 131 de lege ferenda), auf die Bedeutung des Aufsichtsrats abstellend *E. Vetter* in FS H. P. Westermann, 2008, S. 1589, 1600 f.

Abs. 2 Satz 1[86] stehen sowohl der klare Wortlaut des Gesetzes (§ 131 Abs. 1 Satz 1: „der Vorstand") als auch die Gesetzgebungsgeschichte[87] entgegen[88]. Eine Auskunftserteilung **durch Dritte** (ohne Zustimmung des Vorstands) ist außerhalb der oben genannten Konstellationen (s. oben Rz. 16) nicht zulässig, zu Auskünften von Abschlussprüfern s. § 176 Abs. 2 Satz 3.

19 Auch der **besondere Vertreter nach § 147** ist nicht verpflichtet, Auskünfte zu erteilen, aber auch nicht gegen den Willen des Vorstands dazu berechtigt, sofern die Frage von Ersatzansprüchen nicht auf der Tagesordnung steht. Denn er ist weder Organ (s. § 147 Rz. 28) noch selbst Teilnehmer an der Hauptversammlung[89].

### 3. Auskunftsverlangen

20 Eine Auskunft ist dem Aktionär nur **auf dessen Verlangen** hin zu erteilen; eine darüber hinausgehende Pflicht des Vorstands zur Erteilung von **unverlangten Informationen** gegenüber der Hauptversammlung zu allen Umständen, die Einfluss auf die zu fassenden Beschlüsse haben, lässt sich aus § 131[90] nicht begründen[91], auch nicht hinsichtlich der rechtlichen Konsequenzen eines Beschlusses, etwa über ein Entsendungsrecht[92]. Maßgeblich für den Auskunftsanspruch ist allein, ob die Frage **tatsächlich** in der Hauptversammlung **gestellt worden ist**, nicht aber ob die Frage bei Eintritt bestimmter Voraussetzungen in der Hauptversammlung gestellt worden wäre[93].

21 Das Auskunftsverlangen ist vom Aktionär **in der Hauptversammlung** geltend zu machen[94]. Zwar ist nur die Erteilung der Auskunft in der Hauptversammlung gesetzlich in § 131 Abs. 1 Satz 1 vorgeschrieben, jedoch muss auch das Auskunftsverlangen in der Hauptversammlung aufgrund der engen Verbindung zwischen Auskunftserteilung und -verlangen, insbesondere vor dem Hintergrund von § 118 Abs. 1, gestellt werden[95]. Bereits im Vorfeld der Hauptversammlung gestellte Auskunftsbegehren entsprechen den Anforderungen von § 131 nur dann, wenn sie in der Hauptversammlung wiederholt werden[96].

22 Eine zeitliche Beschränkung des Auskunftsverlangens, indem Fragen **nur bei der Behandlung sachzugehöriger Tagesordnungspunkte** zulässig wären, ist nicht anzuneh-

---

86 So *Trescher*, DB 1990, 515 f.; *Butzke* in Obermüller/Werner/Winden, Die Hauptversammlung der Aktiengesellschaft, Rz. G 27.
87 Begr. RegE *Kropff*, Aktiengesetz, S. 185.
88 Das Problem der dogmatischen Einordnung ihres Ansatzes sieht auch *Butzke* in Obermüller/Werner/Winden, Die Hauptversammlung der Aktiengesellschaft, Rz. G 28.
89 LG München I v. 28.8.2008 – 5 HKO 12504/08, ZIP 2008, 1588, 1590 = AG 2008, 904, Rz. 25, 27; *Kersting* in KölnKomm. AktG, 3. Aufl., § 131 AktG Rz. 73; *Westermann*, AG 2009, 237, 241 f.
90 Eine Pflicht des Vorstands zur unaufgeforderten Information der Hauptversammlung (als Organ) kann sich in Einzelfällen aus anderen Vorschriften ergeben, z.B. §§ 76, 93 i.V.m. § 176 Abs. 1 Satz 2, ausführlich dazu *Decher* in Großkomm. AktG, 4. Aufl., § 131 AktG Rz. 103 f.
91 Ebenso *Kubis* in MünchKomm. AktG, 2. Aufl., § 131 AktG Rz. 22; *Hüffer*, § 131 AktG Rz. 8; *Decher* in Großkomm. AktG, 4. Aufl., § 131 AktG Rz. 103; *Kersting* in KölnKomm. AktG, 3. Aufl., § 131 AktG Rz. 469; a.A. LG Berlin v. 2.12.1996 – 99 O 173/96 – „Brau und Brunnen AG", AG 1997, 183, 185.
92 OLG Hamm v. 31.3.2008 – 8 U 222/07, AG 2008, 552, 553.
93 BayObLG v. 30.11.1995 – 3 Z BR 161/93 – „Allianz AG Holding", AG 1997, 180, 182 f.; *Decher* in Großkomm. AktG, 4. Aufl., § 131 AktG Rz. 101; *F.-J. Semler* in MünchHdb. AG, § 37 Rz. 25.
94 Allgemeine Ansicht, s. nur *Hüffer*, § 131 AktG Rz. 8; *Kubis* in MünchKomm. AktG, 2. Aufl., § 131 AktG Rz. 23; *Decher* in Großkomm. AktG, 4. Aufl., § 131 AktG Rz. 105; *F.-J. Semler* in MünchHdb. AG, § 37 Rz. 21.
95 Ebenso *Meilicke/Heidel*, DStR 1992, 72, 73; *Kubis* in MünchKomm. AktG, 2. Aufl., § 131 AktG Rz. 23.
96 *Decher* in Großkomm. AktG, 4. Aufl., § 131 AktG Rz. 105; *Butzke* in Obermüller/Werner/Winden, Die Hauptversammlung der Aktiengesellschaft, Rz. G 29; abweichend *Meilicke/Heidel*, DStR 1992, 72, 74.

men. Vielmehr besteht für den Aktionär grundsätzlich[97] – die Erforderlichkeit der Auskunft vorausgesetzt (dazu unten bei Rz. 29 ff.) – die Möglichkeit, sein Auskunftsverlangen bis zum Beginn der Abstimmung über einen Tagesordnungspunkt geltend zu machen[98], nicht aber danach.

Das Auskunftsverlangen ist vom Aktionär **an den Vorstand zu richten** (Rz. 16), kann aber auch an den Leiter der Hauptversammlung gerichtet werden, wenn dieser die Frage an den Vorstand weiterleitet[99]. Die Auskunft wird regelmäßig **ausdrücklich** vom Aktionär verlangt werden; aber auch ein **konkludentes** Auskunftsverlangen ist möglich, sofern hinreichend erkennbar ist, dass der Aktionär eine Auskunft begehrt. Vom Auskunftsverlangen sind aber keine in Frageform gekleideten Behauptungen des Aktionärs erfasst[100]. 23

Der Aktionär kann sein Auskunftsverlangen in der Hauptversammlung **sowohl mündlich als auch schriftlich** geltend machen[101]. Auch nach der Einführung des § 131 Abs. 2 Satz 2 (s. Rz. 66 ff.) kann die Gesellschaft nicht die schriftliche Einreichung der Fragen durch Satzung oder Geschäftsordnung vorschreiben[102]. Das Gesetz verbietet aber dem Aktionär nicht bei einer beschränkten Zahl von Fragen oder Fragen von besonderer Komplexität einen Fragenkatalog in schriftlicher Form einzureichen, wobei sie vor ihrer Beantwortung den übrigen Aktionären aber unbedingt durch den Versammlungsleiter oder Vorstand mitzuteilen sind oder auf andere Art und Weise (Internet) zugänglich sein müssen[103]. Zwar wird vereinzelt aus § 131 Abs. 2 Satz 2 die Unzulässigkeit einer schriftlichen Frage abgeleitet, da sonst die Beschränkungsbefugnis des Hauptversammlungsleiters ins Leere ginge und die kollektive Willensbildung bezweckt sei[104]. Die Einschränkungsbefugnis des Hauptversammlungsleiters dient jedoch der Gewährleistung einer ordnungsgemäßen Hauptversammlung; hierfür kann aber gerade auch eine schriftliche Fragestellung helfen[105]. Zudem wird durch Mitteilung der Fragen an die übrigen Aktionäre der kollektiven Zielrichtung des Auskunftsrechts ausreichend Rechnung getragen. Nur wenn die schriftlichen Fragen durch einen **ausufernden, nicht mehr sachbezogenen Katalog** an verlangten Auskünften einem mündlichen unangemessen zeitlich verzögerten Auskunftsverlangen entsprechen[106], kommt eine analoge Anwendung des § 131 Abs. 2 Satz 2 in Betracht. 24

---

97 Im Einzelfall kann ein Aufheben der Frage durch den Aktionär jedoch rechtsmissbräuchlich sein, s. hierzu Rz. 94.
98 *Kubis* in MünchKomm. AktG, 2. Aufl., § 131 AktG Rz. 23; ausführlich dazu: *F.-J. Semler* in MünchHdb. AG, § 37 Rz. 23; *Decher* in Großkomm. AktG, 4. Aufl., § 131 AktG Rz. 106.
99 *Hüffer*, § 131 AktG Rz. 8; *Kubis* in MünchKomm. AktG, 2. Aufl., § 131 AktG Rz. 24.
100 So auch *Luther* in FS Möhring, 1975, S. 221, 226; *Decher* in Großkomm. AktG, 4. Aufl., § 131 AktG Rz. 96.
101 *Meilicke/Heidel*, DStR 1992, 72, 74; *Decher* in Großkomm. AktG, 4. Aufl., § 131 AktG Rz. 98; *F.-J. Semler* in MünchHdb. AG, § 37 Rz. 24; *Butzke* in Obermüller/Werner/Winden, Die Hauptversammlung der Aktiengesellschaft, Rz. G 29.
102 Ebenso, zur Rechtslage vor UMAG *Meilicke/Heidel*, DStR 1992, 72, 73 f.; *Decher* in Großkomm. AktG, 4. Aufl., § 131 AktG Rz. 98; *F.-J. Semler* in MünchHdb. AG, § 37 Rz. 24; a.A. *Wohlleben*, Informationsrechte, S. 69; *Luther* in FS Möhring, 1975, S. 221, 223.
103 Wie hier LG Köln v. 2.4.1990 – 91 O 132/89 – „ddp", AG 1991, 38; *Decher* in Großkomm. AktG, 4. Aufl., § 131 AktG Rz. 98; *Kersting* in KölnKomm. AktG, 3. Aufl., § 131 AktG Rz. 474; *Volhard* in J. Semler/Volhard, Arbeitshandbuch HV, § 13 Rz. 18.
104 LG München I v. 24.4.2008 – 5 HK O 23244/07, ZIP 2008, 1635, Rz. 390 (allerdings bezogen auf die schriftliche Einreichung erst nach Schließen der Rednerliste); *Hüffer*, § 131 AktG Rz. 8; zuvor schon kritisch *Kubis* in MünchKomm. AktG, 2. Aufl., § 131 AktG Rz. 27; *Kubis* in FS Kropff, 1997, S. 171, 187.
105 Wie hier *Kersting* in KölnKomm. AktG, 3. Aufl., § 131 AktG Rz. 475.
106 So in dem Verfahren OLG Frankfurt v. 17.7.2007 – 5 U 229/05, ZIP 2007, 1463 = AG 2007, 672: 308 (!) Fragen, ähnlich OLG Frankfurt v. 19.9.2006 – 20 W 55/05, AG 2007, 451: 24 Seiten handschriftliche Fragen.

25 Das Auskunftsverlangen ist in **deutscher Sprache** vorzubringen[107], fremdsprachige Fragen kann der Leiter der Hauptversammlung jedoch nach seinem Ermessen[108] zulassen, wobei er im Rahmen seiner Entscheidung vor allem deren Einfluss auf den Fortgang der Hauptversammlung zu berücksichtigen hat[109] und die Übersetzung für alle Aktionäre gewährleistet sein muss[110]. Eine **Begründung** des Auskunftsverlangens ist grundsätzlich nicht erforderlich[111], s. auch Rz. 34.

26 Eine **vorherige Ankündigung** des Auskunftsverlangens durch den Aktionär wird nicht in § 131 vorausgesetzt[112]. Grundsätzlich umfasst die Vorbereitungspflicht des Vorstands (dazu Rz. 64 f.) auch Antworten auf unangekündigte Fragen[113]. Jedoch kann im Einzelfall den Aktionär eine **Obliegenheit**[114] treffen, komplexe Fragen im Vorfeld der Hauptversammlung anzukündigen, mit der Folge, dass bei Verletzung dieser Obliegenheit die Pflicht zur Auskunftserteilung durch den Vorstand erlischt[115]. Zu Vereinbarungen über die Nachholung der Auskunftserteilung nach Abschluss der Hauptversammlung s. unten Rz. 62.

27 Dem Aktionär ist die **Rücknahme seines Auskunftsverlangens** jederzeit bis zur Auskunftserteilung[116] möglich (Rz. 4); der kollektiven Zielrichtung des Auskunftsrechts wird durch die Möglichkeit für andere an der Hauptversammlung teilnehmende Aktionäre, sich das zurückgenommene Auskunftsverlangen zu Eigen zu machen, indem sie dem Vorstand dieselbe Frage stellen, genüge getan[117]. Für die Prüfung eines **konkludenten Verzichts** des Aktionärs finden die allgemeinen Auslegungsregeln für empfangsbedürftige Willenserklärungen Anwendung, insbesondere für rechtserhebli-

---

107 *Kubis* in MünchKomm. AktG, 2. Aufl., § 131 AktG Rz. 25; *Decher* in Großkomm. AktG, 4. Aufl., § 131 AktG Rz. 99.
108 Anders, aber nicht praktikabel *Kubis* in MünchKomm. AktG, 2. Aufl., § 131 AktG Rz. 25: vorherige Zustimmung sämtlicher Versammlungsteilnehmer.
109 So auch *Decher* in Großkomm. AktG, 4. Aufl., § 131 AktG Rz. 99.
110 Restriktiver *Kersting* in KölnKomm. AktG, 3. Aufl., § 131 AktG Rz. 476: Dolmetschen auf Seiten des fremdsprachigen Aktionärs.
111 Allgemeine Ansicht, s. nur KG v. 24.8.1995 – 2 W 4557/94 – „Siemens AG", AG 1996, 135; OLG Düsseldorf v. 17.7.1991 – 19 W 2/91 – „Deutsche Depeschendienst AG (ddp)", AG 1992, 34, 35; *Hüffer*, § 131 AktG Rz. 8; *Kubis* in MünchKomm. AktG, 2. Aufl., § 131 AktG Rz. 44; *Decher* in Großkomm. AktG, 4. Aufl., § 131 AktG Rz. 100.
112 Allgemeine Ansicht, s. nur *Hüffer*, § 131 AktG Rz. 8; *Kubis* in MünchKomm. AktG, 2. Aufl., § 131 AktG Rz. 29; *Decher* in Großkomm. AktG, 4. Aufl., § 131 AktG Rz. 97; *F.-J. Semler* in MünchHdb. AG, § 37 Rz. 21.
113 OLG Düsseldorf v. 17.7.1991 – 19 W 2/91 – „Deutsche Depeschendienst AG (ddp)", AG 1992, 34, 35; *Hüffer*, § 131 AktG Rz. 9; *F.-J. Semler* in MünchHdb. AG, § 37 Rz. 21; *Hefermehl* in FS Duden, 1977, S. 109, 129.
114 So die zutreffende dogmatische Einordnung bei *Kubis* in MünchKomm. AktG, 2. Aufl., § 131 AktG Rz. 29; mit Verwendung derselben Terminologie auch *F.-J. Semler* in MünchHdb. AG, § 37 Rz. 21.
115 BayObLG v. 30.11.1995 – 3 Z BR 161/93 – „Allianz AG Holding", AG 1996, 180, 183; OLG Frankfurt v. 1.7.1998 – 21 U 166/97 – „ASI Automotive AG", AG 1999, 231, 232; OLG Hamburg v. 11.1.2002 – 11 U 145/01 – „Philips/PKV", AG 2002, 460, 462; *Henze*, Aktienrecht, S. 312 Rz. 833 ff.; *Kubis* in MünchKomm. AktG, 2. Aufl., § 131 AktG Rz. 29; *Decher* in Großkomm. AktG, 4. Aufl., § 131 AktG Rz. 97; *Hüffer*, § 131 AktG Rz. 8, 10; *Franken/Heinsius* in FS Budde, 1995, S. 213, 232; *Kersting* in KölnKomm. AktG, 3. Aufl., § 131 AktG Rz. 421 ff.; ähnlich BGH v. 7.4.1960 – II ZR 143/58, BGHZ 32, 159, 165 f. mit einer auf § 242 BGB abstellenden Begründung; in diese Richtung auch *Ebenroth*, Auskunftsrecht, S. 32 f.
116 *Decher* in Großkomm. AktG, 4. Aufl., § 131 AktG Rz. 100; *Kubis* in MünchKomm. AktG, 2. Aufl., § 131 AktG Rz. 30.
117 Ebenso *Decher* in Großkomm. AktG, 4. Aufl., § 131 AktG Rz. 100; *Kubis* in MünchKomm. AktG, 2. Aufl., § 131 AktG Rz. 30.

ches Schweigen[118]. Bei **vorzeitigem Verlassen der Hauptversammlung durch den auskunftsuchenden Aktionär** besteht eine Pflicht zur Beantwortung nur dann, wenn der Fragesteller einen weiterhin anwesenden Aktionär zu seinem Vertreter bestellt hat (Rz. 15), oder wenn sich ein anderer Aktionär das Auskunftsbegehren des abwesenden Fragestellers ausdrücklich zu Eigen macht, wobei hier die Beantwortungspflicht erst erlischt, wenn der Vorstand den anderen Aktionären die Möglichkeit zum Aufgreifen der Frage eröffnet hat und dieser nicht nachgekommen wurde[119]. In der Praxis ist dem Vorstand gleichwohl zu empfehlen, die Frage zu beantworten, da eine Bevollmächtigung nie auszuschließen ist[120].

### III. Gegenstand und Umfang des Auskunftsrechts (§ 131 Abs. 1 Satz 1, 2, 4)

#### 1. Angelegenheiten der Gesellschaft (§ 131 Abs. 1 Satz 1)

Der Begriff der „Angelegenheiten der Gesellschaft" i.S. von § 131 Abs. 1 Satz 1 ist **weit auszulegen** und umfasst **alles, was sich auf die Gesellschaft und ihre Tätigkeit bezieht**[121], also alle Tatsachen und Umstände mit Bezug zur Finanz-, Ertrags- und Vermögenslage, zu ihrer inneren Struktur in tatsächlicher und rechtlicher Hinsicht, zur Geschäftspolitik und Außendarstellung sowie Beziehungen zu Kunden, Lieferanten etc. als Vertragspartner[122]. Aufgrund des weiten Verständnisses kann dieses Kriterium das Auskunftsrecht nur **grob**[123] einschränken[124]. Auch fremde Angelegenheiten, z.B. einer anderen Gesellschaft oder Person, können im Einzelfall bei Bestehen eines hinreichenden rechtlichen oder tatsächlichen Bezugs, also nur bei einer gewissen Erheblichkeit zu „Angelegenheiten der Gesellschaft" werden[125], ausführlich Rz. 37 ff., insbesondere Rz. 41. **Keine Angelegenheiten der Gesellschaft**[126] betreffen Fragen

28

---

118 LG Mainz v. 13.7.1987 – 10 HO 141/86 – „Kupferberg & Cie KG a.A.", AG 1988, 169, 170, das jedoch im entschiedenen Fall unzutreffend einen konkludenten Verzicht bei unterlassener Wiederholung einer gestellten Frage trotz entsprechender Aufforderung annimmt; ebenso *Reger* in Bürgers/Körber, § 131 AktG Rz. 6; wie hier *Kubis* in MünchKomm. AktG, 2. Aufl., § 131 AktG Rz. 31.
119 Wie hier *Kubis* in MünchKomm. AktG, 2. Aufl., § 131 AktG Rz. 32; *Hüffer*, § 131 AktG Rz. 8; im Ergebnis ebenso *Kersting* in KölnKomm. AktG, 3. Aufl., § 131 AktG Rz. 487; im Grundsatz ebenso, jedoch insoweit weiter, als dass die allgemeine, unwidersprochene Erkundigung des Vorstands nach noch offenen Fragen ausreichend sei: *Simon*, AG 1996, 540, 542; *Decher* in Großkomm. AktG, 4. Aufl., § 131 AktG Rz. 108; *Butzke* in Obermüller/Werner/Winden, Die Hauptversammlung der Aktiengesellschaft, Rz. G 30; a.A. *F.-J. Semler* in MünchHdb. AG, § 37 Rz. 25; *Steiner*, Hauptversammlung, S. 90.
120 Ebenso *Hüffer*, § 131 AktG Rz. 8; *Decher* in Großkomm. AktG, 4. Aufl., § 131 AktG Rz. 108.
121 BayObLG v. 22.3.1999 – 3 ZBR 250/98 – „ERC Frankona Rückversicherungs AG", AG 1999, 320, 321; BayObLG v. 9.9.1996 – 3 ZBR 36/94, AG 1996, 563, 564; BayObLG v. 23.8.1996 – 3 ZBR 130/96, AG 1996, 516, 517; *Decher* in Großkomm. AktG, 4. Aufl., § 131 AktG Rz. 114; *Kersting* in KölnKomm. AktG, 3. Aufl., § 131 AktG Rz. 91; *Siems* in Spindler/Stilz, § 131 AktG Rz. 23.
122 Ebenso *Decher* in Großkomm. AktG, 4. Aufl., § 131 AktG Rz. 114; *Kubis* in MünchKomm. AktG, 2. Aufl., § 131 AktG Rz. 34.
123 Ebenso *Butzke* in Obermüller/Werner/Winden, Die Hauptversammlung der Aktiengesellschaft, Rz. G 41; in diese Richtung wohl auch *Hüffer*, § 131 AktG Rz. 11; zu weit *Kersting* in KölnKomm. AktG, 3. Aufl., § 131 AktG Rz. 94 ff., der diesem Merkmal jegliche Beschränkungsfunktion abspricht.
124 Insoweit im Einklang mit BayObLG v. 9.9.1996 – 3 ZBR 36/94, AG 1996, 563, 564; *Groß*, AG 1997, 97, 104; *Spitze/Diekmann*, ZHR 158 (1994), 447, 452.
125 *Kubis* in MünchKomm. AktG, 2. Aufl., § 131 AktG Rz. 35; *Decher* in Großkomm. AktG, 4. Aufl., § 131 AktG Rz. 115; *Kersting* in KölnKomm. AktG, 3. Aufl., § 131 AktG Rz. 94.
126 Einen ausführlichen Rechtsprechungsüberblick hierzu s. bei *Decher* in Großkomm. AktG, 4. Aufl., § 131 AktG Rz. 131.

nach Abstimmungsempfehlungen einer Bank gegenüber ihren Depotkunden[127], nach Erwägungen, Motiven und Auffassungen von Mitgliedern des Aufsichtsrats[128] sowie nach der Aktionärsstruktur der eigenen Gesellschaft (Name der Aktionäre, Höhe von deren Beteiligung, Schreiben der BaFin gegenüber Mehrheitsaktionären)[129]. Hierzu zählen auch Fragen nach der Einleitung eines Ermittlungs- bzw. Strafverfahrens gegen einzelne Organmitglieder, da sich dieses gegen natürliche Personen (§ 14 StGB) und nicht die Gesellschaft richtet[130], ebenso hinsichtlich des Verhaltens eines von einem Vorstandsmitglied beauftragten Strafverteidigers gegenüber dem Mandanten[131]. Eine Angelegenheit der Gesellschaft liegt diesbezüglich aber vor, soweit dieses für die mit einem Entlastungsbeschluss verbundene Vertrauensbekundung (dazu s. unten Rz. 48) oder eine Abberufung von Relevanz ist[132].

### 2. Erforderlichkeit zur sachgemäßen Beurteilung von Gegenständen der Tagesordnung

### a) Regelungszweck

29  Zweck der Beschränkung auf die Erforderlichkeit ist die **Verhinderung von Missbräuchen** des Auskunftsrechts und die Gewährleistung eines ordnungsgemäßen Ablaufs der Hauptversammlung[133]. Sie spielt als Beschränkung von Auskunftsbegehren in quantitativer[134] wie auch in qualitativer[135] Hinsicht die größte Rolle. Die Annahme eines **strengen Prüfungsmaßstabs**[136] lässt sich jedoch weder aus dem Gesetzestext noch aus der Einschränkungsfunktion der Beurteilungserheblichkeit ableiten. Maßgeblich ist allein die Erforderlichkeit der Auskunft zur Beurteilung von Gegenständen der Tagesordnung[137]. Selbst hieran sind nach der Verabschiedung der EU-Aktionärsrechterichtlinie Zweifel angebracht worden, da diese in Art. 9 keine entsprechenden Einschränkungen kennt und auch über Art. 9 Abs. 2 Satz 1, der Einschränkungen zugunsten eines ordnungsgemäßen Ablaufs der Hauptversamm-

---

127 BayObLG v. 9.9.1996 – 3 ZBR 36/94, AG 1996, 563, 564 f.; *Hüffer*, § 131 AktG Rz. 11.
128 BVerfG v. 20.9.1999 – 1 BvR 636/95 – „Daimler-Benz AG", AG 2000, 74; LG München I v. 28.8.2008 – 5 HK O 12861/07, ZIP 2008, 2124 = AG 2008, 904, Rz. 557; *Hüffer*, § 131 AktG Rz. 11.
129 KG v. 30.6.1994 – 2 W 4531 und 4642/93 – „Allianz AG Holding", AG 1994, 469, 473; OLG Frankfurt v. 16.2.2009 – 5 W 38/08, Rz. 33; LG Düsseldorf v. 25.4.2008 – 39 O 144/07, Rz. 84; *Kubis* in MünchKomm. AktG, 2. Aufl., § 131 AktG Rz. 167.
130 LG Frankfurt a.M. v. 24.1.2005 – 3-5 O 61/03, AG 2005, 891, 892.
131 BGH v. 16.2.2009 – II ZR 185/07 – „Kirch/Deutsche Bank", BGHZ 180, 9 = AG 2009, 285, Rz. 44.
132 Ebenso *Hüffer*, § 131 AktG Rz. 11.
133 Begr. RegE *Kropff*, Aktiengesetz, S. 185.
134 Z.B. bei einer Vielzahl von Fragen eines Aktionärs, Näheres hierzu auch bei *Spitze/Diekmann*, ZHR 158 (1994), 447, 463; *Marsch-Barner*, WM 1984, 41 f.; *Hefermehl* in FS Duden, 1977, S. 109, 130; sowie unten bei Rz. 35 f.
135 Z.B. das Erreichen einer bestimmten Erheblichkeitsschwelle für die Beurteilung des jeweiligen Gegenstandes der Tagesordnung, so auch *Kubis* in MünchKomm. AktG, 2. Aufl., § 131 AktG Rz. 36.
136 So OLG Düsseldorf v. 17.7.1991 – 19 W 2/91 – „Deutsche Depeschendienst AG (ddp)", AG 1992, 34, 35 f. für den TOP Entlastung; OLG Düsseldorf v. 22.7.1986 – 19 W 2/86 – „RWE", AG 1987, 22, 23; KG v. 11.2.1972 – 1 W 1672/71, AG 1973, 25, 26; LG München I v. 16.4.1986 – 7 HKO 8835/85, AG 1987, 185, 186; ferner *Ebenroth*, Auskunftsrecht, S. 37 f.; *Groß*, AG 1997, 97, 100; *Trouet*, NJW 1986, 1302, 1303; *Joussen*, DB 1994, 2485.
137 Ebenso *Decher* in Großkomm. AktG, 4. Aufl., § 131 AktG Rz. 133, der zutreffend von „Leerformeln" spricht; in diese Richtung bereits *Luther* in FS Möhring, 1975, S. 221, 238; *Kubis* in MünchKomm. AktG, 2. Aufl., § 131 AktG Rz. 36; ausführlich *Hefermehl* in FS Duden, 1977, S. 109, 111 f.

lung erlaubt, kaum inhaltliche Restriktionen möglich sind[138]. Eine derart erweiternde Auslegung überzeugt indes nicht, da das Kriterium der „Erforderlichkeit" sich als Einschränkung im Interesse der Gesellschaft und im Sinne von Art. 9 Abs. 2 der Aktionärsrechterichtlinie darstellt[139]. Damit muss keine Ausdehnung von Anfechtungsrisiken einhergehen, wenn die Frage der Beeinflussung eines Beschlusses bzw. des Merkmals „wesentlich" in § 243 Abs. 4 Satz 1 restriktiv gehandhabt wird[140].

### b) Grundsätze für die Beurteilung

Für die Beurteilung der Erforderlichkeit ist nicht das subjektive Empfinden des auskunftsuchenden Aktionärs maßgeblich, vielmehr ein **objektiv denkender (Durchschnitts-) Aktionär**, der die Gesellschaftsverhältnisse nur aufgrund allgemein bekannter Tatsachen kennt[141]. Dabei ist die Erforderlichkeit der begehrten Auskunft immer **nur im Zusammenhang mit dem konkreten Tagesordnungspunkt** der Hauptversammlung zu beurteilen[142]. Nicht erforderlich ist, dass sich die begehrte Auskunft auf einen Tagesordnungspunkt bezieht, für den eine Beschlussfassung vorgesehen ist (Rz. 1). Die begehrte Auskunft muss ein zur sachgemäßen Beurteilung des Gegenstands der Tagesordnung **wesentliches Element** bilden[143]. Im Unterschied zur Rechtsprechung zu § 112 AktG 1937[144] genügt mithin nicht ein nur irgendwie gearteter Zusammenhang zwischen Frage und dem jeweiligen Tagesordnungspunkt[145]; eine **Ergänzung** zum bereits vorhandenen Kenntnisstand des Aktionärs ist aber ausrei-

30

---

138 Näher *Kersting* in KölnKomm. AktG, 3. Aufl., § 131 AktG Rz. 112 ff.; *Kersting*, ZIP 2009, 2317 ff.
139 *Pöschke* ZIP 2010, 1221, 1223; *Kocher/Lönner*, AG 2010, 153, 156 f.; *Lack*, Rechtsfragen des individuellen Auskunftsrechts des Aktionärs, S. 264 ff.
140 Wie hier *Kersting* in KölnKomm. AktG, 3. Aufl., § 131 AktG Rz. 143 f.
141 BGH v. 18.10.2004 – II ZR 250/02, BGHZ 160, 385, 389 = NZG 2005, 77, 78; BGH v. 16.2.2009 – II ZR 185/07 – „Kirch/Deutsche Bank", BGHZ 180, 9 = AG 2009, 285, Rz. 39; BayObLG v. 21.3.2001 – 3 Z BR 318/00, AG 2001, 424, 425; BayObLG v. 14.7.1999 – 3 Z BR 11/99, AG 2000, 131; BayObLG v. 22.3.1999 – 3 Z BR 250/98 – „Frankona Rückversicherungs AG", AG 1999, 320; KG v. 16.7.2009 – 23 W 69/08 WM 2010, 324 Tz. 42; OLG München v. 4.7.2001 – 7 U 5285/00 – „Hypovereinsbank", AG 2002, 294, 295; OLG Hamburg v. 24.2.1994 – 11 W 6/94, AG 1994, 420; OLG Frankfurt a.M. v. 4.8.1993 – 20 W 295/90 – „Commerzbank AG", AG 1994, 39 f.; *Decher* in Großkomm. AktG, 4. Aufl., § 131 AktG Rz. 141; *Kubis* in MünchKomm. AktG, 2. Aufl., § 131 AktG Rz. 39; *Hüffer*, § 131 AktG Rz. 12; *Ebenroth*, Auskunftsrecht, S. 42; *Spitze/Diekmann*, ZHR 158 (1994), 447, 459; a.A. *Wilhelm*, DB 2001, 520 ff. rekurrierend auf die individuelle Sachkompetenz des Fragenstellers.
142 BGH v. 15.6.1992 – II ZR 18/91 – „Asea/BBC", BGHZ 119, 1, 13 f.; BayObLG v. 22.3.1999 – 3 Z BR 250/98 – „Frankona Rückversicherungs AG", AG 1999, 320; OLG Stuttgart v. 13.6.2001 – 20 U 75/00. AG 2001, 540, 542; KG v. 24.8.1995 – 2 W 1255/95, ZIP 1995, 1585, 1586; OLG Frankfurt v. 30.1.2006 – 20 W 56/05, AG 2006, 460, 461; LG Frankfurt v. 23.9.2008 – 3-5 O 110-08, AG 2009, 92, Rz. 44; LG Heidelberg v. 7.8.1996 – II KfH O 4/96 – „Scheidemandel", AG 1996, 523; *Spitze/Diekmann*, ZHR 158 (1994), 447, 459; *Decher* in Großkomm. AktG, 4. Aufl., § 131 AktG Rz. 142; *Kubis* in MünchKomm. AktG, 2. Aufl., § 131 AktG Rz. 37; *Kersting* in KölnKomm. AktG, 3. Aufl., § 131 AktG Rz. 107 ff.; abweichend für den Tagesordnungspunkt „Entlastung" LG Köln v. 10.6.1998 – 91 O 15/98 – „Connex Holding AG", AG 1999, 137, 138.
143 KG v. 30.6.1994 – 2 W 4531 und 4692/93 – „Allianz AG Holding", AG 1994, 469; LG Frankfurt v. 23.9.2008 – 3-5 O 110-08 AG 2009, 92, Rz. 44; LG Heidelberg v. 7.8.1996 – II KfH O 4/96 – „Scheidemandel", AG 1996, 523; *Hüffer*, § 131 AktG Rz. 12.
144 Z.B. BGH v. 7.4.1960 – II ZR 143/58, BGHZ 32, 159, 164 f.; unzutreffend so auch noch zum AktG 1965: OLG Hamburg v. 11.4.1969 – 11 W 77/68, AG 1969, 150.
145 KG v. 31.1.1996 – 2 U 3989/94 – „VIAG AG", AG 1996, 421, 423; *Ebenroth*, Auskunftsrecht, S. 38; *Decher* in Großkomm. AktG, 4. Aufl., § 131 AktG Rz. 144; in diese Richtung wohl auch schon die Begr. RegE *Kropff*, Aktiengesetz, S. 185.

chend[146]. Bei nach § 119 Abs. 2 vorgelegten Entscheidungen ist jedoch ein milderer Maßstab anzuwenden, da es sich prinzipiell um unternehmerische Fragen handelt[147].

31 **Unerheblich ist**, ob der **Aktionär selbst die Antwort** schon **kennt** oder unabhängig von der Auskunft zu diesem Zeitpunkt **für sich eine Entscheidung** im Hinblick auf die Beschlussfassung **bereits getroffen hat**[148]. Denn zum einen kann er auf diese Weise im Rahmen der kollektiven Zielrichtung des Auskunftsrechts (Rz. 4) auf die Abstimmungsentscheidung der anderen Aktionäre Einfluss nehmen; zum anderen steht diese Auffassung auch im Einklang mit der Annahme eines objektiven Maßstabs (Rz. 30) für die Erforderlichkeit der Auskunft[149]. Die Erforderlichkeit der Auskunft kann hingegen fehlen, wenn den Aktionären bereits **anderweitig vor oder in der Hauptversammlung**, z.B. durch die kapitalmarktrechtlichen Veröffentlichungspflichten (s. oben Rz. 12) oder durch Auslegung des Jahresabschlusses in der Hauptversammlung, **die Information zur Verfügung gestellt wurde**[150].

32 **In zeitlicher Hinsicht** ist keine formale Beschränkung auf einen bestimmten Zeitraum anzunehmen: Zwar ist i.d.R. der Zeitraum maßgeblich, für den die Hauptversammlung anberaumt ist, also zumeist das konkrete abgeschlossene Geschäftsjahr[151]. Jedoch können auch Umstände, die **deutlich vor diesem Zeitraum** anzusiedeln sind, Gegenstand des Auskunftsrechts sein, wenn diese gerade im für die konkrete Hauptversammlung zugrunde liegenden Geschäftsjahr Wirkungen zeitigten, insbesondere zu dem TOP „Entlastung"[152]; auch kann Auskünften **in Bezug auf das laufende Geschäftsjahr** im Einzelfall die Beurteilungserheblichkeit zukommen. Frühere Auskunftsverfahren in anderen Hauptversammlungen schließen dies nicht aus[153]. So können etwa trotz früherer Beschlüsse zur Schaffung eines genehmigten Kapitals Fragen zulässig sein, die noch einen Bezug zur jetzt ausgeübten Ermächtigung des Vorstands haben[154]. Stets muss aber der Bezug zur konkreten Tagsordnung vorhanden sein; bloße Dauerereignisse oder Dauerwirkungen genügen nicht[155].

---

146 KG v. 24.8.1995 – 2 W 115/95 – „Allianz AG", AG 1996, 131; *Decher* in Großkomm. AktG, 4. Aufl., § 131 AktG Rz. 144; *Kubis* in MünchKomm. AktG, 2. Aufl., § 131 AktG Rz. 39; *Kersting* in KölnKomm. AktG, 3. Aufl., § 131 AktG Rz. 103.
147 Zutr. *Kersting* in KölnKomm. AktG, 3. Aufl., § 131 AktG Rz. 110 unter Verweis auf LG München I v. 10.5.1993 – 14 HKO 257/93, AG 1993, 435.
148 OLG Düsseldorf v. 22.7.1986 – 19 W 2/86 – „RWE", AG 1987, 22, 23; *Butzke* in Obermüller/Werner/Winden, Die Hauptversammlung der Aktiengesellschaft, Rz. G 30; *Hüffer*, § 131 AktG Rz. 34; *Decher* in Großkomm. AktG, 4. Aufl., § 131 AktG Rz. 146; *Kersting* in KölnKomm. AktG, 3. Aufl., § 131 AktG Rz. 105; a.A. *A. Reuter*, DB 1988, 2615, 2616; *Nitschke/Bartsch*, AG 1969, 95, 97; *Werner* in FS J. Semler, 1993, S. 419, 425.
149 Ebenso *Kubis* in MünchKomm. AktG, 2. Aufl., § 131 AktG Rz. 41; *Decher* in Großkomm. AktG, 4. Aufl., § 131 AktG Rz. 146; *Kersting* in KölnKomm. AktG, 3. Aufl., § 131 AktG Rz. 105.
150 Ebenso *Decher* in Großkomm. AktG, 4. Aufl., § 131 AktG Rz. 157.
151 *Decher* in Großkomm. AktG, 4. Aufl., § 131 AktG Rz. 150.
152 BGH v. 18.10.2004 – II ZR 250/02, BGHZ 160, 385, 391 (für Entlastungsbeschluss); KG v. 26.8.1993 – 2 W 6111/92, BB 1993, 2036, 2039; BayObLG v. 21.3.2001 – 3Z BR 318/00, AG 2001, 424, 425; OLG München v. 4.7.2001 – 7 U 5285/00, NZG 2002, 187, 188; OLG Frankfurt a.M. v. 18.12.2007 – 5 U 177/06, Rz. 45; OLG Frankfurt a.M. v. 18.3.2008 – 5 U 171/06, NZG 2008, 429, 431.
153 OLG München v. 24.9.2008 – 7 U 4230/07, AG 2009, 121, Rz. 41; *Kubis* in MünchKomm. AktG, 2. Aufl., § 131 AktG Rz. 42; *Kersting* in KölnKomm. AktG, 3. Aufl., § 131 AktG Rz. 153.
154 OLG München v. 24.9.2008 – 7 U 4230/07 AG 2009, 121, Rz. 41.
155 *Kersting* in KölnKomm. AktG, 3. Aufl., § 131 AktG Rz. 153.

Die Frage der Erforderlichkeit der Auskunft unterliegt **in vollem Umfang der gericht-** 33
**lichen Überprüfung**; einen Beurteilungs- oder Ermessensspielraum für den Vorstand
gibt es nicht[156].

### c) Darlegungslast für die Erforderlichkeit

Bei Unklarheiten über die Erforderlichkeit zur sachgemäßen Beurteilung des Tages- 34
ordnungspunkts **obliegt es dem Aktionär**, diese gegenüber der Gesellschaft darzulegen[157]. Es ist nicht Aufgabe des Vorstands, eine Aktionärsfrage auf das zulässige
Maß selbst zu reduzieren[158]. Kommt der Aktionär einer **Aufforderung durch den Versammlungsleiter**[159] zur Konkretisierung nicht nach, so ist die Auskunft mangels dargelegter Erforderlichkeit nicht zu erteilen; der Anspruch des Aktionärs an sich
erlischt indes nicht. Der Aktionär kann vielmehr, sofern er im nachfolgenden Auskunftserzwingungsverfahren nach § 132 eine die Erforderlichkeit erweisende Begründung nachschiebt (s. § 132 Rz. 19), die begehrte Auskunft vom Vorstand erhalten, allerdings unter Tragung der **vollen Kostenlast nach § 132 Abs. 5 Satz 7**[160].

### d) Quantitative Grenzen für Auskunftsbegehren durch die Beurteilungserheblichkeit

Das Auskunftsbegehren ist auch in **quantitativer**[161] Hinsicht zu begrenzen[162], da bei 35
einer Überzahl von Fragen, die objektiv zur Beurteilung des Tagesordnungspunkts
nicht benötigt werden, bereits die Erforderlichkeit fehlt[163]. Im Gegensatz zum reinen
Rechtsmissbrauch[164] (Rz. 91 ff.), für den die Gesellschaft selbst darlegungs- und be-

---

156 Begr. RegE *Kropff*, Aktiengesetz, S. 185; OLG Hamburg v. 11.4.1969 – 11 W 77/68, AG 1969, 150, 151; KG v. 11.2.1972 – 1 W 1672/71, AG 1973, 25 f.; *Decher* in Großkomm. AktG, 4. Aufl., § 131 AktG Rz. 141; *Kubis* in MünchKomm. AktG, 2. Aufl., § 131 AktG Rz. 43; *Kersting* in KölnKomm. AktG, 3. Aufl., § 131 AktG Rz. 106; anders noch § 112 AktG 1937; so auch für das AktG 1965 noch *Ebenroth*, Auskunftsrecht, S. 42.
157 Wenn die Gesellschaft die Auskunftserteilung unter Berufung auf fehlende Erforderlichkeit verweigert BGH v. 21.9.2009 – II ZR 223/08, ZIP 2009, 2203; KG v. 30.6.1994 – 2 W 4531 und 4642/93 – „Allianz AG Holding", AG 1994, 469, 473; KG v. 26.8.1993 – 2 W 6111/92 – „Siemens AG", AG 1994, 83, 84; OLG Hamburg v. 12.12.1969 – 11 W 34/69, AG 1970, 50, 51; *Decher* in Großkomm. AktG, 4. Aufl., § 131 AktG Rz. 155; *Ebenroth*, Auskunftsrecht, S. 33; *K. Schmidt*, Informationsrechte, S. 50; *Butzke* in Obermüller/Werner/Winden, Die Hauptversammlung der Aktiengesellschaft, Rz. G 31; *Luther* in FS Möhring, 1975, 221, 239.
158 So auch *Franken/Heinsius* in FS Budde, 1995, S. 213, 234; *Groß*, AG 1997, 97, 103; *Decher* in Großkomm. AktG, 4. Aufl., § 131 AktG Rz. 155; a.A. KG v. 24.8.1995 – 2 W 1255/95 – „Allianz", ZIP 1995, 1585, 1589.
159 Für dieses Erfordernis ebenso OLG Hamburg v. 12.12.1969 – 11 W 34/69, AG 1970, 50, 51; *Decher* in Großkomm. AktG, 4. Aufl., § 131 AktG Rz. 155; ferner auch *Kubis* in Münch-Komm. AktG, 2. Aufl., § 131 AktG Rz. 44.
160 *Kubis* in MünchKomm. AktG, 2. Aufl., § 131 AktG Rz. 44; *F.-J. Semler* in MünchHdb. AG, § 37 Rz. 53; *Butzke* in Obermüller/Werner/Winden, Die Hauptversammlung der Aktienge-sellschaft, Rz. G 31 Fn. 51; abweichend *Wilhelm*, DB 2001, 520 ff.
161 Die Annahme von *Hüffer*, § 131 AktG Rz. 35, dass § 131 Abs. 1 Satz 1 nur auf Qualität, nicht aber auf Quantität, abheben will, lässt sich weder aus dem Gesetzeswortlaut noch aus der-begründung ableiten.
162 *Quack*, AG 1985, 145, 148; *Trouet*, NJW 1986, 1302, 1307; *Martens*, WM 1981, 1010, 1019; *Max*, AG 1991, 77, 93; *Hefermehl* in FS Duden, 1977, S. 109, 124; *Ebenroth*, Auskunftsrecht, S. 37; *Kubis* in MünchKomm. AktG, 2. Aufl., § 131 AktG Rz. 58; *F.-J. Semler* in MünchHdb. AG, § 37 Rz. 7; *K. Schmidt*, Informationsrechte, S. 42; in diese Richtung auch *Marsch-Bar-ner*, WM 1984, 41 f.; a.A. *Kersting* in KölnKomm. AktG, 3. Aufl., § 131 AktG Rz. 161 f.: für jede Frage einzeln zu beurteilen.
163 Wie hier *Kubis* in MünchKomm. AktG, 2. Aufl., § 131 AktG Rz. 58.
164 So aber für eine Überzahl von Fragen OLG Frankfurt a.M. v. 22.7.1983 – 20 W 843/82 – „Deutsche Bank AG", AG 1984, 25, 26 (zu 25.000 Einzelangaben); *Groß*, AG 1997, 97, 104; *Nitschke/Bartsch*, AG 1969, 95, 100; *Hüffer*, § 131 AktG Rz. 35; *Decher* in Großkomm.

weispflichtig wäre, ist der Aktionär für die Erforderlichkeit auch in quantitativer Hinsicht darlegungs- und beweispflichtig (Rz. 34)[165]. Eine **absolute Obergrenze** für die Zahl an Fragen lässt sich wegen der Vielschichtigkeit der möglichen Konstellationen nicht festlegen[166].

36 **Rechtsfolge** bei zu weit reichenden Auskunftsbegehren ist nicht per se ein Verlust des kompletten Auskunftsrechts[167]; vielmehr ist dem auskunftsuchenden Aktionär nach Aufforderung durch den Versammlungsleiter die Möglichkeit zur Reduktion der Fragenzahl zu geben, da die fehlende Erforderlichkeit i.S. von § 131 sich gerade aus der Summe von dessen Auskunftsbegehren ergibt, nicht jedoch aus den jeweiligen einzelnen Fragen. Erst bei fruchtloser Aufforderung erlischt das Auskunftsrecht insgesamt[168]. Zur parallel möglichen, quantitativen Beschränkung von Auskunftsbegehren durch den Versammlungsleiter Rz. 66 f.

### 3. Verbundene Unternehmen (§ 131 Abs. 1 Satz 2, 4)

#### a) Allgemeines

37 Die Auskunftspflicht erstreckt sich auch auf die rechtlichen und geschäftlichen Beziehungen der Gesellschaft zu verbundenen Unternehmen. § 131 Abs. 1 Satz 2 hat für das Auskunftsrecht nach § 131 Abs. 1 Satz 1 **weder eine Einschränkung noch eine Erweiterung** zum Inhalt, sondern hat nur **deklaratorische Bedeutung**[169]. Denn zum einen sind die Beziehungen der Gesellschaft zu einem verbundenen Unternehmen immer zugleich auch Angelegenheiten der Gesellschaft i.S. von § 131 Abs. 1 Satz 1[170]; auch lässt sich nicht der Umkehrschluss ziehen, dass für Auskunftsbegehren, die nicht als rechtliche und geschäftliche Beziehungen von § 131 Abs. 1 Satz 2 erfasst sind, keine Beantwortungspflicht nach § 131 Abs. 1 Satz 1 im Einzelfall gegeben wäre[171]. Zum anderen bedeutet die Regelung des § 131 Abs. 1 Satz 2 auch keine

---

AktG, 4. Aufl., § 131 AktG Rz. 283; *Butzke* in Obermüller/Werner/Winden, Die Hauptversammlung der Aktiengesellschaft, Rz. G 81.

165 Ebenso *Kubis* in MünchKomm. AktG, 2. Aufl., § 131 AktG Rz. 58.

166 Insoweit wie hier *Kersting* in KölnKomm. AktG, 3. Aufl., § 131 AktG Rz. 163; anders aber *Max*, AG 1991, 77, 93 (100 Fragen); *Quack*, AG 1985, 145, 148 (100 Fragen); *Franken/Heinsius* in FS Budde, 1995, S. 213, 233 (100 Fragen); *Kubis* in MünchKomm. AktG, 2. Aufl., § 131 AktG Rz. 59 (niemals mehr als 50 Fragen, aber bereits bei mehr als 20 Fragen eine Indikation, die der Aktionär aber widerlegen kann).

167 So aber *Marsch-Barner*, WM 1984, 41, 42.

168 Zum ähnlichen Gedanken bei der Darlegungslast s. oben Rz. 34; wie hier LG München I v. 16.4.1986 – 7 HKO 8835/85, AG 1987, 185, 189; *Max*, AG 1991, 77, 93; *A. Reuter*, DB 1988, 2615, 2617; *Quack*, AG 1985, 145, 148; *Kubis* in MünchKomm. AktG, 2. Aufl., § 131 AktG Rz. 61; abweichend *Decher* in Großkomm. AktG, 4. Aufl., § 131 AktG Rz. 285; *Franken/Heinsius* in FS Budde, 1995, S. 213, 233; *Hefermehl* in FS Duden, 1977, S. 109, 131: Hinweis durch den Vorstand.

169 BayObLG v. 23.8.1996 – 3 ZBR 130/96, ZIP 1996, 1743, 1746; OLG Bremen v. 20.10.1980 – 2 W 35/80, AG 1981, 229, 230; LG München v. 10.12.1998 – 5 HKO 10806/97 – „Hypobank/Porta", AG 1999, 283, 284; *Spitze/Diekmann*, ZHR 158 (1994), 447, 450; *Ebenroth/Wilken*, BB 1993, 1818, 1819; *Kort*, ZGR 1987, 46, 51; *Hüffer*, § 131 AktG Rz. 13; *Kubis* in MünchKomm. AktG, 2. Aufl., § 131 AktG Rz. 62; *Decher* in Großkomm. AktG, 4. Aufl., § 131 AktG Rz. 232; *Kersting* in KölnKomm. AktG, 3. Aufl., § 131 AktG Rz. 249; a.A. *Vossel*, Auskunftsrechte im Aktienkonzern, 1996, S. 74.

170 Ebenso *Hüffer*, § 131 AktG Rz. 13; *Decher* in Großkomm. AktG, 4. Aufl., § 131 AktG Rz. 232; *Kersting* in KölnKomm. AktG, 3. Aufl., § 131 AktG Rz. 249; *Butzke* in Obermüller/Werner/Winden, Die Hauptversammlung der Aktiengesellschaft, Rz. G 40.

171 *Kubis* in MünchKomm. AktG, 2. Aufl., § 131 AktG Rz. 62; *Decher* in Großkomm. AktG, 4. Aufl., § 131 AktG Rz. 232; in diese Richtung wohl schon Begr. RegE *Kropff*, Aktiengesetz, S. 185 f.

Erweiterung des Auskunftsrechts, da die Auskünfte bezüglich verbundener Unternehmen unter denselben Schranken wie § 131 Abs. 1 Satz 1 stehen müssen[172].

Die **speziellen konzernrechtlichen Informationsrechte**[173] des Aktionärs verdrängen weder den Auskunftsanspruch noch schränken sie ihn ein[174], insbesondere nicht der Abhängigkeitsbericht[175], sie haben lediglich **klarstellende Bedeutung**[176], mit Ausnahme von § 326, der unabhängig von der Erheblichkeit Auskünfte vorsieht[177]. 38

### b) Begriff des verbundenen Unternehmens

Der Begriff der „verbundene(n) Unternehmen" ist wie in §§ 15 ff. auszulegen[178], so dass sowohl Mehrheitsbeteiligungen gem. § 16 als auch Abhängigkeitsbeziehungen i.S. von § 17 sowie Konzernunternehmen[179] gem. § 18 erfasst werden, nicht jedoch Minderheitsbeteiligungen[180]. Diese können im Einzelfall bei Vorliegen von erheblicher Beeinflussung der Gesellschaft eine Angelegenheit der Gesellschaft i.S. von § 131 Abs. 1 Satz 1 (dazu oben Rz. 28) darstellen[181]. Auch lediglich schuldrechtliche Abreden wie z.B. ein Lizenzvertrag sind nicht ausreichend für die Annahme einer entsprechenden Unternehmensverbindung[182]. 39

### c) Rechtliche und geschäftliche Beziehungen

**Alle Umstände, die die Begründung und Ausgestaltung der Unternehmensverbindung betreffen**, werden erfasst[183], etwa der Umfang des Beteiligungsbesitzes am verbundenen Unternehmen, wechselseitige personelle Verflechtungen, Abschluss und Inhalt von Unternehmensverträgen sowie bestimmte Inhalte von einzelnen schuld- 40

---

172 *Spitze/Diekmann*, ZHR 158 (1994), 447, 451 (ausführlich); *Decher* in Großkomm. AktG, 4. Aufl., § 131 AktG Rz. 232; *Hüffer*, § 131 AktG Rz. 13; *Kubis* in MünchKomm. AktG, 2. Aufl., § 131 AktG Rz. 62.
173 Z.B. § 293g Abs. 3 AktG; § 319 Abs. 3 Satz 4 AktG; § 64 Abs. 2 UmwG.
174 OLG Stuttgart v. 11.8.2004 – 20 U 3/04, AG 2005, 94, 95 f.; *Habersack/Verse*, AG 2003, 300, 303 f.; *Hüffer*, § 131 AktG Rz. 13; a.A. OLG Frankfurt v. 6.1.2003 – 20 W 449/93, AG 2003, 335, 336 f.
175 OLG Stuttgart v. 11.8.2004 – 20 U 3/04, AG 2005, 94, 95 f.; *Habersack/Verse*, AG 2003, 300, 303 f.; *Kersting* in KölnKomm. AktG, 3. Aufl., § 131 AktG Rz. 253; a.A. OLG Frankfurt v. 6.1.2003 – 20 W 449/93, AG 2003, 335, 336 f.
176 *Kubis* in MünchKomm. AktG, 2. Aufl., § 131 AktG Rz. 63; *Decher* in Großkomm. AktG, 4. Aufl., § 131 AktG Rz. 258; *Grage*, Auskunftsrecht, S. 91 f.; offen gelassen in BayObLG v. 25.6.1975 – 2 Z 15/75, AG 1975, 325, 327; für Erweiterung hingegen: *Ebenroth*, Auskunftsrecht, S. 62 ff.
177 Ebenso *Kort*, ZGR 1987, 46, 55; *Decher* in Großkomm. AktG, 4. Aufl., § 131 AktG Rz. 259; *Kubis* in MünchKomm. AktG, 2. Aufl., § 131 AktG Rz. 63.
178 Ebenso *Ebenroth*, Auskunftsrecht, S. 43 ff. (ausführlich); *Spitze/Diekmann*, ZHR 158 (1994), 447, 451; *Hüffer*, § 131 AktG Rz. 14; *Kubis* in MünchKomm. AktG, 2. Aufl., § 131 AktG Rz. 64; *Decher* in Großkomm. AktG, 4. Aufl., § 131 AktG Rz. 233; *Butzke* in Obermüller/Werner/Winden, Die Hauptversammlung der Aktiengesellschaft, Rz. G 40; unzutreffend LG Heilbronn v. 6.3.1967 – KfH. AktE 1/67, AG 1967, 81, 82.
179 Nach dem AktG 1937 war das Auskunftsrecht gerade nur auf die Beziehungen der Gesellschaft zu Konzernunternehmen beschränkt, Begr. RegE *Kropff*, Aktiengesetz, S. 185.
180 A.A. *Hüffer*, § 131 AktG Rz. 14.
181 Ebenso *Spitze/Diekmann*, ZHR 158 (1994), 447, 452; *Kubis* in MünchKomm. AktG, 2. Aufl., § 131 AktG Rz. 62, 64; i.E. auch wieder *Hüffer*, § 131 AktG Rz. 14.
182 *Spitze/Diekmann*, ZHR 158 (1994), 447, 451; *Hüffer*, § 131 AktG Rz. 14; *Decher* in Großkomm. AktG, 4. Aufl., § 131 AktG Rz. 233.
183 *Hüffer*, § 131 AktG Rz. 15; *Decher* in Großkomm. AktG, 4. Aufl., § 131 AktG Rz. 234; *Kubis* in MünchKomm. AktG, 2. Aufl., § 131 AktG Rz. 64; *Spitze/Diekmann*, ZHR 158 (1994), 447, 453.

rechtlichen Verträgen zwischen den Unternehmen[184], z.B. die vom herrschenden Unternehmen berechneten Vertriebskosten[185] oder die Höhe einer Konzernumlage[186]. Rechtliche und wirtschaftliche Beziehungen erfassen grundsätzlich nicht die wirtschaftliche Lage der verbundenen Unternehmen; möglich ist aber, dass ein Vorgang bei dem verbundenen Unternehmen von solcher Maßgeblichkeit ist, dass er auch zu einer Angelegenheit der „Obergesellschaft" (Rz. 28) wird und diesbezüglich ein Auskunftsrecht nach § 131 Abs. 1 Satz 1 besteht[187]. Entscheidend ist wiederum die Erforderlichkeit der Auskunft für die Obergesellschaft zur Beurteilung des konkreten Tagesordnungspunktes[188].

### d) Angelegenheiten verbundener Unternehmen als Angelegenheiten der Gesellschaft

41 Angelegenheiten verbundener Unternehmen werden nur erfasst, wenn sie aufgrund ihrer Bedeutung bzw. Erheblichkeit[189] für die Obergesellschaft als deren eigene Angelegenheiten zu qualifizieren sind[190]. Hierfür können verschiedene Kriterien herangezogen werden, so z.B. alle Vorgänge, die dem **originären Bereich der Konzernleitung** durch die Obergesellschaft zuzuordnen sind[191], etwa bei Fragen nach den Gesamtbezügen von Vorstandsmitgliedern der Tochterunternehmen[192]. Ein weiteres Kriterium bildet die **Intensität der Unternehmensverbindung** zwischen der Gesellschaft und ihren Tochtergesellschaften[193] (s. auch § 326 Rz. 1); bei **Unternehmensverträgen** wird die Erheblichkeit hingegen nicht stets, aber aufgrund der Verlustausgleichspflicht des § 302 eher anzunehmen sein als bei bloß faktischer Konzernierung[194]. Auch die **funktionale Stellung der Obergesellschaft** innerhalb der Konzernverbindung kann als Kriterium herangezogen werden; so ist die Erheblichkeit eher anzunehmen, wenn die Obergesellschaft als Holding ausgestaltet ist, als wenn diese selbst im operativen Ge-

---

184 Ingesamt im Sinne des Vorstehenden *Spitze/Diekmann*, ZHR 158 (1994), 447, 453; *Hüffer*, § 131 AktG Rz. 15; *Decher* in Großkomm. AktG, 4. Aufl., § 131 AktG Rz. 234; *Kubis* in MünchKomm. AktG, 2. Aufl., § 131 AktG Rz. 65.
185 So auch OLG Stuttgart v. 11.8.2004 – 20 U 3/04, AG 2005, 94, 96; *Spitze/Diekmann*, ZHR 158 (1994), 447, 453; *Hüffer*, § 131 AktG Rz. 15; anders aber KG v. 11.2.1972 – 1 W 1672/71, AG 1973, 25, 27: nur bei begründetem Verdacht eines Verstoßes gegen §§ 311, 312; dem folgend OLG Frankfurt v. 6.1.2003 – 20 W 449/93 – „Rabobank", AG 2003, 335 f.
186 OLG Karlsruhe v. 29.6.1989 – 11 W 57/89 – „Asea/BBC", AG 1990, 82; LG Frankfurt v. 14.10.1993 – 3/3 O 65/93, DB 1993, 2371.
187 Begr. RegE *Kropff*, Aktiengesetz, S. 185 f.; OLG Hamburg v. 12.12.1969 – 11 W 34/69, AG 1970, 50, 52; *Spitze/Diekmann*, ZHR 158 (1994), 447, 453 f.
188 *Kubis* in MünchKomm. AktG, 2. Aufl., § 131 AktG Rz. 65; *Hüffer*, § 131 AktG Rz. 15.
189 Die Erheblichkeit in diesem Zusammenhang ist nicht mit der Erforderlichkeit der Auskunft zur sachgemäßen Beurteilung eines TOP i.S. von § 131 Abs. 1 Satz 1 gleichzusetzen; so auch *Grage*, Auskunftsrecht, S. 198; *Spitze/Diekmann*, ZHR 158 (1994), 447, 459; *Decher* in Großkomm. AktG, 4. Aufl., § 131 AktG Rz. 119; so wohl auch *Hüffer*, § 131 AktG Rz. 16; a.A. *Kort*, ZGR 1987, 46, 62; wohl auch *Kubis* in MünchKomm. AktG, 2. Aufl., § 131 AktG Rz. 66.
190 BGH v. 11.11.2002 – II ZR 125/02, WM 2003, 345, 347 (zum Verein); OLG Düsseldorf v. 5.11.1987 – 19 W 6/87, NJW 1988, 1033, 1034; OLG Köln v. 27.9.2001 – 18 U 49/01 – „Deutsche Steinzeug Cremer & Breuer AG", AG 2002, 89, 91; *Hüffer*, § 131 AktG Rz. 16; *Decher* in Großkomm. AktG, 4. Aufl., § 131 AktG Rz. 119; *Kersting* in KölnKomm. AktG, 3. Aufl., § 131 AktG Rz. 252.
191 *Lutter*, AG 1985, 117, 121; *Spitze/Diekmann*, ZHR 158 (1994), 447, 456; *Vossel*, ZIP 1988, 755, 756; *Decher* in Großkomm. AktG, 4. Aufl., § 131 AktG Rz. 120.
192 OLG Düsseldorf v. 5.11.1987 – 19 W 6/87, NJW 1988, 1033, 1034; *Hüffer*, § 131 AktG Rz. 16, 18.
193 *Kort*, ZGR 1987, 46, 55; *A. Reuter*, BB 1986, 1653, 1655; *Lutter*, JZ 1981, 216, 218 f.; *Hüffer*, § 131 AktG Rz. 16; *Decher* in Großkomm. AktG, 4. Aufl., § 131 AktG Rz. 121; *Kubis* in MünchKomm. AktG, 2. Aufl., § 131 AktG Rz. 66.
194 Ebenso *Kort*, ZGR 1987, 46, 61 ff. (ausführlich); *Decher* in Großkomm. AktG, 4. Aufl., § 131 AktG Rz. 121; *Kubis* in MünchKomm. AktG, 2. Aufl., § 131 AktG Rz. 66.

schäft in größerem Umfang tätig ist[195]. Auch lässt sich aus den speziellen Informationsrechten des Aktionärs gerade bei der **Konzernbildung**[196] erkennen, dass dem Aktionär eher Informationen bei der Begründung von Unternehmensverbindungen zustehen sollen als im bereits bestehenden Konzern[197].

### e) Lage des Konzerns und konsolidierter Unternehmen (§ 131 Abs. 1 Satz 4)

Durch § 131 Abs. 1 Satz 4[198] wird anders als bei § 131 Abs. 1 Satz 2 der Umfang der Auskunftsverpflichtung der Gesellschaft **inhaltlich erweitert**, indem **Angelegenheiten konsolidierter Konzerngesellschaften** als solche der Muttergesellschaft zu behandeln sind[199]; die weiteren Voraussetzungen von § 131 Abs. 1 Satz 1, insbesondere die Erforderlichkeit der Auskunft zur sachgemäßen Beurteilung der Tagesordnung, greifen aber auch hier ein[200]. Anwendung finden ferner die in § 131 Abs. 3 normierten Auskunftsverweigerungsrechte, wobei die Gegenausnahme einer Feststellung des Konzernabschlusses durch die Hauptversammlung nicht anwendbar ist[201]. Der Kreis der in den Konzernabschluss einzubeziehenden Unternehmen bestimmt sich nach den §§ 294–296 HGB; ferner können auch Auskünfte bezüglich quotenkonsolidierter Unternehmen i.S. von § 310 HGB verlangt werden, nicht aber solche über assoziierte Unternehmen i.S. von §§ 311 f. HGB[202]; für diese kommen die sonstigen Auskunftsrechte in Betracht. Es kommt aber nicht darauf an, welche Unternehmen tatsächlich konsolidiert wurden, sondern nur welche rechtlich in die Konzernbilanz einzubeziehen sind[203]. Dem Wortlaut nach findet die Regelung nur bei Vorlage des Konzernabschlusses, also im Rahmen der **ordentlichen Hauptversammlung** der konsolidierungspflichtigen Muttergesellschaft Anwendung; für (außerordentliche) Hauptversammlungen, in denen ein solcher nicht vorgelegt wird, gelten in Bezug auf das Auskunftsrecht allein § 131 Abs. 1 Satz 1 bis 3[204]. 42

### 4. Vorlage des vollständigen Jahresabschlusses (§ 131 Abs. 1 Satz 3)

Gem. § 131 Abs. 1 Satz 3[205] kann jeder Aktionär die Vorlage des vollständigen Jahresabschlusses verlangen, wenn etwa die Erleichterungen für kleine oder mittelgroße Kapitalgesellschaften in Anspruch genommen wurden (§ 267 Abs. 1, 2 HGB), ohne Rücksicht darauf, ob dies im Hinblick auf Tagesordnungspunkte tatsächlich erforder- 43

---

195 *Spitze/Diekmann*, ZHR 158 (1994), 447, 457; *Decher* in Großkomm. AktG, 4. Aufl., § 131 AktG Rz. 122; *Kubis* in MünchKomm. AktG, 2. Aufl., § 131 AktG Rz. 66; *Kersting* in KölnKomm. AktG, 3. Aufl., § 131 AktG Rz. 252.
196 Vgl. § 293g Abs. 3 beim Abschluss eines Unternehmensvertrages; § 319 Abs. 3 Satz 4 bei der Eingliederung; § 64 Abs. 2 UmwG bei Verschmelzung durch Aufnahme.
197 *Kubis* in MünchKomm. AktG, 2. Aufl., § 131 AktG Rz. 66; s. auch KG v. 17.9.2009 – 23 U 15/09, Der Konzern 2010, 180, 182: Ausgliederung eines wichtigen Betriebsteils auf neu gegründete Gesellschaft.
198 Angefügt durch Art. 1 Nr. 14 TransPuG (Gesetz zur weiteren Reform des Aktien- und Bilanzrechts, zu Transparenz und Publizität) vom 19.7.2002, BGBl. I 2002, 2681, entspricht im Wesentlichen der im Zuge dessen weggefallenen Regelung des § 337 Abs. 4.
199 Ebenso *Kubis* in MünchKomm. AktG, 2. Aufl., § 131 AktG Rz. 62a.
200 *Hüffer*, § 131 AktG Rz. 20b; *Kubis* in MünchKomm. AktG, 2. Aufl., § 131 AktG Rz. 62a; *Kersting* in KölnKomm. AktG, 3. Aufl., § 131 AktG Rz. 256; ferner OLG Hamburg v. 24.2.1994 – 11 W 6/94, AG 1994, 420 (noch zu § 337 Abs. 4).
201 *Kubis* in MünchKomm. AktG, 2. Aufl., § 131 AktG Rz. 62a; *Hüffer*, § 131 AktG Rz. 20b.
202 *Hüffer*, § 131 AktG Rz. 20a; *Kubis* in MünchKomm. AktG, 2. Aufl., § 131 AktG Rz. 62a.
203 *Kersting* in KölnKomm. AktG, 3. Aufl., § 131 AktG Rz. 255; Reger in Bürgers/Körber, § 131 AktG Rz. 16.
204 *Kubis* in MünchKomm. AktG, 2. Aufl., § 131 AktG Rz. 62a; *Kersting* in KölnKomm. AktG, 3. Aufl., § 131 AktG Rz. 257.
205 Eingeführt durch das Bilanzrichtliniengesetz (BiRiLiG) vom 19.12.1985, BGBl. I 1985, 2355.

lich ist[206]. Eine nur teilweise Inanspruchnahme dieser Erleichterungen ist ausreichend[207]. Vorgeschrieben wird demnach eine **bestimmte Form** der Auskunftserteilung durch Vorlage eines Schriftstücks[208]. Entsprechend zur Vorlage des eigentlichen Jahresabschlusses (§ 176) ist auch im Rahmen von § 131 Abs. 1 Satz 3 die Gesellschaft verpflichtet, für eine ausreichende Menge von Abschriften des vollständigen Jahresabschlusses zu sorgen[209]. Erteilt die Gesellschaft trotz des ausdrücklichen Aktionärsverlangens nach schriftlicher Information die Auskunft nur **mündlich**, so erlischt der Auskunftsanspruch grundsätzlich nicht durch Erfüllung[210]. Verlangt der Aktionär jedoch selbst eine mündliche Auskunftserteilung, so ist eine entsprechende mündliche Auskunft zulässig[211]. Eine Erfüllung durch Vorlage bleibt in diesen Fällen aber auch weiterhin möglich. Der Auskunftsanspruch aus § 131 Abs. 1 Satz 3 kann über § 132 durchgesetzt werden[212].

**5. Einzelfragen zur Erforderlichkeit der Auskunft**

44 Trotz aller Konkretisierung bleibt es stets eine **Entscheidung des konkreten Einzelfalls**, ob und wie weit die begehrte Auskunft zur sachgemäßen Beurteilung eines Gegenstands der Tagesordnung erforderlich ist; bisher in der **Rechtsprechung entschiedene und in der Literatur diskutierte Fälle**[213] können dabei aber zumindest als **Leitlinien** in Betracht gezogen werden.

**a) Jahresabschluss**

45 Die **Erforderlichkeit wurde bejaht** bei Fragen nach der Erläuterung bestimmter **Einzelpositionen der Bilanz**, sofern diesen in der Gesamtrelation eine nicht nur unwesentliche Rolle zukommt[214]: z.B. Verkaufspreis einer Immobilie, der 2/3 des Grundkapitals ausmacht[215]; die fünf größten Verlustgeschäfte bei Wertpapiergeschäften in

---

206 *Meilicke/Heidel*, DStR 1992, 113; *Hüffer*, § 131 AktG Rz. 20; *Decher* in Großkomm. AktG, 4. Aufl., § 131 AktG Rz. 5; *Kubis* in MünchKomm. AktG, 2. Aufl., § 131 AktG Rz. 88.
207 *Kubis* in MünchKomm. AktG, 2. Aufl., § 131 AktG Rz. 88; *Decher* in Großkomm. AktG, 4. Aufl., § 131 AktG Rz. 240; *Kersting* in KölnKomm. AktG, 3. Aufl., § 131 AktG Rz. 261.
208 OLG Düsseldorf v. 17.7.1991 – 19 W 2/91 – „Deutsche Depeschendienst AG (ddp)", AG 1992, 34, 35; *Decher* in Großkomm. AktG, 4. Aufl., § 131 AktG Rz. 242; *Kubis* in MünchKomm. AktG, 2. Aufl., § 131 AktG Rz. 89.
209 Ebenso *Meilicke/Heidel*, DStR 1992, 113; *Kubis* in MünchKomm. AktG, 2. Aufl., § 131 AktG Rz. 89; *Decher* in Großkomm. AktG, 4. Aufl., § 131 AktG Rz. 242; *Kersting* in KölnKomm. AktG, 3. Aufl., § 131 AktG Rz. 262.
210 *Decher* in Großkomm. AktG, 4. Aufl., § 131 AktG Rz. 243; *Kubis* in MünchKomm. AktG, 2. Aufl., § 131 AktG Rz. 91; eine mündliche Auskunft ausnahmsweise anerkennend LG München I v. 3.5.2001 – 5 HK O 23950/00, ZIP 2001, 1148, 1151.
211 Wie hier *Kubis* in MünchKomm. AktG, 2. Aufl., § 131 AktG Rz. 90; a.A. *Decher* in Großkomm. AktG, 4. Aufl., § 131 AktG Rz. 243, jedoch ohne Begründung.
212 OLG Düsseldorf v. 17.7.1991 – 19 W 2/91 – „Deutsche Depeschendienst AG (ddp)", AG 1992, 34 f.; *Hüffer*, § 131 AktG Rz. 20; *Kubis* in MünchKomm. AktG, 2. Aufl., § 131 AktG Rz. 92; *Kersting* in KölnKomm. AktG, 3. Aufl., § 131 AktG Rz. 264.
213 Derartige Übersichten bei *Trouet*, NJW 1986, 1302, 1304 ff.; *Groß*, AG 1997, 97, 105 f.; *Decher* in Großkomm. AktG, 4. Aufl., § 131 AktG Rz. 175 ff.; *Kubis* in MünchKomm. AktG, 2. Aufl., § 131 AktG Rz. 163 ff.; *Hüffer*, § 131 AktG Rz. 17 ff.; *F.-J. Semler* in MünchHdb. AG, § 37 Rz. 10 ff.; *Butzke* in Obermüller/Werner/Winden, Die Hauptversammlung der Aktiengesellschaft, Rz. G 48 ff.
214 Ebenso *Hüffer*, § 131 AktG Rz. 18; *Decher* in Großkomm. AktG, 4. Aufl., § 131 AktG Rz. 181; *Butzke* in Obermüller/Werner/Winden, Die Hauptversammlung der Aktiengesellschaft, Rz. G 53; *F.-J. Semler* in MünchHdb. AG, § 37 Rz. 13.
215 BayObLG v. 20.3.1996 – 3 Z BR 324/95 – „Markt- und Kühlhallen AG, München", AG 1996, 322, 323.

Höhe des Doppelten des Grundkapitals[216]; Umsatzerlöse einzelner Geschäftsbereiche[217] wie z.B. der Bierausstoß einer Brauerei, die auch alkoholfreie Getränke herstellt[218]; Einnahmen aus Lizenzverträgen[219]; Gesamtkosten und bei entsprechender Wesentlichkeit auch Einzelkosten[220] von Forschung und Entwicklung[221]. Erforderlich sind in Bezug auf **verbundene Unternehmen** auch Fragen nach Konzernumlagen[222], Konzernverrechnungspreisen[223], den Konditionen für Geschäfte mit dem verbundenen Unternehmen[224], nach den Jahresergebnissen der im Konzernabschluss einbezogenen Unternehmen (§ 131 Abs. 1 Satz 4 bzw. § 337 Abs. 4 a.F.[225]) sowie nach der Mithaftung der Gesellschaft für Kredite eines mit ihr verbundenen Unternehmens[226]. Ebenso sind Fragen zum Vergleich des **Umsatzerlöses** mit dem des Vorjahres[227], nach der Aufteilung des Umsatzes auf die Kunden[228] sowie nach einer Begründung für den Umsatzrückgang[229] zulässig. Auch kommt Fragen nach **Verlusten** die Erforderlichkeit zu, selbst dann, wenn diese nicht bilanzierungsfähig sind[230].

**Nicht erforderlich** sind hingegen Auskunftsbegehren nach Einzelheiten der internen geschäftlichen Kalkulation[231], ebenso zu Fragen nach der Quadratmeterzahl der Grundflächen, dem Buchwert von Grund und Boden ohne Gebäude, dem betriebsnotwendigen Bedarf an Räumen sowie dem Feuerversicherungswert von Grundstücken[232], zumal diese Informationen wegen ihrer Komplexität und Reichweite in der Hauptversammlung ohnehin für die Entscheidung der Aktionäre nicht verwendbar sind[233]. Zu Fragen nach **Spenden**, **Vorstandsbezügen** s. unten bei Rz. 48, die zwar auch zur Beurteilung des Tagesordnungspunkts „Jahresabschluss" erforderlich sein

46

---

216 KG v. 15.2.2001 – 2 W 3288/00 – „Kötitzer Ledertuch- und Wachstuchwerke AG", AG 2001, 421, 422.
217 OLG Düsseldorf v. 17.7.1991 – 19 W 2/91, AG 1992, 34 f.
218 OLG Hamburg v. 11.4.1969 – 11 W 77/68, AG 1969, 150, 151; *Barz* in FS Möhring, 1975, S. 153, 159 f.
219 LG München v. 16.4.1986 – 7 HKO 8835/85, AG 1987, 185, 187; LG Heilbronn v. 6.3.1967 – KfH. AktE 1/67, AG 1967, 81, 82.
220 Bei Fragen nach Kosten oder Sachstand einzelner F&E-Projekte wird aber i.d.R. das Auskunftsverweigerungsrecht des § 131 Abs. 3 Satz 1 Nr. 1 einschlägig sein.
221 *Ebenroth*, Auskunftsrecht, S. 109; *F.-J. Semler* in MünchHdb. AG, § 37 Rz. 13; *Kubis* in MünchKomm. AktG, 2. Aufl., § 131 AktG Rz. 180; *Decher* in Großkomm. AktG, 4. Aufl., § 131 AktG Rz. 181.
222 BGH v. 15.6.1992 – II ZR 18/91 – „ASEA/BBC", BGHZ 119, 1, 13; OLG Karlsruhe v. 29.6.1989 – 11 W 57/89 – „ASEA/BBC", AG 1990, 82; LG Frankfurt a.M. v. 14.10.1990 – 3/3 O 65/93, DB 1993, 2371.
223 OLG Hamburg v. 6.11.1970 – 11 W 18/70, AG 1970, 372.
224 OLG Düsseldorf v. 17.7.1991 – 19 W 2/91, AG 1992, 34, 36; *Meilicke/Heidel*, DStR 1992, 113, 115; *Butzke* in Obermüller/Werner/Winden, Die Hauptversammlung der Aktiengesellschaft, Rz. G 57 Fn. 91; a.A. KG v. 11.2.1972 – 1 W 1672/71, AG 1973, 25 ff.; *F.-J. Semler* in MünchHdb. AG, § 37 Rz. 14 mit Verweis auf den Abhängigkeitsbericht.
225 OLG Hamburg v. 24.2.1994 – 11 W 6/94, AG 1994, 420.
226 LG Frankfurt a.M. v. 7.6.1993 – 3/1 O 10/93 – „Diskus Werke AG/Naxos-Union AG", AG 1993, 520 f.
227 OLG Düsseldorf v. 17.7.1991 – 19 W 2/91, AG 1992, 34, 36.
228 OLG Düsseldorf v. 17.7.1991 – 19 W 2/91, AG 1992, 34, 35.
229 BGH v. 7.4.1960 – II ZR 143/58, BGHZ 32, 159, 163 f.
230 LG München I v. 1.4.1985 – 7 HKO 3971/84, AG 1987, 26, 27.
231 LG München I v. 16.4.1986 – 7 HKO 8835/85, AG 1987, 185, 189; LG Dortmund v. 19.2.1987 – 18 AktE 2/86 – „RWE", AG 1987, 189; LG Mainz v. 13.7.1987 – 10 HO 141/86 – „Kupferberg & Cie KG a.A.", AG 1988, 169, 171.
232 KG v. 30.6.1994 – 2 W 4531 und 4642/93 – „Allianz AG Holding", AG 1994, 469, 473: zum Marktwert wird i.d.R. ein Auskunftsverweigerungsrecht nach § 131 Abs. 3 Satz 1 Nr. 3 anzunehmen sein; zustimmend *Kubis* in MünchKomm. AktG, 2. Aufl., § 131 AktG Rz. 181.
233 LG Essen v. 8.2.1999 – 44 O 249/98 – „Thyssen/Krupp", AG 1999, 329, 332.

können²³⁴, deren Schwerpunkt aber im Zusammenhang mit dem Tagesordnungspunkt „Entlastung" liegt.

### b) Gewinnverwendung

47 Fragen, die eine Erhöhung der vorgeschlagenen **Dividende** zum Gegenstand haben, sind **erforderlich**, auch bei Bindung der Hauptversammlung an den festgestellten Jahresabschluss nach § 174 Abs. 1 Satz 2[235]; Fragen zur zukünftigen Dividende sind jedoch nicht erforderlich, da es nur um die Beschlussfassung über den konkret festgestellten Gewinn des vorangehenden Geschäftsjahres geht[236]. Fragen nach **außerordentlichen Erträgen** sind grundsätzlich bei Auflösung von Abschreibungen bzw. Wertberichtigungen auf Forderungen[237] erforderlich[238]; während bei Veräußerung von Beteiligungen hingegen nur eine Auskunft über die insgesamt daraus resultierenden Gewinne zu erhalten ist[239]. Ebenso wenig ist bei Veräußerung von Beteiligung der konkrete Verkaufspreis erforderlich; eine Auskunft, dass der Preis weit über dem Börsenkurs lag, genügt[240]. Hinsichtlich der Interessenten für eine Beteiligung ist eine Auskunft ausreichend, wonach nur ein Interessent bereit war, die Anteile zu einem angemessenen Preis zu erwerben[241]. Fragen nach **Rückstellungen** kommt zu diesem Tagesordnungspunkt bei entsprechender Wesentlichkeit die Erforderlichkeit zu[242]; nicht erforderlich sind hingegen Auskunftsbegehren in Bezug auf den Rohertragsanteil einzelner Produkte[243]. Zu **Konzernverrechnungspreisen, Konzernumlagen, Umsatzerlösen, Verlusten** s. oben Rz. 45; zu **Minderheitsbeteiligungen** s. unten Rz. 57 f.

### c) Entlastung der Mitglieder des Vorstands und des Aufsichtsrats; Vorstandsbezüge

48 Nach § 285 Nr. 9 lit. a HGB sind im Hinblick auf die **Vorstandsvergütung** sowohl die Gesamtbezüge und zusätzlich nach Änderung durch das **VorstOG**[244] bei einer börsennotierten Gesellschaft auch die Bezüge jedes einzelnen Vorstandsmitglieds unter Namensnennung im Anhang der Bilanz anzugeben. Kommt die Gesellschaft dieser Pflicht nach, entfällt die Erforderlichkeit von darauf abzielenden Fragen[245]; fehlen jedoch derartige Angaben, so sind entsprechende Aktionärsfragen sowohl im Hinblick auf die Gesamtbezüge als auch auf die Einzelbezüge[246] stets erforderlich, da die

---

234 *Kubis* in MünchKomm. AktG, 2. Aufl., § 131 AktG Rz. 205.
235 BGH v. 23.11.1961 – II ZR 4/60, BGHZ 36, 121, 135.
236 Wie hier *Decher* in Großkomm. AktG, 4. Aufl., § 131 AktG Rz. 83.
237 Zu beachten bleibt in diesen Fällen aber weiterhin das Auskunftsverweigerungsrecht aus § 131 Abs. 3 Satz 1 Nr. 3.
238 BGH v. 9.2.1987 – II ZR 119/86 – „Deutsche Bank", BGHZ 101, 1, 5; OLG Frankfurt a.M. v. 18.2.1981 – 20 W 201/80 – „Deutsche Bank AG", AG 1981, 232; *F.-J. Semler* in MünchHdb. AG, § 37 Rz. 13; *Butzke* in Obermüller/Werner/Winden, Die Hauptversammlung der Aktiengesellschaft, Rz. G 53.
239 LG München I v. 16.4.1986 – 7 HKO 8835/85, AG 1987, 185, 188 f.; *Decher* in Großkomm. AktG, 4. Aufl., § 131 AktG Rz. 183.
240 BGH v. 16.2.2009 – II ZR 185/07 – „Kirch/Deutsche Bank", BGHZ 180, 9 = AG 2009, 285, Rz. 41.
241 BGH v. 16.2.2009 – II ZR 185/07 – „Kirch/Deutsche Bank", BGHZ 180, 9 = AG 2009, 285, Rz. 41.
242 So auch *Decher* in Großkomm. AktG, 4. Aufl., § 131 AktG Rz. 183.
243 OLG Zweibrücken v. 11.12.1989 – 3 W 148/89, AG 1990, 496, 497; LG Mainz v. 13.7.1987 – 10 HO 141/86 – „Kupferberg & Cie KG a.A.", AG 1988, 169, 171; *F.-J. Semler* in MünchHdb. AG, § 37 Rz. 53.
244 Gesetz über die Offenlegung von Vorstandsvergütungen vom 3.8.2005, BGBl. I 2005, 2267.
245 *Hohenstatt/Wagner*, ZIP 2008, 945, 953 m.w.N.
246 Ebenso *Wandt*, DStR 2006, 1460 f.; dagegen die wohl herrschende Ansicht vor dem VorstOG: OLG Düsseldorf v. 5.11.1987 – 19 W 6/87, ZIP 1987, 1555, 1557 f.; LG Berlin v. 17.1.1990 – 98 AktE 10/89, WM 1990, 978, 982; *Ebenroth*, Auskunftsrecht, S. 122; *F.-J. Semler* in

§§ 275 ff. HGB insoweit das Mindestmaß der erforderlichen Publizität festlegen[247]. Auch ein Beschluss der Hauptversammlung, nach § 286 Abs. 5 HGB auf die individuelle Offenlegung zu verzichten, führt nicht dazu, dass das individuelle Auskunftsrecht damit ausgeschaltet würde[248]. Für Angaben über die Höhe der Vergütung einzelner Nichtvorstands-Mitglieder eines Gremiums, das innerhalb einer Umstrukturierung der Führungsebene neu geschaffen wurde und dem eine herausgehobene Stellung zukommt, z.B. Group Executive Committee (GEC), besteht aber ein Auskunftsverweigerungsrecht nach § 131 Abs. 3 Satz 1 Nr. 1 wegen der Gefahr der Abwerbung derartiger Mitarbeiter[249]; die Gesamtvergütung von solchen Mitgliedern kann hingegen über § 131 Abs. 1 Satz 1 erfragt werden[250]. Ebenso ist mit Fragen nach der Gesamthöhe von **Abfindungszahlungen** an ausgeschiedene Vorstandsmitglieder, die nach § 285 Nr. 9 lit. b HGB zu veröffentlichen sind, zu verfahren; um den wesentlichen Inhalt bezüglich der Vereinbarung der Gesellschaft mit dem Einzelnen zu erfragen, bedarf es jedoch einer nicht unerheblichen Abweichung von den den Arbeitnehmern erteilten Zusagen[251]. **Darlehensgewährungen** durch die Gesellschaft **an Organmitglieder** sind nach § 285 Nr. 9 lit. c HGB im Anhang der Bilanz zu veröffentlichen; kommt die Gesellschaft dieser Pflicht nach, ist ein entsprechendes Auskunftsverlangen nicht erforderlich, fehlen dagegen derartige Angaben sind Fragen diesbezüglich stets erforderlich[252]. Auch wirtschaftlich unbedeutende Geschäfte mit Organmitgliedern können im Einzelfall auskunftspflichtig sein[253].

Auskunftsbegehren im Hinblick auf das vom Vorstand einzurichtende **Früherkennungssystem für Risiken** (§ 91 Abs. 2) werden in der Regel nur hinsichtlich des Bestehens sowie der Art eines Überwachungssystems erforderlich sein, hinsichtlich einzelner Überwachungsmaßnahmen indes nur bei besonderer objektiver Bedeutung für die Entlastung[254]. Aber auch Fragen hinsichtlich der Organisation der Vorstandsleitung sind erforderlich, etwa bei der Bildung „virtueller Holdings" durch divisionale „Committees" unterhalb der Vorstandsebene für die „operative Steuerung", da der Aktionär ein Interesse hat, zu erfahren, ob und wie der Vorstand seine Leitungspflicht sowie der Aufsichtsrat seine Überwachungspflicht erfüllt hat[255]. 49

Fragen nach **Nebentätigkeiten der Organmitglieder**, insbesondere konzernfremden/-internen **Aufsichtsratsmandaten** sowie der Mitgliedschaft in vergleichbaren in- und ausländischen Kontrollgremien von Wirtschaftsunternehmen kommt die Erforderlichkeit wegen der Gefahr von Interessenkonflikten und einer durch Überbelastung 50

---

MünchHdb. AG, § 37 Rz. 11; *Butzke* in Obermüller/Werner/Winden, Die Hauptversammlung der Aktiengesellschaft, Rz. G 49; anders aber bereits *Meilicke/Heidel*, DStR 1992, 113, 118 Fn. 129.
247 Zum Verhältnis von Auskunftsrecht und den handelsrechtlichen Publizitätsvorschriften s. oben Rz. 12.
248 Zutr. *Kersting* in KölnKomm. AktG, 3. Aufl., § 131 AktG Rz. 179 gegen *Hohenstatt/Wagner*, ZIP 2008, 945, 953; ebenfalls a.A. *Reger* in Bürgers/Körber, § 131 AktG Rz. 13.
249 OLG Frankfurt v. 30.1.2006 – 20 W 52/05 – „Deutsche Bank", AG 2006, 336.
250 OLG Frankfurt v. 24.6.2009 – 23 U 90/07, AG 2009, 543, 545; OLG Frankfurt v. 30.1.2006 – 20 W 56/05 – „Deutsche Bank", ZIP 2006, 610, 612 f.
251 Vgl. § 285 Satz 1 Nr. 9 lit. a Satz 7 HGB.
252 So auch die vor § 285 Nr. 9 lit. c HGB ergangene Rechtsprechung: BGH v. 7.4.1960 – II ZR 143/58, BGHZ 32, 159, 166.
253 OLG Hamburg v. 30.12.2004 – 11 U 98/04, NZG 2005, 218, 219; BayObLG v. 22.3.1999 – 3 ZBR 250/98 – „ERC Frankona Rückversicherungs AG", AG 1999, 320, 321, Kauf eines Gesellschaftsgrundstücks durch den stellvertretenden AR-Vorsitzenden.
254 So auch *Hüffer*, § 131 AktG Rz. 12a; weitergehend *Kiethe*, NZG 2003, 401, 403 ff., wohl geprägt durch die Prämisse, dass § 131 auch den Normzweck eines Mittels zum Schutz des Kapitalanlegers innewohnt (dagegen s. oben Rz. 7).
255 OLG Frankfurt v. 18.3.2008 – 5 U 171/06, AG 2008, 417, Rz. 42 ff.

ggf. resultierenden Beeinträchtigung der Aufgabenerfüllung in der eigenen Gesellschaft zu[256], sofern die Gesellschaft diese nicht nach § 285 Nr. 10 HGB oder § 125 Abs. 1 Satz 5 bereits offen gelegt hat. Ebenso erforderlich sind Fragen nach der konkreten Vergütungshöhe oder dem Zeitpunkt von Zahlungen an Kanzleien, denen ein Aufsichtsratsmitglied angehört, um die Zulässigkeit von Beratungen nach §§ 113, 114 beurteilen zu können[257].

51 Im Zusammenhang mit Auskunftsbegehren hinsichtlich **persönlicher Angelegenheiten**[258] sind Fragen in Bezug auf die Vorbildung und berufliche Erfahrung der Organmitglieder stets erforderlich, wenn die Bestellung durch den Aufsichtsrat im zurückliegenden Geschäftsjahr vorgenommen wurde, andernfalls nur bei Anzeichen auf die mangelnde Eignung durch fehlende Qualifikationen[259]; Fragen nach Vorstrafen sind stets erforderlich[260]. Gleiches gilt für Fragen nach dem Zeitpunkt der Kenntniserlangung durch den Vorstand von Aktienanalysen, um die Frage eines strafbaren Insiderhandels zu beurteilen[261].

52 In Bezug auf **Aufsichtsratssitzungen** sind Fragen nach der Anzahl der jeweiligen Sitzungen ebenso erforderlich wie solche nach dem Teilnahmeverhalten der einzelnen Mitglieder des Aufsichtsrats[262]; dagegen jedoch nicht Fragen, die sich auf die Vorgänge in den Sitzungen[263], insbesondere die Beratungen und die den Sitzungen zugrunde liegende Tagesordnung[264] bzw. auf die Aufsichtsratsprotokolle[265] beziehen.

53 Im Zusammenhang mit dem **Erwerb eigener Aktien** tritt neben die in § 71 Abs. 3 Satz 1 normierte Pflicht des Vorstands zur Unterrichtung der Hauptversammlung bzw. nach § 160 Abs. 1 Satz 1 Nr. 2 zur Ausweisung im Anhang der Bilanz, vor allem über Anzahl und Anteil am Grundkapital, eine Auskunftspflicht über evt. Verstöße gegen das Gleichheitsgebot beim Erwerb von Aktionären sowie nach dem Preis des Erwerbs[266]. Ebenfalls sind Auskünfte nach der Verwendung der Mittel aus einer **Barkapitalerhöhung** erforderlich, wenn der Verdacht einer verdeckten Sacheinlage besteht[267]. Auch über Inhalt eines **Sonderprüfungsgutachtens** besteht die Erforderlichkeit für Fragen an den Vorstand[268]. Im Zusammenhang mit dem Tagesordnungspunkt „Bestellung eines Sonderprüfers (§ 142)" gilt, dass allein den Auskunftsbegehren die

---

256 Konzernfremde Mandate: BayObLG v. 30.11.1995 – 3 Z BR 161/93 – „Allianz", AG 1996, 180, 181; KG, 24.8.1995 – 2 W 4557/94, ZIP 1995, 1592, 1594; *Kersting* in KölnKomm. AktG, 3. Aufl., § 131 AktG Rz. 182; a.A. LG München I v. 24.6.1993 – 17 HKO 20038/90, AG 1993, 519; LG Frankfurt v. 16.9.1994 – 3/3 O 83/92, WM 1994, 1929, 1931; einschränkend LG Dortmund v. 19.2.1987 – 18 AktE 2/86, AG 1987, 189 f.: nur bei Verdacht der Überlastung; konzerninterne Mandate: OLG Düsseldorf v. 5.11.1987 – 19 W 6/87, AG 1988, 53.
257 OLG München v. 24.9.2008 – 7 U 4230/07, AG 2009, 121, Rz. 38; LG Frankfurt v. 2.2.2010 – 3-5 O 178/09, Rz. 55 ff.
258 Zu nicht erforderlichen Auskunftsbegehren in diesem Zusammenhang s. unten Rz. 56.
259 Ebenso *Decher* in Großkomm. AktG, 4. Aufl., § 131 AktG Rz. 191; restriktiver dagegen OLG Düsseldorf v. 22.7.1986 – 19 W 2/86, ZIP 1986, 1557, 1559; LG Dortmund v. 19.2.1987 – 18 AktE 2/86, AG 1987, 189 f.: immer nur bei Anhaltspunkten für fehlende Qualifikation.
260 Ebenso *Ebenroth*, Auskunftsrecht, S. 113; *Nitschke/Bartsch*, AG 1969, 95, 97; *Decher* in Großkomm. AktG, 4. Aufl., § 131 AktG Rz. 191.
261 OLG München v. 24.9.2008 – 7 U 4230/07, AG 2009, 121, Rz. 39.
262 *Decher* in Großkomm. AktG, 4. Aufl., § 131 AktG Rz. 191.
263 OLG Stuttgart v. 15.2.1995 – 3 U 118/94 – „Wenger/Daimler-Benz", AG 1995, 234, 235; *Ebenroth*, Auskunftsrecht, S. 119.
264 LG Mannheim v. 7.4.2005 – 23 O 102/04 – „Friatec AG", AG 2005, 780, 781.
265 BGH v. 6.3.1997 – II ZB 4/96, BGHZ 135, 48, 54.
266 *Decher* in Großkomm. AktG, 4. Aufl., § 131 AktG Rz. 191.
267 LG Hannover v. 30.5.1996 – 26 AktE 5/90 – „ADV", AG 1996, 37.
268 OLG Köln v. 17.2.1998 – 22 U 163/97 – „KHD", ZIP 1998, 994, 996 f.; a.A. *Kubis* in MünchKomm. AktG, 2. Aufl., § 131 AktG Rz. 204.

Erforderlichkeit zukommt, die für die Begründung eines Verdachts von Unregelmäßigkeiten von Relevanz sind, nicht jedoch solchen, die sich bereits auf die eigentlichen Sonderprüfung aufzuklärenden Vorgänge beziehen[269].

Im Hinblick auf **Spenden** der Gesellschaft sind Fragen grundsätzlich nur bezüglich des Gesamtaufkommens erforderlich; bezüglich Einzelspenden von geringer Höhe in Relation zum Bilanzgewinn dagegen nur bei besonderem Anlass[270]. Für Spenden an politische Parteien oder an religiöse Organisationen gilt nichts Abweichendes[271]. Bei weitestgehender Personengleichheit der Organmitglieder einer durch **Verschmelzung** entstandenen AG mit denjenigen der übertragenden Rechtsträger erstreckt sich das Auskunftsrecht eines Aktionärs des neuen Rechtsträgers im Rahmen eines HV-Beschlusses über ihre Entlastung (§ 120) auch auf etwaige Fehlleistungen im Zusammenhang mit der Verschmelzung[272]. Dagegen kann keine Antwort auf Fragen bezüglich Abfindungskonditionen eines Mehrheitsaktionärs (im Rahmen eines Delisting) erwartet werden, erst recht wenn bereits ein Abfindungsangebot vorliegt[273].

54

#### d) Wahl des Abschlussprüfers

Erforderlich sind alle Auskunftsbegehren in Bezug auf die **persönliche Eignung** des Abschlussprüfers i.S. von § 319 HGB[274], nach **weiteren gesellschafts- bzw. konzerninternen Tätigkeiten** des Prüfers sowie dessen Prüfmethoden[275], ebenso wie bei einem **Devisenskandal in früheren Geschäftsjahren**[276]. In Bezug auf Prüfungsaufträge **außerhalb der Gesellschaft** bzw. des Konzerns ist die Erforderlichkeit hingegen in der Regel, insbesondere wegen der Verschwiegenheitspflicht nicht gegeben[277], ebenso wenig bei Auskünften über ein berufsrechtliches Verfahren gegen den Abschlussprüfer, ausnahmsweise aber bei unmittelbaren Auswirkungen auf das Testat, das Ergebnis der Tätigkeit oder sonstige Prüfungsergebnisse[278].

55

#### e) Wahl des Aufsichtsrats

Die **Auskunft** ist bei Fragen nach Merkmalen, die nach § 105 ebenso wie nach dem DCGK für das Aufsichtsratsmandat notwendig sind, insbesondere konzernfremden/-

56

---

269 *Arnold*, AG 2004, R 70 f.; *Hüffer*, § 131 AktG Rz. 12a.
270 OLG Frankfurt a.M. v. 4.8.1993 – 20 W 295/90 – „Commerzbank AG", AG 1994, 39 f.; *Fleischer*, AG 2001, 171, 179; *Decher* in Großkomm. AktG, 4. Aufl., § 131 AktG Rz. 191; *Butzke* in Obermüller/Werner/Winden, Die Hauptversammlung der Aktiengesellschaft, Rz. G 53; *Hüffer*, § 131 AktG Rz. 18; differenzierend *Kubis* in MünchKomm. AktG, 2. Aufl., § 131 AktG Rz. 205, der eine Maßgeblichkeitsschwelle von 1 % des Jahresergebnisses annimmt, unter nur der Gesamtaufwand zu erfragen ist, bei deren Überschreiten aber jegliche Einzelspenden, über 0,1 % des Jahresergebnisses zu offenbaren sind.
271 Wie hier *Decher* in Großkomm. AktG, 4. Aufl., § 131 AktG Rz. 191; a.A. *Kubis* in MünchKomm. AktG, 2. Aufl., § 131 AktG Rz. 205; *Ebenroth*, Auskunftsrecht, S. 122: derartige Spenden müssen stets spezifiziert werden.
272 BGH v. 18.10.2004 – II ZR 250/02, NZG 2005, 77, 78 f.; *Hüffer*, § 131 AktG Rz. 18.
273 OLG Stuttgart v. 15.10.2009 – 20 U 19/07, AG 2009, 124, Rz. 141 f., allerdings unklar, ob der Anspruch daran scheitert, dass es sich nicht um Angelegenheiten der Gesellschaft handelt, oder an der fehlenden Erforderlichkeit.
274 *Kubis* in MünchKomm. AktG, 2. Aufl., § 131 AktG Rz. 57; *Decher* in Großkomm. AktG, 4. Aufl., § 131 AktG Rz. 193.
275 *Kubis* in MünchKomm. AktG, 2. Aufl., § 131 AktG Rz. 57.
276 LG Braunschweig v. 6.4.1990 – 22 O 97/89 – „VW-Devisenskandal", AG 1991, 36, 37.
277 *Kubis* in MünchKomm. AktG, 2. Aufl., § 131 AktG Rz. 57; *Decher* in Großkomm. AktG, 4. Aufl., § 131 AktG Rz. 193.
278 LG Frankfurt v. 20.1.1992 – 3/1 O 169/91 – „Hornblower Fischer AG", AG 1992, 235, 236; *Decher* in Großkomm. AktG, 4. Aufl., § 131 AktG Rz. 194; *Kubis* in MünchKomm. AktG, 2. Aufl., § 131 AktG Rz. 57.

internen Aufsichtratsmandaten sowie der Mitgliedschaft in vergleichbaren in- und ausländischen Kontrollgremien von Wirtschaftsunternehmen **erforderlich**, sofern die Gesellschaft nicht nach § 285 Nr. 10 HGB oder § 125 Abs. 1 Satz 5 diese bereits offen gelegt hat, ebenso bei Fragen nach dem Beruf, nach seinen für die Aufsichtsratstätigkeit relevanten Fähigkeiten und Kenntnissen sowie nach eventuell bestehenden Vorstrafen[279]. Erforderlich sind grundsätzlich auch Fragen nach Vorgängen, die Rückschlüsse auf Pflichtverletzungen in der Vergangenheit (mangelnde Überwachung) erlauben[280]. **Nicht erforderlich** ist die Auskunft in Bezug auf persönliche Angelegenheiten der Kandidaten, bei Fragen nach Familienstand, Hobbys, Zugehörigkeit zu Vereinen, politischen Parteien, Studentenverbindungen[281], auch nach dem Gesundheitszustand des Kandidaten, sofern nicht Anzeichen für eine dadurch bedingte Eignungseinschränkung bestehen[282]. Dagegen können Fragen nach einer Sektenzugehörigkeit des Kandidaten (z.B. Scientology) wegen des möglichen Einflusses auf dessen Eignung durchaus erforderlich sein[283].

#### f) Minderheitsbeteiligungen

57 Nach der **Rechtsprechung** des KG und des BayObLG besteht eine Auskunftspflicht der Gesellschaft bei Beteiligungen an börsennotierten Aktiengesellschaften entweder in Höhe von mindestens **5 % (BayObLG) des Grundkapitals oder der Stimmrechte** oder mit einem **Börsenwert von 100 Mio. DM** (= 51.129.188 Euro)[284]. Hier ist zu differenzieren: Sofern börsennotierte Kapitalgesellschaften, die nach dem durch das **KonTraG**[285] ergänzten **§ 285 Nr. 11 a.E. HGB** im Anhang der Bilanz ihre gesamten Beteiligungen an großen Kapitalgesellschaften (§ 267 Abs. 3 HGB) anzugeben haben, die 5 % der Stimmrechte überschreiten, dieser Pflicht nachgekommen sind, entfällt die Erforderlichkeit entsprechender Fragen[286]. Umgekehrt ist ein solches Auskunftsbe-

---

279 LG Hannover v. 19.8.2009 – 23 O 90/09 AG 2009, 914 Rz. 67; *Ebenroth*, Auskunftsrecht, S. 113; *Nitschke/Bartsch*, AG 1969, 95, 97; *Decher* in Großkomm. AktG, 4. Aufl., § 131 AktG Rz. 197.
280 BGH v. 16.2.2009 – II ZR 185/07 – „Kirch/Deutsche Bank", BGHZ 180, 9 = AG 2009, 285, Rz. 36 ff.
281 KG v. 30.6.1994 – 2 W 4531 und 4642/93 – „Allianz AG Holding", AG 1994, 469, 473; *Butzke* in Obermüller/Werner/Winden, Die Hauptversammlung der Aktiengesellschaft, Rz. G 50; *Decher* in Großkomm. AktG, 4. Aufl., § 131 AktG Rz. 196.
282 *Decher* in Großkomm. AktG, 4. Aufl., § 131 AktG Rz. 196.
283 OLG Hamburg v. 12.1.2001 – 11 U 162/00 – „Spar Handels-AG", AG 2001, 359, 363: Mitgliedschaft in der Organisation der „Musketiere"; *Butzke* in Obermüller/Werner/Winden, Die Hauptversammlung der Aktiengesellschaft, Rz. G 50 Fn. 84.
284 KG v. 15.2.2001 – 2 W 3288/00 – „Kötitzer Ledertuch- und Wachstuchwerke AG", AG 2001, 421; BayObLG v. 9.9.1996 – 3 ZBR 36/94, AG 1996, 563, 564; BayObLG v. 23.8.1996 – 3 ZBR 130/96, AG 1996, 516, 517; in diese Richtung bereits, aber von 10 % Stimmrechtsbzw. Grundkapitalsanteil ausgehend, KG v. 24.8.1995 – 2 W 1255/95 – „Allianz", ZIP 1995, 1585, 1587; KG v. 24.8.1995 – 2 W 115/95 – „Allianz", AG 1996, 131, 132; KG v. 24.8.1995 – 2 W 4557/10 – „Siemens AG", ZIP 1995, 1592; KG v. 30.6.1994 – 2 W 4531 und 4642/93 – „Allianz AG Holding", AG 1994, 469, 470; KG v. 26.8.1993 – 2 W 6111/92 – „Siemens AG", AG 1994, 83; zust. *Großfeld/Möhlenkamp*, ZIP 1994, 1425, 1426 f.; *F.-J. Semler* in MünchHdb. AG, § 37 Rz. 17; in diese Richtung wohl auch *Hommelhoff*, ZGR 2000, 748, 766 ff.; *Uwe H. Schneider* in Assmann/Uwe H. Schneider, Vor § 21 WpHG Rz. 74; *Wenger*, ZIP 1993, 1622 ff.; abl. *Ebenroth/Wilken*, BB 1993, 1818, 1820 ff.; *Spitze/Diekmann*, ZHR 158 (1994), 447, 461 ff.; *Krieger*, DStR 1994, 177, 178; *Hüffer*, ZIP 1996, 401, 403; *Groß*, AG 1997, 97, 106 f.; *Saenger*, DB 1997, 145, 147 ff.; *Franken/Heinsius* in FS Budde, 1995, S. 213, 236; *Hüffer*, § 131 AktG Rz. 19a.
285 Gesetz zur Kontrolle und Transparenz im Unternehmensbereich vom 27.4.1998 m.W.v. 1.5.1998, BGBl. I 1998, 786.
286 Ebenso *Decher* in Großkomm. AktG, 4. Aufl., § 131 AktG Rz. 171; *Hüffer*, § 131 AktG Rz. 19, 19a; i.E. auch *Kubis* in MünchKomm. AktG, 2. Aufl., § 131 AktG Rz. 195, der jedoch von Erfüllung des Auskunftsanspruches ausgeht.

gehren erforderlich, wenn der Verdacht besteht, dass der Vorstand die Beteiligung im Anhang der Bilanz pflichtwidrig nicht angegeben hat[287], s. auch Rz. 12. Weiterhin bildet die aus **§ 21 WpHG** resultierende kapitalmarktrechtliche Pflicht zur Offenlegung bestimmter Beteiligungen regelmäßig einen **Mindeststandard** (Rz. 12) für das, was der Aktionär mithilfe des Auskunftsrechts in der Hauptversammlung zu erhalten vermag; ein entsprechendes Auskunftsbegehren wäre somit erforderlich[288]. Eine Zweckerweiterung des § 131 in Richtung eines allgemeinen Rechenschaftsanspruchs ist hingegen abzulehnen (Rz. 7 f.). Die Annahme einer abstrakten **absoluten Grenze** von 100 Mio. DM als weiterem, vom 5 %igen-Stimmrechtsanteil unabhängigen Kriterium zur Bestimmung der Erforderlichkeit von Auskünften zu Minderheitsbeteiligungen findet im Gesetz **keine Stütze**[289] und löst sich von § 131; zwar kommt es für die Prüfung der Erforderlichkeit auf den Maßstab eines objektiven Durchschnittsaktionärs an (Rz. 30), doch ist immer der jeweilige Einzelfall maßgeblich[290]. Dementsprechend kann die Erforderlichkeit bei derartigen Auskunftsbegehren anhand des Werts der Beteiligung[291] im Einzelfall immer nur **in Relation zu anderen Werten des jeweiligen Unternehmens und unter Berücksichtigung der individuellen Umstände**, insbesondere der Bilanzsumme betrachtet werden[292].

Der Tagesordnungspunkt „**Gewinnverwendung**" kommt für Fragen nach Minderheitsbeteiligungen nicht in Betracht[293], ebenso wenig der Tagesordnungspunkt „**Entlastung**"; Ausnahmen sind nur dann denkbar, sofern es im Einzelfall um den Vorwurf einer satzungswidrigen[294] oder grob fehlerhaften Beteiligungspolitik der Verwaltung

58

---

287 So auch *Kubis* in MünchKomm. AktG, 2. Aufl., § 131 AktG Rz. 195; *Kersting* in KölnKomm. AktG, 3. Aufl., § 131 AktG Rz. 175 f.

288 BayObLG v. 9.9.1996 – 3 ZBR 36/94, AG 1996, 563, 564; insbesondere BayObLG v. 23.8.1996 – 3 ZBR 130/96, AG 1996, 516, 517 f. „der Aktionär darf in der Hauptversammlung nicht schlechter gestellt werden als die Öffentlichkeit" (518); aber auch KG v. 15.2.2001 – 2 W 3288/00 – „Kötitzer Ledertuch- und Wachstuchwerke AG", AG 2001, 421; *Decher* in Großkomm. AktG, 4. Aufl., § 131 AktG Rz. 165; abl. *Kersting* in KölnKomm. AktG, 3. Aufl., § 131 AktG Rz. 174.

289 Dieses wird von der Rechtsprechung auch selbst eingeräumt: BayObLG v. 23.8.1996 – 3 ZBR 130/96, AG 1996, 516, 517; KG v. 24.8.1995 – 2 W 1255/95 – „Allianz", ZIP 1995, 1585, 1587.

290 Wie hier *Decher* in Großkomm. AktG, 4. Aufl., § 131 AktG Rz. 169; *Hüffer*, ZIP 1996, 401, 409; *Franken/Heinsius* in FS Budde, 1995, S. 213, 236, die zutreffend darauf hinweisen, dass Beteiligungen in Höhe von 100 Mio. DM im Zusammenhang mit den Bilanzsummen der die Entscheidungen des BayObLG bzw. KG betreffenden Unternehmen im Promillebereich anzusiedeln sind.

291 In diesem Zusammenhang ist nicht wie KG v. 15.2.2001 – 2 W 3288/00 – „Kötitzer Ledertuch- und Wachstuchwerke AG", AG 2001, 421, 422 auf den Börsenwert, sondern in der Bilanz aktivierten Wert der Beteiligung abzustellen, ebenso *Kubis* in MünchKomm. AktG, 2. Aufl., § 131 AktG Rz. 195; *Hüffer*, ZIP 1996, 401, 409.

292 In diese Richtung nun KG v. 15.2.2001 – 2 W 3288/00 – „Kötitzer Ledertuch- und Wachstuchwerke AG", AG 2001, 421, 422 (20 Mio. DM Beteiligung bei 26 Mio. DM eigenem Grundkapital); *Decher* in Großkomm. AktG, 4. Aufl., § 131 AktG Rz. 170; *Franken/Heinsius* in FS Budde, 1995, S. 213, 236; *Hemeling*, WuB II A § 131 AktG 1.94; *Krieger*, DStR 1994, 177, 178; *Noack*, DZWiR 1994, 121, 123; abweichend *Kubis* in MünchKomm. AktG, 2. Aufl., § 131 AktG Rz. 195, absolute Grenze von 100 Mio. DM, im Rahmen des TOP „Jahresabschluss" Erforderlichkeit nur bei mehr als 5 % der Bilanzsumme; krit. *Hüffer*, ZIP 1996, 401, 409 f.

293 *Hüffer*, ZIP 1996, 401, 407; *Groß*, AG 1997, 97, 106; *Kubis* in MünchKomm. AktG, 2. Aufl., § 131 AktG Rz. 194; *Decher* in Großkomm. AktG, 4. Aufl., § 131 AktG Rz. 166; a.A. KG v. 24.8.1995 – 2 W 115/95 – „Allianz", AG 1996, 131, 132.

294 Bei operativ-tätigen Gesellschaften können anders als bei Holding-Gesellschaften derartige Beteiligungsengagements im Einzelfall z.B. nicht mehr vom Unternehmensgegenstand gedeckt sein; so auch *Kubis* in MünchKomm. AktG, 2. Aufl., § 131 AktG Rz. 194; *Decher* in Großkomm. AktG, 4. Aufl., § 131 AktG Rz. 166.

oder um eine wesentliche Veränderung im Beteiligungsportefeuille geht[295]. Im Zusammenhang mit der Beurteilung des Tagesordnungspunkts **„Jahresabschluss"** sind Fragen nach Minderheitsbeteiligungen immer erforderlich, sofern die Beteiligung im Anhang der Bilanz nach § 285 Nr. 11 a.E. HGB auszuweisen gewesen wäre, der Schwellenwert des § 21 WpHG überschritten wurde oder trotz Unterschreitens der 5 % bzw. 3 %-Stimmrechtsgrenze der Information doch im Einzelfall entsprechende Wesentlichkeit zukommt[296].

## IV. Auskunftserteilung in der Hauptversammlung

### 1. Allgemeines

59 Die Auskunftserteilung erfolgt in der Hauptversammlung. Aufgrund der kollektiven Wirkung des Auskunftsrechts (Rz. 4) muss aber auch den anderen an der Hauptversammlung teilnehmenden Aktionären die Kenntnisnahme von der Antwort ermöglicht werden[297]. Der Anspruch erlischt erst durch **vollständige und sachlich zutreffende** Auskunft[298]. Ein erneutes Auskunftsbegehren mit demselben Inhalt in derselben Hauptversammlung ist dann ausgeschlossen[299]. Einem in der Hauptversammlung **später eintreffenden Aktionär** muss die bereits erteilte Auskunft nicht nochmals gegeben werden; der Vorstand kann auf die bereits erteilte Auskunft verweisen[300]. Von einem besonderen Vertreter, der in einer früheren Hauptversammlung zur Geltendmachung von Ersatzansprüchen bestellt wurde, kann in einer späteren Hauptversammlung ein Aktionär keine Beantwortung seiner Fragen oder einen Bericht verlangen, da dem besonderen Vertreter, sofern seine Tätigkeit kein eigenständiger Gegenstand der Tagesordnung ist, kein Teilnahme-, Berichts- oder Rederecht zukommt[301].

### 2. Zeitpunkt und Form der Auskunftserteilung

#### a) Zeitpunkt der Auskunftserteilung

60 Die Entscheidung, wann genau innerhalb der Hauptversammlung und in welcher Art und Reihenfolge Aktionärsfragen zu beantworten sind, obliegt grundsätzlich dem Vorstand in dem ihm von der Versammlungsleitung eröffneten Rahmen. Es besteht **kein Anspruch des jeweiligen Aktionärs auf unmittelbare Beantwortung seiner Frage**[302], vielmehr ist es zulässig, dass zunächst mehrere Fragen des Aktionärs oder mehrerer Aktionäre gesammelt werden, um diese dann blockweise zu beantworten[303].

---

295 LG Frankfurt v. 16.9.1994 – 3/3 O 83/92, WM 1994, 1929, 1930; LG Frankfurt v. 16.9.1994 – 3/3 O 82/92, WM 1994, 1931, 1932; *Groß*, AG 1997, 97, 106 f.; *Hüffer*, ZIP 1996, 401, 407; *Saenger*, DB 1997, 145, 148; *Decher* in Großkomm. AktG, 4. Aufl., § 131 AktG Rz. 166; *Kubis* in MünchKomm. AktG, 2. Aufl., § 131 AktG Rz. 194; a.A. *Grage*, Auskunftsrecht, S. 169 f., die von einer grundsätzlichen Erforderlichkeit zur Beurteilung des TOP „Entlastung" ausgeht, unabhängig vom konkreten Einzelfall.
296 Ebenso *Decher* in Großkomm. AktG, 4. Aufl., § 131 AktG Rz. 167; *Kubis* in MünchKomm. AktG, 2. Aufl., § 131 AktG Rz. 194.
297 *Decher* in Großkomm. AktG, 4. Aufl., § 131 AktG Rz. 107.
298 *Kubis* in MünchKomm. AktG, 2. Aufl., § 131 AktG Rz. 69.
299 *Kubis* in MünchKomm. AktG, 2. Aufl., § 131 AktG Rz. 69.
300 LG Essen v. 23.1.1962 – 16 HO 62/61, BB 1962, 612; *Ebenroth*, Auskunftsrecht, S. 42; *Kubis* in MünchKomm. AktG, 2. Aufl., § 131 AktG Rz. 70; *Decher* in Großkomm. AktG, 4. Aufl., § 131 AktG Rz. 147.
301 LG München I v. 28.7.2008 – 5 HK O 12504/08, ZIP 2008, 1588 = AG 2008, 794, Rz. 27.
302 So aber *Meilicke/Heidel*, DStR 1992, 72, 74.
303 *Kersting* in KölnKomm. AktG, 3. Aufl., § 131 AktG Rz. 499 f.; *Hüffer*, § 131 AktG Rz. 22; *Kubis* in MünchKomm. AktG, 2. Aufl., § 131 AktG Rz. 75; *Decher* in Großkomm. AktG, 4. Aufl., § 131 AktG Rz. 107.

Auch besteht für den Vorstand grundsätzlich die Möglichkeit, inhaltsgleiche oder ähnliche Fragen zusammenfassend in einer Antwort zu beantworten[304]. Die Grenze wird überschritten, wenn die Auskunftserteilung erst nach Beschlussfassung über den betreffenden Tagesordnungspunkt erfolgt oder durch überlanges Hinauszögern der Antwort das Auskunftsrecht des Aktionärs in manipulativer Weise ausgehöhlt wird[305].

**b) Grundsatz der Mündlichkeit**

Der Auskunftsanspruch ist grundsätzlich nur auf die Erteilung einer **mündlichen Auskunft** gerichtet[306], nicht auf eine schriftliche Auskunft[307] oder Einsichtnahme in Unterlagen der Gesellschaft[308]; ebenso wenig kann die Gesellschaft den Aktionär auf eine schriftliche Erteilung der Auskunft verweisen[309]. Demgegenüber kann das Auskunftsersuchen auch schriftlich durch Einreichung eines angemessenen, einer mündlichen Frage entsprechenden, Katalogs erfolgen, sofern dieser nicht missbräuchlich ist (s. oben Rz. 24)[310]. Anstelle der mündlichen Auskunft kann auch eine Einsichtnahme in die maßgeblichen Unterlagen der Gesellschaft erfolgen – auch elektronisch –, wenn auf diese Weise das Informationsinteresse des Aktionärs schneller und besser zu befriedigen ist; in diesen Fällen muss aber auch den anderen an der Hauptversammlung teilnehmenden Aktionären diese Möglichkeit eröffnet werden[311]. Eine **Verlesung von Urkunden** insbesondere Verträgen, Gutachten etc. kann regelmäßig nicht verlangt werden, vielmehr genügt eine korrekte, die wesentlichen Teile des In-

61

---

304 *Ebenroth,* Auskunftsrecht, S. 132; *Kubis* in MünchKomm. AktG, 2. Aufl., § 131 AktG Rz. 76; *Decher* in Großkomm. AktG, 4. Aufl., § 131 AktG Rz. 107.
305 *Siems* in Spindler/Stilz, § 131 AktG Rz. 66; *Kubis* in MünchKomm. AktG, 2. Aufl., § 131 AktG Rz. 75.
306 BGH v. 5.4.1993 – II ZR 238/91, BGHZ 122, 211, 236 = AG 1993, 422; BGH v. 9.2.1987 – II ZR 119/86, BGHZ 101, 1, 15 = AG 1987, 344; OLG Frankfurt v. 19.9.2006 – 20 W 55/05, AG 2007, 451; OLG Dresden v. 1.12.1998 – 7 W 426/98, AG 1999, 274, 276; OLG Düsseldorf v. 17.7.1991 – 19 W 2/91, WM 1991, 2148, 2152 f.; LG Heidelberg v. 7.8.1996 – II KfH O 4/96 – „Scheidemandel AG", AG 1996, 523, 524; *Brandes,* WM 1994, 2177, 2184; *Marsch-Barner,* WM 1984, 41, 42; *Ebenroth,* Auskunftsrecht, S. 129; *Hüffer,* § 131 AktG Rz. 22; *Kubis* in MünchKomm. AktG, 2. Aufl., § 131 AktG Rz. 77; *Decher* in Großkomm. AktG, 4. Aufl., § 131 AktG Rz. 92; abweichend, da von einer anderen Konzeption des Auskunftsrecht ausgehend *Siems* in Spindler/Stilz, § 131 AktG Rz. 68.
307 BGH v. 9.2.1987 – II ZR 119/86, BGHZ 101, 1, 15 = AG 1987, 344; *Hüffer,* § 131 AktG Rz. 22; *Decher* in Großkomm. AktG, 4. Aufl., § 131 AktG Rz. 93.
308 BGH v. 6.3.1997 – II ZB 4/96, BGHZ 135, 48, 54; BGH v. 5.4.1993 – II ZR 238/91, BGHZ 122, 211, 236 = AG 1993, 422; OLG Dresden v. 1.12.1998 – 7 W 426/98, AG 1999, 274, 276; OLG Köln v. 9.7.2009 – 18 U 167/08 ZIP 2009, 1999 Tz. 24; LG Köln v. 22.4.2009 – 91 O 59/07, AG 2009, 593, Rz. 116; LG München I v. 28.8.2008 – 5 HK O 12861/07, ZIP 2008, 2124 = AG 2008, 904, Rz. 554; LG München I v. 24.4.2008 – 5 HK O 23244/07, ZIP 2008, 1635, Rz. 379 f.; LG München I v. 28.8.2008 – 5 HK O 2522/08, AG 2008, 904, Rz. 103; *Hüffer,* § 131 AktG Rz. 22; *Kubis* in MünchKomm. AktG, 2. Aufl., § 131 AktG Rz. 78; a.A. *Meilicke/Heidel,* DStR 1992, 72, 74.
309 BGH v. 9.2.1987 – II ZR 119/86, BGHZ 101, 1, 15 f. = AG 1987, 344; OLG Düsseldorf v. 17.7.1991 – 19 W 2/91, WM 1991, 2148, 2152 f.; *Hüffer,* § 131 AktG Rz. 22.
310 A.A. OLG Frankfurt v. 17.7.2007 – 5 U 229/05, ZIP 2007, 1463 = AG 2007, 672: 308 (!) Fragen, ähnlich OLG Frankfurt v. 19.9.2006 – 20 W 55/05, AG 2007, 451: 24 Seiten Fragenkatalog.
311 BGH v. 9.2.1987 – II ZR 119/86, BGHZ 101, 1, 15 f. = AG 1987, 344; BGH v. 5.4.1993 – II ZR 238/91, BGHZ 122, 211, 236 = AG 1993, 422; OLG Düsseldorf v. 15.3.1999 – 17 W 18/99 – „Thyssen Krupp", ZIP 1999, 793, 796; LG Heidelberg v. 7.8.1996 – II KfH O 4/96 – „Scheidemandel", AG 1996, 523, 524; *Kort,* ZIP 2002, 685, 690; *Groß,* AG 1997, 97, 104; *Hüffer,* § 131 AktG Rz. 22; *Decher* in Großkomm. AktG, 4. Aufl., § 131 AktG Rz. 93; *Butzke* in Obermüller/Werner/Winden, Die Hauptversammlung der Aktiengesellschaft, Rz. G 35; *Kersting* in KölnKomm. AktG, 3. Aufl., § 131 AktG Rz. 490; a.A. *Kubis* in FS Kropff, 1997, S. 171, 187 f.; *Kubis* in MünchKomm. AktG, 2. Aufl., § 131 AktG Rz. 80.

halts enthaltende Zusammenfassung[312], außer es kommt für die Beantwortung der Frage des Aktionärs gerade auf den genauen Wortlaut der Urkunde an[313]. Nicht ausreichend ist hingegen, wenn bei der Beschlussfassung der Hauptversammlung über den Abschluss eines bedeutenden Kooperationsvertrags der Vertragstext in diesem Zusammenhang den Aktionären erst im Laufe des Nachmittags und nur in englischer Sprache durch Auslegung zugänglich gemacht wurde und sich die mündliche Erklärung des Vorstandsvorsitzenden über den Vertragsinhalt in der pauschalen Wiedergabe des Vertragsgegenstands sowie der -parteien erschöpfte[314]. Eine weitere, faktische Beschränkung bildet § 131 Abs. 3 Satz 1 Nr. 7, dazu Rz. 90. Die Auskunft ist unabhängig von der jeweiligen Nationalität des Auskunftssuchenden in **deutscher Sprache** zu geben; eine zusätzliche Erteilung in einer weiteren Sprache liegt im Ermessen der Gesellschaft[315].

### c) Vereinbarungen über die nachträgliche schriftliche Auskunftserteilung

62  In der Praxis ist es jedoch üblich, dass der Vorstand und der fragende Aktionär sich einvernehmlich auf eine schriftliche Beantwortung der Frage nach der Hauptversammlung verständigen. Diese Vereinbarungen sind auch vor dem Hintergrund der kollektiven Zielrichtung des Auskunftsrechts grundsätzlich **zulässig**, da den anderen an der Hauptversammlung teilnehmenden Aktionären die Möglichkeit eröffnet ist, sich das Auskunftsbegehren zu Eigen zu machen und auf der Beantwortung der Frage in der Hauptversammlung zu bestehen[316]. Auf **verfahrensrechtlicher Ebene** ergeben sich aus diesem Vorgehen jedoch **Konsequenzen**: Zum einen hat die Gesellschaft zu berücksichtigen, dass bei einer Erteilung der Auskunft außerhalb der Hauptversammlung nach § 131 Abs. 4 für sie die Pflicht entsteht, die Beantwortung der Frage auch den anderen Aktionären gegenüber in der nächsten Hauptversammlung vorzunehmen (Rz. 96 ff.); zum anderen besteht für die Aktionäre (sowohl für den fragenden als auch den der Vereinbarung nicht widersprechenden Aktionär) die Gefahr, dass ein Antrag nach § 132 verfristet ist und auch die Anfechtungsbefugnis im Rahmen der Anfechtungsklage entfällt[317]. Die Annahme eines generellen Verlusts des Rechtsschutzbedürfnisses im Auskunftserzwingungsverfahren durch die Einlassung des Aktionärs auf eine derartige Vereinbarung ist hingegen abzulehnen[318].

### 3. Grundsätze gewissenhafter und getreuer Rechenschaft (§ 131 Abs. 2 Satz 1)

63  **Inhaltlich** muss die Auskunftserteilung nach § 131 Abs. 2 Satz 1 (vgl. zu der gleich formulierten Regelung in § 90 Abs. 4 die Erl. bei § 90 Rz. 51) den Grundsätzen gewissenhafter und getreuer Rechenschaft entsprechen. Dieses ist der Fall, wenn die Aus-

---

312 BGH v. 30.3.1967 – II ZR 245/63, AG 1967, 200 f.; LG München I v. 28.8.2008 – 5 HK O 2522/08, NZG 2009, 143 = AG 2008, 904, Rz. 102; *Decher* in Großkomm. AktG, 4. Aufl., § 131 AktG Rz. 94; *Butzke* in Obermüller/Werner/Winden, Die Hauptversammlung der Aktiengesellschaft, Rz. G 34; *F.-J. Semler* in MünchHdb. AG, § 37 Rz. 26; kritisch *Kubis* in MünchKomm. AktG, 2. Aufl., § 131 AktG Rz. 77.
313 *Decher* in Großkomm. AktG, 4. Aufl., § 131 AktG Rz. 94; *Kersting* in KölnKomm. AktG, 3. Aufl., § 131 AktG Rz. 495; *Butzke* in Obermüller/Werner/Winden, Die Hauptversammlung der Aktiengesellschaft, Rz. G 34.
314 OLG Schleswig v. 8.12.2005 – 5 U 57/04, WM 2006, 231, 235.
315 Ebenso *Decher* in Großkomm. AktG, 4. Aufl., § 131 AktG Rz. 92; *Kubis* in MünchKomm. AktG, 2. Aufl., § 131 AktG Rz. 77; *Kersting* in KölnKomm. AktG, 3. Aufl., § 131 AktG Rz. 497.
316 *Kubis* in FS Kropff, 1997, S. 173, 187 (ausführlich); *Kubis* in MünchKomm. AktG, 2. Aufl., § 131 AktG Rz. 81; *Kersting* in KölnKomm. AktG, 3. Aufl., § 131 AktG Rz. 493.
317 *Kubis* in FS Kropff, 1997, S. 173, 188 (ausführlich); *Kubis* in MünchKomm. AktG, 2. Aufl., § 131 AktG Rz. 81.
318 Ebenso *Hüffer*, § 131 AktG Rz. 10, 22; a.A. *Steiner*, Hauptversammlung, S. 89.

kunft **vollständig, zutreffend und sachgemäß** ist[319]. Die Anforderungen, die an die entsprechende Auskunft hinsichtlich der Detaillierung und Ausführlichkeit im Einzelfall zu stellen sind, orientieren sich dabei an der jeweils gestellten Frage; pauschale Fragen dürfen auch entsprechend pauschal beantwortet werden[320]. Das mit einer unpräzisen oder missverständlichen Fragestellung verbundene Risiko trägt grundsätzlich der Aktionär; ihm obliegt es, die Gesellschaft ggf. darauf hinzuweisen, dass die gegebene Auskunft die von ihm gestellte Frage insoweit nicht beantwortet[321]. Will der Vorstand etwas verschweigen, muss er sich ausdrücklich auf ein Auskunftsverweigerungsrecht berufen[322]; ein **Recht zur Lüge** begründet das Auskunftsverweigerungsrecht **nicht**.

**4. Pflicht des Vorstands zu angemessener Vorbereitung**

**a) Grundsatz**

Grundsätzlich trifft den **Vorstand eine Pflicht zu angemessener Vorbereitung**[323]. Das Auskunftsrecht erstreckt sich nicht nur auf Fragen, die der Vorstand in der jeweiligen Hauptversammlung ad hoc aus eigenem Wissen beantworten kann; vielmehr hat sich der Vorstand auch auf vorhersehbare Fragen einzustellen[324]. Der **Umfang** der Vorbereitungspflicht orientiert sich an der konkreten Tagesordnung der bevorstehenden Hauptversammlung; zeichnet sich jedoch aufgrund von Erfahrungen aus früheren Hauptversammlungen, aufgrund von Oppositionsanträgen, kritischen Berichten in der Presse oder Ankündigungen von Aktionären im Vorfeld bereits eine bestimmte Richtung der zu erwartenden Auskunftsbegehren ab, ist der Vorstand zu intensiveren Bemühungen verpflichtet[325]. Auch bei unvorhergesehenen Fragen hat der Vorstand in der Hauptversammlung das notwendige Personal und entsprechende sachliche Hilfsmittel vorzuhalten, um sich ohne wesentliche Verzögerung der Versammlung ggf. auch kurzfristig für deren Beantwortung sachkundig zu machen; dieses gilt selbst

64

---

319 OLG Braunschweig v. 29.7.1998 – 3 U 75/98 – „VW AG", AG 1999, 84, 88; OLG Stuttgart v. 11.8.2004 – 20 U 3/04, NZG 2004, 966, 968; OLG Stuttgart v. 12.8.1998 – 20 U 111/97, AG 1998, 529, 534; OLG München v. 15.5.2002 – 7 U 2371/01, NZG 2002, 1113, 1114 f.; *Hüffer*, § 131 AktG Rz. 21; *Decher* in Großkomm. AktG, 4. Aufl., § 131 AktG Rz. 246; *Kersting* in KölnKomm. AktG, 3. Aufl., § 131 AktG Rz. 265 f.

320 BayObLG v. 22.12.1988 – BReg. 3 Z 157/88, BayObLGZ 1988, 413, 420 f.; OLG Stuttgart v. 11.8.2004 – 20 U 3/04, NZG 2004, 966, 968; OLG Stuttgart v. 12.8.1998 – 20 U 111/97 – „Wenger/Daimler-Benz", ZIP 1998, 1482, 1492; LG Braunschweig v. 6.4.1990 – 22 O 97/89 – „VW-Devisenskandal", AG 1991, 36, 37; *Hüffer*, § 131 AktG Rz. 21; *Decher* in Großkomm. AktG, 4. Aufl., § 131 AktG Rz. 249; *Kubis* in MünchKomm. AktG, 2. Aufl., § 131 AktG Rz. 73; *Kersting* in KölnKomm. AktG, 3. Aufl., § 131 AktG Rz. 266; kritisch *Quack* in FS Beusch, 1993, S. 663, 664.

321 Ebenso *Decher* in Großkomm. AktG, 4. Aufl., § 131 AktG Rz. 249; *Kubis* in MünchKomm. AktG, 2. Aufl., § 131 AktG Rz. 73; wohl auch *Hüffer*, § 131 AktG Rz. 21; a.A. OLG Hamburg v. 6.11.1970 – 11 W 18/70, AG 1970, 372; LG Dortmund v. 1.10.1998 – 20 AktE 8/98 – „Germania-Epe AG", AG 1999, 133; LG München I v. 16.4.1986 – 7 HKO 8835/85, AG 1987, 185, 188; *Kersting* in KölnKomm. AktG, 3. Aufl., § 131 AktG Rz. 267.

322 *Ebenroth*, Auskunftsrecht, S. 126; *Kersting* in KölnKomm. AktG, 3. Aufl., § 131 AktG Rz. 268; *Hüffer*, § 131 AktG Rz. 21.

323 Allgemeine Ansicht: s. nur BGH v. 7.4.1960 – II ZR 143/58, BGHZ 32, 159, 165; *Hüffer*, § 131 AktG Rz. 9; *Decher* in Großkomm. AktG, 4. Aufl., § 131 AktG Rz. 251; *Kubis* in MünchKomm. AktG, 2. Aufl., § 131 AktG Rz. 84; *F.-J. Semler* in MünchHdb. AG, § 37 Rz. 21.

324 LG München I v. 31.1.2008 – 5 HK O 19782/06, ZIP 2008, 555, Rz. 349; *Kubis* in MünchKomm. AktG, 2. Aufl., § 131 AktG Rz. 84; *Decher* in Großkomm. AktG, 4. Aufl., § 131 AktG Rz. 251.

325 LG München I v. 31.1.2008 – 5 HK O 19782/06, ZIP 2008, 555, Rz. 349; *Kubis* in MünchKomm. AktG, 2. Aufl., § 131 AktG Rz. 84; *Decher* in Großkomm. AktG, 4. Aufl., § 131 AktG Rz. 251.

dann, wenn die Hauptversammlung auf einen arbeitsfreien Tag fällt[326]. In der Praxis führt diese Pflicht regelmäßig dazu, dass im Vorfeld der Hauptversammlung ein Katalog mit potentiellen Fragen und deren Beantwortung erarbeitet und während der Hauptversammlung ein umfangreich ausgestattetes *back office* eingerichtet wird, das den Vorstand bei der Beantwortung der jeweiligen Aktionärsfragen unterstützt bzw. deren Beantwortung vorbereitet[327].

### b) Grenzen

65 Auch bei Annahme einer weiten Vorbereitungspflicht für den Vorstand sind dieser und damit auch dem Auskunftsrecht naturgemäß Grenzen gesetzt. So kann trotz sachgerechter Vorbereitung die Situation eintreten, dass der Vorstand nicht in der Lage ist, eine in der Hauptversammlung gestellte Aktionärsfrage zu beantworten bzw. sachgerechte Informationen dazu in angemessener Zeit zu besorgen. Legt der Vorstand in diesem Fall die Informationen dar, die er mit zumutbarem Aufwand der verfügbaren Ressourcen beschaffen konnte, ist die Auskunftsverpflichtung der Gesellschaft erfüllt[328]. Dogmatisch handelt es sich um einen Unterfall der **Unmöglichkeit** bzw. Unzumutbarkeit entsprechend § 275 BGB[329]. So trifft die Tochtergesellschaft keine Auskunftspflicht, wenn trotz pflichtgemäßer Anstrengungen keine Informationen bei der Muttergesellschaft beschafft werden konnten[330]; ebenso wenig ist diese bei einer außerordentlichen Hauptversammlung im Zusammenhang mit der Beschlussfassung über eine Sachkapitalerhöhung verpflichtet, Informationsvorbereitungen in Bezug auf sämtliche geschäftlichen Beziehungen zwischen sämtlichen Konzerngesellschaften zu treffen[331].

## V. Beschränkung des Frage- und Rederechts (§ 131 Abs. 2 Satz 2)

66 Nach § 131 Abs. 2 Satz 2 kann durch die Satzung oder Geschäftsordnung (§ 129) der Hauptversammlungsleiter dazu ermächtigt werden, das Frage- und Rederecht des Ak-

---

326 BGH v. 7.4.1960 – II ZR 143/58, BGHZ 32, 159, 165 (noch zu § 112 AktG 1937); RG v. 12.6.1941 – II 122/40, RGZ 167, 151, 169; OLG Brandenburg v. 6.6.2001 – 7 U 145/00, AG 2003, 328; OLG Düsseldorf v. 17.7.1991 – 19 W 2/91 – „Deutsche Depeschendienst AG (ddp)", AG 1992, 34, 35; LG Berlin v. 3.6.2000 – 92 O 111/99, AG 2000, 288; LG Essen v. 8.2.1999 – 44 O 249/98 – „Thyssen/Krupp", AG 1999, 329, 332 f.; *Meilicke/Heidel*, DStR 1992, 72, 74; *Spitze/Diekmann*, ZHR 158 (1994), 447, 466; *Hüffer*, § 131 AktG Rz. 9; *Kersting* in KölnKomm. AktG, 3. Aufl., § 131 AktG Rz. 420; *Decher* in Großkomm. AktG, 4. Aufl., § 131 AktG Rz. 251; *Butzke* in Obermüller/Werner/Winden, Die Hauptversammlung der Aktiengesellschaft, Rz. G 32.
327 *Decher* in Großkomm. AktG, 4. Aufl., § 131 AktG Rz. 252; *Volhard* in J. Semler/Volhard, Arbeitshandbuch HV, § 13 Rz. 30; *F.-J. Semler* in MünchHdb. AG, § 37 Rz. 21.
328 BayObLG v. 30.11.1995 – 3 Z BR 161/93 – „Allianz", AG 1996, 180, 183; OLG Frankfurt v. 1.7.1998 – 21 U 166/97 – „ASI Automotive AG", AG 1999, 231, 232; OLG Hamburg v. 11.1.2002 – 11 U 145/01 – „Philips/PKV", AG 2002, 460, 462; *Spitze/Diekmann*, ZHR 158 (1994), 447, 467; *Hefermehl* in FS Duden, 1977, S. 109, 118; *Decher* in Großkomm. AktG, 4. Aufl., § 131 AktG Rz. 253; *Hüffer*, § 131 AktG Rz. 10; *Kubis* in MünchKomm. AktG, 2. Aufl., § 131 AktG Rz. 83 ff.; *Butzke* in Obermüller/Werner/Winden, Die Hauptversammlung der Aktiengesellschaft, Rz. G 33; i.E. ebenso BGH v. 7.4.1960 – II ZR 143/58, BGHZ 32, 159, 165 f. (noch zu § 112 AktG 1937), der jedoch sein Ergebnis unzutreffend mit einer aus Treu und Glauben abzuleitenden Ankündigungspflicht für den Aktionär begründet.
329 Ebenso *Kubis* in MünchKomm. AktG, 2. Aufl., § 131 AktG Rz. 86 mit dem zutreffenden Hinweis auf das Wort „soweit" in § 275 Abs. 1 BGB; *Kersting* in KölnKomm. AktG, 3. Aufl., § 131 AktG Rz. 412 ff.
330 BayObLG v. 17.12.1974 – 2 Z 58/74, NJW 1975, 740, 741; BayObLG v. 25.6.1975 – BReg. 2 Z 15/75, AG 1975, 325, 327; LG München I v. 31.1.2008 – 5 HK O 19782/06, ZIP 2008, 555, Rz. 349.
331 OLG Frankfurt v. 1.7.1998 – 21 U 166/97 – „ASI Automotive AG", AG 1999, 231, 232.

tionärs zeitlich angemessen zu beschränken, was europarechtlich[332] und verfassungsrechtlich[333] unbedenklich ist; auch können Satzung oder Geschäftsordnung Näheres dazu bestimmen. **Ziel des Gesetzgebers** war es, Missbräuche des Auskunftsrechts durch einzelne Aktionäre, insbesondere die Provokation von zur Beschlussanfechtung berechtigenden Informationsmängeln, einzudämmen und gleichzeitig durch die Konzentration auf die wesentlichen strategischen Entscheidungen die Funktionsfähigkeit, inhaltliche Qualität und Attraktivität der Hauptversammlung zu steigern[334]. Zur Erreichung dieses Ziels unterstellt der Gesetzgeber durch § 131 Abs. 2 Satz 2 die Bestimmung der Rede- und Fragezeit der Satzungs- und Geschäftsordnungsautonomie der Aktionäre, die wiederum diesbezüglich den Versammlungsleiter ermächtigen können. Der Versammlungsleiter erhält über § 131 Abs. 2 Satz 2 die Befugnis, einen zeitlichen Rahmen für Rede- und Fragezeit zusammen[335] entweder für den gesamten Verlauf der Hauptversammlung oder für die einzelnen Tagesordnungspunkte zu setzen[336]. Für **einzelne Redner** kann vorbehaltlich eines Rechtsmissbrauchs indes keine Beschränkung erfolgen, wenn damit der Gleichbehandlungsgrundsatz verletzt wird[337]. Demgemäß kann auch nicht nach Höhe der Kapitalbeteiligung des jeweiligen Aktionärs differenziert werden, wohl aber anhand des vorherigen Verhaltens des Aktionärs, insbesondere bei querulatorischen Beiträgen[338]. Der Versammlungsleiter kann im Laufe der Hauptversammlung, auch im Laufe der Behandlung eines Tagesordnungspunkts die Redezeit zu Lasten von Zweitrednern einschränken; er ist nicht darauf beschränkt, solche Regelungen nur zu Beginn der Hauptverhandlung zu treffen, da er flexibel auf den Verlauf der Hauptversammlung reagieren können muss[339]. Ebenso kann im Rahmen der Verhältnismäßigkeit zunächst das Rederecht, später dann das Fragerecht eingeschränkt werden[340]. Der Versammlungsleiter kann auch gesonderte Zeitkontingente für Rede- oder Fragezeit vorsehen; die Verbindung von beiden dürfte allerdings die Regel sein[341]. Die Bestimmung der **Angemessenheit** der Beschränkung kann indes nur im konkreten Einzelfall erfolgen[342], wobei der in der Gesetzesbegründung vorgeschlagenen, „normalen" Hauptversammlungsdauer von 4–6 Stunden[343] nur eine

---

332 Art. 9 Abs. 2 Aktionärsrechterichtlinie erlaubt Maßnahmen zur Gewährleistung eines ordnungsgemäßen Ablaufs der Hauptversammlung, s. auch *Kersting* in KölnKomm. AktG, 3. Aufl., § 131 AktG Rz. 270.
333 Anders *Heidel* in Heidel, § 131 AktG Rz. 55b; wie hier *Kersting* in KölnKomm. AktG, 3. Aufl., § 131 AktG Rz. 270.
334 Begr. RegE BT-Drucks. 15/5092, S. 17.
335 Kritisch zur Zusammenfassung von Rede- und Fragerecht, *Martens*, AG 2004, 238, 242.
336 *Göz/Holzborn*, WM 2006, 157, 163; *Wilsing*, DB 2005, 35, 40; *Gantenberg*, DB 2005, 207, 211; einen konkreten Formulierungsvorschlag s. bei *Weißhaupt*, ZIP 2005, 1766, 1769.
337 LG München I v. 28.8.2008 – 5 HK O 12861/07, ZIP 2008, 2124 = AG 2008, 904, Rz. 511; LG München I v. 24.4.2008 – 5 HK O 23244/07, ZIP 2008, 1635, Rz. 341; *Kersting* in KölnKomm. AktG, 3. Aufl., § 131 AktG Rz. 274; missverständlich Begr. RegE BT-Drucks. 15/5092, S. 17.
338 *Wachter*, DB 2010, 829, 835.
339 BGH v. 8.2.2010 – II ZR 94/08, AG 2010, 292, Rz. 22; LG München I v. 28.8.2008 – 5 HK O 12861/07, ZIP 2008, 2124 = AG 2008, 904, Rz. 510.
340 LG München I v. 28.8.2008 – 5 HK O 12861/07, ZIP 2008, 2124 = AG 2008, 904, Rz. 510; LG München I v. 24.4.2008 – 5 HK O 23244/07, ZIP 2008, 1635, Rz. 340.
341 So auch der Formulierungsvorschlag bei *Weißhaupt*, ZIP 2005, 1766, 1769; wohl a.A. *Hüffer*, § 131 AktG Rz. 22b.
342 Zu Recht skeptisch etwa *Martens*, AG 2004, 238, 242; *Hüffer*, § 131 AktG Rz. 22a.
343 Begr. RegE BT-Drucks. 15/5092, S. 17; so nun auch der Deutsche Corporate Governance Kodex in Ziffer 2.2.4.

geringe Orientierungsfunktion[344] zukommt[345]. Die Beschränkung kann vom Versammlungsleiter auch schon **zu Beginn der Hauptversammlung** ausgesprochen werden, wenn erkennbar ist, dass sonst die Versammlung nicht innerhalb der vorgegebenen Zeit durchgeführt werden kann[346], außer wenn nur wenige Redner sich angemeldet haben und der Verlauf der Hauptversammlung noch nicht vorhersehbar ist[347]. Stets hat der Versammlungsleiter die Gebote der Sachdienlichkeit, der Gleichbehandlung und der Verhältnismäßigkeit zu beachten. Dem Versammlungsleiter steht **kein Beurteilungsspielraum** zu, die Frage der Angemessenheit unterliegt vollumfänglich der gerichtlichen Kontrolle[348].

67  Ob die **Satzung** dagegen für den Versammlungsleiter **abstrakt** eine Ermächtigung vorsehen kann, die Rede- und Fragezeit auf 15 Minuten je Wortmeldung eines Aktionärs sowie die zeitliche Höchstdauer der Hauptversammlung auf sechs Stunden bei gewöhnlicher Tagesordnungsgestaltung bzw. zehn Stunden bei außergewöhnlichen Tagesordnungspunkten zu begrenzen, ist umstritten. Zwar soll eine abstrakte Zeitbestimmung ohne die Berücksichtigung der Belange der konkreten Hauptversammlung ein Verstoß gegen Art. 14 GG darstellen[349]; doch widerspricht dies zum einen dem erklärten Willen des Gesetzgebers und ist zudem auch eine zulässige Inhalts- und Schrankenregelung, bei der auch die Interessen der anderen Aktionäre zu berücksichtigen sind[350]. Zum anderen ändert eine derartige Ermächtigung nichts an der Bindung des Versammlungsleiters an den Grundsatz der Verhältnismäßigkeit, da sie ihm nur die Möglichkeit einräumt, ihn aber nicht dazu verpflichtet, die Redezeit entsprechend zu beschränken[351]. Die Satzungsvorgaben wirken damit im Wesentlichen ermessensleitend[352]. Damit werden auch den europarechtlichen Bedenken Rechnung getragen, die sich gegen Beschränkungen wenden, die sich im Einzelfall als unangemessen erweisen, wenn sie über das zur Gewährleistung der Hauptversammlung Erforderliche hinausgehen und daher gegen Art. 9 Aktionärsrecherichtlinie verstoßen[353]. Auch die rechtlichen Vorgaben von 6 bzw. 10 Stunden sind nicht zu beanstanden[354], solange sie nur eine Ermächtigung an den Hauptversammlungsleiter

---

344 Eher unkritisch diesbezüglich *Wilsing*, DB 2005, 35, 40; *Seibert*, WM 2005, 158, 160; s. auch *Hüffer*, § 131 AktG Rz. 22a: wenigstens eintägige Hauptversammlung als Leitbild; vgl. jüngst LG Frankfurt v. 22.11.2006 – 3/4 O 68/06, NZG 2007, 197: Eine Dauer von nahezu sieben Stunden kann nicht dazu führen, berechtigte Auskunftsansprüche eines Aktionärs zu beschneiden.
345 LG Köln v. 6.7.2005 – 82 O 150/04 – „Felten und Guilleaume AG", AG 2005, 696, 699 erachtet eine Beschränkung des Rederechts auf zunächst 30 Minuten mit der Möglichkeit zur weiteren Wortmeldung für im Grundsatz nicht unangemessen.
346 BGH v. 8.2.2010 – II ZR 94/08, AG 2010, 292, Rz. 22; OLG Frankfurt v. 8.6.2009 – 23 W 3/09, NZG 2009, 1066, 1067 = AG 2009, 542, Rz. 19.
347 LG München I v. 11.12.2008 – 5 HK O 15201/08, AG 2009, 382, 383, Rz. 45; *Wachter*, DB 2010, 829, 834: nur ausnahmsweise Beschränkung zu Beginn möglich.
348 BGH v. 8.2.2010 – II ZR 94/08, AG 2010, 292, Rz. 14; BGH v. 11.11.1965 – II ZR 122/63, BGHZ 44, 245, 248; *Kersting* in KölnKomm. AktG, 3. Aufl., § 131 AktG Rz. 275; a.A. LG Frankfurt v. 28.11.2006 – 3/5 O 93/06, ZIP 2007, 1861, 1863; *Weißhaupt*, ZIP 2005, 1766, 1767.
349 Dagegen OLG Frankfurt v. 12.2.2008 – 5 U 8/07, AG 2008, 592, Rz. 39 f. mit krit. Anm. *Kuthe*, BB 2008, 918 und *Zetzsche*, Der Konzern 2008, 580 f.; anders auch noch Vorinstanz LG Frankfurt v. 28.11.2006 – 3-05 O 93/06, NZG 2007, 155.
350 BGH v. 8.2.2010 – II ZR 94/08, AG 2010, 292 = ZIP 2010, 575; grundlegend BVerfG v. 20.9.1999 – 1 BvR 639/95 – „Wenger/Daimler-Benz", NJW 2000, 349, 351; zust. *Jerczynski*, NJW 2010, 1566, 1567.
351 BGH v. 8.2.2010 – II ZR 94/08, AG 2010, 292, Rz. 16.
352 *Jerczynski*, NJW 2010, 1566, 1568.
353 *Kersting* in KölnKomm. AktG, 3. Aufl., § 131 AktG Rz. 281.
354 BGH v. 8.2.2010 – II ZR 94/08, AG 2010, 292, Rz. 20.

enthalten, die nach der konkreten Situation auszuüben ist[355]. Ebenso ist die einzelne Beschränkung auf 15 Minuten für Folgebeiträge zulässig, da sie hinreichend Zeit für konzentrierte Ausführungen gibt[356]; auch bereits zu Beginn der Hauptversammlung. Schließlich kann die Satzung den Versammlungsleiter ermächtigen, anhand des gesetzlichen Leitbilds der eintägigen Hauptversammlung die Debatte um 22:30 Uhr zu schließen und mit den Abstimmungen zu beginnen[357]. Die Satzungsermächtigung ändert auch nichts an der gerichtlichen Kontrolle der vom Versammlungsleiter ausgeübten Befugnis, auch nicht wenn die Satzung abstrakte Festlegungen von vornherein als angemessen daklariert[358].

Anders als der Wortlaut des § 131 Abs. 2 Satz 2 nahe legt, bedarf **es keiner besonderen Ermächtigung** in der Satzung oder Geschäftsordnung, um den Versammlungsleiter zur angemessenen Beschränkung der **Redezeit** zu ermächtigen[359]; dies war bereits **vor dem UMAG** (s. hierzu § 129 Rz. 8) anerkannt[360]. Fraglich ist allerdings, ob dies auch für das **Fragerecht** gilt, für das früher keine entsprechende Befugnis des Hauptversammlungsleiters zur Begrenzung angenommen wurde[361]. Die Norm weitet indes nicht generell die Kompetenzen des Hauptversammlungsleiters (ohne Ermächtigung) aus, sondern beschränkt sich auf eine Ermächtigung für den Satzungsgeber, entsprechende Regelungen für das Fragerecht einzuführen[362] – eine analoge Anwendung scheidet mangels planwidriger Regelungslücke auch aus. Die Satzung kann aber einheitlich für Frage- und Rederecht eine Ermächtigung vorsehen, zumal häufig nicht zwischen Frage und Redebeitrag differenziert werden kann[363]. 68

**Überschreitet der Aktionär den** über § 131 Abs. 2 Satz 2 vom Hauptversammlungsleiter vorgegebenen **Zeitrahmen**, fehlt den Fragen die Rechtsgrundlage, so dass sie deshalb von der Gesellschaft nicht mehr zu beantworten sind[364]. Der Vorstand wird aber 69

---

355 *Wachter*, DB 2010, 829, 833; aus diesem Grund von strengen Zeitvorgaben abratend *Wilsing/v. d. Linden*, DB 2010, 1277, 1279 f.
356 BGH v. 8.2.2010 – II ZR 94/08, AG 2010, 292, Rz. 21.
357 BGH v. 8.2.2010 – II ZR 94/08, AG 2010, 292, Rz. 24 ff.; *Kubis* in MünchKomm. AktG, 2. Aufl., § 131 AktG Rz. 114; *Linnerz* NZG 2006, 208, 210; *Wicke*, NZG 2007, 771.
358 *Kersting* in KölnKomm. AktG, 3. Aufl., § 131 AktG Rz. 281; *Kersting*, NZG 2010, 446, 448; ähnlich schon OLG Frankfurt v. 12.2.2008 – 5 U 8/07, AG 2008, 592, Rz. 39 f. wegen Art. 14 GG (dagegen, aber hinsichtlich der Kontrollbefugnis unklar *Zetzsche*, Der Konzern 2008, 580 f.).
359 *Wilsing/v. d. Linden* DB 2010, 1277, 1278 f. m.w.N.
360 BVerfG v. 20.9.1999 – 1 BvR 636/95 – „Wenger/Daimler-Benz", NJW 2000, 349, 351; OLG Stuttgart v. 15.2.1995 – 3 U 188/94 – „Wenger/Daimler-Benz", AG 1995, 234 f.; BGH v. 8.2.2010 – II ZR 94, AG 2010, 292, Rz. 29; *Gantenberg*, DB 2005, 207, 211; *Martens*, AG 2004, 238, 240 f.; *Kubis* in MünchKomm. AktG, 2. Aufl., § 119 AktG Rz. 151; *F.-J. Semler* in MünchHdb. AG, § 36 Rz. 48.
361 OLG Stuttgart v. 15.2.1995 – 3 U 118/94 – „Wenger/Daimler-Benz", AG 1995, 234, 235; LG Köln v. 6.7.2005 – 82 O 150/04 – „Felten und Guilleaume AG", AG 2005, 696, 699; LG Stuttgart v. 27.4.1997 – 7 KfH O 122/93 – „Daimler-Benz AG", AG 1994, 425, 426; *Gantenberg*, DB 2005, 207, 211; *Martens*, AG 2004, 238, 241; *Jahn*, BB 2005, 5, 8; a.A. *Mutter*, Auskunftsansprüche, S. 62 f.; *Hüffer*, § 131 AktG Rz. 35, beide unter Berufung auf BVerfG v. 20.9.1999 – 1 BvR 636/95 – „Wenger/Daimler-Benz", AG 2000, 74, 75; ferner *Bungert* in VGR, Gesellschaftsrecht in der Diskussion 2004, 2005, S. 59, 81 f.
362 S. bereits *Spindler*, NZG 2005, 825, 826; wie hier *Kersting* in KölnKomm. AktG, 3. Aufl., § 131 AktG Rz. 284; *Kersting*, NZG 2010, 446, 448; *Fleischer*, NJW 2005, 3525, 3530; a.A. *Hüffer*, § 131 AktG Rz. 22b auch unter Berufung auf BVerfG v. 20.9.1999 – 1 BvR 636/95 – „Wenger/Daimler-Benz", AG 2000, 74, 75; *Mutter*, AG 2006, R 380; *Mutter*, Auskunftsansprüche des Aktionärs, 2002, S. 63; *Schütz*, NZG 2005, 5, 11.
363 BGH v. 8.2.2010 – II ZR 94/08, AG 2010, 292, Rz. 18; zust. *Wachter*, DB 2010, 829, 833.
364 Ebenso *Hüffer*, § 131 AktG Rz. 22b; *Seibert*, WM 2005, 158, 160.

auch die Antwort verweigern müssen, um andere Aktionäre nicht zu benachteiligen[365].

## VI. Auskunftsverweigerungsgründe (§ 131 Abs. 3)

### 1. Allgemeines

70 § 131 Abs. 3 Satz 1 Nr. 1–7 eröffnet der Gesellschaft die Möglichkeit die Auskunftserteilung an den Aktionär zu verweigern. Dies setzt voraus, dass zunächst ein Auskunftsanspruch für den Aktionär überhaupt besteht. Entsprechend zur Auskunftserteilung (Rz. 16 ff.) liegt die **Zuständigkeit** für die Verweigerung der Auskunft – wie § 131 Abs. 3 Satz 1 ausdrücklich anordnet – **beim Vorstand**, für den dieses wiederum eine **Geschäftsführungsmaßnahme** i.S. von § 77 darstellt[366]. Die oben (Rz. 17) dargelegten Anforderungen an die Beschlussfassung gelten entsprechend.

71 Ein **Hauptversammlungsbeschluss** über die Auskunftsverweigerung ist dagegen wegen Verstoßes gegen die Kompetenzordnung nach § 241 Nr. 3 nichtig[367]; auch sind Bemerkungen des Hauptversammlungsleiters bezüglich einer Auskunftsverweigerung grundsätzlich ohne rechtliche Wirkung, der Vorstand kann sich jedoch diese Aussagen des Versammlungsleiters durch (ggf. konkludenten) Beschluss zu Eigen machen[368].

72 Aus § 131 Abs. 3 folgt allein die Möglichkeit einer Auskunftsverweigerung durch den Vorstand („darf die Auskunft verweigern"), jedoch keine **Pflicht**[369]. Eine Auskunftsverweigerungspflicht für den Vorstand kann sich hingegen im Einzelfall jedoch aus § 93 Abs. 1, insbesondere aus der **Verschwiegenheitspflicht (§ 93 Abs. 1 Satz 3)** ergeben[370].

73 Die Entscheidung des Vorstands über die Verweigerung der Auskunft unterliegt der **vollen gerichtlichen Überprüfbarkeit** (s. auch § 132 Rz. 18 ff.)[371]. Eine fehlende Begründung führt bei objektivem Vorliegen eines Auskunftsverweigerungsgrunds indes nicht zur Unwirksamkeit oder Unzulässigkeit der Auskunftsverweigerung[372]. Zur Verfahrensförderungspflicht bzgl. des Vorliegens von Auskunftsverweigerungsgründen s. § 132 Rz. 17, zur Kostentragungspflicht bei Nachschieben oder Ergänzen von

---

365 *Kersting* in KölnKomm. AktG, 3. Aufl., § 131 AktG Rz. 277.
366 *Hüffer*, § 131 AktG Rz. 23; *Kubis* in MünchKomm. AktG, 2. Aufl., § 131 AktG Rz. 95; *Decher* in Großkomm. AktG, 4. Aufl., § 131 AktG Rz. 289.
367 RG v. 12.6.1941 – II 122/40, RGZ 167, 151, 161; *Hüffer*, § 131 AktG Rz. 23.
368 *Decher* in Großkomm. AktG, 4. Aufl., § 131 AktG Rz. 289; *Hüffer*, § 131 AktG Rz. 23; *Kubis* in MünchKomm. AktG, 2. Aufl., § 131 AktG Rz. 95.
369 Ebenso *Hüffer*, § 131 AktG Rz. 23; *Kubis* in MünchKomm. AktG, 2. Aufl., § 131 AktG Rz. 96; *F.-J. Semler* in MünchHdb. AG, § 37 Rz. 28; *Volhard* in J. Semler/Volhard, Arbeitshandbuch HV, § 13 Rz. 38; weitergehender *Decher* in Großkomm. AktG, 4. Aufl., § 131 AktG Rz. 292 (Pflicht zur Verweigerung bei § 131 Abs. 3 Satz 1 Nr. 1).
370 *Hüffer*, § 131 AktG Rz. 23; *Kubis* in MünchKomm. AktG, 2. Aufl., § 131 AktG Rz. 96; *Kersting* in KölnKomm. AktG, 3. Aufl., § 131 AktG Rz. 376; *Volhard* in J. Semler/Volhard, Arbeitshandbuch HV, § 13 Rz. 38.
371 Begr. RegE *Kropff*, Aktiengesetz, S. 188 f.; *Kersting* in KölnKomm. AktG, 3. Aufl., § 131 AktG Rz. 289, 508 f.
372 Insoweit allgemeine Ansicht, unabhängig davon, ob man wie OLG Dresden v. 23.4.2003 – 18 U 1976/02, AG 2003, 433, 435; *Hüffer*, § 131 AktG Rz. 26; *Decher* in Großkomm. AktG, 4. Aufl., § 131 AktG Rz. 291 einen Begründungszwang annimmt oder wie *Kubis* in MünchKomm. AktG, 2. Aufl., § 131 AktG Rz. 97; *Siems* in Spindler/Stilz, § 131 AktG Rz. 36; *Ebenroth*, Auskunftsrecht, S. 127 ff.; *Volhard* in J. Semler/Volhard, Arbeitshandbuch HV, § 13 Rz. 41, einen solchen ablehnt. Offen gelassen in BGH v. 9.2.1987 – II ZR 119/86, BGHZ 101, 1, 8 = AG 1987, 344.

Gründen durch die Gesellschaft erst im Auskunftserzwingungs- oder Anfechtungsverfahren, s. § 132 Rz. 19. Nach § 131 Abs. 3 Satz 2 darf die Auskunft aus anderen Gründen als den § 131 Abs. 3 Satz 1 Nr. 1–7 nicht verweigert werden. § 131 Abs. 3 ist somit in Bezug auf Auskunftsverweigerungsrechte **abschließend**[373]. Da die Verweigerung die Mitgliedschaftsrechte des Aktionärs unmittelbar beeinträchtigt, sind sie eng auszulegen[374]. Das bedeutet jedoch nicht[375], dass der begrenzenden Funktion von allgemeinen Rechtsinstituten, wie etwa dem Rechtsmissbrauch, im Rahmen des Auskunftsrechts keine Wirkung zukommen würde, nähere Erl. dazu Rz. 91 ff. Auch **generelle Verschwiegenheitspflichten** können im Rahmen von § 131 Abs. 3 Satz 1 Nr. 1 zur Auskunftsverweigerung führen (Rz. 74). Die spezifizierten Verweigerungsgründe in Nr. 2 ff. sind auch nicht europarechtswidrig, da es dem Mitgliedstaat nach der Aktionärsrechterichtlinie (Art. 9 Abs. 2) überlassen bleibt, Maßnahmen für den Schutz von Geschäftsinteressen der Gesellschaft vorzusehen, was auch abstrakt-generalisierend erfolgen kann[376].

## 2. Auskunftsverweigerungsgründe im Einzelnen

### a) Nachteilszufügung (§ 131 Abs. 3 Satz 1 Nr. 1)

Nach § 131 Abs. 3 Satz 1 Nr. 1 darf der Vorstand die Auskunft verweigern, soweit die Erteilung der Auskunft geeignet ist, der Gesellschaft oder einem verbundenen Unternehmen einen nicht unerheblichen Nachteil zuzufügen, wobei eine vernünftige kaufmännische Beurteilung hierfür maßgeblich ist. **Nachteil** umfasst in diesem Zusammenhang nicht nur einen Schaden i.S. von §§ 249 ff. BGB, sondern darüber hinaus auch jede Beeinträchtigung des Gesellschaftsinteresses von einigem Gewicht[377], beispielsweise Aktionärsfragen nach noch in der Schwebe befindlichen Vorgängen oder Verhandlungen der Gesellschaft, oder solchen, die Vertragspartnern oder Wettbewerbern Einblick in die interne Kalkulation der Gesellschaft ermöglichen oder zumindest Rückschlüsse darauf zulassen, oder Fragen, die den Bereich Forschung und Entwicklung der Gesellschaft betreffen[378]. 74

Der **Nachteil muss der Gesellschaft selbst** oder **einem verbundenen Unternehmen** (§ 15)[379] drohen. Droht der Nachteil ausschließlich Dritten, wie etwa Organmitgliedern der Gesellschaft oder Geschäftspartnern, so besteht kein Auskunftsverweigerungsrecht[380]. Mit einem Dritten vereinbarte **vertragliche Geheimhaltungspflichten** begründen auch bei einer evtl. drohenden Schadensersatzpflicht keinen drohenden Nachteil für die Gesellschaft, da ansonsten dem Vorstand die Möglichkeit eröffnet 75

---

373 LG Hannover v. 19.8.2009 – 23 O 90/09, AG 2009, 914, Rz. 69; *Kersting* in KölnKomm. AktG, 3. Aufl., § 131 AktG Rz. 370 ff.
374 LG Hannover v. 19.8.2009 – 23 O 90/09, AG 2009, 914, Rz. 70.
375 Diese Frage ist umstritten, s. dazu unten Rz. 91.
376 So aber *Zetzsche*, NZG 2007, 686, 688 f.; wie hier *Kersting* in KölnKomm. AktG, 3. Aufl., § 131 AktG Rz. 308 f.; *Pluskat* WM 2007, 2135, 2137; *Ratschow*, DStR 2007, 1402, 1405; *J. Schmidt*, BB 2006, 1641, 1643; *Lack*, Rechtsfragen des individuellen Auskunftsrechts des Aktionärs, 2008, S. 266 f.
377 BayObLG v. 20.3.1996 – 3 Z BR 324/95 – „Markt- und Kühlhallen AG", AG 1996, 322, 323; *Decher* in Großkomm. AktG, 4. Aufl., § 131 AktG Rz. 297; *Kubis* in MünchKomm. AktG, 2. Aufl., § 131 AktG Rz. 99; *Kersting* in KölnKomm. AktG, 3. Aufl., § 131 AktG Rz. 291.
378 *F.-J. Semler* in MünchHdb. AG, § 37 Rz. 30; *Butzke* in Obermüller/Werner/Winden, Die Hauptversammlung der Aktiengesellschaft, Rz. G 69; *Siems* in Spindler/Stilz, § 131 AktG Rz. 38.
379 *Decher* in Großkomm. AktG, 4. Aufl., § 131 AktG Rz. 298; *Hüffer*, § 131 AktG Rz. 24; *Kubis* in MünchKomm. AktG, 2. Aufl., § 131 AktG Rz. 99.
380 *Hüffer*, § 131 AktG Rz. 24; *Kubis* in MünchKomm. AktG, 2. Aufl., § 131 AktG Rz. 99; *Decher* in Großkomm. AktG, 4. Aufl., § 131 AktG Rz. 298; *Volhard* in J. Semler/Volhard, Arbeitshandbuch HV, § 13 Rz. 43.

würde, über den Abschluss derartiger Vereinbarungen das Auskunftsrecht des Aktionärs auszuhöhlen[381]. Nur wenn für die Geheimhaltungsvereinbarung eine **objektive Notwendigkeit** besteht mit der Folge, dass der Vorstand auch ohne diese die Auskunft wegen eines nicht unerheblichen Nachteils für die Gesellschaft nach § 131 Abs. 3 Satz 1 Nr. 1 verweigern dürfte, besteht das Auskunftsverweigerungsrecht[382]. So kann ein Verweigerungsrecht bei Verletzungen des Datenschutz- oder Persönlichkeitsrechts oder gesetzlich angeordneter Verschwiegenheitspflicht bestehen[383]. Der Nachteil kann auch in dem Entstehen von Offenbarungspflichten bzw. -verboten **nach ausländischem Kapitalmarkt- und Börsenrecht** bestehen[384].

76 Ferner ist eine Auskunftsverweigerung dem Vorstand nur bei drohendem **nicht unerheblichen Nachteil für die Gesellschaft** möglich. Dieses ist mittels **einer Gesamtabwägung der Vor- und Nachteile** der Auskunftserteilung zu bestimmen[385]. Bei dieser Abwägung sind jedoch ausschließlich die Vor- und Nachteile der Gesellschaft zu berücksichtigen, grundsätzlich nicht jedoch solche für den auskunftsuchenden oder andere Aktionäre[386]. Insbesondere bei **Pflichtverletzungen von Mitgliedern des Vorstands oder des Aufsichtsrats** überwiegt im Rahmen der Abwägung trotz der dadurch für die Außendarstellung der Gesellschaft drohenden Nachteile zumindest bei schwerwiegenderen Verfehlungen der Vorteil der Aufklärung und nachfolgenden Beseitigung der Missstände, da das Auskunftsverweigerungsrecht des § 131 Abs. 1 Satz 1 Nr. 1 nicht den Zweck verfolgt, Organmitglieder bei der Verschleierung ihrer Fehlleistungen zu unterstützen[387]. Zweifelhaft ist daher eine pauschale Verweigerung hinsichtlich von Fragen nach dem Abstimmungsverhalten von Aufsichtsratsmitgliedern[388]. Vielmehr bedarf es einer im Einzelfall begründeten Ablehnung, wenn Fragen nach Auffassungen, Überlegungen und Motiven die Vertraulichkeit der Zusammenarbeit im Aufsichtsrat gefährden könnten[389].

77 Die im Gesetzestext vorgesehene **Eignung** zur Nachteilszufügung bedeutet nicht, dass die Auskunftserteilung unmittelbar den Nachteil mit Sicherheit herbeiführen

---

381 Ebenso *Kubis* in MünchKomm. AktG, 2. Aufl., § 131 AktG Rz. 101; *Heidel* in Heidel, § 131 AktG Rz. 57; *Kersting* in KölnKomm. AktG, 3. Aufl., § 131 AktG Rz. 298.
382 BayObLG v. 20.3.1996 – 3 Z BR 324/95 – „Markt- und Kühlhallen AG", AG 1996, 322, 323 f.; BayObLG v. 14.7.1999 – 3 Z BR 11/99, AG 2000, 131, 132; LG Berlin v. 17.1.1990 – 98 AktE 10/89 – „Springer/Kirch", AG 1991, 34, 36; *Decher* in Großkomm. AktG, 4. Aufl., § 131 AktG Rz. 298; *Kubis* in MünchKomm. AktG, 2. Aufl., § 131 AktG Rz. 101; *Butzke* in Obermüller/Werner/Winden, Die Hauptversammlung der Aktiengesellschaft, Rz. G 69.
383 *Kersting* in KölnKomm. AktG, 3. Aufl., § 131 AktG Rz. 306.
384 LG München I v. 28.8.2008 – 5 HK O 2522/08, AG 2008, 904, Rz. 108 für die SEC.
385 Allgemeine Ansicht, s. nur *Hüffer*, § 131 AktG Rz. 27; *Kubis* in MünchKomm. AktG, 2. Aufl., § 131 AktG Rz. 100; *Decher* in Großkomm. AktG, 4. Aufl., § 131 AktG Rz. 300; *Kersting* in KölnKomm. AktG, 3. Aufl., § 131 AktG Rz. 293 f.
386 BGH v. 29.11.1982 – II ZR 88/81, BGHZ 86, 1, 19 f.; *Ebenroth*, Auskunftsrecht, S. 83; *Hefermehl* in FS Duden, 1977, S. 110, 115 f.; *Meilicke/Heidel*, DStR 1992, 113, 116; *Hüffer*, § 131 AktG Rz. 27; *Kubis* in MünchKomm. AktG, 2. Aufl., § 131 AktG Rz. 100; *Decher* in Großkomm. AktG, 4. Aufl., § 131 AktG Rz. 300; *Butzke* in Obermüller/Werner/Winden, Die Hauptversammlung der Aktiengesellschaft, Rz. G 68; *F.-J. Semler* in MünchHdb. AG, § 37 Rz. 31.
387 BGH v. 29.11.1982 – II ZR 88/81, BGHZ 86, 1, 19 f.; OLG Düsseldorf v. 17.7.1991 – 19 W 2/91, WM 1991, 2148, 2153; LG Hannover v. 15.1991 – 26 AktE 5/90, AG 1991, 186; *Meilicke/Heidel*, DStR 1992, 113, 116; *Hüffer*, § 131 AktG Rz. 27; *Kubis* in MünchKomm. AktG, 2. Aufl., § 131 AktG Rz. 100; *Kersting* in KölnKomm. AktG, 3. Aufl., § 131 AktG Rz. 294.
388 So auch LG München I v. 28.8.2008 – 5 HK O 12861/07, ZIP 2008, 2124 = AG 2008, 904, Rz. 557; LG München I v. 24.4.2008 – 5 HK O 23244/07, ZIP 2008, 1635, Rz. 382.
389 S. dazu BVerfG v. 20.9.1999 – 1 BvR 636/95, NJW 2000, 349, 351, das aber schon eine Angelegenheit der Gesellschaft ablehnt; OLG Stuttgart v. 15.2.1995 – 3 U 118/94, AG 1995, 234, 235; i. Erg. ebenso *Kubis* in MünchKomm. AktG, 2. Aufl., § 131 AktG Rz. 172.

muss; vielmehr ist es ausreichend, wenn der Eintritt des Nachteils mit Wahrscheinlichkeit zu erwarten war[390]. Nicht die subjektive Überzeugung des Vorstands ist maßgeblich, vielmehr der Maßstab einer vernünftigen kaufmännischen, objektiven Beurteilung, die **voll gerichtlich überprüfbar** ist[391]. Eine **Begründung** der Auskunftsverweigerung ist zwar wünschenswert, aber nicht zwingend (Rz. 73).

### b) Steuerliche Wertansätze und Höhe der Steuern (§ 131 Abs. 3 Satz 1 Nr. 2)

Der Vorstand darf die Auskunft ferner bei Bezug auf steuerliche Wertansätze oder die Höhe einzelner Steuern verweigern. Die Vorschrift soll den Aktionär vor dem durch Auskünfte über die steuerlichen Wertansätze und Höhe einzelner Steuern leicht entstehenden Irrtum schützen, der steuerliche Gewinn sei auch der betriebswirtschaftlich erzielte und ggf. zur Ausschüttung zur Verfügung stehende Gewinn[392]. Vereinzelten Stimmen in der Literatur, die annehmen, § 131 Abs. 3 Satz 1 Nr. 2 ziele vielmehr entweder auf den Schutz des Steuergeheimnisses[393] oder die Verhinderung der Aufdeckung von stillen Reserven der Gesellschaft[394] ab, kann aufgrund der klaren Gesetzesbegründung nicht gefolgt werden[395]. Die vielfach diesbezüglich geäußerte **rechtspolitische Kritik im Hinblick auf das paternalistische Grundverständnis**[396] verdient zwar Zustimmung, entspricht jedoch nicht der eindeutigen Gesetzesbegründung[397]. Allerdings bleiben europarechtliche Zweifel, da die Aktionärsrechterichtlinie ein solches Verständnis gerade nicht enthält[398].

78

Von § 131 Abs. 3 Satz 1 Nr. 2 werden die **Wertansätze der Steuerbilanz** sowie die damit verbundenen Steuererstattungsansprüche bzw. -schulden umfasst[399]. Soweit in die handelsrechtliche Gewinn- und Verlustrechnung des Jahresabschlusses steuerliche Wertansätze mit aufzunehmen sind (vor allem Steuererstattungsansprüche), erscheint eine Beschränkung des Auskunftsverweigerungsrechts sachgerecht[400]. Bei

79

---

390 Ebenso *Decher* in Großkomm. AktG, 4. Aufl., § 131 AktG Rz. 297; enger dagegen *Meilicke/Heidel*, DStR 1992, 113, 116: an Sicherheit grenzende Wahrscheinlichkeit.
391 Begr. RegE *Kropff*, Aktiengesetz, S. 186; OLG Düsseldorf v. 17.7.1991 – 19 W 2/91 – „Deutsche Depeschendienst AG", AG 1992, 34, 36; OLG Karlsruhe v. 29.6.1989 – 11 W 57/89 – „Asea/BBC", AG 1990, 82; LG Saarbrücken v. 28.7.2004 – 7 O 24/04, NZG 2004, 1012, 1013; *Ebenroth*, Auskunftsrecht, S. 82; *Hüffer*, § 131 AktG Rz. 25; *Decher* in Großkomm. AktG, 4. Aufl., § 131 AktG Rz. 299; *Butzke* in Obermüller/Werner/Winden, Die Hauptversammlung der Aktiengesellschaft, Rz. G 68; *Kersting* in KölnKomm. AktG, 3. Aufl., § 131 AktG Rz. 295; a.A. BayObLG v. 20.3.1996 – 3 Z BR 324/95 – „Markt- und Kühlhallen AG", AG 1996, 322, 323, das die gerichtliche Überprüfung unzutreffend nur darauf erstreckt, ob der Vorstand bei seiner Entscheidung über die Auskunftsverweigerung die erforderliche Sorgfalt angewandt hat.
392 Begr. RegE *Kropff*, Aktiengesetz, S. 186.
393 So aber *Decher* in Großkomm. AktG, 4. Aufl., § 131 AktG Rz. 306; *Henn*, Aktienrecht, Rz. 889.
394 *F.-J. Semler* in MünchHdb. AG, § 37 Rz. 34; *Butzke* in Obermüller/Werner/Winden, Die Hauptversammlung der Aktiengesellschaft, Rz. G 70.
395 *Meilicke/Heidel*, DStR 1992, 113, 117; *Kubis* in MünchKomm. AktG, 2. Aufl., § 131 AktG Rz. 103; *Kersting* in KölnKomm. AktG, 3. Aufl., § 131 AktG Rz. 313 f.
396 *Hüffer*, § 131 AktG Rz. 28; *Kubis* in MünchKomm. AktG, 2. Aufl., § 131 AktG Rz. 103; *Butzke* in Obermüller/Werner/Winden, Die Hauptversammlung der Aktiengesellschaft, Rz. G 70; zust. hingegen *Ebenroth*, Auskunftsrecht, S. 86.
397 Ebenso *Hüffer*, § 131 AktG Rz. 28; *Kubis* in MünchKomm. AktG, 2. Aufl., § 131 AktG Rz. 103.
398 Zu Recht *Kersting* in KölnKomm. AktG, 3. Aufl., § 131 AktG Rz. 316.
399 *Kubis* in MünchKomm. AktG, 2. Aufl., § 131 AktG Rz. 103; *Decher* in Großkomm. AktG, 4. Aufl., § 131 AktG Rz. 308.
400 Wie hier *Kubis* in MünchKomm. AktG, 2. Aufl., § 131 AktG Rz. 104; *Meilicke/Heidel*, DStR 1992, 113, 117; *Butzke* in Obermüller/Werner/Winden, Die Hauptversammlung der Aktiengesellschaft, Rz. G 70; wohl enger *Decher* in Großkomm. AktG, 4. Aufl., § 131 AktG

Fragen hinsichtlich der **Tarifbelastung des Eigenkapitals** kann sich die Gesellschaft hingegen auf das Auskunftsverweigerungsrecht des § 131 Abs. 3 Satz 1 Nr. 2 berufen[401].

### c) Stille Reserven (§ 131 Abs. 3 Satz 1 Nr. 3)

80 Nach § 131 Abs. 3 Satz 1 Nr. 3 besteht ein Auskunftsverweigerungsrecht bezüglich Angaben über den Unterschied zwischen den Wertansätzen in der Bilanz und einem (tatsächlich) höheren Wert von Vermögensgegenständen, soweit nicht die Hauptversammlung (ausnahmsweise) selbst den Jahresabschluss feststellt (wie dies bei der KGaA generell vorgesehen ist gem. § 286 Abs. 1). Ein solches Auskunftsverweigerungsrecht kann allerdings nur bestehen, wenn die Gesellschaft nicht nach IFRS publizitätspflichtig ist, die weitgehend die Offenlegung der stillen Reserven allgemein vorschreiben[402]. Die **Regelung** will Aktionären und wegen der weitgehenden Öffentlichkeit einer Hauptversammlung auch Wettbewerbern oder Vertragspartnern Informationen bezüglich des Bestehens und Umfangs stiller Reserven verwehren[403]. Neben Fragen, die direkt auf die Offenlegung von stillen Reserven abzielen, sind auch solche erfasst, die mittelbar auf die Aufdeckung des tatsächlichen Werts von Gegenständen der Gesellschaft gerichtet sind[404], z.B. Fragen nach Liquidations- oder Substanzwerten von Beteiligungen des Unternehmens[405]. Erfasst sind auch **stille Lasten**, die zwar nach dem Niederstwertprinzip bilanzrechtlich nicht zulässig sind, aber in praxi dadurch entstehen können, dass der Vorstand bezüglich des Werts des Vermögensgegenstands zum Bilanzstichtag eine subjektiv falsche Einschätzung trifft[406]. Die Regelung stellt eine **verfassungsmäßige Inhalts- und Schrankenbestimmung des Eigentums i.S. von Art. 14 Abs. 1 Satz 2 GG** dar[407], wirft allerdings wiederum erhebliche Zweifel hinsichtlich ihrer europarechtlichen Verträglichkeit mit der Aktionärsrechterichtlinie auf. Allerdings lassen sich aufgrund der möglichen Rückschlüsse von Wettbewerbern auf wichtige Informationen der Gesellschaft durchaus schützenswerte Interessen der Gesellschaft erkennen[408].

---

Rz. 307, 309; ablehnend dagegen *Hüffer*, § 131 AktG Rz. 28 mit Hinweis auf den zweifelhaften Normzweck.

401 Ebenso *Kamprad*, AG 1991, 396; *Hüffer*, § 131 AktG Rz. 28; *Kubis* in MünchKomm. AktG, 2. Aufl., § 131 AktG Rz. 106; *Butzke* in Obermüller/Werner/Winden, Die Hauptversammlung der Aktiengesellschaft, Rz. G 70; für eine teleologische Reduktion des Auskunftsverweigerungs auch diesbezüglich hingegen *Meilicke/Heidel*, DStR 1992, 113, 117; *Meilicke*, BB 1991, 241, 242, die ihre Ansicht auf eine zu weit reichende teleologische Reduktion von § 131 Abs. 3 Satz 1 Nr. 2 stützen.

402 So wohl auch *Kubis* in MünchKomm. AktG, 2. Aufl., § 131 AktG Rz. 173; *Decher* in Großkomm. AktG, 4. Aufl., § 131 AktG Rz. 315.

403 *Decher* in Großkomm. AktG, 4. Aufl., § 131 AktG Rz. 312; *Kubis* in MünchKomm. AktG, 2. Aufl., § 131 AktG Rz. 107.

404 *Kubis* in MünchKomm. AktG, 2. Aufl., § 131 AktG Rz. 108; *Butzke* in Obermüller/Werner/Winden, Die Hauptversammlung der Aktiengesellschaft, Rz. G 72; *Kersting* in KölnKomm. AktG, 3. Aufl., § 131 AktG Rz. 331.

405 LG Hamburg v. 8.6.1995 – 405 O 203/94, WM 1996, 168, 171.

406 Eingehend *Kubis* in MünchKomm. AktG, 2. Aufl., § 131 AktG Rz. 110; *Siems* in Spindler/Stilz, § 131 AktG Rz. 43.

407 BVerfG v. 20.9.1999 – 1 BvR 168/93 – „Scheidemandel", AG 2000, 72 f.; so bereits *Ebenroth/Koos*, BB 1995 Beil. 8, S. 1 ff.; *Kubis* in MünchKomm. AktG, 2. Aufl., § 131 AktG Rz. 313 f.; *Kubis* in MünchKomm. AktG, 2. Aufl., § 131 AktG Rz. 107; *Hüffer*, § 131 AktG Rz. 29; *Butzke* in Obermüller/Werner/Winden, Die Hauptversammlung der Aktiengesellschaft, Rz. G 71; kritisch dagegen *Siegel/Bareis/Rückle/Schneider/Sigloch/Streim/Wagner*, ZIP 1999, 2077 ff.; *Kaserer*, ZIP 1999, 2085 ff.

408 *Lack*, Rechtsfragen des individuellen Auskunftsrechts des Aktionärs, 2008, S. 266 f.; a.A. *Kersting* in KölnKomm. AktG, 3. Aufl., § 131 AktG Rz. 327; *Zetzsche*, NZG 2007, 686, 688 f.

### d) Bilanzierungs- und Bewertungsmethoden (§ 131 Abs. 3 Satz 1 Nr. 4)

Der Vorstand darf ferner die Auskunft über Bilanzierungs- und Bewertungsmethoden verweigern, soweit die Angabe dieser Methoden im Anhang der Bilanz ausreicht, um ein den Vorgaben von § 264 Abs. 2 HGB entsprechendes Bild der Gesellschaft zu vermitteln. Diese Regelung verfolgt wie auch bereits § 131 Abs. 3 Satz 1 Nr. 3 (Rz. 80) das **Ziel**, die Informationserlangung von Wettbewerbern und Vertragspartnern der Gesellschaft zu verhindern, die diese wiederum ggf. gesellschaftsschädigend einzusetzen vermögen[409]. **Der praktische Anwendungsbereich** der Vorschrift ist **gering**: Kommt der Vorstand den gesetzlichen Vorgaben bezüglich der Angaben von Bilanzierungs- und Bewertungsmethoden im Anhang (§§ 264 Abs. 2, 284 Abs. 2 Nr. 1 HGB) entsprechend nach, entfällt in der Regel bereits die Erforderlichkeit der Auskunft i.S. von § 131 Abs. 1 Satz 1 (Rz. 12) mit der Folge, dass ein Auskunftsverweigerungsrecht in diesen Konstellationen überflüssig ist[410]. Ebenso wie schon das Auskunftsverweigerungsrecht bezüglich stiller Reserven (Nr. 3) findet auch § 131 Abs. 3 Satz 1 Nr. 4 keine Anwendung, wenn die **Hauptversammlung den Jahresabschluss selbst feststellt**.

81

### e) Strafbarkeit der Auskunftserteilung (§ 131 Abs. 3 Satz 1 Nr. 5)

Der Vorstand kann die Auskunft verweigern, soweit er sich selbst strafbar machen würde. Die Vorschrift drückt nur die Selbstverständlichkeit aus, dass niemand von Gesetzes wegen dazu angehalten sein kann, Straftaten zu begehen[411]. Der Verweigerungsgrund nach Nr. 5 ist allerdings nicht gegeben, wenn der Vorstand die Angelegenheit an andere, etwa zur Berufsverschwiegenheit Verpflichtete delegiert hat[412]. Von ihrem Anwendungsbereich sind sowohl vollendete Delikte als auch strafbewehrte Versuche in jeglichen Begehungsformen (Täter, Mittäter, mittelbarer Täter, Anstifter, Beihelfer etc.) erfasst[413], z.B. §§ 93 ff. StGB (Landesverrat und Gefährdung der äußeren Sicherheit), § 203 StGB (Verletzung von Privatgeheimnissen) sowie §§ 185 ff. StGB (Beleidigungsdelikte). **§ 404 (Verletzung der Geheimhaltungspflicht)** begründet hingegen kein Auskunftsverweigerungsrecht[414]; hiergegen spricht insbesondere die Gesetzessystematik, da aufgrund des weiten Verständnisses von Betriebs- oder Geschäftsgeheimnis i.S. von § 404 der Anwendungsbereich von § 131 Abs. 3 Satz 1 Nr. 1 (Nachteilszufügung) ansonsten auch bei Nichtvorliegen von Nachteilsgefahr für die Gesellschaft sachwidrig unterlaufen würde[415]. **Strafandrohungen nach ausländischen Rechtsordnungen** sind nicht von § 131 Abs. 3 Satz 1 Nr. 5 erfasst, auch

82

---

409 *Kubis* in MünchKomm. AktG, 2. Aufl., § 131 AktG Rz. 112; *Decher* in Großkomm. AktG, 4. Aufl., § 131 AktG Rz. 321; *Siems* in Spindler/Stilz, § 131 AktG Rz. 47.
410 *Kubis* in MünchKomm. AktG, 2. Aufl., § 131 AktG Rz. 112; *Decher* in Großkomm. AktG, 4. Aufl., § 131 AktG Rz. 322; *Kersting* in KölnKomm. AktG, 3. Aufl., § 131 AktG Rz. 336; *Butzke* in Obermüller/Werner/Winden, Die Hauptversammlung der Aktiengesellschaft, Rz. G 74.
411 Ebenso *Siems* in Spindler/Stilz, § 131 AktG Rz. 48; *Hüffer*, § 131 AktG Rz. 31; *Kubis* in MünchKomm. AktG, 2. Aufl., § 131 AktG Rz. 115; *Butzke* in Obermüller/Werner/Winden, Die Hauptversammlung der Aktiengesellschaft, Rz. G 75.
412 LG Hannover v. 19.8.2009 – 23 O 90/09, AG 2009, 914, Rz. 70.
413 *Kubis* in MünchKomm. AktG, 2. Aufl., § 131 AktG Rz. 115.
414 Wie hier *Hüffer*, § 131 AktG Rz. 31; *Decher* in Großkomm. AktG, 4. Aufl., § 131 AktG Rz. 324; *Kubis* in MünchKomm. AktG, 2. Aufl., § 131 AktG Rz. 116; *Siems* in Spindler/Stilz, § 131 AktG Rz. 49; *Kersting* in KölnKomm. AktG, 3. Aufl., § 131 AktG Rz. 352; *Butzke* in Obermüller/Werner/Winden, Die Hauptversammlung der Aktiengesellschaft, Rz. G 75; dagegen *F.-J. Semler* in MünchHdb. AG, § 37 Rz. 37; *Ebenroth*, Auskunftsrecht, S. 404.
415 Ebenso *Siems* in Spindler/Stilz, § 131 AktG Rz. 49, der zutreffend auf die Zirkularität der Begründung der h.M. und die Spezialität von Nr. 1 ggü. Nr. 5 hinweist; i.E. wie hier *Kubis* in MünchKomm. AktG, 2. Aufl., § 131 AktG Rz. 116; *Decher* in Großkomm. AktG, 4. Aufl.,

wenn diese sich extraterritoriale Wirkung beimessen, wie typischerweise das US-amerikanische Kapitalmarktrecht[416]; ein Auskunftsverweigerungsrecht kann sich in diesen Konstellationen aber aus § 131 Abs. 3 Satz 1 Nr. 1 ergeben. Über seinen Wortlaut hinaus wird der Anwendungsbereich des § 131 Abs. 3 Satz 1 Nr. 5 von der h.M. zu Recht **auch auf Ordnungswidrigkeiten** erstreckt[417].

83 Der Vorstand muss sich aber **gerade** *durch* **die Auskunftserteilung** strafbar machen; nicht erfasst sind Vorgänge in der Vergangenheit, aufgrund derer sich der Vorstand bereits strafbar gemacht hat[418]. Auch stellt das Auskunftsrecht i.S. von § 131 Abs. 1 keinen Rechtfertigungsgrund für durch die Auskunftserteilung begangene Straftaten dar[419].

84 Für die **kapitalmarktrechtlichen Vorschriften über Insiderdealing und Ad-hoc-Publizität** ist zwischen der Strafbarkeit nach § 38 Abs. 1 Nr. 2 WpHG i.V.m. §§ 39 Abs. 2 Nr. 3, 14 Abs. 1 Nr. 2 WpHG wegen unbefugter Weitergabe von Insiderinformationen und der bußgeldbewehrten Ordnungswidrigkeit nach § 39 Abs. 2 Nr. 5 lit. a WpHG i.V.m. § 15 Abs. 1 WpHG wegen nicht erfolgter, nicht richtiger oder nicht vollständiger Mitteilung einer Insiderinformation zu differenzieren[420]. Die von einem Aktionär begehrten Antworten können Insiderinformationen i.S. von § 13 WpHG darstellen, deren unbefugte Weitergabe für den Vorstand eine Strafbarkeit nach § 38 Abs. 1 Nr. 2 WpHG i.V.m. §§ 39 Abs. 2 Nr. 3, 14 Abs. 1 Nr. 2 WpHG auslösen würde. Die Weitergabe von Insiderinformationen im Rahmen der Auskunftserteilung erfolgt jedoch **nicht „unbefugt" i.S. von § 14 Abs. 1 Nr. 2 WpHG**, so dass auch kein Auskunftsverweigerungsrecht nach § 131 Abs. 3 Satz 1 Nr. 5 besteht[421]. Es wäre mit dem Ziel des WpHG, nämlich dem Schutz der Anleger bzw. Aktionäre, nicht vereinbar, wenn dieses gerade zur Folge hätte, dass wesentliche Rechte von Aktionären wie das Auskunftsrecht des § 131 dadurch eingeschränkt würden[422], wofür auch Art. 3 lit. a der

---

§ 131 AktG Rz. 324, die ihre Annahme vor allem auf eine (zirkuläre) einschränkende Auslegung von „unbefugt" i.S. von § 404 stützen.
416 Ausführlich *Kubis* in MünchKomm. AktG, 2. Aufl., § 131 AktG Rz. 118; a.A. *Kersting* in KölnKomm. AktG, 3. Aufl., § 131 AktG Rz. 355 für Normen, die dem deutschen Strafrecht entsprächen; *Decher* in Großkomm. AktG, 4. Aufl., § 131 AktG Rz. 329.
417 *Hefermehl* in FS Duden, 1977, S. 109, 114; *Kubis* in MünchKomm. AktG, 2. Aufl., § 131 AktG Rz. 115; *Decher* in Großkomm. AktG, 4. Aufl., § 131 AktG Rz. 323; *Kersting* in KölnKomm. AktG, 3. Aufl., § 131 AktG Rz. 347; a.A. *Kiethe*, NZG 2003, 401, 408; *F.-J. Semler* in MünchHdb. AG, § 37 Rz. 44.
418 OLG München v. 24.9.2008 – 7 U 4230/07, AG 2009, 121, Rz. 39; *Decher* in Großkomm. AktG, 4. Aufl., § 131 AktG Rz. 325; *Kubis* in MünchKomm. AktG, 2. Aufl., § 131 AktG Rz. 119; *F.-J. Semler* in MünchHdb. AG, § 37 Rz. 37; *Butzke* in Obermüller/Werner/Winden, Die Hauptversammlung der Aktiengesellschaft, Rz. G 75.
419 *Ebenroth*, Auskunftsrecht, S. 95; *Kubis* in MünchKomm. AktG, 2. Aufl., § 131 AktG Rz. 120.
420 Zutreffend *Siems* in Spindler/Stilz, § 131 AktG Rz. 50; *Decher* in Großkomm. AktG, 4. Aufl., § 131 AktG Rz. 326, 327; *Kiethe*, NZG 2003, 401, 407 f.; dagegen zumindest missverständlich *Kubis* in MünchKomm. AktG, 2. Aufl., § 131 AktG Rz. 117.
421 *Kiethe*, NZG 2003, 401, 407; *Benner-Heinacher*, DB 1995, 765, 766; *Decher* in Großkomm. AktG, 4. Aufl., § 131 AktG Rz. 326; *Siems* in Spindler/Stilz, § 131 AktG Rz. 50; *F.-J. Semler* in MünchHdb. AG, § 37 Rz. 43; dagegen für ein Auskunftsverweigerungsrecht nach § 131 Abs. 3 Satz 1 Nr. 5: *Joussen*, DB 1994, 2485, 2488; *Assmann* in Assmann/Uwe H. Schneider, § 14 WpHG Rz. 85, 87; *Kersting* in KölnKomm. AktG, 3. Aufl., § 131 AktG Rz. 48; mit anderem Ansatz *Götz*, DB 1995, 1949, 1951; *Hopt*, ZHR 159 (1995), 135, 157, die ein Auskunftsrecht annehmen, wenn im Laufe der Hauptversammlung die kapitalmarktrechtlich erforderliche Bereichsöffentlichkeit hergestellt wurde, was zwar zutreffend, aber für die Praxis unpraktikabel ist.
422 *Kiethe*, NZG 2003, 401, 407; *Benner-Heinacher*, DB 1995, 765, 766; *F.-J. Semler* in MünchHdb. AG, § 37 Rz. 43; a.A. *Joussen*, DB 1994, 2485, 2486.

Marktmissbrauchsrichtlinie spricht[423]. Denn zum Aufgabenkreis des Vorstands einer AG gehört auch die Auskunftserteilung in der Hauptversammlung[424].

Im Verhältnis zur Ad-hoc-Publizität nach **§ 15 Abs. 1 WpHG** kann sich der Vorstand auf das Auskunftsverweigerungsrecht des § 131 Abs. 3 Satz 1 Nr. 5 berufen, wenn (selten)[425] mit Erfüllung des Auskunftsanspruchs die Pflicht zur Ad-hoc-Mitteilung über die jeweilige Information entstünde; es sei denn, ihm ist es möglich noch in der Hauptversammlung in zeitlich angemessenem Rahmen, die Bereichsöffentlichkeit über die ad-hoc-pflichtige Insiderinformation i.S. von § 15 WpHG zu informieren[426]. 85

### f) Kredit- und Finanzdienstleistungsinstitut (§ 131 Abs. 3 Satz 1 Nr. 6)

§ 131 Abs. 3 Satz 1 Nr. 6[427] eröffnet dem Vorstand eines Kredit- oder Finanzdienstleistungsinstituts i.S. von §§ 1, 2 KWG die Möglichkeit Angaben über angewandte Bilanzierungs- und Bewertungsmethoden sowie vorgenommene Verrechnungen zu verweigern, die im Jahresabschluss und Lagebericht der Gesellschaft oder des Konzerns nicht gemacht zu werden brauchen. Damit soll das Vertrauen in die im Rahmen der Volkswirtschaft herausgehobene Stellung der Banken bewahrt werden[428], aber auch klargestellt werden, dass die Auskunftspflicht der Gesellschaft nicht weiter reicht als die Pflicht, Angaben im Jahresabschluss und Lagebericht zu machen[429]. Die Vorschrift ist europarechtlich unbedenklich, da sie den Interessen der Gesellschaft dient[430]. Der **Anwendungsbereich** von § 131 Abs. 3 Satz 1 Nr. 6 geht über den der gleichzeitig aufgehobenen Regelung des § 26a Abs. 3 Satz 2 KWG a.F. hinaus, indem nunmehr grundsätzlich alle Erleichterungen der §§ 340–340f HGB für die Rechnungslegung von Kreditinstituten erfasst sind[431]. Voraussetzung ist jedoch immer, dass die Kredit- und Finanzdienstleistungsinstitute auch **tatsächlich** von den jeweiligen Befreiungsmöglichkeiten **Gebrauch gemacht haben**[432]. Das Auskunftsverweigerungsrecht erlangt insbesondere bei Inanspruchnahme der Erleichterung von § 340f Abs. 3 HGB Bedeutung, da die ansonsten verbotene Saldierung, die zur Bildung außerordentlicher stiller Reserven führt, über § 131 Abs. 3 Satz 1 Nr. 6 dem Auskunfts- 86

---

423 Richtlinie 2003/6/EG des Europäischen Parlaments und des Rates vom 28. Januar 2003 über Insider-Geschäfte und Marktmanipulation (Marktmissbrauch), ABl. Nr. L 96 v. 12.4.2003, S. 16.
424 *Kiethe*, NZG 2003, 401, 407 f.; *Siems* in Spindler/Stilz, § 131 AktG Rz. 50.
425 Denn dass eine Insiderinformation durch die Frage des Aktionärs erst in der Hauptversammlung entsteht, ist praktisch nicht denkbar; bei berechtigtem Aufschieben der Publikation nach § 15 Abs. 3 WpHG hingegen wäre es möglich, dass gerade durch das Auskunftsbegehren bzgl. der Information die Gewährleistung der Vertraulichkeit als Tatbestandsmerkmal des berechtigten Aufschubs § 15 Abs. 3 WpHG wegfiele mit der Folge, dass die Gesellschaft nun eigentlich die Informationen ad-hoc zu publizieren hätte.
426 Wie hier *Decher* in Großkomm. AktG, 4. Aufl., § 131 AktG Rz. 328, 329.
427 Eingeführt durch das BankBiRiLiG vom 30.11.1990, BGBl. I 1990, 2570; Erweiterung auf „Finanzdienstleistungsinstitute" durch Art. 4 Nr. 11 Begleitgesetz zum Gesetz zur Umsetzung von EG-Richtlinien zur Harmonisierung bank- und wertpapieraufsichtsrechtlicher Vorschriften vom 22.10.1997, BGBl. I 1997, 2567.
428 *Kubis* in MünchKomm. AktG, 2. Aufl., § 131 AktG Rz. 121; *Decher* in Großkomm. AktG, 4. Aufl., § 131 AktG Rz. 330; *Siems* in Spindler/Stilz, § 131 AktG Rz. 51.
429 Begr. RegE BT-Drucks. 11/6275, S. 26; *Hüffer*, § 131 AktG Rz. 32; *Decher* in Großkomm. AktG, 4. Aufl., § 131 AktG Rz. 330.
430 *Kersting* in KölnKomm. AktG, 3. Aufl., § 131 AktG Rz. 340; *Lack*, Rechtsfragen des individuellen Auskunftsrechts des Aktionärs, 2008, S. 266 f.; *Ratschow*, DStR 2007, 1402, 1405; *J. Schmidt*, BB 2006, 1641, 1643; anders *Zetzsche*, NZG 2007, 686, 688 f.
431 *Kubis* in MünchKomm. AktG, 2. Aufl., § 131 AktG Rz. 121; *Decher* in Großkomm. AktG, 4. Aufl., § 131 AktG Rz. 330.
432 *Kubis* in MünchKomm. AktG, 2. Aufl., § 131 AktG Rz. 122; *Decher* in Großkomm. AktG, 4. Aufl., § 131 AktG Rz. 331.

recht der Aktionäre entzogen wird, um auf diese Weise die Vertrauensstellung der Kreditinstitute zu bewahren[433]. Fragen nach der Realisierung abgeschriebener Forderungen bzw. dem Umfang des Abschreibungsbedarfs auf Forderungen können verweigert werden, auch im Rahmen einer Frage nach der Unternehmensplanung[434].

87 Die frühere Rechtsprechung nahm eine **Interessenabwägung vor**[435], wonach eine Auskunftspflicht der Kreditinstitute angenommen wurde, wenn eine offene Beantwortung der Frage Vorteile für die Aktionäre und die Gesellschaft selbst brächte, die die zu befürchtenden Nachteile aufwiegen. Diese Abwägung ist unter Geltung des § 131 Abs. 3 Satz 1 Nr. 6 nicht mehr vorzunehmen[436]. Der Vorstand kann sich in Einzelfällen nicht auf das Auskunftsverweigerungsrecht des § 131 Abs. 3 Satz 1 Nr. 6 berufen, wenn der begründete Verdacht einer **erheblichen Pflichtverletzung**[437] im Raum steht, der durch die Auskunftserteilung zumindest erhärtet würde; denn das Auskunftsverweigerungsrecht dient nicht dazu, den Vorstand vor seiner Verantwortung wegen pflichtwidrigem Verhalten gegenüber den Aktionären in der Hauptversammlung zu schützen (vgl. zu diesem Ansatz schon Rz. 76)[438].

**g) Anderweitige Bekanntmachung oder Beantwortung (§ 131 Abs. 3 Satz 1 Nr. 7)**

88 Ferner besteht für den Vorstand ein Auskunftsverweigerungsrecht, soweit die Auskunft auf der Internetseite der Gesellschaft über mindestens sieben Tage vor Beginn und in der Hauptversammlung zugänglich ist. Die Vorschrift wurde durch das UMAG nach einem Vorschlag der Regierungskommission Corporate Governance[439] eingefügt mit dem **Zweck**, die Hauptversammlung von typischen Standardfragen (frequently asked questions [FAQ]) sowie vom Vortrag von Statistiken, Listen, Regularien und Aufstellungen zu entlasten und dadurch Zeit zu gewinnen für eine inhaltliche Diskussion[440]. Ebenso kann der Vorstand bei der Beantwortung von rechtzeitig (d.h. mindestens sieben Tage vor Beginn der Hauptversammlung) schriftlich oder per Email vorab eingereichten Aktionärsfragen verfahren[441]. Ob und in welchem Umfang die Gesellschaft von dieser Möglichkeit der Vorabinformation auf der gesellschaftseigenen Internetseite Gebrauch macht, **entscheidet allein der Vorstand**; einen Rechtsanspruch der Aktionäre darauf gibt es nicht[442]. Zusätzliche sowie vertiefende Fragen, deren Anknüpfungspunkt die Vorabinformation im Internet ist, können weiterhin im Rahmen des § 131 Abs. 1 in der Hauptversammlung gestellt werden und

---

433 *Hüffer*, § 131 AktG Rz. 32; *Decher* in Großkomm. AktG, 4. Aufl., § 131 AktG Rz. 331.
434 LG München I v. 28.8.2008 – 5 HK O 12861/07, ZIP 2008, 2124 = AG 2008, 904, Rz. 529; LG München I v. 24.4.2008 – 5 HK O 23244/07, ZIP 2008, 1635, Rz. 358.
435 BGH v. 9.2.1987 – II ZR 119/86, BGHZ 101, 6 ff. = AG 1987, 344; BGH v. 20.12.1967 – II ZR 88/81, BGHZ 86, 1, 18 ff.
436 Ebenso *Siems* in Spindler/Stilz, § 131 AktG Rz. 51; *Kersting* in KölnKomm. AktG, 3. Aufl., § 131 AktG Rz. 342; *Reger* in Bürgers/Körber, § 131 AktG Rz. 25; wohl auch a.A. *Hüffer*, § 131 AktG Rz. 32; *Decher* in Großkomm. AktG, 4. Aufl., § 131 AktG Rz. 332; *Heidel* in Heidel, § 131 AktG Rz. 74.
437 Z.B. der Vorwurf völlig verfehlter Kreditpolitik des Vorstands.
438 Wie hier *Decher* in Großkomm. AktG, 4. Aufl., § 131 AktG Rz. 332; *Siems* in Spindler/Stilz, § 131 AktG Rz. 51; i.E. auch *Hüffer*, § 131 AktG Rz. 32; im Ergebnis wären BGH v. 9.2.1987 – II ZR 119/86, BGHZ 101, 6 ff. = AG 1987, 344; BGH v. 20.12.1967 – II ZR 88/81, BGHZ 86, 1, 18 ff., auch nach heutiger Rechtslage richtig entschieden, da es in beiden Entscheidungen um erheblich pflichtwidriges Vorstandshandeln ging.
439 *Baums*, Bericht Regierungskommission, Rz. 105.
440 Begr. RegE BT-Drucks. 15/5092, S. 17; *Spindler*, NZG 2005, 825, 826; *Wilsing*, DB 2005, 35, 40.
441 Begr. RegE BT-Drucks. 15/5092, S. 18; *Wilsing*, DB 2005, 35, 40 f.; *Hüffer*, § 131 AktG Rz. 32a.
442 Begr. RegE BT-Drucks. 15/5092, S. 17; *Göz/Holzborn*, WM 2006, 157, 164; *Wilsing*, DB 2005, 35, 40; *Seibert*, WM 2005, 158, 161.

sind von der Gesellschaft auch zu beantworten⁴⁴³. Für die im Einzelfall bisweilen schwierige Abgrenzung, ob die Frage eines Aktionärs vorab erschöpfend beantwortet wurde oder Folge- und Ergänzungsfragen noch zuzulassen sind, können die Kriterien für Zusatzfragen in der Hauptversammlung zu bereits erteilten Auskünften herangezogen werden⁴⁴⁴. Ob die Neuregelung tatsächlich den gewünschten Effekt hervorruft, ist zweifelhaft⁴⁴⁵: Denn zum einen können Aktionäre aufgrund der Vorabinformationen zu zahlreichen Detail- und Zusatzfragen in der Hauptversammlung ermuntert werden, die dann nicht dem Auskunftsverweigerungsrecht des § 131 Abs. 3 Satz 1 Nr. 7 unterfallen⁴⁴⁶. Zudem kann der mit einer Internetpublikation verbundene Aufwand für die Gesellschaft außer Verhältnis zum dadurch erreichbaren Entlastungseffekt in der Hauptversammlung stehen⁴⁴⁷.

§ 131 Abs. 3 Satz 1 Nr. 7 setzt ein durchgängiges Zugänglichmachen der Auskunft **auf der Internetseite** der Gesellschaft und in der Hauptversammlung der Gesellschaft voraus. Der Aktionär muss die Information problemlos finden können, was entweder direkt oder durch (höchstens) einen entsprechenden Link auf eine Folgeseite umgesetzt werden kann⁴⁴⁸. Der Zugang hierzu muss stets vorhanden sein, wobei geringfügige Störungen vom Gesetzgeber als unschädlich betrachtet werden⁴⁴⁹. Der Maßstab der groben Fahrlässigkeit aus § 243 Abs. 3 Nr. 1 findet dabei keine Anwendung⁴⁵⁰. Durch die Wahl einer allgemein zugänglichen Internetseite⁴⁵¹ werden Zugangsbeschränkungen (auch solche, die sich auf die Aktionäre der Gesellschaft als eigentlichen Adressatenkreis des Auskunftsrechts in der Hauptversammlung⁴⁵² beziehen) zugunsten einer allgemeinen Publizität ausgeschlossen⁴⁵³. Für das daneben zusätzlich erforderliche **Zugänglichmachen der Information in der Hauptversammlung** ist durch den Gesetzgeber keine besondere Form vorgeschrieben⁴⁵⁴. Denkbar wäre ein Vorhalten in Schrift- bzw. Textform z.B. durch Kopien, durch elektronische Medien wie z.B. Infoterminals oder Netzzugänge in der Hauptversammlung oder mündlich durch Verlesung der Information⁴⁵⁵.

89

Die vom Gesetzgeber vorgenommene **dogmatische Einordnung** als Auskunftsverweigerungsrecht **überzeugt dagegen nicht**⁴⁵⁶. Denn die Gesellschaft erteilt anders als beim Vorliegen eines Auskunftsverweigerungsrechts die Auskunft, wenn auch möglicherweise in anderer Form als mündlich (Rz. 89). Dementsprechend wird durch

90

---

443 Begr. RegE BT-Drucks. 15/5092, S. 17; *Hüffer*, § 131 AktG Rz. 32a.
444 *Spindler*, NZG 2005, 825, 826; zu diesen Kriterien s. oben bei Rz. 30 ff.
445 Ausführlich *Bungert* in VGR, Gesellschaftsrecht in der Diskussion 2004, 2005, S. 59, 77 ff.; *Siems* in Spindler/Stilz, § 131 AktG Rz. 54; *Gantenberg*, DB 2005, 207, 212; *Wilsing*, DB 2005, 35, 41; skeptisch bezüglich der Effizienz der Regelung auch *Hüffer*, § 131 AktG Rz. 32a.
446 *Bungert* in VGR, Gesellschaftsrecht in der Diskussion 2004, 2005, S. 59, 77; *Gantenberg*, DB 2005, 207, 212; *Wilsing*, DB 2005, 35, 41; *Siems* in Spindler/Stilz, § 131 AktG Rz. 54.
447 *Bungert* in VGR, Gesellschaftsrecht in der Diskussion 2004, 2005, S. 59, 77.
448 Begr. RegE BT-Drucks. 15/5092, S. 17; *Spindler*, NZG 2005, 825, 826; *Siems* in Spindler/Stilz, § 131 AktG Rz. 53, *Kersting* in KölnKomm. AktG, 3. Aufl., § 131 AktG Rz. 363; *Lack*, Rechtsfragen des individuellen Auskunftsrechts des Aktionärs, 2008, S. 178 ff.
449 Begr. RegE BT-Drucks. 15/5092, S. 18; *Spindler*, NZG 2005, 825, 826; *Kersting* in KölnKomm. AktG, 3. Aufl., § 131 AktG Rz. 367.
450 *Kersting* in KölnKomm. AktG, 3. Aufl., § 131 AktG Rz. 367.
451 So ausdrücklich Begr. RegE BT-Drucks. 15/5092, S. 17.
452 Dazu s. oben Rz. 13 ff.
453 *Spindler*, NZG 2005, 825, 826; *Weißhaupt*, WM 2004, 705, 708.
454 Begr. RegE BT-Drucks. 15/5092, S. 18.
455 *Hüffer*, § 131 AktG Rz. 32a; *Siems* in Spindler/Stilz, § 131 AktG Rz. 53; *Kersting* in KölnKomm. AktG, 3. Aufl., § 131 AktG Rz. 365.
456 Kritisch auch *Hüffer*, § 131 AktG Rz. 32b; *Kersting* in KölnKomm. AktG, 3. Aufl., § 131 AktG Rz. 359; *Diekmann/Leuering*, NZG 2004, 249, 256.

§ 131 Abs. 3 Satz 1 Nr. 7 eine **Einschränkung des Grundsatzes der Mündlichkeit** (Rz. 61) erreicht[457]. Anschließenden Auskunftsbegehren, deren Antwort sich für die Aktionäre aus den ihnen in der Hauptversammlung zugänglichen Unterlagen ergibt, fehlt dann bereits die Erforderlichkeit i.S. von § 131 Abs. 1 Satz 1 (Rz. 29 ff.); § 131 Abs. 3 Satz 1 Nr. 7 kommt diesbezüglich **nur eine klarstellende Funktion** zu[458].

## VII. Weitere Schranken des Auskunftsrechts (Treuepflicht und Rechtsmissbrauch)

### 1. Allgemeines

91 Nach überwiegender Ansicht kann der **Einwand des Rechtsmissbrauchs** (§ 242 BGB) das Auskunftsrecht beschränken[459], aus dogmatischer Sicht ist die darin liegende **Treuepflichtverletzung des Aktionärs** gegenüber der Gesellschaft[460] in den Vordergrund zu rücken[461], aus der auch Beschränkungen bei der Ausübung eigennütziger, mitgliedschaftlicher Rechte begründet werden können[462]. Dieser Annahme steht auch **§ 131 Abs. 3 Satz 2** nicht entgegen, da bei einer missbräuchlichen Ausübung des Auskunftsrechts bereits der Auskunftsanspruch nach § 131 Abs. 1 entfällt[463]. In **rechtstatsächlicher Hinsicht** kommt einer derartigen Einschränkung des Auskunftsrechts des Aktionärs unweit weniger Bedeutung zu als deren umfangreiche Diskussion im Schrifttum erwarten ließe[464], da einige der von der überwiegenden Ansicht dem Rechtsmissbrauch bzw. der Treuepflichtverletzung zugeordneten Konstellationen bereits über eine sachgerechte Auslegung des Tatbestands von § 131 Abs. 1 Satz 1, insbesondere der Erforderlichkeit der Auskunft, zu lösen sind (Beispiele Rz. 93) und darüber hinaus das Auskunftsrecht als ein eigennütziges Individualrecht des einzelnen Aktionärs (Rz. 6) eine Abwägung zwischen Aktionärs- und Gesellschaftsinteresse nur in extrem gelagerten Ausnahmefällen zulässt[465].

---

457 Ebenso *Seibert*, WM 2005, 158, 161; *Martens*, AG 2004, 238, 244 f.; *Hüffer*, § 131 AktG Rz. 32b; *Kersting* in KölnKomm. AktG, 3. Aufl., § 131 AktG Rz. 359.
458 Wie hier *Diekmann/Leuering*, NZG 2004, 249, 256; *Hüffer*, § 131 AktG Rz. 32b.
459 BayObLG v. 8.5.1874 – BReg. 2 Z 73/73, BayObLGZ 1974, 208, 213; OLG Frankfurt v. 22.7.1983 – 20 W 843/82 – „Deutsche Bank AG", AG 1984, 25, 26; LG Heilbronn v. 6.3.1967 – KfH AktE 1/67, NJW 1967, 1715, 1717; *Groß*, AG 1997, 97, 104; *Spitze/Diekmann*, ZHR 158 (1994), 447, 470; *Marsch-Barner*, WM 1984, 41; *Hefermehl* in FS Duden, 1975, S. 109, 116 ff.; *Nitschke/Bartsch*, AG 1969, 95, 99 f.; *Decher* in Großkomm. AktG, 4. Aufl., § 131 AktG Rz. 274; ein solche Beschränkung dagegen ablehnend und allein auf die Erforderlichkeit der Auskunft als Kriterium abstellend: *Meilicke/Heidel*, DStR 1992, 113, 115; *Meyer-Landrut* in FS Schilling, 1973, S. 235, 242 ff.; *Ebenroth*, Auskunftsrecht, S. 36.
460 Allgemeine Ansicht, s. nur: BGH v. 20.3.1995 – II ZR 205/94 – „Girmes", BGHZ 129, 136, 148 ff.; BGH v. 1.2.1988 – II ZR 75/87 – „Linotype", BGHZ 103, 184, 194 f.; *Hüffer*, § 53a Rz. 13 ff.; *Bungeroth* in MünchKomm. AktG, 3. Aufl., vor § 53a AktG Rz. 19 ff.
461 So auch *Geißler*, NZG 2001, 539, 541 f.; *Henze*, BB 1996, 489, 494 f.; *Hüffer*, § 131 AktG Rz. 33; *Siems* in Spindler/Stilz, § 131 AktG Rz. 60.
462 *Geißler*, NZG 2001, 539, 541; *Hüffer*, § 131 AktG Rz. 33; *Siems* in Spindler/Stilz, § 131 AktG Rz. 60.
463 *Hefermehl* in FS Duden, 1975, S. 109, 114; *Decher* in Großkomm. AktG, 4. Aufl., § 131 AktG Rz. 274; *Hüffer*, § 131 AktG Rz. 33; *Kubis* in MünchKomm. AktG, 2. Aufl., § 131 AktG Rz. 124.
464 So auch *Kubis* in MünchKomm. AktG, 2. Aufl., § 131 AktG Rz. 124; *Hüffer*, § 131 AktG Rz. 34.
465 Wie hier *Kubis* in MünchKomm. AktG, 2. Aufl., § 131 AktG Rz. 124; *Kersting* in KölnKomm. AktG, 3. Aufl., § 131 AktG Rz. 383.

## 2. Fallgruppen

### a) Grob eigennützige, illoyale Rechtsausübung

Eine grob eigennützige Rechtsausübung liegt nicht schon dann vor, wenn der Aktionär mit seinem Auskunftsbegehren eigene, egoistische, möglicherweise gesellschaftsfremde Interessen verfolgt[466]. Auch liegt kein Missbrauch vor, wenn der fragende Aktionär die Antwort auf seine Frage bereits kennt oder die Entscheidung für sein Abstimmungsverhalten ohnehin schon vorab getroffen hat[467]. Ein missbräuchliches Verhalten ist hingegen ausnahmsweise zu bejahen bei Fragen die auf die Diskriminierung der Gesellschaft oder ihrer Organe abzielen[468], wobei in diesen Fällen auch oft bereits die Erforderlichkeit der Auskunft abzulehnen sein wird bzw. der Gesellschaft ein Auskunftsverweigerungsrecht nach § 131 Abs. 3 Satz 1 Nr. 1 zustehen wird[469]. Gleiches gilt für eher auf die Diskussion politischer Fragen abzielende Beiträge, etwa zur Energie- oder Umweltpolitik[470].

92

### b) Übermäßige Rechtsausübung

Die wohl überwiegende Ansicht[471] verortet die Fälle einer **übermäßigen Anzahl oder eines zu weit reichenden Detaillierungsgrads** von Aktionärsfragen an dieser Stelle. Nach hier vertretener Auffassung fehlt es aber bereits an der Erforderlichkeit (ausführlich Rz. 35).

93

### c) Widersprüchliche Rechtsausübung

Widersprüchliche Rechtsausübung liegt vor, wenn ein Aktionär, der auf die Frage des Vorstands oder Hauptversammlungsleiters nach noch offenen, unbeantworteten Fragen schweigt, um ein späteres Verfahren (Auskunftserzwingungsverfahren, Anfechtungsklage) auf diesen von ihm selbst überwiegend verantworteten Informationsmangel zu stützen[472]. Anders liegt der Fall, wenn der Aktionär eine Anfechtungsklage auf eine Auskunftsverweigerung hin erhebt, um sich später die Anfechtungsbefugnis von der Gesellschaft „abkaufen" zu lassen; hier ist die Erhebung der Anfechtungsklage missbräuchlich, nicht notwendig aber das Auskunftsbegehren[473]. Nicht widersprüchlich handelt dagegen ein Aktionär, der Mängel im schriftlichen Bericht des Aufsichtsrats nach § 171 Abs. 2 nicht über sein Auskunftsrecht beseitigt, aber später wegen eines relevanten Berichtsmangels den Entlastungsbeschluss für

94

---

466 *Decher* in Großkomm. AktG, 4. Aufl., § 131 AktG Rz. 279; *F.-J. Semler* in MünchHdb. AG, § 37 Rz. 40.
467 OLG Düsseldorf v. 22.7.1986 – 19 W 2/86, AG 1987, 22, 23; *Hüffer*, § 131 AktG Rz. 34; *Decher* in Großkomm. AktG, 4. Aufl., § 131 AktG Rz. 279; *F.-J. Semler* in MünchHdb. AG, § 37 Rz. 40; ausführlich dazu s. auch bereits oben bei Rz. 31 im Zusammenhang mit der Erforderlichkeit der Auskunft.
468 Z.B. bei ehrverletzenden Fragen; völlig aus der Luft gegriffenen Anschuldigungen bezüglich Strafbarkeiten.
469 *Decher* in Großkomm. AktG, 4. Aufl., § 131 AktG Rz. 278.
470 OLG Stuttgart, 12.8.1998 – 20 U 111/97, AG 1998, 529, 534; *Kersting* in KölnKomm. AktG, 3. Aufl., § 131 AktG Rz. 388.
471 *Decher* in Großkomm. AktG, 4. Aufl., § 131 AktG Rz. 281; *Hüffer*, § 131 AktG Rz. 35; s. auch *Kersting* in KölnKomm. AktG, 3. Aufl., § 131 AktG Rz. 389 ff.
472 LG München I v. 28.8.2008 – 5 HK O 2522/08, AG 2008, 904, Rz. 106; LG Krefeld v. 20.8.2008 – 11 O 14/08, AG 2008, 754, Rz. 67 ff.; *Kubis* in MünchKomm. AktG, 2. Aufl., § 131 AktG Rz. 124.
473 *Hüffer*, § 131 AktG Rz. 34; *Kubis* in MünchKomm. AktG, 2. Aufl., § 131 AktG Rz. 124; *Decher* in Großkomm. AktG, 4. Aufl., § 131 AktG Rz. 278; *F.-J. Semler* in MünchHdb. AG, § 37 Rz. 40.

den Aufsichtsrat anficht[474]. Widersprüchlich ist es ebenfalls, wenn ein Aktionär, der eine große Anzahl von Fragen stellt, nicht aber alle davon später auf Tonband diktiert, sich im Nachfolgenden auf die Nichtbeantwortung der von ihm nicht diktierten Fragen beruft[475]. Ferner ist das Auskunftsrecht des Aktionärs wegen widersprüchlicher Rechtsausübung eingeschränkt, wenn er trotz Wissen, dass nach Schluss der Debatte nur noch eine Fragestunde vorgesehen ist, vorherige Worterteilungen an ihn nur zu allgemeinen Beiträgen genutzt hat und dann seine eigentlichen Auskunftsbegehren erst im Zeitraum nach Ende der Debatte zur Sprache bringt[476].

## VIII. Erweiterte Auskunftspflicht (§ 131 Abs. 4)

### 1. Allgemeines

95  Nach § 131 Abs. 4 Satz 1 kann der Aktionär anders als nach § 131 Abs. 1 Satz 1 auch Auskünfte verlangen, die nicht zur sachgemäßen Beurteilung des Gegenstands der Tagesordnung erforderlich sind. Darüber hinaus ist dem Vorstand nach § 131 Abs. 4 Satz 2 die Berufung auf die Auskunftsverweigerungsgründe der § 131 Abs. 3 Satz 1 Nr. 1–4 verschlossen. Damit soll ein durch Auskünfte an einzelne Aktionäre außerhalb der Hauptversammlung geschaffenes Informationsgefälle gegenüber anderen Aktionären ausgeglichen werden[477]. § 131 Abs. 4 ist damit **Ausfluss des Grundsatzes der gleichmäßigen Behandlung der Aktionäre** nach § 53a[478]. Allerdings kommt § 131 Abs. 4 **nur geringe praktische Bedeutung** zu[479], insbesondere durch die Beschränkung auf die Nachholung der Information in der nächsten Hauptversammlung, da zu diesem Zeitpunkt das Interesse der anderen Aktionäre an der Information womöglich bereits entfallen oder zumindest vermindert sein kann[480], ferner aufgrund der Darlegungslast des Aktionärs für die Voraussetzungen von § 131 Abs. 4 Satz 1 (dazu unten Rz. 103). Gerade bei börsennotierten Gesellschaften sind viele Informationen nach den Vorschriften des WpHG über die Ad-hoc-Publizität (vor allem nach den Änderungen durch das AnSVG[481]) durch den Vorstand zu veröffentlichen und erreichen auf diese Weise bereits den interessierten Aktionär[482].

---

474 OLG Stuttgart v. 15.3.2006 – 20 U 25/05, WM 2006, 861, 867.
475 LG Mainz v. 13.7.1987 – 10 HO 141/86 – „Kupferberg & Cie KG a.A.", AG 1988, 169, 170; *Hüffer*, § 131 AktG Rz. 35.
476 LG Karlsruhe v. 6.11.1997 – O 43/97 KfH I, AG 1998, 99, 100; *Hüffer*, § 131 AktG Rz. 35.
477 Ebenso *Kubis* in MünchKomm. AktG, 2. Aufl., § 131 AktG Rz. 125; *Hüffer*, § 131 AktG Rz. 36; *Siems* in Spindler/Stilz, § 131 AktG Rz. 72.
478 Begr. RegE *Kropff*, Aktiengesetz, S. 187; *Kubis* in MünchKomm. AktG, 2. Aufl., § 131 AktG Rz. 125; *Butzke* in Obermüller/Werner/Winden, Die Hauptversammlung der Aktiengesellschaft, Rz. G 86; kritisch bezüglich der Erreichung dieses Zwecks *Hüffer*, § 131 AktG Rz. 36; *Krömker*, NZG 2003, 418, 423; restriktiver *Verse*, Der Gleichbehandlungsgrundsatz im Recht der Kapitalgesellschaften, 2006, S. 510 f.: nur wenn § 53a verletzt werde.
479 *Hüffer*, § 131 AktG Rz. 36; *Kubis* in MünchKomm. AktG, 2. Aufl., § 131 AktG Rz. 125; *Decher* in Großkomm. AktG, 4. Aufl., § 131 AktG Rz. 335; *Siems* in Spindler/Stilz, § 131 AktG Rz. 73; *Butzke* in Obermüller/Werner/Winden, Die Hauptversammlung der Aktiengesellschaft, Rz. G 85; *Volhard* in J. Semler/Volhard, Arbeitshandbuch HV, § 13 Rz. 37.
480 *Siems* in Spindler/Stilz, § 131 AktG Rz. 73; *Kubis* in MünchKomm. AktG, 2. Aufl., § 131 AktG Rz. 125.
481 Gesetz zur Verbesserung des Anlegerschutzes vom 30.10.2004, BGBl. I 2004, 2630.
482 *Kubis* in MünchKomm. AktG, 2. Aufl., § 131 AktG Rz. 125.

## 2. Voraussetzungen

### a) Auskunftserteilung durch die Gesellschaft außerhalb der Hauptversammlung

§ 131 Abs. 4 Satz 1 setzt eine **Auskunftserteilung** voraus, d.h. eine bewusste und willentliche Informationsvermittlung durch die Gesellschaft an einen Aktionär[483]. Bereits an diesem Merkmal scheitert die Begründung eines erweiterten Auskunftsanspruches, wenn der Aktionär die Informationen z.B. durch unautorisierten Zugriff auf Gesellschaftsdokumente oder durch versehentlich entäußerte Nachrichten erlangt hat[484]. Ebenso wenig liegt ein Fall von § 131 Abs. 4 vor, wenn etwa die Hauptaktionärin – nicht aber die Gesellschaft – ein Bewertungsgutachten in Auftrag gegeben hat[485]. Zuständig für die Auskunftserteilung als Geschäftsführungsmaßnahme ist allein der **Vorstand**[486] (Rz. 16). Umgekehrt sind demnach unautorisierte Auskünfte von Aufsichtsräten oder Mitarbeitern nicht dazu geeignet, einen Auskunftsanspruch nach § 131 Abs. 4 zu begründen. Nach § 131 Abs. 4 Satz 1 besteht ein erweitertes Auskunftsrecht nur dann, wenn die Auskunft **außerhalb der Hauptversammlung** gegeben worden ist. Dies ist eindeutig der Fall, wenn zum entsprechenden Zeitpunkt keine Hauptversammlung der Gesellschaft stattfindet[487]. Für Auskünfte, die am Tag und im Gebäude der Hauptversammlung erteilt werden, gilt ausgehend vom Zweck des § 131 der Grundsatz, dass diese nicht als außerhalb der Hauptversammlung i.S. von § 131 Abs. 4 Satz 1 gegeben gelten, wenn für alle Teilnehmer die realistische Möglichkeit bestand, den Umstand der Informationserteilung durch den Vorstand wahrzunehmen; eine Informationsweitergabe im Vorraum, back office oder bei anderer Gelegenheit im Rahmen der Hauptversammlung begründet i.d.R. demnach auch einen Anspruch nach § 131 Abs. 4[488]. 96

### b) Auskunftserteilung an einen Aktionär wegen seiner Eigenschaft als Aktionär

**aa) Allgemeines.** Die Auskunft muss deren Empfänger gerade im Hinblick auf seine Eigenschaft als **Aktionär** erteilt worden sein[489]; ausreichend ist, wenn die Information einem Aktionärsvertreter oder Legitimationsaktionär gegenüber gegeben wird[490]. Als anspruchsbegründende Voraussetzung des erweiterten Auskunftsanspruchs trifft den über § 131 Abs. 4 auskunftsuchenden Aktionär grundsätzlich die **Darlegungs- und Beweislast** bezüglich beider Voraussetzungen[491]. 97

Werden Auskünfte an Personen erteilt, die nicht nur Aktionär der Gesellschaft sind, sondern auch in **anderen rechtlichen oder tatsächlichen Beziehungen** (z.B. Mitglied des Aufsichtsrats, Vertreter von Kreditinstituten etc.) zu ihr stehen[492], kommt es da- 98

---

483 *Kubis* in MünchKomm. AktG, 2. Aufl., § 131 AktG Rz. 126.
484 Ebenso *Kubis* in MünchKomm. AktG, 2. Aufl., § 131 AktG Rz. 126.
485 OLG Stuttgart v. 15.10.2009 – 20 U 19/07, AG 2009, 124 Rz. 130.
486 *Meilicke/Heidel*, DStR 1992, 113 f.; *Decher* in Großkomm. AktG, 4. Aufl., § 131 AktG Rz. 341; *Hüffer*, § 131 AktG Rz. 40.
487 Ein typischer Anwendungsfall diesbezüglich ist z.B. die Auskunftserteilung im Auskunftserzwingungsverfahren nach § 132, dazu s. § 132 Rz. 34.
488 Wie hier *Kubis* in MünchKomm. AktG, 2. Aufl., § 131 AktG Rz. 128; *Kersting* in KölnKomm. AktG, 3. Aufl., § 131 AktG Rz. 454.
489 *Kersting* in KölnKomm. AktG, 3. Aufl., § 131 AktG Rz. 430. 436 ff.; *Kubis* in MünchKomm. AktG, 2. Aufl., § 131 AktG Rz. 129; vertiefend zu Übernahmesituationen *Kocher*, Der Konzern 2008, 611, 614 f.
490 *Kersting* in KölnKomm. AktG, 3. Aufl., § 131 AktG Rz. 430; *Hüffer*, § 131 AktG Rz. 37; *Decher* in Großkomm. AktG, 4. Aufl., § 131 AktG Rz. 339; *Kubis* in MünchKomm. AktG, 2. Aufl., § 131 AktG Rz. 129.
491 *Kubis* in MünchKomm. AktG, 2. Aufl., § 131 AktG Rz. 129.
492 *Kubis* in MünchKomm. AktG, 2. Aufl., § 131 AktG Rz. 130 bezeichnet diese Konstellation prägnant als „Doppelfunktion des Informationsempfängers".

rauf an, ob die Auskunftserteilung nicht nur durch die sonstige Beziehung motiviert war[493]. Auch können im Rahmen eines Squeeze Out nach § 327b Informationen an den Hauptaktionär gegeben werden, um diesem die Berechnung des Abfindungsangebots zu ermöglichen; in diesem Fall handelt es sich um eine besondere rechtliche Beziehung, § 327b Abs. 1 Satz 2 geht § 131 Abs. 4 vor[494]. Ähnliche Überlegungen können auch hinsichtlich der Situation bei der Veräußerung oder dem Zukauf von Anteilspaketen greifen, wenn Veräußerer oder Erwerber zusätzliche Informationen benötigen (Due Diligence), um den Mehrwert eines Anteilspakets und den damit verbundenen unternehmerischen Einfluss einschätzen zu können[495]. Um den auch bezüglich der Motivationslage beweispflichtigen Aktionär (s. oben Rz. 97) – was diesem in praxi i.d.R. unmöglich sein wird – zu entlasten, erscheint es sachgerecht, in den Fällen, in denen die Auskunft unter hypothetischer Betrachtung in gleicher Situation einem Nichtaktionär regelmäßig nicht gegeben worden wäre, das Vorliegen des Merkmals „wegen seiner Eigenschaft als Aktionär" i.S. von § 131 Abs. 4 Satz 1 widerleglich zu vermuten[496]. Erfolgt die Auskunftserteilung an ein **Aufsichtsratsmitglied**, das selbst Aktionär ist, in der Weise, dass der Vorstand den Aufsichtsrat als Organ informiert, so begründet dieses keinen Anspruch nach § 131 Abs. 4, da die Informationsweitergabe hier allein durch die aus der Kompetenzordnung der AG geschuldete Pflicht des Vorstands zur Unterrichtung seines Kontrollgremiums „Aufsichtsrat" veranlasst ist[497]. Wird ein einzelnes Aufsichtsratsmitglied hingegen ohne Autorisierung durch den Gesamtaufsichtsrat vom Vorstand informiert, greift mangels Bestehens eines individuellen kompetenzrechtlichen Informationsanspruchs (vgl. § 90 Abs. 3 Satz 2) wiederum die widerlegliche Vermutung[498]. Die Auskunftserteilung an Vertreter von aktienhaltenden **Kreditinstituten** wird in den meisten Fällen allein aus deren Geschäftsbeziehung zur Gesellschaft motiviert sein, so dass diesbezüglich ein Auskunftsanspruch nach § 131 Abs. 4 regelmäßig ausscheidet[499]. Ferner sind Auskünfte an **sonstige Dritte**, die als Aktionäre der Gesellschaft weitere rechtliche oder tatsächliche Beziehungen zu dieser unterhalten, wie z.B. Kunden, Lieferan-

---

493 Begr. RegE *Kropff*, Aktiengesetz, S. 187; BGH v. 29.11.1982 – II ZR 88/81, BGHZ 86, 1, 7; *Hüffer*, § 131 AktG Rz. 37; *Kersting* in KölnKomm. AktG, 3. Aufl., § 131 AktG Rz. 436 ff.; *Decher* in Großkomm. AktG, 4. Aufl., § 131 AktG Rz. 342; *Kubis* in MünchKomm. AktG, 2. Aufl., § 131 AktG Rz. 130; *Butzke* in Obermüller/Werner/Winden, Die Hauptversammlung der Aktiengesellschaft, Rz. G 86.
494 LG München I v. 28.8.2008 – 5 HK O 12861/07, ZIP 2008, 2124 = AG 2008, 904, Rz. 532; LG München I v. 24.4.2008 – 5 HK O 23244/07, ZIP 2008, 1635, Rz. 361; LG Saarbrücken v. 28.7.2004, – 7 I 024/04, NZG 2004, 1012, 1013; *Fleischer* in Großkomm. AktG, 4. Aufl., § 327b AktG Rz. 10; *Singhof* in Spindler/Stilz, § 327b AktG Rz. 6; *Habersack* in Emmerich/Habersack, Aktien- und GmbH-Konzernrecht, § 327b AktG Rz. 5.
495 Gute Gründe für eine teleologische Reduktion bei *Kirchner/Iversen*, NZG 2009, 921, 922 f.
496 Ebenso *Hoffmann-Becking* in FS Rowedder, 1994, S. 155, 164; *Kubis* in MünchKomm. AktG, 2. Aufl., § 131 AktG Rz. 130; anders *Decher* in Großkomm. AktG, 4. Aufl., § 131 AktG Rz. 344, der zur Abgrenzung auf den Schwerpunkt abstellen will; ebenfalls kritisch in Bezug auf das Abstellen auf die Motivationslage *Kirchner/Iversen*, NZG 2008, 921, 922.
497 *Karehnke*, AG 1968, 280, 284; *Seifert*, AG 1967, 1, 2; *Hüffer*, § 131 AktG Rz. 37; *Decher* in Großkomm. AktG, 4. Aufl., § 131 AktG Rz. 343; *Kersting* in KölnKomm. AktG, 3. Aufl., § 131 AktG Rz. 439; *Kubis* in MünchKomm. AktG, 2. Aufl., § 131 AktG Rz. 131; *Butzke* in Obermüller/Werner/Winden, Die Hauptversammlung der Aktiengesellschaft, Rz. G 86.
498 So auch *Seifert*, AG 1967, 1, 2; *Kubis* in MünchKomm. AktG, 2. Aufl., § 131 AktG Rz. 131; *Decher* in Großkomm. AktG, 4. Aufl., § 131 AktG Rz. 343; a.A. *Ebenroth*, Auskunftsrecht, S. 100, die zutreffend zwar keinen kompetenzrechtlichen Informationsanspruch, wohl aber ein schützenswertes Informationsinteresse des einzelnen Aufsichtsratsmitgliedes wegen dessen Haftungsrisikos als Organmitglied annehmen.
499 *Seifert*, AG 1967, 1, 2; *Ebenroth*, Auskunftsrecht, S. 100; *Decher* in Großkomm. AktG, 4. Aufl., § 131 AktG Rz. 344.

ten, Berater, Finanzanalysten etc., wiederum an der obigen, widerleglichen Vermutung zu messen[500].

**bb) Verbundene Unternehmen.** Im **Vertragskonzern** (Beherrschungsvertrag- und/oder Gewinnabführungsvertrag i.S. von § 291 Abs. 1 Satz 1) begründen Informationsweitergaben an die Obergesellschaft generell keinen Anspruch nach § 131 Abs. 4. Dies lässt sich bereits damit erklären, dass die Obergesellschaft gem. §§ 302, 322 das wirtschaftliche Risiko der Untergesellschaft trägt[501]. Die Informationsweitergaben sind hier also **stets aus der Konzernleitungsfunktion** des herrschenden Unternehmens und nicht aus dessen Aktionärseigenschaft **veranlasst**[502]. Bei einem Beherrschungsvertrag folgt dieses bereits aus dem Weisungsrecht des herrschenden Unternehmens nach § 308 Abs. 1 Satz 1; ausreichend ist aber auch die bei einem Gewinnabführungsvertrag bestehende besondere Pflichtenstellung des herrschenden gegenüber dem beherrschten Unternehmen, vgl. §§ 302 ff.[503]. Ein Verstoß gegen den Grundsatz der gleichmäßigen Behandlung aller Aktionäre (§ 53a) ist hierin nicht zu sehen, da die Ungleichbehandlung ihre sachliche Rechtfertigung über den jeweilgen Unternehmensvertrag erhält[504]. Allerdings muss die Informationserteilung gerade auch im Zusammenhang mit der Konzernleitung oder dem jeweiligen Unternehmensvertrag stehen. 99

Auch beim **faktischen Konzern** ist trotz des Nichtbestehens eines Unternehmensvertrags bei Informationsweitergabe des beherrschten an das herrschende Unternehmen außerhalb der Hauptversammlung ein Auskunftsrecht nach § 131 Abs. 4 für die übrigen Aktionäre abzulehnen[505]. Auch wenn gewisse Zweifel nicht zu leugnen sind, da das Konzernbild der §§ 311 ff. und die zulässigen Informationsflüsse bis heute nicht vollständig geklärt sind, lässt sich aus dem **gesetzlich vorgesehenen Ausgleichssystem (§§ 311 ff.)** eine herausgehobene Stellung des herrschenden Unternehmens in Be- 100

---

500 *Seifert*, AG 1967, 1, 2 f.; *Kubis* in MünchKomm. AktG, 2. Aufl., § 131 AktG Rz. 133; so wohl auch *Hüffer*, § 131 AktG Rz. 37; anders für Beratungsverträge *Ebenroth*, Auskunftsrecht, S. 100.
501 *Lutter*, Information und Vertraulichkeit, Rz. 478 f.
502 LG München I v. 4.9.1997 – 5 HKO 14614/96 – „Vereinte Versicherung AG", AG 1999, 138 f.; *Decher*, ZHR 158 (1994), 473, 480; *Hoffmann-Becking* in FS Rowedder, 1994, S. 155, 167; *U. H. Schneider* in FS Lutter, 2000, S. 1193, 1201; *Duden* in FS von Caemmerer, 1978, S. 499, 504; *Hüffer*, § 131 AktG Rz. 38; *Decher* in Großkomm. AktG, 4. Aufl., § 131 AktG Rz. 347.
503 *Decher* in Großkomm. AktG, 4. Aufl., § 131 AktG Rz. 347; *Lutter*, Information und Vertraulichkeit, Rz. 478; weiter *Kubis* in MünchKomm. AktG, 2. Aufl., § 131 AktG Rz. 141, der auch alle sonstigen Unternehmensverbindungen i.S. von § 292 generell von § 131 AktG Abs. 4 ausnehmen will.
504 *Kubis* in MünchKomm. AktG, 2. Aufl., § 131 AktG Rz. 141; *Decher* in Großkomm. AktG, 4. Aufl., § 131 AktG Rz. 347; *Siems* in Spindler/Stilz, § 131 AktG Rz. 77.
505 OLG München 25.8.2008 – 7 U 3326/07 Tz. 21; OLG München 30.4.2008 – 7 U 3326/07, Rz. 23 ff.; LG Düsseldorf v. 25.3.1992 – 34 AktE 6/91 – „Feldmühle Nobel/Stora", AG 1992, 461, 462; LG München I v. 28.8.2008 – 5 HK O 12861/07, ZIP 2008, 2124 = AG 2008, 904, Rz. 537 f.; LG München v. 26.4.2007 – 5 HK O 12848/06, Der Konzern 2007, 448; *Lutter*, Information und Vertraulichkeit, Rz. 480; *Decher*, ZHR 158 (1994), 473, 481 ff.; *Hoffmann-Becking* in FS Rowedder, 1994, S. 155, 167; *Duden* in FS von Caemmerer, 1978, S. 499, 505; *Ebenroth*, Auskunftsrecht, S. 101; *Habersack/Verse* AktG 2003, 300, 305 f.; *Kropff*, DB 1967, 2204, 2205; *Kersting* in KölnKomm. AktG, 3. Aufl., § 131 AktG Rz. 445; *Hüffer*, § 131 AktG Rz. 38; *Decher* in Großkomm. AktG, 4. Aufl., § 131 AktG Rz. 348; *Kubis* in MünchKomm. AktG, 2. Aufl., § 131 AktG Rz. 142; *Butzke* in Obermüller/Werner/Winden, Die Hauptversammlung der Aktiengesellschaft, Rz. G 87; a.A. LG Frankfurt v. 21.2.2006 – 3-5 HKO 71/05 – „Celanese", AG 2007, 48, 50; *Uwe H. Schneider* in FS Lutter, 2000, S. 1193, 1201 f.; *Heidel* in Heidel, § 131 AktG Rz. 76; *Kort*, ZGR 1987, 46, 60, die keinen besonderen Rechtsstatus des herrschenden Unternehmen im faktischen Konzern im Vergleich zu den anderen Aktionären anerkennen.

zug auf die Erlangung von Informationen vom beherrschten Unternehmen begründen, die den rechtfertigenden, sachlichen Grund für die diesbezügliche Ungleichbehandlung der übrigen Aktionäre bildet. Andernfalls wäre die Ausübung der einheitlichen Leitung, die das Gesetz erlaubt, praktisch unmöglich.

101 Die bloße **Abhängigkeit** i.S. von § 17 oder **Mehrheitsbeteiligung** i.S. von § 16 reicht nicht aus, um einen Ausschluss des erweiterten Auskunftsanspruchs des § 131 Abs. 4 zu begründen[506]. Denn hier kann die Ungleichbehandlung in Bezug auf die Informationsweitergabe nicht mit einer vertraglichen oder zumindest faktischen Konzernleitungsfunktion gerechtfertigt werden.

102 Nach § 131 Abs. 4 Satz 3[507] finden Abs. 4 Satz 1 und 2 keine Anwendung bei Auskünften, die von Tochterunternehmen (§ 290 Abs. 1, 2 HGB), Gemeinschaftsunternehmen (§ 310 Abs. 1 HGB) oder assoziierten Unternehmen (§ 311 Abs. 1 HGB) einem Mutterunternehmen (§ 290 Abs. 1, 2 HGB) zum Zweck der Einbeziehung der Gesellschaft in den Konzernabschluss des Mutterunternehmens gegeben werden und die Auskunft zu diesem Zweck benötigt wird. Der Gesetzgeber **bezweckt mit dieser Norm**, Nachteile für die betroffenen Unternehmen zu vermeiden, die aus einem möglichen erweiterten Auskunftsrecht bezüglich derartiger Auskünfte nach § 131 Abs. 4 für diese resultieren könnten[508]. Die Norm ist eher klarstellender Natur, da sich dieses Ergebnis schon über den Auskunftsanspruch nach § 294 Abs. 3 Satz 2 HGB als rechtfertigenden Grund ergeben hätte; für die Konsolidierung durch ein assoziiertes Unternehmen, wo im Einzelfall nicht unbedingt eine Konzernbeziehung i.S. von §§ 15 ff. anzunehmen ist, kommt § 131 Abs. 4 Satz 3 hingegen eine **klarstellende Bedeutung** zu[509]. Ferner lässt sich **nicht der Umkehrschluss bilden**, dass Auskünfte innerhalb auf diese Weise verbundener Unternehmen, die nicht von § 131 Abs. 4 Satz 3 erfasst sind, stets einen erweiterten Auskunftsanspruch nach § 131 Abs. 4 Satz 1, 2 begründen würden, da sich diese Ausnahme nur auf die Konzernrechnungslegung bezieht, im Hinblick auf durch die Konzernleitungsfunktion veranlasste Auskünfte jedoch keine Aussage trifft[510].

**c) Auskunftsverlangen in der Hauptversammlung**

103 Ferner ist nach § 131 Abs. 4 Satz 1 erforderlich, dass ein anderer Aktionär in der Hauptversammlung von der Gesellschaft die Auskunftserteilung verlangt. Grundsätzlich **irrelevant** ist in diesem Zusammenhang, **in welcher der folgenden Hauptversammlungen** der Aktionär dieses Verlangen erhebt; eine Beschränkung auf die

---

506 Ebenso BayObLG v. 17.2.2002 – 3 Z BR 394/01, BayObLGZ 2002, 227, 229; *Habersack/Verse*, AG 2003, 300, 307; *Hoffmann-Becking* in FS Rowedder, 1994, S. 155, 167; *Duden* in FS von Caemmerer, 1978, S. 499, 505; *Kropff*, DB 1967, 2204, 2205; *Ebenroth*, Auskunftsrecht, S. 101; *Hüffer*, § 131 AktG Rz. 38; *Kubis* in MünchKomm. AktG, 2. Aufl., § 131 AktG Rz. 68; *Kersting* in KölnKomm. AktG, 3. Aufl., § 131 AktG Rz. 446; *Butzke* in Obermüller/Werner/Winden, Die Hauptversammlung der Aktiengesellschaft, Rz. G 88; anders LG München v. 10.12.1998 – 5 HKO 10806/97 – „Hypobank/Porta", AG 1999, 283, 284 für eine 50 % Beteiligung; *Janberg*, AG 1965, 191, 193; *Decher* in Großkomm. AktG, 4. Aufl., § 131 AktG Rz. 349, der annimmt das bereits die Begründung einer Konzernabhängigkeit nach § 17 eine die Ungleichbehandlung rechtfertigende Sonderbeziehung ist.
507 Eingefügt durch Art. 2 Nr. 1 BankBiRiLiG vom 30.11.1990, BGBl. I 1990, 2570.
508 Begr. RegE BT-Drucks 11/6275, S. 26.
509 Ausführlich *Hoffmann-Becking* in FS Rowedder, 1994, S. 155, 169 f.; *Decher*, ZHR 158 (1994), 473, 485 f.; *Hüffer*, § 131 AktG Rz. 39; *Decher* in Großkomm. AktG, 4. Aufl., § 131 AktG Rz. 352 f.
510 *Decher*, ZHR 158 (1994), 473, 485; *Hoffmann-Becking* in FS Rowedder, 1994, S. 155, 169; *Hüffer*, § 131 AktG Rz. 39; *Kubis* in MünchKomm. AktG, 2. Aufl., § 131 AktG Rz. 140; *Decher* in Großkomm. AktG, 4. Aufl., § 131 AktG Rz. 354.

nächstfolgende Hauptversammlung oder die Möglichkeit einer Verfristung gibt es grundsätzlich nicht[511]. Eine Grenze bildet allein der allgemeine Grundsatz des Rechtsmissbrauchs, insbesondere bei ungerechtfertigt überlangem Verzögern des Auskunftsbegehrens. „Verlangen" i.S. von § 131 Abs. 4 setzt voraus, dass der auskunftsuchende Aktionär im Rahmen der Hauptversammlung ausdrücklich deutlich macht, eine außerhalb der Hauptversammlung einem anderen Aktionär gegebene Auskunft auch selbst zu beanspruchen; demnach ist der **Vorstand nicht verpflichtet** ohne Aufforderung alle im Vorhinein außerhalb der Hauptversammlung erteilten Auskünfte von sich aus noch einmal zu geben[512]. Ein explizites Berufen des Aktionärs auf die einzelnen Tatbestandsmerkmale von § 131 Abs. 4 ist hingegen ebenso wenig erforderlich[513] wie eine Namensnennung des vorab informierten Aktionärs[514]. Demgegenüber ist die bloße Behauptung des Aktionärs, dass Auskünfte außerhalb der Hauptversammlung i.S. von § 131 Abs. 4 Satz 1 erteilt wurden, zur Begründung eines erweiterten Auskunftsrechts nicht ausreichend[515]. Pauschale Fragen eines Aktionärs, ob und ggf. welche Auskünfte vorab einem anderen Aktionär gegeben worden sind (**sog. Ausforschungsfragen**), sind grundsätzlich am Maßstab des § 131 Abs. 1 Satz 1 zu messen mit der Folge, dass sie in der Praxis überwiegend nicht vom Vorstand zu beantworten sind, da ihnen regelmäßig die Erforderlichkeit zur sachgemäßen Beurteilung eines Tagesordnungspunkts fehlen wird[516]; die namentliche Nennung des Aktionärs ist aber nicht erforderlich. Die **Konkretisierungspflicht bzw. Darlegungslast** bezüglich der anspruchsbegründenden Tatbestandsmerkmale des § 131 Abs. 4 obliegt grundsätzlich dem Aktionär, der dieser ausreichend nachgekommen ist, wenn er in groben Zügen darlegt, dass und mit welchem ungefähren Inhalt eine Informationserteilung im Vorfeld der Hauptversammlung an einen anderen Aktionär stattgefunden hat[517].

### 3. Rechtsfolgen

Nach § 131 Abs. 4 Satz 1 hat der Vorstand die im Vorfeld gegebene **Auskunft in der Hauptversammlung zu wiederholen, auch wenn** diese zur sachgemäßen Beurteilung

104

---

511 *Decher* in Großkomm. AktG, 4. Aufl., § 131 AktG Rz. 364; *Kersting* in KölnKomm. AktG, 3. Aufl., § 131 AktG Rz. 458; *Kubis* in MünchKomm. AktG, 2. Aufl., § 131 AktG Rz. 134.
512 *Kubis* in MünchKomm. AktG, 2. Aufl., § 131 AktG Rz. 134.
513 So auch *Hüffer*, § 131 AktG Rz. 41; *Kubis* in MünchKomm. AktG, 2. Aufl., § 131 AktG Rz. 135.
514 *Hoffmann-Becking* in FS Rowedder, 1994, S. 155, 162; *Kubis* in MünchKomm. AktG, 2. Aufl., § 131 AktG Rz. 136; *Siems* in Spindler/Stilz, § 131 AktG Rz. 80; *Butzke* in Obermüller/Werner/Winden, Die Hauptversammlung der Aktiengesellschaft, Rz. G 89 Fn. 148; a.A. LG Frankfurt v. 16.5.1966 – 3 1 O 63/66, AG 1968, 24; *Barz* in FS Möhring, 1975, S. 153, 168; *Kocher*, Der Konzern 2008, 611, 617.
515 BGH v. 29.11.1982 – II ZR 88/81, BGHZ 86, 1, 7; OLG Frankfurt a.M. v. 16.5.1966 – 31 O 63/66, AG 1968, 24; *Decher* in Großkomm. AktG, 4. Aufl., § 131 AktG Rz. 360; *Siems* in Spindler/Stilz, § 131 AktG Rz. 80.
516 Wie hier OLG Dresden v. 1.12.1998 – 7 W 426/98, AG 1999, 274, 275 f.; LG München I v. 28.8.2008 – 5 HK O 12861/07, ZIP 2008, 2124 = AG 2008, 904, Rz. 536; LG München I v. 24.4.2008 – 5 HK O 23244/07, ZIP 2008, 1635, Rz. 363; LG Düsseldorf v. 25.3.1992 – 34 AktE 6/91 – „Feldmühle Nobel/Stora", AG 1992, 461, 462; *Hoffmann-Becking* in FS Rowedder, 1994, S. 155, 159 ff.; *Kubis* in MünchKomm. AktG, 2. Aufl., § 131 AktG Rz. 136 (ausführlich); *Decher* in Großkomm. AktG, 4. Aufl., § 131 AktG Rz. 360; *Hüffer*, § 131 AktG Rz. 41; *Butzke* in Obermüller/Werner/Winden, Die Hauptversammlung der Aktiengesellschaft, Rz. G 89; zurückhaltender *Kersting* in KölnKomm. AktG, 3. Aufl., § 131 AktG Rz. 460 ff.; a.A. *Ebenroth*, Auskunftsrecht, S. 103; *Meilicke/Heidel*, DStR 1992, 113, 114; *Henn*, Aktienrecht, Rz. 879.
517 So auch *Kubis* in MünchKomm. AktG, 2. Aufl., § 131 AktG Rz. 136; i.E. ähnlich, aber insoweit weitergehend, dass die „sekundäre" Behauptungslast dann wiederum die Gesellschaft trifft, *Decher* in Großkomm. AktG, 4. Aufl., § 131 AktG Rz. 362; in diese Richtung auch *Hoffmann-Becking* in FS Rowedder, 1994, S. 155, 162 f.

des Gegenstands der Tagesordnung **nicht erforderlich** ist. Der Gesetzgeber verzichtet beim erweiterten Auskunftsrecht mithin ausdrücklich auf dieses Merkmal (Rz. 29 ff.), indem er offensichtlich davon ausgeht, dass Aktionärsfragen im Rahmen von § 131 Abs. 4 stets eine entsprechende Bedeutung zukommt[518]. Auch ein **konkreter inhaltlicher Bezug zur Tagesordnung** der Hauptversammlung ist beim Auskunftsverlangen nach § 131 Abs. 4 nicht erforderlich, da Gesetzeswortlaut und Zweck[519] des § 131 Abs. 4 keine Stütze für eine derartige Annahme bilden[520]. Dagegen ist auch im Rahmen von § 131 Abs. 4 Voraussetzung, dass die begehrte Auskunft „eine Angelegenheit der Gesellschaft" i.S. von § 131 Abs. 1 Satz 1 (Rz. 28) betrifft[521].

105 Ein Anspruch des einzelnen Aktionärs auf Informationserteilung an sich selbst auch **außerhalb der Hauptversammlung** lässt sich weder aus § 131 Abs. 4 noch aus dem Grundsatz der gleichmäßigen Behandlung aller Aktionäre nach § 53a begründen[522], da § 131 als spezielle Ausformung insoweit den allgemeinen Gleichheitsgrundsatz überlagert[523].

106 Gem. § 131 Abs. 4 Satz 2 kann der Vorstand in den Fällen einer Vorabinformation den erweiterten Auskunftsanspruch der Aktionäre nach § 131 Abs. 4 nicht nach § 131 Abs. 3 Satz 1 Nr. 1–4 **verweigern**. Obwohl dieser Ausschluss vor allem im Hinblick auf § 131 Abs. 3 Satz 1 Nr. 1 (Nachteilszufügung) nicht recht zu überzeugen weiß, ist er *de lege lata* zu akzeptieren[524]. Nach dem Wortlaut von § 131 Abs. 4 Satz 2 würde der Gesellschaft auch die Berufung auf § 131 Abs. 3 Satz 1 Nr. 6 möglich sein; die Tatsache, dass die Regelung zum speziellen Auskunftsrecht für Kreditinstitute sachlich eher mit den Verweigerungsrechten der Nr. 1–4 vergleichbar ist sowie dass die Regierungsbegründung der Regelung keinerlei Aussage zu deren Auswirkungen auf das erweiterte Auskunftsrecht trifft[525], legen die Annahme eines **Redaktionsversehens** nahe, mit der Folge, dass sich der Vorstand im Rahmen von § 131 Abs. 4 auch nicht auf § 131 Abs. 3 Satz 1 Nr. 6 berufen kann[526].

### IX. Aufnahme in die Niederschrift (§ 131 Abs. 5)

107 Bei einer Auskunftsverweigerung durch die Gesellschaft kann der betroffene Aktionär nach § 131 Abs. 5 verlangen, dass seine Frage und der Grund, aus dem die Aus-

---

518 *Hüffer*, § 131 AktG Rz. 42; *Kubis* in MünchKomm. AktG, 2. Aufl., § 131 AktG Rz. 138.
519 Ansonsten würde nämlich das durch § 131 Abs. 4 eigentlich auszugleichende Informationsgefälle (dazu s. Rz. 95) weiter verfestigt; zutreffend *Kubis* in MünchKomm. AktG, 2. Aufl., § 131 AktG Rz. 135.
520 Ebenso BayObLG v. 17.7.2002 – 3 Z BR 394/01, NZG 2002, 1020, 1021; *Hüffer*, § 131 AktG Rz. 42; *Decher* in Großkomm. AktG, 4. Aufl., § 131 AktG Rz. 365; *F.-J. Semler* in MünchHdb. AG, § 37 Rz. 18; a.A. *Ebenroth*, Auskunftsrecht, S. 102; *Steiner*, Hauptversammlung, S. 91 f.
521 *Hüffer*, § 131 AktG Rz. 42; *Decher* in Großkomm. AktG, 4. Aufl., § 131 AktG Rz. 365; *Kubis* in MünchKomm. AktG, 2. Aufl., § 131 AktG Rz. 138; *Siems* in Spindler/Stilz, § 131 AktG Rz. 42.
522 Ebenso *Hoffmann-Becking* in FS Rowedder, 1994, S. 155, 157 ff.; *Duden* in FS von Caemmerer, 1978, S. 499, 503; *Decher* in Großkomm. AktG, 4. Aufl., § 131 AktG Rz. 363; *Hüffer*, § 131 AktG Rz. 42; *Siems* in Spindler/Stilz, § 131 AktG Rz. 85 mit dem Vorschlag der Einführung eines solchen Anspruches de lege ferenda.
523 *Hüffer*, § 131 AktG Rz. 42; *Decher* in Großkomm. AktG, 4. Aufl., § 131 AktG Rz. 363.
524 *Decher* in Großkomm. AktG, 4. Aufl., § 131 AktG Rz. 365; *Hüffer*, § 131 AktG Rz. 42; *Kubis* in MünchKomm. AktG, 2. Aufl., § 131 AktG Rz. 139; *Kersting* in KölnKomm. AktG, 3. Aufl., § 131 AktG Rz. 467; *Hoffmann-Becking* in FS Rowedder, 1994, S. 155, 163.
525 Vgl. Begr. RegE BT-Drucks 11/6275, S. 26.
526 Wie hier *Decher* in Großkomm. AktG, 4. Aufl., § 131 AktG Rz. 369; *Kubis* in MünchKomm. AktG, 2. Aufl., § 131 AktG Rz. 139; *Siems* in Spindler/Stilz, § 131 AktG Rz. 83; a.A. offenbar *Hüffer*, § 131 AktG Rz. 42; *Kersting* in KölnKomm. AktG, 3. Aufl., § 131 AktG Rz. 465.

kunft verweigert worden ist, in die notarielle Verhandlungsniederschrift (§ 130) aufgenommen wird. Ausweislich der Gesetzesbegründung[527] liegt der **Zweck der Regelung** darin, spätere Auseinandersetzungen darüber zu vermeiden, ob und aus welchem Grund der Vorstand die Auskunft verweigert hat; sie dient damit dem Aktionär und der Gesellschaft allein zur Erleichterung der Beweisführung[528]. Auch wird über § 131 Abs. 5 kein materiell-rechtlicher Anspruch des Aktionärs auf eine Begründung der Auskunftsverweigerung konstituiert; bleibt die Gesellschaft bzw. der Vorstand den Grund schuldig, ist allein die Frage des Aktionärs (und nicht die von anderen Aktionären) zu protokollieren[529]. Auch für spätere gerichtliche Auseinandersetzungen im Hinblick auf das Auskunftsrecht (Auskunftserzwingungsverfahren, Anfechtungsklage, s. unten Rz. 115 ff.) zeitigt § 131 Abs. 5 keine über die Beweissicherung hinausgehenden Wirkungen[530]. Das Verlangen auf Protokollierung muss nicht vor oder nach der begehrten Auskunft gestellt werden; andererseits muss der Aktionär auch nicht bis zum Schluss der Hauptversammlung mit seinem Begehren warten[531]. Der Notar kann im Rahmen seines pflichtgemäßen Ermessens ein geeignetes Verfahren wählen, um den Zielen des Gesetzes, eine wahrheitsgetreue Wiedergabe des Auskunftsbegehrens zu gewährleisten und Auseinandersetzungen darüber zu vermeiden, nachzukommen. Hierfür ist nicht von vornherein eine Ton-Aufzeichnung oder stenographische Mitschrift erforderlich; vielmehr genügt auch eine Niederschrift aufgrund der Angaben des Aktionärs in Abgleich mit der Erinnerung des Notars[532]. In der Praxis diktiert der Aktionär dem Notar seine Fragen zur Niederschrift; bei einer großen Anzahl von Fragen kommt aber auch die schriftliche Einreichung eines Fragenkatalogs seitens des Aktionärs, ggf. mit technischer Unterstützung der Gesellschaft erstellt, in Betracht, den der Notar der Verhandlungsniederschrift als Anlage beifügt[533]. Korrekturen dürfen weder die Organe noch der Notar vornehmen[534].

## X. Besonderheiten der elektronischen Hauptversammlung (§ 118 Abs. 1 Satz 2)

Mit der Umsetzung der Aktionärsrechterichtlinie hat der Gesetzgeber auch die Hauptversammlung in breitem Umfang für die elektronische Teilnahme von Aktionären geöffnet, und zwar nicht nur für die elektronische Wahl (dazu § 118 Rz. 47 ff.), sondern auch für die unmittelbare mediengestützte Teilnahme inklusive Rede- und Fragerecht. Die Satzung kann nunmehr gem. § 118 Abs. 1 Satz 2 vorsehen oder den Vorstand dazu ermächtigen, dass die Aktionäre auch ohne physische Präsenz an der Hauptversammlung teilnehmen können und sämtliche oder einzelne Rechte ganz oder teilweise im Wege elektronischer Kommunikation ausüben. In Betracht kommen für derartige Regelungen sowohl das Frage- als auch (kumulativ, aber auch alternativ) das Rederecht, wobei die bislang vom AktG nicht vorgesehenen Differenzierungen vor allem das Rede- und Fragerecht der Aktionäre betreffen, bieten diese doch in der Praxis das Einfallstor für querulatorische Anfragen und nicht selten die Munition für räuberische Klagen[535]. Grundsätzlich bedarf es auch **keiner besonderen sach-**

---

527 Begr. RegE *Kropff*, Aktiengesetz, S. 188.
528 *Hüffer*, § 131 AktG Rz. 43; *Decher* in Großkomm. AktG, 4. Aufl., § 131 AktG Rz. 370.
529 *Kersting* in KölnKomm. AktG, 3. Aufl., § 131 AktG Rz. 515; *Hüffer*, § 131 AktG Rz. 43.
530 *Decher* in Großkomm. AktG, 4. Aufl., § 131 AktG Rz. 376; *Hüffer*, § 131 AktG Rz. 43.
531 LG Hannover v. 19.8.2009 – 23 O 90/09, AG 2009, 914, Rz. 73 f.
532 LG Hannover v. 19.8.2009 – 23 O 90/09, AG 2009, 914, Rz. 79 f.
533 *Hüffer*, § 131 AktG Rz. 43; *Decher* in Großkomm. AktG, 4. Aufl., § 131 AktG Rz. 372.
534 *Kersting* in KölnKomm. AktG, 3. Aufl., § 131 AktG Rz. 517; Kersting, ZGR 2007, 319, 327 ff.
535 S. auch *Noack*, NZG 2008, 441, 444: „spam".

**lichen Rechtfertigung** einer Ungleichbehandlung, da sowohl § 118 Abs. 1 Satz 2 als auch die EU-Aktionärsrechterichtlinie diese im Kern abstrakt-generalisierend bereits vorsehen[536]. Das Gesetz verlangt nicht, dass das Fragerecht für den online zugeschalteten Aktionär überhaupt eingeräumt wird, solange andere Teilnahmerechte noch erhalten bleiben. Eine **Beschränkung auf das Stimmrecht** ohne sonstige Teilnahmerechte (etwa Rederecht) allerdings entspricht nicht mehr einer Teilnahme an der Hauptversammlung, sondern ist ein Fall der Brief- bzw. Online-Wahl nach § 118 Abs. 2.

### 1. Fragerecht

109 Die Satzung (oder der Vorstand bei entsprechender Ermächtigung) kann das Fragerecht **uneingeschränkt** zulassen, was allerdings bedingt, dass die Gesellschaft technisch die entsprechenden Voraussetzungen treffen muss. Da das Fragerecht im Prinzip mündlich auszuüben ist (Rz. 61), kann die Satzung bzw. der Vorstand auch für die online zugeschalteten Aktionäre vorsehen, dass Fragen mündlich gestellt werden müssen; ohne eine solche einschränkende Satzungsklausel sind dagegen auch per E-Mail eingereichte Fragen zulässig[537]. Auf eine **Verlesung der Fragen** kann in diesem Fall nicht verzichtet werden, auch nicht zugunsten einer besonderen digitalen Plattform, außer wenn diese jedem Aktionär auf der Präsenz-Hauptversammlung auch ohne eigene technische Hilfsmittel zugänglich ist[538]; denn sonst würde den physisch anwesenden Aktionären die Möglichkeit genommen, von den Beiträgen Kenntnis zu nehmen.

110 Weit häufiger dürfte aber der Fall sein, dass das Fragerecht nur **teilweise** eingeräumt wird: Das Gesetz räumt hier ausdrücklich der Satzung (oder bei entsprechender Ermächtigung dem Vorstand) die Möglichkeit der Differenzierung zwischen online zugeschalteten und physisch präsenten Aktionären ein, wobei den online zugeschalteten Aktionären keine anderen Rechte als den physisch anwesenden Aktionären eingeräumt werden dürfen[539]. Das Fragerecht der Online-Aktionäre darf daher nicht weitergehen, sondern ist denselben Kautelen wie diejenige der physisch anwesenden Aktionäre unterworfen. Auch kann die Satzung nicht vorsehen, dass Fragen ohne eine Antwortpflicht gestellt werden, da es sich hier nicht mehr um Fragen handelt – derartige Klauseln können aber ggf. in Regelungen des Rederechts umgedeutet werden[540]. Ein Fragerecht ohne ein diesbezügliches Anfechtungsrecht ist nur dann zulässig, wenn zumindest das Auskunftserzwingungsverfahren als Sanktion verbleibt und der Anfechtungsausschluss sich nicht auf eine diesbezüglich abgegebene Stimme bezieht[541].

111 Die Fragen können jedoch auf die Einreichung in einer **digitalen Plattform** bzw. Forum beschränkt werden, solange diese für jeden physisch präsenten Aktionär auch zugänglich ist; denn damit wird den physisch anwesenden Aktionären die Möglichkeit gegeben, sich die Fragen zu Eigen zu machen[542]. Zulässig ist auch eine mengen-

---

536 *Kersting* in KölnKomm. AktG, 3. Aufl., § 131 AktG Rz. 534 f. = *Kersting*, NZG 2010, 130, 131.
537 *Horn*, ZIP 2008, 1558, 1564.
538 In diese Richtung schon *Noack*, NZG 2008, 441, 444; *Noack*, WM 2009, 2289, 2293; ähnlich *Kersting* in KölnKomm. AktG, 3. Aufl., § 131 AktG Rz. 522: zu behandeln wie schriftliche Fragen.
539 Zutr. *Kersting* in KölnKomm. AktG, 3. Aufl., § 131 AktG Rz. 523.
540 *Kersting* in KölnKomm. AktG, 3. Aufl., § 131 AktG Rz. 525 gegen Begr. RegE BT-Drucks. 16/11642, S. 26.
541 *Noack*, NZG 2008, 441, 444; *Kersting* in KölnKomm. AktG, 3. Aufl., § 131 AktG Rz. 526.
542 *Noack*, WM 2009, 2289, 2293; *Kersting* in KölnKomm. AktG, 3. Aufl., § 131 AktG Rz. 529.

mäßige sowie zeitliche Beschränkung des Fragerechts[543]. Eine Beschränkung der Online-Stimmrechtsausübung (nicht Briefwahl nach § 118 Abs. 2) nur auf bestimmte Tagesordnungspunkte ist unzulässig[544], auch nicht etwa bei der Entlastung (Online-Abstimmung ja) und bei Satzungsänderungen (nein)[545]. Wohl aber kann das Fragerecht hier eingeschränkt werden[546].

Eine **Differenzierung nach persönlichen Eigenschaften** des Aktionärs zur Ausübung seiner Rechte, etwa wie lange er eine Aktie bereits hält, ist ebenso wenig zulässig wie das Erreichen eines bestimmten **Quorums**[547]. Denn das Gesetz behandelt den online zugeschalteten Aktionär nach wie vor im Grundsatz so wie den physisch präsenten, so dass der Charakter der Teilnahmerechte nach wie vor individuell bleibt.

112

## 2. Rederecht

Ähnliche Differenzierungen wie für das Fragerecht kann die Satzung (bzw. der ermächtigte Vorstand) für das Rederecht vorsehen. Auch hier ist bei schriftlichen bzw. in elektronischer Textform übermittelten Beiträgen eine Verlesung oder Zugänglichmachung der Beiträge in der Hauptversammlung erforderlich. Möglich ist auch sowohl eine quantitative (etwa 1.000 Zeichen für eine Mail bzw. Beitrag) wie auch zeitliche Beschränkung.

113

## 3. Rechtsfolgen

Die Rechtsfolgen einer Verletzung der in der Satzung oder vom Vorstand festgelegten Regeln richten sich nach den allgemeinen Grundsätzen der Verletzung des Auskunftsrechts. Werden speziell die Rechte der Online-Teilnehmer verletzt, indem diese unzulässigerweise diskriminiert werden gegenüber den physisch präsenten Aktionären, insbesondere durch die Festlegung von Quoren oder Haltefristen, soll dennoch die Relevanz für einen Beschluss entfallen, da es ihnen unbenommen geblieben sei, zur Hauptversammlung zu erscheinen[548]. Dem ist jedoch zu widersprechen: Den Online-Aktionären würde damit das Risiko aufgebürdet, zu entscheiden, ob die in der Satzung (oder vom Vorstand) festgelegten Teilnahmebedingungen die Grenze der zulässigen Differenzierung übersteigen – und damit de facto ein Zwang zur physischen Teilnahme schaffen, was nicht mehr dem effet utile der Umsetzung der Aktionärsrechterichtlinie entspräche. Außer einem kaum ins Gewicht fallenden Schadensersatzanspruch hinsichtlich der Fahrtkosten[549] blieben entsprechende Verstöße ohne Sanktion.

114

## XI. Rechtsfolgen der Verletzung des Auskunftsrechts

Dem Aktionär stehen verschiedene Rechtsbehelfe zur Verfügung, das Auskunftserzwingungsverfahren (§ 132), die Anfechtungsklage, Schadensersatz bis hin zum Antrag auf Einleitung einer Sonderprüfung:

115

---

543 *Kersting* in KölnKomm. AktG, 3. Aufl., § 131 AktG Rz. 530.
544 So jetzt *Noack*, WM 2009, 2289, 2293.
545 Dies noch erwägend *Noack*, NZG 2008, 441, 444.
546 *Kersting* in KölnKomm. AktG, 3. Aufl., § 131 AktG Rz. 532.
547 Wie hier *Kersting* in KölnKomm. AktG, 3. Aufl., § 131 AktG Rz. 528; *Kersting*, NZG 2010, 130, 133; a.A. aber *Noack*, WM 2009, 2289, 2293.
548 So *Kersting* in KölnKomm. AktG, 3. Aufl., § 131 AktG Rz. 538; *Kersting*, NZG 2010, 130, 134.
549 So *Kersting* in KölnKomm. AktG, 3. Aufl., § 131 AktG Rz. 538.

## 1. Anfechtungsklage

116 Abgesehen und unabhängig von dem Auskunftserzwingungsverfahren kann der Aktionär bei einer Verletzung der Auskunftspflicht (sowohl bei verweigerter Auskunft als auch bei falsch erteilter Auskunft, s. dazu auch § 132 Rz. 8 ff.) Anfechtungsklage gegen den betreffenden Hauptversammlungsbeschluss erheben, § 243 Abs. 1[550]. Grundsätzlich kommt die **Anfechtbarkeit für genau denjenigen Beschluss** in Betracht, zu dessen zugehörigem Tagesordnungspunkt die Auskunft verweigert worden ist[551]. Dafür ist die konkrete Angabe der angeblich in der Hauptversammlung nicht beantworteten Frage innerhalb der Frist des § 246 Abs. 1 erforderlich[552]. Entlastungsbeschlüsse sind wegen eines Informationsmangels mithin nur anfechtbar, wenn dieser von einigem Gewicht für die Entlastung war[553]. Lässt der Versammlungsleiter alle Tagesordnungspunkte in einer Gesamtaussprache behandeln, werden sämtliche Beschlüsse der Hauptversammlung mit der Beschlussanfechtung durch die Auskunftsverweigerung angreifbar[554]. Besondere Anforderungen für die Anfechtbarkeit von Hauptversammlungsbeschlüssen aufgrund der Verletzung von Informationspflichten enthält der durch das UMAG veränderte **§ 243 Abs. 4**, ausführlich dazu s. § 243 Rz. 30 ff. Zum Verhältnis von Anfechtungsklage und Auskunftserzwingungsverfahren, s. § 132 Rz. 44 ff. Eine massive Verletzung des Auskunftsrechts kann in Ausnahmefällen auch zur Nichtigkeit des entsprechenden Hauptversammlungsbeschlusses nach § 241 Nr. 3 und Nr. 4 führen[555].

## 2. Schadensersatzpflicht

117 **Gegenüber der Gesellschaft** haftet der Vorstand bei einer Verletzung des Auskunftsrechts unter den Voraussetzungen des § 93 (s. dazu bei § 93 Rz. 25 ff.)[556], aber auch bei einer nicht geltend gemachten Auskunftsverweigerung[557]. Der der Gesellschaft zu ersetzende Schaden wird sich aber auf die Kosten eines Auskunftserzwingungs- und/oder Beschlussanfechtungsverfahrens beschränken[558]. **Dem einzelnen Aktionär**

---

550 Anders jetzt *Kersting* in KölnKomm. AktG, 3. Aufl., § 131 AktG Rz. 545: nur auf § 243 Abs. 4 Satz 1 zu stützen.
551 BGH v. 15.6.1992 – II ZR 18/91, BGHZ 119, 1, 13 ff.; OLG Karlsruhe v. 13.11.1998 – 14 U 24/98, AG 1999, 470, 471; LG Köln v. 2.4.1990 – 91 O 132/89 – „ddp", AG 1991, 38; *Kubis* in MünchKomm. AktG, 2. Aufl., § 131 AktG Rz. 150; *Decher* in Großkomm. AktG, 4. Aufl., § 131 AktG Rz. 382; *Hüffer*, § 131 AktG Rz. 44; *F.-J. Semler* in MünchHdb. AG, § 37 Rz. 57; a.A. KG v. 8.3.2001 – 2 U 1909/00 – „Kötitzer Ledertuch- und Wachstuchwerke AG", AG 2001, 355, 356.
552 BGH v. 16.2.2009 – II ZR 185/07 – „Kirch/Deutsche Bank, BGHZ 180, 9 = AG 2009, 285, Rz. 34; BGH v. 14.3.2005 – II ZR 153/03, AG 2005, 395, 397.
553 So BGH v. 18.10.2004 – II ZR 250/02, BGHZ 160, 385, 389 f.; *Hüffer*, § 131 AktG Rz. 44; wohl weitergehend OLG Stuttgart v. 18.11.2004 – 20 U 3/04, AG 2005, 94, 96.
554 OLG Brandenburg v. 6.6.2001 – 7 U 145/00, AG 2003, 328, 329; *Hüffer*, § 131 AktG Rz. 44; *Kubis* in MünchKomm. AktG, 2. Aufl., § 131 AktG Rz. 150; *Decher* in Großkomm. AktG, 4. Aufl., § 131 AktG Rz. 382.
555 LG Hamburg v. 23.11.2005 – 401 O 47/05, AG 2006, 512 f.
556 *Hüffer*, § 131 AktG Rz. 44; *Decher* in Großkomm. AktG, 4. Aufl., § 131 AktG Rz. 406; *Kubis* in MünchKomm. AktG, 2. Aufl., § 131 AktG Rz. 151; *F.-J. Semler* in MünchHdb. AG, § 37 Rz. 63; *Butzke* in Obermüller/Werner/Winden, Die Hauptversammlung der Aktiengesellschaft, Rz. G 100.
557 Wie hier *Decher* in Großkomm. AktG, 4. Aufl., § 131 AktG Rz. 406; anders *Kubis* in MünchKomm. AktG, 2. Aufl., § 131 AktG Rz. 151, der nur diejenigen Vorstandsmitglieder, die bei der Abstimmung über die Auskunftsverweigerung für eine solche gestimmt bzw. die Auskunft ohne vorherige Beschlussfassung im Vorstand verweigert haben, in die Haftung nehmen will.
558 *F.-J. Semler* in MünchHdb. AG, § 37 Rz. 63; *Butzke* in Obermüller/Werner/Winden, Die Hauptversammlung der Aktiengesellschaft, Rz. G 100; *Kubis* in MünchKomm. AktG, 2. Aufl., § 131 AktG Rz. 151; *Decher* in Großkomm. AktG, 4. Aufl., § 131 AktG Rz. 406.

**gegenüber** besteht eine Schadensersatzpflicht des Vorstands über § 823 Abs. 2 BGB i.V.m. § 131 (sowie § 401 Abs. 1 Nr. 1)[559]. Ausgehend von Rechtsnatur und Zweck des Auskunftsrechts als mitgliedschaftliches Individualrecht des Aktionärs (Rz. 1, 4 ff.) sind aber sonstige Privatinteressen des Aktionärs nicht vom Schutzbereich des § 131 umfasst[560], so dass Schäden durch eine falsche Anlageentscheidung aufgrund einer unrichtigen oder zu Unrecht verweigerten Auskunft nicht über § 823 Abs. 2 BGB i.V.m. § 131 verlangt werden können[561]. Davon bleiben indes sonstige Ansprüche aufgrund von Falschinformationen unberührt, insbesondere die für das Kapitalmarktrecht in jüngster Zeit relevanten deliktsrechtlichen Ansprüche aus § 826 BGB[562]. In den verbleibenden, mitgliedschaftlich begründeten Konstellationen wird es in der Regel an einem Schaden des einzelnen Aktionärs, der sich nicht im Schaden der Gesellschaft erschöpft[563], fehlen, so dass derartige Schadensersatzansprüche **praktisch keine Bedeutung** haben[564]. Gleiches gilt für Ansprüche der Aktionäre **gegen die Gesellschaft**[565].

### 3. Sonderprüfung und Strafbarkeit

Ferner kann bei verweigerten oder unrichtig gegebenen Auskünften unter bestimmten Voraussetzungen (vgl. die Erl. zu §§ 142, 258, 315) ein **Sonderprüfungsverfahren** eingeleitet werden[566]. Zu beachten ist aber, dass in diesem Zusammenhang nicht – wie beim Auskunftserzwingungsverfahren, vgl. § 132 Rz. 7 – ein einzelner Aktionär, sondern entweder die Hauptversammlung per Beschluss oder wenigstens ein be-

118

---

559 *Decher* in Großkomm. AktG, 4. Aufl., § 131 AktG Rz. 407; *F.-J. Semler* in MünchHdb. AG, § 37 Rz. 63; *Heidel* in Heidel, § 131 AktG Rz. 5b; einschränkend *Kubis* in MünchKomm. AktG, 2. Aufl., § 131 AktG Rz. 152, der nur bei einem Verstoß gegen § 131 und zugleich auch gegen § 400 Abs. 1 Nr. 1 einen Schadensersatzanspruch begründet sieht und auf diese Weise die Ersatzpflicht auf vorsätzliches Vorstandshandeln beschränkt; a.A. *Kersting* in KölnKomm. AktG, 3. Aufl., § 131 AktG Rz. 564; *Hüffer*, § 131 AktG Rz. 44; *Butzke* in Obermüller/Werner/Winden, Die Hauptversammlung der Aktiengesellschaft, Rz. G 100; *Werner* in FS Heinsius, 1991, S. 911, 927 Fn. 53.
560 Wie hier *Butzke* in Obermüller/Werner/Winden, Die Hauptversammlung der Aktiengesellschaft, Rz. G 100; a.A. *F.-J. Semler* in MünchHdb. AG, § 37 Rz. 63, der die Bedeutung des § 131 als Individualrecht überbetont.
561 Ebenso *Butzke* in Obermüller/Werner/Winden, Die Hauptversammlung der Aktiengesellschaft, Rz. G 100; dieses Ergebnis steht im Einklang mit der obigen Annahme, dass § 131 nicht bezweckt, den Aktionär generell in seiner Eigenschaft als Kapitalanleger zu schützen, s. oben Rz. 7 f.; a.A. *F.-J. Semler* in MünchHdb. AG, § 37 Rz. 63; *Kubis* in MünchKomm. AktG, 2. Aufl., § 131 AktG Rz. 152; *Decher* in Großkomm. AktG, 4. Aufl., § 131 AktG Rz. 407.
562 BGH v. 19.7.2004 – II ZR 402/02 – „Infomatec", BGHZ 160, 149 ff. = AG 2004, 546; BGH v. 19.7.2004 – II ZR 218/03 – „Infomatec", BGHZ 160, 134 ff.; BGH v. 9.5.2005 – II ZR 287/02 – „EM TV", AG 2005, 609 ff.; OLG Frankfurt a.M. v. 17.3.2005 – 1 U 149/04, AG 2005, 401 ff.; OLG München v. 20.4.2005 – 7 U 5303/04 – „Comrodo", AG 2005, 484 ff.; zum Ganzen *Spindler* in Bamberger/Roth, 2. Aufl., § 826 BGB Rz. 70 m.w.N.
563 Dazu s. BGH v. 29.6.1987 – II ZR 173/86, NJW 1988, 413, 415; BGH v. 10.11.1986 – II ZR 140/85, AG 1987, 126, 128.
564 *Butzke* in Obermüller/Werner/Winden, Die Hauptversammlung der Aktiengesellschaft, Rz. G 100; trotz anderer Annahme des Schutzbereiches so auch *Kubis* in MünchKomm. AktG, 2. Aufl., § 131 AktG Rz. 152; *Decher* in Großkomm. AktG, 4. Aufl., § 131 AktG Rz. 407.
565 Wie hier *Kubis* in MünchKomm. AktG, 2. Aufl., § 131 AktG Rz. 154; *Decher* in Großkomm. AktG, 4. Aufl., § 131 AktG Rz. 408; *F.-J. Semler* in MünchHdb. AG, § 37 Rz. 63; a.A. *Butzke* in Obermüller/Werner/Winden, Die Hauptversammlung der Aktiengesellschaft, Rz. G 100.
566 *Ebenroth*, Auskunftsrecht, S. 133 f.; *Kubis* in MünchKomm. AktG, 2. Aufl., § 131 AktG Rz. 155; *F.-J. Semler* in MünchHdb. AG, § 37 Rz. 64; *Butzke* in Obermüller/Werner/Winden, Die Hauptversammlung der Aktiengesellschaft, Rz. G 102.

stimmtes Minderheitsquorum der Aktionäre zur Ingangsetzung des Verfahrens berechtigt sind. Bei einer vorsätzlichen unrichtigen oder verschleiernden Auskunft kommt im Einzelfall auch eine **Strafbarkeit des Vorstands** nach § 400 Abs. 1 Nr. 1 in Betracht[567]. S. dazu § 400 Rz. 4.

## § 132
## Gerichtliche Entscheidung über das Auskunftsrecht

(1) Ob der Vorstand die Auskunft zu geben hat, entscheidet auf Antrag ausschließlich das Landgericht, in dessen Bezirk die Gesellschaft ihren Sitz hat.

(2) Antragsberechtigt ist jeder Aktionär, dem die verlangte Auskunft nicht gegeben worden ist, und, wenn über den Gegenstand der Tagesordnung, auf den sich die Auskunft bezog, Beschluss gefasst worden ist, jeder in der Hauptversammlung erschienene Aktionär, der in der Hauptversammlung Widerspruch zur Niederschrift erklärt hat. Der Antrag ist binnen zwei Wochen nach der Hauptversammlung zu stellen, in der die Auskunft abgelehnt worden ist.

(3) § 99 Abs. 1, 3 Satz 1, 2 und 4 bis 6 sowie Abs. 5 Satz 1 und 3 gilt entsprechend. Die Beschwerde findet nur statt, wenn das Landgericht sie in der Entscheidung für zulässig erklärt. § 70 Abs. 2 des Gesetzes über das Verfahren in Familiensachen und in den Angelegenheiten der freiwilligen Gerichtsbarkeit ist entsprechend anzuwenden.

(4) Wird dem Antrag stattgegeben, so ist die Auskunft auch außerhalb der Hauptversammlung zu geben. Aus der Entscheidung findet die Zwangsvollstreckung nach den Vorschriften der Zivilprozessordnung statt.

(5) Für die Kosten des Verfahrens gilt die Kostenordnung. Für das Verfahren des ersten Rechtszugs wird das Doppelte der vollen Gebühr erhoben. Für das Verfahren über ein Rechtsmittel wird die gleiche Gebühr erhoben; dies gilt auch dann, wenn das Rechtsmittel Erfolg hat. Wird der Antrag oder das Rechtsmittel zurückgenommen, bevor es zu einer Entscheidung oder einer vom Gericht vermittelten Einigung kommt, so ermäßigt sich die Gebühr auf die Hälfte. Der Geschäftswert ist von Amts wegen festzusetzen. Er bestimmt sich nach § 30 Abs. 2 der Kostenordnung mit der Maßgabe, dass der Wert regelmäßig auf 5000 Euro anzunehmen ist. Das mit dem Verfahren befasste Gericht bestimmt nach billigem Ermessen, welchem Beteiligten die Kosten des Verfahrens aufzuerlegen sind.

| | | | |
|---|---|---|---|
| I. Grundlagen | 1 | 2. Anrufung eines unzuständigen Gerichts | 5 |
| 1. Regelungszweck | 1 | III. Antrag (§ 132 Abs. 2) | 6 |
| 2. Entstehungsgeschichte | 2 | 1. Allgemeines | 6 |
| II. Gerichtliche Zuständigkeit (§ 132 Abs. 1) | 3 | 2. Antragsberechtigung (§ 132 Abs. 2 Satz 1) | 7 |
| 1. Sachliche und örtliche Zuständigkeit (§ 132 Abs. 1) | 3 | a) Allgemeines | 7 |

---

567 *Kubis* in MünchKomm. AktG, 2. Aufl., § 131 AktG Rz. 156; *Decher* in Großkomm. AktG, 4. Aufl., § 131 AktG Rz. 409; *Butzke* in Obermüller/Werner/Winden, Die Hauptversammlung der Aktiengesellschaft, Rz. G 101; *F.-J. Semler* in MünchHdb. AG, § 37 Rz. 64.

| | |
|---|---|
| b) Verweigerung einer verlangten Auskunft (§ 132 Abs. 2 Satz 1 1. Alt.) . . 8 | aa) Zulassung der Beschwerde . . . 22 |
| c) Widerspruch gegen die Beschlussfassung (§ 132 Abs. 2 Satz 1 2. Alt.) 10 | bb) Nichtzulassungsbeschwerde . . 23 |
| 3. Antragsfrist (§ 132 Abs. 2 Satz 2) . . . 11 | cc) Einlegung der Beschwerde . . . 24 |
| 4. Antragsgegner . . . . . . . . . . . . . . . . 12 | dd) Entscheidung . . . . . . . . . . . . 26 |
| 5. Rücknahme des Antrags (§ 22 FamFG) . . . . . . . . . . . . . . . . . . . 13 | b) Rechtsbeschwerde . . . . . . . . . . . 28 |
| 6. Rechtsschutzbedürfnis . . . . . . . . . . 14 | 3. Rechtskraft . . . . . . . . . . . . . . . . . . 32 |
| IV. Gerichtliches Verfahren (§ 132 Abs. 3 Satz 1 i.V.m. § 99 Abs. 1) . . . . . . . . . 15 | VI. Folgen der gerichtlichen Entscheidung (§ 132 Abs. 4) . . . . . . . . . . . . . 34 |
| 1. Allgemeine Verfahrensregelungen . . 15 | 1. Auskunftserteilung . . . . . . . . . . . . 34 |
| 2. Amtsermittlungsgrundsatz . . . . . . . 17 | 2. Zwangsvollstreckung . . . . . . . . . . 36 |
| 3. Prüfungsumfang des Gerichts . . . . . 18 | 3. Eintragung im Handelsregister . . . . 39 |
| a) Verfahrensvoraussetzungen . . . . . 18 | VII. Verfahrenskosten (§ 132 Abs. 5) . . . . 40 |
| b) Auskunftsanspruch . . . . . . . . . . 19 | 1. Gerichtskosten . . . . . . . . . . . . . . . 40 |
| aa) Allgemeines . . . . . . . . . . . . . 19 | 2. Außergerichtliche Kosten . . . . . . . 42 |
| bb) Auskunftsverweigerungsgründe . . . . . . . . . . . . . . . . . . 20 | VIII. Verhältnis zu anderen Klagemöglichkeiten . . . . . . . . . . . . . . . . 43 |
| V. Gerichtliche Entscheidung (§ 132 Abs. 3) . . . . . . . . . . . . . . . . 21 | 1. Leistungsklage . . . . . . . . . . . . . . . 43 |
| 1. Entscheidung erster Instanz . . . . . . 21 | 2. Anfechtungsklage . . . . . . . . . . . . . 44 |
| 2. Rechtsmittelverfahren . . . . . . . . . . 22 | a) Allgemeines . . . . . . . . . . . . . . . 44 |
| a) Beschwerde . . . . . . . . . . . . . . . 22 | b) Bindungswirkung . . . . . . . . . . . 45 |
| | c) Aussetzung des Verfahrens nach § 148 ZPO . . . . . . . . . . . . 46 |
| | 3. Negative Feststellungsklage . . . . . . 47 |

**Literatur:** *Back*, Verfahrensbeschleunigung durch Zuweisung von Leistungsklagen in den Bereich der Freiwilligen Gerichtsbarkeit? – Eine Kritik des Auskunftserzwingungsverfahrens nach geltendem Aktien- und GmbH-Recht, 1986; *Barz*, Das Auskunftsrecht nach §§ 131, 132 AktG in der Rechtsprechung, in FS Möhring, 1975, S. 153; *Ebenroth*, Das Auskunftsrecht des Aktionärs und seine Durchsetzung im Prozess unter besonderer Berücksichtigung des Rechts der verbundenen Unternehmen, 1970; *Ebenroth/Wilken*, Zum Auskunftsrecht des Aktionärs im Konzern, BB 1993, 1818; *v. Falkenhausen*, Das Verfahren der freiwilligen Gerichtsbarkeit im Aktienrecht, AG 1967, 309; *Gustavus*, Das Informationserzwingungsverfahren nach § 51b GmbH-Gesetz in der Praxis, GmbHR 1989, 181; *Hellwig*, Der Auskunftsanspruch des Aktionärs nach unrichtiger Auskunftserteilung, in FS Budde, 1995, S. 265; *Jänig/Leißring*, FamFG – Neues Verfahrensrecht für Streitigkeiten in AG und GmbH, ZIP 2010, 110; *Kollhosser*, Probleme konkurrierender aktienrechtlicher Gerichtsverfahren, AG 1977, 117; *Lindacher*, Zur Antragsrücknahme im Streitverfahren der Freiwilligen Gerichtsbarkeit, RPfleger 1965, 41; *W. Lüke*, Das Verhältnis von Auskunfts-, Anfechtungs- und Registerverfahren im Aktienrecht, ZGR 1990, 657; *Meyer-Landrut/Miller*, Ist das Gericht der auf Auskunftsverweigerung gestützten Anfechtungsklage an die vorhergehende Entscheidung nach § 132 AktG gebunden?, AG 1970, 157; *Quack*, Unrichtige Auskünfte und das Erzwingungsverfahren nach § 132 AktG, in FS Beusch, 1993, S. 663; *Stadler*, Rechtsfolgen bei Verletzung des Auskunftsrechts nach § 131 AktG, 2006; *Werner*, Anfechtungsklage und Auskunftserzwingungsverfahren, in FS Barz, 1974, S. 293; *Werner*, Fehlentwicklungen in aktienrechtlichen Auskunftsstreitigkeiten – Zugleich ein Beitrag über die Zulässigkeit negativer Feststellungsanträge im Auskunftserzwingungsverfahren, in FS Heinsius, 1991, S. 911.

# I. Grundlagen

## 1. Regelungszweck

Das Auskunftserzwingungsverfahren verfolgt in Abkehr zur früheren Rechtslage den **Zweck**, dem auskunftssuchenden Aktionär zur **Durchsetzung seines Auskunftsan-** 1 spruches gegen die Gesellschaft zu verhelfen, indem möglichst schnell und sachgerecht über die Erfüllung seines in § 131 normierten Auskunftsanspruches gerichtlich entschieden werden kann[1]. Zur **Beschleunigung**[2] sieht § 132 anstelle der Leistungsklage[3] ein modifiziertes Verfahren nach den Grundsätzen über die freiwillige Gerichtsbarkeit vor (§ 132 Abs. 3 Satz 1 i.V.m. § 99 Abs. 1)[4]. Die praktische Bedeutung dieses Verfahrens ist gering geblieben[5], da die Anfechtungsklage bevorzugt wird[6].

## 2. Entstehungsgeschichte

2  § 132 wurde in seiner heutigen Ausgestaltung durch das **AktG von 1965** eingeführt[7]. Nach dem AktG von 1937 stand die Entscheidung über die Auskunftsverweigerung im Ermessen des Vorstands, welche der Aktionär gerichtlich durch Leistungsklage auf Erteilung der Auskunft oder durch Anfechtungsklage gegen den in der Hauptversammlung gefassten Beschluss im ordentlichen Zivilprozessverfahren überprüfen lassen konnte, wobei jedoch der Prüfungsmaßstab des Gerichts[8] auf die Frage beschränkt war, ob der Vorstand sein Ermessen missbraucht hatte[9]. Durch das Gesetz zur Reform des Verfahrens in Familiensachen und in den Angelegenheiten der freiwilligen Gerichtsbarkeit (**FGG-Reformgesetz**) vom 17.12.2008[10] wurden die verfahrensrechtlichen Vorschriften des § 132 Abs. 1 Satz 2–4 a.F. aufgehoben sowie die Regelungen der Absätze 3 und 5 Satz 3, 4 geändert.

## II. Gerichtliche Zuständigkeit (§ 132 Abs. 1)

### 1. Sachliche und örtliche Zuständigkeit (§ 132 Abs. 1)

3  **Sachlich zuständig** ist ausschließlich das Landgericht (§ 132 Abs. 1 AktG, § 71 Abs. 2 Nr. 4 lit. b GVG), hier, soweit eine Kammer für Handelssachen eingerichtet ist, diese an Stelle der Zivilkammer (§§ 94, 95 Abs. 2 Nr. 2 GVG), da wirtschaftliche Kenntnisse und Erfahrungen insbesondere bei der Prüfung eines Auskunftsverweigerungsrech-

---

1 Begr. RegE *Kropff*, Aktiengesetz, S. 189; OLG Düsseldorf v. 17.7.1991 – 19 W 2/91, AG 1992, 34; *Decher* in Großkomm. AktG, 4. Aufl., § 132 AktG Rz. 1; *Kubis* in MünchKomm. AktG, 2. Aufl., § 132 AktG Rz. 1; *Hüffer*, § 132 AktG Rz. 1; *v. Schenck* in J. Semler/Volhard, Arbeitshandbuch HV, § 46 Rz. 1.
2 Krit. dazu *Back*, Verfahrensbeschleunigung, S. 189 ff.; *K. Schmidt* in Scholz, § 51b GmbHG Rz. 3; zurückhaltend *Hüffer*, § 132 AktG Rz. 1.
3 Zum Verhältnis von Anfechtungsklage und Auskunftserzwingungsverfahren s. unten Rz. 44; zum Verhältnis von Leistungsklage und § 132 s. unten Rz. 43.
4 Begr. RegE *Kropff*, Aktiengesetz, S. 189; *Kubis* in MünchKomm. AktG, 2. Aufl., § 132 AktG Rz. 1; *Butzke* in Obermüller/Werner/Winden, Die Hauptversammlung der Aktiengesellschaft, G 94.
5 *Werner* in FS Heinsius, 1991, S. 911, 912 spricht insoweit von „Schattendasein"; *Decher* in Großkomm. AktG, 4. Aufl., § 132 AktG Rz. 4; a.A. *Kubis* in MünchKomm. AktG, 2. Aufl., § 132 AktG Rz. 2: „häufig genutzter Rechtsbehelf".
6 Z.T. jedoch nur um die Gesellschaft in einen langwierigen Prozess zu verwickeln, als aus wirklichem Interesse in Bezug auf die Auskunft, *Werner* in FS Heinsius, 1991, S. 911, 912.
7 Begr. RegE *Kropff*, Aktiengesetz, S. 188 f.; ausführlich zur Entstehungsgeschichte *Ebenroth*, Auskunftsrecht, S. 141 f.; *Decher* in Großkomm. AktG, 4. Aufl., § 132 AktG Rz. 1; *Kersting* in KölnKomm. AktG, 3. Aufl., § 132 AktG Rz. 1; zum Auskunftsrecht in der Weimarer Republik *Spindler* in Bayer/Habersack, Aktienrecht im Wandel, 2007, Bd. I Rz. 113 ff.
8 Zum gerichtlichen Prüfungsmaßstab im Rahmen des Auskunftserzwingungsverfahrens s. unten Rz. 18 ff., insbesondere Rz. 20.
9 BGH v. 7.4.1960 – II ZR 143/58, BGHZ 32, 159, 162, 168; BGH v. 23.11.1961 – II ZR 4/60, BGHZ 36, 121, 125; Begr. RegE *Kropff*, Aktiengesetz, S. 188 f.; *Decher* in Großkomm. AktG, 4. Aufl., § 132 AktG Rz. 1; *Kersting* in KölnKomm. AktG, 3. Aufl., § 132 AktG Rz. 1.
10 BGBl. I 2008, 2586.

tes nach § 131 Abs. 3 erforderlich sind. Allerdings erfolgt dies im Gegensatz zum alten Recht nur auf Antrag (§ 96 Abs. 1 GVG). Ohne Antrag wird das Verfahren vor der Zivilkammer geführt; allerdings kann die Antragsgegnerin ebenfalls einen Antrag auf Verweisung vor der Verhandlung zur Sache stellen (§§ 98, 101 Abs. 1 Satz 1 GVG). Eine Entscheidung erfolgt durch die Kammer, nicht durch den Vorsitzenden, § 349 ZPO findet im Verfahren nach dem FamFG keine Anwendung[11].

**Örtlich zuständig** ist das Landgericht, in dessen Bezirk die Gesellschaft ihren Sitz hat. Für den Fall eines Doppelsitzes der Gesellschaft ist die Anrufung eines von beiden Sitzgerichten durch den Aktionär ausreichend. Nach §§ 132 Abs. 3 Satz 1, 99 Abs. 1 AktG i.V.m. § 2 Abs. 1 FamFG ist unter mehreren örtlich zuständigen Gerichten dasjenige zuständig, das zuerst mit der Angelegenheit befasst ist[12]. Gem. § 71 Abs. 4 Satz 1 GVG kann die Landesregierung (und ggf. auch die Landesjustizverwaltung nach Satz 2) die Entscheidung durch Rechtsverordnung für die Bezirke mehrerer Landgerichte einem Landgericht übertragen, wenn dies der Sicherung einer einheitlichen Rechtsprechung dient, was diverse Landesregierungen umgesetzt haben[13].

4

## 2. Anrufung eines unzuständigen Gerichts

Seine örtliche und sachliche Zuständigkeit hat das angerufene Gericht von Amts wegen gem. § 132 Abs. 3 Satz 1, § 99 Abs. 1 AktG i.V.m. § 26 FamFG zu überprüfen. Stellt das Gericht hierbei seine Unzuständigkeit fest, hat es sich durch Beschluss für unzuständig zu erklären und die Sache nach Anhörung der Beteiligten an das zuständige Gericht zu verweisen (§ 3 Abs. 1 FamFG)[14]. Wird eine Sachentscheidung durch ein **örtlich unzuständiges Gericht** erlassen, so ist diese gem. § 2 Abs. 3 FamFG deswegen nicht nichtig, vielmehr als wirksam anzusehen. Zwar stellt § 2 Abs. 3 FamFG keine Heilungsvorschrift dar und somit bleibt der Rechtsverstoß grundsätzlich bestehen, jedoch ist die Entscheidung des örtlich unzuständigen Gerichts unter Geltung des FamFG nicht mit Rechtsmitteln, das heißt weder mit der Beschwerde (§ 65 Abs. 4 FamFG) noch der Rechtsbeschwerde (§ 72 Abs. 2 FamFG), angreifbar[15]. Dieses soll zum einen eine Verfahrensbeschleunigung bewirken sowie zum anderen das Ver-

5

---

11 *Kersting* in KölnKomm. AktG, 3. Aufl., § 132 AktG Rz. 24.
12 S. dazu *Sternal* in Keidel, § 2 FamFG Rz. 4 ff.; *Pabst* in MünchKomm. ZPO, 3. Aufl., § 2 FamFG Rz. 15 ff.
13 Etwa **Baden Württemberg**: LG Mannheim, LG Stuttgart – § 13 Abs. 2 Nr. 3 lit. a ZuVOJu vom 20.11.1998, GBl. 1998, 680; **Bayern**: LG München I für die Landgerichtsbezirke des Oberlandesgerichts München, LG Nürnberg-Fürth für die Landgerichtsbezirke der Oberlandesgerichte Nürnberg und Bamberg, sowie OLG München als zentrales Beschwerdegericht – § 12 Abs. 1, 2 GZVJu vom 16.11.2004, GVBl 2004, 471; **Hessen**: LG Frankfurt a.M. – § 20 GerZustJVO vom 16.9.2008, GVBl. I 2008, 822; **Niedersachsen**: LG Hannover – § 2 Nr. 3 ZustVO-Justiz vom 18.12.2009, Nds. GVBl. 2009, 506; **Nordrhein-Westfalen**: LG Dortmund, LG Düsseldorf, LG Köln sowie OLG Düsseldorf als zentrales Beschwerdegericht – §§ 1, 2 Konzentrations-VO Gesellschaftsrecht vom 31.5.2005, GVBl. 2005, 625; **Rheinland-Pfalz** durch § 10 VO vom 22.11.1985, GVBl. S. 267: OLG Zweibrücken als Beschwerdegericht; **Sachsen** durch § 10 Nr. 3 VO vom 14.12.2007, SächsGVBl. S. 600: Landgericht Leipzig; in Berlin, Bremen, Hamburg und dem Saarland bedarf es aufgrund jeweils nur eines vorhandenen Landgerichtes keiner Verfahrenskonzentration.
14 Näher dazu *Sternal* in Keidel, § 3 FamFG Rz. 32 ff.; *Pabst* in MünchKomm. ZPO, 3. Aufl., § 3 FamFG Rz. 3 ff.; ebenso noch zur Rechtslage unter dem FFG: *Kubis* in MünchKomm. AktG, 2. Aufl., § 132 AktG Rz. 4; *Reger* in Bürgers/Körber, § 132 AktG Rz. 2; bzgl. der Fristwahrung in derartigen Fällen s. Rz. 11.
15 Anders noch allg. Ansicht zum bisherigen Recht unter dem FGG: *Bumiller/Winkler*, § 7 FGG Rz. 16; *Zimmermann* in Keidel/Kuntze/Winkler, § 7 FGG Rz. 36; *Müther* in Jansen, § 7 FGG Rz. 3, wonach die Entscheidung mit der Beschwerde anfechtbar war. Allgemein zur Beschwerde im Rahmen des § 132 s. unten bei Rz. 22 ff.

fahren an die streitige Gerichtsbarkeit (§§ 513 Abs. 2, 571 Abs. 2 Satz 2, 545 Abs. 2 ZPO) angleichen[16]. Bei **Verstößen gegen die sachliche Zuständigkeit** war unter Geltung des FGG aufgrund einer entsprechenden Anwendung des § 7 FGG a.F. die gerichtliche Handlung nicht per se unwirksam, aber mit der Beschwerde (§ 19 FGG a.F.) bzw. der weiteren Beschwerde (§ 27 FGG a.F.) anfechtbar[17]. Da es im FamFG keine mit § 2 Abs. 3 FamFG vergleichbare Regelung für die sachliche Zuständigkeit gibt, soll diese, wie bisher § 7 FGG a.F., entsprechend auf Handlungen sachlich unzuständiger Gerichte angewendet werden, so dass diese grundsätzlich wirksam sind[18]. Abweichend von der Rechtslage unter dem FGG schließen jedoch §§ 65 Abs. 4, 72 Abs. 2 FamFG die Erhebung von Rechtsmitteln, die sich ausschließlich darauf stützen, dass das Gericht seine Zuständigkeit zu Unrecht angenommen hat, aus; folglich sind auch die Handlungen eines, seine sachliche Zuständigkeit zu Unrecht bejahenden Gerichts nicht mehr anfechtbar[19]. Bei Verstößen **gegen die Geschäftsverteilung**, so insbesondere wenn anstelle der Kammer für Handelssachen die Zivilkammer entscheidet[20], ist die so ergangene Entscheidung – ihre Rechtsfehlerfreiheit vorausgesetzt – nur dann anfechtbar, wenn der Verstoß auf Willkür beruht und auf diese Weise Art. 101 Abs. 1 GG verletzt[21].

### III. Antrag (§ 132 Abs. 2)

#### 1. Allgemeines

6 Nach § 132 Abs. 1 entscheidet das Gericht **nur auf Antrag**. Der Antrag kann **formlos** und nach § 132 Abs. 3 Satz 1, § 99 Abs. 1 AktG i.V.m. § 25 Abs. 1, 2 FamFG auch zu Protokoll der Geschäftsstelle des zuständigen Landgerichts oder der eines beliebigen

---

16 Begr. RegE BT-Drucks. 16/6308, S. 206; *Pabst* in MünchKomm. ZPO, 3. Aufl., § 2 FamFG Rz. 47; *Sternal* in Keidel, § 2 FamFG Rz. 30; *Bumiller/Harders*, § 2 FamFG Rz. 17; *Reichhold/Hüßtege* in Thomas/Putzo, ZPO, § 2 FamFG Rz. 7.
17 S. zur alten Rechtslage unter dem FGG eingehend *Habscheid*, NJW 1966, 1787, 1792; *Zimmermann* in Keidel/Kuntze/Winkler, § 7 FGG Rz. 26; *Jansen*, § 7 FGG Rz. 15.
18 So *Pabst* in MünchKomm. ZPO, 3. Aufl., § 2 FamFG Rz. 60; *Geimer* in Zöller, ZPO, § 2 FamFG Rz. 6; *Schöpflin* in Schulte-Bunert/Weinreich, § 2 FamFG Rz. 13; sowie *Bumiller/Harders*, § 2 FamFG Rz. 25 und bezugnehmend darauf *Sternal* in Keidel, § 2 FamFG Rz. 30, die jedoch von einer Anfechtbarkeit der Entscheidung ausgehen.
19 S. dazu *Koritz* in MünchKomm. ZPO, 3. Aufl., § 65 FamFG Rz. 7, § 72 FamFG Rz. 4; *Sternal* in Keidel, § 65 FamFG Rz. 16 ff.; *Meyer-Holz* in Keidel, § 72 FamFG Rz. 47; *Bumiller/Harders*, § 65 FamFG Rz. 8, § 72 FamFG Rz. 2; *Unger* in Schulte-Bunert/Weinreich, § 65 FamFG Rz. 12, § 72 FamFG Rz. 22.
20 Dieses stellt eine gesetzlich angeordnete Geschäftsverteilung dar, vgl. *Kubis* in MünchKomm. AktG, 2. Aufl., § 132 AktG Rz. 6; *Lückemann* in Zöller, ZPO, Vor § 93 GVG Rz. 1; *Hüßtege* in Thomas/Putzo, ZPO, Vorbem. § 93 GVG Rz. 1; *Zimmermann* in MünchKomm. ZPO, 3. Aufl., § 94 GVG Rz. 1.
21 Ebenso *Kubis* in MünchKomm. AktG, 2. Aufl., § 132 AktG Rz. 6; *Lückemann* in Zöller, ZPO, § 21e GVG Rz. 53, § 104 GVG Rz. 4; *Hüßtege* in Thomas/Putzo, ZPO, Vorbem. § 93 GVG Rz. 1, § 21e GVG Rz. 47; *Zimmermann* in MünchKomm. ZPO, 3. Aufl., § 21e GVG Rz. 66; sowie für die Berufung *Rimmelspacher* in MünchKomm. ZPO, 3. Aufl., § 514 ZPO Rz. 19; für die Beschwerde *Lipp* in MünchKomm. ZPO, 3. Aufl., § 571 ZPO Rz. 9; ablehnend hingegen *Heßler* in Zöller, § 513 ZPO Rz. 10; *Sternal* in Keidel, § 65 FamFG Rz. 17 der dieses mit dem eindeutigen Wortlaut der §§ 65 Abs. 4, 72 Abs. 2 FamFG begründet und den Betroffenen auf die Verfassungsbeschwerde verweist; wiederum a.A. noch zum FGG *Hüffer*, § 132 AktG Rz. 3, der in diesen Fällen das Vorliegen eines unbedingten Rechtsbeschwerdegrundes annimmt, der notwendig zur Aufhebung und Zurückweisung führt (§ 547 Nr. 1 ZPO i.V.m. § 27 Abs. 1 Satz 2 FGG), dieses jedoch unzutreffend auf die noch zu § 551 Nr. 4 ZPO a.F. i.V.m. § 27 FGG ergangene Entscheidung des BayObLG v. 30.6.1998 – 3 Z BR 175/98, NJW-RR 1999, 1519 stützt.

Amtsgerichts gestellt werden, ebenso wie per Telegramm, Telefax sowie durch telefonische Erklärung, sofern der Erklärende identifizierbar ist[22], ferner gem. § 14 Abs. 2 FamFG auch elektronisch (etwa per E-Mail). Trotz Zuständigkeit des LG besteht kein Anwaltszwang, Umkehrschluss aus §§ 132 Abs. 3 Satz 1, 99 Abs. 3 Satz 4 sowie dem über § 99 Abs. 1 anwendbaren § 10 Abs. 1 FamFG[23]. Die Anforderungen an den **Antragsinhalt** sind nunmehr in § 23 Abs. 1 FamFG geregelt, der eine entsprechende Vorschrift zu § 253 Abs. 2 ZPO darstellt. Allerdings ergeben sich daraus keine Angaben über den zwingenden Inhalt, vielmehr stellt er nur „Soll"-Anforderungen an den Antrag. Danach soll der verfahrenseinleitende Antrag begründet werden (§ 25 Abs. 1 Satz 1 FamFG) sowie die zur Begründung dienenden Tatsachen und Beweismittel angegeben und die Personen benannt werden, die als Beteiligte in Betracht kommen (§ 25 Abs. 1 Satz 2). Ferner soll der Antrag von dem Antragsteller oder seinem Bevollmächtigten unterschrieben werden (§ 25 Abs. 1 Satz 4 FamFG). Aus dem Antragsprinzip sowie dem Zweck des Antrags folgt jedoch, dass die Antragsschrift weiterhin zwingend das angerufene Gericht, den Antragsteller sowie den Verfahrensgegenstand, das heißt die Entscheidung über das Auskunftsrecht, bezeichnen muss[24]. Eine eventuell erforderliche **Auslegung des Antrags** ist insbesondere wegen des geltenden Amtsermittlungsgrundsatzes (Näheres dazu s. unten Rz. 17) und dem verfassungsrechtlichen Gebot des effektiven Rechtsschutzes „wohlwollend" vorzunehmen[25]. Dementsprechend ist z.B. ein Feststellungsantrag im Rahmen der Auslegung in einen Leistungsantrag umzudeuten und nicht etwa als unzulässig abzuweisen[26].

## 2. Antragsberechtigung (§ 132 Abs. 2 Satz 1)

### a) Allgemeines

Nur Aktionäre sind nach § 132 Abs. 2 Satz 1 antragsbefugt. Die Aktionärseigenschaft muss zum Zeitpunkt der Hauptversammlung sowie während des gesamten Verfahrens[27] bestehen; ein Aktienerwerb nach der entsprechenden Hauptversammlung

7

---

22 *Ulrici* in MünchKomm. ZPO, 3. Aufl., § 25 FamFG Rz. 7; *Sternal* in Keidel, § 25 FamFG Rz. 13 ff.; *Brinkmann* in Schulte-Bunert/Weinreich, § 25 FamFG Rz. 15; *Ebenroth*, Auskunftsrecht, S. 149.
23 S. *Zimmermann* in Keidel, § 10 FamFG Rz. 3; *Pabst* in MünchKomm. ZPO, 3. Aufl., § 10 FamFG Rz. 3; zur alten Rechtslage unter dem FGG: OLG Dresden v. 1.12.1998 – 7 W 426/98, AG 1999, 274; OLG Koblenz v. 19.7.1995 – 6 W 274/95, AG 1996, 34; *Decher* in Großkomm. AktG, 4. Aufl., § 132 AktG Rz. 26; *Hüffer*, § 132 AktG Rz. 4; *Butzke* in Obermüller/Werner/Winden, Die Hauptversammlung der Aktiengesellschaft, Rz. G 94.
24 *Kersting* in KölnKomm. AktG, 3. Aufl., § 132 AktG Rz. 48; s. näher dazu *Ulrici* in MünchKomm. ZPO, 3. Aufl., § 23 FamFG Rz. 28 ff.; so auch *Sternal* in Keidel, § 23 FamFG Rz. 38 der bei Fehlen die Möglichkeit einer Zurückweisung des Antrags annimmt; *Brinkmann* in Schulte-Bunert/Weinreich, § 23 FamFG Rz. 14; ebenso schon zur der alten Rechtslage zum FGG OLG Koblenz v. 19.7.1995 – 6 W 274/95, AG 1996, 34; *Decher* in Großkomm. AktG, 4. Aufl., § 132 AktG Rz. 28; *Kubis* in MünchKomm. AktG, 2. Aufl., § 132 AktG Rz. 8.
25 *Sternal* in Keidel, § 23 FamFG Rz. 47; *Ulrici* in MünchKomm. ZPO, 3. Aufl., § 25 FamFG Rz. 9; ebenso zum FGG: OLG Dresden v. 1.12.1998 – 7 W 426/98, AG 1999, 274; OLG Koblenz v. 19.7.1995 – 6 W 274/95, AG 1996, 34; *Kubis* in MünchKomm. AktG, 2. Aufl., § 132 AktG Rz. 8.
26 Für die Zulässigkeit der Umdeutung auch *Ulrici* in MünchKomm. ZPO, 3. Aufl., § 25 FamFG Rz. 9; *Sternal* in Keidel, § 23 FamFG Rz. 47; ebenso zum früheren FGG: OLG Koblenz v. 19.7.1995 – 6 W 274/95, AG 1996, 34; *Hüffer*, § 132 AktG Rz. 4; *Kubis* in MünchKomm. AktG, 2. Aufl., § 132 AktG Rz. 8.
27 *F.-J. Semler* in MünchHdb. AG, § 37 Rz. 49; *Reger* in Bürgers/Körber, § 132 AktG Rz. 3; *Kubis* in MünchKomm. AktG, 2. Aufl., § 132 AktG Rz. 51; *Butzke* in Obermüller/Werner/Winden, Die Hauptversammlung der Aktiengesellschaft, Rz. G 98.

begründet keine Antragsberechtigung[28]. Die Antragsberechtigung geht auch nicht auf einen Erwerber der Aktien über[29], außer bei Universalsukzession (Erbfolge)[30]. Das Antragsrecht lebt auch nicht wieder auf, wenn er später wiederum Aktionär der Gesellschaft wird[31]. Entfällt oder fehlt die Aktionärseigenschaft, ist der Antrag unzulässig[32]. Auch der **Legitimationsaktionär**, der **an der Hauptversammlung teilgenommen hat**, ist bei ausdrücklicher Ermächtigung[33] anstelle des „wahren" Aktionärs selbst antragsberechtigt[34], nicht jedoch bloß bei genereller Ermächtigung zur Ausübung der Aktionärsrechte[35]; hier ist nur der zedierende Aktionär antragsberechtigt[36]. Ein **Vertreter des Aktionärs** ist **selbst nicht antragsberechtigt**[37], auch nicht Vertreter aktienverwahrender Kreditinstitute, Aktionärsvereinigungen oder Personen, die sich geschäftsmäßig zur Ausübung des Stimmrechts erbieten (§ 135 Abs. 8)[38]. Inwieweit der Vertreter auch zur späteren Antragsstellung im Namen des vertretenen Aktionärs berechtigt ist, bestimmt sich nach der Vollmacht[39]. Auch ist **nur der Aktionär antragsberechtigt, welcher an der Hauptversammlung teilgenommen hat**, § 132 Abs. 2 Satz 1 2. Alt. Für § 132 Abs. 2 Satz 1 1. Alt. resultiert dies aus dem vergeblichen Auskunftsverlangen. Unerheblich ist grundsätzlich, ob der Aktionär persön-

---

28 *Decher* in Großkomm. AktG, 4. Aufl., § 132 AktG Rz. 21; *Kersting* in KölnKomm. AktG, 3. Aufl., § 132 AktG Rz. 30; *v. Schenck* in J. Semler/Volhard, Arbeitshandbuch HV, § 46 Rz. 7.
29 *Kubis* in MünchKomm. AktG, 2. Aufl., § 132 AktG Rz. 9; *Decher* in Großkomm. AktG, 4. Aufl., § 132 AktG Rz. 21; *F.-J. Semler* in MünchHdb. AG, § 37 Rz. 49; *Siems* in Spindler/Stilz, § 132 AktG Rz. 8; a.A. *Heidel* in Heidel, § 132 AktG Rz. 5, der eine Ungleichbehandlung von Erwerb der Aktie und Gesamtrechtsnachfolge für unbegründet hält, da gleichermaßen ein Informationsbedürfnis vorliegen könne.
30 *Kersting* in KölnKomm. AktG, 3. Aufl., § 132 AktG Rz. 30; *Decher* in Großkomm. AktG, 4. Aufl., § 132 AktG Rz. 21; *v. Schenck* in J. Semler/Volhard, Arbeitshandbuch HV, § 46 Rz. 8.
31 *Decher* in Großkomm. AktG, 4. Aufl., § 132 AktG Rz. 21; *Kersting* in KölnKomm. AktG, 3. Aufl., § 132 AktG Rz. 30; *Butzke* in Obermüller/Werner/Winden, Die Hauptversammlung der Aktiengesellschaft, Rz. G 98.
32 *Kubis* in MünchKomm. AktG, 2. Aufl., § 132 AktG Rz. 13; *Decher* in Großkomm. AktG, 4. Aufl., § 132 AktG Rz. 21; *Butzke* in Obermüller/Werner/Winden, Die Hauptversammlung der Aktiengesellschaft, Rz. G 98.
33 *Decher* in Großkomm. AktG, 4. Aufl., § 132 AktG Rz. 18; *Kubis* in MünchKomm. AktG, 2. Aufl., § 132 AktG Rz. 18; *Siems* in Spindler/Stilz, § 132 AktG Rz. 7; *Butzke* in Obermüller/Werner/Winden, Die Hauptversammlung der Aktiengesellschaft, Rz. G 97.
34 BayObLG v. 9.9.1996 – 3 ZBR 36/94, AG 1996, 563; *Decher* in Großkomm. AktG, 4. Aufl., § 132 AktG Rz. 18; *Kersting* in KölnKomm. AktG, 3. Aufl., § 132 AktG Rz. 31; *Kubis* in MünchKomm. AktG, 2. Aufl., § 132 AktG Rz. 18; *Reger* in Bürgers/Körber, § 132 AktG Rz. 3; *Butzke* in Obermüller/Werner/Winden, Die Hauptversammlung der Aktiengesellschaft, Rz. G 97.
35 BayObLG v. 9.9.1996 – 3 ZBR 36/94, AG 1996, 563; *Hüffer*, § 132 AktG Rz. 5; *Kubis* in MünchKomm. AktG, 2. Aufl., § 132 AktG Rz. 10; *Reger* in Bürgers/Körber, § 132 AktG Rz. 3.
36 BayObLG v. 9.9.1996 – 3 ZBR 36/94, AG 1996, 563; *Ebenroth*, Auskunftsrecht, S. 146; *Decher* in Großkomm. AktG, 4. Aufl., § 132 AktG Rz. 18.
37 OLG Hamburg v. 12.12.1969 – 11 W 34/69, AG 1970, 50, 51; *Ebenroth*, Auskunftsrecht, S. 146; *Kubis* in MünchKomm. AktG, 2. Aufl., § 132 AktG Rz. 11; *Kersting* in KölnKomm. AktG, 3. Aufl., § 132 AktG Rz. 32; *Butzke* in Obermüller/Werner/Winden, Die Hauptversammlung der Aktiengesellschaft, Rz. G 97; a.A. LG Heilbronn v. 6.3.1967 – KfH AktE 1/67, AG 1967, 81, das aus einer (zu weitgehenden) Auslegung des § 135 Abs. 4 Satz 2 auf ein Antragsrecht schließt.
38 *Ebenroth*, Auskunftsrecht, S. 146; *Butzke* in Obermüller/Werner/Winden, Die Hauptversammlung der Aktiengesellschaft, Rz. G 97.
39 *Kubis* in MünchKomm. AktG, 2. Aufl., § 132 AktG Rz. 11, 22; *Reger* in Bürgers/Körber, § 132 AktG Rz. 3.

lich teilgenommen hat oder (offen oder verdeckt) vertreten wurde[40]. Eine Offenlegung der Vertretung kann allerdings ausnahmsweise notwendig sein, wenn ein Aktionär nicht nur für sich, sondern auch für einen Dritten handelt, so dass er dann, entsprechend dem Rechtsgedanken des § 164 Abs. 2 BGB, das Handeln zugleich für einen anderen hinreichend deutlich machen muss[41]. Ferner ist unerheblich, ob dem Aktionär oder seiner Vertretung die Teilnahme an der Hauptversammlung zu Unrecht versagt wurde[42].

**b) Verweigerung einer verlangten Auskunft (§ 132 Abs. 2 Satz 1 1. Alt.)**

Jeder Aktionär ist antragsberechtigt, dem eine verlangte Auskunft in der Hauptversammlung nicht erteilt wurde. Die Teilnahme an der Hauptversammlung ist daher erforderlich, auch eine Online-Teilnahme nach § 118 Abs. 1 Satz 2 genügt[43]. **Nicht erforderlich** ist, dass der **Aktionär die Auskunft selbst erbeten hat**; ausreichend ist es, wenn er sich das Auskunftsbegehren eines anderen Aktionärs ausdrücklich zu Eigen macht[44], hingegen reicht eine pauschale Bezugnahme auf Fragen anderer Aktionäre nicht aus[45]. Unerheblich ist es, ob der Aktionär seine Frage und den Grund der Auskunftsverweigerung nach § 131 Abs. 5 in die Niederschrift hat aufnehmen lassen[46], ebenso, ob die Hauptversammlung über den Tagesordnungspunkt, auf welchen sich die abgelehnte Auskunft bezog, Beschlüsse gefasst hat[47]. Schließlich muss der Aktionär auch nicht Widerspruch zur Niederschrift erklärt haben[48]. 8

In Bezug auf **unvollständige Auskünfte** ist die Anwendbarkeit von § 132 weitgehend anerkannt[49]. Im Hinblick auf **unrichtige Auskünfte** wird § 132 von Teilen der Rechtsprechung[50] und Literatur[51] für nicht anwendbar angesehen; der auskunftsuchende 9

---

40 *Kubis* in MünchKomm. AktG, 2. Aufl., § 132 AktG Rz. 12.
41 OLG Frankfurt v. 30.1.2006 – 20 W 56/05, ZIP 2006, 610, 611; *Reger* in Bürgers/Körber, § 132 AktG Rz. 3.
42 *Ebenroth*, Auskunftsrecht, S. 145 f. mit Hinweis auf die Anfechtbarkeit der so gefassten Beschlüsse; *Decher* in Großkomm. AktG, 4. Aufl., § 132 AktG Rz. 20; *Kubis* in MünchKomm. AktG, 2. Aufl., § 132 AktG Rz. 12; *Reger* in Bürgers/Körber, § 132 AktG Rz. 3.
43 *Kersting* in KölnKomm. AktG, 3. Aufl., § 132 AktG Rz. 34.
44 LG Frankfurt v. 18.1.2005 – 3-5 O 83/04, ZIP 2005, 302, 303; *Decher* in Großkomm. AktG, 4. Aufl., § 132 AktG Rz. 16; *Kersting* in KölnKomm. AktG, 3. Aufl., § 132 AktG Rz. 36; *Kubis* in MünchKomm. AktG, 2. Aufl., § 132 AktG Rz. 14; *Siems* in Spindler/Stilz, § 132 AktG Rz. 9; *Reger* in Bürgers/Körber, § 132 AktG Rz. 3.
45 BGH v. 16.2.2009 – II ZR 185/07, BGHZ 180, 9, 26, Rz. 34; LG Frankfurt v. 18.1.2005 – 3-5 O 83/04, ZIP 2005, 302, 303; *Reger* in Bürgers/Körber, § 132 AktG Rz. 3; *Siems* in Spindler/Stilz, § 132 AktG Rz. 9; a.A. *Heidel* in Heidel, § 132 AktG Rz. 5 demzufolge eine konkrete Bezeichnung eine Formalie darstelle, die zu einer unnötigen Verzögerung der Hauptversammlung führe, welches der Gesetzgeber habe gerade vermeiden wollen.
46 *Hüffer*, § 132 AktG Rz. 4a; *Decher* in Großkomm. AktG, 4. Aufl., § 132 AktG Rz. 16; *Butzke* in Obermüller/Werner/Winden, Die Hauptversammlung der Aktiengesellschaft, Rz. G 95; *F.-J Semler* in MünchHdb. AG, § 37 Rz. 49.
47 *Kubis* in MünchKomm. AktG, 2. Aufl., § 132 AktG Rz. 15.
48 *Ebenroth*, Auskunftsrecht, S. 145; *Kubis* in MünchKomm. AktG, 2. Aufl., § 132 AktG Rz. 15; *Decher* in Großkomm. AktG, 4. Aufl., § 132 AktG Rz. 16; *Hüffer*, § 132 AktG Rz. 4a.
49 *Kubis* in MünchKomm. AktG, 2. Aufl., § 132 AktG Rz. 15; *Reger* in Bürgers/Körber, § 132 AktG Rz. 3; *Butzke* in Obermüller/Werner/Winden, Die Hauptversammlung der Aktiengesellschaft, Rz. G 95; abweichend LG Köln v. 2.4.1990 – 91 O 132/89, AG 1991, 38.
50 KG v. 16.7.2009 – 23 W 69/08, WM 2010, 324, Rz. 39 ff.; OLG Dresden v. 1.12.1998 – 7 W 426/98, AG 1999, 274, 276; LG Dortmund v. 1.10.1998 – 20 AktE 8/98, AG 1999, 133; LG Köln v. 2.4.1990 – 91 O 132/89, AG 1991, 38; offen gelassen in BayObLG v. 17.7.2002 – 3 Z BR 394/01, AG 2003, 499, 500.
51 *Ebenroth*, Auskunftsrecht, S. 143; *Heidel* in Heidel, § 132 AktG Rz. 10; *Göhmann* in Henn/Frodermann/Jannott, Aktienrecht, Kap. 9 Rz. 214.

Aktionär wird in diesen Fällen stattdessen auf eine Durchsetzung im allgemeinen Zivilprozessverfahren (Anfechtungs- oder Feststellungsklage) verwiesen. Dies trifft nicht zu[52], da eine unrichtig erteilte Auskunft gleichzeitig eine Verweigerung der richtigen Auskunft darstellt[53]. Zwischen einer unvollständigen und einer unrichtigen Auskunft kann kaum sinnvoll unterschieden werden. Ferner hat nach § 131 Abs. 2 die Auskunft den Grundsätzen einer gewissenhaften und getreuen Rechenschaft zu entsprechen, der Auskunftsanspruch des Aktionärs ist also auf eine vollständige und sachlich zutreffende Auskunft gerichtet (vgl. § 131 Rz. 63). Das Auskunftserzwingungsverfahren des § 132 bezweckt gerade ein beschleunigtes Verfahren (s. Rz. 1); dem widerspräche es, wenn § 132 nicht auch bei einer unrichtigen Auskunft, die verglichen mit der Verweigerung einer Auskunft zumindest einen gleich schweren Eingriff in die Mitgliedschaft darstellt, anwendbar wäre[54]. Eine Versicherung an Eides statt des Vorstands bezüglich der Richtigkeit der Auskunft kann der Aktionär hingegen nicht verlangen[55].

**c) Widerspruch gegen die Beschlussfassung (§ 132 Abs. 2 Satz 1 2. Alt.)**

10   Auch der Aktionär ist antragsberechtigt, der in der Hauptversammlung Widerspruch zur Niederschrift (§ 130) erklärt hat, wenn über den Gegenstand der Tagesordnung auf den sich die Auskunft bezog, beschlossen worden ist. Durch diese Regelung wird der Bereich der **Antragsbefugnis** auf Aktionäre **ausgedehnt**, die die Auskunft nicht selbst verlangt haben[56]. Nach der Regierungsbegründung[57] und einer älteren Auffassung[58] ist diese Erweiterung erforderlich, da auch dieser Aktionär den Hauptversammlungsbeschluss anfechten kann und hierfür die Entscheidung des Gerichts nach § 132 benötigt, ob der Vorstand die Auskunft zu geben hatte. Trotz gewisser Zweifel vor dem Hintergrund des Verhältnisses von Anfechtungsklage und Verfahren nach § 132 (s. unten Rz. 44) erscheint die Erweiterung sachgerecht, da auf diese Weise verhindert wird, dass jeder Aktionär die Frage noch einmal selbst in der Hauptversammlung wiederholen muss[59]. Ein wirksamer Widerspruch kann durch den Aktionär nur nach Verkündung des Beschlussergebnisses erklärt werden[60]. Die Vorausset-

---

52 *Hellwig* in FS Budde, 1995, S. 265, 275 ff.; ausführlich *Quack* in FS Beusch, 1993, S. 663, 668 ff.; *Decher* in Großkomm. AktG, 4. Aufl., § 132 AktG Rz. 7; *Kersting* in KölnKomm. AktG, 3. Aufl., § 132 AktG Rz. 6; *Kubis* in MünchKomm. AktG, 2. Aufl., § 132 AktG Rz. 15; *Hüffer*, § 132 AktG Rz. 4a; *Siems* in Spindler/Stilz, § 132 AktG Rz. 10; *Butzke* in Obermüller/Werner/Winden, Die Hauptversammlung der Aktiengesellschaft, Rz. G 95; *F.-J. Semler* in MünchHdb. AG, § 37 Rz. 51; offen BayObLG v. 17.7.2002 – 3 Z BR 394/01, AG 2003, 499, 500.
53 *Hellwig* in FS Budde, 1995, S. 265, 276; *Kersting* in KölnKomm. AktG, 3. Aufl., § 132 AktG Rz. 6; *Kubis* in MünchKomm. AktG, 2. Aufl., § 132 AktG Rz. 15.
54 *Hellwig* in FS Budde, 1995, S. 265, 278 f.; *Quack* in FS Beusch, 1993, S. 663, 671; *Decher* in Großkomm. AktG, 4. Aufl., § 132 AktG Rz. 7; *Kubis* in MünchKomm. AktG, 2. Aufl., § 132 AktG Rz. 15; *F.-J. Semler* in MünchHdb. AG, § 37 Rz. 51.
55 BayObLG v. 17.7.2002 – 3 Z BR 394/01, AG 2003, 499, 500; *Hüffer*, § 131 Rz. 4a; *Kersting* in KölnKomm. AktG, 3. Aufl., § 132 AktG Rz. 7.
56 *v. Schenck* in J. Semler/Volhard, Arbeitshandbuch HV, § 46 Rz. 7; *Decher* in Großkomm. AktG, 4. Aufl., § 132 AktG Rz. 17.
57 Begr. RegE *Kropff*, Aktiengesetz, S. 190.
58 *Ebenroth*, Auskunftsrecht, S. 145.
59 Ebenso *Butzke* in Obermüller/Werner/Winden, Die Hauptversammlung der Aktiengesellschaft, Rz. G 96.
60 OLG Frankfurt a.M. v. 17.7.2007 – 5 U 229/05 – „Kirch/Deutsche Bank", ZIP 2007, 1463 ff.; s. ausführlich zur gegenteiligen Ansicht § 245 Rz. 15 m.w.N.

zungen von § 132 Abs. 2 Satz 1 2. Alt. sind insoweit inhaltlich deckungsgleich mit denen der Beschlussanfechtung nach § 245 Nr. 1 (vgl. § 245 Rz. 12 ff.)[61].

**3. Antragsfrist (§ 132 Abs. 2 Satz 2)**

Der Antrag ist binnen zwei Wochen nach der Hauptversammlung zu stellen, in der die Auskunft abgelehnt worden ist. Die **materiell-rechtliche Ausschlussfrist** schließt Fristverlängerungen oder Wiedereinsetzungen in den vorigen Stand aus, verspätete Anträge sind unbegründet[62]. Die Fristberechnung erfolgt nach § 16 Abs. 2 FamFG i.V.m. §§ 222, 224 Abs. 2, 4, 225 ZPO, die wiederum auf die Fristberechnung nach § 187 Abs. 1, § 188 Abs. 2 BGB verweisen. Sie beginnt mit dem auf die Hauptversammlung folgenden Tag (§ 187 Abs. 1 BGB), bei einer Hauptversammlung über mehrere Tage erst am Tag nach deren Beendigung[63]. Auf die Kenntnis des Aktionärs von der Unrichtigkeit der Auskunft kommt es angesichts des klaren Wortlauts nicht an[64]. Die fristgemäße **Antragsstellung bei einem unzuständigen Gericht** wahrt die Frist, auch wenn die Abgabe an das zuständige Gericht nicht innerhalb der Frist von zwei Wochen erfolgt[65]. Im allgemeinen Zivilprozessrecht[66] ist anerkannt, dass die fristgerechte Anrufung eines örtlich oder sachlich unzuständigen Gerichts in der Regel fristwahrend wirkt; für das weniger formstrenge Verfahren des § 132 kann erst recht nichts anderes gelten[67], zumal hier durch die Verfahrenskonzentration des § 71 Abs. 4 GVG (hierzu s. oben Rz. 4) die Auffindung des örtlich zuständigen Gerichts noch schwerer erscheint[68]. Ebenso wenig kommt es darauf an, dass eine baldige Abgabe an das zuständige Gericht erfolgt, um die Frist zu wahren[69]. Denn der Antragssteller hat keinen Einfluss auf den Zeitpunkt der Weiterleitung durch das unzustän-

11

---

61 *Decher* in Großkomm. AktG, 4. Aufl., § 132 AktG Rz. 17; *Kersting* in KölnKomm. AktG, 3. Aufl., § 132 AktG Rz. 38.
62 BayObLG v. 8.9.1994 – 3 Z BR 87/94, AG 1995, 328 (speziell zur Antragstellung mit Telefax); *Decher* in Großkomm. AktG, 4. Aufl., § 132 AktG Rz. 23; *Hüffer*, § 132 AktG Rz. 5; *Kubis* in MünchKomm. AktG, 2. Aufl., § 132 AktG Rz. 17; *Butzke* in Obermüller/Werner/Winden, Die Hauptversammlung der Aktiengesellschaft, Rz. G 94; *Kersting* in KölnKomm. AktG, 3. Aufl., § 132 AktG Rz. 43; *v. Schenck* in J. Semler/Volhard, Arbeitshandbuch HV, § 46 Rz. 5.
63 *Ebenroth*, Auskunftsrecht, S. 148; *Kubis* in MünchKomm. AktG, 2. Aufl., § 132 AktG Rz. 17; *Decher* in Großkomm. AktG, 4. Aufl., § 132 AktG Rz. 24; *Butzke* in Obermüller/Werner/Winden, Die Hauptversammlung der Aktiengesellschaft, Rz. G 94 Fn. 158; mit anderem Ansatz für den Fristbeginn bei unrichtigen Auskünften: *Hellwig* in FS Budde, 1995, S. 265, 285, anknüpfend an die Kenntnis des Antragstellers von der Unrichtigkeit der Auskunft.
64 Zutr. *Kersting* in KölnKomm. AktG, 3. Aufl., § 132 AktG Rz. 44 gegen *Hellwig* in FS Budde 1996, S. 265, 285.
65 Ebenso BayObLG v. 4.4.2001 – 3 Z BR 70/00, AG 2002, 290, 292; OLG Dresden v. 1.12.1998 – 7 W 426/98, AG 1999, 274, 275; *Decher* in Großkomm. AktG, 4. Aufl., § 132 AktG Rz. 25; *Kersting* in KölnKomm. AktG, 3. Aufl., § 132 AktG Rz. 45; *Hüffer*, § 132 AktG Rz. 5; *Kubis* in MünchKomm. AktG, 2. Aufl., § 132 AktG Rz. 17; a.A. v. Falkenhausen, AG 1967, 309, 314; *F.-J. Semler* in MünchHdb. AG, § 37 Rz. 51; differenzierend nach örtlicher und sachlicher Unzuständigkeit *Reger* in Bürgers/Körber, § 132 AktG Rz. 4, demzufolge bei einer örtlichen Unzuständigkeit die Frist gewahrt sei, wenn die Zustellung an das zuständige Gericht alsbald erfolge oder die Unzuständigkeit durch eine Zuständigkeitskonzentration bedingt sei, hingegen liege keine Fristwahrung bei sachlicher Unzuständigkeit vor.
66 BGH v. 20.2.1986 – III ZR 232/84, BGHZ 97, 155, 161; BGH v. 21.9.1961 – III ZR 120/60, BGHZ 35, 374, 375 ff.; BGH v. 6.2.1961 – III ZR 13/60, BGHZ 34, 230, 234 f.; *Reichhold* in Thomas/Putzo, § 281 ZPO Rz. 16; *Leipold* in Stein/Jonas, § 281 ZPO Rz. 34.
67 OLG Celle v. 9.7.1969 – 9 WX 2/69, AG 1969, 328, 329; OLG Dresden v. 1.12.1998 – 7 W 426/98, AG 1999, 274, 275; *Kubis* in MünchKomm. AktG, 2. Aufl., § 132 AktG Rz. 17.
68 *Decher* in Großkomm. AktG, 4. Aufl., § 132 AktG Rz. 25; *Kubis* in MüchKomm. AktG, 2. Aufl., § 132 AktG Rz. 17.
69 So aber OLG Celle v. 9.7.1969 – 9 WX 2/69, AG 1969, 328, 329; sowie für die örtliche Unzuständigkeit *Reger* in Bürgers/Körber, § 132 AktG Rz. 4.

dige Gericht[70]. Zudem ist nach § 2 Abs. 3 FamFG die Sachentscheidung eines örtlich unzuständigen Gerichts nicht aus diesem Grund unwirksam (s. Rz. 5)[71].

### 4. Antragsgegner

12 Antragsgegner ist die AG, die im Unterschied zum Anfechtungsprozess (§ 246 Abs. 2 Satz 2) allein durch den Vorstand vertreten wird (§ 78 Abs. 1)[72]. Erlischt die antragsgegnerische Gesellschaft als übertragender Rechtsträger im Rahmen einer **Verschmelzung**, richtet sich das Verfahren nach § 132 wegen Gesamtrechtsnachfolge (§ 20 UmwG) gegen den übernehmenden Rechtsträger[73].

### 5. Rücknahme des Antrags (§ 22 FamFG)

13 Da das Verfahren erst durch Antrag eingeleitet wird, liegt es nahe, dass auch die Beendigung in gewissem Ausmaß der Disposition der Beteiligten unterliegt[74]. Deshalb sieht nunmehr § 22 Abs. 1 Satz 1 FamFG, der über die Verweisung in §§ 132 Abs. 3, 99 Abs. 1 Anwendung findet, vor, dass eine Rücknahme des Antrags bis zur Rechtskraft der Endentscheidung, also auch noch in der Beschwerdeinstanz, jederzeit möglich ist. Einer Zustimmung der übrigen Beteiligten bedarf es dafür bis zum Erlass der Endentscheidung nicht, erst nach Erlass der Endentscheidung ist für die Rücknahme eine Zustimmung notwendig (§ 22 Abs. 1 Satz 2 FamFG)[75] – auch (anders als nach altem Recht) der Gesellschaft als Antragsgegnerin[76]. Die Rücknahmeerklärung hat gegenüber dem Gericht zu erfolgen, ist im Übrigen formfrei möglich[77]. Die Rücknahme beendet das Verfahren ohne eine weitere Mitwirkung des Gerichts[78]. Dieses kann nur noch über die Kosten des Verfahrens entscheiden. Dies erfolgt nach billigem Ermessen des Gerichts (§§ 83 Abs. 2, 81 Abs. 1 FamFG). Eine bereits ergangene, noch nicht rechtskräftige Endentscheidung wird durch die Antragsrücknahme wirkungslos (§ 22 Abs. 2 Satz 1 FamFG). Mit der gesetzlichen Regelung in § 22 Abs. 1, 2 FamFG wird eine Regelungslücke des FGG geschlossen, so dass nunmehr Überlegungen hinsichtlich einer entsprechenden Anwendung des § 269 Abs. 1 ZPO hinfällig geworden sind[79].

---

70 BayObLG v. 4.4.2001 – 3 Z BR 70/00, AG 2002, 290, 292; *Kubis* in MünchKomm. AktG, 2. Aufl., § 132 AktG Rz. 17; *Decher* in Großkomm. AktG, 4. Aufl., § 132 AktG Rz. 25.
71 Ebenso *Kubis* in MünchKomm. AktG, 2. Aufl., § 132 AktG Rz. 17.
72 *Ebenroth*, Auskunftsrecht, S. 147; *Butzke* in Obermüller/Werner/Winden, Die Hauptversammlung der Aktiengesellschaft, Rz. G 97; *F.-J. Semler* in MünchHdb. AG, § 37 Rz. 50; *Decher* in Großkomm. AktG, 4. Aufl., § 132 AktG Rz. 22; *Kubis* in MünchKomm. AktG, 2. Aufl., § 132 AktG Rz. 23.
73 Zutr. LG München I v. 10.12.1998 – 5 HKO 10806/97, AG 1999, 283; *Kubis* in MünchKomm. AktG, 2. Aufl., § 132 AktG Rz. 23.
74 *Pabst* in MünchKomm. ZPO, 3. Aufl., § 22 FamFG Rz. 1; *Sternal* in Keidel, § 26 FamFG Rz. 8 f.; *Prütting* in Prütting/Helms, § 26 FamFG Rz. 12; *Bumiller/Harders*, § 22 FamFG Rz. 1.
75 *Sternal* in Keidel, § 22 FamFG Rz. 13 f.; *Pabst* in MünchKomm. ZPO, 3. Aufl., § 22 FamFG Rz. 5; *Geimer* in Zöller, ZPO, § 22 FamFG Rz. 1; *Bumiller/Harders*, § 22 FamFG Rz. 4.
76 Letztlich auch *Kersting* in KölnKomm. AktG, 3. Aufl., § 132 AktG Rz. 50; zur früheren Rechtslage s. 1. Aufl. Rz. 13 m.w.N.
77 *Pabst* in MünchKomm. ZPO, 3. Aufl., § 22 FamFG Rz. 3; *Sternal* in Keidel, § 22 FamFG Rz. 9 f.; *Reichold* in Thomas/Putzo, ZPO, § 22 FamFG Rz. 5.
78 *Sternal* in Keidel, § 22 FamFG Rz. 16; *Pabst* in MünchKomm. ZPO, 3. Aufl., § 22 FamFG Rz. 9; *Bumiller/Harders*, § 22 FamFG Rz. 5; *Reichold* in Thomas/Putzo, ZPO, § 22 FamFG Rz. 7 f.
79 *Pabst* in MünchKomm. ZPO, 3. Aufl., § 22 FamFG Rz. 5; siehe zur entsprechenden Anwendung des § 269 Abs. 1 ZPO noch die Ausführungen bei *Decher* in Großkomm. AktG, 4. Aufl., § 132 AktG Rz. 29; *Kubis* in MünchKomm. AktG, 2. Aufl., § 132 AktG Rz. 19; sowie hier in der 1. Aufl. Rz. 13.

## 6. Rechtsschutzbedürfnis

Für das Verfahren nach § 132 als sog. **echtes Streitverfahren nach FamFG**[80] ist für die Zulässigkeit ein von Amts wegen zu prüfendes (§ 26 FamFG)[81] Rechtsschutzbedürfnis erforderlich[82]. Erhält der Antragsteller die begehrte Auskunft durch die Gesellschaft[83] oder aus anderer Quelle nach der betreffenden Hauptversammlung, aber vor oder während des Verfahrens, so entfällt das Rechtsschutzbedürfnis[84]. Dem wird zwar entgegengehalten, dass die anderen Aktionäre ein Interesse an dem Ausgang des Verfahrens hätten und es sich bei der Auskunft auch um ein Instrument im Rahmen der kollektiven Willensbildung handele, so dass nur die gem. §§ 132 Abs. 3 Satz 1, 99 Abs. 5 Satz 3 zwingende Eintragung in das Handelsregister die nötige Publizität entfalte[85]. Doch handelt es sich dabei nur um einen Rechtsreflex und ändert nichts daran, dass das Recht auf Auskunftserteilung ein individuelles Recht bleibt. Zudem wird bei börsennotierten Gesellschaften über die Publizitätsvorschriften des WpHG die nötige Publizität gewährleistet; bei nicht-börsennotierten Gesellschaften kann es jedem Aktionär überlassen bleiben, sich dem Auskunftsbegehren des Aktionärs anzuschließen und selbst die Auskunftserteilung zu erzwingen. Schließlich steht dieser Auffassung die fehlende inter-omnes-Wirkung der Entscheidung entgegen (Rz. 44).

14

## IV. Gerichtliches Verfahren (§ 132 Abs. 3 Satz 1 i.V.m. § 99 Abs. 1)

### 1. Allgemeine Verfahrensregelungen

Das Verfahren richtet sich nach dem FamFG, sofern § 99 Abs. 2 bis 5 keine Sonderregeln enthalten. Als **echtes Streitverfahren**, das eine gewisse Nähe zum Verfahren der streitigen Gerichtsbarkeit aufweist, finden darauf, soweit das FamFG keine einschlägigen Regelungen enthält und die Grundsätze des Verfahrensrechts der freiwilligen Gerichtsbarkeit nicht entgegenstehen, ergänzend auch einige Grundsätze der ZPO entsprechende Anwendung[86]. Als Ausfluss des dabei geltenden **Dispositionsgrundsatzes**[87] beherrschen die Beteiligten das gerichtliche Verfahren insoweit, als dass etwa

15

---

80 Diese sind dadurch gekennzeichnet, dass das Gericht, wie im Rahmen der streitigen Gerichtsbarkeit, als neutrale Institution einen Streit über subjektive Rechte zwischen Beteiligten mit entgegengesetzten Interessen entscheidet, folglich gelten, soweit notwendig, ergänzend auch die Regeln der ZPO, s. *Ulrici* in MünchKomm. ZPO, 3. Aufl., Vor §§ 23 ff. FamFG Rz. 2; *Sternal* in Keidel, § 1 FamFG Rz. 30 ff.; *Feskorn* in Zöller, ZPO, Vor § 23 FamFG Rz. 4; vgl. auch zur Einordnung als echtes Streitverfahren *Hüffer*, § 132 AktG Rz. 6; *Kubis* in MünchKomm. AktG, 2. Aufl., § 132 AktG Rz. 25.
81 *Sternal* in Keidel, § 26 FamFG Rz. 45, § 23 Rz. 33; *Ulrici* in MünchKomm. ZPO, 3. Aufl., § 26 FamFG Rz. 8, Vor §§ 23 ff. FamFG Rz. 6.
82 BayObLG v. 23.8.1996 – 3 ZBR 130/96, AG 1996, 516; *Bumiller/Harders*, § 23 FamFG Rz. 10; *Sternal* in Keidel, § 23 FamFG Rz. 33; *Ulrici* in MünchKomm. ZPO, 3. Aufl., Vor §§ 23 ff. FamFG Rz. 6; *v. Falkenhausen*, AG 1967, 309, 314; *Decher* in Großkomm. AktG, 4. Aufl., § 132 AktG Rz. 38; *Kubis* in MünchKomm. AktG, 2. Aufl., § 132 AktG Rz. 24.
83 Z.B. Auskunftserteilung erst nach dem Schluss der Hauptversammlung oder auf einer nachfolgenden Pressekonferenz.
84 BayObLG v. 21.3.2001 – 3 Z BR 318/00, AG 2001, 424, 426; *Decher* in Großkomm. AktG, 4. Aufl., § 132 AktG Rz. 38; *Siems* in Spindler/Stilz, § 132 AktG Rz. 15; *Butzke* in Obermüller/Werner/Winden, Die Hauptversammlung der Aktiengesellschaft, Q G 99; dagegen, abstellend auf den zusätzlichen Zweck von § 131, der kollektiven Willensbildung in der Hauptversammlung *Kubis* in MünchKomm. AktG, 2. Aufl., § 132 AktG Rz. 24; sowie dem folgend *Heidel* in Heidel, § 132 AktG Rz. 10.
85 So *Kersting* in KölnKomm. AktG, 3. Aufl., § 132 AktG Rz. 69.
86 *Sternal* in Keidel, § 1 FamFG Rz. 36; *Ulrici* in MünchKomm. ZPO, 3. Aufl., Vor §§ 23 ff. FamFG Rz. 2; *Feskorn* in Zöller, ZPO, § 23 FamFG Rz. 4.
87 *Ulrici* in MünchKomm. ZPO, 3. Aufl., Vor §§ 23 ff. FamFG Rz. 12 ff.; *Sternal* in Keidel, § 26 FamFG Rz. 8; *Schöpflin* in Schulte-Bunert/Weinreich, FamFG, Einl. Rz. 37.

Beendigung durch Rücknahme des Antrags (§ 22 Abs. 1 Satz 1 FamFG s. Rz. 13), Vergleich (§ 36 FamFG)[88], Verzicht[89] oder übereinstimmende Erledigungserklärung (§ 22 Abs. 3 FamFG)[90] möglich ist.

16 Die Beteiligten haben Anspruch auf rechtliches Gehör[91]. Eine mündliche Verhandlung ist hierfür nicht zwingend erforderlich[92], aber zweckmäßig[93]. Sofern eine mündliche Verhandlung durch das Gericht anberaumt ist, soll nach ausdrücklicher Anordnung jetzt im FamFG und Verweis auf das GVG die Verhandlung **nicht öffentlich (§ 170 Abs. 1 Satz 1 GVG)** sein[94]. Allerdings bestehen dagegen erhebliche Bedenken: Denn der Charakter des Verfahrens als echtes Streitverfahren legt es nahe, nach Art. 6 Abs. 1 EMRK die Öffentlichkeit herzustellen; denn eine Vertraulichkeit, wie sie etwa in Familienverfahren geboten ist, erscheint hier kaum zwingend. Die nationale Einordnung ist schließlich nicht für die EMRK maßgeblich[95]. Im Verfahren besteht grundsätzlich **kein Anwaltszwang** (§ 10 Abs. 1 FamFG)[96], außer für die Unterzeichnung der Beschwerdeschrift (§ 132 Abs. 3 Satz 1 i.V.m. § 99 Abs. 3 Satz 4, nicht aber für das weitere Verfahren in der Beschwerdeinstanz)[97]. Die **Verfahrensleitung und Entscheidung** liegt bei der Kammer für Handelssachen (§§ 94, 95 Abs. 2 Nr. 2 GVG); eine Übertragung auf den Vorsitzenden ist nicht möglich, da §§ 348, 348a, 349 ZPO im Verfahren der freiwilligen Gerichtsbarkeit nicht anwendbar sind[98].

**2. Amtsermittlungsgrundsatz**

17 Nach §§ 132 Abs. 3, 99 Abs. 1 AktG i.V.m. § 26 FamFG hat das Gericht nach pflichtgemäßen Ermessen[99] den entscheidungserheblichen Tatsachenstoff zu er-

---

88 S. dazu *Jänig/Leißring*, ZIP 2010, 110, 115; *Meyer-Holz* in Keidel, § 36 FamFG Rz. 15 ff.; *Ulrici* in MünchKomm. ZPO, 3. Aufl., § 36 FamFG Rz. 6 ff.
89 So auch *Ulrici* in MünchKomm. ZPO, 3. Aufl., Vor §§ 23 ff. FamFG Rz. 13; sowie noch zum FGG *v. Falkenhausen*, AG 1967, 309, 315; a.A. *Sternal* in Keidel, § 26 FamFG Rz. 9: nicht vereinbar mit dem Amtsermittlungsgrundsatz.
90 *Jänig/Leißring*, ZIP 2010, 110, 115; *Ulrici* in MünchKomm. ZPO, 3. Aufl., § 22 FamFG Rz. 12 ff.; *Sternal* in Keidel, § 22 FamFG Rz. 22 ff.
91 *Ulrici* in MünchKomm. ZPO, 3. Aufl., Vor §§ 23 ff. FamFG Rz. 20 f.; *Schöpflin* in Schulte-Bunert/Weinreich, FamFG, Einl. Rz. 40; *Ebenroth*, Auskunftsrecht, S. 149.
92 *Ulrici* in MünchKomm. ZPO, 3. Aufl., Vor §§ 23 ff. FamFG Rz. 23; *Schöpflin* in Schulte-Bunert/Weinreich, FamFG, Einl. Rz. 44; *Ebenroth*, Auskunftsrecht, S. 149; *Kubis* in MünchKomm. AktG, 2. Aufl., § 132 AktG Rz. 26.
93 *v. Falkenhausen*, AG 1967, 309, 315; *Decher* in Großkomm. AktG, 4. Aufl., § 132 AktG Rz. 31.
94 *Jänig/Leißring*, ZIP 2010, 110, 115 f.; *Ulrici* in MünchKomm. ZPO, 3. Aufl., Vor §§ 23 ff. FamFG Rz. 28; *Schöpflin* in Schulte-Bunert/Weinreich, FamFG, Einl. Rz. 52.
95 Wie hier *Kersting* in KölnKomm. AktG, 3. Aufl., § 132 AktG Rz. 56 unter Verweis auf die alte Rechtslage, s. dazu LG Köln v. 18.12.1996 – 91 O 147/96, AG1997, 188; *Heidel* in Heidel, § 132 AktG Rz. 12; *Kubis* in MünchKomm. AktG, 2. Aufl., § 132 AktG Rz. 27; *Reger* in Bürgers/Körber, § 132 AktG Rz. 6; für § 51b GmbHG BGH v. 22.5.1995 – II ZB 2/95, NJW-RR 1995, 1183, 1184.
96 *Pabst* in MünchKomm. ZPO, 3. Aufl., § 10 FamFG Rz. 3; *Zimmermann* in Keidel, § 10 FamFG Rz. 21; *Schöpflin* in Schulte-Bunert/Weinreich, § 10 FamFG Rz. 4.
97 Begr. RegE BT-Drucks. 16/6308, S. 181; *Zimmermann* in Keidel, § 10 FamFG Rz. 21; *Pabst* in MünchKomm. ZPO, 3. Aufl., § 10 FamFG Rz. 4; *Schöpflin* in Schulte-Bunert/Weinreich, § 10 FamFG Rz. 4; ebenso noch zum FGG *Kubis* in MünchKomm. AktG, 2. Aufl., § 132 AktG Rz. 28.
98 *Baumbach/Lauterbach/Albers/Hartmann*, § 349 ZPO Rz. 3; ebenso noch vor dem FGG-Reformgesetz: *Hüffer*, § 132 AktG Rz. 6; *Decher* in Großkomm. AktG, 4. Aufl., § 132 AktG Rz. 31.
99 *Jänig/Leißring*, ZIP 2010, 110, 114; *Brinkmann* in Schulte-Bunert/Weinreich, § 26 FamFG Rz. 17; *Sternal* in Keidel, § 26 FamFG Rz. 37; *Bumiller/Harders*, § 26 FamFG Rz. 6; ausführ-

mitteln[100], ohne an den von den Parteien dargebrachten Tatsachenstoff gebunden zu sein. Die Beteiligten trifft grundsätzlich weder Darlegungs- noch Beweisführungslast[101], allerdings sind sie gem. § 27 Abs. 1 FamFG verpflichtet durch eingehende Tatsachendarstellung an der Aufklärung des Sachverhalts mitzuwirken (sog. Mitwirkungs- und Verfahrensfördungspflicht)[102]. Dieses umfasst die Angaben des aus Sicht des Beteiligten entscheidungsrelevanten Sachverhalts und der dazu vorhandenen Beweismittel sowie eine Erklärung zum Vorbringen der Gegenseite[103]. Dabei sind sie gem. § 27 Abs. 2 FamFG zur Vollständigkeit und Wahrheit verpflichtet. Das Gericht darf in diesen Fällen die vorgebrachten Tatsachen seiner Entscheidung zugrunde legen, sofern keine Hinweise für mögliche weitere Ermittlungen vorliegen[104]. Lässt sich der entscheidungserhebliche Sachverhalt **nicht aufklären**, trifft den jeweils förderungspflichtigen Beteiligten trotz Amtsermittlungsgrundsatz insoweit die materielle Beweislast (Feststellungslast)[105].

### 3. Prüfungsumfang des Gerichts

#### a) Verfahrensvoraussetzungen

Bei der Prüfung der Antragsberechtigung ist der antragstellende Aktionär in Bezug auf Inhalt und Umfang der begehrten Auskunft auf die in der Hauptversammlung gestellten Fragen beschränkt, eine Abwandlung oder Uminterpretation des Auskunftsverlangens ist nicht möglich[106]. Ebenso wenig kann der Aktionär ein neues Auskunftsbegehren zum Gegenstand des Antrags machen. Hierfür gilt ein **strenger Maßstab**[107].   18

#### b) Auskunftsanspruch

**aa) Allgemeines.** Der Schwerpunkt der Prüfung liegt zunächst auf der Erforderlichkeit der Auskunft (vgl. § 131 Rz. 70), danach auf den Auskunftsverweigerungsrechten   19

---

lich im Hinblick auf die Ausfüllung dieses Maßstabes, *Back*, Verfahrensbeschleunigung, S. 52 ff.
100 Näher zum Umfang der Ermittlungen *Sternal* in Keidel, § 26 FamFG Rz. 12 ff.; *Brinkmann* in Schulte-Bunert/Weinreich, § 26 FamFG Rz. 13 ff.; *Ulrici* in MünchKomm. ZPO, 3. Aufl., § 26 FamFG Rz. 6, 12 ff.; *Bumiller/Harders*, § 26 FamFG Rz. 6.
101 *Hüffer*, § 132 AktG Rz. 7; *Decher* in Großkomm. AktG, 4. Aufl., § 132 AktG Rz. 32; *Kubis* in MünchKomm. AktG, 2. Aufl., § 132 AktG Rz. 31.
102 *Kersting* in KölnKomm. AktG, 3. Aufl., § 132 AktG Rz. 62; *Ulrici* in MünchKomm. ZPO, 3. Aufl., § 27 FamFG Rz. 3 ff.; *Sternal* in Keidel, § 26 FamFG Rz. 20, § 27 Rz. 3 ff.; *Feskorn* in Zöller, ZPO, § 27 FamFG Rz. 2; dieses war auch schon unter der alten Rechtslage weitgehend anerkannt s. *Ebenroth*, Auskunftsrecht, S. 150 f.; *v. Falkenhausen*, AG 1967, 309, 316; *Hüffer*, § 132 AktG Rz. 7; *Kubis* in MünchKomm. AktG, 2. Aufl., § 132 AktG Rz. 31.
103 OLG Düsseldorf v. 17.7.1991 – 19 W 2/91, AG 1992, 34, 35; *Sternal* in Keidel, § 27 FamFG Rz. 3; *Ulrici* in MünchKomm. ZPO, 3. Aufl., § 27 FamFG Rz. 4; *Brinkmann* in Schulte-Bunert/Weinreich, § 27 FamFG Rz. 9 f.; *Hellwig* in FS Budde, 1995, S. 265, 285 f.
104 *Ulrici* in MünchKomm. ZPO, 3. Aufl., § 26 FamFG Rz. 17; *Sternal* in Keidel, § 26 FamFG Rz. 16 ff.; *Brinkmann* in Schulte-Bunert/Weinreich, § 26 FamFG Rz. 28 f.; *Decher* in Großkomm. AktG, 4. Aufl., § 132 AktG Rz. 34.
105 So KG v. 6.11.1990 – 1 W 2992/90, OLGZ 1991, 144, 147 (zum FGG); LG Frankfurt v. 23.9.2008 – 3-5 O 110/08, AG 2009, 92; *Sternal* in Keidel, § 29 FamFG Rz. 40; *Ulrici* in MünchKomm. ZPO, 3. Aufl., § 37 FamFG Rz. 14 f.; *Brinkmann* in Schulte-Bunert/Weinreich, § 26 FamFG Rz. 52; *Kersting* in KölnKomm. AktG, 3. Aufl., § 132 AktG Rz. 64.
106 KG v. 16.7.2009 – 23 W 69/08, WM 2010, 324, Rz. 58; *Kersting* in KölnKomm. AktG, 3. Aufl., § 132 AktG Rz. 40 f.; *Decher* in Großkomm. AktG, 4. Aufl., § 132 AktG Rz. 36; *Kubis* in MünchKomm. AktG, 2. Aufl., § 132 AktG Rz. 34.
107 BayObLG v. 30.11.1995 – 3 Z BR 161/93, AG 1996, 180, 182; dem folgend *F.-J. Semler* in MünchHdb. AG, § 37 Rz. 47; *Reger* in Bürgers/Körber, § 132 AktG Rz. 3; a.A. *Kubis* in MünchKomm. AktG, 2. Aufl., § 132 AktG Rz. 34.

(vgl. § 131 Rz. 70) der Gesellschaft (§ 131 Abs. 3), schließlich auf weiteren Einwendungen (z.B. Erfüllung des Auskunftsverlangens). Dabei ist stets die den Beteiligten jeweils obliegende Verfahrensförderungspflicht (dazu oben Rz. 17) zu berücksichtigen. Ein **Nachschieben von Gründen** ist sowohl dem Aktionär als auch der Gesellschaft möglich[108]. Das Risiko des Aktionärs, durch das Nachschieben von Gründen seitens der Gesellschaft ein eventuell nutzloses Verfahren angestrengt zu haben, kann über die Kostenentscheidung nach § 132 Abs. 5 (dazu s. unten Rz. 41) berücksichtigt werden[109].

20 **bb) Auskunftsverweigerungsgründe.** Grundsätzlich unterliegt die Entscheidung des Vorstands, die Auskunft zu verweigern, einer vollständigen richterlichen Überprüfung. Das Gericht ist **nicht auf die Prüfung einer pflichtgemäßen Ermessensausübung beschränkt**[110]. Andererseits lässt sich bei Auskunftsverweigerungsgründen, etwa nach § 131 Abs. 3 Satz 1 Nr.[111], aus der Verfahrensförderungspflicht der Gesellschaft **keine Pflicht** ableiten, **dem Gericht den Inhalt der verlangten Auskunft mitzuteilen**, um diesem die rechtliche Beurteilung zu ermöglichen[112], da sonst insbesondere das Auskunftsverweigerungsrecht wegen nicht unerheblicher Nachteilszufügung für die Gesellschaft praktisch aufgehoben würde[113]. Dies gilt erst recht, wenn man – wie hier – grundsätzlich von einer Öffentlichkeit der Verhandlung ausgeht. Hier ist es ausreichend, wenn die Gesellschaft Tatsachen darlegt, aus denen sich unter Zugrundelegung einer vernünftigen kaufmännischen Betrachtungsweise[114] mit einiger **Plausibilität** die Nachteiligkeit der begehrten Auskunft dem Gericht erschließt[115]. Allein der pauschale Verweis der Gesellschaft auf „Konkurrenzgründe" erfüllt diese Voraussetzungen hingegen nicht[116]. Das Gericht ist grundsätzlich nicht verpflichtet etwaige, von der Gesellschaft nicht vorgebrachte Auskunftsverweigerungsgründe zu ermitteln, mit Ausnahme von gerichtsbekannten oder sich geradezu aufdrängenden Gründen[117].

---

108 *Decher* in Großkomm. AktG, 4. Aufl., § 132 AktG Rz. 39, 40.
109 *Kubis* in MünchKomm. AktG, 2. Aufl., § 131 AktG Rz. 57; *Decher* in Großkomm. AktG, 4. Aufl., § 131 AktG Rz. 40.
110 So bereits Begr. RegE *Kropff*, Aktiengesetz, S. 188, in Abkehr zum vor AktG 1965 bestehenden Verfahren; *v. Schenck* in J. Semler/Volhard, Arbeitshandbuch HV, § 46 Rz. 10.
111 Auskunftsverweigerung wegen nicht unerheblichen Nachteil für die Gesellschaft, vgl. hierzu § 131 Rz. 74.
112 Mit dem Hinweis, dass es im Einzelfall dennoch durchaus praktisch erforderlich sein kann, *v. Schenck* in J. Semler/Volhard, Arbeitshandbuch HV, § 46 Rz. 11; *Decher* in Großkomm. AktG, 4. Aufl., § 132 AktG Rz. 41.
113 *Decher* in Großkomm. AktG, 4. Aufl., § 131 AktG Rz. 41.
114 Begr. RegE *Kropff*, Aktiengesetz, S. 189.
115 BGH, 15.6.1992 – II ZR 18/91, BGHZ 119, 1, 17; KG v. 24.8.1995 – 2 W 1255/95 – „Allianz", ZIP 1995, 1585, 1589; OLG Düsseldorf v. 17.7.1991 – 19 W 2/91, WM 1991, 2148, 2152; OLG Karlsruhe v. 29.6.1989 – 11 W57/89, AG 1990, 82 f.; *Kersting* in KölnKomm. AktG, 3. Aufl., § 132 AktG Rz. 65; *Decher* in Großkomm. AktG, 4. Aufl., § 132 AktG Rz. 41; *Kubis* in MünchKomm. AktG, 2. Aufl., § 132 AktG Rz. 31; *F.-J. Semler* in MünchHdb. AG, § 37 Rz. 30; a.A. LG Heilbronn v. 6.3.1967 – KfH AktE 1/67, AG 1967, 81, 82: Darlegungslast beim Aktionär.
116 OLG Düsseldorf v. 17.7.1991 – 19 W 2/91, WM 1991, 2148, 2152; *Hüffer*, § 132 AktG Rz. 7.
117 KG v. 24.8.1995 – 2 W 1255/95 – „Allianz", ZIP 1995, 1585, 1589; *Decher* in Großkomm. AktG, 4. Aufl., § 132 AktG Rz. 41; *F.-J. Semler* in MünchHdb. AG, § 37 Rz. 51; *v. Schenck* in J. Semler/Volhard, Arbeitshandbuch HV, § 46 Rz. 10; anders wohl *Kersting* in KölnKomm. AktG, 3. Aufl., § 132 AktG Rz. 66: von Amts wegen, allerdings mit Hinweispflicht an die Parteien.

## V. Gerichtliche Entscheidung (§ 132 Abs. 3)

### 1. Entscheidung erster Instanz

Nach § 132 Abs. 3 Satz 1 i.V.m. § 99 Abs. 3 Satz 1 entscheidet das Landgericht mit einem mit Gründen versehenen **Beschluss** (§ 38 FamFG); die Entscheidungsbefugnis kann nicht auf den Vorsitzenden übertragen werden (s. oben bei Rz. 16). Die Entscheidung ist dem Antragsteller und der Gesellschaft vom Gericht bekannt zu geben (§ 41 Abs. 1 Satz 1 FamFG). Gegenüber Anwesenden kann die Bekanntgabe durch Verlesen der Beschlussformel erfolgen (§ 41 Abs. 2 Satz 1 FamFG), bei Abwesenden entweder durch Zustellung nach den §§ 166 ff. ZPO oder durch Aufgabe zur Post (§ 15 Abs. 2 Satz 1 FamFG). Bei einem anfechtbaren Beschluss ist demjenigen, dessen erklärtem Willen der Beschluss nicht entspricht, dieser zwingend zuzustellen (§ 41 Abs. 1 Satz 2 FamFG)[118]. Da § 99 Abs. 4 Satz 2 nicht in die Verweisung des § 132 Abs. 3 Satz 1 aufgenommen ist, muss die Entscheidung in den Gesellschaftsblättern nicht veröffentlicht werden[119]. Die Entscheidung wird erst mit ihrer **Rechtskraft** (s. zum Eintritt der Rechtskraft unten Rz. 32) wirksam, § 132 Abs. 3 Satz 1 i.V.m. § 99 Abs. 5 Satz 1. Bei der Entscheidung besteht für das Gericht eine **Bindung an die Anträge** der Beteiligten[120]. Da der Beschluss Grundlage für die Zwangsvollstreckung nach § 132 Abs. 4 Satz 2 (s. unten Rz. 36 ff.) ist, muss dessen Tenor hinreichend präzise gefasst sein[121].

### 2. Rechtsmittelverfahren

#### a) Beschwerde

**aa) Zulassung der Beschwerde.** Als Rechtsmittel ist die Beschwerde statthaft (§ 132 Abs. 3 Satz 1 i.V.m. § 99 Abs. 3 Satz 2). Nach § 132 Abs. 3 Satz 2 ist hierfür aber die Zulassung durch das entscheidende Landgericht erforderlich. Gem. §§ 132 Abs. 3 Satz 3, 70 Abs. 2 FamFG ist die Beschwerde zuzulassen, wenn die Rechtssache grundsätzliche Bedeutung hat (Nr. 1) oder die Fortbildung des Rechts oder die Sicherung einer einheitlichen Rechtsprechung eine Entscheidung des Beschwerdegerichts erfordert (Nr. 2). **Die grundsätzliche Bedeutung der Rechtssache** ist gegeben, wenn sie eine klärungsfähige und klärungsbedürftige Rechtsfrage aufwirft, die in einer unbestimmten Vielzahl von Fällen von tatsächlicher, rechtlicher oder wirtschaftlicher Bedeutung liegen kann[122]. Eine Zulassung der Beschwerde ist zur **Fortbildung des Rechts** (Nr. 2 1. Alt.) erforderlich, wenn der konkrete Einzelfall Veranlassung dafür gibt, dass die Leitsätze der Entscheidung für die Auslegung der Vorschrift oder zur Schließung von Gesetzeslücken notwendig sind[123]. Zur **Sicherung einer einheitlichen Rechtsprechung** (Nr. 2 2. Alt.) ist die Beschwerde zur Vermeidung von schwer

---

118 Unzutreffend *Kubis* in MünchKomm. AktG, 2. Aufl., § 132 AktG Rz. 32, der § 99 Abs. 4 Satz 1 für anwendbar erklärt, obwohl § 132 Abs. 3 Satz 1 nicht auf diesen verweist.
119 *Kersting* in KölnKomm. AktG, 3. Aufl., § 132 AktG Rz. 72.
120 *Sternal* in Keidel, § 23 FamFG Rz. 13; *Ulrici* in MünchKomm. ZPO, 3. Aufl., § 23 FamFG Rz. 14; *Brinkmann* in Schulte-Bunert/Weinreich, § 23 FamFG Rz. 63; *Kubis* in MünchKomm. AktG, 2. Aufl., § 132 AktG Rz. 33.
121 *Ulrici* in MünchKomm. ZPO, 3. Aufl., § 38 FamFG Rz. 12; *Meyer-Holz* in Keidel, § 38 FamFG Rz. 50; *Hüffer*, § 132 AktG Rz. 6; *Decher* in Großkomm. AktG, 4. Aufl., § 132 AktG Rz. 44; *Kubis* in MünchKomm. AktG, 2. Aufl., § 132 AktG Rz. 35.
122 Begr. RegE BT-Drucks. 16/6308, S. 209; *Meyer-Holz* in Keidel, § 70 FamFG Rz. 21; *Unger* in Schulte-Bunert/Weinreich, § 70 FamFG Rz. 20; *Koritz* in MünchKomm. ZPO, 3. Aufl., § 70 FamFG Rz. 6.
123 Begr. RegE BT-Drucks. 16/6308, S. 209; *Meyer-Holz* in Keidel, § 70 FamFG Rz. 25 f.; *Unger* in Schulte-Bunert/Weinreich, § 70 FamFG Rz. 21, § 61 FamFG Rz. 13.

erträglichen Unterschieden in der Rechtsprechung[124] zuzulassen; diese liegen in der Regel vor, wenn eine entscheidungserhebliche Rechtsfrage durch Begründung eines abstrakten Rechtssatzes anders beurteilt wurde, als in einer Entscheidung eines gleich- oder höherrangigen Gerichts[125]. Möglich ist auch eine Zulassung allein in Bezug auf den Kostenentscheid[126]. Die Entscheidung über die Zulassung zur Beschwerde trifft das Landgericht von Amts wegen und hat bei Vorliegen eines Zulassungsgrunds die Zulassung zwingend anzunehmen, es besteht kein Ermessen[127]. Die Zulassung ist **ausdrücklich in der Entscheidung selbst** auszusprechen und nicht über eine entsprechende Anwendung von § 43 FamFG oder § 321 ZPO nachholbar[128]. Trifft das Landgericht in seinem Beschluss keine Anordnung diesbezüglich, so ist die Beschwerde mithin als nicht zugelassen anzusehen[129].

23 **bb) Nichtzulassungsbeschwerde.** Für den Fall, dass das Landgericht die Beschwerde nicht zulässt, stehen den Beteiligten gegen diese Entscheidung keine Rechtsmittel zu; insbesondere eine Nichtzulassungsbeschwerde an das Oberlandesgericht ist mangels einer gesetzlichen Regelung **grundsätzlich nicht möglich**[130]. Eine Ausnahme davon ist bei **„greifbarer Gesetzeswidrigkeit"** zuzulassen[131], was nur in eng begrenzten Fällen anzunehmen ist[132], nämlich dann, wenn die Nichtzulassungsentscheidung

---

124 Begr. RegE BT-Drucks. 16/6308, S. 209.
125 *Meyer-Holz* in Keidel, § 70 FamFG Rz. 28; *Unger* in Schulte-Bunert/Weinreich, § 22 FamFG.
126 BayObLG v. 16.2.1995 – 3 Z BR 32/95, BayObLGZ 1995, 92, 93; *Hüffer*, § 132 AktG Rz. 8; *Meyer-Holz* in Keidel, § 58 FamFG Rz. 95; *Unger* in Schulte-Bunert/Weinreich, § 70 FamFG Rz. 5; *Feskorn* in Zöller, ZPO, § 58 FamFG Rz. 4, § 70 FamFG Rz. 4.
127 *Meyer-Holz* in Keidel, § 70 FamFG Rz. 32; zur inhaltsgleichen Vorschrift für die Revision *Wenzel* in MünchKomm. ZPO, 3. Aufl., § 543 ZPO Rz. 28; anders noch die frühere Rechtslage nach dem FFG, wonach die Zulassungsentscheidung im pflichtgemäßen Ermessen des Gerichts stand, vgl. dazu *Kubis* in MünchKomm. AktG, 2. Aufl., § 132 AktG Rz. 37; sowie hier in der 1. Aufl. Rz. 22.
128 *Meyer-Holz* in Keidel, § 70 FamFG Rz. 35 f., 40; *Unger* in Schulte-Bunert/Weinreich, § 70 FamFG Rz. 10, 61 Rz. 16 ff.; *Müther* in Bork/Jacoby/Schwab, § 70 FamFG Rz. 17 ff.; *Ebenroth*, Auskunftsrecht, S. 152; *Decher* in Großkomm. AktG, 4. Aufl., § 132 AktG Rz. 47; dieses gilt auch für die irrtümliche Unterlassung, *Unger* in Schulte-Bunert/Weinreich, § 70 FamFG Rz. 10, § 61 FamFG Rz. 16; *F.-J. Semler* in MünchHdb. AG, § 37 Rz. 52; a.A. OLG Karlsruhe v. 10.3.1969 – 3 W 12/69, AG 1969, 296.
129 *Unger* in Schulte-Bunert/Weinreich, § 70 FamFG Rz. 10, § 61 Rz. 16; *Müther* in Bork/Jacoby/Schwab, § 70 FamFG Rz. 18; *Gottwald* in Bassenge/Roth, § 70 FamFG Rz. 3; so auch zum FGG: *Decher* in Großkomm. AktG, 4. Aufl., § 132 AktG Rz. 47.
130 *Unger* in Schulte-Bunert/Weinreich, § 70 FamFG Rz. 13; *Meyer-Holz* in Keidel, § 70 FamFG Rz. 41; *Gottwald* in Bassenge/Roth, § 70 FamFG Rz. 4; so auch noch zum FGG: OLG Düsseldorf v. 25.3.1974 – 19 W 1/74, AG 1974, 227; OLG Frankfurt v. 5.5.1995 – 20 W 194/95, NJW-RR 1996, 678; OLG Koblenz v. 19.7.1995 – 6 W 274/95, AG 1996, 34; *Hüffer*, § 132 AktG Rz. 8; *Kubis* in MünchKomm. AktG, 2. Aufl., § 132 AktG Rz. 38; *F.-J. Semler* in MünchHdb. AG, § 37 Rz. 52; *v. Schenck* in J. Semler/Volhard, Arbeitshandbuch HV, § 46 Rz. 12.
131 BayObLG v. 16.2.1995 – 3 Z BR 32/95, BayObLGZ 1995, 92, 93; OLG Düsseldorf v. 22.7.1986 – 19 W 2/86, AG 1987, 22, 23; OLG Koblenz v. 19.7.1995 – 6 W 27/95, AG 1996, 34; *Unger* in Schulte-Bunert/Weinreich, Vor §§ 58–75 FamFG Rz. 31 f.; *Kubis* in MünchKomm. AktG, 2. Aufl., § 132 AktG Rz. 38; *Decher* in Großkomm. AktG, 4. Aufl., § 132 AktG Rz. 48; *Kersting* in KölnKomm. AktG, 3. Aufl., § 132 AktG Rz. 88; anders *Barz* in FS Möhring, 1975, S. 153, 170.
132 Z.B. greifbarer Gesetzesverstoß angenommen bei Abweisung des Antrags wegen Formulierung als Feststellungs- anstatt Leistungsantrag, OLG Koblenz v. 19.7.1995 – 6 W 27/95, AG 1996, 34; greifbarer Gesetzesverstoß hingegen abgelehnt bei Verstoß gegen rechtliches Gehör, OLG Frankfurt v. 5.5.1995 – 20 W 194/95, NJW-RR 1996, 678; Übersicht über weitere Rechtsprechungsbeispiele bei *Decher* in Großkomm. AktG, 4. Aufl., § 132 AktG Rz. 48.

des Landgerichts jeder gesetzlichen Grundlage entbehrt und inhaltlich dem Gesetz fremd ist[133].

**cc) Einlegung der Beschwerde.** Die Einlegung der Beschwerde hat bei dem Landgericht zu erfolgen, das die angegriffene Entscheidung getroffen hat (§ 64 Abs. 1 FamFG). Hält dieses die Beschwerde für begründet, so hat es der Beschwerde abzuhelfen, vgl. § 68 Abs. 1 Satz 1 Halbsatz 1 FamFG. Andernfalls ist die Beschwerde unverzüglich dem Beschwerdegericht vorzulegen (§ 68 Abs. 1 Satz 1 Halbsatz 2 FamFG). Zuständiges Beschwerdegericht ist gem. § 119 Abs. 1 Nr. 2 GVG das dem Instanzenzug übergeordnete Oberlandesgericht. Die Landesregierungen können aber nach § 99 Abs. 3 Satz 5 die Zuständigkeit für die Entscheidung über die Beschwerde für die Bezirke mehrerer Oberlandesgerichte einem Oberlandesgericht übertragen, wenn dieses der Sicherung einer einheitlichen Rechtsprechung dient[134]. Die einzureichende Beschwerdeschrift (allein) muss von einem Rechtsanwalt unterzeichnet sein (§ 132 Abs. 3 Satz 1 i.V.m. § 99 Abs. 3 Satz 4). Für den weiteren Verfahrensverlauf besteht kein Anwaltszwang (§ 10 Abs. 1 FamFG, vgl. oben Rz. 16). Die **Frist** für die Beschwerde beträgt einen Monat (§ 63 Abs. 1 FamFG) und beginnt zu laufen, wenn dem Beteiligten der Beschluss schriftlich bekannt gemacht worden ist (§ 63 Abs. 3 Satz 1 FamFG); spätestens jedoch mit Ablauf von fünf Monaten nach Erlass des Beschlusses. Die Beschwerdeeinlegung bei einem unzuständigen Gericht wirkt – anders als beim erstinstanzlichen Antrag – indes nicht fristwahrend, da die erstinstanzliche Entscheidung mit einer Rechtsmittelbelehrung zu versehen ist[135]. Unter den Voraussetzungen von § 17 Abs. 1 FamFG ist bei unverschuldeter Fristversäumung die Wiedereinsetzung in den vorigen Stand möglich, insbesondere bei einer unterbliebenen oder fehlerhaften Rechtsmittelbelehrung, § 39 FamFG.

Im Gegensatz zur vorherigen Rechtslage nach dem FGG ist nunmehr in § 66 FamFG eine **Anschlussbeschwerde** gesetzlich normiert, so dass es einer analogen Anwendung der §§ 521, 556 ZPO nicht mehr bedarf[136]. Danach kann sich jeder Beteiligte (§ 7 FamFG) auch ohne eigene Beschwer[137] durch Einreichung einer Beschwerdeanschlussschrift beim Beschwerdegericht der Beschwerde eines anderen anschließen (§ 66 Satz 1 FamFG). Die Anschlussbeschwerde soll die Waffengleichheit aller Beteiligten im Beschwerdeverfahren gewährleisten[138], darüber hinaus dient sie der Prozessökonomie. Diese bedarf keiner Zulassung durch das Landgericht und unterfällt auch nicht der einmonatigen Beschwerdefrist des § 63 Abs. 1 FamFG, sondern kann

---

133 OLG Karlsruhe v. 10.3.1969 – 3 W 12/69, AG 1969, 296; *Unger* in Schulte-Bunert/Weinreich, Vor §§ 58–75 FamFG Rz. 31 f., § 70 FamFG Rz. 13; *Decher* in Großkomm. AktG, 4. Aufl., § 132 AktG Rz. 48; *Kubis* in MünchKomm. AktG, 2. Aufl., § 132 AktG Rz. 38.
134 Inwieweit die Landesregierungen hiervon Gebrauch gemacht haben s. oben bei Fn. 13.
135 OLG Düsseldorf v. 23.10.2009 – 26 W 5/09, AG 2010, 211; *Koritz* in MünchKomm. ZPO, 3. Aufl., § 64 FamFG Rz. 2; *Feskorn* in Zöller, ZPO, § 63 FamFG Rz. 3; *Sternal* in Keidel, § 63 FamFG Rz. 41; *Bumiller/Harders*, § 64 FamFG Rz. 1; a.A. *Brinkmann* in Schulte-Bunert/Weinreich, § 64 FamFG Rz. 3.
136 So noch allg. Ansicht zur Rechtslage nach dem FGG, vgl. BayObLG v. 9.9.1996 – 3 ZBR 36/94, AG 1996, 563, 564; KG v. 11.2.1972 – 1 W 1672/71, AG 1973, 25; ausführlich *Ebenroth*, Auskunftsrecht, S. 154 ff.; *Decher* in Großkomm. AktG, 4. Aufl., § 132 AktG Rz. 54; *Kubis* in MünchKomm. AktG, 2. Aufl., § 132 AktG Rz. 43; sowie hier in der 1. Aufl. Rz. 25.
137 Das FGG-Reformgesetz sah ursprünglich eine Anschlussbeschwerde nur für Beschwerdeberechtigte vor, dieses wurde jedoch noch vor Inkrafttreten durch Art. 8 des Gesetzes zur Modernisierung von Verfahren im anwaltlichen und notariellen Berufsrecht, zur Errichtung einer Schlichtungsstelle der Rechtsanwaltschaft sowie zur Änderung sonstiger Vorschriften vom 30.7.2009, BGBl. I 2009, 2470 geändert.
138 *Sternal* in Keidel, § 66 FamFG Rz. 1; *Koritz* in MünchKomm. ZPO, 3. Aufl., § 66 FamFG Rz. 1; *Gottwald* in Bassenge/Roth, § 66 FamFG Rz. 1.

bis zum Ende des Rechtsmittelverfahrens eingelegt werden[139]. Da § 66 FamFG keinerlei Voraussetzungen zu Inhalt und Form der Beschwerdeanschlussschrift vorsieht, sind aufgrund derselben Zielsetzung und Vergleichbarkeit zur Beschwerde die formalen Anforderungen der §§ 64, 65 FamFG entsprechend anzuwenden[140]. Demnach hat die Beschwerdeanschlussschrift das Rechtsmittel zu bezeichnen, dem sie sich anschließt und soll eine Begründung enthalten[141]. Ebenfalls entsprechend anzuwenden sind die speziellen formalen Anforderungen des AktG an die Beschwerde, so dass gem. §§ 132 Abs. 3 Satz 1, 99 Abs. 3 Satz 4 die Beschwerdeanschlussschrift von einem Rechtsanwalt zu unterzeichnen ist[142]. In Bezug auf ihre rechtliche Wirksamkeit ist sie nach § 66 Satz 2 FamFG hingegen abhängig (akzessorisch) von der Beschwerde; nimmt der Beschwerdeführer seine Beschwerde zurück oder wird das Hauptrechtsmittel als unzulässig verworfen, verliert auch die Anschlussbeschwerde ihre Wirkung[143].

26 **dd) Entscheidung.** Da § 132 Abs. 3 Satz 1 nicht auf § 99 Abs. 3 Satz 3 verweist, ist das Beschwerdegericht bei seiner Entscheidung nicht auf die Überprüfung von Rechtsfragen beschränkt, sondern kann auch die tatsächliche Seite der erstinstanzlichen Entscheidung vollumfänglich überprüfen[144]. Im Beschwerdeverfahren können **auch neue Tatsachen und Beweismittel** vorgetragen werden, § 65 Abs. 3 FamFG; § 132 Abs. 3 Satz 1 verweist nicht auf § 99 Abs. 3 Satz 3[145].

27 Gem. § 69 Abs. 1 Satz 1 FamFG hat das **Beschwerdegericht** grundsätzlich in der Sache, sowohl in Bezug auf die Unzulässigkeit als auch auf die Unbegründetheit der Beschwerde, selbst zu entscheiden. Eine Zurückverweisung an das erstinstanzliche Gericht unter Aufhebung der angefochtenen Entscheidung und des Verfahrens kommt nur in Ausnahmefällen in Betracht. So wenn das erstinstanzliche Gericht in der Sache noch nicht entschieden hat (§ 69 Abs. 1 Satz 2) oder das Verfahren an einem wesentlichen Mangel leidet[146] und zur Entscheidung eine umfangreiche oder aufwändige Beweiserhebung notwendig wäre und ein Beteiligter die Zurückweisung beantragt (§ 69 Abs. 1 Satz 3). Allerdings greift das Verbot der reformatio in peius[147].

---

139 *Sternal* in Keidel, § 66 FamFG Rz. 10; *Unger* in Schulte-Bunert/Weinreich, § 66 FamFG Rz. 8, 15; *Feskorn* in Zöller, ZPO, § 66 FamFG Rz. 5; *Bumiller/Harders*, § 66 FamFG Rz. 2; *Gottwald* in Bassenge/Roth, § 66 FamFG Rz. 2.
140 So die Stellungnahme des Bundesrats BR-Drucks. 309/07, S. 22; darauf bezugnehmend Beschlussempfehlung und Bericht des Rechtsausschusses BT-Drucks. 16/9733, S. 289; ebenso *Feskorn* in Zöller, § 66 FamFG Rz. 6; *Sternal* in Keidel, § 66 FamFG Rz. 11; *Reichold* in Thomas/Putzo, ZPO, § 66 FamFG Rz. 7; *Unger* in Schulte-Bunert/Weinreich, § 66 FamFG Rz. 18 ff.
141 *Sternal* in Keidel, § 66 FamFG Rz. 17; *Feskorn* in Zöller, § 66 FamFG Rz. 6; *Unger* in Schulte-Bunert/Weinreich, § 66 FamFG Rz. 18; ebenso im Erg. *Reichold* in Thomas/Putzo, ZPO, § 66 FamFG Rz. 7.
142 So wohl auch *Unger* in Schulte-Bunert/Weinreich, § 66 FamFG Rz. 18, der davon ausgeht, dass Anwaltszwang für die Einlegung der Anschlussbeschwerde in gleichem Umfang wie beim Hauptrechtsmittels besteht.
143 *Feskorn* in Zöller, ZPO, § 66 FamFG Rz. 7; *Sternal* in Keidel, § 66 FamFG Rz. 21; *Unger* in Schulte-Bunert/Weinreich, § 66 FamFG Rz. 20; *Bumiller/Harders*, § 66 FamFG Rz. 3.
144 OLG Dresden v. 1.12.1998 – 7 W 426/98, AG 1999, 274; KG v. 11.2.1972 – 1 W 1672/71, AG 1973, 25; *Ebenroth*, Auskunftsrecht, S. 156; *Decher* in Großkomm. AktG, 4. Aufl., § 132 AktG Rz. 56.
145 *Kersting* in KölnKomm. AktG, 3. Aufl., § 132 AktG Rz. 82.
146 Z.B. bei Fällen „greifbarer Gesetzeswidrigkeit", vgl. oben Rz. 23 sowie weitere Beispiele bei *Feskorn* in Zöller, § 69 FamFG Rz. 9.
147 *Bumiller/Harders*, § 69 FamFG Rz. 5 f.; *Müther* in Bork/Jacoby/Schwab, § 69 FamFG Rz. 13 f.; *Sternal* in Keidel, § 69 FamFG Rz. 22, 29; *Feskorn* in Zöller, ZPO, § 69 FamFG Rz. 4.

## b) Rechtsbeschwerde

Während die Entscheidung des OLG früher endgültig war, weil die weitere Beschwerde ausgeschlossen war (§§ 132 Abs. 3 Satz 1, 99 Abs. 3 Satz 6 a.F.), besteht nunmehr die Möglichkeit der **Rechtsbeschwerde** gem. §§ 70 ff. FamFG. Rechtsbeschwerdegericht ist gem. § 133 GVG der **BGH**. Die Rechtsbeschwerde ist nur statthaft, wenn sie das Beschwerdegericht in dem Beschluss zugelassen hat (§ 70 Abs. 1 FamFG)[148]. Die Rechtsbeschwerde ist gem. § 70 Abs. 2 Nr. 1, 2 FamFG zuzulassen, wenn die Rechtssache grundsätzliche Bedeutung hat oder die Fortbildung des Rechts oder die Sicherung einer einheitlichen Rechtsprechung eine Entscheidung des Rechtsbeschwerdegerichts erfordert. Eine Nichtzulassungsbeschwerde ist grundsätzlich nicht gegeben (s. näher dazu oben Rz. 23).

28

Die Rechtsbeschwerde kann nur auf die **Verletzung eines Rechts** durch die Entscheidung gestützt werden (§ 72 Abs. 1 Satz 1 FamFG). Sie ist innerhalb einer Frist von einem Monat nach der schriftlichen Bekanntgabe des Beschlusses durch Einreichen einer Beschwerdeschrift bei dem Rechtsbeschwerdegericht einzulegen (§ 71 Abs. 1 Satz 1 FamFG). Diese hat die Bezeichnung des anzufechtenden Beschlusses sowie die Erklärung, dass hiergegen Rechtsbeschwerde eingelegt werden soll, zu enthalten (§ 71 Abs. 1 Satz 2 FamFG). Die Rechtsbeschwerde ist gem. § 71 Abs. 2 FamFG insbesondere mit den Umständen, aus denen sich eine Rechtsverletzung ergibt, zu begründen. Sowohl für die Unterschrift bei der Einreichung der Rechtsbeschwerdeschrift (§ 71 Abs. 1 Satz 3 FamFG) als auch während des Verfahrens besteht **Anwaltszwang**, § 10 Abs. 4 Satz 1 FamFG.

29

Gem. § 73 FamFG besteht für weitere Beteiligte die Möglichkeit der **Anschlussrechtsbeschwerde**. Diese ist innerhalb eines Monats nach der Bekanntgabe der Begründungsschrift des Hauptbeschwerdeführers durch Einreichen einer Anschlussschrift beim Rechtsbeschwerdegericht zu erheben, § 73 Satz 1 FamFG. Die Wirkung der Anschlussrechtsbeschwerde ist akzessorisch zur Rechtsbeschwerde, § 73 Satz 3 FamFG (s. oben Rz. 25).

30

Das **Rechtsbeschwerdegericht** prüft sowohl, ob die Rechtsbeschwerde zulässig als auch begründet ist, § 74 Abs. 1 Satz 1 FamFG. Ist die Rechtsbeschwerde entscheidungsreif, das heißt ist insbesondere keine weitere Tatsachenfeststellung mehr erforderlich[149], so entscheidet das Rechtsbeschwerdegericht **in der Sache selbst**. Andernfalls verweist es die Sache unter Aufhebung des angefochtenen Beschlusses und des Verfahrens zur anderweitigen Behandlung und Entscheidung an das Beschwerdegericht, oder, wenn dies aus besonderen Gründen geboten erscheint, an das Gericht des ersten Rechtszugs, § 74 Abs. 6 Satz 1, 2 FamFG.

31

## 3. Rechtskraft

Die gerichtliche Entscheidung wird erst mit ihrer Rechtskraft wirksam, § 132 Abs. 3 Satz 1 i.V.m. § 99 Abs. 5 Satz 1. **Formelle Rechtskraft** beginnt mit der Unanfechtbarkeit der Entscheidung (§ 45 Satz 1 FamFG), also mit ergebnislosem Ablauf der Beschwerdefrist nach § 63 Abs. 1 FamFG i.V.m. § 16 Abs. 1 FamFG[150] oder Zustellung einer letztinstanzlichen Entscheidung, mithin die Entscheidung des Beschwerde- oder Rechtsbeschwerdegerichts (vgl. dazu Rz. 26, 31). Die formelle Rechtskraft bildet die Voraussetzung für die Eintragung der Entscheidung in das Handelsregister (vgl.

32

---

148 S. auch Begr. RegE BT-Drucks. 16/6308, S. 353.
149 *Meyer-Holz* in Keidel, § 74 FamFG Rz. 67; *Koritz* in MünchKomm. ZPO, 3. Aufl., § 74 FamFG Rz. 10; *Unger* in Schulte-Bunert/Weinreich, § 74 FamFG Rz. 29.
150 Hierzu s. oben Rz. 24; der Einlegung der Beschwerde kommt somit aufschiebende Wirkung zu.

§ 99 Abs. 5 Satz 3) (Näheres bei Rz. 39) und für die Zwangsvollstreckung (§ 132 Abs. 4 Satz 2) (vgl. dazu Rz. 36).

33 Die Entscheidung im Rahmen von § 132 kann auch in **materielle Rechtskraft** erwachsen[151]. Zu beachten ist aber in diesem Zusammenhang, dass aufgrund des fehlenden Verweises in § 132 Abs. 3 Satz 1 auf § 99 Abs. 5 Satz 2 Anträge anderer Aktionäre, die dieselbe Auskunftsversagung zum Gegenstand haben, weiterhin zulässig bleiben; die Rechtskraft sich also nur auf die jeweiligen Parteien der gerichtlichen Entscheidung erstreckt[152]. Ein erneuter Antrag desselben Aktionärs bezüglich derselben Auskunftsverweigerung ist somit unzulässig[153].

## VI. Folgen der gerichtlichen Entscheidung (§ 132 Abs. 4)

### 1. Auskunftserteilung

34 Wird dem Antrag des Aktionärs stattgegeben, so ist ihm die Auskunft gem. § 132 Abs. 4 Satz 1 auch außerhalb der Hauptversammlung zu geben. Aus dieser Gesetzesformulierung (unter Berücksichtigung der Gesetzesbegründung[154]) ergibt sich ein **Wahlrecht für den auskunftsuchenden Aktionär**, ob er die Auskunft nach Rechtskraft[155] der gerichtlichen Entscheidung außerhalb der Hauptversammlung oder erst in der nächsten Hauptversammlung erhalten will[156]. Wählt der obsiegende Aktionär die Auskunftserteilung außerhalb der Hauptversammlung, so ist ihm die Auskunft durch den Vorstand unverzüglich (i.S. von § 121 Abs. 1 Satz 1 BGB) zu erteilen; auch bei einer kurz bevorstehenden nächsten Hauptversammlung kann der Vorstand den Aktionär für die Auskunftserteilung nicht auf diese verweisen[157]. Der Vorstand ist verpflichtet, die verlangte Auskunft im gerichtlich angeordneten Umfang zu erteilen; d.h., bei verweigerter Auskunft eine vollständige Auskunft zu geben, bei unrichtiger Auskunft[158] eine zutreffende[159]. Die Auskunftserteilung durch den Vorstand außer-

---

151 Dieses war schon für die Verfahren im Rahmen des FGG und ist weiterhin für das FamFG sehr umstritten, vgl. die Darstellung bei *Ulrici* in MünchKomm. ZPO, 3. Aufl., § 48 FamFG Rz. 24 ff. Nach überwiegender Ansicht wird jedoch bei echten Streitverfahren die materielle Rechtskraft bejaht, vgl. *Engelhardt* in Keidel, § 45 FamFG Rz. 8; *Bumiller/Harders*, § 45 FamFG Rz. 7 ff.; *Feskorn* in Zöller, ZPO, § 45 FamFG Rz. 11; *Ulrici* in MünchKomm. ZPO, 3. Aufl., § 48 FamFG Rz. 36, der generell eine materielle Rechtskraft für Verfahren nach dem FamFG annimmt; so ausdrücklich für § 132 allerdings noch zum FGG: *Werner* in FS Heinsius, 1991, S. 911, 921; *Lüke*, ZGR 1990, 657, 660 f.; *Kollhosser*, AG 1977, 117, 121; *Kubis* in MünchKomm. AktG, 2. Aufl., § 132 AktG Rz. 46; *Reger* in Bürgers/Körber, § 132 AktG Rz. 7.
152 *Lüke*, ZGR 1990, 657, 660 f.; *v. Falkenhausen*, AG 1967, 309, 316 f.; *Kubis* in MünchKomm. AktG, 2. Aufl., § 132 AktG Rz. 46; *Kersting* in KölnKomm. AktG, 3. Aufl., § 132 AktG Rz. 91.
153 Die materielle Rechtskraft führt aber nicht zu einer Bindungswirkung der Entscheidung im Auskunftserzwingungsverfahren für einen Anfechtungsprozess über dieselbe Auskunftsverweigerung, vgl. unten Rz. 41.
154 Begr. RegE *Kropff*, Aktiengesetz, S. 190.
155 Zum Zeitpunkt des Eintritts der Rechtskraft s. oben Rz. 32.
156 *Ebenroth*, Auskunftsrecht, S. 157; *Kubis* in MünchKomm. AktG, 2. Aufl., § 132 AktG Rz. 48; *Decher* in Großkomm. AktG, 4. Aufl., § 132 AktG Rz. 59; *Siems* in Spindler/Stilz, § 132 AktG Rz. 24; *Butzke* in Obermüller/Werner/Winden, Die Hauptversammlung der Aktiengesellschaft, Rz. G 99; *F.-J. Semler* in MünchHdb. AG, § 37 Rz. 54; *v. Schenck* in J. Semler/Volhard, Arbeitshandbuch HV, § 46 Rz. 13.
157 *Decher* in Großkomm. AktG, 4. Aufl., § 132 AktG Rz. 59; *Kersting* in KölnKomm. AktG, 3. Aufl., § 132 AktG Rz. 94; *Kubis* in MünchKomm. AktG, 2. Aufl., § 132 AktG Rz. 48.
158 Zur Antragsberechtigung bei unrichtiger Auskunft s. oben Rz. 9.
159 *Kubis* in MünchKomm. AktG, 2. Aufl., § 132 AktG Rz. 49.

halb der Hauptversammlung kann **schriftlich oder mündlich** erfolgen[160]. Für die Erteilung der Auskunft in der Hauptversammlung gilt der Grundsatz der Mündlichkeit (hierzu § 131 Rz. 61) aber weiterhin[161].

Wird die Auskunft an den Antragsteller außerhalb der Hauptversammlung erteilt, haben die **übrigen Aktionäre** nach § 131 Abs. 4 Satz 1 (näheres dazu s. § 131 Rz. 96) einen Anspruch auf entsprechende Auskunft in der nächsten Hauptversammlung. Dieser Anspruch entsteht nicht bereits mit rechtskräftiger Verurteilung der Gesellschaft zur Auskunftserteilung, sondern erst wenn der Antragsteller die Auskunft außerhalb der Hauptversammlung erhalten hat[162]. 35

## 2. Zwangsvollstreckung

Nach § 132 Abs. 4 Satz 2 findet die Zwangsvollstreckung aus der Entscheidung nach den Vorschriften der ZPO statt. Der Beschluss ist erst mit Eintritt der Rechtskraft (zum Zeitpunkt des Eintritts s. Rz. 32) vollstreckbar, § 132 Abs. 3 Satz 1 i.V.m. § 99 Abs. 5 Satz 1. Eine vorläufige Vollstreckung, auch gegen Sicherheitsleistung, ist nicht möglich[163]. Den Vollstreckungstitel bildet der stattgebende Beschluss selbst nach § 794 Abs. 1 Nr. 3 ZPO[164]. Da die Auskunftserteilung eine **unvertretbare Handlung** ist, richtet sich die Zwangsvollstreckung nach **§ 888 ZPO**[165] und zwar mittels Zwangsgeldes gegen die Gesellschaft oder Zwangshaft gegen eine vertretungsberechtigte Anzahl vom Gericht namentlich zu benennender Mitglieder des Vorstands[166]. Gem. § 888 Abs. 2 ZPO findet eine Androhung der Zwangsmittel nicht statt[167]. 36

Die **Zuständigkeit** für die Festsetzung von Zwangsmitteln liegt gem. § 888 Abs. 1 ZPO beim Prozessgericht des ersten Rechtszuges[168], also beim für das Auskunftserzwingungsverfahren zuständigen Landgericht (zur Zuständigkeit s. oben Rz. 3 ff). Das Vollstreckungsgericht hat bei Festsetzung des Zwangsmittels nach § 888 ZPO alle Umstände, die nach Rechtskraft der Entscheidung eingetreten sind und den Auskunftsanspruch vernichten oder dessen Durchsetzung hemmen, zu berücksichtigen[169]. Zu diesen Umständen zählt es z.B., wenn die Gesellschaft den Auskunftsan- 37

---

160 BayObLG v. 17.12.1974 – 2 Z 58/74, AG 1975, 78; *Decher* in Großkomm. AktG, 4. Aufl., § 132 AktG Rz. 59; *Kubis* in MünchKomm. AktG, 2. Aufl., § 132 AktG Rz. 50; *Butzke* in Obermüller/Werner/Winden, Die Hauptversammlung der Aktiengesellschaft, Rz. G 99; *Kersting* in KölnKomm. AktG, 3. Aufl., § 132 AktG Rz. 94.
161 OLG Frankfurt v. 19.9.2006 – 20 W 55/05, AG 2007, 451; *Kubis* in MünchKomm. AktG, 2. Aufl., § 132 AktG Rz. 50.
162 *Decher* in Großkomm. AktG, 4. Aufl., § 132 AktG Rz. 59; anders *Obermüller/Werner/Winden* (Vorauflage), S. 189.
163 *Hüffer*, § 132 AktG Rz. 9; *Decher* in Großkomm. AktG, 4. Aufl., § 132 AktG Rz. 60; *Kubis* in MünchKomm. AktG, 2. Aufl., § 132 AktG Rz. 52.
164 *Hüffer*, § 132 AktG Rz. 9; *Decher* in Großkomm. AktG, 4. Aufl., § 132 AktG Rz. 60; *Kubis* in MünchKomm. AktG, 2. Aufl., § 132 AktG Rz. 52.
165 BayObLG v. 25.6.1975 – 2 Z 15/75, AG 1975, 325, 328; BayObLG v. 17.12.1974 – 2 Z 58/74, AG 1975, 78; *Hüffer*, § 132 AktG Rz. 9; *Decher* in Großkomm. AktG, 4. Aufl., § 132 AktG Rz. 61; *Kubis* in MünchKomm. AktG, 2. Aufl., § 132 AktG Rz. 52; *Butzke* in Obermüller/Werner/Winden, Die Hauptversammlung der Aktiengesellschaft, Rz. G 99; *Kersting* in KölnKomm. AktG, 3. Aufl., § 132 AktG Rz. 96 f.
166 *Hüffer* in Ulmer, § 51b GmbHG Rz. 20; *Decher* in Großkomm. AktG, 4. Aufl., § 132 AktG Rz. 61; *Kubis* in MünchKomm. AktG, 2. Aufl., § 132 AktG Rz. 53.
167 BayObLG v. 25.3.1996 – 3 Z BR 50/96, ZIP 1996, 1039; *Decher* in Großkomm. AktG, 4. Aufl., § 132 AktG Rz. 61; *Kubis* in MünchKomm. AktG, 2. Aufl., § 132 AktG Rz. 53.
168 BayObLG v. 17.12.1974 – 2 Z 58/74, AG 1975, 78; BayObLG v. 28.4.1975 – 2 Z 33/75, AG 1975, 246, 248; *Decher* in Großkomm. AktG, 4. Aufl., § 132 AktG Rz. 60; *Kubis* in MünchKomm. AktG, 2. Aufl., § 132 AktG Rz. 52.
169 BayObLG v. 25.3.1996 – 3 Z BR 50/96, ZIP 1996, 1039 f.; *Kubis* in MünchKomm. AktG, 2. Aufl., § 132 AktG Rz. 54.

spruch zwischenzeitlich **erfüllt** hat[170] oder wenn der auskunftsuchende Aktionär seine **Aktionärseigenschaft** nach Rechtskraft, aber vor Vollstreckung, **verloren** hat[171] oder wenn die Auskunftserteilung der verpflichteten Gesellschaft **unmöglich** ist[172]. Rechtsmittel gegen eine nach § 888 ZPO ergangene Entscheidung ist die sofortige Beschwerde gem. 793 ZPO an das zuständige Beschwerdegericht (§ 119 Abs. 1 Nr. 2 GVG), die nicht an eine Zulassung durch das Gericht des ersten Rechtszuges[173] gebunden ist[174].

38 Daneben kann die **Gesellschaft selbst** über die entsprechende Anwendung der Vollstreckungsgegenklage nach § 767 ZPO derartige Einwendungen gegen den titulierten Auskunftsanspruch geltend machen[175], allerdings nicht als Klage, sondern als Vollstreckungsgegenantrag, über den per Beschluss zu entscheiden ist[176]. Zuständiges Gericht ist auch hier das Prozessgericht des ersten Rechtszuges[177].

### 3. Eintragung im Handelsregister

39 Der Vorstand hat die rechtskräftige Entscheidung unverzüglich (i.S. von § 121 Abs. 1 Satz 1 BGB) zur Eintragung ins Handelsregister einzureichen, § 132 Abs. 3 Satz 1 i.V.m. § 99 Abs. 5 Satz 3, damit die nicht verfahrensbeteiligten Aktionäre über die Entscheidung unterrichtet werden und gegebenenfalls gem. § 131 Abs. 4 Satz 1 die Erteilung derselben Auskunft in der nächsten Hauptversammlung verlangen können[178]. Für die eingetragene Entscheidung gilt nach § 9 HGB die **uneingeschränkte Publizität des Handelsregisters**[179]. Eine Veröffentlichung in den Gesellschaftsblättern ist mangels Verweises in § 132 Abs. 3 Satz 1 auf § 99 Abs. 4 Satz 2 nicht erforderlich.

## VII. Verfahrenskosten (§ 132 Abs. 5)

### 1. Gerichtskosten

40 Nach § 132 Abs. 5 Satz 1 gilt die **Kostenordnung**, für die Verfahren im ersten Rechtszug sowie für das Verfahren über ein Rechtsmittel werden je das Doppelte der vollen

---

170 *Hellwig* in FS Budde, 1995, S. 265, 286; *Decher* in Großkomm. AktG, 4. Aufl., § 132 AktG Rz. 64; *Kubis* in MünchKomm. AktG, 2. Aufl., § 132 AktG Rz. 54; *Kersting* in KölnKomm. AktG, 3. Aufl., § 132 AktG Rz. 99.
171 *Ebenroth*, Auskunftsrecht, S. 157; *Decher* in Großkomm. AktG, 4. Aufl., § 132 AktG Rz. 64; *Kubis* in MünchKomm. AktG, 2. Aufl., § 132 AktG Rz. 54.
172 Dieses wird nur in seltenen Fällen anzunehmen sein, *Decher* in Großkomm. AktG, 4. Aufl., § 132 AktG Rz. 63; *Kersting* in KölnKomm. AktG, 3. Aufl., § 132 AktG Rz. 100; ausnahmsweise angenommen für den Fall, dass der Vorstand bei pflichtgemäßem Bemühen trotzdem keine Informationen bei der Muttergesellschaft beschaffen konnte, BayObLG v. 25.6.1975 – 2 Z 15/75, AG 1975, 325, 327.
173 Im Gegensatz zum Erkenntnisverfahren, vgl. hierzu Rz. 22.
174 BayObLG v. 25.3.1996 – 3 Z BR 50/96, ZIP 1996, 1039; BayObLG v. 17.12.1974 – 2 Z 58/74, AG 1975, 78; *Kubis* in MünchKomm. AktG, 2. Aufl., § 132 AktG Rz. 54; *Kersting* in KölnKomm. AktG, 3. Aufl., § 132 AktG Rz. 102.
175 *Ebenroth*, Auskunftsrecht, S. 157; *Kubis* in MünchKomm. AktG, 2. Aufl., § 132 AktG Rz. 54; *Butzke* in Obermüller/Werner/Winden, Die Hauptversammlung der Aktiengesellschaft, Rz. G 98; *Kersting* in KölnKomm. AktG, 3. Aufl., § 132 AktG Rz. 103 ff.; *F.-J. Semler* in MünchHdb. AG, § 37 Rz. 55.
176 *Kersting* in KölnKomm. AktG, 3. Aufl., § 132 AktG Rz. 104 unter Verweis auf OLG München v. 4.1.2008 – 31 Wx 82/07, GmbHR 2008, 209 = NZG 2008, 197.
177 *Decher* in Großkomm. AktG, 4. Aufl., § 132 AktG Rz. 65; *Kubis* in MünchKomm. AktG, 2. Aufl., § 132 AktG Rz. 54; *F.-J. Semler* in MünchHdb. AG, § 37 Rz. 55.
178 Ausschuss-Begr. *Kropff*, Aktiengesetz, S. 190.
179 *Kersting* in KölnKomm. AktG, 3. Aufl., § 132 AktG Rz. 106; *Kubis* in MünchKomm. AktG, 2. Aufl., § 132 AktG Rz. 47.

Gebühr, § 132 Abs. 5 Satz 2, 3, auch für den Fall, dass die Beschwerde oder Rechtsbeschwerde Erfolg hat (§ 132 Abs. 5 Satz 3 Halbsatz 2), erhoben; § 131 KostO gilt mithin im Verfahren nach § 132 nicht. Für den Fall, dass der Antrag bzw. das Rechtsmittel vor Ergehen einer Entscheidung oder einer gerichtlich vermittelten Einigung zurückgenommen werden, ermäßigt sich die Gebühr auf die Hälfte, § 132 Abs. 5 Satz 4. Für die Höhe der Gebühren sind §§ 32, 33 KostO maßgeblich[180].

Der **Geschäftswert** ist von Amts wegen festzusetzen und bestimmt sich nach § 30 Abs. 2 KostO mit der Maßgabe, dass er in der Regel auf 5.000 € festzusetzen ist, § 132 Abs. 5 Satz 5, 6. Abweichungen von diesem Regelwert sind möglich und auch angezeigt, sofern die Interessen und wirtschaftlichen Verhältnisse der Parteien sowie der Umfang und die Komplexität der Sache dieses erfordern[181]. Werden vom Antragsteller **mehrere Fragen** gestellt, so verbietet sich die von Teilen der Rechtsprechung vorgenommene Erhöhung des Geschäftswertes durch Multiplikation der Anzahl der Fragen mit dem Regelgeschäftswert[182] als zu schematisch, vielmehr erscheint eine angemessene, flexible Erhöhung des Regelgeschäftwertes sachgerecht[183]. Allein die Tatsache, dass **mehrere Antragsteller** vorhanden sind, führt für sich genommen nicht zwingend zu einer Erhöhung des Regelgeschäftswertes[184]. Die **Entscheidung über die Kostentragung** trifft das Gericht gemäß § 132 Abs. 5 Satz 7 nach billigem Ermessen. In der Regel werden dem unterliegenden Beteiligten die gerichtlichen Kosten auferlegt werden[185]. Jedoch sind diesbezüglich auch Ausnahmen möglich[186]. Als **Rechtsmittel gegen die Kostenentscheidung** ist die Beschwerde zum zuständigen Oberlandesgericht statthaft. Das FamFG hat die frühere Regelung des § 20a FGG nicht übernommen[187], wonach eine isolierte Anfechtung der Kostenentscheidung nicht möglich war. Demgemäß ist jetzt auch ohne Zulassung die Beschwerde zulässig[188].

41

---

180 *Kubis* in MünchKomm. AktG, 2. Aufl., § 132 AktG Rz. 56; *Kersting* in KölnKomm. AktG, 3. Aufl., § 132 AktG Rz. 109 ff.
181 BayObLG v. 27.5.1993 – 3 Z BR 55/93 – „Münchener Rück", ZIP 1993, 1617, 1618; OLG Frankfurt v. 21.8.1992 – 20 W 300/92, AG 1992, 461; *Decher* in Großkomm. AktG, 4. Aufl., § 132 AktG Rz. 69; *Kubis* in MünchKomm. AktG, 2. Aufl., § 132 AktG Rz. 56.
182 OLG Frankfurt v. 21.8.1992 – 2 W 300/92, AG 1992, 461; LG Frankfurt v. 16.5.1966 – 31 O 63/66, AG 1968, 24, 25 (Multiplikation mit halbem Regelgeschäftswert); LG Berlin v. 24.6.1993 – 93 O 244/92, ZIP 1993, 1632, 1636 (ebenfalls halber Regelgeschäftswert); zustimmend *Hüffer*, § 132 AktG Rz. 10.
183 BayObLG v. 15.2.2000 – 3 Z BR 2/00, AG 2001, 137, 138; BayObLG v. 27.5.1993 – 3 Z BR 55/93 – „Münchener Rück", ZIP 1993, 1617, 1618; *Barz* in FS Möhring, 1975, S. 153, 170 f.; *Decher* in Großkomm. AktG, 4. Aufl., § 132 AktG Rz. 70; *Kubis* in MünchKomm. AktG, 2. Aufl., § 132 AktG Rz. 56.
184 OLG Stuttgart v. 8.5.1992 – 8 W 344/91, AG 1992, 460; *Decher* in Großkomm. AktG, 4. Aufl., § 132 AktG Rz. 70; *Kubis* in MünchKomm. AktG, 2. Aufl., § 132 AktG Rz. 57; *Kersting* in KölnKomm. AktG, 3. Aufl., § 132 AktG Rz. 112.
185 Begr. RegE *Kropff*, Aktiengesetz, S. 190; *Ebenroth*, Auskunftsrecht, S. 158; *Decher* in Großkomm. AktG, 4. Aufl., § 132 AktG Rz. 71; *Kubis* in MünchKomm. AktG, 2. Aufl., § 132 AktG Rz. 57; *F.-J. Semler* in MünchHdb. AG, § 37 Rz. 53.
186 Z.B. wenn die beantragte Auskunft während des Verfahrens durch die Gesellschaft erteilt wurde, *Butzke* in Obermüller/Werner/Winden, Die Hauptversammlung der Aktiengesellschaft, Rz. G 99; wenn die Gesellschaft die Begründung für ein Auskunftsverweigerungsrecht nach § 131 Abs. 3 nicht schon in der Hauptversammlung dargelegt hat, sondern erst im Auskunftserzwingungsverfahren, *Eckardt* in G/H/E/K, § 132 AktG Rz. 60; *Decher* in Großkomm. AktG, 4. Aufl., § 132 AktG Rz. 71.
187 Für Unzulässigkeit der isolierten Beschwerde nach § 20a FGG a.F. noch OLG Stuttgart v. 7.10.2008 – 8 W 402/08, AG 2009, 131.
188 Anders *Kersting* in KölnKomm. AktG, 3. Aufl., § 132 AktG Rz. 118, der bei einer gleichzeitigen Sachentscheidung aus Beschleunigungsgründen wohl die Zulassung weiterhin fordern will.

## 2. Außergerichtliche Kosten

42 Über die Erstattung der außergerichtlichen Kosten der Beteiligten entscheidet das Gericht nach § 99 Abs. 1 AktG i.V.m. **§ 81 FamFG** und nicht nach § 132 Abs. 5 Satz 7; denn unter „Kosten des Verfahrens" i.S. von § 132 Abs. 5 Satz 7 fallen nur Gerichtskosten[189]. Dementsprechend kann das Gericht die außergerichtlichen Kosten einem Beteiligten ganz oder teilweise auferlegen, wenn dies der Billigkeit entspricht, § 81 Abs. 1 Satz 1 FamFG. Zwar stellen § 132 Abs. 5 Satz 7 AktG und § 81 FamFG die Kostenentscheidung beiderseits in das Ermessen des Gerichts, jedoch können die jeweiligen Kostenentscheidungen durchaus zu unterschiedlichen Ergebnissen gelangen, insbesondere im Hinblick auf die ermessensleitende Vorschrift des § 81 Abs. 2 FamFG[190]. Wenn einem Beteiligten durch Anordnung des Gerichts auferlegt wird, „die Kosten des Verfahrens" zu tragen und in den Gründen nur auf § 132 Abs. 5 Satz 7 verwiesen wird, so umfasst diese Anordnung nicht auch die Kostentragung der außergerichtlichen Kosten[191]. **Rechtsanwaltskosten** eines Beteiligten sind nicht zwingend erstattungsfähig, vielmehr ist bei der Erstattung jeweils im Einzelfall zu beurteilen, ob sie zur Durchführung des Verfahrens notwendig sind; § 80 FamFG verweist allein auf § 91 Abs. 1 Satz 2 ZPO, nicht jedoch auf § 91 Abs. 2 ZPO[192].

## VIII. Verhältnis zu anderen Klagemöglichkeiten

### 1. Leistungsklage

43 Eine Leistungsklage zur Durchsetzung des Auskunftsanspruchs ist aufgrund der in § 132 Abs. 1 erfolgten Zuweisung des Verfahrens an die freiwillige Gerichtsbarkeit nicht zulässig[193]. Wird eine derartige Klage dennoch vor den ordentlichen Zivilgerichten erhoben, so kann das angerufene unzuständige Gericht in entsprechender Anwendung von § 17a Abs. 2, 6 GVG diese an das nach § 132 Abs. 1 zuständige Gericht der freiwilligen Gerichtsbarkeit verweisen[194].

---

189 BayObLG v. 4.4.2001 – 3 Z BR 70/00, NZG 2001, 608, 609; OLG Düsseldorf v. 22.7.1986 – 19 W 2/86, ZIP 1986, 1557, 1559; BayObLG v. 8.5.1974 – 2 Z 73/73, AG 1974, 224, 226; *Ebenroth*, Auskunftsrecht, S. 158 Fn. 92; *Kubis* in MünchKomm. AktG, 2. Aufl., § 132 AktG Rz. 59; a.A. *F.-J. Semler* in MünchHdb. AG, § 37 Rz. 53: nach § 91 Abs. 2 ZPO analog stets erstattungsfähig. Ebenso *Decher* in Großkomm. AktG, 4. Aufl., § 132 AktG Rz. 15; *Kubis* in MünchKomm. AktG, 2. Aufl., § 132 AktG Rz. 64; *F.-J. Semler* in MünchHdb. AG, § 37 Rz. 48; *Decher* in Großkomm. AktG, 4. Aufl., § 132 AktG Rz. 73; a.A. *F.-J. Semler* in MünchHdb. AG, § 37 Rz. 53: auch für außergerichtliche Kosten soll § 132 Abs. 5 Satz 7 gelten.
190 Vgl. ausführlich dazu *Zimmermann* in Keidel, § 81 FamFG Rz. 50 ff.; *Schindler* in MünchKomm. ZPO, 3. Aufl., § 81 FamFG Rz. 29 ff.; sowie noch zur Vorgängervorschrift des § 13a FGG: *Hüffer*, § 132 AktG Rz. 10; *Decher* in Großkomm. AktG, 4. Aufl., § 132 AktG Rz. 73 (mit Rechtsprechungsbeispielen).
191 KG v. 13.3.1969 – 1 W 1241/69, AG 1969, 149, 150; *Gustavus*, GmbHR 1989, 181, 186; *Hüffer*, § 132 AktG Rz. 10; *Decher* in Großkomm. AktG, 4. Aufl., § 132 AktG Rz. 73.
192 *Schindler* in MünchKomm. ZPO, 3. Aufl., § 80 FamFG Rz. 10; *Zimmermann* in Keidel, § 81 FamFG Rz. 28; *Keske* in Schulte-Bunert/Weinreich, § 80 FamFG Rz. 2; *Kersting* in KölnKomm. AktG, 3. Aufl., § 132 AktG Rz. 116; ebenso noch für den Verweis in § 13a Abs. 3 FGG: OLG Koblenz v. 18.12.1995 – 14 W 743/95, WM 1996, 820; *Decher* in Großkomm. AktG, 4. Aufl., § 132 AktG Rz. 74; *Kubis* in MünchKomm. AktG, 2. Aufl., § 132 AktG Rz. 59; a.A. *Hüffer*, § 132 AktG Rz. 10; *F.-J. Semler* in MünchHdb. AG, § 37 Rz. 53: nach § 91 Abs. 2 ZPO analog stets erstattungsfähig.
193 Ebenso *Decher* in Großkomm. AktG, 4. Aufl., § 132 AktG Rz. 15; *Kubis* in MünchKomm. AktG, 2. Aufl., § 132 AktG Rz. 64; *Siems* in Spindler/Stilz, § 132 AktG Rz. 3; *F.-J. Semler* in MünchHdb. AG, § 37 Rz. 48.
194 S. *Sternal* in Keidel, § 1 FamFG Rz. 51; *Schöpflin* in Schulte-Bunert/Weinreich, § 1 FamFG Rz. 31 f.; *Pabst* in MünchKomm. ZPO, 3. Aufl., § 3 FamFG Rz. 24.

## 2. Anfechtungsklage

### a) Allgemeines

Da die unberechtigte Auskunftsverweigerung zugleich auch einen Anfechtungsgrund i.S. von § 243 Abs. 1 darstellt (s. hierzu § 131 Rz. 116), stehen **beide Verfahren unabhängig nebeneinander**[195]. Denn der Kläger will mit der Anfechtungsklage rückwirkend einen Hauptversammlungsbeschluss für nichtig erklären lassen. Ferner wirkt die Entscheidung nach § 248 Abs. 1 Satz 1 für und gegen alle Aktionäre; demgegenüber bezweckt das Auskunftserzwingungsverfahren nur die Erfüllung des individuellen Informationsbedürfnisses des Aktionärs und wirkt grundsätzlich nur inter partes[196]. Ein Aktionär, der den jeweiligen Hauptversammlungsbeschluss wegen einer Verletzung seines Auskunftsrechts anfechten will, ist daher **nicht gezwungen, vorher oder zugleich** auch ein **Verfahren nach § 132 durchzuführen**[197]. Umgekehrt schließt die Erhebung der Anfechtungsklage auch die Durchführung eines gleichzeitigen Auskunftserzwingungsverfahrens nach § 132 nicht aus[198]. Zwar kann die gegenteilige Ansicht[199] sich auf eine Passage in der Begründung zum Regierungsentwurf des AktG 1965 stützen[200]; doch hat sich ein Stufenverhältnis bzw. eine vorherige zwingende Einleitung des Auskunftserzwingungsverfahrens nicht im Gesetzeswortlaut niedergeschlagen[201].

44

### b) Bindungswirkung

Werden beide Verfahren nebeneinander betrieben, stellt sich die Frage nach einer **Bindungswirkung** bezüglich der im (regelmäßig schnelleren) Auskunftserzwingungsverfahren getroffenen Feststellungen. Vom Standpunkt eines Stufenverhältnisses von Auskunftserzwingungsverfahren und Anfechtungsklage aus, muss eine solche Bin-

45

---

195 BGH v. 29.11.1982 – II ZR 88/81, BGHZ 86, 1, 3 ff.; OLG Brandenburg v. 6.6.2001 – 7 U 145/00, NZG 2002, 476, 477; KG v. 8.3.2001 – 2 U 1909/00, AG 2001, 355, 356; *Meyer-Landrut/Miller*, AG 1970, 157, 159; ausführlich *Lüke*, ZGR 1990, 657, 660 ff.; *Decher* in Großkomm. AktG, 4. Aufl., § 132 AktG Rz. 8; *Hüffer*, § 132 AktG Rz. 2; *Kubis* in MünchKomm. AktG, 2. Aufl., § 132 AktG Rz. 60; *Siems* in Spindler/Stilz, § 132 AktG Rz. 3; *Butzke* in Obermüller/Werner/Winden, Die Hauptversammlung der Aktiengesellschaft, Rz. G 93; *Kersting* in KölnKomm. AktG, 3. Aufl., § 132 AktG Rz. 10; *v. Schenck* in J. Semler/Volhard, Arbeitshandbuch HV, § 46 Rz. 1; *K. Schmidt* in Großkomm. AktG, 4. Aufl., § 243 AktG Rz. 34; a.A. *Kollhosser*, AG 1977, 117, 118; *Werner* in FS Barz, 1974, S. 293, 304 ff.; *Werner* in FS Heinsius, 1991, S. 911, 918 ff., die annehmen, dass neben Erhebung der Anfechtungsklage zwingend ein Auskunftserzwingungsverfahren eingeleitet werden muss und diese Annahme insbesondere mit einem materiell-rechtlichen Verständnis von „ausschließlich" i.S. von § 132 Abs. 1 Satz 1, einer Bindungswirkung der Entscheidung des Auskunftserzwingungsverfahrens sowie der Sicherstellung der Einheitlichkeit der Rechtsprechung in Auskunftsstreitigkeiten begründen.
196 BGH v. 29.11.1982 – II ZR 88/81, BGHZ 86, 1, 4 f. = AG 1983, 75; *Lüke*, ZGR 1990, 657, 661 ff.; *Decher* in Großkomm. AktG, 4. Aufl., § 132 AktG Rz. 10; *Butzke* in Obermüller/Werner/Winden, Die Hauptversammlung der Aktiengesellschaft, Rz. G 93; *v. Schenck* in J. Semler/Volhard, Arbeitshandbuch HV, § 46 Rz. 1.
197 S. Fn. 195.
198 *Butzke* in Obermüller/Werner/Winden, Die Hauptversammlung der Aktiengesellschaft, Rz. G 93.
199 *Kollhosser*, AG 1977, 117, 118; *Werner* in FS Barz, 1974, S. 293, 304 ff.; *Werner* in FS Heinsius, 1991, S. 911, 918 ff.
200 Vgl. Begr. RegE *Kropff*, Aktiengesetz, S. 189: „Über die Berechtigung der Auskunftsverweigerung kann nur [Hervorhebung des Bearbeiters] in diesem besonderen Verfahren entschieden werden".
201 Zutr. BGH v. 29.11.1982 – II ZR 88/81, BGHZ 86, 1, 4 f. = AG 1983, 75; *Meyer-Landrut/Miller*, AG 1970, 157 f.; a.A. *Werner* in FS Heinsius, 1991, S. 911, 918, der seine Auffassung auf ein materiell-rechtliches Verständnis von „ausschließlich" i.S. von § 132 Abs. 1 Satz 1 stützt.

dungswirkung bestehen[202]. Aber auch aufgrund der materiellen Rechtskraftwirkung der Entscheidung im Auskunftserzwingungsverfahren (s. Rz. 33) sowie der Wahrung der Einheit der Rechtsordnung soll eine solche Bindungswirkung bestehen[203]. Eine solche **Bindungswirkung besteht indes nicht**[204]. Sie ließe sich nur annehmen, wenn die im regelmäßig schnelleren Auskunftserzwingungsverfahren getroffene Entscheidung eine vergleichbare Gewähr für die Richtigkeit der Entscheidung böte[205]. Das Auskunftserzwingungsverfahren ist jedoch schon hinsichtlich der Rechtsmittelmöglichkeiten nicht mit dem allgemeinen Zivilverfahren vergleichbar (s. oben Rz. 22 f.), ebenso hinsichtlich der Verfahrensgrundsätze. Sind beide Verfahren unabhängig voneinander, kann der Aktionär nicht gezwungen werden, auf ein Verfahren zu verzichten, um eine Bindungswirkung in dem jeweils schnelleren Verfahren zu vermeiden. Auch die Gefahr von divergierenden Entscheidungen im Auskunftserzwingungsverfahren und Anfechtungsprozess vermag vor allem vor dem Hintergrund, dass sich der Aktionär bewusst für die parallele Durchführung zweier Verfahren mit unterschiedlicher Zielrichtung[206] und ebenso unterschiedlichen Zuständigkeitsanordnungen entscheidet und sich damit auf das Risiko eventuell unterschiedlicher Entscheidungen einlässt, eine Bindungswirkung nicht zu begründen[207]. Gegen eine Bindungswirkung spricht darüber hinaus, dass der § 132 Abs. 3 Satz 1 gerade nicht auf die inter-omnes-Wirkung in § 99 Abs. 5 Satz 2 verweist, die jedoch einem Urteil im Anfechtungsprozess gem. § 248 Abs. 1 zukommt[208]. Ausreichend ist für das Prozessgericht die Möglichkeit der Aussetzung des Verfahrens bis zum Abschluss des Auskunftserzwingungsverfahrens (s. unten Rz. 46).

**c) Aussetzung des Verfahrens nach § 148 ZPO**

46 In Ermangelung einer Bindungswirkung der Feststellungen aus dem Auskunftserzwingungsverfahren für eine spätere Anfechtungsklage besteht **keine Pflicht**[209] das

---

202 *Kollhosser*, AG 1977, 117, 121; *Werner* in FS Barz, 1974, S. 293, 309 f.; *Werner* in FS Heinsius, 1991, S. 911, 921 f.
203 OLG Stuttgart v. 7.5.1992 – 13 U 140/91, AG 1992, 459 (i.E. vom BGH bestätigt, BGH v. 15.3.1993 – II ZR 118/92 [unveröffentlicht]); *Ebenroth/Wilken*, BB 1993, 1818; *Lüke*, ZGR 1990, 657, 660 f.; *Butzke* in Obermüller/Werner/Winden, Die Hauptversammlung der Aktiengesellschaft, Rz. G 93; *K. Schmidt* in Großkomm. AktG, 4. Aufl., § 243 AktG Rz. 34; a.A. LG Frankenthal v. 4.8.1988 – 2(HK) O 178/87 – „Pegulan", AG 1989, 253, 255; *Decher* in Großkomm. AktG, 4. Aufl., § 132 AktG Rz. 11; *F.-J. Semler* in MünchHdb. AG, § 37 Rz. 58; *Hüffer*, § 132 AktG Rz. 2; *Kubis* in MünchKomm. AktG, 2. Aufl., § 132 AktG Rz. 61; *Henze*, Aktienrecht, S. 460 f. Rz. 1234 f.; für den Fall einer ablehnenden Entscheidung im Auskunftserzwingungsverfahren ebenso, BGH v. 29.11.1982 – II ZR 88/81, BGHZ 86, 1, 3 f., insbesondere 5 = AG 1983, 75.
204 So jetzt auch BGH v. 16.2.2009 – II ZR 185/07, BGHZ 180, 9, 27, Rz. 35; BGH v. 21.9.2009 – II ZR 174/08, ZIP 2009, 2051, Rz. 22; sowie für den Fall der Abweisung eines Auskunftsbegehrens gem. § 132, vgl. BGH v. 29.11.1982 – II ZR 88/81, BGHZ 86, 1, 5 f.; *Kersting* in KölnKomm. AktG, 3. Aufl., § 132 AktG Rz. 12.
205 So auch *Kubis* in MünchKomm. AktG, 2. Aufl., § 131 AktG Rz. 61.
206 Einerseits Auskunftserteilung und andererseits Vernichtung eines Hauptversammlungsbeschlusses, zu diesem Gedanken s. bereits oben Rz. 44 mit Fn. 195, 196.
207 BGH v. 16.2.2009 – II ZR 185/07, BGHZ 180, 9, 27 f., Rz. 35; *Kubis* in MünchKomm. AktG, 2. Aufl., § 131 AktG Rz. 63; *Kersting* in KölnKomm. AktG, 3. Aufl., § 132 AktG Rz. 12; die unterschiedlichen Zielrichtungen der Verfahren betonend auch *Henze*, Aktienrecht, S. 460 f. Rz. 1234 f.
208 So BGH v. 16.2.2009 – II ZR 185/07, BGHZ 180, 9, 27 f., Rz. 35; *Kersting* in KölnKomm. AktG, 3. Aufl., § 132 AktG Rz. 12; *Stadler*, Rechtsfolgen bei Verletzungen des Auskunftsrechts nach § 131, S. 23 ff., 29 ff.
209 Wie hier *Kersting* in KölnKomm. AktG, 3. Aufl., § 132 AktG Rz. 13; a.A. folgerichtig *Ebenroth/Wilken*, BB 1993, 1818; *Werner* in FS Barz, 1974, S. 293, 312; a.A. LG Frankenthal v. 4.8.1988 – 2(HK) O 178/87 – „Pegulan", AG 1989, 253, 255.

Verfahren über die Anfechtungsklage bis zur Entscheidung im Verfahren nach § 132 auszusetzen; jedoch ist dem Gericht **die Möglichkeit** gegeben, den Anfechtungsprozess **gem. § 148 ZPO** auszusetzen[210]. Denn § 148 ZPO ermöglicht die Aussetzung des Anfechtungsprozesses auch ohne materielle Rechtskrafterstreckung[211] der Feststellungen des Auskunftserzwingungsverfahrens[212].

### 3. Negative Feststellungsklage

Für eine negative Feststellungsklage der Gesellschaft bei dem nach § 132 zuständigen Gericht, um das Nichtbestehen einer Auskunftsverpflichtung für sie gerichtlich feststellen zu lassen[213] fehlt es an einem Feststellungsinteresse i.S. von § 256 ZPO[214]. Zudem sieht das Gesetz eine derartige präventive Abwehr nicht vor.

47

## Vierter Unterabschnitt. Stimmrecht

## § 133
## Grundsatz der einfachen Stimmenmehrheit

**(1) Die Beschlüsse der Hauptversammlung bedürfen der Mehrheit der abgegebenen Stimmen (einfache Stimmenmehrheit), soweit nicht Gesetz oder Satzung eine größere Mehrheit oder weitere Erfordernisse bestimmen.**

**(2) Für Wahlen kann die Satzung andere Bestimmungen treffen.**

| | |
|---|---|
| I. Regelungsgegenstand und -zweck . . . 1 | 3. Zustandekommen des Beschlusses . . 6 |
| II. Beschlüsse der Hauptversammlung . 2 | a) Überblick . . . . . . . . . . . . . . . . . 6 |
| 1. Begriff und Rechtsnatur . . . . . . . . . 2 | b) Beschlussfähigkeit . . . . . . . . . . 7 |
| 2. Beschlussarten . . . . . . . . . . . . . . . 3 | c) Antrag . . . . . . . . . . . . . . . . . . . 10 |
| a) Einordnung . . . . . . . . . . . . . . . 3 | aa) Antragstellung . . . . . . . . . . 11 |
| aa) Positive und negative Beschlüsse . . . . . . . . . 3 | bb) Antragsberechtigung, Reihenfolge von mehreren Anträgen . 12 |
| bb) Materieller Beschluss . . . . . . 4 | d) Abstimmung . . . . . . . . . . . . . . 14 |
| b) Andere Beschlüsse, Begehren, Scheinbeschlüsse . . . . . . . . . . . 5 | aa) Stimmrecht . . . . . . . . . . . . 14 |
| | bb) Stimmabgabe . . . . . . . . . . . 15 |
| | cc) Sonderfall: Uneinheitliche Stimmabgabe . . . . . . . . . . 19 |

---

210 *Meyer-Landrut/Miller*, AG 1970, 157, 159; *Lüke*, ZGR 1990, 657, 663; *Decher* in Großkomm. AktG, 4. Aufl., § 132 AktG Rz. 12; *Kubis* in MünchKomm. AktG, 2. Aufl., § 132 AktG Rz. 62; *Hüffer*, § 132 AktG Rz. 2; *Kersting* in KölnKomm. AktG, 3. Aufl., § 132 AktG Rz. 13.
211 *Reichold* in Thomas/Putzo, § 148 ZPO Rz. 3; *Stadler* in Musielak, § 148 ZPO Rz. 8; *Roth* in Stein/Jonas, § 148 ZPO Rz. 38.
212 Ausführlich *Lüke*, ZGR 1990, 657, 663 ff.; *Kubis* in MünchKomm. AktG, 2. Aufl., § 132 AktG Rz. 62.
213 Eingehend hierzu *Werner* in FS Heinsius, 1991, S. 911, 922 ff.
214 *Decher* in Großkomm. AktG, 4. Aufl., § 132 AktG Rz. 9; *Kubis* in MünchKomm. AktG, 2. Aufl., § 132 AktG Rz. 65; *Siems* in Spindler/Stilz, § 132 AktG Rz. 3; *Kersting* in KölnKomm. AktG, 3. Aufl., § 132 AktG Rz. 16 f.; a.A. *Werner* in FS Heinsius, 1991, S. 911, 923, der aber seine Argumentation hinsichtlich des Feststellungsinteresses (vgl. *Werner* in FS Heinsius, 1991, S. 911, 926 f.) auf die unzutreffende Annahme (vgl. Rz. 45) einer Bindungswirkung des Auskunftserzwingungsverfahrens für einen späteren Anfechtungsprozess stützt.

| | | | | | |
|---|---|---|---|---|---|
| e) | Abstimmungsergebnis | 22 | f) | Ergebnisfeststellung und -verkündung | 37 |
| | aa) Ermittlung des Ergebnisses | 22 | g) | Protokollierung | 43 |
| | bb) Stimmenmehrheit | 25 | | aa) Zweck | 43 |
| | (1) Einfache Mehrheit | 26 | | bb) Erstellung | 44 |
| | (2) Größere Stimmenmehrheiten | 29 | | cc) Wirkung | 48 |
| | (3) Kapitalmehrheit | 30 | h) | Eintragung ins Handelsregister | 49 |
| | (4) Satzungsmehrheiten | 32 | **III.** | **Wahlen (§ 133 Abs. 2)** | 50 |
| | (5) Sonstige Erfordernisse | 35 | | | |

**Literatur:** *Armbrüster*, Zur uneinheitlichen Stimmrechtsausübung, in FS Bezzenberger, 2000, S. 3; *Austmann*, Globalwahl zum Aufsichtsrat, in FS Sandrock, 1995, S. 277; *Baltzer*, Der Beschluss als rechtstechnisches Mittel, 1965; *Baltzer*, Zur Anfechtung von Gesellschafterbeschlüssen bei Antragsablehnung, GmbHR 1972, 57; *Barz*, Listenwahl zum Aufsichtsrat, in FS Hengeler, 1972, S. 14; *Bischoff*, Sachliche Voraussetzungen von Mehrheitsbeschlüssen in Kapitalgesellschaften, BB 1987, 1055; *Bollweg*, Die Wahl des Aufsichtsrats in der Hauptversammlung der Aktiengesellschaft, 1997; *Bub*, Die Blockabstimmung in der Aktionärshauptversammlung und in der Wohnungseigentümerversammlung, in FS Derleder, 2005, S. 221; *Bunke*, Fragen der Vollmachtserteilung zur Stimmrechtsausübung nach §§ 134, 135 AktG, AG 2002, 57; *Dietz*, Zulässigkeit einer Blockabstimmung der Hauptversammlung der AG, BB 2004, 452; *Dörner*, Rechtsgeschäfte im Internet, AcP 202 (2002), 363; *Gerber/Wernicke*, Zulässigkeit der Blockabstimmung bei Wahlen zum Aufsichtsrat einer Aktiengesellschaft, DStR 2004, 1138; *Grunsky*, Stimmrechtsbeschränkungen in der Hauptversammlung, ZIP 1991, 778; *Heckelmann*, Die uneinheitliche Abstimmung bei Kapitalgesellschaften, AcP 170 (1970), 306; *Henseler*, Abstimmung in der Hauptversammlung einer Hauptversammlung, BB 1962, 1023; *Hoffmann-Becking*, Rechtliche Möglichkeiten und Grenzen einer Verbesserung der Arbeit des Aufsichtsrates, in FS Havermann, 1995, S. 229; *Janberg/Schlaus*, Abstimmungsverträge nach neuem Aktienrecht unter Berücksichtigung des Rechts der verbundenen Unternehmen, AG 1967, 33; *Lippert*, Die Globalwahl zum Aufsichtsrat im Lichte der Rechtsprechung des BGH zur Blockwahl in der Hauptversammlung, AG 1976, 239; *Löwisch*, Stimmenthaltung sind keine Nein-Stimmen, BB 1996, 1006; *Lutter*, Die entschlussschwache Hauptversammlung, in FS Quack, 1991, S. 301; *Maier-Reimer*, Negative „Beschlüsse" von Gesellschafterversammlungen, in FS Oppenhoff, 1985, S. 193; *Marsch-Barner*, Treuepflichten zwischen Aktionären und Verhaltenspflichten bei der Stimmrechtsbündelung – Prinzipienbildung und Differenzierung in der Praxis, ZHR 157 (1993), 172; *Martens*, Die Leitungskompetenzen auf der Hauptversammlung einer Aktiengesellschaft, WM 1981, 1010; *Messer*, Der Widerruf der Stimmabgabe, in FS Fleck, 1988, S. 221; *Mutter*, Plädoyer für die Listenwahl von Aufsichtsräten, AG 2004, 305; *Noack*, Aktionärsrechte im EU-Kapitalbinnenmarkt – Bemerkungen zur Konsultation der EU-Kommission, ZIP 2005, 325; *Obermüller*, Einzel- oder Gesamtabstimmung bei Aufsichtsratswahlen, DB 1969, 2025; *Oelrichs*, Muss der Versammlungsleiter bei der Feststellung von Haupt- oder Gesellschafterversammlungsbeschlüssen treuwidrig abgegebene Stimmen mitzählen?, GmbHR 1995, 863; *Quack*, Zur Globalwahl von Aufsichtsratsmitgliedern der Anteilseigner, in FS Rowedder, 1994, S. 387; *Schulte*, Die Niederschrift über die Verhandlung der Hauptversammlung einer Aktiengesellschaft, AG 1985, 33; *Spindler*, Stimmrecht und Teilnahme an der Hauptversammlung – Entwicklungen und Perspektiven in der EU und in Deutschland, in VGR, Gesellschaftsrecht in der Diskussion 2005, 2006, S. 77; *Stützle/Walgenbach*, Leitung der Hauptversammlung und Mitspracherechte der Aktionäre in Fragen der Versammlungsleitung, ZHR 155 (1991), 516; *Winnefeld*, Stimmrecht, Stimmabgabe und Beschluss, ihre Rechtsnatur und Behandlung, DB 1972, 1053; *Werner*, Bekanntmachung der Tagesordnung und bekanntmachungsfreie Anträge – Ein Beitrag zur Auslegung des § 124 AktG, in FS Fleck, 1988, S. 401; *Zöllner*, Beschluss, Beschlussergebnis und Beschlussfeststellung, ZGR 1974, 1.

## I. Regelungsgegenstand und -zweck

1  Die Vorschrift steht im Zusammenhang mit dem Prinzip der formellen Satzungsstrenge aus § 23 Abs. 5 Satz 1. Durch die **Legaldefinition** in Abs. 1 soll die **Gestaltungsfreiheit der Satzung begrenzt werden**, indem Beschlüsse der Hauptversamm-

lung mindestens der Mehrheit der abgegebenen Stimmen bedürfen[1]. Unter die Schwelle der einfachen Mehrheit darf auch die Satzung die Mehrheitserfordernisse nicht absenken (**Mindestanforderung**), wohl aber darüber hinausgehen[2]. Anders als im Vereinsrecht (§ 32 Abs. 1 Satz 3 BGB) stellt § 133 Abs. 1 Satz 1 auf die Mehrheit der abgegebenen Stimmen ab, nicht dagegen nur auf die Mehrheit der erschienenen Vereinsmitglieder/Aktionäre[3]. **Niedrigere Mehrheitsanforderungen** durch die Satzung lässt das Gesetz dagegen in § 133 Abs. 2 für **Wahlen** zu (näher dazu unten Rz. 50 ff.).

## II. Beschlüsse der Hauptversammlung

### 1. Begriff und Rechtsnatur

Im Gegensatz zur Stimmenmehrheit (s. Rz. 1) definiert das Gesetz nicht, was es unter einem Beschluss als solchem versteht. Typisch für den Beschluss ist aufgrund seiner Funktion[4] die Willensbildung in einem Organ, hier der Hauptversammlung, und das Willensbildung vorhergehende Verfahren[5]. Der Beschluss ist ein **mehrseitiges Rechtsgeschäft eigener Art**[6], welches sich weder gänzlich den Verträgen noch den einseitigen Rechtsgeschäften zuordnen lässt[7]. Der Rechtserfolg tritt bereits mit der Herbeiführung einer verbindlichen und kollektiven Willensäußerung des Organs Hauptversammlung ein[8]. Eine Zuordnung zu den Verträgen scheidet wegen der Mehrheitsentscheidung aus[9]; auch steht einem vertragsrechtlichen Ansatz entgegen, dass die Rechtswirksamkeit eines Beschlusses seiner Feststellung durch den Leiter der Hauptversammlung zusammen mit der notariellen Niederschrift bedarf[10]. Demgegenüber ist die Rechtsprechung uneinheitlich: Während sie zunächst der sog. Sozialaktstheorie folgte, wonach ein Beschluss einen „Sozialakt der körperschaftlichen Willensbildung durch Mehrheitsentscheid darstelle", dem dann allerdings rechtsgeschäftliche Wirkung ob seiner rein internen Bedeutung fehle[11], hatte sie sich zwischenzeitlich von der **Sozialaktstheorie** distanziert[12], auch wenn der BGH eine

2

---

1 *Hüffer*, § 133 AktG Rz. 1.
2 *Hüffer*, § 133 AktG Rz. 1; *Volhard* in MünchKomm. AktG, 2. Aufl., § 133 AktG Rz. 1.
3 *Hüffer*, § 133 AktG Rz. 1.
4 *Willamoswki* in Spindler/Stilz, § 133 AktG Rz. 2; *Grundmann* in Großkomm. AktG, 4. Aufl., § 133 AktG Rz. 39 ff.; umfassend zum Begriff des Beschlusses *Baltzer*, S. 42 ff.; *K. Schmidt*, GesR, § 15 I 2.
5 *Volhard* in MünchKomm. AktG, 2. Aufl., § 133 AktG Rz. 3; *Baltzer*, GmbHR 1972, 57, 59 f.; *Messer* in FS Fleck, 1988, S. 221, 225 f.; *Hüffer*, § 133 AktG Rz. 2.
6 H.M., s. *K. Schmidt*, GesR, § 15 I 2, *Hüffer*, § 133 AktG Rz. 4; *Baltzer*, S. 178; *Volhard* in MünchKomm. AktG, 2. Aufl., § 133 AktG Rz. 4; *Willamowski* in Spindler/Stilz, § 133 AktG Rz. 2; *Holzborn* in Bürgers/Körber, § 133 AktG Rz. 2; *Wiedemann*, JZ 1970, 291, 292.
7 Für den rechtsgeschäftlichen Charakter BGH v. 18.9.1975 – II ZB 6/74, BGHZ 65, 93, 97 f. = NJW 1976, 49; *Volhard* in MünchKomm. AktG, 2. Aufl., § 133 AktG Rz. 3 f.; *Hüffer*, § 133 AktG Rz. 3; *Lutter* in FS Quack, 1991, S. 301, 303; für vertragliche Qualität dagegen *Grundmann* in Großkomm. AktG, 4. Aufl., § 133 AktG Rz. 41; wohl auch *Ulmer* in FS Niederländer, 1991, S. 415, 418; *Ulmer/Schäfer* in MünchKomm. BGB, 5. Aufl., § 709 BGB Rz. 51, die dies aber wohl auf Personengesellschaften beschränken.
8 *Messer* in FS Fleck, 1988, S. 221, 224; *Ulmer* in FS Niederländer, 1991, S. 413, 419, 420; *Volhard* in MünchKomm. AktG, 2. Aufl., § 133 AktG Rz. 3; *Hüffer*, § 133 AktG Rz. 4.
9 *Baltzer*, GmbHR 1972, 57, 59 f.; *Messer* in FS Fleck, 1988, S. 221, 225 f.; *Volhard* in MünchKomm. AktG, 2. Aufl., § 133 AktG Rz. 3; *Hüffer*, § 133 AktG Rz. 4.
10 Zutr. *Hüffer*, § 133 AktG Rz. 4; vgl. BGH v. 12.12.2005 – II ZR 253/03, ZIP 2006, 227, 228; *Holzborn* in Bürgers/Körber, § 133 AktG Rz. 2.
11 RG v. 4.12.1928 – II 360/28, RGZ 122, 367, 369; BGH v. 22.9.1969 – II ZR 144/68, BGHZ 52, 316, 318 = NJW 1970, 33.
12 BGH v. 18.9.1975 – II ZB 6/74, BGHZ 65, 93, 97 f. = NJW 1976, 49.

endgültige Entscheidung nach wie vor offen lässt[13]. Bedeutung erlangt dies für die modifizierte **Anwendbarkeit der allgemeinen Vorschriften**[14]: So greifen für den Beschluss als solchen[15] die Vorschriften über die Willenserklärung, insbesondere §§ 119 ff. BGB, nicht ein[16]. Gleiches gilt für § 181 BGB[17]. Ferner unterliegen die Beschlüsse ähnlich wie materielle Satzungsbestandteile der objektiven Auslegung, nicht dagegen den §§ 133, 157 BGB; dies schließt allerdings nicht aus, dass erläuternde Vorstandsberichte zur **Auslegung von Beschlüssen** herangezogen werden können, wenn sie Gegenstände bzw. Beschlusspunkte der Tagesordnung betreffen[18]. Auch die **Vorschriften über die Nichtigkeit** (§§ 125, 134, 138 BGB) finden keine Anwendung, da allein die §§ 241 ff. über Nichtigkeit und Anfechtung entscheiden[19]. Anwendbar sind dagegen § 141 Abs. 1[20] sowie § 139 BGB[21], da §§ 241 ff. diese Komplexe nicht regelt.

### 2. Beschlussarten

#### a) Einordnung

3  **aa) Positive und negative Beschlüsse.** Beschlüsse können sowohl **negativen als auch positiven Charakter** haben[22]. Ein **positiver Beschluss** nimmt einen Antrag durch das bejahende Votum der Hauptversammlung an, während **negative Beschlüsse** die Ablehnung eines Antrags bedeuten. Zu den negativen Beschlüssen zählt ebenfalls die Ablehnung eines Antrags mit gleicher Anzahl von bejahenden und verneinenden Stimmen, dem sog. **Patt**, da der Antrag die Mindestanzahl der Stimmen im Sinne des

---

13 BGH v. 20.3.1995 – II ZR 205/94 – „Girmes", BGHZ 129, 136, 153 = NJW 1995, 1739 = AG 1995, 368.
14 *Hüffer*, § 133 AktG Rz. 4; *F.-J. Semler* in MünchHdb. AG, § 39 Rz. 1; *K. Schmidt*, GesR, § 15 I.1.a.
15 Anders dagegen für die Stimmabgabe der Aktionäre, die dann zum Beschluss führt, s. hierzu § 133 Rz. 17; des Weiteren hierzu BGH v. 18.9.1975 – II ZB 6/74, BGHZ 65, 93, 97 f. = NJW 1976, 49; *Hüffer*, § 133 AktG Rz. 18; *Volhard* in MünchKomm. AktG, 2. Aufl., § 133 AktG Rz. 4; *Holzborn* in Bürgers/Körber, § 133 AktG Rz. 2; *F.-J. Semler* in MünchHdb. AG, § 38 Rz. 15; *Ulmer* in FS Niederländer, 1991, S. 415, 418.
16 BGH v. 18.9.1975 – II ZB 6/74, BGHZ 65, 93, 97 f.; BGH v. 26.10.1978 – II ZR 119/77, WM 1979, 71, 72; *Volhard* in MünchKomm. AktG, 2. Aufl., § 133 AktG Rz. 4; *Grundmann* in Großkomm. AktG, 4. Aufl., § 133 AktG Rz. 43.
17 *Hüffer*, § 133 AktG Rz. 4; *Grundmann* in Großkomm. AktG, 4. Aufl., § 133 AktG Rz. 43; *Willamowski* in Spindler/Stilz, § 133 AktG Rz. 2; *Volhard* in MünchKomm. AktG, 2. Aufl., § 133 AktG Rz. 4; *Holzborn* in Bürgers/Körber, § 133 AktG Rz. 2.
18 BGH v. 30.1.1995 – II ZR 1932/93 – „Siemens", AG 1995, 227; *Hüffer*, § 133 AktG Rz. 4.
19 *Hüffer*, § 133 AktG Rz. 4; *Volhard* in MünchKomm. AktG, 2. Aufl., § 133 AktG Rz. 4; *Grundmann* in Großkomm. AktG, 4. Aufl., § 133 AktG Rz. 43; *Willamowski* in Spindler/Stilz, § 133 AktG Rz. 2; allgemein zur Rechtsnatur von Stimmabgabe und Beschlüssen *Ulmer* in FS Niederländer, 1991, S. 415, 424 ff.
20 *Zöllner* in KölnKomm. AktG, 1. Aufl., § 133 AktG Rz. 17.
21 BGH v. 25.1.1988 – II ZR 148/87, WM 1988, 377; *Volhard* in MünchKomm. AktG, 2. Aufl., § 133 AktG Rz. 4; *Hüffer*, § 241 Rz. 36; *F.-J. Semler* in MünchHdb. AG, § 39 Rz. 1; *Holzborn* in Bürgers/Körber, § 133 AktG Rz. 2.
22 Ganz h.M., s. RG v. 9.10.1928 – II 486/27, RGZ 122, 102, 107; RG v. 24.10.1933 – II 100/33, RGZ 142, 124, 130; RG v. 4.12.1934 – II 62/34, RGZ 146, 71, 72; RG v. 22.1.1935 – II 198/34, RGZ 146, 385, 388; *Volhard* in MünchKomm. AktG, 2. Aufl., § 133 AktG Rz. 5; *Hüffer*, § 133 AktG Rz. 5; *F.-J. Semler* in MünchHdb. AG, § 39 Rz. 2; *Willamowski* in Spindler/Stilz, § 133 AktG Rz. 4; *Holzborn* in Bürgers/Körber, § 133 AktG Rz. 3; *Baltzer*, S. 158; anderer Auffassung bezüglich der Unterscheidung und ihrer Einordnung als negativem Beschluss dagegen *Maier-Reimer* in FS Oppenhoff, 1985, S. 193 ff.

§ 133 Abs. 1 nicht erreicht hat[23]. Bedeutsam ist die Einordnung als Beschluss insbesondere für die Geltung der §§ 241 ff., auch bei Ablehnung eines Antrags.

**bb) Materieller Beschluss.** Eine positive Folge kann ein Beschluss nur bei entsprechendem Antrag zeitigen; so führt etwa die Ablehnung eines Antrags auf Verweigerung der Entlastung nicht dazu, dass dem Organmitglied automatisch die Entlastung erteilt würde[24]. Im Gegensatz zu dem formellen Beschluss, der auch bei der Ablehnung des Antrags in negativer Form („Der Antrag ist abgelehnt") ergangen ist, bedarf es materiell des Beschlusses der Annahme (also der Annahme des Beschlusses), andernfalls liegt ein Schweigen der Hauptversammlung[25] und damit kein[26] Beschluss mit materiellen Folgen vor[27]. Prozessual hat dies praktische Bedeutung für die Anfechtung der Ablehnung eines Antrags, der mit der Anfechtungsklage (§ 243) angegriffen werden kann[28].

**b) Andere Beschlüsse, Begehren, Scheinbeschlüsse**

Keine Hauptversammlungsbeschlüsse sind die **Sonderbeschlüsse** bestimmter Gruppen, z.B. nach §§ 141, 179 Abs. 3, 182 Abs. 2, 222 Abs. 2 sowie § 295 Abs. 2 (s. dazu § 138 Rz. 2)[29]. Für den Fall, dass ein Sonderbeschluss für einen Hauptbeschluss notwendig ist, ist dieser bis zur wirksamen Verabschiedung des Sonderbeschlusses schwebend unwirksam (s. dazu § 138 Rz. 20)[30]. Umgekehrt entfaltet bis zur Verabschiedung des Hauptbeschlusses der Sonderbeschluss keine Wirkung (§ 138 Rz. 20)[31]. **Keine Beschlüsse** sind die in §§ 120 Abs. 1 Satz 2, 137, 147 Abs. 1 Satz 1 2. Fall normierten **Minderheitsverlangen**. Ebenso ist die Beschlussqualität des **Übergehens eines Antrags** abzulehnen: Hier fehlt von vornherein ein formeller Beschluss, da eine Willensbildung der Hauptversammlung nicht erfolgt ist[32]. Bei sog. **Scheinbeschlüssen**[33] handelt es sich nach Auffassung der Rechtsprechung[34] im Falle krasser Verfah-

---

23 *Bischoff*, BB 1987, 1055, 1056; *Hüffer*, § 133 AktG Rz. 5; *Willamowski* in Spindler/Stilz, § 133 AktG Rz. 4; *F.-J. Semler* in MünchHdb. AG, § 39 Rz. 2.
24 Bsp. nach *Zöllner* in KölnKomm. AktG, § 133 AktG Rz. 38; zust. *Hüffer*, § 133 AktG Rz. 10; ebenso *Holzborn* in Bürgers/Körber, § 133 AktG Rz. 3; s. schon RG v. 10.10.1912 – IV 88/12, RGZ 80, 189, 195; ferner *Winnefeld*, DB 1972, 1053.
25 Zu beachten bleibt allerdings die Regelung des § 179, wonach eine materiell rechtsgestaltende Wirkung auch mit dem Scheitern eines Beschlusses eintritt, sowie bei dem Scheitern eines Entlastungsbeweises, vgl. *Volhard* in MünchKomm. AktG, 2. Aufl., § 133 AktG Rz. 7 (Fn. 27).
26 Hierzu die Beispiele bei *Zöllner* in KölnKomm. AktG, 1. Aufl., § 133 AktG Rz. 38; *Hüffer*, § 133 AktG Rz. 10.
27 *Raiser* in Ulmer, Anh. § 47 GmbHG Rz. 14; *Volhard* in MünchKomm. AktG, 2. Aufl., § 133 AktG Rz. 7; *Hüffer*, § 133 AktG Rz. 10; *Holzborn* in Bürgers/Körber, § 133 AktG Rz. 3.
28 BGH v. 26.10.1983 – II ZR 87/83, BGHZ 88, 320, 328 = WM 1983, 1310, 1312; BGH v. 20.1.1986 – II ZR 73/85, BGHZ 97, 28, 30 = AG 1986, 256, 257; BGH v. 21.3.1988 – II ZR 308/87, BGHZ 104, 66, 69 = AG 1988, 233, 235; ausführlich zur prozessualen Seite *Volhard* in MünchKomm. AktG, 2. Aufl., § 133 AktG Rz. 8 f.; des Weiteren *Hüffer*, § 247 AktG Rz. 42; *F.-J. Semler* in MünchHdb. AG, § 39 Rz. 2.
29 Übersicht auch bei *F.-J. Semler* in MünchHdb. AG, § 39 Rz. 45–54.
30 *F.-J. Semler* in MünchHdb. AG, § 39 Rz. 50.
31 *F.-J. Semler* in MünchHdb. AG, § 39 Rz. 51.
32 Ebenso *Hüffer*, § 133 AktG Rz. 6; *Volhard* in MünchKomm. AktG, 2. Aufl., § 133 AktG Rz. 11; *Grundmann* in Großkomm. AktG, 4. Aufl., § 133 AktG Rz. 47; *Willamowski* in Spindler/Stilz, § 133 AktG Rz. 4.
33 Beispiel nach BGH v. 16.12.1953 – II ZR 167/52, BGHZ 11, 231, 236 = NJW 1954, 385: Mann von der Straße beruft Versammlung von Leuten ein, die mit Gesellschaft nichts zu tun haben, s. auch *Hüffer*, § 241 AktG Rz. 3; *Volhard* in MünchKomm. AktG, 2. Aufl., § 133 AktG Rz. 12.
34 BGH v. 16.12.1953 – II ZR 167/52, BGHZ 11, 231, 236 = NJW 1954, 385.

rensfehler nur um ein beschlussähnliches Gebilde ohne Wirkung. Eine solche weitere Rechtsfigur neben den echten Beschlüssen, welche nichtig und anfechtbar sind, ist jedoch entbehrlich[35]. Entweder entfaltet der Scheinbeschluss überhaupt keine Wirkung (und es bedarf keiner Anfechtbarkeit) oder der formell ergangene Beschluss wird mit der Anfechtungsklage angefochten[36].

### 3. Zustandekommen des Beschlusses

#### a) Überblick

6 Für die rechtswirksame Fassung eines Beschlusses der Hauptversammlung bedarf es zunächst eines ordnungsgemäßen Abstimmungsverfahrens einschließlich der ordnungsgemäßen Einberufung der Hauptversammlung (§§ 121 ff.). Über einen Beschlussantrag (Rz. 10 ff.) kann nur eine beschlussfähige Hauptversammlung (Rz. 7 ff.) abstimmen. Ferner muss das Beschlussergebnis gem. § 130 Abs. 2 durch den Leiter der Hauptversammlung festgestellt und in der Niederschrift der Hauptversammlung notariell beurkundet werden (s. dazu § 130 Rz. 7 ff., 48 ff.).

#### b) Beschlussfähigkeit

7 § 133 selbst stellt **keine besonderen Anforderungen an die Beschlussfähigkeit**, so dass auch nur die Anwesenheit eines Aktionärs mit einer Aktie für die Feststellung der Beschlussfähigkeit ausreichend ist[37]. Lediglich im Sonderfall der Nachgründung gem. § 52 Abs. 5 Satz 1, 2 wird bei der Beschlussfassung ein Quorum von mindestens drei Viertel des bei der Beschlussfassung vertretenen Grundkapitals verlangt; bei Vertragsschluss im ersten Jahr nach der Eintragung ins Handelsregister mindestens ein Viertel des gesamten Grundkapitals.

8 Nach § 133 Abs. 1 a.E. können jedoch weitere Erfordernisse, wie ein nach Kapitalbeträgen bemessenes Quorum oder die Anwesenheit einer bestimmten Mindestanzahl von Aktionären, durch die **Satzung** festgelegt werden[38]. Bei der Publikumsgesellschaft ist eine solche Klausel aber eher unüblich und nicht empfehlenswert, da bei Verfehlen des Quorums eine erneute Hauptversammlung einzuberufen wäre, was mit erheblichem Aufwand verbunden ist[39].

9 Für die Mehrheit sind grundsätzlich immer die **stimmberechtigten Aktien** zählberechtigt, auch für den Fall, dass sich bei der Abstimmung die Inhaber ihrer Stimme enthalten[40]. **Nicht stimmberechtigte Aktien** bleiben für das Mehrheitserfordernis da-

---

35 *Hüffer*, § 241 AktG Rz. 3; *Zöllner* in Baumbach/Hueck, Anh. § 47 GmbHG Rz. 25; *Hüffer* in MünchKomm. AktG, 2. Aufl., § 241 AktG Rz. 11; *Raiser* in Ulmer, Anh. § 47 GmbHG Rz. 26; *Noack*, S. 3; *K. Schmidt* in Großkomm. AktG, 4. Aufl., § 241 AktG Rz. 11; wohl auch *Volhard* in MünchKomm. AktG, 2. Aufl., § 133 AktG Rz. 12.
36 So auch *Hüffer*, § 241 AktG Rz. 11; *Volhard* in MünchKomm. AktG, 2. Aufl., § 133 AktG Rz. 12; wohl auch *K. Schmidt* in Großkomm. AktG, 4. Aufl., § 241 AktG Rz. 11 f.
37 RG v. 13.6.1913 – II 197/13, RGZ 82, 386, 388; *Hüffer*, § 133 AktG Rz. 8; *Volhard* in MünchKomm. AktG, 2. Aufl., § 133 AktG Rz. 16; *Willamowski* in Spindler/Stilz, § 133 AktG Rz. 8; *Grundmann* in Großkomm. AktG, 4. Aufl., § 133 AktG Rz. 54.
38 *Grundmann* in Großkomm. AktG, 4. Aufl., § 133 AktG Rz. 56; *Volhard* in MünchKomm. AktG, 2. Aufl., § 133 AktG Rz. 17; *Marsch-Barner* in Marsch-Barner/Schäfer, Handbuch börsennotierte AG, 2. Aufl. 2009, § 34, Rz. 131, 150.
39 *Marsch-Barner* in Marsch-Barner/Schäfer, Handbuch börsennotierte AG, 2. Aufl. 2009, § 34, Rz. 131.
40 *Volhard* in MünchKomm. AktG, 2. Aufl., § 133 AktG Rz. 17 f.; *Grundmann* in Großkomm. AktG, 4. Aufl., § 133 AktG Rz. 101 ff.

gegen grundsätzlich außer Betracht[41]. Dies gilt allerdings nicht in dem Fall, in dem eine satzungsmäßig festgelegte Mehrheit auch bei vollständiger Anwesenheit aller stimmberechtigten Aktionäre nicht mehr erreicht werden könnte[42]. Wenn das Quorum bei Außerachtlassung der nicht stimmberechtigten Aktionäre überhaupt nicht erreicht werden kann (weil u.U. deren Anzahl viel zu hoch ist), so wird in diesem Fall auf die Anwesenheit aller stimmberechtigten Aktionäre abzustellen sein.

### c) Antrag

Ein rechtlich wirksamer Beschluss einer Hauptversammlung setzt **notwendigerweise einen** gestellten **Antrag über einen Abstimmungsgegenstand** voraus; andernfalls ginge er ins Leere[43]. Dabei stellt der Antrag grundsätzlich nicht den Ansatzpunkt für die rechtliche Beurteilung eines Beschlusses dar, seiner Rechtsnatur nach ist er unselbständig. Daher kann auch ein Geschäftsunfähiger einen Antrag stellen[44]. Ausnahmsweise gilt dies im Fall einer **Einmann-AG** aufgrund ihrer natürlichen Konstruktion so nicht: hier kann die Abgabe der Erklärung auch ohne vorherige Antragstellung erfolgen[45].  10

**aa) Antragstellung.** Nach § 124 Abs. 4 Satz 1 dürfen keine Beschlüsse gefasst werden über Gegenstände, die nicht vorher ordnungsgemäß bekannt gemacht wurden. Dies setzt voraus, dass der Antrag **entweder vor Verkündung der Tagesordnung** angekündigt worden ist (und damit als bekannt gilt), **oder** dass der Hauptversammlungsleiter nach Prüfung des Antrags zu dem Ergebnis gekommen ist, dass er **von dem ordnungsgemäß bekannt gemachten Beschlussgegenstand noch gedeckt** ist, obwohl der Antrag als solcher nicht mehr ordnungsgemäß angemeldet wurde[46]. Ein trotzdem gefasster Beschluss ist nach § 243 Abs. 1 anfechtbar[47]; Normzweck ist es, die abwesenden Aktionäre vor überraschend gestellten Anträgen zu schützen[48].  11

**bb) Antragsberechtigung, Reihenfolge von mehreren Anträgen.** Antragsberechtigt ist jeder Teilnahmeberechtigte, d.h. die Aktionäre bzw. deren Vertreter, Mitglieder des Vorstands sowie des Aufsichtsrats, auch der Versammlungsleiter[49]. Nicht erforderlich ist die Aktionärsstellung für das Antragsrecht an sich[50], wohl aber die Anwesenheit in der Hauptversammlung, da das Antragsrecht Bestandteil des Teilnahme-  12

---

41 BGH v. 16.12.1991 – II ZR 31/91, BGHZ 116, 353, 355 = NJW 1992, 977, 978; *Grundmann* in Großkomm. AktG, 4. Aufl., § 133 AktG Rz. 55; *Willamowski* in Spindler/Stilz, § 133 AktG Rz. 5; *Volhard* in MünchKomm. AktG, 2. Aufl., § 133 AktG Rz. 17.
42 BGH v. 16.12.1991 – II ZR 31/91, BGHZ 116, 353, 355 = NJW 1992, 977, 978 (für die GmbH); *Volhard* in MünchKomm. AktG, 2. Aufl., § 133 AktG Rz. 18.
43 Zutr. *Hüffer*, § 133 AktG Rz. 9; *Volhard* in MünchKomm. AktG, 2. Aufl., § 133 AktG Rz. 13.
44 *Zöllner* in KölnKomm. AktG, 1. Aufl., § 133 AktG Rz. 34.
45 *Baltzer*, S. 103 ff.; *Hüffer*, § 133 AktG Rz. 9; *Volhard* in MünchKomm. AktG, 2. Aufl., § 133 AktG Rz. 13.
46 *Volhard* in MünchKomm. AktG, 2. Aufl., § 133 AktG Rz. 14.
47 *Werner* in FS Fleck, 1988, S. 401, 414; ähnlich *Butzke* in Obermüller/Werner/Winden, Die Hauptversammlung der Aktiengesellschaft, Rz. B 80.
48 *Butzke* in Obermüller/Werner/Winden, Die Hauptversammlung der Aktiengesellschaft, Rz. B 76; *Volhard* in MünchKomm. AktG, 2. Aufl., § 133 AktG Rz. 14; *Hüffer*, § 124 AktG Rz. 18.
49 Für ein Antragsrecht des Versammlungsleiters, da auch er teilnahmeberechtigt ist, *Grundmann* in Großkomm. AktG, 4. Aufl., § 133 AktG Rz. 61; *dagegen*, da kein Bedürfnis bestehe, jedoch *F.-J. Semler* in MünchHdb. AG, § 39 Rz. 6; wohl auch *Hüffer*, § 133 AktG Rz. 9: Beschluss über Antrag, der nur durch HV-Leiter gestellt worden sei, ohne dass dies Aktionäre gewollt hätten, sei anfechtbar; ferner *Holzborn* in Bürgers/Körber, § 133 AktG Rz. 4.
50 Im Gegensatz zum Stimmrecht.

rechts ist[51]. Da der Hauptversammlungsleiter auch eine Person sein kann, die weder Aktionär noch Mitglied des Aufsichtsrats ist[52], spricht unter diesen Voraussetzungen nichts gegen ein Antragsrecht des Hauptversammlungsleiters.

13 Stehen **mehrere Anträge zur Abstimmung**, so entscheidet die Satzung oder eine erlassene Geschäftsordnung der Hauptversammlung über die Reihenfolge[53]. Mangels einer solchen Regelung legt der Versammlungsleiter nach pflichtgemäßem Ermessen[54] unter Berücksichtigung **der Sachdienlichkeit, des ökonomischen Ablaufs und der Gleichbehandlung der Aktionäre** die Reihenfolge fest[55]. Dabei bietet es sich an, Verfahrensfragen bzw. zur Geschäftsordnung (z.B. Vertagung) vor Sachanträgen abstimmen zu lassen sowie innerhalb der Sachanträge diejenigen vorzuziehen, bei denen eine Zustimmung wahrscheinlich erscheint[56].

**d) Abstimmung**

14 **aa) Stimmrecht.** § 133 Abs. 1 setzt voraus, dass die abstimmenden Aktionäre im Besitz eines Stimmrechts sind. Nach § 12 Abs. 1 Satz 1 gewährt eine jede Aktie im Grundsatz das Stimmrecht als **mitgliedschaftliche Befugnis**, durch Stimmabgabe am Zustandekommen von Hauptversammlungsbeschlüssen mitzuwirken[57], mitunter allgemein als Verwaltungs- oder Herrschaftsrecht bezeichnet[58]. Ohne Mitgliedschaft ist daher ein Stimmrecht nicht möglich (**Abspaltungsverbot**), so dass es auch nicht gesondert – etwa per Zession – übertragen werden kann. Dagegen sind Mitgliedschaft ohne Stimmrecht gem. § 12 Abs. 1 Satz 2 zulässig, im Aktienrecht aber auf die Vorzugsaktien beschränkt, die die nach § 139 Abs. 1 notwendige Bevorzugung bei der Gewinnausschüttung aufweisen müssen. Das AktG sieht ausdrücklich die Zulässigkeit der Ausübung des Stimmrechts durch Dritte in §§ 129 Abs. 2, 3, 134 Abs. 3 Satz 1 vor. Ausschlüsse der Stimmrechtsausübung erstrecken sich ebenso auf den Dritten (§ 136 Abs. 1 Satz 2, ähnlich §§ 20 Abs. 7, Satz 1, Abs. 4, 328 Abs. 1).

15 **bb) Stimmabgabe.** Die Ausübung des Stimmrechts erfolgt durch die Abgabe der Stimme. Nach Aufruf des Antrags durch den Versammlungsleiter und etwaiger Aussprache können die Aktionäre dem Antrag zustimmen (**Ja-Stimme**), ihn ablehnen (**Nein-Stimme**) oder sich enthalten (**Enthaltung**), wobei die Enthaltung nicht als Abgabe der Stimme zu werten ist[59]. Andere Möglichkeiten, wie die Äußerung nicht an der Ab-

---

51 *Grundmann* in Großkomm. AktG, 4. Aufl., § 133 AktG Rz. 61; *Willamowski* in Spindler/Stilz, § 133 AktG Rz. 8.
52 *Fischer* in J. Semler/Volhard, Arbeitshandbuch HV, § 11 Rz. 5.
53 OLG Hamburg v. 31.5.1968 – 11 U 30/68, AG 1968, 332; *Martens*, WM 1981, 1010, 1015; *Max*, AG 1981, 77, 85; *Stützle/Walgenbach*, ZHR 155 (1991), 516, 531; *Volhard* in MünchKomm. AktG, 2. Aufl., § 133 AktG Rz. 15.
54 *Fischer* in J. Semler/Volhard, Arbeitshandbuch HV, § 11 Rz. 71; *Volhard* in MünchKomm. AktG, 2. Aufl., § 133 AktG Rz. 15; *Grundmann* in Großkomm. AktG, 4. Aufl., § 133 AktG Rz. 66.
55 OLG Hamburg v. 19.9.1980 – II U 42/80, DB 1981, 80, 82; LG Hamburg v. 8.6.1995 – 405 O 203/94, AG 1996, 233.
56 LG Hamburg v. 8.6.1995 – 405 O 203/94, AG 1996, 233 zur Leitungsfunktion und zum Wahlrecht bezüglich der Reihenfolge der Anträge des Vorsitzenden in der Hauptversammlung; *Butzke* in Obermüller/Werner/Winden, Die Hauptversammlung der Aktiengesellschaft, Rz. D 45, *Martens*, WM 1981, 1010, 1015; *Max*, AG 1981, 77, 85; *Stützle/Walgenbach*, ZHR 155 (1991), 516, 531; *Grundmann* in Großkomm. AktG, 4. Aufl., § 133 AktG Rz. 66; *Volhard* in MünchKomm. AktG, 2. Aufl., § 133 AktG Rz. 15; *Fischer* in J. Semler/Volhard, Arbeitshandbuch HV, § 11 Rz. 73 f.; *F.-J. Semler* in MünchHdb. AG, § 39 Rz. 10.
57 *Hüffer*, § 133 AktG Rz. 16.
58 *K. Schmidt*, GesR, § 21 II 1; *Zöllner*, Schranken, S. 9 ff.
59 BGH v. 20.3.1995 – II ZR 205/94 – „Girmes", BGHZ 129, 136, 153 = NJW 1995, 1739 = AG 1995, 368; *Fischer* in J. Semler/Volhard, Arbeitshandbuch HV, § 11 Rz. 217 ff.; *F.-J. Semler* in

stimmung teilnehmen zu wollen, sind ebenfalls als Enthaltung zu werten[60]. Damit wirkt die **Enthaltung wie ein „Stimmenverfall"**[61].

Die **Übermittlung der Stimmen** erfolgt entweder in herkömmlicher Weise durch mündliche Erklärung, durch schriftliche Übermittlung ausgefüllter Stimmkarten als Träger der Willenserklärung der Aktionäre an den Stimmzähler oder durch elektronische Abstimmung mit Hilfe sog. „elektronischen Urnen" oder per drahtloser Übermittlung[62]. Die Stimmabgabe in Form der Annahme oder Ablehnung[63] ist eine **empfangsbedürftige Willenserklärung**, die gegenüber der Gesellschaft, vertreten durch den Hauptversammlungsleiter[64], abgegeben wird und mit der ein rechtlicher Erfolg durch Bildung eines Willens der Hauptversammlung, der der Gesellschaft zugerechnet wird, herbeigeführt werden soll[65]. Ein solcher rechtlicher Erfolg ist bei dem „Verfall der Stimme" mittels der Enthaltung nicht bezweckt, da dem Abstimmenden das Ergebnis und seine Mitwirkung daran gleichgültig ist. 16

Die Wirksamkeit der Stimmabgabe richtet sich nach den **allgemeinen Regeln**[66], d.h. sie wird bei einer **verkörperten Willenserklärung**, zum Beispiel durch Einsatz von einer Stimmkarte, durch **Übergabe an den Stimmzähler**[67], in der Regel daher durch Zugang beim Hauptversammlungsleiter gem. § 130 Abs. 1 BGB wirksam. Nichts anderes gilt auch für den Fall einer elektronischen Stimmabgabe[68]: je nachdem, ob die Abstimmenden in der Lage sind mit der Hauptversammlungsleitung direkt in Kontakt zu treten, liegt eine verkörperte Willenserklärung gegenüber Anwesenden vor[69]. Daher richtet sich auch in diesem Fall die Wirksamkeit der Stimmabgabe danach, ob der Hauptversammlungsleiter den elektronischen Impuls der Zustimmung oder Ablehnung seitens des Aktionärs registrieren kann[70]. Auf frühere Stadien abzustellen würde die Möglichkeit der Kenntnisnahme vernachlässigen[71]. Im Falle einer **nicht verkörperten Stimmabgabe** ist die Verlautbarung in der durch die Satzung oder den Hauptversammlungsleiter vorgeschriebenen Weise maßgeblich[72]. Dies folgt allein 17

---

MünchHdb. AG, § 39 Rz. 20; *Hüffer*, § 133 AktG Rz. 12; *Volhard* in MünchKomm. AktG, 2. Aufl., § 133 AktG Rz. 19; *Max*, AG 1991, 77, 87.
60 *Grundmann* in Großkomm. AktG, 4. Aufl., § 133 AktG Rz. 72; *Hüffer*, § 133 AktG Rz. 18; *Holzborn* in Bürgers/Körber, § 133 AktG Rz. 6.
61 Ähnlich *Volhard* in MünchKomm. AktG, 2. Aufl., § 133 AktG Rz. 20, der auf das Fehlen des gewollten rechtlichen Erfolgs abstellt; ebenso *Grundmann* in Großkomm. AktG, 4. Aufl., § 133 AktG Rz. 67.
62 Mit umfassender Erläuterung auch zu den technischen Anforderungen *Pickert* in J. Semler/Volhard, Arbeitshandbuch HV, § 11 Rz. 243–300.
63 Im Gegensatz zur Enthaltung, s. § 133 Rz. 15.
64 § 164 Abs. 3 BGB, hierzu *Schramm* in MünchKomm. BGB, 5. Aufl., § 164 BGB Rz. 111 ff.; *Ellenberger* in Palandt, § 164 BGB Rz. 17.
65 BGH v. 27.10.1951 – II ZR 44/50, NJW 1952, 98, 99; BGH v. 14.7.1954 – II ZR 342/53, BGHZ 14, 264, 267 = NJW 1954, 1563; *Hüffer*, § 133 AktG Rz. 18; *F.-J. Semler* in MünchHdb. AG, § 39 Rz. 15; *Ulmer* in FS Niederländer, 1991, S. 415, 418 ff.; *Volhard* in MünchKomm. AktG, 2. Aufl., § 133 AktG Rz. 7.
66 Insbesondere finden §§ 104 ff., 119 ff.; 130 BGB Anwendung, vgl. nur *Hüffer*, § 133 AktG Rz. 19.
67 *F.-J. Semler* in MünchHdb. AG, § 39 Rz. 18.
68 Grundsätzlich zur Wirksamkeit von elektronischen Willenserklärungen *Säcker* in MünchKomm. BGB, 5. Aufl., Einl. Rz. 174–186.
69 *Säcker* in MünchKomm. BGB, 5. Aufl., Einl. Rz. 177; *Larenz/Wolf*, BGB-AT, § 30 Rz. 55.
70 Wie hier auch *Säcker* in MünchKomm. BGB, 5. Aufl., Einl. Rz. 178 f.; vgl. auch *Dörner*, AcP 202 (2002), 363, 366; a.A. *Burgard*, AcP 195 (1995), 74, 404 ff.; *Mehrings*, MMR 1998, 30, 33: Übertragung an die elektronische Empfangsvorrichtung entscheidend, so dass Abstürze der EDV-Anlage immer zulasten des Empfängers gehen.
71 So aber *Burgard*, AcP 195 (1995), 74, 108.
72 *F.-J. Semler* in MünchHdb. AG, § 39 Rz. 18; *Volhard* in MünchKomm. AktG, 2. Aufl., § 133 AktG Rz. 19.

schon aus dem Gesetzestext, wonach die Form der Ausübung der Stimmabgabe durch die Satzung festzulegen ist[73]. Wirksamkeit entfaltet der Zuruf oder Ähnliches in dem Moment, in dem der Empfänger die Erklärung wahrgenommen hat[74].

18 Für den Fall eines **Widerrufs der Stimmabgabe** ist zu trennen: **Vor Zugang** der Willenserklärung ist ein solcher problemlos möglich, **nach Übergabe** an den Stimmzähler dagegen **nur aus wichtigem Grund**[75]. Ein wichtiger Grund ist anzunehmen, wenn ein Festhalten an der ursprünglich gegebenen Stimme **objektiv treuwidrig** wäre; auch darf die beschlossene Maßnahme in Anwendung der Grundsätze zum fehlerhaften Beschluss noch nicht vollzogen sein[76]. Indes ist stets der **Ausnahmecharakter eines möglichen Widerrufs** im Hinblick auf die besondere Situation der Beschlussfassung, im Gegensatz zu einem Vertragsschluss, zu berücksichtigen. Neben dem Widerruf bleiben die allgemeinen Regeln unberührt, insbesondere **§§ 119 ff. BGB**[77]. Dabei ist die Anfechtungserklärung während der Versammlung dem Leiter dieser, im Nachhinein dem Vorstand als empfangszuständigem Organ, gegenüber zu erklären. Diese Grundsätze gelten nicht nur für die Ja-Stimmen, sondern **auch für Nein-Stimmen** und auch für **Stimmenthaltungen**[78].

19 **cc) Sonderfall: Uneinheitliche Stimmabgabe.** Stimmt ein Aktionär bei der Stellung eines Antrags sowohl mit seiner Ja-Stimme als auch mit seiner Nein-Stimme ab, liegt eine uneinheitliche Stimmabgabe vor. Besitzt der Aktionär **mehr als eine Aktie**, ist diese Form der Abstimmung heute allgemein anerkannt[79]. Zwar sollte nach der Rechtsprechung des RG nur eine einheitliche Stimmenabgabe möglich sein[80]; doch spricht schon § 12 Abs. 1 Satz 1 dagegen[81], ferner die kapitalistische Struktur der AG und das fehlende Interesse an einer einheitlichen Stimmrechtsausübung[82]. Demgemäß ist das **nur teilweise Ausüben des Stimmrechts** ohne weiteres möglich, auch das Aufspalten in Enthaltung[83] und Zustimmung sowie[84] Ablehnung des Antrags. Daran

---

73 § 134 Abs. 4, so auch *F.-J. Semler* in MünchHdb. AG, § 39 Rz. 16; *Hüffer*, § 132 AktG Rz. 22.
74 BGH v. 25.1.1989 – IVb ZR 44/88, NJW 1989, 1728, 1729; *Ellenberger* in Palandt, § 130 BGB Rz. 14.
75 *Ulmer* in FS Niederländer, 1991, S. 413, 423; *Volhard* in MünchKomm. AktG, 2. Aufl., § 133 AktG Rz. 21; *Hüffer*, § 133 AktG Rz. 19; a.A. dagegen *Messer* in FS Fleck, 1988, S. 221, 228, der grundsätzlich von einem Ausschluss des Widerrufsrechtes aufgrund des „Systembruches mit § 130 BGB" ausgeht.
76 Im Ergebnis ebenso *Hüffer*, § 133 AktG Rz. 19; *Volhard* in MünchKomm. AktG, 2. Aufl., § 133 AktG Rz. 21; nach Zugang den Widerruf generell verneinend *F.-J. Semler* in MünchHdb. AG, § 39 Rz. 18.
77 *F.-J. Semler* in MünchHdb. AG, § 39 Rz. 15; *Volhard* in MünchKomm. AktG, 2. Aufl., § 133 AktG Rz. 21.
78 *Hüffer*, § 133 AktG Rz. 18; *Messer* in FS Fleck, 1988, S. 221, 226; *Ulmer* in FS Niederländer, 1991, S. 415, 418 ff.; a.A. *Winnefeld*, DB 1972, 1053, 1054.
79 *Brändel* in Großkomm. AktG, 4. Aufl., § 133 AktG Rz. 18; *Flume*, Juristische Person, § 7 VII (S. 251); *Heckelmann*, AcP 170 (1970), 306; *F.-J. Semler* in MünchHdb. AG, § 39 Rz. 19; *Janberg/Schlaus*, AG 1967, 33; *Volhard* in MünchKomm. AktG, 2. Aufl., § 133 AktG Rz. 22; *Hüffer*, § 133 AktG Rz. 20 f.; *Holzborn* in Bürgers/Körber, § 133 AktG Rz. 9; *Armbrüster* in FS Bezzenberger, 2000, S. 3, 15.
80 RG v. 16.9.1927 – II 21/27, RGZ 118, 67, 70.
81 In diese Richtung auch *Volhard* in MünchKomm. AktG, 2. Aufl., § 133 AktG Rz. 22, zu krit. Auffassungen gegenüber dem RG im älteren Schrifttum *Zöllner* in KölnKomm. AktG, 1. Aufl., § 133 AktG Rz. 51 m.w.N.
82 *Hüffer*, § 133 AktG Rz. 21; *Grundmann* in Großkomm. AktG, 4. Aufl., § 133 AktG Rz. 74.
83 Für eine Aufspaltung in Enthaltung und (einheitliche) Zustimmung oder Ablehnung sind BGH v. 21.3.1988 – II ZR 308/87, BGHZ 104, 66, 74; *Hüffer*, § 133 AktG Rz. 20.
84 Für eine Aufspaltung in Enthaltung und dennoch getrennte Zustimmung und zugleich Ablehnung sind *Armbrüster* in FS Bezzenberger, 2000, S. 3, 15; *Volhard* in MünchKomm. AktG, 2. Aufl., § 133 AktG Rz. 22.

ändert auch das in Kraft getretene Gesetz zur Umsetzung der Aktionärsrechterichtlinie[85] nichts (s. hierzu § 134 Rz. 73)[86].

Unzulässig ist die uneinheitliche Stimmabgabe dagegen in dem Fall, in dem der Aktionär nur eine einzige Aktie, aber mehrere Stimmen besitzt, wobei dies nach der Aufhebung der **Mehrstimmrechte** durch Art. 1 Nr. 3 KonTraG[87] nur noch Altfälle betrifft[88]. Aus dem **Gleichlauf von Aktie und Stimmrecht** folgt, dass bei dem Besitz von nur einer Aktie eine uneinheitliche Stimmabgabe nicht möglich ist[89]. 20

**Keine uneinheitliche Stimmabgabe** liegt ferner in den Fällen vor, in denen ein Vertreter die Stimmen für mehrere, verschiedene Aktionäre unterschiedlich ausübt. Hier liegen verschiedene Aktionärsaufträge mit unterschiedlichen Weisungen vor, denen der Vertreter nachkommen muss[90]. Dies sah bereits die dem ARUG vorgehende Richtlinie über die Ausübung der Stimmrechte in Art. 13 Abs. 1 i.V.m. Abs. 4 vor[91]. **Zur Form der Stimmabgabe** siehe die Erläuterungen bei § 134 Rz. 72 ff. 21

**e) Abstimmungsergebnis**

**aa) Ermittlung des Ergebnisses.** Nach der Übermittlung der Stimmen (hierzu § 133 Rz. 15 f.) wird durch den Hauptversammlungsleiter gegebenenfalls unter Heranziehung von Personal und Hilfsmitteln[92] rechnerisch im Rahmen der Auszählung der abgegeben Ja- und Nein-Stimmen das Abstimmungsergebnis ermittelt. **Übersteigt die Anzahl der Ja-Stimmen die der Nein-Stimmen, so ist der Antrag angenommen, andernfalls abgelehnt.** Sonderfälle von Mehrheitsbestimmungen sind dabei zu berücksichtigen[93]. Aufgrund des Zeitaufwands haben sich verschiedene Verfahren herausgeprägt, welche vor Beginn der Abstimmung vom Hauptversammlungsleiter 22

---

85 BGBl. I 2009, S. 2479 gänzlich in Kraft getreten am 1.11.2009; siehe zu den Auswirkungen des ARUG auf die Hauptversammlung auch ausführlich *Drinhausen/Keinath*, BB 2009, 2322 ff.
86 Art. 10 Abs. 2 der Richtlinie des Europäischen Parlaments und des Rates über die Ausübung bestimmter Rechte von Aktionären in börsennotierten Gesellschaften (ABl. EU L 184 v. 14.7.2007, S. 17) stellt jedoch klar, dass die Richtlinie nicht nationale Regelungen hindert, die eine uneinheitliche Abstimmung eines Aktionärs untersagen; zum Richtlinienvorschlag *Spindler* in VGR, Gesellschaftsrecht in der Diskussion 2005, 2006, S. 77, 92; zu den ersten Entwürfen *Noack*, ZIP 2005, 325, 331.
87 Gesetz zur Kontrolle und Transparenz im Unternehmensbereich (KonTraG) vom 27.4.1998, BGBl. I 1998, 786.
88 *Hüffer*, § 12 AktG Rz. 8 bezeichnet Mehrstimmrechte daher auch folgerichtig als Fremdkörper des Aktienrechts.
89 So auch *Hüffer*, § 133 AktG Rz. 21; *Volhard* in MünchKomm. AktG, 2. Aufl., § 133 AktG Rz. 22; *Hüffer* in Ulmer, § 47 GmbHG Rz. 59; *Heckelmann*, AcP 170 (1970), 306, 339 ff.; *Holzborn* in Bürgers/Körber, § 133 AktG Rz. 9; krit. *Grundmann* in Großkomm. AktG, 4. Aufl., § 133 AktG Rz. 74 „Verweis auf das Wesen der Aktie eine wenig befriedigende Begründung für die hM"; dagegen aber *Armbrüster* in FS Bezzenberger, 2000, S. 3, 13, 15, der aufgrund einer mathematischen Betrachtungsweise zu dem Ergebnis kommt, wenn die „Stimmkraft" auf „null" reduziert wird durch eine Enthaltung oder der Abstimmende durch die Abgabe (Ja/Nein) 100 % der Stimmkraft ausübt, so müsse auch eine prozentuale Verteilung möglich sein. Dies verkennt allerdings, dass positive/negative Abstimmungsfreiheit (S. 14) und Abstimmungsmodalität (1 Stimme in toto) nicht miteinander vermengt werden dürfen.
90 *Hüffer*, § 133 AktG Rz. 20; *Holzborn* in Bürgers/Körber, § 133 AktG Rz. 9; s. schon RG v. 16.9.1927 – II 21/27, RGZ 118, 67, 70.
91 Richtlinie des Europäischen Parlaments und des Rates über die Ausübung bestimmter Rechte von Aktionären in börsennotierten Gesellschaften (ABl. EU L 184 v. 14.7.2007, S. 17).
92 *Hüffer*, § 133 AktG Rz. 22; *Volhard* in MünchKomm. AktG, 2. Aufl., § 133 AktG Rz. 23; *Grundmann* in Großkomm. AktG, 4. Aufl., § 133 AktG Rz. 127; *Holzborn* in Bürgers/Körber, § 133 AktG Rz. 10.
93 *Volhard* in MünchKomm. AktG, 2. Aufl., § 133 AktG Rz. 23.

festzulegen und zu verkünden sind, vorbehaltlich anderweitiger Regelungen in der Satzung oder einer Geschäftsordnung der Hauptversammlung[94]. Dabei hat sich der Hauptversammlungsleiter an den sachgerechten Bedürfnissen (hierzu Rz. 13)[95] einer schnellen und zugleich gerechten Abstimmung zu orientieren, bei unübersichtlicher Hauptversammlung mit stark divergierenden Meinungen bietet sich ein schriftliches bzw. möglichst sicheres Verfahren an[96]; einen **Anspruch auf eine bestimmte Abstimmungsart** hat der einzelne Aktionär jedenfalls **nicht**[97]. Jedoch kann die Verletzung von Minderheitsinteressen und Auswirkungen auf das Stimmergebnis einen Anfechtungsgrund darstellen. Die Hauptversammlung kann den Hauptversammlungsleiter bezüglich des zu wählenden Verfahrens aber überstimmen[98].

23 Das rechtlich zulässige[99] **Additionsverfahren** ist für kleinere Gesellschaften praktikabel, indem Ja-Stimmen und Nein-Stimmen unabhängig voneinander ermittelt und dann addiert werden, um die Zahl der abgegebenen Stimmen zu ermitteln. Die Enthaltungen bleiben außer Betracht[100]. In elektronisch unterstützten Abstimmungen hat sich das Additionsverfahren inzwischen bewährt[101].

24 Demgegenüber werden bei der **Subtraktionsmethode** die Nein-Stimmen und die Enthaltungen gezählt. Von der Gesamtzahl der Hauptversammlungsteilnehmer wird die Anzahl der Enthaltungen und ggf. die Anzahl der mit einem Stimmverbot belegten Stimmen subtrahiert. Von dieser Rechengröße werden anschließend die Nein-Stimmen abgezogen, so dass damit die Ja-Stimmen durch Errechnung feststehen. Ist die Differenz größer als die Summe der Enthaltungen und der Nein-Stimmen, so ist der Antrag angenommen. Dabei wird also, da die Ja-Stimmen nicht gezählt wurden, unterstellt, dass diejenigen, die nicht mit Nein gestimmt haben oder sich enthalten haben, dem Antrag zugestimmt haben. Nach herrschender Meinung ist auch diese Methode als **rechtlich zulässig** anzusehen[102]. Allerdings muss zumindest über eine **Prä-**

---

94 *Grundmann* in Großkomm. AktG, 4. Aufl., § 133 AktG Rz. 128: vorrangig Satzung und Geschäftsordnung, hilfsweise Versammlungsleiter; *Stützle/Walgenbach*, ZHR 155 (1991), 516, 535; *Barz*, AG 1962, Sonderbeilage Nr. 1, S. 1, 9, die eine alleinige Kompetenz aus der Sache heraus annehmen; für eine primäre Zuständigkeit der Hauptversammlung dagegen *Max*, AG 1991, 77, 87; wohl auch *Hüffer*, § 133 AktG Rz. 22 a.E.; mit Betonung auf der Notwendigkeit einer einheitlichen Satzungsregelung demgegenüber *Fischer* in J. Semler/Volhard, Arbeitshandbuch HV, § 11 Rz. 218 f.
95 Auf die „Sachdienlichkeit" stellen auch *Stützle/Walgenbach*, ZHR 155 (1991), 516, 535 ab. Für sie ist die Reihenfolge nach der Wahrscheinlichkeit der Zustimmung festzulegen. Anträge mit großer Wahrscheinlichkeit der Annahme zuerst, strittige danach.
96 *Butzke* in Obermüller/Werner/Winden, Die Hauptversammlung der Aktiengesellschaft, Rz. E 102 (Fn. 211).
97 *Butzke* in Obermüller/Werner/Winden, Die Hauptversammlung der Aktiengesellschaft, Rz. E 102.
98 So auch *Martens*, WM 1981, 1010, 1014; *Max*, AG 1991, 77, 87; *Hüffer*, § 134 AktG Rz. 34.
99 *Fischer* in J. Semler/Volhard, Arbeitshandbuch HV, § 11 Rz. 220 ff.; *Hüffer*, § 133 AktG Rz. 23; *F.-J. Semler* in MünchHdb. AG, § 39 Rz. 35; *Max*, AG 1991, 77, 87; *Volhard* in MünchKomm. AktG, 2. Aufl., § 133 AktG Rz. 25; *Grundmann* in Großkomm. AktG, 4. Aufl., § 133 AktG Rz. 129.
100 Die Enthaltung gilt somit als Nichtteilnahme an der Abstimmung, s. *Fischer* in J. Semler/Volhard, Arbeitshandbuch HV, § 11 Rz. 221.
101 *Volhard* in MünchKomm. AktG, 2. Aufl., § 133 AktG Rz. 25; zust. *Grundmann* in Großkomm. AktG, 4. Aufl., § 133 AktG Rz. 129.
102 BGH v. 19.9.2002 – V ZB 37/02, BGHZ 152, 63, 67 ff. = ZIP 2003, 437, 438 ff. (für die Wohnungseigentümerversammlung); OLG Frankfurt v. 1.7.1998 – 21 U 166/97, AG 1999, 231, 232; *Hüffer*, § 133 AktG Rz. 24; *Volhard* in MünchKomm. AktG, 2. Aufl., § 133 AktG Rz. 26; *F.-J. Semler* in MünchHdb. AG, § 39 Rz. 35; *Fischer* in J. Semler/Volhard, Arbeitshandbuch HV, § 11 Rz. 223 ff.; *Henseler*, BB 1962, 1023, 1025; *Lamers*, DNotZ 1962, 287, 289; *Zöllner*, ZGR 1974, 1, 5 f.; *Grundmann* in Großkomm. AktG, 4. Aufl., § 133 AktG Rz. 130; kritisch dagegen *Barz*, AG 1962 Sonderbeilage Nr. 1, S. 9 f.; a.A. OLG Karlsruhe v.

senzliste neben dem Teilnehmerverzeichnis hinreichend sicher festgestellt werden, wie hoch die Anzahl der teilnehmenden Aktionäre auf der Hauptversammlung genau ist[103]. Auch § 129 Abs. 4 Satz 1 verlangt die Aufstellung des Teilnehmerverzeichnisses vor der ersten Abstimmung[104]. Dies gilt auch für eine über das Internet stattfindende Hauptversammlung nach § 118 Abs. 1 Satz 2, indem online teilnehmende Aktionäre als präsent gelten[105]. Um den teilnehmenden Aktionären im Falle einer Abstimmung mittels der Subtraktionsmethode das Gewicht und die Folgen ihres Stimmenverfalls klarzumachen, muss der Versammlungsleiter den anwesenden Abstimmenden verdeutlichen, dass neben den Enthaltungen und den Nein-Stimmen ein „Fernbleiben" der Abstimmung im Sinne eines Schweigens in diesem Fall den Erklärungswert einer Zustimmung hat[106]. Bei zu erwartenden knappen Abstimmungsergebnissen muss den Aktionären, welche an der jeweiligen Abstimmung nicht teilnehmen wollen, Gelegenheit gegeben werden, die Hauptversammlung für die Abstimmung zu verlassen und somit zu einer **Aktualisierung der Präsenzliste** beizutragen[107]. Dies erfordert indes eine hinreichend genaue Begrenzung des Versammlungsraums, wobei sich eine Begrenzung auf die Saalräumlichkeit allein aus Praktikabilitätsgründen anbietet[108]. Auch bei Online-Hauptversammlungen muss die Präsenz im Sinne der online-Teilnahme festgestellt werden; eine vorübergehende Abwesenheit am Bildschirm kann hierfür nicht genügen. Ist nicht vollständig sicher, dass über Präsenzlisten eine genaue Ermittlung des Abstimmungsergebnisses erzielt werden kann, darf das Subtraktionsverfahren nicht angewandt werden[109].

**bb) Stimmenmehrheit.** Das Aktiengesetz kennt verschiedene Erscheinungsformen der Stimmenmehrheit, die einfache Stimmenmehrheit, größere Stimmenmehrheiten, die Kapitalmehrheit und schließlich durch die Satzung festgelegte, besondere Stimmenmehrheiten:

**(1) Einfache Mehrheit.** Für den positiven Beschluss der Hauptversammlung ist die „Mehrheit der abgegebenen Stimmen" erforderlich und ausreichend. Dabei stellen Ja- und Nein-Stimmen gültige Stimmen dar, nicht jedoch Enthaltungen[110]. Enthal-

---

7.12.1990 – 15 U 256/89 – „ASEA/BBC", AG 1991, 144, 146 (obiter dictum), das einen unzulässigen Zwang zur Abstimmung annimmt, da Aktionär zumindest mit „Enthaltung" stimmen müsse, auch wenn er nicht an der Abstimmung teilnehmen wolle; dagegen zu Recht *Martens*, S. 89.

103 *F.-J. Semler* in MünchHdb. AG, § 39 Rz. 35; *Fischer* in J. Semler/Volhard, Arbeitshandbuch HV, § 11 Rz. 223 ff.; *Hüffer*, § 133 AktG Rz. 24; *Volhard* in MünchKomm. AktG, 2. Aufl., § 133 AktG Rz. 26; *Grundmann* in Großkomm. AktG, 4. Aufl., § 133 AktG Rz. 130; *Max*, AG 1991, 77 87; *Stützle/Walgenbach*, ZHR 155 (1991), 516, 535.
104 So auch *Hüffer*, § 133 AktG Rz. 2 ff., 9 f.
105 Begr. RegE BT-Drucks. 16/11642, S. 26.
106 *Volhard* in MünchKomm. AktG, 2. Aufl., § 133 AktG Rz. 26; *Grundmann* in Großkomm. AktG, 4. Aufl., § 133 AktG Rz. 130; *Max*, AG 1991, 77, 87 f.
107 *Bunke*, AG 2002, 57, 71; *Volhard* in MünchKomm. AktG, 2. Aufl., § 133 AktG Rz. 26; *Fischer* in J. Semler/Volhard, Arbeitshandbuch HV, § 11 Rz. 226, 229.
108 Ebenso *Volhard* in MünchKomm. AktG, 2. Aufl., § 133 AktG Rz. 26, während *Max*, AG 1991, 77, 88 (li. Sp.) und *Stützle/Walgenbach*, ZHR 155 (1991), 516, 535 dafür plädieren, dass der Versammlungsraum das gesamte Gebäude einschließlich der Nebenräume umfassen soll. Dies unterstellt, würde bedeuten, auch in den Nebenräumen (z.B. Toiletten) die Möglichkeit der Stimmabgabe vorzusehen. Dies ist allerdings allein mit der Feststellung der Präsenzschwankung nicht zu rechtfertigen. Daher sollte nur auf die singuläre Versammlungsstätte abgestellt werden.
109 *Hüffer*, § 133 AktG Rz. 24; *Volhard* in MünchKomm. AktG, 2. Aufl., § 133 AktG Rz. 26; *F.-J. Semler* in MünchHdb. AG, § 39 Rz. 35; *Stützle/Walgenbach*, ZHR 155 (1991), 516, 535; *Max*, AG 1991, 77, 87.
110 RG v. 13.6.1913 – II 197/13, RGZ 82, 386, 388; BGH v. 20.3.1995 – II ZR 205/94 – „Girmes", BGHZ 129, 136, 153 = NJW 1995, 1739 = AG 1995, 368; mit einer Einschätzung zur Wahl

tungen werden insbesondere nicht als Nein-Stimmen gewertet[111]. Als Enthaltungen gelten sowohl **echte Enthaltungen**, wenn der Aktionär gerade keine Stimme abgeben will, als auch die **unechten Enthaltungen**, wenn der anwesende Aktionär durch Schweigen seine Stimme verfallen lässt. Davon zu trennen ist der Ausnahmefall der Vereinbarung eines Stimmenverfalls als gewertete Zustimmung bei der Subtraktionsmethode. Enthaltungen können, müssen aber nicht, in die Niederschrift der Hauptversammlung aufgenommen werden (s. § 130 Rz. 12)[112].

27 In die gleiche Kategorie, wie die Enthaltungen, fallen auch die **ungültigen Stimmen**, die nicht in der vorgeschriebenen Weise abgegeben werden oder zu keiner Auswertung gebräuchlich sind; Stimmen, die aus Aktien stammen, die für den Antrag kein Stimmrecht verleihen oder für die ein Stimmverbot besteht[113], sind ebenfalls hierzu zu zählen[114]. Dabei obliegt es dem Versammlungsleiter das Bestehen eines Stimmrechts und die zulässige Ausübung festzustellen, wobei ihm für die Berücksichtigung dieser Stimmen kein Ermessensspielraum zuzubilligen ist. Nur für den Fall der **mit Händen zu greifenden Nichtigkeit bzw. Ungültigkeit**[115] der Stimmrechtsausübung ist er verpflichtet[116], von seinem Recht auf Nichtberücksichtigung Gebrauch zu machen. Alles andere wäre mit der Gefahr einer Anfechtungsklage im Falle der rechtswidrigen Nichtberücksichtigung nicht zu vereinbaren[117].

28 § 133 lässt als Regelfall die **einfache Stimmenmehrheit** genügen, mithin die absolute Mehrheit der abgegebenen gültigen Stimmen[118], wenn die gültigen Ja-Stimmen die gültigen Nein-Stimmen um mindestens eine Stimme übertrifft[119]. Bei einem Patt (Stimmengleichstand) gilt der Antrag als abgelehnt. Die einfache Stimmenmehrheit gilt für alle diejenigen Beschlussgegenstände, die keiner gesetzlich oder satzungsmäßig höheren Stimmenmehrheit bedürfen[120]. Einfache Stimmenmehrheit ist etwa

---

von Betriebsratsmitgliedern und darin anderer Praxis des Zählverfahrens *Löwisch*, BB 1996, 1006.

111 Für den e.V. BGH v. 25.1.1982 – II ZR 164/81, BGHZ 83, 35, 36 = WM 1982, 484, 485; *Volhard* in MünchKomm. AktG, 2. Aufl., § 133 AktG Rz. 111; *Hüffer*, § 133 AktG Rz. 12.

112 *Hüffer*, § 133 AktG Rz. 12.

113 Für eine Klassifizierung als nichtige Stimmen *Volhard* in MünchKomm. AktG, 2. Aufl., § 133 AktG Rz. 28; dagegen für eine Einstufung als „ungültig" *F.-J. Semler* in MünchHdb. AG, § 39 Rz. 20. Kein Stimmrecht verschaffen stimmrechtslose Vorzugsaktien (§ 139 Abs. 1), Stammaktien in einer Abstimmung der Vorzugsaktionäre, wie im Fall des § 141 Abs. 3 und bei der über die Grenze hinausgehenden Ausübung von Höchststimmrechten. Mit Stimmverboten sind zum Beispiel Stimmen aus eigenen Aktien belegt sowie im Fall des § 59 Satz 1 WpÜG. S. zur Gültigkeit der Stimmabgabe auch *Volhard* in MünchKomm. AktG, 2. Aufl., § 133 AktG Rz. 28.

114 RG v. 2.2.1923 – II 147/22, RGZ 106, 258, 263 für nichtige Stimmen; *Hüffer*, § 133 AktG Rz. 12; *F.-J. Semler* in MünchHdb. AG, § 39 Rz. 20; *Volhard* in MünchKomm. AktG, 2. Aufl., § 133 AktG Rz. 28; *Grundmann* in Großkomm. AktG, 4. Aufl., § 133 AktG Rz. 103.

115 Als Beispiel werden hier die Abgabe der Stimme bei der eigenen Entlastung oder Stimmen von Geschäftsunfähigen genannt, vergleiche *Pickert* in J. Semler/Volhard, Arbeitshandbuch HV, § 11 Rz. 242; *Volhard* in MünchKomm. AktG, 2. Aufl., § 133 AktG Rz. 28.

116 So auch BGH v. 19.11.1990 – II ZR 88/89, AG 1991, 137 für die GmbH, dagegen allerdings *Grunsky*, ZIP 1991, 778, 781; *Oelrichs*, GmbHR 1995, 863, 866 ff.

117 Ebenso *Volhard* in MünchKomm. AktG, 2. Aufl., § 133 AktG Rz. 28; *Hüffer*, § 130 AktG Rz. 22; *Pickert* in J. Semler/Volhard, Arbeitshandbuch HV, § 11 Rz. 242; *Marsch-Barner*, ZHR 157 (1993), 172, 189.

118 *Volhard* in MünchKomm. AktG, 2. Aufl., § 133 AktG Rz. 27.

119 *Volhard* in MünchKomm. AktG, 2. Aufl., § 133 AktG Rz. 27; *Hüffer*, § 133 AktG Rz. 12; *Grundmann* in Großkomm. AktG, 4. Aufl., § 133 AktG Rz. 101; *Holzborn* in Bürgers/Körber, § 133 AktG Rz. 13.

120 So auch *Grundmann* in Großkomm. AktG, 4. Aufl., § 133 AktG Rz. 105 mit Übersicht über die Beschlussgegenstände mit einfacher Mehrheit; ebenso bei *Volhard* in MünchKomm. AktG, 2. Aufl., § 133 AktG Rz. 30.

nur erforderlich bei Beschlüssen nach §§ 119, 120 Abs. 1 oder 174. Dies gilt dagegen nicht für Beschlüsse über grundlegende Unternehmensstrukturmaßnahmen im Gefolge der Holzmüller- und Gelatine-Rechtsprechung nach § 119 Abs. 2, da hier die Nähe zur Satzungsänderung eine höhere Mehrheit bedingt (ausführlich dazu § 119 Rz. 26 ff.)[121]. Zur Kapitalmehrheit s. Rz. 30 ff.

**(2) Größere Stimmenmehrheiten.** Eine größere Stimmenmehrheit kann von Gesetz oder Satzung vorgesehen werden und verdrängt die grundlegende Anforderung der einfachen Stimmenmehrheit des § 133 Abs. 1. **Gesetzlich vorgesehen** ist eine solche beispielsweise bei der Abberufung von Aufsichtsratsmitgliedern (§ 103 Abs. 1 Satz 2). Für eine solche ist die Mehrheit von drei Viertel der abgegebenen Stimmen notwendig[122]. Neben die einfache Stimmenmehrheit treten mit ¾-Mehrheit die sog. **zustimmenden Sonderbeschlüsse** von Teilen gewisser Aktionäre. Hierunter sind zuvörderst die Sonderbeschlüsse der Vorzugsaktionäre bei Veränderung, Erweiterung und Aufhebung der Vorzugsstellung nach § 141 sowie Fälle der ordentlichen Kapitalherabsetzung nach § 222 zu nennen[123]. Des Weiteren sieht das Gesetz für die Auferlegung von Pflichten sowie für die Vinkulierung von Aktien die Zustimmung jedes betroffenen Aktionärs vor (§ 180). Als eine weitere Sonderform von Zustimmung lässt sich darüber hinaus die **Minderheitensperrminorität von 10 % Widerspruchsstimmen** begreifen, wenn wirksam auf Schadensersatzansprüche der Gesellschaft gegen Gründer oder Verwaltungsmitglieder verzichtet werden soll[124].

29

**(3) Kapitalmehrheit.** Von der einfachen Mehrheit zu trennen ist das Erfordernis der **Kapitalmehrheit**. In bestimmten Fällen[125] erfordert ein Beschluss qua Gesetz eine Mehrheit von mindestens drei Viertel des bei der Beschlussfassung vertretenen Grundkapitals[126]. Vertreten ist das Grundkapital bei der Beschlussfassung, wenn das Stimmrecht aus dem auf das Grundkapital entfallenden Aktien gültig ausgeübt worden ist[127]. Nicht erforderlich ist, dass sich die Mehrheit aus dem bei der Hauptversammlung anwesenden Grundkapital gebildet hat[128]. Praktische Bedeutung hat diese Differenzierung für Enthaltungen und stimmrechtslose Vorzugsaktien sowie für Aktien, die kein Stimmrecht gewähren[129].

30

**Zwischen der Kapitalmehrheit und der Mehrheit der abgegebenen Stimmen ist streng zu differenzieren.** Bei einer Kapitalmehrheit liegt eine Erhöhung sowohl des Quorums als auch der Bezugsgröße vor. Verlangt das Gesetz eine Kapitalmehrheit, so ist diese **zusätzlich neben der Stimmenmehrheit** erforderlich[130]. Eine einfache Mehrheit

31

---

121 A.A. *Hüffer*, § 133 AktG Rz. 13: einfache Stimmenmehrheit.
122 Ein ebenso hohes Quorum erfordert die Zustimmung zu Maßnahmen der Geschäftsführung, die keine Zustimmung des Aufsichtsrats gefunden haben, § 111 Abs. 4 Satz 3.
123 Des Weiteren zu nennen sind §§ 179 Abs. 3, 182 Abs. 2, 193 Abs. 1 Satz 3, 202 Abs. 2 Satz 4, 221 Abs. 1 Satz 4, 229 Abs. 3, 237 Abs. 2, 295 Abs. 2, 296 Abs. 2, 297 Abs. 2, 309 Abs. 3, 319 Abs. 2 Satz 2.
124 §§ 50 Abs. 1, 93 Abs. 4 Satz 3, 116, 117 Abs. 4, 309 Abs. 3 Satz 1, 317 Abs. 4.
125 *Volhard* in MünchKomm. AktG, 2. Aufl., § 133 AktG Rz. 37 spricht von „Grundlagenbeschlüssen".
126 § 52 Abs. 5, § 129 Abs. 1 Satz 1, § 179 Abs. 2, § 179a, § 182 Abs. 1, § 186 Abs. 3, § 193 Abs. 1, § 202 Abs. 2, § 207 Abs. 2, § 221 Abs. 1, § 221 Abs. 3, § 222 Abs. 2, § 229 Abs. 3, § 262 Abs. 1 Nr. 2, § 274 Abs. 1, §§ 293 Abs. 1, 295 Abs. 1, § 296 Abs. 2, §§ 319 Abs. 2, 320 Abs. 1 Satz 3 AktG; §§ 65, 73, 125, 233 Abs. 2, 240 UmwG.
127 *Wiedemann* in Großkomm. AktG, 4. Aufl., § 179 AktG Rz. 112; *Hüffer*, § 179 AktG Rz. 14.
128 *F.-J. Semler* in MünchHdb. AG, § 39 Rz. 24.
129 *Hüffer*, § 179 AktG Rz. 14; *Volhard* in MünchKomm. AktG, 2. Aufl., § 133 AktG Rz. 37; *F.-J. Semler* in MünchHdb. AG, § 39 Rz. 24.
130 RG v. 24.9.1929 – II 26/29, RGZ 125, 356, 359; BGH v. 28.11.1974 – II ZR 176/72, NJW 1975, 212; *Volhard* in MünchKomm. AktG, 2. Aufl., § 133 AktG Rz. 37 ff.; *Hüffer*, § 133 AktG Rz. 13.

kann dabei zugleich das Erfordernis einer Kapitalmehrheit erfassen, doch kann es auch Anträge geben, wie im Falle von **Mehrfachstimmrechten**[131], die die Mehrheit der abgegebenen Stimmen und damit eine einfache Mehrheit erreicht hat, obwohl die Kapitalmehrheit dagegen gestimmt hat. Andererseits sind auch Fälle denkbar, wie bei der Beteiligung von **Höchststimmrechten**[132], in denen es zur Ablehnung eines Antrags kommen kann, obwohl die Kapitalmehrheit dafür gestimmt hat[133]. Mehrheit der abgegebenen Stimmen und Kapitalmehrheit werden sich zwar häufig entsprechen, doch ist dies nicht zwangsläufig der Fall.

32 **(4) Satzungsmehrheiten.** Schließlich sind zu den gesetzlich vorgesehenen Mehrheiten auch die sog. Satzungsmehrheiten zu zählen. § 133 Abs. 1 Halbsatz 2 2. Alt. selbst sieht vor, dass die Eigentümer der Aktiengesellschaft eine nach oben abweichende[134] Mehrheit oder auch weitere Erfordernisse durch ihre Satzung festlegen können. Die gesetzlich festgeschriebene einfache Stimmenmehrheit fungiert damit auch hier als **Erschwerung** der Beschlussmöglichkeiten.

33 Eine solche Erhöhung der satzungserforderlichen Mehrheit kann bis zur **Einstimmigkeit aller Abstimmenden**[135] verschärft werden[136], da „größere Mehrheit" im Sinne des Minderheitenschutzes auch eine einstimmige Beschlussfassung mit umfassen kann[137]. Bezüglich der Anforderungen an eine **rechtswirksame Satzungsänderung auch für höhere, qualifizierte Stimmenmehrheiten,** hat die Rechtsprechung zu Recht auf die Eindeutigkeit der Regelung abgestellt: Der Wille, gesetzliche Mehrheitserfordernisse, worunter auch qualifizierte Kapitalmehrheiten zu fassen sind, zu mildern und statt ihrer ebenfalls nur die einfache Mehrheit genügen zu lassen, muss **in der Satzung eindeutig zum Ausdruck** kommen[138]. Klauseln, wonach Beschlüsse mit der einfachen Mehrheit der abgegebenen Stimmen gefasst werden, haben somit nur Auswirkungen auf die Stimmenmehrheit, nicht dagegen auf Kapitalmehrheiten. Eine von der Hauptversammlung gewollte, gleichzeitige Abänderung der Kapitalmehrheit muss expressis verbis angesprochen werden, eine generelle Abänderung der erforderlichen Mehrheiten nicht[139].

34 Die Ausgestaltung der Satzungsautonomie findet jedoch in den Vorschriften über **Kontrollbefugnisse der Hauptversammlung eine Grenze,** die nicht durch anderweitige Anforderungen untergraben werden sollen[140]: So bleibt es unabhängig von gegen-

---

131 Bei einem solchen wird dem Inhaber mehr Stimmen zugebilligt, als sich proportional aus seiner Beteiligung am Grundkapital ergeben. Nach § 12 Abs. 2 sind diese grundsätzlich unzulässig.
132 Nach § 134 Abs. 1 Satz 2 können diese nur in nicht börsennotierten Aktiengesellschaften verwendet werden. Bei diesen wird die Stimmkraft auf eine im Vorhinein bestimmte Anzahl von Stimmen begrenzt.
133 Höchststimmrechte verdeutlichen besonders die Unterschiede von einfacher Mehrheit und Kapitalmehrheit, da durch sie der Einfluss von einigen, wenigen Großaktionären wirksam begrenzt werden kann.
134 Eine nach unten abweichende Mehrheit würde den Normzweck von § 133 Abs. 1 eliminieren. So auch *Volhard* in MünchKomm. AktG, 2. Aufl., § 133 AktG Rz. 49; *Hüffer*, § 133 AktG Rz. 15; *Grundmann* in Großkomm. AktG, 4. Aufl., § 133 AktG Rz. 115 f.
135 Somit wären Enthaltungen für den Beschluss trotz der Erschwerung der Mehrheit unschädlich, vgl. *Volhard* in MünchKomm. AktG, 2. Aufl., § 133 AktG Rz. 51.
136 *Volhard* in MünchKomm. AktG, 2. Aufl., § 133 AktG Rz. 51; *Hüffer*, § 133 AktG Rz. 51; *F.-J. Semler* in MünchHdb. AG, § 39 Rz. 28; *Grundmann* in Großkomm. AktG, 4. Aufl., § 133 AktG Rz. 115.
137 BGH v. 13.3.1980 – II ZR 54/78, BGHZ 76, 191, 194 = WM 1980, 459, 461.
138 BGH v. 28.11.1974 – II ZR 176/72, NJW 1975, 212; BGH v. 29.6.1987 – II ZR 242/86, AG 1987, 348, 349.
139 BGH v. 28.11.1974 – II ZR 176/72, NJW 1975, 212.
140 BGH v. 13.3.1980 – II ZR 54/78, BGHZ 76, 191, 193 = WM 1980, 459, 461; *Grundmann* in Großkomm. AktG, 4. Aufl., § 133 AktG Rz. 118; *Hüffer*, § 133 AktG Rz. 15; *Volhard* in

läufigen Satzungsregelungen bei der einfachen Stimmenmehrheit in den Fällen der Abberufung eines entsandten Aufsichtsratsmitglieds nach dem Wegfall der Voraussetzungen seiner Entsendung (§ 103 Abs. 2 Satz 2) sowie im Fall der Herabsetzung einer satzungsmäßig festgesetzten Aufsichtsratsvergütung (§ 113 Abs. 1 Satz 4)[141].

**(5) Sonstige Erfordernisse.** Neben der Möglichkeit, auch „größere Mehrheiten" durch die Satzung zu regeln, sieht § 133 Abs. 1 auch noch die Möglichkeit für die Satzung vor, weitere Anforderungen für die Abstimmung zu regeln. Hierunter fällt all das, was nicht Auswirkungen auf die zu erzielende Mehrheit hat, mithin also **rein formelle Regelungen**[142]. Solche können **Nuancen des Abstimmungsvorgangs** sein, etwa die mehrmalige Abstimmung, auch in mehreren Hauptversammlungen, eine Mindestbeteiligung der Aktionäre an der Abstimmung oder sonstige Regelungen, die die Beschlussfähigkeit regeln[143].

35

**Zustimmungsvorbehalte** dagegen regeln die Abhängigkeit der Stimme des Aktionärs von der Entscheidung, beispielsweise des Vorstands, des Aufsichtsrats oder weiterer außenstehender Dritter. Sie stellen die Entscheidungsmacht des Aktionärs unter die aufschiebende Bedingung der Zustimmung anderer Personen als der Eigentümer. Vereinzelt wurde vorgeschlagen, einen Zustimmungsvorbehalt seitens des Aufsichtsrats bei Satzungsänderungen und Unternehmensverträgen zuzulassen[144]. Dem widerspricht aber schon die, nicht nur grundrechtlich aus Art. 14 Abs. 1 GG, sondern auch aus § 12 begründete, Verfügungsgewalt des Eigentümers, Kompetenzbeschneidungen seiner Stellung nicht hinnehmen zu müssen. Schließlich zeigt auch § 136 Abs. 2, dass die Wirksamkeit von Verträgen nicht an die Zustimmung der Verwaltung gebunden werden soll; das Vetorecht ist explizit im Aktienrecht[145] als Ausnahmecharakter deklariert worden[146]. Derartige Zustimmungsvorbehalte sind daher unzulässig[147].

36

**f) Ergebnisfeststellung und -verkündung**

Nach der Durchführung der Abstimmung des Antrags hat der Versammlungsleiter den Beschluss zu verkünden. Nur durch die förmliche Feststellung des Beschlusses kann dieser seine rechtliche Wirkung entfalten, die **Verkündung ist somit konstitutiv**[148].

37

Dabei hat der Versammlungsleiter vor dem Auditorium sowohl das **rechnerisch erzielte Ergebnis** als auch die daraus folgende Relevanz für den Beschluss mitzuteilen: er muss also in absoluten Zahlen die Anzahl der abgegebenen Stimmen und die an-

38

---

MünchKomm. AktG, 2. Aufl., § 133 AktG Rz. 52; *F.-J. Semler* in MünchHdb. AG, § 39 Rz. 29.
141 Weitere Fälle finden sich in § 142 Abs. 1 Satz 1 und § 147 Abs. 1 Satz 1.
142 *Volhard* in MünchKomm. AktG, 2. Aufl., § 133 AktG Rz. 54 ff.
143 *Grundmann* in Großkomm. AktG, 4. Aufl., § 133 AktG Rz. 119 ff.; *F.-J. Semler* in MünchHdb. AG, § 39 Rz. 33.
144 *Zöllner* in KölnKomm. AktG, 1. Aufl., § 133 AktG Rz. 106.
145 §§ 50 Satz 1, 53 Satz 1, 93 Abs. 4 Satz 3.
146 So *Volhard* in MünchKomm. AktG, 2. Aufl., § 133 AktG Rz. 56.
147 Ebenso im Ergebnis, jedoch ohne Begründung *F.-J. Semler* in MünchHdb. AG, § 39 Rz. 34; mit Differenzierung bezüglich außenstehenden Dritten und internen Organen, im Ergebnis aber ähnlich *Volhard* in MünchKomm. AktG, 2. Aufl., § 133 AktG Rz. 56.
148 BGH v. 21.3.1988 – II ZR 308/87, BGHZ 104, 66, 69 = AG 1988, 233, 235; *Fischer* in J. Semler/Volhard, Arbeitshandbuch HV, § 11 Rz. 239; *Hüffer*, § 130 AktG Rz. 22; *Volhard* in MünchKomm. AktG, 2. Aufl., 133 AktG Rz. 65; *Oelrichs*, GmbHR 1995, 863, 864; *F.-J. Semler* in MünchHdb. AG, § 39 Rz. 36; *Grundmann* in Großkomm. AktG, 4. Aufl., § 133 AktG Rz. 131.

teilig entfallenden Ja- und Nein-Stimmen[149], genauso wie **den formellen Beschluss**, die Annahme oder Ablehnung des Antrags, verkünden. Dies folgt als notwendiger Zwischenschritt bereits aus § 130 Abs. 2.

39 Ob zusätzlich zum formellen Beschluss **auch die materielle Lage** den anwesenden Aktionären mitgeteilt werden muss (Beispiel: „Durch die [formeller Beschluss] Annahme des Antrages ist [materieller Beschluss] eine Entlastung des Vorstands für das vergangene Jahr erfolgt."), ist strittig. So soll in diesem Fall nur der formelle Beschluss verkündet werden[150], da ein formell negativer Beschluss keine materiellen Auswirkungen haben könne. Zwar ist der Hauptversammlungsleiter nicht verpflichtet, die materiellen Auswirkungen bekannt zu geben; doch ist dies ihm anzuempfehlen, da gerade die Ablehnung eines Beschlusses oftmals der Klarstellung bedarf (Beispiel: „Durch die Ablehnung des Antrags ist eine Entlastung des Vorstands für das vergangene Geschäftsjahr nicht eingetreten.").

40 Schwierigkeiten ergeben sich allerdings in den Fällen, in denen der Versammlungsleiter ein **anderes Ergebnis als das Beschlossene verkündet**. Da die Verkündung konstitutiv für den Beschluss ist, kommt es auf das materiell zugrunde liegende Ergebnis ab dem Moment der Verkündung nicht mehr an; nur der verkündete Beschluss ist maßgeblich[151]. Der nunmehr unrichtige Beschluss kann nur durch eine **Anfechtungsklage** (§§ 243 ff.) aus der Welt geschafft werden[152].

41 Eine Verkündung ist bei der **Einmann-AG dagegen entbehrlich:** hier findet keine Beschlussfindung statt, sondern der Alleinaktionär gibt Erklärungen ab[153].

42 Der Versammlungsleiter muss ferner die Gültigkeit der Stimmabgabe und die Ermittlung des Ergebnisses überprüfen und sich aufgrund der konstitutiven Wirkung und der gesetzlich vorgesehenen Beurkundung (§ 130 Abs. 2) von der Richtigkeit der Ergebniserzielung zweifelsfrei überzeugen[154].

**g) Protokollierung**[155]

43 **aa) Zweck.** Nach der Feststellung des Abstimmungsergebnisses und der Verkündung muss jeder Beschluss durch eine Niederschrift schriftlich beurkundet werden. Der Zweck besteht in der **Dokumentation der Willensbildung** der Aktionäre über das stattgefundene Verfahren für die Gesellschaft, für die Gesamtheit der Aktionäre selbst, aber auch für die Öffentlichkeit[156]. Wenn eine Hauptversammlung dagegen

---

149 So auch BGH v. 4.7.1994 – II ZR 114/93, AG 1994, 466 (re. Sp. oben); *Hüffer*, § 130 AktG Rz. 2; einschränkend *F.-J. Semler* in MünchHdb. AG, § 39 Rz. 36; a.A. *Fischer* in J. Semler/Volhard, Arbeitshandbuch HV, § 11 Rz. 240.
150 *Volhard* in MünchKomm. AktG, 2. Aufl., § 133 AktG Rz. 66.
151 *Volhard* in MünchKomm. AktG, 2. Aufl., § 133 AktG Rz. 65; *Hüffer*, § 130 AktG Rz. 22; *Butzke* in Obermüller/Werner/Winden, Die Hauptversammlung der Aktiengesellschaft, Rz. E 117; *Fischer* in J. Semler/Volhard, Arbeitshandbuch HV, § 11 Rz. 239. Nach dessen Auffassung soll bei „offenbarer Unrichtigkeit" allerdings das reale Ergebnis gelten.
152 BGH v. 21.3.1988 – II ZR 308/87, BGHZ 104, 66, 69 = AG 1988, 233, 235 (für die GmbH); *Hüffer*, § 130 AktG Rz. 22; *Oelrichs*, GmbHR 1995, 863, 864; *F.-J. Semler* in MünchHdb. AG, § 39 Rz. 38.; *Volhard* in MünchKomm. AktG, 2. Aufl., § 133 AktG Rz. 67.
153 *Grundmann* in Großkomm. AktG, 4. Aufl., § 133 AktG Rz. 132; *F.-J. Semler* in MünchHdb. AG, § 39 Rz. 37.
154 *Volhard* in MünchKomm. AktG, 2. Aufl., § 133 AktG Rz. 67; *Fischer* in J. Semler/Volhard, Arbeitshandbuch HV, § 11 Rz. 242; a.A. *F.-J. Semler* in MünchHdb. AG, § 39 Rz. 38: inhaltliche Prüfung ist Versammlungsleiter nicht zumutbar.
155 Zu den Anforderungen an diese s. ausführlich *Volhard* in J. Semler/Volhard, Arbeitshandbuch HV, § 15.
156 *Volhard* in MünchKomm. AktG, 2. Aufl., § 133 AktG Rz. 70; *Volhard* in J. Semler/Volhard, Arbeitshandbuch HV, § 15 Rz. 1; *F.-J. Semler* in MünchHdb. AG, § 40 Rz. 1.

nur für den Fall einer sog. „**beschlusslosen Hauptversammlung**" zusammenkommt[157], so entfällt die Notwendigkeit der Protokollierung.

**bb) Erstellung.** Zu unterscheiden ist für die Protokollierung zwischen **börsennotierten Aktiengesellschaften**, für die die Protokollierung durch notarielle Niederschrift erfolgen muss (§ 130 Abs. 1 Satz 1), und **nichtbörsennotierten Gesellschaften**, bei denen die Protokollierung durch den Versammlungsleiter stattfindet, sofern das Gesetz keine Dreiviertel- oder noch größere Mehrheit vorsieht (§ 130 Abs. 1 Satz 3). Für die **Einmann-AG** ergeben sich qua natura einige Besonderheiten: während sich die Form der Protokollierung nach den allgemeinen Regeln bemisst (§ 130 Abs. 1 Satz 3), bedarf es dagegen keines Versammlungsleiters und keines Teilnehmerverzeichnisses. Ebenso sind Feststellungen im Protokoll über ein Abstimmungsergebnis nicht zu treffen[158]. Somit ist bei der Einmann-AG ausschließlich die Protokollierung der Abgabe von Willenserklärungen des Aktionärs festzuhalten[159]. 44

Da es sich bei einer jeden Protokollierung nicht um Wort-, sondern um ein Ergebnis-, nämlich Beschlussprotokoll, handelt, hat es sich eingebürgert, zumindest bei börsennotierten Aktiengesellschaften ein stenographisches oder **Tonbandprotokoll** zu Beweiszwecken einzusetzen[160]. 45

Notwendig hierfür ist die **vorherige Unterrichtung** der Aktionäre durch den Hauptversammlungsleiter[161]. Für einen angemessenen Ausgleich zu dem Eingriff in das Persönlichkeitsrecht der Betroffenen, bietet es sich zum einen weiter an, diejenigen Teilnehmer, die dies wünschen, zu bitten, eine **Unterbrechung der Aufzeichnung** während ihres Redebeitrags zu verlangen[162], zum Zweiten kann eine eingeschränkte Aufzeichnung nur der Ergebnisverkündung der Beschlussfassung durch den Hauptversammlungsleiter vorgenommen werden. Einen Anspruch auf Aushändigung des Protokolls hat dagegen nur der in seinem Recht direkt Betroffene, nicht dagegen derjenige, der nur einen Widerspruch zu Protokoll gegeben hat und keinen Redebeitrag geleistet hat[163]. Für den Einsatz solcher Beweismittel ist der Hauptversammlungsleiter zuständig, eine Beschlussfassung der Hauptversammlung ist nicht erforderlich[164]. 46

Neben allen von der Hauptversammlung gefassten Beschlüssen sind ferner auch die **allgemeinen Angaben**[165] über die Versammlung sowie den zur Niederschrift Ver- 47

---

157 Die sind diejenigen Fälle, in denen nur die Anzeige des Vorstands an die Hauptversammlung erfolgt, dass die AG der Hälfte des Grundkapitals verlustig ist (§ 92 Abs. 1) sowie die Entgegennahme des Berichtes des Aufsichtsrats über die Prüfung des Jahresabschlusses (§ 171 Abs. 2).
158 *Werner* in Großkomm. AktG, 4. Aufl., § 129 AktG Rz. 4; § 130 AktG Rz. 28; *F.-J. Semler* in MünchHdb. AG, § 40 Rz. 10; *Volhard* in J. Semler/Volhard, Arbeitshandbuch HV, § 11 Rz. 10 f.; *Schulte*, AG 1985, 33, 38; *Wilhelmi*, BB 1987, 1331, 1334.
159 *Werner* in Großkomm. AktG, 4. Aufl., § 129 AktG Rz. 4; § 130 AktG Rz. 28; *F.-J. Semler* in MünchHdb. AG, § 39 Rz. 37.
160 *Volhard* in J. Semler/Volhard, Arbeitshandbuch HV, § 15 Rz. 37; *F.-J. Semler* in MünchHdb. AG, § 40 Rz. 1.
161 BGH v. 19.9.1994 – II ZR 248/94, AG 1994, 559, 560; *Max*, AG 1991, 77, 81; *F.-J. Semler* in MünchHdb. AG, § 36 Rz. 52; *Hüffer*, § 130 AktG Rz. 33.
162 *Butzke* in Obermüller/Werner/Winden, Die Hauptversammlung der Aktiengesellschaft, Rz. N 49.
163 Wie hier *Butzke* in Obermüller/Werner/Winden, Die Hauptversammlung der Aktiengesellschaft, Rz. N 50; offen lassend BGH v. 19.9.1994 – II ZR 248/94, AG 1994, 559, 562; *Hüffer*, § 130 AktG Rz. 33; bejahend dagegen *Max*, AG 1991, 77, 84.
164 *Butzke* in Obermüller/Werner/Winden, Die Hauptversammlung der Aktiengesellschaft, Rz. N 49.
165 So zum Beispiel der Ort und Tag der Verhandlung, Name und Dienstsitz des Notars, Angaben zur Abstimmung (Anzahl der Ja-, Nein-Stimmen, Enthaltungen, Art und Weise der Abstimmung), Angaben zur Stimmkraft/Stimmverboten, Ergebnis der Abstimmungen, Fest-

pflichteten erforderlich. Angaben über die Anträge zu den jeweiligen Beschlüssen sind bei formellen positiven Beschlüssen nicht notwendig, wohl aber bei der Ablehnung eines Antrags, da sonst die Protokollierung an sich keinen inhaltlichen Gegenstand aufweisen könnte[166].

48  **cc) Wirkung.** Die Protokollierung ist konstitutiver Teil der Feststellung des Beschlusses: erst durch Niederschrift und Unterschrift des Verpflichteten wird der Beschluss wirksam. Das **Fehlen dieser Unterschrift hindert den Beschluss am Entstehen**[167]. Ohne diesen formellen Akt der eigenhändig zu leistenden Unterschrift[168] ist der Beschluss nicht wirksam; ein materielles Prüfungsrecht besteht nicht. Dem Unterzeichnenden obliegt es dagegen, Gesetzesverstöße durch Beschlüsse der Hauptversammlung zu identifizieren und in einem solchen Fall die Protokollierung zu verweigern ebenso wenn ein Teilnehmerverzeichnis fehlt[169]. Nur in seltenen Fällen evident nichtiger Beschlüsse kann die Unterschrift verweigert werden[170].

**h) Eintragung ins Handelsregister**

49  Im Gegensatz zur rechtswirksamen Existenz eines Beschlusses bedürfen **zu ihrer Wirksamkeit bestimmte Maßnahmen noch der Eintragung ins Handelsregister**. Dabei ist im Grundsatz zu trennen zwischen der Maßnahme und dem Beschluss: Die überwiegende Auffassung[171] geht zutreffend von der Konformität von Beschluss und Maßnahme aus, etwa bei einem Kapitalerhöhungsbeschluss. Dieser ermächtigt auch schon vor der für die Wirksamkeit notwendigen Eintragung in das Handelsregister den Vorstand dazu, die erforderlichen Maßnahmen einzuleiten. Im Übrigen sind Beschlüsse, welche in das Handelsregister einzutragen sind, erst wirksam mit der Anmeldung bei dem zuständigen Gericht[172].

### III. Wahlen (§ 133 Abs. 2)

50  § 133 Abs. 1 gilt im Grundsatz auch für Wahlen, jedoch erlaubt § 133 Abs. 2, dass die Satzung hiervon abweichen kann. Mit **Wahlen** sind sämtliche, in einer Hauptversammlung mögliche Wahlen gemeint, nicht nur für die Wahlen des Aufsichtsrats, sondern auch für die Wahl der (Konzern-)Abschluss-, sowie Sonderprüfer[173]. Die Sat-

---

stellung des Vorsitzenden über die Beschlussfassung, Minderheitsverlangen und Gegenanträge, Fragen, Widerspruch zu Protokoll, Geschäftsordnungsmaßnahmen sowie Unterschrift des Notars. Weitere übliche Inhalte bei *Volhard* in J. Semler/Volhard, Arbeitshandbuch HV, § 11 Rz. 62 ff.; *Butzke* in Obermüller/Werner/Winden, Die Hauptversammlung der Aktiengesellschaft, Rz. N 24 ff.; *Schaaf*, Rz. 836 ff.; *Werner* in Großkomm. AktG, 4. Aufl., § 130 AktG Rz. 16 ff.

166 *F.-J. Semler* in MünchHdb. AG, § 40 Rz. 15.
167 BGH v. 4.7.1994 – II ZR 114/93, AG 1994, 466, 467.
168 *Volhard* in J. Semler/Volhard, Arbeitshandbuch HV, § 15 Rz. 60.
169 S. *Zöllner* in KölnKomm. AktG, 1. Aufl., § 130 AktG Rz. 12, § 129 AktG Rz. 31; *Werner* in Großkomm. AktG, 4. Aufl., § 130 AktG Rz. 89 ff.
170 *Hüffer*, § 130 AktG Rz. 13 für den Fall der Beurkundungspflicht des Notars; *Volhard* in J. Semler/Volhard, Arbeitshandbuch HV, § 15 Rz. 30; *Volhard* in MünchKomm. AktG, 2. Aufl., § 133 AktG Rz. 70; *Butzke* in Obermüller/Werner/Winden, Die Hauptversammlung der Aktiengesellschaft, Rz. N 2.
171 *Lutter* in FS Quack, 1991, S. 301, 302; *Volhard* in J. Semler/Volhard, Arbeitshandbuch HV, § 15 Rz. 88.
172 *Lutter* in FS Quack, 1991, S. 301, 302; *Volhard* in J. Semler/Volhard, Arbeitshandbuch HV, § 15 Rz. 88.
173 Für Sonderprüfer ist eine erhöhte Mehrheit nach § 142 Abs. 1 nicht möglich, hier verbleibt es zwangsläufig an der einfachen Stimmenmehrheit.

zung kann damit **sowohl höhere**[174] als **auch geringere**[175] als die gesetzlichen **Mehrheiten** vorsehen. Auch eine relative Mehrheit der abgegebenen Stimmen, bei der die Ja-Stimmen die Nein-Stimmen überwiegen, ohne dass Enthaltungen gezählt werden, kann die Satzung genügen lassen[176].

Ob dagegen ein **Stichentscheid** im Falle eines Patts durch die Satzung zugelassen werden sollte, bleibt umstritten: für den Fall, dass in einer Abstimmung keiner der Kandidaten die Mehrheit der abgegeben Stimmen auf sich vereinigen konnte, wird dies teilweise abgelehnt[177], vor allem für die Entscheidung durch einen außenstehenden Dritten als Fremdbestimmung[178]. Doch ist damit nicht ausgeschlossen, dass ein Aktionär als Hauptversammlungsleiter einen Stichentscheid treffen könnte, da mit einer entsprechenden Satzungsbestimmung die Aktionäre sich über die Tragweite der Wahl eines Hauptversammlungsleiters bewusst sind[179]. Indes bedarf es einer gesonderten Wahl eines solchen Aktionärs; ohne Wahl würde ein solcher Stichentscheid auf die Zuerkennung eines vom Gesetz nicht mehr vorgesehenen Mehrfachstimmrechts hinauslaufen[180]. 51

Auch eine **Entscheidung per Los** kann die Satzung festlegen[181], wenn ein unauflösliches Patt entstanden ist; um den Aktionären aber die Möglichkeit zu geben, Zufallsentscheidungen zu vermeiden, sollte ein solcher Losentscheid erst nach einem erfolglosen zweiten Wahlgang vorgesehen werden. 52

Ferner können die Wahlverfahren von der Satzung geregelt werden. Umstritten bleibt indes die **Zulässigkeit einer Verhältniswahl aufgrund statutarischer Festlegung**. Bei einer Verhältniswahl werden gleich mehrere Posten in nur einer Abstimmung besetzt, indem die Kandidatenreihenfolge die Besetzung der Posten festlegt. Hierdurch wird indirekt der Minderheit zur Repräsentation verholfen, bleiben doch deren Stimmen in diesem Verfahren nicht ungehört und unberücksichtigt[182]. 53

Dagegen wird oftmals, vor allem für die **Wahl des Aufsichtsrats**, vorgebracht, dass eine Verhältniswahl die Hauptversammlung im Ergebnis durch das Wahlverfahren an 54

---

174 BGH v. 13.3.1980 – II ZR 54/78, BGHZ 76, 191, 194 = WM 1980, 459, 461: 2/3-Mehrheit; *Volhard* in MünchKomm. AktG, 2. Aufl., § 133 AktG Rz. 77; *Hüffer*, § 133 AktG Rz. 32; *Bollweg*, S. 473 ff.; *Willamowski* in Spindler/Stilz, § 133 AktG Rz. 10; ohne Begründung a.A. *Schaaf*, Rz. 793.
175 *Volhard* in MünchKomm. AktG, 2. Aufl., § 133 AktG Rz. 77; *Hüffer*, § 133 AktG Rz. 32; *F.-J. Semler* in MünchHdb. AG, § 39 Rz. 83; *Willamowski* in Spindler/Stilz, § 133 AktG Rz. 10.
176 *Volhard* in MünchKomm. AktG, 2. Aufl., § 133 AktG Rz. 77; *Hüffer*, § 133 AktG Rz. 32; *F.-J. Semler* in MünchHdb. AG, § 39 Rz. 84.
177 *Hüffer*, § 133 AktG Rz. 32; *Bollweg*, S. 498 f.; *Pluta* in Heidel, § 133 AktG Rz. 14.
178 *Hüffer*, § 133 AktG Rz. 32; *Volhard* in MünchKomm. AktG, 2. Aufl., § 133 AktG Rz. 77; *Willamowski* in Spindler/Stilz, § 133 AktG Rz. 10.
179 Für die Entscheidung durch einen Aktionär als Hauptversammlungsleiter auch *Grundmann* in Großkomm. AktG, 4. Aufl., § 133 AktG Rz. 126; *Volhard* in MünchKomm. AktG, 2. Aufl., § 133 AktG Rz. 77; weitergehender noch (grundsätzlich offen): *F.-J. Semler* in MünchHdb. AG, § 39 Rz. 84.
180 So auch *Grundmann* in Großkomm. AktG, 4. Aufl., § 133 AktG Rz. 126; wohl auch *Volhard* in MünchKomm. AktG, 2. Aufl., § 133 AktG Rz. 77.
181 BGH v. 14.11.1988 – II ZR 82/88, AG 1989, 87, 88; *Volhard* in MünchKomm. AktG, 2. Aufl., § 133 AktG Rz. 77; *F.-J. Semler* in MünchHdb. AG, § 38 Rz. 84; *Grundmann* in Großkomm. AktG, 4. Aufl., § 133 AktG Rz. 126; *Holzborn* in Bürgers/Körber, § 133 AktG Rz. 17; *Willamowski* in Spindler/Stilz, § 133 AktG Rz. 10; a.A. *Pluta* in Heidel, § 133 AktG Rz. 5.
182 *Volhard* in MünchKomm. AktG, 2. Aufl., § 133 AktG Rz. 78; *Grundmann* in Großkomm. AktG, 4. Aufl., § 133 AktG Rz. 126; *Hüffer*, § 135 AktG Rz. 33; *Holzborn* in Bürgers/Körber, § 133 AktG Rz. 17; *Pluta* in Heidel, § 133 AktG Rz. 15.

Wahlvorschläge und damit zugleich an die Wahl von bestimmten Personen bindet[183]. Indes ist nicht ersichtlich, warum es den Aktionären verwehrt werden sein sollte, durch Festlegung in der Satzung eine Verhältniswahl einzuführen. Denn die Mehrheitswahl kann dazu führen, dass sämtliche für den Aufsichtsrat zu benennenden Vertreter durch eine einfache Mehrheit bestimmt werden, während der fast gleich große Rest an Aktionären keinen einzigen Vertreter bestimmen könnte. Das Gesetz lässt zwar ein solches Mehrheitswahlverfahren implizit zu; doch wäre es „üblich, sachgerecht und wünschenswert", dass auch die Minderheit einen angemessenen Anteil an der Partizipation der Wahlen erhält[184]. Umgekehrt lassen sich dem Gesetz auch keine Grundsätze entnehmen, die den Eigentümern die (freiwillige!) Berücksichtigung von Aktionärsminderheiten im Aufsichtsrat nicht gestatten würden, wenn die Aktionäre sich selbst zuvor dafür in Form einer Satzungsbestimmung ausgesprochen haben[185]. Daher ist mit der nun wohl überwiegenden Auffassung eine Verhältniswahl als zulässig anzusehen[186].

55 Bei der häufig praktizierten und von der noch h.M. als zulässig angesehenen[187] **Listenwahl** zum Aufsichtsrat handelt es sich dagegen ohnehin nicht um eine Verhältniswahl, da bei dieser die jeweiligen Wahlvorschläge zusammengefasst werden und alle Kandidaten in einer Abstimmung gewählt werden[188]. Auch wenn das Gesetz als Regelfall nach wie vor die Einzelwahl ansieht[189], die auch Ziff. 5.4.3 Satz 1 DCGK für die Aufsichtsratswahlen vorschlägt, bestehen gegen die Listenwahl zumindest dann keine Bedenken, wenn der Versammlungsleiter die Hauptversammlungsteilnehmer vor der Abstimmung darauf hinweist, dass, wer eine Einzelwahl herbeiführen will, gegen die ganze Liste stimmen muss[190]. Beantragt ein einzelner anwesender

---

[183] Begr. RegE *Kropff*, Aktiengesetz, S. 138 ff.; *Mertens* in KölnKomm. AktG, 2. Aufl., § 101 AktG Rz. 14; *Hoffmann-Becking* in MünchHdb. AG, § 30 Rz. 15; *J. Semler* in MünchKomm. AktG, 2. Aufl., § 101 AktG Rz. 55; *Bollweg*, S. 468 ff.

[184] BGH v. 7.6.1962 – II ZR 131/61, WM 1962, 811; a.A. dagegen OLG Hamm v. 3.11.1986 – 8 U 59/86, NJW 1987, 1030, die die Minderheitsrechte mit ablehnendem Verweis auf Begr. RegE in *Kropff*, Aktiengesetz, S. 138 zumindest bei Konzernsachverhalten bejahen. Hierzu mit kritischer Besprechung *Timm*, NJW 1987, 977, 986, der vor allem auf den offenen Wortlaut des § 133 Abs. 2 abstellt.

[185] So auch *Hüffer*, § 133 AktG Rz. 33; *F.-J. Semler* in MünchHdb. AG, § 39 Rz. 86; *Volhard* in MünchKomm. AktG, 2. Aufl., § 133 AktG Rz. 78; *Spindler* in Spindler/Stilz, § 101 AktG Rz. 15; a.A. wohl *Mertens* in KölnKomm. AktG, 2. Aufl., § 101 AktG Rz. 14; *Hoffmann-Becking* in MünchHdb. AG, § 30 Rz. 19; *Bollweg*, S. 468 ff.

[186] *Hüffer*, § 133 AktG Rz. 33; *Hopt/Roth* in Großkomm. AktG, 4. Aufl., § 101 AktG Rz. 64; *Berrar*, NZG 2001, 1113, 1115; *Peltzer*, ZfgKW 1988, 577, 582; *Roth*, ZfA 2004, 431, 453 sowie die weiteren Nachweise in der nachfolgenden Fn.

[187] LG München v. 15.4.2004 – 5 HKO 10813/03, AG 2004, 330, 331; *Austmann* in FS Sandrock, 1995, S. 277, 290; *Barz* in FS Hengeler, 1972, S. 14, 18 ff., 26; *Bollweg*, S. 191; *Dietz*, BB 2004, 452, 454 f.; *Gerber/Wernicke*, DStR 2004, 1138, 1139; *Hoffmann/Preu*, Der Aufsichtsrat, Rz. 702; *Hoffmann-Becking* in MünchHdb. AG, § 30 Rz. 19; *Hoffmann-Becking* in FS Havermann, 1995, S. 221, 235; *Hüffer*, § 133 AktG Rz. 6; *Max*, AG 1991, 77, 89; *Mutter*, AG 2004, 305 f.; *Obermüller*, DB 1969, 2025; *Quack* in FS Rowedder, 1994, S. 387, 397; *Hopt/Roth* in Großkomm. AktG, 4. Aufl., § 101 AktG Rz. 44 ff.; a.A. *Lippert*, AG 1976, 239, 240: *Bub* in FS Derleder, 2005, S. 221, 229.

[188] Zur Listenwahl für den Aufsichtsrat s. *Spindler* in Spindler/Stilz, § 101 AktG Rz. 29; *Hüffer*, § 133 AktG Rz. 33, umfassend *Hopt/Roth* in Großkomm. AktG, 4. Aufl., § 101 AktG Rz. 44 ff.

[189] LG München I v. 15.4.2004 – 5 HK O 10813/03, NZG 2004, 626; *Bollweg*, S. 192; *Lutter* in FS Odersky, 1996, S. 845, 847; *Segna*, DB 2004, 1135 f.; *Hopt/Roth* in Großkomm. AktG, 4. Aufl., § 101 AktG Rz. 42; *Spindler* in Spindler/Stilz, § 101 AktG Rz. 33.

[190] So LG München I v. 15.4.2004 – 5 HK O 10813/03, NZG 2004, 626 (m. krit. Anm. *Linnerz*, BB 2004, 963) unter Berufung auf BGH v. 21.7.2003 – II ZR 109/02, NZG 2003, 1023 = AG 2003, 625 (zur Zulässigkeit einer Sammelabstimmung über Sachfragen); vgl. zuvor schon KG v. 17.1.2002 – 2 U 7288/00, AG 2003, 99, 100 (ebenfalls zur Zulässigkeit einer Sammelab-

Aktionär eine Einzelwahl, so ist über diesen Antrag gesondert abzustimmen. Nur bei Ablehnungsbeschluss durch die Hauptversammlung darf der Aufsichtsrat anschließend blockweise gewählt werden, ansonsten verstieße die Wahl gegen § 101[191].

# § 134
# Stimmrecht

(1) Das Stimmrecht wird nach Aktiennennbeträgen, bei Stückaktien nach deren Zahl ausgeübt. Für den Fall, dass einem Aktionär mehrere Aktien gehören, kann bei einer nichtbörsennotierten Gesellschaft die Satzung das Stimmrecht durch Festsetzung eines Höchstbetrags oder von Abstufungen beschränken. Die Satzung kann außerdem bestimmen, dass zu den Aktien, die dem Aktionär gehören, auch die Aktien rechnen, die einem anderen für seine Rechnung gehören. Für den Fall, dass der Aktionär ein Unternehmen ist, kann sie ferner bestimmen, dass zu den Aktien, die ihm gehören, auch die Aktien rechnen, die einem von ihm abhängigen oder ihn beherrschenden oder einem mit ihm konzernverbundenen Unternehmen oder für Rechnung solcher Unternehmen einem Dritten gehören. Die Beschränkungen können nicht für einzelne Aktionäre angeordnet werden. Bei der Berechnung einer nach Gesetz oder Satzung erforderlichen Kapitalmehrheit bleiben die Beschränkungen außer Betracht.

(2) Das Stimmrecht beginnt mit der vollständigen Leistung der Einlage. Entspricht der Wert einer verdeckten Sacheinlage nicht dem in § 36a Abs. 2 Satz 3 genannten Wert, so steht dies dem Beginn des Stimmrechts nicht entgegen; das gilt nicht, wenn der Wertunterschied offensichtlich ist. Die Satzung kann bestimmen, dass das Stimmrecht beginnt, wenn auf die Aktie die gesetzliche oder höhere satzungsmäßige Mindesteinlage geleistet ist. In diesem Fall gewährt die Leistung der Mindesteinlage eine Stimme; bei höheren Einlagen richtet sich das Stimmenverhältnis nach der Höhe der geleisteten Einlagen. Bestimmt die Satzung nicht, dass das Stimmrecht vor der vollständigen Leistung der Einlage beginnt, und ist noch auf keine Aktie die Einlage vollständig geleistet, so richtet sich das Stimmenverhältnis nach der Höhe der geleisteten Einlagen; dabei gewährt die Leistung der Mindesteinlage eine Stimme. Bruchteile von Stimmen werden in diesen Fällen nur berücksichtigt, soweit sie für den stimmberechtigten Aktionär volle Stimmen ergeben. Die Satzung kann Bestimmungen nach diesem Absatz nicht für einzelne Aktionäre oder für einzelne Aktiengattungen treffen.

(3) Das Stimmrecht kann durch einen Bevollmächtigten ausgeübt werden. Bevollmächtigt der Aktionär mehr als eine Person, so kann die Gesellschaft eine oder mehrere von diesen zurückweisen. Die Erteilung der Vollmacht, ihr Widerruf und der

---

stimmung über Sachfragen); *Austmann* in FS Sandrock, 1995, S. 277, 285, 286 f.; *Barz* in FS Hengeler, 1972, S. 14, 18 ff., 22; *Dietz*, BB 2004, 452, 454 f.; *Hüffer*, § 133 AktG Rz. 6; *Quack* in FS Rowedder, 1994, S. 387, 396; *J. Semler* in MünchKomm. AktG, 2. Aufl., § 133 AktG Rz. 38; *Spindler* in Spindler/Stilz, § 101 AktG Rz. 34; *Hopt/Roth* in Großkomm. AktG, 4. Aufl., § 101 AktG Rz. 51; einschränkend *Hoffmann-Becking* in MünchHdb. AG, § 30 Rz. 19: Soll-Hinweis des Versammlungsleiters.

191 LG München I v. 15.4.2004 – 5 HK O 10813/03, NZG 2004, 626 (m. krit. Anm. *Linnerz*, BB 2004, 963) unter Berufung auf BGH v. 21.7.2003 – II ZR 109/02, NZG 2003, 1023 = AG 2003, 625 (für die Zulässigkeit einer Sammelabstimmung über verschiedene Sachfragen); *Lutter* in FS Odersky, 1996, S. 845, 853; *Spindler* in Spindler/Stilz, § 101 AktG Rz. 34; a.A. *Bollweg*, S. 201 Fn. 149 a.E., dem zu Folge die Zustimmung zur Wahlliste inzident die Ablehnung der Einzelwahl enthalte.

Nachweis der Bevollmächtigung gegenüber der Gesellschaft bedürfen der Textform, wenn in der Satzung oder in der Einberufung auf Grund einer Ermächtigung durch die Satzung nichts Abweichendes und bei börsennotierten Gesellschaften nicht eine Erleichterung bestimmt wird. Die börsennotierte Gesellschaft hat zumindest einen Weg elektronischer Kommunikation für die Übermittlung des Nachweises anzubieten. Werden von der Gesellschaft benannte Stimmrechtsvertreter bevollmächtigt, so ist die Vollmachtserklärung von der Gesellschaft drei Jahre nachprüfbar festzuhalten; § 135 Abs. 5 gilt entsprechend.

(4) Die Form der Ausübung des Stimmrechts richtet sich nach der Satzung.

| | |
|---|---|
| I. Regelungsgegenstand und -zweck ... 1 | 2. Die Stimmkraft kraft Satzungsregelung (§ 134 Abs. 2 Satz 3, 4, 7) .... 35 |
| II. Entstehungsgeschichte .......... 5 | 3. Gleichbehandlung der Aktionäre (§ 134 Abs. 1 Satz 7) ............ 37 |
| III. Stimmrecht nach vollständiger Leistung der Einlage (§ 134 Abs. 1, 2) ... 6 | V. Ausübung des Stimmrechts durch Dritte (§ 134 Abs. 3) ............ 38 |
| 1. Grundsatz ................. 6 | 1. Stimmrechtsvollmacht ......... 38 |
| a) Stimmrechtsinhaber ........ 7 | a) Zulässigkeit und Bedeutung .... 38 |
| b) Stimmrechtsbeginn .......... 9 | b) Erteilung und Widerruf ........ 41 |
| 2. Ausnahmen ................. 11 | c) Form ..................... 42 |
| a) Überblick und Grenzen der Höchststimmrechte .......... 12 | d) Legitimation ............... 51 |
| b) Formen der Höchststimmrechte .. 17 | e) Person des Bevollmächtigten .... 57 |
| c) Satzungserfordernis (§ 134 Abs. 1 Satz 2) ................... 20 | aa) Grundsätzliches ........... 57 |
| d) Zurechnung als Umgehungsschutz (§ 134 Abs. 1 Satz 3, 4) ........ 23 | bb) Von der Gesellschaft benannte Stimmrechtsvertreter ...... 62 |
| aa) Überblick .............. 23 | 2. Gesetzliche Vertretung ......... 67 |
| bb) Halten für Rechnung des Aktionärs ................. 25 | 3. Ermächtigung zur Ausübung des Stimmrechts (§ 129 Abs. 3) ....... 69 |
| cc) Die Zurechnung im Konzern . 26 | 4. Stimmbote ................. 70 |
| dd) Zurechnung ohne Satzungsgrundlage ............... 28 | 5. Rechtsfolgen der Vertretung, Haftung 71 |
| e) Kapitalmehrheit (§ 134 Abs. 1 Satz 6) ................... 29 | VI. Form der Stimmrechtsausübung (§ 134 Abs. 4) ................ 72 |
| IV. Stimmrecht vor vollständiger Leistung der Einlage (§ 134 Abs. 2) .... 30 | 1. Zuständigkeit ................ 72 |
| 1. Leistung der Einlage aufgrund gesetzlicher Anforderungen (§ 134 Abs. 2 Satz 1, 5 und 6) ............... 31 | 2. Arten der Abstimmung ......... 73 |
| | 3. Geheime Abstimmung ......... 75 |

**Literatur:** (Zu Literatur zur Stimmrechtsvertretung s. unten bei Rz. 38) *Baums*, Höchststimmrechte, AG 1990, 221; *Ferrarini*, One share – one vote: A European rule?, ECFR 2006, 147; *Ferrarini*, One share – one vote: a european rule?, 2006; *Grundmann/Winkler*, Das Aktionärsstimmrecht in Europa und der Kommissionsvorschlag zur Stimmrechtsausübung in börsennotierten Gesellschaften, ZIP 2006, 1421; *Hefermehl*, Zur Zurechenbarkeit fremden Aktienbesitzes bei Festsetzung eines Höchststimmrechts für Aktionäre, in FS O. Möhring, 1973, S. 103; *Immenga*, Grenzen einer nachträglichen Einführung von Stimmrechtsbeschränkungen, BB 1975, 1042; *Junge*, Der Verkauf von Teilnahme- und Stimmrechten über das Internet und die zahlenmäßige Begrenzung der Übertragbarkeit von Teilnahme- und Stimmrechten, in FS Röhricht, 2005, S. 277; *Kocher*, Die Teleteilnahme an der HV in Finnland und Deutschland, NZG 2001, 1074; *Lutter*, Zu inhaltlichen Begründung von Mehrheitsentscheidungen, ZGR 1981, 171; *Martens*, Stimmrechtsbeschränkung und Stimmbindungsvertrag im Aktienrecht, AG 1993, 495; *Noack/Beurskens*, Einheitliche „Europa-Hauptversammlung"? – Vorschlag für eine Richtlinie über die (Stimm-Rechte) von Aktionären, GPR 2006, 88; *Otto*, Die Verteilung der Kontrollprämie bei Übernahme von Aktiengesellschaften und die Funktion des Höchststimmrechts, AG 1994, 167; *Ratschow*, Die Aktionärsrechte Richtlinie – neue Regeln für börsennotierte Gesellschaften, DStR 2007, 1402; *K. Schmidt*, Stimmrecht beim Anteilserwerb, ZGR 1999, 601; *Uwe H. Schneider*, Gesetzliches Verbot für Stimmrechtsbeschränkungen bei der Aktiengesellschaft?, AG 1990, 56; *Uwe H. Schneider*, Geheime Abstimmung in der Hauptversammlung einer Aktiengesellschaft, in FS Peltzer, 2001, S. 425; *Schön*, Der Nießbrauch am Gesellschaftsanteil, ZHR 158 (1994), 229; *Schröder*, Umgehung der aktienrechtlichen Stimmrechtsbeschränkung, DB 1976, 1093; *Spindler*, Stimmrecht und Teilnahme an der Hauptversammlung – Entwicklungen und Perspektiven in der EU und in Deutschland, in VGR, Gesellschaftsrecht in der Diskussion 2005, 2006, S. 77; *Steiner*, Die Hauptversammlung der AG, 1995; *Stützle/Walgenbach*, Leitung der Hauptversammlung und Mitspracherechte der Aktionäre in Fragen der Versammlungsleitung, ZHR 155 (1991), 516; *Teichmann*, Nießbrauch an Gesellschaftsanteilen, ZGR 1972, 1; *Teichmann*, Der Nießbrauch an Gesellschaftsanteilen – Probleme der praktischen Gestaltung, ZGR 1973, 24; *Wand/Tillmann*, EU-Richtlinienvorschlag zur Erleichterung der Ausübung von Aktionärsrechten, AG 2006, 443; *Werner*, Einführung des Höchststimmrechts durch nachträgliche Satzungsänderung, AG 1975, 176; *Wiedemann*, Die Übertragung und Vererbung von Mitgliedschaftsrechten, 1965; *Zöllner/Noack*, One share – one vote? Stimmrecht und Kapitalbeteiligung bei der Aktiengesellschaft, AG 1991, 117.

## I. Regelungsgegenstand und -zweck

Das Stimmrecht ist das unverzichtbare und nicht entziehbare Recht des Aktionärs[1]. § 134 konkretisiert das in § 12 Abs. 1 Satz 1 im Grundsatz geregelte Stimmrecht einer Aktie, insbesondere **dessen Entstehung und Ausübung**. Die Norm regelt vor allem die Stimmkraft (Rz. 6 ff.), die Ausübung des Stimmrechts durch Dritte bzw. Bevollmächtigte gem. § 134 Abs. 3 (Rz. 39 ff.) sowie die Form der Stimmabgabe gem. § 134 Abs. 4 (Rz. 72 ff). § 134, insbesondere Abs. 3[2], ist in eng mit der Ausübung des Stimmrechtes durch Kreditinstitute und andere geschäftsmäßig Handelnde, § 135, verknüpft. Schließlich tritt in negativer Hinsicht das Stimmverbot nach § 136 hinzu. 1

Die Begrenzung der Stimmrechtsausübung durch sog. Höchststimmrechte[3] ist nur bei nicht börsennotierten Aktiengesellschaften möglich, flankierend zu § 12 Abs. 2[4]. Beide Normen sollen der Transparenz des Kapitalmarktes und der Kontrolle der Verwaltung durch die Eigentümer dienen und das **grundsätzliche Ziel der Korrelation von Stimmrecht und Eigentum** zu verwirklichen suchen[5]. 2

Die Norm ist grundsätzlich **zwingender Natur**, so dass sie durch die **Satzung** weder ergänzt noch modifiziert werden kann[6]; eine Ausnahme bildet nur § 134 Abs. 4, der für die Form der Stimmabgabe der Satzung eine Gestaltungsmöglichkeit einräumt. Insbesondere kann die Satzung kein Stimmrechtsverbot anordnen, wenn Satzungspflichten verletzt werden[7]. 3

---

1 *Grundmann* in Großkomm. AktG, 4. Aufl., § 134 AktG Rz. 32; *F.-J. Semler* in MünchHdb. AG, § 38 Rz. 1; *Willamowski* in Spindler/Stilz, § 134 AktG Rz. 2; allgemein *K. Schmidt*, GesR, § 19 III.
2 Abs. 3 wurde durch das Gesetz zur Namensaktie und zur Erleichterung der Stimmrechtsausübung (Namensaktiengesetz – NaStraG) vom 18.1.2001, BGBl. I 2001, 123 ff. geändert.
3 Aus dem Schrifttum s. *Adams*, AG 1990, 63 ff.; *Baums*, AG 1990, 221 ff.; *Uwe H. Schneider*, AG 1990, 56 ff.; *Otto*, AG 1994, 167, 174; *Zöllner/Noack*, AG 1991, 117 ff.
4 Gesetz zur Kontrolle und Transparenz im Unternehmensbereich (KonTraG) vom 27.4.1998, BGBl. I 1998, 786 ff.
5 Begr. RegE KonTraG, BT-Drucks. 13/9712, S. 11, 20.
6 *Hüffer*, § 134 AktG Rz. 1; *Renkl*, S. 99; s. auch *Grundmann* in Großkomm. AktG, 4. Aufl., § 134 AktG Rz. 30.
7 Öst.OGH v. 30.8.2000 – 6 Ob 167/00b, AG 2002, 571 f., der in der Vereinbarung einer satzungsmäßigen Meldepflicht und damit einhergehender Sanktionierung des Verlustes des Stimmrechtes bis zum Tag nach der kommenden Hauptversammlung eine Verletzung des § 114 Abs. 7 öAktG (= § 134 dAktG) sah; zust. *Hüffer*, § 134 AktG Rz. 1.

4 Keine Regelung haben die sog. **beweglichen Schranken des Stimmrechts** gefunden, die sich aus allgemeinen Rechtsgedanken herleiten, etwa der Treuepflicht der Aktionäre oder dem Gleichbehandlungsgebot in § 53a[8].

## II. Entstehungsgeschichte

5 § 134 geht zurück auf Art. 190 ADHGB und dann auf die inhaltsgleiche Vorschrift des § 114 AktG 1937. Die Regelungen sahen vor, dass jede Aktie nur ein Stimmrecht gewähre, die schriftliche Vertretung möglich sei und dass schließlich Stimmrechtsabstufung nach Gattungen aufgrund des grundsätzlichen Verbots von Mehrstimmrechten nicht möglich sei[9]. Die Reform aus dem Jahr 1965 hat eine weitergehende Systematisierung und Erweiterung gebracht. Die nur rudimentären Stimmrechtsregelungen wurden auf mehrere Paragraphen ausgeweitet (§ 114 Abs. 1–3 und 7 finden sich jetzt in § 134 wieder, § 114 Abs. 4 ist in § 135 eingegangen und § 114 Abs. 5 und 6 in § 136)[10]. Geändert wurde § 134 Abs. 1 Satz 1 durch Art. 1 Nr. 17 StückAG[11], ferner § 134 Abs. 1 Satz 2 durch Art. 1 Nr. 20 KonTraG[12] mit der Einführung von Höchststimmrechten per Satzungsbeschluss bei nicht börsennotierten Aktiengesellschaften, und § 134 Abs. 3 Satz 2, 3 durch Art. 1 Nr. 13 NaStraG[13], der das sog. Proxy-Voting einführte (s. Rz. 62)[14]. Stärkere inhaltliche Änderungen erfuhr § 134 später durch das ARUG, indem zum einen die Formvorschriften für die Vollmachtserteilung auf die Textform umgestellt und die für börsennotierte Gesellschaften zwingende Vorgabe eines elektronischen Kommunikationsweges in § 134 Abs. 3 Satz 3–5 eingeführt wurden. Zudem führte der Rechtsausschuss im Rahmen des ARUG § 134 Abs. 2 Satz 2 ein[15].

## III. Stimmrecht nach vollständiger Leistung der Einlage (§ 134 Abs. 1, 2)

### 1. Grundsatz

6 Der – vom Gesetz selbst nicht verwandte – Begriff der **Stimmkraft** umschreibt den **quantitativen Umfang des Stimmrechts**[16], also das der einzelnen Aktie zukommende Gewicht[17]. Das Stimmrecht als Teil des Mitgliedschaftsrechts[18] ist das Recht, durch Stimmabgabe am Zustandekommen von Hauptversammlungsbeschlüssen mitwirken zu können, und ist vom reinen Teilnahmerecht zu unterscheiden (s. § 118 Rz. 26). Rechtsdogmatisch handelt es sich bei der Stimmabgabe um eine besondere Form der Willenserklärung[19].

---

[8] Grundlegend *Zöllner*, Schranken, S. 98 f.; *Zöllner* in KölnKomm. AktG, 1. Aufl., § 134 AktG Rz. 114–126.
[9] *Zöllner* in KölnKomm. AktG, 1. Aufl., § 134 AktG Rz. 1 f.
[10] *Zöllner* in KölnKomm. AktG, 1. Aufl., § 134 AktG Rz. 1.
[11] Vom 25.3.1998, BGBl. I 1998, 590.
[12] Vom 27.4.1998, BGBl. I 1998, 786.
[13] Vom 18.1.2001, BGBl. I 2001, 123.
[14] Begr. RegE BT-Drucks. 14/4618, S. 14.
[15] Bericht Rechtsausschuss BT-Drucks. 16/13098, S. 39.
[16] *Zöllner* in KölnKomm. AktG, 1. Aufl., § 134 AktG Rz. 3; s. auch *Holzborn* in Bürgers/Körber, § 134 AktG Rz. 3.
[17] *Volhard* in MünchKomm. AktG, 2. Aufl., § 134 AktG Rz. 5.
[18] *Heider* in MünchKomm. AktG, 3. Aufl., § 12 AktG Rz. 5; *Brändel* in Großkomm. AktG, 4. Aufl., § 11 AktG Rz. 10 ff.; *Vatter* in Spindler/Stilz, § 12 AktG Rz. 3.
[19] *Grundmann* in Großkomm. AktG, 4. Aufl., § 134 AktG Rz. 3.

## a) Stimmrechtsinhaber

**Inhaber des Stimmrechts ist der Inhaber der Aktie**[20]. Auch eine Übertragung auf einen Treuhänder ändert daran nichts. Der **Treuhänder** – auch der Sicherungstreuhänder – ist Inhaber des Papiers und folglich auch zur Ausübung der aus dem Papier folgenden Rechte berechtigt[21], somit auch der Stimmrechte. Im Innenverhältnis zum Treugeber unterliegt er den Schranken des jeweiligen Treuverhältnisses[22]. Dies gilt auch für die Aktien- bzw. Wertpapierleihe[23]. Für die **Verpfändung** erlangt der Pfandgläubiger nur das Pfandrecht an dem Dividendenrecht und das Recht zur Verwertung[24], der Aktionär bleibt im Besitz des Stimmrechts[25].

7

Für den **Nießbrauch** ist die Rechtslage **umstritten**: Eine Auffassung will zwischen Nießbrauch am bloßen Gewinnstammrecht, der keine Verwaltungsrechte und damit auch keine Stimmrechte gewähre, und dem mitgliedschaftlichen Nießbrauch differenzieren, der der Zustimmung der Gesellschafter bedürfe oder nur bei Alleinbesitz aller Aktien des Nießbrauchers möglich sei[26]. Auch setze § 1081 Abs. 1 Satz 1 BGB[27] den gemeinschaftlichen Besitz voraus[28], so dass auch das Stimmrecht nur gemeinschaftlich durch Aktionär und Nießbraucher ausgeübt werden könne, wodurch die Rechtsstellung der Parteien unklarer als vielfach angenommen wäre[29]. Die **Rechtsprechung** schwankt demgegenüber[30]: Zumindest für „Grundlagengeschäfte" sei dem Nießbraucher auch in einer Personengesellschaft kein Stimmrecht einzuräumen[31]. Da aber nach der Auffassung des BGH zu den Grundlagengeschäften im Falle des Nießbrauchs nicht nur die Geschäfte gehören, die die Struktur der Gesellschaft betreffen, sondern alle Maßnahmen, die in die Entscheidungskompetenz der Gesellschafter fallen[32], wird der Anwendungsbereich der Grundlagengeschäfte gegenüber den üblichen Kompetenzzuweisungen erweitert[33]. Für den Nießbrauch an Wohnungseigentumsanteilen hat die Rechtsprechung (V. Zivilsenat) indes das Stimm-

8

---

20 *F.-J. Semler* in MünchHdb. AG, § 38 Rz. 2.
21 *Grundmann* in Großkomm. AktG, 4. Aufl., § 134 AktG Rz. 85.
22 Umfassend zur Pflichtenstruktur im Treuhandverhältnis BGH v. 10.12.2003 – IV ZR 249/02, BGHZ 157, 178, 180 = NJW 2004, 1382, 1383; *Schramm* in MünchKomm. BGB, 4. Aufl., Vor § 164 BGB Rz. 31 ff.; *Larenz/Wolf*, AT, § 46 Rz. 62; *Grundmann*, S. 133 ff.
23 Eingehend *Bachmann* ZHR 173 (2009), 596, 610 ff.
24 *Hüffer*, § 118 AktG Rz. 15.
25 *Hüffer*, § 16 AktG Rz. 7; *Wiesner* in MünchHdb. AG, § 14 Rz. 69; *Raiser/Veil*, Kapitalgesellschaften, § 11 Rz. 89; *Wiedemann*, Die Übertragung und Vererbung von Mitgliedschaftsrechten, 1965, S. 408 ff.
26 *Bayer* in MünchKomm. AktG, 3. Aufl., § 16 AktG Rz. 28; *Hüffer*, § 16 AktG Rz. 7; *Fleck* in FS Rob. Fischer, 1979, S. 105, 125 f.; *Sudhoff*, GmbHR 1971, 53, 54; *Sudhoff*, NJW 1974, 2205, 2207; *Schön*, ZHR 158 (1994), 229, 270, der aber auf die gemeinschaftliche Ausübung abstellt.
27 § 1081 Abs. 1 Satz 1 BGB. Für Namensaktien, die auf den Nießbraucher indossiert und ihm übergeben wurden, stellt sich diese Problematik so ohnehin nicht, da er berechtigt ist, eine Umschreibung auf seinen Namen im Aktienregister vornehmen zu lassen, wie hier *Zöllner* in KölnKomm. AktG, 1. Aufl., § 135 AktG Rz. 16.
28 *Zöllner* in KölnKomm. AktG, 1. Aufl., § 134 AktG Rz. 15; *Schön*, ZHR 158 (1994), 229.
29 So *Zöllner* in KölnKomm. AktG, 1. Aufl., § 135 AktG Rz. 15; wohl auch *Grundmann* in Großkomm. AktG, 4. Aufl., § 134 AktG Rz. 81.
30 Ohne Entscheidung zum Stimmrecht des Nießbrauchers, da dies nicht entscheidungserheblich war, BGH v. 20.4.1972 – II ZR 143/69, BGHZ 58, 316 = WM 1972, 723; BGH v. 3.7.1989 – II ZB 1/89, BGHZ 108, 187 ff. = WM 1989, 1331; OLG Koblenz v. 16.1.1992 – 6 U 963/91, NJW 1992, 2163, 2164 lehnt ein Stimmrecht dagegen ab.
31 BGH v. 9.11.1998 – II ZR 213/97, WM 1999, 79.
32 BGH v. 9.11.1998 – II ZR 213/97, WM 1999, 79.
33 So auch in der Schlussfolgerung *Teichmann*, WuB II J. § 705 BGB 1.99.

recht dem Wohnungseigentümer und nicht dem Nießbraucher zugewiesen[34]. Allerdings handelt es sich bei einem Nießbrauch an einem Wohnungseigentumsanteil um einen solchen an einer Sache und nicht an einem Recht[35]. Die wohl **h.M.** will dagegen zu Recht **das Stimmrecht auch im Falle eines Nießbrauchs dem Aktionär zuordnen**[36]. Zwar stehen dem Nießbraucher neben dem Recht auf Nutzungen in der Regel auch gewisse Verwaltungsbefugnisse zu, etwa nach §§ 1036, 1066, 1074 BGB. Da aber zwischen den Verwaltungsrechten und den Teilhaberechten getrennt werden muss und dem Nießbraucher nur das Recht zur Fruchtziehung zusteht, muss daher das Stimmrecht beim Nießbrauchbesteller, dem Aktionär, verbleiben[37]. Hierfür spricht auch das für Kapitalgesellschaften geltende Abspaltungsverbot des Stimmrechts: die Willensbildung des Verbands muss in den Händen der Mitglieder dieses Verbands bleiben[38]. Demgemäß bleiben die typischen Verwaltungsrechte wie das Stimmrecht und mit ihm das Teilnahmerecht beim Aktionär[39]. Um derartige Unsicherheiten zu vermeiden, sollte für den Fall des Nießbrauchs das Stimmrecht durch eine **vertragliche Vereinbarung** einer Partei zugeordnet werden. Für die Frage der Stimm- sowie Teilnahmerechte ist es daher ratsam, konkrete Vollmachten zu erteilen und das Stimmverhalten gerade im Hinblick auf finanzielle Auswirkungen des Fruchtziehungsberechtigten festzulegen[40].

### b) Stimmrechtsbeginn

9  Die Ausübung des Stimmrechts setzt nach § 134 Abs. 2 Satz 1 die **vollständige Leistung der Einlage** voraus, mithin gem. § 36a Abs. 2 Satz 1, § 37 Abs. 1 die freie Verfügbarkeit des Vorstands über die Einlage (s. auch Rz. 31 f.). Bei **Nennbetragsaktien** nach § 8 Abs. 2 wird gem. § 134 Abs. 1 Satz 1 das Stimmrecht nach dem Nennbetrag, bei **Stückaktien** gem. § 8 Abs. 3 nach der zugrunde liegenden Anzahl ausgeübt. Jedes Stück Aktie verleiht eine Stimme, jede Aktie ebenfalls eine Stimme, wenn das der Aktiengesellschaft zur Verfügung stehende Grundkapital ausschließlich in Aktien mit einheitlich gleichen Nennbeträgen eingeteilt ist[41].

10 Bei **ungleicher, aber gleichmäßig aufbauender Stückelung** ist der kleinste Nennbetrag als gemeinsame Rechengröße zugrunde zu legen, die jeweils größeren Stücke sind bei

---

34 BGH v. 7.3.2002 – V ZB 24/01, BGHZ 150, 109, 114 = ZIP 2002, 942, 946; BayObLG v. 25.6.1998 – 2 Z BR 53/98, NZM 1998, 815.
35 BGH v. 7.3.2002 – V ZB 24/01, BGHZ 150, 109, 114 = ZIP 2002, 942, 946; ebenso *Schöner*, DNotZ 1975, 78, 80; *Armbrüster*, DNotZ 1999, 562, 563; *Bärwaldt* in J. Semler/Volhard, Arbeitshandbuch HV, § 10 Rz. 16.
36 *Semler* in MünchHdb. AG, § 36 Rz. 11; *Holzborn* in Bürgers/Körber, § 134 AktG Rz. 26; *Zöllner* in Baumbach/Hueck, § 47 GmbHG Rz. 35; *Bayer* in Lutter/Hommelhoff, § 15 GmbHG Rz. 102; *K. Schmidt* in Scholz, § 47 GmbHG Rz. 18; *K. Schmidt*, ZGR 1999, 601, 609; *Raiser/Veil*, Kapitalgesellschaften, § 30 Rz. 35; *Teichmann*, ZGR 1972, 10 ff.; *Wiedemann*, S. 413; *Reichert/Schlitt/Düll*, GmbHR 1998, 565, 567; *Frank* in Staudinger, Anh. zu §§ 1068, 1069 BGB Rz. 97; kein Teilnahmerecht zulassen will *Hüffer*, § 118 AktG Rz. 15.
37 *Reichert/Schlitt/Düll*, GmbHR 1998, 565, 567.
38 *Flume*, Juristische Person, § 7 II 1; *Fleck* in FS Fischer, 1979, S. 107, 121; *Zöllner* in Baumbach/Hueck, § 47 GmbHG Rz. 35; *Teichmann*, ZGR 1972, 1, 11 ff.; in Frage stellend wegen der umfassenden Rechte und Pflichten des Nießbrauchers dagegen *Schön*, ZHR 158 (1994), 229, 255.
39 So auch *F.-J. Semler* in MünchHdb. AG, § 36 Rz. 12.
40 So schon *Teichmann*, ZGR 1973, 24, 33; *F.-J. Semler* in MünchHdb. AG, § 36 Rz. 11; *Reichert/Schlitt/Düll*, GmbHR 1998, 565, 567; *Bärwaldt* in J. Semler/Volhard, Arbeitshandbuch HV, § 10 Rz. 17; abl. *Holzborn* in Bürgers/Körber, § 134 AktG Rz. 26.
41 *Hüffer*, § 134 AktG Rz. 2; *Volhard* in MünchKomm. AktG, 2. Aufl., § 134 AktG Rz. 5 f.; *Grundmann* in Großkomm. AktG, 4. Aufl., § 134 AktG Rz. 49; *Holzborn* in Bürgers/Körber, § 134 AktG Rz. 3; *Baums*, AG 1990, 221.

gleichmäßiger Stückelung als Multiplikatoren zu behandeln[42]. So liefert eine 10 Euro-Aktie zehn Stimmen, eine 5 Euro-Aktie fünf Stimmen gegenüber der kleineren 1 Euro-Aktie mit der zugrunde liegenden einen Stimme. Bei **ungleicher und zugleich ungleichmäßig aufeinander aufbauender Stückelung** dagegen sollte man (aber nicht zwingend) den größten gemeinsamen Divisor als Vergleichsmaßstab verwenden[43]. So verleihen 12 Euro-Aktien und 30 Euro-Aktien einmal zwei Stimmrechte, einmal fünf Stimmrechte unter Verwendung des Divisors sechs. Auch hier liegt der Gedanke des Gleichlaufes von Eigentum und Stimmrecht zugrunde[44].

## 2. Ausnahmen

Die Stimmrechtsverteilung nach Aktiennennbeträgen oder nach der Aktienzahl kann bei nicht an der Börse notierten Gesellschaften durch **Höchststimmrechte**, die aufgrund einer Satzungsbestimmung festgelegt wurden, verändert werden[45]. Ferner kann der Grundsatz der Stimmrechtsverteilung nach Aktiennennbeträgen bzw. Stückzahl bei jeder Aktiengesellschaft durch die Ausgabe von **stimmrechtslosen Vorzugsaktien** durchbrochen werden[46]. Demgegenüber sind **Mehrstimmrechte** außer bei schon früher[47] erteilten Genehmigungen nunmehr nach § 12 Abs. 2 Satz 2 nicht mehr möglich[48]. Die Begründung von Stimmrechten ohne Aktie ist nicht mehr möglich[49]. Eine gewisse (gesetzliche) Ausnahme enthielt das frühere VW-Gesetz[50], das der EuGH jedoch mit Urteil vom 23.10.2007 – C-112/05 wegen Verstoßes gegen die Kapitalverkehrsfreiheit aus Art. 56 EG für europarechtswidrig erklärt hat.

### a) Überblick und Grenzen der Höchststimmrechte

Höchststimmrechte sind seit dem KonTraG[51] gem. § 134 Abs. 1 Satz 2 nur noch für nicht an der Börse notierte Gesellschaften (§ 3 Abs. 2), mithin allenfalls für nur im Freiverkehr[52] notierten Aktiengesellschaften möglich, nicht aber für Gesellschaften im regulierten Markt. Zwar werden mit Höchststimmrechten Kapitaleinsatz und

---

42 *Zöllner* in KölnKomm. AktG, 1. Aufl., § 134 AktG Rz. 22; *Holzborn* in Bürgers/Körber, § 134 AktG Rz. 3.
43 *Zöllner* in KölnKomm. AktG, 1. Aufl., § 134 AktG Rz. 22.
44 *Volhard* in MünchKomm. AktG, 2. Aufl., § 134 AktG Rz. 6.
45 § 23 Abs. 5 i.V.m. § 134 Abs. 1 Satz 2.
46 §§ 139 ff. Bei den Höchststimmrechten handelt es sich nicht um eine eigene Aktiengattung, sondern um eine personenbezogene Zusammenballung einer bestimmten Anzahl von Aktien in der Hand eines einzelnen Aktionärs, vgl. BGH v. 6.9.1965 – II ZR 136/76 – „Mannesmann", BGHZ 70, 117, 123 = NJW 1978, 540; *Volhard* in MünchKomm. AktG, 2. Aufl., § 134 AktG Rz. 13.
47 Sie sind auch am 1.6.2003 in den Gesellschaften erloschen, in welchen nicht die Hauptversammlung mit einer Dreiviertelmehrheit des vertretenen Grundkapitals die Fortgeltung beschlossen hat, vgl. § 5 Abs. 1 Satz 1 EGAktG.
48 Art. 1 Nr. 3 des Gesetzes zur Kontrolle und Transparenz im Unternehmensbereich (KonTraG) vom 27.4.1998, BGBl. I 1998, 786 ff.
49 *Grundmann* in Großkomm. AktG, 4. Aufl., § 134 AktG Rz. 33 ff.
50 Gesetz über die Überführung der Anteilsrechte an der Volkswagenwerk GmbH in private Hand vom 21.7.1960, BGBl. I 1960, 585. Das Stimmrecht jedes Aktionärs, also auch des Bundes und des Landes Niedersachsen, ist unabhängig von der Größe des Aktienbesitzes auf 20 % des Grundkapitals beschränkt, § 2 Abs. 1; nach § 3 Abs. 5 VW-Gesetz dürfen Stimmrechte maximal für den fünften Teil des Grundkapitals ausgeübt werden. Zur europarechtlichen Zulässigkeit *Krause*, NJW 2002, 2747 ff.; *Spindler*, RIW 2003, 850, 856 ff.
51 Gesetz zur Kontrolle und Transparenz im Unternehmensbereich (KonTraG) vom 27.4.1998 BGBl. I 1998, 786 ff.
52 § 48 BörsG; s. Begr. RegE BT-Drucks 13/9712, S. 12 (linke Spalte), *Hüffer*, § 3 AktG Rz. 6, § 134 AktG Rz. 4.

Stimmkraft voneinander entkoppelt[53]; doch versuchte der Gesetzgeber des KonTraG zwischen Satzungsautonomie der Eigentümer einerseits und Gleichberechtigung im Eigentum sowie dem Funktionieren der Kapitalmärkte andererseits einen Ausgleich zu schaffen[54].

13 **Unzulässig** ist es nach § 134 Abs. 1 Satz 5, **bestimmten Aktionären das Stimmrecht zu verweigern**, anderen dagegen die volle Stimmkraft zu gewähren. Der Gesetzgeber[55] wollte keine Unterwanderung des Verbotes von Mehrstimmrechten in § 12 Abs. 2 zulassen, nicht zuletzt auch im Hinblick auf den Grundgedanken des „one share, one vote" (§§ 53a, 12 Abs. 1). Eine zulässige Höchststimmrechtsregelung bezieht sich immer nur auf einen Aktionär mit seinem gesamten Anteilsbesitz, nicht auf bestimmte Aktien; bei einem Wechsel des Eigentümers muss eine Neuberechnung erfolgen[56].

14 Bei **Verstößen** ist die Stimmabgabe **unwirksam**, mit entsprechenden Folgen für die Anfechtbarkeit des Beschlusses[57].

15 **Zulässig** sollen dagegen nach h.M. Stimmrechtsbeschränkungen für **bestimmte Aktiengattungen** sein. Denn während des Gesetzgebungsverfahrens ist explizit auf eine entsprechende Unzulässigkeit der Höchststimmrechte bei Aktiengattungen verzichtet worden[58]. Demgemäß kommt man trotz erheblicher rechtspolitischer Bedenken[59] nicht umhin, Höchststimmrechte für bestimmte Aktiengattungen anzuerkennen[60]. Die Gegenansicht[61] verkennt den eindeutigen gesetzgeberischen Willen[62]. Allerdings dürfen die Aktiengattungen nicht so definiert werden, dass sie letztlich nur auf bestimmte Personen zutreffen können, so dass § 134 Abs. 1 Satz 5 verletzt würde.

16 In **rechtspolitischer Hinsicht** ist trotz lang währender Diskussionen[63] bislang kein Nachweis dafür erbracht[64], dass Unternehmen vom Kapitalmarkt aufgrund von Stimmrechtsbeschränkungen niedriger bewertet werden[65]. Zwar ist davon zu trennen, ob der Markt für Unternehmensübernahmen („market for corporate control") beeinträchtigt wird[66]; doch ist keineswegs geklärt, dass das Recht tatsächlich einen solchen Markt schaffen oder absichern müsste. Denn die Annahme, dass Investoren

---

53 So *Volhard* in MünchKomm. AktG, 2. Aufl., § 134 AktG Rz. 8.
54 Begr. RegE KonTraG, BT-Drucks. 13/9712, S. 20.
55 S. nur Begr. RegE in *Kropff*, Aktiengesetz, S. 192 ff.
56 BGH v 19.12.1977 – II ZR 136/76, BGHZ 70, 117, 123; *Grundmann* in Großkomm. AktG, 4. Aufl., § 134 AktG Rz. 57.
57 *Grundmann* in Großkomm. AktG, 4. Aufl., § 134 AktG Rz. 56.
58 Ausschussbericht *Kropff*, Aktiengesetz, S. 192; anders noch der RegE *Kropff*, Aktiengesetz, S. 192.
59 *Butzke* in Obermüller/Werner/Winden, Die Hauptversammlung der Aktiengesellschaft, Rz. E 21; *Zöllner* in KölnKomm. AktG, 1. Aufl., § 134 AktG Rz. 46.
60 Ebenso *Hüffer*, § 134 AktG Rz. 14; *Volhard* in MünchKomm. AktG, 2. Aufl., § 134 AktG Rz. 12; wohl auch *Grundmann* in Großkomm. AktG, 4. Aufl., § 134 AktG Rz. 70.
61 *Zöllner* in KölnKomm. AktG, 1. Aufl., § 134 AktG Rz. 46.
62 So auch *Hüffer*, § 134 AktG Rz. 14; *F.-J. Semler* in MünchHdb. AG, § 38 Rz. 13; *Volhard* in MünchKomm. AktG, 2. Aufl., § 134 AktG Rz. 12.
63 *Schubert/Hommelhoff*, Hundert Jahre modernes Aktienrecht, 1985, S. 345 f.; *Zöllner*, Schranken, S. 124 f.; *Baums*, AG 1990, 221; zusammenfassend *Grundmann* in Großkomm. AktG, 4. Aufl., § 134 AktG Rz. 22 ff. m.w.N., auch zur Rechtsvergleichung.
64 So wohl auch *Hüffer*, § 134 AktG Rz. 5; *Zöllner/Noack*, AG 1991, 117, 126; Uwe H. *Schneider*, AG 1990, 56, 57.
65 S. dazu Begr. RegE KonTraG, BT-Drucks. 13/9712, S. 20; *Hüffer*, § 134 AktG Rz. 5; *Adams*, AG 1990, 63, 70; *Adams*, 1989, 333 f.; Uwe H. *Schneider*, AG 1990, 56, 57; *Zöllner/Noack*, AG 1991, 117, 126 f.; *Baums*, AG 1990, 221.
66 So vor allem *Adams*, AG 1989, 333; *Adams*, AG 1990, 63; *Baums*, AG 1990, 221; s. auch Begr. RegE BT-Drucks. 13/9712, S. 20.

(bzw. Kapitalmärkte) ein schlechtes Management mit niedrigen Bewertungen „bestrafen" und somit über die Steigerung der Wahrscheinlichkeit einer Unternehmensübernahme für eine Disziplinierung des Managements sorgen, verfängt dann nicht, wenn die Aktionäre einer Gesellschaft sich freiwillig ein solches Disziplinierungsinstruments begeben haben[67]. Auch die EU[68] hat sich in ihrer Richtlinie[69] zur Stimmrechtsausübung einer konkreten Stellungnahme zum Prinzip **„One Share, One Vote"** enthalten[70]. Daher ist aus aktienrechtlicher Sicht nicht recht einzusehen, warum die Aktionäre als Satzungsgeber nicht freiwillig derartige Prinzipien einführen sollten; allenfalls kann über Austritts- und Abfindungsrechte für eine bei Einführung von Höchststimmrechten überstimmte Minderheit gestritten werden[71].

**b) Formen der Höchststimmrechte**

Das Stimmrecht kann bei nicht börsennotierten Aktiengesellschaften nach § 134 Abs. 1 Satz 2 aufgrund von Satzungsregelungen durch **Festsetzung eines Höchstbetrages oder aufgrund anderer Abstufungen begrenzt** werden, etwa durch Beschränkung auf einen bestimmten **Aktiennennwert, einen Prozentsatz am Grundkapital, bei Stückaktien auch auf eine bestimmte Aktienanzahl**. Stimmrechtsbeschränkungen, bei denen hingegen das Stimmrecht erst ab Erreichen einer bestimmten Schwelle überhaupt gewährt wird, z.B. bei dem Erfordernis, dass zehn Stückaktien eine Stimme gewähren, sind unzulässig[72]. Daneben ist möglich, eine Beschränkung vorzusehen, wonach **nach Köpfen abgestimmt** wird[73] („Vereinbart ist, dass nur eine Stimme aus dem jeweiligen Aktienbestand ausgeübt werden kann gleich welcher Höhe der Bestand ist.")[74].

17

§ 134 Abs. 1 Satz 2 erlaubt **Abstufungen im Stimmrecht**: Eine bestimmte Anzahl von Aktien kann das volle Stimmrecht, darüber hinausgehende Anteilsscheine nur noch eine anteilige („abgestufte") Stimme gewähren. So kann auch vereinbart werden, dass die ersten 1.000 Aktien jeweils ein volles Stimmrecht, von der 1.001 bis zur 10.000 Aktie dagegen nur ein halbes Stimmrecht usw. verleihen.

18

---

67 Im Ergebnis ähnlich *Hüffer*, § 134 AktG Rz. 5, der allerdings behauptet, dass es keinen Markt für Unternehmensübernahmen gäbe und dass dieser auch nicht wünschenswert sei; s. auch *Zöllner/Noack*, AG 1991, 117, 126 f.
68 Richtlinie 2007/36/EG des Europäischen Parlaments und des Rates vom 11.7.2007 über die Ausübung bestimmter Rechte von Aktionären in börsennotierten Gesellschaften, ABl. L 184 v. 14.7.2007, S. 17.
69 Zum Richtlinienvorschlag *Spindler* in VGR, Gesellschaftsrecht in der Diskussion 2005, 2006, S. 31 passim; *Noack*, NZG 2006, 321; *Noack*, ZIP 2006, 325; *Wand/Tillmann*, AG 2006, 443; *Schmidt*, BB 2006, 1641; zur Richtlinie *Ratschow*, DStR 2007, 1402 ff.
70 Deutlich *Grundmann/Winkler*, ZIP 2006, 1421, 1424.
71 Zum Vergleich zum in den USA diskutierten Prinzip „one share – one vote" und den Auswirkungen auf das europäische Recht *Ferrarini*, One share – one vote: a European rule?, 2006, passim; zur US-amerikanischen Aufsichtspolitik der SEC in Bezug auf „one share – one vote" ferner *Bainbridge*, The short life and resurrection of SEC Rule 19c–4, Washington University Law Quaterly Vol. 69, 565 (1991); *Jensen/Warner*, The Distribution of Power among Corporate Managers, Shareholders and Directors, Harvard Business School, 2000; *Grossman/Hart*, One Share/One Vote and the Market for Corporate Control, NBER Working Paper Series No. 2347, 1987.
72 *Volhard* in MünchKomm. AktG, 2. Aufl., § 134 AktG Rz. 9; *Grundmann* in Großkomm. AktG, 4. Aufl., § 134 AktG Rz. 58.
73 *Butzke* in Obermüller/Werner/Winden, Die Hauptversammlung der Aktiengesellschaft, Rz. E 20; *F.-J. Semler* in MünchHdb. AG, § 38 Rz. 8; *Hüffer*, § 134 AktG Rz. 6; *Volhard* in MünchKomm. AktG, 2. Aufl., § 134 AktG Rz. 10; *Holzborn* in Bürgers/Körber, § 134 AktG Rz. 5; *Pluta* in Heidel, § 134 AktG Rz. 13.
74 *Hüffer*, § 134 AktG Rz. 6; *Volhard* in MünchKomm. AktG, 2. Aufl., § 134 AktG Rz. 6; *F.-J. Semler* in MünchHdb. AG, § 38 Rz. 8.

19  Genauso möglich ist es des Weiteren, Stimmrechtsbeschränkungen sowohl für alle als auch nur **für bestimmte Beschlussgegenstände** festzulegen. So bietet es sich an, bedeutende Unternehmensentscheidungen (Satzungsänderungen, Unternehmensverträge (§§ 291 ff.), Übertragung des gesamten Gesellschaftsvermögens (§ 179a) auch im Hinblick auf eine effektive Gewährleistung des Minderheitenschutzes mit Stimmrechtsbeschränkungen zu versehen.

### c) Satzungserfordernis (§ 134 Abs. 1 Satz 2)

20  Nach § 134 Abs. 1 Satz 2 dürfen **Stimmrechtsbeschränkungen nur durch die Satzung** festgelegt werden. Ermächtigungsbeschlüsse für die Verwaltung im Sinne des § 181 Abs. 3 durch einen entsprechenden Hauptversammlungsbeschluss sind unzulässig, auch wenn nur die Anmeldung der Satzungsänderung in das Ermessen des Vorstandes gestellt wird[75]. Möglich ist eine solche Beschränkung sowohl in der Gründungssatzung als auch in jeder späteren Satzungsänderung[76].

21  Werden Aktionäre durch die Satzungsänderung zur Stimmrechtsbeschränkung in ihren Rechten beschnitten, im Gegensatz zu anderen Aktionären, deren Anteilsbesitz unter der Höchstgrenze bleibt, kann darin ein Verstoß gegen den Gleichbehandlungsgrundsatz liegen, so dass letztlich nur eine einstimmige Satzungsänderung in Betracht kommt[77]. Demgegenüber hat die Rechtsprechung[78] die Einführung von Stimmrechtsbeschränkungen auch gegen den Willen einer Minderheit zugelassen, da der Gesetzgeber die bestehende Regelung des § 114 AktG 1937 insofern übernommen[79] habe und die Abwehr einer möglichem Überfremdung im **Unternehmensinteresse** gegen die Interessen der betroffenen Aktionäre überwiege[80]. Daran ist richtig, dass das Stimmrecht nicht den Sonderrechten des § 35 BGB unterfällt[81], so dass das dort normierte Zustimmungsbedürfnis nicht verfängt[82]. Zudem liegt nur eine Beschränkung der Ausübung, aber keine Beeinträchtigung des individuellen Stimm-

---

75  LG Frankfurt v. 29.1.1990 – 3/1 O 109/89, AG 1990, 169, 170 f.; *Hüffer*, § 134 AktG Rz. 7; *Semler* in MünchHdb. AG, § 38 Rz. 15; *Grundmann* in Großkomm. AktG, 4. Aufl., § 134 AktG Rz. 61.
76  Allgemeine Meinung, BGH v. 19.12.1977 – II ZR 136/76 – „Mannesmann", BGHZ 70, 117, 124 = NJW 1978, 540; OLG Düsseldorf v. 21.6.1976 – 6 U 276/75, AG 1976, 215; *Hüffer*, § 134 AktG Rz. 7; *F.-J. Semler* in MünchHdb. AG, § 38 Rz. 15; *Volhard* in MünchKomm. AktG, 2. Aufl., § 134 AktG Rz. 22; *Butzke* in Obermüller/Werner/Winden, Die Hauptversammlung der Aktiengesellschaft, Rz. E 23; *Werner*, AG 1975, 176, 177; a.A. unter Hinweis auf das Gleichbehandlungsgebot *Zöllner* in KölnKomm. AktG, 1. Aufl., § 134 AktG Rz. 48; *Zöllner*, Schranken, S. 123; *Immenga*, BB 1975, 1042, 1043; *Meilicke*, JW 1937, 2430, 2431.
77  *Immenga*, BB 1975, 1042 ff.; *Zöllner* in KölnKomm. AktG, 1. Aufl., § 134 AktG Rz. 48; *Zöllner*, Schranken, S. 123 ff.; *Meilicke* in FS M. Luther, 1976, S. 99, 106 f.; offen *Grundmann* in Großkomm. AktG, 4. Aufl., § 134 AktG Rz. 63.
78  BGH v. 19.12.1977 – II ZR 136/76 – „Mannesmann", BGHZ 70, 117, 122 ff. = NJW 1978, 540; OLG Düsseldorf v. 21.6.1976 – 6 U 276/75, AG 1976, 215; OLG Celle v. 15.7.1992 – 9 U 65/91, AG 1993, 178, 180; zust. *Volhard* in MünchKomm. AktG, 2. Aufl., § 134 AktG Rz. 22; *Hüffer*, § 134 AktG Rz. 8; *F.-J. Semler* in MünchHdb. AG, § 38 Rz. 16; *Werner*, AG 1975, 176, 179 f.; *Lutter*, ZGR 1981, 171, 176 f.
79  Begr. RegE in *Kropff*, Aktiengesetz, S. 192.
80  BGH v. 6.10.1960 – II ZR 150/58, BGHZ 33, 175, 186 = NJW 1961, 26, 27; BGH v. 19.12.1977 – II ZR 136/76 – „Mannesmann", BGHZ 70, 117, 119 = NJW 1978, 540; OLG Düsseldorf v. 21.6.1976 – 6 U 276/75, AG 1976, 215.
81  BGH v. 27.5.1982 – III ZR 157/80, BGHZ 84, 209, 218 = NJW 1984, 1038; *Hadding* in Soergel, § 35 BGB Rz. 6; *Heinrichs* in Palandt, § 35 BGB Rz. 2; *Schwarz/Schöpflin* in Bamberger/Roth, § 35 BGB Rz. 4.
82  *Volhard* in MünchKomm. AktG, 2. Aufl., § 134 AktG Rz. 22; *Zöllner* in KölnKomm. AktG, 1. Aufl., § 134 AktG Rz. 48.

rechts vor[83]. Zwar bleibt es bei der **Ungleichbehandlung**, insbesondere die Parallele zum Zustimmungserfordernis bei der Umwandlung von stimmberechtigten Stammaktien in stimmrechtslose Vorzugsaktien spricht zunächst dafür, dass auch der teilweise Entzug des Stimmrechts durch Höchststimmrechte der Zustimmung der betroffenen Aktionäre bedarf, zumal den betroffenen Aktionären kein entsprechender Vorteil wie bei den Vorzugsaktien gewährt wird. Doch gilt die Stimmrechtsbeschränkung durch Satzung nur für nicht börsennotierte Aktiengesellschaften, bei denen von vornherein die Disziplinierungsinstrumente des Kapitalmarktes fehlen; auch kann gerade bei personalistisch strukturierten Aktiengesellschaften ein Interesse der Aktionäre bestehen, ein Gleichgewicht zwischen verschiedenen Fraktionen zu erhalten. Allerdings ist aufgrund der Verringerung des Aktionärseinflusses eine intensive inhaltliche Kontrolle des Beschlusses zur Satzungsänderung erforderlich.

Für die **Aufhebung** ergeben sich dagegen keine vergleichbaren Bedenken, da zwar die Kleinaktionäre nicht mehr vor einer Überstimmung geschützt werden, für die Aufhebung aber eine satzungsändernde Mehrheit erforderlich ist; einen Individualschutz kann es hier mangels begründeter Rechtsposition nicht geben[84]. 22

### d) Zurechnung als Umgehungsschutz (§ 134 Abs. 1 Satz 3, 4)

**aa) Überblick.** Der Satzungsgeber kann den Besitz von Aktien Dritter zurechnen, um der **Gefahr der Umgehung** der Höchststimmrechte zu begegnen[85], etwa durch eine Aufspaltung des Aktienbesitzes auf mehrere Personen. Das Gesetz selbst sieht keine derartige Zurechnung vor[86]. Ein Umgehungsschutz allein durch § 405 Abs. 3 Nr. 5 hätte nicht die gleiche Wirkung: Zwar handelt danach derjenige ordnungswidrig, der entgegen eines Höchststimmrechtes das Stimmrecht als Vertreter dennoch ausübt. Doch ist hier im Unterschied zu § 134 Abs. 1 Satz 3, 4[87] vorsätzliches Handeln erforderlich, zudem wird nur eine Geldbuße von 25.000 Euro angedroht[88]. Die Zurechnungsklauseln können auch **nachträglich durch Satzungsänderung** eingeführt werden[89]; auch hier ist indes eine strenge Inhaltskontrolle erforderlich. 23

Eine **Zurechnung von Stimmrechten** erfolgt ferner in § 20 AktG, § 22 WpHG und § 30 WpÜG, bei denen allerdings eine möglichst frühzeitige **Information der Marktöffentlichkeit** im Vordergrund steht[90]. Mitgeteilt werden muss nach § 22 WpHG nicht nur die direkte Stimmberechtigung, sondern schon jedwede Möglichkeit, auf die Stimmrechtsausübung Einfluss zu nehmen. Entsprechend weit[91] ist mit § 22 Abs. 1 Satz 1 Nr. 6 WpHG auch der Auffangtatbestand gefasst. 24

**bb) Halten für Rechnung des Aktionärs.** Der **persönliche Anwendungsbereich** ist wie der **sachliche** weit zu verstehen: wer der „andere" ist und aufgrund welcher rechtli- 25

---

83 BGH v. 19.12.1977 – II ZR 136/76 – „Mannesmann", BGHZ 70, 117, 122 = NJW 1978, 540; OLG Düsseldorf v. 21.6.1976 – 6 U 276/75, AG 1976, 215.
84 *Grundmann* in Großkomm. AktG, 4. Aufl., § 134 AktG Rz. 64.
85 Begr. RegE in *Kropff*, Aktiengesetz, S. 192 ff.
86 *Volhard* in MünchKomm. AktG, 2. Aufl., § 134 AktG Rz. 14; *Hüffer*, § 134 AktG Rz. 9; *Willamowski* in Spindler/Stilz, § 134 AktG Rz. 4.
87 Begr. RegE in *Kropff*, Aktiengesetz, S. 192 ff.; *Hüffer*, § 134 AktG Rz. 10; *Volhard* in MünchKomm. AktG, 2. Aufl., § 134 AktG Rz. 14.
88 Ebenso *Grundmann* in Großkomm. AktG, 4. Aufl., § 134 AktG Rz. 72.
89 *Hefermehl* in FS Möhring, 1973, S. 103 f.; *Hüffer*, § 134 AktG Rz. 9; diff. *Grundmann* in Großkomm. AktG, 4. Aufl., § 134 AktG Rz. 74.
90 *Uwe H. Schneider* in Assmann/Uwe H. Schneider, § 22 WpHG Rz. 1, 4.
91 Wenn auch Kreditinstitute, die nach § 135 das Stimmrecht ausüben, nicht von § 22 Abs. 1 Satz 1 Nr. 6 WpHG erfasst werden, da sie an ihre Vorschläge und die Weisungen des Kunden gebunden sind, s. hierzu auch § 135 Rz. 28 ff.; *Uwe H. Schneider* in Assmann/Uwe H. Schneider, § 22 WpHG Rz. 116 ff.

chen Verbindung[92] die Ausübung des Stimmrechtes für den Aktionär erfolgt, spielt keine Rolle. Erforderlich ist lediglich, dass die Aktien **für Rechnung des Aktionärs** bei dem Stimmrechtsausübenden gehalten werden (§ 134 Abs. 1 Satz 3). Entscheidend hierfür ist, wer das wirtschaftliche Risiko trägt[93]. So ist bei einem einfachen Stimmbindungsvertrag noch keine Umgehung anzunehmen[94], wohl aber wenn der formal noch abstimmende Aktionärs vertraglich derart gebunden wird, dass er nur noch unter großem finanziellen Schaden sich von der vorgegebenen Stimmrechtsausübung lösen könnte und faktisch zu einem „Stimmboten" degradiert wird[95]. Grundsätzlich kann die Satzung den Aktienbesitz bei einem solchermaßen sanktionierten Stimmbindungsvertrag zurechnen; praktisch wirft eine solche Klausel indes erhebliche Formulierungsprobleme auf, da das Ausmaß der faktischen Bindung genau beschrieben werden muss[96].

26 **cc) Die Zurechnung im Konzern. § 134 Abs. 1 Satz 4** erweitert die Zurechnung für die gem. § 15 **unternehmerischen Aktionäre** (dazu oben § 15 Rz. 41), indem auch diejenigen Aktien zugerechnet werden, die einem von ihm abhängigen oder ihn beherrschenden oder einem mit ihm konzernverbundenen Unternehmen oder für Rechnung solcher Unternehmen einem Dritten gehören. Eine **analoge Anwendung** auf Aktionäre, die nur maßgeblich an einem Unternehmen beteiligt sind, dass ebenfalls als Aktionär an der Gesellschaft beteiligt ist, ist angesichts des eindeutigen Wortlauts **abzulehnen**[97]. Zudem muss die **Abhängigkeit gem. § 17** bzw. **Beherrschung gem. § 18** vorliegen; eine reine Mehrheitsbeteiligung nach § 16 genügt genauso wenig wie ein Unternehmensvertrag (§ 292) ohne Abhängigkeit bzw. Beherrschung, da § 134 Abs. 1 Satz 4 als Ausnahmevorschrift eng auszulegen ist[98]. Auch die Satzung kann nicht an die reine Mehrheitsbeteiligung anknüpfen[99], wohl aber an die Vermutungsregelung des § 17 Abs. 2.

27 **Folge** der Zurechnung ist die **Addition der Stimmen** der beteiligten Aktionäre. Beherrscht Unternehmen A nach § 18 Unternehmen B und halten beide jeweils 250.000 Aktien an der nichtbörsennotierten Aktiengesellschaft C, so sind bei einem satzungsmäßig vereinbarten Höchstbetrag von 400.000 Aktien jeweils 50.000 Aktien als nicht stimmberechtigt zu werten. Diese Vorgehensweise gilt **auch für die unterschiedliche Abgabe und Verteilung der Stimmen** (200.000 Stimmen für Ja, 300.000 Stimmen für Nein, dann Kürzung um 25.000 Stimmen bei Ja und um 75.000 Stimmen bei Nein)[100]. Eine nachträgliche Einigung der (konzern-) verbundenen Aktionäre über die Auswahl der zu löschenden Stimmenkontingente[101] ist dagegen nicht möglich. Wenn das Abstimmungsergebnis bereits festgestellt worden ist, würde ansonsten den nicht stimmberechtigten Aktionären eine Art von zweiter Abstimmung zustehen, indem sie nunmehr angesichts des Ergebnisses der Wahl ihre nicht zu zählen-

---

92 Sämtliche Verbindungen, wie etwa Auftrag (§§ 662 ff. BGB), Kommission (§§ 383 ff. HGB), Geschäftsbesorgung (§ 675 BGB) werden erfasst; so auch *Hüffer*, § 134 AktG Rz. 10.
93 *Martens*, AG 1993, 495, 500.
94 *Hüffer*, § 134 AktG Rz. 12.
95 *Martens*, AG 1993, 495, 499; *Volhard* in MünchKomm. AktG, 2. Aufl., § 134 AktG Rz. 18.
96 Im Ergebnis ebenso *Martens*, AG 1993, 495, 502.
97 *Zöllner* in KölnKomm. AktG, 1. Aufl., § 134 AktG Rz. 45.
98 *Hüffer*, § 134 AktG Rz. 11; *Volhard* in MünchKomm. AktG, 2. Aufl., § 134 AktG Rz. 20; *F.-J. Semler* in MünchHdb. AG, § 38 Rz. 11; *Butzke* in Obermüller/Werner/Winden, Die Hauptversammlung der Aktiengesellschaft, Rz. E 20.
99 *Hüffer*, § 134 AktG Rz. 11; *Hefermehl* in FS O. Möhring 1973, S. 103, 104 ff.; *Holzborn* in Bürgers/Körber, § 134 AktG Rz. 9.
100 A.A. *Grundmann* in Großkomm. AktG, 4. Aufl., § 134 AktG Rz. 75: allein Saldo ist zu betrachten, saldierte Stimmenzahl bei Überschreiten des Höchstbetrages ist zu kappen.
101 *Volhard* in MünchKomm. AktG, 2. Aufl., § 134 AktG Rz. 21.

**dd) Zurechnung ohne Satzungsgrundlage.** Eine Zurechnung auch ohne Satzungsgrundlage **im Einzelfall** analog § 134 Abs. 1 Satz 3, 4[102] widerspricht dem Ausnahmecharakter des § 134 Abs. 1 Satz 3, da das Gesetz selbst keinerlei Zurechnung vorsieht[103].

**e) Kapitalmehrheit (§ 134 Abs. 1 Satz 6)**

Höchststimmrechte bleiben **bei Kapitalmehrheiten auch bei nicht börsennotierten Aktiengesellschaften bei der Berechnung außer Betracht**, § 134 Abs. 1 Satz 6. Ist daher neben einer einfachen Mehrheit auch noch eine Mehrheit des vertretenen Grundkapitals erforderlich[104], bleibt ein hoher Anteilsbesitz trotz Stimmrechtsbeschränkung wegen der Blockademöglichkeiten[105] vorteilhaft[106].

## IV. Stimmrecht vor vollständiger Leistung der Einlage (§ 134 Abs. 2)

Das Stimmrecht kann nicht vor einer vollständigen Leistung der Einlage ausgeübt werden, um Missbräuche wie in der Weimarer Republik[107] zu unterbinden[108]. Unterschieden werden muss zwischen der Einlage zur Erfüllung von gesetzlichen Voraussetzungen einerseits und von zusätzlichen satzungsrechtlichen Anforderungen andererseits:

### 1. Leistung der Einlage aufgrund gesetzlicher Anforderungen (§ 134 Abs. 2 Satz 1, 5 und 6)

Die **Einlage muss vollständig geleistet** werden, § 134 Abs. 2 Satz 1. Maßgeblich sind §§ 27, 36 Abs. 2, so dass im Regelfall die vom Vorstand eingeforderte Einlage in bar zu erbringen ist, § 54 Abs. 2. Sacheinlagen müssen nach § 36a Abs. 2 Satz 1 vollständig geleistet werden; die nur teilweise Erbringung der Sacheinlage gewährt dem Aktionär kein Stimmrecht[109]. Die Regelung gilt aber nur für das Stimmrecht, nicht für die sonstigen Mitgliedschaftsrechte, wie etwa das Teilnahme- oder Auskunftsrecht[110]. Hinsichtlich der **Sacheinlagen** hat der Gesetzgeber aber ausdrücklich im Hinblick auf das Bewertungsrisiko und das daraus resultierende Anfechtungsrisiko,

---

102 *Hüffer*, § 134 AktG Rz. 12; *Holzborn* in Bürgers/Körber, § 134 AktG Rz. 10; *Schröder*, DB 1976, 1093.
103 *Harrer*, RIW 1994, 202, 207; *Martens*, AG 1993, 495, 498; *Volhard* in MünchKomm. AktG, 2. Aufl., § 134 AktG Rz. 16.
104 § 52 Abs. 5, § 129 Abs. 1 Satz 1, § 179 Abs. 2, § 179a Abs. 2, § 182 Abs. 1, § 186 Abs. 3, § 193 Abs. 1, § 202 Abs. 2, § 207 Abs. 2, § 221 Abs. 1, § 221 Abs. 3, § 222 Abs. 1, § 222 Abs. 2, § 229 Abs. 3, § 262 Abs. 1 Nr. 2, § 274 Abs. 1, § 289 Abs. 4, § 293 Abs. 1, § 295 Abs. 1, § 296 Abs. 2, § 319 Abs. 2, § 320 Abs. 1 Satz 3 AktG; § 65, § 73, § 125, §§ 176–180, § 233, § 240, § 252 UmwG.
105 *Hüffer*, § 134 AktG Rz. 15; zur Problematik einer Stimmrechtspflicht und den Auswirkungen von Blockadestimmen *Nehls*, Die gesellschaftsrechtliche Treuepflicht im Aktienrecht, 1993, S. 88, 153; *Marsch-Barner*, ZHR 157 (1993), 172 ff.
106 *Semler* in MünchHdb. AG, § 38 Rz. 9; *Martens*, AG 1993, 495, 496.
107 Ausführlicher dazu *Spindler* in Bayer/Habersack, Aktienrecht im Wandel, 2007, Bd. I.
108 Für die seit dem AktG 1937 insofern unveränderte Rechtslage *v. Godin/Wilhelmi*, § 114 AktG Anm. 5; *Gadow/Heinichen/E. Schmidt/W. Schmidt/Weipert*, AktG-Kommentar 1939, § 114 AktG Anm. 12.
109 *Hüffer*, § 134 AktG Rz. 16; *Grundmann* in Großkomm. AktG, 4. Aufl., § 134 AktG Rz. 40; *Holzborn* in Bürgers/Körber, § 134 AktG Rz. 15.
110 *Grundmann* in Großkomm. AktG, 4. Aufl., § 134 AktG Rz. 43.

wenn der Aktieninhaber mangels wirksamer Sacheinlage kein Stimmrecht haben sollte[111], nur bei offensichtlichen Überbewertungen, angeordnet, dass das Stimmrecht nicht entsteht. Dabei trägt die Darlegungs- und Beweislast derjenige, der sich auf die Überbewertung beruft – was ebenfalls Anfechtungsrisiken senken soll[112]. Die Kriterien für die Offensichtlichkeit entsprechen dabei denjenigen in § 38 Abs. 2 Satz 1, an die sich der Gesetzgeber angelehnt hat[113]. Es kommt mithin darauf an, ob die Überbewertung förmlich „ins Auge springt", wobei von einem verständigen Versammlungsleiter auszugehen ist, dem gerade das Risiko abgenommen werden soll, das Vorliegen einer werthaltigen Sacheinlage festzustellen.

32  Hat **keiner der Aktionäre seine jeweilige Einlage vollständig geleistet**, bestimmt § 134 Abs. 2 Satz 5 zur Vermeidung einer beschlussunfähigen Hauptversammlung, dass sich in diesem Fall das Stimmenverhältnis nach der Höhe der tatsächlich geleisteten Einlagen bestimmt, wobei die Leistung der Mindesteinlage eine Stimme gewährt. Die Leistung auch nur eines Aktionärs nach § 134 Abs. 2 Satz 1 lässt dagegen die fiktiven Stimmrechte der anderen Aktionäre nach § 134 Abs. 2 Satz 5 entfallen[114]. Dabei kommt es nicht auf die Höhe der geleisteten Einlagen an, sondern nur darauf, dass überhaupt auf den Nennbetrag der Aktie eine Leistung erfolgt, auch wenn unterschiedliche Nennbeträge für die Aktien bestimmt worden sind[115]. Das **Agio** ist für die Frage der Einzahlung der Mindesteinlage in die Berechnung einzubeziehen[116], da auch auf § 36a Abs. 1 verwiesen wird, der das Aufgeld als Teil der Einlage bezeichnet. Die gegenteilige Auffassung[117], die bei einer Einbeziehung des Agio wegen der krummen Werte[118] befürchtet, dass die Anzahl der Stimmrechte nicht mehr ersichtlich sei[119], verkennt die zunehmende Verbreitung von Stückaktien und die Systematik des Gesetzes. Für den Fall, dass sich bei der das Agio einbeziehenden Berechnung krumme Beträge von Stimmrechten ergeben, sieht Satz 6 vor, dass Bruchteile nur berücksichtigt werden, wenn sie volle Stimmen ergeben. Auch erscheint es nicht konsequent, Satzungsregelungen anders zu behandeln[120].

33  Der Fall hingegen, dass **nicht einmal die Mindesteinlage** geleistet worden ist, ist rein fiktiv[121], da die Anmeldung zum Handelsregister die Leistung von mindestens einem Viertel des geringsten Ausgabebetrages voraussetzt (§§ 36 Abs. 2, 36a Abs. 1). Bei Stückaktien ist der Ausgabebetrag der Anteil am Grundkapital, bei Nennwertaktien der Nennbetrag.

---

111 Bericht Rechtsausschuss BT-Drucks. 16/13098, S. 39.
112 Bericht Rechtsausschuss BT-Drucks. 16/13098, S. 39.
113 Bericht Rechtsausschuss BT-Drucks. 16/13098, S. 39.
114 *Volhard* in MünchKomm. AktG, 2. Aufl., § 134 AktG Rz. 31; *Grundmann* in Großkomm. AktG, 4. Aufl., § 134 AktG Rz. 44.
115 *Hüffer*, § 134 AktG Rz. 17.
116 *Volhard* in MünchKomm. AktG, 2. Aufl., § 134 AktG Rz. 30; *Holzborn* in Bürgers/Körber, § 134 AktG Rz. 15; nur für die gesetzliche Regelung und nur für die Frage, ob überhaupt ein Stimmrecht besteht, nicht aber in welcher Höhe: *Grundmann* in Großkomm. AktG, 4. Aufl., § 134 AktG Rz. 44, 52.
117 Für die Außerachtlassung des Agios bei § 134 Abs. 2 Satz 4 *Zöllner* in KölnKomm. AktG, 1. Aufl., § 134 AktG Rz. 56; *Hüffer*, § 134 AktG Rz. 18; *F.-J. Semler* in MünchHdb. AG, § 38 Rz. 3.
118 *Zöllner* in KölnKomm. AktG, 1. Aufl., § 134 AktG Rz. 56 spricht davon, dass aus „Praktikabilitätsgründen die rechnerische Bequemlichkeit Vorrang haben müsse".
119 *Zöllner* in KölnKomm. AktG, 1. Aufl., § 134 AktG Rz. 56.
120 So aber die h.M., s. dazu *Grundmann* in Großkomm. AktG, 4. Aufl., § 134 AktG Rz. 52. *Hüffer*, § 134 AktG Rz. 18, 19; *Zöllner* in KölnKomm. AktG, 1. Aufl., § 134 AktG Rz. 56, 66; *F.-J. Semler* in MünchHdb. AG, § 38 Rz. 4.
121 *Zöllner* in KölnKomm. AktG, 1. Aufl., § 134 AktG Rz. 58.

Nach § 134 Abs. 2 Satz 6 sind bei unvollständiger Leistung der Einlage bei allen Aktien (und nur dann) die **Stimmenbruchteile** zu berücksichtigen, wenn sie dem Aktionäre volle Stimmen verleihen. Stimmenbruchteile können sich ergeben, wenn die Leistung auf die Einlage nicht vollständig erbracht worden ist, aber mehr als die Mindesteinlage gezahlt wurde. Verbleibende Bruchteile werden nicht nach § 134 Abs. 2 Satz 6 berücksichtigt, da nur volle Stimmen gezählt werden. Werden somit Aktien zu einem Nennwert von 10 Euro mit einem Agio von 1 Euro zu 11 Euro ausgegeben, so muss ein Viertel des Nennbetrages zuzüglich des Agios eingezahlt werden (im Beispiel ergibt dies somit 2,50 Euro [25 % des Ausgabebetrages] zzgl. des Agios von 1 Euro einen Betrag von 3,50 Euro). Hat der Aktionär 35 Euro gezahlt, stehen ihm zehn Aktien zu, zahlt er 38,50 Euro, stehen ihm elf Stimmen zu. Zwischenbeträge führen zu keiner Berücksichtigung[122]. 34

### 2. Die Stimmkraft kraft Satzungsregelung (§ 134 Abs. 2 Satz 3, 4, 7)

Das AktG billigt auch für den Fall der nicht vollständigen Leistung der Einlage dem Satzungsgeber einen eng begrenzten Spielraum[123] zur eigenverantwortlichen Regelung der Stimmkraftverteilung zu. So kann bestimmt werden, dass schon mit Leistung der gesetzlichen oder von der Satzung vorgesehenen höheren Mindesteinlage das Stimmrecht zur Gänze entsteht. Der Satzungsspielraum beschränkt sich auf die Festlegung des „ob"; wie viele Stimmrechte (**Stimmenverhältnis**) verliehen werden, ist ihm durch § 134 Abs. 2 Satz 4 entzogen, die entsprechenden Regelungen sind zwingend[124]. Diejenigen Aktionäre, die nur die Mindesteinlage geleistet haben, erhalten demnach eine Stimme, während diejenigen Aktionäre, die die über die Mindesteinlage hinausgehende Einlage geleistet haben, in deren Höhe Stimmrechte erhalten. Damit sollen Anreize für eine vollständige Kapitalaufbringung auch im Interesse des Gläubigerschutzes gesetzt werden[125]. § 134 Abs. 2 Satz 6 ist entsprechend anwendbar[126]. 35

Da die Norm **Anreize zur möglichst vollständigen Kapitalaufbringung** schaffen will, kann der Satzungsgeber auch höhere Leistungen als die gesetzliche Mindesteinlage vorsehen[127], obwohl der Wortlaut auch eine andere Auslegung zulässt, indem der Satzungsgeber nur *insgesamt* die Option wählen kann, dass das Stimmrecht bei Leistung auf die gesetzliche Mindesteinlage oder höhere durch Satzung festgelegte Mindesteinlagen beginnt[128]. 36

### 3. Gleichbehandlung der Aktionäre (§ 134 Abs. 1 Satz 7)

Die Satzung kann bezüglich des Stimmrechtes keine Bestimmungen treffen, die nur für einzelne Aktionäre oder auch – im Gegensatz zu § 134 Abs. 1 Satz 5 – nur für einzelne Aktiengattungen gelten. Der Beginn des Stimmrechts kann daher für alle Aktionäre nur einheitlich vorverlegt werden. 37

---

122 Ähnliche Beispiele bei *Hüffer*, § 134 AktG Rz. 18; *Volhard* in MünchKomm. AktG, 2. Aufl., § 134 AktG Rz. 30.
123 *Zöllner* in KölnKomm. AktG, 1. Aufl., § 134 AktG Rz. 66.
124 *Hüffer*, § 134 AktG Rz. 19; *Grundmann* in Großkomm. AktG, 4. Aufl., § 134 AktG Rz. 45.
125 So auch *Zöllner* in KölnKomm. AktG, 1. Aufl., § 134 AktG Rz. 66.
126 *Hüffer*, § 134 AktG Rz. 19.
127 *Volhard* in MünchKomm. AktG, 2. Aufl., § 134 AktG Rz. 32; *F.-J. Semler* in MünchHdb. AG, § 38 Rz. 4.
128 *Gegen* satzungsmäßig höhere Grenzen *Zöllner* in KölnKomm. AktG, 1. Aufl., § 134 AktG Rz. 67, zur Vermeidung weiterer „Komplizierungen"; ebenso *Hüffer*, § 134 AktG Rz. 19.

## V. Ausübung des Stimmrechts durch Dritte (§ 134 Abs. 3)

### 1. Stimmrechtsvollmacht

**Literatur:** S. auch die Angaben zu Rz. 1; *Adams*, Höchststimmrechte, Mehrfachstimmrechte und sonstige wundersame Hindernisse auf dem Markt für Unternehmenskontrolle, AG 1990, 63; *Bachmann*, Namensaktie und Stimmrechtsvertretung, WM 1999, 2100; *Bachmann*, Verwaltungsvollmacht und „Aktionärsdemokratie" – Selbstregulative Ansätze für die Hauptversammlung, AG 2001, 63; *Baums/v. Randow*, Der Markt für Stimmrechtsvertreter, AG 1995, 145; 221; *Becker*, Institutionelle Stimmrechtsvertretung der Aktionäre in Europa: Vorschläge für europäische Mindeststandards auf der Grundlage einer rechtsvergleichenden Analyse der Stimmrechtsvertretungssysteme in Deutschland, England, Spanien, Frankreich und Italien, 2001; *Beckerhoff*, Treuepflichten bei der Stimmrechtsausübung und Eigenhaftung des Stimmrechtsvertreters, 1996; *Bunke*, Fragen der Vollmachtserteilung zur Stimmrechtsausübung nach §§ 134, 135 AktG, AG 2002, 57; *Götze*, Erteilung von Stimmrechtsvollmachten nach dem ARUG, NZG 2010, 93; *Großfeld/Spennemann*, Die Teilnahmeberechtigung mehrerer gesetzlicher Vertreter von Gesellschaften in Mitgliederversammlungen von Kapitalgesellschaften und Genossenschaften, AG 1979, 128; *Habersack*, Aktienrecht und Internet, ZHR 165 (2001), 172; *Hanloser*, Proxy-Voting, Remote-Voting und Online-HV – § 134 III 3 AktG nach dem NaStraG, NZG 2001, 355; *Heckelmann*, Hauptversammlung und Internet, 2006; *Heermann*, Stimmrechtsvertretung in der Hauptversammlung und Schadensersatzhaftung, ZIP 1994, 1243; *Hensler*, Verhaltenspflichten bei der Ausübung von Aktienstimmrechten durch Bevollmächtigte, ZHR 157 (1993), 91; *Hensler*, Die Haftung des Stimmrechtsvertreters, DZWir 1995, 430; *Horn*, Die Virtualisierung von Unternehmen als Rechtsproblem, 2005; *Hüther* Namensaktien, Internet und die Zukunft der Stimmrechtsvertretung, AG 2001, 68; *Junge*, Der Verkauf von Teilnahme- und Stimmrechten über das Internet und die zahlenmäßige Begrenzung der Übertragbarkeit von Teilnahme- und Stimmrechten, in FS Röhricht, 2005, S. 277; *van Laak/Ulrich*, Entsendung mehrerer Stimmrechtsvertreter in der Hauptversammlung?, AG 2006, 660; *Lenz*, Die gesellschaftsbenannte Stimmrechtsvertretung (Proxy-Vertretung) in der Hauptversammlung der deutschen Publikums-AG, 2005; *Lutter*, Das Girmes-Urteil, JZ 1995, 1053; *Marsch-Barner*, Treuepflichten zwischen Aktionären und Verhaltenspflichten bei der Stimmrechtsbündelung, ZHR 157 (1993), 172; *Marsch-Barner*, Neuere Entwicklungen im Vollmachtsstimmrecht der Banken, in FS Peltzer, 2001, S. 261; *Marsch-Barner*, Treuflicht und Sanierung, ZIP 1996, 853; *Noack*, Die organisierte Stimmrechtsvertretung auf Hauptversammlungen – insbesondere durch die Gesellschaft, in FS Lutter, 2000, S. 1463; *Noack*, Stimmrechtsvertretung in der Hauptversammlung nach NaStraG, ZIP 2001, 57; *Noack*, Der Vorschlag für eine Richtlinie über Rechte von Aktionären börsennotierter Gesellschaften, NZG 2006, 321; *Noack*, Aktionärsrechte im EU-Kapitalbinnenmarkt – Bemerkungen zur Konsultation der EU-Kommission, ZIP 2005, 325; *Noack/Spindler*, Unternehmensrecht und Internet, 2001; *Ph. Möhring*, Proxy-Stimmrecht und geltendes deutsches Aktienrecht, in FS Geßler, 1971, S. 127; *Peltzer*, Die Vertretung der Aktionäre in Hauptversammlungen von Publikumsgesellschaften, AG 1996, 26; *Pikó/Preissler*, Die Online-Hauptversammlung bei Publikumsaktiengesellschaften mit Namensaktien, AG 2002, 223; *v. Randow*, Stimmrechtsvertretung nach Art des Hauses, ZIP 1998, 1564; *Reichert/Harbarth*, Stimmrechtsvollmacht, Legitimationszession und Stimmrechtsausschlussvertrag in der AG, AG 2001, 447; *Riegger*, Hauptversammlung und Internet, ZHR 165 (2001), 204; *Ruoff*, Stimmrechtsvertretung, Stimmrechtsermächtigung und Proxy System, 1999; *J. Schmidt*, Stimmrechtsvertretung und Stimmrechtsausübung „in absentia" in Deutschland und Großbritannien – Speziell vor dem Hintergrund der aktuellen Gesellschaftsrechtsreform in Großbritannien sowie der geplanten EU-Aktionärsrechte-Richtlinie, NZG 2006, 487; *Seibert*, Die Stimmrechtsausübung in deutschen Aktiengesellschaften – ein Bericht an den Deutschen Bundestag, AG 2004, 529; *Singhof*, Die Beauftragung eines „Treuhänders" durch eine AG zwecks kostenloser Stimmrechtsvertretung durch einzelne Aktionäre, NZG 1998, 670; *Spindler/Hüther*, Das Internet als Medium der Aktionärsbeteiligung in den USA, RIW 2000, 329; *Than*, Verhaltenspflichten bei der Ausübung von Aktienstimmrechten durch Bevollmächtigte, ZHR 157 (1993), 125; *Wiebe*, Vorstandsmacht statt Bankenmacht?, ZHR 166 (2002), 182; *Zetzsche*, NaStraG – ein erster Schritt in Richtung Virtuelle Hauptversammlung für Namens- und Inhaberaktien ZIP 2001, 682; *Zöllner*, Stimmrechtsvertretung der Kleinaktionäre, in FS Peltzer, 2001, S. 661; *Zöllner*, Die Ausübung des Stimmrechts für fremde Aktien durch die Aktiengesellschaft auf ihrer eigenen Hauptversammlung, in FS Westermann, 1974, S. 603.

### a) Zulässigkeit und Bedeutung

Die Möglichkeit der Stimmrechtsvertretung ist jahrzehntelang ein **prägendes Element der deutschen Aktienrechtskultur** gewesen. Insbesondere das Depotstimmrecht hat lange Zeit zu einer besonderen Form der Corporate Governance geführt, die einhergehend mit Überkreuzverflechtungen[129] und Fremdfinanzierungen zu einer Art finanz- und bankzentrierter Unternehmenskontrolle geführt hat, die erst im Rahmen der zunehmenden Globalisierung und Bedeutung der Kapitalmärkte aufgebrochen wurde. Die Stimmrechtsvertretung entspricht aber einem grundlegenden Bedürfnis im Aktienrecht, da für viele Aktionäre eine aktive Teilnahme an der Hauptversammlung ökonomisch wenig sinnvoll ist[130]. 38

Da das Stimmrecht im deutschen Aktienrecht nicht als höchstpersönliches Recht ausgestaltet ist, kann sich der Aktionär in Anwendung allgemeiner Grundsätze (§§ 164 ff. BGB) von Dritten vertreten lassen, § 134 Abs. 3 Satz 1. Die **Satzung** kann die Bevollmächtigung nicht ausschließen[131]. 39

Begrenzt wird die Bevollmächtigung nur durch das **Abspaltungsverbot**[132]: Da das Stimmrecht untrennbar mit der Mitgliedschaft des Aktionärs in dem Verband „Aktiengesellschaft" verbunden ist, kann es nicht selbständig übertragen werden[133], etwa durch Abtretung. Demgemäß kann auch eine Bevollmächtigung nicht derart ausgestaltet werden, dass sie der endgültigen Übertragung des Stimmrechts auf einen Dritten ohne Übergang des Mitgliedschaftsrechts gleichkäme, etwa durch eine unwiderrufliche Bevollmächtigung; sie verstieße gegen § 134 BGB[134]. Zwar kann auch eine unwiderrufliche Vollmacht aus wichtigem Grund widerrufen werden[135]; doch ist die Bindung in diesem Fall des Aktionärs an den Dritten derart intensiv, dass der Dritte de facto wie ein Mitglied der AG auftreten und eines der wichtigsten Rechte des Aktionärs ausüben kann[136]. Eine Ausnahme ist auch für das (qualifizierte[137]) Treuhandverhältnis (hierzu bereits oben Rz. 7) nicht zu machen, da kein Bedürfnis besteht, vom Grundsatz des Verbleibs des Stimmrechts beim Berechtigten, hier dem Treuhänder, abzuweichen und Einschränkungen der Stimmrechtsausübung im Innenverhältnis vereinbart werden können[138]. 40

---

129 S. dazu noch die Untersuchungen und Diagramme von *Adams*, AG 1990, 63 ff. zur „Deutschland AG".
130 *Seibert*, AG 2004, 529; *Peltzer*, AG 1996, 26, 27; *Baums/v. Randow*, AG 1995, 145, 147.
131 Allg. M., *Hüffer*, § 134 AktG Rz. 21; *Volhard* in MünchKomm. AktG, 2. Aufl., § 134 AktG Rz. 34; *Willamowski* in Spindler/Stilz, § 134 AktG Rz. 6; *Holzborn* in Bürgers/Körber, § 134 AktG Rz. 16.
132 BGH v. 10.11.1951 – II ZR 111/50, BGHZ 3, 354, 357; *Flume*, Die Personengesellschaft, 1977, § 17 IV; *K. Schmidt*, GesR, § 19 III 4; *Reichert/Harbarth*, AG 2001, 447, 448 ff.; *Fleck* in FS R. Fischer, 1979, S. 107 ff.; *Wiesner* in MünchHdb. AG, § 17 Rz. 9 f.
133 BGH v. 17.11.1986 – II ZR 96/86, WM 1987, 70, 71.
134 BGH v. 17.11.1986 – II ZR 96/86, NJW 1987, 780 f.; BGH v. 10.11.1951 – II ZR 111/50, BGHZ 3, 354, 358 f.; BGH v. 14.5.1956 – II ZR 229/54, BGHZ 20, 363, 364 = NJW 1956, 1198; BGH v. 14.5.1956 – II ZR 229/54, WM 1976, 1247, 1250; *Hüffer*, § 134 AktG Rz. 21; *Volhard* in MünchKomm. AktG, 2. Aufl., § 134 AktG Rz. 42, 60; *Willamowski* in Spindler/Stilz, § 134 AktG Rz. 6; *Reichert/Harbarth*, AG 2001, 447, 448 ff.
135 BGH v. 26.2.1988 – V ZR 231/86, NJW 1988, 2603; *Leptien* in Soergel, § 168 BGB Rz. 26; *Staudinger/Schilken*, in Staudinger § 168 BGB Rz. 14; *Palm* in Erman, § 168 BGB Rz. 19; *Larenz/Wolf*, AT, § 47 Rz. 55; *Schramm* in MünchKomm. BGB, 4. Aufl., § 168 BGB Rz. 28.
136 A.A. *Zöllner* in Baumbach/Hueck, § 47 GmbHG Rz. 50 mit der Einschränkung, dass die Vollmacht an das Rechtsverhältnis gekoppelt wird; *K. Schmidt* in Scholz, § 47 GmbHG Rz. 83.
137 Hierzu *Ulmer* in FS Odersky, 1996, S. 873, 887 ff.
138 *Zöllner* in Baumbach/Hueck, § 47 GmbHG Rz. 35; *Römermann* in Michalski, § 47 GmbHG Rz. 48; offen *Koppensteiner* in Rowedder/Schmidt-Leithoff, § 47 GmbHG Rz. 25; a.A. *Hüffer*, § 134 AktG Rz. 21; *Hüffer* in Ulmer, § 47 GmbHG Rz. 95; *Ulmer* in FS Odersky, 1996, S. 873, 887 ff.

**b) Erteilung und Widerruf**

41 Der Aktionär kann der Gesellschaft gegenüber einen Vertreter bestimmen (Außenvollmacht, § 167 Abs. 1 2. Alt. BGB) oder einen solchen mit Vollmacht ausstatten (Innenvollmacht, § 167 Abs. 1 1. Alt. BGB). Eine Vollmacht ist einem **gesetzlichen Vertreter** gegenüber nicht erforderlich, etwa einem **Prokuristen** (§§ 48 ff. HGB), wobei es unerheblich sein soll, ob der Kaufmann die Aktien im Rahmen seines Gewerbebetriebs hält[139]. Einem **Handlungsbevollmächtigten** (§§ 54 f. HGB) ist bei einer Spezialvollmacht die Ausübung in jedem Fall gestattet, im Fall der Generalvollmacht nur dann, wenn diese Tätigkeit zum gewöhnlichen Betrieb des Handelsgewerbes gehört[140]. Der **Widerruf** bestimmt sich wie die Erteilung nach den grundlegenden Vorschriften der Stellvertretung, §§ 168 ff. BGB. Ausgestellte Vollmachtsurkunden entfalten daher Außenwirkung (§ 172 Abs. 2 BGB), außer wenn der Widerruf der Vollmacht bekannt war oder bekannt sein musste.

**c) Form**

42 Während § 134 Abs. 3 Satz 2 a.F. als Regel die **Schriftform (§ 126 BGB) oder** die **elektronische Form** (mit qualifiziert digitaler Signatur, § 126a BGB i.V.m. § 2 Nr. 3 SigG[141]) vorsah[142] und der Satzung es überantwortete, eine Erleichterung der Form vorzusehen[143], vorwiegend als **Textform** (§ 126b BGB), beispielsweise in Gestalt von E-Mail, SMS, Fax oder durch das Ausfüllen eines Bildschirmformulars[144], hat der Gesetzgeber des ARUG in Umsetzung der EU-Richtlinie zur Stimmrechtsausübung (Art. 8)[145] nun in § 134 Abs. 3 Satz 3 generell diese Form gesetzlich vorgesehen. Der Gesetzgeber wollte schon zuvor mit der Satzungsöffnung der Internationalisierung der Aktionärsstruktur Rechnung tragen[146] und so die Hauptversammlung „faktisch an mehreren Orten"[147] ermöglichen[148] – wobei darunter nicht zu verstehen ist, dass die Hauptversammlung tatsächlich an mehreren Orten stattfindet, sondern Aktionäre sich nur von anderen Orten aus über elektronische Mittel an der Hauptversammlung beteiligen können. Nach der EU-Richtlinie wird insbesondere die Direktübertragung oder die Zweiweg-Direktverbindung und die Möglichkeit zur elektronischen Abstimmung vor oder während der Hauptversammlung genannt (Abs. 1). Werden diese elektronischen Mittel eingesetzt, so dürfen Beschränkungen nur auferlegt werden,

---

139 Sehr zweifelhaft, so aber *Hopt* in Baumbach/Hopt, § 49 HGB Rz. 1; *Volhard* in MünchKomm. AktG, 2. Aufl., § 134 AktG Rz. 59; a.A. mit guten Gründen *Hüffer*, § 134 AktG Rz. 22.
140 *Hüffer*, § 134 AktG Rz. 22; *Volhard* in MünchKomm. AktG, 2. Aufl., § 134 AktG Rz. 59.
141 Gesetz über Rahmenbedingungen für elektronische Signaturen – SigG vom 16.5.2001, BGBl. I 2001, 876 ff., hierzu *Roßnagel*, NJW 2001, 1817; *Hähnchen*, NJW 2001, 2831; geändert durch das erste Gesetz zur Änderung des Signaturgesetzes – 1. SigÄndG vom 11.1.2005, BGBl. I 2005, 2 ff.; hierzu *Roßnagel*, NJW 2005, 385 ff.
142 S. noch dazu *Wiebe*, ZHR 166 (2002), 182, 186; *Bunke*, AG 2002, 57, 63 f.; *Heckelmann*, Hauptversammlung und Internet, S. 154.
143 Allgemein zur elektronischen Stimmrechtsvollmacht, *Habersack*, ZHR 165 (2001), 172, 184.
144 Begr. RegE NaStraG, BT-Drucks. 14/4051, S. 15; *Horn*, S. 98; *Heckelmann*, Hauptversammlung und Internet, S. 155; zweifelnd gegenüber der E-Mail als Textform *Götze*, NZG 2010, 93, 94.
145 Richtlinie 2007/36/EG des Europäischen Parlaments und des Rates über die Ausübung bestimmter Rechte von Aktionären in börsennotierten Gesellschaften, ABl. EU L 184 v. 14.7.2007, S. 17.
146 Begr. RegE NaStraG, BT-Drucks. 14/4051, S. 1.
147 Durch Übertragung der Vollmachten an den Vertreter vor Ort via Satellitenverbindung, so die – allerdings missverständliche – Begründung zum RegE NaStraG, BT-Drucks. 14/4051, S. 15.
148 Sog. „Cross-border-Voting", *Weber*, NZG 2001, 337, 343; *Seibert*, ZIP 2001, 53.

wenn sie zur Identitätsfeststellung oder zur Sicherheit der elektronischen Kommunikation erforderlich und angemessen sind (Abs. 2). Art. 12 regelt dasselbe für die Briefwahl. Mit der Vereinheitlichung der Formvorgaben in § 134 Abs. 3 und § 135 Abs. 1 Satz 1 im Hinblick auf die Textform ist auch dem Streit der Boden entzogen, der sich an Einladungen zur Hauptversammlung entzündet hatte, die nicht zwischen den verschiedenen Bevollmächtigungen und den im alten Recht nicht vollständig geklärten Formvorgaben differenziert hatten[149].

Keine Vorgabe enthält das Gesetz für etwaige **Vollmachtsformulare**. Hierbei handelt es sich zwar streng genommen nicht um eine Formvorgabe, da es nicht um Schrift- oder Textform geht; doch steht dem die Vorgabe eines bestimmten Inhalts gleich, so dass es sich um eine Formerschwerung handelt, die nur durch Satzungsbestimmung für nicht börsennotierte Gesellschaften möglich ist[150]. 43

Aufgrund der Möglichkeit für den Aktionär, eine Außenvollmacht durch Zuleitung der Bevollmächtigung direkt an die Gesellschaft zu erteilen, stellt sich für die elektronischen Kommunikationskanäle die Frage, ob die Gesellschaft sich **jede in Textform gehaltene Kommunikation** an allgemeine Empfangsmöglichkeiten des Unternehmens zurechnen lassen muss, etwa eine E-Mail gerichtet an eine allgemeine Unternehmens-Mail-Adresse. Zwar würden hierfür die allgemeinen, von der Rechtsprechung entwickelten Grundsätze zur Wissenszurechnung sprechen; doch kann andererseits der Aktionär bei einer AG nicht davon ausgehen, dass eine Vollmacht an eine x-beliebige Mail-Adresse der AG tatsächlich so in deren Machtbereich gelangt, dass sie der zuständigen Stelle zur Hauptversammlungsvorbereitung bekannt wird. Gleiches gilt für SMS etwa an mobile Endgeräte der AG. Allerdings gilt dies nur, solange die AG spezielle Kommunikationskanäle eingerichtet hat und in der Einladung darauf aufmerksam macht[151]. 44

In der nicht börsennotierten Gesellschaft können sowohl die **Satzung** als auch in der Einberufung zur Hauptversammlung aufgrund einer Ermächtigung in der Satzung **Formerschwerungen** der Vollmachtserteilung vorgesehen werden, § 134 Abs. 3 Satz 3. Für die börsennotierte Gesellschaft ist dem Satzunggeber jedoch verwehrt, eine strengere Form als die Textform vorzusehen; allenfalls **Formerleichterungen** gegenüber der Textform sind hier möglich, etwa die mündliche oder telefonische Bevollmächtigung. Eine **mündliche Erteilung** der Vollmacht stößt indes auf Schwierigkeiten: Zwar ist die früher vorgesehene Nachprüfbarkeit der Vollmacht[152] inzwischen auf diejenige für von der Gesellschaft bestimmte Stimmrechtsvertreter eingeschränkt worden; doch entstehen ohne Dokumentation und Nachprüfbarkeit erhebliche Beweisschwierigkeiten. Zudem bestehen aufgrund von Art. 11 Abs. 3 der EU-Aktionärsrechterichtlinie, die eine Übermittlung auf elektronischen Weg verlangt, erhebliche Zweifel, ob eine reine Mündlichkeit genügt[153]. Eine **Identifizierung** und Authentifizierung wird vom Gesetz (und auch der Richtlinie) nicht verlangt. 45

---

149 S. dazu OLG Frankfurt v. 15.8.2008 – 5 W 15/08 – „Leica", AG 2008, 745, Rz. 20; LG Frankfurt v. 17.12.2008 – 3-05 O 241/08, NZG 2009, 1066; demgegenüber KG v. 21.9.2009 – 23 U 46/09, NZG 2009, 1389; OLG München v. 3.9.2008 – 7 W 1432/08, AG 2008, 746; LG München I v. 30.12.2008 – 5 HK O 11661/08, AG 2009, 296, Rz. 87 f.; OLG Bremen v. 1.12.2008 – 2 W 71/08, AG 2009, 412, Rz. 29; zuletzt noch OLG Frankfurt v. 6.4.2009 – 5 W 8/09, AG 2010, 39, Rz. 29; in Abgrenzung dazu für Satzungsregelungen, die Schriftform verlangen, noch LG Berlin v. 11.3.2009 – 100 O 17/07, BB 2009, 1265, Rz. 266 ff.; zum Ganzen noch *Stohlmeier/Mock*, BB 2008, 2143; *Wilburger*, DStR 2008, 1889.
150 Im Ergebnis ebenso *Götze*, NZG 2010, 93, 95.
151 In diese Richtung auch *Götze*, NZG 2010, 93, 94.
152 *Horn*, S. 100.
153 *Götze*, NZG 2010, 93, 95; *Grundmann*, BKR 2009, 31, 37; *Noack* in FS H. P. Westermann, 2008, S. 1203, 1212.

46 Im Falle einer **Übernahmesituation** ist die Gesellschaft nach **§ 16 Abs. 4 Satz 6 WpÜG** gehalten, den Aktionären die Erteilung von Stimmrechtsvollmachten – soweit nach Gesetz und Satzung möglich – zu erleichtern. Auch in einem solchen Fall ist allein aufgrund eines Vorstandsbeschlusses dann die Vollmachtserteilung etwa per Email möglich, Unterschiede ergeben sich zum Aktienrecht nicht mehr[154].

47 Der **Widerruf der Vollmacht** unterliegt den gleichen Formvorschriften wie die Erteilung, mithin genügt die Textform für die börsennotierte Gesellschaft, für die nicht an der Börse notierte Gesellschaft sind die Satzungsbestimmungen maßgeblich[155].

48 Generell ist trotz Formerleichterungen eine explizite Bevollmächtigung notwendig; eine konkludente Vollmachtserteilung reicht nicht aus[156]. **Blankovollmachten** sind anders als nach § 135 Abs. 1 Satz 2, 3[157] möglich, wenn sie im Zeitpunkt der Stimmabgabe vollständig ausgefüllt bzw. vervollständigt wurden[158].

49 Die **Einhaltung der Form** ist **Voraussetzung** für eine **wirksame Vollmachtserteilung**[159]. Die Einhaltung der strengeren Form genügt immer[160]. Im Falle der Schriftform ist diese auch für einen Prokuristen als Stimmrechtsvertreter bis zu dessen Eintragung in das Handelsregister erforderlich, auch wenn nach HGB hier mündliche Erteilung genügt; nach Eintragung wird die Schriftform dadurch ersetzt[161]. Dem Formmangel steht nur ausnahmsweise § 242 BGB entgegen[162].

50 Ohne Vollmacht bis zur Stimmabgabe gilt diese als nicht erteilt; eine **nachträgliche Genehmigung** ist **nicht möglich**[163]. Die Vollmacht ist in einem möglichen Anfechtungsprozess von der Gesellschaft darzulegen, wenn sie sich auf die Rechtmäßigkeit des Beschlusses beruft[164].

**d) Legitimation**

51 Will der Vertreter die fremden Stimmrechte geltend machen, muss er seine Stimmberechtigung gegenüber der Gesellschaft nachweisen[165]. Dabei hat der Gesetzgeber bewusst die frühere (§ 134 Abs. 3 Satz 3 a.F.) Verpflichtung zur Vorlage der Vollmachtsurkunde und zum Verbleib beseitigt[166]. Diese Lücke kann durch entsprechende **Sat-**

---

154 *Uwe H. Schneider* in Assmann/Pötzsch/Uwe H. Schneider, § 16 WpÜG Rz. 71. *Noack* in Schwark, § 16 WpÜG Rz. 36 spricht dagegen von einem schmalen Anwendungsbereich.
155 *Grundmann* in Großkomm. AktG, 4. Aufl., § 134 AktG Rz. 111a; *Götze*, NZG 2010, 93, 95.
156 *Bunke*, AG 2002, 57, 62; s. für Inhaberaktien auch *Butzke* in Obermüller/Werner/Winden, Die Hauptversammlung der Aktiengesellschaft, Rz. Q 8; *Volhard* in MünchKomm. AktG, 2. Aufl., § 134 AktG Rz. 52.
157 Zum Verhältnis der Form nach § 134 Abs. 3 und 135 s. § 135 Rz. 8.
158 *Volhard* in MünchKomm. AktG, 2. Aufl., § 134 AktG Rz. 48.
159 BGH v. 14.12.1967 – II ZR 30/67, BGHZ 49, 183, 194 = NJW 1968, 743; OLG Hamm v. 2.11.2000 – 27 U 1/00, AG 2001, 146; *Hüffer*, § 134 AktG Rz. 23; *Volhard* in MünchKomm. AktG, 2. Aufl., § 134 AktG Rz. 48; *F.-J. Semler* in MünchHdb. AG, § 38 Rz. 51; *Holzborn* in Bürgers/Körber, § 134 AktG Rz. 18.
160 *Hüffer*, § 134 AktG Rz. 23.
161 *Hüffer*, § 134 AktG Rz. 23; *Volhard* in MünchKomm. AktG, 2. Aufl., § 134 AktG Rz. 35.
162 BGH v. 14.12.1967 – II ZR 30/67, BGHZ 49, 183, 194 = NJW 1968, 743; *Hüffer*, § 134 AktG Rz. 23.
163 BGH v. 14.12.1967 – II ZR 30/67, BGHZ 49, 183, 194; *Grundmann* in Großkomm. AktG, 4. Aufl., § 134 AktG Rz. 115; *F.-J. Semler* in MünchHdb. AG, § 38 Rz. 51.
164 *Zöllner* in KölnKomm. AktG, 1. Aufl., § 134 AktG Rz. 91 f.; *F.-J. Semler* in MünchHdb. AG, § 38 Rz. 51.
165 *Bunke*, AG 2002, 57, 64; *Hüffer*, § 134 AktG Rz. 24; *Noack*, ZIP 2001, 57, 59; *F.-J. Semler* in MünchHdb. AG, § 36 Rz. 23; *Volhard* in MünchKomm. AktG, 2. Aufl., § 134 AktG Rz. 72; *Wiebe*, ZHR 166 (2002), 182, 186 f.
166 S. dazu noch LG München I v. 30.7.2009 – 5 HK O 16915/08, AG 2010, 47.

zungsbestimmungen geschlossen werden[167], allerdings nur bedingt hinsichtlich der Form (Rz. 42 ff.). Mangels Satzungsklausel greifen die allgemeinen gesetzlichen Regeln ein[168], mithin nunmehr die Textform mit Verschärfungsmöglichkeit durch die Satzung nur bei nicht börsennotierten Gesellschaften, so dass entsprechend § 174 Satz 1 BGB zur Vermeidung von Rechtsunsicherheiten infolge vollmachtloser Stimmabgabe die Vorlage einer der Textform genügenden Bevollmächtigung gefordert werden kann[169], nicht aber deren Verwahrung durch die AG[170]. Allerdings wollte der Gesetzgeber des NaStraG den Nachweis auf die Fälle beschränken, in denen „Zweifel" bestehen[171]. Darin ist jedoch keine zusätzliche Voraussetzung zu sehen, da der Gesetzgeber davon abgesehen hat, entsprechende Einschränkungen im Gesetz aufzunehmen; vielmehr wird damit auf das Eigeninteresse der Gesellschaft zur Vermeidung von Rechtsunsicherheiten verwiesen[172]. Auch wenn nunmehr mit dem ARUG generell die Textform vorgesehen ist, hat der Gesetzgeber nach wie vor keine Dokumentationspflicht für die Gesellschaft vorgesehen, auch nicht die börsennotierte[173].

Für die **Übermittlung des Nachweises der Bevollmächtigung** muss jedenfalls die börsennotierte Gesellschaft nach § 134 Abs. 3 Satz 4 einen elektronischen Kommunikationsweg anbieten. Dieser muss nicht der vom Aktionär bzw. dessen Vertreter gewählten Form entsprechen, das Risiko der Konvertierung (z.B. in ein PDF-Format) trägt der Aktionär. Als elektronische Kommunikationswege kommen neben Internet-Formularen auch E-Mail, SMS sowie alle anderen der Textform entsprechenden Übertragungswege in Betracht, nicht aber, nach Auffassung des Gesetzgebers, ein Faxgerät[174]. Versagt jedoch der von der Gesellschaft angebotene Übermittlungsweg, kann sich die Gesellschaft nicht auf eine fehlende Legitimation des Vertreters berufen, sofern diesem bzw. dem Aktionär der entsprechende Nachweis gelingt; der Vertreter muss dann zugelassen werden. Andernfalls wird der Beschluss anfechtbar; allerdings beschränkt § 243 Abs. 3 Nr. 1 die Anfechtbarkeit wegen Störungen der Kommunikation auf vorsätzliche und grobe fahrlässige Verstösse, sofern die Satzung nicht strengere Verschuldensmaßstäbe vorsieht (s. § 243 Rz. 15). 52

Der Nachweis der Legitimation erfolgt bei einem **rechtsgeschäftlichen Vertreter** durch Vorlage der Bevollmächtigung in Textform, bei nicht börsennotierten Gesellschaften gegebenenfalls in der vorgesehenen strengeren Form[175], bei einem **gesetzlichen Vertreter** oder Prokuristen durch Handelsregisterauszug gem. § 9 Abs. 4 HGB[176]. In der Regel muss sich die Gesellschaft durch Inaugenscheinnahme der ver- 53

---

167 Begr. RegE BT-Drucks. 4051, S. 15 re. Sp.; *Hüffer*, § 134 AktG Rz. 24; *Volhard* in MünchKomm. AktG, 2. Aufl., § 134 AktG Rz. 72.
168 *Volhard* in MünchKomm. AktG, 2. Aufl., § 134 AktG Rz. 72; *Hüffer*, § 134 AktG Rz. 24; *Bunke*, AG 2002, 57, 65.
169 *Hüffer*, § 134 AktG Rz. 24.
170 Unstrittig, s. Begr. RegE BT-Drucks. 4051, S. 15 re. Sp.; *Hüffer*, § 134 AktG Rz. 24; *Volhard* in MünchKomm. AktG, 2. Aufl., § 134 AktG Rz. 72; *Butzke* in Obermüller/Werner/Winden, Die Hauptversammlung der Aktiengesellschaft, Rz. E 70 f.
171 Begr. RegE NaStraG, BT-Drucks. 14/4051, S. 15.
172 Im Ergebnis ähnlich *Volhard* in MünchKomm. AktG, 2. Aufl., § 134 AktG Rz. 72; unklar *F.-J. Semler* in MünchHdb. AG, § 36 Rz. 24; a.A. *Wiebe*, ZHR 166 (2002), 182, 187.
173 Anders offenbar *Grundmann* in Großkomm. AktG, 4. Aufl., § 134 AktG Rz. 112a.
174 Begr. RegE BT-Drucks. 16/11642, S. 32 – was technisch indes kaum überzeugen und auch mit der Textform nach § 126b BGB nicht vereinbar ist, da ein PC-Fax von einem normalen Faxgerät technisch nicht zu unterscheiden ist.
175 Zur Vorlage einer Vollmachtsurkunde bei geforderter Schriftform s. etwa OLG Frankfurt v. 17.2.2009 – 5 W 40/08, AG 2008, 667, 671 (noch zum alten Recht mit Schriftformerfordernis, was aber für entsprechende Satzungsklauseln angewandt werden kann).
176 *Hüffer*, § 134 AktG Rz. 23; die Beglaubigung wie früher (s. dazu noch *Zöllner* in KölnKomm. AktG, 1. Aufl., § 134 AktG Rz. 85; a.A. *Volhard* in MünchKomm. AktG, 2. Aufl., § 134

wandten elektronischen Medien über die Legitimation des Vertreters vergewissern können[177].

54 Der Nachweis der Bevollmächtigung von **Kreditinstituten**, Aktionärsvereinigungen etc. ist durch eine interne, also eigene Dokumentation nach § 134 Abs. 3 Satz 5 i.V.m. § 135 Abs. 1 Satz 2 zu führen[178]. Eine Legitimation gegenüber der Gesellschaft erfolgt hier nicht mehr[179].

55 **Der nicht legitimierte Vertreter** kann von der Teilnahme an der Hauptversammlung ausgeschlossen werden[180]. Eine Pflicht zum Ausschluss besteht indes nicht, da der Nachweis auch noch nach dem Stattfinden der Hauptversammlung geführt werden kann; § 134 Abs. 3 legt keine zeitliche Grenze für die Legitimationsprüfung fest[181]. Davon zu trennen ist die nötige formgültige Bevollmächtigung bis zur Abstimmung in der Hauptversammlung (s. hierzu Rz. 42)[182]. Ein zurückgewiesener Vertreter kann – anders als der zugelassene Vertreter – nicht die Vollmacht nachträglich vorlegen[183]. Die Verweigerung der Zulassung eines legitimierten Aktionärsvertreters zur Abstimmung macht den Beschluss anfechtbar[184]. Die AG wird bei der Legitimationsprüfung durch den Vorstand, in der Hauptversammlung durch den Versammlungsleiter vertreten[185].

56 Im Falle der Vertretung von Aktionären von **Inhaberaktien** wird die Berechtigung durch die Vorlage der Aktienurkunde oder eine Hinterlegungsbescheinigung der den Aktienbestand verwaltenden Depotbank nachgewiesen[186]; bei **Namensaktien** wird dieser Nachweis durch das Aktienregister erbracht (§ 67 Abs. 2). In den seltenen Fällen, in denen **keine Urkunden** ausgegeben wurden, muss die Satzung eine mögliche Form der Legitimation vorsehen.

e) **Person des Bevollmächtigten**

57 **aa) Grundsätzliches.** § 134 Abs. 3 enthält **keine Angaben über die Person** des Bevollmächtigten. Der Aktionär ist daher frei, wen er als Vertreter bestimmt. Auch ein beschränkt Geschäftsfähiger kann gem. § 165 BGB Vertreter sein. Beschränkt wird das Auswahlermessen des Aktionärs durch seine Treuepflichten gegenüber der AG und

---

AktG Rz. 35; *Bärwaldt* in J. Semler/Volhard, Arbeitshandbuch HV, § 10 Rz. 93 ff.: Beglaubigung nach § 9 Abs. 2 a.F. HGB) kann jetzt nach der generellen Umstellung auf die Textform nicht mehr gefordert werden.
177 Vgl. hierzu *Hüffer*, § 134 AktG Rz. 24; *Heckelmann*, Hauptversammlung und Internet, S. 159.
178 So auch *Wiebe*, ZHR 166 (2002), 182, 187; *Bunke*, AG 2002, 57, 63.
179 Noch weitergehend als hier mit der Feststellung einer generellen Befreiung von der Vorlegepflicht *Wiebe*, ZHR 166 (2002), 182, 187 (oben).
180 OLG Düsseldorf v. 11.7.1991 – 6 U 59/91, AG 1991, 444, 445; *Volhard* in MünchKomm. AktG, 2. Aufl., § 134 AktG Rz. 77.
181 RG v. 2.2.1923 – II 147/22, RGZ 106, 258, 261; BGH v. 25.9.1989 – II ZR 53/89, WM 1989, 1682, 1687; OLG Düsseldorf v. 11.7.1991 – 6 U 59/91, AG 1991, 444, 445; *Volhard* in MünchKomm. AktG, 2. Aufl., § 134 AktG Rz. 77; *Hüffer*, § 134 AktG Rz. 24; *F.-J. Semler* in MünchHdb. AG, § 39 Rz. 24.
182 *Hüffer*, § 134 AktG Rz. 24; *F.-J. Semler* in MünchHdb. AG, § 38 Rz. 24.
183 OLG Frankfurt v. 1.9.2009 – 5 U 6/09, Rz. 59 f. in Abgrenzung zu OLG Düsseldorf v. 11.7.1991 – 6 U 59/91, AG 1991, 444, 445.
184 § 243 Abs. 1; OLG Düsseldorf v. 11.7.1991 – 6 U 59/91, AG 1991, 444, 445; OLG München v. 12.11.1999 – 23 U 3319/99, NZG 2000, 553, 555; *Grundmann* in Großkomm. AktG, 4. Aufl., § 134 AktG Rz. 116; *Volhard* in MünchKomm. AktG, 2. Aufl., § 134 AktG Rz. 77.
185 *Hüffer*, § 134 AktG Rz. 24; *Bärwaldt* in J. Semler/Volhard, Arbeitshandbuch HV, § 10 Rz. 91.
186 BGH v. 25.9.1989 – II ZR 53/89, WM 1989, 1682, 1686; *F.-J. Semler* in MünchHdb. AG, § 36 Rz. 8; *Volhard* in MünchKomm. AktG, 2. Aufl., § 134 AktG Rz. 73.

den anderen Aktionären, etwa im Hinblick auf Konkurrenten der AG, unzumutbare Personen oder Wirtschaftskriminelle[187], die von der Teilnahme an der Hauptversammlung ausgeschlossen werden können[188].

**Die Satzung** kann weder einen Zwang zur Vertretung[189] noch deren Ausschluss anordnen[190]. Sie kann auch nicht das Auswahlermessen des Aktionärs bezüglich der Person des Vertreters als eines seiner elementaren Mitgliedschaftsrechte einschränken[191]. Die gegenteilige Auffassung, die sich auf die Gesetzesbegründung des AktG 1965 beruft[192], indem die frühere Rechtsprechung[193] fortgelte[194], verkennt, dass der Gesetzgeber nur davon ausgegangen ist, dass „im Wesentlichen" die frühere Rechtslage beibehalten werde. Auf jeden Fall muss die Satzung eine Öffnung für andere Vertreter als aus dem Aktionärskreis vorsehen, wenn die Entscheidungsfreiheit des Aktionärs im Einzelfall unzumutbar eingeschränkt würde[195].

58

**Bevollmächtigt werden können eine oder auch mehrere Personen**, da § 69 Abs. 1 nur die Ausübungen der Rechte aus einer Aktie bei mehreren Berechtigten regelt[196]. Auch ein anderer Aktionär kann bevollmächtigt werden, ohne gegen § 181 BGB zu verstoßen, da es sich um die parallele Abgabe von zwei Willenserklärungen handelt[197]. Dies gilt sowohl für den Fall des Aktienbesitzes nur einer wie auch für den Besitzes von mehreren Aktien. Mit dem ARUG wurde für die Gesellschaft von Gesetzes wegen die Befugnis eingeräumt, bei mehreren Vertretern einen oder mehrere zurückzuweisen. Die Befugnis wird durch den Vorstand nach seinem pflichtgemäßen Ermessen ausgeübt, der die Gesellschaft vertritt. Einer Satzungsbestimmung hierzu bedarf es nicht; die Satzung kann jedoch den Ermessensspielraum konkretisieren und einengen[198]. Die Regelung ermächtigt aber nur zur Zurückweisung einer oder mehrerer bevollmächtigter Personen, nicht aber zur Zurückweisung aller Vertreter; ein Bevollmächtigter muss daher verbleiben. Eine Zurückweisung aufgrund sachwidriger Erwägungen ist nicht statthaft, wohl aber um eine möglichst einheitliche Stimmabgabe und einen ordnungsgemäßen Ablauf der Hauptversammlung zu ermöglichen. Erst recht kann die Satzung – wie schon nach früherem Recht – im Fall des

59

---

187 S. etwa die Regelungen im KWG (§ 2c KWG) und VAG (§ 104 VAG) zur Zuverlässigkeit von Anteilseignern und Vertretern.
188 OLG Stuttgart v. 28.5.1990 – 8 W 203/90, AG 1991, 69, 70 = WM 1990, 1159, 1160; *Hüffer*, § 134 AktG Rz. 26; *Volhard* in MünchKomm. AktG, 2. Aufl., § 134 AktG Rz. 42; *Willamowski* in Spindler/Stilz, § 134 AktG Rz. 10.
189 *F.-J. Semler* in MünchHdb. AG, § 36 Rz. 12; *Butzke* in Obermüller/Werner/Winden, Die Hauptversammlung der Aktiengesellschaft, Rz. E 64; *Volhard* in MünchKomm. AktG, 2. Aufl., § 134 AktG Rz. 42; *Holzborn* in Bürgers/Körber, § 134 AktG Rz. 16.
190 *Volhard* in MünchKomm. AktG, 2. Aufl., § 134 AktG Rz. 42; *Butzke* in Obermüller/Werner/Winden, Die Hauptversammlung der Aktiengesellschaft, Rz. E 64.
191 OLG Stuttgart v. 28.5.1990 – 8 W 203/90, AG 1991, 69, 70 = WM 1990, 1159, 1160; *Volhard* in MünchKomm. AktG, 2. Aufl., § 134 AktG Rz. 42; *Bärwaldt* in F.-J. Semler/Volhard, Arbeitshandbuch HV, § 10 Rz. 23.
192 Begr. RegE *Kropff*, Aktiengesetz, S. 192.
193 RG v. 23.5.1903 – I 28/03, RGZ 55, 41 f.
194 *Hüffer*, § 134 AktG Rz. 25.
195 So *Volhard* in MünchKomm. AktG, 2. Aufl., § 134 AktG Rz. 42; *Butzke* in Obermüller/Werner/Winden, Die Hauptversammlung der Aktiengesellschaft, Rz. C 20; *Hüffer*, § 134 AktG Rz. 25; *F.-J. Semler* in MünchHdb. AG, § 36 Rz. 12; im Ergebnis wohl ebenso *Grundmann* in Großkomm. AktG, 4. Aufl., § 134 AktG Rz. 105.
196 *F.-J. Semler* in MünchHdb. AG, § 36 Rz. 13; *Hüffer*, § 134 AktG Rz. 27; *Volhard* in MünchKomm. AktG, 2. Aufl., § 134 AktG Rz. 36, 44.
197 BGH v. 22.9.1969 – II ZR 144/68, BGHZ 52, 316, 318; BGH v. 18.9.1975 – II ZB 6/74, BGHZ 65, 93, 97 ff.; *Volhard* in MünchKomm. AktG, 2. Aufl., § 134 AktG Rz. 36.
198 Begr. RegE BT-Drucks. 16/11642, S. 32.

Besitzes nur einer Aktie bestimmen, dass nur ein Vertreter zugelassen werden soll[199]. Für den Fall der Gesamtbevollmächtigung zweier Vertreter muss ein Bevollmächtigter dem Zweiten eine Untervollmacht zwecks wirksamer Stimmabgabe erteilen[200]. Stimmen die Gesamtvertreter unterschiedlich ab, ist die Stimmabgabe wegen Perplexität nichtig[201].

60 Im Fall des **Besitzes von mehreren Aktien** steht es dem Aktionär frei, so viele Vertretungen zu erteilen, wie viele Aktien er im Besitz hat. Da nach dem Wortlaut des Gesetzes eine jede Aktie das Stimmrecht vermittelt, kann für eine jede Aktie (zumindest) ein Vertreter bestimmt werden[202]. Die entgegenstehende Auffassung[203] verweist zwar darauf, dass das Teilnahmerecht als Hilfsrecht an die jeweilige Person gekoppelt sei und nicht an den Aktienbestand; doch hätte der Vertreter dann nie ein eigenes Teilnahmerecht[204]. Da der Aktionär mit jeder Aktie ein Stimmrecht besitzt (§ 12 Abs. 1 Satz 1) und auch unterschiedlich abstimmen kann (s. hierzu § 133 Rz. 19), muss er auch ebenso viele Bevollmächtigte mit einer Weisung und dementsprechend einer Zugangsberechtigung ausstatten können. Ob dieser Grundsatz auch in Zukunft noch Bestand haben wird, kann allerdings bezweifelt werden: Die EU-Richtlinie zur Stimmrechtsausübung spricht sich nämlich indirekt für eine Vertretung pro Wertpapierdepot des Aktionärs[205] und nicht pro Aktie aus[206].

61 Mehrere Aktionäre können auch einen Vertreter bevollmächtigen (**Gruppenvertretung**). Zwingend ist dies nach § 69 Abs. 1 für Bruchteils-, Erben und Gütergemeinschaften[207]. Auf freiwilliger Basis ist die Gruppenvertretung häufig bei Stimmrechtsbindungen bzw. Konsortialverträgen anzutreffen. Zwingend kann die **Satzung** eine Gruppenvertretung mangels entsprechender Ermächtigung im AktG nicht vorsehen[208].

---

199 *Hüffer*, § 134 AktG Rz. 27; *Volhard* in MünchKomm. AktG, 2. Aufl., § 134 AktG Rz. 44; *Schaaf*, Rz. 220a; *Butzke* in Obermüller/Werner/Winden, Die Hauptversammlung der Aktiengesellschaft, Rz. C 15; *Bärwaldt* in J. Semler/Volhard, Arbeitshandbuch HV, § 10 Rz. 30; *F.-J. Semler* in MünchHdb. AG, § 36 Rz. 13.
200 *Bärwaldt* in Semler/Volhard, Arbeitshandbuch HV, § 10 Rz. 30; *Volhard* in MünchKomm. AktG, 2. Aufl., § 134 AktG Rz. 44; *Hüffer*, § 134 AktG Rz. 27.
201 *Hüffer*, § 134 AktG Rz. 27; *Grundmann* in Großkomm. AktG, 4. Aufl., § 134 AktG Rz. 106; *Holzborn* in Bürgers/Körber, § 134 AktG Rz. 16; die EU-Richtlinie enthält hierzu keine Vorgaben.
202 *Bärwaldt* in J. Semler/Volhard, Arbeitshandbuch HV, § 10 Rz. 30; *Steiner*, Die Hauptversammlung der AG, 1995, § 13, Rz. 41; *Volhard* in MünchKomm. AktG, 2. Aufl., § 134 AktG Rz. 44 f.; *Großfeld/Spennemann*, AG 1979, 128, 131.
203 *Hüffer*, § 134 AktG Rz. 27; *Butzke* in Obermüller/Werner/Winden, Die Hauptversammlung der Aktiengesellschaft, Rz. C 27; *Kubis* in MünchKomm. AktG, 2. Aufl., § 118 AktG Rz. 65; *Junge* in FS Röhricht, 2005, S. 277, 282 ff.; *van Laak/Ulbrich*, AG 2006, 660, 664.
204 *Mülbert* in Großkomm. AktG, 4. Aufl., § 118 AktG Rz. 54; *Volhard* in MünchKomm. AktG, 2. Aufl., § 134 AktG Rz. 45; *Bärwaldt* in J. Semler/Volhard, Arbeitshandbuch HV, § 10 Rz. 30.
205 Art. 10 Abs. 2 Satz 3 der Richtlinie des Europäischen Parlaments und des Rates über die Ausübung bestimmter Rechte von Aktionären: „Hält ein Aktionär Aktien einer Gesellschaft in mehr als einem Wertpapierdepot, so hindert eine solche Begrenzung den Aktionär jedoch nicht daran, für die in jedem einzelnen Wertpapierdepot gehaltenen Aktien jeweils einen eigenen Vertreter für jede Hauptversammlung zu bestellen."
206 Zweifelhaft ist allerdings, ob es sich dabei um eine Vollharmonisierung handelt, zum Vorschlag *Spindler* in VGR, Gesellschaftsrecht in der Diskussion 2005, 2006, S. 31 und passim; *Noack*, NZG 2006, 321; *Noack*, ZIP 2006, 325; *Wand/Tillmann*, AG 2006,443; *J. Schmidt*, BB 2006, 1641.
207 *Hüffer*, § 134 AktG Rz. 28; *Willamowski* in Spindler/Stilz, § 134 AktG Rz. 9.
208 *Hüffer*, § 134 AktG Rz. 28; *Willamowski* in Spindler/Stilz, § 134 AktG Rz. 9.

**bb) Von der Gesellschaft benannte Stimmrechtsvertreter.** Im Gegensatz zum US- 62
amerikanischen Recht (sog. proxy voting und proxy fighting)[209] war das deutsche
Recht lange Zeit durch den Grundsatz geprägt, dass die Gesellschaft selbst keine
Stimmrechtsvertreter stellen oder vorschlagen durfte, um eine Selbstkontrolle des
Managements zu vermeiden. Dogmatische Grundlage war die Spezialregelung in
§ 135 Abs. 1 Satz 2 a.F., jetzt Abs. 3 Satz 3, für Kreditinstitute, aus der im Umkehrschluss die Unzulässigkeit entsprechender Regelungen für andere Gesellschaften
abgeleitet werden konnte[210]. Diesen Grundsatz hat der Gesetzgeber mit dem Na-
StraG durch § 134 Abs. 3 Satz 3 a.F., jetzt Satz 5, teilweise aufgehoben[211]. Allerdings
folgt aus dem Wortlaut nicht unmittelbar, ob und wie **Angehörige der Gesellschaft,
insbesondere Organmitglieder**, selbst als Vertreter bevollmächtigt werden können;
die Norm spricht nur davon, dass die Gesellschaft Stimmrechtsvertreter *benennen*
kann. Die Gesetzesbegründung des Rechtsausschusses ist in diesem Rahmen – entgegen zahlreicher Stimmen[212] – wenig aussagekräftig, da sie nicht von Verwaltungsstimmrechten, sondern von „einem dem im angloamerikanischen Rechtskreis bekannten Proxy-Voting vergleichbaren Abstimmungsverfahren" spricht[213]. Angesichts
der unterschiedlichen Regulierungen, insbesondere dem Fehlen einer Aufsicht wie
der SEC, fehlt es aber gerade an einer Vergleichbarkeit[214]. Weder der Wortlaut noch
eine teleologische Auslegung lassen zwingend den Schluss zu, dass Verwaltungs-
stimmrechte in jeglicher Form möglich seien[215].

Die Sicherung der Gesellschaft vor einer Selbstkontrolle durch das Management 63
kann indes auf mehrfache Weise erfolgen: durch organisatorische Regelungen, durch
Inkompatibilitäten oder durch verfahrensrechtliche Vorkehrungen. Ist etwa für die
Ausübung des Stimmrechts durch einen von der Gesellschaft benannten Stimmrechtsvertreter eine **ausdrückliche Weisung** erforderlich, kann der Stimmrechtsvertreter nicht ohne weiteres Interessen der Gesellschaft bzw. des Managements verfolgen[216]. Die Rechtsprechung hatte schon vor dem NaStraG eine solche Einschränkung

---

209 Dazu *Spindler/Hüther*, RIW 2003, 329 ff.; *Merkt/Göthel*, US-amerikanisches Gesellschaftsrecht, Rz. 784 ff.
210 *Möhring* in FS Geßler, 1971, S. 127, 128; *Zöllner* in FS Peltzer, 2001, S. 661, 663; *Zöllner* in
FS H. Westermann, 1974, S. 603, 611 ff.; *K. Schmidt*, GesR, § 28 IV 4c); *Bachmann*, WM
1999, 2100, 2103 f.; *Habersack*, ZHR 165 (2001), 172, 185; *Hüther*, AG 2001, 68, 71 ff.; *Singhof*, NZG 1998, 670, 673; *Kindler*, NJW 2001, 1678, 1687; *v. Randow*, ZIP 1998, 1564, 1567;
*Hüffer*, § 134 AktG Rz. 26; Ausnahme nur bei LG Stuttgart v. 30.11.1973 – 1 KfH O 148/73,
AG 1974, 260, 261.
211 *Hanloser*, NZG 2001, 355; *Habersack*, ZHR 165 (2001), 172, 187; *Noack*, ZIP 2001, 57, 61;
*Seibert*, ZIP 2001, 53, 55.
212 S. etwa *Becker*, Stimmrechtsvertretung in Europa, S. 13 f.; *Wiebe*, ZHR 166 (2002), 182,
190; *Riegger*, ZHR 165 (2001), 204, 213; *Noack*, ZIP 2001, 57, 61; *Bunke*, AG 2002, 57, 59;
*Volhard* in MünchKomm. AktG, 2. Aufl., § 134 AktG Rz. 37; *F.-J. Semler* in MünchHdb.
AG, § 38 Rz. 53.
213 Bericht des Rechtsausschusses zum RegE NaStraG, BT-Drucks. 14/4618, S. 14.
214 Näher dazu *Spindler/Hüther*, RIW 2000, 329, 330 ff. m.w.N.; *Zätzsch/Gröning*, NZG 2000,
393, 399 f.; *Merkt/Göthel*, US-amerikanisches Gesellschaftsrecht, Rz. 789 ff.
215 So aber *Grundmann* in Großkomm. AktG, 4. Aufl., § 134 AktG Rz. 122; umfassend dazu
*Lenz*, Die gesellschaftsbenannte Stimmrechtsvertretung (Proxy-Vertretung) in der Hauptversammlung der deutschen Publikums-AG, 2005, S. 209, 216.
216 OLG Karlsruhe v. 24.2.1999 – 6 U 142/98, ZIP 1999, 750, 752 f.; zustimmend aus der Literatur *Habersack*, ZHR 165 (2001), 172, 187; *Noack*, ZIP 2001, 57, 62; *Zetzsche*, ZIP 2001,
682, 684; *Bunke*, AG 2002, 57, 60; *Butzke* in Obermüller/Werner/Winden, Die Hauptversammlung der Aktiengesellschaft, Rz. E 67; *Hüther*, AG 2001, 68, 71; *Hüffer*, § 134 AktG
Rz. 26b; *Pikó/Preissler*, AG 2002, 223, 227, ablehnend aufgrund des offenen Wortlautes dagegen *Wiebe*, ZHR 166 (2002), 182, 190 ff.; *Volhard* in MünchKomm. AktG, 2. Aufl., § 134
AktG Rz. 39; *Riegger*, ZHR 165 (2001), 204, 214 f.; *Bachmann*, AG 2001, 635, 638 f.; *Hanloser*, NZG 2001, 355; *Marsch-Barner* in FS Peltzer, 2001, S. 261, 271.

befürwortet[217]. Dafür spricht auch der Rechtsgedanke des **§ 135 Abs. 3 Satz 3** (§ 135 Abs. 1 Satz 2 a.F.)[218]. Zwar wird dagegen vorgebracht, dass § 135 Abs. 3 Satz 3 für das Depotstimmrecht der Kreditinstitute nicht mit § 134 Abs. 3 Satz 5 vergleichbar sei[219], insbesondere keine Warnfunktion erforderlich sei, da der Aktionär nur seine Bevollmächtigung für eine Hauptversammlung erteile[220]. Doch ist zum einen der vom Gesetzgeber selbst hervorgehobene experimentelle Charakter der Norm[221] zu berücksichtigen[222], zum anderen die erforderliche Unterbindung einer Selbstkontrolle des Managements[223]. Schließlich empfiehlt auch der Deutsche Corporate Governance Kodex die „weisungsgebundene Ausübung des Stimmrechts"[224]. **Ohne eine ausdrückliche Weisung** können daher **Angehörige der Gesellschaft**, seien es Organmitglieder, Angestellte oder sonstige, dem Einfluss der Gesellschaft unterliegende Dritte, **nicht** zur Stimmrechtsvertretung **bevollmächtigt** werden[225]. Selbst wenn aber eine ausdrückliche Weisung vorgesehen ist, wird man die Stimmrechtsvertretung durch **Organmitglieder** ausschließen müssen, da die ausdrückliche Weisung oftmals durch entsprechende vorgefertigte Formen den Aktionären erleichtert wird, so dass die ausdrückliche Weisung in der Praxis nicht unbedingt eine entscheidende Hürde darstellt[226]; dogmatisch kann dies auf das Manipulationsverbot des § 136 Abs. 2 gestützt werden[227].

---

217 OLG Karlsruhe v. 24.2.1999 – 6 U 142/98, ZIP 1999, 750, 752 f.; LG Baden-Baden v. 29.4.1998 – 4 O 137/98, AG 1998, 534, 535.
218 *Habersack*, ZHR 165 (2001), 172, 187; *Noack*, ZIP 2001, 57, 62; *Zetzsche*, ZIP 2001, 682, 684; *Bunke*, AG 2002, 57, 60; *Butzke* in Obermüller/Werner/Winden, Die Hauptversammlung der Aktiengesellschaft, Rz. E 67; *Hüther*, AG 2001, 68, 71; *Pikó/Preissler*, AG 2002, 223, 227; *Horn*, S. 102.
219 *Wiebe*, ZHR 166 (2002), 182, 190 ff.; *Volhard* in MünchKomm. AktG, 2. Aufl., § 134 AktG Rz. 39; *Riegger*, ZHR 165 (2001), 204, 214 f.; *Bachmann*, AG 2001, 635, 638 f.; *Hanloser*, NZG 2001, 355; *Marsch-Barner* in FS Peltzer, 2001, S. 261, 271.
220 *Riegger*, ZHR 165 (2001), 204, 214; *Volhard* in MünchKomm. AktG, 2. Aufl., § 134 AktG Rz. 39; s. auch *Zöllner* in FS Peltzer, 2001, S. 661, 665 f.
221 Ganz deutlich im Bericht des Rechtsausschusses zum RegE NaStraG, BT-Drucks. 14/4618, S. 14: „Die aktienrechtliche Regelung ist zunächst rudimentär."; ebenso *Seibert*, ZIP 2001, 53, 55.
222 So auch *Hüffer*, § 134 AktG Rz. 26b; *Habersack*, ZHR 165 (2001), 172, 188; *Seibert*, ZIP 2001, 53, 55.
223 Dazu *Bachmann*, WM 1999, 2100, 2103 f.; *Habersack*, ZHR 165 (2001), 172, 185; *Hüffer*, § 134 AktG Rz. 26; *Ph. Möring* in FS Geßler, 1971, S. 127; *K. Schmidt*, GesR, § 28 IV 4; *Volhard* in MünchKomm. AktG, 2. Aufl., § 134 AktG Rz. 37; *Zöllner* in FS Peltzer, 2001, S. 661, 663 f.; *Zöllner* in FS Westermann, 1974, S. 604, 605 ff.; *Hüther*, AG 2001, 68, 81.
224 Ziffer 2.3.3 des Deutschen Corporate Governance Kodex in der Fassung vom 18.6.2009; hierzu *Kremer* in Ringleb/Kremer/Lutter/v. Werder, DCGK, Rz. 226 f.
225 *Hüffer*, § 134 AktG Rz. 26b; *Kindler*, NJW 2001, 1678, 1687; *Kocher*, NZG 2001, 1074, 1075; *Pluta*, in Heidel, § 134 AktG Rz. 32; *Hüther*, AG 2001, 68, 72; *v. Randow*, ZIP 1998, 1564 ff.; *Ruoff*, Stimmrechtsvertretung, Stimmrechtsermächtigung und Proxy System, 1999, S. 47 ff.; *Noack* in Noack/Spindler, Unternehmensrecht und Internet, 2001, S. 15, 23; *Lenz*, Die gesellschaftsbenannte Stimmrechtsvertretung (Proxy-Vertretung) in der Hauptversammlung der Publikums-AG, 2005, S. 285; *Raiser/Veil*, Kapitalgesellschaften, § 16 Rz. 102.
226 Noch weitergehend mit umfassendem Ausschluss *Lenz*, Die gesellschaftsbenannte Stimmrechtsvertretung (Proxy-Vertretung) in der Hauptversammlung der Publikums-AG, 2005, S. 285 ff.
227 Zutr. *Hüffer*, § 134 AktG Rz. 26b; *Ph. Möhring* in FS Geßler, 1971, S. 127; *Butzke* in Obermüller/Werner/Winden, Die Hauptversammlung der Aktiengesellschaft, Rz. E 53; a.A. *Bunke*, AG 2002, 57, 59 ff.; *Wiebe*, ZHR 166 (2002), 182, 191 f.; *Grundmann* in Großkomm. AktG, 4. Aufl., § 134 AktG Rz. 122; *Volhard* in MünchKomm. AktG, 2. Aufl., § 134 AktG Rz. 38.

Die Gefahr der Selbstkontrolle des Managements kann alternativ auch durch **organi-** 64
**satorische Vorkehrungen** innerhalb der Gesellschaft gebannt werden, indem von der
Gesellschaft benannte Stimmrechtsvertreter nicht den Weisungen des Vorstands unterliegen und über eine entsprechend abgesicherte Rechtsstellung im Unternehmen
verfügen[228]. Allerdings sind hieran **strenge Anforderungen** zu stellen, um jegliches
Einfluss zu unterbinden, etwa hinsichtlich der Sicherung vor arbeitsrechtlichen
Maßnahmen. Keinesfalls kann es genügen, auf eine „konkludente Erklärung des Vorstandes, keinen Einfluss auf diese Stimmrechtsvertreter zu nehmen"[229] zu vertrauen.

Unzulässig wäre ebenso die von der Gesellschaft finanzierte oder durchgeführte, **sys-** 65
**tematische Einwerbung von Stimmrechtsvollmachten** für der Gesellschaft angehörige Vertreter[230], etwa durch Call-Center, die die Aktionäre zur Abgabe ihrer Vollmachten auffordern. Zulässig ist dagegen die Versendung entsprechender Vollmachten mit
ausdrücklichen Weisungen im Rahmen der Einladung zur Hauptversammlung.

Die AG muss gem. § 134 Abs. 3 Satz 5 die Vollmachtserklärungen drei Jahre lang 66
**nachprüfbar** festhalten, ohne dass die Art und Weise festgelegt ist. Zulässig ist etwa
die Mikroverfilmung oder Speicherung auf gesicherten elektronischen Dateien[231].
Bei anderen Medien bzw. Formen müssen vergleichbar sichere Dokumentationen
verwandt werden, wobei die Satzung hier Details regeln kann. Die Aufbewahrungs-
frist beginnt mit dem letzten Tag der Hauptversammlung, da die Vollmacht Gültig-
keitsvoraussetzung ist. Die Ausübung des Stimmrechts richtet sich nach § 135
Abs. 4 Satz 1–3, so dass sowohl die offene als auch verdeckte Stimmrechtsausübung
möglich ist[232].

## 2. Gesetzliche Vertretung

§ 134 Abs. 3 Satz 3 findet dem Wortlaut nach **keine Anwendung** bei gesetzlicher Ver- 67
tretung. Mithin ist eine Bevollmächtigung im Falle der Ausübung des Stimmrechtes
durch die **Eltern** (§ 1629 Abs. 1 Satz 2 BGB), durch den **Vormund** (§ 1793 BGB) oder
den **Pfleger** (§§ 1909 ff. BGB) schon wegen der Legaldefiniton einer Vollmacht gem.
§ 166 Abs. 2 BGB nicht erforderlich. Das Gleiche gilt für **organschaftliche Vertreter**.
Handelt es sich um ein mehrköpfiges Vertretungsorgan mit Gesamtvertretungsmacht, so sind grundsätzlich alle Organmitglieder zur Abstimmung zuzulassen[233];
eine Bevollmächtigung eines Organmitglieds durch die anderen ist indes möglich.
Sind sie einzelvertretungsberechtigt, so steht diesem Bevollmächtigten das Teilnahmerecht zu[234].

Neben den gesetzlichen Vertretern nehmen auch die **Amtswalter** in ihrer Funktion 68
als Testamentsvollstrecker, Vergleichsverwalter, Insolvenzverwalter oder auch Nach-

---

228 In der Sache ebenso OLG Karlsruhe v. 24.2.1999 – 6 U 142/98, ZIP 1999, 750, 752 f. Anders *Habersack*, ZHR 165 (2001), 172, 188 f., der die Gefahr von Interessenkonflikten zunächst einmal hinnehmen möchte. *Noack* in FS Lutter, 1999, S. 1463, 1477 ff. dagegen plädiert dafür, § 135 auf sämtliche Stimmrechtsvertreter anzuwenden.
229 So *Riegger*, ZHR 165 (2001), 204, 213.
230 Ähnlich *Habersack*, ZHR 165 (2001), 172, 187; *Hüffer*, § 134 AktG Rz. 26b; wohl auch *Grundmann* in Großkomm. AktG, 4. Aufl., § 134 AktG Rz. 124 „sehr fraglich".
231 *Hüffer*, § 134 AktG Rz. 26c; umfassend auch zur Speicherung von Bevollmächtigungen via E-Mail und Fax *Bunke*, AG 2002, 57, 67.
232 *Hüffer*, § 134 AktG Rz. 26c unter Berufung auf Begr. Ausschuss, BT-Drucks. 14/4618, S. 14.
233 *Hüffer*, § 134 AktG Rz. 30; *Hüffer* in Ulmer, § 47 GmbHG Rz. 109; *Großfeld/Spennemann*, AG 1979, 128, 129.
234 *Hüffer*, § 134 AktG Rz. 30; a.A. *F.-J. Semler* in MünchHdb. AG, § 36 Rz. 16; *Großfeld/Spennemann*, AG 1979, 128, 129, die nur die Gesamtvertretung zulassen wollen, nicht dagegen ein einzelvertretungsberechtigtes Organmitglied. Dann müsste der Weg über eine Bevollmächtigung der Person selbst durch den Aktionär erfolgen.

lassverwalter an der Hauptversammlung für die von ihnen verwalteten Vermögensmassen teil. Die Ausübung des Stimmrechtes ist Verwaltungshandlung und fällt damit in den Bereich ihrer Aufgaben und Befugnisse[235]. Eine abspaltende Testamentsvollstreckung, die nur das Stimmrecht der Verwaltung unterwirft, die Mitgliedschaft aber bei den Erben belässt, ist unzulässig[236].

### 3. Ermächtigung zur Ausübung des Stimmrechts (§ 129 Abs. 3)

69 **Keine Vertretung** im hier geschilderten Sinne ist das Instrument der **Legitimationszession**. Bei dieser Ermächtigung nach dem Rechtsgedanken des § 185 BGB wird die Befugnis abgetreten, aus fremden Aktien das Stimmrecht im eigenen Namen auszuüben. Dazu wird der Besitz an der Aktie übertragen, bei **Namensaktien** geschieht dies mittels Indossament und Übergabe bzw. Abtretung des Rechts aus dem Wertpapier, zusätzlich noch die Umschreibung im Namensregister als Ausweis der Berechtigung gegenüber der Gesellschaft, bei **Inhaberaktien** richtet sich die Übergabe dagegen nach den allgemeinen Regeln[237]. Der neue Rechteinhaber gilt gegenüber der Gesellschaft als Vollrechtsinhaber[238]. Es handelt sich somit um eine **mittelbare Stellvertretung**[239] **zur Wahrung der Anonymität**[240]. § 134 Abs. 3 gilt daher für die Stimmrechtsermächtigung nicht[241]. Diese Form der Stimmrechtsausübung wird in § 129 Abs. 3 anerkannt und vorausgesetzt[242]. Allerdings können die Eigentümer dies durch Satzungsregelung ausschließen[243]. Gesetzliche Ausnahmen dieser Regelung sind in **§ 135 Abs. 1, 8** kodifiziert: danach dürfen **Kreditinstitute** und geschäftsmäßig Handelnde **keine Stimmrechte für Inhaberaktien** außer im Falle einer Bevollmächtigung ausüben, wo hingegen im Umkehrschluss die fehlende Möglichkeit der Legitimationsübertragung deutlich wird. Für **Namensaktien** gilt diese Restriktion dann, wenn sie nicht als Inhaber für fremde Rechnung im Aktienregister eingetragen sind, § 135 Abs. 6. Die Anonymität des Aktionärs wird aber bei einer Vertretung durch ein Kreditinstitut mittels der vergleichbaren Vertretung im Namen dessen, den es angeht, ebenso gewährleistet (s. hierzu § 135 Rz. 53)[244].

### 4. Stimmbote

70 Im Gegensatz zu dem Vertreter des Stimmrechts gibt der **Bote** keine eigene Erklärung ab, sondern übermittelt eine solche des Erklärenden[245]. Stimmbotenschaft ist aufgrund der Voraussetzung, dass die Stimmen in der Hauptversammlung abzugeben

---

235 Für den Testamentsvollstrecker BGH v. 10.6.1959 – V ZR 25/58, NJW 1959, 1820, 1821; *Grundmann* in Großkomm. AktG, 4. Aufl., § 134 AktG Rz. 90.
236 BGH v. 8.10.1953 – IV ZR 248/52, BB 1953, 926 für die KG; *Hüffer*, § 134 AktG Rz. 31; *Frank*, ZEV 2002, 389, 390; anders aber OLG Hamm v. 24.4.1956 – 15 W 161/56, BB 1956, 511.
237 §§ 929 ff. BGB. Es findet eine Übergabe des Papiers statt.
238 *Jacob* in J. Semler/Volhard, Arbeitshandbuch HV, § 13 Rz. 88 f.
239 *Volhard* in MünchKomm. AktG, 2. Aufl., § 134 AktG Rz. 64.
240 *Zöllner* in KölnKomm. AktG, 1. Aufl., § 134 AktG Rz. 101.
241 *Volhard* in MünchKomm. AktG, 2. Aufl., § 134 AktG Rz. 65.
242 Auch wenn eine rechtliche Zulässigkeit nicht explizit angesprochen wird, so setzt der Gesetzgeber mit der Formulierung „Wer von einem Aktionär ermächtigt ist, im eigenen Namen das Stimmrecht für Aktien auszuüben, die ihm nicht gehören ..." dies voraus, s. § 129 Abs. 3. Ebenso *F.-J. Semler* in MünchHdb. AG, § 39 Rz. 19.
243 *Hüffer*, § 134 AktG Rz. 32; *Volhard* in MünchKomm. AktG, 2. Aufl., § 134 AktG Rz. 64; *Butzke* in Obermüller/Werner/Winden, Die Hauptversammlung der Aktiengesellschaft, Rz. E 73; *F.-J. Semler* in MünchHdb. AG, § 36 Rz. 19.
244 § 135 Abs. 5 Satz 2.
245 Generell zur Botenschaft *Schramm* in MünchKomm. BGB, 4. Aufl., Vor § 164 BGB Rz. 42 ff.; *Heinrichs* in Palandt, Einf v § 164 BGB Rz. 11 f.

sind, nicht möglich[246]. Davon abzugrenzen ist jedoch der **Vertreter mit gebundener Marschroute**[247], insbesondere im Fall des Proxy-Voting. Dieser unterliegt einem strengen Weisungskorsett, so dass er in seinem Abstimmungsverhalten quasi wie ein Bote wirkt. Dennoch ist er gleichwohl nicht Bote, sondern Vertreter, da er weiterhin eine eigene Willenserklärung abgibt und keine fremde übermittelt[248].

### 5. Rechtsfolgen der Vertretung, Haftung

Auch für die Wirkungen der Vollmachtserteilung gelten die allgemeinen Regeln. Handlungen des Vertreters, auch treuwidriger Natur[249], werden dem Vertretenen nach § 164 Abs. 1 Satz 1 BGB zugerechnet; eine Trennung hin zu einer verselbständigten Treuepflicht des Vertreters aufgrund der Bindung auch dieser Pflicht an die Mitgliedschaft ist daher nicht denkbar[250]. Daher muss auch eine **Eigenhaftung** selbst bei dem um Stimmrechtsvertretung werbenden Bevollmächtigten **ausscheiden**, es verbleibt vielmehr in allen Fällen, außer für den Extremfall der verdeckten Stellvertretung[251], bei der Zurechnung zum Aktionär[252].

71

## VI. Form der Stimmrechtsausübung (§ 134 Abs. 4)

### 1. Zuständigkeit

Die Form der Stimmrechtsausübung und das **Abstimmungsverfahren** hat der Gesetzgeber bewusst der **Satzung** überlassen. Weist diese die Kompetenz zur Festlegung des Verfahrens dem Hauptversammlungsleiter zu, kann die Hauptversammlung entsprechende Anordnungen des Leiters nicht überstimmen[253]. Mangels Satzungsregelungen und Vorgaben in der Geschäftsordnung[254] obliegt es dem **Versammlungsleiter**, die Abstimmungsform festzulegen[255]. Die Hauptversammlung kann jedoch eine andere Verfahrensweise durch entsprechenden Geschäftsordnungsbeschluss mit einfa-

72

---

246 *Hüffer*, § 134 AktG Rz. 33; *Mülbert* in Großkomm. AktG, 4. Aufl., § 118 AktG Rz. 17; *Volhard* in MünchKomm. AktG, 2. Aufl., § 134 AktG Rz. 70.
247 Hierzu *Flume*, Das Rechtsgeschäft, § 43 4.
248 *Flume*, Das Rechtsgeschäft, § 43 4; *Volhard* in MünchKomm. AktG, 2. Aufl., § 134 AktG Rz. 70. Anders allerdings *Noack* in FS Lutter, 2000, S. 1463, 1480, der „der Sache nach im Gesellschaftskomitee oder beauftragten Dritten Botenschaft" und keine Stellvertretung annimmt, wenn gleich auch ohne Begründung; krit. zum Ganzen *Horn*, S. 99, *Grundmann* in Großkomm. AktG, 4. Aufl., § 134 AktG Rz. 103.
249 BGH v. 20.3.1995 – II ZR 205/94, BGHZ 129, 136, 148 = AG 1995, 368, 372; hierzu *Lutter*, JZ 1995, 1053 ff.; *Marsch-Barner*, ZIP 1996, 853 ff.; *Henze*, BB 1996, 489 ff.
250 BGH v. 20.3.1995 – II ZR 205/94, BGHZ 129, 136, 148 = AG 1995, 368, 372.
251 Unter analoger Anwendung des § 179 Abs. 1 BGB, BGH v. 20.3.1995 – II ZR 205/94, BGHZ 129, 136, 149 f. = AG 1995, 368, 372; so auch *Henssler*, ZHR 157 (1993), 91, 118 f.; *Henssler*, DZWir 1995, 430; *Heermann*, ZIP 1994, 1243, 1244; *F.-J. Semler* in MünchHdb. AG, § 36 Rz. 22; *Volhard* in MünchKomm. AktG, 2. Aufl., § 134 AktG Rz. 61.
252 BGH v. 20.3.1995 – II ZR 205/94, BGHZ 129, 136, 148 = AG 1995, 368; *Heermann*, ZIP 1994, 1243, 1244; *Henssler*, DZWir 1995, 430; *F.-J. Semler* in MünchHdb. AG, § 36 Rz. 22; *Volhard* in MünchKomm. AktG, 2. Aufl., § 134 AktG Rz. 61.
253 *Hüffer*, § 134 AktG Rz. 34; *Volhard* in MünchKomm. AktG, 2. Aufl., § 134 AktG Rz. 80; *Uwe H. Schneider* in FS Peltzer, 2001, S. 425, 434; *Stützle/Walgenbach*, ZHR 155 (1991), 516, 534.
254 § 129 Abs. 1 Satz 1, näher dazu *Kubis* in MünchKomm. AktG, 2. Aufl., § 129 AktG Rz. 3.
255 Allgemeine Meinung, *Volhard* in MünchKomm. AktG, 2. Aufl., § 134 AktG Rz. 80, 81; *Uwe H. Schneider* in FS Peltzer, 2001, S. 425, 434; *Stützle/Walgenbach*, ZHR 155 (1991), 516, 534; *Hüffer*, § 134 AktG Rz. 34; *Butzke* in Obermüller/Werner/Winden, Die Hauptversammlung der Aktiengesellschaft, Rz. E 102.

cher Mehrheit[256], der vor den Sachanträgen behandelt werden muss[257], festlegen[258]; an diesen ist der Versammlungsleiter gebunden (s. hierzu auch § 133 Rz. 38 ff.)[259].

## 2. Arten der Abstimmung

73 Der Versammlungsleiter entscheidet mangels anderer Satzungsregelung oder Hauptversammlungsbeschluss nach pflichtgemäßen Ermessen über die Art und Weise der Abstimmung. Indes ist nur eine Art und Weise der Abstimmung, die eine eindeutige Ermittlung des Abstimmungsergebnisses ermöglicht, zulässig[260]. Auch darf die Form der Abstimmung zeitlich nicht jedes Maß sprengen. **Formen der Abstimmung können offener** (in unverkörperter Form, mittels Handzeichen, Zuruf, Aufstehen) **wie verdeckter Art** (Abgabe von Stimmkarten) **sein**[261]. Offene Formen der Abstimmungen wie Zuruf und Erheben vom Sitzplatz sind in der Regel für größere Hauptversammlungen nicht geeignet, da der Hauptversammlungsleiter aus der Form der Abstimmung möglichst schnell und zuverlässig die Anzahl der abgegebenen Stimmen ermitteln können muss und gegebenenfalls am Teilnehmerverzeichnis ein Ergebnis zu ermitteln hat[262].

74 Zu den zulässigen Verfahren in der Hauptversammlung zählt auch die **elektronische Stimmabgabe**, in der Vergangenheit jedoch nicht die Stimmrechtsausübung mittels PIN und TAN ohne Vertreter vor Ort („**virtuelle Hauptversammlung**"). Dies wurde damit begründet, dass nach § 118 Abs. 1 die Aktionäre ihre Rechte „in" der Hauptversammlung auszuüben hätten, mithin an dem Ort, an dem die Hauptversammlung stattfände[263]. Ein nicht körperlich anwesender Aktionär, der auch keinen Stimmrechtsvertreter bestellt hatte, wurde somit nicht als Teilnehmer im Rechtssinne des AktG angesehen[264]. Art. 8 Abs. 1 der **Richtlinie zur Stimmrechtsaus-**

---

256 *Fischer* in J. Semler/Volhard, Arbeitshandbuch HV, § 11 Rz. 193; *Max*, AG 1991, 77, 87; *Martens*, WM 1981, 1010, 1014.
257 *Uwe H. Schneider* in FS Peltzer, 2001, S. 425, 433; *Hüffer*, § 134 AktG Rz. 34; *Stützle/Walgenbach*, ZHR 155 (1991), 516, 534 f.
258 *Hüffer*, § 134 AktG Rz. 34; *Butzke* in Obermüller/Werner/Winden, Die Hauptversammlung der Aktiengesellschaft, Rz. E 102; *Martens*, WM 1981, 1010, 1014; *Schaaf*, Rz. 493; *Stützle/Walgenbach*, ZHR 155 (1991), 516, 534; *F.-J. Semler* in MünchHdb. AG, § 39 Rz. 16; *Volhard* in MünchKomm. AktG, 2. Aufl., § 134 AktG Rz. 81.
259 *Fischer* in J. Semler/Volhard, Arbeitshandbuch HV, § 11 Rz. 193; *Max*, AG 1991, 77, 87; *Martens*, WM 1981, 1010, 1014.
260 *Butzke* in Obermüller/Werner/Winden, Die Hauptversammlung der Aktiengesellschaft, Rz. E 111; *Volhard* in MünchKomm. AktG, 2. Aufl., § 134 AktG Rz. 82; *Holzborn* in Bürger/Körbers, § 134 AktG Rz. 28; *Fischer* in J. Semler/Volhard, Arbeitshandbuch HV, § 11 Rz. 194.
261 *F.-J. Semler* in MünchHdb. AG, § 39 Rz. 17; *Fischer* in J. Semler/Volhard, Arbeitshandbuch HV, § 11 Rz. 194; *Volhard* in MünchKomm. AktG, 2. Aufl., § 134 AktG Rz. 82; *Willamowski* in Spindler/Stilz, § 134 AktG Rz. 12.
262 Ebenso *Hüffer*, § 134 AktG Rz. 35; *F.-J. Semler* in MünchHdb. AG, § 39 Rz. 17; a.A. *Fischer* in J. Semler/Volhard, Arbeitshandbuch HV, § 11 Rz. 194, der es genügen lässt, wenn nur eine Mehrheit ermittelt werden kann, da er zum Abstimmungsergebnis nicht die Anzahl der Ja- bzw. Nein-Stimmen zählt.
263 So auch *Bunke*, AG 2002, 57; *Claussen*, AG 2001, 161, 166; *Habersack*, ZHR 165 (2001), 172, 180 f.; *Hüffer*, § 118 AktG Rz. 12; *Mülbert* in Großkomm. AktG, 4. Aufl., Vor §§ 118–147 AktG Rz. 61; *Riegger*, ZHR 165 (2001), 204, 213; *Spindler*, ZGR 2000, 420, 437; *Bärwaldt* in J. Semler/Volhard, Arbeitshandbuch HV, § 10 Rz. 6; *Riegger/Mutter*, ZIP 1998, 637, 638; *Fleischhauer*, ZIP 2001, 1133 f.; *Volhard* in MünchKomm. AktG, 2. Aufl., § 134 AktG Rz. 85; *Zätzsch/Gröning*, NZG 2000, 393, 395 f.; *Muthers/Ulbrich*, WM 2005, 215, 216.
264 Begr. RegE NaStraG, BT-Drucks. 14/4051, S. 16 (re. Sp. oben); *Muthers/Ulbrich*, WM 2005, 215, 218; *Than* in FS Peltzer, 2001, S. 577, 595 f.

übung[265] könnte hier jedoch den deutschen Gesetzgeber zu einer Änderung veranlassen, da Art. 8 Abs. 1 verschiedene Varianten der virtuellen Hauptversammlung aufzählt, die zukünftig vom nationalen Recht der EU-Mitgliedstaaten zuzulassen sind (vgl. Rz. 42). Hierzu gehört eine elektronische Abstimmung vor oder während der Hauptversammlung, ohne dass ein persönlich anwesender Vertreter bestellt sein muss (lit. c); allerdings legt der Wortlaut von Art. 8 Abs. 1 nahe, dass die Mitgliedstaaten nicht alle Formen der elektronischen Hauptversammlung zulassen müssen („insbesondere eine oder alle"), so dass auch nur die Direktübertragung z.B. zugelassen werden könnte.

**3. Geheime Abstimmung**

Das AktG schweigt zu der Frage, ob geheime Abstimmungen zulässig sind und ob 75
ein Aktionär darauf einen **Anspruch** hat. Weder besteht eine grundsätzliche Pflicht zur geheimen Abstimmung noch kann diese in jedem Fall zulässig sein. Ausschlaggebend für die Zulässigkeit der Anordnung ist, ob Anhaltspunkte bestehen, dass das Verhalten eines Aktionärs bzw. einer Aktionärsgruppe für spätere Ansprüche relevant ist. Dies kann zum einen für Schadensersatzansprüche wegen Treuepflichtverletzungen in seltenen Fällen in Betracht kommen, etwa bei Sanierungsbeschlüssen (s. Rz. 71, § 119 Rz. 5) oder bei bei der Abberufung eines kriminellen Aufsichtsratsmitglieds nach § 103 Abs. 1[266], zum anderen bei rechtsmissbräuchlicher Stimmrechtsausübung und anschließendem Widerspruch. Da die Gesellschaft sich eines Verteidigungsmittels begeben würde, wenn die geheime Abstimmung angeordnet wird und ein Widerspruch des Aktionärs zu erwarten ist, wird der Hauptversammlungsleiter in diesen Fällen unter Umständen sogar gehalten sein, im Gesellschaftsinteresse eine offene Abstimmung anzuordnen.

Davon zu trennen, gleichwohl abzulehnen, ist ein **Anspruch des Aktionärs auf eine** 76
**geheime Abstimmung**[267]. Denn er hat kein grundsätzliches Recht auf Anonymität[268], erst recht nicht vor dem Hintergrund möglicher Ansprüche gegen ihn. Dies gilt umso mehr für börsennotierte Gesellschaften im Hinblick auf die kapitalmarktrechtliche Transparenz des Stimmverhaltens von größeren Aktionärsgruppen. Zudem ist aus praktischen Gesichtspunkten eine geheime Abstimmung in der Hauptversammlung einer AG nicht sinnvoll[269], da nach § 245 Nr. 1 der Aktionär sein Widerspruchsrecht *noch in der Hauptversammlung* anmelden und damit letztendlich „Farbe bekennen muss[270]". In kleineren Aktiengesellschaften tritt erschwerend hinzu, dass aufgrund

---

265 Art. 8 der Richtlinie des Europäischen Parlaments und des Rates über die Ausübung bestimmter Rechte von Aktionären in börsennotierten Gesellschaften (ABl. L 184 v. 14.7.2007, S. 22).
266 Abl. aber *Uwe H. Schneider* in FS Peltzer, 2001, S. 425, 431, der auf die Nichtigkeitsfolge verweist – damit wird aber der Schadensersatzanspruch gegen den abstimmenden Aktionär verkannt.
267 *Butzke* in Obermüller/Werner/Winden, Die Hauptversammlung der Aktiengesellschaft, Rz. E 103; *Fischer* in J. Semler/Volhard, Arbeitshandbuch HV, § 11 Rz. 197; *Volhard* in MünchKomm. AktG, 2. Aufl., § 134 AktG Rz. 89; *Hüffer*, § 134 AktG Rz. 35; *Willamowski* in Spindler/Stilz, § 134 AktG Rz. 12; a.A. *Uwe H. Schneider* in FS Peltzer, 2001, S. 425, 431.
268 *Butzke* in Obermüller/Werner/Winden, Die Hauptversammlung der Aktiengesellschaft, Rz. E 103.
269 *Volhard* in MünchKomm. AktG, 2. Aufl., § 134 AktG Rz. 89; *Butzke* in Obermüller/Werner/Winden, Die Hauptversammlung der Aktiengesellschaft, Rz. E 103; *Fischer* in J. Semler/Volhard, Arbeitshandbuch HV, § 11 Rz. 197.
270 *Uwe H. Schneider* in FS Peltzer, 2001, S. 425, 431; *Volhard* in MünchKomm. AktG, 2. Aufl., § 134 AktG Rz. 89.

der abgegebenen Stimmenanteile auch auf die Person des Abstimmenden Rückschlüsse gezogen werden könnte[271].

## § 135
## Ausübung des Stimmrechts durch Kreditinstitute und geschäftsmäßig Handelnde

(1) Ein Kreditinstitut darf das Stimmrecht für Aktien, die ihm nicht gehören und als deren Inhaber es nicht im Aktienregister eingetragen ist, nur ausüben, wenn es bevollmächtigt ist. Die Vollmacht darf nur einem bestimmten Kreditinstitut erteilt werden und ist von diesem nachprüfbar festzuhalten. Die Vollmachtserklärung muss vollständig sein und darf nur mit der Stimmrechtsausübung verbundene Erklärungen enthalten. Erteilt der Aktionär keine ausdrücklichen Weisungen, so kann eine generelle Vollmacht nur die Berechtigung des Kreditinstituts zur Stimmrechtsausübung
1. entsprechend eigenen Abstimmungsvorschlägen (Absätze 2 und 3) oder
2. entsprechend den Vorschlägen des Vorstands oder des Aufsichtsrats oder für den Fall voneinander abweichender Vorschläge den Vorschlägen des Aufsichtsrats (Absatz 4)

vorsehen. Bietet das Kreditinstitut die Stimmrechtsausübung gemäß Satz 4 Nr. 1 oder Nr. 2 an, so hat es sich zugleich zu erbieten, im Rahmen des Zumutbaren und bis auf Widerruf einer Aktionärsvereinigung oder einem sonstigen Vertreter nach Wahl des Aktionärs die zur Stimmrechtsausübung erforderlichen Unterlagen zuzuleiten. Das Kreditinstitut hat den Aktionär jährlich und deutlich hervorgehoben auf die Möglichkeiten des jederzeitigen Widerrufs der Vollmacht und der Änderung des Bevollmächtigten hinzuweisen. Die Erteilung von Weisungen zu den einzelnen Tagesordnungspunkten, die Erteilung und der Widerruf einer generellen Vollmacht nach Satz 4 und eines Auftrags nach Satz 5 einschließlich seiner Änderung sind dem Aktionär durch ein Formblatt oder Bildschirmformular zu erleichtern.

(2) Ein Kreditinstitut, das das Stimmrecht auf Grund einer Vollmacht nach Absatz 1 Satz 4 Nr. 1 ausüben will, hat dem Aktionär rechtzeitig eigene Vorschläge für die Ausübung des Stimmrechts zu den einzelnen Gegenständen der Tagesordnung zugänglich zu machen. Bei diesen Vorschlägen hat sich das Kreditinstitut vom Interesse des Aktionärs leiten zu lassen und organisatorische Vorkehrungen dafür zu treffen, dass Eigeninteressen aus anderen Geschäftsbereichen nicht einfließen; es hat ein Mitglied der Geschäftsleitung zu benennen, das die Einhaltung dieser Pflichten sowie die ordnungsgemäße Ausübung des Stimmrechts und deren Dokumentation zu überwachen hat. Zusammen mit seinen Vorschlägen hat das Kreditinstitut darauf hinzuweisen, dass es das Stimmrecht entsprechend den eigenen Vorschlägen ausüben werde, wenn der Aktionär nicht rechtzeitig eine andere Weisung erteilt. Gehört ein Vorstandsmitglied oder ein Mitarbeiter des Kreditinstituts dem Aufsichtsrat der Gesellschaft oder ein Vorstandsmitglied oder ein Mitarbeiter der Gesellschaft dem Aufsichtsrat des Kreditinstituts an, so hat das Kreditinstitut hierauf hinzuweisen. Gleiches gilt, wenn das Kreditinstitut an der Gesellschaft eine Beteiligung hält, die nach § 21 des Wertpapierhandelsgesetzes meldepflichtig ist, oder einem Konsortium angehörte, das die innerhalb von fünf Jahren zeitlich letzte Emission von Wertpapieren der Gesellschaft übernommen hat.

---

271 *Volhard* in MünchKomm. AktG, 2. Aufl., § 134 AktG Rz. 89.

(3) Hat der Aktionär dem Kreditinstitut keine Weisung für die Ausübung des Stimmrechts erteilt, so hat das Kreditinstitut im Falle des Absatzes 1 Satz 4 Nr. 1 das Stimmrecht entsprechend seinen eigenen Vorschlägen auszuüben, es sei denn, dass es den Umständen nach annehmen darf, dass der Aktionär bei Kenntnis der Sachlage die abweichende Ausübung des Stimmrechts billigen würde. Ist das Kreditinstitut bei der Ausübung des Stimmrechts von einer Weisung des Aktionärs oder, wenn der Aktionär keine Weisung erteilt hat, von seinem eigenen Vorschlag abgewichen, so hat es dies dem Aktionär mitzuteilen und die Gründe anzugeben. In der eigenen Hauptversammlung darf das bevollmächtigte Kreditinstitut das Stimmrecht auf Grund der Vollmacht nur ausüben, soweit der Aktionär eine ausdrückliche Weisung zu den einzelnen Gegenständen der Tagesordnung erteilt hat. Gleiches gilt in der Versammlung einer Gesellschaft, an der es mit mehr als 20 Prozent des Grundkapitals unmittelbar oder mittelbar beteiligt ist.

(4) Ein Kreditinstitut, das in der Hauptversammlung das Stimmrecht auf Grund einer Vollmacht nach Absatz 1 Satz 4 Nr. 2 ausüben will, hat den Aktionären die Vorschläge des Vorstands und des Aufsichtsrats zugänglich zu machen, sofern dies nicht anderweitig erfolgt. Absatz 2 Satz 3 sowie Absatz 3 Satz 1 bis 3 gelten entsprechend.

(5) Wenn die Vollmacht dies gestattet, darf das Kreditinstitut Personen, die nicht seine Angestellten sind, unterbevollmächtigen. Wenn es die Vollmacht nicht anders bestimmt, übt das Kreditinstitut das Stimmrecht im Namen dessen aus, den es angeht. Ist die Briefwahl bei der Gesellschaft zugelassen, so darf das bevollmächtigte Kreditinstitut sich ihrer bedienen. Zum Nachweis seiner Stimmberechtigung gegenüber der Gesellschaft genügt bei börsennotierten Gesellschaften die Vorlegung eines Berechtigungsnachweises gemäß § 123 Abs. 3; im Übrigen sind die in der Satzung für die Ausübung des Stimmrechts vorgesehenen Erfordernisse zu erfüllen.

(6) Ein Kreditinstitut darf das Stimmrecht für Namensaktien, die ihm nicht gehören, als deren Inhaber es aber im Aktienregister eingetragen ist, nur auf Grund einer Ermächtigung ausüben. Auf die Ermächtigung sind die Absätze 1 bis 5 entsprechend anzuwenden.

(7) Die Wirksamkeit der Stimmabgabe wird durch einen Verstoß gegen Absatz 1 Satz 2 bis 7, die Absätze 2 bis 6 nicht beeinträchtigt.

(8) Die Absätze 1 bis 7 gelten sinngemäß für Aktionärsvereinigungen und für Personen, die sich geschäftsmäßig gegenüber Aktionären zur Ausübung des Stimmrechts in der Hauptversammlung erbieten; dies gilt nicht, wenn derjenige, der das Stimmrecht ausüben will, gesetzlicher Vertreter, Ehegatte oder Lebenspartner des Aktionärs oder mit ihm bis zum vierten Grad verwandt oder verschwägert ist.

(9) Die Verpflichtung des Kreditinstituts zum Ersatz eines aus der Verletzung der Absätze 1 bis 6 entstehenden Schadens kann im Voraus weder ausgeschlossen noch beschränkt werden.

(10) § 125 Abs. 5 gilt entsprechend.

| | |
|---|---|
| I. Regelungsgegenstand und -zweck . . . 1 | 2. Sachlicher Anwendungsbereich: Fremde Aktien (§ 135 Abs. 1 Satz 1) . 7 |
| II. Entstehungsgeschichte . . . . . . . . . . 2 | 3. Vollmachtserteilung . . . . . . . . . . . . 8 |
| III. Europarechtliche Grundlagen . . . . . 5 | a) Form (§ 135 Abs. 1 Satz 1, 134 Abs. 3) . . . . . . . . . . . . . . . . . 8 |
| IV. Fremde Aktien (§ 135 Abs. 1 bis 6) . . 6 | aa) Grundsatz . . . . . . . . . . . . . . 8 |
| 1. Adressat: Kreditinstitut (§ 135 Abs. 1) 6 | bb) Satzungsmöglichkeiten . . . . . 9 |

cc) Legitimationsübertragung ... 10
b) Anforderungen (§ 135 Abs. 1) .... 11
  aa) Bestimmtheit ............ 11
  bb) Dauervollmachten, Widerruf . 12
  cc) Vollständigkeit der Voll-
       machtserteilung .......... 14
c) Untervollmacht und Vollmachts-
   übertragung (§ 135 Abs. 5) ...... 19
4. Informations- und Hinweispflichten
   (§ 135 Abs. 1 Satz 6) ............ 20
5. Erleichterung der Erteilung von Weisungen, Widerrufen und Aufträgen .. 22
6. Ausübung des Stimmrechts
   (§ 135 Abs. 3, 5) ................ 23
   a) Form der Ausübung .......... 23
   b) Nachweis des Stimmrechts
      (§ 135 Abs. 5 Satz 4) .......... 25
   c) Weisungen (§ 135 Abs. 3) ...... 28
      aa) Grundsatz ............... 28
      bb) Unklare oder interessen-
          widrige Weisungen ....... 30
      cc) Pflicht zur Abweichung von
          der Weisung ............ 32
   d) Ausübung bei eigenen Stimm-
      rechtsvorschlägen (§ 135 Abs. 1
      Satz 4 Nr. 1, Abs. 2) .......... 33
      aa) Grundlagen .............. 33
      bb) Zugänglichmachen der
          Vorschläge .............. 34
      cc) Stimmrechtsausübung und
          Abweichung ............. 35
   e) Ausübung bei Übernahme der Vor-
      schläge der Verwaltungsorgane
      (§ 135 Abs. 1 Satz 4 Nr. 2, Abs. 4) . 37
   f) Pflicht zur Weiterleitung von
      Stimmunterlagen ............ 41
7. Sonderfälle .................... 42

a) Eigene Hauptversammlung des
   Kreditinstituts (§ 135 Abs. 3 Satz 3) 42
b) Stimmrechtsvollmacht bei eigener
   Beteiligung des Kreditinstituts
   (§ 135 Abs. 3 Satz 4) .......... 44
   aa) Allgemeines .............. 44
   bb) Voraussetzungen .......... 45
   cc) Ausübungsverbot .......... 47
   dd) Rechtsfolgen ............. 48
8. Rechtsfolgen von Verstößen bei der
   Stimmrechtsausübung (§ 135 Abs. 7) . 49
9. Fremde Namensaktien (§ 135 Abs. 6) . 50
   a) Eintragung des Kreditinstituts
      im Aktienregister ............ 50
   b) Keine Eintragung des Kreditinsti-
      tuts im Aktienregister ........ 52

**V. Sanktionen, insbesondere Schadens-
ersatz (§ 135 Abs. 9)** ........... 55
1. Schadensersatz (§ 135 Abs. 9) ...... 55
2. Ordnungswidrigkeit (§ 405 Abs. 3
   Nr. 4, 5) .................... 58

**VI. Sonstige Adressaten** ............ 59
1. Finanzdienstleistungsinstitute
   (§ 135 Abs. 10 i.V.m. § 125 Abs. 5) ... 59
2. Sonstige geschäftsmäßig Handelnde
   (§ 135 Abs. 8) ................ 60
   a) Aktionärsvereinigungen ....... 61
   b) Andere geschäftsmäßig Handelnde 62
   c) Angehörigenprivileg ......... 64
3. Sinngemäße Geltung der Abs. 1–7 ... 65
   a) Grundsätze ................ 65
   b) Treuepflicht des Stimmrechts-
      vertreters ................. 68

**VII. Rechtspolitische Kritik** .......... 70

**Literatur:** *Assmann*, Zur Reform des Vollmachtsstimmrechts der Banken nach dem Referenten-entwurf eines Gesetzes zur Kontrolle und Transparenz im Unternehmensbereich (KonTraG-E), AG 1997, Sonderheft, 100; *Bachmann*, Namensaktie und Stimmrechtsvertretung, WM 1999, 2100; *Bachmann*, Verwaltungsvollmacht und „Aktionärsdemokratie" – Selbstregulative Ansätze für die Hauptversammlung, AG 2001, 63; *Baums/v. Randow*, Der Markt für Stimmrechtsvertreter, AG 1995, 145; *Baums*, Vollmachtstimmrecht der Banken – Ja oder Nein?, AG 1996, 11; *Bunke*, Fragen der Vollmachtserteilung zur Stimmrechtsausübung nach §§ 134, 135 AktG, AG 2002, 57; *Dreher*, Treuepflichten zwischen Aktionären und Verhaltenspflichten bei der Stimmrechtsbündelung, ZHR 157 (1993), 150; *Göhmann/v. Oppen*, Das Leica-Urteil, die Nachfolgeentscheidungen und ihre Auswirkungen auf die Praxis, BB 2009, 513; *Grundmann*, Das neue Depotstimmrecht nach der Fassung im Regierungsentwurf zum ARUG, BKR 2009, 31; *Grundmann/Winkler*, Das Aktionärsstimmrecht in Europa und der Kommissionsvorschlag zur Stimmrechtsausübung in börsennotierten Gesellschaften, ZIP 2006, 1421; *Großfeld/Spennemann*, Die Teilnahmeberechtigung mehrerer gesetzlicher Vertreter von Gesellschaften in Mitgliederversammlungen von Kapitalgesellschaften und Genossenschaften, AG 1979, 128; *Habersack*, Aktienrecht und Internet, ZHR 165 (2001), 172; *Hammen*, Zur Haftung bei der Stimmrechtsvertretung durch Kreditinstitute in der Hauptversammlung der Aktiengesellschaft, ZBB 1993, 239; *Hanloser*, Proxy-Voting, Remote-Voting und Online-HV – § 134 III 3 AktG nach dem NaStraG, NZG 2001, 355; *Heermann*, Stimmrechtsvertretung in der Hauptversammlung und Schadensersatzhaftung, ZIP 1994, 1243; *Hennrichs*, Treuepflichten im Aktienrecht, AcP 195 (1995), 221; *Henssler*, Verhaltenspflichten bei der Ausübung von Aktienstimmrechten durch Bevollmächtigte, ZHR 157 (1993), 91; *Henssler*, Die Haftung des Stimmrechtsvertreters, DZWir 1995, 430; *Henze*, Die Treupflicht im Aktienrecht – Gedanken zur Rechtsprechung des Bundesgerichtshofes von „Kali und Salz" über „Linotype" und „Kochs Adler" bis zu „Girmes", BB 1996, 489; *Henze*, Zur Treuepflicht unter Aktionären, in FS Kellermann, 1991, S. 141; *G. Hoffmann*, Die Verpfändung von Aktien in der Konsortialkreditpraxis, WM 2007, 1547; *Hüther*, Namensaktien, Internet und die Zukunft der Stimmrechtsvertretung, AG 2001, 68; *Kalss*, Anlegerinteressen, 2001; *Kiefner/Zetzsche*, Die Aktionärslegitimation durch Record Date Nachweis und die Übergangsvorschrift des § 16 EGAktG, ZIP 2006, 551; *Körber*, Die Stimmrechtsvertretung durch Kreditinstitute, 1989; *Kropff*, Zur Vinkulierung, zum Vollmachtsstimmrecht und zur Unternehmensaufsicht im deutschen Recht, ZGR-Sonderheft 12, 1994, 3; *Künzle*, Die Ausübung des Aktien-Stimmrechts durch institutionelle Vertreter und institutionelle Anleger und die Corporate Governance in der Schweiz und den USA, in FS Forstmoser, 2003, S. 415; *Lutter*, Die Treuepflicht des Aktionärs, ZHR 153 (1989), 446; *Lutter*, Treuepflichten und ihre Anwendungsprobleme, ZHR 162 (1998), 164; *Marsch-Barner*, Treuepflichten zwischen Aktionären und Verhaltenspflichten bei der Stimmrechtsbündelung, ZHR 157 (1993), 172; *Marsch-Barner*, Neuere Entwicklungen im Vollmachtsstimmrecht der Banken, in FS Peltzer, 2001, S. 261; *Mülbert*, Empfehlen sich gesetzliche Regelungen zur Einschränkung des Einflusses der Kreditinstitute auf Aktiengesellschaften?, Gutachten E für den 61. Deutschen Juristentag, 1996; *Mülbert*, Aktiengesellschaft, Unternehmensgruppe und Kapitalmarkt, 2. Aufl. 1996; *Noack*, Die organisierte Stimmrechtsvertretung auf Hauptversammlungen, in FS Lutter, 2000, S. 1463; *Noack*, Stimmrechtsvertretung in der Hauptversammlung nach NaStraG, ZIP 2001, 57; *Noack/Beurskens*, Einheitliche „Europa-Hauptversammlung"? – Vorschlag für eine Richtlinie über die (Stimm-Rechte) von Aktionären, GPR 2006, 88; *Noack/Spindler*, Unternehmensrecht und Internet, 2001; *Otto*, Die Verteilung der Kontrollprämie bei Übernahme von Aktiengesellschaften und die Funktion des Höchststimmrechts, AG 1994, 167; *Peltzer*, Die Vertretung der Aktionäre in Hauptversammlungen von Publikumsgesellschaften, AG 1996, 26; *Pikó/Preissler*, Die Online-Hauptversammlung bei Publikumsaktiengesellschaften mit Namensaktien, AG 2002, 223; *Raiser*, Empfehlen sich gesetzliche Regelungen zur Einschränkung des Einflusses der Kreditinstitute auf Aktiengesellschaften, NJW 1996, 2257; *Riegger*, Hauptversammlung und Internet, ZHR 165 (2001), 204; *Schick*, Die gesellschaftsrechtliche Treuepflicht des Vertreters von Minderheitsaktionären, ZIP 1991, 938; *J. Schmidt*, Banken(voll)macht im Wandel der Zeit, WM 2009, 2350; *U. H. Schneider/Burgard*, Transparenz als Instrument der Steuerung des Einflusses der Kreditinstitute auf Aktiengesellschaften, DB 1996, 1761; *U. H. Schneider/Müller-v. Pilchau*, Der nicht registrierte Namensaktionär – zum Problem der freien Meldebestände, AG 2007, 181; *Schöne*, Haftung des Aktionärs-Vertreters für pflichtwidrige Stimmrechtsausübung, WM 1992, 209; *Schulte/Bode*, Offene Fragen zur Form der Vollmachtserteilung an Vertreter i.S.v. § 135 AktG, AG 2008, 730; *Seibert*, Die Stimmrechtsausübung in deutschen Aktiengesellschaften – ein Bericht an den Deutschen Bundestag, AG 2004, 529; *Spindler*, Internet und Corporate Governance – ein neuer virtueller (T)Raum?, ZGR 2000, 422; *Spindler*, Stimmrecht und Teilnahme an der Hauptversammlung – Entwicklungen und Perspektiven in der EU und in Deutschland, in VGR, Gesellschaftsrecht in der Diskussion 2005, 2006, S. 77; *Spindler*, Die Reform der Hauptversammlung und der Anfechtungsklage durch das UMAG, NZG 2005, 825; *Than*, Auf dem Weg zur virtuellen Hauptversammlung – Eine Bestandsaufnahme, in FS Peltzer, 2001, S. 577; *Timm*, Rechtspolitische Initiativen zur Professionalisierung der Aufsichtsratstätigkeit und Einschränkung des Depotstimmrechts der Banken, in Henze/Timm/Westermann, RWS-Forum 8, Gesellschaftsrecht 1995, S. 241; *Tuerks*, Depotstimmrechtspraxis vs. US proxy-system: der Beitrag von Finanzintermediären zur Optimierung der Unternehmenskontrolle, 2000; *Wand/Tillmann*, EU-Richtlinienvorschlag zur Erleichterung der Ausübung von Aktionärsrechten, AG 2006, 443; *Wiebe*, Vorstandsmacht statt Bankenmacht?, ZHR 166 (2002), 182; *Zetzsche*, NaStraG – ein erster Schritt in Richtung Virtuelle Hauptversammlung für Namens- und Inhaberaktien, ZIP 2001, 682; *Zetzsche*, Die virtuelle Hauptversammlung, BKR 2003, 736; *Zetzsche*, Die Aktionärslegitimation durch Berechtigungsnachweis – von der Verkörperungs- zur Registertheorie, Der Konzern 2007, 180 (I), 251 (II); *Zöllner*, Stimmrechtsvertretung der Kleinaktionäre, in FS Peltzer, 2001, S. 661.

## I. Regelungsgegenstand und -zweck

Die – trotz Reform hypertrophe – Vorschrift spiegelt das jahrzehntelange Ringen um die Frage des Einflusses von Kreditinstituten aufgrund des Depotstimmrechts in der

AG wider, das für die deutsche Aktienrechtsentwicklung prägend war. Die Norm versucht die **Interessenwahrung der Aktionäre** durch die Stimmrechtsvertreter und damit auch die Kontrolle durch die Aktionäre zu gewährleisten[1], ohne den Vertretern einen Freibrief zur Einflussnahme in der Hauptversammlung zu geben. Mittel dazu ist die Bevollmächtigung der Aktionärsvereinigungen und Kreditinstitute, die aber an detaillierte Regulierungen, insbesondere Informationspflichten und der Möglichkeit Weisungen zu erteilen, gebunden ist. Das gewandelte Verständnis der Stimmrechtsvertretung drückt sich schließlich in der Abkehr von einer Ermächtigung nach § 185 BGB aus, verbunden mit der Ausübung des Stimmrechts nach eigenem Ermessen des Vertreters[2], hin zu einer Vollmachtslösung, die den Stimmrechtsvertreter stärker an den Aktionär bindet. Zur rechtspolitischen Diskussion und zu europarechtlichen Perspektiven s. Rz. 70 ff und Rz. 5.

## II. Entstehungsgeschichte

2  Die Regelung findet ihren Ursprung in **§ 114 Abs. 4 AktG 1937**, dessen Regelung im AktG 1965 praktisch[3] vollständig in § 135 Abs. 1 Satz 1 sowie Abs. 2 aufging. Hiernach übten die Kreditinstitute das Stimmrecht der Aktionäre kraft Ermächtigung nach § 185 BGB im eigenen Namen aus. Sofern keine Weisung erteilt wurde, durfte das Kreditinstitut nach bestem Ermessen die Stimmrechte ausüben. Im Jahre 1952 wurden flankierend zur gesetzlichen Regelung vom Bundesjustizministerium der Justiz und dem Bundesverband des privaten Bankgewerbes die „Grundsätze über die Ausübung des Depotstimmrechtes" erarbeitet[4]. Auch im AktG 1965 wurde die Stimmrechtsvertretung stärker betont, indem die Bevollmächtigung, wenn auch im Namen dessen, den es angeht, betont wurde; ferner die schriftliche Weisung einen Missbrauch verhindern sollte.

3  Die Stimmrechtsbevollmächtigung blieb Gegenstand von **Reformen**, zunächst des KonTraG[5], das § 135 Abs. 1 Satz 3, Abs. 2 Satz 6 anfügte und § 135 Abs. 3 Satz 1 änderte, um den Bankeneinfluss zu beschränken, insbesondere bei einer eigenen Beteiligung des Kreditinstituts (s. Rz. 44 ff.). Weitere Änderungen wurden durch das NaStraG[6] zur Gleichstellung von Namens- und Inhaberaktien und Erleichterung der Formvorschriften sowie das Gesetz zur Beendigung der Diskriminierung gleichge-

---

[1] Begr. RegE in *Kropff*, Aktiengesetz, S. 194. Ebenso Ausschuss-Begr. in *Kropff*, Aktiengesetz, S. 195.
[2] Zur Entstehungsgeschichte § 135 Rz. 2; umfangreich auch *Schröer* in MünchKomm. AktG, 2. Aufl., § 135 AktG Rz. 8 ff.; *Schmidt*, WM 2009, 2350 ff. m.w.N.
[3] Die Vorschrift ist dahingehend modifiziert, dass für Inhaberaktien die Ermächtigung zur Abstimmung im eigenen Namen durch die Vollmacht für den, den es angeht, ersetzt wurde, s. zur Entstehungsgeschichte für das AktG 1937 auch die Anmerkungen von *Zöllner* in KölnKomm. AktG, 1. Aufl., § 135 AktG Rz. 1; *Barz* in Großkomm. AktG, 3. Aufl., § 135 AktG Anm. 1.
[4] S. hierzu *Herold* in FS H. Lehmann, 1956, S. 563, 567 ff.; *Barz* in Großkomm. AktG, 3. Aufl., § 135 AktG Anm. 1; *Schröer* in MünchKomm. AktG, 2. Aufl., § 135 AktG Rz. 9.
[5] Gesetz zur Kontrolle und Transparenz im Unternehmensbereich (KonTraG) vom 27.4.1998, BGBl. I 1998, 786.
[6] Gesetz zur Namensaktie und zur Erleichterung der Stimmrechtsausübung (Namensaktiengesetz – NaStraG) vom 18.1.2001, BGBl. I 2001, 123, § 135 Abs. 1 Satz 1 a.F., § 135 Abs. 2 Sätze 2–4 und Abs. 7 Satz 1 und 2 a.F., Streichung dagegen von § 135 Abs. 2 Satz 5 a.F. und § 135 Abs. 4 Satz 2 a.F., Änderungen in § 135 Abs. 2 Satz 1, Abs. 10 Satz 1 sowie Abs. 4 Satz 4 a.F., welcher aufgrund der Streichung des Satzes 3 zum vormaligen Satz 3 wurde, s. dazu auch Begründung zum RegE NaStraG, BT-Drucks. 14/4051, S. 15 f.

schlechtlicher Partnerschaften[7] eingeführt, ferner durch Umsetzungen von EG-Richtlinien im Bank- und Kapitalmarktrecht[8].

Weitere Änderungen hat die Norm jüngst durch das UMAG[9] und – wesentlich umfangreicher – durch das ARUG[10] erfahren. Aufgrund des weitgehenden Rückzugs von Banken aus der Stimmrechtsvertretung infolge zu kostenintensiver Belastungen durch § 135 a.F., hat der Gesetzgeber eine umfangreiche Deregulierung des § 135 unternommen[11], indem Pflichten der Kreditinstitute im Vorfeld der Hauptversammlung und der Ausübung des Stimmrechts von § 128 Abs. 2 in § 135 überführt und teilweise neu eingeführt wurden. So entspricht der Regelungsgehalt des § 135 Abs. 2 vollständig dem des früheren § 128 Abs. 2 Sätze 1, 3, 4,6 und 7. Wichtiges Element der Reform ist der Verzicht auf eine Pflicht der Kreditinstitute eigene Stimmrechtsvorschläge anzubieten; vielmehr können sich die Banken den Vorschlägen des Vorstands oder des Aufsichtsrats anschließen, § 135 Abs. 1 Satz 4 Nr. 2; in diesem Fall haben sie aber nach § 135 Abs. 4 diese Vorschläge den Aktionären zugänglich zu machen, sofern dies nicht anderweitig erfolgt. Da die Zugänglichmachung dem Kreditinstitut nicht generell auferlegt wird, sondern vielmehr die Vorschläge dem Aktionär durch die Bekanntmachung auf der unternehmenseigenen Website oder dem elektronischen Bundesanzeiger bereits zugänglich sind, betrifft § 135 Abs. 4 nur einen extremen Ausnahmefall[12]. Zudem tritt an die Stelle der Formfreiheit (mittelbar, dazu Rz. 8) die Textform (einhergehend mit der ebenfalls auf Textform geänderten Formerfordernis bei § 134 Abs. 3). Das Erfordernis der Einzelweisung wird erheblich abgemildert, ferner die Abstimmung „im Namen dessen, den es angeht" zur Regel erhoben. Folgeänderungen der Einführung der Internet-Hauptversammlung schlagen sich auch in § 135 Abs. 5 Satz 3 durch Einführung der Briefwahlmöglichkeit nieder. Geändert wurden ferner die Vorgaben für die Ausübung des Stimmrechts bei Fehlen einer Einzelweisung, ebenso wie die Folgen bei Verstößen gegen § 135. Die Erteilung und der Widerruf einer generellen Vollmacht oder eines Auftrags sind nun ebenfalls nach § 135 Abs. 1 Satz 7, wie bereits vorher nach § 128 Abs. 2 Satz 5 a.F., nur bei Weisungen durch ein Formblatt oder Bildschirmformular zu erleichtern. Änderungen erfuhr § 135 Abs. 8 dergestalt, dass sich die sinngemäße Geltung der Abs. 1–7 nicht mehr auf die Ausübung des Stimmrechts durch Geschäftsleiter und Angestellte eines Kreditinstuts, wenn die ihnen nicht gehörenden Aktien dem Kreditinstitut zur Verwahrung anvertraut sind, erstreckt. Der Kontrahierungszwang nach § 135 Abs. 10 a.F. wurde vollständig gestrichen.

4

---

7 Erstreckung des Angehörigenprivilegs des § 135 Abs. 9 Satz 2 a.F. auch auf Lebenspartner, Gesetz zur Beendigung der Diskriminierung gleichgeschlechtlicher Partnerschaften: Lebenspartnerschaften vom 16.2.2001, BGBl. I 2001, 266.
8 Art. 4 Nr. 12 des Begleitgesetzes zum Gesetz zur Umsetzung von EG-Richtlinien zur Harmonisierung bank- und wertpapieraufsichtsrechtlicher Vorschriften vom 22.10.1997, BGBl. I 1997, 2567: Gleichstellung von Finanzdienstleistungsinstituten mit Kreditinstituten (§ 135 Abs. 12 a.F.).
9 Art. 1 Nr. 10 des Gesetzes zur Unternehmensintegrität und Modernisierung des Anfechtungsrechts (UMAG) vom 22.9.2005, BGBl. I 2005, 2802: § 135 Abs. 4 Satz 3 a.F. aufgrund der Änderung des § 123.
10 Gesetz zur Umsetzung der Aktionärsrechterichtlinie (ARUG) vom 30.7.2009, BGBl. I 2009, 2479.
11 Begr. RegE BT-Drucks. 16/11642, S. 33.
12 Begr. RegE BT-Drucks. 16/11642, S. 34.

## III. Europarechtliche Grundlagen

5 Die **Richtlinie**[13] der EU zur Ausübung der Stimmrechte in der Hauptversammlung enthält für das deutsche Recht keine besonderen Regelungen zur Bevollmächtigung von Stimmrechtsvertretern durch Kreditinstitute, abgesehen davon, dass nach Art. 10 i.V.m. Art. 13 der Richtlinie die verschiedenen Formen der organisierten Stimmrechtsvertretung von den Mitgliedstaaten zugelassen werden müssen. Dies ist im Rahmen einer Mindestharmonisierung und Konsensfindung auf europäischer Ebene auch nicht weiter verwunderlich, da, wie die Kommission[14] selbst ausführt, einige Rechtsordnungen eine Stimmrechtsvertretung im Namen dessen, den es angeht, vollständig ablehnen. Der ursprüngliche Richtlinienvorschlag sah in Art. 13 Abs. 3 vor, eine solche Stimmrechtsvertretung bei Vorliegen einer Weisung zukünftig europaweit zu ermöglichen[15]. Die endgültige Richtlinie schwächt dies nunmehr ab, indem die Mitgliedstaaten „nicht über eine Liste hinausgehen, die die Identität eines jeden Klienten und die jeweilige Zahl von Aktien, aus denen für ihn das Stimmrecht ausgeübt wird, gegenüber der Gesellschaft offen legt". In formeller Hinsicht dürfen nach Art. 13 Abs. 3 „diese Anforderungen nicht über das hinausgehen, was zur Feststellung der Identität des Klienten beziehungsweise für die Möglichkeit einer Überprüfung des Inhalts der Abstimmungsanweisungen erforderlich und diesen Zwecken angemessen ist". Insofern ergeben sich für das deutsche Recht keine Neuerungen, da hier mit § 135 Abs. 6 eine Lösungsmöglichkeit in Form der Ermächtigung schon heute existiert (vgl. Rz. 50 ff.)[16]. Des Weiteren stellt Art. 13 Abs. 4 klar, dass es Stimmrechtsvertretern gestattet ist, für verschiedene Aktien unterschiedlich abzustimmen. Hiervon werden sie in der Praxis vor allem dann Gebrauch machen, wenn sie die Wertpapiere mehrerer Aktionäre, die unterschiedliche Weisungen erteilt haben, in einem Sammeldepot verwahren. Diese Regelung macht deutlich, dass die Richtlinie Sammeldepots für grundsätzlich zulässig erachtet, auch wenn sie dies nicht, wie ursprünglich in Art. 13 Abs. 2 des Richtlinienvorschlages vorgesehen, ausdrücklich formuliert. Der formell legitimierte Intermediär kann dann die Stimmrechte für seine Hintermänner entweder selbst wahrnehmen oder sich von diesen Hintermännern oder von ihnen benannten Dritten „vertreten" lassen. (Art. 13 Abs. 5). Bei dieser Konstellation wird das Stimmrecht also zunächst im Wege der Ermächtigung als Legalzession vom wirtschaftlich Berechtigten Aktionär auf den Intermediär übertragen (Rz. 50). Der Intermediär kann folglich gegenüber der Gesellschaft wie ein Aktionär handeln und damit auch den ursprünglich Berechtigten bevollmächtigen. Durch diese gegenüber der Aktiengesellschaft als Vertretung wirkende „Stimmrechtsrücküber-

---

13 Richtlinie 2007/36/EG des Europäischen Parlaments und des Rates über die Ausübung bestimmter Rechte von Aktionären in börsennotierten Gesellschaften, ABl. EU L 184 v. 14.7.2007, S. 17; dazu *Ratschow*, DStR 2007, 1402; zum Richtlinienvorschlag *Spindler* in VGR, Gesellschaftsrecht in der Diskussion 2005, 2006, S. 77, 92; zu den ersten Entwürfen *Maul*, BB-Special 9 2005, S. 1, 11; *Noack*, ZIP 2005, 325, 331; *Noack*, ZIP 2006, 325; *Noack/Beurskens*, GPR 2006, 88; *Wand/Tillmann*, AG 2006,443; *J. Schmidt*, BB 2006, 1641; *Grundmann/Winkler*, ZIP 2006, 1421.
14 Begründung der Kommission zum Richtlinienvorschlag (Fn. 13), S. 8.
15 Vorschlag für eine Richtlinie des Europäischen Parlaments und des Rates über die Ausübung der Stimmrechte durch Aktionäre von Gesellschaften, die ihren eingetragenen Sitz in einem Mitgliedstaat haben und deren Aktien zum Handel auf einem geregelten Markt zugelassen sind, sowie zur Änderung der Richtlinie 2004/109/EG, COM 2005 (685), abrufbar unter http://europa.eu.int/comm/internal_market/company/shareholders/index_de.htm.
16 Dabei ist mit „Weisung" nach Art. 13 Abs. 3 des Vorschlages nicht eine Einzelweisung erforderlich, sondern eine Ermächtigung nach geltendem deutschen Recht bereits ausreichend, *Europäische Kommission*, Folgenabschätzung v. 17.2.2006, SEC(2006)181, S. 108, 156; *J. Schmidt*, BB 2006, 1641, 1645; *Noack/Beurskens*, GPR 2006, 88, 90; vgl. auch *Ratschow*, DStR 2007, 1402, 1408.

tragung" fällt das Stimmrecht im Ergebnis wieder demjenigen zu, dem es ursprünglich zustand, nämlich dem wirtschaftlichen Eigentümer der Aktie[17].

## IV. Fremde Aktien (§ 135 Abs. 1 bis 6)

### 1. Adressat: Kreditinstitut (§ 135 Abs. 1)

Unter „Kreditinstitute" nach § 135 Abs. 1 sind, wie auch bei §§ 125, 128, solche im Sinne der §§ 1, 2 KWG zu verstehen; auch **ausländische Kreditinstitute** fallen hierunter[18], außer solche, die keine Zweigniederlassungen in Deutschland unterhalten, da die hier vorausgesetzte Pflicht zur Zugänglichmachung nach § 135 Abs. 2 (früher § 128 Abs. 2 a.F.) nicht eingreift. Daher kann bei fehlenden Weisungen seines Kunden das rein ausländische Kreditinstitut nicht entsprechend den vorher übermittelten Vorschlägen abstimmen. Diese **Regelungslücke** ist durch eine **entsprechende Anwendung der für inländische Kreditinstitute geltenden Vorschriften** für ein weisungsabweichendes Stimmverhalten nach § 135 Abs. 3 zu schließen[19]; nur zur anschließenden Benachrichtigung ihres Kunden ist es nicht verpflichtet[20]. Den verminderten Schutz nach § 135 Abs. 3 hat der Aktionär hinzunehmen, da ihm bewusst ist, dass er seine Aktienbestände und Stimmrechte von einem rein ausländischen Kreditinstitut, ohne eine inländische Niederlassung, wahrnehmen lässt.

6

### 2. Sachlicher Anwendungsbereich: Fremde Aktien (§ 135 Abs. 1 Satz 1)

Bei den Stimmrechten muss es sich um solche aus „**fremden Aktien**" handeln, mithin bei Inhaberaktien all diejenigen Anteilsscheine, die nicht im Eigentum der Adressaten stehen; bei Namensaktien darf für den Anwendungsbereich des § 135 das Kreditinstitut nicht im Namensregister als Inhaber eingetragen sein[21]. Die **treuhänderische Ausübung von Stimmrechten**, etwa in Fällen der Sicherungsübereignung[22], zählt nicht zu den Stimmrechten aus fremden Aktien, anders als bei der **Inpfandnahme**, die wie sonstiger Fremdbesitz zu behandeln ist[23].

7

### 3. Vollmachtserteilung

#### a) Form (§ 135 Abs. 1 Satz 1, 134 Abs. 3)

**aa) Grundsatz.** Das Kreditinstitut darf die Stimmrechte nur bei Bevollmächtigung ausüben. Während das NaStraG hier noch völlige Formfreiheit vorsah[24], was zu Diskrepanz zum damaligen Schriftformerfordernis bei § 134 Abs. 3 führte, hat der Gesetzgeber des ARUG hier für eine Gleichbehandlung gesorgt, was die früheren Strei-

8

---

17 Begründung der Kommission zum Richtlinienvorschlag (Fn. 13), S. 8.
18 *Hüffer*, § 135 AktG Rz. 4; *Schröer* in MünchKomm. AktG, 2. Aufl., § 135 AktG Rz. 25; *Zöllner* in KölnKomm. AktG, 1. Aufl., § 135 AktG Rz. 7; *F.-J. Semler* in MünchHdb. AG, § 38 Rz. 55; *Grundmann* in Großkomm. AktG, 4. Aufl., § 135 AktG Rz. 22; a.A. *Kubis* in MünchKomm. AktG, 2. Aufl., § 125 AktG Rz. 4.
19 Für unmittelbare Anwendung des § 135 dagegen *Grundmann* in Großkomm. AktG, 4. Aufl., § 135 AktG Rz. 22.
20 *Schröer* in MünchKomm. AktG, 2. Aufl., § 135 AktG Rz. 25.
21 So schon der Gesetzeswortlaut, § 135 Abs. 1 Satz 1, die Gleichstellung von Namensaktien und Inhaberaktien erfolgte aufgrund Art. 1 Nr. 14 NaStraG, hierzu Begr. RegE BT-Drucks. 14/4051, S. 15; *Grundmann* in Großkomm. AktG, 4. Aufl., § 135 AktG Rz. 34.
22 *Zöllner* in KölnKomm. AktG, 1. Aufl., § 135 AktG Rz. 8; *Hüffer*, § 135 AktG Rz. 5; *Schröer* in MünchKomm. AktG, 2. Aufl., § 135 AktG Rz. 40.
23 *Hüffer*, § 135 AktG Rz. 5; *Schröer* in MünchKomm. AktG, 2. Aufl., § 135 AktG Rz. 40; *Grundmann* in Großkomm. AktG, 4. Aufl., § 135 AktG Rz. 33.
24 Begr. RegE BT-Drucks. 14/4051, S. 15.

tigkeiten hinsichtlich der Auslegung von Einladungsschreiben und dortigen Formvorgaben obsolet machen dürfte[25]. Sowohl für die Vertretung nach § 134 Abs. 3 als auch nach § 135 ist nunmehr die **Textform** i.S. des § 126b BGB erforderlich, eine mündliche Erteilung genügt nicht. Zwar sieht § 135, anders als noch § 135 Abs. 1 Satz 1 RefE-ARUG, nicht mehr ausdrücklich die Textform vor; doch gebietet die EU-Aktionärsrichtlinie (Art. 11 Abs. 2 Satz 1), dass die Bestellung eines Vertreters schriftlich erfolgen muss[26]. Auch ist nicht erkennbar, dass der Gesetzgeber hier bewusst von der im RefE vorgesehenen Vereinheitlichung abrücken wollte, vielmehr ist das Verhältnis von § 135 zu § 134 Abs. 3 nunmehr als lex specialis zu lex generalis anzusehen[27]. Der Textform genügen aber entsprechend § 126b BGB alle sonstigen Formen, wie E-Mail, SMS oder andere EDV-Verfahren, auch Internet-Formulare; allerdings erlaubt die Textform in der Regel nicht die sichere Identifizierung des Erklärenden. Bei Übernahmesituationen nach dem WpÜG verpflichtet § 16 Abs. 4 Satz 6 WpÜG die Zielgesellschaft zur Erleichterung der Vollmachtserteilung, was auch technische Hilfestellungen implizieren kann (§ 134 Rz. 46). Zur Dokumentationspflicht s. Rz. 18.

9  **bb) Satzungsmöglichkeiten.** Die Satzung kann für börsennotierte Gesellschaften keine besondere Erschwerung für die Vollmachtserteilung vorschreiben, ist dagegen für nicht-börsennotierte Gesellschaften frei, § 134 Abs. 3 Satz 3. § 135 sieht zwar hierfür keine besondere Regelung vor, doch gelten dann die allgemeinen Regeln des § 134 Abs. 3 Satz 3. Der frühere Streit, ob ein Verzicht, wie in § 134 Abs. 3 Satz 2 a.F., erforderlich ist[28], ist damit obsolet. Gleiches gilt für die zum alten Recht offene Frage, ob die Satzung die Schriftform für Depotstimmrechte vorschreiben bzw. entsprechend ausgelegt werden kann[29]. S. auch Rz. 18 zu Formanforderungen in der Einladung zur Hauptversammlung.

10  **cc) Legitimationsübertragung.** Eine nach früherem Recht[30] mögliche **Legitimationsübertragung**, die gem. § 185 BGB das Kreditinstitut ermächtigen würde, fremde Aktienbestände im eigenen Namen auszuüben, ist aufgrund des eindeutigen Wortlauts[31] nicht mehr möglich. Allerdings ist eine Vertretung über die Ausübung des Stimm-

---

25 S. noch dazu OLG Frankfurt v. 19.6.2009 – 5 W 6/09, AG 2010, 212; OLG Frankfurt v. 7.7.2009 – U 152/08, AG 2010, 413; KG v. 21.9.2009 – 23 U 46/09, WM 2010, 412 entgegen OLG Frankfurt v. 15.7.2008 – 5 W 15/08 – „Leica", ZIP 2008, 1722.
26 *Schulte/Bode*, AG 2008, 730, 734 f.; *Zetzsche*, Der Konzern 2008, 321, 327; *J. Schmidt*, WM 2009, 2350, 2356; *Grundmann*, BKR 2009, 31, 37.
27 Wie hier *J. Schmidt*, WM 2009, 2350, 2354, 2356; *Grundmann*, BKR 2009, 31, 37.
28 Begr. RegE BT-Druck. 14/4051, S. 15; *Hüffer*, 8. Aufl., § 135 AktG Rz. 6; *Schröer* in MünchKomm. AktG, 2. Aufl., § 135 AktG Rz. 43; offen in der Frage der Satzungsmöglichkeiten *Than* in FS Peltzer, 2001, S. 577, 591; ebenso *Marsch-Barner* in FS Peltzer, 2001, S. 261, 273; a.A. *Bunke*, AG 2002, 57, 61, der den Wortlaut des § 135 Abs. 4 Satz 3 für „derartig offen" hält, dass eine solche Satzungsregelung möglich ist; *Zätzsch/Gröning*, NZG 2000, 393, 399, die auf die Formvorschrift des § 134 Abs. 3 Satz 2 als legis generalis abstellen; unklar in der Argumentation, ob eine Übertragung der Satzungsdispositivität des § 134 Abs. 3 auch auf § 135 übertragbar ist, *Habersack*, ZHR 165 (2001), 172, 182.
29 Begr. RegE BT-Drucks. 14/4051, S. 15; anders OLG Düsseldorf v. 19.12.2008 – I-17 U 63/08, Rz. 46; OLG Düsseldorf v. 19.12.2008 – I-17 W 63/08, AG 2009, 535, 536; LG Berlin v.11.3.2009 – 100 O 17/07, BB 2009, 1265, Rz. 161, 272, 276 mit dem fehlgehenden Hinweis, dass der Gesetzgeber Erleichterungen habe vorsehen wollen; ebenso LG Frankfurt v. 28.10.2008 – 3-05 O 113/08, ZIP 2009, 1622, Rz. 51: §§ 134, 135 AktG seien eine „Einheit"; LG Krefeld v. 20.8.2008 – 11 O 14/08, AG 2008, 754, Rz. 58; abl. *Stohlmeier/Mock*, BB 2008, 2143, 2143 f.; *Wienecke/Pauly*, NZG 2008, 794, 794 f.; *Wagner*, ZIP 2008, 1726, 1726 ff.; *Schulte/Bode*, AG 2008, 730 ff. m.w.N.
30 § 110 Abs. 2 AktG 1937.
31 Argumentum ex § 135 Abs. 1 Satz 1, so auch *Hüffer*, § 135 AktG Rz. 7; *Grundmann* in Großkomm. AktG, 4. Aufl., § 135 AktG Rz. 37.

rechts, für den, den es angeht³² möglich, die sich weitgehend der Legitimationsübertragung annähert³³, auch wenn dem Hauptversammlungsleiter die Vertretung selbst offen gelegt werden muss³⁴. Die Vollmacht muss die Erlaubnis zu dieser Form der Abstimmung enthalten³⁵. Das Kreditinstitut muss also erklären, ob es Stimmrechte aus Eigenbesitz, also aus eigenen Aktien oder mittels offener Stellvertretung, oder aus Fremdbesitz, also aus verdeckter Vollmacht, ausüben möchte. Diese Angaben sind nach § 129 Abs. 2 in die Niederschrift aufzunehmen³⁶.

**b) Anforderungen (§ 135 Abs. 1)**

**aa) Bestimmtheit.** Nach § 135 Abs. 1 Satz 2 darf nur einem **bestimmten, demgemäß namentlich benannten Kreditinstitut** die Vollmacht erteilt werden. Blanko-, Inhaber- oder Alternativvollmachten sind unzulässig, der verdeckte Stimmenverleih soll unterbunden werden³⁷; davon zu unterscheiden ist die Stimmrechtsausübung (s. Rz. 23 ff.). Welches Kreditinstitut der Vertretene beauftragt, ist nach dem Wortlaut offen; auch wenn üblicherweise das depotführende Kreditinstitut bevollmächtigt wird, wird dies vom Gesetz nicht zwingend gefordert³⁸. 11

**bb) Dauervollmachten, Widerruf.** Seit dem NaStraG ist die frühere Befristung einer erteilten Vollmacht auf 15 Monate gestrichen worden. Demgemäß kann die Vollmacht nun dauerhaft erteilt werden. Vollmachten, die noch **vor Inkrafttreten der Neuregelung** erteilt worden sind, wandeln sich nicht in Dauervollmachten um; vielmehr müssen neue Vollmachten eingeholt werden, auch vor Ablauf der alten Vollmacht³⁹. 12

Der jederzeit mögliche **Widerruf** richtet sich nach §§ 167 ff. BGB, ausgeübt durch formlose Erklärung gegenüber dem Kreditinstitut oder der Gesellschaft selbst. Auch der Widerruf in der Hauptversammlung ist möglich⁴⁰. Der Widerruf kann nicht durch Depotvertrag ausgeschlossen oder beschränkt werden⁴¹. Der wirksame Widerruf lässt die Stellvertretung entfallen, eine Stimmabgabe ist dann unwirksam – anders nach § 135 Abs. 7 bei einer § 135 zuwider laufenden Vollmachtserteilung⁴². 13

**cc) Vollständigkeit der Vollmachtserteilung.** Nach § 135 Abs. 1 Satz 3 muss die Vollmacht grundsätzlich **vollständig** sein, mithin die für eine Erteilung der Vollmacht maßgeblichen Angaben enthalten: den **Namen des Vertreters sowie des Vertretenen sowie die Tatsache der Bevollmächtigung** an sich. Das Gebot der Vollständigkeit erfordert bei einer Dauervollmacht, die auf ein Depot bezogen ist, nicht die Bezeich- 14

---

32 § 135 Abs. 4 Satz 2.
33 *Marsch-Barner* in FS Peltzer, 2001, S. 261, 274.
34 *Hüffer*, § 135 AktG Rz. 40.
35 *Grundmann* in Großkomm. AktG, 4. Aufl., § 135 AktG Rz. 39.
36 So auch *F.-J. Semler* in MünchHdb. AG, § 38 Rz. 61.
37 *Hüffer*, § 135 AktG Rz. 6; *Zöllner* in KölnKomm. AktG, 1. Aufl., § 135 AktG Rz. 28 ff.; *Schröer* in MünchKomm. AktG, 2. Aufl., § 135 AktG Rz. 54; *Grundmann* in Großkomm. AktG, 4. Aufl., § 135 AktG Rz. 46.
38 *Schröer* in MünchKomm. AktG, 2. Aufl., § 135 AktG Rz. 54; *Hüffer*, § 135 AktG Rz. 6.
39 *Marsch-Barner* in FS Peltzer, 2001, S. 261, 274; dem folgend *Hüffer*, § 135 AktG Rz. 7.
40 *Hüffer*, § 135 AktG Rz. 8; *Schröer* in MünchKomm. AktG, 2. Aufl., § 135 AktG Rz. 55; *Zöllner* in KölnKomm. AktG, 1. Aufl., § 135 AktG Rz. 41; *Grundmann* in Großkomm. AktG, 4. Aufl., § 135 AktG Rz. 54; *Bunke*, AG 2002, 57, 69.
41 Zwar sieht das Gesetz dies nicht ausdrücklich vor, doch ging der Gesetzgeber hiervon aus, BT-Drucks. 14/4051, S. 16 (Rechtsausschuss); *Hüffer*, § 135 AktG Rz. 8; *Schröer* in MünchKomm. AktG, 2. Aufl., § 135 AktG Rz. 55; *Grundmann* in Großkomm. AktG, 4. Aufl., § 135 AktG Rz. 53; *Bunke*, AG 2002, 57, 69 f.; *Marsch-Barner* in FS Peltzer, 2001, S. 261, 274.
42 *Hüffer*, § 135 AktG Rz. 8; *Schröer* in MünchKomm. AktG, 2. Aufl., § 135 AktG Rz. 55; *Zöllner* in KölnKomm. AktG, 1. Aufl., § 135 AktG Rz. 41.

nung der Gattung und aller vertretenen Aktien[43]. Der Gesetzgeber wollte dem Aktionär die jährlich neu einzureichende Vollmacht ersparen[44]; **Bestandsveränderungen**, etwa zusätzlich hinzukommende Aktienbestände, bedürfen daher nicht der erneuten (dann aber auch dauerhaften) Bevollmächtigung; andernfalls würde der vom Gesetzgeber beabsichtigte Zweck der Vereinfachung unterlaufen.

15 Die Vollmacht muss spätestens im **Zeitpunkt** des Wirksamwerdens der Erklärung vollständig sein, also mit dem Zugang bei dem Kreditinstitut[45]. Auch unvollständige Blankovollmachten können durch einen beauftragten Anwalt komplettiert werden, allerdings nicht durch das Kreditinstitut selbst[46].

16 Darüber hinaus schreibt § 135 Abs. 1 Satz 3 vor, dass die Vollmacht **nur** die für diese **notwendigen Erklärungen enthalten darf**. Damit sollen Bevollmächtigungen im Rahmen von Allgemeinen Geschäftsbedingungen (AGB) oder anderen Dienstleistungen, z.B. der Portfolioverwaltung, verhindert werden[47]. Über den Wortlaut hinaus muss aber auch gestattet sein, dass der Aktionär dem Kreditinstitut mit Weisungen für Abstimmungen, mit der Möglichkeit von Unterbevollmächtigungen und mit Aussagen über die anonyme Stimmrechtsvertretung versehen kann[48]. Allgemein sind alle mit der Stimmrechtsvertretung selbst verbundenen, das Verhältnis der beteiligten Parteien klarstellenden Erklärungen zuzulassen, solange für einen verständigen Beobachter die Klarheit der Bevollmächtigung an sich nicht in Frage steht[49].

17 Schließlich müssen die Kreditinstitute die Vollmachtserklärungen **nachprüfbar festhalten**, § 135 Abs. 1 Satz 2. Dieses durch das NaStraG neu eingefügte Dokumentationserfordernis erlangt nur für Stimmrechtsvertreter, die nicht schon der Depotprüfungspflicht nach § 29 Abs. 2 Satz 2 KWG unterliegen, eigenständige Bedeutung, da die das Depotgeschäft betreibenden Institute die Erteilung der Vollmacht belegen müssen[50]. Dabei ist auch das Datum der Vollmachtserteilung festzuhalten. Im Übrigen hat es der Gesetzgeber den Beteiligten, vor allem also Aktionären und Kreditinstituten und Aktionärsvereinigungen, überlassen wollen, geeignete Nachweise der Bevollmächtigung zu vereinbaren, etwa für auf elektronischem Wege via **E-Mail oder durch electronic banking** erteilte Vollmachten[51]. Auch hier sind die relevanten Daten, wie Datum und Pfad der eingegangen elektronischen Post, zu dokumentieren. Von der, vom Kreditinstitut festzuhaltenden, Vollmacht (§ 135 Abs. 1 Satz 2) ist streng der Nachweis der Vollmacht gegenüber der AG zur Stimmrechtsausübung zu trennen, die sich nach § 135 Abs. 5 Satz 4 richtet (s. dazu Rz. 25 ff.).

---

43 So aber *Schröer* in MünchKomm. AktG, 2. Aufl., § 135 AktG Rz. 45; *Hüffer*, § 135 AktG Rz. 9; wie hier *Grundmann* in Großkomm. AktG, 4. Aufl., § 135 AktG Rz. 48.
44 „... jährlich *neue Einreichung* von Vollmachten ist für die Anleger lästig und aufwendig.", s. Begr. RegE BT-Drucks. 14/4051, S. 15.
45 So auch *Hüffer*, § 135 AktG Rz. 9; *Schröer* in MünchKomm. AktG, 2. Aufl., § 135 AktG Rz. 47; *Zöllner* in KölnKomm. AktG, 1. Aufl., § 135 AktG Rz. 34; a.A. noch zum früheren Recht *Baumbach/Hueck*, § 135 AktG Anm. 11.
46 *Zöllner* in KölnKomm. AktG, 1. Aufl., § 135 AktG Rz. 34; *Grundmann* in Großkomm. AktG, 4. Aufl., § 135 AktG Rz. 46.
47 *v. Falkenhausen*, AG 1966, 69, 73; *Schröer* in MünchKomm. AktG, 2. Aufl., § 135 AktG Rz. 48; *Grundmann* in Großkomm. AktG, 4. Aufl., § 135 AktG Rz. 47, 50; *Hüffer*, § 135 AktG Rz. 10.
48 *Hüffer*, § 135 AktG Rz. 10; *Schröer* in MünchKomm. AktG, 2. Aufl., § 135 AktG Rz. 48; *Zöllner* in KölnKomm. AktG, 1. Aufl., § 135 AktG Rz. 39; *v. Falkenhausen*, AG 1966, 67, 73; a.A. *Eckardt*, DB 1967, 233, 234 f.
49 Im Ergebnis auch *Hüffer*, § 135 AktG Rz. 10.
50 So auch *Bunke*, AG 2002, 57, 68; *Winter* in Boos/Fischer/Schulte-Mattler, § 29 KWG Rz. 17 ff.; *Butzke* in Obermüller/Werner/Winden, Die Hauptversammlung der Aktiengesellschaft, Rz. E 79.
51 Begr. RegE BT-Drucks. 14/4051, S. 15.

**Wie die Vollmachtserklärungen vom Kreditinstitut festzuhalten** sind, lässt das Gesetz offen. In Betracht kommen die elektronische Archivierung von E-Mails ebenso wie das Aufzeichnen von fernmündlich erteilten Vollmachten[52], Fax- oder Fernschreiben[53]. Die Vollmachtserteilung im Rahmen des electronic banking genügt, sofern eine eindeutige Identifikation bei hohen Sicherheitsstandards gewährleistet ist; die entsprechenden Eingänge auf dem Server des Kreditinstituts sind aufzuzeichnen und zu verwahren[54]. Ob damit tatsächlich eine Formfreiheit der Vollmacht erreicht wird, mag man bezweifeln[55]; doch ist die Dokumentation streng von anderen (früheren) Formfunktionen zu trennen.

### c) Untervollmacht und Vollmachtsübertragung (§ 135 Abs. 5)

Kreditinstitute dürfen ihre Angestellten sowie bei öffentlich-rechtlichen Körperschaften ihre verbeamteten Mitarbeiter stets bevollmächtigen, andere Personen (und Kreditinstitute) dagegen nur **unterbevollmächtigen**, wenn die Vollmacht selbst dies ausdrücklich gestattet[56]. Ansonsten müsste stets der Vorstand des Kreditinstituts den Aktionär vertreten[57]. Somit ist die Bündelung von Stimmrechtsvertretungen durch mehrere Banken nunmehr möglich[58]. Nicht von § 135 Abs. 5 gedeckt wäre dagegen eine Unterbevollmächtigung von Stimmrechtsvertretern der Gesellschaft[59]; hiermit würde die strenge Bindung der Stimmrechtsvertreter der Gesellschaft an entsprechende Weisungen unterlaufen.

### 4. Informations- und Hinweispflichten (§ 135 Abs. 1 Satz 6)

Den Aktionärsschutz gewährleistet § 135 durch verschiedene, teilweise aus § 128 Abs. 2 a.F. übernommene Informations- und Hinweispflichten. So muss das Kreditinstitut jährlich und deutlich hervorgehoben auf den jederzeitigen Widerruf hinweisen, § 135 Abs. 1 Satz 6. Eine individuelle Mitteilung an den Aktionär ist dabei erforderlich[60]. Ein **deutliches Hervorheben** setzt voraus, dass jeder verständige Aktionär seine Optionen kennt und versteht[61], auch hinsichtlich der anfallenden Kosten[62]. Ob eine Mitteilung in Verbindung mit der alljährlichen Depotrechnung oder ähnlichen turnusmäßigen Unterlagen hierfür genügt, erscheint mehr als zweifelhaft[63]. Ein Zugänglichmachen auf der Internetseite der Gesellschaft genügt hierfür nicht[64], wohl aber etwa eine E-Mail an den Kunden.

---

52 *Bunke*, AG 2002, 57, 68; *Noack*, ZIP 2001, 57, 58; ablehnend bezüglich der vom Gesetzgeber vorgeschlagenen Möglichkeit der Vergabe eines Codewortes dagegen *Schröer* in MünchKomm. AktG, 2. Aufl., § 135 AktG Rz. 58.
53 *Hüffer*, § 135 AktG Rz. 10.
54 S. auch Begr. RegE BT-Drucks. 14/4051, S. 16.
55 *Marsch-Barner* in FS Peltzer, 2001, S. 261, 273 f.
56 *Schröer* in MünchKomm. AktG, 2. Aufl., § 135 AktG Rz. 117; *Hüffer*, § 135 AktG Rz. 39.
57 *Schröer* in MünchKomm. AktG, 2. Aufl., § 135 AktG Rz. 118; *Grundmann* in Großkomm. AktG, 4. Aufl., § 135 AktG Rz. 62; *Hüffer*, § 135 AktG Rz. 39.
58 *Schröer* in MünchKomm. AktG, 2. Aufl., § 135 AktG Rz. 117; *Marsch-Barner* in FS Peltzer, 2001, S. 261, 269.
59 So aber *Marsch-Barner* in FS Peltzer, 2001, S. 261, 272; *Schröer* in MünchKomm. AktG, 2. Aufl., § 135 AktG Rz. 121.
60 *Bunke*, AG 2002, 57, 69.
61 *Hüffer*, § 135 AktG Rz. 8.
62 *Grundmann* in Großkomm. AktG, 4. Aufl., § 135 AktG Rz. 59.
63 Weitherziger *Schröer* in MünchKomm. AktG, 2. Aufl., § 135 AktG Rz. 52, der sich nur für ein deutliches Abheben ausspricht; ähnlich *Grundmann* in Großkomm. AktG, 4. Aufl., § 135 AktG Rz. 61.
64 *Grundmann* in Großkomm. AktG, 4. Aufl., § 135 AktG Rz. 61.

21 Zudem muss das Kreditinstitut bei einer generellen Vollmacht nach § 135 Abs. 1 Satz 4 Nr. 1, 2 auf eine mögliche **Änderung der Bevollmächtigten** schon beim Sich-Erbieten hinweisen, dass auch Aktionärsvereinigungen oder sonstige Vertreter bevollmächtigt werden können, § 135 Abs. 1 Satz 5. Eine Hinweispflicht entfällt mithin, wenn das Kreditinstitut nur zur Abstimmung nach Weisung des Aktionärs bevollmächtigt wird. Der Hinweis muss auf dem Formular (auf Papier, Bildschirm oder anderweitig) selbst angebracht werden[65]. Anders als zum alten Recht[66] sieht die Hinweispflicht nach § 135 Abs. 1 Satz 6 jetzt lediglich vor, dass der Aktionär auf eine Änderung des Bevollmächtigten aufmerksam zu machen ist. Daher ist auch für die für das frühere Recht entwickelte Sanktion, dass bei Fehlen des Hinweises nicht stets davon ausgegangen werden könne, dass dem Kreditinstitut Vollmacht erteilt werden sollte[67], nicht mehr einschlägig.

### 5. Erleichterung der Erteilung von Weisungen, Widerrufen und Aufträgen

22 Nach § 135 Abs. 1 Satz 7 haben die Kreditinstitute die Pflicht den Aktionären die Erteilung von Weisungen, die Erteilung und den Widerruf einer generellen Vollmacht (§ 135 Abs. 1 Satz 4) oder, durch das ARUG neu aufgenommen, die Erteilung und den Widerruf von Aufträgen zur Weiterleitung der Stimmrechtsunterlagen (§ 135 Abs. 1 Satz 5), durch Formblätter oder ein Bildschirmformular zu erleichtern, was auch Änderungen von Weisungen etc. umfasst. Das Kreditinstitut ist aber nicht verpflichtet beides anzubieten (Formular und Bildschirmformular). Beide Begriffe sind weit zu verstehen, um der technischen Weiterentwicklung Rechnung zu tragen; so wird etwa als Bildschirmformular jedes visuelle, interaktive Texteingabefeld zu verstehen sein, etwa auf einem Smartphone.

### 6. Ausübung des Stimmrechts (§ 135 Abs. 3, 5)

#### a) Form der Ausübung

23 Mit der Reform durch das ARUG ist gem. § 135 Abs. 5 Satz 2 nunmehr nicht die offene, sondern die **verdeckte Ausübung** „im Namen dessen, den es angeht" die Regelform für die Stimmrechtsausübung, sofern nichts anderes vereinbart ist. Bei der Stimmrechtsausübung im Namen dessen, den es angeht, hat das Kreditinstitut ein Recht zur Geheimhaltung[68]. Hat der Aktionär sich für die offene Stimmrechtsausübung ausgesprochen, muss das Kreditinstitut auch so abstimmen; andernfalls verletzt es den Vertrag mit dem Kunden[69]. Anders als zum alten Recht[70] mit der Folge eines Anfechtungsgrunds[71], hat ein Verstoß nach neuem Recht nicht mehr die Unwirksamkeit des Beschlusses zur Folge (§ 135 Abs. 7, dazu Rz. 49), sondern nur noch Schadensersatzansprüche zwischen Bank und Aktionär/Kunden.

---

65 *Hüffer*, § 135 AktG Rz. 15; a.A. noch zum alten Recht *Schröer* in MünchKomm. AktG, 2. Aufl., § 135 AktG Rz. 53.
66 Hier musste insbesondere auf Aktionärsvereinigungen hingewiesen werden, vgl. Begr. RegE BT-Drucks. 13/9712, S. 17; weitergehender noch *Grundmann* in Großkomm. AktG, 4. Aufl., § 135 AktG Rz. 55: alle Vertretungsformen.
67 Darauf läuft aber die Auffassung von *Hüffer*, § 135 AktG Rz. 15 hinaus.
68 BGH v. 20.3.1995 – II ZR 205/94 – „Girmes", BGHZ 129, 136, 158 = NJW 1995, 1739 ff. = AG 1995, 368; *Zöllner* in KölnKomm. AktG, 1. Aufl., § 135 AktG Rz. 13; Begr. RegE in *Kropff*, Aktiengesetz, S. 197.
69 Zutr. *Hüffer*, 8. Aufl., § 135 AktG Rz. 16 (noch zum alten Recht und für die verdeckte Stimmrechtsausübung); *Schröer* in MünchKomm. AktG, 2. Aufl., § 135 AktG Rz. 65.
70 *Barz* in Großkomm. AktG, 3. Aufl., § 134 AktG Anm. 30; *F.-J. Semler* in MünchHdb. AG, § 38 Rz. 51, 65; *Bunke*, AG 2002, 57, 65.
71 *F.-J. Semler* in MünchHdb. AG, § 38 Rz. 51, 63; *Hüffer*, 8. Aufl., § 135 AktG Rz. 22.

Daneben kann das Kreditinstitut auch per **Briefwahl** (bzw. online) nach § 118 Abs. 2 abstimmen, sofern die Gesellschaft dies in ihrer Satzung vorsieht (oder den Vorstand hierzu ermächtigt), § 135 Abs. 5 Satz 2.

**b) Nachweis des Stimmrechts (§ 135 Abs. 5 Satz 4)**

Für den Nachweis der Stimmberechtigung des Kreditinstituts unterscheidet das Gesetz zwischen börsennotierten und anderen Gesellschaften: Für börsennotierte Gesellschaften genügt nach § 135 Abs. 5 Satz 4 die Vorlegung eines Berechtigungsnachweises gem. § 123 Abs. 3 (näher § 123 Rz. 22 ff.). Für die nicht-börsennotierten Gesellschaften sind die in der Satzung für die Ausübung des Stimmrechts vorgesehenen Erfordernisse maßgeblich. Daher ist die Vorlage von **Vollmachtsurkunden** zur **Legitimation nicht mehr erforderlich**[72].

Das Kreditinstitut ist vielmehr verpflichtet, die in der Satzung vorgesehenen Erfordernisse zu erfüllen bzw. bei Schweigen der Satzung die Aktien oder eine Hinterlegungsbescheinigung vorzulegen, was § 123 Abs. 3 entspricht und rein deklaratorisch zu verstehen ist[73]. Eine Verpflichtung zum Nachweis der Vollmachtserteilung gegenüber den Gesellschaften besteht nicht; vielmehr muss die Gesellschaft darauf vertrauen, dass eine ordnungsgemäße Bevollmächtigung besteht[74]. Demnach gibt **nur noch das Teilnehmerverzeichnis Aufschluss darüber, dass das Kreditinstitut nicht nur die eigenen Aktien vertritt**, da der Vollmachtsbesitz bei der anonymen Ausübung im Teilnehmerverzeichnis gesondert anzugeben ist (§ 129 Abs. 2)[75]. Wenn eine Satzung dagegen eine Legitimierung durch Hinterlegung vorsieht, können sich geschäftsmäßig Handelnde auch durch einen **Record Date-Nachweis** legitimieren. Denn nach § 123 Abs. 3 Satz 2 ist bei börsennotierten Gesellschaften der besondere Nachweis des Anteilsbesitzes durch das depotführende Institut immer ausreichend[76].

Damit erledigt sich auch die zum alten § 135 a.F. strittige Frage, ob in der **Einladung zu einer Hauptversammlung** eine Vollmachtserteilung in schriftlicher Form verlangt werden kann[77]: Denn zum einen entsprechen die Formerfordernisse von § 134 Abs. 3 jetzt § 135 Abs. 1, zum anderen regelt § 135 Abs. 5 Satz 4 klar das Verhältnis von Satzung und zwingenden Vorschriften, indem für börsennotierte Gesellschaften die Satzung keinen anderen Nachweis verlangen kann[78]. Hinsichtlich der Form kann die Satzung bei börsennotierten Gesellschaften nur Erleichterungen vorsehen (dazu § 134 Rz. 45). Der gegenteiligen instanzgerichtlichen Rechtsprechung ist damit der Boden entzogen[79].

---

72 Dies folgt schon aus der Verpflichtung, die Vollmachtserklärungen nachprüfbar festzuhalten, § 135 Abs. 2 Satz 4, *Bunke*, AG 2002, 57, 65.
73 Im Ergebnis auch *Hüffer*, § 135 AktG Rz. 42.
74 *Bunke*, AG 2002, 57, 65; *Noack*, ZIP 2001, 57, 59 ff.; *Schröer* in MünchKomm. AktG, 2. Aufl., § 135 AktG Rz. 70.
75 *Hüffer*, 8. Aufl., § 135 AktG Rz. 18.
76 Umfassend auch wie hier *Kiefner/Zetzsche*, ZIP 2006, 551, 556; *Zetzsche*, Der Konzern 2007, 250, 256.
77 Näher dazu *Göhmann/v. Oppen*, BB 2009, 513 ff. m.w.N.; s. auch die Nachweise in Fn. 79.
78 Ebenso *Grundmann* in Großkomm. AktG, 4. Aufl., § 135 AktG Rz. 65a.
79 Wie hier zum alten Recht KG v. 21.9.2009 – 23 U 46/09, NZG 2009, 1389, Rz. 30 ff.; LG Frankfurt v. 17.12.2008 – 3-05 O 242/08, NZG 2009, 1066, Rz. 41; LG Frankfurt v. 26.8.2008 – 3-5 O 339/07, AG 2008, 751, Rz. 31 ff. (s. auch schon OLG Frankfurt v. 15.7.2008 – 5 W 15/08-„Leica", AG 2008, 745, Rz. 20) gegen OLG München v. 3.9.2008 – 7 W 1432/09, AG 2008, 746, Rz. 46; OLG München v. 12.11.2008 – 7 W 1775/08, AG 2009, 589; OLG Düsseldorf v. 19.12.2008 – I-17 U 63/08, Rz. 45; LG München I v. 30.12.2008 – 5 HK O 11661/08, AG 2009, 296, Rz. 87.

c) Weisungen (§ 135 Abs. 3)

28 **aa) Grundsatz.** § 135 Abs. 3 setzt grundsätzlich eine **Bindung des Kreditinstituts an Weisungen** voraus. Zudem sind Kreditinstitute nach § 135 Abs. 2 Satz 1 (= § 128 Abs. 2 Satz 1, a.F.) verpflichtet, dem Aktionär Vorschläge zur Stimmrechtsausübung zu unterbreiten. Das Kreditinstitut ist an die Weisung ebenso wie an die rechtzeitige Gegenweisung[80] (gegen mitgeteilte eigene Vorschläge des Kreditinstituts) gebunden, wie dies § 665 BGB voraussetzt. Liegt eine Weisung vor, so erschöpft sich die Verpflichtung des Kreditinstituts darin, diese auszuführen[81]. Dabei sind an die **Erteilung der Weisung** keine strengen Anforderungen zu stellen, üblicherweise verwendete Formblätter sollten eine Auslegung von unklaren Aufträgen überflüssig machen[82]. Nach § 135 Abs. 1 Satz 7 muss das Kreditinstitut die Erteilung von Weisungen durch ein Formblatt oder Bildschirmformular erleichtern. Eine eigene Ermessensentscheidung bezüglich Zweckmäßigkeit oder interessensgemäßer Wahrnehmung im Falle von eindeutigen Weisungen obliegt dagegen dem Vertreter in keinem Fall[83]. Eine andere Form als der Stimmabgabe nach Weisung oder nach mitgeteilten eigenen Vorschlägen, sieht das Gesetz nicht vor[84]. Bei Weisung oder vorheriger Stimmrechtsankündigung muss das Kreditinstitut auch das Stimmrecht ausüben; es kann allenfalls rechtzeitig vorher den Aktionär benachrichtigen, dass es etwa die Stimmrechte aus dem eigenen Bestand ausüben will, damit der Aktionär noch die Möglichkeit der anderweitigen Beauftragung hat[85]. Eine Verletzung der Pflicht zur Befolgung der Weisung löst indes nur Schadensersatzansprüche im Innenverhältnis aus, die Wirksamkeit von Beschlüssen bleibt nach § 135 Abs. 7 unberührt.

29 **Rechtzeitig** ist die Weisung dann, wenn das Kreditinstitut sie unter Berücksichtigung eines ordnungsgemäßen Verfahrensablaufs noch bei der Stimmrechtsausübung berücksichtigen kann[86]. Dies hängt im Wesentlichen von den verwandten Kommunikationssystemen ab: bieten Kreditinstitute Online-Systeme an, die eine Echtzeit-Verbindung mit dem Aktionär selbst in der Hauptversammlung erlauben, sind auch solche Weisungen zu beachten[87].

30 **bb) Unklare oder interessenwidrige Weisungen.** Bei **unklaren** und bei **offensichtlich interessenwidrigen Weisungen** besteht vor einer Enthaltung bzw. vor einem weisungswidrigen Abstimmungsverhalten[88] **eine Erkundigungspflicht seitens des Vertreters**[89]. **Abweichen** bedeutet eine andere Stimmabgabe als die vereinbarte. Dies gilt auch für das unbewusste, versehentliche Abweichen des Kreditinstituts, ebenso die

---

80 BGH v. 25.1.1988 – II ZR 320/87, BGHZ 103, 143, 145 = NJW 1988, 1320.
81 *Henssler*, ZHR 157 (1993), 91, 103.
82 Auch das Gesetz selbst sah in § 128 Abs. 2 Satz 5 a. F. die Zuhilfenahme von Formblättern vor, s. Begr. RegE BT-Drucks. 14/4051, S. 14; *Hüffer*, 8. Aufl., § 128 AktG Rz. 12.
83 So auch BGH v. 25.1.1988 – II ZR 320/87, BGHZ 103, 143, 145 = NJW 1988, 1320; *Henssler*, ZHR 157 (1993), 91, 103; *Hüffer*, § 135 AktG Rz. 11; *Zöllner* in KölnKomm. AktG, 1. Aufl., § 135 AktG Rz. 52; schwächer dagegen, mit eigenem Differenzierungskatalog *Schröer* in MünchKomm. AktG, 2. Aufl., § 135 AktG Rz. 84 f.
84 *Schröer* in MünchKomm. AktG, 2. Aufl., § 135 AktG Rz. 82; *Zöllner* in KölnKomm. AktG, 1. Aufl., § 136 AktG Rz. 52; *Hüffer*, § 135 AktG Rz. 11; *Grundmann* in Großkomm. AktG, 4. Aufl., § 135 AktG Rz. 69.
85 *Grundmann* in Großkomm. AktG, 4. Aufl., § 135 AktG Rz. 78.
86 Im Ergebnis ebenso *Zöllner* in KölnKomm. AktG, 1. Aufl., § 135 AktG Rz. 53; *Butzke* in Obermüller/Werner/Winden, Die Hauptversammlung der Aktiengesellschaft, Rz. E 79 ff.
87 *Noack* in Noack/Spindler, Unternehmensrecht und Internet, 2001, S. 15, 25 f.; *Habersack*, ZHR 165 (2001), 172, 184; *Schröer* in MünchKomm. AktG, 2. Aufl., § 135 AktG Rz. 86.
88 Für ein solches Abweichen allerdings *Hüffer*, § 135 AktG Rz. 11; *F.-J. Semler* in MünchHdb. AG, § 38 Rz. 57.
89 BGH v. 20.3.1984 – VI ZR 154/82, NJW 1985, 42, 43; *Henssler*, ZHR 157 (1993), 91, 103; *Grundmann* in Großkomm. AktG, 4. Aufl., § 135 AktG Rz. 79.

Nichtausübung des Stimmrechts für den Fall eines weisungsbedingten Zustimmens oder Ablehnens[90]. Zudem setzt bereits § 135 Abs. 3 Satz 2 die Möglichkeit eines Abweichens voraus, das aber unter Berücksichtigung von § 665 Satz 1 BGB nur ausnahmsweise möglich ist, wenn das Kreditinstitut davon ausgehen kann, dass der Aktionär bei Kenntnis der Sachlage die Abweichung billigen würde[91]. Generell muss das Kreditinstitut versuchen, vor einer Abweichung mit dem Aktionär aber **Rücksprache zu halten**[92]. Gerade bei **Online-Verbindungen zwischen dem Aktionär und seinem Kreditinstitut** ist dem Kreditinstitut bei Abweichungen eine vorherige Rücksprache zumutbar[93].

Weicht das Kreditinstitut ab, muss es gem. § 135 Abs. 3 Satz 2 dem Aktionär dies mitteilen einschließlich der (substantiiert darzulegenden) Gründe hierfür, um dem Aktionär die Prüfung auf Schadensersatzansprüche hin möglich zu machen – pauschale Begründungen genügen nicht[94]. Diese Anzeige- und Rücksprachepflicht folgt neben § 135 Abs. 3 Satz 2 schon aus §§ 665 Satz 2, 666 BGB[95], ist durch § 135 Abs. 3 Satz 2 aber zwingend ausgestaltet[96]. **Der Aktionär selbst** ist unverzüglich zu informieren, d.h. ohne schuldhaftes Zögern[97], oder im Falle der Untervollmachtserteilung der Bevollmächtigte. Auch eine generelle Mitteilung auf der Homepage allein ist nicht ausreichend[98]. Eine besondere **Form** schreibt das Gesetz nicht vor. Die Mitteilung sollte so gestaltet sein, dass der Aktionär aus ihr heraus das Stimmverhalten des Kreditinstituts nachvollziehen kann. 31

**cc) Pflicht zur Abweichung von der Weisung.** Eine **Pflicht zum Abweichen** von der Weisung besteht dann, wenn die Stimmrechtsausübung den Interessen des Aktionärs schaden würde, nicht dagegen schon dann, wenn die weisungsgemäße Stimmrechtsausübung zu einem **rechtswidrigen Beschluss** führen würde[99] oder **dem Gesellschaftsinteresse** schaden würde[100]. Erst wenn dem Aktionär aus der weisungsgemäßen Stimmrechtsausübung selbst Schäden drohen, etwa wegen Verletzung seiner Treuepflicht, kann eine Pflicht zur Abweichung von der Weisung in Betracht kom- 32

---

90 *Schröer* in MünchKomm. AktG, 2. Aufl., § 135 AktG Rz. 122.
91 *Hüffer*, § 135 AktG Rz. 11; *Schröer* in MünchKomm. AktG, 2. Aufl., § 135 AktG Rz. 93; *Zöllner* in KölnKomm. AktG, 1. Aufl., § 135 AktG Rz. 58; *Grundmann* in Großkomm. AktG, 4. Aufl., § 135 AktG Rz. 82; *Schöne*, WM 1992, 209, 210.
92 *Zöllner* in KölnKomm. AktG, 1. Aufl., § 135 AktG Rz. 61; *Johannson*, BB 1967, 1315, 1319; *Hüffer*, § 135 AktG Rz. 29; *Schröer* in MünchKomm. AktG, 2. Aufl., § 135 AktG Rz. 103; a.A. v. *Falkenhausen*, AG 1966, 69, 76.
93 *Noack*, NZG 2004, 297; *Noack*, NZG 2003, 241; *Noack*, ZIP 2001, 57; *Schröer* in MünchKomm. AktG, 2. Aufl., § 135 AktG Rz. 103.
94 *Grundmann* in Großkomm. AktG, 4. Aufl., § 135 AktG Rz. 86.
95 BGH v. 30.11.1989 – III ZR 112/88, BGHZ 109, 260, 266 = NJW 1990, 510 zur zeitlichen und sachlichen Reichweite der Herausgabe- und Rechenschaftspflicht nach § 666 BGB.
96 *Hüffer*, § 135 AktG Rz. 29; zur allgemeinen Disposition einer Benachrichtigungspflicht im typischen Auftragsverhältnis *Thomas* in Palandt, § 666 BGB Rz. 1, 4.
97 *Schröer* in MünchKomm. AktG, 2. Aufl., § 135 AktG Rz. 126; *Hüffer*, § 135 AktG Rz. 29.
98 *Grundmann* in Großkomm. AktG, 4. Aufl., § 135 AktG Rz. 86, der die hiesige Position allerdings missversteht; *Schröer* in MünchKomm. AktG, 2. Aufl., § 135 AktG Rz. 124, der die Information über eine Internetseite dann zulassen möchte, wenn der Aktionär zuvor über diese Seite persönlich informiert wurde. Ebenso *Zetzsche*, ZIP 2001, 682, 684, der dies solange zulassen will, solange nicht ein Aktionär die schriftliche Zusendung fordert.
99 *Zöllner* in KölnKomm. AktG, 1. Aufl., § 135 AktG Rz. 59; *v. Falkenhausen*, AG 1966, 69, 76.
100 So aber LG Düsseldorf v. 4.6.1991 – 10 O 187/89, AG 1991, 409, 410; *Hüffer*, § 135 AktG Rz. 11; *Heermann*, ZIP 1994, 1243, 1246; *Marsch-Barner*, ZHR 157 (1993), 350, 352; *Zöllner* in KölnKomm. AktG, 1. Aufl., § 135 AktG Rz. 59; *Grundmann* in Großkomm. AktG, 4. Aufl., § 135 AktG Rz. 83.

men[101]. Nach § 665 Satz 1 BGB ist allein das Verhältnis zwischen Aktionär (als Auftraggeber) und Kreditinstitut maßgeblich[102]. Daher ist unter einer „ganz offensichtlich interessenwidrigen Weisung"[103] nicht primär ein gesellschaftsschädliches, sondern ein aktionärsschädliches Abstimmungsverhalten zu verstehen. Abweichungen sind dabei nicht schon dann gerechtfertigt, wenn etwa ein angekündigter Oppositionsantrag, dem der Aktionär folgen wollte, nicht gestellt wird; hier muss das Kreditinstitut gleichwohl die Verwaltungsvorlage ablehnen[104].

**d) Ausübung bei eigenen Stimmrechtsvorschlägen (§ 135 Abs. 1 Satz 4 Nr. 1, Abs. 2)**

33   **aa) Grundlagen.** Das Kreditinstitut kann auch, wenn keine explizite Weisung erteilt wurde, die Stimmen des Aktionärs ausüben, sofern es vorher dem Aktionär die eigenen Stimmrechtsvorschläge mitgeteilt hat, § 135 Abs. 1 Satz 4, Abs. 2. Das Kreditinstitut ist aber nicht mehr verpflichtet, eigene Vorschläge zu unterbreiten; vielmehr kann es bei einer generellen Vollmacht vorsehen, dass es die Stimmrechte entsprechend den Vorschlägen des Vorstands oder des Aufsichtsrats, bei Divergenz denjenigen des Aufsichtsrats folgen wird – was unter Corporate Governance-Gesichtspunkten nicht unproblematisch ist, da in der Tendenz damit ein Proxy-System amerikanischer Prägung vorgezeichnet ist, einschließlich der Gefahren der Stärkung der Verwaltung[105], ohne die damit verbundenen umfangreichen Pflichten. Das Kreditinstitut kann auch beide Vorschläge (eigene Stimmrechtsvorschläge, Vorschläge der Verwaltung) als Alternativen vorsehen[106]. Vorschläge des RefE ARUG, die Kreditinstitute auch zur Auswahl von weiteren Abstimmungsvorschlägen und deren Mitteilung zu verpflichten[107], konnten sich nur teilweise durchsetzen[108], indem nach § 135 Abs. 1 Satz 5 die Kreditinstitute nunmehr verpflichtet sind, „im Rahmen des Zumutbaren" die Abstimmungsunterlagen nach Wahl des Aktionärs einer Aktionärsvereinigung oder einem sonstigen Stimmrechtsvertreter zuzuleiten. Allerdings ist das Kreditinstitut schon aufgrund seiner vertragsrechtlichen Pflichten zur Interessenwahrnehmung gehalten, sich nicht unbesehen die Vorschläge der Verwaltung zu Eigen zu machen, sondern diese auf die Tauglichkeit für die Kunden bzw. Aktionäre hin zu überprüfen[109].

34   **bb) Zugänglichmachen der Vorschläge.** Nach § 135 Abs. 2 Satz 1 sind die Vorschläge rechtzeitig zugänglich zu machen; eine Mitteilung, wie noch in § 128 Abs. 2 Satz 1 a.F., ist nicht mehr erforderlich. Demgemäß müssen die Aktionäre/Kunden die einfache Möglichkeit haben, von den Stimmrechtsvorschlägen zu erfahren; dies kann etwa auf der Internetseite des Kreditinstituts erfolgen[110], aber auch per E-Mail oder sonstiger Mitteilung oder durch Zugänglichmachung. Eine Pflicht die Vorschläge zu-

---

101  *Schröer* in MünchKomm. AktG, 2. Aufl., § 135 AktG Rz. 100 sowie *Henssler*, ZHR 157 (1993), 91, 104 sowie *Knütel*, ZHR 137 (1973), 285, 297.
102  BGH v. 12.7.1975 – III ZR 154/77, BGHZ 75, 120 = NJW 1979, 866.
103  *Henssler*, ZHR 157 (1993), 91, 103.
104  *Hüffer*, § 135 AktG Rz. 11; *Schröer* in MünchKomm. AktG, 2. Aufl., § 135 AktG Rz. 95; *Zöllner* in KölnKomm. AktG, 1. Aufl., § 135 AktG Rz. 59.
105  *Arnold*, Der Konzern 2009, 88, 94; *Grundmann*, BKR 2009, 31, 36; zurückhaltender demgegenüber *Schmidt*, WM 2009, 2350, 2354 f.; anders die Einschätzung in Begr. RegE BT-Drucks. 16/11642, S. 33.
106  Begr. RegE BT-Drucks. 16/11642, S. 33; *J. Schmidt*, WM 2009, 2350, 2354.
107  § 135 Abs. 1 Satz 5 Nr. 2 RefE-AktG (ARUG-RefE) www.bmj.de/files/-/3140/Ref_Gesetz zur Umsetzung der Aktionärsrechterichtlinie.pdf; dazu *Grundmann* in Essays in Honour of Wymeersch, 2008, S. 183 ff.; *Noack*, NZG 2008, 441, 443; *Seibert*, ZIP 2008, 906, 909.
108  Zum Ganzen s. *J. Schmidt*, WM 2009, 2350, 2354 m.w.N.
109  Zweifelnd dagegen *Grundmann*, BKR 2009, 31, 36, allerdings ohne Bezugnahme auf die vertraglichen Pflichten.
110  Begr. RegE BT-Drucks. 16/11642, S. 34; *J. Schmidt*, WM 2009, 2350, 2355.

zusenden, etwa in Papierform, hat der Gesetzgeber nicht aufgenommen[111]. Allerdings darf dies etwa auf der Internetseite nicht derart versteckt erfolgen, dass der Aktionär erst nach umständlichen und ggf. mit Werbung versehenen Hinweisen zu den Vorschlägen gelangt. Mehr als zwei Verlinkungsebenen werden hier in der Regel nicht statthaft sein. Die Vorschläge müssen allerdings auch dann zugänglich gemacht werden, wenn der Aktionär bereits vorher eine Weisung erteilt hat (anders als § 128 Abs. 3 a.F.)[112].

**cc) Stimmrechtsausübung und Abweichung.** An diese Vorschläge ist das Kreditinstitut genauso gebunden wie an Weisungen[113], da der Aktionär auf die Durchführung dieser Vorschläge vertraut[114]. Wie schon in § 128 Abs. 2 Satz 3 a.F. sieht das neue Recht in § 135 Abs. 2 Satz 2 vor, dass das Kreditinstitut sich von den Interessen des Aktionärs leiten lassen muss, was besonders durch die Pflicht zur Einrichtung einer spezifischen **Compliance-Organisation** flankiert wird, einschließlich der Benennung eines hierfür Verantwortlichen in der Geschäftsleitung (Satz 2). 35

Auch hier kann das Kreditinstitut aber unter den gleichen Bindungen wie bei Weisungen **abweichen** (Rz. 30 ff.)[115]. Zwar wird teilweise vorgeschlagen, bei der Abweichung von einem eigenen Abstimmungsvorschlag des Kreditinstituts von einer **erhöhten Verantwortung für die Vermögensinteressen des zu vertretenden Aktionärs** auszugehen, insbesondere im Hinblick auf die jeweiligen persönlichen Anlageinteressen des beauftragenden Aktionärs und die möglichen schädigenden Folgen der Stimmvorschlagsabweichung[116]. Doch werden diese Fragen bereits in der Pflicht zur Rücksprache bzw. Benachrichtigung des Aktionärs berücksichtigt, so dass sich kaum Unterschiede ergeben. 36

**e) Ausübung bei Übernahme der Vorschläge der Verwaltungsorgane (§ 135 Abs. 1 Satz 4 Nr. 2, Abs. 4)**

Will das Kreditinstitut keine eigenen Stimmrechtsvorschläge unterbreiten, sondern den Vorschlägen der Verwaltungsorgane folgen (§ 135 Abs. 1 Satz 4 Nr. 2), hat es deren Vorschläge dem **Aktionär zugänglich** zu machen. Darunter ist keine persönliche Mitteilung an den Aktionär/Kunden zu verstehen; es genügt, dass der Aktionär sich diese Vorschläge auf einer Internetseite besorgen kann, wenn ihm das Kreditinstitut die Adresse (URL) mitteilt. Selbst dies ist im Regelfall nicht erforderlich, soweit die Vorschläge bereits einfach zugänglich sind, etwa auf der Internetseite der Gesellschaft oder aber auch im elektronischen Bundesanzeiger[117] veröffentlicht worden sind (§ 135 Abs. 4 Satz 1 a.E.). 37

Für die **Hinweispflicht** gilt § 135 Abs. 2 Satz 3 entsprechend, so dass die Bank auf die Möglichkeit der rechtzeitigen Weisung und die sonst eingreifende Stimmrechtsausübung nach den Vorschlägen der Verwaltung aufmerksam zu machen hat. 38

In der Hauptversammlung hat das Kreditinstitut den Vorschlägen, wie den eigenen Stimmrechtsvorschlägen, entsprechend zu folgen. Bei Divergenz von Vorschlägen von Vorstand und Aufsichtsrat genießen diejenigen des Aufsichtsrats Vorrang. Ob ei- 39

---

111 Begr. RegE BT-Drucks. 16/11642, S. 34.
112 Begr. RegE BT-Drucks. 16/11642, S. 34.
113 *Zöllner* in KölnKomm. AktG, 1. Aufl., § 135 AktG Rz. 55; *Hüffer*, § 135 AktG Rz. 28; *Grundmann* in Großkomm. AktG, 4. Aufl., § 135 AktG Rz. 73.
114 *Zöllner* in KölnKomm. AktG, 1. Aufl., § 135 AktG Rz. 55.
115 *Hüffer*, § 135 AktG Rz. 28.
116 So im Ergebnis *Henssler*, ZHR 157 (1993), 91, 105, ihm sich anschließend *Schröer* in MünchKomm. AktG, 2. Aufl., § 135 AktG Rz. 101.
117 Begr. RegE BT-Drucks. 16/11642, S. 34.

ne Divergenz vorliegt, muss das Kreditinstitut nach pflichtgemäßen Ermessen beurteilen. Demgemäß muss das Kreditinstitut auch entsprechend § 135 Abs. 3 Satz 1 bis 3 bei einer **Abweichung** von den Stimmrechtsvorschlägen der Verwaltung die unter Rz. 30 dargelegten Pflichten der Rücksprache einhalten. Eine Abweichung ist nur dann statthaft, wenn das Kreditinstitut annehmen konnte, dass eine Abweichung im wohlverstandenen Interesse des Aktionärs lag. Über die Abweichung hat das Kreditinstitut den Aktionär zu informieren (s. Rz. 31). Das Gebot der ausdrücklichen Weisung in der eigenen Hauptversammlung des Kreditinstituts gilt selbstverständlich auch bei Vorschlägen der eigenen Verwaltung.

40 Demgegenüber gelangt § 135 Abs. 3 Satz 4 nicht zur Anwendung, so dass **das Kreditinstitut auch bei mehr als 20 % der Beteiligung am Grundkapital einer anderen Gesellschaft** die Stimmrechte ausüben darf. Denn hier ist eine Interessenkollision nicht in dem Maße zu befürchten, wie im Falle der eigenen Stimmrechtsvorschläge bei Kumulieren eigener Bestände zusammen mit den Stimmrechten aus den Fremdaktien.

#### f) Pflicht zur Weiterleitung von Stimmunterlagen

41 Statt der ursprünglich vorgesehenen Pflicht zur Vermittlung von Stimmrechtsvorschlägen (s. oben Rz. 33) erlegt das Gesetz nunmehr – ohne Differenzierung zwischen Inhaber- und Namensaktien[118] – in § 135 Abs. 1 Satz 5 den Kreditinstituten die Pflicht auf, die Stimmunterlagen im Rahmen des Zumutbaren an Aktionärsvereinigungen oder sonstige Stimmrechtsvertreter nach Wahl des Aktionärs weiterzuleiten. Daher hat nicht das Kreditinstitut diese Stimmrechtsvertreter auszuwählen oder deren Adressen etc. zu eruieren; vielmehr obliegt dem Kreditinstitut die Weiterleitung der Stimmrechtsunterlagen nur dann, wenn der Aktionär für einen dieser Stimmrechtsvertreter ausdrücklich optiert hat – auch dann besteht die Pflicht nur im Rahmen des Zumutbaren, so dass das Kreditinstitut nicht etwa zu eigenen Nachforschungen verpflichtet ist, z.B. über den Aufenthalts- oder Zustellungsort eines Stimmrechtsvertreters[119] außerhalb der EU[120]. Zu den erforderlichen Unterlagen zählt der Gesetzgeber etwa die Eintrittskarten für die Versammlung als zum Nachweis der Legitimation erforderliche Unterlage (bzw. sonstige Berechtigungsnachweise, z.B. bei online-Wahlen)[121]. Was „zumutbar" ist, soll nach dem Willen des Gesetzgebers gegebenenfalls in den allgemeinen Geschäftsbedingungen der Banken konkretisiert werden können[122]; allerdings können derartige Klauseln nicht dazu führen, dass die von § 135 Abs. 1 Satz 5 grundsätzlich vorgesehene Pflicht de facto ins Leere läuft – § 135 Abs. 1 Satz 5 wird hier auch als gesetzliches Leitbild im Rahmen von § 307 Abs. 2 BGB fungieren.

#### 7. Sonderfälle

#### a) Eigene Hauptversammlung des Kreditinstituts (§ 135 Abs. 3 Satz 3)

42 Die Bevollmächtigung des eigenen Kreditinstituts auch für die eigene Hauptversammlung ist zulässig, wenn der Aktionär zu den jeweiligen Tagesordnungspunkten eine **ausdrückliche Weisung** erteilt hat. Die Weisung kann auch dahingehen lauten,

---

118 Begr. RegE BT-Drucks. 16/11642, S. 34.
119 Begr. RegE BT-Drucks. 16/11642, S. 34: Volljährigkeit, Zuverlässigkeit, Existenz des Vertreters.
120 Zu Recht auf Drittstaaten beschränkend im Hinblick auf die EU-Aktionärsrechterichtlinie *J. Schmidt*, WM 2009, 2350, 2354; restriktiver Begr. RegE BT-Drucks. 16/11642, S. 34: Vertreter „mit Sitz im Ausland".
121 Begr. RegE BT-Drucks. 16/11642, S. 33 f.
122 Begr. RegE BT-Drucks. 16/11642, S. 34.

dass zu allen Tagesordnungspunkten immer im Sinne der Verwaltung abgestimmt wird[123]. Auf jeden einzelnen Tagesordnungspunkt muss sich die Weisung nicht beziehen[124]. Fehlt eine Weisung ganz (so zum Beispiel zu Fragen der Geschäftsordnung[125]), kann das Kreditinstitut allerdings zu diesen weisungslosen Punkten kein Stimmrecht ausüben[126].

Bei **auslegungsbedürftigen, nicht eindeutigen Weisungen** besteht für die Kreditinstitute die Pflicht, im Rahmen der Depotprüfung die Ordnungsgemäßheit der Stimmrechtsausübung nachzuweisen. Der mutmaßliche Wille des Vertretenen ist bei der Stimmrechtsausübung immer zu beachten. Im Zweifel ist das Kreditinstitut, wie bei fremden Hauptversammlungen auch (s. § 135 Rz. 30), gehalten, sich beim Aktionär zu erkundigen. Ist dies nicht mehr möglich, ergeben sich allerdings für die Kreditinstitute im **Gegensatz zu einer fremden Hauptversammlung** (§ 135 Rz. 30) **keine Ermessensspielräume**: hat ein Aktionär keine eindeutige Weisung erteilt, so ist das Kreditinstitut nach dem klaren Gesetzeswortlaut des § 135 Abs. 3 Satz 3[127] gezwungen, sich im Zweifel auf der eigenen Hauptversammlung zu enthalten. In jedem Fall ist die sorgfältige Dokumentation der Stimmrechtsausübung den Kreditinstituten anzuraten[128]. Für den Fall einer Stimmabgabe ohne Weisung bleibt diese nach § 135 Abs. 7 gleichwohl wirksam[129].

43

**b) Stimmrechtsvollmacht bei eigener Beteiligung des Kreditinstituts (§ 135 Abs. 3 Satz 4)**

**aa) Allgemeines.** Mit der durch das KonTraG[130] eingeführten, mit dem ARUG aber wieder zum Teil gemilderten Norm, soll eine Kumulation von Stimmrechtsvertretung durch Kreditinstitute und Stimmrechten des Kreditinstituts aus eigener Beteiligung zur Vermeidung von Interessenkonflikten verhindert werden[131], indem bei einer unmittelbaren oder mittelbaren Eigenbeteiligung **von mehr als 20 % des Grundkapitals** die Stimmrechte der Aktionäre nur nach ausdrücklicher Weisung zu den einzelnen Tagesordnungspunkten ausgeübt werden dürfen (§ 135 Abs. 3 Satz 4), ohne Rücksicht auf eine Einzelfallbetrachtung. Ohne Weisung können die Kreditinstitute die Stimmrechte der Aktionäre zwar ausüben; sie dürfen dann aber ihre eigenen Stimmrechte nicht wahrnehmen, auch nicht über Dritte (§ 135 Abs. 3 Satz 4 a.E.). Diese **Konzeption ist vielfach kritisiert** worden[132], was sich teilweise in den

44

---

123 *Schröer* in MünchKomm. AktG, 2. Aufl., § 135 AktG Rz. 71; *F.-J. Semler* in MünchHdb. AG, § 38 Rz. 59; *Barz* in Großkomm. AktG, 3. Aufl., § 135 AktG Anm. 17; *Zöllner* in KölnKomm. AktG, 1. Aufl., § 135 AktG Rz. 69.
124 *Schröer* in MünchKomm. AktG, 2. Aufl., § 135 AktG Rz. 71; *Butzke* in Obermüller/Werner/Winden, Die Hauptversammlung der Aktiengesellschaft, Rz. E 90; *Zöllner* in KölnKomm. AktG, 1. Aufl., § 135 AktG Rz. 69.
125 *Hüffer*, § 135 AktG Rz. 31.
126 *Butzke* in Obermüller/Werner/Winden, Die Hauptversammlung der Aktiengesellschaft, Rz. E 90; *Schröer* in MünchKomm. AktG, 2. Aufl., § 135 AktG Rz. 71; *Semler* in MünchHdb. AG, § 38 Rz. 59.
127 Hierfür auch *Zöllner* in KölnKomm. AktG, 1. Aufl., § 135 AktG Rz. 73; wohl auch *Hüffer*, § 135 AktG Rz. 31; für die Ausübung auch bei nicht eindeutigen Weisungen dagegen *Butzke* in Obermüller/Werner/Winden, Die Hauptversammlung der Aktiengesellschaft, Rz. E 90; *Grundmann* in Großkomm. AktG, 4. Aufl., § 135 AktG Rz. 88.
128 So auch *Schröer* in MünchKomm. AktG, 2. Aufl., § 135 AktG Rz. 72.
129 *Hüffer*, § 135 AktG Rz. 31; *Grundmann* in Großkomm. AktG, 4. Aufl., § 135 AktG Rz. 88; *Schröer* in MünchKomm. AktG, 2. Aufl., § 135 AktG Rz. 73.
130 Art. 1 Nr. 1b des Gesetzes zur Kontrolle und Transparenz im Unternehmensbereich (KonTraG) vom 27.4.1998, BGBl. I 1998, 78.
131 Begr. RegE BT-Drucks. 13/9712, S. 20.
132 *Assmann*, AG 1997, Sonderheft August, S. 100, 106; *Hammen*, WM 1997, 1221, 1227; *Zöllner* in FS Peltzer, 2001, S. 661, 671 ff.; *Hüffer*, § 135 AktG Rz. 33; *Grundmann* in Groß-

Erleichterungen durch das ARUG niedergeschlagen hat, insbesondere – nach Ablehnung noch weitergehender Vorschläge[133] – der Anhebung des Schwellenwerts auf 20 %. Abgesehen von rechtstatsächlichen Zweifeln führt die Regelung dazu, dass Stimmrechte der Aktionäre ohne weiteres verfallen, wenn das Kreditinstitut selbst seine Stimmrechte ausübt – wobei die Aktionäre vom Kreditinstitut aus aktienrechtlicher Sicht nicht auf diese Gefahr hingewiesen werden müssen[134], wohl aber aufgrund nebenvertraglicher Treuepflichten aus dem Depotverwahrungsvertrag.

45  bb) **Voraussetzungen.** Für die Berechnung der Beteiligungsschwelle **von mehr als 20 % am Grundkapital** sind auch stimmrechtslose Vorzugsaktien einzubeziehen[135]. Darauf, dass das Kreditinstitut die Stimmrechte aus dem über der Schwelle liegenden Anteilsbesitz in der Hauptversammlung nicht ausübt, kommt es nicht an, da allein der Beteiligungsbesitz entscheidend ist[136]. Maßgeblich ist die am Tag der Hauptversammlung im Handelsregister eingetragene Kapitalziffer, nicht das vertretene Kapital[137]; andernfalls ergäben sich erhebliche Rechtsunsicherheiten. Zugerechnet werden **auch mittelbare Beteiligungen** in Form von Mehrheitsbeteiligungen gem. § 16, mit der Ausnahme von Kapitalanlagegesellschaften (vgl. § 32 Abs. 2 InvG).

46  Das Verbot der Stimmrechtsausübung greift ferner dann ein, wenn es an einer ausdrücklichen Weisung fehlt, für die die oben dargelegten Anforderungen gelten (Rz. 28 ff.). Fehlt eine solche ausdrückliche Weisung, darf das Kreditinstitut nicht abstimmen oder nur die eigenen Stimmen wahrnehmen; für die verbleibenden Tagesordnungspunkte, für welche eine Weisung klar erkennbar ist, ist das Kreditinstitut dagegen zur Stimmrechtsausübung befugt[138]. Daraus kann unter Umständen eine Pflicht zur gespaltenen Abstimmung für das Kreditinstitut resultieren, je nachdem, ob eine Weisung vorliegt.

47  cc) **Ausübungsverbot.** Weder die Ausübung der Stimmrechte des Aktionärs noch die Ausübung mittels Unterbevollmächtigten (z.B. Angestellten) ist gestattet, wenn das Kreditinstitut nicht auf die Ausübung seiner eigenen Stimmrechte verzichtet. In diesem Fall muss das **Kreditinstitut seinen Kunden darüber informieren**, dass es nunmehr nicht nur vom Fall der erteilten Weisung abweicht, sondern die Wahrnehmung der fremden Stimmen nun gänzlich entfällt. Neben dieser Pflicht nach § 135 Abs. 3 Satz 2 greift auch die **Benachrichtigungspflicht** nach § 665 Satz 2 BGB ein[139]. Daher muss die Entscheidung über die Stimmrechtsausübung **möglichst frühzeitig** fallen. Das Kreditinstitut kann sich nicht nur auf eine nachträgliche Benachrichtigung beschränken[140].

48  dd) **Rechtsfolgen.** Wird das Verbot des § 135 Abs. 3 Satz 4 missachtet und beide Stimmenkontingente ausgeübt, begeht das Kreditinstitut eine **Ordnungswidrigkeit nach**

---

komm. AktG, 4. Aufl., § 135 AktG Rz. 90; *Schröer* in MünchKomm. AktG, 2. Aufl., § 135 AktG Rz. 75.
133 Näher dazu *Grundmann*, BKR 2009, 31, 34.
134 Darauf weist zutr. *Hüffer*, § 135 AktG Rz. 33.
135 *Marsch-Barner* in FS Peltzer, 2001, S. 261, 268; *Hüffer*, § 135 AktG Rz. 34; *Schröer* in MünchKomm. AktG, 2. Aufl., § 135 AktG Rz. 76; *Grundmann* in Großkomm. AktG, 4. Aufl., § 135 AktG Rz. 92.
136 So auch *Marsch-Barner* in FS Peltzer, 2001, S. 261, 268; *Schröer* in MünchKomm. AktG, 2. Aufl., § 135 AktG Rz. 80; zweifelnd *Hartenfels*, Die Bank 1997, 182, 186.
137 *Hüffer*, § 135 AktG Rz. 34; *Grundmann* in Großkomm. AktG, 4. Aufl., § 135 AktG Rz. 92.
138 So auch *Schröer* in MünchKomm. AktG, 2. Aufl., § 135 AktG Rz. 78; *Hüffer*, § 135 AktG Rz. 35.
139 *Hüffer*, § 135 AktG Rz. 36.
140 A.A. *Hüffer*, § 135 AktG Rz. 36.

**§ 405 Abs. 3 Nr. 5.** Der Beschluss ist aber – anders als nach altem Recht[141] – **nicht anfechtbar**, § 135 Abs. 7.

### 8. Rechtsfolgen von Verstößen bei der Stimmrechtsausübung (§ 135 Abs. 7)

Mit der Gesetzesreform durch das ARUG ist nur noch das Vorliegen der Fremdstimmrechtsbefugnis mit dem Formerfordernis der Textform (Vollmachtserteilung) Wirksamkeitsvoraussetzung für die Stimmrechtsausübung. Alle anderen Verstöße gegen Pflichten des § 135 wirken sich dagegen nicht auf die Wirksamkeit der Stimmrechtsausübung aus, etwa das Fehlen einer Einzelweisung bei erheblichem Aktienbesitz des Kreditinstituts.

49

### 9. Fremde Namensaktien (§ 135 Abs. 6)

#### a) Eintragung des Kreditinstituts im Aktienregister

Seit dem NaStraG ist die **Ausübung von Stimmrechten** für fremde Namensaktien durch das Kreditinstitut **nur noch für im Aktienregister auf das Kreditinstitut eingetragene Aktien** möglich. Das Kreditinstitut gilt damit gem. § 67 Abs. 2 gegenüber der Aktiengesellschaft selbst als Aktionär[142], der hinter ihm stehende wirtschaftliche Aktionär hat im Verhältnis zur Gesellschaft keine Rechte. Als faktisch Nichtberechtigter kann er das Kreditinstitut folglich auch nicht zur Stimmrechtsvertretung bevollmächtigen, so dass das **Erfordernis einer** Vollmacht **hier ausscheidet**. Die **Legitimationsübertragung erfolgt** vielmehr **durch Zession** gem. § 129 Abs. 3. Diese Legitimationszession nennt § 135 Abs. 6 Satz 1 **Ermächtigung**. Sie kommt im Rahmen von § 135 nur bei Namensaktien in Betracht.

50

**Die Ermächtigung bedarf**, ebenso wie die Bevollmächtigung (Rz. 8), **der Textform**. Es gelten nach § 135 Abs. 6 Satz 2 die allgemeinen Grundsätze der Erteilung einer Bevollmächtigung: Das Kreditinstitut bedarf einer ausdrücklichen Weisung für die Wahrnehmung der Stimmrechte in der eigenen Hauptversammlung und in Hauptversammlungen von Gesellschaften, an denen es mit mehr als 20 % (Rz. 44 ff.) beteiligt ist. Ferner gelten entsprechend die jährlichen Aufklärungspflichten, die Vorschrift zur Unterbevollmächtigung (Rz. 19), die Pflicht zur vorschlagsgemäßen Abstimmung bei fehlender Weisung (Rz. 33) und die Regelungen betreffend das Recht und die Pflicht zur Abweichung von Weisungen des Kunden (Rz. 30 ff.). Aufgrund der Weisungsbindung wird das als Platzhalter eingetragene Kreditinstitut nicht meldepflichtig nach § 22 Abs. 1 Satz 1 Nr. 6 WpHG[143] – auch wenn dies rechtspolitisch durchaus fragwürdig ist[144].

51

#### b) Keine Eintragung des Kreditinstituts im Aktienregister

Ist dagegen das **Kreditinstitut nicht ins Aktienregister eingetragen**, sondern der Aktionär, so kann das Kreditinstitut lediglich unter Benennung des Aktionärs bevoll-

52

---

141 *Assmann*, AG 1997, Sonderheft August, S. 100, 105; *Schröer* in MünchKomm. AktG, 2. Aufl., § 135 AktG Rz. 81; *Hüffer*, § 135 AktG Rz. 31 f.
142 *Schröer* in MünchKomm. AktG, 2. Aufl., § 135 AktG Rz. 60; *Uwe H. Schneider/Müller-v. Pilchau*, AG 2007, 181, 184.
143 Begr. RegE BT-Drucks. 14/4051, S. 16; *Hüffer*, § 135 AktG Rz. 44; *Uwe H. Schneider* in Assmann/Uwe H. Schneider, § 22 WpHG Rz. 121 ff.; *Körber*, Die Stimmrechtsvertretung durch Kreditinstitute, passim; *Schwark* in Schwark, § 22 WpHG Rz. 15; *Hopt*, ZHR 159 (1995), 135, 139; *Falkenhagen*, WM 1995, 1005, 1007; *Uwe H. Schneider/Müller-v. Pilchau*, AG 2007, 181, 182; a.A. *Otto*, AG 1994, 167; *Witt*, AG 1998, 171, 176 f.; *Hopt*, ZHR 166 (2002), 383, 411.
144 Ebenso *Uwe H. Schneider* in Assmann/Uwe H. Schneider, § 22 WpHG Rz. 129.

mächtigt werden[145]. Dies entspricht der gesetzgeberischen Intention, Namens- und Inhaberaktien gleichzustellen[146]. Eine anonyme Vertretung gegenüber der Verwaltung der Aktiengesellschaft nach § 135 Abs. 5 Satz 2 ist damit nicht möglich, da es an der entsprechenden Eintragung fehlt[147]. Der Zweck der anonymen Vertretung wird somit schon durch die vorgelagerte Eintragung im Aktienregister konterkariert[148].

53 Auf der anderen Seite findet eine derartige **Offenlegung aber nur gegenüber der Gesellschaft** durch die Niederschrift im Aktienregister statt, **nicht** dagegen **gegenüber den Mitaktionären**. Zum einen wurde der Anspruch der anderen Aktionäre auf Einsichtnahme in das Aktienregister eingeschränkt (§ 67 Abs. 6 Satz 1), zum anderen weist das Teilnehmerverzeichnis die verdeckt vertretenen Aktionären nicht aus (§ 129 Abs. 2 Satz 2)[149]. Daher haben andere Personenkreise als die der Verwaltung keinen Einblick auf die Aktionärsstruktur bei verdeckt vertretenen Aktionären von Namensaktien, bei welchen das Kreditinstitut nicht im Aktienregister eingetragen ist[150]. Hierauf beschränkt sich der Vorteil einer Vertretung im Namen dessen, den es angeht.

54 Aufgrund der angesprochenen Gleichstellung von Inhaber- und Namensaktien findet eine Legitimation bei **Namensaktien**, die verdeckt vertreten werden, **mittels des Nachweises der Stimmberechtigung nach § 135 Abs. 5 Satz 4** statt[151]. Dadurch ergibt sich die Gefahr der Doppelvertretung[152]: wenn nämlich der im Aktienregister eingetragene Aktionär einen Vertreter schickt, der seine Stimmen anders als nach dem Regelfall gem. § 135 Abs. 5 Satz 2 offen wahrnimmt, daneben allerdings sein Kreditinstitut verdeckt die Stimmrechte ausübt nach § 135 Abs. 5 Satz 2, sind beide in der Lage sich der Gesellschaft gegenüber zu legitimieren[153]. Daher wird dafür plädiert, nicht auf die Beweiskraft der Hinterlegungsbescheinigung, sondern auf die auf dem Register beruhende Eintrittskarte abzustellen. Verfüge der Aktionär selbst oder mittels Vertreter über seine Eintrittskarte, so wird die Gefahr der Mehrfachvertretung ausgeschlossen[154]. Wenn man allerdings auf den Grundsatz abstellt, dass ein Aktionär, der im Besitz von mehreren Aktien ist, so viele Vertreter bestellen kann, wie er

---

145 *Schröer* in MünchKomm. AktG, 2. Aufl., § 135 AktG Rz. 63; *Hüffer*, § 135 AktG Rz. 45.
146 Begr. RegE NaStraG, BT-Drucks. 14/4051, S. 16.
147 *F.-J. Semler* in MünchHdb. AG, § 38 Rz. 64; *Zöllner* in KölnKomm. AktG, 1. Aufl., § 135 AktG Rz. 64 f.; *Noack*, ZIP 2001, 57, 58.
148 So auch noch zur Rechtslage vor dem NaStraG Begr. RegE in *Kropff*, Aktiengesetz, S. 199; *Hüffer*, § 135 AktG Rz. 45; *Schröer* in MünchKomm. AktG, 2. Aufl., § 135 AktG Rz. 63.
149 So auch *Noack*, ZIP 2001, 57, 59.
150 *Noack*, ZIP 2001, 57, 59; *Schröer* in MünchKomm. AktG, 2. Aufl., § 135 AktG Rz. 64; *Kölling*, NZG 2000, 631, 638; *F.-J. Semler* in MünchHdb. AG, § 38 Rz. 64.
151 *Schröer* in MünchKomm. AktG, 2. Aufl., § 135 AktG Rz. 64; *Noack*, ZIP 2001, 57, 59; *Kölling*, NZG 2000, 631, 638; *Marsch-Barner* in FS Peltzer, 2001, S. 261, 274.
152 Wenn man hingegen die Auffassung vertritt, dass nach § 67 Abs. 2 eine unwiderlegbare Vermutung der Eigentümerstellung besteht und somit auch keine anderweitige Legitimation im Fall der fehlenden Eintragung im Aktienregister möglich ist, als durch die offene Stellvertretung, so stellt sich das Problem der Doppelvertretung dann auch folgerichtig nicht; so *Hüffer*, § 135 AktG Rz. 45. Allerdings wird damit untergewichtet, dass mit der Streichung der Sonderregelungen in § 135 Abs. 7 für Namensaktien, für die das Kreditinstitut nicht im Aktienregister eingetragen ist, nicht auch die verdeckte Stimmrechtsvertretung für diese Anteilsscheine gestrichen werden sollte, so BT-Drucks. 14/4051, S. 16.
153 *Schröer* in MünchKomm. AktG, 2. Aufl., § 135 AktG Rz. 64; *Noack*, ZIP 2001, 57, 59; *Butzke* in Obermüller/Werner/Winden, Die Hauptversammlung der Aktiengesellschaft, Rz. E 99; *Marsch-Barner* in FS Peltzer, 2001, S. 261, 275; *Bunke*, AG 2002, 57, 68.
154 *Noack*, ZIP 2001, 57, 61; *Butzke* in Obermüller/Werner/Winden, Die Hauptversammlung der Aktiengesellschaft, Rz. E 99 plädiert dafür, die Stimmrechtsvertretung nur bei ausdrücklicher Weisung zu übernehmen.

Anteilsscheine besitzt, stellt die Benennung der Anzahl der Aktien in der Bevollmächtigung den sinnvollsten Weg dar: im vorzunehmenden Abgleich der Vollmachtsbescheinigung mit dem Aktienregister durch die Verwaltung kann so festgestellt werden, ob eine versehentliche oder böswillige Doppelbevollmächtigung vorliegt.

## V. Sanktionen, insbesondere Schadensersatz (§ 135 Abs. 9)

### 1. Schadensersatz (§ 135 Abs. 9)

Verletzt das Kreditinstitut eine seiner in § 135 Abs. 1–6 aufgeführten Pflichten, ist es wegen einer Nicht- oder Schlechterfüllung des zugrunde liegenden Vertragsverhältnisses schadensersatzpflichtig[155]. Daneben kann auch eine Schutzgesetzverletzung nach § 823 Abs. 2 BGB in Betracht kommen, da das Gesetz erkennbar den Schutz des Aktionärs bezweckt[156]. 55

§ 135 Abs. 9 verbietet jeden im Vorhinein **formularmäßig vereinbarten Ausschluss** oder jede Beschränkung dieser Schadensersatzansprüche[157], was jedoch nur auf Kreditinstitute anwendbar ist (s. Rz. 65). Dagegen bleiben Vergleich oder Erlassvertrag nach entstandenen Schadensersatzansprüchen möglich[158]. 56

Ausgeschlossen ist der Schadensersatzanspruch allerdings in den Fällen, in denen es zu einer Entwertung der Aktien des Aktionärs aufgrund einer Schädigung der Gesellschaft kommt. Wird der Schaden der Gesellschaft ausgeglichen, so entfällt der Schaden des Aktionärs[159]. § 117 Abs. 1 enthält daher den allgemeinen Rechtsgedanken, dass es zu einer Form der Doppelhaftung nicht kommen darf[160]. Einen selbstständigen Schadensersatzanspruch hat der Aktionär nur dann, wenn er einen über den Reflexschaden hinausgehenden Schaden erlitten hat[161]. 57

### 2. Ordnungswidrigkeit (§ 405 Abs. 3 Nr. 4, 5)

Wer Stimmrechte eines anderen zu Unrecht ausübt, begeht eine **Ordnungswidrigkeit** (§ 405 Abs. 3 Nr. 4). Dem steht das Überlassen des Stimmrechts oder das Benutzen gleich (§ 405 Abs. 3 Nr. 5). Vorgenannte Fälle sind zum Beispiel die gesetzlich jetzt nicht mehr erlaubte Ermächtigung für Inhaberaktien, Fälle der nicht gestatteten Unterbevollmächtigung, nicht dagegen das Abweichen von den eigenen Abstimmungsvorschlägen, ein Auftreten im Namen dessen, den es angeht, anstatt im Namen des Aktionärs, eine Nichterfüllung der Benachrichtigungspflicht oder die unzulässige Verweigerung der Stimmrechtsvertretung[162]. 58

---

155 Zumeist ein Geschäftsbesorgungsvertrag, § 675 BGB, daneben auch ein Auftrag, § 662 BGB; *Zöllner* in KölnKomm. AktG, 1. Aufl., § 135 AktG Rz. 109; *Johannson*, BB 1967, 1315, 1320; *Henssler*, ZHR 157 (1993), 91, 107; *Hammen*, ZBB 1993, 239, 241; *Schröer* in MünchKomm. AktG, 2. Aufl., § 135 AktG Rz. 146.
156 So auch *Zöllner* in KölnKomm. AktG, 1. Aufl., § 135 AktG Rz. 109; *Schröer* in MünchKomm. AktG, 2. Aufl., § 135 AktG Rz. 149; *v. Falkenhausen*, AG 1966, 69, 77; *Johannson*, BB 1967, 1315, 1320; zweifelnd *Hüffer*, § 135 AktG Rz. 51; *F.-J. Semler* in MünchHdb. AG, § 38 Rz. 67.
157 Ausschussbericht RegE in *Kropff*, Aktiengesetz, S. 200; *Hüffer* § 135 AktG Rz. 51; *Schröer* in MünchKomm. AktG, 2. Aufl., § 135 AktG Rz. 148; *F.-J. Semler* in MünchHdb. AG, § 38 Rz. 67.
158 *Hüffer*, § 135 AktG Rz. 51; *Grundmann* in Großkomm. AktG, 4. Aufl., § 135 AktG Rz. 109.
159 *Henssler*, ZHR 157 (1993), 91, 108; *Schöne*, WM 1992, 209, 213.
160 *Henssler*, ZHR 157 (1993), 91, 108.
161 *Henssler*, ZHR 157 (1993), 91, 108.
162 *Schröer* in MünchKomm. AktG, 2. Aufl., § 135 AktG Rz. 149; *Zöllner* in KölnKomm. AktG, 1. Aufl., § 135 AktG Rz. 111.

## VI. Sonstige Adressaten

### 1. Finanzdienstleistungsinstitute (§ 135 Abs. 10 i.V.m. § 125 Abs. 5)

59 Finanzdienstleistungsinstitute nach §§ 1 Abs. 1a, 2 Abs. 6 KWG beziehungsweise Unternehmen i.S. der §§ 53 Abs. 1 Satz 1, 53b Abs. 1 Satz 1, 7 KWG werden über die Verweisungskette der §§ 135 Abs. 10, 125 Abs. 5 ebenfalls vom Anwendungsbereich des § 135 erfasst[163]. Regelungszweck war die Vereinheitlichung eines schon in der Realität vorangeschrittenen Investmentmarkts, der nicht mehr allein von Kreditinstituten bestimmt wurde.

### 2. Sonstige geschäftsmäßig Handelnde (§ 135 Abs. 8)

60 Ebenso wie Kreditinstitute werden auch Aktionärsvereinigungen sowie sonstige geschäftsmäßig Handelnde erfasst. Die früher erfassten Geschäftsleiter und Angestellte werden nunmehr als „überkommene" Regelung nicht ausdrücklich von § 135 Abs. 8 genannt; möglichen Umgehungen[164] wird aber durch die Anwendung der allgemeinen Grundsätze zur Zurechnung bzw. Umgehung Rechnung getragen werden können.

#### a) Aktionärsvereinigungen

61 Nach § 135 Abs. 8 sind Vereinigungen von Aktionären den Kreditinstituten gleichzustellen. Der **Begriff der Vereinigung von Aktionären** wird im Aktiengesetz ebenfalls in §§ 125 Abs. 1 Satz 1, 127a verwendet. Unter ihnen versteht man den, in der Regel als Verein organisierten[165], **auf Dauer angelegten Zusammenschluss von Personen mit dem Hauptzweck, Aktionärsrechte in organisierter Form auszuüben**[166]. Für die entsprechende Anwendung kommt es nicht darauf an, ob sie selbst Empfänger von Gesellschaftsmitteilungen nach § 125 Abs. 1 sind[167].

#### b) Andere geschäftsmäßig Handelnde

62 Schließlich werden vom Schutz bzw. den Anforderungen des Gesetzes auch diejenigen Personen erfasst, die sich **geschäftsmäßig gegenüber Aktionären zur Ausübung des Stimmrechts in der Hauptversammlung erbieten**. Ziel dieser Gleichstellung ist es, auch bei wiederholt agierenden Stimmrechtsvertretern das gleiche Schutzniveau für Aktionäre sicherzustellen[168].

63 Zunächst muss ein „**Erbieten**" vorliegen, das eine aktive Werbung oder Angebot für die Stimmrechtsausübung voraussetzt, etwa beim Unterbreiten von Abstimmungsvorschlägen[169], nicht dagegen ein rein passives Verhalten, etwa wenn der Aktionär

---

163 Näher § 125 Rz. 17; eingefügt durch Begleitgesetz zum Gesetz zur Umsetzung von EG-Richtlinien zur Harmonisierung bank- und wertpapieraufsichtsrechtlicher Vorschriften vom 22.10.1997, BGBl. I 1997, 2567.
164 Dies war der wesentliche Zweck der früheren Regelung, s. *Grundmann* in Großkomm. AktG, 4. Aufl., § 135 AktG Rz. 25.
165 Nach herrschender Meinung sind auch Rechtsformen, wie die GmbH und die GbR, möglich, *Kubis* in MünchKomm. AktG, 2. Aufl., § 125 AktG Rz. 7; *Grundmann* in Großkomm. AktG, 4. Aufl., § 135 AktG Rz. 24; a.A. dagegen *Zöllner* in KölnKomm. AktG, 1. Aufl., § 125 AktG Rz. 34; dies als Lösung in Betracht ziehend *Bachmann*, WM 1999, 2100, 2105.
166 Näher dazu hier oben § 125 Rz. 18; *Hüffer*, § 125 AktG Rz. 2; *Kubis* in MünchKomm. AktG, 2. Aufl., § 125 AktG Rz. 7; *Grundmann* in Großkomm. AktG, 4. Aufl., § 135 AktG Rz. 24.
167 *Hüffer*, § 135 AktG Rz. 48; *Zöllner* in KölnKomm. AktG, 1. Aufl., § 135 AktG Rz. 77; *Schröer* in MünchKomm. AktG, 2. Aufl., § 135 AktG Rz. 27.
168 Begr. RegE in *Kropff*, Aktiengesetz, S. 199 f.
169 Mit Erklärungs- beziehungsweise Deutungsversuchen bezüglich der Geschäftsmäßigkeit *Hüffer*, § 135 AktG Rz. 48; *Zöllner* in KölnKomm. AktG, 1. Aufl., § 135 AktG Rz. 81 ff., 99;

von sich aus auf den Stimmrechtsvertreter zukommt. Zudem muss das Handeln auch **geschäftsmäßig erfolgen**, wobei es nicht darauf ankommt, ob die Stimmrechtsvertretung beruflich oder gewerblich vorgenommen wird[170]; ausreichend ist vielmehr die Absicht zur Wiederholung[171]. Dabei bezieht sich jedoch die **Geschäftsmäßigkeit auf das Erbieten** und nicht auf die Stimmrechtsausübung[172]. So werden etwa Rechtsanwälte, auf die der Aktionär bzw. Mandant selbst zukommt[173], nicht erfasst, wohl aber Herausgeber von Börsendiensten oder anderen Presseerzeugnissen, die die Stimmrechtsvertretung anbieten[174].

### c) Angehörigenprivileg

Diejenigen Stimmrechtsvertreter, die gesetzlicher Vertreter, Ehegatte oder Lebenspartner des Aktionärs oder mit ihm bis zum vierten Grade verwandt (§ 1589 BGB) oder verschwägert (§ 1590 Abs. 1 BGB) sind, werden von den Vorschriften des § 135 nicht erfasst. Die Gefahr des Missbrauchs der Aktionärsinteressen ist in diesem Fall vernachlässigenswert[175]. Die Erwähnung des gesetzlichen Vertreters erscheint dagegen überflüssig, da ein solcher einer Bevollmächtigung nicht bedarf[176]. 64

### 3. Sinngemäße Geltung der Abs. 1–7
#### a) Grundsätze

Für die in § 135 Abs. 8 genannten Personen gelten die Absätze 1–7 des § 135 sinngemäß. Nicht erfasst wird aber das nach § 135 Abs. 9 zwingende Verbot eines Haftungsausschlusses für Kreditinstitute, so dass diese Stimmrechtsvertreter – anders als die Kreditinstitute – (im Rahmen der Inhaltskontrolle nach § 307 BGB) ihre Haftung begrenzen oder gar ganz ausschließen können. Der früher geforderten Analogie zu Kreditinstituten ist damit der Boden entzogen[177]. 65

**Für eine wirksame Bevollmächtigung** bedarf es damit auch bei anderen Vertretern einer **Vollmacht nach Maßgabe des § 135 Abs. 1**. Für eine **Untervollmacht** dagegen gilt die allgemeine Regelung des § 135 Abs. 5 Satz 1, wonach auch bei Vertretern nach § 135 Abs. 8 eine Gestattung in der Hauptvollmacht schon fixiert sein muss. 66

---

*Schröer* in MünchKomm. AktG, 2. Aufl., § 135 AktG Rz. 32, 132; *F.-J. Semler* in MünchHdb. AG, § 38 Rz. 56.
170 *Hüffer*, § 135 AktG Rz. 48; *Schröer* in MünchKomm. AktG, 2. Aufl., § 135 AktG Rz. 35; *Grundmann* in Großkomm. AktG, 4. Aufl., § 135 AktG Rz. 26.
171 BGH v. 20.3.1995 – II ZR 205/94 – „Girmes", BGHZ 129, 136, 157 = NJW 1995, 1739; ferner auch die Literatur, s. *Hüffer*, § 135 AktG Rz. 48; *Schröer* in MünchKomm. AktG, 2. Aufl., § 135 AktG Rz. 33; *Zöllner* in KölnKomm. AktG, 1. Aufl., § 135 AktG Rz. 81 ff.; *Schöne*, WM 1992, 209, 210.
172 So auch *Schröer* in MünchKomm. AktG, 2. Aufl., § 135 AktG Rz. 33; *Hüffer*, § 135 AktG Rz. 48; *Grundmann* in Großkomm. AktG, 4. Aufl., § 135 AktG Rz. 26.
173 *Hüffer*, § 135 AktG Rz. 48; *Schröer* in MünchKomm. AktG, 2. Aufl., § 135 AktG Rz. 33; *Zöllner* in KölnKomm. AktG, 1. Aufl., § 135 AktG Rz. 81.
174 BGH v. 20.3.1995 – II ZR 205/94 – „Girmes", BGHZ 129, 136, 157 = NJW 1995, 1739 = AG 1995, 368; *Noack* in FS Lutter, 2000, S. 1463, 1473; *Schröer* in MünchKomm. AktG, 2. Aufl., § 135 AktG Rz. 33; *Grundmann* in Großkomm. AktG, 4. Aufl., § 135 AktG Rz. 26.
175 Begr. RegE in *Kropff*, Aktiengesetz, S. 199; *Hüffer*, § 135 AktG Rz. 49; *Schröer* in MünchKomm. AktG, 2. Aufl., § 135 AktG Rz. 34 f.
176 S. hierzu die Kommentierung bei § 134 Rz. 67 f.; *Hüffer*, § 135 AktG Rz. 49; *Grundmann* in Großkomm. AktG, 4. Aufl., § 135 AktG Rz. 27.
177 *Schmidt*, WM 2009, 2350, 2354, 2357; zum früheren Recht s. noch 1. Aufl. Rz. 51 m.w.N.

67 Die früher streitige Frage, **nach welcher Form geschäftsmäßig Handelnde** im Falle einer **Satzungsregelung**[178] **zu bevollmächtigen** sind, ist durch das ARUG und die indirekte Harmonisierung der Formanforderungen durch die gleichermaßen geltende Vorgabe der Textform, entfallen.

### b) Treuepflicht des Stimmrechtsvertreters

68 Sowohl Mehrheits- als auch Minderheitsaktionäre unterliegen einer **gesellschaftlichen Treuepflicht** gegenüber den Mitaktionären (ausführlich dazu § 53a Rz. 48)[179]. **Kleinaktionäre** treffen aber nicht in dem gleichen Maße gesellschaftsrechtliche Treuepflichten, zumindest gegenüber den Mitaktionären[180], wie den Mehrheitsaktionär[181]. Die Vielzahl der Aktionäre, der häufig nur minimale Grad der Beteiligung eines einzelnen Aktionärs und das Fehlen von persönlichen Bindungen, stehen der Annahme einer wechselseitigen Treuepflicht grundsätzlich entgegen[182]. Wenn demgegenüber Minderheits- oder Kleinaktionäre in koordinierter Form[183] auftreten und somit ein Quorum zur Durchsetzung bestimmter Minderheitenrechte erlangen, so wirkt diese Konzentrierung für die Erreichung eines Beschlusses, wie die Stimmenkumulation eines Großaktionärs. In solchen Fällen besteht eine Treuepflicht der Kleinaktionäre[184].

69 Auch für **Stimmrechtsvertreter, wie ein Kreditinstitut, soll bei der Bündelung von Aktionärsstimmen eine Treuepflicht bestehen**, da die Einflussmöglichkeiten bei der Ausübung von eigenen, wie bei fremden Stimmrechten gleich seien[185]. Gerade dem sog. „Rattenfänger", der werbend Stimmrechte von anderen Aktionären einsammle, müsse somit eine Treuepflicht „angeheftet" werden[186]. Eine solche Treuepflicht bei der Ausübung fremder Stimmrechte ist jedoch abzulehnen, da die Treuepflicht Ausfluss der mitgliedschaftlichen Beteiligung in der Aktiengesellschaft ist und daher von diesem Recht nicht getrennt werden kann[187].

---

178 S. noch *Marsch-Barner* in FS Peltzer, 2001, S. 261, 273; *Bunke*, AG 2002, 57, 61; *Habersack*, ZHR 165 (2001), 172, 182; *Noack*, ZIP 2001, 57, 62; *Schröer* in MünchKomm. AktG, 2. Aufl., § 135 AktG Rz. 36; *Than* in FS Peltzer, 2001, S. 577, 590; *Hüffer*, 8. Aufl., § 135 AktG Rz. 6.
179 BGH v. 1.2.1988 – II ZR 75/87 – „Linotype", BGHZ 103, 184, 194 f. = AG 1988, 135, 137; BGH v. 20.3.1995 – II ZR 205/94, BGHZ 129, 136, 148 = AG 1995, 368, 372; *Dreher*, ZHR 157 (1993), 150 ff.; *Marsch-Barner*, ZHR 157 (1993), 172; *Henssler*, DZWir 1995, 430; *Hennrichs*, AcP 195 (1995), 221; *Henze* in FS Kellermann, 1991, S. 141; *Henze*, BB 1996, 489; *Henze*, ZHR 162 (1998), 186; *Hüffer* in FS Steindorff, 1990, S. 59; *Kort*, ZIP 1990, 294; *Lutter*, JZ 1976, 225; *Lutter*, ZHR 153 (1989), 446; *Lutter*, ZHR 162 (1998), 164; *Timm*, WM 1991, 481; *Wiedemann* in FS Heinsius, 1991, S. 949.
180 Gegenüber der Gesellschaft ist die Treuepflicht des Kleinaktionärs stets bejaht worden, s. nur RG v. 22.1.1935 – II 198/34, RGZ 146, 185, 195; RG v. 21.9.1938 – II 183/37, RGZ 158, 248, 254.
181 BGH v. 1.2.1988 – II ZR 75/87 – „Linotype", BGHZ 103, 184, 194 f. = AG 1988, 135, 137.
182 Differenzierend nach dem Umfang der Beteiligung *Lutter*, ZHR 153 (1989), 452 f.; *Heuer*, WM 1989, 1401, 1405; *Drygala*, EWiR § 262 AktG 1/88, S. 529; *Marsch-Barner*, ZHR 157 (1993), 172, 174.
183 Für die sog. „Zufallssperrminoritäten" wurde die Treuepflicht dagegen aufgrund des Fehlens eines gemeinsamen Willens abgelehnt, *Dreher*, ZHR 157 (1993), 150, 170; *Marsch-Barner*, ZHR 157 (1993), 172, 181; a.A. mit wenig einleuchtender Begründung dagegen *Schröer* in MünchKomm. AktG, 2. Aufl., § 135 AktG Rz. 105.
184 *Lutter*, ZHR 153 (1989), 446, 452 f.; *Timm*, WM 1991, 481, 483; *Marsch-Barner*, ZHR 157 (1993), 172, 181.
185 *Timm*, WM 1991, 481, 488; *Schick*, ZIP 1991, 938, 940; *Schöne*, WM 1992, 209, 212; *Marsch-Barner*, ZHR 157 (1993), 172, 184; dies bei institutionellen Stimmrechtsvertretern in Erwägung ziehend *Hüffer*, § 53a AktG Rz. 20b.
186 *Timm*, WM 1991, 481, 488; *Schick*, ZIP 1991, 938, 940; *Schöne*, WM 1992, 209, 212.
187 BGH v. 20.3.1995 – II ZR 205/94, BGHZ 129, 136, 148 = AG 1995, 368, 372; OLG Düsseldorf v. 17.5.1997 – 7 U 108/93, ZIP 1994, 878, 881; LG Düsseldorf v. 22.12.1992 – 7 O 74/92, ZIP

## VII. Rechtspolitische Kritik

§ 135 ist letztlich Ausdruck des grundlegenden Problems, dass gerade Kleinaktionäre einer „**rationalen Apathie**" unterliegen und auf, aus ihrer Sicht, Fehlentwicklungen ihrer Gesellschaft nicht mit entsprechenden Meinungsäußerungen oder Abstimmungen auf Hauptversammlungen reagieren, sondern mit dem Verkauf ihrer Aktie („**exit or vote**"[188]). Denn sie sind aus ökonomischer Sicht mit dem Problem der „**collective action**" konfrontiert, da das Stimmgewicht des Aktionärs im Verhältnis zum gesamten vorhandenen Kapital und damit zur Anzahl der emittierten Aktien regelmäßig vernachlässigenswert ist und die Kosten einer Bündelung der Stimmen zahlreicher Aktionäre (bislang) prohibitiv hoch waren[189]. Ausdruck dieses Phänomens ist die „**Verödung**" der Hauptversammlung[190], die nur von wenigen Kapitalanteilseignern bzw. von so gut wie gar keinem Kleinaktionär aufgesucht wird[191]. Daher ist es an sich rechtspolitisch wünschenswert, dem (Klein-)Aktionär das Mittel einer Stimmrechtsvertretung zur Verfügung zu stellen, auch mithilfe seines Kreditinstituts, zumal dieses seinen Anteilsbesitz „verwaltet". Allerdings geht damit auch tendenziell die Häufung von Entscheidungsmacht einher[192], wenn **Ausübung von Entscheidungskompetenz** mittels einer nur vom billigen Ermessen geleiteten Bevollmächtigung mit der Vergabe von Fremdkapital oder ggf. sogar Eigenbeteiligungen kombiniert wird[193], oftmals auch verbunden mit entsprechenden (zahlreichen) Aufsichtsratsmandaten[194], was früher zur berühmten Verflechtung der „Deutschland AG" geführt hat[195]. 70

Ob § 135 heute noch Berechtigung hat, erscheint zweifelhaft; denn unter den Bedingungen eines globalisierten Kapitalmarkts hat sich die Situation deutlich verändert: Die Banken verweigern in zunehmenden Maße die Wahrnehmung des Depotstimm- 71

---

1993, 350, 356; AG Düsseldorf v. 20.5.1992 – 24 C 1958/92, ZIP 1992, 1155, 1156; *Schröer* in MünchKomm. AktG, 2. Aufl., § 135 AktG Rz. 110; *Bungeroth* in MünchKomm. AktG, 3. Aufl., Vor § 53a AktG Rz. 23; *Hammen*, ZBB 1993, 239, 242 f.; *Heermann*, ZIP 1994, 1243, 1244; *Bungert*, DB 1995, 1749, 1752; *Henssler*, DZWir 1995, 430, 432 f.

188 Zu diesem klassischen Paradigma des „exit or vote" s. etwa *Hirshleifer*, Am.-Econ. Rev. 61, 561 ff. (1971); *Mancur Olson*, The Logic of Collective Action, passim; ausf. *Kalss*, Anlegerinteressen, S. 7 f., 339 ff.

189 Statt vieler *Easterbrook/Fischel*, Economic Structure of Corporate Law, 1991, S. 66; *Cheffins*, Company Law: Theory, Structure, and Operation, 1997, S. 241; *Mülbert*, Aktiengesellschaft, Unternehmensgruppe und Kapitalmarkt, S. 115 f.; *Mülbert*, Gutachten 61. DJT 1996, E 92 m.w.N.; *Tuerks*, Depotstimmrechtspraxis vs. US proxy-system, 2000, S. 178 ff.; *Ernst/Gassen/Pellens*, Verhalten und Präferenzen deutscher Aktionäre, 2005, S. 28 ff., 37; *Zetzsche*, BKR 2003, 736, 736 f.; *Grundmann* in Großkomm. AktG, 4. Aufl., § 135 AktG Rz. 18 m.w.N.

190 *Hüffer*, § 135 AktG Rz. 3.

191 Bericht des Bundesministeriums der Justiz über die Entwicklung der Stimmrechtsausübung börsennotierter Aktiengesellschaften in Deutschland seit In-Kraft-Treten des Namensaktiengesetzes am 25.1.2001, NZG 2004, 948 ff.; s. auch den Bericht von *Seibert*, AG 2004, 529 ff.

192 Vor allem in der Diskussion im Vorfeld zur Verabschiedung des KonTraG gab es eine Vielzahl von Stellungnahmen, s. nur *Assmann*, AG 1997, August Sonderheft, S. 100 ff.; *Adams*, ZIP 1996, 1590, 1593 f.; *Baums*, AG 1996, 11; *Baums/Fraune*, AG 1995, 97, 101 ff.; *Baums/v. Randow*, AG 1995, 145; *Engenhardt*, S. 53 ff.; *Hammen*, ZIP 1995, 1301; *Mülbert*, Gutachten E für den 61. Deutschen Juristentag, S. E 87 ff.; *Peltzer*, AG 1996, 26; *Peltzer*, JZ 1996, 842, 844 ff.; *Raiser*, NJW 1996, 2257, 2261 f.; *Uwe H. Schneider/Burgard*, DB 1996, 1761, 1765.

193 *Baums/v. Randow*, AG 1995, 145, 146; *Großfeld/Ebke*, AG 1977, 92, 96; *Hopt*, Der Kapitalanlegerschutz im Recht der Banken, S. 141 ff.; *Tillmann*, S. 309 f.; *Körber*, S. 52 ff.; *Saunders/Walter*, S. 97 f.

194 Begr. RegE in *Kropff*, Aktiengesetz, S. 194.

195 *Adams*, AG 1994, 148 ff.

rechts, die Hauptversammlungspräsenzen haben weiter abgenommen[196], der Stimmrechtsvertreter – benannt durch die Gesellschaft – ist eingeführt worden (§ 134 Rz. 62). Das häufig[197] in diesem Zusammenhang angesprochene, nach § 134 Abs. 3 Satz 5 zulässige, **Proxy-Stimmrecht** löst die Probleme der Machtkonzentration nicht, da nunmehr eine Selbstkontrolle der Verwaltung droht[198]. Das Problem der rationalen Apathie wird nur von zwei Seiten zu lösen sein: Einmal der Nutzung der Möglichkeiten **einer Internet-basierten Hauptversammlung**[199], da hier zumindest die Transaktionskosten des Besuchs vor Ort verringert werden[200], zum anderen durch die Regulierung von Proxy-Stimmrechtskämpfen, dem US-amerikanischen Vorbild folgend, da nur so sich ein Markt für Stimmrechtsvertreter herstellen, aber auch regulieren ließe[201]. Darüber hinaus sollten die bereits früher vorgebrachten Vorschläge[202], etwa einer Bevollmächtigung und Ausübung von externen, unabhängigen, professionellen Aktionärsvertretern[203], wieder aufgenommen werden.

## § 136
## Ausschluss des Stimmrechts

(1) Niemand kann für sich oder für einen anderen das Stimmrecht ausüben, wenn darüber Beschluss gefasst wird, ob er zu entlasten oder von einer Verbindlichkeit zu befreien ist oder ob die Gesellschaft gegen ihn einen Anspruch geltend machen soll. Für Aktien, aus denen der Aktionär nach Satz 1 das Stimmrecht nicht ausüben kann, kann das Stimmrecht auch nicht durch einen anderen ausgeübt werden.

(2) Ein Vertrag, durch den sich ein Aktionär verpflichtet, nach Weisung der Gesellschaft, des Vorstands oder des Aufsichtsrats der Gesellschaft oder nach Weisung eines abhängigen Unternehmens das Stimmrecht auszuüben, ist nichtig. Ebenso ist

---

196 *Kropff*, ZGR-Sonderheft 12, 1994, S. 3, 10; aktuelle Zahlen veröffentlicht auch die Deutsche Schutzvereinigung für Wertpapierbesitz auf ihrer Homepage, s. http://www.dsw-info.de/Hauptversammlungspraesenzen.70.0.html.
197 *Hanloser*, NZG 2001, 355; *Noack*, ZIP 2001, 57, 61; *Seibert*, ZIP 2001, 53, 55; *Habersack*, ZHR 165 (2001), 172, 187; *Zetzsche*, ZIP 2001, 682, 684; *Bunke*, AG 2002, 57, 60; *Butzke* in Obermüller/Werner/Winden, Die Hauptversammlung der Aktiengesellschaft, Rz. E 67; *Hüther*, AG 2001, 68, 71; *Pikó/Preissler*, AG 2002, 223, 227; *Wiebe*, ZHR 166 (2002), 182, 190; *Riegger*, ZHR 165 (2001), 204, 213.
198 So auch *Hüffer*, § 135 AktG Rz. 3; *Schröer* in MünchKomm. AktG, 2. Aufl., § 135 AktG Rz. 18.
199 So bereits *Spindler*, ZGR 2000, 420, 444.
200 Dies gilt auf jeden Fall für ausländische institutionelle Investoren und stellt auch den Hintergrund des EU-Richtlinienvorschlags zur grenzüberschreitenden Stimmrechtswahrnehmung dar, dazu *Spindler* in VGR, Gesellschaftsrecht in der Diskussion 2005, 2006, S. 77, 92; dies verkennt *Hüffer*, 8. Aufl., § 135 AktG Rz. 3.
201 Anders *Hüffer*, 8. Aufl., § 135 AktG Rz. 3; *Zöllner* in FS Peltzer, 2001, S. 661, 663 ff., der allerdings zu Recht auf die Notwendigkeit staatlicher Aufsicht hinweist.
202 *Baums/v. Randow*, AG 1995, 145, 156 ff.; krit. dazu *Hammen*, ZIP 1995, 1301 ff.; *Timm* in Hinze/Timm/Westermann, RWS-Forum 8, Gesellschaftsrecht 1995, S. 241, 253 f.; *Peltzer*, AG 1996, 26, 29 ff.; *Assmann*, Zur Reform der Vollmachtstimmrechts der Banken nach dem Referentenentwurf des KonTraG, AG 1997, August Sonderheft, S. 100; *Zöllner* in FS Peltzer, 2001, S. 661, 670 f.
203 Der von *Baums/v. Randow* entwickelte Vorschlag (AG 1995, 145, 156 ff.) war Gegenstand eines von der SPD-Bundestagsfraktion im Jahre 1995 eingebrachten Gesetzesvorschlages, s. Entwurf eines Gesetzes zur Verbesserung von Transparenz und Beschränkung von Machtkonzentrationen in der deutschen Wirtschaft (Transparenz- und Wettbewerbsgesetz), BT-Drucks. 13/367, abgedruckt in ZIP 1995, 332 ff.

ein Vertrag nichtig, durch den sich ein Aktionär verpflichtet, für die jeweiligen Vorschläge des Vorstands oder des Aufsichtsrats der Gesellschaft zu stimmen.

| | |
|---|---|
| I. Regelungszweck und -gegenstand | 1 |
| II. Entstehungsgeschichte | 6 |
| III. Stimmrechtsausschluss (§ 136 Abs. 1) | 7 |
| 1. Adressaten | 7 |
| a) Aktionäre | 7 |
| b) Vertreter, Legitimationsaktionäre, Treuhänder | 9 |
| c) Sicherheitengeber | 11 |
| d) Andere Gesellschaft als Aktionär – Zurechnungsfragen | 12 |
| aa) Grundsätze | 12 |
| bb) Stimmverbot gegen den Gesellschafter, Auswirkungen auf die Drittgesellschaft | 14 |
| cc) Stimmverbot gegen die Drittgesellschaft, Auswirkungen auf den beteiligten Gesellschafter | 15 |
| dd) Stimmverbot gegen Organmitglieder, Auswirkungen auf die beteiligte Drittgesellschaft | 16 |
| ee) Stimmverbot gegen die Drittgesellschaft, Auswirkungen auf ein Organmitglied der beteiligten Gesellschaft | 18 |
| e) Gemeinschaftliche Berechtigung | 19 |
| f) Nahe Angehörige; persönliche Verbundenheit | 20 |
| 2. Objektive Voraussetzungen des Stimmrechtsverbots | 21 |
| a) Entlastung (§ 136 Abs. 1 Satz 1 1. Fall) | 22 |
| b) Befreiung von einer Verbindlichkeit (§ 136 Abs. 1 Satz 1 2. Fall) | 26 |
| c) Geltendmachung eines Anspruches (§ 136 Abs. 1 Satz 1 3. Fall) | 28 |
| d) Analoge Anwendung | 29 |
| aa) Gesamtanalogie | 29 |
| bb) Einzelanalogie | 30 |
| 3. Rechtsfolgen | 33 |
| IV. Stimmbindungsverträge (§ 136 Abs. 2) | 36 |
| 1. Zulässigkeit | 36 |
| 2. Erscheinungsformen | 39 |
| 3. Schranken (§ 136 Abs. 2) | 40 |
| a) Bindung an Weisungen der Gesellschaft (§ 136 Abs. 2 Satz 1 1. Fall) | 40 |
| b) Bindung an Weisungen des Vorstands oder Aufsichtsrats (§ 136 Abs. 2 Satz 1 2. Fall) | 41 |
| c) Bindung an Weisungen abhängiger Unternehmen (§ 136 Abs. 2 Satz 1 3. Fall) | 42 |
| d) Bindung an Abstimmungsvorschläge der Verwaltung (§ 136 Abs. 2 Satz 2) | 43 |
| e) Analoge Anwendung | 44 |
| 4. Rechtsfolgen | 47 |

**Literatur:** *Altmeppen*, Gibt es Stimmverbote in der Einmann-Gesellschaft?, NJW 2009, 3757; *Bacher*, Die erweiterte Anwendung des Stimmverbots nach § 47 Abs 4 GmbHG auf Beteiligungsverhältnisse, GmbHR 2001, 610; *Bachmann*, Die Einmann-AG, NZG 2001, 961; *Büssemaker*, Stimmbindungsverträge bei Kapitalgesellschaften in Europa – Ein Vergleich der Rechtslagen in Deutschland, Frankreich und dem Vereinigten Königreich, 1999; *Fischer*, Entlastung von Vorständen bei Personenidentität in Konzerngesellschaften, NZG 1999, 192; *von Gerkan*, Gesellschafterbeschlüsse, Ausübung des Stimmrechts und einstweiliger Rechtsschutz, ZGR 1985, 167; *Grunsky*, Stimmrechtsbeschränkungen in der Hauptversammlung, ZIP 1991, 778; *Habersack*, Grenzen der Mehrheitsherrschaft in Stimmrechtskonsortien, ZHR 164 (2000), 1; *Hirte/Mock*, Abberufung des besonderen Vertreters durch den Alleinaktionär, BB 2010, 775; *Hoffmann*, Einzelentlastung, Gesamtentlastung und Stimmverbote im Aktienrecht, NZG 2010, 290; *Janberg/Schlaus*, Abstimmungsverträge nach neuem Aktienrecht unter Berücksichtigung des Rechts der verbundenen Unternehmen, AG 1967, 33; *Janberg/Schlaus*, Nochmals: Abstimmungsverträge nach neuem Aktienrecht, AG 1968, 35; *Kiethe*, Einstweilige Verfügung und Stimmrechtsausübung im Gesellschaftsrecht, DStR 1993, 609, 611; *Littbarski*, Einstweiliger Rechtsschutz im Gesellschaftsrecht, 1996; *Lübbert*, Abstimmungsvereinbarungen, 1971; *Lutter/Grunewald*, Zur Umgehung von Vinkulierungsklauseln in Satzungen von Aktiengesellschaften und Gesellschaften mbH, AG 1989, 109; *Matthiesen*, Stimmrecht und Interessenkollision, 1989; *May*, Die Sicherung des Familieneinflusses auf die Führung der börsengehandelten Aktiengesellschaft, 1992; *Noack*, Gesellschaftervereinbarungen, 1994; *Odersky*, Die Einmanngesellschaft als atypische Gesellschaftsform, 1954; *Otto*, Gebundene Aktien – Vertragliche Beschränkungen der Ausübung und Übertragbarkeit von Mitgliedschaftsrechten zugunsten der AG, AG 1991, 369; *Podewils*, Mehrheitsklauseln in Stimmrechts-Poolgesellschaften: Maßgeblichkeit des Trennungsprinzips, BB 2009, 733; *Priester*, Drittbindung des Stimmrechtes und Satzungsautonomie, in FS Werner,

1984, S. 657; *Schäfer,* Mehrheitserfordernisse bei Stimmrechtskonsortien, ZGR 2009, 768; *K. Schmidt,* „Schutzgemeinschaftsvertrag II" – ein gesellschaftsrechtliches Lehrstück über Stimmrechtskonsortien,ZIP 2009, 737; *Uwe H. Schneider,* Stimmverbote im GmbH-Konzern, ZHR 150 (1986), 609; *Schröder,* Stimmrechtskonsortien unter Aktionären – Gesellschaftsprobleme und erbrechtliche Probleme, ZGR 1978, 578; *Schütze,* Die Ausübung des Stimmrechts bei der Entlastung des Aufsichtsrats, AG 1967, 165; *J. Semler,* Einzelentlastung und Stimmverbot, in FS Zöllner, 1998, S. 553; *Surminski,* Stimmrechtsausschluss juristischer Personen gem. § 136 AktG, DB 1971, 417; *Wank,* Der Stimmungsausschluss im GmbH-Recht in der neueren Rechtsprechung des BGH, ZGR 1979, 222; *Wertenbruch,* Beschlussfassung und Pflichtverletzung im Stimmrechtskonsortium, NZG 2009, 645; *Westhoff,* Das Stimmrechtsverbot bei der Entlastung von Vorstand und Aufsichtsrat, DNotZ 1958, 227; *Wilhelm,* Rechtsform und Haftung, 1981; *Wilhelm,* Stimmrechtsausschluss und Verbot des Insichgeschäfts, JZ 1976, 674; *Winter,* Mitgliedschaftliche Treubindungen im GmbH-Recht, 1988; *Zimmermann,* Vertrauensentzug durch die Hauptversammlung und Stimmrechtsausübung, in FS Rowedder, 1994, S. 593; *Zöllner,* Zu Schranken und Wirkung von Stimmbindungsverträgen, insbesondere bei der GmbH, ZHR 155 (1991), 168; *Zutt,* Einstweiliger Rechtsschutz bei Stimmbindungen, ZHR 155 (1991), 190.

## I. Regelungszweck und -gegenstand

1  Durch **Stimmverbote** (§ 136 Abs. 1) soll der Verbandswille von Sonderinteressen der Aktionäre freigehalten werden[1], die sich aus den verschiedenen, verbandsfremden Sonderinteressen der Aktionäre ergeben könnten, wenn sie zur Abstimmung zugelassen würden[2]. Es soll niemand „Richter in eigener Sache" sein[3]. Allerdings nur dort, wo solche Sonderinteressen typischerweise zu erwarten sind, bei denen ein offenkundiges Verfälschungsrisiko besteht, ist es gerechtfertigt, die ultima ratio[4] des Stimmverbotes anzuwenden[5].

2  Auf einer anderen Stufe steht dagegen die **Unterbindung der Einflussnahme der Verwaltung**. Diese trägt kein eigenes wirtschaftliches Risiko, daher sind Verpflichtungen eines Aktionärs, weisungskonform im Sinne der Verwaltung abzustimmen, nichtig, § 136 Abs. 2. Im Grundsatz geht es auch hier um die ordnungsgemäße **Erhaltung der Gewaltenteilung**. Die Hauptversammlung als kapitalgebendes Beschlussorgan soll frei von Einflüssen der Verwaltung bleiben[6].

---

1  RG v. 22.2.1905 – I 476/04, RGZ 60, 172, 173; BGH v. 12.6.1989 – II ZR 246/88, BGHZ 108, 21, 25 f. = NJW 1989, 2694; OLG Frankfurt v. 18.1.1989 – 13 U 279/87, GmbHR 1990, 79, 81; OLG München v. 3.3.2010 – 7 U 4744/09, ZIP 2010, 725, 726; *Zöllner,* Schranken, S. 145; *Hüffer* in FS Heinsius, 1991, S. 337, 341; *Hüffer,* § 136 AktG Rz. 1; *Schröer* in MünchKomm. AktG, 2. Aufl., § 136 AktG Rz. 1; *Grundmann* in Großkomm. AktG, 4. Aufl., § 136 AktG Rz. 1; *Holzborn* in Bürgers/Körber, § 136 AktG Rz. 1; *Pluta* in Heidel, § 136 AktG Rz. 1; *Butzke* in Obermüller/Werner/Winden, Die Hauptversammlung der Aktiengesellschaft, Rz. E 39 f.
2  *Hüffer* in FS Heinsius, 1991, S. 337, 341.
3  BGH v. 1.4.1953 – II ZR 235/52, BGHZ 9, 157, 178 = NJW 1953, 780; BGH v. 20.1.1986 – II ZR 73/85, BGHZ 97, 28, 33 = NJW 1986, 2051 (für die GmbH); OLG Düsseldorf v. 24.2.2000 – 6 U 77/99, GmbHR 2000, 1053; *Schröer* in MünchKomm. AktG, 2. Aufl., § 136 AktG Rz. 1; *Uwe H. Schneider,* ZHR 150 (1986), 609, 612; *Fischer,* NZG 1999, 192; *K. Schmidt,* GesR, § 21 II 2a; *Pluta* in Heidel, § 136 AktG Rz. 1; *Bayer* in Lutter/Hommelhoff, § 47 GmbHG Rz. 28; *Lohr,* GmbHR 2002, 561; a.A. wohl *Hüffer,* § 136 AktG Rz. 3; *Hüffer* in Ulmer, § 47 GmbHG Rz. 124 sowie *Zöllner,* Schranken, S. 161 ff., die davon ausgehen, dass es sich um einen Lösungsansatz zur Eliminierung von Interessenkollisionen handelt.
4  Anwendungsprobleme vor allem wegen möglicher Verfälschung des Mehrheitsergebnisses bei zu großzügiger Erfassung als „Betroffene" sieht daher auch *Zöllner,* Schranken, S. 166 ff.
5  *F.-J. Semler* in MünchHdb. AG, § 38 Rz. 31. Zum Ausnahmecharakter und zur deshalb nur eingeschränkten analogen Anwendung *Uwe H. Schneider,* ZHR 150 (1986), 609, 615.
6  *Hüffer,* § 136 AktG Rz. 2.

Die **Satzung** kann die in § 136 genannten Fälle weder beschränken noch erweitern, die Norm ist zwingend[7].   3

Nicht von § 136 geregelt, gleichwohl aber zu beachten, sind die **beweglichen Stimmrechtsschranken**, die eine inhaltliche Kontrolle der Stimmabgabe enthalten und auf der Treuepflicht der Aktionäre beruhen (ausführlich dazu § 53a Rz. 4 ff.)[8]. Demgegenüber ist nach § 136 bereits die Stimmabgabe selbst unzulässig, unabhängig von ihrem Inhalt. Dogmatisch lassen sich die in § 136 geregelten Stimmverbote nicht völlig konsistent einordnen[9], weder auf dem Rechtsgedanken des § 181 BGB[10], noch auf dem Verbot des Richtens in eigener Sache[11]; vielmehr können sie als jeweilige Regelungen der Interessenkollisionen qualifiziert werden, die nur bedingt erweiterungs- bzw. analogiefähig sind (s. unten Rz. 29 ff.)[12].   4

Aus **europarechtlicher Sicht** bestehen keine Vorgaben durch zwingendes Sekundärrecht, insbesondere nicht durch die EU-Aktionärsrechterichtlinie. Aber auch hinsichtlich des Primärrechts sind die Schranken des Stimmrechts mit den Grundfreiheiten vereinbar, insbesondere bei missbräuchlicher Ausübung des Stimmrechts[13].   5

## II. Entstehungsgeschichte

§ 136 stimmt sachlich weitgehend mit **§ 114 Abs. 5 AktG 1937** überein[14]. Durch das **Verschmelzungsrichtlinien-Gesetz**[15] vom 25.10.1982 wurde der bis dahin geltende § 136 Abs. 2 aufgehoben. Gleichwohl ist der Regelungstatbestand der Ausübung des Stimmrechtes aus eigenen Aktien der AG, aus Gesellschaftsaktien in der Hand eines abhängigen Unternehmens oder in der Hand von Dritten für Rechnung der Gesellschaft oder eines von ihr abhängigen Unternehmens nicht entfallen, sondern in §§ 71b, 71d enthalten. Für die GmbH finden sich inhaltsgleiche Regelungen in § 47 Abs. 4 GmbHG.   6

## III. Stimmrechtsausschluss (§ 136 Abs. 1)

### 1. Adressaten

#### a) Aktionäre

Adressat des Verbots, Stimmrechte auszuüben, sind Aktionäre, auch wenn sie als Vertreter eines anderen Aktionärs Stimmrechte ausüben wollen. Dies gilt auch im Falle der weisungsbedingten Stimmrechtsausübung, da für diesen Fall das Gesetz selbst eine Vertretung durch das an sich ausgeschlossene Kreditinstitut nach § 135 Abs. 1 Satz 2 vorsieht. Ebenso wenig gilt ein Stimmverbot bei der **gleichmäßigen Be-**   7

---

7 *Hüffer*, § 136 AktG Rz. 3; *Willamowski* in Spindler/Stilz, § 136 AktG Rz. 1; *Holzborn* in Bürgers/Körber, § 136 AktG Rz. 1.
8 *Zöllner*, Schranken, S. 287 ff.
9 *Hüffer*, § 136 AktG Rz. 3.
10 *Wilhelm*, Rechtsform und Haftung, 1981, S. 66 ff.; *Wilhelm*, NJW 1983, 912 f.
11 So aber BGH v. 20.1.1986 – II ZR 73/85, BGHZ 97, 28, 33 = NJW 1986, 2051 = AG 1986, 256; *K. Schmidt*, GesR, § 21 II 2a.
12 *Hüffer*, § 136 AktG Rz. 3 unter Berufung auf *Zöllner*, Schranken, S. 161 ff.
13 EuGH v. 12.3.1996 – Rs. C-441/93 – „Pafitis", Slg. 1996, I-1347, 1382 f.; EuGH v. 12.5.1998 – Rs. C-367/96 – „Kefalas", Slg. 1998, I-2843, 2869–2871; EuGH v. 23.3.2000 – Rs. C-373/97 – „Diamantis", Slg. 2000, I-1723, 1734 f.; näher dazu: *Fleischer*, JZ 2003, 865, 868; *Grundmann* in Großkomm. AktG, 4. Aufl., § 136 AktG Rz. 12.
14 *Schröer* in MünchKomm. AktG, 2. Aufl., § 136 AktG Rz. 3.
15 BGBl. I 1982, 1425.

fangenheit aller stimmberechtigten Aktionäre, da ein Beschluss einer Hauptversammlung sonst nicht gefasst werden kann[16].

8 Der Aktionär der **Einmann-AG** ist nicht von dem Stimmrechtsverbot erfasst, da ein Interessengegensatz, wie ihn die Stimmrechtsausübungsbeschränkungen verhindern wollen, hier nicht besteht[17]. Dies gilt auch für den von einer früheren Hauptversammlung bestellten **besonderen Vertreter** nach § 147 Abs. 2 (§ 147 Rz. 14 ff.), wenn später alle anderen (Minderheits-) Aktionäre durch einen Squeeze-Out aus der Gesellschaft gedrängt wurden und der nunmehr allein herrschende Aktionär den besonderen Vertreter abberuft, obwohl dieser gerade die Vorgänge um den Squeeze-Out untersuchen sollte[18]. Denn im Fall der Einpersonen-Gesellschaft sind nur noch die Interessen der AG im Hinblick auf den Gläubigerschutz bzw. anderer am Unternehmen Interessierter zu berücksichtigen, nicht mehr aber die von Minderheitsaktionären. Die Gläubiger sind indes vor einem Beschluss der AG auf Verzicht von Ansprüchen gegen den Alleinaktionär schon durch die verschiedenen Bestimmungen geschützt, die einen solchen Verzicht für unwirksam erklären, §§ 93 Abs. 5, 116, 117 Abs. 5, 309 Abs. 4, 317 Abs. 4, 318 Abs. 4[19]. Die noch bestehenden Eigeninteressen der AG[20] werden durch die verschiedenen Pflichten nach §§ 117, 308 ff., 311 ff. geschützt. Dem nötigen Schutz der Minderheitsaktionäre im Rahmen des Squeeze-Out muss dagegen durch prozessuale Mittel (Darlegungs- und Beweislasterleichterungen) sowie dem Abfindungsanspruch Rechnung getragen werden (dazu § 327a Rz. 3 ff.)[21].

**b) Vertreter, Legitimationsaktionäre, Treuhänder**

9 **Vertreter von Aktionären** dürfen das Stimmrecht nicht ausüben, wenn sie **entweder** in ihrer eigenen Person (§ 136 Abs. 1 Satz 1) **oder** in der Person des Vertretenen (§ 136 Abs. 1 Satz 2) vom Verbot der Stimmrechtsausübung erfasst sind.

10 Wer in der **eigenen Person seine eigenen Stimmrechte** nicht ausüben darf (§ 136 Abs. 1 Satz 1), der darf ebenfalls auch keine Stimmrechte von fremden Aktien als Vertreter ausüben, selbst wenn der Vollmachtgeber persönlich nicht vom Stimmverbot erfasst wird[22]. Dabei spielt es auch **keine Rolle, ob der Vertreter selbst Aktionär** ist, sofern in seiner Person an sich ein Grund für ein Stimmverbot festgestellt werden kann[23]. Ebenso wenig soll der von der Stimmabgabe ausgeschlossene Aktionär sich durch einen anderen vertreten lassen können (§ 136 Abs. 1 Satz 2); auf die Person des Vertreters kommt es dann nicht mehr an, um Umgehungen zu verhin-

---

16 *Hüffer*, § 136 AktG Rz. 5; *Matthießen*, S. 90; *Schröer* in MünchKomm. AktG, 2. Aufl., § 136 AktG Rz. 16; *Grundmann* in Großkomm. AktG, 4. Aufl., § 136 AktG Rz. 19.
17 BGH v. 24.10.1988 – II ZB 7/88, BGHZ 105, 324, 333 = NJW 1989, 295; *Hüffer*, § 136 AktG Rz. 5; *Grundmann* in Großkomm. AktG, 4. Aufl., § 136 AktG Rz. 19; *Willamowski* in Spindler/Stilz, § 136 AktG Rz. 2; *Bachmann* NZG 2001, 961, 968; Uwe H. Schneider, ZHR 150 (1986), 609, 615; *Matthießen*, S. 90.
18 OLG München v. 3.3.2010 – 7 U 4744/09, ZIP 2010, 725, 728; anders LG München I v. 27.8.2009 – 5 HK O 21656/08, NJW 2009, 3794 = ZIP 2009, 2198 m. zust. Anm. *Lutter*.
19 So zutr. *Altmeppen*, NJW 2009, 3757, 3758 f.
20 Hierauf stellt im Wesentlichen *Lutter*, ZIP 2009, 2203 ab und schließt daraus die Notwendigkeit einer Anwendung von § 136 Abs. 1 Satz 1.
21 *Peters/Hecker*, NZG 2009, 1294, 1295.
22 RG v. 22.1.1935 – II 198/34, RGZ 146, 385, 391; BGH v. 29.3.1971 – III ZR 255/68, BGHZ 56, 47, 53 = NJW 1971, 1265; *Hüffer*, § 136 AktG Rz. 6; *Willamowski* in Spindler/Stilz, § 136 AktG Rz. 2.
23 BGH v. 29.3.1971 – III ZR 255/68, BGHZ 56, 47, 53 = NJW 1971, 1265; BGH v. 12.6.1989 – II ZR 246/88, BGHZ 108, 21, 25 f. = NJW 1989, 2694, beide für die GmbH; *Schröer* in MünchKomm. AktG, 2. Aufl., § 136 AktG Rz. 29; *Hüffer*, § 136 AktG Rz. 6.

dern[24]. Sowohl die **verdeckte Vertretung**[25], die **Untervertretung**[26] die **Legitimationsübertragung** (§ 129 Abs. 3)[27] als auch die **Testamentsvollstreckung**[28] sowie die **Treuhandschaft**[29] scheiden aus. Bezweckt wird auch im personellen Anwendungsbereich der Vertretung ein umfassender Schutz[30].

### c) Sicherheitengeber

Bei einer Entscheidung über die Befreiung von einer Verbindlichkeit (§ 136 Abs. 1 Satz 1 2. Alt.) darf neben dem Aktionär **auch der Sicherheitengeber nicht abstimmen**, da die Verpflichtung zur Leistung mit der positiven Entscheidung auch für ihn[31] entfällt[32].

### d) Andere Gesellschaft als Aktionär – Zurechnungsfragen

**aa) Grundsätze.** Die Stimmrechtsverbote erstrecken sich grundsätzlich auch auf **Aktien im Besitz von Gesellschaften**. Dabei stellen sich aber Zurechnungsprobleme in zweierlei Hinsicht: Zum einen kann das Stimmrechtsverbot, das in der Person eines Gesellschafters eingreift, auf seine (Dritt-) Gesellschaft ausgedehnt werden, zum anderen, ob das Stimmrechtsverbot gegenüber einer (Dritt-) Gesellschaft auch auf ihre Gesellschafter ausgedehnt wird, etwa wenn die AG über eine Verbindlichkeit gegenüber der Drittgesellschaft beschließen soll und der Aktionär Gesellschafter beider Gesellschaften ist[33]. Gleiches gilt für Zurechnungsprobleme gegenüber Organmitgliedern.

Eine Unterscheidung nach Rechtsformen – Personen- versus Kapitalgesellschaft[34] – erscheint dabei wenig hilfreich[35]. Denn entscheidend ist der **Schutzzweck des § 136**, durch den das Aktiengesetz mit der Instrumentalisierung von Stimmverboten Interessenkonflikte ohne eine Einzelfallabwägung per se vermeiden bzw. ausschließen

---

24 BGH v. 29.3.1971 – III ZR 255/68, BGHZ 56, 47, 53 = NJW 1971, 1265; *Schröer* in MünchKomm. AktG, 2. Aufl., § 136 AktG Rz. 27; *Hüffer*, § 136 AktG Rz. 7; *Willamowski* in Spindler/Stilz, § 136 AktG Rz. 2; Begr. RegE in *Kropff*, Aktiengesetz, S. 201; *Fischer*, NZG 1999, 192, 193 f.
25 Fälle der verdeckten Vertretung sind solche des § 135 Abs. 4 Satz 2; *Schröer* in MünchKomm. AktG, 2. Aufl., § 136 AktG Rz. 27; *Hüffer*, § 136 AktG Rz. 7; *Pluta* in Heidel, § 136 AktG Rz. 16.
26 *Boesebeck*, NJW 1955, 1657; *Westhoff*, DNotZ 1958, 227, 229; *Schröer* in MünchKomm. AktG, 2. Aufl., § 136 AktG Rz. 28; *Hüffer*, § 136 AktG Rz. 6; *Grundmann* in Großkomm. AktG, 4. Aufl., § 136 AktG Rz. 21; *Willamowski* in Spindler/Stilz, § 136 AktG Rz. 2; a.A. ohne Begründung in der Sache RG v. 2.2.1923 – II 147/22, RGZ 106, 258, 262.
27 *Hüffer*, § 136 AktG Rz. 6 f.; *Schröer* in MünchKomm. AktG, 2. Aufl., § 136 AktG Rz. 27; *Willamowski* in Spindler/Stilz, § 136 AktG Rz. 2.
28 BGH v. 12.6.1989 – II ZR 246/88, BGHZ 108, 21, 25 f. = NJW 1989, 2694 (GmbH); *Hüffer*, § 136 AktG Rz. 6; *Schröer* in MünchKomm. AktG, 2. Aufl., § 136 AktG Rz. 27; *Willamowski* in Spindler/Stilz, § 136 AktG Rz. 2.
29 *Schröer* in MünchKomm. AktG, 2. Aufl., § 136 AktG Rz. 27; *Holzborn* in Bürgers/Körber, § 136 AktG Rz. 12.
30 Begr. RegE in *Kropff*, Aktiengesetz, S. 201; *Hüffer*, § 136 AktG Rz. 7.
31 Für den Bürgen folgt dies unmittelbar aus § 767 BGB.
32 *Herzfelder*, S. 119; *Schröer* in MünchKomm. AktG, 2. Aufl., § 136 AktG Rz. 32.
33 Zur Unterscheidung *Zöllner*, Schranken, S. 277 ff.; *Hüffer*, § 136 AktG Rz. 9; *Schröer* in MünchKomm. AktG, 2. Aufl., § 136 AktG Rz. 33 ff.
34 So aber *Zöllner*, Schranken, S. 279 ff.; *Wank*, ZGR 1979, 222; *Wilhelm*, S. 125 ff.; 131 ff.
35 *Hüffer*, § 136 AktG Rz. 8; *Hüffer* in Ulmer, § 47 GmbHG Rz. 132; *Schröer* in MünchKomm. AktG, 2. Aufl., § 136 AktG Rz. 36; *Holzborn* in Bürgers/Köber, § 136 AktG Rz. 16, 17; *Bacher*, GmbHR 2001, 610, 614.

will[36]. Zudem können die Unterschiede zwischen Kapital- und Personengesellschaften und insbesondere der Auswirkungen von Interessenkollisionen durchaus fließend sein und von der Art der Gesellschaft (kapitalistisch/personalistisch) eher als von der Rechtsform selbst abhängen[37].

14 **bb) Stimmverbot gegen den Gesellschafter, Auswirkungen auf die Drittgesellschaft.** Das Stimmverbot in der Person eines Aktionärs erstreckt sich dann auf dessen anteilsbesitzende Drittgesellschaft, wenn der Aktionär in der Lage ist, auf diese Gesellschaft **maßgeblichen Einfluss** auszuüben[38], **sowohl bei Kapital- als auch Personengesellschaften**[39]. Nur dann realisiert sich die Gefahr, dass die Drittgesellschaft die Sonderinteressen des Aktionärs verfolgt. Allein die Eigenschaft des Aktionärs als persönlich haftender Gesellschafter einer Personengesellschaft begründet noch nicht seinen maßgeblichen Einfluss[40], wohl aber, wenn er der **einzige Komplementär oder geschäftsführende Gesellschafter** ist[41]. Auch hat ein **Alleingesellschafter einer GmbH** stets maßgeblichen Einfluss auf die Drittgesellschaft[42]. Gleiches gilt, wenn **sämtliche Gesellschafter** von dem Stimmverbot erfasst sind[43] bzw. wenn der (auch nicht unternehmerische) Gesellschafter die Drittgesellschaft nach § 17 mehrheitlich beherrscht[44]. Dabei ist ein **abstrakter Maßstab** ausreichend, auf den faktisch ausgeübten Einfluss kommt es nicht an[45].

---

36 Ebenso *Schröer* in MünchKomm. AktG, 2. Aufl., § 136 AktG Rz. 36; im Ergebnis *Hüffer*, § 136 AktG Rz. 8.
37 *Schröer* in MünchKomm. AktG, 2. Aufl., § 136 AktG Rz. 36.
38 RG v. 27.6.1906 – I 59/06, RGZ 64, 14, 15 f.; RG v. 2.2.1926 – II 178/25, RGZ 112, 382, 383; BGH v. 14.12.1967 – II ZR 30/67, BGHZ 49, 183, 193 f. = NJW 1968, 743; BGH v. 9.12.1968 – II ZR 57/67, BGHZ 51, 209, 219 = NJW 1969, 841; BGH v. 15.12.1975 – II ZR 17/74, WM 1976, 204, 205; *Hüffer*, § 136 AktG Rz. 10; *Schröer* in MünchKomm. AktG, 2. Aufl., § 136 AktG Rz. 40; *Grundmann* in Großkomm. AktG, 4. Aufl., § 136 AktG Rz. 24; *Willamowski* in Spindler/Stilz, § 136 AktG Rz. 3; *Holzborn* in Bürgers/Körber, § 136 AktG Rz. 17.
39 RG v. 27.6.1906 – I 59/06, RGZ 64, 14, 15; RG v. 2.2.1926 – II 178/25, RGZ 112, 382, 383; BGH v. 14.12.1967 – II ZR 30/67, BGHZ 49, 183, 193 f. = NJW 1968, 743; BGH v. 9.12.1968 – II ZR 57/67, BGHZ 51, 209, 219 = NJW 1969, 841; BGH v. 15.12.1975 – II ZR 17/74, WM 1976, 204, 205; OLG Brandenburg v. 20.9.2000 – 7 U 71/00, NZG 2001, 129, 130; *Hüffer*, § 136 AktG Rz. 10; *Schröer* in MünchKomm. AktG, 2. Aufl., § 136 AktG Rz. 40; *Fischer*, NZG 1999, 192; *Noack*, Gesellschaftervereinbarungen, S. 258; *Wank*, ZGR 1979, 222, 230; *Uwe H. Schneider*, ZHR 150 (1986), 609, 620; *Römermann* in Michalski, § 47 GmbHG Rz. 139; *Hüffer* in Ulmer, § 47 GmbHG Rz. 133; *K. Schmidt* in Scholz, § 47 GmbHG Rz. 160; *Holzborn* in Bürgers/Körber, § 136 AktG Rz. 17; a.A. mit zum Teil großen Differenzierungen in den jeweiligen Rechtsformen RG v. 22.1.1935 – II 198/34, RGZ 146, 385, 391; *Zöllner*, Schranken, S. 277 f.; *Zöllner* in Baumbach/Hueck, § 47 GmbHG Rz. 96 ff.; *Wiedemann*, GmbHR 1969, 247, 251.
40 So auch *Hüffer*, § 136 AktG Rz. 10; *Schröer* in MünchKomm. AktG, 2. Aufl., § 136 AktG Rz. 40; *Hüffer* in Ulmer, § 47 GmbHG Rz. 133; *Holzborn* in Bürgers/Körber, § 136 AktG Rz. 17; anders RG v. 22.1.1935 – II 198/34, RGZ 146, 385, 391; *Wiedemann*, GmbHR 1969, 247, 251 f.; wohl auch *Willamowski* in Spindler/Stilz, § 136 AktG Rz. 3 und *Pluta* in Heidel, § 136 AktG Rz. 18.
41 *Römermann* in Michalski, § 47 GmbHG Rz. 142; *Hüffer* in Ulmer, § 47 GmbHG Rz. 134; *K. Schmidt* in Scholz, § 47 GmbHG Rz. 160 ff.; *Roth* in Roth/Altmeppen, § 47 GmbHG Rz. 84 f.; *Wank*, ZGR 1979, 222, 230.
42 RG v. 22.1.1935 – II 198/34, RGZ 146, 385, 391; BGH v. 29.1.1962 – II ZR 1/61, BGHZ 36, 296, 299; OLG Brandenburg v. 20.9.2000 – 7 U 71/00, NZG 2001, 129, 130.
43 BGH v. 10.2.1977 – II ZR 81/76, BGHZ 68, 107, 110 = NJW 1977, 850; *Hüffer*, § 136 AktG Rz. 11.
44 *Hüffer*, § 136 AktG Rz. 11; *Willamowski* in Spindler/Stilz, § 136 AktG Rz. 3; *Noack*, Gesellschaftervereinbarungen, S. 258; *Wank*, ZGR 1979, 222, 230; anders RG v. 22.1.1935 – II 198/34, RGZ 146, 385, 391: vollständige Beherrschung erforderlich.
45 *Uwe H. Schneider*, ZHR 150 (1986), 609, 620; *Schröer* in MünchKomm. AktG, 2. Aufl., § 136 AktG Rz. 40.

cc) **Stimmverbot gegen die Drittgesellschaft, Auswirkungen auf den beteiligten Gesellschafter.** Trifft das Stimmverbot die Drittgesellschaft selbst, kann sich dieses auch auf Aktionäre als Gesellschafter der Drittgesellschaft erstrecken, wenn die **Gefahr** einer **nachhaltigen Interessenverknüpfung mit der Drittgesellschaft besteht**, die über das Interesse an der AG hinausgeht[46], da hier ein schwelender Konflikt des Gesellschafters besteht[47]. Allerdings ist dieses Kriterium recht unbestimmt; daher muss im Wesentlichen auf eine intensive **wirtschaftliche Verbundenheit** abgestellt werden[48], insbesondere dann, wenn wirtschaftliche Risiken der Drittgesellschaft auf den Gesellschafter durchschlagen, etwa im Fall der **persönlichen Haftung** des Gesellschafters[49]. Ist die Drittgesellschaft also eine OHG, wird keiner ihrer Gesellschafter, bei einer KG, zumindest kein Komplementär, abstimmen dürfen[50]. Aber auch bei **alleinigem Anteilsbesitz** des Gesellschafters[51] im Falle einer Kapitalgesellschaft ist dies anzunehmen[52]. Befindet sich eine dem Stimmverbot unterliegenden AG oder GmbH als Drittgesellschaft vollständig im Besitz mehrerer Aktionäre der Erstgesellschaft, unterliegen sie alle dem Abstimmungsverbot. Generell kann nach Auffassung der Rechtsprechung das Stimmverbot dann ausgedehnt werden, wenn sich Gesellschafter und Drittgesellschaft **als Einheit darstellen**[53]. Auch wenn ein Gesellschafter die Drittgesellschaft nach § 17 beherrscht, aber für diese nicht persönlich haftet, oder der Alleingesellschafter ist, kommt eine Zurechung des Stimmverbotes der Drittgesellschaft für ihn in Betracht[54], zumal wenn sich über die beherrschende Beteiligungsquote hinaus auch noch ein überwiegendes Interesse an der Drittgesellschaft gegenüber dem Interesse an der AG finden lässt[55]. Wenn daher die Beteiligung des Gesellschafters an der Drittgesellschaft wesentlich höher ist als an der AG, kann man eine nachhaltige Interessenverknüpfung annehmen.

---

46 *Hüffer*, § 136 AktG Rz. 12; *Schröer* in MünchKomm. AktG, 2. Aufl., § 136 AktG Rz. 37; *K. Schmidt* in Scholz, § 47 GmbHG Rz. 163; *Winter*, Mitgliedschaftliche Treubindungen im GmbH-Recht, 1988, S. 104 (Fn. 42); *Wank*, ZGR 1979, 222, 225 ff.
47 RG v. 18.10.1910 – II 660/09, RGZ 74, 276; BGH v. 9.12.1968 – II ZR 57/67, BGHZ 51, 209, 219 = NJW 1969, 841; BGH v. 29.3.1973 – II ZR 139/70, NJW 1973, 1039, 1040 f.
48 BGH v. 10.2.1977 – II ZR 81/76, BGHZ 68, 107, 109 f.; *Schröer* in MünchKomm. AktG, 2. Aufl., § 136 AktG Rz. 38; *K. Schmidt* in Scholz, § 47 GmbHG Rz. 164; ähnlich *Grundmann* in Großkomm. AktG, 4. Aufl., § 136 AktG Rz. 25, der auf einen Interessenkonflikt mit spezifischer Struktur abstellt, der sich wiederum daraus ergeben soll, ob der Gesellschafter als Schuldner der Verbindlichkeit zu sehen sei, dann allerdings nach Personen- und Kapitalgesellschaften differenzieren möchte.
49 BGH v. 29.3.1973 – II ZR 139/70, NJW 1973, 1039, 1040.
50 BGH v. 29.3.1973 – III ZR 139/70, NJW 1973, 1039, 1040; *Hüffer*, § 136 AktG Rz. 13; wohl auch *Grundmann* in Großkomm. AktG, 4. Aufl., § 136 AktG Rz. 25.
51 BGH v. 29.3.1971 – III ZR 255/68, BGHZ 56, 47, 53; *Hüffer* in Ulmer, § 47 GmbHG Rz. 137; *K. Schmidt* in Scholz, § 47 GmbHG Rz. 164; *Roth* in Roth/Altmeppen, § 47 GmbHG Rz. 83; *Koppensteiner* in Rowedder/Schmidt-Leithoff, § 47 GmbHG Rz. 51; *Kuhn*, WM 1976, 765; zu eng *Zöllner*, Schranken, S. 280.
52 Vorsichtiger *Römermann* in Michalski, § 47 GmbHG Rz. 146, der zwar Indizcharakter zuspricht, aber auf den Einzelfall abstellen möchte; ähnlich *Hüffer* in Ulmer, § 47 GmbHG Rz. 138; s. auch *K. Schmidt* in Scholz, § 47 GmbHG Rz. 164, der aber feststellt, dass eine Beherrschung „in jedem Fall schädlich ist."
53 BGH v. 10.2.1977 – II ZR 81/76, BGHZ 68, 107, 109 f. In diesem Fall hatten mehrere, miteinander verwandte Gesellschafter zusammen sämtliche Gesellschaftsanteile inne.
54 *Hüffer*, § 136 AktG Rz. 13; *Hüffer* in Ulmer, § 47 GmbHG Rz. 138, der im Fall einer Beherrschung nach § 17 von einer „indizierenden Bedeutung der Interessenverknüpfung" ausgeht und dann ohne „Gegenbeweis" eine Interessenverknüpfung annehmen möchte.
55 *Schröer* in MünchKomm. AktG, 2. Aufl., § 136 AktG Rz. 38; *Zöllner* in Baumbach/Hueck, § 47 GmbHG Rz. 99; *Zöllner*, Schranken, S. 279 f.; abstellend auf den Einzelfall *Römermann* in Michalski, § 47 GmbHG Rz. 146.

16  **dd) Stimmverbot gegen Organmitglieder, Auswirkungen auf die beteiligte Drittgesellschaft.** Ähnlich den Ausführungen zu einem Durchgriff der Stimmverbote bei Aktionären in Rz. 14 ff. bedarf es auch in den Fällen, in denen das Organmitglied selbst von einem Stimmverbot erfasst wird, seines **maßgeblichen Einflusses** auf die Drittgesellschaft, um dieser das Stimmverbot zuzurechnen. Ein solcher maßgeblicher Einfluss wird bei einem **alleinigen gesetzlichen Vertreter**, wie einem Allein-Geschäftsführer einer GmbH[56] oder dem Vorstandsvorsitzenden einer kleinen AG in der Regel, bei einem **Aufsichtsratsmitglied** eines vielköpfigen Gremiums dagegen nur ganz ausnahmsweise anzunehmen sein[57]. In der Rechtsprechung wurde z.B. kein beherrschender Einfluss angenommen bei zwei von 13 Aufsichtsratsmitgliedern[58], auch nicht einmal bei der Hälfte der Aufsichtsratsmitglieder (fünf von zehn)[59].

17  Bei **mehrgliedrigen Vorständen**, etwa wenn ein Vorstandsmitglied der Obergesellschaft gleichzeitig alleiniger Vorstand der Tochtergesellschaft ist, ist nicht schon von einem Stimmverbot der Drittgesellschaft bei nur einem befangenen Organmitglied auszugehen; vielmehr muss auf die rechtlichen Befugnisse und die alleinige Zuständigkeit des jeweiligen Organmitglieds zur Ausübung der Stimmrechte der Drittgesellschaft in der Hauptversammlung der AG abgestellt werden[60], während ein nur **tatsächlich** möglicher Einfluss auf das Abstimmungsverhalten der Drittgesellschaft, nicht ausreicht[61]. Die **rechtliche Selbständigkeit der Drittgesellschaft** darf nicht vorschnell zugunsten eines umfassenden Stimmverbotes missachtet werden[62], es kommt darauf an, ob das vom Verbot erfasste Organmitglied wirtschaftlich die Eigentümerstellung bei der Drittgesellschaft innehat[63]. Ob die Befugnis konkret genutzt wurde[64], spielt dagegen keine Rolle. Im Sinne von „chinese walls" sollten daher bei Stimmrechtsausübungen diejenigen Organmitglieder, die im Anwendungsbereich

---

56 RG v. 22.1.1935 – II 198/34, RGZ 146, 385, 391; BGH v. 29.1.1962 – II ZR 1/61, BGHZ 36, 296, 299 = NJW 1962, 864; OLG Düsseldorf v. 16.11.1967 – 6 U 280/66, AG 1968, 19, 20; OLG Karlsruhe v. 23.5.2000 – 8 U 233/99, DB 2000, 1653; LG Köln v. 17.12.1997 – 91 O 131/97, AG 1998, 240; LG Wuppertal v. 15.11.1966 – 11 O 93/66, AG 1967, 139, 140; *Schröer* in MünchKomm. AktG, 2. Aufl., § 136 AktG Rz. 42; *Hüffer*, § 136 AktG Rz. 14.
57 S. dazu OLG Düsseldorf v. 16.11.1967 – 6 U 280/66, AG 1968, 19, 20 (nur im Falle alleiniger und vollständiger Beherrschung); OLG Karlsruhe v. 23.5.2000 – 8 U 233/99, DB 2000, 1653 (bei mehrgliedrigen Gremien [AR, Vorstand] keine Übertragung des Stimmverbotes möglich); LG Heilbronn v. 15.11.1966 – 11 O 93/66, AG 1971, 94, 95 (vollständige faktische und rechtliche Beherrschung zugleich); LG Köln v. 17.12.1997 – 91 O 131/97, AG 1998, 240 (ohne Entscheidung); aus der Literatur *Fischer*, NZG 1999, 192; *Surminski*, DB 1971, 417, 418 (Stimmverbot bei 50 % der Mitglieder); offen *Uwe H. Schneider*, ZHR 150 (1986), 609, 620 f.; *Heim*, AG 1963, 57, 58 f. (nur bei Alleingeschäftsführung/Alleinvorstand).
58 OLG Hamburg v. 19.9.1980 – 11 U 42/80, DB 1981, 80.
59 LG Wuppertal v. 15.11.1966 – 11 O 93/66, AG 1967, 139, 140.
60 BGH v. 29.1.1962 – II ZR 1/61, BGHZ 36, 296, 299 = NJW 1962, 864; OLG Karlsruhe v. 23.5.2000 – 8 U 233/99, DB 2000, 1653; OLG Hamburg v. 19.9.1980 – 11 U 42/80, DB 1981, 80; LG Heilbronn v. 15.11.1966 – 11 O 93/66, AG 1971, 94, 95; *Schröer* in MünchKomm. AktG, 2. Aufl., § 136 AktG Rz. 42 ff.
61 BGH v. 29.1.1962 – II ZR 1/61, BGHZ 36, 296, 299 = NJW 1962, 864; OLG Hamburg v. 19.9.1980 – 11 U 42/80, DB 1981, 80; LG Heilbronn v. 15.11.1966 – 11 O 93/66, AG 1971, 94, 95; OLG Karlsruhe v. 23.5.2000 – 8 U 233/99, DB 2000, 1653; *Uwe H. Schneider*, ZHR 150 (1986), 609, 621.
62 RG v. 22.1.1935 – II 198/34, RGZ 146, 385, 391; OLG Düsseldorf v. 16.11.1967 – 6 U 280/66, AG 1968, 19, 20.
63 LG Wuppertal v. 15.11.1966 – 11 O 93/66, AG 1967, 139, 140.
64 So aber OLG Karlsruhe v. 23.5.2000 – 8 U 233/99, DB 2000, 1653; dem folgend *Schröer* in MünchKomm. AktG, 2. Aufl., § 136 AktG Rz. 43.

des § 136 liegen, sich selbst von einer internen Beschlussempfehlung ausschließen[65] oder vom Aufsichtsrat ausgeschlossen werden.

**ee) Stimmverbot gegen die Drittgesellschaft, Auswirkungen auf ein Organmitglied der beteiligten Gesellschaft.** Grundsätzlich gelten hier die Ausführungen wie in Rz. 15 f. Es kommt darauf an, inwieweit die Drittgesellschaft und das als Aktionär beteiligte Organmitglied in ihren **Interessen einem Gleichlauf unterliegen**. Während teilweise[66] jede Stimmabgabe des Organmitglieds als unzulässig gewertet wird, ist nach richtiger Auffassung[67] eine Indizwirkung für eine unzulässige Interessenverknüpfung in der Organstellung zu sehen: Vorstandsmitglieder sind eher von der Zurechnung erfasst, während Aufsichtsratsmitglieder nur beim Vorliegen von besonderen Hinweisen keine Stimmen abgeben dürfen[68].

**e) Gemeinschaftliche Berechtigung**

Bei gemeinschaftlicher Berechtigung[69] erstreckt sich das Stimmverbot grundsätzlich nur auf denjenigen Mitberechtigten, der in seiner Person die sachlichen Voraussetzungen eines Stimmverbotes erfüllt[70]. Wie bei Gesellschaften auch, kann das Stimmverbot nur dann auf andere Mitberechtigte erstreckt werden, wenn die betreffende Person maßgeblichen Einfluss auf den anderen ausüben kann, etwa im Falle der Erbengemeinschaft hinsichtlich der anderen Miterben, wenn der befangenen Person von den Miterben die Verwaltung des Nachlasses übertragen worden ist[71].

**f) Nahe Angehörige; persönliche Verbundenheit**

Wenn **Ehepartner, Elternteile oder Abkömmlinge bzw. Lebensgefährten** aufgrund persönlicher Interessenkonflikte von einem Stimmverbot erfasst sind, so gilt dies nicht auch für den Aktionär, der nicht von einem solchen Stimmverbot betroffen ist. Vielmehr ist keine Verknüpfung nur aufgrund der persönlichen Bindung herzustellen[72]. Entsprechendes gilt auch für die **Erben**, wenn sie nach § 136 Abs. 1 Satz 1 1. Alt. ihren Erblasser entlasten sollen. Auch hier ist kein sachlicher Grund erkennbar, warum die Erben im Nachhinein nicht ihre Stimme abgeben dürften. Im Gegensatz dazu steht der Übergang von Forderungen bzw. Ansprüchen der Gesellschaft ursprünglich gegen den Erblasser, nun aber gegen den/die Erben. Hier liegt in Wirklichkeit kein erbrechtlicher Fall der Interessenkollision vor, sondern eine rein gesell-

---

65 Als Indizwirkung gegen eine Einflussnahme daher auch *Schröer* in MünchKomm. AktG, 2. Aufl., § 136 AktG Rz. 44.
66 *Zöllner*, Schranken, S. 281.
67 *Hüffer*, § 136 AktG Rz. 14; *Schröer* in MünchKomm. AktG, 2. Aufl., § 136 AktG Rz. 41.
68 So auch *Schröer* in MünchKomm. AktG, 2. Aufl., § 136 AktG Rz. 41.
69 Dies sind vor allem die Fälle des gemeinschaftlichen Vermögens von Miterben, §§ 2032 ff. BGB, des weiteren bei Ehegatten, die in Gütergemeinschaft leben, §§ 1415 ff. BGB, sowie den Teilhabern einer Bruchteilsgemeinschaft, §§ 741 ff. BGB.
70 BGH v. 14.12.1967 – II ZR 30/67, BGHZ 49, 183, 193 f. = NJW 1968, 743; BGH v. 9.12.1968 – II ZR 57/67, BGHZ 51, 209, 219 = NJW 1969, 841; BGH v. 15.12.1975 – II ZR 17/74, WM 1976, 204, 205; *Hüffer*, § 136 AktG Rz. 15; *Schröer* in MünchKomm. AktG, 2. Aufl., § 136 AktG Rz. 47; anders noch die früheren Auffassungen RG v. 22.1.1935 – II 198/34, RGZ 146, 385, 391; *Wiedemann*, GmbHR 1969, 247, 251.
71 *Hüffer*, § 136 AktG Rz. 15; *Grundmann* in Großkomm. AktG, 4. Aufl., § 136 AktG Rz. 23; *Schröer* in MünchKomm. AktG, 2. Aufl., § 136 AktG Rz. 47.
72 BGH v. 29.3.1971 – III ZR 255/68, BGHZ 56, 47, 54 = NJW 1971, 1265; BGH v. 16.2.1981 – II ZR 168/79, BGHZ 81, 69, 71 = NJW 1981, 1512; OLG Hamm v. 9.5.1988 – 8 U 250/87, GmbHR 1989, 79; *Hüffer*, § 136 AktG Rz. 16; *Hüffer* in Ulmer, § 47 GmbHG Rz. 142; *Schröer* in MünchKomm. AktG, 2. Aufl., § 136 AktG Rz. 30; *Willamowski* in Spindler/Stilz, § 136 AktG Rz. 5; *Holzborn* in Bürgers/Körber, § 136 AktG Rz. 14; a.A. *Uwe H. Schneider*, ZHR 150 (1986), 609, 615 f.; *Wank*, ZGR 1979, 222, 228 f.

schaftsrechtliche Gefahr der Verflechtung. Daher ist in diesen Fällen das Stimmverbot anzuwenden[73].

## 2. Objektive Voraussetzungen des Stimmrechtsverbots

21 § 136 Abs. 1 nimmt aus Gründen der Rechtssicherheit bewusst[74] in Abkehr vom allgemeinen Tatbestand des § 252 Abs. 3 HGB a.F. (bzw. § 47 Abs. 4 GmbHG), der alle Rechtsgeschäfte mit einem Aktionär erfasste, nur drei Tatbestände des Stimmrechtsverbots auf: die Entlastung, die Befreiung von einer Verbindlichkeit und die Geltendmachung eines Anspruchs.

### a) Entlastung (§ 136 Abs. 1 Satz 1 1. Fall)

22 Nach § 136 Abs. 1 Satz 1 1. Fall darf derjenige seine Stimmrechte nicht ausüben, dessen Entlastung zu beschließen ist. **Entlastung** meint dabei nach § 120 (§ 120 Rz. 11 ff.) jede Beschlussfassung über die nachträgliche Billigung der Verwaltungszuständigkeit von Vorstand, Aufsichtsrat oder Abwicklern[75], nicht aber Vorlagen an die Hauptversammlung im Rahmen von § 119 Abs. 2 oder aufgrund ungeschriebener Kompetenzen[76]. Ob das Organmitglied noch aktiv im Amt ist[77], spielt dabei ebenso wenig eine Rolle wie die wortwörtliche Bezeichnung der Entlastung in der Tagesordnung der Hauptversammlung[78]. Entscheidend ist nur, dass inhaltlich eine Entlastung vorliegt[79]. In der Regel wird mit der ex-post-Billigung auch ein ex-ante-Vertrauensvorschuss für die Zukunft verbunden sein[80], keinesfalls erfasst eine Entlastung aber den Verzicht auf die Geltendmachung von Ersatzansprüchen[81].

23 **Entlastung** hat zugleich immer eine vergangenheitsbezogene Komponente, kann daher nicht schon für die Zukunft erteilt werden. Geplante Maßnahmen im Voraus zu billigen ist möglich, stellt dann aber keine Entlastung im Rechtssinne dar[82]. Ebenso wenig stellt die Ablehnung des Vertrauensentzugs durch die Hauptversammlung eine Entlastung dar, so dass sowohl Vorstandsmitglieder als auch auf der anderen Seite

---

73 Im Ergebnis ebenso, jedoch ohne Begründung *Schröer* in MünchKomm. AktG, 2. Aufl., § 136 AktG Rz. 31.
74 Amtl. Begr. *Klausing*, S. 101; *Schlegelberger/Quassowski*, AktG 1937, § 114 AktG Anm. 20; *Matthießen*, Stimmrecht und Interessenkollision, 1989, S. 94 ff.; *Hüffer*, § 136 AktG Rz. 17; *Schröer* in MünchKomm. AktG, 2. Aufl., § 136 AktG Rz. 18.
75 So *Schröer* in MünchKomm. AktG, 2. Aufl., § 136 AktG Rz. 6; *Butzke* in Obermüller/Werner/Winden, Die Hauptversammlung der Aktiengesellschaft, Rz. I 2; *Holzborn* in Bürgers/Körber, § 136 AktG Rz. 3.
76 *Grundmann* in Großkomm. AktG, 4. Aufl., § 136 AktG Rz. 29.
77 *Schröer* in MünchKomm. AktG, 2. Aufl., § 136 AktG Rz. 6; *Holzborn* in Bürgers/Körber, § 136 AktG Rz. 3.
78 RG v. 2.2.1923 – II 147/22, RGZ 106, 258, 262; RG v. 19.11.1926 – II 403/24, RGZ 115, 246, 250; *Hüffer*, § 136 AktG Rz. 19; *Schröer* in MünchKomm. AktG, 2. Aufl., § 136 AktG Rz. 6, 19; *Willamowski* in Spindler/Stilz, § 136 AktG Rz. 7.
79 RG v. 2.2.1923 – II 147/22, RGZ 106, 258, 262; RG v. 19.11.1926 – II 403/24, RGZ 115, 246, 250; *Grundmann* in Großkomm. AktG, 4. Aufl., § 136 AktG Rz. 30; *Hüffer*, § 136 AktG Rz. 6, 19.
80 BGH v. 20.5.1985 – II ZR 165/84, BGHZ 94, 324, 326 = AG 1986, 21; OLG Düsseldorf v. 22.2.1996 – 6 U 20/95, AG 1996, 273, 274; *Butzke* in Obermüller/Werner/Winden, Die Hauptversammlung der Aktiengesellschaft, Rz. I 2; *Hüffer*, § 120 AktG Rz. 2 ff.; *Mülbert* in Großkomm. AktG, 4. Aufl., § 120 AktG Rz. 23 ff.; *Volhard* in J. Semler/Volhard, Arbeitshandbuch HV, § 18 Rz. 2.
81 *Volhard* in J. Semler/Volhard, Arbeitshandbuch HV, § 18 Rz. 2; *Willamowski* in Spindler/Stilz, § 136 AktG Rz. 7.
82 BGH v. 15.12.1975 – II ZR 17/74, WM 1976, 204, 205; *Schröer* in MünchKomm. AktG, 2. Aufl., § 136 AktG Rz. 7.

Aufsichtsratsmitglieder bei einem solchen Beschluss gegen ihr Organ oder ihre eigene Person mitwirken dürfen[83].

Für den häufigeren Fall der **Gesamtentlastung** von Vorstand oder Aufsichtsrat gilt, dass kein zu entlastendes Organmitglied seine Stimmrechte ausüben darf[84]. Daneben ist aber auch die **Einzelentlastung** denkbar, wonach jeweils der Reihe nach einzelne Mitglieder eines Organs separat von der Hauptversammlung entlastet werden[85]. In diesem Fall **dürfen andere Organmitglieder/Aktionäre** bei der Entlastung eines anderen Organmitgliedes **mitwirken**[86]. Nur wenn die konkrete, nicht nur auf reine Verdächtigungen gestützte[87] Möglichkeit gegeben ist, dass das Organmitglied/Aktionär an der vermeintlichen Pflichtverletzung, derentwegen die Einzelentlastung stattfindet, mitgewirkt hat, ist eine Ausnahme zu machen[88].  24

**Organmitglieder des Aufsichtsrats (als Aktionäre) dürfen an der Entlastung des Vorstands** durch Ausübung ihrer Stimmrechte mitwirken, wenn sie nicht an einer Pflichtverletzung beteiligt sind; etwas anderes gilt nur bei unmittelbarer Mitwirkung[89].  25

**b) Befreiung von einer Verbindlichkeit (§ 136 Abs. 1 Satz 1 2. Fall)**

Ein Aktionär darf nach § 136 Abs. 1 Satz 1 2. Fall dann nicht mit abstimmen, wenn es um seine Befreiung von einer Verbindlichkeit geht. Die **Art der Verbindlichkeit** (Herausgabe, Leistung, Tun oder Unterlassen) spielt keine Rolle[90], ebenso wenig der  26

---

83 *Zimmermann* in FS Rowedder, 1994, S. 593, 604; *Schröer* in MünchKomm. AktG, 2. Aufl., § 136 AktG Rz. 7.
84 BGH v. 12.6.1989 – II ZR 246/88, BGHZ 108, 21, 25 f. = NJW 1989, 2694; *Hüffer*, § 136 AktG Rz. 20; *Schröer* in MünchKomm. AktG, 2. Aufl., § 136 AktG Rz. 8; generell *J. Semler* in FS Zöllner, 1998, S. 553, 561.
85 S. § 120 Rz. 23 ff.; BGH v. 21.9.2009 – II ZR 174/08 – „Umschreibestopp", BGHZ 182, 272, Rz. 12 ff., 15; *J. Semler* in FS Zöllner, 1998, S. 553, 555; *Butzke* in Obermüller/Werner/Winden, Die Hauptversammlung der Aktiengesellschaft, Rz. I 18 ff.
86 Heute einhellige Meinung: BGH v. 20.1.1986 – II ZR 73/85, BGHZ 97, 28, 33 = NJW 1986, 2051; BGH v. 21.9.2009 – II ZR 174/08 – „Umschreibestopp", BGHZ 182, 272, Rz. 15; zuvor KG v. 26.5.2008 – 23 U 88/07, AG 2009, 118, Rz. 27; *J. Semler* in FS Zöllner, 1998, S. 553, 562; *Grundmann* in Großkomm. AktG, 4. Aufl., § 136 AktG Rz. 32; *Schröer* in MünchKomm. AktG, 2. Aufl., § 136 AktG Rz. 8; *Schütze*, AG 1967, 165, 166; *Hüffer*, § 136 AktG Rz. 20; *Holzborn* in Bürgers/Körber, § 136 AktG Rz. 4; *Willamowski* in Spindler/Stilz, § 136 AktG Rz. 7; *Pluta* in Heidel, § 136 AktG Rz. 6; *Volhard* in J. Semler/Volhard, Arbeitshandbuch HV, § 18 Rz. 17.
87 Reine Verdächtigungen reichen nicht aus, so *Hüffer*, § 136 AktG Rz. 20; ihm folgend *Schröer* in MünchKomm. AktG, 2. Aufl., § 136 AktG Rz. 8; s. auch *Willamowski* in Spindler/Stilz, § 136 AktG Rz. 7.
88 BGH v. 20.1.1986 – II ZR 73/85, BGHZ 97, 28, 33 = NJW 1986, 2051; BGH v. 21.9.2009 – II ZR 174/08 – „Umschreibestopp", BGHZ 182, 272, Rz. 15; BGH v. 12.6.1989 – II ZR 246/88, BGHZ 108, 21, 25 f. = NJW 1989, 2694; *Hüffer*, § 136 AktG Rz. 20; *Schröer* in MünchKomm. AktG, 2. Aufl., § 136 AktG Rz. 8; *Willamowski* in Spindler/Stilz, § 136 AktG Rz. 7; *Dreher/Neumann*, EWiR § 136 1/95, 527, 528; *Volhard* in J. Semler/Volhard, Arbeitshandbuch HV, § 18 Rz. 17; *Grunewald/Müller*, JZ 1997, 698, 701; krit. *Hoffmann*, NZG 2010, 290, 291 f.; a.A. OLG München v. 17.3.1995 – 23 U 5930/94, WM 1995, 842, 844, das nicht § 136, sondern § 242 BGB anwenden will; ebenfalls a.A. *Zöllner* in KölnKomm. AktG, 1. Aufl., § 136 AktG Rz. 8; *Zöllner*, Schranken, S. 201 f., der aufgrund des Wortlautes des § 136 sämtliche Organmitglieder ausschließen möchte.
89 So auch *Hüffer*, § 136 AktG Rz. 21; *Schröer* in MünchKomm. AktG, 2. Aufl., § 136 AktG Rz. 9; *Grundmann* in Großkomm. AktG, 4. Aufl., § 136 AktG Rz. 33.
90 *Schröer* in MünchKomm. AktG, 2. Aufl., § 136 AktG Rz. 11; *Römermann* in Michalski, § 47 GmbHG Rz. 197 f.; *Holzborn* in Bürgers/Körber, § 136 AktG Rz. 6.

Rechtsgrund der Verbindlichkeit[91], ob aus dem Organverhältnis, dem Gesellschaftsverhältnis oder einem Schuldverhältnis begründet[92]. Inhaltlich muss der Vorstand gem. § 119 Abs. 2 die Hauptversammlung aufgefordert haben, eine Entscheidung herbeizuführen. Der Tatbestand der Befreiung ist **weit** zu verstehen; er liegt schon dann vor, wenn der Aktionär auch nur vorübergehend von seiner Pflicht befreit wird, etwa einer Stundung oder eines pactum de non petendo[93]. § 136 ist über seinen Wortlaut hinaus auch dann anwendbar, wenn zusätzlich zum Hauptversammlungsbeschluss noch weitere Akte des Vorstands hinzukommen müssen, der Beschluss der Hauptversammlung aber maßgeblich ist und zu erwarten ist, dass der Vorstand nur noch die Abwicklung der Befreiung übernimmt[94].

27 **Keinem Stimmverbot** unterliegen die Aktionäre im Falle einer **Kapitalherabsetzung**. Hier wird per Beschluss der Hauptversammlung der Aktionär bei noch ausstehenden Beiträgen zwar auch von einer Verbindlichkeit gegenüber der Aktiengesellschaft befreit und somit der Wortlaut des § 136 erfüllt, dies trifft allerdings im Regelfall alle Aktionäre unterschiedslos (Rz. 7 f.). Insofern sind alle Aktionäre gleich befangen[95], die Hauptversammlung wäre sonst beschlussunfähig[96].

### c) Geltendmachung eines Anspruches (§ 136 Abs. 1 Satz 1 3. Fall)

28 Schließlich besteht nach § 136 Abs. 1 Satz 1 3. Fall ein Stimmverbot für den Aktionär, wenn in der Hauptversammlung darüber abgestimmt werden soll, ob die Gesellschaft gegen ihn einen Anspruch geltend machen soll, insbesondere in den Fällen von §§ 147, 119 Abs. 2. Unbedeutend ist ferner, welcher Art oder Herkunft der Anspruch ist. § 136 Abs. 1 Satz 1 3. Fall gelangt auch dann zur Anwendung, wenn es nicht nur um Ansprüche gegen den Aktionär, sondern auch gegen Vorstand und Aufsichtsrat geht[97]. Nicht erforderlich ist, dass bereits feststeht, ob der Anspruch tatsächlich besteht, außer wenn die Geltendmachung rechtsmissbräuchlich erfolgt, nur um das Stimmverbot bei Abstimmungen über mehrere Fragen auszulösen, etwa bei offensichtlich unbegründeten Ansprüchen[98]. Umfasst sind sowohl die gerichtliche als auch die außergerichtliche Geltendmachung in Form von Mahnungen, Fristsetzungen oder auch einem Prozess vorhergehender Maßnahmen, wie der Beauftragung von Rechtsbeiständen bis hin zu sämtlichen prozessualen Maßnahmen der Streitbeendigung[99]. Über den Wortlaut des § 136 hinaus ist das Stimmverbot, z.B. für Großaktionäre, auch bei Prozessen anzuwenden, in denen die Gesellschaft nicht ak-

---

91 *Grundmann* in Großkomm. AktG, 4. Aufl., § 136 AktG Rz. 34; *Hüffer*, § 136 AktG Rz. 22; *Schröer* in MünchKomm. AktG, 2. Aufl., § 136 AktG Rz. 11; *Holzborn* in Bürgers/Körber, § 136 AktG Rz. 6; *Willamowski* in Spindler/Stilz, § 136 AktG Rz. 8.
92 *Hüffer*, § 136 AktG Rz. 22; *Schröer* in MünchKomm. AktG, 2. Aufl., § 136 AktG Rz. 11; *Holzborn* in Bürgers/Körber, § 136 AktG Rz. 6; *Pluta* in Heidel, § 136 AktG Rz. 7.
93 *Hüffer*, § 136 AktG Rz. 22; *Schröer* in MünchKomm. AktG, 2. Aufl., § 136 AktG Rz. 11; *Römermann* in Michalski, § 47 GmbHG Rz. 197; *K. Schmidt* in Scholz, § 47 GmbHG Rz. 123 ff. (für die GmbH).
94 *Schröer* in MünchKomm. AktG, 2. Aufl., § 136 AktG Rz. 11; *Römermann* in Michalski, § 47 GmbHG Rz. 203; *Hüffer* in Ulmer, § 47 GmbHG Rz. 149.
95 *Hüffer*, § 136 AktG Rz. 22; *Schröer* in MünchKomm. AktG, 2. Aufl., § 136 AktG Rz. 12; *Grundmann* in Großkomm. AktG, 4. Aufl., § 136 AktG Rz. 34.
96 So auch *Schröer* in MünchKomm. AktG, 2. Aufl., § 136 AktG Rz. 12.
97 OLG München v. 27.8.2008 – 7 U 5678/07, AG 2008, 864, Rz. 27.
98 OLG München v. 27.8.2008 – 7 U 5678/07, AG 2008, 864, Rz. 28.
99 BGH v. 20.1.1986 – II ZR 73/85, BGHZ 97, 28, 34 = NJW 1986, 2051 für das GmbH-Recht; ebenso *Schröer* in MünchKomm. AktG, 2. Aufl., § 136 AktG Rz. 13; *Grundmann* in Großkomm. AktG, 4. Aufl., § 136 AktG Rz. 37; *Hüffer*, § 136 AktG Rz. 23; *Holzborn* in Bürgers/Körber, § 136 AktG Rz. 7.

tiv als Klägerin auftritt, sondern verklagt wird und die Hauptversammlung über einen Vergleich beschließen soll[100].

**d) Analoge Anwendung**

**aa) Gesamtanalogie.** Eine Gesamtanalogie zu § 136 Abs. 1 kommt angesichts der eindeutigen Entscheidung des Gesetzgebers des AktG 1937 (s. Rz. 21) und der späteren Fortführung im Rahmen weiterer aktienrechtlicher Reformen nicht in Betracht. Die für eine Analogie erforderliche **planwidrige Regelungslücke**[101] **fehlt**[102]. Versuche[103], eine Analogie damit zu begründen, dass man als zusätzliches Korrektiv eine evidente Interessenkollision fordert und den allgemeinen Rechtsgedanken des § 181 BGB in die Vorschriften über die Stimmrechtsausübung hineinliest, gewichten den eindeutigen Wortlaut und die Konzeption von § 136 als Ausnahmevorschrift nicht ausreichend[104]. Auch wenn es daher Fallkonstellationen und Situationen mit allgemeinen Interessenkollisionen geben mag, die weder die Entlastung noch das weitere Verfahren von Ansprüchen oder Verbindlichkeiten der Gesellschaft betreffen, aber eine signifikante Ähnlichkeit zu § 136 Abs. 1 aufweisen, kann dies nur Anlass sein, de lege ferenda einen allgemeinen Auffangtatbestand für Interessenkonflikte (wieder) einzuführen.

29

**bb) Einzelanalogie.** Eine andere Frage ist diejenige nach einer **Einzelanalogie** bei **qualitativ und quantitativ vergleichbarer Interessenlage** eines nicht von § 136 erfassten Problems der Stimmrechtsausübung[105]. In Betracht kommt etwa die **Abberufung eines Aufsichtsratsmitglieds, das Aktionär ist, aus wichtigem Grund**, § 103, vergleichbar mit der Abberufung eines GmbH-Geschäftsführers[106]. Zwar gibt es keinen allgemeinen Rechtssatz, wonach Organmitglieder bei der Beschlussfassung über ihre Abberufung aus wichtigem Grunde nicht abstimmen dürften[107]. Doch kann in **qualitativ und quantitativ vergleichbaren Situationen**, etwa bei strafbaren Handlungen wie Untreue- oder Betrugsdelikten, eine Einzelanalogie gebildet werden[108].

30

---

100 *Hüffer*, § 136 AktG Rz. 23; *Schröer* in MünchKomm. AktG, 2. Aufl., § 136 AktG Rz. 14.
101 *Larenz*, Methodenlehre der Rechtswissenschaft, S. 381 ff.; *Larenz/Wolf*, § 4, Rz. 69.
102 BGH v. 20.1.1986 – II ZR 73/85, BGHZ 97, 28, 33 = NJW 1986, 2051; LG Heilbronn v. 15.11.1966 – 11 O 93/66, AG 1971, 94, 95; *Hüffer*, § 136 AktG Rz. 18; *Schröer* in MünchKomm. AktG, 2. Aufl., § 136 AktG Rz. 18; *Grundmann* in Großkomm. AktG, 4. Aufl., § 136 AktG Rz. 40; *Holzborn* in Bürgers/Körber, § 136 AktG Rz. 10; *Zimmermann* in FS Rowedder, 1994, S. 593, 598 f.; *Uwe H. Schneider*, ZHR 150 (1986), 609, 613; *F.-J. Semler* in MünchHdb. AG, § 38 Rz. 31; nicht eindeutig im Ergebnis OLG München v. 17.3.1995 – 23 U 5930/94, WM 1995, 842, 843.
103 *Wilhelm*, Rechtsform und Haftung, S. 66 ff.; *Wilhelm*, JZ 1976, 674.
104 *Schröer* in MünchKomm. AktG, 2. Aufl., § 136 AktG Rz. 17; *Hüffer*, § 136 AktG Rz. 18.
105 *Schröer* in MünchKomm. AktG, 2. Aufl., § 136 AktG Rz. 19; *Holzborn* in Bürgers/Körber, § 136 AktG Rz. 10; im Ergebnis ebenso, allerdings ohne die Deutung der Notwendigkeit *Hüffer*, § 136 AktG Rz. 18; generell gegen Analogie *Zimmermann* in FS Rowedder, 1994, S. 593, 598; sehr restriktiv *Grundmann* in Großkomm. AktG, 4. Aufl., § 136 AktG Rz. 39.
106 Hier wird ein Stimmverbot analog § 47 Abs. 4 GmbHG anerkannt, s. BGH v. 20.1.1986 – II ZR 73/85, BGHZ 97, 28, 33 = NJW 1986, 2051 = AG 1986, 256; OLG Hamm v. 9.5.1988 – 8 U 250/87, GmbHR 1989, 79; *K. Schmidt* in Scholz, § 47 GmbHG Rz. 118; *Uwe H. Schneider*, ZHR 150 (1986), 609, 613; *Römermann* in Michalski, § 47 GmbHG Rz. 238 ff.
107 *Schröer* in MünchKomm. AktG, 2. Aufl., § 136 AktG Rz. 21; *Zimmermann* in FS Rowedder, 1994, S. 593, 604.
108 *Zöllner* in KölnKomm. AktG, 1. Aufl., § 136 AktG Rz. 28; a.A. *Schröer* in MünchKomm. AktG, 2. Aufl., § 136 AktG Rz. 21; *Holzborn* in Bürgers/Körber, § 136 AktG Rz. 10, jedoch ohne Begründung.

31 Auch wenn die Entscheidung darüber, ob gegen einen von einem Stimmverbot erfassten Aktionär ein Anspruch geltend gemacht wird, vertagt werden soll, ist der Aktionär von der Abgabe seiner Stimmrechte analog § 136 Abs. 1 ausgeschlossen[109].

32 Generell kann aber keine Analogie bei **Organisationsakten** gezogen werden, über die alle Mitglieder notwendigerweise abstimmen müssen, auch wenn sie dadurch begünstigt werden: So ist für den Fall der durch die Satzung notwendigen **Zustimmung der Hauptversammlung zur Übertragung von vinkulierten Namensaktien** der Veräußerer nicht gezwungen, sich der Stimmrechtsausübung zu enthalten. Hierbei handelt es sich nicht um ein Rechtsgeschäft zwischen der Gesellschaft und einem Gesellschafter, sondern um einen sozialrechtlichen Akt, nämlich ein Mitverwaltungsrecht[110]. Ebenso wenig ist § 136 analog bei den Wahlen zum Aufsichtsrat anzuwenden, so dass Aktionäre sich als Aufsichtsratsmitglieder selbst wählen dürfen[111]. Ferner kann ein Aktionär, der durch die Schaffung eines Entsenderechts begünstigt wird, bei der Beschlussfassung hierüber mitstimmen[112].

### 3. Rechtsfolgen

33 Stimmverbote wirken sich unmittelbar **nur auf das Stimmrecht** aus, nicht dagegen auf sonstige mit der Aktie verbundene Rechte, wie das **Teilnahme- oder auch das Dividendenrecht**[113]. Sogar ein **Antragsrecht** steht ihm zu[114]. Der von der Stimmrechtsausübung ausgeschlossene Aktionär ist also berechtigt, weiterhin auch der Beschlussfassung selbst beizuwohnen. Ist das Eingreifen von § 136 offensichtlich, so obliegt es dem **Versammlungsleiter**[115], die anwesenden Aktionäre von der Stimmabgabe auszuschließen[116]. Auch bei Anwendung des Subtraktionsverfahrens zur Ermittlung eines Beschlusses müssen die Stimmen der Aktionäre mit Stimmverboten abgezogen werden[117]. In strittigen Fällen dagegen wird dafür plädiert, sie zuzulassen. Dies birgt bei rechtswidriger Zulassung allerdings die Gefahr einer Anfechtungsklage[118] in sich, da verbotswidrig abgegebene Stimmen **nach § 134 BGB nichtig**[119] sind und zwar keinen nichtigen, aber einen fehlerhaften Beschluss ergeben[120]. Dem Versammlungsleiter ist somit eine sorgfältige Prüfung auferlegt[121]; vor allem für den Fall, dass ein Kreditinstitut bei der anonymen Vertretung Stimmrechte aus Aktien

---

109 *Schröer* in MünchKomm. AktG, 2. Aufl., § 136 AktG Rz. 20; generell ohne Differenzierung *Zöllner*, Schranken, S. 268; *Holzborn* in Bürgers/Körber, § 136 AktG Rz. 10.
110 BGH v. 29.5.1967 – II ZR 105/66, BGHZ 48, 163, 167 (für die GmbH); ebenso *Hüffer*, § 136 AktG Rz. 18; *Schröer* in MünchKomm. AktG, 2. Aufl., § 136 AktG Rz. 22; *Holzborn* in Bürgers/Körber, § 136 AktG Rz. 10.
111 *Spindler* in Spindler/Stilz, § 103 AktG Rz. 10; *Hüffer*, § 108 AktG Rz. 9; *Habersack* in MünchKomm. AktG, 3. Aufl., § 108 AktG Rz. 29; *Hoffmann-Becking* in MünchHdb. AG, § 31 Rz. 66.
112 OLG Hamm v. 31.3.2008 – 8 U 222/07, AG 2008, 552, 554.
113 *Schröer* in MünchKomm. AktG, 2. Aufl., § 136 AktG Rz. 50 ff.
114 *Schröer* in MünchKomm. AktG, 2. Aufl., § 136 AktG Rz. 50.
115 Auf den Notar dagegen stellt *Butzke* in Obermüller/Werner/Winden, Die Hauptversammlung der Aktiengesellschaft, Rz. E 41 ab.
116 *Grunsky*, ZIP 1991, 778, 782; *Jacob* in J. Semler/Volhard, Arbeitshandbuch HV, § 13 Rz. 112; ähnlich im Ergebnis *Schröer* in MünchKomm. AktG, 2. Aufl., § 136 AktG Rz. 52.
117 *Schröer* in MünchKomm. AktG, 2. Aufl., § 136 AktG Rz. 50; *Butzke* in Obermüller/Werner/Winden, Die Hauptversammlung der Aktiengesellschaft, Rz. E 41.
118 OLG Frankfurt v. 16.9.2001 – 15 U 238/97, NJW-RR 2001, 466, 467; *Hüffer*, § 136 AktG Rz. 24.
119 *Hüffer*, § 136 AktG Rz. 24; *Willamowski* in Spindler/Stilz, § 136 AktG Rz. 10.
120 *Hüffer*, § 136 AktG Rz. 24.
121 *Schröer* in MünchKomm. AktG, 2. Aufl., § 136 AktG Rz. 52 spricht sich für eine Nachfragepflicht bei Anhaltspunkten aus. Wie hier *Jacob* in J. Semler/Volhard, Arbeitshandbuch HV, § 13 Rz. 112.

ausüben soll[122]. Auch sollten im Vorfeld der Hauptversammlung denjenigen Aktionären, die vom Ausschluss des Stimmrechtes erfasst sind, der freiwillige Verzicht und die Kundgabe dessen angeraten werden[123].

Ungeachtet der beschlussrechtlichen Folgen im Rahmen einer Anfechtungsklage kommt darüber hinaus ein **Schadensersatzanspruch aus §§ 823 Abs. 2 BGB, 136 AktG** bzw. **§ 826 BGB** in Frage[124]. Neben der Aktiengesellschaft als Anspruchssteller für die erneut anfallenden Kosten der Hauptversammlung kommt darüber hinaus auch ein Schadensersatzanspruch des Aktionärs gegen den **Hauptversammlungsleiter aus §§ 93, 116 analog** in Frage, wenn er im Falle von offensichtlichen Stimmverboten dennoch ein solches den betreffenden Aktionären gegenüber nicht ausgesprochen hat[125]. Der materielle Schaden wird sich jedoch oft nur im Ersatz der Kosten für den erneuten Besuch der Hauptversammlung erschöpfen; bedeutsamer könnte hier – ein allerdings bislang nicht geklärter – vorbeugender Anspruch auf Ausspruch des Stimmverbots sein. 34

Ferner kann eine Ordnungswidrigkeit nach § 405 Abs. 3 Nr. 5 vorliegen. 35

## IV. Stimmbindungsverträge (§ 136 Abs. 2)

### 1. Zulässigkeit

Durch einen Stimmbindungsvertrag verpflichtet sich der Aktionär, sein Stimmrecht in einer festgelegten Weise auszuüben oder von der Ausübung keinen Gebrauch zu machen (sog. Stimmrechtsausschlussvertrag[126])[127]. Erfasst wird sowohl die einmalige wie auch wiederkehrende Stimmrechtsausübung, im Vertrag selbst kann neben dem konkreten auch ein offenes Abstimmungsverhalten vereinbart werden[128]. Stimmbindungsverträge sind nach heute allgemeiner Ansicht ein **grundsätzlich zulässiges Instrumentarium der Einflussnahme und -sicherung**[129], da der Aktionär über die Verwendung seiner Stimmrechte bestimmen darf[130]. Auch das Gesetz erkennt in § 136 Abs. 2 implizit die Zulässigkeit solcher Verträge an, da es nur für bestimmte Fälle die 36

---

122 *Butzke* in Obermüller/Werner/Winden, Die Hauptversammlung der Aktiengesellschaft, Rz. E 41; *Schröer* in MünchKomm. AktG, 2. Aufl., § 136 AktG Rz. 52.
123 *Butzke* in Obermüller/Werner/Winden, Die Hauptversammlung der Aktiengesellschaft, Rz. E 41.
124 *Hüffer*, § 136 AktG Rz. 24; *Schröer* in MünchKomm. AktG, 2. Aufl., § 136 AktG Rz. 54; *Holzborn* in Bürgers/Körber, § 136 AktG Rz. 21.
125 Ebenso *Schröer* in MünchKomm. AktG, 2. Aufl., § 136 AktG Rz. 54.
126 Begriff bei *Hüffer*, § 133 Rz. 25.
127 *F.-J. Semler* in MünchHdb. AG, § 38 Rz. 41; *Schröer* in MünchKomm. AktG, 2. Aufl., § 136 AktG Rz. 56; *Hüffer*, § 136 AktG Rz. 25; *Holzborn* in Bürgers/Körber, § 136 AktG Rz. 22; *Jacob* in J. Semler/Volhard, Arbeitshandbuch HV, § 13 Rz. 116; *Schröder*, ZGR 1978, 578; *Ulmer* in MünchKomm. BGB, 5. Aufl., Vor § 705 BGB Rz. 68; *Zöllner*, ZHR 155 (1991), 168; *Zutt*, ZHR 155 (1991), 190.
128 *Schröer* in MünchKomm. AktG, 2. Aufl., § 136 AktG Rz. 56; *F.-J. Semler* in MünchHdb. AG, § 38 Rz. 41; *Hüffer*, § 133 AktG Rz. 25.
129 BGH v. 29.5.1967 – II ZR 105/66, BGHZ 48, 163, 167; BGH v. 27.10.1986 – II ZR 240/85, NJW 1987, 1890 (beide für die GmbH); BGH v. 25.9.1986 – II ZR 272/85, NJW 1987, 890, 891 (für die AG); *Hüffer*, § 136 AktG Rz. 25; *Grundmann* in Großkomm. AktG, 4. Aufl., § 136 AktG Rz. 71; *Willamowski* in Spindler/Stilz, § 136 AktG Rz. 11; *Holzborn* in Bürgers/Körber, § 136 AktG Rz. 22; *Pluta* in Heidel, § 136 AktG Rz. 24; *Schröer* in MünchKomm. AktG, 2. Aufl., § 136 AktG Rz. 61; *Noack*, Gesellschaftervereinbarungen, 1994, S. 66 ff.; *Lübbert*, Abstimmungsvereinbarungen, 1971, S. 95 ff.; *Wertenbruch*, NZG 2009, 645, 646.
130 *R. Fischer*, GmbHR 1953, 65; *Hueck* in FS Nipperdey, 1965, S. 401, 412; *Rodemann*, S. 25 f.; *Schröer* in MünchKomm. AktG, 2. Aufl., § 136 AktG Rz. 61; *Hüffer*, § 133 AktG Rz. 27.

Nichtigkeit anordnet. Die **Satzung** kann jedoch Stimmbindungsverträge untersagen[131].

37 Natürlich gelten auch für Stimmbindungsverträge die **allgemeinen Grenzen**, etwa die guten Sitten oder Treu und Glauben (§§ 138, 242 BGB)[132]. Darüber hinaus sind Vereinbarungen, die gegen die aktionärsrechtliche **Treuepflicht** verstoßen, unzulässig[133]. Dies betrifft aber nicht den Bereich der **Wahlabsprachen**[134], auch dann nicht, wenn es sich um eine vertragliche Bindung mit einem Nichtaktionär handelt, wonach dieser bestimmen kann, wie der Aktionär abstimmen soll[135]. Ein Verstoß gegen das **Abspaltungsverbot** („Kein Stimmrecht ohne Aktie") liegt nicht vor[136], da der Aktionär immer noch formell das Stimmrecht ausübt und nicht etwa der Nichtaktionär; auch eine Treuepflichtverletzung ist nicht gegeben[137]. Der aktienrechtliche Minderheitenschutz kann nicht per se auf Stimmbindungsverträge, z.B. in Personengesellschaftsform, übertragen werden, insbesondere nicht Sperrminoritäten bzw. Quoren; inhaltlich bestehen indes zahlreiche Gemeinsamkeiten bei der materiellen Inhaltskontrolle[138].

38 Sanktioniert (§ 405 Abs. 3 Nr. 6, 7) und nichtig (§ 134 BGB) sind Vereinbarungen, in welchen als Gegenleistung die Stimmenausübung in einer bestimmten Weise versprochen wird, sog. **Stimmenkauf**. Hier besteht die Gefahr des gesellschaftswidrigen Stimmverhaltens, indem nur auf die in Aussicht gestellte Bonifikation abgestellt wird[139]. Schließlich sind diejenigen Vereinbarungen unwirksam, in welchen der Aktionär sich dem Aktionär, der nach **§ 136 Abs. 1 sein Stimmrecht nicht ausüben** darf, verpflichtet, seine Stimmrechte in einer vorgeschriebenen Weise auszuüben[140].

**2. Erscheinungsformen**

39 Von praktischer Bedeutung sind vor allem **Konsortial- oder Poolverträge**, in welchem Aktionäre sich gegenseitig verpflichten, nur in einer einheitlichen Weise vom Stimmrecht Gebrauch zu machen[141]. Dies geschieht vor allem bei Familiengesell-

---

131 *Grundmann* in Großkomm. AktG, 4. Aufl., § 136 AktG Rz. 81.
132 *Janberg/Schlaus*, AG 1967, 33, 35; *F.-J. Semler* in MünchHdb. AG, § 38 Rz. 44; *Schröer* in MünchKomm. AktG, 2. Aufl., § 136 AktG Rz. 62.
133 *Hüffer*, § 133 AktG Rz. 28; *Grundmann* in Großkomm. AktG, 4. Aufl., § 136 AktG Rz. 82; *Holzborn* in Bürgers/Körber, § 136 AktG Rz. 23; *Raiser/Veil*, Kapitalgesellschaften, § 16 Rz. 89; *Wertenbruch*, NZG 2009, 645, 648.
134 *Schröer* in MünchKomm. AktG, 2. Aufl., § 136 AktG Rz. 63; *Hüffer*, § 133 AktG Rz. 28.
135 Dagegen *Hüffer*, § 133 AktG Rz. 27; *Flume*, Die juristische Person, 1983, S. 240 ff.; *Priester* in FS Werner, 1984, S. 657, 671 ff.; *Habersack*, ZHR 164 (2000), 1, 12; wie hier *Hueck* in FS Nipperdey, 1965, S. 401, 416; *Schröer* in MünchKomm. AktG, 2. Aufl., § 136 AktG Rz. 67 f.
136 So aber *Hüffer*, § 133 AktG Rz. 27.
137 Ebenso *Schröer* in MünchKomm. AktG, 2. Aufl., § 136 AktG Rz. 68; *Zöllner*, ZHR 155 (1991), 168, 181; *Podewils*, BB 2009, 733, 735.
138 BGH v. 24.11.2008 – II ZR 116/08 – „Schutzgemeinschaft II", BGHZ 179, 13 = ZIP 2009, 216; *Schäfer*, ZGR 2009, 768, 781 ff.; *K. Schmidt*, ZIP 2009, 737, 742 f.; *Podewils*, BB 2009, 733, 737; zuvor *Zöllner* in FS Ulmer, 2003, S. 725, 737 ff.; a.A. *Habersack*, ZHR 164 (2000), 1, 15 ff.
139 *Schröer* in MünchKomm. AktG, 2. Aufl., § 136 AktG Rz. 63; *Noack*, Gesellschaftervereinbarungen, 1994, S. 146; *Podewils*, BB 2009, 733, 734.
140 RG v. 11.6.1917 – VI 135/14, RGZ 85,170, 173 f.; BGH v. 29.5.1967 – II ZR 105/66, BGHZ 48, 163, 167; *Schröer* in MünchKomm. AktG, 2. Aufl., § 136 AktG Rz. 64; *Hüffer*, § 133 AktG Rz. 28; *Fischer*, GmbHR 1953, 66 ff.
141 *Zutt*, ZHR 155 (1991), 190; *Schröer* in MünchKomm. AktG, 2. Aufl., § 136 AktG Rz. 57; *F.-J. Semler* in MünchHdb. AG, § 38 Rz. 41; *Hüffer*, § 133 AktG Rz. 25; *Holzborn* in Bürgers/Körber, § 136 AktG Rz. 22; *Noack*, Gesellschaftervereinbarungen, 1994, S. 19 ff.; *Lübbert*, Abstimmungsvereinbarungen, 1971, S. 81.

schaften[142] oder bei der Einflussnahme auf Treuhänder und Verpfänder[143]. Stimmbindungsverträge sind schuldrechtlicher, nicht organisationsrechtlicher Natur und begründen bei längeren, nicht nur für eine Abstimmung geltenden Absprachen über das Stimmrecht, eine Gesellschaft bürgerlichen Rechts[144]. Hierfür ist keine Form notwendig[145]. In der Regel[146] wird nur die schuldrechtliche Abrede der Stimmrechtsausübung vereinbart, so dass es an einer Außenwirkung fehlt und nur eine Innengesellschaft vorliegt[147]. Eine vertragswidrig abgegebene Stimme ist daher gültig[148]. Da außer bei Vereinbarung von speziellen Rechtsformen[149] oder der Ausgestaltung des Stimmrechtsvertrages die Vorschriften der GbR zum Tragen kommen, kann die Stimmrechtsbindung vor Zeitablauf nur aus wichtigem Grund (§ 723 Abs. 1 Satz 2 BGB) gekündigt werden. Sie endet jedoch mit dem Tod eines der Gesellschafter (§ 727 Abs. 1 BGB). Im Gegensatz zu BGB-Gesellschaften kann der stimmberechtigte Aktionär sich seinem Vertragspartner auch nur einseitig verpflichten. Hier liegt dann aufgrund des fehlenden gemeinsamen Zwecks als konstitutives Merkmal allerdings nur ein Auftrag (§§ 662 ff. BGB) oder eine Geschäftsbesorgung (§ 675 BGB) vor[150].

### 3. Schranken (§ 136 Abs. 2)
#### a) Bindung an Weisungen der Gesellschaft (§ 136 Abs. 2 Satz 1 1. Fall)

Nach § 136 Abs. 2 Satz 1 1. Fall sind Verträge über Stimmrechte, die aufgrund einer Weisung der Gesellschaft ausgeübt werden, nichtig. Dabei ist es irrelevant, ob die Weisung von Organen, Prokuristen oder anderen Vertretern der Gesellschaft erteilt wurde[151]. 40

#### b) Bindung an Weisungen des Vorstands oder Aufsichtsrats (§ 136 Abs. 2 Satz 1 2. Fall)

Einen Spezialfall bildet der Stimmbindungsvertrag, aufgrund dessen sich der Aktionär verpflichtet, anhand der Weisung eines Organs abzustimmen. Das Organ selbst ist aber nicht rechtsfähig. Daher kann dies nur bedeuten, dass die Organmitglieder bei dem Stimmrechtsbindungsvertrag gerade nicht ihre Gesellschaft vertreten, sondern im Namen des Organs mit dem Aktionär eine Stimmrechtsausübung vereinbaren möchten. Aufgrund eines umfassenden Umgehungsschutzes muss auch ein Stimmbindungsvertrag mit nur einzelnen Organmitgliedern davon erfasst sein, wenn 41

---

142 Hierzu ausführlich *May*, Die Sicherung des Familieneinflusses auf die Führung der börsengehandelten Aktiengesellschaft, 1992.
143 *Schröer* in MünchKomm. AktG, 2. Aufl., § 136 AktG Rz. 56; *F.-J. Semler* in MünchHdb. AG, § 38 Rz. 41; *Hüffer*, § 132 AktG Rz. 25; *Raiser/Veil*, Kapitalgesellschaften, § 16 Rz. 88.
144 BGH v. 13.6.1994 – II ZR 38/93, BGHZ 126, 226, 234 = NJW 1994, 2536; BGH v. 24.11.2008 – II ZR 116/08, BGHZ 179, 13 = NZG 2009, 183; *Noack*, Gesellschaftervereinbarungen, 1994, S. 47; *Lübbert*, Abstimmungsvereinbarungen, 1971, S. 103; *Wertenbruch*, NZG 2009, 645, 646; *Podewils*, BB 2009, 733, 734; *Schröer* in MünchKomm. AktG, 2. Aufl., § 136 AktG Rz. 57; *Hüffer*, § 133 AktG Rz. 26; *Holzborn* in Bürgers/Körber, § 136 AktG Rz. 22.
145 BGH v. 25.9.1986 – II ZR 272/85, NJW 1987, 890, 891.
146 Grundsätzlich nur für Innengesellschaft, da es an einer Außenwirkung fehle, dagegen *Hüffer*, § 133 AktG Rz. 26.
147 *Schröer* in MünchKomm. AktG, 2. Aufl., § 136 AktG Rz. 57; zur Abgrenzung zur Außengesellschaft s. auch *Wertenbruch*, NZG 2009, 645, 646.
148 RG v. 10.1.1928 – II 173/27, RGZ 119, 386, 388; *Hüffer*, § 133 AktG Rz. 26.
149 Hierzu *Noack*, Gesellschaftervereinbarungen, 1994, S. 47; *Lübbert*, Abstimmungsvereinbarungen, 1971, S. 103.
150 *Schröer* in MünchKomm. AktG, 2. Aufl., § 136 AktG Rz. 58; *Hüffer*, § 133 AktG Rz. 26; *Holzborn* in Bürgers/Körber, § 136 AktG Rz. 22; *Lübbert*, Abstimmungsvereinbarungen, 1971, S. 142 ff.
151 *Hüffer*, § 136 AktG Rz. 26; *Schröer* in MünchKomm. AktG, 2. Aufl., § 136 AktG Rz. 73.

diese aufgrund der Geschäftsordnung ihres Organs die Bildung des Organwillens bestimmen können[152]. Verträge mit einzelnen Mitgliedern des Organs ohne eine solche Machtstellung sind nach dem Gesetzeswortlaut ausgenommen[153]. Sollten jeweils Verträge mit jedem Vorstandsmitglied einzeln abgeschlossen werden, so würde dies auf eine Umgehungsabsicht hindeuten und wäre als unzulässige vertragliche Bindung anzusehen.

### c) Bindung an Weisungen abhängiger Unternehmen (§ 136 Abs. 2 Satz 1 3. Fall)

42 Schließlich wird vom Verbot auch die Weisung eines abhängigen Unternehmens erfasst. Für den Begriff des abhängigen Unternehmens ist auf § 17 abzustellen, unabhängig von dessen Rechtsform. Auch wenn das Gesetz auf die Aufzählung von Organmitgliedern von abhängigen Unternehmen verzichtet, muss im Sinne eines umfassenden Umgehungsschutzes auch dieser Fall erfasst werden[154].

### d) Bindung an Abstimmungsvorschläge der Verwaltung (§ 136 Abs. 2 Satz 2)

43 Neben dem Verbot, sich vertraglich den Weisungen von namentlich Genannten zu unterwerfen, ist ebenso eine vertragliche Bindung an von der Verwaltung eingebrachte Abstimmungsvorschläge untersagt. Dabei werden, über den Normtext hinaus, nicht nur Vereinbarungen des Vorstands über die vom selben eingebrachten Vorschläge erfasst, sondern jedwede Vereinbarung zwischen dem stimmberechtigten Aktionär und einem Dritten, der sich davon verspricht, die Position des Vorstands zu stärken[155]. Abstimmungsvorschläge sind darüber hinaus weit zu verstehen. Nicht nur die nach § 124 Abs. 3 Satz 1 publizierten, auch die erst in der Hauptversammlung selbst eingebrachten Vorschläge des Vorstands sind hiervon erfasst[156].

### e) Analoge Anwendung

44 Über den wörtlichen Anwendungsbereich des § 136 hinaus muss **auch der mittelbar Beteiligte** von § 136 Abs. 2 erfasst werden. Im Fall von sog. **Vorschaltgesellschaften** ist es typisch, dass die Gesellschafter der Vorschaltgesellschaft selbst keine Aktionäre der relevanten Zielgesellschaft sind, nämlich nur die eigens zu diesem Zweck gegründete Vorschaltgesellschaft. Wenn sich nun die Gesellschafter gegenseitig verpflichten, den Geschäftsführer/Vorstand als Vertretungsorgan der Vorschaltgesellschaft anzuweisen, die Stimmen gemäß der vertraglichen Vereinbarung auszuüben, so ist der Wortlaut des § 136 Abs. 2 nicht erfüllt, da sich kein „Aktionär" verpflichtet hat. Dennoch muss im Sinne des Umgehungsschutzes auch eine solche Konstellation erfasst werden[157].

45 Ebenso muss eine Bevollmächtigung der AG und ihrer Organe sowie Organteile auch in entsprechender Anwendung des § 136 Abs. 2 erfasst sein. Zum Komplex und zur Problematik des sog. Proxy-Votings s. § 134 Rz. 62 ff.

---

152 *Hüffer*, § 136 AktG Rz. 26; *Schröer* in MünchKomm. AktG, 2. Aufl., § 136 AktG Rz. 74; anders wohl *Grundmann* in Großkomm. AktG, 4. Aufl., § 136 AktG Rz. 78.
153 *Hüffer*, § 136 AktG Rz. 26; *Schröer* in MünchKomm. AktG, 2. Aufl., § 136 AktG Rz. 74; kritisch *Willamowski* in Spindler/Stilz, § 136 AktG Rz. 12; *Pluta* in Heidel, § 136 AktG Rz. 26.
154 *Hüffer*, § 136 AktG Rz. 28; *Schröer* in MünchKomm. AktG, 2. Aufl., § 136 AktG Rz. 75; *Willamowski* in Spindler/Stilz, § 136 AktG Rz. 13; *Holzborn* in Bürgers/Körber, § 136 AktG Rz. 24; *Pluta* in Heidel, § 136 AktG Rz. 27.
155 *Hüffer*, § 136 AktG Rz. 27.
156 *Schröer* in MünchKomm. AktG, 2. Aufl., § 136 AktG Rz. 76.
157 *Otto*, AG 1991, 369, 378.

Keine analoge Anwendung ist jedoch für den Fall geboten, dass ein an einem Stimmenpool beteiligter Gesellschafter selbst nur über eine äußerst **kleine Beteiligung an der Gesellschaft** verfügt, über den Pool und Weisungsrechte gegenüber den anderen Poolbeteiligten letztlich aber bestimmenden Einfluss besitzt. Denn derartige Vereinbarungen unterliegen bis zur Missbrauchsgrenze der Privatautonomie, seien sie auch mit Vertragsstrafen oder Verfallsklauseln gesichert[158]. Ferner liegt kein Fall eines **unzulässigen Mehrfachstimmrechts** vor, auch wenn wirtschaftlich gesehen die Auswirkungen ähnlich sind; hier aber erhält der jeweilige Aktionär nicht unmittelbar die entsprechenden Stimmen, die übrigen Aktionäre bleiben aus ihrem Stimmverhalten unter Umständen verantwortlich (Treuepflichten). Zudem greifen die konzern- und sonstigen aktienrechtlichen Schutzbestimmungen ein[159].  46

**4. Rechtsfolgen**

Rechtsfolge eines Verstoßes nach § 136 Abs. 2 ist die **Nichtigkeit des Vertrages** nach § 134 BGB bezüglich der Weisungsbindungen. Für die übrigen Teile des Vertrages findet § 139 BGB Anwendung. Eventuell vereinbarte Vertragsstrafen müssen aber in jedem Fall nach der ratio legis sowie unter Berücksichtigung von § 344 BGB von der Nichtigkeit erfasst werden[160].  47

Die **Stimmabgabe** ist trotz Verstoßes gegen das Verbot wirksam. Die Ungültigkeit der Stimmabgabe bemisst sich nach den allgemeinen Grundsätzen, das heißt, dass der Stimmabgabe ein eigener Mangel anhaften muss[161]. Eine **Ausnahme** ist bei Nichtigkeit des Stimmbindungsvertrages zusammen mit der Stimmabgabe (Fehleridentität) anzunehmen (Verstoß gegen Treuepflichten des Aktionärs); in diesem Fall wirkt sich die Nichtigkeit sowohl auf den Stimmbindungsvertrag als auch auf die Abgabe aus[162].  48

Bei **rechtsgültigen Stimmbindungsverträgen** ist der Aktionär **schuldrechtlich** verpflichtet, dem vertraglichen Inhalt gemäß abzustimmen und macht sich bei schuldhaftem Nichtbefolgen gegebenenfalls **schadensersatzpflichtig**. Hiervon ist die **Stimmabgabe** zu trennen, die trotz Verstoßes **wirksam** bleibt. Der Vertrag kann zudem – in Abkehr von der Rechtsprechung des RG[163] – durch eine **Leistungsklage und Vollstreckung nach § 894 ZPO durchgesetzt** werden[164]. Dagegen wurde der für die Praxis wichtige Weg des **einstweiligen Rechtsschutzes** von der Rechtsprechung abgelehnt[165], da der Erlass einer einstweiligen Verfügung der Vorwegnahme der Hauptsa-  49

---

158 Dazu *Wertenbruch*, NZG 2009, 645, 647.
159 Im Ergebnis ebenso, wenn auch zweifelnd *Schäfer*, ZGR 2009, 768, 784 f.
160 Begr. RegE in *Kropff*, Aktiengesetz, S. 201; *Hüffer*, § 136 AktG Rz. 29; *Schröer* in Münch.Komm. AktG, 2. Aufl., § 136 AktG Rz. 78.
161 OLG Nürnberg v. 17.1.1996 – 12 U 2801/91, AG 1996, 228, 229; *Hüffer*, § 136 AktG Rz. 29; *Otto*, AG 1991, 369, 379; *F.-J. Semler* in MünchHdb. AG, § 38 Rz. 47; *Noack*, Gesellschaftervereinbarungen, 1994, S. 151 ff.; *Grundmann* in Großkomm. AktG, 4. Aufl., § 136 AktG Rz. 85; *Schröer* in MünchKomm. AktG, 2. Aufl., § 136 AktG Rz. 82; *Holzborn* in Bürgers/Körber, § 136 AktG Rz. 27.
162 *Schröer* in MünchKomm. AktG, 2. Aufl., § 136 AktG Rz. 82; *Hüffer*, § 136 AktG Rz. 29.
163 RG v. 20.11.1925 – II 576/24, RGZ 112, 273, 279; RG v. 10.1.1928 – II 173/27, RGZ 119, 386, 389 f.; RG v. 11.6.1931 – II 389/29, RGZ 133, 90, 95; RG v. 5.4.1939 – II 155/38, RGZ 160, 257, 262; RG v. 4.2.1943 – II 94/42, RGZ 170, 358, 372.
164 BGH v. 29.5.1967 – II ZR 105/66, BGHZ 48, 163, 169 ff.; *Janberg/Schlaus*, AG 1968, 35, 36; *Raiser/Veil*, Kapitalgesellschaften, § 16, Rz. 90; *Grundmann* in Großkomm. AktG, 4. Aufl., § 136 AktG Rz. 86 f.; *F.-J. Semler* in MünchHdb. AG, § 38 Rz. 48; *Schröer* in MünchKomm. AktG, 2. Aufl., § 136 AktG Rz. 85; *Holzborn* in Bürgers/Körber, § 136 AktG Rz. 28; *Noack*, Gesellschaftervereinbarungen, 1994, S. 68 ff.
165 OLG Celle v. 1.4.1981 – 9 U 195/80, GmbHR 1981, 264, 265; OLG Frankfurt v. 15.12.1981 – 5 W 9/81, BB 1982, 274; OLG Saarbrücken v. 30.6.1989 – 4 U 2/89, NJW-RR 1989, 1512; OLG Koblenz v. 25.10.1990 – 6 U 238/90, NJW 1991, 1119; ebenso *Littbarski*, S. 73 f., 156.

che gleichkäme. Indes ist dies nicht verfänglich. Im Sonderfall der Stimmrechtsbindungsverträge liegt ein Fall der Willensbildung gar nicht vor: Der Aktionär verzichtet durch die vertragliche Bindung im Voraus bereits auf seine Entschließungsfreiheit und verzichtet auf seine freie Willensbildung[166]. Zudem wird eine Verfügung nach § 940 ZPO allgemein als zulässig angesehen, wenn sie sich inhaltlich „mit der im Hauptprozess auszusprechenden materiellen Rechtsfolge decken"[167]. Darüber hinaus kann die Verweigerung des Rechtsschutzes genauso irreversible Folgen haben wie die Zulassung[168].

# § 137
## Abstimmung über Wahlvorschläge von Aktionären

**Hat ein Aktionär einen Vorschlag zur Wahl von Aufsichtsratsmitgliedern nach § 127 gemacht und beantragt er in der Hauptversammlung die Wahl des von ihm Vorgeschlagenen, so ist über seinen Antrag vor dem Vorschlag des Aufsichtsrats zu beschließen, wenn es eine Minderheit der Aktionäre verlangt, deren Anteile zusammen den zehnten Teil des vertretenen Grundkapitals erreichen.**

| | |
|---|---|
| I. Regelungszweck . . . . . . . . . . . . . . . 1 | 3. Antrag in der Hauptversammlung . . . 4 |
| II. Voraussetzungen . . . . . . . . . . . . . . 2 | 4. Unterstützendes Quorum . . . . . . . . 5 |
| 1. Aktionär . . . . . . . . . . . . . . . . . . . . 2 | III. Rechtsfolgen . . . . . . . . . . . . . . . . . 7 |
| 2. Mitteilungspflichtiger Vorschlag . . . 3 | |

## I. Regelungszweck

1 § 137 regelt als eine Art Minderheitenschutz eine **Besonderheit der Abstimmungsreihenfolge** bei der Wahl von Aufsichtsratsmitgliedern nach § 127, indem einem Aktionär Vorrang vor den Vorschlägen der Mehrheit oder der Verwaltung eingeräumt wird[1]. Dieser Schutz wird durch einen verfahrensrechtlichen Eingriff in die Befugnisse des Hauptversammlungsleiters erreicht, da dieser sonst umfassend ermächtigt ist, Form und Ablauf der Hauptversammlung, insbesondere auch die Reihenfolge der Abstimmung, zu bestimmen, solange nicht Satzung oder Geschäftsordnung anderes bestimmen (hierzu § 133 Rz. 13)[2]. Bei Verhältniswahl greift die Vorschrift nicht ein, da es keine Abstimmungsreihenfolge gibt[3] und die Verhältniswahl (cumulative voting) die Interessen der Minderheit noch stärker als eine rein verfahrensrechtliche Bestim-

---

166 *Kiethe*, DStR 1993, 609, 611.
167 *Baur*, Studien zum einstweiligen Rechtsschutz, 1967, S. 58; *Michalski*, GmbHR 1991, 12; *von Gerkan*, ZGR 1985, 167, 177 f.; *Leipold*, Grundlagen des einstweiligen Rechtsschutzes, 1971, S. 112 ff.; *Zutt*, ZHR 155 (1991), 190, 200; wohl auch *Grundmann* in Großkomm. AktG, 4. Aufl., § 136 AktG Rz. 88.
168 *Zutt*, ZHR 155 (1991), 190, 201; *Schröer* in MünchKomm. AktG, 2. Aufl., § 136 AktG Rz. 90.
1 Ausschuss Begr. in *Kropff*, Aktiengesetz, S. 201 f.; *Hüffer*, § 137 AktG Rz. 1; *Zöllner* in KölnKomm. AktG, 1. Aufl., § 137 AktG Rz. 2.
2 *Butzke* in Obermüller/Werner/Winden, Die Hauptversammlung der Aktiengesellschaft, Rz. D 45 ff.; *F.-J. Semler* in MünchHdb. AG, § 39 Rz. 10.
3 *Zöllner* in KölnKomm. AktG, 1. Aufl., § 137 AktG Rz. 6; *Hüffer*, § 137 AktG Rz. 1.

mung wie § 137 schützt[4]. Die Vorschrift ist als Minderheitsschutznorm halbzwingend, die **Satzung** kann die Ausübung des Minderheitsrechts nur erleichtern, aber nicht erschweren oder ausschließen[5].

## II. Voraussetzungen

### 1. Aktionär

Aufgrund des rein verfahrensrechtlichen Charakters der Vorschrift (Rz. 1) ist es weder erforderlich, dass der Vorschlagende das Stimmrecht besitzt noch dass die zu leistenden Beiträge voll eingezahlt wurden[6]. 

2

### 2. Mitteilungspflichtiger Vorschlag

Der Aktionär muss rechtzeitig und ordnungsgemäß einen mitteilungspflichtigen Wahlvorschlag nach § 127 eingereicht haben. Mitteilungspflichtig sind die Anträge von Aktionären, die der Gesellschaft innerhalb einer Woche nach Bekanntmachung der Einberufung der Hauptversammlung übersandt wurden. Dabei muss der Aktionär erklärt haben, sich gegen den Vorschlag der Verwaltung zu wenden und bei anderen Aktionären um Stimmen für seinen Gegenantrag zu werben (§ 126 Abs. 1)[7]. Er kann auch nur einen alternativen Kandidaten vorschlagen[8]. Zu begründen braucht der Aktionär seinen Vorschlag nicht (§ 127 Satz 2), wohl muss er aber Namen, Beruf und Wohnort der Vorgeschlagenen enthalten und gegebenenfalls Angaben über Mitgliedschaften in anderen gesetzlich zu bildenden Aufsichtsräten erstatten (§ 127 Satz 3 i.V.m. § 124 Abs. 3 Satz 3, § 125 Abs. 1 Satz 3)[9].

3

### 3. Antrag in der Hauptversammlung

Der Aktionär (oder sein Stimmrechtsvertreter) muss unmittelbar in der Hauptversammlung den Antrag auf die Wahl des zuvor von ihm vorgeschlagenen Kandidaten stellen. Ein schlichtes Aufgreifen eines anderen Vorschlags von dritten Aktionären oder des Vorgeschlagenen selbst genügt nicht, auch nicht der Antrag, der den Vorschlag eines dritten Aktionärs unterstützt – hierin liegt keine Antragstellung[10].

4

### 4. Unterstützendes Quorum

Ein entsprechendes Quorum muss das Minderheitsverlangen auf prioritätsbezogene Abstimmung über den Kandidaten unterstützen[11]. **Zehn Prozent** des vertretenen Grundkapitals müssen ebenso wie der Antragstellende das Verlangen unterstützen, damit der Hauptversammlungsleiter verpflichtet ist, den Antrag zur Abstimmung zu stellen[12]. Wer vom Versammlungsleiter die Stellung des Minderheitsverlangens fordert, ist gleichgültig. Dies muss nicht in jedem Fall der Antragsteller sein. Darüber

5

---

4 *Grundmann* in Großkomm. AktG, 4. Aufl., § 137 AktG Rz. 2.
5 *Hüffer*, § 137 AktG Rz. 1; *Volhard* in MünchKomm. AktG, 2. Aufl., § 137 AktG Rz. 4.
6 *Volhard* in MünchKomm. AktG, 2. Aufl., § 137 AktG Rz. 4.
7 *Butzke* in Obermüller/Werner/Winden, Die Hauptversammlung der Aktiengesellschaft, Rz. J 57; *Volhard* in MünchKomm. AktG, 2. Aufl., § 137 AktG Rz. 6; *Zöllner* in KölnKomm. AktG, 1. Aufl., § 137 AktG Rz. 3; *Hüffer*, § 137 AktG Rz. 2.
8 *Grundmann* in Großkomm. AktG, 4. Aufl., § 137 AktG Rz. 3.
9 *Grundmann* in Großkomm. AktG, 4. Aufl., § 137 AktG Rz. 3; *Zöllner* in KölnKomm. AktG, 1. Aufl., § 137 AktG Rz. 3; *Volhard* in MünchKomm. AktG, 2. Aufl., § 137 AktG Rz. 6.
10 Anders *Grundmann* in Großkomm. AktG, 4. Aufl., § 137 AktG Rz. 4.
11 *Max*, AG 1991, 77, 85; *Stützle/Walgenbach*, ZHR 155 (1991), 516, 532; *Martens*, WM 1981, 1010, 1015.
12 *Hüffer*, § 137 AktG Rz. 3; *Volhard* in MünchKomm. AktG, 2. Aufl., § 137 AktG Rz. 9.

hinaus kann vom Versammlungsleiter nicht gefordert werden, dass er von sich aus danach fragt, ob das Minderheitsquorum geltend gemacht werden soll.

6 Wird allerdings von anwesenden Aktionären gefordert, das Quorum von 10 % festzustellen, so ist der **Hauptversammlungsleiter** aufgrund seiner Position verpflichtet, alles Erforderliche vorzunehmen[13]. Mit unterstützenden Maßnahmen zur Erreichung des gerade bei Publikumsgesellschaften schwierigen Quorums seitens seiner Person, zum Beispiel zur Bestimmung der Stimmabgabe über die Möglichkeit der Stimmkartenabgabe beim Wortmeldetisch[14], sollte der Hauptversammlungsleiter aufgrund der überparteilichen Stellung sparsam umgehen[15]. Es bietet sich einmal an, über das Teilnehmerverzeichnis die 10 %-Grenze festzustellen, indem von den zustimmenden anwesenden Aktionären die stimmberechtigten Aktien ermittelt werden. Lässt sich auf diesem Wege nicht ohne weiteres das Kapitalquorum bestimmen, so sollte der Hauptversammlungsleiter eine Abstimmung anberaumen. Von den Minderheitsaktionären zu fordern, dass sie neben dem Antrag und dem Verlangen auch noch den Nachweis der Grenze erbringen müssten, würde den Minderheitenschutz konterkarieren[16].

## III. Rechtsfolgen

7 Liegen die Voraussetzungen vor, ist der Minderheitenantrag zwingend vorzuziehen, wobei mehrere Vorschläge desselben Aktionärs einzeln oder gemeinsam zur Vorabstimmung gestellt werden können. Bei mehreren Vorschlägen von verschiedenen Minderheitsaktionären obliegt es dem Versammlungsleiter, eine sachgerechte Reihenfolge festzulegen, solange der Minderheitenschutz gewährleistet wird, Verwaltungsvorschläge also demnach grundsätzlich erst nach den Vorschlägen der Quorumsvorschläge behandelt werden[17].

8 Wird gegen § 137 verstoßen, ist die Wahl nach §§ 243 Satz 1, 251 Abs. 1 Satz 1 **anfechtbar**, es sei denn, dass der Beschluss nicht auf dem Gesetzesverstoß beruht[18]. Dies ist zum Beispiel dann der Fall, wenn die Reihenfolge ohne Bedeutung für das Abstimmungsverhalten, so zum Beispiel bei eindeutigen Mehrheitsverhältnissen, war[19].

---

13 *Zöllner* in KölnKomm. AktG, 1. Aufl., § 137 AktG Rz. 5; *Max*, AG 1991, 77, 86; *Volhard* in MünchKomm. AktG, 2. Aufl., § 137 AktG Rz. 10; *Hüffer*, § 137 AktG Rz. 3.
14 Beispiel bei *Butzke* in Obermüller/Werner/Winden, Die Hauptversammlung der Aktiengesellschaft, Rz. J 58.
15 Im Ergebnis ebenso *Butzke* in Obermüller/Werner/Winden, Die Hauptversammlung der Aktiengesellschaft, Rz. J 58.
16 Ebenso *Grundmann* in Großkomm. AktG, 4. Aufl., § 137 AktG Rz. 5.
17 *Hüffer*, § 137 AktG Rz. 4; *Volhard* in MünchKomm. AktG, 2. Aufl., § 137 AktG Rz. 15; *Grundmann* in Großkomm. AktG, 4. Aufl., § 137 AktG Rz. 6; *Butzke* in Obermüller/Werner/Winden, Die Hauptversammlung der Aktiengesellschaft, Rz. J 58.
18 *Hüffer*, § 137 AktG Rz. 4; *Butzke* in Obermüller/Werner/Winden, Die Hauptversammlung der Aktiengesellschaft, Rz. J 58.
19 *Volhard* in MünchKomm. AktG, 2. Aufl., § 137 AktG Rz. 16; *Hüffer*, § 243 AktG Rz. 61.

## Fünfter Unterabschnitt. Sonderbeschluss

## § 138
## Gesonderte Versammlung. Gesonderte Abstimmung

In diesem Gesetz oder in der Satzung vorgeschriebene Sonderbeschlüsse gewisser Aktionäre sind entweder in einer gesonderten Versammlung dieser Aktionäre oder in einer gesonderten Abstimmung zu fassen, soweit das Gesetz nichts anderes bestimmt. Für die Einberufung der gesonderten Versammlung und die Teilnahme an ihr sowie für das Auskunftsrecht gelten die Bestimmungen über die Hauptversammlung, für die Sonderbeschlüsse die Bestimmungen über die Hauptversammlungsbeschlüsse sinngemäß. Verlangen Aktionäre, die an der Abstimmung über den Sonderbeschluss teilnehmen können, die Einberufung einer gesonderten Versammlung oder die Bekanntmachung eines Gegenstands zur gesonderten Abstimmung, so genügt es, wenn ihre Anteile, mit denen sie an der Abstimmung über den Sonderbeschluss teilnehmen können, zusammen den zehnten Teil der Anteile erreichen, aus denen bei der Abstimmung über den Sonderbeschluss das Stimmrecht ausgeübt werden kann.

| | |
|---|---|
| I. Regelungsgegenstand und Normzweck .................. 1 | V. Verfahrensfragen .............. 10 |
| II. Sonderbeschlüsse kraft gesetzlicher Anordnung .................. 4 | 1. Einberufung und Bestimmung der Verfahrensart ............... 11 |
| 1. Sondervotum zu einem Beschluss der Hauptversammlung ........ 5 | 2. Das Verfahren bei der gesonderten Abstimmung................ 13 |
| 2. Sondervotum zu einer Geschäftsführungsmaßnahme ........... 7 | 3. Das Verfahren bei der gesonderten Versammlung ............... 16 |
| III. Sonderbeschlüsse kraft satzungsrechtlicher Anordnung ......... 8 | VI. Minderheitenrechte ........... 18 |
| IV. Arten der Beschlussfassung ....... 9 | VII. Materiellrechtliche Wirkung von Sonderbeschlüssen .............. 20 |
| | VIII. Fehlerhafte Sonderbeschlüsse ..... 21 |

Literatur: *Werner*, Die Beschlussfassung der Inhaber stimmrechtsloser Vorzugsaktien, AG 1971, 69.

## I. Regelungsgegenstand und Normzweck

Zweck der Norm ist der **Schutz bestimmter Aktionärsgruppen** vor den Mehrheitsbeschlüssen der Hauptversammlung bzw. vor den Geschäftsführungsmaßnahmen des Vorstands[1]. Entscheidend ist die Gefahr der möglichen Beeinträchtigung ihrer besonderen Rechte. § 138 gibt keine Auskunft hinsichtlich des „Ob" von Sonderbeschlüssen, sondern regelt nur **das Verfahren von Sonderbeschlüssen**, das für alle Fälle gesetzlich oder statuarisch angeordneter Sonderbeschlüsse eingreift[2], unter Anlehnung an die Bestimmungen über die Hauptversammlung und deren Beschlüsse[3].

1

---

[1] *Volhard* in MünchKomm. AktG, 2. Aufl., § 138 AktG Rz. 2; *G. Bezzenberger* in Großkomm. AktG, 4. Aufl., § 138 AktG Rz. 6; *F.-J. Semler* in MünchHdb. AG, § 39 Rz. 48.
[2] *Volhard* in MünchKomm. AktG, 4. Aufl., § 138 AktG Rz. 1; *G. Bezzenberger* in Großkomm. AktG, 4. Aufl., § 138 AktG Rz. 5; *Willamowski* in Spindler/Stilz, § 138 AktG Rz. 2; *Holzborn* in Bürgers/Körber, § 138 AktG Rz. 1.
[3] *G. Bezzenberger* in Großkomm. AktG, 4. Aufl., § 138 AktG Rz. 6.

2  **Sonderbeschlüsse i.S. von § 138** sind Abstimmungen, die nicht von der Gesamtheit aller Aktionäre auf der Hauptversammlung durchgeführt werden, sondern solche, an denen nur bestimmte Aktionäre oder Aktionärsgruppen teilhaben. Sowohl Beschlüsse der Hauptversammlung, als auch Geschäftsführungsmaßnahmen bedürfen in bestimmten Fällen einer solchen gesonderten Zustimmung. Solche Fälle finden sich vereinzelt im Gesetz, wie etwa bei Maßnahmen der Kapitalbeschaffung (§§ 182 Abs. 2, 193 Abs. 1 Satz 3, 202 Abs. 2 Satz 4, 221 Abs. 1 Satz 4 und Abs. 3) oder auch bei Umwandlungsbeschlüssen (§§ 233 Abs. 2 Satz 1, 240 Abs. 1 Satz 1, 65 Abs. 2 UmwG)[4], können aber auch in der Satzung festgeschrieben werden[5]. Ein Sonderbeschluss kann nach § 138 sowohl in einer eigenen Versammlung, als auch in einer gesonderten Abstimmung eingeholt werden. Sonderbeschlüsse sind immer dort notwendig, wo nach dem vereinsrechtlichen **Grundsatz des § 35 BGB** Eingriffe in besondere Mitgliedschaftsrechte der Zustimmung der Gesellschafter bedürfen, deren Rechte betroffen sind[6].

3  **Vorläufer** finden sich schon in der Reform des Aktienrechts im Jahre 1884[7] sowie im HGB von 1900[8]. Auch das **Aktiengesetz von 1937** sah vereinzelte Beschlussfassungen vor, an denen nur bestimmte Aktionäre teilnehmen durften; das Verfahren blieb indes weitgehend ungeregelt[9], was zu erheblicher Rechtsunsicherheit führte, insbesondere, ob die notwendigen Sondervoten nur als besondere Abstimmung innerhalb der Hauptversammlung getroffen werden durften oder auch auf gesonderten Versammlungen[10]. Das **AktG 1965 schloss diese Lücke mit § 138** als einheitlicher Norm für die Verfahren der Sonderbeschlüsse[11].

## II. Sonderbeschlüsse kraft gesetzlicher Anordnung

4  Für die Sonderbeschlüsse kraft gesetzlicher Anordnung muss zwischen den Fällen der Zustimmung zu einem Hauptversammlungsbeschluss und denen der Zustimmung zu einer Geschäftsführungsmaßnahme unterschieden werden[12]. Die Fälle erforderlicher Sondervoten sind **im Gesetz abschließend aufgezählt** und **nicht analogiefähig**[13]. Dies gilt auch für ähnliche Konstellationen wie Kündigung eines Unternehmensvertrags aus wichtigem Grund, die gerade kein Sondervotum verlangt[14], auch wenn Parallelen zur Beendigung von Unternehmensverträgen vorliegen[15].

---

4  S. hierzu näher Rz. 7.
5  BGH v. 29.1.1962 – II ZR 1/61, BGHZ 36, 296, 315; *Volhard* in MünchKomm. AktG, 2. Aufl., § 138 AktG Rz. 18; *G. Bezzenberger* in Großkomm. AktG, 4. Aufl., § 138 AktG Rz. 13 ff.; *F.-J. Semler* in MünchHdb. AG, § 39 Rz. 49.
6  *Volhard* in MünchKomm. AktG, 2. Aufl., § 138 AktG Rz. 2; *G. Bezzenberger* in Großkomm. AktG, 4. Aufl., § 138 AktG Rz. 7.
7  Vgl. Art. 215, 215a, 248 ADHGB 1884.
8  Vgl. §§ 275 Abs. 3, 288 Abs. 3 HGB 1900.
9  *G. Bezzenberger* in Großkomm. AktG, 4. Aufl., § 138 AktG Rz. 1.
10  Begr. RegE, *Kropff*, Aktiengesetz, S. 202.
11  Begr. RegE, *Kropff*, Aktiengesetz, S. 202; *Hüffer*, § 138 AktG Rz. 1; *G. Bezzenberger* in Großkomm. AktG, 4. Aufl., § 138 AktG Rz. 1 f.
12  Allg.M., s. nur *Hüffer*, § 138 AktG Rz. 2; *Volhard* in MünchKomm. AktG, 2. Aufl., § 138 AktG Rz. 1, 4 f.
13  OLG Celle v. 28.6.1972 – 9 U 155/71, DB 1972, 1816, 1819; *G. Bezzenberger* in Großkomm. AktG, 4. Aufl., § 138 AktG Rz. 12; *Volhard* in MünchKomm. AktG, 2. Aufl., § 138 AktG Rz. 17; *F.-J. Semler* in MünchHdb. AG, § 39 Rz. 49.
14  OLG Düsseldorf v. 7.6.1990 – 19 W 13/86, AG 1990, 490, 491; *Volhard* in MünchKomm. AktG, 2. Aufl., § 138 AktG Rz. 17; *G. Bezzenberger* in Großkomm. AktG, 4. Aufl., § 138 AktG Rz. 12.
15  BGH v. 5.4.1993 – II ZR 238/91, BGHZ 122, 211, 231 ff. = AG 1993, 422; OLG Düsseldorf v. 7.6.1990 – 19 W 13/86, AG 1990, 490, 491; OLG Celle v. 28.6.1972 – 9 U 155/71, DB 1972, 1816, 1819; *Hüffer*, § 297 AktG Rz. 18.

## 1. Sondervotum zu einem Beschluss der Hauptversammlung

Charakteristisch für zahlreiche Sonderbeschlüsse ist deren Notwendigkeit für die Rechtswirksamkeit und Gültigkeit eines entsprechenden Hauptversammlungsbeschlusses, abweichend von der Regelung des § 130 Abs. 2 Satz 1[16]. Stets genügt die Möglichkeit einer Beeinträchtigung, einer konkreten Gefährdung bedarf es nicht.

Ein Sondervotum ist nötig, wenn **mehrere Gattungen von Aktionären** bestehen und deren Verhältnis untereinander mittels Hauptversammlungsbeschluss zum Nachteil einer oder mehrerer Gattungen verändert wird[17]. Die so benachteiligten Aktionärskreise müssen gem. § 179 Abs. 3 durch Sonderbeschluss ihre Zustimmung geben[18]. Gibt es mehrere Gattungen stimmberechtigter Aktionäre, so ist auch bei Kapitalmaßnahmen ein Sondervotum einer jeden dieser Gattungen erforderlich[19]. Das betrifft sowohl Maßnahmen der Kapitalbeschaffung (§§ 182 Abs. 2, 193 Abs. 1 Satz 3, 202 Abs. 2 Satz 4, 221 Abs. 1 Satz 4 und Abs. 3), als auch solche der Kapitalherabsetzung (§§ 222 Abs. 2, 229 Abs. 3, 237 Abs. 2 Satz 1). Gleiches gilt hinsichtlich Umwandlungsbeschlüssen (§§ 233 Abs. 2 Satz 1, 240 Abs. 1 Satz 1, 65 Abs. 2 UmwG), Spaltungsbeschlüssen (§§ 135 Abs. 1 Satz 1, 125 Satz 1, 65 Abs. 2 UmwG), Verschmelzungsbeschlüssen (§§ 73, 65 Abs. 2 UmwG) und für Vermögensübertragungen auf die öffentliche Hand (§§ 176 ff., 65 Abs. 2 UmwG). Eine spezielle Regelung zu § 179 Abs. 3 sieht § 141 für das Verhältnis von Stamm- und Vorzugsaktien vor. Soll zum Nachteil der Vorzugsaktionäre deren Vorzug aufgehoben oder beschränkt werden (§ 141 Abs. 1) bzw. wird ihr Vorzug durch die Ausgabe weiterer Vorzugsaktien beeinträchtigt (§ 141 Abs. 2), so bedarf es auch hier eines Sondervotums[20]. Dazu gehören in Konzernkonstellationen auch die außenstehenden Aktionäre, wenn durch die Hauptversammlung der Unternehmensvertrag geändert wird, der das herrschende Unternehmen gegenüber diesen außenstehenden Aktionären zur Ausgleichszahlung verpflichtet bzw. zum Erwerb ihrer Aktien (§ 295 Abs. 2)[21].

## 2. Sondervotum zu einer Geschäftsführungsmaßnahme

Auch **Maßnahmen der Verwaltung** bedürfen in Konzernkonstellationen eines Sonderbeschlusses der außenstehenden Aktionäre[22]. Konzernrechtliche Verbindungen zweier oder mehrerer Unternehmen gefährden in erster Linie den Anspruch der außenstehenden Aktionäre der abhängigen Gesellschaft auf den ihnen zustehenden Anteil am Bilanzgewinn[23], insbesondere durch die Ausgestaltung des Unternehmensvertrags. Daher müssen gefährdete Minderheitsaktionäre sowohl der Aufhebung eines

---

16 *Volhard* in MünchKomm. AktG, 2. Aufl., § 138 AktG Rz. 6; *F.-J. Semler* in MünchHdb. AG, § 39 Rz. 50.
17 *Volhard* in MünchKomm. AktG, 2. Aufl., § 138 AktG Rz. 9; *G. Bezzenberger* in Großkomm. AktG, 4. Aufl., § 138 AktG Rz. 9; *F.-J. Semler* in MünchHdb. AG, § 39 Rz. 48.
18 Zur Notwendigkeit eines Sonderbeschlusses der Stammaktionäre bei Umwandlung von Vorzugs- in Stammaktien vgl. OLG Köln v. 20.9.2001 – 18 U 125/01, ZIP 2001, 2049.
19 *Volhard* in MünchKomm. AktG, 2. Aufl., § 138 AktG Rz. 7; *G. Bezzenberger* in Großkomm. AktG, 4. Aufl., § 138 AktG Rz. 10; *Loges/Distler*, ZIP 2002, 467, 473.
20 Vgl. die Kommentierung zu § 141; ferner *Volhard* in MünchKomm. AktG, 2. Aufl., § 141 AktG Rz. 1; *v. Ooy* in Heidel, § 138 AktG Rz. 3.
21 LG Essen v. 16.12.1994 – 47 O 212/94, AG 1995, 189; *Volhard* in MünchKomm. AktG, 2. Aufl., § 138 AktG Rz. 10; *G. Bezzenberger* in Großkomm. AktG, 4. Aufl., § 138 AktG Rz. 11; *v. Ooy* in Heidel, § 138 AktG Rz. 3; zum Sonderproblem des Beitritts eines zusätzlichen herrschenden Unternehmens s. BGH v. 15.6.1992 – II ZR 18/91, BGHZ 119, 1, 7 sowie *Röhricht*, ZHR 162 (1998), 249 ff.
22 *Koppensteiner* in KölnKomm. AktG, 3. Aufl., § 302 AktG Rz. 41; *F.-J. Semler* in MünchHdb. AG, § 39 Rz. 47, zum Begriff des außenstehenden Aktionärs *Krieger* in MünchHdb. AG, § 70 Rz. 79.
23 OLG Nürnberg v. 17.1.1996 – 12 U 2801/95, AG 1996, 228.

solchen Unternehmensvertrages (§ 296 Abs. 2) als auch einer Kündigung ohne wichtigen Grund (§ 297 Abs. 2) zustimmen. Verzichtet im Falle des faktischen Konzerns die abhängige bzw. eingegliederte Gesellschaft auf Schadensersatzansprüche gegen Vorstands- oder Aufsichtsratsmitglieder wegen der pflichtwidrigen Befolgung von Weisungen, so ist ebenfalls ein Sonderbeschluss erforderlich (§ 318 Abs. 4 i.V.m. § 309 Abs. 3 Satz 1 bzw. § 323 Abs. 1 Satz 2 i.V.m. § 309 Abs. 3 Satz 1). Gleiches gilt für den Fall eines Beherrschungsvertrages (§ 310 Abs. 4 i.V.m. § 309 Abs. 3 Satz 1). Schließlich ist ein Sonderbeschluss auch erforderlich, wenn es um Ausgleichsansprüche gegen das herrschende Unternehmen geht[24], sowohl bei Unternehmensverträgen (§ 302 Abs. 3 Satz 3) bzw. Beherrschungsverträgen (§ 309 Abs. 3 Satz 1), als auch im faktischen Konzern (§ 317 Abs. 4 i.V.m. § 309 Abs. 3 Satz 1 für abhängige Unternehmen bzw. § 323 Abs. 1 Satz 2 i.V.m. § 309 Abs. 3 Satz 1 für eingegliederte Unternehmen).

### III. Sonderbeschlüsse kraft satzungsrechtlicher Anordnung

8   Auch die Satzung kann Sonderbeschlüsse vorsehen, allerdings nach § 23 Abs. 5 nur wenn das AktG **Gestaltungsspielraum** zulässt[25], nicht etwa, wenn zwingend die einfache Mehrheit genügt, wie z.B. bei der Bestellung eines Sonderprüfers nach § 142 Abs. 1 oder bei der Geltendmachung von Ansprüchen nach § 147. Zudem dürfen Minderheitenrechte nicht tangiert werden, indem über das vorgeschriebene Quorum hinaus ein Sonderbeschluss verlangt wird[26]. Auch dürfen aufgrund des Gleichbehandlungsgrundsatzes einzelnen Gruppen von Aktionären oder einem einzelnen Aktionär nicht beliebig Sonderbeschlussrechte eingeräumt werden[27]. Für die **Einführung von Sonderbeschlüssen aus besonderen Gründen** bleibt trotz § 23 Abs. 5 Raum[28], z.B. für wichtige Strukturänderungen, die von einem Sonderbeschluss der Inhaber besonderer Aktiengattungen, deren Kreis abstrakt bestimmbar ist, abhängig gemacht werden können, sofern die Bedeutung denjenigen Fällen vergleichbar ist, für die das Gesetz Sonderbeschlüsse vorsieht[29]. Möglich ist auch der Sonderbeschluss einer betroffenen Aktionärsgruppe zur Aufhebung eines Entsenderechts anstelle der Einzelzustimmung gem. § 35 BGB[30].

### IV. Arten der Beschlussfassung

9   § 138 Satz 1 sieht **zwei verschiedene Beschlussverfahren** vor: So kann das erforderliche Sondervotum – soweit gesetzlich nichts anderes bestimmt ist – entweder in einer gesonderten Versammlung der betroffenen Aktionäre oder in einer gesonderten Abstimmung derselben in einer Hauptversammlung gefasst werden. Nur § 141 Abs. 3 schreibt im Falle stimmrechtsloser Vorzugsaktionäre ausdrücklich die gesonderte Versammlung vor, um eine unbeeinflusste Beratung zu gewährleisten[31]. In der

---

24  *Volhard* in MünchKomm. AktG, 2. Aufl., § 138 AktG Rz. 13; *G. Bezzenberger* in Großkomm. AktG, 4. Aufl., § 138 AktG Rz. 11; *v. Ooy* in Heidel, § 138 AktG Rz. 5.
25  *Hüffer*, § 138 AktG Rz. 2; *Volhard* in MünchKomm. AktG, 2. Aufl., § 138 AktG Rz. 18; vgl. auch BGH v. 29.1.1962 – II ZR 1/61, BGHZ 36, 296.
26  *Volhard* in MünchKomm. AktG, 2. Aufl., § 138 AktG Rz. 18.
27  *G. Bezzenberger* in Großkomm. AktG, 4. Aufl., § 138 AktG Rz. 13.
28  *G. Bezzenberger* in Großkomm. AktG, 4. Aufl., § 138 AktG Rz. 14 f.
29  *G. Bezzenberger* in Großkomm. AktG, 4. Aufl., § 138 AktG Rz. 14.
30  *G. Bezzenberger* in Großkomm. AktG, 4. Aufl., § 138 AktG Rz. 14.
31  *Volhard* in MünchKomm. AktG, 2. Aufl., § 138 AktG Rz. 19; *G. Bezzenberger* in Großkomm. AktG, 4. Aufl., § 138 AktG Rz. 16; *Willamowski* in Spindler/Stilz, § 138 AktG Rz. 5; *Loges/Distler*, ZIP 2002, 467, 473.

Praxis ist indes die **gesonderte Abstimmung** hinsichtlich der Sonderbeschlussfassung stimmberechtigten Aktionäre der **Regelfall**; sie findet während oder im Anschluss an die Hauptversammlung statt.

## V. Verfahrensfragen

Als Grundsatz verweist § 138 Satz 2 zunächst auf die **sinngemäße Anwendung der Vorschriften über die Hauptversammlung** bzw. die Hauptversammlungsbeschlüsse sowohl für das Verfahren der Sonderbeschlussfassung als auch für die erforderlichen Mehrheiten[32]. 10

### 1. Einberufung und Bestimmung der Verfahrensart

Lässt das Gesetz beide Formen des Sonderbeschlusses zu, hat regelmäßig der **Vorstand die Befugnis, die Verfahrensart zu wählen**; denn er hat von wenigen Ausnahmen abgesehen (§§ 111 Abs. 3, 122 Abs. 3) das Recht und die Pflicht eine Hauptversammlung einzuberufen[33]. In diesem Zusammenhang muss er zugleich darüber entscheiden, ob er zu einer gesonderten Versammlung oder einer gesonderten Abstimmung im Rahmen der Hauptversammlung einlädt (§ 138 Satz 2 i.V.m. § 121 Abs. 2 Satz 1). Eingeschränkt wird seine Entscheidungsbefugnis nur durch § 138 Satz 3 (s. dazu Rz. 18. f.). Zwar wäre angesichts der Bedeutung einer Angelegenheit für eine Aktionärsgruppe denkbar, dass der Vorstand in seinem Ermessen generell eingeschränkt wäre, insbesondere wenn die Angelegenheit eine gesonderte Versammlung in Form einer von den übrigen Aktionären getrennte Beratung erforderlich macht; doch bietet das Minderheitsrecht nach § 138 Satz 3 bereits genügend Schutz. 11

Ist ein Sondervotum mittels gesonderter Abstimmung auf die **Tagesordnung der Hauptversammlung** gesetzt worden, so kann diese die Beschlussfassung nicht mehr in eine gesonderte Versammlung überweisen, da diese nicht mehr ordnungsgemäß einberufen wäre (§ 138 Satz 2 i.V.m. §§ 121 ff.)[34]. Die Gegenansicht[35], die auf die Geschäftsordnungszuständigkeit der Hauptversammlung verweist, verkennt, dass das Gesetz der Hauptversammlung hier durch den Verweis auf die Vorschriften über die Hauptversammlung gerade keinen Entscheidungsspielraum belässt und der Sache nach zugleich – wenn auch vorläufig – über den Sonderbeschluss entschieden wäre[36]. Zu einer solchen Entscheidung ist aber nur der Kreis der gesondert berufenen Aktionäre befugt. Die Hauptversammlung **kann** auch **nicht eine geplante gesonderte Versammlung** dadurch **umgehen**, dass sie einfach **eine entsprechende gesonderte Abstimmung** mit auf die Tagesordnung aufnimmt[37]. Erstens würde ihr auch diesbezüglich die Entscheidungskompetenz fehlen und zweitens wäre eine entsprechende vorherige Ankündigung auf der Tagesordnung erforderlich gewesen (§ 124 Abs. 1, Abs. 4)[38]. Eine Ausnahme kann nur bei Anwesenheit und Einverständnis aller Sonderabstimmungsberechtigten anerkannt werden. 12

---

32 *G. Bezzenberger* in Großkomm. AktG, 4. Aufl., § 138 AktG Rz. 27; *Willamowski* in Spindler/Stilz, § 138 AktG Rz. 6.
33 *Baumbauch/Hueck*, § 138 AktG Anm. 3; *Hüffer*, § 138 AktG Rz. 3.
34 *G. Bezzenberger* in Großkomm. AktG, 4. Aufl., § 138 AktG Rz. 20; *Volhard* in MünchKomm. AktG, 2. Aufl., § 138 AktG Rz. 22.
35 *v. Falkenhausen*, BB 1966, 337, 342.
36 *G. Bezzenberger* in FS Schippel, 1996, S. 361, 365 f.; *Volhard* in MünchKomm. AktG, 2. Aufl., § 138 AktG Rz. 22.
37 *Zöllner* in KölnKomm. AktG, 1. Aufl., § 138 AktG Rz. 5.
38 *Volhard* in MünchKomm. AktG, 2. Aufl., § 138 AktG Rz. 22; *G. Bezzenberger* in Großkomm. AktG, 4. Aufl., § 138 AktG Rz. 20.

## 2. Das Verfahren bei der gesonderten Abstimmung

13 Die gesonderte Abstimmung muss nach § 138 Satz 2 **alle Wirksamkeitsvoraussetzungen wie ein sonstiger Hauptversammlungsbeschluss** erfüllen, da es keinen nennenswerten Unterschied zu sonstigen Beschlüssen der Hauptversammlung gibt. Demnach bedarf es im Hinblick auf die gesonderten Abstimmungen ebenfalls eines Beschlussvorschlags, eines Antrags, einer Abstimmung, einer Ergebnisfeststellung und in der Regel einer notariellen Beurkundung nach § 130 Satz 1[39]. Die gesonderte Abstimmung ist als **eigener Tagesordnungspunkt** gem. § 124 Abs. 1 Satz 1 i.V.m. § 138 Satz 2 in der Einladung anzukündigen, um dem von Normzweck des § 124 verlangten Konkretisierungsgrad zu genügen und damit sich die Aktionäre ausreichend auf die Hauptversammlung vorbereiten können[40]. Nur die Ankündigung des Gegenstandes zur Beschlussfassung durch die Hauptversammlung ist nicht ausreichend[41].

14 Das nach § 129 Abs. 1 erforderliche **Teilnehmerverzeichnis** muss erkennen lassen, welche Aktionäre zum Sonderbeschluss berufen sind[42]. Der Leiter der Hauptversammlung muss dafür Sorge tragen, dass an der Abstimmung keine unberechtigten Aktionäre teilnehmen, z.B. durch besondere Stimmkarten, die sich vor allem bei größeren Versammlungen empfehlen. Diese Maßnahmen müssen in der notariellen Niederschrift aufgenommen werden[43].

15 Zu beachten sind ferner die **Vorschriften über die Stimmrechtsausübung** (§§ 133, 134, 135)[44]. Grundsätzlich genügt nach § 133 Abs. 1 die einfache Mehrheit[45], doch verlangt das Gesetz bei den vorgesehenen Sonderbeschlüssen oftmals eine qualifizierte Mehrheit[46] (so etwa § 141 Abs. 3 Satz 2; § 182 Abs. 2 i.V.m. Abs. 1; § 221 Abs. 1 Satz 2, 4 i.V.m. § 182 Abs. 2; § 193 Abs. 1 Satz 1, 3 i.V.m. § 182 Abs. 2; § 202 Abs. 2 Satz 2, 4 i.V.m. § 182 Abs. 2; § 65 Abs. 2 UmwG). Eine qualifizierte Mehrheit ist ebenfalls Bedingung für die meisten Zustimmungen zu Geschäftsführungsmaßnahmen (§ 295 Abs. 2 Satz 1 und 2 i.V.m. § 293 Abs. 1 Satz 2 und 3; § 296 Abs. 2 i.V.m. § 293 Abs. 1 Satz 2 und 3; § 297 Abs. 2 i.V.m. § 293 Abs. 1 Satz 2 und 3).

## 3. Das Verfahren bei der gesonderten Versammlung

16 Auch die gesonderte Versammlung wird verfahrensrechtlich grundsätzlich wie eine Hauptversammlung selbst behandelt. Die Nennung von Einberufung, Teilnahme und Auskunftsrecht in § 138 Satz 2 sind dabei nicht abschließend gemeint, sondern dienen nur als Beispiele[47]. Hinsichtlich der **Einberufung** gelten sinngemäß die §§ 121 ff.[48]. sowie ergänzende Satzungsbestimmungen. Zwar geht es in den §§ 125, 126 und 128 um Mitteilungen für Aktionäre und Aufsichtsratsmitglieder, doch hän-

---

39 *Volhard* in MünchKomm. AktG, 2. Aufl., § 138 AktG Rz. 28; *Hüffer*, § 138 AktG Rz. 5.
40 Begr. RegE, *Kropff*, Aktiengesetz, S. 173 f.; zu den Anforderungen des § 124 s. *Kubis* in MünchKomm. AktG, 2. Aufl., § 124 Rz. 5 ff.
41 *G. Bezzenberger* in Großkomm. AktG, 4. Aufl., § 138 AktG Rz. 26; *Hüffer*, § 138 AktG Rz. 5.
42 *Willamowski* in Spindler/Stilz, § 138 AktG Rz. 7; *Volhard* in MünchKomm. AktG, 2. Aufl., § 138 AktG Rz. 21; *Hüffer*, § 138 AktG Rz. 5.
43 *Hüffer*, § 138 AktG Rz. 5; *Volhard* in MünchKomm. AktG, 2. Aufl., § 138 AktG Rz. 21; *Willamowski* in Spindler/Stilz, § 138 AktG Rz. 7; *G. Bezzenberger* in Großkomm. AktG, 4. Aufl., § 138 AktG Rz. 28.
44 *G. Bezzenberger* in Großkomm. AktG, 4. Aufl., § 138 AktG Rz. 24; Begr. RegE, *Kropff*, Aktiengesetz, S. 202; *Holzborn* in Bürgers/Körber, § 138 AktG Rz. 4; *v. Ooy* in Heidel, § 138 AktG Rz. 10.
45 *G. Bezzenberger* in Großkomm. AktG, 4. Aufl., § 138 AktG Rz. 29.
46 *Volhard* in MünchKomm. AktG, 2. Aufl., § 138 AktG Rz. 29 ff.
47 *F.-J. Semler* in MünchHdb. AG, § 39 Rz. 53; *Holzborn* in Bürgers/Körber, § 138 AktG Rz. 4.
48 *G. Bezzenberger* in Großkomm. AktG, 4. Aufl., § 138 AktG Rz. 22 f.; *Hüffer*, § 138 AktG Rz. 4; *Willamowski* in Spindler/Stilz, § 138 AktG Rz. 6.

gen auch diese eng mit der Einberufung an sich zusammen und finden daher auch Anwendung; § 127 scheidet bzgl. seiner Anwendbarkeit aus, da sein Regelungsgehalt in keinem Zusammenhang zu gesonderten Versammlungen steht[49]. Die Einberufung zur gesonderten Versammlung ist textlich und inhaltlich von der Einberufung zur Hauptversammlung zu trennen[50]. Adressaten sind alleine die Gruppe der zum Sondervotum berechtigten Aktionäre. In der Regel beruft der Vorstand die gesonderte Versammlung ein (s. hierzu bereits Rz. 11). Alleine sie sind neben Vorstand und Aufsichtsrat (§ 118 Abs. 3) zur **Teilnahme** berechtigt, denn nur so ist es möglich eine unbeeinflusste Diskussion zu gewährleisten[51]. Hinsichtlich der Teilnahme von **Stimmrechtsvertretern** und Gästen gilt ebenfalls das allgemeine Hauptversammlungsrecht[52]. Nur der besondere Kreis berufener Aktionäre hat **Auskunfts- und Fragerechte** in der Versammlung. Diese bestehen – abgesehen von einigen Weiterungen im Konzernrecht (§§ 295 Abs. 2 Satz 3, 296 Abs. 2 Satz 2, 297 Abs. 2 Satz 2) – im selben Umfang wie in der Hauptversammlung. Die Frage bzw. Auskunft muss aber auf den Gegenstand der Sonderversammlung bezogen sein[53]; allgemeine Fragen gehören in die Hauptversammlung.

Die **Leitung der gesonderten Versammlung** obliegt mangels anderweitiger Regelung in der Satzung oder in der Geschäftsordnung der Hauptversammlung der Person, die auch zur Leitung der Hauptversammlung berufen wäre, damit regelmäßig dem Aufsichtsratsvorsitzenden, dem die meisten Satzungen diese Aufgabe zuweisen[54]. Gem. § 129 i.V.m. § 138 Satz 2 ist auch auf der gesonderten Versammlung ein Teilnehmerverzeichnis zu führen. Die **Mehrheitserfordernisse** richten sich nach denselben Prinzipien wie für die gesonderte Abstimmung (Rz. 15). Außerdem gelten auch die für die Hauptversammlung aufgestellten Satzungsbestimmungen sinngemäß[55]. 17

## VI. Minderheitenrechte

Der erst auf Empfehlung der Bundestagsausschüsse für Recht und Wirtschaft im Laufe der damaligen Beratungen zum AktG 1965 eingefügte Satz 3 des § 138 erlaubt einer **Minderheit von 10 % der zum Sonderbeschluss berechtigten Aktien** eine gesonderte Versammlung bzw. eine gesonderte Abstimmung zu verlangen und soll gerade im Hinblick auf die §§ 296 Abs. 2 und 297 Abs. 2 für Rechtsklarheit sorgen[56]. Ein solches Verlangen nach einer gesonderten Versammlung kann mit dem entsprechenden Quorum auch noch in einer Hauptversammlung geltend gemacht werden[57]. Dabei ist die Art der beantragten Sonderbeschlussfassung ebenfalls vom Minderheitenrecht geschützt. So darf der Vorstand z.B. nicht statt der verlangten gesonderten Versammlung nur eine gesonderte Abstimmung auf die Tagesordnung der Hauptversammlung setzen[58]. 18

---

49 *Hüffer*, § 138 AktG Rz. 4.
50 *Hüffer*, § 138 AktG Rz. 4; *Volhard* in MünchKomm. AktG, 2. Aufl., § 138 AktG Rz. 24; *G. Bezzenberger* in Großkomm. AktG, 4. Aufl., § 138 AktG Rz. 23; *T. Bezzenberger*, Vorzugsaktien ohne Stimmrecht, 1991, S. 184; *Werner*, AG 1971, 69, 73.
51 *Hüffer*, § 138 AktG Rz. 4; *Volhard* in MünchKomm. AktG, 2. Aufl., § 138 AktG Rz. 25; *F.-J. Semler* in MünchHdb. AG, § 39 Rz. 53; *Werner*, AG 1971, 69, 73.
52 Vgl. hierzu die Ausführungen zu § 118 Rz. 25 ff.
53 *Hüffer*, § 138 AktG Rz. 4.
54 *Hüffer*, § 138 AktG Rz. 4; *Volhard* in MünchKomm. AktG, 2. Aufl., § 138 AktG Rz. 27.
55 *G. Bezzenberger* in Großkomm. AktG, 4. Aufl., § 138 AktG Rz. 21; *Volhard* in MünchKomm. AktG, 2. Aufl., § 138 AktG Rz. 23; Begr. RegE, *Kropff*, Aktiengesetz, S. 202.
56 Begr. RegE, *Kropff*, Aktiengesetz, S. 203; *F.-J. Semler* in MünchHdb. AG, § 39 Rz. 54.
57 *Volhard* in MünchKomm. AktG, 2. Aufl., § 138 AktG Rz. 34; *Willamowski* in Spindler/Stilz, § 138 AktG Rz. 8.
58 *G. Bezzenberger* in Großkomm. AktG, 4. Aufl., § 138 AktG Rz. 36; *Hüffer*, § 138 AktG Rz. 3, 6; *F.-J. Semler* in MünchHdb. AG, § 39 Rz. 53.

19 **Unberührt** bleibt zudem das **allgemeine Minderheitenrecht aus § 122** mit seinem Quorum von 5 % des Grundkapitals bzw. einem Anteilsbesitz von 500.000 Euro[59]. Wegen des Verweises in § 138 Satz 2 kann daher auch der nicht beim Sonderbeschluss stimmberechtigte Aktionär die Einberufung einer gesonderten Versammlung bzw. eine gesonderte Abstimmung verlangen[60]. Für die gerichtliche Durchsetzung des Anspruchs gelten die § 138 Satz 2 i.V.m. § 122 Abs. 3 AktG i.V.m. § 375 Nr. 3 FamFG.

## VII. Materiellrechtliche Wirkung von Sonderbeschlüssen

20 Der Sonderbeschluss einer Gruppe von Aktionären als ihr Einverständnis zu einem Beschluss der Hauptversammlung bzw. einer Geschäftsführungsmaßnahme ist materiellrechtlich nichts anderes als eine **Zustimmungserklärung i.S. von § 182 BGB**[61]. Diese kann sowohl vor dem entsprechenden HV-Beschluss bzw. der Geschäftsführungsmaßnahme als Einwilligung i.S. von § 183 erteilt werden, als auch nachträglich in Form einer Genehmigung i.S. von § 184 BGB[62]. Eine solche Zustimmung ist ein eigenständiges Rechtsgeschäft und Erfordernis für die Wirksamkeit des betroffenen HV-Beschlusses bzw. der Geschäftsführungsmaßnahme[63]. Solange es an dieser Zustimmungserklärung fehlt, sind ein schon getroffener Beschluss der HV bzw. eine Maßnahme der Geschäftsführung schwebend unwirksam[64]. Im Falle eines ablehnenden Sondervotums werden diese endgültig unwirksam. In Konzernverhältnissen tritt die notwendige Zustimmung faktisch an die Stelle eines nach § 93 Abs. 4 Satz 3 erforderlichen Hauptversammlungsbeschlusses[65]. Dagegen ist der Hauptversammlungsbeschluss **nicht nichtig**[66], da keine Verletzung einer Norm vorliegt, sondern nur das Einverständnis der besonderen Aktionärsgruppe fehlt und dieses ohne weiteres noch eingeholt werden kann. Aus der fehlenden Alleinzuständigkeit der Hauptversammlung[67] folgt nicht eine materiellrechtliche Nichtigkeit.

## VIII. Fehlerhafte Sonderbeschlüsse

21 Die **Vorschriften über die Nichtigkeit bzw. Anfechtbarkeit** (§§ 241 ff.) gelten aufgrund der umfassenden Verweisung in § 138 Satz 2 auch für Sonderbeschlüsse[68]. Anfechtungsberechtigt sind neben den Organmitgliedern (§ 245 Nr. 4, 5) nur die zum Sonderbeschluss berufenen Aktionäre, die die Voraussetzungen des § 245 Nr. 1 bis 3 erfüllen[69]. In einem solchen Falle ist der entsprechende Hauptversammlungsbeschluss bis zur Entscheidung über die Anfechtungsklage als schwebend unwirksam

---

59 *Baumbach/Hueck*, § 138 AktG Anm. 5; *Hüffer*, § 138 AktG Rz. 6; *Willamowski* in Spindler/Stilz, § 138 AktG Rz. 8.
60 *G. Bezzenberger* in Großkomm. AktG, 4. Aufl., § 138 AktG Rz. 35; *Volhard* in MünchKomm. AktG, 2. Aufl., § 138 AktG Rz. 34.
61 *Volhard* in MünchKomm. AktG, 2. Aufl., § 138 AktG Rz. 3; *G. Bezzenberger* in Großkomm. AktG, 4. Aufl., § 138 AktG Rz. 7.
62 *Volhard* in MünchKomm. AktG, 2. Aufl., § 138 AktG Rz. 3; *F.-J. Semler* in MünchHdb. AG, § 39 Rz. 51.
63 *G. Bezzenberger* in Großkomm. AktG, 4. Aufl., § 138 AktG Rz. 7.
64 OLG Stuttgart v. 11.2.1992 – 10 U 313/90, DB 1992, 566; *Hüffer*, § 138 AktG Rz. 7; *F.-J. Semler* in MünchHdb. AG, § 39 Rz. 50; *Holzborn* in Bürgers/Körber, § 138 AktG Rz. 7.
65 *Krieger* in MünchHdb. AG, § 70 Rz. 164.
66 So aber *Baums*, ZHR 142 (1978), 582, 585 ff.
67 *Baums*, ZHR 142 (1978), 582, 586.
68 *Hüffer*, § 179 AktG Rz. 48; *Holzborn* in Bürgers/Körber, § 138 AktG Rz. 7.
69 *G. Bezzenberger* in Großkomm. AktG, 4. Aufl., § 138 AktG Rz. 30; *F.-J. Semler* in MünchHdb. AG, § 39 Rz. 50.

anzusehen; der Hauptversammlungsbeschluss selbst ist grundsätzlich nicht betroffen, weil der Sonderbeschluss nicht Teil des HV-Beschlusses ist[70]. Sollte also die Anfechtungsklage Erfolg haben, könnte und müsste ein neuer, wirksamer Sonderbeschluss herbeigeführt werden. Soweit es aber nicht nur um formelle Mängel des Sonderbeschlusses geht, sondern um inhaltliche Mängel, wird in aller Regel zugleich auch der zugehörige Hauptversammlungsbeschluss anfechtbar sein, so dass dann doch alle Aktionäre anfechtungsberechtigt sind[71]. Zur Erhebung einer Nichtigkeitsklage sind von vornherein alle Aktionäre berechtigt[72]. Ist der Sonderbeschluss tatsächlich nichtig, so ist auch in diesem Falle der entsprechende HV-Beschluss als schwebend unwirksam anzusehen, denn er wird von Verfahrensmängeln beim Zustandekommen des Sonderbeschlusses nicht betroffen. Vielmehr muss dann ein neuer ordnungsgemäßer Sonderbeschluss herbeigeführt werden.

## Sechster Unterabschnitt. Vorzugsaktien ohne Stimmrecht

## § 139
## Wesen

**(1)** Für Aktien, die mit einem nachzuzahlenden Vorzug bei der Verteilung des Gewinns ausgestattet sind, kann das Stimmrecht ausgeschlossen werden (Vorzugsaktien ohne Stimmrecht).

**(2)** Vorzugsaktien ohne Stimmrecht dürfen nur bis zur Hälfte des Grundkapitals ausgegeben werden.

| | |
|---|---|
| I. Grundlagen . . . . . . . . . . . . . . . . 1 | b) Mehrere Gattungen von Vorzugsaktien . . . . . . . . . . . . . . . . . . . 21 |
| 1. Regelungsgegenstand und Normzweck . . . . . . . . . . . . . . . . 1 | 5. Die Beendigung von gewährten Vorzugsrechten . . . . . . . . . . . . . 22 |
| 2. Entstehungsgeschichte . . . . . . . . . 6 | a) Satzungsänderungen . . . . . . . . 22 |
| II. Stimmrechtslose Vorzugsaktien (§ 139 Abs. 1) . . . . . . . . . . . . . . . 7 | b) Bedingung oder Befristung . . . . . . 23 |
| | c) Auflösung der Gesellschaft . . . . . 24 |
| 1. Rechtliche Qualifikation, Entstehung und Ausgabe von Vorzugsaktien . . . 7 | III. Höchstgrenze für die Ausgabe von Vorzugsaktien (§ 139 Abs. 2) . . . . . 25 |
| 2. Die Vorzugsdividende als Gegenleistung . . . . . . . . . . . . . . . . . . 10 | 1. Die Höhe der Begrenzung . . . . . . . 25 |
| 3. Nachzahlungsansprüche . . . . . . . . 15 | 2. Zeitpunkt und spätere Veränderungen des Kapitals . . . . . . . . . . . . 26 |
| 4. Einzelheiten der Gewinnverteilung . | IV. Sonderfall: Vorzugsaktien mit Stimmrecht . . . . . . . . . . . . . . . . 27 |
| a) Das Verhältnis von Vorzugs- und Stammaktionären . . . . . . . . . . . 19 | V. Sanktionen bei Verstößen . . . . . . . 28 |

---

70 *G. Bezzenberger* in Großkomm. AktG, 4. Aufl., § 138 AktG Rz. 30; *Volhard* in MünchKomm. AktG, 2. Aufl., § 138 AktG Rz. 36.
71 *G. Bezzenberger* in Großkomm. AktG, 4. Aufl., § 138 AktG Rz. 31; *Holzborn* in Bürgers/Körber, § 138 AktG Rz. 7.
72 *Hüffer*, § 179 AktG Rz. 48; *Volhard* in MünchKomm. AktG, 2. Aufl., § 138 AktG Rz. 36; *F.-J. Semler* in MünchHdb. AG, § 39 Rz. 50.

**Literatur:** *T. Bezzenberger*, Vorzugsaktien ohne Stimmrecht, 1991; *Christians*, Der Aktionär und sein Stimmrecht, AG 1990, 47; *Habersack*, Wandelbare Vorzugsaktien, insbesondere aus genehmigtem Kapital, in FS Westermann, 2008, S. 913; *Hirte*, Genussscheine mit Eigenkapitalcharakter in der Aktiengesellschaft, ZIP 1988, 477; *Jung/Wachtler*, Die Kursdifferenz zwischen Stamm- und Vorzugsaktien, AG 2001, 513; *Kruse/Berg/Weber*, Erklären unternehmensspezifische Faktoren den Kursunterschied von Stamm- und Vorzugsaktien?, ZBB 1993, 23; *Lichtherz*, Die Vorzugsaktie ohne Stimmrecht nach dem Gesetz über Aktiengesellschaften und Kommanditgesellschaften auf Aktien vom 30. Januar 1937, Dissertation 1941; *Lutter*, Aktienerwerb von Rechts wegen: Aber welche Aktien?, in FS Mestmäcker, 1996, S. 943; *Pellens/Hillebrandt*, Vorzugsaktien vor dem Hintergrund der Corporate Governance-Diskussion, AG 2001, 57; *Reckinger*, Vorzugsaktien in der Bundesrepublik, AG 1983, 216; *Siebel*, Vorzugsaktien als „Hybride" Finanzierungsform und ihre Grenzen, ZHR 161 (1997), 628; *Werner*, Die Beschlussfassung der Inhaber von stimmrechtslosen Vorzugsaktien, AG 1971, 69.

## I. Grundlagen

### 1. Regelungsgegenstand und Normzweck

1  Stimmrechtslose Aktien als ein Form von Aktien besonderer Gattung nach § 11 werden bereits in § 12 Abs. 1 Satz 2 erwähnt, konkret aber erst in §§ 139 ff. geregelt[1]. Dabei legt Abs. 1 fest, dass solchen stimmrechtslosen Aktionären ein **nachzuzahlender Gewinnvorzug** zu gewähren ist, Abs. 2 legt eine **Höchstgrenze an stimmrechtslosen Aktien** fest. Diese Höchstgrenze soll verhindern, dass mittels eines geringen Anteils am Kapital ein beherrschender Einfluss auf die Gesellschaft ausgeübt werden kann, indem die Mehrzahl an Aktien stimmrechtslose Vorzugsaktien wären. Ob es aus ökonomischer Sicht tatsächlich einer solchen Höchstgrenze bedurft hätte, erscheint zweifelhaft, solange den Anlegern erkennbar ist, dass die Mehrheit der Aktien stimmrechtslos ist.

2  **Zweck des § 139** ist es, Aktiengesellschaften eine besondere Form der Eigenfinanzierung zu ermöglichen, ohne dass sich zugleich die Mehrheitsverhältnisse in der Gesellschaft verändern[2]. Gleiche Formen der Einschränkung von Mitgliedschaftsrechten zugunsten weitergehender Vermögensrechte lassen sich auch in anderen europäischen Staaten finden[3]. Dabei haben Vorzugsaktien gegenüber Schuldverschreibungen den Vorteil, dass sie nur zur Zahlung verpflichten, wenn auch ein entsprechender Bilanzgewinn erwirtschaftet wurde[4]. Der Bedarf hierfür ist am Markt vor allem in den letzten beiden Jahrzehnten des 20. Jahrhunderts vorhanden gewesen, insbesondere zur Umwandlung und Börseneinführung von Familiengesellschaften[5] sowie zur Kapitalerhöhung[6]. Daneben sind es nicht selten Großaktionäre, die „ihre" Gesellschaft mittels stimmrechtsloser Vorzugsaktien vor feindlichen Übernahmen schüt-

---

1 *G. Bezzenberger* in Großkomm. AktG, 4. Aufl., § 139 AktG Rz. 4; *Volhard* in MünchKomm. AktG, 2. Aufl., § 138 AktG Rz. 1; *Hüffer*, § 139 AktG Rz. 1, § 12 AktG Rz. 5.
2 *Kropff*, Aktiengesetz, S. 203; *G. Bezzenberger* in Großkomm. AktG, 4. Aufl., § 139 AktG Rz. 6; *Volhard* in MünchKomm. AktG, 2. Aufl., § 139 AktG Rz. 2; *Roth* in Heidel, § 139 AktG Rz. 1; *T. Bezzenberger*, Vorzugsaktien ohne Stimmrecht, 1991, S. 15 ff.; *Reckinger*, AG 1983, 216, 219; kritisch: *Wälzholz*, DStR 2004, 819, 821.
3 *Pellens/Hillebrandt*, AG 2001, 57, 58; *Siebel*, ZHR 161 (1997), 628, 639 ff.
4 *Maul* in Beck'sches Hdb. AG, § 3 Rz. 49; *Roth* in Heidel, § 139 AktG Rz. 3; *Isert/Schaber*, DStR 2005, 2050, 2051.
5 *Hüffer*, § 138 AktG Rz. 3; *Hennerkes/May*, DB 1988, 537, 538 f.; *F.-J. Semler* in MünchHdb. AG, § 38 Rz. 21; ausführlich: *May*, Die Sicherung des Familieneinflusses auf die Führung der börsengehandelten Aktiengesellschaft, 1992.
6 Ausführlich hierzu *T. Bezzenberger*, Vorzugsaktien ohne Stimmrecht, 1991, S. 36 ff.; *Herzig/Ebeling*, AG 1989, 221; *Binz/Sorg*, BB 1987, 1996, 1997; *Siebel*, ZHR 161 (1997), 628, 631; *Reckinger*, AG 1983, 216, 218; *Bergheim/Traub*, DStR 1993, 1260, 1264; allgemein zur wirtschaftlichen Bedeutung auch *G. Bezzenberger* in Großkomm. AktG, 4. Aufl., § 139 AktG Rz. 7 f.

zen wollen⁷. Schließlich können Vorzugsaktien als sog. Belegschaftsaktien auch der Mitarbeiterbeteiligung dienen⁸. Als Gegenleistung muss den Inhabern solcher Aktien eine Vorzugsdividende ausgeschüttet werden. Somit sind Vorzugsaktien nicht nur eine für Familienunternehmen interessante Finanzierungsform, sondern ermöglichen es auch Kapitalanlegern, dem Gewinnrecht den Vorzug vor dem Stimmrecht zu geben⁹. Dies trifft vor allem für Kleinanleger zu, die an der Wahrnehmung ihres Stimmrechts ohnehin nicht übermäßig interessiert sind¹⁰. Doch hat diese Form der Finanzierung auch **Nachteile** für eine Aktiengesellschaft¹¹, da die Finanzierung sich verteuert, weil den Vorzugsaktionären ein Vorzug bei der Gewinnverteilung zu gewähren ist¹². Ferner kann sich bei der Ausgabe vieler Vorzugsaktien die Macht weniger Stammaktionäre erheblich vergrößern und zur Abhängigkeit der Gesellschaft führen¹³. In der **Praxis** werden Vorzugsaktien in aller Regel zu einem geringeren Kurs als die Stammaktien gehandelt¹⁴. Seit dem 18.6.2002 berücksichtigt die Frankfurter Wertpapierbörse im Hinblick auf die Marktkapitalisierung eines Unternehmens nur noch die Aktiengattung einer Gesellschaft, die den höchsten Börsenumsatz und -wert hat; also in der Praxis die Stammaktien¹⁵. Aktuell scheinen Vorzugsaktien daher eher auf dem Rückzug zu sein¹⁶.

Zwar schließt die Vorzugsaktie das Stimmrecht des Aktionärs aus – mithin ein zentrales Mitgliedschaftsrecht¹⁷ –, doch bleiben alle anderen **mitgliedschaftlichen Rechte** des Vorzugsaktionärs unberührt¹⁸. Dadurch entsteht ein Recht, das zwischen einem vollumfänglichem Mitgliedschaftsrecht auf der einen Seite und einer Schuldverschreibung auf der anderen Seite anzusiedeln ist¹⁹. Ebenso berührt § 139 nicht die **Zulässigkeit von anderen Rechten**, die nicht wie die Aktie ein Mitgliedschaftsrecht gewähren, aber aktienähnlich ausgestaltet sind, wie insbesondere **Genussrechte** nach § 221²⁰. 3

§ 139 ist **abschließend** und **zwingend** im Sinne von § 23 Abs. 5; weder sind Aktien zulässig, die ein irgendwie beschränktes Stimmrecht gewähren, noch solche, deren nachzuzahlender Zuschlag eingeschränkt ist²¹. Einen teilweisen Stimmrechtsaus- 4

---

7 *Volhard* in MünchKomm. AktG, 2. Aufl., § 139 AktG Rz. 3; *Siebel*, ZHR 161 (1997), 628, 630 ff.; *Hüffer*, § 139 AktG Rz. 3; *Maul* in Beck'sches Hdb. AG, § 3 Rz. 49.
8 *Reckinger*, AG 1983, 216, 220; *Maul* in Beck'sches Hdb. AG, § 3 Rz. 49.
9 *Kropff*, Aktiengesetz, S. 203; *Hüffer*, § 139 AktG Rz. 2; *Reckinger*, AG 1983, 216, 220; schon zum Aktiengesetz von 1937: *Schlegelberger/Quassowski*, § 115 AktG 1937 Anm. 1.
10 Deutsches Aktieninstitut (Hrsg.), Verhalten und Präferenzen deutscher Aktionäre, 2005, S. 38; *F.-J. Semler* in MünchHdb. AG, § 38 Rz. 21; *Maul* in Beck'sches Hdb. AG, § 3 Rz. 49.
11 *Hüffer*, § 139 AktG Rz. 3; *Pellens/Hillebrandt*, AG 2001, 57, 61 ff.; *T. Bezzenberger*, Vorzugsaktien ohne Stimmrecht, 1991, S. 36 ff.
12 *Hüffer*, § 139 AktG Rz. 3; *Christians*, AG 1990, 47, 48.
13 *Hüffer*, § 139 AktG Rz. 3.
14 *G. Bezzenberger* in Großkomm. AktG, 4. Aufl., § 139 AktG Rz. 8; *Lutter* in FS Mestmäcker, 1996, S. 943, 952; *Kruse/Berg/Weber*, ZBB 1993, 23.
15 *Volhard* in MünchKomm. AktG, 2. Aufl., § 139 AktG Rz. 4; *Jung/Wachtler*, AG 2001, 513 ff.
16 *Volhard* in MünchKomm. AktG, 2. Aufl., § 139 AktG Rz. 4 und vergleichend dazu die Angaben bei *G. Bezzenberger* in Großkomm. AktG, 4. Aufl., § 139 AktG Rz. 7; ausführlich zu diesen Veränderungen vor dem Hintergrund der Corporate Governance-Diskussion *Pellens/Hillebrandt*, AG 2001, 57 ff.
17 So etwa der BGH v. 19.12.1977 – II ZR 136/76 – „Mannesmann", BGHZ 70, 117, 122.
18 BGH v. 5.10.1992 – II ZR 172/91, BGHZ 119, 305, 317 = AG 1993, 125.
19 *Baums*, AG 1994, 1; *Siebel*, ZHR 161 (1997), 628, 629.
20 BGH v. 5.10.1992 – II ZR 172/91, BGHZ 119, 305, 309 ff. = NJW 1993, 57 = AG 1993, 125; OLG Düsseldorf v. 10.5.1991 – 17 U 19/90, AG 1991, 438, 439; *Hirte*, ZIP 1988, 477 f.
21 *G. Bezzenberger* in Großkomm. AktG, 4. Aufl., § 139 AktG Rz. 5; *Roth* in Heidel, § 139 AktG Rz. 1; *T. Bezzenberger*, Vorzugsaktien ohne Stimmrecht, 1991, S. 88; zur Zulässigkeit von ak-

schluss lässt das Gesetz nicht zu[22]. Den Vorzugsaktionären soll nicht das Stimmrecht für besondere Angelegenheiten wie Satzungsänderungen oder Kapitalmaßnahmen belassen werden[23]. Damit sind insbesondere sog. Minderstimmrechte, bei denen den Vorzugsaktien eine geringere Stimmkraft zukommt als den Stammaktien ausgeschlossen, die sonst im Ergebnis zu verbotenen (§ 12 Abs. 2 i.V.m. § 5 EGAktG) Mehrstimmrechtsaktien würden[24]. Gleiches gilt für Versuche, den Inhaber von Vorzugsaktien mittels Satzung die Teilnahme an besonders wichtigen Entscheidungen der Hauptversammlung – etwa über Satzungsänderungen – zu erlauben[25].

5 Erlaubt ist allerdings die **Befristung** des Stimmrechtsausschlusses durch die Satzung, da sich auch der nachzuzahlende Gewinnvorzug befristen lässt[26]; die Aktien werden nach Ablauf der Frist zu stimmberechtigten Vorzugsaktien oder zu Stammaktien – je nach Satzungsregelung[27]. Die Gewährung eines Vorzugs unter einer auflösenden **Bedingung** ist aus Gründen der Rechtssicherheit entgegen einer weit verbreiteten Meinung abzulehnen; der Vorzugsaktionär erhält zum Ausgleich für das fehlende Stimmrecht den Gewinnvorzug, über den er aufgrund des Sinn und Zwecks des § 139 nicht im Unklaren bleiben darf[28].

### 2. Entstehungsgeschichte

6 Erst mit dem **Aktiengesetz von 1937** wurden Vorzugsaktien als eine Gattung von Aktien, bei denen das Stimmrecht ausgeschlossen war, vom Gesetzgeber in das Aktienrecht aufgenommen[29]. Bis dahin war es zwar erlaubt, für bestimmte Aktiengattungen einen Dividendenaufschlag zu zahlen, doch ein gleichzeitiger Stimmrechtsausschluss war untersagt[30]. Die Tatsache, dass neue Wege zur einfacheren Beschaffung von Eigenkapital gefunden werden mussten, machte schließlich den Weg für die Einführung stimmrechtsloser Vorzugsaktien in den §§ 115 ff. des Aktiengesetzes von 1937 frei[31]. Im **Aktiengesetz von 1965** wurde im Wesentlichen nur die zulässige Quote stimmrechtsloser Vorzugsaktien von einem Drittel auf die Hälfte des Grundkapitals heraufgesetzt[32], um Familiengesellschaften den Zugang zum Kapitalmarkt ohne Ver-

---

tienähnlich ausgestatteten Genussrechten BGH v. 5.10.1992 – II ZR 172/91, BGHZ 119, 305, 309 ff. = AG 1993, 125.
22 *Hüffer*, § 139 AktG Rz. 13; *Volhard* in MünchKomm. AktG, 2. Aufl., § 139 AktG Rz. 6; *Kropff*, Aktiengesetz, S. 203; *Baums*, AG 1994, 1, 4; *Siebel*, ZHR 161 (1997), 628, 651.
23 Allg. M., Begr. RegE IV 171, S. 161; *Kropff*, Aktiengesetz, S. 203; *Volhard* in MünchKomm. AktG, 2. Aufl., § 139 AktG Rz. 6; *T. Bezzenberger*, Vorzugsaktien ohne Stimmrecht, 1991, S. 88; *Hüffer*, § 139 AktG Rz. 13; auch im Falle eines Squeeze Outs besteht kein Stimmrecht BVerfG v. 28.8.2007 – 1 BvR 861/06, ZIP 2007, 1987 m. Anm. *Ogorek*, EWiR 2007, 673.
24 *G. Bezzenberger* in Großkomm. AktG, 4. Aufl., § 139 AktG Rz. 9; *Volhard* in MünchKomm. AktG, 2. Aufl., § 139 AktG Rz. 6; krit. *Bormann* in Spindler/Stilz, § 139 AktG Rz. 31.
25 *Kropff*, Aktiengesetz, S. 203; *Hüffer*, § 139 AktG Rz. 13; *Volhard* in MünchKomm. AktG, 2. Aufl., § 139 AktG Rz. 6; *T. Bezzenberger*, Vorzugsaktien ohne Stimmrecht, 1991, S. 88.
26 *G. Bezzenberger* in Großkomm. AktG, 4. Aufl., § 139 AktG Rz. 10; *T. Bezzenberger*, Vorzugsaktien ohne Stimmrecht, 1991, S. 88; s. ferner Rz. 5 und 23.
27 *G. Bezzenberger* in Großkomm. AktG, 4. Aufl., § 139 AktG Rz. 10; *T. Bezzenberger*, Vorzugsaktien ohne Stimmrecht, 1991, S. 88; *Werner*, AG 1971, 69, 70.
28 Ebenso *T. Bezzenberger*, Vorzugsaktien ohne Stimmrecht, 1991, S. 78; anders aber *Volhard* in MünchKomm. AktG, 2. Aufl., § 139 AktG Rz. 9; *Werner*, AG 1971, 69, 70.
29 *G. Bezzenberger* in Großkomm. AktG, 4. Aufl., § 139 AktG Rz. 1; *Bormann* in Spindler/Stilz, § 139 AktG Rz. 2; *T. Bezzenberger*, Vorzugsaktien ohne Stimmrecht, 1991, S. 6 ff.; *Siebel*, ZHR 161 (1997), 628, 642 ff.; *Lichtherz*, Vorzugsaktie, 1941, S. 1 ff.
30 Vgl. Art. 221 Abs. 2 i.V.m. Art. 190 Abs. 1 Satz 1 ADHGB 1884; ferner *Schubert/Hommelhoff*, 100 Jahre modernes Aktienrecht, 1985, S. 407, 465.
31 *G. Bezzenberger* in Großkomm. AktG, 4. Aufl., § 139 AktG Rz. 1; *Schmalenbach*, Die Aktiengesellschaft, 7. Aufl. 1950, S. 42 ff.
32 *Kropff*, Aktiengesetz, S. 203; ablehnend zu dieser Änderung: *Kriebel*, AG 1963, 175 ff.

änderung der Stimmrechtsmehrheiten zu erleichtern[33]. **Spätere Aktienrechtsreformen** änderten an diesen Regelungen nur wenig. Nur durch Art. 1 Nr. 18 StückAG[34] wurde die Norm an die Ausgabe von Stückaktien angepasst; zudem wurde § 139 Abs. 2, der vorsah, dass Vorzugsaktien nur bis zu einem Gesamtnennbetrag in Höhe des Gesamtnennbetrages der anderen Aktien ausgegeben werden dürfen, vereinfacht[35].

## II. Stimmrechtslose Vorzugsaktien (§ 139 Abs. 1)

### 1. Rechtliche Qualifikation, Entstehung und Ausgabe von Vorzugsaktien

Stimmrechtslose Vorzugsaktien bilden eine **eigene Aktiengattung** i.S. von § 11 und werden am Markt gesondert gehandelt. Sie gewähren vom Stimmrecht abgesehen alle **Mitgliedschaftsrechte** und sind daher auch nicht „nur" Genussscheine, die allein Gläubigerrechte vermitteln; Rechte wie die Teilnahme an der Hauptversammlung, Fragerechte oder Anfechtungsbefugnisse bleiben demnach unberührt[36]. 7

**Entstehen** können stimmrechtslose Vorzugsaktien auf verschiedene Weise und zu verschiedenen Zeitpunkten. Zum einen können sie mittels **Satzung** schon bei der Gründung einer Aktiengesellschaft eingeführt werden. Nach § 23 Abs. 2 müssen die Vorzugsaktien als eine Gattung von Aktien in der Satzung aufgeführt werden und ihr Nenn- und Ausgabebetrag festgelegt sein. Außerdem muss die Satzung einen entsprechenden Stimmrechtsausschluss und korrespondierend einen nachzahlbaren Gewinnvorzug enthalten[37]. Auch durch spätere Satzungsänderung können Vorzugsaktien eingeführt werden, ebenso durch Ausschluss des Stimmrechts für solche stimmrechtsberechtigte Aktien, die bereits mit Vorzug ausgestattet waren, was allerdings der Zustimmung der betroffenen Aktionäre bedarf[38]. 8

Vorzugsaktien können aber auch erst später im Rahmen einer **Kapitalerhöhung** entstehen[39]. In der Praxis ist das der Regelfall und erfolgt oft zusammen mit einer Platzierung der Gesellschaft an der Börse[40]. In einem solchen Falle bedarf der Kapitalerhöhungsbeschluss der Hauptversammlung gem. § 182 Abs. 1 Satz 2 mindestens einer Mehrheit von drei Viertel des bei Beschlussfassung vertretenen Kapitals. Ferner können Vorzüge auch aus der **Umwandlung von Stammaktien** in Vorzugsaktien entstehen[41]. Dann müssen allerdings abweichend von § 179 Abs. 2 alle Aktionäre, deren Stimmrechte verloren gehen, zustimmen[42]. Weiterhin bedarf es – entgegen einer älteren Auffassung, die alleine auf den Vermögensvorteil als Ausgleich des Stimmrechts- 9

---

33 *Kropff*, Aktiengesetz, S. 203; *G. Bezzenberger* in Großkomm. AktG, 4. Aufl., § 139 AktG Rz. 1.
34 Vom 25.3.1998, BGBl. I 1998, 590.
35 *G. Bezzenberger* in Großkomm. AktG, 4. Aufl., § 139 AktG Rz. 1.
36 *Hüffer*, § 139 AktG Rz. 4; *Wälzholz*, DStR 2004, 819, 821; s. hierzu bereits oben unter Rz. 4.
37 *G. Bezzenberger* in Großkomm. AktG, 4. Aufl., § 139 AktG Rz. 34.
38 *Hüffer*, § 139 AktG Rz. 11 f.
39 *Bormann* in Spindler/Stilz, § 139 AktG Rz. 32; *Holzborn* in Bürgers/Körber, § 139 AktG Rz. 3; s. auch *Vaupel/Reers*, AG 2010, 93, 101.
40 *G. Bezzenberger* in Großkomm. AktG, 4. Aufl., § 139 AktG Rz. 35 ff.
41 *Volhard* in MünchKomm. AktG, 2. Aufl., § 139 AktG Rz. 5; *G. Bezzenberger* in Großkomm. AktG, 4. Aufl., § 139 AktG Rz. 40; *Bormann* in Spindler/Stilz, § 139 AktG Rz. 36; *Werner*, AG 1971, 69, 72.
42 BGH v. 19.12.1977 – II ZR 136/76 – „Mannesmann", BGHZ 70, 117, 122; *Hüffer*, § 139 AktG Rz. 12; *Bormann* in Spindler/Stilz, § 139 AktG Rz. 36; *T. Bezzenberger*, Vorzugsaktien ohne Stimmrecht, 1991, S. 130; *Werner*, AG 1971, 69, 72.

verlusts abstellt[43] – auch der Zustimmung derjenigen Stammaktionäre, deren Anteile nicht umgewandelt werden, denn jeder Aktionär muss vor dem Hintergrund des § 53a selbst entscheiden, ob statt des Stimmrechts eine bessere Dividende seinen Interessen entspricht[44]. Mit ihrem Zustimmungsvorbehalt können die anderen Aktionäre so zumindest verhindern, dass ihre Dividendenaussichten geschmälert werden. Letztlich ist eine Entstehung auch in Verschmelzungssachverhalten oder bei Abfindungen in Konzernrechtskonstellationen denkbar[45]. Ebenso kann der umgekehrte Fall eintreten, dass im Rahmen eines genehmigten Kapitals Vorzugsaktien gegeben werden, die mit einem Wandlungsrecht in Stammaktien ausgestattet sind (**wandelbare Vorzugsaktien**)[46]. Dabei kann die Umwandlung sowohl vom Willen des Vorzugsaktionärs als auch vom Willen der Gesellschaft abhängen. Im Fall der Wandlung ist weder bei Ausübung durch den Vorzugsaktionär noch durch die Gesellschaft ein nochmaliger Beschluss der Stammaktionäre erforderlich; ebenso wenig der Vorzugsaktionäre. Denn bereits mit Beschluss des genehmigten Kapitals haben die Stammaktionäre der möglichen Verwässerung ihrer Anteile zugestimmt. Hinsichtlich der Vorzugsaktionäre ist die Ausübung der Potestativbedingung durch die Gesellschaft von vornherein zulässige Bedingung der Begebung der Vorzugsaktien, zumal die Vorzüge auch unter andere Bedingungen gestellt werden können (s. § 141 Rz. 19)[47].

**2. Die Vorzugsdividende als Gegenleistung**

10 Die **Vorzugsdividende** stellt das Gegenstück und den Ausgleich zum Stimmrechtsausschluss dar. Ein Stimmrechtsausschluss ohne gleichzeitige Gewährung eines Vorzugs ist nicht zulässig; § 139 ist zwingend[48]. Der Vorzug auf den Gewinn kann nicht durch anders geartete Vorzüge, etwa bei der Liquidation oder einem nicht nachzahlbaren Vorzug bei der Gewinnverteilung, ersetzt werden[49]. Diese können zwar ebenfalls gewährt werden, treten aber keinesfalls an die Stelle der Vorzugsdividende[50]. Der Vorzug muss sich vielmehr auf den Bilanzgewinn i.S. des § 58 beziehen[51].

11 Der Vorzug gewährt den betreffenden Aktionären das Recht, bei der **Verteilung des Bilanzgewinnes** i.S. von § 58 Abs. 4 vor den Stammaktionären bedient zu werden[52]. Im Umkehrschluss sind Vorzugsaktionäre nur dann (mit Priorität) zu bedienen, wenn es auch einen tatsächlich zu verteilenden Bilanzgewinn gibt[53]. Ob und in welcher

---

43 *Hefermehl* in G/H/E/K, § 139 AktG Rz. 14; *Barz* in Großkomm. AktG, 3. Aufl., § 139 AktG Rz. 6.
44 So auch *Volhard* in MünchKomm. AktG, 2. Aufl., § 139 AktG Rz. 5; *G. Bezzenberger* in Großkomm. AktG, 4. Aufl., § 139 AktG Rz. 41; *Hüffer*, § 139 AktG Rz. 12; *Bormann* in Spindler/Stilz, § 139 AktG Rz. 36; *T. Bezzenberger*, Vorzugsaktien ohne Stimmrecht, 1991, S. 130 f.
45 Näher hierzu *G. Bezzenberger* in Großkomm. AktG, 4. Aufl., § 139 AktG Rz. 38 f. m.w.N.
46 Eingehend dazu *Habersack* in FS Westermann, 2008, S. 913, 916 ff.
47 Überzeugend *Habersack* in FS Westermann, 2008, S. 913, 917 ff.
48 *Volhard* in MünchKomm. AktG, 2. Aufl., § 139 AktG Rz. 8; *Bormann* in Spindler/Stilz, § 139 AktG Rz. 8; *Roth* in Heidel, § 139 AktG Rz. 1.
49 *Hüffer*, § 139 AktG Rz. 5; *F.-J. Semler* in MünchHdb. AG, § 38 Rz. 18; *Bormann* in Spindler/Stilz, § 139 AktG Rz. 10; *Reckinger*, AG 1983, 216, 218.
50 *Volhard* in MünchKomm. AktG, 2. Aufl., § 139 AktG Rz. 8; *Roth* in Heidel, § 139 AktG Rz. 5; *Reckinger*, AG 1983, 216, 218.
51 *Volhard* in MünchKomm. AktG, 2. Aufl., § 139 AktG Rz. 8; *G. Bezzenberger* in Großkomm. AktG, 4. Aufl., § 139 AktG Rz. 11; *Herzig/Ebeling*, AG 1989, 221 f.
52 BGH v. 8.10.1952 – II ZR 313/51, BGHZ 7, 263, 264; *Volhard* in MünchKomm. AktG, 2. Aufl., § 139 AktG Rz. 8; *Roth* in Heidel, § 139 AktG Rz. 6; *Hüffer*, § 139 AktG Rz. 6; *T. Bezzenberger*, Vorzugsaktien ohne Stimmrecht, 1991, S. 43; *Maul* in Beck'sches Hdb. AG, § 3 Rz. 50.
53 *Volhard* in MünchKomm. AktG, 2. Aufl., § 139 AktG Rz. 8; *G. Bezzenberger* in Großkomm. AktG, 4. Aufl., § 139 AktG Rz. 12; *Hüffer*, § 139 AktG Rz. 5; *F.-J. Semler* in MünchHdb. AG, § 38 Rz. 18.

Höhe es eben diesen gibt, bestimmen allerdings alleine die stimmberechtigten Aktionäre in der Hauptversammlung (§ 174)[54].

Der Vorzug auf den Bilanzgewinn ist ein besonderes mitgliedschaftliches Recht (§ 58 Abs. 4); ein **schuldrechtlicher Zahlungsanspruch** entsteht erst mit dem Gewinnverwendungsbeschluss der Hauptversammlung[55]. Verletzt dieser Gewinnverwendungsbeschluss den Vorrang der Vorzugsaktionäre, ist er wegen Satzungsverletzung anfechtbar. Wie alle Aktionäre sind ferner auch die Vorzugsaktionäre darauf angewiesen, dass tatsächlich eine Ausschüttung erfolgt und nicht der gesamte Bilanzgewinn etwa in Rücklagen eingestellt oder ein Gewinnvortrag beschlossen wird (§ 58 Abs. 3 Satz 1)[56]. Doch sind die Vorzugsaktionäre diesbezüglich wie die Stammaktionäre über § 254 vor einer „Aushungerung" geschützt. Ohne Gewinnverwendungsbeschluss haben die Vorzugsaktionäre keinen schuldrechtlichen Zahlungsanspruch und sind in der Insolvenz wie andere Gesellschafter auch zu behandeln; sie sind keine Insolvenzgläubiger (s. § 140 Rz. 27)[57].

12

Hinsichtlich der **Höhe der zu gewährenden Vorzugsdividende** schreibt das Gesetz nichts vor. Es ist also der Aktiengesellschaft vorbehalten, in ihrer Satzung selbst festzulegen, welchen Vorzug sie gewähren will[58]. Dabei wird die Gesellschaft sich in der Regel an den Marktverhältnissen orientieren (müssen). Die Höhe des Vorzugs kann an einen festen Prozentsatz gekoppelt sein (z.B. angelehnt an den Nennbetrag – dann meist ca. 5 % – bzw. bei Stückaktien angelehnt an den Anteil am Grundkapital), gleitend ausgestaltet sein (z.B. angelehnt an den Leitzins) oder in der Satzung mit einem Festbetrag bestimmt sein[59]. In jedem Falle muss der Vorzug immer objektiv bestimmbar sein[60]. Eine Mindesthöhe des Vorzugs ist nicht vorgeschrieben, so dass er theoretisch auch in wenigen Cent bestehen kann[61]. Solche Vorzugsaktien würden allerdings am Markt wohl schwerlich nachgefragt werden.

13

Der reine Gewinnvorzug i.S. von § 139 ist zu trennen von einer meist zugleich gewährten sog. **Mehr- oder auch Zusatzdividende**[62]. Ersterer bedeutet nämlich an sich nicht, dass die Vorzugsaktionäre den festgelegten Vorzug mehr erhalten als die Stammaktionäre (soweit ausreichend Gewinn vorhanden ist), sondern lediglich, dass die Vorzugsaktionäre entsprechend der Höhe des eingeräumten Vorzugs privilegiert bei der Gewinnverteilung berücksichtigt werden, sofern der Bilanzgewinn nicht aus-

14

---

54 *G. Bezzenberger* in Großkomm. AktG, 4. Aufl., § 139 AktG Rz. 12; *Hüffer*, § 139 AktG Rz. 6; *T. Bezzenberger*, Vorzugsaktien ohne Stimmrecht, 1991, S. 47 f.
55 BGH v. 15.4.2010 – IX ZR 188/09, DB 2010, 1339, Rz. 16; BGH v. 8.10.1952 – II ZR 313/51, BGHZ 7, 263, 264 f.; *Hüffer*, § 139 AktG Rz. 6; *Volhard* in MünchKomm. AktG, 2. Aufl., § 139 AktG Rz. 10; *T. Bezzenberger*, Vorzugsaktien ohne Stimmrecht, 1991, S. 47.
56 *G. Bezzenberger* in Großkomm. AktG, 4. Aufl., § 139 AktG Rz. 12; *F.-J. Semler* in MünchHdb. AG, § 38 Rz. 18.
57 BGH v. 15.4.2010 – IX ZR 188/09, DB 2010, 1339, Rz. 18.
58 *G. Bezzenberger* in Großkomm. AktG, 4. Aufl., § 139 AktG Rz. 15; *F.-J. Semler* in MünchHdb. AG, § 38 Rz. 18.
59 *Hüffer*, § 139 AktG Rz. 7; *Bormann* in Spindler/Stilz, § 139 AktG Rz. 12; *Maul* in Beck'sches Hdb. AG, § 3 Rz. 50; *Reckinger*, AG 1983, 216 ff.; *Siebel*, ZHR 161 (1997), 628, 653 ff.; *Ihrig/Streit*, NZG 1998, 201, 206.
60 *Bormann* in Spindler/Stilz, § 139 AktG Rz. 11; *Hüffer*, § 139 AktG Rz. 7; *T. Bezzenberger*, Vorzugsaktien ohne Stimmrecht, 1991, S. 44; *Sieger/Hasselbach*, AG 2001, 391, 195.
61 *G. Bezzenberger* in Großkomm. AktG, 4. Aufl., § 139 AktG Rz. 15; *Hüffer*, § 139 AktG Rz. 7; *Volhard* in MünchKomm. AktG, 2. Aufl., § 139 AktG Rz. 11; *Bormann* in Spindler/Stilz, § 139 AktG Rz. 11; vgl. auch *Sieger/Hasselbach*, AG 2001, 391, 395.
62 *Volhard* in MünchKomm. AktG, 2. Aufl., § 139 AktG Rz. 21; *Maul* in Beck'sches Hdb. AG, § 3 Rz. 51; *F.-J. Semler* in MünchHdb. AG, § 38 Rz. 18; *T. Bezzenberger*, Vorzugsaktien ohne Stimmrecht, 1991, S. 41 ff.

reicht, um alle Aktionäre in dieser Höhe zu bedienen[63]. Von einer Zusatzdividende spricht man hingegen bei in der Satzung festgelegter zusätzlicher Dividende gegenüber den Stammaktionären[64]. Sog. „limitierte Vorzugsaktien" mit nach oben beschränktem Gewinnanteil[65] haben in der Praxis keinerlei Bedeutung, so dass hierauf nicht näher einzugehen ist[66].

### 3. Nachzahlungsansprüche

15  Neben das Recht auf die Gewährung einer Vorzugsdividende tritt das in § 139 Abs. 1 festgeschriebene Recht auf Nachzahlung ebendieses Vorzuges. Diese **Nachzahlungspflicht** bedeutet, dass nicht oder nur teilweise gezahlte Vorzugsdividenden aus den Bilanzgewinnen späterer Geschäftsjahre ausgeglichen werden müssen, bevor hiervon etwas an andere Aktionäre ausgezahlt wird[67]. Durch diese Regelung ist das Vorzugsrecht gegen ungünstig ausgewiesene Jahresabschlüsse und willkürliches Handeln der Verwaltungsorgane und der Stammaktionäre abgesichert[68].

16  Es ist zu unterscheiden zwischen **selbständigen und unselbständigen Nachzahlungsrechten**[69]. Von Letzterem spricht man, wenn das Nachzahlungsrecht – ebenso wie das Vorzugsrecht selbst – als ein Mitgliedschaftsrecht und nicht nur als ein schuldrechtlicher Anspruch ausgestaltet ist[70]. Dies ist der gesetzliche Regelfall, wie sich aus § 140 Abs. 3 ergibt[71]. Das Nachzahlungsrecht muss in diesem Falle in der Satzung nicht ausdrücklich vorgesehen sein, sondern ist eine gesetzliche Nebenfolge des Stimmrechtsausschlusses; eine Erwähnung in der Satzung hätte nur deklaratorischen Charakter[72]. Anspruch auf die Nachzahlung hat, wer zum Zeitpunkt der Gewinnfeststellung Aktieninhaber ist[73]. Erst mit dem Gewinnverwendungsbeschluss

---

63 *Hüffer*, § 139 AktG Rz. 8; *Bormann* in Spindler/Stilz, § 139 AktG Rz. 9; *Maul* in Beck'sches Hdb. AG, § 3 Rz. 50.
64 *Hüffer*, § 139 AktG Rz. 8; *G. Bezzenberger* in Großkomm. AktG, 4. Aufl., § 139 AktG Rz. 11, 19; *Maul* in Beck'sches Hdb. AG, § 3 Rz. 51; *Reckinger*, AG 1983, 216, 217 f.; *Werner*, AG 1971, 69.
65 *Hüffer*, § 139 AktG Rz. 8; *G. Bezzenberger* in Großkomm. AktG, 4. Aufl., § 139 AktG Rz. 7; *Reckinger*, AG 1983, 216, 218; *F.-J. Semler* in MünchHdb. AG, § 38 Rz. 19.
66 *Zöllner* hält solche Ausgestaltungen des Vorzugsrechts sogar für unzulässig, da es sich dabei nicht mehr um eine echte Dividende handele: *Zöllner* in KölnKomm. AktG, 1. Aufl., § 139 AktG Rz. 12.
67 *Hüffer*, § 139 AktG Rz. 9; *Volhard* in MünchKomm. AktG, 2. Aufl., § 139 AktG Rz. 13; *F.-J. Semler* in MünchHdb. AG, § 38 Rz. 22; *Maul* in Beck'sches Hdb. AG, § 3 Rz. 52. Nach § 5 Abs. 1 Satz 3 Beschleunigungsgesetz (Gesetz zur Beschleunigung und Vereinfachung des Erwerbs von Anteilen an sowie Risikopositionen von Unternehmen des Finanzsektors durch den Fonds „Finanzmarktstabilisierungsfonds – FMS", BGBl. I 2008, 1982, 1987) ist es Finanzunternehmen erlaubt, an den Finanzmarktstabilisierungsfonds Vorzugsaktien ohne Stimmrecht auszugeben, bei denen der Vorzug nicht nachzahlbar ist, *Ziemons*, DB 2008, 2635, 2636; *Brück/Schalast/Schanz*, BB 2008, 2526, 2532.
68 *T. Bezzenberger*, Vorzugsaktien ohne Stimmrecht, 1991, S. 57 f.; *Maul* in Beck'sches Hdb. AG, § 3 Rz. 52.
69 Vgl. hierzu auch die Kommentierung zu § 140.
70 *G. Bezzenberger* in Großkomm. AktG, 4. Aufl., § 139 AktG Rz. 23; RG v. 8.4.1913 – II 547/12, RGZ 82, 138, 140; BGH v. 8.10.1952 – II ZR 313/51, BGHZ 7, 263, 264; BGH v. 22.4.1953 – II ZR 72/53, BGHZ 9, 279, 283 f.; *T. Bezzenberger*, Vorzugsaktien ohne Stimmrecht, 1991, S. 59; *F.-J. Semler* in MünchHdb. AG, § 38 Rz. 23.
71 *G. Bezzenberger* in Großkomm. AktG, 4. Aufl., § 139 AktG Rz. 23; *F.-J. Semler* in MünchHdb. AG, § 38 Rz. 23.
72 Vgl. hierzu *Zöllner* in KölnKomm. AktG, 1. Aufl., § 139 AktG Rz. 18.
73 *F.-J. Semler* in MünchHdb. AG, § 38 Rz. 23; *T. Bezzenberger*, Vorzugsaktien ohne Stimmrecht, 1991, S. 60 f.; *Reckinger*, AG 1983, 216, 217.

wird das Recht auf Nachzahlung als Mitgliedschaftsrecht zu einem Anspruch gegen die Gesellschaft[74].

Die Satzung kann den Anspruch auf Nachzahlung aber auch als **schuldrechtlichen Zahlungsanspruch** ausgestalten und ihn somit zu einem selbständigen Recht machen[75]. Dabei wird die Entstehung eines solchen Anspruches dann unter die aufschiebende Bedingung eines späteren Gewinnverwendungsbeschlusses gestellt[76]. Werden im Folgejahr der nachzuzahlende Rückstand und der neue Vorzug nicht vollständig geleistet, so haben die Vorzugsaktionäre **wieder ein Stimmrecht**[77].

17

Unzulässig ist es, die **Pflicht zur Nachzahlung** in der **Satzung zu beschränken**, so dass sie nach einer bestimmten Anzahl von Jahren entfällt[78]. Andererseits ist eine solche Einschränkung zulässig, wenn mit der Befristung in der Satzung zugleich ein automatisches Wiederaufleben des Stimmrechts verbunden wird[79]. Fraglich ist, ob eine Streckung der Nachzahlung derart zulässig ist, dass Höchstgrenzen für die jährlichen Nachzahlungen festgesetzt werden. Dies ist im Hinblick auf den eindeutigen Wortlaut und dem von § 139 verfolgten Zweck des Schutzes der Vorzugsaktionäre abzulehnen[80]. Ferner dürfen Gewinnvorzugsrecht und Nachzahlungsrecht wegen des klaren Wortlautes des § 139 auch in der Höhe nicht auseinander fallen, so dass z.B. bei 6 %igem Vorzug die Nachzahlung auf 4 % festgesetzt wird[81]. Grundsätzlich ist also jede Satzungsregelung unzulässig, mit der in irgendeiner Weise die den Vorzugsaktionären in § 139 verbrieften Rechte beeinträchtigt werden.

18

### 4. Einzelheiten der Gewinnverteilung

#### a) Das Verhältnis von Vorzugs- und Stammaktionären

Stimmrechtslose Vorzugsaktien verlangen **zwingend die Festsetzung eines Gewinnvorzugs**[82]. Die Stammaktionäre dürfen also erst dann befriedigt werden, wenn alle Dividendenansprüche der Vorzugsaktionäre beglichen sind[83]. Im Übrigen gilt für die Gewinnverteilung § 60. Demnach müssen zunächst die noch vorhandenen Rückstände der Vorzugsdividenden bedient werden, hier die älteren vor den jüngeren, anschließend die Vorzugsdividende für die laufende Periode und schließlich die Stamm-

19

---

74 BGH v. 15.4.2010 – IX ZR 188/09, DB 2010, 1339, Rz. 17; BGH v. 8.10.1952 – II ZR 313/51, BGHZ 7, 263, 264; OLG Stuttgart v. 23.1.1995 – 5 U 117/94, AG 1995, 283 f.; *Volhard* in MünchKomm. AktG, 2. Aufl., § 139 AktG Rz. 14; *G. Bezzenberger* in Großkomm. AktG, 4. Aufl., § 139 AktG Rz. 23.
75 *Hüffer*, § 139 AktG Rz. 9, § 140 Rz. 9; *T. Bezzenberger*, Vorzugsaktien ohne Stimmrecht, 1991, S. 69 ff.; *F.-J. Semler* in MünchHdb. AG, § 38 Rz. 23.
76 *G. Bezzenberger* in Großkomm. AktG, 4. Aufl., § 139 AktG Rz. 23; *Hüffer*, § 139 AktG Rz. 9, § 140 AktG Rz. 9.
77 Vgl. hierzu die Kommentierung zu § 142.
78 *Volhard* in MünchKomm. AktG, 2. Aufl., § 139 AktG Rz. 14; *G. Bezzenberger* in Großkomm. AktG, 4. Aufl., § 139 AktG Rz. 25; *T. Bezzenberger*, Vorzugsaktien ohne Stimmrecht, 1991, S. 74 f.; *Maul* in Beck'sches Hdb. AG, § 3 Rz. 52.
79 *Volhard* in MünchKomm. AktG, 2. Aufl., § 139 AktG Rz. 9; *G. Bezzenberger* in Großkomm. AktG, 4. Aufl., § 139 AktG Rz. 32.
80 So auch *G. Bezzenberger* in Großkomm. AktG, 4. Aufl., § 139 AktG Rz. 25; *T. Bezzenberger*, Vorzugsaktien ohne Stimmrecht, 1991, S. 75; anders hingegen *F.-J. Semler* in MünchHdb. AG, § 38 Rz. 22, allerdings ohne nähere Begründung.
81 So auch *Hüffer*, § 139 AktG Rz. 10; *Holzborn* in Bürgers/Körber, § 139 AktG Rz. 7; *T. Bezzenberger*, Vorzugsaktien ohne Stimmrecht, 1991, S. 75.
82 Hierzu bereits ausführlich unter Rz. 10 ff.
83 BGH v. 8.10.1952 – II ZR 313/51, BGHZ 7, 263, 264; *Volhard* in MünchKomm. AktG, 2. Aufl., § 139 AktG Rz. 21.

aktien, grundsätzlich entsprechend der Beteiligung am Grundkapital zwischen allen Aktionäre[84].

20 Daneben sind mittels Satzung vielfältige **Ausgestaltungsmöglichkeiten** bei der Gewinnverteilung denkbar (zur Mehr- und Zusatzdividende Rz. 14), solange das entscheidende Kriterium des Gewinnvorzuges nicht beeinträchtigt wird[85]. So findet sich etwa die Vorzugsaktie mit sog. partizipierender Dividende, bei der die Dividende nur bis zur Höhe der Vorzugsdividende für die Stammaktionäre ausgezahlt und der verbleibende Gewinn zwischen den Stamm- und Vorzugsaktionären aufgeteilt wird, wobei wiederum verschiedene Schlüssel durch die Hauptversammlung[86] oder die Satzung gewählt werden können[87].

**b) Mehrere Gattungen von Vorzugsaktien**

21 Grundsätzlich sind alle Vorzugsaktien gleich zu behandeln, doch wie § 141 Abs. 2 Satz 1 zeigt, sind auch **mehrere Gattungen von Vorzugsaktien** denkbar, die mit unterschiedlichen Rechten bzw. Rängen ausgestattet sind[88]. Die rangbessere Gattung wird dann hinsichtlich Vorzug und möglicher Nachzahlung vorrangig bedient[89]. Dabei gilt wegen der in § 139 vorgesehenen Zusammengehörigkeit von Vorzug und Nachzahlung, dass ein Vorrang hinsichtlich des Vorzugs zwingend mit einem Vorrang hinsichtlich möglicher Nachzahlungsansprüche verbunden sein muss[90].

**5. Die Beendigung von gewährten Vorzugsrechten**

**a) Satzungsänderungen**

22 Der Vorzug wird durch die Satzung eingeführt und kann daher – wie sich auch schon aus § 141 Abs. 1 ergibt – **mittels Hauptversammlungsbeschluss** wieder aufgehoben werden. Ein solcher Beschluss benötigt allerdings die Zustimmung aller Vorzugsaktionäre[91]. Die Aktien werden dann wieder zu stimmberechtigten Stammaktien[92].

**b) Bedingung oder Befristung**

23 Wie bereits dargelegt (s. oben Rz. 4), kann das Vorzugsrecht **zeitlich befristet** sein, wobei das Fristende objektiv bestimmbar sein muss[93]. Bei nachträglicher Befristung

---

84 *Hüffer*, § 139 AktG Rz. 14; *Volhard* in MünchKomm. AktG, 2. Aufl., § 139 AktG Rz. 21; *Reckinger*, AG 1983, 216, 217; teilweise anders *T. Bezzenberger*, Vorzugsaktien ohne Stimmrecht, 1991, S. 60.
85 Zu Einzelheiten s. etwa *G. Bezzenberger* in Großkomm. AktG, 4. Aufl., § 139 AktG Rz. 16 ff.; *Volhard* in MünchKomm. AktG, 2. Aufl., § 139 AktG Rz. 21; *F.-J. Semler* in MünchHdb. AG, § 38 Rz. 18 f.; s. ferner oben Rz. 14.
86 § 8 Abs. 2: Verhältnis der Aktiennennbeträge, § 8 Abs. 3: anteilige Beträge des Grundkapitals.
87 *Hüffer*, § 139 AktG Rz. 15; *G. Bezzenberger* in Großkomm. AktG, 4. Aufl., § 139 AktG Rz. 18; *Volhard* in MünchKomm. AktG, 2. Aufl., § 139 AktG Rz. 21; *T. Bezzenberger*, Vorzugsaktien ohne Stimmrecht, 1991, S. 51 ff.; *Reckinger*, AG 1983, 216, 217.
88 *Roth* in Heidel, § 139 AktG Rz. 14; *Hüffer*, § 139 AktG Rz. 16; *T. Bezzenberger*, Vorzugsaktien ohne Stimmrecht, 1991, S. 75.
89 *Volhard* in MünchKomm. AktG, 2. Aufl., § 139 AktG Rz. 18; *G. Bezzenberger* in Großkomm. AktG, 4. Aufl., § 139 AktG Rz. 21; *Hüffer*, § 139 AktG Rz. 16.
90 *Roth* in Heidel, § 139 AktG Rz. 14; *Volhard* in MünchKomm. AktG, 2. Aufl., § 139 AktG Rz. 19; *G. Bezzenberger* in Großkomm. AktG, 4. Aufl., § 139 AktG Rz. 21; *Hüffer*, § 139 AktG Rz. 16; anders nur *T. Bezzenberger*, Vorzugsaktien ohne Stimmrecht, 1991, S. 75 f., allerdings ohne nähere Begründung.
91 *G. Bezzenberger* in Großkomm. AktG, 4. Aufl., § 139 AktG Rz. 31.
92 *G. Bezzenberger* in Großkomm. AktG, 4. Aufl., § 139 AktG Rz. 32.
93 *T. Bezzenberger*, Vorzugsaktien ohne Stimmrecht, 1991, S. 78; *Werner*, AG 1971, 69, 70.

nach Ausgabe der Vorzugsaktien bedarf es gem. § 141 Abs. 1 der Zustimmung aller Vorzugsaktionäre. War die Befristung schon bei Ausgabe der Vorzugsaktien bestimmt, so bedarf es keines besonderen Beschlusses mehr. Die Ausgabe von Vorzugsaktien unter einer **auflösenden Bedingung** ist unzulässig (s. oben Rz. 4). Andernfalls könnte die Gesellschaft Einfluss auf den Eintritt der auflösenden Bedingung nehmen, was dem Schutzzweck des § 139, der den Vorzug schützen will, und der Rechtssicherheit widerspräche. Zu wandelbaren Vorzugsaktien s. oben Rz. 9.

### c) Auflösung der Gesellschaft

Möglich ist auch eine **Beendigung des Vorzuges durch eine Auflösung der Aktiengesellschaft** nach § 262. Wird dann das Vermögen verteilt (§ 271 Abs. 1), so werden auch die Vorzugsaktionäre wie alle Stammaktionäre behandelt, es sei denn, es wurde in der Satzung zusätzlich ein sog. Liquidationsvorzug festgesetzt. Nur in diesem Falle sind Vorzugs- und etwaige Nachzahlungsrechte bevorzugt zu bedienen (§ 271 Abs. 2)[94].

## III. Höchstgrenze für die Ausgabe von Vorzugsaktien (§ 139 Abs. 2)

### 1. Die Höhe der Begrenzung

§ 139 Abs. 2 bestimmt, dass **nicht mehr, als die Hälfte des vorhandenen Grundkapitals** einer Gesellschaft in Vorzugsaktien ausgegeben werden darf. Mit dieser Bestimmung wird sichergestellt, dass nicht eine Minderheit von Stammaktionären die Mehrheit der Kapitalgeber überstimmen kann[95]. Aus Gründen der Rechtssicherheit und des öffentlichen Interesses an der eindeutig bestimmbaren Höchstgrenze ist dabei auf den Nominalwert des Grundkapitals abzustellen[96]. Die Gegenauffassung[97], die auf den eingezahlten Betrag abstellen will, da nur so der Absicht des Gesetzgebers, für die Einhaltung eines angemessenen Verhältnisses zwischen Kapital- und Stimmrechtsbeteiligung zu sorgen, Rechnung getragen werde, übersieht die damit eintretende Rechtsunsicherheit, da sich das zulässige Verhältnis von Stamm- und Vorzugsaktien ständig verschieben kann[98]. Damit kommt es nicht auf den konkreten Beginn der Stimmrechtsausübung an, auch Aktien ohne Leistung der Einlage werden erfasst. Beschlüsse der Hauptversammlung, die § 139 Abs. 2 verletzen, sind nach § 241 Nr. 3 nichtig[99].

### 2. Zeitpunkt und spätere Veränderungen des Kapitals

Dem Wortlaut nach ist für die Grenze des § 139 Abs. 2 der **Zeitpunkt der Ausgabe von Vorzugsaktien entscheidend**[100]. Vom Wortlaut nicht erfasst ist demnach der Fall,

---

94 RG v. 8.4.1908 – I 595/07, RGZ 68, 235, 239; *G. Bezzenberger* in Großkomm. AktG, 4. Aufl., § 139 AktG Rz. 33; *T. Bezzenberger*, Vorzugsaktien ohne Stimmrecht, 1991, S. 72.
95 *Hüffer*, § 139 AktG Rz. 17; *Bormann* in Spindler/Stilz, § 139 AktG Rz. 45; *T. Bezzenberger*, Vorzugsaktien ohne Stimmrecht, 1991, S. 92.
96 So auch *Hüffer*, § 139 AktG Rz. 17; *Volhard* in MünchKomm. AktG, 2. Aufl., § 139 AktG Rz. 22; *Bormann* in Spindler/Stilz, § 139 AktG Rz. 46.
97 *G. Bezzenberger* in Großkomm. AktG, 4. Aufl., § 139 AktG Rz. 45; ferner *T. Bezzenberger*, Vorzugsaktien ohne Stimmrecht, 1991, S. 92 ff.; *Siebel*, ZHR 161 (1997), 628, 649.
98 So zu Recht auch *Volhard* in MünchKomm. AktG, 2. Aufl., § 139 AktG Rz. 22.
99 *Volhard* in MünchKomm. AktG, 2. Aufl., § 139 AktG Rz. 22; *Hüffer*, § 139 AktG Rz. 17; *T. Bezzenberger*, Vorzugsaktien ohne Stimmrecht, 1991, S. 94.
100 *G. Bezzenberger* in Großkomm. AktG, 4. Aufl., § 139 AktG Rz. 46; *Hüffer*, § 139 AktG Rz. 18; unklar, aber wohl zu verneinen ist, ob diese Grenze auch für die Ausgabe von Vorzugsaktien nach § 5 Abs. 1 Beschleunigungsgesetz gilt (Gesetz zur Beschleunigung und Vereinfachung des Erwerbs von Anteilen an sowie Risikopositionen von Unternehmen des Fi-

dass nach Ausgabe von Vorzugsaktien eine Kapitalherabsetzung durchgeführt wird, die zu einem Überschreiten der in § 139 Abs. 2 festgelegten Grenze führen würde. Doch muss wegen Sinn und Zweck des § 139 Abs. 2 die Grenze auch bei späteren Kapitalveränderungen eingehalten werden, da andernfalls die aufgestellte Regel ohne weiteres umgangen werden könnte[101].

### IV. Sonderfall: Vorzugsaktien mit Stimmrecht

27 Gem. § 60 Abs. 3 kann die Satzung eine andere Gewinnverteilung vorsehen als die in § 60 Abs. 1 vorgesehene Verteilung nach Kapitalanteilen. Daher ist es ohne weiteres möglich auch eine Gruppe von **Stammaktien mit einem Vorzug** zu versehen und so Vorzugsaktien mit Stimmrecht zu schaffen[102]. Im Hinblick auf eine solche Aktiengattung sind die §§ 139 ff., bei denen es ja gerade um einen Stimmrechtsausschluss geht, nicht anwendbar[103].

### V. Sanktionen bei Verstößen

28 Soweit Hauptversammlungsbeschlüsse gegen die Höchstgrenze des § 139 Abs. 2 verstoßen oder stimmrechtslosen Aktien kein Dividendenvorzug nach § 139 Abs. 1 eingeräumt wird, sind diese gem. **§ 241 Nr. 3** nichtig[104]. Umstritten ist, ob der Beschluss zur Einführung von stimmrechtslosen Vorzugsaktien auch dann nichtig ist, wenn zwar ein Vorzug festgesetzt wird, aber kein Nachzahlungsrecht. Mit der h.M. ist dies zu bejahen, denn sowohl nach dem Wortlaut des § 139 Abs. 1 als auch nach dessen Sinn und Zweck stellen der Vorzug und die Nachzahlbarkeit eine Einheit dar und sind beides zwingende Voraussetzungen eines Stimmrechtsausschlusses[105].

## § 140
## Rechte der Vorzugsaktionäre

**(1) Die Vorzugsaktien ohne Stimmrecht gewähren mit Ausnahme des Stimmrechts die jedem Aktionär aus der Aktie zustehenden Rechte.**

**(2) Wird der Vorzugsbetrag in einem Jahr nicht oder nicht vollständig gezahlt und der Rückstand im nächsten Jahr nicht neben dem vollen Vorzug dieses Jahres nachgezahlt, so haben die Vorzugsaktionäre das Stimmrecht, bis die Rückstände nachgezahlt sind. In diesem Fall sind die Vorzugsaktien auch bei der Berechnung einer nach Gesetz oder Satzung erforderlichen Kapitalmehrheit zu berücksichtigen.**

---

nanzsektors durch den Fonds „Finanzmarktstabilisierungsfonds – FMS", BGBl. I 2008, 1982, 1987), dazu *Brück/Schalast/Schanz*, BB 2008, 2526, 2532.

101 So auch *Volhard* in MünchKomm. AktG, 2. Aufl., § 139 AktG Rz. 24; *Hüffer*, § 139 AktG Rz. 18; *Bormann* in Spindler/Stilz, § 139 AktG Rz. 50; *T. Bezzenberger*, Vorzugsaktien ohne Stimmrecht, 1991, S. 94.
102 *Volhard* in MünchKomm. AktG, 2. Aufl., § 139 AktG Rz. 7; *Hüffer*, § 139 AktG Rz. 4.
103 *Hüffer*, § 139 AktG Rz. 4; *Volhard* in MünchKomm. AktG, 2. Aufl., § 139 AktG Rz. 7.
104 *Hüffer*, § 139 AktG Rz. 19; *G. Bezzenberger* in Großkomm. AktG, 4. Aufl., § 139 AktG Rz. 43; *Holzborn* in Bürgers/Körber, § 139 AktG Rz. 10.
105 So auch *Volhard* in MünchKomm. AktG, 2. Aufl., § 139 AktG Rz. 25; *Hüffer*, § 139 AktG Rz. 19; *G. Bezzenberger* in Großkomm. AktG, 4. Aufl., § 139 AktG Rz. 43; *Bormann* in Spindler/Stilz, § 139 AktG Rz. 41; a.A. *T. Bezzenberger*, Vorzugsaktien ohne Stimmrecht, 1991, S. 84, der das Nachzahlungsrecht als gesetzliche Nebenfolge eintreten lässt, sofern der Beschluss im Handelsregister fälschlicherweise eingetragen wurde.

(3) Soweit die Satzung nichts anderes bestimmt, entsteht dadurch, dass der Vorzugsbetrag in einem Jahr nicht oder nicht vollständig gezahlt wird, noch kein durch spätere Beschlüsse über die Gewinnverteilung bedingter Anspruch auf den rückständigen Vorzugsbetrag.

| | |
|---|---|
| I. Grundlagen .................. 1 | III. Das Aufleben des Stimmrechts der Vorzugsaktionäre (§ 140 Abs. 2) .... 13 |
| 1. Regelungsgegenstand, Normzweck und Bedeutung ............... 1 | 1. Voraussetzungen .............. 14 |
| 2. Entstehungsgeschichte .......... 2 | 2. Maßgeblicher Zeitpunkt ......... 16 |
| **II. Die Rechte stimmrechtsloser Vorzugsaktionäre (§ 140 Abs. 1)** ...... 3 | 3. Umfang des auflebenden Stimmrechts .................... 20 |
| 1. Der Grundsatz des § 140 Abs. 1 .... 3 | 4. Wiedererlöschen des Stimmrechts bei Nachzahlung ................ 22 |
| 2. Mitgliedschaftsrechte der Vorzugsaktionäre ................... 4 | **IV. Die rechtliche Qualifikation des Nachzahlungsrechts (§ 140 Abs. 3)** .. 23 |
| a) Teilnahme an und Mitwirkung in der Hauptversammlung ....... 4 | 1. Unselbständiges Nachzahlungsrecht als gesetzlicher Grundfall ........ 24 |
| b) Vermögensrechte bei Kapitalmaßnahmen ................ 7 | 2. Selbständiges Nachzahlungsrecht als statutarischer Ausnahmefall ...... 25 |
| c) Minderheitenrechte .......... 11 | 3. Behandlung in der Insolvenz ...... 27 |
| d) Anfechtungs- und Klagerechte ... 12 | |

**Literatur:** *G. Bezzenberger*, Zum Bezugsrecht stimmrechtsloser Vorzugsaktionäre, in FS Quack, 1991, S. 153; *T. Bezzenberger*, Vorzugsaktien ohne Stimmrecht, 1991; *Binz/Sorg*, Aktuelle Fragen der Bewertung von Stamm- und Vorzugsaktien im Steuerrecht, DStR 1994, 993; *Frey/Hirte*, Vorzugsaktionäre und Kapitalerhöhung, DB 1989, 2465; *Hueck*, Kapitalerhöhung und Aktienbezugsrecht, in FS Nipperdey, Band I, 1965, S. 427; *Madaus*, Sind Vorzugsaktionärsrechte letztrangige Insolvenzforderungen?, ZIP 2010, 1214; *Münch*, Der gekreuzte Bezugsrechtsausschluss im Recht der Aktiengesellschaft, DB 1993, 769; *Reckinger*, Vorzugsaktien in der Bundesrepublik, AG 1983, 216; *Reuter*, Genuss ohne Reue?, AG 1985, 104; *Scheifele*, Zur Praxis des gekreuzten Bezugsrechtsausschlusses, BB 1990, 497; *Siebel*, Vorzugsaktien als „Hybride" Finanzierungsform und ihre Grenzen, ZHR 161 (1997), 628; *Werner*, Die Beschlussfassung der Inhaber von stimmrechtslosen Vorzugsaktien, AG 1971, 69.

# I. Grundlagen

## 1. Regelungsgegenstand, Normzweck und Bedeutung

§ 140 ist eng mit § 139 verknüpft, indem Abs. 1 nochmals klarstellt, dass Vorzugsaktionäre mit Ausnahme des Stimmrechts Inhaber sämtlicher mitgliedschaftlicher Rechte sind, die allen Aktionären zustehen (§ 139 Rz. 7)[1]. Der zentrale Regelungsgehalt der Norm liegt darüber hinaus in Abs. 2, der die Stimmrechte der Vorzugsaktionäre bei Ausfall ihres Vorzugs aufleben lässt, um den **gewährten Gewinnvorzug zu sichern**[2] als notwendiges Gegenstück zum Stimmrechtsausschluss; das Gesetz will sicherstellen, dass dessen Geltendmachung nicht konterkariert oder ausgehöhlt wird[3]. Abs. 3 schließlich regelt die – früher lange streitige – **Rechtsnatur des Nachzahlungs-** 1

---

1 *G. Bezzenberger* in Großkomm. AktG, 4. Aufl., § 140 AktG Rz. 2; *Bormann* in Spindler/Stilz, § 140 AktG Rz. 1.
2 *Hüffer*, § 140 AktG Rz. 1; *Volhard* in MünchKomm. AktG, 2. Aufl., § 140 AktG Rz. 1; *T. Bezzenberger*, Vorzugsaktien ohne Stimmrecht, 1991, S. 94 f.
3 *Reckinger*, AG 1983, 216, 218; *T. Bezzenberger*, Vorzugsaktien ohne Stimmrecht, 1991, S. 95; *Reuter*, AG 1985, 104.

rechts, indem er dieses Recht als im Zweifel unselbstständig ausgestaltet, zugleich aber Raum für eine Regelung als selbstständiges Recht mittels Satzung lässt[4].

## 2. Entstehungsgeschichte

2  § 140 Abs. 1 und weitgehend auch Abs. 2 fanden sich bereits in § 116 Abs. 1 AktG 1937. Das AktG 1965 begnügte sich insoweit mit einigen **sprachlichen Klarstellungen**[5]. **Neu eingefügt** wurde auf Vorschlag des Bundesrates § 140 Abs. 2 Satz 2[6], auf Vorschlag der Bundestagsausschüsse der heutige Abs. 3, um den bis dahin herrschenden Streit über die Rechtsnatur des Nachzahlungsrechts zugunsten eines unselbstständigen Anspruchs zu entscheiden[7]. Nach dem AktG 1965 hat die Norm keine weiteren Änderungen im Gefolge späterer Aktienrechtsreformen erfahren.

## II. Die Rechte stimmrechtsloser Vorzugsaktionäre (§ 140 Abs. 1)

### 1. Der Grundsatz des § 140 Abs. 1

3  Vorzugsaktien als stimmrechtslose Aktiengattung gewähren **außer dem Stimmrecht alle Mitgliedsrechte** – also Verwaltungs- und Vermögensrechte –, die auch allen anderen Aktiengattungen zukommen[8]. Außer den Vorschriften, die ein Stimmrecht voraussetzen, finden daher alle anderen Regelungen des Aktienrechts Anwendung[9]. Die **Satzung kann in den Grenzen des § 23 Abs. 5 weitere Beschränkungen der Aktionärsrechte vorsehen**, allerdings nur in dem Umfang wie dies auch für alle anderen Aktionäre möglich ist[10].

### 2. Mitgliedschaftsrechte der Vorzugsaktionäre

#### a) Teilnahme an und Mitwirkung in der Hauptversammlung

4  Jeder Vorzugsaktionär ist **zur Teilnahme an der Hauptversammlung berechtigt**[11]; so setzt eine Universalversammlung nach § 121 Abs. 6 auch die Anwesenheit aller Vorzugsaktionäre voraus[12]. Die Vorzugsaktionäre zählen bei allen Quoren zur Geltendmachung von Minderheitenrechten mit, soweit diese an eine Beteiligungsquote anknüpfen und nicht an ein Stimmquorum, etwa bei der gerichtlichen Bestellung ei-

---

4 Ausschussbericht, *Kropff*, Aktiengesetz, S. 205; *Hüffer*, § 140 AktG Rz. 1; *Volhard* in MünchKomm. AktG, 2. Aufl., § 140 AktG Rz. 1.
5 Begr. RegE, *Kropff*, Aktiengesetz, S. 204; *G. Bezzenberger* in Großkomm. AktG, 4. Aufl., § 140 AktG Rz. 1.
6 Stellungnahme des Bundesrats und Ausschussbericht, *Kropff*, Aktiengesetz, S. 204; *Zöllner* in KölnKomm. AktG, 1. Aufl., § 140 AktG Rz. 1; *T. Bezzenberger*, Vorzugsaktien ohne Stimmrecht, 1991, S. 89.
7 Ausschussbericht, *Kropff*, Aktiengesetz, S. 205; *Volhard* in MünchKomm. AktG, 2. Aufl., § 140 AktG Rz. 1; *Hüffer*, § 140 AktG Rz. 9; *F.-J. Semler* in MünchHdb. AG, § 38 Rz. 23.
8 LG Dortmund v. 30.6.1972 – 16 Akt 5/71, WM 1972, 1324, 1325; *Bormann* in Spindler/Stilz, § 140 AktG Rz. 3; *Butzke* in Obermüller/Werner/Winden, Die Hauptversammlung der Aktiengesellschaft, Rz. E 30.
9 *G. Bezzenberger* in Großkomm. AktG, 4. Aufl., § 140 AktG Rz. 5; *Hüffer*, § 140 AktG Rz. 2; *Volhard* in MünchKomm. AktG, 2. Aufl., § 140 AktG Rz. 2.
10 *Volhard* in MünchKomm. AktG, 2. Aufl., § 140 AktG Rz. 5; zur Aufhebung und Beschränkung des Vorzugs s. § 141 Rz. 4 ff.
11 OLG Frankfurt v. 30.9.1987 – 21 U 92/86, AG 1988, 304, 306; *F.-J. Semler* in MünchHdb. AG, § 38 Rz. 24; *Siebel*, ZHR 161 (1997), 628, 647; *Butzke* in Obermüller/Werner/Winden, Die Hauptversammlung der Aktiengesellschaft, Rz. E 30.
12 *Volhard* in MünchKomm. AktG, 2. Aufl., § 140 AktG Rz. 3.

nes Sonderprüfers nach § 142 Abs. 2 oder auch beim Minderheitenwiderspruch des § 93 Abs. 4 Satz 3[13].

Im Zusammenhang mit dem Teilnahmerecht an der Hauptversammlung **stehen den Vorzugsaktionären die damit verbundenen Befugnisse zu**: So muss die Gesellschaft im Vorfeld der Hauptversammlung auch den Vorzugsaktionären unter den in § 125 Abs. 2 genannten Bedingungen die Tagesordnung und etwaige Anträge und Wahlvorschläge i.S. von § 125 Abs. 1 mitteilen[14]. Vorzugsaktionäre haben ferner das Recht auf Einsicht und nach § 175 Abs. 2 auf die Erteilung von Abschriften des Jahresabschlusses, des Lageberichts, der Vorschläge des Vorstands für die Verwendung des Bilanzgewinns und des Berichts des Aufsichtsrats[15]. Ferner steht ihnen ein Auskunftsrecht nach § 131 zu[16], sie können Anträge stellen und Wahlvorschläge machen[17] und von ihrem Rederecht Gebrauch machen. Schon vor der Hauptversammlung können die Vorzugsaktionäre gem. § 126 Gegenanträge ankündigen und eine entsprechende Bekanntmachung verlangen[18]. Beschlüssen, die unter Verletzung der Einberufungsform und/oder -frist zustande gekommen sind, können die Vorzugsaktionäre widersprechen, auch ohne selbst überhaupt abstimmungsberechtigt zu sein[19]. Ihren Widerspruch können sie i.S. von § 245 Nr. 1 zu Protokoll erklären[20]. 5

Von der **Teilnahme an Beschlussfassungen** hingegen sind die Vorzugsaktionäre **ausgeschlossen**. Dabei erstreckt sich der Ausschluss des Stimmrechts auf alle gesetzlich oder statutarisch vorgesehenen Beschlüsse[21]. Die Aktien der nicht stimmberechtigten Vorzugsaktionäre werden bei der Berechnung einer Stimmenmehrheit im Hinblick auf das bei der Beschlussfassung vertretene Grundkapital nicht mitgezählt[22]. Das ergibt sich schon aus dem Umkehrschluss zu § 140 Abs. 2 Satz 2. 6

### b) Vermögensrechte bei Kapitalmaßnahmen

Auch stimmrechtslose Vorzugsaktionäre haben nach § 181 ein **Bezugsrecht** auf junge Aktien aus einer Kapitalerhöhung[23]. Das gilt auch dann, wenn ausschließlich neue Stammaktien ausgegeben werden[24]. Umstritten ist dagegen der Fall, dass zugleich 7

---

13 *Volhard* in MünchKomm. AktG, 2. Aufl., § 140 AktG Rz. 3; *Schröer* in MünchKomm. AktG, 2. Aufl., § 142 AktG Rz. 57; *Spindler* in MünchKomm. AktG, 3. Aufl., § 93 AktG Rz. 223; *Hüffer*, § 142 AktG Rz. 22; *G. Bezzenberger* in Großkomm. AktG, 4. Aufl., § 142 AktG Rz. 47.
14 *G. Bezzenberger* in Großkomm. AktG, 4. Aufl., § 140 AktG Rz. 6.
15 LG Dortmund v. 30.6.1972 – 16 Akt 5/71, WM 1972, 1324, 1325; *Volhard* in MünchKomm. AktG, 2. Aufl., § 140 AktG Rz. 3; *G. Bezzenberger* in Großkomm. AktG, 4. Aufl., § 140 AktG Rz. 6; *Siebel*, ZHR 161 (1997), 628, 647.
16 *Meilicke/Heidel*, DStR 1992, 72, 73; *Hüffer*, § 140 AktG Rz. 3; *G. Bezzenberger* in Großkomm. AktG, 4. Aufl., § 140 AktG Rz. 8.
17 *Hüffer*, § 140 AktG Rz. 3; *G. Bezzenberger* in Großkomm. AktG, 4. Aufl., § 140 AktG Rz. 8; *F.-J. Semler* in MünchHdb. AG, § 39 Rz. 6.
18 *G. Bezzenberger* in Großkomm. AktG, 4. Aufl., § 140 AktG Rz. 6.
19 *Volhard* in MünchKomm. AktG, 2. Aufl., § 140 AktG Rz. 3.
20 *Volhard* in MünchKomm. AktG, 2. Aufl., § 140 AktG Rz. 3.
21 Einen ausführlichen Überblick bietet *G. Bezzenberger* in Großkomm. AktG, 4. Aufl., § 140 AktG Rz. 9.
22 *G. Bezzenberger* in Großkomm. AktG, 4. Aufl., § 140 AktG Rz. 10; *Hüffer*, § 140 AktG Rz. 3; *Holzborn* in Bürgers/Körber, § 140 AktG Rz. 2.
23 LG Tübingen v. 15.11.1990 – 2 HO 116/89, 2 HO 174/89, AG 1991, 406, 407 f.; *Hüffer*, § 140 AktG Rz. 3; *Volhard* in MünchKomm. AktG, 2. Aufl., § 140 AktG Rz. 4; *G. Bezzenberger* in FS Quack, 1991, S. 153, 153 f.; *Hueck* in FS Nipperdey, Band I, 1965, S. 427, 431; *Hennerkes/May*, DB 1988, 537, 538; zum alten Recht *Boesebeck*, DB 1960, 404.
24 *Volhard* in MünchKomm. AktG, 2. Aufl., § 140 AktG Rz. 4; *G. Bezzenberger* in Großkomm. AktG, 4. Aufl., § 140 AktG Rz. 17; *T. Bezzenberger*, Vorzugsaktien ohne Stimmrecht, 1991, S. 158; *Hennerkes/May*, DB 1988, 537, 538; zum alten Recht *Boesebeck*, DB 1960, 404.

Stamm- und Vorzugsaktien ausgegeben werden[25]: Nach einer verbreiteten Ansicht ergibt sich für die Stammaktionäre und die Vorzugsaktionäre dann ein sog. **Mischbezugsrecht** auf beide Aktiengattungen[26], indem den Stamm- und Vorzugsaktionären jeweils ein verhältnismäßiger Anteil sowohl an den neuen Stammaktien als auch an den neuen Vorzugsaktien zugeteilt werde[27]. Dieses Mischbezugsrecht begegnet zwar **einer Reihe von Bedenken**: So wird das Verhältnis der Stimmrechte zu Gunsten der Vorzugsaktionäre und zu Lasten der Stammaktionäre verschoben[28]. Außerdem wird den Stammaktionären zugemutet, neue Aktien zu erhalten, die kein Stimmrecht mehr haben, was zu einer Verwässerung ihrer Stimmkraft führt[29]. Umgekehrt erhalten die Vorzugsaktionäre Stammaktien, die zwar ein Stimmrecht gewähren, aber keinen Gewinnvorzug mehr. Ziel des in § 186 verbürgten Bezugsrechts ist es aber gerade, die Aktionäre vor einer Verwässerung ihrer Beteiligung zu bewahren. Lässt man indes ein Mischbezugsrecht zu, so wird einerseits das Stimmrecht der Stammaktionäre und andererseits das privilegierte Gewinnrecht der Vorzugsaktionäre verwässert[30]. Doch spricht der Wortlaut des § 186 Abs. 1 Satz 1, der jedem Aktionär unabhängig von der Aktiengattung, der er angehört, einen Anteil an den jungen Aktien zuspricht, unabhängig von der Art der auszugebenden Aktien[31] deutlich für ein solches Mischbezugsrecht.

8 **In der Praxis** üblich und auch ratsam ist der sog. **gekreuzte Bezugsrechtsausschluss**, der zu einem Gattungsbezugsrecht führt[32], so dass den Stammaktionären nur der Bezug von Stammaktien zugestanden wird und umgekehrt den Vorzugsaktionären nur ein Bezugsrecht für Vorzugsaktien[33]. Damit wird die Beibehaltung der Stimmrechtsverhältnisse und das Verhältnis der Aktiengattungen zueinander gewährleistet[34]. Ein solches Vorgehen stellt zwar für beide Aktiengattungen jeweils einen teilweisen Bezugsrechtsausschluss dar, der aber notwendig ist, da andernfalls der Wortlaut des § 186 ein Bezugsrecht auf beide Aktiengattungen gewährt[35]. Hierin liegt auch kein Verstoß gegen das aktienrechtliche Gebot der Gleichbehandlung, da bereits unterschiedlich ausgestaltete Aktiengattungen bestehen und die Aktionäre nur gemäß

---

25 *Volhard* in MünchKomm. AktG, 2. Aufl., § 140 AktG Rz. 4 mit Fn. 24; *T. Bezzenberger*, Vorzugsaktien ohne Stimmrecht, 1991, S. 150 f.; *G. Bezzenberger* in FS Quack, 1991, S. 153 f.
26 *Volhard* in MünchKomm. AktG, 2. Aufl., § 140 AktG Rz. 4; *Hüffer*, § 186 AktG Rz. 30; *Kraft/Krieger* in MünchHdb. AG, § 56 Rz. 67; *Werner*, AG 1971, 69, 73.
27 *G. Bezzenberger* in FS Quack, 1991, S. 153, 154; *T. Bezzenberger*, Vorzugsaktien ohne Stimmrecht, 1991, S. 152.
28 *G. Bezzenberger* in FS Quack, 1991, S. 153, 154; kritisch auch *Kraft/Krieger* in MünchHdb. AG, § 56 Rz. 60.
29 *G. Bezzenberger* in FS Quack, 1991, S. 153, 155.
30 So auch *G. Bezzenberger* in Großkomm. AktG, 4. Aufl., § 140 AktG Rz. 17; ferner *G. Bezzenberger* in FS Quack, 1991, S. 153, 155; das Mischbezugsrecht ablehnend auch *Frey/Hirte*, DB 1989, 2465, 2466 f.
31 *Werner*, AG 1971, 69, 71.
32 LG München v. 2.4.1992 – 5 HKO 8840/91, WM 1992, 1151, 1154; LG Tübingen v. 15.11.1990 – 2 HO 116/89, 2 HO 174/89, AG 1991, 406, 408; *Volhard* in MünchKomm. AktG, 2. Aufl., § 140 AktG Rz. 4; *Hüffer*, § 186 AktG Rz. 30; *Scheifele*, BB 1990, 497 ff.; *Münch*, DB 1993, 769 ff.
33 *Volhard* in MünchKomm. AktG, 2. Aufl., § 140 AktG Rz. 4; *Kraft/Krieger* in MünchHdb. AG, § 56 Rz. 67; *T. Bezzenberger*, Vorzugsaktien ohne Stimmrecht, 1991, S. 152 f.
34 *Volhard* in MünchKomm. AktG, 2. Aufl., § 140 AktG Rz. 4; *Werner*, AG 1971, 69, 73.
35 Anders *G. Bezzenberger* in Großkomm. AktG, 4. Aufl., § 140 AktG Rz. 17: Für ein Gattungsbezugsrecht bedürfe es nur einer entsprechenden Bestimmung der bezugsberechtigten Aktionäre im Kapitalerhöhungsbeschluss, nicht aber eines Beschlusses über den Teilausschluss des gesetzlichen Bezugsrechts, da das auf Aktien der jeweils gleichen Gattungen bezogene Bezugsrecht das gesetzliche Bezugsrecht der Aktionäre konkretisiere, es aber nicht teilweise ausschließe.

ebendieser Differenzierungen behandelt werden und insoweit eine sachliche Rechtfertigung gegeben ist[36].

Wird eine **Kapitalerhöhung aus Gesellschaftsmitteln** durchgeführt (§§ 207 ff.), so schreibt § 216 Abs. 1 vor, dass das Verhältnis der mit den Aktien verbundenen Rechte zueinander nicht verändert werden darf[37]. Deshalb muss der Gewinnvorzug auf die alten und neuen Vorzugsaktien so verteilt werden, dass der Gesamtbetrag der Vorabdividende unverändert bleibt[38]. Dazu ist der Gewinnvorzug der alten Vorzugsaktien um den Anteil herabzusetzen, der auf die neuen Vorzugsaktien entfällt[39]. 9

Für die **Kapitalherabsetzung** (§§ 222 ff.) besteht keine dem § 216 vergleichbare Vorschrift. Soweit der gewährte Gewinnvorzug einem bestimmten Prozentanteil des Nennbetrages der Aktien entspricht, erhalten die Vorzugsaktionäre nach einer Kapitalherabsetzung eine insgesamt geringere Vorzugszahlung[40]. 10

### c) Minderheitenrechte

Den **Vorzugsaktionären stehen Minderheitenrechte zu**[41]. Soweit sie von einem Aktienbesitz in einer bestimmten Höhe abhängen – in Abgrenzung zum Bestehen eines Stimmrechtsquorums –, werden die stimmrechtslosen Vorzugsaktien hinsichtlich des Grundkapitals und auch der notwendigen Beteiligungsquote mitgerechnet[42], etwa das Recht zum Verlangen der Einberufung einer Hauptversammlung nach § 122 Abs. 1, der Bekanntmachung von Beschlussgegenständen nach § 122 Abs. 2 oder der Geltendmachung von Ersatzansprüchen nach § 148 Abs. 1[43]. Von Bedeutung sind ferner die Antragsrechte zur gerichtlichen Bestellung von Sonderprüfern nach § 258 Abs. 2 und von Abwicklern gem. § 265 Abs. 3[44]. 11

### d) Anfechtungs- und Klagerechte

An Beschlüssen der Hauptversammlung sind die stimmrechtslosen Vorzugsaktionäre nicht beteiligt. Dennoch steht ihnen die Möglichkeit offen, eine **Anfechtungsklage gem. § 245** zu erheben[45]. Voraussetzung ist, dass der Vorzugsaktionär in der Haupt- 12

---

36 So i.E. LG München v. 2.4.1992 – 5 HKO 8840/91, WM 1992, 1151, 1154; LG Tübingen v. 15.11.1990 – 2 HO 116/89, 2 HO 174/89, AG 1991, 406, 407 f.; *Peifer* in MünchKomm. AktG, 2. Aufl., § 186 AktG Rz. 94; *Hüffer*, § 186 AktG Rz. 30; *Kraft/Krieger* in MünchHdb. AG, § 56 Rz. 67; *Werner*, AG 1971, 69, 73; *Scheifele*, BB 1990, 497, 499.
37 *Hüffer*, § 216 AktG Rz. 1; *Krieger* in MünchHdb. AG, § 59 Rz. 54; *Geßler*, DNotZ 1960, 619, 634 ff.
38 OLG Stuttgart v. 11.2.1992 – 10 U 313/90, AG 1993, 94 f.; *Hirte* in Großkomm. AktG, 4. Aufl., § 216 AktG Rz. 22; *Hüffer*, § 216 AktG Rz. 3; *Volhard* in MünchKomm. AktG, 2. Aufl., § 140 AktG Rz. 13; a.A. *Krieger* in MünchHdb. AG, § 59 Rz. 56; für Beispiele s. *Hüffer*, § 216 AktG Rz. 3; *G. Bezzenberger* in Großkomm. AktG, 4. Aufl., § 140 AktG Rz. 19.
39 *G. Bezzenberger* in Großkomm. AktG, 4. Aufl., § 140 AktG Rz. 19; *Hüffer*, § 216 AktG Rz. 3.
40 *T. Bezzenberger*, Vorzugsaktien ohne Stimmrecht, 1991, S. 171 ff.; *Frey/Hirte*, DB 1989, 2465, 2469; ausführlich mit Beispiel *G. Bezzenberger* in Großkomm. AktG, 4. Aufl., § 140 AktG Rz. 20.
41 *Hüffer*, § 140 AktG Rz. 3; *Bormann* in Spindler/Stilz, § 140 AktG Rz. 8.
42 *G. Bezzenberger* in Großkomm. AktG, 4. Aufl., § 140 AktG Rz. 11; *Hüffer*, § 140 AktG Rz. 3; *T. Bezzenberger*, Vorzugsaktien ohne Stimmrecht, 1991, S. 108 f.; *Kühn*, BB 1965, 1170.
43 *Volhard* in MünchKomm. AktG, 2. Aufl., § 140 AktG Rz. 3; *G. Bezzenberger* in Großkomm. AktG, 4. Aufl., § 140 AktG Rz. 11; *T. Bezzenberger*, Vorzugsaktien ohne Stimmrecht, 1991, S. 108 f.
44 LG Dortmund v. 30.6.1972 – 16 Akt 5/71, WM 1972, 1324, 1325; ausführlich mit weiteren Beispielen *G. Bezzenberger* in Großkomm. AktG, 4. Aufl., § 140 AktG Rz. 11 und *Volhard* in MünchKomm. AktG, 2. Aufl., § 140 AktG Rz. 3.
45 BGH v. 5.10.1992 – II ZR 172/91, BGHZ 119, 305, 317 = AG 1993, 125; *Volhard* in MünchKomm. AktG, 2. Aufl., § 140 AktG Rz. 3; *G. Bezzenberger* in Großkomm. AktG, 4. Aufl.,

versammlung anwesend war und seinen Widerspruch zu Protokoll gegeben hat, bzw. dass einer der in § 245 Nr. 2 und 3 umschriebenen Fälle vorliegt[46].

## III. Das Aufleben des Stimmrechts der Vorzugsaktionäre (§ 140 Abs. 2)

13 § 139 Abs. 1 legt fest, dass der Ausschluss des Stimmrechts als eines der zentralen Mitgliedschaftsrechte eines Aktionärs nur dann zulässig ist, wenn zugleich ein Gewinnvorzug gewährt wird. Wegen dieses **Bedingungszusammenhanges** bestimmt das Gesetz mit § 140 Abs. 2 folgerichtig, dass das Stimmrecht wieder auflebt, wenn der Gewinnvorzug nicht oder nicht vollständig gezahlt wird und dieses nicht spätestens im nächsten Jahr ausgeglichen wird[47]. Vorzugsaktien sind demnach Aktien mit bedingtem Stimmrecht[48]. Allein der Nachzahlungsanspruch würde dem Schutz des Gewinnvorzuges nicht gerecht werden, denn ein solcher Anspruch ist abhängig von einem ausschüttungsfähigen und ausgewiesenen Bilanzgewinn[49].

**1. Voraussetzungen**

14 Das Aufleben des Stimmrechts hängt nach § 140 Abs. 2 im Wesentlichen von **zwei Voraussetzungen** ab: Erstens muss in einem Jahr der Gewinnvorzug (zum Teil) nicht gezahlt worden sein[50]. Zweitens darf im darauf folgenden Jahr der im Vorjahr nicht ausgezahlte Rückstand nicht nachgezahlt werden und/oder der Gewinnvorzug dieses Jahres seinerseits nicht vollständig erbracht werden[51].

15 Keine Rolle spielt der **Grund für das Ausbleiben der Ausschüttung** des Gewinnvorzugs[52]. Das Stimmrecht lebt auch dann auf, wenn überhaupt kein Bilanzgewinn vorhanden ist[53]. Entscheidend im Hinblick auf das Aufleben des Stimmrechts ist allein die Bedienung des Vorzuges; ob auch eine zusätzlich zugesagte Mehrdividende gezahlt wird, ist hierfür ohne Bedeutung[54]. Gleiches gilt, wenn ein vorhandener Gewinn nicht ausgeschüttet wird, um z.B. bestimmte Aktionäre „auszuhungern"[55]. Entscheidend ist im Ergebnis nicht, was die Hauptversammlung beschließt, sondern

---

§ 140 AktG Rz. 15; *Hüffer*, § 140 AktG Rz. 3; *F.-J. Semler* in MünchHdb. AG, § 38 Rz. 24; *Butzke* in Obermüller/Werner/Winden, Die Hauptversammlung der Aktiengesellschaft, Rz. E 30; *Siebel*, ZHR 161 (1997), 628, 647.

46 *G. Bezzenberger* in Großkomm. AktG, 4. Aufl., § 140 AktG Rz. 15; ausführlich *T. Bezzenberger*, Vorzugsaktien ohne Stimmrecht, 1991, S. 105 ff.

47 *Volhard* in MünchKomm. AktG, 2. Aufl., § 140 AktG Rz. 8; *G. Bezzenberger* in Großkomm. AktG, 4. Aufl., § 140 AktG Rz. 21; *T. Bezzenberger*, Vorzugsaktien ohne Stimmrecht, 1991, S. 94 ff.

48 So auch *T. Bezzenberger*, Vorzugsaktien ohne Stimmrecht, 1991, S. 94, der von einer „bedingten Vorzugsaktie mit Stimmrecht" spricht.

49 *Volhard* in MünchKomm. AktG, 2. Aufl., § 140 AktG Rz. 8; *Bormann* in Spindler/Stilz, § 140 AktG Rz. 14.

50 *Hüffer*, § 140 AktG Rz. 4; *Bormann* in Spindler/Stilz, § 140 AktG Rz. 15; *T. Bezzenberger*, Vorzugsaktien ohne Stimmrecht, 1991, S. 96 f.

51 *Volhard* in MünchKomm. AktG, 2. Aufl., § 140 AktG Rz. 9; *Hüffer*, § 140 AktG Rz. 4.

52 *G. Bezzenberger* in Großkomm. AktG, 4. Aufl., § 140 AktG Rz. 21; *T. Bezzenberger*, Vorzugsaktien ohne Stimmrecht, 1991, S. 96.

53 *Hüffer*, § 140 AktG Rz. 4; *Reuter*, AG 1985, 104, 105; *T. Bezzenberger*, Vorzugsaktien ohne Stimmrecht, 1991, S. 96.

54 *Hüffer*, § 140 AktG Rz. 4; *Bormann* in Spindler/Stilz, § 140 AktG Rz. 17; wohl auch *Volhard* in MünchKomm. AktG, 2. Aufl., § 140 AktG Rz. 8 ff.; ferner zur Mehrdividende *Wälzholz*, DStR 2004, 819, 821; *Binz/Sorg*, DStR 1994, 993, 995 f.

55 *G. Bezzenberger* in Großkomm. AktG, 4. Aufl., § 140 AktG Rz. 21; *Bormann* in Spindler/Stilz, § 140 AktG Rz. 20; *T. Bezzenberger*, Vorzugsaktien ohne Stimmrecht, 1991, S. 96.

wie die Gesellschaft sich verhält, d.h. ob sie auszahlt oder nicht[56]. Einer Eintragung des Wiederauflebens des Stimmrechts in das **Handelsregister** bedarf es ebenso wenig; diese wäre auch nicht möglich, da es sich nicht um eine eintragungsfähige Tatsache handelt[57].

## 2. Maßgeblicher Zeitpunkt

Das Stimmrecht der Vorzugsaktionäre lebt **in dem Moment auf, in dem feststeht**, dass der rückständige Gewinnvorzug des Vorjahres – neben dem voll zu zahlenden Vorzug des aktuellen Jahres – **nicht nachgezahlt wird** bzw. eine solche Nachzahlung für das vergangene Jahr zwar stattfindet, zugleich aber der Vorzug des aktuellen Jahres nicht ebenfalls voll gezahlt wird[58]. Gibt es schon einen entsprechenden **Gewinnverwendungsbeschluss** und fordert der Vorzugsaktionär unter Vorlage des Dividendenscheins eine entsprechende Zahlung, so lebt das Stimmrecht umgehend auf, wenn ihm diese Zahlung versagt wird, obwohl ausreichend Mittel beschlossen wurden[59].

16

Wird der Hauptversammlung ein vom Vorstand und Aufsichtsrat festgestellter **Jahresabschluss vorgelegt**, der gem. §§ 172, 174 Abs. 1 für die Aktionäre bindend ist, aber keinen ausreichenden Bilanzgewinn enthält, so lebt das Stimmrecht wieder auf[60]. In diesem Falle können die Vorzugsaktionäre schon in der Hauptversammlung abstimmen, in der auch der betreffende Jahresabschluss beraten wird, der in der Vorlage durch Vorstand und Aufsichtsrat keinen ausreichenden Bilanzgewinn ausweist[61]. Der entscheidende Zeitpunkt ist also die Billigung des Jahresabschlusses durch den Aufsichtsrat[62].

17

Weist hingegen der Jahresabschluss einen ausreichenden Bilanzgewinn auf, gibt es aber zugleich einen **Vorschlag zur Gewinnverwendung**, der keine ausreichende Ausschüttung vorsieht, so entsteht das Stimmrecht der Vorzugsaktionäre erst, sobald die Hauptversammlung dem Vorschlag zur Gewinnverwendung zustimmt[63]. Das Stimmrecht lebt dabei mit dem Zeitpunkt der Feststellung des Abstimmungsergebnisses bzgl. der Gewinnverwendung durch den Vorsitzenden auf, so dass die Vorzugsaktionäre dann im weiteren Verlauf der Hauptversammlung an den Abstimmungen teilnehmen können[64]. Die gegenteilige Auffassung, wonach das Stimmrecht der Vor-

18

---

56 Begr. RegE, *Kropff*, Aktiengesetz, S. 204; *Volhard* in MünchKomm. AktG, 2. Aufl., § 140 AktG Rz. 11; *G. Bezzenberger* in Großkomm. AktG, 4. Aufl., § 140 AktG Rz. 21.
57 *Hüffer*, § 140 AktG Rz. 5.
58 *Volhard* in MünchKomm. AktG, 2. Aufl., § 140 AktG Rz. 10; *G. Bezzenberger* in Großkomm. AktG, 4. Aufl., § 140 AktG Rz. 23; *Hüffer*, § 140 AktG Rz. 5; *Butzke* in Obermüller/Werner/Winden, Die Hauptversammlung der Aktiengesellschaft, Rz. E 31; *F.-J. Semler* in MünchHdb. AG, § 38 Rz. 25.
59 *Hüffer*, § 140 AktG Rz. 5; *Bormann* in Spindler/Stilz, § 140 AktG Rz. 24.
60 *G. Bezzenberger* in Großkomm. AktG, 4. Aufl., § 140 AktG Rz. 23; *Hüffer*, § 140 AktG Rz. 5; *T. Bezzenberger*, Vorzugsaktien ohne Stimmrecht, 1991, S. 97 ff.
61 *Volhard* in MünchKomm. AktG, 2. Aufl., § 140 AktG Rz. 10; *G. Bezzenberger* in Großkomm. AktG, 4. Aufl., § 140 AktG Rz. 23; *Roth* in Heidel, § 140 AktG Rz. 6; *Hüffer*, § 140 AktG Rz. 5; *Butzke* in Obermüller/Werner/Winden, Die Hauptversammlung der Aktiengesellschaft, Rz. E 31.
62 *G. Bezzenberger* in Großkomm. AktG, 4. Aufl., § 140 AktG Rz. 23; *Volhard* in MünchKomm. AktG, 2. Aufl., § 140 AktG Rz. 10; *Butzke* in Obermüller/Werner/Winden, Die Hauptversammlung der Aktiengesellschaft, Rz. E 31; *F.-J. Semler* in MünchHdb. AG, § 38 Rz. 25.
63 *G. Bezzenberger* in Großkomm. AktG, 4. Aufl., § 140 AktG Rz. 24; *Hüffer*, § 140 AktG Rz. 5; *Volhard* in MünchKomm. AktG, 2. Aufl., § 140 AktG Rz. 10.
64 So auch *G. Bezzenberger* in Großkomm. AktG, 4. Aufl., § 140 AktG Rz. 24; *Hüffer*, § 140 AktG Rz. 5; *Roth* in Heidel, § 140 AktG Rz. 6; *T. Bezzenberger*, Vorzugsaktien ohne Stimmrecht, 1991, S. 98 f. mit zahlreichen weiteren Nachweisen.

zugsaktionäre erst mit Versammlungsende und Beurkundung des Protokolls durch den Notar und damit erst in der nächsten Hauptversammlung auflebt[65], wird dem Schutzzweck des § 140 und dem wechselseitigen Verhältnis von Vorzug und Stimmrecht nicht gerecht. Zwar wird der entsprechende Beschluss der Hauptversammlung nach außen hin erst mit notarieller Beurkundung endgültig wirksam und rechtlich existent[66], doch entfaltet der vom Versammlungsleiter festgestellte Beschluss im Verhältnis der Aktionäre untereinander unmittelbar Bindungswirkung, da der Willensbildungsprozess abgeschlossen ist[67].

19 In dem **Sonderfall des § 173**, dass der Jahresabschluss erst von der Hauptversammlung festgestellt wird, gilt daher ebenfalls, dass das Stimmrecht unmittelbar nach der Abstimmung der Hauptversammlung über den Jahresabschluss auflebt, wenn dieser keinen zur Bedienung der Vorzugsrechte ausreichenden Bilanzgewinn aufweist[68].

### 3. Umfang des auflebenden Stimmrechts

20 Lebt das Stimmrecht gem. § 140 Abs. 2 wieder auf, so sind die Vorzugsaktionäre **in vollem Umfang** bei allen Abstimmungen stimmberechtigt und nicht etwa nur hinsichtlich der Gewinnverwendung[69]. Soweit die Satzung **Höchststimmrechte** i.S. von § 134 Abs. 1 Satz 2 vorschreibt, gelten diese auch für die dann stimmberechtigten Vorzugsaktien[70]. Zwar sind Stimmrechtsbeschränkungen für bestimmte Aktiengattungen zulässig[71]; doch können diese nicht gezielt für stimmrechtslose Vorzugsaktionäre eingeführt werden[72], da mit einer solchen Regelung der besondere Schutz- und Sanktionscharakter des § 140 unterlaufen würde.

21 Diese Grundregel wird durch § 140 Abs. 2 Satz 2 nochmals klargestellt, der darauf verweist, dass die Vorzugsaktien auch bei der **Berechnung des vertretenen Grundkapitals** mitzuzählen sind, wenn ihr Stimmrecht wieder auflebt[73]. Damit wird verhindert, dass den Vorzugsaktionären eine ungleich höhere Stimmbedeutung zukommt[74], denn wenn ihre Anteile – gerade wenn es eine große Zahl von Vorzugsaktionären gibt

---

65 So *Volhard* in MünchKomm. AktG, 2. Aufl., § 140 AktG Rz. 10; *F.-J. Semler* in MünchHdb. AG, § 38 Rz. 25.
66 *Kubis* in MünchKomm. AktG, 2. Aufl., § 130 AktG Rz. 70 ff.; *Volhard* in MünchKomm. AktG, 2. Aufl., § 140 AktG Rz. 10; dieses Gegenargument anerkennend auch *G. Bezzenberger* in Großkomm. AktG, 4. Aufl., § 140 AktG Rz. 24.
67 *Hüffer*, § 140 AktG Rz. 5; *G. Bezzenberger* in Großkomm. AktG, 4. Aufl., § 140 AktG Rz. 24; *T. Bezzenberger*, Vorzugsaktien ohne Stimmrecht, 1991, S. 98 m.w.N.
68 *G. Bezzenberger* in Großkomm. AktG, 4. Aufl., § 140 AktG Rz. 25; *Butzke* in Obermüller/Werner/Winden, Die Hauptversammlung der Aktiengesellschaft, Rz. E 31; *T. Bezzenberger*, Vorzugsaktien ohne Stimmrecht, 1991, S. 98.; a.A. *Volhard* in MünchKomm. AktG, 2. Aufl., § 140 AktG Rz. 10.
69 *G. Bezzenberger* in Großkomm. AktG, 4. Aufl., § 140 AktG Rz. 27; *Hüffer*, § 140 AktG Rz. 6; *Volhard* in MünchKomm. AktG, 2. Aufl., § 140 AktG Rz. 12; *Bormann* in Spindler/Stilz, § 140 AktG Rz. 27; *T. Bezzenberger*, Vorzugsaktien ohne Stimmrecht, 1991, S. 100; *Werner*, AG 1971, 69, 75.
70 *Hüffer*, § 140 AktG Rz. 6; *G. Bezzenberger* in Großkomm. AktG, 4. Aufl., § 140 AktG Rz. 28; *Bormann* in Spindler/Stilz, § 140 AktG Rz. 28; *T. Bezzenberger*, Vorzugsaktien ohne Stimmrecht, 1991, S. 100.
71 *Volhard* in MünchKomm. AktG, 2. Aufl., § 134 AktG Rz. 12; *Hüffer*, § 134 AktG Rz. 14; *F.-J. Semler* in MünchHdb. AG, § 38 Rz. 13.
72 So auch *G. Bezzenberger* in Großkomm. AktG, 4. Aufl., § 140 AktG Rz. 28; *Hüffer*, § 140 AktG Rz. 6; *T. Bezzenberger*, Vorzugsaktien ohne Stimmrecht, 1991, S. 100.
73 Stellungnahme des Bundesrats zur Begr. RegE und Auffassung der Bundesregierung dazu sowie Ausschussbericht, *Kropff*, Aktiengesetz, S. 204; *G. Bezzenberger* in Großkomm. AktG, 4. Aufl., § 140 AktG Rz. 29; *Bormann* in Spindler/Stilz, § 140 AktG Rz. 29; *T. Bezzenberger*, Vorzugsaktien ohne Stimmrecht, 1991, S. 100.
74 *Hüffer*, § 140 AktG Rz. 8.

– nicht mitzählen würden, so hätten sie prozentual einen überproportionalen Stimmanteil; gibt es z.B. 40 % Vorzüge bei 60 % Stammaktien, so würden die Vorzugsaktionäre über mehr als die Hälfte der Stimmkraft verfügen, wenn ihre Anteile bei der Berechnung des vertretenen Grundkapitals nicht mitzählen würden.

### 4. Wiedererlöschen des Stimmrechts bei Nachzahlung

**Sobald die aufgelaufenen Rückstände nachgezahlt werden**, erlischt das Stimmrecht der Vorzugsaktionäre wieder[75]. Die entsprechende (Nach-)Zahlung muss alle rückständigen Beträge und zudem den Gewinnvorzug des laufenden Jahres umfassen[76]. Es reicht nicht, dass die Zahlung nur beschlossen wurde, sie muss vielmehr auch tatsächlich erfolgt sein[77]. Bis zu diesem Zeitpunkt – und damit auch auf der Hauptversammlung, die den notwendigen Gewinnverwendungsbeschluss fasst – sind die Vorzugsaktionäre demnach stimmberechtigt. Wie im Fall des Auflebens des Stimmrechts erlischt dieses automatisch, sobald die Nachzahlung erfolgt[78].   22

## IV. Die rechtliche Qualifikation des Nachzahlungsrechts (§ 140 Abs. 3)

Das Nachzahlungsrecht kann als **Mitgliedschaftsrecht oder aber auch als selbständiger Zahlungsanspruch** qualifiziert werden[79]. Das AktG 1965 legt als Grundregel fest, dass das Nachbezugsrecht der Vorzugsaktionäre im Zweifel unselbständig ist, aber durch die Satzung anders ausgestaltet werden kann[80].   23

### 1. Unselbständiges Nachzahlungsrecht als gesetzlicher Grundfall

Entsprechend der schon vor 1965 bestandenen h.M.[81] sieht das Gesetz das **Nachzahlungsrecht grundsätzlich als reines Mitgliedschaftsrecht** an, erlaubt aber eine andere Ausgestaltung in der Satzung[82]. Daher bleibt im gesetzlichen Regelfall der Nachzahlungsanspruch bis zum Gewinnverwendungsbeschluss ein unselbständiger Teil der Vorzugsaktie und ist nicht selbständig verkehrsfähig gem. §§ 398 ff. BGB[83]. Erst mit dem Gewinnverwendungsbeschluss wird es ein selbständiges Gläubigerrecht[84], so dass bis zu diesem Zeitpunkt das Nachzahlungsrecht als unselbständiger Teil der Vorzugsaktie zusammen mit dieser übergeht[85]. Außerdem kann das Nachzahlungs-   24

---

75 *Hüffer*, § 140 AktG Rz. 7; *Bormann* in Spindler/Stilz, § 140 AktG Rz. 30; *T. Bezzenberger*, Vorzugsaktien ohne Stimmrecht, 1991, S. 101.
76 *Volhard* in MünchKomm. AktG, 2. Aufl., § 140 AktG Rz. 13; *G. Bezzenberger* in Großkomm. AktG, 4. Aufl., § 140 AktG Rz. 30; *F.-J. Semler* in MünchHdb. AG, § 38 Rz. 25; *Siebel*, ZHR 161 (1997), 628, 651; *Werner*, AG 1971, 69, 75.
77 *Hüffer*, § 140 AktG Rz. 7; *T. Bezzenberger*, Vorzugsaktien ohne Stimmrecht, 1991, S. 101.
78 *Hüffer*, § 140 AktG Rz. 7; *Bormann* in Spindler/Stilz, § 140 AktG Rz. 30; *G. Bezzenberger* in Großkomm. AktG, 4. Aufl., § 140 AktG Rz. 30.
79 BGH v. 15.4.2010 – IX ZR 188/09, DB 2010, 1339; *Hüffer*, § 140 AktG Rz. 9; zur geschichtlichen Entwicklung des Nachzahlungsrechts *T. Bezzenberger*, Vorzugsaktien ohne Stimmrecht, 1991, S. 62 ff.
80 Ausschussbericht, *Kropff*, Aktiengesetz, S. 205; *T. Bezzenberger*, Vorzugsaktien ohne Stimmrecht, 1991, S. 65.
81 BGH v. 8.10.1952 – II ZR 313/51, BGHZ 7, 263, 264; BGH v. 22.4.1953 – II ZR 72/53, BGHZ 9, 279, 283 f.; *v. Godin*, AcP 152 (1952/53), 527, 528.
82 *G. Bezzenberger* in Großkomm. AktG, 4. Aufl., § 140 AktG Rz. 31; *Volhard* in MünchKomm. AktG, 2. Aufl., § 140 AktG Rz. 14 f.
83 *Volhard* in MünchKomm. AktG, 2. Aufl., § 140 AktG Rz. 14; *G. Bezzenberger* in Großkomm. AktG, 4. Aufl., § 140 AktG Rz. 31; *Hüffer*, § 140 AktG Rz. 9.
84 *F.-J. Semler* in MünchHdb. AG, § 38 Rz. 23; *Volhard* in MünchKomm. AktG, 2. Aufl., § 140 AktG Rz. 14; *Roth* in Heidel, § 140 AktG Rz. 10.
85 *Hüffer*, § 140 AktG Rz. 9; *Roth* in Heidel, § 140 AktG Rz. 10; *Bormann* in Spindler/Stilz, § 140 AktG Rz. 32.

recht als Bestandteil der Mitgliedschaft durch Satzungsänderung eingeschränkt oder ganz beseitigt werden, allerdings gem. § 141 Abs. 1 nur mit entsprechendem Sonderbeschluss der Vorzugsaktionäre[86].

### 2. Selbständiges Nachzahlungsrecht als statutarischer Ausnahmefall

25 Die Satzung kann den Nachzahlungsanspruch auch **als selbständiges Recht ausgestalten** und die bestehende Verbindung zwischen Aktieninhaberschaft und Nachzahlungsrecht lösen[87]. Ist das Nachzahlungsrecht in der Satzung als selbständiger Zahlungsanspruch ausgestaltet, so entsteht unter der aufschiebenden Bedingung eines späteren Gewinnverwendungsbeschlusses unmittelbar bei Gewinnausfall ein schuldrechtlicher Zahlungsanspruch, der gem. §§ 398 ff. BGB selbständig verkehrsfähig ist[88]. Es entsteht ein selbständiges Gläubigerrecht, das dem Vorzugsaktionär zusteht, der im Zeitpunkt des Gewinnausfalls Aktieninhaber gewesen ist. Wegen der rechtlichen Selbständigkeit geht das Nachzahlungsrecht bei Verkauf der Vorzugsaktie nicht automatisch mit über, sondern verbleibt im Zweifel beim Verkäufer[89]. Vorzugsaktie und Nachzahlungsanspruch können daher hinsichtlich der Inhaberschaft auseinander fallen[90]. Da die Vorzugsaktionäre selbstständige Gläubigerrechte erwerben, die nicht zur Disposition der Aktionäre stehen, kann ihr Anspruch durch nachträgliche Satzungsänderungen nicht mehr beseitigt werden[91].

26 Um Rechtsunsicherheit im Zusammenhang mit den Satzungsbestimmungen zum Nachzahlungsrecht zu vermeiden, legt § 140 Abs. 3 fest, dass das Nachzahlungsrecht **im Zweifel als unselbständiger Teil der Mitgliedschaft** zu sehen ist[92]. Ist ein selbständiges Nachzahlungsrecht gewollt, so muss dies eindeutig aus der Satzung hervorgehen[93].

### 3. Behandlung in der Insolvenz

27 In der Insovenz werden jedoch die Vorzugsaktionäre, nach Auffassung des BGH, sowohl im Falle einer Satzungsregelung nach § 140 Abs. 3 als auch im Normfall gleich behandelt. Wie der BGH in Rechtsfortbildung entschieden hat, müssen Vorzugsaktionäre mit ihren Ansprüchen auf Nachzahlung entsprechend § 199 InsO noch im Rang

---

86 So schon RG v. 8.4.1913 – II 599/12, RGZ 82, 144, 145 f.; BGH v. 22.4.1953 – II ZR 72/53, BGHZ 9, 279, 284; OLG Stuttgart v. 23.1.1995 – 5 U 117/94, AG 1995, 283, 283 f.; Ausschussbericht, *Kropff*, Aktiengesetz, S. 205; *Roth* in Heidel, § 140 AktG Rz. 10; *F.-J. Semler* in MünchHdb. AG, § 38 Rz. 23; *Werner*, AG 1971, 69, 79.
87 *Volhard* in MünchKomm. AktG, 2. Aufl., § 140 AktG Rz. 15 mit Verweis auf RG v. 8.4.1913 – II 547/12, RGZ 82, 138, 140; *Roth* in Heidel, § 140 AktG Rz. 11; *F.-J. Semler* in MünchHdb. AG, § 38 Rz. 23.
88 OLG Stuttgart v. 23.1.1995 – 5 U 117/94, AG 1995, 283 f.; *G. Bezzenberger* in Großkomm. AktG, 4. Aufl., § 140 AktG Rz. 32; *Volhard* in MünchKomm. AktG, 2. Aufl., § 140 AktG Rz. 15; *Hüffer*, § 140 AktG Rz. 10.
89 *Volhard* in MünchKomm. AktG, 2. Aufl., § 140 AktG Rz. 15; *Hüffer*, § 140 AktG Rz. 10; ausführlich und auch kritisch *T. Bezzenberger*, Vorzugsaktien ohne Stimmrecht, 1991, S. 62 ff.
90 *G. Bezzenberger* in Großkomm. AktG, 4. Aufl., § 140 AktG Rz. 32; *Volhard* in MünchKomm. AktG, 2. Aufl., § 140 AktG Rz. 15.
91 OLG Stuttgart v. 23.1.1995 – 5 U 117/94, AG 1995, 283 f.; *G. Bezzenberger* in Großkomm. AktG, 4. Aufl., § 140 AktG Rz. 32; *Bormann* in Spindler/Stilz, § 140 AktG Rz. 34; *F.-J. Semler* in MünchHdb. AG, § 38 Rz. 23; *T. Bezzenberger*, Vorzugsaktien ohne Stimmrecht, 1991, S. 62 ff.
92 *G. Bezzenberger* in Großkomm. AktG, 4. Aufl., § 140 AktG Rz. 33; *Roth* in Heidel, § 140 AktG Rz. 10.
93 BGH v. 22.4.1953 – II ZR 72/53, BGHZ 9, 279, 283; OLG Stuttgart v. 23.1.1995 – 5 U 117/94, AG 1995, 283, 284; *Volhard* in MünchKomm. AktG, 2. Aufl., § 140 AktG Rz. 16 m.w.N.; *F.-J. Semler* in MünchHdb. AG, § 38 Rz. 23.

den nachrangigen Insolvenzgläubigern nachstehen. Denn ihre Ansprüche werden ähnlich aufschiebend bedingten Forderungen behandelt, die nur dann bei der Schlussverteilung berücksichtigt werden, wenn die Möglichkeit des Eintritts der Bedingung nahe liegt – was aber gerade bei Auflösung der Gesellschaft durch die Insovenz nicht vorliegt[94]. Bei fehlenden Satzungsregelungen nach Abs. 3 werden die Vorzugsaktionäre wie andere Anteilseigner behandelt, so dass sie ebenfalls nach allen anderen Insolvenzgläubigern befriedigt werden[95]. Ihr Nachzahlungsanspruch erlischt auch mit rechtskräftiger Bestätigung eines Insolvenzplans, ein Stimmrecht kann ebenfalls aus § 140 Abs. 2 Satz 1 nicht mehr hergeleitet werden[96].

## § 141
## Aufhebung oder Beschränkung des Vorzugs

(1) Ein Beschluss, durch den der Vorzug aufgehoben oder beschränkt wird, bedarf zu seiner Wirksamkeit der Zustimmung der Vorzugsaktionäre.

(2) Ein Beschluss über die Ausgabe von Vorzugsaktien, die bei der Verteilung des Gewinns oder des Gesellschaftsvermögens den Vorzugsaktien ohne Stimmrecht vorgehen oder gleichstehen, bedarf gleichfalls der Zustimmung der Vorzugsaktionäre. Der Zustimmung bedarf es nicht, wenn die Ausgabe bei Einräumung des Vorzugs oder, falls das Stimmrecht später ausgeschlossen wurde, bei der Ausschließung ausdrücklich vorbehalten worden war und das Bezugsrecht der Vorzugsaktionäre nicht ausgeschlossen wird.

(3) Über die Zustimmung haben die Vorzugsaktionäre in einer gesonderten Versammlung einen Sonderbeschluss zu fassen. Er bedarf einer Mehrheit, die mindestens drei Viertel der abgegebenen Stimmen umfasst. Die Satzung kann weder eine andere Mehrheit noch weitere Erfordernisse bestimmen. Wird in dem Beschluss über die Ausgabe von Vorzugsaktien, die bei der Verteilung des Gewinns oder des Gesellschaftsvermögens den Vorzugsaktien ohne Stimmrecht vorgehen oder gleichstehen, das Bezugsrecht der Vorzugsaktionäre auf den Bezug solcher Aktien ganz oder zum Teil ausgeschlossen, so gilt für den Sonderbeschluss § 186 Abs. 3 bis 5 sinngemäß.

(4) Ist der Vorzug aufgehoben, so gewähren die Aktien das Stimmrecht.

| | |
|---|---|
| I. Grundlagen . . . . . . . . . . . . . . . . . 1 | a) Mittelbare versus unmittelbare Beeinträchtigungen . . . . . . . . . . 5 |
| 1. Regelungsgegenstand und Normzweck . . . . . . . . . . . . . . . . 1 | b) Der Vorzug als beeinträchtigtes Vorrecht . . . . . . . . . . . . . . . . . . 8 |
| 2. Entstehungsgeschichte . . . . . . . . 3 | aa) Gewinnvorzug und Nachzahlungsrecht . . . . . . . . . . 8 |
| II. Aufhebung oder Beschränkung des Vorzugs (§ 141 Abs. 1) . . . . . . . . . 4 | bb) Keine Erfassung weiterer satzungsmäßig eingeräumter Vorzugsrechte . . . . . . . . . . 11 |
| 1. Satzungsänderung durch Beschluss der Hauptversammlung . . . . . . . . 4 | c) Kapitalmaßnahmen . . . . . . . . . . 13 |
| 2. Beeinträchtigung des Vorzugs . . . . . 5 | |

---

94 BGH v. 15.4.2010 – IX ZR 188/09, DB 2010, 1339, Rz. 28; zum Ganzen auch *Hirte/Mock*, ZinsO 2009, 1129 ff.; krit. gegenüber der BGH-Entscheidung *Madaus*, ZIP 2010, 1214, 1217 ff.
95 BGH v. 15.4.2010 – IX ZR 188/09, DB 2010, 1339, Rz. 31. f.
96 BGH v. 15.4.2010 – IX ZR 188/09, DB 2010, 1339, Rz. 35 gegen OLG Düsseldorf v. 30.9.2009 – I-6 U 166/08, ZIP 2009, 2350; krit gerade wegen dieses Eingriffs in Gesellschaftsrecht *Madaus*, ZIP 2010, 1214, 1218 f.

aa) Kapitalerhöhungen . . . . . . . . 13
bb) Kapitalherabsetzungen . . . . . 15
3. Zustimmung der Vorzugsaktionäre . 17
4. Ausnahme: Befristete und bedingte Vorzüge . . . . . . . . . . . . . . . . . . 19
5. Konkurrenzfragen . . . . . . . . . . . . . 20
  a) § 179 Abs. 3 . . . . . . . . . . . . . . 20
  b) § 222 . . . . . . . . . . . . . . . . . . 21
  c) § 182 Abs. 2 . . . . . . . . . . . . . . 22
  d) § 65 Abs. 2 UmwG . . . . . . . . . . 23
III. **Ausgabe neuer Vorzugsaktien (§ 141 Abs. 2)** . . . . . . . . . . . . . . 24
1. Zustimmung durch die Vorzugsaktionäre (§ 141 Abs. 2 Satz 1) . . . . . 26
  a) Die Ausgabe neuer Vorzugsaktien 26
  b) Beeinträchtigung der alten Vorzugsaktien . . . . . . . . . . . . . . 28
2. Ausnahme: Vorbehalt der Satzung bei Wahrung des Bezugsrechts (§ 141 Abs. 2 Satz 2) . . . . . . . . . . . 30
  a) Grundsatz . . . . . . . . . . . . . . . 30
  b) Satzungsvorbehalt . . . . . . . . . . 31
  c) Bezugsrecht . . . . . . . . . . . . . . 32
3. Konkurrenzfragen: § 182 Abs. 2 . . . . 33
IV. **Sonderbeschluss der Vorzugsaktionäre (§ 141 Abs. 3)** . . . . . . . . . . 34
1. Zustimmung in gesonderter Versammlung (§ 141 Abs. 3 Satz 1) . . . . 35
2. Das Erfordernis einer Dreiviertelmehrheit (§ 141 Abs. 3 Sätze 2, 3) . . . 36
3. Der Sonderfall des Bezugsrechtsausschlusses (§ 141 Abs. 3 Satz 4) . . . . . 37
V. **Stimmrecht nach Aufhebung des Vorzugs (§ 141 Abs. 4)** . . . . . . . . . . 38

**Literatur:** *Altmeppen,* Umwandlung von Vorzugsaktien in Stammaktien gegen Zuzahlung, NZG 2005, 771; *Baums,* Der unwirksame Hauptversammmlungsbeschluss, ZHR 142 (1978), 582; *G. Bezzenberger,* Zum Bezugsrecht stimmrechtsloser Vorzugsaktionäre, in FS Quack, 1991, S. 153; *T. Bezzenberger,* Vorzugsaktien ohne Stimmrecht, 1991; *Boesebeck,* Die Behandlung von Vorzugsaktien bei Kapitalerhöhungen aus Gesellschaftsmitteln, DB 1960, 404; *Frey/Hirte,* Vorzugsaktionäre und Kapitalerhöhung, DB 1989, 2465; *Hillebrandt/Schremper,* Analyse des Gleichbehandlungsgrundsatzes beim Rückkauf von Vorzugsaktien, BB 2001, 533; *Kiem,* Die Stellung der Vorzugsaktionäre bei Umwandlungsmaßnahmen, ZIP 1997, 1627; *Krauel/Weng,* Das Erfordernis von Sonderbeschlüssen stimmrechtsloser Vorzugsaktionäre bei Kapitalerhöhungen und Kapitalherabsetzungen, AG 2003, 561; *Lichtherz,* Die Vorzugsaktie ohne Stimmrecht nach dem Gesetz über Aktiengesellschaften und Kommanditgesellschaften auf Aktien vom 30. Januar 1937, 1941; *Lutter,* Das neue „Gesetz für kleine Aktiengesellschaften und zur Deregulierung des Aktienrechts", AG 1994, 429; *Senger/Vogelmann,* Die Umwandlung von Vorzugsaktien in Stammaktien, AG 2002, 193; *Siebel,* Vorzugsaktien als „Hybride" Finanzierungsform und ihre Grenzen, ZHR 161 (1997), 628; *Volhard/Goldschmidt,* Nötige und unnötige Sonderbeschlüsse der Inhaber stimmrechtsloser Vorzugsaktionäre, in FS Lutter, 2000, S. 779; *Werner,* Die Beschlussfassung der Inhaber von stimmrechtslosen Vorzugsaktien, AG 1971, 69; *Wirth/Arnold,* Umwandlung von Vorzugsaktien in Stammaktien, ZGR 2002, 859.

# I. Grundlagen

## 1. Regelungsgegenstand und Normzweck

1 § 141 soll die Vorzugsaktionäre vor Maßnahmen schützen, durch welche der ihnen gewährte **Vorzug aufgehoben, beschränkt oder anderweitig beeinträchtigt wird**[1]. Die Regelung ist daher zwingend[2], die Satzung kann sie weder aufheben noch sonst von ihr abweichen oder sie ergänzen[3]. § 141 Abs. 1 bezieht sich allgemein auf die Beeinträchtigung des Gewinnvorzugs durch Änderungen in der Satzung; § 141 Abs. 2 betrifft Beeinträchtigungen durch Kapitalmaßnahmen[4]. § 141 ist eine besondere Ausprägung des allgemeinen Grundsatzes des § 35 BGB, dass in besondere Mitglied-

---

1 *Volhard* in MünchKomm. AktG, 2. Aufl., § 141 AktG Rz. 1; *Hüffer,* § 141 AktG Rz. 1.
2 *G. Bezzenberger* in Großkomm. AktG, 4. Aufl., § 141 AktG Rz. 9; *Hüffer,* § 141 AktG Rz. 1; *Werner,* AG 1971, 69, 70.
3 *Volhard* in MünchKomm. AktG, 2. Aufl., § 141 AktG Rz. 1; *G. Bezzenberger* in Großkomm. AktG, 4. Aufl., § 141 AktG Rz. 9.
4 *Volhard* in MünchKomm. AktG, 2. Aufl., § 141 AktG Rz. 1.

schaftsrechte nur mit **Zustimmung** der Betroffenen eingegriffen werden darf[5]. Ein solcher Eingriff ist nur durch Sonderbeschluss der Vorzugsaktionäre gem. § 141 Abs. 3 zulässig, wobei eine qualifizierte Mehrheit ausreichend ist[6].

Wird der gewährte Vorzug aufgehoben, so stellt § 141 Abs. 4 fest, dass zum Ausgleich das **Stimmrecht wieder auflebt**[7]. Dies ist konsequent, da der nachzahlbare Vorzug das unerlässliche Gegenstück zum Stimmrechtsausschluss darstellt. **§ 141 schützt allein den Gewinnvorzug** der Vorzugsaktionäre. Andere besondere Rechte wie etwa Mehrdividendenrechte werden allein durch § 179 Abs. 3 erfasst (näher hierzu Rz. 11 ff.)[8].

## 2. Entstehungsgeschichte

Durch das Aktiengesetz von 1937 wurden Vorzugsaktien als eine Gattung von Aktien, bei denen das Stimmrecht ausgeschlossen war, vom Gesetzgeber in das Aktienrecht aufgenommen[9]. Der heutige § 141 ist stark an das **Vorbild des alten § 117 AktG 1937** angelehnt[10]. Die Abs. 1 und 4 des § 141 entsprechen den Abs. 1 und 4 des § 117 AktG 1937. Abs. 2 ist sprachlich und inhaltlich verändert worden[11], indem Abs. 2 Satz 2 jetzt vorschreibt, dass das Bezugsrecht der Vorzugsaktionäre nicht ausgeschlossen sein darf, wenn neue Vorzugsaktien ausgegeben werden. § 141 Abs. 3 ist hinsichtlich der Sätze 1 und 2 gegenüber § 117 AktG 1937 abgeändert und verkürzt worden, da gleichzeitig § 138 ins Gesetz aufgenommen wurde. Abs. 3 Satz 3 sollte die bis dahin bestehende Streitfrage lösen, ob die Satzung etwas anderes bestimmen kann[12]. Auf Vorschlag der Bundestagsausschüsse wurde außerdem § 141 Abs. 3 Satz 4 eingefügt, um klarzustellen, dass ein Bezugsrechtsausschluss zulässig ist, wenn die erforderlichen Vorschriften eingehalten werden[13]. In den späteren Aktienrechtsreformen erfuhr § 141 keine weiteren Änderungen.

## II. Aufhebung oder Beschränkung des Vorzugs (§ 141 Abs. 1)

### 1. Satzungsänderung durch Beschluss der Hauptversammlung

Jeder Beschluss der Hauptversammlung, der den Vorzug beeinträchtigt, bedarf der **Zustimmung der Vorzugsaktionäre**. Da der gewährte Vorzug entweder von Anfang an in der Satzung festgeschrieben oder später durch eine entsprechende Satzungsänderung eingefügt wurde (ausführlich § 139 Rz. 8)[14], ist ein Beschluss i.S. von § 141

---

5 *G. Bezzenberger* in Großkomm. AktG, 4. Aufl., § 141 AktG Rz. 4.
6 *Volhard* in MünchKomm. AktG, 2. Aufl., § 141 AktG Rz. 1; *F.-J. Semler* in MünchHdb. AG, § 38 Rz. 45 ff.
7 *Holzborn* in Bürgers/Körber, § 141 AktG Rz. 13; *Roth* in Heidel, § 141 AktG Rz. 22; *G. Bezzenberger* in Großkomm. AktG, 4. Aufl., § 141 AktG Rz. 8.
8 *G. Bezzenberger* in Großkomm. AktG, 4. Aufl., § 141 AktG Rz. 5; *Volhard* in MünchKomm. AktG, 2. Aufl., § 141 AktG Rz. 3; *Stein* in MünchKomm. AktG, 2. Aufl., § 179 AktG Rz. 178 ff.
9 *G. Bezzenberger* in Großkomm. AktG, 4. Aufl., § 139 AktG Rz. 1; *T. Bezzenberger*, Vorzugsaktien ohne Stimmrecht, 1991, S. 6 ff.; *Siebel*, ZHR 161 (1997), 628, 642 ff.; *Lichtherz*, Vorzugsaktie, 1941, S. 1 ff.
10 Begr. RegE, *Kropff*, Aktiengesetz, S. 205; *Zöllner* in KölnKomm. AktG, 1. Aufl., § 141 AktG Rz. 1.
11 Begr. RegE, *Kropff*, Aktiengesetz, S. 205; *G. Bezzenberger* in Großkomm. AktG, 4. Aufl., § 141 AktG Rz. 3.
12 Begr. RegE, *Kropff*, Aktiengesetz, S. 205.
13 Begr. RegE, *Kropff*, Aktiengesetz, S. 206; *G. Bezzenberger* in Großkomm. AktG, 4. Aufl., § 141 AktG Rz. 3.
14 *Hüffer*, § 141 AktG Rz. 2, § 139 Rz. 11.

immer ein satzungsändernder[15]. An dieser Beschlussfassung der Hauptversammlung nehmen die Vorzugsaktionäre selbst nicht teil, da ihnen kein Stimmrecht zukommt[16].

## 2. Beeinträchtigung des Vorzugs

### a) Mittelbare versus unmittelbare Beeinträchtigungen

5 Durch den satzungsändernden Beschluss der Hauptversammlung gem. §§ 179 ff. muss der **Vorzug beeinträchtigt** sein[17]. Ob die Zustimmung der Vorzugsaktionäre erforderlich ist, hängt davon ab, ob es sich um mittelbare oder unmittelbare Beeinträchtigungen handelt[18]. Die Zustimmungsbedürftigkeit nach § 141 Abs. 1 gilt **allein für unmittelbare Eingriffe in den Vorzug** selbst; mittelbare Eingriffe durch Kapitalmaßnahmen unterfallen allein § 141 Abs. 2[19].

6 **Allein wirtschaftlich nachteilige Folgen einer Beschlussfassung** für das Vorzugsrecht sind demnach **zustimmungsfrei**, soweit sie nicht § 141 Abs. 2 unterfallen[20]. Nur in den in § 141 Abs. 2 speziell genannten Fällen sind mittelbare Beeinträchtigungen des Vorzugs zustimmungspflichtig. In allen anderen Fällen, in denen sich Maßnahmen auf das Vorzugsrecht wirtschaftlich nachteilig auswirken, müssen die Vorzugsaktionäre nicht zustimmen, denn § 141 Abs. 2 regelt die Fälle der mittelbaren Berührung des Vorzugs abschließend[21].

7 Im Ergebnis sind somit **Aufhebungen oder Beschränkungen des Gewinnvorzugs und des Nachzahlungsanspruchs** zustimmungspflichtig sowie mittelbare wirtschaftliche Beeinträchtigungen des Vorzugs i.S. von § 141 Abs. 2. Die Ausnahme des § 141 Abs. 2 Satz 2 gilt nur für Maßnahmen i.S. von § 141 Abs. 2 Satz 1, nicht auch für unmittelbare Eingriffe i.S. von § 141 Abs. 1[22]. So hat z.B. ein Liquidationsbeschluss nach § 262 Abs. 1 Nr. 2 mittelbar nachteilige Auswirkungen auf den Vorzug, da der Vorzug wegen des Gewinnausschüttungsverbots als Folge des Liquidationsbeschlusses nicht mehr bedient werden kann[23].

---

15 *Volhard* in MünchKomm. AktG, 2. Aufl., § 141 AktG Rz. 2; *Roth* in Heidel, § 141 AktG Rz. 2; *Bormann* in Spindler/Stilz, § 141 AktG Rz. 4; *T. Bezzenberger*, Vorzugsaktien ohne Stimmrecht, 1991, S. 121 f.

16 *Volhard* in MünchKomm. AktG, 2. Aufl., § 139 AktG Rz. 1; *Hüffer*, § 141 AktG Rz. 2; *F.-J. Semler* in MünchHdb. AG, § 38 Rz. 24.

17 *Volhard* in MünchKomm. AktG, 2. Aufl., § 141 AktG Rz. 3; *Roth* in Heidel, § 141 AktG Rz. 2; *Holzborn* in Bürgers/Körber, § 141 AktG Rz. 3; *T. Bezzenberger*, Vorzugsaktien ohne Stimmrecht, 1991, S. 121.

18 *Hüffer*, § 141 AktG Rz. 4; *Depenbrock*, Zur Entwicklung und Bedeutung der Vorzugsaktien in den Aktienrechten der USA und im deutschen Aktienrecht. Eine vergleichende Untersuchung, 1975, S. 197; *Werner*, AG 1971, 69, 69; ablehnend hinsichtlich dieser Unterscheidung *T. Bezzenberger*, Vorzugsaktien ohne Stimmrecht, 1991, S. 121 f.

19 LG Frankfurt v. 25.4.1991 – 3/11 O 179/89, AG 1991, 405, 406; *Volhard* in MünchKomm. AktG, 2. Aufl., § 141 AktG Rz. 4; *Hüffer*, § 141 AktG Rz. 4; *Holzborn* in Bürgers/Körber, § 141 AktG Rz. 3; *Decher*, EWiR 1991, 943, 943; *Kiem*, ZIP 1997, 1627, 1627; *T. Bezzenberger*, Vorzugsaktien ohne Stimmrecht, 1991, S. 121 f.; hinsichtlich Kapitalherabsetzungen s. Rz. 15 f. sowie *Frey/Hirte*, DB 1989, 2465, 2469.

20 *G. Bezzenberger* in Großkomm. AktG, 4. Aufl., § 141 AktG Rz. 16; *Volhard* in MünchKomm. AktG, 2. Aufl., § 141 AktG Rz. 4 f.; zweifelnd aber *Hüffer*, § 141 AktG Rz. 4.

21 LG Frankfurt v. 25.4.1991 – 3/11 O 179/89, AG 1991, 405, 406; *Hüffer*, § 141 AktG Rz. 12; *G. Bezzenberger* in Großkomm. AktG, 4. Aufl., § 141 AktG Rz. 20; *Kiem*, ZIP 1997, 1627, 1627; *Werner*, AG 1971, 69, 70.

22 *Volhard* in MünchKomm. AktG, 2. Aufl., § 141 AktG Rz. 6; *Werner*, AG 1971, 89, 70.

23 OLG Frankfurt v. 23.12.1992 – 21 U 143/91, DB 1993, 272, 273 f.; *Volhard* in MünchKomm. AktG, 2. Aufl., § 141 AktG Rz. 7; *Werner*, AG 1971, 69, 70; im Ergebnis auch *T. Bezzenberger*, Vorzugsaktien ohne Stimmrecht, 1991, S. 124.

**b) Der Vorzug als beeinträchtigtes Vorrecht**

**aa) Gewinnvorzug und Nachzahlungsrecht.** Unstreitig ist, dass unter dem Begriff des Vorzugs in jedem Falle der gewährte Gewinnvorzug und das Nachzahlungsrecht zu fassen sind[24]. 8

In jedem Fall einen Eingriff in den Vorzug nach § 141 Abs. 1 stellt die **Aufhebung des nachzahlbaren Gewinnvorzugs** dar[25], die unter allen Umständen die Zustimmung der betroffenen Vorzugsaktionäre benötigt, was aufgrund des § 23 Abs. 5 auch nicht mittels der Satzung ausgehebelt werden kann[26]. Die Ausnahme des § 141 Abs. 2 Satz 2 gilt allein im Hinblick auf die Ausgabe weiterer Vorzugsaktien[27]. Gleiches gilt für eine **Herabsetzung der zu zahlenden Vorzugsdividende** oder eine negative Veränderung der entsprechenden Bemessungsgrundlage[28] ebenso wie für die Abänderung eines selbständigen **Nachzahlungsrechts** in ein unselbständiges[29]. Ferner liegt ein unmittelbarer Eingriff vor, wenn die Vorzugsrechte in der **Satzung befristet**, unter eine **auflösende Bedingung** oder den Vorbehalt der einseitigen Aufhebung durch die Hauptversammlung gestellt werden[30]. 9

**Nicht von § 141 Abs. 1 erfasst** sind **Änderungen der Bilanzierungsvorschriften in der Satzung**, die nachteilig für die Vorzugsaktionäre sein können[31], oder **Gewinnverwendungsbeschlüsse**[32]. Auch der Abschluss eines **Gewinnabführungsvertrages** unterliegt wegen der Regelung des § 293 Abs. 1 Satz 4 ebenso wenig einer durch § 141 Abs. 1 ausgelösten Zustimmungspflicht der Vorzugsaktionäre wie eine **Auflösung (§ 262) oder Verschmelzung**[33]. Die Gegenauffassung, nach der auch Umwandlungsmaßnahmen im Einzelfall eine unmittelbare Beeinträchtigung darstellen können[34], berücksichtigt nicht, dass alle Fälle der Umwandlung nicht die Beeinträchtigung des Vorzugsrechts zum Gegenstand haben, sondern sich nur mittelbar zum Nachteil der Vorzugsaktionäre auswirken[35]. Bei einer Liquidation darf zwar gem. § 272 Abs. 1 kein Gewinn mehr ausgeschüttet werden, doch ist die dadurch erfolgende Beeinträchtigung des Vorzugs nicht Inhalt des Auflösungsbeschlusses, sondern nur Folge[36]. Zustimmungsfrei ist ferner eine satzungsgemäße Ermächtigung des Vorstands nach 10

---

24 *Hüffer*, § 141 AktG Rz. 3; *Volhard* in MünchKomm. AktG, 2. Aufl., § 141 AktG Rz. 3; *G. Bezzenberger* in Großkomm. AktG, 4. Aufl., § 141 AktG Rz. 10 f.; *Roth* in Heidel, § 141 AktG Rz. 3; *Holzborn* in Bürgers/Körber, § 141 AktG Rz. 2; *T. Bezzenberger*, Vorzugsaktien ohne Stimmrecht, 1991, S. 125 f.
25 *Volhard* in MünchKomm. AktG, 2. Aufl., § 141 AktG Rz. 5; *Hüffer*, § 141 AktG Rz. 5; *Wirth/Arnold*, ZGR 2002, 859, 866; *T. Bezzenberger*, Vorzugsaktien ohne Stimmrecht, 1991, S. 125 f.
26 *Hüffer*, § 141 AktG Rz. 11; *T. Bezzenberger*, Vorzugsaktien ohne Stimmrecht, 1991, S. 76 f.; *Werner*, AG 1971, 69, 70.
27 *G. Bezzenberger* in Großkomm. AktG, 4. Aufl., § 141 AktG Rz. 18; *Werner*, AG 1971, 69, 70.
28 *G. Bezzenberger* in Großkomm. AktG, 4. Aufl., § 141 AktG Rz. 20.
29 *Volhard* in MünchKomm. AktG, 2. Aufl., § 141 AktG Rz. 5; *Roth* in Heidel, § 141 AktG Rz. 5; *Bormann* in Spindler/Stilz, § 141 AktG Rz. 7; für Einzelheiten zum Nachzahlungsrecht s. die Kommentierung in § 140 Rz. 23 ff.
30 *G. Bezzenberger* in Großkomm. AktG, 4. Aufl., § 141 AktG Rz. 19; *T. Bezzenberger*, Vorzugsaktien ohne Stimmrecht, 1991, S. 125 f.
31 *Hüffer*, § 141 AktG Rz. 6; *G. Bezzenberger* in Großkomm. AktG, 4. Aufl., § 141 AktG Rz. 20.
32 *Roth* in Heidel, § 141 AktG Rz. 5; *Holzborn* in Bürgers/Körber, § 141 AktG Rz. 3; *Werner*, AG 1971, 69, 70; *T. Bezzenberger*, Vorzugsaktien ohne Stimmrecht, 1991, S. 124.
33 *Hüffer*, § 141 AktG Rz. 6; *G. Bezzenberger* in Großkomm. AktG, 4. Aufl., § 141 AktG Rz. 20; *Werner*, AG 1971, 69, 69; *T. Bezzenberger*, Vorzugsaktien ohne Stimmrecht, 1991, S. 124 f.
34 *Kiem*, ZIP 1997, 1627, 1628 ff.
35 So auch *Werner*, AG 1971, 69, 69 f.
36 *Hüffer*, § 141 AktG Rz. 6; *G. Bezzenberger* in Großkomm. AktG, 4. Aufl., § 141 AktG Rz. 13; *Volhard* in MünchKomm. AktG, 2. Aufl., § 141 AktG Rz. 7; *Volhard/Goldschmidt* in FS Lutter, 2000, S. 779, 788.

§ 58 Abs. 2 Satz 2, eine erhöhte Rücklage zu bilden[37], oder der Rückkauf von Aktien gem. § 71 Abs. 1 Nr. 8[38]. Dass sich dadurch, dass viele Vorzugsaktionäre ein solches Rückkaufangebot annehmen, in der Folge die Liquidität des Titels sinkt und es zu z.T. erheblichen Kursabschlägen kommt, Vermögensnachteile bei den verbleibenden Vorzugsaktionären einstellen, ist hinsichtlich des § 141 Abs. 1 unbeachtlich, da es sich nicht um eine unmittelbare Beeinträchtigung handelt; eine analoge Anwendung des § 141 Abs. 2 scheitert daran, dass dieser abschließenden Charakter hat (Rz. 16)[39].

11 **bb) Keine Erfassung weiterer satzungsmäßig eingeräumter Vorzugsrechte.** Zum Teil wird darüber hinaus **§ 141 Abs. 1 erweiternd ausgelegt**, so dass Vorzugsaktionäre vor allen Beschlüssen geschützt werden und diesen zustimmen müssen, die in irgendeiner Weise ihre besondere Rechtsstellung beeinträchtigen[40], insbesondere ein durch Satzung gewährter Vorzug bei der **Verteilung des Liquidationserlöses**[41]. Da § 141 Abs. 2 Satz 1 bereits vor einer mittelbaren Beeinträchtigung des Liquidationsvorzuges schütze, wie sie etwa durch die Ausgabe vorrangiger Vorzugsaktien eintreten kann, sei es widersprüchlich, wenn die direkte Beeinträchtigung dieses Vorrechts nicht durch § 141 Abs. 1 geschützt würde[42]. In ähnlicher Weise soll der Schutz des § 141 auch auf **Beeinträchtigungen in satzungsmäßig gewährte Mehrdividendenrechte** ausgedehnt werden[43].

12 Dem ist **nicht zu folgen**[44]: Aus der Tatsache, dass § 141 Abs. 2 für den Fall einer weiteren Ausgabe von Vorzugsaktien bestimmte Voraussetzungen hierfür festlegt, kann nicht sogleich der Schluss gezogen werden, dass § 141 vor jeder Beschränkung des Liquidationsvorzugs als satzungsgemäß eingeräumtem Vorrecht schützen soll[45]. Vielmehr gilt für solche Fälle die Regelung des § 179 Abs. 3, der ausreichenden Rechtsschutz gewährleistet[46]. § 141 Abs. 2 bestimmt nur für den dort speziell geregelten Fall der Ausgabe weiterer Vorzugsaktien, unter welchen Bedingungen dies zulässig ist[47]. Letztlich wäre die Anwendung des § 141 Abs. 1 auf Eingriffe in das Liquidationsrecht auch systematisch unzutreffend: Denn wenn das Liquidationsrecht einer anderen Aktiengattung umgekehrt verbessert würde und dadurch die Vorzugsaktionäre mittelbar auch benachteiligt würden, könnte § 141 Abs. 1 auch keine Anwendung finden, da nicht das Vorzugsrecht geschmälert würde, sondern das darüber hinaus gehende Recht auf den weitergehenden Liquidationsüberschuss[48]. Gleiche Argumente gelten i.E. auch für die Mehrdividendenrechte[49].

---

37 *Bormann* in Spindler/Stilz, § 141 AktG Rz. 9; *T. Bezzenberger*, Vorzugsaktien ohne Stimmrecht, 1991, S. 125.
38 *Hüffer*, § 141 AktG Rz. 6.
39 Ausführlich mit weiteren Nachweisen zu der gesamten Problematik *Hillebrandt/Schremper*, BB 2001, 533, 536 f.
40 *Hüffer*, § 141 AktG Rz. 3; *Werner*, AG 1971, 69, 69.
41 *Hüffer*, § 141 AktG Rz. 3; *Werner*, AG 1971, 69.
42 *Hüffer*, § 141 AktG Rz. 3.
43 *Hüffer*, § 141 AktG Rz. 3; *Werner*, AG 1971, 69.
44 Ausführlich *T. Bezzenberger*, Vorzugsaktien ohne Stimmrecht, 1991, S. 135 f.
45 Im Ergebnis auch *Volhard* in MünchKomm. AktG, 2. Aufl., § 141 AktG Rz. 3; *Holzborn* in Bürgers/Körber, § 141 AktG Rz. 2; *T. Bezzenberger*, Vorzugsaktien ohne Stimmrecht, 1991, S. 135 f.
46 *Volhard* in MünchKomm. AktG, 2. Aufl., § 141 AktG Rz. 3; *G. Bezzenberger* in Großkomm. AktG, 4. Aufl., § 141 AktG Rz. 10; *T. Bezzenberger*, Vorzugsaktien ohne Stimmrecht, 1991, S. 135.
47 *Volhard* in MünchKomm. AktG, 2. Aufl., § 141 AktG Rz. 3.
48 Näher dazu bei *T. Bezzenberger*, Vorzugsaktien ohne Stimmrecht, 1991, S. 135.
49 *G. Bezzenberger* in Großkomm. AktG, 4. Aufl., § 141 AktG Rz. 10; *Volhard* in MünchKomm. AktG, 2. Aufl., § 141 AktG Rz. 3; *T. Bezzenberger*, Vorzugsaktien ohne Stimmrecht, 1991, S. 136.

## c) Kapitalmaßnahmen

**aa) Kapitalerhöhungen**[50]. Bei der Kapitalerhöhung durch die Ausgabe neuer Stammaktien **gegen Einlagen sowie bei einer bedingten Kapitalerhöhung oder beim genehmigten Kapital** wird der gewährte Vorzug nicht direkt betroffen[51]. Bei der Ausgabe neuer Vorzugsaktien wird ebenfalls nicht unmittelbar in den bestehenden Vorzug der alten Vorzugsaktien eingegriffen; dieser bleibt vielmehr bestehen[52]. Im letzteren Fall kommt es zwar – bedingt durch die dann größere Anzahl von Vorzugsaktionären auf die der Gewinn zu verteilen ist – zu wirtschaftlichen Nachteilen für die bisherigen Vorzugsaktionäre, doch ist hierin alleine eine mittelbare Beeinträchtigung zu sehen, die für § 141 Abs. 1 keinerlei Bedeutung hat[53].

13

Bei einer **Kapitalerhöhung aus Gesellschaftsmitteln** muss aufgrund der Regelung des § 216 Abs. 1 der gewährte Vorzug für die alten Vorzugsaktien derart nach unten angepasst werden, dass für die dann bestehende Gesamtheit aller – neuen und alten – Vorzugsaktien insgesamt der gleiche Vorzug gewährt wird[54]. Dadurch wird eine sonst entstehende Benachteiligung der Stammaktionäre vermieden und sichergestellt, dass die Einzelrechte der Aktionäre zueinander relativ gesehen unverändert bleiben[55]. Alle Aktionäre erhalten nur neue Aktien ihrer jeweiligen Aktiengattung[56]. Dadurch bleiben die Rechte der Vorzugsaktionäre insgesamt zumindest unmittelbar unberührt, so dass Kapitalerhöhungen aus Gesellschaftsmitteln nicht unter § 141 Abs. 1 fallen[57].

14

**bb) Kapitalherabsetzungen.** Im Hinblick auf Kapitalherabsetzungen ist zu **differenzieren**: Soweit das Stammkapital durch die **Zusammenlegung von Aktien gem. § 222 Abs. 4** herabgesetzt wird, ist der Vorzug einer jeden Vorzugsaktie nicht betroffen, da dieser für jede Aktie unverändert bestehen bleibt[58]. Daher ist eine solche Maßnahme zur Kapitalherabsetzung auch nicht nach § 141 Abs. 1 zustimmungspflichtig[59].

15

Soweit eine Kapitalherabsetzung dadurch umgesetzt wird, dass der **Nennbetrag der einzelnen Aktien herabgesetzt wird**, ist die Beeinträchtigung des Vorzuges nur mittelbarer Natur, so dass auch hier § 141 Abs. 1 nicht einschlägig ist[60]. Das gilt sowohl,

16

---

50 Ausführlich zum Erfordernis von Sonderbeschlüssen der Vorzugsaktionäre bei Kapitalerhöhungen *Krauel/Wenig*, AG 2003, 561 ff.
51 *Volhard* in MünchKomm. AktG, 2. Aufl., § 141 AktG Rz. 8; *Volhard/Goldschmidt* in FS Lutter, 2000, S. 779, 782; Überblick zur aktuellen Gesetzeslage bei Kapitalmaßnahmen bei *Krauel/Weng*, AG 2003, 561 f.
52 *Volhard/Goldschmidt* in FS Lutter, 2000, S. 779, 781; *Volhard* in MünchKomm. AktG, 2. Aufl., § 141 AktG Rz. 8.
53 *Volhard* in MünchKomm. AktG, 2. Aufl., § 141 AktG Rz. 8.
54 OLG Stuttgart v. 11.2.1992 – 10 U 313/90, AG 1993, 94 f.; *Fock/Wüsthoff* in Spindler/Stilz, § 216 AktG Rz. 6; mit Beispiel *Volhard* in MünchKomm. AktG, 2. Aufl., § 141 AktG Rz. 9 mit Fn. 25; *Krieger* in MünchHdb. AG, § 59 Rz. 56; *Geßler*, DNotZ 1960, 619, 635 f.
55 *Hüffer*, § 216 AktG Rz. 1; *Fock/Wüsthoff* in Spindler/Stilz, § 216 AktG Rz. 6; *Krieger* in MünchHdb. AG, § 56 Rz. 54.
56 *Fock/Wüsthoff* in Spindler/Stilz, § 216 AktG Rz. 3; *Hüffer*, § 216 AktG Rz. 2; *Volhard* in MünchKomm. AktG, 2. Aufl., § 141 AktG Rz. 9.
57 OLG Stuttgart v. 11.2.1992 – 10 U 313/90, AG 1993, 94 f.; *Holzborn* in Bürgers/Körber, § 141 AktG Rz. 4; *Roth* in Heidel, § 141 AktG Rz. 5; *T. Bezzenberger*, Vorzugsaktien ohne Stimmrecht, 1991, S. 79 f.; *Volhard/Goldschmidt* in FS Lutter, 2000, S. 779, 784; *Boesebeck*, DB 1960, 404; *Geßler*, BB 1960, 6, 10; *Werner*, AG 1971, 69, 71.
58 LG Frankfurt v. 25.4.1991 – 3/11 O 179/89, AG 1991, 405, 406; *Volhard* in MünchKomm. AktG, 2. Aufl., § 141 AktG Rz. 11; *Frey/Hirte*, DB 1989, 2465, 2569; *Krauel/Wenig*, AG 2003, 561, 565.
59 OLG Frankfurt v. 23.12.1992 – 21 U 143/91, DB 1993, 272, 273; *Volhard* in MünchKomm. AktG, 2. Aufl., § 141 AktG Rz. 11; *Hüffer*, § 141 AktG Rz. 8 f.; *Werner*, AG 1971, 69 f.
60 OLG Frankfurt v. 23.12.1992 – 21 U 143/91, DB 1993, 272, 273; LG Frankfurt v. 25.4.1991 – 3/11 O 179/89, AG 1991, 405, 406; *G. Bezzenberger* in Großkomm. AktG, 4. Aufl., § 141

soweit der Gewinnvorzug mit einem festen Betrag festgesetzt ist, als auch bei einer Festsetzung in Prozent auf den Nennbetrag[61]. Allein die wirtschaftliche Beeinträchtigung des Vorzugs, die in diesen Fällen ohne Weiteres gegeben sein kann, reicht nicht aus[62]. Die **Gegenmeinung**, die von der Notwendigkeit einer Zustimmung der Vorzugsaktionäre ausgeht[63], weil der Vorrang durch eine Kapitalherabsetzung geschmälert werde und für die Frage der Beeinträchtigung i.S. von § 141 Abs. 1 die absolute Höhe des Vorzugs maßgeblich sei und nicht die prozentuale[64], führt letztlich dazu, dass dem Vorzugsaktionär ein Stimmrecht für Kapitalmaßnahmen zugestanden wird. Weder nach dem Wortlaut des Gesetzes noch nach Sinn und Zweck der Regelungen kann davon ausgegangen werden, dass stimmrechtslosen Vorzugsaktionären die Möglichkeit eingeräumt werden soll, durch einen dann notwendigen Sonderbeschluss Sanierungsmaßnahmen zu beeinflussen bzw. zu blockieren[65]. Seit der Gesetzesänderung 1994 ist im Wortlaut des § 222 Abs. 2 ausdrücklich klargestellt, dass es sich um mehrere Gattungen stimmberechtigter Aktien handeln muss, so dass § 222 Abs. 2 in keinem Falle mehr herangezogen werden kann, um ein Zustimmungserfordernis der Vorzugsaktionäre zu begründen[66].

### 3. Zustimmung der Vorzugsaktionäre

17 Soweit ein Beschluss der Hauptversammlung den Vorzug unmittelbar beschränkt und ein Fall des § 141 Abs. 1 vorliegt, bedarf es eines zustimmenden Sonderbeschlusses der Vorzugsaktionäre entsprechend § 141 Abs. 3[67]. Bis zu einem positiven Sonderbeschluss ist der Beschluss der Hauptversammlung zur Satzungsänderung **schwebend unwirksam** (s. § 138 Rz. 20)[68]. Eine Eintragung in das Handelsregister darf solange nicht erfolgen. Ergeht kein positiver Beschluss, ist die Satzungsänderung endgültig unwirksam[69].

18 Auch wenn den Vorzugsaktionären gem. **§ 140 Abs. 2** das Stimmrecht zusteht, bleibt es beim Erfordernis des Sonderbeschlusses, da andernfalls die Zustimmung entbehrlich würde, nur weil die Gesellschaft den Dividendenvorzug nicht ordnungsgemäß geleistet hat[70]. Neben den Vorzugsaktionären müssen einem entsprechenden Hauptversammlungsbeschluss u.U. auch **andere benachteiligte Aktionäre gem. § 179 Abs. 3** zustimmen[71].

---

AktG Rz. 23; *Hüffer*, § 141 AktG Rz. 8 f.; *Volhard* in MünchKomm. AktG, 2. Aufl., § 141 AktG Rz. 10.
61 OLG Frankfurt v. 23.12.1992 – 21 U 143/91, DB 1993, 272, 273; *Volhard/Goldschmidt* in FS Lutter, 2000, S. 779, 785.
62 *Werner*, AG 1971, 69.
63 *Lutter* in KölnKomm. AktG, 2. Aufl., § 222 AktG Rz. 7; *Bormann* in Spindler/Stilz, § 141 AktG Rz. 13 f.; *Frey/Hirte*, DB 1989, 2465, 2469; *Decher*, EWiR 1991, 943, 944; *T. Bezzenberger*, Vorzugsaktien ohne Stimmrecht, 1991, S. 172.
64 *Frey/Hirte*, DB 1989, 2465, 2469; *T. Bezzenberger*, Vorzugsaktien ohne Stimmrecht, 1991, S. 172; *Decher*, EWiR 1991, 943, 944.
65 So auch *Hüffer*, § 141 AktG Rz. 9; das Ergebnis anerkennend, aber den Gesetzgeber zu Änderungen aufrufend, *Krauel/Weng*, AG 2003, 561, 564 f.
66 *Hüffer*, § 141 AktG Rz. 9; § 222 AktG Rz. 18; *Krauel/Weng*, AG 2003, 561, 563.
67 *Volhard* in MünchKomm. AktG, 2. Aufl., § 141 AktG Rz. 15; *Hüffer*, § 141 AktG Rz. 10.
68 OLG Frankfurt v. 23.12.1992 – 21 U 143/91, DB 1993, 272; *Volhard* in MünchKomm. AktG, 2. Aufl., § 138 Rz. 4; *Hüffer*, § 141 AktG Rz. 10.
69 *Hüffer*, § 138 AktG Rz. 10; *Bormann* in Spindler/Stilz, § 141 AktG Rz. 52; für Nichtigkeit *Baums*, ZHR 142 (1978), 582, 585 f.
70 *G. Bezzenberger* in Großkomm. AktG, 4. Aufl., § 141 AktG Rz. 45; *Hüffer*, § 141 AktG Rz. 10, § 140 AktG Rz. 4 ff.; *Bormann* in Spindler/Stilz, § 141 AktG Rz. 51.
71 S. das Beispiel bei *Volhard* in MünchKomm. AktG, 2. Aufl., § 141 AktG Rz. 16.

## 4. Ausnahme: Befristete und bedingte Vorzüge

Kein Fall des § 141 Abs. 1 liegt vor, **wenn der Vorzug bei der Ausgabe bedingt oder befristet war** und dadurch beschränkt wird oder sich verringert[72]. Hier sind die Vorzüge von Anfang an unter dem Vorbehalt einer möglichen späteren Beschränkung ausgegeben worden, so dass der Schutzzweck des § 141 nicht eingreift. Auf der anderen Seite kann – vor dem Hintergrund des § 23 Abs. 5 – die Notwendigkeit einer Zustimmung gem. § 141 Abs. 1 nicht dadurch umgangen werden, dass der Hauptversammlung per Satzung vorbehalten bleibt, den **Vorzug später ohne Zustimmung der Vorzugsaktionäre zu beschränken bzw. aufzuheben**[73]. Andernfalls wären der Vorzug und die damit eingeräumte Sonderstellung der Vorzugsaktionäre, für die sie auf ihre Stimmrechte verzichten müssen, zur jederzeitigen Disposition der Mehrheit gestellt. Zwar wird dagegen ins Feld geführt[74], dass § 141 Abs. 1 die Beendigungstatbestände des Vorzugs nicht abschließend regele und dass ein wertender Vergleich für die Zulässigkeit der späteren Beschränkung spreche, da im Falle des Abs. 2 eine solche auch möglich sei, obwohl dies den Vorzugsaktionär härter träfe, da im Falle der Aufhebung nach § 141 Abs. 4 wenigstens das Stimmrecht wieder auflebe. Dem steht jedoch entgegen, dass § 141 Abs. 1 eine gegenüber § 23 Abs. 5 abschließende Regelung ist, die nicht zur Disposition des Satzungsgebers stehen soll[75], zudem dass das Wiedererlangen des Stimmrechts nicht für alle Vorzugsaktionäre ein adäquater Ausgleich ist.

19

## 5. Konkurrenzfragen

### a) § 179 Abs. 3

Soweit der Vorzug nach § 141 Abs. 1 beschränkt ist, liegt immer auch eine für die Vorzugsaktionäre nachteilige Veränderung der bisherigen Verhältnisse der Aktiengattungen zueinander und damit ein Fall des § 179 Abs. 3 vor[76]. Soweit aber der Anwendungsbereich des § 141 Abs. 1 eröffnet ist (s. hierzu Rz. 4 ff.), **geht § 141 Abs. 1 als speziellere Vorschrift vor**[77]. § 179 Abs. 3 ist insoweit nicht anwendbar[78].

20

### b) § 222

Wie sich aus dem Wortlaut des § 222 Abs. 2 ergibt, gilt dieser nur für mehrere Gattungen stimmberechtigter Aktien. Seit 1994 ist mit dem Gesetz für kleine Aktiengesellschaften und zur Deregulierung des Aktienrechts endgültig das lex specialis Verhältnis von § 222 Abs. 2 zu § 141 klargestellt worden[79]. Beide Vorschriften **schließen**

21

---

72 *G. Bezzenberger* in Großkomm. AktG, 4. Aufl., § 141 AktG Rz. 19, § 139 AktG Rz. 27 ff.; *Hüffer*, § 141 AktG Rz. 11; *Werner*, AG 1971, 69, 70.
73 *Hüffer*, § 141 AktG Rz. 11; *G. Bezzenberger* in Großkomm. AktG, 4. Aufl., § 141 AktG Rz. 19; *T. Bezzenberger*, Vorzugsaktien ohne Stimmrecht, 1991, S. 76 f.; *Werner*, AG 1971, 69, 70; gegen die Möglichkeit, die Aufhebung des Dividendenvorzugs vom Eintritt einer auflösenden Bedingung abhängig zu machen, auch öOGH v. 29.8.1995 – 1 Ob 586/94 und 595/95, AG 1996, 91, 93.
74 *Zöllner* in KölnKomm. AktG, 1. Aufl., § 141 AktG Rz. 7.
75 *Hüffer*, § 141 AktG Rz. 11; ähnlich *T. Bezzenberger*, Vorzugsaktien ohne Stimmrecht, 1991, S. 76 f.
76 *T. Bezzenberger*, Vorzugsaktien ohne Stimmrecht, 1991, S. 115 f.
77 OLG Köln v. 20.9.2001 – 18 U 125/01, ZIP 2001, 2049, 2050; *Stein* in MünchKomm. AktG, 2. Aufl., § 179 AktG Rz. 181; *G. Bezzenberger* in FS Quack, 1991, S. 153, 159; *F.-J. Semler* in MünchHdb. AG, § 39 Rz. 62; *Senger/Vogelmann*, AG 2002, 193, 194.
78 OLG Köln v. 20.9.2001 – 18 U 125/01, ZIP 2001, 2049 f.; *Hüffer*, § 179 AktG Rz. 42; *T. Bezzenberger*, Vorzugsaktien ohne Stimmrecht, 1991, S. 132 f.; anders *Werner*, AG 1971, 69, 75 f.
79 Zum früher herrschenden Streit OLG Frankfurt v. 23.12.1992 – 21 U 143/91, DB 1993, 272, 273; LG Frankfurt v. 25.4.1991 – 3/11 O 179/89, WM 1991, 2025, 2027 = AG 1991, 405; *T. Bez-*

sich damit tatbestandlich aus und zwar auch dann, wenn den Vorzugsaktionären das Stimmrecht nach § 140 Abs. 2 zusteht[80].

### c) § 182 Abs. 2

22 Auch im Hinblick auf eine Kapitalerhöhung schließen sich die Vorschriften der §§ 141 Abs. 1 und § 182 Abs. 2 tatbestandlich aus, da auch § 182 Abs. 2 Satz 1 von stimmberechtigten Aktien spricht[81]. Auch in § 182 Abs. 2 ist durch das Gesetz für kleine Aktiengesellschaften und zur Deregulierung des Aktienrechts das Wort „stimmberechtigten" eingefügt worden und der bis dahin bestehende Streit (s. hierzu bereits Rz. 21)[82] beendet worden. **Für Vorzugsaktien ohne Stimmrecht gilt daher allein § 141 Abs. 1**[83]. Das gilt wiederum auch dann, wenn für die Vorzugsaktien das Stimmrecht nach § 140 Abs. 2 Satz 1 entstanden ist[84].

### d) § 65 Abs. 2 UmwG

23 Auch der für Verschmelzungen geltende § 65 Abs. 2 UmwG, der aufgrund der Verweisungen in den §§ 125 Satz 1 bzw. 240 Abs. 1 Satz 1 UmwG auch für Spaltungen und Umwandlungen gilt, spricht vom Zustimmungserfordernis der verschiedenen Aktiengattungen, aber dem Wortlaut entsprechend nur den stimmberechtigten. Ein Zustimmungserfordernis stimmrechtsloser Vorzugsaktionäre schließt § 65 Abs. 2 UmwG somit aus, so dass sich auch die **§ 65 Abs. 2 UmwG und § 141 Abs. 1 AktG tatbestandlich ausschließen**[85].

## III. Ausgabe neuer Vorzugsaktien (§ 141 Abs. 2)

24 In Abgrenzung zu § 141 Abs. 1 regelt § 141 Abs. 2 die Zustimmungsbedürftigkeit bestimmter Beschlüsse zur Ausgabe neuer Vorzugsaktien, die zu **mittelbaren Beeinträchtigungen** des gewährten Vorzugs führen[86]. In diesen Fällen wird zwar das Vorzugsrecht als solches nicht direkt angegriffen, doch wird es in seinem wirtschaftlichen Wert – den § 141 Abs. 2 gerade schützen will[87] – beeinträchtigt, da durch die Ausgabe neuer Vorzugsaktien – ob stimmberechtigt oder nicht[88] – die Zahl der Vorzugsberechtigten steigt und der Bilanzgewinn u.U. nicht mehr ausreicht[89].

---

*zenberger*, Vorzugsaktien ohne Stimmrecht, 1991, S. 171 ff.; *Frey/Hirte*, DB 1989, 2465, 2469; *Lutter*, AG 1994, 429, 446.
80 *Volhard* in MünchKomm. AktG, 2. Aufl., § 141 AktG Rz. 18; *Hüffer*, § 141 AktG Rz. 23.
81 *Hüffer*, § 182 AktG Rz. 19, § 141 AktG Rz. 23; *Volhard* in MünchKomm. AktG, 2. Aufl., § 141 AktG Rz. 18; *T. Bezzenberger*, Vorzugsaktien ohne Stimmrecht, 1991, S. 164.
82 *Hüffer*, § 182 Rz. 19; *Peifer* in MünchKomm. AktG, 2. Aufl., § 182 AktG Rz. 23.
83 Fraktionsbegründung, BT-Drucks. 12/6721, S. 10; *Lutter*, AG 1994, 429, 446; *Krauel/Wenig*, AG 2003, 561, 562.
84 *G. Bezzenberger* in Großkomm. AktG, 4. Aufl., § 141 AktG Rz. 23; *Hüffer*, § 182 AktG Rz. 19; *Krauel/Wenig*, AG 2003, 561, 562 f.; anders aber *Krieger* in MünchHdb. AG, § 56 Rz. 16.
85 *Volhard* in MünchKomm. AktG, 2. Aufl., § 141 AktG Rz. 20; *Zimmermann* in Kallmeyer, § 65 UmwG Rz. 22; ausführlich *G. Bezzenberger* in Großkomm. AktG, 4. Aufl., § 141 AktG Rz. 25; zur Stellung der Vorzugsaktionäre bei Umwandlungsmaßnahmen auch *Kiem*, ZIP 1997, 1627 ff.
86 *Hüffer*, § 141 AktG Rz. 12; *Volhard* in MünchKomm. AktG, 2. Aufl., § 141 AktG Rz. 21; *Bormann* in Spindler/Stilz, § 141 AktG Rz. 26; *Roth* in Heidel, § 141 AktG Rz. 7.
87 *Volhard* in MünchKomm. AktG, 2. Aufl., § 141 AktG Rz. 21; *G. Bezzenberger* in Großkomm. AktG, 4. Aufl., § 141 AktG Rz. 26; *Werner*, AG 1971, 69, 71.
88 *Bormann* in Spindler/Stilz, § 141 AktG Rz. 28; *Holzborn* in Bürgers/Körber, § 141 AktG Rz. 7; *T. Bezzenberger*, Vorzugsaktien ohne Stimmrecht, 1991, S. 146; *Werner*, AG 1971, 69, 71.
89 *G. Bezzenberger* in Großkomm. AktG, 4. Aufl., § 141 AktG Rz. 26; *Volhard* in MünchKomm. AktG, 2. Aufl., § 141 AktG Rz. 21.

§ 141 Abs. 2 kann **nicht extensiv** ausgelegt werden, denn der Gesetzgeber hat sich bewusst dafür entschieden, nur die in § 141 Abs. 2 aufgeführten Fälle einem Zustimmungserfordernis der Vorzugsaktionäre zu unterwerfen[90].

**1. Zustimmung durch die Vorzugsaktionäre (§ 141 Abs. 2 Satz 1)**

**a) Die Ausgabe neuer Vorzugsaktien**

§ 141 Abs. 2 gilt nur für die Ausgabe von Vorzugsaktien, unabhängig davon, ob diese mit oder ohne Stimmrecht ausgestattet sind, da der Wortlaut nicht danach differenziert und der Schutzzweck des § 141 Abs. 2 allein auf den Schutz der Vermögensrechte gerichtet ist[91]. Auch Vorzugsaktien, die andere Vorrechte einräumen, wie etwa ein Vorrecht bei der Verteilung des Liquidationsüberschusses, genügen, wie aus dem Wortlaut deutlich wird; es muss sich nicht um Gewinnvorzüge nach § 139 Abs. 1 handeln[92]. Die **Ausgabe neuer Stammaktien** ist nicht von einem zustimmenden Beschluss der Vorzugsaktionäre abhängig, da sie das Gewinnvorrecht der Vorzugsaktien nicht beeinträchtigen kann[93].

Die Ausgabe neuer Vorzugsaktien kann durch **eine von der Hauptversammlung beschlossene Kapitalerhöhung** erfolgen, wobei im Falle von **genehmigtem Kapital** schon die Ermächtigung der Hauptversammlung der Zustimmungspflicht nach § 141 Abs. 2 unterliegt[94]. Ferner fällt die **Umwandlung von Stamm- in Vorzugsaktien** unter § 141 Abs. 2; denn hier wird das Vorzugsrecht durch die Ausgabe neuer Vorzugsaktien ähnlich beeinträchtigt[95]. Demgegenüber wird zwar mitunter[96] auch eine Zustimmung verlangt; doch verortet diese Auffassung das Zustimmungsgebot in § 141 Abs. 1 und nicht in § 141 Abs. 2, da sich der Gewinnvorzug nicht als reine Prozentzahl darstelle, sondern nach dem Verhältnis des bevorrechtigten zum gesamten Aktienkapital, und dieser daher unmittelbar beeinträchtigt sei; dies ist aber auf Grundlage der bereits unter Rz. 13 dargelegten Argumente abzulehnen. Im umgekehrten Fall der Umwandlung von Vorzugs- in Stammaktien bedarf es einer Zustimmung der Vorzugsaktionäre nach § 141 Abs. 1[97].

**b) Beeinträchtigung der alten Vorzugsaktien**

Die zuvor genannten Fälle bedürfen stets nur dann der Zustimmung der Vorzugsaktionäre, wenn die Vorzugsrechte **in ihrem wirtschaftlichen Wert beeinträchtigt** werden, indem ihnen die neuen Vorzugsaktien hinsichtlich ihres besonderen Gewinn-

---

90 Ausschussbericht, *Kropff*, Aktiengesetz, S. 206; ebenso *Hüffer*, § 141 AktG Rz. 12; *Bormann* in Spindler/Stilz, § 141 AktG Rz. 26.
91 *Volhard* in MünchKomm. AktG, 2. Aufl., § 141 AktG Rz. 21; *Bormann* in Spindler/Stilz, § 141 AktG Rz. 28; *G. Bezzenberger* in Großkomm. AktG, 4. Aufl., § 141 AktG Rz. 26; *Hüffer*, § 141 AktG Rz. 13; *T. Bezzenberger*, Vorzugsaktien ohne Stimmrecht, 1991, S. 146; *Werner*, AG 1971, 69, 71.
92 *Volhard* in MünchKomm. AktG, 2. Aufl., § 141 AktG Rz. 21; *G. Bezzenberger* in Großkomm. AktG, 4. Aufl., § 141 AktG Rz. 26; *Hüffer*, § 141 AktG Rz. 13.
93 Ausschussbericht, *Kropff*, Aktiengesetz, S. 206; *Bormann* in Spindler/Stilz, § 141 AktG Rz. 28; *Volhard* in MünchKomm. AktG, 2. Aufl., § 141 AktG Rz. 22.
94 *G. Bezzenberger* in Großkomm. AktG, 4. Aufl., § 141 AktG Rz. 26; *Hüffer*, § 141 AktG Rz. 13; *Volhard* in MünchKomm. AktG, 2. Aufl., § 141 AktG Rz. 25.
95 *G. Bezzenberger* in Großkomm. AktG, 4. Aufl., § 141 AktG Rz. 43; *Bormann* in Spindler/Stilz, § 141 AktG Rz. 28; *Hüffer*, § 141 AktG Rz. 13; ausführlich zum umgekehrten Fall der Umwandlung von Vorzugsaktien in Stammaktien *Senger/Vogelmann*, AG 2002, 193 ff. und *Wirth/Arnold*, ZGR 2002, 859 ff.
96 *T. Bezzenberger*, Vorzugsaktien ohne Stimmrecht, 1991, S. 129.
97 *Altmeppen*, NZG 2005, 771; ferner *Senger/Vogelmann*, AG 2002, 193 ff. und *Wirth/Arnold*, ZGR 2002, 859 ff.

vorrechts bzw. der privilegierten Stellung bei der Verteilung des Gesellschaftsvermögens gleichstehen oder vorgehen und nicht etwa nur hinsichtlich des allgemeinen Gewinn- oder Liquidationsrechts[98]. Für den Schutz möglicher anderer Vorrechte ist § 141 Abs. 2 nicht einschlägig[99]. Kein Fall des § 141 Abs. 2 liegt vor, wenn z.B. die neuen Vorzugsaktien mit einem Liquidationsvorrecht ausgestattet werden, derweil die alten Vorzüge nur einen Gewinnvorzug gewähren, oder umgekehrt. Einige[100] sehen hierin zwar einen Fall des § 141 Abs. 2, da dieser nicht verlange, dass ein Vorzug betroffen sei; vielmehr genüge es, dass neue Vorzüge entweder bei Verteilung des Gewinns oder des Vermögens den bisherigen Vorzugsaktien gleichstehen. Dem steht jedoch entgegen, dass in diesen Konstellationen gerade kein bestehendes Vorrecht beeinträchtigt wird, wenn Vorzüge mit Vorrechten ausgestattet werden, die die alten Vorzüge gar nicht haben[101].

29 Werden **erstmalig Vorzugsaktien ausgegeben**, kann § 141 Abs. 2 nicht einschlägig sein, da es kein Vorrecht gibt, das beeinträchtigt sein könnte[102]. Gleiches gilt für die Ausgabe neuer Vorzugsaktien, die **im Rang nachstehen**. Im Ergebnis ist alleine das Rangverhältnis entscheidend; die Höhe der Vorzüge hingegen nicht[103]. Auch wenn also die alten Vorzugsaktionäre einen geringeren Vorzugsanspruch haben als die neuen Vorzugsaktionäre, müssen die alten Vorzugsaktionäre zuerst bedient werden, wenn man das Zustimmungserfordernis vermeiden will, denn § 141 Abs. 2 soll gerade die Vermögensrechte der alten Vorzugsaktionäre schützen[104].

### 2. Ausnahme: Vorbehalt der Satzung bei Wahrung des Bezugsrechts (§ 141 Abs. 2 Satz 2)

#### a) Grundsatz

30 Ausnahmsweise ist auch dann, wenn die Voraussetzungen des § 141 Abs. 2 Satz 1 erfüllt sind und eine Zustimmung der Vorzugsaktionäre nötig wäre, diese **Zustimmung gem. § 141 Abs. 2 Satz 2 nicht erforderlich**, wenn die Ausgabe neuer Vorzugsaktien, die vorgehende oder gleichstehende Vorzüge vermitteln, ausdrücklich in der Satzung vorbehalten war und zudem das Bezugsrecht der alten Vorzugsaktionäre bezüglich dieser neuen Vorzugsaktien nicht ausgeschlossen ist[105]. Die Ausnahme des § 141 Abs. 2 Satz 2 gilt **allein für die mittelbare Beeinträchtigung** der Vorzugsaktien i.S. von § 141 Abs. 2 Satz 1 und kann nicht auf Fälle der unmittelbaren Beeinträchtigung i.S. von § 141 Abs. 1 angewandt werden (s. hierzu bereits Rz. 7)[106].

#### b) Satzungsvorbehalt

31 Der ausdrückliche Vorbehalt in der Satzung muss spätestens bei der Ausgabe der neuen Vorzugsaktien vorhanden sein; d.h. bei Kapitalerhöhungen oder Umwandlun-

---

[98] *Volhard* in MünchKomm. AktG, 2. Aufl., § 141 AktG Rz. 23; ausführlich mit Beispiel *G. Bezzenberger* in Großkomm. AktG, 4. Aufl., § 141 AktG Rz. 28 f.
[99] *Hüffer*, § 141 AktG Rz. 14.
[100] *Barz* in Großkomm. AktG, 3. Aufl., § 141 AktG Anm. 5.
[101] *Volhard* in MünchKomm. AktG, 2. Aufl., § 141 AktG Rz. 23; *Bormann* in Spindler/Stilz, § 141 AktG Rz. 34; *Hüffer*, § 141 AktG Rz. 14; *T. Bezzenberger*, Vorzugsaktien ohne Stimmrecht, 1991, S. 147; *Werner*, AG 1971, 69, 71 f.
[102] *Volhard* in MünchKomm. AktG, 2. Aufl., § 141 AktG Rz. 26.
[103] *Hüffer*, § 141 AktG Rz. 15; *Volhard* in MünchKomm. AktG, 2. Aufl., § 141 AktG Rz. 23; *T. Bezzenberger*, Vorzugsaktien ohne Stimmrecht, 1991, S. 146.
[104] *T. Bezzenberger*, Vorzugsaktien ohne Stimmrecht, 1991, S. 146.
[105] *G. Bezzenberger* in Großkomm. AktG, 4. Aufl., § 141 AktG Rz. 31; *Hüffer*, § 141 AktG Rz. 16; *Butzke* in Obermüller/Werner/Winden, Die Hauptversammlung der Aktiengesellschaft, Rz. E 33; *T. Bezzenberger*, Vorzugsaktien ohne Stimmrecht, 1991, S. 148.
[106] *Hüffer*, § 141 AktG Rz. 16.

gen anderer Aktiengattungen muss der Vorbehalt spätestens bei Stimmrechtsausschluss erklärt sein und wegen § 181 Abs. 3 auch in das Handelsregister eingetragen sein, damit jeder Vorzugsaktionär sofort erkennen kann, ob seine Rechtsposition beeinträchtigt werden kann[107]. Der Vorbehalt muss in der Satzung selbst **ausdrücklich und eindeutig** zum Ausdruck kommen[108], nicht aber in der Aktie selbst urkundlich kenntlich gemacht sein[109]. Ein in der Satzung aufgenommener Vorbehalt gilt – soweit nicht ausdrücklich anders formuliert – für alle folgenden Ausgaben von Vorzugsaktien und nicht etwa nur für die nächste[110]. Ein solcher Vorbehalt ist in der Praxis üblich[111].

#### c) Bezugsrecht

Die Vorzugsaktionäre haben wie alle Aktionäre der Gesellschaft im Falle der Ausgabe neuer Aktien ein **Bezugsrecht nach § 186 Abs. 1**[112]. Soweit dieses Bezugsrecht durch Beschluss der Hauptversammlung ausgeschlossen ist und dadurch die bisherigen Vorzugsaktionäre nicht die Möglichkeit haben, neue vor- oder gleichrangige Vorzugsaktien zu erhalten, greift die Ausnahme des § 141 Abs. 2 Satz 2 nicht ein und die Ausgabe neuer Aktien erfordert die Zustimmung der Vorzugsaktionäre gem. § 141 Abs. 2 Satz 1[113]. Nicht anders als der vollständige Ausschluss des Bezugsrechts müssen auch ein **teilweiser Ausschluss oder sonstige Erschwerungen** des Bezugsrechts zur Zustimmungsbedürftigkeit führen, wenn dadurch die Vorzugsaktionäre in ihrem Bezugsrecht behindert werden[114]. 32

### 3. Konkurrenzfragen: § 182 Abs. 2

Neben § 141 Abs. 2 als **Sondervorschrift** findet die Vorschrift des § 182 Abs. 2 keine Anwendung[115]. Gleiches gilt auch für die §§ 193 Abs. 1 Satz 3 und 202 Abs. 2 Satz 4, die jeweils auf § 182 Abs. 2 verweisen. 33

## IV. Sonderbeschluss der Vorzugsaktionäre (§ 141 Abs. 3)

Soweit der Vorzug nach § 141 Abs. 1 aufgehoben oder beschränkt wird oder gem. § 141 Abs. 2 mittelbar beeinträchtigt wird, müssen die Vorzugsaktionäre mittels ei- 34

---

107 *Hüffer*, § 141 AktG Rz. 16, § 181 AktG Rz. 24; *Volhard* in MünchKomm. AktG, 2. Aufl., § 141 AktG Rz. 29.
108 BGH v. 29.6.1987 – II ZR 242/86, NJW 1988, 260, 261; *Volhard* in MünchKomm. AktG, 2. Aufl., § 141 AktG Rz. 29; *Bormann* in Spindler/Stilz, § 141 AktG Rz. 40; *Roth* in Heidel, § 141 AktG Rz. 12; *T. Bezzenberger*, Vorzugaktien ohne Stimmrecht, 1991, S. 148; abweichend nur *Werner*, AG 1971, 69, 72, der einen Vorbehalt in dem den Vorzug begründenden Beschluss ausreichen lassen will.
109 *Hüffer*, § 141 AktG Rz. 16.
110 *Volhard* in MünchKomm. AktG, 2. Aufl., § 141 AktG Rz. 30; *G. Bezzenberger* in Großkomm. AktG, 4. Aufl., § 141 AktG Rz. 33; *T. Bezzenberger*, Vorzugsaktien ohne Stimmrecht, 1991, S. 150.
111 *Krieger* in MünchHdb. AG, § 56 Rz. 19.
112 BGH v. 13.3.1978 – II ZR 142/76, BGHZ 71, 40, 45; *Peifer* in MünchKomm. AktG, 2. Aufl., § 186 AktG Rz. 1; *Hüffer*, § 186 AktG Rz. 1 ff.
113 *Volhard* in MünchKomm. AktG, 2. Aufl., § 141 AktG Rz. 31; *Hüffer*, § 141 AktG Rz. 17; *Bormann* in Spindler/Stilz, § 141 AktG Rz. 44.
114 *Hüffer*, § 141 AktG Rz. 17; *G. Bezzenberger* in Großkomm. AktG, 4. Aufl., § 141 AktG Rz. 35; *Volhard* in MünchKomm. AktG, 2. Aufl., § 141 AktG Rz. 31; *Roth* in Heidel, § 141 AktG Rz. 13; *Werner*, AG 1971, 69, 72.
115 *G. Bezzenberger* in Großkomm. AktG, 4. Aufl., § 141 AktG Rz. 30; *Hüffer*, § 141 AktG Rz. 23; *Butzke* in Obermüller/Werner/Winden, Die Hauptversammlung der Aktiengesellschaft, Rz. E 35.

nes Sonderbeschlusses zustimmen; eine Zustimmung jedes einzelnen Vorzugsaktionärs sieht das Gesetz nicht vor. Grundsätzlich gilt für notwendige Sonderbeschlüsse § 138 (s. dazu § 138 Rz. 1 ff.), doch schreibt **§ 141 Abs. 3 als Sondervorschrift** besondere Bedingungen fest[116]. Die Notwendigkeit des Sonderbeschlusses bezieht sich allein auf die Aufhebung oder Beschränkung des Vorzugs, nicht aber auf allgemeine Beeinträchtigungen des Mitgliedschaftsrechts, wie sie auch die anderen Aktionäre treffen. Weder bedürfen allgemeine **Satzungsänderungen** noch andere strukturändernde Maßnahmen der gesonderten Zustimmung der Vorzugsaktionäre. Das Stimmrecht lebt hier nicht etwa auf, insbesondere nicht aufgrund eines Eingriffs in Art. 14 Abs. 1 GG. Dies gilt auch bei einem **Squeeze-Out** (§ 327a). Denn es handelt sich um eine besondere Ausgestaltung des Eigentumsrechts, bei dem der Vorzugsaktionär für die Einbuße an Stimmrechten eben besondere Vorteile genießt[117]. Demgemäß kann auch in den Fällen der **ungeschriebenen Zuständigkeiten** wie den sog. Holzmüller-Fällen (§ 119 Rz. 26 f.), aber auch im Fall des **Delisting** kein Sonderbeschluss verlangt werden, sofern die Stammaktionäre dem Delisting mit den nötigen Voraussetzungen (§ 119 Rz. 51) zugestimmt haben[118].

### 1. Zustimmung in gesonderter Versammlung (§ 141 Abs. 3 Satz 1)

35 Der Sonderbeschluss kann gem. § 141 Abs. 3 Satz 1 **nur in einer gesonderten Versammlung** erfolgen und nicht – wie § 138 Satz 1 vorsieht – auch mittels gesonderter Abstimmung in der Hauptversammlung[119]. Die gesonderte Versammlung, zu der alleine die Vorzugsaktionäre Zutritt haben, garantiert einen ungestörten Willensbildungsprozess[120]. Eine gesonderte Versammlung ist jedoch bei einer AG mit nur einem Aktionär, der sowohl Stamm- als auch Vorzugsaktien hält, überflüssig, da hier kein Schutzbedürfnis besteht[121]. Vorstand und Aufsichtsrat müssen aber in analoger Anwendung des § 118 Abs. 2 an der Versammlung teilnehmen[122]. Soweit mehrere Gruppen von Vorzugsaktionären bestehen, müssen sie jeweils einen Sonderbeschluss fassen[123]. Hinsichtlich der Verfahrensfragen, wie z.B. der Einberufung oder der Teilnahme, greift § 138 AktG ein (s. dort Rz. 16 f.)[124].

### 2. Das Erfordernis einer Dreiviertelmehrheit (§ 141 Abs. 3 Sätze 2, 3)

36 Abweichend von der Regel, dass für Sonderbeschlüsse – wie für alle Beschlüsse der Hauptversammlung – grundsätzlich die einfache Stimmenmehrheit gem. § 133

---

116 *Volhard* in MünchKomm. AktG, 2. Aufl., § 141 AktG Rz. 32; *Bormann* in Spindler/Stilz, § 141 AktG Rz. 49; *Holzborn* in Bürgers/Körber, § 141 AktG Rz. 12; *T. Bezzenberger*, Vorzugsaktien ohne Stimmrecht, 1991, S. 175.
117 BVerfG v. 28.8.2007 – 1 BvR 861/06, AG 2007, 821 f.; LG München I v. 24.4.2008 – 5 HK O 23244/07, ZIP 2008, 1635, Rz. 410; LG München I v. 28.8.2008 – 5 HK O 12861/07, ZIP 2008, 2124, Rz. 588; zuvor bereits OLG Düsseldorf v. 14.1.2005 – 16 U 59/04, NZG 2005, 347, 352; *Habersack* in Emmerich/Habersack, Aktien- und GmbH-Konzernrecht, § 327a AktG Rz. 24; *Fleischer* in Großkomm. AktG, 4. Aufl., § 327a AktG Rz. 69; *Fuhrmann/Simon*, WM 2002, 1211, 1213.
118 Zutr. OLG Celle v. 7.5.2008 – 9 U 165/07, AG 2008, 858, Rz. 52.
119 *F.-J. Semler* in MünchHdb. AG, § 39 Rz. 52; ausführlich *T. Bezzenberger*, Vorzugsaktien ohne Stimmrecht, 1991, S. 179 f.
120 *Volhard* in MünchKomm. AktG, 2. Aufl., § 141 AktG Rz. 33; *G. Bezzenberger* in Großkomm. AktG, 4. Aufl., § 141 AktG Rz. 50; *Hüffer*, § 141 AktG Rz. 19; *Butzke* in Obermüller/Werner/Winden, Die Hauptversammlung der Aktiengesellschaft, Rz. E 34.
121 *Hüffer*, § 141 AktG Rz. 18.
122 *T. Bezzenberger*, Vorzugsaktien ohne Stimmrecht, 1991, S, 184; *Werner*, AG 1971, 69, 73.
123 *Volhard* in MünchKomm. AktG, 2. Aufl., § 141 AktG Rz. 33; *Hüffer*, § 141 AktG Rz. 18.
124 *T. Bezzenberger*, Vorzugsaktien ohne Stimmrecht, 1991, S. 183.

Abs. 1 ausreicht[125], bedarf der Zustimmungsbeschluss der Vorzugsaktionäre gem. § 141 Abs. 3 Satz 2 einer **Mehrheit von drei Vierteln der abgegebenen Stimmen** – nicht des Kapitals[126]. Diese Bestimmung ist – wie § 141 Abs. 3 Satz 3 ausdrücklich feststellt – zwingend und kann weder zu Gunsten noch zu Lasten der Vorzugsaktionäre verändert werden[127]. Dadurch werden diese einerseits geschützt und andererseits wird eine Beschränkung oder Aufhebung des Vorzugs nicht übermäßig erschwert[128]. Höchststimmrechte oder Mehrstimmrechte werden nicht berücksichtigt, da Erstere die Aktionäre zu stark entrechten würden und daher nur in der Hauptversammlung selbst gelten[129] und Letztere bei Vorzugsaktien kaum denkbar sind[130]. Zwar soll eine solche Nicht-Berücksichtigung von Höchststimmrechten in der gesetzlichen Regelung keine Begründung finden[131], was jedoch dem Regelungszweck des § 141, die Vorzugsaktionäre in ihrem Kernrecht auf bevorzugte Gewinnbeteiligung zu schützen, zuwiderläuft; auch die Gegenauffassung gesteht zu, dass ein spezielles Höchststimmrecht nur für Sonderbeschlüsse der stimmrechtslosen Vorzugsaktionäre unzulässig wäre[132].

### 3. Der Sonderfall des Bezugsrechtsausschlusses (§ 141 Abs. 3 Satz 4)

Das Bezugsrecht auf Vorzugsaktien, die den bisherigen Vorzugsaktien bei der Gewinnverteilung bzw. der Verteilung des Gesellschaftsvermögens vorgehen oder gleichstehen, kann ausgeschlossen werden, wie das Bezugsrecht aller Aktionäre ausgeschlossen werden kann[133]. **Zur Klarstellung**, dass ein solcher Ausschluss den allgemeinen Regelungen hierfür unterliegt, **verweist § 141 Abs. 3 Satz 4 auf § 186 Abs. 3 bis 5**. Der Sonderbeschluss der Vorzugsaktionäre muss also die Zustimmung zur Ausgabe neuer Vorzugsaktien und den Ausschluss des Bezugsrechts umfassen; ferner muss für die abstimmenden Vorzugsaktionäre aus der Beschlussvorlage klar ersichtlich sein, dass sie über beides abstimmen[134]. Dementsprechend müssen die Ankündigung zur Tagesordnung und der Beschlussinhalt beide Elemente klar angeben[135]. Daraus folgt, dass **neben der Stimmenmehrheit** des § 141 Abs. 3 Satz 2 auch die **Kapitalmehrheit** gem. § 186 Abs. 3 Satz 2 gegeben sein muss, wenn mit dem Beschluss zur Ausgabe neuer Vorzugsaktien zugleich auch das Bezugsrecht der bisherigen Vorzugs-

37

---

125 *G. Bezzenberger* in Großkomm. AktG, 4. Aufl., § 138 AktG Rz. 29; *Volhard* in MünchKomm. AktG, 2. Aufl., § 138 AktG Rz. 29.
126 *Bormann* in Spindler/Stilz, § 141 AktG Rz. 55; *Holzborn* in Bürgers/Körber, § 141 AktG Rz. 11; *Roth* in Heidel, § 141 AktG Rz. 16; *Butzke* in Obermüller/Werner/Winden, Die Hauptversammlung der Aktiengesellschaft, Rz. E 34; *T. Bezzenberger*, Vorzugsaktien ohne Stimmrecht, 1991, S 181 f.
127 *Volhard* in MünchKomm. AktG, 2. Aufl., § 141 AktG Rz. 34; *Bormann* in Spindler/Stilz, § 141 AktG Rz. 56; *Roth* in Heidel, § 141 AktG Rz. 16.
128 Begr. RegE, *Kropff*, Aktiengesetz, S. 205; *Hüffer*, § 141 AktG Rz. 20; *Volhard* in MünchKomm. AktG, 2. Aufl., § 141 AktG Rz. 34; *T. Bezzenberger*, Vorzugsaktien ohne Stimmrecht, 1991, S. 182.
129 *Volhard* in MünchKomm. AktG, 2. Aufl., § 141 AktG Rz. 35; *Bormann* in Spindler/Stilz, § 141 AktG Rz. 55; *Hüffer*, § 141 AktG Rz. 20; *T. Bezzenberger*, Vorzugsaktien ohne Stimmrecht, 1991, S. 181; anderer Ansicht *G. Bezzenberger* in Großkomm. AktG, 4. Aufl., § 141 AktG Rz. 53; *Werner*, AG 1971, 69, 74.
130 *Volhard* in MünchKomm. AktG, 2. Aufl., § 141 AktG Rz. 35; *T. Bezzenberger*, Vorzugsaktien ohne Stimmrecht, 1991, S. 181; *Werner*, AG 1971, 69, 74.
131 So *G. Bezzenberger* in Großkomm. AktG, 4. Aufl., § 141 AktG Rz. 53.
132 *G. Bezzenberger* in Großkomm. AktG, 4. Aufl., § 141 AktG Rz. 53 a.E.
133 Ausschussbericht, *Kropff*, Aktiengesetz, S. 205; *Volhard* in MünchKomm. AktG, 2. Aufl., § 141 AktG Rz. 36.
134 *Hüffer*, § 141 AktG Rz. 21; *Roth* in Heidel, § 141 AktG Rz. 19; *G. Bezzenberger* in Großkomm. AktG, 4. Aufl., § 141 AktG Rz. 55; *Volhard* in MünchKomm. AktG, 2. Aufl., § 141 AktG Rz. 37.
135 Zutr. der Hinweis von *Hüffer*, § 141 AktG Rz. 21.

aktionäre ausgeschlossen wird[136]. Bis zur Sonderbeschlussfassung bleibt der Hauptversammlungsbeschluss schwebend unwirksam (s. hierzu bereits Rz. 17)[137].

### V. Stimmrecht nach Aufhebung des Vorzugs (§ 141 Abs. 4)

38 § 139 bestimmt die **Verknüpfung zwischen Stimmrechtsausschluss und nachzahlbarem Vorzug** (s.dort Rz. 1 ff., 15)[138]. Folgerichtig legt § 141 Abs. 4 fest, dass für die Aktien der Vorzugsaktionäre bei Aufhebung des nachzahlbaren Vorzugs – also des Gewinnvorzugs oder des Nachzahlungsrechts – das Stimmrecht sofort kraft Gesetzes auflebt[139]. Demgegenüber wird vertreten[140], dass ein Beschluss, der entweder nur den Gewinnvorzug oder nur das Nachzahlungsrecht aufhebt, nichtig sei. Dem steht jedoch entgegen, dass so der von § 141 beabsichtigte Schutz der Vermögensrechte der Vorzugsaktionäre nicht mehr ausreichend gewährleistet wäre und sich aus der Systematik der §§ 139 ff. ergibt, dass § 141 Abs. 4 nicht alleine den Vorzug, sondern den nachzahlbaren Vorzug meint. Wird der Vorzug nur beschränkt, gilt § 141 Abs. 4 nicht. Da das Aufleben des Stimmrechts nach § 141 Abs. 4 – anders als bei § 140 Abs. 2 Satz 1 – endgültig ist, werden alle Vorzugsaktien zu Stammaktien bzw. zu stimmberechtigten Vorzugsaktien, wenn sie außer dem nachzahlbaren Gewinnrecht noch andere Vorrechte vermitteln[141].

39 Wie die Aufhebung des Vorzugs selbst muss der **Fall gewertet werden, in dem der Vorzug aufgrund einer Befristung** oder einer Bedingung entfällt[142]. Wenn alleine der Nachzahlungsanspruch bedingt oder befristet wird, entsteht das Stimmrecht, wenn dieser Anspruch erlischt[143].

## Siebenter Unterabschnitt. Sonderprüfung. Geltendmachung von Ersatzansprüchen

### § 142
### Bestellung der Sonderprüfer

(1) Zur Prüfung von Vorgängen bei der Gründung oder der Geschäftsführung, namentlich auch bei Maßnahmen der Kapitalbeschaffung und Kapitalherabsetzung, kann die Hauptversammlung mit einfacher Stimmenmehrheit Prüfer (Sonderprüfer)

---

136 *Hüffer*, § 141 AktG Rz. 21; *Volhard* in MünchKomm. AktG, 2. Aufl., § 141 AktG Rz. 37; *G. Bezzenberger* in Großkomm. AktG, 4. Aufl., § 141 AktG Rz. 55; *Holzborn* in Bürgers/Körber, § 141 AktG Rz. 12.
137 *Volhard* in MünchKomm. AktG, 2. Aufl., § 141 AktG Rz. 38; *Krieger* in MünchHdb. AG, § 56 Rz. 17.
138 *Hüffer*, § 139 Rz. 5 ff.; *Maul* in Beck'sches Hdb. AG, § 3 Rz. 50.
139 *Volhard* in MünchKomm. AktG, 2. Aufl., § 141 AktG Rz. 40; *Werner*, AG 1971, 69, 76; so wohl auch *T. Bezzenberger*, Vorzugsaktien ohne Stimmrecht, 1991, S. 102 f.
140 *Zöllner* in KölnKomm. AktG, 1. Aufl., § 141 AktG Rz. 25.
141 *Hüffer*, § 141 AktG Rz. 22; *Bormann* in Spindler/Stilz, § 141 AktG Rz. 66; *Werner*, AG 1971, 69, 76; *T. Bezzenberger*, Vorzugsaktien ohne Stimmrecht, 1991, S. 102 f.
142 *G. Bezzenberger* in Großkomm. AktG, 4. Aufl., § 141 AktG Rz. 58; *Volhard* in MünchKomm. AktG, 2. Aufl., § 141 AktG Rz. 42.
143 *Volhard* in MünchKomm. AktG, 2. Aufl., § 141 AktG Rz. 41; *G. Bezzenberger* in Großkomm. AktG, 4. Aufl., § 141 AktG Rz. 58; wohl auch *Hüffer*, § 141 AktG Rz. 22; anders *T. Bezzenberger*, Vorzugsaktien ohne Stimmrecht, 1991, S. 102 f.

bestellen. Bei der Beschlussfassung kann ein Mitglied des Vorstands oder des Aufsichtsrats weder für sich noch für einen anderen mitstimmen, wenn die Prüfung sich auf Vorgänge erstrecken soll, die mit der Entlastung eines Mitglieds des Vorstands oder des Aufsichtsrats oder der Einleitung eines Rechtsstreits zwischen der Gesellschaft und einem Mitglied des Vorstands oder des Aufsichtsrats zusammenhängen. Für ein Mitglied des Vorstands oder des Aufsichtsrats, das nach Satz 2 nicht mitstimmen kann, kann das Stimmrecht auch nicht durch einen anderen ausgeübt werden.

(2) Lehnt die Hauptversammlung einen Antrag auf Bestellung von Sonderprüfern zur Prüfung eines Vorgangs bei der Gründung oder eines nicht über fünf Jahre zurückliegenden Vorgangs bei der Geschäftsführung ab, so hat das Gericht auf Antrag von Aktionären, deren Anteile bei Antragstellung zusammen den hundertsten Teil des Grundkapitals oder einen anteiligen Betrag von 100000 Euro erreichen, Sonderprüfer zu bestellen, wenn Tatsachen vorliegen, die den Verdacht rechtfertigen, dass bei dem Vorgang Unredlichkeiten oder grobe Verletzungen des Gesetzes oder der Satzung vorgekommen sind. Die Antragsteller haben nachzuweisen, dass sie seit mindestens drei Monaten vor dem Tag der Hauptversammlung Inhaber der Aktien sind und dass sie die Aktien bis zur Entscheidung über den Antrag halten. Für eine Vereinbarung zur Vermeidung einer solchen Sonderprüfung gilt § 149 entsprechend.

(3) Die Absätze 1 und 2 gelten nicht für Vorgänge, die Gegenstand einer Sonderprüfung nach § 258 sein können.

(4) Hat die Hauptversammlung Sonderprüfer bestellt, so hat das Gericht auf Antrag von Aktionären, deren Anteile bei Antragstellung zusammen den hundertsten Teil des Grundkapitals oder einen anteiligen Betrag von 100000 Euro erreichen, einen anderen Sonderprüfer zu bestellen, wenn dies aus einem in der Person des bestellten Sonderprüfers liegenden Grund geboten erscheint, insbesondere, wenn der bestellte Sonderprüfer nicht die für den Gegenstand der Sonderprüfung erforderlichen Kenntnisse hat, seine Befangenheit zu besorgen ist oder Bedenken wegen seiner Zuverlässigkeit bestehen. Der Antrag ist binnen zwei Wochen seit dem Tage der Hauptversammlung zu stellen.

(5) Das Gericht hat außer den Beteiligten auch den Aufsichtsrat und im Fall des Absatzes 4 den von der Hauptversammlung bestellten Sonderprüfer zu hören. Gegen die Entscheidung ist die Beschwerde zulässig. Über den Antrag gemäß den Absätzen 2 und 4 entscheidet das Landgericht, in dessen Bezirk die Gesellschaft ihren Sitz hat.

(6) Die vom Gericht bestellten Sonderprüfer haben Anspruch auf Ersatz angemessener barer Auslagen und auf Vergütung für ihre Tätigkeit. Die Auslagen und die Vergütung setzt das Gericht fest. Gegen die Entscheidung ist die Beschwerde zulässig; die Rechtsbeschwerde ist ausgeschlossen. Aus der rechtskräftigen Entscheidung findet die Zwangsvollstreckung nach der Zivilprozessordnung statt.

(7) Hat die Gesellschaft Wertpapiere im Sinne des § 2 Abs. 1 Satz 1 des Wertpapierhandelsgesetzes ausgegeben, die an einer inländischen Börse zum Handel im regulierten Markt zugelassen sind, so hat im Falle des Absatzes 1 Satz 1 der Vorstand und im Falle des Absatzes 2 Satz 1 das Gericht der Bundesanstalt für Finanzdienstleistungsaufsicht die Bestellung des Sonderprüfers und dessen Prüfungsbericht mitzuteilen; darüber hinaus hat das Gericht den Eingang eines Antrags auf Bestellung eines Sonderprüfers mitzuteilen.

(8) Auf das gerichtliche Verfahren nach den Absätzen 2 bis 6 sind die Vorschriften des Gesetzes über das Verfahren in Familiensachen und in den Angelegenheiten der freiwilligen Gerichtsbarkeit anzuwenden, soweit in diesem Gesetz nichts anderes bestimmt ist.

**I. Grundlagen** .................. 1
  1. Regelungsgegenstand und Normzweck .................... 1
  2. Entstehungsgeschichte .......... 4
  3. Praktische Bedeutung .......... 7
**II. Einzelerläuterungen** ........... 8
  1. Bestellung von Sonderprüfern durch die Hauptversammlung (§ 142 Abs. 1) 8
    a) Gegenstand der Sonderprüfung ... 8
      aa) Das Erfordernis bestimmter Vorgänge ............... 8
      bb) Einzelne Prüfungsgegenstände 12
        (1) Vorgänge bei der Gründung .. 12
        (2) Vorgänge bei der Geschäftsführung ............... 14
        (3) Kapitalmaßnahmen ....... 20
      cc) Keine Sonderprüfung nach § 258 (§ 142 Abs. 3) ........ 21
      dd) Zeitliche Begrenzung ...... 22
    b) Hauptversammlungsbeschluss ... 24
      aa) Beschlussverfahren ........ 24
      bb) Stimmverbote (§ 142 Abs. 1 Satz 2) ................ 27
        (1) Allgemeines ............ 27
        (2) Persönlicher Geltungsbereich . 28
        (3) Sachlicher Geltungsbereich .. 31
        (4) Rechtsfolgen ............ 32
      cc) Fehlerhafte Beschlüsse ..... 33
    c) Prüfungsvertrag .............. 34

  2. Bestellung von Sonderprüfern durch das Gericht (§ 142 Abs. 2) ........ 38
    a) Formelle Voraussetzungen ...... 38
      aa) Antrag einer qualifizierten Minderheit .............. 38
      bb) Besitzzeit (§ 142 Abs. 2 Satz 2) 42
      cc) Form und Frist ........... 46
    b) Materielle Voraussetzungen ..... 48
      aa) Ablehnender Hauptversammlungsbeschluss ............. 48
      bb) Prüfungsgegenstand ....... 50
      cc) Verdacht der Unredlichkeiten oder groben Gesetzes- oder Satzungsverletzungen ...... 52
    c) Missbrauch des Antragsrechts ... 57
      aa) Gesetzliche Vorkehrungen (insbesondere § 142 Abs. 2 Satz 3) . 57
      bb) Allgemeine Schranken ..... 59
    d) Gerichtliches Verfahren und Entscheidung (§ 142 Abs. 5) ....... 60
  3. Bestellung anderer Sonderprüfer (§ 142 Abs. 4) ............... 63
    a) Voraussetzungen ............. 64
    b) Gerichtliches Verfahren und Entscheidung (§ 142 Abs. 5) ....... 67
  4. Auslagenersatz und Vergütung (§ 142 Abs. 6) ................ 70
  5. Mitteilungspflichten börsennotierter Gesellschaften (§ 142 Abs. 7) ...... 73
  6. Widerruf der Bestellung ......... 75

**Literatur:** *Baums*, Empfiehlt sich eine Neuregelung des aktienrechtlichen Anfechtungs- und Organhaftungsrechts, insbesondere der Klagemöglichkeiten von Aktionären?, Gutachten F zum 63. Deutschen Juristentag, Leipzig 2000; *Bordt*, Die aktienrechtliche Sonderprüfung unter besonderer Berücksichtigung der Aktienrechtsreform, 1961; *Casutt*, Die Sonderprüfung im künftigen schweizerischen Aktienrecht, 1991; *Diekmann/Leuering*, Der Referentenentwurf eines Gesetzes zur Unternehmensintegrität und Modernisierung des Anfechtungsrechts (UMAG), NZG 2004, 249; *Duve/Basak*, Ungeahnte Unterstützung für aktive Aktionäre – wie das UMAG Finanzinvestoren hilft, BB 2006, 1345; *Fleischer*, Aktienrechtliche Sonderprüfung und Corporate Governance. Vergleichende Bestandsaufnahme zum deutschen und französischen Recht, RIW 2000, 809; *Fleischer*, Das Gesetz zur Unternehmensintegrität und Modernisierung des Anfechtungsrechts, NJW 2005, 3525; *Forster*, Aktienrechtsreform und Sonderprüfung, AG 1962, 233; *Forum Europaeum Konzernrecht*, Konzernrecht für Europa, ZGR 1998, 672; *von Gleichenstein*, Die Sonderprüfung im Aktienrecht, BB 1956, 761; *Habersack*, Zweck und Gegenstand der Sonderprüfung nach § 142 AktG, in FS Wiedemann, 2002, S. 889; *Henze*, Die Treupflicht im Aktienrecht, BB 1996, 489; *Hengeler*, Probleme der Entlastung und der Sonderprüfung im Aktienrecht, AG 1962, 87 und 119; *Hirte*, Die Nichtbestellung von Sonderprüfern im Feldmühle-Verfahren, ZIP 1988, 953; *Jänig*, Die aktienrechtliche Sonderprüfung, 2006; *Jänig*, Der Gegenstand der Sonderprüfung nach § 142 AktG, WPg 2005, 761; *Jänig*, Aktienrechtliche Sonderprüfung und UMAG, BB 2005, 949; *Jansen*, Die Sonderprüfung der Geschäftsführung nach dem Aktiengesetz, 1974; *Kirschner*, Die Sonderprüfung der Geschäftsführung in der Praxis, 2008; *König*, Der Umfang der Berichterstattung über die aktienrechtliche Sonderprüfung, 1970; *Kolb*, Unternehmensintegrität, Minderheitenrechte und Corporate Governance – Die Änderungen des Aktiengesetzes durch das UMAG und deren Auswirkungen, DZWiR 2006, 50; *Langenbucher*, Vorstandshandeln und Kontrolle: Zu einigen Neuerungen durch das UMAG, GesRZ-SH 2005, 3; *Meilicke/Heidel*, UMAG: „Modernisierung" des Aktienrechts durch Beschränkung des Eigentumsschutzes der Aktionäre, DB 2004, 1479; *Obermüller*, Der Sonderprüfer im geltenden und im neuen Aktienrecht, BB 1962, 546; *Obermüller/Werner/Winden*, Sonderprüfung nach dem Aktiengesetz 1965, DB 1967, 1119; *Schedlbauer*,

Sonderprüfungen, 1984; *Uwe H. Schneider*, Die aktienrechtliche Sonderprüfung im Konzern, AG 2008, 305; *Seibert*, UMAG – Zu den Begriffen „Unredlichkeit oder grobe Verletzung des Gesetzes oder der Satzung" in § 148 AktG und zu den Zusammenhängen zwischen §§ 93 und 148 AktG, in FS Priester 2007, S. 763; *Seibt*, Die Reform des Verfolgungsrechts nach § 147 AktG und des Rechts der Sonderprüfung, WM 2004, 2137; *Spindler*, Sonderprüfung und Pflichten des Bankvorstands in der Finanzmarktkrise, NZG 2010, 281; *Spindler*, Haftung und Aktionärsklage nach dem neuen UMAG, NZG 2005, 865; *Trölitzsch/Gunßer*, Grenzen der gerichtlichen Anordnung von Sonderprüfungen nach § 142 Abs. 2 AktG, AG 2008, 833; *Ulmer*, Die Aktionärsklage als Instrument zur Kontrolle des Vorstands- und Aufsichtsratshandelns, ZHR 163 (1999), 290; *Wilsing/Neumann*, Die Neuregelung der aktienrechtlichen Sonderprüfungen nach dem Inkrafttreten des UMAG, DB 2006, 31. S. im Übrigen die Literaturangaben zu § 148.

## I. Grundlagen

### 1. Regelungsgegenstand und Normzweck

Die Sonderprüfung ermöglicht es den Aktionären, in Fällen der begründeten Annahme von Pflichtwidrigkeiten der Organe unter Durchbrechung der üblichen aktienrechtlichen Zuständigkeitsverteilung die Tätigkeit von Vorstand oder Aufsichtsrat überprüfen zu lassen[1]. Dieses Informationsinstrument geht über die laufende Berichterstattung der Organe an die Hauptversammlung oder das Auskunftsrecht der Aktionäre hinaus[2] und bildet einen wesentlichen **Baustein des aktienrechtlichen Informations- und Kontrollsystems**[3]. Ohne Informationen durch eine Sonderprüfung büßt jede Klage eines außerhalb von Aufsichtsrat und Vorstand stehenden Aktionärs bzw. einer Aktionärsgruppe an Erfolgschancen ein. Andererseits kann nicht jedem Aktionär Einblick in alle Geschäftsakten gewährt werden. Die **interessengerechte Überwindung dieser Informationsasymmetrie** ist daher ein zentraler Bestandteil der Corporate Governance der AG. 1

Wie der enge Zusammenhang mit den §§ 147, 148 verdeutlicht, ist **Zweck** der Sonderprüfung vor allem, **tatsächliche Vorgänge in der Gesellschaft aufzuhellen** als Grundlage für etwaige Ersatzansprüche gegen Vorstands- und Aufsichtsratsmitglieder[4]. Auf welcher Rechtsgrundlage die Ersatzansprüche beruhen, ist unerheblich; in Betracht kommen vor allem die §§ 46, 47, 93, 116, 117[5]. Die Sonderprüfung ist aber nicht darauf beschränkt, sondern kann auch unabhängig von einem drohenden Schaden dazu dienen, eine sachgerechte Entscheidung der Aktionäre im Hinblick darauf zu ermöglichen, ob wegen eines bestimmten Verhaltens personelle oder organisatorische Konsequenzen zu ziehen sind[6]. Daneben entfaltet sie auch **präventive Wirkung**, 2

---

1 *G. Bezzenberger* in Großkomm. AktG, 4. Aufl., § 142 AktG Rz. 6; *Schröer* in MünchKomm. AktG, 2. Aufl., § 142 AktG Rz. 1; *Holzborn* in Bürgers/Körber, § 142 AktG Rz. 1; *Seibt*, WM 2004, 2137; s. auch *Bork* in Hommelhoff/Hopt/v. Werder, Hdb. Corporate Governance, S. 744.
2 *G. Bezzenberger* in Großkomm. AktG, 4. Aufl., § 142 AktG Rz. 6; *Schröer* in MünchKomm. AktG, 2. Aufl., § 142 AktG Rz. 1; *Seibt*, WM 2004, 2137.
3 *Fleischer* in Küting/Weber, Hdb. Rechnungslegung, § 142 AktG Rz. 1; *Jänig*, Die aktienrechtliche Sonderprüfung, 2005, S. 200; *Kirschner*, Die Sonderprüfung der Geschäftsführung in der Praxis, 2008, S. 2; *Seibt*, WM 2004, 2137.
4 *Fleischer* in Küting/Weber, Hdb. Rechnungslegung, § 142 AktG Rz. 1; *G. Bezzenberger* in Großkomm. AktG, 4. Aufl., § 142 AktG Rz. 8; *Schröer* in MünchKomm. AktG, 2. Aufl., § 142 AktG Rz. 4; *Hüffer*, § 142 AktG Rz. 1; *Kirschner*, Die Sonderprüfung der Geschäftsführung in der Praxis, 2008, S. 9; *Holzborn* in Bürgers/Körber, § 142 AktG Rz. 1; *Habersack* in FS Wiedemann, 2002, S. 888, 893.
5 *Schröer* in MünchKomm. AktG, 2. Aufl., § 142 AktG Rz. 4; *G. Bezzenberger* in Großkomm. AktG, 4. Aufl., § 142 AktG Rz. 8; *Habersack* in FS Wiedemann, 2002, S. 888, 893.
6 *Schröer* in MünchKomm. AktG, 2. Aufl., § 142 AktG Rz. 5; *Jänig*, Die aktienrechtliche Sonderprüfung, 2005, S. 204; *Wilsing/Neumann* in Heidel, § 142 AktG Rz. 3; s. auch *Fleischer* in

da selbst eine Aktionärsmehrheit nicht vor Ersatzansprüchen zu schützen vermag[7]. Zudem dient sie dem **aktienrechtlichen Minderheitenschutz**[8]. **Gläubigerbelange** und das **öffentliche Interesse** werden nur reflexhaft geschützt[9], da diese kein eigenes Antragsrecht genießen[10], was zwar rechtspolitisch fragwürdig ist, aber im Insolvenzrecht zu lösen wäre.

3   **Abzugrenzen** ist die allgemeine Sonderprüfung insbesondere von der Sonderprüfung wegen unzulässiger Unterbewertung und mangelhafter Berichterstattung, die der Gesetzgeber in den §§ 258–261 geregelt hat und die § 142 vorgeht (§ 142 Abs. 3) (dazu ausführlich Rz. 21)[11]. Eine Spezialregelung im Hinblick auf Beziehungen zu verbundenen Unternehmen enthält zudem § 315[12]. Auf diese konzernrechtliche Sonderprüfung finden die §§ 142–146 allerdings ergänzend Anwendung[13].

## 2. Entstehungsgeschichte

4   Schon **Art. 222a AGHGB 1884** sah im Gefolge der Skandale der Gründerzeit die Prüfung bestimmter Umstände bei der Gründung, Geschäftsführung oder Liquidation einer Gesellschaft vor und ermöglichte es auch einer qualifizierten Minderheit, bei Gericht die Ernennung eines Revisors zu beantragen[14]. Dieses Institut wurde mit einigen Änderungen von **§§ 266, 267 HGB 1900** übernommen[15] und später wiederum durch die NotVO 1931[16] modifiziert, wobei insbesondere das Recht zur gerichtlichen

---

Küting/Weber, Hdb. Rechnungslegung, § 142 AktG Rz. 1; *Hüffer*, § 142 AktG Rz. 2; ausführlich *Habersack* in FS Wiedemann, 2002, S. 888, 895.
7  *Schröer* in MünchKomm. AktG, 2. Aufl., § 142 AktG Rz. 4; *G. Bezzenberger* in Großkomm. AktG, 4. Aufl., § 142 AktG Rz. 8; *Hüffer*, § 142 AktG Rz. 1; *ADS*, §§ 142–146 AktG Rz. 3; *Fleischer* in Küting/Weber, Hdb. Rechnungslegung, § 142 AktG Rz. 11; *Habersack* in FS Wiedemann, 2002, S. 888, 893; *Karehnke* in J. Semler/Volhard, Arbeitshandbuch HV, § 20 Rz. 66; *Kirschner*, Die Sonderprüfung der Geschäftsführung in der Praxis, 2008, S. 10; *Seibt*, WM 2004, 2137; *Butzke* in Obermüller/Werner/Winden, Die Hauptversammlung der Aktiengesellschaft, Rz. M 4.
8  *G. Bezzenberger* in Großkomm. AktG, 4. Aufl., § 142 AktG Rz. 8; *Schröer* in MünchKomm. AktG, 2. Aufl., § 142 AktG Rz. 6; *Mock* in Spindler/Stilz, § 142 AktG Rz. 1; *ADS*, §§ 142–146 AktG Rz. 1; *Hüffer*, § 142 AktG Rz. 1; *Fleischer* in Küting/Weber, Hdb. Rechnungslegung, § 142 AktG Rz. 2; *Karehnke* in J. Semler/Volhard, Arbeitshandbuch HV, § 20 Rz. 66; *Seibt*, WM 2004, 2137; *Henze*, BB 1996, 489, 492; *Rottnauer*, NZG 2000, 1236; *Hirte*, ZIP 1988, 953, 954; *Butzke* in Obermüller/Werner/Winden, Die Hauptversammlung der Aktiengesellschaft, Rz. M 13.
9  In diese Richtung aber *Rottnauer*, NZG 2000, 1236 und *Hirte*, ZIP 1988, 953, 954; ablehnend *Fleischer* in Küting/Weber, Hdb. Rechnungslegung, § 142 AktG Rz. 4; restriktiv auch *Schröer* in MünchKomm. AktG, 2. Aufl., § 142 AktG Rz. 6.
10 In diese Richtung bereits *Fleischer* in Küting/Weber, Hdb. Rechnungslegung, § 142 AktG Rz. 4.
11 *Schröer* in MünchKomm. AktG, 2. Aufl., § 142 AktG Rz. 2; *Fleischer* in Küting/Weber, Hdb. Rechnungslegung, § 142 AktG Rz. 17; *Hüffer*, § 142 AktG Rz. 1; *Mock* in Spindler/Stilz, § 142 AktG Rz. 4; *Wilsing/Neumann*, DB 2006, 31.
12 *Wilsing/Neumann*, DB 2006, 31; jeweils mit Überblick zu weiteren Prüfungen auch *Fleischer* in Küting/Weber, Hdb. Rechnungslegung, § 142 AktG Rz. 18 und *Schröer* in MünchKomm. AktG, 2. Aufl., § 142 AktG Rz. 2.
13 OLG Hamm v. 29.6.2000 – 15 W 69/00, ZIP 2000, 1299; Begr. RegE in *Kropff*, Aktiengesetz, S. 417; *Schröer* in MünchKomm. AktG, 2. Aufl., § 142 AktG Rz. 2; *Fleischer* in Küting/Weber, Hdb. Rechnungslegung, § 142 AktG Rz. 19; *Hüffer*, § 142 AktG Rz. 1.
14 *G. Bezzenberger* in Großkomm. AktG, 4. Aufl., § 142 AktG Rz. 1; *Fleischer* in Küting/Weber, Hdb. Rechnungslegung, § 142 AktG Rz. 5; *Schröer* in MünchKomm. AktG, 2. Aufl., § 142 AktG Rz. 8.
15 *Schröer* in MünchKomm. AktG, 2. Aufl., § 142 AktG Rz. 8; *Fleischer* in Küting/Weber, Hdb. Rechnungslegung, § 142 AktG Rz. 5; *G. Bezzenberger* in Großkomm. AktG, 4. Aufl., § 142 AktG Rz. 1.
16 Verordnung des Reichspräsidenten über Aktienrecht, Bankenaufsicht und über eine Steueramnestie vom 19.9.1931, RGBl. I 1931, 493.

Bestellung von Sonderprüfern gestärkt wurde, indem nunmehr bereits das Beibringen von Verdachtsgründen genügte, während zuvor noch deren Glaubhaftmachung erforderlich gewesen war[17]. Später traten an die Stelle dieser Regelungen im Handelsgesetzbuch die **§§ 118–121 AktG 1937**[18]. Das **AktG 1965** stärkte die Stellung der Minderheitsaktionäre weiter, indem die Nachfolgeregelung des § 142 Aktionären nicht nur mit einem relativen, sondern auch mit einem absoluten Quorum die Antragstellung ermöglichte[19]. Geringfügige Änderungen brachten zudem das Stückaktiengesetz und das Euro-Einführungsgesetz[20].

Die Sonderprüfung wurde erneut erheblich durch das **UMAG**[21] geändert, durch Absenkung der Schwellenwerte in § 142 Abs. 2 und Abs. 4[22] im Zusammenspiel mit den Schwellenwerten des neuen § 148 (s. dazu auch unten Rz. 38)[23]. Missbrauchsbedenken wurde durch die Kostentragungsregelung in § 146 Rechnung getragen[24] sowie im Hinblick auf Vereinbarungen zur Vermeidung von Sonderprüfungen durch Verweis in § 142 Abs. 2 Satz 3 auf § 149[25]. Zudem enthält § 145 Abs. 4 eine Schutzklausel zugunsten der Gesellschaft, wonach das Gericht auf Antrag des Vorstands unter gewissen Voraussetzungen zu gestatten hat, dass bestimmte Tatsachen nicht in den Prüfungsbericht aufgenommen werden[26]. Als weitere Änderungen sind vor allem die Ersetzung der bisher erforderlichen Hinterlegung durch ein allgemeines Nachweiserfordernis (§ 142 Abs. 2 Satz 2)[27] sowie die Neuregelung der Gerichtszuständigkeit (§ 142 Abs. 5) zu nennen. Schon im Rahmen des **Bilanzkontrollgesetzes**[28] wurden zudem in § 142 Abs. 7 Mitteilungspflichten für börsennotierte Unternehmen im Zusammenhang mit Sonderprüfungen aufgenommen[29]. Durch das Gesetz zur Reform des Verfahrens in Familiensachen und in den Angelegenheiten der freiwilligen Gerichtsbarkeit (**FGG-Reformgesetz**) vom 17.12.2008[30] wurden schließlich das gerichtli-

---

17 *Schlegelberger/Quassowski/Schmölder*, Verordnung über Aktienrecht, 1932, § 266 Anm. 8.
18 *Schröer* in MünchKomm. AktG, 2. Aufl., § 142 AktG Rz. 8; *Fleischer* in Küting/Weber, Hdb. Rechnungslegung, § 142 AktG Rz. 5; ausführlich *G. Bezzenberger* in Großkomm. AktG, 4. Aufl., § 142 AktG Rz. 1.
19 *Schröer* in MünchKomm. AktG, 2. Aufl., § 142 AktG Rz. 9; *G. Bezzenberger* in Großkomm. AktG, 4. Aufl., § 142 AktG Rz. 2; *Mock* in Spindler/Stilz, § 142 AktG Rz. 5.
20 Gesetz über die Zulassung von Stückaktien vom 25.3.1998, BGBl. I 1998, 590 bzw. Gesetz zur Einführung des Euro vom 9.6.1998, BGBl. I 1998, 1242; s. auch *G. Bezzenberger* in Großkomm. AktG, 4. Aufl., § 142 AktG Rz. 2; *Fleischer* in Küting/Weber, Hdb. Rechnungslegung, § 142 AktG Rz. 5; *Schröer* in MünchKomm. AktG, 2. Aufl., § 142 AktG Rz. 9.
21 Gesetz zur Unternehmensintegrität und Modernisierung des Anfechtungsrechts, in Kraft getreten am 1.11.2005, BGBl. I 2005, 2802.
22 S. dazu auch *Spindler*, NZG 2005, 865, 870; *Jänig*, BB 2005, 949; *Wilsing/Neumann*, DB 2006, 31, 32; *Kirschner*, BB 2005, 1896; *Seibt*, WM 2004, 2137, 2138; *Diekmann/Leuering*, NZG 2004, 249, 250.
23 Begr. RegE, BT-Drucks. 15/5092, S. 18; s. auch *Baums* (Hrsg.), Bericht der Regierungskommission Corporate Governance, 2001, S. 144; *Baums*, 63. DJT 2000, Gutachten F 35; *Fleischer* in Küting/Weber, Hdb. Rechnungslegung, § 142 AktG Rz. 59, allerdings krit. zu den nun geltenden Schwellenwerten; ebenso *Seibt*, WM 2004, 2137, 2139; *Jänig*, Die aktienrechtliche Sonderprüfung, 2005, S. 262 ff.; *Jänig*, BB 2005, 949; *Kirschner*, Die Sonderprüfung der Geschäftsführung in der Praxis, 2008, S. 14 f.
24 Begr. RegE, BT-Drucks. 15/5092, S. 18; *Spindler*, NZG 2005, 865, 870; *Wilsing/Neumann*, DB 2006, 31, 35; *Fleischer*, NJW 2005, 3525, 3527; *Göz/Holzborn*, WM 2006, 157, 158; *Kolb*, DZWiR 2006, 50, 52; *Langenbucher*, GesRZ-SH 2005, 3, 10.
25 Begr. RegE, BT-Drucks. 15/5092, S. 18.
26 S. dazu *Spindler*, NZG 2005, 865, 870; *Wilsing/Neumann*, DB 2006, 31, 34; *Göz/Holzborn*, WM 2006, 157, 158; *Langenbucher*, GesRZ-SH 2005, 3, 10.
27 *Wilsing/Neumann*, DB 2006, 31, 33.
28 Bilanzkontrollgesetz vom 15.12.2004, BGBl. I 2004, 3408.
29 *Hüffer*, § 142 AktG Rz. 1; *Wilsing/Neumann*, DB 2006, 31, 34.
30 BGBl. I 2008, 2586.

che Bestellungs- und Ersetzungsverfahren in § 142 Abs. 5 und das gerichtliche Verfahren zur Festsetzung des Auslagenersatzes und der Vergütung in § 142 Abs. 6 im FamFG neu geregelt sowie in § 142 Abs. 8 der Verweis auf die Vorschriften des Gesetzes über das Verfahren in Familiensachen und in den Angelegenheiten der freiwilligen Gerichtsbarkeit aufgenommen. Mit dem RegE eines Restrukturierungsgesetzes soll zudem für börsennotierte Aktiengesellschaften oder Kreditinstitute der Zeitraum, innerhalb dessen Vorgänge der Sonderprüfung unterworfen werden können, ferner die Frist des § 142 Abs. 2 Satz 1 an die Verlängerung der Verjährungsfrist in § 93 Abs. 6 angepasst werden. Maßgeblich für den Zeitpunkt der Feststellung, ob die Gesellschaft börsennotiert oder ein Kreditinstitut war, soll das der Prüfung unterworfene Geschehen sein, nicht der Zeitpunkt des Sonderprüfungsbeschlusses[31].

6 Auch auf **europäischer Ebene** wird das Institut der Sonderprüfung zukünftig wohl eine gesetzliche Verankerung finden; denn der Aktionsplan der Kommission sieht zur Stärkung der Verantwortung der Organmitglieder als mittelfristige Maßnahme auch die Einführung eines Rechts auf Sonderprüfung vor, das Aktionäre, die einen gewissen Anteil am Aktienkapital halten, in die Lage versetzen soll, bei einem Gericht oder einer Verwaltungsbehörde eine Sonderprüfung beantragen zu können[32]. Eine Vereinheitlichung auf europäischer Ebene ist zu begrüßen, nicht zuletzt deshalb, weil Sonderprüfungen gerade bei grenzüberschreitenden Unternehmensverbindungen häufig mit Problemen verbunden sind (s. § 145 Rz. 18).

### 3. Praktische Bedeutung

7 Von der Sonderprüfung wurde in der Praxis bislang relativ **selten** Gebrauch gemacht[33], da das erforderliche Quorum bisher nur schwer zu erreichen war[34] und die Publizität des Sonderprüfungsberichts die Verwaltung davon abhalten könnte, einer Sonderprüfung zuzustimmen[35]. In jüngerer Vergangenheit sind allerdings vermehrt Sonderprüfungen beantragt worden[36], insbesondere aufgrund der Absenkung der Schwellenwerte[37].

---

31 Begr. RegE S. 134.
32 *Europäische Kommission*, Modernisierung des Gesellschaftsrechts und Verbesserung der Corporate Governance in der Europäischen Union – Aktionsplan, KOM (2003) 284 endg., S. 19; s. hierzu auch den Richtlinienvorschlag des *Forum Europaeum Konzernrecht*, ZGR 1998, 672, 719, wonach eine Sonderprüfung stattfinden soll, wenn die HV es beschließt oder das Gericht bei begründetem Verdacht einer groben Gesetzes- oder Satzungsverletzung dies auf Antrag einer Aktionärsminderheit anordnet, wobei letzterenfalls nicht mehr als 5 % des Grundkapitals oder ein Aktienbesitz im Nennbetrag von 500.000 ECU verlangt werden dürften.
33 Ähnliche Einschätzung bei *Schröer* in MünchKomm. AktG, 2. Aufl., § 142 AktG Rz. 10; *G. Bezzenberger* in Großkomm. AktG, 4. Aufl., § 142 AktG Rz. 9; *Fleischer* in Küting/Weber, Hdb. Rechnungslegung, § 142 AktG Rz. 10; *ADS*, §§ 142–146 AktG Rz. 3; *Jänig*, Die aktienrechtliche Sonderprüfung, 2005, S. 200; *Habersack* in FS Wiedemann, 2002, S. 888, 889.
34 *Fleischer* in Küting/Weber, Hdb. Rechnungslegung, § 142 AktG Rz. 10; *G. Bezzenberger* in Großkomm. AktG, 4. Aufl., § 142 AktG Rz. 9; *Schröer* in MünchKomm. AktG, 2. Aufl., § 142 AktG Rz. 10; *Habersack* in FS Wiedemann, 2002, S. 888, 890.
35 *Habersack* in FS Wiedemann, 2002, S. 888, 890; s. auch *Fleischer* in Küting/Weber, Hdb. Rechnungslegung, § 142 AktG Rz. 10; *G. Bezzenberger* in Großkomm. AktG, 4. Aufl., § 142 AktG Rz. 9; *Schröer* in MünchKomm. AktG, 2. Aufl., § 142 AktG Rz. 10; *Fleischer*, RIW 2000, 809, 810; *Forster*, AG 1962, 233, 236.
36 S. dazu mit Nachweisen aus der Praxis *Spindler*, NZG 2010, 281; *Wilsing/Neumann*, DB 2006, 31, 32 (Fn. 18); ferner *Jänig*, BB 2005, 949; *Kirschner*, Die Sonderprüfung der Geschäftsführung in der Praxis, 2008, S. 2; sowie aus dem älteren Schrifttum *G. Bezzenberger* in Großkomm. AktG, 4. Aufl., § 142 AktG Rz. 9.
37 Ebenso *Spindler*, NZG 2010, 281; *Jänig*, BB 2005, 949; *Kirschner*, Die Sonderprüfung der Geschäftsführung in der Praxis, 2008, S. 2, *Wilsing/Neumann*, DB 2006, 31, 32; *Diekmann/Leuering*, NZG 2004, 249, 252.

## II. Einzelerläuterungen

### 1. Bestellung von Sonderprüfern durch die Hauptversammlung (§ 142 Abs. 1)

#### a) Gegenstand der Sonderprüfung

**aa) Das Erfordernis bestimmter Vorgänge.** Prüfungsgegenstand sind gem. § 142 Abs. 1 Satz 1 nur Vorgänge bei der Gründung oder Geschäftsführung, namentlich auch bei Maßnahmen der Kapitalbeschaffung oder Kapitalherabsetzung. Schon aus dem Wortlaut, der **nicht die Prüfung der Gründung** oder **Geschäftsführung** als solche **insgesamt**, sondern nur die Prüfung von (einzelnen) Vorgängen bei der Gründung oder Geschäftsführung zulässt, ergibt sich, dass der **Prüfungsauftrag genau zu bezeichnen ist und zeitlich und sachlich klar abgrenzbare Teilakte** betreffen muss[37]. Auch eine Sonderprüfung während ganzer Zeitabschnitte scheidet aus[38]. Sowohl Vorgänge als Grundlage von Ersatzansprüchen, aber auch solche für personelle Konsequenzen, wie etwa den Widerruf einer Organbestellung, können Gegenstand sein (s. bereits oben Rz. 2)[39]. Durch das Bestimmtheitserfordernis wird eine flächendeckende Ausforschung verhindert, die angesichts der Außerordentlichkeit dieses Informationsinstruments nicht gerechtfertigt wäre[40]; aber auch in rechtsökonomischen Überlegungen findet diese Voraussetzung ihre Begründung, da ein weit bemessener Prüfungsgegenstand zu hohen Kosten führen und erhebliche Ressourcen binden würde[41]. Die Prüfung betrifft die Aufklärung eines Sachverhalts, nicht die Klärung von Rechtsfragen[42].

8

Indes sind an die Bestimmtheit des Prüfungsgegenstands **nicht zu strenge Anforderungen** zu stellen[43], da es den (Minderheits-) Aktionären oft nicht möglich sein wird, die zu prüfenden Vorgänge exakt zu bestimmen[44]. **Auflockerungen** des Bestimmtheitserfordernisses sind deshalb insbesondere dann angezeigt, wenn Sachverhalte

9

---

37 RG v. 22.1.1935, RGZ 146, 385, 393; OLG Düsseldorf v. 15.2.1991 – 16 U 130/90, WM 1992, 14, 22; KG v. 19.7.1901, OLGZ 3, 84; KG v. 8.6.1903, OLGZ 9, 263; LG München I v. 31.3.2008 – 5 HK O 20117/07, AG 2008, 720; *Fleischer* in Küting/Weber, Hdb. Rechnungslegung, § 142 AktG Rz. 65; *G. Bezzenberger* in Großkomm. AktG, 4. Aufl., § 142 AktG Rz. 12; *Schröer* in MünchKomm. AktG, 2. Aufl., § 142 AktG Rz. 14; *Holzborn* in Bürgers/Körber, § 142 AktG Rz. 3; *Mock* in Spindler/Stilz, § 142 AktG Rz. 36; *Hüffer*, § 142 AktG Rz. 2; *ADS*, §§ 142–146 AktG Rz. 7; *Jänig*, Die aktienrechtliche Sonderprüfung, 2005, S. 205; *Habersack* in FS Wiedemann, 2002, S. 888, 898.
38 RG v. 22.1.1935, RGZ 146, 385, 393; OLG Düsseldorf v. 15.2.1991 – 16 U 130/90, WM 1992, 14, 22; *Fleischer* in Küting/Weber, Hdb. Rechnungslegung, § 142 AktG Rz. 66; *Schröer* in MünchKomm. AktG, 2. Aufl., § 142 AktG Rz. 14; *Hüffer*, § 142 AktG Rz. 2; *Mock* in Spindler/Stilz, § 142 AktG Rz. 36; *Holzborn* in Bürgers/Körber, § 142 AktG Rz. 3; *Jänig*, Die aktienrechtliche Sonderprüfung, 2005, S. 205.
39 *Schröer* in MünchKomm. AktG, 2. Aufl., § 142 AktG Rz. 5; *Jänig*, Die aktienrechtliche Sonderprüfung, 2005, S. 204; ausführlich *Habersack* in FS Wiedemann, 2002, S. 888, 895.
40 *Jänig*, Die aktienrechtliche Sonderprüfung, 2005, S. 207; s. auch *Fleischer* in Küting/Weber, Hdb. Rechnungslegung, § 142 AktG Rz. 65.
41 Ansatzweise dazu *Jänig*, Die aktienrechtliche Sonderprüfung, 2005, S. 206f.
42 OLG Stuttgart v. 15.11.2008 – 8 W 370/08, AG 2009, 169, 171.
43 OLG Stuttgart v. 25.11.2008 – 8 W 370/08, AG 2009, 169, 171; *Habersack* in FS Wiedemann, 2002, S. 888, 898; *Fleischer* in Küting/Weber, Hdb. Rechnungslegung, § 142 AktG Rz. 66; *Jänig*, Die aktienrechtliche Sonderprüfung, 2005, S. 207 f.; *Jänig*, WPg 2005, 761, 762; *Kirschner*, Die Sonderprüfung der Geschäftsführung in der Praxis, 2008, S. 32; *Casutt*, Sonderprüfung, 1991, § 6 Rz. 29.
44 OLG Stuttgart v. 25.11.2008 – 8 W 370/08, AG 2009, 169, 171; *Schröer* in MünchKomm. AktG, 2. Aufl., § 142 AktG Rz. 15; *Fleischer* in Küting/Weber, Hdb. Rechnungslegung, § 142 AktG Rz. 66; *Jänig*, Die aktienrechtliche Sonderprüfung, 2005, S. 208; *Casutt*, Sonderprüfung, 1991, § 6 Rz. 29.

gänzlich unklar sind⁴⁵. Eine Sonderprüfung, etwa der Vorfälle, die zu einer Zahlungsunfähigkeit führen, sollte nicht an mangelnder Bestimmtheit scheitern⁴⁶. Jedenfalls in Grundzügen muss der Prüfungsgegenstand aber stets benannt werden⁴⁷. Zieht man Parallelen zu anderen Rechtsgebieten⁴⁸, so muss es den an Informationen unterlegenen Antragstellern erlaubt sein, nur Anhaltspunkte darzulegen, um hieraus einen möglichen Prüfungsauftrag abzuleiten.

10 Ein Beschluss über eine über den von § 142 gesetzten Rahmen **hinausgehende Prüfung** ist **anfechtbar**⁴⁹. Denn das Institut der Sonderprüfung eröffnet der Hauptversammlung zwar unter Durchbrechung der aktienrechtlichen Zuständigkeitsverteilung ein außerordentliches Untersuchungsrecht, aber eben nur innerhalb der Grenzen der §§ 142–146⁵⁰. Die gegenteilige Auffassung, die eine umfassende Prüfung auf Veranlassung der Hauptversammlung für möglich hält, auf sie aber nicht die §§ 142 ff. anwenden will⁵¹, lässt sich nicht mit der aktienrechtlichen Zuständigkeitsordnung vereinbaren.

11 Davon zu unterscheiden ist eine sog. **informelle Sonderprüfung.** Diese kann **auf Veranlassung des Aufsichtsrats** erfolgen, der sich gem. § 111 Abs. 2 Satz 2 bei der Prüfung bestimmter Sachverhalte auch der Hilfe von Sachverständigen, wie etwa dem Abschlussprüfer, bedienen darf⁵². Auch der **Vorstand** ist kraft seiner umfassenden Leitungsbefugnis (§ 76) berechtigt, informelle Sonderprüfungen anzuordnen⁵³. Hierauf finden weder die §§ 142 ff. noch die Regelungen über die Abschlussprüfung Anwendung⁵⁴. Versuchen Aufsichtsrat oder auch Vorstand indes, durch eine informelle Sonderprüfung der Bestellung von Sonderprüfern durch die Hauptversammlung zuvorzukommen und damit die Berichtspublizität des § 145 zu unterlaufen, sind sie dazu verpflichtet, die Hauptversammlung von den Prüfungsergebnissen in Kenntnis zu

---

45 *Fleischer* in Küting/Weber, Hdb. Rechnungslegung, § 142 AktG Rz. 66; *Jänig*, Die aktienrechtliche Sonderprüfung, 2005, S. 208; *Casutt*, Sonderprüfung, 1991, § 6 Rz. 31; *Holzborn* in Bürgers/Körber, § 142 AktG Rz. 4.
46 So aber LG München I v. 31.3.2008 – 5 HK O 20117/07, AG 2008, 720; krit. dazu zu Recht *Jänig*, EWiR 2009, § 142 AktG 1/09, 326.
47 OLG Stuttgart v. 25.11.2008 – 8 W 370/08, AG 2009, 169, 171; *Fleischer* in Küting/Weber, Hdb. Rechnungslegung, § 142 AktG Rz. 66; *Jänig*, Die aktienrechtliche Sonderprüfung, 2005, S. 210.
48 Etwa zum Arzthaftungsprozess, s. dazu *Spindler* in Bamberger/Roth, § 823 BGB Rz. 781 ff.; zur Waffengleichheit BVerfG v. 25.7.1979 – 2 BvR 878/74, BVerfGE 52, 131 = NJW 1979, 1925.
49 *Fleischer* in Küting/Weber, Hdb. Rechnungslegung, § 142 AktG Rz. 31; *G. Bezzenberger* in Großkomm. AktG, 4. Aufl., § 142 AktG Rz. 24; *Jänig*, Die aktienrechtliche Sonderprüfung, 2005, S. 243; a.A. RG v. 22.1.1935, RGZ 146, 385, 393; *Hüffer*, § 142 AktG Rz. 2; *ADS*, §§ 142–146 AktG Rz. 7; *Schröer* in MünchKomm. AktG, 2. Aufl., § 142 AktG Rz. 14.
50 *Fleischer* in Küting/Weber, Hdb. Rechnungslegung, § 142 AktG Rz. 31; *G. Bezzenberger* in Großkomm. AktG, 4. Aufl., § 142 AktG Rz. 24.
51 So aber RG v. 22.1.1935, RGZ 146, 393; *Hüffer*, § 142 AktG Rz. 2; *ADS*, §§ 142–146 AktG Rz. 7; *Schröer* in MünchKomm. AktG, 2. Aufl., § 142 AktG Rz. 14.
52 Dazu näher *G. Bezzenberger* in Großkomm. AktG, 4. Aufl., § 142 AktG Rz. 25; *Fleischer* in Küting/Weber, Hdb. Rechnungslegung, § 142 AktG Rz. 32; *Schröer* in MünchKomm. AktG, 2. Aufl., § 142 AktG Rz. 28; *Kirschner*, Die Sonderprüfung der Geschäftsführung in der Praxis, 2008, S. 46 ff.
53 *Mock* in Spindler/Stilz, § 142 AktG Rz. 25; *Kirschner*, Die Sonderprüfung der Geschäftsführung in der Praxis, 2008, S. 48.
54 *Schröer* in MünchKomm. AktG, 2. Aufl., § 142 AktG Rz. 28; *G. Bezzenberger* in Großkomm. AktG, 4. Aufl., § 142 AktG Rz. 25; *Fleischer* in Küting/Weber, Hdb. Rechnungslegung, § 142 AktG Rz. 32; *Mock* in Spindler/Stilz, § 142 AktG Rz. 25; *Kirschner*, Die Sonderprüfung der Geschäftsführung in der Praxis, 2008, S. 49.

setzen[55]. Auswirkungen auf die Sonderprüfung nach den §§ 142 ff. ergeben sich indes nicht[56].

**bb) Einzelne Prüfungsgegenstände. (1) Vorgänge bei der Gründung.** Vorgänge bei der Gründung erfassen sämtliche Vorgänge bis zur Eintragung der Gesellschaft ins Handelsregister[57] sowie auch die gem. § 52 als Nachgründung zu behandelnden Verpflichtungen[58]. Letztere wären aber auch als Vorgänge der Geschäftsführung sonderprüfungsfähig[59]. Gleiches gilt, soweit eine Vor-AG durch ihren Vorstand bereits die Geschäftstätigkeit aufgenommen hat[60]. Anders als bei der Gründungsprüfung, die gem. § 34 den gesamten Gründungshergang umfasst, ist eine Sonderprüfung über die Gründung im Ganzen nicht möglich, sondern nur über einzelne, hinreichend individualisierte Vorgänge (s. schon Rz. 8)[61]. Liegt der gesamte Gründungsvorgang im Dunkeln, sind an das Bestimmtheitserfordernis geringere Anforderungen zu stellen (dazu schon Rz. 9)[62]. Im Übrigen ist irrelevant, dass die Gründung oder Nachgründung bereits Gegenstand einer Pflichtprüfung nach § 33 Abs. 2 bzw. 52 Abs. 4 war[63].

Als **Vorgänge** bei der Gründung können nicht nur Handlungen der Verwaltung, sondern auch solche **der Gründer, ihrer Hintermänner oder der Emittenten** einer Sonderprüfung unterzogen werden[64]. Dies ergibt sich aus dem engen Zusammenhang zu § 147, in dem auch Ersatzansprüche gegen die in den §§ 46–48 und § 53 bezeichneten

---

55 S. dazu OLG Köln v. 17.2.1998 – 22 U 163/97, ZIP 1998, 994; *Fleischer* in Küting/Weber, Hdb. Rechnungslegung, § 142 AktG Rz. 32; *G. Bezzenberger* in Großkomm. AktG, 4. Aufl., § 142 AktG Rz. 25; *Kirschner*, Die Sonderprüfung der Geschäftsführung in der Praxis, 2008, S. 51.
56 *Mock* in Spindler/Stilz, § 142 AktG Rz. 25; *Kirschner*, Die Sonderprüfung der Geschäftsführung in der Praxis, 2008, S. 48.
57 *G. Bezzenberger* in Großkomm. AktG, 4. Aufl., § 142 AktG Rz. 17; *ADS*, §§ 142–146 AktG Rz. 9; *Fleischer* in Küting/Weber, Hdb. Rechnungslegung, § 142 AktG Rz. 67; *Hüffer*, § 142 AktG Rz. 3; *Schröer* in MünchKomm. AktG, 2. Aufl., § 142 AktG Rz. 17; *Wilsing/Neumann* in Heidel, § 142 AktG Rz. 6; *Mock* in Spindler/Stilz, § 142 AktG Rz. 40; *Habersack* in FS Wiedemann, 2002, S. 888, 898; *Jänig*, Die aktienrechtliche Sonderprüfung, 2005, S. 210; *Jänig*, WPg 2005, 761, 763.
58 *Fleischer* in Küting/Weber, Hdb. Rechnungslegung, § 142 AktG Rz. 67; *Hüffer*, § 142 AktG Rz. 3; *G. Bezzenberger* in Großkomm. AktG, 4. Aufl., § 142 AktG Rz. 17; *Schröer* in MünchKomm. AktG, 2. Aufl., § 142 AktG Rz. 17; *ADS*, §§ 142–146 AktG Rz. 9; *Wilsing/Neumann* in Heidel, § 142 AktG Rz. 6; *Mock* in Spindler/Stilz, § 142 AktG Rz. 40; *Habersack* in FS Wiedemann, 2002, S. 888, 899; *Jänig*, Die aktienrechtliche Sonderprüfung, 2005, S. 211.
59 *G. Bezzenberger* in Großkomm. AktG, 4. Aufl., § 142 AktG Rz. 17; *Schröer* in MünchKomm. AktG, 2. Aufl., § 142 AktG Rz. 17; *Habersack* in FS Wiedemann, 2002, S. 888, 899; *Fleischer* in Küting/Weber, Hdb. Rechnungslegung, § 142 AktG Rz. 67.
60 *Fleischer* in Küting/Weber, Hdb. Rechnungslegung, § 142 AktG Rz. 67; *Hüffer*, § 142 AktG Rz. 3; *Mock* in Spindler/Stilz, § 142 AktG Rz. 40; anders *Jänig*, Die aktienrechtliche Sonderprüfung, 2005, S. 213, dem zufolge es keines Rückgriffs auf das Merkmal der Vorgänge bei der Gründung bedarf.
61 KG v. 8.6.1903, OLGZ 9, 263; *G. Bezzenberger* in Großkomm. AktG, 4. Aufl., § 142 AktG Rz. 17; *Fleischer* in Küting/Weber, Hdb. Rechnungslegung, § 142 AktG Rz. 67; *Wilsing/Neumann* in Heidel, § 142 AktG Rz. 6; *Mock* in Spindler/Stilz, § 142 AktG Rz. 40; *Jänig*, WPg 2005, 761, 763.
62 *Fleischer* in Küting/Weber, Hdb. Rechnungslegung, § 142 AktG Rz. 67; *Jänig*, Die aktienrechtliche Sonderprüfung, 2005, S. 211.
63 *Fleischer* in Küting/Weber, Hdb. Rechnungslegung, § 142 AktG Rz. 67; *Schröer* in MünchKomm. AktG, 2. Aufl., § 142 AktG Rz. 17; *G. Bezzenberger* in Großkomm. AktG, 4. Aufl., § 142 AktG Rz. 17; *Hüffer*, § 142 AktG Rz. 3; *Mock* in Spindler/Stilz, § 142 AktG Rz. 40; *Jänig*, Die aktienrechtliche Sonderprüfung, 2005, S. 211; *Kirschner*, Die Sonderprüfung der Geschäftsführung in der Praxis, 2008, S. 44; *Habersack* in FS Wiedemann, 2002, S. 888, 899; *Bordt*, Die aktienrechtliche Sonderprüfung, 1961, S. 55.
64 Überzeugend *Jänig*, Die aktienrechtliche Sonderprüfung, 2005, S. 213 f.; *Jänig*, WPg 2005, 761, 764; *Holzborn* in Bürgers/Körber, § 142 AktG Rz. 5.

Personen genannt werden, sowie dem wesentlichen Zweck der Sonderprüfung, Vorgänge aufzuhellen, die Grundlage für Ersatzansprüche der Gesellschaft sein können (zur ratio legis oben Rz. 2)[65]. Da der Hauptversammlung gegenüber diesen Personen anders als gegenüber der Verwaltung aber keine alternativen Maßnahmen, wie etwa eine Abberufung, zur Verfügung stehen, ist hier ein Zusammenhang mit möglichen Schadensersatzansprüchen erforderlich[66].

14 **(2) Vorgänge bei der Geschäftsführung.** Der Begriff der Geschäftsführung ist weit auszulegen und umfasst den **gesamten Verantwortungsbereich des Vorstands** gem. § 77 Abs. 1[67], also jede tatsächliche oder rechtliche Tätigkeit für die Gesellschaft[68], auch Geschäftsführungsmaßnahmen im Abwicklungsstadium[69]. Ob es sich um außenwirksame oder nur gesellschaftsinterne Vorgänge handelt, ist ebenso unerheblich[70], wie die Art des Handelns, sei es Tun oder Unterlassen[71]. Ohne Belang ist außerdem, ob der Vorstand selbst tätig geworden ist oder leitende Angestellte oder andere Mitarbeiter mit der Durchführung von Geschäftsführungsmaßnahmen betraut hat[72]. Im Falle einer Delegation kann auch die Auswahl und Überwachung der Delegierten durch den Vorstand einer Sonderprüfung unterzogen werden, dadurch mittelbar auch die Tätigkeit der mit der Ausführung betrauten Personen selbst[73]. Anlass für eine Sonderprüfung können aber auch Treupflichtverletzungen, wie etwa die rechtswidrige Aneignung von Geschäftschancen, sein[74]. Stets muss es sich aber um bestimmte abgrenzbare Vorgänge handeln, weshalb eine Sonderprüfung der Geschäftsführung im Allgemeinen oder der grundsätzlichen Geschäftspolitik nicht möglich ist (s. oben

---

65 *Jänig*, Die aktienrechtliche Sonderprüfung, 2005, S. 213 f.; *Jänig*, WPg 2005, 761, 764.
66 *Jänig*, Die aktienrechtliche Sonderprüfung, 2005, S. 213 f.; *Jänig*, WPg 2005, 761, 764.
67 OLG Düsseldorf v. 9.12.2009 – 6 W 45/09, AG 2010, 126, Rz. 21; *Hüffer*, § 142 AktG Rz. 4; *Fleischer* in Küting/Weber, Hdb. Rechnungslegung, § 142 AktG Rz. 68; *Habersack* in FS Wiedemann, 2002, S. 888, 899; *Jänig*, Die aktienrechtliche Sonderprüfung, 2005, S. 214; *Schröer* in MünchKomm. AktG, 2. Aufl., § 142 AktG Rz. 18; s. ferner *G. Bezzenberger* in Großkomm. AktG, 4. Aufl., § 142 AktG Rz. 11; *Holzborn* in Bürgers/Körber, § 142 AktG Rz. 6; *Jansen*, Die Sonderprüfung der Geschäftsführung nach dem Aktiengesetz, 1974, S. 22 ff.; *Kirschner*, Die Sonderprüfung der Geschäftsführung in der Praxis, 2008, S. 24.
68 *Fleischer* in Küting/Weber, Hdb. Rechnungslegung, § 142 AktG Rz. 68; *Hüffer*, § 142 AktG Rz. 4; *Mock* in Spindler/Stilz, § 142 AktG Rz. 41; *Wilsing/Neumann* in Heidel, § 142 AktG Rz. 7; *Holzborn* in Bürgers/Körber, § 142 AktG Rz. 6; *Habersack* in FS Wiedemann, 2002, S. 888, 899; *Jänig*, Die aktienrechtliche Sonderprüfung, 2005, S. 214.
69 *Fleischer* in Küting/Weber, Hdb. Rechnungslegung, § 142 AktG Rz. 68; *ADS*, §§ 142–146 AktG Rz. 5; *Jänig*, Die aktienrechtliche Sonderprüfung, 2005, S. 240.
70 *G. Bezzenberger* in Großkomm. AktG, 4. Aufl., § 142 AktG Rz. 11; *Schröer* in MünchKomm. AktG, 2. Aufl., § 142 AktG Rz. 18; *Fleischer* in Küting/Weber, Hdb. Rechnungslegung, § 142 AktG Rz. 68; *Holzborn* in Bürgers/Körber, § 142 AktG Rz. 6; *Jänig*, Die aktienrechtliche Sonderprüfung, 2005, S. 214 f.
71 *Fleischer* in Küting/Weber, Hdb. Rechnungslegung, § 142 AktG Rz. 68; *Jänig*, Die aktienrechtliche Sonderprüfung, 2005, S. 215; s. auch *G. Bezzenberger* in Großkomm. AktG, 4. Aufl., § 142 AktG Rz. 12; *Bordt*, Die aktienrechtliche Sonderprüfung, 1961, S. 57; *Holzborn* in Bürgers/Körber, § 142 AktG Rz. 6; *Kirschner*, Die Sonderprüfung der Geschäftsführung in der Praxis, 2008, S. 24.
72 *G. Bezzenberger* in Großkomm. AktG, 4. Aufl., § 142 AktG Rz. 11; *Hüffer*, § 142 AktG Rz. 4; *Fleischer* in Küting/Weber, Hdb. Rechnungslegung, § 142 AktG Rz. 68; *Schröer* in MünchKomm. AktG, 2. Aufl., § 142 AktG Rz. 18; *Habersack* in FS Wiedemann, 2002, S. 888, 899; *Jänig*, Die aktienrechtliche Sonderprüfung, 2005, S. 215; *ADS*, §§ 142–146 AktG Rz. 5.
73 S. dazu *Jänig*, Die aktienrechtliche Sonderprüfung, 2005, S. 215; *Schröer* in MünchKomm. AktG, 2. Aufl., § 142 AktG Rz. 18; *G. Bezzenberger* in Großkomm. AktG, 4. Aufl., § 142 AktG Rz. 11.
74 *Fleischer* in Küting/Weber, Hdb. Rechnungslegung, § 142 AktG Rz. 69; *Jänig*, Die aktienrechtliche Sonderprüfung, 2005, S. 216.

schon Rz. 8)⁷⁵. Die Abgrenzung kann allerdings im Einzelfall schwierig sein, etwa wenn die Aufgabe einer Marke oder eines bestimmten Handelssegments in Rede steht.

Als Vorgang der Geschäftsführung können auch Handlungen eines **fehlerhaft bestellten** oder **faktischen Organs** sonderprüfungsrechtlich untersucht werden⁷⁶. Denn ratio legis der Sonderprüfung ist insbesondere, Ersatzansprüche gegen Vorstands- und Aufsichtsratsmitglieder vorzubereiten (zur ratio legis m.w.N. Rz. 2)⁷⁷, die auch für das fehlerhaft bestellte⁷⁸ sowie das faktische Organ⁷⁹ gelten.

15

Auch die **Tätigkeit des Aufsichtsrats** kann Gegenstand einer Sonderprüfung sein, soweit sie mit Geschäftsführungsfragen zusammenhängt⁸⁰. Dies gilt insbesondere für die Überwachung des Vorstands (§ 111 Abs. 1) und die Ausübung von Zustimmungskompetenzen (§ 111 Abs. 4 Satz 2)⁸¹, aber auch für andere Angelegenheiten mit Bezug zum Vorstand, wie etwa Bestellung und Abberufung, die Festsetzung seiner Bezüge, die Kreditgewährung an Vorstände, die Befreiung vom Wettbewerbsverbot (§§ 84, 86–89)⁸² oder die Geltendmachung von Schadensersatzansprüchen gegen den Vorstand⁸³. Demgegenüber zählen rein korporationsrechtliche Tätigkeiten des Aufsichtsrats, wie die Leitung der Hauptversammlung, nicht zu den Vorgängen bei der Geschäftsführung im Sinne von § 142 Abs. 1⁸⁴. Verträge mit Aufsichtsratsmitgliedern (§ 114) fallen in die Kompetenz des Vorstands und sind deshalb schon aus diesem Grund möglicher Gegenstand einer Sonderprüfung⁸⁵.

16

---

75 *G. Bezzenberger* in Großkomm. AktG, 4. Aufl., § 142 AktG Rz. 12; *Fleischer* in Küting/Weber, Hdb. Rechnungslegung, § 142 AktG Rz. 69.
76 Überzeugend *Jänig*, Die aktienrechtliche Sonderprüfung, 2005, S. 231 f.; *Jänig*, WPg 2005, 761, 768; *Mock* in Spindler/Stilz, § 142 AktG Rz. 41.
77 *Jänig*, Die aktienrechtliche Sonderprüfung, 2005, S. 232.
78 BGH v. 6.4.1964 – II ZR 75/62, BGHZ 41, 282, 287 = NJW 1964, 1367; BGH v. 20.2.1995 – II ZR 143/93, WM 1995, 799, 800; dazu ausführlich *Spindler* in MünchKomm. AktG, 3. Aufl., § 93 AktG Rz. 14; *Habersack* in MünchKomm. AktG, 3. Aufl., § 116 AktG Rz. 14; *Hopt* in Großkomm. AktG, 4. Aufl., § 93 AktG Rz. 44 ff.; *Hüffer*, § 93 AktG Rz. 12; *Mertens/Cahn* in KölnKomm. AktG, 3. Aufl., § 93 AktG Rz. 43; *Stein*, Das faktische Organ, 1984, S. 129; *Baums*, Der Geschäftsleitervertrag, 1987, S. 168 ff., 174 ff.
79 Str., dazu ausführlich *Spindler* in MünchKomm. AktG, 3. Aufl., § 93 AktG Rz. 17; bejahend auch *Hopt* in Großkomm. AktG, 4. Aufl., § 93 AktG Rz. 49 ff.; a.A. *Mertens/Cahn* in KölnKomm. AktG, 3. Aufl., § 93 AktG Rz. 43; *Hüffer*, § 93 AktG Rz. 12; *Wiesner* in MünchHdb. AG, § 26 Rz. 3; *Stein*, Das faktische Organ, S. 129, 143 ff.
80 *Hüffer*, § 142 AktG Rz. 5; *Schröer* in MünchKomm. AktG, 2. Aufl., § 142 AktG Rz. 20; *Habersack* in FS Wiedemann, 2002, S. 888, 899; *G. Bezzenberger* in Großkomm. AktG, 4. Aufl., § 142 AktG Rz. 13; *Fleischer* in Küting/Weber, Hdb. Rechnungslegung, § 142 AktG Rz. 70; *Mock* in Spindler/Stilz, § 142 AktG Rz. 42; *Wilsing/Neumann* in Heidel, § 142 AktG Rz. 7; *Holzborn* in Bürgers/Körber, § 142 AktG Rz. 6; *Karehnke* in J. Semler/Volhard, Arbeitshandbuch HV, § 20 Rz. 63; *Butzke* in Obermüller/Werner/Winden, Die Hauptversammlung der Aktiengesellschaft, Rz. M 2; weitergehend *Jänig*, Die aktienrechtliche Sonderprüfung, 2005, S. 222 f.
81 OLG Düsseldorf v. 9.12.2009 – 6 W 45/09, AG 2010, 126, Rz. 21; *Fleischer* in Küting/Weber, Hdb. Rechnungslegung, § 142 AktG Rz. 70; *ADS*, §§ 142–146 AktG Rz. 6; *Hüffer*, § 142 AktG Rz. 5; *G. Bezzenberger* in Großkomm. AktG, 4. Aufl., § 142 AktG Rz. 13; *Schröer* in MünchKomm. AktG, 2. Aufl., § 142 AktG Rz. 20.
82 *Schröer* in MünchKomm. AktG, 2. Aufl., § 142 AktG Rz. 20; *Hüffer*, § 142 AktG Rz. 5; *G. Bezzenberger* in Großkomm. AktG, 4. Aufl., § 142 AktG Rz. 13; *Fleischer* in Küting/Weber, Hdb. Rechnungslegung, § 142 AktG Rz. 70; *Habersack* in FS Wiedemann, 2002, S. 888, 899; *Mock* in Spindler/Stilz, § 142 AktG Rz. 42.
83 *Schröer* in MünchKomm. AktG, 2. Aufl., § 142 AktG Rz. 20.
84 *Schröer* in MünchKomm. AktG, 2. Aufl., § 142 AktG Rz. 20; *Mock* in Spindler/Stilz, § 142 AktG Rz. 42; s. auch LG Dortmund v. 25.6.2009 – 18 O 14/09, AG 2009, 881.
85 *Schröer* in MünchKomm. AktG, 2. Aufl., § 142 AktG Rz. 20; *Hüffer*, § 142 AktG Rz. 5.

17  Wird eine Geschäftsführungsmaßnahme von einem **Hauptversammlungsbeschluss** getragen, ändert dies nichts daran, dass der Vorgang einer Sonderprüfung unterzogen werden kann[86]. Gegenstand der Sonderprüfung kann in diesen Fällen aber nicht der Hauptversammlungsbeschluss selbst sein, sondern nur die vor- und nachgelagerten Tätigkeiten der Verwaltung[87].

18  Auch die Geschäftsbeziehungen der Gesellschaft zu **verbundenen Unternehmen** können einer Sonderprüfung unterzogen werden[88]. Dies folgt unmittelbar schon aus § 315 Satz 4 und § 145 Abs. 3, der das Prüfungsrecht der Sonderprüfer auch auf verbundene Unternehmen erstreckt[89]. Grundsätzlich muss es sich dabei aber um Vorgänge bei der Gesellschaft handeln; isolierte Vorgänge nur auf der Ebene der untergeordneten Gesellschaften werden dagegen nicht von § 142 erfasst, wohl aber die vom herrschenden Unternehmen veranlassten[90]. Prüfungsfähig sind deshalb jedenfalls solche Geschäftsführungsmaßnahmen, die die Gesellschaft auf Veranlassung eines herrschenden Unternehmens ausführt oder von einem abhängigen Unternehmen ausführen lässt und deren wirtschaftlichen Folgen sie treffen[91].

19  Der **Jahresabschluss** (bzw. Konzernabschluss oder Lagebericht)[92] als solcher und in seiner Gesamtheit kann nicht Gegenstand einer Sonderprüfung sein[93], da er nicht einen einzelnen bestimmten Vorgang, sondern die gesamte Geschäftsführung einer Periode widerspiegelt[94]. Dies gilt auch für kleine Gesellschaften, die gem. § 267 HGB

---

86  *Schröer* in MünchKomm. AktG, 2. Aufl., § 142 AktG Rz. 21; *Mock* in Spindler/Stilz, § 142 AktG Rz. 42; *Jänig*, Die aktienrechtliche Sonderprüfung, 2005, S. 237.
87  *Schröer* in MünchKomm. AktG, 2. Aufl., § 142 AktG Rz. 21; ausführlich *Jänig*, Die aktienrechtliche Sonderprüfung, 2005, S. 237; a.A. *G. Bezzenberger* in Großkomm. AktG, 4. Aufl., § 142 AktG Rz. 14.
88  OLG Düsseldorf v. 15.1.2010 – I-17 U 6/09, AG 2010, 330, 332; OLG Karlsruhe v. 20.11.1987 – 15 U 102/85 (unveröffentlicht); *Uwe H. Schneider*, AG 2008, 305 ff.; *G. Bezzenberger* in Großkomm. AktG, 4. Aufl., § 142 AktG Rz. 15; *Schröer* in MünchKomm. AktG, 2. Aufl., § 142 AktG Rz. 19; *Mock* in Spindler/Stilz, § 142 AktG Rz. 43; *ADS*, §§ 142–146 AktG Rz. 6; *Jänig*, Die aktienrechtliche Sonderprüfung, 2005, S. 232 f.
89  *Fleischer* in Küting/Weber, Hdb. Rechnungslegung, § 142 AktG Rz. 71; *Jänig*, Die aktienrechtliche Sonderprüfung, 2005, S. 233.
90  OLG Düsseldorf v. 15.1.2010 – I-17 U 6/09, AG 2010, 330, 332; *Uwe H. Schneider*, AG 2008, 305, 307 f.
91  *G. Bezzenberger* in Großkomm. AktG, 4. Aufl., § 142 AktG Rz. 15; *Schröer* in MünchKomm. AktG, 2. Aufl., § 142 AktG Rz. 19; weitergehend *Jänig*, Die aktienrechtliche Sonderprüfung, 2005, S. 233, der mit steigender wirtschaftlicher Bedeutung und steigender Intensität der Unternehmensverbindung einen Vorgang im verbundenen Unternehmen als Vorgang der betreffenden Gesellschaft erachtet.
92  *Habersack* in FS Wiedemann, 2002, S. 888, 900; *Jänig*, Die aktienrechtliche Sonderprüfung, 2005, S. 224.
93  H.M., s. AG Ingolstadt v. 18.1.2001 – HRB 2468, AG 2002, 110, 111; *Fleischer* in Küting/Weber, Hdb. Rechnungslegung, § 142 AktG Rz. 26; *Hüffer*, § 142 AktG Rz. 6; *Schröer* in MünchKomm. AktG, 2. Aufl., § 142 AktG Rz. 30; *Mock* in Spindler/Stilz, § 142 AktG Rz. 44; *ADS*, §§ 142–146 AktG Rz. 8; *G. Bezzenberger* in Großkomm. AktG, 4. Aufl., § 142 AktG Rz. 16; *Habersack* in FS Wiedemann, 2002, S. 888, 900; *Jänig*, Die aktienrechtliche Sonderprüfung, 2005, S. 224; *Karehnke* in J. Semler/Volhard, Arbeitshandbuch HV, § 20 Rz. 65; *Kirschner*, Die Sonderprüfung der Geschäftsführung in der Praxis, 2008, S. 43; *Bordt*, Die aktienrechtliche Sonderprüfung, 1961 S. 58; *Ebenroth*, Das Auskunftsrecht des Aktionärs, S. 134; a.A. *Schedlbauer*, Sonderprüfungen, 1984, S. 143, der eine mittelbare Überprüfung des Jahresabschlusses als Akt der Geschäftsführung für möglich hält.
94  *Habersack* in FS Wiedemann, 2002, S. 888, 901; *Fleischer* in Küting/Weber, Hdb. Rechnungslegung, § 142 AktG Rz. 26; *Jänig*, Die aktienrechtliche Sonderprüfung, 2005, S. 224; mit anderer Begründung *G. Bezzenberger* in Großkomm. AktG, 4. Aufl., § 142 AktG Rz. 16, der darauf verweist, dass § 316 HGB als lex specialis der Sonderprüfung vorginge. Angesichts der Außerordentlichkeit der Sonderprüfung und der auch anderweitig teilweise konkurrierenden Pflichtprüfungen wie etwa der Gründungsprüfung ist diese Argumentation indes nicht

keiner Pflichtprüfung unterliegen[95]. Einzelne Posten des Jahresabschlusses sind indes einer Sonderprüfung zugänglich[96]. Zur Begründung lässt sich unter anderem § 142 Abs. 3 heranziehen[97]; denn wären Teile des Jahresabschlusses generell nicht sonderprüfungsfähig, wäre § 142 Abs. 3, der die allgemeine Sonderprüfung im Anwendungsbereich des § 258 ausschließt, überflüssig[98]. Nach einhelliger Auffassung kann der Jahresabschluss anlässlich einer Sonderprüfung anderer Geschäftsvorgänge herangezogen werden, um daraus Erkenntnisse für das eigentliche Prüfungsthema zu gewinnen[99].

(3) **Kapitalmaßnahmen.** Zulässiger Prüfungsgegenstand sind ferner Maßnahmen der **Kapitalbeschaffung** und **Kapitalherabsetzung**. Aus der expliziten Nennung dieser Kapitalmaßnahmen wird überwiegend gefolgert, dass eine weitere Eingrenzung der Maßnahmen im Hinblick auf das Bestimmtheitserfordernis nicht erforderlich sei[100], da der Gesetzeswortlaut darauf hindeute, dass es sich nur um einen Sonderfall der Nachprüfung von Geschäftsführungsmaßnahmen handele[101]. Dies erscheint jedoch zweifelhaft, da der Wortlaut durchaus ambivalent ist und auch anders gedeutet werden kann[102]. Auch der Gesetzeshistorie ist keine eigenständige inhaltliche Bedeutung der besonderen Erwähnung zu entnehmen[103]. Für eine weitere Eingrenzung des Prüfungsgegenstands spricht zudem, dass Kapitalbeschaffungsmaßnahmen ebenso einfach oder komplex sein können, wie die Gründung einer Gesellschaft, weshalb eine unterschiedliche Behandlung kaum gerechtfertigt erscheint[104]. Im Einzelfall können zudem Auflockerungen des Bestimmtheitsgrundsatzes (dazu oben Rz. 9) in Be-

---

zwingend (*Habersack* in FS Wiedemann, 2002, S. 888, 901; *Jänig*, Die aktienrechtliche Sonderprüfung, 2005, S. 224).

95 *Fleischer* in Küting/Weber, Hdb. Rechnungslegung, § 142 AktG Rz. 26; *G. Bezzenberger* in Großkomm. AktG, 4. Aufl., § 142 AktG Rz. 16; *Kirschner*, Die Sonderprüfung der Geschäftsführung in der Praxis, 2008, S. 43.

96 *Fleischer* in Küting/Weber, Hdb. Rechnungslegung, § 142 AktG Rz. 27; *G. Bezzenberger* in Großkomm. AktG, 4. Aufl., § 142 AktG Rz. 16; *Habersack* in FS Wiedemann, 2002, S. 888, 903; *Jänig*, Die aktienrechtliche Sonderprüfung, 2005, S. 224; *Schröer* in MünchKomm. AktG, 2. Aufl., § 142 AktG Rz. 30; *Wilsing/Neumann* in Heidel, § 142 AktG Rz. 8; *Kirschner*, Die Sonderprüfung der Geschäftsführung in der Praxis, 2008, S. 44; a.A. *ADS*, §§ 142–146 AktG Rz. 8; *Mock* in Spindler/Stilz, § 142 AktG Rz. 45; anders wohl auch *Hüffer*, § 142 AktG Rz. 6.

97 Ausführlich *Habersack* in FS Wiedemann, 2002, S. 888, 901 ff.; *Jänig*, Die aktienrechtliche Sonderprüfung, 2005, S. 223 ff.

98 *Habersack* in FS Wiedemann, 2002, S. 888, 902; *Jänig*, Die aktienrechtliche Sonderprüfung, 2005, S. 224; s. auch *Schröer* in MünchKomm. AktG, 2. Aufl., § 142 AktG Rz. 30.

99 *Habersack* in FS Wiedemann, 2002, S. 888, 901; *Fleischer* in Küting/Weber, Hdb. Rechnungslegung, § 142 AktG Rz. 27; *Hüffer*, § 142 AktG Rz. 6; *Schröer* in MünchKomm. AktG, 2. Aufl., § 142 AktG Rz. 30; *G. Bezzenberger* in Großkomm. AktG, 4. Aufl., § 142 AktG Rz. 16; *Wilsing/Neumann* in Heidel, § 142 AktG Rz. 8; *Jänig*, Die aktienrechtliche Sonderprüfung, 2005, S. 225; *Kirschner*, Die Sonderprüfung der Geschäftsführung in der Praxis, 2008, S. 44; auf diesen Anlass beschränkend *ADS*, §§ 142–146 AktG Rz. 8 sowie *Mock* in Spindler/Stilz, § 142 AktG Rz. 45.

100 *Fleischer* in Küting/Weber, Hdb. Rechnungslegung, § 142 AktG Rz. 72; *Hüffer*, § 142 AktG Rz. 7; *Schröer* in MünchKomm. AktG, 2. Aufl., § 142 AktG Rz. 22; a.A. mit beachtlichen Argumenten *Jänig*, Die aktienrechtliche Sonderprüfung, 2005, S. 239; anders auch *Schedlbauer*, Sonderprüfungen, 1984, S. 143.

101 *Fleischer* in Küting/Weber, Hdb. Rechnungslegung, § 142 AktG Rz. 72; *Schröer* in MünchKomm. AktG, 2. Aufl., § 142 AktG Rz. 22; *Hüffer*, § 142 AktG Rz. 7.

102 *Jänig*, Die aktienrechtliche Sonderprüfung, 2005, S. 239.

103 Amtl. Begr. zu § 118, abgedruckt bei *Klausing*, Gesetz über Aktiengesellschaften und Kommanditgesellschaften auf Aktien, 1937, S. 105; s. dazu auch *Jänig*, Die aktienrechtliche Sonderprüfung, 2005, S. 239.

104 So bereits *Jänig*, Die aktienrechtliche Sonderprüfung, 2005, S. 239.

tracht kommen[105]. Eine vorherige Pflichtprüfung, etwa nach § 183 Abs. 3, steht der Sonderprüfung im Übrigen auch hier nicht entgegen[106]. Da Maßnahmen der Kapitalbeschaffung und Kapitalherabsetzung einen Sonderfall der Geschäftsführung darstellen[107], sind nur die Tätigkeiten der Verwaltung im Umfeld von Kapitalmaßnahmen sonderprüfungstauglich, nicht hingegen die entsprechenden Beschlüsse der Hauptversammlung selbst[108].

**21** **cc) Keine Sonderprüfung nach § 258 (§ 142 Abs. 3).** Soweit es um Vorgänge geht, die Gegenstand einer Sonderprüfung wegen unzulässiger Unterbewertung oder mangelnder bzw. unvollständiger Berichterstattung nach § 258 sein können, ist die allgemeine Sonderprüfung gem. § 142 Abs. 3 ausgeschlossen[109]. Dieser **Anwendungsvorrang** ist schon dem Wortlaut nach **absoluter Natur**, aber auch im Hinblick auf die Ausschlussfrist des § 258 Abs. 2 Satz 1, die anderenfalls unterlaufen werden könnte[110]. Ob diese speziellere Sonderprüfung tatsächlich stattgefunden hat, ist deshalb unerheblich[111]; zudem bleibt die Anwendung der §§ 142 ff. auch nach Ablauf der Ausschlussfrist des § 258 Abs. 2 Satz 1 ausgeschlossen[112].

**22** **dd) Zeitliche Begrenzung.** Anders als im Fall der gerichtlichen Bestellung nach § 142 Abs. 2 bestehen für die Bestellung durch die Hauptversammlung gem. § 142 Abs. 1 keine zeitlichen Schranken. Grundsätzlich lassen sich daher auch Vorgänge prüfen, die längere Zeit zurückliegen[113]. Eine Grenze wird man jedoch in Fällen des **Rechtsmissbrauchs** ziehen müssen[114], etwa wenn den Vorgängen jeglicher Gegenwartsbezug

---

105 Ebenso *Jänig*, Die aktienrechtliche Sonderprüfung, 2005, S. 239; i.E. auch *Schedlbauer*, Sonderprüfungen, 1984, S. 143; a.A. *Fleischer* in Küting/Weber, Hdb. Rechnungslegung, § 142 AktG Rz. 72; *Hüffer*, § 142 AktG Rz. 7; *Schröer* in MünchKomm. AktG, 2. Aufl., § 142 AktG Rz. 22.
106 *G. Bezzenberger* in Großkomm. AktG, 4. Aufl., § 142 AktG Rz. 17; *Fleischer* in Küting/Weber, Hdb. Rechnungslegung, § 142 AktG Rz. 72; *Jänig*, Die aktienrechtliche Sonderprüfung, 2005, S. 239.
107 *Hüffer*, § 142 AktG Rz. 7; *Jänig*, Die aktienrechtliche Sonderprüfung, 2005, S. 238.
108 *Schröer* in MünchKomm. AktG, 2. Aufl., § 142 AktG Rz. 22; *Hüffer*, § 142 AktG Rz. 7; *Jänig*, Die aktienrechtliche Sonderprüfung, 2005, S. 238; *Mock* in Spindler/Stilz, § 142 AktG Rz. 46; Holzborn in Bürgers/Körber, § 142 AktG Rz. 7; a.A. *G. Bezzenberger* in Großkomm. AktG, 4. Aufl., § 142 AktG Rz. 17; ablehnend auch *Fleischer* in Küting/Weber, Hdb. Rechnungslegung, § 142 AktG Rz. 73.
109 *Fleischer* in Küting/Weber, Hdb. Rechnungslegung, § 142 AktG Rz. 17; *Hüffer*, § 142 AktG Rz. 26; *Schröer* in MünchKomm. AktG, 2. Aufl., § 142 AktG Rz. 29; *G. Bezzenberger* in Großkomm. AktG, 4. Aufl., § 142 AktG Rz. 18; *Jänig*, Die aktienrechtliche Sonderprüfung, 2005, S. 226; *Kirschner*, Die Sonderprüfung der Geschäftsführung in der Praxis, 2008, S. 40; *Mock* in Spindler/Stilz, § 142 AktG Rz. 131 f., der allerdings Kritik am Regelungszweck dieses Vorrangs übt; teilweise a.A. *Wilsing/Neumann* in Heidel, § 142 AktG Rz. 26; *Wilsing/Neumann*, DB 2006, 31.
110 *Fleischer* in Küting/Weber, Hdb. Rechnungslegung, § 142 AktG Rz. 17; *Jänig*, Die aktienrechtliche Sonderprüfung, 2005, S. 226; *Kirschner*, Die Sonderprüfung der Geschäftsführung in der Praxis, 2008, S. 40 f.; *Hüffer*, § 142 AktG Rz. 26; a.A. *Wilsing/Neumann*, DB 2006, 31; *Wilsing/Neumann* in Heidel, § 142 AktG Rz. 26.
111 *Hüffer*, § 142 AktG Rz. 26; *Fleischer* in Küting/Weber, Hdb. Rechnungslegung, § 142 AktG Rz. 17; *G. Bezzenberger* in Großkomm. AktG, 4. Aufl., § 142 AktG Rz. 18; *Schröer* in MünchKomm. AktG, 2. Aufl., § 142 AktG Rz. 29; *Mock* in Spindler/Stilz, § 142 AktG Rz. 132.
112 *Fleischer* in Küting/Weber, Hdb. Rechnungslegung, § 142 AktG Rz. 17; *Jänig*, Die aktienrechtliche Sonderprüfung, 2005, S. 226; *Mock* in Spindler/Stilz, § 142 AktG Rz. 132; s. auch *Hüffer*, § 142 AktG Rz. 26; a.A. *Wilsing/Neumann* in Heidel, § 142 AktG Rz. 26; *Wilsing/Neumann*, DB 2006, 31.
113 *G. Bezzenberger* in Großkomm. AktG, 4. Aufl., § 142 AktG Rz. 20; *Fleischer* in Küting/Weber, Hdb. Rechnungslegung, § 142 AktG Rz. 76; *Mock* in Spindler/Stilz, § 142 AktG Rz. 47.
114 *Hüffer*, § 142 AktG Rz. 8; *G. Bezzenberger* in Großkomm. AktG, 4. Aufl., § 142 AktG Rz. 20; *Schröer* in MünchKomm. AktG, 2. Aufl., § 142 AktG Rz. 23; *Fleischer* in Küting/We-

fehlt und keinerlei Schlussfolgerungen mehr gezogen werden können[115]. Allein die Verjährung von Schadensersatzansprüchen gegen Organmitglieder reicht hierfür aber nicht aus[116], wenn organisatorische oder personelle Konsequenzen, wie etwa die Wiederbestellung eines Organmitglieds, weiterhin in Frage stehen[117]. Denn die Sonderprüfung dient nicht allein der Vorbereitung von Schadensersatzansprüchen (zum Zweck der Sonderprüfung oben schon Rz. 2)[118].

Auch nach **Auflösung** der Gesellschaft ist eine Sonderprüfung grundsätzlich möglich[119], nicht mehr indes nach **Eröffnung des Insolvenzverfahrens**, da die Geltendmachung von Ersatzansprüchen dann im Ermessen und in der Verantwortung des Insolvenzverwalters liegt[120]. Zukünftige bzw. **geplante Geschäftsführungsmaßnahmen** können demgegenüber entgegen einer Entscheidung des Bundesgerichtshofs[121] grundsätzlich nicht zum Gegenstand einer Sonderprüfung gemacht werden[122]. Vielmehr muss es sich stets um abgeschlossene oder zumindest begonnene Vorgänge handeln[123], was schon im Wortlaut von § 142 Abs. 2 zum Ausdruck kommt[124].  23

**b) Hauptversammlungsbeschluss**

**aa) Beschlussverfahren.** Die Hauptversammlung beschließt gem. § 142 Abs. 1 mit **einfacher Stimmenmehrheit** (vgl. § 133). Dieses Mehrheitserfordernis ist angesichts der ausdrücklichen Regelung zwingend (§ 23 Abs. 5); die Satzung kann also weder Abstimmungserleichterungen noch Abstimmungserschwernisse bestimmen[125]. 24

---

ber, Hdb. Rechnungslegung, § 142 AktG Rz. 77; s. auch *Wilsing/Neumann* in Heidel, § 142 AktG Rz. 10; *Mock* in Spindler/Stilz, § 142 AktG Rz. 47; *Holzborn* in Bürgers/Körber, § 142 AktG Rz. 8; *Karehnke* in J. Semler/Volhard, Arbeitshandbuch HV, § 20 Rz. 67; *Bork* in Hommelhoff/Hopt/v. Werder, Hdb. Corporate Governance, S. 748, 749; anders *ADS*, §§ 142–146 AktG Rz. 10.

115 *Hüffer*, § 142 AktG Rz. 8; *Fleischer* in Küting/Weber, Hdb. Rechnungslegung, § 142 AktG Rz. 77; *Schröer* in MünchKomm. AktG, 2. Aufl., § 142 AktG Rz. 24; *G. Bezzenberger* in Großkomm. AktG, 4. Aufl., § 142 AktG Rz. 20.

116 So aber wohl *Mock* in Spindler/Stilz, § 142 AktG Rz. 47.

117 *Fleischer* in Küting/Weber, Hdb. Rechnungslegung, § 142 AktG Rz. 77; *G. Bezzenberger* in Großkomm. AktG, 4. Aufl., § 142 AktG Rz. 20; *Schröer* in MünchKomm. AktG, 2. Aufl., § 142 AktG Rz. 24; s. ferner *Hüffer*, § 142 AktG Rz. 8.

118 Dazu auch *Fleischer* in Küting/Weber, Hdb. Rechnungslegung, § 142 AktG Rz. 77.

119 *G. Bezzenberger* in Großkomm. AktG, 4. Aufl., § 142 AktG Rz. 22; *Fleischer* in Küting/Weber, Hdb. Rechnungslegung, § 142 AktG Rz. 78; *ADS*, §§ 142–146 AktG Rz. 5; *Mock* in Spindler/Stilz, § 142 AktG Rz. 49; *Jänig*, Die aktienrechtliche Sonderprüfung, 2005, S. 240.

120 *G. Bezzenberger* in Großkomm. AktG, 4. Aufl., § 142 AktG Rz. 22; *Fleischer* in Küting/Weber, Hdb. Rechnungslegung, § 142 AktG Rz. 78; dazu auch *Jänig*, Die aktienrechtliche Sonderprüfung, 2005, S. 241; anders *Mock* in Spindler/Stilz, § 142 AktG Rz. 50, der davon ausgeht, dass die Möglichkeit der Beschlussfassung durch die Hauptversammlung unberührt bleibt, aufgrund der Kostentragungslast nach § 142 Abs. 6 aber die Zustimmung des Insolvenzverwalters erforderlich ist.

121 BGH v. 29.1.1962 – II ZR 1/61, BGHZ 36, 296, 315; abl. *Hengeler*, AG 1962, 119, 121.

122 *G. Bezzenberger* in Großkomm. AktG, 4. Aufl., § 142 AktG Rz. 19; *Fleischer* in Küting/Weber, Hdb. Rechnungslegung, § 142 AktG Rz. 79; *Schröer* in MünchKomm. AktG, 2. Aufl., § 142 AktG Rz. 25; *Mock* in Spindler/Stilz, § 142 AktG Rz. 39; *Jänig*, Die aktienrechtliche Sonderprüfung, 2005, S. 226 f.; *Kirschner*, Die Sonderprüfung der Geschäftsführung in der Praxis, 2008, S. 35 f.

123 *G. Bezzenberger* in Großkomm. AktG, 4. Aufl., § 142 AktG Rz. 19; *Schröer* in MünchKomm. AktG, 2. Aufl., § 142 AktG Rz. 25; *Fleischer* in Küting/Weber, Hdb. Rechnungslegung, § 142 AktG Rz. 79; *Jänig*, Die aktienrechtliche Sonderprüfung, 2005, S. 228.

124 *Fleischer* in Küting/Weber, Hdb. Rechnungslegung, § 142 AktG Rz. 79; *Jänig*, Die aktienrechtliche Sonderprüfung, 2005, S. 228.

125 RG v. 16.2.1934, RGZ 143, 401, 409; *Hüffer*, § 142 AktG Rz. 9; *G. Bezzenberger* in Großkomm. AktG, 4. Aufl., § 142 AktG Rz. 35; *Fleischer* in Küting/Weber, Hdb. Rechnungsle-

25 Grundsätzlich muss die Beschlussfassung über die Bestellung von Sonderprüfern im Rahmen der Einberufung der Hauptversammlung **als Gegenstand der Tagesordnung angegeben** werden (§ 121 Abs. 3 Satz 2)[126], außer wenn dieser Beschluss von einem ordnungsgemäß angekündigten Tagesordnungspunkt gegenständlich mit umfasst ist, § 124 Abs. 4 Satz 2, z.B. bei einem im Zusammenhang mit der Entlastung der Verwaltung zu fassenden Sonderprüfungsbeschluss[127]. Inhalt des Beschlusses sind **zwei Beschlussgegenstände**, die untrennbar miteinander verbunden sind, nämlich die Anordnung einer Sonderprüfung nach Maßgabe der §§ 142 ff. sowie die Bestimmung der hiermit betrauten Sonderprüfer[128]. Ein Beschluss, der nur einen dieser Bestandteile enthält, ist unzulässig und wegen Gesetzesverstoßes anfechtbar (§ 243 Abs. 1)[129].

26 Der Beschluss muss den **Prüfungsgegenstand näher bestimmen**, wobei die Bezeichnung abgrenzbarer Handlungszusammenhänge grundsätzlich genügt[130]. Außerdem darf die **Auswahl der Prüfer** keinem Dritten überlassen werden, sondern muss von der Hauptversammlung unter namentlicher Benennung selbst getroffen werden[131]. Sonst könnten Vorstand oder Aufsichtsrat möglicherweise ihnen zugeneigte Prüfer bestellen[132]. Anders als es der Wortlaut vermuten lässt, kann die Hauptversammlung auch nur einen einzelnen Sonderprüfer benennen; möglich ist des Weiteren, einen **Ersatzsonderprüfer** unter der aufschiebenden Bedingung zu bestellen, dass der bestellte Sonderprüfer den Auftrag nicht annimmt oder später wegfällt[133].

27 **bb) Stimmverbote (§ 142 Abs. 1 Satz 2). (1) Allgemeines.** Mitglieder des Vorstands oder Aufsichtsrats dürfen bei der Beschlussfassung weder für sich noch für einen anderen mitstimmen, wenn sich die Sonderprüfung auf Vorgänge erstrecken soll, die mit der Entlastung eines Verwaltungsmitglieds oder mit der Einleitung eines Rechtsstreits zwischen der Gesellschaft und einem Verwaltungsmitglied zusammenhängen, § 142 Abs. 1 Satz 2. Die Regelung **erweitert und verschärft das in § 136 enthaltene**

---

gung, § 142 AktG Rz. 85; *Schröer* in MünchKomm. AktG, 2. Aufl., § 142 AktG Rz. 31; *F.-J. Semler* in MünchHdb. AG, § 42 Rz. 5.

126 *Hüffer*, § 142 AktG Rz. 9; *Fleischer* in Küting/Weber, Hdb. Rechnungslegung, § 142 AktG Rz. 86; *G. Bezzenberger* in Großkomm. AktG, 4. Aufl., § 142 AktG Rz. 32; *Butzke* in Obermüller/Werner/Winden, Die Hauptversammlung der Aktiengesellschaft, Rz. M 5.

127 OLG Köln v. 15.6.1959 – 8 W 61/59, AG 1960, 46, 47 f.; *G. Bezzenberger* in Großkomm. AktG, 4. Aufl., § 142 AktG Rz. 26; *Fleischer* in Küting/Weber, Hdb. Rechnungslegung, § 142 AktG Rz. 86; *Hüffer*, § 142 AktG Rz. 9; *F.-J. Semler* in MünchHdb. AG, § 42 Rz. 5; *Werner* in FS Fleck, 1988, S. 401, 414; *Kubis* in MünchKomm. AktG, 2. Aufl., § 124 AktG Rz. 73; *Karehnke* in J. Semler/Volhard, Arbeitshandbuch HV, § 20 Rz. 69; *Butzke* in Obermüller/Werner/Winden, Die Hauptversammlung der Aktiengesellschaft, Rz. M 6.

128 *Fleischer* in Küting/Weber, Hdb. Rechnungslegung, § 142 AktG Rz. 81; *G. Bezzenberger* in Großkomm. AktG, 4. Aufl., § 142 AktG Rz. 27; *Schröer* in MünchKomm. AktG, 2. Aufl., § 142 AktG Rz. 31; *ADS*, §§ 142–146 AktG Rz. 12; *Jänig*, Die aktienrechtliche Sonderprüfung, 2005, S. 325.

129 *Schröer* in MünchKomm. AktG, 2. Aufl., § 142 AktG Rz. 34; s. auch *G. Bezzenberger* in Großkomm. AktG, 4. Aufl., § 142 AktG Rz. 27; *Fleischer* in Küting/Weber, Hdb. Rechnungslegung, § 142 AktG Rz. 81.

130 *G. Bezzenberger* in Großkomm. AktG, 4. Aufl., § 142 AktG Rz. 28; *Fleischer* in Küting/Weber, Hdb. Rechnungslegung, § 142 AktG Rz. 82.

131 *Fleischer* in Küting/Weber, Hdb. Rechnungslegung, § 142 AktG Rz. 83; *G. Bezzenberger* in Großkomm. AktG, 4. Aufl., § 142 AktG Rz. 29; *Schröer* in MünchKomm. AktG, 2. Aufl., § 142 AktG Rz. 34; *ADS*, §§ 142–146 AktG Rz. 12; *F.-J. Semler* in MünchHdb. AG, § 42 Rz. 12; *Mock* in Spindler/Stilz, § 142 AktG Rz. 61; *Jänig*, Die aktienrechtliche Sonderprüfung, 2005, S. 325.

132 *Fleischer* in Küting/Weber, Hdb. Rechnungslegung, § 142 AktG Rz. 83; *Schröer* in MünchKomm. AktG, 2. Aufl., § 142 AktG Rz. 34; *Jänig*, Die aktienrechtliche Sonderprüfung, 2005, S. 325; *Hüffer*, § 142 AktG Rz. 10.

133 *G. Bezzenberger* in Großkomm. AktG, 4. Aufl., § 142 AktG Rz. 29; *Fleischer* in Küting/Weber, Hdb. Rechnungslegung, § 142 AktG Rz. 84; *Mock* in Spindler/Stilz, § 142 AktG Rz. 62.

**Stimmverbot** und verfolgt ebenfalls den **Zweck**, die Beschlussfassung der Hauptversammlung von Sonderinteressen freizuhalten[134]. Ein vom Stimmverbot erfasstes Verwaltungsmitglied kann sein Stimmrecht gem. § 142 Abs. 1 Satz 3 zudem auch **nicht durch Dritte ausüben** lassen, weil auch in diesem Fall eine sachwidrige Stimmabgabe zu befürchten wäre[135]. Aus gleichem Grund ist zudem auch die Beteiligung an der Abstimmung **als Vertreter eines anderen Aktionärs** ausgeschlossen[136].

**(2) Persönlicher Geltungsbereich. Verbotsadressaten** sind unabhängig von ihrer persönlichen Betroffenheit sämtliche Mitglieder von Vorstand und Aufsichtsrat, sobald nur ein Mitglied eines der Organe an dem zu prüfenden Vorgang beteiligt war[137]. Dieser weit gefasste persönliche Geltungsbereich ist auf die zu vermutende Solidarität der Mitglieder beider Organe zurückzuführen[138], aber auch auf die bei Beginn der Sonderprüfung unklare Verteilung der Verantwortlichkeiten[139]. Auch **ehemalige Organmitglieder** sind von der Stimmrechtsausübung ausgeschlossen, soweit der zu untersuchende Vorgang in ihre Amtszeit fällt[140]. Amtierende Verwaltungsmitglieder unterliegen unabhängig davon, ob die Vorgänge in ihre Amtszeit fallen, dem Stimmverbot[141]. Zwar bezweckt das Stimmverbot primär, dass Organmitgliedern verwehrt wird gegen einen Sonderprüfungsbeschluss zu stimmen, der auf eine Überprüfung ihrer Tätigkeit gerichtet wäre. Doch kann daraus **keine teleologische Reduktion** des Stimmverbots für den Fall abgeleitet werden, dass die Organmitglieder ausnahmsweise *für* eine Sonderprüfung stimmen sollten[142]; denn dann bliebe es immer noch ihrem Einfluss überlassen, auf welche Gegenstände sich die Prüfung bezieht und welche Person ausgewählt wird – ein sachfremder Einfluss wäre nach wie vor nicht auszuschließen. Lediglich gewählte Aufsichtsratsmitglieder, die zwar die Wahl angenommen, aber noch nicht ihr Amt angetreten haben, unterliegen dagegen keinem Stimmrecht[143].

28

---

134 *G. Bezzenberger* in Großkomm. AktG, 4. Aufl., § 142 AktG Rz. 31 ff.; *Fleischer* in Küting/Weber, Hdb. Rechnungslegung, § 142 AktG Rz. 87; *Hüffer*, § 142 AktG Rz. 13; *Schröer* in MünchKomm. AktG, 2. Aufl., § 142 AktG Rz. 37; *Mock* in Spindler/Stilz, § 142 AktG Rz. 65; *Kirschner*; Die Sonderprüfung der Geschäftsführung in der Praxis, 2008, S. 58 f.
135 Begr. RegE in *Kropff*, Aktiengesetz, S. 207; *Hüffer*, § 142 AktG Rz. 13; *Fleischer* in Küting/Weber, Hdb. Rechnungslegung, § 142 AktG Rz. 96.
136 OLG Köln v. 16.5.2002 – 18 U 11/02, AG 2003, 450 f.; LG Köln v. 28.11.2001 – 91 O 20/01, EWiR 2002, 49; *Fleischer* in Küting/Weber, Hdb. Rechnungslegung, § 142 AktG Rz. 96; *Hüffer*, § 142 AktG Rz. 13; *Mock* in Spindler/Stilz, § 142 AktG Rz. 66.
137 Begr. RegE in *Kropff*, Aktiengesetz, S. 207; *Schröer* in MünchKomm. AktG, 2. Aufl., § 142 AktG Rz. 37; *G. Bezzenberger* in Großkomm. AktG, 4. Aufl., § 142 AktG Rz. 31; *Fleischer* in Küting/Weber, Hdb. Rechnungslegung, § 142 AktG Rz. 88; *Hüffer*, § 142 AktG Rz. 14.
138 Begr. RegE in *Kropff*, Aktiengesetz, S. 207; *G. Bezzenberger* in Großkomm. AktG, 4. Aufl., § 142 AktG Rz. 31; *Fleischer* in Küting/Weber, Hdb. Rechnungslegung, § 142 AktG Rz. 88; *Mock* in Spindler/Stilz, § 142 AktG Rz. 64.
139 *G. Bezzenberger* in Großkomm. AktG, 4. Aufl., § 142 AktG Rz. 31; *Schröer* in MünchKomm. AktG, 2. Aufl., § 142 AktG Rz. 37; *Fleischer* in Küting/Weber, Hdb. Rechnungslegung, § 142 AktG Rz. 88.
140 RG v. 24.10.1933, RGZ 142, 134, 138; *Hüffer*, § 142 AktG Rz. 14; *Schröer* in MünchKomm. AktG, 2. Aufl., § 142 AktG Rz. 37; *Fleischer* in Küting/Weber, Hdb. Rechnungslegung, § 142 AktG Rz. 89; *G. Bezzenberger* in Großkomm. AktG, 4. Aufl., § 142 AktG Rz. 31; *Wilsing/Neumann* in Heidel, § 142 AktG Rz. 13; *Holzborn* in Bürgers/Körber, § 142 AktG Rz. 10; *F.-J. Semler* in MünchHdb. AG, § 42 Rz. 6.
141 *G. Bezzenberger* in Großkomm. AktG, 4. Aufl., § 142 AktG Rz. 31; *Schröer* in MünchKomm. AktG, 2. Aufl., § 142 AktG Rz. 37; *Zöllner*, Schranken, S. 224; *Kirschner*, Die Sonderprüfung der Geschäftsführung in der Praxis, 2008, S. 59.
142 So aber LG Dortmund v. 25.6.2009 – 18 O 14/09, AG 2009, 881.
143 LG München I v. 26.2.2010 – 5 HK O 14083/09, Der Konzern 2010, 183.

29 Das Stimmverbot gilt ferner entsprechend der Situation bei § 136 auch für **Personengesellschaften oder juristische Personen**, die an der Gesellschaft beteiligt sind, wenn das betreffende Verwaltungsmitglied über seine Stellung als Gesellschafter bzw. Vorstands- oder Aufsichtsratsmitglied des beteiligten Unternehmens maßgeblichen Einfluss auf dessen Willensbildung ausüben kann (näher dazu § 136 Rz. 12 ff.)[144].

30 **Andere Aktionäre, die selbst keine Mitglieder von Vorstand oder Aufsichtsrat** sind, sind hingegen nicht von der Stimmrechtsausübung ausgeschlossen, und zwar selbst dann nicht, wenn sie aufgrund einer Mehrheitsbeteiligung maßgeblichen Einfluss auf die Gesellschaft bzw. deren Verwaltungsmitglieder ausüben können[145]. So ist denn auch ein Konzernunternehmen nicht an der Stimmrechtsausübung gehindert, wenn die Beziehungen zur Gesellschaft in Rede stehen[146]. Aufgrund des Minderheitenschutzes über das Antragsrecht in § 142 Abs. 2 besteht für eine entsprechende Ausdehnung keine Veranlassung[147]. Anwendbar sind lediglich die **allgemeinen Stimmverbote des § 136**[148], so dass bei Schadensersatzansprüchen gegen Mehrheitsaktionäre diese nur nach § 136 von der Stimmrechtsausübung ausgeschlossen sind, wenn über die Geltendmachung der Schadensersatzansprüche Beschluss gefasst wird, nicht hingegen, wenn es um die Anordnung einer vorbereitenden Sonderprüfung geht[149]. Unberührt davon bleibt die Möglichkeit, den Hauptversammlungsbeschluss wegen treupflichtwidriger Stimmrechtsausübung anzufechten[150].

---

144 *Schröer* in MünchKomm. AktG, 2. Aufl., § 142 AktG Rz. 38; *Hüffer*, § 142 AktG Rz. 14 bzw. § 136 AktG Rz. 8 ff.; s. dazu auch RG v. 22.1.1935, RGZ 146, 385, 392; BGH v. 29.1.1962 – II ZR 1/61, BGHZ 36, 296, 313; OLG Hamburg v. 19.9.1980 – 11 U 42/80, DB 1981, 80; *Fleischer* in Küting/Weber, Hdb. Rechnungslegung, § 142 AktG Rz. 90; *G. Bezzenberger* in Großkomm. AktG, 4. Aufl., § 142 AktG Rz. 32.
145 OLG Hamburg v. 19.9.1980 – 11 U 42/80, AG 1981, 193, 197; OLG Hamburg v. 17.8.2001 – 11 U 60/01, AG 2003, 46; *Fleischer* in Küting/Weber, Hdb. Rechnungslegung, § 142 AktG Rz. 91; *Schröer* in MünchKomm. AktG, 2. Aufl., § 142 AktG Rz. 39; *G. Bezzenberger* in Großkomm. AktG, 4. Aufl., § 142 AktG Rz. 34; *Hüffer*, § 142 AktG Rz. 15; *F.-J. Semler* in MünchHdb. AG, § 42 Rz. 7; *Mock* in Spindler/Stilz, § 142 AktG Rz. 68; *Wilsing/Neumann* in Heidel, § 142 AktG Rz. 13; a.A. OLG Karlsruhe v. 20.11.1987 – 15 U 102/85 (unveröffentlicht).
146 OLG Hamburg v. 19.9.1980 – 11 U 42/80, AG 1981, 193, 197; OLG München v. 8.11.2000 – 7 U 5995/99, AG 2001, 193, 197; LG München I v. 28.8.2008 – 5 HK O 12861/07, ZIP 2008, 2124, Rz. 621; *G. Bezzenberger* in Großkomm. AktG, 4. Aufl., § 143 AktG Rz. 34; *Fleischer* in Küting/Weber, Hdb. Rechnungslegung, § 142 AktG Rz. 91; *Schröer* in MünchKomm. AktG, 2. Aufl., § 142 AktG Rz. 39; s. auch *ADS*, §§ 142–146 AktG Rz. 11.
147 OLG Hamburg v. 17.8.2001 – 11 U 60/01, AG 2003, 46, 48; *Hüffer*, § 142 AktG Rz. 15; *Fleischer* in Küting/Weber, Hdb. Rechnungslegung, § 142 AktG Rz. 91; *Schröer* in MünchKomm. AktG, 2. Aufl., § 142 AktG Rz. 39; *F.-J. Semler* in MünchHdb. AG, § 42 Rz. 8; a.A. LG Frankfurt v. 12.10.2004 – 3-5 O 71/04, AG 2005, 545, 547 = EWiR 2005 mit abl. Anm. *Wilsing*; ebenso OLG Brandenburg v. 6.6.2001 – 7 U 145/00, AG 2003, 328, 329.
148 *ADS*, §§ 142–146 AktG Rz. 11; *Hüffer*, § 142 AktG Rz. 15; *Schröer* in MünchKomm. AktG, 2. Aufl., § 142 AktG Rz. 39; *F.-J. Semler* in MünchHdb. AG, § 42 Rz. 8; *Fleischer* in Küting/Weber, Hdb. Rechnungslegung, § 142 AktG Rz. 92; *Mock* in Spindler/Stilz, § 142 AktG Rz. 68.
149 OLG Hamburg v. 17.8.2001 – 11 U 60/01, AG 2003, 46, 48; OLG Hamburg v. 19.9.1980 – 11 U 42/80, AG 1981, 193, 197; LG Düsseldorf v. 13.2.1997 – 31 O 133/96, AG 1999, 94, 95; *F.-J. Semler* in MünchHdb. AG, § 42 Rz. 8; *Fleischer* in Küting/Weber, Hdb. Rechnungslegung, § 142 AktG Rz. 92; *Schröer* in MünchKomm. AktG, 2. Aufl., § 142 AktG Rz. 39; *Wilsing*, EWiR 2005, 99, 100; a.A. OLG Brandenburg v. 6.6.2001 – 7 U 145/00, AG 2003, 328, 329; LG Frankfurt v. 12.10.2004 – 3-5 O 71/04, AG 2005, 545, 547; *Karehnke* in J. Semler/Volhard, Arbeitshandbuch HV, § 20 Rz. 76; *v. Gleichenstein*, BB 1956, 761.
150 *Hüffer*, § 142 AktG Rz. 15; *Fleischer* in Küting/Weber, Hdb. Rechnungslegung, § 142 AktG Rz. 92; *Mock* in Spindler/Stilz, § 142 AktG Rz. 68; *Holzborn* in Bürgers/Körber, § 142 AktG Rz. 10; grundsätzlich auch OLG Stuttgart v. 23.7.2003 – 20 U 5/03, NJW-RR 2003, 1619, 1621 = AG 2003, 588; *Schröer* in MünchKomm. AktG, 2. Aufl., § 142 AktG Rz. 39: keine

**(3) Sachlicher Geltungsbereich.** Das Stimmverbot gilt für Vorgänge, die mit der **Entlastung** eines Verwaltungsmitglieds oder der **Einleitung eines Rechtsstreits** zwischen der Gesellschaft und einem Verwaltungsmitglied zusammenhängen. Ausreichend ist, wenn die Prüfung in irgendeinem, auch nur lockeren, mittelbaren Zusammenhang mit der späteren Beschlussfassung steht[151], etwa, dass die Prüfung über Entnahmen von Verwaltungsmitgliedern während eines Geschäftsjahres auch die Grundlage für etwaige Rückgriffe und Rückgriffsprozesse gegen diese schaffen soll[152]. Praktisch bei allen Geschäftsführungsmaßnahmen des abgelaufenen Geschäftsjahres wird daher in der Regel ein Stimmverbot vorliegen[153], ebenso bei weiter zurückliegenden Maßnahmen, wenn diese noch Auswirkungen auf solche des abgelaufenen Geschäftsjahres hatten[154]. Unter einem **Rechtsstreit** ist jede prozessuale Geltendmachung von Rechtsansprüchen zu verstehen, ohne dass es auf die Verfahrens- oder Klageart oder die Verteilung der Parteirollen ankommen würde[155]. Zur Entlastung s. § 120.

31

**(4) Rechtsfolgen.** Ein Hauptversammlungsbeschluss, der unter Verstoß gegen das Stimmverbot zustande gekommen ist, ist nach § 243 Abs. 1 **anfechtbar**, wenn der Beschluss gerade auf der verbotenen Stimmabgabe beruht[156]. Zudem stellt ein Verstoß gegen § 142 Abs. 1 Satz 2 eine **Ordnungswidrigkeit** dar, § 405 Abs. 3 Nr. 5[157]. Die Hauptversammlung kann einen solchermaßen fehlerhaft zustande gekommenen Beschluss aber nochmals bestätigen und damit heilen[158]. Abgesehen von der Stimmrechtsausübung sind die Verwaltungsmitglieder an der **Ausübung sonstiger Aktionärsrechte**, wie etwa der Teilnahme an der Hauptversammlung, dem Antrags- oder auch dem Klagerecht, aber nicht gehindert[159].

32

**cc) Fehlerhafte Beschlüsse.** Ein Sonderprüfungsbeschluss ist **nichtig** insbesondere wenn Vorgänge geprüft werden sollen, die nicht Gegenstand einer Sonderprüfung sein können, soweit auf diesem Weg in die Zuständigkeit anderer Organe oder vom Gesetz besonders bestimmter Prüfer eingegriffen wird, da ein solcher Beschluss nicht

33

---

treupflichtwidrige Stimmrechtsausübung des Großaktionärs bei Ablehnung der Sonderprüfung von Vorgängen, an denen er beteiligt ist.

151 RG v. 24.10.1933, RGZ 142, 134, 139; RG v. 24.10.1933, RGZ 142, 123, 132; *Schröer* in MünchKomm. AktG, 2. Aufl., § 142 AktG Rz. 41; *Fleischer* in Küting/Weber, Hdb. Rechnungslegung, § 142 AktG Rz. 94; *G. Bezzenberger* in Großkomm. AktG, 4. Aufl., § 142 AktG Rz. 33; *F.-J. Semler* in MünchHdb. AG, § 42 Rz. 6; *Hüffer*, § 142 AktG Rz. 16.
152 RG v. 24.10.1933, RGZ 142, 134, 139.
153 *G. Bezzenberger* in Großkomm. AktG, 4. Aufl., § 142 AktG Rz. 33; *Schröer* in MünchKomm. AktG, 2. Aufl., § 142 AktG Rz. 41; s. auch *Fleischer* in Küting/Weber, Hdb. Rechnungslegung, § 142 AktG Rz. 95.
154 *Schröer* in MünchKomm. AktG, 2. Aufl., § 143 AktG Rz. 41.
155 *Hüffer*, § 142 AktG Rz. 16; *Fleischer* in Küting/Weber, Hdb. Rechnungslegung, § 142 AktG Rz. 95; *Schröer* in MünchKomm. AktG, 2. Aufl., § 142 AktG Rz. 41; *Mock* in Spindler/Stilz, § 142 AktG Rz. 69.
156 RG v. 22.1.1935, RGZ 146, 385, 388; AG Ingolstadt v. 18.1.2001 – HRB 2468, DB 2001, 1356 f.; *G. Bezzenberger* in Großkomm. AktG, 4. Aufl., § 142 AktG Rz. 37; *Fleischer* in Küting/Weber, Hdb. Rechnungslegung, § 142 AktG Rz. 98; *Hüffer*, § 142 AktG Rz. 17; *Schröer* in MünchKomm. AktG, 2. Aufl., § 142 AktG Rz. 42; *F.-J. Semler* in MünchHdb. AG, § 42 Rz. 6; *Mock* in Spindler/Stilz, § 142 AktG Rz. 71; *Wilsing/Neumann* in Heidel, § 142 AktG Rz. 15.
157 *Schröer* in MünchKomm. AktG, 2. Aufl., § 142 AktG Rz. 42; *Fleischer* in Küting/Weber, Hdb. Rechnungslegung, § 142 AktG Rz. 98; *Holzborn* in Bürgers/Körber, § 142 AktG Rz. 10; *Wilsing/Neumann* in Heidel, § 142 AktG Rz. 15.
158 BGH v. 12.12.2005 – II ZR 253/03, AG 2006, 158, Rz. 18; näher dazu § 244 Rz. 4 m.w.N.
159 *Fleischer* in Küting/Weber, Hdb. Rechnungslegung, § 142 AktG Rz. 97; *Schröer* in MünchKomm. AktG, 2. Aufl., § 142 AktG Rz. 42.

mit dem Wesen der Aktiengesellschaft zu vereinbaren wäre, § 241 Nr. 3[160]. **Anfechtbar** ist ein Beschluss, der unter Verfahrensfehlern zustande gekommen oder inhaltlich fehlerhaft ist[161], etwa wenn der Prüfungsgegenstand zwar grundsätzlich zulässig, die Sonderprüfung für die Gesellschaft aber ohne jede Bedeutung und damit sinnlos ist[162]. Nichtigkeit oder Anfechtbarkeit erfassen den **gesamten Beschlussinhalt**, also sowohl die Prüfungsanordnung als auch die Bestellung der Prüfer[163].

### c) Prüfungsvertrag

34  Neben dem Bestellungsbeschluss bedarf es eines Prüfungsvertrags, dessen **Zustandekommen** das Gesetz nicht ausdrücklich regelt[164]. So soll der Vorstand als Bote das Angebot der vertretungsberechtigten Hauptversammlung überbringen[165], andere halten den Vorstand analog § 318 Abs. 1 Satz 4 HGB für verpflichtet, den Beschluss der Hauptversammlung dem Prüfer zuzuleiten und einen entsprechenden Auftrag zu erteilen, weshalb es keiner Vertretungsmacht der Hauptversammlung bedürfte[166]. In Kombination dieser beiden Ansätze wird schließlich auch die Auffassung vertreten, dass die Vertretungsmacht als Annexkompetenz grundsätzlich bei der Hauptversammlung, nach deren Beendigung aber entsprechend § 318 Abs. 1 Satz 4 HGB beim Vorstand liege[167].

35  Gegen die Annahme von Botenmacht spricht schon, dass die Hauptversammlung nicht immer en détail den Inhalt des Vertrags vorgeben wird und es dem Verhandelnden möglich sein sollte, innerhalb des vorgegebenen Rahmens besondere Bedingungen zu vereinbaren[168]. Eine Analogie zu § 318 Abs. 1 Satz 4 HGB kann nicht begründen, dass die Hauptversammlung sich im Hinblick auf den Vertragsabschluss auch einer anderen Person – wie etwa des Aufsichtsratsvorsitzenden – bedienen kann[169]. Vielmehr ist aus der Kompetenz der Hauptversammlung zur Bestellung der Sonderprüfer zugleich ihre **organschaftliche Vertretungsmacht** zum Abschluss des Prüfungsvertrags abzuleiten und in Fällen, in denen der Prüfungsvertrag nicht bereits in der Hauptversammlung zustande kommt, von einer **konkludenten Bevollmächtigung des Vorstands** auszugehen, der als Vertreter im vorgegebenen Rahmen agiert und im Innenverhältnis gem. § 83 Abs. 2 zur Ausführung verpflichtet ist[170]. Zwar ist bei der Annahme von Vertretungsmacht des Vorstands die Gefahr nicht von der Hand zu weisen, dass dieser über die Vertragsverhandlungen Einfluss auf den Sonderprüfer

---

160 *G. Bezzenberger* in Großkomm. AktG, 4. Aufl., § 142 AktG Rz. 36; *Schröer* in MünchKomm. AktG, 2. Aufl., § 142 AktG Rz. 78; s. dazu auch *K. Schmidt* in Großkomm. AktG, 4. Aufl., § 241 AktG Rz. 57.
161 *G. Bezzenberger* in Großkomm. AktG, 4. Aufl., § 142 AktG Rz. 37; *Schröer* in MünchKomm. AktG, 2. Aufl., § 142 AktG Rz. 52; *Mock* in Spindler/Stilz, § 142 AktG Rz. 73.
162 *Schröer* in MünchKomm. AktG, 2. Aufl., § 142 AktG Rz. 52; *G. Bezzenberger* in Großkomm. AktG, 4. Aufl., § 142 AktG Rz. 37.
163 *Schröer* in MünchKomm. AktG, 2. Aufl., § 142 AktG Rz. 53; *G. Bezzenberger* in Großkomm. AktG, 4. Aufl., § 142 AktG Rz. 38.
164 *Hüffer*, § 142 AktG Rz. 11; *Fleischer* in Küting/Weber, Hdb. Rechnungslegung, § 142 AktG Rz. 99; *Mock* in Spindler/Stilz, § 142 AktG Rz. 79.
165 *Kronstein/Zöllner* in KölnKomm. AktG, 1. Aufl., § 142 AktG Rz. 20.
166 *ADS*, §§ 142–146 AktG Rz. 6; *Mock* in Spindler/Stilz, § 142 AktG Rz. 80.
167 *Hüffer*, § 142 AktG Rz. 11; ähnlich *Bork* in Hommelhoff/Hopt/v. Werder, Hdb. Corporate Governance, S. 751.
168 Ähnlich *G. Bezzenberger* in Großkomm. AktG, 4. Aufl., § 142 AktG Rz. 39, der die Benennung eines Boten für unzweckmäßig hält.
169 Zutreffend *Fleischer* in Küting/Weber, Hdb. Rechnungslegung, § 142 AktG Rz. 100.
170 So bereits *Fleischer* in Küting/Weber, Hdb. Rechnungslegung, § 142 AktG Rz. 100; ähnlich *Schröer* in MünchKomm. AktG, 2. Aufl., § 142 AktG Rz. 46; *G. Bezzenberger* in Großkomm. AktG, 4. Aufl., § 142 AktG Rz. 39; *Holzborn* in Bürgers/Körber, § 142 AktG Rz. 11; *Kirschner*, Die Sonderprüfung der Geschäftsführung in der Praxis, 2008, S. 119 ff.

nehmen könnte. Doch erscheint diese Gefahr zum einen ausreichend begrenzt durch den von der Hauptversammlung vorgegebenen Rahmen; zum anderen steht es der Hauptversammlung auch frei, eine beliebige andere Person anstelle des Vorstands zu bevollmächtigen, z.B. den Versammlungsleiter[171] oder den Aufsichtsratsvorsitzenden.

Der Prüfungsvertrag kommt mit der Annahme des Angebots durch den Prüfer zustande, wozu dieser nicht verpflichtet ist[172]. **Inhaltlich** handelt es sich in der Regel um einen **entgeltlichen auf Werkleistung gerichteten Geschäftsbesorgungsvertrag**, auf den die § 675 BGB i.V.m. §§ 631 ff. BGB Anwendung finden[173]. Aufgrund der Ähnlichkeit der Aufgaben von Sonderprüfern mit denjenigen von Abschlussprüfern sowie der Verweise in den §§ 143, 144 auf die §§ 319, 323 HGB, sind die für die Verträge mit Abschlussprüfern allgemein anerkannten Grundsätze anwendbar[174]; insbesondere handelt der Sonderprüfer innerhalb des vorgegebenen Prüfungsrahmens **eigenverantwortlich** und **weisungsunabhängig**[175]. 36

Obwohl der Sonderprüfer durch die Hauptversammlung bestellt wird, hat er nicht die **Rechtsstellung** eines Organs, sondern ist als **Vertragspartner der Gesellschaft** anzusehen, nicht zuletzt deshalb, weil er noch weniger als der Abschlussprüfer in die Organisation der Gesellschaft einbezogen ist[176]. 37

### 2. Bestellung von Sonderprüfern durch das Gericht (§ 142 Abs. 2)

#### a) Formelle Voraussetzungen

**aa) Antrag einer qualifizierten Minderheit.** Der Antrag an das Gericht muss gem. § 142 Abs. 2 Satz 1 von Aktionären gestellt werden, deren Anteile bei Antragstellung zusammen den **hundertsten Teil des Grundkapitals oder einen anteiligen Betrag von 100.000 Euro** erreichen. Erschwernisse, wie etwa die Heraufsetzung des Quorums durch die Satzung, sind generell unzulässig[177]. Die deutliche Herabsetzung der Schwellenwerte führt zur Effektuierung des Instituts der Sonderprüfung[178] und lässt erwarten, dass die praktische Bedeutung von Sonderprüfungsanträgen weiter zuneh- 38

---

171 *Fleischer* in Küting/Weber, Hdb. Rechnungslegung, § 142 AktG Rz. 100; i.E. auch *Schröer* in MünchKomm. AktG, 2. Aufl., § 142 AktG Rz. 46; *G. Bezzenberger* in Großkomm. AktG, 4. Aufl., § 142 AktG Rz. 39; *Hüffer*, § 142 AktG Rz. 11.
172 *G. Bezzenberger* in Großkomm. AktG, 4. Aufl., § 142 AktG Rz. 40; *Schröer* in MünchKomm. AktG, 2. Aufl., § 142 AktG Rz. 47; *Fleischer* in Küting/Weber, Hdb. Rechnungslegung, § 142 AktG Rz. 101.
173 *Hüffer*, § 142 AktG Rz. 12; *Fleischer* in Küting/Weber, Hdb. Rechnungslegung, § 142 AktG Rz. 102; *Schröer* in MünchKomm. AktG, 2. Aufl., § 142 AktG Rz. 43; *Wilsing/Neumann* in Heidel, § 142 AktG Rz. 16; *Mock* in Spindler/Stilz, § 142 AktG Rz. 81; s. ferner *ADS*, §§ 142–146 AktG Rz. 13.
174 *G. Bezzenberger* in Großkomm. AktG, 4. Aufl., § 142 AktG Rz. 42; *Fleischer* in Küting/Weber, Hdb. Rechnungslegung, § 142 AktG Rz. 102; *Schröer* in MünchKomm. AktG, 2. Aufl., § 142 AktG Rz. 48.
175 *Fleischer* in Küting/Weber, Hdb. Rechnungslegung, § 142 AktG Rz. 102; ausführlich auch *G. Bezzenberger* in Großkomm. AktG, 4. Aufl., § 142 AktG Rz. 42 und *Schröer* in MünchKomm. AktG, 2. Aufl., § 142 AktG Rz. 48; s. ferner *Mock* in Spindler/Stilz, § 142 AktG Rz. 81; *Obermüller/Werner/Winden*, DB 1967, 1119, 1122.
176 Ausführlich *G. Bezzenberger* in Großkomm. AktG, 4. Aufl., § 142 AktG Rz. 41; s. auch *Fleischer* in Küting/Weber, Hdb. Rechnungslegung, § 142 AktG Rz. 103; anders noch *Ritter*, AktG 1939, § 118 Anm. 2b.
177 *Fleischer* in Küting/Weber, Hdb. Rechnungslegung, § 142 AktG Rz. 118; *Jänig*, Die aktienrechtliche Sonderprüfung, 2005, S. 269 ff., der im Übrigen auch satzungsmäßige Erleichterungen de lege lata für unzulässig hält.
178 *Seibt*, WM 2004, 2137, 2138.

men wird (s. auch oben Rz. 5 ff.)[179], zusätzlich erleichtert durch die Zusammenschlussmöglichkeit von Aktionären im Rahmen des von § 127a vorgesehenen elektronischen Aktionärsforums[180].

39 Der **anteilige Betrag** ergibt sich bei Nennbetragsaktien aus dem Gesamtnennbetrag, bei Stückaktien aus der Multiplikation der Zahl der Aktien mit dem auf die einzelnen Aktien entfallenden anteiligen Betrag des Grundkapitals[181]. Von einer zwischenzeitlich diskutierten Orientierung am Börsenwert hat der Gesetzgeber im Laufe des Gesetzgebungsverfahrens zum UMAG zu Recht Abstand genommen[182]. Bei der Bestimmung des Quorums ist ohne Belang, wie viel auf die einzelne Aktie bereits eingezahlt wurde oder ob es sich um stimmrechtslose Vorzugsaktien handelt[183]. Denn die Ausübung des Minderheitenrechts ist **nicht an das Stimmrecht geknüpft**[184]. Folgerichtig sind stimmrechtslose Aktien auch bei der Berechnung des Grundkapitals zu berücksichtigen[185]. Darf ein Aktionär wegen der Verletzung von Mitteilungspflichten seine Aktionärsrechte indes generell nicht ausüben (§ 21 Abs. 1, 1a, § 28 WpHG), sind dessen Anteile nicht mitzuzählen[186]. Auch ein einzelner Aktionär kann die Bestellung von Sonderprüfern beantragen, wenn dessen Anteile die gesetzlichen Schwellenwerte erreichen[187].

40 Den Antragstellern müssen die **Aktien gehören**, auf die sie ihr Antragsrecht stützen[188]. Bei Namensaktien müssen die Aktionäre zudem im Zeitpunkt der Antragstellung im Aktienregister verzeichnet sein, weil aufgrund der Legitimationswirkung des § 67 Abs. 2 im Verhältnis zur Gesellschaft nur der Eingetragene zur Ausübung von Mitgliedschaftsrechten befugt ist[189]. Schwierigkeiten ergeben sich, wenn das Ei-

---

179 *Jänig*, BB 2005, 949; *Wilsing/Neumann*, DB 2006, 31, 32; im Hinblick auf hiermit verbundenen Handlungsmöglichkeiten von Finanzinvestoren teilweise kritisch *Duve/Basak*, BB 2006, 1345.
180 Zur entsprechenden Intention des Gesetzgebers s. Begr. RegE, BT-Drucks. 15/5092, S. 15 sowie *Spindler*, NZG 2005, 865, 870; entsprechende Einschätzung auch bei *Duve/Basak*, BB 2006, 1345, 1346.
181 Ausführlich *G. Bezzenberger* in Großkomm. AktG, 4. Aufl., § 142 AktG Rz. 47; s. ferner *Hüffer*, § 142 AktG Rz. 22; *Fleischer* in Küting/Weber, Hdb. Rechnungslegung, § 142 AktG Rz. 114; s. auch *G. Bezzenberger/T. Bezzenberger* in Großkomm. AktG, 4. Aufl., § 148 AktG Rz. 102 ff.
182 S. dazu Beschlussempfehlung und Bericht des Rechtsausschusses v. 15.6.2005, BT-Drucks. 15/5693, S. 10; *Kirschner*, BB 2005, 1865; *Wilsing/Neumann*, DB 2006, 31, 32; *Hüffer*, § 142 AktG Rz. 22.
183 *G. Bezzenberger* in Großkomm. AktG, 4. Aufl., § 142 AktG Rz. 47; *Fleischer* in Küting/Weber, Hdb. Rechnungslegung, § 142 AktG Rz. 115; *Schröer* in MünchKomm. AktG, 2. Aufl., § 142 AktG Rz. 57; *Holzborn* in Bürgers/Körber, § 142 AktG Rz. 16; *Jänig*, Die aktienrechtliche Sonderprüfung, 2005, S. 267.
184 *Schröer* in MünchKomm. AktG, 2. Aufl., § 142 AktG Rz. 57; *G. Bezzenberger* in Großkomm. AktG, 4. Aufl., § 142 AktG Rz. 47.
185 *Fleischer* in Küting/Weber, Hdb. Rechnungslegung, § 142 AktG Rz. 115; *Jänig*, Die aktienrechtliche Sonderprüfung, 2005, S. 267.
186 *Schröer* in MünchKomm. AktG, 2. Aufl., § 142 AktG Rz. 57; *G. Bezzenberger* in Großkomm. AktG, 4. Aufl., § 142 AktG Rz. 47; *Mimberg* in Marsch-Barner/Schäfer, Handbuch börsennotierte AG, § 40 Rz. 7.
187 *Fleischer* in Küting/Weber, Hdb. Rechnungslegung, § 142 AktG Rz. 115; *Mock* in Spindler/Stilz, § 142 AktG Rz. 112; *Jänig*, Die aktienrechtliche Sonderprüfung, 2005, S. 267.
188 *G. Bezzenberger* in Großkomm. AktG, 4. Aufl., § 142 AktG Rz. 47; *Schröer* in MünchKomm. AktG, 2. Aufl., § 142 AktG Rz. 57.
189 BayObLG v. 21.11.2005 – 31 Wx 071/05, AG 2006, 167 f.; *Bayer* in MünchKomm. AktG, 3. Aufl., § 67 Rz. 46; *G. Bezzenberger* in Großkomm. AktG, 4. Aufl., § 142 AktG Rz. 51; s. allgemein zu § 67 Abs. 2 auch OLG Celle v. 7.9.1983 – 9 U 34/83, AG 1984, 266, 268; *Lutter/Drygala* in KölnKomm. AktG, 3. Aufl., § 67 AktG Rz. 69; *Hüffer*, § 67 AktG Rz. 14.

gentum an den Gesellschaftsanteilen durch andere Rechte belastet ist[190]. Einigkeit besteht jedenfalls insoweit, als dass die Belastung mit einem Pfandrecht einer Berücksichtigung dieser Aktien nicht entgegensteht, da der Pfandgläubiger keine Mitgliedschaftsrechte ausüben und folglich auch nicht vom Antragsrecht des § 142 Abs. 2 Gebrauch machen kann[191]. Beim Nießbrauch verbleibt das Antragsrecht in der Regel beim Aktionär[192], wie dies auch im Falle der Stimmrechtsausübung der Fall ist, soweit keine anderweitigen Vereinbarungen getroffen wurden (s. dazu ausführlich § 134 Rz. 8).

Das Antragsrecht besteht unabhängig davon, ob die antragstellenden Aktionäre in der vorangegangenen Hauptversammlung den Antrag auf Bestellung von Sonderprüfern eingebracht oder unterstützt oder einen Widerspruch erklärt haben; die **Teilnahme an der Hauptversammlung** ist **nicht erforderlich**[193]. 41

**bb) Besitzzeit (§ 142 Abs. 2 Satz 2).** Die Antragsteller haben gem. § 142 Abs. 2 Satz 2 nachzuweisen, dass sie seit **mindestens drei Monaten vor dem Tag der Hauptversammlung** Inhaber der Aktien sind und dass sie die Aktien **bis zur Entscheidung über den Antrag halten**. Zweck der Mindestbesitzzeit ist zu verhindern, dass Aktien allein mit dem Ziel aufgekauft werden, eine Sonderprüfung zu veranlassen[194]. Zudem soll dadurch, dass die Antragsteller die Aktien bis zur gerichtlichen Entscheidung halten müssen, sichergestellt werden, dass die Antragsberechtigung für die Dauer des Verfahrens erhalten bleibt[195]. Während der Durchführung der Sonderprüfung besteht diese Verpflichtung aber nicht mehr[196]. Die nach § 142 Abs. 2 a.F. noch erforderliche Hinterlegung der Aktien wurde infolge der Novellierung des § 123, der zum Nach- 42

---

190 *Fleischer* in Küting/Weber, Hdb. Rechnungslegung, § 142 AktG Rz. 116; *Jänig*, Die aktienrechtliche Sonderprüfung, 2005, S. 268; dazu allgemein etwa *K. Schmidt* in MünchKomm. HGB, 2. Aufl., Vor § 230 HGB; *Wiedemann*, Die Übertragung und Vererbung von Mitgliedschaftsrechten bei Handelsgesellschaften, 1965.
191 *G. Bezzenberger* in Großkomm. AktG, 4. Aufl., § 142 AktG Rz. 47; *Fleischer* in Küting/Weber, Hdb. Rechnungslegung, § 142 AktG Rz. 116; *Jänig*, Die aktienrechtliche Sonderprüfung, 2005, S. 268.
192 Aus Praktikabilitätsgründen ablehnend *Fleischer* in Küting/Weber, Hdb. Rechnungslegung, § 142 AktG Rz. 116 und *Jänig*, Die aktienrechtliche Sonderprüfung, 2005, 268; a.A. wohl *Schröer* in MünchKomm. AktG, 2. Aufl., § 142 AktG Rz. 57; soweit dem Nießbraucher das Stimmrecht zusteht, auch *G. Bezzenberger* in Großkomm. AktG, 4. Aufl., § 142 AktG Rz. 47.
193 RG v. 28.3.1903, JW 1903, 244; *G. Bezzenberger* in Großkomm. AktG, 4. Aufl., § 142 AktG Rz. 48; *Fleischer* in Küting/Weber, Hdb. Rechnungslegung, § 142 AktG Rz. 117; *Hüffer*, § 142 AktG Rz. 22; *Schröer* in MünchKomm. AktG, 2. Aufl., § 142 AktG Rz. 64; *F.-J. Semler* in MünchHdb. AG, § 42 Rz. 10; *Butzke* in Obermüller/Werner/Winden, Die Hauptversammlung der Aktiengesellschaft, Rz. M 15; *Holzborn* in Bürgers/Körber, § 142 AktG Rz. 16.
194 Zu § 142 a.F. BayObLG v. 15.9.2004 – 3 Z BR 145/04, AG 2005, 244, 245; *G. Bezzenberger* in Großkomm. AktG, 4. Aufl., § 142 AktG Rz. 49; *Hüffer*, § 142 AktG Rz. 23; *Fleischer* in Küting/Weber, Hdb. Rechnungslegung, § 142 AktG Rz. 121; *Seibt*, WM 2004, 2137, 2140; kritisch zur Sinnhaftigkeit der Mindestbesitzzeit *Jänig*, Die aktienrechtliche Sonderprüfung, 2005, S. 292.
195 *Hüffer*, § 142 AktG Rz. 24; zu § 142 a.F. OLG Hamm v. 29.6.2000 – 15 W 69/00, AG 2001, 192, 193; BayObLG v. 15.9.2004 – 3 Z BR 145/04, AG 2005, 244, 245; *Schröer* in MünchKomm. AktG, 2. Aufl., § 142 AktG Rz. 60; *Fleischer* in Küting/Weber, Hdb. Rechnungslegung, § 142 AktG Rz. 119; auch hier vorrangig auf die Abwehr missbräuchlicher Anträge abstellend *G. Bezzenberger* in Großkomm. AktG, 4. Aufl., § 142 AktG Rz. 49; kritisch zu dieser Voraussetzung *Meilicke/Heidel*, DB 2004, 1479, 1480.
196 *Hüffer*, § 142 AktG Rz. 24; nach § 142 a.F. bestand keine fortdauernde Pflicht zur Hinterlegung während der Sonderprüfung selbst, s. dazu *Fleischer* in Küting/Weber, Hdb. Rechnungslegung, § 142 AktG Rz. 120; *G. Bezzenberger* in Großkomm. AktG, 4. Aufl., § 142 AktG Rz. 49; *Schröer* in MünchKomm. AktG, 2. Aufl., § 142 AktG Rz. 60; *Mimberg* in Marsch-Barner/Schäfer, Handbuchbörsennotierte AG, § 40 Rz. 8.

weis der Teilnahmeberechtigung an der Hauptversammlung nunmehr ebenfalls auf eine Hinterlegung verzichtet, durch ein **allgemeines Nachweiserfordernis** ersetzt[197].

43  Der **Nachweis hinsichtlich der Inhaberschaft der Aktien** während des Verfahrens kann durch **Bestätigung des depotführenden Instituts**, eine am Tag des Antrags und eine weitere am Ende des Verfahrens, die sich auf den zurückliegenden Zeitraum bezieht, erbracht werden[198]. Auch eine Depotbestätigung mit Sperrvermerk kommt in Betracht[199]. Da der Depotinhaber in diesem Fall mangels dinglicher Wirkung der Sperrerklärung aber auch weiterhin auf die Aktien zugreifen kann[200], muss hier entsprechend der herrschenden Auffassung zu § 142 a.F. die Verpflichtung des Depotinstituts gegenüber dem Gericht hinzukommen, dieses über etwaige Veränderungen im Depotbestand zu informieren[201]. Weiterhin möglich ist aber auch der Nachweis mittels **Hinterlegungsbescheinigung**[202]. Zu diesem Zweck können die Aktien bei der Hinterlegungsstelle des Gerichts, bei der Aktiengesellschaft selbst oder einem Notar hinterlegt werden[203].

44  Welche Anforderungen an den **Nachweis der dreimonatigen Vorbesitzzeit** zu stellen sind, erscheint demgegenüber fraglich. Während § 142 Abs. 2 a.F. noch vom Glaubhaftmachen und zwar insbesondere auch durch eidesstattliche Versicherung sprach, hat der Gesetzgeber nunmehr auch diesbezüglich ein Nachweiserfordernis statuiert. Da in der Gesetzesbegründung aber nicht zum Ausdruck kommt, dass eine Verschärfung der Anforderungen beabsichtigt war[204], wird teilweise in Betracht gezogen, dass die Vorbesitzzeit auch weiterhin durch eidesstattliche Versicherung „nachgewiesen" werden könne[205]; entsprechend der bisherigen Rechtslage müsste dann auch die Vorlage von Depotauszügen ausreichen[206]. Unabhängig von der insoweit unklaren Gesetzesbegründung ist dies aber angesichts der Streichung des bisherigen § 142 Abs. 2 Satz 3, der die eidesstattliche Versicherung explizit zuließ, zweifelhaft[207]. Jedenfalls ausreichend dürfte eine Bestätigung des depotführenden Instituts sein, die sich auf den ver-

---

197 Begr. RegE, BT-Drucks. 15/5092, S. 18; *Wilsing/Neumann*, DB 2006, 31, 33.
198 Begr. RegE, BT-Drucks. 15/5092, S. 18 f.; *Wilsing/Neumann*, DB 2006, 31, 33; *Göz/Holzborn*, WM 2006, 157, 158.
199 Begr. RegE, BT-Drucks. 15/5092, S. 19; *Wilsing/Neumann*, DB 2006, 31, 33; *Langenbucher*, GesRZ-SH 2005, 3, 10; *Mock* in Spindler/Stilz, § 142 AktG Rz. 117.
200 BayObLG v. 15.9.2004 – 3 Z BR 145/04, AG 2005, 244, 245; *Gößmann/Klanten* in Schimansky/Bunte/Lwowski, Bankrechts-Handbuch, § 72 Rz. 129.
201 OLG München v. 16.7.2007 – 31 Wx 29/07, 31 Wx 029/07, ZIP 2007, 1728; BayObLG v. 20.6.2006 – 31 Wx 36/06, 31 Wx 036/06, AG 2006, 801, 802 (zu § 258); *Hüffer*, § 142 AktG Rz. 24; ebenso bereits im Hinblick auf den Hinterlegungszweck die h.M. zu § 142 a.F., s. BayObLG v. 15.9.2004 – 3 Z BR 145/04, AG 2005, 244, 246; *G. Bezzenberger* in Großkomm. AktG, 4. Aufl., § 142 AktG Rz. 50; *Schröer* in MünchKomm. AktG, 2. Aufl., § 142 AktG Rz. 60; *Fleischer* in Küting/Weber, Hdb. Rechnungslegung, § 142 AktG Rz. 119. Der Regierungsbegründung ist dies allerdings nicht zu entnehmen, s. Begr. RegE, BT-Drucks. 15/5092, S. 19.
202 Begr. RegE, BT-Drucks. 15/5092, S. 18; *Wilsing/Neumann*, DB 2006, 31, 33; *Hüffer*, § 142 AktG Rz. 24; zu § 142 a.F. s. etwa *G. Bezzenberger* in Großkomm. AktG, 4. Aufl., § 142 AktG Rz. 50.
203 Begr. RegE, BT-Drucks. 15/5092, S. 18; *Wilsing/Neumann*, DB 2006, 31, 33; noch zu § 142 a.F. *Fleischer* in Küting/Weber, Hdb. Rechnungslegung, § 142 AktG Rz. 119; *Schröer* in MünchKomm. AktG, 2. Aufl., § 142 AktG Rz. 60.
204 Begr. RegE, BT-Drucks. 15/5092, S. 19.
205 *Wilsing/Neumann*, DB 2006, 31, 33; dagegen *Hüffer*, § 142 AktG Rz. 23.
206 Noch zu § 142 a.F. *Fleischer* in Küting/Weber, Hdb. Rechnungslegung, § 142 AktG Rz. 121; *G. Bezzenberger* in Großkomm. AktG, 4. Aufl., § 142 AktG Rz. 51; *Schröer* in MünchKomm. AktG, 2. Aufl., § 142 AktG Rz. 61; *Jänig*, Die aktienrechtliche Sonderprüfung, 2005, S. 291.
207 Gegen die bloße Glaubhaftmachung i.S. von § 294 ZPO auch *Hüffer*, § 142 AktG Rz. 23.

gangenen Zeitraum bezieht oder eine Hinterlegungsbescheinigung, wie dies auch beim Nachweis hinsichtlich der Inhaberschaft der Aktien während des Verfahrens der Fall ist[208].

Für die **Berechnung der Mindestbesitzzeit** gelten neben den §§ 186 ff. BGB[209] auch die Erleichterungen des **§ 70**, der unter anderem Zurechnungsregeln im Hinblick auf Vorbesitzzeiten enthält[210]. Maßgeblich für die Berechnung ist der Tag der Hauptversammlung, die einen Antrag auf Bestellung von Sonderprüfern ablehnt[211]. Sollte die Aktiengesellschaft noch keine drei Monate bestehen, genügt die Besitzzeit seit ihrer Entstehung[212]. Im Hinblick auf Aktien aus einer Kapitalerhöhung, die weniger als drei Monate zurückliegt, ist der Aktienanteil seit der Kapitalerhöhung entscheidend[213]. Bei Namensaktien genügt im Übrigen die dreimonatige Inhaberschaft, eine lückenlose Eintragung im Aktienregister ist nicht erforderlich[214].

**cc) Form und Frist.** Besondere Formvorschriften sieht das Gesetz für den Antrag nicht vor[215]; er kann **schriftlich oder zu Protokoll der Geschäftsstelle** des zuständigen Gerichts (dem Landgericht, in dessen Bezirk die Gesellschaft ihren Sitz hat – § 142 Abs. 5 Satz 3; dazu unten Rz. 60) oder der Geschäftsstelle eines jeden Amtsgerichts erklärt werden (§ 25 Abs. 1, 2 FamFG)[216]. Der Antrag muss hinreichend bestimmt sein, insbesondere den Prüfungsgegenstand genau bezeichnen[217], und sich inhaltlich mit dem von der Hauptversammlung abgelehnten Sonderprüfungsbegehren decken[218]. Das Gericht muss den Antragstellern aber Gelegenheit geben, etwaige Mängel zu beseitigen[219].

---

208 S. auch *Hüffer*, § 142 AktG Rz. 23.
209 *Jänig*, Die aktienrechtliche Sonderprüfung, 2005, S. 291, *Fleischer* in Küting/Weber, Hdb. Rechnungslegung, § 142 AktG Rz. 122.
210 *Jänig*, Die aktienrechtliche Sonderprüfung, 2005, S. 291; *Schröer* in MünchKomm. AktG, 2. Aufl., § 142 AktG Rz. 61; *G. Bezzenberger* in Großkomm. AktG, 4. Aufl., § 142 AktG Rz. 51.
211 Begr. RegE, BT-Drucks. 15/5092, S. 19.
212 *G. Bezzenberger* in Großkomm. AktG, 4. Aufl., § 142 AktG Rz. 51; *Fleischer* in Küting/Weber, Hdb. Rechnungslegung, § 142 AktG Rz. 122; *Schröer* in MünchKomm. AktG, 2. Aufl., § 142 AktG Rz. 62; *Jänig*, Die aktienrechtliche Sonderprüfung, 2005, S. 291.
213 *G. Bezzenberger* in Großkomm. AktG, 4. Aufl., § 142 AktG Rz. 52; *Fleischer* in Küting/Weber, Hdb. Rechnungslegung, § 142 AktG Rz. 122; *Jänig*, Die aktienrechtliche Sonderprüfung, 2005, S. 291; ausführlich dazu *Schröer* in MünchKomm. AktG, 2. Aufl., § 142 AktG Rz. 62.
214 *Fleischer* in Küting/Weber, Hdb. Rechnungslegung, § 142 AktG Rz. 122; *Schröer* in MünchKomm. AktG, 2. Aufl., § 142 AktG Rz. 61; *G. Bezzenberger* in Großkomm. AktG, 4. Aufl., § 142 AktG Rz. 51; *Jänig*, Die aktienrechtliche Sonderprüfung, 2005, S. 291.
215 *G. Bezzenberger* in Großkomm. AktG, 4. Aufl., § 142 AktG Rz. 55; *Schröer* in MünchKomm. AktG, 2. Aufl., § 142 AktG Rz. 64; *Jänig*, Die aktienrechtliche Sonderprüfung, 2005, S. 306.
216 Zu § 142 a.F. *G. Bezzenberger* in Großkomm. AktG, 4. Aufl., § 142 AktG Rz. 55; *Fleischer* in Küting/Weber, Hdb. Rechnungslegung, § 142 AktG Rz. 123; *Jänig*, Die aktienrechtliche Sonderprüfung, 2005, S. 306; s. dazu allgemein *Sternal* in Keidel, § 25 FamFG Rz. 7 ff.; *Ulrici* in MünchKomm. ZPO, 3. Aufl., § 25 FamFG Rz. 4 ff.
217 *G. Bezzenberger* in Großkomm. AktG, 4. Aufl., § 142 AktG Rz. 56; *Fleischer* in Küting/Weber, Hdb. Rechnungslegung, § 142 AktG Rz. 123; *Jänig*, Die aktienrechtliche Sonderprüfung, 2005, S. 306.
218 *G. Bezzenberger* in Großkomm. AktG, 4. Aufl., § 142 AktG Rz. 56; *Fleischer* in Küting/Weber, Hdb. Rechnungslegung, § 142 AktG Rz. 123; *Jänig*, Die aktienrechtliche Sonderprüfung, 2005, S. 306.
219 *G. Bezzenberger* in Großkomm. AktG, 4. Aufl., § 142 AktG Rz. 56; *Fleischer* in Küting/Weber, Hdb. Rechnungslegung, § 142 AktG Rz. 123; *Schröer* in MünchKomm. AktG, 2. Aufl., § 142 AktG Rz. 58.

47 Anders als bei der Bestellung anderer Sonderprüfer nach § 142 Abs. 4 sind die Antragsteller im Verfahren nach § 142 Abs. 2 an **keine Antragsfrist** gebunden[220]. Entgegen einer älteren Auffassung, die das Gericht bei einer unbegründeten Verzögerung der Antragstellung zur Zurückweisung des Antrags berechtigt sah[221], ist der Antrag in diesem Zusammenhang nur in Fällen des Rechtsmissbrauchs abzulehnen[222].

### b) Materielle Voraussetzungen

48 aa) **Ablehnender Hauptversammlungsbeschluss.** Nach § 142 Abs. 2 Satz 1 muss die **Hauptversammlung einen Sonderprüfungsantrag abgelehnt** haben[223], außer in **Ausnahmefällen**, in denen diese Voraussetzung nur zu sachwidrigen Verzögerungen führen würde[224]. So steht einem ablehnendem Hauptversammlungsbeschluss etwa die Aufhebung einer früheren Bestellung gleich[225], ebenso die Weigerung der Hauptversammlung, trotz ordnungsgemäßer Antragstellung überhaupt einen Beschluss zu fassen; gleiches gilt bei einer Absetzung von der Tagesordnung oder der Vertagung ohne zwingenden Grund[226]. Grundsätzlich ist von dieser Voraussetzung auch dann abzusehen, wenn ein entsprechender Hauptversammlungsbeschluss nichtig ist oder infolge erfolgreicher Anfechtung für nichtig erklärt wird[227]. Eine Verpflichtung zur vorherigen Anfechtung eines unter Verstoß gegen Stimmverbote zu Stande gekommenen Hauptversammlungsbeschlusses besteht nicht[228].

49 Ob dem ablehnenden Hauptversammlungsbeschluss auch der Fall gleichzustellen ist, wenn die Bestellung des Sonderprüfers einem **Bestellungsverbot** nach § 143 Abs. 2 widerspricht, wird unterschiedlich beurteilt[229]. Mit der Begründung, dass ein Verstoß gegen § 143 Abs. 2 zur Nichtigkeit des Hauptversammlungsbeschlusses führe und ein nichtiger Beschluss einer Ablehnung gleichgestellt werden könne, wird

---

220 *Fleischer* in Küting/Weber, Hdb. Rechnungslegung, § 142 AktG Rz. 124; *G. Bezzenberger* in Großkomm. AktG, 4. Aufl., § 142 AktG Rz. 57; *Schröer* in MünchKomm. AktG, 2. Aufl., § 142 AktG Rz. 64.
221 S. etwa *Baumbach/Hueck*, § 142 AktG Anm. 7.
222 Für eine Rechtsmissbrauchsgrenze *G. Bezzenberger* in Großkomm. AktG, 4. Aufl., § 142 AktG Rz. 57; ähnlich *Fleischer* in Küting/Weber, Hdb. Rechnungslegung, § 142 AktG Rz. 124 und *Jänig*, Die aktienrechtliche Sonderprüfung, 2005, S. 307, der de lege ferenda die Einführung einer Antragsfrist empfiehlt.
223 OLG München v. 16.7.2007 – 31 Wx 29/07, 31 Wx 029/07, ZIP 2007, 1728 = AG 2008, 33; *Hüffer*, § 142 AktG Rz. 18; *G. Bezzenberger* in Großkomm. AktG, 4. Aufl., § 142 AktG Rz. 53; *Fleischer* in Küting/Weber, Hdb. Rechnungslegung, § 142 AktG Rz. 105; *Schröer* in MünchKomm. AktG, 2. Aufl., § 142 AktG Rz. 56.
224 *Fleischer* in Küting/Weber, Hdb. Rechnungslegung, § 142 AktG Rz. 105; *Holzborn* in Bürgers/Körber, § 142 AktG Rz. 13; *Wilsing/Neumann* in Heidel, § 142 AktG Rz. 17; *Mock* in Spindler/Stilz, § 142 AktG Rz. 93.
225 OLG Düsseldorf v. 9.12.2009 – 6 W 45/09, AG 2010, 126, Rz. 19.
226 RG v. 16.2.1934, RGZ 143, 401, 410; *G. Bezzenberger* in Großkomm. AktG, 4. Aufl., § 142 AktG Rz. 54; *Hüffer*, § 142 AktG Rz. 18; *Fleischer* in Küting/Weber, Hdb. Rechnungslegung, § 142 AktG Rz. 105; *Schröer* in MünchKomm. AktG, 2. Aufl., § 142 AktG Rz. 56; *Mock* in Spindler/Stilz, § 142 AktG Rz. 94; *Mimberg* in Marsch-Barner/Schäfer, Handbuch börsennotierte AG, § 40 Rz. 9.
227 *G. Bezzenberger* in Großkomm. AktG, 4. Aufl., § 142 AktG Rz. 54; *Fleischer* in Küting/Weber, Hdb. Rechnungslegung, § 142 AktG Rz. 105; *Schröer* in MünchKomm. AktG, 2. Aufl., § 142 AktG Rz. 56; *Hüffer*, § 142 AktG Rz. 18; *Mock* in Spindler/Stilz, § 142 AktG Rz. 93; *Holzborn* in Bürgers/Körber, § 142 AktG Rz. 13.
228 AG Ingolstadt v. 18.1.2000 – HRB 2468, DB 2001, 1356 f.; *Fleischer* in Küting/Weber, Hdb. Rechnungslegung, § 142 AktG Rz. 105.
229 Bejahend *Hüffer*, § 142 AktG Rz. 18; *Mock* in Spindler/Stilz, § 142 AktG Rz. 94; *Kirschner*, Die Sonderprüfung der Geschäftsführung in der Praxis, 2008, S. 80 f.; a.A. *G. Bezzenberger* in Großkomm. AktG, 4. Aufl., § 142 AktG Rz. 54; *Schröer* in MünchKomm. AktG, 2. Aufl., § 142 AktG Rz. 56; *Wilsing/Neumann* in Heidel, § 142 AktG Rz. 17.

diese Frage teilweise bejaht[230]. Die Gegenauffassung[231] führt zum einen an, dass ein Verstoß gegen das Bestellungsverbot des § 143 Abs. 2 nicht zur Nichtigkeit führe[232]. Dem steht jedoch entgegen[233], dass ein Hauptversammlungsbeschluss bei Verstoß gegen ein Bestellungsverbot nichtig ist (§ 143 Rz. 31). Zum anderen soll einer Ablehnung durch die Hauptversammlung nur diejenigen Fälle gleichgesetzt werden können, in denen schon die Anordnung der Sonderprüfung zur Nichtigkeit des Hauptversammlungsbeschlusses führt; denn soweit es nur um den Beschlussinhalt der Prüferauswahl gehe, habe das Gericht nicht unter den erschwerten Voraussetzungen des § 142 Abs. 2, sondern analog § 318 Abs. 4 HGB ohne zusätzlichen Grund auf Antrag des Vorstands, des Aufsichtsrats oder von Aktionären einen neuen Sonderprüfer zu bestellen, um die Durchführung der Prüfung zu gewährleisten[234]. Doch § 318 Abs. 4 HGB bezweckt die rechtzeitige Durchführung der gesetzlich angeordneten und regelmäßig stattfindenden Abschlussprüfung[235], die Sonderprüfung hingegen geht auf einen korporationsinternen Akt zurück und hat Ausnahmecharakter, weshalb nicht ohne Weiteres auf einen vergleichbaren Regelungsbedarf hinsichtlich der Beschleunigung des Verfahrens geschlossen werden kann, zumal die Sonderprüfung anders als die Abschlussprüfung nicht auch zugleich dem öffentlichen Interesse oder dem Schutz von Gläubigerbelangen dient (s. oben Rz. 2)[236]. Hinzu kommt, dass die unterschiedliche Behandlung von Nichtigkeitsgründen Bedenken begegnet angesichts der Tatsache, dass die Beschlussinhalte untrennbar miteinander verbunden sind und der gesamte Beschluss von der Nichtigkeit erfasst wird, weshalb der Bestellung eines anderen Sonderprüfers letztlich die Grundlage entzogen ist[237] und es infolgedessen überhaupt am rechtlichen Erfordernis einer Prüferbestellung fehlt, von der § 318 Abs. 4 HGB aber ausgeht[238]. Im Ergebnis ist deshalb ein aufgrund eines Verstoßes gegen § 143 Abs. 2 nichtiger Beschluss einer Ablehnung der Hauptversammlung gleichzusetzen.

**bb) Prüfungsgegenstand.** Gegenständlich muss sich die Sonderprüfung, wie auch im 50 Verfahren nach § 142 Abs. 1, auf **Vorgänge bei der Gründung oder Geschäftsführung innerhalb der letzten 5 Jahre** beziehen. Der statthafte Prüfungsgegenstand ist im Rahmen von § 142 Abs. 1 und Abs. 2 einheitlich zu bestimmen[239], so dass die oben dargestellten Grundsätze anwendbar sind (s. Rz. 8 ff.). Schließlich können auch Vorgänge bei Kapitalmaßnahmen von der Sonderprüfung nach § 142 Abs. 2 erfasst werden,

---

230 *Hüffer*, § 143 AktG Rz. 6.
231 *G. Bezzenberger* in Großkomm. AktG, 4. Aufl., § 142 AktG Rz. 54; *Schröer* in Münch-Komm. AktG, 2. Aufl., § 142 AktG Rz. 56; *Wilsing/Neumann* in Heidel, § 142 AktG Rz. 17.
232 *Schröer* in MünchKomm. AktG, 2. Aufl., § 142 AktG Rz. 56.
233 *Hüffer*, § 143 AktG Rz. 6; *G. Bezzenberger* in Großkomm. AktG, 4. Aufl., § 143 Rz. 26; *Fleischer* in Küting/Weber, Hdb. Rechnungslegung, § 143 AktG Rz. 17; *Jänig*, Die aktienrechtliche Sonderprüfung, 2005, S. 351; *Butzke* in Obermüller/Werner/Winden, Die Hauptversammlung der Aktiengesellschaft, Rz. M 26; *Karehnke* in J. Semler/Volhard, Arbeitshandbuch HV, § 20 Rz. 74; a.A. *Schröer* in MünchKomm. AktG, 2. Aufl., § 143 AktG Rz. 24; *ADS*, §§ 142–146 AktG Rz. 29.
234 *G. Bezzenberger* in Großkomm. AktG, 4. Aufl., § 142 AktG Rz. 54 sowie Rz. 86.
235 S. dazu *Ebke* in MünchKomm. HGB, 2. Aufl., § 318 HGB Rz. 75; *Fröschle/Heinz* in BeckBilkomm., § 318 HGB Rz. 26; *ADS*, § 318 HGB Rz. 29.
236 Zur ratio der Abschlussprüfung etwa *ADS*, § 316 HGB Rz. 16 ff.
237 In diese Richtung auch *Butzke* in Obermüller/Werner/Winden, Die Hauptversammlung der Aktiengesellschaft, Rz. M 25 bei Fn. 49.
238 S. auch *Schröer* in MünchKomm. AktG, 2. Aufl., § 142 AktG Rz. 83.
239 *Habersack* in FS Wiedemann, 2002, S. 888, 898; *Schröer* in MünchKomm. AktG, 2. Aufl., § 142 AktG Rz. 59; *Fleischer* in Küting/Weber, Hdb. Rechnungslegung, § 142 AktG Rz. 106; *Hüffer*, § 142 AktG Rz. 19; *G. Bezzenberger* in Großkomm. AktG, 4. Aufl., § 142 AktG Rz. 52.

auch wenn sie nicht explizit genannt werden, was sich aus dem systematischen Zusammenhang mit der eigentlichen Sonderprüfung nach § 142 Abs. 1 ergibt[240].

51 Die **Fünfjahresfrist**, die an die Regelung in § 93 Abs. 6 angelehnt wurde, soll verhindern, dass solche Vorgänge einer Sonderprüfung unterzogen werden, die zwar Schadensersatzansprüche gegen Verwaltungsmitglieder begründen, denen aber die Einrede der Verjährung entgegengehalten werden kann[241]. Sie gilt nicht für Vorgänge bei der Gründung[242] und ist zurückzurechnen vom Tag der Hauptversammlung, in der die Sonderprüfung abgelehnt wurde[243] bzw. in der ein anderes gleichzustellendes Ereignis (dazu Rz. 48 ff.) stattgefunden hat, wie etwa eine Beschlussfassung, die sich als nichtig erweist oder eine Vertagung ohne wichtigen Grund. Der Antrag auf gerichtliche Bestellung von Sonderprüfern muss also nicht innerhalb der Frist erfolgen[244]. Bei zeitlich gestreckten Vorgängen reicht es zudem, wenn der Vorgang nur teilweise in die Frist fällt[245]. Ältere Vorgänge können hingegen nur insoweit herangezogen werden, als es um die Aufklärung von innerhalb der Frist liegenden Vorgängen geht, indes nicht selbst zum Gegenstand einer Sonderprüfung gemacht werden[246].

52 **cc) Verdacht der Unredlichkeiten oder groben Gesetzes- oder Satzungsverletzungen.** Ferner müssen Tatsachen vorliegen, die den Verdacht rechtfertigen, dass bei dem Vorgang Unredlichkeiten oder grobe Verletzungen des Gesetzes oder der Satzung vorgekommen sind. Ausweislich der Gesetzesbegründung zum UMAG hat das Gericht an die **Unredlichkeiten oder groben Gesetzes- oder Satzungsverletzungen** hohe Anforderung zu stellen und hier, ähnlich wie bei § 148, eine **Verhältnismäßigkeitsprüfung** vorzunehmen, die etwa bei groben Pflichtverletzungen und nur geringfügigen Schäden einer Sonderprüfung entgegenstehen kann (s. hierzu ausführlich § 148 Rz. 29 ff.). Ob diese Verhältnismäßigkeitsprüfung, die im Gegensatz zu § 148 Abs. 1 Satz 2 Nr. 4 nicht im Gesetzeswortlaut zum Ausdruck kommt[247], sachgerecht ist, erscheint vor dem Hintergrund der ohnehin bestehenden Missbrauchsschranken zweifelhaft[248].

53 **Unredlichkeiten** werden überwiegend als mit einem sittlichen Makel behaftete Handlungen angesehen, etwa strafbare Handlungen[249]. Eine Unredlichkeit ist dem-

---

240 *Hüffer*, § 142 AktG Rz. 19; *Mock* in Spindler/Stilz, § 142 AktG Rz. 97.
241 Begr. RegE in *Kropff*, Aktiengesetz, S. 207; *G. Bezzenberger* in Großkomm. AktG, 4. Aufl., § 142 AktG Rz. 52; *Fleischer* in Küting/Weber, Hdb. Rechnungslegung, § 142 AktG Rz. 106; *Trölitzsch/Gunßer*, AG 2008, 833, 834.
242 *Hüffer*, § 142 AktG Rz. 19; *Fleischer* in Küting/Weber, Hdb. Rechnungslegung, § 142 AktG Rz. 106.
243 *Hüffer*, § 142 AktG Rz. 19; *Fleischer* in Küting/Weber, Hdb. Rechnungslegung, § 142 AktG Rz. 106; *Schröer* in MünchKomm. AktG, 2. Aufl., § 142 AktG Rz. 59; *ADS*, §§ 142–146 AktG Rz. 15.
244 *Fleischer* in Küting/Weber, Hdb. Rechnungslegung, § 142 AktG Rz. 106; *Hüffer*, § 142 AktG Rz. 19.
245 OLG Düsseldorf v. 9.12.2009 – 6 W 45/09, AG 2010, 126, Rz. 22; *Hüffer*, § 142 AktG Rz. 19; *G. Bezzenberger* in Großkomm. AktG, 4. Aufl., § 142 AktG Rz. 52; *Schröer* in MünchKomm. AktG, 2. Aufl., § 142 AktG Rz. 59; *Fleischer* in Küting/Weber, Hdb. Rechnungslegung, § 142 AktG Rz. 106; *ADS*, §§ 142–146 AktG Rz. 15.
246 *G. Bezzenberger* in Großkomm. AktG, 4. Aufl., § 142 AktG Rz. 52; *Schröer* in MünchKomm. AktG, 2. Aufl., § 142 AktG Rz. 59; *Fleischer* in Küting/Weber, Hdb. Rechnungslegung, § 142 AktG Rz. 106.
247 *Jänig*, BB 2005, 949, 951; *Fleischer*, NJW 2005, 3525, 3527.
248 Kritisch bereits *Fleischer*, NJW 2005, 3525, 3527.
249 *G. Bezzenberger* in Großkomm. AktG, 4. Aufl., § 142 AktG Rz. 60; *Schröer* in MünchKomm. AktG, 2. Aufl., § 142 AktG Rz. 67; *Fleischer* in Küting/Weber, Hdb. Rechnungslegung, § 142 AktG Rz. 109; *Wilsing/Neumann* in Heidel, § 142 AktG Rz. 19; *Seibert* in FS Priester, 2007, S. 763, 769 f.; *Seibt*, WM 2004, 2137, 2140; s. auch *Ulmer*, ZHR 163 (1999), 290, 332; ausführlicher *Jänig*, Die aktienrechtliche Sonderprüfung, 2005, S. 275 ff.

nach ein subjektiv vorwerfbares, sittlich anstößiges Verhalten[250]. Vorrangig geht es um Verstöße gegen die organschaftliche Treuepflicht, insbesondere die eigennützige Ausnutzung von Geschäftschancen[251]. Bislang rechtfertigte jede Unredlichkeit die gerichtliche Bestellung von Sonderprüfern, eine andere Pflichtverletzung nur dann, wenn diese als grob einzustufen war[252]; angesichts der explizit geforderten Verhältnismäßigkeitsprüfung[253] wird man hieran nicht mehr festhalten können; vielmehr dürfen im Falle von Unredlichkeiten keine überwiegenden Gründe des Gesellschaftswohls einer Sonderprüfung entgegenstehen (vgl. § 148 Abs. 1 Satz 2 Nr. 4 – zur Verhältnismäßigkeitsprüfung ausführlich § 148 Rz. 29 ff.).

Unter den Begriff der **Gesetzes- oder Satzungsverletzungen** fallen vor allem Verstöße gegen die Sorgfaltspflicht bei der Unternehmensleitung (§§ 93, 116)[254]. Die Pflichtverletzungen müssen zudem **grob** sein, wofür unter anderem darauf abzustellen ist, wie erheblich der Handelnde von seinen Pflichten abgewichen ist; auch das Maß des Verschuldens oder die Höhe des Schadens können die Pflichtverletzung zu einer groben qualifizieren[255] – was aufgrund der vorbereitenden Funktion der Sonderprüfung teilweise kritisiert wird, weil Schadensersatzansprüche der Gesellschaft schon durch jedwede Pflichtverletzung der Verwaltungsmitglieder begründet werden können; zudem sei der Schutz vor ungerechtfertigten Sonderprüfungen bereits ausreichend durch die Implementierung der Business Judgement Rule gewährleistet[256]. Da der Gesetzgeber dennoch an dieser Formulierung festgehalten hat, wird man eine noch im Rahmen von § 142 a.F. vorgeschlagene teleologische Reduktion aber ablehnen müssen[257]. Neben der Beschränkung durch das Merkmal „grob" erfährt das Antragsrecht zudem auch hier eine weitere Begrenzung durch die allgemeine **Verhältnismäßigkeitsprüfung**[258]. Für die Annahme der Unverhältnismäßigkeit genügt etwa eine Behauptung nicht, dass Anlegerschutzklagen drohen, wenn dem Antrag auf Sonderprüfung stattgegeben wird und dadurch weitere Tatsachen bekannt werden[259]. Letztlich können hier vergleichbare Kriterien wie bei § 148 herangezogen werden (§ 148 Rz. 29 ff.)[260].

54

---

250 So OLG Köln v. 22.2.2010 – 18 W 1/10, AG 2010, 214.
251 *G. Bezzenberger* in Großkomm. AktG, 4. Aufl., § 142 AktG Rz. 60; *Fleischer* in Küting/Weber, Hdb. Rechnungslegung, § 142 AktG Rz. 109; *Schröer* in MünchKomm. AktG, 2. Aufl., § 142 AktG Rz. 67; *Seibert* FS Priester 2007, S. 763, 769 f.
252 *Schröer* in MünchKomm. AktG, 2. Aufl., § 142 AktG Rz. 67; *G. Bezzenberger* in Großkomm. AktG, 4. Aufl., § 142 AktG Rz. 60; kritisch *Fleischer* in Küting/Weber, Hdb. Rechnungslegung, § 142 AktG Rz. 110, der im Rahmen von § 142 a.F. für eine teleologische Reduktion des Merkmals grob plädiert; krit. auch *Seibt*, WM 2004, 2137, 2140.
253 Begr. RegE, BT-Drucks. 15/5092, S. 18.
254 *G. Bezzenberger* in Großkomm. AktG, 4. Aufl., § 142 AktG Rz. 60; *Fleischer* in Küting/Weber, Hdb. Rechnungslegung, § 142 AktG Rz. 110; *Seibt*, WM 2004, 2137, 2140.
255 OLG Düsseldorf v. 9.12.2009 – 6 W 45/09, AG 2010, 126, Rz. 26; *Schröer* in MünchKomm. AktG, 2. Aufl., § 142 AktG Rz. 68; *G. Bezzenberger* in Großkomm. AktG, 4. Aufl., § 142 AktG Rz. 62; ähnlich auch *Jänig*, BB 2005, 949, 951; *Jänig*, Die aktienrechtliche Sonderprüfung, 2005, S. 274 ff.; s. für § 148 Abs. 1 Satz 2 Nr. 3 auch *Happ* in FS Westermann, 2008, S. 971, 989; zurückhaltender *Seibert* in FS Priester, 2007, S. 763, 769 f.: maßgeblich nicht Verschulden, sondern „krasse" Verletzungshandlung.
256 *Fleischer* in Küting/Weber, Hdb. Rechnungslegung, § 142 AktG Rz. 110; *Seibt*, WM 2004, 2137, 2140; s. ferner auch *Meilicke/Heidel*, DB 2004, 1479, 1482; *Jänig*, BB 2005, 949, 951.
257 Für eine teleologische Reduktion, aber noch vor Inkrafttreten des UMAG, *Fleischer* in Küting/Weber, Hdb. Rechnungslegung, § 142 AktG Rz. 110.
258 Begr. RegE, BT-Drucks. 15/5092, S. 18; OLG Düsseldorf v. 9.12.2009 – 6 W 45/09, AG 2010, 126, Rz. 27; *Spindler*, NZG 2005, 865, 870; *Göz/Holzborn*, WM 2006, 157, 158; *Langenbucher*, GesRZ-SH 2005, 3, 10; *Trölitzsch/Gunßer*, AG 2008, 833, 837 f.
259 OLG Düsseldorf v. 9.12.2009 – 6 W 45/09, AG 2010, 126, Rz. 62 f., in concreto mangels substantiierter Darlegung abgelehnt.
260 Ähnlich *Trölitzsch/Gunßer*, AG 2008, 833, 838.

55  Ferner müssen Tatsachen vorliegen, die einen **Verdacht** im Hinblick auf Unredlichkeiten bzw. Pflichtverletzungen rechtfertigen, was der Fall ist, wenn eine **gewisse Wahrscheinlichkeit** für deren Vorliegen spricht[261]; die bloße Möglichkeit von Verfehlungen reicht demgegenüber nicht aus[262]. Auf der anderen Seite ist aber auch keine hohe Wahrscheinlichkeit erforderlich, da § 142 Abs. 2 Satz 1 es bei einem schlichten Verdacht belässt und anders als § 147 Abs. 3 a.F. keinen dringenden Tatverdacht voraussetzt[263].

56  Die Antragsteller müssen die verdachtsbegründenden Tatsachen **weder beweisen noch glaubhaft machen**[264], es genügt vielmehr bereits deren – allerdings substantiierte – **Behauptung**[265]. Das Gericht muss von hinreichenden Verdachtsmomenten überzeugt sein oder sich zur Ermittlung von Amts wegen gem. § 26 FamFG veranlasst sehen[266]; bloße Vermutungen oder Verdächtigungen reichen nicht aus[267]. Über die Zweckmäßigkeit der Sonderprüfung hat das Gericht dabei ebenso wenig zu entscheiden, wie über die Aussichten einer Geltendmachung von Schadensersatzansprüchen nach § 147[268]. Demgemäß muss das Gericht auch nicht feststellen, ob tatsächlich Unredlichkeiten oder grobe Verletzungen des Gesetzes bzw. der Satzung vorgekommen sind, ebenso wenig die daraus folgenden Rechtsfolgen, da sonst dem Ergebnis der Sonderprüfung vorgegriffen würde[269].

---

261 OLG Düsseldorf v. 9.12.2009 – 6 W 45/09, AG 2010, 126, Rz. 25; *Schröer* in MünchKomm. AktG, 2. Aufl., § 142 AktG Rz. 69; *G. Bezzenberger* in Großkomm. AktG, 4. Aufl., § 142 AktG Rz. 61; *Fleischer* in Küting/Weber, Hdb. Rechnungslegung, § 142 AktG Rz. 111; *Mock* in Spindler/Stilz, § 142 AktG Rz. 103; ADS, §§ 142–146 AktG Rz. 17; *Jänig*, Die aktienrechtliche Sonderprüfung, 2005, S. 285.
262 OLG München v. 25.3.2010 – 31 Wx 144/09, ZIP 2010, 1127, 1128 = WM 2010, 1035, 1036, Rz. 17; *Schröer* in MünchKomm. AktG, 2. Aufl., § 142 AktG Rz. 69; *Mock* in Spindler/Stilz, § 142 AktG Rz. 103; *G. Bezzenberger* in Großkomm. AktG, 4. Aufl., § 142 AktG Rz. 61; *Fleischer* in Küting/Weber, Hdb. Rechnungslegung, § 142 AktG Rz. 111.
263 OLG Köln v. 22.2.2010 – 18 W 1/10, AG 2010, 214; „hinreichender Tatverdacht"; s. auch OLG Düsseldorf v. 9.12.2009 – I-6 W 45/09, AG 2010, 126; *Schröer* in MünchKomm. AktG, 2. Aufl., § 142 AktG Rz. 69; *G. Bezzenberger* in Großkomm. AktG, 4. Aufl., § 142 AktG Rz. 61; *Fleischer* in Küting/Weber, Hdb. Rechnungslegung, § 142 AktG Rz. 111; *Jänig*, Die aktienrechtliche Sonderprüfung, 2005, S. 280. Der an die Stelle von § 147 Abs. 3 a.F. getretene § 148 stellt nunmehr allerdings ebenfalls lediglich auf das Vorliegen eines Verdachts ab; a.A. *Trölitzsch/Gunßer*, AG 2008, 833, 836, die auf Begr. RegE BT-Drucks. 15/5092, S. 18 verweisen, die von „hohen" Anforderungen spricht.
264 OLG Düsseldorf v. 9.12.2009 – 6 W 45/09, AG 2010, 126, Rz. 25; *G. Bezzenberger* in Großkomm. AktG, 4. Aufl., § 142 AktG Rz. 62; *Fleischer* in Küting/Weber, Hdb. Rechnungslegung, § 142 AktG Rz. 112; *Hüffer*, § 142 AktG Rz. 20; *Schröer* in MünchKomm. AktG, 2. Aufl., § 142 AktG Rz. 66; *Wilsing/Neumann* in Heidel, § 142 AktG Rz. 20.
265 OLG Düsseldorf v. 9.12.2009 – 6 W 45/09, AG 2010, 126, Rz. 25; OLG München v. 25.3.2010 – 31 Wx 144/09, ZIP 2010, 1127, 1128 = WM 2010, 1035, 1036, Rz. 17; *Trölitzsch/Gunßer*, AG 2008, 833, 836; *Jänig*, Die aktienrechtliche Sonderprüfung, 2005, S. 286; *Wilsing/Neumann* in Heidel, § 142 AktG Rz. 20.
266 *Hüffer*, § 142 AktG Rz. 20; *Schröer* in MünchKomm. AktG, 2. Aufl., § 142 AktG Rz. 66; *Fleischer* in Küting/Weber, Hdb. Rechnungslegung, § 142 AktG Rz. 112; s. ferner *G. Bezzenberger* in Großkomm. AktG, 4. Aufl., § 142 AktG Rz. 62.
267 OLG München v. 25.3.2010 – 31 Wx 144/09, ZIP 2010, 1127, 1128 = WM 2010, 1035, 1036, Rz. 17; *Schröer* in MünchKomm. AktG, 2. Aufl., § 142 AktG Rz. 66; *Fleischer* in Küting/Weber, Hdb. Rechnungslegung, § 142 AktG Rz. 111; *G. Bezzenberger* in Großkomm. AktG, 4. Aufl., § 142 AktG Rz. 62; *Hüffer*, § 142 AktG Rz. 20.
268 OLG Düsseldorf v. 9.12.2009 – 6 W 45/09, AG 2010, 126, Rz. 25; *Schröer* in MünchKomm. AktG, 2. Aufl., § 142 AktG Rz. 69; *Fleischer* in Küting/Weber, Hdb. Rechnungslegung, § 142 AktG Rz. 113; *G. Bezzenberger* in Großkomm. AktG, 4. Aufl., § 142 AktG Rz. 62; anders aber AG Düsseldorf v. 4.5.1988 – HR B 20461 – „Feldmühle", WM 1988, 1668, 1669: konkrete Verdachtsgründe; krit. dazu *Hirte*, ZIP 1988, 953, 957.
269 OLG München v. 16.7.2007 – 31 Wx 29/07, AG 2008, 33, 35; OLG München v. 25.3.2010 – 31 Wx 144/09, ZIP 2010, 1127, 1128 = WM 2010, 1035, 1036, Rz. 17.

## c) Missbrauch des Antragsrechts

**aa) Gesetzliche Vorkehrungen (insbesondere § 142 Abs. 2 Satz 3).** § 142 selbst enthält zunächst zwei Anknüpfungspunkte, mit denen der Gesetzgeber der Gefahr missbräuchlicher Anträge begegnen will: Zum einen die Voraussetzung der „**Unredlichkeiten oder groben Gesetzes- oder Satzungsverletzungen**", an die hohe Anforderungen zu stellen sind und bei der das Gericht eine allgemeine **Verhältnismäßigkeitsprüfung** vorzunehmen hat; zum anderen den **Verweis in § 142 Abs. 2 Satz 3 auf § 149**, durch den der „räuberische" Abkauf von Antragsrechten verhindert werden soll[270], indem börsennotierte Gesellschaften verpflichtet werden, **Vereinbarungen zur Vermeidung von Sonderprüfungen** unverzüglich in den Gesellschaftsblättern bekannt zu machen[271]. Von den §§ 142 Abs. 2 Satz 3, 149 werden dabei jegliche Formen von Vereinbarungen zwischen der Gesellschaft, den Antragstellern sowie Dritten erfasst, die im Interesse der Antragssteller oder der Gesellschaft auftreten, mithin auch Umgehungsgeschäfte[272]. Aus Sinn und Zweck der Regelung ergibt sich zudem, dass auch Vereinbarungen zur Beendigung eines noch nicht abgeschlossenen gerichtlichen Verfahrens nach § 142 Abs. 2 Satz 1 erfasst werden sollen[273]. Die Vereinbarung muss dabei in allen Einzelheiten offen gelegt werden, insbesondere muss der Wortlaut der Vereinbarung sowie aller Nebenabreden bekannt gemacht werden (ausführlich zu den inhaltlichen Anforderungen an die Bekanntmachung § 149 Rz. 5 ff.)[274]. Im Hinblick auf Leistungspflichten ist die Bekanntmachung zudem Wirksamkeitsvoraussetzung, § 142 Abs. 2 Satz 3 i.V.m. § 149 Abs. 2 Satz 3[275]. Trotz Unwirksamkeit bewirkte Leistungen können unter Durchbrechung von § 814 BGB nach Bereicherungsrecht zurückgefordert werden, §§ 142 Abs. 2 Satz 3, 149 Abs. 2 Satz 5[276].

57

Zudem soll insbesondere die **Kostentragungsregelung in § 146** der Gefahr missbräuchlicher Sonderprüfungsanträge entgegen wirken[277]. Hiernach muss der Antragsteller die Kosten tragen, wenn er die Bestellung von Sonderprüfern durch vorsätzlich oder grob fahrlässig unrichtigen Vortrag erwirkt hat (ausführlich zur Kostentragung § 146 Rz. 4 ff.). Ferner wurde in **§ 145 Abs. 4** eine Schutzklausel zugunsten der Gesellschaft aufgenommen, wonach das Gericht auf Antrag des Vorstands unter gewissen Voraussetzungen zu gestatten hat, dass bestimmte Tatsachen nicht in den Prüfungsbericht aufgenommen werden[278]. Diese Regelung soll unter anderem Minderheitsaktionären Möglichkeit und Anreiz nehmen, das Instrument der Sonderprüfung zur Ausforschung von Geschäftsgeheimnissen zu nutzen, um die Gesellschaft zu schädigen[279].

58

**bb) Allgemeine Schranken.** Trotzdem kann es auch weiterhin zu rechtsmissbräuchlichen Anträgen kommen, bei denen das Antragsrecht durch immanente Rechtsaus-

59

---

270 Begr. RegE, BT-Drucks. 15/5092, S. 19.
271 *Hüffer*, § 142 AktG Rz. 25; *Wilsing/Neumann*, DB 2006, 31, 33.
272 *Spindler*, NZG 2005, 865, 869.
273 *Wilsing/Neumann*, DB 2006, 31, 33.
274 *Wilsing/Neumann*, DB 2006, 31, 33; s. insoweit auch die Regierungsbegründung zu § 149, Begr. RegE, BT-Drucks. 15/5092, S. 24.
275 *Wilsing/Neumann*, DB 2006, 31, 33. Im Hinblick auf § 149 s. auch *Spindler*, NZG 2005, 865, 869 f.; *Paschos/Neumann*, DB 2005, 1779, 1785; *Weiss/Buchner*, WM 2005, 162, 170.
276 Begr. RegE, BT-Drucks. 15/5092, S. 25; *Spindler*, NZG 2005, 865, 870; *Wilsing*, DB 2005, 35, 41 (jeweils zu § 149).
277 Begr. RegE, BT-Drucks. 15/5092, S. 18; *Spindler*, NZG 2005, 865, 870; *Wilsing/Neumann*, DB 2006, 31, 35; *Fleischer*, NJW 2005, 3525, 3527; *Göz/Holzborn*, WM 2006, 157, 158; *Langenbucher*, GesRZ-SH 2005, 3, 10.
278 S. dazu *Spindler*, NZG 2005, 865, 870; *Wilsing/Neumann*, DB 2006, 31, 34; *Göz/Holzborn*, WM 2006, 157, 158.
279 Begr. RegE, BT-Drucks. 15/5092, S. 19; *Spindler*, NZG 2005, 865, 871.

übungsschranken begrenzt wird (**§ 242 BGB**), insbesondere wenn der Antragsteller **in illoyaler Weise ausschließlich privaten Interessen** nachgeht[280], oder wenn Antragsteller sich den **Lästigkeitswert ihres Prüfungsantrags abkaufen** lassen[281], Sonderprüfungsanträge, die den Aktionären keinerlei neue Perspektiven eröffnen[282] oder Anträge bezüglich **offen liegender Sachverhalte**[283]. Ist ein Antrag auf Bestellung von Sonderprüfern nach diesen Grundsätzen als missbräuchlich zu bewerten, hat das Gericht diesen nicht als unzulässig sondern **als unbegründet abzuweisen**[284].

### d) Gerichtliches Verfahren und Entscheidung (§ 142 Abs. 5)

60 Nach § 142 Abs. 5 Satz 3 ist das **Landgericht, in dessen Bezirk die Gesellschaft ihren Sitz hat**, für die Prüferbestellung zuständig[285], gegebenenfalls eine Kammer für Handelssachen gem. **§§ 71 Abs. 2, 95 Abs. 2 GVG**. Damit besteht ein Gleichlauf zu § 148[286]. Die Länder können zudem eine Zuständigkeitskonzentration anordnen, § 71 Abs. 4 GVG[287]. Das **Verfahren** richtet sich nach den Vorschriften des **FamFG (§ 142 Abs. 8)**. Es gilt der **Amtsermittlungsgrundsatz (§ 26 FamFG)**[288]; die Antragsteller haben allerdings das Vorliegen von Umständen, die eine Sonderprüfung rechtfertigen, darzulegen[289]. Das Gericht weist den Antrag bei formellen Mängeln, wie insbesondere bei fehlender Antragsberechtigung, als unzulässig zurück, bei materiellen

---

280 OLG München v. 16.7.2007 – 31 Wx 29/07, 31 Wx 029/07, ZIP 2007, 1728; OLG München v. 25.3.2010 – 31 Wx 144/09, ZIP 2010, 1127, 1129 = WM 2010, 1035, 1037, Rz. 25; AG Düsseldorf v. 4.5.1988 – HR B 20461 – „Feldmühle", WM 1988, 1668; AG Ingolstadt v. 18.1.2001 – HRB 2468, DB 2001, 1356 f.; *Hüffer*, § 142 AktG Rz. 21; *Schröer* in MünchKomm. AktG, 2. Aufl., § 142 AktG Rz. 95; *Wilsing/Neumann* in Heidel, § 142 AktG Rz. 24; *Trölitzsch/Gunßer*, AG 2008, 833, 837; *Hirte*, ZIP 1988, 953, 954 ff.
281 OLG München v. 16.7.2007 – 31 Wx 29/07, 31 Wx 029/07, ZIP 2007, 1728 = AG 2008, 33; OLG Düsseldorf v. 9.12.2009 – 6 W 45/09, AG 2010, 126, Rz. 23; *Hüffer*, § 142 AktG Rz. 21; *Fleischer* in Küting/Weber, Hdb. Rechnungslegung, § 142 AktG Rz. 128; *G. Bezzenberger* in Großkomm. AktG, 4. Aufl., § 142 AktG Rz. 59; *Schröer* in MünchKomm. AktG, 2. Aufl., § 142 AktG Rz. 97; *Jänig*, Die aktienrechtliche Sonderprüfung, 2005, S. 317; *Kirschner*, Die Sonderprüfung der Geschäftsführung in der Praxis, 2008, S. 87.
282 OLG München v. 25.3.2010 – 31 Wx 144/09, ZIP 2010, 1127, 1129 = WM 2010, 1035, 1037, Rz. 25; *Fleischer* in Küting/Weber, Hdb. Rechnungslegung, § 142 AktG Rz. 129; s. auch *Hüffer*, § 142 AktG Rz. 21; *Schröer* in MünchKomm. AktG, 2. Aufl., § 142 AktG Rz. 97; *Jänig*, Die aktienrechtliche Sonderprüfung, 2005, S. 318; ähnlich ferner *G. Bezzenberger* in Großkomm. AktG, 4. Aufl., § 142 AktG Rz. 58.
283 *Fleischer* in Küting/Weber, Hdb. Rechnungslegung, § 142 AktG Rz. 131; *Jänig*, Die aktienrechtliche Sonderprüfung, 2005, S. 319; s. ferner *Schröer* in MünchKomm. AktG, 2. Aufl., § 142 AktG Rz. 97; *Fleischer*, RIW 2000, 809, 814.
284 *Hüffer*, § 142 AktG Rz. 21; *Fleischer* in Küting/Weber, Hdb. Rechnungslegung, § 142 AktG Rz. 132; *Hirte*, ZIP 1988, 953, 956; *Jänig*, Die aktienrechtliche Sonderprüfung, 2005, S. 319; *Kirschner*, Die Sonderprüfung der Geschäftsführung in der Praxis, 2008, S. 89; zu § 315 ebenso *Habersack* in Emmerich/Habersack, Aktien- und GmbH-Konzernrecht, § 315 Rz. 13; a.A. AG Düsseldorf v. 4.5.1988 – HR B 20461, – „Feldmühle", WM 1988, 1668.
285 Begr. RegE, BT-Drucks. 15/5092, S. 19; *Hüffer*, § 142 AktG Rz. 31; *Kirschner*, BB 2005, 1865, 1866; *Spindler*, NZG 2005, 865, 871; *Jänig*, BB 2005, 949, 952; *Wilsing/Neumann*, DB 2006, 31, 34.
286 *Kirschner*, BB 2005, 1865, 1866; *Spindler*, NZG 2005, 865, 871; s. auch *Hüffer*, § 142 AktG Rz. 31.
287 S. dazu auch *Spindler*, NZG 2005, 865, 871; *Holzborn/Bunnemann*, BKR 2005, 51, 55; *Jänig*, BB 2005, 949, 952.
288 *Spindler*, NZG 2005, 865, 870; zu § 142 a.F. *G. Bezzenberger* in Großkomm. AktG, 4. Aufl., § 142 AktG Rz. 64; *Fleischer* in Küting/Weber, Hdb. Rechnungslegung, § 142 AktG Rz. 133; *Schröer* in MünchKomm. AktG, 2. Aufl., § 142 AktG Rz. 70.
289 *Schröer* in MünchKomm. AktG, 2. Aufl., § 142 AktG Rz. 70; *G. Bezzenberger* in Großkomm. AktG, 4. Aufl., § 142 AktG Rz. 64; *Fleischer* in Küting/Weber, Hdb. Rechnungslegung, § 142 AktG Rz. 133.

Mängeln sowie in Fällen des Rechtsmissbrauchs als unbegründet[290]. Das Gericht muss die Beteiligten des Verfahrens **anhören**, § 34 FamFG, insbesondere Antragsteller sowie die Gesellschaft vertreten durch den Vorstand[291] sowie den Aufsichtsrat (**§ 142 Abs. 5 Satz 1**) bzw. einen Ausschuss[292]. Die einzelnen Aufsichtsratsmitglieder müssen demgegenüber ebenso wenig gehört werden, wie diejenigen Personen, gegen die sich die Sonderprüfung bzw. etwaige Schadensersatzansprüche richten würden[293]. Ob die Anhörung schriftlich oder mündlich erfolgt, liegt im Ermessen des Gerichts[294]. Ist gleichzeitig mit dem Antrag nach § 142 Abs. 2 eine Anfechtungsklage gegen einen Beschluss der Hauptversammlung anhängig, die die Bestellung eines Sonderprüfers widerrufen hat, kann zwar theoretisch bei einer positiven Entscheidung in beiden Verfahren der Sonderprüfer „doppelt" mandatiert werden; auch kann der Sonderprüfungsgegenstand sich überlappen oder identisch sein. Jedoch kann dies nicht dazu führen, dass die gerichtliche Bestellung solange auszusetzen wäre, bis über einen Beschluss hinsichtlich des Widerrufs der von der Hauptversammlung mandatierten Sonderprüfer gefasst wäre. Denn der dem Minderheitenschutz dienende Charakter des § 142 Abs. 2, der zudem engere Tatbestandsvoraussetzungen aufweist („grobe Pflichtverletzung"), würde unterlaufen, zumal in dem Zeitraum bis zur Entscheidung über die Anfechtung des Widerrufs die Chancen des Erfolgs einer Sonderprüfung sich verschlechtern mögen. Dass sich Überschneidungen, etwa bei der Vergütung oder Auslagenfestsetzung, ergeben, muss dann hingenommen werden, die Festsetzungen des Gerichts hätten hier Vorrang[295].

Die **Entscheidung** des Gerichts ergeht durch einen mit Gründen zu versehenden Beschluss, § 38 FamFG[296]. Dieser muss den Prüfungsgegenstand genau bezeichnen[297] und die Sonderprüfer namentlich benennen[298]. Das Gericht kann einen oder mehrere Sonderprüfer bestellen[299]. Dabei steht es den Beteiligten frei, bestimmte Personen

61

---

290 *Hüffer*, § 142 AktG Rz. 31; *Fleischer* in Küting/Weber, Hdb. Rechnungslegung, § 142 AktG Rz. 133.
291 *Hüffer*, § 142 AktG Rz. 29; *Schröer* in MünchKomm. AktG, 2. Aufl., § 142 AktG Rz. 70; *G. Bezzenberger* in Großkomm. AktG, 4. Aufl., § 142 AktG Rz. 65; *Fleischer* in Küting/Weber, Hdb. Rechnungslegung, § 142 AktG Rz. 143.
292 *Fleischer* in Küting/Weber, Hdb. Rechnungslegung, § 142 AktG Rz. 143; *G. Bezzenberger* in Großkomm. AktG, 4. Aufl., § 142 AktG Rz. 65; *Hüffer*, § 142 AktG Rz. 29.
293 *Schröer* in MünchKomm. AktG, 2. Aufl., § 142 AktG Rz. 70; *G. Bezzenberger* in Großkomm. AktG, 4. Aufl., § 142 AktG Rz. 65; *Fleischer* in Küting/Weber, Hdb. Rechnungslegung, § 142 AktG Rz. 143.
294 *Fleischer* in Küting/Weber, Hdb. Rechnungslegung, § 142 AktG Rz. 143; s. ferner *Hüffer*, § 142 AktG Rz. 29; *Schröer* in MünchKomm. AktG, 2. Aufl., § 142 AktG Rz. 70.
295 Im Ergebnis ebenso OLG Düsseldorf v. 9.12.2009 – 6 W 45/09, AG 2010, 126 Tz. 60.
296 *G. Bezzenberger* in Großkomm. AktG, 4. Aufl., § 142 AktG Rz. 66; *Hüffer*, § 142 AktG Rz. 32; *Schröer* in MünchKomm. AktG, 2. Aufl., § 142 AktG Rz. 71; *Fleischer* in Küting/Weber, Hdb. Rechnungslegung, § 142 AktG Rz. 134; *Jänig*, Die aktienrechtliche Sonderprüfung, 2005, S. 308; s. auch *Jänig*, BB 2005, 949, 953; *Wilsing/Neumann*, DB 2006, 31, 35; AG Ingolstadt v. 18.1.2001 – HRB 2468, AG 2002, 110.
297 *G. Bezzenberger* in Großkomm. AktG, 4. Aufl., § 142 AktG Rz. 66; *Hüffer*, § 142 AktG Rz. 32; *ADS*, §§ 142–146 AktG Rz. 21; *Jänig*, Die aktienrechtliche Sonderprüfung, 2005, S. 309; *Jänig*, BB 2005, 949, 953.
298 OLG Frankfurt v. 9.10.2003 – 20 W 487/02, AG 2004, 104, 105; *G. Bezzenberger* in Großkomm. AktG, 4. Aufl., § 142 AktG Rz. 66; *Fleischer* in Küting/Weber, Hdb. Rechnungslegung, § 142 AktG Rz. 134; *Hüffer*, § 142 AktG Rz. 32; *Schröer* in MünchKomm. AktG, 2. Aufl., § 142 AktG Rz. 71; *Holzborn* in Bürgers/Körber, § 142 AktG Rz. 19; *Jänig*, Die aktienrechtliche Sonderprüfung, 2005, S. 309; *Jänig*, BB 2005, 949, 953.
299 *Hüffer*, § 142 AktG Rz. 32; *Fleischer* in Küting/Weber, Hdb. Rechnungslegung, § 142 AktG Rz. 134; *Schröer* in MünchKomm. AktG, 2. Aufl., § 142 AktG Rz. 71; *G. Bezzenberger* in

vorzuschlagen, das Gericht ist an die Vorschläge aber nicht gebunden[300]. Auch bei der gerichtlichen Bestellung von Sonderprüfern sind im Übrigen die Vorgaben des § 143 zu beachten[301]. Eine Pflicht zur Annahme der Bestellung besteht nicht; das Gericht wird sich aber zuvor vergewissern, ob die Prüfer bereit sind, den Prüfungsauftrag anzunehmen[302]. Mit Annahme der Bestellung durch den Sonderprüfer entsteht zwischen der Gesellschaft und dem Sonderprüfer ein **privatrechtliches Vertragsverhältnis, das auf eine werkvertragsähnliche Geschäftsbesorgung** gerichtet ist[303]. Die Rechtsstellung der Sonderprüfer entspricht mithin derjenigen von im Rahmen des § 142 Abs. 1 bestellten Sonderprüfern (s. dazu oben Rz. 37 sowie zu Auslagenersatz und Vergütung Rz. 70)[304].

62 **Rechtsmittel** gegen die Entscheidung ist gem. § 142 Abs. 5 Satz 2 die Beschwerde (§ 58 FamFG). Hierfür ist gem. § 119 Abs. 1 Nr. 2 GVG das Oberlandesgericht zuständig[305]. **Beschwerdeberechtigt** gem. § 59 FamFG sind bei erfolglosem Antrag die Antragsteller, ansonsten die Gesellschaft[306], nicht hingegen diejenigen Personen, deren Tätigkeit zum Gegenstand der Sonderprüfung gemacht werden soll[307]. Die Beschwerde ist binnen einer **Frist von einem Monat** einzulegen, § 63 FamFG[308]. Aufschiebende Wirkung hat die Beschwerde nur dann, wenn das Beschwerdegericht den Vollzug der Verfügung aussetzt, § 64 Abs. 3 FamFG[309]. Entgegen der früheren Rechtslage unter Geltung des FGG[310] ist gegen die Entscheidung des Beschwerdegerichts die **Rechtsbe-**

---

Großkomm. AktG, 4. Aufl., § 142 AktG Rz. 66; *Jänig*, Die aktienrechtliche Sonderprüfung, 2005, S. 309.

300 *G. Bezzenberger* in Großkomm. AktG, 4. Aufl., § 142 AktG Rz. 66; *Schröer* in MünchKomm. AktG, 2. Aufl., § 142 AktG Rz. 71; *Hüffer*, § 142 AktG Rz. 32; *Fleischer* in Küting/Weber, Hdb. Rechnungslegung, § 142 AktG Rz. 134; *Jänig*, Die aktienrechtliche Sonderprüfung, 2005, S. 309; *Bork* in Hommelhoff/Hopt/v. Werder, Hdb. Corporate Governance, S. 754.

301 *Fleischer* in Küting/Weber, Hdb. Rechnungslegung, § 142 AktG Rz. 134; *Hüffer*, § 142 AktG Rz. 32; *Schröer* in MünchKomm. AktG, 2. Aufl., § 142 AktG Rz. 71; *G. Bezzenberger* in Großkomm. AktG, 4. Aufl., § 142 AktG Rz. 66.

302 *Fleischer* in Küting/Weber, Hdb. Rechnungslegung, § 142 AktG Rz. 134; *Jänig*, Die aktienrechtliche Sonderprüfung, 2005, S. 309; s. auch *G. Bezzenberger* in Großkomm. AktG, 4. Aufl., § 142 AktG Rz. 66; *Mock* in Spindler/Stilz, § 142 AktG Rz. 120.

303 *Fleischer* in Küting/Weber, Hdb. Rechnungslegung, § 142 AktG Rz. 136; *Schröer* in MünchKomm. AktG, 2. Aufl., § 142 AktG Rz. 74; *ADS*, §§ 142–146 AktG Rz. 20; *G. Bezzenberger* in Großkomm. AktG, 4. Aufl., § 142 AktG Rz. 69; anders *Hüffer*, § 142 AktG Rz. 32: nur vertragsähnliches Verhältnis; so auch *Mock* in Spindler/Stilz, § 142 AktG Rz. 122.

304 *Fleischer* in Küting/Weber, Hdb. Rechnungslegung, § 142 AktG Rz. 137; *Schröer* in MünchKomm. AktG, 2. Aufl., § 142 AktG Rz. 74; *ADS*, §§ 142–146 AktG Rz. 20.

305 Dieses war unter Geltung des FGG umstritten, da der Wortlaut des § 19 Abs. 2 FGG a.F. die Zuständigkeit für die sofortige Beschwerde dem Landgericht zuwies; allerdings wurde schon bisher überwiegend aus den allgemeinen Grundsätzen der Gerichtsverfassung eine oberlandesgerichtliche Zuständigkeit auch im Rahmen von § 19 Abs. 2 FGG a.F. abgeleitet; so die 1. Aufl. Rz. 62 sowie noch OLG Düsseldorf v. 11.1.1993 – 19 W 2/92, NJW-RR 1993, 1256; *Kahl* in Keidel/Kuntze/Winkler, § 11 FGG Rz. 48; *Bumiller/Winkler*, 7. Aufl. 1999, § 19 FGG Rz. 35; *Bassenge/Herbst/Roth*, § 19 FGG Rz. 27; a.A. *Mock* in Spindler/Stilz, § 142 AktG Rz. 156; *Wilsing/Neumann*, DB 2006, 31, 35; *Kirschner*, BB 2005, 1865, 1867.

306 *Fleischer* in Küting/Weber, Hdb. Rechnungslegung, § 142 AktG Rz. 144; *Hüffer*, § 142 AktG Rz. 30.

307 *Fleischer* in Küting/Weber, Hdb. Rechnungslegung, § 142 AktG Rz. 144.

308 *Sternal* in Keidel, § 63 FamFG Rz. 9 ff.; *Koritz* in MünchKomm. ZPO, 3; Aufl., § 63 FamFG Rz. 2 ff.

309 *Sternal* in Keidel, § 64 FamFG Rz. 57 ff.; *Koritz* in MünchKomm. ZPO, 3. Aufl., § 64 FamFG Rz. 7; ebenso zum § 24 Abs. 3 FGG a.F.: *G. Bezzenberger* in Großkomm. AktG, 4. Aufl., § 142 AktG Rz. 68; *Schröer* in MünchKomm. AktG, 2. Aufl., § 142 AktG Rz. 72.

310 Da der Instanzenzug beim OLG endete, war gegen die Entscheidung des Beschwerdegerichts keine weitere Beschwerde nach § 29 Abs. 2 FGG mehr zulässig; vgl. insoweit noch die

schwerde zulässig, soweit sie das Oberlandesgericht in dem Beschluss zugelassen hat, § 70 FamFG. Zuständiges Rechtsbeschwerdegericht ist gem. § 133 GVG der BGH.

### 3. Bestellung anderer Sonderprüfer (§ 142 Abs. 4)

Hat die Hauptversammlung nach § 142 Abs. 1 Sonderprüfer bestellt, kann eine qualifizierte Minderheit die gerichtliche Bestellung anderer Sonderprüfer verlangen, wenn dies aus einem in der Person des bestellten Sonderprüfers liegenden Grund geboten erscheint, § 142 Abs. 4 Satz 1. Die Vorschrift dient dem Minderheitenschutz und soll verhindern, dass die Hauptversammlungsmehrheit ihr wohlgesonnene oder aus anderen Gründen ungeeignete Sonderprüfer bestellt[311].

#### a) Voraussetzungen

Das für die Antragstellung erforderliche **Quorum** entspricht demjenigen in § 142 Abs. 2, so dass hierauf verwiesen werden kann (dazu oben Rz. 38 ff.)[312]. Anders als nach § 142 Abs. 2 ist es aber nicht erforderlich, dass die Antragsteller bereits seit drei Monaten Aktionäre der Gesellschaft sind und die Aktien bis zum Ende des Verfahrens halten[313]. Sie müssen lediglich ihren Aktienbesitz durch Vorlage der Aktienurkunden oder Verwahrungsbescheinigungen nachweisen[314]. Im Übrigen ist es – wie auch im Verfahren nach § 142 Abs. 2 – nicht erforderlich, dass die Antragsteller zuvor in der Hauptversammlung die Bestellung von Sonderprüfern verlangt haben[315].

Das Gericht hat einen anderen Sonderprüfer zu bestellen, wenn dies aus einem **in der Person des bestellten Sonderprüfers liegenden Grund** geboten erscheint. Beispielhaft nennt das Gesetz fehlende Kenntnisse hinsichtlich des Prüfungsgegenstands, die Besorgnis der Befangenheit oder Bedenken wegen der Zuverlässigkeit des Sonderprüfers. Diese Aufzählung von Gründen ist nicht abschließend; auch andere Gründe sind denkbar[316]. Die Ersetzung von Sonderprüfern ist insbesondere dann geboten, wenn ihnen die in § 143 Abs. 1 vorgeschriebenen Eignungsvoraussetzungen fehlen oder sie einem Bestellungsverbot des § 143 Abs. 2 unterliegen[317].

Der Antrag muss gem. § 142 Abs. 4 Satz 2 binnen einer **Frist von zwei Wochen** gestellt werden. Hierbei handelt es sich um eine **materiellrechtliche Ausschlussfrist**,

---

1. Aufl. Rz. 62 sowie *Jänig*, BB 2005, 949, 953 jeweils m.w.N. auch zur Gegenansicht; s. auch zum sachlichen Anwendungsbereich der Übergangsvorschrift des Art. 111 Abs. 1 FGG-Reformgesetz: BGH v. 1.3.2010 – II ZB 1/10, ZIP 2010, 446 f.
311 *Fleischer* in Küting/Weber, Hdb. Rechnungslegung, § 142 AktG Rz. 138 *G. Bezzenberger* in Großkomm. AktG, 4. Aufl., § 142 AktG Rz. 71; *Wilsing/Neumann* in Heidel, § 142 AktG Rz. 27.
312 S. auch *Hüffer*, § 142 AktG Rz. 27; entsprechend zu § 142 a.F. *Fleischer* in Küting/Weber, Hdb. Rechnungslegung, § 142 AktG Rz. 139; *Schröer* in MünchKomm. AktG, 2. Aufl., § 142 AktG Rz. 76; *G. Bezzenberger* in Großkomm. AktG, 4. Aufl., § 142 AktG Rz. 72.
313 *Hüffer*, § 142 AktG Rz. 28; *Fleischer* in Küting/Weber, Hdb. Rechnungslegung, § 142 AktG Rz. 139; *Schröer* in MünchKomm. AktG, 2. Aufl., § 142 AktG Rz. 76.
314 *G. Bezzenberger* in Großkomm. AktG, 4. Aufl., § 142 AktG Rz. 72; *Schröer* in MünchKomm. AktG, 2. Aufl., § 142 AktG Rz. 76.
315 *Fleischer* in Küting/Weber, Hdb. Rechnungslegung, § 142 AktG Rz. 139; *Schröer* in MünchKomm. AktG, 2. Aufl., § 142 AktG Rz. 76.
316 *Hüffer*, § 142 AktG Rz. 27; zu § 142 a.F. *Schröer* in MünchKomm. AktG, 2. Aufl., § 142 AktG Rz. 78; *Fleischer* in Küting/Weber, Hdb. Rechnungslegung, § 142 AktG Rz. 140; *G. Bezzenberger* in Großkomm. AktG, 4. Aufl., § 142 AktG Rz. 73; *Mock* in Spindler/Stilz, § 142 AktG Rz. 139; *Holzborn* in Bürgers/Körber, § 142 AktG Rz. 23.
317 *G. Bezzenberger* in Großkomm. AktG, 4. Aufl., § 142 AktG Rz. 73; *Hüffer*, § 142 AktG Rz. 27; *Fleischer* in Küting/Weber, Hdb. Rechnungslegung, § 142 AktG Rz. 140; *Schröer* in MünchKomm. AktG, 2. Aufl., § 142 AktG Rz. 78.

weshalb eine Wiedereinsetzung in den vorigen Stand nicht in Betracht kommt[318]. Bei der Berechnung der Frist finden die §§ 187, 188 BGB, § 16 Abs. 2 FamFG, § 222 ZPO Anwendung[319]. Sie beginnt mit dem Tag, an dem die Bestellung wirksam wird, also nur dann mit dem Tag der Hauptversammlung, wenn an diesem auch die Annahme des Prüfungsauftrags erklärt wird[320]. Ist diese **materiellrechtliche Ausschlussfrist abgelaufen**, hat das Gericht den Antrag wegen Verlusts des Antragsrechts als unbegründet abzuweisen[321]. Es hat den Fristablauf im Übrigen unabhängig davon zu beachten, ob sich der Antragsgegner darauf beruft[322].

**b) Gerichtliches Verfahren und Entscheidung (§ 142 Abs. 5)**

67 Auch bei der Ersetzung von Sonderprüfern entscheidet das Gericht gem. § 142 Abs. 8 im Verfahren der **freiwilligen Gerichtsbarkeit**, so dass insoweit auf die entsprechenden Erläuterungen zu § 142 Abs. 2 verwiesen werden kann (s. oben Rz. 60 ff.). Allerdings muss hier gem. § 142 Abs. 5 Satz 1 zusätzlich auch der abgelehnte Sonderprüfer **angehört** werden. Liegen die Voraussetzungen des § 142 Abs. 4 vor, hat das Gericht einen anderen Sonderprüfer zu bestellen[323]. Das Gericht darf es nicht dabei belassen, anstatt eines anderen Sonderprüfers einen weiteren zu bestellen[324]. Mehrere Prüfer dürfen zudem nur dann bestellt werden, wenn die Hauptversammlung so verfahren ist und auch die Auswechslung mehrerer Prüfer geboten erscheint[325]. Hat die Hauptversammlung einen Ersatzprüfer bestellt, wird das Gericht ihn zum Sonderprüfer zu bestellen haben, wenn in seiner Person keine Umstände vorliegen, die eine Ablehnung rechtfertigen[326].

68 Die **Rechtsstellung** des neu bestellten Sonderprüfers entspricht derjenigen eines nach § 142 Abs. 2 vom Gericht bestellten Prüfers[327]. Das Vertragsverhältnis zum ursprünglich bestellten Sonderprüfer wird mit Zustellung und Rechtskraft des gerichtlichen Beschlusses aufgelöst; er hat keinen Anspruch auf die volle Vergütung, kann aber ei-

---

318 *Hüffer*, § 142 AktG Rz. 28; *Schröer* in MünchKomm. AktG, 2. Aufl., § 142 AktG Rz. 77; *Fleischer* in Küting/Weber, Hdb. Rechnungslegung, § 142 AktG Rz. 141; *G. Bezzenberger* in Großkomm. AktG, 4. Aufl., § 142 AktG Rz. 76; *Mock* in Spindler/Stilz, § 142 AktG Rz. 138; *Wilsing/Neumann* in Heidel, § 142 AktG Rz. 28; *Holzborn* in Bürgers/Körber, § 142 AktG Rz. 24.
319 *G. Bezzenberger* in Großkomm. AktG, 4. Aufl., § 142 AktG Rz. 76; *Schröer* in Münch-Komm. AktG, 2. Aufl., § 142 AktG Rz. 77; s. auch *Hüffer*, § 142 AktG Rz. 28; *Fleischer* in Küting/Weber, Hdb. Rechnungslegung, § 142 AktG Rz. 141.
320 So auch *Fleischer* in Küting/Weber, Hdb. Rechnungslegung, § 142 AktG Rz. 141; *Hüffer*, § 142 AktG Rz. 28; *Holzborn* in Bürgers/Körber, § 142 AktG Rz. 24; *Mock* in Spindler/Stilz, § 142 AktG Rz. 138; *Wilsing/Neumann* in Heidel, § 142 AktG Rz. 28; demgegenüber generell auf den Tag der HV abstellend *G. Bezzenberger* in Großkomm. AktG, 4. Aufl., § 142 AktG Rz. 76; *Schröer* in MünchKomm. AktG, 2. Aufl., § 142 AktG Rz. 77.
321 *Hüffer*, § 142 AktG Rz. 28; *Fleischer* in Küting/Weber, Hdb. Rechnungslegung, § 142 AktG Rz. 141; *G. Bezzenberger* in Großkomm. AktG, 4. Aufl., § 142 AktG Rz. 76; *Holzborn* in Bürgers/Körber, § 142 AktG Rz. 24; *Mock* in Spindler/Stilz, § 142 AktG Rz. 138; a.A. (unzulässiger Antrag) *Schröer* in MünchKomm. AktG, 2. Aufl., § 142 AktG Rz. 77.
322 *Fleischer* in Küting/Weber, Hdb. Rechnungslegung, § 142 AktG Rz. 141.
323 *Fleischer* in Küting/Weber, Hdb. Rechnungslegung, § 142 AktG Rz. 142; *Schröer* in Münch-Komm. AktG, 2. Aufl., § 142 AktG Rz. 81; *Mock* in Spindler/Stilz, § 142 AktG Rz. 141.
324 *Schröer* in MünchKomm. AktG, 2. Aufl., § 142 AktG Rz. 81; *G. Bezzenberger* in Großkomm. AktG, 4. Aufl., § 142 AktG Rz. 78; *Mock* in Spindler/Stilz, § 142 AktG Rz. 141.
325 *Hüffer*, § 142 AktG Rz. 27; *Schröer* in MünchKomm. AktG, 2. Aufl., § 142 AktG Rz. 81.
326 *Schröer* in MünchKomm. AktG, 2. Aufl., § 142 AktG Rz. 81; *G. Bezzenberger* in Großkomm. AktG, 4. Aufl., § 142 AktG Rz. 78; *Fleischer* in Küting/Weber, Hdb. Rechnungslegung, § 142 AktG Rz. 142.
327 *Fleischer* in Küting/Weber, Hdb. Rechnungslegung, § 142 AktG Rz. 142. S. dazu oben Rz. 61.

ne seiner bisherigen Tätigkeit entsprechende anteilige Vergütung sowie Aufwendungsersatz verlangen[328].

**Rechtsmittel** gegen die Entscheidung ist die Beschwerde zum Oberlandesgericht (§ 58 FamFG, § 119 Abs. 1 Nr. 2 GVG, s. dazu oben Rz. 62 )[329]. Neben den Antragstellern, der Gesellschaft und dem Aufsichtsrat ist hier als materiell Betroffener auch der abgelehnte Sonderprüfer beschwerdebefugt, § 59 FamFG[330]. 69

### 4. Auslagenersatz und Vergütung (§ 142 Abs. 6)

Die vom Gericht nach § 142 Abs. 2 oder Abs. 4 bestellten Sonderprüfer haben Anspruch auf **Auslagenersatz und Vergütung**, § 142 Abs. 6 Satz 1, gegenüber der Gesellschaft (§ 146 Abs. 1 Satz 1)[331], mit der ein werkvertragsähnlicher Geschäftsbesorgungsvertrag zustande kommt (s. schon oben Rz. 61 und 68)[332]. Die Minderheitsaktionäre, auf deren Antrag die Sonderprüfung zurückgeht, können hingegen ebenso wenig in Anspruch genommen werden, wie die Staatskasse, die auch nicht subsidiär haftet[333]. § 142 Abs. 6 Satz 1 regelt nicht die Ansprüche der von der Hauptversammlung bestellten Prüfer; ihre Ansprüche richten sich nach den mit der Gesellschaft getroffenen Vereinbarungen[334]. Ansprüche auf Vorschüsse bestehen aufgrund des werkvertragsähnlichen Charakters nicht[335]. 70

Das Gericht setzt gem. **§ 142 Abs. 6 Satz 2** Auslagen und Vergütung fest. **Vergütungsvereinbarungen** der Gesellschaft mit den Sonderprüfern sind entgegen der h.M.[336]. unzulässig, da sonst die Unabhängigkeit der Sonderprüfer gefährdet werden könnte[337]. Dieses Ergebnis wird zudem auch durch die insoweit wortgleiche Regelung in § 35 Abs. 3 Satz 2 gestützt[338], wo nach überwiegender Auffassung Vergütungsvereinbarungen für unzulässig gehalten werden, um die Unabhängigkeit der Gründungsprüfer zu gewährleisten[339]. Das Gericht hat die **übliche Vergütung** festzusetzen, wobei 71

---

328 *Fleischer* in Küting/Weber, Hdb. Rechnungslegung, § 142 AktG Rz. 142.
329 Nach § 142 a.F. war noch die sofortige Beschwerde zum LG statthafter Rechtsbehelf, s. nur *G. Bezzenberger* in Großkomm. AktG, 4. Aufl., § 142 AktG Rz. 78.
330 *Hüffer*, § 142 AktG Rz. 30; *Schröer* in MünchKomm. AktG, 2. Aufl., § 142 AktG Rz. 80; *Fleischer* in Küting/Weber, Hdb. Rechnungslegung, § 142 AktG Rz. 144; *G. Bezzenberger* in Großkomm. AktG, 4. Aufl., § 142 AktG Rz. 78.
331 *Schröer* in MünchKomm. AktG, 2. Aufl., § 142 AktG Rz. 86; *Hüffer*, § 142 AktG Rz. 33; *Fleischer* in Küting/Weber, Hdb. Rechnungslegung, § 142 AktG Rz. 145; *G. Bezzenberger* in Großkomm. AktG, 4. Aufl., § 142 AktG Rz. 90.
332 OLG München v. 25.3.2010 – 31 Wx 144/09, ZIP 2010, 1127, 1128 = WM 2010, 1035, 1036, Rz. 8; *Fleischer* in Küting/Weber, Hdb. Rechnungslegung, § 142 AktG Rz. 145.
333 *G. Bezzenberger* in Großkomm. AktG, 4. Aufl., § 142 AktG Rz. 90; *Fleischer* in Küting/Weber, Hdb. Rechnungslegung, § 142 AktG Rz. 145; *Mock* in Spindler/Stilz, § 142 AktG Rz. 161.
334 *Schröer* in MünchKomm. AktG, 2. Aufl., § 142 AktG Rz. 88; *Hüffer*, § 142 AktG Rz. 33; *Fleischer* in Küting/Weber, Hdb. Rechnungslegung, § 142 AktG Rz. 149.
335 OLG München v. 4.6.2008 – 31 Wx 50/08, ZIP 2010, 1127, 1128 = WM 2010, 1035, 1036, Rz. 12; a.A. *Hüffer*, § 142 AktG Rz. 33; *Bezzenberger* in GroßKomm. AktG, 4. Aufl., § 142 AktG Rz. 92.
336 *Hüffer*, § 142 AktG Rz. 33; *Schröer* in MünchKomm. AktG, 2. Aufl., § 142 AktG Rz. 87; *Wilsing/Neumann* in Heidel, § 142 AktG Rz. 31; *Holzborn* in Bürgers/Körber, § 142 AktG Rz. 25.
337 *G. Bezzenberger* in Großkomm. AktG, 4. Aufl., § 142 AktG Rz. 91; *Fleischer* in Küting/Weber, Hdb. Rechnungslegung, § 142 AktG Rz. 146.
338 Hierauf verweisen auch *G. Bezzenberger* in Großkomm. AktG, 4. Aufl., § 142 AktG Rz. 91 (Fn. 180) und *Fleischer* in Küting/Weber, Hdb. Rechnungslegung, § 142 AktG Rz. 146.
339 *Hüffer*, § 35 AktG Rz. 6; *Pentz/Doralt* in MünchKomm. AktG, 3. Aufl., § 35 AktG Rz. 26; *Arnold* in KölnKomm. AktG, 3. Aufl., § 35 AktG Rz. 19; *Röhricht* in Großkomm. AktG, 4. Aufl., § 35 AktG Rz. 21.

Umfang und Schwierigkeit der Prüfung zu berücksichtigen sind[340]. Dies kann auch vor Beginn der Sonderprüfung geschehen, insbesondere wenn bereits im Vorfeld der Sonderprüfung Meinungsverschiedenheiten über die Höhe bestehen[341]. Als Orientierung können die üblicherweise von Wirtschaftsprüfern für Sonderprüfungen verlangten Zeitgebühren herangezogen werden[342]. Außerdem werden, entgegen dem insoweit missverständlichen Wortlaut, nicht nur „bare", sondern sämtliche **Auslagen** ersetzt, soweit diese notwendig und angemessen waren[343].

72 **Rechtsmittel** gegen die Entscheidung des Gerichts ist die Beschwerde, § 142 Abs. 6 Satz 3 Halbsatz 1, über die das Oberlandesgericht entscheidet (dazu ausführlich oben Rz. 62). Gem. § 142 Abs. 6 Satz 3 Halbsatz 2 ist die Rechtsbeschwerde zum BGH gem. § 70 FamFG, § 133 GVG allerdings ausgeschlossen. Der rechtskräftige Festsetzungsbeschluss über Auslagen und Vergütung ist **Vollstreckungstitel** im Sinne von § 794 Abs. 1 Nr. 3 ZPO (§ 142 Abs. 6 Satz 4)[344].

### 5. Mitteilungspflichten börsennotierter Gesellschaften (§ 142 Abs. 7)

73 Gem. § 142 Abs. 7 muss der Bundesanstalt für Finanzdienstleistungsaufsicht (BaFin) die Bestellung von Sonderprüfern mitgeteilt werden, wenn die Gesellschaft an einer inländischen Börse zugelassene Wertpapiere im Sinne von § 2 Abs. 1 Satz 1 WpHG ausgegeben hat. Diese im Rahmen des Bilanzkontrollgesetzes[345] eingefügte Regelung geht auf den in den § 342b Abs. 3 HGB, § 37o Abs. 2 WpHG normierten Vorrang der Sonderprüfung vor einer Enforcement-Prüfung zurück; sie soll vor diesem Hintergrund sicherstellen, dass die Bundesanstalt von einer Sonderprüfung und deren Gegenstand Kenntnis erlangt[346]. Die BaFin unterrichtet sodann gem. § 37p WpHG die Prüfstelle, die wegen des Vorrangs der Sonderprüfung aber kein eigenes Prüfungsrecht hat[347]. **Adressat** der Mitteilungspflicht ist im Zusammenhang mit der Bestellung durch die Hauptversammlung der Vorstand, im Falle der gerichtlichen Bestellung nach Abs. 2 das Gericht. Inhaltlich ist der BaFin neben der Bestellung des Sonderprüfers auch dessen Prüfungsbericht mitzuteilen. Um die frühzeitige Information der Behörde zu gewährleisten, ist das Gericht zudem verpflichtet, die Bundesanstalt schon über den Eingang eines Antrags nach § 142 Abs. 2 in Kenntnis zu setzen, § 142 Abs. 7 Halbsatz 2[348].

74 Die Beschränkung auf börsennotierte Gesellschaften erklärt sich durch die Zielsetzung des Bilanzkontrollgesetzes, das Vertrauen der Anleger in die Richtigkeit von

---

340 *G. Bezzenberger* in Großkomm. AktG, 4. Aufl., § 142 AktG Rz. 92; *Fleischer* in Küting/Weber, Hdb. Rechnungslegung, § 142 AktG Rz. 147; s. ferner *Hüffer*, § 142 AktG Rz. 33 und *Schröer* in MünchKomm. AktG, 2. Aufl., § 142 AktG Rz. 86.
341 OLG München v. 4.6.2008 – 31 Wx 50/08, ZIP 2010, 1127 = WM 2010, 1035, 1036, Rz. 6.
342 OLG München v. 25.3.2010 – 31 Wx 144/09, ZIP 2010, 1127 = WM 2010, 1035, 1036, Rz. 9; s. dazu auch *Naumann* in WP-Handbuch, 13. Aufl. 2006, Bd. I, Rz. A 643; ebenso *Hüffer*, § 142 AktG Rz. 33; *Fleischer* in Küting/Weber, Hdb. Rechnungslegung, § 142 AktG Rz. 147.
343 *G. Bezzenberger* in Großkomm. AktG, 4. Aufl., § 142 AktG Rz. 92; *Schröer* in MünchKomm. AktG, 2. Aufl., § 142 AktG Rz. 86; *Fleischer* in Küting/Weber, Hdb. Rechnungslegung, § 142 AktG Rz. 147; *Hüffer*, § 142 AktG Rz. 33; *Wilsing/Neumann* in Heidel, § 142 AktG Rz. 31; *Holzborn* in Bürgers/Körber, § 142 AktG Rz. 24.
344 *Schröer* in MünchKomm. AktG, 2. Aufl., § 142 AktG Rz. 86; *G. Bezzenberger* in Großkomm. AktG, 4. Aufl., § 142 AktG Rz. 93; *Hüffer*, § 142 AktG Rz. 33; *Fleischer* in Küting/Weber, Hdb. Rechnungslegung, § 142 AktG Rz. 148.
345 Bilanzkontrollgesetz vom 15.12.2004, BGBl. I 2004, 3408.
346 Begr. RegE, BT-Drucks. 15/3421, S. 21; *Wilsing/Neumann*, DB 2006, 31, 34. S. allgemein zum Reinforcement etwa *Hennrichs*, ZHR 168 (2004), 383; *Hommelhoff/Mattheus*, BB 2004, 93; *Baetge*, ZHR 168 (2004), 428.
347 *Hüffer*, § 142 AktG Rz. 35.
348 Begr. RegE, BT-Drucks. 15/3421, S. 21.

Unternehmensabschlüssen und damit in den Kapitalmarkt wiederherzustellen und nachhaltig zu stärken[349]. Eine entsprechende Mitteilungspflicht wurde im Übrigen auch in § 261a im Zusammenhang mit der Sonderprüfung wegen unzulässiger Unterbewertung eingefügt[350], da auch dieser der Vorrang gegenüber einer Enforcement-Prüfung zukommt, §§ 342b Abs. 3 HGB, 37o Abs. 2 WpHG.

**6. Widerruf der Bestellung**

Die Möglichkeit des **Widerrufs der Bestellung** von Sonderprüfern ist zwar im Gesetz nicht ausdrücklich geregelt, doch ergibt sich schon aus allgemeinen Grundsätzen, dass derjenige, der den Sonderprüfer bestellt hat, auch dessen Bestellung widerrufen kann[351]. So kann die **Hauptversammlung** ihren Beschluss über die Bestellung eines Sonderprüfers durch einfachen Mehrheitsbeschluss jederzeit aufheben und damit die Bestellung widerrufen[352]. Hierzu bedarf es keines besonderen Grunds; etwaige entgegenstehende Interessen einer Aktionärsminderheit werden ausreichend über § 142 Abs. 2 gewahrt[353]. Die **Stimmverbote** des § 142 Abs. 1 Satz 2 und 3 finden dabei entsprechend Anwendung[354]. Auf den **Vergütungsanspruch**, für den das Vertragsverhältnis maßgeblich ist, hat der Widerruf, abgesehen von der Anrechnung ersparter Aufwendungen (§ 649 BGB), keine Auswirkungen, soweit nicht ausnahmsweise ein Rücktrittsgrund vorliegt[355].

75

Im Falle der gerichtlichen Bestellung können die Sonderprüfer nur vom **Gericht** abberufen werden[356], auch ohne besonderen Grund[357]. Allerdings darf das Gericht nicht von Amts wegen tätig werden, da gem. § 48 Abs. 1 Satz 2 FamFG eine nachträgliche Änderung einer Endentscheidung mit Dauerwirkung bei wesentlicher Veränderung der Rechts- oder Sachlage nur auf Antrag zulässig ist[358]. Antragsberechtigt ist grund-

76

---

349 Begr. RegE, BT-Drucks. 15/3421, S. 1; *Wilsing/Neumann*, DB 2006, 31, 34; zust. zur Beschränkung des Enforcements auf börsennotierte Unternehmen etwa *Hommelhoff/Mattheus*, BB 2004, 93.
350 Begr. RegE, BT-Drucks. 15/3421, S. 21; *Wilsing/Neumann*, DB 2006, 31, 34.
351 *Fleischer* in Küting/Weber, Hdb. Rechnungslegung, § 142 AktG Rz. 150; *Butzke* in Obermüller/Werner/Winden, Die Hauptversammlung der Aktiengesellschaft, Rz. M 27; *Bork* in Hommelhoff/Hopt/v. Werder, Hdb. Corporate Governance, S. 758.
352 RG v. 16.2.1934, RGZ 143, 401, 410; *ADS*, §§ 142–146 AktG Rz. 22; *Schröer* in MünchKomm. AktG, 2. Aufl., § 142 AktG Rz. 90; *G. Bezzenberger* in Großkomm. AktG, 4. Aufl., § 142 AktG Rz. 43; *Fleischer* in Küting/Weber, Hdb. Rechnungslegung, § 142 AktG Rz. 150; *Hüffer*, § 142 AktG Rz. 34.
353 *G. Bezzenberger* in Großkomm. AktG, 4. Aufl., § 142 AktG Rz. 43; *Fleischer* in Küting/Weber, Hdb. Rechnungslegung, § 142 AktG Rz. 151; i.E. auch *Schröer* in MünchKomm. AktG, 2. Aufl., § 142 AktG Rz. 90.
354 *Hüffer*, § 142 AktG Rz. 34; *Schröer* in MünchKomm. AktG, 2. Aufl., § 142 AktG Rz. 90; *G. Bezzenberger* in Großkomm. AktG, 4. Aufl., § 142 AktG Rz. 43; *ADS*, §§ 142–146 AktG Rz. 22; *Fleischer* in Küting/Weber, Hdb. Rechnungslegung, § 142 AktG Rz. 151; *Bork* in Hommelhoff/Hopt/v. Werder, Hdb. Corporate Governance, S. 758.
355 *G. Bezzenberger* in Großkomm. AktG, 4. Aufl., § 142 AktG Rz. 44; *Schröer* in MünchKomm. AktG, 2. Aufl., § 142 AktG Rz. 92; *Fleischer* in Küting/Weber, Hdb. Rechnungslegung, § 142 AktG Rz. 151.
356 *Hüffer*, § 142 AktG Rz. 34; *ADS*, §§ 142–146 AktG Rz. 22; s. ferner *Schröer* in MünchKomm. AktG, 2. Aufl., § 142 AktG Rz. 93; *G. Bezzenberger* in Großkomm. AktG, 4. Aufl., § 142 AktG Rz. 79, der dieses Ergebnis auf eine analoge Anwendung von § 142 Abs. 4 stützt.
357 *Hüffer*, § 142 AktG Rz. 34; a.A. infolge der Analogie zu § 142 Abs. 4 *Schröer* in MünchKomm. AktG, 2. Aufl., § 142 AktG Rz. 93; *G. Bezzenberger* in Großkomm. AktG, 4. Aufl., § 142 AktG Rz. 81.
358 Allgemein dazu *Ulrici* in MünchKomm. ZPO, 3. Aufl., § 48 FamFG Rz. 4 ff.; *Engelhardt* in Keidel, § 48 FamFG Rz. 5 ff.; vgl. zum § 18 FGG a.F.: *G. Bezzenberger* in Großkomm. AktG, 4. Aufl., § 142 AktG Rz. 80; *Schröer* in MünchKomm. AktG, 2. Aufl., § 142 AktG Rz. 93;

sätzlich nur die qualifizierte Minderheit, die die Bestellung des Sonderprüfers veranlasst hat[359]. Auf den **Vergütungsanspruch** hat der Widerruf im Übrigen auch bei der gerichtlichen Abberufung abgesehen von § 649 BGB grundsätzlich keine Auswirkungen[360].

77 Davon zu unterscheiden ist der Fall der Abberufung eines Prüfers im Rahmen der **Ersetzung** durch einen neuen, da es sodann nicht um die Anordnung der Sonderprüfung als solche geht, sondern lediglich der Beschlussgegenstand der Prüferauswahl im Raume steht. Hier wird man ausnahmsweise auch den Vorstand für antragsberechtigt halten müssen, sofern eine sofortige Beschwerde nicht mehr möglich ist; in **analoger Anwendung von § 142 Abs. 4** muss die Ersetzung sodann aber aus einem in der Person des gerichtlich bestellten Sonderprüfers liegenden Grund geboten erscheinen[361]. In dieser Situation steht nicht zu befürchten, dass sich der Vorstand eines ihm unliebsamen Prüfers entledigt[362]. Vielmehr liegt die Ersetzung eines gesetzwidrigen Prüfers generell im Interesse der Gesellschaft und sollte daher möglichst schnell und deshalb auch durch den Vorstand herbeigeführt werden können[363]. Zu weit ginge es aber, dem Gericht auch von Amts wegen eine Ersetzungsbefugnis zuzubilligen[364]; dies stünde im Widerspruch zur Regelung in § 142 Abs. 4.

# § 143
## Auswahl der Sonderprüfer

(1) Als Sonderprüfer sollen, wenn der Gegenstand der Sonderprüfung keine anderen Kenntnisse fordert, nur bestellt werden

1. Personen, die in der Buchführung ausreichend vorgebildet und erfahren sind;
2. Prüfungsgesellschaften, von deren gesetzlichen Vertretern mindestens einer in der Buchführung ausreichend vorgebildet und erfahren ist.

(2) Sonderprüfer darf nicht sein, wer nach § 319 Abs. 2, 3, § 319a Abs. 1, § 319b des Handelsgesetzbuchs nicht Abschlussprüfer sein darf oder während der Zeit, in der sich der zu prüfende Vorgang ereignet hat, hätte sein dürfen. Eine Prüfungsgesellschaft darf nicht Sonderprüfer sein, wenn sie nach § 319 Abs. 2, 4, § 319a Abs. 1, § 319b des Handelsgesetzbuchs nicht Abschlussprüfer sein darf oder während der Zeit, in der sich der zu prüfende Vorgang ereignet hat, hätte sein dürfen.

### § 319 HGB Auswahl der Abschlussprüfer und Ausschlussgründe

(1) ....

(2) Ein Wirtschaftsprüfer oder vereidigter Buchprüfer ist als Abschlussprüfer ausgeschlossen, wenn Gründe, insbesondere Beziehungen geschäftlicher, finanzieller oder persönlicher Art, vorliegen, nach denen die Besorgnis der Befangenheit besteht.

---

*Hüffer*, § 142 AktG Rz. 34; *Butzke* in Obermüller/Werner/Winden, Die Hauptversammlung der Aktiengesellschaft, Rz. M 27.
359 *Hüffer*, § 142 AktG Rz. 34; *Schröer* in MünchKomm. AktG, 2. Aufl., § 142 AktG Rz. 93.
360 *Schröer* in MünchKomm. AktG, 2. Aufl., § 142 AktG Rz. 94; *Hüffer*, § 142 AktG Rz. 34.
361 I.E. auch *G. Bezzenberger* in Großkomm. AktG, 4. Aufl., § 142 AktG Rz. 81; *Schröer* in MünchKomm. AktG, 2. Aufl., § 142 AktG Rz. 93.
362 Zutreffend *Schröer* in MünchKomm. AktG, 2. Aufl., § 142 AktG Rz. 93.
363 *Schröer* in MünchKomm. AktG, 2. Aufl., § 142 AktG Rz. 93.
364 So aber *Fleischer* in Küting/Weber, Hdb. Rechnungslegung, § 143 AktG Rz. 8.

(3) Ein Wirtschaftsprüfer oder vereidigter Buchprüfer ist insbesondere von der Abschlussprüfung ausgeschlossen, wenn er oder eine Person, mit der er seinen Beruf gemeinsam ausübt,
1. Anteile oder andere nicht nur unwesentliche finanzielle Interessen an der zu prüfenden Kapitalgesellschaft oder eine Beteiligung an einem Unternehmen besitzt, das mit der zu prüfenden Kapitalgesellschaft verbunden ist oder von dieser mehr als zwanzig vom Hundert der Anteile besitzt;
2. gesetzlicher Vertreter, Mitglied des Aufsichtsrats oder Arbeitnehmer der zu prüfenden Kapitalgesellschaft oder eines Unternehmens ist, das mit der zu prüfenden Kapitalgesellschaft verbunden ist oder von dieser mehr als zwanzig vom Hundert der Anteile besitzt;
3. über die Prüfungstätigkeit hinaus bei der zu prüfenden oder für die zu prüfende Kapitalgesellschaft in dem zu prüfenden Geschäftsjahr oder bis zur Erteilung des Bestätigungsvermerks
   a) bei der Führung der Bücher oder der Aufstellung des zu prüfenden Jahresabschlusses mitgewirkt hat,
   b) bei der Durchführung der internen Revision in verantwortlicher Position mitgewirkt hat,
   c) Unternehmensleitungs- oder Finanzdienstleistungen erbracht hat oder
   d) eigenständige versicherungsmathematische oder Bewertungsleistungen erbracht hat, die sich auf den zu prüfenden Jahresabschluss nicht nur unwesentlich auswirken,

   sofern diese Tätigkeiten nicht von untergeordneter Bedeutung sind; dies gilt auch, wenn eine dieser Tätigkeiten von einem Unternehmen für die zu prüfende Kapitalgesellschaft ausgeübt wird, bei dem der Wirtschaftsprüfer oder vereidigte Buchprüfer gesetzlicher Vertreter, Arbeitnehmer, Mitglied des Aufsichtsrats oder Gesellschafter, der mehr als zwanzig vom Hundert der den Gesellschaftern zustehenden Stimmrechte besitzt, ist;
4. bei der Prüfung eine Person beschäftigt, die nach den Nummern 1 bis 3 nicht Abschlussprüfer sein darf;
5. in den letzten fünf Jahren jeweils mehr als dreißig vom Hundert der Gesamteinnahmen aus seiner beruflichen Tätigkeit von der zu prüfenden Kapitalgesellschaft und von Unternehmen, an denen die zu prüfende Kapitalgesellschaft mehr als zwanzig vom Hundert der Anteile besitzt, bezogen hat und dies auch im laufenden Geschäftsjahr zu erwarten ist; zur Vermeidung von Härtefällen kann die Wirtschaftsprüferkammer befristete Ausnahmegenehmigungen erteilen.

Dies gilt auch, wenn der Ehegatte oder der Lebenspartner einen Ausschlussgrund nach Satz 1 Nr. 1, 2 oder 3 erfüllt.

(4) Wirtschaftsprüfungsgesellschaften und Buchprüfungsgesellschaften sind von der Abschlussprüfung ausgeschlossen, wenn sie selbst, einer ihrer gesetzlichen Vertreter, ein Gesellschafter, der mehr als zwanzig vom Hundert der den Gesellschaftern zustehenden Stimmrechte besitzt, ein verbundenes Unternehmen, ein bei der Prüfung in verantwortlicher Position beschäftigter Gesellschafter oder eine andere von ihr beschäftigte Person, die das Ergebnis der Prüfung beeinflussen kann, nach Absatz 2 oder Absatz 3 ausgeschlossen sind. Satz 1 gilt auch, wenn ein Mitglied des Aufsichtsrats nach Absatz 3 Satz 1 Nr. 2 ausgeschlossen ist oder wenn mehrere Gesellschafter, die zusammen mehr als zwanzig vom Hundert der den Gesellschaftern zustehenden Stimmrechte besitzen, jeweils einzeln oder zusammen nach Absatz 2 oder Absatz 3 ausgeschlossen sind.

...

§ 319a HGB Besondere Ausschlussgründe bei Unternehmen von öffentlichem Interesse

(1) Ein Wirtschaftsprüfer ist über die in § 319 Abs. 2 und 3 genannten Gründe hinaus auch dann von der Abschlussprüfung eines Unternehmens, das kapitalmarktorientiert im Sinn des § 264d ist, ausgeschlossen, wenn er
1. in den letzten fünf Jahren jeweils mehr als fünfzehn vom Hundert der Gesamteinnahmen aus seiner beruflichen Tätigkeit von der zu prüfenden Kapitalgesellschaft oder von Unternehmen, an denen die zu prüfende Kapitalgesellschaft mehr als zwanzig vom Hundert der Anteile besitzt, bezogen hat und dies auch im laufenden Geschäftsjahr zu erwarten ist,
2. in dem zu prüfenden Geschäftsjahr über die Prüfungstätigkeit hinaus Rechts- oder Steuerberatungsleistungen erbracht hat, die über das Aufzeigen von Gestaltungsalternativen hinausgehen und die sich auf die Darstellung der Vermögens-, Finanz- und Ertragslage in dem zu prüfenden Jahresabschluss unmittelbar und nicht nur unwesentlich auswirken,
3. über die Prüfungstätigkeit hinaus in dem zu prüfenden Geschäftsjahr an der Entwicklung, Einrichtung und Einführung von Rechnungslegungsinformationssystemen mitgewirkt hat, sofern diese Tätigkeit nicht von untergeordneter Bedeutung ist, oder

4. für die Abschlussprüfung bei dem Unternehmen bereits in sieben oder mehr Fällen verantwortlich war; dies gilt nicht, wenn seit seiner letzten Beteiligung an der Prüfung des Jahresabschlusses zwei oder mehr Jahre vergangen sind.

§ 319 Abs. 3 Satz 1 Nr. 3 letzter Teilsatz, Satz 2 und Abs. 4 gilt für die in Satz 1 genannten Ausschlussgründe entsprechend. Satz 1 Nr. 1 bis 3 gilt auch, wenn Personen, mit denen der Wirtschaftsprüfer seinen Beruf gemeinsam ausübt, die dort genannten Ausschlussgründe erfüllen. Satz 1 Nr. 4 findet auf eine Wirtschaftsprüfungsgesellschaft mit der Maßgabe Anwendung, dass sie nicht Abschlussprüfer sein darf, wenn sie bei der Abschlussprüfung des Unternehmens einen Wirtschaftsprüfer beschäftigt, der als verantwortlicher Prüfungspartner nach Satz 1 Nr. 4 nicht Abschlussprüfer sein darf. Verantwortlicher Prüfungspartner ist, wer den Bestätigungsvermerk nach § 322 unterzeichnet oder als Wirtschaftsprüfer von einer Wirtschaftsprüfungsgesellschaft als für die Durchführung einer Abschlussprüfung vorrangig verantwortlich bestimmt worden ist.

...

### § 319b HGB Netzwerk

(1) Ein Abschlussprüfer ist von der Abschlussprüfung ausgeschlossen, wenn ein Mitglied seines Netzwerks einen Ausschlussgrund nach § 319 Abs. 2, 3 Satz 1 Nr. 1, 2 oder Nr. 4, Abs. 3 Satz 2 oder Abs. 4 erfüllt, es sei denn, dass das Netzwerkmitglied auf das Ergebnis der Abschlussprüfung keinen Einfluss nehmen kann. Er ist ausgeschlossen, wenn ein Mitglied seines Netzwerks einen Ausschlussgrund nach § 319 Abs. 3 Satz 1 Nr. 3 oder § 319a Abs. 1 Satz 1 Nr. 2 oder 3 erfüllt. Ein Netzwerk liegt vor, wenn Personen bei ihrer Berufsausübung zur Verfolung gemeinsamer wirtschaftlicher Interessen für eine gewisse Dauer zusammenwirken.

(2) Absatz 1 ist auf den Abschlussprüfer des Konzernabschlusses entsprechend anzuwenden.

| | |
|---|---|
| I. Grundlagen .................. 1 | (3) Mitwirkungsverbot (§ 319 Abs. 3 Satz 1 Nr. 3 HGB) .... 17 |
| 1. Regelungsgegenstand und Normzweck ................ 1 | (4) Beschäftigung einer von der Prüfung ausgeschlossenen Person (§ 319 Abs. 3 Satz 1 Nr. 4 HGB) ............ 20 |
| 2. Entstehungsgeschichte ......... 3 | |
| II. Einzelerläuterungen ........... 4 | (5) Umsatzabhängigkeit (§ 319 Abs. 3 Satz 1 Nr. 5 HGB) .... 21 |
| 1. Eignungsvoraussetzungen (§ 143 Abs. 1) .............. 4 | cc) Besondere Ausschlussgründe bei Unternehmen von öffentlichem Interesse (§ 319a Abs. 1 HGB) .............. 22 |
| a) Allgemeine Anforderungen ..... 4 | |
| b) Besondere Sachkunde ........ 6 | |
| c) Rechtsfolgen eines Verstoßes .... 7 | |
| 2. Ausschlussgründe (§ 143 Abs. 2) ... 10 | dd) Besondere Ausschlussgründe für Mitglieder eines Netzwerks (§ 319b HGB) ............ 25 |
| a) Ausschlussgründe für Einzelprüfer (§ 143 Abs. 2 Satz 1) ..... 11 | |
| aa) Generalklausel (§ 319 Abs. 2 HGB) ................. 12 | b) Ausschlussgründe für Prüfungsgesellschaften (§ 143 Abs. 2 Satz 2) .. 28 |
| bb) Absolute Ausschlussgründe (§ 319 Abs. 3 HGB) ........ 14 | c) Rechtsfolgen eines Verstoßes .... 31 |
| (1) Anteilsbesitz und finanzielle Interessen (§ 319 Abs. 3 Satz 1 Nr. 1 HGB) .............. 15 | aa) Bestellung durch die Hauptversammlung .............. 31 |
| (2) Personelle Verflechtung (§ 319 Abs. 3 Satz 1 Nr. 2 HGB) .... 16 | bb) Gerichtliche Bestellung ..... 33 |

**Literatur:** *Erchinger/Melcher*, Zur Umsetzung der HGB-Modernisierung durch das BilMoG: Neuerungen im Hinblick auf die Abschlussprüfung und die Einrichtung eines Prüfungsausschusses, DB 2009, 91; *Forster*, Zur Bestellung und Abberufung des Abschlussprüfers, in FS J. Semler, 1993, S. 819; *Hülsmann*, Stärkung der Abschlussprüfung durch das Bilanzrechtsreformgesetz – Neue Bestimmungen zur Trennung von Beratung und Prüfung, DStR 2005, 166; *Jänig*, Die aktienrechtliche Sonderprüfung, 2005; *Kirschner*, Die Sonderprüfung der Geschäftsführung in der Praxis, 2008; *Löcke*, Mitwirkung des Abschlussprüfers an der Erstellung des Jahresabschlusses, GmbHR

1997, 1052; *Lutter*, Der doppelte Wirtschaftsprüfer, in FS J. Semler, 1993, S. 835; *Müller*, Der befangene Abschlussprüfer im Unternehmerverbund, NZG 2004, 1037; *Obermüller/Werner/Winden*, Sonderprüfung nach dem Aktiengesetz 1965, DB 1967, 119; *Pfitzer/Orth/Hettich*, Stärkung der Unabhängigkeit des Abschlussprüfers, DStR 2004, 328; *Polt/Winter*, Der Honoraranspruch des Abschlussprüfer – zugleich eine Besprechung des Urteils des BGH vom 3.6.2004, WPg 2004, 1127; *Quick*, Prüfung, Beratung und Unabhängigkeit des Abschlussprüfers – Eine Analyse der neuen Unabhängigkeitsnormen des HGB im Lichte empirischer Forschungsergebnisse, BFuP 58 (2006), 42; *Ring*, Gesetzliche Neuregelungen der Unabhängigkeit des Abschlussprüfers, WPg 2005, 197; *Röhricht*, Beratung und Abschlussprüfung, WPg 1998, 153; *Schedlbauer*, Sonderprüfungen, 1984; *Thümmel*, Die unterschiedliche Bedeutung des Begriffs „Unabhängigkeit" im Rahmen prüfender und beratender Tätigkeit, WPg 1986, 643.

## I. Grundlagen

### 1. Regelungsgegenstand und Normzweck

Die Vorschrift enthält fachliche Eignungsvoraussetzungen für Sonderprüfer (Abs. 1) sowie persönliche Ausschlussgründe (Abs. 2)[1]. Sie soll sicherstellen, dass die **Sonderprüfung sachkundig, unvoreingenommen und unabhängig** durchgeführt wird[2] und gilt unabhängig davon, ob die Prüfer von der Hauptversammlung (§ 142 Abs. 1) oder vom Gericht (§ 142 Abs. 2 und 4) bestellt werden[3]. Die Vorschrift ist **zwingend (§ 23 Abs. 5)**, abweichende Satzungsbestimmungen sind nicht möglich[4].

1

Anders als im Rahmen der Abschlussprüfung und der Sonderprüfung wegen unzulässiger Unterbewertung (§ 319 Abs. 1 HGB, § 258 Abs. 4 AktG) setzt § 143 Abs. 1 nicht voraus, dass die Prüfung von Wirtschaftsprüfern durchgeführt wird, sondern lässt, **entsprechend der Regelung bei der Gründungsprüfung (§ 33 Abs. 4)**, auch sonstige sachkundige Prüfer zu[5], da eine Sonderprüfung gelegentlich Spezialkenntnisse auf einem ganz besonderen Gebiet erfordern kann[6]. Demgegenüber entsprechen die persönlichen Ausschlussgründe des § 143 Abs. 2, infolge des Verweises auf die Regelungen im HGB, denjenigen für Abschlussprüfer[7]. Die in Bezug genommenen **§ 319 Abs. 2 bis 4, § 319a Abs. 1 HGB** sowie **§ 319b HGB** gelten ebenso für die Gründungsprüfung (§ 33 Abs. 5) sowie die Sonderprüfung wegen unzulässiger Unterbewertung

2

---

1 *G. Bezzenberger* in Großkomm. AktG, 4. Aufl., § 143 AktG Rz. 3; *Schröer* in MünchKomm. AktG, 2. Aufl., § 143 AktG Rz. 1; *Fleischer* in Küting/Weber, Hdb. Rechnungslegung, § 143 AktG Rz. 1; *Jänig*, Die aktienrechtliche Sonderprüfung, 2005, S. 342.
2 *Hüffer*, § 143 AktG Rz. 1; *G. Bezzenberger* in Großkomm. AktG, 4. Aufl., § 143 AktG Rz. 3; *Fleischer* in Küting/Weber, Hdb. Rechnungslegung, § 143 AktG Rz. 1; *Schröer* in MünchKomm. AktG, 2. Aufl., § 143 AktG Rz. 2; *Wilsing/Neumann* in Heidel, § 143 AktG Rz. 1; *Jänig*, Die aktienrechtliche Sonderprüfung, 2005, S. 342.
3 *G. Bezzenberger* in Großkomm. AktG, 4. Aufl., § 143 AktG Rz. 3; *Schröer* in MünchKomm. AktG, 2. Aufl., § 143 AktG Rz. 1; *Hüffer*, § 143 AktG Rz. 1; *Fleischer* in Küting/Weber, Hdb. Rechnungslegung, § 143 AktG Rz. 1; Begr. RegE in *Kropff*, Aktiengesetz, S. 209; *Jänig*, Die aktienrechtliche Sonderprüfung, 2005, S. 342.
4 *G. Bezzenberger* in Großkomm. AktG, 4. Aufl., § 143 AktG Rz. 5; *Hüffer*, § 143 AktG Rz. 1.
5 *Fleischer* in Küting/Weber, Hdb. Rechnungslegung, § 143 AktG Rz. 2; *G. Bezzenberger* in Großkomm. AktG, 4. Aufl., § 143 AktG Rz. 4; *Jänig*, Die aktienrechtliche Sonderprüfung, 2005, S. 342; *Hüffer*, § 143 AktG Rz. 2.
6 *Fleischer* in Küting/Weber, Hdb. Rechnungslegung, § 143 AktG Rz. 2; *Jänig*, Die aktienrechtliche Sonderprüfung, 2005, S. 342f.; *G. Bezzenberger* in Großkomm. AktG, 4. Aufl., § 143 AktG Rz. 7; *Schedlbauer*, Sonderprüfungen, 1984, S. 16; zu § 33 auch Begr. RegE in *Kropff*, Aktiengesetz, S. 54.
7 *G. Bezzenberger* in Großkomm. AktG, 4. Aufl., § 143 AktG Rz. 4; *Fleischer* in Küting/Weber, Hdb. Rechnungslegung, § 143 AktG Rz. 3.

(§ 258 Abs. 4 Satz 2)[8] und haben damit Modellcharakter für die im Aktienrecht vorgesehenen Prüfungen[9].

## 2. Entstehungsgeschichte

3   Eignungsvoraussetzungen und Ausschlussgründe wurden erstmals durch die NotVO 1931[10] geregelt (§§ 262c, 267 Abs. 7 HGB a.F.)[11] und später in § 119 1937 normiert[12]. Das **AktG 1965** übernahm und ergänzte diese Vorschrift in § 143 um die von der Hauptversammlung bestellten Sonderprüfer[13]. Der Verweis auf die entsprechenden Regelungen in § 319 Abs. 2 und 3 HGB wurde im Rahmen des **BiRiLiG**[14] aufgenommen, wodurch § 143 Abs. 3, der Ausschlussgründe bei Prüfungsgesellschaften betraf, aufgehoben wurde[15]. Eine weitere Änderung erfuhr § 143 durch das **KonTraG**[16], das die Absätze 2 und 3 des § 319 HGB ergänzte und verschärfte[17]. Des Weiteren wurden im Rahmen des **BilReG**[18] die Verweise in § 143 Abs. 2 als Folgeänderung zur Neufassung des § 319 HGB sowie zum neu eingefügten § 319a HGB angepasst[19], wodurch die Vorschrift erneut (mittelbar) verschärft wurde[20]. Durch das **BilMoG**[21] wurde § 319a HGB neu gefasst und darüber hinaus ein Verweis auf den neu eingeführten § 319b HGB in § 143 Abs. 2 aufgenommen, welcher der Umsetzung des Art. 22 Abs. 2 der Abschlussprüferrichtlinie[22] dient und die Unabhängigkeitserfordernisse auf das Netzwerk des Sonderprüfers ausdehnt[23]. Schließlich haben sich die verfahrensrechtlichen Regelungen durch das Gesetz zur Reform des Verfahrens in Familiensachen und in den Angelegenheiten der freiwilligen Gerichtsbarkeit (**FGG-Reformgesetz**) vom 17.12.2008[24] geändert und sind nunmehr im FamFG neu geregelt.

---

8   *G. Bezzenberger* in Großkomm. AktG, 4. Aufl., § 143 AktG Rz. 4; *Fleischer* in Küting/Weber, Hdb. Rechnungslegung, § 143 AktG Rz. 3.
9   Zutreffend *Fleischer* in Küting/Weber, Hdb. Rechnungslegung, § 143 AktG Rz. 3.
10  Verordnung des Reichspräsidenten über Aktienrecht, Bankenaufsicht und über eine Steueramnestie vom 19.9.1931, RGBl. I 1931, 493.
11  *G. Bezzenberger* in Großkomm. AktG, 4. Aufl., § 143 AktG Rz. 1; *Jänig*, Die aktienrechtliche Sonderprüfung, 2005, S. 342.
12  *G. Bezzenberger* in Großkomm. AktG, 4. Aufl., § 143 AktG Rz. 1.
13  Begr. RegE in *Kropff*, Aktiengesetz, S. 209; *G. Bezzenberger* in Großkomm. AktG, 4. Aufl., § 143 AktG Rz. 1; *Jänig*, Die aktienrechtliche Sonderprüfung, 2005, S. 342.
14  Bilanzrichtliniegesetz vom 19.12.1985, BGBl. I 1985, 2355.
15  *G. Bezzenberger* in Großkomm. AktG, 4. Aufl., § 143 AktG Rz. 2; *Hüffer*, § 143 AktG Rz. 1; *Schröer* in MünchKomm. AktG, 2. Aufl., § 143 AktG Rz. 5.
16  Gesetz zur Kontrolle und Transparenz im Unternehmensbereich vom 27.4.1998, BGBl. I 1998, 786.
17  *G. Bezzenberger* in Großkomm. AktG, 4. Aufl., § 143 AktG Rz. 2; *Schröer* in MünchKomm. AktG, 2. Aufl., § 143 AktG Rz. 6.
18  Gesetz zur Einführung internationaler Rechnungslegungsstandards und zur Sicherung der Qualität der Abschlussprüfung (Bilanzrechtsreformgesetz – BilReG) vom 4.12.2004, BGBl. I 2004, 3166.
19  Begr. RegE (BilReG) BT-Drucks. 15/3419, S. 54; s. auch *Hüffer*, § 143 AktG Rz. 1.
20  S. allgemein zu den Verschärfungen durch das BilReG etwa *Großfeld*, NZG 2004, 393; *Hülsmann*, DStR 2005, 166; *Pfitzer/Orth/Hettich*, DStR 2004, 328.
21  Gesetz zur Modernisierung des Bilanzrechts (Bilanzrechtsmodernisierungsgesetz) vom 25.5.2009, BGBl. I 2009, 1102.
22  Richtlinie 2006/43/EG des Europäischen Parlaments und des Rates vom 17.5.2006 über Abschlussprüfungen von Jahresabschlüssen und konsolidierten Abschlüssen, zur Änderung der Richtlinien 78/660/EWG des Rates und zur Aufhebung der Richtlinie 84/253/EWG des Rates, ABl. Nr. L 157 v. 6.9.2006, S. 87.
23  Begr. RegE (BilMoG) BT-Drucks. 16/10067, S. 89 f.
24  BGBl. I 2008, 2586.

## II. Einzelerläuterungen

### 1. Eignungsvoraussetzungen (§ 143 Abs. 1)

#### a) Allgemeine Anforderungen

Zum Sonderprüfer können sowohl **natürliche Personen** (Nr. 1) als auch **Prüfungsgesellschaften** (Nr. 2) bestellt werden[25]. Soweit der Gegenstand der Sonderprüfung keine besonderen Kenntnisse erfordert, sollen die Prüfer bzw. mindestens einer der gesetzlichen Vertreter **in der Buchführung ausreichend vorgebildet und erfahren** sein, § 143 Abs. 1. Eine formale Qualifikation als Wirtschaftsprüfer oder vereidigter Buchprüfer – wie etwa von § 319 Abs. 1 HGB gefordert – setzt das Gesetz nicht voraus; Wirtschaftsprüfer und Wirtschaftsprüfungsgesellschaften sowie vereidigte Buchprüfer sind aber in der Regel ausreichend qualifiziert (s. §§ 2, 129 WPO)[26]. In der Praxis werden Sonderprüfungen in der Regel von Wirtschaftsprüfern durchgeführt[27].

4

Der Begriff der Buchführung umfasst das gesamte Gebiet der Rechnungslegung im Sinne des Dritten Buches des HGB[28]. Erforderlich ist eine ausreichende Vorbildung und praktische Erfahrung in der Rechnungslegung einschließlich fundierter betriebswirtschaftlicher Kenntnisse[29]. Welches Maß an Vorbildung und Erfahrung dabei als ausreichend gilt, ist Frage des Einzelfalls[30].

5

#### b) Besondere Sachkunde

Erfordert der Gegenstand der Sonderprüfung besondere Kenntnisse, wie etwa technisches oder juristisches Spezialwissen oder Kenntnisse von speziellen Branchen oder Märkten[31], ermöglicht § 143 Abs. 1 auch die Bestellung von **Experten anderer Fachgebiete**[32]. Hier wird es sich häufig empfehlen, mehrere Sonderprüfer zu bestellen, so dass sowohl auf das erforderliche Spezialwissen als auch auf Buchführungskenntnisse zurückgegriffen werden kann[33]. Möglich ist aber auch, dass ein Sonderprüfer für

6

---

25 S. nur *Hüffer*, § 143 AktG Rz. 2; *Fleischer* in Küting/Weber, Hdb. Rechnungslegung, § 143 AktG Rz. 4.
26 *ADS*, §§ 142–146 AktG Rz. 24; *G. Bezzenberger* in Großkomm. AktG, 4. Aufl., § 143 AktG Rz. 6; *Fleischer* in Küting/Weber, Hdb. Rechnungslegung, § 143 AktG Rz. 4; *Schröer* in MünchKomm. AktG, 2. Aufl., § 143 AktG Rz. 8; *Jänig*, Die aktienrechtliche Sonderprüfung, 2005, S. 343; *Pentz* in MünchKomm. AktG, 3. Aufl., § 33 AktG Rz. 37; bezüglich WP und WP-Gesellschaften auch *Hüffer*, § 143 AktG Rz. 2; *F.-J. Semler* in MünchHdb. AG, § 42 Rz. 15.
27 *Schedlbauer*, Sonderprüfungen, 1984, S. 16; *Fleischer* in Küting/Weber, Hdb. Rechnungslegung, § 143 AktG Rz. 4; *Jänig*, Die aktienrechtliche Sonderprüfung, 2005, S. 343.
28 *G. Bezzenberger* in Großkomm. AktG, 4. Aufl., § 143 AktG Rz. 6; *Jänig*, Die aktienrechtliche Sonderprüfung, 2005, S. 343.
29 *ADS*, §§ 142–146 AktG Rz. 24; *G. Bezzenberger* in Großkomm. AktG, 4. Aufl., § 143 AktG Rz. 6; *Fleischer* in Küting/Weber, Hdb. Rechnungslegung, § 143 AktG Rz. 4; *Jänig*, Die aktienrechtliche Sonderprüfung, 2005, S. 343.
30 *Fleischer* in Küting/Weber, Hdb. Rechnungslegung, § 143 AktG Rz. 4; *Jänig*, Die aktienrechtliche Sonderprüfung, 2005, S. 343.
31 *Hüffer*, § 143 AktG Rz. 2; *Fleischer* in Küting/Weber, Hdb. Rechnungslegung, § 143 AktG Rz. 5; *Schröer* in MünchKomm. AktG, 2. Aufl., § 143 AktG Rz. 9; *Jänig*, Die aktienrechtliche Sonderprüfung, 2005, S. 343.
32 *Schröer* in MünchKomm. AktG, 2. Aufl., § 143 AktG Rz. 9; *ADS*, §§ 142–146 AktG Rz. 24; *Hüffer*, § 143 AktG Rz. 2; *Fleischer* in Küting/Weber, Hdb. Rechnungslegung, § 143 AktG Rz. 5;/*Karehnke* in J. Semler/Volhard, Arbeitshandbuch HV, § 20 Rz. 73; *F.-J. Semler* in MünchHdb. AG, § 42 Rz. 15; *Jänig*, Die aktienrechtliche Sonderprüfung, 2005, S. 343; *Kirschner*, Die Sonderprüfung der Geschäftsführung in der Praxis, 2008, S. 102; *Obermüller/Werner/Winden*, DB 1967, 1119, 1120 f.
33 *Hüffer*, § 143 AktG Rz. 2; *Fleischer* in Küting/Weber, Hdb. Rechnungslegung, § 143 AktG Rz. 5; *ADS*, §§ 142–146 AktG Rz. 24; *G. Bezzenberger* in Großkomm. AktG, 4. Aufl., § 143

Nebengebiete des Prüfungsgegenstands spezielle Fachkräfte hinzuzieht[34], was grundsätzlich keiner besonderen Gestattung bedarf[35]; der Sonderprüfer bleibt aber allein verantwortlich (§ 144 AktG, § 323 Abs. 1 HGB)[36].

**c) Rechtsfolgen eines Verstoßes**

7 **Bestellt die Hauptversammlung** einen Sonderprüfer, der **nicht** die von § 143 Abs. 1 geforderten **fachlichen Eignungsvoraussetzungen** erfüllt, so ist der Bestellungsbeschluss wegen Gesetzesverstoßes gem. § 243 Abs. 1 **anfechtbar**[37]. Eine vormals vertretene Gegenansicht, die wegen der Sollvorschrift weder Nichtigkeit noch Anfechtbarkeit annimmt[38], lässt sich nicht mit dem Normzweck vereinbaren. Auch der Verweis auf § 142 Abs. 4 verfängt nicht, weil das Minderheitenrecht auf Auswechslung von Sonderprüfern unabhängig neben dem individuellen Anfechtungsrecht steht[39].

8 Hat das **Gericht** einen fachlich ungeeigneten Sonderprüfer bestellt, können die Beteiligten des Verfahrens hiergegen mit dem Rechtsmittel der **Beschwerde** vorgehen (§ 142 Abs. 5 Satz 2)[40], auch dann, wenn ihren Anträgen im Übrigen stattgegeben wurde[41]; denn die Beschwer liegt in der Ernennung eines ungenügend qualifizierten Sonderprüfers[42]. Stellt sich erst **nach formeller Rechtskraft** des gerichtlichen Beschlusses heraus, dass der bestellte Sonderprüfer nicht die erforderliche Eignung besitzt, kann er vom Gericht nach dem in § 142 Rz. 67 beschriebenen Verfahren auf Antrag abberufen bzw. ersetzt werden[43].

---

AktG Rz. 7; *Schröer* in MünchKomm. AktG, 2. Aufl., § 143 AktG Rz. 9; *Karehnke* in J. Semler/Volhard, Arbeitshandbuch HV, § 20 Rz. 73; *Jänig*, Die aktienrechtliche Sonderprüfung, 2005, S. 344.

34 *Schröer* in MünchKomm. AktG, 2. Aufl., § 143 AktG Rz. 9; *G. Bezzenberger* in Großkomm. AktG, 4. Aufl., § 143 AktG Rz. 7; *ADS*, §§ 142–146 AktG Rz. 25; *Fleischer* in Küting/Weber, Hdb. Rechnungslegung, § 143 AktG Rz. 5; *Karehnke* in J. Semler/Volhard, Arbeitshandbuch HV, § 20 Rz. 73; *F.-J. Semler* in MünchHdb. AG, § 42 Rz. 15; *Jänig*, Die aktienrechtliche Sonderprüfung, 2005, S. 344.

35 *Schröer* in MünchKomm. AktG, 2. Aufl., § 143 AktG Rz. 10; *ADS*, §§ 142–146 AktG Rz. 25.

36 *Schröer* in MünchKomm. AktG, 2. Aufl., § 143 AktG Rz. 10; *ADS*, §§ 142–146 AktG Rz. 25; *Karehnke* in J. Semler/Volhard, Arbeitshandbuch HV, § 20 Rz. 73.

37 *G. Bezzenberger* in Großkomm. AktG, 4. Aufl., § 143 AktG Rz. 8; *Schröer* in MünchKomm. AktG, 2. Aufl., § 143 AktG Rz. 12; *Hüffer*, § 143 AktG Rz. 5; *Fleischer* in Küting/Weber, Hdb. Rechnungslegung, § 143 AktG Rz. 6; *ADS*, §§ 142–146 AktG Rz. 23; *Holzborn* in Bürgers/Körber, § 143 AktG Rz. 4; *K. Schmidt* in Großkomm. AktG, 4. Aufl., § 243 AktG Rz. 12; *Kirschner*, Die Sonderprüfung der Geschäftsführung in der Praxis, 2008, S. 187 f.; *Jänig*, Die aktienrechtliche Sonderprüfung, 2005, S. 345; *Karehnke* in J. Semler/Volhard, Arbeitshandbuch HV, § 20 Rz. 73; *Obermüller/Werner/Winden*, DB 1967, 1119, 1121.

38 *Hefermehl* in G/H/E/K, § 142 AktG Rz. 5; *Baumbach/Hueck*, § 142 AktG Anm. 2; *Barz* in Großkomm. AktG, 3. Aufl., § 143 AktG Anm. 3.

39 *G. Bezzenberger* in Großkomm. AktG, 4. Aufl., § 143 AktG Rz. 6; *Fleischer* in Küting/Weber, Hdb. Rechnungslegung, § 143 AktG Rz. 6; *Schröer* in MünchKomm. AktG, 2. Aufl., § 143 AktG Rz. 12; *Hüffer*, § 143 AktG Rz. 5; *Jänig*, Die aktienrechtliche Sonderprüfung, 2005, S. 345; *Kirschner*, Die Sonderprüfung der Geschäftsführung in der Praxis, 2008, S. 187 f.

40 *Schröer* in MünchKomm. AktG, 2. Aufl., § 143 AktG Rz. 13; *G. Bezzenberger* in Großkomm. AktG, 4. Aufl., § 143 AktG Rz. 10; *Hüffer*, § 143 AktG Rz. 5; *Fleischer* in Küting/Weber, Hdb. Rechnungslegung, § 143 AktG Rz. 7; *Jänig*, Die aktienrechtliche Sonderprüfung, 2005, S. 345.

41 *G. Bezzenberger* in Großkomm. AktG, 4. Aufl., § 143 AktG Rz. 10; *Fleischer* in Küting/Weber, Hdb. Rechnungslegung, § 143 AktG Rz. 7; *Jänig*, Die aktienrechtliche Sonderprüfung, 2005, S. 345.

42 *G. Bezzenberger* in Großkomm. AktG, 4. Aufl., § 143 AktG Rz. 10; *Fleischer* in Küting/Weber, Hdb. Rechnungslegung, § 143 AktG Rz. 7; *Schröer* in MünchKomm. AktG, 2. Aufl., § 143 AktG Rz. 13.

43 I.E. auch *Schröer* in MünchKomm. AktG, 2. Aufl., § 143 AktG Rz. 13; *G. Bezzenberger* in Großkomm. AktG, 4. Aufl., § 143 AktG Rz. 10; teilweise a.A. *Mock* in Spindler/Stilz, § 143

Auch der **Sonderprüfer selbst** ist dazu verpflichtet zu prüfen, ob er die erforderliche Eignung für die durchzuführende Sonderprüfung mitbringt[44], andernfalls muss er die Annahme des Auftrags ablehnen[45], bei Zweifeln jedenfalls die Bestellenden davon in Kenntnis setzen[46]; anderenfalls drohen Schadensersatzansprüche aus **culpa in contrahendo** (§§ 280 Abs. 1, 311 Abs. 2, § 241 Abs. 2 BGB)[47].

### 2. Ausschlussgründe (§ 143 Abs. 2)

Um die Unabhängigkeit und Unparteilichkeit der Sonderprüfung zu gewährleisten, sind gem. § 143 Abs. 2 bestimmte Personen und Gesellschaften **aus persönlichen Gründen** kraft Gesetzes vom Amt des Sonderprüfers ausgeschlossen[48]. Das Gesetz verweist insoweit auf die für die Abschlussprüfung geltenden Bestimmungen der §§ 319 Abs. 2–4, 319a Abs. 1, 319b HGB. Maßgeblich ist dabei neben dem **Zeitpunkt** der Bestellung auch die Zeit, in der sich der zu prüfende Vorgang ereignet hat[49].

### a) Ausschlussgründe für Einzelprüfer (§ 143 Abs. 2 Satz 1)

Die in §§ 319 Abs. 2 und 3, 319a Abs. 1 HGB genannten Ausschlussgründe wurden im Rahmen des **BilReG** wesentlich verändert. Hinzu kommen Änderungen des § 319a HGB durch das BilMoG sowie der dadurch neu eingeführte § 319b HGB, der die Unabhängigkeitsvorschriften weiter ausdehnt. § 319 Abs. 2 HGB schreibt zunächst allgemein vor, dass Prüfer nicht sein darf, wem gegenüber die Besorgnis der Befangenheit besteht. Diese **Generalklausel** wird durch die § 319 Abs. 3 und § 319a HGB konkretisiert[50], die Ausschlussgründe in Form von unwiderlegbaren gesetzlichen Vermutungen enthalten[51]. Wesentliche inhaltliche Änderungen brachte die durch das BilReG eingeführte Generalklausel indes nicht mit sich[52]; denn auch nach

---

AktG Rz. 13, wonach ein gerichtliches Ersetzungsverfahren ausgeschlossen sei; *Fleischer* in Küting/Weber, Hdb. Rechnungslegung, § 143 AktG Rz. 8 und *Jänig*, Die aktienrechtliche Sonderprüfung, 2005, S. 348, die eine Ersetzung von Sonderprüfern auch von Amts wegen zulassen.

44 *G. Bezzenberger* in Großkomm. AktG, 4. Aufl., § 143 AktG Rz. 13; *Schröer* in MünchKomm. AktG, 2. Aufl., § 143 AktG Rz. 14. Ebenso besteht eine Prüfungspflicht im Hinblick auf die Bestellungshindernisse des § 143 Abs. 2, s. dazu unten Rz. 27.

45 *G. Bezzenberger* in Großkomm. AktG, 4. Aufl., § 143 AktG Rz. 13; s. zur Abschlussprüfung ferner LG Köln v. 13.9.1991 – 90 O 244/90, DB 1992, 265, 266; *ADS*, § 318 HGB Rz. 197; *Förschle/Schmidt* in BeckBilkomm., § 319 HGB Rz. 31; *Forster* in FS J. Semler, 1993, S. 819, 823.

46 *Schröer* in MünchKomm. AktG, 2. Aufl., § 143 AktG Rz. 14.

47 *G. Bezzenberger* in Großkomm. AktG, 4. Aufl., § 143 AktG Rz. 13; *Schröer* in MünchKomm. AktG, 2. Aufl., § 143 AktG Rz. 14.

48 *Schröer* in MünchKomm. AktG, 2. Aufl., § 143 AktG Rz. 15; *G. Bezzenberger* in Großkomm. AktG, 4. Aufl., § 143 AktG Rz. 9; *Fleischer* in Küting/Weber, Hdb. Rechnungslegung, § 143 AktG Rz. 3; *Hüffer*, § 143 AktG Rz. 1; *ADS*, §§ 142–146 AktG Rz. 28; *Jänig*, Die aktienrechtliche Sonderprüfung, 2005, S. 348; *Kirschner*, Die Sonderprüfung der Geschäftsführung in der Praxis, 2008, S. 104.

49 *Fleischer* in Küting/Weber, Hdb. Rechnungslegung, § 143 AktG Rz. 9; *Hüffer*, § 143 AktG Rz. 3; *G. Bezzenberger* in Großkomm. AktG, 4. Aufl., § 143 AktG Rz. 16; *Wilsing/Neumann* in Heidel, § 143 AktG Rz. 2; *Jänig*, Die aktienrechtliche Sonderprüfung, 2005, S. 348; *Karehnke* in J. Semler/Volhard, Arbeitshandbuch HV, § 20 Rz. 74; *Kirschner*, Die Sonderprüfung der Geschäftsführung, 2008, S. 104.

50 *Hopt/Merkt* in Baumbach/Hopt, § 319 HGB Rz. 13; *Mock* in Spindler/Stilz, § 143 AktG Rz. 19.

51 Begr. RegE BilReG, BT-Drucks. 15/3419, S. 36; *Hopt/Merkt* in Baumbach/Hopt, § 319 HGB Rz. 13; *Mock* in Spindler/Stilz, § 143 AktG Rz. 19; *Hülsmann*, DStR 2005, 166, 168; *Quick*, BFuP 58 (2006), 42, 46.

52 Zur Abschlussprüfung bereits *Hülsmann*, DStR 2005, 166, 168; s. zu den Änderungen auf Rechtsfolgenebene aber unten Rz. 31 ff.

alter Gesetzeslage standen neben den in § 319 Abs. 2 HGB a.F. genannten Bestellungshindernissen für die aktienrechtliche Sonderprüfung **allgemeine Befangenheitsgründe** der Prüferbestellung entgegen[53].

12  **aa) Generalklausel (§ 319 Abs. 2 HGB).** Ein Ausschluss nach § 143 Abs. 2 Satz 1 AktG i.V.m. **§ 319 Abs. 2 HGB** ist gegeben, wenn aus **Sicht eines objektiv und sachgerecht urteilenden Dritten** Gründe vorliegen, nach denen die Besorgnis besteht, dass der Prüfer seine Aufgabe als Abschlussprüfer nicht unbefangen und sachgemäß wahrnehmen wird[54]. Dabei sind im Rahmen der Abwägung auch die zur Reduzierung erkannter Risiken getroffenen Maßnahmen zu berücksichtigen[55]. Ob der Sonderprüfer tatsächlich befangen ist oder sich für befangen hält, ist nicht entscheidend[56].

13  § 319 Abs. 2 HGB nennt beispielhaft einige solcher Gründe, nämlich **Beziehungen geschäftlicher, finanzieller oder persönlicher Art**; die Besorgnis der Befangenheit kann sich aber auch aus anderen Gründen ergeben[57]. Zur Konkretisierung der Generalklausel wird man dabei insbesondere auch die Berufssatzung der Wirtschaftprüfer heranziehen können[58]. Die EU Abchlussprüferrichtlinie[59] fordert in Art. 22 ebenfalls die Unabhängigkeit und Unparteilichkeit der Prüfer (Abs. 1). Wie im nationalen Recht kommt es hier auch nicht darauf an, ob der Prüfer tatsächlich befangen ist, sondern ob ein objektiver verständiger und informierter Dritter den Schluss ziehen würde, dass seine Unabhängigkeit gefährdet ist. Als nicht abschließenden Katalog von Indizien für eine Befangenheit nennt die Richtlinie **Selbstprüfung, Eigeninteresse, Interessenvertretung, Vertrautheit oder Vertrauensbeziehung** und **Einschüchterung**. Die-

---

53  Zur Sonderprüfung OLG München v. 8.11.2000 – 7 U 5995/99, AG 2001, 194, 195; *G. Bezzenberger* in Großkomm. AktG, 4. Aufl., § 143 AktG Rz. 11; *Fleischer* in Küting/Weber, Hdb. Rechnungslegung, § 143 AktG Rz. 21; *Wilsing/Lamers* in Heidel, § 143 AktG Rz. 3; *Schröer* in MünchKomm. AktG, 2. Aufl., § 143 AktG Rz. 18; *Jänig*, Die aktienrechtliche Sonderprüfung, 2005, S. 353; zur Gründungsprüfung ebenso *Röhricht* in Großkomm. AktG, 4. Aufl., § 33 AktG Rz. 50; s. allgemein zu den §§ 318, 319 HGB a.F. insbesondere auch BGH v. 25.11.2002 – II ZR 49/01, DStR 2003, 895, 899, wo das Gericht die Wahl eines Abschlussprüfers wegen Besorgnis der Befangenheit für gesetzwidrig erklärte und die Anfechtung des HV-Beschlusses nicht wegen des Ersetzungsverfahrens nach § 318 Abs. 3 HGB für ausgeschlossen hielt; ebenso *Lutter* in FS J. Semler, 1993, S. 835, 839; *ADS*, § 318 HGB Rz. 318; *Hülsmann*, DStR 2005, 166, 168; demgegenüber für gegenseitige Ausschließlichkeit LG Köln v. 1.4.1997 – 3 O 504/96, AG 1997, 431; *Hoffmann-Becking* in MünchHdb. AG, § 44 Rz. 3.
54  Zu § 142 a.F. BGH v. 25.11.2002 – II ZR 49/01, BGHZ 153, 32, 40 = NZG 2003, 216, 218 = AG 2003, 319; *Fleischer* in Küting/Weber, Hdb. Rechnungslegung, § 143 AktG Rz. 22; *G. Bezzenberger* in Großkomm. AktG, 4. Aufl., § 143 AktG Rz. 11; *Jänig*, Die aktienrechtliche Sonderprüfung, 2005, S. 354; s. zu § 319 HGB ferner *Hopt/Merkt* in Baumbach/Hopt, § 319 HGB Rz. 7; *Morck* in Koller/Roth/Morck, § 319 HGB Rz. 3; *Förschle/Schmidt* in BeckBilkomm., § 319 HGB Rz. 21; *Ring*, WPg 2005, 197, 199; *Pfitzer/Orth/Hettich*, DStR 2004, 328, 329; noch zur alten Fassung etwa *ADS*, § 319 HGB Rz. 50; *Thümmel*, WPg 1986, 643 ff.
55  Begr. RegE, BT-Drucks. 15/3419, S. 37; *Hopt/Merkt* in Baumbach/Hopt, § 319 HGB Rz. 7.
56  Begr. RegE, BT-Drucks. 15/3419, S. 38; *Hopt/Merkt* in Baumbach/Hopt, § 319 HGB Rz. 7; *Morck* in Koller/Roth/Morck, § 319 HGB Rz. 3.
57  *Hopt/Merkt* in Baumbach/Hopt, § 319 HGB Rz. 7.
58  *Kirschner*, Die Sonderprüfung der Geschäftsführung in der Praxis, 2008, S. 110; zu § 319 HGB *Förschle/Schmidt* in BeckBilkomm., § 319 HGB Rz. 21; *Hülsmann*, DStR 2005, 166; zu § 143 a.F. *Fleischer* in Küting/Weber, Hdb. Rechnungslegung, § 143 AktG Rz. 22; *Jänig*, Die aktienrechtliche Sonderprüfung, 2005, S. 354.
59  Richtlinie 2006/43/EG des Europäischen Parlaments und des Rates vom 17. Mai 2006 über Abschlussprüfungen von Jahresabschlüssen und konsolidierten Abschlüssen, zur Änderung der Richtlinien 78/660/EWG und 83/349/EWG und zur Aufhebung der Richtlinie 84/253/EWG des Rates, ABl. L 157 v. 9.6.2006, S. 87 ff.; abzurufen unter http://eur-lex.europa.eu/LexUriServ/site/de/oj/2006/l_157/l_15720060609de00870107.pdf.

se Beispiele decken sich mit den in der Gesetzesbegründung genannten[60], welche wiederum auf eine Empfehlung der EU-Kommission zurückgehen[61].

**bb) Absolute Ausschlussgründe (§ 319 Abs. 3 HGB). § 319 Abs. 3 HGB** enthält einen Katalog verschiedener Ausschlussgründe in Form **unwiderleglicher gesetzlicher Vermutungen**[62], die **nicht zwingend in der Person des Sonderprüfers** erfüllt sein müssen; es genügt, wenn einer der besonderen Befangenheitsgründe bei einer Person vorliegt, mit der er seinen Beruf gemeinsam ausübt, § 319 Abs. 3 Satz 1 HGB (sog. Sozietätsklausel)[63]. Dies gilt auch für berufsübergreifende Sozietäten[64]. Zudem enthält § 319 Abs. 3 Satz 1 Nr. 4 HGB als weiteren Ausschlussgrund die Beschäftigung von Personen, bei denen ein Ausschluss nach Nr. 1–3 bestehen würde[65], wodurch Umgehungen über Arbeitnehmer erfasst werden sollen[66]. Und schließlich dehnt § 319 Abs. 3 Satz 2 HGB die Ausschlussgründe nach Nr. 1–3 auf Fälle aus, in denen diese zwar nicht bei dem Prüfer selbst, wohl aber seinem Ehegatten oder Lebenspartner erfüllt sind[67].

14

**(1) Anteilsbesitz und finanzielle Interessen (§ 319 Abs. 3 Satz 1 Nr. 1 HGB).** Gem. § 143 Abs. 2 Satz 1 AktG i.V.m. § 319 Abs. 3 Satz 1 Nr. 1 HGB ist eine Person vom Amt des Sonderprüfers ausgeschlossen, wenn sie Anteile oder andere nicht unwesentliche finanzielle Interessen an der zu prüfenden Kapitalgesellschaft oder eine Beteiligung an einem Unternehmen besitzt, das mit der Kapitalgesellschaft verbunden ist oder von dieser mehr als zwanzig Prozent der Anteile besitzt. **Anteilsbesitz** ist jede direkte Beteiligung an einem Unternehmen, unabhängig von ihrer Höhe[68]. Auch der Mitbesitz[69] oder die treuhänderische Inhaberschaft[70] führen zur Inhabilität. Unerheblich ist des Weiteren grundsätzlich auch die Dauer des Anteilsbesitzes[71]. Nicht zum Anteilsbesitz zählen demgegenüber etwa Schuldverschreibungen, Schuldschei-

15

---

60 Begr. RegE, BT-Drucks. 15/3419, S. 38.
61 *European Commission*, Commission Recommendation: Statutory Auditors' Independence in the EU: A Set of Fundamental Principles, 2002, ABl. L 191 v. 19.7.2002, S. 22.
62 Begr. RegE, BT-Drucks. 15/3419, S. 36; *Hopt/Merkt* in Baumbach/Hopt, § 319 HGB Rz. 13; *Hülsmann*, DStR 2005, 166, 168.
63 *Hopt/Merkt* in Baumbach/Hopt, § 319 HGB Rz. 15; *Morck* in Koller/Roth/Morck, § 319 HGB Rz. 4; *Mock* in Spindler/Stilz, § 143 AktG Rz. 19.
64 *Ebke* in MünchKomm. HGB, 2. Aufl., § 319 HGB Rz. 48; *Förschle/Schmidt* in BeckBilkomm., § 319 HGB Rz. 32; ADS, §§ 142–146 AktG Rz. 60; *Kirschner*, Die Sonderprüfung der Geschäftsführung in der Praxis, 2008, S. 106.
65 *Hopt/Merkt* in Baumbach/Hopt, § 319 HGB Rz. 23; *Morck* in Koller/Roth/Morck, § 319 HGB Rz. 5; *Ring*, WPg 2005, 197, 200; *Schröer* in MünchKomm. AktG, 2. Aufl., § 143 AktG Rz. 17; *G. Bezzenberger* in Großkomm. AktG, 4. Aufl., § 143 AktG Rz. 17.
66 *Hopt/Merkt* in Baumbach/Hopt, § 319 HGB Rz. 23; *Förschle/Schmidt* in BeckBilkomm., § 319 HGB Rz. 67.
67 S. dazu *Hopt/Merkt* in Baumbach/Hopt, § 319 HGB Rz. 25.
68 Begr. RegE, BT-Drucks. 15/3419, S. 39; ADS, § 319 HGB Rz. 70 ff.; *Hopt/Merkt* in Baumbach/Hopt, § 319 HGB Rz. 16; *Morck* in Koller/Roth/Morck, § 319 HGB Rz. 5; *Hülsmann*, DStR 2005, 166, 168; *Fleischer* in Küting/Weber, Hdb. Rechnungslegung, § 143 AktG Rz. 11; *G. Bezzenberger* in Großkomm. AktG, 4. Aufl., § 143 AktG Rz. 17; *Jänig*, Die aktienrechtliche Sonderprüfung, 2005, S. 349.
69 ADS, § 319 HGB Rz. 77; *Fleischer* in Küting/Weber, Hdb. Rechnungslegung, § 143 AktG Rz. 11; *Jänig*, Die aktienrechtliche Sonderprüfung, 2005, S. 349.
70 Begr. RegE, BT-Drucks. 15/3419, S. 39; *Förschle/Schmidt* in BeckBilkomm., § 319 HGB Rz. 35; *Hopt/Merkt* in Baumbach/Hopt, § 319 HGB Rz. 16; *Hülsmann*, DStR 2005, 166, 168; *Fleischer* in Küting/Weber, Hdb. Rechnungslegung, § 143 AktG Rz. 11; *G. Bezzenberger* in Großkomm. AktG, 4. Aufl., § 143 AktG Rz. 17; *Jänig*, Die aktienrechtliche Sonderprüfung, 2005, S. 349; *Mock* in Spindler/Stilz, § 143 AktG Rz. 20; *Pentz* in MünchKomm. AktG, 3. Aufl., § 33 AktG Rz. 45.
71 ADS, § 319 HGB Rz. 77; *Fleischer* in Küting/Weber, Hdb. Rechnungslegung, § 143 AktG Rz. 11; *Jänig*, Die aktienrechtliche Sonderprüfung, 2005, S. 349.

ne, Optionen oder sonstige Wertpapiere[72], ebenso wenig auch Anteile an Investmentfonds[73] oder (eigenkapitalersetzende) Darlehen[74]; solche Rechtsverhältnisse können jedoch als **nicht unwesentliches finanzielles Interesse** zum Ausschluss vom Prüferamt führen[75]. Unwesentlichkeit in diesem Sinne liegt etwa dann vor, wenn die finanziellen Interessen lediglich einen laufenden Vergütungsanspruch oder – bei Bankguthaben – einen Verzinsungsanspruch betreffen[76]. Zum Ausschluss führt auch die Beteiligung (§ 271 Abs. 1 HGB)[77] an einem Unternehmen, das mit der zu prüfenden Gesellschaft verbunden ist oder von dieser mehr als zwanzig Prozent der Anteile besitzt. Der **Begriff des verbundenen Unternehmens** bestimmt sich hier, wie auch bei allen anderen Ausschlusstatbeständen, nicht nach § 271 Abs. 2 HGB[78], der den Ausschlussgrund der Befangenheit nicht hinreichend konkretisiert und insbesondere Gebietskörperschaften wegen der fehlenden Verpflichtung zur kaufmännischen Buchführung ausschließt, sondern entsprechend dem Zweck der Vorschrift nach § 15[79].

16 **(2) Personelle Verflechtung (§ 319 Abs. 3 Satz 1 Nr. 2 HGB).** Nach § 319 Abs. 3 Satz 1 Nr. 2 HGB sind gesetzliche Vertreter, Aufsichtsratsmitglieder oder Arbeitnehmer der zu prüfenden Gesellschaft sowie eines Unternehmens, das mit der Gesellschaft verbunden ist oder von dieser mehr als zwanzig Prozent der Anteile besitzt, vom Amt des Sonderprüfers ausgeschlossen. Erfasst sind somit direkte personelle Verflechtungen[80]. Dem Aufsichtsrat stehen dabei **andere Gremien** mit Überwachungsfunktion (z.B. Beirat) mit entsprechenden Kompetenzen gleich[81]. Wurde eine dieser Funktionen in der Vergangenheit bekleidet, führt dies nicht zum Ausschluss nach Nr. 2; in Betracht kommt in derartig gelagerten Fällen allerdings eine Besorgnis der Befangenheit aufgrund der Generalklausel des § 319 Abs. 2 HGB[82].

---

72 Begr. RegE, BT-Drucks. 15/3419, S. 39; *Hopt/Merkt* in Baumbach/Hopt, § 319 HGB Rz. 16; s. dazu ferner *Fleischer* in Küting/Weber, Hdb. Rechnungslegung, § 143 AktG Rz. 11; *G. Bezzenberger* in Großkomm. AktG, 4. Aufl., § 143 AktG Rz. 17; *ADS*, § 319 HGB Rz. 70 ff.
73 *ADS*, § 319 HGB Rz. 72; *Hopt/Merkt* in Baumbach/Hopt, § 319 HGB Rz. 16; *Ring*, WPg 2005, 197, 199; *G. Bezzenberger* in Großkomm. AktG, 4. Aufl., § 143 AktG Rz. 17.
74 *Ebke* in MünchKomm. HGB, 2. Aufl., § 319 HGB Rz. 50.
75 Begr. RegE, BT-Drucks. 15/3419, S. 39; *Ebke* in MünchKomm. HGB, 2. Aufl., § 319 HGB Rz. 50; *Mock* in Spindler/Stilz, § 143 AktG Rz. 20; *Hopt/Merkt* in Baumbach/Hopt, § 319 HGB Rz. 16, ablehnend allerdings für kapitalersetzende Darlehen.
76 Bericht Rechtsausschuss, BT-Drucks. 15/4054, S. 38; *Hopt/Merkt* in Baumbach/Hopt, § 319 HGB Rz. 16; *Hülsmann*, DStR 2005, 166, 168; *Ring*, WPg 2005, 197, 199.
77 *Hopt/Merkt* in Baumbach/Hopt, § 319 HGB Rz. 16.
78 So aber der Bericht des Rechtsausschusses, BT-Drucks. 15/4054, S. 38; BGH v. 3.6.2004 – X ZR 104/03, BGHZ 159, 234, wo maßgeblich auf den Wortlaut des § 271 abgestellt wird, der das verbundene Unternehmen „im Sinne dieses Buches" definiere und deshalb zwingend auch im Rahmen des § 319 HGB anzuwenden sei; ausführlich dazu *Ebke/Paal*, ZGR 2007, 894, 901 ff.; aus der Lit. darüber hinaus *ADS*, § 319 HGB Rz. 176; *Förschle/Schmidt* in BeckBilkomm., § 319 HGB Rz. 35; *Morck* in Koller/Roth/Morck, § 319 HGB Rz. 5; *Hülsmann*, DStR 2005, 166, 169; *Polt/Winter*, WPg 2004, 1127, 1135; *Ulmer* in FS Goerdeler, 1987, S. 623, 626.
79 Ebenso *Hopt/Merkt* in Baumbach/Hopt, § 319 HGB Rz. 26; s. auch *Ebke* in MünchKomm. HGB, 2. Aufl., § 319 HGB Rz. 51; sowie zur alten Fassung *G. Bezzenberger* in Großkomm. AktG, 4. Aufl., § 143 AktG Rz. 18; *Schröer* in MünchKomm. AktG, 2. Aufl., § 143 AktG Rz. 20.
80 *Hopt/Merkt* in Baumbach/Hopt, § 319 HGB Rz. 17; *Mock* in Spindler/Stilz, § 143 AktG Rz. 21.
81 *Ebke/Paal*, ZGR 2007, 894, 908; *ADS*, § 319 HGB Rz. 89; *Förschle/Schmidt* in BeckBilkomm., § 319 HGB Rz. 40; s. auch BGH v. 3.6.2004 – X ZR 104/03, BGHZ 159, 234 = NZG 2004, 770, 772, wo mangels Kompetenzübertragung eine entsprechende Anwendung abgelehnt wurde (executive meetings); ebenso *Hopt/Merkt* in Baumbach/Hopt, § 319 HGB Rz. 17.
82 *Morck* in Koller/Roth/Morck, § 319 HGB Rz. 5; *Hopt/Merkt* in Baumbach/Hopt, § 319 HGB Rz. 17.

(3) **Mitwirkungsverbot (§ 319 Abs. 3 Satz 1 Nr. 3 HGB).** Hintergrund von § 319 Abs. 3 Satz 1 Nr. 3 HGB ist die Befürchtung, dass derjenige, der den Prüfungsgegenstand maßgebend mitgestaltet hat, diesen nicht mit der erforderlichen Unbefangenheit beurteilen kann (Selbstprüfungsverbot)[83]. Im Zusammenhang mit der Sonderprüfung ist insbesondere **Buchstabe a)** hervorzuheben, der die Mitwirkung bei der **Führung der Bücher oder der Aufstellung des zu prüfenden Jahresabschlusses** betrifft[84]. Da der Jahresabschluss als solcher einer Sonderprüfung nicht zugänglich ist, betrifft dieser Ausschlussgrund nur solche Fälle, in denen sich die Sonderprüfung auf die Buchführung oder Teile des Jahresabschlusses erstrecken soll[85]; nur dann führt die vorherige Mitwirkung zu einem typischen Interessenkonflikt[86]. Ein genereller Ausschluss des Abschlussprüfers vom Amt des Sonderprüfers besteht hingegen nicht[87]. Dies ergibt sich bereits e contrario aus § 258 Abs. 4, der Abschlussprüfer anders als § 143 ausdrücklich vom Sonderprüfungsamt ausschließt[88]. Zwar wird dagegen darauf verwiesen, dass es zwangsläufig zu Interessenkonflikten komme, weil der Abschlussprüfer gegebenenfalls mit dem Verlust seines Mandats rechnen müsse[89]. Doch kann es in bestimmten Fällen aufgrund der weitreichenden Kenntnisse des Abschlussprüfers gerade zweckmäßig sein, ihn zum Sonderprüfer zu bestellen, insbesondere dann, wenn seine Erkenntnisse Anlass für die Sonderprüfung gegeben haben[90]. Es bleibt aber natürlich zu prüfen, ob sich die Besorgnis der Befangenheit des Abschlussprüfers nicht allgemein aus § 319 Abs. 2 HGB ergibt[91].

17

Als weitere Fallgruppe nennt **Buchstabe b)** die Mitwirkung bei der **internen Revision** in verantwortlicher Position, da der Abschlussprüfer im Rahmen der Abschlussprüfung auch die Wirksamkeit des internen Kontrollsystems zu beurteilen hat[92]. **Buchstabe c)** schließt Personen vom Amt des Sonderprüfers aus, die **Unternehmensleitungs- oder Finanzdienstleistungen** erbracht haben, da solche Tätigkeiten regelmäßig eine besonders enge Verbindung zur Gesellschaft zur Folge haben, so dass die erforderliche Unbefangenheit nicht sicher gewährleistet ist[93]. **Buchstabe d)** betrifft schließlich die eigenständige Erbringung von **versicherungsmathematischen oder Bewertungsleistungen**, die sich nicht unwesentlich auf den zu prüfenden Jahresab-

18

---

83 s. auch *ADS*, § 319 HGB Rz. 110; *Hülsmann*, DStR 2005, 166, 169.
84 *Ebke* in MünchKomm. HGB, 2. Aufl., § 319 HGB Rz. 56; *Hopt/Merkt* in Baumbach/Hopt, § 319 HGB Rz. 18; *Ring*, WPg 2005, 197, 199; *Pfitzer/Orth/Hettich*, DStR 2004, 328, 330.
85 *G. Bezzenberger* in Großkomm. AktG, 4. Aufl., § 143 AktG Rz. 19; *Fleischer* in Küting/Weber, Hdb. Rechnungslegung, § 143 AktG Rz. 13.
86 *G. Bezzenberger* in Großkomm. AktG, 4. Aufl., § 143 AktG Rz. 18; a.A. *Jänig*, Die aktienrechtliche Sonderprüfung, 2005, S. 356.
87 *G. Bezzenberger* in Großkomm. AktG, 4. Aufl., § 143 AktG Rz. 18; *Fleischer* in Küting/Weber, Hdb. Rechnungslegung, § 143 AktG Rz. 13; *Schröer* in MünchKomm. AktG, 2. Aufl., § 143 AktG Rz. 21; *ADS*, §§ 142–146 AktG Rz. 26; *Schedlbauer*, Sonderprüfungen, 1984, S. 147; a.A. *Jänig*, Die aktienrechtliche Sonderprüfung, 2005, S. 356; *Saage*, Die Prüfung der Geschäftsführung, 1965, S. 18; wohl auch *Kirschner*, Die Sonderprüfung der Geschäftsführung in der Praxis, 2008, S. 115 f.
88 *Fleischer* in Küting/Weber, Hdb. Rechnungslegung, § 143 AktG Rz. 13; *Schröer* in MünchKomm. AktG, 2. Aufl., § 143 AktG Rz. 21.
89 So aber *Jänig*, Die aktienrechtliche Sonderprüfung, 2005, S. 356.
90 *ADS*, §§ 142–146 AktG Rz. 26; *Fleischer* in Küting/Weber, Hdb. Rechnungslegung, § 143 AktG Rz. 13; dies räumt auch *Jänig*, Die aktienrechtliche Sonderprüfung, 2005, S. 356 ein.
91 Entsprechend zur bisherigen Gesetzeslage *Fleischer* in Küting/Weber, Hdb. Rechnungslegung, § 143 AktG Rz. 13; *G. Bezzenberger* in Großkomm. AktG, 4. Aufl., § 143 AktG Rz. 19; *ADS*, §§ 142–146 AktG Rz. 26.
92 Begr. RegE, BT-Drucks. 15/3419, S. 39; *Quick*, BFuP 58 (2006), 42, 46. Zur internen Revision s. BaFin Rundschreiben 15/2009 – Mindestanforderungen an das Risikomanagement – MaRisk, unter AT 4.4; *Braun* in Boos/Fischer/Schulte-Mattler, § 25a KWG Rz. 402 ff.
93 *Hopt/Merkt* in Baumbach/Hopt, § 319 HGB Rz. 18; *Quick*, BFuP 58 (2006), 42, 46.

schluss ausgewirkt haben. Da der Jahresabschluss als solcher kein tauglicher Gegenstand der Sonderprüfung ist, gilt hier gleichfalls das zu Buchstabe a) Gesagte.

19 **Voraussetzung aller vier Fallgruppen** ist dabei, dass die Tätigkeiten nicht nur von untergeordneter Bedeutung sind[94]. Im Übrigen erweitert § 319 Abs. 3 Satz 1 Nr. 3 Halbsatz 2 HGB den Ausschluss auf Tätigkeiten, die von einem Unternehmen für die zu prüfende Gesellschaft erbracht werden, bei dem der Sonderprüfer gesetzlicher Vertreter, Arbeitnehmer oder Mitglied des Aufsichtsrates ist oder mehr als zwanzig Prozent der Stimmrechte[95] besitzt[96].

20 **(4) Beschäftigung einer von der Prüfung ausgeschlossenen Person (§ 319 Abs. 3 Satz 1 Nr. 4 HGB).** Gem. § 143 Abs. 2 Satz 1 AktG i.V.m. § 319 Abs. 3 Satz 1 Nr. 4 HGB ist vom Amt des Sonderprüfers ausgeschlossen, wer bei der Prüfung **eine Person beschäftigt, die nach den Nummern 1–3 nicht Sonderprüfer sein darf.** Hiermit sollen Umgehungen der Ausschlussgründe über Arbeitnehmer erfasst werden[97]. Zu den bei der Prüfung beschäftigten Personen zählen dabei nicht nur Mitarbeiter des Prüfungsteams, sondern auch andere Personen, die im Zusammenhang mit der Prüfung eingesetzt werden, wie etwa Prüfungspartner, die die Ergebnisse nochmals überprüfen[98]. Ob es sich um Arbeitnehmer oder freie Mitarbeiter handelt, ist nicht entscheidend[99]. Soweit im Zusammenhang mit der Sonderprüfung eine einschränkende Auslegung der Ausschlussgründe angezeigt ist – wie insbesondere im Fall des § 319 Abs. 3 Satz 1 Nr. 3 Buchst. a HGB (s. dazu oben Rz. 17), gelten die dortigen Ausführungen entsprechend.

21 **(5) Umsatzabhängigkeit (§ 319 Abs. 3 Satz 1 Nr. 5 HGB).** § 143 Abs. 2 Satz 1 i.V.m. § 319 Abs. 3 Satz 1 Nr. 5 HGB schließt des Weiteren eine Person vom Amt des Sonderprüfers aus, die innerhalb der letzten fünf Jahre jeweils mehr als dreißig Prozent der Gesamteinnahmen aus ihrer beruflichen Tätigkeit von der zu prüfenden Kapitalgesellschaft und von Unternehmen, an denen die zu prüfende Gesellschaft mehr als zwanzig Prozent der Anteile besitzt, bezogen hat und dies auch im laufenden Geschäftsjahr zu erwarten ist. Hintergrund der Vorschrift ist die sog. **Gefahr der Umsatzabhängigkeit**[100]. Relevant sind sämtliche Einnahmen aus der beruflichen Tätigkeit; zu den Einkünften zählen also nicht nur solche aus Prüfung und aus Beratung, wie dies noch die Vorgängervorschrift des § 319 Abs. 2 Satz 1 Nr. 8 HGB a.F. vorsah[101], sondern auch Einnahmen aus prüfungsfernen Bereichen[102]. Besitzt der Sonder-

---

94 *Hopt/Merkt* in Baumbach/Hopt, § 319 HGB Rz. 21; *Mock* in Spindler/Stilz, § 143 AktG Rz. 22; *Hülsmann*, DStR 2005, 166, 169.
95 Dieser Schwellenwert ist enger als derjenige in § 319 Abs. 3 Satz 1 Nr. 1 HGB, da es hier nicht auf die Anteile sondern auf die Stimmrechte ankommt (s. auch *Hopt/Merkt* in Baumbach/Hopt, § 319 HGB Rz. 22).
96 *Ebke* in MünchKomm. HGB, 2. Aufl., § 319 HGB Rz. 55; *Hopt/Merkt* in Baumbach/Hopt, § 319 HGB Rz. 22; *Morck* in Koller/Roth/Morck, § 319 HGB Rz. 5.
97 *Hopt/Merkt* in Baumbach/Hopt, § 319 HGB Rz. 23; *Förschle/Schmidt* in BeckBillkomm., § 319 HGB Rz. 67.
98 Begr. RegE, BT-Drucks. 15/3419, S. 40; *Hopt/Merkt* in Baumbach/Hopt, § 319 HGB Rz. 23.
99 *Ebke* in MünchKomm. HGB, 2. Aufl., § 319 HGB Rz. 68; *ADS*, § 319 HGB Rz. 143; s. auch *Jänig*, Die aktienrechtliche Sonderprüfung, 2005, S. 350; *Förschle/Schmidt* in BeckBilkomm., § 319 HGB Rz. 67.
100 *Förschle/Schmidt* in BeckBilkomm., § 319 HGB Rz. 70; *Ebke* in MünchKomm. HGB, 2. Aufl., § 319 HGB Rz. 69; zur Vorgängerregelung des § 319 Abs. 2 Satz 1 Nr. 8 HGB a.F. etwa *ADS*, § 319 HGB Rz. 151; s. zu § 143 a.F. auch *G. Bezzenberger* in Großkomm. AktG, 4. Aufl., § 143 AktG Rz. 20.
101 *Hopt/Merkt* in Baumbach/Hopt, § 319 HGB Rz. 24.
102 *Hopt/Merkt* in Baumbach/Hopt, § 319 HGB Rz. 24; *Ebke* in MünchKomm. HGB, 2. Aufl., § 319 HGB Rz. 69; so bereits zu § 143 a.F. *Fleischer* in Küting/Weber, Hdb. Rechnungslegung, § 143 AktG Rz. 14, mit der Begründung, dass die Sonderprüfung keine Wirtschaftsprüfer-

prüfer zugleich die Qualifikation als Rechtsanwalt, sind auch diese Einkünfte mitzurechnen[103]. Die Sozietätsklausel (§ 319 Abs. 3 Satz 1 HGB) führt dazu, dass die Einnahmen aller Personen, mit denen der Sonderprüfer seinen Beruf gemeinsam ausübt, addiert werden[104]. Einkünfte von Ehegatten oder Lebenspartnern finden indes gem. § 319 Abs. 3 Satz 2 HGB keine Berücksichtigung, gleichwohl auch im Einzelfall die Generalklausel des § 319 Abs. 2 HGB greifen kann[105].

**cc) Besondere Ausschlussgründe bei Unternehmen von öffentlichem Interesse (§ 319a Abs. 1 HGB).** Der im Rahmen des BilReG[106] neu eingefügte und durch das BilMoG[107] geänderte § 319a HGB, auf dessen Abs. 1 in § 143 Abs. 2 Satz 1 verwiesen wird, enthält besondere Ausschlussgründe für „Unternehmen von öffentlichem Interesse" – ebenfalls in Form von **unwiderleglichen gesetzlichen Vermutungen**[108]. Die Vorschrift gilt für kapitalmarktorientierte Unternehmen i.S. des § 264d HGB. Allein diese, nach Maßgabe des ebenfalls durch das BilMoG eingeführten § 264d HGB, kapitalmarktorientierten Unternehmen sind solche des öffentlichen Interesses[109]. Eine Kapitalgesellschaft ist danach kapitalmarktorientiert, wenn diese einen organisierten Markt im Sinne von § 2 Abs. 5 WpHG durch von ihr ausgegebene Wertpapiere i.S. des § 2 Abs. 1 Satz 1 WpHG in Anspruch nimmt oder die Zulassung solcher Wertpapiere zum Handel an einem organisierten Markt beantragt hat (§ 264d HGB). Von den besonderen Ausschlussgründen des § 319a Abs. 1 HGB nicht erfasst sind demnach andere in besonderem Maße im öffentlichen Interesse stehende Unternehmen, wie etwa Kredit- oder Finanzdienstleistungsinstitute ab einer bestimmten Größe[110]. Ihren Grund findet die Vorschrift im Kapitalanlegerschutz sowie dem öffentlichen Interesse an Corporate Governance und dem Vertrauen in den Kapitalmarkt[111].

22

Zu den Ausschlussgründen im Einzelnen: **Umsatzabhängigkeit (§ 319a Abs. 1 Satz 1 Nr. 1 HGB).** § 319a Abs. 1 Satz 1 Nr. 1 HGB verschärft die allgemeine Regelung des § 319 Abs. 3 Satz 1 Nr. 5 HGB, indem die Umsatzabhängigkeitsgrenze für die Prüfung kapitalmarktnotierter Unternehmen auf 15 Prozent herabgesetzt wird[112]. Der Gesetzgeber hat sich dabei in moderater Form an der internationalen Diskussion orientiert, wo Schwellenwerte von 5–15 Prozent erörtert werden[113]. **Rechts- oder Steuerberatungsleistungen (§ 319a Abs. 1 Satz 1 Nr. 2 HGB).** Diese auf dem Selbstprüfungsver-

23

---

Vorbehaltsprüfung darstellen würde; ebenso *Jänig*, Die aktienrechtliche Sonderprüfung, 2005, S. 350.
103 S. *Ebke* in MünchKomm. HGB, 2. Aufl., § 319 HGB Rz. 69; *Fleischer* in Küting/Weber, Hdb. Rechnungslegung, § 143 AktG Rz. 14; zum Abschlussprüfer auch *Morck* in Koller/Roth/Morck, § 319 HGB Rz. 5; *ADS*, § 319 HGB Rz. 153.
104 *Förschle/Schmidt* in BeckBilkomm., § 319 HGB Rz. 70; *Ebke* in MünchKomm. HGB, 2. Aufl., § 319 HGB Rz. 69.
105 *Ebke* in MünchKomm. HGB, 2. Aufl., § 319 HGB Rz. 69.
106 Gesetz zur Einführung internationaler Rechnungslegungsstandards und zur Sicherung der Qualität der Abschlussprüfung (Bilanzrechtsreformgesetz – BilReG) vom 4.12.2004, BGBl. I 2004, 3166.
107 Gesetz zur Modernisierung des Bilanzrechts (Bilanzrechtsmodernisierungsgesetz) vom 25.5.2009, BGBl. I 2009, 1102.
108 *Hopt/Merkt* in Baumbach/Hopt, § 319a HGB Rz. 1.
109 *Petersen/Zwirner*, WPg 2009, 769; *Hopt/Merkt* in Baumbach/Hopt, § 319a HGB Rz. 1.
110 Bericht Rechtsausschuss, BT-Drucks. 15/4054, S. 39; *Hopt/Merkt* in Baumbach/Hopt, § 319a HGB Rz. 1; *Ring*, WPg 2005, 197, 200; *Hülsmann*, DStR 2005, 166, 170; anders noch der Regierungsentwurf, s. Begr. RegE, BT-Drucks. 15/3419, S. 41.
111 *Hopt/Merkt* in Baumbach/Hopt, § 319a HGB Rz. 1; *Hülsmann*, DStR 2005, 166, 170.
112 *Petersen/Zwirner*, WPg 2009, 769, 770; *Hülsmann*, DStR 2005, 166, 170.
113 S. Begr. RegE, BT-Drucks. 15/3419, S. 41; *Hopt/Merkt* in Baumbach/Hopt, § 319a HGB Rz. 2; *Ring*, WPg 2005, 197, 200; *Hülsmann*, DStR 2005, 166, 170; *Petersen/Zwirner*, WPg 2009, 769, 771.

bot[114] basierende Vorschrift hält – im Wesentlichen im Einklang mit der zu § 319 HGB a.F. ergangenen höchstrichterlichen Rechtsprechung[115] – Rechts- oder Steuerberatungsleistungen für befangenheitsbegründend, die über das Aufzeigen von Gestaltungsalternativen hinausgehen und die sich auf die Darstellung der Vermögens-, Finanz- und Ertragslage in dem zu prüfenden Jahresabschluss unmittelbar und nicht nur unwesentlich auswirken[116]. **Mitwirkung an Rechnungslegungsinformationssystemen (§ 319a Abs. 1 Satz 1 Nr. 3 HGB).** Ein weiteres besonderes Tätigkeitsverbot enthält § 319a Abs. 1 Satz 1 Nr. 3 HGB, der Personen vom Prüferamt ausschließt, die an der Entwicklung, Einrichtung und Einführung von Rechnungslegungsinformationssystemen mitgewirkt haben, soweit diese Tätigkeit über die Prüfungstätigkeit hinausgeht und nicht nur von untergeordneter Bedeutung ist. Im Zusammenhang mit der Sonderprüfung besteht eine typische Gefahr der Befangenheit aufgrund der Mitwirkung an Rechnungslegungsinformationssystemen nur in solchen Fällen, in denen sich die Sonderprüfung mit der Buchführung oder Teilen des Jahresabschlusses befasst; im Rahmen der Sonderprüfung ist die Vorschrift deshalb auf diese Fallkonstellationen zu reduzieren. **Zeichnung von sieben oder mehr Bestätigungsvermerken (§ 319a Abs. 1 Satz 1 Nr. 4 HGB).** Durch das BilMoG hat § 319a Abs. 1 Satz 1 Nr. 4 HGB eine Änderung erfahren. Nunmehr unterliegt ein Abschlussprüfer einem zwingenden Ausschlussgrund, wenn dieser in sieben oder mehr Fällen für die Abschlussprüfung verantwortlich war. Gegenüber § 319a Abs. 1 Satz 1 Nr. 4 HGB a.F. handelt es sich hierbei um eine Verschärfung, denn die Vorschrift stellt nun nicht mehr allein darauf ab, ob der Abschlussprüfer einen Bestätigungsvermerk nach § 322 HGB über die Prüfung des Jahresabschlusses des Unternehmens gezeichnet hat[117]. Wer für eine Abschlussprüfung verantwortlich ist, definiert der neue § 319a Abs. 1 Satz 5 HGB. Danach ist auf die Unterzeichnung des Bestätigungsvermerks nach § 322 HGB abzustellen oder darauf, wer als Wirtschaftsprüfer von einer Wirtschaftsprüfungsgesellschaft als für die Durchführung verantwortlich bestimmt worden ist. Der vom Gesetzeswortlaut verwandte Begriff des „Prüfungspartners" ist insoweit irreführend, als dass hier nicht die gesellschaftsrechtliche Stellung ausschlaggebend sein kann, sondern die leitende Funktion eines Wirtschaftsprüfers gemeint ist (z.B. als Prokurist)[118]. Im Hinblick auf die Sonderprüfung erscheint die hiermit angestrebte interne Rotation angesichts der geringen praktischen Bedeutung von Sonderprüfungen indes nicht erforderlich[119]. § 319a Abs. 1 Satz 1 Nr. 4 HGB wird daher bei der Bestellung von Sonderprüfern nicht anzuwenden sein[120], dürfte aber ohnehin aufgrund der Seltenheit

---

114 S. Begr. RegE, BT-Drucks. 15/3419, S. 41; *Hopt/Merkt* in Baumbach/Hopt, § 319a HGB Rz. 3; *Mock* in Spindler/Stilz, § 143 AktG Rz. 28; *Petersen/Zwirner*, WPg 2009, 769, 771.

115 BGH v. 21.4.1997 – II ZR 317/95 – „Allweiler", BGHZ 135, 260 = GmbHR 1997, 652; bestätigt in BGH v. 25.11.2002 – II ZR 49/01, DStR 2003, 895. S. dazu auch *Röhricht*, WPg 1998, 153 und *Löcke*, GmbHR 1997, 1052.

116 *Hopt/Merkt* in Baumbach/Hopt, § 319a HGB Rz. 3; *Ring*, WPg 2005, 197, 201; *Hülsmann*, DStR 2005, 166, 171.

117 S. Begr. RegE, BT-Drucks. 16/10067, S. 88; *Förschle/Schmidt* in BeckBilkomm., § 319a HGB Rz. 32; *Hopt/Merkt* in Baumbach/Hopt, § 319a HGB Rz. 7; *Erchinger/Melcher*, DB 2009, 91, 93 f.; *Petersen/Zwirner*, WPg 2009, 769, 773.

118 *Erchinger/Melcher*, DB 2009, 91, 93; *Förschle/Schmidt* in BeckBilkomm., § 319a HGB Rz. 36; *Hopt/Merkt* in Baumbach/Hopt, § 319a HGB Rz. 10.

119 So bereits zu § 143 a.F. i.V.m. § 319 Abs. 3 Nr. 6 HGB a.F. *Fleischer* in Küting/Weber, Hdb. Rechnungslegung, § 143 AktG Rz. 16. Zur praktischen Bedeutung der Sonderprüfung s. § 142 Rz. 7.

120 In diesem Sinne zu § 143 a.F. i.V.m. § 319 Abs. 3 Nr. 6 HGB a.F. *G. Bezzenberger* in Großkomm. AktG, 4. Aufl., § 143 AktG Rz. 21, 23; a.A. offenbar *Mock* in Spindler/Stilz, § 143 AktG Rz. 30, der diesen Umstand nicht problematisiert.

der Sonderprüfung kaum praktisch relevant werden[121]. Fälle, in denen der Sonderprüfer wiederholt als Abschlussprüfer tätig geworden ist, sind von § 143 Abs. 2 Satz 1 AktG i.V.m. § 319a Abs. 1 Satz 1 Nr. 4 HGB von vorneherein nicht erfasst, können aber im Rahmen der allgemeinen Befangenheitserwägungen nach § 319 Abs. 2 HGB zu berücksichtigen sein[122].

§ 319a Abs. 1 HGB erfasst im Übrigen auch Fälle, in denen der Prüfer nicht unmittelbar betroffen ist[123]. So finden aufgrund des **Verweises in § 319a Abs. 1 Satz 2 HGB** die Ausschlussgründe des § 319a Abs. 1 Satz 1 Nr. 1–4 HGB auch dann Anwendung, wenn ein Unternehmen die genannten Tätigkeiten für die zu prüfende Gesellschaft ausübt, soweit der Prüfer gesetzlicher Vertreter, Arbeitnehmer, Mitglied des Aufsichtsrates oder Gesellschafter mit mehr als zwanzig Prozent der Stimmrechte ist (**§ 319a Abs. 1 Satz 2 i.V.m. § 319 Abs. 3 Satz 1 Nr. 3 letzter Teilsatz HGB**); außerdem ist der Prüfer vom Prüfungsamt ausgeschlossen, wenn die Ausschließungsgründe in der Person des Ehegatten oder Lebenspartners im Sinne des § 1 LPartG erfüllt sind (**§ 319a Abs. 1 Satz 2 i.V.m. § 319 Abs. 3 Satz 2 HGB**)[124]. § 319a Abs. 1 Satz 3 HGB erweitert die Ausschlussgründe der Nr. 1–3 (nicht hingegen Nr. 4) schließlich auf Fälle, in denen diese bei einer Person vorliegen, mit der der Prüfer seinen Beruf gemeinsam ausübt (**Sozietätsklausel**)[125].

24

**dd) Besondere Ausschlussgründe für Mitglieder eines Netzwerks (§ 319b HGB).** Ausgeschlossen sind, nach dem in Umsetzung[126] von Art. 22 Abs. 2 Abschlussprüferrichtlinie[127] durch das BilMoG eingeführten § 319b HGB, Sonderprüfer mit Netzwerkabhängigkeiten. Unterliegt ein Mitglied ihres Netzwerks einem Ausschlussgrund nach § 319 Abs. 2, 3 Satz 1 Nr. 1, 2 oder Nr. 4, Abs. 3 Satz 2 oder Abs. 4 HGB, schlägt dies auf die Person des Sonderprüfers durch (§ 319b Abs. 1 Satz 1 HGB). Allerdings besteht nach § 319b Abs. 1 Satz 1 HGB eine Entlastungsmöglichkeit, wenn das Netzwerkmitglied auf das Ergebnis der Abschlussprüfung keinen Einfluss nehmen kann, wofür der Sonderprüfer die Darlegungslast trägt[128]. Indes ist diese Entlastungsmöglichkeit nach § 319b Abs. 1 Satz 2 HGB ausgeschlossen, wenn das Netzwerkmitglied einen Ausschlussgrund nach § 319 Abs. 3 Satz 1 Nr. 3 HGB oder § 319a Abs. 1 Satz 1 Nr. 2 oder 3 HGB erfüllt. Bei Vorliegen eines dieser Ausschlussgründe auf Seiten eines Netzwerkmitglieds wird die Befangenheit des Sonderprüfers unwiderleglich vermutet[129]. Der Grund ist darin zu sehen, dass es sich bei den genannten Ausschlussgründen um die Erbringung von Beratungs- oder Bewertungsleistungen handelt,

25

---

121 So bereits zu § 143 a.F. i.V.m. § 319 Abs. 3 Nr. 6 HGB a.F. *Fleischer* in Küting/Weber, Hdb. Rechnungslegung, § 143 AktG Rz. 16.
122 Entsprechend zur alten Rechtslage *G. Bezzenberger* in Großkomm. AktG, 4. Aufl., § 143 AktG Rz. 21; *Fleischer* in Küting/Weber, Hdb. Rechnungslegung, § 143 AktG Rz. 16.
123 *Hopt/Merkt* in Baumbach/Hopt, § 319a HGB Rz. 8.
124 *Petersen/Zwirner*, WPg 2009, 769, 775; *Hopt/Merkt* in Baumbach/Hopt, § 319a HGB Rz. 8; *Förschle/Schmidt* in BeckBilkomm., § 319a HGB Rz. 40, § 319 HGB Rz. 73.
125 *Petersen/Zwirner*, WPg 2009, 769, 776; *Hopt/Merkt* in Baumbach/Hopt, § 319a HGB Rz. 9; *Kirschner*, Die Sonderprüfung der Geschäftsprüfung in der Praxis, 2008, S. 106.
126 S. Begr. RegE, BT-Drucks. 16/10067, S. 89.
127 Richtlinie 2006/43/EG des Europäischen Parlaments und des Rates vom 17. Mai 2006 über Abschlussprüfungen von Jahresabschlüssen und konsolidierten Abschlüssen, zur Änderung der Richtlinien 78/660/EWG und 83/349/EWG des Rates und zur Aufhebung der Richtlinie 84/253/EWG des Rates, ABl. L 157 v. 9.6.2006, S. 87 ff.
128 Begr. RegE, BT-Drucks. 16/10067, S. 90; *Hopt/Merkt* in Baumbach/Hopt, § 319b HGB Rz. 3 mit Hinweis auf den Gesetzeswortlaut „es sei denn".
129 Begr. RegE, BT-Drucks. 16/10067, S. 90; *Hopt/Merkt* in Baumbach/Hopt, § 319b HGB Rz. 4; *Förschle/Schmidt* in BeckBilkomm., § 319b HGB Rz. 20, die bei dem fehlenden Verweis in § 319b Abs. 1 Satz 2 HGB auf § 319 Abs. 4 HGB von einem Redaktionsversehen ausgehen.

deren Ergebnis sich unabhängig von einem weiteren Zutun des Netwerkmitglieds unmittelbar im handelsrechtlichen Jahres- oder Konzernabschluss niederschlägt[130].

26 Nach der **Legaldefinition in § 319b Abs. 1 Satz 3 HGB** liegt ein **Netzwerk** vor, wenn Personen bei ihrer Berufsausübung zur Verfolgung gemeinsamer wirtschaftlicher Interessen für eine gewisse Dauer zusammenwirken. Die Abschlussprüferrichtlinie gibt in Art. 2 Nr. 7 eine umfangreichere Definition an die Hand, gleichwohl diese von § 319b Abs. 1 Satz 3 HGB vollumfänglich umfasst sein soll[131], was bei der Auslegung zu berücksichtigen ist, nicht zuletzt um Verstöße gegen höherrangiges Europarecht zu vermeiden[132]. **Zusammenwirken** ist danach beim Vorliegen einer auf Kooperation ausgerichteten breiteren Struktur gegeben, wobei ein weites Begriffsverständnis anzulegen ist, so dass hier jede Form des Zusammenwirkens genügt, ohne also eine rechtliche Ausgestaltung vorauszusetzen[133]. **Dauerhaftigkeit** setzt mehr voraus als ein einmaliges oder nur gelegentliches Zusammenwirken[134]. Zur Konkretisierung der **gemeinsam verfolgten wirtschaftlichen Interessen** verweist die Gesetzesbegründung auf die in Art. 2 Nr. 7 Abschlussprüferrichtlinie angeführten Kriterien, etwa das eindeutige Abzielen auf eine Gewinn und Kostenteilung, durch gemeinsame Kontrolle, Geschäftsführung oder Geschäftsstrategie[135]. Schließlich müssen die **Personen bei ihrer Berufsausübung** zusammenwirken. Davon werden zunächst natürliche und juristische Personen erfasst, aber auch teilrechtsfähige Personenvereinigungen[136]. Um den Anwendungsbereich einzuschränken, müssen die wirtschaftlichen Interessen unmittelbar bei der Berufsausübung verfolgt werden und nicht nur bei Gelegenheit, so dass der bloße Zusammenschluss in Berufsverbänden etc. gerade nicht ausreicht, da diese die Berufsausübung lediglich flankieren[137].

27 Die Verwendung des Begriffs „Netzwerk" oder „network" allein reicht noch nicht aus, um den besonderen Ausschlusstatbestand des § 319b HGB zu begründen, kann jedoch im Einzelfall von der Generalklausel (§ 319 Abs. 2 HGB; s. Rz. 12 f.) erfasst werden[138].

**b) Ausschlussgründe für Prüfungsgesellschaften (§ 143 Abs. 2 Satz 2)**

28 Eine Prüfungsgesellschaft ist ausgeschlossen, wenn sie nach § 319 Abs. 2, 4, § 319a Abs. 1, § 319b HGB nicht Abschlussprüfer sein darf oder während der Zeit, in der sich der zu prüfende Vorgang ereignet hat, hätte sein dürfen. **§ 319 Abs. 4 HGB** bedient sich seinerseits einer Verweisung auf die für Einzelprüfer geltenden Ausschlussgründe in **§ 319 Abs. 2 und 3 HGB** und erstreckt diese Bestellungshindernisse unmittelbar auf die Prüfungsgesellschaft[139], so dass diesbezüglich auf die voran stehenden Erläuterungen verwiesen werden kann (Rz. 12 ff.). Zudem ist die Prüfungsgesellschaft auch dann ausgeschlossen, wenn einer ihrer gesetzlichen Vertreter, ein Gesellschafter, der mehr als zwanzig Prozent der Stimmrechte besitzt, ein verbundenes Unternehmen, ein bei der Prüfung in verantwortlicher Position beschäftigter Gesellschafter oder eine andere von ihr beschäftigte Person, die das Ergebnis der Prüfung

---

130 Begr. RegE, BT-Drucks. 16/10067, S. 90; *Hopt/Merkt* in Baumbach/Hopt, § 319b HGB Rz. 4.
131 So die Begr. RegE, BT-Drucks. 16/10067, S. 90.
132 Krit. *Hopt/Merkt* in Baumbach/Hopt, § 319b HGB Rz. 5.
133 Begr. RegE, BT-Drucks. 16/10067, S. 90; *Hopt/Merkt* in Baumbach/Hopt, § 319b HGB Rz. 6.
134 Begr. RegE, BT-Drucks. 16/10067, S. 90; *Förschle/Schmidt* in BeckBilkomm., § 319b HGB Rz. 11; *Hopt/Merkt* in Baumbach/Hopt, § 319b HGB Rz. 6.
135 S. ausführlich *Förschle/Schmidt* in BeckBilkomm., § 319b HGB Rz. 9 und *Hopt/Merkt* in Baumbach/Hopt, § 319b HGB Rz. 6.
136 Begr. RegE, BT-Drucks. 16/10067, S. 91.
137 Begr. RegE, BT-Drucks. 16/10067, S. 91.
138 Begr. RegE, BT-Drucks. 16/10067, S. 91; *Hopt/Merkt* in Baumbach/Hopt, § 319b HGB Rz. 9.
139 *Pfitzer/Orth/Hettich*, DStR 2004, 328, 330.

beeinflussen kann, einen der Ausschlussgründe verwirklicht, § 319 Abs. 4 Satz 1 HGB. Der **Begriff des verbundenen Unternehmens** bestimmt sich dabei nicht nach § 271 Abs. 2 HGB, sondern nach § 15 (Rz. 15). Gem. **§ 319 Abs. 4 Satz 2 HGB** gelten die Ausschlussgründe auch dann, wenn ein Aufsichtsratsmitglied der Gesellschaft wegen personeller Verflechtung nach § 319 Abs. 3 Satz 1 Nr. 2 HGB ausgeschlossen ist, oder wenn mehrere Gesellschafter, die zusammen mehr als zwanzig Prozent der Stimmrechte besitzen, jeweils einzeln oder zusammen nach § 319 Abs. 2, 3 HGB ausgeschlossen sind; damit sollen verschachtelte Eigentümerkonstruktionen verhindert werden[140].

Daneben finden ferner auch die Ausschlussgründe des **§ 319a Abs. 1 HGB** bei der Prüfung kapitalmarktorientierter Unternehmen Anwendung, § 143 Abs. 2 Satz 2 AktG, § 319a Abs. 1 Satz 2 i.V.m. § 319 Abs. 4 HGB. Auch hier kann insoweit auf die obigen Erläuterungen verwiesen werden (Rz. 22 ff.). § 319a Abs. 1 Satz 4 HGB, der sich auf die interne Rotation bezieht und klarstellt, dass die Gesellschaft selbst nicht ausgeschlossen ist, sondern sie nur den Abschlussprüfer nicht beschäftigen darf, der § 319a Abs. 1 Satz 1 Nr. 4 verwirklicht[141], hat im Zusammenhang mit der Sonderprüfung keine Bedeutung, da § 319a Abs. 1 Satz 1 Nr. 4 HGB auf die Bestellung von Sonderprüfern ohnehin nicht anzuwenden ist (s. Rz. 23). 29

Schließlich kann eine Prüfungsgesellschaft auch infolge von Netzwerkabhängigkeiten ausgeschlossen sein, §§ 143 Abs. 2 Satz 2 AktG, § 319b HGB (s. Rz. 25 ff.). 30

#### c) Rechtsfolgen eines Verstoßes

**aa) Bestellung durch die Hauptversammlung.** Die Rechtsfolgen einer gegen § 143 Abs. 2 AktG i.V.m. §§ 319 Abs. 2–4, 319a Abs. 1 HGB verstoßenden Sonderprüferbestellung sind nicht geregelt. Einigkeit besteht, dass der **Prüfungsvertrag nach § 134 BGB nichtig** ist[142], unabhängig davon, ob die Inhabilität aus der Generalklausel des § 319 Abs. 2 HGB oder aus einem der besonderen Ausschlussgründe folgt[143]. Mangels vertraglicher Anspruchsgrundlage stehen dem Sonderprüfer sodann **keine Ansprüche auf Zahlung** des vereinbarten Prüfungsentgelts zu[144]. Auch bereicherungsrechtliche Ansprüche sowie solche aus Geschäftsführung ohne Auftrag scheiden in der Regel aus; erstere aufgrund von § 817 Satz 2 BGB, letztere, da der Sonderprüfer die Leistung aufgrund des Verbots nicht den Umständen nach für erforderlich halten durfte[145]. Da 31

---

140 S. Bericht Rechtsausschuss, BT-Drucks. 15/4054, S. 38; *Hopt/Merkt* in Baumbach/Hopt, § 319 HGB Rz. 27; *Hülsmann*, DStR 2005, 166, 170.
141 *Hopt/Merkt* in Baumbach/Hopt, § 319a HGB Rz. 10.
142 *Schröer* in MünchKomm. AktG, 2. Aufl., § 143 AktG Rz. 23; *G. Bezzenberger* in Großkomm. AktG, 4. Aufl., § 143 AktG Rz. 26; *Mock* in Spindler/Stilz, § 143 AktG Rz. 43; *Fleischer* in Küting/Weber, Hdb. Rechnungslegung, § 143 AktG Rz. 19; *Jänig*, Die aktienrechtliche Sonderprüfung, 2005, S. 352; zu § 319 HGB n.F. auch Begr. RegE, BT-Drucks. 15/3419, S. 37; *Hopt/Merkt* in Baumbach/Hopt, § 319 HGB Rz. 31; *Ring*, WPg 2005, 197, 200; ebenso zu § 319 HGB a.F. BGH v. 30.4.1992 – III ZR 151/91, BGHZ 118, 142; BGH v. 21.1.2010 – Xa ZR 175/07, ZIP 2010, 433, 434.
143 Ebenso für die Abschlussprüfung Begr. RegE, BT-Drucks. 15/3419, S. 37; *Hopt/Merkt* in Baumbach/Hopt, § 319 HGB Rz. 31; *Ring*, WPg 2005, 197, 200; *Müller*, NZG 2004, 1037, 1039; kritisch *Polt/Winter*, WPg 2004, 1127, 1134 f.; abweichend zur bisherigen Rechtslage BGH v. 3.6.2004 – X ZR 104/03, BGHZ 159, 234, 243 m. Anm. *Ebke/Paal*, ZGR 2007, 894, 908 ff.
144 *G. Bezzenberger* in Großkomm. AktG, 4. Aufl., § 143 AktG Rz. 26; *Fleischer* in Küting/Weber, Hdb. Rechnungslegung, § 143 AktG Rz. 19; *Mock* in Spindler/Stilz, § 143 AktG Rz. 43.
145 *G. Bezzenberger* in Großkomm. AktG, 4. Aufl., § 143 AktG Rz. 27; *Schröer* in MünchKomm. AktG, 2. Aufl., § 143 AktG Rz. 25 sowie zur Abschlussprüfung BGH v. 30.4.1992 – III ZR 151/91, BGHZ 118, 142, 150 = AG 1992, 438; *Hopt/Merkt* in Baumbach/Hopt, § 319 HGB Rz. 31; *Mock* in Spindler/Stilz, § 143 AktG Rz. 43; *Förschle/Schmidt* in BeckBilkomm.,

der Sonderprüfer im Übrigen auch dazu verpflichtet ist zu prüfen, ob in seiner Person Gründe erfüllt sind, die ihn vom Prüfungsamt nach § 142 Abs. 2 ausschließen[146], kommen zudem auch Schadensersatzansprüche der Gesellschaft aus **culpa in contrahendo** in Betracht[147].

32 Hinsichtlich des Beschlusses ist mit der h.M. von seiner **Nichtigkeit gem. § 241 Nr. 3** auszugehen, wenn die Ausschlussgründe des § 143 verkannt werden[148]. Zwar wird dagegen im Sinne einer bloßen Anfechtbarkeit darauf verwiesen[149], dass der Ausschluss der Sonderprüfer nicht überwiegend dem Schutz der Gläubiger oder dem öffentlichen Interesse diene, wie dies § 241 Nr. 3 voraussetzt, sondern vielmehr vorrangig dem Interesse der Aktionäre[150]. Auch scheint sich der Gesetzgeber selbst im Rahmen des BilReG gegen eine Nichtigkeit ausgesprochen zu haben; denn im Verhältnis § 318 Abs. 3 HGB zu §§ 319 Abs. 2–4, 319a Abs. 1 HGB sowie dem durch das BilMoG eingeführten § 319b HGB, sind Anfechtungs- und Nichtigkeitsklagen gegen den Beschluss zur Wahl des Abschlussprüfers ausgeschlossen, soweit sie auf Gründe gestützt werden, die ein Ersetzungsverfahren nach § 318 Abs. 3 HGB rechtfertigen, §§ 243 Abs. 3 Nr. 3, 249 Abs. 1[151]. Doch wäre der Beschluss, der gegen § 143 verstößt, auf einen objektiv unmöglichen Erfolg[152], nämlich den nichtigen Prüfungsvertrag, gerichtet[153]. Dabei kann auch nicht zwischen den besonderen Ausschlussgründen (§ 143 Abs. 2) – hier Nichtigkeit –, und gegen allgemeine Befangenheitsgründe – hier lediglich die Anfechtbarkeit – differenziert werden[154], da dieser Differenzierung angesichts der in § 319 Abs. 2 HGB n.F. eingefügten Generalklausel der Boden entzogen

---

§ 319 HGB Rz. 93; grds. auch *Fleischer* in Küting/Weber, Hdb. Rechnungslegung, § 143 AktG Rz. 19, der Ansprüche aber für verwertbare Teilergebnisse möglich hält, soweit nicht § 814 BGB entgegensteht.

146 Zur Pflicht des Sonderprüfers zur Prüfung seiner Eignung i.S. von § 143 Abs. 1 s. bereits oben Rz. 9.
147 *G. Bezzenberger* in Großkomm. AktG, 4. Aufl., § 143 AktG Rz. 25; *Fleischer* in Küting/Weber, Hdb. Rechnungslegung, § 143 AktG Rz. 19; *Schröer* in MünchKomm. AktG, 2. Aufl., § 143 AktG Rz. 25; *Mock* in Spindler/Stilz, § 143 AktG Rz. 43, 10.
148 *Hüffer*, § 143 AktG Rz. 6; zur alten Fassung *G. Bezzenberger* in Großkomm. AktG, 4. Aufl., § 143 AktG Rz. 26; *Fleischer* in Küting/Weber, Hdb. Rechnungslegung, § 143 AktG Rz. 17; *Jänig*, Die aktienrechtliche Sonderprüfung, 2005, S. 351; *Butzke* in Obermüller/Werner/Winden, Die Hauptversammlung der Aktiengesellschaft, Rz. M 26; *Karehnke* in J. Semler/Volhard, Arbeitshandbuch HV, § 20 Rz. 74; i.E. auch *Holzborn* in Bürgers/Körber, § 143 AktG Rz. 8; a.A. *Schröer* in MünchKomm. AktG, 2. Aufl., § 143 AktG Rz. 23; *Mock* in Spindler/Stilz, § 143 AktG Rz. 36 ff.; *Kirschner*, Die Sonderprüfung der Geschäftsführung in der Praxis, 2008, S. 188 ff.; *ADS*, §§ 142–146 Rz. 29.
149 *Schröer* in MünchKomm. AktG, 2. Aufl., § 143 AktG Rz. 23; *ADS*, §§ 142–146 AktG Rz. 29; *Kirschner*, Die Sonderprüfung der Geschäftsführung in der Praxis, 2008, S. 189; *Mock* in Spindler/Stilz, § 143 AktG Rz. 36.
150 *Schröer* in MünchKomm. AktG, 2. Aufl., § 143 AktG Rz. 23; *ADS*, §§ 142–146 AktG Rz. 29.
151 Begr. RegE, BT-Drucks. 15/3419, S. 54; *Hopt/Merkt* in Baumbach/Hopt, § 319 HGB Rz. 30.
152 S. dazu allgemein *K. Schmidt* in Großkomm. AktG, 4. Aufl., § 241 AktG Rz. 6 sowie *K. Schmidt* in Scholz, § 45 GmbHG Rz. 71; i.E. ebenso aber mit abweichender Begründung *Casper*, Die Heilung nichtiger Beschlüsse im Kapitalgesellschaftsrecht, 1998, S. 89; zur Sonderprüfung *G. Bezzenberger* in Großkomm. AktG, 4. Aufl., § 143 AktG Rz. 26; *Fleischer* in Küting/Weber, Hdb. Rechnungslegung, § 143 AktG Rz. 17; *Jänig*, Die aktienrechtliche Sonderprüfung, 2005, S. 351 f.
153 *G. Bezzenberger* in Großkomm. AktG, 4. Aufl., § 143 AktG Rz. 26; *Fleischer* in Küting/Weber, Hdb. Rechnungslegung, § 143 AktG Rz. 17; *Holzborn* in Bürgers/Körber, § 143 AktG Rz. 8; *Jänig*, Die aktienrechtliche Sonderprüfung, 2005, S. 351f.
154 *Fleischer* in Küting/Weber, Hdb. Rechnungslegung, § 143 AktG Rz. 23; *G. Bezzenberger* in Großkomm. AktG, 4. Aufl., § 143 AktG Rz. 12; *Jänig*, Die aktienrechtliche Sonderprüfung, 2005, S. 354.

ist, indem die neue gesetzliche Systematik eine Unterscheidung zwischen allgemeiner und spezieller Besorgnis der Befangenheit nicht mehr zulässt[155].

**bb) Gerichtliche Bestellung.** Verletzt eine gerichtliche Bestellung von Sonderprüfern die Verbote nach § 143 Abs. 2 ist von der **Wirksamkeit des Bestellungsbeschlusses** auszugehen, wenn die gerichtliche Entscheidung nicht auf die Beschwerde (§ 58 FamFG) bzw. die Rechtsbeschwerde (§ 70 FamFG) eines Beteiligten hin aufgehoben wurde[156]. Ist die Entscheidung in materielle Rechtskraft erwachsen, kommt nur noch eine Abberufung bzw. Ersetzung des ungeeigneten Sonderprüfers im Wege des in § 142 Rz. 67 beschriebenen Verfahrens in Betracht[157]. Nach einer früher überwiegend vertretenen Ansicht im aktienrechtlichen Schrifttum soll der Bestellungsbeschluss nichtig sein[158]. Begründet wird dieses mit der Berufung auf einen Umkehrschluss zu der vormals geltenden Regelung des § 7 FGG[159], wonach Verstöße gegen materielles Recht in Ausnahmefällen zur Unwirksamkeit der gerichtlichen Handlungen führen könnten[160]. Dem steht jedoch entgegen, dass die überwiegende Auffassung zum FGG[161] sowie nunmehr zum FamFG[162] von einer entsprechenden Ausnahme nur dann ausgeht, wenn sich die Nichtigkeit ausdrücklich aus dem Gesetz ergibt, das Gericht eine unbekannte Rechtsfolge ausspricht oder die Entscheidung jeglicher rechtlicher Grundlage entbehrt[163]. Dies liegt gerade nicht vor[164].

33

Wenngleich der Bestellungsbeschluss somit trotz Verstoßes gegen ein Bestellungsverbot wirksam ist, ist der **Prüfungsvertrag wegen Verstoßes gegen § 134 BGB nichtig**[165]. Denn zwischen dem Sonderprüfer und der Gesellschaft entsteht mit Annahme der Bestellung ein privatrechtliches Vertragsverhältnis[166]. Mithin hat der Sonderprüfer weder vertragliche Ansprüche auf Zahlung des vereinbarten Prüfungsentgelts, noch

34

---

155 kritisch zur Neuregelung *Polt/Winter*, WPg 2004, 1127, 1135.
156 *Hüffer*, § 143 AktG Rz. 6; *Schröer* in MünchKomm. AktG, 2. Aufl., § 143 AktG Rz. 26;/*Butzke* in Obermüller/Werner/Winden, Die Hauptversammlung der Aktiengesellschaft, Rz. M 26; *Jänig*, Die aktienrechtliche Sonderprüfung, 2005, S. 352.
157 *Schröer* in MünchKomm. AktG, 2. Aufl., § 143 AktG Rz. 27; *G. Bezzenberger* in Großkomm. AktG, 4. Aufl., § 143 AktG Rz. 29; *Butzke* in Obermüller/Werner/Winden, Die Hauptversammlung der Aktiengesellschaft, Rz. M 27.
158 *Hefermehl* in G/H/E/K, § 143 AktG Rz. 7; *Baumbach/Hueck*, § 143 AktG Anm. 4; *v. Godin/Wilhelmi*, § 143 AktG Anm. 6; *Barz* in Großkomm. AktG, 3. Aufl., § 143 AktG Anm. 4; zuletzt auch *Fleischer* in Küting/Weber, Hdb. Rechnungslegung, § 143 AktG Rz. 18; ebenso im Rahmen der Gründungsprüfung *Pentz* in MünchKomm. AktG, 3. Aufl., § 33 AktG Rz. 71 und *Röhricht* in Großkomm. AktG, 4. Aufl., § 33 AktG Rz. 52, die zur Begründung maßgeblich auf den Gesetzeszweck abstellen.
159 Nunmehr durch das Gesetz zur Reform des Verfahrens in Familiensachen und in den Angelegenheiten der freiwilligen Gerichtsbarkeit (FGG-Reformgesetz) vom 17.12.2008, BGBl. I 2008, 2586, vergleichbare Regelung in § 2 Abs. 3 FamFG.
160 *Fleischer* in Küting/Weber, Hdb. Rechnungslegung, § 143 AktG Rz. 18.
161 S. allgemein zum FGG etwa BayObLG v. 22.4.1993 – 3 Z BR 3/93, NJW-RR 1993, 1417; *Müther* in Jansen, § 7 FGG Rz. 31; *Zimmermann* in Keidel/Kuntze/Winkler, § 7 FGG Rz. 40.
162 *Ulrici* in MünchKomm. ZPO, 3. Aufl., Vor §§ 38 ff. FamFG Rz. 10; *Bumiller/Harders*, § 2 FamFG Rz. 28; *Baumbach/Lauterbach/Albers/Hartmann*, ZPO, § 47 FamFG Rz. 2.
163 Aus dem aktienrechtlichen Schrifttum zum FGG ebenso *Jänig*, Die aktienrechtliche Sonderprüfung, 2005, S. 352; *Mock* in Spindler/Stilz, § 143 AktG Rz. 41; *G. Bezzenberger* in Großkomm. AktG, 4. Aufl., § 143 AktG Rz. 14; *Schröer* in MünchKomm. AktG, 2. Aufl., § 143 AktG Rz. 26; *Hüffer*, § 143 AktG Rz. 6.
164 A.A. *Fleischer* in Küting/Weber, Hdb. Rechnungslegung, § 143 AktG Rz. 18.
165 Ebenso *Schröer* in MünchKomm. AktG, 2. Aufl., § 143 AktG Rz. 26; anders wohl *G. Bezzenberger* in Großkomm. AktG, 4. Aufl., § 143 AktG Rz. 29.
166 S. dazu § 142 Rz. 36 sowie *Fleischer* in Küting/Weber, Hdb. Rechnungslegung, § 142 AktG Rz. 136; *Schröer* in MünchKomm. AktG, 2. Aufl., § 142 AktG Rz. 74; *ADS*, §§ 142–146 AktG Rz. 20; *G. Bezzenberger* in Großkomm. AktG, 4. Aufl., § 142 AktG Rz. 69; demgegenüber nur für ein vertragsähnliches Verhältnis *Hüffer*, § 142 AktG Rz. 25.

## § 144
## Verantwortlichkeit der Sonderprüfer

§ 323 des Handelsgesetzbuchs über die Verantwortlichkeit des Abschlussprüfers gilt sinngemäß.

### § 323 HGB Verantwortlichkeit des Abschlussprüfers

(1) Der Abschlussprüfer, seine Gehilfen und die bei der Prüfung mitwirkenden gesetzlichen Vertreter einer Prüfungsgesellschaft sind zur gewissenhaften und unparteiischen Prüfung und zur Verschwiegenheit verpflichtet; § 57b der Wirtschaftsprüferordnung bleibt unberührt. Sie dürfen nicht unbefugt Geschäfts- und Betriebsgeheimnisse verwerten, die sie bei ihrer Tätigkeit erfahren haben. Wer vorsätzlich oder fahrlässig seine Pflichten verletzt, ist der Kapitalgesellschaft und, wenn ein verbundenes Unternehmen geschädigt worden ist, auch diesem zum Ersatz des daraus entstehenden Schadens verpflichtet. Mehrere Personen haften als Gesamtschuldner.

(2) Die Ersatzpflicht von Personen, die fahrlässig gehandelt haben, beschränkt sich auf eine Million Euro für eine Prüfung. Bei Prüfung einer Aktiengesellschaft, deren Aktien zum Handel im regulierten Markt zugelassen sind, beschränkt sich die Ersatzpflicht von Personen, die fahrlässig gehandelt haben, abweichend von Satz 1 auf vier Millionen Euro für eine Prüfung. Dies gilt auch, wenn an der Prüfung mehrere Personen beteiligt gewesen oder mehrere zum Ersatz verpflichtende Handlungen begangen worden sind, und ohne Rücksicht darauf, ob andere Beteiligte vorsätzlich gehandelt haben.

(3) Die Verpflichtung zur Verschwiegenheit besteht, wenn eine Prüfungsgesellschaft Abschlussprüfer ist, auch gegenüber dem Aufsichtsrat und den Mitgliedern des Aufsichtsrats der Prüfungsgesellschaft.

(4) Die Ersatzpflicht nach diesen Vorschriften kann durch Vertrag weder ausgeschlossen noch beschränkt werden.

(5) (weggefallen)

| | |
|---|---|
| **I. Grundlagen** . . . . . . . . . . . . . . . . . 1 | aa) Pflicht zur gewissenhaften und unparteiischen Prüfung (§ 323 Abs. 1 Satz 1 HGB) . . . . . . 7 |
| 1. Regelungsgegenstand und Normzweck . . . . . . . . . . . . . . . . . . . . 1 | bb) Pflicht zur Verschwiegenheit (§ 323 Abs. 1 Satz 1 HGB) . . . . 9 |
| 2. Entstehungsgeschichte . . . . . . . . . 3 | cc) Verwertungsverbot (§ 323 Abs. 1 Satz 2 HGB) . . . . . . . . 13 |
| **II. Einzelerläuterungen** . . . . . . . . . . . 4 | dd) Grundsatz der Eigenverantwortlichkeit . . . . . . . . . . . 14 |
| 1. Verweis auf § 323 HGB . . . . . . . . 4 | 3. Haftung der Sonderprüfer . . . . . . . 17 |
| 2. Pflichten der Sonderprüfer . . . . . 5 | a) Haftung gegenüber der Gesellschaft (§ 323 Abs. 1 Satz 3 HGB) . . 17 |
| a) Allgemeines . . . . . . . . . . . . . . . 5 | b) Haftung gegenüber Dritten . . . 22 |
| aa) Adressat der Verhaltenspflichten . . . . . . . . . . . . . . . . 5 | aa) Vertragliche Ansprüche . . . . . 22 |
| bb) Reichweite der Verhaltenspflichten . . . . . . . . . . . . . . . . 6 | bb) Deliktische Ansprüche . . . . . 25 |
| b) Die einzelnen Pflichten des § 323 Abs. 1 HGB . . . . . . . . . . . 7 | |

**Literatur:** *Bärenz*, Haftung des Abschlussprüfers bei Bestätigung fehlerhafter Jahresabschlüsse gemäß § 323 Abs. 1 S. 3 HGB, BB 2003, 1781; *Canaris*, Die Reichweite der Expertenhaftung gegen-

---

167 *Schröer* in MünchKomm. AktG, 2. Aufl., § 143 AktG Rz. 27; i.E. auch *Fleischer* in Küting/Weber, Hdb. Rechnungslegung, § 143 AktG Rz. 20.

über Dritten, ZHR 163 (1999), 206; *Canaris*, Die Haftung des Sachverständigen zwischen Schutzwirkungen für Dritte und Dritthaftung aus culpa in contrahendo, JZ 1998, 603; *Canaris*, Die Reform des Rechts der Leistungsstörungen, JZ 2001, 499; *Casutt*, Die Sonderprüfung im künftigen schweizerischen Aktienrecht, 1991; *Ebke*, Abschlussprüfer, Bestätigungsvermerk und Drittschutz, JZ 1998, 991; *Ebke*, Wirtschaftsprüfer und Dritthaftung, 1983; *Feddersen*, Die Dritthaftung des Wirtschaftsprüfers nach § 323 HGB, WM 1999, 105; *Finn*, Zur Haftung des Sachverständigen für fehlerhafte Wertgutachten gegenüber Dritten, NJW 2004, 3752; *Gloeckner*, Die zivilrechtliche Haftung des Wirtschaftsprüfers, 1967; *Hirte*, Berufshaftung, 1996; *Hopt*, Die Haftung des Wirtschaftsprüfers – Rechtsprobleme zu § 323 HGB (§ 168 AktG aF) und zur Prospekt- und Auskunftshaftung –, WPg 1986, 461 und 498; *Jänig*, Die aktienrechtliche Sonderprüfung, 2005; *Kiethe*, Der befangene Abschlussprüfer – Schadensersatz bei Interessenkollision, NZG 2003, 937; *Lang*, Die Rechtsprechung des Bundesgerichtshofes zur Dritthaftung der Wirtschaftsprüfer und anderer Sachverständiger, WM 1988, 1001; *Poll*, Die Verantwortlichkeit des Abschlussprüfers nach § 323 HGB, DZWiR 1995, 95; *Quick*, Die Haftung des handelsrechtlichen Abschlussprüfers, BB 1992, 1675; *Weber*, Die Haftung des Abschlussprüfers gegenüber Dritten, NZG 1999, 1.

## I. Grundlagen

### 1. Regelungsgegenstand und Normzweck

§ 144 regelt die **zivilrechtliche Verantwortlichkeit** der Sonderprüfer[1] durch Verweis auf den für Abschlussprüfer geltenden § 323 HGB[2]. Sonderprüfer, ihre Gehilfen und die bei der Prüfung mitwirkenden gesetzlichen Vertreter einer Prüfungsgesellschaft sind hiernach zur gewissenhaften und unparteiischen Prüfung sowie zur Verschwiegenheit verpflichtet (§ 323 Abs. 1 Satz 1 HGB) und dürfen nicht unbefugt Geschäfts- und Betriebsgeheimnisse verwerten, die sie bei ihrer Tätigkeit erfahren haben (§ 323 Abs. 1 Satz 2 HGB); bei schuldhafter Pflichtverletzung besteht zudem eine besondere Schadensersatzpflicht (§ 323 Abs. 1 Satz 3 und 4 HGB), die zwingend angeordnet (§ 323 Abs. 4 HGB) und nur in Fällen der Fahrlässigkeit summenmäßig beschränkt ist (§ 323 Abs. 2 HGB)[3]. § 144 gilt gleichermaßen für von der Hauptversammlung wie vom Gericht bestellte Sonderprüfer[4].  1

Die in § 323 HGB genannten Pflichten obliegen dem Sonderprüfer schon aufgrund des Prüfungsvertrags[5]. **Zweck** der Aufnahme in den Gesetzestext ist es, die besonderen Pflichten der Prüfer hervorzuheben und diese der Parteidisposition zu entziehen und damit als zwingenden Mindeststandard festzulegen[6]. Für Wirtschaftsprüfer und vereidigte Buchprüfer enthält § 43 Abs. 1 WPO eine dem § 323 HGB entsprechende Regelung[7]. Ob und inwieweit durch **EU-Regelungen** die **Haftung** neu geregelt wird,  2

---

1 Zur strafrechtlichen Verantwortlichkeit s. §§ 403, 404 sowie *Jänig*, Die aktienrechtliche Sonderprüfung, 2005, S. 388 ff.
2 *Schröer* in MünchKomm. AktG, 2. Aufl., § 144 AktG Rz. 1; *Fleischer* in Küting/Weber, Hdb. Rechnungslegung, § 144 AktG Rz. 1; *Hüffer*, § 144 AktG Rz. 1.
3 *Hüffer*, § 144 AktG Rz. 1; *Schröer* in MünchKomm. AktG, 2. Aufl., § 144 AktG Rz. 1; *G. Bezzenberger* in Großkomm. AktG, 4. Aufl., § 144 AktG Rz. 4; *Fleischer* in Küting/Weber, Hdb. Rechnungslegung, § 144 AktG Rz. 3; s. auch *Jänig*, Die aktienrechtliche Sonderprüfung, 2005, S. 378 ff.
4 *G. Bezzenberger* in Großkomm. AktG, 4. Aufl., § 144 AktG Rz. 5; *Jänig*, Die aktienrechtliche Sonderprüfung, 2005, S. 379.
5 *Fleischer* in Küting/Weber, Hdb. Rechnungslegung, § 144 AktG Rz. 3; *G. Bezzenberger* in Großkomm. AktG, 4. Aufl., § 144 AktG Rz. 5.
6 *G. Bezzenberger* in Großkomm. AktG, 4. Aufl., § 144 AktG Rz. 5; s. auch *Fleischer* in Küting/Weber, Hdb. Rechnungslegung, § 144 AktG Rz. 3; *Jänig*, Die aktienrechtliche Sonderprüfung, 2005, S. 379.
7 *G. Bezzenberger* in Großkomm. AktG, 4. Aufl., § 144 AktG Rz. 5; *Schröer* in MünchKomm. AktG, 2. Aufl., § 144 AktG Rz. 4; *Fleischer* in Küting/Weber, Hdb. Rechnungslegung, § 144 AktG Rz. 3.

ist derzeit noch offen; nach einer EU-weiten Konsultation[8] zur Frage der Haftung der Abschlussprüfer, hat die EU-Kommission mittlerweile eine Empfehlung zur Beschränkung der zivilrechtlichen Haftung von Abschlussprüfern und Prüfungsgesellschaften verabschiedet[9]. Danach soll die zivilrechtliche Haftung von Abschlussprüfern und Prüfungsgesellschaften bei einem nicht vorsätzlich pflichtwidrigen Verstoß gegen Berufspflichten auch gegenüber Dritten beschränkt sein.

### 2. Entstehungsgeschichte

3　Die Verantwortlichkeit von Sonderprüfern wurde erstmals durch die NotVO 1931[10] gesetzlich geregelt; § 262g HGB 1931, der die Verantwortlichkeit der Bilanzprüfer betraf, war fortan entsprechend anzuwenden[11]. Dies wurde später von § 120 AktG 1937 und § 144 **AktG 1965** übernommen, die ihrerseits auf die für Bilanzprüfer geltenden Vorschriften der § 141 AktG 1937 bzw. § 168 AktG 1965 verwiesen[12]. Mit dem **BiRiLiG**[13] wurde § 168 schließlich durch § 323 HGB ersetzt und der Verweis in § 144 entsprechend angepasst[14]. Die Haftungshöchstgrenze für fahrlässiges Verhalten wurde mehrfach geändert, zu Beginn 100.000 Reichsmark, § 262g Abs. 2 HGB 1931[15], und wurde mit dem AktG 1965 auf 500.000 DM sowie später im Rahmen des **KonTraG**[16] auf zwei Millionen DM im Regelfall bzw. acht Millionen DM für börsennotierte Unternehmen erhöht[17], zuletzt durch das **EuroBilG**[18] auf Euro umgestellt[19].

## II. Einzelerläuterungen

### 1. Verweis auf § 323 HGB

4　Der Verweis auf § 323 HGB gründet sich auf die Ähnlichkeit der Aufgaben von Abschluss- und Sonderprüfer, die beide Vorgänge bei der Geschäftsführung zu prüfen und hierüber zu berichten haben[20].

### 2. Pflichten der Sonderprüfer

#### a) Allgemeines

5　**aa) Adressat der Verhaltenspflichten.** Die Pflichten nach §§ 144 AktG, 323 HGB treffen sowohl die Sonderprüfer als auch ihre Gehilfen sowie den an der Prüfung mit-

---

8　S. dazu http://ec.europa.eu/internal_market/auditing/liability/index_de.htm#consultation.
9　Empfehlung der Europäischen Kommission vom 5. Juni 2008 zur Beschränkung der zivilrechtlichen Haftung von Abschlussprüfern und Prüfungsgesellschaften, ABl. L 162 v. 21.6.2008, S. 39.
10　Verordnung des Reichspräsidenten über Aktienrecht, Bankenaufsicht und über eine Steueramnestie vom 19.9.1931, RGBl. I 1931, 493.
11　*G. Bezzenberger* in Großkomm. AktG, 4. Aufl., § 144 AktG Rz. 1.
12　*G. Bezzenberger* in Großkomm. AktG, 4. Aufl., § 144 AktG Rz. 1; *Schröer* in MünchKomm. AktG, 2. Aufl., § 144 AktG Rz. 5.
13　Bilanzrichtliniegesetz vom 19.12.1985, BGBl. I 1985, 2355.
14　*Hüffer*, § 144 AktG Rz. 1; *Fleischer* in Küting/Weber, Hdb. Rechnungslegung, § 144 AktG Rz. 1; *Schröer* in MünchKomm. AktG, 2. Aufl., § 144 AktG Rz. 5; *G. Bezzenberger* in Großkomm. AktG, 4. Aufl., § 144 AktG Rz. 1.
15　*G. Bezzenberger* in Großkomm. AktG, 4. Aufl., § 144 AktG Rz. 1.
16　Gesetz zur Kontrolle und Transparenz im Unternehmensbereich vom 27.4.1998, BGBl. I 1998, 786.
17　*Schröer* in MünchKomm. AktG, 2. Aufl., § 144 AktG Rz. 5; *G. Bezzenberger* in Großkomm. AktG, 4. Aufl., § 144 AktG Rz. 1.
18　Euro-Bilanzgesetz vom 10.12.2001, BGBl. I 2001, 3414.
19　*Schröer* in MünchKomm. AktG, 2. Aufl., § 144 AktG Rz. 5.
20　Ausführlich *G. Bezzenberger* in Großkomm. AktG, 4. Aufl., § 144 AktG Rz. 8.

wirkenden gesetzlichen Vertreter einer Prüfungsgesellschaft[21]. In Abweichung von den allgemeinen Regeln der §§ 31, 278 BGB handelt es sich um **eigene Verpflichtungen**[22] und Verantwortlichkeiten dieser Personen[23]. Daneben kommt auch eine Haftung nach §§ 31, 278 BGB in Betracht, da diese hierdurch nicht verdrängt werden[24]. Prüfungsgehilfen in diesem Sinne sind Erfüllungsgehilfen des Sonderprüfers, die an der Prüfung beteiligt sind und Prüfungshandlungen ausführen[25].

**bb) Reichweite der Verhaltenspflichten.** § 323 HGB verpflichtet zur gewissenhaften und unparteiischen Prüfung sowie zur Verschwiegenheit; außerdem dürfen keine Geschäfts- oder Betriebsgeheimnisse verwertet werden, unabhängig davon, ob die Bestellung von der Hauptversammlung oder vom Gericht vorgenommen wurde[26]. Sie beziehen sich nicht nur auf die eigentlichen Prüfungshandlungen, sondern auf das **gesamte Verhalten im Zusammenhang mit der Prüfung** einschließlich der Prüfungsvorbereitung und der Erstellung des Prüfungsberichts[27]. Nicht davon erfasst ist hingegen die vorvertragliche Pflicht des Sonderprüfers, seine Eignung zur Durchführung der Sonderprüfung (§ 143) zu prüfen; in solchen Fällen kommt eine Haftung aus culpa in contrahendo in Betracht (§ 143 Rz. 9 und 31), nicht hingegen aus § 323 HGB[28]. Zur näheren Bestimmung der Pflichten des Sonderprüfers kann im Übrigen auf die für Abschlussprüfer entwickelten Grundsätze zurückgegriffen werden; neben den berufsrechtlichen Bestimmungen sind hier insbesondere auch die Konkretisierungen durch die Standesorganisation sowie der §§ 43 ff. WPO bedeutsam[29].

6

**b) Die einzelnen Pflichten des § 323 Abs. 1 HGB**

**aa) Pflicht zur gewissenhaften und unparteiischen Prüfung (§ 323 Abs. 1 Satz 1 HGB).** Die Pflicht zur **gewissenhaften Prüfung** bezieht sich auf die Einhaltung des **allgemeinen Sorgfaltsmaßstabs des Bürgerlichen Rechts**[30], wozu der Sonderprüfer bereits aufgrund des Prüfungsvertrags verpflichtet ist[31]. Die Vorschrift erweitert nicht das gebotene Maß an Sorgfalt[32]; ebenso wenig ist ein besonderer subjektiver Verschul-

7

---

21 *Schröer* in MünchKomm. AktG, 2. Aufl., § 144 AktG Rz. 7; *G. Bezzenberger* in Großkomm. AktG, 4. Aufl., § 144 AktG Rz. 9.
22 *G. Bezzenberger* in Großkomm. AktG, 4. Aufl., § 144 AktG Rz. 9; *Schröer* in MünchKomm. AktG, 2. Aufl., § 144 AktG Rz. 7.
23 *G. Bezzenberger* in Großkomm. AktG, 4. Aufl., § 144 AktG Rz. 9; s. dazu auch *Hopt*, WPg 1986, 461, 465; *ADS*, § 323 HGB Rz. 113.
24 *Schröer* in MünchKomm. AktG, 2. Aufl., § 144 AktG Rz. 7.
25 *G. Bezzenberger* in Großkomm. AktG, 4. Aufl., § 144 AktG Rz. 9; zur Abschlussprüfung etwa *Hopt/Merkt* in Baumbach/Hopt, § 323 HGB Rz. 1; *ADS*, § 323 HGB Rz. 14.
26 *Fleischer* in Küting/Weber, Hdb. Rechnungslegung, § 144 AktG Rz. 4; *G. Bezzenberger* in Großkomm. AktG, 4. Aufl., § 144 AktG Rz. 5; *Jänig*, Die aktienrechtliche Sonderprüfung, 2005, S. 379.
27 *Fleischer* in Küting/Weber, Hdb. Rechnungslegung, § 144 AktG Rz. 4; *Schröer* in MünchKomm. AktG, 2. Aufl., § 144 AktG Rz. 8; *G. Bezzenberger* in Großkomm. AktG, 4. Aufl., § 144 AktG Rz. 10; *Jänig*, Die aktienrechtliche Sonderprüfung, 2005, S. 379; zu § 323 HGB s. etwa *Winkeljohann/Feldmüller* in BeckBilkomm., § 323 HGB Rz. 10.
28 *G. Bezzenberger* in Großkomm. AktG, 4. Aufl., § 144 AktG Rz. 10; *Schröer* in MünchKomm. AktG, 2. Aufl., § 144 AktG Rz. 8.
29 *Schröer* in MünchKomm. AktG, 2. Aufl., § 144 AktG Rz. 4 f.; *G. Bezzenberger* in Großkomm. AktG, 4. Aufl., § 144 AktG Rz. 5; *Fleischer* in Küting/Weber, Hdb. Rechnungslegung, § 144 AktG Rz. 4; *Jänig*, Die aktienrechtliche Sonderprüfung, 2005, S. 379.
30 *Wiedmann* in Ebenroth/Boujong/Joost/Strohn, § 323 HGB Rz. 5; *Winkeljohann/Feldmüller* in BeckBilkomm., § 323 HGB Rz. 11; *G. Bezzenberger* in Großkomm. AktG, 4. Aufl., § 144 AktG Rz. 11.
31 *G. Bezzenberger* in Großkomm. AktG, 4. Aufl., § 144 AktG Rz. 11.
32 *G. Bezzenberger* in Großkomm. AktG, 4. Aufl., § 144 AktG Rz. 11; *Schröer* in MünchKomm. AktG, 2. Aufl., § 144 AktG Rz. 9; *Winkeljohann/Feldmüller* in BeckBilkomm., § 323 HGB

densmaßstab gemeint³³. Die Sorgfaltspflichten des Sonderprüfers sind **objektiv zu bestimmen**³⁴ und hängen von den **konkreten Verhältnissen des Einzelfalls** ab³⁵. Dazu gehört insbesondere auch die Einhaltung gesetzlicher Vorschriften sowie der fachlichen Richtlinien und Verlautbarungen³⁶. Aus dem Zweck der Sonderprüfung können zudem Leitlinien abgeleitet werden, indem der Sonderprüfer alles Erforderliche zu tun hat, um die zu prüfenden Vorgänge aufzuhellen (**Grundsatz der Zielerreichung**) und sich bei der Untersuchung aber auch auf eben diesen Prüfungsgegenstand beschränken muss (**Grundsatz der Objektbezogenheit**)³⁷. Außerdem ist er dazu angehalten, die Prüfung innerhalb eines vernünftigen Zeitrahmens zum Abschluss zu bringen und eine übermäßige Störung des Geschäftsgangs zu vermeiden³⁸.

8   § 144 AktG i.V.m. § 323 Abs. 1 Satz 1 HGB verpflichtet zur **Unparteilichkeit**, um zu verhindern, dass sich der Sonderprüfer von Interessen einzelner Gruppen, wie etwa den Verwaltungsmitgliedern, einem Großaktionär oder der antragstellenden Minderheit, leiten lässt³⁹ – was auch in den § 142 Abs. 4 und § 143 Abs. 2 AktG i.V.m. §§ 319, 319a HGB zum Ausdruck kommt⁴⁰. Die Pflicht zur Unparteilichkeit hindert den Sonderprüfer aber nicht daran, dem Vorstand über den Fortgang der Sonderprüfung zu berichten⁴¹.

9   **bb) Pflicht zur Verschwiegenheit (§ 323 Abs. 1 Satz 1 HGB).** Die in § 144 AktG i.V.m. § 323 Abs. 1 Satz 1 HGB normierte Verrschwiegenheitspflicht, die **über das Ende der**

---

Rz. 11; anders *Ebke* in MünchKomm. HGB, 2. Aufl., § 323 HGB Rz. 40, nach dem Vermutung nahe liegt, dass Gewissenhaftigkeit über die im Verkehr erforderliche Sorgfalt hinausgeht oder zumindest besonders hohes Maß an Sorgfalt verlangt.

33 *G. Bezzenberger* in Großkomm. AktG, 4. Aufl., § 144 AktG Rz. 11; *Schröer* in MünchKomm. AktG, 2. Aufl., § 144 AktG Rz. 9.
34 *G. Bezzenberger* in Großkomm. AktG, 4. Aufl., § 144 AktG Rz. 11; *Fleischer* in Küting/Weber, Hdb. Rechnungslegung, § 144 AktG Rz. 5; *Jänig*, Die aktienrechtliche Sonderprüfung, 2005, S. 379; *Winkeljohann/Feldmüller* in BeckBilkomm., § 323 HGB Rz. 11.
35 *Fleischer* in Küting/Weber, Hdb. Rechnungslegung, § 144 AktG Rz. 5; *Jänig*, Die aktienrechtliche Sonderprüfung, 2005, S. 379; *Winkeljohann/Feldmüller* in BeckBilkomm., § 323 HGB Rz. 12.
36 *G. Bezzenberger* in Großkomm. AktG, 4. Aufl., § 144 AktG Rz. 11; *Jänig*, Die aktienrechtliche Sonderprüfung, 2005, S. 380; zur Abschlussprüfung *ADS*, § 323 HGB Rz. 21 ff.; *Ebke* in MünchKomm. HGB, 2. Aufl., § 323 HGB Rz. 44; *Wiedmann* in Ebenroth/Boujong/Joost/Strohn, § 323 HGB Rz. 5; *Hopt*, WPg 1986, 498, 502; s. dazu auch *Hirte*, Berufshaftung, 1996, S. 59 f.
37 So schon *Fleischer* in Küting/Weber, Hdb. Rechnungslegung, § 144 AktG Rz. 5; *Jänig*, Die aktienrechtliche Sonderprüfung, 2005, S. 379; zum schweizerischen Recht zuvor bereits *Casutt*, Die Sonderprüfung im künftigen schweizerischen Aktienrecht, 1991, S. 137.
38 So bereits mit Verweis auf den entsprechenden Wortlaut der schweizerischen Vorschrift *Fleischer* in Küting/Weber, Hdb. Rechnungslegung, § 144 AktG Rz. 7 und *Jänig*, Die aktienrechtliche Sonderprüfung, 2005, S. 380; s. dazu auch *Casutt*, Die Sonderprüfung im künftigen schweizerischen Aktienrecht, 1991, S. 140 ff.
39 *Fleischer* in Küting/Weber, Hdb. Rechnungslegung, § 144 AktG Rz. 8; s. auch *G. Bezzenberger* in Großkomm. AktG, 4. Aufl., § 144 AktG Rz. 12; *ADS*, § 323 HGB Rz. 28; *Winkeljohann/Feldmüller* in BeckBilkomm., § 323 HGB Rz. 25.
40 *Schröer* in MünchKomm. AktG, 2. Aufl., § 144 AktG Rz. 10; *Fleischer* in Küting/Weber, Hdb. Rechnungslegung, § 144 AktG Rz. 8; *Jänig*, Die aktienrechtliche Sonderprüfung, 2005, S. 380.
41 *Schröer* in MünchKomm. AktG, 2. Aufl., § 144 AktG Rz. 10; zur Abschlussprüfung *ADS*, § 323 HGB Rz. 29; *Winkeljohann/Feldmüller* in BeckBilkomm., § 323 HGB Rz. 35; *Wiedmann* in Ebenroth/Boujong/Joost/Strohn, § 323 HGB Rz. 8; anders wohl *Jänig*, Die aktienrechtliche Sonderprüfung, 2005, S. 380, dem zufolge es dem Sonderprüfer aufgrund der Verschwiegenheitspflicht auch gegenüber Mitgliedern der Verwaltung untersagt sei, über den Fortgang der Prüfung zu berichten.

**Prüfungstätigkeit hinaus** Geltung beansprucht[42], erstreckt sich auf sämtliche Informationen, von denen der Sonderprüfer **im Zusammenhang mit der Sonderprüfung Kenntnis erlangt** hat und die nach dem wirklichen oder mutmaßlichen Willen der Gesellschaft vertraulich behandelt werden sollen[43]. Nicht erfasst sind Tatsachen, die allgemein bekannt oder jedermann ohne weiteres zugänglich sind[44].

Die Verschwiegenheitspflicht besteht **nicht gegenüber dem Vorstand oder dem Aufsichtsrat der zu prüfenden Gesellschaft**, ebenso wenig gegenüber einzelnen Angestellten, die mit der Sonderprüfung befasst sind und mit denen der Sonderprüfer zusammenarbeitet[45]. Wird die Sonderprüfung von einer Prüfungsgesellschaft vorgenommen, gilt gegenüber dem **Aufsichtsrat der Prüfungsgesellschaft** sowie dessen Mitgliedern hingegen etwas anderes; ihnen gegenüber sind die gesetzlichen Vertreter und Angestellten der Prüfungsgesellschaft zur Verschwiegenheit verpflichtet, § 323 Abs. 3 HGB[46]. 10

Begrenzt wird die Verschwiegenheitspflicht zudem durch die in § 145 Abs. 6 angeordnete **Redepflicht**, alle Tatsachen in den Prüfungsbericht aufzunehmen, deren Kenntnis zur Beurteilung des zu prüfenden Vorgangs durch die Hauptversammlung erforderlich ist[47], auch dann, wenn diese dazu geeignet sind, der Gesellschaft einen nicht unerheblichen Nachteil zuzufügen, § 145 Abs. 6 Satz 2. Zudem kann es dem Sonderprüfer in Ausnahmefällen auch **unzumutbar** sein, an seiner Schweigepflicht festzuhalten (**Wahrnehmung berechtigter Interessen, §§ 193, 34 StGB**)[48]. 11

Flankiert wird die Verschwiegenheitspflicht durch die **strafrechtliche Sanktion des § 404 Abs. 1 Nr. 2**[49]. Außerdem sollen dem Sonderprüfer, ebenso wie dem Abschlussprüfer, verschiedene **Zeugnisverweigerungsrechte**, wie etwa § 53 Abs. 1 Nr. 3 StPO, § 383 Abs. 1 Nr. 6 ZPO, § 102 Abs. 1 Nr. 3b AO, zur Seite stehen, zu deren Geltendmachung er zudem verpflichtet sei[50]. Zwar nennen § 53 Abs. 1 Nr. 3 StPO und § 102 Abs. 1 Nr. 3b AO nicht die Sonderprüfer bei den dort bezeichneten Berufsgruppen; 12

---

42 *Schröer* in MünchKomm. AktG, 2. Aufl., § 144 AktG Rz. 11; *G. Bezzenberger* in Großkomm. AktG, 4. Aufl., § 144 AktG Rz. 14; *Fleischer* in Küting/Weber, Hdb. Rechnungslegung, § 144 AktG Rz. 11; zur Abschlussprüfung etwa *Hopt/Merkt* in Baumbach/Hopt, § 323 HGB Rz. 2; *Winkeljohann/Feldmüller* in BeckBilkomm., § 323 Rz. 31.
43 *G. Bezzenberger* in Großkomm. AktG, 4. Aufl., § 144 AktG Rz. 14; *Fleischer* in Küting/Weber, Hdb. Rechnungslegung, § 144 AktG Rz. 9; *Schröer* in MünchKomm. AktG, 2. Aufl., § 144 AktG Rz. 11; zur Abschlussprüfung *ADS*, § 323 HGB Rz. 31; *Hopt/Merkt* in Baumbach/Hopt, § 323 HGB Rz. 2; *Winkeljohann/Feldmüller* in BeckBilkomm., § 323 Rz. 31, 33.
44 *G. Bezzenberger* in Großkomm. AktG, 4. Aufl., § 144 AktG Rz. 14; *Fleischer* in Küting/Weber, Hdb. Rechnungslegung, § 144 AktG Rz. 9; *Jänig*, Die aktienrechtliche Sonderprüfung, 2005, S. 380; zur Abschlussprüfung *Winkeljohann/Feldmüller* in BeckBilkomm., § 323 HGB Rz. 32.
45 *G. Bezzenberger* in Großkomm. AktG, 4. Aufl., § 144 AktG Rz. 14; *Fleischer* in Küting/Weber, Hdb. Rechnungslegung, § 144 AktG Rz. 10; *Jänig*, Die aktienrechtliche Sonderprüfung, 2005, S. 380; s. auch *Winkeljohann/Feldmüller* in BeckBilkomm., § 323 HGB Rz. 35 ff.
46 *Schröer* in MünchKomm. AktG, 2. Aufl., § 144 AktG Rz. 11; *G. Bezzenberger* in Großkomm. AktG, 4. Aufl., § 144 AktG Rz. 14; zur Abschlussprüfung *ADS*, § 323 HGB Rz. 42.
47 Mit Bezug auf den früheren § 145 Abs. 4 a.F. *Fleischer* in Küting/Weber, Hdb. Rechnungslegung, § 144 AktG Rz. 10; *G. Bezzenberger* in Großkomm. AktG, 4. Aufl., § 144 AktG Rz. 14; *Schröer* in MünchKomm. AktG, 2. Aufl., § 144 AktG Rz. 11; *Jänig*, Die aktienrechtliche Sonderprüfung, 2005, S. 380.
48 *Fleischer* in Küting/Weber, Hdb. Rechnungslegung, § 144 AktG Rz. 10; zur Abschlussprüfung *Hopt/Merkt* in Baumbach/Hopt, § 323 HGB Rz. 2; *Ebke* in MünchKomm. HGB, 2. Aufl., § 323 HGB Rz. 57; *Winkeljohann/Feldmüller* in BeckBilkomm., § 323 HGB Rz. 47.
49 *Fleischer* in Küting/Weber, Hdb. Rechnungslegung, § 144 AktG Rz. 11.
50 *Fleischer* in Küting/Weber, Hdb. Rechnungslegung, § 144 AktG Rz. 11; zur Abschlussprüfung *Hopt/Merkt* in Baumbach/Hopt, § 323 HGB Rz. 2; *Ebke* in MünchKomm. HGB, 2. Aufl., § 323 HGB Rz. 62.

doch wäre nicht einzusehen, warum die dort genannten Wirtschaftsprüfer und vereidigten Buchprüfer bei Bestellung als Sonderprüfer in den Genuss des Zeugnisverweigerungsrechts kommen sollten, andere Sonderprüfer jedoch nicht. Das Zeugnisverweigerungsrecht – und damit auch des Beschlagnahmeverbots des § 97 Abs. 1 StPO – ist daher generell für alle Sonderprüfer anzuwenden[51]. Auch greift § 383 Abs. 1 Nr. 6 ZPO regelmäßig ein, da sie grundsätzlich jedem Verschwiegenheitspflichtigen ein Zeugnisverweigerungsrecht gewährt[52].

13 **cc) Verwertungsverbot (§ 323 Abs. 1 Satz 2 HGB).** Mit der Verschwiegenheitspflicht verbunden ist das dem Sonderprüfer aus § 144 AktG i.V.m. § 323 Abs. 1 Satz 2 HGB obliegende Verbot, Geschäfts- und Betriebsgeheimnisse unbefugt zu verwerten, die er bei seiner Tätigkeit erfahren hat[53]. Unter Verwertung ist **jedes Ausnutzen der Geheimnisse zu eigenen oder fremden Zwecken** zu verstehen, eigennütziges Handeln ist also nicht erforderlich[54]. Ob die Wahrnehmung der Geheimnisse im Rahmen der Prüfung erforderlich war oder lediglich bei Gelegenheit der Prüfung erfolgte, ist nicht entscheidend[55]. Daneben ist das **Insiderhandelsverbot** des § 14 WpHG zu beachten; ebenso wie der Abschlussprüfer ist der Sonderprüfer Primärinsider im Sinne von § 38 Abs. 1 Nr. 2c WpHG, der den verbotenen Insiderhandel i.V.m. § 39 Abs. 2 Nr. 3, 4 WpHG unter Strafe stellt[56]. Auch das Verwertungsverbot gilt über die Beendigung der Sonderprüfung hinaus[57].

14 **dd) Grundsatz der Eigenverantwortlichkeit.** Die Sonderprüfung ist vom Sonderprüfer eigenverantwortlich durchzuführen[58]. Innerhalb des vom Bestellungsbeschluss vorgegebenen Rahmens liegt es **in seinem Ermessen, welche Prüfungshandlungen er zur Aufhellung der zu prüfenden Vorgänge vornimmt**[59]. Mit der Unparteilichkeit der

---

51 S. dazu LG Bonn v. 29.10.2001 – 37 Qs 59-01, DStRE 2002, 1047, das ein Beschlagnahmeverbot nach § 97 StPO im Hinblick auf Unterlagen bejahte, die ein Wirtschaftsprüfer im Rahmen einer Sonderprüfung erlangte; wie hier *Fleischer* in Küting/Weber, Hdb. Rechnungslegung, § 144 AktG Rz. 11.
52 Dazu allgemein *Damrau* in MünchKomm. ZPO, 3. Aufl., § 383 ZPO Rz. 31 ff.; s. auch *Greger* in Zöller, § 383 ZPO Rz. 20, wonach auch Trägern sonstiger Ämter wie insbesondere auch dem Abschlussprüfer das Zeugnisverweigerungsrecht zusteht.
53 *Fleischer* in Küting/Weber, Hdb. Rechnungslegung, § 144 AktG Rz. 12; *Jänig*, Die aktienrechtliche Sonderprüfung, 2005, S. 380.
54 S. *Jänig*, Die aktienrechtliche Sonderprüfung, 2005, S. 380; *Fleischer* in Küting/Weber, Hdb. Rechnungslegung, § 144 AktG Rz. 12; zur Abschlussprüfung *ADS*, § 323 HGB Rz. 64; *Winkeljohann/Feldmüller* in BeckBilkomm., § 323 HGB Rz. 52; *Hopt/Merkt* in Baumbach/Hopt, § 323 HGB Rz. 5.
55 *Schröer* in MünchKomm. AktG, 2. Aufl., § 144 AktG Rz. 12; *ADS*, § 323 HGB Rz. 67.
56 Die Unterscheidung von Primär- und Sekundärinsider ist infolge der Marktmissbrauchsrichtlinie nur noch in strafrechtlicher Hinsicht von Bedeutung, s. dazu *Vogel* in Assmann/Uwe H. Schneider, § 38 WpHG Rz. 7 sowie *Assmann* in Assmann/Uwe H. Schneider, § 13 WpHG Rz. 1. Zur Einordnung des Sonderprüfers als Primärinsider s. *Schröer* in MünchKomm. AktG, 2. Aufl., § 144 AktG Rz. 12; *G. Bezzenberger* in Großkomm. AktG, 4. Aufl., § 144 AktG Rz. 15; *Fleischer* in Küting/Weber, Hdb. Rechnungslegung, § 144 AktG Rz. 12; *Jänig*, Die aktienrechtliche Sonderprüfung, 2005, S. 381; zum Abschlussprüfer etwa *Hopt/Merkt* in Baumbach/Hopt, § 323 HGB Rz. 5; *Winkeljohann/Feldmüller* in BeckBilkomm., § 323 HGB Rz. 54 (teilweise zur alten Rechtslage).
57 *Schröer* in MünchKomm. AktG, 2. Aufl., § 144 AktG Rz. 12; zur Abschlussprüfung *ADS*, § 323 HGB Rz. 74.
58 *G. Bezzenberger* in Großkomm. AktG, 4. Aufl., § 144 AktG Rz. 13; *Fleischer* in Küting/Weber, Hdb. Rechnungslegung, § 144 AktG Rz. 13; *Schedlbauer*, Sonderprüfungen, 1984, S. 148; *Jänig*, Die aktienrechtliche Sonderprüfung, 2005, S. 381; zur Abschlussprüfung *ADS*, § 318 HGB Rz. 214; *Winkeljohann/Feldmüller* in BeckBilkomm., § 323 HGB Rz. 25.
59 *Fleischer* in Küting/Weber, Hdb. Rechnungslegung, § 144 AktG Rz. 13; *G. Bezzenberger* in Großkomm. AktG, 4. Aufl., § 144 AktG Rz. 13; *Jänig*, Die aktienrechtliche Sonderprüfung, 2005, S. 381.

Sonderprüfung wäre ein Weisungsrecht der Gesellschaft bzw. ihren Verwaltungsmitgliedern oder gar der antragstellenden Minderheit nicht vereinbar[60].

Die Weisungsfreiheit gilt auch gegenüber einem **Gericht**, das den Sonderprüfer bestellt hat. Zwar soll das Gericht eine Art Aufsichtsmöglichkeit über den Sonderprüfer inne haben, insbesondere durch ein Auskunftsrecht, aber gegebenenfalls auch durch Weisungsrechte[61], um statt einer nachträglichen Haftung des Sonderprüfers bereits während der Prüfung korrigierend einwirken zu können[62]; dem steht jedoch die gesetzliche Betonung der eigenständigen Untersuchung durch den Sonderprüfer entgegen[63], auch stünde ein Weisungsrecht im Widerspruch zur Weisungsfreiheit gegenüber der Hauptversammlung, wenn der Prüfer durch diese bestellt wurde.

15

Der Sonderprüfer hat den prüfungsgegenständlichen Sachverhalt **selbst zu ermitteln**[64]. Aussagen Dritter sind einer kritischen Prüfung zu unterziehen; dies gilt auch für Untersuchungen von anderen Sachverständigen, insbesondere muss in derartigen Fällen auch die fachliche Kompetenz und die berufliche Qualifikation des Sachverständigen geprüft werden[65]. Bei seiner Prüfungstätigkeit darf er aber Hilfspersonen hinzuziehen, die unter seiner Leitung tätig werden („Gehilfen")[66]. Soweit ihm in Einzelfragen die erforderlichen Fachkenntnisse fehlen, darf er zudem auch andere Fachkräfte hinzuziehen (s. auch § 143 Rz. 6)[67].

16

### 3. Haftung der Sonderprüfer

#### a) Haftung gegenüber der Gesellschaft (§ 323 Abs. 1 Satz 3 HGB)

Der Sonderprüfer haftet gem. § 144 AktG i.V.m. § 323 Abs. 1 Satz 3 HGB gegenüber der Gesellschaft sowie einem geschädigten verbundenen Unternehmen für jede schuldhafte Verletzung der in § 323 Abs. 1 HGB genannten Verhaltenspflichten[68]. Des Weiteren trifft ihn diese Haftung auch bei jeder **anderen Pflichtverletzung**, die im Zusammenhang mit der Sonderprüfung steht, wie etwa der verzögerten Vorlage des nach § 145 Abs. 6 geschuldeten Prüfungsberichts[69]. Neben dem Sonderprüfer zäh-

17

---

60 *Jänig*, Die aktienrechtliche Sonderprüfung, 2005, S. 381; *Fleischer* in Küting/Weber, Hdb. Rechnungslegung, § 144 AktG Rz. 13.
61 *Jänig*, Die aktienrechtliche Sonderprüfung, 2005, S. 381 ff.
62 *Jänig*, Die aktienrechtliche Sonderprüfung, 2005, S. 382.
63 *Fleischer* in Küting/Weber, Hdb. Rechnungslegung, § 144 AktG Rz. 13.
64 *G. Bezzenberger* in Großkomm. AktG, 4. Aufl., § 144 AktG Rz. 13; s. auch *Fleischer* in Küting/Weber, Hdb. Rechnungslegung, § 144 AktG Rz. 14.
65 S. *G. Bezzenberger* in Großkomm. AktG, 4. Aufl., § 144 AktG Rz. 13; *Fleischer* in Küting/Weber, Hdb. Rechnungslegung, § 144 AktG Rz. 14; zum Abschlussprüfer etwa *Hopt/Merkt* in Baumbach/Hopt, § 317 HGB Rz. 6.
66 *G. Bezzenberger* in Großkomm. AktG, 4. Aufl., § 144 AktG Rz. 13; *Fleischer* in Küting/Weber, Hdb. Rechnungslegung, § 144 AktG Rz. 16.
67 *Fleischer* in Küting/Weber, Hdb. Rechnungslegung, § 144 AktG Rz. 16; s. ferner *Schröer* in MünchKomm. AktG, 2. Aufl., § 143 AktG Rz. 9; *G. Bezzenberger* in Großkomm. AktG, 4. Aufl., § 143 AktG Rz. 7; *ADS*, §§ 142–146 AktG Rz. 25; *Karehnke* in J. Semler/Volhard, Arbeitshandbuch HV, § 20 Rz. 73; *F.-J. Semler* in MünchHdb. AG, § 42 Rz. 15; *Jänig*, Die aktienrechtliche Sonderprüfung, 2005, S. 344.
68 *Fleischer* in Küting/Weber, Hdb. Rechnungslegung, § 144 AktG Rz. 18; *G. Bezzenberger* in Großkomm. AktG, 4. Aufl., § 144 AktG Rz. 16; *Schröer* in MünchKomm. AktG, 2. Aufl., § 144 AktG Rz. 13; *Jänig*, Die aktienrechtliche Sonderprüfung, 2005, S. 384; zur Abschlussprüfung *Hopt/Merkt* in Baumbach/Hopt, § 323 HGB Rz. 7; *Winkeljohann/Feldmüller* in BeckBilkomm., § 323 HGB Rz. 100; *Hopt*, WPg 1986, 461, 465.
69 *G. Bezzenberger* in Großkomm. AktG, 4. Aufl., § 144 AktG Rz. 16; *Fleischer* in Küting/Weber, Hdb. Rechnungslegung, § 144 AktG Rz. 18; *Jänig*, Die aktienrechtliche Sonderprüfung, 2005, S. 385; zur Abschlussprüfung BGH v. 15.12.1954 – II ZR 322/53, BGHZ 16, 17, 27 (zu § 141 AktG 1937); *Hopt/Merkt* in Baumbach/Hopt, § 323 HGB Rz. 7; *ADS*, § 323 HGB

len zu den **verpflichteten Personen** auch dessen Prüfungsgehilfen und die bei der Prüfung mitwirkenden gesetzlichen Vertreter einer Prüfungsgesellschaft (s. schon oben Rz. 5)[70]. Sind mehrere Personen für den eingetretenen Schaden verantwortlich, haften diese gem. § 144 i.V.m. § 323 Abs. 1 Satz 4 HGB als **Gesamtschuldner**[71]. Im Innenverhältnis kommen dann die §§ 426, 254 BGB zur Anwendung; gegenüber angestellten Prüfungsgehilfen können dabei arbeitsrechtliche Grundsätze zur internen Haftungsbeschränkung führen[72].

18 Die Verpflichteten haben Vorsatz und Fahrlässigkeit zu vertreten; leichte Fahrlässigkeit genügt[73]. Der **Sorgfaltsmaßstab** richtet sich dabei nach **objektiven Kriterien und Anforderungen** an einen gewissenhaften und unparteiischen Sonderprüfer für die jeweilige Sonderprüfung[74]. Der Sonderprüfer haftet zudem gem. **§ 278 BGB** auch für das Verschulden seiner Erfüllungsgehilfen, zu denen auch seine nicht prüfungsspezifischen Gehilfen zählen, wie etwa Büropersonal[75]; dass die Prüfungsgehilfen selbst nach § 323 Abs. 1 Satz 3 HGB zum Schadensersatz verpflichtet sind, steht der Anwendung von § 278 BGB nicht entgegen[76]. Gleiches gilt im Hinblick auf gesetzliche Vertreter von Prüfungsgesellschaften, für deren Pflichtverstöße die jeweilige Gesellschaft über § 31 BGB einzutreten hat[77]. Die **Beweislast** hinsichtlich des Verschuldens liegt nach allgemeinen zivilrechtlichen Grundsätzen[78] beim Sonderprüfer[79]. Dem

---

Rz. 77; *Ebke* in MünchKomm. HGB, 2. Aufl., § 323 HGB Rz. 24; *Hopt*, WPg 1986, 461, 465; *Quick*, BB 1992, 1675, 1676; einschränkend *Winkeljohann/Feldmüller* in BeckBilkomm., § 323 HGB Rz. 101: nur die in §§ 316 ff. HGB genannten Pflichten.

70 *Fleischer* in Küting/Weber, Hdb. Rechnungslegung, § 144 AktG Rz. 20; *G. Bezzenberger* in Großkomm. AktG, 4. Aufl., § 144 AktG Rz. 16; *Schröer* in MünchKomm. AktG, 2. Aufl., § 144 AktG Rz. 13; *Jänig*, Die aktienrechtliche Sonderprüfung, 2005, S. 385; zur Abschlussprüfung etwa *ADS*, § 323 HGB Rz. 75; *Winkeljohann/Feldmüller* in BeckBilkomm., § 323 HGB Rz. 60 ff.

71 *Schröer* in MünchKomm. AktG, 2. Aufl., § 144 AktG Rz. 13; *Fleischer* in Küting/Weber, Hdb. Rechnungslegung, § 144 AktG Rz. 20; *G. Bezzenberger* in Großkomm. AktG, 4. Aufl., § 144 AktG Rz. 22; *Jänig*, Die aktienrechtliche Sonderprüfung, 2005, S. 385.

72 *Fleischer* in Küting/Weber, Hdb. Rechnungslegung, § 144 AktG Rz. 20; *G. Bezzenberger* in Großkomm. AktG, 4. Aufl., § 144 AktG Rz. 22; *Hopt/Merkt* in Baumbach/Hopt, § 323 HGB Rz. 7; allgemein zu den Grundsätzen der Haftungsprivilegierung des Arbeitnehmers gegenüber dem Arbeitgeber etwa *Preis* in ErfKomm. Arbeitsrecht, § 619a BGB Rz. 9 ff.

73 *Fleischer* in Küting/Weber, Hdb. Rechnungslegung, § 144 AktG Rz. 18; zur Abschlussprüfung *Ebke* in MünchKomm. HGB, 2. Aufl., § 323 HGB Rz. 70; *Hopt*, WPg 1986, 461, 465.

74 *G. Bezzenberger* in Großkomm. AktG, 4. Aufl., § 144 AktG Rz. 17; *Fleischer* in Küting/Weber, Hdb. Rechnungslegung, § 144 AktG Rz. 18; *Schröer* in MünchKomm. AktG, 2. Aufl., § 144 AktG Rz. 13; *Jänig*, Die aktienrechtliche Sonderprüfung, 2005, S. 385.

75 *G. Bezzenberger* in Großkomm. AktG, 4. Aufl., § 144 AktG Rz. 20; zur Abschlussprüfung *Hopt/Merkt* in Baumbach/Hopt, § 323 HGB Rz. 7; *ADS*, § 323 HGB Rz. 111; *Hopt*, WPg 1986, 461, 465.

76 Für die Abschlussprüfung *Hopt*, WPg 1986, 461, 465; s. auch *Bärenz*, BB 2003, 1781, 1783.

77 Zur Abschlussprüfung *Winkeljohann/Feldmüller* in BeckBilkomm., § 323 HGB Rz. 113; *Hopt/Merkt* in Baumbach/Hopt, § 323 HGB Rz. 7; *Hopt*, WPg 1986, 461, 465.

78 Vgl. die Rechtsprechung des BGH, wonach der Schuldner darlegen und beweisen muss, dass er eine objektiv feststehende und zu einem Schaden führende Pflichtverletzung nicht zu vertreten hat, wenn die Schadensursache in seinem Verantwortungsbereich liegt (s. etwa BGH v. 11.4.2000 – X ZR 19/98, NJW 2000, 2812, 2813 m.w.N. aus der Rspr.), sowie nunmehr auch die gesetzliche Regelung in § 280 Abs. 1 Satz 2 BGB; ausführlich *Bärenz*, BB 2003, 1781, 1782 f.

79 *G. Bezzenberger* in Großkomm. AktG, 4. Aufl., § 144 AktG Rz. 18; *Fleischer* in Küting/Weber, Hdb. Rechnungslegung, § 144 AktG Rz. 19; *Jänig*, Die aktienrechtliche Sonderprüfung, 2005, S. 385; zur Abschlussprüfung *Hopt/Merkt* in Baumbach/Hopt, § 323 HGB Rz. 7; *Zimmer* in Großkomm. HGB, 2. Aufl., § 323 HGB Rz. 34; *Gloeckner*, Die zivilrechtliche Haftung des Wirtschaftsprüfers, 1967, S. 60 f.; *Bärenz*, BB 2003, 1781, 1782 f.; a.A. *ADS*, § 323 HGB Rz. 103; *Winkeljohann/Feldmüller* in BeckBilkomm., § 323 HGB Rz. 106.

lässt sich nicht entgegengehalten, dass die Anwendung dieser Grundsätze bzw. nunmehr auch des § 280 Abs. 1 Satz 2 BGB den speziellen Zwecken des § 323 HGB nicht gerecht würde, weil die Haftungsbegrenzung des § 323 Abs. 2 HGB unterlaufen werden könnte[80]. Denn zum einen besteht die Haftungsbegrenzung fort, wenn dem Prüfer jedenfalls der Beweis gelingt, dass er nicht vorsätzlich gehandelt hat; zum anderen wäre es nicht sachgerecht, gerade hinsichtlich des schwer zu führenden Vorsatznachweises, von diesen allgemeinen Grundsätzen abzuweichen[81].

Der Sonderprüfer hat der Gesellschaft jeden aus der Pflichtverletzung entstehenden **Vermögensschaden** zu ersetzen, auch Folgeschäden[82]. Die Ersatzpflicht besteht zudem auch gegenüber einem verbundenen Unternehmen, das durch die Pflichtverletzung geschädigt wurde[83]. § 254 BGB findet grundsätzlich Anwendung, doch kommt ein anspruchkürzendes **Mitverschulden** aufgrund der Eigenverantwortlichkeit des Sonderprüfers und seiner Kontrollfunktion nur in eng begrenzten Ausnahmefällen in Betracht[84]. Für fahrlässige Pflichtverletzungen ist die Haftung gem. § 323 Abs. 2 HGB auf einen **Höchstbetrag** von einer Million Euro bzw. bei Gesellschaften, deren Aktien zum Handel im regulierten Markt zugelassen sind, auf vier Millionen Euro beschränkt[85]. Zwar wird teilweise vertreten, dass im Rahmen der Sonderprüfung generell von einer Obergrenze bei einer Million Euro auszugehen sei, weil die Gründe für die besondere Regelung des § 323 Abs. 2 Satz 2 HGB, der zur Wahrung der Belange des Anlegerschutzes sowie zur Anpassung an internationale Standards für Abschlussprüfungen eingeführt wurde, für Sonderprüfungen nicht zutreffen würden[86]. Indes trägt ein funktionierendes Haftungsregime, in das die Sonderprüfung eingebettet ist, zu einer Verbesserung des Anlegerschutzes bei. Von der gesetzlichen Regelung abzuweichen, besteht daher kein Anlass[87]. 19

Eine **Freizeichnung von der Haftung** aus § 144 AktG i.V.m. § 323 Abs. 1 Satz 3 HGB ist nicht möglich, da es sich nach § 323 Abs. 4 HGB um zwingendes Recht handelt[88]. Die früher in § 323 Abs. 5 HGB angeordnete Sonderverjährungsfrist von fünf Jahren wurde im Übrigen im Zuge des WPRefG[89] aufgehoben; nunmehr gilt die **dreijährige** 20

---

80 So aber *Winkeljohann/Feldmüller* in BeckBilkomm., § 323 HGB Rz. 106; ADS, § 323 HGB Rz. 104; *Quick*, BB 1992, 1675, 1677.
81 S. schon *Bärenz*, BB 2003, 1781, 1783; i.E. auch *G. Bezzenberger* in Großkomm. AktG, 4. Aufl., § 144 AktG Rz. 18; anders hingegen *Winkeljohann/Feldmüller* in BeckBilkomm., § 323 HGB Rz. 106; ADS, § 323 HGB Rz. 104 und *Quick*, BB 1992, 1675, 1677, die allesamt jedenfalls hinsichtlich des Vorsatznachweises eine Beweislastumkehr ausschließen.
82 *G. Bezzenberger* in Großkomm. AktG, 4. Aufl., § 144 AktG Rz. 21; *Schröer* in MünchKomm. AktG, 2. Aufl., § 144 AktG Rz. 13; zur Abschlussprüfung *Hopt/Merkt* in Baumbach/Hopt, § 323 HGB Rz. 7; *Poll*, DZWiR 1995, 95, 98.
83 *G. Bezzenberger* in Großkomm. AktG, 4. Aufl., § 144 AktG Rz. 21; *Schröer* in MünchKomm. AktG, 2. Aufl., § 144 AktG Rz. 13.
84 *Fleischer* in Küting/Weber, Hdb. Rechnungslegung, § 144 AktG Rz. 19; zur Abschlussprüfung *Hopt/Merkt* in Baumbach/Hopt, § 323 HGB Rz. 7; ADS, § 323 HGB Rz. 136; *Hopt*, WPg 1986, 461, 466.
85 *Fleischer* in Küting/Weber, Hdb. Rechnungslegung, § 144 AktG Rz. 21; *Jänig*, Die aktienrechtliche Sonderprüfung, 2005, S. 385; teilweise anders *G. Bezzenberger* in Großkomm. AktG, 4. Aufl., § 144 AktG Rz. 28; *Schröer* in MünchKomm. AktG, 2. Aufl., § 144 AktG Rz. 14.
86 *Schröer* in MünchKomm. AktG, 2. Aufl., § 144 AktG Rz. 14; zuvor bereits *G. Bezzenberger* in Großkomm. AktG, 4. Aufl., § 144 AktG Rz. 28.
87 I.E. ebenso *Fleischer* in Küting/Weber, Hdb. Rechnungslegung, § 144 AktG Rz. 21; *Jänig*, Die aktienrechtliche Sonderprüfung, 2005, S. 385.
88 *G. Bezzenberger* in Großkomm. AktG, 4. Aufl., § 144 AktG Rz. 31; *Fleischer* in Küting/Weber, Hdb. Rechnungslegung, § 144 AktG Rz. 21; *Schröer* in MünchKomm. AktG, 2. Aufl., § 144 AktG Rz. 14; *Hüffer*, § 144 AktG Rz. 1; zur Abschlussprüfung s. nur *Hopt/Merkt* in Baumbach/Hopt, § 323 HGB Rz. 11.
89 Wirtschaftsprüfungsexamens-Reformgesetz vom 1.12.2003, BGBl. I 2003, 2446.

**Regelverjährung** der §§ 195 ff. BGB[90]. Sie beginnt nach den allgemeinen Regeln mit der Entstehung des Anspruchs, was nicht schon mit der Vorlage des Berichts nach § 145 Abs. 6 der Fall ist, sondern erst dann, wenn der Sonderprüfer für einen fehlerhaften Bericht die Vergütung erlangt oder die Hauptversammlung nach Vorlage des Berichts auf dessen Grundlage eine die Gesellschaft schädigende Entscheidung getroffen hat[91].

21 Neben der Haftung aus § 144 AktG i.V.m. § 323 Abs. 1 Satz 3 HGB kommt auch eine Verantwortlichkeit des Sonderprüfers gegenüber der Gesellschaft aus **culpa in contrahendo** in Betracht, dies insbesondere dann, wenn der Sonderprüfer gegen seine vorvertragliche Pflicht verstößt, vor Übernahme des Prüfungsamts seine fachliche und persönliche Eignung zu prüfen (s. dazu § 143 Rz. 9, 31)[92].

**b) Haftung gegenüber Dritten**

22 **aa) Vertragliche Ansprüche.** Ob der Sonderprüfer auch Dritten gegenüber für Pflichtwidrigkeiten einzustehen hat, beurteilt sich nach den gleichen Kriterien wie die Verantwortlichkeit des **Abschlussprüfers**[93]. Demnach ist aufgrund der mit § 323 Abs. 2 HGB bezweckten Begrenzung der Haftungsrisiken des Abschlussprüfers eine vertragliche **Dritthaftung grundsätzlich ausgeschlossen** ist, in eng zu begrenzenden Ausnahmefällen aber anzunehmen, nämlich wenn die Vertragsparteien bei Auftragserteilung übereinstimmend davon ausgehen, dass die Prüfung auch im Interesse eines bestimmten Dritten durchgeführt wird, für den das Ergebnis sodann als Entscheidungsgrundlage dient[94]. Dogmatische Grundlage sind die Grundsätze des **Vertrags mit Schutzwirkung zugunsten Dritter**[95]. Andere ziehen eine Haftung über culpa in contrahendo in Erwägung[96]. Allerdings ist die Empfehlung der Europäischen Kommis-

---

90 *Hopt/Merkt* in Baumbach/Hopt, § 323 HGB Rz. 12.
91 Noch zu § 144 i.V.m. § 323 Abs. 5 HGB a.F. *G. Bezzenberger* in Großkomm. AktG, 4. Aufl., § 144 AktG Rz. 32; *Schröer* in MünchKomm. AktG, 2. Aufl., § 144 AktG Rz. 15; zur Abschlussprüfung BGH v. 28.10.1993 – IX ZR 21/93, BGHZ 124, 27, 29; *Hopt/Merkt* in Baumbach/Hopt, § 323 HGB Rz. 12; *Winkeljohann/Feldmüller* in BeckBilkomm., § 323 HGB Rz. 141; *ADS*, § 323 HGB Rz. 168.
92 *Fleischer* in Küting/Weber, Hdb. Rechnungslegung, § 144 AktG Rz. 22; *Jänig*, Die aktienrechtliche Sonderprüfung, 2005, S. 385.
93 Ebenso *G. Bezzenberger* in Großkomm. AktG, 4. Aufl., § 144 AktG Rz. 23 ff.; *Fleischer* in Küting/Weber, Hdb. Rechnungslegung, § 144 AktG Rz. 23 ff.; *Jänig*, Die aktienrechtliche Sonderprüfung, 2005, S. 385 ff.
94 BGH v. 2.4.1998 – III ZR 245/96, BGHZ 138, 257 = NJW 1998, 1948, 1949; fortgeführt in BGH v. 6.4.2006 – III ZR 256/04, ZIP 2006, 954; BGH v. 7.5.2009 – III ZR 277/08, ZIP 2009, 1166, 1170; OLG München v. 12.11.2009 – 23 U 2516/09; OLG Stuttgart v. 29.9.2009 – 12 U 147/05, WM 2009, 2382, 2384; s. auch BGH v. 9.7.2002 – X ZR 244/00, NJW-RR 1998, 1528 (zur Gutachterhaftung); OLG Bamberg v. 19.10.2004 – 5 U 59/04, NZG 2005, 186; *Hopt/Merkt* in Baumbach/Hopt, § 323 HGB Rz. 8; *Weber*, NZG 1999, 1, 2; *Grunewald*, ZGR 1999, 583 ff.; *Winkeljohann/Feldmüller* in BeckBilkomm., § 323 HGB Rz. 200; i.E. auch *Canaris*, ZHR 163 (1999), 206 ff.; kritisch *ADS*, § 323 HGB Rz. 178; *Ebke*, JZ 1998, 991, 994; *Feddersen*, WM 1999, 105, 113 ff; a.A. nur bei freiwilligen Prüfungen *Ebke* in MünchKomm. HGB, 2. Aufl., § 323 HGB Rz. 136; *Wiedmann* in Ebenroth/Boujong/Joost/Strohn, § 323 HGB Rz. 24.
95 BGH v. 2.4.1998 – III ZR 245/96, BGHZ 138, 257 = NJW 1998, 1948, 1949; fortgeführt in BGH v. 6.4.2006 – III ZR 256/04, ZIP 2006, 954; BGH v. 7.5.2009 – III ZR 277/08, ZIP 2009, 1166, 1170; OLG München v. 12.11.2009 – 23 U 2516/09; s. auch BGH v. 9.7.2002 – X ZR 244/00, NJW-RR 1998, 1528 (zur Gutachterhaftung); OLG Bamberg v. 19.10.2004 – 5 U 59/04, NZG 2005, 186; *Hopt/Merkt* in Baumbach/Hopt, § 323 HGB Rz. 8; *Winkeljohann/Feldmüller* in BeckBilkomm., § 323 Rz. 194 f.; *Weber*, NZG 1999, 1, 2; anders *Canaris*, ZHR 163 (1999), 206, 220 ff., der die Sachverständigenhaftung über culpa in contrahendo konstruieren will; *Canaris*, JZ 1998, 603 ff.; *Canaris*, JZ 2001, 499, 520 f.; ihm folgend *Finn*, NJW 2004, 3752, 3754.
96 S. vor allem *Canaris*, ZHR 163 (1999), 206, 220 ff.; *Canaris*, JZ 2001, 499, 520 f.; ebenso *Finn*, NJW 2004, 3752, 3754.

sion an die Mitgliedstaaten zu beachten, nach der die zivilrechtliche Haftung für nicht vorsätzliche pflichtwidrige Verstöße gegen Berufspflichten beschränkt sein soll[97].

Im Zusammenhang mit der **Sonderprüfung** fehlt für eine Dritthaftung aus culpa in contrahendo in der Regel schon eine vertragliche Beziehung zwischen Gesellschaft und Drittem, bei deren Anbahnung der Sonderprüfer besonderes Vertrauen i.S. von § 311 Abs. 3 BGB für sich in Anspruch nehmen könnte[98], da Sonderprüfungen kaum zur Vorbereitung eines Vertragsabschlusses veranlasst werden[99], sondern vielmehr zur Vorbereitung etwaiger Haftungsansprüche der Gesellschaft. Ausnahmsweise kann aber eine Haftung über den **Vertrag mit Schutzwirkung zugunsten Dritter** in Betracht kommen[100]. Der Kreis der möglicherweise anspruchsberechtigten Dritten muss dabei aber auf die **Aktionäre der Gesellschaft** beschränkt werden[101]. Denn sie sind es, die über die Durchführung einer Sonderprüfung entscheiden, weshalb sie grundsätzlich auch auf die Richtigkeit des Prüfungsberichts vertrauen dürfen und gegebenenfalls auf der Grundlage des Prüfungsberichts Vermögensverfügungen vornehmen werden[102]. Wegen der in § 323 Abs. 2 HGB zum Ausdruck kommenden gesetzgeberischen Intention, das Haftungsrisiko des Prüfers angemessen zu beschränken, sind an die Annahme einer vertraglichen Einbeziehung eines Dritten in den Schutzbereich des Prüfungsvertrags aber strenge Anforderungen zu stellen, insbesondere kann keine Schutzwirkung zugunsten einer unbekannten Vielzahl von Gesellschaftern angenommen werden[103]. In Betracht kommen aber etwa Schadensersatzansprüche gegenüber Aktionären, die als qualifizierte Minderheit nach § 142 Abs. 2 eine Prüferbestellung erwirkt und auf den Prüfungsbericht vertraut haben[104]. **Gläubigern und sonstigen Dritten** gegenüber ist eine Haftung aus Vertrag mit Schutzwirkung zugunsten Dritter hingegen abzulehnen, da die Sonderprüfung nicht in ihrem Interesse durchgeführt wird, mag sie ihnen auch mittelbar zugute kommen[105].

23

Beim Schaden der Aktionäre darf es sich freilich um **keinen bloßen Reflexschaden** handeln[106]. Im Übrigen ist die **Haftungsobergrenze** des § 323 Abs. 2 HGB entsprechend anzuwenden[107]; außerdem haben sich die Aktionäre ein etwaiges **Mitverschulden** der Gesellschaft entsprechend dem Rechtsgedanken der §§ 334, 846 BGB anrechnen zu lassen[108].

24

---

97 Empfehlung der Europäischen Kommission vom 5. Juni 2008 zur Beschränkung der zivilrechtlichen Haftung von Abschlussprüfern und Prüfungsgesellschaften, ABl. L 162 v. 21.6.2008, S. 39.
98 So bereits *G. Bezzenberger* in Großkomm. AktG, 4. Aufl., § 144 AktG Rz. 25; *Fleischer* in Küting/Weber, Hdb. Rechnungslegung, § 144 AktG Rz. 25.
99 *G. Bezzenberger* in Großkomm. AktG, 4. Aufl., § 144 AktG Rz. 25.
100 Ebenso *Fleischer* in Küting/Weber, Hdb. Rechnungslegung, § 144 AktG Rz. 26; *Jänig*, Die aktienrechtliche Sonderprüfung, 2005, S. 386.
101 Zutreffend *Jänig*, Die aktienrechtliche Sonderprüfung, 2005, S. 386 ff.; s. auch *Fleischer* in Küting/Weber, Hdb. Rechnungslegung, § 144 AktG Rz. 26.
102 So bereits *Jänig*, Die aktienrechtliche Sonderprüfung, 2005, S. 386.
103 Entsprechend zur Abschlussprüfung BGH v. 6.4.2006 – III ZR 256/04, ZIP 2006, 954 ff.
104 *Fleischer* in Küting/Weber, Hdb. Rechnungslegung, § 144 AktG Rz. 26.
105 *Fleischer* in Küting/Weber, Hdb. Rechnungslegung, § 144 AktG Rz. 26; *Jänig*, Die aktienrechtliche Sonderprüfung, 2005, S. 387.
106 *Fleischer* in Küting/Weber, Hdb. Rechnungslegung, § 144 AktG Rz. 26; *Jänig*, Die aktienrechtliche Sonderprüfung, 2005, S. 387.
107 *Fleischer* in Küting/Weber, Hdb. Rechnungslegung, § 144 AktG Rz. 27; *Jänig*, Die aktienrechtliche Sonderprüfung, 2005, S. 387; *G. Bezzenberger* in Großkomm. AktG, 4. Aufl., § 144 AktG Rz. 30; zur Abschlussprüfung etwa BGH v. 2.4.1998 – III ZR 245/96, BGHZ 138, 257 = NJW 1998, 1948, 1951; *Hopt/Merkt* in Baumbach/Hopt, § 323 HGB Rz. 9.
108 *Fleischer* in Küting/Weber, Hdb. Rechnungslegung, § 144 AktG Rz. 27; *Jänig*, Die aktienrechtliche Sonderprüfung, 2005, S. 387; zur Abschlussprüfung *Weber*, NZG 1999, 1, 6; allge-

25 **bb) Deliktische Ansprüche.** Daneben kommen grundsätzlich auch deliktische Ansprüche Dritter in Betracht, angesichts der Tatsache, dass es sich um reine Vermögensschäden handeln wird, allerdings nicht aus § 823 Abs. 1 BGB[109]; § 323 HGB ist nach einhelliger Ansicht auch um **kein Schutzgesetz** i.S. von § 823 Abs. 2 BGB[110]. Es können aber Ansprüche aus § 823 Abs. 2 BGB in Verbindung mit verschiedenen Strafvorschriften, wie insbesondere §§ 263, 266, 267 StGB oder §§ 403, 404 AktG, vorliegen[111]; außerdem kommt eine Haftung aus § 826 BGB in Betracht[112].

## § 145
### Rechte der Sonderprüfer. Prüfungsbericht

**(1) Der Vorstand hat den Sonderprüfern zu gestatten, die Bücher und Schriften der Gesellschaft sowie die Vermögensgegenstände, namentlich die Gesellschaftskasse und die Bestände an Wertpapieren und Waren, zu prüfen.**

**(2) Die Sonderprüfer können von den Mitgliedern des Vorstands und des Aufsichtsrats alle Aufklärungen und Nachweise verlangen, welche die sorgfältige Prüfung der Vorgänge notwendig macht.**

**(3) Die Sonderprüfer haben die Rechte nach Absatz 2 auch gegenüber einem Konzernunternehmen sowie gegenüber einem abhängigen oder herrschenden Unternehmen.**

**(4) Auf Antrag des Vorstands hat das Gericht zu gestatten, dass bestimmte Tatsachen nicht in den Bericht aufgenommen werden, wenn überwiegende Belange der Gesellschaft dies gebieten und sie zur Darlegung der Unredlichkeiten oder groben Verletzungen gemäß § 142 Abs. 2 nicht unerlässlich sind.**

**(5) Über den Antrag gemäß Absatz 4 entscheidet das Landgericht, in dessen Bezirk die Gesellschaft ihren Sitz hat. § 142 Abs. 5 Satz 2, Abs. 8 gilt entsprechend.**

---

mein zum Vertrag mit Schutzwirkung zugunsten Dritter etwa BGH v. 7.11.1960 – VII ZR 148/59, BGHZ 33, 247, 250; BGH v. 13.11.1997 – X ZR 144-94, NJW 1998, 1059, 1061.
109 *Fleischer* in Küting/Weber, Hdb. Rechnungslegung, § 144 AktG Rz. 29; *Jänig*, Die aktienrechtliche Sonderprüfung, 2005, S. 388; zur Abschlussprüfung etwa *Ebke* in MünchKomm. HGB, 2. Aufl., § 323 HGB Rz. 93; *ADS*, § 323 HGB Rz. 180.
110 OLG Celle v. 5.1.2000 – 3 U 17/99, NZG 2000, 613; OLG Bamberg v. 19.10.2004 – 5 U 59/04, NZG 2005, 186, 190; OLG Karlsruhe v. 7.2.1985 – 12 U 132/82, WM 1985, 940, 944; *Ebke* in MünchKomm. HGB, 2. Aufl., § 323 HGB Rz. 96; *Hopt/Merkt* in Baumbach/Hopt, § 323 HGB Rz. 8; *ADS*, § 323 HGB Rz. 184; *Ebke*, Wirtschaftsprüfer und Dritthaftung, 1983, S. 49; *Winkeljohann/Feldmüller* in BeckBilkomm., § 323 HGB Rz. 176; *Kiethe*, NZG 2003, 937, 941; *G. Bezzenberger* in Großkomm. AktG, 4. Aufl., § 144 AktG Rz. 27; *Fleischer* in Küting/Weber, Hdb. Rechnungslegung, § 144 AktG Rz. 29; *Jänig*, Die aktienrechtliche Sonderprüfung, 2005, S. 388.
111 *Fleischer* in Küting/Weber, Hdb. Rechnungslegung, § 144 AktG Rz. 29; *G. Bezzenberger* in Großkomm. AktG, 4. Aufl., § 144 AktG Rz. 27; *Jänig*, Die aktienrechtliche Sonderprüfung, 2005, S. 388; zur Abschlussprüfung etwa OLG Bamberg v. 19.10.2004 – 5 U 59/04, NZG 2005, 186, 190; *Spindler* in Bamberger/Roth, § 823 BGB Rz. 209; *Ebke* in MünchKomm. HGB, 2. Aufl., § 323 HGB Rz. 95; *ADS*, § 323 HGB Rz. 182 f.; *Winkeljohann/Feldmüller* in BeckBilkomm., § 323 HGB Rz. 174 f.
112 *G. Bezzenberger* in Großkomm. AktG, 4. Aufl., § 144 AktG Rz. 27; *Fleischer* in Küting/Weber, Hdb. Rechnungslegung, § 144 AktG Rz. 29; *Jänig*, Die aktienrechtliche Sonderprüfung, 2005, S. 388; zur Abschlussprüfung s. nur OLG Bamberg v. 19.10.2004 – 5 U 59/04, NZG 2005, 186, 190; *Winkeljohann/Feldmüller* in BeckBilkomm., § 323 HGB Rz. 183 ff.; *Hopt/Merkt* in Baumbach/Hopt, § 323 HGB Rz. 8; *ADS*, § 323 HGB Rz. 190; *Lang*, WM 1988, 1001, 1003.

**(6) Die Sonderprüfer haben über das Ergebnis der Prüfung schriftlich zu berichten. Auch Tatsachen, deren Bekanntwerden geeignet ist, der Gesellschaft oder einem verbundenen Unternehmen einen nicht unerheblichen Nachteil zuzufügen, müssen in den Prüfungsbericht aufgenommen werden, wenn ihre Kenntnis zur Beurteilung des zu prüfenden Vorgangs durch die Hauptversammlung erforderlich ist. Die Sonderprüfer haben den Bericht zu unterzeichnen und unverzüglich dem Vorstand und zum Handelsregister des Sitzes der Gesellschaft einzureichen. Auf Verlangen hat der Vorstand jedem Aktionär eine Abschrift des Prüfungsberichts zu erteilen. Der Vorstand hat den Bericht dem Aufsichtsrat vorzulegen und bei der Einberufung der nächsten Hauptversammlung als Gegenstand der Tagesordnung bekanntzumachen.**

| | |
|---|---|
| **I. Grundlagen** . . . . . . . . . . . . . . . . . . 1 | 2. Sonderprüfungsbericht (§ 145 Abs. 4–6) . . . . . . . . . . . . . . . . . . . . . . 22 |
| 1. Regelungsgegenstand und Normzweck . . . . . . . . . . . . . . . . . . . . . . . . 1 | a) Inhalt und Umfang . . . . . . . . . . . 22 |
| 2. Entstehungsgeschichte . . . . . . . . . . 2 | aa) Allgemeine Leitlinien . . . . . . 22 |
| **II. Einzelerläuterungen** . . . . . . . . . . . 4 | bb) Nachteilige Tatsachen . . . . . . 25 |
| 1. Rechte der Sonderprüfer (§ 145 Abs. 1–3) . . . . . . . . . . . . . . . . . . . . . 4 | (1) Grundsatz des § 145 Abs. 6 Satz 2 . . . . . . . . . . . . . . . . . . 25 |
| a) Überblick . . . . . . . . . . . . . . . . . . . 4 | (2) Gerichtliche Einschränkung des Berichtsinhalts (§ 145 Abs. 4) . . . . . . . . . . . . . . . . . . 27 |
| b) Einsichts- und Prüfungsrecht (§ 145 Abs. 1) . . . . . . . . . . . . . . . . 6 | (a) Gesetzessystematik . . . . . . . 27 |
| c) Aufklärungs- und Nachweisrecht (§ 145 Abs. 2) . . . . . . . . . . . . . . 10 | (b) Voraussetzungen . . . . . . . . . 28 |
| d) Rechte gegenüber verbundenen Unternehmen (§ 145 Abs. 3) . . . . 15 | (c) Gerichtliches Verfahren (§ 145 Abs. 5) . . . . . . . . . . . . . . . . . 31 |
| e) Durchsetzung der Prüferrechte . . 19 | b) Vorlage des Prüfungsberichts und weiteres Verfahren (§ 145 Abs. 6 Satz 3–5) . . . . . . . . . . . . . . . . . . . 32 |
| | c) Durchsetzung der Berichtspflicht . 36 |

**Literatur:** *Adler/Forster*, Zur Frage des Inhalts und des Umfanges des Berichts über die aktienrechtliche Sonderprüfung (§ 121 AktG), WPg 1957, 357; *Jänig/Leißring*, FamFG: Neues Verfahrensrecht für Streitigkeiten in AG und GmbH, ZIP 2010, 110; *Klinger*, Zur Problematik der Berichterstattung über die Sonderprüfung nach § 118 AktG, WPg 1957, 155; *König*, Der Umfang der Berichterstattung über die aktienrechtliche Sonderprüfung, 1970; s. im Übrigen die Literatur zur Sonderprüfung bei § 142.

## I. Grundlagen

### 1. Regelungsgegenstand und Normzweck

Die Vorschrift stattet die Sonderprüfer mit den für eine **effiziente Prüfungsdurchführung erforderlichen Rechten** aus, sich **Zugang zu allen Informationen** zu verschaffen, die sie zur Aufhellung des Prüfungsgegenstands für wesentlich erachten[1]. Sie regelt Einsichts- und Prüfungsrechte (Abs. 1) sowie Aufklärungs- und Nachweisrechte (Abs. 2); letztere werden durch Abs. 3 zudem auf verbundene Unternehmen erstreckt. Außerdem befasst sich die Vorschrift mit dem **Sonderprüfungsbericht (Abs. 4–6)**, mit dem die **Aktionäre in die Lage versetzt werden, sich ein eigenes Bild von den in Rede stehenden Vorgängen zu machen**, um eine fundierte Entscheidung über etwaige Kon-   1

---

[1] *Hüffer*, § 145 AktG Rz. 1; *Schröer* in MünchKomm. AktG, 2. Aufl., § 145 AktG Rz. 1; *G. Bezzenberger* in Großkomm. AktG, 4. Aufl., § 145 AktG Rz. 4; *Mock* in Spindler/Stilz, § 145 AktG Rz. 1; *Fleischer* in Küting/Weber, Hdb. Rechnungslegung, § 145 AktG Rz. 1; *Bork* in Hommelhoff/Hopt/v. Werder, Hdb. Corporate Governance, S. 756.

sequenzen treffen zu können², zudem wird die **Publizität der Prüfungsergebnisse** bezweckt, und zwar nicht nur gegenüber der Gesellschaft, sondern auch gegenüber Aktionären und der Öffentlichkeit³. Typischerweise besteht zudem ein Konflikt zwischen Publizität und **Geheimhaltungsinteressen** von Gesellschaft bzw. Organen. Das Gesetz trägt diesem Konflikt mit § 145 Abs. 4 Rechnung (s. unten Rz. 25 ff.).

### 2. Entstehungsgeschichte

2 **Einsichts- und Prüfungsrechte** des Revisors waren schon in Art. 222a ADHGB 1884 und § 267 HGB 1900 enthalten; mit der NotVO 1931[4] kamen **Aufklärungs- und Nachweisrechte** hinzu, die zunächst aber nur gegenüber dem Vorstand bestanden, § 267 Abs. 2 HGB i.d.F. der NotVO 1931 bzw. § 121 Abs. 2 AktG 1937[5]. Dies änderte sich mit der Nachfolgeregelung des **§ 145 Abs. 2 AktG 1965**, die das Auskunftsrecht des Sonderprüfers auch auf Mitglieder des Aufsichtsrats erstreckte[6], um auch deren oft wertvolles Wissen über den zu prüfenden Vorgang in den Dienst der Sonderprüfung zu stellen[7]. Zudem waren die Sonderprüfer fortan auch berechtigt, von Konzernunternehmen sowie abhängigen oder herrschenden Unternehmen die erforderlichen Aufklärungen und Nachweise zu verlangen, § 145 Abs. 3[8].

3 Die **Pflicht zur schriftlichen Berichterstattung** besteht seit jeher, allerdings enthielt die Vorgängerregelung des **§ 121 AktG 1937** in Abs. 3 Satz 2 AktG a.F. eine Schutzklausel, wonach bestimmte Tatsachen im Interesse des gemeinen Nutzens von Volk und Reich und zum Schutz überwiegender Belange der Gesellschaft nicht in den Prüfungsbericht aufzunehmen waren[9]. Mit dem **AktG 1965** wurde diese Schutzklausel zugunsten einer uneingeschränkten Berichterstattung aufgehoben[10]. Diese Regelung wurde im Rahmen des **UMAG**[11] beibehalten, findet sich aber nun – wie der gesamte Abs. 4 a.F. – aus gesetzessystematisch nicht nachzuvollziehenden Gründen in § 145

---

2 *G. Bezzenberger* in Großkomm. AktG, 4. Aufl., § 145 AktG Rz. 4; *Hüffer*, § 145 AktG Rz. 1; *Schedlbauer*, Sonderprüfungen, 1984, S. 150; *Jänig*, Die aktienrechtliche Sonderprüfung, 2005, S. 392; s. auch *Fleischer* in Küting/Weber, Hdb. Rechnungslegung, § 145 AktG Rz. 28; *ADS*, §§ 142–146 AktG Rz. 41.
3 *Schröer* in MünchKomm. AktG, 2. Aufl., § 145 AktG Rz. 4; *Mock* in Spindler/Stilz, § 145 AktG Rz. 2; *Holzborn* in Bürgers/Körber, § 145 AktG Rz. 1; s. auch *Hüffer*, § 145 AktG Rz. 1; *G. Bezzenberger* in Großkomm. AktG, 4. Aufl., § 145 AktG Rz. 4.
4 Verordnung des Reichspräsidenten über Aktienrecht, BankenAufsicht und über eine Steueramnestie vom 19.9.1931, RGBl. I 1931, 493.
5 S. dazu auch *Pinner* in Staub, HGB, 14. Aufl. 1933, § 267 Rz. 2 sowie *Ritter*, AktG, 1939, § 121 unter 1. und 3.; ausführlich zur Gesetzesgeschichte *G. Bezzenberger* in Großkomm. AktG, 4. Aufl., § 145 AktG Rz. 1.
6 *Schröer* in MünchKomm. AktG, 2. Aufl., § 145 AktG Rz. 5; *G. Bezzenberger* in Großkomm. AktG, 4. Aufl., § 145 AktG Rz. 1; *Mock* in Spindler/Stilz, § 145 AktG Rz. 2; *Fleischer* in Küting/Weber, Hdb. Rechnungslegung, § 145 AktG Rz. 1; kritisch *Obermüller*, BB 1962, 546, 547.
7 Begr. RegE in *Kropff*, Aktiengesetz, S. 210.
8 *G. Bezzenberger* in Großkomm. AktG, 4. Aufl., § 145 AktG Rz. 1; *Schröer* in MünchKomm. AktG, 2. Aufl., § 145 AktG Rz. 5; *Mock* in Spindler/Stilz, § 145 AktG Rz. 3; *Fleischer* in Küting/Weber, Hdb. Rechnungslegung, § 145 AktG Rz. 1.
9 *Ritter*, AktG, 1939, § 121 unter 3. b) aa); s. auch *G. Bezzenberger* in Großkomm. AktG, 4. Aufl., § 145 AktG Rz. 1; *Fleischer* in Küting/Weber, Hdb. Rechnungslegung, § 145 AktG Rz. 2; *Schröer* in MünchKomm. AktG, 2. Aufl., § 145 AktG Rz. 5; *Mock* in Spindler/Stilz, § 145 AktG Rz. 4; *ADS*, §§ 142–146 AktG Rz. 43; *Spindler*, NZG 2005, 865, 871.
10 Begr. RegE in *Kropff*, Aktiengesetz, S. 211 ff.; *G. Bezzenberger* in Großkomm. AktG, 4. Aufl., § 145 AktG Rz. 1; *Fleischer* in Küting/Weber, Hdb. Rechnungslegung, § 145 AktG Rz. 2; *Schröer* in MünchKomm. AktG, 2. Aufl., § 145 AktG Rz. 5; *Spindler*, NZG 2005, 865, 871; *Jänig*, Die aktienrechtliche Sonderprüfung, 2005, S. 391; *Jänig*, BB 2005, 949, 953.
11 Gesetz zur Unternehmensintegrität und Modernisierung des Anfechtungsrechts (UMAG) vom 22.9.2005, in Kraft getreten am 1.11.2005, BGBl. I 2005, 2802.

Abs. 6 wieder[12]. Dafür ist in § 145 Abs. 4 eine Regelung eingefügt worden, wonach bestimmte Tatsachen auf gerichtliche Gestattung hin von der Aufnahme in den Prüfungsbericht ausgenommen werden können, wenn dies aufgrund überwiegender Belange der Gesellschaft geboten erscheint[13]; in § 145 Abs. 5 n.F. wurden die entsprechenden verfahrensrechtlichen Regelungen normiert. Diese wurden durch das Gesetz zur Reform des Verfahrens in Familiensachen und in den Angelegenheiten der freiwilligen Gerichtsbarkeit (**FGG-Reformgesetz**) vom 17.12.2008[14] neu im FamFG geregelt.

## II. Einzelerläuterungen

### 1. Rechte der Sonderprüfer (§ 145 Abs. 1–3)

#### a) Überblick

Der Rahmen der Sonderprüfung wird gegenständlich durch den Bestellungsbeschluss der Hauptversammlung bzw. des Gerichts vorgegeben (§ 142 Rz. 8)[15]. Soweit der Beschluss diesbezüglich Unklarheiten enthält, hat der Sonderprüfer den Prüfungsauftrag **eigenständig durch Auslegung zu ermitteln**[16]. Dabei kann er sich bei den Organen oder der antragstellenden Minderheit nach deren Auffassung erkundigen, unterliegt aber keinerlei Weisungsrechten (§ 144 Rz. 14 f.)[17]. Insbesondere ist es der Hauptversammlung auch verwehrt, eine Vertrauensperson zu bestimmen, die den Prüfungsauftrag gegebenenfalls näher konkretisieren soll, da dies der Kompetenzzuweisung des § 142 Abs. 1 widersprechen würde[18]. Hält der Sonderprüfer eine **Abänderung des Prüfungsauftrags** für angezeigt, ist ein erneuter Beschluss des Bestellungsorgans zu erwirken; er kann nicht von sich aus den Prüfungsgegenstand erweitern oder beschränken[19]. 4

Aus dem Gegenstand der Sonderprüfung ergeben sich **Art und Umfang** der vorzunehmenden Prüfungshandlungen[20]. Es sind alle zur Aufhellung der prüfungsgegenständlichen Vorgänge erforderlichen Handlungen vorzunehmen[21]; welche dies sind, liegt grundsätzlich im Ermessen der Sonderprüfer (dazu § 144 Rz. 14). Insbesondere sind sämtliche verfügbaren Unterlagen zu sichten, die für die Beurteilung des Prü- 5

---

12 Kritisch *Hüffer*, § 145 AktG Rz. 6; *Wilsing/Neumann* in Heidel, § 145 AktG Rz. 5; dazu auch unten Rz. 27.
13 Kritisch *Mock* in Spindler/Stilz, § 145 AktG Rz. 8; *Jänig*, BB 2005, 949, 954.
14 BGBl. I 2008, 2586.
15 *G. Bezzenberger* in Großkomm. AktG, 4. Aufl., § 145 AktG Rz. 7; *Fleischer* in Küting/Weber, Hdb. Rechnungslegung, § 145 AktG Rz. 3; *Holzborn* in Bürgers/Körber, § 145 AktG Rz. 2; *Bork* in Hommelhoff/Hopt/v. Werder, Hdb. Corporate Governance, S. 756.
16 *G. Bezzenberger* in Großkomm. AktG, 4. Aufl., § 145 AktG Rz. 7; *Fleischer* in Küting/Weber, Hdb. Rechnungslegung, § 145 AktG Rz. 3; *ADS*, §§ 142–146 AktG Rz. 40.
17 *G. Bezzenberger* in Großkomm. AktG, 4. Aufl., § 145 AktG Rz. 7; *Fleischer* in Küting/Weber, Hdb. Rechnungslegung, § 145 AktG Rz. 3; *ADS*, §§ 142–146 AktG Rz. 40; s. auch *Obermüller/Werner/Winden*, DB 1967, 1119, 1122.
18 *Fleischer* in Küting/Weber, Hdb. Rechnungslegung, § 145 AktG Rz. 4; *G. Bezzenberger* in Großkomm. AktG, 4. Aufl., § 145 AktG Rz. 7; a.A. *ADS*, §§ 142–146 AktG Rz. 40, die bei unübersichtlichen Prüfungskomplexen die Bestellung einer Vertrauensperson durch die Hauptversammlung empfehlen; anders auch *Jänig*, Die aktienrechtliche Sonderprüfung, 2005, S. 395.
19 *Fleischer* in Küting/Weber, Hdb. Rechnungslegung, § 145 AktG Rz. 4; *G. Bezzenberger* in Großkomm. AktG, 4. Aufl., § 145 AktG Rz. 7; *ADS*, §§ 142–146 AktG Rz. 40.
20 *ADS*, §§ 142–146 AktG Rz. 37; *G. Bezzenberger* in Großkomm. AktG, 4. Aufl., § 145 AktG Rz. 8.
21 *Fleischer* in Küting/Weber, Hdb. Rechnungslegung, § 145 AktG Rz. 5; *ADS*, §§ 142–146 AktG Rz. 37.

fungsgegenstands von Bedeutung sein könnten; bloße **Stichproben sind nicht zulässig**, da die Sonderprüfung – anders als die Abschlussprüfung[22] – auf die **lückenlose Aufklärung** der zu prüfenden Vorgänge abzielt[23]. Im Übrigen hat der Sonderprüfer sich bei der Prüfungsdurchführung an die allgemeinen Prüfungsgrundsätze zu halten, muss seine Feststellungen gewissenhaft und sorgfältig treffen und dokumentieren sowie etwaige Prüfungsgehilfen angemessen beaufsichtigen[24].

### b) Einsichts- und Prüfungsrecht (§ 145 Abs. 1)

6 § 145 Abs. 1 ermächtigt die Sonderprüfer dazu, die Bücher und Schriften der Gesellschaft einzusehen und diese sowie die Vermögensgegenstände zu prüfen. Entsprechende Regelungen enthalten **§ 111 Abs. 2 Satz 1** für den Aufsichtsrat und **§ 320 Abs. 1 Satz 2 HGB** für den Abschlussprüfer[25]. Dieses Recht kann von jedem Sonderprüfer sowie von seinen hierfür bevollmächtigten Gehilfen ausgeübt werden[26].

7 **Bücher** sind sämtliche Handelsbücher im Sinne der §§ 238 ff. HGB[27]. Unter den weit auszulegenden Begriff der **Schriften** fallen alle Aufzeichnungen, die unmittelbar oder mittelbar für die Geschäftsführung der Gesellschaft von Bedeutung sind[28]. Erfasst sind etwa die gesamte Buchführung, die Geschäftskorrespondenz, Berichte, wie beispielsweise solche des Vorstands an den Aufsichtsrat oder Berichte des Abschlussprüfers, Planungsunterlagen, Verträge oder Steuerunterlagen[29]. Auch in **vertrauliche Unterlagen** ist Einsicht zu gewähren[30], nicht indes in persönliche Aufzeichnungen der Organmitglieder[31]. Auf welche Art diese Erklärungen dokumentiert wurden, sei es schriftlich, daten- oder fototechnisch oder elektronisch, ist nicht von Bedeutung[32]. Der Sonderprüfer ist berechtigt, von den vorgelegten Unterlagen Fotokopien oder

---

22 S. etwa *Hopt/Merkt* in Baumbach/Hopt, § 317 HGB Rz. 4.
23 *ADS*, §§ 142–146 AktG Rz. 37; *G. Bezzenberger* in Großkomm. AktG, 4. Aufl., § 145 AktG Rz. 8; *Fleischer* in Küting/Weber, Hdb. Rechnungslegung, § 145 AktG Rz. 6; *König*, Der Umfang der Berichterstattung über die aktienrechtliche Sonderprüfung, 1970, S. 50.
24 *ADS*, §§ 142–146 AktG Rz. 38; s. auch *Fleischer* in Küting/Weber, Hdb. Rechnungslegung, § 145 AktG Rz. 5 ff. und *Schröer* in MünchKomm. AktG, 2. Aufl., § 145 AktG Rz. 6.
25 *Fleischer* in Küting/Weber, Hdb. Rechnungslegung, § 145 AktG Rz. 11; *Schröer* in MünchKomm. AktG, 2. Aufl., § 145 AktG Rz. 6; s. auch *Hüffer*, § 145 AktG Rz. 2.
26 *G. Bezzenberger* in Großkomm. AktG, 4. Aufl., § 145 AktG Rz. 13; *Jänig*, Die aktienrechtliche Sonderprüfung, 2005, S. 359.
27 *G. Bezzenberger* in Großkomm. AktG, 4. Aufl., § 145 AktG Rz. 12; *Fleischer* in Küting/Weber, Hdb. Rechnungslegung, § 145 AktG Rz. 11; *Schröer* in MünchKomm. AktG, 2. Aufl., § 145 AktG Rz. 8; *Mock* in Spindler/Stilz, § 145 AktG Rz. 10; *Jänig*, Die aktienrechtliche Sonderprüfung, 2005, S. 358.
28 *Fleischer* in Küting/Weber, Hdb. Rechnungslegung, § 145 AktG Rz. 11; *G. Bezzenberger* in Großkomm. AktG, 4. Aufl., § 145 AktG Rz. 12; *Wilsing/Neumann* in Heidel, § 145 AktG Rz. 2; *Jänig*, Die aktienrechtliche Sonderprüfung, 2005, S. 358; *Schedlbauer*, Sonderprüfungen, 1984, S. 149; *Schröer* in MünchKomm. AktG, 2. Aufl., § 145 AktG Rz. 8; zur Abschlussprüfung etwa *ADS*, § 320 HGB Rz. 18; *Förschle/Heinz* in BeckBilKomm., § 320 HGB Rz. 6; *Claussen/Korth* in KölnKomm. AktG, 2. Aufl., § 320 HGB Rz. 7.
29 *G. Bezzenberger* in Großkomm. AktG, 4. Aufl., § 145 AktG Rz. 12; *Fleischer* in Küting/Weber, Hdb. Rechnungslegung, § 145 AktG Rz. 11; *Schröer* in MünchKomm. AktG, 2. Aufl., § 145 AktG Rz. 8; *Mock* in Spindler/Stilz, § 145 AktG Rz. 10; *Jänig*, Die aktienrechtliche Sonderprüfung, 2005, S. 358.
30 *Fleischer* in Küting/Weber, Hdb. Rechnungslegung, § 145 AktG Rz. 11; *Jänig*, Die aktienrechtliche Sonderprüfung, 2005, S. 358; *Schröer* in MünchKomm. AktG, 2. Aufl., § 145 AktG Rz. 8; *Mock* in Spindler/Stilz, § 145 AktG Rz. 10; s. auch *Ebke* in MünchKomm. HGB, 2. Aufl., § 320 HGB Rz. 10.
31 *Schröer* in MünchKomm. AktG, 2. Aufl., § 145 AktG Rz. 8.
32 *G. Bezzenberger* in Großkomm. AktG, 4. Aufl., § 145 AktG Rz. 11; *Fleischer* in Küting/Weber, Hdb. Rechnungslegung, § 145 AktG Rz. 11; *Jänig*, Die aktienrechtliche Sonderprüfung, 2005, S. 358.

elektronische Kopien für seine Unterlagen anzufertigen[33], was zur angemessenen Dokumentation oftmals auch angezeigt sein wird[34]. Das Prüfungsrecht bezieht sich auch auf **Vermögensgegenstände**, von denen das Gesetz beispielhaft die Gesellschaftskasse und die Waren- und Wertpapierbestände nennt. Sowohl die buchmäßige Erfassung als auch das körperliche Vorhandensein der Vermögensgegenstände unterliegen dem Prüfungsrecht[35].

Mit dem Einsichts- und Prüfungsrecht des Sonderprüfers korrespondiert die **Pflicht des Vorstands zur Gestattung** der Prüfungshandlungen. Das schlichte Dulden der Tätigkeit der Prüfer reicht hierfür nicht aus; der Vorstand ist vielmehr zur **aktiven Unterstützung** verpflichtet[36]. Er hat dafür zu sorgen, dass den Sonderprüfern auf Verlangen die entsprechenden Unterlagen vorgelegt werden; befinden sich die Unterlagen bei Dritten, muss er den Prüfern den Zugang ermöglichen[37]. Ferner ist er dazu verpflichtet, den Sonderprüfern Räumlichkeiten und technische Hilfsmittel sowie gegebenenfalls auch Hilfskräfte zur Verfügung zu stellen, und muss computergestützt verarbeitete Daten sichtbar bzw. verständlich machen[38]. 8

**Begrenzt** wird das Einsichts- und Prüfungsrecht nur durch die Schranke des **Rechtsmissbrauchs**[39]. Das Einsichts- und Prüfungsrecht ist grundsätzlich **allgemein und umfassend angelegt**, also weder zeitlich noch gegenständlich auf die zu prüfenden Vorgänge beschränkt[40]; denn eine vorherige Sondierung des Umfelds zur Aufhellung der prüfungsgegenständlichen Vorgänge wird häufig unerlässlich sein[41]. Rechtsmissbräuchlich ist es aber, wenn die betroffenen Unterlagen keinerlei denkbaren Zusammenhang zum Gegenstand der Sonderprüfung mehr aufweisen[42]. In derartigen Fällen 9

---

33 *Fleischer* in Küting/Weber, Hdb. Rechnungslegung, § 145 AktG Rz. 11; *G. Bezzenberger* in Großkomm. AktG, 4. Aufl., § 145 AktG Rz. 15; *Schröer* in MünchKomm. AktG, 2. Aufl., § 145 AktG Rz. 7; *Mock* in Spindler/Stilz, § 145 AktG Rz. 10.
34 *Schröer* in MünchKomm. AktG, 2. Aufl., § 145 AktG Rz. 7; *G. Bezzenberger* in Großkomm. AktG, 4. Aufl., § 145 AktG Rz. 15.
35 *Schröer* in MünchKomm. AktG, 2. Aufl., § 145 AktG Rz. 9; s. auch *ADS*, § 320 HGB Rz. 25; *Holzborn* in Bürgers/Körber, § 145 AktG Rz. 3.
36 BayObLG v. 26.1.2000 – 3 Z BR 410/99, BayObLGZ 2000, 11, 14 = NZG 2000, 424, 425; *Hüffer*, § 145 AktG Rz. 2; *Fleischer* in Küting/Weber, Hdb. Rechnungslegung, § 145 AktG Rz. 13; *G. Bezzenberger* in Großkomm. AktG, 4. Aufl., § 145 AktG Rz. 9; *Schröer* in MünchKomm. AktG, 2. Aufl., § 145 AktG Rz. 7; *Wilsing/Neumann* in Heidel, § 145 AktG Rz. 2; *Jänig*, Die aktienrechtliche Sonderprüfung, 2005, S. 359.
37 *Hüffer*, § 145 AktG Rz. 2; *Fleischer* in Küting/Weber, Hdb. Rechnungslegung, § 145 AktG Rz. 13; *G. Bezzenberger* in Großkomm. AktG, 4. Aufl., § 145 AktG Rz. 9; *Schröer* in MünchKomm. AktG, 2. Aufl., § 145 AktG Rz. 7; *Wilsing/Neumann* in Heidel, § 145 AktG Rz. 2; *Jänig*, Die aktienrechtliche Sonderprüfung, 2005, S. 359.
38 *Hüffer*, § 145 AktG Rz. 2; *Schröer* in MünchKomm. AktG, 2. Aufl., § 145 AktG Rz. 7; *G. Bezzenberger* in Großkomm. AktG, 4. Aufl., § 145 AktG Rz. 9; *Fleischer* in Küting/Weber, Hdb. Rechnungslegung, § 145 AktG Rz. 13; *Jänig*, Die aktienrechtliche Sonderprüfung, 2005, S. 359.
39 *Fleischer* in Küting/Weber, Hdb. Rechnungslegung, § 145 AktG Rz. 12; *Hüffer*, § 145 AktG Rz. 2; *G. Bezzenberger* in Großkomm. AktG, 4. Aufl., § 145 AktG Rz. 16; *Schröer* in MünchKomm. AktG, 2. Aufl., § 145 AktG Rz. 10; *Mock* in Spindler/Stilz, § 145 AktG Rz. 11; *Jänig*, Die aktienrechtliche Sonderprüfung, 2005, S. 358; *ADS*, §§ 142–146 AktG Rz. 31.
40 *Schröer* in MünchKomm. AktG, 2. Aufl., § 145 AktG Rz. 10; *Fleischer* in Küting/Weber, Hdb. Rechnungslegung, § 145 AktG Rz. 12; *Hüffer*, § 145 AktG Rz. 2; *G. Bezzenberger* in Großkomm. AktG, 4. Aufl., § 145 AktG Rz. 16; *ADS*, §§ 142–146 AktG Rz. 31; *Holzborn* in Bürgers/Körber, § 145 AktG Rz. 3; *Jänig*, Die aktienrechtliche Sonderprüfung, 2005, S. 358.
41 *Hüffer*, § 145 AktG Rz. 2; *Fleischer* in Küting/Weber, Hdb. Rechnungslegung, § 145 AktG Rz. 12; *Jänig*, Die aktienrechtliche Sonderprüfung, 2005, S. 358.
42 *Hüffer*, § 145 AktG Rz. 2; *Fleischer* in Küting/Weber, Hdb. Rechnungslegung, § 145 AktG Rz. 12; *Schröer* in MünchKomm. AktG, 2. Aufl., § 145 AktG Rz. 10; *ADS*, §§ 142–146 AktG

ist der Vorstand nicht zur Gestattung der Prüfungshandlungen verpflichtet; allerdings trifft ihn diesbezüglich die **Beweislast**[43].

**c) Aufklärungs- und Nachweisrecht (§ 145 Abs. 2)**

10 § 145 Abs. 2 eröffnet zudem für den Sonderprüfer und seine von ihm bevollmächtigten Gehilfen die Möglichkeit, von den Mitgliedern des Vorstands und des Aufsichtsrats alle Aufklärungen und Nachweise zu verlangen, die eine sorgfältige Prüfung der Vorgänge erfordert[44]. Unter den Begriff der **Aufklärungen** fallen sämtliche mündlichen oder schriftlichen Auskünfte und Erläuterungen[45]. Die Auskunftspflichtigen können sich dabei nicht auf die schlichte Beantwortung von Fragen beschränken, sondern müssen unaufgefordert alle Informationen offen legen, die nach dem Sinn der Fragestellung zur Aufklärung benötigt werden[46]. Gegebenenfalls ist auch die Funktionsfähigkeit von technischen Einrichtungen oder organisatorischen Abläufen zu demonstrieren[47]. Der Vorstand hat auch einen einführenden Bericht zu geben, um die Sonderprüfer mit dem Prüfungsgegenstand vertraut zu machen[48]. Werden vom Sonderprüfer **Nachweise** im Hinblick auf ungeklärte Tatsachen verlangt, sind entsprechende Angaben zu machen oder auch Unterlagen vorzulegen, die dem Sonderprüfer eine Verifizierung ermöglichen[49].

11 **Die Auskunftspflicht** obliegt nicht dem Vorstand oder Aufsichtsrat als Organ der Gesellschaft, sondern nur den **gegenwärtigen Organmitgliedern**[50]. Vorschlägen, die Auskunftspflicht auf ehemalige Organmitglieder zu erstrecken[51], ist der Gesetzgeber nicht gefolgt[52]. Eine Auskunftspflicht **ehemaliger Vorstands- und Aufsichtsratsmitglieder** kann sich aber der Gesellschaft gegenüber aus nachwirkenden Treuepflichten

---

Rz. 31; *G. Bezzenberger* in Großkomm. AktG, 4. Aufl., § 145 AktG Rz. 16; *Mock* in Spindler/Stilz, § 145 AktG Rz. 11; *Jänig*, Die aktienrechtliche Sonderprüfung, 2005, S. 359.

43 *Schröer* in MünchKomm. AktG, 2. Aufl., § 145 AktG Rz. 10; *Fleischer* in Küting/Weber, Hdb. Rechnungslegung, § 145 AktG Rz. 12; *Jänig*, Die aktienrechtliche Sonderprüfung, 2005, S. 359.

44 *G. Bezzenberger* in Großkomm. AktG, 4. Aufl., § 145 AktG Rz. 18; *Mock* in Spindler/Stilz, § 145 AktG Rz. 13.

45 *Fleischer* in Küting/Weber, Hdb. Rechnungslegung, § 145 AktG Rz. 14; *G. Bezzenberger* in Großkomm. AktG, 4. Aufl., § 145 AktG Rz. 17; *Schröer* in MünchKomm. AktG, 2. Aufl., § 145 AktG Rz. 12; *Jänig*, Die aktienrechtliche Sonderprüfung, 2005, S. 359.

46 *G. Bezzenberger* in Großkomm. AktG, 4. Aufl., § 145 AktG Rz. 17; *Hüffer*, § 145 AktG Rz. 4; *Schröer* in MünchKomm. AktG, 2. Aufl., § 145 AktG Rz. 12; *Fleischer* in Küting/Weber, Hdb. Rechnungslegung, § 145 AktG Rz. 14; *Mock* in Spindler/Stilz, § 145 AktG Rz. 13; *Jänig*, Die aktienrechtliche Sonderprüfung, 2005, S. 359; *Butzke* in Obermüller/Werner/Winden, Die Hauptversammlung der Aktiengesellschaft, Rz. M 28.

47 *G. Bezzenberger* in Großkomm. AktG, 4. Aufl., § 145 AktG Rz. 7; *Fleischer* in Küting/Weber, Hdb. Rechnungslegung, § 145 AktG Rz. 14.

48 *G. Bezzenberger* in Großkomm. AktG, 4. Aufl., § 145 AktG Rz. 17; ebenso *Fleischer* in Küting/Weber, Hdb. Rechnungslegung, § 145 AktG Rz. 14; zurückhaltend Auflgrund sog. „Framing-Effekte" demgegenüber *Jänig*, Die aktienrechtliche Sonderprüfung, 2005, S. 359; s. dazu auch *Schreiber*, WPg 2001, 335, 336.

49 *G. Bezzenberger* in Großkomm. AktG, 4. Aufl., § 145 AktG Rz. 17; *Jänig*, Die aktienrechtliche Sonderprüfung, 2005, S. 359f.

50 *G. Bezzenberger* in Großkomm. AktG, 4. Aufl., § 145 AktG Rz. 18; *Fleischer* in Küting/Weber, Hdb. Rechnungslegung, § 145 AktG Rz. 15; *Hüffer*, § 145 AktG Rz. 3; *Schröer* in MünchKomm. AktG, 2. Aufl., § 145 AktG Rz. 13; *ADS*, §§ 142–146 AktG Rz. 34; *Mock* in Spindler/Stilz, § 145 AktG Rz. 14; *Wilsing/Neumann* in Heidel, § 145 AktG Rz. 3; *Jänig*, Die aktienrechtliche Sonderprüfung, 2005, S. 364.

51 Dazu etwa *v. Gleichenstein*, BB 1956, 761, 763; *Forster*, AG 1962, 232, 234.

52 *Fleischer* in Küting/Weber, Hdb. Rechnungslegung, § 145 AktG Rz. 16; *Schröer* in MünchKomm. AktG, 2. Aufl., § 145 AktG Rz. 14; *Jänig*, Die aktienrechtliche Sonderprüfung, 2005, S. 364.

ergeben; ob die betroffene Person ein Ruhegeld erhält, spielt dabei keine Rolle[53]. Auch **Mitarbeiter des Unternehmens** sind zwar nicht unmittelbar dem Sonderprüfer gegenüber zur Auskunft verpflichtet, müssen aber vom Vorstand kraft seines Weisungsrechts zur Auskunftserteilung an den Sonderprüfer verpflichtet werden[54].

Anders als das Einsichts- und Prüfungsrecht wird das Auskunftsrecht des § 145 Abs. 2 ausdrücklich auf solche Fälle **begrenzt**, in denen die Mitwirkung der Organmitglieder für eine **sorgfältige Durchführung des Prüfungsauftrags notwendig** ist, weshalb sich die Prüfer bei der Ausübung dieses Rechts im **Rahmen des Prüfungsthemas** bewegen müssen[55]. Um etwaige Behinderungen der Tätigkeit der Sonderprüfer zu vermeiden, kann ihnen hierfür aber nicht die volle Beweislast aufgebürdet werden; vielmehr haben sie die Notwendigkeit ihres Auskunftsbegehrens **lediglich plausibel darzulegen**[56]. Die Beurteilung, ob eine Auskunft notwendig ist, liegt also grundsätzlich im Ermessen der Sonderprüfer[57]. Nur ausnahmsweise, nämlich wenn es an einem Zusammenhang zum Prüfungsthema evident fehlt, kann der Adressat das Auskunftsverlangen als rechtsmissbräuchlich zurückweisen[58]. 12

Wie die gesetzgeberische Wertung in § 145 Abs. 6 Satz 2 und § 145 Abs. 4 Satz 1 verdeutlicht, tritt das Geheimhaltungsinteresse der Gesellschaft hinter demjenigen der Aktionäre an der Sachverhaltsaufklärung zurück (s. Rz. 25 ff.). Es besteht also **kein Aussageverweigerungsrecht zum Schutze der Gesellschaft**, wie dies etwa § 131 Abs. 3 Satz 1 Nr. 1 vorsieht; vielmehr ist auch über solche Tatsachen Auskunft zu erteilen, deren Bekanntwerden dazu geeignet ist, der Gesellschaft einen nicht unerheblichen Schaden zuzufügen[59]. Auch die übrigen Aussageverweigerungsrechte des **§ 131 Abs. 3 Satz 1 Nr. 1–4 finden keine entsprechende Anwendung**[60]. Das Organmitglied kann sich auch nicht entsprechend dem Regelungsgehalt des § 384 Nr. 1 ZPO 13

---

53 *Hüffer*, § 145 AktG Rz. 3; *G. Bezzenberger* in Großkomm. AktG, 4. Aufl., § 145 AktG Rz. 16; *Fleischer* in Küting/Weber, Hdb. Rechnungslegung, § 145 AktG Rz. 16; *Schröer* in Münch-Komm. AktG, 2. Aufl., § 145 AktG Rz. 14; anders *ADS*, §§ 142–146 AktG Rz. 34; weitergehend *Jänig*, Die aktienrechtliche Sonderprüfung, 2005, S. 367.
54 *G. Bezzenberger* in Großkomm. AktG, 4. Aufl., § 145 AktG Rz. 18; *Hüffer*, § 145 AktG Rz. 3; *Schröer* in MünchKomm. AktG, 2. Aufl., § 145 AktG Rz. 15; *Fleischer* in Küting/Weber, Hdb. Rechnungslegung, § 145 AktG Rz. 17; *ADS*, §§ 142–146 AktG Rz. 34; *Mock* in Spindler/Stilz, § 145 AktG Rz. 14; rechtsvergleichend *Jänig*, Die aktienrechtliche Sonderprüfung, 2005, S. 364 ff.
55 *Fleischer* in Küting/Weber, Hdb. Rechnungslegung, § 145 AktG Rz. 18; *Hüffer*, § 145 AktG Rz. 4; *Schröer* in MünchKomm. AktG, 2. Aufl., § 145 AktG Rz. 15; *Wilsing/Neumann* in Heidel, § 145 AktG Rz. 3; *Jänig*, Die aktienrechtliche Sonderprüfung, 2005, S. 360; *Butzke* in Obermüller/Werner/Winden, Die Hauptversammlung der Aktiengesellschaft, Rz. M 28.
56 *G. Bezzenberger* in Großkomm. AktG, 4. Aufl., § 145 AktG Rz. 19; *ADS*, §§ 142–146 AktG Rz. 33; *Schröer* in MünchKomm. AktG, 2. Aufl., § 145 AktG Rz. 16; *Fleischer* in Küting/Weber, Hdb. Rechnungslegung, § 145 AktG Rz. 18; *Mock* in Spindler/Stilz, § 145 AktG Rz. 15; *Holzborn* in Bürgers/Körber, § 145 AktG Rz. 6; *Jänig*, Die aktienrechtliche Sonderprüfung, 2005, S. 360.
57 *G. Bezzenberger* in Großkomm. AktG, 4. Aufl., § 145 AktG Rz. 19; *Fleischer* in Küting/Weber, Hdb. Rechnungslegung, § 145 AktG Rz. 18; *Schedlbauer*, Sonderprüfungen, 1984, S. 151.
58 *Fleischer* in Küting/Weber, Hdb. Rechnungslegung, § 145 AktG Rz. 18; *G. Bezzenberger* in Großkomm. AktG, 4. Aufl., § 145 AktG Rz. 19; *Jänig*, Die aktienrechtliche Sonderprüfung, 2005, S. 360.
59 *Schröer* in MünchKomm. AktG, 2. Aufl., § 145 AktG Rz. 17; *Fleischer* in Küting/Weber, Hdb. Rechnungslegung, § 145 AktG Rz. 19; *G. Bezzenberger* in Großkomm. AktG, 4. Aufl., § 145 AktG Rz. 20; *Jänig*, Die aktienrechtliche Sonderprüfung, 2005, S. 360.
60 *G. Bezzenberger* in Großkomm. AktG, 4. Aufl., § 145 AktG Rz. 20; *Fleischer* in Küting/Weber, Hdb. Rechnungslegung, § 145 AktG Rz. 19; *Mock* in Spindler/Stilz, § 145 AktG Rz. 16; *Wilsing/Neumann* in Heidel, § 145 AktG Rz. 3; *Jänig*, Die aktienrechtliche Sonderprüfung, 2005, S. 360.

darauf berufen, dass ihm durch die Auskunft ein unmittelbarer Schaden entstehen würde[61]. Ebenso wenig besteht ein Auskunftsverweigerungsrecht aufgrund seiner Verschwiegenheitspflichten[62]. Denn gegenüber dem Sonderprüfer besteht kein Geheimnisschutz[63]; im Übrigen ist der Sonderprüfer selbst sowohl zivil- als auch strafrechtlich zur Verschwiegenheit verpflichtet (dazu § 144 Rz. 10 ff.)[64]. Betrifft das Auskunftsverlangen Betriebs- oder Geschäftsgeheimnisse, ist der Sonderprüfer allerdings darauf hinzuweisen, insbesondere um die Erforderlichkeit der Berichterstattung angemessen beurteilen zu können[65].

14 Ein **Aussageverweigerungsrecht** besteht ausnahmsweise entsprechend dem **Rechtsgedanken des § 131 Abs. 3 Satz 1 Nr. 5** aber in solchen Fällen, in denen sich der Auskunftspflichtige **durch die Auskunft selbst strafbar machen** würde, etwa gem. §§ 93 ff. StGB wegen der Offenlegung von Staatsgeheimnissen[66]. Entgegen der wohl hM besteht dagegen kein Aussageverweigerungsrecht der Organmitglieder, wenn sie sich durch die Auskunftserteilung der **Gefahr der Strafverfolgung** aussetzen würden. Zwar ist den §§ 55 Abs. 1 StPO, 384 Nr. 2 ZPO ein inhärentes **Selbstbelastungsverbot** zu entnehmen, dem der Vorrang gegenüber den mit der Sonderprüfung verfolgten Interessen zukommen soll[67]; auch habe der Europäische Gerichtshof für Menschenrechte eine entsprechende Wertung angenommen[68]. Dem steht jedoch entgegen, dass es im Kern um die Verwertbarkeit der Aussagen in einem anschließenden Strafverfahren geht. Dies lässt sich jedoch auch mit einem entsprechenden Ausschluss erreichen, wie ihn auch das englische Recht kennt[69]. Nur darauf bezieht sich auch die Entscheidung des EGMR[70]. Dementsprechend hat auch das BVerfG einen Gemeinschuldner nicht als in seinen Grundrechten verletzt angesehen, der nach der Konkursordnung (jetzt InsO) uneingeschränkt zur Aussage verpflichtet ist, wenn seine Aussage in einem nachfolgenden Strafverfahren nicht verwertet werden darf[71]. Gerade diejenigen Personen, die aus besonderen Rechtsgründen rechtsgeschäftlich oder

---

61 *G. Bezzenberger* in Großkomm. AktG, 4. Aufl., § 145 AktG Rz. 20; *Schröer* in MünchKomm. AktG, 2. Aufl., § 145 AktG Rz. 18.
62 *Schröer* in MünchKomm. AktG, 2. Aufl., § 145 AktG Rz. 18; *G. Bezzenberger* in Großkomm. AktG, 4. Aufl., § 145 AktG Rz. 20.
63 S. etwa *Hüffer*, § 145 AktG Rz. 2; *Jansen*, Die Sonderprüfung der Geschäftsführung nach dem Aktiengesetz, 1974, S. 69.
64 In diesem Zusammenhang auch *Jänig*, Die aktienrechtliche Sonderprüfung, 2005, S. 360.
65 *G. Bezzenberger* in Großkomm. AktG, 4. Aufl., § 145 AktG Rz. 20; *Fleischer* in Küting/Weber, Hdb. Rechnungslegung, § 145 AktG Rz. 19; *Jansen*, Die Sonderprüfung der Geschäftsführung nach dem Aktiengesetz, 1974, S. 69; s. hierzu unten Rz. 26.
66 *G. Bezzenberger* in Großkomm. AktG, 4. Aufl., § 145 AktG Rz. 20; *Schröer* in MünchKomm. AktG, 4. Aufl., § 145 AktG Rz. 18; *Fleischer* in Küting/Weber, Hdb. Rechnungslegung, § 145 AktG Rz. 20; *Holzborn* in Bürgers/Körber, § 145 AktG Rz. 6; einschränkend *Jänig*, Die aktienrechtliche Sonderprüfung, 2005, S. 361.
67 *Fleischer* in Küting/Weber, Hdb. Rechnungslegung, § 145 AktG Rz. 20; *G. Bezzenberger* in Großkomm. AktG, 4. Aufl., § 145 AktG Rz. 20; *Schröer* in MünchKomm. AktG, 2. Aufl., § 145 AktG Rz. 18; *Mock* in Spindler/Stilz, § 145 AktG Rz. 16; *Holzborn* in Bürgers/Körber, § 145 AktG Rz. 6; a.A. *Jänig*, Die aktienrechtliche Sonderprüfung, 2005, S. 361ff.
68 *Fleischer* in Küting/Weber, Hdb. Rechnungslegung, § 145 AktG Rz. 20 unter Berufung Aufl EGMR v. 17.12.1996, *Saunders v. United Kingdom*, 23 EHRR (1997) 313 = BCC 872 = 1 BCLC (1998) 362.
69 *Jänig*, Die aktienrechtliche Sonderprüfung, 2005, S. 361 unter Berufung Aufl die heutige englische Rechtsprechung – *Re an inquiry into Mirror Group Newspaper plc*, 1 BCLC 690, (2000) Ch 194.
70 EGMR v. 17.12.1996, *Saunders v. United Kindgom*, 23 EHRR (1997) 313, 337 ff.; zutreffend *Jänig*, Die aktienrechtliche Sonderprüfung, 2005, S. 361; s. zu der Entscheidung ferner etwa *Stallworthy*, 4 ICCLR (1997) 115 ff.; *Ward/Gardner*, 4 EHRLR (2003) 388, 391ff.
71 S. BVerfG v. 13.1.1981 – 1 BvR 116/77, NJW 1981, 1431; s. in diesem Zusammenhang auch BGH v. 30.4.1964 – VII ZR 156/62, BGHZ 41, 318, 324, wonach der Schuldner von der Aus-

gesetzlich zur Auskunft verpflichtet sind, könnten nicht mit Zeugen, Prozessparteien und Beschuldigten verglichen werden, insbesondere weil sie – anders als der Zeuge – in einem besonderen Pflichtenverhältnis zum Auskunftsgläubiger stehen[72]. Gesetzessystematisch wird diese Ansicht zudem durch einen Blick auf das Auskunftsrecht nach § 131 unterstützt, wo der Vorstand nur dann gemäß § 131 Abs. 3 Nr. 5 zur Verweigerung der Aussage berechtigt ist, wenn er sich durch die Erteilung der Auskunft selbst strafbar machen würde, nicht indes bezüglich Vorgängen, hinsichtlich derer er sich bereits strafbar gemacht hat (§ 131 Rz. 82 ff.)[73]. Schließlich wäre die Sonderprüfung erheblich behindert, da zahlreiche Pflichtverletzungen unter Umständen auch unter den weiten Tatbestand der Untreue (§ 266 StGB) subsumiert werden könnten – mit der Folge, dass der Vorstand oder Aufsichtsrat sich stets auf ein entsprechendes Aussageverweigerungsrecht berufen könnte.

**d) Rechte gegenüber verbundenen Unternehmen (§ 145 Abs. 3)**

§ 145 Abs. 3 erstreckt das Aufklärungs- und Nachweisrecht des § 145 Abs. 2 auf **Konzernunternehmen (§ 18)** und **herrschende oder abhängige Unternehmen (§ 17)**[74]. Dabei ist ohne Bedeutung, in welcher Rechtsform das verbundene Unternehmen organisiert ist[75]. Entsprechend der Regelung in § 145 Abs. 2 sind **Adressaten des Auskunftsrechts** auch hier nicht die jeweiligen Organe, sondern deren einzelne Mitglieder[76], bei Kapitalgesellschaften also die Mitglieder von Vorstand bzw. Geschäftsführung und Aufsichtsrat, bei Personengesellschaften die geschäftsführenden Gesellschafter und bei Einzelunternehmen deren Inhaber[77]. 15

Gegenüber **Unternehmen mit Sitz im Ausland** besteht das Auskunftsrecht nur dann, wenn das nach ihrem Gesellschaftsstatut maßgebliche Recht sie dazu anhält oder in nationales Recht transformierte multilaterale Abkommen dies verlangen[78]. Andernfalls bleibt dem Sonderprüfer lediglich die Möglichkeit, den Vorstand der zu prüfenden Gesellschaft dazu anzuhalten, seinen Einfluss auf das ausländische Unterneh- 16

---

kunftspflicht selbst dann nicht frei wird, wenn er sich damit einer strafbaren Tat bezichtigen würde; dazu ferner etwa *Krüger* in MünchKomm. BGB, 5. Aufl., § 259 BGB Rz. 36.
72 BVerfG v. 13.1.1981 – 1 BvR 116/77, NJW 1981, 1431, 1432; s. auch BGH v. 30.4.1964 – VII ZR 156/62, BGHZ 41, 318, 324.
73 *Jänig*, Die aktienrechtliche Sonderprüfung, 2005, S. 363; zu § 131 OLG Düsseldorf v. 17.7.1991 – 19 W 2/91, AG 1992, 34, 37; *Decher* in Großkomm. AktG, 4. Aufl., § 131 AktG Rz. 325; *Kubis* in MünchKomm. AktG, 2. Aufl., § 131 Rz. 119; *Butzke* in Obermüller/Werner/Winden, Die Hauptversammlung der Aktiengesellschaft, Rz. G 75; *F.-J. Semler* in MünchHdb. AG, § 37 Rz. 37.
74 *Hüffer*, § 145 AktG Rz. 5; *G. Bezzenberger* in Großkomm. AktG, 4. Aufl., § 145 AktG Rz. 21; *Fleischer* in Küting/Weber, Hdb. Rechnungslegung, § 145 AktG Rz. 21; *Schröer* in MünchKomm. AktG, 2. Aufl., § 145 AktG Rz. 19; *Mock* in Spindler/Stilz, § 145 AktG Rz. 17; ADS, §§ 142–146 AktG Rz. 35.
75 *Hüffer*, § 145 AktG Rz. 5; *G. Bezzenberger* in Großkomm. AktG, 4. Aufl., § 145 AktG Rz. 21; *Fleischer* in Küting/Weber, Hdb. Rechnungslegung, § 145 AktG Rz. 21; *Jänig*, Die aktienrechtliche Sonderprüfung, 2005, S. 369.
76 *Fleischer* in Küting/Weber, Hdb. Rechnungslegung, § 145 AktG Rz. 21; *Hüffer*, § 145 AktG Rz. 5; *G. Bezzenberger* in Großkomm. AktG, 4. Aufl., § 145 AktG Rz. 24; *Jänig*, Die aktienrechtliche Sonderprüfung, 2005, S. 369.
77 *Schröer* in MünchKomm. AktG, 2. Aufl., § 145 AktG Rz. 8; *G. Bezzenberger* in Großkomm. AktG, 4. Aufl., § 145 AktG Rz. 24; ADS, §§ 142–146 AktG Rz. 35; *Fleischer* in Küting/Weber, Hdb. Rechnungslegung, § 145 AktG Rz. 21; *Jänig*, Die aktienrechtliche Sonderprüfung, 2005, S. 369.
78 In Betracht kommt hier insbesondere das EuGVÜ, s. *G. Bezzenberger* in Großkomm. AktG, 4. Aufl., § 145 AktG Rz. 22 sowie *Schröer* in MünchKomm. AktG, 2. Aufl., § 145 AktG Rz. 21; dazu ferner *Fleischer* in Küting/Weber, Hdb. Rechnungslegung, § 145 AktG Rz. 23.

men geltend zu machen, um Unterstützung bei der Sonderprüfung zu erhalten[79]. Rechtspolitisch wird in diesem Zusammenhang zu Recht Handlungsbedarf festgestellt[80].

17 Der **Umfang** des Auskunftsrechts gegenüber verbundenen Unternehmen entspricht demjenigen des § 145 Abs. 2. Es können alle Aufklärungen und Nachweise verlangt werden, welche die **sorgfältige Prüfung der Vorgänge notwendig** machen; hinsichtlich der Grenzen des Auskunftsrechts kann daher auf die voranstehenden Erläuterungen verwiesen werden (Rz. 12 ff.)[81].

18 Von einer Erstreckung des **Einsichts- und Prüfungsrechts** auf verbundene Unternehmen hat der Gesetzgeber im Laufe des Gesetzgebungsverfahrens abgesehen[82], da die Sonderprüfer gerade nicht bei dem verbundenen Unternehmen zum Prüfer bestellt worden seien[83]. Da die Sonderprüfer infolgedessen auf die häufig weniger zuverlässigen Auskünfte der Verwaltungsmitglieder angewiesen sind, wird die Durchführung der Sonderprüfung infolgedessen in vielen Fällen erheblich erschwert[84]. Auch hier besteht rechtspolitischer Handlungsbedarf.

### e) Durchsetzung der Prüferrechte

19 Kommen **Vorstandsmitglieder** ihren Pflichten aus § 145 Abs. 1–3 nicht nach, so können die Sonderprüfer dies dem Registergericht anzeigen, dass die auskunftspflichtigen Personen durch **Festsetzung eines Zwangsgelds** zur Mitwirkung anzuhalten hat, § 407 Abs. 1 Satz 1[85]. Ein **klagbarer Erfüllungsanspruch** auf Auskunftserteilung besteht hingegen **nicht**[86]. Die Einzelheiten dieses Verfahrens richten sich nach den §§ 388–391 FamFG[87]. Als Registergericht ist das Amtsgericht, in dessen Bezirk ein Landgericht seinen Sitz hat, für den Bezirk dieses Landgerichts, sachlich zuständig (§ 23a Abs. 1 Nr. 2, Abs. 2 Nr. 3 GVG i.V.m. § 376 Abs. 1 FamFG), abweichend können die Landesregierung (§ 376 Abs. 2 Satz 1 FamFG) oder gegebenenfalls auch die

---

79 *Fleischer* in Küting/Weber, Hdb. Rechnungslegung, § 145 AktG Rz. 23; *Schröer* in MünchKomm. AktG, 2. Aufl., § 145 AktG Rz. 20; *G. Bezzenberger* in Großkomm. AktG, 4. Aufl., § 145 AktG Rz. 22; *Mock* in Spindler/Stilz, § 145 AktG Rz. 19.
80 S. *Fleischer* in Küting/Weber, Hdb. Rechnungslegung, § 145 AktG Rz. 23; dazu auch Forum Europaeum Konzernrecht, ZGR 1998, 672, 715 ff.; s. auch *Mock* in Spindler/Stilz, § 145 AktG Rz. 6.
81 *G. Bezzenberger* in Großkomm. AktG, 4. Aufl., § 145 AktG Rz. 24; *Hüffer*, § 145 AktG Rz. 5; *Schröer* in MünchKomm. AktG, 2. Aufl., § 145 AktG Rz. 21; *Fleischer* in Küting/Weber, Hdb. Rechnungslegung, § 145 AktG Rz. 21; *Jänig*, Die aktienrechtliche Sonderprüfung, 2005, S. 369.
82 S. dazu Begr. RegE in *Kropff*, Aktiengesetz, S. 211 (anders noch § 138 Abs. 3 RegE); rechtspolitische Kritik schon bei *Forster*, AG 1962, 232, 233; *G. Bezzenberger* in Großkomm. AktG, 4. Aufl., § 145 AktG Rz. 25; *Fleischer* in Küting/Weber, Hdb. Rechnungslegung, § 145 AktG Rz. 22; ausführlich auch *Jänig*, Die aktienrechtliche Sonderprüfung, 2005, S. 369 ff.
83 Bericht Rechtsausschuss in *Kropff*, Aktiengesetz, S. 211.
84 S. *G. Bezzenberger* in Großkomm. AktG, 4. Aufl., § 145 AktG Rz. 25; *Fleischer* in Küting/Weber, Hdb. Rechnungslegung, § 145 AktG Rz. 22; *Jänig*, Die aktienrechtliche Sonderprüfung, 2005, S. 370.
85 *G. Bezzenberger* in Großkomm. AktG, 4. Aufl., § 145 AktG Rz. 26; *Schröer* in MünchKomm. AktG, 2. Aufl., § 145 AktG Rz. 23; *Fleischer* in Küting/Weber, Hdb. Rechnungslegung, § 145 AktG Rz. 24; *ADS*, §§ 142–146 AktG Rz. 36; *Jänig*, Die aktienrechtliche Sonderprüfung, 2005, S. 373.
86 *Fleischer* in Küting/Weber, Hdb. Rechnungslegung, § 145 AktG Rz. 25; *Mock* in Spindler/Stilz, § 145 AktG Rz. 21; *Holzborn* in Bürgers/Körber, § 145 AktG Rz. 8; *Jänig*, Die aktienrechtliche Sonderprüfung, 2005, S. 373.
87 *Heinemann* in Keidel, § 388 FamFG Rz. 14 f.; *Krafka* in MünchKomm. ZPO, 3. Aufl., § 388 FamFG Rz. 13; *Nedden-Boeger* in Schulte-Bunert/Weinreich, § 388 FamFG Rz. 21; *Bumiller/Harders*, § 388 FamFG Rz. 10.

Landesjustizverwaltung (§ 376 Abs. 2 Satz 2 FamFG) durch Rechtsverordnung die Zuständigkeit anderer oder zusätzlicher Amtsgerichte sowie die Bezirke der Gerichte regeln[88]. Funktional ist der Rechtspfleger zuständig (§ 3 Nr. 2d RPflG)[89]. Dies überzeugt kaum, hat sich doch bei Sonderprüfungen infolge eines Minderheitsverlangens schon das Gericht des § 142 Abs. 5 Satz 3 sachlich mit dem Sonderprüfungsbegehren auseinander gesetzt[90]. Vor diesem Hintergrund empfiehlt sich eine Zuständigkeitsregelung, die – ebenso wie auch § 145 Abs. 5[91] – der Regelung in § 142 Abs. 5 Satz 3 nachgebildet ist[92]. Die Möglichkeit der Zwangsgeldandrohung besteht im Übrigen **nicht gegenüber Aufsichtsratsmitgliedern**; zudem müssen die jeweiligen Unternehmen in der Rechtsform der AG oder der KGaA organisiert sein (s. §§ 407, 408)[93].

Eine **Strafbarkeit der Vorstands- oder Aufsichtsratsmitglieder** gem. **§ 400 Abs. 1 Nr. 2** kommt in Betracht, wenn diese in ihren Auskünften falsche Angaben machen oder die Verhältnisse der Gesellschaft unrichtig wiedergeben oder verschleiern[94]. Auch das Verschweigen erheblicher Umstände kann zur Strafbarkeit führen[95], nicht indes, wenn der Auskunftspflichtige offen die Auskunft verweigert, da in diesen Fällen nicht die Gefahr droht, dass Prüfungsergebnisse auf unrichtigen Tatsachengrundlagen basieren, wenngleich die Verweigerung der Auskunft in diesen Fällen pflichtwidrig sein mag[96].

20

Zivilrechtlich droht zudem eine **Haftung** der auskunftspflichtigen Personen gegenüber der Gesellschaft aus **§ 93 bzw. § 116**[97]. In Betracht kommt etwa ein Regress der Gesellschaft im Hinblick auf Entschädigungsansprüche, die die Sonderprüfer möglicherweise von der Gesellschaft wegen unterlassener Mitwirkung nach § 642 BGB verlangen[98]. Ein Kündigungsrecht nach § 643 BGB steht den Sonderprüfern nur in

21

---

88 Hiervon haben bisher u.a. **Bayern**: § 9 Verordnung über gerichtliche Zuständigkeiten im Bereich des Staatsministeriums der Justiz und für Verbraucherschutz (GZVJu) vom 16.11.2004, GVBl. 2004, 471; **Niedersachsen**: § 16 Abs. 1 Verordnung zur Regelung von Zuständigkeiten in der Gerichtsbarkeit und der Justizverwaltung (ZustVO-Justiz) vom 18.12.2009, Nds. GVBl. 2009, 506 Gebrauch gemacht.
89 *Hüffer* in MünchKomm. AktG, 2. Aufl., § 407 AktG Rz. 21; *Jänig*, BB 2005, 949, 953.
90 In diesem Sinne zu § 145 Abs. 5 *Kirschner*, BB 2005, 1865, 1867.
91 *Hüffer*, § 145 AktG Rz. 6.
92 S. schon *Jänig*, BB 2005, 949, 953.
93 *Schröer* in MünchKomm. AktG, 2. Aufl., § 145 AktG Rz. 23; *G. Bezzenberger* in Großkomm. AktG, 4. Aufl., § 145 AktG Rz. 26; s. auch *Jänig*, Die aktienrechtliche Sonderprüfung, 2005, S. 373 und *Jänig*, BB 2005, 949, 953.
94 *G. Bezzenberger* in Großkomm. AktG, 4. Aufl., § 145 AktG Rz. 27; *Schröer* in MünchKomm. AktG, 2. Aufl., § 145 AktG Rz. 24; *Fleischer* in Küting/Weber, Hdb. Rechnungslegung, § 145 AktG Rz. 26; *Mock* in Spindler/Stilz, § 145 AktG Rz. 24; *Jänig*, Die aktienrechtliche Sonderprüfung, 2005, S. 374.
95 *Schaal* in MünchKomm. AktG, 2. Aufl., § 400 AktG Rz. 68; *Fleischer* in Küting/Weber, Hdb. Rechnungslegung, § 145 AktG Rz. 26; *Schröer* in MünchKomm. AktG, 2. Aufl., § 145 AktG Rz. 24; *Jänig*, Die aktienrechtliche Sonderprüfung, 2005, S. 374.
96 *Otto* in Großkomm. AktG, 4. Aufl., § 400 AktG Rz. 67; *Schaal* in MünchKomm. AktG, 2. Aufl., § 400 AktG Rz. 69; *Hefendehl* in Spindler/Stilz, § 400 AktG Rz. 88; *Schröer* in MünchKomm. AktG, 2. Aufl., § 145 AktG Rz. 24.
97 *Fleischer* in Küting/Weber, Hdb. Rechnungslegung, § 145 AktG Rz. 26; *Schröer* in MünchKomm. AktG, 2. Aufl., § 145 AktG Rz. 25; *Mock* in Spindler/Stilz, § 145 AktG Rz. 25; *G. Bezzenberger* in Großkomm. AktG, 4. Aufl., § 145 AktG Rz. 28; *Jänig*, Die aktienrechtliche Sonderprüfung, 2005, S. 374.
98 *G. Bezzenberger* in Großkomm. AktG, 4. Aufl., § 145 AktG Rz. 28; *Schröer* in MünchKomm. AktG, 2. Aufl., § 145 AktG Rz. 25; *Mock* in Spindler/Stilz, § 145 AktG Rz. 26; *Jänig*, Die aktienrechtliche Sonderprüfung, 2005, S. 374; s. auch *Fleischer* in Küting/Weber, Hdb. Rechnungslegung, § 145 AktG Rz. 27.

Ausnahmefällen zu, da anderenfalls die Verwaltungsmitglieder die Sonderprüfung allzu leicht unterlaufen könnten[99].

### 2. Sonderprüfungsbericht (§ 145 Abs. 4–6)

#### a) Inhalt und Umfang

22 **aa) Allgemeine Leitlinien.** Die Sonderprüfer haben gem. § 145 Abs. 6 Satz 1 **schriftlich** über das Prüfungsergebnis zu berichten. Nähere Angaben zu Inhalt und Umfang des Prüfungsberichts enthält der Gesetzeswortlaut nicht. **Aus dem Zweck der Berichtspflicht**, den Aktionären eine fundierte Entscheidungsgrundlage an die Hand zu geben und die Publizität des Prüfungsergebnisses herzustellen, lassen sich jedoch allgemeine Leitlinien zur Berichterstattung ableiten[100]. So muss der Prüfungsbericht **vollständig** im Hinblick auf die Erkenntnisse sein, die für die Beurteilung der Prüfungsergebnisse von Bedeutung sind; er darf sich auf der anderen Seite auch auf das hierfür Notwendige beschränken[101]. Ein Bericht lediglich über die Prüfungsergebnisse genügt nicht, vielmehr muss der Sonderprüfer einen **umfassenden Erläuterungsbericht** vorlegen[102], der sich am Verständnishorizont der Aktionäre orientiert. Der Bericht muss also auch ohne spezifische Vorkenntnisse aus sich heraus **klar und verständlich** sein[103], **unparteiisch** erstattet werden und der **Wahrheit** entsprechen[104]. Konnten die prüfungsgegenständlichen Vorgänge **nicht vollständig aufgeklärt** werden, ist dies offen zu legen und zu begründen[105].

23 Um den Aktionären eine fundierte Entscheidung zu ermöglichen, müssen die Sonderprüfer auch eine **eigene Beurteilung der rechtlichen oder betriebswirtschaftlichen Fragen** vornehmen[106]. Dabei haben sie ihren eigenen Standpunkt **nachvollziehbar zu**

---

99 Ebenso *Fleischer* in Küting/Weber, Hdb. Rechnungslegung, § 145 AktG Rz. 27, der zu Recht aber auch auf das Fehlen einer dem § 318 Abs. 6 Satz 2 HGB vergleichbaren Regelung hinweist; s. ferner *Mock* in Spindler/Stilz, § 145 AktG Rz. 26; *Jänig*, Die aktienrechtliche Sonderprüfung, 2005, S. 374 sowie schon *Schedlbauer*, Sonderprüfungen, 1984, S. 148; a.A. *G. Bezzenberger* in Großkomm. AktG, 4. Aufl., § 145 AktG Rz. 28.
100 *G. Bezzenberger* in Großkomm. AktG, 4. Aufl., § 145 AktG Rz. 30; *Hüffer*, § 145 AktG Rz. 7; *Fleischer* in Küting/Weber, Hdb. Rechnungslegung, § 145 AktG Rz. 28; *ADS*, §§ 142–146 AktG Rz. 41; *Mock* in Spindler/Stilz, § 145 AktG Rz. 36; *Holzborn* in Bürgers/Körber, § 145 AktG Rz. 9; *Jänig*, Die aktienrechtliche Sonderprüfung, 2005, S. 392.
101 *Hüffer*, § 145 AktG Rz. 7; *ADS*, §§ 142–146 Rz. 41; s. auch *G. Bezzenberger* in Großkomm. AktG, 4. Aufl., § 145 AktG Rz. 30; *Fleischer* in Küting/Weber, Hdb. Rechnungslegung, § 145 AktG Rz. 33; *Schröer* in MünchKomm. AktG, 2. Aufl., § 145 AktG Rz. 27; *Mock* in Spindler/Stilz, § 145 AktG Rz. 37.
102 *Fleischer* in Küting/Weber, Hdb. Rechnungslegung, § 145 AktG Rz. 29; *Jänig*, Die aktienrechtliche Sonderprüfung, 2005, S. 393; s. ferner *Hüffer*, § 145 AktG Rz. 7; *G. Bezzenberger* in Großkomm. AktG, 4. Aufl., § 145 AktG Rz. 31; *Mock* in Spindler/Stilz, § 145 AktG Rz. 37; *Wilsing/Neumann* in Heidel, § 145 AktG Rz. 8.
103 *Fleischer* in Küting/Weber, Hdb. Rechnungslegung, § 145 AktG Rz. 29; *Hüffer*, § 145 AktG Rz. 7; *G. Bezzenberger* in Großkomm. AktG, 4. Aufl., § 145 AktG Rz. 30; *ADS*, §§ 142–146 AktG Rz. 42; *Schröer* in MünchKomm. AktG, 2. Aufl., § 145 AktG Rz. 27; *Wilsing/Neumann* in Heidel, § 145 AktG Rz. 8; *Mock* in Spindler/Stilz, § 145 AktG Rz. 38; *Jänig*, Die aktienrechtliche Sonderprüfung, 2005, S. 393; *Butzke* in Obermüller/Werner/Winden, Die Hauptversammlung der Aktiengesellschaft, Rz. M 30; *Bork* in Hommelhoff/Hopt/v. Werder, Hdb. Corporate Governance, S. 757.
104 *G. Bezzenberger* in Großkomm. AktG, 4. Aufl., § 145 AktG Rz. 30; *Fleischer* in Küting/Weber, Hdb. Rechnungslegung, § 145 AktG Rz. 31; *ADS*, §§ 142–146 AktG Rz. 42; *Mock* in Spindler/Stilz, § 145 AktG Rz. 40; *Jänig*, Die aktienrechtliche Sonderprüfung, 2005, S. 393.
105 *Hüffer*, § 145 AktG Rz. 7; *Fleischer* in Küting/Weber, Hdb. Rechnungslegung, § 145 AktG Rz. 33; *Wilsing/Neumann* in Heidel, § 145 AktG Rz. 8; *Schröer* in MünchKomm. AktG, 2. Aufl., § 145 AktG Rz. 27.
106 *G. Bezzenberger* in Großkomm. AktG, 4. Aufl., § 145 AktG Rz. 31; *Schröer* in MünchKomm. AktG, 2. Aufl., § 145 AktG Rz. 28; *Fleischer* in Küting/Weber, Hdb. Rechnungsle-

begründen und etwaige Zweifel oder abweichende Auffassungen zu erörtern[107]. Vor dem Hintergrund der Berichtsklarheit ist grundsätzlich auch eine **zusammenfassende Schlussbemerkung** geboten, wenngleich das Gesetz anders als etwa in § 259 Abs. 2 keinen bestimmten Schlussvermerk vorsieht[108]. Handlungsempfehlungen für die Hauptversammlung müssen die Sonderprüfer dagegen nicht aussprechen[109].

Eine Berichtspflicht über außerhalb des eigentlichen Prüfungsauftrags liegende „**Zufallsfunde**", die auf zivil- oder strafrechtliche Verfehlungen hindeuten könnte, besteht nicht. Zwar wird aufgrund ihrer vertraglichen Treuepflicht teilweise eine solche Pflicht – in Parallele zur Abschlussprüfung (Redepflicht, § 321 Abs. 1 Satz 3 HGB)[110] – zumindest im Innenverhältnis gegenüber den Verwaltungsmitgliedern[111] bejaht. Doch ist die Stellung des Abschlussprüfers als außenstehende Kontrollinstanz mit gesellschaftsübergreifenden Schutzzielen[112] nicht mit der explizit auf einen bestimmten Prüfungsgegenstand beschränkten Sonderprüfung vergleichbar[113]. Das AktG sieht gerade nicht eine umfassende Sonderprüfung vor, die durch eine Minderheit veranlasst werden kann; dieser Wertung würde es widersprechen, wenn der Sonderprüfer von sich aus andere Themen bzw. Verfehlungen zur Sprache bringen könnte. 24

**bb) Nachteilige Tatsachen. (1) Grundsatz des § 145 Abs. 6 Satz 2.** Den **Widerstreit** zwischen den Aufklärungsinteressen der Aktionäre auf der einen und den Geheimhaltungsinteressen der Gesellschaft bzw. ihrer Organe auf der anderen Seite hat der Gesetzgeber im Rahmen des AktG 1965 **zugunsten einer uneingeschränkten Berichterstattung** entschieden und sich bewusst gegen eine Schutzklausel entschieden, wie sie noch § 121 Abs. 3 AktG 1937 enthielt[114]. Dahinter stand die Überlegung, dass es die Aufgabe der Sonderprüfung sei, vorhandene Missstände aufzudecken, weshalb es gerade in ihrem Wesen läge, auch nachteilige Tatsachen ans Licht zu bringen; würde 25

---

gung, § 145 AktG Rz. 34; *ADS*, §§ 142–146 AktG Rz. 42; *Jänig*, Die aktienrechtliche Sonderprüfung, 2005, S. 395; *Butzke* in Obermüller/Werner/Winden, Die Hauptversammlung der Aktiengesellschaft, Rz. M 30.
107 *Fleischer* in Küting/Weber, Hdb. Rechnungslegung, § 145 AktG Rz. 34; *G. Bezzenberger* in Großkomm. AktG, 4. Aufl., § 145 AktG Rz. 31 f.; *Schröer* in MünchKomm. AktG, 2. Aufl., § 145 AktG Rz. 28; *Jänig*, Die aktienrechtliche Sonderprüfung, 2005, S. 395 f.; *ADS*, §§ 142–146 AktG Rz. 42.
108 *ADS*, §§ 142–146 AktG Rz. 44; *Fleischer* in Küting/Weber, Hdb. Rechnungslegung, § 145 AktG Rz. 37; *G. Bezzenberger* in Großkomm. AktG, 4. Aufl., § 145 AktG Rz. 34; *Mock* in Spindler/Stilz, § 145 AktG Rz. 43; *Jänig*, Die aktienrechtliche Sonderprüfung, 2005, S. 393.
109 *Fleischer* in Küting/Weber, Hdb. Rechnungslegung, § 145 AktG Rz. 35; *Jänig*, Die aktienrechtliche Sonderprüfung, 2005, S. 396.
110 *Jänig*, Die aktienrechtliche Sonderprüfung, 2005, S. 394.
111 *Fleischer* in Küting/Weber, Hdb. Rechnungslegung, § 145 AktG Rz. 36, der sich im Übrigen Aufl die überwiegende Auflfassung im schweizerischen Schrifttum beruft, s. etwa *Casutt*, Die Sonderprüfung im künftigen schweizerischen Aktienrecht, 1991, S. 199 f.; *Kirschner*, Die Sonderprüfung der Geschäftsführung in der Praxis, 2008, S. 338; s. auch *Holzborn* in Bürgers/Körber, § 145 AktG Rz. 10, der ebenfalls von einer Hinweispflicht über Zufallsfunde ausgeht, jedoch ohne Begründung.
112 S. *Hopt/Merkt* in Baumbach/Hopt, § 321 HGB Rz. 2; anders noch BGH v. 15.12.1954 – II ZR 322/53, BGHZ 16, 17, 25, der die Warnpflicht noch aus einer Organstellung abgeleitet hat; zur gesellschaftsübergreifenden Funktion der Abschlussprüfung s. auch *Ebke* in MünchKomm. HGB, 2. Aufl., § 316 HGB Rz. 24.
113 In diese Richtung auch *Mock* in Spindler/Stilz, § 145 AktG Rz. 42; in diesem Zusammenhang auch *Casutt*, Die Sonderprüfung im künftigen schweizerischen Aktienrecht, 1991, S. 200.
114 *G. Bezzenberger* in Großkomm. AktG, 4. Aufl., § 145 AktG Rz. 1; *Fleischer* in Küting/Weber, Hdb. Rechnungslegung, § 145 AktG Rz. 2; *Schröer* in MünchKomm. AktG, 2. Aufl., § 145 AktG Rz. 5; *Mock* in Spindler/Stilz, § 145 AktG Rz. 3; *Spindler*, NZG 2005, 865, 871; *Jänig*, Die aktienrechtliche Sonderprüfung, 2005, S. 391; *Jänig*, BB 2005, 949, 953.

der Bericht über solche Tatsachen durch eine Schutzklausel verhindert, hätte dies eine Entwertung der Sonderprüfung zur Folge[115]. Zwar wurde mit § 145 Abs. 4 eine Regelung aufgenommen, die es dem Vorstand ermöglicht, bei Gericht zu beantragen, dass bestimmte Tatsachen aufgrund überwiegender Belange der Gesellschaft nicht in den Prüfungsbericht aufgenommen werden; doch setzt auch dieses Antragsrecht voraus, dass die entsprechenden Informationen zur Aufklärung der zu prüfenden Vorgänge nicht unerlässlich sind[116]. Von einer Beschränkung der umfassenden Rechte der Sonderprüfer hat der Gesetzgeber indes Abstand genommen[117].

26 Eine gewisse Einschränkung erhält das Merkmal der **Erforderlichkeit** für die Beurteilung des zu prüfenden Vorgangs[118]. Zwar geht es hierbei nicht um eine Abwägung der Vor- und Nachteile einer Veröffentlichung[119]; gleichwohl hat der Sonderprüfer sorgfältig zu prüfen, ob die Erwähnung der nachteiligen Tatsachen tatsächlich notwendig ist, um den darzustellenden Sachverhalt verständlich zu machen und eine sachgerechte Beurteilung von Seiten der Aktionäre zu ermöglichen[120]. Maßgeblich ist also nicht die Nachteilseignung der Tatsachen, sondern allein ihre Relevanz für das Prüfungsergebnis und dessen Beurteilung durch die Hauptversammlung[121].

27 **(2) Gerichtliche Einschränkung des Berichtsinhalts (§ 145 Abs. 4). (a) Gesetzessystematik.** Um Minderheitsaktionären die Möglichkeit und den Anreiz zu nehmen, Geschäftsgeheimnisse auszuforschen, und um zu verhindern, dass solche Geschäftsgeheimnisse für jedermann offen gelegt werden, hat der Gesetzgeber in § 145 Abs. 4 eine Regelung eingeführt, die eine gerichtliche Einschränkung des Berichtsinhalts ermöglicht[122], wenn die Sonderprüfung auf ein Minderheitsverlangen nach § 142 Abs. 2 zurückgeht[123]. Dies steht im Einklang mit § 145 Abs. 6 Satz 2, der im Grundsatz weiterhin gilt, wenn das Gericht keine Ausnahmeverfügung nach § 145 Abs. 4 getroffen hat[124]. Es besteht also ein **Regel-Ausnahme-Verhältnis**[125] dergestalt, dass grundsätzlich über nachteilige Tatsachen zu berichten ist, wenn diese zur Beurtei-

---

115 Begr. RegE in *Kropff*, Aktiengesetz, S. 211 f.; s. ferner *G. Bezzenberger* in Großkomm. AktG, 4. Aufl., § 145 AktG Rz. 33; *Fleischer* in Küting/Weber, Hdb. Rechnungslegung, § 145 AktG Rz. 40; *Hüffer*, § 145 AktG Rz. 6; *ADS*, §§ 142–146 AktG Rz. 43; *Butzke* in Obermüller/Werner/Winden, Die Hauptversammlung der Aktiengesellschaft, Rz. M 30; kritisch etwa *Marsch-Barner*, Referat zum 63. DJT, 2000, S. O 69; *Jänig*, Die aktienrechtliche Sonderprüfung, 2005, S. 396 ff.
116 S. auch *Hüffer*, § 145 AktG Rz. 6; *Wilsing/Neumann*, DB 2006, 31, 34; dazu ferner auch *Jänig*, BB 2005, 949, 953 f.
117 Anders noch der Referentenentwurf zum UMAG, abgedruckt in NZG 2004, Sonderbeilage zu Heft 4; kritisch dazu *Hüffer*, § 145 AktG Rz. 6; *Wilsing*, ZIP 2004, 1082, 1090; *DAV-Handelsrechtsausschuss*, NZG 2004, 555, 559; *Diekmann/Leuering*, NZG 2004, 249, 252; *Meilicke/Heidel*, DB 2004, 1479, 1481; *Seibt*, WM 2004, 2137, 2141.
118 *Fleischer* in Küting/Weber, Hdb. Rechnungslegung, § 145 AktG Rz. 41; *Jänig*, BB 2005, 949, 954.
119 *G. Bezzenberger* in Großkomm. AktG, 4. Aufl., § 145 AktG Rz. 33.
120 *ADS*, §§ 142–146 AktG Rz. 43; *Fleischer* in Küting/Weber, Hdb. Rechnungslegung, § 145 AktG Rz. 41; *Schröer* in MünchKomm. AktG, 2. Aufl., § 145 AktG Rz. 30; *G. Bezzenberger* in Großkomm. AktG, 4. Aufl., § 145 AktG Rz. 33; *Hüffer*, § 145 AktG Rz. 8; *Butzke* in Obermüller/Werner/Winden, Die Hauptversammlung der Aktiengesellschaft, Rz. M 30.
121 Zutreffend *G. Bezzenberger* in Großkomm. AktG, 4. Aufl., § 145 AktG Rz. 33; *Schröer* in MünchKomm. AktG, 2. Aufl., § 145 AktG Rz. 30.
122 Begr. RegE, BT-Drucks. 15/5092, S. 19; *Spindler*, NZG 2005, 865, 871; *Kirschner*, BB 2005, 1865, 1867; *Langenbucher*, GesRZ-SH 2005, 3, 10; *Jänig*, BB 2005, 949, 953; *Wilsing/Neumann*, DB 2006, 31, 34; *Göz/Holzborn*, WM 2006, 157, 158; *Schütz*, NZG 2005, 5, 6.
123 Begr. RegE, BT-Drucks. 15/5092, S. 19; *Spindler*, NZG 2005, 865, 871; *Holzborn/Bunnemann*, BKR 2005, 51, 55.
124 Begr. RegE, BT-Drucks. 15/5092, S. 19.
125 *Wilsing/Neumann*, DB 2006, 31, 34; *Mock* in Spindler/Stilz, § 145 AktG Rz. 27, 30; *Wilsing/Neumann* in Heidel, § 145 AktG Rz. 5.

lung des Prüfungsgegenstands **erforderlich** sind, diese Tatsachen ausnahmsweise aber auf gerichtliche Anordnung von der Berichtspflicht ausgenommen werden können, allerdings auch nur dann, wenn die Tatsachen zur Beurteilung nicht **unerlässlich** sind. Wenngleich das Merkmal der Unerlässlichkeit enger auszulegen ist als die Erforderlichkeit[126], liegt damit beiden Regelungen zu Recht auch die gesetzgeberische Wertung zugrunde, dass dem Interesse an der Berichterstattung letzten Endes der Vorrang vor den Geheimhaltungsinteressen zukommt.

**(b) Voraussetzungen. Voraussetzung** einer gerichtlichen Beschränkung der Berichtspflicht nach § 145 Abs. 4 ist, dass **überwiegende Belange der Gesellschaft dies gebieten**. Hier ist also – anders als im Zusammenhang mit der Erforderlichkeit i.S. von § 145 Abs. 6 Satz 2 – zunächst eine **Interessenabwägung** vorzunehmen, bei der das Geheimhaltungsinteresse der Gesellschaft dem Interesse der Aktionäre an einer umfassenden Berichterstattung gegenüberzustellen ist[127]. Hierfür genügt nicht schon ein irgendwie gearteter Nachteil; vielmehr muss die Aufnahme der in Rede stehenden Tatsachen in den Prüfungsbericht gravierende Nachteile bzw. erhebliche Schäden der Gesellschaft nach sich ziehen[128].

28

Des Weiteren dürfen diese Tatsachen zur Darlegung der Unredlichkeiten oder groben Verletzungen gem. § 142 Abs. 2 aber **nicht unerlässlich** sein. Von Unerlässlichkeit ist nur dann auszugehen, wenn die Aufdeckung der Tatsachen das einzig erfolgversprechende Mittel zur Darlegung dieser Pflichtverletzungen darstellt[129], mithin **absolut unverzichtbar** ist[130].

29

Schließlich setzt die gerichtliche Einschränkung der Berichtspflicht einen **Antrag des Vorstands** voraus, das Gericht darf also nicht von Amts wegen tätig werden[131]. Außerdem muss es sich um eine Sonderprüfung handeln, die auf ein **Minderheitsverlangen nach § 142 Abs. 2** zurückgeht[132] – was rechtspolitisch zweifelhaft ist, kollidieren doch auch im Falle der mehrheitlich beschlossenen Sonderprüfung die widerstreitenden Interessen miteinander.

30

**(c) Gerichtliches Verfahren (§ 145 Abs. 5).** Das Verfahren richtet sich nach den Vorschriften des **FamFG**, § 145 Abs. 5 Satz 2 i.V.m. § 142 Abs. 8[133]; es gilt der **Amtsermittungsgrundsatz**, § 26 FamFG[134]. Zuständig ist grundsätzlich das Landgericht, in dessen Bezirk die Gesellschaft ihren Sitz hat; hier die Kammer für Handelssachen, sofern eine eingerichtet ist und ein entsprechender Antrag gestellt ist (§§ 71 Abs. 2

31

---

126 S. dazu sogleich sowie *Wilsing/Neumann*, DB 2006, 31, 34; ferner auch *Jänig*, Die aktienrechtliche Sonderprüfung, 2005, S. 408, der das Merkmal der Unerlässlichkeit als Einschränkung der bisher geltenden Formulierung – also der Erforderlichkeit – fordert.
127 *Hüffer*, § 145 AktG Rz. 6; *Langenbucher*, GesRZ-SH 2005, 3, 10; *Wilsing/Neumann*, DB 2006, 31, 34.
128 *Wilsing/Neumann*, DB 2006, 31, 34; *Mock* in Spindler/Stilz, § 145 AktG Rz. 30; *Wilsing/Neumann* in Heidel, § 145 AktG Rz. 6; *Kirschner*, Die Sonderprüfung der Geschäftsführung in der Praxis, 2008, S. 321 f.
129 *Langenbucher*, GesRZ-SH 2005, 3, 10.
130 Begr. RegE, BT-Drucks. 15/5092, S. 19; *Hüffer*, § 145 AktG Rz. 6, spricht insoweit von einem zwingenden Interesse; ähnlich *Wilsing/Neumann*, DB 2006, 31, 34, denen zufolge es sich um Tatsachen handeln muss, die unmittelbar das Prüfungsergebnis darstellen bzw. die für das Verständnis des Prüfungsergebnisses im engeren Sinne unerlässlich sind; s. in diesem Zusammenhang auch *Jänig*, Die aktienrechtliche Sonderprüfung, 2005, S. 403.
131 S. auch *Hüffer*, § 145 AktG Rz. 6; *Mock* in Spindler/Stilz, § 145 AktG Rz. 29.
132 Begr. RegE, BT-Drucks. 15/5092, S. 19; *Spindler*, NZG 2005, 865, 871; *Holzborn/Bunnemann*, BKR 2005, 51, 55.
133 *Jänig/Leißring*, ZIP 2010, 110, 112.
134 *Jänig/Leißring*, ZIP 2010, 110, 114; so auch schon zum FGG *Spindler*, NZG 2005, 865, 871; näher allgemein zum Amtsermittlungsgrundsatz *Ulrici* in MünchKomm. ZPO, 3. Aufl., § 26 FamFG Rz. 6 ff.; *Sternal* in Keidel, § 26 FamFG Rz. 12 ff.

Nr. 4b, 94, 95 Abs. 2 Nr. 2 GVG). Die Landesregierungen werden gem. § 71 Abs. 4 Satz 1 GVG ermächtigt durch Rechtsverordnung die Zuständigkeit einem Landgericht für die Bezirke mehrerer Landgerichte zuzuweisen, soweit dies der Sicherung einer einheitlichen Rechtsprechung dient[135]. Die **Zuständigkeitsregelung** des § 145 Abs. 5 Satz 1 **entspricht derjenigen des § 142 Abs. 5 Satz 3** (s. dazu § 142 Rz. 60)[136]. Die Entscheidung ergeht durch **Beschluss (§ 38 FamFG)**[137] und hat zur Folge, dass die konkret zu bezeichnenden Tatsachen ganz auszulassen oder so zu umschreiben sind, dass der Zweck der Sonderprüfung gleichwohl erreicht wird[138]. Das Recht des Sonderprüfers, diese Tatsachen zu ermitteln, ist hingegen nicht eingeschränkt[139]. Rechtsmittel gegen die Entscheidung sind die **Beschwerde** und die **Rechtsbeschwerde** (§§ 145 Abs. 5 Satz 2, 142 Abs 5 Satz 2, Abs. 8 AktG i.V.m. §§ 58, 70 FamFG)[140]. Gem. § 59 Abs. 1 FamFG steht die **Beschwerde** demjenigen zu, der durch den Beschluss in seinen Rechten beeinträchtigt ist. Sie ist innerhalb eines Monats bei dem Landgericht einzulegen, dessen Beschluss angefochten wird (§§ 63 Abs. 1, 64 Abs. 1 FamFG). Hilft das Landgericht der Beschwerde nicht ab, so hat es die Beschwerde unverzüglich an das Beschwerdegericht weiterzuleiten (§ 68 Abs. 1 FamFG). Zuständiges Beschwerdegericht ist gem. § 119 Abs. 1 Nr. 2 GVG das dem Instanzenzug übergeordnete Oberlandesgericht. Die Rechtsbeschwerde gegen die Entscheidung des Beschwerdegerichts ist statthaft, sofern sie in dem Beschluss zugelassen worden ist (§ 70 Abs. 1 FamFG); die zwingenden Zulassungsgründe ergeben sich aus § 70 Abs. 2 FamFG. Die **Rechtsbeschwerde** ist innerhalb eines Monats nach schriftlicher Bekanntgabe des angefochtenen Beschlusses beim Rechtsbeschwerdegericht einzulegen (§ 71 Abs. 1 FamFG). Zuständiges Rechtsbeschwerdegericht ist gem. § 133 GVG der BGH.

**b) Vorlage des Prüfungsberichts und weiteres Verfahren (§ 145 Abs. 6 Satz 3–5)**

32   **Die Sonderprüfer** haben den Bericht gem. § 145 Abs. 6 Satz 3 zu **unterzeichnen**, womit auch nach außen ihre Verantwortung für eine ordnungsgemäße Prüfung doku-

---

135 Von dieser Möglichkeit der Verfahrenskonzentration haben bisher u.a. folgende Bundesländer Gebrauch gemacht: **Bayern**: LG München I für die Landgerichtsbezirke des OLG München bzw. LG Nürnberg-Fürth für die Landgerichtsbezirke der OLG Nürnberg und OLG Bamberg – § 15b Gerichtliche Zuständigkeitsverordnung Justiz – GZVJu vom 16.11.2004, GVBl. 2004, 471; **Baden-Württemberg**: LG Mannheim für den Bezirk des OLG Karlsruhe bzw. LG Stuttgart für den Bezirk des OLG Stuttgart – § 13 Abs. 2 Nr. 5 Verordnung des Justizministeriums über Zuständigkeiten in der Justiz – ZuVOJu vom 20.11.1998, GBl. 1998, 680; **Niedersachsen**: LG Hannover für die Bezirke aller Landgerichte – § 2 Nr. 5 Verordnung zur Regelung von Zuständigkeiten in der Gerichtsbarkeit und Justizverwaltung – ZustVO-Justiz vom 18.12.2009, Nds. GVBl. 2009, 506; **Sachsen**: LG Leipzig für den Bezirk des OLG Dresden – § 10 Nr. 13 Verordnung des Sächsischen Staatsministeriums der Justiz über die Organisation der Justiz – SächsJOrgVO vom 14.12.2007, SächsGVBl. 2007, 600.
136 *Kirschner*, BB 2005, 1865, 1867; anders noch der Regierungsentwurf, s. Begr. RegE, BT-Drucks. 15/5092, S. 6.
137 Allgemein zum Beschluss s. *Ulrici* in MünchKomm. ZPO, 3. Aufl., Vor §§ 38 ff. FamFG Rz. 1; *Meyer-Holz* in Keidel, § 38 FamFG Rz. 1; *Oberheim* in Schulte-Bunert/Weinreich, § 38 FamFG Rz. 1 ff.
138 Begr. RegE, BT-Drucks. 15/5092, S. 19.
139 Begr. RegE, BT-Drucks. 15/5092, S. 19; anders noch der Referentenentwurf zum UMAG, abgedruckt in NZG 2004, Sonderbeilage zu Heft 4; kritisch zu Recht *Hüffer*, § 145 AktG Rz. 6; *Wilsing*, ZIP 2004, 1082, 1090; *DAV-Handelsrechtsausschuss*, NZG 2004, 555, 559; *Diekmann/Leuering*, NZG 2004, 249, 252; *Meilicke/Heidel*, DB 2004, 1479, 1481; *Seibt*, WM 2004, 2137, 2141.
140 S. zum Verfahren nach dem FamFG *Jänig/Leißring*, ZIP 2010, 110, 112 ff.; *Koritz* in MünchKomm. ZPO, 3. Aufl., §§ 58–75 FamFG; *Unger* in Schulte-Bunert/Weinreich, Vorbem. §§ 58–75 FamFG Rz. 1 ff.

mentiert wird[141]. Sind **mehrere Sonderprüfer** bestellt, kann und sollte im Übrigen ein einheitlicher Bericht erstellt werden, sofern die Sonderprüfer zu einem übereinstimmenden Ergebnis kommen[142]. Sodann müssen die Sonderprüfer den Prüfungsbericht **unverzüglich dem Vorstand** einreichen. Vor Unterschriftsleistung und der offiziellen Übermittlung darf dem Vorstand der Prüfungsbericht nicht ausgehändigt werden[143]; überhaupt darf dem Vorstand keinerlei Gelegenheit gegeben werden, durch eine Stellungnahme zu den Prüfungsergebnissen oder ihren Grundlagen die Sonderprüfung zu beeinflussen[144]. Daneben ist der Prüfungsbericht ferner auch dem **zuständigen Registergericht einzureichen**. Verfügt die Gesellschaft über einen Doppelsitz, muss der Prüfungsbericht beiden Registergerichten vorgelegt werden[145]. Die Einreichung zum Handelsregister, die gem. **§ 14 HGB mittels Zwangsgeldverfahren** durchgesetzt werden kann[146], hat eine weitgehende **Publizität**[147] zur Folge, da der Bericht dort von jedem ohne Nachweis eines besonderen Interesses eingesehen sowie eine (kostenpflichtige) Abschrift des Berichts verlangt werden kann, § 9 HGB[148].

**Der Vorstand** ist sodann verpflichtet, den Sonderprüfungsbericht dem **Aufsichtsrat vorzulegen**, § 145 Abs. 6 Satz 5. Außerdem hat er **jedem Aktionär auf Verlangen eine Abschrift zu erteilen**, § 145 Abs. 6 Satz 4; Kosten dürfen hierfür nicht berechnet werden[149]. Eine Unterrichtung der Aktionäre über das Vorliegen des Prüfungsberichts sieht das Gesetz aber nicht vor[150]. Schließlich muss der Vorstand den Prüfungsbericht **bei der Einberufung der nächsten Hauptversammlung als Gegenstand der Tagesordnung bekannt machen**, § 145 Abs. 6 Satz 5. Ob aufgrund des Prüfungsberichts eine außerordentliche Hauptversammlung einzuberufen ist oder die nächste ordentliche Hauptversammlung abgewartet werden kann, liegt im pflichtgemäßen Ermessen des

33

---

141 *G. Bezzenberger* in Großkomm. AktG, 4. Aufl., § 145 AktG Rz. 36; *Hüffer*, § 145 AktG Rz. 9; *Fleischer* in Küting/Weber, Hdb. Rechnungslegung, § 145 AktG Rz. 43; *Schröer* in MünchKomm. AktG, 2. Aufl., § 145 AktG Rz. 32.
142 *G. Bezzenberger* in Großkomm. AktG, 4. Aufl., § 145 AktG Rz. 38; *Fleischer* in Küting/Weber, Hdb. Rechnungslegung, § 145 AktG Rz. 30; *Schröer* in MünchKomm. AktG, 2. Aufl., § 145 AktG Rz. 31.
143 *Schröer* in MünchKomm. AktG, 2. Aufl., § 145 AktG Rz. 33; *ADS*, §§ 142–146 AktG Rz. 45.
144 *G. Bezzenberger* in Großkomm. AktG, 4. Aufl., § 145 AktG Rz. 35; s. auch *Schröer* in MünchKomm. AktG, 2. Aufl., § 145 AktG Rz. 33; zum Abschlussprüfer *Hommelhoff* in Picot (Hrsg.), Corporate Governance, Unternehmensüberwachung auf dem Prüfstand, 1995, S. 15.
145 *G. Bezzenberger* in Großkomm. AktG, 4. Aufl., § 145 AktG Rz. 40; *Schröer* in MünchKomm. AktG, 2. Aufl., § 145 AktG Rz. 32.
146 BayObLG v. 4.7.1985 – BReg. 3 Z 43/85, AG 1986, 50; *Schröer* in MünchKomm. AktG, 2. Aufl., § 145 AktG Rz. 32; *Hüffer*, § 145 AktG Rz. 9; *Fleischer* in Küting/Weber, Hdb. Rechnungslegung, § 145 AktG Rz. 42; *Mock* in Spindler/Stilz, § 145 AktG Rz. 48; *Jänig*, Die aktienrechtliche Sonderprüfung, 2005, S. 398.
147 So bereits *G. Bezzenberger* in Großkomm. AktG, 4. Aufl., § 145 AktG Rz. 41; kritisch zur Berichtspublizität etwa *König*, Der Umfang der Berichterstattung über die aktienrechtliche Sonderprüfung, 1970, S. 93 ff.; *Jänig*, Die aktienrechtliche Sonderprüfung, 2005, S. 408; *Fleischer* in Küting/Weber, Hdb. Rechnungslegung, § 145 AktG Rz. 42.
148 *G. Bezzenberger* in Großkomm. AktG, 4. Aufl., § 145 AktG Rz. 41; *Fleischer* in Küting/Weber, Hdb. Rechnungslegung, § 145 AktG Rz. 42; *Hüffer*, § 145 AktG Rz. 9; s. auch *Schröer* in MünchKomm. AktG, 2. Aufl., § 145 AktG Rz. 36; zu § 315 etwa *Habersack* in Emmerich/Habersack, Aktien- und GmbH-Konzernrecht, § 315 AktG Rz. 2; *Altmeppen* in MünchKomm. AktG, 3. Aufl., § 315 AktG Rz. 10; abweichend *Jänig*, Die aktienrechtliche Sonderprüfung, 2005, S. 398.
149 *ADS*, §§ 142–146 AktG Rz. 47; *Hüffer*, § 145 AktG Rz. 9; *Fleischer* in Küting/Weber, Hdb. Rechnungslegung, § 145 AktG Rz. 43; *G. Bezzenberger* in Großkomm. AktG, 4. Aufl., § 145 AktG Rz. 41; *Schröer* in MünchKomm. AktG, 2. Aufl., § 145 AktG Rz. 36; *Mock* in Spindler/Stilz, § 145 AktG Rz. 51.
150 S. dazu *Schröer* in MünchKomm. AktG, 2. Aufl., § 145 AktG Rz. 36.

Vorstands[151]. Die Einberufung einer außerordentlichen Hauptversammlung kann nach § 122 aber auch von einer Aktionärsminderheit erzwungen werden[152].

34 Welche Schlüsse die **Hauptversammlung** aus dem Sonderprüfungsbericht ziehen will, bleibt ihr überlassen[153]. In Betracht kommt etwa, den Mitgliedern von Vorstand oder Aufsichtsrat die Entlastung zu verweigern (§ 120), Aufsichtsratsmitglieder aus ihrem Amt abzuberufen (§ 103) oder die Geltendmachung von Schadensersatzansprüchen zu beschließen[154]. Ebenso gut kann die Hauptversammlung den Prüfungsbericht aber auch ohne Beschlussfassung lediglich zur Kenntnis nehmen[155]. **Für den Sonderprüfer** besteht in der Hauptversammlung – anders als für den Abschlussprüfer (§ 176 Abs. 2) – **keine Anwesenheitspflicht**[156]. Ein gleichwohl anwesender Sonderprüfer ist auch nicht verpflichtet, an ihn gerichtete Fragen zu beantworten[157]. Der Versammlungsleiter kann ihm aber gestatten, zu Fragen des Prüfungsberichts Stellung zu nehmen[158].

35 Kommt es im Anschluss an die Sonderprüfung zu einem **Schadensersatzprozess** gegen die Verwaltungsmitglieder, kann der Sonderprüfer als **Zeuge gem. der §§ 373 ff. ZPO** vernommen werden, auch als sachverständiger Zeuge i.S. von § 414 ZPO[159]. Als **Sachverständigen** (§§ 402 ff. ZPO) kann er aber **nicht** geladen werden[160]. Ansonsten würde ein Prüfungsbericht, der sogar schon im Handelsregister veröffentlicht ist, nachträglich zum Sachverständigengutachten erhoben[161]. Auch sieht die Sonderprüfung kein dem § 406 ZPO entsprechendes Ablehnungsrecht vor[162]. Der Sonderprüfungsbericht kann aber als **Privatgutachten** in den Prozess eingebracht werden[163]. Außerdem kann er als **Urkundsbeweis** verwendet werden, wobei dem Prüfungsbericht

---

151 *G. Bezzenberger* in Großkomm. AktG, 4. Aufl., § 145 AktG Rz. 43; *Fleischer* in Küting/Weber, Hdb. Rechnungslegung, § 145 AktG Rz. 44; *Schröer* in MünchKomm. AktG, 2. Aufl., § 145 AktG Rz. 37.
152 *Mock* in Spindler/Stilz, § 145 AktG Rz. 52; *Fleischer* in Küting/Weber, Hdb. Rechnungslegung, § 145 AktG Rz. 44.
153 *Hüffer*, § 145 AktG Rz. 9; *Fleischer* in Küting/Weber, Hdb. Rechnungslegung, § 145 AktG Rz. 45; *G. Bezzenberger* in Großkomm. AktG, 4. Aufl., § 145 AktG Rz. 46; *Schröer* in MünchKomm. AktG, 2. Aufl., § 145 AktG Rz. 37.
154 *Fleischer* in Küting/Weber, Hdb. Rechnungslegung, § 145 AktG Rz. 45; s. ferner *Hüffer*, § 145 AktG Rz. 9; *G. Bezzenberger* in Großkomm. AktG, 4. Aufl., § 145 AktG Rz. 46; *Schröer* in MünchKomm. AktG, 2. Aufl., § 145 AktG Rz. 37; *Mock* in Spindler/Stilz, § 145 AktG Rz. 54.
155 *Hüffer*, § 145 AktG Rz. 9; *Fleischer* in Küting/Weber, Hdb. Rechnungslegung, § 145 AktG Rz. 45; *G. Bezzenberger* in Großkomm. AktG, 4. Aufl., § 145 AktG Rz. 46; *Schröer* in MünchKomm. AktG, 2. Aufl., § 145 AktG Rz. 37.
156 *ADS*, §§ 142–146 AktG Rz. 48; *Fleischer* in Küting/Weber, Hdb. Rechnungslegung, § 145 AktG Rz. 46; *G. Bezzenberger* in Großkomm. AktG, 4. Aufl., § 145 AktG Rz. 45; *Mock* in Spindler/Stilz, § 145 AktG Rz. 55.
157 *ADS*, §§ 142–146 AktG Rz. 48; *G. Bezzenberger* in Großkomm. AktG, 4. Aufl., § 145 AktG Rz. 45; *Fleischer* in Küting/Weber, Hdb. Rechnungslegung, § 145 AktG Rz. 46; *Mock* in Spindler/Stilz, § 145 AktG Rz. 55.
158 *G. Bezzenberger* in Großkomm. AktG, 4. Aufl., § 145 AktG Rz. 45; *Fleischer* in Küting/Weber, Hdb. Rechnungslegung, § 145 AktG Rz. 46; *Mock* in Spindler/Stilz, § 145 AktG Rz. 55.
159 *Fleischer* in Küting/Weber, Hdb. Rechnungslegung, § 145 AktG Rz. 48; *Jänig*, Die aktienrechtliche Sonderprüfung, 2005, S. 410.
160 Dazu ausführlich *Jänig*, Die aktienrechtliche Sonderprüfung, 2005, S. 409 f.; *Fleischer* in Küting/Weber, Hdb. Rechnungslegung, § 145 AktG Rz. 48 f.
161 *Fleischer* in Küting/Weber, Hdb. Rechnungslegung, § 145 AktG Rz. 49.
162 *Jänig*, Die aktienrechtliche Sonderprüfung, 2005, S. 409; *Fleischer* in Küting/Weber, Hdb. Rechnungslegung, § 145 AktG Rz. 49; s. im Zusammenhang mit ärztlichen Privatgutachen auch BGH v. 11.5.1993 – VI ZR 243/92, NJW 1993, 2382, 2383, wonach für die Verwendung eines Privatgutachtens als Sachverständigengutachten die Zustimmung beider Parteien erforderlich wäre.
163 Es handelt sich dann aber nicht um ein Beweismittel i.S. der §§ 355 ff. ZPO, sondern nur um einen qualifizierten Parteivortrag, s. *Fleischer* in Küting/Weber, Hdb. Rechnungslegung,

als Privaturkunde freilich nur insoweit Beweiskraft zukommt, als die in der Urkunde enthaltenen Erklärungen vom Aussteller stammen[164].

**c) Durchsetzung der Berichtspflicht**

Die **Erstellung des Prüfungsberichts** durch den Sonderprüfer kann **von der Gesellschaft durch Klage erzwungen** werden; da nur sie Vertragspartner des Sonderprüfers ist, steht diese Möglichkeit der antragstellenden Minderheit nicht offen[165]. Unterlässt der Sonderprüfer die Erstellung des Prüfungsberichts, können die antragstellenden Aktionäre aber gegebenenfalls wegen Besorgnis der Befangenheit oder wegen Zuverlässigkeitsbedenken gem. § 142 Abs. 4 seine Ersetzung erwirken; zudem drohen dem Sonderprüfer hier neben Schadensersatzansprüchen gegenüber der Gesellschaft[166] ausnahmsweise auch Ansprüche seitens der antragstellenden Aktionäre über die Grundsätze des Vertrags mit Schutzwirkung zugunsten Dritter (zur Dritthaftung § 144 Rz. 22 ff.). Auch das Gericht kann die Erstellung des Berichts nicht erzwingen, da die Prüfer nicht zum Adressatenkreis des § 407 zählen; es kann die Sonderprüfer lediglich durch die Festsetzung von Zwangsgeldern zur unverzüglich zu erfolgenden **Einreichung** des bereits erstellten Berichts zum Handelsregister bewegen, § 14 HGB[167]. Über § 407 können aber die Vorstände dazu angehalten werden, ihren Pflichten aus § 145, wie insbesondere der Vorlage des Prüfungsberichts an den Aufsichtsrat, nachzukommen[168]. Im Übrigen droht den Sonderprüfern sowie ihren Gehilfen eine **Strafbarkeit nach § 403 Abs. 1**, wenn sie falsch über das Ergebnis der Prüfung berichten oder erhebliche Umstände verschweigen[169].

# § 146
# Kosten

**Bestellt das Gericht Sonderprüfer, so trägt die Gesellschaft die Gerichtskosten und die Kosten der Prüfung. Hat der Antragsteller die Bestellung durch vorsätzlich oder grob fahrlässig unrichtigen Vortrag erwirkt, so hat der Antragsteller der Gesellschaft die Kosten zu erstatten.**

---

§ 145 AktG Rz. 47; allgemein dazu BGH v. 11.5.1993 – VI ZR 243/92, NJW 1993, 2382, 2383; BGH v. 10.12.1991 – VI ZR 234/90, NJW 1992, 1459 m.w.N. aus der Rechtsprechung.

164 Dazu ausführlich *Fleischer* in Küting/Weber, Hdb. Rechnungslegung, § 145 AktG Rz. 48; ferner *Jänig*, Die aktienrechtliche Sonderprüfung, 2005, S. 409; allgemein zur Reichweite der Beweiskraft von Privatkunden etwa *Geimer* in Zöller, § 416 ZPO Rz. 9; *Schreiber* in MünchKomm. ZPO, 3. Aufl., § 416 ZPO Rz. 8.

165 *Fleischer* in Küting/Weber, Hdb. Rechnungslegung, § 145 AktG Rz. 38; *Schröer* in MünchKomm. AktG, 2. Aufl., § 145 AktG Rz. 39; *G. Bezzenberger* in Großkomm. AktG, 4. Aufl., § 145 AktG Rz. 42.

166 S. zur Haftung des Sonderprüfers nach § 144 AktG i.V.m. § 323 Abs. 1 Nr. 3 HGB wegen Pflichtverletzungen, wie insbesondere der Verzögerung der Berichtsvorlage, schon § 144 Rz. 17 m.w.N. sowie *G. Bezzenberger* in Großkomm. AktG, 4. Aufl., § 144 AktG Rz. 16; *Fleischer* in Küting/Weber, Hdb. Rechnungslegung, § 144 AktG Rz. 18; *Jänig*, Die aktienrechtliche Sonderprüfung, 2005, S. 385.

167 *Fleischer* in Küting/Weber, Hdb. Rechnungslegung, § 145 AktG Rz. 38; *Schröer* in MünchKomm. AktG, 2. Aufl., § 145 AktG Rz. 39; *G. Bezzenberger* in Großkomm. AktG, 4. Aufl., § 145 AktG Rz. 42.

168 *Schröer* in MünchKomm. AktG, 2. Aufl., § 145 AktG Rz. 39.

169 *G. Bezzenberger* in Großkomm. AktG, 4. Aufl., § 145 AktG Rz. 37; *Fleischer* in Küting/Weber, Hdb. Rechnungslegung, § 145 AktG Rz. 39; *Schedlbauer*, Sonderprüfungen, 1984, S. 153.

| | |
|---|---|
| **I. Grundlagen** . . . . . . . . . . . . . . . . 1 | a) Ersatzansprüche gegenüber Antragstellern . . . . . . . . . . . . . . 10 |
| 1. Regelungsgegenstand und Normzweck . . . . . . . . . . . . . . . . . . . . . 1 | aa) Kostenerstattung nach § 146 Satz 2 . . . . . . . . . . . . . 10 |
| 2. Entstehungsgeschichte . . . . . . . . . . 3 | bb) Schadensersatzansprüche . . . . 14 |
| **II. Einzelerläuterungen** . . . . . . . . . . 4 | (1) Deliktsrechtliche Ansprüche . 15 |
| 1. Kostentragung durch die Gesellschaft im Außenverhältnis . . . . . . . . . . . 4 | (2) Ansprüche wegen Verletzung mitgliedschaftlicher Treuepflichten . . . . . . . . . . . . . . . 16 |
| a) Gerichtskosten . . . . . . . . . . . . . 5 | (3) Verschuldensmaßstab . . . . . . 17 |
| b) Prüfungskosten . . . . . . . . . . . . 7 | b) Ersatzansprüche gegenüber Verwaltungsmitgliedern . . . . . . . . . 18 |
| c) Außergerichtliche Kosten . . . . . . 8 | |
| 2. Kostenregress im Innenverhältnis . . 9 | |

**Literatur:** *Woeste*, Der aktienrechtliche Sonderprüfer und dessen Kosten, AG 1957, 271; weitere Literatur zur Sonderprüfung s. § 142.

## I. Grundlagen

### 1. Regelungsgegenstand und Normzweck

1 Die Vorschrift betrifft die **Kostentragungspflicht im Falle der gerichtlichen Bestellung** von Sonderprüfern (§ 142 Abs. 2 und 4) und weist diese **im Außenverhältnis** der Gesellschaft zu[1]. **Zweck** dieser Kostenverteilung ist es zu verhindern, dass Minderheitsaktionäre aufgrund eines hohen Kostenrisikos von einer Sonderprüfung abgehalten werden[2]. Dahinter steht die Überlegung, dass letztlich auch eine minderheitlich veranlasste Sonderprüfung im Interesse der Gesellschaft und ihrer Aktionäre liegt[3]. Die Vorschrift ist als minderheitsschützende Regelung **zwingend**; weder kann die Satzung Abweichungen hiervon vorsehen, noch kann die Hauptversammlung die Kostenübernahme ausschließen[4].

2 **Im Innenverhältnis** können der Gesellschaft gegen die Antragsteller aber **Regressansprüche** zustehen. Dieser schon nach früherem Recht bestehende Anspruch wurde durch den im Rahmen des UMAG eingefügten Satz 2, der der Gesellschaft unter bestimmten Voraussetzungen einen speziellen Erstattungsanspruch zuspricht (dazu unten Rz. 10 ff.), nochmals verdeutlicht, um den Antragstellern ein spürbares Kostenrisiko vor Augen zu halten[5]. Hiermit will der Gesetzgeber der Gefahr begegnen, dass

---

1 *Hüffer*, § 146 AktG Rz. 1; *Fleischer* in Küting/Weber, Hdb. Rechnungslegung, § 146 AktG Rz. 1; *Schröer* in MünchKomm. AktG, 2. Aufl., § 146 AktG Rz. 1; *G. Bezzenberger* in Großkomm. AktG, 4. Aufl., § 146 AktG Rz. 2.

2 *Fleischer* in Küting/Weber, Hdb. Rechnungslegung, § 146 AktG Rz. 1; *Schröer* in MünchKomm. AktG, 2. Aufl., § 146 AktG Rz. 4; *G. Bezzenberger* in Großkomm. AktG, 4. Aufl., § 146 AktG Rz. 3; *Hüffer*, § 146 AktG Rz. 1; *Jänig*, Die aktienrechtliche Sonderprüfung, 2005, S. 413; s. dazu auch Begr. RegE in *Kropff*, Aktiengesetz, S. 212 sowie *Bordt*, Die aktienrechtliche Sonderprüfung unter besonderer Berücksichtigung der Aktienrechtsreform, 1961, S. 217.

3 Begr. RegE in *Kropff*, Aktiengesetz, S. 212; *Fleischer* in Küting/Weber, Hdb. Rechnungslegung, § 146 AktG Rz. 2; *G. Bezzenberger* in Großkomm. AktG, 4. Aufl., § 146 AktG Rz. 3; *Schröer* in MünchKomm. AktG, 2. Aufl., § 146 AktG Rz. 4.

4 *G. Bezzenberger* in Großkomm. AktG, 4. Aufl., § 146 AktG Rz. 4; *Fleischer* in Küting/Weber, Hdb. Rechnungslegung, § 146 AktG Rz. 4; *Schröer* in MünchKomm. AktG, 2. Aufl., § 146 AktG Rz. 2.

5 Begr. RegE, BT-Drucks. 15/5092, S. 19; s. auch *Hüffer*, § 146 AktG Rz. 3; *Jänig*, BB 2005, 949, 954; *Wilsing/Neumann*, DB 2006, 31, 35; zu § 146 a.F. etwa *Fleischer* in Küting/Weber, Hdb. Rechnungslegung, § 146 AktG Rz. 3; *ADS*, §§ 142–146 AktG Rz. 49; *Schröer* in MünchKomm. AktG, 2. Aufl., § 146 AktG Rz. 9; *Jänig*, Die aktienrechtliche Sonderprüfung, 2005, S. 413.

es infolge der Absenkung der Minderheitsquoren in § 142 Abs. 2, 4 zu einer **Zunahme missbräuchlicher Sonderprüfungsanträge** kommt (§ 142 Rz. 57 ff.)[6].

## 2. Entstehungsgeschichte

Bis zur Aktienrechtsreform von 1965 wurden die **Kosten** der Sonderprüfung in der Regel von demjenigen getragen, der die Sonderprüfung veranlasst hatte, im Falle der gerichtlichen Prüferbestellung also von der antragstellenden Minderheit; die Kosten waren lediglich dann zu erstatten, wenn die Hauptversammlung dies nachträglich beschloss (**§ 267 Abs. 3 HGB 1900 bzw. § 121 Abs. 4 AktG 1937**)[7]. Um den Minderheitsschutz zu verstärken, hat § 146 AktG 1965 der Gesellschaft die Kostentragungspflicht auch für die Fälle der gerichtlichen Sonderprüferbestellung zugewiesen (Rz. 4 ff. m.w.N.). Auch der noch in § 121 Abs. 4 Satz 2 AktG 1937 normierte **Schadensersatzanspruch** der Gesellschaft gegen Aktionäre, die vorsätzlich oder grob fahrlässig einen Antrag auf Sonderprüferbestellung gestellt hatten, der zurückgewiesen wurde oder bei dem die Sonderprüfung ergebnislos verlief, hat der Gesetzgeber im Rahmen der **Aktienrechtsreform von 1965** nicht übernommen; Schadensersatzansprüche bestanden seither nur nach Maßgabe der allgemeinen Vorschriften des bürgerlichen Rechts[8]. Das UMAG hat zur Verhinderung missbräuchlicher Sonderprüfungsanträge[9] in § 146 Satz 2 einen **speziellen Erstattungsanspruch** eingeführt[10]. 3

## II. Einzelerläuterungen

### 1. Kostentragung durch die Gesellschaft im Außenverhältnis

§ 146 Satz 1 weist die Gerichtskosten sowie die Kosten der Prüfung für die Fälle der gerichtlichen Bestellung von Sonderprüfern (§ 142 Abs. 2 und 4) im Außenverhältnis der Gesellschaft zu. Ohne Bedeutung ist dabei, ob sich die Sonderprüfung später als begründet erweist[11]; im Falle einer ergebnislosen Sonderprüfung kann die Gesellschaft aber unter Umständen die Antragsteller in Regress nehmen[12]. 4

---

6 Begr. RegE, BT-Drucks. 15/5092, S. 19; *Hüffer*, § 146 AktG Rz. 3; *Spindler*, NZG 2005, 865, 870; *Wilsing/Neumann*, DB 2006, 31, 35; *Fleischer*, NJW 2005, 3525, 3527; *Göz/Holzborn*, WM 2006, 157, 158; *Kolb*, DZWiR 2006, 50; *Langenbucher*, GesRZ-SH 2005, 3, 10; *Diekmann/Leuering*, NZG 2004, 249, 252; s. ferner bereits *Baums* (Hrsg.), Bericht der Regierungskommission Corporate Governance, 2001, Rz. 144.
7 *G. Bezzenberger* in Großkomm. AktG, 4. Aufl., § 146 AktG Rz. 1; *Schröer* in MünchKomm. AktG, 2. Aufl., § 146 AktG Rz. 3; s. auch *Fleischer* in Küting/Weber, Hdb. Rechnungslegung, § 146 AktG Rz. 2; *Bordt*, Die aktienrechtliche Sonderprüfung unter besonderer Berücksichtigung der Aktienrechtsreform, 1961, S. 216; *Woeste*, AG 1957, 271, 272 f.
8 *G. Bezzenberger* in Großkomm. AktG, 4. Aufl., § 146 AktG Rz. 1; *Schröer* in MünchKomm. AktG, 2. Aufl., § 146 AktG Rz. 3.
9 Gesetz zur Unternehmensintegrität und Modernisierung des Anfechtungsrechts, in Kraft getreten am 1.11.2005, BGBl. I 2005, 2802.
10 Begr. RegE, BT-Drucks. 15/5092, S. 19; *Hüffer*, § 146 AktG Rz. 3; *Spindler*, NZG 2005, 865, 870; *Wilsing/Neumann*, DB 2006, 31, 35; *Fleischer*, NJW 2005, 3525, 3527; *Göz/Holzborn*, WM 2006, 157, 158; *Kolb*, DZWiR 2006, 50; *Langenbucher*, GesRZ-SH 2005, 3, 10; *Diekmann/Leuering*, NZG 2004, 249, 252.
11 Begr. RegE in *Kropff*, Aktiengesetz, S. 213; *Fleischer* in Küting/Weber, Hdb. Rechnungslegung, § 146 AktG Rz. 4; *Trölitzsch/Gunßer*, AG 2008, 833; *Jänig*, Die aktienrechtliche Sonderprüfung, 2005, S. 414; s. auch *G. Bezzenberger* in Großkomm. AktG, 4. Aufl., § 146 AktG Rz. 3.
12 S. dazu unten Rz. 10 ff. sowie *Fleischer* in Küting/Weber, Hdb. Rechnungslegung, § 146 AktG Rz. 4; *G. Bezzenberger* in Großkomm. AktG, 4. Aufl., § 146 AktG Rz. 3; *Jänig*, Die aktienrechtliche Sonderprüfung, 2005, S. 415.

### a) Gerichtskosten

5  § 146 Satz 1 setzt voraus, dass das Gericht Sonderprüfer bestellt hat, mithin **das Gericht einem Antrag nach § 142 Abs. 2 oder 4 stattgibt**[13]. Lehnt das Gericht den Antrag hingegen ab, fallen die Gerichtskosten nach den allgemeinen Regeln des Kostenrechts (§ 2 Nr. 1 KostO) dem Antragsteller zur Last[14]. Aus **Billigkeitsgründen** kann das Gericht diese Kosten aber auch nach § 81 Abs. 1 FamFG einer der Parteien auferlegen[15]. Ein gewisses Kostenrisiko tragen die Antragsteller demgemäß immer[16].

6  Die **Höhe der Gerichtskosten** bestimmt sich nach § 121 KostO[17]. Hiernach ist eine doppelte Gebühr zu erheben, die sich nach dem vom Gericht festzusetzenden Geschäftswert richtet[18]. Das Gericht wird dabei in der Regel nach freiem Ermessen zu entscheiden haben (§ 30 Abs. 1 KostO); fehlt es für eine Schätzung an tatsächlichen Anhaltspunkten, ist der Regelwert von 3.000 Euro zu Grunde zu legen (§ 30 Abs. 2 Satz 1 KostO)[19].

### b) Prüfungskosten

7  Die Kosten der Prüfung, also **Auslagen und Vergütung der Sonderprüfer**, hat die Gesellschaft unabhängig davon, ob die Prüferbestellung von der Hauptversammlung oder dem Gericht vorgenommen wurde, **immer zu tragen**[20]; denn in beiden Fällen ist die Gesellschaft Vertragspartnerin der Sonderprüfer und damit schon aus dem Prüfungsvertrag verpflichtet (§ 142 Rz. 37)[21]. Im Hinblick auf die Prüfungskosten kommt § 146 Satz 1 mithin nur klarstellende Funktion zu[22].

### c) Außergerichtliche Kosten

8  Für außergerichtliche Kosten gilt § 146 nicht, sodass es bei dem allgemeinen Grundsatz verbleibt, dass diese im Verfahren der freiwilligen Gerichtsbarkeit **von jedem Be-**

---

13  *Schröer* in MünchKomm. AktG, 2. Aufl., § 146 AktG Rz. 5; *G. Bezzenberger* in Großkomm. AktG, 4. Aufl., § 146 AktG Rz. 5; *Hüffer*, § 146 AktG Rz. 2; *Jänig*, Die aktienrechtliche Sonderprüfung, 2005, S. 415.
14  *G. Bezzenberger* in Großkomm. AktG, 4. Aufl., § 146 AktG Rz. 5; *Schröer* in MünchKomm. AktG, 2. Aufl., § 146 AktG Rz. 1; *Mock* in Spindler/Stilz, § 146 AktG Rz. 7; *Jänig*, Die aktienrechtliche Sonderprüfung, 2005, S. 415; *Jänig*, BB 2005, 949, 955; *Jansen*, Die Sonderprüfung der Geschäftsführung nach dem Aktiengesetz, 1974, S. 102; mit rechtspolitischer Kritik *Butzke* in Obermüller/Werner/Winden, Die Hauptversammlung der Aktiengesellschaft, Rz. M 36, der jedenfalls bei zulässigen Anträgen generell eine Kostenerstattung fordert.
15  *Schindler* in MünchKomm. ZPO, 3. Aufl., § 81 FamFG Rz. 7 ff.; *Zimmermann* in Keidel, § 81 FamFG Rz. 28 ff.; so auch zur Vorgängerregelung des § 13a Abs. 1 FGG: *G. Bezzenberger* in Großkomm. AktG, 4. Aufl., § 146 AktG Rz. 5; *Mock* in Spindler/Stilz, § 146 AktG Rz. 7; *Butzke* in Obermüller/Werner/Winden, Die Hauptversammlung der Aktiengesellschaft, Rz. M 36; *Jänig*, Die aktienrechtliche Sonderprüfung, 2005, S. 415.
16  *Fleischer* in Küting/Weber, Hdb. Rechnungslegung, § 146 AktG Rz. 5; *Jänig*, Die aktienrechtliche Sonderprüfung, 2005, S. 415.
17  *G. Bezzenberger* in Großkomm. AktG, 4. Aufl., § 146 AktG Rz. 5; *Schröer* in MünchKomm. AktG, 2. Aufl., § 146 AktG Rz. 6; *Jänig*, Die aktienrechtliche Sonderprüfung, 2005, S. 415.
18  *G. Bezzenberger* in Großkomm. AktG, 4. Aufl., § 146 AktG Rz. 5; *Schröer* in MünchKomm. AktG, 2. Aufl., § 146 AktG Rz. 6; *Jänig*, Die aktienrechtliche Sonderprüfung, 2005, S. 415.
19  *G. Bezzenberger* in Großkomm. AktG, 4. Aufl., § 146 AktG Rz. 5; *Schröer* in MünchKomm. AktG, 2. Aufl., § 146 AktG Rz. 6; abw. *Jänig*, Die aktienrechtliche Sonderprüfung, 2005, S. 415, der stattdessen den von § 132 Abs. 5 Satz 6 für das Auskunftserzwingungsverfahren festgesetzten Regelgeschäftswert von 5.000 Euro heranziehen will.
20  *G. Bezzenberger* in Großkomm. AktG, 4. Aufl., § 146 AktG Rz. 7; *Schröer* in MünchKomm. AktG, 2. Aufl., § 146 AktG Rz. 8.
21  *Schröer* in MünchKomm. AktG, 2. Aufl., § 146 AktG Rz. 8, ähnlich *G. Bezzenberger* in Großkomm. AktG, 4. Aufl., § 146 AktG Rz. 7.
22  Zutreffend bereits *Schröer* in MünchKomm. AktG, 2. Aufl., § 146 AktG Rz. 8.

teiligten selbst zu tragen sind[23], insbesondere Rechtsanwaltsgebühren und Kosten für andere Berater oder Sachverständige[24]. Das Gericht kann aber auch die außergerichtlichen Kosten aus **Billigkeitsgründen** einer der Parteien nach § 81 Abs. 1 FamFG auferlegen[25]. Zu Lasten der Gesellschaft wird dies etwa regelmäßig in Erwägung zu ziehen sein, wenn das Gericht einem Minderheitsbegehren stattgibt[26]; umgekehrt kommt aber auch eine Kostenentscheidung zu Lasten der Antragsteller in Betracht, wenn der Sonderprüfungsantrag von vornherein offensichtlich unbegründet war[27].

### 2. Kostenregress im Innenverhältnis

§ 146 Satz 1 weist die Kostentragungspflicht im Außenverhältnis zwar der Gesellschaft zu, doch können der Gesellschaft im Innenverhältnis Regressansprüche zustehen. Zu unterscheiden ist dabei zwischen Ansprüchen gegenüber Antragstellern, die eine Sonderprüfung möglicherweise ohne hinreichenden Grund beantragt haben, und Ansprüchen gegenüber Verwaltungsmitgliedern, die durch pflichtwidriges Verhalten Anlass zur Sonderprüfung gegeben haben.

9

### a) Ersatzansprüche gegenüber Antragstellern

**aa) Kostenerstattung nach § 146 Satz 2.** Während § 146 a.F. lediglich einen Verweis auf Rückgriffsmöglichkeiten nach den allgemeinen Vorschriften des bürgerlichen Rechts enthielt, sieht der im Gefolge von Vorschlägen der Regierungskommission Corporate Governance[28] neu eingefügte Satz 2 nunmehr einen speziellen Kostenerstattungsanspruch gegen den Antragsteller vor. Gleichwohl ist hiermit **keine wesentliche Verschärfung des Kostenrisikos** verbunden; denn auch nach bisherigem Recht konnten der Gesellschaft Schadensersatzansprüche gegen die Antragsteller zustehen, sei es aufgrund § 826 BGB oder wegen Verletzung der Treupflicht[29]. Beweggrund des Gesetzgebers war insoweit, den schon bestehenden, aber nach seiner Auffassung „blass" gebliebenen Hinweis auf die allgemeinen Rückgriffsmöglichkeiten zu unterstreichen, um den Antragstellern hiermit deutlicher das Kostenrisiko bei missbräuchlichen Anträgen vor Augen zu halten (Rz. 3)[30]. Der Erstattungsanspruch des

10

---

23 *Schröer* in MünchKomm. AktG, 2. Aufl., § 146 AktG Rz. 7; *G. Bezzenberger* in Großkomm. AktG, 4. Aufl., § 146 AktG Rz. 6; *Fleischer* in Küting/Weber, Hdb. Rechnungslegung, § 146 AktG Rz. 6; *Holzborn* in Bürgers/Körber, § 146 AktG Rz. 5; *Jänig*, Die aktienrechtliche Sonderprüfung, 2005, S. 415; *Butzke* in Obermüller/Werner/Winden, Die Hauptversammlung der Aktiengesellschaft, Rz. M 36; zum allgemeinen Grundsatz etwa BayObLG v. 9.2.2001 – 1 Z BR 1/01, FamRZ 2001, 1311; BayObLG v. 28.4.1988 – BReg. 3 Z 46/88, GmbHR 1988, 263, 265.
24 *Fleischer* in Küting/Weber, Hdb. Rechnungslegung, § 146 AktG Rz. 6; *G. Bezzenberger* in Großkomm. AktG, 4. Aufl., § 146 AktG Rz. 6; *Jänig*, Die aktienrechtliche Sonderprüfung, 2005, S. 415; s. auch *Schröer* in MünchKomm. AktG, 2. Aufl., § 146 AktG Rz. 7.
25 *Hüffer*, § 146 AktG Rz. 2; zur alten Rechtslage nach § 13a FGG *Fleischer* in Küting/Weber, Hdb. Rechnungslegung, § 146 AktG Rz. 6; *G. Bezzenberger* in Großkomm. AktG, 4. Aufl., § 146 AktG Rz. 6; *Schröer* in MünchKomm. AktG, 2. Aufl., § 146 AktG Rz. 7; *Jänig*, Die aktienrechtliche Sonderprüfung, 2005, S. 415.
26 *G. Bezzenberger* in Großkomm. AktG, 4. Aufl., § 146 AktG Rz. 6; *Fleischer* in Küting/Weber, Hdb. Rechnungslegung, § 146 AktG Rz. 6; *Jänig*, Die aktienrechtliche Sonderprüfung, 2005, S. 415.
27 *Fleischer* in Küting/Weber, Hdb. Rechnungslegung, § 146 AktG Rz. 6; *Jänig*, Die aktienrechtliche Sonderprüfung, 2005, S. 415.
28 *Baums* (Hrsg.), Bericht der Regierungskommission Corporate Governance, 2001, Rz. 144.
29 Ebenso *Hüffer*, § 146 AktG Rz. 3; *DAV-Handelsrechtsausschuss*, NZG 2004, 550, 560; s. auch Begr. RegE, BT-Drucks. 15/5092, S. 19.
30 Begr. RegE, BT-Drucks. 15/5092, S. 19; dies betonend *Trölitzsch/Gunßer*, AG 2008, 833, 835; kritisch gegenüber der Normierung eines speziellen Anspruchs *DAV-Handelsrechtsausschuss*, NZG 2004, 550, 560; *Meilicke/Heidel*, DB 2004, 1479, 1481.

§ 146 Satz 2 tritt zu den bisherigen Rückgriffsmöglichkeiten hinzu, die daneben weiterhin anwendbar bleiben[31].

11 **Voraussetzung** des Kostenerstattungsanspruchs ist, dass der Antragsteller die Prüferbestellung durch vorsätzlich oder grob fahrlässig unrichtigen Vortrag erwirkt hat. Die Erstattungspflicht tritt nicht bereits bei leicht fahrlässigem Verhalten ein[32]; denn anderenfalls würde der minderheitsschützende Charakter der Sonderprüfung angesichts der hiermit verbundenen Abschreckungswirkung deutlich entwertet[33], da die Antragsteller in der Regel eben nicht über den gleichen Kenntnisstand wie die Verwaltungsmitglieder verfügen und das Kostenrisiko damit kaum abzuschätzen wäre.

12 Ob es neben der subjektiven Komponente auch auf **objektive Kriterien** ankommt, lässt der Wortlaut der Vorschrift offen. Fraglich ist daher, ob die Antragsteller auch dann die Kosten zu erstatten haben, wenn die Sonderprüfung zwar aufgrund eines unrichtigen Vortrages eingeleitet wurde, sich dieser im Nachhinein aus objektiver Sicht jedoch als begründet erweist[34]. Aufgrund der ratio legis des § 146 Satz 2 wird man wohl von einer Erstattungspflicht der Antragsteller ausgehen müssen, wenngleich auch eine so veranlasste Sonderprüfung – soweit sie begründet ist – letzten Endes im Interesse der Gesellschaft liegt; denn anderenfalls könnten sich Aktionäre dazu ermutigt fühlen, eine Sonderprüfung „ins Blaue hinein" zu beantragen[35]. Dies stünde jedoch im Widerspruch zur Intention des Gesetzgebers, der der Gefahr missbräuchlicher Sonderprüfungsanträge begegnen wollte (Rz. 3).

13 Ist die Sonderprüfung objektiv begründet, wird zugleich aber auch eine **Haftung der Organmitglieder** aus §§ 93, 116 (dazu näher unten Rz. 18) in Betracht zu ziehen sein; denn nach allgemeinen schadensrechtlichen Grundsätzen durchbricht auch das vorsätzliche Verhalten Dritter den Zurechnungszusammenhang nicht, wenn der Erstschädiger insoweit eine Gefahrenlage geschaffen hat, die das Eingreifen des Dritten wenigstens tendenziell begünstigt hat[36]. Organmitglieder und Antragsteller haften in diesen Fällen also möglicherweise **gesamtschuldnerisch** für die Kosten der so veranlassten Sonderprüfung. Für den Innenausgleich zwischen den Gesamtschuldnern richtet sich der Ausgleichsmaßstab grundsätzlich nach Verursachungs- und Verschuldensbeiträgen[37]. Gleichwohl spricht einiges dafür, die Kosten der Sonderprüfung in diesen Fällen im Innenverhältnis generell allein dem pflichtwidrig handelnden Organmitglied aufzubürden. Denn es ist nicht ersichtlich, warum es dem pflichtwidrig handelnden Organmitglied zugute kommen soll, dass die Sonderprüfung missbräuchlich eingeleitet wurde, zumal auch eine solche Sonderprüfung letzt-

---

31 Begr. RegE, BT-Drucks. 15/5092, S. 19; *Hüffer*, § 146 AktG Rz. 3; *Wilsing/Neumann*, DB 2006, 31, 35; s. auch *Spindler*, NZG 2005, 865, 870; *Langenbucher*, GesRZ-SH 2005, 3, 10. *Jänig*, BB 2005, 949, 954, begreift den Erstattungsanspruch als Konkretisierung dieser allgemeinen Rückgriffsmöglichkeiten.
32 Ebenso *Seibt*, WM 2004, 2137, 2141; anders hingegen *BDI/BDA/DIHK/GDV/BdB*, Gemeinsame Stellungnahme zum Referentenentwurf eines Gesetzes zur Unternehmensintegrität und Modernisierung des Anfechtungsrechts (UMAG) vom 2.4.2004, S. 17, abrufbar unter www.bdi-online.de.
33 Mit diesem Argument generell gegen den Erstattungsanspruch *Meilicke/Heidel*, DB 2004, 1479, 1481.
34 Für eine legislatorische Klarstellung *DAV-Handelsrechtsausschuss*, NZG 2004, 555, 560; s. dazu ferner *Wilsing/Neumann*, DB 2006, 31.
35 In diese Richtung auch *Wilsing/Neumann*, DB 2006, 31, 35.
36 Dazu allgemein BGH v. 26.1.1989 – III ZR 192/87, BGHZ 106, 313 = NJW 1989, 2127; *Oetker* in MünchKomm. BGB, 5. Aufl., § 249 BGB Rz. 151 f.; *Ebert* in Erman, Vor §§ 249–253 BGB Rz. 59.
37 Allgemein etwa *Gehrlein* in Bamberger/Roth, § 426 BGB Rz. 9; *Bydlinski* in MünchKomm. BGB, 5. Aufl., § 426 BGB Rz. 21.

lich im Gesellschaftsinteresse liegt. Dem lässt sich auch nicht der Normzweck entgegenhalten, da den Antragsteller im Außenverhältnis gegenüber der Gesellschaft weiterhin das volle Kostenrisiko trifft und somit wegen des Rückgriffsrisikos der Gefahr von missbräuchlichen Sonderprüfungsanträgen weiterhin entgegengewirkt wird[38].

**bb) Schadensersatzansprüche.** Neben der Kostenerstattung über § 146 Satz 2 ist aber auch weiterhin der Rückgriff nach den allgemeinen Vorschriften des bürgerlichen Rechts möglich[39], wenngleich der entsprechende Verweis der bisherigen Gesetzesfassung nicht übernommen wurde. Ausweislich der Regierungsbegründung zum AktG 1965 ist hier insbesondere an **deliktische Ansprüche** zu denken[40]; der Gesellschaft können Rückgriffsansprüche aber auch wegen der **Verletzung mitgliedschaftlicher Treuepflichten** zustehen[41].

14

**(1) Deliktsrechtliche Ansprüche.** In Betracht kommt zunächst ein Anspruch aus **§ 826 BGB**, wenn die Antragsteller ihre formale Rechtsposition missbräuchlich zur Verfolgung eigennütziger Interessen ausnutzen[42]. Hierfür genügt freilich nicht schon der Umstand, dass sich der von der Aktionärsminderheit geäußerte Verdacht im Nachhinein als unbegründet erweist[43]. Denn nach allgemeinen Grundsätzen greift derjenige, der sich eines gesetzlich eingerichteten Verfahrens bedient, auch dann nicht rechtswidrig in den geschützten Rechtskreis seines Verfahrensgegners ein, wenn sein Begehren sachlich nicht gerechtfertigt ist und dem anderen Teil aus dem Verfahren Nachteile erwachsen[44]. Vielmehr bedarf es für die Annahme eines Schadensersatzanspruchs aus § 826 BGB eines im Hinblick auf den Schaden der Gesellschaft vorsätzlichen Verhaltens der Antragsteller[45]. Daneben kommen insbesondere auch Ansprüche aus **§ 824 BGB** oder aus **§ 823 Abs. 2 BGB** in Verbindung mit straf-

15

---

38 Für eine legislatorische Klarstellung im Hinblick auf die Ausgangsfrage, nämlich ob die Kostenerstattungspflicht auch von objektiven Kriterien abhängt, auch *DAV-Handelsrechtsausschuss*, NZG 2004, 555, 560.
39 Begr. RegE, BT-Drucks. 15/5092, S. 19; *Hüffer*, § 146 AktG Rz. 3; *Wilsing/Neumann*, DB 2006, 31, 35; s. auch *Spindler*, NZG 2005, 865, 870; *Langenbucher*, GesRZ-SH 2005, 3, 10.
40 Begr. RegE in *Kropff*, Aktiengesetz, S. 213; s. auch *Fleischer* in Küting/Weber, Hdb. Rechnungslegung, § 146 AktG Rz. 7; *Schröer* in MünchKomm. AktG, 2. Aufl., § 146 AktG Rz. 9; *Jänig*, Die aktienrechtliche Sonderprüfung, 2005, S. 416.
41 *G. Bezzenberger* in Großkomm. AktG, 4. Aufl., § 146 AktG Rz. 8 f.; *Fleischer* in Küting/Weber, Hdb. Rechnungslegung, § 146 AktG Rz. 10; *Hüffer*, § 146 AktG Rz. 3; *Schröer* in MünchKomm. AktG, 2. Aufl., § 146 AktG Rz. 9; *Jänig*, Die aktienrechtliche Sonderprüfung, 2005, S. 416.
42 *G. Bezzenberger* in Großkomm. AktG, 4. Aufl., § 146 AktG Rz. 11; *Holzborn* in Bürgers/Körber, § 146 AktG Rz. 10; *Schröer* in MünchKomm. AktG, 2. Aufl., § 146 AktG Rz. 9; *Fleischer* in Küting/Weber, Hdb. Rechnungslegung, § 146 AktG Rz. 7; *Wilsing/Neumann* in Heidel, § 146 AktG Rz. 4; *Jansen*, Die Sonderprüfung der Geschäftsführung nach dem Aktiengesetz, 1974, S. 101; *Jänig*, Die aktienrechtliche Sonderprüfung, 2005, S. 416.
43 *Fleischer* in Küting/Weber, Hdb. Rechnungslegung, § 146 AktG Rz. 7; *Jänig*, Die aktienrechtliche Sonderprüfung, 2005, S. 416; s. ferner *Casutt*, Die Sonderprüfung im künftigen schweizerischen Aktienrecht, 1991, S. 286.
44 Ständige Rechtsprechung, s. BGH v. 3.10.1961 – VI ZR 242/60, BGHZ 36, 18 = NJW 1961, 2254, 2255; BGH v. 13.3.1979 – VI ZR 117/77, BGHZ 74, 9, 12 = NJW 1979, 1351; BGH v. 23.5.1985 – IX ZR 132/84, BGHZ 95, 10 = NJW 1985, 1959, 1961; s. dazu auch *Spindler* in Bamberger/Roth, § 826 BGB Rz. 109 m.w.N.; grundlegend *Hopt*, Schadensersatz aus unberechtigter Verfahrenseinleitung, 1968, S. 164 ff.; in diesem Zusammenhang ferner auch *G. Bezzenberger* in Großkomm. AktG, 4. Aufl., § 146 AktG Rz. 12 sowie *Jänig*, Die aktienrechtliche Sonderprüfung, 2005, S. 416.
45 *Jänig*, Die aktienrechtliche Sonderprüfung, 2005, S. 416; s. ferner *Fleischer* in Küting/Weber, Hdb. Rechnungslegung, § 146 AktG Rz. 7; mit entsprechender Wertung auch *F.-J. Semler* in MünchHdb. AG, § 42 Rz. 20.

oder wettbewerbsrechtlichen Vorschriften wie etwa § 3 UWG, §§ 253, 263 StGB in Betracht[46].

16 **(2) Ansprüche wegen Verletzung mitgliedschaftlicher Treuepflichten.** Schadensersatzansprüche können zudem auf der **Verletzung mitgliedschaftlicher Treuepflichten** basieren[47]. Denn auch dem Minderheitsaktionär obliegt gegenüber der Gesellschaft und seinen Mitaktionären eine Treuepflicht; diese verpflichtet ihn dazu, seine Mitgliedsrechte unter angemessener Berücksichtigung der Belange der Gesellschaft sowie der gesellschaftsbezogenen Interessen der anderen Aktionäre auszuüben[48]. Ob dies nur für den Fall einer koordinierten Stimmrechtsausübung oder auch für zufällige Sperrminderheiten gilt[49], bedarf hier keiner Entscheidung, da die Stellung des Antrags auf gerichtliche Bestellung von Sonderprüfern nach § 142 Abs. 2 regelmäßig ein koordiniertes Vorgehen erfordern wird[50].

17 **(3) Verschuldensmaßstab.** Der frühere Meinungsstreit, welcher **Verschuldensmaßstab** für die Schadensersatzpflicht der Antragsteller gilt, ob beschränkt auf vorsätzliches[51] oder auch fahrlässiges[52] Fehlverhalten, ist durch das UMAG bzw. § 146 Satz 2 obsolet. Denn der Erstattungsanspruch wird explizit auch auf grobe Fahrlässigkeit erstreckt. Diese gesetzgeberische Wertung muss auch im Rahmen anderer Schadensersatzansprüche berücksichtigt werden, wenngleich sie nicht dazu führt, dass die Anforderungen nach § 826 BGB abgesenkt würden. Zu weit ginge es ferner, bereits fahrlässiges Verhalten zur Haftung führen zu lassen[53]; die hiermit verbundene Abschreckungswirkung würde dem minderheitsschützenden Charakter der Sonderprüfung nicht gerecht[54] und stünde im Übrigen auch im Widerspruch zur spezielleren Regelung des § 146 Satz 2. Aus den genannten Gründen ist die Haftung nach den allgemeinen zivilrechtlichen Regelungen deshalb **auf Fälle des grob fahrlässigen oder vorsätzlichen Fehlverhaltens zu begrenzen**[55].

---

46 *G. Bezzenberger* in Großkomm. AktG, 4. Aufl., § 146 AktG Rz. 10; *Fleischer* in Küting/Weber, Hdb. Rechnungslegung, § 146 AktG Rz. 8; *Jänig*, Die aktienrechtliche Sonderprüfung, 2005, S. 416.
47 *G. Bezzenberger* in Großkomm. AktG, 4. Aufl., § 146 AktG Rz. 8 f.; *Fleischer* in Küting/Weber, Hdb. Rechnungslegung, § 146 AktG Rz. 10; *Hüffer*, § 146 AktG Rz. 3; *Schröer* in MünchKomm. AktG, 2. Aufl., § 146 AktG Rz. 9; *Jänig*, Die aktienrechtliche Sonderprüfung, 2005, S. 416; s. auch *Henze*, BB 1996, 489, 492.
48 BGH v. 20.3.1995 – II ZR 205/94 – „Girmes", BGHZ 129, 136 = NJW 1995, 1739 = AG 1995, 368; zuvor bereits grundlegend zur Treuepflicht BGH v. 1.2.1988 – II ZR 75/87 – „Linotype", BGHZ 103, 184 = NJW 1988, 1579 = AG 1988, 135; dazu allgemein § 118 Rz. 14 ff. m.w.N. sowie im Zusammenhang mit der Sonderprüfung auch *G. Bezzenberger* in Großkomm. AktG, 4. Aufl., § 146 AktG Rz. 9; *Henze*, BB 1996, 489; *Jänig*, Die aktienrechtliche Sonderprüfung, 2005, S. 417; s. ferner auch *Fleischer* in Küting/Weber, Hdb. Rechnungslegung, § 146 AktG Rz. 10.
49 Offen gelassen bei BGH v. 20.3.1995 – II ZR 205/94 – „Girmes", BGHZ 129, 136 = NJW 1995, 1739 = AG 1995, 368; bejahend etwa *Hüffer*, § 53a AktG Rz. 17; *Henze*, BB 1996, 489, 496; ablehnend hingegen *Dreher*, ZHR 157 (1993), 150, 158 ff.
50 Ebenso *Jänig*, Die aktienrechtliche Sonderprüfung, 2005, S. 417.
51 *Fleischer* in Küting/Weber, Hdb. Rechnungslegung, § 146 AktG Rz. 9 f. mit Verweis auf Begr. RegE in *Kropff*, Aktiengesetz, S. 213; im Hinblick auf Ansprüche aus mitgliedschaftlicher Treuepflichtverletzung auch *G. Bezzenberger* in Großkomm. AktG, 4. Aufl., § 146 AktG Rz. 9; a.A. *Jänig*, Die aktienrechtliche Sonderprüfung, 2005, S. 417 ff.
52 *Jänig*, Die aktienrechtliche Sonderprüfung, 2005, S. 417 mit Verweis auf *Hopt*, Schadensersatz wegen unberechtigter Verfahrenseinleitung, 1968, S. 243 ff.
53 So aber wohl *Hüffer*, § 146 AktG Rz. 3 im Hinblick auf Haftung wegen Verletzung der Treuepflicht.
54 S. im Zusammenhang mit § 146 Satz 2 schon oben Rz. 11; mit diesem Argument generell gegen den Erstattungsanspruch *Meilicke/Heidel*, DB 2004, 1479, 1481.
55 In diesem Sinne schon zu § 146 a.F. *Jänig*, Die aktienrechtliche Sonderprüfung, 2005, S. 418; *Jänig*, BB 2005, 949, 954.

### b) Ersatzansprüche gegenüber Verwaltungsmitgliedern

Erweist sich die Sonderprüfung als begründet, kommen im Übrigen Schadensersatzansprüche gegenüber Verwaltungsmitgliedern in Betracht (§§ 93, 116), in deren Rahmen dann auch die Kosten der Sonderprüfung als Schadensposten verlangt werden können[56]. Dies gilt grundsätzlich auch dann, wenn die Sonderprüfung auf ein missbräuchliches Antragsbegehren zurückzuführen ist (Rz. 12); denn nach allgemeinen schadensrechtlichen Grundsätzen durchbricht auch das vorsätzliche Verhalten Dritter den Zurechnungszusammenhang nicht, wenn der Erstschädiger insoweit eine Gefahrenlage geschaffen hat, die das Eingreifen des Dritten wenigstens tendenziell begünstigt hat[57].

## § 147
## Geltendmachung von Ersatzansprüchen

(1) Die Ersatzansprüche der Gesellschaft aus der Gründung gegen die nach den §§ 46 bis 48, 53 verpflichteten Personen oder aus der Geschäftsführung gegen die Mitglieder des Vorstands und des Aufsichtsrats oder aus § 117 müssen geltend gemacht werden, wenn es die Hauptversammlung mit einfacher Stimmenmehrheit beschließt. Der Ersatzanspruch soll binnen sechs Monaten seit dem Tage der Hauptversammlung geltend gemacht werden.

(2) Zur Geltendmachung des Ersatzanspruchs kann die Hauptversammlung besondere Vertreter bestellen. Das Gericht (§ 14) hat auf Antrag von Aktionären, deren Anteile zusammen den zehnten Teil des Grundkapitals oder den anteiligen Betrag von einer Million Euro erreichen, als Vertreter der Gesellschaft zur Geltendmachung des Ersatzanspruchs andere als die nach den §§ 78, 112 oder nach Satz 1 zur Vertretung der Gesellschaft berufenen Personen zu bestellen, wenn ihm dies für eine gehörige Geltendmachung zweckmäßig erscheint. Gibt das Gericht dem Antrag statt, so trägt die Gesellschaft die Gerichtskosten. Gegen die Entscheidung ist die Beschwerde zulässig. Die gerichtlich bestellten Vertreter können von der Gesellschaft den Ersatz angemessener barer Auslagen und eine Vergütung für ihre Tätigkeit verlangen. Die Auslagen und die Vergütung setzt das Gericht fest. Gegen die Entscheidung ist die Beschwerde zulässig; die Rechtsbeschwerde ist ausgeschlossen. Aus der rechtskräftigen Entscheidung findet die Zwangsvollstreckung nach der Zivilprozessordnung statt.

| | |
|---|---|
| **I. Grundlagen** . . . . . . . . . . . . . . . . 1 | a) Ersatzanspruch der Gesellschaft . . 3 |
| 1. Regelungsgegenstand und Normzweck . . . . . . . . . . . . . . . 1 | b) Vertretung der Gesellschaft . . . . . 5 |
| | c) Beschluss der Hauptversammlung . 6 |
| 2. Entstehungsgeschichte . . . . . . . . . 2 | d) Art und Weise der Geltendmachung . . . . . . . . . . . . . . . . 11 |
| **II. Einzelerläuterungen** . . . . . . . . . . . 3 | 2. Bestellung besonderer Vertreter (§ 147 Abs. 2) . . . . . . . . . . . . . . . 13 |
| 1. Verpflichtung zur Geltendmachung von Ersatzansprüchen (§ 147 Abs. 1) . 3 | |

---

56 *Hüffer*, § 146 AktG Rz. 3; *Fleischer* in Küting/Weber, Hdb. Rechnungslegung, § 146 AktG Rz. 11; *Bode*, AG 1995, 261, 264.
57 Dazu allgemein BGH v. 26.1.1989 – III ZR 192/87, BGHZ 106, 313 = NJW 1989, 2127; *Oetker* in MünchKomm. BGB, 5. Aufl., § 249 BGB Rz. 151 f.; *Ebert* in Erman, Vor §§ 249–253 BGB Rz. 59.

| | |
|---|---|
| a) Bestellung des besonderen Vertreters ................ 14 | b) Person des besonderen Vertreters . 22 |
| aa) Bestellung durch die Hauptversammlung (§ 147 Abs. 2 Satz 1) 14 | c) Rechtsstellung des besonderen Vertreters ................. 23 |
| bb) Bestellung durch das Gericht (§ 147 Abs. 2 Satz 2) ....... 15 | aa) Gesetzlicher Vertreter und Organ der Gesellschaft ..... 23 |
| (1) Antrag der Aktionäre ...... 16 | bb) Rechte und Pflichten ....... 24 |
| (2) Entscheidung des Gerichts ... 17 | cc) Auslagen und Vergütung .... 30 |
| cc) Wirksamwerden der Bestellung ................... 21 | d) Beendigung der Bestellung ...... 31 |
| | aa) Widerruf der Bestellung ..... 31 |
| | bb) Sonstige Beendigungsgründe . . 33 |

**Literatur:** *Böbel*, Die Rechtsstellung der besonderen Vertreter gem. § 147 AktG, 1999; *Bork*, Das „Klageerzwingungsverfahren" nach § 147 Abs. 3 RefE – Auf dem Weg zur „Aktionärsklage", in Hommelhoff/Röhricht, RWS-Forum 10, Gesellschaftsrecht 1997, 1998, S. 191; *Bork*, Sonderprüfung, Klageerzwingung, in Hommelhoff/Hopt/v. Werder (Hrsg.), Handbuch Corporate Governance, 2. Aufl. 2009, S. 743; *Fabritius*, Der besondere Vertreter gemäß § 147 Abs. 2 AktG, in GS Gruson, 2009, S. 133; *Hirte/Mock*, Abberufung des besonderen Vertreters durch den Alleinaktionär, BB 2010, 775; *Hölters*, Zur Durchsetzung von Schadensersatzansprüchen durch eine Aktionärsminderheit, in FS Wiedemann, 2002, S. 975; *Kling*, Der besondere Vertreter im Aktienrecht, ZGR 2009, 190; *Kropff*, Der konzernrechtliche Ersatzanspruch – ein zahnloser Tiger, in FS Bezzenberger, 2000, S. 233; *Mock*, Die Entdeckung des besonderen Vertreters, DB 2008, 393; *Mock*, Berichts-, Auskunfts- und Publizitätspflichten des besonderen Vertreters, AG 2008, 839; *Peters/Hecker*, Last Man Standing – Zur Anfechtungsklage des besonderen Vertreters gegen den Hauptversammlungsbeschluss über seine Abberufung, NZG 2009, 1294; *Verhoeven*, Der besondere Vertreter nach § 147 AktG: Erwacht ein schlafender Riese?, ZIP 2008, 245; *Westermann*, Der Besondere Vertreter im Aktienrecht, AG 2009, 237; *Wirth/Pospiech*, Der besondere Vertreter gem. § 147 Abs. 2 Satz 1 AktG als Organ der Aktiengesellschaft?, DB 2008, 2471. S. im Übrigen die Literatur zu § 148.

## I. Grundlagen

### 1. Regelungsgegenstand und Normzweck

1   Die durch das UMAG neu gefasste Vorschrift über die **Klageerzwingung** regelt die Verpflichtung der Verwaltungsorgane zur Durchsetzung von Ersatzansprüchen der Gesellschaft aufgrund Beschlusses der Hauptversammlung. Sie ist **zwingend** im Sinne von § 23 Abs. 5[1]. Der Zweck der Regelung liegt in der Erleichterung der Durchsetzung von Ersatzansprüchen der Gesellschaft. Denn die Gefahr besteht, dass Ersatzansprüche von den zuständigen Organen aus Solidarität oder aus Furcht vor der Aufdeckung eigener Versäumnisse nicht verfolgt werden[2]. Im Fall **ARAG/Garmenbeck** hatte der BGH entschieden, dass der Aufsichtsrat das Bestehen von Schadensersatzansprüchen gegen Vorstandsmitglieder pflichtgemäß prüfen und durchsetzbare Ansprüche durchsetzen muss[3]. Der Aufsichtsrat kann aber von einer Geltendmachung von Ersatzansprüchen absehen, wenn gewichtige Interessen und Belange der Gesellschaft gegen die Rechtsverfolgung sprechen, die hinsichtlich der für die Durchsetzung sprechenden Gründe mindestens gleichwertig sind (§ 111 Rz. 17, s. auch § 148 Rz. 24 ff.). Über diese Pflicht zur Rechtsdurchsetzung geht § 147 hinaus, indem das zuständige Verwaltungsorgan unabhängig von seiner eigenen Beurteilung der Pro-

---

[1] *Hüffer*, § 147 AktG Rz. 1.
[2] Begr. RegE UMAG, BT-Drucks. 15/5092, S. 20; *Spindler*, NZG 2005, 865, 866; *Hüffer*, § 147 AktG Rz. 1.
[3] BGH v. 21.4.1997 – II ZR 175/95, BGHZ 135, 244, 255 = AG 1997, 377, 379.

zessrisiken oder der Klage entgegenstehender Gesellschaftsinteressen die Ersatzansprüche durchsetzen muss[4].

## 2. Entstehungsgeschichte

Das **ADHGB 1884**[5] enthielt in Art. 223 erstmals eine Regelung, derzufolge die Gesellschaft auf Beschluss der Generalversammlung mit einfacher Mehrheit oder auf Verlangen einer qualifizierten Minderheit zur Geltendmachung von Ersatzansprüchen verpflichtet war[6]. Auf Antrag der Minderheit konnte das Handelsgericht einen Prozessvertreter ernennen. Das Minderheitenrecht war durch die Pflicht der Aktionäre zur Tragung der Prozesskosten, zur Hinterlegung der Quorumsaktien, zur Sicherheitsleistung und zum Ersatz der Schäden des Beklagten im Falle böslichen Handelns sehr restriktiv ausgestaltet. Das Minderheitenrecht wurde durch **§§ 268–270 HGB 1897**, die **Notverordnung von 1931**[7] und das **§§ 122–124 AktG 1937** mehrfach geändert, was insbesondere die Herabsetzung der Schwellenwerte für das Minderheitenrecht zur Folge hatte. Das **AktG 1965** fasste die Regelungen in § 147 zusammen und beseitigte die Hinterlegungspflicht, die Schadensersatzhaftung, sowie die Pflicht zur Sicherheitsleitung[8]. Durch das Gesetz zur Kontrolle und Transparenz im Unternehmensbereich (**KonTraG**) vom 27.4.1998[9] wurde das Recht einer Aktionärsminderheit, einen besonderen Vertreter zu bestellen, eingeführt (§ 147 Abs. 3 a.F.). Zugunsten der Einführung des Klagezulassungsverfahrens (§ 148 n.F.) beseitigte das Gesetz zur Unternehmensintegrität und Modernisierung des Anfechtungsrechts (**UMAG**) vom 22.9.2005[10] schließlich das Minderheitsverlangen (§ 147 Abs. 1 Satz 1 Fall 2 a.F.) und das Recht nach § 147 Abs. 3 a.F. (s. § 148 Rz. 6). Des Weiteren wurde das gerichtliche Bestellungsverfahren gem. § 147 Abs. 2 Satz 2, 4, 6–7, welches zuvor im FGG ausgestaltet war, durch das Gesetz zur Reform des Verfahrens in Familiensachen und in den Angelegenheiten der freiwilligen Gerichtsbarkeit (**FGG-Reformgesetz**) vom 17.12.2008[11] im FamFG neu geregelt.

## II. Einzelerläuterungen

### 1. Verpflichtung zur Geltendmachung von Ersatzansprüchen (§ 147 Abs. 1)

#### a) Ersatzanspruch der Gesellschaft

Die Regelung des § 147 betrifft allein **Ersatzansprüche der Gesellschaft**, nicht der einzelnen Aktionäre[12]. **Nicht** in den Anwendungsbereich der Norm fallen **Erfüllungsan-**

---

4 *G. Bezzenberger* in Großkomm. AktG, 4. Aufl., § 147 AktG Rz. 7, 38; *Schröer* in MünchKomm. AktG, 2. Aufl., § 147 AktG Rz. 23, 27.
5 Gesetz betreffend die Kommanditgesellschaften auf Aktien und die Aktiengesellschaften vom 18.7.1884, RGBl. 1984, 123, abgedruckt bei *Hommelhoff/Schubert*, Einhundert Jahre modernes Aktienrecht, ZGR Sonderheft 4, 1985, S. 560 ff.
6 *G. Bezzenberger* in Großkomm. AktG, 4. Aufl., § 147 AktG Rz. 1; *Schröer* in MünchKomm. AktG, 2. Aufl., § 147 AktG Rz. 2.
7 Verordnung des Reichspräsidenten über Aktienrecht, Bankenaufsicht und über eine Steueramnestie vom 19.9.1931, RGBl. I 1931, 493.
8 Begr. RegE in *Kropff*, Aktiengesetz, S. 214 f.; *G. Bezzenberger* in Großkomm. AktG, 4. Aufl., § 147 AktG Rz. 2.
9 BGBl. I 1998, 786.
10 BGBl. I 2005, 2802.
11 BGBl. I 2008, 2586.
12 OLG München v. 28.11.2007 – 7 U 4498/07, ZIP 2008, 73, 76; *G. Bezzenberger* in Großkomm. AktG, 4. Aufl., § 147 AktG Rz. 14; *Westermann*, AG 2009, 237, 244.

**sprüche**[13]. Nach dem Wortlaut ist die Vorschrift auf die Durchsetzung der ausdrücklich genannten Ansprüche aus Gründung und Nachgründung gem. §§ 46 bis 48, 53, aus unzulässiger Einflussnahme (§ 117), sowie auf Ersatzansprüche aus der Geschäftsführung gegen die Mitglieder des Vorstands und des Aufsichtsrats gem. §§ 93, 116 AktG und §§ 823 ff. BGB anwendbar[14]. Erfasst werden auch Ansprüche gegen bereits **ausgeschiedene** Mitglieder der Verwaltungsorgane[15]. Ob der Begriff „Ersatzansprüche" über Schadensersatzansprüche hinausgehend auch **Herausgabe- und Ausgleichsansprüche** erfasst, ist umstritten, aber im Hinblick auf die Auslegung des vergleichbaren § 46 Nr. 8 GmbHG sowie den Normzweck des § 147 Abs. 1 zu bejahen[16]. Denn in jedem Fall besteht die Gefahr, dass eine effektive Durchsetzung an widerstreitenden Interessen der Vertretungsorgane scheitert. Erfasst werden daher beispielsweise auch Ansprüche aus §§ 667, 681 Satz 2, 687 Abs. 2, 812 Abs. 1 Satz 1 Fall 2 BGB und § 88 Abs. 2 AktG[17]. Ebenso gilt die Norm für ergänzende Ansprüche auf **Auskunft** und **Rechnungslegung**[18]. Dagegen bezieht sich § 147 **nicht auf die strafrechtliche Verfolgung** und Antragstellung[19], auch wenn diese eng mit zivilrechtlichen Ansprüchen zusammenhängen mag, etwa bei Untreue, § 266 StGB.

4 Über den Wortlaut des § 147 Abs. 1 Satz 1 hinaus betrifft die Vorschrift auch **Ansprüche aus dem Konzernverhältnis**, welche im konzernrechtlichen Zusammenhang den ausdrücklich in § 147 Abs. 1 Satz 1 genannten Anspruchsgrundlagen entsprechen[20]. Mit der Einführung der Einzelklagebefugnisse der §§ 309 Abs. 4, 310 Abs. 4, 317 Abs. 4, 318 Abs. 4 sollte über die Minderheitenrechte des damaligen § 147 a.F. hinausgegangen, diese Vorschrift aber nicht verdrängt werden[21]. Alternativ zu § 147 und der Einzelklage ist jetzt das Klagezulassungsverfahren (§ 148) anwendbar (§ 148 Rz. 3 ff.).

### b) Vertretung der Gesellschaft

5 Die Vorschrift des § 147 bezieht sich auf die Geltendmachung von Ersatzansprüchen **durch die Gesellschaft selbst**; diese allein ist sachlegitimiert und prozessführungsbe-

---

13 BGH v. 18.12.1980 – II ZR 140/79, NJW 1981, 1097, 1098; Ausschussbericht Begr. RegE in *Kropff*, Aktiengesetz, S. 215; *Hüffer*, § 147 AktG Rz. 2; *Holzborn* in Bürgers/Körber, § 147 AktG Rz. 3; *Mock* in Spindler/Stilz, § 147 AktG Rz. 5; *Kling*, ZGR 2009, 190, 201.
14 *Schröer* in MünchKomm. AktG, 2. Aufl., § 147 AktG Rz. 16; *G. Bezzenberger* in Großkomm. AktG, 4. Aufl., § 147 AktG Rz. 12.
15 BGH v. 22.4.1991 – II ZR 151/90, AG 1991, 269, 270; *G. Bezzenberger* in Großkomm. AktG, 4. Aufl., § 147 AktG Rz. 17; *Mock* in Spindler/Stilz, § 147 AktG Rz. 7.
16 *Hüffer*, § 147 AktG Rz. 2; *G. Bezzenberger* in Großkomm. AktG, 4. Aufl., § 147 AktG Rz. 12; *Mock* in Spindler/Stilz, § 147 AktG Rz. 4; *Kling*, ZGR 2009, 190, 201; zu § 46 Nr. 8 GmbHG: BGH v. 13.2.1975 – II ZR 92/73, NJW 1975, 977; BGH v. 21.4.1986 – II ZR 165/85, NJW 1986, 2250; a.A. dagegen *Schröer* in MünchKomm. AktG, 2. Aufl., § 147 AktG Rz. 17.
17 *Hüffer*, § 147 AktG Rz. 2.
18 *G. Bezzenberger* in Großkomm. AktG, 4. Aufl., § 147 AktG Rz. 14; *Hüffer*, § 147 AktG Rz. 2; *Mock* in Spindler/Stilz, § 147 AktG Rz. 5; zu § 46 Nr. 8 GmbHG: BGH v. 13.2.1975 – II ZR 92/73, NJW 1975, 977, 978.
19 *Kling*, ZGR 2009, 190, 201 f.
20 OLG München v. 27.8.2008 – 7 U 5678/07, ZIP 2008, 1916 = AG 2008, 864, Rz. 37; OLG München v. 28.11.2007 – 7 U 4498/07, ZIP 2008, 73, 75; ebenso *Mock* in Spindler/Stilz, § 147 AktG Rz. 6; *Mock*, DB 2008, 393, 394; *G. Bezzenberger* in Großkomm. AktG, 4. Aufl., § 147 AktG Rz. 13; *Schröer* in MünchKomm. AktG, 2. Aufl., § 147 AktG Rz. 18; *Altmeppen* in MünchKomm. AktG, 3. Aufl., § 317 AktG Rz. 63 ff.; *Habersack* in Emmerich/Habersack, Aktien- und GmbH-Konzernrecht, § 317 AktG Rz. 27; *Kropff* in FS Bezzenberger, 2000, S. 233, 244 ff.; *Westermann*, AG 2009, 237, 242 f.; a.A. mit eingehender Begründung *Kling*, ZGR 2009, 190, 203 ff.; *Hüffer*, § 309 AktG Rz. 21, § 317 AktG Rz. 16; *Fett* in Bürgers/Körber, § 317 AktG Rz. 16; *Koppensteiner* in KölnKomm. AktG, 3. Aufl., § 317 AktG Rz. 35; *Krieger* in MünchHdb. AG, § 70 Rz. 163.
21 Begr. RegE in *Kropff*, Aktiengesetz, S. 405; *Kropff* in FS Bezzenberger, 2000, S. 233, 244.

fugt und trägt gegebenenfalls die Prozesskosten[22]. Am Prozess der Gesellschaft können sich Aktionäre nur als **Nebenintervenienten** (§ 66 ZPO) beteiligen[23]. Insbesondere wird ein Klagezulassungsverfahren nach Erhebung der Gesellschaftsklage gemäß § 148 Abs. 3 Satz 1 Hs. 2 gesperrt. Die Gesellschaft wird durch Vorstand bzw. Aufsichtsrat (§§ 78, 112), nach Auflösung der Gesellschaft durch die Abwickler (§ 269 Abs. 1) vertreten[24]. Mit Eröffnung des Insolvenzverfahrens über das Vermögen der Gesellschaft geht die Klagebefugnis auf den Insolvenzverwalter über (§ 80 Abs. 1 InsO), welcher jedoch durch den Beschluss nach § 147 Abs. 1 nicht zur Geltendmachung verpflichtet ist[25]. Zur Bestellung besonderer Vertreter s. Rz. 14 ff.

### c) Beschluss der Hauptversammlung

Aufgrund eines Beschlusses der Hauptversammlung nach § 147 Abs. 1 sind die zuständigen Vertretungsorgane (Rz. 5) zur Geltendmachung der Ersatzansprüche **verpflichtet**[26]. Anders als nach den vom BGH in der Entscheidung ARAG/Garmenbeck entwickelten Grundsätzen (Rz. 1) besteht für die zuständigen Verwaltungsorgane kein Beurteilungsspielraum[27]. Einer **sachlichen Rechtfertigung** bedarf der Beschluss nicht, denn der Gesetzgeber hat in § 147 Abs. 1 die Interessen der Gesellschaft und der Aktionäre abschließend abgewogen[28]. 6

Der Beschluss der Hauptversammlung kann mit **einfacher Stimmenmehrheit** (§ 133 Abs. 1) gefasst und jederzeit wieder aufgehoben werden. Aktionäre, gegen die sich die Ersatzansprüche richten, unterliegen dem **Stimmrechtsverbot** des § 136 Abs. 1 Satz 1 Fall 3 (§ 136 Rz. 28)[29]. Dagegen steht der Stimmberechtigung eines Aktionärs nicht § 142 Abs. 1 Satz 2 und 3 analog entgegen, wenn er und der Inanspruchgenommene Mitglied desselben Verwaltungsorgans sind (näher § 142 Rz. 30)[30]. Der Beschluss kann auch vor Abschluss von schwebenden Anfechtungsklagen hinsichtlich desselben Sachverhalts gefasst werden, er wird dadurch **nicht rechtsmissbräuchlich**. Denn möglicherweise bestehende Ansprüche müssen nicht notwendigerweise entfallen, wenn ein Hauptversammlungsbeschluss unanfechtbar wird, auf den das Verhalten von Organen oder Aktionären zurückgeht, gegen die die AG einen Anspruch geltend machen will[31]. 7

---

22 *G. Bezzenberger* in Großkomm. AktG, 4. Aufl., § 147 AktG Rz. 15; *Schröer* in MünchKomm. AktG, 2. Aufl., § 147 AktG Rz. 21.
23 *Trescher*, DB 1995, 661, 663; *Schröer* in MünchKomm. AktG, 2. Aufl., § 147 AktG Rz. 21.
24 OLG Köln v. 12.6.2002 – 18 W 6/02, NZG 2002, 1062, 1063; *G. Bezzenberger* in Großkomm. AktG, 4. Aufl., § 147 AktG Rz. 36; *Holzborn* in Bürgers/Körber, § 147 AktG Rz. 5.
25 RG v. 6.5.1911 – Rep. I. 164/10, BGHZ 76, 244, 248; *Mock* in Spindler/Stilz, § 147 AktG Rz. 11 f.
26 *G. Bezzenberger* in Großkomm. AktG, 4. Aufl., § 147 AktG Rz. 38; *Schröer* in MünchKomm. AktG, 2. Aufl., § 147 AktG Rz. 23; *Hüffer*, § 147 AktG Rz. 3; *Holzborn* in Bürgers/Körber, § 147 AktG Rz. 6.
27 KG v. 18.11.2004 – 1 W 185/04, AG 2005, 246, 247; *Schröer* in MünchKomm. AktG, 2. Aufl., § 147 AktG Rz. 23, 27; *G. Bezzenberger* in Großkomm. AktG, 4. Aufl., § 147 AktG Rz. 38; *Mock* in Spindler/Stilz, § 147 AktG Rz. 14.
28 *Krieger* in Henze/Timm/Westermann, RWS-Forum 8, Gesellschaftsrecht 1995, 1996, S. 149, 171; *G. Bezzenberger* in Großkomm. AktG, 4. Aufl., § 147 AktG Rz. 20, 23; *Mock* in Spindler/Stilz, § 147 AktG Rz. 17.
29 BGH v. 20.1.1986 – II ZR 73/85, BGHZ 97, 28, 33 f. (zur GmbH); *Hüffer*, § 147 AktG Rz. 3; *Schröer* in MünchKomm. AktG, 2. Aufl., § 147 AktG Rz. 28.
30 *Mock* in Spindler/Stilz, § 147 AktG Rz. 18; *G. Bezzenberger* in Großkomm. AktG, 4. Aufl., § 147 AktG Rz. 21; vgl. auch den gegenteiligen Vorschlag von *Bork* in Hommelhoff/Röhricht, RWS-Forum 9, Gesellschaftsrecht 1997, 1998, S. 53, 67.
31 OLG München v. 27.8.2008 – 7 U 5678/07, ZIP 2008, 1916 = AG 2008, 864, Rz. 31; OLG München v. 28.11.2007 – 7 U 4498/07, ZIP 2008, 73, Rz. 43.

8 Der Beschluss darf nur gefasst werden, wenn die Geltendmachung von Ersatzansprüchen **als Gegenstand der Tagesordnung bekannt gemacht** war (§ 124 Abs. 1, Abs. 4 Satz 1)[32]. Ist nach einer Sonderprüfung ein Prüfungsbericht als Gegenstand der Hauptversammlung bekannt gemacht worden (§ 145 Abs. 6 Satz 5), welcher Ersatzansprüche enthält, so ist erkennbar, dass eine Behandlung auch der Geltendmachung der Ersatzansprüche beabsichtigt ist; eine entsprechende Beschlussfassung ist dann ohne vorherige Bekanntmachung zulässig (§ 124 Abs. 4 Satz 2 Alt. 2)[33]. Die bloße Ankündigung des Tagesordnungspunktes „Entlastung" genügt hingegen nicht[34].

9 Der Beschluss muss den geltend zu machenden Anspruch nach Anspruchsgegner und zugrunde liegendem Lebenssachverhalt zumindest **bestimmbar bezeichnen**[35], nicht aber der Höhe nach beziffern[36]. Die in Rede stehenden Handlungen und Maßnahmen müssen so konkret bezeichnet sein, dass der dem besonderen Vertreter erteilte Auftrag hinreichend klar umrissen ist[37]. Der Gegenstand des Anspruchs muss erkennbar sein, ohne dass deswegen aber ein „dringender Verdacht" erforderlich wäre. Bei völliger Unklarheit über die tatsächlichen Grundlagen eines Anspruchs aber müssen die Aktionäre eine Sonderprüfung (§ 142) beantragen[38]. Nicht erforderlich ist, dass die Hauptversammlung genau jeden Anspruchsgegner bezeichnet; sie kann vielmehr dem besonderen Vertreter die Prüfung übertragen, gegen welchen Anspruchsgegner die Geltendmachung von Ansprüchen am erfolgversprechendsten ist (s. dazu Rz. 25)[39]. Zu hohe Anforderungen dürfen daher an die Bestimmtheit des Beschlusses nicht gestellt werden, da sich stets im Rahmen der konkreten Vorbereitung zur Geltendmachung Erkenntnisse ergeben und Modifizierungen notwendig machen können[40].

10 Vorgaben des Beschlusses in Bezug auf die **Art und Weise der Geltendmachung** (Rz. 11 f.) entfalten keine Bindungswirkung[41]. Die Hauptversammlung kann konkrete Maßnahmen wie bspw. die Erhebung einer Feststellungsklage oder einer Teilklage beschließen oder nur die außergerichtliche Geltendmachung verlangen[42]. Die Vertretungsorgane müssen die Ansprüche jedoch gegebenenfalls weitergehend durchsetzen, wenn sie in Anwendung der von der Rechtsprechung entwickelten Grundsätze

---

32 *G. Bezzenberger* in Großkomm. AktG, 4. Aufl., § 147 AktG Rz. 19; *Schröer* in MünchKomm. AktG, 2. Aufl., § 147 AktG Rz. 29.
33 *Hüffer*, § 147 AktG Rz. 3; *G. Bezzenberger* in Großkomm. AktG, 4. Aufl., § 147 AktG Rz. 18, § 145 Rz. 46; *Schröer* in MünchKomm. AktG, 2. Aufl., § 147 AktG Rz. 29.
34 OLG Köln v. 15.6.1959 – 8 W 61/59, AG 1960, 46, 48; *G. Bezzenberger* in Großkomm. AktG, 4. Aufl., § 147 AktG Rz. 18; *Hüffer*, § 147 AktG Rz. 3; *Schröer* in MünchKomm. AktG, 2. Aufl., § 147 AktG Rz. 29.
35 OLG Frankfurt a.M. v. 9.10.2003 – 20 W 487/02, AG 2004, 104; LG München I v. 6.9.2007 – 5 HK O 12570/07, AG 2007, 756; LG München I v. 4.10.2007 – 5 HK O 12615/07, ZIP 2007, 2420; *Hüffer*, § 147 AktG Rz. 3; *Schröer* in MünchKomm. AktG, 2. Aufl., § 147 AktG Rz. 30; *G. Bezzenberger* in Großkomm. AktG, 4. Aufl., § 147 AktG Rz. 19.
36 *G. Bezzenberger* in Großkomm. AktG, 4. Aufl., § 147 AktG Rz. 19; *Schröer* in MünchKomm. AktG, 2. Aufl., § 147 AktG Rz. 33.
37 OLG Stuttgart v. 25.11.2008 – 8 W 370/08, AG 2009, 169, 170.
38 OLG München v. 27.8.2008 – 7 U 5678/07, ZIP 2008, 1916 = AG 2008, 864, Rz. 52; LG Stuttgart v. 27.10.2009 – 32 O 5/09 KfH, ZIP 2010, 329, Rz. 41; LG Stuttgart v. 6.8.2008 – 34 T 11/08 KfH, AG 2008, 757.
39 OLG München v. 27.8.2008 – 7 U 5678/07, ZIP 2008, 1916 = AG 2008, 864, Rz. 42 ff.; *Westermann*, AG 2009, 237, 240.
40 Ähnlich OLG München v. 27.8.2008 – 7 U 5678/07, ZIP 2008, 1916 = AG 2008, 864, Rz. 49.
41 Ebenso *G. Bezzenberger* in Großkomm. AktG, 4. Aufl., § 147 AktG Rz. 19; a.A. *Schröer* in MünchKomm. AktG, 2. Aufl., § 147 AktG Rz. 30; *Mock* in Spindler/Stilz, § 147 AktG Rz. 11, 16.
42 *G. Bezzenberger* in Großkomm. AktG, 4. Aufl., § 147 AktG Rz. 19; *Schröer* in MünchKomm. AktG, 2. Aufl., § 147 AktG Rz. 30.

(Rz. 1) zu der Auffassung gelangen, dass der Gesellschaft ein Anspruch zusteht und keine gewichtigen Interessen und Belange der Gesellschaft entgegenstehen. Ein einschränkender und zugleich bindender Beschluss der Hauptversammlung hätte demgegenüber die Wirkungen eines (zumindest teilweisen) Verzichts, was der Wertung des § 93 Abs. 4 Satz 3 widerspricht. Der Beschluss nach § 147 Abs. 1 verpflichtet die Vertretungsorgane demgemäß nur hinsichtlich des „Ob" der Geltendmachung, hinsichtlich des „Wie" nur als Mindestmaß.

### d) Art und Weise der Geltendmachung

Der Begriff der Geltendmachung umfasst sowohl die Durchsetzung auf **gerichtlichem** als auch auf **außergerichtlichem** Wege[43] (zu Vorgaben im Hauptversammlungsbeschluss Rz. 9). Nicht unter den Begriff der Geltendmachung fallen anderweitige Verfügungen über den Anspruch, wie insbesondere die **Abtretung** des Ersatzanspruchs an einen Dritten. Dies gilt jedenfalls dann, wenn der Gesellschaft keine oder nur eine Gegenleistung unterhalb des Nennbetrages der Forderung zufließt[44]. Wird eine Forderung – etwa unter Abwälzung des Prozess- und Kostenrisikos – unter Wert veräußert, kommt dieses Rechtsgeschäft für die Gesellschaft wirtschaftlich einem (Teil-)Verzicht nahe, welcher nach § 93 Abs. 4 Satz 3 an besondere Voraussetzungen geknüpft ist[45]. 11

Nach § 147 Abs. 1 Satz 2 **soll** die Geltendmachung innerhalb einer **Frist** von sechs Monaten seit dem Tage der Hauptversammlung (§§ 187, 188 BGB[46]), in welcher der Beschluss gefasst worden ist, erfolgen. Die Frist soll im Innenverhältnis zwischen Aktionären und Vertretungsorgan willkürlich verzögerten Durchsetzungsmaßnahmen entgegenwirken[47]. Eine Fristversäumnis berührt weder Bestand des Anspruchs, noch die Zulässigkeit einer Klage. Regelmäßig wird die Frist nur durch die gerichtliche Geltendmachung im Wege der Klage oder Widerklage, des Mahnverfahrens oder als Einwendung in einem vom Ersatzpflichtigen gegen die Gesellschaft geführten Prozess (z.B. Aufrechnung) gewahrt[48]. Fordert aber der Beschluss der Hauptversammlung nur die außergerichtliche Geltendmachung (Rz. 8), ist die Durchführung der außergerichtlichen Maßnahmen für den Fristlauf maßgeblich[49]. Macht das Organ entgegen dem Beschluss der Hauptversammlung den Ersatzanspruch **schuldhaft** nicht oder nicht rechtzeitig geltend, haftet das betreffende Organ im Schadensfall nach §§ 93, 116[50]. 12

---

43 BGH v. 18.12.1980 – II ZR 140/79, NJW 1981, 1097, 1098; *G. Bezzenberger* in Großkomm. AktG, 4. Aufl., § 147 AktG Rz. 39; *Schröer* in MünchKomm. AktG, 2. Aufl., § 147 AktG Rz. 25, 39.
44 BGH v. 18.12.1980 – II ZR 140/79, NJW 1981, 1097, 1098; *Schröer* in MünchKomm. AktG, 2. Aufl., § 147 AktG Rz. 25; *Mock* in Spindler/Stilz, § 147 AktG Rz. 11.
45 BGH v. 18.12.1980 – II ZR 140/79, NJW 1981, 1097, 1098. Ausführlich *Spindler* in MünchKomm. AktG, 3. Aufl., § 93 AktG Rz. 220 ff.
46 *Hüffer*, § 147 AktG Rz. 5; *Schröer* in MünchKomm. AktG, 2. Aufl., § 147 AktG Rz. 38; *Holzborn* in Bürgers/Körber, § 147 AktG Rz. 8.
47 *Schröer* in MünchKomm. AktG, 2. Aufl., § 147 AktG Rz. 38; *G. Bezzenberger* in Großkomm. AktG, 4. Aufl., § 147 AktG Rz. 40; *Mock* in Spindler/Stilz, § 147 AktG Rz. 22.
48 *G. Bezzenberger* in Großkomm. AktG, 4. Aufl., § 147 AktG Rz. 40; *Hüffer*, § 147 AktG Rz. 5; *Schröer* in MünchKomm. AktG, 2. Aufl., § 147 AktG Rz. 39.
49 *G. Bezzenberger* in Großkomm. AktG, 4. Aufl., § 147 AktG Rz. 40; *Schröer* in MünchKomm. AktG, 2. Aufl., § 147 AktG Rz. 39.
50 *Hüffer*, § 147 AktG Rz. 5; *G. Bezzenberger* in Großkomm. AktG, 4. Aufl., § 147 AktG Rz. 40; *Schröer* in MünchKomm. AktG, 2. Aufl., § 147 AktG Rz. 23; *Holzborn* in Bürgers/Körber, § 147 AktG Rz. 8.

## 2. Bestellung besonderer Vertreter (§ 147 Abs. 2)

13 Die Geltendmachung von Ersatzansprüchen kann besonderen Vertretern übertragen werden. Dies erlangt insbesondere dann praktische Bedeutung, wenn Vorstand bzw. Aufsichtsrat infolge fehlender Neutralität und Unabhängigkeit nicht die Gewähr für eine Durchsetzung der Ersatzansprüche bieten, wenn Ersatzansprüche gegen Mitglieder beider Verwaltungsorgane geltend zu machen sind oder das primär zuständige Vertretungsorgan aus sonstigen Gründen handlungsunfähig ist.

### a) Bestellung des besonderen Vertreters

14 **aa) Bestellung durch die Hauptversammlung (§ 147 Abs. 2 Satz 1).** Besondere Vertreter können nach § 147 Abs. 2 Satz 1 durch Beschluss der Hauptversammlung mit **einfacher Mehrheit** (§ 133 Abs. 1) bestellt werden. Der Vorstand bzw. Aufsichtsrat kann bei einem offensichtlichen Interessenkonflikt verpflichtet sein, der Hauptversammlung Gelegenheit zur Bestellung eines besonderen Vertreters zu geben[51]. Gem. § 136 Abs. 1 Satz 1 Fall 3 unterliegen Aktionäre, gegen die sich die Rechtsverfolgung richten soll, einem **Stimmverbot** (näher dazu § 136 Rz. 28)[52], außer es handelt sich um eine Einmann-AG (näher § 136 Rz. 8)[53]. Soll ein Aktionär das Amt des besonderen Vertreters übernehmen, steht dies seiner Stimmberechtigung nicht entgegen[54]. In dem Beschluss muss die für das Amt des besonderen Vertreters in Aussicht genommene Person bezeichnet werden. Die Bestellung kann zusammen mit dem Beschluss über die Geltendmachung der Ersatzansprüche nach § 147 Abs. 1 Satz 1 erfolgen, wobei dann die Ankündigung der Beschlussfassung über die Geltendmachung in der **Tagesordnung** genügt[55]. Zweckmäßigerweise wird man indessen die Bestellung des besonderen Vertreters stets in die Tagesordnung aufnehmen[56].

15 **bb) Bestellung durch das Gericht (§ 147 Abs. 2 Satz 2).** Hat die Hauptversammlung nach § 147 Abs. 1 Satz 1 mit einfacher Mehrheit die **Geltendmachung des Ersatzanspruchs beschlossen**[57], kann das Gericht unter den Voraussetzungen des § 147 Abs. 2 Satz 2 einen besonderen Vertreter bestellen.

16 **(1) Antrag der Aktionäre.** Die Bestellung des besonderen Vertreters erfolgt gem. § 147 Abs. 2 Satz 2 auf Antrag einer Aktionärsminderheit, deren Anteile zusammen den **zehnten Teil des Grundkapitals** oder den **anteiligen Betrag von einer Million Euro** erreichen. Nicht erforderlich ist, dass diese Aktionäre auch an dem Verpflichtungsbeschluss nach § 147 Abs. 1 mitgewirkt haben[58]. Wird das Quorum nicht erreicht, ist der Antrag unzulässig[59]. Zur Berechnung des Quorums s. § 142 Rz. 39. Der Antrag kann schriftlich eingereicht sowie zu Protokoll der Geschäftsstelle erklärt werden (§ 25 Abs. 1 FamFG)[60]. Eine Frist für die Antragstellung besteht nicht. Die Vertretung durch einen Rechtsanwalt ist zulässig (§ 12 FamFG). Dem Antrag sind **Nachweise** da-

---

51 RG v. 15.10.1926 – II 584/25, RGZ 114, 396, 399; *Schröer* in MünchKomm. AktG, 2. Aufl., § 147 AktG Rz. 40.
52 BGH v. 20.1.1986 – II ZR 73/85, AG 1986, 256, 258 (zur GmbH); *Hüffer*, § 147 AktG Rz. 6.
53 OLG München v. 3.3.2010 – 7 U 4744/09, ZIP 2010, 725, 727 f.
54 *Schröer* in MünchKomm. AktG, 2. Aufl., § 147 AktG Rz. 49.
55 *G. Bezzenberger* in Großkomm. AktG, 4. Aufl., § 147 AktG Rz. 42 f.; *Schröer* in MünchKomm. AktG, 2. Aufl., § 147 AktG Rz. 47 f.
56 *Schröer* in MünchKomm. AktG, 2. Aufl., § 147 AktG Rz. 47.
57 *Hüffer*, § 147 AktG Rz. 8; *Kling*, ZGR 2009, 190, 194.
58 *G. Bezzenberger* in Großkomm. AktG, 4. Aufl., § 147 AktG Rz. 29; *Mock* in Spindler/Stilz, § 147 AktG Rz. 41.
59 *Hüffer*, § 147 AktG Rz. 9.
60 Näher dazu *Feskorn* in Zöller, ZPO, § 25 FamFG Rz. 2; *Ulrici* in MünchKomm. ZPO, 3. Aufl., § 25 FamFG Rn. 7; *Sternal* in Keidel, § 25 FamFG Rz. 7 ff.

rüber beizufügen, dass die Hauptversammlung einen Beschluss nach § 147 Abs. 1 Satz 1 über die Geltendmachung der Ersatzansprüche gefasst hat und das nach § 147 Abs. 2 Satz 2 erforderliche Quorum für die gerichtliche Bestellung eines besonderen Vertreters erreicht ist[61]. Die Mindestbeteiligung kann durch Vorlage von Aktienurkunden, Bankbescheinigungen (Depotauszüge) oder bei Namensaktien durch die Eintragung ins Aktienregister nachgewiesen werden[62].

**(2) Entscheidung des Gerichts.** Das Gericht entscheidet über die Bestellung des besonderen Vertreters im Verfahren der freiwilligen Gerichtsbarkeit durch den Richter (§ 17 Nr. 2a RPflG, § 375 Nr. 3 FamFG). Sachlich zuständig sind gem. § 23 Abs. 1 Nr. 2, Abs. 2 Nr. 4 GVG die Amtsgerichte. Gem. §§ 375 Abs. Nr. 3, 376 Abs. 1 FamFG erfolgt hierbei insoweit eine Zuständigkeitskonzentration, dass nur das beim Landgericht ansässige Amtsgericht sachlich zuständig ist[63]. Die Vorschrift dient der effektiven Verfahrensführung sowie der Einsparung von Kosten und Ressourcen[64]. Die jeweiligen Landesregierungen werden jedoch gem. § 376 Abs. 2 FamFG ermächtigt, durch Rechtsverordnung eine abweichende Zuständigkeitsregelung zu treffen[65]. Örtlich zuständig ist nach § 14 AktG, § 377 Abs. 1 FamFG ausschließlich das Amtsgericht für den Bezirk des Landgerichts, in welchem die Gesellschaft ihren Sitz hat[66]. Für die Antragsvoraussetzungen gilt der Amtsermittlungsgrundsatz (§ 26 FamFG)[67]. Die Antragsteller, die Gesellschaft und ggf. ein nach § 147 Abs. 2 Satz 1 bestellter besonderer Vertreter sind als Beteiligte (§ 7 FamFG) vor der Entscheidung zu hören, § 34 Abs. 1 FamFG[68]. Das Gericht entscheidet gem. § 38 Abs. 1 Satz 1, Abs. 2, 3 Satz 1 FamFG durch mit Gründen zu versehenden Beschluss, welcher den besonderen Vertreter und die geltend zu machenden Ersatzansprüche bezeichnen muss[69].

17

Das Gericht bestellt einen besonderen Vertreter, wenn es ihm „**zweckmäßig erscheint**" (§ 147 Abs. 2 Satz 2), was stets dann der Fall ist, wenn Ansprüche gleichzeitig gegen Mitglieder von Vorstand und Aufsichtsrat geltend gemacht werden[70]. Darüber hinaus dann, wenn aufgrund objektiver Anhaltspunkte eine sachgerechte Geltendmachung durch den Vorstand, den Aufsichtsrat oder auch einen nach § 147 Abs. 2 Satz 1 von der Aktionärsmehrheit bestellten besonderen Vertreter nicht zu erwarten ist, weil deren Neutralität und Unabhängigkeit nicht gewährleistet er-

18

---

61 *Schröer* in MünchKomm. AktG, 2. Aufl., § 147 AktG Rz. 51; *G. Bezzenberger* in Großkomm. AktG, 4. Aufl., § 147 AktG Rz. 44.
62 *G. Bezzenberger* in Großkomm. AktG, 4. Aufl., § 147 AktG Rz. 44.
63 *K. Walter* in Bassenge/Roth, § 376 FamFG Rz. 1 ff.; *Nedden-Boeger* in Schulte-Bunert/Weinreich, § 376 FamFG Rz. 1, 5; *Heinemann* in Keidel, § 376 FamFG Rz. 4; *Krafka* in MünchKomm. ZPO, 3. Aufl., § 376 FamFG Rz. 1 f.
64 *Heinemann* in Keidel, § 376 FamFG Rz. 1; *Krafka* in MünchKomm. ZPO, 3. Aufl., § 376 FamFG Rz. 2.
65 Von dieser Ermächtigung einer weiteren Konzentration bzw. einer Dekonzentration haben die Landesregierungen in Bezug auf § 147 Abs. 2 bisher keinen Gebrauch gemacht.
66 *Jänig/Leißring*, ZIP 2010, 110, 112; *Krafka* in MünchKomm. ZPO, 3. Aufl., § 377 FamFG Rz. 1; *Heinemann* in Keidel, § 377 FamFG Rz. 2; *Nedden-Boeger* in Schulte-Bunert/Weinreich, § 377 FamFG Rz. 12 ff.
67 *Sternal* in Keidel, § 26 FamFG Rz. 1 ff.; *Ulrici* in MünchKomm. ZPO, 3. Aufl., § 26 FamFG Rz. 1 ff.; zur alten Rechtslage unter § 12 FGG: *Schröer* in MünchKomm. AktG, 2. Aufl., § 147 AktG Rz. 53; *G. Bezzenberger* in Großkomm. AktG, 4. Aufl., § 147 AktG Rz. 47.
68 *Ulrici* in MünchKomm. ZPO, 3. Aufl., § 34 FamFG Rz. 4 ff.; *Gottwald* in Bassenge/Roth, § 34 FamFG Rz. 3; näher zum Beteiligten-Begriff *Heinemann* in Keidel, § 7 FamFG Rz. 8 ff.; *Pabst* in MünchKomm. ZPO, 3. Aufl., § 7 FamFG Rz. 3 ff.
69 S. dazu *Meyer-Holz* in Keidel, § 38 FamFG Rz. 40 ff.; *Ulrici* in MünchKomm. ZPO, 3. Aufl., § 38 FamFG Rz. 9 ff.; *Gottwald* in Bassenge/Roth, § 38 FamFG Rz. 2, 5 ff.; *Schröer* in MünchKomm. AktG, 2. Aufl., § 147 AktG Rz. 53.
70 *G. Bezzenberger* in Großkomm. AktG, 4. Aufl., § 147 AktG Rz. 41, 46; *Lochner* in Heidel, § 147 AktG Rz. 21.

scheint[71]. Die **Erfolgsaussichten** einer Klage hat das Gericht dagegen **nicht** zu prüfen[72]. Das Gericht hat eine nach persönlichen und fachlichen Voraussetzungen **geeignete Person** zu bestellen, ist an einen Vorschlag der Minderheit aber nicht gebunden[73], denn der besondere Vertreter ist nicht Vertreter der antragstellenden Minderheit, sondern der Gesellschaft[74]. Sofern keine besonderen Umstände gegen seine Qualifikation sprechen, hat das Gericht dem Vorschlag der Aktionärsminderheit jedoch zu entsprechen[75]. Die Auswahl des Vertreters hat vom Gericht selbst zu erfolgen und darf keinem Dritten überlassen werden[76].

19  Gibt das Gericht dem Antrag der Aktionärsminderheit statt, trägt die Gesellschaft die **Gerichtskosten**, § 147 Abs. 2 Satz 3, andernfalls fallen sie den antragstellenden Aktionären zur Last (§ 2 Nr. 1 KostO). Neben den Gerichtskosten gehören zu den Kosten die zur Durchführung des Verfahrens notwendigen Aufwendungen (§ 80 Satz 1 FamFG), die bisher als „außergerichtliche Kosten" bezeichnet wurden[77]. Über die Auferlegung der notwendigen Aufwendungen entscheidet das Gericht nach billigem Ermessen (§ 81 Abs. 1 Satz 1 FamFG). Unter die erstattungsfähigen Aufwendungen gem. § 80 Satz 1, 2 FamFG i.V.m. § 91 Abs. 1 Satz 2 ZPO können unter anderem Reisekosten, Zeitversäumnis sowie Rechtsanwaltskosten der Beteiligten fallen, sofern sie zur Durchführung des Verfahrens notwendig sind. Zur Beurteilung der Notwendigkeit kommt es auf einen objektiven ex-ante Maßstab an; entscheidend ist daher, ob die Ausgaben in dem Zeitpunkt ihrer Aufwendung nach allgemeiner Verkehrsanschuung zur Durchführung des Verfahrens aufzuwenden waren[78].

20  Gegen den Beschluss des Amtsgerichts ist die **Beschwerde** (§ 147 Abs. 2 Satz 4 AktG, § 58 Abs. 1 FamFG) statthaftes Rechtsmittel. Diese kann auch von einem abberufenen besonderen Vertreter eingelegt werden (§ 59 Abs. 1 FamFG)[79]. Gegen die Entscheidung des Beschwerdegericht ist die Rechtsbeschwerde statthaft, sofern sie in dem Beschluss zugelassen wurde (§ 70 Abs. 1 FamFG).

21  **cc) Wirksamwerden der Bestellung.** Die Bestellung wird mit **Annahme** des Amtes durch die als Vertreter in Aussicht genommene Person wirksam[80], ohne dass es einer Eintragung in das **Handelsregister** bedarf[81]. Eine Verpflichtung zur Annahme des Amtes besteht auch für Aktionäre nicht[82]. Nimmt die gerichtlich bestellte Person das

---

71 OLG Frankfurt a.M. v. 9.10.2003 – 20 W 487/02, AG 2004, 104; *Hüffer*, § 147 AktG Rz. 9; *Mock* in Spindler/Stilz, § 147 AktG Rz. 44.
72 OLG v. 18.11.2004 – 1 W 185/04, AG 2005, 246, 247; OLG Frankfurt a.M. v. 9.10.2003 – 20 W 487/02, AG 2004, 104; *G. Bezzenberger* in Großkomm. AktG, 4. Aufl., § 147 AktG Rz. 46; *Schröer* in MünchKomm. AktG, 2. Aufl., § 147 AktG Rz. 40, 52; *Kling*, ZGR 2009, 190, 195.
73 OLG Frankfurt a.M. v. 9.10.2003 – 20 W 487/02, AG 2004, 104, 105; AG Nürtingen v. 14.10.1993 – GReg I 1160/93, AG 1995, 287.
74 Begr. RegE in *Kropff*, Aktiengesetz, S. 216.
75 Zu § 147 Abs. 3 a.F. Begr. RegE KonTraG, BT-Drucks. 13/9712, S. 21.
76 OLG Frankfurt a.M. v. 9.10.2003 – 20 W 487/02, AG 2004, 104, 105.
77 *Schindler* in MünchKomm. ZPO, 3. Aufl., § 80 FamFG Rz. 8 ff.; *Zimmermann* in Keidel, § 80 FamFG Rz. 22 ff.
78 Dabei ist der Grundsatz der möglichst sparsamen Verfahrensführung zu beachten; s. *Schindler* in MünchKomm. ZPO, 3. Aufl., § 80 FamFG Rz. 9; *Zimmermann* in Keidel, § 80 FamFG Rz. 5.
79 So auch *Westermann*, AG 2009, 237, 239.
80 *Hüffer*, § 147 AktG Rz. 6; *G. Bezzenberger* in Großkomm. AktG, 4. Aufl., § 147 AktG Rz. 43, 49; *Schröer* in MünchKomm. AktG, 2. Aufl., § 147 AktG Rz. 41, 48; *Mock* in Spindler/Stilz, § 147 AktG Rz. 33; Holzborn in Bürgers/Körber, § 147 AktG Rz. 11.
81 Ausführlich *G. Bezzenberger* in Großkomm. AktG, 4. Aufl., § 147 AktG Rz. 53; *Böbel*, Die Rechtsstellung der besonderen Vertreter gem. § 147, 1998, S. 84 ff.
82 *Schröer* in MünchKomm. AktG, 2. Aufl., § 147 AktG Rz. 48; *G. Bezzenberger* in Großkomm. AktG, 4. Aufl., § 147 AktG Rz. 43; *Hüffer*, § 147 AktG Rz. 6.

Amt nicht an, ist der Beschluss unwirksam und das Gericht muss erneut entscheiden. Zweckmäßig ist es daher zur Vermeidung einer Ablehnung des Amtes schon vor der gerichtlichen Beschlussfassung die Zustimmung des besonderen Vertreters einzuholen[83]. Ein zuvor von der Hauptversammlung benannter Vertreter wird automatisch seines Amtes enthoben[84].

**b) Person des besonderen Vertreters**

Zum besonderen Vertreter kann jede **geschäftsfähige natürliche Person**, nicht aber eine juristische Person bestellt werden (s. §§ 76 Abs. 3, 100 Abs. 1)[85]. Besondere Vertreter können eine einzelne Person oder **mehrere** Personen nebeneinander sein[86]. Auch ein **Aktionär** der Gesellschaft kann zum besonderen Vertreter bestellt werden, zwingend ist dies jedoch nicht[87]. Die Hauptversammlung kann sogar einzelne Mitglieder des Vorstands oder Aufsichtsrats, gegen die sich die den Ersatzansprüchen zugrunde liegenden Vorwürfe nicht richten, zu besonderen Vertretern bestellen, wenn sie dies für zweckmäßig erachtet[88]. Mit der Aufgabe des besonderen Vertreters sollten nur Personen betraut werden, die über die erforderliche **fachliche Qualifikation** verfügen.

22

**c) Rechtsstellung des besonderen Vertreters**

**aa) Gesetzlicher Vertreter und Organ der Gesellschaft.** Der besondere Vertreter erhält die Rechtsstellung eines gesetzlichen Vertreters und Organs der Gesellschaft[89]. Seine Vertretungsmacht ist gegenständlich auf die Durchsetzung der im Beschluss der Hauptversammlung bzw. im Gerichtsbeschluss bezeichneten Ersatzansprüche beschränkt, innerhalb dieses Aufgabenbereiches aber unbeschränkt und unbeschränkbar[90]. Für mehrere besondere Vertreter gilt § 78 Abs. 2 Satz 1 entsprechend, sofern der Bestellungsakt die Frage der Einzel- oder Gesamtvertretungsmacht nicht regelt[91]. Die Haftung bestimmt sich analog § 93 Abs. 2[92]. Er ist **allein der Gesellschaft verpflichtet** und wird in deren Interesse tätig, nicht für bestimmte Aktionärsgruppen und auch nicht im öffentlichen Interesse[93]. In seinem Aufgabenbereich verdrängt der

23

---

83 *Schröer* in MünchKomm. AktG, 2. Aufl., § 147 AktG Rz. 41; *G. Bezzenberger* in Großkomm. AktG, 4. Aufl., § 147 AktG Rz. 49.
84 So wohl auch *Westermann*, AG 2009, 237, 239.
85 *G. Bezzenberger* in Großkomm. AktG, 4. Aufl., § 147 AktG Rz. 43; *Schröer* in MünchKomm. AktG, 2. Aufl., § 147 AktG Rz. 41, 48; *Holzborn* in Bürgers/Körber, § 147 AktG Rz. 11; *Kling*, ZGR 2009, 190, 199; a.A. *Verhoeven*, ZIP 2008, 245, 248.
86 *Bork* in Hommelhoff/Hopt/v. Werder, Handbuch Corporate Governance, 2. Aufl. 2009, S. 754; *Hüffer*, § 147 AktG Rz. 6, 8.
87 *Schröer* in MünchKomm. AktG, 2. Aufl., § 147 AktG Rz. 41; *Kling*, ZGR 2009, 190, 198.
88 *G. Bezzenberger* in Großkomm. AktG, 4. Aufl., § 147 AktG Rz. 43; *Schröer* in MünchKomm. AktG, 2. Aufl., § 147 AktG Rz. 48.
89 BGH v. 18.12.1980 – II ZR 140/79, NJW 1981, 1097, 1098; *Schröer* in MünchKomm. AktG, 2. Aufl., § 147 AktG Rz. 43; *Mock* in Spindler/Stilz, § 147 AktG Rz. 25; *G. Bezzenberger* in Großkomm. AktG, 4. Aufl., § 147 AktG Rz. 52; *Kling*, ZGR 2009, 190, 211 ff.; a.A. OLG München v. 28.11.2007 – 7 U 4498/07, ZIP 2008, 73 ff.; zust. LG Stuttgart v. 27.10.2009 – 32 O 5/09 KfH, ZIP 2010, 329, Rz. 37 ff.; *Wirth/Pospiech*, DB 2008, 2471, 2474; zweifelnd auch *Fabritius* in GS Gruson, 2009, S. 133, 141 f.: gesetzliche Prozessstandschaft.
90 *Mock* in Spindler/Stilz, § 147 AktG Rz. 25; *G. Bezzenberger* in Großkomm. AktG, 4. Aufl., § 147 AktG Rz. 52.
91 *G. Bezzenberger* in Großkomm. AktG, 4. Aufl., § 147 AktG Rz. 52.
92 *Mock* in Spindler/Stilz, § 147 AktG Rz. 31; *Kling*, ZGR 2009, 190, 224 ff.; a.A. wohl *Verhoeven*, ZIP 2008, 245, 251, der auf den allgemeinen Sorgfaltsmaßstab § 276 Abs. 2 BGB abstellen will, unter Berufung auf § 144 AktG.
93 OLG München v. 3.3.2010 – 7 U 4744/09, ZIP 2010, 725, 728; *Westermann*, AG 2009, 237, 241.

besondere Vertreter die anderen Vertretungsorgane[94]. Der besondere Vertreter kann vom Vorstand verlangen, die Mitarbeiter, welche mit in Ersatzansprüchen resultierenden Transaktionen befasst waren, über seine Funktion und Kompetenzen sowie seine Bitte um Kooperation zu unterrichten[95]. Die Rechtsstellung und die Vertretungsmacht des besonderen Vertreters werden durch die Bestellung von Abwicklern nicht berührt[96]. Mit Eröffnung des Insolvenzverfahrens über das Vermögen der Gesellschaft verliert der besondere Vertreter seine Vertretungsmacht (§ 80 Abs. 1 InsO), ohne dass seine Organstellung hiervon betroffen wäre[97]. Dem organschaftlichen Verhältnis liegt ein **Dienst- und Geschäftsbesorgungsvertrag** nach §§ 675, 611 BGB zwischen dem besonderen Vertreter und der Gesellschaft zugrunde[98]. Für die Modalitäten des Vertragsschlusses gelten die Ausführungen zum Prüfungsvertrag entsprechend, s. § 142 Rz. 34 ff.[99]

24 **bb) Rechte und Pflichten.** Dem besonderen Vertreter obliegt die gerichtliche und außergerichtliche **Geltendmachung der Ersatzansprüche** ebenso wie die Abwehr gerichtlicher oder außergerichtlicher Maßnahmen des Ersatzpflichtigen[100]. Ist zur Zeit der Bestellung des besonderen Vertreters bereits eine Klage anhängig, übernimmt der besondere Vertreter die Fortführung des Prozesses[101]. Der Beschluss der Hauptversammlung nach § 147 Abs. 1 verpflichtet den besonderen Vertreter zur Geltendmachung, ohne dass es auf seine Beurteilung der **Erfolgsaussichten** ankäme[102]; weder findet § 93 Abs. 1 Satz 2 auf ihn Anwendung, noch kommt ihm ein Beurteilungsspielraum zu[103]. Kommt der Vertreter zu dem Schluss, dass der Anspruch nicht besteht bzw. nicht oder nur unter großen Risiken durchsetzbar sein wird, bleibt ihm nur, bei der Hauptversammlung eine Aufhebung seiner Bestellung zu erwirken oder sein Amt niederzulegen[104]. Zu einem Verzicht oder Vergleich ist er nicht ohne Zustimmung der Hauptversammlung befugt; § 93 Abs. 4 Satz 3 ist insoweit entsprechend anwendbar[105]. Hiergegen wird zwar eingewandt, dass bei dem besonderen Vertreter nicht wie bei § 93 Abs. 4 Satz 3 die Gefahr einer Interessenkollision bestünde und Weisungen der Hauptversammlung nicht abgewartet werden könnten[106]. Dem steht jedoch entgegen, dass der Hauptversammlungsbeschluss gerade die bindende Wirkung einer Geltendmachung erreichen soll und der besondere Vertreter keine ei-

---

94 BGH v. 18.12.1980 – II ZR 140/79, NJW 1981, 1097, 1098; *Schröer* in MünchKomm. AktG, 2. Aufl., § 147 AktG Rz. 43; *G. Bezzenberger* in Großkomm. AktG, 4. Aufl., § 147 AktG Rz. 52; *Hüffer*, § 147 AktG Rz. 7.
95 LG München I v. 6.9.2007 – 5HK O 12570/07, AG 2007, 756.
96 RG v. 24.10.1910 – Rep. I. 80/10, RGZ 74, 301, 302; *G. Bezzenberger* in Großkomm. AktG, 4. Aufl., § 147 AktG Rz. 52.
97 BGH v. 18.12.1990 – II ZR 140/79, NJW 1981, 1097, 1098; *Schröer* in MünchKomm. AktG, 2. Aufl., § 147 AktG Rz. 22, 43.
98 *G. Bezzenberger* in Großkomm. AktG, 4. Aufl., § 147 AktG Rz. 54 f.; *Mock* in Spindler/Stilz, § 147 AktG Rz. 35; *Schröer* in MünchKomm. AktG, 2. Aufl., § 147 AktG Rz. 44.
99 S. dazu auch *Schröer* in MünchKomm. AktG, 2. Aufl., § 147 AktG Rz. 44.
100 *Schröer* in MünchKomm. AktG, 2. Aufl., § 147 AktG Rz. 42; *G. Bezzenberger* in Großkomm. AktG, 4. Aufl., § 147 AktG Rz. 56.
101 *G. Bezzenberger* in Großkomm. AktG, 4. Aufl., § 147 AktG Rz. 56; *Schröer* in MünchKomm. AktG, 2. Aufl., § 147 AktG Rz. 43.
102 *J. Semler*, AG 2005, 321, 330; *G. Bezzenberger* in Großkomm. AktG, 4. Aufl., § 147 AktG Rz. 55 f.; *Schröer* in MünchKomm. AktG, 2. Aufl., § 147 AktG Rz. 45.
103 *Kling*, ZGR 2009, 190, 225.
104 *Semler*, AG 2005, 321, 330; *G. Bezzenberger* in Großkomm. AktG, 4. Aufl., § 147 AktG Rz. 56; *Mock* in Spindler/Stilz, § 147 AktG Rz. 24; *Schröer* in MünchKomm. AktG, 2. Aufl., § 147 AktG Rz. 45.
105 *G. Bezzenberger* in Großkomm. AktG, 4. Aufl., § 147 AktG Rz. 56; anders wohl *Westermann*, AG 2009, 237, 240 f.
106 *Kling*, ZGR 2009, 190, 206 ff.

gene Beurteilung der Erfolgsaussichten vornehmen soll. Ohne hinreichend bestimmten Hauptversammlungsbeschluss (s. oben Rz. 9) kann aber auch der besondere Vertreter keine Ansprüche geltend machen[107].

Die **Art und Weise der Geltendmachung** liegt im **Ermessen** des besonderen Vertreters. Er ist bei seiner Tätigkeit **nicht an Weisungen** von Vorstand bzw. Aufsichtsrat gebunden, da dies der Funktion des besonderen Vertreters zuwiderliefe[108]. Jedenfalls soweit sich Ersatzansprüche (zumindest auch) gegen Mitglieder von Vorstand und Aufsichtsrat richten, ist auch eine Berichtspflicht gegenüber diesen Organen abzulehnen[109]. Darüber hinaus besteht auch keine Weisungsgebundenheit gegenüber der Hauptversammlung und der Aktionärsminderheit nach § 147 Abs. 2 Satz 2[110]. Wie die Verwaltungsorgane, an deren Stelle er tritt, ist auch der besondere Vertreter gegenüber der Hauptversammlung weisungsunabhängig[111]; die Hauptversammlung kann ihn aber jederzeit durch Mehrheitsbeschluss abberufen (s. Rz. 31)[112]. In diesem Rahmen kann die Hauptversammlung dem besonderen Vertreter auch die Prüfung übertragen, gegen welchen der möglichen Anspruchsgegner sinnvollerweise ein Anspruch geltend gemacht wird; denn der besondere Vertreter ist nicht nur vollziehendes Organ eines genau zu umreißenden Beschlusses, sondern kann hinsichtlich der Art und Weise selbst die Geltendmachung bestimmen[113]. 25

Zur Erfüllung seiner Aufgabe kann der besondere Vertreter von Vorstand, Aufsichtsrat, Abschlussprüfern und Arbeitnehmern der Gesellschaft **Auskunft**[114] verlangen, **Einsicht**[115] in Unterlagen der Gesellschaft nehmen (s. § 145 Rz. 6 ff.) und diese Rechte ggf. im Klagewege durchsetzen[116]. Unterlagen der Gesellschaft sind dem besonderen Vertreter notfalls auch gegen den Willen des Vorstands zugänglich zu machen. Zu den herauszugebenden Unterlagen gehören insbesondere Ergebnisse einer vorherigen Sonderprüfung, ohne dass der besondere Vertreter von dem Sonderprüfer aber unmittelbar Auskunft verlangen könne; der Vorstand bleibt Schuldner des Auskunftsanspruchs[117]. Hinsichtlich der Notwendigkeit der Einsichtnahme in bestimmte Unterlagen kommt dem Vertreter ein Ermessensspielraum zu, der vom Gericht nur auf Rechtsmissbrauch hin überprüft werden kann[118]. Die Ansprüche auf Auskunft und 26

---

107 OLG München v. 28.11.2007 – 7 U 4498/07, ZIP 2008, 73; LG Stuttgart v. 27.10.2009 – 32 O 5/09 KfH, ZIP 2010, 329, Rz. 39.
108 *G. Bezzenberger* in Großkomm. AktG, 4. Aufl., § 147 AktG Rz. 56; *Mock* in Spindler/Stilz, § 147 AktG Rz. 28.
109 LG München I v. 6.9.2007 – 5 HK O 12570/07, BB 2007, 2030; *Schröer* in MünchKomm. AktG, 2. Aufl., § 147 AktG Rz. 46; *Mock* in Spindler/Stilz, § 147 AktG Rz. 28; anders *G. Bezzenberger* in Großkomm. AktG, 4. Aufl., § 147 AktG Rz. 56.
110 *Schröer* in MünchKomm. AktG, 2. Aufl., § 147 AktG Rz. 45; *Mock* in Spindler/Stilz, § 147 AktG Rz. 29; *Verhoeven*, ZIP 2008, 245, 248 f.; a.A. *Böbel*, Die Rechtsstellung der besonderen Vertreter gem. § 147, 1998, S. 60 f.
111 Für den Vorstand *Raiser/Veil*, Kapitalgesellschaften, § 14 Rz. 1; *Spindler* in MünchKomm. AktG, 3. Aufl., § 76 AktG Rz. 22.
112 OLG München v. 3.3.2010 – 7 U 4744/09, ZIP 2010, 725, 728.
113 OLG München v. 27.8.2008 – 7 U 5678/07, ZIP 2008, 1916 = AG 2008, 864, Rz. 42 ff., 46 f.; *Kling*, ZGR 2009, 190, 200.
114 *J. Semler*, AG 2005, 321, 330; *Schröer* in MünchKomm. AktG, 2. Aufl., § 147 AktG Rz. 45; *G. Bezzenberger* in Großkomm. AktG, 4. Aufl., § 147 AktG Rz. 57; *Mimberg* in Marsch-Barner/Schäfer, Hdb. börsennotierte AG, § 40 Rz. 26.
115 RG v. 4.11.1913 – Rep. II. 297/13, RGZ 83, 248, 250; *Schröer* in MünchKomm. AktG, 2. Aufl., § 147 AktG Rz. 45; *Mock* in Spindler/Stilz, § 147 AktG Rz. 27; *Hüffer*, § 147 AktG Rz. 7; *Mimberg* in Marsch-Barner/Schäfer, Hdb. börsennotierte AG, § 40 Rz. 26.
116 LG München I v. 6.9.2007 – 5 HK O 12570/07, AG 2007, 756; RG v. 4.11.1913 – Rep. II. 297/13, RGZ 83, 248, 252.
117 *Kling*, ZGR 2009, 190, 217; a.A. wohl *Verhoeven*, ZIP 2008, 245, 254 f.
118 LG München I v. 6.9.2007 – 5 HK O 12570/07, AG 2007, 756.

Einsichtnahme hängen allerdings davon ab, ob ein durch Hauptversammlungsbeschluss hinreichend bestimmbarer Ersatzanspruch verfolgt werden soll (s. Rz. 9)[119]. Hinsichtlich des Ausmaßes der Informationsrechte des besonderen Vertreters muss berücksichtigt werden, dass er nicht als Sonderprüfer (§ 142) tätig wird; eine vollständige Aufklärung eines Sachverhaltes steht ihm daher nicht zu, sondern nur ergänzende und flankierende Untersuchungen, die den Anspruch konkretisieren[120]. Weder steht dem besonderen Vertreter ein Zutrittsrecht zu den Geschäftsräumen noch ein Direktions- bzw. unmittelbares **Befragungsrecht** gegenüber den Mitarbeitern zu[121]; allerdings hat der Vorstand ihm auf sein Ersuchen hin die Befragung zu ermöglichen, wenn diese für die Geltendmachung erforderlich ist. Weigern sich die Organe der AG zur Mitwirkung, kann der besondere Vertreter notfalls eine einstweilige Verfügung aufgrund der besonderen Eilbedürftigkeit seiner Tätigkeit beantragen; er hat dabei allerdings die herausverlangten Unterlagen oder Informationen konkret zu bezeichnen, ein allgemein gehaltener Auskunftsanspruch genügt nicht[122]. Die Verfügung ist als Interorganstreit des besonderen Vertreters gegen das Organ Vorstand zu richten[123]; anders als der Aufsichtsrat[124] verfügt der besondere Vertreter über keinerlei Sanktionsmöglichkeiten, um seine Befugnisse anderweitig durchzusetzen. Bei seiner Tätigkeit unterliegt der besondere Vertreter einer **Treue- und Verschwiegenheitspflicht** gegenüber der Gesellschaft[125].

27 Auch wenn der besondere Vertreter weitgehend eine organähnliche Stellung genießt, ist er doch **nicht selbständig antragsbefugt** für Anfechtungsklagen. § 245 Nr. 4 ist nicht analog anwendbar[126]. Denn anders als der Vorstand, zu dessen Aufgaben es im Rahmen seiner Unabhängigkeit und seiner Pflicht zur Einhaltung von Gesetz und Satzung gehört, auch die Rechtmäßigkeit von Beschlüssen der Hauptversammlung zu prüfen, nimmt der besondere Vertreter keine derartige Stellung ein[127]. Seine Stellung als Organ hängt von seiner Bestellung durch die Hauptversammlung und einem etwaigen, jederzeit möglichen Widerruf ab; er ist nur für eine umrissene Aufgabe zuständig. Er kann auch nicht als Sachwalter von öffentlichen Interessen oder Minderheitsaktionären schlechthin begriffen werden, sondern wird allein im Interesse der

---

119 OLG München v. 28.11.2007 – 7 U 4498/07, ZIP 2008, 73; LG Stuttgart v. 27.10.2009 – 32 O 5/09 KfH, ZIP 2010, 329, Rz. 39 ff.
120 Zutr. OLG München v. 28.11.2007 – 7 U 4498/07, ZIP 2008, 73, Rz. 55 f.; *Kling*, ZGR 2009, 190, 216 f.; *Fabritius* in GS Gruson, 2009, S. 133, 146 f.; *Wirth/Pospiech*, DB 2008, 2471, 2474 f.; *Westermann*, AG 2009, 237, 246 hält dies für „vertretbar"; a.A. *Mock*, DB 2008, 393, 396: Unabhängigkeit von Sonderprüfung; ebenso dezidiert *Verhoeven*, ZIP 2008, 245, 246 f.
121 Zutr. *Kling*, ZGR 2009, 190, 218.
122 OLG München v. 28.11.2007 – 7 U 4498/07, ZIP 2008, 73, Rz. 58 ff.; s. auch *Verhoeven*, ZIP 2008, 245, 254.
123 Anders OLG München v. 28.11.2007 – 7 U 4498/07, ZIP 2008, 73: Gesellschaft ist passivlegitimiert; ebenso zurückhaltend *Verhoeven*, ZIP 2008, 245, 255.
124 S. zum – abzulehnenden – Interorganstreit für den Aufsichtsrat gegen den Vorstand *Spindler* in MünchKomm. AktG, 3. Aufl., Vor § 76 AktG Rz. 51.
125 *Mock* in Spindler/Stilz, § 147 AktG Rz. 30; *G. Bezzenberger* in Großkomm. AktG, 4. Aufl., § 147 AktG Rz. 55; *Böbel*, Die Rechtsstellung des besonderen Vertreters gem. § 147, 1998, S. 120 f.; *Mock*, AG 2008, 839, 840.
126 So aber LG München I v. 27.8.2009 – 5 HK O 21656/08, ZIP 2009, 2198 = AG 2009, 796, Rz. 40; zust. *Lutter*, ZIP 2009, 2203; mit anderer Begründung *Hirte/Mock*, BB 2010, 775, die von einem nichtigen Beschluss ausgehen; offen gelassen von OLG München v. 3.3.2010 – 7 U 4744/09, ZIOP 2010, 725, 726 f.
127 Wie hier OLG München v. 7.10.2008 – 7 W 1034/08, ZIP 2008, 2173 = AG 2009, 119, Rz. 10; *Peters/Hecker*, NZG 2009, 1294, 1295.

AG tätig. Auch kann er mangels Parteifähigkeit **nicht als Nebenintervenient** einer Anfechtungsklage eines Aktionärs beitreten[128].

Ebenso wenig hat der besondere Vertreter ein eigenständiges **Teilnahme-, Rede- oder Fragerecht**. Auskunftsverpflichteter bleibt hier der Vorstand (s. § 131 Rz. 29 ff.), was etwa der Vergleich zu Fragen über die Aufsichtsratstätigkeit zeigt[129]; die organähnliche Stellung des besonderen Vertreters kann daher nicht zur Anerkennung eines allgemeinen Teilnahmerechts führen. Anders ist die Rechtslage, wenn ein eigenständiger Tagesordnungspunkt zu seiner Tätigkeit anberaumt wird; hierfür besteht das Teilnahmerecht des besonderen Vertreters, er kann dann über seine Tätigkeit berichten[130]. Aber auch im Rahmen eines entsprechenden Tagesordnungspunktes ist der besondere Vertreter nicht verpflichtet, auf Fragen nach § 131 zu antworten; denn Verpflichteter bleibt hier der Vorstand[131]. Den besonderen Vertreter trifft keine **Berichtspflicht** gegenüber dem Vorstand, wohl aber gegenüber der Hauptversammlung[132]. Aber auch gegenüber dem Aufsichtsrat hat der besondere Vertreter keine Berichtspflicht, was für Ansprüche gegen Aufsichtsratsmitglieder auf der Hand liegt, aber auch für Ansprüche gegen Vorstandsmitglieder, da die Bestellung des besonderen Vertreters gerade die Untätigkeit beider Organe beseitigen soll[133]. Gegenüber anderen organähnlichen Personen, insbesondere Abschlussprüfer, treffen den besonderen Vertreter die gleichen Pflichten, wie sie dem Vorstand obliegen[134].

28

Der besondere Vertreter unterliegt als Organ, das in einem eng umrissenen Aufgabenkreis Vorstand und Aufsichtsrat verdrängt, auch den kapitalmarktrechtlichen Pflichten, insbesondere der ad-hoc-Publizität[135]. Gleiches gilt für andere gesetzliche Auskunftspflichten, die den Vorstand treffen, etwa gegenüber der BaFin, und welche die vom besonderen Vertreter geltend gemachten Ansprüche betreffen.

29

**cc) Auslagen und Vergütung.** Wird der besondere Vertreter durch die Hauptversammlung bestellt, bestimmt sich der **Auslagenersatz** und die Höhe der **Vergütung** nach den im Verhältnis von Gesellschaft und besonderem Vertreter getroffenen Festlegungen. Fehlt eine ausdrückliche Bestimmung hierüber, ist dem Vertreter eine an seiner Qualifikation und dem Umfang und der Dauer seiner Aufgabe zu messende Vergütung zu zahlen (§§ 612 Abs. 1, 675 BGB)[136] und Aufwendungen nach §§ 670, 675 BGB zu ersetzen. Erfolgte die Bestellung durch Gerichtsbeschluss, setzt das Gericht die von der Gesellschaft zu ersetzenden angemessenen baren Auslagen und die Vergütung durch Beschluss fest, § 147 Abs. 2 Satz 5, 6. Dieser Beschluss ist nach § 147 Abs. 2 Satz 8 zugleich **Vollstreckungstitel** im Sinne von § 794 Abs. 1 Nr. 3 ZPO[137].

30

---

128 OLG München v. 7.10.2008 – 7 W 1034/08, ZIP 2008, 2173 = AG 2009, 119, Rz. 10 f.; *Fabritius* in GS Gruson, 2009, S. 133, 147; a.A. wohl *Westermann*, AG 2009, 237, 241 f.; *Verhoeven*, ZIP 2008, 245, 250.
129 LG München I v. 28.7.2008 – 5 HK O 12504/08, ZIP 2008, 1588 = AG 2008, 794; a.A. *Mock*, AG 2008, 839, 843.
130 Insoweit auch *Mock*, AG 2008, 839, 844.
131 Im Ergebnis ebenso *Mock*, AG 2008, 839, 843; wohl auch *Westermann*, AG 2009, 237, 242.
132 *Kling*, ZGR 2009, 190, 219; LG München I v. 6.9.2007 – 5 HK O 1257 0/07, ZIP 2007, 1809, 1815; *Schröer* in MünchKomm. AktG, 2. Aufl., § 147 AktG Rz. 46; *Mock* in Spindler/Stilz, § 147 AktG Rz. 28; *Westermann*, AG 2009, 237, 241; *Mock*, AG 2008, 839, 841; a.A. *G. Bezzenberger* in Großkomm. AktG, 4. Aufl., § 147 AktG Rz. 58.
133 *Mock*, AG 2008, 839, 842; *Westermann*, AG 2009, 237, 241.
134 Näher dazu *Mock*, AG 2008, 839, 845 f.
135 *Mock*, AG 2008, 839, 847 f.
136 *G. Bezzenberger* in Großkomm. AktG, 4. Aufl., § 147 AktG Rz. 63; Einzelheiten auch bei *Verhoeven*, ZIP 2008, 245, 249.
137 *G. Bezzenberger* in Großkomm. AktG, 4. Aufl., § 147 AktG Rz. 64; *Mock* in Spindler/Stilz, § 147 AktG Rz. 56.

Gegen den Beschluss ist das **Rechtsmittel** der Beschwerde (§ 58 Abs. 1 FamFG, § 147 Abs. 2 Satz 7 Halbsatz 1 AktG), nicht aber die weitere Rechtsbeschwerde (§ 147 Abs. 2 Satz 7 Halbsatz 2 AktG), statthaft. Die Beschwerde muss gem. § 63 Abs. 1 FamFG innerhalb eines Monats eingelegt werden.

**d) Beendigung der Bestellung**

31 **aa) Widerruf der Bestellung.** Die Hauptversammlung kann die durch ihren Beschluss erfolgte Bestellung bis zum Abschluss der Rechtsverfolgung jederzeit auch **ohne wichtigen Grund** durch erneuten einfachen **Mehrheitsbeschluss** widerrufen und ggf. einen neuen Vertreter bestellen, auch noch bevor er tätig wird[138]. Der besondere Vertreter wird vom Vorstand über die Abberufung unterrichtet (§ 83 Abs. 2)[139]. In dem Widerruf der Bestellung liegt regelmäßig zugleich die konkludente Kündigung des zugrunde liegenden Geschäftsbesorgungsvertrags (§§ 626, 627 Abs. 1 BGB)[140]. War der Widerruf nicht durch ein schuldhaftes vertragswidriges Verhalten des besonderen Vertreters veranlasst, kann der besondere Vertreter einen seinen bisherigen Leistungen entsprechenden Teil seiner Vergütung verlangen (§ 628 Abs. 1 Satz 1 BGB). Die Bestellung eines nach § 147 Abs. 2 Satz 1 berufenen Vertreters endet darüber hinaus mit der gerichtlichen Bestellung eines neuen besonderen Vertreters auf Antrag einer Aktionärsminderheit (§ 147 Abs. 2 Satz 2)[141]. Hatte die Hauptversammlung unter Ausschluss des Stimmrechts eines Aktionärs, § 136, den besonderen Vertreter bestellt, sind die Aktionäre aber inzwischen durch ein Squeeze Out entfallen, kann der nunmehr allein herrschende Aktionär ohne ein Stimmverbot den besonderen Vertreter abberufen, da dieses in der Einmann-AG nicht gilt (s. § 136 Rz. 8)[142]. In diesem Fall greift auch nicht etwa nur die Abberufung durch das Gericht nach § 147 Abs. 2 Satz 2 ein[143]; denn der besondere Vertreter wird zwar für die Gesellschaft tätig, nicht aber für die Minderheit oder für die Gläubiger. Die Minderheit wird ausreichend durch das Spruchverfahren geschützt, in dessen Rahmen Beweisproblemen der Minderheit durch eine abgestufte Darlegungs- und Beweislastverteilung Rechnung getragen werden kann. Gläubiger werden durch entsprechende Verfolgungsrechte geschützt (s. auch § 136 Rz. 8).

32 Aufgrund eines in der Person des besonderen Vertreters liegenden Grundes (§§ 626 Abs. 1, 627 Abs. 1 BGB) kann ein gerichtlich bestellter Vertreter **durch Beschluss des Gerichts** abberufen werden, nicht aber durch Beschluss der Hauptversammlung[144]. Die Abberufung erfolgt **auf Antrag** der Aktionärsminderheit, die den Antrag auf Bestellung gestellt hatte[145]. Darüber hinaus wird man der beteiligten Gesellschaft, ver-

---

138 OLG München v. 3.3.2010 – 7 U 4744/09, ZIP 2010, 725, 728; *G. Bezzenberger* in Großkomm. AktG, 4. Aufl., § 147 AktG Rz. 61; *Schröer* in MünchKomm. AktG, 2. Aufl., § 147 AktG Rz. 49, 55; a.A. *Lochner* in Heidel, § 147 AktG Rz. 30: nur aus wichtigem Grund.
139 *G. Bezzenberger* in Großkomm. AktG, 4. Aufl., § 147 AktG Rz. 61.
140 *Schröer* in MünchKomm. AktG, 2. Aufl., § 147 AktG Rz. 57; *G. Bezzenberger* in Großkomm. AktG, 4. Aufl., § 147 AktG Rz. 61.
141 Vgl. den Wortlaut des § 147 Abs. 2 Satz 2, der neben §§ 78, 112 auch auf besondere Vertreter nach Satz 1 verweist; *Schröer* in MünchKomm. AktG, 2. Aufl., § 147 AktG Rz. 41, 55; *Karehnke* in J. Semler/Volhard, Arbeitshandbuch HV, § 20 Rz. 93.
142 OLG München v. 3.3.2010 – 7 U 4744/09, ZIP 2010, 725, 727 f.
143 So aber *Hirte/Mock*, BB 2010, 775, 776 f.
144 *G. Bezzenberger* in Großkomm. AktG, 4. Aufl., § 147 AktG Rz. 62; *Schröer* in MünchKomm. AktG, 2. Aufl., § 147 AktG Rz. 56; zur parallelen Problematik der Abberufung gerichtlich bestellter Vorstandsmitglieder *Hüffer*, § 85 AktG Rz. 5; *Spindler* in MünchKomm. AktG, 3. Aufl., § 85 AktG Rz. 23.
145 *Schröer* in MünchKomm. AktG, 2. Aufl., § 147 AktG Rz. 56; *G. Bezzenberger* in Großkomm. AktG, 4. Aufl., § 147 AktG Rz. 62, dort auch für den Sonderprüfer (§ 142 Rz. 75 ff.); *Hüffer*, § 142 AktG Rz. 34.

treten durch Vorstand oder Aufsichtsrat, ein Antragsrecht zugestehen müssen[146]. Sofern die Gründe für die Bestellung des besonderen Vertreters fortbestehen, ist die Abberufung nur zulässig, wenn **zugleich** ein **neuer besonderer Vertreter** bestellt wird[147].

**bb) Sonstige Beendigungsgründe.** Die Bestellung des besonderen Vertreters endet bei Abschluss der Rechtsverfolgung gegen den Ersatzpflichtigen. So im Falle der **Erfüllung** des Ersatzanspruchs der Gesellschaft, der **rechtskräftigen Abweisung der Klage** der Gesellschaft oder, wenn sonst feststeht, dass der Anspruch der Gesellschaft nicht besteht oder **nicht durchsetzbar** ist[148]. Ebenso endet sie, wenn der Bestellungsbeschluss der Hauptversammlung nichtig ist oder für nichtig erklärt wird (§§ 241, 248 Abs. 1). Die Nichtigkeit oder Nichtigerklärung erstreckt sich auch auf den **Geschäftsbesorgungsvertrag**. Wird der Bestellungsbeschluss für nichtig erklärt, so bleiben aber Handlungen des besonderen Vertreters bis zu diesem Zeitpunkt unberührt, eine Wirkung tritt aus Rechtssicherheitsgründen nur ex nunc ein[149]. Der besondere Vertreter kann sein Amt auch niederlegen (Rz. 24)[150].

33

# § 148
## Klagezulassungsverfahren

(1) Aktionäre, deren Anteile im Zeitpunkt der Antragstellung zusammen den einhundertsten Teil des Grundkapitals oder einen anteiligen Betrag von 100 000 Euro erreichen, können die Zulassung beantragen, im eigenen Namen die in § 147 Abs. 1 Satz 1 bezeichneten Ersatzansprüche der Gesellschaft geltend zu machen. Das Gericht lässt die Klage zu, wenn

1. die Aktionäre nachweisen, dass sie die Aktien vor dem Zeitpunkt erworben haben, in dem sie oder im Falle der Gesamtrechtsnachfolge ihre Rechtsvorgänger von den behaupteten Pflichtverstößen oder dem behaupteten Schaden auf Grund einer Veröffentlichung Kenntnis erlangen mussten,
2. die Aktionäre nachweisen, dass sie die Gesellschaft unter Setzung einer angemessenen Frist vergeblich aufgefordert haben, selbst Klage zu erheben,
3. Tatsachen vorliegen, die den Verdacht rechtfertigen, dass der Gesellschaft durch Unredlichkeit oder grobe Verletzung des Gesetzes oder der Satzung ein Schaden entstanden ist, und
4. der Geltendmachung des Ersatzanspruchs keine überwiegenden Gründe des Gesellschaftswohls entgegenstehen.

(2) Über den Antrag auf Klagezulassung entscheidet das Landgericht, in dessen Bezirk die Gesellschaft ihren Sitz hat, durch Beschluss. Ist bei dem Landgericht eine Kammer für Handelssachen gebildet, so entscheidet diese an Stelle der Zivilkammer. Die

---

146 *G. Bezzenberger* in Großkomm. AktG, 4. Aufl., § 147 AktG Rz. 62; *Mock* in Spindler/Stilz, § 147 AktG Rz. 51; zweifelnd *Schröer* in MünchKomm. AktG, 2. Aufl., § 147 AktG Rz. 56.
147 OLG Düsseldorf v. 18.4.1997 – 3 Wx 584/96, DB 1997, 1071 (Abberufung des Notgeschäftsführers einer GmbH); *G. Bezzenberger* in Großkomm. AktG, 4. Aufl., § 147 AktG Rz. 62; *Schröer* in MünchKomm. AktG, 2. Aufl., § 147 AktG Rz. 56.
148 *Schröer* in MünchKomm. AktG, 2. Aufl., § 147 AktG Rz. 55; *G. Bezzenberger* in Großkomm. AktG, 4. Aufl., § 147 AktG Rz. 59.
149 Überzeugend *Verhoeven*, ZIP 2008, 245, 253 f.
150 *G. Bezzenberger* in Großkomm. AktG, 4. Aufl., § 147 AktG Rz. 56, 60; ausführlich zur Amtsniederlegung durch Organe *Link*, Die Amtsniederlegung durch Gesellschaftsorgane, 2003.

Landesregierung kann die Entscheidung durch Rechtsverordnung für die Bezirke mehrerer Landgerichte einem der Landgerichte übertragen, wenn dies der Sicherung einer einheitlichen Rechtsprechung dient. Die Landesregierung kann die Ermächtigung auf die Landesjustizverwaltung übertragen. Die Antragstellung hemmt die Verjährung des streitgegenständlichen Anspruchs bis zur rechtskräftigen Antragsabweisung oder bis zum Ablauf der Frist für die Klageerhebung. Vor der Entscheidung hat das Gericht dem Antragsgegner Gelegenheit zur Stellungnahme zu geben. Gegen die Entscheidung findet die sofortige Beschwerde statt. Die Rechtsbeschwerde ist ausgeschlossen. Die Gesellschaft ist im Zulassungsverfahren und im Klageverfahren beizuladen.

(3) Die Gesellschaft ist jederzeit berechtigt, ihren Ersatzanspruch selbst gerichtlich geltend zu machen; mit Klageerhebung durch die Gesellschaft wird ein anhängiges Zulassungs- oder Klageverfahren von Aktionären über diesen Ersatzanspruch unzulässig. Die Gesellschaft ist nach ihrer Wahl berechtigt, ein anhängiges Klageverfahren über ihren Ersatzanspruch in der Lage zu übernehmen, in der sich das Verfahren zur Zeit der Übernahme befindet. Die bisherigen Antragsteller oder Kläger sind in den Fällen der Sätze 1 und 2 beizuladen.

(4) Hat das Gericht dem Antrag stattgegeben, kann die Klage nur binnen drei Monaten nach Eintritt der Rechtskraft der Entscheidung und sofern die Aktionäre die Gesellschaft nochmals unter Setzung einer angemessenen Frist vergeblich aufgefordert haben, selbst Klage zu erheben, vor dem nach Absatz 2 zuständigen Gericht erhoben werden. Sie ist gegen die in § 147 Abs. 1 Satz 1 genannten Personen und auf Leistung an die Gesellschaft zu richten. Eine Nebenintervention durch Aktionäre ist nach Zulassung der Klage nicht mehr möglich. Mehrere Klagen sind zur gleichzeitigen Verhandlung und Entscheidung zu verbinden.

(5) Das Urteil wirkt, auch wenn es auf Klageabweisung lautet, für und gegen die Gesellschaft und die übrigen Aktionäre. Entsprechendes gilt für einen nach § 149 bekannt zu machenden Vergleich; für und gegen die Gesellschaft wirkt dieser aber nur nach Klagezulassung.

(6) Die Kosten des Zulassungsverfahrens hat der Antragsteller zu tragen, soweit sein Antrag abgewiesen wird. Beruht die Abweisung auf entgegenstehenden Gründen des Gesellschaftswohls, die die Gesellschaft vor Antragstellung hätte mitteilen können, aber nicht mitgeteilt hat, so hat sie dem Antragsteller die Kosten zu erstatten. Im Übrigen ist über die Kostentragung im Endurteil zu entscheiden. Erhebt die Gesellschaft selbst Klage oder übernimmt sie ein anhängiges Klageverfahren von Aktionären, so trägt sie etwaige bis zum Zeitpunkt ihrer Klageerhebung oder Übernahme des Verfahrens entstandene Kosten des Antragstellers und kann die Klage nur unter den Voraussetzungen des § 93 Abs. 4 Satz 3 und 4 mit Ausnahme der Sperrfrist zurücknehmen. Wird die Klage ganz oder teilweise abgewiesen, hat die Gesellschaft den Klägern die von diesen zu tragenden Kosten zu erstatten, sofern nicht die Kläger die Zulassung durch vorsätzlich oder grob fahrlässig unrichtigen Vortrag erwirkt haben. Gemeinsam als Antragsteller oder als Streitgenossen handelnde Aktionäre erhalten insgesamt nur die Kosten eines Bevollmächtigten erstattet, soweit nicht ein weiterer Bevollmächtigter zur Rechtsverfolgung unerlässlich war.

| | | | |
|---|---|---|---|
| I. Grundlagen . . . . . . . . . . . . . . . . | 1 | II. Einzelerläuterungen . . . . . . . . . . . | 7 |
| 1. Regelungsgegenstand und Normzweck . . . . . . . . . . . . . . . . | 1 | 1. Zulassungsverfahren (§ 148 Abs. 1, 2) | 7 |
| | | a) Verfahrensbeteiligte . . . . . . . . . | 8 |
| 2. Entstehungsgeschichte . . . . . . . . . | 6 | b) Antrag der Aktionäre . . . . . . . . | 9 |
| | | c) Gerichtliches Verfahren . . . . . . | 14 |

| | |
|---|---|
| d) Voraussetzungen der Klagezulassung .................. 15 | c) Aufforderung zur Klageerhebung (§ 148 Abs. 4 Satz 1) .......... 46 |
| aa) Vorbesitz der Aktien (§ 148 Abs. 1 Satz 2 Nr. 1) ........ 16 | d) Klagefrist (§ 148 Abs. 4 Satz 1) ... 47 |
| bb) Aufforderung zur Klageerhebung (§ 148 Abs. 1 Satz 2 Nr. 2) 21 | 4. Wirkungen von Urteil und Vergleich (§ 148 Abs. 5) ................. 48 |
| cc) Verdacht rechtswidrigen oder unredlichen Verhaltens (§ 148 Abs. 1 Satz 2 Nr. 3) ........ 24 | a) Rechtskrafterstreckung (§ 148 Abs. 5 Satz 1) ................ 48 |
| dd) Gründe des Gesellschaftswohls (§ 148 Abs. 1 Satz 2 Nr. 4) ... 29 | b) Erstreckung der Vergleichswirkungen (§ 148 Abs. 5 Satz 2) ..... 49 |
| e) Entscheidung des Gerichts ..... 33 | aa) Vergleichsschluss durch die Aktionäre ............... 50 |
| 2. Klage oder Übernahme der Aktionärsklage durch die Gesellschaft (§ 148 Abs. 3) ..................... 36 | bb) Vergleichsschluss durch die Gesellschaft .............. 52 |
| a) Selbständige Klage der Gesellschaft (§ 148 Abs. 3 Satz 1) ..... 38 | 5. Kosten (§ 148 Abs. 6) ........... 53 |
| | a) Kosten des Zulassungsverfahrens (§ 148 Abs. 6 Satz 1, 2) ......... 54 |
| b) Übernahme des Klageverfahrens durch die Gesellschaft (§ 148 Abs. 3 Satz 2) ................. 39 | b) Kosten des Klageverfahrens (§ 148 Abs. 6 Satz 3, 5) ......... 55 |
| 3. Klage durch die Aktionäre (§ 148 Abs. 4) ................ 40 | c) Kosten bei Klage oder Übernahme der Aktionärsklage durch die Gesellschaft (§ 148 Abs. 6 Satz 4) ... 56 |
| a) Prozessführungsbefugnis der Aktionäre ................. 40 | d) Gemeinsam als Antragsteller oder Streitgenossen handelnde Aktionäre (§ 148 Abs. 6 Satz 6) ....... 57 |
| b) Gerichtliches Verfahren ....... 44 | |

**Literatur:** *Banerjea*, Die Gesellschafterklage im GmbH- und Aktienrecht, 2000; *Baums*, Empfiehlt sich eine Neuregelung des aktienrechtlichen Anfechtungs- und Organhaftungsrechts, insbesondere der Klagemöglichkeiten von Aktionären?, Gutachten F zum 63. Deutschen Juristentag Leipzig 2000, Band I; *Bayer*, Aktionärsklagen de lege lata und de lege ferenda, NJW 2000, 2609; *G. Bezzenberger/T. Bezzenberger*, Aktionärskonsortien zur Wahrnehmung von Minderheitsrechten, in FS K. Schmidt, 2009, S. 105; *Bork*, Prozessrechtliche Notiz zum UMAG, ZIP 2005, 66; *Duve/Basak*, Ungeahnte Unterstützung für aktive Aktionäre – wie das UMAG Finanzinvestoren hilft, BB 2006, 1345; *Fleischer*, Das Gesetz zur Unternehmensintegrität und Modernisierung des Anfechtungsrechts, NJW 2005, 3525; *Göz/Holzborn*, Die Aktienrechtsreform durch das Gesetz für Unternehmensintegrität und Modernisierung des Anfechtungsrechts – UMAG, WM 2006, 157; *Happ*, Vom besonderen Vertreter zur actio pro socio – Das Klagezulassungsverfahren des § 148 AktG auf dem Prüfstand, in FS Westermann, 2008, S. 971; *Koch*, Das Gesetz zur Unternehmensintegrität und Modernisierung des Anfechtungsrechts (UMAG), ZGR 2006, 769; *Krieger*, Aktionärsklage zur Kontrolle des Vorstands- und Aufsichtsratshandelns, ZHR 163 (1999), 343; *Langenbucher*, Vorstandshandeln und Kontrolle: Zu einigen Neuerungen durch das UMAG, GesRZ-SH 2005, 3; *Linnerz*, Vom Anfechtungs- zum Haftungstourismus? – Stellungnahme zur geplanten Neuregelung aktienrechtlicher Haftungsklagen, NZG 2004, 307; *Meilicke/Heidel*, UMAG: „Modernisierung" des Aktienrechts durch Beschränkung des Eigentumsschutzes der Aktionäre, DB 2004, 1479; *Mock*, Die actio pro socio im Internationalen Privat- und Verfahrensrecht, RabelsZ 72 (2008), 264; *Müller*, Die Durchsetzung konzernrechtlicher Ersatzansprüche nach dem UMAG, Der Konzern 2006, 725; *Paschos/Neumann*, Die Neuregelung des UMAG im Bereich der Durchsetzung von Haftungsansprüchen der Aktiengesellschaft gegen Organmitglieder, DB 2005, 1779; *Redeke*, Auswirkungen des UMAG auf die Verfolgung von Organhaftungsansprüchen seitens des Aufsichtsrats, ZIP 2008, 1549; *K. Schmidt*, Verfolgungspflichten, Verfolgungsrechte und Aktionärsklagen: Ist die Quadratur des Kreises näher gerückt? – Gedanken zur Reform der §§ 147–149 AktG vor dem Hintergrund der Juristentagsdiskussion des Jahres 2000, NZG 2005, 796; *Schröer*, Geltendmachung von Ersatzansprüchen gegen Organmitglieder nach UMAG, ZIP 2005, 2081; *Schütz*, UMAG Reloaded – Der Regierungsentwurf eines Gesetzes zur Unternehmensintegrität und Modernisierung des Anfechtungsrechts (UMAG) vom 17.11.2004, NZG 2005, 5; *Seibert*, UMAG – Zu den Begriffen „Unredlichkeit oder grobe Verletzung des Gesetzes oder der Satzung" in § 148 AktG und zu den Zusammenhängen zwischen §§ 93 und 148 AktG, in FS Priester, 2007, S. 763; *Seibert/Schütz*, Referentenentwurf UMAG, ZIP 2004, 252; *Seibt*, Die Reform des Verfolgungsrechts nach § 147 AktG und des Rechts der Sonderprüfung, WM 2004, 2137; *Spindler*, Haftung und Aktionärsklage nach dem neuen UMAG, NZG 2005, 865; *Sünner*, Aktionärsklage zur

Kontrolle des Vorstands- und Aufsichtsratshandelns, ZHR 163 (1999), 364; *Thümmel*, Organhaftung nach dem Referentenentwurf des Gesetzes zur Unternehmensintegrität und Modernisierung des Anfechtungsrechts (UMAG) – Neue Risiken für Manager?, DB 2004, 471; *Thümmel*, Persönliche Haftung von Managern und Aufsichtsräten, 4. Aufl. 2008; *Ulmer*, Die Aktionärsklage als Instrument zur Kontrolle des Vorstands- und Aufsichtsratshandelns, ZHR 163 (1999), 290; *Weiss/Buchner*, Wird das UMAG die Haftung und Inanspruchnahme der Unternehmensleiter verändern?, WM 2005, 162; *Wellkamp*, Die Gesellschafterklage im Spannungsfeld von Unternehmensführung und Mitgliedsrechten, DZWir 1994, 221; *Wilsing*, Neuerungen des UMAG für die aktienrechtliche Beratungspraxis, ZIP 2004, 1082; *Zieglmeier*, Die Systematik der Haftung von Aufsichtsratsmitgliedern gegenüber der Gesellschaft, ZGR 2007, 144.

## I. Grundlagen

### 1. Regelungsgegenstand und Normzweck

1   Das Klagezulassungsverfahren gem. § 148 betrifft in Abgrenzung zu § 147 n.F. die Geltendmachung von Ersatzansprüchen der Gesellschaft durch eine Aktionärsminderheit aufgrund **eigener Klagebefugnis**. Dem Vorschlag von *Lutter* und *Ulmer* folgend wurde das Verfahren zweistufig ausgestaltet[1]: dem eigentlichen Klageverfahren geht ein Zulassungsverfahren voraus, welches nur dann Aussicht auf Erfolg hat, wenn die Antragsteller ein bestimmtes Quorum erreichen und die übrigen Voraussetzungen des § 148 Abs. 1 Satz 2 Nr. 1 bis 4 erfüllen. Die Gesellschaft ist im Verfahren der Aktionäre notwendig beizuladen, kann jedoch jederzeit eine eigene Klage erheben oder das Klageverfahren der Aktionäre übernehmen, wodurch sich die prozessuale Stellung der Antragsteller ihrerseits in die von Beigeladenen wandelt. Ergänzend zu § 148 regelt § 149 n.F. für börsennotierte Gesellschaften eine besondere Bekanntmachungspflichten für den Fall der rechtskräftigen Zulassung der Klage. Da es sich um eine rein prozessuale Regelung handelt, besteht die Möglichkeit der Durchführung eines Klagezulassungsverfahrens auch bei bereits vor Inkrafttreten des UMAG entstandenen Ansprüchen[2].

2   Auf zweiter Stufe folgt einem erfolgreichen Klagezulassungsverfahren sodann das eigentliche Klageverfahren zur Geltendmachung von Ersatzansprüchen der Gesellschaft durch die Aktionäre aufgrund eigener Klagebefugnis im Wege der **gesetzlichen Prozessstandschaft**[3]. Letztlich handelt es sich dabei um eine gesetzlich kodifizierte Form der **actio pro socio**[4].

3   Das Klagezulassungsverfahren nach § 148 ist – wie auch das Recht der Sonderprüfung (§§ 142–146) – ein **Überwachungs- und Kontrollinstrument der Aktionäre** gegenüber der Geschäftsleitung. Es gewinnt vor allem dort an Bedeutung, wo das aktienrechtliche Kontrollsystem von Vorstand und Aufsichtsrat versagt, weil das zuständige Verwaltungsorgan – sei es aufgrund kollegialer oder geschäftlicher Verbundenheit, sei es aufgrund eigener Verstrickung in die Vorfälle oder Versäumnisse bei der Kontrolle –

---

1   *Lutter*, ZHR 159 (1995), 304, 306; *Lutter*, ZGR 1998, 191, 210; *Ulmer*, ZHR 163 (1999), 290 ff.
2   OLG Hamburg v. 19.1.2007 – 11 Wx 33/06, AG 2007, 331; *G. Bezzenberger/T. Bezzenberger* in Großkomm. AktG, 4. Aufl., § 148 AktG Rz. 13; *Diekmann/Leuering*, NZG 2004, 249, 250.
3   *Mock* in Spindler/Stilz, § 148 AktG Rz. 3; s. auch *G. Bezzenberger/T. Bezzenberger* in Großkomm. AktG, 4. Aufl., § 148 AktG Rz. 2, die von einer gerichtlich angeordneten Prozessstandschaft sprechen.
4   So ausdrücklich Begr. RegE UMAG, BT-Drucks. 15/5092, S. 23; *G. Bezzenberger/T. Bezzenberger* in Großkomm. AktG, 4. Aufl., § 148 AktG Rz. 2; *G. Bezzenberger/T. Bezzenberger* in FS K. Schmidt, 2009, S. 105; *Mock* in Spindler/Stilz, § 148 AktG Rz. 3, „wenn auch eingeschränkt".

die Durchsetzung von Ansprüchen unterlässt[5]. Dieses Durchsetzungsdefizit wird durch die Möglichkeit einer Klageerzwingung durch die Hauptversammlungsmehrheit (§ 147 Abs. 1 n.F.) nicht vollständig behoben, da ein Mehrheitsaktionär den Beschluss verhindern kann. Mit der gegenüber der Vorgängerregelung des § 147 Abs. 3 a.F. deutlichen Absenkung des Schwellenwerts und der Ersetzung des besonderen Vertreters durch klagewillige Aktionäre hofft man, die **Effizienz des Verfolgungsrechts** zugunsten der Gesellschaft zu steigern[6]. Ganz maßgeblich dürfte hierzu die Einführung eines Kostenerstattungsanspruchs der Aktionäre gegen die Gesellschaft im Fall des Unterliegens im Klageverfahren beitragen (§ 148 Abs. 6 Satz 5)[7]. Die angestrebte Verschärfung des Verfolgungsrechts soll Organmitglieder zur Beachtung der erforderlichen Sorgfalt und zugleich das zur Geltendmachung von Ersatzansprüchen originär zuständige Verwaltungsorgan zur Rechtsdurchsetzung anhalten[8].

Der **Schutz vor missbräuchlichen Klagen** wird durch das der eigentlichen Klageerhebung gleichsam als „Filter" vorgeschaltete Zulassungsverfahren, das unnötige, von vornherein aussichtslose oder erpresserische Klagen aussieben soll[9], ebenso wie durch die Regelungen des § 149, erreicht. Zugleich dient das Zulassungsverfahren dazu, der Klage **entgegenstehende Interessen der Gesellschaft** zu prüfen[10]. 4

Letztlich ergibt sich zumindest auch mittelbar die Befugnis zur **außergerichtlichen Geltendmachung** von Ersatzansprüchen der Gesellschaft durch die Aktionäre, da diese nach erfolgloser Aufforderung des Haftungsschuldners auch von ihrer Klagebefugnis Gebrauch machen können[11]. 5

## 2. Entstehungsgeschichte

Seit dem **ADHGB 1884** (Art. 223) enthielt das Aktienrecht zwar in wechselnder Ausgestaltung Regelungen über die Klageerzwingung, nach denen Aktionärsminderheiten die Gesellschaft zur Geltendmachung von Ersatzansprüchen verpflichten konnten (s. § 147 Rz. 2). Bereits die Begründung zum ADHGB 1884 hatte sich indessen ausdrücklich gegen eine **Aktionärsklage** ausgesprochen[12]. Ein ungeschriebenes Aktionärsklagerecht[13] – etwa in Analogie zu den konzernrechtlichen Einzelklagebefugnissen der §§ 309 Abs. 4, 310 Abs. 4, 317 Abs. 4, 318 Abs. 4 – lehnte die h.M. vor Erlass des UMAG unter Berufung auf die abschließende Regelung des § 147 a.F. ab[14]. Das Gesetz zur Kontrolle und Transparenz im Unternehmensbereich (**KonTraG**) vom 6

---

5 Dazu Begr. RegE UMAG, BT-Drucks. 15/5092, S. 20; *Spindler*, NZG 2005, 865, 866; *Raiser/Veil*, Kapitalgesellschaften, § 14 Rz. 97; *G. Bezzenberger/T. Bezzenberger* in Großkomm. AktG, 4. Aufl., § 148 AktG Rz. 1.
6 *Ulmer*, ZHR 163 (1999), 290, 334; *Seibt*, WM 2004, 2137, 2142.
7 Ebenso *G. Bezzenberger/T. Bezzenberger* in Großkomm. AktG, 4. Aufl., § 148 AktG Rz. 21.
8 *Bayer*, NJW 2000, 2609, 2619; *Seibt*, WM 2004, 2137; *Ulmer*, ZHR 163 (1999), 290, 305 f.; *Raiser/Veil*, Kapitalgesellschaften, § 11 Rz. 44 f.
9 *Diekmann/Leuering*, NZG 2004, 249, 250; *Ulmer*, ZHR 163 (1999), 290, 329 f.; *G. Bezzenberger/T. Bezzenberger* in Großkomm. AktG, 4. Aufl., § 148 AktG Rz. 2.
10 *Ulmer*, ZHR 163 (1999), 290, 330.
11 *G. Bezzenberger/T. Bezzenberger* in Großkomm. AktG, 4. Aufl., § 148 AktG Rz. 3.
12 Allg. Begr. § 13 III B 2 des Entwurfs eines Gesetzes, betreffend die KGaA und AG 1884, abgedruckt bei *Hommelhoff/Schubert*, Einhundert Jahre modernes Aktienrecht, ZGR Sonderheft 4, 1985, S. 469.
13 S. *Wellkamp*, DZWir 1994, 221, 223 f.; *Wiedemann*, Organverantwortung und Gesellschafterklagen in der Aktiengesellschaft, S. 49.
14 *Krieger*, ZHR 163 (1999), 336, 344; *Sünner*, ZHR 163 (1999), 364, 371 f.; *G. Bezzenberger* in Großkomm. AktG, 4. Aufl., § 147 AktG Rz. 37; *Schröer* in MünchKomm. AktG, 2. Aufl., § 147 AktG Rz. 24; *F.-J. Semler* in MünchHdb. AG, § 42 Rz. 21.

27.4.1998[15] gewährte einer Minderheit, deren Anteile zusammen den zwanzigsten Teil des Grundkapitals oder den anteiligen Betrag von 500.000 Euro erreichten, lediglich das Recht gerichtlich einen besonderen Vertreter zu bestellen, sofern Tatsachen den dringenden Verdacht einer Unredlichkeit oder groben Gesetzes- oder Satzungsverletzung rechtfertigten. Wegen des hohen Quorums und der fehlenden Angleichung an den zur gerichtlichen Bestellung eines Sonderprüfers erforderlichen Schwellenwert (§ 142 Abs. 2 Satz 1 a.F.)[16] stieß **§ 147 Abs. 3 a.F.** jedoch frühzeitig auf Kritik[17]. Hinzu kam die „doppelte Mediatisierung" des Minderheitenrechts durch gerichtliche Bestellung des Vertreters und fehlende Einflussmöglichkeiten der Aktionäre[18]. Letzteres wog umso schwerer, als die Antragsteller im Falle der Erfolglosigkeit der Klage gegenüber der Gesellschaft für die Prozesskosten hafteten (§ 147 Abs. 4 a.F.)[19]. Angesichts dieser offenkundigen Schwächen des § 147 a.F. befasste sich der **63. Deutsche Juristentag** mit der Neuregelung des Organhaftungsrechts[20]. Die Vorschläge zur Reform des Organhaftungsrechts wurden später von der **Regierungskommission Corporate Governance** weitgehend übernommen[21] und schließlich im **10-Punkte-Programm** „Unternehmensintegrität und Anlegerschutz" der Bundesregierung aufgegriffen[22]. Schließlich ersetzte das Gesetz zur Unternehmensintegrität und Modernisierung des Anfechtungsrechts (**UMAG**) vom 22.9.2005[23] den früheren § 147 Abs. 3 a.F. durch das Klagezulassungsverfahren des § 148. Das Gesetz zur Reform des Verfahrens in Familiensachen und in den Angelegenheiten der freiwilligen Gerichtsbarkeit (**FGG-Reformgesetz**) vom 17.12.2008[24] änderte die prozessrechtlichen Vorschriften des § 148 Abs. 2 insoweit, als dass nunmehr gem. § 148 Abs. 2 Sätze 3, 4 die Landesregierungen bzw. Landesjustizverwaltungen ermächtigt werden, die Zuständigkeit für mehrere Bezirke durch Rechtsverordnung bei einem Landgericht zu konzentrieren. Inhaltliche Änderungen haben sich hierdurch nicht ergeben, da sich dieses bisher aufgrund eines Verweises auf § 142 Abs. 5 Sätze 5, 6 a.F. ergab (vgl. § 148 Abs. 2 Satz 2 Halbsatz 2 a.F.).

## II. Einzelerläuterungen

### 1. Zulassungsverfahren (§ 148 Abs. 1, 2)

7   Klagezulassung kann nur in Bezug auf Ersatzansprüche der Gesellschaft verlangt werden. Aufgrund der Verweisung in § 148 Abs. 1 Satz 1 ist der Begriff des **Ersatzanspruchs** der Gesellschaft identisch mit dem des § 147 Abs. 1 Satz 1. Zulässiger Ge-

---

15 Gesetz zur Kontrolle und Transparenz im Unternehmensbereich (KonTraG) vom 27.4.1998, BGBl. I 1998, 786.
16 *Bayer*, NJW 2000, 2609, 2615; *Baums*, Gutachten F zum 63. Deutschen Juristentag Leipzig 2000, F 252; *Banerjea*, Die Gesellschafterklage im GmbH- und Aktienrecht, 2000, S. 167.
17 Ausführlich auch Begr. RegE UMAG, BT-Drucks. 15/5092, S. 20; *Schröer* in MünchKomm. AktG, 2. Aufl., § 147 AktG Rz. 9; *Bork* in Hommelhoff/Röhricht, RWS-Forum 10, Gesellschaftsrecht 1997, 1998, S. 53, 66.
18 *Bayer*, NJW 2000, 2609, 2615; *Ulmer*, ZHR 163 (1999), 290, 293; *Schröer* in MünchKomm. AktG, 2. Aufl., § 147 AktG Rz. 10.
19 *Bayer*, NJW 2000, 2609, 2615; *Ulmer*, ZHR 163 (1999), 290, 293; *Banerjea*, Die Gesellschafterklage im GmbH- und Aktienrecht, 2000, S. 168; *Schröer* in MünchKomm. AktG, 2. Aufl., § 147 AktG Rz. 11.
20 *Baums*, Gutachten F zum 63. Deutschen Juristentag Leipzig 2000, F 239 ff.; Verhandlungen des 63. Deutschen Juristentages, Band II/1 Sitzungsberichte, S. O 80 ff.
21 *Baums*, Bericht Regierungskommission, Rz. 72 f.
22 Dazu *Seibert*, BB 2003, 693 ff.
23 BGBl. I 2005, 2802; ausführlich *G. Bezzenberger/T. Bezzenberger* in Großkomm. AktG, 4. Aufl., § 148 AktG Rz. 19 ff.
24 BGBl. I 2008, 2586.

genstand eines Klagezulassungsverfahrens sind auch konzernrechtliche Ersatzansprüche (näher § 147 Rz. 4)[25].

### a) Verfahrensbeteiligte

Antragsberechtigt im Zulassungsverfahren sind nach dem Wortlaut des § 148 Abs. 1 Satz 1 nur die Aktionäre, nicht aber Dritte. Antragsgegner (s. § 148 Abs. 2 Satz 6) ist der potenziell **Ersatzpflichtige**, d.h. das betreffende Mitglied des Vorstands, Aufsichtsrats etc., nicht jedoch die Gesellschaft[26]. Die Gesellschaft ist nach § 148 Abs. 2 Satz 9 **beizuladen**. Einigkeit besteht darüber, dass „Beiladung" hier nicht technisch im Sinne der ZPO zu verstehen ist, da diese allenfalls fragmentarisch in § 856 Abs. 3 ZPO zu finden ist und der ZPO im Übrigen fremd ist[27]. Teilweise sollen die allgemeinen Regeln über die Beteiligung Dritter am Rechtsstreit (§§ 64 ff. ZPO) zur Anwendung gelangen, so dass Voraussetzung der Beteiligung der Gesellschaft deren privatautonomer Beitritt im Wege der Nebenintervention (§§ 66 ff. ZPO) wäre[28]. Im Fall des Beitritts – der ihr nach dieser Ansicht somit freigestellt bliebe – sei die Gesellschaft streitgenössische Nebenintervenientin[29]. Dagegen spricht jedoch der eindeutige Gesetzeswortlaut, wonach expressis verbis die Gesellschaft „beizuladen ist"[30]. Vielmehr ist ausweislich der Gesetzesbegründung nach „Vorbild" der §§ 65, 66 VwGO von einer **notwendigen Beiladung** auszugehen[31]. Die Gesellschaft kann als solche nicht zugleich Antragsgegner sein[32], denn das Rechtsinstitut der Beiladung dient gerade dazu, Dritte, welche nicht als Partei beteiligt sind, in das Verfahren einzubeziehen. Sie tritt dem Verfahren nicht auf Seiten einer der Parteien bei und kann sich als solche auch in Widerspruch zu Erklärungen der Parteien setzen[33]. Die Beschränkungen, welche § 67 ZPO für den Nebenintervenienten vorsieht, finden keine Anwendung. Verfügungen über den Streitgegenstand oder den Prozess insgesamt sind der Beigeladenen aber verwehrt[34]. Sie ist weitgehend auf **ergänzenden Sachvortrag** und **Beweisanträge** beschränkt[35]. Zur Beschwerdeberechtigung der Beigeladenen unten Rz. 34. Eine **Nebenintervention von Aktionären** (§ 66 ZPO) ist nur bis zur Zulassung der Klage möglich (§ 148 Abs. 4 Satz 3), da andernfalls das Zulassungsverfahren umgangen werden

8

---

25 *Müller*, Der Konzern 2006, 725 ff.; *G. Bezzenberger/T. Bezzenberger* in Großkomm. AktG, 4. Aufl., § 148 AktG Rz. 96; *Mock* in Spindler/Stilz, § 147 AktG Rz. 6.
26 Ebenso *Schröer*, ZIP 2005, 2081, 2086; *Paschos/Neumann*, DB 2005, 1779, 1781; *G. Bezzenberger/T. Bezzenberger* in Großkomm. AktG, 4. Aufl., § 148 AktG Rz. 117; *Hüffer*, § 148 AktG Rz. 11.
27 S. *Happ* in FS Westermann, 2008, S. 971, 980; *Zieglmeier*, ZGR 2007, 144, 154, „Beiladungssplitter"; *G. Bezzenberger/T. Bezzenberger* in Großkomm. AktG, 4. Aufl., § 148 AktG Rz. 184; *Hüffer*, § 148 AktG Rz. 12; vor dem Inkrafttreten des FamFG war „Beiladung" begrifflich zumindest noch in § 640e ZPO a.F. enthalten.
28 *G. Bezzenberger/T. Bezzenberger* in Großkomm. AktG, 4. Aufl., § 148 AktG Rz. 184; *Zieglmeier*, ZGR 2007, 144, 154.
29 *Zieglmeier*, ZGR 2007, 144, 154 f.; ihm folgend *G. Bezzenberger/T. Bezzenberger* in Großkomm. AktG, 4. Aufl., § 148 AktG Rz. 184.
30 So auch *Happ* in FS Westermann, 2008, S. 971, 981.
31 Begr. RegE UMAG, BT-Drucks. 15/5092, S. 24; *Paschos/Neumann*, DB 2005, 1779, 1783; *Schröer*, ZIP 2005, 2081, 2086; *Hüffer*, § 148 AktG Rz. 12; *Holzborn* in Bürgers/Körber, § 148 AktG Rz. 11; so auch *Happ* in FS Westermann, 2008, S. 971, 980 f., der aber kritisch anmerkt, die Beiladung sei mit „Vorsicht" zu behandeln und ggf. im Wege der teleologischen Reduktion so auszugestalten, dass aus dem ZPO-Verfahren kein Verwaltungsverfahren werde; a.A. die in Fn. 28 genannten.
32 So auch *Hüffer*, § 148 AktG Rz. 11. S. auch Begr. RegE UMAG, BT-Drucks. 15/5092, S. 23.
33 *Paschos/Neumann*, DB 2005, 1779, 1784; *Schröer*, ZIP 2005, 2081, 2086.
34 *Paschos/Neumann*, DB 2005, 1779, 1784; *Schröer*, ZIP 2005, 2081, 2086.
35 *Spindler*, NZG 2005, 865, 868.

könnte[36]. Maßgeblich ist der Zeitpunkt der Verkündung bzw. Zustellung des Beschlusses, nicht der der Rechtskraft[37]. Nebenintervenient kann jedoch nur sein, wer (wie die Antragsteller selbst) die Vorbesitzvoraussetzung des § 148 Abs. 1 Satz 2 Nr. 1 erfüllt[38]. Der rechtzeitige Beitritt zum Zulassungsverfahren als Nebenintervenient im Zulassungsverfahren qualifiziert zugleich für die Nebenintervention im späteren Klageverfahren (Rz. 44).

**b) Antrag der Aktionäre**

9   Für den Antrag besteht Anwaltszwang (§ 78 Abs. 1 ZPO), jedoch keine besonderen Formerfordernisse und keine Antragsfrist[39]. Der Ersatzanspruch der Gesellschaft ist nach zugrunde liegendem Lebenssachverhalt und Person des Ersatzpflichtigen **bestimmt zu bezeichnen** (s. unten Rz. 24 ff.). Bereits die Einleitung eines Klagezulassungsverfahrens kann für börsennotierte Gesellschaften die Pflicht zu einer **Ad-hoc-Mitteilung** gem. § 15 WpHG nach sich ziehen (§ 149 Rz. 16).

10  Entgegen Forderungen aus der Literatur[40] entschied sich der Gesetzgeber des UMAG[41] gegen eine Klagemöglichkeit *jedes* Einzelaktionärs und für die Beibehaltung eines im Vergleich zu § 147 Abs. 3 a.F. deutlich abgesenkten und an § 142 Abs. 2 angeglichenen **Quorums**. Der Antrag kann nunmehr von Aktionären gestellt werden, deren Anteile zusammen den einhundertsten Teil des Grundkapitals oder einen anteiligen Betrag von 100.000 Euro am Grundkapital erreichen (§ 148 Abs. 1 Satz 1)[42]. Zur Berechnung des Quorums s. auch § 142 Rz. 39.

11  Dem Wortlaut des § 148 Abs. 1 Satz 1 folgend muss das Quorum im **Zeitpunkt der Antragstellung** erreicht werden (ebenso § 142 Abs. 2 Satz 1). Das Gesetz legt damit zunächst den maßgeblichen Zeitpunkt für die Berechnung des wertmäßigen oder anteilsmäßigen Quorums fest[43], darüber hinaus jedoch auch, dass das Quorum **nicht** über den Zeitpunkt der Antragstellung hinaus (und erst Recht nicht während des Klageverfahrens) **fortdauern** muss und die Zulässigkeit des Antrags somit weder durch ein Herabsinken des Aktienbesitzes aufgrund einer Veräußerung von Aktien, noch durch die Antragsrücknahme einzelner Streitgenossen berührt wird[44]. Die Ansicht,

---

36  G. *Bezzenberger*/T. *Bezzenberger* in Großkomm. AktG, 4. Aufl., § 148 AktG Rz. 187; *Holzborn* in Bürgers/Körber, § 148 AktG Rz. 17.
37  *Hüffer*, § 148 AktG Rz. 18.
38  Begr. RegE UMAG, BT-Drucks. 15/5092, S. 23; *Hüffer*, § 148 AktG Rz. 18; *Holzborn* in Bürgers/Körber, § 148 AktG Rz. 17; a.A. G. *Bezzenberger*/T. *Bezzenberger* in Großkomm. AktG, 4. Aufl., § 148 AktG Rz. 188.
39  G. *Bezzenberger*/T. *Bezzenberger* in Großkomm. AktG, 4. Aufl., § 148 AktG Rz. 178.
40  *Bayer*, NJW 2000, 2609, 2618; *Lutter*, JZ 2000, 837, 841; *Banerjea*, Die Gesellschafterklage im GmbH- und Aktienrecht, S. 215.
41  S. Begr. RegE UMAG, BT-Drucks. 15/5092, S. 21. Ebenso *Baums*, Bericht Regierungskommission, Rz. 73; *Baums*, Gutachten F zum 63. Deutschen Juristentag Leipzig 2000, F 258; *Ulmer*, ZHR 163 (1999), 290, 331.
42  Im Regierungsentwurf war statt des Nennbetrags noch der Börsenwert von 100.000 Euro vorgesehen. Zur Kritik *Linnerz*, NZG 2004, 307, 309; *DAV-Handelsrechtsausschuss*, NZG 2004, 555, 560.
43  Zur Berechnung des Quorums G. *Bezzenberger*/T. *Bezzenberger* in Großkomm. AktG, 4. Aufl., § 148 AktG Rz. 102 f.; nach § 122 *Kubis* in MünchKomm. AktG, 2. Aufl., § 122 AktG Rz. 6; *Werner* in Großkomm. AktG, 4. Aufl., § 122 AktG Rz. 5 ff.
44  LG München I v. 24.4.2008 – 5 HK O 23244/07, ZIP 2008, 1635; LG München I v. 28.8.2008 – 5 HK O 12861/07, ZIP 2008, 2124, Rz. 578; so auch unter Berufung auf den Wortlaut des § 148 Abs. 1 Satz 1 *Schröer*, ZIP 2005, 2081, 2083/2087; *Seibt*, WM 2004, 2137, 2142; *Hüffer*, § 148 AktG Rz. 4; *Mock* in Spindler/Stilz, § 148 AktG Rz. 33; *Holzborn* in Bürgers/Körber, § 148 AktG Rz. 3; wohl auch *Göz/Holzborn*, WM 2005, 157, 158 Fn. 27; a.A. G. *Bezzenberger*/T. *Bezzenberger* in Großkomm. AktG, 4. Aufl., § 148 AktG Rz. 175, wonach das Quorum

die den Erhalt des Quorums unter Berufung auf das Erfordernis einer fortgeltenden Bindung an das Interesse der Gesellschaft und der Mitaktionäre bis zum Abschluss des Klagezulassungsverfahrens verlangt, überdehnt den insoweit eindeutigen Wortlaut des § 148 Abs. 1 Satz 1[45]. Für dieses Ergebnis spricht zudem der Umkehrschluss zu § 142 Abs. 2 Satz 2, der – im Gegensatz zu § 148 – eine entsprechende Regelung enthält, sowie der Zweck des Quorums, Anträge einzelner Aktionäre ohne entsprechenden Anteilsbesitz auszusondern, der auch ohne Fortdauer des Quorums über den Zeitpunkt der Antragstellung hinaus erfüllt ist[46].

Der Antrag kann von **einem Aktionär oder mehreren Aktionären** gestellt werden, die bereits jeder für sich das Quorum aufbringen, was regelmäßig bei institutionellen Investoren und Großaktionären der Fall sein wird. Diesen Aktionären können weitere Aktionäre unterstützend zur Seite treten, insbesondere um das Kostenrisiko des Einzelnen zu verringern[47]. Er kann aber auch von einer **Aktionärminderheit** gestellt werden, die nur zusammen das erforderliche Quorum erreicht[48]. Diese Aktionärsminderheit bildet nach Aussage der Regierungsbegründung eine Gesellschaft bürgerlichen Rechts (GbR) mit dem Gesellschaftszweck (§ 705 BGB) der Beantragung der Klagezulassung und anschließenden Geltendmachung der Ersatzansprüche der (Aktien-) Gesellschaft in gesetzlicher Prozessstandschaft[49]. Regelmäßig wird es sich hierbei um eine **Innengesellschaft** handeln, so dass die Minderheitsaktionäre im Zulassungsverfahren als einfache Streitgenossen auftreten (s. aber Rz. 40 a.E.)[50]. Antragswillige Aktionäre können sich neben Zeitungsanzeigen und Internet-Websites nunmehr des Aktionärsforums des elektronischen Bundesanzeigers gem. **§ 127a** bedienen, welches eine Koordinierung durch einzelne Aktionäre ermöglicht (s. § 127a Rz. 3 ff.)[51]. 12

Bereits die Stellung des Antrags durch die Aktionäre **hemmt die Verjährung** des streitgegenständlichen Anspruchs (§ 148 Abs. 2 Satz 5)[52]. Keine Hemmung der Verjährung bewirkt dagegen die bloße Aufforderung an die Gesellschaft nach § 148 Abs. 1 Satz 2 Nr. 2 (s. aber Rz. 22)[53]. Die Wirkung der Hemmung (§ 209 BGB) dauert fort, bis der Antrag rechtskräftig abgewiesen wurde oder die Frist zur Klageerhebung nach § 148 Abs. 4 Satz 1 abgelaufen ist. Ab Klageerhebung bestimmt sich die Hemmung der Verjährung nach § 204 Abs. 1 Nr. 1 BGB[54]. 13

---

bis zum Abschluss des Klagezulassungsverfahrens erhalten bleiben muss; *G. Bezzenberger/ T. Bezzenberger* in FS K. Schmidt, 2009, S. 105, 112; *Lochner* in Heidel, § 148 AktG Rz. 8.
45 So gestehen *G. Bezzenberger/T. Bezzenberger* in Großkomm. AktG, 4. Aufl., § 148 AktG Rz. 174, zumindest ein, „der Gesetzeswortlaut [...] spricht für sich genommen eher dafür, dass spätere Veränderungen unschädlich sind".
46 S. dazu Begr. RegE UMAG, BT-Drucks. 15/5092, S. 21. Eine Hinterlegung bis zur rechtskräftigen Entscheidung über die Ersatzansprüche im Klageverfahren (!) war noch im Regelungsvorschlag von *Ulmer* enthalten (ZHR 163 (1999), 290, 341), wurde in § 148 jedoch nicht übernommen.
47 Begr. RegE UMAG, BT-Drucks. 15/5092, S. 21.
48 Begr. RegE UMAG, BT-Drucks. 15/5092, S. 21.
49 Begr. RegE UMAG, BT-Drucks. 15/5092, S. 21, 23, 24.
50 Ausführlich *G. Bezzenberger/T. Bezzenberger* in Großkomm. AktG, 4. Aufl., § 148 AktG Rz. 168 f.; *Mock* in Spindler/Stilz, § 148 AktG Rz. 36 f.; *G. Bezzenberger/T. Bezzenberger* in FS K. Schmidt, 2009, S. 105, 113 ff.
51 Begr. RegE UMAG, BT-Drucks. 15/5092, S. 21; *Paschos/Neumann*, DB 2005, 1779, 1780; *Hüffer*, § 148 AktG Rz. 4; *Holzborn* in Bürgers/Körber, § 148 AktG Rz. 3; *Thümmel*, Persönliche Haftung, 2008, Rz. 313; kritisch wegen der Befürchtung durch das Aktionärsforum werde ein neues Feld für „räuberische Aktionäre" eröffnet *Weiss/Buchner*, WM 2005, 162, 168.
52 Vgl. zur Verjährung der Ersatzansprüche gegen Organe §§ 51, 93 Abs. 6, 116, 117 Abs. 6.
53 Ebenso *G. Bezzenberger/T. Bezzenberger* in Großkomm. AktG, 4. Aufl., § 148 AktG Rz. 180.
54 Vgl. Beschlussempfehlung und Bericht des Rechtsausschusses, BT-Drucks. 15/5693, S. 18; s. auch *G. Bezzenberger/T. Bezzenberger* in Großkomm. AktG, 4. Aufl., § 148 AktG Rz. 180.

## c) Gerichtliches Verfahren

14 Der Antrag auf Klagezulassung ist bei dem **Landgericht** – ggf. Kammer für Handelssachen (§ 148 Abs. 2 Satz 2) – zu stellen, in dessen Bezirk die Gesellschaft ihren Sitz hat. Die Zuständigkeit ist trotz fehlender ausdrücklicher Anordnung[55] nach dem Zweck der Regelung **ausschließlich**[56]. Das gilt auch für die nachfolgende Haftungsklage (§ 148 Abs. 4 Satz 1, s. Rz. 44). Gem. § 148 Abs. 2 Sätze 3, 4, können die Landesregierungen bzw. die Landesjustizverwaltungen die Zuständigkeit für mehrere Bezirke durch Rechtsverordnungen bei einem Landgericht konzentrieren, wenn dies der Sicherung einer einheitlichen Rechtsprechung dient[57]. Das Gericht entscheidet über den Antrag auf Klagezulassung im **Verfahren der ZPO**, nicht der freiwilligen Gerichtsbarkeit[58]; der Gesetzgeber greift damit die Kritik an § 147 Abs. 3 a.F. auf[59]. Im Unterschied zum Verfahren nach § 142 Abs. 2 erfolgt keine Amtsermittlung, sondern es gilt der Beibringungsgrundsatz (s. Rz. 15 ff.)[60]. Gem. § 128 Abs. 4 ZPO ist dem Gericht bei Entscheidungen, die durch Beschluss, nicht durch Urteil ergehen (vgl. § 148 Abs. 2 Satz 1), die Anordnung einer **mündlichen Verhandlung** freigestellt[61]. Dem Antragsgegner ist Gelegenheit zur Stellungnahme zu geben (§ 148 Abs. 2 Satz 6). In internationaler Hinsicht besteht im Rahmen der EuGVO kein besonderer Gerichtsstand; vielmehr sollen die Gerichtsstände der vertraglichen Verpflichtungen und der unerlaubten Handlungen herangezogen werden (Art. 5 Nr. 1, Nr. 5 EuGVO). Beide Gerichtsstände sind aber regelmäßig am Ort des Verwaltungssitzes der Gesellschaft begründet[62].

## d) Voraussetzungen der Klagezulassung

15 Gem. § 148 Abs. 1 Satz 2 ist die Klage zuzulassen, wenn die in Nr. 1 bis 4 aufgeführten Voraussetzungen **kumulativ** vorliegen. Das Gesetz unterscheidet hierbei zwischen formellen (Nr. 1 und 2) und materiellen Voraussetzungen (Nr. 3 und 4):

16 **aa) Vorbesitz der Aktien (§ 148 Abs. 1 Satz 2 Nr. 1).** Die antragstellenden Aktionäre müssen die Aktien, welche zur Erfüllung des Quorums erforderlich sind, vor dem Zeitpunkt erworben haben, in dem sie von den behaupteten Pflichtverstößen oder

---

55 Ausschließliche Gerichtsstände sind nach zivilprozessualen Grundsätzen nur solche, die im Gesetz ausdrücklich als solche bezeichnet werden, *Vollkommer* in Zöller, § 12 ZPO Rz. 8; *Patzina* in MünchKomm. ZPO, 3. Aufl., § 12 ZPO Rz. 27.
56 *Happ* in FS Westermann, 2008, S. 971, 978; *G. Bezzenberger/T. Bezzenberger* in Großkomm. AktG, 4. Aufl., § 148 AktG Rz. 165; ebenso im Ergebnis *Duve/Basak*, BB 2006, 1345, 1347; *Hüffer*, § 148 AktG Rz. 12.
57 Etwa für Bayern: § 14a Verordnung über gerichtliche Zuständigkeiten im Bereich des Staatsministeriums der Justiz (GZVJu), GVBl. 2005, 547; für Niedersachsen: § 2 Nr. 6 Verordnung zur Regelung von Zuständigkeiten in der Gerichtsbarkeit und der Justizverwaltung (Zust-VO-Justiz) vom 18.12.2009, Nds. GVBl. 2009, 506.
58 Begr. RegE UMAG, BT-Drucks. 15/5092, S. 18, 20; LG München I v. 24.4.2008 – 5 HK O 23244/07, ZIP 2008, 1635, Rz. 400; LG München I v. 28.8.2008 – 5 HK O 12861/07, ZIP 2008, 2124, Rz. 578; *Schröer*, ZIP 2005, 2081, 2086; *Happ* in FS Westermann, 2008, S. 971, 979; *G. Bezzenberger/T. Bezzenberger* in Großkomm. AktG, 4. Aufl., § 148 AktG Rz. 162; *Hüffer*, § 148 AktG Rz. 10; *Holzborn* in Bürgers/Körber, § 148 AktG Rz. 10.
59 *Bork* in Hommelhoff/Röhricht, RWS-Forum 10, Gesellschaftsrecht 1997, 1998, S. 53, 66; *Lutter*, ZHR 159 (1995), 287, 306.
60 *G. Bezzenberger/T. Bezzenberger* in Großkomm. AktG, 4. Aufl., § 148 AktG Rz. 163; *Hüffer*, § 148 AktG Rz. 10, vgl. dort aber auch Rz. 8, 9; *Mock* in Spindler/Stilz, § 148 AktG Rz. 25.
61 Ebenso *G. Bezzenberger/T. Bezzenberger* in Großkomm. AktG, 4. Aufl., § 148 AktG Rz. 164; *Lochner* in Heidel, § 148 AktG Rz. 22, mit Hinweis, dass mündliche Verhandlung sei in der Regel geboten; anders wohl *Hüffer*, § 148 AktG Rz. 5; *Mock* in Spindler/Stilz, § 148 AktG Rz. 64, die pauschal von einer Entscheidung ohne mündliche Verhandlung ausgehen.
62 *Mack*, RabelsZ 72 (2008), 264, 296 f.

dem behaupteten Schaden aufgrund einer Veröffentlichung Kenntnis erlangen mussten. Nicht möglich ist daher ein **Zukauf weiterer Aktien nach der Veröffentlichung**, wenn das Quorum zuvor noch nicht erreicht war[63]. So soll verhindert werden, dass Aktien nur kurzfristig mit dem Ziel der Einleitung eines missbräuchlichen Klagezulassungsverfahrens erworben werden[64].

Unter „**Veröffentlichung**" sind Berichte in den Breitenmedien (Rundfunk, Fernsehen etc.) und der Wirtschaftspresse, aber auch in weit verbreiteten Online-Diensten zu verstehen[65]. Vereinzelte oder unbedeutende Berichte in einzelnen Medien werden noch nicht genügen[66], ebenso Informationen, die lediglich auf der Homepage der betroffenen Gesellschaft abrufbar sind[67], wohl aber Ad-hoc-Mitteilungen der Gesellschaft nach § 15 WpHG[68]. Die Veröffentlichung muss geeignet sein, den Verdacht einer Unredlichkeit oder Pflichtverletzung gegen das betreffende Organ zu begründen, aber nicht jede Einzelheit wiedergeben. Handelte es sich um Pflichtverletzungen über einen längeren Zeitraum, wird man auf die erste Veröffentlichung abzustellen haben, da diese den Verdacht auslöst[69]. 17

Ein Aktionär ist vom Klagezulassungsverfahren ausgeschlossen, wenn er im Zeitpunkt des Aktienerwerbs aufgrund einer Veröffentlichung positive **Kenntnis** hatte oder seine Unkenntnis auf Fahrlässigkeit beruhte. Der Sorgfaltsmaßstab orientiert sich hierbei an den Informationsmöglichkeiten eines durchschnittlichen, verständigen Aktionärs[70]. Wurden die Aktien im Wege der Gesamtrechtsnachfolge erworben, ist die Kenntnis des Rechtsvorgängers maßgeblich[71]. Der Antrag ist nach dem eindeutigen Wortlaut schon dann unzulässig, wenn der Antragsteller alternativ Kenntnis von **Pflichtverletzung** oder **Schaden** hatte oder haben musste[72]. So werden von § 148 Abs. 1 Satz 2 Nr. 1 auch Fälle erfasst, in denen erst der Schaden und dann die Pflichtverletzung hervorgetreten ist, die Aktien jedoch bereits nach Kenntins bzw. fahrlässiger Unkenntnis des Schadens erworben wurden. Dadurch soll verhindert werden, dass Kläger Aktien in der Erwartung kaufen, wo ein Schaden ist, finde man auch ein Fehlverhalten[73]. 18

Hinsichtlich des Erwerbszeitpunkts trifft die Aktionäre die **Darlegungs- und Beweislast**, wobei bloße Glaubhaftmachung nicht genügt[74]. Der Erwerbszeitpunkt kann 19

---

63 *Schröer*, ZIP 2005, 2081, 2084.
64 Begr. RegE UMAG, BT-Drucks. 15/5092, S. 21; *Fleischer*, NJW 2005, 3525, 3526; *Göz/Holzborn*, WM 2005, 157, 159; *Seibt*, WM 2004, 2137, 2144; *Weiss/Buchner*, WM 2005, 162, 168; *Hüffer*, § 148 AktG Rz. 5.
65 Begr. RegE UMAG, BT-Drucks. 15/5092, S. 21.
66 *Weiss/Buchner*, WM 2005, 162, 168.
67 *Mock* in Spindler/Stilz, § 148 AktG Rz. 40; *G. Bezzenberger/T. Bezzenberger* in Großkomm. AktG, 4. Aufl., § 148 AktG Rz. 111.
68 *Happ* in FS Westermann, 2008, S. 971, 981.
69 *Spindler*, NZG 2005, 865, 866.
70 *Spindler*, NZG 2005, 865, 866; *Schröer*, ZIP 2005, 2081, 2084; *Happ* in FS Westermann, 2008, S. 971, 982; *Hüffer*, § 148 AktG Rz. 5; *Mock* in Spindler/Stilz, § 148 AktG Rz. 40; *Lochner* in Heidel, § 148 AktG Rz. 6; letztlich auch *G. Bezzenberger/T. Bezzenberger* in Großkomm. AktG, 4. Aufl., § 148 AktG Rz. 111, die aber gem. § 276 Abs. 2 BGB anhand objektiver Kriterien (gewöhnliche Depotaktionäre – professionelle Investoren und Großanleger) differenzieren.
71 Vgl. z.B. § 1922 BGB, § 140 HGB, §§ 20, 131 UmwG, *Schröer*, ZIP 2005, 2081, 2084; *Thümmel*, Persönliche Haftung, 2008, Rz. 314; *G. Bezzenberger/T. Bezzenberger* in Großkomm. AktG, 4. Aufl., § 148 AktG Rz. 113.
72 S. dazu Beschlussempfehlung und Bericht des Rechtsausschusses, BT-Drucks. 15/5693, S. 33; *Paschos/Neumann*, DB 2005, 1779, 1780.
73 Beschlussempfehlung und Bericht des Rechtsausschusses, BT-Drucks. 15/5693, S. 33.
74 *Spindler*, NZG 2005, 865, 866; *Paschos/Neumann*, DB 2005, 1779, 1780; *Weiss/Buchner*, WM 2005, 162, 168; *Hüffer*, § 148 AktG Rz. 5.

durch einen oder mehrere Depotauszüge oder durch Kaufunterlagen bewiesen werden, wodurch langwierige Beweisaufnahmen (insbesondere durch die Ladung und Vernehmung von Zeugen) zu der formalen Frage der Klagezulassung vermieden werden sollen[75]. Der bloße Nachweis des Erwerbs vor Kenntniserlangung genügt nicht, wenn nicht auch nachgewiesen wird, dass die Aktien seitdem ohne Unterbrechung bis Antragstellung gehalten wurden[76].

20 Bei Benennen eines Erwerbszeitpunkts können sich die Aktionäre jedoch nicht allein darauf zurückziehen, sie müssen zudem darlegen und beweisen, dass sie zu diesem Zeitpunkt von den behaupteten Pflichtverstößen oder Schäden keine Kenntnis erlangen konnten[77].

21 **bb) Aufforderung zur Klageerhebung (§ 148 Abs. 1 Satz 2 Nr. 2).** Da es sich um einen Ersatzanspruch der Gesellschaft handelt, ist die Klage der Aktionäre **subsidiär**[78]. Die Aktionäre müssen die Gesellschaft daher erfolglos unter Setzung einer angemessenen Frist aufgefordert haben, selbst Klage zu erheben. Mit „die Aktionäre" meint das Gesetz die antragstellenden Aktionäre[79], so dass bereits zum Zeitpunkt der Aufforderung unter Fristsetzung das für den späteren Zulassungsantrag erforderliche Quorum bestehen muss[80]. Die auffordernden und die antragstellenden Aktionäre müssen zudem identisch sein; der Wortlaut des Gesetzes lässt keine andere Deutung zu[81], zumal maßgeblich das etreiben des Rechtsstreits ist und keine willkürliche Übernahme durch andere Aktionäre ermöglicht werden sollte. **Adressat** ist das jeweils zur Geltendmachung der konkreten Ersatzansprüche zuständige Organ[82]; analog § 78 Abs. 2 Satz 2 genügt, wenn sie einem Mitglied des Organs zugeht. Geht die Erklärung beim unzuständigen Organ ein, leitet dieses die Erklärung jedoch nicht weiter, muss sich die Gesellschaft ggf. behandeln lassen, als wäre die Aufforderung gegenüber dem richtigen Organ erfolgt[83].

22 Für die Frage der **Angemessenheit** kann auf die zu §§ 281, 323 BGB entwickelten Grundsätze zurückgegriffen werden[84]. Die Regierungsbegründung erachtet eine Frist von zwei Monaten als ausreichend, da die Vorgänge im Regelfall bereits seit längerem bekannt und öffentlich sein werden[85]. Als Leitlinie sollte demnach die Zwei-Monats-

---

75 Begr. RegE UMAG, BT-Drucks. 15/5092, S. 21; *Schröer*, ZIP 2005, 2081, 2084.
76 *Schröer*, ZIP 2005, 2081, 2084; *G. Bezzenberger/T. Bezzenberger* in Großkomm. AktG, 4. Aufl., § 148 AktG Rz. 118.
77 Begr. RegE UMAG, BT-Drucks. 15/5092, S. 21; *Zieglmeier*, ZGR 2007, 144, 150; *G. Bezzenberger/T. Bezzenberger* in Großkomm. AktG, 4. Aufl., § 148 AktG Rz. 119.
78 Begr. RegE UMAG, BT-Drucks. 15/5092, S. 21; *Fleischer*, NJW 2005, 3525, 3526; *Weiss/Buchner*, WM 2005, 162, 168 f.; *G. Bezzenberger/T. Bezzenberger* in Großkomm. AktG, 4. Aufl., § 148 AktG Rz. 120.
79 S. Begr. RegE UMAG, BT-Drucks. 15/5092, S. 21 f.
80 *G. Bezzenberger/T. Bezzenberger* in Großkomm. AktG, 4. Aufl., § 148 AktG Rz. 123; *Hüffer*, § 148 AktG Rz. 6; *Holzborn* in Bürgers/Körber, § 148 AktG Rz. 6; wohl auch *Lochner* in Heidel, § 148 AktG Rz. 10; anders noch die Vorauf.
81 *G. Bezzenberger/T. Bezzenberger* in Großkomm. AktG, 4. Aufl., § 148 AktG Rz. 123; a.A. *Hüffer*, § 148 AktG Rz. 6.
82 *Paschos/Neumann*, DB 2005, 1779, 1780; *Hüffer*, § 148 AktG Rz. 6; *Mock* in Spindler/Stilz, § 148 AktG Rz. 47; a.A. *Schröer*, ZIP 2005, 2081, 2084; *G. Bezzenberger/T. Bezzenberger* in Großkomm. AktG, 4. Aufl., § 148 AktG Rz. 121; *Thümmel*, Persönliche Haftung, 2008, Rz. 315; *Lochner* in Heidel, § 148 AktG Rz. 10, denen zufolge die Aufforderung an die Gesellschaft zu richten ist.
83 *Hüffer*, § 148 AktG Rz. 6.
84 Ausführlich *Unberath* in Bamberger/Roth, § 281 BGB Rz. 15 ff.; *Grothe* in Bamberger/Roth, § 323 BGB Rz. 11 ff.
85 Begr. RegE UMAG, BT-Drucks. 15/5092, S. 22; *Hüffer*, § 148 AktG Rz. 7; krit. *Happ* in FS Westermann, 2008, S. 971, 983.

Frist dienen[86]. Im Einzelfall kann unter Berücksichtigung besonderer Umstände indes eine längere oder kürzere Frist angemessen erscheinen, so dass ein Festhalten an der starren Zwei-Monats-Frist um jeden Preis dann nicht geboten ist, etwa im Fall drohender Verjährung der Ersatzansprüche[87]. In Anlehnung an § 281 Abs. 2 BGB[88] ist eine Fristsetzung dann **entbehrlich**, wenn sich die Ersatzansprüche gegen Mitglieder des Vorstands und des Aufsichtsrats richten[89] oder wenn die durch das zuständige Organ vertretene Gesellschaft die Geltendmachung der Ansprüche ernsthaft und endgültig verweigert[90]. Besondere Umstände, die unter Abwägung der beiderseitigen Interessen einen sofortigen Zulassungsantrag rechtfertigen (Rechtsgedanke des § 281 Abs. 2 Fall 2 BGB), dürften insbesondere dann anzunehmen sein, wenn die Verjährung der Ansprüche droht (s. auch Rz. 13).

Entschließt sich die Gesellschaft zur Klageerhebung, so hat sie die Aktionären darauf **hinzuweisen**[91]. Die **Darlegungs- und Beweislast** für die erfolglose Aufforderung zur Klageerhebung und die Fristsetzung tragen die Antragsteller[92]. 23

**cc) Verdacht rechtswidrigen oder unredlichen Verhaltens (§ 148 Abs. 1 Satz 2 Nr. 3).** 24
Die Klage ist nur zuzulassen, wenn Tatsachen vorliegen, die den Verdacht rechtfertigen, dass der Gesellschaft durch Unredlichkeit oder grobe Verletzung des Gesetzes oder der Satzung ein Schaden entstanden ist. Die Regelung entspricht § 142 Abs. 2 Satz 1 (§ 142 Rz. 52 ff.) und soll klarstellen, dass dem Antrag nur stattgegeben werden darf, wenn die Klage eine **hinreichende Aussicht auf Erfolg** hat[93]. Das Zulassungsverfahren ist aufgrund seines vorgeschalteten Charkaters ein bloß summarisches Verfahren[94], eine abschließende Rechtsprüfung erfolgt nicht[95].

Nach Vorstellung des Gesetzgebers handelt es sich bei der **Unredlichkeit** vor allem um „ins Kriminelle reichende Treuepflichtverstöße"[96]. Zur Konkretisierung des Begriffs der Unredlichkeit kann auf die zu § 142 und § 147 Abs. 3 a.F. entwickelten Grundsätze zurückgegriffen werden (§ 142 Rz. 52 f.). Er erfasst daher mit einem sittlichen Makel behaftete, anstößige Handlungen[97], worunter insbesondere alle strafbaren Handlungen fallen. Unsittlich bezieht sich in diesem Zusammenhang vor allem auf Verstöße gegen die organschaftliche Treuepflicht[98]. Beispiele für die Verletzung 25

---

86 *G. Bezzenberger/T. Bezzenberger* in Großkomm. AktG, 4. Aufl., § 148 AktG Rz. 124.
87 *G. Bezzenberger/T. Bezzenberger* in Großkomm. AktG, 4. Aufl., § 148 AktG Rz. 124; *Lochner* in Heidel, § 148 AktG Rz. 11.
88 *Spindler*, NZG 2005, 865, 866 f.; *Holzborn/Bunnemann*, BKR 2005, 51, 56.
89 So auch *Mock* in Spindler/Stilz, § 148 AktG Rz. 47; a.A. *G. Bezzenberger/T. Bezzenberger* in Großkomm. AktG, 4. Aufl., § 148 AktG Rz. 125.
90 *Schröer*, ZIP 2005, 2081, 2084.
91 Begr. RegE UMAG, BT-Drucks. 15/5092, S. 22.
92 *DAV-Handelsrechtsausschuss*, NZG 2005, 388, 391; *Paschos/Neumann*, DB 2005, 1779, 1780; *Hüffer*, § 148 AktG Rz. 7.
93 Begr. RegE UMAG, BT-Drucks. 15/5092, S. 22.
94 Begr. RefE UMAG, S. 39. Ebenso *Holzborn/Bunnemann*, BKR 2005, 51, 56; *Ulmer*, ZHR 163 (1999), 290, 329 f.; *Hüffer*, § 148 AktG Rz. 10; *Holzborn* in Bürgers/Körber, § 148 AktG Rz. 10; a.A. *G. Bezzenberger/T. Bezzenberger* in Großkomm. AktG, 4. Aufl., § 148 AktG Rz. 163.
95 *Schröer*, ZIP 2005, 2081, 2085; a.A. *G. Bezzenberger/T. Bezzenberger* in Großkomm. AktG, 4. Aufl., § 148 AktG Rz. 163.
96 Begr. RegE UMAG, BT-Drucks. 15/5092, S. 20, 22; für eine Erweiterung auf alle schweren Treuepflichtverletzungen wohl LG München I v. 29.3.2007 – 5 HK O 12931/06, AG 2007, 458.
97 *Seibert* in FS Priester, 2007, S. 763, 767; *G. Bezzenberger* in Großkomm. AktG, 4. Aufl., § 142 AktG Rz. 60; *Schröer* in MünchKomm. AktG, 2. Aufl., § 142 AktG Rz. 67.
98 *Seibert* in FS Priester, 2007, S. 763, 767; *G. Bezzenberger/T. Bezzenberger* in Großkomm. AktG, 4. Aufl., § 148 AktG Rz. 127, 132; *Seibt*, WM 2004, 2137, 2140 (zu § 142 n.F.); *G. Bezzenberger*

von Treuepflichten[99] sind neben der strafbaren Untreue (§ 266 StGB) beispielsweise Verstöße gegen Wettbewerbsverbote (§ 88) oder die Ausnutzung organschaftlicher Befugnisse zum eigenen Vorteil[100]. In Übereinstimmung mit der bisherigen Rechtslage kennt auch § 148 Abs. 1 Satz 2 Nr. 3 keine Einschränkung in Bezug auf „leichte" Unredlichkeiten. Unredliches Handeln rechtfertigt daher grundsätzlich per se die Zulassung der Klage[101]. Allenfalls die von § 148 Abs. 1 Satz 2 Nr. 4 aufgestellte Hürde, wonach die Klage ausgeschlossen ist, wenn der Geltendmachung des Ersatzanspruchs überwiegende Gründe des Gesellschaftswohls entgegenstehen, kann der Verfolgung von Bagatellverstößen eine Grenze ziehen (s. Rz. 30)[102].

26 Die Klage ist auch bei Verdacht einer **groben Verletzung des Gesetzes oder der Satzung** zuzulassen. Als grobe Gesetzes- oder Satzungsverletzung kommen vor allem schuldhafte Verstöße gegen die Sorgfaltspflichten bei der Unternehmensführung (§§ 93, 116) in Betracht[103]. Anders als nach § 147 Abs. 1 Satz 1 Fall 2 a.F. besteht nach neuer Rechtslage unterhalb der Schwelle der groben Verletzung keine Möglichkeit für eine Minderheit, die Geltendmachung durchzusetzen[104]. Die Schwere der Verletzung kann sich aus der Bedeutung der verletzten Pflicht, dem Maß des Verschuldens[105] oder den Folgen des Verstoßes ergeben[106]. Leichteste oder leichte Verletzungen des Gesetzes rechtfertigen die Klagezulassung selbst dann nicht, wenn die Verletzung offensichtlich oder ohne Zweifel feststehend ist[107].

27 Bei Verstößen gegen organschaftliche Sorgfaltspflichten ist auch hier zwischen gebundenen Entscheidungen und **unternehmerischen Entscheidungen** zu differenzieren (§ 93 Abs. 1 Satz 2)[108]. Während bei gebundenen Entscheidungen eine Sorgfaltspflichtverletzung nach den dargestellten Grundsätzen als „grob" zu beurteilen ist, unterliegen Fragen der unternehmerischen Entscheidung, soweit sie sich im Rahmen von § 93 Abs. 1 Satz 2 halten, von vornherein nicht der gerichtlichen Nachprüfung.

---

in Großkomm. AktG, 4. Aufl., § 142 AktG Rz. 60, § 147 AktG Rz. 73; *Schröer* in MünchKomm. AktG, 2. Aufl., § 142 AktG Rz. 67, § 147 AktG Rz. 63 (jeweils zu §§ 142, 147 Abs. 3 a.F.).

99 Ausführlich zu den Treuepflichten des Vorstandes *Hopt* in Großkomm. AktG, 4. Aufl., § 93 AktG Rz. 144 ff.

100 Zu § 142 a.F. *G. Bezzenberger* in Großkomm. AktG, 4. Aufl., § 142 AktG Rz. 60; *Schröer* in MünchKomm. AktG, 2. Aufl., § 142 AktG Rz. 67.

101 *Spindler*, NZG 2005, 865, 867; *G. Bezzenberger* in Großkomm. AktG, 4. Aufl., § 142 AktG Rz. 60; *Schröer* in MünchKomm. AktG, 2. Aufl., § 147 AktG Rz. 68; a.A. offenbar *Happ* in FS Westermann, 2008, S. 971, 988.

102 *G. Bezzenberger* in Großkomm. AktG, 4. Aufl., § 142 AktG Rz. 132.

103 *Seibert* in FS Priester, 2007, S. 763, 767 f.; *G. Bezzenberger/T. Bezzenberger* in Großkomm. AktG, 4. Aufl., § 148 AktG Rz. 127; *Seibt*, WM 2004, 2137, 2140.

104 Begr. RegE UMAG, BT-Drucks. 15/5092, S. 22; *Duve/Basak*, BB 2006, 1345, 1348; *Göz/Holzborn*, WM 2005, 157, 159; *Paschos/Neumann*, DB 2005, 1779, 1780; *Spindler*, NZG 2005, 865, 867; *Wilsing*, ZIP 2004, 1082, 1088.

105 Ähnlich *G. Bezzenberger/T. Bezzenberger* in Großkomm. AktG, 4. Aufl., § 148 AktG Rz. 134 f.; s. auch *Seibert* in FS Priester, 2007, S. 763, 768 f.; nach *Schröer* in MünchKomm. AktG, 2. Aufl., § 147 AktG Rz. 19, 63 (zu § 147 a.F.); § 142 AktG Rz. 68 (zu § 142 a.F.) soll zumindest grobe Fahrlässigkeit erforderlich sein; ebenso *Schröer*, ZIP 2005, 2081, 2085.

106 *G. Bezzenberger/T. Bezzenberger* in Großkomm. AktG, 4. Aufl., § 148 AktG Rz. 137; in diese Richtung auch *Seibert* in FS Priester, 2007, S. 763, 768 f.; *Happ* in FS Westermann, 2008, S. 971, 989.

107 Begr. RegE UMAG, BT-Drucks. 15/5092, S. 22; enger *G. Bezzenberger/T. Bezzenberger* in Großkomm. AktG, 4. Aufl., § 148 AktG Rz. 136, die „Gröblichkeit" erst jenseits der mittleren Fahrlässigkeit annehmen.

108 Zur Business Judgement Rule s. oben § 93 Rz. 10 ff. sowie *Spindler* in MünchKomm. AktG, 3. Aufl., § 93 AktG Rz. 35 ff.

Eine Sorgfalspflichtverletzung kommt dann schon gar nicht in Betracht und § 148 Abs. 1 Satz 2 Nr. 3 ist bereits der Boden entzogen[109]. Nur wenn sich das Organverhalten außerhalb des „sicheren Hafens" von § 93 Abs. 1 Satz 2 bewegt, kommt das Vorliegen einer Sorgfaltspflichtverletzung in Betracht, die überdies aber auch noch „grob" sein muss[110].

Die vorzulegenden Tatsachen müssen den **Verdacht** für eine Unredlichkeit oder grobe Pflichtverletzung begründen. Anders als § 147 Abs. 3 Satz 1 a.F. und übereinstimmend mit § 142 Abs. 2 Satz 1 n.F. wird kein „dringender" Verdacht im Sinne einer besonders hohen Wahrscheinlichkeit verlangt[111], vielmehr genügt eine gewisse Wahrscheinlichkeit für das Vorliegen einer Unredlichkeit oder eines groben Gesetzes- oder Satzungsverstoßes[112]. Nicht ausreichend ist die bloße Vermutung oder Möglichkeit einer Pflichtverletzung[113]. Die Antragsteller tragen die **Darlegungs- und Beweislast** für die den Verdacht rechtfertigenden Tatsachen[114]; die bloße Glaubhaftmachung genügt nicht[115]. Die zu beweisenden Tatsachen müssen nur den Verdacht rechtfertigen, nicht aber zur Anspruchsbegründung ausreichen[116]. Der Umfang des eingetretenen Schadens und die sonstigen Folgen des Verstoßes wie etwa gesellschaftlicher Ansehensverlust der Gesellschaft, können Indizien für eine grobe Pflichtverletzung sein[117]. Da es sich nunmehr um ein Verfahren der ZPO handelt (Rz. 14), erfolgt entgegen verbreiteter Ansicht[118] **keine Amtsermittlung nach § 26 FamFG**[119].

28

**dd) Gründe des Gesellschaftswohls (§ 148 Abs. 1 Satz 2 Nr. 4).** In Fortführung der vom BGH in der Entscheidung **ARAG/Garmenbeck** entwickelten Grundsätze (§ 147 Rz. 1) regelt § 148 Abs. 1 Satz 2 Nr. 4 die Möglichkeit, den Antrag auf Klagezulassung unter Berufung auf entgegenstehende Gründe des Gesellschaftswohls abzulehnen.

29

---

109 Ebenso *G. Bezzenberger/T. Bezzenberger* in Großkomm. AktG, 4. Aufl., § 148 AktG Rz. 139 ff.
110 *Seibert* in FS Priester, 2007, S. 763, 773; *G. Bezzenberger/T. Bezzenberger* in Großkomm. AktG, 4. Aufl., § 148 AktG Rz. 141.
111 Begr. RegE UMAG, BT-Drucks. 15/5092, S. 18, 22; *Duve/Basak*, BB 2006, 1345, 1348; *Paschos/Neumann*, DB 2005, 1779, 1780; *Spindler*, NZG 2005, 865, 867; *Schröer* in MünchKomm. AktG, 2. Aufl., § 142 AktG Rz. 69 (zu § 142 a.F.).
112 Zu § 142 a.F. *G. Bezzenberger* in Großkomm. AktG, 4. Aufl., § 142 AktG Rz. 61; *Schröer* in MünchKomm. AktG, 2. Aufl., § 142 AktG Rz. 69.
113 *Schröer*, ZIP 2005, 2081, 2085; *Schröer* in MünchKomm. AktG, 2. Aufl., § 142 AktG Rz. 69.
114 Ebenso *G. Bezzenberger/T. Bezzenberger* in Großkomm. AktG, 4. Aufl., § 148 AktG Rz. 149; *Happ* in FS Westermann, 2008, S. 971, 995; *Diekmann/Leuering*, NZG 2004, 249, 250; *DAV-Handelsrechtsausschuss*, NZG 2004, 555, 561; *Holzborn/Bunnemann*, BKR 2005, 51, 56; *Meilicke/Heidel*, DB 2004, 1479, 1481 Fn. 22; *Paschos/Neumann*, DB 2005, 1779, 1780; *Seibt*, WM 2004, 2137, 2144; *Schröer*, ZIP 2005, 2081, 2084; ablehnend für die Beweislast *Mock* in Spindler/Stilz, § 148 AktG Rz. 52; *Hüffer*, § 148 AktG Rz. 8; s. auch *Lochner* in Heidel, § 148 AktG Rz. 15.
115 *G. Bezzenberger/T. Bezzenberger* in Großkomm. AktG, 4. Aufl., § 148 AktG Rz. 149; *Diekmann/Leuering*, NZG 2004, 249, 250; a.A. *Lochner* in Heidel, § 148 AktG Rz. 15.
116 So auch *DAV-Handelsrechtsausschuss*, NZG 2004, 555, 561; *Schröer*, ZIP 2005, 2081, 2085.
117 *Seibert* in FS Priester, 2007, S. 763, 779; zu § 142 *G. Bezzenberger* in Großkomm. AktG, 4. Aufl., § 142 AktG Rz. 62; *Schröer* in MünchKomm. AktG, 2. Aufl., § 142 AktG Rz. 68; ähnlich *Jänig*, BB 2005, 949, 951.
118 Für Amtsermittlung auch im Klagezulassungsverfahren *K. Schmidt*, NZG 2005, 796, 800; *Hüffer*, § 148 AktG Rz. 8; *Mock* in Spindler/Stilz, § 148 AktG Rz. 52 unter Verweis auf die frühere Rechtslage zu § 147 Abs. 3 a.F., der jedoch ein Verfahren der freiwilligen Gerichtsbarkeit regelte.
119 Ebenso, allerdings noch für § 12 FGG a.F., *Koch*, ZGR 2006, 769, 775. Den Unterschied zwischen FGG- und ZPO-Verfahren und die daran anknüpfende Frage der Geltung des Untersuchungsgrundsatzes hebt auch die Regierungsbegründung zum UMAG hervor (BT-Drucks. 15/5092, S. 18).

Die Vorschrift soll als Korrektiv für missbräuchlich erhobene Klagen dienen[120]. Die Gesetzesfassung des UMAG weicht von der vom BGH gewählten Formulierung ab, als nicht „gewichtige"[121], sondern **„überwiegende"** Gründe des Gesellschaftswohls erforderlich sind. Dadurch wird der Ausnahmecharakter der Vorschrift betont und klargestellt, dass im Normalfall die Aktionärsklage bei Vorliegen der Voraussetzungen der Nrn. 1 bis 3 zuzulassen ist[122]. Um die Zulassung zu versagen, müssen die Interessen der Gesellschaft unter Abwägung der für und gegen eine Klage der Aktionäre sprechenden Umstände deutlich schwerer wiegen. Es handelt sich hierbei um eine **Verhältnismäßigkeitsprüfung**. Nach § 148 Abs. 6 Satz 2 hat die Gesellschaft die Aktionäre vor Antragstellung auf entgegenstehende Gründe des Gesellschaftswohls hinzuweisen (s. Rz. 54)[123].

30 Unter § 148 Abs. 1 Satz 2 Nr. 4 fallen vor allem **Mehrfachanträge** mit identischem Streitgegenstand[124], da mehrfache, nichts Neues beitragende Klagen unerwünscht sind[125]. Die Regelung will „Trittbrettfahrern" entgegenwirken (sog. Me-too-Klagen), welche sich nach erfolgreichem Zulassungsantrag eines anderen nunmehr eine Prozessführungsbefugnis verschaffen wollen, und sei es nur um der Anwaltsgebühren willen[126]. Ein überwiegendes Interesse wird daher regelmäßig der Klage entgegenstehen, wenn sich die Geltendmachung der Ersatzansprüche auch hinsichtlich der anwaltlichen Vertretung in guten Händen befindet, die nachfolgenden Antragsteller keine substanziell neuen Tatsachen vortragen können, und sie auch nicht über andere gewichtige Informationsquellen als die ersten Antragsteller verfügen[127]. Der Regierungsbegründung zufolge sollen Mehrfachanträge die „absolute extreme Ausnahme" bleiben, da ein fremder Anspruch der Gesellschaft in gesetzlicher Prozessstandschaft geltend gemacht wird[128].

31 Entgegenstehende Gründe des Gesellschaftswohls sind weiter denkbar in Fällen nur **„leichter" Unredlichkeiten** oder, wenn trotz grober Gesetzes- oder Satzungsverletzung nur **geringer Schaden** entstanden ist[129]. Klagezulassung ist auch insoweit zu verwehren als die **Durchsetzung gegenüber dem Organ von vornherein ausgeschlossen** ist[130], wobei die Zulassung jedoch auf eine bestimmte Höhe beschränkt werden

---

120 *Linnerz*, NZG 2004, 307, 309; wegen „Funktionslosigkeit" gänzlich ablehnend *Lochner* in Heidel, § 148 AktG Rz. 17.
121 BGH v. 21.4.1997 – II ZR 175/95, BGHZ 135, 244, 255 = AG 1997, 377, 379.
122 Begr. RegE UMAG, BT-Drucks. 15/5092, S. 22; *G. Bezzenberger/T. Bezzenberger* in Großkomm. AktG, 4. Aufl., § 148 AktG Rz. 152; *Göz/Holzborn*, WM 2005, 157, 159; *Paschos/ Neumann*, DB 2005, 1779, 1780; *Spindler*, NZG 2005, 865, 867; *Weiss/Buchner*, WM 2005, 162; 169; *Hüffer*, § 148 AktG Rz. 9.
123 Begr. RegE UMAG, BT-Drucks. 15/5092, S. 23.
124 Dazu bereits *Ulmer*, ZHR 163 (1999), 290, 337.
125 Begr. RegE UMAG, BT-Drucks. 15/5092, S. 22; ablehnend *Lochner* in Heidel, § 148 AktG Rz. 17.
126 Begr. RegE UMAG, BT-Drucks. 15/5092, S. 23.
127 Kritisch *Linnerz*, NZG 2004, 307, 310; *Schröer*, ZIP 2005, 2081, 2086, da „professionelle" Kläger durchaus in der Lage seien, den Anschein zu erwecken, dass sie substantiell Neues beitragen.
128 Begr. RegE UMAG, BT-Drucks. 15/5092, S. 22 f.
129 Begr. RegE UMAG, BT-Drucks. 15/5092, S. 18, 22; *G. Bezzenberger/T. Bezzenberger* in Großkomm. AktG, 4. Aufl., § 148 AktG Rz. 156; *Hüffer*, § 148 AktG Rz. 9. Vgl. auch Begr. RegE UMAG, BT-Drucks. 15/5092, S. 18 zur vergleichbaren Problematik bei § 142 Abs. 2; ablehnend *Lochner* in Heidel, § 148 AktG Rz. 17.
130 Begr. RegE UMAG, BT-Drucks. 15/5092, S. 22; *G. Bezzenberger/T. Bezzenberger* in Großkomm. AktG, 4. Aufl., § 148 AktG Rz. 157; *Happ* in FS Westermann, 2008, S. 971, 992; *Hüffer*, § 148 AktG Rz. 3, 9. Vgl. auch BGH v. 21.4.1997 – II ZR 175/95 – „ARAG/Garmenbeck", BGHZ 135, 244, 253 ff. = AG 1997, 377 ff. zur Analyse des Prozessrisikos und der Beitreibbarkeit der Forderung durch den Aufsichtsrat.

kann. Dagegen werden **Betriebs- und Geschäftsgeheimnisse** nicht genügen, wenn geeignete prozessuale Mittel zur Geheimhaltung zur Verfügung stehen[131]. Auch der drohende Ansehensverlust der Gesellschaft in der Öffentlichkeit[132] wird nicht ausreichen, da die den Ersatzanspruch begründenden Umstände in der Regel bereits im Stadium des Klagezulassungsverfahrens an die Öffentlichkeit gedrungen sein werden[133].

Für das Fehlen überwiegender Gründe des Gesellschaftswohls tragen die Aktionäre die **Darlegungs- und Beweislast**, wobei jedoch die Grundsätze zum Beweis negativer Tatsachen Anwendung finden[134]. Für eine Amtsermittlung in Abweichung von den allgemeinen zivilprozessualen Grundsätzen besteht auch hier kein Raum (Rz. 28)[135]. In der Praxis wird es regelmäßig die beigeladene Gesellschaft sein, die auf entgegenstehende Interessen hinweist[136]. 32

### e) Entscheidung des Gerichts

Hält das Gericht den Antrag für begründet, lässt es die Klage durch **Beschluss** zu (§ 148 Abs. 2 Satz 1). Dieser ist wegen der Möglichkeit der sofortigen Beschwerde (§ 148 Abs. 2 Satz 7) zu **begründen**[137]. Die Zulassung erfolgt im Namen der Antragsteller, welche als Partei an dem erfolgreichen Zulassungsverfahrens beteiligt waren[138], und beschränkt die Zulassung der Klage auf den im Antrag bezeichneten Ersatzanspruch. Zur möglichen betragsmäßigen Beschränkung s. Rz. 30. Die Rechtskraft eines abweisenden Beschlusses entfaltet keine Wirkung gegenüber am Zulassungsverfahren nicht beteiligten Aktionären[139]. Börsennotierte Gesellschaften haben die rechtskräftige Zulassung gem. § 149 Abs. 1 in den Gesellschaftsblättern **bekannt zu machen** (näher § 149 Rz. 11). 33

Gegen den Beschluss des Landgerichts ist die **sofortige Beschwerde** statthaft, § 148 Abs. 2 Satz 7 AktG i.V.m. §§ 567 ff. ZPO. Beschwerdeberechtigt ist neben dem Antragsteller und dem Antragsgegner auch die Beigeladene (§ 66 VwGO analog)[140] und ein Nebenintervenient (§ 66 Abs. 2 ZPO)[141]. Die Rechtsbeschwerde (§§ 574 ff. ZPO) ist durch § 148 Abs. 2 Satz 8 ausgeschlossen, denn auch bei Ablehnung der Klagezulassung kann jedenfalls die Gesellschaft ihre Ansprüche selbst einklagen[142]. 34

---

131 *Spindler*, NZG 2005, 865, 867; *Lochner* in Heidel, § 148 AktG Rz. 17; unentschieden *Happ* in FS Westermann, 2008, S. 971, 992 f.
132 S. BGH v. 21.4.1997, BGHZ 135, 244, 255 = AG 1997, 377, 379.
133 *G. Bezzenberger/T. Bezzenberger* in Großkomm. AktG, 4. Aufl., § 148 AktG Rz. 159; *Lochner* in Heidel, § 148 AktG Rz. 17.
134 Dazu *Greger* in Zöller, Vor § 284 ZPO Rz. 24; a.A. Darlegungs- und Beweislast der Antragsgegner: *G. Bezzenberger/T. Bezzenberger* in Großkomm. AktG, 4. Aufl., § 148 AktG Rz. 161; *Lochner* in Heidel, § 148 AktG Rz. 16; Darlegungs- und Beweislast der Gesellschaft: *Happ* in FS Westermann, 2008, S. 971, 997.
135 A.A. *K. Schmidt*, NZG 2005, 796, 800 (und wohl auch *Hüffer*, § 148 AktG Rz. 9; *Mock* in Spindler/Stilz, § 148 AktG Rz. 59: Prüfung von Amts wegen, was wohl im Sinne von Amtsermittlung zu verstehen ist).
136 Vgl. auch Begr. RegE UMAG, BT-Drucks. 15/5092, S. 22; *Hüffer*, § 148 AktG Rz. 12 a.E.; *G. Bezzenberger/T. Bezzenberger* in Großkomm. AktG, 4. Aufl., § 148 AktG Rz. 161.
137 *Hüffer*, § 148 AktG Rz. 12.
138 Begr. RegE UMAG, BT-Drucks. 15/5092, S. 22, 23; *Göz/Holzborn*, WM 2005, 157, 159.
139 *Spindler*, NZG 2005, 865, 868; *Paschos/Neumann*, DB 2005, 1779, 1782. § 148 Abs. 5 Satz 1 betrifft nur das Urteil im Klageverfahren.
140 Dazu *Bier* in Schoch/Schmidt-Aßmann/Pietzner, § 66 VwGO Rz. 4; *Schmidt* in Eyermann/Fröhler, § 66 VwGO Rz. 6.
141 Zur Rechtsmittelberechtigung des Nebenintervenienten *Vollkommer* in Zöller, § 67 ZPO Rz. 5.
142 Begr. RegE UMAG, BT-Drucks. 15/5092, S. 22 f.

35 Bei Zugrundelegung der Rechtsprechung des BGH im Fall **ARAG/Garmenbeck**[143] wird das innergesellschaftlich zuständige Organ nach Zulassung der Aktionärsklage regelmäßig zur Erhebung einer eigenen Klage verpflichtet sein. Denn im Zulassungsverfahren wurde festgestellt, dass der Verdacht einer Unredlichkeit oder groben Gesetzes- oder Satzungsverletzung gegeben ist und der Geltendmachung der Ersatzansprüche keine überwiegenden Gründe des Gesellschaftswohls entgegenstehen (s. auch Rz. 3)[144]. Unterlässt das zuständige Organ pflichtwidrig die Geltendmachung, macht es sich u.U. selbst schadensersatzpflichtig. Erst die Praxis wird zeigen, ob das eigentliche Klageverfahren überhaupt Bedeutung erlangt oder § 148 letztlich ein modifiziertes Klage*erzwingungs*verfahren bleibt.

### 2. Klage oder Übernahme der Aktionärsklage durch die Gesellschaft (§ 148 Abs. 3)

36 Die Gesellschaft ist jederzeit berechtigt, ihren Ersatzanspruch selbst gerichtlich geltend zu machen, wodurch ein anhängiges Zulassungs- oder Klageverfahren unzulässig wird (§ 148 Abs. 3 Satz 1). Die Regelung des § 148 Abs. 3 Satz 1 ist Ausdruck der **Subsidiarität der Aktionärsklage**[145]. Nach **Wahl** der Gesellschaft kann sie entweder eine selbständige Klage erheben oder ein bereits anhängiges Klageverfahren übernehmen[146]. Dies kann auch durch einen besonderen Vertreter nach § 147 geschehen[147]. In beiden Fällen sind die Aktionäre notwendig **beizuladen** (§ 148 Abs. 3 Satz 3), wodurch verhindert werden soll, dass die Gesellschaft die Aktionärsminderheit, welche die Initiative ergriffen hat, vollständig aus dem Verfahren drängen kann. Sie erhalten daher die Möglichkeit zur weiteren Teilnahme am Verfahren und zur Kontrolle der Rechtsverfolgung durch die Gesellschaft[148].

37 Eine **Klagerücknahme** (§ 269 ZPO) ist nach § 148 Abs. 6 Satz 4 Halbsatz 2 nur zulässig, wenn die Hauptversammlung zustimmt und nicht eine Minderheit, deren Anteile zusammen den zehnten Teil des Grundkapitals erreichen, zur Niederschrift Widerspruch erhebt (§ 93 Abs. 4 Satz 3, 4); die Dreijahresfrist ist dagegen nicht einzuhalten[149]. Einer Zustimmung der beigeladenen Aktionäre bedarf es nicht[150], da in keine materielle Rechtsposition der Beigeladenen eingegriffen wird[151].

### a) Selbständige Klage der Gesellschaft (§ 148 Abs. 3 Satz 1)

38 Die Gesellschaft kann sowohl während des Zulassungsverfahrens, als auch während eines anhängigen Klageverfahrens der Aktionäre selbst Klage erheben. Dies gilt auch dann, wenn sich das Verfahren der Aktionäre bereits in einer Rechtsmittelinstanz befindet[152]. Zuständig für die Gesellschaftsklage ist entsprechend § 148 Abs. 4 Satz 1 das Landgericht am Gesellschaftssitz, da andernfalls ein Zuständigkeitswechsel er-

---

143 BGH v. 21.4.1997 – II ZR 175/95, BGHZ 135, 244 ff. = AG 1997, 377 ff.
144 Gegenäußerung der Bundesregierung, BT-Drucks. 15/5092, S. 43; *Linnerz*, NZG 2004, 307, 311; *Krieger*, ZHR 163 (1999), 343, 351; *Schröer*, ZIP 2005, 2081, 2086. Zum alten Recht *Schröer* in MünchKomm. AktG, 2. Aufl., § 147 AktG Rz. 7.
145 *Weiss/Buchner*, WM 2005, 162, 169.
146 *G. Bezzenberger/T. Bezzenberger* in Großkomm. AktG, 4. Aufl., § 148 AktG Rz. 208; *Paschos/Neumann*, DB 2005, 1779, 1783; *Schröer*, ZIP 2005, 2081, 2086; *Hüffer*, § 148 AktG Rz. 4.
147 *Kling* ZGR 2009, 190, 228 f.
148 Begr. RegE UMAG, BT-Drucks. 15/5092, S. 23; *Spindler*, NZG 2005, 865, 868.
149 *Paschos/Neumann*, DB 2005, 1779, 1784.
150 Begr. RegE UMAG, BT-Drucks. 15/5092, S. 24.
151 *Paschos/Neumann*, DB 2005, 1779, 1784; zur notwendigen Beiladung im Verwaltungsprozess *Schmidt* in Eyermann/Fröhler, § 66 VwGO Rz. 4.
152 *Paschos/Neumann*, DB 2005, 1779, 1783.

möglicht würde[153]. Die bisherigen Antragsteller (Aktionäre) sind im Prozess der Gesellschaft notwendig beizuladen. Die Beibehaltung der selbständigen Klagemöglichkeit neben der erst nachträglich ins Gesetz aufgenommenen Übernahme der Aktionärsklage[154] ist zu Recht auf Kritik gestoßen, da die bisherigen Prozessergebnisse wertlos und eine neue Beweisaufnahme erforderlich werden[155]. Auch muss die Klage keineswegs der vorher von der Aktionärsminderheit beantragten Klage entsprechen, etwa hinsichtlich der Höhe des geltend gemachten Anspruchs[156]. Nach dem Wortlaut des § 148 Abs. 3 Satz 1 Halbsatz 2 wird ein Zulassungsantrag bzw. eine Aktionärsklage **unzulässig**, sobald die Gesellschaft selbst Klage gegen den Ersatzpflichtigen erhebt. Bei Klageerhebung während Rechtshängigkeit einer Aktionärsklage stößt dies auf prozessuale Bedenken, denn wegen der in § 148 Abs. 5 Satz 1 angeordneten Rechtskrafterstreckung steht der Klage der Gesellschaft der Einwand der anderweitigen Rechtshängigkeit (§ 261 Abs. 3 Nr. 1 ZPO) entgegen[157]. Die Anordnung der Unzulässigkeit der Aktionärsklage mit Erhebung der Gesellschaftsklage ändert daran zunächst nichts, denn auch eine unzulässige Klage ist rechtshängig[158]. Belässt man es beim Wortlaut des § 148 Abs. 3 Satz 1 Halbsatz 2, wird man die Norm als **Ausnahmevorschrift zu § 261 Abs. 3 Nr. 1 ZPO** interpretieren müssen[159], allerdings sprechen die besseren Gründe dafür, das Wort „unzulässig" nicht im technischen Sinn zu verstehen, sondern als **Entfallen der Rechtshängigkeit der Aktionärsklage kraft Gesetzes** auszulegen[160]. Der Unterschied zwischen beiden Ansätzen zeigt sich in den prozessualen Konsequenzen für die Aktionäre: im ersten Fall ist das Verfahren zur Vermeidung einer kostenpflichtigen Abweisung für erledigt zu erklären[161], da die Klage der Gesellschaft insoweit ein erledigendes Ereignis für Zulassungs- bzw. Klageverfahren ist[162]. Im zweiten Fall entscheidet das Gericht nur mehr über die Kosten des bisherigen Verfahrens (Rz. 56).

---

153 *G. Bezzenberger/T. Bezzenberger* in Großkomm. AktG, 4. Aufl., § 148 AktG Rz. 212; *Hüffer*, § 148 AktG Rz. 17.
154 Beschlussempfehlung und Bericht des Rechtsausschusses, BT-Drucks. 15/5092, S. 18; *Spindler*, NZG 2005, 865, 868.
155 Näher *Paschos/Neumann*, DB 2005, 1779, 1783; *Ziegelmeier*, ZGR 2007, 144, 156 f.; *Spindler*, NZG 2005, 865, 868; *Hüffer*, § 148 AktG Rz. 14.
156 *G. Bezzenberger/T. Bezzenberger* in Großkomm. AktG, 4. Aufl., § 148 AktG Rz. 221; *Mock* in Spindler/Stilz, § 148 AktG Rz. 84.
157 *Bork*, ZIP 2005, 66. Allgemein zur entgegenstehenden Rechtshängigkeit während des Prozesses des Prozessstandschafters bei Anordnung der Rechtskrafterstreckung auf den Rechtsinhaber BGH v. 3.7.1980 – IV a ZR 38/80, NJW 1980, 2461, 2463; *Vollkommer* in Zöller, Vor § 50 ZPO Rz. 41.
158 Zur Rechtshängigkeit trotz Unzulässigkeit der Klage BGH v. 19.9.1967 – VI ZR 82/66, NJW 1967, 2304; *Greger* in Zöller, § 261 ZPO Rz. 2; *Foerste* in Musielak, § 261 ZPO Rz. 2; *Becker-Eberhard* in MünchKomm. ZPO, 3. Aufl., § 261 ZPO Rz. 17 ff.
159 So *Bork*, ZIP 2005, 66, 67; wohl auch *DAV-Handelsrechtsausschuss*, NZG 2005, 388, 391; *Hüffer*, § 148 AktG Rz. 13; *G. Bezzenberger/T. Bezzenberger* in Großkomm. AktG, 4. Aufl., § 148 AktG Rz. 210.
160 So auch *Paschos/Neumann*, DB 2005, 1779, 1782; *Lochner* in Heidel, § 148 AktG Rz. 23; *Holzborn* in Bürgers/Körber, § 148 AktG Rz. 12; im Ergebnis auch *Hüffer*, § 148 AktG Rz. 13, der jedoch davon ausgeht, dies habe im Gesetz keinen genügenden Ausdruck gefunden.
161 Unklar *K. Schmidt*, NZG 2005, 796, 800. Nach *Hüffer*, § 148 AktG Rz. 13 sollen die Aktionäre eine nach § 269 Abs. 3 Satz 2 ZPO kostenpflichtige Klagerücknahme erklären.
162 Zur Erledigung der Hauptsache s. BGH v. 27.2.1992 – I ZR 35/90, NJW 1992, 2235, 2236; *Putzo* in Thomas/Putzo, § 91a ZPO Rz. 33; *Vollkommer* in Zöller, § 91a ZPO Rz. 3 m.w.N.

## b) Übernahme des Klageverfahrens durch die Gesellschaft (§ 148 Abs. 3 Satz 2)

39 Die Übernahme des anhängigen Klageverfahrens durch die Gesellschaft bewirkt einen **gesetzlichen Parteiwechsel**[163]. Wegen der gesetzlichen Anordnung des Parteiwechsels bedarf sie weder der Zustimmung der Aktionäre noch des Beklagten[164]. Mit der Übernahmeerklärung tritt die Gesellschaft als Klägerin an die Stelle der Aktionäre. Nicht möglich ist nach dem insoweit eindeutigen Wortlaut des § 148 Abs. 3 Satz 2 die Übernahme eines Zulassungsverfahrens und dessen Fortführung als Klageverfahren. Die Gesellschaft übernimmt den Prozess in der Lage, in der er sich im Zeitpunkt der Übernahme befunden hat (§ 148 Abs. 3 Satz 2). Sie muss daher **Prozesshandlungen** der Aktionäre und die Ergebnisse der bisherigen **Beweisaufnahme** gegen sich gelten lassen[165], auch etwa hinsichtlich verspäteten Vorbringens.

## 3. Klage durch die Aktionäre (§ 148 Abs. 4)

### a) Prozessführungsbefugnis der Aktionäre

40 Bei der Aktionärsklage handelt es sich um einen gesetzlich geregelten Fall der **actio pro socio**[166]. Durch den Zulassungsbeschluss im Vorverfahren erlangen die antragstellenden Aktionäre die Prozessführungsbefugnis über den Anspruch der Gesellschaft kraft **gesetzlicher Prozessstandschaft**[167]. Die Prozessführungsbefugnis beginnt frühestens mit Rechtskraft des Zulassungsbeschlusses (vgl. § 148 Abs. 4 Satz 1), so dass vor Klageerhebung ggf. der Ausgang des Beschwerdeverfahrens abgewartet werden muss[168]. Sie erstreckt sich allein auf die im Klagezulassungsverfahren **erfolgreichen Antragsteller**[169]. Am ursprünglichen Zulassungsverfahren nicht beteiligte Aktionäre, sind nur dann prozessführungsbefugt, wenn sie ihrerseits ein Zulassungsverfahren erfolgreich durchlaufen haben[170]. Andernfalls sind ihre Klagen mangels Prozessführungsbefugnis als unzulässig abzuweisen[171].

---

163 *Bork*, ZIP 2005, 66, 67; *Paschos/Neumann*, DB 2005, 1779, 1782; *Spindler*, NZG 2005, 865, 868; *Hüffer*, § 148 AktG Rz. 14; *G. Bezzenberger/T. Bezzenberger* in Großkomm. AktG, 4. Aufl., § 148 AktG Rz. 213.
164 *Paschos/Neumann*, DB 2005, 1779, 1782; *G. Bezzenberger/T. Bezzenberger* in Großkomm. AktG, 4. Aufl., § 148 AktG Rz. 213; *Lochner* in Heidel, § 148 AktG Rz. 24; *Hüffer*, § 148 AktG Rz. 14.
165 *Hüffer*, § 148 AktG Rz. 14; *G. Bezzenberger/T. Bezzenberger* in Großkomm. AktG, 4. Aufl., § 148 AktG Rz. 214.
166 Begr. RegE UMAG, BT-Drucks. 15/5092, S. 23; *Duve/Basak*, BB 2006, 1345, 1347; *Weiss/Buchner*, WM 2005, 162, 167; *Diekmann/Leuering*, NZG 2004, 249, 250; *Seibert/Schütz*, ZIP 2004, 252, 253; *Seibt*, WM 2004, 2137, 2142; *Wilsing*, ZIP 2004, 1082, 1087; *G. Bezzenberger/T. Bezzenberger* in Großkomm. AktG, 4. Aufl., § 148 AktG Rz. 2; *G. Bezzenberger/T. Bezzenberger* in FS K. Schmidt, 2009, S. 105; *Mock* in Spindler/Stilz, § 148 AktG Rz. 3, „wenn auch eingeschränkt".
167 Begr. RegE UMAG, BT-Drucks. 15/5092, S. 23; *Weiss/Buchner*, WM 2005, 162, 167; *Diekmann/Leuering*, NZG 2004, 249, 250; *Göz/Holzborn*, WM 2005, 157, 159; *Langenbucher*, GesRZ-SH 2005, 3, 11; *Linnerz*, NZG 2004, 307, 310; *Spindler*, NZG 2005, 865, 868; *Seibt*, WM 2004, 2137, 2142; *Schröer*, ZIP 2005, 2081, 2087; *Hüffer*, § 148 AktG Rz. 15; s. auch *G. Bezzenberger/T. Bezzenberger* in Großkomm. AktG, 4. Aufl., § 148 AktG Rz. 2, die von einer gerichtlich angeordneten Prozessstandschaft sprechen.
168 *Paschos/Neumann*, DB 2005, 1779, 1781.
169 Begr. RegE UMAG, BT-Drucks. 15/5092, S. 22, 23; *Göz/Holzborn*, WM 2005, 157, 159; *Langenbucher*, GesRZ-SH 2005, 3, 11; *Schröer*, ZIP 2005, 2081, 2087; *Hüffer*, § 148 AktG Rz. 15.
170 Begr. RegE UMAG, BT-Drucks. 15/5092, S. 23; *Paschos/Neumann*, DB 2005, 1779, 1781; *Schröer*, ZIP 2005, 2081, 2087; *Ulmer*, ZHR 163 (1999), 290, 337; *G. Bezzenberger/T. Bezzenberger* in Großkomm. AktG, 4. Aufl., § 148 AktG Rz. 226; *Hüffer*, § 148 AktG Rz. 18; *Holzborn* in Bürgers/Körber, § 148 AktG Rz. 15.
171 Zum Fehlen der Prozessführungsbefugnis allgemein *Bork* in Stein/Jonas, ZPO, Vor § 50 Rz. 21.

Jeder antragstellende Aktionär ist **individuell prozessführungsbefugt** (zur zwingenden Prozessverbindung Rz. 45)[172]. Die Klagezulassung erfolgt auch dann nicht gleichsam „zur gesamten Hand", wenn sich mehrere Aktionäre zur Erreichung des Quorums im Vorverfahren zu einer GbR zusammengeschlossen hatten (Rz. 12). Wurde das **Quorum** bei Antragstellung (Rz. 11) erreicht und hat das Gericht die Klage zugelassen, ist hinreichend gewährleistet, dass eine nachfolgende Klage nicht den Interessen der Gesellschaft widerspricht[173]. Dies gilt unabhängig davon, ob sich alle Antragsteller des vorausgehenden Zulassungsverfahrens auch zur Klageerhebung zusammenfinden.

41

Die Antragsteller des Zulassungsverfahrens sind nur in Bezug auf den im Zulassungsbeschluss bezeichneten Ersatzanspruch prozessführungsbefugt. Eine zeitliche Begrenzung der Prozessstandschaft ergibt sich aus der Klagefrist des § 148 Abs. 4 Satz 1 (Rz. 47). Zur betragsmäßigen Beschränkung s. Rz. 30. Der Antrag ist auf **Leistung an die Gesellschaft** zu richten (§ 148 Abs. 4 Satz 2), denn die Aktionäre erlangen hinsichtlich des Ersatzanspruchs der Gesellschaft nur die Prozessführungsbefugnis, nicht aber die Aktivlegitimation.

42

Gemeinsam klagende Aktionäre werden wegen § 148 Abs. 5 Satz 1 **prozessual notwendige Streitgenossen** im Sinne von § 62 Abs. 1 Fall 1 ZPO[174]. Gleiches gilt bei Verbindung mehrerer Klagen (Rz. 44).

43

**b) Gerichtliches Verfahren**

Zur Entscheidung über die Klage ist das **Landgericht** am Gesellschaftssitz ausschließlich[175] zuständig, § 148 Abs. 4 Satz 1, s. Rz. 14. Gem. § 78 Abs. 1 ZPO besteht für die Klageerhebung Anwaltszwang. Zur **Beiladung** der Gesellschaft (§ 148 Abs. 2 Satz 9) und zur **Nebenintervention** s. Rz. 8.

44

**Mehrere Klagen**, welche auf die Durchsetzung des identischen Ersatzanspruchs gerichtet sind, sind abweichend von § 147 ZPO gem. § 148 Abs. 4 Satz 4 zwingend zur gleichzeitigen Verhandlung und Entscheidung zu **verbinden**, um sich widersprechende Entscheidungen und unökonomische Doppelprozesse zu vermeiden[176]. Die Norm betrifft allein die Klagen mehrerer Aktionäre oder Aktionärsminderheiten, denn eine Streitgenossenschaft zwischen Gesellschaft und Aktionären ist durch § 148 Abs. 3 Satz 1 Halbsatz 2 ausgeschlossen. Sind die Klagen in verschiedenen Instanzen anhängig, scheidet eine Verbindung aus[177].

45

**c) Aufforderung zur Klageerhebung (§ 148 Abs. 4 Satz 1)**

Die Aktionäre haben die Gesellschaft nach Klagezulassung nochmals zur Klageerhebung aufzufordern (§ 148 Abs. 4 Satz 1). Hierbei handelt es sich um eine **Zulässig-**

46

---

172 Im Ergebnis wohl auch *Schröer*, ZIP 2005, 2081, 2087. Anders *Ulmer*, ZHR 163 (1999), 290, 335/336: nur gemeinsame Ausübung des Klagerechts.
173 Vgl. auch Begr. RegE UMAG, BT-Drucks. 15/5092, S. 23 f.; *Mock* in Spindler/Stilz, § 148 AktG Rz. 91 f.; *Holzborn* in Bürgers/Körber, § 148 AktG Rz. 15; a.A. *G. Bezzenberger/T. Bezzenberger* in Großkomm. AktG, 4. Aufl., § 148 AktG Rz. 228.
174 *DAV-Handelsrechtsausschuss*, NZG 2004, 555, 561; *Schröer*, ZIP 2005, 2081, 2087; *Seibt*, WM 2004, 2137, 2145.
175 Ebenso *Hüffer*, § 148 AktG Rz. 17; *G. Bezzenberger/T. Bezzenberger* in Großkomm. AktG, 4. Aufl., § 148 AktG Rz. 225.
176 *Hüffer*, § 148 AktG Rz. 18; *Holzborn* in Bürgers/Körber, § 148 AktG Rz. 17.
177 *Schröer*, ZIP 2005, 2081, 2087. Allgemein dazu *Greger* in Zöller, § 147 ZPO Rz. 2; *Hartmann* in Baumbach/Lauterbach/Albers/Hartmann, § 147 ZPO Rz. 9; *Stadler* in Musielak, § 147 ZPO Rz. 2.

keitsvoraussetzung für die Aktionärsklage[178]. Mit dem Zulassungsantrag kann daher nicht bereits eine durch die erfolgreiche Zulassung bedingte Aktionärsklage verbunden werden[179]. Die Aufforderung und Fristsetzung kann bereits vor Rechtskraft erklärt werden, die Frist für die Gesellschaft beginnt aber erst mit Rechtskraft des Beschlusses zu laufen, da die Gesellschaft bei der Entscheidung über eine eigene Klage die Gründe des Gerichts in Erwägung ziehen können soll[180]. Bei der Angemessenheit der Frist ist zu berücksichtigen, dass die Gesellschaft bereits durch die Aufforderung im Vorfeld des Zulassungsverfahrens über die betreffenden Ersatzansprüche unterrichtet wurde und infolge der Beiladung im Klagezulassungsverfahren nunmehr umfassend in Kenntnis gesetzt ist. Somit erscheint hier, in Abkehr von der bei der Aufforderung als Leitbild dienenden Zwei-Monats-Frist, in der Regel eine Frist von einem Monat als angemessen[181], wobei auch hier besondere Umstände im Einzelall zu berücksichtigen sind (s. oben Rz. 22).

### d) Klagefrist (§ 148 Abs. 4 Satz 1)

47 Die Klage ist innerhalb von drei Monaten ab Rechtskraft des Beschlusses über die Zulassung der Klage zu erheben (§ 148 Abs. 4 Satz 1). Bei der Frist handelt es sich – anders als bei der vergleichbaren Regelung des § 246 Abs. 1[182] – um eine prozessuale Frist im Sinne einer **zeitlichen Begrenzung der gesetzlichen Prozessstandschaft** der Aktionäre[183]. Bei Fristversäumnis ist die Klage der Aktionäre daher nicht als unbegründet, sondern (mangels Prozessführungsbefugnis) wegen Fehlens einer Prozessvoraussetzung[184] als **unzulässig** abzuweisen[185]. Eine Wiedereinsetzung in den vorigen Stand (§§ 233 ff. ZPO) kommt nicht in Betracht[186], da es sich um keine Notfrist handelt (vgl. § 224 Abs. 1 Satz 2 ZPO). Die materiell-rechtlichen Vorschriften über die Hemmung und den Neubeginn der Verjährung (§§ 203 ff. BGB) finden auf prozessuale Fristen keine Anwendung. Maßgeblich für den **Fristbeginn** ist die Rechtskraft des Zulassungsbeschlusses. Die Klage kann daher ggf. erst nach rechtskräftiger Entscheidung über eine sofortige Beschwerde (§ 148 Abs. 2 Satz 7) erhoben werden. Die Fristberechnung erfolgt nach § 222 Abs. 1 ZPO i.V.m. §§ 187 ff. BGB[187]. Zur Fristwahrung

---

178 *Spindler*, NZG 2005, 865, 868; *G. Bezzenberger/T. Bezzenberger* in Großkomm. AktG, 4. Aufl., § 148 AktG Rz. 232; ebenso wohl *Schröer*, ZIP 2005, 2081, 2086: Voraussetzung für die Klageerhebung.
179 *Spindler*, NZG 2005, 865, 868.
180 Vgl. zur Klagefrist nach § 148 Abs. 4 Satz 1 Beschlussempfehlung und Bericht des Rechtsausschusses, BT-Drucks. 15/5693, S. 18; a.A. *G. Bezzenberger/T. Bezzenberger* in Großkomm. AktG, 4. Aufl., § 148 AktG Rz. 231, erst nach rechtskräftiger Entscheidung über die Kalgezulassung.
181 *Lochner* in Heidel, § 148 AktG Rz. 26; *Mock* in Spindler/Stilz, § 148 AktG Rz. 93; ähnlich *G. Bezzenberger/T. Bezzenberger* in Großkomm. AktG, 4. Aufl., § 148 AktG Rz. 231 (drei bis vier Wochen).
182 Dort geht die ganz h.M. von einer materiell-rechtlichen Ausschlussfrist aus, *Hüffer* in MünchKomm. AktG, 2. Aufl., § 246 AktG Rz. 33; *K. Schmidt* in Großkomm. AktG, 4. Aufl 1996, § 246 AktG Rz. 13; *Heidel* in Heidel, § 246 AktG Rz. 4.
183 Begr. RegE UMAG, BT-Drucks. 15/5092, S. 23 spricht ausdrücklich von dem zeitlich begrenzten Recht, den Anspruch der Gesellschaft im Wege gesetzlicher Prozessstandschaft geltend zu machen; a.A. *G. Bezzenberger/T. Bezzenberger* in Großkomm. AktG, 4. Aufl., § 148 AktG Rz. 229, die auch von einer Ausschlussfrist ausgehen.
184 Zur Einordnung der Prozessführungsbefugnis als Zulässigkeitsvoraussetzung *Vollkommer* in Zöller, § 50 ZPO Rz. 19.
185 I. Erg. auch *G. Bezzenberger/T. Bezzenberger* in Großkomm. AktG, 4. Aufl., § 148 AktG Rz. 229; bei Ablauf der Frist des § 246 Abs. 1 erfolgt dagegen eine Abweisung als unbegründet *Hüffer* in MünchKomm. AktG, 2. Aufl., § 246 AktG Rz. 33.
186 *G. Bezzenberger/T. Bezzenberger* in Großkomm. AktG, 4. Aufl., § 148 AktG Rz. 229.
187 Zur Anwendbarkeit von § 222 ZPO auf Ausschlussfristen für die Klageerhebung *Stöber* in Zöller, § 222 ZPO Rz. 1.

ist Klageerhebung, gem. § 253 Abs. 1 ZPO also die Zustellung der Klageschrift an den Beklagten, erforderlich. Nach **§ 167 ZPO** genügt jedoch die fristgerechte Einreichung der Klage bei Gericht, wenn die Zustellung demnächst erfolgt[188]. Im Fall der **Fristversäumnis** sind andere Aktionäre nicht gehindert, ein eigenes Klagezulassungsverfahren zu betreiben und im Erfolgsfall Klage zu erheben[189].

### 4. Wirkungen von Urteil und Vergleich (§ 148 Abs. 5)
#### a) Rechtskrafterstreckung (§ 148 Abs. 5 Satz 1)

Das auf Klage der Aktionäre ergehende Urteil wirkt für und gegen die Gesellschaft sowie gegen nicht am Verfahren beteiligte Aktionäre (§ 148 Abs. 5 Satz 1). Dadurch soll eine doppelte Inanspruchnahme des beklagten Organs verhindert werden[190]. Die Rechtskrafterstreckung gilt für klageabweisende Urteile ebenso wie für der Klage stattgebende Urteile (allseitige Rechtskrafterstreckung). Darüber hinaus erfasst die Norm Urteile, welche nach Klagezulassung auf selbständige Klage der Gesellschaft oder nach Übernahme der Aktionärsklage durch die Gesellschaft ergehen[191]. Im Umfang der Rechtskraft ist eine neue Klage unzulässig. 48

#### b) Erstreckung der Vergleichswirkungen (§ 148 Abs. 5 Satz 2)

Die Vergleichswirkungen erstrecken sich auf die Gesellschaft und die nicht am Verfahren beteiligten Aktionäre, wenn der Vergleich **nach § 149 bekannt zu machen** ist, was nur bei börsennotierte Gesellschaften der Fall ist; allerdings dürfte es sich bei dieser Beschränkung um ein Redaktionsversehen des Gesetzgebers handeln (s. § 149 Rz. 4)[192]. 49

**aa) Vergleichsschluss durch die Aktionäre.** Die Aktionäre können das **Zulassungsverfahren** durch Vergleich mit dem Antragsgegner beenden[193]. § 93 Abs. 4 Satz 3 gilt im Zulassungsverfahren nicht, da es sich hier um ein Verfahren zwischen der Aktionärsminderheit und dem Ersatzpflichtigen als Antragsgegner handelt[194]. Wie sich im Umkehrschluss zu § 148 Abs. 5 Satz 2 Halbsatz 2 ergibt, ist die Gesellschaft – anders als die übrigen Mitaktionäre (§ 148 Abs. 5 Satz 2 Hs. 1)[195] – an einen Vergleich im Zulassungsverfahren nicht gebunden[196], denn die Aktionäre sollen nicht vor Prüfung der Zulassungsvoraussetzungen des § 148 Abs. 1 über den Anspruch der Gesellschaft verfügen können[197]. Mithin ist die Gesellschaft durch den Vergleich auch nicht gehindert, selbst Klage zu erheben[198]. 50

**Nach Zulassung** der Klage bedarf der Vergleich analog § 93 Abs. 4 Satz 3 und 4 der Zustimmung der Hauptversammlung, denn für einen Vergleichsschluss durch die Aktionäre als Prozessstandschafter der Gesellschaft gelten keine geringeren Anforde- 51

---

188 *G. Bezzenberger/T. Bezzenberger* in Großkomm. AktG, 4. Aufl., § 148 AktG Rz. 230; zu § 246 Abs. 1 *Hüffer*, § 246 AktG Rz. 23; *Hüffer* in MünchKomm. AktG, 2. Aufl., § 246 AktG Rz. 37; *K. Schmidt* in Großkomm. AktG, 4. Aufl., § 246 AktG Rz. 17. Ausführlich zu § 167 ZPO *Greger* in Zöller, § 167 ZPO Rz. 10 ff.
189 *Paschos/Neumann*, DB 2005, 1779, 1782.
190 Begr. RegE UMAG, BT-Drucks. 15/5092, S. 23.
191 *Hüffer*, § 148 AktG Rz. 19 f.; *Lochner* in Heidel, § 148 AktG Rz. 32.
192 *G. Bezzenberger/T. Bezzenberger* in Großkomm. AktG, 4. Aufl., § 148 AktG Rz. 245.
193 *Schröer*, ZIP 2005, 2081, 2086.
194 Begr. RegE UMAG, BT-Drucks. 15/5092, S. 23; *Schröer*, ZIP 2005, 2081, 2085.
195 *Hüffer*, § 148 AktG Rz. 20.
196 *Schröer*, ZIP 2005, 2081, 2086; *Lochner* in Heidel, § 148 AktG Rz. 32.
197 *Hüffer*, § 148 AktG Rz. 20; *Holzborn* in Bürgers/Körber, § 148 AktG Rz. 20.
198 Begr. RegE UMAG, BT-Drucks. 15/5092, S. 23; *Spindler*, NZG 2005, 865, 869; *Schröer*, ZIP 2005, 2081, 2086.

rungen als für die Gesellschaft als Rechtsinhaberin[199]. Nicht anwendbar ist die Sperrfrist in § 93 Abs. 4 Satz 3, da diese einer raschen Beendigung des Rechtsstreits entgegenstehen würde[200]. Gem. § 148 Abs. 5 Satz 2 wirkt der Vergleich für und gegen die Gesellschaft (Halbsatz 2) und die übrigen Aktionäre (Halbsatz 1).

52 **bb) Vergleichsschluss durch die Gesellschaft.** Ein Vergleich der **Gesellschaft** nach Erhebung einer eigenen Klage oder Übernahme der Aktionärsklage unterliegt den Voraussetzungen der § 93 Abs. 4 Satz 3 und 4; die Regelung des § 148 Abs. 6 Satz 4 ist insofern analog anwendbar[201]. Der Vergleich ist nur dann wirksam, wenn die Hauptversammlung zustimmt und nicht eine Minderheit, deren Anteile zusammen den zehnten Teil des Grundkapitals erreichen, zur Niederschrift Widerspruch erhebt. Die Sperrfrist von drei Jahren gilt nicht, um eine vergleichsweise Erledigung des Rechtsstreits nicht unnötig zu erschweren[202]. Nicht erforderlich ist die Zustimmung der beigeladenen Aktionäre[203], da in kein materielles Recht der Aktionäre eingegriffen wird[204]. Die beigeladenen Aktionäre können einen Vergleich der Gesellschaft daher nicht verhindern[205]. Den nach diesen Grundsätzen geschlossenen Vergleich müssen nach § 148 Abs. 5 Satz 2 auch die Aktionäre für und gegen sich gelten lassen.

### 5. Kosten (§ 148 Abs. 6)

53 Die Kosten des Klagezulassungsverfahrens wurden in § 148 Abs. 6 differenziert geregelt, wobei jedoch die **Kosten der Beiladung** unberücksichtigt blieben. Die Beigeladenen haben ihre Rechtsanwaltskosten und sonstige Aufwendungen damit selbst zu tragen[206]. Dies stößt vor allem im Hinblick auf beigeladene Aktionäre auf Bedenken, da die weitere Teilnahme am Prozess eine Kontrolle der Prozessführung durch die Gesellschaft ermöglichen soll.

#### a) Kosten des Zulassungsverfahrens (§ 148 Abs. 6 Satz 1, 2)

54 Im Falle der Abweisung des Antrags tragen die **Antragsteller** die Kosten, soweit sie unterlegen sind (wie §§ 91, 92 ZPO). Diese Regelung soll verhindern, dass die Erfolgsaussichten einer Klage kostenlos ausgetestet werden[207]. Beruht die Abweisung auf entgegenstehenden Gründen des Gesellschaftswohls, die die Gesellschaft vor Antragstellung hätte mitteilen können, aber nicht mitgeteilt hat (Rz. 29), so haben die Antragsteller gegen die Gesellschaft einen materiell-rechtlichen Kostenerstattungsan-

---

199 Begr. RegE UMAG, BT-Drucks. 15/5092, S. 23: Ein Vergleich im Hauptverfahren, der auch die Gesellschaft bindet, ist allerdings nur unter den Voraussetzungen des § 93 Abs. 4 Satz 3 möglich; *Paschos/Neumann*, DB 2005, 1779, 1785; *DAV-Handelsrechtsausschuss*, NZG 2005, 388, 391; *G. Bezzenberger/T. Bezzenberger* in Großkomm. AktG, 4. Aufl., § 148 AktG Rz. 244; *Hüffer*, § 148 AktG Rz. 20; *Holzborn* in Bürgers/Körber, § 148 AktG Rz. 20; *Mock* in Spindler/Stilz, § 148 AktG Rz. 102.
200 *Paschos/Neumann*, DB 2005, 1779, 1785; *DAV-Handelsrechtsausschuss*, NZG 2005, 388, 391; *G. Bezzenberger/T. Bezzenberger* in Großkomm. AktG, 4. Aufl., § 148 AktG Rz. 244; *Hüffer*, § 148 AktG Rz. 20; *Holzborn* in Bürgers/Körber, § 148 AktG Rz. 20.
201 *Paschos/Neumann*, DB 2005, 1779, 1784. S. auch Gegenäußerung der Bundesregierung, BT-Drucks. 15/5092, S. 43.
202 *Paschos/Neumann*, DB 2005, 1779, 1785; *Hüffer*, § 148 AktG Rz. 21.
203 Begr. RegE UMAG, BT-Drucks. 15/5092, S. 23; *Paschos/Neumann*, DB 2005, 1779, 1784; *Schröer*, ZIP 2005, 2081, 2086.
204 *Paschos/Neumann*, DB 2005, 1779, 1784; *Hüffer*, § 148 AktG Rz. 21; s. auch *Redeker/v. Oertzen*, § 66 VwGO Rz. 10.
205 Gegenäußerung der Bundesregierung, BT-Drucks. 15/5092, S. 43.
206 So ausdrücklich Gegenäußerung der Bundesregierung, BT-Drucks. 15/5092, S. 43.
207 Begr. RegE UMAG, BT-Drucks. 15/5092, S. 23.

spruch (§ 148 Abs. 6 Satz 2)[208]. Lässt das Gericht die Klage zu, bleibt die Kostenentscheidung dem Endurteil im Klageverfahren vorbehalten (§ 148 Abs. 6 Satz 1, 3). Der **Streitwert** des Zulassungsverfahrens wird vom Gericht im freien Ermessen festgesetzt, s. § 3 ZPO, § 53 Abs. 1 Satz 1 Nr. 4, Satz 2 GKG[209].

### b) Kosten des Klageverfahrens (§ 148 Abs. 6 Satz 3, 5)

Wird die Klage zugelassen, ergeht die Kostenentscheidung für Zulassungs- und Klageverfahren einheitlich im Endurteil des Klageverfahrens (§ 148 Abs. 6 Satz 3). Die Kostenverteilung bestimmt sich zwischen den Parteien nach §§ 91, 92 ZPO[210]. Bei Abweisung der Klage sind die klagenden Aktionäre prozessualer Kostenschuldner. Nach § 148 Abs. 6 Satz 5 Hs. 1 erlangen sie jedoch einen **materiell-rechtlichen Kostenerstattungsanspruch** gegen die Gesellschaft, denn die Zulassung der Klage war ein starkes Indiz dafür, dass die Klageerhebung im wohlverstandenen Interesse der Gesellschaft liegt[211]. Es erscheint daher angemessen, der Gesellschaft nicht nur den Klageerfolg zugute kommen zu lassen, sondern sie auch mit dem Kostenrisiko zu belasten[212]. Ohne Erstattungsmöglichkeit tragen die Aktionäre die Kosten, wenn sie die Klagezulassung durch vorsätzlich oder grob fahrlässig **unrichtigen Vortrag** erwirkt haben (§ 148 Abs. 6 Satz 5 Hs. 2). Es soll keinen Anreiz geben, die Schwelle des Zulassungsverfahrens durch falschen, aufgebauschten, sensationell aufgemachten oder frei erfundenen Sachvortrag zu überspringen und anschließend in den Genuss der Kostenerstattung im Klageverfahren zu gelangen, in dem sich die Falschheit der Vorwürfe erst erweist[213].

55

### c) Kosten bei Klage oder Übernahme der Aktionärsklage durch die Gesellschaft (§ 148 Abs. 6 Satz 4)

Entscheidet sich die Gesellschaft, eine selbständige Klage zu erheben oder die Aktionärsklage zu übernehmen, regelt § 148 Abs. 6 Satz 4 nur den materiell-rechtlichen Erstattungsanspruch der Aktionäre gegenüber der Gesellschaft für den Fall, dass die Aktionäre Kosten zu tragen haben. Geht man in Übereinstimmung mit dem Wortlaut des § 148 Abs. 3 Satz 1 Hs. 2 davon aus, dass ein anhängiges Zulassungs- oder Aktionärsklageverfahren bei Erhebung einer eigenen Klage durch die Gesellschaft unzulässig wird, ergibt sich die Kostenentscheidung im Falle der übereinstimmenden Erledigterklärung aus § 91a ZPO, bei einseitiger Erledigterklärung aus §§ 91, 92 ZPO (s. Rz. 38). Bejaht man stattdessen ein Entfallen der Rechtshängigkeit des Aktionärsverfahrens (Rz. 38), fehlt eine Regelung zur Kostenverteilung; denkbar ist hier eine analoge Anwendung des § 91a ZPO.

56

### d) Gemeinsam als Antragsteller oder Streitgenossen handelnde Aktionäre (§ 148 Abs. 6 Satz 6)

Gemeinsam als Antragsteller oder als Streitgenossen handelnde Aktionäre erhalten vom unterlegenen Ersatzpflichtigen insgesamt nur die **Kosten eines Bevollmächtig-**

57

---

208 *G. Bezzenberger/T. Bezzenberger* in Großkomm. AktG, 4. Aufl., § 148 AktG Rz. 249; anders wohl *Hüffer*, § 148 AktG Rz. 22, der Satz 2 als Frage des Kostenausspruchs einordnet.
209 Zu unterschiedlichen Ansätzen zur Festsetzung des Streitwerts *Meilicke/Heidel*, DB 2004, 1479, 1482; *Schröer*, ZIP 2005, 2081, 2088.
210 Begr. RegE UMAG, BT-Drucks. 15/5092, S. 23; *Paschos/Neumann*, DB 2005, 1779, 1786; *Spindler*, NZG 2005, 865, 869; *G. Bezzenberger/T. Bezzenberger* in Großkomm. AktG, 4. Aufl., § 148 AktG Rz. 258; *Hüffer*, § 148 AktG Rz. 22.
211 Begr. RegE UMAG, BT-Drucks. 15/5092, S. 24; *G. Bezzenberger/T. Bezzenberger* in Großkomm. AktG, 4. Aufl., § 148 AktG Rz. 259; *Mock* in Spindler/Stilz, § 148 AktG Rz. 103.
212 Begr. RegE UMAG, BT-Drucks. 15/5092, S. 24.
213 Begr. RegE UMAG, BT-Drucks. 15/5092, S. 24.

ten erstattet, soweit nicht ein weiterer Bevollmächtigter zur Rechtsverfolgung unerlässlich war (§ 148 Abs. 6 Satz 6). Die Regelung ist notwendig, da sich nach Entfallen des nach § 147 Abs. 3 a.F. erforderlichen besonderen Vertreters nunmehr jeder Antragsteller durch einen eigenen Anwalt vertreten lassen kann[214]. Dies hätte aber ein hohes Kostenrisiko für das ersatzpflichtige Organmitglied bzw. die Gesellschaft (§ 148 Abs. 5 Satz 5) zur Folge. Ein **weiterer** Bevollmächtigter ist nur dann erforderlich, wenn im Einzelfall besondere Umstände vorliegen. Diese können beispielsweise in krassen Interessengegensätzen zwischen den Antragstellern bestehen[215]. Nicht ausreichend ist dagegen der bloße Umstand, dass einzelne Mitglieder der Aktionärsminderheit oder Streitgenossen an unterschiedlichen Orten wohnen[216]. Unbenommen ist es den Aktionären, einen weiteren Prozessvertreter auf eigene Kosten zu beauftragen.

## § 149
## Bekanntmachungen zur Haftungsklage

**(1)** Nach rechtskräftiger Zulassung der Klage gemäß § 148 sind der Antrag auf Zulassung und die Verfahrensbeendigung von der börsennotierten Gesellschaft unverzüglich in den Gesellschaftsblättern bekannt zu machen.

**(2)** Die Bekanntmachung der Verfahrensbeendigung hat deren Art, alle mit ihr im Zusammenhang stehenden Vereinbarungen einschließlich Nebenabreden im vollständigen Wortlaut sowie die Namen der Beteiligten zu enthalten. Etwaige Leistungen der Gesellschaft und ihr zurechenbare Leistungen Dritter sind gesondert zu beschreiben und hervorzuheben. Die vollständige Bekanntmachung ist Wirksamkeitsvoraussetzung für alle Leistungspflichten. Die Wirksamkeit von verfahrensbeendigenden Prozesshandlungen bleibt hiervon unberührt. Trotz Unwirksamkeit bewirkte Leistungen können zurückgefordert werden.

**(3)** Die vorstehenden Bestimmungen gelten entsprechend für Vereinbarungen, die zur Vermeidung eines Prozesses geschlossen werden.

| | |
|---|---|
| **I. Grundlagen** . . . . . . . . . . . . . . . . . 1 | b) Erfüllung der Bekanntmachungspflicht . . . . . . . . . . . . . . . . . 12 |
| 1. Regelungsgegenstand und Normzweck . . . . . . . . . . . . . . . . 1 | c) Wertpapierrechtliche Publizitätspflichten . . . . . . . . . . . . . . 16 |
| 2. Entstehungsgeschichte . . . . . . . . . 3 | 2. Rechtliche Bedeutung der Bekanntmachungspflicht (§ 149 Abs. 2 Satz 3 bis 5) . . . . . . . . . . . . . . . . . 17 |
| **II. Einzelerläuterungen** . . . . . . . . . . . 4 | |
| 1. Bekanntmachung des Zulassungsantrags und der Verfahrensbeendigung (§ 149 Abs. 1, Abs. 2 Satz 1, 2) . . . . 4 | a) Wirksamkeitsvoraussetzung für Leistungspflichten . . . . . . . . . 17 |
| a) Inhalt der Bekanntmachung . . . . 5 | b) Fortwirkung verfahrensbeendigender Prozesshandlungen . . . . . . 18 |
| aa) Antrag auf Zulassung der Klage . . . . . . . . . . . . . . . . 5 | c) Rückgewähr bewirkter Leistungen 19 |
| bb) Verfahrensbeendigung . . . . . . 6 | 3. Vereinbarungen zur Vermeidung eines Prozesses (§ 149 Abs. 3) . . . . . . 20 |

**Literatur:** S. die Literatur zu § 148.

---

214 *Spindler*, NZG 2005, 865, 869.
215 Begr. RegE UMAG, BT-Drucks. 15/5092, S. 24.
216 Begr. RegE UMAG, BT-Drucks. 15/5092, S. 24; *Hüffer*, § 148 AktG Rz. 23.

## I. Grundlagen

### 1. Regelungsgegenstand und Normzweck

Die Bekanntmachungspflichten des § 149 ergänzen das Klagezulassungsverfahren (§ 148). Der Gesetzgeber verspricht sich von der **Publizität der Haftungsklage** und der **Transparenz prozessbeendigender und -vermeidender Vereinbarungen** eine **abschreckende Wirkung** auf missbräuchliche Klagen und unzulässige Leistungen an Aktionäre und Dritte[1]. Allerdings greift auch § 93 Abs. 4 Satz 3, so dass ein Vergleich oder Verzicht von vornherein eine gewisse Publizität genießt[2]. Keine Bedeutung hat die Bekanntmachung dagegen für die Koordinierung der Aktionäre, da nach Zulassung der Klage ein Beitritt zur Haftungsklage sowie eine Nebenintervention ausgeschlossen sind (§ 148 Rz. 5, 26, 27 und unten Rz. 3).

Die Bekanntmachungspflicht des § 149 entspricht weitgehend **§ 248a**. Für Bekanntmachungen zur Haftungsklage ermöglicht § 407 Abs. 1 Satz 1 anders als zur Anfechtungsklage indessen **nicht** die **Festsetzung eines Zwangsgeldes** durch das Registergericht. Bei dem fehlenden Verweis auf § 149 dürfte es sich insofern um ein Redaktionsversehen handeln[3].

### 2. Entstehungsgeschichte

Die Bekanntmachungspflichten des § 149 wurden zusammen mit dem Klagezulassungsverfahren durch das **UMAG**[4] eingeführt. Die im Referentenentwurf ursprünglich vorgesehene Bekanntmachung bereits mit Antragstellung wurde verworfen, um zu verhindern, dass Aktionäre durch vorsätzlich falsche Anträge, welche vom Gericht noch nicht geprüft und abgelehnt werden konnten, gegenüber der Gesellschaft ein Druckpotenzial aufbauen[5], auch im Hinblick auf die Verbesserung der Koordinationsmöglichkeiten der Aktionäre durch den neuen § 127a[6].

## II. Einzelerläuterungen

### 1. Bekanntmachung des Zulassungsantrags und der Verfahrensbeendigung (§ 149 Abs. 1, Abs. 2 Satz 1, 2)

Die Bekanntmachungspflichten des § 149 sind nur von **börsennotierten Gesellschaften** (§ 3 Abs. 2), nicht aber von sonstigen Gesellschaften zu erfüllen. Für Letztere bestehen damit keine besonderen Voraussetzungen für die Wirksamkeit prozessbeendigender Vereinbarungen[7].

#### a) Inhalt der Bekanntmachung

**aa) Antrag auf Zulassung der Klage.** Gem. § 149 Abs. 1 ist nach rechtskräftiger Zulassung (Rz. 12) der vollständige Antrag auf Zulassung der Klage (§ 148 Abs. 1) bekannt zu machen, einschließlich Antragsteller und -gegner und der geltend gemachten Er-

---

[1] Begr. RegE UMAG, BT-Drucks. 15/5092, S. 24; *Hüffer*, § 149 AktG Rz. 1; *G. Bezzenberger/T. Bezzenberger* in Großkomm. AktG, 4. Aufl. § 149 AktG Rz. 2.
[2] *G. Bezzenberger/T. Bezzenberger* in Großkomm. AktG, 4. Aufl., § 149 AktG Rz. 4.
[3] *Diekmann/Leuering*, NZG 2004, 249, 251; a.A. *G. Bezzenberger/T. Bezzenberger* in Großkomm. AktG, 4. Aufl., § 149 AktG Rz. 11.
[4] BGBl. I 2005, 2802.
[5] Stellungnahme des Bundesrats zum Regierungsentwurf UMAG, BT-Drucks. 15/5092, S. 38.
[6] Vgl. dazu noch Begr. RegE UMAG, BT-Drucks. 15/5092, S. 24.
[7] Kritisch hierzu *Paschos/Neumann*, DB 2005, 1779, 1785 f.

satzansprüche[8]. Keine Bekanntmachungspflicht trifft die Gesellschaft hingegen hinsichtlich der Ablehnung des Zulassungsantrags (Rz. 11)[9].

6 **bb) Verfahrensbeendigung.** Auch die Beendigung des Verfahrens ist bekannt zu machen. Inhalt der Bekanntmachung ist dabei zunächst die **Art der Verfahrensbeendigung**, also Beendigung durch Urteil, Prozessvergleich, Klagerücknahme, Erledigterklärung usw[10]. Ein Urteil muss nicht mitsamt Tatbestand oder Entscheidungsgründen bekannt gemacht werden[11]. Neben § 149 bleibt § 93 Abs. 4 Satz 3 anwendbar, so dass die Bekanntmachungspflicht im Falle eines Vergleichs nur dann eigenständige Bedeutung erlangt, wenn die dort genannten Voraussetzungen erfüllt sind[12]. Steht die verfahrensbeendende Maßnahme unter einer Bedingung, insbesondere bei einem Vergleich, greift die Bekanntmachungspflicht erst mit Eintritt der Bedingung ein[13].

7 Weiter sind alle in Zusammenhang mit der Verfahrensbeendigung getroffenen **Vereinbarungen** einschließlich Nebenabreden im vollständigen Wortlaut bekannt zu machen (§ 149 Abs. 2 Satz 1). Es genügt ein wirtschaftlicher oder funktionaler Zusammenhang der Vereinbarung mit der Verfahrensbeendigung; ein rechtlicher Zusammenhang, etwa in Form einer formalen Verknüpfung im Sinne einer Bedingung, ist nicht erforderlich[14].

8 Die Bekanntmachungspflicht erstreckt sich auf Verpflichtungen zu **vermögenswerten Leistungen jedweder Art**[15]. Gemeint sind insbesondere auch verdeckte Leistungen wie etwa Ersatz der Prozesskosten- und Aufwandserstattungen, einvernehmliche Ansetzung des Vergleichswerts, Schadensersatzzahlungen, Honorare für Beratungsleistungen, Gutachten, wissenschaftliche Ausarbeitungen aller Art sowie sonstige Zuwendungen, gleich in welcher Form, die sich aus der verfahrensbeendigenden Vereinbarung als solcher ergeben[16]. Ebenso unterliegen der Bekanntmachungspflicht auch Rechtsgeschäfte wie Beraterverträge mit Aktionären oder diesen nahe stehenden Dritten, welche in ursächlichem Zusammenhang mit der Beseitigung der Klage abgeschlossen werden oder mit ihr in ursächlichem Zusammenhang stehen[17]. Für jede Leistung sind Art, Höhe und Begünstigter der Leistung anzugeben[18]. Begünstigte können sowohl verfahrensbeteiligte Aktionäre, als auch Dritte sein[19], wobei im letzteren Fall – anders als bei § 114[20] – nicht erforderlich ist, dass die Leistung dem Antragsteller oder Kläger unmittelbar oder mittelbar zugute kommt[21].

---

8 *G. Bezzenberger/T. Bezzenberger* in Großkomm. AktG, 4. Aufl., § 149 AktG Rz. 14.
9 *Mock* in Spindler/Stilz, § 149 AktG Rz. 8.
10 *Hüffer*, § 149 AktG Rz. 3; *G. Bezzenberger/T. Bezzenberger* in Großkomm. AktG, 4. Aufl., § 149 AktG Rz. 15, 18; *Lochner* in Heidel, § 149 AktG Rz. 4; anders *Holzborn* in Bürgers/Körber, § 149 AktG Rz. 3, wonach nur Verfahrensbeendigungen erfasst sein sollen, die in anderer Weise als durch Urteil erfolgen.
11 *G. Bezzenberger/T. Bezzenberger* in Großkomm. AktG, 4. Aufl., § 149 AktG Rz. 21.
12 Begr. RegE UMAG, BT-Drucks. 15/5092, S. 24; *K. Schmidt*, NZG 2005, 796, 801.
13 *G. Bezzenberger/T. Bezzenberger* in Großkomm. AktG, 4. Aufl., § 149 AktG Rz. 20.
14 *Meilicke/Heidel*, DB 2004, 1479, 1485; *Spindler*, NZG 2005, 865, 870; *G. Bezzenberger/T. Bezzenberger* in Großkomm. AktG, 4. Aufl., § 149 AktG Rz. 24.
15 Begr. RegE UMAG, BT-Drucks. 15/5092, S. 24; *Schröer*, ZIP 2005, 2081, 2089; *Spindler*, NZG 2005, 865, 869; *Holzborn* in Bürgers/Körber, § 149 AktG Rz. 5.
16 Begr. RegE UMAG, BT-Drucks. 15/5092, S. 24; *Schröer*, ZIP 2005, 2081, 2089; *Hüffer*, § 149 AktG Rz. 3; *Mock* in Spindler/Stilz, § 149 AktG Rz. 11; *Lochner* in Heidel, § 149 AktG Rz. 4.
17 *Schröer*, ZIP 2005, 2081, 2089; *Spindler*, NZG 2005, 865, 870.
18 *Schröer*, ZIP 2005, 2081, 2089; *Mock* in Spindler/Stilz, § 149 AktG Rz. 11.
19 *Hüffer*, § 149 AktG Rz. 1, 3; *Mock* in Spindler/Stilz, § 149 AktG Rz. 11.
20 Dazu *Spindler* in Spindler/Stilz, § 114 Rz. 9.
21 Begr. RegE UMAG, BT-Drucks. 15/5092, S. 24 f.; *Spindler*, NZG 2005, 865, 870; anders wohl *Schröer*, ZIP 2005, 2081, 2090, der Vorteile auch für die Antragsteller verlangt; ebenso wohl *Hüffer*, § 148 AktG Rz. 3.

Die Einbeziehung **zurechenbarer Leistungen Dritter** soll Umgehungsgeschäfte verhindern. Als Leistungen Dritter kommen beispielsweise Zahlungen von Organmitgliedern, (Mehrheits-)Aktionären oder Konzerngesellschaften in Betracht[22]. Bislang nicht hinreichend geklärt ist, ob auch das wirtschaftliche Interesse von Großgläubigern und Banken an der Gesellschaft genügt, um diese als Dritte im Sinne der Vorschrift einzuordnen. Im Hinblick auf den Schutzzweck der Vorschrift liegt dies indes nahe[23]. Anders als im Referentenentwurf zum UMAG stellt § 149 nicht mehr auf ein Handeln des Dritten im Interesse der Gesellschaft ab, da Leistungen Dritter durchaus im Widerspruch zu den Gesellschaftsinteressen stehen können, etwa wenn sie gezahlt werden, damit den Dritten belastende Umstände nicht an die Öffentlichkeit gelangen[24]. Zu eng erscheint es, der Gesellschaft entsprechend den Grundsätzen zu § 57[25] nur solche Leistungen zuzurechnen, welche für Rechnung der Gesellschaft und damit letztlich aus dem Vermögen der Gesellschaft erfolgen[26]. Vielmehr wird es genügen, wenn die Leistung des Dritten in ursächlichem Zusammenhang mit der Verfahrensbeendigung steht und zumindest einem Organmitglied der Gesellschaft bekannt war[27].

9

Gem. § 149 Abs. 2 Satz 2 müssen etwaige Leistungen der Gesellschaft und ihr zurechenbare Leistungen Dritter **gesondert beschrieben und hervorgehoben** werden. Die Leistungen müssen daher zumindest in einem eigenen Absatz von den übrigen Bestandteilen der Vereinbarung klar zu unterscheiden sein. Trotz des Wortlauts „hervorgehoben" wird man nicht zwingend ein besonderes Layout (z.B. durch Fettdruck, Rahmen usw.) verlangen können, solange die Leistungen nicht in den restlichen Vereinbarungen untergehen[28]. Ebenso muss die Bekanntmachung die Namen der **Beteiligten** einschließlich ihrer **Vertreter** enthalten (§ 149 Abs. 2 Satz 1)[29].

10

Der Begriff „Verfahrensbeendigung" bezieht sich nach der Regierungsbegründung sowohl auf das **Zulassungsverfahren** (§ 148 Abs. 1, 2), als auch auf das eigentliche **Klageverfahren** (§ 148 Abs. 4)[30]. Bekannt zu machen sind daher neben dem Antrag auf Zulassung (§ 149 Abs. 1 Alt. 1) auch der rechtskräftige Zulassungsbeschluss nach § 148 Abs. 2 Satz 1, welcher das Zulassungsverfahren abschließt. Nicht vom Wortlaut des § 149 Abs. 1 erfasst ist dagegen die Beendigung bereits des Zulassungsverfahrens durch Prozesshandlungen wie Antragsrücknahme, Prozessvergleich usw., da § 149 Abs. 1 an die durch Beschluss erfolgte Zulassung der Klage anknüpft[31]. Hier greift indessen die Bestimmung des § 149 Abs. 3 über prozessvermeidende Vereinbarungen (Rz. 20).

11

---

22 *Spindler*, NZG 2005, 865, 870.
23 So schon *Spindler*, NZG 2005, 865, 870.
24 *Schröer*, ZIP 2005, 2081, 2090. Kritisch zur Formulierung des Referentenentwurfs *Meilicke/ Heidel*, DB 2004, 1479, 1485.
25 S. *Bayer* in MünchKomm. AktG, 3. Aufl., § 57 AktG Rz. 47 ff.; *Hüffer*, § 57 AktG Rz. 13.
26 So in Anlehnung an die Grundsätze zu § 57 aber *Hüffer*, § 149 AktG Rz. 3; ähnlich *G. Bezzenberger/T. Bezzenberger* in Großkomm. AktG, 4. Aufl., § 149 AktG Rz. 26, s. aber auch Rz. 28.
27 So *Schröer*, ZIP 2005, 2081, 2090.
28 *Schröer*, ZIP 2005, 2081, 2090.
29 Begr. RegE UMAG, BT-Drucks. 15/5092, S. 25; *G. Bezzenberger/T. Bezzenberger* in Großkomm. AktG, 4. Aufl., § 149 AktG Rz. 29.
30 Begr. RegE UMAG, BT-Drucks. 15/5092, S. 24; *Mock* in Spindler/Stilz, § 149 AktG Rz. 10; *Hüffer*, § 149 AktG Rz. 2; *Holzborn* in Bürgers/Körber, § 149 AktG Rz. 3.
31 *G. Bezzenberger/T. Bezzenberger* in Großkomm. AktG 4. Aufl., § 149 AktG Rz. 13; anders wohl *Lochner* in Heidel, § 149 AktG Rz. 4; *Mock* in Spindler/Stilz, § 149 AktG Rz. 10.

## b) Erfüllung der Bekanntmachungspflicht

12 Die Bekanntmachungspflicht trifft die börsennotierte Gesellschaft als solche. Gesellschaftsintern **zuständig** für die Bekanntmachung ist grundsätzlich der Vorstand (§ 76 Abs. 1), sofern der Vorstand selbst Gegner der Ersatzansprüche ist, der Aufsichtsrat (§ 112)[32]. Die Bekanntmachungspflicht besteht erst **nach rechtskräftiger Zulassung** der Klage. Maßgeblich ist folglich der Ablauf der zweiwöchigen Beschwerdefrist des § 569 Abs. 1 Satz 1 ZPO i.V.m. § 148 Abs. 2 Satz 5; gegebenenfalls ist der Ausgang des Rechtsmittelverfahrens abzuwarten.

13 Die Bekanntmachung ist **unverzüglich**, also ohne schuldhaftes Zögern (§ 121 Abs. 1 Satz 1 BGB) nach Kenntnis des zuständigen Organs, zu bewirken. Der Zulassungsantrag und der Zulassungsbeschluss sind daher unverzüglich nach Eintritt der Rechtskraft des Beschlusses bekannt zu machen. Dagegen setzt die Bekanntmachung der Verfahrensbeendigung voraus, dass das für die Bekanntmachung zuständige Verwaltungsorgan Kenntnis vom Inhalt etwaiger Abreden erlangt hat[33].

14 In den Gesellschaftsblättern zu veröffentlichende Bekanntmachungen haben nach § 25 Satz 1 i.V.m. § 149 Abs. 1 jedenfalls im **elektronischen Bundesanzeiger** zu erfolgen. Allein dieser Bekanntmachungsort ist maßgeblich für die Erfüllung der Voraussetzungen des § 149 und die daran anknüpfenden rechtlichen Wirkungen. Daneben kann die Satzung andere Blätter oder elektronische Informationsmedien als Gesellschaftsblätter bezeichnen (§ 25 Satz 2).

15 Die verfahrensbeteiligten Aktionäre haben gegen die Gesellschaft einen eigenen **Anspruch auf Erfüllung** der Bekanntmachungspflichten des § 149 Abs. 1. Dadurch soll bewussten Verschleierungen bei den Bekanntmachungen vorgebeugt werden[34]. Zudem können die Aktionäre ergänzende Fragen zu den Hintergründen und zum Zustandekommen des Vergleichs auf der folgenden Hauptversammlung stellen[35].

## c) Wertpapierrechtliche Publizitätspflichten

16 Bereits die Einleitung eines Klagezulassungsverfahrens wie auch die Entscheidung über den Zulassungsantrag können die Pflicht zu einer **Ad-hoc-Mitteilung** nach §§ 13, 15 WpHG nach sich ziehen[36], wenn der Klagezulassungsantrag zur Beeinflussung der Kursentwicklung der Gesellschaft geeignet ist[37]. Erforderlich ist jedoch ein hinreichend substantiierter Zulassungsantrag[38].

---

32 *Diekmann/Leuering*, NZG 2004, 249, 251; *Mock* in Spindler/Stilz, § 149 AktG Rz. 13; a.A. *G. Bezzenberger/T. Bezzenberger* in Großkomm. AktG, 4. Aufl., § 149 AktG Rz. 9, die aber § 112 damit praktisch aushebeln, der dies als Annexkompetenz umfasst, um Interessenkollisionen zu vermeiden.
33 *Mock* in Spindler/Stilz, § 149 AktG Rz. 13; *G. Bezzenberger/T. Bezzenberger* in Großkomm. AktG, 4. Aufl., § 149 AktG Rz. 10.
34 Begr. RegE UMAG, BT-Drucks. 15/5092, S. 25; *Schröer*, ZIP 2005, 2081, 2089; *Diekmann/Leuering*, NZG 2004, 249, 251; *G. Bezzenberger/T. Bezzenberger* in Großkomm. AktG, 4. Aufl., § 149 AktG Rz. 11.
35 Begr. RegE UMAG, BT-Drucks. 15/5092, S. 24.
36 *Kiethe*, ZIP 2003, 707, 709; *Wilsing*, ZIP 2004, 1082, 1088; *Mock* in Spindler/Stilz, § 149 AktG Rz. 9; *Lochner* in Heidel, § 149 AktG Rz. 3.
37 *Kiethe*, ZIP 2003, 707, 709; *Wilsing*, ZIP 2004, 1082, 1088; *Lochner* in Heidel, § 149 AktG Rz. 3; grundsätzlich an der Kursrelevanz zweifelnd aber *G. Bezzenberger/T. Bezzenberger* in Großkomm. AktG, 4. Aufl., § 149 AktG Rz. 17; allgemein zur Veröffentlichungspflichten im Zusammenhang mit Rechtsstreitigkeiten *Zimmer* in Schwark, § 15 WpHG Rz. 174 (bei Fn. 417); *Assmann* in Assmann/Uwe H. Schneider, § 15 WpHG Rz. 90; *Geibel* in Schäfer/Hamann, § 15 WpHG Rz. 89.
38 *Mock* in Spindler/Stilz, § 149 AktG Rz. 9.

## 2. Rechtliche Bedeutung der Bekanntmachungspflicht (§ 149 Abs. 2 Satz 3 bis 5)

### a) Wirksamkeitsvoraussetzung für Leistungspflichten

Eine unterbliebene oder unvollständige Bekanntmachung hat die **Unwirksamkeit** jeder im Zusammenhang mit der Verfahrensbeendigung eingegangenen **Leistungspflicht** der Gesellschaft oder ihr zurechenbarer Dritter zur Folge (§ 149 Abs. 2 Satz 3). Die vollständige Bekanntmachung ist mithin als Wirksamkeitsvoraussetzung im Sinne einer aufschiebenden Bedingung des materiellrechtlichen Rechtsgeschäfts zu begreifen[39]. Sind von mehreren Leistungen einige bekannt gemacht, andere aber nicht, erfasst die Unwirksamkeit nach § 149 Abs. 2 Satz 3 auch die ordnungsgemäß bekannt gemachten Leistungen, um Manipulationen zu verhindern[40].

17

### b) Fortwirkung verfahrensbeendigender Prozesshandlungen

Aus Gründen der Verfahrenssicherheit bleibt die Wirksamkeit **verfahrensbeendigender Prozesshandlungen** von der fehlenden Bekanntmachung unberührt (§ 149 Abs. 2 Satz 4)[41]. Verfahrensbeendende Prozesshandlungen in diesem Sinne sind beispielsweise Klagerücknahme (§ 269 ZPO), Prozessvergleich und übereinstimmende Erledigterklärung (§ 91a ZPO).

18

### c) Rückgewähr bewirkter Leistungen

Leistungen, welche trotz Verstoßes gegen die Bekanntmachungspflicht erbracht werden, sind rechtsgrundlos geleistet. Sie können – und müssen zur Vermeidung eigener Schadensersatzpflichten (§§ 93, 116) – vom zuständigen Verwaltungsorgan (§§ 78, 112) nach § 812 Abs. 1 Satz 1 Alt. 1 BGB i.V.m. § 149 Abs. 2 Satz 5 durch **Leistungskondiktion** zurückgefordert werden[42]. Der Kondiktionsausschluss nach § 814 BGB steht wegen der Sonderregelung des § 149 Abs. 2 Satz 5 nicht entgegen[43]. Ein Einwand der Entreicherung nach § 818 Abs. 3 BGB wird bei positiver Kenntnis der Rechtsgrundlosigkeit jedenfalls an § 819 Abs. 1 BGB scheitern[44]. Erweist sich die Zahlung als verdeckte Einlagenrückgewähr (§ 57), kommt zudem ein Anspruch aus § 62 in Betracht[45]. Ohne Rechtsgrund erbrachte Leistungen der Gesellschaft können zudem eine **Strafbarkeit** der verantwortlichen Organe wegen Untreue (§ 266 StGB) begründen[46].

19

20

---

39 *Mock* in Spindler/Stilz, § 149 AktG Rz. 17, 19; *G. Bezzenberger/T. Bezzenberger* in Großkomm. AktG, 4. Aufl., § 149 AktG Rz. 32.
40 *Schröer*, ZIP 2005, 2081, 2089.
41 Begr. RegE UMAG, BT-Drucks. 15/5092, S. 25; *Schröer*, ZIP 2005, 2081, 2089.
42 Begr. RegE UMAG, BT-Drucks. 15/5092, S. 25; *Spindler*, NZG 2005, 865, 870; *G. Bezzenberger/T. Bezzenberger* in Großkomm. AktG, 4. Aufl., § 149 AktG Rz. 34; *Holzborn* in Bürgers/Körber, § 149 AktG Rz. 6.
43 *Schröer*, ZIP 2005, 2081, 2089; *Spindler*, NZG 2005, 865, 870; *Mock* in Spindler/Stilz, § 149 AktG Rz. 20; *G. Bezzenberger/T. Bezzenberger* in Großkomm. AktG 4. Aufl., § 149 AktG Rz. 34; *Holzborn* in Bürgers/Körber, § 149 AktG Rz. 6.
44 Weitergehend wohl für einen Ausschluss des § 818 Abs. 3 BGB *Hüffer*, § 149 AktG Rz. 4; ebenso *Holzborn* in Bürgers/Körber, § 149 AktG Rz. 6.
45 *Hüffer*, § 149 AktG Rz. 4; *G. Bezzenberger/T. Bezzenberger* in Großkomm. AktG, 4. Aufl., § 149 AktG Rz. 35; *Holzborn* in Bürgers/Körber, § 149 AktG Rz. 6.
46 *Spindler*, NZG 2005, 865, 870. S. für missbräuchliche Anfechtungsklagen *K. Schmidt* in Großkomm. AktG, 4. Aufl., § 241 AktG Rz. 91.

## 3. Vereinbarungen zur Vermeidung eines Prozesses (§ 149 Abs. 3)

20 Die Bestimmungen des § 149 Abs. 1 und 2 gelten entsprechend für prozessvermeidende Vereinbarungen. Hierunter fallen auch Vereinbarungen über die Nicht-Beantragung eines Klagezulassungsverfahrens oder die Beendigung des Zulassungsverfahrens durch Antragsrücknahme, Prozessvergleich usw., da sie letztlich auf die Vermeidung der Klage gegen den Ersatzpflichtigen gerichtet sind (s. auch Rz. 11)[47].

---

47 *Hüffer*, § 149 AktG Rz. 5; *Mock* in Spindler/Stilz, § 149 AktG Rz. 23; *G. Bezzenberger/T. Bezzenberger* in Großkomm. AktG, 4. Aufl., § 149 AktG Rz. 37.

**Notizen**

# Notizen

**Notizen**

**Notizen**

**Notizen**

# Notizen

# Notizen

# Notizen